TUDO *em* UM PARA OAB

2016

NOVO CED CPC
LEI 13.256/2016

DOUTRINA E QUESTÕES COMENTADAS

1ª FASE

EDITORA FOCO

Coordenadores: Alessandro Sanchez, Alexandre Gialluca, João Aguirre, e Nestor Távora
Autores: Alessandro Spilborghs, Arthur Trigueiros, Cristiano Rodrigues, Daniela Mendonça, Diogo Aguiar, Eduardo Dompieri, Fabiano Melo, Fernando Cavalcante, Gabriela R. Pinheiro, Hermes Cramacon, Josley Soares, Luiz Dellore, Nathalia Masson, Renan Flumian, Renato Montans de Sá e Wander Garcia
Editor: Márcio Dompieri
Gerente Editorial: Paula Tseng
Equipe Editora Foco: Georgia Dias e Ivo Shigueru Tomita
Capa: R2 Editorial
Projeto gráfico e Digramação: Ladislau Lima
Impressão e Acabamento: Gráfica PROL

Dados Internacionais de Catalogação na Publicação (CIP)
(Câmara Brasileira do Livro, SP, Brasil)

Tudo em um OAB : doutrina e questões comentadas / Alessandro Sanchez, Alexandre Gialluca, João Aguirre e Nestor Távora, coordenadores – Indaiatuba, SP : Editora Foco Jurídico, 2016. – (Coleção tudo em um)

ISBN 978-85-8242-148-2

1. Ordem dos Advogados do Brasil – Exames, questões etc. 2. Direito – Concursos I. Garcia, Wander. II. Série.

15-11324 CDU-347.965.8(81)(079.1)

Índices para Catálogo Sistemático:

1. Exames de Ordem : Ordem dos Advogados do Brasil : Direito 347.965.8(81)(079.1)
2. Ordem dos Advogados do Brasil : Exames de Ordem : Direito 347.965.8(81)(079.1)

Atualizações e erratas: a presente obra é vendida como está, sem garantia de atualização futura. Porém, atualizações voluntárias e erratas são disponibilizadas no site www.editorafoco.com.br, na seção *Atualizações*. Esforçamo-nos ao máximo para entregar ao leitor uma obra com a melhor qualidade possível e sem erros técnicos ou de conteúdo. No entanto, nem sempre isso ocorre, seja por motivo de alteração de software, interpretação ou falhas de diagramação e revisão. Sendo assim, disponibilizamos em nosso site a seção mencionada (*Atualizações*), na qual relataremos, com a devida correção, os erros encontrados na obra. Solicitamos, outrossim, que o leitor faça a gentileza de colaborar com a perfeição da obra, comunicando eventual erro encontrado por meio de mensagem para contato@editorafoco.com.br.

Impresso no Brasil (02.2016)
Data de Fechamento (02.2016)

MISTO
Papel produzido a partir de fontes responsáveis
FSC® C012418
FSC www.fsc.org

2016

Al. Júpiter, 578 – Galpão 01 – American Park Distrito Industrial
CEP 13347-653 – Indaiatuba – SP
E-mail: contato@editorafoco.com.br
www.editorafoco.com.br

Coordenadores e Autores

SOBRE OS COORDENADORES

Alessandro Sanchez

Mestre em Direito. Professor de Direito Empresarial, Filosofia do Direito e Ética Profissional na rede de ensino LFG. Nessa mesma instituição é Coordenador do curso para a 2ª fase e da Pós-Graduação em Direito Empresarial. Palestrante e Conferencista. advogado e autor de diversas obras jurídicas.

(Twitter: @Prof_SANCHEZ)

Alexandre Gialluca

Advogado, Palestrante, Especialista em Direito Notarial e Registral, Professor de Direito Empresarial exclusivo da Rede LFG e Ex-Coordenador dos Cursos Jurídicos e OAB da Rede LFG.

(Twitter: @AleGialluca)

João Ricardo Brandão Aguirre

Advogado. Doutor em Direito Civil pela Faculdade de Direito da Universidade de São Paulo - USP. Mestre em Direito Civil pela Pontifícia Universidade Católica de São Paulo - PUC/SP. Especialista em Direito Processual Civil pelo Centro de Extensão Universitária. Presidente do Instituto Brasileiro de Direito de Família em São Paulo - IBDFAM/SP. Coordenador dos Cursos Jurídicos da Rede LFG. Professor da Faculdade de Direito da Universidade Presbiteriana Mackenzie. Autor.

(Twitter: @profaguirre)

Nestor Távora

Ex-Defensor Público/AL. Advogado. Mestre em Direito Público pela Universidade Federal da Bahia. Especialista em Ciências Criminais pelas Faculdades Jorge Amado. Professor da Escola de Magistrados da Bahia. Professor da Fundação Escola Superior do Ministério Público da Bahia. Professor da Escola Superior de Advocacia Orlando Gomes. Professor da Faculdade Baiana de Direito nos cursos de graduação e Pós-Graduação. Professor da rede de ensino LFG.

(Twitter: @nestortavora)

SOBRE OS AUTORES

Alessandro Spilborghs

Pós-graduado em Direito Tributário e Mestre em Direito Político e Econômico pela Universidade Presbiteriana Mackenzie. Professor de Direito Tributário e Processo Tributário exclusivo da Rede LFG/Anhanguera. Professor de cursos de pós-graduação. Advogado e consultor.

(Twitter: @alespilborghs)

Arthur Trigueiros

Procurador do Estado de São Paulo. Professor da Rede LFG e do IEDI. Autor de diversas obras de preparação para Concursos Públicos e Exame de Ordem. Pós-graduado em Direito.

(Twitter: @proftrigueiros)

Cristiano Rodrigues

Advogado. Mestre em Ciências Penais pela Universidade Candido Mendes do Rio de Janeiro - UCAM-RJ. Doutorando em Ciências Criminais pela Universidade de Coimbra – Portugal. Professor exclusivo da Rede LFG de ensino, Professor de diversos cursos de Pós-graduação em Direito no Brasil. Professor Conferencista em vários congressos jurídicos nacionais e internacionais. Autor de diversas obras jurídico-penais.

(Twitter: @prof_crodrigues)

Daniela Mendonça

Advogada. Especialista em Ciências Criminais. Professora da Rede de Ensino LFG.

Diogo Lemos Aguiar

Advogado. Mestre em Direito Penal pela Pontifícia Universidade Católica de São Paulo – PUC/SP. Especialista em Direito Penal e Processo Penal pela Escola Paulista de Direito – EPD. Professor da Rede de Ensino LFG. Professor Universitário.

(Twitter:@Profdiogoaguiar)

Eduardo Dompieri

Professor do IEDI. Autor de diversas obras de preparação para Concursos Públicos e Exame de Ordem. Pós-graduado em Direito.

(Twitter: @eduardodompieri)

Fabiano Melo

Professor dos cursos de graduação e pós-graduação em Direito e Administração da Pontifícia Universidade Católica de Minas Gerais (PUC/Minas). Professor de Direito Ambiental e Direitos Humanos da Rede LFG/Kroton. Professor convidado em cursos de pós-graduação no país. Apresentador do Programa Prova Final da TV Justiça. Conferencista e autor de obras jurídicas.

(Twitter: @fabiano_prof)

Fernando Cavalcante

Professor assistente do IEDI. Especialista em Processo Civil pela PUC/SP. Monitor de Processo Civil na PUC/SP. Advogado.

Gabriela Rodrigues Pinheiro

Advogada. Pós-Graduada em Direito Civil e Processual Civil pela Escola Paulista de Direito. Professora Universitária e do IEDI Cursos *On-line* e preparatórios para concursos públicos exame de ordem. Autora de diversas obras jurídicas para concursos públicos e exame de ordem.

Hermes Cramacon

Advogado. Professor do Complexo Damásio de Jesus e do IEDI. Professor de Direito do Trabalho e Processo do Trabalho da Faculdade UNIESP. Pós-graduado em Direito.

(Twitter: @hermescramacon)

Josley Soares Costa

Juiz do Trabalho Substituto do TRT/SP. Pós graduação em Direito e Processo do Trabalho pela PUC/SP. Professor da Rede LFG.

(Twitter: @profjosley)

Luiz Dellore

Doutor e Mestre em Direito Processual Civil pela USP. Mestre em Direito Constitucional pela PUC/SP. Professor do Mackenzie, EPD, IEDI, IOB/Marcato e outras instituições. Advogado concursado da Caixa Econômica Federal. Ex-assessor de Ministro do STJ. Membro do IBDP (Instituto Brasileiro de Direito Processual), do IPDP (Instituto Panamericano de DerechoProcesal) e diretor do CEAPRO (Centro de Estudos Avançados de Processo). Colunista do portal jota.info.

Facebook: Luiz Dellore II

(Twitter: @dellore)

Nathalia Masson

Mestre em Teoria Geral do Estado e Direito Constitucional pela PUC-RJ. Professora de Direito Constitucional. Autora de diversas obras jurídicas.

(Twitter: @ProfNathMasson)

Renan Flumian

Professor e Coordenador Acadêmico do IEDI. Mestre em Filosofia do Direito pela *Universidad de Alicante*, cursou a *Session Annuelle D'enseignement* do *Institut International des Droits de L'Homme*, a Escola de Governo da USP e a Escola de Formação da Sociedade Brasileira de Direito Público. Autor e coordenador de diversas obras de preparação para Concursos Públicos e o Exame de Ordem. Advogado.

(Twitter: @RenanFlumian)

Renato Montans de Sá

Advogado. Mestre e Especialista em Direito Processual Civil pela PUC-SP. Professor da Rede LFG. Coordenador do curso de Pós-graduação em Direito Processual Civil Moderno da Universidade Anhanguera-Uniderp/Rede LFG.

(Twitter: @RenatoMontans)

Wander Garcia

Doutor e Mestre em Direito pela PUC/SP. Um dos maiores especialistas em Concursos Públicos e Exame de Ordem do País, é autor *best seller* com mais de 1 milhão de livros vendidos na área. Também é diretor da Editora FOCO e atuou como professor e coordenador nos maiores cursos preparatórios do País, como LFG, Damásio e IEDI.

(Twitter: @wander_garcia)

Como Usar o Livro

Para que você consiga um ótimo aproveitamento deste livro, atente para as seguintes orientações:

1º Tenha em mãos um ***vade mecum*** ou **um computador** no qual você possa acessar os textos de lei citados.

Neste ponto, recomendamos o ***Vade Mecum* de Legislação FOCO 2016 – 3ª edição**, que é o *Vade Mecum* com o melhor conteúdo impresso do mercado – confira em www.editorafoco.com.br.

2º Se você estiver estudando a teoria (fazendo um curso preparatório ou lendo resumos, livros ou apostilas), faça as questões correspondentes deste livro na medida em que for avançando no estudo da parte teórica.

3º Se você já avançou bem no estudo da teoria, leia cada capítulo deste livro até o final, e só passe para o novo capítulo quando acabar o anterior; vai mais uma dica: alterne capítulos de acordo com suas preferências; leia um capítulo de uma disciplina que você gosta e, depois, de uma que você não gosta ou não sabe muito, e assim sucessivamente.

4º Iniciada a resolução das questões, tome o cuidado de ler cada uma delas **sem olhar para o gabarito e para os comentários**; se a curiosidade for muito grande e você não conseguir controlar os olhos, tampe os comentários e os gabaritos com uma régua ou um papel; na primeira tentativa, é fundamental que resolva a questão sozinho; só assim você vai identificar suas deficiências e "pegar o jeito" de resolver as questões; marque com um lápis a resposta que entender correta, e só depois olhe o gabarito e os comentários.

5º **Leia com muita atenção o enunciado das questões**. Ele deve ser lido, no mínimo, duas vezes. Da segunda leitura em diante, começam a aparecer os detalhes, os pontos que não percebemos na primeira leitura.

6º **Grife as palavras-chave, as afirmações e a pergunta formulada.** Ao grifar as palavras importantes e as afirmações você fixará mais os pontos-chave e não se perderá no enunciado como um todo. Tenha atenção especial com as palavras "correto", "incorreto", "certo", "errado", "prescindível" e "imprescindível".

7º Leia os comentários e **leia também cada dispositivo legal** neles mencionados; não tenha preguiça; abra o *Vade Mecum* e leia os textos de leis citados, tanto os que explicam as alternativas corretas, como os que explicam o porquê de ser incorreta dada alternativa; você tem que conhecer bem a letra da lei, já que mais de 90% das respostas estão nela; mesmo que você já tenha entendido determinada questão, reforce sua memória e leia o texto legal indicado nos comentários.

8º Leia também os **textos legais que estão em volta** do dispositivo; por exemplo, se aparecer, em Direito Penal, uma questão cujo comentário remeta ao dispositivo que trata da falsidade ideológica, aproveite para ler também os dispositivos que tratam dos outros crimes de falsidade; outro exemplo: se aparecer uma questão, em Direito Constitucional, que trate da composição do Conselho Nacional de Justiça, leia também as outras regras que regulamentam esse conselho.

9º Depois de resolver sozinho a questão e de ler cada comentário, você deve fazer uma **anotação ao lado da questão**, deixando claro o motivo de eventual erro que você tenha cometido; conheça os motivos mais comuns de erros na resolução das questões:

DL – "desconhecimento da lei"; quando a questão puder ser resolvida apenas com o conhecimento do texto de lei;

DD – "desconhecimento da doutrina"; quando a questão só puder ser resolvida com o conhecimento da doutrina;

DJ – "desconhecimento da jurisprudência"; quando a questão só puder ser resolvida com o conhecimento da jurisprudência;

FA – "falta de atenção"; quando você tiver errado a questão por não ter lido com cuidado o enunciado e as alternativas;

NUT – "não uso das técnicas"; quando você tiver se esquecido de usar as técnicas de resolução de questões objetivas, tais como as da **repetição de elementos** ("quanto mais elementos repetidos existirem, maior a chance de a alternativa ser correta"), das **afirmações generalizantes** ("afirmações generalizantes tendem a ser incorretas" – reconhece-se afirmações generalizantes pelas palavras *sempre, nunca, qualquer, absolutamente,* *apenas, só, somente exclusivamente* etc.), dos **conceitos compridos** ("os conceitos de maior extensão tendem a ser corretos"), entre outras.

10º Confie no **bom-senso**. Normalmente, a resposta correta é a que tem mais a ver com o bom-senso e com a ética. Não ache que todas as perguntas contêm uma pegadinha. Se aparecer um instituto que você não conhece, repare bem no seu nome e tente imaginar o seu significado.

11º Faça um levantamento do **percentual de acertos de cada disciplina** e dos **principais motivos que levaram aos erros cometidos**; de posse da primeira informação, verifique quais disciplinas merecem um reforço no estudo; e de posse da segunda informação, fique atento aos erros que você mais comete, para que eles não se repitam.

12º Uma semana antes da prova, faça uma **leitura dinâmica** de todas as anotações que você fez e leia de novo os dispositivos legais (e seu entorno) das questões em que você marcar "DL", ou seja, desconhecimento da lei.

13º Para que você consiga ler o livro inteiro, faça um bom **planejamento**. Por exemplo, se você tiver 90 dias para ler a obra, divida o número de páginas do livro pelo número de dias que você tem, e cumpra, diariamente, o número de páginas necessárias para chegar até o fim. Se tiver sono ou preguiça, levante um pouco, beba água, masque chiclete ou leia em voz alta por algum tempo.

14º Desejo a você, também, muita **energia**, **disposição**, **foco**, **organização**, **disciplina**, **perseverança**, **amor** e **ética**!

Wander Garcia

Apresentação

Escrita pelos mais conceituados especialistas em capacitação para o Exame de Ordem, a presente obra constitui relevante instrumento para todos aqueles que buscam um eficiente preparo a fim de lograrem a habilitação para o exercício da advocacia.

Com linguagem dinâmica, facilitando a aprendizagem, a obra explora o conteúdo programático exigido pela Ordem dos Advogados do Brasil e seus autores também comentam as questões exigidas em provas mais recentes, permitindo ao leitor aliar a teoria à prática, simulando condições de prova e tornando possível verificar o avanço em seu processo de aprendizado.

Tudo isso em um único volume, editado com a qualidade diferenciada da Editora FOCO, a mais renomada editora especializada em concursos e OAB, visando simplificar o estudo e permitir ao aluno alcançar a sua aprovação.

João Aguirre

SUMÁRIO

10. DIREITO CIVIL 413

11. ESTATUTO DA CRIANÇA E DO ADOLESCENTE 535

12. DIREITO DO CONSUMIDOR 543

13. DIREITO EMPRESARIAL 569

14. DIREITO PROCESSUAL CIVIL – NOVO CPC 595

15. DIREITO PENAL 693

16. DIREITO PROCESSUAL PENAL 743

9. DIREITO CIVIL 1097

10. ESTATUTO DA CRIANÇA E DO ADOLESCENTE 1129

11. DIREITO DO CONSUMIDOR 1139

12. DIREITO EMPRESARIAL 1151

13. DIREITO PROCESSUAL CIVIL – NOVO CPC – LEI 13.105/2015 1169

14. DIREITO PENAL 1183

15. DIREITO PROCESSUAL PENAL 1209

16. DIREITO DO TRABALHO 1225

TUDO em UM

PARA

OAB

DOUTRINA COMPLETA

1. Ética Profissional – Novo CED[1]

Arthur Trigueiros

1. ÉTICA PROFISSIONAL E OS PRINCIPAIS DIPLOMAS NORMATIVOS QUE REGEM A MATÉRIA

1.1. Conceito de ética

A ética traduz a ideia de um "comportamento ideal". Trazendo ao Direito, temos a denominada **Ética Profissional**, que corresponde ao "código de conduta" que o operador do Direito deve seguir.

Trata-se, enfim, de um conjunto de normas e princípios que devem pautar o comportamento do homem em suas relações com seus semelhantes.

1.2. A noção de deontologia jurídica

Para os fins de nossa obra, o que nos interessa sobremaneira é o estudo não da "ética geral", aqui tomada, como visto no item anterior, como um conjunto de "normas comportamentais", mas sim da ética voltada para a denominada "deontologia jurídica".

Deontologia (do grego *δέον*, translit. *deon* "dever, obrigação" + *λόγος*, *logos*, "ciência"), na filosofia moral contemporânea, é uma das teorias normativas segundo as quais as escolhas são moralmente necessárias, proibidas ou permitidas. Portanto inclui-se entre as teorias morais que orientam nossas escolhas sobre o que deve ser feito.

O termo foi introduzido em 1834, por Jeremy Bentham, para referir-se ao ramo da ética cujo objeto de estudo são os fundamentos do dever e as normas morais. É conhecida também sob o nome de "Teoria do Dever". É um dos dois ramos principais da Ética Normativa, juntamente com a axiologia.

Pode-se falar, também, de uma deontologia aplicada, caso em que já não se está diante de uma ética normativa, mas sim descritiva e inclusive prescritiva. Tal é o caso da chamada "Deontologia Profissional".

A deontologia em Kant fundamenta-se em dois conceitos que lhe dão sustentação: a razão prática e a liberdade. Agir por dever é o modo de conferir à ação o valor moral; por sua vez, a perfeição moral só pode ser atingida por uma vontade livre. O imperativo categórico no domínio da moralidade é a forma racional do "dever-ser", determinando a vontade submetida à obrigação. O predicado "obrigatório" da perspectiva deontológica designa na visão moral o "respeito de si".

A deontologia também se refere ao conjunto de princípios e regras de conduta — os deveres — inerentes a determinada profissão. Assim, cada profissional está sujeito a uma deontologia própria a regular o exercício de sua profissão, conforme o Código de Ética de sua categoria. Nesse caso, é o conjunto codificado das obrigações impostas aos profissionais de determinada área, no exercício de sua profissão. São normas estabelecidas pelos próprios profissionais, tendo em vista não exatamente a qualidade moral, mas a correção de suas intenções e ações, em relação a direitos, deveres ou princípios, nas relações entre a profissão e a sociedade. O primeiro Código de Deontologia foi feito na área médica, nos Estados Unidos, em meados do século XX.

1.3. A deontologia jurídica aplicada ao advogado

O objetivo da presente obra é analisar, de forma clara e objetiva, todo o conjunto de normas e princípios que regem a atuação profissional do ADVOGADO, bem como das demais pessoas (naturais ou jurídicas) que se submetem ao arcabouço normativo instaurado pelo Estatuto da Advocacia e a Ordem dos Advogados do Brasil (EAOAB – Lei 8.906/1994).

1.4. Principais diplomas normativos que regem a Ética Profissional

Os principais diplomas normativos de nossa matéria são:

a) Estatuto da Advocacia e a Ordem dos Advogados do Brasil (abreviatura: EAOAB) – Lei 8.906/1994;

b) Código de Ética e Disciplina (abreviatura: CED) – editado pelo Conselho Federal da OAB; e

c) Regulamento Geral – editado pelo Conselho Federal da OAB.

Perceba que o Estatuto da Advocacia, embora leve o nome de "estatuto", transmitindo a impressão de que se trata de um conjunto de regras a serem observadas *interna corporis*, tem *status* de lei ordinária, e, portanto, de observância geral.

Já o Código de Ética e Disciplina, embora leve o nome de "código", transmitindo a impressão de que se trata de uma "lei", não o é. Os diversos dispositivos nele previstos decorrem de atividade normativa do Conselho Federal da OAB, considerado seu "órgão de cúpula", cujas competências, entre outras, é a de editar e alterar o Código de Ética (art. 54, V, EAOAB – Lei 8.906/1994).

Por fim, o Regulamento Geral, como o próprio nome sugere, também editado pelo Conselho Federal da OAB (art. 54, V, EAOAB – Lei 8.906/1994), é o diploma abrangente dos procedimentos, estrutura organizacional e atribuições dos órgãos internos, e de todas as matérias que sejam suscetíveis às mudanças do tempo e das necessidades que se impuserem (LÔBO, 2007).

1. Este capítulo está totalmente adaptado ao Novo Código de Ética e Disciplina, editado pelo Conselho Federal da OAB por meio da Resolução nº 02/2015. Também fizemos as necessárias adaptações com relação ao Novo CPC (Lei 13.105/2015), indicando-se os artigos correspondentes do CPC/1973.

2. ADVOCACIA E ATIVIDADES PRIVATIVAS DE ADVOCACIA

2.1. Preliminarmente: da denominação de advogado

Na sábia docência de Rui Barbosa, o primeiro advogado foi o primeiro homem que, com a influência da razão e da palavra, defendeu os seus semelhantes contra a injustiça, a violência e a fraude (RAMOS, 2009).

Embora não se possa precisar o momento exato em que a advocacia surgiu, o fato é que, de uma forma ou de outra, é da essência do homem defender seus semelhantes, rechaçando as injustiças ou buscando implementar seus direitos, ainda que não positivados.

Etimologicamente, a denominação "advogado" deriva do latim *advocatus* (*vocati ad*), que significa basicamente "interceder a favor de" (RAMOS, 2009).

Assim, em simples palavras, o advogado é o profissional do direito que, se valendo da razão e de todo o arcabouço jurídico, tem por escopo precípuo interceder a favor de alguém, a fim de garantir a defesa de seus direitos.

2.1.1. Princípios que regem a advocacia

Com fundamento no art. 2º do EAOAB, extraem-se os seguintes princípios reitores da atividade de advocacia:

a) *indispensabilidade* – nos termos do art. 133, CF, o advogado é personagem indispensável à administração da justiça. Metaforicamente, pode-se dizer que o juiz simboliza o Estado, o promotor, a lei, e o advogado, o povo (LÔBO, 2007);

b) *inviolabilidade* – também com base no art. 133, CF, ao advogado é garantida a sua inviolabilidade por seus atos e manifestações no exercício da profissão, tal como veremos no Item 6 – Direitos dos advogados, *infra*;

c) *função social* – sendo o advogado indispensável à administração da justiça, emerge a nítida *função pública* que desempenha, e, por que não, função social, ainda que no seu ministério privado (art. 2º, § 1º, EAOAB). Assim, a advocacia, além de profissão, é múnus, pois cumpre o encargo indeclinável de contribuir para a realização da justiça, ao lado do patrocínio da causa, quando atua em juízo (LÔBO, 2007);

d) *independência* – a despeito de o advogado prestar um serviço público, isso não o torna vinculado ao Estado (*lato sensu*). Ao contrário, trata-se de profissional que deverá atuar com independência, devendo buscar a adequada solução ao litígio.

2.2. Aspectos constitucionais referentes à advocacia

A figura do advogado e a atividade por ele desenvolvida vêm previstas no art. 133 da CF: "o advogado é indispensável à administração da justiça, sendo inviolável por seus atos e manifestações no exercício da profissão, nos limites da lei".

Trata-se de inegável "função pública", visto que a própria CF previu a advocacia como **instituição indispensável à administração da justiça**. Como dizem alguns autores, a atividade do advogado configura verdadeiro *múnus público*.

É bom que se diga que nossa Carta Magna, além de tratar do advogado "profissional liberal" (art. 133), cuidou de prever a denominada "Advocacia Pública" (arts. 131 e 132) e a "Defensoria Pública" (arts. 134 e 135).

2.3. Das atividades privativas de advocacia (arts. 1º a 4º, EAOAB – Lei 8.906/1994; arts. 1º a 8º, Regulamento Geral)

A palavra *"advogado"* e o *exercício da atividade de advocacia* são **PRIVATIVOS** dos inscritos na Ordem dos Advogados do Brasil (OAB), conforme reza art. 3º do EAOAB.

Atenção

De acordo com o art. 1º do EAOAB, consideram-se **atividades privativas de advocacia:**

I – postulação a qualquer órgão do Poder Judiciário e aos juizados especiais;

II – as atividades de consultoria, assessoria e direção jurídicas;

III – visar atos e contratos constitutivos de pessoas jurídicas (§ 3º).

2.3.1. Da postulação em juízo

Como visto no item anterior, considera-se a primeira atividade privativa de advocacia a *postulação perante qualquer órgão do Poder Judiciário, inclusive juizados especiais.*

Esclarece-se, por oportuno, que a atividade de postulação significa o ato de pedir ou exigir a prestação jurisdicional do Estado (LÔBO, 2007), exigindo-se qualificação técnica, qual seja, a de advogado.

Pela redação do dispositivo legal (art. 1º, I, EAOAB)[2], fica nítida a intenção do legislador de atribuir ao advogado a tarefa exclusiva – e o *monopólio* – de atuação perante qualquer órgão do Poder Judiciário. Em simples palavras, tomando a literalidade da lei, apenas o advogado pode representar alguém em juízo, e ninguém mais!

Deve-se entender por órgãos do Poder Judiciário, conforme enuncia o art. 92, CF:

> I – o Supremo Tribunal Federal;
>
> I-A – o Conselho Nacional de Justiça; (Incluído pela Emenda Constitucional 45, de 2004)
>
> II – o Superior Tribunal de Justiça;
>
> III – os Tribunais Regionais Federais e Juízes Federais;
>
> IV – os Tribunais e Juízes do Trabalho;
>
> V – os Tribunais e Juízes Eleitorais;
>
> VI – os Tribunais e Juízes Militares;
>
> VII – os Tribunais e Juízes dos Estados e do Distrito Federal e Territórios.

Em verdade, o que fez o art. 1º, I, EAOAB foi explicitar e regulamentar o alcance do já citado art. 133, CF, que, frise-se, enuncia ser o advogado indispensável à administração da justiça. Em suma, a lei impõe a interveniência do advogado em toda postulação judicial, afastando-se, pois, a postulação direta das partes (autor e réu).

No entanto, com relação à primeira atividade privativa de advocacia em comento, é importante registrar que o STF, no julgamento da ADIn 1.127-8, reconheceu a inconstitu-

2. Art. 1º São atividades privativas de advocacia: I – a postulação a órgão do Poder Judiciário e aos juizados especiais; (Vide ADIN 1.127-8)

cionalidade da expressão "qualquer" inserida no art. 1º, I, EAOAB. Assim, aquele "monopólio" de acesso ao Judiciário apenas pelo advogado caiu por terra.

Destarte, embora a regra seja a de que a atividade de postulação em juízo caiba ao advogado, representando as partes, há algumas exceções que devem ser bem estudadas e destacadas, sob pena de o leitor enganar-se com a falsa ideia de "monopólio" de acesso ao Poder Judiciário pelo advogado.

Vamos às exceções!

2.3.1.1. *Postulação perante os juizados especiais*

De acordo com o art. 98, I, CF, a União, os Estados--membros, o Distrito Federal e os Territórios deverão criar os "juizados especiais, providos por juízes togados, ou togados e leigos, competentes para a conciliação, o julgamento e a execução de causas cíveis de menor complexidade e infrações penais de menor potencial ofensivo, mediante os procedimentos oral e sumariíssimo, permitidos, nas hipóteses previstas em lei, a transação e o julgamento de recursos por turmas de juízes de primeiro grau".

O que se vê desse excerto legal é que a União e os Estados-membros e o DF deverão criar dois tipos de juizados especiais:

a) *cíveis*, para o julgamento e execução de causas de menor complexidade; e

b) *criminais*, para o julgamento e execução das infrações penais de menor potencial ofensivo.

Considerando que o STF, em 2006, julgou definitivamente a ADIn 1.127-8, proposta pela AMB (Associação dos Magistrados do Brasil), até mesmo em razão de superveniência legislativa à edição do Estatuto da OAB, quais sejam, a Lei 9.099/1995 (Lei dos Juizados Especiais Cíveis e Criminais no âmbito estadual) e a Lei 10.259/2001 (Lei dos Juizados Especiais Cíveis e Criminais no âmbito federal), afastou-se do "monopólio" do acesso ao Judiciário pelos advogados a postulação perante os juizados especiais.

Assim, em matéria de "juizados especiais", podemos afirmar que a regra é a desnecessidade de intervenção do advogado para a assistência e representação judicial das partes.

Isso pelo fato de a Lei 9.099/1995, em seu art. 9º, haver estabelecido que a assistência das partes por advogado é obrigatória apenas nas causas com valores *superiores a 20 (vinte) salários mínimos*, apenas em 1º grau de jurisdição (em grau recursal, independentemente do valor da causa, a participação do advogado é imprescindível).

Também, a Lei 10.259/2001, regulamentadora dos juizados especiais cíveis e criminais no âmbito federal, em seu art. 10, permite que as partes designem, por escrito, representantes para a causa, advogado ou não.

Inconformada com a redação de referido dispositivo legal, a OAB, por intermédio de seu Conselho Federal, ajuizou a ADIn 3.168 perante o STF, no ano de 2004, a qual, julgada no mérito, reconheceu a constitucionalidade do aludido dispositivo legal, excetuadas as ações de índole criminal. Assim, em matéria de "juizados especiais cíveis" no âmbito federal, a representação das partes por advogado é desnecessária em 1º grau de jurisdição (até o limite máximo de 60 salários mínimos), sendo, porém, necessária em grau recursal. Já nos feitos criminais que tramitam perante os juizados especiais federais, a representação judicial das partes por advogado é indispensável (tal foi a conclusão do STF ao julgar a ADIn em questão).

Em suma, para uma rápida compreensão do leitor:

a) nos **juizados especiais cíveis** (JEC), no **âmbito estadual**, nas causas de até vinte salários mínimos, nos termos do art. 9º da Lei 9.099/1995, não é necessária a assistência de advogado às partes. Contudo, em segunda instância (turmas recursais), exige-se a assistência das partes por advogado;

b) nos **juizados especiais cíveis no âmbito federal** (Lei 10.259/2001), cujo valor máximo de alçada é de sessenta salários mínimos, não se faz necessária a presença de advogado. Porém, tal como ocorre no âmbito estadual, em segunda instância, independentemente do valor da causa, as partes devem ser representadas por advogado;

c) nos **juizados especiais criminais**, o STF, no julgamento da precitada **ADIn 3.168** (Min. Rel. Joaquim Barbosa), entendeu que a presença do advogado é obrigatória, visto que a defesa técnica é imprescindível em matéria criminal.

2.3.1.2. *Impetração de habeas corpus*

O art. 5º, LXVIII, CF, dispõe: "conceder-se-á "habeas corpus" sempre que alguém sofrer ou se achar ameaçado de sofrer violência ou coação em sua liberdade de locomoção, por ilegalidade ou abuso de poder".

Como é sabido, o *habeas corpus* é um dos principais instrumentos (e remédio constitucional!) de proteção à liberdade de locomoção. Por essa razão, o próprio EAOAB, em seu art. 1º, § 1º, afastou a necessidade de interveniência do advogado para seu manejo, podendo, pois, qualquer pessoa impetrá-lo em seu próprio favor ou em favor de terceiro que se achar com sua liberdade de locomoção efetivamente restringida ou ameaçada de sê-lo.

Destaca-se que a impetração de *habeas corpus* poderá ser diretamente realizada perante *qualquer instância ou tribunal*, inclusive perante as instâncias extraordinárias (STJ e STF), visto que referido remédio constitucional não pode ter seu alcance restringido em razão da exigência de representação processual por advogado.

Atenção

Não pode o leitor confundir a desnecessidade de advogado para impetrar *habeas corpus* com outras ações de índole constitucional, tais como o mandado de segurança, a ação popular, o mandado de injunção e o *habeas data*, nas quais a capacidade postulatória (leia-se: a obrigatoriedade de representação das partes por advogado) se faz necessária!

2.3.1.3. *Postulação perante a Justiça do Trabalho*

Dispõe o art. 791 da CLT que "os empregados e empregadores poderão reclamar pessoalmente perante a Justiça do Trabalho e acompanhar as suas reclamações até o final".

Pela redação dada ao referido dispositivo legal, tanto reclamante quanto reclamado podem deduzir suas pretensões em juízo independentemente de advogado, já que poderão fazê-lo "pessoalmente". Aqui, estamos diante do denominado *jus postulandi*, ou seja, direito de postular.

Não se trata de instituto privativo da Justiça do Trabalho. Basta relembrar que nos juizados especiais admite-se a postulação direta das partes (autor ou réu) nas hipóteses já anteriormente destacadas (item 2.3.1.1. *supra*), bem como no caso de impetração de *habeas corpus*.

Atenção

Assim, podemos afirmar que, em regra, a atuação do advogado é prescindível (leia-se: dispensável) na Justiça do Trabalho. Contudo, algumas ressalvas devem ser feitas, decorrentes, sobretudo, da Súmula 425 do TST: "O *jus postulandi* das partes, estabelecido no art. 791 da CLT, limita-se às Varas do Trabalho e aos Tribunais Regionais do Trabalho, não alcançando a ação rescisória, a ação cautelar, o mandado de segurança e os recursos de competência do Tribunal Superior do Trabalho".

Já se assentou de há muito na jurisprudência do TST que o referido art. 791 da CLT tem aplicabilidade para a *instância ordinária*, assim consideradas as Varas do Trabalho (1ª instância) e os Tribunais Regionais do Trabalho (2ª instância), sendo necessária a postulação por intermédio de advogado na *instância extraordinária*, ou seja, o Tribunal Superior do Trabalho, bem como em determinadas ações (mandados de segurança, ação rescisória e ação cautelar).

Em resumo, na Justiça do Trabalho, em razão do *jus postulandi*, não se exige a capacidade postulatória às partes (representação por meio de advogado). No entanto, consoante entendimento cristalizado na já citada Súmula 425 do TST, a postulação direta pelas partes limita-se às Varas do Trabalho e aos Tribunais Regionais do Trabalho (leia-se: *instâncias ordinárias*), não alcançando a ação rescisória, a ação cautelar, o mandado de segurança e os recursos de competência do Tribunal Superior do Trabalho (*instância extraordinária*).

2.3.1.4. *Postulação perante a Justiça de Paz*

A Justiça de Paz não integra a função jurisdicional do Estado, tendo como incumbência principal, de acordo com o art. 98, II, CF, celebrar casamentos.

O STF, no julgamento da ADIn 1.127-8, excluiu do art. 1º, I, do EAOAB a postulação perante a Justiça de Paz; vale dizer, não é necessário que os pleitos deduzidos a um juiz de paz o sejam por intermédio de advogado.

2.3.1.5. *Propositura de ação de alimentos*

Nos termos do art. 2º da Lei 5.478/1968 (Lei de Alimentos), o credor, *pessoalmente* ou por intermédio de advogado, dirigir-se-á ao juiz competente, qualificando-se, e exporá suas necessidades, provando apenas o parentesco ou a obrigação de alimentar do devedor, indicando seu nome e sobrenome, residência ou local de trabalho, profissão e naturalidade, quanto ganha aproximadamente ou os recursos de que dispõe.

Da redação do dispositivo legal referido, vê-se claramente que há a possibilidade de o credor de alimentos demandar pessoalmente contra o devedor, ou seja, sem a necessidade de representação por advogado.

2.3.1.6. *Propositura de revisão criminal e medidas protetivas da Lei Maria da Penha*

De acordo com a doutrina e a jurisprudência, admite-se o ajuizamento de revisão criminal, cuja natureza jurídica é de ação autônoma de impugnação, prevista nos arts. 621 e seguintes, CPP, independentemente de representação por advogado.

Trata-se de verdadeira "ação rescisória" de índole criminal, movida necessariamente após o trânsito em julgado de sentença penal condenatória, a fim de restabelecer o *status dignitatis* de réu indevidamente condenado. Dada a relevância do instrumento em comento, não se exige a capacidade postulatória como pressuposto processual subjetivo da parte autora.

Também não exige intermediação de advogado a postulação de medidas protetivas da Lei Maria da Penha (Lei 11.340/2006), que, em seu art. 19, autoriza a própria ofendida (mulher, vítima de violência doméstica) a requerer a concessão, pelo juiz, das medidas de urgência previstas nos arts. 22 e 23 de aludido diploma legal.

2.3.1.7. *Atuação do advogado nas separações, divórcios e inventários extrajudiciais*

Questão interessante que se pode colocar é a da necessidade – ou não – de o advogado assistir os interessados em **inventários, separações e divórcios consensuais extrajudiciais**.

A resposta é positiva. Nos termos dos arts. 610, §2º e 733, § 2º, ambos do Novo CPC (correspondentes aos arts. 982, § 1º e 1124-A, § 2º, do CPC/1973), a escritura pública de inventários e partilhas consensuais, bem assim a de divórcio ou separação consensuais, dependerá, para sua lavratura, de as partes interessadas estarem assistidas por advogado ou defensor público.

Assim, em conclusão, referidas atividades – de assistência das partes interessadas nos inventários e partilhas, divórcios e separações consensuais extrajudiciais - são privativas de advocacia.

2.3.2. *Assessoria, Consultoria e Direção jurídicas*

Trata-se da segunda atividade privativa de advocacia, definida no art. 1º, II, EAOAB e reforçada pelo art. 7º do Regulamento Geral.

O novel Estatuto veio regular formalmente essas situações em que o profissional presta seus serviços num tipo de atividade que se poderia aqui chamar de advocacia preventiva (RAMOS, 2009).

Assim, objetivando prevenir futuros litígios, não é raro que advogados sejam procurados para que elaborem pareceres ou esclareçam, em consultas marcadas em seus escritórios de trabalho, questões jurídicas que lhes sejam postas.

Também se insere no espectro das atividades privativas de advocacia a direção jurídica, por advogados, de órgãos públicos ou mesmo empresas privadas, que por vezes dispõem de departamento jurídico com corpo de advogados e estagiários.

Portanto, o bacharel em direito, sem a devida inscrição nos quadros da OAB como advogado, não pode prestar sozinho qualquer tipo de atividade privativa de advocacia, sob pena de responder disciplinarmente e até criminalmente por *exercício ilegal da profissão* (art. 47 da Lei das Contravenções Penais – Decreto-Lei 3.688/1941).

2.3.3. *Vistos em atos e contratos constitutivos de pessoas jurídicas*

Finalmente, quanto à última atividade privativa de advocacia, chamamos a atenção para o fato de que os atos e contratos constitutivos de pessoas jurídicas (contratos sociais, estatutos etc.) somente serão admitidos a registro, sob pena de nulidade, se visados (leia-se: assinados) por advogados.

Assim, compete ao advogado analisar o preenchimento das exigências legais dos atos constitutivos de pessoas jurídicas, sem o que, repita-se, não poderão ser levados a registro perante os órgãos competentes (ex.: Cartórios de Registro Civil de Pessoas Jurídicas; Junta Comercial etc.).

Impende ressaltar que o art. 2º, parágrafo único, do Regulamento Geral dispõe que estão impedidos de exercer a atividade em comento (qual seja, a de visar atos constitutivos de pessoas jurídicas) os advogados que prestem serviços a órgãos ou entidades da Administração Pública direta ou indireta, da unidade federativa a que se vincule a Junta Comercial, ou a quaisquer repartições administrativas competentes para o mencionado registro.

Podemos portanto afirmar que, em regra, os atos e contratos constitutivos de pessoas jurídicas exigem a participação do advogado, que deverá visá-los (leia-se: assiná-los), anuindo com seus conteúdos. Porém, a única exceção encontrava-se disciplinada na Lei 9.841/1999, que, revogada pela Lei Complementar 123/2006 (Estatuto Nacional da Microempresa e Empresa de Pequeno Porte), passou a prever que, em se tratando de *microempresas e empresas de pequeno porte*, ficará dispensada a obrigatoriedade de os atos constitutivos serem visados por advogados.

2.3.4. *Resumo das atividades privativas de advocacia*

Em resumo, as *atividades privativas de advocacia*, destacando-se as exceções, são:

✓ **Postulação perante os órgãos do Poder Judiciário**, ressalvados:

a) impetração de *habeas corpus* (qualquer instância ou tribunal);

b) ações perante os juizados especiais cíveis, nas causas de até vinte salários mínimos, em 1ª instância, no âmbito estadual, ou, no caso dos juizados especiais cíveis no âmbito federal, até sessenta salários mínimos;

c) formulação de pedidos perante a Justiça de Paz;

d) ações perante a Justiça do Trabalho (apenas nas instâncias ordinárias – Varas do Trabalho e TRTs, exigindo-se o advogado nos recursos de competência do TST e em determinadas ações - mandados de segurança, ações cautelares e ações rescisórias);

e) propositura de ação de alimentos;

f) propositura de revisão criminal e pedido de medidas protetivas de urgência (Lei Maria da Penha);

✓ **Assessoria, consultoria e direção jurídicas** (empresas públicas, paraestatais ou privadas);

✓ **Visar atos constitutivos de pessoas jurídicas**, exceto:

a) microempresas;

b) empresas de pequeno porte.

✓ **Acompanhamento de inventários, separações e divórcios extrajudiciais consensuais**

2.4. Advocacia vinculada a outras atividades

De acordo com o art. 1º, § 3º, do EAOAB, é terminantemente proibida a divulgação da advocacia vinculada a quaisquer outras atividades (ex.: contabilidade, imobiliárias, assessoria de imprensa etc.), ainda que sem fins lucrativos.

Tal vedação objetiva, em última análise, garantir o sigilo profissional, a inocorrência de captação de clientela e, também, impedir que a profissão possa ser de alguma forma vulgarizada (RAMOS, 2009).

Prova disso é que o CED, em seus arts. 39 a 47, estabelece os princípios e regras norteadoras da publicidade na advocacia, reforçando-se a previsão estatutária no sentido de que é vedada a sua divulgação em conjunto com outras atividades (art. 40, IV).

2.5. A inviolabilidade do advogado

Como dissemos anteriormente, o exercício da atividade de advocacia, embora não configure função similar à de um funcionário público, é inegável função social, caracterizadora de um *múnus público*.

Por esse motivo, o advogado, no exercício da profissão, é inviolável por seus atos e manifestações, no exercício da profissão. Possui, pois, imunidade penal no tocante aos crimes de injúria, difamação e desacato (por força da ADIn 1.127-8, ajuizada perante o STF, foi desconsiderada essa última infração penal, ou seja, o advogado responde por desacato, ainda que o pratique no exercício da função).

Veremos melhor a questão da inviolabilidade material (ou penal) do advogado no item atinente aos direitos e prerrogativas.

2.6. Da Advocacia pública

Nos termos do art. 3º, § 1º, do EAOAB, exercem a atividade de advocacia, sujeitando-se ao regime desta lei, além do regime próprio a que se subordinem, os integrantes da Advocacia-Geral da União, da Procuradoria da Fazenda Nacional, da Defensoria Pública e das Procuradorias e Consultorias Jurídicas dos Estados, do DF, dos Municípios e das respectivas entidades de administração indireta e fundacional.

Ainda, os arts. 9º e 10, ambos do Regulamento Geral, igualmente tratam da denominada "advocacia pública", reforçando quem são considerados os seus integrantes, bem assim a submissão de todos eles não apenas ao regime jurídico próprio de suas carreiras, instaurado pelas respectivas leis orgânicas, mas também ao regime ético instaurado pelo Estatuto da OAB, Código de Ética, Regulamento Geral e Provimentos editados pelos órgãos da OAB.

De acordo com o Provimento 114/2006, do Conselho Federal da OAB, a advocacia pública é exercida por advogado inscrito na OAB, que ocupe cargo ou emprego público ou de direção de órgão jurídico público, em atividade de representação judicial, de consultoria ou de orientação judicial e defesa dos necessitados.

Conforme o art. 2º do provimento em questão, exercem atividades de advocacia pública, sujeitos ao presente provimento e ao regime legal a que estejam submetidos:

I – os membros da Advocacia-Geral da União, da Procuradoria-Geral da Fazenda Nacional, da Procuradoria-Geral Federal, da Consultoria-Geral da União e da Procuradoria-Geral do Banco Central do Brasil;

II – os membros das Defensorias Públicas da União, dos Estados e do Distrito Federal;

III – os membros das Procuradorias e Consultorias Jurídicas dos Estados, do Distrito Federal e dos Municípios, e das respectivas entidades autárquicas e;

IV – os membros das Procuradorias e Consultorias Jurídicas junto aos órgãos legislativos federais, estaduais, ;

V – aqueles que sejam estáveis em cargo de advogado, por força do art. 19 do ADCT.

Ainda, de acordo com o art. 3º do mesmo ato normativo, o advogado público deve ter inscrição principal perante o Conselho Seccional da OAB em cujo território tenha lotação (ex.: se "A" é Procurador do Estado de São Paulo, deve ter inscrição principal junto à OAB/SP).

Destaque-se, por oportuno, que a aprovação em concurso público de provas e de provas e títulos para cargo de advogado público não elimina a necessidade de aprovação em exame de ordem para inscrição em Conselho Seccional da OAB onde tenha domicílio ou deva ser lotado. Nota-se inexistir qualquer "protecionismo" ao advogado público. Tanto é verdade que, na maior parte dos concursos para provimento de cargos das carreiras integrantes da advocacia pública, é requisito para a posse ser inscrito na OAB.

Importante ressaltar, contudo, que, nos termos do Provimento 167/2015, do Conselho Federal da OAB, que alterou o Provimento 144/2011[3], dando nova redação ao art. 6º, § 2º, deste último, assinalou-se que ficam dispensados do Exame de Ordem os advogados públicos aprovados em concurso público de provas e títulos realizado com a efetiva participação da OAB, e que estejam há mais de 05 (cinco) anos no exercício da profissão. Porém, referidos advogados terão o prazo de 06 (seis) meses, contados a partir da data da publicação do Provimento n. 167/2015-CFOAB, para regularização de suas inscrições perante a Ordem dos Advogados do Brasil, sob pena de decadência do direito.

É dever do advogado público a independência técnica, exercendo suas atividades de acordo com suas convicções profissionais e em estrita observância aos princípios constitucionais da administração pública.

Importante anotar que no Novo Código de Ética, o Conselho Federal da OAB cuidou de prever um capítulo próprio sobre a Advocacia Pública, traçando relevantes regras em seu art. 8º. Confira-se:

As disposições deste Código obrigam igualmente os órgãos de advocacia pública, e advogados públicos, incluindo aqueles que ocupem posição de chefia e direção jurídica.

§ 1º O advogado público exercerá suas funções com independência técnica, contribuindo para a solução ou redução de litigiosidade, sempre que possível.

§ 2º O advogado público, inclusive o que exerce cargo de chefia ou direção jurídica, observará nas relações com os colegas, autoridades, servidores e o público em geral, o dever de urbanidade, tratando a todos com respeito e consideração, ao mesmo tempo em que preservará suas prerrogativas e o direito de receber igual tratamento das pessoas com as quais se relacione

Por fim, mister ressaltar que o advogado público, por força do art. 30, I, do EAOAB, que será melhor explicado posteriormente, enquanto estiver em atividade, não poderá jamais exercer a advocacia contra a Administração Pública que o remunere ou a que esteja vinculada sua entidade empregadora. Trata-se de impedimento, gerador de uma proibição parcial para o desempenho da advocacia.

2.7. Do advogado estrangeiro

O Provimento 91/2000, editado pelo Conselho Federal da OAB, regulamenta o exercício da advocacia no Brasil por estrangeiros.

O estrangeiro profissional em direito, regularmente admitido em seu país a exercer a advocacia, somente poderá prestar tais serviços no Brasil após autorizado pela Ordem dos Advogados do Brasil, tratando-se, é bom que se diga, de *autorização precária* (vale dizer, não traduz um direito subjetivo de poder sempre exercer a advocacia em território nacional). Frise-se que referida autorização terá validade de 3 (três) anos, admitindo-se sua renovação.

Atenção

A única atividade que poderá ser desenvolvida pelo advogado estrangeiro é a prática de consultoria no direito estrangeiro correspondente ao país ou estado de origem do profissional interessado, *vedados expressamente*, mesmo com o concurso de advogados ou sociedades de advogados nacionais, regularmente inscritos ou registrados na OAB:

I – o exercício do procuratório judicial;

II – a consultoria ou assessoria em direito brasileiro.

As sociedades de consultores e os consultores em direito estrangeiro não poderão aceitar procuração, ainda quando restrita ao poder de substabelecer a outro advogado.

A autorização para o desempenho da atividade de consultor em direito estrangeiro será requerida ao Conselho Seccional da OAB do local onde for exercer sua atividade profissional, observado no que couber o disposto nos arts. 8º, incisos I, V, VI e VII, e 10 da Lei 8.906/1994 (EAOAB), exigindo-se ainda do requerente:

3. Dispõe sobre o Exame de Ordem.

I – prova de ser portador de visto de residência no Brasil;

II – prova de estar habilitado a exercer a advocacia e/ou de estar inscrito nos quadros da Ordem dos Advogados ou Órgão equivalente do país ou estado de origem; a perda, a qualquer tempo, desses requisitos importará na cassação da autorização de que cuida este artigo;

III – prova de boas conduta e reputação, atestadas em documento firmado pela instituição de origem e por 3 (três) advogados brasileiros regularmente inscritos nos quadros do Conselho Seccional da OAB em que pretender atuar;

IV – prova de não ter sofrido punição disciplinar, mediante certidão negativa de infrações disciplinares emitida pela Ordem dos Advogados ou Órgão equivalente do país ou estado em que estiver admitido a exercer a advocacia ou, na sua falta, mediante declaração de que jamais foi punido por infração disciplinar; a superveniência comprovada de punição disciplinar, no país ou estado de origem, em qualquer outro país, ou no Brasil, importará na cassação da autorização;

V – prova de que não foi condenado por sentença transitada em julgado em processo criminal, no local de origem do exterior e na cidade onde pretende prestar consultoria em direito estrangeiro no Brasil; a superveniência comprovada de condenação criminal, transitada em julgado, no país ou estado de origem, em qualquer outro país, ou no Brasil, importará na cassação da autorização;

VI – prova de reciprocidade no tratamento dos advogados brasileiros no país ou estado de origem do candidato.

Poderá a Ordem dos Advogados do Brasil, ainda, solicitar outros documentos que entender necessários, devendo os documentos em língua estrangeira ser traduzidos para o vernáculo por tradutor público juramentado.

Os consultores em direito estrangeiro, regularmente autorizados, poderão reunir-se em sociedade de trabalho, com o fim único e exclusivo de prestar consultoria em direito estrangeiro, observando-se para tanto o seguinte:

I – a sociedade deverá ser constituída e organizada de acordo com as leis brasileiras, com sede no Brasil e objeto social exclusivo de prestação de serviços de consultoria em direito estrangeiro;

II – os seus atos constitutivos e alterações posteriores serão aprovados e arquivados, sempre a título precário, na Seccional da OAB de sua sede social e, se for o caso, na de suas filiais, não tendo eficácia qualquer outro registro eventualmente obtido pela interessada;

III – a sociedade deverá ser integrada exclusivamente por consultores em direito estrangeiro, que deverão estar devidamente autorizados pela Seccional da OAB competente, na forma do Provimento em comento.

A sociedade poderá usar o nome que internacionalmente adote, desde que comprovadamente autorizada pela sociedade do país ou estado de origem. Ressalte-se ainda que ao nome da sociedade se acrescentará obrigatoriamente a expressão "Consultores em Direito Estrangeiro".

2.8. Da advocacia *pro bono*

O art. 30 do Novo Código de Ética, bem como o Provimento 166/2015 do Conselho Federal da OAB, estabeleceram a chamada advocacia *pro bono*, assim considerada a prestação gratuita, eventual e voluntária de serviços jurídicos em favor de instituições sociais sem fins econômicos e aos seus assistidos, sempre que os beneficiários não dispuserem de recursos para a contratação de profissional, bem como em favor de pessoas naturais que, igualmente, não dispuserem de recursos para, sem prejuízo do próprio sustento, contratador advogado (art. 30, §§1º e 2º do Novo CED e art. 1º do Provimento).

Assim, serão destinatários da advocacia *pro bono* tanto pessoas naturais, quanto jurídicas (instituições sociais sem fins econômicos, como, por exemplo ONG´s e OSCIPs), mas desde que desprovidas de recursos financeiros para o custeio de um advogado particular.

Não poderá a advocacia *pro bono* ser utilizada para fins político-partidários ou eleitorais, nem beneficiar instituições que visem a tais objetivos, ou como instrumento de publicidade para captação de clientela (art. 30, §3º).

Ao advogado que quiser exercer a advocacia *pro bono*, serão aplicáveis todos os dispositivos do EAOAB, Regulamento Geral, CED e Provimentos do Conselho Federal (art. 2º do Provimento 166/2015 do CFOAB).

Importante anotar que o Provimento referido é inaplicável à assistência jurídica pública, cometida à Defensoria Pública (arts. 134 e 135 da CF/1988), bem como à assistência judiciária decorrente de convênios celebrados pela Ordem dos Advogados do Brasil (art. 3º do Provimento 166/2015).

Os advogados e os integrantes das sociedades de advogados e dos departamentos jurídicos de empresas que desempenharem a advocacia *pro bono* definida no art. 1º do Provimento 166/2015 estão impedidos de exercer a advocacia remunerada, em qualquer esfera, para a pessoa natural ou jurídica que se utilize de seus serviços *pro bono*. Porém, o impedimento em questão cessará uma vez decorridos 03 (três) anos do encerramento da prestação do serviço *pro bono*. Em qualquer circunstância, é vedado vincular ou condicionar a prestação de serviços *pro bono* à contratação de serviços remunerados (art. 4º, *caput* e §§ 1º e 2º, do Provimento 166/2015).

Finalmente, nos termos do art. 6º do Provimento sob enfoque, *No exercício da advocacia pro bono*, o advogado empregará o zelo e a dedicação habituais, de forma que a parte por ele assistida se sinta amparada e confie no seu patrocínio.

3. DA INSCRIÇÃO NA OAB

3.1. Da inscrição na OAB (art. 8º, EAOAB; arts. 20 a 26, Regulamento Geral)

3.1.1. Dos requisitos necessários à inscrição como advogado

Para ser admitido como advogado junto à OAB fazem-se necessários, consoante dispõe o art. 8º do EAOAB:

I – capacidade civil;

II – diploma ou certidão de graduação em direito, obtido em instituição de ensino oficialmente autorizada e credenciada;

III – título de eleitor e quitação do serviço militar, se brasileiro;

IV – aprovação em Exame de Ordem;

V – não exercer atividade incompatível com a advocacia;

VI – idoneidade moral;

VII – prestar compromisso perante o conselho.

3.1.1.1. Capacidade civil (art. 8º, I, EAOAB)

A capacidade civil, como se sabe, é atingida aos 18 (dezoito) anos de idade, salvo se a pessoa for acometida de algumas das incapacidades previstas na legislação civil.

A demonstração do requisito em comento far-se-á por prova documental (certidão de nascimento ou casamento, por exemplo).

3.1.1.2. Diploma ou certidão de graduação em direito, obtido em instituição de ensino oficialmente autorizada e credenciada (art. 8º, II, EAOAB)

Por óbvio, para obter a inscrição como advogado, será indispensável a demonstração de ter havido a conclusão do curso de ciências jurídicas, o que se comprova mediante a exibição da certidão de colação de grau ou diploma devidamente aprovado pelo Ministério da Educação e Cultura (MEC). Não estamos, aqui, tratando da inscrição para o Exame de Ordem regrada por Provimento do Conselho Federal da OAB, mas sim da inscrição do bacharel em direito, já aprovado em Exame de Ordem, como advogado.

Nos termos do art. 23 do Regulamento Geral, caso o requerente à inscrição no quadro de advogados não tenha em seu poder o diploma regularmente registrado, cuja emissão pela instituição de ensino por vezes é demorada, bastará que exiba uma certidão de graduação em direito, acompanhada de cópia autenticada do respectivo histórico escolar.

Caso o bacharelado tenha ocorrido em instituição estrangeira de ensino por um brasileiro ou estrangeiro, somente o diploma terá validade no Brasil se revalidado pelo MEC, sem prejuízo do preenchimento dos demais requisitos previstos no art. 8º do EAOAB.

3.1.1.3. Título de eleitor e quitação do serviço militar, se brasileiro (art. 8º, III, EAOAB)

Exige-se também, para fins de inscrição como advogado na OAB, que o requerente demonstre sua **quitação eleitoral e militar** (neste último caso, por evidente, apenas para os homens, visto que não há serviço militar obrigatório para as mulheres).

Parcela da doutrina entende que a demonstração da quitação militar é desnecessária, visto não caber à OAB exercer função fiscalizatória que não lhe compete (RAMOS, 2009; LÔBO, 2007).

Porém, no que diz respeito à regularidade eleitoral, parece-nos adequada a exigência, visto que um advogado deve, de fato, poder participar da vida política e social do país, especialmente no que diz respeito à sua cidadania ativa (capacidade de votar).

Perceba o leitor que o requisito em comento somente será exigido do brasileiro. Em se tratando de estrangeiro, as provas da regularidade eleitoral e quitação militar não serão exigidas.

3.1.1.4. Aprovação em Exame de Ordem (art. 8º, IV, EAOAB)

À evidência, também é requisito para inscrição na OAB ter o candidato sido aprovado no Exame de Ordem, atualmente regulamentado pelo Provimento 144/2011, editado pelo Conselho Federal da OAB.

Importante registrar que são dispensados do requisito em análise, nos termos do art. 6º, § 1º, do Provimento 144/2011, os postulantes oriundos da Magistratura e do Ministério Público e os bacharéis alcançados pelo art. 7º da Resolução 02/1994, da Diretoria do CFOAB.

Também são dispensados do Exame de Ordem, nos termos do art. 6º, §2º, do referido Provimento, alterado pelo Provimento 167/2015 do Conselho Federal da OAB, os advogados públicos aprovados em concurso público de provas e títulos realizado com a efetiva participação da OAB, e que estejam há mais de 05 (cinco) anos no exercício da profissão. Porém, referidos advogados terão o prazo de 06 (seis) meses, contados a partir da data da publicação do aludido Provimento 167/2015-CFOAB, para regularização de suas inscrições perante a Ordem dos Advogados do Brasil, sob pena de decadência do direito.

3.1.1.5. Não exercer atividade incompatível com a advocacia (art. 8º, V, EAOAB)

Para que o requerente possa postular sua inscrição para integrar os quadros de advogados, será primordial que não exerça *atividade incompatível com a advocacia*, o que é regulamentado pelo art. 28 do EAOAB, matéria que será vista mais adiante.

Assim, se de antemão um bacharel exercer atividade incompatível com a advocacia, tal fato impedirá sua inscrição, conforme dispõe o art. 20, § 2º, do Regulamento Geral.

Note-se, porém, que o bacharel em direito, ainda que exerça atividade incompatível, poderá prestar o Exame de Ordem. Contudo, se aprovado, somente poderá inscrever-se como advogado se "abandonar" a função que o torne incompatível. Caso contrário, poderá requerer junto à OAB uma certidão de aprovação no exame, com tempo de validade indeterminado. Após "desincompatibilizar-se", poderá, aí sim, requerer sua inscrição.

3.1.1.6. Idoneidade moral (art. 8º, VI, EAOAB)

Ter *idoneidade moral* é outro requisito indispensável à obtenção de inscrição na OAB.

Na docência de RAFAEL BIELSA, a advocacia é um sacerdócio, sendo certo que a reputação do advogado se mede por seu talento e por sua moral (RAMOS, 2009).

Questão que se coloca é: como comprovar a idoneidade moral? Parece-nos evidente que a idoneidade de uma pessoa, tal qual a boa-fé no Direito Civil, se presume, não havendo como exigir do postulante ao quadro de advogados que comprove tal requisito. Mas, em havendo registro de algum fato que coloque em dúvida essa situação, a exemplo de uma sentença judicial condenatória ainda não transitada em julgado, ou uma demissão a bem do serviço público, apenas para citar dois exemplos, tal presunção é automaticamente derrogada, passando o Interessado a arcar com o ônus da demonstração de que tal fato não seria óbice à sua pretensão (RAMOS, 2009).

Porém, qualquer pessoa poderá suscitar a declaração de inidoneidade moral do postulante ao ingresso nos quadros de advogados, o que gerará a instauração de procedimento disciplinar, sustando o pedido de inscrição até solução definitiva pela OAB.

Frise-se que a declaração de inidoneidade moral exige quórum de pelo menos 2/3 dos membros do Conselho competente (art. 8º, § 3º, EAOAB).

Nos termos do art. 8º, § 4º, do EAOAB, "não atende ao requisito de idoneidade moral aquele que tiver sido condenado por crime infamante, salvo reabilitação judicial".

3.1.1.7. Prestar compromisso perante o Conselho (art. 8º, VII, EAOAB)

Finalmente, o último requisito necessário à obtenção de inscrição do requerente aos quadros de advogados é o de prestar compromisso perante o Conselho competente.

Nos termos do art. 20 do Regulamento Geral, o compromisso será prestado da seguinte forma: "Prometo exercer a advocacia com dignidade e independência, observar a ética, os deveres e prerrogativas profissionais e defender a Constituição, a ordem jurídica do Estado Democrático, os direitos humanos, a justiça social, a boa aplicação das leis, a rápida administração da justiça e o aperfeiçoamento da cultura e das instituições jurídicas".

Trata-se de verdadeiro juramento, considerado indelegável, por sua natureza solene e personalíssima, razão pela qual o requerente não poderá outorgar, por exemplo, procuração a terceiro para que preste, em seu nome, o compromisso perante o Conselho Seccional competente.

3.1.2. Inscrição principal do advogado (art. 10, caput, do EAOAB)

Caberá ao advogado, uma vez satisfeitos os requisitos exigidos pelo art. 8º do EAOAB, requerer sua inscrição perante a OAB.

Considerando a existência de 27 (vinte e sete) Conselhos Seccionais no Brasil (1 em cada Estado-membro e 1 no Distrito Federal), pergunta-se: em qual Conselho Seccional o advogado terá inscrição principal?

A resposta vem dada pelo art. 10, *caput*, do EAOAB, que prescreve que a inscrição principal do advogado deve ser feita no Conselho Seccional em cujo território pretende estabelecer seu *domicílio profissional*, que não se confunde e não precisa coincidir com o Estado em que concluiu o curso jurídico, ou onde prestou o Exame de Ordem.

Assim, se um advogado "A", graduado em Direito no estado do Rio de Janeiro, estabelecer como sua "sede" de atividades o estado de São Paulo, irá requerer sua inscrição principal no Conselho Seccional de São Paulo, a quem caberá proceder a fiscalização das atividades do profissional, bem assim cobrar a anuidade (contribuição obrigatória), manter os assentamentos (leia-se: prontuário) do advogado etc.

Caso um advogado realize suas atividades em diversos estados-membros, havendo dúvida sobre qual deles é seu domicílio profissional, prevalecerá o domicílio da pessoa física (art. 10, § 1º, EAOAB).

Por fim, importa registrar que a inscrição principal habilita o advogado a realizar atividades privativas de advocacia no respectivo estado-membro, de forma ilimitada, e, também, o exercício da advocacia nos demais estados-membros e Distrito Federal, porém, de forma condicionada, tal como será visto no item a seguir.

3.1.3. Inscrição suplementar (art. 10, § 2º, EAOAB)

Como já visto no item anterior, a inscrição principal proporcionará ao advogado que exerça suas atividades de forma "livre" no respectivo território do Conselho Seccional em que mantiver seu domicílio profissional. Ainda, poderá advogar nos demais estados sem inscrever-se no Conselho Seccional respectivo, mas de forma "limitada".

De acordo com o art. 10, § 2º, EAOAB, além da principal, o advogado deve promover a inscrição suplementar nos Conselhos Seccionais em cujos territórios passar a exercer *habitualmente* a profissão. Destarte, o "fato gerador" da necessidade de inscrição suplementar é a *habitualidade*.

Entende-se por advocacia habitual, nos termos do precitado dispositivo legal, a *intervenção judicial que exceder de cinco causas por ano*.

Deve-se entender por *causa* o *processo judicial* efetivamente ajuizado, em que haja a participação do advogado (LÔBO, 2007), excetuada a denominada advocacia preventiva (assessoria e consultoria jurídica).

Também não se entendem no sentido de causa os recursos decorrentes e processados em tribunais localizados fora do território da sede principal (LÔBO, 2007).

Uma vez deferida a inscrição suplementar, poderá o advogado, naquele determinado estado, exercer a advocacia de forma plena, sem mais ter de atentar ao número legal (leia-se: cinco causas por ano).

Registre-se que cabe ao advogado comunicar à OAB o exercício da profissão, fora do Conselho Seccional em que mantém inscrição principal, em número excedente às cinco causas anuais, conforme determina o art. 26 do Regulamento Geral. Caso não o faça, incorrerá em infração ética, por descumprir as prescrições estatutárias, bem como em exercício ilegal da profissão.

Vejamos um exemplo: "A" tem inscrição principal em SP (OAB/SP), o que o habilitará a exercer a advocacia sem restrições em qualquer município paulista. Porém, em MG, "A" ajuíza 10 mandados de segurança no ano de 2016 e, em SC, outros 5, também em 2016. Portanto, "A" deverá providenciar inscrição suplementar apenas perante a OAB/MG, visto que, naquela unidade federada, acompanha mais de cinco causas (no caso, dez) no mesmo ano. Já em SC, como são apenas 5 causas, ainda está dentro do limite permitido. No entanto, caso, no mesmo ano, ajuíze mais uma medida judicial, deverá requerer sua inscrição suplementar, sob pena de responder por exercício ilegal da profissão, sem prejuízo da infração ético-disciplinar a que estará sujeito.

Paralelamente à habitualidade, que é requisito (e fato gerador) para a promoção de inscrição suplementar, outra hipótese em que o advogado deverá solicitá-la verificar-se-á quando da constituição de filial de sociedade de advogados, nos termos do art. 15, § 5º, do EAOAB, o que será melhor explorado em capítulo próprio.

3.1.4. Mudança no domicílio profissional (art. 10, § 3º, do EAOAB)

O advogado que quiser alterar seu domicílio profissional, mudando-o para outra unidade federativa (estado ou DF), deverá requerer a transferência de sua inscrição principal para o Conselho Seccional correspondente.

Com a efetiva mudança de domicílio profissional, o advogado passará a ter apenas uma inscrição principal, mas agora em outro Conselho Seccional.

Observe o seguinte exemplo: "A", advogado, com domicílio profissional em município carioca (RJ), decide estabelecer novo domicílio profissional em município baiano (BA). Assim, deverá solicitar a transferência de sua inscrição principal do RJ para a BA, cabendo-lhe o dever de informar à OAB tal mudança, sob pena de responder disciplinarmente por sua omissão.

3.1.5. Cancelamento da inscrição do advogado (art. 11 do EAOAB)

O cancelamento da inscrição é o ato pelo qual se desfaz, se anula ou se torna ineficaz a inscrição anteriormente concedida (RAMOS, 2009). Pode-se dizer, também, que se trata de ato desconstitutivo, que afeta definitivamente a existência da inscrição (LÔBO, 2007).

De acordo com o art. 11 do EAOAB, cancela-se a inscrição do profissional que:

a) assim o requerer;
b) sofrer penalidade de exclusão;
c) falecer;
d) passar a exercer, *em caráter definitivo*, atividade incompatível com a advocacia;
e) perder qualquer dos requisitos necessários para a inscrição.

Passemos à análise de cada uma das hipóteses de cancelamento!

3.1.5.1. Requerimento (art. 11, I, EAOAB)

Terá sua inscrição cancelada o advogado que requerer tal providência perante o Conselho Seccional competente. Significa dizer que é direito do advogado solicitar o cancelamento de sua inscrição, independentemente de apresentar qualquer motivo para tanto. Pode-se dizer que se trata de um ato de vontade própria, que, como visto, independe de qualquer justificação, não admitindo indeferimento (RAMOS, 2009).

Diz-se que se trata de ato personalíssimo, não podendo ser realizado por procurador (LÔBO, 2007), muito embora, é bom que se diga, inexista vedação legal para que o pedido de cancelamento, mediante requerimento, seja feito por intermédio de procurador legalmente habilitado (RAMOS, 2009).

Finalmente, uma vez deferido o pedido de cancelamento, não será admitido o arrependimento, ou seja, caso o (ex-) advogado queira retornar à advocacia, deverá dar início a novo processo de inscrição, devendo ser satisfeitos os requisitos previstos no art. 8º, I, V, VI e VII, EAOAB (vide item 3.1.1. *supra*).

3.1.5.2. Penalidade de exclusão (art. 11, II, EAOAB)

Será igualmente cancelada a inscrição do advogado que, após regular processo disciplinar, for punido pelo órgão competente da OAB com a pena de exclusão (art. 38, EAOAB), cabível caso o infrator incorra em uma das hipóteses legais (art. 34, XXVI a XXVIII, EAOAB).

Frise-se que o cancelamento somente ocorrerá após o trânsito em julgado da decisão que haja imposto ao inscrito referida penalidade.

3.1.5.3. Falecimento (art. 11, III, EAOAB)

Trata-se de hipótese óbvia de cancelamento da inscrição do advogado. O fato jurídico "morte" irá acarretar, automaticamente, o cancelamento da inscrição, exigindo-se, para tanto, a indispensável demonstração de sua ocorrência, mediante exibição de certidão de óbito.

3.1.5.4. Exercício de atividade incompatível em caráter definitivo (art. 11, IV, EAOAB)

Cancelar-se-á a inscrição do advogado que passar a exercer atividade incompatível com a advocacia em caráter definitivo. Embora a matéria seja tema de discussão pormenorizada em capítulo próprio, importa registrar que o EAOAB, em seu art. 28, enumera de forma taxativa as hipóteses caracterizadoras de incompatibilidade, sendo certo que nem todas têm caráter definitivo (ou seja, algumas são marcadas pela transitoriedade ou temporalidade).

Frise-se, por oportuno, que se a atividade incompatível for anterior ao pedido de inscrição no quadro de advogados, sequer a inscrição será deferida, consoante dispõe o art. 8º, V, EAOAB (é requisito para a inscrição como advogado não exercer atividade incompatível com a advocacia).

3.1.5.5. Perda de qualquer dos requisitos para a inscrição (art. 11, V, EAOAB)

Acarreta o cancelamento da inscrição o fato de o advogado perder qualquer dos requisitos legalmente exigidos para a inscrição, tais como a superveniente perda da capacidade civil, o cancelamento do diploma de graduação, o reconhecimento da inidoneidade moral ou a verificação da prática de conduta incompatível (LÔBO, 2007).

3.1.5.6. Suspensão, por três vezes, por inadimplência de contribuições obrigatórias distintas (art. 22, parágrafo único, Regulamento Geral)

Muito embora não esteja prevista no art. 11 do EAOAB, é certo que a suspensão de um advogado por três vezes, em razão de não haver efetuado o pagamento de anuidades distintas, acarretar-lhe-á o cancelamento de sua inscrição.

Tal situação vem, também, delineada no art. 38 do EAOAB, que prevê em seu inciso I a imposição da pena de exclusão em razão da tríplice suspensão, o que acarretará, como visto, o cancelamento da inscrição (art. 11, II, EAOAB).

3.1.5.7. Cancelamento da inscrição e novo pedido de inscrição

De acordo com o disposto no art. 11, § 2º, EAOAB, na hipótese de novo pedido de inscrição, que não restaura o número de inscrição anterior, deve o interessado fazer prova dos requisitos dos incisos I, V, VI e VII do art. 8º, quais sejam, capacidade civil, não exercer atividade incompatível, ter idoneidade moral e prestar compromisso perante o Conselho.

Logo, em caso de pedido de (re)inscrição, o requerente não precisará exibir novamente diploma de graduação ou certidão de conclusão do curso, bem como título de eleitor e quitação do serviço militar, e também não precisará submeter-se a novo Exame de Ordem!

3.1.5.8. Cancelamento em razão da imposição de penalidade de exclusão

No caso de o advogado ter tido sua inscrição cancelada em virtude de haver sofrido a penalidade de exclusão (art. 11, II, EAOAB), para que possa retornar aos quadros da OAB, o novo pedido de inscrição deverá ser acompanhado de provas de reabilitação, matéria que será vista mais à frente.

3.1.6. Licenciamento do advogado (art. 12 do EAOAB)

O licenciamento do profissional ocorrerá em situações ou intercorrências marcadas pela transitoriedade. Na acepção do Estatuto, significa a autorização que é dada ao advogado, pelo órgão competente da OAB, para que se afaste, por um período de tempo determinado, do seu exercício profissional, isentando-o assim de determinadas obrigações a que está sujeito perante sua entidade corporativa (RAMOS, 2009), entre elas o pagamento de anuidade!

Nos termos do art. 12, do EAOAB, licencia-se o profissional que:

a) assim o requerer, por motivo justificado;

b) passar a exercer, em *caráter temporário*, atividade incompatível com o exercício da advocacia;

c) sofrer doença mental considerada *curável*.

Passemos à análise, ainda que breve, de cada uma das hipóteses de licenciamento.

3.1.6.1. Requerimento (art. 12, I, EAOAB)

É direito do advogado solicitar à OAB seu "afastamento temporário" da entidade, desde que o faça motivadamente. Um bom exemplo é o de um advogado ser aprovado em curso de mestrado ou doutorado no exterior, devendo, para tanto, demonstrar ao Conselho Seccional competente sua aprovação e o prazo em que ficará afastado dos quadros de advogados no Brasil.

Se o Conselho Seccional reputar a justificativa apresentada inidônea, indeferirá o pedido, não restando ao profissional alternativa a não ser requerer o cancelamento de sua inscrição (nesse caso, o requerimento não precisa ser justificado!).

3.1.6.2. Exercício de atividade incompatível em caráter temporário (art. 12, II, EAOAB)

Irá licenciar-se o advogado que assumir atividade incompatível com a advocacia, desde que marcada pela transitoriedade. Conforme dispõe o art. 27 do EAOAB, as incompatibilidades geram a proibição total para advogar, constituindo, ainda, óbice ao deferimento da própria inscrição (art. 8º, V, EAOAB).

No entanto, se um advogado passar a exercer função ou atividade incompatível em caráter transitório (ex.: Chefe do Poder Executivo – art. 28, I, EAOAB), deverá licenciar-se da OAB, cabendo-lhe o dever de comunicar tal fato ao Conselho competente.

Cessada a incompatibilidade, a inscrição retornará ao *status quo ante*, restabelecendo-se o mesmo número de outrora.

3.1.6.3. Doença mental curável (art. 12, III, EAOAB)

Se o advogado for acometido de enfermidade psiquiátrica considerada curável por laudo médico, simplesmente irá licenciar-se, retornando à advocacia após sua cura.

Ressalte-se que se a doença mental que acometer o causídico for considerada incurável, tal afetará sua capacidade civil, considerada requisito necessário à inscrição (art. 8º, I, EAOAB), razão pela qual será o caso de cancelamento da inscrição (art. 11, V, EAOAB).

3.1.7. Documento de identidade profissional

Os arts. 13 e 14, ambos do EAOAB, disciplinam respectivamente que o documento de identidade profissional, na forma prevista no Regulamento Geral, é de uso obrigatório no exercício da profissão pelo advogado e também pelo estagiário, além de fazer prova da identidade civil para todos os fins legais. Além disso, é obrigatória a indicação do nome e número de inscrição em todos os documentos assinados pelo advogado, no exercício de suas atividades, inclusive em sua publicidade.

Anote-se que os documentos de identidade profissional do advogado são o cartão e a carteira emitidos pela OAB, conforme modelo próprio, com as características definidas no Regulamento Geral (arts. 32 a 36), conforme ensina RAMOS, 2009.

Já o estagiário receberá apenas o cartão, com a indicação de que se trata de "identidade de estagiário", com prazo de validade, que não ultrapassará três anos.

4. DO ESTÁGIO PROFISSIONAL

4.1. Estágio profissional (art. 9º, EAOAB, e arts. 27 a 31 e 35, Regulamento Geral)

Primeiramente, importante trazer a definição de "estagiário". Esse é o *aprendiz*, assim considerado tanto o estudante de direito quanto o bacharel em direito.

Por evidente, o objetivo maior do estágio profissional é conferir ao estagiário a indispensável aprendizagem prático-

-profissional, cuidando-se de atividade que fará a "ponte" entre a teoria e a prática.

A atuação do estagiário não constitui atividade profissional; integra sua aprendizagem prática e tem função pedagógica (LÔBO, 2007).

4.1.1. Requisitos

De acordo com o art. 9º do EAOAB, são *requisitos* para a inscrição como estagiário:

I - preencher os requisitos mencionados nos incisos I, III, V, VI e VII do art. 8º: capacidade civil; título de eleitor e quitação do serviço militar, se brasileiro; não exercer atividade incompatível com a advocacia; idoneidade moral; prestar compromisso perante o conselho). Portanto, para ser admitido como estagiário, o estudante não precisará, evidentemente, exibir seu diploma ou certidão de conclusão do curso, bem como ser aprovado em Exame de Ordem;

II - ter sido admitido em estágio profissional de advocacia: cabe ao futuro estagiário comprovar sua vinculação ao estágio profissional, seja por sua admissão em escritório de advocacia credenciado, ou pela inscrição em estágio desenvolvido por instituição de ensino conveniada com a OAB (RAMOS, 2009).

É bom destacar que o Estatuto, o Código de Ética e o Regulamento Geral não tratam do credenciamento de escritórios de advocacia pela OAB, a despeito de o art. 9º, § 1º, do EAOAB prescrever que o estágio profissional de advocacia poderá ser mantido, entre outros, por escritórios de advocacia credenciados.

Dado o silêncio dos diplomas normativos em questão, incumbirá a cada Conselho Seccional, por meio de suas Comissões de Estágio, na forma do art. 31 do Regulamento Geral, estipular as regras necessárias ao credenciamento de escritórios de advocacia, aqui englobados não apenas os "escritórios", mas também departamentos jurídicos de empresas privadas ou instituições públicas, tais como as Defensorias e Procuradorias estaduais e municipais, capazes de conferir a necessária aprendizagem prático-profissional aos estudantes e bacharéis.

4.2. Duração do estágio

O estágio, conforme preconiza o § 1º do art. 9º do EAOAB, tem duração de *dois anos*, podendo ser mantido pelas respectivas instituições de ensino superior, pelos Conselhos da OAB ou por setores, órgãos jurídicos e escritórios de advocacia credenciados pela OAB. Assim, nem todo escritório de advocacia estará apto a receber estagiários, sendo necessário que preencha os requisitos que a OAB (leia-se: Conselho Seccional) julgar pertinentes para que auxilie no aprendizado prático-profissional do aluno.

Como visto, o prazo de duração do estágio, pelo dispositivo estatutário, é de 2 (dois) anos. Porém, o art. 35 do Regulamento Geral dispõe que o prazo de validade do cartão de identidade do estagiário é de, no máximo, 3 (três) anos, não podendo ser prorrogado.

Logo, conclui-se que o limite máximo de tempo de estágio é mesmo de *três anos*!

Frise-se que a admissão do estudante de direito ao estágio profissional dá-se nos últimos anos do curso jurídico (art. 9º, § 1º, EAOAB), assim entendidos o quarto e quinto anos (leia-se: a partir do sétimo período/semestre).

4.3. Local de inscrição do estagiário

Importante ressaltar que a inscrição do estagiário é feita perante o Conselho Seccional em cujo território se localize seu *curso jurídico*. Assim, se o estudante "A" tiver residência em cidade de Minas Gerais, porém seu curso se localize no estado de São Paulo, sua inscrição como estagiário deverá ocorrer perante a OAB/SP, e não na OAB/MG.

4.4. Bacharel em direito pode ser estagiário?

De acordo com o art. 9º, § 4º, EAOAB, o estágio profissional poderá ser cumprido por bacharel em direito que queira se inscrever na Ordem.

Tal ocorrerá, por exemplo, com o bacharel ainda não aprovado no Exame de Ordem, considerado requisito para a inscrição como advogado (art. 8º, IV, EAOAB).

Silencia o Estatuto a respeito do prazo de duração do estágio realizado por bacharel. Cremos que o prazo não poderá superar três anos, tal como dispõe o art. 35 do Regulamento Geral, a despeito de haver posicionamento doutrinário no sentido de que a duração não deverá ultrapassar o dobro do tempo mínimo estabelecido para o estágio regular (leia-se: quatro anos, pois o tempo mínimo é de dois anos), sob pena de renascer a antiga figura do solicitador, ou provisionado (RAMOS, 2009).

4.5. Pessoas consideradas incompatíveis com a advocacia podem estagiar?

Para os alunos de cursos jurídicos que exerçam *atividade incompatível com a advocacia* (art. 28 do EAOAB, o que veremos adiante), não serão admitidos como estagiários de direito pela OAB, consoante prescreve o art. 8º, V, c/c o art. 9º, I, ambos do EAOAB, podendo, contudo, frequentar o estágio ministrado pela respectiva instituição de ensino superior, para fins de aprendizagem.

4.6. Atividades que podem ser desempenhadas pelos estagiários

De acordo com o art. 29 do Regulamento Geral da OAB, os atos praticados por estagiários deverão, em regra, ser supervisionados e elaborados em conjunto com um advogado, sob pena de nulidade, por falta de capacidade postulatória.

No entanto, isoladamente, o estagiário poderá praticar os seguintes atos:

a) Elaborar e assinar petições de juntada de documentos a processos administrativos ou judiciais;

b) Fazer cargas e descargas (devolução) de processos;

c) Obter certidões cartorárias referentes a processos em trâmite ou findos.

Nos termos do art. 29, § 2º, do Regulamento Geral, "para o exercício de atos extrajudiciais, o estagiário pode comparecer isoladamente, quando receber autorização ou substabelecimento do advogado".

Assim, a atuação do estagiário pressupõe como regra a atuação principal de um advogado, que é o responsável pela postulação em juízo e consultoria jurídica (art. 3º, § 2º, do EAOAB e Regulamento Geral), observadas, contudo, as exceções citadas.

A realização de atos isoladamente pelo estagiário, fora das hipóteses admitidas, além de configurar exercício ilegal da profissão (contravenção penal – art. 47 LCP – Decreto-Lei 3.688/1941), configura, também, infração ética (art. 34, XXIX, do EAOAB).

5. MANDATO

5.1. Conceito de mandato

O mandato é uma espécie de contrato consensual, não solene, *intuitu personae*, e via de regra, gratuito (RAMOS, 2009). Em referida avença, o mandante (cliente) outorga poderes ao mandatário (advogado) para que este o represente em juízo.

O tema em questão vem tratado no art. 5º do EAOAB e arts. 9º a 26 do Novo Código de Ética.

5.1.1. Do instrumento de mandato

De acordo com o art. 5º, *caput*, EAOAB, o advogado postula em juízo ou fora dele, fazendo prova do mandato. A prova desse pacto estabelecido entre cliente-advogado é a procuração, comumente denominada *instrumento de mandato*.

Não custa frisar que referido instrumento será outorgado pelo cliente ao advogado.

Importante registrar que a procuração poderá ser materializada em instrumento público ou particular, não havendo exigência, no último caso, do reconhecimento de firma, nos termos do art. 105 do Novo CPC (correspondente ao art. 38 do CPC/1973).

5.1.1.1. Procuração para o foro em geral (ad judicia)

Também chamada de procuração *ad judicia*, a procuração para o foro em geral, como o próprio nome sugere, habilita o advogado a postular judicialmente em nome do cliente, excetuados, porém, os atos que dependam de poderes especiais (ex.: confissão, reconhecimento jurídico do pedido, transação etc.), nos termos do art. 5º, § 2º, EAOAB.

5.1.1.2. Procuração com poderes especiais

Diferentemente da procuração *ad judicia*, que, como visto no item anterior, habilita o advogado a praticar todos os atos judiciais, em qualquer juízo ou instância, a procuração com poderes especiais garante ao profissional-mandatário a prática de atos que exijam a outorga de poderes específicos para além da postulação para o foro em geral.

Destarte, a prática de determinados atos dispositivos das partes, tais como a transação (leia-se: acordo), a confissão (admissão de fatos, pela parte, em seu prejuízo), o reconhecimento jurídico do pedido (causa em que haverá resolução do mérito favorável àquela parte que tem seu pedido juridicamente reconhecido), a desistência da ação (causa de extinção do processo sem resolução do mérito), o recebimento e o reconhecimento de quitação (extinção da obrigação pelo adimplemento), entre outras, são hipóteses em que o advogado dependerá de procuração com poderes especiais, conforme se infere do art. 105, parte final, do Novo CPC (correspondente ao art. 38 do CPC/1973).

5.1.1.3. Procuração apud acta

Denomina-se de *apud acta* a procuração outorgada pelo cliente ao advogado nos próprios autos da demanda judicial, reduzida a termo pelo escrivão. Geralmente ocorre durante as audiências, mediante simples indicação, pela parte, de determinado profissional, também presente à audiência, como seu advogado.

Referida espécie de procuração habilita o advogado apenas para a prática de atos judiciais – excluídos, pois, os extrajudiciais –, sendo, assim, desnecessária a posterior juntada de procuração por escrito.

Temos como exemplo de procuração *apud acta* aquela definida no art. 791, § 3º, da CLT, que assim prescreve: "A constituição de procurador com poderes para o foro em geral poderá ser efetivada, mediante simples registro em ata de audiência, a requerimento verbal do advogado interessado, com anuência da parte representada".

5.2. Momento da utilização da procuração

Considerando a regra trazida no item 5.1.1. *supra*, é certo que a postulação pelo advogado, judicial ou extrajudicialmente, representando o cliente, deverá ocorrer fundada na existência do mandato, sendo necessária, portanto, a procuração.

Em outras palavras, caberá ao advogado, no primeiro momento em que postular em juízo em nome do cliente, juntar aos autos respectivos a procuração, sob pena de afronta ao art. 5º, caput, do EAOAB.

5.2.1. Atuação sem procuração

É possível a postulação momentânea do advogado em juízo *sem a procuração*, apenas em caso de *urgência*, assim afirmada pelo profissional, que deverá, contudo, apresentá-la no prazo de 15 (quinze) dias, prorrogável por igual período (art. 5º, § 1º, do EAOAB).

A possibilidade de atuar sem procuração, no âmbito judicial especificamente, também vem retratada no CPC/1973 (art. 37, caput) e Novo CPC (art. 104, §1º), mas sempre vinculada à ideia de urgência.

Assim, o prazo para atuação sem procuração – desde que haja urgência, repise-se – é de *15 (quinze) dias*, e não de 30 (trinta), embora seja possível, de fato, a prorrogação por outros 15 (quinze) dias. No entanto, não se trata de uma prorrogação "automática", visto que, em se tratando de postulação judicial, dependerá de apreciação do magistrado, mediante prévio requerimento do advogado.

O clássico exemplo de urgência, a ser afirmada pelo advogado, é o de alguma moléstia acometer o cliente. Se este estiver incomunicável em razão da doença, o advogado poderá postular judicialmente sem procuração, esclarecendo ao juízo os motivos que o levaram a não anexar aos autos, de imediato, o instrumento de mandato. Poderá fazê-lo, nesse caso, em 15 dias, cabendo prorrogação por igual período caso assim o permita o magistrado, e caso a urgência ainda persista.

Findo o período, se a procuração não for apresentada, os atos processuais postulatórios serão considerados ineficazes, visto que a parte não terá contado com a indispensável capacidade postulatória, considerada um pressuposto processual.

Atenção

Já decidiu o STF, nos autos do MS 21.730-I-DF, que a falta de apresentação de procuração é similar à não demonstração de que o mandatário judicial tem inscrição nos quadros da OAB, gerando, pois, a inexistência dos atos processuais praticados (LÔBO, 2007).

5.3. Formas de extinção do mandato

Como visto nos itens anteriores, a constituição do mandato judicial dá-se pela outorga da procuração. No entanto, é certo que o mandato pode ser desconstituído ou extinto.

Assim, de acordo com a doutrina, identificamos quatro formas de extinção do mandato judicial, a saber:

a) Renúncia;

b) Revogação;

c) Substabelecimento sem reserva de poderes; e

d) Conclusão da causa e consequente arquivamento dos autos.

Passemos à análise de cada uma das causas extintivas do mandato.

5.3.1. Renúncia (art. 5º, § 3º, EAOAB; art. 16, CED; art. 6º, Regulamento Geral)

A primeira forma de extinção do mandato decorre de ato de vontade do próprio advogado, que, em juízo de conveniência, ou por imperativo ético, dará fim à relação profissional anteriormente estabelecida com o cliente.

Assim, tão logo decida o advogado pela renúncia, deverá observar os seguintes requisitos:

a) *proceder à comunicação de tal decisão ao cliente*, preferencialmente por carta com aviso de recebimento (AR), ou por algum outro instrumento hábil à comprovação de que o mandante (leia-se: cliente) foi cientificado. Ato seguinte, deve o advogado proceder à comunicação do juízo perante o qual atuava em nome do cliente, instruída com o comprovante de que o cliente foi comunicado da renúncia. Frise-se que, nos termos do art. 16 do CED, a renúncia ao patrocínio deve ser feita sem a menção do motivo que a determinou, ou seja, não poderá o profissional explicitar ao magistrado as razões que o levaram à renúncia (ex.: falta de pagamento de honorários, quebra da confiança etc.);

b) a partir da comunicação ao cliente, caberá ao advogado renunciante o dever de *representar o mandante (leia-se: cliente) pelo prazo de dez dias*, salvo se for substituído antes do término de referido prazo. Caso o advogado renunciante desobedeça a referido dever de representação, incorrerá em infração ética correspondente a abandono da causa, nos termos do art. 34, XI, EAOAB.

Atenção

Importante registrar que a renúncia é ato unilateral do advogado, ou seja, independe de aceitação do cliente, tratando-se, como visto, de ato de vontade, por juízo de conveniência ou imperativo ético. Todavia, não poderá o advogado simplesmente "abandonar a causa", renunciando ao mandato, devendo ser observados os requisitos explicitados *supra*.

Finalmente, a renúncia pelo advogado ao mandato não implica em renúncia aos honorários advocatícios contratados, bem assim a eventuais honorários sucumbenciais, ainda que proporcionais.

5.3.2. Revogação (art. 17, CED)

A causa extintiva do mandato em questão não vem tratada expressamente no EAOAB. No entanto, o CED, em seu art. 17, preconiza que a revogação do mandato por vontade do cliente não o desobriga do pagamento das verbas honorárias contratadas, bem como não retira o direito do advogado de receber o quanto lhe seja devido em eventual verba honorária de sucumbência, calculada proporcionalmente em face do serviço efetivamente prestado.

Anote-se que, a despeito de o CED não prever a necessidade de comunicação do advogado acerca da revogação, entendemos que, analogicamente à renúncia, deve o cliente proceder à notificação de seu mandatário (leia-se: advogado), seja por carta com aviso de recebimento, ou por notificação extrajudicial ou outro meio de comunicação seguro e hábil à demonstração da ciência de seu conteúdo.

Ainda, tal qual a renúncia, a revogação é ato unilateral do cliente, vale dizer, independe de aceitação do advogado para surtir efeitos.

5.3.3. Substabelecimento sem reserva de poderes (art. 26, § 1º, CED)

De início, cumpre esclarecer o que vem a ser "substabelecimento". Este nada mais é do que o mecanismo pelo qual um advogado transfere a outro advogado, total ou parcialmente, os poderes que lhe foram outorgados originariamente pelo cliente.

Destarte, tal como na renúncia, o substabelecimento é instrumento que está ao alcance do advogado (apenas a revogação é a forma de extinção do mandato que parte de ato de vontade do cliente).

Nos termos do art. 26, § 1º, do CED, o substabelecimento do mandato sem reserva de poderes (transferência total do mandato por um advogado a outro), exige o prévio e inequívoco conhecimento do cliente, diferentemente do substabelecimento com reserva de poderes, que é ato pessoal do advogado (art. 26, *caput*, do CED).

A regra destacada é óbvia: se o advogado irá transferir totalmente o mandato a outro, é seu dever comunicar prévia e inequivocamente seu cliente acerca dessa decisão, até mesmo para que eventualmente seja indicado outro advogado, de confiança do próprio cliente.

Frisamos que, diversamente do que ocorre na renúncia, o advogado que substabelece o mandato a outro colega, sem reserva de poderes, não terá o dever de permanecer representando judicialmente o (ex-)cliente. Afinal, um novo advogado – o substabelecido – irá assumir o patrocínio da causa. Nesse caso, sequer instrumento de mandato (procuração) deverá ser juntado aos autos pelo "novo" advogado. O próprio termo de substabelecimento será suficiente a conferir ao profissional a possibilidade de postular em juízo em nome do cliente.

Por derradeiro, destacamos que apenas o substabelecimento sem reserva de poderes é capaz de extinguir o mandato judicial. Já o substabelecimento com reserva de poderes (transferência parcial do mandato por um advogado a outro), como o próprio nome sugere, não afasta o advogado substabelecente da representação judicial do cliente, tratando-se de ato pessoal do profissional.

5.3.4. *Conclusão da causa e arquivamento dos autos (art. 13, CED)*

Nos termos do art. 13 do CED, concluída a causa ou arquivado o processo, presume-se cumprido e extinto o mandato.

Trata-se, segundo cremos, de uma hipótese de extinção presumida do mandato. De fato, se a procuração foi outorgada pelo cliente ao advogado para, por exemplo, ser proposta ação de reintegração de posse, uma vez concluída a causa e determinado seu arquivamento pelo magistrado competente, o mandato presume-se extinto.

5.3.5. *O decurso do tempo extingue o mandato?*

O mero decurso do tempo não é capaz de extinguir o mandato. Em outras palavras, enquanto existir confiança recíproca entre o cliente e o advogado (art. 18 do CED), a procuração inicialmente outorgada será válida, ainda que passados muitos anos ou até décadas, salvo se o contrário for consignado no respectivo instrumento.

Queremos dizer que o mandato não "caduca" pelo decurso de determinado prazo, não precisando ser "revalidado" de tempos em tempos. Contudo, como dito anteriormente, se na procuração constar prazo de vigência, tal deverá ser observado.

5.4. Resumo das causas de extinção do mandato

Por questões didáticas, podemos sintetizar as formas de extinção do mandato em dois "grupos":

a) Extinção tácita ou presumida: dá-se pela extinção/arquivamento do processo (art. 13, CED);

b) Extinção expressa: dá-se pela renúncia, revogação e substabelecimento sem reserva de poderes (art. 26, § 1º, CED).

5.5. Conflito de interesses

Caso sobrevenha à outorga da procuração conflito de interesses entre os clientes, caberá ao advogado optar por um dos mandatos, renunciando aos outros, visto que é vedado o patrocínio simultâneo nessa situação (arts. 19 e 20, ambos do CED). Ainda, com relação aos "antigos" clientes, deverá ser resguardado o sigilo profissional.

À guisa de exemplo: "A" e "B" procuram o advogado "C" para que este providencie a homologação judicial de um divórcio consensual. Porém, no curso das tratativas, "A" e "B" dissentem sobre a destinação de determinado bem comum do casal, sobrevindo, assim, conflito. Não poderá o advogado "C" representar ambos em juízo, sob pena de responder disciplinarmente pela falta ética!

6. DIREITOS DO ADVOGADO

6.1. Direitos (prerrogativas) do advogado (arts. 6º e 7º do EAOAB)

São características fundamentais da advocacia a independência e a inviolabilidade, garantias básicas da sua indispensabilidade à realização da justiça. Porém, para que referidas características ultrapassem os limites da intenção constitucional e se transformem em realidade prática, o Estatuto relaciona os direitos dos advogados, as suas prerrogativas profissionais (RAMOS, 2009).

É bom que se diga que não se trata de meros "privilégios pessoais", mas, como dito, de garantias que lhe são deferidas para o bom desempenho de suas atividades, consideradas, é bem verdade, verdadeiro *serviço público*.

Impende ressaltar que o art. 6º do EAOAB já inicia prevendo que "não há hierarquia nem subordinação entre advogados, magistrados e membros do Ministério Público, devendo todos tratar-se com consideração e respeito recíprocos", regra muito salutar, demonstrativa de que o advogado não é personagem inferior às autoridades, mas com igual relevância.

Atenção

Assim, o art. 7º do EAOAB, em 20 (vinte) incisos e sete parágrafos, traz o rol das prerrogativas dos advogados, lembrando-se que não se trata de regras internas a serem seguidas pela OAB e advogados, mas sim por todas as pessoas, por se tratar de lei federal. Trata-se, é bom frisar, de rol exemplificativo.

Vamos às prerrogativas!

6.1.1. *Liberdade no exercício da profissão (art. 7º, I, EAOAB)*

O art. 5º, XIII, da CF prevê a liberdade para o exercício de ofícios ou profissões, desde que atendidas as qualificações que a lei exigir. Referido dispositivo é norma constitucional de eficácia contida. É verdade que o advogado pode exercer livremente sua atividade em território nacional, mas o EAOAB, em seu art. 10, § 2º, prevê a necessidade de inscrição suplementar para a atuação do profissional em outros estados (Conselhos Seccionais) se exercer com habitualidade a advocacia (mais de cinco causas/intervenções judiciais por ano e ao mesmo tempo), tema visto anteriormente.

6.1.2. *Inviolabilidade do escritório de advocacia (art. 7º, II, e §§ 6º e 7º, EAOAB)*

Para a garantia do sigilo profissional, o escritório do advogado não pode ser violado arbitrariamente, mas apenas por *ordem judicial* (mandado de busca e apreensão), desde que tal medida seja tendente a apurar infrações penais praticadas pelo advogado, resguardando-se, em qualquer caso, documentos/informações que possam prejudicar seus clientes. O STF julgou constitucional o acompanhamento das diligências por representante da OAB (ADIn 1.127-8). Para a eficácia das diligências, o juiz poderá comunicar a entidade, em caráter confidencial (ofício reservado), para que seja designado representante para acompanhar as diligências. Porém, em caso de inércia da própria OAB, caso, devidamente avisada da diligência, quede inerte, a busca e apreensão será válida. Apenas se o magistrado não oficiar à OAB, aí sim haverá ilegalidade!

Atenção

O art. 7º, § 6º, com a redação que lhe foi conferida pela Lei 11.767/2008, passou a traçar os requisitos necessários à "quebra da inviolabilidade" do escritório. De forma bem esquemática, são necessários os seguintes requisitos:

a) presença de indícios de autoria e materialidade da prática de crime por parte de advogado;

b) que a medida seja decretada pela autoridade judiciária competente;

c) que a decisão seja motivada, expedindo mandado de busca e apreensão;

d) que o referido mandado seja específico e pormenorizado;

e) que a busca e apreensão ocorra na presença de representante da OAB;

f) em qualquer hipótese, fica vedada a utilização dos documentos, das mídias e dos objetos pertencentes a clientes do advogado averiguado, bem como dos demais instrumentos de trabalho que contenham informações sobre clientes.

6.1.3. Comunicação reservada com o cliente (art. 7º, III, EAOAB)

Ainda que clientes estejam presos ou recolhidos em estabelecimentos civis ou militares, mesmo sem procuração, o advogado terá o direito de entrevistar-se reservadamente com eles, ainda que considerados incomunicáveis.

Trata-se não apenas de uma prerrogativa, mas da materialização do direito constitucional de ampla defesa, interessando, portanto, não apenas ao advogado, mas também ao seu constituinte.

6.1.4. Prisão em flagrante do advogado no exercício da advocacia (art. 7º, IV, EAOAB)

Quando a prisão tiver relação com o *exercício da advocacia*, exigir-se-á a presença de um representante da OAB quando da lavratura do auto de prisão em flagrante. Ressalte-se que somente caberá a prisão em flagrante do advogado, ligada à sua atividade profissional, se se tratar de crime inafiançável (art. 7º, § 3º, do EAOAB).

Atenção

Apenas a título de reforço, a prisão em flagrante de um advogado nem sempre estará atrelada ao *exercício da profissão*. Apenas neste caso é que a prerrogativa em comento deverá ser observada, vale dizer, o acompanhamento da lavratura do respectivo auto de prisão em flagrante por representante da OAB. Caso a instituição sequer seja avisada pela autoridade policial, haverá a invalidade de referido auto, com o consequente relaxamento da prisão pela autoridade judiciária. No entanto, caso a OAB, devidamente avisada, fique inerte e não encaminhe um seu representante para acompanhar a prisão, evidentemente que esta não poderá ser considerada ilegal.

6.1.5. Prisão antes do trânsito em julgado (art. 7º, V, EAOAB)

Em caso de prisões cautelares, vale dizer, aquelas anteriores ao trânsito em julgado da sentença penal condenatória (flagrante, temporária e preventiva), o advogado terá o direito de permanecer recolhido em Sala de Estado-Maior (sala situada nas dependências das Forças Armadas – Marinha, Exército ou Aeronáutica, bem como em Batalhão da Polícia Militar e Corpo de Bombeiros), ou, à falta dela, em prisão domiciliar. O STF, na ADIn 1127-8, julgou inconstitucional o controle, pela OAB, das "acomodações" da sala de Estado-Maior. Em última análise, as acomodações nas salas de Estado-Maior ficarão a cargo, evidentemente, das Forças Armadas, sem ingerência da OAB, tal como constou na redação original do art. 7º, V, EAOAB.

A Sala de Estado-Maior não pode ser confundida com a prisão especial, cabível para determinadas pessoas, nos termos do art. 295, CPP, tais como Ministros de Estado, Governadores e Magistrados.

Uma vez transitada em julgado a sentença condenatória criminal prolatada em desfavor de um advogado, cessará a prerrogativa, ou seja, será transferido a uma unidade prisional integrante do sistema carcerário comum. A prerrogativa "vale" enquanto vigorar a presunção de inocência (anterior ao trânsito em julgado).

6.1.6. Liberdade de acesso dos advogados aos locais em que desempenhem suas funções (art. 7º, VI, VII e VIII, EAOAB)

É direito do advogado ingressar livremente (art. 7º, VI):

a) nas salas de sessões dos tribunais, *mesmo além dos cancelos que separam a parte reservada aos magistrados*;

b) nas salas e dependências de audiências, secretarias, cartórios, ofícios de justiça, serviços notariais e de registro, e, no caso de delegacias e prisões, *mesmo fora da hora de expediente e independentemente da presença de seus titulares*;

c) em qualquer edifício ou recinto em que funcione repartição judicial ou outro serviço público onde o advogado deva praticar ato ou colher prova ou informação útil ao exercício da atividade profissional, dentro do expediente ou fora dele, e ser atendido, desde que se ache presente qualquer servidor ou empregado;

d) em qualquer assembleia ou reunião de que participe ou possa participar o seu cliente, ou perante a qual este deva comparecer, desde que munido de poderes especiais.

Ainda, são direitos do advogado:

e) o de permanecer sentado ou em pé e retirar-se de quaisquer locais indicados anteriormente, independentemente de licença (art. 7º, VII);

f) o de dirigir-se diretamente aos magistrados nas salas e gabinetes de trabalho, *independentemente de horário previa-*

mente marcado ou outra condição, observando-se a ordem de chegada (art. 7º, VIII).

6.1.7. *Sustentação oral do advogado após o voto do relator (art. 7º, IX, EAOAB)*

Por força da ADIn 1127-8, o STF declarou inconstitucional esse dispositivo, que prescrevia ser direito do advogado sustentar oralmente as razões de qualquer recurso ou processo, nas sessões de julgamento, após o voto do relator, em instância judicial ou administrativa, pelo prazo de quinze minutos, salvo se prazo maior fosse concedido.

Destarte, após a decisão proferida pelo STF, em controle concentrado de constitucionalidade, o advogado somente poderá fazer sustentação oral em recursos cuja lei a admita, ou nos termos dos regimentos internos dos tribunais, no momento também definido por referidos regimentos (geralmente *antes* do voto do relator ser lido).

Em suma, nos casos dos recursos, a sustentação oral estará vinculada à previsibilidade recursal de referida prerrogativa.

6.1.8. *Uso da expressão "pela ordem" (art. 7º, X, EAOAB)*

Para o esclarecimento de circunstâncias fáticas que se apresentem equivocadas, ou em razão de dúvidas surgidas em relação a fatos, documentos ou afirmações que influam no julgamento, poderá o advogado fazer uso da palavra, pela ordem, de maneira rápida e objetiva, em qualquer juízo ou tribunal, ainda que seja necessário, por exemplo, interromper a fala do próprio magistrado em audiência.

Também poderá fazê-lo quando sofrer acusações ou for indevidamente censurado.

6.1.9. *Reclamação verbal ou escrita (art. 7º, XI, EAOAB)*

É direito do advogado reclamar, verbalmente ou por escrito, perante qualquer juízo, tribunal ou autoridade, contra a inobservância de preceito de lei, regulamento ou regimento.

6.1.10. *Permanência do advogado em determinados locais (art. 7º, XII, EAOAB)*

É facultado ao advogado falar, sentado ou em pé, em juízo, tribunal ou órgão de deliberação coletiva da Administração Pública ou do Poder Legislativo, não se podendo compelir o profissional a permanecer dessa ou daquela forma em audiência. Assim, violaria a prerrogativa em comento a determinação de um magistrado para que todos os advogados, durante a audiência, permanecessem em pé.

6.1.11. *Análise de autos pelos advogados, perante órgãos do Judiciário, Legislativo, Administração Pública e instituições que conduzam investigações para apuração de infrações, bem como o direito de vista e carga (art. 7º, XIII, XIV, XV, XVI e §§ 10 a 12, do EAOAB)*

É direito do advogado examinar, em qualquer órgão dos Poderes Judiciário e Legislativo, ou da Administração Pública em geral, autos de processos findos ou em andamento, *mesmo sem procuração, quando não estejam sujeitos a sigilo*, assegurada a obtenção de cópias, podendo tomar apontamentos (art. 7º, XIII). No entanto, mesmo os processos sigilosos poderão ser consultados por advogados, desde que apresentem procuração para tanto.

Também é direito do advogado examinar, em qualquer instituição responsável por conduzir investigação, mesmo sem procuração, autos de flagrante e de investigações de qualquer natureza, findos ou em andamento, ainda que conclusos à autoridade, podendo copiar peças e tomar apontamentos, em meio físico ou digital (art. 7º, XIV).

Antes do advento da Lei 13.245, de 12 de janeiro de 2016, a prerrogativa em comento limitava a atuação do advogado, que somente teria o direito de ter acesso a autos de flagrante e de inquérito policial que tramitassem nas repartições policiais.

Doravante, será direito do advogado, por exemplo, o de examinar autos de investigações presididas por quaisquer órgãos ou instituições, a exemplo do Ministério Público.

Importante registar que o exercício da prerrogativa em comento independerá, em regra, de procuração. Em outras palavras, o advogado tem o direito de examinar autos de flagrante e de investigações independentemente de ter em seu poder a procuração outorgada por seu cliente. Porém, o § 10, do art. 7º do EAOAB, acrescentado pela precitada Lei 13.245/2016, dispõe que nos autos sujeitos a sigilo, deve o advogado apresentar procuração. Acrescentamos, também, uma outra hipótese em que a exibição do instrumento de mandato será necessária: quando os autos tramitarem em segredo de justiça.

Também inovando, a mesma Lei 13.245, acrescentando ao art. 7º do EAOAB o § 11, prescreveu que, no caso previsto no inciso XIV, a autoridade competente poderá delimitar o acesso do advogado aos elementos de prova relacionados a diligências em andamento e ainda não documentados nos autos, quando houver risco de comprometimento da eficiência, da eficácia ou da finalidade das diligências, na esteira do que já havia sido "regulamentado", ainda que em parte, pela Súmula vinculante 14, que assim enuncia: "É direito do defensor, no interesse do representado, ter acesso amplo aos elementos de prova que, já documentados em procedimento investigatório realizado por órgão com competência de polícia judiciária, digam respeito ao exercício do direito de defesa".

A inobservância aos direitos estabelecidos no inciso XIV, o fornecimento incompleto de autos ou o fornecimento de autos em que houve a retirada de peças já incluídas no caderno investigativo implicará responsabilização criminal e funcional por abuso de autoridade do responsável que impedir o acesso do advogado com o intuito de prejudicar o exercício da defesa, sem prejuízo do direito subjetivo do advogado de requerer acesso aos autos ao juiz competente (§ 12, do art. 7º do EAOAB, incluído pela Lei 13.245/2016). Ainda, é prerrogativa dos advogados ter vista dos processos judiciais ou administrativos de qualquer natureza, em cartório ou na repartição competente, ou retirá-los pelos prazos legais (art. 7º, XV).

Por fim, é direito do advogado retirar autos de processos findos, *mesmo sem procuração*, pelo prazo de dez dias (art. 7º, XVI).

Nos termos do §1º, do art. 7º do EAOAB, não se aplica o disposto nos incisos XV e XVI:

1) aos processos sob regime de segredo de justiça;

2) quando existirem nos autos documentos originais de difícil restauração ou ocorrer circunstância relevante que justifique a permanência dos autos no cartório, secretaria ou repartição, reconhecida pela autoridade em despacho motivado, proferido de ofício, mediante representação ou a requerimento da parte interessada;

3) até o encerramento do processo, ao advogado que houver deixado de devolver os respectivos autos no prazo legal, e só o fizer depois de intimado.

6.1.12. Desagravo público do advogado (art. 7º, XVII e § 5º, EAOAB; arts. 18 e 19, Regulamento Geral)

Sempre que o advogado for ofendido *em razão de suas atividades profissionais* ou em *razão do cargo ou função que ocupe na OAB*, será desagravado publicamente, com regra, pelo Conselho Seccional competente. Tal ato poderá ser provocado pelo próprio advogado ofendido ou por qualquer outra pessoa, e até mesmo de ofício pelo próprio Conselho.

Trata-se de *ato público* (sessão solene) que *não depende sequer da concordância do advogado ofendido*, já que o desagravo objetiva garantir os direitos da própria classe de advogados.

Quando for ofendido no exercício de seus cargos Conselheiro federal ou Presidente de Conselho Seccional, caberá ao Conselho Federal, nos termos do art. 19 do Regulamento Geral, promover o desagravo público, ou no caso de ofensa a qualquer advogado mas que se revestir de *relevância e grave violação às suas prerrogativas, com repercussão nacional* (ex.: advogado ofendido perante o STF, ou com a palavra "cortada" durante sustentação oral naquele tribunal).

Importante registrar que a ofensa ao advogado que poderá desencadear o desagravo público é aquela que diga respeito ao exercício profissional ou em razão de cargo ou função exercidos na OAB. Caso não se vislumbre que a ofensa tenha tido relação com a profissão ou o cargo ou função exercida pelo advogado, caberá ao relator do processo instaurado para a deflagração de desagravo público propor o arquivamento do pedido, especialmente quando se vislumbrar que a ofensa foi pessoal (art. 18, § 2º, Regulamento Geral).

6.1.13. Uso de símbolos privativos da profissão (art. 7º, XVIII, EAOAB)

Só os advogados podem utilizar os símbolos privativos da profissão, quais sejam, as vestes talares e as insígnias, cujos modelos constam no Provimento 8/1964, do Conselho Federal da OAB, bem como a imagem da justiça (Têmis) e a balança.

Porém, os símbolos do Conselho Federal (brasão da República) e dos Conselhos Seccionais são privativos desses órgãos, não podendo sequer os advogados utilizá-los.

Ainda, os símbolos privativos da profissão não poderão ser utilizados pelos advogados em seus meios pessoais de comunicação (ex.: cartões de visita), nos termos da proibição contida no art. 31, CED.

6.1.14. Recusa do advogado em depor como testemunha (art. 7º, XIX, EAOAB)

O advogado tem o direito (e também o dever) de não depor, na qualidade de testemunha, sobre fatos acobertados pelo sigilo profissional, em processos que envolvam cliente ou ex-cliente, ou em processos em que atue ou tenha atuado como procurador de qualquer das partes.

Trata-se de importante mecanismo que, como visto, garante a permanência e manutenção do sigilo profissional, que, como regra, não poderá ser rompido pelo advogado.

Atenção

Importante registrar que o dever de recusa permanece ainda que haja autorização do próprio cliente, o que demonstra que estamos diante de verdadeiro mandamento (e não apenas prerrogativa profissional).

6.1.15. Direito de retirada do recinto de audiência (art. 7º, XX, EAOAB)

Decorridos *30 (trinta) minutos* do horário designado à realização do ato judicial, se a autoridade que deva presidi-lo não comparecer, poderá o advogado, mediante petição (comunicação) protocolada em juízo, abandonar o recinto.

Frise-se que na Justiça do Trabalho, de acordo com o art. 815, parágrafo único, da CLT, o prazo para o exercício do direito de retirada é de apenas *15 (quinze) minutos*, tratando-se, segundo entendemos, de norma especial, que prevalece sobre a geral (EAOAB).

O mero *atraso de pauta* (audiências que se alongam) não justifica o exercício do direito de retirada do advogado, que está vinculado à *ausência* do magistrado no local em que designada a realização de ato judicial.

6.1.16. Imunidade profissional (art. 7º, § 2º, EAOAB)

O advogado é inviolável por seus atos e manifestações, a fim de que se lhe garanta a liberdade para o exercício profissional. Trata-se, pois, de prerrogativa que materializa a liberdade de expressão no exercício profissional.

Assim, de acordo com o art. 7º, § 2º, EAOAB, não constituirá injúria, difamação ou desacato puníveis, qualquer manifestação de sua parte, no exercício de sua atividade, em juízo ou fora dele.

Destarte, pela leitura do dispositivo em comento, goza o advogado de imunidade penal no que toca aos crimes de *injúria* e *difamação*, considerados crimes contra a honra (arts. 139 e 140, ambos do CP), bem como ao crime de *desacato*, considerado crime contra a administração da justiça (art. 331, CP).

No entanto, o STF, no julgamento da ADIn 1.127-8, entendeu pela inconstitucionalidade da expressão "desacato", excluindo referida infração da abrangência da imunidade penal ora estudada.

Destarte, ainda que no exercício da profissão, o advogado não estará acobertado pela imunidade se desacatar uma autoridade pública.

Também fica excluída da imunidade em comento a imputação falsa, por parte do advogado, de fato definido como crime, o que caracteriza o crime de *calúnia*. Lembre-se: apenas injúria e difamação!

6.1.17. Salas especiais para advogados (art. 7º, § 4º, EAOAB)

O Poder Judiciário e o Poder Executivo devem instalar nos juizados, fóruns, tribunais, delegacias de polícia e presídios, *salas especiais* para advogados. Trata-se de determinação que visa conferir aos advogados a possibilidade de poderem desenvolver suas atividades com um mínimo de tranquilidade e conforto.

Teoricamente, referidas salas deveriam ser controladas pela OAB, conforme preconiza o dispositivo legal em comento. Porém, o STF, após julgar a ADIn 1.127-8, declarou *inconstitucional* a palavra "controle". Assim, embora asseguradas a manutenção das salas especiais para os advogados nas repartições referidas, não será a OAB que irá controlá-las.

6.1.18. Atuação do advogado em prol de clientes investigados pela prática de infrações (art. 7º, XXI, EAOAB)

A Lei 13.245, de 12 de janeiro de 2016, acrescentando ao art. 7º do EAOAB o inciso XXI, trouxe relevante prerrogativa profissional, que, como se verá, além de ter reforçado a importância do advogado nas fases extrajudiciais de apuração de infrações, conferiu aos cidadãos que se vejam sob formal investigação, direito expresso de assistência jurídica por profissional legalmente habilitado (*in casu*, o advogado).

Assim, o referido art. 7º, XXI, do EAOAB, prescreve ser direito do advogado o de assistir a seus clientes investigados durante a apuração de infrações, sob pena de nulidade absoluta do respectivo interrogatório ou depoimento e, subsequentemente, de todos os elementos investigatórios e probatórios dele decorrentes ou derivados, direta ou indiretamente, podendo, inclusive, no curso da respectiva apuração, apresentar razões e quesitos.

De plano, destacamos que o dispositivo em comento, por não fazer distinção, abrange a apuração de quaisquer tipos de infrações, ou seja, penais e extrapenais.

No mais, entendemos que andou bem o legislador ordinário ao prever a participação do advogado nos procedimentos apuratórios de infrações, seja pelo fato de a parte assistida – investigada – passar a poder contar com respaldo técnico-profissional, seja porque o procedimento investigatório poderá, por influência do próprio advogado, que, como visto, poderá participar de interrogatórios e depoimentos, além de apresentar razões e quesitos, tomar rumos que conduzam à apuração de infrações com maior grau de certeza e/ou determinação.

Da leitura apressada do novel dispositivo, poder-se-ia concluir que a participação do advogado será obrigatória, invariavelmente, durante a apuração de infrações, o que, segundo entendemos, não é a melhor interpretação.

Nada obstante estejamos diante de uma prerrogativa profissional, o fato é que a assistência por advogado de pessoas investigadas pela prática de infrações deve ser tomada como uma faculdade do investigado. Significa dizer que, por exemplo, se determinada pessoa estiver sob formal investigação pela prática de um ilícito penal, terá o direito de, querendo, ser acompanhada, durante seu interrogatório ou depoimento de testemunhas, por advogado, sob pena de nulidade do ato e de todos os elementos investigatórios e probatórios dele decorrentes.

Todavia, como afirmamos, a atuação do advogado em procedimentos investigatórios não deverá ser tomada como "requisito de validade" dos elementos neles colhidos, a não ser que referida prerrogativa seja tolhida do investigado.

Tomemos, por exemplo, a seguinte situação: João, preso em flagrante delito, é conduzido a uma delegacia de polícia, oportunidade em que, antes de iniciado seu interrogatório pela autoridade policial, afirma querer contatar seu advogado para que o acompanhe durante o ato, tal como prevê, inclusive, o art. 5º, LXIII, da CF/88 (*o preso será informado de seus direitos, entre os quais o de permanecer calado, sendo-lhe assegurada a assistência da família e de advogado*). Diante da solicitação, a autoridade policial lhe nega o pedido, daí se iniciando o interrogatório, no qual o agente confessa a prática delituosa.

Nesse caso, estaremos diante de fonte de prova (confissão) que não poderá repercutir efeitos, haja vista a ilicitude na sua obtenção, eis que em descompasso com o art. 7º, XXI, do EAOAB.

O mesmo – a nulidade – ocorrerá caso o investigado, durante o procedimento apuratório da infração a ele irrogada, assistido por advogado, tenha, por exemplo, desentranhada dos autos petição em que formulados quesitos para perícia, que, muitas vezes, se revela irrepetível na fase judicial.

O dispositivo em comento é novo, o que, decerto, gerará calorosas discussões nos meios acadêmicos e nas instituições jurídicas, eis que sua repercussão, especialmente no inquérito policial, é bastante relevante e inovadora.

Criou-se um "novo patamar" de atuação profissional do advogado, até então atuante em procedimentos investigatórios de forma mais tímida, muitas vezes como mero espectador ou ouvinte, especialmente no âmbito do inquérito policial, eis que amplamente adotada a tese de que não há nulidade em referido procedimento. Doravante, poderemos falar em nulidade na fase inquisitiva!

Aguardemos os Tribunais!

7. SOCIEDADE DE ADVOGADOS

7.1. Sociedade de advogados (arts. 15 a 17 do EAOAB; arts. 37 a 43, Regulamento Geral; Provimentos 112/2006 e 169/2015 do Conselho Federal da OAB)

7.1.1. Das sociedades de advogados e suas espécies

Nos termos do art. 15, *caput*, do EAOAB, com a redação que lhe foi conferida pela Lei 13.247, de 12 de janeiro de

2016, os advogados podem reunir-se em sociedade simples de prestação de serviços de advocacia ou constituir sociedade unipessoal de advocacia, na forma disciplinada nesta Lei e no regulamento geral.

Até o advento da sobredita lei federal, somente era possível a constituição de sociedade coletiva, vale dizer, formada por, pelo menos, dois advogados. Doravante, admitir-se-á que um só advogado seja titular de uma sociedade de advocacia.

Para fins didáticos, podemos afirmar que as sociedades de advogados são de duas espécies:

✓ ***sociedade coletiva de advogados***: sociedade simples formada pela reunião de dois ou mais advogados;

✓ ***sociedade unipessoal de advocacia***: sociedade formada por um único advogado, que será seu titular.

7.1.1.1. *Natureza jurídica da sociedade de advogados*

Questão bastante relevante é saber qual a natureza jurídica de uma sociedade de advogados: empresária ou simples?

Para tanto, faz-se mister destacarmos alguns dispositivos do Código Civil vigente.

Art. 966. Considera-se empresário quem exerce profissionalmente atividade econômica organizada para a produção ou a circulação de bens ou de serviços.

Parágrafo Único. Não se considera empresário quem exerce profissão intelectual, de natureza científica, literária ou artística, ainda com o concurso de auxiliares ou colaboradores, salvo se o exercício da profissão constituir elemento de empresa.

Art. 967. É obrigatória a inscrição do empresário no Registro Público de Empresas Mercantis da respectiva sede, antes do início de sua atividade.

Art. 982 Salvo as exceções expressas, considera-se empresária a sociedade que tem por objeto o exercício de atividade própria de empresário, sujeito a registro (art. 967); e, simples, as demais.

Da leitura dos dispositivos *supra*, questionamo-nos: o advogado, no exercício de suas atividades, pode ser considerado um empresário?

A resposta é negativa!

De acordo com as palavras de PAULO LÔBO, a sociedade de advogados é uma sociedade profissional *sui generis*, que não se confunde com as demais sociedades civis. Rejeitou-se o modelo empresarial existente em vários países, para que não se desfigurasse a atividade de advocacia, que no Brasil é serviço público e integra a administração da justiça (LÔBO, 2007).

Na esteira dos ensinamentos do festejado doutrinador acima citado, o Conselho Federal da OAB, ao editar o Provimento 169/2015, confirmou a natureza *sui generis* da sociedade de advogados. Confira-se:

Art. 1º. Os advogados regularmente inscritos na Ordem dos Advogados do Brasil poderão reunir-se para colaboração profissional recíproca, a fim de somar conhecimentos técnicos, em sociedade de prestação de serviços de advocacia, sendo esta uma espécie societária sui generis no contexto da sociedade civil.

Como visto no item 7.1.1 supra, com a nova redação dada ao art. 15, caput, do EAOAB, pela Lei 13.247/2016, confirmou-se a natureza de ***sociedade simples*** das sociedades de advogados.

7.1.2. Aquisição da personalidade jurídica da sociedade de advogados e da sociedade unipessoal de advocacia

Tanto a sociedade de advogados, quanto a sociedade unipessoal de advocacia, exigirão, para suas criações, um ato constitutivo (contrato social), que deverá ser levado a registro no Conselho Seccional da OAB em cuja base territorial tiver sede (art. 15, § 1º, EAOAB; art. 37, *caput*, Regulamento Geral).

Atenção

Ao contrário do que se poderia imaginar, a sociedade de advogados ou a sociedade unipessoal de advocacia, não são registradas em Cartórios de Registro Civil de Pessoas Jurídicas, bem como nas Juntas Comerciais.

Importante frisar que não será dado aos Cartórios de Registro Civil, ou mesmo às Juntas Comerciais, proceder ao registro de sociedades que incluam, entre outras atividades, qualquer daquelas privativas de advocacia (art. 1º, EAOAB).

Também recusará o registro o Conselho Seccional competente que verificar no contrato social da sociedade de advogados (coletiva ou unipessoal) qualquer outra atividade estranha à advocacia (ex.: corretagem, contabilidade etc.).

7.1.3. Constituição de filiais

É possível a abertura de "filiais" de sociedades de advogados ou sociedades unipessoais de advocacia, nos moldes do que prescreve o art. 15, § 5º, do EAOAB.

Assim, o Estatuto permite que as sociedades de advogados, bem como as sociedades unipessoais de advocacia criem filiais, que, no entanto, só podem ser instaladas na área territorial de outro Conselho Seccional, de cujos limites não podem ultrapassar (LÔBO, 2007).

Em outras palavras, não se admitirá a constituição de mais de uma filial por Conselho Seccional, bem como no mesmo Conselho em que estiver registrada a sede. Considerando, pois, a existência de 27 (vinte e sete) Conselhos Seccionais, temos que em um deles será registrada a sede, restando 26 (vinte e seis), nos quais caberá a implantação de uma única filial. Portanto, numericamente, podem ser constituídas, no máximo, 26 (vinte e seis) filiais de uma mesma sociedade de advogados (coletiva ou unipessoal).

Registre-se que o ato constitutivo da filial deverá ser levado a arquivamento perante o Conselho Seccional em que se instalar, sem prejuízo de sua averbação perante o Conselho Seccional em que estiver registrada a sede (art. 15, § 5º, EAOAB).

Importa destacar que a filial, diversamente da sociedade-sede, não tem personalidade jurídica própria, razão pela qual não pode ter sócios ou denominação distintos daquela (LÔBO, 2007).

Uma vez constituída a filial, todos os sócios, inclusive o titular da sociedade individual de advocacia, irão obrigar-se a providenciar inscrição suplementar (art. 15, § 5º, parte final, EAOAB; art. 7º, § 1º, Provimento 112/2006, do Conselho Federal da OAB).

7.1.4. Razão social da sociedade de advogados

A razão social (denominação) da sociedade deverá ter obrigatoriamente o nome de pelo menos um advogado responsável pela sociedade (art. 16, § 1º, EAOAB). É comum que o nome da sociedade venha acompanhado da expressão "*Sociedade de Advogados*", cumprindo-se, assim, o que determina o art. 2º, § 1º, do Provimento 112/2006, do Conselho Federal da OAB, vedada a referência a "Sociedade Civil" ou "S.C".

Em caso de falecimento de sócio que "emprestou" seu nome ou sobrenome à sociedade, poderá permanecer na denominação social desde que prevista tal possibilidade no ato constitutivo (art. 16, § 1º, parte final, EAOAB).

Nos termos do art. 16, *caput*, EAOAB, é expressamente proibido que haja a adoção de denominação de fantasia (nome fantasia), visto que tal é característica marcante das sociedades empresariais (Ex.: "*Law* & *Order* Sociedade de Advogados"; "Causa Ganha Sociedade de Advogados" etc.). Como visto, o nome da sociedade deverá ser formado pelo nome de pelo menos um de seus sócios, completo ou abreviado!

O mesmo se pode dizer no tocante às sociedades unipessoais: sua denominação deve ser obrigatoriamente formada pelo nome do seu titular, completo ou parcial, com a expressão 'Sociedade Individual de Advocacia' (art. 16, § 4º, do EAOAB, incluído pela Lei 13.247/2016).

Por fim, o já referido Provimento 112/2006 (do CFOAB) autoriza o uso do "&" na razão social. Assim, exemplificando, será possível que a razão social da sociedade seja "João & José Sociedade de Advogados".

7.1.5. Procuração e sociedade de advogados

Conforme determina o art. 15, § 3º, EAOAB, as procurações devem ser outorgadas ***individualmente*** aos advogados e indicar a sociedade de que façam parte. Quanto a esta última exigência, o art. 105, § 3º, do Novo CPC (sem correspondência no CPC/1973), assim dispõe: "Se o outorgado integrar sociedade de advogados, a procuração também deverá conter o nome dessa, seu número de registro na Ordem dos Advogados do Brasil e endereço completo".

Entendemos que a expressão "***individualmente***" deve ser tomada no sentido de ser necessário que no instrumento de mandato, ainda que único, se possa identificar precisamente cada um dos sócios que está sendo constituído pelo cliente. Ou seja, não se faz necessária a outorga de uma procuração para cada sócio constituído.

No caso de clientes com interesses opostos, o art. 15, § 6º, EAOAB, corroborado pelo art. 19 do Novo CED, indica ser vedada a representação judicial por advogados sócios da mesma sociedade. Caso tal regra seja descumprida, haverá infração ética a ser imputada aos advogados, sem prejuízo de eventual configuração do crime previsto no art. 355, CP (patrocínio infiel).

7.1.6. Sócios integrando mais de uma sociedade de advogados

Nos termos do art. 15, § 4º, EAOAB, com a redação que lhe foi dada pela Lei 13.247/2016, nenhum advogado pode integrar mais de uma sociedade de advogados, constituir mais de uma sociedade unipessoal de advocacia, ou integrar, simultaneamente, uma sociedade de advogados e uma sociedade unipessoal de advocacia, com sede ou filial na mesma área territorial do respectivo Conselho Seccional.

Significa dizer, a contrário senso, que um advogado poderá integrar *mais de uma sociedade* (coletiva ou unipessoal) apenas se forem situadas em Conselhos Seccionais distintos.

Ex.: "A" pode ser sócio da sociedade "AB Sociedade de Advogados", com sede no estado de São Paulo, bem como da sociedade "AC Sociedade de Advogados", registrada no estado de Santa Catarina.

7.1.7. Alteração da constituição societária

De acordo com o art. 16, § 2º, EAOAB, o licenciamento de sócio para exercer atividade incompatível em caráter temporário deve ser averbado no registro da sociedade, sem alterar sua constituição.

Assim, caso um dos sócios assuma, por exemplo, um mandato eletivo de Prefeito (Chefe do Poder Executivo municipal – art. 28, I, EAOAB), considerado cargo incompatível com a advocacia, por se tratar de atividade transitória (frise-se: mandato eletivo), tal fato simplesmente deverá ser levado ao conhecimento do Conselho Seccional em que a sociedade for registrada, sem acarretar, porém, a alteração do corpo societário.

Todavia, caso um dos sócios assuma cargo incompatível com a advocacia em caráter definitivo, tal gerará o cancelamento de sua inscrição (art. 11, IV, EAOAB), o que, evidentemente, deverá gerar a alteração do ato constitutivo da sociedade e a consequente retirada do sócio.

Quanto à sociedade unipessoal, esta pode resultar da concentração por um advogado das quotas de uma sociedade de advogados, independentemente das razões que motivaram tal concentração (art. 15, §7º, do EAOAB, incluído pela Lei 13.247/2016). Assim, por exemplo, se em uma sociedade coletiva, composta por dois advogados, um deles resolver dela retirar-se, o outro sócio poderá concentrar todas as quotas sociais, dando seguimento às atividades como titular de uma sociedade unipessoal.

7.1.8. Responsabilidade

Nos moldes previstos no art. 17 do EAOAB, com a nova redação que lhe foi conferida pela Lei 13.247/2016, e art. 40, Regulamento Geral, além da sociedade, o sócio e o titular da sociedade individual de advocacia respondem subsidiária e ilimitadamente pelos danos causados aos clientes por ação ou omissão no exercício da advocacia, sem prejuízo da responsabilidade disciplinar em que possam incorrer. Assim, se determinado sócio de sociedade coletiva, ou titular de sociedade individual, causar danos a um cliente, primeiramente será atingido o patrimônio da sociedade, que, se insuficiente, ensejará a responsabilização subsidiária das pessoas naturais (sócios ou titular da sociedade unipessoal).

7.1.9. Espécies de sócios e quotas sociais

De acordo com o Provimento nº 169/2015, editado pelo Conselho Federal da OAB, podemos classificar os sócios em duas espécies:

✓ sócios patrimoniais; e

✓ sócios de serviço.

No art. 2º do sobredito ato normativo, a sociedade de advogados poderá ser constituída por sócios patrimoniais ou por sócios patrimoniais e de serviço, os quais não poderão pertencer a mais de uma sociedade na mesma base territorial de cada Conselho Seccional.

A integralização das quotas patrimoniais será realizada em moeda corrente e/ou bens (art. 2º, § 1º).

Poderá a sociedade de advogados estabelecer quotas de serviço (art. 2º, §2º), sendo vedado ao sócio de capital possuir quotas de serviços concomitantemente (art. 2º, § 3º).

A distinção entre sócios patrimoniais e de serviço, embora todos tenham os mesmos direitos e obrigações, consoante dispõe o art. 3º do Provimento em comento, se dá nas seguintes medidas: os sócios patrimoniais são os únicos que podem fazer contribuição pecuniária para a constituição do capital social da sociedade, tendo, como contrapartida, em caso de desligamento da sociedade, o direito a receber os respectivos haveres. Também, aos sócios patrimoniais, poderão ser estabelecidas outras "prerrogativas" expressas no contrato social e/ou instrumento próprio (art. 3º, *caput*).

Importa ressaltar que a todos os sócios (patrimoniais ou de serviço) será assegurado o direito de voto nas questões que envolverem a sociedade de advogados (art. 3º, parágrafo único).

Ainda, os sócios patrimoniais e de serviço farão jus à participação nos lucros da sociedade, na forma prevista nos respectivos contratos sociais ou em instrumentos específicos que a disciplinem (art. 4º).

Finalmente, sem prejuízo do disposto no art. 17 do EAOAB e art. 40 do Regulamento Geral (vide item 7.1.8 supra), os sócios patrimoniais e de serviço responderão pelos danos causados à sociedade e aos seus sócios.

7.1.10. Algumas vedações às sociedades de advogados

De acordo com o art. 16, *caput*, EAOAB, não podem ser admitidas a registro, nem podem funcionar, todas as espécies de sociedades de advogados que:

a) apresentem forma ou características de sociedade empresária;

b) que adotem denominação de fantasia;

c) que realizem atividades estranhas à advocacia;

d) que incluam como ou titular de sociedade unipessoal de advocacia pessoa não inscrita como advogado ou totalmente proibida de advogar.

7.1.11. Advogados associados

De acordo com o disposto no art. 39 do Regulamento Geral, a sociedade de advogados pode associar-se com advogados, sem vínculo de emprego, para participação nos resultados. Para tanto, será de rigor que os contratos de associação havidos entre a sociedade e os advogados associados sejam averbados no registro da sociedade.

Assim, permite-se que a sociedade estabeleça uma relação profissional com advogados nas várias especialidades da atividade da advocacia, sem que haja a necessidade de incluí-los como sócios (RAMOS, 2009).

Simplesmente, o advogado associado atua em causas de patrocínio comum, trabalhando em parceria e auferindo o percentual ajustado nos resultados ou honorários percebidos, podendo, ainda, utilizar as instalações da sociedade (LÔBO, 2007).

Com o advento do Provimento 169/2015, do Conselho Federal da OAB, a figura do "advogado associado" foi melhor posicionada no contexto da sociedade de advogados, definindo-se com maiores detalhes suas atribuições, direitos e obrigações.

Com efeito, conforme dispõe o art. 5º do referido Provimento, o advogado associado, na forma do art. 39 do Regulamento Geral do Estatuto da Advocacia e da OAB, poderá participar de uma ou mais sociedades de advogados, mantendo sua autonomia profissional, sem subordinação ou controle de jornada e sem qualquer outro vínculo, inclusive empregatício, firmando para tanto contrato de associação que deverá ser averbado no Registro de Sociedades de Advogados perante o respectivo Conselho Seccional. Caso haja associação do advogado a mais de uma sociedade de advogados, tal situação deverá ser comunicada prévia e formalmente às sociedades contratantes (art. 5º, § 1º).

Caso surja conflito de interesses entre o advogado associado e as sociedades de advogados com as quais mantenha vínculo associativo, o associado deverá observar o que o Código de Ética dispõe acerca do conflito de interesses (art. 5º, § 2º), ou seja, não poderá representar clientes com interesses opostos (art. 19 do CED).

Os critérios para a partilha dos resultados da atividade advocatícia objeto do contrato de associação serão nele expressamente definidos, abrindo-se ao advogado associado e à sociedade contratante a livre estipulação da forma como a avença se dará (art. 6º). Em outras palavras, a relação estabelecida entre associado e sociedade será definida com base na liberdade contratual, desde que, é claro, não haja afronta a direitos e obrigações de ambos.

Importante assinalar que o advogado associado, mesmo não sendo sócio da sociedade de advogados e não participando dos lucros nem dos prejuízos da sociedade, participará dos honorários contratados por esta com os clientes, e/ou resultantes de sucumbência, referentes às causas e interesses que lhe forem confiados, conjunta ou isoladamente, na forma prevista no contrato de associação (art. 7º, *caput*). Caberá ao referido contrato estabelecer livremente a forma de pagamento, que poderá basear-se em critério de proporcionalidade ou consistir em adiantamentos parciais, ou, ainda, honorários fixados por estimativa, para acerto final, ou por outra forma que as partes ajustarem (art. 7º, parágrafo único).

Quanto ao âmbito de atuação do advogado associado, esta não estará restrita a clientes da sociedade com a qual mantenha vínculo associativo, podendo ele ter sua própria clientela, desde que não haja conflito de interesses com clientes das sociedades de advogados com as quais mantenha vínculo associativo (art. 8º).

Se no contrato de associação forem identificados, em seu conjunto, elementos caracterizadores de relação de emprego, não será admitida sua averbação perante o órgão competente da OAB (art. 9º).

Sobrevindo conflitos de interesses entre os advogados associados e a sociedade de advogados, poderá a solução da controvérsia dar-se por mediação, conciliação ou arbitragem, desde que haja cláusula contratual específica nesse sentido, podendo-se indicar órgão competente do Conselho Seccional da OAB para desempenhar papel de conciliador, mediador ou árbitro (art. 11).

7.2. Destaque para temas afetos à sociedade de advogados

As Sociedades de Advogados são constituídas e reguladas segundo os arts. 15 a 17 do Estatuto da Advocacia e a Ordem dos Advogados do Brasil (OAB) – EAOAB, os arts. 37 a 43 do seu Regulamento Geral e as disposições dos Provimentos 112/2006 e 169/2015, editados pelo Conselho Federal da OAB.

Dada a importância do tema, vejamos alguns aspectos relevantes a serem analisados e repisados, previstos no precitado Provimento 112:

a) Contrato Social da sociedade:

I – a razão social, constituída pelo nome completo ou sobrenome dos sócios, ou pelo menos de um deles, responsáveis pela administração, assim como a previsão de sua alteração ou manutenção, por falecimento de sócio que lhe tenha dado o nome, observado, ainda, o disposto no parágrafo único deste artigo;

II – o objeto social, que consistirá exclusivamente no exercício da advocacia, podendo especificar o ramo do direito a que a sociedade se dedicará;

III – o prazo de duração;

IV – o endereço em que irá atuar;

V – o valor do capital social, sua subscrição por todos os sócios, com a especificação da participação de cada qual, e a forma de sua integralização;

VI – o critério de distribuição dos resultados e dos prejuízos verificados nos períodos que indicar;

VII – a forma de cálculo e o modo de pagamento dos haveres e de eventuais honorários pendentes, devidos ao sócio falecido, assim como ao que se retirar da sociedade ou que dela for excluído;

VIII – a possibilidade ou não de o sócio exercer a advocacia autonomamente e de auferir ou não os respectivos honorários como receita pessoal;

IX – o Contrato Social pode determinar a apresentação de balanços mensais, com a efetiva distribuição dos resultados aos sócios a cada mês;

X – as alterações do Contrato Social podem ser decididas por maioria do capital social, salvo se o Contrato Social determinar a necessidade de quórum especial para deliberação;

XI – o Contrato Social pode prever a cessão total ou parcial de quotas, desde que se opere por intermédio de alteração aprovada pela maioria do capital social.

b) Nome da sociedade:

I – é permitido o uso do símbolo "&" como conjuntivo dos nomes de sócios que constarem da denominação social;

II – da razão social não poderá constar sigla ou expressão de fantasia ou das características mercantis, devendo vir acompanhada de expressão que indique tratar-se de Sociedade de Advogados, vedada a referência a "Sociedade Civil" ou "S.C.";

c) Algumas vedações:

I – não são admitidas a registro, nem podem funcionar, Sociedades de Advogados que revistam a forma de sociedade empresária ou cooperativa, ou qualquer outra modalidade de cunho mercantil;

II – não se admitirá o registro e arquivamento de Contrato Social, e de suas alterações, com cláusulas que suprimam o direito de voto de qualquer dos sócios, podendo, entretanto, estabelecer quotas de serviço ou quotas com direitos diferenciados, vedado o fracionamento de quotas;

d) Dos sócios, da responsabilidade dos sócios e sócios-cônjuges:

I – é imprescindível a adoção de cláusula com a previsão expressa de que, além da sociedade, o sócio responde subsidiária e ilimitadamente pelos danos causados aos clientes, por ação ou omissão, no exercício da advocacia, assim como a previsão de que, se os bens da sociedade não cobrirem as dívidas, responderão os sócios pelo saldo, na proporção em que participem das perdas sociais, salvo cláusula de responsabilidade solidária;

II – é permitida a constituição de Sociedades de Advogados entre cônjuges, qualquer que seja o regime de bens, desde que ambos sejam advogados regularmente inscritos no Conselho Seccional da OAB em que se deva promover o registro e arquivamento;

III – somente os sócios respondem pela direção social, não podendo a responsabilidade profissional ser confiada a pessoas estranhas ao corpo social;

IV – o sócio administrador pode ser substituído no exercício de suas funções e os poderes a ele atribuídos podem ser revogados a qualquer tempo, conforme dispuser o Contrato Social, desde que assim decidido pela maioria do capital social;

V – o sócio, ou sócios administradores, podem delegar funções próprias da administração operacional a profissionais contratados para esse fim;

VI – a exclusão de sócio pode ser deliberada pela maioria do capital social, mediante alteração contratual, desde que observados os termos e condições expressamente previstos no Contrato Social;

VII – o pedido de registro e arquivamento de alteração contratual, envolvendo a exclusão de sócio, deve estar instruído com a prova de comunicação feita pessoalmente ao interessado, ou, na sua impossibilidade, por declaração certificada por oficial de registro de títulos e documentos.

e) Dissolução da sociedade caso haja redução à unipessoalidade

Nos casos em que houver redução do número de sócios à unipessoalidade, a pluralidade de sócios deverá ser reconstituída em até 180 (cento e oitenta) dias, sob pena de dissolução da sociedade. Contudo, à luz das alterações promovidas no Estatuto da OAB pela Lei 13.247, de 12 de janeiro de 2016, entendemos que a redução de sócios de uma sociedade (coletiva) de advogados não implicará a sua extinção, podendo ser "transformada" em sociedade unipessoal de advocacia, concentrando seu titular todas as quotas sociais, nos termos previstos no art. 15, § 7º, do EAOAB.

8. ADVOGADO EMPREGADO

8.1. Advogado empregado (arts. 18 a 21 do EAOAB; arts. 11 a 14 do Regulamento Geral; art. 4º do CED)

Considera-se empregado o trabalhador que presta serviços a alguém (pessoa física ou jurídica), com habitualidade, pessoalmente, de maneira subordinada e onerosa (mediante recebimento de salário).

Assim, podemos afiançar que o advogado empregado nada mais é do que um "empregado", assim tomado em sua acepção técnico-jurídica, regido pela CLT e também pelo Estatuto da OAB.

Embora existam entre o advogado empregado e seu empregador as características básicas da relação de emprego, aquele não terá retirada sua *isenção técnica*, nem reduzida sua *independência profissional*, conforme art. 18 do EAOAB.

Entende-se por *isenção técnica* do advogado empregado a total autonomia quanto à correta aplicação dos atos, meios e prazos processuais, sem interferência do empregador (LÔBO, 2007), ao passo que por *independência profissional* entende-se a característica de o advogado, ainda que empregado, não ter, em razão da subordinação hierárquica, de seguir e observar todas as determinações dadas pelo empregador.

Assim, muito embora haja subordinação entre advogado empregado e empregador, entendemos que ela é *atenuada* ou *mitigada*, tendo em vista o disposto no precitado art. 18 do EAOAB (frise-se: o fato de o advogado ser subordinado ao empregador não irá retirar sua isenção técnica, nem reduzirá sua independência profissional).

Atenção

Importante anotar que o advogado empregado, nos termos do parágrafo único do art. 18 do EAOAB, não estará obrigado à prestação de serviços profissionais de interesse pessoal dos empregadores, fora da relação de emprego. Em outras palavras, não poderá ser obrigado a executar quaisquer outras atividades que não estejam previstas no contrato de trabalho ou que tenham relação direta com este.

8.1.1. Regramento aplicável

Ao advogado empregado de um escritório, ou de uma sociedade de advogados, ou ainda de empresas com departamento jurídico, aplicar-se-á o disposto no Estatuto da OAB, Regulamento Geral e Código de Ética e Disciplina como diplomas normativos de observância principal, aplicando-se subsidiariamente a legislação trabalhista ordinária, em razão do princípio da especialidade.

Assim, alguns temas que serão a seguir abordados devem observar o regramento próprio. Demais questionamentos de cunho trabalhista deverão ser resolvidos, frise-se, pela legislação trabalhista comum.

8.2. Salário mínimo profissional (ou piso salarial) do advogado empregado

A remuneração pelos serviços prestados pelo advogado empregado ao empregador será fixada pelo contrato individual de trabalho, que, contudo, deverá respeitar o salário mínimo da profissão (piso salarial), que será fixado por *acordo ou convenção coletiva*, ou por *sentença normativa* proferida em dissídio coletivo perante a Justiça do Trabalho, conforme art. 19 do EAOAB.

Frise-se que a representação dos advogados nas convenções coletivas, acordos coletivos e dissídios coletivos compete ao *Sindicato* ou, à falta deste, à *federação* ou *confederação* de advogados, nos termos do que dispõe o art. 11, Regulamento Geral. Não é, pois, a OAB que representa os advogados empregados em matéria trabalhista.

Em resumo: o **salário mínimo profissional** será fixado por **acordo ou convenção coletiva, ou em sentença normativa**. A representação dos advogados em referidos instrumentos de tutela coletiva do trabalhador será feita pelo **sindicato**, ou, à falta, pela **federação** ou **confederação** de advogados.

8.3. Jornada de trabalho

De acordo com o art. 20, *caput*, EAOAB, a jornada de trabalho de um advogado empregado não poderá exceder a duração diária de *quatro horas contínuas* e a de *vinte horas semanais*, salvo *acordo* ou *convenção coletiva*, ou em caso de *dedicação exclusiva*.

Destarte, inexistindo regra em sentido contrário, a jornada de trabalho do advogado empregado será, como visto, de apenas quatro horas diárias, estendendo-se, por cinco dias da semana, a um total de vinte horas.

Frise-se que referida jornada poderá ser modificada por acordo ou convenção coletiva, ou em caso de dedicação exclusiva, não significando esta última, à semelhança do que ocorre na Administração Pública para certos cargos, que o advogado somente possa trabalhar para aquele determinado empregador, salvo se assim previr o contrato. Fora da jornada de trabalho avençada, poderá até mesmo ter outro emprego.

Assim, a dedicação exclusiva tratada no EAOAB diz respeito apenas ao tempo de duração da jornada de trabalho do advogado empregado, que no caso não poderá exceder a oito horas diárias (e, no máximo, *quarenta horas semanais*, tal como previa a antiga redação do art. 12 do Regulamento Geral).

Em suma:

a) Não havendo acordo ou convenção coletiva, ou dedicação exclusiva, a jornada de trabalho do advogado empregado será de 4 (quatro) horas diárias contínuas e 20 (vinte) horas semanais;

b) Se houver dedicação exclusiva, a jornada chegará, ao máximo, no dobro da anterior (oito horas diárias e quarenta semanais).

8.4. Horas extras (jornada extraordinária)

Serão pagas ao advogado empregado as horas suplementares (horas extras) com um adicional não inferior a *cem por cento* da hora normal, tal como giza o art. 20, § 2º, do EAOAB.

Importante anotar que referida regra legal põe a salvo o advogado empregado de eventual disposição coletiva (acordo ou convenção coletiva) ou individual (contrato individual) que reduza o valor remuneratório das horas extraordinárias trabalhadas. Em simples palavras, o Estatuto da OAB garantiu um *valor mínimo* de horas-extras: pelo menos 100% (cem por cento) do valor pago pela hora normal!

8.5. Jornada noturna

No período das 20h00 (vinte horas) de um dia às 5h00(cinco horas) do dia seguinte, as horas trabalhadas em período noturno serão remuneradas com um adicional de 25% da hora normal (art. 20, § 3º, do EAOAB).

Anote-se que a jornada noturna estabelecida pela CLT (art. 73, § 2º) varia das 22h00 (vinte e duas horas) às 5h00 (cinco horas) do dia seguinte, cabendo ao empregado perceber adicional de, pelo menos, 20% (vinte por cento) sobre a hora diurna (art. 73, *caput*).

Atenção

Assim, perceba as diferenças:

a) CLT: jornada noturna – das 22h00 às 5h00

b) EAOAB: jornada noturna – das 20h00 às 5h00

c) CLT: adicional noturno – 20% sobre a hora normal

d) EAOAB: adicional noturno – 25% sobre a hora normal

8.6. Advogado e preposto

Por expressa disposição do Regulamento Geral (art. 3º) e do Código de Ética (art. 25), é defeso (*proibido*) ao advogado funcionar no mesmo processo, *simultaneamente*, como patrono e preposto do empregador ou cliente.

8.7. Obrigações do advogado empregado

De acordo com o art. 18 do EAOAB, analisado anteriormente, a relação de emprego, na qualidade de advogado, não retira a sua *isenção técnica*, nem reduz a *independência profissional*, ambas inerentes à advocacia. Portanto, ainda que o advogado seja empregado, a *subordinação*, requisito indispensável ao reconhecimento do vínculo empregatício, nesse caso, será *mitigada*, visto que o profissional permanecerá com sua isenção técnica e independência profissional, tal como dito anteriormente.

Ainda, o advogado empregado não está obrigado à prestação de serviços profissionais de interesse pessoal dos empregadores, fora da relação de emprego.

9. HONORÁRIOS ADVOCATÍCIOS

9.1. Honorários advocatícios (arts. 22 a 26 do EAOAB; arts. 48 a 54, CED)

9.1.1. *Conceito e etimologia*

A palavra *honorários* tem sua raiz na expressão latina *honorarius*, significando, na sua concepção clássica, tudo aquilo que é feito ou dado por honra, sem conotação pecuniária (RAMOS, 2009).

Não se confundem os honorários com a remuneração percebida pelo advogado empregado, que, em virtude da relação de emprego, trabalha onerosamente a uma pessoa natural ou jurídica (salário).

Atualmente, podemos afirmar que os honorários correspondem à *remuneração dos serviços advocatícios prestados pelo profissional*, seja em juízo, seja fora dele. Conforme veremos mais à frente, indispensável que sejam fixados com *moderação*, observados os critérios previstos no CED e tabelas estabelecidas pelos Conselhos Seccionais.

9.2. Critérios para a fixação dos honorários

Não há critérios definitivos que possam delimitar a fixação dos honorários advocatícios, porque flutuam em função de vários fatores, tais como o prestígio profissional, a qualificação, a reputação na comunidade, o tempo de experiência, a dificuldade da matéria, a capacidade econômica do cliente, o valor da demanda, entre outros (LÔBO, 2007). Todavia, conforme dispõe o art. 49 do CED, os honorários profissionais devem ser fixados com *moderação*.

Destarte, podemos afirmar que a moderação é o *critério informador* do tema em tela. Honorários imoderadamente fixados constituem afronta ao Código de Ética, fato passível de punição disciplinar.

Assim, de acordo com o já citado art. 49 do CED, eis os critérios que devem ser observados pelos advogados para o estabelecimento dos honorários:

I – a relevância, o vulto, a complexidade e a dificuldade das questões versadas;

II – o trabalho e o tempo a ser empregados;

III – a possibilidade de ficar o advogado impedido de intervir em outros casos, ou de se desavir com outros clientes ou terceiros;

IV – o valor da causa, a condição econômica do cliente e o proveito para este resultante do serviço profissional;

V – o caráter da intervenção, conforme se trate de serviço a cliente eventual, frequente ou constante;

VI – o lugar da prestação dos serviços, conforme se trate do domicílio do advogado ou de outro;

VII – a competência do profissional;

VIII – a praxe do foro sobre trabalhos análogos.

Os elementos *supra* servem de diretrizes deontológicas para o advogado, bem como de instrumento de frenagem à tentação da ganância desmedida (LÔBO, 2007).

9.3. Espécies de honorários advocatícios

9.3.1. *Honorários contratuais (ou convencionados, ou pactuados)*

Como o próprio nome sugere, denominam-se de contratuais ou convencionais os honorários livremente pactuados entre cliente e advogado. Decorrem, portanto, de contrato de honorários celebrado entre as partes. Embora não seja requisito legalmente imposto, preferencialmente o contrato deverá ser *escrito*, tal como adverte, inclusive, o art. 48, *caput*, do CED, visto que confere maior segurança jurídica aos contratantes, além de, em caso de inadimplência, constituir-se em prol do advogado em título executivo extrajudicial (art. 24, *caput*, do EAOAB). No entanto, não há proibição de o contrato de honorários ser entabulado verbalmente.

Tal como estabelece o art. 48, § 1º, do CED, o contrato de prestação de serviços de advocacia não exige forma especial, devendo estabelecer, porém, com clareza e precisão, o seu objeto, os honorários ajustados, a forma de pagamento, a extensão do patrocínio, esclarecendo se este abrangerá todos os atos do processo ou limitar-se-á a determinado grau de jurisdição, além de dispor sobre a hipótese de a causa encerrar-se mediante transação ou acordo.

Como visto anteriormente, o advogado deve pautar-se pela moderação na fixação dos honorários contratuais (art. 49, CED), tomando como parâmetro os valores indicados nas Tabelas de Honorários editadas pelos Conselhos Seccionais. Não que o advogado seja obrigado a cobrar exatamente o montante indicado nas tabelas. Porém, estas trazem *valores razoáveis*, indicando ao profissional aquilo que é praticado ordinariamente no "mercado advocatício".

Atenção

Não havendo expressa previsão no contrato acerca do momento de pagamento, os honorários, segundo sugere o art. 22, § 3º, EAOAB, serão devidos pelo cliente da seguinte forma: 1/3 (um terço) no início do serviço, 1/3 (um terço) até a decisão de primeira instância e o restante no final.

A compensação de créditos, pelo advogado, de importância devidas ao cliente, somente será admissível quando o contrato de prestação de serviços a autorizar ou quando houver autorização especial do cliente para este fim, por este firmada (art. 48, § 2º, CED). Assim, não pode o advogado, em caso de recebimento de valores a serem repassados ao cliente, simplesmente "reter" o montante correspondente aos seus honorários, entregando a quantia restante ao constituinte. Se tal ocorrer, estaremos diante de infração ético-disciplinar!

Importante anotar uma excelente característica dos honorários advocatícios fixados em contrato escrito, qual seja, a de que, se o profissional juntá-lo aos autos antes de expedir-se o mandado de levantamento ou precatório, o juiz deve determinar que lhe sejam pagos diretamente, por dedução da quantia a ser recebida pelo constituinte, salvo se este provar que já os pagou (art. 22, § 4º, do EAOAB). Trata-se de um ótimo instrumento contra eventual inadimplência por parte do cliente!

Finalmente, quanto ao valor dos honorários, dispõe o art. 48, § 6º, do CED, que deverá o advogado observar o mínimo da Tabela de Honorários instituída pelo respectivo Conselho Seccional onde for realizado o serviço, inclusive aquele referente às diligências, sob pena de caracterizar-se o aviltamento de honorários. Em simples palavras, não poderá o advogado cobrar honorários abaixo do *quantum* mínimo estipulado pelas Tabelas de Honorários dos Conselhos Seccionais, sob pena de responder disciplinarmente por tal conduta.

9.3.1.1. *Algumas peculiaridades sobre o contrato de honorários*

Conforme estabelece o art. 48, § 3º, do CED, o contrato de prestação de serviços poderá dispor sobre a forma de contratação de profissionais para serviços auxiliares (por exemplo, contadores), bem como sobre o pagamento de custas e emolumentos, os quais, na ausência de disposição em contrário, presumem-se devam ser atendidos pelo cliente. Caso o contrato preveja que o advogado antecipe tais despesas, ser-lhe-á lícito reter o respectivo valor atualizado, no ato de prestação de contas, mediante comprovação documental.

Dispõe o art. 48, § 5º, também do CED, que é vedada, em qualquer hipótese, a diminuição dos honorários contratados em decorrência da solução do litígio por qualquer mecanismo adequado de solução extrajudicial. Portanto, caso o cliente consiga extrajudicialmente "solucionar" seu problema, que já havia sido judicializado e se encontrava sob o patrocínio do advogado, não poderá ser este prejudicado com a redução dos honorários contratualmente avençados.

9.3.2. *Honorários por arbitramento (ou arbitrados judicialmente)*

Na falta de estipulação ou de acordo, os honorários são fixados por *arbitramento judicial*, em remuneração compatível com o trabalho e o valor econômico da questão, não podendo ser inferiores aos estabelecidos na tabela organizada pelo Conselho Seccional da OAB (art. 22, § 2º, EAOAB).

Todavia, essa espécie de honorários é bastante desgastante ao advogado, visto que deverá submeter-se a um processo de conhecimento, quando, somente com a prolação de sentença, disporá de título executivo judicial. Já se houver fixado os honorários por escrito, disporá, de plano, de um título executivo extrajudicial, o que se afigura bem mais vantajoso.

Registre-se que essa espécie de honorários decorre de uma das duas situações a seguir:

a) *inexistência de contrato escrito* (lembre-se de que, se este existir, o advogado disporá de um título executivo extrajudicial – art. 24, *caput*, EAOAB);

b) *controvérsia envolvendo o contrato verbal* (ex.: o cliente recusa-se a pagar o que foi ajustado verbalmente).

9.3.3. *Honorários sucumbenciais (ou honorários de sucumbência)*

Como exsurge do próprio nome, os honorários sucumbenciais são aqueles decorrentes da *sucumbência*, assim entendida como a *derrota judicial* de uma das partes do processo.

Em suma, podemos dizer que são aqueles devidos pela *parte vencida* no processo, que irá pagá-los ao *advogado da parte vencedora*. Cuidado: a verba sucumbencial pertence ao *ADVOGADO* da parte vencedora, e não à parte vencedora!

Não se podem confundir os honorários convencionais, que "saem do bolso do cliente", com os honorários sucumbenciais, que "saem do bolso da parte vencida" no processo.

Atenção

Como regra, os honorários de sucumbência seguem a regra prevista no art. 85 do Novo CPC (correspondente ao art. 20 do CPC/1973), variando entre 10% (dez por cento) a 20% (vinte por cento) sobre o valor da condenação.

Ainda, de acordo com o disposto no art. 24, § 3º, do EAOAB, seria nula qualquer disposição, cláusula, regulamento ou convenção individual ou coletiva que retirasse do advogado o direito ao recebimento dos honorários de sucumbência. No entanto, o STF, no julgamento da *ADIn 1.194*, reconheceu-se a *inconstitucionalidade do referido dispositivo legal*, dando-se margem, pois, para que haja acordo em sentido contrário quanto à destinação da verba sucumbencial, que em última análise poderá, até na íntegra, ser destinada a pessoa diversa do advogado da parte vencedora.

Importa registrar que, na hipótese de falecimento ou incapacidade civil do advogado, os honorários de sucumbência, proporcionais ao trabalho realizado, são recebidos por seus sucessores ou representantes legais (art. 24, § 2º, do EAOAB).

Nos termos do art. 51, *caput*, do CED, os honorários de sucumbência poderão ser executados pelo advogado, assistindo-lhe o direito autônomo para promover a execução do capítulo da sentença que os estabelecer ou para postular, quando for o caso, a expedição de precatório ou requisição de pequeno valor em seu favor (quando a parte vencida for a Fazenda Pública).

Em caso de substabelecimento, a verba correspondente aos honorários da sucumbência será repartida entre o substabelecente e o substabelecido, proporcionalmente à atuação de cada um no processo ou conforme haja sido ajustado entre eles (art. 51, § 1º, CED).

Havendo conflitos entre advogados envolvendo divergência sobre valores a serem partilhados de honorários sucumbenciais, a OAB ou seus Tribunais de Ética poderão ser solicitados a indicar mediador, sendo tentada, preliminarmente, nos processos disciplinares que envolverem esse assunto, a conciliação entre os advogados (art. 51, §§ 2º e 3º, CED).

9.3.4. Honorários com cláusula quota litis (art. 50, CED)

O pacto de *quota litis* é, na verdade, um contrato de risco. Por esse tipo de ajuste, o advogado admite remuneração dos seus serviços vinculada ao resultado obtido para o cliente (RAMOS, 2009).

Assim, podemos dizer que os honorários com pacto ou cláusula *quota litis* decorrem do êxito na demanda: se a causa patrocinada pelo advogado for "bem sucedida", este receberá os honorários; caso contrário, "embolsará prejuízo".

Essa espécie de honorários deve ser estipulada em pecúnia, sendo certo que, apenas em último caso, o advogado participará de bens particulares do cliente como forma de ter seu trabalho remunerado, desde que, comprovadamente, seu constituinte não tenha condições pecuniárias de satisfazer o débito. Em outras palavras, não dispondo o cliente de dinheiro para pagar os honorários contratados, o advogado poderá receber como contrapartida pelos serviços prestados, bens particulares do cliente, mas desde que essa forma de pagamento seja estabelecida em instrumento contratual (art. 50, § 1º, do CED).

Em hipótese alguma os ganhos do advogado poderão superar os do cliente, sob pena de cometimento de infração ética (locupletamento ilícito – art. 34, XX, EAOAB).

Ainda, quando o objeto do serviço jurídico versar sobre prestações vencidas e vincendas, os honorários advocatícios poderão incidir sobre o valor de umas e outras, atendidos os requisitos da moderação e razoabilidade (art. 50, § 2º, do CED).

Em resumo, quanto aos honorários com cláusula *quota litis*, temos as seguintes regras:

a) Devem ser representados por pecúnia (leia-se: dinheiro);

b) É vedado o pagamento dos honorários com a entrega de bens particulares do cliente, o que será tolerado em caráter excepcional em caso de, comprovadamente, não dispor o constituinte de recursos financeiros para o pagamento em dinheiro, e desde que tal seja ajustado em instrumento contratual;

c) Os ganhos do advogado não podem superar, incluídos os eventuais honorários de sucumbência, os ganhos do cliente (o advogado não pode ser "sócio majoritário" da causa, auferindo montante superior àquele que será destinado à própria parte-cliente).

9.4. Algumas disposições gerais sobre os honorários advocatícios

9.4.1. Momento para recebimento

Como visto anteriormente, se não houver acordo expresso, os honorários deverão ser pagos em três momentos:

a) 1/3 no início;

b) 1/3 quando proferida a sentença de 1º grau; e

c) 1/3 ao final.

9.4.2. Eficácia executiva

Os honorários fixados judicialmente e o contrato de honorários configuram título executivo (este último, de natureza extrajudicial, independentemente de ser assinado por duas testemunhas).

A execução dos honorários pode ser promovida nos mesmos autos da ação em que tenha atuado o advogado, se assim lhe convier (art. 24, § 1º, do EAOAB). Aqui, estamos tratando por evidente dos honorários de sucumbência e por arbitramento, ambos decorrentes de uma sentença judicial.

No caso de honorários contratualmente estipulados por escrito, em caso de inadimplência, deverá o advogado mover a competente ação de execução, fundada em título extrajudicial.

9.4.3. Crédito privilegiado e de natureza alimentar

Os honorários advocatícios, de qualquer espécie (contratuais, por arbitramento ou sucumbenciais) constituem *crédito privilegiado* em concurso de credores, falência, recuperação judicial, insolvência civil e liquidação extrajudicial (art. 24, *caput*, do EAOAB).

É de se destacar que os honorários, conforme entendimento jurisprudencial, têm natureza alimentar (AgReg Suspensão de Liminar 158-2/RE 470.407 – STF; REsp 293552 – STJ), o que foi referendado pela Súmula vinculante 47, que assim dispõe: "*Os honorários advocatícios incluídos na condenação ou destacados do montante principal devido ao credor consubstanciam verba de natureza alimentar cuja satisfação ocorrerá com a expedição de precatório ou requisição de pequeno valor, observada ordem especial restrita aos créditos dessa natureza*".

9.4.4. Honorários de sucumbência e advogado empregado

Em caso de arbitramento de honorários sucumbenciais em favor de advogado empregado nas causas em que atue como procurador do empregador, deve-se adotar o seguinte raciocínio:

a) devem ser destinados ao advogado, como regra (art. 21, EAOAB);

b) havendo estipulação contratual em contrário, deverá prevalecer o ajuste feito entre advogado empregado e empregador, em respeito ao decidido pelo STF no julgamento da ADIn 1.194-4 (*vide item 9.3.3. supra*).

Demais disso, importante salientar que, de acordo com o art. 14 do Regulamento Geral, os honorários de sucumbência, por decorrem precipuamente do exercício da advocacia e só acidentalmente da relação de emprego, não integram o salário ou a remuneração, não podendo, assim, ser considerados para efeitos trabalhistas ou previdenciários.

9.4.5. Honorários de sucumbência e advogado empregado ou sócio de sociedade de advogados

Em caso de arbitramento judicial de honorários de sucumbência em favor de advogado sócio de sociedade de advogados, ou empregado de sociedade de advogados, deve-se adotar o mesmo raciocínio descrito no item 9.4.4. *supra*:

a) devem ser partilhados entre o advogado e a sociedade, na forma estabelecida no ato constitutivo (art. 21, parágrafo único, EAOAB);

b) havendo estipulação contratual em contrário, deverá prevalecer a regra especial, em respeito ao decidido pelo STF no julgamento da ADIn 1.194-4 (*vide item 9.3.3. supra*).

9.4.6. Acordo direto entre o cliente e a parte contrária

De acordo com o art. 24, § 4º, EAOAB, o acordo feito pelo cliente do advogado e a parte contrária, salvo aquiescência do profissional, não lhe prejudica os honorários, quer os convencionados, quer os concedidos por sentença.

Em suma, se o cliente, sem a interveniência de seu advogado, houver diretamente entabulado acordo com a parte contrária, a fim de solucionar o litígio instaurado, tal fato não poderá constituir óbice ao recebimento pelo profissional de seus honorários.

9.4.7. Necessidade de cobrança judicial dos honorários

Caso o advogado não receba, no prazo estipulado contratualmente, ou, em caso de contrato verbal, após o trânsito em julgado da sentença que os tenha arbitrado, os seus honorários, deverá, antes de ajuizar a competente ação (de execução ou de arbitramento), previamente renunciar ao patrocínio da causa (art. 54, CED).

Em outras palavras, em caso de inadimplência, não poderá o advogado prosseguir na representação judicial de seu cliente e, ao mesmo tempo, ajuizar em causa própria ação para exigir o montante que lhe seja devido. Nesse caso, caberá ao advogado renunciar ao mandato e somente então promover a cobrança judicial de seus honorários.

Interessante anotar que no CED anterior, havia previsão de que o advogado não poderia atuar em causa própria nas demandas movidas contra (ex)clientes inadimplentes, sendo necessário que fosse representado por outro colega (art. 43). Contudo, no Novo CED, tal vedação não mais existe (art. 54), razão por que poderá o advogado ajuizar ação contra o ex-cliente, atuando em causa própria.

Atenção

Esclareça-se, por oportuno, que a ação que tiver por objeto a cobrança de honorários advocatícios deverá ser promovida perante a Justiça estadual comum, consoante dispõe a Súmula 363, STJ: "Compete à Justiça estadual processar e julgar ação de *cobrança ajuizada por profissional liberal contra cliente*".

Logo, não é da Justiça do Trabalho a competência para conhecer e julgar esse tipo de causa como eventualmente se poderia pensar, haja vista a eventual relação de trabalho entre cliente e advogado (não relação de emprego, mas de trabalho!).

9.4.8. Prazo prescricional (art. 25 do EAOAB)

O prazo para a cobrança dos honorários advocatícios (convencionados, por arbitramento ou de sucumbência) é de *cinco anos*, sob pena de prescrição (perda da pretensão pelo decurso do prazo).

Referido prazo terá por termo inicial, consoante dispõe o art. 25 do EAOAB:

a) o vencimento do contrato, se houver (inc. I);

b) o trânsito em julgado da decisão que houver fixado os honorários de sucumbência e os arbitrados (inc. II);

c) a ultimação do serviço extrajudicial, em se tratando, evidentemente, de atos extrajudiciais elaborados pelo advogado (inc. III);

d) a desistência ou transação (inc. IV), pois, nesses casos, haverá o encerramento do processo (no primeiro caso, sem resolução do mérito, e, no segundo caso, com resolução do mérito);

e) a renúncia ou revogação do mandato (inc. V), pois, em ambos os casos, estará extinto o mandato judicial, encerrando-se a relação "cliente-advogado", momento em que surge ao profissional sua pretensão, em caso de inadimplência, para exigir judicialmente seus honorários.

Por força da Lei 11.902/2009, acrescentou-se ao art. 25 do EAOAB a letra "A" (art. 25-A), que disciplinou a prescrição da pretensão do cliente de exigir do advogado prestação de contas das quantias recebidas pelo causídico, ou de terceiros por conta dele.

Em conclusão: se o advogado tem cinco anos para exigir judicialmente o pagamento de seus honorários, o cliente, igualmente, dispõe de cinco anos para exigir do advogado que lhe preste contas de valores recebidos!

9.4.9. Cobrança de honorários por advogado substabelecido

O art. 26 do EAOAB permite ao advogado substabelecido, com reserva de poderes, a cobrança dos honorários, desde que com a intervenção do substabelecente.

Trata-se de regra de natureza ética, cuja infração está sujeita a pena disciplinar. Consequentemente, o advogado que recebeu o substabelecimento não pode executar isoladamente os honorários, devendo fazê-lo sempre em conjunto com o outro (LÔBO, 2007).

9.4.10. Vedação de saque de títulos de crédito para pagamento de honorários contratuais e tiragem de protesto

De acordo com o art. 52 do CED, o crédito por honorários advocatícios, seja do advogado autônomo, seja de sociedade de advogados, *não autoriza o saque de duplicatas ou qualquer outro título de crédito de natureza mercantil*, podendo apenas ser emitida *fatura*, quando o cliente assim pretender, com fundamento no contrato de prestação de serviços, a qual, porém, *não poderá ser levada a protesto*.

Assim, algumas regras iniciais podem ser extraídas:

✓ inviabilidade de saque, pelo advogado, de duplicatas ou outros títulos de crédito de natureza mercantil, como forma de garantia do crédito de honorários;

✓ possibilidade de emissão de fatura, desde que o cliente assim queira, sendo vedada, porém, a tiragem de protesto.

Caso o advogado receba seus honorários por meio de cheque, ou tenha em poder nota promissória assinada pelo cliente, depois de frustrada a tentativa de recebimento amigável, poderá levá-los - os títulos de crédito - a protesto.

Interessante anotar que o Novo CED, em seu art. 53, permite expressamente que o advogado ou sociedade de advogados empregue, para o recebimento de honorários, ***sistema de cartão de crédito***, mediante credenciamento junto a empresa operadora do ramo. Contudo, eventuais ajustes com a empresa operadora que impliquem pagamento antecipado, não afetarão a responsabilidade do causídico perante o cliente em caso de rescisão do contrato de prestação de serviços, devendo ser observadas as disposições deste quanto à hipótese ora aventada (art. 53, parágrafo único).

9.4.11. Honorários advocatícios e assistência jurídica

A Lei 1.060/1950, conhecida como "Lei de Assistência Judiciária", preconiza que os honorários sucumbenciais fixados em desfavor da parte beneficiária da gratuidade (pessoa pobre na acepção jurídica do termo) não poderão ser exigidos pelo advogado da parte vencedora sem que antes ele comprove a alteração da condição econômica do vencido.

Em outras palavras, se, por exemplo, o réu de uma ação indenizatória for beneficiário da assistência judiciária gratuita, requerida por ocasião da apresentação de sua contestação, caso o pedido deduzido na petição inicial seja julgado procedente, caberá ao juiz sentenciante condenar o vencido ao pagamento da indenização, sem prejuízo do pagamento dos honorários sucumbenciais ao advogado do autor. Contudo, sua exigibilidade restará suspensa, cabendo ao credor (advogado), no prazo prescricional de cinco anos, demonstrar que o réu (parte vencida) perdeu a condição de hipossuficiente (pobre na acepção jurídica do termo), conforme dispõe o art. 12 da Lei 1.060/1950.

10. INCOMPATIBILIDADES E IMPEDIMENTOS

10.1. Das incompatibilidades e impedimentos (arts. 27 a 30 do EAOAB). Noções introdutórias

O EAOAB, objetivando garantir ao advogado uma atuação reta, sem a possibilidade de nítida captação de clientela, previu que o exercício de certas atividades ou funções ora acarreta uma total proibição para advogar, ora uma proibição parcial.

Assim, por contrariedades existentes, não se permite o exercício da advocacia e de outras atividades simultaneamente.

Cuidou o Estatuto de disciplinar *duas* categorias de situações geradoras de uma impossibilidade – completa ou relativa – do exercício concomitante da advocacia e outras atividades. São as incompatibilidades – no primeiro caso – e os impedimentos – no segundo caso.

10.2. As incompatibilidades (art. 28, EAOAB)

Assim, temos que as incompatibilidades geram a *proibição total* para o exercício da advocacia, ainda que em causa própria.

Conforme veremos nos itens a seguir, algumas delas podem ser consideradas *transitórias ou temporárias*, o que acarretará o licenciamento do advogado, e outras (a maioria delas, diga-se de passagem) *permanentes*, redundando no cancelamento da inscrição.

Atenção

Se a incompatibilidade já existir antes de requerida a inscrição nos quadros de advogados, o pedido será indeferido, visto que é requisito para a inscrição na OAB não exercer atividade incompatível com a advocacia (art. 8º, V, EAOAB). Porém, se alguém, já advogado, passar a exercer atividade incompatível com a advocacia, poderá ocorrer o licenciamento do profissional (se a incompatibilidade for em caráter temporário), ou o cancelamento da inscrição (se a incompatibilidade for em caráter permanente ou definitivo), conforme estudamos em capítulo anterior.

10.2.1. Incompatibilidades em espécie

10.2.1.1. Chefe do Poder Executivo e Membros das Mesas do Poder Legislativo (art. 28, I, EAOAB)

Por razões mais do que óbvias, os chefes do Poder Executivo federal, estadual, municipal ou distrital, dada a influência e poder de que gozam, são totalmente proibidos de advogar, ocupando, portanto, cargos incompatíveis com a advocacia, ainda que em causa própria.

Assim, estamos aqui tratando do Presidente da República, governadores dos estados e DF e prefeitos municipais, abrangidos os respectivos vices (o art. 28, I, EAOAB, após indicar a Chefia do Poder Executivo como geradora de incompatibilidade, encerra com "e seus substitutos legais").

Frise-se que a atividade em comento é considerada transitória ou temporária, visto que os chefes do Executivo ocupam mandato eletivo, com prazo certo para findar, razão pela qual, caso fossem advogados antes da posse, sofreriam *licença profissional* (art. 12, EAOAB), e não cancelamento.

São também incompatíveis os membros das Mesas do Poder Legislativo, incluindo seus substitutos legais. Estamos, pois, tratando dos membros ocupantes dos órgãos diretores das Casas Legislativas (Congresso Nacional, Assembleias Legislativas e Câmaras de Vereadores).

10.2.1.2. Ocupantes de funções de julgamento (art. 28, II, EAOAB)

Atenção

São também incompatíveis com a advocacia:

i) os membros do Poder Judiciário;

ii) os membros do Ministério Público;

iii) os membros dos tribunais e conselhos de contas;

iv) os membros dos juizados especiais;

v) os membros da justiça de paz;

vi) os juízes classistas; e

vii) todos os que exerçam função de julgamento em órgãos de deliberação coletiva da administração pública direta e indireta.

No tocante aos membros do Poder Judiciário, consideram-se incompatíveis, em simples palavras, os magistrados, abrangendo todas as instâncias. No entanto, o STF, no julgamento da ADIn 1.127-8, excluiu da incompatibilidade os juízes eleitorais integrantes do Tribunal Superior Eleitoral (art. 119, II, CF) e dos Tribunais Regionais Eleitorais (art. 120, § 1º, III, CF), desde que oriundos da classe de advogados, devidamente nomeados pelo Presidente da República.

Ressalte-se que o Regulamento Geral, em seu art. 8º, dispõe que a incompatibilidade prevista no art. 28, II, EAOAB, ora estudado não se aplica aos advogados que participam dos órgãos nele referidos, na qualidade de titulares ou suplentes, como representantes dos advogados. Em razão desse dispositivo, concluímos que os integrantes do CNJ (Conselho Nacional de Justiça), oriundos da classe de advogados, não são incompatíveis com a advocacia.

Ainda, são incompatíveis os membros do Ministério Público, abrangendo não apenas os Promotores de Justiça, Procuradores de Justiça, Procuradores da República, Procuradores do Trabalho, mas também os servidores dessas carreiras (ex.: analistas do Ministério Público, oficiais de promotoria, agentes de promotoria etc.). Frise-se que em razão do citado art. 8º do Regulamento Geral, os advogados integrantes do CNMP (Conselho Nacional do Ministério Público) não são incompatíveis com a advocacia.

Também são incompatíveis, nos termos do art. 28, II, EAOAB, os membros dos tribunais e conselhos de contas, tais como os conselheiros e auditores.

Igualmente são incompatíveis os membros dos juizados especiais, excetuados, porém, os juízes leigos, conforme manifestação do Conselho Federal da OAB nesse sentido, bem como os conciliadores e árbitros, desde que não haja, em qualquer caso, remuneração.

Os juízes de paz, cuja atribuição é a celebração matrimonial, também são incompatíveis, não podendo, pois, exercer a advocacia, nem mesmo em causa própria.

No tocante aos juízes classistas, que integravam a Justiça do Trabalho, estes não mais "existem", por força de emenda constitucional que extinguiu referidos cargos da aludida Justiça especializada.

Por fim, são alcançados pela incompatibilidade, de forma geral, todos aqueles que exerçam funções de julgamento em órgãos de deliberação coletiva da Administração Pública direta ou indireta.

10.2.1.3. Ocupantes de cargos ou funções de direção (art. 28, III, EAOAB)

Os ocupantes de cargos ou funções de direção em órgãos da Administração Pública direta ou indireta, em suas fundações e em suas empresas controladas ou concessionárias de serviços públicos, nos termos do art. 28, III, EAOAB, são incompatíveis com a advocacia.

Registre-se que a simples denominação de "diretor" para determinado cargo ou função não será suficiente a incompatibilizar seu ocupante. É indispensável que se analise se a pessoa exerce de fato cargo ou função de "comando", capaz de exercer um poder de decisão relevante sobre interesses de terceiros, conforme o art. 28, § 2º, EAOAB.

Assim, ficam excluídos da incompatibilidade ora estudada os que não tenham poder de decisão relevante sobre interesses de terceiro, a juízo do Conselho competente da OAB, bem como a administração acadêmica diretamente relacionada ao magistério jurídico (art. 28, § 2º, do EAOAB). Neste último caso, estamos falando dos Diretores de Faculdades públicas de Direito (apenas as de Direito!).

Não se olvide o fato de os ocupantes de cargos ou funções de direção em pessoas jurídicas de direito privado também serem alcançados pela incompatibilidade, desde que ligadas de alguma forma ao poder público. É exatamente o caso das empresas concessionárias de serviços públicos (ex.: fornecimento de energia elétrica e transportes).

10.2.1.4. Ocupantes de cargos ou funções vinculados ao Poder Judiciário de serviços notariais e de registro (art. 28, IV, EAOAB)

São incompatíveis os ocupantes de cargos ou funções vinculados direta ou indiretamente ao Poder Judiciário. Estamos aqui tratando não dos magistrados, alcançados pela incompatibilidade tratada no art. 28, II, EAOAB, mas de pessoas que ocupam cargos ou funções com vinculação ao Judiciário, tais como os oficiais de justiça, escreventes, técnicos judiciários, analistas judiciários, assessores jurídicos de magistrados, desembargadores ou ministros etc.

Também são incompatíveis todos aqueles que trabalham em serviços notariais e de registro, alcançando não apenas seus titulares, mas também seus empregados (LÔBO, 2007). A própria lei que rege as atividades notariais e de registros públicos (Lei 8.935/1994), em seu art. 25, reafirma a incompatibilidade daqueles que as exercem.

10.2.1.5. Atividades policiais (art. 28, V, EAOAB)

Os ocupantes de cargos ou funções vinculados direta ou indiretamente à atividade policial de qualquer natureza, tais como os Delegados de Polícia, Escrivães, Investigadores, Agentes Policiais, Bombeiros, Guardas Municipais, Policiais Rodoviários, são alcançados pela incompatibilidade.

Frise-se que a expressão "de qualquer natureza" faz que, por exemplo, os peritos criminais e os médicos legistas sejam abarcados pela incompatibilidade em estudo.

10.2.1.6. Militares na ativa (art. 28, VI, EAOAB)

A incompatibilidade em questão abrange os ocupantes das Forças Armadas (Marinha, Exército e Aeronáutica), desde que na ativa. Assim, a *contrario sensu*, os ex-militares obviamente podem advogar, visto que cessada a incompatibilidade.

10.2.1.7. Atividades tributárias (art. 28, VII, EAOAB)

De maneira geral, as pessoas ocupantes de cargos ou funções com atuação relevante em matéria fiscal-tributária são consideradas incompatíveis com a advocacia. Frise-se, porém, que apenas as atividades para *lançamento*, *arrecadação* e *fiscalização* de tributos e contribuições parafiscais são abrangidas pela incompatibilidade em comento. Logo, nem todos os servidores do Fisco estarão abrangidos pela proibição plena da advocacia.

Como exemplo de pessoas incompatíveis, temos: Auditores Fiscais da Receita Federal do Brasil, Fiscais de Rendas dos Estados e Municípios, Agentes Tributários, Fiscais do INSS etc.

10.2.1.8. Ocupantes de funções de direção e gerência em instituições financeiras (art. 28, VIII, EAOAB)

Finalmente, são incompatíveis com a advocacia as pessoas que ocuparem as funções de direção e gerência em instituições financeiras, sejam estas públicas ou privadas. Estamos falando, por exemplo, dos gerentes ou diretores de bancos, sejam eles, repita-se, públicos ou privados, assim como as financeiras.

Cremos que a incompatibilidade, no caso ora analisado, somente afetará aquelas pessoas que tenham poder de comando nas instituições financeiras, com força para captação de clientela, o que, como é sabido, é vedado.

10.2.2. Prazo de duração das incompatibilidades

Nos termos do art. 28, § 1º, EAOAB, a incompatibilidade permanece mesmo que o ocupante do cargo ou função deixe de exercê-lo temporariamente. A única "solução" será a completa desincompatibilização, que somente ocorrerá com a efetiva "saída" do cargo ou função caracterizadores da incompatibilidade.

À guisa de exemplo, um delegado de polícia, por exercer atividade policial, é considerado incompatível (art. 28, V, EAOAB). Somente deixará de sê-lo caso se exonere ou se aposente. Porém, se estiver em gozo de licença, ainda que não remunerada, de sua atividade, ainda assim será considerado incompatível.

10.3. Os impedimentos (art. 30 do EAOAB)

Diversamente do que ocorre com as incompatibilidades, os impedimentos geram *proibição parcial* para a advocacia. Em outras palavras, quem ostentar algum cargo ou função geradora de impedimento poderá advogar, porém, com certas restrições.

Frise-se que o exercício anterior de atividade geradora de impedimento não obstará a inscrição do bacharel nos quadros de advogados, visto que apenas as incompatibilidades irão impedi-la. Porém, uma vez deferida a inscrição, a OAB tomará a cautela de averbar nos assentamentos do advogado o impedimento.

10.3.1. Impedimentos em espécie

10.3.1.1. Servidores públicos (art. 30, I, EAOAB)

Nos termos do art. 30, I, EAOAB, são impedidos de exercer a advocacia os servidores da administração direta, indireta ou fundacional, contra a Fazenda Pública que os remunere ou à qual seja vinculada a entidade empregadora.

Destarte, desde que não se enquadre em uma das hipóteses de incompatibilidade, um servidor público, aqui entendido em sentido amplo, abrangendo, portanto, não somente os detentores de cargos públicos, mas também os que tenham vínculo celetista com o Poder Público (empregados públicos), poderá advogar "normalmente". Porém, por se tratar de servidor público, não poderá ser constituído como advogado de alguém que pretenda demandar perante a Fazenda Pública que o remunere, aqui entendida como os entes da Administração Pública direta ou indireta a que tenha vinculação o servidor.

Tomemos como exemplo um servidor público de determinado município. Considerando o disposto no art. 30, I, EAOAB, caso também exerça a advocacia, não poderá patrocinar causas contra o município que o remunera, nem contra qualquer outro ente público a ele vinculado, tais como eventuais autarquias municipais, ou empresas públicas ou sociedades de economia mista municipais. Porém, o impedimento não alcançará que esse mesmo servidor público municipal patrocine causas perante qualquer estado, União ou outros municípios.

A ideia que podemos extrair do impedimento em tela é a seguinte: o servidor público não pode "trair" seu próprio ente contratante!

Questão tormentosa é a de saber se um servidor público aposentado (inativo) pode patrocinar causas em desfavor da Fazenda Pública que o remunere. Há dois posicionamentos:

1º – sim, é possível, visto que a aposentadoria "desliga" o funcionário de seu vínculo com o Poder Público;

2º – não, pois o art. 30, I, EAOAB simplesmente tratou dos servidores públicos, não fazendo distinção entre os que estejam em atividade (servidores ativos) e os que se aposentaram (servidores inativos).

Parece-nos que a intenção da lei é a de vedar que os servidores em atividade "traiam" a própria Fazenda Pública a que se vinculem. Na prática, é muito comum que ex-magistrados, ex-promotores ou ex-procuradores, após a aposentadoria, passem a advogar em "causas públicas", inclusive em desfavor da Fazenda Pública que lhes paga suas aposentadorias.

Porém, ressaltamos que há doutrinadores de nomeada que entendem em sentido contrário (LÔBO, 2007; RAMOS, 2009).

Por fim, registramos que o art. 30, parágrafo único, do EAOAB, afasta o impedimento ora estudado com relação aos docentes de cursos jurídicos. Assim, por exemplo, um professor de Direito Civil em Faculdade *pública* estadual, federal ou municipal, poderá ser contratado para patrocinar causas mesmo perante a Fazenda Pública a que se vincula a instituição de ensino.

10.3.1.2. Parlamentares (art. 30, II, EAOAB)

Nos exatos termos do art. 30, II, EAOAB, são impedidos de advogar os membros do Poder Legislativo, em seus diferentes níveis, *contra ou a favor* das pessoas jurídicas de direito público, empresas públicas, sociedades de economia mista, fundações públicas, entidades paraestatais ou empresas concessionárias ou permissionárias de serviço público.

Em suma, podemos resumir que os parlamentares municipais, estaduais, federais ou distritais (leia-se: os deputados federais, estaduais e distritais, os senadores e os vereadores) não podem patrocinar demandas contrárias ou mesmo favoráveis ao Poder Público em geral, abrangendo aqui a Administração Pública direta e indireta, bem como as entidades paraestatais e as concessionárias ou permissionárias de serviços públicas (pessoas jurídicas de direito privado que executam tarefas típicas da Administração, porém sob regime de concessão ou permissão).

Lembre-se: se se tratar de membros das Mesas do Poder Legislativo, serão considerados incompatíveis (art. 28, I, EAOAB).

Tomemos como exemplo um deputado no estado do Rio de Janeiro. Por ser parlamentar, estará impedido de advogar contra ou a favor não apenas do Rio de Janeiro, mas de qualquer outro estado, ou mesmo União ou qualquer município brasileiro, abrangidas, também, as autarquias, fundações, empresas públicas e sociedades de economia mista em todo o território nacional. Perceba que a restrição imposta ao parlamentar é mais rigorosa do que a imposta ao servidor público, que somente não poderá patrocinar causas contra a Fazenda Pública que o remunere.

10.4. Exercício limitado da advocacia (art. 29, EAOAB)

De acordo com o art. 29 do EAOAB, alguns dos membros da Advocacia Pública, mais especificamente os *Procuradores Gerais, Advogados Gerais, Defensores Gerais e os dirigentes de órgãos jurídicos* da Administração Pública direta, indireta e fundacional, são exclusivamente legitimados para o exercício da advocacia vinculada à função que exerçam durante o período da investidura. Trata-se de dispositivo legal que impõe aos titulares dos cargos mencionados um *exercício limitado da advocacia*, não se confundindo com as incompatibilidades ou impedimentos já estudados.

10.5. Consequências jurídicas da ofensa às incompatibilidades e impedimentos

Nos termos do art. 4º, parágrafo único, do EAOAB, se uma pessoa incompatível (art. 28, I a VIII, EAOAB) praticar atos privativos de advocacia, ou ainda um advogado impedido violar os limites legais (art. 30, I e II, EAOAB), referidos atos serão considerados *nulos*.

11. INFRAÇÕES E SANÇÕES DISCIPLINARES

11.1. Das infrações e sanções disciplinares (arts. 34 a 43, EAOAB)

11.1.1. Espécies de sanções

São *quatro* as sanções previstas para as infrações disciplinares previstas no art. 34 do EAOAB. São elas:

a) Censura (art. 36, EAOAB)

b) Suspensão (art. 37, EAOAB)

c) Exclusão (art. 38, EAOAB)

d) Multa (art. 39, EAOAB)

11.1.1.1. Censura (art. 36, EAOAB)

A *censura* é a mais leve das sanções, sendo cabível sua aplicação nos seguintes casos:

a) infrações definidas nos *incisos I a XVI e XIX* do art. 34 do EAOAB;

b) violação ao CED;

c) violação ao EAOAB, quando para a infração não existir pena mais grave.

Assim, sujeitar-se-á à pena de censura aquele que:

I – exercer a profissão, quando impedido de fazê-lo, ou facilitar, por qualquer meio, o seu exercício aos não inscritos, proibidos ou impedidos;

II – mantiver sociedade profissional fora das normas e preceitos estabelecidos nesta lei;

III – valer-se de agenciador de causas, mediante participação nos honorários a receber;

IV – angariar ou captar causas, com ou sem a intervenção de terceiros;

V – assinar qualquer escrito destinado a processo judicial ou para fim extrajudicial que não tenha feito, ou em que não tenha colaborado;

VI – advogar contra literal disposição de lei, presumindo-se a boa-fé quando fundamentado na inconstitucionalidade, na injustiça da lei ou em pronunciamento judicial anterior;

VII – violar, sem justa causa, sigilo profissional;

VIII – estabelecer entendimento com a parte adversa sem autorização do cliente ou ciência do advogado contrário;

IX – prejudicar, por culpa grave, interesse confiado ao seu patrocínio;

X – acarretar, conscientemente, por ato próprio, a anulação ou a nulidade do processo em que funcione;

XI – abandonar a causa sem justo motivo ou antes de decorridos dez dias da comunicação da renúncia;

XII – recusar-se a prestar, sem justo motivo, assistência jurídica, quando nomeado em virtude de impossibilidade da Defensoria Pública;

XIII – fazer publicar na imprensa, desnecessária e habitualmente, alegações forenses ou relativas a causas pendentes;

XIV – deturpar o teor de dispositivo de lei, de citação doutrinária ou de julgado, bem como de depoimentos, documentos e alegações da parte contrária, para confundir o adversário ou iludir o juiz da causa;

XV – fazer, em nome do constituinte, sem autorização escrita deste, imputação a terceiro de fato definido como crime;

XVI – deixar de cumprir, no prazo estabelecido, determinação emanada do órgão ou de autoridade da Ordem, em matéria da competência desta, depois de regularmente notificado;

XXIX – praticar, o estagiário, ato excedente de sua habilitação.

Poderá a **censura ser convertida em mera advertência** quando existirem circunstâncias atenuantes. Consideram-se circunstâncias atenuantes, consoante dispõe o art. 40 do EAOAB:

I – falta cometida na defesa de prerrogativa profissional;

II – ausência de punição disciplinar anterior;

III – exercício assíduo e proficiente de mandato ou cargo em qualquer órgão da OAB;

IV – prestação de relevantes serviços à advocacia ou à causa pública.

No caso de operar-se a conversão em comento, **não haverá o registro nos assentamentos do advogado**, o que irá ocorrer apenas em caso de imposição de censura.

11.1.1.2. Suspensão (art. 37, EAOAB)

A **suspensão** é sanção que impede o exercício da advocacia, podendo ser por prazo *determinado* (**de 30 dias a 12 meses**) ou *indeterminado* (neste caso, dependendo da infração ética). Será aplicada nas seguintes hipóteses:

a) infrações definidas nos **incisos XVII a XXV** do art. 34 do EAOAB;

b) reincidência em infração disciplinar.

Assim, sujeitar-se-á à pena de suspensão aquele que:

XVII – prestar concurso a clientes ou a terceiros para realização de ato contrário à lei ou destinado a fraudá-la;

XVIII – solicitar ou receber de constituinte qualquer importância para aplicação ilícita ou desonesta;

XIX – receber valores, da parte contrária ou de terceiro, relacionados com o objeto do mandato, sem expressa autorização do constituinte;

XX – locupletar-se, por qualquer forma, à custa do cliente ou da parte adversa, por si ou interposta pessoa;

XXI – recusar-se, injustificadamente, a prestar contas ao cliente de quantias recebidas dele ou de terceiros por conta dele;

XXII – reter, abusivamente, ou extraviar autos recebidos com vista ou em confiança;

XXIII – deixar de pagar as contribuições, multas e preços de serviços devidos à OAB, depois de regularmente notificado a fazê-lo;

XXIV – incidir em erros reiterados que evidenciem inépcia profissional;

XXV – manter conduta incompatível com a advocacia.

Considera-se **conduta incompatível**, para fins do disposto no inciso XXV do art. 34 do EAOAB, o constante no parágrafo único do mesmo artigo:

a) prática reiterada de jogo de azar, não autorizado por lei;

b) incontinência pública e escandalosa;

c) embriaguez ou toxicomania habituais.

Frise-se que, nos casos a seguir, o prazo de suspensão, que em regra é determinado (*30 dias a 12 meses*) será *indeterminado*, vale dizer, caberá prorrogação (respeitado o limite mínimo de trinta dias):

a) recusa *injustificada* do advogado a prestar contas ao cliente de quantias recebidas dele ou de terceiros por conta dele (art. 34, XXI, EAOAB) – a suspensão durará até que o advogado preste as contas, satisfazendo integralmente a dívida, acrescida de correção monetária (art. 37, § 2º, do EAOAB);

b) inadimplência com as *contribuições, multas e preços* de serviços devidos à OAB, depois de regularmente notificado a fazê-lo (art. 34, XXIII, EAOAB) – a suspensão durará até que o advogado quite sua dívida, acrescida de correção monetária (art. 37, § 2º, do EAOAB);

c) incidir em erros reiterados que evidenciam inépcia profissional (art. 34, XXIV, EAOAB) – nesse caso, a suspensão somente cessará após o advogado prestar novas provas de habilitação.

Importante ressaltar que o advogado suspenso, durante o cumprimento da sanção, não poderá praticar nenhuma das atividades privativas de advocacia em todo o território nacional, sob pena de exercício ilegal da profissão. Outrossim, o fato de estar suspenso não irá desobrigá-lo de pagar a anuidade junto à OAB, sob pena de a sanção em comento lhe ser benéfica.

11.1.1.3. Exclusão (art. 38, EAOAB)

A **exclusão** é a sanção que implica, como o próprio nome diz, a exclusão do advogado dos quadros da OAB. Por ser grave, somente será aplicada por votos favoráveis à sua incidência de **2/3 dos membros do Conselho Seccional competente**. Será fixada nas seguintes hipóteses:

a) infração aos **incisos XXVI a XXVIII** do art. 34 do EAOAB;

b) reincidência na sanção de suspensão por 3 vezes;

Assim, sujeitar-se-á à pena de exclusão o advogado que:

XXVI – fazer falsa prova de qualquer dos requisitos para inscrição na OAB;

XXVII – tornar-se moralmente inidôneo para o exercício da advocacia;

XXVIII – praticar crime infamante.

Não se esqueça de que a *reincidência específica em suspensão*, por *três vezes*, também acarretará a exclusão do advogado dos quadros da OAB.

Uma vez excluído, fato que ensejará o cancelamento da inscrição (art. 11, II, do EAOAB), o advogado somente poderá retornar à OAB (reinscrição) após sujeitar-se ao processo de reabilitação, o que será visto mais adiante.

11.1.1.4. Multa (art. 39, EAOAB)

A **multa** é *sanção acessória*, fixada cumulativamente com as de censura ou suspensão. Somente será aplicada quando existirem circunstâncias agravantes (ex.: reincidência em infrações disciplinares). Varia de 1 (uma) a 10 (dez) anuidades. O valor será revertido ao Conselho Seccional.

Atente o candidato que a multa jamais será cumulada com a pena de exclusão, podendo ser imposta cumulativamente, repita-se, ou com a censura ou com a suspensão!

11.1.2. Regra para memorizar as sanções cominadas às infrações disciplinares

a) A sanção de *censura* é a que engloba mais hipóteses (17 das 29 infrações disciplinares previstas no art. 34 do EAOAB). É difícil decorá-las. Não se preocupe com elas. Por exclusão, à evidência, tudo o que não se enquadrar em *suspensão* e *exclusão* será censura!

b) A sanção de *suspensão*, embora traga **nove** hipóteses do art. 34 do EAOAB, geralmente está vinculada a **dinheiro** (ex.: solicitar ou receber importância – inc. XVIII; receber valores da parte contrária – inc. XIX; locupletar-se à custa do cliente – inc. XX; recusa à prestação de contas – inc. XXI; deixar de pagar as contribuições e preços de serviços à OAB – inc. XXIII). Além disso, é possível lembrar as demais hipóteses por meio da sigla **RECIF**: a) **RE**(tenção abusiva ou extravio de autos – inc. XXII); **C**(onduta incompatível – inc. XXV); **I**(népcia profissional – inc. XXIV) e; **F**(raude – inc. XVII).

Em resumo, lembre-se do seguinte:

Dinheiro = art. 34, XVIII, XIX, XX, XXI e XXIII, EAOAB
Recif = art. 34, XVII, XXII, XXIV e XXV, EAOAB

c) A sanção de *exclusão* traz apenas 3 hipóteses, que podem ser facilmente memorizadas, remetendo-nos à ideia de *crime*: i) falsa prova dos requisitos para a inscrição junto à OAB (inc. XXVI); ii) tornar-se moralmente inidôneo (inc. XXVII); iii) prática de crime infamante (inc. XXVIII).

Atenção

Nossa dica, portanto, é que você memorize as hipóteses de *suspensão* (nove hipóteses, das quais cinco são diretamente ligadas à ideia de *dinheiro* e as quatro restantes, à sigla **Recif**) e *exclusão* (apenas três casos, ligados à ideia de **crime**). As demais serão puníveis com censura!

11.1.3. Reincidência

A reincidência em sanções disciplinares, dependendo do caso, ensejará a suspensão do advogado (ex: censura + censura), ou, então, sua exclusão (suspensão + suspensão + suspensão).

12. PROCESSO DISCIPLINAR

12.1. Do processo na OAB e procedimento disciplinar (arts. 68 a 77, EAOAB; arts. 55 a 63 e 66 e 67, CED; arts. 120, 137-D, 138 a 144-A, Regulamento Geral)

12.1.1. Normas aplicáveis aos processos na OAB

Ao **processo disciplinar**, regido pelo Estatuto da OAB, Regulamento Geral, CED e Regimentos internos das Seccionais, aplicam-se *subsidiariamente* as regras da **legislação processual penal comum**.

Já aos **demais processos** perante a OAB, que não de cunho disciplinar, aplicam-se as regras do **processo administrativo** e da legislação **processual civil**, *nesta ordem*.

12.1.2. Prazos gerais e contagem

Os prazos nos processos em geral perante a OAB para manifestações são de 15 (quinze) dias, inclusive para recursos.

O início de contagem dos prazos é o **primeiro dia útil seguinte**:

a) ao da notificação do recebimento de ofício (em caso de comunicação de atos do processo por esse meio);
b) ao da notificação do recebimento de notificação pessoal (em caso de comunicação de atos do processo por esse meio);
c) ao da publicação pela imprensa oficial.

12.1.3. Competência

O **poder de punir** pertence ao conselho seccional *em cuja base territorial for praticada a infração*, e não, como poderíamos erroneamente pensar, perante o Conselho Seccional em que o advogado, sociedade de advogados ou estagiário forem inscritos.

Será do conselho federal o poder punir quando a falta for cometida perante esse mesmo órgão, ou em caso de foro "privilegiado" de certas pessoas (membros do Conselho Federal e Presidentes dos Conselhos Seccionais).

Atenção

O **julgamento** do processo disciplinar, já devidamente instruído pelas Subseções ou por relatores do próprio Conselho Seccional, compete ao tribunal de ética e disciplina com "jurisdição" perante o Conselho Seccional competente (lembre-se: do local em que se praticou a infração ética!).

Transitado em julgado o processo disciplinar, o **Conselho Seccional informará a decisão ao Conselho** em que mantiver o infrator sua **inscrição principal**, para que conste dos respectivos assentamentos.

12.1.4. Suspensão preventiva

Se o fato praticado pelo advogado for de **repercussão prejudicial à dignidade da advocacia**, em situações de **notória gravidade perante a opinião pública**, poderá ser suspenso preventivamente, nos termos do art. 70, § 3º, do EAOAB.

Tal medida é decretada pelo Tribunal de Ética e Disciplina competente, qual seja, o do local de inscrição do advogado, devendo haver a **prévia oitiva do representado**.

Uma vez suspenso, o prazo máximo da medida é de *90 (noventa) dias*.

12.1.5. Sigilo no processo disciplinar

Uma vez instaurado o processo disciplinar, este tramitará em sigilo até o trânsito em julgado, somente podendo ter acesso às informações nele contidas as partes, seus defensores e a autoridade judiciária competente.

Sequer expedição de certidões da situação processual é permitida.

No entanto, para os processos disciplinares findos (leia-se: concluídos, com trânsito em julgado), o sigilo persistirá apenas em caso de aplicação de *censura*, tornando-se acessível a terceiros em caso de *suspensão e exclusão*.

Em resumo:

✓ **durante o processo disciplinar**, somente as partes, seus procuradores e a autoridade judiciária competente (em caso de impugnação judicial do processo disciplinar, por exemplo) terão acesso aos autos do processo;

✓ **após o trânsito em julgado**, em caso de aplicação de censura, o sigilo permanecerá perante terceiros, o que não ocorrerá em caso de aplicação de suspensão e exclusão. Nesses casos, haverá publicidade da imposição da sanção, seja na imprensa oficial, seja mediante expedição de ofícios ao Poder Judiciário, a fim de que advogados suspensos ou excluídos não causem danos a terceiros, exercendo irregularmente a advocacia.

12.1.6. *Fases do processo disciplinar*

12.1.6.1. *Instauração (arts. 55 a 57 do CED)*

O processo disciplinar instaura-se de duas formas (art. 55, CED):

a) de ofício, quando o conhecimento do fato se der por meio de fonte idônea ou por comunicação da autoridade competente, não se considerando fonte idônea a denúncia anônima;

b) mediante representação, dirigida ao Presidente do Conselho Seccional ou da Subseção, ou ao Presidente do Tribunal de Ética e Disciplina, quando os Regimentos Internos das Seccionais atribuírem a este último órgão competência para instaurar o processo ético disciplinar.

Conforme preconiza o art. 57 do CED, a representação deverá conter:

I – a identificação do representante, com a sua qualificação civil e endereço;

II – a narração dos fatos que a motivam, de forma que permita verificar a existência, em tese, de infração disciplinar;

III – os documentos que eventualmente a instruam e a indicação de outras provas a ser produzidas, bem como, se for o caso, o rol de testemunhas, até o máximo de cinco;

IV – a assinatura do representante ou a certificação de quem a tomou por termo, na impossibilidade de obtê-la.

12.1.6.2. *Instrução (arts. 58 e 59 do CED)*

Recebida a representação pelo Presidente do Conselho Seccional ou da Subseção (se esta dispuser de Conselho), ou pelo Presidente do Tribunal de Ética e Disciplina, desde que o regimento interno do Conselho Seccional atribua ao referido órgão a competência delegada para presidir atos de instrução processual, será **designado um relator**, por sorteio, que terá por incumbência presidir a instrução processual. Contudo, antes de os autos serem encaminhados ao relator, será feita a juntada de ficha cadastral e certidões de eventuais punições ou processos em andamento contra o representado.

Tão logo analisada pelo relator a representação, desde que preenchidos os critérios de admissibilidade, que entendemos ser aqueles trazidos pelo art. 57 do CED, caberá a ele emitir um parecer propondo a instauração do processo. Caso contrário, ou seja, estando a representação desprovida dos critérios de admissibilidade, emitirá parecer propondo o **arquivamento liminar** da representação. Importante mencionar que, para qualquer das providências referidas (emissão de parecer pela instauração do processo ou pelo arquivamento liminar), o relator terá o prazo de 30 (trinta) dias para tanto, sob pena de redistribuição do feito pelo Presidente do Conselho Seccional ou da Subseção para outro relator, o qual disporá do mesmo prazo para emitir parecer.

Ato seguinte, o Presidente do Conselho competente ou, conforme o caso, o do Tribunal de Ética e Disciplina (TED), proferirá despacho declarando instaurado o processo disciplinar (se presentes os critérios de admissibilidade da representação) ou o arquivamento liminar da representação, nos termos do parecer do relator ou segundo os fundamentos que adotar.

Relevante anotar que a representação contra membros do Conselho Federal da OAB e Presidente de Conselho Seccional é processada e julgada pela 2ª Câmara do Conselho Federal da OAB, reunida em sessão plenária. Já a representação contra membros da Diretoria do Conselho Federal da OAB, bem como membros honorários vitalícios e detentores da Medalha Rui Barbosa, será processada e julgada pelo Conselho Pleno do Conselho Federal da OAB.

Em retomada, declarado instaurado o processo, o relator determinará a **notificação** dos interessados para prestarem esclarecimentos, ou a do representado, a quem será dada a possibilidade de apresentar, no prazo de 15 (quinze) dias, **defesa prévia**, podendo, a juízo do relator, se houver motivo relevante, ser prorrogado aludido prazo. Em referida defesa poderão ser requisitadas provas e arroladas até 5 (cinco) testemunhas. A notificação ao representado será encaminhada ao endereço que estiver registrado em seu cadastro de inscrito no Conselho Seccional.

No caso de o representado não ser encontrado, ou ser revel, ser-lhe-á designado defensor dativo. Diversamente do que ocorre no processo civil, a revelia não gerará a presunção de veracidade da imputação, sendo o caso de apenas designar ao acusado um defensor dativo, tudo em respeito aos princípios da ampla defesa e devido processo legal.

Ato seguinte à apresentação de defesa prévia, o relator proferirá **despacho saneador,** seguindo o processo para a fase de *colheita de prova oral*, para oitiva das partes (representante e representado) e/ou caso tenham sido arroladas testemunhas, até o número de cinco para cada parte, que serão ouvidas em **audiência** especialmente designada junto à OAB para esse fim.

O relator pode determinar a realização de diligências, se julgá-las convenientes e necessárias, seguindo o processo, no mais, por impulso oficial.

No tocante aos meios de prova, indeferirá o relator aqueles considerados ilícitos, impertinentes, desnecessários ou protelatórios, desde que, é claro, o faça fundamentadamente.

1. Ética Profissional – Novo CED

Finda a instrução, o relator proferirá **parecer preliminar,** a ser submetido ao TED, dando o enquadramento legal aos fatos imputados ao representado.

Após, será aberto o prazo comum de 15 (quinze) dias para apresentação de **razões finais.**

12.1.6.3. Julgamento (arts. 60 a 67 do CED)

Recebido o processo já instruído, o Presidente do Tribunal de Ética e Disciplina (TED) **designará um relator,** que não poderá ser o mesmo da fase instrutória caso o processo já estivesse tramitando em referido órgão.

O processo será incluído em **pauta na primeira sessão de julgamento após distribuído ao relator,** da qual serão as partes notificadas com antecedência mínima de 15 (quinze) dias, a fim de que, querendo, compareçam à referida sessão de julgamento.

Na sessão, após o voto do relator, é facultada **sustentação oral** às partes (representante e representado), pelo prazo de 15 (quinze) minutos.

Encerrado o julgamento, os autos seguirão para a **lavratura de acórdão**, que, se julgar procedente a representação, dele deverá constar: enquadramento da infração e a respectiva sanção aplicada, o quórum de instalação e de deliberação, o voto prevalente (se do relator ou o divergente), as agravantes e atenuantes eventualmente existentes e as razões determinantes para conversão da censura em advertência, que, como se sabe, não ficará registrada nos assentamentos do inscrito.

Ainda quanto ao acórdão e ao julgamento, deverão ser observadas as seguintes regras:

✓ ementa (essência da decisão);

✓ o autor do voto divergente que tenha prevalecido será o redator;

✓ o voto condutor será lançado nos autos;

✓ o voto divergente, mesmo se vencido, deverá, também, ter seus fundamentos lançados nos autos, em voto escrito ou transcrição na ata de julgamento, quando oral.

Relevante anotar que sempre que o relator o determinar, será atualizado nos autos o relatório de antecedentes do representado.

Finalmente, a conduta dos interessados que, no processo disciplinar, se revele temerária ou que caracterize a intenção de alterar a verdade dos fatos, bem como a interposição de recursos protelatórios, contrariam os princípios do CED, sujeitando os responsáveis à correspondente sanção.

12.2. Recursos

O prazo para interpor qualquer recurso perante a OAB é de 15 (quinze) dias. Porém, se interposto via *fac-simile* (fax), a juntada do original deverá ocorrer em 10 (dez) dias, nos termos do art. 139, § 1º, do Regulamento Geral.

Atenção

Os recursos serão dirigidos:

a) Ao **Conselho Seccional** – de todas as decisões proferidas pelo seu Presidente, pelo TED, ou, ainda, pela diretoria da Subseção ou da Caixa de Assistência dos Advogados;

b) Ao **Conselho Federal** – de todas as decisões definitivas proferidas pelo Conselho Seccional, quando não tenham sido unânimes, ou, sendo unânimes, contrariarem o EAOAB, CED, Provimentos e decisões do Conselho Federal ou de outros Conselhos Seccionais.

Em regra, os recursos serão recebidos em **duplo efeito** (devolutivo e suspensivo), exceto (art. 77, EAOAB):

a) matéria relativa a eleições;

b) suspensão preventiva decidida pelo TED;

c) cancelamento de inscrição quando obtida com falsa prova.

Nos três casos citados, os recursos *não serão recebidos com efeito suspensivo.*

12.3. Revisão dos processos disciplinares findos

Será cabível a revisão do processo disciplinar já transitado em julgado, nos termos do art. 73, § 5º, do EAOAB, nos seguintes casos:

a) erro de julgamento;

b) condenação baseada em falsas provas.

Não se admite revisão para a mera reapreciação das provas. Outrossim, à semelhança da revisão criminal do processo penal, a revisão de processo ético-disciplinar não tem prazo para ser requerida.

De acordo com o art. 68 do CED, extraem-se as seguintes lições:

✓ a legitimidade para pedir a revisão de processo ético é do advogado punido com a sanção disciplinar;

✓ a competência para julgar o pedido revisional é do órgão de que emanou a condenação final;

✓ quando a competência for do Conselho Federal, a revisão será processada perante sua Segunda Câmara, reunida em sessão plenária;

✓ o pedido de revisão receberá autuação própria, sendo apensado aos autos do processo disciplinar a que se refira.

12.4. Reabilitação

Após a aplicação definitiva de sanção (censura, suspensão ou exclusão) ao advogado infrator, é possível que peça sua reabilitação (art. 41, EAOAB).

O prazo para tal requerimento é de um ano após o cumprimento da sanção, devendo para tanto fazer provas de bom comportamento.

Se a imposição de sanção decorrer da prática de crime, o pedido de reabilitação perante a OAB deverá ser acompanhado da prévia sentença concessiva de reabilitação criminal.

Em resumo, são requisitos para a reabilitação:

a) decurso de um ano após o cumprimento da sanção disciplinar;

b) prova de bom comportamento;

c) em caso de infração ética que decorra da prática de crime, será necessária a prévia reabilitação criminal.

De acordo com o que dispõe o art. 69 do CED, que deu maiores detalhamentos ao pedido de reabilitação, extraímos que:

a) a competência para processá-lo e julgá-lo será do Conselho Seccional em que tenha sido aplicada a sanção disciplinar, ou, nos casos de competência originária do Conselho Federal, a este caberá julgar o pedido de reabilitação;

b) terá autuação própria, sendo apensado aos autos do processo disciplinar a que se refira;

c) as provas de bom comportamento, referentes ao exercício da advocacia e à vida social do advogado, deverá instruir o pedido de reabilitação, cabendo à Secretaria do Conselho competente certificar, nos autos, o efetivo cumprimento da sanção disciplinar pelo requerente;

d) se o pedido de reabilitação não estiver suficientemente instruído, o relator assinará prazo para a complementação da documentação, que, se desatendido, ensejará o seu arquivamento liminar.

12.5. Prescrição das infrações disciplinares

O EAOAB fixa a **prescrição da pretensão punitiva** disciplinar da OAB em **5 (cinco) anos**, *contados da constatação oficial do fato* (art. 43, *caput*, do EAOAB), e não da prática da infração ética, como se poderia imaginar.

Uma vez instaurado o processo disciplinar, se ficar **paralisado por 3 (três) anos**, pendente de despacho ou de julgamento, operar-se-á a chamada **prescrição intercorrente** (art. 43, § 1º, do EAOAB).

São **causas de interrupção** da prescrição (art. 43, §2º, do EAOAB):

a) instauração do processo disciplinar ou notificação válida feita diretamente ao representado;

b) decisão condenatória recorrível de qualquer órgão julgador da OAB.

13. OAB E SUA ESTRUTURA

13.1. Natureza jurídica da OAB e outras características (arts. 44 a 62, EAOAB; arts. 44 a 127 e 147 a 150, Regulamento Geral)

13.1.1. Natureza jurídica da OAB

De acordo com a ADI 3026/2006, julgada pelo STF, sob a relatoria do então Ministro Ero Grau, a OAB é uma entidade *sui generis*, sem outra igual no "mundo jurídico". Portanto, não tem natureza de autarquia federal, tal como se entendia antigamente.

13.2. Características da OAB

A OAB tem as seguintes características:

a) serviço público independente (art. 44, EAOAB);

b) independência (inexistência de subordinação ao poder público);

c) forma federativa;

d) imunidade tributária quanto a suas rendas, bens e serviços (exceto Caixa de Assistência dos Advogados – RE 233.843 julgado pelo STF);

e) personalidade jurídica.

13.3. Órgãos integrantes da OAB (art. 45, EAOAB)

a) Conselho Federal;

b) Conselhos Seccionais;

c) Subseções;

d) Caixas de Assistência dos Advogados.

13.3.1. Conselho Federal (arts. 51 a 55, EAOAB; arts. 62 a 104, Regulamento Geral)

É considerado o órgão supremo da OAB, dotado de personalidade jurídica própria. É, ainda, a última instância recursal. Tem sede em Brasília-DF.

Competências do CFOAB: art. 54, EAOAB, com destaque para:

✓ Editar e alterar o CED e o Reg. Geral (quórum de 2/3 de seus membros);

✓ Representar os advogados, com exclusividade, em eventos e órgãos internacionais da advocacia;

✓ Elaborar as listas de advogados constitucionalmente previstas para o preenchimentos de cargos vagos nos Tribunais judiciários nacionais e interestaduais;

✓ Ajuizar ADI;

✓ Autorizar, mediante a maioria absoluta das delegações, alienação ou oneração de bens imóveis (se forem bens móveis, competirá à Diretoria!).

Órgãos do CFOAB:

✓ **Conselho Pleno** (presidido pelo Presidente do Conselho Federal) – competências definidas no art. 75, Reg. Geral;

✓ **Órgão Especial do Conselho Pleno** (presidido pelo Vice-Presidente do Conselho Federal) – competências definidas no art. 85, Reg. Geral;

✓ **Primeira Câmara** (presidida pelo Secretário Geral da OAB) – competências definidas no art. 88, Reg. Geral;

✓ **Segunda Câmara** (presidida pelo Secretário Geral-Adjunto da OAB) – competências definidas no art. 89, Reg. Geral;

✓ **Terceira Câmara** (presidida pelo Tesoureiro da OAB) – competências definidas no art. 90, Reg. Geral;

✓ **Diretoria** (composta de um Presidente, um Vice-Presidente, um Secretário Geral, um Secretário Geral-Adjunto e um Tesoureiro) – competências definidas no art. 99, Reg. Geral;

✓ **Presidente** – competências definidas no art. 100, Reg. Geral;

Composição do CFOAB:

✓ **Presidente – não é Conselheiro federal;**

✓ **Conselheiros Federais** – integrantes das delegações de cada uma das unidades federativas (são, ao todo, **81** Conselheiros, visto que cada delegação é composta de 3 Conselheiros federais);

✓ **Ex-presidentes** (são membros honorários vitalícios) – têm, somente, direito a voz nas sessões, salvo aqueles que ocuparam o cargo até 5 de julho de 1994, possuindo estes direito de voto. Seus votos valem como se fosse 1 delegação. Não participam da eleição da Diretoria do Conselho Federal.

Observação 1: nas sessões do Conselho Federal todos os seus membros podem participar, bem como os *Presidentes dos Conselhos Seccionais*, apenas com direito a voz, o *Presidente do Instituto dos Advogados Brasileiros*, apenas com direito a voz, os agraciados com a "Medalha Rui Barbosa", apenas com direito a voz e os *ex-presidentes* do CFOAB, também com direito a voz (salvo os que exerceram o cargo ou estavam no seu exercício em 5 de julho/1994).

Observação 2: nas sessões do CFOAB, o Presidente não vota, salvo em caso de empate. Outrossim, os votos são tomados por delegação (maioria), e não poderão votar nos assuntos de interesse de sua unidade federada.

13.3.2. Conselhos Seccionais (arts. 56 a 59, EAOAB; arts. 105 a 114, Regulamento Geral)

São os órgãos estaduais da OAB, sediados em cada um dos Estados e no DF. São dotados de personalidade jurídica própria.

Competências dos Conselhos Seccionais: art. 58, EAOAB, com destaque para:

✓ Criação das Subseções e Caixas de Assistência;

✓ Fixação de tabelas de honorários, com validade estadual;

✓ Fixação das anuidades;

✓ Decidir critérios sobre os trajes dos advogados;

✓ Eleger as listas de advogados constitucionalmente previstas para o preenchimento de vagas dos Tribunais judiciários estaduais.

Composição dos Conselhos Seccionais:

✓ **Presidente;**

✓ **Conselheiros seccionais (estaduais) – eleitos no âmbito estadual e distrital;**

✓ **Ex-presidentes – são membros honorários vitalícios, somente com direito a voz nas sessões;**

✓ **Presidente do Instituto de Advogados local** – é membro honorário, somente com direito a voz.

Observação 1: o número de Conselheiros estaduais varia da seguinte forma:

a) Abaixo de 3000 inscritos = até 30 conselheiros.

b) A partir de 3000 inscritos = mais 1 membro a cada grupo de 3000 inscritos, até o limite de 80.

Observação 2: nas sessões dos Conselhos Seccionais podem participar, além dos conselheiros estaduais, o Presidente do Conselho Federal, os Conselheiros Federais integrantes da respectiva delegação, o Presidente da Caixa de Assistência dos Advogados e os Presidentes das Subseções, mas apenas com direito a voz.

Diretoria dos Conselhos Seccionais: terá a mesma composição da Diretoria do CFOAB, ou seja, Presidente, Vice-Presidente, Secretário-Geral, Secretário Adjunto e Tesoureiro.

13.3.3. Subseções (arts. 60 e 61, EAOAB; arts. 115 a 120, Regulamento Geral)

São partes autônomas do Conselho Seccional, porém, sem personalidade jurídica própria. São criadas pelos **Conselhos Seccionais**, tratando-se de uma faculdade.

A criação das subseções depende de estudo de viabilidade realizado por comissão especialmente designada pelo Presidente do Conselho Seccional.

A área territorial de uma subseção, com um número mínimo de 15 advogados nela profissionalmente domiciliados, poderá abranger um **município, mais de** um **município ou parte de município.**

As competências das Subseções vêm delineadas no art. 61 do EAOAB. A administração das Subseções é feita por uma Diretoria, com atribuições e composição equivalente às da Diretoria dos Conselhos Seccionais. Se a Subseção contar com mais de 100 advogados, poderá haver, ainda, um Conselho, com as mesmas funções e atribuições do Conselho Seccional.

A manutenção das Subseções, além de receitas próprias, dar-se-á por dotações dos Conselhos Seccionais.

13.3.4. Caixas de Assistência dos Advogados (art. 62, EAOAB; arts. 121 a 127, Regulamento Geral)

São dotadas de **personalidade jurídica própria**, adquiridas após **aprovação e registro** de seus estatutos no respectivo Conselho Seccional. São verdadeiros **órgãos assistenciais** aos advogados, criados pelos Conselhos Seccionais, desde que contem com **mais de 1500 inscritos.**

O custeio das atividades das Caixas de Assistência dá-se por repasse dos Conselhos de metade da receita recebida, após as deduções regulamentares obrigatórias. A Diretoria das Caixas de Assistência dos Advogados é composta de cinco membros.

A finalidade principal das Caixas é a de prestar assistência aos advogados, podendo, ainda, promover a seguridade complementar. Em caso de extinção da Caixa, todo seu patrimônio será revertido ao Conselho Seccional respectivo.

13.4. Algumas questões importantes sobre a OAB

De forma bastante didática, elencaremos abaixo alguns aspectos relevantes sobre a OAB:

a) Todos os atos praticados pela OAB se submetem à publicidade, salvo os que devam tramitar sob sigilo (ex.: processos disciplinares), devendo ser publicados na imprensa oficial, ou mesmo afixados nos fóruns;

b) Como destacado anteriormente, a OAB goza de imunidade tributária no tocante a seus bens, serviços e rendas. No entanto, não recebe verbas públicas para o desempenho de suas competências;

c) As certidões acerca das contribuições, preços de serviços e multas, uma vez passadas pelas diretorias dos Conselhos competentes, são consideradas títulos executivos extrajudiciais;

d) O advogado em dia com sua anuidade fica isento do pagamento de contribuição sindical;

e) Todos os funcionários contratados pela OAB são celetistas, não se tratando, é bom que se diga, de servidores públicos estatutários ou empregados públicos;

f) Os presidentes dos Conselhos Seccionais e Subseções são legitimados ativos para demandarem, judicial ou extrajudicialmente, pessoas que violarem as disposições das regras deontológicos e regulamentadoras da advocacia, podendo intervir inclusive em inquéritos policiais e processos em que figurem como indiciados, acusados ou ofendidos os inscritos na OAB;

g) Os presidentes dos Conselhos Seccionais e Subseções podem requisitar cópias de peças de autos, ou mesmo de documentos, a qualquer tribunal, juiz, cartório ou órgão da Administração direta ou indireta, desde que haja motivação idônea, compatível com os fins do Estatuto da OAB.

14. ELEIÇÕES E MANDATO NA OAB

14.1. Eleições na OAB (arts. 63 a 67, EAOAB; arts. 128 a 137-C, Regulamento Geral; Provimento 146/2011 do CFOAB)

14.1.1. Base normativa

As eleições na OAB estão regulamentadas nos **arts. 63 a 67 do EAOAB, arts. 128 a 137-C do Reg. Geral e Provimento 146/2011 do CFOAB.**

14.1.1.1 Requisitos para ser candidato a cargos eletivos na OAB (art. 63, § 2º, EAOAB e art. 131, § 5º, Regulamento Geral)

a) Ser regularmente inscrito no Conselho Seccional respectivo, com inscrição principal ou suplementar;

b) Situação regular na OAB (estar em dia com as anuidades na data do protocolo do pedido de registro da candidatura; em caso de parcelamento, devem estar às parcelas quitadas);

c) Não ocupar cargo exonerável *ad nutum;*

d) Não ter condenação por infração disciplinar, salvo se reabilitado, ou não ter representação disciplinar julgada procedente por órgão do Conselho Federal;

e) Exercer a profissão há mais de 5 anos, excluído o período de estágio. Esse prazo de 5 anos é contado **até o dia da posse;**

f) Não exercer atividade incompatível com a advocacia, em caráter permanente ou temporário;

g) Não integrar listas, com processo em tramitação, para provimento de cargos em tribunais judiciários ou administrativos;

h) Se o candidato tiver suas contas rejeitadas segundo o disposto na alínea "a" do inciso II do art. 7º do Provimento n. 101/2003, ter ressarcido o dano apurado pelo Conselho Federal, sem prejuízo do cumprimento do prazo de 08 (oito) anos previsto na alínea "g".

14.1.1.2. Datas para as eleições

Regra: segunda quinzena do mês de novembro do último ano do mandato, com posse em 01/01 (tal data será para os candidatos eleitos das Subseções, Conselhos Seccionais e Caixas de Assistência dos Advogados);

Exceção: Diretoria do Conselho Federal - 31/01 do ano seguinte ao das eleições, às 19h00, com posse em 01/02 (perceba: os "advogados mortais" não elegem a Diretoria do Conselho Federal, mas apenas os Conselheiros Federais).

14.1.1.3. Duração do mandato

O mandato de todos os cargos da OAB é de 3 anos, e gratuito. É considerado serviço relevante, inclusive para fins de disponibilidade e aposentadoria.

14.1.1.4. Chapas

Não são admissíveis candidaturas isoladas. As chapas devem ser **completas**, contemplando **todos os cargos** (Diretoria dos Conselhos Seccionais, Conselheiros Seccionais, Conselheiros Federais, Diretoria da Caixa de Assistência dos Advogados e suplentes, se houver).

Importante anotar que, nos termos do art. 131, *caput*, do Regulamento Geral, as chapas deverão atender ao mínimo de 30% (trinta por cento) e ao máximo de 70% (setenta por cento) para candidaturas de cada sexo, o que implica em vedação a chapas compostas somente por homens ou mulheres. Contudo, algumas observações se fazem necessárias:

A) O percentual mínimo poderá ser alcançado levando-se em consideração a chapa completa, compreendendo os cargos de titular e de suplência, não sendo obrigatória a observância em cargos específicos ou de diretoria, incluindo a do Conselho Federal.

B) Para o alcance do percentual mínimo observar-se-á o arredondamento de fração para cima, considerando-se o número inteiro de vagas subsequente.

C) É facultativa a observação do percentual mínimo nas Subseções que não possuam Conselho.

O Presidente do Conselho Federal não é indicado nas chapas, visto que haverá votação "autônoma", a ser realizada em 31/01 do ano seguinte. **Não haverá votação direta dos advogados ao cargo de Presidente da OAB Nacional.**

O **requerimento de registro das chapas deve ser protocolado até o dia 16/10, às 18h00, salvo se encerrar-se em dia não útil, quando, então, irá prorrogar-se até o primeiro dia útil seguinte. Caberá impugnação de uma chapa em relação** a outra, assinada pelo Presidente da chapa, no prazo de 3 dias úteis da publicação das chapas na imprensa oficial.

Em caso de desistência, morte ou inelegibilidade do candidato, a cédula única, caso já formada, não será substituída por outra.

Candidatos a cargos que estejam no **exercício de mandato** poderão nele permanecer, mesmo que concorram às eleições.

14.1.1.5. Votação

A votação é de comparecimento obrigatório (art. 128, Reg. Geral), sob pena de multa de 20% do valor da anuidade, salvo justificativa escrita (art. 134, Reg. Geral).

A votação ocorrerá preferencialmente em urna eletrônica, ou, caso haja impossibilidade, em cédula única. Nesta constará a denominação da chapa, os nomes da Diretoria do Conselho Seccional (Presidente, Vice-Presidente, Secretário-Geral, Secretário-Geral Adjunto e Tesoureiro), os Conselheiros Seccionais, os Conselheiros Federais, Diretoria da Caixa de Assistência e suplentes.

Não se admite "voto em trânsito", sendo de rigor que o advogado vote no local previamente indicado pela Comissão Eleitoral.

14.1.1.6. Eleição da Diretoria do Conselho Federal (art. 137, Regulamento Geral)

Diversamente da Diretoria dos Conselhos Seccionais e Subseções, bem como das Caixas de Assistência, dos Conselheiros Seccionais e Federais, a Diretoria do Conselho

Federal é escolhida não diretamente pelos advogados, mas pelos Conselheiros Federais.

A votação à Diretoria do Conselho Federal ocorre em 31/01 do ano seguinte ao da eleição, às 19h, em reunião presidida pelo Conselheiro mais antigo, reputando-se eleita a chapa que conseguir a maioria simples dos votos dos Conselheiros Federais, presente a metade mais um de seus membros.

Todos os membros da chapa à Diretoria do Conselho Federal devem ser Conselheiros Federais, exceto o Presidente. O candidato a Presidente deve contar, no mínimo, com o apoiamento de 6 Conselhos Seccionais.

O registro das candidaturas deve ocorrer até 1 mês antes das eleições, mas a candidatura à Presidência pode ocorrer até 6 meses antes do pleito eleitoral, mesmo de forma isolada. Porém, se não houver, posteriormente, o preenchimento dos demais cargos da chapa, a candidatura será cancelada.

14.1.1.7. Propaganda eleitoral (art. 133 do Regulamento Geral e Provimento 146/2011)

É **admissível** a propaganda eleitoral pelos seguintes meios:

a) Envio de cartas, mensagens eletrônicas (*e-mail*) e "torpedos" (SMS e MMS) aos advogados;

b) Cartazes, faixas, *banners* e adesivos, desde que não explorados comercialmente por empresas que vendam espaço publicitário, observada a distância de e até trezentos metros dos fóruns;

c) Uso e distribuição de camisetas, bonés e *bottoms*;

d) Distribuição de impressos variados;

e) Manutenção de sítios eletrônicos (das chapas e de terceiros, mas, neste último caso, restrito a 1 *banner* de 234x60 pixels, com até 25 KB), blogs na internet e assemelhados, desde que devidamente informados à Comissão Eleitoral para fins de registro.

São **condutas vedadas**, porém, em matéria eleitoral:

a) Qualquer propaganda transmitida por meio de emissora de televisão ou rádio, excluindo entrevistas, debates e notícias sobre a campanha eleitoral, desde que integrando a programação normal da emissora;

b) Utilização de outdoors e assemelhados, exceto nos locais de votação;

c) Qualquer meio de divulgação em espaço publicitário comercializado em ruas e logradouros, independente de tamanho, a exemplo de cartazes eletrônicos, em veículos de transportes públicos, como ônibus e táxis, bem assim em outros pontos de divulgação ou, ainda, em veículos contratados mediante aluguel, ressalvados os espaços publicitários de comitês de candidaturas;

d) Propaganda na imprensa que exceda, por edição, a 1/8 (um oitavo) de página de jornal padrão e a 1/4 (um quarto) de página de revista ou tabloide, ainda que gratuita, não podendo exceder, ainda, a 10 (dez) edições;

e) Propaganda com uso de carros de som e assemelhados, ou seja, qualquer veículo ou instrumento fixo ou ambulante de emissão sonora, como megafones. A vedação não atinge a sonorização de atos públicos de campanha com a presença de candidatos;

f) Quaisquer pinturas ou pichações em prédios públicos ou privados, com exceção de pinturas alusivas à chapa, nos respectivos comitês;

g) Distribuição de brindes, ressalvado o uso e distribuição de camisetas, bonés e *bottoms;*

h) Contratação de terceiros para veiculação e exibição de bandeiras, bandeirolas e assemelhados na parte externa do prédio onde estiverem situadas as salas de votação (Provimento 146/2011, art. 10, § 6º) e, no dia da eleição, é vedada a propaganda eleitoral nos prédios onde estiverem situadas as salas de votação.

São considerados **atos de abuso econômico, político e dos meios de comunicação:**

a) Propaganda transmitida por meio de emissora de televisão ou rádio, permitindo-se entrevistas e debates com os candidatos;

b) Propaganda por meio de *outdoors* ou com emprego de carros de som ou assemelhados;

c) Propaganda na imprensa, a qualquer título, ainda que gratuita, que exceda, por edição, a um oitavo de página de jornal padrão e a um quarto de página de revista ou tabloide;

d) Uso de bens imóveis e móveis pertencentes à OAB, à Administração direta ou indireta da União, dos estados, do Distrito Federal e dos municípios, ou de serviços por estes custeados, em benefício de chapa ou de candidato, ressalvados os espaços da Ordem que devam ser utilizados indistintamente pelas chapas concorrentes;

e) Pagamento, por candidato ou chapa, de anuidades de advogados ou fornecimento de quaisquer outros tipos de recursos financeiros ou materiais que possam desvirtuar a liberdade do voto;

f) Utilização de servidores da OAB em atividades de campanha eleitoral.

Ainda, existem algumas **condutas vedadas aos candidatos**, a saber:

a) Uso de bens imóveis e móveis e de serviços e atividades da OAB ou do poder público em benefício de campanha de qualquer chapa, inclusive o desvio das finalidades institucionais da Ordem para promoção de candidaturas ou promoção pessoal de dirigente candidato;

b) Pagamento de anuidade de advogado ou o fornecimento de recursos financeiros ou bem de valor econômico que possa desvirtuar a liberdade de voto;

c) Realização de shows artísticos;

d) Utilização de servidores da OAB em atividade em favor da campanha eleitoral de qualquer chapa;

e) Divulgação pela chapa, sob sua responsabilidade, antes das eleições, por qualquer meio de comunicação, de pesquisa não registrada previamente na Comissão Eleitoral;

f) No período de 15 (quinze) dias antes das eleições, a divulgação de pesquisa eleitoral, nos termos do art. 133, § 5º, I, do Regulamento Geral;

g) No período de 30 (trinta) dias antes das eleições, a regularização da situação financeira de advogado perante a

Tesouraria da OAB para torná-lo apto a votar, nos termos do art. 133, § 5º, II, do Regulamento Geral;

h) No período de 90 (noventa) dias antes das eleições, a concessão ou distribuição às Seccionais e Subseções, por dirigente, candidato ou chapa, de recursos financeiros, salvo os destinados ao pagamento de despesas de pessoal e de custeio ou decorrentes de obrigações e de projetos preexistentes, bem como de máquinas, equipamentos, móveis e utensílios, ressalvados os casos de reposição, e a convolação de débitos em auxílios financeiros, salvo quanto a obrigações e a projetos preexistentes;

i) Promoção pessoal de candidatos na propaganda institucional da OAB;

j) Promoção pessoal de candidatos na inauguração de obras e serviços da OAB, no período de 60 (sessenta) dias antes das eleições;

k) Propaganda transmitida por meio de emissora de televisão ou rádio, permitindo-se entrevistas e debates com os candidatos, desde que sejam convidados todos os candidatos a Presidente.

15. SIGILO PROFISSIONAL

15.1. Sigilo profissional do advogado (arts. 35 a 38 do CED)

O sigilo profissional corresponde ao dever do advogado de resguardar as informações de seu cliente recebidas no exercício de sua função. Em outras palavras, os segredos/confidências revelados pelos constituintes.

De acordo com o art. 35, *caput* e parágrafo único, do CED, extraímos a regra de que o advogado tem o dever de guardar sigilo dos fatos de que tome conhecimento no exercício da profissão, abrangendo, também, os fatos de que tenha tido conhecimento em virtude de funções desempenhadas na própria OAB, bem como quando atuar nas funções de mediador, conciliar e árbitro (art. 36, § 2º, do CED).

Importante ressaltar que o sigilo profissional é de ordem pública, vale dizer, de natureza cogente ao advogado, que deverá observá-lo independentemente de solicitação de reserva que lhe seja feita pelo cliente (art. 36 do CED).

Há presunção de confidencialidade das comunicações de qualquer natureza entre advogado e cliente (art. 36, § 1º, do CED), tais como e-mails, cartas, telegramas, mensagens eletrônicas por dispositivos móveis (smartphones) etc.

O art. 37 do CED traz algumas situações em que o sigilo cederá em face de circunstâncias excepcionais que configurem justa causa, como nos casos de grave ameaça ao direito à vida e à honra ou que envolvam defesa própria do advogado.

A violação do sigilo, fora dos casos excepcionais, acarreta o reconhecimento de infração ética praticada pelo advogado, sujeitando-o à sanção de **censura** (art. 34, VII, do EAOAB).

Finalmente, dispõe o art. 38 do CED, que o advogado não é obrigado a depor, em processo ou procedimento judicial, administrativo ou arbitral, sobre fatos a cujo respeito deva guardar sigilo profissional.

Trata-se, aqui, de norma complementar à prerrogativa prevista no art. 7º, XIX, do EAOAB.

15.2. Prazo de duração do sigilo

O sigilo profissional é *eterno*, vale dizer, exceto as situações anteriormente descritas, não poderá ser rompido pelo advogado, sob pena de responder disciplinarmente pela falta.

Não é dado ao advogado demandar contra seu ex-cliente ou ex-empregador, mesmo com o término da relação contratual, pelo prazo de até dois anos, o que se denomina **abstenção bienal**. Contudo, mesmo esgotado o biênio, o advogado jamais poderá se utilizar de informações obtidas durante a relação com a outra parte em virtude do mandato ou contrato. Lembre-se: o *sigilo é eterno!*

16. PUBLICIDADE NA ADVOCACIA

16.1. Publicidade e a atividade da advocacia (arts. 39 a 47 do CED)

16.1.1. Características da publicidade profissional do advogado

O art. 39 do CED dispõe que a publicidade profissional do advogado tem caráter meramente informativo e deve primar pela discrição e sobriedade, não podendo configurar captação de clientela ou mercantilização da profissão.

De sobredito dispositivo normativo extraímos as seguintes características da publicidade profissional:

a) *caráter informativo;*

b) *discrição e sobriedade; e*

c) *vedação à captação de clientela ou mercantilização da profissão.*

Optou o Conselho Federal da OAB, ao editar o CED, em estabelecer uma publicidade profissional **restritiva**, vale dizer, sem a possibilidade de o advogado prospectar clientes. Basta ver que não se admitirá uma publicidade *agressiva*, tal como se vê na divulgação de produtos e serviços na mídia, eis que os anúncios profissionais do advogado serão pautados pelo caráter informativo, bem como pela discrição e sobriedade.

16.1.2. Vedações quanto aos meios utilizados para a publicidade profissional

O art. 40 do CED estabelece que os meios utilizados para a publicidade profissional deverão ser compatíveis com as diretrizes estipuladas no art. 39 do referido diploma normativo (*caráter informativo, discrição e sobriedade*), sendo **vedados**:

I – a veiculação da publicidade por meio de rádio, cinema e televisão;

II – o uso de *outdoors*, painéis luminosos ou formas assemelhadas de publicidade;

III – as inscrições em muros, paredes, veículos, elevadores ou em qualquer espaço público;

IV – a divulgação de serviços de advocacia juntamente com a de outras atividades ou a indicação de vínculos entre uns e outras;

V – o fornecimento de dados de contato, como endereço e telefone, em colunas ou artigos literários, culturais, acadêmicos ou jurídicos, publicados na imprensa, bem assim quando de eventual participação em programas de rádio ou televisão, ou em veiculação de matérias pela internet, sendo permitida a referência a e-mail;

VI – a utilização de mala direta, a distribuição de panfletos ou formas assemelhadas de publicidade, com o intuito de captação de clientela.

Quanto à **identificação** dos escritórios de advocacia, será permitida a utilização de *placas, painéis luminosos e inscrições em suas fachadas*, desde que respeitadas as diretrizes do art. 39 do CED (*caráter informativo, discrição e sobriedade*).

16.1.3. Colunas mantidas pelos advogados nos meios de comunicação social

Estabelece o art. 41 do CED que as colunas que o advogado mantiver nos meios de comunicação social ou os textos que por meio deles divulgar não deverão induzir o leitor a litigar nem promover, dessa forma, captação de clientela.

Trata-se, em nosso entendimento, de regra extremamente salutar. Imagine-se, por exemplo, um advogado responsável por um blog sobre assuntos jurídicos, com destaque para questões na área previdenciária. Caso utilize referido meio de comunicação para publicar textos de sua autoria, informando aos leitores a existência de novas teses jurídicas que seu escritório está utilizando para compelir o INSS a majorar as aposentadorias e outros benefícios previdenciários, estaríamos diante de uma publicidade com alta capacidade de captação de clientela, sem prejuízo, ainda, de induzir os leitores a promoverem demandas contra a autarquia federal, inchando, ainda mais, o Poder Judiciário de demandas.

No entanto, é bom ressaltar, entendemos que a ideia transmitida pelo Código de Ética é a de que o advogado não poderá se valer de meios de comunicação social para "ganhar" novos clientes e estimular a litigiosidade desenfreada, não afastando, contudo, a possibilidade de veiculação de críticas jurídico-doutrinárias sobre determinados assuntos. Assim não fosse, estaríamos diante de censura prévia, o que não se pode admitir em um Estado Democrático de Direito.

16.1.4. Algumas vedações impostas aos advogados

O art. 42 do CED traz uma série de vedações impostas aos advogados no tocante à sua conduta profissional. São elas:

I – responder com habitualidade a consulta sobre matéria jurídica, nos meios de comunicação social;

II – debater, em qualquer meio de comunicação, causa sob o patrocínio de outro advogado;

III – abordar tema de modo a comprometer a dignidade da profissão e da instituição que o congrega;

IV – divulgar ou deixar que sejam divulgadas listas de clientes e demandas;

V – insinuar-se para reportagens e declarações públicas.

As proibições acima indicadas apontam para a criação, pela OAB, de diretrizes éticas que o advogado deve observar em seu comportamento profissional, que deverá ser reto, probo, fazendo-o digno da atividade que desempenha.

A discrição e a sobriedade, lembre-se, são as características que pautam a publicidade profissional.

16.1.5. Participação do advogado em programas de rádio e televisão

O art. 43 do CED traça as regras atinentes à participação do advogado em programas de televisão e de rádio.

De plano, afirmamos ser perfeitamente possível que um advogado participe de programas televisivos ou em rádios, mas diversas são as cautelas que devem ser tomadas por ele, a fim de não comprometer a dignidade da profissão, nem a de expor clientes ou colegas a situações embaraçosas ou comprometedoras.

Com efeito, o advogado que eventualmente participar de programa de televisão ou de rádio, de entrevista na imprensa, de reportagem televisionada ou veiculada por qualquer outro meio, para manifestação profissional, deve **visar a objetivos exclusivamente ilustrativos, educacionais e instrutivos**, *sem propósito de promoção pessoal ou profissional*, vedados pronunciamentos sobre métodos de trabalho usados por seus colegas de profissão.

Ainda, quando convidado para manifestação pública, por qualquer modo e forma, visando ao esclarecimento de tema jurídico de interesse geral, deve o advogado **evitar insinuações com o sentido de promoção pessoal ou profissional**, bem como o **debate de caráter sensacionalista**.

16.1.6. Regras de observância obrigatória na publicidade profissional

Além das características delineadas no art. 39 do CED (caráter informativo, discrição e sobriedade), o advogado, na publicidade profissional que promover ou nos cartões e material de escritório que utilizar, fará constar, nos termos do art. 44, *caput*, do precitado diploma normativo:

✓ seu nome ou nome da sociedade de que faça parte; e

✓ número ou números de inscrição na OAB.

Assim, no cabeçalho de uma petição, ou no seu cartão de visita, necessariamente constarão o *nome do advogado ou da sociedade de advogados que integre*, seguido do *número de inscrição no Conselho Seccional*, seja do próprio advogado ou da sociedade a que pertença.

Na publicidade profissional poderão ser referidos apenas os títulos acadêmicos do advogado e as distinções honoríficas relacionadas à vida profissional, bem como as instituições jurídicas de que faça parte, e as especialidades a que se dedicar, o endereço, e-mail, site, página eletrônica, *QR code*, logotipo e a fotografia do escritório, o horário de atendimento e os idiomas em que o cliente poderá ser atendido (art. 44, § 1º, do CED).

É vedada a inclusão de fotografias pessoais ou de terceiros nos cartões de visitas do advogado, bem como menção a qualquer emprego, cargo ou função ocupado, atual ou pretérito, em qualquer órgão ou instituição, salvo o de professor universitário (art. 44, § 2º, do CED).

Dos dispositivos citados, percebe-se que a OAB, quanto à publicidade profissional, que já dissemos ser ***restritiva***, reafirma os postulados da discrição, sobriedade e caráter informativo, afastando-se quaisquer tentativas de mercantilizar a profissão e de captação de clientela.

Prova disso é a vedação, por exemplo, a referência de cargos ou funções presentes ou pretéritas exercidas pelo advogado. Assim, um juiz aposentado que passe a advogar, não poderá, em sua publicidade, mencionar o cargo anteriormente ocupado, pois, decerto, estaríamos diante de um mecanismo de captação de clientela, sem se falar em certa "concorrência desleal". Afinal, se fosse possível constar, por exemplo, em cartões de visita, abaixo do nome do advogado, a expressão "Juiz aposentado", o pretenso cliente poderia ser "fisgado" pela ideia de que aquele profissional seria melhor, ou mais experiente, do que outros advogados.

16.1.7. *Patrocínio de eventos culturais, publicações de caráter científico ou cultural e divulgação de boletins*

São admissíveis como formas de publicidade o patrocínio de eventos ou publicações de caráter científico ou cultural, assim como a divulgação de boletins, por meio físico ou eletrônico, sobre matéria cultural de interesse dos advogados, desde que sua circulação fique adstrita a clientes e a interessados do meio jurídico (art. 45 do CED).

Assim, será lícito que um advogado ou escritório de advocacia, para divulgar sua atuação profissional, patrocine, por exemplo, congressos jurídicos, constando o seu nome em *folders* ou sites. Também poderá patrocinar a edição de publicações (livros ou coletânea de artigos jurídicos) e divulgar boletins informativos, mas, neste caso, sua circulação ficará restrita a clientes e interessados do meio jurídico.

Contudo, na linha da publicidade restritiva que a OAB autoriza, entendemos que o advogado não poderá, por exemplo, no patrocínio de eventos culturais ou científicos, utilizar-se dessa ocasião para, de forma agressiva, divulgar seu escritório e serviços profissionais, sob pena de a discrição e a sobriedade serem afetadas.

16.1.8. *Publicidade por meio de internet ou outros meios eletrônicos*

De acordo com o art. 46 do CED, a publicidade veiculada pela internet ou por outros meios eletrônicos deverá observar as diretrizes estabelecidas no aludido diploma normativo, especialmente aquelas previstas no art. 39 (caráter informativo, discrição e sobriedade).

Significa dizer que é lícito que o advogado faça sua publicidade em sites, blogs ou redes sociais, mas sem se afastar das características anteriormente citadas.

A telefonia e a internet podem ser utilizadas como veículo de publicidade, inclusive para o envio de mensagens a destinatários certos, desde que estas não impliquem o oferecimento de serviços ou representem forma de captação de clientela.

BIBLIOGRAFIA

LÔBO, Paulo. *Comentários ao Estatuto da Advocacia e da OAB*. 4ª ed. São Paulo: Saraiva, 2007.

RAMOS, Gisela Gondin. *Estatuto da Advocacia: comentários e jurisprudência selecionada*. 5ª ed. Rio de Janeiro: Forense, 2009.

2. Filosofia

Alessandro Sanchez

1. O ESTUDO DA FILOSOFIA APLICADA AO DIREITO

A Filosofia é ciência cujo nome expressa o amor à Sabedoria. No nosso caso, o que se busca em seu estudo é a sabedoria perante o fenômeno jurídico, seus conceitos, valores e método de estudo. Nesse estudo em específico, o que se pretende é, de forma leve, atender à expressão escorreita da Filosofia aplicada ao direito, a importância do conhecimento de seus preceitos na formação do profissional da advocacia, além de focar na aprovação para o Exame de Ordem.

Nesse sentido, utilizaremos, como um dos direcionadores de estudo, a Resolução 75/2009 do Conselho Nacional de Justiça na escolha das matérias que farão parte do presente texto, de acordo com as últimas provas da OAB. Aliamos a experiência de ter lecionado a disciplina nos últimos dez anos nos bancos acadêmicos da Universidade São Francisco para oferecer um conteúdo condensado, sem perder o objetivo de levar conteúdo de qualidade a todos que buscam sucesso no Exame.

A Resolução 75/2009 do CNJ nos leva aos seguintes estudos: 1) O conceito de direito e os seus princípios básicos; 2) Os valores da ética e moral; 3) Os valores da justiça em sentido lato e estrito; 4) Equidade; e 5) Hermenêutica e interpretação.

O ideal é a formação de profissionais que, mais que conhecer a Filosofia, tenham capacidade de discussão e investigação dos diversos temas fundamentais do estudo do direito e a evolução de seus conceitos e valores, sempre buscando o progresso das tecnologias de solução de conflitos e, principalmente, de boa convivência.

Sigamos juntos nesse intento.

2. CONCEITO DE DIREITO

A expressão "direito" é termo polissêmico e pode trazer diversos sentidos. Há aqueles que utilizam a palavra direito como expressão do correto, por exemplo: "O João é um homem direito." Há aqueles que a utilizam como expressão de um bem jurídico favorecido por leis escritas: "Eu tenho direito de utilizar minha propriedade como bem entender." Aliás, sabemos que há limites legais para isso, mas a ideia aqui é demonstrar que o significado, além de ser mais importante que o próprio signo, apresenta sentidos diversos, e temos de saber lidar com isso. Assim introduzimos nossos estudos, que visam, mais do que oferecer um conceito fechado, trazer os principais autores que direcionaram o estudo do Direito.

Diversos autores traduziram direito como conjunto de princípios e normas que regem o comportamento do homem em sociedade. Tal expressão se apresenta bastante didática, mas o certame exige um pouco mais de todos nós. Para isso, estudaremos alguns nomes cujas doutrinas formaram, no tempo e no espaço, forte opinião sobre o conceito de direito e os seus objetivos.

2.1. Antropologia jurídica

A Antropologia estuda o direito a partir do homem, sendo válido considerar os pensadores que vieram após Sócrates, como Platão e Aristóteles, pois regem o início de nossos estudos ao conceberem o homem como um ser político. Diante de tal constatação, fazemos referência a ideia de Polis, cidades-estados gregas que iniciaram o pensamento de que o ser humano não pode viver longe da organização Estatal, ou seja, sem leis preestabelecidas que regulem sua atuação em sociedade, bem como sem definição quanto aos seus julgadores e o modo pelo qual as leis devam ser alteradas para que haja segurança jurídica.

2.2. Sociologia jurídica

Nesse momento vale considerar que, se a Antropologia jurídica estuda o direito tomando como partida o fato de que o homem é um ser político e que necessariamente viverá em sociedade, então se faz necessário entender o que vem a ser uma sociedade e saber em que a Sociologia pode contribuir com nosso estudo. Em linhas básicas, a sociedade apresenta as seguintes características: 1. Multiplicidade de indivíduos; 2. Interação e 3. Previsão de comportamento.

Essa última característica conecta os nossos estudos, já que a previsão de comportamento afasta o ser humano da sociedade primitiva. A figura do Estado estabelece as regras a respeito de como proceder, como submeter os conflitos à apreciação desse terceiro – o Estado – e como alterar as leis no momento em que não mais servirem para estabelecer a boa convivência de todos.

Assim, aqui chegamos também à conclusão de que sociedade e direito se coexigem, e para isso, temos a expressão latina *ubi societas ibi ius* (onde há sociedade há também o direito), que indica não haver indivíduo sem sociedade regida pelo direito e vice-versa.

A sociedade produz o direito. Ambos estão intimamente ligados.

2.3. O direito como poder

É o direito de deliberar, agir e mandar com o intuito de estabelecer condutas para a convivência em sociedade. Para Kelsen todo direito é um sistema coercitivo de manutenção da ordem; portanto, sempre se detecta e se esboça a capacidade de obediência impondo certas condutas permissivas, obrigatórias e proibitivas.

a) Regras: Ordens sociais, religiosas, morais, políticas, jurídicas, entre outras.

b) Leis: Ordens escritas que vinculam o cidadão ao Estado de Direito.

c) Institutos: Pilares estabelecidos pelo costume, pela razão, perfazendo certas partes do ordenamento jurídico. Ex.: propriedade, família, Estado.

d) Normas: Ordens decorrentes da aplicação da interpretação de leis escritas.

e) Dever Jurídico: O dever jurídico nasce das ordens emanadas nas fontes do direito. Trata-se de hipóteses jurídicas, com suas coações e sanções, aplicáveis àquele que descumpre a lei. A sanção e a própria coação impedem determinadas condutas e permitem outras. É o que chamamos coercitividade.

f) Sanção (coação): consequência jurídica estabelecida em lei para repreender o sujeito que desestabiliza o plano social.

g) Coerção/Coercitividade: Trata-se do potencial das leis em manter a ordem social.

2.4. Principais pensamentos sobre o conceito de direito

2.4.1. Jusnaturalismo

O Jusnaturalismo considera o direito natural e universalmente válido por meio de preceitos como "dar a cada um o que é seu" e a regra de ouro que determina "não faça para os outros aquilo que para ti não desejas".

É uma escola que se pretende racional e derivada de princípios intrínsecos ao ser humano, sendo de cunho natural os princípios da liberdade e justiça. Thomasius, um dos grandes jusnaturalistas, entendia que, por meio da dedução de normas derivadas da natureza humana, seria possível encontrar solução para qualquer tipo de conflito.

2.4.2. Escola Histórica do Direito

A maior contribuição da Escola Histórica do Direito foi a reflexão de que o direito é resultado da formação histórica de determinada cultura, consequência natural dos usos e costumes de dada sociedade. É momento de citar a doutrina de Savigny, que construiu tal pensamento como forma de oferecer resistência ao jusnaturalismo.

2.4.3. Positivismo ou normativismo jurídico

Criada no século XIX, defende uma teoria formal, cuja compreensão é desprendida dos valores, principalmente da justiça, e apresenta soluções por meio do estudo da lei positiva editada pelo Estado, tendo como maior preocupação a estrutura da norma.

Kelsen traz o positivismo ou normativismo jurídico como um sistema coercitivo, onde um direito válido, apresenta como resultado a determinação do poder e da coação, sendo uma doutrina vantajosa no que se refere a segurança jurídica.

Na teoria do Ordenamento Jurídico, Norberto Bobbio cita a norma fundamental de Kelsen, definida pela utilização da coação exercida de acordo com hipóteses jurídicas previamente definidas. A formalidade se apresenta principalmente quando Kelsen diz que qualquer regra pode ser considerada de direito, independentemente de ser justa, como expressão do poder imperante em determinado espaço e tempo.

2.4.4. Pós-positivismo

Assim como a doutrina jusnaturalista sofreu contraposição, a forma positivista de pensar é atualmente enfrentada pelos pós-positivistas, que entendem não ser possível dissociar os valores da definição de direito. Eles retomam a discussão do justo para concluir que nem todas as regras podem ser consideradas de direito.

Reale expõe a teoria tridimensional do direito, explicada por meio de três aspectos, como já dito, indissociáveis, embora distintos: 1) Os fatos como resultado dos costumes na história de determinada sociedade; 2) Os valores, principalmente a justiça; e 3) O direito, dado determinado ordenamento jurídico.

A compreensão do fenômeno jurídico está atrelada diretamente a fatores sociais, axiológicos (valores) e normativos.

Entre os pós-positivistas vale citar Rawls, Perelman, Dworkin e Alexy. É interessante em tais doutrinas perceber a correlação entre o direito e a moral.

3. A ÉTICA E A MORAL

A ética se relaciona ao estudo do comportamento, analisando os comportamentos morais e imorais. A moral significa uma exigência social. A ética como estudo do comportamento é o maior auxiliador na definição das exigências morais, portanto, os dois sempre se relacionam. A moral constitui um conjunto de valores predominantes para um grupo ou para uma sociedade.

Exemplo 1: Incesto não é considerado crime no sistema jurídico repressivo, então temos uma conduta não condenada no sistema de direito, mas condenada no campo da moral, então se conclui que nem tudo que faz parte da moral integra o direito.

Exemplo 2: A preocupação constitucional com a moralidade pública, ao estabelecer o art. 37 (LIMPE – Legalidade, Impessoalidade, Moralidade, Publicidade e Eficiência), traz uma recomendação da moral que acaba se tornando juridicamente exigível.

3.1. Norma jurídica e norma moral

O direito apresenta um "dever-ser" imbuído de uma hipótese formal prevista no ordenamento que gera consequência jurídica coercitiva para o seu descumprimento, enquanto a moral apresenta um "dever-ser" sem hipótese ou consequência prevista no ordenamento, sendo espontâneo e informal ao trazer condutas reprováveis no campo dos valores de determinado grupo ou sociedade.

Para Kant ambas se complementam, mas não podem ser consideradas idênticas, exatamente como foi cobrado no X Exame OAB, em que a alternativa correta era: "A conduta moral refere-se à vontade interna do sujeito, enquanto o direito é imposto por uma ação exterior e se concretiza no seu cumprimento, ainda que as razões da obediência do sujeito não sejam morais".

Vale ressaltar que a doutrina positivista vê o direito e a moral de modos contrapostos, entendendo e definindo o direito de modo dissociado dos valores morais. É interessante nesse diapasão apontar a doutrina de Hans Kelsen. Kelsen vê a confusão de direito e moral de modo relacionado à sociedade primitiva, momento histórico em que a sociedade é regida principalmente pelos costumes. Nesse sentido também entende Tercio Sampaio Ferraz Junior.

Para Miguel Reale há essencial conexão em tais conceitos, principalmente quando verificamos sua principal obra, *A Teoria Tridimensional do Direito*, que busca analisar os fatos e valores para se chegar à definição da norma. Portanto, o mesmo autor informa que distinguir é possível, separar os fatos e valores do Direito não é prudente; e apresenta algumas distinções que passamos a comentar.

Em primeiro plano, apresenta-se a exterioridade como fator de distinção, pois a moral é representada pela vontade interna do sujeito atrelada ao plano da consciência, enquanto no direito o que se percebe é a exteriorização do pensamento, tendo como objetivo exteriorizar, realizar aquilo que já não pertence mais ao mundo da consciência.

Em segundo lugar, traz a distinção pela autonomia, já que a moral é dotada de autonomia quando o ser humano opta pelo que rege seus pensamentos no mundo da consciência, distintamente do que se vê no direito, em que as normas se encontram objetivamente diante do indivíduo e devem ser cumpridas, independentemente de por ele ser posta.

Finalmente, a coação é grande fator de distinção, já que o direito é dotado de coercibilidade – a capacidade de coagir as pessoas a cumprir seus mandamentos.

4. JUSTIÇA

4.1. Principais escolas de pensamento sobre a Justiça

O termo Justiça é também polissêmico. Enquanto alguns autores preferem o sentido de legal, outros pendem para o sentido de virtude. Assim, vamos passar por alguns dos principais pensamentos de maior influência da história da Filosofia.

Para Platão, o conceito de Justiça consiste em dar a cada um aquilo que é seu. Cada homem tem a aptidão para exercer determinada função na sociedade e a justiça é uma virtude atrelada às normas da consciência ou às normas morais.

Em Aristóteles, a Justiça está dividida em universal e particular. A Justiça Universal está no respeito às virtudes, e a particular é aquela advinda da solução de injustiças em vista dos ambiciosos, que sempre querem mais do que podem ter. Ele as divide em:

Justiça Comutativa – Trata de litígios que envolvam partes igualmente consideradas, como homem e mulher em litígio relacionado ao direito de visita dos filhos, quando há o fator separação.

Justiça Distributiva – Trata desiguais desigualmente na medida de suas desigualdades.

Justiça Vindicativa – Trata-se de uma Justiça em que o Estado se coloca no direito de vingança em relação ao sujeito que desestabiliza a sociedade com a prática de um ato proibido.

Justiça Restaurativa – Justiça na qual se busca o atendimento das necessidades das partes no conflito, com a participação de um mediador em conciliações.

5. ORDENAMENTO E SISTEMA JURÍDICO EM BOBBIO

Iniciar o estudo da interpretação do direito requer necessariamente tratar da organização em que o estudo está inserto. Necessário, portanto, partir para o estudo do ordenamento jurídico e sistema de direito, principalmente para entendê-lo como unidade organizada das fontes do direito.

Norberto Bobbio trata o tema do direito classificando-o em um determinado Ordenamento Jurídico percebido por meio de três características: unidade, coerência e completude, com relação direta ao que se considera por sistema atualmente, em vista dos argumentos ofertados pelo próprio autor ao conceituar ordenamento como uma unidade sistemática.

A Teoria do Ordenamento Jurídico se baseia nestes três caracteres fundamentais, que fazem com que o Direito, no seu conjunto, seja um ordenamento e, portanto, uma entidade nova, distinta das normas singulares que o constituem.

Tercio Sampaio Ferraz Junior comenta a Teoria do Ordenamento Jurídico demonstrando que para tudo isso há necessidade da imposição de um ato de poder, pois do contrário não há falar em unidade, mas em coesão do Ordenamento Jurídico. No caso do Brasil, citamos o exemplo das normas originais com base na formação do poder constituinte e nas emendas, e a explanação a respeito do poder constituinte derivado, notadamente da coesão, próximo assunto abordado como uma das características do Ordenamento Jurídico na obra de Norberto Bobbio.

A primeira característica do Ordenamento Jurídico é, pois, a unidade; assim, Norberto Bobbio ressalta que mesmo os jusnaturalistas pensam no Direito como um sistema unitário de normas, porém, é claro, com visões diferentes. Os juspositivistas entendem tratar-se de uma unidade formal, relativa ao modo pelo qual as normas são postas. Dessa maneira, vale lembrar que Norberto Bobbio afirma e com ele se concorda que o Princípio da Unidade Formal traz um problema ulterior.

Então, pergunta-se: quem ou o que vincula a produção das normas a tal ato ou fato? Inevitavelmente, torna-se necessário formular a Teoria da Norma Fundamental, base do Ordenamento Jurídico. Trata-se, assim, de norma cujo conteúdo ampara todas as outras e que cria a suprema fonte do Direito, autorizando ou legitimando o supremo poder existente em dado ordenamento a produzir normas jurídicas. Essa norma não é posta por outro poder superior, tratando-se de uma hipótese ou um pressuposto de que se parte no estudo do Direito.

Isso posto, Hans Kelsen optou por fechar o sistema, considerando o poder constituinte autorizado por norma fundamental ao tratar a natureza do Direito Constitucional. Ela estabelece que todos os cidadãos devem obedecer às normas emanadas de tal poder, conduzindo-os à concepção da norma fundamental; e assim concorda-se, buscando iniciar estes trabalhos com base na interpretação, considerando o Direito um sistema unitário e utilizando tais parâmetros indicados por Hans Kelsen. A teoria foi bastante questionada e submetida a diversas críticas. Com efeito, pode-se duvidar que chegue a resolver o problema para o qual foi formulada, isto é, fechar o sistema normativo, assegurando-lhe a perfeita unidade. De fato, indaga-se: no que se funda a norma fundamental, então? Ou se responde fazendo referência a outra norma, e aí se estaria diante de um *recursus ad infinitum*; ou se responde que o direito depende do fato quando observado, e recai-se na solução que se desejou evitar com a Teoria da Norma Fundamental.

A segunda característica apontada na obra de Norberto Bobbio é a coerência, que traz critérios para eliminar as antinomias (normas incompatíveis entre si). Esse princípio vem negar a existência das mesmas em um ordenamento jurídico, garantido por uma norma implícita, uma vez que duas normas inconciliáveis não podem ser válidas.

Assim, estabelecer-se-á quando existe uma antinomia, e logo será explicada a solução enfrentada por tal norma implícita. Dentro de mais um princípio do Ordenamento Jurídico, encontra-se a hermenêutica jurídica, como regramento para interpretar e aplicar o Direito, quando forem citados os três critérios formulados pela doutrina, para a solução das antinomias: o cronológico, o hierárquico e o de especialidade.

Então, parte-se do ponto de que, para duas normas incompatíveis, Norberto Bobbio trata as seguintes formas de solução dos critérios. A primeira hipótese se dá por meio do critério cronológico, quando a norma posterior prevalece sobre a precedente: *lex posterior derogat priori*; já pelo critério hierárquico, a norma de grau superior (isto é, estabelecida de uma fonte de grau superior) prevalece sobre aquela de grau inferior: *lex superior derogat inferiori*; e, finalmente, segundo o critério da especialidade, a norma especial prevalece sobre a geral: *lex specialis derogat inferiori*; esses três critérios não chegam, porém, a resolver todas as antinomias. Existem casos em que eles não podem ser aplicados, a saber: 1) Quando há um conflito entre os próprios critérios; 2) Quando não é possível aplicar nenhum dos três critérios.

É importante salientar que o sistema brasileiro adota a Teoria do Ordenamento Jurídico em parte, inclusive no que tange aos conflitos básicos, aplicando distinta interpretação quando se trata de conflitos entre os critérios.

A terceira característica é a da completude. Afirmar que o ordenamento é completo significa, pois, negar a existência de lacunas na lei.

Tercio Sampaio Ferraz Junior soluciona a questão ao explicar que o problema das lacunas surge a partir da concepção do direito como sistema, figurando muito mais como questão de ordem metodológica. Porém, tal estudo nada mais significa do que trabalhar métodos integrativos, como é o caso da Teoria Tridimensional do Direito, de Miguel Reale. Ainda assim, considerem-se os métodos oferecidos pela doutrina quanto à interpretação do direito. No sistema brasileiro, a interpretação do direito se dá a partir da Lei de Introdução às Normas do Direito Brasileiro, como será tratado a seguir.

A validade da norma depende do Ordenamento Jurídico em questão, e, em relação ao Ordenamento Jurídico Brasileiro, o tema será discutido no capítulo atinente à interpretação constitucional, tendo em vista ter-se adotado sistema que garante hierarquia a partir da Constituição Federal.

Já no século XX, a discussão metodológica no direito se deu a partir da formação e limites do Sistema de Direito em Claus-Wilhelm Canaris, apontando o conceito geral de sistema, a ordenação e a unidade; a ordenação, como um estado de coisas intrínseco e racional; e a unidade, percebendo os princípios fundamentais que lhe conferem um sentido.

6. INTERPRETAÇÃO DO DIREITO

A interpretação é uma atividade bastante complexa que pode ser concebida de diversos modos. Baseia-se na relação entre dois termos, o signo e o significado do próprio signo, falando-se, nesse sentido, da interpretação segundo a letra da lei e da interpretação segundo o espírito da lei.

Para Carlos Maximiliano, interpretar é: "Explicar, esclarecer; dar o significado de vocábulo, atitude ou gesto; reproduzir por outras palavras um pensamento exteriorizado; mostrar o sentido verdadeiro de uma expressão; extrair, de frase, sentença ou norma, tudo o que na mesma se contém".

Quanto à conceituação de Interpretação do Direito, vale a pena considerar Luiz Antonio Rizzatto Nunes, como segue: "Quando se fala em interpretar a norma jurídica, vale a mesma afirmação de 'fixação do sentido' e deve ser acrescida a 'fixação do alcance' da norma jurídica, isto é, quando o objeto de interpretação é a norma jurídica, é preciso, além do sentido, fixar seu alcance, de modo que se deixe patente a que situações ou pessoas a norma jurídica interpretada se aplica".

7. MÉTODOS CLÁSSICOS DE INTERPRETAÇÃO

É por intermédio das palavras da norma jurídica, nas suas funções sintáticas e semânticas, que o intérprete mantém o primeiro contato com o texto posto. É importante considerar alguns outros aspectos: o primeiro deles está relacionado à própria redação dos textos normativos. Como estes são basicamente escritos e comportam não só uma terminologia técnica, mas também contêm palavras oriundas da linguagem natural, podem apresentar toda sorte de ambiguidades, equivocidades etc., que cabe ao intérprete eliminar.

7.1. Método gramatical

O método gramatical é também conhecido como método filológico de interpretação do Direito e consiste na interpretação das palavras contidas em determinado preceito normativo, apurando-lhes o sentido e alcance.

Vicente Ráo descreve as palavras como a primeira expressão das coisas, como as concebe o intelecto. São um importante meio de interpretação, desde que não sejam examinadas isoladamente, mas sim em conjunto umas com as outras, como partes integrantes do texto.

Para Carlos Maximiliano, para se interpretar a gramática há necessidade da posse de conhecimento perfeito da língua empregada; informações sobre os hábitos, vida, profissão e intelecto, leituras e orientação do espírito do autor; notícia completa do assunto de que se trata, inclusive sua história, além da certeza da autenticidade do texto, tanto em conjunto como em cada uma de suas partes.

Tercio Sampaio Ferraz Junior leciona que, o mais das vezes, a interpretação gramatical mostra e demonstra os problemas, porém não os resolve, significando o ponto de partida da interpretação.

2. Filosofia

Acrescentando-se a isso o entendimento da necessidade de uma aplicação conjunta dos meios de interpretação, prosseguimos para os critérios de interpretação lógica.

Em Tercio Sampaio Ferraz Junior, quando se enfrentam problemas lógicos, a doutrina costuma falar em interpretação lógica e se utiliza de um exemplo gramatical para demonstrar que o legislador, ao utilizar um mesmo termo para consequências diferentes, fere o princípio da identidade que permite ao jurista mostrar a questão e não resolvê-la.

7.2. Interpretação lógica

A interpretação lógica leva em consideração os instrumentos fornecidos pela lógica para o ato de intelecção que naturalmente estão presentes no trabalho interpretativo. Além disso, o intérprete usa tais instrumentos para verificar a adequação e o conflito dos textos normativos, buscando, com sua utilização, resposta ao problema encontrado. Assim, usando-se pressupostos lógicos – por exemplo, quem pode o mais, pode o menos –, resolvem-se problemas surgidos com a interpretação das normas jurídicas, segundo Luiz Antonio Rizzatto Nunes, que dispõe de exemplo prático em sua obra *Introdução ao Estudo do Direito*, também para esse caso:

Tomemos uma norma jurídica que dispõe que o devedor tem a obrigação de pagar sua dívida na data contratada com o credor. Pode o devedor pagar a dívida antes da data marcada, mesmo que a norma jurídica não tenha disposição nesse sentido ou que no contrato firmado não haja cláusula na mesma direção? Fazendo-se uma interpretação, utilizando-se princípio lógico citado, pode-se responder que o devedor pode pagar sua dívida antes, pois se ele deve pagar em data futura, pode pagar antes. Por exemplo, a interpretação processual corrente diz que as disposições contidas no art. 282 do CPC, que regulam a forma da apresentação da petição inicial levada a juízo, são lógico-dedutivas, sendo tal petição um verdadeiro silogismo, contendo premissa maior, premissa menor e a conclusão. No caso em tela, logo verificamos que do não preenchimento de um dos requisitos da petição inicial, naturalmente teremos o seu indeferimento por inépcia, nos termos do art. 295, II, do CPC. Agora, vamos para um raciocínio lógico simples: Todo homem é mortal. João é homem. Logo, João é mortal. A conclusão decorreu das proposições postas.

Pode-se perceber que a doutrina se utiliza em maior parte da segunda forma metodológica, entre as duas apresentadas no parágrafo anterior.

Paulo Nader explica que não há nenhum dispositivo na ordem jurídica que seja autônomo. Com ele concordamos, inclusive quando oferece a seguinte conceituação: "O elemento sistemático opera considerando os elementos gramatical e lógico, e consiste na pesquisa do sentido e alcance das expressões normativas, considerando-as em relação a outras expressões contidas na ordem jurídica, mediante comparações".

7.3. Interpretação sistemática

Essa interpretação leva em consideração a necessidade de interpretar as normas de acordo com a hierarquia estabelecida em dado ordenamento jurídico. As normas constitucionais, infraconstitucionais, entre outras mais existentes são parte de um todo que interagem entre si, para isso consideramos um sistema. Assim, toda interpretação somente poderá se considerar adequada em vista da análise da hierarquia completa, desde os princípios constitucionais até as normas periféricas que em nosso sistema existem em grande quantidade no formato de leis ordinárias.

7.4. Interpretação histórica

Entre as várias regras de interpretação, vale a pena citar a importância da *interpretação histórica*, quando na maior parte das vezes as regras gramaticais, lógicas e sistemática não são suficientes para o bom deslinde do trabalho do intérprete.

O elemento histórico, para Paulo Nader, "(...) ensina que a evolução da ciência jurídica nunca se fez mediante saltos, mas através de conquistas graduais, que acompanham a evolução cultural registrada em cada época. Quase todos os institutos jurídicos têm raízes no passado, ligando-se às legislações antigas".

7.5. Interpretação teleológica

A interpretação teleológica é aquela que considera os fins aos quais a norma jurídica se dirige (*telos = fim*). Muitas vezes o intérprete tem de escolher uma entre duas ou mais alternativas para seu trabalho de interpretação. Assim, por exemplo, quando se interpreta qualquer artigo do CDC, não se pode esquecer as finalidades daquela lei, quais sejam: a proteção ampla do consumidor; a presença no mercado de consumo, da verdade e da transparência no que se refere à qualidade dos produtos e serviços.

7.6. Outras espécies de interpretação

A Lei de Introdução às normas do Direito Brasileiro, em seu art. 5.º, estabelece que, na aplicação da lei, o juiz atenderá aos fins sociais a que ela se dirige e às exigências do bem comum, princípios obrigatórios na interpretação e aplicação de qualquer norma jurídica, buscando assim, o intérprete, pensar e adaptar a norma às necessidades sociais vigentes na época da interpretação. Trata-se da interpretação sociológica.

A doutrina corrente apresenta a interpretação meramente declarativa como aquela em que o intérprete se limita a declarar o sentido da norma jurídica interpretada, sem ampliá-la nem restringi-la.

A interpretação restritiva, como o nome sugere, é a que restringe o sentido e o alcance apresentado pela expressão literal da norma jurídica. Tal ocorre quando o texto da norma diz literalmente o que é razoável e concreto aceitar.

Exemplificar-se-á a seguir, com a interpretação do art. 114 da Constituição Federal: "Compete à Justiça do Trabalho conciliar e julgar: I – os dissídios individuais e coletivos entre trabalhadores e empregadores, abrangidos os entes de Direito Público externo da administração pública direta e indireta dos Municípios, do Distrito Federal, dos Estados e da União (...)".

Perceba-se que o art. 114 da Constituição Federal conhece a competência da Justiça do Trabalho para julgar, inclusive, os conflitos entre trabalhadores da administração pública. Ocorre que a controvérsia era no sentido de que a Justiça Federal comum era, sim, competente para julgar as controvérsias do trabalhador funcionário público. Assim, Ação Direta de Inconstitucionalidade (ADI 492/1992) decidiu pela inconstitucionalidade parcial do artigo em tela, restringindo a Justiça do Trabalho a julgar e conciliar as causas decorrentes de empregados e empregadores, excluindo a abrangência da administração pública. Tem-se então a interpretação restritiva do art. 114 da Constituição Federal. Observe-se que o art. 114 da CF foi modificado pela EC 45 e aqui tem caráter exemplificativo.

Ao contrário da anterior, a interpretação extensiva amplia o sentido e o alcance apresentados, pelo que dispõe literalmente o texto da norma jurídica. Na realidade, tem-se de ponderar que, apesar do paralelismo (restritivo em oposição a extensivo), a interpretação extensiva não tem somente relação com o mero significado dos termos contidos na norma; ela às vezes é mais ampla ainda. Temos o art. 840 da CLT (Consolidação das Leis do Trabalho): Dos requisitos da petição inicial trabalhista (escrita). Esse artigo exige menos requisitos que o art. 282 do CPC (Código de Processo Civil), que trata dos requisitos da petição inicial civil. Alguns juízes entendem que o art. 840 da CLT é falho, quando, por exemplo, não requisita os fundamentos jurídicos do pedido, e que se deve utilizar o art. 282 do CPC para complementar o art. 840 da CLT, subsidiariamente. Tem-se, nesse caso, uma interpretação extensiva do art. 840 da CLT, na qual se entende que o legislador do art. 840 da CLT disse menos literalmente do que é razoável aceitar.

7.7. Superação dos métodos de interpretação e lógica do razoável

A doutrina de Scheiermacher, Heidegger e outros grandes autores da Filosofia do Direito contemporânea é no sentido de que o direito não deve ser solucionado por métodos-padrão para todas as questões que se apresentam. É claro para essa corrente de pensadores que o conhecimento do todo, na experiência global que se adquire no ir e vir das relações sociais é algo necessário, além de ser preciso ao julgador colocar-se no lugar das partes em conflito, sendo que, finalmente, estamos diante de algo infinito e mutável de acordo com os costumes de determinada sociedade. Tal afirmação nos leva para a demonstração de uma interpretação subjetiva e relativa a cada caso.

A lógica do razoável se apoia nos valores do justo e do injusto, e o direito é composto não somente das leis escritas, mas do conteúdo advindo da interpretação exarada nas decisões judiciais, retomando o jusnaturalismo e a regra de ouro, em que não devemos fazer para o outro aquilo que não desejamos para nós e vice-versa.

8. A LEI DE INTRODUÇÃO ÀS NORMAS DO DIREITO BRASILEIRO

Constatada a existência de determinada lacuna na norma jurídica em questão, o próximo passo está no estudo das normas, dado um sistema de regras jurídicas, para a aplicação e solução da problemática, a que se costuma nomear como integração do direito.

Silvio de Salvo Venosa explicita que já foi o tempo em que, perante uma lacuna, o julgador deixaria de decidir, como segue: "O julgador contemporâneo não pode deixar de aplicar o direito no caso que se lhe apresenta. Desse modo, perante a possível ausência de norma, deverá utilizar-se dos procedimentos de interpretação do sistema para integrá-lo e apresentar a prestação jurisdicional. O ordenamento é inevitavelmente lacunoso, porque o legislador não pode prever todas as situações que se multiplicam na sociedade e, atualmente, o incrível e rápido avanço tecnológico. Por outro lado, o legislador pode entender oportuno e conveniente deixar o fato ou fenômeno social em branco, relegando as decisões justamente para o trabalho integrativo dos tribunais".

O nosso ordenamento jurídico oferece os meios de integração jurídica a partir daquela que é considerada "lei das leis", a Lei de Introdução às Normas do Direito Brasileiro, que oferece princípios gerais de aplicação da norma em um autêntico trabalho de hermenêutica oferecido pelo sistema legal, principalmente em vista do seu artigo 4.º.

O costume é a mais antiga das fontes do direito. Nos povos primitivos inexistem normas jurídicas escritas. O comportamento tradicional regula a conduta dos membros da comunidade e constitui a fonte substancial do direito. É também chamado direito não escrito e tem sido praticado ao longo do tempo, com convicção e obrigatoriedade.

Nesse estudo, o costume jurídico se desenvolve a partir do fato de que a lei escrita, por mais que se dilatem o seu escopo e alcance, jamais poderá abranger todas as contingências da vida e vem pedir garantias ao direito, conforme Alípio Silveira. Tais palavras do citado doutrinador têm o condão de demonstrar que não temos, por meio da lei, a condição de presumir todas as ocorrências sociais ao longo de nossas vidas para que a lei sempre tenha uma solução para o ocorrido e é nessa seara que verificamos a grande importância do costume jurídico como fonte de suprir as lacunas que naturalmente existirão em todos os ordenamentos jurídicos.

Aliás, considerando o que se escreveu a respeito das lacunas do direito, tem-se como certo que a lacuna está na norma e, diante disso, o legislador brasileiro apresenta-se, a partir da Lei de Introdução às normas do Direito Brasileiro, em favor do costume jurídico e de outros métodos integrativos do Direito, disponibilizando tais hipóteses ao prudente critério do julgador.

Conforme o introito, aliás, o costume precede a lei, muito embora seja difícil determinar o lapso de tempo necessário para que o costume passe a vigorar para determinado grupo social, dado um Ordenamento Jurídico qualquer.

Clóvis Bevilaqua, em sua *Teoria Geral do Direito Civil*, questiona: "Como se há de determinar o momento inicial do costume? É até contrária à noção dele a indicação desse momento, porque o costume começa a existir quando o ato se tem muitas vezes reproduzido".

Curvando-se a essa situação, também Alípio Silveira continua por dizer que o Código Civil, no início do século passado, revogou, em seu art. 1.807, a disposição que considerava de cem anos o lapso temporal para vigorar o costume no ordenamento brasileiro.

No direito comercial e por amor à pesquisa, tal prazo era de cinquenta anos, por força de disposição contida no regulamento 737 de 1850, em seu art. 26, com os créditos a manifestação de José Xavier Carvalho de Mendonça.

Waldemar Ferreira, no primeiro volume de seu *Curso de Direito Comercial*, "dá-nos como razoável o prazo de 20 anos, para que, entre outros requisitos que examinaremos a seguir, tenha o costume validade jurídica".

Importante considerar que o uso do costume não deve ser contrário à finalidade da lei, além do que deve ser racional.

Eduardo Espínola, nos comentários à Lei de Introdução às Normas do Direito Brasileiro, aponta a razão da obrigatoriedade dos costumes relacionada a outra coisa: o tempo de vigor na sociedade, no que se transcreve: "O que se deve concluir é que, na falta de disposição legal, não é possível estabelecer-se qualquer prazo, dependendo, a formação do costume, da apreciação do intérprete, que atenderá à natureza do fato, à sua continuidade, num exercício uniforme mais ou menos longo".

A doutrina aponta tradicionalmente a *opinio necessitatis*, que nada mais é do que a sua necessidade jurídica.

Moacyr Amaral dos Santos entende que os costumes são provados como se prova a matéria de fato, como de fato assim a legislação processual brasileira o consagra, desde o CPC (Código de Processo Civil) de 1939; e, no que se refere à prova testemunhal, assinala: "No que se refere à prova testemunhal dos costumes, as testemunhas servirão para provar o fato material da repetição. Mas a apreciação da racionalidade do costume, e a pesquisa da *opinio necessitatis*, assim como a verificação do elemento ideológico do costume (ideias de segurança e justiça), caberão, não só aos juízes encarregados da aplicação, como também às juntas comerciais encarregadas dos assentos dos usos e costumes".

Diante da impossibilidade de a legislação dar solução a todas as relações jurídicas, pelas contingências da convivência humana, se reclama a hermenêutica para a interpretação do Direito. O art. 4.º da já apresentada Lei de Introdução às Normas do Direito Brasileiro elenca os critérios de integração do direito, e um dos principais métodos utilizados nesse trabalho de interpretação é o da analogia, em seguida à utilização dos princípios gerais de Direito.

Carlos Maximiliano, ao destacar a importância dos princípios gerais de direito, não os coloca somente como base para a integração da norma jurídica, mas também como base para a interpretação das normas, como segue: "Todo conjunto harmônico de regras positivas é apenas o resumo, a síntese, o *substratum* de um complexo de altos ditames, o índice materializado de um sistema orgânico, a concretização de uma doutrina, série de postulados que enfeixam princípios superiores. Constituem estes as 'diretivas', ideias do hermeneuta, os pressupostos científicos da ordem jurídica."

A Lei de Introdução às Normas do Direito Brasileiro preceitua, em seu art. 4.º: "Quando a lei for omissa, o juiz decidirá o caso de acordo com a analogia, os costumes e os princípios gerais de direito."

Luiz Antonio Rizzatto Nunes discute o brocardo latino *in claris cessat interpretatio*, que vem representar uma regra de interpretação, no que, clara a norma, cessa a necessidade de interpretação. Tal brocardo sempre trouxe polêmica na doutrina, desde os doutrinadores mais clássicos até os atuais. Rizzatto Nunes entende que o brocardo sobrevive em vista de não haver polêmica, por exemplo, na norma que prescreve o prazo para apresentar recurso de apelação seja de quinze dias; ainda que exista o que discutir, o principal não se discute: o fato de que o prazo é de quinze dias.

Para Carlos Maximiliano, o conceito de clareza é relativo: o que a um parece evidente, antolha-se obscuro e dúbio a outro, por ser este menos atilado e culto, ou por examinar o texto sob um prisma diferente ou sob diversa orientação.

Ao citar Ernst Rudolf Bierling, Carlos Maximiliano questiona: Que é lei clara? É aquela cujo sentido é expresso pela letra do texto. Para saber se isso acontece, é força procurar conhecer o sentido, isto é, interpretar. A verificação da clareza, portanto, em vez de dispensar a exegese, implica-a, pressupõe seu uso preliminar.

Para tanto, com respeito à polêmica que incide sobre o tema, posiciona-se o autor deste trabalho no sentido contrário à hipótese de afastamento, ao descrever em Alípio Silveira sua repulsa ao brocardo na legislação brasileira: "Se a nossa lei manda que o aplicador atenda aos fins sociais a que a disposição legal se destina e às exigências do bem comum, não distinguiu por outro lado entre lei clara e obscura. Isto quer dizer que a toda a lei se aplicará esse critério hermenêutico. Embora clara à primeira vista, a letra da lei deve conformar-se aos fins sociais e às exigências do bem comum".

O art. 5.º da Lei de Introdução às Normas do Direito Brasileiro é uma crítica implícita a tal brocardo, no sentido de que todas as leis escritas devem ser interpretadas. Assim entende Eros Roberto Grau, que acompanhamos.

BIBLIOGRAFIA

BOBBIO, Norberto. *Positivismo jurídico*. São Paulo: Ícone, 2001.

_______. *Teoria do ordenamento jurídico*. Brasília: UNB, 1996.

ESPÍNOLA, Eduardo; ESPÍNOLA FILHO, Eduardo. *A lei de introdução ao Código Civil brasileiro*. São Paulo: Renovar, 1995.

FERRAZ JUNIOR, Tercio Sampaio. *Introdução ao estudo do direito*. São Paulo: Atlas, 1994.

GRAU, Eros Roberto. *Interpretação e aplicação do direito*. São Paulo: Malheiros, 2006.

HEIDEGGER, Martin. *A caminho da linguagem*. Bragança Paulista. Trad. de Márcia Sá Cavalcante. Bragança Paulista: Universitária São Francisco, 1959.

KELSEN, Hans. *Teoria pura do direito*. São Paulo: Ed. RT, 2002.

_______. *Teoria geral do direito e do estado*. Trad. Luís Carlos Borges. São Paulo: Martins Fontes, 1990.

MAXIMILIANO, Carlos. *Hermenêutica e aplicação do direito*. Rio de Janeiro: Forense, 1984.

_______. *Hermenêutica e aplicação do direito*. Rio de Janeiro: Freitas Bastos, 1965.

MONTESQUIEAU, Charles Louis de. *O espírito das leis*. Coleção os Pensadores. São Paulo: Editora Abril Cultural, 1985.

NADER, Paulo. *Introdução ao estudo do direito*. Rio de Janeiro: Forense, 2006.

NUNES, Luiz Antonio Rizzatto. *Comentários ao Código de Defesa do Consumidor*. São Paulo: Saraiva, 2006.

_______. *Curso de direito do consumidor*. São Paulo: Saraiva, 2005.

_______. *Filosofia do direito*. São Paulo: Saraiva, 2005.

_______. _______. São Paulo: Saraiva, 2004.

______. *Introdução ao estudo do direito.* São Paulo: Saraiva, 2006.

______. ______. São Paulo: Saraiva: 2005.

______. *Manual da monografia jurídica.* São Paulo: Saraiva, 1999.

______. *Princípio constitucional da dignidade da pessoa humana.* São Paulo: Saraiva, 2002.

PEREIRA, Caio Mário da Silva. *Curso de Direito Civil.* Rio de Janeiro: Forense, 1990.

REALE, Miguel. *Filosofia do direito.* São Paulo: Saraiva, 1978.

______. *Lições preliminares do direito.* São Paulo: Saraiva, 2006.

______. *Teoria tridimensional do direito.* São Paulo: Ed. RT, 2003.

SCHLEIERMACHER, Friedrich. *Hermenêutica. Arte e técnica da interpretação.* Bragança Paulista: Universitária São Francisco, 2006.

SCHOPENHAUER, Arthur. *Do ofício do escritor.* São Paulo: Editora Martins Fontes, 2005.

SILVA, José Afonso da. *Aplicabilidade das normas constitucionais.* São Paulo: Malheiros, 2004.

______. *Curso de Direito Constitucional Positivo.* São Paulo: Malheiros, 1996.

______. *Direito ambiental constitucional.* São Paulo: Malheiros, 2007.

SILVEIRA, Alípio. *Hermenêutica no direito brasileiro.* São Paulo: Ed. RT, 1968.

VENOSA, Silvio de Salvo. *Curso de direito civil.* São Paulo: Atlas, 2006.

______. *Introdução ao estudo do direito.* São Paulo: Atlas, 2004.

3. Direito Constitucional

Nathalia Masson

1. TEORIA DA CONSTITUIÇÃO

1.1. Notas introdutórias

O termo "Constituição" se origina do verbo latino *constituere*, que exterioriza o ideal de constituir, criar, delimitar, demarcar. Nessa acepção podemos considerar a Constituição o conjunto de normas fundamentais e supremas, escritas ou não, responsáveis pela criação, estruturação e organização político-jurídica de um Estado.

A Constituição é um documento essencial, imprescindível. **Todo Estado a possui**. Porque todo Estado precisa estar devidamente conformado, com seus elementos essenciais organizados, com o modo de aquisição e o exercício do poder delimitados, com sua forma de Governo e Estado definidas, seus órgãos estabelecidos, suas limitações fixadas, os direitos fundamentais do homem e as respectivas garantias asseguradas.

1.2. Classificação das Constituições

A doutrina apresenta variados critérios tipológicos, alguns meramente formais, outros pretensamente substanciais, para classificar as Constituições. Vejamos os mais úteis à compreensão do tema.

1.2.1. Quanto à origem

a) democrática: também denominada promulgada, popular ou votada, essa constituição tem seu texto construído por meio da participação do povo, de modo direto ou indireto (por meio de representantes eleitos).

b) outorgada: é chamada de outorgada (ou imposta, ditatorial) a constituição elaborada e estabelecida sem qualquer resquício de participação popular, sendo imposta aos nacionais como resultado de um ato unilateral do governante. O povo não participa do seu processo de formação, nem mesmo indiretamente.

c) cesarista: assim como a outorgada, a Constituição intitulada cesarista tem seu texto elaborado sem a participação do povo. No entanto, e diferentemente daquela, para entrar em vigor dependerá de aprovação popular que a ratifique depois de pronta. Como a participação popular se dá apenas formalmente, através da concordância popular a um documento já pronto, sem nenhuma possibilidade de inserção de conteúdo novo, não nos parece um texto nem minimamente democrático.

1.2.2. Quanto à estabilidade (mutabilidade ou processo de modificação)

a) Imutável: é uma Constituição que se baseia na fantasiosa pretensão à eternidade. Não permite qualquer mudança de seu texto, pois não prevê procedimento de reforma; constrói-se a partir da crença de que não há órgão constituído com legitimidade suficiente para efetivar modificações num texto criado por uma "entidade suprema e superior".

b) Rígida: modificar essa Constituição é possível, mas há um processo legislativo mais complexo e solene do que aquele previsto para a elaboração das demais espécies normativas, infraconstitucionais. Referidas regras diferenciadas e rigorosas estão previstas na própria Constituição, e tornam a alteração do texto constitucional bem mais difícil do que a feitura das leis comuns.

c) Flexível: pode ser modificada por intermédio de um procedimento legislativo comum, ordinário, não requerendo qualquer processo específico para sua alteração.

d) Semirrígida: também conhecida como semiflexível, é aquela Constituição que pode ser modificada segundo procedimentos diferentes, a depender de que tipo de norma esteja para ser alterada. Assim, alguns artigos do texto constitucional (os preceitos mais importantes) compõe a parte rígida, de forma que só possam ser reformados por meio de um procedimento diferenciado e rigoroso, enquanto os demais (que compõe a parte flexível) podem ser modificados seguindo processo menos complexo, menos dificultoso.

1.2.3. Quanto à forma

a) Escrita: nessa Constituição todos os dispositivos são escritos e estão inseridos de modo sistemático em um único documento, de forma codificada.

b) Não escrita: diferentemente das Constituições escritas – em que todas as normas constitucionais podem ser encontradas em um único documento –, as Constituições não escritas possuem normas constitucionais esparsas, que podem ser encontradas tanto nos costumes e na jurisprudência dos Tribunais como nos acordos, convenções e também nas leis.

Atenção

Atenção a um detalhe: a Constituição não escrita não possui somente normas não escritas; em verdade, ela é formada pela junção destas com os textos escritos.

1.2.4. Quanto ao modo de elaboração

a) Dogmática: traduz-se num documento necessariamente escrito, elaborado em uma ocasião certa, historicamente determinada, por um órgão competente para tanto.

b) Histórica: necessariamente não escrita, é uma Constituição que vai se formando paulatinamente, em um lento processo de filtragem e absorção de ideais por vezes contraditórios; não se forma de uma só vez como as dogmáticas. Em verdade, é o produto da gradativa evolução jurídica e histórica de uma sociedade.

1.2.5. Quanto à extensão

a) Analítica: também intitulada "prolixa", sua elaboração se dá de maneira detalhada, uma vez que regulamenta vários assuntos (inclusive aqueles não considerados relevantes para a organização e funcionamento do Estado). Constituições analíticas não cuidam apenas de matérias constitucionais, essenciais à formação e organização do aparelho estatal e da vida em sociedade; ao contrário, descrevem os pormenores da vida no Estado, através de normas cujo conteúdo é dispensável à estruturação estatal.

b) Concisa: igualmente intitulada sintética, é a Constituição elaborada de forma breve, com preocupação única de enunciar os princípios básicos para a estruturação do Estado, mantendo-se restrita à matéria constitucional.

1.2.6. Quanto ao conteúdo

a) Material: em Constituições desse tipo considera-se constitucional toda norma que tratar de matéria constitucional, independentemente de estar tal diploma inserido ou não no texto da Constituição.

b) Formal: nessa acepção, constitucionais são todas as normas inseridas no texto da Constituição, independentemente de versarem ou não sobre temas tidos por constitucionais, isto é, assuntos imprescindíveis à organização política do Estado. Em outros termos, são constitucionais os preceitos que compõe o documento constitucional, ainda que o conteúdo de alguns desses preceitos não possa ser considerado materialmente constitucional.

Atenção

A seguir algumas considerações adicionais sobre essa classificação:

1. na acepção formal, como só podem ser consideradas constitucionais as normas integradas ao texto da Constituição, todas as demais normas, independentemente do conteúdo, serão consideradas infraconstitucionais;
2. todas as normas infraconstitucionais, independentemente da matéria que regulem, são inferiores à Constituição, por isso lhe devem respeito e obediência;
3. qualquer norma infraconstitucional que contrarie a Constituição será considerada inconstitucional;
4. por último, não há hierarquia normativa entre as normas constitucionais; todas possuem o mesmo *status*, a mesma dignidade normativa, independentemente de qual seja seu conteúdo.

1.3. Aplicabilidade das normas constitucionais

De início, deve-se frisar que todas as normas constitucionais produzem efeitos. No entanto, enquanto algumas são capazes de produzi-los plenamente independentemente de qualquer norma regulamentadora, outras dependerão de uma norma que as complemente.

Assim, é clássica a divisão que o professor **José Afonso da Silva** faz das normas constitucionais em três grupos, quais sejam, as normas de eficácia plena, as normas de eficácia contida, e as normas de eficácia limitada.

(i) Normas de **eficácia plena** são aquelas capazes de produzir todos os seus efeitos essenciais simplesmente com a entrada em vigor da Constituição, independentemente de qualquer regulamentação por lei. Por isso são dotadas de aplicabilidade imediata, direta e integral. Ex.: art. 1º, art. 5º, IV, art. 18, § 1º, todos da CF.

(ii) As normas de **eficácia contida** são aquelas que também estão aptas para a produção de seus plenos efeitos desde a promulgação da Constituição (aplicabilidade imediata), mas que podem vir a ser restringidas. O direito nelas previsto é imediatamente exercitável, com a simples promulgação da Constituição, mas pode ser, no futuro, restringido. Ex.: art. 5º, LVIII, CF.

(iii) Por seu turno, as normas de **eficácia limitada** só produzem seus plenos efeitos depois que elaborada a exigida regulamentação. Elas asseguram determinado direito, mas este não poderá ser exercido na plenitude enquanto não for regulamentado pelo legislador ordinário. Essas normas foram divididas pelo professor José Afonso da Silva em dois grupos: (i) as definidoras de princípios institutivos (ou orgânicos) e (ii) as definidoras de princípios programáticos.

(i) As normas de eficácia limitada definidoras de princípios institutivos são aquelas nas quais o legislador constituinte traça esquemas gerais de estruturação e atribuições de órgãos ou entidades, para que o legislador ordinário os estruture posteriormente, mediante lei. Ex.: art. 18, § 3º; art. 37, VII; art. 40, § 4º, todos da CF.

(ii) Já as normas de eficácia limitada definidoras de princípios programáticos são aquelas pelas quais o constituinte, em vez de regular direta e imediatamente determinados interesses, limitou-se a lhes traçar os princípios para serem cumpridos pelos seus órgãos (legislativos, executivos, jurisdicionais e administrativos), como programas das respectivas atividades, visando à realização dos fins sociais do Estado. Ex.: art. 3º, CF.

2. PODER CONSTITUINTE

2.1. Notas introdutórias

O poder constituinte é o poder responsável pela **elaboração da Constituição**, norma superior que inicia a ordem jurídica e lhe confere fundamento de validade.

Pode-se afirmar que esse poder sempre existiu, pois desde os primórdios das organizações políticas ele esteve presente; sua teorização, todavia, é mais recente.

O precursor dos estudos sobre o poder originário foi Emmanuel Joseph **Sieyès**, autor de um panfleto divulgado às vésperas da Revolução Francesa intitulado *Qu'est-ce que le tiers État*? Segundo o abade francês, a Constituição seria produto dos trabalhos do poder constituinte originário e estruturaria os poderes (constituídos) do Estado, se diferenciando destes por sua superioridade e capacidade criadora.

2.2. Titularidade

O titular do poder constituinte é aquele que o detém, estando apto a elaborar os contornos normativos de um Estado.

No transcorrer dos vários séculos da Idade Média, a titularidade pertenceu aos **soberanos**, compreendidos como verdadeiras reencarnações de entidades divinas.

Nas vésperas da Revolução Francesa, quando Sieyès publicou o panfleto intitulado *O que é o terceiro Estado?*, a formulação clássica da titularidade do poder constituinte como pertencente à **nação** surgiu.

Modernamente, todavia, o conceito de "nação" – de matriz fortemente sociológica – foi substituído pelo de **povo** – substancialmente jurídico –, na titularidade do poder constituinte.

Atenção

Poder constituinte passou a significar, portanto, poder do **povo**.

2.3. Características do poder constituinte originário

Segundo a ótica positivista, vigente em nosso ordenamento, são quatro as características essenciais do poder:

a) **inicial**: pois o produto de seu trabalho, a Constituição, é a base do ordenamento jurídico; é o ponto a partir do qual o Direito começa;

b) **ilimitado**: pois não se submete ao regramento posto pelo direito precedente, sendo possuidor de ampla liberdade de conformação da nova ordem jurídica;

c) **incondicionado**: já que não se submete a qualquer regra ou procedimento formal prefixado pelo ordenamento jurídico que o antecede;

d) **autônomo**: porque é capaz de definir o conteúdo que será implantado na nova Constituição, bem como sua estruturação e os termos de seu estabelecimento. Ressalta-se que para alguns autores essa característica é só uma maneira diferente de expressar o fato de o poder ser ilimitado.

Há, ainda, uma outra característica do poder constituinte útil à complementação do rol apresentado. Diz-se ser o poder **permanente**, pois ele não se esgota quando da conclusão da Constituição. Ele permanece, em situação de latência, podendo ser ativado quando o "momento constituinte", (de necessária ruptura com a ordem estabelecida), se apresentar novamente.

Por fim, vale frisar que a ausência de limites do poder originário deve ser tratada com certas reservas, pois é indiscutível a existência de alguns limites, como, por exemplo, os geográficos/territoriais. Igualmente são limites as circunstâncias sociais e políticas que lhe dão causa, pois se o poder constituinte é a expressão da vontade política soberana do povo, não pode ser entendido sem a observância dos valores éticos, religiosos e culturais pelo povo partilhados e motivadores de suas ações.

2.4. Direitos adquiridos e o poder constituinte originário

Surge o **direito adquirido** quando uma alteração na ordem jurídica torna inviável o direito ainda não desfrutado pelo indivíduo, mas já passível de fruição desde antes da modificação.

Indagação interessante é saber se os direitos adquiridos podem ser invocados diante de manifestação do poder constituinte originário.

Considerando que o poder originário é inicial, fornecendo as bases jurídicas que inauguram o ordenamento, e também é ilimitado sob o aspecto jurídico, não se subordinando às determinações normativas traçadas pelo ordenamento precedente, **só é direito o que a nova ordem disser que é**, aquilo que por ela for aceito como tal.

Atenção

Em conclusão, **não** se pode alegar "direitos adquiridos" perante a nova Constituição, diante do trabalho do poder originário.

2.5. Poderes constituídos

2.5.1. *Notas introdutórias*

São poderes que foram instituídos pelo poder originário, isto é, são "poderes de direito" (possuidores de natureza jurídica, e não política), que conhecem limitações e condicionamentos e subordinam-se de modo irrestrito ao regramento imposto pelo poder originário no texto constitucional.

2.5.2. *Espécies*

São duas as espécies: o poder constituído decorrente e o poder constituído reformador.

2.5.2.1. *Poder constituído decorrente (ou poder derivado decorrente)*

a) Conceito

Poder derivado decorrente é a capacidade conferida pelo poder originário aos Estados-membros para elaborarem suas próprias Constituições.

Quando uma nova Constituição Federal surge, uma nova ordem jurídica emerge e, a fim de assegurar harmonia e coerência sistêmica à nova estrutura normativa, é imprescindível que todos os demais documentos estejam afinados com a Carta Maior. É por isso que novos documentos constitucionais estaduais serão feitos, para se adaptarem à nova Constituição Federal, ao novo ordenamento (ver art. 11, ADCT)

b) O poder decorrente e a polêmica envolvendo a criação da Lei Orgânica do Distrito Federal e das Leis Orgânicas dos Municípios

O poder decorrente também existe no Distrito Federal, mas não nos Municípios, afinal:

✓ o Distrito Federal possui, por força do art. 32, § 1º, CF, as mesmas competências legislativas reservadas aos Estados-membros, entre as quais se situa a atribuição estadual de elaborar suas Constituições;

✓ a lei orgânica do Distrito Federal, assim como ocorre com as Constituições estaduais, é um documento que só está submetido à Constituição da República (subordinação direta);

✓ os Municípios são formatados por documentos condicionados simultaneamente à Constituição estadual e à Constituição Federal, isto é, se sujeitam à uma dupla subordinação, o que tornaria um eventual poder decorrente municipal em um poder de terceiro grau.

2.5.2.2. *Poder constituído reformador*

a) Notas introdutórias

Sua função é a de modificar formalmente a Constituição da República, exercendo a relevante tarefa de ajustar o texto constitucional aos novos ambientes formatados pela dinâmica social.

Adota-se, como tradição no direito pátrio, a **rigidez** do documento constitucional. Isso significa que o procedimento para a feitura das emendas constitucionais é substancialmente distinto daquele estabelecido para a criação da legislação infraconstitucional, pois, comparado com este último, mostra-se bem mais solene, complexo e sofisticado.

Existem limitações implícitas ao poder reformador, bem como limitações expressas, estas últimas divididas em formais, materiais e circunstanciais. limitações temporais não foram previstas na atual Constituição, mas fazem parte da nossa história constitucional.

b) Limitações expressas

Estudaremos neste item as mais variadas restrições que podem obstar os afazeres da reforma, todas elas previstas no art. 60, CF.

b.1) Limitações Materiais

Diz o art. 60, § 4º, CF, que não poderá ser objeto de deliberação a proposta de emenda constitucional **tendente a abolir** cláusulas pétreas (a forma federativa de Estado, o voto direto, secreto, universal e periódico, a separação dos poderes e os direitos e as garantias individuais).

Referidas matérias, portanto, podem sim ser objeto de emenda constitucional, desde que a emenda não seja restritiva ou abolitiva (ou tendente a abolir uma cláusula pétrea). Ex.: a EC 45/2004 tratou do tema 'direitos e garantias individuais' ao inserir, no art. 5º, LXXVIII, CF, o direito à razoável duração do processo. Referida emenda constitucional é válida porque não restringiu ou aboliu uma cláusula pétrea, ao contrário, ampliou o rol do art. 5º.

Se uma proposta de emenda constitucional tentar abolir (restringir ou tender a abolir) uma cláusula pétrea, essa violação ao limite imposto pelo poder constituinte originário no art. 60, § 4º, CF poderá ser desafiada perante o Poder Judiciário, no excepcional **controle judicial preventivo de constitucionalidade**, evitando que a lesão à Constituição se concretize. Como existe um direito líquido e certo dos parlamentares a não participação de um processo legislativo viciado, adulterado, poderá o parlamentar federal, integrante da Casa Legislativa na qual a proposta estiver em discussão/votação, impetrar **mandado de segurança** perante o Supremo Tribunal Federal, para questionar a inobservância do seu direito ao devido processo legislativo constitucional.

b.2) Limitações circunstanciais

Previsto no art. 60, § 1º, CF, esse limite visa evitar que maiorias ocasionais destruam o projeto constitucional diante de contingências de crise, com transformações precipitadas e impensadas da Constituição. Assim, não se pode acionar o mecanismo de modificação da Constituição na vigência de três circunstâncias excepcionais: o **estado de sítio**, o **estado de defesa** e a **intervenção federal**.

b.3) Limitações formais (procedimentais)

As alterações do texto constitucional somente serão válidas quando normas especiais de processo legislativo forem cumpridas com exatidão. Os seguintes limites formais devem ser observados:

b.3.1) limitação formal subjetiva

São legitimados a apresentar uma proposta de emenda constitucional apenas: (i) o Presidente da República; (ii) um terço, no mínimo, dos membros da Câmara dos Deputados ou do Senado Federal; (iii) mais da metade das Assembleias Legislativas das unidades da Federação, manifestando-se, cada uma delas, pela maioria relativa de seus membros.

b.3.2) Limitações formais objetivas:

A PEC será discutida e votada em cada Casa do Congresso Nacional (sessão **bicameral**), em **dois** turnos, considerando-se aprovada se obtiver, em ambos os turnos, **3/5** dos votos dos respectivos membros (art. 60, § 2º, CF).

No que concerne à **promulgação** da emenda já aprovada, é tarefa das Mesas da Câmara dos Deputados e do Senado Federal, conjuntamente, com o respectivo número de ordem (art. 60, § 3º, CF). A publicação é determinada pelo Congresso Nacional.

Ressalte-se que o Presidente da República **não** pode vetar, sancionar nem promulgar, tampouco publicar as emendas constitucionais.

Por fim, temos a determinação constitucional de que a matéria constante de PEC rejeitada ou havida por prejudicada **não** poderá ser objeto de nova proposta na mesma sessão legislativa. Só a partir de uma **próxima** sessão legislativa é que essa PEC, rejeitada ou considerada prejudicada, poderá tramitar novamente, jamais na mesma sessão (art. 60, § 5º, CF).

c) Limitações implícitas

Também devem ser reconhecidas as limitações implícitas que orientam a reforma constitucional e que, muito embora não tenham sido expressadas no documento constitucional, destruiriam fatalmente a obra do poder originário se desrespeitadas fossem.

Como seria um absurdo a "criatura" (poder reformador) alterar a identidade do "criador" (poder originário) ou a sua própria, temos como limitação implícita a impraticabilidade de o poder reformador: (a) estabelecer nova titularidade ao poder que lhe deu origem; ou (b) estabelecer um novo titular para o exercício do seu próprio poder, isto é, da atividade de reforma.

Em segundo lugar, vale lembrar que é inadmissível qualquer alteração que recaia sobre o próprio art. 60, CF, pois esse artigo é intocável. Assim, não se pode suprimir um parágrafo do art. 60, muito menos criar um novo parágrafo: o artigo não pode ser alterado, em nenhum ponto.

2.5.3. *Outros mecanismos de modificação da Constituição da República de 1988*

Além do procedimento de reforma, existem dois outros métodos de alteração da Constituição: a revisão e a mutação constitucional.

Sobre a **revisão**: o art. 3º do ADCT determinou que ela poderia se efetivar depois de passados cinco anos da promulgação da Constituição, pelo voto da maioria absoluta dos integrantes do Congresso Nacional, em sessão unicameral. Como no ano de 1993 já foi realizada a revisão (foram produzidas seis emendas revisionais), a norma constitucional do ADCT que a previa se exauriu, sua aplicabilidade se esgotou. Isso impede a convocação de um novo procedimento revisional.

Por seu turno, a **mutação** é um mecanismo informal de mudança, que não origina quaisquer alterações no texto da Constituição, que permanece intacto. Isso porque as modificações perpetradas por esse procedimento são de ordem interpretativa: o texto segue intocado, mas a leitura que se faz dele sofre os impactos renovadores da nova interpretação; o texto é o mesmo, mas o sentido que dele se extrai se altera. As mutações são realizadas pelo poder difuso, um poder também derivado, mas não escrito.

3. DIREITO CONSTITUCIONAL INTERTEMPORAL

3.1. A entrada em vigor de uma nova Constituição

Como a Constituição é o fundamento de validade de todo o restante do ordenamento, nenhum ato jurídico sobrevive validamente se com ela for incompatível. Destarte, em razão de a Constituição desfrutar de superioridade hierárquica no ordenamento, iniciá-lo juridicamente e ser o parâmetro de validade das demais normas, sua entrada em vigor acarreta as seguintes consequências:

(i) a **revogação completa da Constituição pretérita** (quando uma nova Constituição entra em vigor, o primeiro impacto sentido na ordem jurídica é a revogação completa e integral da Constituição pretérita);

(ii) a **recepção** dos diplomas infraconstitucionais que com ela sejam compatíveis. Sobre este item, diga-se que:

✓ devemos reconhecer não ser factível regulamentar, imediatamente à promulgação da nova Constituição, todas as hipóteses essenciais à vida em sociedade. Assim, é indispensável que ao menos uma parte do conjunto normativo que estava em vigor no ordenamento passado sobreviva à edição da nova Lei Maior;

✓ sensível a isso, Hans Kelsen se debruça sobre essa adversidade prática e conclui ser a recepção jurídica das normas infraconstitucionais anteriores e conformes com a nova ordem que se estabelece, a solução para a questão;

✓ segundo a teoria, como a Constituição não admite textos que a contrariem, estes terão sua vigência imediatamente interrompida, ou seja, serão não recepcionados;

✓ por outro lado, existirão no ordenamento diplomas coerentes e conformes, no aspecto material, com a nova Constituição. Estes serão devidamente recepcionados.

Atenção

Qual o fenômeno que se apresenta diante da incompatibilidade material entre as normas infraconstitucionais pretéritas e a nova Constituição? Teríamos, na hipótese, a não recepção daquelas normas ou estas tornar-se-iam inconstitucionais de modo superveniente (teoria da inconstitucionalidade superveniente)?

De acordo com o STF, o direito anterior materialmente incompatível simplesmente não será recebido. Assim, e em conclusão, o direito pátrio somente reconhece a inconstitucionalidade quando **originária**, isto é, quando a norma é editada posteriormente ao texto constitucional e em desconformidade com ele, jamais quando a norma é anterior a ele.

3.2. Repristinação

Esse fenômeno ocorre quando uma norma revogada retoma sua produção de efeitos em razão da revogação da norma que a revogou. No direito pátrio, todavia, essa ocorrência depende de previsão **expressa**, de forma que a norma revogada só volte a viger se a norma que revogou a revogadora assim enunciar expressamente.

Na repristinação tem-se a sucessão temporal de três atos normativos. O primeiro ("A") é efetivamente revogado pelo segundo ("B"); este, por sua vez, é igualmente revogado por um terceiro ("C"). Se o terceiro e último ato normativo nada disser a respeito, a simples revogação da norma revogadora ("B") não acarreta a retomada da produção de efeitos da primeira lei revogada ("A").

3.3. Recepção material de normas constitucionais

Consiste na "persistência de normas constitucionais anteriores que guardam, se bem que a título secundário, a antiga qualidade de normas constitucionais". Para ilustrar, temos o art. 34, ADCT.

O fenômeno é excepcional, por isso exige que a mantença das normas constitucionais anteriores no novo ordenamento tenha sido expressamente determinada pelo poder constituinte originário. Ademais, o perdurar dessas normas constitucionais anteriores no novo sistema constitucional é algo somente admissível se temporalmente limitado, ou seja, em caráter precário.

4. DIREITOS E GARANTIAS FUNDAMENTAIS

4.1. Notas introdutórias

Parte significativa da evolução que o direito constitucional alcançou é fruto, em grande medida, da aceitação dos direitos fundamentais como cerne da proteção da dignidade da pessoa e da certeza de que inexiste outro documento mais adequado para consagrar os dispositivos assecuratórios dessas pretensões do que a Constituição.

4.2. Distinção entre direitos fundamentais e direitos humanos

De forma majoritária a doutrina identifica uma diferença entre os termos, referente ao plano em que os direitos são consagrados: enquanto os direitos humanos existem tão somente no plano contrafactual (abstrato), desprovidos de qualquer normatividade, os direitos fundamentais são os direitos humanos já submetidos a um procedimento de positivação, detentores, pois, das exigências de cumprimento (sanção), como toda e qualquer outra norma jurídica.

Atenção

"Direitos fundamentais" e "direitos humanos" afastam-se, portanto, apenas no que tange ao **plano de sua positivação**, sendo os primeiros normas exigíveis no âmbito estatal interno, enquanto estes últimos são exigíveis no plano do direito internacional.

4.3. Gerações de direitos fundamentais

Os direitos fundamentais não surgiram em um mesmo e único momento histórico; foram aparecendo aos poucos, na medida em que a sociedade evoluía e se desenvolvia. Paulo Bonavides destacou-se entre os constitucionalistas ao traçar um perfil histórico-temporal desse desenrolar, reunindo os direitos em diferentes grupos, denominados gerações (ou dimensões).

Os direitos fundamentais consagrados na **primeira geração** são os civis e os clássicos, essencialmente ligados ao valor liberdade. Apresentam-se como direitos dos indivíduos e são oponíveis sobretudo ao Estado, na medida em que exigem deste, principalmente, uma abstenção, um não fazer, possuindo dessa forma inequívoco caráter negativo.

Por seu turno, os direitos de **segunda geração** acentuam o princípio da igualdade entre os homens (igualdade material). Normalmente são denominados "direitos do bem-estar", uma vez que pretendem ofertar os meios materiais imprescindíveis para a efetivação dos direitos individuais. Para tanto, exigem do Estado uma atuação positiva, um fazer, o que significa que sua realização depende da implementação de políticas públicas estatais, do cumprimento de certas prestações sociais por parte do Estado, tais como saúde, educação, trabalho, habitação, previdência e assistência social.

Na **terceira geração** surgem os direitos de fraternidade ou solidariedade, que englobam, entre outros, os direitos ao desenvolvimento, ao progresso, ao meio ambiente ecologicamente equilibrado, à autodeterminação dos povos, à propriedade sobre o patrimônio comum da humanidade, à qualidade de vida, os direitos do consumidor e da infância e juventude.

Na **quarta geração** são consagrados os direitos, como, por exemplo, à democracia, à informação e ao pluralismo – dos quais dependerá a concretização da sociedade aberta do futuro, em sua dimensão de máxima universalidade, para a qual parece o mundo inclinar-se no plano de todas as relações de convivência.

4.4. Destinatários dos direitos fundamentais

O *caput* do art. 5º, CF somente referencia expressamente os brasileiros – natos ou naturalizados – e os estrangeiros residentes no país como titulares dos direitos fundamentais. A interpretação mais adequada do inciso, todavia, é a extensiva, que considera que o fator meramente circunstancial da nacionalidade não excepciona o respeito devido à dignidade de todos os homens. Afinal, os estrangeiros não residentes no país, assim como os apátridas, devem ser considerados destinatários dos direitos fundamentais.

Quanto às pessoas jurídicas, inicialmente não eram consideradas titulares de direitos fundamentais – entendia-se que os direitos e garantias dos incisos do art. 5º dirigiam-se apenas às pessoas físicas, nunca às jurídicas. Doutrinariamente, porém, superou-se esse posicionamento, e atualmente admite-se que os direitos fundamentais beneficiem, também, pessoas jurídicas brasileiras e estrangeiras atuantes no Brasil.

4.5. Aplicabilidade das normas definidoras dos direitos e garantias fundamentais

De acordo com o art. 5º, § 1º, CF, as normas definidoras dos direitos e garantias fundamentais têm aplicação **imediata**, o que retrata a preocupação dos modernos sistemas constitucionais em evitar que as posições firmadas como essenciais para a identidade da Constituição não passem de retórica, ou então que sejam dependentes da atuação legislativa para que tenham eficácia.

Conforme explicitado no capítulo que trata da eficácia e aplicabilidade das normas constitucionais, no entanto, tal regra não é absoluta e não pode atropelar a natureza dos direitos constitucionalmente proclamados. Como existem normas constitucionais relativas a direitos fundamentais, que são evidentemente não autoaplicáveis, isto é, carecem de mediação legislativa para que possuam plena efetividade, é certo dizer que sozinhas não produzirão todos os seus efeitos essenciais.

Pode-se concluir que a regra é que os direitos constitucionais inseridos na Constituição da República de 1988 terão eficácia e aplicabilidade imediata; no entanto, existem direitos desprovidos da capacidade de produzir integralmente seus efeitos de modo imediato, pois, para estes, fez a Constituição depender de legislação posterior e/ou políticas públicas a aplicabilidade plena e imediata.

4.6. Classificação dos direitos fundamentais

Em seu Título II, estabelece a Constituição Federal o gênero "Direitos Fundamentais", do qual decorrem algumas espécies. Estruturalmente temos:

TÍTULO II – DOS DIREITOS E GARANTIAS FUNDAMENTAIS

Capítulo I – dos direitos e deveres individuais e coletivos (art. 5º)

Capítulo II – dos direitos sociais (arts. 6º a 11)

Capítulo III – da nacionalidade (arts. 12 e 13)

Capítulo IV – dos direitos políticos (arts. 14 a 16)

Capítulo V – dos partidos políticos (art. 17).

5. DIREITOS E GARANTIAS INDIVIDUAIS

5.1. Introdução

O Título II da Constituição Federal trata dos Direitos e as Garantias Fundamentais e possui cinco capítulos, sendo que o primeiro deles abrange o art. 5º e refere-se aos **direitos e deveres individuais e coletivos**. Nos tópicos a seguir nos dedicaremos a avaliar e compreender os principais e mais relevantes direitos inseridos em nosso documento constitucional, a começar pelo direito à vida.

5.2. Direito à vida

A vida humana é o **bem jurídico mais importante** dentre todos os direitos constitucionalmente tutelados, afinal, estar vivo é um pressuposto elementar para o exercício dos demais direitos e liberdades assegurados na Constituição Federal. De acordo com Gilmar Mendes

> O direito à vida é a premissa dos direitos proclamados pelo constituinte; não faria sentido declarar qualquer outro se, antes, não fosse assegurado o próprio direito de estar vivo para usufruí-lo. O seu peso abstrato, inerente à sua capital relevância, é superior a todo outro interesse.

Esse direito costuma ser apresentado doutrinariamente em duas perspectivas: (i) o direito de **continuar vivo**, ou seja, de não ser morto; e (ii) o direito a ter uma **vida digna**.

O direito da pessoa de **estar e permanecer viva** é o que garante que sua existência física não será violada nem pelo Estado nem por outros particulares. O poder originário, buscando ser coerente na proteção à vida, vedou a aplicação da pena de morte (art. 5º, XLVII, *a*, CF), ressalvado o caso de guerra formalmente declarada.

Quanto à proteção da **vida digna**, que amplia o conceito de viver para além da mera existência física, temos uma indissociável relação com a dignidade da pessoa humana, que é um dos fundamentos da República Federativa do Brasil (art. 1º, III, CF). Assim, resguardar uma vida com dignidade é tarefa complexa, que exige que o Estado assegure a pessoa o acesso à bens e utilidades necessárias para uma vida apropriada, forneça serviços essenciais (como o de educação, o de saúde etc.), crie planos de governo que propiciem ao indivíduo exercer plenamente seus direitos (ao trabalho, à moradia etc.) e suas liberdades, proíba qualquer tipo de tratamento desmerecedor, como a tortura (art. 5º, III, CF), as penas de caráter perpétuo, de trabalhos forçados ou as cruéis, (art. 5º, XLVII, 'b', 'c' e 'e', CF).

5.3. Direito à privacidade

5.3.1. Introdução

O direito à **privacidade** representa a autonomia do indivíduo em reger sua vida do modo que entender mais correto, mantendo em seu exclusivo controle as informações atinentes à sua vida doméstica (familiar e afetiva), aos seus hábitos, escolhas, segredos etc., sem se submeter ao crivo (e à curiosidade) da opinião alheia. Nossa Constituição tutela a **privacidade** no art. 5º, X, abrangendo a inviolabilidade da **intimidade**, da **vida privada**, da **honra** e da **imagem** das pessoas.

5.3.2. Direito à intimidade

A vida íntima é aquela atinente à identidade da pessoa humana, suas particularidades de foro moral, abrangendo sua sexualidade, sua autoestima, seus segredos e informações mais pessoais.

Representa o núcleo mais restrito do direito à privacidade, vez que compreende as relações e opções mais íntimas e pessoais do indivíduo, compondo uma gama de escolhas que se pode manter ocultas de todas as outras pessoas, até daquelas mais próximas.

5.3.3. Direito à vida privada

A vida privada **é mais abrangente e contém a intimidade**, pois contempla as relações pessoais, familiares, negociais ou afetivas do indivíduo, incluindo seus momentos de lazer, seus hábitos e seus dados pessoais, como os bancários e os fiscais. Vê-se que a tutela à vida privada não visa proteger segredos ou particularidades confidenciais de ninguém, tutelados pelo direito à intimidade.

5.3.4. Direito à honra

A honra possui um aspecto subjetivo (**honra subjetiva**), relacionado a afeição e o apreço que se tem por si mesmo, como o aspecto objetivo (**honra objetiva**), referente ao conceito social que a pessoa desfruta diante da opinião pública.

Em suma, envolve a **reputação** e a **boa fama** que o sujeito goza na vida em sociedade, bem como o **sentimento próprio de estima e dignidade**.

5.3.5. Direito à imagem

A **imagem física** protegida pelo inciso inclui qualquer representação gráfica do aspecto visual da pessoa ou dos traços característicos da sua fisionomia. Os meios de comunicação, (jornais, revistas, televisão, internet) não podem usurpar a imagem do indivíduo, utilizando-a sem o seu consentimento, ainda que para louvar ou enaltecer a pessoa. Isso porque a tutela da imagem é dissociada da tutela da honra, de forma que mesmo que não haja ofensa à reputação do indivíduo, não se pode utilizar a imagem da pessoa sem sua autorização.

Cumpre, por último, lembrar que a pessoa que se encontra em local público se sujeita a ser vista, fotografada ou filmada, pois estando em lugar público se pressupõe um consentimento tácito de exposição. Deste modo, a pessoa não poderá questionar sua aparição, sem qualquer destaque, numa reportagem, caso se encontre em local aberto ao público e é retratada como parte da cena.

5.3.6. Sigilos pessoais

A fim de evitar ingerências de terceiros nos aspectos pessoais da vida do indivíduo e resguardar sua privacidade, a Constituição protege em **sigilo** seus dados (bancários, fiscais, telefônicos e informáticos), seu domicílio e suas comunicações. Como não há, em nosso Texto Magno, nenhum direito absoluto, até mesmo os sigilos pessoais constitucionalmente tutelados podem sofrer restrição, como veremos nos comentários abaixo.

5.3.6.1. Sigilo do domicílio

Prevista no inciso XI do art. 5º, a inviolabilidade domiciliar é a consagração constitucional do "**recesso do lar**", local no qual a vida privada doméstica será exercida com plena liberdade, inacessível às intromissões alheias.

O conceito de "domicílio", em âmbito constitucional, no entanto, é significativamente **mais amplo** que na esfera civil. Enquanto no Direito Privado é compreendido como o local no qual o indivíduo estabelece residência com ânimo definitivo, no sentido constitucional a noção de "casa" é bem mais extensa, pois indica **qualquer local delimitado que alguma pessoa ocupe com exclusividade, a qualquer título, inclusive de forma profissional**.

Em outras palavras, e com apoio na definição trazida pelo Código Penal (art. 150, § 4º), o termo "casa" engloba: (i) qualquer compartimento habitado (casa, apartamento, a barraca de camping, o trailer); (ii) qualquer aposento ocupado de habitação coletiva (quarto de hotel, motel ou pensão); (iii) qualquer compartimento não aberto ao público onde alguém (pessoa física ou jurídica) exerce uma atividade ou profissão.

Mas como não há direitos absolutos, a inviolabilidade domiciliar sofrerá, em algumas circunstâncias, **restrições**. Estas evitarão que a "casa" se torne um reduto de impunidades, e sua inviolabilidade um escudo para a prática de ilícitos.

Diz o documento constitucional que, excetuando-se a hipótese de consentimento do morador, a entrada de um estranho em local considerado "casa" somente poderá ocorrer (i) em hipótese de flagrante delito; (ii) em caso de desastre; (iii) para prestar socorro; (iv) ou, durante o dia, por determinação judicial.

Nas três primeiras hipóteses estamos diante de **situações emergenciais**, que autorizam o ingresso no domicílio, independentemente de consentimento do morador, a qualquer hora, do dia ou da noite.

A última situação que autoriza o ingresso no recinto domiciliar sem o consentimento do morador é a autorização judicial. Sobre essa medida (busca e apreensão domiciliar) três coisas devem ser ditas:

(i) inicialmente, é matéria que está sob **reserva de jurisdição**, o que significa que somente pode ser determinada validamente por órgão integrante do Poder Judiciário que exerça jurisdição. Destarte, CPIs e membros do MP não estão constitucionalmente autorizados a determiná-la;

(ii) o mandado judicial não pode ser genérico, autorizando verdadeira devassa na casa do suspeito; deve **especificar** aquilo que se busca;

(iii) a ordem judicial somente pode ser cumprida durante o **dia**. Majoritariamente prefere-se o critério objetivo (cronológico) para definir que **o dia se inicia as 06hs e é finalizado às 18hs**.

5.3.6.2. Sigilo de correspondência

A tutela das correspondências **representa a preservação da privacidade e da liberdade de expressão**, afinal, a confidência de algo privado/íntimo/sigiloso a um terceiro, não pode ser objeto de interferência da parte de ninguém, nem mesmo do Estado.

Por isso, o inciso XII do art. 5º menciona a inviolabilidade das correspondências, tutelando as cartas e os impressos em geral (bem como os e-mails) contra intromissões indevidas.

E, não custa lembrar, como o direito aqui em análise não tem caráter absoluto, é possível que haja a **violação das correspondências**, em hipóteses extraordinárias, justificadas por questões de segurança pública ou em razão da utilização da inviolabilidade como escudo para a prática de atividades ilícitas.

5.3.6.3. Sigilo de dados

Os dados que podem revelar aspectos da privacidade de um indivíduo ficam resguardados sob sigilo, conforme preceitua o inciso XII do art. 5º. São os chamados **dados sensíveis**, referentes às informações telefônicas, bancárias e fiscais da pessoa, bem como à sua orientação sexual, crença religiosa, e o valor de sua remuneração. Qualquer intervenção estatal direcionada a romper o sigilo desses dados deverá ser **devidamente fundamentada** e somente poderá ser determinada pela **autoridade competente**, conforme veremos nos itens a seguir.

Quanto aos **dados não sensíveis**, é bom frisar que **não** estão protegidos pelo sigilo, pois são informações públicas e de livre circulação. Para exemplificar, pensemos no nome do sujeito, no seu estado civil, no número do CPF, no seu endereço ou e-mail.

5.3.6.3.1. Dados bancários

É certo que as **movimentações** e **posições financeiras do indivíduo** integram sua privacidade, sendo dever das instituições bancárias manter o sigilo sobre esses dados. Assim, segundo a jurisprudência do STF:

(i) eventuais violações do sigilo bancário somente podem ser determinadas: (a) pela **autoridade judicial competente** e (b) pelas **comissões parlamentares de inquérito** (federais ou estaduais);

(ii) destarte, o **TCU**, o **Ministério Público** e as **autoridades fazendárias** não possuem poderes para determinar diretamente a quebra do sigilo bancário.

5.3.6.3.2. Dados fiscais

Podem ser definidos como as informações obtidas pelos agentes da Fazenda Pública, no exercício do ofício, referentes à **posição econômica, financeira** ou dos **negócios e atividades do contribuinte e terceiros**. São elementos atrelados à privacidade e, de acordo com o STF:

(i) o sigilo fiscal só pode ser excepcionado extraordinariamente, em situações que demonstrem claramente a necessidade dessa violenta ruptura à privacidade;

(ii) somente a autoridade judicial ou as CPIs podem determinar a medida.

5.3.6.4. Dados telefônicos

São dados referentes aos **registros numéricos dos telefones** para os quais a pessoa fez ligações ou dos quais as recebeu, abrangendo também a data, o horário e a duração da chamada. **Quebrar o sigilo telefônico** significa, pois, solicitar à empresa de telefonia o extrato das ligações, o que dá acesso aos números, à duração/data/horário da chamada, mas não ao conteúdo da conversa. Segundo o STF, autoridades judiciais e as CPIs, desde que demonstrem de modo inequívoco a necessidade dessa excepcional ruptura à privacidade da pessoa, é que podem determinar legitimamente violações ao sigilo dos dados telefônicos.

Não se pode, todavia, **confundir o sigilo telefônico, com o sigilo das comunicações telefônicas** (interceptação telefônica), que a Constituição protege no **inciso XII do art. 5º**.

A **interceptação telefônica**, também intitulada **quebra do sigilo da comunicação telefônica**, é a captação e a gravação de conversa telefônica no exato momento em que ela ocorre, feita por um terceiro sem que qualquer dos interlocutores saiba. É caso em que a interferência alcança a própria **comunicação**, o diálogo realizado ao telefone.

Sua decretação legítima depende da presença de três requisitos:

(i) **ordem judicial** (o que desautoriza até mesmo as CPIs a decretarem a interceptação telefônica);

(ii) finalidade específica: **investigação criminal** ou **instrução processual penal** (o que indica que não será a interceptação autorizada em processos civis, administrativos, disciplinares ou político-administrativos. Nada impede, todavia, que os dados obtidos na interceptação determinada em investigações criminais ou em instruções processuais penais sejam utilizados como **prova emprestada**).

(iii) **previsão em lei** (segundo o STF todas as interceptações telefônicas determinadas de 1988 até o advento da Lei 9.296/1996, ainda que por ordem judicial, são inválidas. Isso porque, ao inciso XII, faltava lei específica regulamentando a possível restrição).

5.4. Direito à igualdade

Princípio geral de todo o ordenamento e pedra angular do regime democrático, a **igualdade** recebeu da Constituição especial e robusta proteção, sendo várias as manifestações do Poder originário sobre o tema (art. 3º, III e IV; art. 5º, *caput* e I; art. 7º, XXX e XXXI, art. 39, § 3º etc.).

De todas as previsões, a mais central é aquela constante do *caput* do art. 5º que, ao enunciar que "todos são iguais perante a lei, sem distinção de qualquer natureza", contemplou uma **perspectiva formal** para o princípio da isonomia, consagradora de um tratamento igualitário perante a lei. Assegurou-se, assim, que a lei, genérica e abstrata, possa incidir de modo **neutro** nas ocorrências fáticas, isto é, seja igual para todos sem tolerar espaços para privilégios ou distinções.

Mas é certo que essa concepção puramente formalista foi, paulatinamente, demonstrando sua **insuficiência** em alcançar verdadeiramente a igualdade entre os indivíduos – já que os marginalizados seguiam sem acesso às mesmas oportunidades, bens e "condições de partida" que os socialmente favorecidos. Isso porque a concepção formal veda um tratamento discriminatório pela lei, mas nada faz para mudar a situação fática de desigualdade.

Foi assim que se iniciou um processo de fortalecimento da **perspectiva material** (substancial) da isonomia, que considera as desigualdades reais existentes na vida fática, permitindo que situações desiguais sejam destinatárias de soluções distintas. Recupera-se, com isso, a lógica **aristotélica** de que os desiguais devem ser tratados desigualmente, na medida da sua desigualdade.

São sublimes as palavras de Boaventura, quando afirma que: "(...) **temos o direito a ser iguais quando a nossa diferença nos inferioriza; e temos o direito a ser diferentes quando a nossa igualdade nos descaracteriza**. Daí a necessidade de uma igualdade que reconheça as diferenças e de uma diferença que não produza, alimente ou reproduza as desigualdades".

Atualmente, o perfeito entendimento do princípio da isonomia contempla o reconhecimento dessas variadas perspectivas:

✓ desde a **formal** - por alguns intitulada "igualdade perante a lei", refere-se à interpretação e aplicação igualitária de um diploma normativo já confeccionado;

✓ quanto a **material** (igualdade na lei) – na qual o respeito à igualdade se dá em esfera abstrata e genérica, na fase de criação do direito, alcançando os Poderes Públicos (inclusive o legislador, claro) quando elaboram um ato normativo;

✓ até a perspectiva **material-dinâmica** ou **militante** da igualdade – transformadora da igualdade em um objetivo a ser perseguido pelo Estado, consiste na adoção de políticas públicas que visem reduzir as desigualdades fáticas, os estigmas e preconceitos que recaem sobre certos segmentos da sociedade.

O intuito dessa nova e abrangente leitura do princípio é inequívoco: evitar que certos grupos de pessoas sejam deixadas em estado de indignidade e completo desalento social/jurídico/fático, à margem da vida em sociedade e da experiência democrática.

5.5. Direito à liberdade

5.5.1. Introdução

A normatização constitucional pátria sobre o direito à liberdade se deu a partir da consagração de várias e distintas facetas. Falaremos, nos tópicos a seguir, de cada uma delas.

5.5.2. Liberdade de ação

Expressão da **autonomia da vontade**, a liberdade de agir é garantida no inciso II do art. 5º, CF, quando este determina que ninguém será obrigado a fazer ou a deixar de fazer algo senão em virtude de lei.

Essa faceta da liberdade materializa-se como uma garantia constitucional, que assegura ao particular a prerrogativa de rechaçar qualquer injunção que lhe seja imposta por via diversa da legal. Há que se dizer, porém, que a liberdade aqui em estudo exige mais do que unicamente o respeito formal ao processo legislativo na instituição dos comandos normativos: o conteúdo da lei há de ser compatível com os valores expressados pelo texto constitucional e, especialmente, não deve afrontar direitos fundamentais. Leis que sejam produto de um abusivo poder de legislar não serão legítimas, de forma que o indivíduo terá, diante delas, o mesmo direito de resistência que possui diante de ordens que não tenham sido fundamentadas em atos normativos válidos.

5.5.3. Liberdade de pensamento e manifestação

Em nosso texto constitucional o art. 5º, IV explicita a **liberdade de manifestar o pensamento**, assegurando-a tanto no aspecto positivo – proteção da exteriorização da opinião –, quanto no aspecto negativo – de vedação à censura prévia.

O que a Constituição **não resguarda** é o **anonimato** da manifestação. Isso porque, eventualmente, no exercício dessa faculdade, o sujeito pode agir abusivamente e ferir direitos de outrem (honra ou imagem, por exemplo), ou até mesmo cometer um ilícito penal, casos em que sua identidade será imprescindível para viabilizar a responsabilização aplicável à hipótese.

Em outros termos: a Constituição prevê que manifestações que causem dano material, moral ou à imagem de outrem, geram, em contrapartida, o direito de resposta, proporcional ao agravo, além da indenização (art.5º, V). Daí a necessidade de vedar o anonimato, para permitir a identificação do autor e tornar possível a resposta proporcional ao agravo (desagravo), bem como o pleito judicial por indenização decorrente dos danos materiais e/ou morais, ou, também, ações penais em casos de crimes contra a honra.

Outra decorrência da vedação ao anonimato é a impossibilidade de se acolher **denúncias anônimas** (apócrifas) para fundamentar a instauração de um inquérito policial. Isso evita o denuncismo irresponsável e inescrupuloso, que visa somente prejudicar desafetos.

É bom que se lembre, no entanto, que denúncias e bilhetes anônimos levados ao conhecimento de autoridades públicas geram, por dever funcional, a **responsabilidade em averiguar** (com toda a cautela) a veracidade dos fatos narrados (ver art. 5º, § 3º, CPP). Assim, desvincula-se a investigação estatal da delação anônima, viabilizando uma instauração legítima do processo penal – afinal, apesar de a denúncia anônima poder dar início a medidas informais de averiguação sumária, não pode ser utilizada como fundamento único para o procedimento investigatório ser instaurado. Assim, segundo a Corte: não "é nulo o inquérito policial instaurado a partir da prisão em flagrante dos acusados, ainda que a autoridade policial tenha tomado conhecimento prévio dos fatos por meio de denúncia anônima".

Outro ponto importante é o reconhecimento de que peças apócrifas **podem** ser utilizadas como provas quando forem produzidas pelo próprio acusado ou constituírem o corpo de delito do crime.

5.5.4. Liberdade de consciência, crença e culto

(A) Introdução

Essa faceta do direito à liberdade consiste no posicionamento estatal neutro e independente diante da pluralidade de religiões e concepções filosóficas referentes aos fenômenos sobrenaturais, conferindo aos cidadãos vasta **autonomia** na adesão de valores religiosos, espirituais, morais ou político-filosóficos.

Assegurada expressamente na Constituição de 1988 (nos incisos VI a VIII do art. 5º e no art. 19, I), foi somente com a instituição da **forma republicana** no Brasil (em 15.11.1889) que se consagrou de forma contundente em nosso país uma drástica separação entre o Estado e a Igreja, tornando o Estado **laico** (secular ou não confessional).

Como atualmente nosso documento constitucional expressa a neutralização estatal nas questões atinentes à liberdade religiosa, examinaremos, nos itens a seguir, os dispositivos constitucionais que a consagram.

(B) Análise dos dispositivos constitucionais

✓ **Inciso VI**: materializa a laicidade do Estado vigente ao assegurar a inviolabilidade de consciência e de crença, bem como garantir "o livre exercício dos cultos religiosos" e "a proteção aos locais de culto e a suas liturgias".

A autonomia quanto à **consciência** possui grande amplitude, pois liberta o indivíduo de quaisquer interferências de ordem moral, filosófica, religiosa, política ou sociológica, permitindo que cada qual abrace juízos, ideias e opiniões de acordo com suas escolhas particulares.

Mais restrita é a **liberdade de crença**, pois envolve tão somente o aspecto religioso, referente à autonomia de professar (ou não) uma crença religiosa.

Por seu turno, a **liberdade de culto** é a permissão para a exteriorização da crença, já que a autonomia de um indivíduo em definir sua religião não se esgota na mera escolha, demandando uma prática religiosa que se expressa por intermédio dos cultos, dos ritos, das cerimônias, das reuniões e da fidelidade aos hábitos e tradições. Assim, não pode o Estado embaraçar o funcionamento de igrejas ou cultos religiosos, tampouco firmar com seus representantes qualquer aliança ou relação de dependência, ressalvada, na forma da lei, a colaboração de interesse público, conforme preceitua o art. 19, I, CF.

✓ **Inciso VIII**: nos termos deste dispositivo, temos que "ninguém será privado de direitos por motivo de crença religiosa ou de convicção filosófica ou política, salvo se as invocar para eximir-se de obrigação legal a todos imposta e recusar-se a cumprir prestação alternativa, fixada em lei".

Eis a previsão do direito à "**escusa de consciência**", também conhecida como "objeção de consciência", ou "alegação de imperativo de consciência". É esse o direito constitucional que permite que um indivíduo não cumpra determinada obrigação legal (ou que não pratique certo ato) não condizente com suas convicções religiosas, políticas ou filosóficas, sem que com isso incida sobre ele qualquer represália quanto às suas garantias constitucionais – desde que, ao se recusar a satisfazer a obrigação legal, o sujeito cumpra a prestação alternativa prescrita em lei.

Assim, toda vez que uma pessoa estiver seriamente impedida de acatar uma prescrição legal, em razão de forte e real crença/convicção, poderá se valer desse direito, que vai eximi-la da obrigação estipulada em lei, cujo cumprimento importaria grave violência à sua consciência. Há que se notar, todavia, que se o Estado houver fixado em lei uma prestação alternativa, consistente em um serviço administrativo que não abala crenças ou convicções, o sujeito deverá cumpri-la, sob pena de seus **direitos políticos** serem **suspensos** (art. 15, IV, CF).

A essa altura, duas conclusões já podem ser extraídas das explicações anteriores:

(i) ninguém terá seus direitos políticos suspensos por ter se valido da escusa de consciência; a suspensão deriva da invocação da escusa de consciência **associada** à não prestação do serviço administrativo;

(ii) a ausência de lei que estabeleça o serviço alternativo **não prejudica**, de forma alguma, o indivíduo. Assim, caso o Estado não tenha editado a lei que conceba o serviço administrativo correspondente ao descumprimento de uma obrigação legal específica, não haverá suspensão dos direitos políticos para aquele que não adimplir a obrigação legal. A razão é simples: muito embora o inciso VIII careça de lei que fixe a incumbência alternativa, possui aplicabilidade imediata quanto ao direito de invocar a objeção de consciência (art. 5º, § 1º, CF).

✓ **Inciso VII**: em finalização ao estudo dos incisos atinentes à liberdade religiosa, destaca-se que a **prestação de assistência religiosa** a pessoas internadas em entidades civis e militares é assegurada pelo art. 5º, VII, CF. Este dispositivo garante, aos partidários de qualquer religião, a possibilidade de prestar assistência de cunho religioso aos indivíduos que estejam em entidades de internação coletiva, como, por exemplo, hospitais e estabelecimentos prisionais (civis ou militares). Referida assistência, todavia, deve ser prestada em comum acordo com o interno (ou seus familiares, no caso de o doente não mais estar no gozo de suas faculdades mentais), sendo imprescindível acatar estritamente as determinações legais e as normas internas de cada instituição, para que não se coloque em risco nem as condições do interno, nem a segurança do ambiente.

5.5.5. *Liberdade de profissão (art. 5º, XIII)*

Nosso texto constitucional garante a liberdade no exercício de qualquer trabalho, ofício ou profissão; condiciona, no entanto, essa liberdade ao atendimento das qualificações profissionais que eventualmente uma lei federal (art. 22, XVI) estabelecer.

Estamos diante, pois, de uma norma constitucional de eficácia **contida**, possuidora de aplicabilidade direta e imediata, mas passível de restrição por disposição da própria Constituição ou de legislação infraconstitucional.

Nota-se que na percepção do STF nem todos os ofícios ou profissões podem ser condicionadas ao cumprimento de condições legais para seu exercício, afinal, nos termos da Constituição, a **regra é a liberdade** profissional.

Deste modo, somente quando houver **potencial lesivo na atividade** é que podem ser exigidos requisitos para a profissão ou o ofício serem exercitados, lembrando que referidos requisitos devem guardar nexo lógico com as funções e atividades a serem empenhadas.

5.5.6. *Liberdade de locomoção*

Em tempos de paz, é livre a locomoção em território nacional, podendo qualquer pessoa (nacional ou estrangeira), nos termos da lei, nele entrar, permanecer ou dele sair com seus bens.

Vê-se que a liberdade inscrita no art. 5º, XV, CF abarca: (i) o **acesso** e **ingresso** no território nacional; (ii) a **saída** do território nacional; (iii) a **permanência** no território nacional; e, ainda, (iv) o **deslocamento** no território nacional.

Há de se noticiar, contudo, que o direito de ir, vir ou permanecer no território nacional em tempo de paz **não** pode ser visto como **absoluto**, afinal trata-se de uma norma constitucional de eficácia **contida** – o que possibilita que a própria Constituição, ou a legislação complementar, possa restringir sua amplitude, a partir de critérios proporcionais e justificáveis.

Por último, cumpre recordar duas coisas:

(i) o direito de somente ser preso em **flagrante delito** ou por **ordem escrita e fundamentada da autoridade judiciária competente** (inscrito no art. 5º, LXI, CF), é manifestação inequívoca da liberdade de locomoção;

(ii) o habeas corpus (art. 5º, LXVIII) é o meio processual destinado à proteção do direito de ir e vir ameaçado por ilegalidade ou abuso de poder.

5.5.7. *Liberdade de reunião*

Nos termos constitucionais (art. 5º, XVI), todos podem reunir-se pacificamente, sem armas, em locais abertos ao público, independentemente de autorização, desde que não frustrem outra reunião anteriormente convocada para o mesmo local, sendo apenas exigido prévio aviso à autoridade competente.

É a consagração do **direito de reunião**, um direito individual mas de **expressão coletiva**. Representa, pois, um direito público subjetivo que cada pessoa, individualmente considerada, possui, mas que só pode ser exercido de forma coletiva, vale dizer, com a participação de uma pluralidade de sujeitos.

Sobre esse direito vale lembrar que:

(i) o direito de reunião pressupõe um conjunto de pessoas, não sendo factível falar em reuniões individuais;

(ii) a reunião deve ser minimamente coordenada, exigindo-se a prévia convocação e a consciência da participação dos componentes. A reunião nunca é, pois, uma aglomeração espontânea de pessoas num determinado lugar: é um evento planejado, que foi convocado previamente, em que as pessoas que ali estão o fazem justamente para integrar o encontro;

(iii) os integrantes da reunião devem comungar de uma mesma finalidade, seja de cunho político, religioso, artístico ou filosófico;

(iv) o agrupamento não pode apresentar laços duradouros, caso contrário haveria a configuração de uma associação. A reunião deve ser, portanto, um evento momentâneo, passageiro;

(v) para ser constitucionalmente legítima a reunião deverá ser pacífica e sem armas. Não pode haver conflagração física nem violência (a não ser que esta seja externa, sendo deflagrada por pessoas estranhas ao agrupamento);

(vi) há que haver um local delimitado, uma área específica para a reunião acontecer, mesmo naquelas situações mais dinâmicas que se caracterizam, por exemplo, pela situação de deslocamento em vias públicas (passeatas, por exemplo).

A Constituição Federal impõe, ainda, duas condicionantes para que haja um exercício genuíno e lícito do direito, quais sejam, (i) **o aviso prévio** e (ii) **a não frustração de outra reunião anteriormente convocada para o mesmo local.** Sobre eles, diga-se o seguinte:

(i) é sabido que o exercício do direito de reunião **independe de autorização** do Poder Público. Todavia, quando a reunião for acontecer em locais públicos, ela não pode ser iniciada sem que se tenha **avisado previamente** a autoridade competente. Referida comunicação antecipada é fundamental para que a autoridade administrativa adote as providências necessárias relacionadas às circunstâncias do evento (como controlar as eventuais alterações do trânsito, garantir a segurança dos participantes, dos terceiros alheios e dos bens públicos e privados etc.);

(ii) não se pode marcar uma reunião em local público em dia e hora já previamente destinados a outra reunião, sob pena de se inviabilizar o exercício do direito por aqueles que anteriormente selecionaram o local/data/hora. Assim, se a simultaneidade for inviabilizar um dos eventos (ou ambos), o primeiro a ter convocado a reunião e avisado a autoridade competente terá preferência.

5.5.8. *Liberdade de associação*

As **associações** são normalmente apresentadas como uma aliança estável de pessoas, sob direção comum, na busca de fins lícitos. Justificam-se naquelas situações em que os homens, mesmo empreendendo grandes esforços, não conseguem obter sozinhos os bens da vida que desejam, logo associam-se no intuito de expandirem suas conquistas.

Constitui-se em **direito individual de expressão coletiva**, o que significa que muito embora seja atribuído a cada pessoa individualmente considerada, somente poderá ser exercido de forma coletiva. Assim, é requisito para a configuração da associação a coligação de uma **pluralidade de indivíduos**.

Ressalte-se, todavia, que um agrupamento de pessoas só estará reunido em associação se possuírem **objetivos comuns** e estiverem unidos com **estabilidade**, não havendo que se falar em associação quando há reunião meramente esporádica e casual de pessoas. Deste modo, pouco importa como o contato entre os membros vai ocorrer (se por e-mails, telefonemas, cartas, reuniões pessoais etc.), sendo importante que haja uma constância nessa relação, que dê solidez aos propósitos do agrupamento.

Previsto constitucionalmente no art. 5º, incisos XVII a XXI, é um direito que visa assegurar aos indivíduos:

(i) a **plena liberdade de associação**, desde que para fins lícitos, pois é vedada a de caráter paramilitar;

(ii) a **impossibilidade** de alguém ser compelido a associar-se ou mesmo a permanecer associado;

(iii) a **desnecessidade de autorização estatal** para a criação das associações e, por fim,

(iv) a **vedação** a qualquer **interferência estatal** no funcionamento das mesmas.

Vale recordar que, depois de criadas, as associações somente poderão ser compulsoriamente dissolvidas ou ter suas atividades suspensas por decisão judicial, exigindo-se, para a **dissolução compulsória**, o **trânsito em julgado** (art. 5º, XIX) – atenção para o fato de que a suspensão dos trabalhos da associação não depende da definitividade do provimento jurisdicional, podendo ser implementada através de provimentos cautelares.

Outro ponto relevante é a circunstância de as associações possuírem o poder de representar os seus associados judicialmente (art. 5º, XXI). Em se tratando da impetração de **mandado de segurança coletivo**, estaremos diante de situação que configura **substituição processual**, conforme entende o STF, sendo suficiente a autorização genérica prevista no estatuto da associação – dispensa-se a autorização específica por parte de seus sócios para a impetração do remédio em juízo. Nos demais casos em que as entidades associativas também têm legitimidade para representar seus filiados extrajudicialmente, estaremos diante de situação de **representação processual**, o que exige **autorização expressa** – que não precisa ser colhida de cada um de seus integrantes, podendo ser colhida em uma assembleia geral – e pertinência da matéria com os fins sociais da associação.

6. DIREITOS SOCIAIS

6.1. Notas introdutórias

A Constituição de 1988 elenca, de modo genérico em seu art. 6º, os direitos sociais por excelência, quais sejam, o direito à educação, à saúde, à alimentação, ao trabalho, à moradia, ao transporte, ao lazer, à segurança, à previdência social, à proteção à maternidade e à infância, e, por fim, à assistência aos desamparados. A criação desse artigo demonstra que nosso documento constitucional está comprometido com a finalidade de garantir direitos mínimos à coletividade e assegurar uma melhoria das condições de existência para os indivíduos.

Como esses direitos surgiram na segunda geração dos direitos fundamentais, exigem, quase todos, prestações positivas do Estado, que deverá implementar a igualdade jurídica, política e social entre os sujeitos que compõem o desnivelado tecido social.

6.2. Finalidade

Referidos direitos sociais foram enunciados no texto constitucional com o claro e inequívoco intuito de incrementar a qualidade de vida dos indivíduos, especialmente os hipossuficientes, assegurando-lhes o instrumental necessário para desfrutar das benesses que outrora já estavam constitucionalmente asseguradas.

Destarte, pode-se concluir ser a finalidade dos direitos sociais a de proteger os setores sociais economicamente débeis e estruturalmente frágeis, de modo a construir uma sociedade mais homogênea.

6.3. Sujeito passivo dos direitos sociais

A atribuição de assegurá-los é do **Estado** – em que pese a responsabilidade pela concretização desses direitos poder ser eventualmente partilhada, por exemplo, com a família, no caso do direito à educação.

6.4. Reserva do possível

A cláusula da "reserva do possível" é uma limitação jurídico-fática que pode ser apresentada pelos Poderes Públicos tanto em razão das restrições orçamentárias, que impeçam a implementação dos direitos e oferta de todas as prestações materiais demandadas, quanto em virtude da desarrazoada prestação exigida pelo indivíduo.

Sua teorização, na origem, não se relacionava direta e unicamente com as restrições de recursos materiais como limites intransponíveis para a concretização do direito social, mas sim à razoabilidade da pretensão deduzida com vistas a sua efetivação.

A transposição da doutrina para o direito pátrio, todavia, acabou por transformá-la em uma teoria da "reserva do financeiramente possível", pois considerou ser a insuficiência de recursos públicos um limite à efetivação de direitos fundamentais sociais.

Tornou-se clássica a leitura que Ingo Wolfgang Sarlet fez da teoria, ao delimitar que ela apresenta uma tríplice dimensão, alcançando:

(i) a efetiva disponibilidade fática dos recursos para a efetivação dos direitos fundamentais sociais;

(ii) a disponibilidade jurídica dos recursos materiais e humanos, que guarda íntima conexão com a determinação das prioridades na alocação das receitas;

(iii) a proporcionalidade da prestação, em especial no tocante à sua exigibilidade e, nessa quadra, também da sua razoabilidade.

Na tentativa de ofertar alguma diretriz que permita a compreensão da dimensão que envolve a disponibilidade fática, a doutrina sustenta ser necessário estipular algo como um "teste", tencionando verificar a razoabilidade da universalização da prestação exigida tendo em conta os recursos disponíveis. Destarte, em homenagem ao princípio da isonomia, não seria adequado requerer do Estado uma prestação que não fosse "aprovada" no "teste" da universalização, isto é, que não pudesse ser estendida a todos que se encontram na mesma situação.

No que se refere à segunda dimensão, relacionada à disponibilidade jurídica, deve se verificar quais os órgãos competentes para formular e efetivar as políticas públicas, determinando as preferências que orientarão os gastos públicos, estipulando quais despesas são prioritárias. É nesse tópico que surge a importante discussão acerca da possibilidade de haver o controle judicial das políticas públicas. O que se debate, em síntese, é a viabilidade da intervenção do Poder Judiciário para efetivar diretamente o acesso aos bens que o Estado, injusta e infundadamente, recusa.

Parece-nos indevida a interferência judiciária "em esfera reservada a outro Poder para substituí-lo em juízos de conveniência e oportunidade, querendo controlar as opções legislativas de organização e prestação". Todavia, entendemos válida a ingerência do Poder quando haja violação inconteste e desarrazoada das determinações constitucionais, ou tenham os órgãos políticos agido com nítido intuito de neutralizar a eficácia dos direitos fundamentais, pois nesses casos é papel do Judiciário corrigir as más (e às vezes cruéis) escolhas orçamentárias, na tentativa de assegurar as condições materiais essenciais à uma existência digna.

Por último, no que se refere à dimensão pertinente à proporcionalidade da prestação invocada e a razoabilidade de ela ser pleiteada ao Estado, tem-se como necessário adequar a pretensão individual às reservas orçamentárias. Assim, a efetivação e realização dos direitos sociais dependeriam da existência simultânea de dois requisitos: "a razoabilidade da pretensão individual/social deduzida perante o Poder Público e a existência de disponibilidade financeira para tornar efetivas as prestações positivas reclamadas do Estado".

Frise-se, ainda, a impossibilidade de a reserva do possível ser alegada pelo Estado no intuito de exonerar-se do cumprimento de suas obrigações firmadas no texto constitucional.

6.5. Mínimo existencial

A expressão, criada pela doutrina alemã, pretende delimitar um agrupamento reduzido de direitos fundamentais formado pelos **bens mais básicos e essenciais a uma vida digna**.

No que se refere à possibilidade de os Poderes Públicos alegarem a cláusula da reserva do possível diante dos direitos mais básicos à subsistência do cidadão, os que compõem o mínimo existencial, há divergência doutrinária. Para alguns (Ingo Sarlet), os direitos que integram esse mínimo, exatamente por serem imprescindíveis a uma existência digna, não se sujeitam à cláusula. Em contrapartida, Novelino nos informa haver "quem defenda não existir um direito definitivo ao mínimo existencial, mas sim a necessidade de um ônus argumentativo pelo Estado tanto maior quanto mais indispensável for o direito postulado".

6.6. Vedação do retrocesso

Decorrente do sistema jurídico-constitucional, mas não expressa em nossa Constituição, a teoria da vedação do retrocesso foi acolhida pelo constitucionalismo pátrio como princípio cuja finalidade é impedir a edição de qualquer medida que pretenda revogar ou reduzir os direitos sociais já regulamentados e efetivados, sem que haja a estipulação de algum outro mecanismo alternativo apto a compensar a anulação dos benefícios já conquistados.

7. DIREITO DE NACIONALIDADE

7.1. Notas introdutórias

Podemos definir o vocábulo "nacionalidade" como o vínculo jurídico-político que liga o indivíduo a determinado Estado, tornando-o um componente do povo.

Toda pessoa possui o direito a uma nacionalidade. Ninguém dela poderá ser privado arbitrariamente, tampouco se pode negar ao indivíduo o direito de alterá-la.

7.2. Espécies de nacionalidade

São duas as espécies de nacionalidade: a primária e a secundária.

A primária, também chamada de originária, é a resultante de um fato natural, qual seja, o nascimento, podendo ser estabelecida por meio de critérios sanguíneos, territoriais ou mistos (conjugação dos dois anteriores).

A nacionalidade secundária (ou derivada) é aquela resultante de um ato voluntário, manifestado após o nascimento.

7.2.1. Nacionalidade primária

Cada país é livre para escolher os requisitos do *jus soli* e do *jus sanguinis* como exigências para a aquisição da nacionalidade. A adoção do critério sanguíneo interessa sobretudo aos Estados em que há grande emigração, enquanto o critério territorial se amolda mais adequadamente aos países de imigração.

O texto constitucional brasileiro de 1988 adotou o critério territorial como regra para a aquisição da nacionalidade primária brasileira, mas também adotou o sanguíneo em alguns casos. Vejamos a seguir quais são as hipóteses de aquisição da nacionalidade originária previstas taxativamente em nossa Constituição:

(i) a primeira, constante do art. 12, I, *a*, é decorrente da aplicação do **critério territorial**: será considerado brasileiro nato o indivíduo nascido em território nacional, independentemente da nacionalidade de seus ascendentes.

Deve-se fazer, todavia, uma ressalva: não será contemplado com a nacionalidade originária aquele que, muito embora tenha nascido em nosso território, é filho de (ambos) pais estrangeiros, e qualquer deles (ou ambos) estava a serviço do país de origem.

(ii) Nas hipóteses subsequentes, alíneas *b* e *c* do art. 12, I, adota-se o **critério sanguíneo**, em nítida mitigação da exclusividade do critério territorial. Nota-se que, ao contrário do critério territorial, o critério sanguíneo nunca será, sozinho, suficiente para determinar a aquisição da nacionalidade; deve ser sempre conjugado com algum outro.

Assim, são **três** as possibilidades de aquisição da nacionalidade primária pela associação do critério sanguíneo a algum outro requisito:

3. Direito Constitucional

1. Será brasileira nata a criança que nascer no estrangeiro, filha de pai ou/e mãe brasileiros, se qualquer deles (ou ambos, por óbvio) estiver no exterior a serviço da República Federativa do Brasil. Estar a serviço do país significa desempenhar uma função ou prestar um serviço público de natureza diplomática, administrativa ou consular, a quaisquer dos órgãos da administração centralizada ou descentralizada da União, dos estados-membros, dos municípios ou do Distrito Federal. Nessa hipótese foi adotado o **critério sanguíneo somado ao critério funcional**.

2. Será brasileira nata a criança que, apesar de ter nascido no estrangeiro, for filha de pai ou mãe, ou ambos, brasileiros, e for registrada em repartição consular brasileira competente. Nessa hipótese foi adotado o **critério sanguíneo somado ao registro**.

3. Será brasileira nata a criança filha de pai ou mãe (ou ambos brasileiros), que nasce no estrangeiro, mas depois vem a residir na República Federativa do Brasil e opta, após atingir a maioridade, pela nacionalidade brasileira. A efetivação do critério residencial pode acontecer a qualquer tempo. Já a realização da opção confirmativa, por ser ato personalíssimo, só pode ser feita após a maioridade e, segundo entendimento do STF, muito embora potestativa, não é de forma livre: há de ser feita em juízo, em processo de jurisdição voluntária, que tramita perante a Justiça Federal (art. 109, X, CF). Nessa hipótese foi adotado o **critério sanguíneo somado ao critério residencial e a opção confirmativa**.

7.2.2. *Nacionalidade secundária (ou adquirida)*

A nacionalidade secundária é aquela adquirida pela ocorrência de um ato voluntário (naturalização). No Brasil a naturalização expressa pode se efetivar por duas vias, a ordinária e a extraordinária.

a) Naturalização ordinária

Pela via ordinária poderão se naturalizar brasileiros:

a.1) os estrangeiros que cumprirem os requisitos previstos no Estatuto do Estrangeiro (Lei 6.815/1980);

a.2) os indivíduos originários de países de língua portuguesa desde que, possuidores de capacidade civil, tenham residência ininterrupta por um ano e idoneidade moral;

Ressalte-se que não se pode falar em direito público subjetivo à obtenção da naturalização ordinária, o que significa que, mesmo diante do preenchimento de todos os requisitos para a aquisição da nacionalidade, o Estado ainda pode se recusar a concedê-la.

b) Naturalização extraordinária

Pela via extraordinária o indivíduo poderá se naturalizar se respeitar os seguintes requisitos:

b.1) possuir residência ininterrupta no território nacional por mais de quinze anos;

b.2) não tiver sido condenado penalmente; e

b.3) apresentar o requerimento de naturalização.

7.2.3. *Quase nacionalidade (ou portugueses equiparados)*

De acordo com o art. 12, § 1º, da CF, se houver reciprocidade em favor de brasileiros residentes em Portugal (ressalte-se que essa reciprocidade existe, firmada em tratado), os portugueses que aqui residam terão tratamento jurídico similar ao dispensado ao brasileiro naturalizado, sem para isso precisarem se submeter a qualquer procedimento de naturalização.

7.3. Diferença de tratamento entre brasileiros natos e naturalizados

A Constituição veda expressamente que a lei estabeleça distinções entre brasileiros natos e naturalizados. Entretanto, a própria Constituição reconheceu hipóteses taxativas nas quais poderá haver tratamento diferenciado entre brasileiros. Estas se referem:

1. aos cargos (art. 12, § 3º);
2. à função (art. 89, VII);
3. à extradição (art. 5º, LI); e
4. à propriedade de empresa jornalística e de radiodifusão sonora de sons e imagens (art. 222).

Acerca dessas hipóteses, vale mencionar que:

1. Os cargos estratégicos que foram definidos como privativos de brasileiros natos, ou compõem a linha sucessória (e de substituição) presidencial ou envolvem questões de segurança nacional. São os seguintes cargos: Presidente da República, Vice-Presidente da República, Presidente da Câmara dos Deputados, Presidente do Senado Federal, Ministro do Supremo Tribunal Federal, carreira diplomática, oficial das Forças Armadas e Ministro de Estado da Defesa;

2. A Constituição reserva seis assentos no Conselho da República para brasileiros natos;

3. O brasileiro nato não pode ser extraditado em hipótese alguma. Já o brasileiro naturalizado pode ser extraditado em duas situações: (i) prática de um crime comum antes da naturalização. (ii) na hipótese de envolvimento comprovado com o tráfico ilícito de entorpecentes ou drogas afins, a qualquer tempo.

7.4. Perda do direito de nacionalidade

A perda da nacionalidade brasileira só poderá ocorrer nas duas hipóteses exaustivamente previstas na Constituição da República:

(i) perda-punição: será declarada a perda da nacionalidade do brasileiro que tiver cancelada sua naturalização, por sentença judicial, em virtude de atividade nociva ao interesse nacional. Perceba-se que é uma hipótese que só vale para naturalizados.

(ii) perda-mudança: pode-se dizer que a perda da nacionalidade brasileira ocorrerá quando o brasileiro (nato ou naturalizado), voluntariamente, adquirir outra nacionalidade.

Existem exceções, porém, à ideia central de que a aquisição de nova nacionalidade culmina na perda da nacionalidade brasileira, pois um brasileiro pode adquirir outra nacionalidade sem perdê-la, bastando para tanto que referida aquisição importe:

(i) em recebimento de nacionalidade primária, ou

(ii) seja fruto de imposição do Estado estrangeiro no qual o brasileiro reside como condição para que ele possa permanecer no território ou para exercer direitos civis.

8. DIREITOS POLÍTICOS

8.1. Conceito

Direitos políticos são atributos assegurados a determinada categoria de nacionais, os cidadãos, que oportunizam a participação no Governo do país.

Em nosso ordenamento jurídico, cidadão é o indivíduo que preserva a titularidade dos seus direitos políticos e de outros direitos derivados destes. É por meio do alistamento eleitoral que o indivíduo adquire sua cidadania e, ao adquiri-la, poderá exercer a soberania popular por intermédio do direito ao sufrágio, pelo voto, por meio do referendo, iniciativa popular, ação popular e organização e participação em partidos políticos.

Lembremos igualmente que o exercício dos direitos políticos é gratuito. Afinal, a Constituição assegura a gratuidade dos "atos necessários ao exercício da cidadania".

8.2. Direitos políticos positivos

Os direitos políticos positivos referem-se às normas que asseguram a liberdade do cidadão em participar ativamente da vida pública estatal, incluindo-se aqui o direito de votar e ser votado.

Sobre esse conjunto normativo, alguns conceitos importantes devem ser estudados:

1. Direito de sufrágio: por muitos considerado o núcleo dos direitos políticos, é o direito público subjetivo que nos permite eleger e sermos eleitos, ou seja, congrega o direito de votarmos (alistabilidade) e o de sermos eleitos (elegibilidade). Importante destacar que o sufrágio, como direito, não deve ser confundido com o voto, que o instrumentaliza.

Quanto às características, pode-se dizer que, no que tange a abrangência, o sufrágio pode ser universal ou restrito. Universal quando possibilita que todos os cidadãos o exerçam sem que qualquer elemento discriminatório interfira. Restrito se sua prática estiver condicionada à presença de determinadas condições especiais possuídas por alguns indivíduos, tais como peculiar capacidade intelectual ou financeira.

Outra maneira de classificar o direito refere-se à igualdade. Sufrágio igual decorre da premissa de que cada um vota uma única vez e que esse voto tem valor igual para todos. O desigual baseia-se na possibilidade de um mesmo indivíduo votar mais de uma vez ou votar representando os membros da família que chefia, tantas vezes quantas forem os membros.

2. Direito de voto e escrutínio: o voto, como instrumento pelo qual os eleitores expressam sua vontade, é uma das formas de exercer o direito de sufrágio. Suas principais características, aquelas que estão petrificadas no inciso II do § 4º do art. 60, CF, são:

(i) direto: os governantes são eleitos diretamente pelos cidadãos, sem a interferência de qualquer intermediário;

(ii) secreto: o voto é sigiloso, realizado em uma cabine indevassável;

(iii) periódico: necessariamente serão estabelecidas condições que viabilizem que o desejo dos cidadãos na escolha de seus representantes seja aferido de tempos em tempos, permitindo uma saudável e democrática rotatividade no poder;

(iv) universal: é direito e dever de todos os cidadãos irem às urnas e manifestarem sua vontade ao eleger seus representantes.

Além dessas características, podemos esquematizar as que não foram petrificadas pelo Poder Constituinte Originário:

(i) personalíssimo, pois impensável o voto por procuração ou correspondência;

(ii) obrigatório, quanto ao comparecimento formal às urnas, isto é, quanto à necessidade de firmar a assinatura que certifica a presença no local e assinalar alguma opção na cédula ou na tela. Essa obrigatoriedade existe para os maiores de 18 anos e menores de 70 anos, desde que alfabetizados;

(iii) livre: apesar da obrigatoriedade do comparecimento formal, o eleitor é livre para escolher o candidato que desejar e, até mesmo, anular seu voto.

3. Alistabilidade ou capacidade eleitoral ativa: para conquistar a capacidade eleitoral ativa, o direito e o dever de votar, deve o indivíduo proceder ao alistamento perante a Justiça Eleitoral, isto é, deve a pessoa possuir o título de eleitor. Cumpre relembrar que o alistamento eleitoral é obrigatório para os indivíduos entre 18 e 70 anos, desde que alfabetizados.

Na sequência, deve-se atentar para o fato de que somente nacionais podem se alistar como eleitores, pois direitos políticos não são exercitáveis por estrangeiros. A única exceção a essa regra envolve os portugueses, na condição de quase nacionalidade, ou seja, equiparados aos brasileiros naturalizados, pois eles podem se alistar como eleitores (art. 12, § 1º, CF).

Por fim, no que diz respeito aos conscritos, a Constituição veda seu alistamento.

4. Elegibilidade ou capacidade eleitoral passiva: a Constituição enuncia, no art. 14, § 3º, um rol de condições para adquirir a elegibilidade, quais sejam:

(i) a nacionalidade brasileira;

(ii) o pleno exercício dos direitos políticos;

(iii) alistamento eleitoral;

(iv) domicílio eleitoral na circunscrição;

(v) filiação partidária;

(vi) idade mínima: o texto constitucional determina que o candidato tenha uma idade mínima, dependendo do cargo, nos seguintes termos:

✓ 18 anos para vereador;

✓ 21 anos para deputado federal, deputado estadual ou distrital, prefeito, vice-prefeito e juiz de paz;

✓ 30 anos para governador e vice-governador de estado e do Distrito Federal;

✓ 35 anos para Presidente e Vice-Presidente da República e senador.

Vale firmar que, com exceção dos candidatos ao cargo de vereador, que deverão comprovar a idade mínima na data limite do registro da candidatura, os demais só precisarão comprovar a idade mínima na data da posse, e não do registro da candidatura ou eleição.

Preenchendo todos esses requisitos o indivíduo valida o sufrágio passivo, podendo candidatar-se a um cargo público. O exercício da capacidade eleitoral passiva, todavia, exige ainda que o candidato não incida nas chamadas inelegibilidades, tampouco nas hipóteses de perda e suspensão dos direitos políticos, derivações dos direitos políticos negativos, que estudaremos a seguir.

8.3. Direitos políticos negativos

8.3.1. Notas introdutórias

São as normas impeditivas de participação do indivíduo no processo político e nos órgãos governamentais, abrangendo não só as inelegibilidades como também a perda e suspensão dos direitos políticos.

Importante desde já deixar firmado que a cassação dos direitos políticos é vedada pela atual Constituição de 1988.

8.3.2. Perda de direitos políticos

É a privação definitiva e permanente dos direitos políticos, e ocorre unicamente na hipótese do cancelamento da naturalização por sentença transitada em julgado.

O cancelamento se dá em virtude de atividade nociva ao interesse nacional, conforme o art. 12, § 4º, I, CF, e só pode ser declarado por autoridade judicial (no caso, um Juiz Federal de 1ª instância).

8.3.3. Suspensão de direitos políticos

A suspensão importa em privação temporária dos direitos políticos e ocorre nas seguintes situações:

(i) declaração de incapacidade civil absoluta;

(ii) condenação criminal com trânsito em julgado, enquanto durarem os efeitos da condenação;

(iii) recusa de cumprir obrigação a todos imposta ou prestação alternativa (sendo importante frisar que a situação estudada neste item é, ainda hoje, objeto de divergência doutrinária, relativamente ao enquadramento como hipótese de perda ou suspensão);

(iv) condenação por improbidade administrativa.

Vale informar que o dispositivo constitucional que menciona a suspensão dos direitos políticos em decorrência da incapacidade civil absoluta (art. 15, I, CF), encontra-se, atualmente, **desprovido de aplicabilidade**. Isso porque com a entrada em vigor da Lei 13.146/2015 (Estatuto da Pessoa com Deficiência), os incisos do art. 3º do Código Civil foram revogados e seu *caput* foi modificado, prevendo agora que "são absolutamente incapazes de exercer pessoalmente os atos da vida civil os menores de 16 anos". Nota-se, pois, que deixou de existir, no sistema privado pátrio, pessoa maior de idade que seja absolutamente incapaz, de forma que não mais se fala em ação de interdição absoluta no sistema civil, vez que menores não são interditados.

8.4. Inelegibilidades

8.4.1. Notas introdutórias

Inelegibilidade é termo que exprime os impedimentos que inviabilizam a fruição da capacidade eleitoral passiva, suprimindo do cidadão sua capacidade de ser eleito para mandatos eletivos.

8.4.2. Classificação

As inelegibilidades podem ser classificadas, primeiramente, quanto à abrangência, em absolutas e relativas, e estas últimas podem decorrer:

(i) de motivos funcionais;
(ii) de motivos de casamento/parentesco/afinidade;
(iii) da condição de militar; e, ainda,
(iv) de previsão legal.

8.4.3. Inelegibilidade absoluta

O categórico impedimento para o indivíduo se candidatar a qualquer cargo eletivo deriva da inelegibilidade absoluta, que persiste enquanto não cessada a causa que a originou. São inelegíveis de modo absoluto os inalistáveis e os analfabetos.

Atenção

Inalistáveis são aqueles que não podem se alistar como eleitores, ou seja, os estrangeiros e os conscritos. No que se refere aos analfabetos, estes possuem capacidade eleitoral ativa, isto é, são alistáveis, podem votar – sendo facultado a eles exercer esse direito. Em contrapartida, não possuem a capacidade eleitoral passiva.

8.4.4. Inelegibilidades relativas

A inelegibilidade relativa consiste em impedimentos para o exercício de certos cargos eletivos, em razão de situações específicas. Falemos de cada uma das espécies:

1. Motivos funcionais: as inelegibilidades estão, pois, relacionadas aos cargos de Presidente da República, governador de estado e do Distrito Federal e prefeitos municipais, e podem ser subdivididas em:

a) Referentes ao mesmo cargo: determina o texto constitucional que os chefes do Poder Executivo podem concorrer à reeleição apenas uma vez, isto é, por um único período subsequente, não podendo ocupar o mesmo cargo três vezes consecutivas. Essa vedação, imposta pelo texto constitucional, é uma garantia de que haverá rotatividade nos cargos eletivos, visto que em um Estado Democrático é inaceitável que o poder se perpetue nas mãos das mesmas pessoas.

Vale ressaltar que a Constituição não proibiu o indivíduo de exercer o mesmo cargo de chefia no Executivo três (ou mais) vezes, mas sim que ocupe o mesmo cargo três vezes consecutivas.

b) Referentes a outro cargo: se o chefe do Executivo pleiteia outro cargo, que não o que ocupa, deve renunciar a seu mandato pelo menos seis meses antes da eleição – é a chamada desincompatibilização. Essa regra de afastamento visa evitar que o candidato faça uso do dinheiro público e prestígio do cargo para turbinar sua candidatura ao outro cargo, colocando em nítida desvantagem os demais concorrentes. Um detalhe importante é que os chefes do Executivo não precisam renunciar ao mandato para concorrer à reeleição.

2. Por motivos de casamento, parentesco ou afinidade: essa tipologia de inelegibilidade relativa prevista no texto constitucional é a que incide sob os cônjuges e parentes do chefe do Poder Executivo.

Conhecida como inelegibilidade reflexa, incide sobre terceiros, isto é, reflete em indivíduos em razão do parentesco, da afinidade ou da condição de cônjuge que possuem perante um chefe do Poder Executivo.

3. Da condição de militar: a Constituição Federal determina, no art. 14, § 8º, que o militar alistável é elegível, mas:

✓ se contar menos de dez anos de serviço, deverá afastar-se da atividade;

✓ se contar mais de dez anos de serviço, será agregado pela autoridade superior e, se eleito, passará automaticamente, no ato da diplomação, para a inatividade.

4. Previsões em lei complementar: a Constituição Federal autoriza a edição de lei complementar para dispor sobre outros casos de inelegibilidade relativa e os prazos de sua cessação, a fim de proteger a probidade administrativa, a moralidade para o exercício do mandato, considerada a vida pregressa do candidato, e a normalidade e legitimidade das eleições contra influência do poder econômico ou do abuso do exercício de função, cargo ou emprego na administração direta ou indireta.

Vigora atualmente no ordenamento jurídico brasileiro a Lei Complementar 64/1990, em que estão previstos outros casos de inelegibilidade. Importante salientar que referida lei foi alterada pela Lei Complementar 135/2010, a famosa "Lei da Ficha Limpa".

8.5. Princípio da anterioridade (ou anualidade) eleitoral

De acordo com esse princípio, a lei que alterar o processo eleitoral, apesar de entrar em vigor já na data de sua publicação, somente poderá ser aplicada às eleições que ocorram após um ano da data de sua vigência.

Vê-se que esse princípio permite que as regras do jogo eleitoral sejam modificadas, mas não tolera alterações casuísticas, feitas no curso do processo eleitoral.

Atenção

Por fim, ressalte-se que, em consonância com a jurisprudência do STF, a anterioridade eleitoral representa uma garantia individual do cidadão-eleitor e pode ser tida como cláusula pétrea, justamente porque nossa Suprema Corte a definiu como regra oponível até mesmo à atividade do legislador constituinte derivado.

9. AÇÕES CONSTITUCIONAIS

9.1. Remédios constitucionais de natureza administrativa (não jurisdicional)

São assim intitulados haja vista serem exercidos na via administrativa, perante autoridades públicas. Segundo a Constituição Federal, temos como remédios de natureza não jurisdicional:

a) Direito de petição – art. 5º, XXXIV, *a*, CF, c/c Lei 4.898/1965: conforme se depreende da leitura do dispositivo constitucional (art. 5º, XXXIV, *a*, CF), o direito de petição terá cabimento sempre que houver necessidade de defesa de direitos, ou quando for constatado o cometimento, por parte de agentes do Poder Público, de uma ilegalidade ou de um abuso de poder. É um direito que poderá ser exercido por todos, ou seja, por pessoas naturais, nacionais ou estrangeiras residentes no país, bem como pessoas jurídicas estabelecidas no Brasil, independendo do pagamento de taxas.

b) Direito à obtenção de certidões – art. 5º, XXXIV, *b*, CF, c/c Lei 9.051/1995): amparado no art. 5º, XXXIV, *b*, CF, referido direito assegura a todos "a obtenção de certidões em repartições públicas, para defesa de direitos e esclarecimentos de situações de interesse pessoal". É um remédio constitucional que pode ser manejado, independentemente do pagamento de qualquer taxa, por qualquer pessoa, física ou jurídica, nacional ou estrangeira, tendo por destinatário qualquer órgão ou autoridade da administração pública, direta ou indireta. Ocorrendo a negativa ilegal do direito líquido e certo de obtenção das certidões – seja para defesa de direitos ou mesmo para esclarecimento de situações de interesse pessoal –, a ação pertinente será o mandado de segurança.

9.2. *Habeas corpus* (art. 5º, LXVIII e LXXVII, CF)

A Constituição democrática de 1988 preceitua, no art. 5º, LXVIII, que: "conceder-se-á *habeas corpus* sempre que alguém sofrer ou se achar ameaçado de sofrer violência ou coação em sua liberdade de locomoção, por ilegalidade ou abuso de poder".

Nada obstante o Código de Processo Penal incluir o *habeas corpus* no título dos recursos (Livro III, Título II, Capítulo X, CPP), é induvidosa sua natureza jurídica de ação penal popular com *status* constitucional.

A legitimidade ativa no *habeas corpus* é universal, e qualquer do povo, nacional ou estrangeiro, independentemente de capacidade civil, política ou profissional, de idade, de sexo, profissão, estado mental, tem legitimidade para ingressar com *habeas corpus*, em benefício próprio ou alheio.

Quanto ao sujeito passivo do *habeas corpus*, será aquele que pratica a coação ou ilegalidade ao direito de locomoção do paciente. Normalmente, será uma autoridade, como magistrados, delegados, membros de Tribunal ou até mesmo integrantes do Ministério Público. Entretanto, em alguns raros casos, o *habeas corpus* poderá ser impetrado também contra atos de particulares, diante de patente ilegalidade.

Já o termo "paciente" designa a pessoa física beneficiada pela ordem. Intuitivamente, não caberá *habeas corpus* em favor da pessoa jurídica, cujos interesses poderão ser tutelados na esfera criminal pelo mandado de segurança. Do mesmo modo, não há de se falar em *habeas corpus* para tutela de animais irracionais.

Quanto às espécies, o *habeas corpus* poderá ser de dois tipos: repressivo (ou liberatório), quando a liberdade de locomoção já está limitada, almejando-se a expedição de alvará de soltura; ou preventivo, quando o risco à liberdade é iminente, objetivando-se a obtenção do salvo-conduto. Contudo, o *habeas corpus* também poderá ser suspensivo, na hipótese de a prisão ter sido decretada, porém o mandado ainda estar pendente de cumprimento (almeja-se assim a expedição de um contramandado de prisão).

9.3. Mandado de segurança individual (art. 5º, LXIX, LXX, CF, e Lei 12.016/2009)

O mandado de segurança (MS), previsto no inciso LXIX do art. 5º da Constituição Federal e devidamente regulamentado pela Lei 12.016/2009, é um *writ* da mais extrema importância. Trata-se de ação constitucional de viés civil, independente da natureza do ato impugnado, seja ele administrativo, jurisdicional, criminal, eleitoral ou trabalhista.

Tem por finalidade a proteção de direitos líquidos e certos contra ato de autoridade ou de quem exerça funções públicas, isto é, não se admite a ação perante particular em atividade própria.

É uma criação brasileira, não havendo similar no direito estrangeiro. Foi introduzido em nosso ordenamento pela Constituição de 1934 e atualmente possui tutela pela Constituição da República de 1988, por meio do art. 5º, LXIX.

O mandado de segurança constitui remédio a ser utilizado quando direito líquido e certo – capaz de ser demonstrado independente de ulterior dilação probatória – do indivíduo for violado por ato de autoridade governamental (autoridade pública de qualquer dos Poderes da União, dos estados, do Distrito Federal e dos municípios, e das respectivas autarquias, fundações públicas, empresas públicas e sociedades de economia mista) ou de agente de pessoa jurídica privada que esteja, por delegação, no exercício de atribuição do Poder Público, contra o qual não seja oponível *habeas corpus* ou *habeas data*.

Atenção

É um remédio constitucional de caráter residual, uma vez que somente poderá ser impetrado para amparar direito líquido e certo que não disser respeito ao direito de locomoção (*habeas corpus*) e ao direito ao acesso e/ou retificação de informações pessoais (*habeas data*).

O legitimado ativo para a impetração do MS será o detentor do direito líquido e certo, não amparado por *habeas corpus* ou por *habeas data*, podendo este ser qualquer pessoa física – brasileiros ou estrangeiros, residentes ou não no país – ou jurídica – nacional ou estrangeira, privada ou pública –, alguns órgãos públicos com capacidade processual (caso das Mesas das Casas Legislativas, Chefia dos Executivos, Chefia do Tribunal de Contas, Ministério Público), agentes políticos, além de outros entes despersonalizados com capacidade processual (e exemplo do espólio e da massa falida).

O legitimado passivo, por outro lado, será a autoridade coatora. A autoridade coatora é aquela que pratica ou ordena a execução ou a inexecução do ato a ser impugnado via mandado de segurança.

A competência para o julgamento do mandado de segurança é fixada em conformidade com a autoridade impetrada. Existem duas regras para a fixação de competência em sede de mandado de segurança:

a) competência funcional (por prerrogativa de função), prevista constitucionalmente: é delimitada pelos arts. 102, I, *d* (STF); 102, I, *r* (STF); 105, I, *b* (STJ); 108, I, *c* (TRF); 109, VIII (Justiça Federal); 114, IV (Justiça do Trabalho), todos da Constituição Federal;

b) competência infraconstitucional, na qual o juízo competente para a impetração do *writ* será o da sede da autoridade coatora.

O prazo para impetração do mandado de segurança é de cento e vinte dias, contados do conhecimento oficial pelo interessado do ato a ser impugnado. Trata-se de prazo decadencial. Destarte, após iniciado não se interrompe, tampouco se suspende.

Na hipótese de o mandado de segurança ser interposto contra omissão de certa autoridade, não haverá prazo decadencial a ser observado caso a administração não esteja sujeita a prazo para praticar o ato.

9.4. Mandado de segurança coletivo (art. 5º, LXX, CF)

Como o mandado de segurança é um gênero, que se fraciona em duas espécies (o individual e o coletivo), é importante lembrar que este último também é uma ação constitucional de natureza civil e de procedimento especial, que visa tutelar direito líquido e certo.

No mandado de segurança coletivo, entretanto, o foco será a coletividade e a proteção de seus direitos (coletivos e individuais homogêneos).

A Lei 12.016/2009 deixou assente, de maneira expressa, quais os direitos protegidos pelo mandado de segurança coletivo. São eles:

(i) os direitos coletivos, assim entendidos, para efeito da Lei, os transindividuais, de natureza indivisível, de que seja titular grupo ou categoria de pessoas ligadas entre si ou com a parte contrária por uma relação jurídica básica;

(ii) os direitos individuais homogêneos, assim entendidos, para efeito desta Lei, os decorrentes de origem comum e da atividade ou situação específica da totalidade ou de parte dos associados ou membros do impetrante.

Quanto ao cabimento, diga-se que o mandado de segurança coletivo poderá ser utilizado nas mesmas hipóteses em que é cabível o mandado de segurança individual. Assim, possui por finalidade a proteção de direito líquido e certo, não amparado por *habeas corpus* ou *habeas data*, quando o paciente sofrer lesão ou ameaça a direito, por ação ou omissão da autoridade.

Atenção

No que se refere à legitimidade, na dicção do art. 5º, LXX, CF, o mandado de segurança coletivo pode ser impetrado por:

(i) partido político com representação no Congresso Nacional;

(ii) organização sindical, entidade de classe ou associação legalmente constituída e em funcionamento há pelo menos um ano, em defesa dos interesses de seus membros ou associados.

Quanto à legitimidade passiva e a competência no mandado de segurança coletivo, diga-se que é mesma do mandado de segurança individual.

9.5. Mandado de injunção (art. 5º, LXXI, CF)

O mandado de injunção pátrio é uma ação constitucional, de natureza civil e procedimento especial, que pretende viabilizar o exercício de direitos, liberdades constitucionais ou prerrogativas inerentes à nossa nacionalidade, soberania ou cidadania, inviabilizados pela falta de norma regulamentadora.

Possui a finalidade, portanto, de combater a síndrome de inefetividade das normas constitucionais, protegendo os direitos subjetivos que não se concretizam e não estão sendo exercidos em razão da falta de norma regulamentadora. O mandado de injunção existe, pois, para:

(i) primeiramente, viabilizar (concretizar) o exercício de direitos previstos na Constituição;

(ii) de forma secundária, visa combater a inércia dos Poderes Públicos.

Nos termos do art. 5º, inciso LXXI, CF, o mandado de injunção será cabível sempre que a ausência de norma regulamentadora tornar inviável o exercício de direitos e liberdades constitucionais, bem como das prerrogativas inerentes à nacionalidade, soberania e cidadania.

Existem três requisitos para que referido remédio seja validamente acionado:

(i) a norma constitucional ser de eficácia limitada impositiva e estar desprovida de regulamentação;

(ii) haver um dever para os Poderes Públicos em editar as normas infraconstitucionais;

(iii) existir uma efetiva omissão do Poder Público.

Quanto à legitimidade ativa, qualquer pessoa, física ou jurídica, que esteja impedida de exercer os direitos e as liberdades constitucionais, assim como de suas prerrogativas inerentes à nacionalidade, soberania e cidadania, em razão de omissão do Poder Público em editar normas regulamentadoras que confiram efetividade às normas constitucionais, poderá configurar o polo ativo do mandado de injunção.

Atenção

Não basta, pois, a ausência de norma regulamentadora; é preciso ainda que o legitimado ativo comprove que o não exercício do direito/liberdade/prerrogativa é consequência direta da inexistência da regulamentação (**nexo causal**).

A legitimidade passiva, por outro lado, será sempre do órgão, autoridade ou entidade pública (pessoa estatal) responsável por viabilizar os direitos previstos na Constituição Federal, tendo em vista que o mandado de injunção tem por objetivo suprir omissão do Poder Público em relação às normas constitucionais.

No que se refere à competência para julgamento do mandado de injunção, ela está delimitada na Constituição Federal e foi fixada levando em consideração o órgão, autoridade ou entidade omissa, que deveria ter elaborado a norma regulamentadora. Assim temos:

(i) art. 102, I, *q*, CF;

(ii) art. 102, I, *a*, CF;

(iii) art. 102, III, *a*, e art. 105, III, *a* e *c*, ambos da CF;

(iv) art. 105, I, *h*, CF;

(v) art. 105, I, *h*, CF, a *contratio sensu*;

(vi) art. 121, § 4º, V, CF;

(vii) art. 125, CF.

Quanto aos efeitos da decisão concessiva de injunção, algumas posições foram construídas em nossa Suprema Corte, que identificou a existência de duas correntes básicas denominadas "concretista" e "não concretista". A primeira delas se subdivide em diversas outras: em "geral" e "individual"; a última, por sua vez, se subdivide em "direta" e "intermediária".

1. Na teoria concretista geral a sentença judicial produz efeitos *erga omnes*, permitindo a viabilização do exercício do direito para todos, até que sobrevenha a norma pendente, produzida pelo órgão ou autoridade;

2. Na teoria concretista individual direta o Poder Judiciário deve implementar o direito de forma imediata, sendo desnecessário aguardar que o órgão ou a autoridade competente se disponha a fazê-lo;

3. Na teoria concretista individual intermediária o Poder Judiciário não deve viabilizar o direito de forma imediata, pois deve inicialmente reconhecer a mora e dar ciência ao órgão ou autoridade impetrada a fim de que a solução seja apresentada. Caso o prazo transcorra sem que a omissão seja suprida, isto é, em caso de persistência da letargia, aí sim o órgão julgador da injunção deve tomar as providências pertinentes;

4. Por fim, a teoria não concretista preceitua ser a decisão concessiva da injunção possuidora de natureza exclusivamente declaratória, tendo por objeto apenas o reconhecimento, por meio de sentença, da omissão na edição da norma regulamentadora.

Atenção

Depois de quase vinte anos adotando a teoria não concretista, o STF, nos Mandados de Injunção 670, 708 e 712 (julgados em 2007), passou a adotar a **teoria concretista**, concedendo, pois, **eficácia real** ao mandado de injunção.

9.6. *Habeas data* (art. 5º, LXXII, CF, c/c a Lei 9.507/1997)

O *habeas data* possui previsão constitucional expressa, enunciada no art. 5º, LXXII, CF, que dispõe: "conceder-se-á *habeas data*: (a) para assegurar o conhecimento de informações relativas à pessoa do impetrante, constantes de registros ou bancos de dados de entidades governamentais ou de caráter público"; e "(b) para a retificação de dados, quando não se prefira fazê-lo por processo sigiloso, judicial ou administrativo".

É um remédio cabível nos seguintes casos:

1. Para **obtenção e acesso às informações** referentes à pessoa do impetrante;

2. Para promover a **retificação** de informações referentes à pessoa do impetrante;

3. Para proceder à **anotação** de informações relativas à pessoa do impetrante.

O remédio poderá ser impetrado por qualquer pessoa, natural ou jurídica, nacional ou estrangeira, para ter acesso às informações a seu respeito. Vale reafirmar o caráter personalíssimo da ação, que culmina na conclusão de que o *habeas data* sempre será impetrado para o acesso, retificação ou anotação de informações relativas à pessoa do próprio impetrante e não de terceiros.

Quanto à legitimidade passiva, tendo em vista que referida ação tem por finalidade dar conhecimento e/ou retificar informações constantes de registro ou de banco de dados, tanto de entidades governamentais como de particulares que tenham caráter público, são justamente tais entidades que podem ser sujeitos passivos do *habeas data*, desde que possuam informações relativas ao impetrante.

No que tange à competência, de forma similar ao que se passa com a fixação da competência para o julgamento do mandado de segurança, o estabelecimento da competência para o julgamento do *habeas data* é definido com base na hierarquia funcional do agente público, isto é, tendo por parâmetro a autoridade ou entidade impetradas. A competência para julgamento é explicitada tanto pela Constituição Federal quanto pelo art. 20 da Lei 9.507/1997.

Quanto ao procedimento, delimitado pela Lei 9.507/1997, vale ressaltar a existência de uma fase administrativa prévia à propositura da ação judicial. Essa fase pré-judicial visa demonstrar a presença do "interesse de agir", requisito exigido pela jurisprudência (ver Súmula 2 do STJ) e pela legislação (art. 8º, parágrafo único, da Lei 9.507/1997).

9.7. Ação popular (art. 5º, LXXIII, CF; Lei 4.717/1965)

Está prevista expressamente no art. 5º, LXXIII, CF, que estabelece que "qualquer cidadão é parte legítima para propor ação popular que vise a anular ato lesivo ao patrimônio público ou de entidade de que o Estado participe, à moralidade administrativa, ao meio ambiente e ao patrimônio histórico e cultural, ficando o autor, salvo comprovada má-fé, isento de custas judiciais e do ônus da sucumbência".

A ação popular é um instrumento judicial de exercício direto da soberania, com caráter cívico, que viabiliza ao cidadão controlar a legalidade dos atos administrativos e impedir as lesividades, fazendo valer seu direito subjetivo a um governo probo, desprovido de corrupção e desonestidade. Consiste, portanto, na possibilidade de qualquer membro da coletividade, com maior ou menor amplitude, invocar a tutela jurisdicional no intuito de preservar os interesses coletivos.

A ação pode ser preventiva, quando for ajuizada antes da efetivação dos efeitos ofensivos, ou repressiva, quando o intuito da propositura da ação é anular os atos lesivos, conseguir o ressarcimento dos danos ocasionados e a recomposição do patrimônio público lesado.

Quanto aos requisitos para a propositura, temos:

a) **requisito subjetivo**: ser cidadão. A ação popular somente poderá ser proposta pelo cidadão, aquele que possui capacidade eleitoral ativa, ou seja, é eleitor e está com as obrigações eleitorais em dia;

b) **requisito objetivo**: lesão (ou ameaça de lesão) ao patrimônio público, por ilegalidade ou imoralidade.

No que se refere à legitimidade ativa para a propositura de ação popular, ela pertence ao cidadão, indivíduo dotado de capacidade eleitoral ativa e que esteja em dia com suas obrigações eleitorais.

Nesse sentido, não poderão figurar no polo ativo da ação popular:

✓ os estrangeiros, mesmo que residentes no território nacional;

✓ os apátridas,

✓ as pessoas jurídicas, conforme a Súmula 365, STF;

✓ os brasileiros que estejam com seus direitos políticos suspensos ou perdidos, nos termos do art. 15, CF;

✓ o Ministério Público.

Quanto à legitimidade passiva, pode-se dizer que a ação normalmente será proposta diante:

(i) das pessoas jurídicas de direito público, cujo patrimônio se procura proteger, bem como suas entidades autárquicas e quaisquer outras pessoas jurídicas que sejam subvencionadas pelos cofres públicos (ver art. 1º, Lei 4.717/1965);

(ii) dos responsáveis pelo ato lesivo, vale dizer, autoridades diretamente responsáveis pelo ato que está sendo impugnado, administradores e demais funcionários;

(iii) beneficiários diretos do ato ou contrato lesivo.

Por fim, no que tange à competência para julgamento da ação popular, diga-se que ela não foi constitucionalmente fixada, tampouco estabelecida a partir do ideal que reconhece foro por prerrogativa ou exercício de função para algumas autoridades. Ao contrário, e conforme determinação do art. 5º da Lei 4.717/1965, será determinada conforme a origem do ato impugnado. Nesse sentido, competente para conhecer da ação, processá-la e julgá-la será o juiz (primeiro grau da Justiça Comum, Federal ou estadual) de acordo com as regras ordinárias de definição de competência.

10. ORGANIZAÇÃO POLÍTICO ADMINISTRATIVA DO ESTADO

10.1. Noções introdutórias

Foi definida em nossa Carta Constitucional a adoção do **princípio federativo** como critério ordenador da organização político-administrativa do Estado. Somos, portanto, desde que o Decreto 1 proclamou a República como forma de governo e transformou as províncias em estados federados, uma Federação.

10.2. Forma de Estado

A forma de Estado relaciona-se com a divisão no exercício do poder político em razão de um território, podendo haver ou não descentralização. Vejamos quais são as formas mais usuais:

a) **Estado unitário**: sua característica marcante é a **centralização política**, pois o poder encontra-se enraizado em um único núcleo estatal, do qual emanam todas as decisões. Mesmo que não haja descentralização política, existe a descentralização administrativa, o que torna o Estado governável e faz que estados unitários, portanto, possuam divisões administrativas subordinadas ao poder central. O Brasil já foi um Estado Unitário, no período Brasil-Colônia/Brasil-Império.

b) **Estado federado**: é a forma de Estado na qual é nota marcante a **descentralização no exercício do poder político**, estando este pulverizado em mais de uma entidade política, todas funcionando como centros emanadores de comandos normativos e decisórios.

Em apertada síntese, optar pela forma federada de Estado resulta no reconhecimento dos seguintes caracteres:

1. **descentralização** no exercício do poder político;
2. **indissolubilidade do vínculo federativo**, com a consequente inexistência do direito à secessão, sob pena de a entidade que deu origem ao movimento separatista ser submetida ao processo interventivo;
3. **rigidez** constitucional capaz de tornar o núcleo essencial da Federação intocável à ação supressiva do legislador ordinário, que jamais poderá empreender sua extinção (rigidez associada à imutabilidade da forma federativa);
4. existência de um **Tribunal Constitucional** apto a interpretar e proteger a Constituição do Estado Federal e dirimir os confrontos que possam advir da relação entre os entes;
5. previsão de um **órgão legislativo** que **represente os poderes regionais**, fazendo que as vontades parciais participem da formação da vontade nacional (total).

10.3. Classificação das federações

A doutrina identifica diferentes tipos de federação, quais sejam:

1. **Quanto à origem** (ou formação), temos a federação que surgiu "por agregação" e a que surgiu "por segregação".

Originada por agregação é a federação que resulta da junção de Estados Nacionais, até então soberanos, que decidem se reunir em um vínculo federativo. Para tanto, cedem sua soberania para o conjunto e se tornam parte da federação, como entidades meramente autônomas.

Já as federações que surgem "por segregação" são aquelas que resultam do desfazimento de um Estado unitário que pretende se tornar federado.

2. Quanto à **atual concentração de poder**, as federações podem ser centrípetas, que concentram o maior volume de atribuições no centro, no plano federal – como é o caso brasileiro; ou centrífugas, nas quais as competências são mais abundantes entre as entidades regionais do que no plano central – é o caso dos Estados Unidos, onde os Estados-membros possuem mais tarefas do que aquelas dispostas no plano federal.

3. Quanto à **repartição de competências**, a federação pode ser dual ou cooperativa.

Dual (ou clássica) quando repartir atribuições isoladas para os entes federados, entregando a cada um suas competências próprias (privativas), que serão exercidas sem comunicação com os demais entes, de forma independente. Na nossa Constituição de 1891 prevaleceu a repartição dual.

Neoclássica, ou de cooperação, quando as tarefas forem repartidas de modo a possibilitar atuação conjunta dos entes, em regime de parceria/condomínio.

Na Constituição de 1988 temos um sistema de repartição de competências que prevê para cada ente atribuições próprias, mas também muitas tarefas comuns, que serão cumpridas por meio de colaboração recíproca entre as entidades federativas.

10.4. A Federação na Constituição da República de 1988

A Federação brasileira é resultado do desfazimento de um Estado unitário. Nos formamos, pois, **por segregação**, num movimento que repartiu entre as (recém-criadas) entidades federadas as competências até então reunidas pelo poder central.

Estruturada inicialmente pela Constituição republicana de 1891, revela-se no atual documento constitucional como princípio fundamental do Estado, e é considerada **cláusula pétrea**, dada sua inserção no art. 60, § 4º, I, CF.

Os entes que a compõem são: a União, os Estados, o Distrito Federal e os Municípios, todos autônomos entre si – sendo inexistente a hierarquia entre eles. Importante mencionar que o vínculo que une essas entidades é **indissolúvel**, sendo inexistente em nossa Federação, portanto, o direito de secessão.

10.4.1. *União*

A União é o ente central da Federação e concentra um grande volume de atribuições. Entre suas funções há uma de acentuada importância: a de representar a República Federativa do Brasil nas relações internacionais, o que não nos autoriza a confundir as duas entidades. A União é um ente autônomo e central, formado pela aglutinação das partes regionais integrantes da Federação. Já a República Federativa do Brasil é o todo, o complexo resultante da reunião de todos os entes federados, quais sejam, a União, os estados-membros, o Distrito Federal e os municípios.

Vê-se que a União assume atribuições no cenário interno e internacional, mas é importante destacar que ela nunca será detentora de soberania, pois este último é atributo exclusivo da República Federativa do Brasil.

10.4.2. *Estados*

São entidades indispensáveis para a instituição da Federação, pois são os Estados-membros as organizações políticas típicas dessa espécie de forma de Estado, pois materializam a descentralização no exercício do poder político.

Se organizam por meio da elaboração, engendrada pelo poder derivado decorrente, das respectivas Constituições estaduais e pelo restante do corpo normativo (demais leis que compõem o ordenamento estadual).

Na elaboração de suas respectivas Constituições, devem necessariamente observar, de modo preciso e atento, os princípios contemplados na Constituição Federal.

10.4.3. *Municípios*

A partir da promulgação da Constituição de 1988 os Municípios passaram a integrar a organização político-administrativa da República Federativa do Brasil como entes da Federação, sendo a eles garantida a plena autonomia.

10.4.4. *Distrito Federal*

O Distrito Federal é um ente federativo autônomo, possuidor de atribuições legislativas, administrativas e judiciárias, consubstanciadas pela tríplice capacidade que envolve a auto-organização, o autogoverno e a autoadministração.

10.4.5. *Territórios Federais*

Atualmente não existem Territórios Federais e, ainda que novos sejam criados, **não** serão considerados entes federados, mas integrarão a União como meras descentralizações administrativo-territoriais.

Nos termos do art. 18, § 2º, e do art. 33 (ambos da CF), a criação de novos territórios deve observar as seguintes regras:

(i) primeiramente a edição de lei complementar federal regulatória;

(ii) se criado um Território, ele será organizado, administrativamente e judiciariamente, por lei federal;

(iii) os Territórios Federais podem ou não ser divididos em Municípios;

(iv) como os Territórios não serão dotados de autonomia, não terão capacidade política, apenas atribuições administrativas;

(v) o Presidente da República escolherá o governador do Território, cujo nome deverá ser aprovado pelo Senado Federal;

(vi) nos Territórios Federais com mais de 100 mil habitantes, além do governador nomeado na forma posta anteriormente, haverá órgãos judiciários de primeira e segunda instâncias, membros do Ministério Público e defensores públicos federais;

(vii) conforme determinação constitucional, cada Território elegerá 4 Deputados Federais.

11. REPARTIÇÃO CONSTITUCIONAL DE COMPETÊNCIAS

A distribuição feita na Constituição das tarefas entre os entes federados pode ser apontada como um elemento essencial na formação do federalismo.

É, pois, em virtude da descentralização no exercício do poder político que se originam as diversas entidades federadas, possuidoras todas elas de autonomia e capacidades próprias. Já que todas são igualmente capazes politicamente, o que afasta a subordinação de umas às outras, caberá à Carta Maior a tarefa de distribuir a cada ente federado suas competências, e com isso oportunizar a existência da própria Federação.

O princípio que orienta a divisão de competências é o da **preponderância dos interesses**, que se fundamenta na amplitude do assunto que está em discussão. Desse modo, compete à União tratar das matérias em que predomina o interesse nacional; os Estados ficam com os assuntos em que o interesse regional é de acentuada preponderância; aos Municípios são distribuídas aquelas matérias nas quais é marcante o interesse local; e, finalmente, ao Distrito Federal conferem-se atribuições de caráter regional e de cunho local.

Importante destacar que a observância desse princípio é um norte geral para a repartição de tarefas, mas não a define em absoluto. Afinal, nossa tradição é centralizadora, e a efetiva e real possibilidade de implementação das competências muitas vezes desloca atividades de marcada importância regional/local para a União.

Vejamos agora comentários sobre as competências de cada ente federado.

11.1. Competências da União

Ao elencar as principais competências da União, a Constituição Federal as detalhou da seguinte maneira:

✓ no art. 21, apresentou as tarefas materiais exclusivas;

✓ no art. 22, as atribuições privativas de cunho legislativo;

✓ no art. 23, as competências materiais comuns;

✓ no art. 24, as atribuições legislativas concorrentes com os Estados e o Distrito Federal.

Vale informar, todavia, que esses artigos não são os únicos a estabelecer tarefas para este ente, pois temos outras competências federais, por exemplo, nos arts. 48, 49 e 149, CF. Centralizaremos, todavia, nossa atenção nos quatro mencionados dispositivos, que funcionam como depositários centrais das competências da União.

11.1.1. Materiais exclusivas – art. 21, CF

As atribuições materiais, claramente administrativas, nos remetem à ideia de "fazer algo", de "atuar". São tarefas indelegáveis, por isso devem ser necessariamente prestadas pela União.

11.1.2. Legislativas privativas – art. 22, CF

São as atribuições legislativas privativas, que nos indicam que a União irá legislar sobre algum tema, sobre algo. As tarefas nesse artigo listadas são delegáveis; afinal, existe autorização constitucional expressa para que a delegação ocorra. Mencionada autorização está posta no parágrafo único do art. 22, apontando a necessidade do preenchimento de três requisitos para que haja delegação válida em favor dos estados e do Distrito Federal: um de ordem formal, outro material e o terceiro está implícito na redação do parágrafo:

a) formal: segundo esse requisito, a União somente poderá efetivar a delegação por meio da edição de uma lei complementar;

b) material: a União não poderá delegar toda a matéria contida no inciso, mas tão somente questões específicas das matérias ali relacionadas;

c) implícito: não pode a delegação beneficiar somente um ou alguns estados; deve se estender a todos eles e também alcançar o Distrito Federal, por força do princípio isonômico.

Por último, vale lembrar que a União não está obrigada a delegar e, se o fizer, não estará declinando de sua função legislativa, podendo recuperá-la a qualquer tempo, editando as normas que se referem ao assunto objeto da delegação.

11.1.3. Materiais comuns – art. 23, CF

São atribuições que serão cumpridas por todos os entes concomitantemente, podendo ser intituladas "cumulativas" uma vez que não há limites prévios estipulados para o cumprimento delas, isto é, a atuação de um ente não inviabiliza ou restringe a atuação dos demais.

Como todos os entes estão aptos a realizar as atividades relacionadas às matérias mencionadas nos incisos, a possibilidade conflitiva das atuações é óbvia. Daí por que é necessária a instituição de diretrizes capazes de minimizar o aparecimento de divergências e neutralizar as que se efetivarem. É nesse sentido que o parágrafo único estabelece a fixação, por lei complementar federal, de normatização que vise harmonizar o exercício das atividades por parte dos entes.

11.1.4. Legislativas concorrentes – art. 24, CF

A União possui competências legislativas concorrentes que serão exercidas juntamente com os estados e o Distrito Federal, elencadas no art. 24, CF.

Nesse contexto, pode-se afirmar que a competência da União se resumirá à edição das normas gerais (art. 24, § 1º).

Por seu turno, os Estados e o Distrito Federal serão competentes para fixar as normas específicas, complementando a norma geral elaborada pela União (competência suplementar-complementar, prevista no art. 24, § 2º).

Se, porém, a União não editar as normas gerais, os Estados e o Distrito Federal poderão exercer competência legislativa plena para atender a suas peculiaridades. Referida competência é intitulada "suplementar supletiva".

Se, porém, posteriormente à edição da norma geral por um Estado (ou pelo Distrito Federal), ante a inércia da União, esse ente decidir-se pela atuação e finalmente editar a norma geral, teremos a superveniência da norma geral federal (art. 24, § 4º). E se qualquer Estado ou o Distrito Federal já tiver exercido a atribuição do § 3º do art. 24 (competência suplementar-supletiva), valerá a norma federal posterior, que terá o condão de suspender a norma estadual (ou distrital) anterior, onde houver contrariedade entre elas.

Vale notar que a superveniência de norma federal não tem o condão de revogar a norma estatal anterior, gerando, tão somente, sua suspensão.

11.1.5. Competências dos Estados-membros

A Constituição (no art. 25, § 1º) expressamente determina que são reservadas a esses entes as competências que não lhes sejam vedadas pela Constituição, isto é, determina que os Estados possuirão competências legislativas residuais. Destarte, os estados-membros legislarão sobre os temas que não tenham sido enunciados nem para a União nem para os municípios, tampouco estejam vedados pela Constituição da República. Para exemplificar, pensemos na edição de leis sobre transporte público intermunicipal.

Trata-se, todavia, de uma atuação bastante esvaziada, em virtude do excesso de competências materiais e legislativas enumeradas para a União, o que faz que remanesçam pouquíssimas tarefas para os Estados.

Além da atribuição legislativa remanescente, podemos identificar para os estados competências materiais exclusivas que também são, via de regra, as remanescentes, o que significa que abarcam as tarefas não enumeradas para a União no art. 21 e dissociadas dos assuntos de interesse local – para os quais a atribuição pertence aos Municípios.

Há que se mencionar, todavia, a existência de ao menos uma competência material exclusiva expressa para os estados, concernente à autorização que referidas entidades possuem para explorar diretamente ou mediante concessão os serviços locais de gás canalizado, na forma da lei, sendo vedada a edição de medida provisória para a sua regulamentação (art. 25, § 2º, CF).

11.1.6. Competências dos Municípios

Suas mais importantes atribuições foram elencadas no art. 30, CF, que enunciou a competência municipal para legislar sobre assuntos de interesse local, suplementar a legislação federal e a estadual no que couber e algumas atribuições materiais (administrativas).

Sobre o tema, vale a leitura da Súmula Vinculante 38, que determina ser o município competente para determinar o horário de funcionamento dos estabelecimentos comerciais.

11.1.7. Competências do Distrito Federal

O texto constitucional previu para o Distrito Federal uma competência cumulativa, isto é, atribuiu ao Distrito Federal as competências legislativas reservadas aos estados e municípios e a competência tributária dos municípios.

Atenção

É importante destacar, todavia, que nem todas as atribuições legislativas estaduais são também distritais. Afinal, algumas instituições no Distrito Federal (como o Poder Judiciário, o Ministério Público, as polícias civil e militar e o corpo de bombeiros militar) serão organizadas e mantidas (portanto objeto de legislação) pela União (ver art. 21, XIII e XIV, art. 22, XVII, CF e Súmula Vinculante 39, STF).

12. PODER LEGISLATIVO

12.1. Estrutura do Poder Legislativo

A tradição do constitucionalismo pátrio foi mantida no texto constitucional de 1988, que consagrou, em âmbito federal, a organização **bicameral** do poder, determinando que este seria exercido pelo Congresso Nacional – composto pela Câmara dos Deputados e pelo Senado Federal.

O fator decisivo para determinar a estrutura do Poder Legislativo no plano federal foi a forma de Estado federada, haja vista termos adotado um **bicameralismo federativo**, no qual uma casa (a Câmara dos Deputados) representa o povo, enquanto a outra (o Senado Federal) compõe-se de representantes dos Estados e do Distrito Federal.

Por outro lado, nos Estados, no Distrito Federal e nos Municípios, o Poder Legislativo é **unicameral**, composto por uma única Câmera, respectivamente, pela Assembleia Legislativa, pela Câmara Legislativa e pela Câmara Municipal.

12.2. Composição das Casas Legislativas

A Câmara dos Deputados compõe-se de representantes do povo, eleitos pelo sistema proporcional em cada estado, em cada Território e no Distrito Federal. O número total de Deputados Federais por entidade federativa vai variar proporcionalmente ao número de habitantes da entidade, e será determinado, para cada legislatura, no ano que antecede às eleições, por meio de lei complementar. Deve-se observar a regra básica de que nenhum Estado terá menos que oito ou mais que setenta representantes.

Quanto ao mandato, o dos Deputados Federais será de quatro anos (ou seja, uma legislatura), não havendo qualquer restrição quanto à reeleição, que pode se efetivar ilimitadamente.

No que refere aos requisitos de elegibilidade para a Câmara, são os seguintes:

✓ possuir a nacionalidade brasileira; sendo que para ocupar a Presidência da Casa o sujeito há de ser brasileiro nato;

✓ ter a idade mínima de 21 anos;

✓ ostentar a condição de eleitor; e

✓ não sofrer a incidência de nenhuma causa de inelegibilidade.

Por sua vez, o Senado Federal é a Casa Legislativa que afirma a forma federativa de Estado, pois representa os Estados e Distrito Federal, viabilizando que eles participem da formação da vontade nacional.

É composto por oitenta e um membros, e terá suas cadeiras preenchidas pelo sistema eleitoral majoritário simples. Ao contrário da representatividade proporcional que vigora na Câmara dos Deputados, no Senado cada Estado e o Distrito Federal serão representados de modo paritário por três Senadores (são três Senadores para cada Estado e três para o Distrito Federal).

Vale lembrar que cada Senador será eleito com dois suplentes, e sua eleição implicará a dos substitutos (chapa única).

Quanto ao mandato, no Senado ele tem a duração de oito anos (duas legislaturas), havendo renovação parcial de 1/3 ou 2/3 da representação de cada Estado, e do Distrito Federal a cada quatro anos.

Os requisitos de elegibilidade para o indivíduo ocupar uma cadeira no Senado Federal são:

✓ possuir a nacionalidade brasileira; a Presidência da Casa exige a nacionalidade primária (brasileiro nato);

✓ ter a idade mínima de 35 anos;

✓ ostentar a condição de eleitor; e

✓ não sofrer a incidência de nenhuma causa de inelegibilidade.

12.3. Funcionamento do Poder Legislativo

Assim como os demais Poderes, o Legislativo é autônomo e independente, o que garante sua auto-organização e a capacidade de elaborar seu regimento interno e dispor sobre sua organização, funcionamento, polícia, criação, transformação ou extinção dos cargos, empregos e funções de seus serviços, e a iniciativa de lei para fixação da respectiva remuneração, observados os parâmetros estabelecidos na lei de diretrizes orçamentárias.

Sobre seu funcionamento, a Constituição prevê (no art. 57, CF) que o Congresso Nacional deverá reunir-se anualmente, na Capital Federal, de 2 de fevereiro a 17 de julho e de 1º de agosto a 22 de dezembro. Esse período (que abrange o ano legislativo) é denominado **sessão legislativa**.

Essa sessão legislativa, renovável a cada ano, durante quatro anos, não pode ser confundida com a legislatura, que tem a duração de quatro anos – isto é, compreende quatro sessões legislativas. Vale recordar que os Deputados Federais são eleitos para uma legislatura, enquanto os Senadores são eleitos para duas legislaturas.

Dentro do período delimitado como sessão legislativa, os parlamentares se reúnem ordinariamente (é a sessão legislativa ordinária). Fora dele, temos o recesso parlamentar, que vai de 18 a 31 de julho, e de 23 de dezembro a, em regra, 1 de fevereiro. Durante o período do recesso, se necessário for, os parlamentares serão extraordinariamente convocados (art. 57, §§ 6º a 8º, CF).

Quanto às sessões legislativas extraordinárias, convém lembrar que o Congresso Nacional não poderá deliberar sobre nenhuma outra matéria exceto aquela que ensejou a convocação, salvo se houver medida provisória em vigor na data da convocação extraordinária, pois nesse caso elas serão apreciadas.

Outra relevante informação acerca das convocações extraordinárias foi introduzida, em caráter moralizante, pela EC 50/2006. Consiste na **vedação do pagamento de parcela indenizatória** em razão das convocações realizadas no recesso. Ressalte-se que, segundo entende o STF, a proibição do pagamento de referida parcela é, por simetria, norma de observância obrigatória para os parlamentares estaduais.

Sobre a convocação extraordinária, ela será feita:

(i) pelo Presidente do Senado Federal, nos casos de:

✓ decretação de estado de defesa;

✓ decretação de intervenção federal;

✓ solicitação de autorização para decretação de estado de sítio; e, por fim,

✓ para compromisso e a posse do Presidente e do Vice-Presidente da República;

(ii) pelo Presidente da República, pelo Presidente da Câmara dos Deputados, pelo Presidente do Senado Federal e a requerimento da maioria absoluta dos membros de ambas as Casas do Congresso Nacional: em caso de urgência ou interesse público relevante, sendo necessária a aprovação da maioria absoluta de cada uma das Casas Legislativas do Congresso Nacional, mesmo nessa hipótese.

12.4. Das comissões parlamentares

Comissões Parlamentares são órgãos colegiados, de natureza técnica, que integram a estrutura do Congresso Nacional e de suas Casas Legislativas. Têm por função primordial o estudo inaugural das proposições apresentadas. Possuem também finalidade investigativa, representativa e de fiscalização da gestão da coisa pública, além de funcionarem como espaço singular e privilegiado de interação entre o Parlamento e a sociedade.

Em sua formação, as comissões devem respeitar o ideal da proporcionalidade (art. 58, § 1º, CF), o que significa que a comissão deverá ser o retrato do colorido partidário da Casa Legislativa (partidos majoritários na Casa, também o serão nas comissões).

12.4.1. *Comissão parlamentar de inquérito (CPI)*

As CPIs possuem função de acentuada importância para o Estado Democrático, qual seja, a de vigilância e controle dos negócios públicos, no intuito de coibir atos indecentes e criminosos, que comprometem a boa e hábil gestão do Estado.

Em seu art. 58, § 3º, a Constituição lista os requisitos inafastáveis para a instauração das comissões, quais sejam:

(i) subscrição de **requerimento** de Constituição de CPI por, no mínimo, **1/3** dos Deputados Federais ou dos Senadores da

República, ou 1/3 dos membros de cada Casa do Congresso Nacional – neste último caso formando uma Comissão Parlamentar Mista de Inquérito (CPMI).

(ii) a indicação de um **fato determinado**;

(iii) a previsão de um **prazo certo** para a apuração de referido fato.

Atenção

Essas três condições, satisfeitas, impõem a criação da comissão, independentemente da submissão a qualquer outro requisito. Referido preceito é de observância compulsória pelas Casas Legislativas estaduais e municipais, pelo princípio da simetria.

Ainda sobre os requisitos de constituição de uma CPI, temos quatro observações pertinentes:

1. É **inconstitucional** dispositivo que estabeleça, como requisito à criação de CPI, a aprovação do respectivo requerimento em Plenário, pela maioria dos membros;

2. É **constitucional** a previsão regimental da Câmara dos Deputados que limita em 5 o número de CPIs que podem ser simultaneamente instauradas na Casa;

3. A circunstância de a CPI somente poder apurar fato determinado não impede a **ampliação do objeto** de investigação de modo a alcançar fatos imprevistos, não discriminados no requerimento de criação da comissão já em ação, conexos com aquele principal. Deve, no entanto, haver o aditamento do requerimento de criação da comissão;

4. Definiu o STF que o **prazo** de funcionamento das comissões investigativas deve ser previsto no requerimento de criação e pode ser prorrogado sucessivas vezes até o limite intransponível, que é o fim da legislatura.

Quanto aos poderes e os limites da atuação das Comissões Parlamentares de Inquérito, vale destacar que inexiste uma lista precisa de atribuições para o Poder Legislativo, o que ocasiona um constante embate entre a ânsia investigativa do poder e os limites constitucionais postos para a atividade. As divergências surgidas desse embate serão solucionadas pelo Poder Judiciário que, progressivamente, equacionará um quadro de precedentes que indicarão o que (não) pode ser determinado pela CPI.

Como ponto de partida para a averiguação dos poderes das CPIs temos o texto constitucional, que prevê que as CPIs possuem os "poderes de investigação próprios das autoridades judiciais". No entanto, em razão da cláusula de reserva de jurisdição, as CPIs não possuem todos os poderes investigativos dos magistrados, pois a própria Constituição reserva com exclusividade certas atribuições aos juízes.

Atenção

Destarte, da incidência dessa cláusula resulta que às CPIs é vedado:

(i) determinar a medida de busca e apreensão domiciliar (art. 5º, XI, CF);

(ii) determinar a quebra do sigilo das comunicações telefônicas (art. 5º, XII, CF);

(iii) decretar a prisão, salvo a situação de flagrante delito (art. 5º, LXI, CF);

(iv) decretar medidas cautelares.

Outro limite existente para a atuação das CPIs é o direito ao silêncio. Nenhuma autoridade pública – donde se incluem as CPIs – está autorizada a constranger qualquer pessoa a narrar ou confirmar fatos que importem em prejuízo pessoal. Assim, todo e qualquer indivíduo submetido a procedimento persecutório, sendo indiferente a condição de preso ou solto, de indiciado ou testemunha, pode se resguardar no direito de manter o silêncio para evitar a autoincriminação.

É também relevante frisar que as CPIs não possuem poderes que não estejam elencados nas atribuições do Poder Legislativo. Em consequência, não podem: i) promover a responsabilização de quem quer que seja; ii) anular atos de qualquer outro Poder da República; iii) convocar magistrado para investigar sua atuação jurisdicional; iv) subverter, revogar, cassar, alterar decisões jurisdicionais proferidas nos processos, entre as quais se inserem as que decretam o chamado segredo de justiça.

Em resumo, sobre referidos **limites**, pode-se concluir que as CPIs:

✓ não possuem poderes superiores aos das autoridades judiciais;

✓ sequer possuem todos os poderes instrutórios das autoridades judiciais, em virtude da cláusula de reserva de jurisdição;

✓ não possuem poderes que não estejam elencados entre as atribuições do Poder Legislativo;

✓ não estão autorizadas a decretar medidas acautelatórias;

✓ tampouco podem exigir a apresentação de documentos protegidos por sigilo judicial;

✓ igualmente não estão aptas a formular acusações, punir delitos, anular atos de outro Poder da República ou convocar magistrados para prestação de informações relacionadas à atividade jurisdicional;

✓ devem respeito ao pacto federativo; e,

✓ finalmente, têm sua atuação constantemente restringida pelo catálogo de direitos e garantias fundamentais consagrado na Constituição.

Também em resumo, quanto às **atribuições** das comissões, podemos listar as seguintes:

✓ a busca e a apreensão não domiciliar;

✓ a quebra de sigilos: bancário, fiscal e de dados (inclusive os telefônicos);

✓ a requisição de diligências;

✓ a oitiva de indiciados, testemunhas e autoridades.

Por último, é importante salientar a **distinção** entre a quebra do sigilo telefônico e a quebra do sigilo das comunicações telefônicas. Enquanto a primeira medida (quebra do sigilo telefônico) descortina dados objetivos referentes aos registros exteriores das comunicações telefônicas pretéritas, a última – vedada à CPI por compor o rol de atos que dependem de determinação judicial para serem decretados – incide diretamente na comunicação, já que seu conteúdo (a conversa, no momento em que ocorre) é que é o alvo da intromissão.

12.5. Imunidades dos Congressistas

12.5.1. Notas introdutórias

Imunidades são as regras protetivas à função parlamentar, atribuídas aos membros do Poder Legislativo para que estes possam executar suas atribuições com liberdade e independência perante os demais Poderes e sem pressões externas.

Uma vez que visam garantir o livre exercício do mandato, as imunidades não conferem privilégios de ordem pessoal, pois são **prerrogativas vinculadas ao cargo**.

É exatamente a ligação delas com o cargo (e não com a pessoa que, temporariamente, o ocupa) que nos permite concluir que as imunidades:

1. Não amparam o suplente, pois este não exerce a função, apenas goza de mera expectativa de no futuro vir a exercê-la.
2. São irrenunciáveis.
3. São mantidas até mesmo no curso de circunstâncias excepcionais. Ressalve-se a possibilidade de, no curso do estado de sítio, as imunidades serem suspensas pelo voto de 2/3 dos membros da Casa Legislativa respectiva, para atos praticados fora do recinto do Congresso Nacional, que sejam incompatíveis com a medida.
4. O STF entende que o parlamentar licenciado tem suas imunidades suspensas, mas mesmo licenciado deve o parlamentar manter o decoro, sob pena de se sujeitar à perda do cargo (Súmula 4, STF está cancelada).

Vejamos agora quais são as tipologias de imunidades conferidas pelo constituinte aos parlamentares.

12.5.2. Imunidade material

Igualmente intitulada "inviolabilidade", tem o condão de impedir, na esfera penal e civil, a responsabilização do parlamentar por suas opiniões, palavras e votos (art. 53, *caput*, CF).

Mas essa neutralização da responsabilização do parlamentar somente se dá no exercício funcional, o que significa que suas palavras, opiniões e votos somente estarão protegidas quando proferidas na função.

Segundo o STF, em se tratando de ofensa irrogada no Congresso Nacional, **presume-se** o exercício funcional; logo presume-se também a incidência da imunidade. Noutro giro, caso a conduta tenha sido praticada **fora** do recinto parlamentar, deve haver inequívoca confirmação de que o ato está relacionado com a função parlamentar para a imunidade alcançá-la.

Para finalizar o estudo da imunidade material, deve-se registrar que ela possui **eficácia temporal permanente** ou absoluta, ou seja, a conduta protegida pela imunidade não gera responsabilização nunca, nem mesmo após o término do mandato parlamentar.

12.5.3. Imunidades formais

Tais imunidades asseguram ao congressista a prerrogativa de não ser (ou não permanecer) preso, assim como a possibilidade de suspensão do processo penal que esteja em trâmite contra ele. São irrelevantes ante a presença da imunidade material, vale dizer, só se fala em imunidade formal se a material não estiver presente, pois, se esta houver, a conduta não será criminosa; logo, não gerará prisão tampouco processo.

12.5.3.1. Imunidade formal relativa à prisão (freedom from arrest)

Essa imunidade não exclui o crime, antes o pressupõe, e importa na impossibilidade de o parlamentar federal ser preso, salvo em flagrante pela prática de crime inafiançável (art. 53, § 2º, CF).

Em havendo a prisão, os autos deverão ser encaminhados à Casa Legislativa respectiva (Câmara ou Senado), para que, pelo voto da maioria de seus membros, resolva sobre o tema.

Se a Casa Legislativa afastar a prisão por entendê-la inconveniente, libertará o agente, expedindo por força própria alvará de soltura. Em contrapartida, pode a comissão decidir-se pela manutenção da prisão.

Em nossa percepção, atualmente, e por força das modificações engendradas no art. 310 do CPP, a prisão em flagrante só pode se perpetuar no tempo se transmudada em preventiva.

Há algumas últimas observações importantes acerca dessa imunidade:

(i) é a diplomação o termo inicial da imunidade quanto à prisão;

(ii) o STF consignou ser possível a prisão do parlamentar federal também em decorrência da prolação de sentença penal condenatória;

(iii) por ocasião do julgamento do *Habeas Corpus* 89.417, o STF afastou a incidência da regra constante da parte final do § 2º do art. 53, CF (não envio do auto de prisão para a Casa Legislativa deliberar), por compreender que a situação fática evidenciava absoluta anomalia institucional, jurídica e ética, de modo que à excepcionalidade do quadro haveria de corresponder a excepcionalidade da forma de interpretar e aplicar os princípios e regras constitucionais.

12.5.3.2. Imunidade formal relativa ao processo

A imunidade relacionada ao processo foi sensivelmente modificada pela Emenda Constitucional 35/2001, pois antes dela o STF somente iniciava o processo criminal contra o parlamentar se fosse concedida a autorização da respectiva Casa Legislativa. Como as Casas Legislativas nunca davam sua autorização, o processo não se iniciava no STF.

Foi na tentativa de eliminar esse espaço de "quase impunidade", que a EC 35 tratou de pôr fim à exigência de prévia autorização.

Atualmente essa imunidade refere-se à possibilidade de a Casa Legislativa respectiva sustar, a qualquer tempo antes de prolatada a decisão final pelo STF, o trâmite da ação penal proposta contra deputado federal ou senador em razão de crime praticado após o ato de diplomação. Vale lembrar que essa sustação não pode se dar de ofício pela Casa, pois deve ser provocada por partido político que nela esteja representado (art. 53, §§ 3º a 5º, CF).

12.5.4. Imunidades dos demais membros do Poder Legislativo

São aplicáveis, sem restrições, aos membros das Assembleias Legislativas dos Estados e da Câmara Legislativa do Distrito Federal, as normas relativas às prerrogativas dos parlamentares integrantes do Congresso Nacional (art. 27, § 1º e art. 32, § 3º, CF).

Em âmbito municipal, em contrapartida, a regra é distinta, pois os vereadores só possuem imunidade material, não sendo detentores de nenhuma imunidade formal (art. 29, VIII, CF).

Quanto à imunidade material, diga-se que são os vereadores invioláveis ao proferir suas opiniões, palavras e votos, mas o reconhecimento dessa imunidade condiciona-se não só à demonstração de pertinência e conexão com o mandato, mas também à comprovação de que ele age dentro dos limites da circunscrição municipal.

12.5.5. *Foro por prerrogativa de função*

O legislador constituinte originário tratou de edificar um regramento de foros especiais para o processamento e julgamento das autoridades que ocupam os mais relevantes cargos e funções públicas.

Com relação aos Deputados Federais e Senadores, serão submetidos a julgamento perante o STF a partir da expedição do diploma até o término do mandato.

Como a determinação da competência para o julgamento em razão do foro privilegiado rege-se pela regra da atualidade do mandato, encerrado o exercício do mandato parlamentar deixará o STF de figurar como Tribunal competente para o julgamento, devendo os autos ser remetidos à Justiça de 1º grau. Isso ocorre em virtude do cancelamento da Súmula 394 do STF.

Ainda sobre o tema, deve-se mencionar o posicionamento do STF no julgamento da AP 396, no qual reconheceu a subsistência de sua competência para a causa mesmo tendo o parlamentar manifestado formalmente sua renúncia perante a Presidência da Câmara dos Deputados, às vésperas da realização do julgamento.

Por último, vale informar que, se houver o reconhecimento do foro especial para um dos réus parlamentares, este pode ser estendido para os coautores não parlamentares, em conformidade com a Súmula 704 do STF.

Com relação aos Deputados Estaduais, e em homenagem ao ideal de simetria, eles também possuirão foro especial, mas no Tribunal de Justiça do respectivo estado em se tratando de infrações penais comuns inseridas na jurisdição da Justiça Estadual, incluindo-se aí os crimes dolosos contra a vida. O foro será no Tribunal Regional Federal se o crime for praticado em detrimento de bens, serviços ou interesses da União, entidade autárquica ou empresa pública federal, e no Tribunal Regional Eleitoral se o crime é eleitoral (ver Súmula 702, STF, que também se aplica aos parlamentares estaduais).

Quanto aos Vereadores, a Constituição Federal não concedeu a eles prerrogativa de foro, o que pode, todavia ser feito pelas Constituições estaduais, que podem conferir competência originária para o processamento e julgamento das infrações penais aos respectivos Tribunais de Justiça.

13. PROCESSO LEGISLATIVO

13.1. Noções introdutórias

A atividade de legislar é exercida com primazia, mas não com exclusividade, pelo **Poder Legislativo**, razão pela qual verificamos no ordenamento jurídico situações nas quais outro poder exerce função de natureza legislativa – por exemplo, a edição de medida provisória pelo chefe do Poder Executivo.

Mas ainda é o Legislativo o Poder que cuida dessa atividade de modo primordial, sendo o responsável pela criação dos principais atos normativos primários (previstos no art. 59, CF), que inovam o ordenamento jurídico.

E essa atividade é exercida por meio do processo legislativo, que designa um conjunto de atos preordenados tendentes à elaboração das espécies normativas primárias. Os atos que compõem o processo são, portanto, de observância compulsória, de forma que eventuais desobediências a essas regras delineadas na Constituição resultam inequívoca **inconstitucionalidade formal** da lei ou do ato normativo elaborado. Essa inconstitucionalidade poderá ser:

(i) evitada durante o processo de tramitação da norma, enquanto ela está sendo elaborada. Isso será feito no controle de constitucionalidade político preventivo, por meio de mandado de segurança impetrado por parlamentar na defesa de seu direito líquido e certo de só participar de um processo legislativo adequado, que respeite à Constituição (devido processo legislativo);

(ii) reconhecida pelo Poder Judiciário no exercício do controle repressivo de constitucionalidade, feito depois que a norma já está pronta e acabada, isto é, que já passou pelo processo legislativo.

13.2. Espécies de processo legislativo

O processo legislativo pode ser classificado, quanto às fases procedimentais, em: ordinário; sumário; especial. O ordinário é utilizado para a feitura das leis ordinárias; é o procedimento legislativo mais completo, com o maior número de atos. Os procedimentos especiais são utilizados para as demais espécies normativas listadas no art. 59 e se valem do procedimento ordinário como base, mas possuem sempre alguma diferença com ele. Já o sumário é o procedimento mais célere, mais rápido, listado nos parágrafos do art. 64, CF.

Atenção

Quanto ao procedimento de elaboração das **leis complementares**, vale ressaltar que, em termos constitucionais, seguem o mesmo processo de formação das leis ordinárias, só havendo uma única diferença constitucionalmente estabelecida: a maioria de aprovação (em lei ordinária é simples, em lei complementar a maioria é absoluta – art. 47, CF e art. 69, CF, respectivamente). Mas essa diferença é suficiente para tornar o procedimento especial, porque específico diante daquele previsto para a legislatura ordinária.

13.3. Espécies normativas

13.3.1. *Noções introdutórias*

Há sete espécies normativas primárias, a saber: (a) emendas constitucionais; (b) leis complementares; (c) leis ordinárias; (d) leis delegadas; (e) medidas provisórias; (f) decretos legislativos; e (g) resoluções.

Iniciaremos nosso estudo com a análise do procedimento de elaboração das leis ordinárias.

13.3.2. *Leis ordinárias – processo legislativo ordinário*

O "processo legislativo ordinário" é o que deve ser observado na elaboração das leis ordinárias. É o procedimento mais básico e completo, caracterizado pela ausência de prazos para a realização dos atos de deliberação e votação. Apesar de mais extenso e demorado, esse procedimento comporta uma oportunidade maior para o exame, o estudo e a discussão do projeto. Divide-se em **seis atos**, a saber: (i) iniciativa; (ii) deliberação; (iii) votação; (iv) sanção/veto; (v) promulgação; (vi) publicação.

13.3.2.1. *Iniciativa*

O primeiro ato que deflagra o processo legislativo é o da "iniciativa". A Constituição Federal estabelece um rol amplo daqueles que são legitimados a estrear o processo legislativo ordinário. Afinal, a prerrogativa foi atribuída a qualquer membro ou Comissão da Câmara dos Deputados, do Senado Federal ou do Congresso Nacional, ao Presidente da República, ao Supremo Tribunal Federal, aos Tribunais Superiores, ao Procurador-Geral da República e aos cidadãos (art. 61, CF).

É importante lembrar, todavia, que nem todos que foram listados no *caput* do art. 61 possuem a mesma iniciativa. Alguns possuem iniciativa **geral**, outros possuem iniciativa **reservada.**

A iniciativa geral é outorgada a determinada autoridade ou órgão para apresentação de projeto de lei sobre matérias variadas, indeterminadas, isto é, para apresentação de projetos que tragam direito novo sobre qualquer matéria, com exceção daquelas reservadas a alguma autoridade ou órgão. São detentores de iniciativa geral: qualquer membro ou Comissão da Câmara dos Deputados, do Senado Federal ou do Congresso Nacional, o Presidente da República e os cidadãos. Eles podem apresentar projetos de lei sobre temas variados.

Já a iniciativa reservada se apresenta quando a Constituição entrega a determinados órgãos ou autoridades a capacidade de apresentar projetos de lei só sobre temas específicos, previamente determinados. É o que ocorre com o Supremo Tribunal Federal, os Tribunais Superiores e o Procurador-Geral da República, que só podem apresentar projetos de lei sobre temas previamente delimitados na Constituição (ver arts. 93, 96, II, e 128, § 5º, todos da CF).

É também importante destacar que a Constituição determina uma **iniciativa privativa para o Presidente da República**, ou seja, reserva algumas matérias à iniciativa privativa do Presidente da República, de modo a colocar a regulamentação dos assuntos na sua dependência única e exclusiva, não podendo haver em nenhuma hipótese regulamentação dessas matérias por iniciativa de outras autoridades ou órgãos. Só o Presidente poderá apresentar projeto de lei sobre os temas listados no art. 61, § 1º, CF. Se qualquer outra entidade ou autoridade apresentar o projeto de lei, será **inconstitucional**, e **nem mesmo a sanção presidencial será capaz de sanar esse vício.**

Importante destacar que, em homenagem ao **princípio da simetria**, o dispositivo que reúne as matérias de iniciativa privada do Presidente da República é de repetição obrigatória para os demais entes federados. Cita-se, a título de exemplo, a iniciativa de projeto de lei que cria cargos, funções ou empregos públicos na administração federal direta e autárquica ou promove o aumento de sua remuneração. Como em âmbito federal a iniciativa é presidencial, o poder decorrente deverá necessariamente reservar essa mesma iniciativa em âmbito estadual ao Governador.

Ainda no que se refere ao tema iniciativa, vale lembrar a existência da **iniciativa popular**. Nos termos do art. 61, § 2º, o projeto de lei de iniciativa popular será apresentado na Câmara dos Deputados, e deve ser subscrito por pelo menos 1% do eleitorado nacional (só cidadãos podem assinar), distribuídos em pelo menos cinco Estados; e, em cada um dos Estados participantes, não se pode reunir menos que 0,3% do número total de eleitores de cada um deles.

Atenção

Por simetria, diga-se que o poder decorrente, ao elaborar as Constituições estaduais, deve prever a iniciativa popular de lei em âmbito estadual. E, pelo mesmo princípio, existe também iniciativa popular em âmbito municipal, com a apresentação de projetos de lei de interesse específico do Município, da cidade ou de bairros, através de manifestação de, pelo menos, 5% do eleitorado.

13.3.2.2. *Deliberação*

O segundo ato é o da deliberação legislativa. É por meio da deliberação que a propositura será submetida à discussão nas comissões.

Em razão do bicameralismo federativo, no processo legislativo desenvolvido em âmbito federal ter-se-á a apreciação do projeto de lei por duas Casas Legislativas, a Câmara dos Deputados e o Senado Federal.

O *caput* do art. 64, CF, nos indica que, regra geral, a Câmara dos Deputados é a casa iniciadora e o Senado, a revisora. O Senado Federal só será a primeira Casa a apreciar o projeto de lei quando este for apresentado por um membro seu ou por uma comissão sua. Nesses dois casos a Câmara dos Deputados fará a análise revisional do projeto de lei.

Como o projeto de lei ordinária federal será sempre apreciado por ambas as Casas do Congresso Nacional, em cada uma delas, antes da votação, realizar-se-á uma análise prévia do projeto pelas comissões.

13.3.2.3. *Votação*

Como terceiro ato, temos a votação. Depois que o projeto de lei é discutido nas comissões, ele é levado à votação.

No plenário, para início da votação, deve ser observado o quórum de instalação da sessão, que é de maioria dos membros. Uma vez instalada a sessão, há que se observar a maioria de aprovação que, em se tratando de lei ordinária, será a maioria simples (art. 47, CF).

Na votação em plenário, a Casa iniciadora, em um só turno de votação, poderá rejeitar ou aprovar o projeto (com ou sem alterações a seu texto inicial).

Havendo aprovação, o projeto deve ser encaminhado à casa revisora, que irá realizar a deliberação e a votação. Com a rejeição, o projeto será encaminhado ao arquivo, aplicando-se a ele o princípio da irrepetibilidade, ou seja, não poderá ser novamente apresentado na mesma sessão legislativa, salvo mediante proposta da maioria absoluta dos membros de qualquer das Casas do Congresso Nacional – conforme dispõe o art. 67, CF.

Em continuidade à tramitação do projeto de lei, vale informar que na Casa Legislativa revisora repete-se o mesmo procedimento da Casa Iniciadora: o projeto de lei é apreciado e objeto de parecer elaborado pelas comissões. Durante esse período, o relator do projeto de lei em cada comissão receberá as emendas parlamentares, ou seja, as modificações ao texto do projeto apresentadas pelos integrantes da Casa Legislativa.

Sobre as **emendas**, registre-se que o poder de emendar é exclusivo dos parlamentares. Quanto a seu alcance, a Constituição (art. 63) proíbe as emendas que aumentem despesas somente nos projetos de iniciativa reservada do Presidente da República (salvo quando, em matéria orçamentária, conforme o art. 166, §§ 3º e 4º, CF, forem compatíveis com o plano plurianual e com a lei de diretrizes orçamentárias, e indicarem os recursos necessários), e nos relativos à organização dos serviços administrativos da Câmara dos Deputados, do Senado Federal, dos Tribunais federais e do Ministério Público.

Essas emendas feitas pela Casa Revisora deverão ser encaminhadas para análise da Casa Iniciadora. Frise-se, todavia, que as emendas produzidas pela Casa Revisora não serão avaliadas pela Casa Iniciadora quando simplesmente promoverem correções redacionais do projeto ou se não modificarem o sentido e alcance da proposição jurídica.

Em resumo, se o projeto foi aprovado na Casa Iniciadora e encaminhado para a revisora, três coisas poderão acontecer:

a) o projeto ser aprovado sem emendas, caso em que será encaminhado ao chefe do Executivo, para sanção ou veto (deliberação executiva).

b) o projeto ser rejeitado, caso em que será sepultado no arquivo, de onde pode ser retirado para nova apreciação na mesma sessão legislativa, desde que haja o requerimento da maioria absoluta dos membros (art. 67).

c) o projeto ser aprovado mas com modificações (emendas elaboradas pela Casa revisora), caso em que deverão as emendas retornar à Casa que primeiro se manifestou sobre o projeto. Nessa apreciação das emendas pela Casa iniciadora, na qual é vedada a apresentação de subemendas (emendas feitas às emendas), dois são os resultados possíveis:

(i) se a Casa iniciadora acatar as modificações sugeridas pela Casa revisora, o projeto (com as emendas, agora aprovadas pelas duas Casas) seguirá para apreciação executiva;

(ii) se a Casa iniciadora recusar as modificações sugeridas pela Casa revisora, o projeto, com sua redação original, sem as emendas, seguirá para apreciação do Poder Executivo.

13.3.2.4. Sanção ou veto

Como quarto ato temos a deliberação executiva (sanção ou veto presidencial).

O projeto de lei discutido/votado/aprovado pelas duas Casas Legislativas deve ser encaminhado ao Presidente da República para apreciação. O chefe do Poder Executivo terá o prazo máximo de **quinze dias úteis**, contados da data do recebimento do projeto de lei, para analisar a proposição normativa e ofertar uma resposta.

Primeiramente, o Presidente da República pode sancionar o projeto. A sanção é a manifestação de aquiescência e assentimento presidencial ao texto do projeto, convertendo-o em lei. Poderá ser de dois tipos:

(i) expressa, quando o Presidente opinar explícita e formalmente a favor do projeto de lei, durante os quinze dias úteis destinados à sua manifestação;

(ii) tácita, quando o Presidente da República se mantiver em silêncio durante o período destinado a sua manifestação. Nesse caso, em que o chefe do Poder Executivo deixa escoar o prazo sem apresentar nenhuma conclusão, considera-se o projeto de lei aprovado tacitamente pelo Presidente (art. 66, § 3º, CF).

Ainda sobre a sanção, vale lembrar que ela pode ser total, quando o Presidente concorda com a integralidade do texto do projeto de lei, ou parcial, quando sua aquiescência é dada apenas a parte do texto e, portanto, terá ele sancionado parcialmente e vetado parcialmente o projeto submetido à sua apreciação.

Já o veto é o poder de desaprovação total ou parcial exercido pelo Poder Executivo sobre o projeto de lei aprovado no Poder Legislativo. A recusa presidencial ao projeto deve ser apresentada no prazo fatal de quinze dias úteis e deve ser fundamentada, podendo o veto justificar-se pela inconstitucionalidade do projeto de lei ou pela contrariedade ao interesse público. No primeiro caso, a razão do veto é jurídica; no segundo, política (art. 66, § 1º, CF).

Quanto ao alcance do veto, são duas as modalidades possíveis: o veto total e o veto parcial. O veto é total quando a discordância presidencial atinge todo o projeto de lei; já o veto parcial decorre da divergência presidencial apenas sobre parte do projeto de lei, não podendo alcançar palavras ou expressões isoladas.

Mesmo sendo total ou parcial, uma coisa é certa: o veto será sempre expresso, pois do silêncio, já sabemos, resulta sanção tácita.

Deverá ser também motivado; afinal, precisam ser explicitadas as razões que conduziram à discordância. Por isso, determina a Constituição que o veto, com suas razões, seja comunicado ao Presidente do Senado Federal no prazo de quarenta e oito horas.

Outra importante informação sobre o veto é que ele não importa o arquivamento definitivo do projeto de lei, pois sua reapreciação pelo Poder Legislativo é possível. Nesse sentido, o veto será apreciado em sessão conjunta, dentro de trinta dias a contar de seu recebimento, só podendo ser rejeitado (isto é, derrubado) pelo voto da maioria absoluta dos Deputados Federais e Senadores, em sessão **aberta** (art. 66, §§ 4º e 6º, CF). Caso o veto não seja apreciado em até trinta dias, a pauta da sessão conjunta de Deputados e Senadores ficará obstruída até sua análise. Sendo derrubado o veto, pelo voto da maioria absoluta dos deputados e dos senadores, o projeto estará definitivamente aprovado e será encaminhado ao Presidente da República para promulgação; não se reunindo essa maioria absoluta de cada Casa contra o veto, estará ele mantido e, por conseguinte, será o projeto enviado para o arquivo.

13.3.2.5. Promulgação

É o ato que atesta formalmente a existência da lei, sendo, pois, a certificação categórica de que o diploma legislativo existe, é executável e potencialmente obrigatório. Incide sobre a própria lei.

Esse ato compete, em princípio, ao Presidente da República, que nos termos do art. 66, § 7º, CF, deve promulgar a lei em até quarenta e oito horas. Se não o fizer dentro desse prazo, caberá ao presidente do Senado Federal fazê-lo, em igual prazo. Se este último também não promulgar a lei no prazo constitucionalmente estipulado, o vice-presidente do Senado deverá promulgá-la, imediatamente.

13.3.2.6. Publicação

Como último ato, temos a promulgação. Como o ato é uma condição de eficácia para a lei, é requisito necessário para que o diploma legislativo passe a gozar de obrigatoriedade. Muito embora não haja nenhuma previsão constitucional, entende-se que a publicação compete à autoridade que efetivou a promulgação, sendo crime de responsabilidade a circunstância de o chefe do Executivo omitir ou retardar dolosamente a publicação das leis.

13.3.3. Leis complementares

O trâmite legislativo para a elaboração das leis complementares não foi anunciado expressamente na Constituição, que somente se preocupou em mencionar o quórum de aprovação, qual seja, de maioria absoluta (art. 69, CF). Nesse sentido, entendemos que implicitamente restou definido que quanto ao mais se aplicaria o procedimento comum, válido para as leis ordinárias, com os mesmos atos e fases procedimentais.

Assim, importante será apontar as distinções entre as duas espécies normativas – que se distanciam tanto no aspecto material quanto no formal.

No aspecto formal, a diferença essencial posta pela Constituição é a maioria para aprovação. As leis complementares são aprovadas mediante o voto favorável da maioria absoluta da Casa. Já a aprovação de lei ordinária exige o voto favorável da maioria simples da Casa Legislativa onde a proposição esteja sendo discutida.

Quanto ao aspecto material, as espécies normativas se diferenciam fundamentalmente na taxatividade das matérias a serem tratadas por lei complementar e no caráter residual dos assuntos a serem disciplinados por leis ordinárias.

Atenção

No que se refere à eventual distinção hierárquica, é posicionamento doutrinário majoritário e entendimento consolidado no STF que **não** há hierarquia entre lei ordinária e lei complementar, estando ambas no mesmo patamar normativo.

13.3.4. Leis delegadas

O procedimento de elaboração das leis delegadas encontra-se listado no art. 68, CF.

Em termos formais, as leis delegadas são elaboradas pelo chefe do Poder Executivo, que primeiro deverá apresentar solicitação ao Poder Legislativo. Este irá avaliá-la e, se a acatar, externará sua aceitação por meio de uma **resolução**, na qual deverão constar (de forma específica e explícita) o conteúdo e os termos de exercício da delegação.

Vale ainda destacar que é vedado ao Congresso Nacional delegar ao Presidente da República matéria de sua competência exclusiva, de competência privativa da Câmara dos Deputados ou do Senado Federal, matéria reservada à lei complementar; a legislação sobre a organização do Poder Judiciário e do Ministério Público, a carreira e a garantia de seus membros; a nacionalidade, cidadania, direitos individuais, políticos e eleitorais; e os planos plurianuais, diretrizes orçamentárias e orçamentos (art. 68, § 1º).

Por fim, insta recordar que as leis delegadas são raramente utilizadas pelo Presidente da República, afinal, ele dispõe de um instrumento normativo decisório rápido, que o permite regulamentar certos assuntos independentemente de autorização do Congresso Nacional. São as medidas provisórias, nosso próximo tópico.

13.3.5. Medidas provisórias

13.3.5.1. Notas introdutórias

As medidas provisórias foram introduzidas na Constituição de 1988 em substituição ao antigo decreto-lei.

Serão editadas pelo Presidente da República e, se houver previsão expressa na Constituição do Estado (e desde que respeitada a simetria, isto é, desde que observada toda a sistemática posta na Constituição Federal), Governadores também poderão editar medidas provisórias, válidas na esfera estadual. Do mesmo modo, e também pelo ideal de simetria, compreende-se possível a edição de medida provisória na esfera municipal. Nesse caso, é preciso que haja previsão expressa do cabimento da espécie normativa na respectiva Constituição estadual e também na Lei Orgânica Municipal, para que os Prefeitos municipais possam fazer uso das medidas.

O manejo constitucionalmente adequado da medida provisória depende da obediência simultânea a dois pressupostos legitimadores da sua edição: a **relevância** e a **urgência** (art. 62, *caput*, CF).

Exige também, além da observância estrita dos pressupostos constitucionais, que a espécie normativa não verse sobre temas que estão constitucionalmente vedados, por constituírem limites materiais à sua incidência. Referidos limites foram introduzidos pela Emenda Constitucional 32/2001 no art. 62, § 1º, CF, que delineia os assuntos que não podem ser regulados por meio de uma medida provisória.

Quanto à produção de efeitos, vale mencionar que, tão logo é editada, a medida provisória começa imediatamente a produzir efeitos, pois é um ato normativo pronto e acabado, elaborado pelo Presidente da República e que possui força de lei.

Por isso, ato contínuo à edição, a MP deve ser encaminhada para apreciação e posterior manifestação do Congresso Nacional, que pode aprová-la (e convertê-la em lei ordinária) ou rejeitá-la (quando então o texto da medida provisória será encaminhado para o arquivo e não poderá constituir objeto de nova medida provisória na mesma sessão legislativa).

13.3.5.2. Produção de efeitos e votação

A eficácia da medida provisória é de **sessenta dias**, prorrogáveis **uma única** vez por igual período (art. 62, §§ 3º e 7º, CF). O prazo, pois, em que a medida provisória produz efeitos é usualmente de cento e vinte dias.

Por veicular matéria de lei ordinária, a medida provisória é apreciada pelo Poder Legislativo segundo os mesmos trâmites verificados na deliberação parlamentar do processo ordinário.

A Casa iniciadora será sempre a Câmara dos Deputados e a Casa revisora, o Senado Federal, já que quem apresenta a medida ao mundo normativo é necessariamente o Presidente da República.

Antes, todavia, de chegar à Casa iniciadora, a medida provisória passa pela apreciação e parecer de uma Comissão mista, que irá verificar o cumprimento dos pressupostos constitucionais da medida provisória, emitindo, assim, um parecer opinativo.

Na verificação da medida pelo Poder Legislativo, o ideal é que a discussão e a votação nas duas Casas sejam feitas no prazo de **quarenta e cinco dias**, contados da data da publicação da medida provisória, prazo esse estipulado para que o processamento ocorra sem que haja o trancamento da pauta de nenhuma das duas Casas (art. 62, § 6º, CF). Referida obstrução da pauta significa a paralisação das demais proposições legislativas na Casa em que a medida provisória estiver tramitando. Percebe-se, pois, que a votação é feita pelas Casas Legislativas em separado, e o prazo ideal para sua efetivação é conjunto e é de quarenta e cinco dias.

Ainda no que se refere à obstrução da pauta, o texto da Constituição Federal é claro em determinar a suspensão de todas as demais deliberações legislativas da Casa em que a medida provisória estiver tramitando. A extensão do trancamento de pauta, no entanto, está em discussão em um mandado de segurança no STF (MS 27.931-DF). Deve-se aguardar o julgamento definitivo do remédio constitucional, que foi suspenso pelo pedido de vista dos autos por um Ministro.

13.3.5.3. Conversão da medida provisória em lei ou rejeição

A MP pode ser convertida em lei, com ou sem alterações de seu texto, ou rejeitada, expressa ou tacitamente (isto é, por decurso de prazo).

Se houver conversão em lei sem alterações do texto, depois de aprovado, ele será encaminhado ao Presidente da Mesa do Congresso Nacional para que ele promova a promulgação da lei.

No entanto, se qualquer das Casas Legislativas apresentar emendas ao texto da medida provisória, promovendo modificações, o texto da medida provisória se tornará um projeto de lei de conversão, que seguirá o trâmite legislativo ordinário. Nessa hipótese, o texto da medida, agora modificado pelas emendas parlamentares, será encaminhado para o Presidente da República, que terá quinze dias úteis para vetar ou sancionar o projeto de lei de conversão. Em havendo sanção presidencial ou, em caso de veto, se este for derrubado, a promulgação e a publicação da lei serão feitas pelo Presidente da República (art. 62, § 12, CF).

A MP também pode ser rejeitada: – expressamente, quando qualquer das duas Casas do Congresso Nacional deixar de convertê-la em lei durante o prazo em que ela está produzindo seus efeitos; – tacitamente quando seu prazo de eficácia se esgotar sem que o Legislativo a tenha convertido em lei ou a tenha rejeitado expressamente.

Nos dois casos de não aprovação (rejeição expressa e rejeição tácita), a MP perderá sua eficácia desde a edição, o que nos permite concluir que seus efeitos só são válidos se ela for convertida em lei. Não havendo referida conversão, os efeitos da MP são nulos, devendo o Congresso Nacional editar um decreto legislativo, em até sessenta dias, para regular as relações jurídicas constituídas e decorrentes de atos praticados durante a vigência da medida provisória. Se referido decreto legislativo não for editado, prevê a Constituição que essas relações jurídicas conservar-se-ão pela medida provisória regidas (art. 62, §§ 3º e 11, CF).

14. PODER EXECUTIVO

14.1. Noções introdutórias

O Poder Executivo é independente e autônomo e tem por função primordial (típica) administrar a coisa pública, por meio de atos de chefia de Estado, chefia de Governo e da administração.

O Poder Executivo realiza, além de suas atribuições típicas, também funções atípicas:

(i) de natureza jurisdicional, quando há um dissídio administrativo; e

(ii) de natureza legislativa, ao, por exemplo, editar uma medida provisória.

14.2. O Poder Executivo na Constituição da República de 1988

Conforme dispõe o art. 76, CF, o Poder Executivo é unipessoal, **exercido unicamente pelo Presidente da República, que é auxiliado pelos Ministros de Estado.** Estes (de acordo com o art. 84, I, e o art. 87, ambos da CF) se subordinam ao Presidente e são por ele nomeados e demitidos livremente. São escolhidos entre:

(i) brasileiros, natos ou naturalizados – salvo o Ministro de Estado da Defesa, que necessariamente será **nato** (art. 12, § 3º);

(ii) maiores de 21 anos; e

(iii) no pleno exercício dos direitos políticos.

Os Ministros de Estado serão processados e julgados no STF pela prática de crimes comuns e de responsabilidade (art. 102, I, 'c', CF). Todavia, se o crime de responsabilidade praticado pelo Ministro for conexo com o do Presidente da República, o processo será de competência do Senado Federal (art. 52, I, CF).

14.3. Eleição e mandato do Presidente da República

Existem requisitos constitucionais para que o indivíduo ocupe o cargo de Presidente da República; estão previstos no art. 14, § 3º, CF, a saber:

(i) ser brasileiro nato (art. 12, § 3º);

(ii) possuir alistamento eleitoral;

(iii) estar no pleno exercício dos direitos políticos;

(iv) estar filiado a algum partido político;

(v) ter a idade mínima de 35 anos;

(vi) não estar sujeito à incidência de nenhuma causa de inelegibilidade.

O sistema eleitoral que regerá as eleições para a chefia do Executivo será o **majoritário absoluto**. Segundo este, será eleito Presidente o candidato que conquistar, em primeiro ou segundo turno, a maioria absoluta dos votos válidos.

Insta firmar que o mandato do Presidente é de quatro anos e terá início em 1º de janeiro do ano seguinte ao da sua eleição (art. 82, CF), podendo ele se reeleger para um único mandato subsequente (art. 14, § 5º, CF).

14.4. Posse

A posse do Presidente e do Vice-Presidente da República ocorrerá em 1º de janeiro do ano subsequente à eleição, em sessão do Congresso Nacional. Não comparecendo o Presidente nem o Vice-Presidente da República para tomar posse dos cargos na data fixada (1º de janeiro), estes serão declarados vagos depois de decorridos dez dias, salvo se houver motivo de força maior (caso em que aguardaremos pelo tempo que for necessário a superação do motivo).

14.5. Impossibilidades de exercer o cargo: o impedimento e a vacância

Os afastamentos temporários, por causa de uma doença, por exemplo, são intitulados **impedimentos**. Já a **vacância** é ocasionada pela impossibilidade categórica e decisiva de exercer a função, por exemplo, em razão de renúncia ou morte.

Caso o Presidente se ausente de suas funções, temporária ou definitivamente, pertencerá ao Vice-Presidente a atribuição primária para substituí-lo (em caso de impedimento) ou sucedê-lo (em caso de vacância).

No entanto, se houver **impedimento simultâneo** do Presidente e do Vice-Presidente da República, devemos nos valer do rol taxativo e ordenado das pessoas que deverão ser chamadas sucessivamente para ocupar, interinamente, a Presidência da República, o qual está previsto no art. 80, CF. Na ordem, serão acionados para assumir temporariamente a Presidência:

(1º) o Presidente da Câmara dos Deputados;

(2º) o Presidente do Senado Federal;

(3º) o Ministro Presidente do Supremo Tribunal Federal.

Por outro lado, se o caso for de **vacância dos dois cargos**, a solução será a realização de **novas eleições** (art. 81, CF).

Mas as eleições poderão ser **diretas** ou **indiretas**.

Se a vacância dos dois cargos ocorrer nos dois primeiros anos do mandato presidencial, deverá ser organizada nova eleição direta em até noventa dias depois de aberta a última vaga (art. 81, *caput*).

Por outro lado, se a vacância dos dois cargos se efetivar nos últimos dois anos do mandato, será feita nova eleição indireta (pelo Congresso Nacional), trinta dias depois da última vaga se abrir (art. 81, § 1º).

Atenção

Importante destacar que o Presidente e o Vice que forem escolhidos em qualquer dessas modalidades de novas eleições deverão, tão somente, completar o mandato de seus antecessores, cumprindo o "**mandato tampão**" (art. 81, § 2º, CF).

14.6. Licença

Não podem sair do país por **mais de quinze dias**, sem licença (autorização) do Congresso Nacional, o Presidente e o Vice-Presidente da República, pois se o fizerem estarão sujeitos à perda do cargo.

De acordo com orientação do STF, referida disposição é norma de observância obrigatória para as demais esferas da Federação (para exemplificar: o Governador somente poderá se afastar do estado por período superior a quinze dias se a Assembleia Legislativa autorizar).

14.7. Atribuições do Presidente da República

Elencadas de modo meramente **exemplificativo** no art. 84, CF temos as atribuições privativas do Presidente da República relacionadas à Chefia de Estado, de Governo e da Administração Federal.

Também é importante destacar que nem todas as competências elencadas no art. 84 poderão ser delegadas. Aliás, a maioria das tarefas listadas é indelegável. Somente são delegáveis as atividades previstas nos incisos VI, XII e XXV, 1ª parte (essa primeira parte refere-se à atribuição de "prover"). A delegação, conforme preceitua o art. 84, parágrafo único, poderá ser feita aos Ministros de Estado, ao Procurador-Geral da República (PGR) e ao Advogado-Geral da União (AGU).

14.8. Imunidades do Presidente da República

A Constituição prevê para o Presidente da República um conjunto de prerrogativas formais, referentes à prisão, ao processo e à inibição da responsabilidade penal, durante a vigência do mandato, por atos estranhos à função presidencial. Vejamos cada uma delas.

No que se refere a imunidade quando à prisão, a prerrogativa assegura que o Presidente não poderá ser preso enquanto não sobrevier sentença condenatória, prolatada pelo STF. Isso significa que o presidente não poderá ser preso em flagrante nem preventivamente, tampouco temporariamente (art. 86, § 3º, CF).

Quanto à imunidade formal em relação ao processo, para que o Presidente da República seja processado, tanto pela prática de crime comum quanto pela prática de crime de responsabilidade, deve haver autorização da Câmara dos Deputados, por 2/3 de seus membros. Vale lembrar que esse juízo da Câmara é político, e não jurídico (art. 86, *caput*, CF c/c art. 51, I, CF).

Quanto à relativa e temporária irresponsabilidade penal, o Presidente só poderá ser responsabilizado, durante a vigência de seu mandato, pela prática de crimes que estão relacionados ao exercício de suas funções. Não havendo conexão entre o crime praticado e a atividade presidencial, ou se o crime foi praticado antes do início do mandato, a responsabilização somente ocorrerá após o encerramento deste (art. 86, § 4º, CF).

14.9. Responsabilidade do Presidente da República

14.9.1. Notas introdutórias

O Presidente pode ser responsabilizado tanto pela prática de crimes comuns (infrações penais comuns) quanto por crimes de responsabilidade (infrações político-administrativas). Insta recordar que a locução "crimes comuns" se refere a qualquer tipo de infração penal, e o órgão competente para o julgamento é o Supremo Tribunal Federal (art. 102, I, *b*, CF).

Já os "crimes de responsabilidade" são as infrações político-administrativas, apresentadas no art. 85 da CF num rol meramente exemplificativo (vale recordar que a União legisla sobre o tema, conforme a súmula vinculante 46, STF). O juiz natural para essas infrações é o Senado Federal (art. 52, I, CF).

14.9.2. O juízo de admissibilidade realizado pela Câmara dos Deputados

O Presidente da República somente poderá ser processado por crime comum ou de responsabilidade se antes houver anuência da Câmara dos Deputados, por 2/3 de seus membros.

Sobre esse juízo de admissibilidade, vale listar seis informações importantes:

(i) qualquer cidadão pode apresentar a acusação contra o Presidente na Câmara dos Deputados;

(ii) uma comissão é criada na Casa para avaliar a acusação e elaborar um parecer. O parecer é submetido à votação aberta na Câmara dos Deputados;

(iii) exige-se a maioria de 2/3 dos membros da Câmara dos Deputados para que a autorização seja concedida;

(iv) caso a Câmara dos Deputados decida pela adequação da acusação, a autorização terá sido dada e, em se tratando de crime de responsabilidade, vinculará o Senado Federal (que deverá instaurar o processo); em se tratando de crime comum, não vinculará o STF (que ainda verificará se receberá ou não a denúncia contra o Presidente);

(v) o juízo engendrado na Câmara dos Deputados é político;

(vi) o Presidente da República deve ter assegurado seu direito de defesa já nessa fase, mesmo que ainda não exista nenhum processo.

14.9.3. Crimes comuns

Quando a infração praticada pelo Presidente é comum, o julgamento deverá ser realizado no STF, e a primeira tarefa do Ministro relator será a de avaliar se o fato foi cometido no exercício das funções presidenciais (em ofício ou em razão do ofício).

Se o relator concluir que o fato não foi cometido no exercício funcional e decidir-se pela incidência da relativa e temporária irresponsabilidade penal, deverá suspender a possibilidade de responsabilização enquanto durar o mandato.

Se, porém, o relator entender que o fato é conexo ao exercício das funções presidenciais, deverá dar andamento ao trâmite (aguardando a denúncia ou a queixa-crime).

Mesmo com a apresentação da denúncia pelo PRG ou da queixa-crime pelo ofendido (diretamente ou por seu representante legal), o STF ainda não poderá instaurar o processo, pois deverá antes disso comunicar à Câmara dos Deputados, que fará o juízo de admissibilidade da acusação. Se a Casa Legislativa autorizar, o STF ainda fará nova análise da admissibilidade da acusação, não estando vinculado à autorização concedida pela Câmara dos Deputados.

A decisão prolatada no julgamento realizado no STF pode ser pela absolvição ou pela condenação; neste último caso será designada uma pena a ser cumprida, e o Presidente poderá vir a ser preso.

14.9.4. Crimes de responsabilidade

Crimes de responsabilidade não são crime propriamente; são infrações político-administrativas listadas na Constituição (no art. 85). Se praticados pelo Presidente, o julgamento será realizado no Senado Federal (desde que haja, antes, autorização da Câmara dos Deputados).

O Senado funcionará como um Tribunal Político de colegialidade heterogênea, pois composto por todos os membros do Senado Federal, mas presidido por autoridade externa ao Poder Legislativo, isto é, pelo Ministro Presidente do STF.

No Senado, a condenação somente poderá ser proferida por 2/3 dos membros da Casa Legislativa, formalizada em uma resolução, e importará na aplicação das penas de **perda do cargo** e **inabilitação por oito anos** para o exercício das funções públicas, sem prejuízo das demais sanções judiciais cabíveis.

Atenção

Insta destacar que as duas penas são autônomas (principais e independentes), e a eventual impossibilidade de aplicação da pena de perda do cargo (em virtude de renúncia, por exemplo) não inviabiliza a aplicação da inabilitação.

14.10. Responsabilidade dos Governadores e dos Prefeitos Municipais

Os Governadores, se praticarem crime comum, serão processados e julgados no STJ (art. 105, I, *a*, CF), lembrando que a possibilidade de instauração de um processo criminal depende de autorização prévia da Assembleia Legislativa estadual (desde que haja previsão da imunidade referente à autorização na respectiva Constituição estadual).

No que se refere aos crimes de responsabilidade, o processamento e julgamento serão feitos por um Tribunal especial, formado por cinco membros da Assembleia Legislativa e cinco desembargadores, sob a presidência do Presidente do Tribunal de Justiça local.

Quanto aos Prefeitos municipais, estes poderão ser processados e julgados perante o TJ, o TRE ou pelo TRF, a depender da natureza da infração (ver o art. 29, X, CF c/c a Súmula 702 do STF). Já em relação aos crimes de responsabilidade, serão processados e julgados pela Câmara Municipal (art. 4º, Decreto-lei 201/1967).

15. PODER JUDICIÁRIO

15.1. Noções introdutórias

Previsto na Constituição da República como um dos Poderes da União, o Judiciário é independente e autônomo, de significativa importância no panorama constitucional das liberdades públicas.

Possui como função típica a **jurisdicional**, sendo o responsável pelo exercício da jurisdição, consistente na atividade por meio da qual o Estado presta a tutela jurisdicional, mediante provocação, no intuito de promover imparcialmente a composição dos conflitos.

Devemos lembrar ainda que o Poder Judiciário exercerá também funções de modo atípico (secundário), tanto de natureza executivo-administrativa quanto de natureza legislativa.

15.2. Órgãos do Poder Judiciário

15.2.1. Notas introdutórias

São órgãos do Poder Judiciário:

(i) o Supremo Tribunal Federal (STF);

(ii) o Conselho Nacional de Justiça (CNJ);

(iii) o Superior Tribunal de Justiça (STJ);

(iv) os Tribunais Regionais Federais e Juízes Federais;

(v) os Tribunais e Juízes do Trabalho;

(vi) os Tribunais e Juízes Eleitorais;

(vii) os Tribunais e Juízes Militares; e

(viii) os Tribunais e Juízes dos estados e do Distrito Federal e Territórios.

O Poder Judiciário exerce suas atribuições jurisdicionais através dos órgãos anteriormente listados, com exceção do Conselho Nacional de Justiça (CNJ), que se limita a cumprir tarefas de caráter administrativo, não possuindo função jurisdicional.

O STF, os Tribunais Superiores e o CNJ têm sede na Capital Federal, e o STF e os Tribunais Superiores exercem jurisdição em todo o território nacional.

Os Tribunais de Contas e o Ministério Público não são órgãos do Poder Judiciário.

O STF e os Tribunais Superiores são intitulados "órgãos de convergência", por possuírem jurisdição em todo o território nacional.

O Tribunal do Júri não faz parte da divisão da justiça; se apresenta como uma garantia individual, integrando a justiça comum.

Os Municípios não possuem jurisdição própria, apesar de, obviamente, existir prestação jurisdicional em suas localidades, através das comarcas e sessões judiciárias.

A justiça do Distrito Federal e Territórios é criada e mantida pela União, de forma que tanto os magistrados quanto os servidores dessa justiça sejam remunerados pelo erário federal (arts. 21, XIII e 22, XVII, CF).

15.2.2. Padrão de idade como requisito de ingresso

Para que determinada pessoa seja indicada para integrar os quadros de alguns dos órgãos do Poder Judiciário, deverão ser observados certos limites etários (mínimo e máximo), quais sejam:

(i) os integrantes do STF, STJ e TST deverão ter idade mínima de 35 anos e idade máxima de 65 anos;

(ii) os integrantes dos TRFs e TRTs deverão ter idade mínima de 30 anos e idade máxima de 65 anos;

(iii) os ministros civis do STM deverão ter idade mínima de 35 anos.

Convém destacar que após a Emenda Constitucional 61/2009, a CF deixou de exigir a observância de critérios etários para a composição do CNJ.

15.2.3. Aprovação prévia pelo Senado Federal como requisito para a posse

A posse em determinados cargos do Poder Judiciário exige prévia aprovação do Senado Federal, em sabatina. A assunção dos cargos por parte daqueles indicados para integrar o STF, STJ, TST ou CNJ está na dependência da aprovação da maioria absoluta dos membros do Senado Federal.

Por outro lado, os quinze membros que forem indicados para assumir cargo no STM se sujeitam à aprovação por maioria simples dos membros do Senado Federal.

15.3. O quinto constitucional

De acordo com o art. 94, CF, um quinto dos lugares dos Tribunais Regionais Federais, dos Tribunais dos Estados e do Distrito Federal e Territórios será composto de membros do Ministério Público com mais de dez anos de carreira e advogados de notório saber jurídico e de reputação ilibada com mais de dez anos de efetiva atividade profissional.

Referida regra foi engendrada na Constituição da seguinte maneira: os órgãos de representação das respectivas classes preparam uma lista sêxtupla, reduzida pelo Tribunal para uma lista tríplice, enviando-a ao Poder Executivo, que nos vinte dias subsequentes escolherá um componente da lista para nomeação. Deve-se observar que o magistrado nomeado pelo quinto constitucional é desde logo vitalício.

Essa regra também passou a ser aplicada aos Tribunais do Trabalho, TST e TRTs, a partir da Emenda Constitucional 45/2004.

Quanto ao STJ, ainda hoje se mantém uma discussão doutrinária acerca da incidência da regra do quinto constitucional, haja vista não ser um quinto do Tribunal composto por membros da advocacia e do MP, mas tão somente um terço, razão pela qual entendemos que o Tribunal não sofre a incidência da cláusula (art. 104, CF).

15.4. Garantias do Poder Judiciário

Com a finalidade de assegurar a independência e a autonomia do Poder Judiciário perante os outros poderes, assim como garantir a imparcialidade no exercício de suas tão importantes funções, a Constituição estipulou garantias que o resguardam de pressões externas indevidas, reforçam o princípio da separação de poderes e, por consequência, o próprio Estado Democrático de Direito.

São as garantias funcionais que permitem aos juízes o cumprimento de suas atribuições constitucionais e legais com a necessária imparcialidade e, ainda, com desassombro e liberdade diante de eventuais ingerências externas. Podem ser fracionadas em dois grupos: (1) garantias de independência; e (2) garantias de imparcialidade. Vejamos ambas.

1. As garantias de independência permitem aos magistrados trabalhar em paz, sem subordinação hierárquica a quem quer que seja (art. 95, CF):

(i) vitaliciedade,
(ii) inamovibilidade e
(iii) irredutibilidade de subsídios.

A **vitaliciedade** é a garantia que vincula o titular ao cargo para o qual foi nomeado e, uma vez alcançada, torna o sujeito detentor do cargo por toda vida, o que garante que ele somente irá perdê-lo em virtude de sentença judicial transitada em julgado. No primeiro grau de jurisdição, a vitaliciedade somente é adquirida após o magistrado exercer efetivamente o cargo por dois anos e superar o estágio probatório. Durante esse período, o juiz pode perder seu cargo, administrativamente, por decisão da maioria absoluta dos membros do Tribunal a que ele estiver vinculado. Já nos Tribunais, todos os membros adquirem a garantia da vitaliciedade com a assunção do cargo, independentemente da forma de acesso.

Já a **inamovibilidade** consiste na prerrogativa que o magistrado possui de somente ser removido ou mesmo promovido por iniciativa própria, jamais de ofício. A única exceção é a existência de interesse público, hipótese em que seu deslocamento (por ex., de uma comarca para outra, de um grau de jurisdição para outro) poderia se dar pelo voto da maioria absoluta dos membros do Tribunal a que ele esteja vinculado ou do CNJ, sendo sempre assegurada a ampla defesa, nos termos do art. 93, VIII, CF.

Quanto à **irredutibilidade de subsídios**, pode-se dizer que é a garantia que os magistrados têm de que seus subsídios não poderão ser reduzidos (salvo em decorrência da incidência dos tributos). Isso evita pressões externas, que impediriam a liberdade no exercício das atribuições judicantes. Trata-se de uma garantia nominal e não real, isto é, os valores percebidos pelos magistrados não estão livres de corrosão por eventual inflação.

2. As garantias de imparcialidade dos órgãos judiciários são vedações que foram impostas ao juiz no intuito de garantir sua imparcialidade como órgão julgador (art. 95, parágrafo único, CF). O rol que as prevê é exaustivo e determina que aos magistrados é vedado:

(i) exercer, ainda que em disponibilidade, outro cargo ou função, salvo uma de magistério;
(ii) receber, a qualquer título ou pretexto, custas ou participação em processo;
(iii) dedicar-se à atividade político-partidária;
(iv) receber, a qualquer título ou pretexto, auxílios ou contribuições de pessoas físicas, entidades públicas ou privadas, ressalvadas as exceções previstas em lei;
(v) e exercer a advocacia no juízo ou Tribunal do qual se afastou, antes de decorridos três anos do afastamento do cargo por aposentadoria ou exoneração, a chamada quarentena de saída.

15.5. Conselho Nacional de Justiça

Em um cenário de críticas severas ao isolacionismo social, morosidade e corporativismo maléfico que acometiam o Poder Judiciário, foi instituído (pela Emenda Constitucional 45/2004) o Conselho Nacional de Justiça, órgão com atribuições exclusivamente administrativas, desprovido de competências jurisdicionais, para **controlar a atuação administrativa e financeira do Poder Judiciário, bem como fiscalizar os juízes no cumprimento de seus deveres funcionais.**

Referido conselho foi definido na Constituição com quinze membros, com mandato de dois anos, sendo admitida apenas uma recondução.

Esses membros são nomeados pelo Presidente da República, depois de aprovada a escolha pela maioria absoluta do Senado Federal, com exceção do Presidente do STF, que é membro nato.

Aliás, sobre o Presidente do STF vale lembrar que presidirá o Conselho e, nas suas ausências e impedimentos, o Vice-Presidente do STF exercerá a função.

Também é importante destacar que o Ministro do STJ exercerá a função de Ministro-Corregedor e que, junto ao Conselho, oficiarão o PGR e o Presidente do Conselho Federal da OAB.

Ainda sobre a composição, conforme prevê o art. 103-B, incisos I a XIII, CF, integram o Conselho:

(i) o Presidente do Supremo Tribunal Federal;
(ii) um Ministro do STJ, indicado pelo STJ;
(iii) um Ministro do TST, indicado pelo TST;
(iv) um desembargador de TJ, indicado pelo STF;
(v) um juiz estadual, indicado pelo STF;
(vi) um juiz de TRF, indicado pelo STJ;
(vii) um juiz federal, indicado pelo STJ;
(viii) um juiz de TRT, indicado pelo TST;
(ix) um juiz do trabalho, indicado pelo TST;
(x) um membro do Ministério Público da União, indicado pelo PGR;
(xi) um membro do Ministério Público estadual, escolhido pelo PGR entre os nomes indicados pelo órgão competente de cada instituição estadual;
(xii) dois advogados, indicados pelo Conselho Federal da Ordem dos Advogados do Brasil;
(xiii) dois cidadãos, de notável saber jurídico e reputação ilibada, indicados um pela Câmara dos Deputados e outro pelo Senado Federal.

Quanto às competências do Conselho, não são exaustivas as constitucionalmente designadas para o CNJ no art. 103-B, § 4º, haja vista a possibilidade de ampliação que pode ser efetuada pelo Estatuto da Magistratura. Essas tarefas referem-se à supervisão administrativa e financeira das atividades do Judiciário nacional.

Em finalização ao tópico, vale afirmar três coisas:

(i) por estarem as atribuições do CNJ restritas ao controle da atuação administrativa, financeira e disciplinar dos órgãos do Poder Judiciário a ele sujeitos, pode-se afirmar que seus atos poderão ser revistos pelo STF, que, além de ser órgão de cúpula jurisdicional e nacional do Judiciário brasileiro, apresenta-se igualmente como órgão de cúpula administrativa, financeira e de controle do cumprimento dos deveres funcionais dos juízes (art. 102, I, 'r', CF);
(ii) o STF não se submete às deliberações do CNJ;

(iii) por último e para que não restem dúvidas: o STF afirmou a constitucionalidade do Conselho, determinando que sua criação não importou violação ao ideal de separação de poderes, tampouco ao princípio federativo.

15.6. Súmulas vinculantes

No mesmo cenário de "crise do Poder Judiciário" em que se criou o CNJ, ganhou força no direito brasileiro a pretensão por precedentes judiciais vinculantes e foi instituído um instrumento típico da *common law*: as súmulas vinculantes (art. 103-A, CF).

A finalidade da previsão desse instituto no direito pátrio teve objetivos mais amplos e nobres que simplesmente combater a morosidade do Judiciário, reduzindo sua carga de trabalho. A concessão de efeito vinculante às súmulas visou garantir respostas igualitárias entre os jurisdicionados, especialmente àqueles menos favorecidos, constantemente excluídos das benesses da cidadania nas causas de repetição.

Cabe ao STF, e a nenhum outro órgão, a edição, revisão e cancelamento das súmulas vinculantes. Nessa tarefa, deve a Corte observar alguns requisitos essenciais à legitimação da sua atuação:

(i) existência de reiteradas decisões sobre a matéria constitucional;

(ii) controvérsia atual entre órgãos do Poder Judiciário ou entre estes e a Administração Pública que acarrete grave insegurança jurídica ou a multiplicação de processos idênticos;

(iii) aprovação por 2/3 de seus membros.

Importante destacar que, realmente, somente o STF tem competência para editar/rever/cancelar súmulas vinculantes, mas isso pode ser feito de ofício (proposta apresentada por um ministro integrante da Corte) ou por provocação (art. 103-A, § 2º, CF).

Essa provocação pode ser feita pelos mesmos legitimados à propositura de ação direta de inconstitucionalidade do art. 103, CF. Vale, todavia, mencionar que a Lei 11.417/2006 incrementou esse rol, pois trouxe como novidade a legitimidade do Defensor Público-Geral da União, de todos os Tribunais e dos municípios (estes últimos, de forma incidental, conforme prevê o art. 3º, § 1º, da Lei 11.417/2006).

Quanto ao efeito vinculante da súmula, necessário deixar assente que todos os demais órgãos do Poder Judiciário e a administração pública, direta e indireta, de todas as unidades da nossa Federação, estão vinculados pelo teor do enunciado da súmula vinculante. No entanto, importante destacar que os Poderes Executivo e Legislativo também ficam vinculados pela súmula, salvo quando estiverem no exercício da produção normativa, isto é, salvo quando estiverem legislando.

Atenção

Por último, devemos ter atenção ao disposto no art. 103-A, § 3º, CF, que determina que, da decisão judicial ou do ato administrativo que contrariar enunciado de súmula vinculante, negar-lhe vigência ou aplicá-lo indevidamente, caberá **reclamação** ao STF, sem prejuízo da utilização de outros recursos ou meios admissíveis de impugnação.

15.7. O Supremo Tribunal Federal

É o órgão judicial brasileiro mais antigo. Encontra-se no topo da organização judiciária, caracterizando-se como órgão supremo do Poder. Em respeito à Constituição da República, o STF possui sede na Capital Federal, alastrando sua competência sobre todo o território nacional.

O STF é composto por onze ministros, escolhidos dentre cidadãos com mais de 35 anos e menos de 65 anos de idade, brasileiros natos, de notável saber jurídico e reputação ilibada. São, portanto, requisitos para um indivíduo ocupar o cargo de Ministro do STF:

(i) possuir a nacionalidade originária, isto é ser brasileiro nato (art. 12, § 3º);

(ii) ter a idade mínima superior a 35 anos e idade máxima inferior a 65 anos;

(iii) deter notável saber jurídico.

(iv) deter reputação ilibada.

Quanto à nomeação dos ministros do STF, é feita pelo Presidente da República, depois de aprovada a escolha pela maioria absoluta do Senado Federal. Cumpre destacar que a composição da Corte não se submete à regra do quinto constitucional.

A função básica do STF é a de tutelar a Constituição da República, assim como assegurar o respeito a ela em todo o país, o que a Corte realiza através de uma série de mecanismos. Um deles é o controle concentrado de constitucionalidade, reservado com exclusividade ao STF, num papel que tradicionalmente é confiado às Cortes Constitucionais. No entanto, e para além dessa função, a Constituição Democrática de 1988 ampliou significativamente as competências originárias da Corte, que hoje possui vasta grade de tarefas, inclusive recursal (recurso ordinário, no inciso II do art. 102; e recurso extraordinário, no inciso III do art. 102).

15.8. O Superior Tribunal de Justiça

O STJ é órgão de convergência e superposição na estrutura do Judiciário, com sede na Capital Federal e jurisdição em todo o território nacional, tendo sido instituído pela Constituição de 1988.

No que tange à estrutura do STJ, a EC 45/2004 estabeleceu que irão funcionar junto ao Superior Tribunal de Justiça os seguintes órgãos administrativos: (i) a Escola Nacional de Formação e Aperfeiçoamento de Magistrados; e (ii) o Conselho da Justiça Federal.

O STJ possui, no mínimo, trinta e três ministros, nomeados pelo Presidente da República entre brasileiros com mais de 35 e menos de 65 anos, de notável saber jurídico e reputação ilibada, depois de aprovada a escolha pela maioria absoluta do Senado Federal. Dos trinta e três ministros: (i) um terço é composto por juízes advindos dos Tribunais Regionais Federais; (ii) um terço é composto por Desembargadores advindos dos Tribunais de Justiça; (iii) um terço, em partes iguais, dentre advogados e membros do Ministério Público Federal, Estadual, do Distrito Federal e Territórios, alternadamente, indicados segundo o regramento previsto no art. 94, CF – apesar de a aritmética da formação do STJ não se subordinar à regra do "quinto constitucional", o procedimento de indicação dos membros do Ministério Público e da advocacia segue os trâmites definidos por essa cláusula.

Sobre as atribuições do STJ, é sabido que o Tribunal possui competências originárias e recursais, com base no que dispõe o art. 105, CF. Duas observações: (i) não é competência do STJ, mas sim do STF, julgar o conflito negativo de atribuições entre distintos Ministérios Públicos estaduais ou entre o Ministério Público Federal e o Ministério Público Estadual; (ii) o STJ se reconhece competente para o julgamento de ações de improbidade administrativa contra autoridades possuidoras de prerrogativa especial de foro perante o próprio Tribunal.

16. CONTROLE DE CONSTITUCIONALIDADE

16.1. Noções introdutórias

Controlar é sinônimo de colocar em confronto, contraprovar. Representa um procedimento de análise. A locução "controle de constitucionalidade" deve ser entendida, pois, como uma verificação de compatibilidade, de adequação entre normas: as leis (e os demais atos normativos) e a Constituição.

Existem vários tipos de inconstitucionalidade. Vejamos os principais:

(i) tem-se inconstitucionalidade formal, também intitulada nomodinâmica, se o vício que afeta o ato inconstitucional decorre da inobservância de algum rito do processo legislativo constitucionalmente fixado ou da incompetência do órgão que o editou;

(ii) a inconstitucionalidade é material se o conteúdo da norma é contrário ao conteúdo constitucional. Também intitulada nomoestática, deriva daquelas situações em que há incongruência entre o previsto na lei e aquilo que dispõe o texto constitucional;

(iii) analisando a conduta praticada pelo Poder Público, tem-se a inconstitucionalidade por ação. Esta pressupõe a realização, por parte do Estado, de uma conduta positiva (um *facere*) que não se compatibiliza com os preceitos constitucionais;

(iv) por outro lado, temos a inconstitucionalidade por omissão se a nefasta letargia dos Poderes Públicos impede a efetivação de uma norma constitucional que, para produzir com plenitude seus efeitos, depende de uma atuação estatal;

(v) total é a inconstitucionalidade se o diploma analisado for incompatível na sua totalidade, não sendo possível aproveitar nenhum trecho da norma, vez que o vício a contaminou na sua inteireza;

(vi) diz-se parcial a inconstitucionalidade se o vício atinge apenas trechos específicos do diploma, sem comprometer a norma toda.

16.2. Parâmetro para a declaração de constitucionalidade ou inconstitucionalidade

Em nosso ordenamento jurídico o paradigma para o controle é a própria Constituição Federal, o que significa que todas as suas normas (ainda que só formalmente constitucionais) podem determinar a inconstitucionalidade de uma lei inferior.

Importante destacar que o preâmbulo não é considerado parâmetro, porque não é norma jurídica. Quanto à parte permanente (arts. 1º a 250), diga-se que todas as normas que a integram, independentemente de seu conteúdo, são consideradas parâmetro, não importando se são originárias, derivadas (emendas constitucionais) ou mesmo decorrentes da assimilação de tratados e convenções internacionais sobre Direitos Humanos pelo rito especial, previsto no art. 5º, § 3º, CF.

Quanto à parte transitória, expressa no ADCT (arts. 1º a 100), as normas também ali elencadas também são consideradas parâmetro para o controle, enquanto ainda tiverem eficácia, claro. Se a eficácia já se exauriu (aplicabilidade esgotada), não servem mais como normas de referência.

16.3. Controle difuso de constitucionalidade

16.3.1. Notas introdutórias

Essa modalidade de controle se originou no *leading case* julgado pela Suprema Corte norte-americana, em 1803, *Marbury v. Madison*. No Brasil, tal modelo de controle de constitucionalidade foi adotado desde a nossa primeira Constituição da República, a de 1891, e mantido em todas as Cartas subsequentes.

O controle difuso de constitucionalidade é também conhecido como controle incidental, ou concreto. É exercido diante de ocorrências fáticas a serem solucionadas pelo Poder Judiciário no desempenho comum de sua típica função jurisdicional, em que se controla a constitucionalidade de modo incidental – portanto prejudicialmente ao exame do mérito –, gerando efeitos tradicionalmente retroativos e *inter partes*.

Nessa via de controle, em que se faz a fiscalização concreta de constitucionalidade, qualquer juiz ou Tribunal do Poder Judiciário possui competência para verificar a legitimidade constitucional dos atos estatais, não havendo nenhuma restrição quanto ao tipo de processo.

Vale também destacar que no controle difuso o juízo de verificação da compatibilidade da norma com o texto constitucional não é a questão principal (objeto da ação), mas tão somente uma questão prejudicial, isto é, um antecedente lógico a ser resolvido antes de se passar à questão principal.

Atenção

Destarte, pode-se concluir que no controle difuso o intuito central do processo não é o de tutelar a ordem constitucional objetiva; ao contrário, a finalidade é proteger direitos subjetivos afetados pela norma que se pretende impugnar.

Quanto à legitimidade para inaugurar o controle difuso de constitucionalidade é ampla e abrange:

(i) as partes (autor ou réu), em quaisquer demandas;

(ii) os eventuais terceiros intervenientes;

(iii) o Ministério Público;

(iv) órgão jurisdicional, de ofício – com exceção do STF no recurso extraordinário.

No que se refere às normas que podem ser objeto do controle difuso, pode-se dizer que essa via de controle é útil para verificar a compatibilidade com a Constituição de qualquer ato emanado dos Poderes Públicos, não importando a esfera federativa que o produziu, tampouco se sua natureza é de ato normativo ou não, primário ou secundário. Igualmente não é relevante ser o ato anterior ou posterior à norma constitucional parâmetro, isto é, pré ou pós-constitucional. Também não é obstáculo a realização do controle difuso ter sido o ato revogado ou estar com seus efeitos exauridos.

No que tange ao parâmetro, o controle difuso permite a fiscalização dos atos emanados do Poder Público perante qualquer norma constitucional, ainda que ela já tenha sido revogada, sendo unicamente necessário verificar se essa norma constitucional estava em vigor no momento da criação do ato.

No mais, declarada eventual inconstitucionalidade pelo Poder Judiciário, os efeitos serão retroativos, ou seja, *ex tunc*, sendo o ato normativo considerado inconstitucional desde o dia em que surgiu no ordenamento.

Atenção para um último ponto: nos Tribunais, o processo de controle de constitucionalidade difuso deverá observar a denominada "cláusula de reserva de plenário" (art. 97, CF), que determina que somente pelo voto da maioria absoluta de seus membros ou dos membros do órgão especial é que a inconstitucionalidade da lei ou ato normativo poderá ser declarada.

16.3.2. *Efeitos da decisão*

Em consonância com ensinamentos da doutrina tradicional, a norma declarada inconstitucional é nula, de forma que a sentença que profere a inconstitucionalidade tem efeito declaratório e retroage à data da edição da norma. Assim, pode-se concluir que a declaração de inconstitucionalidade opera efeitos *ex tunc*, isto é, retroativos.

Todavia, até mesmo nos Estados Unidos da América, que possui o sistema difuso-incidental mais antigo e tradicional do mundo, admite-se a mitigação dos efeitos temporais da declaração de inconstitucionalidade, de forma a permitir efeitos não retroativos às decisões. Por isso, passou a reconhecer também como possível, no direito pátrio, a modulação dos efeitos temporais, desde que se reconheça que o princípio da nulidade segue sendo a regra nas declarações de inconstitucionalidade.

Assim, e excepcionalmente, se o STF concluir que deve prevalecer a segurança jurídica ou algum interesse social marcante, poderá manipular os efeitos temporais da decisão de modo que a declaração de inconstitucionalidade não retroaja, mas sim valha do trânsito em julgado da decisão em diante (efeito *ex nunc*) ou a partir de outro momento que a Corte venha a fixar.

Quanto ao aspecto subjetivo, a decisão prolatada no controle difuso opera efeitos *inter partes*, não atingindo terceiros que não participaram daquela específica relação processual. Cumpre informar que o efeito *inter partes* tem sido apontado como a principal desvantagem do controle difuso, pois oportuniza o surgimento de uma multiplicidade de questões idênticas/semelhantes, o que ocasiona a marcante morosidade do Poder Judiciário, além de favorecer o surgimento de decisões judiciais contraditórias, o que enseja o descrédito na justiça pública.

Ainda sobre esse efeito, vale a leitura do tópico seguinte, sobre a possibilidade de atuação do Senado Federal, que poderá ampliar os efeitos para *erga omnes*.

16.3.3. *A atuação do Senado Federal no controle difuso*

Há uma especificidade no sistema brasileiro que autoriza o Senado Federal, por meio da edição de uma resolução, suspender a execução da lei declarada definitivamente inconstitucional pelo STF no controle difuso, o que ampliará os efeitos da decisão de modo a alcançar terceiros.

Alguns pontos referentes à participação do Senado Federal no controle difuso, todavia, merecem ser destacados: (i) compete ao STF comunicar a decisão definitiva de inconstitucionalidade prolatada no controle difuso para o Senado; (ii) não há obrigatoriedade para que o órgão legislativo promova a suspensão, tampouco há prazo para referida atuação; (iii) o Senado, no cumprimento dessa função, atua como órgão nacional, podendo suspender a execução da lei declarada definitivamente inconstitucional pelo STF, independentemente da esfera federativa que a produziu; (iv) a suspensão da execução da norma pelo Senado será efetivada pela edição de uma resolução, que é irretratável; (v) em que pese a divergência doutrinária, em nossa percepção os efeitos da resolução são *ex nunc*. Nada impede, todavia, que o Senado edite uma resolução na qual o efeito retroativo seja expressamente estabelecido, ou que uma norma afirme tais efeitos, como fez o Decreto 2.346/1997; (vi) compreende-se que a locução "no todo ou em parte" externa uma obrigatoriedade de o Senado atuar nos estritos limites daquilo que foi decidido pelo STF, devendo ser interpretada como determinação de que ao Senado Federal é impossível ampliar, interpretar ou restringir a extensão da decisão do STF.

16.3.4. *O controle difuso e a ação civil pública*

A jurisprudência do STF admite o manejo da ação civil pública no controle difuso de constitucionalidade, desde que o objeto central da ação seja a tutela de uma pretensão concreta, jamais a declaração de inconstitucionalidade em tese de uma lei, sendo a controvérsia constitucional suscitada como mera questão prejudicial, cuja análise seja imprescindível à solução do litígio posto no pedido principal. A finalidade da imposição desse requisito foi impedir a utilização da ACP como um sucedâneo da ADI.

16.4. Controle concentrado

16.4.1. *Notas introdutórias*

O controle concentrado existe no Brasil desde a EC 16/1965, que criou a "Representação de Inconstitucionalidade". Todavia, foi somente com o advento da Constituição de 1988 que o controle concentrado foi robustecido e aperfeiçoado.

De início, incrementou-se o rol de ações componentes da via concentrada: se antes (desde 1965) somente contávamos com a representação de inconstitucionalidade (que com a nova Constituição foi denominada ADI), na CF de 1988 foi criada a ADPF e a ADO. A ADC surgiu posteriormente, por meio da edição da EC 3/1993.

Assim, atualmente, o controle concentrado abstrato de constitucionalidade no Brasil – realizado exclusivamente pelo Supremo Tribunal Federal, na tutela da Constituição Federal – possui como instrumentos os seguintes itens:

(i) Ação Direta de Inconstitucionalidade (ADI – art. 102, I, *a*, CF);
(ii) Ação Declaratória de Constitucionalidade (ADC – art. 102, I, *a*, CF);
(iii) Ação Direta de Inconstitucionalidade por Omissão (ADO – art. 103, § 2º, CF);
(iv) Arguição de Descumprimento de Preceito Fundamental (ADPF – art. 102, § 1º, CF).

16.4.2. *Ação direta de inconstitucionalidade*

Primeira ação do controle concentrado abstrato instituída no direito brasileiro, a ADI visa tutelar a ordem constitucional objetiva por meio da instauração, no STF, de um processo de fiscalização abstrata.

O rol de **legitimados** para a propositura da ação encontra-se no art. 103, CF, que lista as seguintes autoridades/mesas/entidades:

(i) o Presidente da República;
(ii) a Mesa do Senado Federal;
(iii) a Mesa da Câmara dos Deputados;
(iv) a Mesa de Assembleia Legislativa ou da Câmara Legislativa do Distrito Federal;
(v) o Governador de Estado ou do Distrito Federal;
(vi) o Procurador-Geral da República;
(vii) o Conselho Federal da Ordem dos Advogados do Brasil;
(viii) partido político com representação no Congresso Nacional;
(ix) confederação sindical ou entidade de classe de âmbito nacional.

Sobre esses legitimados, já decidiu o STF que os listados nos incisos I a VII do art. 103, CF, possuem capacidade postulatória, o que significa que estão aptos a ajuizar a ação na Corte independentemente de se fazerem representar por advogado. Somente o partido político com representação no Congresso Nacional, a confederação sindical e a entidade de classe de âmbito nacional não possuem capacidade postulatória, logo, precisam se fazer representar por advogado.

Muito embora não haja nenhuma discriminação no texto constitucional, o STF, em construção jurisprudencial, diferenciou os legitimados em dois grupos:

a) Universais (ou neutros): podem propor a ação direta independentemente de comprovação da pertinência temática, pois para eles o interesse é presumido. São universais: (i) o Presidente da República; (ii) a Mesa do Senado Federal; (iii) a Mesa da Câmara dos Deputados; (iv) o Procurador-Geral da República; (v) o Conselho Federal da Ordem dos Advogados do Brasil; e (vi) partido político com representação no Congresso Nacional.

b) Especiais (ou interessados): deverão comprovar o requisito de pertinência temática, sob pena de a ação não ser conhecida por ausência de legitimidade *ad causam*. São especiais os legitimados constantes dos incisos IV, V e IX, art. 103, CF, quais sejam: (i) a Mesa de Assembleia Legislativa ou da Câmara Legislativa do Distrito Federal; (ii) o governador de estado ou do Distrito Federal; e (iii) a confederação sindical ou entidade de classe de âmbito nacional.

As normas constitucionais de referência (**parâmetro**) para a realização da análise de compatibilidade são todas aquelas que constam do documento constitucional, independentemente de seu conteúdo e desde que não revogadas ou, em se tratando das normas constitucionais constantes do ADCT, desde que não exaurida sua eficácia.

Assim, sobre as normas que serão consideradas parâmetro para o controle de constitucionalidade concentrado, pode-se dizer:

✓ devem estar inseridas no documento constitucional (expressa ou implicitamente, como acontece, por exemplo, com o princípio da proporcionalidade);

✓ constando da Constituição, as normas são consideradas parâmetro, não importando como se deu essa inclusão (se por obra do poder originário ou por emenda constitucional);

✓ tampouco importa seu conteúdo, sendo suficiente a condição de norma formalmente constitucional, isto é, constante do documento constitucional;

✓ a norma constitucional deve estar em vigor e, se for norma constitucional de caráter transitório (constante do ADCT), não pode ter esgotada sua aplicabilidade (eficácia exaurida);

✓ vale lembrar a absoluta impropriedade de considerarmos o preâmbulo como parâmetro. Isso porque o preâmbulo não é norma jurídica, segundo decidiu o STF.

Quanto ao **objeto**, o art. 102, I, *a*, CF, determina que somente as leis (e atos normativos) federais e estaduais poderão ser discutidos no STF em sede de ADI. Vê-se, de pronto, que leis e outros atos normativos municipais não poderão ser avaliados no STF por meio da interposição de ADI (sendo possível, porém, que o STF avalie essas normas nessa via de controle através da utilização da ADPF, como veremos adiante).

Vale lembrar que as leis do Distrito Federal editadas no exercício da competência legislativa estadual podem ser objeto de ADI no STF (ver art. 32, § 1º, CF). Já as leis do Distrito Federal editadas na competência municipal, não podem (Súmula 642, STF).

Devemos recordar que no direito pátrio não se admite a inconstitucionalidade superveniente. Nesse sentido, as leis ou atos normativos anteriores à norma constitucional eleita como referência não poderão ser objeto da ação direta. Destarte, somente diplomas **pós-constitucionais** é que podem ser objeto de ADI.

Para facilitar a compreensão do tema, organizamos a seguir os: (a) atos que podem ser objeto do controle concentrado via ação direta de inconstitucionalidade e, na sequência, os (b) atos que não podem.

a) Atos que podem ser impugnados em ADI

1. emendas constitucionais;
2. leis complementares e leis ordinárias;
3. leis delegadas;
4. medidas provisórias;
5. decretos legislativos;
6. decretos autônomos, constantes do art. 84, VI, CF;

7. tratados e convenções internacionais;

8. regimentos internos dos Tribunais e das Casas Legislativas, desde que o dispositivo a ser impugnado represente violação direta à Constituição;

9. resoluções do TSE.

b) Atos que não podem ser impugnados em ADI

1. propostas de emendas constitucionais ou projetos de lei;

2. normas constitucionais originárias;

3. leis e atos normativos editados anteriormente à norma constitucional invocada como parâmetro (isto é, pré-constitucionais);

4. leis e atos normativos editados pelo Distrito Federal no exercício de sua competência legislativa municipal;

5. leis declaradas inconstitucionais pelo STF em decisão definitiva, cuja execução tenha sido suspensa por resolução editada pelo Senado Federal no exercício da atribuição que o art. 52, X, CF o outorga;

7. súmulas e súmulas vinculantes;

8. respostas a consultas no TSE;

9. atos normativos secundários;

10. sentenças normativas e convenções coletivas;

11. leis e outros atos normativos revogados.

Quanto à atuação do **Procurador-Geral da República** e do **Advogado-Geral da União** no controle concentrado de constitucionalidade, temos que o PGR, ademais de ser um dos legitimados universais para a propositura da ação direta de inconstitucionalidade, deverá ser previamente ouvido em todas as ações que tramitam perante o STF (art. 103, § 1º, CF).

Sua participação deverá ser imparcial, na defesa da Constituição, podendo se manifestar tanto pela constitucionalidade quanto pela inconstitucionalidade da norma, a depender das circunstâncias do caso. Seu parecer é opinativo, não vincula os ministros do STF.

Cabe salientar que o PGR está autorizado a opinar até mesmo nas ADIs e nas ADCs por ele mesmo propostas.

Noutro giro, o AGU deverá ser citado para defender o ato ou texto impugnado, desempenhando, pois, o papel de curador da presunção de constitucionalidade da norma, vale dizer, de *defensor legis*. No exercício dessa tarefa defenderá tanto as leis (e os demais atos normativos) federais quanto os estaduais.

Atualmente, e a partir de entendimentos firmados pelo STF, o AGU tem certa autonomia na atuação, existindo casos que justifiquem sua opção pela inconstitucionalidade da lei, de acordo com sua livre percepção jurídica do assunto. A título de exemplificação, quando a lei contrariar os interesses da União (que devem ser tutelados pelo AGU, em virtude da previsão do art. 131, CF) ou quando a própria Corte já se manifestou pela inconstitucionalidade da norma.

Ainda sobre o AGU, ressalte-se que, segundo jurisprudência da Corte, ele não atuará nos processos de ADC. Afinal, nessa ação não há norma impugnada (o legitimado ativo requer tão somente a constitucionalidade da norma).

No que se refere à participação do AGU na ADO, a lei regulamentadora da ação estabelece que o relator poderá solicitar manifestação do AGU, a ser encaminhada no prazo de quinze dias (art. 12-E, Lei 9.868/1999).

Vale também destacar a possibilidade de concessão de medida cautelar em ADI. Para a sua concessão, o STF exige, via de regra, que estejam presentes os pressupostos legitimadores do *fumus boni iuris* e do *periculum in mora* (arts. 10 e 11, Lei 9.868/1999)

Usualmente a medida cautelar na ação direta é concedida por decisão da maioria absoluta dos membros do Tribunal (seis ministros), desde que presentes na sessão pelo menos oito ministros (quórum especial do art. 22, Lei 9.868/1999). Todavia, no período de recesso, a cautelar poderá ser concedida pelo relator e referendada posteriormente pelo Tribunal Pleno.

Quanto aos efeitos, primeiramente cumpre informar que a medida cautelar não possui caráter dúplice, logo, não produz efeitos se for julgada improcedente. Fixada essa premissa, vejamos quais são os efeitos da decisão concessiva:

(i) *erga omnes* e vinculantes, de forma que a suspensão da norma (e também dos processos que envolvam sua aplicação) produza eficácia contra todos e vincule todos os demais órgãos do Poder Judiciário e a Administração Pública;

(ii) em regra os efeitos serão não retroativos, isto é, *ex nunc*, tendo em vista que a Corte prolata uma decisão precária e que a segurança jurídica precisa ser preservada. Há, todavia, possibilidade excepcional de a decisão ser concedida com efeitos retroativos (*ex tunc*);

(iii) por último, temos o efeito repristinatório, decorrente da suspensão da norma, pois, segundo determina a lei, salvo expressa manifestação em sentido contrário, a concessão da medida cautelar torna aplicável a legislação anterior acaso existente.

As **decisões definitivas** de mérito proferidas pelo STF nas ADIs produzirão:

(i) eficácia contra todos (*erga omnes*),

(ii) efeito vinculante (que atingirá todos os demais órgãos do Poder Judiciário e toda a Administração Pública, direta e indireta, nas três esferas da federação, art. 102, § 2º, CF) e,

(iii) em regra, efeito *ex tunc* (retroativo).

De ressaltar, todavia, que o art. 27 da Lei 9.868/1999 autoriza o STF a modular temporalmente os efeitos de sua decisão, desde que haja razões de segurança jurídica ou excepcional interesse social e que a decisão seja prolatada pela maioria qualificada de 2/3.

Quanto ao efeito vinculante que a decisão definitiva possui, deve-se lembrar que não alcança os Poderes Executivo e Legislativo quando estes estiverem na função de legislar (função de produção normativa). Isso significa que se o STF declarou a Lei X inconstitucional, nada impede que no mês seguinte o legislador edite uma nova lei (ou o Presidente da República uma Medida Provisória) com idêntico teor da Lei X que o STF retirou do ordenamento ao declarar inconstitucional.

16.4.3. Ação declaratória de constitucionalidade

Incluída no texto constitucional pela EC 3/1993, a ADC atualmente se acha regulamentada pela Lei 9.868/1999.

A **legitimidade** para a sua propositura é idêntica à da ADI, (art. 103, CF), assim como o parâmetro (representado pelas normas constitucionais em vigor).

Quanto ao **objeto** da ADC, o art. 102, I, *a*, parte final da CF, o delimita para abarcar tão somente as **leis e demais atos normativos federais**. Não é admissível, pois, a propositura de ADC para a declaração de constitucionalidade de lei (ou outro ato normativo) estadual, distrital ou municipal. Ademais, cumpre informar que somente normas **pós-constitucionais** podem ter sua constitucionalidade discutida em sede de ação declaratória de constitucionalidade.

Com relação à competência, é atribuição exclusiva do Supremo Tribunal Federal processá-la e julgá-la originariamente.

Há previsão legal de participação do PGR, no prazo de 15 dias. Não há, todavia, atuação do AGU (já que não há norma a ser defendida).

Quanto à participação do *amicus curiae*, se dá por analogia à autorização legal que existe para a ADI (art. 7º, § 2º, Lei 9.868/1999).

Como ocorre em todas as ações do controle concentrado, também na ADC temos a previsão de tutela de urgência. A **concessão da cautelar** (pela maioria absoluta dos membros da Corte) depende da comprovação dos pressupostos legitimadores, *fumus boni juris* e o *periculum in mora*, e a decisão que a concede produz eficácia contra todos (*erga omnes*) e efeito vinculante. A concessão também opera efeitos *ex nunc*, via de regra.

Destaca-se, ainda, que a concessão da cautelar consiste na determinação de que os juízes e os Tribunais suspendam o julgamento dos processos que envolvam a aplicação da lei ou do ato normativo objeto da ação até seu julgamento definitivo, que deverá ocorrer em até cento e oitenta dias, sob pena de perda de eficácia. O STF admite, todavia, a prorrogação desse prazo por um período superior, em razão do acúmulo de trabalho da Corte.

A decisão em ação declaratória de constitucionalidade produz eficácia erga omnes, efeito **vinculante** e **retroativo** (*ex tunc*, em regra), e é admissível a modulação dos efeitos temporais quando houver a declaração de inconstitucionalidade da norma (isto é, de improcedência do pedido).

Vale destacar, por fim, um requisito formal peculiar para a propositura da ação declaratória de constitucionalidade, qual seja, a **relevante controvérsia judicial.**

Previsto no art. 14, III, Lei 9.868/1999, é um requisito de admissibilidade para a ADC, que decorre do princípio da presunção de constitucionalidade das leis e se torna patente quando o legitimado ativo, na petição inicial, logra demonstrar a presença de uma controvérsia comprometedora dessa presunção, o que se alcança com a juntada de decisões de primeiro e/ou segundo grau de jurisdição que divergem na conclusão acerca da constitucionalidade da norma, acarretando grave incerteza e um estado de intranquilidade.

16.4.4. Ação direta de inconstitucionalidade por omissão

Foi a partir da promulgação da Constituição de 1988 que a omissão passou a ser compreendida como uma forma de violação ao texto constitucional. Assim, a letargia governamental em adotar as medidas imprescindíveis à realização concreta das diretrizes constitucionais passou a ser considerada um comportamento inconstitucional.

Desse não fazer estatal, do não agir dos Poderes Públicos, é que surge a **inconstitucionalidade por omissão**. Esta pode ser total (ou absoluta), quando não há nenhum resquício de regulamentação da norma constitucional; ou parcial, decorrente de execução defeituosa ou insuficiente do dever constitucional de efetivar a própria Constituição.

A ADO é uma ação do controle concentrado de constitucionalidade, cuja finalidade primordial é tutelar a ordem constitucional objetiva, que se vê abalada e ferida diante da inércia governamental em regulamentar e, com isso, concretizar as disposições constitucionais. Prevista no art. 103, § 2º, CF – e regulamentada pela Lei 12.063/2009, que modificou a Lei 9.868/1999 – essa ação será julgada no STF.

O **parâmetro** da ADO são as normas constitucionais de eficácia limitada não regulamentadas, isto é, normas constitucionais que dependem de lei posterior para produzirem plenamente seus efeitos, mas que ainda não tenham sido complementadas.

Os **legitimados ativos** para a propositura da ação são os inscritos no art. 103, CF, isto é, a ADO pode ser proposta pelas mesmas autoridades, entidades e mesas que acionam a Corte nas demais ações do controle concentrado (ver art. 12-A, Lei 9.868/1999).

Há participação do amicus curiae, por analogia à autorização legal que existe para a ADI (art. 7º, § 2º, Lei 9.868/1999).

Quanto ao **cabimento de cautelar**, a Lei 9.868/1999 prevê expressamente a possibilidade de concessão, tanto em se tratando de ADO por omissão total quanto em ADO por omissão parcial. Sobre os efeitos da cautelar, ela poderá consistir na suspensão da aplicação da lei ou do ato normativo questionado, no caso de omissão parcial, bem como na suspensão de processos judiciais ou de procedimentos administrativos, ou ainda em outra providência a ser fixada pelo Tribunal (ver art. 12-F).

No que se refere à **decisão definitiva**, entende o STF que a procedência da ADO importa no reconhecimento judicial de que há inaceitável inércia por parte Poder Público, possuindo a Corte, tão somente, a atribuição de noticiar (ou cientificar) o legislador ou órgão administrativo que incorre em mora, para que o responsável adote as medidas necessárias à concretização do texto constitucional (art. 103, § 2º, CF).

Não está o STF autorizado, em razão dos próprios limites fixados pela Constituição, a produzir um provimento normativo no intuito de superar a letargia do órgão inadimplente e, com isso, resolver de vez o estado de inconstitucionalidade. A separação dos Poderes, valor que nos é muito caro, impede que a Corte atue como legislador positivo.

Se a mora é de algum dos Poderes, este será cientificado de que a norma precisa ser elaborada, não podendo a Corte sequer fixar prazo para que a norma seja editada e a inconstitucionalidade, vencida. Por outro lado, se for atribuída a um órgão administrativo, é possível ao STF determinar a elaboração da norma em até trinta dias ou outro prazo que entender razoável (art. 103, § 2º, CF e art. 12-H, Lei 9.868/1999).

A única conclusão possível é a de que atualmente a ação possui **reduzidos efeitos práticos**.

16.4.5. Arguição de descumprimento de preceito fundamental

A arguição de descumprimento de preceito fundamental foi instituída no atual texto constitucional no art. 102, § 1º e foi regulamentada pela Lei 9.882/1999. Trata-se de mais uma ação do controle concentrado de constitucionalidade, de competência exclusiva do STF.

Os **legitimados ativos** à propositura de ADPF são os mesmos legitimados das demais ações do controle concentrado (art. 103, CF e art. 2º, Lei 9.882/1999).

Com relação ao parâmetro, o da ADPF é mais restrito. Isso porque a arguição será manejada para, unicamente, a tutela dos preceitos fundamentais, ou seja, para a defesa de somente alguns dos dispositivos constitucionais, isto é, os que possam ser abarcados por esse título. Como não há indicação (nem na Constituição, tampouco na lei regulamentadora) de quais normas constitucionais podem ser consideradas efetivamente preceitos fundamentais, o STF determinou, no julgamento da ADPF 1, competir à própria Corte essa definição.

Assim, e segundo decisões do STF, não há como recusar o título de **preceito fundamental** aos seguintes dispositivos constitucionais:

(i) arts. 1º a 4º (princípios fundamentais);

(ii) arts. 5º a 17 (direitos e garantias fundamentais, sejam os esparsos no texto constitucional ou assimilados por tratados internacionais);

(iii) art. 34, VII (princípios constitucionais sensíveis);

(iv) art. 60, § 4º (cláusulas pétreas);

(v) art. 196 (direito à saúde);

(vi) art. 225 (direito ao meio ambiente saudável).

Quanto ao **objeto** da arguição de descumprimento de preceito fundamental, devemos levar em consideração o **princípio da subsidiariedade**. Nos termos do art. 4º, § 1º, Lei 9.882/1999, a arguição não será admitida quando não houver qualquer outro meio de sanar a lesividade. Isso importa no reconhecimento de ser a arguição de descumprimento de preceito fundamental um instrumento do controle concentrado cujo manejo é extraordinário e supletivo, autorizado unicamente naquelas situações de inexistência de outro meio apto a sanar a lesividade.

Essa subsidiariedade, entretanto, deve ser compreendida perante as demais ações integrantes dessa via e constantes do sistema constitucional. Desse modo, se cabível a ação direta de inconstitucionalidade ou a ação declaratória de constitucionalidade, não será admissível a propositura da arguição de descumprimento.

Atenção

Assim, pode-se concluir o cabimento da ADPF nos casos relativos ao controle de legitimidade:

(i) do direito pré-constitucional;

(ii) do direito municipal perante a Constituição Federal;

(iii) nas controvérsias sobre direito pós-constitucional já revogado ou cujos efeitos já se exauriram;

(iv) é também cabível a ADPF diante de decisões judiciais construídas a partir de interpretações violadoras de preceitos fundamentais.

Além disso, o STF reconhece a **fungibilidade** entre a ADI e a ADPF. Logo, se a ADPF for equivocadamente utilizada, pode a Corte determinar o aproveitamento do feito como ação direta de inconstitucionalidade, desde que comprovada a perfeita satisfação dos requisitos exigidos à propositura desta.

Quanto à participação do *amicus curiae*, se dá por analogia à autorização legal que existe para a ADI (art. 7º, § 2º, Lei 9.868/1999).

No que se refere à **medida cautelar**, o art. 5º da Lei 9.882/1999 autoriza a concessão, por maioria absoluta dos membros do STF (seis ministros). Em caso de extrema urgência ou perigo de lesão grave, ou ainda em período de recesso, poderá o relator conceder a liminar, *ad referendum* do Tribunal Pleno.

No que tange à **decisão definitiva**, devem estar presentes na sessão, ao menos, oito ministros (quórum especial) para que o STF possa prolatar a constitucionalidade (ou inconstitucionalidade) do dispositivo – ou mesmo sua recepção ou não recepção (nas hipóteses de o objeto ser norma qualificada como pré-constitucional) ou a ilegitimidade de um ato concreto do Poder Público que tenha ferido a Constituição. Vale lembrar que a decisão será tomada pela maioria absoluta dos membros (seis ministros).

A decisão possuirá eficácia **contra todos** (*erga omnes*), seus efeitos serão **vinculantes** e, salvo a excepcional modulação dos efeitos temporais, terá **efeitos retroativos** (*ex tunc*). A decisão que julgar procedente ou improcedente o pedido feito na arguição de descumprimento de preceito fundamental não pode ser objeto de ação rescisória e é irrecorrível. Entendemos possível a interposição de embargos declaratórios, assim como na ADI e na ADC, com o fito de corrigir eventuais contradições, omissões ou obscuridades.

4. Direitos Humanos

Renan Flumian

1. INTRODUÇÃO

1.1. Conceito

Os direitos humanos são compostos de princípios e regras – positivadas ou costumeiras – que têm como função proteger a dignidade da pessoa humana. Dignidade se traduz na situação de mínimo gozo garantido dos direitos pessoais, civis, políticos, judiciais, de subsistência, econômicos, sociais e culturais. Essa é uma proposta objetiva e sintética de definição dos direitos humanos.

Tome de exemplo uma definição de caráter analítico nas palavras de Ingo Wolfgang Sarlet: "Temos por dignidade da pessoa humana a qualidade intrínseca e distintiva de cada ser humano que o faz merecedor do mesmo respeito e consideração por parte do Estado e da comunidade, implicando, neste sentido, um complexo de direitos e deveres fundamentais que assegurem a pessoa tanto contra todo e qualquer ato de cunho degradante e desumano, como venham a lhe garantir as condições existenciais mínimas para uma vida saudável, além de propiciar e promover sua participação ativa corresponsável nos destinos da própria existência e da vida em comunhão dos demais seres humanos[1]."

O professor espanhol Antonio Enrique Pérez Luño, um grande estudioso do tema, depois de fazer inúmeras considerações sobre a dificuldade em se estabelecer um conceito de direitos humanos, oferece uma proposta de definição em termos explicativos: "os direitos humanos são um conjunto de faculdades e instituições que, em cada momento histórico, realizam as exigências de dignidade, de liberdade e igualdade humana, as quais devem ser positivamente reconhecidas pelos ordenamentos jurídicos em nível nacional e internacional[2]". (tradução minha)

Pelo aqui brevemente visto pode-se perceber que o tema está longe de ser consenso na doutrina. O que torna importante classificar as diferentes formas de definir *direitos humanos*.

1.2. Breve Histórico

Historicamente podem-se apontar a democracia ateniense (501-338 a.C.) e a República romana (509-27 a.C.) como os primeiros grandes exemplos, na história política da humanidade, de respeito aos direitos humanos, no sentido de limitar o poder público em prol dos governados[3].

A democracia ateniense era balizada pela preeminência das leis e pela participação direta dos cidadãos[4] na Assembleia. Dessa maneira, o poder dos governantes foi limitado por sua subordinação ao mandamento legal e pelo controle popular. O papel do povo era marcante, pois este elegia os governantes e decidia, em assembleia e de forma direta, os assuntos mais importantes a serem tratados politicamente. Ademais, o povo tinha competência para julgar os governantes e os autores dos principais crimes. É dito que pela primeira vez na história o povo governou a si mesmo[5].

Já a República romana limitou o poder político por meio da instituição de um sistema de controles recíprocos entre os órgãos políticos.

Além desses dois exemplos, é possível apontar no desenvolver da história outro acontecimento de grande importância para a consolidação dos direitos humanos. Trata-se da Magna Carta de 1215 (será apresentada com mais detalhes no subitem 2.1), conhecida por limitar o poder dos monarcas ingleses, impedindo, assim, o exercício do poder absoluto.

Seguindo tal exercício, as liberdades pessoais foram garantidas de forma mais geral e abstrata (em comparação com a Magna Carta de 1215) pelo *Habeas Corpus Act* de 1679 (tratado no subitem 2.3) e pelo *Bill of Rights* de 1689 (tratado no subitem 2.4).

1. *Dignidade da pessoa humana e Direitos Fundamentais*. Porto Alegre: Livraria do Advogado, 2001. p. 60.
2. *Derechos Humanos, Estado de Derecho y Constitución*. Décima Edición. Madrid: Editorial Tecnos, 2010. p. 50.
3. "A clássica concepção de matriz liberal-burguesa dos direitos fundamentais informa que tais direitos constituem, em primeiro plano, direitos de defesa do indivíduo contra ingerências do Estado em sua liberdade pessoal e propriedade. Essa definição de direitos fundamentais – apesar de ser pacífico na doutrina o reconhecimento de diversas outras – ainda continua ocupando lugar de destaque na aplicação dos direitos fundamentais. Essa ideia, sobretudo, objetiva a limitação do poder estatal a fim de assegurar ao indivíduo uma esfera de liberdade. Para tanto, outorga ao indivíduo um direito subjetivo que lhe permite evitar interferências indevidas no âmbito de proteção do direito fundamental ou mesmo a eliminação de agressões que esteja sofrendo em sua esfera de autonomia pessoal" (MENDES, Gilmar Ferreira. *Curso de Direito Constitucional*. 6. ed. São Paulo: Saraiva, 2011. p. 673).
4. Vale asseverar que apenas uma pequena parcela dos homens eram considerados cidadãos, isto é, somente aqueles que integravam a *polis* (espaço público). A maioria restante vivia em função do suprimento de suas necessidades vitais e básicas, ficando apenas na *oikia* (espaço privado). Na *oikia* o homem é escravo da necessidade. A liberdade política significa libertar-se dessa espécie da coação, significa liberar-se das necessidades da vida para o exercício da cidadania na *polis*, que constitui privilégio apenas de alguns homens. A *polis* é o local do encontro dos iguais, dos homens que se libertaram da labuta; em virtude disto, são considerados livres e também é livre a atividade que eles exercem. Esta distinção entre público (*polis*) e privado (*oikia*), que caracteriza a sociedade democrática grega, sofre durante séculos muitas modificações; todavia, fincou-se o princípio de que o espaço público é um pressuposto para o desenvolvimento das práticas democráticas.
5. É muito conhecida a definição da democracia ateniense como "o governo do povo, pelo povo e para o povo".

1.2.1. *Eficácia vertical e eficácia horizontal dos direitos humanos*

Nesses primeiros exemplos fica nítida a eficácia vertical dos direitos humanos, ou seja, oponíveis contra o Estado. Todavia, deve-se adiantar que os direitos humanos são oponíveis também entre os particulares, nas relações privadas, caracterizando a chamada eficácia horizontal dos direitos humanos. E essa eficácia horizontal é alcunhada, no alemão, de *Drittwirkung*.

1.2.2. *Concepção contemporânea dos direitos humanos*

A concepção contemporânea dos direitos humanos foi inaugurada pela Declaração Universal dos Direitos Humanos de 1948 e reforçada pela Declaração de Direitos Humanos de Viena de 1993. Importantes também nesse processo foram a Declaração de Direitos Americana, conhecida como Declaração de Direitos do Bom Povo da Virgínia (tratada no subitem 2.5) e a Declaração de Direitos francesa (tratada no subitem 2.6), impulsionada pela Revolução Francesa de 1789, ambas do século XVIII.

A Organização das Nações Unidas (ONU) e a Declaração Universal dos Direitos Humanos criaram um verdadeiro sistema de proteção global da dignidade humana. É importante ter em mente que o processo recente de internacionalização dos direitos humanos é fruto do pós-guerra e da ressaca moral da humanidade ocasionada pelo excesso de violações perpetradas pelo nazifascismo. O professor Celso Lafer denominou esse processo de reconstrução dos direitos humanos[6], que possui uma ótica de proteção universal (complementar e subsidiária) dos direitos e não somente nacional.

1.2.3. *Paradigma da proteção compartilhada dos direitos humanos*

Cada Estado estabelece suas próprias regras disciplinadoras dos direitos humanos ("direitos fundamentais") e executa sua própria política de proteção e efetivação dos direitos humanos[7] – paradigma da proteção nacional dos direitos humanos. Todavia, o que se percebe cada vez mais é a mitigação da soberania dos Estados em função da característica de universalidade dos direitos humanos. Isto é, a comunidade internacional fiscaliza a situação dos direitos humanos em cada país e opina sobre o assunto, podendo até sancionar em determinadas situações – paradigma da proteção compartilhada (sistemas nacional e internacional) dos direitos humanos.

1.3. Nomenclatura Aplicada

1.3.1. *Direitos Humanos e Direitos Fundamentais*

Antes de avançarmos no estudo da matéria, cabe uma pequena distinção entre *direitos humanos* e *direitos fundamentais*. A doutrina atual, principalmente a alemã, considera como direitos fundamentais[8] os valores éticos sobre os quais se constrói determinado sistema jurídico nacional (leia-se direitos previstos explicitamente no ordenamento jurídico de certo país), ao passo que os direitos humanos existem mesmo sem o reconhecimento da ordem jurídica interna de um país, pois possuem vigência universal. Entretanto, na maioria das vezes, os direitos humanos, previstos em diplomas internacionais ou parte do *jus cogens*, são reconhecidos internamente pelos sistemas jurídicos nacionais (grande equivalência), situação que os torna também direitos fundamentais. Ou seja, os direitos humanos previstos na Constituição de um país são denominados direitos fundamentais.

1.3.2. *Direitos Públicos Subjetivos*

A figura dos *direitos públicos subjetivos* também sempre aparecia com sinônimo de direitos humanos, mas tal equivalência foi perdendo espaço com o passar do tempo. O Professor Pérez Luño assim analisa a situação: "Desta forma a categoria dos direitos públicos subjetivos, entendidos como autolimitação estatal em benefício de determinadas esferas do interesse particular, perde seu sentido ao encontrar-se superada pela própria dinâmica econômica-social de nosso tempo, onde a fruição de qualquer direito fundamental exige uma política jurídica ativa (e na maior parte das ocasiões também econômica) por parte dos poderes públicos[9]." (tradução minha)

1.3.3. *Minoria e Grupo Vulnerável*

Para conceituar minoria, usaremos uma definição bem conhecida criada por Francesco Capotorti: "um grupo numericamente inferior em relação ao restante da população do Estado, sem exercer posição dominante, cuja os membros – sendo nacionais do Estado – possuem características

6. *A Reconstrução dos Direitos Humanos. Um diálogo com o pensamento de Hannah Arendt*. São Paulo: Companhia das Letras, 2009.

7. "Vinculados à concepção de que ao Estado incumbe, além da não intervenção na esfera da liberdade pessoal dos indivíduos, garantida pelos direitos de defesa, a tarefa de colocar à disposição os meios materiais e implementar as condições fáticas que possibilitem o efetivo exercício das liberdades fundamentais, os direitos fundamentais a prestações objetivam, em última análise, a garantia não apenas da liberdade-autonomia (liberdade perante o Estado), mas também da liberdade por intermédio do Estado, partindo da premissa de que o indivíduo, no que concerne à conquista e manutenção de sua liberdade, depende em muito de uma postura ativa dos poderes públicos. Assim, enquanto direitos de defesa (*status libertatis* e *status negativus*) dirigem-se, em princípio, a uma posição de respeito e abstenção por parte dos poderes públicos, os direitos a prestações, que, de modo geral, ressalvados os avanços registrados ao longo do tempo, podem ser reconduzidos ao *status positivus* de Jellinek, implicam uma postura ativa do Estado, no sentido de que este se encontra obrigado a colocar à disposição dos indivíduos prestações de natureza jurídica e material" (MENDES, *op. cit.*, p. 675).

8. "Os direitos fundamentais são, a um só tempo, direitos subjetivos e elementos fundamentais da ordem constitucional objetiva. Enquanto direitos subjetivos, os direitos fundamentais outorgam aos seus titulares a possibilidade de impor os seus interesses em face de órgãos obrigados. Na sua dimensão como elemento fundamental da ordem constitucional objetiva, os direitos fundamentais – tanto aqueles que não asseguram, primariamente, um direito subjetivo quanto aqueles outros, concebidos como garantias individuais – formam a base do ordenamento jurídico de um Estado de Direito democrático" (MENDES, *op. cit.*, p. 671).

9. *Derechos Humanos, Estado de Derecho y Constitución*. Décima Edición. Madrid: Editorial Tecnos, 2010. p. 36.

éticas, religiosas ou linguísticas que os diferem do restante da população e apresentam um senso de solidariedade dirigido para preservar sua cultura, tradições, religião ou língua"[10].

Em contrapartida, um grupo vulnerável, também composto de parcela inferior da população, é formado por um grupo de pessoas em razão de um contexto fático (geralmente de caráter provisório) e não por possuírem identidade própria.

Para ilustrar bem os conceitos de minoria e grupo vulnerável, cabe trazer exemplos de cada qual, tendo por base o contexto brasileiro. Exemplos de minoria são: índios, praticantes de candomblé, ciganos etc. E exemplos de grupo vulnerável são: população de rua, adolescentes e crianças, mulheres, idosos etc.

2. PRINCIPAIS DOCUMENTOS NORMATIVOS DO MARCO ANTIGO DOS DIREITOS HUMANOS[11]

Passemos agora ao estudo dos principais documentos normativos de proteção dos direitos humanos anteriores à Declaração Universal dos Direitos Humanos de 1948, os quais se inserem no chamado marco antigo de proteção dos direitos humanos.

2.1. Magna Carta de 1215

O século XII marcou o início de uma onda de centralização de poder, tanto em nível civil como eclesiástico. É importante ter em mente tal consideração, pois ela é o motivador da assinatura da Magna Carta. A título histórico, cabe lembrar que já em 1188 havia sido feita a declaração das cortes de Leão, na Espanha. Depois dessa declaração, os senhores feudais espanhóis continuaram se manifestando, mediante declarações e petições, contra a instalação do poder real soberano.

A Magna Carta é um documento de 1215 que limitou o poder dos monarcas da Inglaterra, impedindo o exercício do poder absoluto. Ela resultou de desentendimentos entre o rei João I (conhecido como "João Sem Terra"), o papa e os barões ingleses acerca das prerrogativas do soberano. Essas discordâncias tinham raízes diversas. A contenda com os barões foi motivada pelo aumento das exações fiscais, constituídas para financiar campanhas bélicas, pois o rei João Sem Terra acabara de perder a Normandia – que era sua por herança dinástica – para o rei francês Filipe Augusto.

A desavença com o papa surgiu de seu apoio às pretensões territoriais do imperador Óton IV, seu sobrinho, em prejuízo do papado. Ademais, o rei João I recusara a escolha papal de Stephen Langton como cardeal de Canterbury, o que lhe rendeu a excomunhão, operada pelo papa Inocêncio III.

A Magna Carta só foi assinada pelo rei quando a revolta armada dos barões atingiu Londres, sendo sua assinatura condição para o cessar-fogo. Todavia, ela foi reafirmada solenemente (pois tinha vigência determinada de três meses) em 1216, 1217 e 1225, quando se tornou direito permanente. Como curiosidade, cabe apontar que algumas de suas disposições se encontram em vigor ainda nos dias de hoje.

Sua forma foi de promessa unilateral, por parte do monarca, de conceder certos privilégios aos barões, mas é possível entendê-la como uma convenção firmada entre os barões e o rei. Além disso, segundo os termos do documento, o rei deveria renunciar a certos direitos e respeitar determinados procedimentos legais (apontado, pela historiologia jurídica, como a origem do devido processo legal), bem como reconhecer que sua vontade estaria sujeita à lei.

Considera-se a Magna Carta o primeiro capítulo de um longo processo histórico que levaria ao surgimento do constitucionalismo[12] e da democracia moderna. Em síntese, o documento é uma limitação institucional dos poderes reais.

2.2. *Petition of Rights* de 1628

A Petição de Direitos foi um documento constitucional de grande importância para a história política inglesa, aprovado pelo Parlamento em maio de 1628 e depois apresentado ao rei Carlos I, que a aprovou temporariamente. Sua função era limitar os poderes dos monarcas.

A Petição de Direitos é notável por algumas de suas determinações, como a de que os impostos só podem ser aumentados por decisão do Parlamento e que os prisioneiros podem discutir a legitimidade de suas detenções mediante *habeas corpus*.

2.3. *Habeas Corpus* Act de 1679

Os Stuart detiveram o trono da Escócia e depois a coroa inglesa, e ficaram conhecidos, entre outros motivos, por serem os últimos soberanos católicos da Inglaterra. Esse último fato teve grande importância, pois o Parlamento, majoritariamente protestante, buscava uma saída para limitar o poder real, sobretudo quanto à possibilidade de prender os opositores políticos sem a necessidade de prévio processo legal.

O *habeas corpus* já existia havia bastante tempo na Inglaterra, mas sua eficácia era muito reduzida, em razão da falta de regras processuais que bem disciplinassem seu manuseio. Assim, para regular a utilização desse remédio judicial e torná-lo efetivo, foi aprovado, pelo Parlamento inglês, no reinado de Carlos II, o *Habeas Corpus Act* de 1679, que definiu e ampliou as prerrogativas concedidas pelo remédio *habeas corpus*.

2.4. *Bill of Rights* de 1689

A Revolução Gloriosa ocorreu no Reino Unido, de 1688 a 1689, e teve por consequência a queda e posterior fuga do rei Jaime II, da dinastia Stuart. O trono, depois de declarado

10. Study on the Rights of Persons belonging to Ethnic, Religious, and Linguistic Minorities. United Nations Pubns, 1991.

11. O principal livro no Brasil que cuida da perspectiva histórica dos Direitos Humanos é A Afirmação Histórica dos Direitos Humanos do Prof. Fábio Konder Comparato, Ed. Saraiva, VII edição, 2010. Esse livro foi utilizado para dar embasamento ao capítulo 2.

12. O constitucionalismo pode ser conceituado como o movimento político, social e jurídico cujo objetivo é limitar o poder do Estado por meio de uma Constituição. Já o neoconstitucionalismo surge depois da Segunda Guerra Mundial e tem por objetivo principal conferir maior efetividade aos comandos constitucionais, notadamente os direitos fundamentais.

vago pelo Parlamento, foi oferecido, conjuntamente, ao genro do rei, o nobre neerlandês Guilherme, Príncipe de Orange, e à filha do rei, Maria Stuart. Mas tal oferta comportava uma condição: se a coroa inglesa fosse aceita, também estaria aceita a Declaração de Direitos (*Bill of Rights*) votada pelo Parlamento. O trono e a declaração foram aceitos, e os novos soberanos passaram a chamar-se Guilherme III e Maria II.

É importante frisar que o estopim pré-revolução foi o nascimento de um herdeiro do trono, o que possibilitaria a continuidade da religião católica na coroa. Isso porque a herdeira até então, Maria Stuart, era protestante.

Influenciada diretamente pelas ideias de John Locke, a Declaração de Direitos de 1689 é um documento legal confeccionado pelo Parlamento inglês, que, entre outras coisas, limitou os poderes do rei, disciplinou os direitos relacionados com o Parlamento – como, por exemplo, a liberdade de expressão dos parlamentares e o estabelecimento de eleições regulares para o Parlamento –, determinou que todos os súditos tinham direito de petição ao rei e tornou o Parlamento competente para legislar e criar tributos, funções antes exercidas pelo monarca. Tais medidas asseguraram certo poder para o Parlamento no Reino Unido e representaram a instauração institucional da separação de poderes, mais tarde reconhecida e elogiada por Montesquieu. A propriedade privada também foi regulada e garantida.

A Declaração de Direitos de 1689, como o *Act of Settlement* de 1701, figura como um dos textos constitucionais mais importantes do Reino Unido, sendo ainda hoje uma das principais leis sobre sucessão de trono no país.

A maior importância do *Bill of Rights* para os direitos humanos reside, sem dúvida, na separação institucional dos poderes acima apontada. Isto é, a partir de tal momento, tem-se uma garantia institucional (em teoria) de que o interesse dos governados guiará a formulação das leis e que o Parlamento é o órgão encarregado de proteger os súditos perante o rei.

2.5. Declaração de Direitos do Bom Povo da Virgínia de 1776

A independência das 13 colônias inglesas da América do Norte se deu em 1776. Elas adquiriram o formato de uma confederação, o que logo foi modificado para constituírem um Estado federal, configuração mantida até hoje nos EUA.

Uma das causas principais para a independência americana foi a elevação de impostos colocada em prática pelo governo inglês, o qual necessitava de mais recursos para fazer frente aos gastos dispensados na guerra contra a França pela conquista do território canadense. Tal conflito insere-se na chamada Guerra dos Sete Anos. Outras causas específicas são as leis do Selo e do Açúcar aprovadas pelo Parlamento inglês, como também a Festa do Chá de Boston.

Contemporânea dessa atmosfera de revolução e independência é a Declaração de Direitos americana, ou Declaração de Direitos do Bom Povo da Virgínia, a qual precede a Declaração de Independência dos EUA. É muito importante frisar que existiram inúmeras declarações de direitos nos EUA, cada uma proveniente de um estado, das quais a Declaração de Direitos do estado da Virgínia é a de maior destaque.

A Declaração de Direitos da Virgínia de 1776 é considerada por muitos a primeira *declaração de direitos* a reconhecer a existência de direitos adstritos à condição humana, ou seja, independentemente de qualquer condição, o ser humano possui direitos inatos. Ademais, ela demonstra preocupação com a estruturação de um governo democrático (*soberania popular*). No entanto, não faz nenhuma menção aos direitos econômicos e sociais – estes só aparecerão na Declaração de Direitos da Constituição francesa de 1791.

2.6. Declaração dos Direitos do Homem e do Cidadão de 1789

A Revolução Francesa[13] é apontada como o marco inicial da civilização europeia contemporânea, pois os conceitos atuais de nação, cidadania, radicalismo, igualdade e democracia surgiram depois desse processo histórico.

Influenciada diretamente pela Revolução Francesa e pela Revolução Americana de 1776, a Declaração dos Direitos do Homem e do Cidadão foi adotada pela Assembleia Constituinte da França em 1789. Pela primeira vez tem-se uma declaração generalizante, isto é, com o propósito de fazer referência não só aos seus cidadãos, mas a toda a humanidade, por isso a menção aos direitos do *homem* também.

A Declaração teve por base os conceitos de *liberdade*, *igualdade*, *fraternidade*, *propriedade*, *legalidade* e *garantias individuais* (síntese do pensamento iluminista liberal e burguês), mas seu ponto central era a supressão dos privilégios especiais ("acabar com as desigualdades"), outrora garantidos para os estamentos do clero e da nobreza.

A Declaração dos Direitos do Homem e do Cidadão, juntamente com declarações de direitos constantes das Constituições francesas de 1791 e 1793, reproduz claramente as ideias de Montesquieu e de Jean-Jacques Rousseau: o primeiro afirma a necessidade de uma limitação institucional dos poderes do governo, ao passo que o segundo defende que a legitimidade do governo provenha apenas da vontade geral do povo.

É importante saber que as origens do sistema de representação política moderno (que vigora no Brasil e em boa parte do mundo) são a Constituição americana e a Revolução Francesa.

Além disso, é preciso apontar que os direitos constantes da Declaração dos Direitos do Homem e do Cidadão foram ampliados pela Convenção Nacional em 1793 (no contexto revolucionário do governo jacobino). Essa reformulação, e seu corolário de ampliação de direitos, já havia ocorrido antes, por ocasião da promulgação da Constituição de 1791.

Para melhor entendermos a amplitude de proteção conferida pelos direitos humanos, é fundamental ter em mente o processo de sua afirmação (ainda não findo). Passemos então ao estudo da divisão didática dos direitos humanos em gerações.

13. "A verdade, contudo, é que foi a Revolução Francesa – e não a americana ou a inglesa – que se tornou o grande divisor histórico, o marco do advento do Estado liberal. Foi a Declaração dos Direitos do Homem e do Cidadão, de 1789, com seu caráter universal, que divulgou a nova ideologia, fundada na Constituição, na separação dos Poderes e nos direitos individuais" (BARROSO, Luís Roberto. *Curso de Direito Constitucional Contemporâneo*. São Paulo: Saraiva, 2009. p. 76).

3. DIREITOS HUMANOS SOB A ÓTICA GERACIONAL

A divisão dos direitos humanos em gerações[14], idealizada por Karel Vasak[15], permite uma análise precisa de sua amplitude, além de uma ampla compreensão sobre a causa de seu surgimento e seu contexto.

A classificação dos direitos humanos em gerações é bastante criticada por considerável parcela da doutrina. Isso porque daria a ideia de superação de direitos por outros e não de acumulação de direitos. Semanticamente, *geração* dá a entender que algo é criado e que com o tempo se esvai para dar lugar ao outro. Em função desse pensamento, alguns autores preferem classificar como gestações ou dimensões e não gerações de direitos, tudo para reforçar a noção de continuidade e de acúmulo.

Portanto, a análise das gerações deve ter por fundamento não a ótica sucessória (de substituição da anterior pela posterior), mas sim a interacional (de complementação da anterior pela posterior).

3.1. Primeira geração

A primeira geração trata dos direitos civis (liberdades individuais) e políticos. A titularidade desses direitos é atribuída ao indivíduo, por isso são conhecidos como direitos individuais. Seu fundamento é a ideia de *liberdade*.

Sobre tais direitos, é interessante a verificação de que sua defesa foi feita, sobretudo, pelos EUA. Estes defendiam a perspectiva liberal dos direitos humanos, consagrados no Pacto Internacional de Direitos Civis e Políticos.

3.2. Segunda geração

A segunda geração trata dos direitos sociais, culturais e econômicos. A titularidade desses direitos é atribuída à coletividade, por isso são conhecidos como direitos coletivos. Seu fundamento é a ideia de *igualdade*.

O grande motivador do aparecimento desses direitos foi o movimento antiliberal, notadamente após a Primeira Guerra Mundial. É importante apontar o papel da URSS, que defendia veementemente a perspectiva social dos direitos humanos. Essa linha foi consagrada no Pacto Internacional de Direitos Econômicos, Sociais e Culturais.

Cabe destacar que tais direitos apareceram em primeiro lugar na Constituição mexicana de 1917 e na Constituição alemã de 1919 ("Constituição de Weimar").

3.3. Terceira geração

A terceira geração trata dos direitos à paz, ao desenvolvimento, ao meio ambiente, à propriedade do patrimônio cultural. A titularidade desses direitos é atribuída, geralmente, à humanidade e são classificados doutrinariamente como difusos, todavia pode-se destacar a sua faceta de direito individual também, como expressamente prevista na Declaração da ONU sobre o Direito ao Desenvolvimento, de 1986. Seu fundamento é a ideia de *fraternidade* ou *solidariedade*.

Esses direitos provieram em grande medida da polaridade Norte/Sul, da qual surgiu o *princípio da autodeterminação dos povos*, fundamento do processo de descolonização e de inúmeros outros exemplos, consoante os já indicados acima, que exteriorizam a busca por uma nova ordem política e econômica mundial mais justa e solidária.

Os direitos de terceira geração foram consagrados na Convenção para a Proteção do Patrimônio Mundial, Cultural e Natural, de 1972, na Convenção sobre a Diversidade Biológica, de 1992 e, como já apontado, na Declaração sobre o Direito ao Desenvolvimento, de 1986. Cabe apontar que são classificados pelo STF como novíssimos direitos.

3.4. Quarta e quinta gerações

Existem posicionamentos doutrinários que pouco se assemelham na tentativa de categorizar quais seriam os direitos componentes da quarta e da quinta gerações.

Por exemplo, a Ministra Eliana Calmon defende que a quarta geração seria composta de direitos referentes à manipulação do patrimônio genético, como os alimentos transgênicos, fertilização *in vitro* com escolha do sexo e clonagem. Já para o professor Paulo Bonavides todos os direitos relacionados à globalização econômica fariam parte da quarta geração, enquanto que o direito à paz seria de quinta. Outros, como Alberto Nogueira que relaciona a quarta geração com os direitos a uma tributação justa, e Ricardo Lorenzetti, ministro da Suprema Corte Argentina, que define a quarta geração como sendo aquela do "direito a ser diferente", isto é, a tutela de todos tipos de diversidade – sexual, étnica etc. Além de José Alcebiades de Oliveira Júnior[16], que faz coro com Eliana Calmon em relação à quarta geração e assinala que a quinta é ligada ao direito cibernético.

Percebe-se que resta impossível categorizar cabalmente quais os direitos componentes da quarta e da quinta gerações, mas o importante é apontar possíveis interpretações e sublinhar a natureza dinâmica dos direitos humanos, os quais sempre estarão em construção.

3.5. Conclusão

Pode-se afirmar que toda regra, convencional ou não, que promova ou proteja a dignidade da pessoa humana

14. Tal análise perde um pouco de seu sentido quando o enfoque recai sobre países ditos novos, como o Brasil e a Austrália, pois a maioria dos tipos de direitos humanos foram reconhecidos, logo disciplinados, de uma só vez em suas respectivas Constituições. Agora quando a análise leva em conta os países europeus, por exemplo, entende-se muito bem que o reconhecimento dos direitos humanos é um processo que perpassa vários séculos. Assim, os direitos civis apareceram no século XVIII para garantir a liberdade do indivíduo perante o Estado (opressor). Essa maior liberdade permitiu uma atuação mais ativa por parte das pessoas, o que eclodiu no reconhecimento dos direitos políticos no século XIX, ou seja, esse direito, antes exclusivo de poucos, foi estendido para grande parcela da população masculina, incluindo os trabalhadores. E o exercício desses direitos políticos, sobretudo pela classe trabalhadora, permitiu a constituição dos direitos sociais no século XX (MARSHALL, Thomas. *Cidadania, classe social e status*. Rio de Janeiro:Zahar, 1967. p. 57 a 114).

15. *The international dimensions of human rights*. Unesco, 1982.

16. JUNIOR, José Alcebíades de Oliveira. *Teoria Jurídica e novos direitos*. Rio de Janeiro: Lumen Juris, 2000. p. 85-86.

4. Direitos Humanos

se refere a "direitos humanos". Portanto, as cinco gerações trazem exemplos de direitos humanos que foram confeccionados em conformidade com a *in/evolução* da vida humana.

A constante criação de "novos" direitos humanos torna impossível sua tipificação fechada, portanto, é necessária uma tipificação aberta para permitir a inserção de novos conceitos protetores da dignidade humana na medida em que aparecerem.

4. CARACTERÍSTICAS DOS DIREITOS HUMANOS

Segue um breve compêndio com as principais características dos direitos humanos, conforme apontado pela doutrina internacional.

4.1. Historicidade

A amplitude de proteção conferida pelos direitos humanos é marcada por sua contínua majoração, o que os tornam direitos históricos, pois no evolver da história novos direitos são reconhecidos como direitos humanos – um processo não findo.

A história dos direitos humanos é marcada pela luta por seu reconhecimento, umbilicalmente relacionada com a luta por justiça e liberdade.

4.2. Universalidade ou transnacionalidade

4.2.1. Histórico

A Declaração Universal dos Direitos Humanos de 1948 universalizou a noção de direitos humanos. Muito importante foi seu papel porque antes disso a proteção dos direitos humanos era relegada a cada Estado, que, com suporte em sua intocável soberania, tinha autonomia absoluta para determinar e executar as políticas relacionadas à proteção da dignidade da pessoa humana. Todavia, obras de horror, como o nazifascismo, demonstraram que a proteção do ser humano não pode ficar somente nas "mãos de governos" nacionais.

Mas cabe ponderar que a defesa, com justificação filosófica, do caráter universal dos direitos humanos foi feita por muitos pensadores ao longo da história, podemos citar aqui alguns com grande destaque, como Samuel Pufendorf ("todos os homens possuem pelo simples fato do nascimento a mesma liberdade natural"), John Locke ("o homem nasce com o direito à liberdade perfeita"), Thomas Paine ("os direitos naturais são aqueles que correspondem ao homem pelo mero fato de existir") e Christian Wolff ("os direitos naturais são universais porque a natureza humana também é universal"). E antes mesmo, mas sob outras razões, Tomás de Aquino defendia o caráter universal e imutável da lei natural.

4.2.2. Proteção nacional e proteção compartilhada dos direitos humanos

Um dos grandes objetivos perseguidos com a criação da ONU foi buscar a proteção dos direitos humanos em nível universal. Grande passo foi dado nesse sentido com a promulgação da Declaração Universal dos Direitos Humanos. O que fez com que "o direito a ter direitos" de Hannah Arendt passasse a ter tutela internacional e marcou, portanto, a importante passagem da proteção nacional (e única) dos direitos humanos para uma proteção compartilhada (sistemas nacional e internacional). A Declaração Universal dos Direitos Humanos significou, sem qualquer dúvida, o fim do paradigma da proteção nacional dos direitos humanos.

4.2.3. Crítica: universalização ou ocidentalização

Existem muitos críticos da aclamada universalidade dos direitos humanos, que indicam a existência de um processo de *ocidentalização* dos direitos humanos encoberto pela justificativa humanística da universalidade. Assim, o elenco de direitos humanos previsto nos principais tratados internacionais não realizam valores universais por natureza, mas sim valores defendidos no Ocidente (ocidentais). E essa seria uma forma aparentemente justa para impô-los ao resto do mundo. Os defensores dessa leitura são denominados de relativistas, pois defendem que os direitos humanos variam de lugar para lugar, sendo relativos e não universais.

Tal argumento comporta algumas ponderações razoáveis, mas não deveria proceder porque os direitos humanos transcendem às criações culturais no sentido lato (religião, tradição, organização política etc.) por serem adstritos à condição humana. Assim, a solução interpretativa ideal para os direitos humanos é aquela que leva em conta particularidades regionais e nacionais, mas nunca de forma a impedir a proteção mínima dos direitos humanos, até porque esses fazem parte do *jus cogens* (explicado logo abaixo).

Pode-se, portanto, afirmar, que sob a perspectiva protetora o *universalismo* derrota o *relativismo*[17].

No mesmo sentido é o ponto 5 da Declaração e Programa de Ação de Viena[18] (de 1993): "... Embora particularidades nacionais e regionais devam ser levadas em consideração, assim como diversos contextos históricos, culturais e religiosos, é dever dos Estados promover e proteger todos os direitos humanos e liberdades fundamentais, sejam quais forem seus sistemas políticos, econômicos e culturais."

4.2.3.1. Jus cogens

O *jus cogens* (normas cogentes de direito internacional) é calcado no reconhecimento da existência de direitos e de obrigações naturais, independentemente da existência de algum tratado internacional. O *jus cogens* seria como um qualificador de regras consideradas basilares para a ordenação e a viabilidade da comunidade internacional. Portanto, a compreensão da existência de uma comunidade internacional e de interesses que advêm dela (sobretudo para sua existência – como, por exemplo, na proteção internacional do meio ambiente), e não somente de Estados em sua individualidade, deu suporte para o aparecimento do *jus cogens*.

Para elucidar o dito, cabe apontar que o *jus cogens está* tipificado no art. 53 da Convenção de Viena sobre Direito dos Tratados: "É nulo um tratado que, no momento de sua conclusão, conflite com uma norma imperativa de Direito Internacional Geral. Para os fins da presente Convenção,

17. Essa colocação deve ser adotada nos concursos públicos em geral.

18. Adotada na 2ª Conferência Mundial da ONU de Direitos Humanos.

uma norma imperativa de Direito Internacional Geral é uma norma aceita e reconhecida pela comunidade internacional dos Estados como um todo, como norma da qual nenhuma derrogação é permitida e que só pode ser modificada por norma ulterior de Direito Internacional Geral da mesma natureza". Por exemplo, a proibição da escravidão é uma norma imperativa de Direito Internacional, pois é considerada inderrogável por toda a comunidade internacional.

Pelo rapidamente visto pode-se afirmar que a própria dinâmica da vida internacional derrubou o voluntarismo como suporte único e fundamental das relações internacionais, ou seja, o positivismo voluntarista não foi capaz de explicar o aparecimento das normas cogentes de Direito Internacional (*jus cogens*), que só pode ser explicado por razões objetivas de justiça, as quais darão, por sua vez, vazão a uma consciência jurídica universal. Nesse sentido é a colocação de Antônio Augusto Cançado Trindade: "(...) o modelo westfaliano do ordenamento internacional afigura-se esgotado e superado[19]".

4.3. Indivisibilidade

Todos os direitos humanos se retroalimentam e se complementam, assim, é infrutífero buscar a proteção e a promoção de apenas uma parcela deles.

Veja-se o exemplo do direito à vida, núcleo dos direitos humanos. Este compreende o direito de o ser humano não ter sua vida ceifada (atuação estatal negativa), como também o direito de ter acesso aos meios necessários para conseguir sua subsistência e uma vida digna (atuação estatal positiva). Percebe-se a interação dos direitos pessoais com os direitos econômicos, sociais e culturais para garantir a substancial implementação do direito à vida.

Tanto é assim que o art. 13 da Carta Democrática Interamericana, instrumento integrante do sistema interamericano (regional) de proteção dos direitos humanos, crava que "a promoção e observância dos direitos econômicos, sociais e culturais são inerentes ao desenvolvimento integral, ao crescimento econômico com equidade e à consolidação da democracia dos Estados do Hemisfério".

E também cabe citar a Nota Geral 3 (natureza e alcance das obrigações das partes contratantes) dos Princípios de Limburgo relativos à aplicabilidade do Pacto Internacional dos Direitos Econômicos, Sociais e Culturais: "tendo em conta que os direitos humanos são indivisíveis e interdependentes, deveria ser canalizada a mesma atenção à aplicação, fomento e proteção dos direitos civis e políticos, como dos econômicos, sociais e culturais.

4.4. Interdependência

Conforme dito acima, os direitos humanos se retroalimentam e se complementam, destarte, cada direito depende dos outros para ser substancialmente realizado.

4.5. Normatividade indiscutível[20]

Os direitos humanos estão disciplinados por sistemas nacionais, regionais e globais de proteção, além de serem normas imperativas de direito internacional (*jus cogens*). Cabe frisar que os sistemas de proteção se interconectam para garantir a maior proteção possível da dignidade humana.

4.6. Irrenunciabilidade

Por serem direitos adstritos à condição humana, estes não podem ser renunciáveis, pois formam o indivíduo em sua plenitude. Assim, são indisponíveis tanto pelo Estado como pelo particular. Tal característica se confirma pelo fato de os direitos humanos fazerem parte do *jus cogens*, isto é, inderrogáveis por ato volitivo.

A conclusão que fica é que os direitos humanos são imutáveis e eternos conforme pronunciou há muito tempo Thomas Hobbes em sua obra O Leviatã. E com base nessa colocação, Jean-Jacques Rousseau, em sua obra Contrato Social, defendeu que são irrenunciáveis, pois renunciar eles seria o mesmo que renunciar a própria condição humana

4.6.1. *Caso Morsang-sur-Orge*

Para corroborar tal característica, cabe relembrar o paradigmático caso *Morsang-sur-Orge*, ocasião em que o Conselho de Estado francês, com fundamento na dimensão objetiva da dignidade humana (o respeito à dignidade humana como um dos componentes da ordem pública), manteve ato administrativo que interditou a atividade conhecida como lançamento de anão (*lancer de nain*), apesar de recurso do próprio arremessado (anão) e da casa noturna que o empregava.

4.7. Imprescritibilidade

Os direitos humanos são atemporais, pois, como dito, são adstritos à condição humana. Assim, não são passíveis de prescrição, ou seja, não caducam com o transcorrer do tempo.

4.8. Inalienabilidade

Os direitos humanos não podem ser alienados, isto é, objeto de transação.

4.9. Complementaridade solidária

O princípio da complementaridade solidária dos direitos humanos de qualquer espécie dialoga com a universalidade, a interdependência e a indivisibilidade. Ele foi proclamado solenemente na 2ª Conferência Mundial de Direitos Humanos, realizada em Viena em 1993.

É importante transcrever o ponto 5 da Declaração de Direitos Humanos de Viena, que sintetiza as características dos direitos humanos de modo geral:

> *"Todos os direitos humanos são universais, indivisíveis, interdependentes e inter-relacionados. A comunidade internacional deve tratar os direitos humanos de forma global, justa e equitativa, em pé de igualdade e com a mesma ênfase. Embora*

19. Voto Concorrente na Opinião Consultiva 16/1999 da Corte Interamericana de Direitos Humanos, p. 90.

20. Essa característica foi criada com base em minha análise sobre o conjunto de sistemas protetivos dos direitos humanos.

particularidades nacionais e regionais devam ser levadas em consideração, assim como diversos contextos históricos, culturais e religiosos, é dever dos Estados promover e proteger todos os direitos humanos e liberdades fundamentais, sejam quais forem seus sistemas políticos, econômicos e culturais".

Cabe lembrar que a concepção contemporânea dos direitos humanos foi inaugurada pela Declaração Universal dos Direitos Humanos de 1948 e reforçada pela Declaração de Direitos Humanos de Viena de 1993.

5. CLASSIFICAÇÃO

Para bem compreender todos os tipos de direitos que compõem os direitos humanos, lancemos mão da classificação idealizada por Jack Donnely[21].

5.1. Direitos pessoais

São exemplos o direito à vida, à nacionalidade, ao reconhecimento perante a lei, à proteção contra tratamentos ou punições cruéis, degradantes ou desumanas, e à proteção contra a discriminação racial, étnica, sexual e religiosa (arts. 2º a 7º e 15 da Declaração Universal dos Direitos Humanos).

5.2. Direitos judiciais

São exemplos o direito de ação, a presunção de inocência, a garantia do processo justo e imparcial, a irretroatividade das leis penais, a proteção contra prisão, detenção ou exílio arbitrários, e contra a interferência no lar e na reputação (arts. 8º a 12 da Declaração Universal dos Direitos Humanos).

5.3. Direitos civis

São exemplos as liberdades de pensamento, consciência e religião, de opinião e expressão, de movimento e residência, e de reunião e de associação pacífica (arts. 13 e 18 a 20 da Declaração Universal dos Direitos Humanos).

5.4. Direitos políticos

São exemplos principalmente os direitos a tomar parte no governo e às eleições legítimas com sufrágio universal e igual (art. 21 da Declaração Universal dos Direitos Humanos).

5.5. Direitos de subsistência

São exemplos principalmente os direitos à alimentação e a um padrão de vida adequado à saúde e ao bem-estar próprio e da família (art. 25 da Declaração Universal dos Direitos Humanos).

5.6. Direitos econômicos

São exemplos principalmente os direitos ao trabalho, ao repouso e ao lazer e à segurança social (arts. 22 a 25 da Declaração Universal dos Direitos Humanos).

5.7. Direitos sociais e culturais

São exemplos principalmente os direitos à instrução e à participação na vida cultural da comunidade (arts. 26 e 27 da Declaração Universal dos Direitos Humanos).

21. *Universal human rights in theory and practice*. 2. ed. Cornell University Press, 2003.

A título comparativo e para clarificar ainda mais os direitos considerados concretamente como sociais, cabe reproduzir o art. 6º da CF: "São direitos sociais a educação, a saúde, a alimentação, o trabalho, a moradia, o lazer, a segurança, a previdência social, a proteção à maternidade e à infância, a assistência aos desamparados, na forma desta Constituição".

5.8. Ponderação final

Percebe-se que se trata de uma divisão bem detalhada, mas podemos reunir todos esses direitos na primeira (direitos civis e políticos) e na segunda (direitos econômicos, sociais e culturais) geração de direitos humanos. Fazem parte da primeira geração os direitos pessoais, civis, judiciais e políticos, e da segunda geração os direitos de subsistência, econômicos, sociais e culturais.

6. RESPONSABILIDADE INTERNACIONAL E MITIGAÇÃO DA SOBERANIA

6.1. Introdução

Conforme já anunciado no capítulo introdutório, a ideia de soberania absoluta dos Estados encontra-se há muito superada, e tal constatação ficou clara com o estudo das características dos direitos humanos. Nesse sentido, basta mencionar que a Declaração Universal dos Direitos do Homem elevou o homem à condição de sujeito de direito internacional, assim, é possível colocar o Estado como réu, perante instâncias internacionais, caso algum direito do ser humano seja ceifado ou impossibilitado de gozo[22].

Ou seja, o Estado que violar direitos humanos poderá ser responsabilizado perante a comunidade internacional, como, por exemplo, por intermédio de cortes regionais (ex.: Corte Interamericana de Direitos Humanos) ou de comitês internacionais (ex.: Comitê dos Direitos Humanos criado pelo Pacto Internacional dos Direitos Civis e Políticos). Por essa lógica, o indivíduo que tiver sua dignidade violada e não conseguir a efetiva tutela poderá dirigir-se (direta ou indiretamente), quando previsto, a cortes e comitês internacionais para buscar sua devida proteção.

E sobre esse processo de mitigação da soberania, é imprescindível apontar o papel do Tribunal de Nurembergue[23], pois com a instalação desse tribunal *ad hoc* ficou

22. Rodrigo Uprimny Yepes e Luz María Sánchez Duque ponderam que conforme o disposto pela Carta das Nações Unidas, os Estados possuem domínio sobre certos assuntos, mas não gozam de soberania, pelo menos como essa era entendida no século XIX e princípio do XX. E não possuem soberania plena porque existem assuntos que são de interesse legítimo da comunidade internacional, um deles é a proteção dos direitos humanos. Esses direitos funcionam como limite à soberania dos Estados ou, dito de outra forma, os Estados, dentro do seu domínio reservado ou jurisdição interna, não têm poder de violar-los (Convención Americana sobre Derechos Humanos – Comentario: STEINER, Christian e URIBE, Patricia – Editores. Konrad Adenauer Stiftung. Bolívia: Plural editores, 2014. p. 534).

23. O Tribunal de Nurembergue foi instituído para julgar os crimes de guerra e contra a humanidade perpetrados durante a Segunda Guerra Mundial pelos líderes nazistas (o julgamento começou em 20.11.1945). Idealizado pelos Aliados (sobretudo EUA, URSS, Reino Unido e França), escalou o Chefe da Justiça

demonstrada a necessária flexibilização da noção de soberania para bem proteger os direitos humanos. E ao mesmo tempo ficou comprovado o reconhecimento de direitos do indivíduo pelo direito internacional. Antes do Tribunal de Nurembergue, podemos citar o Direito Humanitário, a Liga das Nações e a Organização Internacional do Trabalho como exemplos de limitação, oriunda da comunidade internacional, que os Estados sofreram em sua inabalável soberania.

6.2. Responsabilização do Estado

A responsabilização do Estado pode ser proveniente tanto de um ato comissivo quanto omissivo. Exemplo do último pode ser a falta de diligência para prevenir a ocorrência de certa violação dos direitos humanos.

Em material produzido pela própria Comissão Interamericana de Direitos Humanos, denominado *Sistema de Petições e Casos*[24], foi indicado que a responsabilização do Estado pode ser configurada por:

a) ação: como consequência de atos do Estado ou de seus agentes;

b) aquiescência: como consequência do consentimento tácito do Estado ou de seus agentes;

c) omissão: resultante do fato de que o Estado, ou seus agentes, não atuaram quando deveriam ter feito.

6.3. Cláusula Federal ou princípio da unidade do Estado

Sobre a responsabilização de Estado, é importante dizer que o art. 28 da Convenção Americana de Direitos Humanos estabelece a cláusula federal ou princípio da unidade do Estado, que em seu ponto 2 determina:

"No tocante às disposições relativas às matérias que correspondem à competência das entidades componentes da federação, o governo nacional deve tomar imediatamente as medidas pertinentes, em conformidade com sua Constituição e com suas leis, a fim de que as autoridades competentes das referidas entidades possam adotar as disposições cabíveis para o cumprimento desta Convenção".

Ademais, sempre é o governo central que responderá perante a comunidade internacional, pois é o representante do Estado como um todo, o único detentor de personalidade jurídica internacional. Tome de exemplo a Federação de Estados ou Estado Federal, que é a união permanente de dois ou mais estados, dos quais cada um conserva apenas a autonomia interna, pois a soberania externa é exercida por um órgão central, normalmente denominado *governo federal*. O Brasil é Estado Federal desde a Constituição de 1891. Cabe sublinhar que a divisão de autonomias em relação às competências internas não interfere na responsabilização internacional.

Dito de outra maneira, "no plano internacional o Estado é reconhecido como um sujeito único e indivisível e o princípio da unidade do Estado estabelece que os atos ou omissões dos órgãos do Estado devem ser reconhecidos como atos ou omissões desse Estado em sua totalidade[25]".

6.4. Responsabilidade direta ou indireta

A responsabilidade, no caso dos Estados, pode ser *direta* ou *indireta*. Será direta quando o ato ilícito for perpetrado por órgão de qualquer natureza ou nível hierárquico, e indireta quando o ato ilícito for praticado por dependência sua, como, por exemplo, um ilícito praticado por um dos estados componentes da República Federativa do Brasil.

6.5. Agentes causadores de dano: poderes Executivo, Legislativo e Judiciário

O ato ilícito internacional normalmente é praticado por agentes do Poder Executivo. Mas é possível que o ilícito internacional resulte de atos oriundos do Poder Legislativo e do Judiciário[26].

6.5.1. Indivíduo

Entretanto, o ilícito internacional proveniente de ato dos particulares não dá causa, por si só, à responsabilidade internacional do Estado; necessário se faz comprovar a falta de diligência do Estado, notadamente em seus deveres de prevenção e de repressão. No caso *Massacre do Povo Bello vs. Colômbia*, a Corte IDH determinou que um Estado não pode ser responsável por qualquer violação dos direitos humanos cometida entre particulares dentro de sua jurisdição; seu dever de adotar medidas de prevenção e proteção dos particulares em suas relações entre si se encontra condicionado ao conhecimento de uma situação de risco real e imediato para um indivíduo ou grupo de indivíduos determinado e possibilidades razoáveis de prevenir ou evitar esse risco[27].

Por outro lado, a configuração da responsabilidade do Estado não afasta *de per si* a responsabilidade pessoal de seus agentes – ver art. 58 do Projeto de Convenção sobre Responsabilidade dos Estados (*Draft articles on Responsibility of States for Internationally Wrongful Acts*) da Comissão de Direito Internacional da ONU.

6.6. Obrigação de meio ou comportamento

Cabe destacar que a obrigação que o Estado possui de prevenir e de investigar violações aos direitos humanos é uma obrigação de meio ou comportamento e não de resultado. Assim, por exemplo, se a investigação empreendida pelo Estado não produziu qualquer resultado satisfatório do ponto de vista prático, isso não quer dizer que a obrigação do Estado de investigar não foi cumprida. Portanto, as citadas

americana, Robert Jackson, para ser seu coordenador. Cabe lembrar que a experiência de Nurembergue marca a primeira vez em que crimes de guerra foram julgados por um tribunal internacional. Uma crítica que se faz ao Tribunal é que se trata de uma "justiça dos vencedores".

24. Organização dos Estados Americanos. 2010.

25. Convención Americana sobre Derechos Humanos – Comentario: STEINER, Christian e URIBE, Patricia (Editores). Konrad Adenauer Stiftung. Bolívia: Plural editores, 2014. p. 15.

26. Conforme decidido pela Corte Interamericana de Direitos Humanos no caso 'A Última Tentação de Cristo vs. Chile. Iremos analisar esse importante caso ao longo do livro.

27. Corte IDH. *Caso do Massacre do Povo Bello vs. Colômbia.* Mérito, reparações e custas. Sentença de 31.01.2006. Item 123 da decisão. Ver também caso *González e outras ("Campo Algodoneiro") vs. México*. Item 280 dessa decisão.

obrigações do Estado devem ser exercidas com seriedade e não como uma simples formalidade condenada desde o início a ser infrutífera. Investigar e prevenir violações aos direitos humanos é um dever jurídico próprio do Estado--parte do sistema interamericano de proteção dos direitos humanos[28]. Como também de qualquer Estado que seja parte de outro sistema protetivo internacional (ex.: global com base na ONU e europeu com base no Conselho Europeu).

Com fundamento no citado dever (investigar efetivamente), uma vez que as autoridades estatais tenham conhecimento de algum fato, devem iniciar *ex officio* e sem demora uma investigação séria, imparcial e efetiva por todos os meios legais disponíveis e orientada a determinação da verdade e a persecução, captura, análise do caso (processo) e eventual aplicação de pena a todos os envolvidos, especialmente quando possam estar envolvidos agentes estatais[29].

6.7. Irrelevância da validade interna do ato

A validade do ato em face da legislação interna é irrelevante para a responsabilidade internacional do Estado – ver arts. 1º, 2º e 3º do Projeto de Convenção sobre Responsabilidade dos Estados (*Draft articles on Responsibility of States for Internationally Wrongful Acts*), da Comissão de Direito Internacional da ONU.

Assim, se o Poder Judiciário, ao fundamentar decisão em lei ou norma constitucional interna, descumprir tratados internacionais de direitos humanos, o Estado poderá ser responsabilizado no plano internacional por essa decisão.

6.8. Formas de reparação

O tema será tratado com mais profundidade quando estudarmos as formas de reparação que a Corte Interamericana pode determinar ao Estado violador. De qualquer forma, se ficar comprovada a violação de direitos humanos da(s) vítima(s), o Estado agressor será condenado a tomar medidas que façam cessar a violação e restaurar o direito vilipendiado (*restitutio in integrum*), além de poder ser condenado ao pagamento de indenização (tendo por base o plano material e o imaterial) à(s) vítima(s).

6.9. Papel do TPI na responsabilização internacional

O dirigente político que conduzir o país à prática de crimes contra a humanidade poderá ser julgado e condenado pelo Tribunal Penal Internacional[30] (TPI).

6.10. Caráter complementar e subsidiário dos sistemas internacionais

É importante destacar o caráter *complementar* e *subsidiário* dos sistemas internacionais, porque esses apenas serão acionados caso o sistema jurídico nacional tenha sido incapaz ou não tenha demonstrado interesse em julgar o caso. Tanto é assim que a Corte Interamericana de Direitos Humanos tem jurisprudência no sentido de que "a regra do prévio esgotamento dos recursos internos permite ao Estado resolver o problema conforme seu direito interno antes de sofrer um processo internacional, que é perfeitamente válido na jurisdição internacional dos direitos humanos, por ser esta coadjuvante ou complementar à jurisdição interna[31]".

Sob outro aspecto, não se configuraria vilipêndio à soberania, pois, na maioria dos casos, o Estado, com suporte no *princípio da autodeterminação dos povos*, aquiesceu à competência de cortes e comitês internacionais. Isto é, com supedâneo em sua soberania escolheu fazer parte de certo sistema de proteção internacional, e qualquer determinação ou punição que provier desse sistema já é aceita de antemão pelo Estado.

Agora que se tem boa compreensão da função e das características dos direitos humanos, é importante estudar pontualmente o Direito Humanitário e o Direito dos Refugiados para, dessa forma, completarmos a tríade protetiva do ser humano.

7. DIREITO HUMANITÁRIO

7.1. Conceito

O Direito Humanitário é composto de princípios e regras – positivadas ou costumeiras – que têm como função, por questões humanitárias, limitar os efeitos do conflito armado. Mais especificamente, o Direito Humanitário protege as pessoas que não participam ou não mais participam das hostilidades e restringe os meios e os métodos de guerra. Tal conceito permite-nos encará-lo como Direito Internacional dos Conflitos Armados ou Direito da Guerra.

É considerado por muitos a primeira limitação internacional que os Estados sofreram na sua soberania[32], pois, na hipótese de conflito armado, estes teriam de respeitar certas regras que visam proteger as vítimas civis e os militares fora de combate. Assim, teve-se início o processo de internacionalização dos direitos humanos.

7.2. Direito de Genebra

O Direito Internacional Humanitário é principalmente fruto das quatro Convenções de Genebra de 1949 (em 1949 foram revistas as três Convenções anteriores – 1864, 1906 e 1929 – e criada uma quarta, relativa à proteção dos civis em período de guerra) e seus Protocolos Adicionais, os quais formam o conjunto de leis para reger os conflitos armados e buscar limitar seus efeitos (Direito de Genebra). A proteção recai sobre as pessoas que não participam dos conflitos (civis,

28. Corte IDH. *Caso Velásquez Rodríguez vs. Honduras*. Item 177 da decisão.
29. Corte IDH. *Caso do Massacre do Povo Bello vs. Colombia*. Item 143 da decisão.
30. O Tribunal Penal Internacional será estudado no capítulo 11.
31. Corte IDH. *Caso Velásquez Rodríguez vs. Honduras*, Mérito, sentença de 29.07.1988, ponto 61; Corte IDH. *Caso Godínez Cruz vs. Honduras*, Mérito, sentença de 20.01.1989, ponto 64; Corte IDH. *Caso Fairén Garbi y Solís Corrales vs. Honduras*, Mérito, sentença de 15.03.1989, ponto 85. Fonte da pesquisa jurisprudencial é a obra Convención Americana sobre Derechos Humanos – Comentario: STEINER, Christian e URIBE, Patricia (Editores). Konrad Adenauer Stiftung. Bolívia: Plural editores, 2014. p. 7.
32. A Liga das Nações e a Organização Internacional do Trabalho são os outros exemplos dessa primeira limitação, oriunda da comunidade internacional, que os Estados sofreram em sua inabalável soberania.

profissionais da saúde e de socorro) e os que não mais participam das hostilidades (soldados feridos, doentes, náufragos e prisioneiros de guerra).

As Convenções e seus Protocolos apelam para que sejam tomadas medidas para evitar ou para encerrar todas as violações. Eles contêm regras rigorosas para lidar com as chamadas "violações graves", devendo seus responsáveis ser julgados ou extraditados, independentemente de sua nacionalidade.

7.2.1. 1ª Convenção de Genebra

Em seus 64 artigos, a 1ª Convenção de Genebra protege feridos e enfermos das forças armadas em campanha, além do pessoal médico e religioso, as unidades e os transportes médicos. A Convenção também reconhece os emblemas distintivos.

7.2.2. 2ª Convenção de Genebra

A 2ª Convenção de Genebra, que substitui a Convenção de Haia de 1907 sobre a Adaptação dos Princípios da Convenção de Genebra de 1864 e Guerras Marítimas, protege feridos, enfermos e náufragos das forças armadas no mar. Ela segue as disposições da 1ª Convenção de Genebra em termos de estrutura e conteúdo. Seus 63 artigos se aplicam especificamente a guerras marítimas, por exemplo, protegendo os navios-hospitais.

7.2.3. 3ª Convenção de Genebra

A 3ª Convenção de Genebra, que substitui a Convenção sobre Prisioneiros de Guerra de 1929, se aplica aos prisioneiros de guerra. Contém 143 artigos, enquanto a de 1929 continha apenas 97. As categorias de pessoas com direito ao *status* de prisioneiras de guerra foram ampliadas. As condições e os locais de cativeiro também foram definidos com mais precisão, em particular com relação ao trabalho de prisioneiros de guerra, seus recursos pecuniários, o socorro que recebem e os processos judiciais contra eles. A Convenção estabelece que os prisioneiros de guerra devem ser liberados e repatriados sem demora após o término das hostilidades ativas.

7.2.4. 4ª C onvenção de Genebra

As Convenções de Genebra adotadas antes de 1949 preocupavam-se apenas com os combatentes, não com os civis. Os eventos da Segunda Guerra Mundial, no entanto, mostraram as consequências desastrosas da ausência de uma convenção para proteger os civis em tempos de guerra – e essa experiência foi levada em consideração na 4ª Convenção de Genebra, adotada em 1949, que protege os civis, inclusive em territórios ocupados. Ela é composta de 159 artigos e contém uma pequena seção referente à proteção geral das populações contra certas consequências da guerra, sem tratar da conduta das operações militares, que foi examinada depois nos Protocolos Adicionais de 1977. Ademais, a 4ª Convenção esclarece as obrigações da potência ocupante com relação à população civil e contém disposições detalhadas sobre o socorro humanitário em território ocupado.

7.2.5. Conflitos armados não internacionais

Merece destaque o art. 3º, que é comum às quatro Convenções de Genebra e marca um avanço ao disciplinar, pela primeira vez, os conflitos armados **não internacionais**. Esses tipos de conflito variam muito. Eles incluem guerras civis tradicionais, conflitos armados internos que se expandem para outros Estados ou conflitos internos nos quais um terceiro Estado ou uma força multinacional intervém junto com o governo. O art. 3º estabelece regras fundamentais que não podem ser derrogadas e funciona como uma mini convenção dentro das Convenções, pois contém as regras essenciais das Convenções de Genebra em um formato condensado e as torna aplicáveis aos conflitos de caráter não internacional.

7.2.6. Protocolos Adicionais I e II

Por fim, nas duas décadas após a adoção das Convenções de Genebra, o mundo testemunhou um aumento no número de conflitos armados não internacionais e de guerras por independência. Em resposta a isso, foram adotados em 1977 dois Protocolos Adicionais às Convenções de Genebra de 1949. Eles fortalecem a proteção das vítimas de conflitos armados internacionais (Protocolo I) e não internacionais (Protocolo II) e determinam limites aos métodos de guerra. O Protocolo II foi o primeiro tratado internacional exclusivamente dedicado às situações de conflitos armados **não internacionais**. Em 2007, um terceiro Protocolo Adicional foi adotado, criando um emblema adicional, o Cristal Vermelho, que tem o mesmo *status* internacional dos emblemas da Cruz Vermelha e do Crescente Vermelho.

7.3. Direito de Haia e Regras de Nova Iorque

A outra parte das regras do Direito Internacional Humanitário provém do Direito de Haia (Convenções de Haia de 1899 e de 1907), que regula especificamente o meio e os métodos utilizados na guerra, ou, em outras palavras, a condução das hostilidades pelos beligerantes e as Regras de Nova Iorque[33], que cuidam da proteção dos direitos humanos em período de conflito armado. Pode-se apontar ainda o Tribunal Penal Internacional como um dos destaques na tutela do Direito Internacional Humanitário.

7.3.1. Princípios norteadores

Existem três princípios norteadores do Direito de Haia: **a)** princípio da humanidade: combatentes devem usar armamento que permita o menor sofrimento possível; **b)** princípio da necessidade: todo ataque armado deve destinar-se à execução de um objetivo militar; **c)** princípio da proporcionalidade: um ataque armado não pode causar danos desproporcionais à vantagem obtida.

7.3.2. Counterforce e countervalue

Sobre o princípio da necessidade, cabe distinguir as estratégias de *counterforce* e de *countervalue*. O primeiro diz respeito à estratégia de apenas atacar as forças militares do

33. Resolução 2.444 (XXIII) adotada em 1968 pela Assembleia Geral das Nações Unidas.

oponente. Enquanto o segundo tem por estratégia destruir o que tem valor para o oponente, incluindo sua população civil. Na época da Guerra Fria, muitas discussões sobre as estratégias a serem tomadas foram travadas. Decidiu-se que, na maioria das situações, apenas o *counterforce* teria legitimidade como estratégia de ataque, mesmo num ambiente de guerra. Infelizmente, eventos recentes envolvendo o (interminável) conflito Israel-Palestina trouxe a tona, em muitas ocasiões, a estratégia de *countervalue* levada a cabo por Israel. Frequentemente é noticiado o ataque a obras de infraestrutura, como também à população civil, da Faixa de Gaza.

7.3.3. Cláusula Martens

Relacionado ao Direito de Haia, cabe destacar a *cláusula Martens*, essa aparece na Convenção de Haia, de 1907, sobre os Costumes da Guerra Terrestre e faz alusão ao nome do Ministro das Relações Exteriores do Czar Alexandre, da Rússia. Sua aplicação ocorre nas situações não previstas, ou melhor, não regulamentas por qualquer tratado, e determina que tanto os combatentes, quanto os civis, ficam sob a proteção e a autoridade dos princípios do direito internacional. Assim, nunca ocorrerá uma situação de ausência de proteção dos combatentes e civis, pois quando não houver regras específicas para serem aplicadas a certos conflitos, o Direito Internacional dos Direitos Humanos será aplicado diretamente.

7.4. Assistência Humanitária x Intervenção Humanitária

Em relação à matéria, é importante tratar de dois conceitos que apresentam proximidade apenas etimológica. São eles:

a) assistência humanitária: auxílio às vítimas de conflitos armados nacionais ou internacionais. O auxílio é executado mediante meio pacífico – por exemplo, o envio de remédios e alimentos. Essa prática não encontra objeção no direito internacional. Ex.: em 2010, o Brasil doou 200 mil dólares para a assistência humanitária em saúde ao Sudão, em especial à região de Darfur, por meio do Unicef. Cabe reforçar que a assistência humanitária pode ser levada a cabo por Estados, organizações internacionais e organizações não governamentais;

b) intervenção humanitária: ação de força contra Estado ou movimento armado no interior de algum Estado. A justificativa da agressão é a tentativa de fazer cessar a violação aos direitos humanos de certa parcela da população. Essa prática não tem acolhida fácil, sendo aceita em situações bem específicas e desde que preenchidos certos requisitos. Ex.: em 2011, o Conselho de Segurança das Nações Unidas aprovou pela Resolução 1.973 a intervenção humanitária na Líbia para impedir o massacre de civis por tropas do então ditador Muamar Kadafi.

Os principais requisitos autorizadores da intervenção humanitária seriam: **a)** esgotamento dos meios alternativos; **b)** diversidade dos executores da intervenção; **c)** pertinência com o objetivo humanitário perseguido; **d)** compromisso com a proteção de civis e a integridade do território, entre outros.

Percebe-se que a legitimidade de uma intervenção humanitária não é facilmente alcançada.

7.5. Conclusão

Por fim, o objetivo do Direito Humanitário é a tutela da pessoa humana, mas numa situação específica, qual seja, quando ela é vítima de conflito armado nacional ou internacional.

De todo o dito, nota-se que o Direito Internacional Humanitário e o Direito Internacional dos Direitos Humanos são complementares, apesar de serem dois conjuntos de leis distintas, pois ambos buscam proteger o indivíduo de ações arbitrárias e de abusos. Os direitos humanos são inerentes ao ser humano e protegem os indivíduos sempre, seja em tempos de guerra ou de paz. O Direito Internacional Humanitário se aplica apenas em situações de conflitos armados internacionais e não internacionais. Portanto, em tempos de conflitos armados, o Direito Internacional dos Direitos Humanos e o Direito Internacional Humanitário se aplicam de maneira complementar.

8. DIREITO DOS REFUGIADOS

8.1. Conceito

O Direito dos Refugiados é composto de princípios e regras – positivadas ou costumeiras – que têm como função proteger e auxiliar o indivíduo considerado refugiado.

Refugiado é **(i)** o indivíduo que, perseguido devido à sua raça, religião, nacionalidade, opinião política ou por sua ligação com certo grupo social, se encontra fora de seu país de nacionalidade e não pode ou não quer, por temor, regressar ao seu país; **(ii)** ou o apátrida que, perseguido devido à sua raça, religião, nacionalidade, opinião política ou por sua ligação com certo grupo social, se encontra fora do país onde teve sua última residência habitual e não pode ou não quer, por temor, regressar a tal país. Ainda, é possível considerar refugiado **(iii)** todo aquele que é vítima de grave e generalizada violação de direitos humanos[34]. Lembrando que apátrida é a condição do indivíduo que não possui nenhuma nacionalidade.

Pelo o aqui dito percebe-se que o refúgio é um instituto de caráter humanitário.

8.1.1. *Status* de refugiado

Os efeitos da condição do *status* de refugiado são extensivos ao cônjuge, aos ascendentes e descendentes, assim como aos demais membros do grupo familiar que do refugiado dependerem economicamente, desde que se encontrem em território nacional.

8.1.2. Consequências

Os indivíduos considerados refugiados possuem os mesmos direitos dos cidadãos do Estado receptor e os ditos Estados receptores são responsáveis pela proteção contra perseguição e não podem expulsá-los ou entregá-los ao

34. Em consonância com a legislação nacional (art. 1º da Lei 9.474/1997).

Estado onde antes eram perseguidos (*princípio de non refoulement* – veremos abaixo). Ademais, tais Estados devem garantir apoio social e assistência para integração social dos refugiados quando for necessário[35].

8.2. Convenção das Nações Unidas relativa ao Estatuto dos Refugiados

8.2.1. *Apresentação*

Em 1951, foi convocada uma Conferência de Plenipotenciários das Nações Unidas para Genebra com o objetivo de redigir uma convenção regulatória do *status* legal dos refugiados. Como resultado, a Convenção das Nações Unidas relativa ao Estatuto dos Refugiados foi adotada em 28.07.1951, entrando em vigor internacional em 22.04.1954. No Brasil, foi promulgada por meio do Decreto 50.215, de 28.01.1961.

A Convenção deve ser aplicada sem discriminação de raça, religião, sexo e país de origem.

8.2.2. *Cláusulas essenciais: definição de refugiado e princípio de non-refoulement*

A Convenção estabelece cláusulas consideradas essenciais, às quais nenhuma reserva pode ser apresentada. Entre essas cláusulas, incluem-se a definição do termo "refugiado" e o princípio de *non-refoulement* ("não devolução").

a) princípio de *non-refoulement*

Esse princípio foi disciplinado no art. 33 da Convenção de 1951, o qual define que nenhum país deve expulsar ou "devolver" (*refouler*) um refugiado contra sua vontade, em quaisquer ocasiões, para um território onde ele sofra perseguição. Percebe-se que a Convenção estipula que o princípio da *não devolução* tem aplicação somente em relação aos refugiados.

De maneira distinta, a Convenção Americana de Direitos Humanos prevê que esse princípio tem aplicação para todos os estrangeiros (art. 22, ponto 8, da Convenção Americana de Direitos Humanos). Isto é, não precisa ter *status* de refugiado para poder se beneficiar do princípio da *não devolução*. Para a Comissão Interamericana, respeitar esse princípio é uma *obrigação suprema dos Estados*.

O citado princípio ainda é previsto no art. 3º da Convenção Internacional contra a Tortura e outros tratamentos e penas cruéis, desumanos ou degradantes (ONU) e no art. 13 da Convenção Interamericana para prevenir e sancionar a Tortura. Porém, nesses dois casos não é previsto a necessidade de existência do requisito perseguição. O mero risco de tortura já é suficiente para aplicação do princípio da *não devolução*[36]. Esses tratados não estabelecem exceção alguma para aplicação do princípio.

b) definição de refugiado

A definição do termo "refugiado" no art. 1º engloba um grande número de pessoas. No entanto, a Convenção só é aplicada a fatos ocorridos antes de 01.01.1951.

8.2.3. *Outras previsões*

Estabelece ainda providências para a disponibilização de documentos, como os documentos de viagem específicos para refugiados na forma de um "passaporte".

8.3. Protocolo de Nova York

Com o tempo e a emergência de novas situações geradoras de conflitos e perseguições, tornou-se crescente a necessidade de providências que colocassem os novos fluxos de refugiados sob a proteção das provisões da Convenção. Assim, um protocolo relativo ao Estatuto dos Refugiados (conhecido como Protocolo de Nova York) foi preparado e submetido à Assembleia Geral das Nações Unidas em 1966. Assinado pelo presidente da Assembleia Geral e o secretário-geral no dia 31.01.1967 e transmitido aos governos, o Protocolo entrou em vigor internacional em 04.10.1967 e foi promulgado no Brasil em 07.08.1972 pelo Decreto 70.946.

Com a ratificação do Protocolo, os países foram levados a aplicar as provisões da Convenção de 1951 para todos os refugiados enquadrados na definição da carta, mas sem limite de datas e de espaço geográfico. Embora relacionado com a Convenção, o Protocolo é um instrumento independente cuja ratificação não é restrita aos Estados signatários da Convenção de 1951 (os EUA só assinaram o Protocolo de 1967).

A Convenção e o Protocolo são os principais instrumentos internacionais estabelecidos para a proteção dos refugiados.

8.4. Procedimento no Brasil

8.4.1. *Competência*

O reconhecimento e a declaração da condição de refugiado no Brasil são da competência do Comitê Nacional para os Refugiados (Conare[37]). Além disso, o Conare tem competência para decidir a cessação, em primeira instância, *ex officio* ou mediante requerimento das autoridades competentes, da condição de refugiado e para determinar a perda, em primeira instância, da condição de refugiado.

8.4.2. *Conare: composição*

O Conare é composto de: **a)** um representante do Ministério da Justiça, que o preside; **b)** um representante do Ministério das Relações Exteriores; **c)** um representante do Ministério do Trabalho; **d)** um representante do Ministério da Saúde; **e)** um representante do Ministério da Educação e do Desporto; **f)** um representante do Departamento de Polícia Federal; e **g)** um representante de organização não governamental que se dedique a atividades de assistência e proteção de refugiados no país.

35. Nowak, Manfred. Introducción al régimen internacional de los derechos humanos. p. 62.

36. O' Donnell, Daniel. *Derecho Internacional de los derechos humanos – Normativa, jurisprudencia y doctrina de los sistemas universal e interamericano.* Alto Comisionado de las Naciones Unidas para los Derechos Humanos, Bogotá, 2004. p. 616-618.

37. Órgão encarregado de fazer a análise relacional entre o receio de perseguição e o dado objetivo ligado à situação sociopolítica do país de origem.

Os membros do Conare são designados pelo presidente da República, mediante indicações dos órgãos e da entidade que o compõem. O Conare reúne-se com quórum de quatro membros com direito a voto, deliberando por maioria simples e, em caso de empate, é considerado como voto decisivo o do presidente do Comitê.

8.4.3. *Procedimento para obtenção do status de refugiado*

Em termos gerais, o procedimento para obtenção do *status* de refugiado no Brasil segue estas etapas:

a) autorização de residência provisória: recebida a solicitação de refúgio, o Departamento de Polícia Federal emite um protocolo em favor do solicitante e de seu grupo familiar que se encontre no território nacional, autorizando a estada até a decisão final do processo (art. 21 da Lei 9.474/1997). Cabe frisar que o ingresso irregular no território nacional não constitui impedimento para que o estrangeiro solicite refúgio às autoridades competentes;

b) instrução e relatório: finda a instrução, a autoridade competente elabora, de imediato, relatório, que será enviado ao Secretário do Conare para inclusão na pauta da próxima reunião desse Colegiado (art. 24 da Lei 9.474/1997);

c) decisão: a decisão pelo reconhecimento da condição de refugiado é considerada ato declaratório e deve estar devidamente fundamentada (art. 26 da Lei 9.474/1997);

d) recurso: em caso de decisão negativa, esta deve ser fundamentada na notificação ao solicitante, cabendo direito de recurso ao ministro da Justiça, no prazo de 15 dias, contados do recebimento da notificação. A decisão do ministro da Justiça não é passível de recurso (arts. 29 e 31 da Lei 9.474/1997). Importante destacar que, consoante jurisprudência do STJ, o Poder Judiciário, em regra, deve limitar-se à verificação da legalidade do procedimento do CONARE que tenha decidido pelo indeferimento de refúgio de estrangeiro.

8.4.3.1. *Condição jurídica do refugiado no Brasil*

✓ O refugiado possui os direitos e deveres dos estrangeiros no Brasil, bem como direito a cédula de identidade comprobatória de sua condição jurídica, carteira de trabalho e documento de viagem (art. 6º da Lei 9.474/1997).

8.4.4. *Recusa definitiva de refúgio*

No caso de recusa definitiva de refúgio, fica o solicitante sujeito à legislação de estrangeiros, não devendo ocorrer sua transferência para seu país de nacionalidade ou de residência habitual, enquanto permanecerem as circunstâncias que põem em risco sua vida, integridade física e liberdade, exceto se o solicitante tiver cometido crime contra a paz, crime de guerra, crime contra a humanidade, crime hediondo, participado de atos terroristas ou tráfico de drogas, ou seja, considerado culpado de atos contrários aos fins e princípios das Nações Unidas.

8.4.5. *Efeitos do status de refugiado sobre a extradição e a expulsão*

O art. 34 da Lei 9.474/1997 assim dispõe: "A solicitação de refúgio suspenderá, até decisão definitiva, qualquer processo de extradição pendente, em fase administrativa ou judicial, baseado nos fatos que fundamentaram a concessão de refúgio". Por consequência, o art. 33 arremata: "O reconhecimento da condição de refugiado obstará o seguimento de qualquer pedido de extradição baseado nos fatos que fundamentaram a concessão de refúgio".

E não será expulso do território nacional o refugiado que estiver regularmente registrado, salvo por motivos de segurança nacional ou de ordem pública (art. 36 da Lei 9.474/1997).

8.5. Conclusão

A Convenção de 1951 e o Protocolo de 1967 asseguram que qualquer pessoa, em caso de necessidade, pode exercer o direito de procurar e de gozar de refúgio em outro país, lembrando que refúgio é o acolhimento, pelo Estado, em seu território, de indivíduo perseguido por motivos de raça, religião, nacionalidade, grupo social ou opiniões políticas.

Por fim, percebe-se que o Direito Internacional dos Refugiados e o Direito Internacional dos Direitos Humanos são complementares, apesar de serem dois conjuntos de leis distintas, pois ambos buscam proteger o indivíduo de ações arbitrárias e de abusos. Os direitos humanos são inerentes ao ser humano e protegem os indivíduos sempre, sejam estes considerados refugiados ou não. O Direito Internacional dos Refugiados se aplica apenas em situações que envolvem refugiados. Portanto, o Direito Internacional dos Direitos Humanos e o Direito Internacional dos Refugiados se aplicam de maneira complementar, sempre que o contexto fático englobar alguma consideração sobre refugiados.

9. SISTEMA GLOBAL DE PROTEÇÃO

9.1. Apresentação

Abalados pelas barbáries deflagradas nas duas Grandes Guerras e desejosos de construir um mundo sobre novos alicerces ideológicos, os dirigentes das nações que emergiram como potências no período pós-guerra, lideradas por URSS e EUA, estabeleceram na Conferência de Yalta, na Ucrânia, em 1945, as bases de uma futura "paz". Para isso definiram as áreas de influência das potências e acertaram a criação de uma organização multilateral que promovesse negociações sobre conflitos internacionais, com o objetivo de evitar guerras, construir a paz e a democracia, além de fortalecer os direitos humanos.

9.2. Organização das Nações Unidas – ONU

Teve aí sua origem a ONU, uma organização internacional que tem por objetivo facilitar a cooperação em matéria de direito e segurança internacionais, desenvolvimento econômico, progresso social, direitos humanos e a realização da paz mundial. Por isso, diz-se que é uma organização internacional de vocação universal.

Sua lei básica é a Carta das Nações Unidas, elaborada em São Francisco de 25 de abril a 26.06.1945. Essa Carta tem como anexo o Estatuto da Corte Internacional de Justiça.

Uma das preocupações da ONU é a proteção dos direitos humanos mediante a cooperação internacional. A Carta das

Nações Unidas é o exemplo mais emblemático do processo de internacionalização dos direitos humanos ocorridos no pós-guerra. Aliás, conforme dito no capítulo introdutório, é importante lembrar que esse processo recente de internacionalização dos direitos humanos é fruto da ressaca moral da humanidade ocasionada pelo excesso de violações perpetradas pelo nazifascismo[38].

9.2.1. Conselho Econômico e Social – CES

Dentro do organograma da ONU, o órgão com atuação destacada no que se refere aos direitos humanos é o Conselho Econômico e Social, o qual, segundo o art. 62 da Carta das Nações Unidas, tem competência para promover a cooperação em questões econômicas, sociais e culturais, incluindo os direitos humanos.

No que tange aos direitos humanos, o Conselho Econômico e Social tem competência para fazer recomendações com o fito de promover o respeito aos direitos humanos e confeccionar projetos de convenções que serão submetidos à Assembleia Geral.

Dentro dessas competências, o Conselho Econômico e Social pode criar comissões para melhor executar suas funções. Com suporte em tal competência, a Comissão de Direitos Humanos da ONU foi criada em 1946. Todavia, conviveu com pesadas críticas, sendo, por fim, substituída em 16.06.2006 pelo Conselho de Direitos Humanos (CDH), por meio da Resolução 60/251 adotada pela Assembleia Geral.

9.2.2. Conselho de Direitos Humanos – CDH

Cabe aqui também apontar que a criação do CDH é uma tentativa simbólica de conferir paridade ao tema dos direitos humanos em relação aos temas da segurança internacional e da cooperação social e econômica, os quais têm conselhos específicos, respectivamente: o Conselho de Segurança e o Conselho Econômico e Social.

9.2.2.1. Composição (distribuição geográfica equitativa)

Sua composição é determinada pelo voto direto e secreto da maioria da Assembleia Geral, que elege 47 Estados-membros, respeitada a distribuição geográfica equitativa. É interessante apontar que o respeito à distribuição geográfica possibilitou que países pobres e em desenvolvimento contassem com uma expressiva maioria.

9.2.2.2. Competências

O CDH é um órgão subsidiário da Assembleia Geral e tem como principais competências: **a)** promover a educação e o ensino em direitos humanos; **b)** auxiliar os Estados na implementação das políticas de direitos humanos assumidas em decorrência das Conferências da ONU, como também sua devida fiscalização; **c)** submeter um relatório anual à Assembleia Geral; e **d)** propor recomendações acerca da promoção e proteção dos direitos humanos.

9.2.2.3. Mecanismo não convencional

Pode-se afirmar que o CDH se insere no sistema global[39] de proteção dos direitos humanos como um mecanismo **não convencional**, destoando dos mecanismos convencionais de proteção instituídos pelas Convenções da ONU.

A fonte material do sistema não convencional são as resoluções elaboradas pelos órgãos da ONU (notadamente o Conselho de Direitos Humanos, a Assembleia Geral e o Conselho Econômico e Social). E do sistema convencional, como já adiantado, são as Convenções confeccionadas pelos países-membros da ONU. Portanto, convencional tem a ver com a exteriorização explícita e específica dos Estados sobre regras a serem instituídas, ao passo que não convencional diz respeito à exteriorização implícita e genérica dos Estados sobre regras a serem instituídas.

9.2.3. Assembleia Geral

Outro órgão da ONU com grande atuação nos direitos humanos é a Assembleia Geral, pois, consoante o art. 13, *b*, da Carta das Nações Unidas, ela inicia estudos e propõe recomendações para promover a cooperação internacional nos terrenos econômico, social, cultural, educacional e sanitário e favorecer o pleno gozo dos direitos humanos e das liberdades fundamentais, por parte de todos os povos, sem distinção de raça, sexo, língua ou religião.

9.2.4. Escritório do Alto Comissário das Nações Unidas para Direitos Humanos – EACDH

Também devemos destacar o Escritório do Alto Comissário[40] das Nações Unidas para Direitos Humanos (EACDH), que representa o compromisso do mundo para com os ideais universais da dignidade humana. O Alto Comissariado é o principal órgão de direitos humanos das Nações Unidas e coordena os esforços da ONU sobre essa questão, além de supervisionar o Conselho de Direitos Humanos. Sua criação é consequência das recomendações formuladas no seio da 2ª Conferência Mundial de Direitos Humanos (Conferência de Viena), pela Resolução 48/141 da Assembleia Geral da ONU, em 20.12.1993.

De maneira mais detalhada, o Alto-Comissário tem a função primordial de promover os direitos humanos e lidar com as questões de direitos humanos da ONU, além de manter diálogo com todos os Estados-membros sobre temas relacionados aos direitos humanos. As responsabilidades do Alto-Comissário incluem: a resolução de conflitos; prevenção e alerta de abusos, assistência aos Estados em períodos de transição política; promoção de direitos substantivos aos Estados; coordenação e racionalização de programas em direitos humanos.

9.2.5. Qual era o problema da Carta das Nações Unidas?

O problema da Carta das Nações Unidas é que ela não definia o conteúdo dos direitos humanos. Assim, em 1948, foi

38. Para se ter uma ideia, a doutrina nazista defendia que a titularidade de direitos dependia da origem racial ariana ostentada pela pessoa. Os demais indivíduos não eram dignos da tutela estatal. Os direitos humanos, nesse regime, não eram universais tampouco ofertados a todos.

39. Também denominado Sistema das Nações Unidas.

40. O primeiro a ocupar o posto de Alto-Comissário para os Direitos Humanos foi o Sr. José Ayala-Lasso, do Equador.

proclamada a Declaração Universal dos Direitos Humanos com a função de resolver essa lacuna.

9.3. Declaração Universal dos Direitos Humanos de 1948

9.3.1. Apresentação

A Declaração Universal dos Direitos Humanos foi aprovada pela Resolução 217 A (III) da Assembleia Geral da ONU, em 10.12.1948, por 48 votos a zero e oito abstenções[41]. Em conjunto com os dois Pactos Internacionais – sobre Direitos Civis e Políticos e sobre Direitos Econômicos, Sociais e Culturais –, constitui a denominada Carta Internacional de Direitos Humanos ou *International Bill of Rights*.

A Declaração é fruto de um consenso sobre valores de cunho universal a serem seguidos pelos Estados e do reconhecimento do indivíduo como sujeito de direito internacional, tendo sofrido forte influência iluminista, sobretudo do liberalismo e do enciclopedismo vigente no período de transição entre a idade moderna e a contemporânea. Tanto é assim que a maioria dos seus artigos (3º a 21) traz direitos civis, políticos e pessoais (os chamados de 1º geração), que sintetizam a defesa das pessoas frente os abusos do poder.

Revisitando o *direito a ter direitos* de Hannah Arendt, segundo a Declaração, a condição de pessoa humana é requisito único e exclusivo para ser titular de direitos. Com isso corrobora-se o caráter universal dos direitos humanos, isto é, todo indivíduo é cidadão do mundo e, dessa forma, detentor de direitos que salvaguardam sua dignidade[42].

Em seu bojo, como comentado, encontram-se direitos civis e políticos (arts. 3º a 21) e também direitos econômicos, sociais e culturais (arts. 22 a 28), o que reforça as características da indivisibilidade e interdependência dos direitos humanos (reler os itens 4.3. e 4.4.).

9.3.2. Natureza Jurídica

A Declaração é um exemplo de *soft law*,[43] já que não supõe mecanismos constritivos para a implementação dos direitos nela previstos. Em contrapartida, quando um documento legal prevê mecanismos constritivos para a implementação de seus direitos, estamos diante de um exemplo de *hard law*. Portanto, com base nesse raciocínio, pode-se dizer que a Declaração Universal dos Direitos Humanos não tem força legal (jurídica), mas sim material (moral). Em outras palavras, funcionaria como uma *recomendação*.[44]

Mas alguns autores defendem que a Declaração seria inderrogável por fazer parte do *jus cogens*. E ainda pode-se até advogar, conforme posição defendida por René Cassin,[45] que a Declaração, por ter definido o conteúdo dos direitos humanos insculpidos na Carta das Nações Unidas, tem força legal vinculante sim, visto que os Estados-membros da ONU se comprometeram a promover e proteger os direitos humanos. Por esses dois últimos sentidos, chega-se à conclusão de que a Declaração Universal dos Direitos Humanos gera obrigações aos Estados, isto é, tem força obrigatória(por ser legal ou por fazer parte do *jus cogens*). Tal ilação pode ser adotada em prova dissertativa. Mas em prova objetiva, com exceção da Defensoria, deve ser apontado que a Declaração Universal dos Direitos Humanos não tem força legal, funcionando apenas como uma recomendação.

9.3.2.1. Força obrigatória indireta e força obrigatória direta

Cabe pontuar a existência de uma distinção na doutrina entre força obrigatória indireta e força obrigatória direta. A última é verificada quando os Estados se obrigam internacionalmente via tratado. Os próprios Estados, via seus representantes, redigem e ratificam o tratado. Por sua vez, a indireta é caracterizada pelo efeito posterior de um ato de vontade dos Estados. René Cassin, conforme exposto acima, defendia a força obrigatória direta da Declaração Universal. Mas utilizando o mesmo raciocínio também é possível defender a força obrigatória indireta da Declaração, visto que a Resolução é um efeito posterior do ato voluntário dos Estados de fazerem parte da ONU, quando ratificaram a Carta das Nações Unidas. Em outras palavras, os Estados decidiram dar essa competência (poder) para a Assembleia Geral, que nada mais fez que a exercitar. Portanto, a dita força obrigatória indireta da Declaração Universal deriva do fato de ter sido aprovada por uma resolução da Assembleia Geral da ONU (mecanismo não convencional).

Outra forma de defender a força obrigatória indireta da Declaração[46] é aquela que considera os direitos previstos na Declaração como princípios gerais do Direito[47](art. 38, ponto 1, *c*, do Estatuto da Corte Internacional de Justiça), ou seja, como

41. Os países que se abstiveram foram Arábia Saudita, África do Sul, URSS, Ucrânia, Bielorrússia, Polônia, Iugoslávia e Tchecoslováquia.

42. "O advento do Direito Internacional dos Direitos Humanos [DIDH], em 1945, possibilitou o surgimento de uma nova forma de cidadania. Desde então, a proteção jurídica do sistema internacional ao ser humano passou a independer do seu vínculo de nacionalidade com um Estado específico, tendo como requisito único e fundamental o fato do nascimento. Essa nova cidadania pode ser definida como cidadania mundial ou cosmopolita, diferenciando-se da cidadania do Estado-Nação. A cidadania cosmopolita é um dos principais limites para a atuação do poder soberano, pois dá garantia da proteção internacional na falta da proteção do Estado Nacional. Nesse sentido, a relação da soberania com o DIDH é uma relação limitadora" (ALMEIDA, Guilherme Assis de. "Mediação, proteção local dos direitos humanos e prevenção de violência". *Revista Brasileira de Segurança Pública*, ano 1, ed. 2, p. 137-138, 2007).

43. Segundo a Corte Interamericana de Direitos Humanos, os documentos de *soft law* podem formar parte do *corpus iuris* do direito internacional dos direitos humanos.

44. Muitos juristas defendem que as resoluções da ONU são apenas recomendações dadas aos Estados-membros da organização.

45. O jurista francês René Samuel Cassin foi o principal autor da Declaração Universal dos Direitos Humanos.

46. O autor Antonio Enrique Peréz Luño utiliza a doutrina de Lauterpacht para outras formas de caracterização da força obrigatória indireta da DUDH (Derechos Humanos, Estado de Derecho Y Constitución. Décima Edición. Madrid: Editorial Tecnos, 2010. p. 79-84).

47. A fórmula empregada no Estatuto da CIJ (Corte Internacional de Justiça) refere-se aos princípios gerais do Direito reconhecidos pelas nações civilizadas, o que foi apontado pelos novos países independentes como manifestação do colonialismo europeu. O uso da expressão "nações civilizadas" deve ser repreendido, apesar de ela ainda constar no Estatuto.

uma das fontes do Direito Internacional. Assim, eles funcionariam como axiomas valorativos que servem de instrumento para os juízes interpretarem os tratados e os costumes internacionais e, destarte, aplicarem o Direito Internacional em conformidade com os valores compartilhados pela comunidade internacional (direitos previstos na Declaração Universal).

9.3.2.2. Conclusão

Percebe-se que o tema está longe de ser consenso na doutrina, o que impossibilita a adoção de uma postura acadêmica definitiva sobre o tema.

Entretanto, pode-se dizer que do ponto de vista estritamente formal, a Declaração Universal dos Direitos Humanos é parte do assim denominado *soft law* ("direito suave"), não vinculante, mas mesmo assim importante para a regência das relações internacionais. O que nos leva a asseverar que sua violação, em tese, não deveria implicar a responsabilidade internacional do Estado, mas, por outro, sujeitaria o recalcitrante a sanções de ordem moral. Estas têm sua autoridade na própria dimensão política da declaração, como documento acolhido pela quase unanimidade dos Estados então representados na Assembleia Geral e, depois, invocado em constituições domésticas de inúmeros países e em diversos documentos de conferências internacionais[48]".

Essa postura já foi defendida por Kelsen, que, com base em sua concepção positivista do Direito, apontava a Declaração Universal como possuidora de autoridade moral, mas não jurídica.

9.3.3. Tripla obrigação: proteger, respeitar e realizar

Antes de passarmos ao estudo do Pacto Internacional dos Direitos Civis e Políticos, deve-se dizer que, para a doutrina internacional, os Estados têm uma tripla obrigação para com todos os direitos humanos: proteger (*to protect*), respeitar (*to respect*) e realizar (*to fulfill*).[49]

9.4. Pacto Internacional dos Direitos Civis e Políticos

9.4.1. Histórico e Objetivo

Esse tratado foi adotado em 1966 pela Resolução 2.200 A (XXI) da Assembleia Geral das Nações Unidas, mas, devido à grande resistência que sofreu, somente adquiriu as ratificações necessárias para entrar em vigor internacional no ano de 1976. Seu grande objetivo é expandir e tornar obrigatórios e vinculantes os direitos civis e políticos elencados na Declaração Universal dos Direitos Humanos. É um exemplo de *hard law*. No Brasil, o Pacto foi promulgado pelo Decreto 592, de 06.07.1992.

48. ARAGÃO, Eugênio José Guilherme. "A Declaração Universal dos Direitos Humanos: mera declaração de propósitos ou norma vinculante de direito internacional?". *Revista Eletrônica do Ministério Público Federal*. Ano I, Número 1. 2009.

49. Nesse caminho a Corte Interamericana de Direitos Humanos, no caso Velásquez Rodríguez vs. Honduras (1988), esclareceu, com base no art. 1º, ponto 1, da Convenção Americana de Direitos Humanos, a existência de dois tipos de obrigações gerais em matéria de Direito Internacional dos Direitos Humanos, são elas: a obrigação de respeitar e a obrigação de garantir direitos.

9.4.2. Imediata aplicação (autoaplicabilidade)

O Pacto Internacional dos Direitos Civis e Políticos impôs aos Estados-membros sua imediata aplicação (autoaplicabilidade), diferentemente, como veremos, do Pacto Internacional dos Direitos Econômicos, Sociais e Culturais, que determinou sua aplicação progressiva.

9.4.3. Mecanismos de Controle e Fiscalização (controle de convencionalidade internacional)

Conforme determina seu art. 40, os Estados que aderirem ao Pacto se comprometem a submeter *relatórios* sobre as medidas por eles adotadas para tornar efetivos os direitos reconhecidos no citado Pacto e sobre o progresso alcançado no gozo desses direitos. Sobre os citados relatórios cabe esclarecer, de maneira geral, que estes devem ser apresentados por Estados-partes a órgãos de monitoramento de tratados internacionais de direitos humanos e se destinam a aferir avanços na implementação de *standards* de proteção adotados por esses tratados e, por isso, costumam seguir formatos preestabelecidos pelos órgãos de monitoramento, de modo a permitir a quantificação de resultados.

O Pacto apresenta também um sistema, opcional, de *comunicações interestatais* ou *actio popularis*, por meio do qual um Estado-parte pode denunciar outro que incorrer em violações dos direitos humanos. Mas, para a denúncia ter validade, os dois Estados, denunciante e denunciado, devem ter expressamente declarado a competência do Comitê de Direitos Humanos (órgão de controle) para processar tais denúncias.

9.4.3.1. Processamento das Comunicações Interestatais

O processamento das comunicações interestatais deve seguir o rito descrito no art. 41 do Pacto Internacional de Direitos Civis e Políticos:

a) se um Estado-parte do Pacto considerar que outro Estado-parte não vem cumprindo as disposições da Convenção, poderá, mediante comunicação escrita, levar a questão ao conhecimento deste Estado-parte. Dentro de um prazo de três meses, a contar da data do recebimento da comunicação, o Estado destinatário fornecerá ao Estado que enviou a comunicação explicações ou quaisquer outras declarações por escrito que esclareçam a questão, as quais devem fazer referência, até onde seja possível e pertinente, aos procedimentos nacionais e aos recursos jurídicos adotados, em trâmite ou disponíveis sobre a questão;

b) se, dentro de um prazo de seis meses, a contar da data do recebimento da comunicação original pelo Estado destinatário, a questão não estiver dirimida satisfatoriamente para ambos os Estados-partes interessados, tanto um como o outro terão o direito de submetê-la ao Comitê, mediante notificação endereçada ao Comitê ou outro Estado interessado;

c) o Comitê tratará de todas as questões que se lhe submetam somente após ter-se assegurado de que todos os recursos jurídicos internos disponíveis tenham sido utilizados e esgotados, em consonância com os princípios do direito internacional geralmente reconhecidos. Não se respeitará essa regra quando a aplicação dos mencionados recursos se prolongar injustificadamente;

d) o Comitê realizará reuniões confidenciais quando estiver examinando as comunicações previstas nesse artigo;

e) sem prejuízo das disposições da alínea *c*, o Comitê colocará seus bons ofícios à disposição dos Estados-partes interessados, no intuito de alcançar uma solução amistosa para a questão, baseada no respeito aos direitos humanos e a liberdades fundamentais reconhecidos no Pacto Internacional dos Direitos Civis e Políticos;

f) em todas as questões que se lhe submetem em virtude do art. 41, o Comitê poderá solicitar aos Estados-partes interessados, a que se faz referência na alínea *b*, que lhe forneçam quaisquer informações pertinentes;

g) os Estados-partes interessados, a que se faz referência na alínea *b*, terão o direito de fazer-se representar quando as questões forem examinadas no Comitê e de apresentar suas observações verbalmente e/ou por escrito;

h) o Comitê, dentro dos 12 meses seguintes à data de recebimento da notificação mencionada na *b*, apresentará relatório em que: **i**) se houver sido alcançada uma solução nos termos da alínea *e*, o Comitê restringir-se-á, em seu relatório, a uma breve exposição dos fatos e da solução alcançada; **ii**) se não houver sido alcançada solução alguma nos termos da alínea *e*, o Comitê restringir-se-á, em seu relatório, a uma breve exposição dos fatos; serão anexados ao relatório o texto das observações escritas e as atas das observações orais apresentadas pelos Estados-partes interessados.

9.4.4. Comitê de Direitos Humanos

O Comitê de Direitos Humanos, conforme determina o art. 28 do Pacto, é o órgão criado com o objetivo de controlar a aplicação, pelos Estados-partes, das disposições desse instrumento. Essa fiscalização é denominada controle de convencionalidade internacional. Em termos práticos, o Comitê vai analisar a conformidade dos atos estatais em relação às obrigações internacionais assumidas no momento da ratificação do Pacto Internacional dos Direitos Civis e Políticos.

9.4.4.1. Controle de convencionalidade internacional

O citado controle é assim definido por André de Carvalho Ramos: "O controle de convencionalidade *internacional* é atividade de fiscalização dos atos e condutas dos Estados em confronto com seus compromissos internacionais. Em geral, o controle de convencionalidade é atribuído a órgãos compostos por julgadores independentes, criados por tratados internacionais, o que evita que os próprios Estados sejam, ao mesmo tempo, fiscais e fiscalizados[50]".

Deve-se destacar que o citado controle pode ser exercido até em face das Constituições nacionais[51], podendo gerar as chamadas normas constitucionais inconvencionais[52]. Trata-se de um controle bem amplo, englobando todos os atos estatais, inclusive as omissões.

Cabe ainda mencionar a existência do chamado controle de convencionalidade nacional, "que vem a ser o exame de compatibilidade do ordenamento interno às normas internacionais feito pelos Tribunais internos[53].

9.5. Protocolo Facultativo ao Pacto Internacional dos Direitos Civis e Políticos

9.5.1. Criação do mecanismo das petições individuais

O Protocolo Facultativo[54], adotado em 16.12.1966, cria um importante mecanismo para melhorar o controle sobre a aplicação, pelos Estados-partes, das disposições do Pacto Internacional dos Direitos Civis e Políticos. Trata-se do sistema das *petições individuais*, que permite ao indivíduo "lesionado" enviar petições ao Comitê de Direitos Humanos, com o fito de denunciar as violações sofridas contra os direitos consagrados no Pacto. Vale apontar que o Comitê definiu que as petições também podem ser enviadas por terceiras pessoas ou organizações não governamentais que representem o indivíduo lesionado.

Tal sistema coroa a capacidade processual internacional do indivíduo, mas devemos lembrar que ele só terá funcionalidade se o Estado violador tiver ratificado o Pacto e o Protocolo Facultativo.

9.5.2. Requisitos para a admissão das petições individuais e das comunicações interestatais

Os requisitos para a admissão das petições individuais e das comunicações interestatais estão disciplinados no art. 5º do Protocolo Facultativo. Só serão aceitas as petições em que ficarem comprovadas a inexistência de litispendência internacional e o esgotamento de todos os recursos internos disponíveis, com a ressalva de que a regra não será aplicada quando o indivíduo for privado de seu direito de ação pela jurisdição doméstica ou lhe forem ceifadas as garantias do devido processo legal e, ainda, se os processos internos forem excessivamente demorados. Cabe ainda frisar, segundo a jurisprudência das cortes internacionais, que o ônus da prova da existência de um recurso acessível e suficiente recai sobre o Estado demandado.

9.5.3. Decisão do Comitê de Direitos Humanos

O Comitê de Direitos Humanos, com suporte na denúncia e nas possíveis informações adicionais da vítima e nos

50. RAMOS, André de Carvalho. *Teoria geral dos direitos humanos na ordem internacional*. 2. ed. São Paulo: Saraiva, 2012. p. 250.

51. Vide o caso "A última tentação de Cristo" *versus* Chile – Corte Interamericana de Direitos Humanos.

52. "(...) também é possível admitir que existam normas constitucionais inconvencionais, por violarem direitos humanos provenientes de tratados, direitos estes que (justamente por terem *status* constitucional) também pertencem ao bloco das cláusulas pétreas. Seria o caso daquelas normas da Constituição, alocadas à margem do bloco de constitucionalidade, ou seja, que não integrem o núcleo intangível constitucional, que estão a violar normas de tratados de direitos humanos (as quais, por serem normas de 'direitos humanos', já detêm primazia sobre quaisquer outras, por pertencerem ao chamado 'bloco de constitucionalidade" (MAZZUOLI, Valerio de Oliveira. *O controle jurisdicional da convencionalidade das leis*. 2. ed. São Paulo: Ed. RT, 2011. p. 149-150).

53. RAMOS, André de Carvalho. *Teoria geral dos direitos humanos na ordem internacional*. 2. ed. São Paulo: Saraiva, 2012. p. 250. Esse controle será estudado no item 14.5.

54. O procedimento de ratificação no Brasil ainda não foi finalizado.

esclarecimentos do Estado violador, emitirá decisão que será publicada no relatório anual do Comitê à Assembleia Geral. Nessa decisão, além de declarar a existência ou não da violação de direitos humanos insculpidos no Pacto, poderá determinar a reparação da violação, como também a adoção de medidas para efetivar os direitos do Pacto.

Lembremos que a decisão do Comitê não é vinculante, isto é, não obriga legalmente o Estado. Todavia, os efeitos políticos e morais de uma decisão do Comitê podem ser suficientemente eloquentes ao ponto de o Estado cumpri-la.

9.6. Pacto Internacional dos Direitos Econômicos, Sociais e Culturais

9.6.1. Histórico e Objetivo

Esse tratado também foi aprovado em 1966 pela Assembleia Geral das Nações Unidas, mas, devido à grande resistência que sofreu, somente adquiriu as ratificações necessárias para entrar em vigor no ano de 1976. Seu grande objetivo é expandir e tornar obrigatórios e vinculantes os direitos econômicos, sociais e culturais elencados na Declaração Universal dos Direitos Humanos. É um exemplo de *hard law*. No Brasil, o Pacto foi promulgado pelo Decreto 591, de 06.07.1992.

9.6.2. Princípio ou Cláusula da Proibição/Vedação do Retrocesso Social ou da Evolução Reacionária

9.6.2.1. Aplicação progressiva: uma justificativa convincente ou não?

Como vimos, o Pacto Internacional dos Direitos Econômicos, Sociais e Culturais determinou uma aplicação progressiva de seus preceitos partindo de um *mínimo essencial*. Isso porque grande parte dos Estados não teria os meios materiais necessários para garantir a máxima efetivação dos direitos econômicos, sociais e culturais de suas populações.

Cabe destacar que essa justificativa é veementemente atacada por grande parte dos estudiosos dos direitos humanos. Um exemplo dado é que o direito de voto é exercitado nas eleições, mas os custos para organizar uma eleição são altíssimos (o Brasil é um exemplo). Ora, o direito de voto é um direito político (1ª geração) e mesmo assim depende de grande gasto do Estado para ser efetivado. Percebe-se que essa justificativa dada para garantir a progressividade – e não imediatidade – na implementação dos direitos econômicos, sociais e culturais pelos países não é tão convincente.

Sobre o tema é de fundamental importância a leitura do ponto 9 do Comentário Geral 3 do Comitê dos Direitos Econômicos, Sociais e Culturais, que define que a principal obrigação de resultado refletida no art. 2º, ponto 1, é tomar medidas com vistas a alcançar progressivamente a plena realização dos direitos reconhecidos no Pacto. O termo "progressiva realização" é muitas vezes usado para descrever a intenção dessa expressão. O conceito de progressiva realização constitui um reconhecimento do fato de que a plena realização de direitos econômicos, sociais e culturais não é possível de ser alcançada num curto espaço de tempo. Nesse sentido, a obrigação difere significativamente daquela contida no art. 2º do Pacto Internacional dos Direitos Civis e Políticos que inclui uma obrigação imediata de respeitar e assegurar todos os direitos relevantes. Contudo, o fato de a realização ao longo do tempo ou, em outras palavras, progressivamente, ser prevista no Pacto, não deve ser mal interpretada como excluindo a obrigação de todo um conteúdo que lhe dê significado. De um lado, a frase demonstra a necessidade de flexibilidade, refletindo as situações concretas do mundo real e as dificuldades que envolve para cada país, no sentido de assegurar plena realização dos direitos econômicos, sociais e culturais. Por outro lado, a expressão deve ser lida à luz do objetivo global, a verdadeira razão de ser, do Pacto que é estabelecer obrigações claras para os Estados-partes no que diz respeito à plena realização dos direitos em questão. Assim, impõe uma obrigação de agir tão rápida e efetivamente quanto possível em direção àquela meta. Além disso, qualquer medida que signifique deliberado retrocesso haveria de exigir a mais cuidadosa apreciação e necessitaria ser inteiramente justificada com referência à totalidade dos direitos previstos no Pacto e no contexto do uso integral do máximo de recursos disponíveis[55]".

9.6.2.2. Consequência: princípio da proibição do retrocesso ou regresso social

Essa progressividade na implementação dos direitos do Pacto criou, como consequência, o princípio ou cláusula da proibição/vedação do retrocesso ou regresso social ou da evolução reacionária. Ou ainda a vedação da contrarrevolução social nas palavras de José Gomes Canotilho[56]. Outro termo utilizado para conceituar tal regra é efeito *cliquet*. Lembrando que *cliquet* é uma expressão utilizada por alpinistas e significa a impossibilidade de retroceder no percurso, ou seja, o alpinista deve continuar subindo e nunca descer.

Isto é, os Estados somente podem avançar na implementação dos direitos do Pacto, e nunca recuar (leia-se eliminar direitos já garantidos ou diminuir a proteção conferida por eles)[57]. Um exemplo expresso pode ser encontrado no art. 4º, ponto 3, da Convenção Americana de Direitos Humanos ("Não se pode restabelecer a pena de morte nos Estados que a hajam abolido"). Assim, se algum Estado-Parte retirar a previsão de pena de morte do seu ordenamento jurídico não poderá disciplina-la novamente.

9.6.2.2.1. Outras consequências

Num sentido amplo, essa vedação se estende aos novos tratados de direitos humanos, assim, não é possível a diminuição protetiva ou a restrição de gozo dos direitos humanos por meio da edição de um novo tratado. Fica nítido o caráter vinculante do princípio ou cláusula da proibição/vedação do retrocesso social ou da evolução reacionária.

Outra consequência importante dessa cláusula se dá no Direito dos Tratados, pois sua inteligência impede a denúncia[58] dos tratados internacionais de direitos humanos.

55. 5ª Sessão, 1990.
56. *Direito Constitucional e Teoria da Constituição*. 7. ed. Coimbra: Almedina, 2003.
57. Nesse sentido é a diretriz 14, *a* e *e*, das Diretrizes de Maastricht.
58. O fenômeno da extinção do tratado por vontade unilateral de uma das partes é denominado *denúncia*. Esse tipo de extinção

É como se esse instituto de Direito Internacional não tivesse aplicação no âmbito internacional de proteção dos direitos humanos.

9.6.2.2.2. Proibição não absoluta

A proibição de retrocesso social não é absoluta. A regra é a seguinte: as medidas que claramente implicam em retrocesso social constituem uma violação *prima facie* do Pacto, porém o Estado poderá justificar tais medidas para afastar a violação.

Um exemplo de justificativa seria reduzir o gozo de certos direitos por determinada parcela da população em ordem de concentrar a proteção nos grupos mais desfavorecidos[59]. Ora, os recursos são limitados e, portanto, é necessário fazer escolhas. Ou seja, diante da situação real é preferível, quando necessário, que os governos concentrem esforços na proteção e efetivação dos direitos dos que mais precisam[60].

9.6.2.3. Aplicação contemporânea

Hodiernamente, pode-se defender que essa regra deve ser aplicada como garantia para a efetividade de todos os tipos de direitos humanos e não somente em relação aos direitos econômicos, sociais e culturais. Cabe aqui reproduzir o importante art. 29 da Convenção Americana dos Direitos Humanos, que corrobora tal colocação:

"Nenhuma disposição da presente Convenção pode ser interpretada no sentido de:

a) permitir a qualquer dos Estados-partes, grupo ou indivíduo, suprimir o gozo e o exercício dos direitos e liberdades reconhecidos na Convenção ou limitá-los em maior medida do que a nela prevista;

b) limitar o gozo e exercício de qualquer direito ou liberdade que possam ser reconhecidos em virtude de leis de qualquer dos Estados-partes ou em virtude de Convenções em que seja parte um dos referidos Estados;

c) excluir outros direitos e garantias que são inerentes ao ser humano ou que decorrem da forma democrática representativa de governo;

d) excluir ou limitar o efeito que possam produzir a Declaração Americana dos Direitos e Deveres do Homem e outros atos internacionais da mesma natureza". No mesmo sentido é o conhecido voto em separado do juiz Piza Escalante, no Parecer Consultivo 04/84 da Corte Interamericana de Direitos Humanos, que defende a aplicação do princípio da proibição do retrocesso também para os direitos civis e políticos."

assemelha-se à ratificação e à adesão, porém com efeito jurídico inverso, pois, pela denúncia, o Estado exterioriza sua retirada do acordo internacional.

59. Comissão Interamericana de Direitos Humanos. Caso 12.670 – *Associação Nacional de Ex Servidores* do Instituto Peruano de Previdência Social e outros vs. Peru. 27.03.2009. Itens 133 e 144 da decisão.

60. No mesmo sentido é o ponto 9 do Comentário Geral n. 3 do Comitê Internacional dos Direitos Econômicos, Sociais e Culturais. Ler também os princípios 14 e 28 dos Princípios de Limburgo e as diretrizes 14, *d* e *g*, 20 e 21 das Diretrizes de Maastricht.

9.6.3. Mecanismos de Controle e Fiscalização (controle de convencionalidade internacional)

No que tange à sistemática de controle sobre a aplicação das disposições do Pacto Internacional dos Direitos Econômicos, Sociais e Culturais, foi adotado apenas o envio de relatórios pelos Estados-partes. Tais relatórios devem ser enviados ao secretário-geral, que os encaminhará ao Conselho Econômico e Social. Para analisá-los e assim proceder ao controle de convencionalidade internacional, o Conselho Econômico e Social criou o Comitê sobre Direitos Econômicos, Sociais e Culturais.

9.6.4. Princípios de Limburgo e Diretrizes de Maastricht

Cabe destacar o grande valor interpretativo dos Princípios de Limburgo[61] relativos à aplicabilidade do Pacto Internacional dos Direitos Econômicos Sociais e Culturais, adotados como resultado de uma reunião de expertos realizada em Maastricht, dos dias 02 ao 06.06.1986. Depois tais princípios foram adotados pelas Nações Unidas.

As Diretrizes de Maastricht sobre violações de direitos econômicos, sociais e culturais também possuem grande importância para o bom entendimento da amplitude dos chamados direitos ECOSOCs. Foram adotadas como resultado de uma reunião de expertos realizada em Maastricht, do dia 22 ao 26.01.1997.

9.7. Protocolo Facultativo ao Pacto Internacional dos Direitos Econômicos, Sociais e Culturais

9.7.1. Apresentação

O Protocolo Facultativo, adotado em 10.12.2008 (ainda não entrou em vigor), cria importantes mecanismos para melhor controlar a aplicação, pelos Estados-partes, das disposições do Pacto Internacional dos Direitos Econômicos, Sociais e Culturais (controle de convencionalidade internacional).

9.7.2. Mecanismos Criados

9.7.2.1. Petições individuais

Um dos mecanismos criados pelo Protocolo é a possibilidade de o indivíduo "lesionado" enviar *petições* ao Comitê de Direitos Econômicos, Sociais e Culturais com o fito de denunciar as violações sofridas contra os direitos consagrados no Pacto Internacional dos Direitos Econômicos, Sociais e Culturais. Também é possível que as petições sejam enviadas por terceiras pessoas ou organizações que representem o indivíduo lesionado.

9.7.2.2. Comunicações interestatais

Outro mecanismo implantado pelo Protocolo é o das *comunicações interestatais*. Por esse sistema, um Estado-parte pode denunciar outro que incorrer em violações dos direitos humanos. Mas, para a denúncia ter validade, os dois Estados, denunciante e denunciado, devem ter expressamente

61. Limburgo devido ao nome da Faculdade de Direito da Universidade de Limburgo, sediada em Maastricht, e que participou da definição dos citados princípios.

declarado a competência do Comitê de Direitos Econômicos, Sociais e Culturais para processar tais denúncias.

9.7.2.3. Investigações in loco

Uma ferramenta muito interessante criada pelo Protocolo determina a realização de *investigações in loco*, determinadas quando um Estado-parte for acusado de grave e sistemática violação dos direitos elencados no Pacto Internacional dos Direitos Econômicos, Sociais e Culturais.

9.7.2.4. Medidas provisórias

As *medidas provisórias* são tratadas no art. 5º do Protocolo. O Comitê, ao receber uma denúncia e verificar o risco de dano irreparável à vítima ou às vítimas, pode entrar em contato com o Estado denunciado para que este adote, com urgência, medidas provisórias antes da análise do mérito da denúncia.

9.8. Peculiaridade dos tratados internacionais de direitos humanos

É interessante apontar a peculiaridade dos tratados internacionais de direitos humanos, pois, diferentemente dos tradicionais, que visam compor os interesses dos Estados, aqueles buscam garantir o exercício de direitos por indivíduos.

Percebe-se também que o sistema global de proteção não conta com uma corte internacional de direitos humanos.

10. SISTEMA GLOBAL DE PROTEÇÃO ESPECÍFICA

Antes de analisarmos pontualmente alguns instrumentos internacionais de proteção específica dos direitos humanos, cabe esclarecer que eles são considerados específicos por protegerem indivíduos determinados, e não todos os seres humanos. Nas palavras de Norberto Bobbio, é o processo de *especificação* dos sujeitos titulares de direitos[62].

10.1. Convenção Internacional sobre a Eliminação de Todas as Formas de Discriminação Racial

10.1.1. Apresentação

A Convenção, adotada pela ONU por meio da Resolução 2.106 (XX) da Assembleia Geral em 21.12.1965 e promulgada no Brasil em 08.12.1969 pelo Decreto 65.810, tem por fundamento a consciência de que a discriminação entre as pessoas por motivo de raça, cor ou origem étnica é um obstáculo às relações amistosas e pacíficas entre as nações e é capaz de perturbar a paz e a segurança entre os povos e a harmonia de pessoas vivendo lado a lado, até dentro de um mesmo Estado.

10.1.2. Definição de discriminação racial

A Convenção, no ponto 1 do seu art. 1º, estabelece que a expressão "discriminação racial" significará qualquer distinção, exclusão, restrição ou preferência baseada em raça, cor, descendência ou origem nacional ou étnica que tem por objetivo ou efeito anula ou restringir o reconhecimento, gozo ou exercício num mesmo plano (em igualdade de condição) de direitos humanos e liberdades fundamentais no domínio político econômico, social, cultural ou em qualquer outro domínio de sua vida.

E esclarece no ponto 4 que não serão consideradas como discriminatórias as medidas especiais tomadas com o único objetivo de assegurar o progresso adequado de certos grupos raciais ou étnicos ou ainda de indivíduos que necessitem de proteção especial. Essa proteção diferenciada é necessária para garantir a tais grupos ou indivíduos o gozo ou o exercício dos direitos humanos e das liberdades fundamentais em igualdade de condições com o restante da sociedade. Porém, tais medidas somente serão válidas se não conduzirem à manutenção de direitos separados para diferentes grupos raciais e não prosseguirem após terem sidos alcançados os seus objetivos.

10.1.3. Não aplicação da Convenção

Cabe destacar que o próprio art. 1º estabelece situações em que a Convenção não será aplicada. A primeira delas é a sua não aplicação às distinções, exclusões, restrições e preferências feitas por um Estado-parte nesta Convenção entre cidadãos (ponto 2). E a outra é que a Convenção não poderá ser interpretada para afetar as disposições legais dos Estados-partes relativas a nacionalidade, cidadania e naturalização, desde que tais disposições não discriminem contra qualquer nacionalidade particular (ponto 3).

10.1.4. Obrigação dos Estados-partes

Os Estados-partes, atualmente[63] 177, têm a obrigação de implementar políticas públicas que assegurem efetivamente a progressiva eliminação da discriminação racial. Percebe-se que o ideal de igualdade não vai ser atingido somente por meio de políticas repressivas que proíbam a discriminação – é necessária uma comunhão da proibição da discriminação (igualdade formal) com políticas promocionais temporárias (igualdade material).

Aliás, como visto, o art. 1º, ponto 4, da Convenção dispõe que as ações afirmativas não serão consideradas como discriminação racial. Tal dualidade de ação faz-se necessária, pois a parcela populacional vítima de discriminação racial coincide com a parcela socialmente vulnerável.

10.1.5. Mecanismos de monitoramento

Para monitorar o cumprimento pelos Estados-partes das obrigações constantes na Convenção, foi criado o Comitê

62. BOBBIO, Norberto. *A era dos direitos*. Rio de Janeiro: Elsevier, 2004. Mais detidamente: "Essa especificação ocorreu com relação seja ao gênero, seja às várias fases da vida, seja à diferença entre estado normal e estados excepcionais na existência humana. Com relação ao gênero, foram cada vez mais reconhecidas as diferenças específicas entre a mulher e o homem. Com relação às várias fases da vida, foram-se progressivamente diferenciando os direitos da infância e da velhice, por um lado, e os do homem adulto, por outro. Com relação aos estados normais e excepcionais, fez-se valer a exigência de reconhecer direitos especiais aos doentes, aos deficientes, aos doentes mentais etc." (p. 59).

63. Dados atualizados em 20.07.2015. A constante atualização pode ser acompanhada pelo seguinte endereço eletrônico da ONU: https://treaties.un.org/Pages/Treaties.aspx?id=4&subid=A&lang=en.

sobre a Eliminação da Discriminação Racial, responsável por receber as petições individuais, os relatórios confeccionados pelos Estados-partes e as comunicações interestatais.

O Comitê apenas receberá petições contra Estados que tenham feito a declaração facultativa do art. 14 da Convenção, que reconhece a competência do Comitê para tanto. O Brasil aceitou a citada competência no dia 17.07.2002.

10.1.6. Relatório anual

A decisão do Comitê não tem força vinculante, mas será publicada no relatório anual, o qual é encaminhado à Assembleia Geral da ONU.

10.2. Convenção Internacional sobre a Eliminação de Todas as Formas de Discriminação contra a Mulher

10.2.1. Apresentação

A Convenção, adotada pela ONU em 18.12.1979 e promulgada no Brasil em 13.09.2002 pelo Decreto 4.377[64], tem por fundamento a consciência de que a discriminação contra a mulher viola os princípios da igualdade de direitos e do respeito da dignidade humana, dificulta a participação da mulher, nas mesmas condições que o homem, na vida política, social, econômica e cultural de seu país, constitui um obstáculo ao aumento do bem-estar da sociedade e da família e dificulta o pleno desenvolvimento das potencialidades da mulher para prestar serviço a seu país e à humanidade.

10.2.2. Obrigação dos Estados-partes

Os Estados-partes, atualmente 189, têm a obrigação de progressivamente eliminar a discriminação e promover a igualdade de gênero. Assim, consoante visto na Convenção Internacional sobre a Eliminação de Todas as Formas de Discriminação Racial, os Estados, além de proibirem a discriminação, podem adotar medidas promocionais temporárias para acelerar o processo de obtenção do ideal de igualdade de gênero. Cabe destacar que tais medidas não serão consideradas discriminatórias e deverão cessar quando os objetivos de igualdade de oportunidade e tratamento houverem sido alcançados (art. 4º, ponto 1, da Convenção).

10.2.3. Mecanismos de monitoramento

Para monitorar o cumprimento pelos Estados-partes das obrigações constantes na Convenção, foi criado o Comitê sobre a Eliminação da Discriminação contra a Mulher, responsável por receber os relatórios confeccionados pelos Estados-partes.

As petições individuais e a possibilidade de realizar investigações *in loco* só foram possibilitadas, como mecanismos de controle e fiscalização (controle de convencionalidade internacional), com a adoção do Protocolo Facultativo à Convenção Internacional sobre a Eliminação de Todas as Formas de Discriminação contra a Mulher. O Brasil ratificou o citado protocolo no dia 28.06.2002.

64. Que também revoga o Decreto 89.460, de 20.03.1984.

10.2.4. Relatório anual

A decisão do Comitê não tem força vinculante, mas será publicada no relatório anual, o qual é encaminhado à Assembleia Geral da ONU.

10.3. Convenção contra a Tortura e outros Tratamentos ou Penas Cruéis, Desumanos ou Degradantes

10.3.1. Apresentação

A Convenção, adotada pela ONU por meio da Resolução 39/46 da Assembleia Geral em 28.09.1984 e promulgada no Brasil em 15.02.1991 pelo Decreto 40, tem por fundamento a obrigação que incumbe os Estados – em virtude da Carta das Nações Unidas, em particular do art. 55, *c* – de promover o respeito universal e a observância dos direitos humanos e das liberdades fundamentais. Ademais, o art. 5º da Declaração Universal dos Direitos Humanos e o art. 7º do Pacto Internacional sobre Direitos Civis e Políticos determinam que ninguém será sujeito a tortura ou a pena ou tratamento cruel, desumano ou degradante.

10.3.2. Definição do crime de tortura

Com base no art. 1º da Convenção, a tortura é crime próprio, pois as dores ou os sofrimentos são infligidos por um funcionário público ou outra pessoa no exercício de funções públicas, ou por sua instigação, ou com seu consentimento ou aquiescência. É importante também notar que a definição dada pela Convenção não restringe qualquer instrumento internacional ou legislação nacional que contenham ou possam conter dispositivos de alcance mais amplo – art. 1º, *in fine*, da Convenção.

Ademais, a Convenção define o termo tortura como qualquer ato pelo qual dores ou sofrimentos agudos, físicos ou mentais, são infligidos intencionalmente a uma pessoa a fim de obter, dela ou de terceira pessoa, informações ou confissões; de castigá-la por ato que ela ou terceira pessoa tenha cometido ou seja suspeita de ter cometido; de intimidar ou coagir essa pessoa ou outras pessoas; ou por qualquer motivo baseado em discriminação de qualquer natureza. Pelo conceito percebe-se que a finalidade é determinante para caracterização da tortura[65].

65. O crime de tortura está assim disciplinado pela legislação nacional (Lei 9.455/1997):
"Art. 1º Constitui crime de tortura:
I – constranger alguém com emprego de violência ou grave ameaça, causando-lhe sofrimento físico ou mental:
a) com o fim de obter informação, declaração ou confissão da vítima ou de terceira pessoa;
b) para provocar ação ou omissão de natureza criminosa;
c) em razão de discriminação racial ou religiosa.
II – submeter alguém, sob sua guarda, poder ou autoridade, com emprego de violência ou grave ameaça, a intenso sofrimento físico ou mental, como forma de aplicar castigo pessoal ou medida de caráter preventivo.
Pena – reclusão, de dois a oito anos.
§ 1º Na mesma pena incorre quem submete pessoa presa ou sujeita a medida de segurança a sofrimento físico ou mental, por intermédio da prática de ato não previsto em lei ou não resultante de medida legal.
§ 2º Aquele que se omite em face dessas condutas, quando tinha o dever de evitá-las ou apurá-las, incorre na pena de detenção de um a quatro anos (...)".

10.3.2.1. Diferenças com o conceito adotado na legislação interna

Há diferenças entre o conceito de tortura adotado na Convenção e o adotado na legislação interna. Por exemplo, pela lei brasileira o sujeito ativo da tortura pode ser qualquer pessoa, enquanto que pela Convenção somente pode ser sujeito ativo o funcionário público. Por outro lado, no que se refere à tortura motivada pela discriminação, a Convenção é mais abrangente porque diz que essa pode ser de qualquer natureza, enquanto a lei brasileira aponta apenas a racial e a religiosa.

10.3.2.2. Panorama geral no Direito Internacional dos Direitos Humanos

Cabe traçar um panorama geral do conceito de tortura no Direito Internacional dos Direitos Humanos. Nesse esteio pode-se apontar que é englobado no conceito supracitado a tortura perpetrada direta ou indiretamente por agente público no marco das Convenções de 1984 e de 1985, da ONU e do sistema interamericano respectivamente; e engloba, também, à tortura perpetrada por atores não estatais no marco da Declaração Universal dos Direitos Humanos, do Pacto Internacional de Direitos Civis e Políticos e da Convenção Americana de Direitos Humanos.

10.3.3. Obrigação dos Estados-partes

Os Estados-partes, atualmente 158, têm a obrigação de proibir a tortura, esta não podendo ser praticada nem mesmo em circunstâncias excepcionais. A Convenção contra a Tortura e outros Tratamentos ou Penas Cruéis, Desumanos ou Degradantes estabeleceu jurisdição compulsória e universal para julgar os acusados de tortura. A compulsoriedade determina que os Estados-partes devem punir os torturadores, independentemente do local onde o crime foi cometido e da nacionalidade do torturador. A universalidade determina que os Estados-partes processem (ou seja, promover a persecução penal) ou extraditem o suspeito da prática de tortura, independentemente da existência de tratado prévio de extradição.

Em relação à dita universalidade de jurisdição, a Corte Internacional de Justiça (*caso Bélgica vs. Senegal*[66]) decidiu que a obrigação do Senegal de extraditar ou promover a persecução penal (*aut dedere aut judicare*) contra o ex-presidente do Chad, Hissène Habré, somente prevalece para os fatos que tiveram lugar após a entrada em vigor da Convenção da ONU contra a Tortura para o Senegal.

10.3.4. Mecanismos de monitoramento

Para monitorar o cumprimento pelos Estados-partes das obrigações constantes na Convenção e assim exercer o controle de convencionalidade internacional, foi criado o Comitê contra a Tortura, responsável por receber as petições individuais, os relatórios confeccionados pelos Estados-partes e as comunicações interestatais.

66. Caso "questões relativas à obrigação de perseguir ou extraditar", de 20.07.2012.

O Estado-parte tem de declarar expressamente que aceita a competência do Comitê para receber as comunicações interestatais e as petições individuais (arts. 21, ponto I, e 22, ponto I, da Convenção), mas cabe enfatizar que sempre serão consideradas inadmissíveis as petições apócrifas (art. 22, ponto 2, da Convenção).

Ademais, o Comitê contra a Tortura poderá instaurar investigação, desde que tenha informações que levantem fortes indícios de que certo país está incorrendo em prática sistemática de tortura (art. 20, ponto I, da Convenção), entendida como prática não fortuita, mas habitual, extensa e deliberada, ao menos em parte do território do estado sob análise.

10.3.5. Relatório anual

A decisão do Comitê não tem força vinculante, mas será publicada no relatório anual, o qual é encaminhado à Assembleia Geral da ONU.

10.3.6. Relatórios do Brasil

Os últimos Relatórios enviados pelo Brasil relacionados à presente Convenção foram apreciados e julgados pelo Comitê de Fiscalização como parcialmente aceitáveis, pois, de um lado, o Comitê elogiou a disposição do governo brasileiro para tentar resolver o problema da tortura no Brasil; mas, por outro, também repreendeu o país por entender que existe uma certa cultura de aceitação popular da tortura, principalmente em relação a presídios, casas de detenção e delegacias, o que foi duramente criticado e repreendido pelo Comitê, gerando, de um modo geral, um relatório final desfavorável ao Brasil no que tange à aplicação efetiva de meios administrativos e legais para cumprimento dos termos e preceitos da Convenção.

10.3.7. Especificidade

Cabe aqui sublinhar que essa Convenção trata de um tema específico de proteção, ou seja, no qual pode ser vítima (e, assim, necessitar de proteção) qualquer indivíduo, enquanto as outras estudadas no sistema global de proteção específica dos direitos humanos cuidam de um determinado grupo vulnerável de pessoas.

10.4. Convenção sobre os Direitos da Criança

10.4.1. Apresentação

A Convenção[67], adotada pela ONU por meio da Resolução 44/25 da Assembleia Geral em 20.11.1989 e promulgada no Brasil em 21.11.1990 pelo Decreto 99.710, tem por fundamento a consciência de que a criança, em virtude de sua falta de maturidade física e mental, necessita de proteção e cuidados especiais, inclusive a devida proteção legal, tanto antes quanto após seu nascimento.

10.4.2. Quem é criança?

É importante apontar que a Convenção, no art. 1º, determina que criança é todo ser humano com menos de 18 anos

67. Cabe mencionar a existência da Declaração Universal sobre os Direitos da Criança, adotada pelo Assembleia Geral da ONU no dia 20.11.1959.

de idade, a não ser que, em conformidade com a lei aplicável à criança, a maioridade seja alcançada antes.

10.4.3. Obrigação dos Estados-partes

Os Estados-partes, atualmente 195 (Convenção com o maior número de Estados-partes), têm a obrigação de proteger a criança contra todas as formas de discriminação e garantir-lhe a assistência apropriada em diversas áreas.

10.4.4. Mecanismo de monitoramento

Para monitorar o cumprimento pelos Estados-partes das obrigações constantes na Convenção, foi criado o Comitê sobre os Direitos da Criança, responsável por receber os relatórios confeccionados pelos Estados-partes[68].

10.4.5. Relatório anual

A decisão do Comitê não tem força vinculante, mas será publicada no relatório anual, o qual é encaminhado à Assembleia Geral da ONU.

10.5. Convenção sobre os Direitos das Pessoas com Deficiência

10.5.1. Apresentação

A Convenção, adotada pela ONU por meio da Resolução 61/106 da Assembleia Geral em 13.12.2006 e promulgada no Brasil em 25.08.2009 pelo Decreto 6.949, tem por fundamento a consciência de que a deficiência é um conceito em evolução e resulta da interação entre pessoas com deficiência, e que as barreiras devidas às atitudes e ao ambiente impedem a plena e efetiva participação dessas pessoas na sociedade em igualdade de oportunidades com os demais indivíduos. Ademais, a discriminação contra qualquer pessoa, por motivo de deficiência, configura violação da dignidade e do valor inerentes ao ser humano.

10.5.2. Regime especial de incorporação

Cabe destacar que essa Convenção e seu respectivo Protocolo Facultativo foram internalizados, no Brasil, nos termos do art. 5º, § 3º, da Constituição (regime especial de incorporação), isto é, têm hierarquia constitucional tanto pelo aspecto formal quanto pelo material. Em outras palavras, possuem hierarquia de emenda constitucional.

Por consequência, uma eventual denúncia, em conformidade com o art. 48 da mesma Convenção, não retira a vigência, no direito brasileiro, dos direitos ali reconhecidos, pois possuem *status* de cláusula constitucional pétrea (art. 60, § 4.º, IV, da Constituição Federal).

Assim, o Decreto 6.949 dará azo ao controle de constitucionalidade pois possui hierarquia de emenda constitucional.

10.5.3. Obrigação dos Estados-partes

Os Estados-partes, atualmente 157, têm a obrigação de proteger e promover o pleno exercício dos direitos humanos das pessoas com deficiência. Ou seja, o Estado tem de arquitetar políticas públicas que permitam à pessoa com deficiência exercer seus direitos em igualdade de condições com os demais cidadãos. A atuação estatal deverá ter duas frentes: uma repressiva, que proíba a discriminação (igualdade formal), e outra promocional, que estabeleça ações afirmativas temporárias (igualdade material).

10.5.4. Mecanismos de monitoramento

Para monitorar o cumprimento pelos Estados-partes das obrigações constantes na Convenção e assim exercer o controle de convencionalidade internacional, foi criado o Comitê para os Direitos das Pessoas com Deficiência, responsável por receber os relatórios[69] confeccionados pelos Estados-partes. As petições individuais e a possibilidade de realizar investigações *in loco* são possíveis, como mecanismos de controle e fiscalização, mediante a adoção do Protocolo Facultativo à Convenção sobre os Direitos das Pessoas com Deficiência.

10.5.5. Relatório Anual

A decisão do Comitê não tem força vinculante, mas será publicada no relatório anual, o qual é encaminhado à Assembleia Geral da ONU.

10.6. Convenção Internacional para a Proteção de Todas as Pessoas contra o Desaparecimento Forçado

10.6.1. Apresentação

A Convenção, adotada pela ONU por meio da Resolução 61/177 da Assembleia Geral em 20.12.2006 e ratificada pelo Brasil em 29.11.2010 (ainda não promulgada), tem por fundamento o direito de toda pessoa a não ser submetida ao desaparecimento forçado e o direito das vítimas à justiça e à reparação.

10.6.2. Definição de desaparecimento forçado

Desaparecimento forçado é a prisão, a detenção, o sequestro ou qualquer outra forma de privação de liberdade que seja perpetrada por agentes do Estado ou por pessoas ou grupos de pessoas agindo com a autorização, apoio ou aquiescência do Estado, e a subsequente recusa em admitir a privação de liberdade ou a ocultação do destino ou do paradeiro da pessoa desaparecida, privando-a assim da proteção da lei (art. 2º). A Convenção, no art. 1º, ponto 2, deixa claro que "nenhuma circunstância excepcional, seja estado de

68. A título de curiosidade, cabe observar que essa Convenção é a que possui o maior número de Estados-partes, como já apontado, e apenas prevê o envio de relatórios pelos Estados-partes como mecanismo de controle sobre a aplicação e o respeito aos direitos consagrados na Convenção (controle de convencionalidade internacional). Infelizmente, parece que uma das razões para a notável adesão seja o frágil sistema de monitoramento criado por esse tratado internacional. Assim, os Estados-partes assumem esse compromisso internacional sem muitas exigências, o que ajuda na boa imagem internacional desses países.

69. No dia 30.05.2012 o Brasil apresentou seu primeiro Relatório de Monitoramento da Convenção das Nações Unidas sobre os Direitos das Pessoas com Deficiência, no qual foram apresentadas as ações do governo, entre 2008 e 2010, em cumprimento das disposições da Convenção. É um relatório periódico sobre os progressos alcançados em matéria de aplicação da Convenção, firmado na Conferência dos Estados-partes para ratificação do tratado.

guerra ou ameaça de guerra, instabilidade política interna ou qualquer outra emergência pública, poderá ser invocada como justificativa para o desaparecimento forçado".

10.6.3. *Obrigação dos Estados-partes*

Os Estados-partes, atualmente 47, têm a obrigação de adotar todas as medidas necessárias para proceder à investigação dos casos de desaparecimento forçado e punir seus responsáveis, como também tornar o desaparecimento forçado um crime tipificado pelo direito penal de cada país (arts. 3º e 4º da Convenção).

10.6.4. *Mecanismos de monitoramento*

Para monitorar o cumprimento pelos Estados-partes das obrigações constantes na Convenção e assim exercer o controle de convencionalidade internacional foi criado o Comitê contra Desaparecimentos Forçados (art. 26), responsável por receber os relatórios confeccionados pelos Estados-partes. Também receberá, em regime de urgência, pedidos de busca e localização de uma pessoa desaparecida feitos por familiares ou qualquer pessoa por eles autorizada (art. 30).

As petições individuais e as comunicações interestatais são possíveis, como mecanismos de controle e fiscalização, mediante a declaração do Estado-parte reconhecendo a competência do Comitê para recebê-las (arts. 31 e 32). Ademais, se o Comitê receber informação confiável de que um Estado-parte está incorrendo em grave violação dos direitos disciplinados na Convenção Internacional para a Proteção de Todas as Pessoas contra o Desaparecimento Forçado, poderá entrar em contato com tal Estado a fim de agendar uma visita (art. 33).

O art. 34 assim determina:

"Caso receba informação que pareça conter indicações bem fundamentadas de que desaparecimentos forçados estão sendo praticados de forma generalizada ou sistemática em território sob a jurisdição de um Estado-parte, o Comitê poderá, após solicitar ao Estado-parte todas as informações relevantes sobre a situação, levar urgentemente o assunto à atenção da Assembleia Geral das Nações Unidas, por intermédio do secretário-geral das Nações Unidas".

10.6.4.1. *Competência do Comitê contra Desaparecimentos Forçados*

Por fim, o Comitê tem competência somente em relação a desaparecimentos forçados ocorridos após a entrada em vigor da Convenção Internacional para a Proteção de Todas as Pessoas contra o Desaparecimento Forçado (art. 35).

10.6.5. *Relatório Anual*

A decisão do Comitê não tem força vinculante, mas será publicada no relatório anual, o qual é encaminhado à Assembleia Geral da ONU.

10.6.6. *Especificidade*

Aqui também cabe sublinhar que se trata de um tema específico de proteção, ou seja, no qual pode ser vítima (e, assim, necessitar de proteção) qualquer indivíduo, enquanto as outras convenções estudadas no sistema global de proteção específica dos direitos humanos cuidam de um determinado grupo vulnerável de pessoas.

10.7. Convenção Internacional sobre a Proteção dos Direitos de todos os Trabalhadores Migrantes e dos Membros de suas Famílias

10.7.1. *Apresentação*

A Convenção adotada pela ONU, por meio da Resolução 45/158 da Assembleia Geral, em 18.12.1990 e não ratificada pelo Brasil, tem por fundamento a importância e a extensão do fenômeno da migração, que envolve milhares de pessoas e afeta um grande número de Estados na comunidade internacional, como também o efeito das migrações de trabalhadores nos Estados e nas populações interessadas. Tem por objetivo estabelecer normas que possam contribuir para a harmonização das condutas dos Estados mediante a aceitação de princípios fundamentais relativos ao tratamento dos trabalhadores migrantes e dos membros das suas famílias, pessoas que frequentemente se encontram em situação de vulnerabilidade.

10.7.2. *Histórico*

O tema, de certo modo, já tinha sido abordado no seio da Organização Internacional do Trabalho (OIT). A Convenção 97/1949 da OIT (ratificada pelo Brasil em 18.06.1965) tratou de forma geral sobre os trabalhadores migrantes e a Convenção 143/1975 da OIT (não ratificada pelo Brasil) tratou das migrações em condições abusivas e da promoção da igualdade de oportunidades e de tratamento para os trabalhadores migrantes.

No seio da ONU, antes dessa Convenção, o tema apareceu algumas vezes em resoluções do Conselho Econômico e Social e da Assembleia Geral, como também dentro de relatórios.

10.7.3. *Definição de trabalhador migrante*

A Convenção, no seu art. 2º, determina que trabalhador migrante é a pessoa que vai exercer, exerce ou exerceu uma atividade remunerada num Estado de que não é nacional.

10.7.4. *Impossibilidade de renúncia dos próprios direitos*

É importante frisar o art. 82 da Convenção porque impede a renúncia, por parte do trabalhador, dos seus direitos de trabalhador migrante e dos seus familiares.

10.7.5. *Trabalhadores em situação irregular (os "sem papéis")*

A Convenção regula também a situação específica dos trabalhadores migrantes que se encontrem em situação irregular (os "sem papéis"), isto é, sem a devida documentação. Tais trabalhadores são geralmente as maiores vítimas das violações de direitos humanos. Nestes casos, o Estado-parte, além de fixar parâmetros protetivos mínimos, deverá combater (prevenir) o tráfico de trabalhadores migrantes.

10.7.6. *Parte IV da Convenção*

Cabe destacar que a parte IV da Convenção cuida apenas dos direitos dos trabalhadores migrantes e dos membros das suas famílias que se encontram documentados ou em situação regular. Ou seja, os trabalhadores migrantes e os membros das suas famílias que se encontram documentados ou em situação regular no Estado de emprego gozam dos direitos enunciados na parte IV da Convenção, para além dos direitos previstos na parte III.

10.7.7. *Situações de não aplicação da Convenção*

Outro ponto de destaque é o disciplinado pelo art. 3º da Convenção, pois dispõe quando a Convenção não será aplicada, a saber:

a) às pessoas enviadas ou empregadas por organizações e organismos internacionais, nem às pessoas enviadas ou empregadas por um Estado fora do seu território para desempenharem funções oficiais, cuja admissão e estatuto são regulados pelo direito internacional geral ou por acordos internacionais ou convenções internacionais específicas;

b) às pessoas enviadas ou empregadas por um Estado ou por conta desse Estado fora do seu território que participam em programas de desenvolvimento e noutros programas de cooperação, cuja admissão e estatuto são regulados por acordo celebrado com o Estado de emprego e que, nos termos deste acordo, não são consideradas trabalhadores migrantes;

c) às pessoas que se instalam num Estado diferente do seu Estado de origem na qualidade de investidores;

d) aos refugiados e apátridas, salvo disposição em contrário da legislação nacional pertinente do Estado-Parte interessado ou de instrumentos internacionais em vigor para esse Estado;

e) aos estudantes e estagiários;

f) aos marítimos e aos trabalhadores de estruturas marítimas que não tenham sido autorizados a residir ou a exercer uma atividade remunerada no Estado de emprego.

10.7.8. *Obrigação dos Estados-partes*

Os Estados-partes, atualmente 48, têm a obrigação de fixar parâmetros protetivos mínimos em benefício dos trabalhadores migrantes e de seus familiares. Ou seja, o Estado tem que arquitetar políticas públicas que possibilitem a efetiva proteção dos trabalhadores migrantes e de suas famílias em seu território, para, assim, garantir que esses exerçam seus direitos em igualdade de condições com os demais trabalhadores.

10.7.9. *Mecanismos de monitoramento*

E para monitorar o cumprimento, pelos estados-partes, das obrigações constantes na Convenção e assim exercer o controle de convencionalidade internacional, foi criado o Comitê para a proteção dos Direitos de Todos os Trabalhadores Migrantes e dos membros das suas Famílias. Esse será responsável para receber os relatórios confeccionados pelos Estados-partes.

As petições individuais e as comunicações interestatais são possíveis, como mecanismos de controle e fiscalização, mediante a declaração do Estado-parte que reconhece a competência do Comitê para recebê-las.

10.7.10. *Relatório Anual*

A decisão do Comitê não tem força vinculante, mas será publicada no relatório anual, o qual é encaminhado para a Assembleia Geral da ONU.

11. TRIBUNAL PENAL INTERNACIONAL – TPI

Pode-se também inserir o Tribunal Penal Internacional (TPI) no sistema global de proteção dos direitos humanos. E para uma melhor compreensão de sua missão, passaremos a fazer algumas ponderações sobre sua competência, estrutura e funcionalidade.

11.1. Breve Histórico

O Tribunal Penal Internacional (TPI) foi constituído na Conferência de Roma, em 17.07.1998, na qual se aprovou o Estatuto de Roma (tratado que não admite a apresentação de reservas), que só entrou em vigor internacionalmente em 01.07.2002 e passou a vigorar, para o Brasil, no dia 25.09.2002.[70]

A criação do TPI corrobora a ideia de responsabilidade internacional do indivíduo, consoante o que se iniciou com os Tribunais *Ad Hoc* de Nurembergue e de Tóquio, e depois de Ruanda e da Iugoslávia.

11.2. Competência

Com a criação do TPI, tem-se um tribunal permanente para julgar **indivíduos** acusados da prática de crimes de genocídio, de crimes de guerra, de crimes de agressão e de crimes contra a humanidade.

Entende-se por "indivíduos", quaisquer pessoas independentemente de exercerem funções governamentais ou cargos públicos (art. 27 do Estatuto de Roma), desde que, à data da alegada prática do crime, tenham completado 18 anos de idade.

11.2.1. *Irretroatividade ratione personae*

Cabe destacar que nenhuma pessoa será considerada criminalmente responsável por uma conduta anterior à entrada em vigor do Estatuto de Roma – é a chamada irretroatividade *ratione personae.* O TPI é orientado pelos princípios da legalidade e da anterioridade penal, o que é bem delineado pela redação do art. 5º, ponto 2, do Estatuto de Roma.

11.2.2. *Crimes imprescritíveis*

Cabe também destacar, consoante o que dispõe o art. 29 do Estatuto de Roma, que os crimes da competência do TPI não prescrevem.

11.3. Estrutura

O Tribunal é uma entidade independente da ONU e tem sede em Haia, nos Países Baixos, contudo, sempre que entender conveniente, o Tribunal poderá funcionar em outro local, nos termos do Estatuto de Roma (art. 3º). Ademais, tem personalidade jurídica de direito internacional e é formado pela Presidência, Seção de Instrução, Seção de Julgamento em Primeira Instância, Seção de Recursos, Procuradoria e Secretaria.

70. Decreto 4.388/2002.

As línguas oficiais do TPI são: árabe, chinesa, espanhola, francesa, inglesa e russa, ao passo que as línguas de trabalho são apenas a francesa e a inglesa, embora outras línguas oficiais possam ser usadas como língua de trabalho, conforme o regulamento processual (art. 50, ponto 2, do Estatuto de Roma).

11.4. Procedimento

A grande característica do Tribunal é sua *complementaridade*, isto é, a jurisdição do TPI somente será exercida caso a Seção de Instrução verificar que existem provas suficientes para o acusado ser levado a julgamento e concluir que algum sistema jurídico nacional tenha sido incapaz ou não tenha demonstrado interesse em julgar o caso. Esse último requisito pode ser verificado (falha do sistema jurídico nacional) quando ocorrer demora injustificada no procedimento, falta de independência do Poder Judiciário e até falta de capacidade para realizar a justiça penal. Em outras palavras, a jurisdição do TPI tem caráter excepcional, isto é, os Estados têm primazia para investigar os crimes previstos no Estatuto de Roma.

A acusação, referente à prática de algum dos crimes tipificados no art. 5º do Estatuto de Roma, pode ser levada até o conhecimento do TPI, que tem jurisdição para julgar os crimes cometidos nos territórios dos Estados-partes ou dos Estados que reconheçam sua competência, por meio de algum Estado-parte, pelo Conselho de Segurança (nos termos do Capítulo VII da Carta da ONU) ou pelo procurador-geral do TPI.

O procurador exerce importante papel no processamento da acusação, pois fará, em primeira mão, a análise sobre a seriedade da dita acusação, podendo recolher informações suplementares junto aos Estados, aos órgãos da Organização das Nações Unidas, às Organizações Intergovernamentais ou Não Governamentais ou outras fontes fidedignas que considere apropriadas, bem como recolher depoimentos escritos ou orais na sede do Tribunal (art. 15, ponto 2, do Estatuto de Roma). Ainda pode, por sua própria iniciativa, abrir um inquérito com base em informações sobre a prática de crimes da competência do Tribunal (art. 15, ponto 1, do Estatuto de Roma).

11.4.1. Sanções

Se a acusação for devidamente processada e aceita pela Câmara Preliminar, o TPI poderá julgar o caso. E, caso condene o indiciado culpado, a pena imposta terá de respeitar o limite máximo de 30 anos (art. 77, ponto 1, *a*, do Estatuto de Roma). Todavia, caso o crime seja de extrema gravidade e as condições pessoais do condenado justificar, poderá ser aplicada a pena de prisão perpétua, todavia, essa pena poderá ser reexaminada com vistas à sua redução quando já tiver sido cumprido vinte e cinco anos de prisão. Concomitantemente, poderá ser aplicada a pena de multa e de confisco, caso restar comprovado que o culpado adquiriu bens de forma ilícita (art. 77 do Estatuto de Roma).

Além de sanções de natureza penal, o TPI pode determinar a reparação às vítimas de crimes e respectivos familiares, principalmente por meio da restituição, da indenização ou da reabilitação. Ainda, o Tribunal poderá, de ofício ou por requerimento, em circunstâncias excepcionais, determinar a extensão e o nível dos danos, da perda ou do prejuízo causados às vítimas ou aos titulares do direito à reparação, com a indicação dos princípios nos quais fundamentou sua decisão (art. 75 do Estatuto de Roma).

11.4.2. Entrega ou Surrender

A grande inovação do Estatuto foi a criação do instituto da entrega ou *surrender*, ou seja, a entrega de um Estado para o TPI (plano vertical), a pedido deste, de indivíduo que deva cumprir pena por prática de algum dos crimes tipificados no art. 5º do Estatuto de Roma. A título comparativo, a extradição é a entrega de um Estado para outro Estado (plano horizontal), a pedido deste, de indivíduo que em seu território deva responder a processo penal ou cumprir pena por prática de crime de certa gravidade.

Percebe-se que a finalidade do instituto da *entrega* é driblar o princípio da não extradição de nacionais e, logicamente, garantir o julgamento do acusado, pois o TPI não julga indivíduos à revelia. Assim, criou-se tal figura para permitir que o Estado entregue indivíduo que seja nacional seu ao TPI.

Em outras palavras, a *entrega* nada mais é do que o cumprimento de ordem emanada do Tribunal Penal Internacional. A legitimidade dessa autoridade reside no fato de o Tribunal realizar os anseios de justiça de toda a comunidade internacional, julgando e condenando autores de crimes nefastos para a humanidade. Assim, o Estado, como signatário do Estatuto de Roma, deve cooperar e entregar seu nacional para ser julgado pelo TPI. A título comparativo, a *entrega* é de interesse de toda a comunidade internacional, ao passo que a *extradição* é de interesse do país requerente.

11.4.2.1. O Brasil permite a entrega de nacional seu?

Cabe destacar que o Brasil, com fundamento no art. 5º, LI e § 4º, da CF, permite a entrega de nacional seu ao TPI, mas proíbe a extradição de nacional seu a um possível Estado requerente. Lembrando, com base no inciso LI supracitado, que existe uma exceção ao princípio da não extradição de nacionais no Brasil: trata-se do caso de brasileiro naturalizado que tiver comprovado envolvimento em tráfico ilícito de entorpecentes e drogas afins[71].

11.5. Atualidade

Depois de analisar os principais pontos sobre a atuação do TPI, identifica-se tristemente que ainda hoje se vivem situações em que países são guiados por ditadores (mesmo após a caída de alguns deles por consequência da *Primavera Árabe*[72]),

71. Como curiosidade, cabe lembrar que os EUA não reconhecem a jurisdição do TPI.

72. A Primavera Árabe é uma onda revolucionária de manifestações e protestos que vêm ocorrendo no Oriente Médio e no Norte da África desde 18.12.2010. Até a data, tem havido revoluções na Tunísia e no Egito, uma guerra civil na Líbia e na Síria; também houve grandes protestos na Argélia, Bahrein, Djibuti, Iraque, Jordânia, Omã e Iémen e protestos menores no Kuwait, Líbano, Mauritânia, Marrocos, Arábia Saudita, Sudão e Saara Ocidental.

que os dirigem para atingir seus próprios objetivos materiais e egotistas. Dessa forma, responsabilizar tais países por graves violações de direitos humanos seria aplicar uma pena moral, e em algumas situações pecuniária, a países que já tanto sofrem e pouca culpa têm. Tendo por base tal raciocínio, é muito válida a ação do TPI, pois julga os indivíduos (geralmente os ditadores) que muitas vezes, por meio de práticas corruptivas desenfreadas, esvaziaram a poupança de seus países, piorando ainda mais o quadro de falência do Estado.

Em dadas situações, o dito controle sobre o Estado é absoluto, gerando sua personificação. Portanto, a atuação do TPI completa o sistema global de proteção dos direitos humanos.

11.6. Crimes de competência do TPI

Para terminar nossa breve incursão pelo Direito Penal Internacional, passemos a definir pontualmente os crimes dispostos no art. 5º do Estatuto de Roma.

11.6.1. Crime de genocídio

A Convenção sobre a Prevenção e Repressão do Crime de Genocídio adotada pela Resolução 260 A (III) da Assembleia Geral das Nações Unidas, em 09.12.1948, definiu no art. 2º que crime de genocídio é a conduta criminosa que tenha a intenção de destruir, no todo ou em parte, um grupo nacional, étnico, religioso ou racial. Tal definição foi reproduzida no art. 6º do Estatuto de Roma.

O próprio art. 2º indica os tipos de crime considerados genocídio (também reproduzidos pelo art. 6º do Estatuto de Roma): **a)** assassinato de membros do grupo; **b)** atentado grave à integridade física e mental de membros do grupo; **c)** submissão deliberada do grupo a condições de existência que acarretarão sua destruição física, total ou parcial; **d)** medidas destinadas a impedir os nascimentos no seio do grupo; e) transferência forçada das crianças do grupo para outro grupo.

O art. 3º dispõe que além do genocídio serão punidas as demais condutas: **a)** o acordo com vista a cometer genocídio; **b)** o incitamento, direto e público, ao genocídio; **c)** a tentativa de genocídio; e **d)** a cumplicidade no genocídio.

Por fim, é interessante lembrar que o crime de genocídio, quando praticado no estrangeiro por brasileiro ou pessoa domiciliada no Brasil, deve ser julgado pelo juiz brasileiro e terá a incidência da lei nacional (trata-se de uma das hipóteses de extraterritorialidade incondicionada – art. 7º, I, do CP).

11.6.2. Crime contra a humanidade ou de lesa humanidade

O art. 7º do Estatuto de Roma define que o crime contra humanidade é a conduta criminosa cometida no quadro de um ataque, sistemático ou generalizado, contra qualquer população civil, desde que haja conhecimento desse ataque.

O próprio art. 7º indica os tipos de crime considerados contra a humanidade: **a)** homicídio; **b)** extermínio; **c)** escravidão; **d)** deportação ou transferência forçada de uma população; **e)** prisão ou outra forma de privação da liberdade física grave, em violação das normas fundamentais de direito internacional; **f)** tortura; **g)** agressão sexual, escravatura sexual, prostituição forçada, gravidez forçada, esterilização forçada ou qualquer outra forma de violência no campo sexual de gravidade comparável; **h)** perseguição de um grupo ou coletividade que possa ser identificado, por motivos políticos, raciais, nacionais, étnicos, culturais, religiosos ou de gênero, ou ainda em função de outros critérios universalmente reconhecidos como inaceitáveis no direito internacional, relacionados com qualquer ato referido nessas alíneas ou com qualquer crime da competência do Tribunal; **i)** desaparecimento forçado de pessoas; **j)** crime de *apartheid*; e **k)** outros atos desumanos de caráter semelhante, que causem intencionalmente grande sofrimento ou afetem gravemente a integridade física ou a saúde física ou mental.

Apesar da definição normativa ora analisada, é importante destacar que muitos defendem, com base na definição consuetudinária de crime contra a humanidade, que os crimes acima listados dispensariam o contexto de ataque, isto é, tais crimes seriam considerados como contra a humanidade mesmo que fossem praticados fora do contexto de um ataque contra uma certa população civil.

11.6.3. Crime de guerra

O art. 8º do Estatuto de Roma define que o crime de guerra é a conduta criminosa cometida como parte integrante de um plano ou de uma política ou como parte de uma prática em larga escala desse tipo de crimes.

O próprio art. 8º indica uma lista extensa dos tipos de crime considerados de guerra. Basicamente, eles foram disciplinados pelas Convenções de Genebra de 1949 e seus Protocolos Adicionais e pelo chamado direito de Haia, formado por acordos internacionais obtidos durante a Conferência de Paz de 1907.

11.6.4. Crime de agressão

O Estatuto de Roma não conceituou o crime agressão. Assim, somente em junho 2010, na Conferência de Revisão do Estatuto de Roma, realizada em Kampala, capital de Uganda, o crime de agressão foi definido.

Crime de agressão é a conduta criminosa cometida por pessoa que detenha controle ou poder de direção efetivo sobre a ação política ou militar de um país, desde que sua conduta cause por sua gravidade, características e escala uma violação latente da Carta das Nações Unidas.

Além da prática do crime de agressão, serão punidos o planejamento, a preparação e a tentativa do crime de agressão.

Mas o TPI só pode exercer sua jurisdição em relação aos crimes de agressão quando pelo menos 30 Estados tenham ratificado sua previsão (o que ainda não aconteceu[73]).

Os protestos têm compartilhado técnicas de resistência civil em campanhas sustentadas envolvendo greves, manifestações, passeatas e comícios, bem como o uso das mídias sociais, como Facebook, Twitter e Youtube, para organizar, comunicar e sensibilizar a população e a comunidade internacional em face de tentativas de repressão e censura na Internet por partes dos Estados (fonte Wikipédia: http://pt.wikipedia.org/wiki/Primavera_Árabe).

73. Liechtenstein foi o primeiro país a ratificar o crime de agressão (08.05.2012).

12. SISTEMA REGIONAL DE PROTEÇÃO

O sistema regional de proteção se junta ao global para formar o sistema internacional de proteção dos direitos humanos. Em determinadas situações ocorrerá uma sobreposição de normas (oriundas do sistema global e do regional), todavia, isso não se reflete em problema, pois o que se busca é a substancial proteção dos direitos humanos. Destarte, o sistema que estiver mais bem organizado para proteger o indivíduo naquele caso será o aplicado, ou seja, os sistemas não competem, mas se completam.

A vantagem indiscutível dos sistemas regionais é terem sido arquitetados conforme valores culturais, políticos e econômicos compartilhados pelos países geograficamente próximos. Essa coesão cultural, política, econômica e geográfica facilita a formulação e o monitoramento das regras protetivas dos indivíduos.

Passemos à análise pontual dos sistemas regionais de proteção, com atenção especial ao sistema americano.

12.1. Sistema americano

12.1.1. Breve Histórico

O sistema protetivo americano está principalmente alicerçado em torno da Organização dos Estados Americanos (OEA), organização internacional que tem por objetivo garantir a paz e a segurança no continente americano. Por isso, diz-se que é uma organização internacional de vocação regional, considerada organismo regional das Nações Unidas.

O sistema protetivo americano foi instalado em 1948 pela Carta da Organização dos Estados Americanos[74], que, por sua vez, foi adotada na 9ª Conferência Internacional Americana, que se reuniu em Bogotá, na Colômbia. Na mesma Conferência, foi adotada a Declaração Americana dos Direitos e Deveres do Homem[75], que foi o primeiro acordo internacional sobre direitos humanos, antecipando a Declaração Universal dos Direitos Humanos, escrita seis meses depois.

O sistema protetivo americano não contava com mecanismo constritivo de proteção dos direitos humanos, mas apenas com uma declaração (*soft law*) de que os Estados-membros deveriam proteger os direitos humanos.

74. Reformada pelos seguintes protocolos: Protocolo de Reforma da Carta da Organização dos Estados Americanos – "Protocolo de Buenos Aires", assinado em 27.02.1967, na Terceira Conferência Interamericana Extraordinária; pelo Protocolo de Reforma da Carta da Organização dos Estados Americanos – "Protocolo de Cartagena das Índias", assinado em 05.121985, no Décimo Quarto período Extraordinário de Sessões da Assembleia Geral; pelo Protocolo de Reforma da Carta da Organização dos Estados Americanos – "Protocolo de Washington", assinado em 14.12.1992, no Décimo Sexto período Extraordinário de Sessões da Assembleia Geral; e pelo Protocolo de Reforma da Carta da Organização dos Estados Americanos – "Protocolo de Manágua", assinado em 10.06.1993, no Décimo Nono Período Extraordinário de Sessões da Assembleia Geral.

75. Essa declaração prevê tantos os direitos civis e políticos como os econômicos, sociais e culturais.

12.1.2. Convenção Americana de Direitos Humanos

12.1.2.1. Apresentação

Em 22.11.1969, na Conferência de San José da Costa Rica, foi adotada a Convenção Americana de Direitos Humanos[76] (também conhecida como Pacto de San José da Costa Rica), a qual só entrou em vigor internacional em 18.07.1978 (quando atingiu as 11 ratificações necessárias) e é o principal instrumento protetivo do sistema americano.

No Brasil, a Convenção passou a ter vigência por meio do Decreto 678, de 06.11.1992.

12.1.2.2. Declaração interpretativa do governo brasileiro

Cabe destacar que o art. 2º desse decreto dispõe sobre a declaração interpretativa do governo brasileiro: "O Governo do Brasil entende que os arts. 43 e 48, *d*, não incluem o direito automático de visitas e inspeções *in loco* da Comissão Interamericana de Direitos Humanos, as quais dependerão da anuência expressa do Estado". Tal declaração interpretativa funciona como uma ressalva que limita os poderes da Comissão Interamericana de Direitos Humanos[77].

12.1.2.3. Órgãos de fiscalização e julgamento

Como órgãos de fiscalização e julgamento (controle de convencionalidade internacional) do sistema americano de proteção dos direitos humanos, a Convenção instituiu a Comissão e a Corte Interamericana de Direitos Humanos, dotando-o, dessa maneira, de mecanismos constritivos de proteção dos direitos humanos (*hard law*).

12.1.2.4. Obrigação dos Estados-partes

Os Estados-partes comprometem-se a adotar, de acordo com as suas normas constitucionais e com as disposições desta Convenção, as medidas legislativas ou de outra natureza que forem necessárias para tornar efetivos (art. 2º da CADH) os direitos e liberdades reconhecidos na Convenção Americana de Direitos Humanos. Importante sublinhar que o texto convencional obriga não somente o Poder Legislativo, mas também os poderes Executivo e Judiciário dos Estados-partes.

12.1.2.5. Quem pode participar?

Na Convenção só é permitida a participação dos países-membros da OEA.

76. É de suma importância sublinhar que a Convenção Americana de Direitos Humanos é autoaplicável. Tal definição provém do Parecer Consultivo 7/1986 da Corte Interamericana de Direitos Humanos. Assim, uma vez internalizada, estará apta a irradiar seus efeitos diretamente na ordem interna do país-parte, isto é, não necessitará de lei que regulamente sua incidência nos países que aderiram a seus mandamentos.

77. Todavia, deve-se apontar, como uma das consequências do princípio *pro homine*, que a interpretação das limitações de direitos estabelecidos nos tratados internacionais de direitos humanos deve ser restritiva – tudo para impedir ao máximo a diminuição da proteção da pessoa humana. Aliás, nesse sentido é o Parecer Consultivo 02, de 24.09.1982, da Corte Interamericana de Direitos Humanos.

12.1.2.6. *Tipos de direitos*

Ao longo da Convenção é possível identificar inúmeros direitos civis e políticos (ditos de primeira geração), nos moldes do Pacto Internacional de Direitos Civis e Políticos. A única menção aos direitos econômicos, sociais e culturais é encontrada no art. 26, que se limita a determinar que os Estados se engajem em progressivamente implementar tais direitos (em sua dimensão negativa e positiva), ditos de segunda geração. Tal escolha (de só regular os direitos políticos e civis) foi supostamente direcionada para obter a adesão dos EUA.

12.1.3. *Protocolo de San Salvador*

12.1.3.1. *Apresentação*

Na Conferência Interamericana de San Salvador, em 17.11.1988, foi adotado o Protocolo Adicional[78] à Convenção, conhecido como Protocolo de San Salvador. A partir de então, tem-se uma enumeração dos direitos econômicos, sociais e culturais que os países americanos – membros da OEA – obrigaram-se a implementar progressivamente. Lembrando-se sempre da tripla obrigação dos Estados para com todos os direitos humanos: proteger, respeitar e realizar.

12.1.3.1.1. *Caso Velásquez Rodriguez vs. Honduras*

Para ilustrar a tríplice obrigação dos Estados, segue um trecho da importante sentença da Corte Interamericana de Direitos Humanos exarada no caso Velásquez Rodríguez, ocasião em que foi explicitada a obrigação de os Estados-partes garantirem o livre e o pleno exercício dos direitos reconhecidos na Convenção Americana de Direitos Humanos:

"Esta obrigação implica o dever dos Estados-partes de organizar todo o aparato governamental e, em geral, todas as estruturas por meio das quais se manifesta o exercício do poder público, de maneira que sejam capazes de assegurar juridicamente o livre e pleno exercício dos direitos humanos. Como consequência dessa obrigação, os *Estados devem prevenir, investigar e sancionar toda violação dos direitos reconhecidos pela Convenção*e procurar, ademais, o restabelecimento, se possível, do direito violado e também a reparação dos danos produzidos pela violação dos direitos humanos" (tradução minha).

O caso analisado trata de um estudante universitário de Honduras – Velásquez Rodríguez – que foi detido por autoridades policiais hondurenhas, sendo, posteriormente, vítima de tortura até ser tido como desaparecido. Em sentença de 29.07.1998, a Corte Interamericana de Direitos Humanos declarou, por unanimidade, que Honduras violou, em prejuízo de Velásquez Rodríguez, o direito à liberdade pessoal (art. 7º da Convenção), o direito à integridade pessoal (art. 5º da Convenção) e o direito à vida (art. 4º da Convenção), todos em conexão com o art. 1º, ponto 1, da Convenção. A Corte declarou ainda, também por unanimidade, que Honduras deveria pagar uma justa indenização compensadora para os familiares da vítima, mas não fixou os parâmetros para o pagamento, apenas ressalvou que, se a Comissão Interamericana de Direitos Humanos e Honduras não chegassem a um acordo, a Corte seria responsável por estabelecer a forma e a quantia da indenização.

12.1.3.2. *No Brasil*

O Congresso Nacional aprovou o Protocolo por meio do Decreto Legislativo 56, de 19.04.1995. Mas o Protocolo só entrou em vigor internacional em 16.11.1999, momento em que também passou a viger no Brasil, pois o Governo brasileiro tinha depositado o Instrumento de Adesão do referido ato em 21.08.1996. O Decreto de promulgação é o de n. 3.321/1999.

12.1.3.3. *Competência da Corte Interamericana*

A Corte Interamericana tem competência para interpretar e aplicar o Protocolo Adicional à Convenção Americana de Direitos Humanos (Protocolo de San Salvador) somente em relação ao art. 8º, ponto 1, alínea *a* (direitos sindicais dos trabalhadores) e ao art. 13 (direito à educação). Tudo em conformidade com o art. 19, ponto 6, do mencionado Protocolo, o qual determina que são esses os únicos direitos passíveis de serem acionados perante a Corte (justiciabilidade), entre um amplo conjunto de direitos econômicos, sociais e culturais de que trata esse Protocolo.

12.1.3.3.1. Construção jurisprudencial

Entretanto, o que se percebe no campo prático é uma jurisprudência criativa que permite a implementação indireta dos direitos econômicos, sociais e culturais. Uma das grandes contribuições para essa substancial evolução foi a construção jurisprudencial de conceito amplo ou *lato sensu* do direito de acesso à justiça[79] (art. 25 da Convenção Americana), o que permite o acionamento da Corte para proteção de todos os direitos humanos, inclusive os econômicos, sociais e culturais.

Cabe destacar, também, a construção jurisprudencial da Corte que qualificou de *jus cogens* os princípios da equidade e da não discriminação, os quais são, logicamente, aplicados em relação a todos os direitos humanos.

Por fim, devemos mencionar o estabelecimento, pela Corte, de um conceito amplo do direito à vida, o qual exige a proteção e a implementação dos direitos econômicos, sociais e culturais para sua satisfatória efetivação (consoante o comentado no subitem 4.3).

12.1.4. *Protocolo sobre Abolição da Pena de Morte*

Em 08.06.1990 foi adotado, em Assunção, no Paraguai, outro Protocolo Facultativo à Convenção, dessa vez sobre a

78. Interessante apontar aqui o papel da Comissão Interamericana de submeter à Assembleia Geral projetos de protocolos adicionais à Convenção Americana sobre Direitos Humanos, com a finalidade de incluir progressivamente no regime de proteção da referida Convenção outros direitos e liberdades (art.19, *e*, do Estatuto da Comissão Interamericana de Direitos Humanos).

79. Nesse sentido, cabe transcrever o ponto 1 da Resolução 2.656/2011 da OEA: "Afirmar que o acesso à justiça, como direito humano fundamental, é, ao mesmo tempo, o meio que possibilita que se restabeleça o exercício dos direitos que tenham sido ignorados ou violados".

abolição da pena de morte. Os Estados que aderem ao Protocolo ficam impedidos, em qualquer hipótese, de aplicar a pena de morte; assim, estão revogadas as disposições de direito interno que prevejam a pena capital. Esse Protocolo foi influenciado diretamente pelo Segundo Protocolo Facultativo ao Pacto Internacional dos Direitos Civis e Políticos de 1989.

O Brasil, ao ratificar o Protocolo sobre abolição da pena de morte, declarou, devido à imperativos constitucionais, reserva[80]conforme o estabelecido no art. 2º do Protocolo em questão, o qual assegura aos Estados-partes o direito de aplicar pena de morte em tempo de guerra, de acordo com o Direito Internacional, para delitos sumamente graves de caráter militar. O Protocolo foi promulgado no Brasil via o Decreto presidencial 2.754/1998.

12.1.4.1. Pena de morte no Brasil

Em relação ao tema pena de morte, cabe esclarecer que esta é admitida no Brasil, desde que cumpridas certas condições (art. 5º, XLVII, *a*, c/c art. 84, XIX, ambos da CF): **a)** existência de guerra declarada em virtude de agressão externa; e **b)** a prática, por brasileiro ou estrangeiro, do crime de alta traição (disciplinado no Código Penal Militar – CPM).

Logo, em tempos de paz não é possível a aplicação da pena capital no país, a qual também está abolida para todos os crimes não militares. A título de curiosidade, o Código Penal Militar disciplina que a execução da pena capital será por fuzilamento.

12.1.5. Direitos Previstos

Segue, para conhecimento e memorização, a lista dos direitos humanos protegidos na Convenção Americana de Direitos Humanos e no Protocolo de San Salvador.

12.1.5.1. Convenção Americana de Direitos Humanos

a) direito ao reconhecimento da personalidade jurídica (art. 3º);

b) direito à vida (art. 4º). É importante apontar que a Convenção determina que, em geral, este direito deve ser protegido desde o momento da concepção;

c) direito à integridade pessoal (art. 5º). Leia-se integridade física, psíquica e moral;

d) proibição da escravidão e da servidão (art. 6º). O tráfico de escravos e o tráfico de mulheres também são proibidos em todas as suas formas;

e) direito à liberdade pessoal (art. 7º). É no ponto 7 deste artigo que aparece o princípio da proibição da detenção por dívidas e a sua correlata exceção somente em virtude de inadimplemento de obrigação alimentar. E seu reflexo no Brasil foi, depois de muitas decisões, a Súmula Vinculante 25 do STF;

f) garantias judiciais (art. 8º). É neste artigo que aparece o princípio da celeridade dos atos processuais;

g) princípio da legalidade e da retroatividade da lei penal mais benéfica (art. 9º);

h) direito à indenização por erro judiciário (art. 10). O artigo dispõe ser necessário o trânsito em julgado da condenação;

i) proteção da honra e da dignidade (art. 11);

j) liberdade de consciência e de religião (art. 12);

k) liberdade de pensamento e de expressão (art. 13)

l) direito de retificação ou resposta (art. 14). Direito a ser utilizado quando as informações inexatas ou ofensivas forem emitidas, em seu prejuízo, por meios de difusão legalmente regulamentados e que se dirijam ao público em geral;

m) direito de reunião (art. 15). Desde que pacífica e sem armas;

n) liberdade de associação (art. 16);

o) proteção da família (art. 17);

p) direito ao nome (art. 18);

q) direitos da criança (art. 19);

r) direito à nacionalidade (art. 20). Este artigo traz a importante regra de que toda pessoa tem direito à nacionalidade do Estado em cujo território houver nascido, se não tiver direito a outra;

s) direito à propriedade privada (art. 21);

t) direito de circulação e de residência (art. 22). Tal artigo traz duas regras importantes, a primeira, constante do ponto 7 do artigo, é a de que toda pessoa tem o direito de buscar e receber asilo em território estrangeiro, em caso de perseguição por delitos políticos ou comuns conexos com delitos políticos e a segunda, constante do ponto 8 do artigo, é a de que em nenhum caso o estrangeiro pode ser expulso ou entregue a outro país, seja ou não de origem, onde seu direito à vida ou à liberdade pessoal esteja em risco de violação em virtude de sua raça, nacionalidade, religião, condição social ou de suas opiniões políticas;

u) direitos políticos (art. 23);

v) Igualdade perante a lei (art. 24);

w) Proteção judicial (art. 25).

12.1.5.2. Protocolo de San Salvador

a) direito ao trabalho (art. 6º);

b) condições justas, equitativas e satisfatórias de trabalho (art. 7º);

c) direitos sindicais (art. 8º);

d) direito à seguridade social (art. 9º);

e) direito à saúde (art. 10);

f) direito a um meio ambiente sadio (art. 11);

g) direito à alimentação (art. 12);

h) direito à educação (art. 13);

i) direito de receber os benefícios da cultura (art. 14);

j) direito à constituição e à proteção da família (art. 15);

k) direitos da criança (art. 16);

l) proteção dos idosos (art. 17);

m) proteção dos deficientes (art. 18).

Agora cabe analisar a estrutura e a função da Comissão e da Corte Interamericana de Direitos Humanos, que são os órgãos de fiscalização e julgamento do sistema americano de proteção dos direitos humanos, ou seja, os órgãos encarregados de realizarem o controle de convencionalidade internacional do sistema americano.

80. A reserva é um condicionante do consentimento. Ou seja, é a declaração unilateral do Estado aceitando o tratado, mas sob a condição de que certas disposições não valerão para ele.

12.2. Comissão Interamericana de Direitos Humanos – CIDH

12.2.1. Apresentação e Composição

A Comissão Interamericana de Direitos Humanos[81] é o órgão administrativo do sistema regional de proteção americano. É composta de sete membros, que devem ser pessoas de alta autoridade moral e de reconhecido saber em matéria de direitos humanos (art. 2º, ponto 1, do Estatuto da Comissão). Esses membros são eleitos, a título pessoal, pela Assembleia Geral da OEA, a partir de uma lista de candidatos propostos pelos governos dos Estados-membros, e cumprem mandato de quatro anos, com a possibilidade de uma reeleição. Vale lembrar que não pode fazer parte da Comissão mais de um nacional de um mesmo país(art. 7º do Estatuto da Comissão).

12.2.2. Quórum de funcionamento

Seu quórum é constituído pela maioria absoluta dos membros da Comissão (art. 17, ponto 1, do Estatuto da Comissão).

Mas cabe distinguir duas situações. Com relação aos Estados que são partes da Convenção, as decisões serão tomadas por maioria absoluta de votos dos membros da Comissão nos casos que estabelecerem a Convenção Americana sobre Direitos Humanos e o Estatuto. Nos demais casos, o quorum exigido será de maioria absoluta dos membros presentes. E com relação aos Estados que não são partes da Convenção, as decisões serão tomadas por maioria absoluta de votos dos membros da Comissão, salvo quando se tratar de assuntos de procedimento, caso em que as decisões serão tomadas por maioria simples (art. 17, pontos 2 e 3, do Estatuto da Comissão).

12.2.3. Imunidades e privilégios de seus membros

Os membros da Comissão, nos Estados-membros da Organização que são Partes da Convenção Americana sobre Direitos Humanos, gozam, a partir do momento de sua eleição e enquanto durar seu mandato, das imunidades reconhecidas pelo direito internacional aos agentes diplomáticos. Gozam também, no exercício de seus cargos, dos privilégios diplomáticos necessários ao desempenho de suas funções.

E nos Estados-membros da Organização que não são Partes da Convenção Americana sobre Direitos Humanos, os membros da Comissão gozarão dos privilégios e imunidades pertinentes aos seus cargos e que sejam necessários para desempenhar suas funções com independência (art. 12, pontos 1 e 2, do Estatuto da Comissão).

12.2.4. Competência

A principal função da Comissão é promover o respeito aos direitos humanos[82] no continente americano, destacando-se por sua função de órgão consultivo da OEA no tema. Possui competência para enviar recomendações aos Estados-partes da Convenção Americana de Direitos Humanos ou até mesmo para os Estados-membros da OEA que não tenham ratificado a Convenção Americana.

Em sua competência inserem-se também a possibilidade de realizar estudos, solicitar informações aos Estados no que tange à implementação dos direitos humanos insculpidos na Convenção e confeccionar um relatório anual[83] para ser submetido à Assembleia Geral da OEA. À parte do relatório anual, a Comissão pode confeccionar relatórios especiais ou gerais sobre a situação dos direitos humanos nos Estados-membros sempre que considerar necessário (art. 59, ponto 1, *h*, do Regulamento da Comissão Interamericana de Direitos Humanos).

Cabe lembrar que as recomendações e os relatórios (tanto o anual e o alicerçado em alguma acusação[84]) da Comissão não têm poder vinculante, isto é, não vinculam os Estados destinatários. E geralmente a Comissão, desde que configurada a responsabilidade do Estado, faz as seguintes recomendações: suspensão dos atos que causam violação dos direitos humanos; investigação e punição dos responsáveis; reparação dos danos causados; alteração do ordenamento jurídico; e adoção de outras medidas ou ações estatais.

12.2.5. Petições Individuais

Um aspecto importante de sua competência é a possibilidade de receber petições, que contenham denúncias ou

81. A sede da Comissão fica em Washington, D.C., nos Estados Unidos da América (art. 16, ponto 1, do Estatuto da Comissão).

82. Art. 1º, ponto 2, do Estatuto da Comissão Interamericana de Direitos Humanos: "Para os fins deste Estatuto, entende-se por direitos humanos: a. os direitos definidos na Convenção Americana sobre Direitos Humanos com relação aos Estados-Partes da mesma; b. os direitos consagrados na Declaração Americana de Direitos e Deveres do Homem, com relação aos demais Estados-membros"

83. Segue a redação do art. 59, ponto 1, do Regulamento da Comissão Interamericana de Direitos Humanos: "O Relatório Anual à Assembleia Geral da Organização incluirá o seguinte: a) uma análise da situação dos direitos humanos no Hemisfério, acompanhada das recomendações aos Estados e aos órgãos da Organização sobre as medidas necessárias para fortalecer o respeito aos direitos humanos; b) um breve relato referente à origem, às bases jurídicas, à estrutura e aos fins da Comissão, bem como ao estado da Convenção Americana e dos demais instrumentos aplicáveis; c) informação sucinta dos mandatos conferidos e recomendações formuladas à Comissão pela Assembleia Geral e pelos outros órgãos competentes, bem como da execução de tais mandatos e recomendações; d) uma lista das sessões realizadas no período abrangido pelo relatório e de outras atividades desenvolvidas pela Comissão em cumprimento de seus fins, objetivos e mandatos; e) uma súmula das atividades de cooperação da Comissão com outros órgãos da Organização, bem como com organismos regionais ou mundiais da mesma natureza, e dos resultados alcançados em suas atividades; f) os relatórios sobre petições e casos individuais cuja publicação haja sido aprovada pela Comissão, e uma relação das medidas cautelares concedidas e estendidas e das atividades desenvolvidas perante a Corte Interamericana; g) uma exposição sobre o progresso alcançado na consecução dos objetivos estabelecidos na Declaração Americana dos Direitos e Deveres do Homem e na Convenção Americana sobre Direitos Humanos e nos demais instrumentos aplicáveis; h) os relatórios gerais ou especiais que a Comissão considerar necessários sobre a situação dos direitos humanos nos Estados-membros e, se pertinente, os relatórios de seguimento, destacando-se nos mesmos os progressos alcançados e as dificuldades que houverem surgido para uma efetiva observância dos direitos humanos; i) qualquer outra informação, observação ou recomendação que a Comissão considerar conveniente submeter à Assembleia Geral e qualquer nova atividade ou projeto que implique despesa adicional".

84. A acusação é feita mediante petição individual ou comunicação interestatal.

queixas de violação desta Convenção por um Estado-parte, do indivíduo "lesionado", de terceiras pessoas ou de organizações não governamentais legalmente reconhecidas em um ou mais Estados-membros da OEA que representem o indivíduo lesionado (art. 44 da Convenção Americana sobre Direitos Humanos)[85].

Entretanto, essa competência só poderá ser exercida se o Estado violador tiver aderido à Convenção Americana de Direitos Humanos. Percebe-se que não é necessária a expressa aceitação da competência da Comissão para receber petições, bastando que o Estado tenha aderido à Convenção.

12.2.6. Comunicações Interestatais

A Comissão também tem competência para receber comunicações interestatais. Conforme já visto no sistema global de proteção, nesse mecanismo um Estado-parte pode denunciar o outro que incorrer em violação dos direitos humanos. Mas, para a denúncia ter validade, os dois Estados, denunciante e denunciado, devem ter expressamente declarado a competência da Comissão Interamericana de Direitos Humanos para tanto[86]. Isso porque a Comissão não admitirá nenhuma comunicação contra um Estado-parte que não haja feito tal declaração (art. 45, ponto 2, da Convenção Americana).

E as declarações sobre o reconhecimento desta competência podem ser feitas para que esta vigore por tempo indefinido, por período determinado ou para casos específicos (art. 45, ponto 3, da Convenção Americana). Cabe infelizmente apontar que o Brasil não fez a citada declaração, ou seja, não aceitou a competência da Comissão Interamericana para receber comunicações interestatais[87].

Entretanto, cabe destacar que o art. 50 do Regulamento da Comissão Interamericana de Direitos Humanos estabelece que todos os Estados-partes da Convenção são suscetíveis de serem denunciados.

12.2.6.1. Requisitos de Admissibilidade

Figuram aqui os mesmos requisitos de admissibilidade verificados quando da análise do procedimento de apresentação de petições individuais e de comunicações interestatais no sistema global de proteção. Ou seja, só são aceitas as petições ou as comunicações que comprovarem (i) a inexistência de litispendência internacional, (ii) ausência de coisa julgada internacional e (iii) o esgotamento de todos os recursos internos disponíveis. Aos três requisitos já tratados deve-se adicionar mais um, isso porque o art. 46 da Convenção Americana de Direitos Humanos exige que (iv) a petição ou a comunicação seja apresentada dentro do prazo de seis meses, a partir da data em que o presumido prejudicado em seus direitos tenha sido notificado da decisão definitiva exarada no sistema protetivo nacional.

Adicionalmente, a petição a ser interposta deve conter, como já tratado, o nome, a nacionalidade, a profissão, o domicílio e a assinatura da pessoa ou pessoas ou do representante legal da entidade que submeter a petição. Importante destacar que não é necessária a manifestação expressa de concordância da vítima ou vítimas da alegada violação aos direitos humanos.

12.2.6.1.1. Ressalva

O sistema americano impõe a mesma ideia de ressalva existente no sistema global. As regras de esgotamento de todos os recursos internos disponíveis e do prazo de seis meses para a apresentação da petição ou comunicação não serão aplicadas quando o indivíduo for privado de seu direito de ação pela jurisdição doméstica, ou lhe forem ceifadas as garantias do devido processo legal, ou, ainda, se os processos internos forem excessivamente demorados. E o ônus da prova da existência de um recurso acessível e suficiente recai sobre o Estado demandado.

12.2.6.1.1.1. Renúncia a regra do prévio esgotamento dos recursos internos

Cabe apontar, consoante jurisprudência da Corte Interamericana, que o Estado-parte tem direito de renunciar a regra do prévio esgotamento dos recursos internos. Na decisão de 13.11.1981 (caso Viviana Gallardo e outras), a Corte Interamericana, invocando precedente da Corte Europeia de Direitos Humanos (De Wilde, Ooms and Versyp Cases – "Vagrancy" Cases), apontou que segundo os princípios do Direito Internacional geralmente reconhecidos e a prática internacional, a regra que exige o prévio esgotamento dos recursos internos foi concebida no interesse do Estado, pois busca dispensá-lo de responder perante um órgão internacional por atos a ele imputado, antes de ter a oportunidade de resolvê-los com seus próprios instrumentos. Essa regra é considerada como meio de defesa e como tal, renunciável, ainda que de modo tácito. Essa renúncia, uma vez anunciada, é irrevogável.

12.2.7. Procedimento

De posse da acusação, a Comissão assim agirá:

a) declarada a admissibilidade, a Comissão buscará uma solução amistosa entre o indivíduo denunciante e o Estado violador;

b) se não se chegar a uma solução, e dentro do prazo que for fixado pelo Estatuto da Comissão, esta redigirá um relatório no qual exporá os fatos e suas conclusões;

c) o relatório será encaminhado aos Estados interessados, aos quais não será facultado publicá-lo;

d) ao encaminhar o relatório, a Comissão pode formular as proposições e as recomendações que julgar adequadas;

85. Como exemplo pode-se citar o conhecido caso Maria da Penha.

86. Art. 45, ponto 1, da Convenção Americana: "Todo Estado-parte pode, no momento do depósito do seu instrumento de ratificação desta Convenção, ou de adesão a ela, ou em qualquer momento posterior, declarar que reconhece a competência da Comissão para receber e examinar as comunicações em que um Estado-parte alegue haver outro Estado-parte incorrido em violações dos direitos humanos estabelecidos nesta Convenção".

87. Os países que fizeram a declaração e assim podem apresentar comunicações interestatais no sistema interamericano são: Argentina (05.09.1984); Bolívia (27.07.1993); Chile (21.08.1990); Colômbia (21.06.1985); Costa Rica (02.07.1993); Equador (13.08.1984); Jamaica (07.08.1978); Nicarágua (06.02.2006); Peru (21.01.1981); e Uruguai (19.04.1985). Informação verificada no dia 04.09.2014.

e) se, no prazo de três meses a partir da remessa aos Estados interessados do relatório da Comissão, o assunto não tiver sido solucionado ou submetido à decisão da Corte pela Comissão (chamada remessa automática) ou pelo Estado interessado, aceitando sua competência, a Comissão poderá emitir, pelo voto da maioria absoluta de seus membros, sua opinião e conclusões sobre a questão submetida à sua consideração;

f) a Comissão fará as recomendações pertinentes e fixará um prazo dentro do qual o Estado deve tomar as medidas que lhe competir para remediar a situação examinada;

g) transcorrido o prazo fixado, a Comissão decidirá, pelo voto da maioria absoluta de seus membros, se o Estado tomou ou não as medidas adequadas e se publica ou não seu relatório.

Importante aclarar que na Opinião Consultiva 13/1993 a Corte asseverou que os arts. 50 e 51 da Convenção contemplam relatórios separados, cujo conteúdo pode ser similar, mas o primeiro não pode ser publicado. Já o segundo pode ser, desde que haja prévia decisão da Comissão, por maioria absoluta de votos, depois de transcorrido o prazo que foi conferido ao Estado para tomar as medidas adequadas.

E vale frisar que o envio à Corte apenas será permitido se o Estado violador tiver aquiescido de forma expressa e inequívoca em relação à competência da Corte Interamericana de Direitos Humanos para solucionar os casos de violação dos direitos humanos insculpidos na Convenção e em outros tratados do sistema americano de proteção.

12.2.7.1. Medidas cautelares e provisórias

A Comissão, por iniciativa própria (*ex officio*) ou depois de receber uma denúncia, poderá entrar em contato com o Estado denunciado para que este adote, com urgência, medidas cautelares de natureza individual ou coletiva antes da análise do mérito da denúncia, desde que verificado risco de dano irreparável à vítima ou às vítimas. Dentro dessa ótica, poderá também solicitar que a Corte ordene que o Estado denunciado adote medidas provisórias mesmo antes da análise do mérito do caso, desde que o caráter de urgência e de gravidade as justifiquem para poder impedir a ocorrência de danos irreparáveis às pessoas.

As medidas cautelares (solicitadas pela Comissão e aplicadas por Estados) e as provisórias (ordenadas pela Corte, mediante solicitação da Comissão, e aplicadas por Estados) possuem o mesmo efeito prático.

12.2.8. Caso Maria da Penha

Importante mencionar que a conhecida Lei Maria da Penha (11.340/2006), que criou mecanismos para coibir e prevenir a violência doméstica e familiar contra a mulher, foi fruto de uma interferência internacional benigna sobre a ordem jurídica interna.

A história de Maria da Penha Maia Fernandez é conhecida de todos: trata-se de uma repetição de atos de violência doméstica – infelizmente uma realidade diuturna – em conjunto com a falta de uma legislação específica a dar suporte ao devido julgamento do infrator – deve-se lembrar que o infrator (na época marido) apenas foi preso 19 anos depois de ter cometido os crimes categorizados como de violência doméstica e cumpriu somente dois anos em regime fechado.

Em função de tal quadro, o Centro para a Justiça e o Direito Internacional – CEJIL – formalizou, em conjunto com Maria da Penha e o Comitê Latino-Americano e do Caribe para a Defesa dos Direitos da Mulher – CLADEM –, uma denúncia (petição individual) na Comissão Interamericana de Direitos Humanos contra a procrastinação em se obter uma decisão sobre o caso, tendo em vista que isso demorou 19 anos para acontecer.

Os peticionários apontaram a violação dos arts. 8º (Garantias judiciais), 24 (Igualdade perante a lei) e 25 (Proteção judicial) da Convenção Americana de Direitos Humanos com relação à obrigação estabelecida no art. 1º, ponto 1 (obrigação de respeitar os direitos), do mesmo instrumento, como também dos artigos II e XVIII da Declaração Americana dos Direitos e Deveres do Homem e dos arts. 3º, 4º, *a, b, c, d, e, f,* e *g,* 5º e 7º da Convenção Interamericana para Prevenir, Punir e Erradicar a Violência contra a Mulher (conhecida como Convenção de Belém do Pará).

Com base em tal denúncia, a Comissão Interamericana de Direitos Humanos publicou o Relatório 54/2001, que condenou o Brasil por dilação injustificada e tramitação negligente, pois o Estado brasileiro descumpriu o dever de garantir às pessoas sujeitas à sua jurisdição o exercício livre e pleno de seus direitos humanos. Por meio desse relatório, a Comissão fez recomendações ao Brasil e uma dessas foi acatada, dando, assim, origem a produção da Lei 11.340/2006 (Lei Maria da Penha). Essa lei foi confeccionada tendo por base o art. 226, § 8º, da CF, a Convenção sobre a Eliminação de Todas as Formas de Discriminação contra a Mulher (vide subitem 10.2) e a Convenção Interamericana para Prevenir, Punir e Erradicar a Violência contra a Mulher (vide subitem 13.3).

Outra recomendação, presente no Relatório, que merece destaque é aquela no sentido de que o Brasil simplificasse os procedimentos judiciais penais.

12.2.9. Outros casos

a) Comunidade Yanomami

Trata-se do caso 7615. Esse caso é bem peculiar, pois foi submetido à Comissão Interamericana de Direitos Humanos somente por organizações não governamentais de âmbito internacional contra o governo brasileiro.

As organizações não governamentais (*Survival International, Indian Law Resource Center, Anthropology Resource Center,* entre outras) acusaram o governo brasileiro de violar os direitos à vida, à liberdade, à segurança, à igualdade perante a lei, à saúde e bem-estar, à educação e à propriedade destas populações indígenas.

AComissão reconheceu as violações dos direitos dos índios Yanomamis e traçou algumas recomendações ao Governo brasileiro com o fito de reverter o quadro de violações aos povos indígenas.

Cabe mencionar que contra o Brasil ainda foi submetida outra acusação no que tange à violação dos direitos dos índios Yanomamis (Caso 11745).

b) Carandiru

O caso 11291 que trata da morte, por policiais, de cento e onze presos, no Presídio do Carandiru, insere-se no universo de casos submetidos à Comissão Interamericana de Direitos Humanos sobre violência policial. Esse caso foi submetido à Comissão pelo Centro para Justiça e o Direito Internacional, Comissão Teotônio Vilela e *Human Rights* Watch.

Interessante apontar que um dos pedidos dos peticionários era a desativação do complexo do Carandiru, o que foi feito mediante sua implosão em 2003.

c) Violência rural

Na grande parcela dos casos no qual o governo brasileiro é acusado de violar direitos humanos, e, assim, descumprir com suas obrigações internacionais, afigura-se o problema da violência rural. Os casos que envolvem violência rural foram submetidos à Comissão por organizações não governamentais de âmbito internacional e nacional (Comissão Pastoral da Terra, *Human Rights Watch*, Centro para a Justiça e o Direito Internacional, entre outras). A maioria dos casos trata de violência rural localizada no Estado do Pará.

12.3. Corte Interamericana de Direitos Humanos – Corte IDH

12.3.1. Apresentação e Composição

A Corte é o órgão jurisdicional do sistema regional de proteção americano. Sua composição é de sete juízes, os quais são nacionais dos países-membros da OEA e escolhidos pelos Estados-partes da Convenção. Vale sublinhar que essa escolha é realizada a título pessoal entre juristas da mais alta autoridade moral, de reconhecida competência em matéria de direitos humanos e que reúnam as condições requeridas para o exercício das mais elevadas funções judiciais, de acordo com a lei do Estado do qual sejam nacionais ou do Estado que os propuser como candidatos. Não deve haver dois juízes da mesma nacionalidade.

12.3.2. Quem pode acionar?

Um traço marcante é que a Corte só pode ser acionada pelos Estados-partes ou pela Comissão; o indivíduo, conforme art. 61 da Convenção, é proibido de apresentar petição à Corte.

Entretanto, pessoas e ONGs podem, excepcionalmente, peticionar à Corte, nos casos em que já sejam partes, para que esta adote medidas provisórias em casos de extrema gravidade e urgência, desde que verificado risco de dano irreparável à vítima ou às vítimas, nos termos do art. 63, ponto 2, da Convenção Americana de Direitos Humanos. Se o assunto ainda não estiver submetido ao conhecimento da Corte, a Comissão poderá solicitar que esta adote medidas provisórias mesmo antes da análise do mérito do caso, desde que o caráter de urgência e de gravidade as justifique.

De maneira mais ampla ainda (o que engloba as medidas provisórias), o regulamento desse tribunal admite a participação direta dos indivíduos demandantes em todas as etapas do procedimento, após a apresentação do caso pela Comissão Interamericana (art. 23, ponto 1, do Regulamento da Corte Interamericana de Direitos Humanos).

12.3.3. Competência e Quórum

No que se refere à sua competência, identifica-se uma atuação *consultiva* e *contenciosa*. Antes de analisar tais atuações, deve-se destacar que o quórum para as deliberações da Corte é de cinco juízes (art. 56 do Pacto de San José da Costa Rica e art. 14 do Regulamento da Corte Interamericana).

12.3.3.1. Competência consultiva

A competência consultiva[88] da Corte é marcada por sua grande finalidade de uniformizar a interpretação da Convenção Americana de Direitos Humanos e dos tratados de direitos humanos confeccionados no âmbito da OEA. Dentro dessa competência, qualquer Estado-membro ou órgão[89] da OEA pode pedir que a Corte emita parecer que indique a correta interpretação da Convenção e dos tratados concernentes à proteção dos direitos humanos nos Estados Americanos (art. 64, ponto 1, da Convenção Americana de Direitos Humanos).

Os órgãos da OEA também desfrutam o direito de solicitar opiniões consultivas, mas somente em suas esferas de competência. Assim, enquanto os Estados-membros da OEA têm direito absoluto a pedir opiniões consultivas, os órgãos apenas podem fazê-lo dentro dos limites de sua competência. O direito dos órgãos de pedir opiniões consultivas está restrito a assuntos em que tenham um legítimo interesse institucional[90].

Ademais, a Corte pode fazer análise de compatibilidade entre a legislação doméstica de um país-membro da OEA e o sistema protetivo americano, com o intuito de harmonizá-los.

Sintetizando, "na jurisdição consultiva não há partes, no seu sentido material, pois não há Estados requeridos e nem uma sanção judicial é prevista[91]".

12.3.3.2. Competência contenciosa

Já a competência contenciosa só será exercida em relação aos Estados-partes da Convenção que expressem e inequivocamente tenham aceitado essa competência da Corte (art. 62 da Convenção Americana de Direitos Humanos). A declaração de aceite da competência da Corte pode ser feita incondicionalmente ou sob condição de reciprocidade, por prazo determinado ou ainda somente para casos específicos. O Brasil reconheceu a competência obrigatória da Corte em 08.11.2002 (Decreto 4.463). O reconhecimento foi feito por prazo indeterminado, mas abrange fatos ocorridos após 10.12.1998.

Em síntese, pode-se dizer que a jurisdição contenciosa da Corte está limitada em razão das partes que intervêm no procedimento (*ratione personae*), em razão da matéria objeto

88. Todas as opiniões consultivas da Corte Interamericana de Direitos Humanos serão elencadas e brevemente comentadas no item 12.3.10.5.
89. Os órgãos estão elencados no capítulo VIII da Carta da Organização dos Estados Americanos.
90. Conforme ponto 14 da Opinião Consultiva 2/1982 da Corte Interamericana de Direitos Humanos.
91. RAMOS, André de Carvalho. *Teoria geral dos direitos humanos na ordem internacional*. 2. ed. São Paulo: Saraiva, 2012. p. 242.

da controvérsia (*ratione materiae*) e em razão do tempo transcorrido desde a notificação aos Estados do relatório da Comissão (*ratione temporis*).

É limitada *ratione personae* porque só os Estados-partes ou a Comissão podem acioná-la; é limitada *ratione materiae* porque apenas pode conhecer de casos que tenham por supedâneos a Convenção Americana de Direitos Humanos, o Protocolo de San Salvador (somente em relação aos arts. 8º, ponto 1, alínea *a*, e 13), a Convenção Interamericana para Prevenir e Punir a Tortura (conforme o que dispõe o art. 8º[92]) e a Convenção Interamericana sobre o Desaparecimento Forçado de Pessoas (conforme o que dispõe o art. 13[93]); e, por fim, é limitada *ratione temporis* porque o caso tem de ser tanto submetido à Corte no prazo de três meses contados da data de envio do relatório, pela Comissão, aos Estados interessados, como também as alegadas violações devem datar de momento posterior ao reconhecimento da competência contenciosa da Corte pelo Estado.

12.3.3.2.1. Competência ampla

No tocante à Convenção Americana de Direitos Humanos, cabe apontar que a Corte tem competência para analisar não somente os direitos por ela disciplinados, mas também as normas que regulam o processo (competência ampla).

12.3.3.3. Esclarecimento

É importante apontar que a competência de uma Corte internacional se baseia no fato de o país, no momento da ratificação de um tratado, ter assumido responsabilidades perante a comunidade internacional. Assim, no caso dos direitos humanos, o país americano que adere à Convenção assume a responsabilidade de implementar (aspecto positivo e negativo da atuação estatal) os direitos humanos perante o sistema regional protetivo. Tal noção, por si só, afasta considerações esdrúxulas de violação de soberania nacional.

12.3.4. Formas de reparação: reparação integral

Se no exercício de sua competência contenciosa ficar comprovada a violação de direitos humanos da(s) vítima(s), a Corte determinará a adoção, pelo Estado agressor[94], de medidas que façam cessar a violação e restaurar o direito vilipendiado (*restitutio in integrum*), além de poder condenar o Estado agressor ao pagamento de indenização (tendo por base o plano material e o imaterial) à(s) vítima(s). A indenização engloba o possível dano moral. Ou seja, a Corte estabeleceu o conceito de reparação adequada ou justa ou, ainda, integral[95].

12.3.4.1. Reparações pecuniárias e não pecuniárias

Ora, pelo conceito de reparação adequada apresentado percebe-se que a Corte determina que o Estado violador faça reparações pecuniárias e reparações não pecuniárias. As primeiras existem para fazer frente a perda ou o detrimento dos ingressos (ganhos monetários) das vítimas, os gastos realizados em razão dos fatos (danos atuais) e as consequências de caráter pecuniário que tenham nexo casual com os fatos do caso (danos consequentes). Já as segundas cobrem o dano imaterial, como, por exemplo, o sofrimento causado à vítima direta e seus familiares, o vilipêndio de valores muito importantes para as pessoas, assim como as alterações, de caráter não pecuniário, nas condições de existência da vítima ou de sua família[96].

12.3.4.1.1. Formas de reparar o dano imaterial

O dano imaterial é bastante difícil de quantificar, mesmo assim a Corte determina uma compensação efetiva mediante a aplicação razoável da discricionariedade judicial e da equidade[97]. As medidas geralmente ditadas pela Corte como forma de reparar o dano imaterial são as seguintes: (i) restituição à situação anterior (ou seja, antes do início da violação); (ii) cessação da violação; (iii) pedido formal de desculpas; (iv) construção de monumentos como forma de recordar a história, bem como as injustiças cometidas no passado e assim fortalecer a unidade e o fortalecimento das instituições do presente[98]; (v) reformas legislativas; (vi)

92. "(1) Os Estados-Partes assegurarão a qualquer pessoa que denunciar haver sido submetida a tortura, no âmbito de sua jurisdição, o direito de que o caso seja examinado de maneira imparcial. (2) Quando houver denúncia ou razão fundada para supor que haja sido cometido ato de tortura no âmbito de sua jurisdição, os Estados-Partes garantirão que suas autoridades procederão de ofício e imediatamente à realização de uma investigação sobre o caso e iniciarão, se for cabível, o respectivo processo penal. (3) Uma vez esgotado o procedimento jurídico interno do Estado e os recursos que este prevê, o caso poderá ser submetido a instâncias internacionais, cuja competência tenha sido aceita por esse Estado."

93. "Para os efeitos desta Convenção, a tramitação de petições ou comunicações apresentadas à Comissão Interamericana de Direitos Humanos em que se alegar o desaparecimento forçado de pessoas estará sujeita aos procedimentos estabelecidos na Convenção Americana sobre Direitos Humanos e nos Estatutos e Regulamentos da Comissão e da Corte Interamericana de Direitos Humanos, inclusive as normas relativas a medidas cautelares".

94. Como já dito no item 6 sobre a responsabilização de Estado, é importante dizer que o art. 28 da Convenção Americana de Direitos Humanos estabelece a cláusula federal, que em seu ponto 2 determina: "No tocante às disposições relativas às matérias que correspondem à competência das entidades componentes da federação, o governo nacional deve tomar imediatamente as medidas pertinentes, em conformidade com sua Constituição e com suas leis, a fim de que as autoridades competentes das referidas entidades possam adotar as disposições cabíveis para o cumprimento desta Convenção". Ademais, sempre o governo central responderá perante a comunidade internacional, pois é o representante do Estado como um todo, que é o único detentor de personalidade jurídica internacional. Em outras palavras, a Federação de estados ou Estado Federal é a união permanente de dois ou mais estados, na qual cada um conserva apenas a autonomia interna, pois a soberania externa é exercida por um órgão central, normalmente denominado *governo federal*. O Brasil é Estado Federal desde a Constituição Federal de 1891. Por fim, a título conclusivo, pode-se afirmar que a divisão de autonomias em relação às competências internas não interfere na responsabilização internacional.

95. Corte IDH. *Caso Velásquez Rodríguez vs. Honduras*. Item 25 da decisão.

96. STEINER, Christian e URIBE, Patricia (Editores). Konrad Adenauer Stiftung. Bolívia: Plural editores, 2014. p.270.

97. Corte IDH. *Caso da Comunidad Moiwana vs. Suriname*. Exceções preliminares, mérito, reparações e custas. Sentença de 15.06.2005. Ponto 191 da decisão.

98. A Corte determinou a construção de um monumento como forma de reparação no caso "19 Comerciantes vs. Colômbia". O Monumento "Los 19 Comerciantes", em memória das vítimas, foi

cursos de capacitação; (vii) como também programas direcionados para o desenvolvimento comunitário[99].

12.3.4.2. *Obrigação de reparar*

A obrigação de reparar, que se regulamenta em todos os aspectos (alcance, natureza, modalidades e determinação dos beneficiários) pelo direito internacional, não pode ser modificada ou descumprida pelo Estado obrigado, mediante a invocação de disposições de seu direito interno[100].

12.3.4.3. *Caso Velásquez Rodriguez vs. Honduras*

Esse caso já foi tratado anteriormente, mas devido sua centralidade e pertinência ao presente tópico, destacamos novamente que a Corte definiu, nesse caso, pela primeira vez que os Estados têm o dever de prevenir, investigar e punir violações de direitos humanos enunciados na Convenção Americana de Direitos Humanos.

Segue importante trecho da sentença, onde fica explícito a obrigação dos Estados-partes em garantir o livre e o pleno exercício dos direitos reconhecidos na Convenção: "Esta obrigação implica no dever dos Estados-partes de organizar todo o aparato governamental e, em geral, todas as estruturas através das quais se manifesta o exercício do poder público, de maneira que sejam capazes de assegurar juridicamente o livre e pleno exercício dos direitos humanos. Como consequência desta obrigação, os Estados devem prevenir, investigar e sancionar toda violação dos direitos reconhecidos pela Convenção e procurar, ademais, o restabelecimento, se possível, do direito violado e também a reparação dos danos produzidos pela violação dos direitos humanos" (tradução minha).

12.3.4.4. *Caso Gonzáles e Outros ("Campo Algodonero") vs. México*

Apesar de que o conceito de *reparação integral* (*restitutio in integrum*), que demanda o restabelecimento da situação anterior e a eliminação dos efeitos da violação, seja o eixo orientador das medidas de reparação ditadas pela Corte, o mesmo tribunal levou em conta situações onde era necessário ir além da simples restituição. Isso aconteceu no caso *Campo Algodonero*, onde a discriminação estrutural presente nos fatos analisados requereu que as reparações tivessem um poder transformador de dita situação, para não ser apenas de efeito *restitutivo* mas também *corretivo*. Isso porque não resultaria lógico a restituição à mesma situação de violência e discriminação estruturais[101].

12.3.5. *Cumprimento da sentença*

O cumprimento da sentença da Corte se dá geralmente de maneira voluntária pelos Estados. Caso isso não ocorra, por exemplo, no Brasil, o cumprimento se dará mediante execução da sentença, como título executivo judicial, perante a justiça federal, consoante disposto no art. 109, I, da CF. Mas deve-se saber que os Estados-partes da Convenção se comprometem a cumprir a decisão da Corte em todo caso em que forem parte (art. 68 da Convenção Americana de Direitos Humanos).

E para afastar qualquer dúvida possível, cabe esclarecer que a sentença internacional, aquela prolatada por Corte Internacional (como a Corte Interamericana), não precisa de homologação para ser executada no Brasil (são autoexecutáveis). Já a sentença estrangeira, expedida por autoridade de outro país, exige homologação para poder ser executada no Brasil[102].

Ademais, caso o Estado levante óbices jurídicos para viabilizar a execução da sentença em conformidade com o processo interno vigente, estará incorrendo em violação adicional da Convenção Americana (art. 2º), por não adotar providências no sentido de adequar o seu direito interno às obrigações internacionalmente assumidas.

12.3.5.1. *Características da sentença*

Em relação à sentença da Corte Interamericana, resta ainda informar que ela será sempre fundamentada, definitiva e inapelável (arts. 66 e 67 da Convenção Americana de Direitos Humanos), todavia, em caso de divergência sobre o sentido ou alcance da sentença, a Corte interpretá-la-á, a pedido de qualquer das partes[103][104], desde que o pedido seja apresentado dentro de 90 dias a partir da data da *notificação* da sentença. O citado pedido de interpretação poderá ser formulado em relação às exceções preliminares, mérito ou reparações e custas.

Ainda é possível apontar que a Corte admitiu, em casos excepcionais, o recurso de revisão contra sentenças que colocam fim ao processo, com o propósito de evitar que a coisa julgada mantenha uma situação de evidente injustiça, devido ao descobrimento de um fato que se houvesse sido conhecido no momento da confecção da sentença teria o condão de alterar seu resultado, o que demonstraria a existência de um vício substancial na sentença[105].

12.3.6. **Doutrina do controle de convencionalidade**

12.3.6.1. *Apresentação*

Em 2006, a Corte Interamericana mencionou pela primeira vez o controle de convencionalidade, como já mencio-

entregue como cumprimento da reparação ordenada pela Corte Interamericana na sentença de mérito, reparações e custas, ditada no dia 05.07.2004. Essa sentença declarou a responsabilidade do Estado colombiano pela violação dos direitos à liberdade pessoal, à integridade pessoal e à vida, todos previstos na Convenção Americana sobre Direitos Humanos.

99. Thomas M. Antkowiak. *Remedial Approaches to Human Rights Violations: The Inter-American Court of Human Rights and Beyond*. 46 Columbia Journal of Transnational Law. p. 351 e 386-391. 2008.

100. Art. 2º da Convenção Americana sobre Direitos Humanos.

101. Corte IDH. *Caso González e outras ("Campo Algodonero") vs. México*. Ponto 450 da decisão.

102. No Brasil, a competência para homologar sentenças estrangeiras era do STF, mas depois da EC 45/2004 essa competência passou para o STJ (art. 105, I, *i*, da CF).

103. A Comissão Interamericana não tem competência para fazer o citado pedido de interpretação. O esclarecimento foi feito em função de semelhante questionamento já ter aparecido em algumas provas de concursos.

104. Funciona como os embargos de declaração.

105. Caso Genie Lacayo *vs.* Nicarágua, Solicitação de Revisão da sentença de 29.01.1997 (Resolução de 13.09.1997, item 10).

nado antes. Isso ocorreu no Caso *Almonacid Arellano e outros vs. Chile* e devido a grande importância dessa elucubração da Corte, cabe transcrever o trecho já previamente destacado:

"Os juízes e tribunais internos estão sujeitos ao império da lei, e por isso estão obrigados a aplicar as disposições vigentes no ordenamento jurídico. Mas quando um Estado ratifica um tratado internacional, como a Convenção Americana, seus juízes, como parte do aparato estatal, também ficam submetidos à ela e devem garantir que as disposições da Convenção Americana não sejam desrespeitadas pela aplicação de leis contrárias ao seu objeto e finalidade. Em outras palavras, o poder judicial deve exercer uma espécie de controle de convencionalidade entre as normas jurídicas internas que são aplicadas nos casos concretos e a Convenção Americana sobre Direitos Humanos. No exercício dessa tarefa, o Poder Judiciário deve basear-se não somente no tratado, como também na interpretação que a Corte deu aos seus dispositivos, afinal a Corte Interamericana é a intérprete última da Convenção Americana[106]."

A doutrina do controle de convencionalidade foi elaborada para garantir a plena eficácia dos direitos humanos no continente americano, pois não basta prever direitos, é fundamental a cobrança pelo cumprimento das obrigações internacionais assumidas.

12.3.6.2. *Fundamento*

A Corte fundamenta a aplicação desse controle nos arts. 1º e 2º da Convenção Americana e nos 26 e 27 da Convenção de Viena sobre o Direito dos Tratados.

O controle de convencionalidade é um "instrumento potente para o respeito e garantia efetiva dos direitos humanos"[107]. Essa doutrina, conforme a Corte já sustentou, tem por base o princípio da boa-fé que opera no direito internacional; os Estados não podem invocar seu direito interno como justificativa para descumprir as obrigações assumidas internacionalmente.

12.3.6.3. *Controle de convencionalidade internacional e nacional*

Por ser a Corte IDH o órgão responsável para interpretar e aplicar os instrumentos internacionais que lhe conferem competência[108], suas decisões, sentenças e opiniões têm um valor importante na interpretação das obrigações dos Estados no continente americano. Com o objetivo de dar plena eficácia aos direitos humanos nesta região, a Corte elaborou a doutrina do controle de convencionalidade, que define que os órgãos do Estado, no marco de suas competências, devem tomar em conta a Convenção Americana sobre Direitos Humanos e a interpretação realizada pela própria Corte sobre esse diploma internacional. A doutrina diz respeito também a Declaração Americana dos Direitos e Deveres do Homem e aos outros tratados componentes do sistema americano de proteção dos direitos humanos.

Como já dito anteriormente e apenas para estabelecer um corte didático, trata-se do controle difuso de convencionalidade, onde tanto os órgãos nacionais como a Corte realizam o dito controle. Ora, a Corte sempre realizará o controle de convencionalidade, pois é intérprete última da Convenção Americana. A novidade que o conceito criado trouxe foi iluminar a atuação dos Estados nacionais nesse importante controle.

Cabe apresentar outra classificação, tendo por base a perspectiva interna de um país: tem-se o controle de convencionalidade nacional quando esse for realizado por órgãos nacionais; e pode-se dizer que a Corte Interamericana, ao exercitar sua competência contenciosa e consultiva, realiza o controle de convencionalidade internacional[109].

12.3.6.4. *Quem exerce o controle de convencionalidade nacional?*

Devido ao caráter subsidiário do sistema interamericano e a obrigação de esgotar os recursos efetivos do direito interno conforme ao estabelecido na Convenção Americana e no Direito Internacional, fica evidente que os juízes e os tribunais ordinários sejam os primeiros a serem chamados para exercer o controle de convencionalidade[110]. No caso *Empregados Demitidos do Congresso* (Aguado Alfaro e outros) vs. Peru, a Corte definiu que:

"os órgãos do Poder Judiciário devem exercer não somente um controle de constitucionalidade, mas também o de convencionalidade *ex-officio*, entre as normas internas e a Convenção Americana, evidentemente no marco de suas respectivas competências e dos regulamentos processuais pertinentes. Essa função não deve ficar dependendo exclusivamente de manifestações ou ações dos demandantes em cada caso concreto, mas também não deve ser exercido sempre, sem considerar pressupostos formais e materiais de admissibilidade e procedência desse tipo de ações[111]."

No caso *Cabrera García e Montiel Flores vs. México*, a Corte ampliou o âmbito dos sujeitos responsáveis de exercer o controle de convencionalidade, pois definiu que não somente os funcionários de caráter jurisdicional como também os órgãos vinculados à Administração, em todos os níveis, devem exercê-lo[112].

Depois desse julgado, e do caso *Gelman vs. Uruguai*[113], fica ainda mais forte a obrigatoriedade de exercício do controle de

106. Corte IDH. *Caso Almonacid Arellano e outros vs. Chile*. Exceções Preliminares, Mérito, Reparações e Custas. Sentença de 26.09.2006. Ponto 123.

107. Sagüés, Néstor, *Obligaciones internacionales y control de convencionalidad*, Estudios Constitucionales, Año 8, n. 1, 2010. p. 118.

108. Art. 62, ponto 3, da Convenção Americana sobre Direitos Humanos.

109. O tema será novamente tratado no subitem 15.5.2.

110. Corte IDH. Voto dissidente do Juiz Antônio Augusto Cançado Trindade na Sentença de 30.11.2007, que resolveu o pedido de interpretação da Sentença do *caso Empregados Demitidos do Congreso vs. Peru*, de 24.11.2006.

111. Corte IDH. *Caso Empregados Demitidos do Congreso (Aguado Alfaro e outros) vs. Peru*. Excepções Preliminares, Mérito, Reparações e Custas. Sentença de 24.11.2006. Pontos 128 e 129.

112. Corte IDH. *Caso Cabrera García e Montiel Flores vs. México*. Exceção Preliminar, Mérito, Reparações e Custas. Sentença de 26.11.2010.

113. Corte IDH. *Caso Gelman vs. Uruguai*. Mérito e reparações. Sentença de 24.02.2011.

convencionalidade pelas autoridades internas, sobretudo pelo Judiciário, dos Estados pertencentes ao sistema interamericano de Direitos Humanos. E o não cumprimento dessa obrigação gerará a responsabilidade internacional do Estado faltoso.

12.3.6.5. Finalidade

O controle de convencionalidade elaborado ao largo da jurisprudência da Corte demonstra o esforço desse órgão para "apresentar uma ferramenta que pode favorecer a proteção dos direitos humanos nos Estados e, paralelamente, destacar o caráter subsidiário e complementar da jurisdição internacional[114]".

Ou seja, o controle de convencionalidade está relacionado com a busca de efetivação dos direitos humanos. A primeira etapa de prever juridicamente os direitos já foi alcançada, aliás, hoje vivemos uma situação de grande riqueza nesse sentido, onde, por exemplo, um cidadão brasileiro pode-se socorrer dos sistemas nacional, regional (interamericano) e global (onusiano) para ver os seus direitos respeitados e realizados. E cada um desses sistemas comporta um grande número de diplomas internacionais que listam e disciplinam os direitos humanos do homem (lista aberta e em constante expansão). Em razão disso, o Professor Norberto Bobbio destacou, em conhecida frase, que o "maior problema dos direitos humanos hoje não é mais o de fundamentá-los, mas sim de protegê-los".

Dito isso, percebe-se o quão importante é o desenvolvimento da teoria do controle de convencionalidade e o início de sua efetiva aplicação no Brasil, sobretudo pelos juízes brasileiros.

12.3.7. Diferencial

Diferentemente do sistema global, percebe-se que o sistema americano de proteção (o europeu também) dispõe de uma Corte de Direitos Humanos. Tal fato possibilita que o sistema conte, para seu bom funcionamento, com decisões jurídicas vinculantes e obrigatórias. Assim, espera-se que esses sistemas acabem logrando uma maior efetividade na tarefa de bem proteger o ser humano.

12.3.8. Casos contenciosos do Brasil

12.3.8.1. Esclarecimentos iniciais

Como o Brasil aceitou a competência da Corte (Decreto 4.463), ele é passível de ser condenado nessa instância internacional e já o foi. Antes de comentarmos pontualmente os casos contenciosos que envolvem o Brasil, cabe frisar que existem três tipos de sentença: sentenças de exceções preliminares; de mérito; e de reparações e custas. Ademais, a Corte pode resolver numa única sentença as exceções preliminares, o mérito e as reparações e custas do caso.

12.3.8.2. Exceção preliminar

12.3.8.2.1. Conceito e finalidade

Apesar de a Convenção Americana de Direitos Humanos e o Regulamento da Corte não explicarem o conceito de "exceção preliminar", em sua jurisprudência a Corte tem reiteradamente afirmado que por esse meio se questiona a admissibilidade de uma demanda ou a competência do Tribunal para conhecer determinado caso ou algum de seus aspectos, em razão da pessoa, da matéria, do tempo ou do lugar. Dessa forma, a Corte tem asseverado que uma exceção preliminar tem por finalidade obter uma decisão que previna ou impeça a análise do mérito do aspecto questionado ou do caso como um todo[115].

12.3.8.2.2. Momento processual adequado e princípio de *stoppel*

Relacionado ao tema, cabe enfatizar que o momento processual oportuno para apresentação de exceção preliminar, embasada no descumprimento do requisito de esgotamento dos recursos internos, é aquele anterior à adoção do Relatório de Admissibilidade pela Comissão Interamericana. Logo, se nada foi alegado junto à Comissão, considera-se caracterizado a desistência tácita dessa objeção.

E se mesmo assim o Estado insistir em alegar o descumprimento do requisito de esgotamento dos recursos internos perante a Corte, ficará configurada a violação ao princípio de *stoppel*, que determina a proibição de se comportar de forma contrária a sua conduta anterior (*non concedit venire contra factum proprium*). Em outras palavras, o Estado requerido estaria obrigado a apresentar objeção no primeiro momento em que fosse chamado perante a Comissão Interamericana, sob pena de ficar impedido de invocar o não esgotamento no julgamento perante a Corte Interamericana (*estoppel*).

Cabe ainda reafirmar o dito quando do estudo do sistema global de proteção, o ônus da prova da existência de um recurso acessível e suficiente recai sobre o Estado demandado.

12.3.8.2.3. Descumprimento do prazo estabelecido para apresentação de argumentos

Ainda, no *caso Escher e Outros vs. Brasil*, a Corte Interamericana asseverou que o descumprimento de prazo estabelecido para apresentação de argumentos pelas partes não constitui exceção preliminar válida. Isso porque não impugna a admissibilidade da demanda nem impede que o Tribunal conheça o caso. Em outras palavras, mesmo que o Tribunal resolvesse, hipoteticamente, aceitar o pedido do Estado, não afetaria de forma alguma a competência da Corte para conhecer o mérito da controvérsia.

12.3.8.3. Reparação integral

Cabe apontar ainda que as custas e os gastos estão compreendidos no conceito de reparação consagrado no art. 63, ponto 1, da Convenção Americana e a Corte busca na resolução dos casos a ela submetidos a *reparação integral*.

Na Resolução de Supervisão de Cumprimento de Sentença do *caso Escher e Outros vs. Brasil*, a Corte ponderou

114. Ibáñez, Juana María, *Control de convencionalidad: precisiones para su aplicación desde la jurisprudencia de la Corte Interamericana de Derechos Humanos*. Anuario de Derechos Humanos. Chile, 2012. p. 113.

115. Assim, as alegações que não tenham tal natureza, como por exemplo, as que se referem ao mérito de um caso, podem ser formuladas mediante outros atos processuais previstos na Convenção Americana, mas não sob a figura de uma exceção preliminar.

que, em determinados casos, a publicação da sentença constitui uma medida de satisfação, a qual tem uma repercussão pública e uma natureza distinta das medidas de compensação, como a indenização pelos danos morais ordenada em benefício das vítimas. O conteúdo da sentença deve ter uma repercussão pública proporcional ao vilipêndio sofrido. Assim, a publicação da sentença faria parte do conceito de reparação integral.

12.3.8.4. Casos contenciosos:

a) ***Caso Ximenes Lopes vs. Brasil***

Analisaremos a sentença (de 04.07.2006) que resolve o mérito e as reparações e custas. Todavia, deve-se apontar que a Corte prolatou, anteriormente e em separado, uma sentença de exceção preliminar nesse caso.

A Corte foi acionada pela Comissão Interamericana de Direitos Humanos, a qual havia recebido anteriormente a denúncia. A demanda foi apresentada para que a Corte decidisse se o Brasil era responsável pela violação dos direitos consagrados nos arts. 4º (direito à vida), 5º (direito à integridade pessoal), 8º (garantias judiciais) e 25 (proteção judicial) da Convenção Americana, com relação à obrigação estabelecida no art. 1º, ponto 1 (obrigação de respeitar os direitos), do mesmo instrumento, em detrimento do senhor Damião Ximenes Lopes, portador de deficiência mental, pelas supostas condições desumanas e degradantes de sua hospitalização; pelos alegados golpes e ataques contra a integridade pessoal; por sua morte enquanto se encontrava submetido a tratamento psiquiátrico; bem como pela suposta falta de investigação e garantias judiciais que caracterizam seu caso e o mantém na impunidade.

A Corte decidiu, no mérito e por unanimidade, pelo reconhecimento parcial da responsabilidade internacional do Brasil. Dessa maneira, declarou que o Brasil violou os direitos à vida e à integridade pessoal consagrados nos arts. 4º, ponto 1, e 5º, pontos 1 e 2, da Convenção, em relação à obrigação geral de respeitar e garantir os direitos estabelecida no art. 1º, ponto 1, desse tratado. Por fim, violou os direitos às garantias judiciais e à proteção judicial consagrados nos arts. 8º, ponto 1, e 25, ponto 1, da Convenção, em relação ao art. 1º, ponto 1, desse tratado.

b) ***Caso Nogueira de Carvalho e outro vs. Brasil***

Nesse caso, a Corte prolatou uma sentença (de 28.11.2006) que resolve as exceções preliminares e o mérito.

A Corte foi acionada pela Comissão Interamericana de Direitos Humanos, a qual havia recebido anteriormente a denúncia. A demanda foi apresentada para que a Corte decidisse se o Brasil era responsável pela violação dos direitos consagrados nos arts. 8º (garantias judiciais) e 25 (proteção judicial) da Convenção Americana, com relação à obrigação estabelecida no art. 1º, ponto 1 (obrigação de respeitar os direitos), do mesmo instrumento, pela presumida falta de devida diligência no processo de investigação dos fatos e punição dos responsáveis pela morte de Francisco Gilson Nogueira de Carvalho e da falta de provisão de um recurso efetivo no caso.

A Corte rechaçou as exceções preliminares (incompetência *ratione temporis* da Corte para conhecer desse caso e não esgotamento dos recursos da jurisdição interna) interpostas pelo Estado e, no mérito, decidiu, por unanimidade, pelo arquivamento do expediente, pois, em virtude do limitado suporte fático de que dispõe a Corte, não ficou demonstrado que o Brasil tenha violado no citado caso os direitos às garantias judiciais e à proteção judicial consagrados nos arts. 8º e 25 da Convenção Americana de Direitos Humanos.

c) ***Caso Escher e outros vs. Brasil***

Nesse caso, a Corte prolatou uma sentença (de 06.07.2009) que resolve as exceções preliminares, o mérito e as reparações e custas.

A Corte foi acionada pela Comissão Interamericana de Direitos Humanos, a qual havia recebido anteriormente uma petição apresentada pelas organizações Rede Nacional de Advogados Populares e Justiça Global em nome dos membros das organizações Cooperativa Agrícola de Conciliação Avante Ltda. (Coana) e Associação Comunitária de Trabalhadores Rurais (Adecon), em função da alegada interceptação e monitoramento ilegal de linhas telefônicas, realizada pela Polícia Militar do estado do Paraná, bem como a divulgação das conversas telefônicas, a denegação de justiça e de reparação adequada.

A demanda foi apresentada para que a Corte decidisse se o Brasil era responsável pela violação dos arts. 8º, ponto 1 (garantias judiciais), 11 (proteção da honra e da dignidade), 16 (liberdade de associação) e 25 (proteção judicial) da Convenção Americana, em relação à obrigação geral de respeito e garantia dos direitos humanos e ao dever de adotar medidas de direito interno, previstos, respectivamente, nos arts. 1º, ponto 1, e 2º do referido tratado, também em consideração às diretrizes emergentes da cláusula federal contida no art. 28 do mesmo instrumento.

O Brasil interpôs três exceções preliminares; a Corte descaracterizou uma e rechaçou as outras, declarando-se, assim, competente para conhecer o caso. No mérito, a Corte decidiu, por unanimidade, que o Brasil violou o direito à vida privada e o direito à honra e à reputação reconhecidos no art. 11 em relação com o art. 1º, ponto 1, da Convenção Americana, pela interceptação, gravação e divulgação das conversas telefônicas; o direito à liberdade de associação reconhecido no art. 16 em relação com o art. 1º, ponto 1, da Convenção; os direitos às garantias judiciais e à proteção judicial reconhecidos nos arts. 8º, ponto 1, e 25 em relação com o art. 1º, ponto 1, da Convenção; e, por fim, decidiu que o Brasil não descumpriu a cláusula federal estabelecida no art. 28 em relação com os arts. 1º, ponto 1, e 2º da Convenção.

Cabe lembrar que, depois dessa sentença, foi feito um pedido para que a Corte interpretasse o alcance de um ponto resolutivo da sentença, pois, como já dito, em caso de divergência sobre o sentido ou alcance da sentença, a Corte interpretá-la-á, a pedido de qualquer das partes, desde que este seja apresentado dentro de 90 dias a partir da data da notificação da sentença.

d) ***Caso Garibaldi vs. Brasil***

Nesse caso, a Corte prolatou uma sentença (de 23.09.2009) que resolve as exceções preliminares, o mérito e as reparações e custas.

A Corte foi acionada pela Comissão Interamericana de Direitos Humanos, a qual havia recebido anteriormente uma petição apresentada pelas organizações Justiça Global, Rede Nacional de Advogados e Advogadas Populares (Renap) e Movimento dos Trabalhadores Rurais Sem Terra (MST) em nome de Sétimo Garibaldi e seus familiares.

A demanda foi apresentada para que a Corte decidisse se o Brasil era responsável pela violação dos arts. 8º (garantias judiciais) e 25 (proteção judicial) da Convenção Americana, com relação à obrigação geral de respeito e garantia dos direitos humanos e ao dever de adotar medidas legislativas e de outro caráter no âmbito interno, previstos, respectivamente, nos arts. 1º, ponto 1, e 2º do referido tratado, também em consideração às diretrizes emergentes da cláusula federal contida no art. 28 do mesmo instrumento.

O Brasil interpôs quatro exceções preliminares; a Corte admitiu parcialmente a exceção preliminar de incompetência *ratione temporis* para examinar supostas violações ocorridas antes do reconhecimento de sua competência pelo Brasil[116] e não aceitou as outras.

No mérito, a Corte decidiu, por unanimidade, que o Brasil violou os direitos às garantias judiciais e à proteção judicial reconhecidos nos arts. 8º, ponto 1, e 25, ponto 1, em relação com o art. 1º, ponto 1, da Convenção Americana, e não descumpriu a cláusula federal estabelecida no art. 28 em relação com os arts. 1º, ponto 1, e 2º da Convenção Americana.

e) *Caso Gomes Lund e outros (Guerrilha do Araguaia) vs. Brasil*

Nesse caso, a Corte prolatou uma sentença (de 24.11.2010) que resolve as exceções preliminares, o mérito e as reparações e custas.

A Corte foi acionada pela Comissão Interamericana de Direitos Humanos, a qual havia recebido anteriormente uma petição apresentada pelo Centro pela Justiça e o Direito Internacional (Cejil) e pela *Human Rights Watch/Americas*, em nome de pessoas desaparecidas no contexto da Guerrilha do Araguaiae seus familiares.

Essa demanda se refere à alegada responsabilidade do Brasil pela detenção arbitrária, tortura e desaparecimento forçado de 62 pessoas, entre membros do Partido Comunista do Brasil e camponeses da região, resultado de operações do Exército brasileiro empreendidas entre 1972 e 1975 com o objetivo de erradicar a Guerrilha do Araguaia, no contexto da ditadura militar (1964-1985) Assim, foi apresentada para que a Corte decidisse se o Brasil era responsável pela violação dos direitos estabelecidos nos arts. 3º (direito ao reconhecimento da personalidade jurídica), 4º (direito à vida), 5º (direito à integridade pessoal), 7º (direito à liberdade pessoal), 8º (garantias judiciais), 13 (liberdade de pensamento e expressão) e 25 (proteção judicial), da Convenção Americana de Direitos Humanos, em conexão com as obrigações previstas nos arts. 1º, ponto 1 (obrigação geral de respeito e garantia dos direitos humanos), e 2º (dever de adotar disposições de direito interno) da mesma Convenção.

O Brasil interpôs quatro exceções preliminares; a Corte admitiu parcialmente a exceção preliminar de falta de competência temporal da Corte para examinar supostas violações ocorridas antes do reconhecimento de sua competência pelo Brasil e não aceitou as outras.

Antes de comentarmos a decisão sobre o mérito, cabe apontar que o caráter contínuo ou permanente do desaparecimento forçado de pessoas foi reconhecido de maneira reiterada pelo Direito Internacional dos Direitos Humanos, no qual o ato de desaparecimento e sua execução se iniciam com a privação da liberdade da pessoa e a subsequente falta de informação sobre seu destino, e permanecem até quando não se conheça o paradeiro da pessoa desaparecida e os fatos não tenham sido esclarecidos. A Corte, portanto, é competente para analisar os alegados desaparecimentos forçados das supostas vítimas a partir do reconhecimento de sua competência contenciosa efetuado pelo Brasil; só não foi em relação à alegada execução extrajudicial da senhora Maria Lúcia Petit da Silva, cujos restos mortais foram identificados em 1996, ou seja, dois anos antes de o Brasil reconhecer a competência contenciosa da Corte.

No mérito, a Corte decidiu, por unanimidade, que as disposições da Lei de Anistia brasileira (6.683/1979), que impedem a investigação e sanção de graves violações de direitos humanos, são incompatíveis com a Convenção Americana[117] (controle de convencionalidade internacional), como também que o Brasil é responsável pelo desaparecimento forçado e, portanto, pela violação dos direitos ao reconhecimento da personalidade jurídica, à vida, à integridade pessoal e à liberdade pessoal em relação com o art. 1º, ponto 1, desse instrumento. Ademais, decidiu que o Brasil descumpriu a obrigação de adequar seu direito interno à Convenção Americana de Direitos Humanos, contida em seu art. 2º, em relação aos arts. 8º, ponto 1, 25 e 1º, ponto 1, do mesmo instrumento. E ainda declarou o Brasil responsável pela violação do direito à liberdade de pensamento e de expressão consagrado no art. 13 da Convenção, em relação com os arts. 1º, ponto 1, 8º, ponto 1, e 25 desse instrumento. Também foi declarada a responsabilidade do Brasil pela violação do direito à integridade pessoal, consagrado no art. 5º, ponto 1, da Convenção, em relação com o art. 1º, ponto 1, desse mesmo instrumento, em prejuízo dos familiares.

Cabe sublinhar que nessa decisão a Corte definiu que o dever de investigar e punir os responsáveis pela prática de desaparecimentos forçados possui caráter de *jus cogens*.

116. Lembrando que o Brasil reconheceu a competência obrigatória da Corte em 08.11.2002 (Decreto 4.463/2002). O reconhecimento foi feito por prazo indeterminado, mas abrange fatos ocorridos após 10.12.1998.

117. A Corte já tinha decidido nesse sentido, onde ganhou destaque o conhecido caso Barrios Altos do Peru. Na sentença prolatada no mencionado caso, datado do dia 14.05.2001, pode-se sublinhar a seguinte passagem: "são inadmissíveis as disposições de anistia, as de prescrição e o estabelecimento de leis excludentes de responsabilidade que pretendam impedir a investigação e sanção dos responsáveis pelas violações graves de direitos humanos, tais como a tortura, as execuções sumárias, extralegais ou arbitrárias e os desaparecimentos forçados, todos eles proibidos por transgredir direitos inderrogáveis reconhecidos pelo Direito Internacional dos Direitos Humanos". (tradução minha)

Por fim, Roberto Caldas, juiz *ad hoc* indicado pelo Brasil, destacou, em seu voto em separado e concordante, o papel da Corte no controle de convencionalidade internacional: "se aos tribunais supremos ou aos constitucionais nacionais incumbe o controle de constitucionalidade e a última palavra judicial no âmbito interno dos Estados, à Corte Interamericana de Direitos Humanos cabe o controle de convencionalidade e a última palavra quando o tema encerre debate sobre direitos humanos. É o que decorre do reconhecimento formal da competência jurisdicional da Corte por um Estado, como o fez o Brasil[118]".

12.3.9. Resumo dos prazos

Para facilitar a memorização dos prazos que limitam a utilização do sistema protetivo americano, faremos um esquema explicitando-os didaticamente:

✓ **Provocação da Comissão Interamericana de Direitos Humanos:** a comunicação do Estado-parte ou a petição do indivíduo (considerando terceiras pessoas ou organizações que representem o indivíduo lesionado) devem ser apresentadas *dentro do prazo de seis meses*, a partir da data em que o presumido prejudicado em seus direitos tenha sido notificado da decisão definitiva exarada no sistema protetivo nacional.

✓ **Provocação da Corte Interamericana de Direitos Humanos:** a submissão do caso pelo Estado ou pela Comissão deve ocorrer *dentro do prazo de três meses* contados da data de envio do relatório, pela Comissão, aos Estados interessados.

✓ **Provocação da Corte Interamericana de Direitos Humanos II:** o pedido de interpretação da sentença (poderá ser formulado em relação às exceções preliminares, mérito ou reparações e custas), feito por qualquer das partes, deve ocorrer *dentro do prazo de 90 dias* a partir da data da notificação da sentença.

12.3.10. Opiniões consultivas[119]

12.3.10.1. Método judicial alternativo

A Convenção Americana de Direitos Humanos, ao permitir que os Estados-membros e os órgãos da OEA solicitem opiniões consultivas, cria um sistema paralelo ao do art. 62 da Convenção e oferece um método judicial alternativo de caráter consultivo, destinado a ajudar os Estados e os órgãos a cumprir e a aplicar tratados em matéria de direitos humanos, sem submeter-se ao formalismo e ao sistema de sanções que caracteriza o processo contencioso[120].

12.3.10.2. Espécies

Mais especificamente e consoante já dito a respeito da competência consultiva, "a Corte Interamericana de Direitos Humanos emite pareceres consultivos (ou opiniões consultivas) de duas espécies: os pareceres interpretativos de tratados de direitos humanos do sistema interamericano e os pareceres sobre a compatibilidade entre leis ou projetos de lei internos (segundo a decisão da Corte no Parecer Consultivo 12/91) e a Convenção Americana de Direitos Humanos[121]".

Em relação ao dito acima, cabe reproduzir importante distinção arquitetada por André de Carvalho Ramos: "Os pareceres interpretativos de normas americanas de direitos humanos *compõem o controle de interpretação* das citadas normas, demonstrando a orientação em *abstrato* da Corte para os operadores internos do Direito. Já os pareceres sobre a compatibilidade de leis ou projetos de leis internos com a Convenção formam o *controle de convencionalidade em abstrato* estipulado pelo Pacto de San José. Ambos os controles prescindem de litígio ou de vítimas, mas, em contrapartida, os pareceres são considerados como não vinculantes[122]".

12.3.10.3. Inadmissibilidade

Sem embargo, a Corte já reconheceu que considera inadmissível solicitação de consulta que conduza ao desvirtuamento da jurisdição contenciosa da Corte ou, em geral, à debilitação ou alteração do sistema previsto pela Convenção, de maneira a tornar mitigados os direitos das vítimas de eventuais violações de direitos humanos[123].

12.3.10.4. Processo de votação

Por fim, o art. 15, ponto 1, do Regulamento da Corte dispõe expressamente que o voto de cada juiz será afirmativo ou negativo, sem abstenções. Essa circunstância descarta totalmente a possibilidade de uma abstenção sobre o mérito. No mais, as decisões da Corte serão adotadas por maioria dos juízes presentes no momento da votação (ponto 3 do art. 15) e em caso de empate o voto do Presidente decidirá o caso (ponto 4 do art. 15)[124].

12.3.10.5. Opiniões Consultivas

Seguem breves análises sobre as principais opiniões consultivas já confeccionadas pela Corte Interamericana de Direitos Humanos.

12.3.10.5.1. Opinião Consultiva 01/1982

a) quem solicitou e objetivo

Foi solicitada pelo governo do Peru com o objetivo de esclarecer o significado da frase "ou de outros tratados concernentes à proteção dos direitos humanos nos Estados americanos", constante do art. 64 da Convenção Americana de Direitos Humanos.

b) pedido específico

De maneira mais específica, o governo peruano formulou a pergunta e enumerou três possíveis respostas:

a) somente os tratados adotados dentro do marco do sistema interamericano;

118. Página 3, ponto 5, do voto em separado e concordante do juiz *ad hoc* Roberto Caldas.
119. Função exercida com base no art. 64, pontos 1 (consulta geral) e 2 (consulta particular), da Convenção Americana de Direitos Humanos.
120. Opinião Consultiva 03/1983, de 08.09.1983, item 43.
121. RAMOS, André de Carvalho. *Teoria geral dos direitos humanos na ordem internacional.* 2. ed. São Paulo: Saraiva, 2012. p. 244.
122. *Teoria geral dos direitos humanos na ordem internacional.* 2. ed. São Paulo: Saraiva, 2012. p. 244.
123. Opinião Consultiva 01/1982, de 24.09.1982, item 31.
124. Esse formato adotado nas decisões e nas votações também é observado no exercício da competência contenciosa da Corte.

b) ou os tratados concluídos unicamente entre os Estados americanos, ou seja, a referência está limitada aos tratados de que são partes exclusivamente os Estados americanos;

c) ou todos os tratados de que um ou mais Estados americanos são partes.

Essa consulta teve por escopo último a determinação do âmbito de abrangência da competência consultiva da Corte, isto é, saber quais são os limites dessa competência.

c) decisão

A Corte, por unanimidade, decidiu que possui competência consultiva sobre toda disposição, concernente à proteção dos direitos humanos, de qualquer tratado internacional aplicável aos Estados americanos, independentemente de ser bilateral ou multilateral, de qual seja seu objeto principal ou de que tenha ou possa ter Estados-partes estranhos ao sistema interamericano.

Também decidiu, por unanimidade, que, por razões determinantes expressas em decisão motivada, a Corte poderá abster-se de responder a uma consulta se averiguar que, nas circunstâncias do caso, a petição exceda os limites de sua função consultiva, seja porque o assunto indagado se refere principalmente a compromissos internacionais contraídos por um Estado não americano ou à estrutura de funcionamento de órgãos ou organismos internacionais estranhos ao sistema interamericano, cujo trâmite da solicitação possa conduzir a uma alteração ou debilitação, em prejuízo do ser humano, do regime previsto pelo Pacto de San José da Costa Rica; ou até por outra razão análoga.

12.3.10.5.2. Opinião Consultiva 02/1982

a) quem solicitou e objetivo

Foi solicitada pela Comissão Interamericana de Direitos Humanos com o objetivo de obter respostas para algumas indagações formuladas.

b) pedido específico

A Comissão fez as seguintes indagações: a partir de que momento se entende que um Estado é parte da Convenção Americana de Direitos Humanos? Quando ratificar ou aderir à Convenção com uma ou mais reservas; a partir da data do depósito de seu instrumento de ratificação ou adesão; ou após o termo do prazo previsto no art. 20 da Convenção de Viena sobre o Direito dos Tratados?

A Comissão sustentava a necessidade de interpretação dos arts. 74 e 75 da Convenção Americana de Direitos Humanos para o perfeito cumprimento dessa solicitação.

c) apreciação da admissão e da competência pela Corte

Antes de qualquer definição sobre o tema suscitado, a Corte reforçou, com base no art. 64 da Convenção Americana de Direitos Humanos, sua competência para emitir a opinião consultiva solicitada pela Comissão.

Cabe aqui destacar que o art. 1º do Estatuto da Corte determina que a Corte é uma instituição judicial autônoma cujo objetivo é a interpretação e aplicação da Convenção Americana de Direitos Humanos.

Outra questão preliminar é a legitimidade da Comissão para formular dado pedido de opinião consultiva. A Corte apontou, sem maiores discussões, a existência de tal legitimidade.

d) decisão

A Corte, por unanimidade, decidiu que a Convenção entra em vigência, no Estado que a tenha ratificado ou a ela aderido, com ou sem reservas, na data do depósito do instrumento de ratificação ou adesão.

12.3.10.5.3. Opinião Consultiva 03/1983

a) quem solicitou e objetivo

Foi solicitada pela Comissão Interamericana de Direitos Humanos e teve por fito a determinação da correta interpretação do art. 4º da Convenção Americana de Direitos Humanos.

b) pedido específico

De maneira mais específica, foram formuladas estas perguntas:

a) pode um governo aplicar a pena de morte para delitos que ainda não tivessem previsto a dita sanção na legislação interna, no momento da entrada em vigor da Convenção Americana de Direitos Humanos nesse Estado?;

b) pode um governo, com base numa reserva feita, no momento da ratificação, ao art. 4º, ponto 4, da Convenção, legislar depois da entrada em vigor da Convenção para impor a pena de morte aos delitos que não comportavam essa sanção quando foi efetuada a ratificação?

c) apreciação da admissão e da competência pela Corte

O governo da Guatemala[125] apresentou objeção à competência da Corte em exarar opinião consultiva nesse caso, pois se trata de verdadeiro "contencioso encoberto" e sabe-se que a competência contenciosa da Corte só pode ser exercida em relação aos Estados-partes da Convenção que expressa e inequivocamente tenha aceitado essa competência da Corte (art. 62 da Convenção Americana de Direitos Humanos). Mas a Corte afastou tal pretensão e demonstrou que essa política decisória está em consonância com a jurisprudência da Corte Internacional de Justiça (CIJ). Cabe transcrever o trecho que caracteriza bem a jurisprudência da CIJ:

"Com essa procedência, a Corte de Haia reconheceu que a opinião consultiva poderia eventualmente afetar os interesses de Estados que não tenham aceitado a competência contenciosa e que não estejam dispostos a litigar sobre o assunto. A questão decisiva sempre foi saber se o órgão solicitante tem interesse legítimo na obtenção da opinião com a finalidade de orientar suas ações futuras[126]".

A Comissão possui legítimo interesse porque uma de suas funções é enviar recomendações aos Estados-partes da Convenção Americana de Direitos Humanos ou até mesmo aos Estados-membros da OEA.

d) decisão

Por unanimidade, a Corte assim respondeu às perguntas formuladas pela Comissão:

125. O governo da Guatemala apresentou reserva ao art. 4º, ponto 4, da Convenção Americana de Direitos Humanos no momento de sua ratificação.

126. Trecho do ponto 40 da Opinião Consultiva 03/1983 da Corte Interamericana de Direitos Humanos.

a) a Convenção Americana de Direitos Humanos proíbe peremptoriamente a extensão da pena de morte. Assim, não pode o governo de um Estado-parte aplicar a pena de morte a delitos para os quais não estava prevista essa sanção na legislação interna;

b) uma reserva limitada por seu próprio texto ao art. 4º, ponto 4, da Convenção não permite que governo de um Estado-parte legisle posteriormente para estender a aplicação da pena de morte a delitos que não comportavam tal sanção.

12.3.10.5.4. Opinião Consultiva 04/1984

a) quem solicitou e objetivo

Foi solicitada pelo governo da Costa Rica com o objetivo de esclarecer se era compatível com o sistema protetivo interamericano a alteração de certos dispositivos (arts. 14 e 15 – "nacionalidade") da Constituição Política da Costa Rica.

Como visto, a Corte pode fazer análise de compatibilidade entre a legislação doméstica de um país-membro da OEA e o sistema protetivo interamericano, com o escopo de harmonizá-los.

b) pedido específico

Mais precisamente, o governo da Costa Rica, originariamente indagado pela Comissão de Reforma dos arts. 14 e 15 da Constituição, buscava saber se existia alguma incompatibilidade entre as reformas propostas[127] e os arts. 17, ponto 4, 20, pontos 1, 2 e 3, e 24 da Convenção Americana de Direitos Humanos.

Dentro dessa indagação geral de aferimento de compatibilidade, o governo da Costa Rica formulou as seguintes perguntas específicas:

a) o direito de toda pessoa ter uma nacionalidade estipulado no art. 20, ponto 1, da Convenção é afetado pelas modificações propostas nos arts. 14 e 15 da Constituição da Costa Rica?;

b) a reforma proposta no ponto 4 do art. 14 é compatível com o art. 17, ponto 4, da Convenção Americana de Direitos Humanos, no tocante à igualdade entre os cônjuges?

127. Segue a proposta de reforma constitucional dos arts. 14 e 15 da Constituição da Costa Rica:
"Art. 14. São costa-riquenhos por naturalização:
1) Os que tenham adquirido essa qualidade em virtude de leis anteriores;
2) Os nacionais de outros países da América Central, os espanhóis e os latino-americanos por nascimento, com cinco anos de residência oficial no país e que cumpram com os demais requisitos que determina a lei;
3) Os nacionais de outros países da América Central, os espanhóis e os latino-americanos que não sejam por nascimento e os demais estrangeiros que tenham residido oficialmente por um período mínimo de sete anos e que cumpram com os demais requisitos que determina a lei;
4) A mulher estrangeira que, ao se casar com um costa-riquenho perde sua nacionalidade ou que estando casada dois anos com um costa-riquenho e tenha esse mesmo período de residência no país, manifeste seu desejo de adquirir nossa nacionalidade; e
5) Aqueles que receberam a nacionalidade honorífica da Assembleia Legislativa.
Art. 15. Quem solicita a naturalização deve provar ter boa conduta, demonstrar que tem trabalho ou meio de viver conhecido, que sabe falar, escrever e ler no idioma espanhol. E se submeterá a um exame compreensivo sobre a história do país e seus valores, devendo, mesmo assim, prometer que residirá no território nacional de modo regular e jurar que respeitará a ordem constitucional da República.
Por meio de lei se estabelecerão os requisitos e a forma de tramitação do pedido de naturalização".

c) apreciação da admissão e da competência pela Corte

Na apreciação da admissão do pedido de análise de compatibilidade, a Corte pela primeira vez definiu certas posições. Por exemplo, a expressão "leis internas", sem qualquer ressalva ou sem que do seu contexto resulte um sentido mais restringido, significa toda a legislação nacional e todas as normas jurídicas, independentemente de sua natureza, incluindo disposições constitucionais.

Também enfrentou a questão sobre a possibilidade de o pedido de análise de compatibilidade versar sobre um projeto de reforma constitucional, e não sobre uma lei interna vigente. Nesse caso, decidiu-se, por bom senso, pela possibilidade de dada consulta, até porque, conforme assinalado na Opinião Consultiva 03/1983, o processo consultivo está destinado a ajudar os Estados e os órgãos da OEA no cumprimento e na aplicação dos tratados de direitos humanos, sem submetê-los ao formalismo e ao sistema de sanções que caracteriza o processo contencioso.

d) ponto importante: evolução do direito à nacionalidade

A Corte reforçou que o direito à nacionalidade saiu da esfera da total discricionariedade dos Estados (enfoque clássico) e entrou em uma etapa em que também é considerado como direito humano fundamental, ou seja, que todos os indivíduos possuem direito.

A nacionalidade deve ser considerada como um estado natural do ser humano. Tal estado não é somente o fundamento da capacidade política do indivíduo, como também o é de sua capacidade civil. Em razão disso, mesmo que tradicionalmente tenha se aceitado que a determinação e a regulação da nacionalidade são competência de cada Estado, o direito internacional começou a impor certos limites à discricionariedade estatal. Atualmente, a regulamentação da nacionalidade não deve ocorrer somente pela livre competência do Estado, mas também deve respeitar as exigências da proteção integral dos direitos humanos.

De maneira geral, o enfoque clássico defendia que a nacionalidade era um atributo que o Estado, depois de cumpridos os requisitos previstos, podia dar aos seus súditos. E hoje se tem a ideia de que nacionalidade continua inserida dentro da competência de cada Estado, mas também é um direito da pessoa humana e deve ser assim respeitado.

e) decisão da Corte

A Corte assim decidiu:

Em relação ao art. 20 da Convenção,

a) por cinco votos contra um[128], que o direito à nacionalidade, reconhecido pelo art. 20 da Convenção, não foi respeitado pelo projeto de reforma constitucional, objeto da consulta.

<u>Em relação aos arts. 24 e 17, ponto 4, da Convenção,</u>

b) por unanimidade, que não constitui discriminação contrária à Convenção Americana estipular condições preferenciais para obtenção da nacionalidade costa-riquenha, por naturalização, em benefício dos americanos, latino-americanos e espanhóis, em detrimento dos demais estrangeiros.

128. O juiz costa-riquenho Rodolfo E. Piza Escalante apresentou voto divergente.

c) por cinco votos contra um[129], que não constitui discriminação contrária à Convenção Americana limitar essa preferência aos americanos, latino-americanos e espanhóis de nascimento.

d) por cinco votos contra um[130], que não constitui, em si, discriminação contrária à Convenção Americana agregar os requisitos do art. 15 do projeto ao procedimento para obtenção da nacionalidade costa-riquenha, por naturalização.

e) por unanimidade, que constitui discriminação incompatível com os arts. 17, ponto 4, e 24 da Convenção Americana estipular no art. 14, ponto 4, do projeto de reforma constitucional condições preferenciais para a naturalização por matrimônio em benefício de apenas um dos cônjuges.

12.3.10.5.5. Opinião Consultiva 05/1985

a) quem solicitou e objetivo

Foi solicitada pelo governo da Costa Rica com o objetivo de aclarar a correta interpretação dos arts. 13 e 29 da Convenção Americana de Direitos Humanos, tendo por base o licenciamento obrigatório dos jornalistas[131] e a compatibilidade da Lei 4.420/1969[132] (Lei Orgânica do Sindicato de Jornalistas da Costa Rica) com os arts. 13 e 29 do Pacto de San José da Costa Rica.

b) pedido específico

A questão era saber se o licenciamento obrigatório como condição para o exercício do jornalismo estava permitido ou compreendido nas limitações à liberdade de pensamento e expressão contidas nos arts. 13 e 29 da Convenção. Ou seja, se havia compatibilidade entre as normas internas e os arts. da Convenção.

c) ponto importante: padrão democrático e padrão das duas dimensões

A Corte utilizou dos conceitos para decidir esse caso, chamados de pilares básicos da interpretação do art. 13, são eles: padrão democrático e padrão das duas dimensões.

A Corte utilizou o padrão democrático para sublinhar que se a liberdade de expressão não for respeitada, a própria existência da sociedade democrática fica ameaçada. A característica da indivisibilidade dos direitos humanos fica destacada aqui, pois os outros direitos do homem não adquirem plena realização se a liberdade de expressão não existir de fato em dada sociedade.

Sobre o tema a Corte assim se pronunciou, conforme destacado pelos pesquisadores Eduardo Bertoni e Carlos J. Zelada[133]: "A liberdade de expressão é uma pedra angular da existência de uma sociedade democrática. É indispensável para a formação da opinião pública (...). É, no final, condição para que a comunidade, na hora de exercer suas opiniões, esteja suficientemente informada. Portanto, é possível afirmar que uma sociedade que não esteja bem informada não é plenamente livre[134]."

Já o padrão de duas dimensões quer dizer que o conteúdo da liberdade de expressão não diz respeito somente ao seu aspecto individual, mas também à sua dimensão social ou coletiva. Ora, tanto o indivíduo tem liberdade para se expressar (dimensão individual) como todos têm o direito de receber informações e ideias (dimensão social ou coletiva). E se a liberdade de expressão ficar proibida, os indivíduos não poderão se expressar e assim a população não se informará e se conscientizará, o que deixaria fragilizada a democracia, como apontado acima sobre o padrão democrático. Seria uma alienação total da população.

d) decisão

Em primeiro lugar, a Corte decidiu, por unanimidade, que o licenciamento obrigatório de jornalistas, enquanto impeça o acesso de qualquer pessoa ao uso pleno dos meios de comunicação social como veículo para expressar-se ou transmitir opinião, é incompatível com o art. 13 da Convenção Americana de Direitos Humanos. Ou seja, violaria a liberdade de expressão.

Por último, a Corte também decidiu por unanimidade que a Lei 4.420/1969, enquanto impeça certas pessoas de pertencer ao Sindicato de Jornalistas e, por consequência, o uso pleno dos meios de comunicação social como veículo para expressar-se e transmitir opinião, é incompatível com o art. 13 da Convenção Americana de Direitos Humanos.

12.3.10.5.6. Opinião Consultiva 08/1987

a) quem solicitou e objetivo

Foi apresentada pela Comissão Interamericana de Direitos Humanos com o objetivo de aclarar a devida interpretação de alguns artigos da Convenção Americana de Direitos Humanos.

b) pedido específico

Qual a interpretação dos arts. 25, ponto 1, e 7º, ponto 6, da Convenção relacionados com a última frase do art. 27, ponto 2, da mesma Convenção.

c) decisão

A Corte decidiu, por unanimidade, que os procedimentos jurídicos consagrados nos arts. 25, ponto 1, e 7º, ponto 6, da Convenção Americana de Direitos Humanos não podem ser suspensos conforme o disposto no art. 27, ponto 2, da mesma Convenção, pois constituem garantias judiciais indispensáveis para proteger direitos e liberdades que tampouco podem ser suspensas, segundo preceitua o já citado art. 27, ponto 2, da Convenção.

12.3.10.5.7. Opinião Consultiva 09/1987

a) quem solicitou e objetivo

Foi solicitada pelo governo da República Oriental do Uruguai com o objetivo de especificar o correto alcance da

129. O juiz estadunidense Thomas Buergenthal apresentou voto divergente.
130. O juiz costa-riquenho Rodolfo E. Piza Escalante apresentou voto divergente.
131. Leia-se diploma de jornalismo.
132. Essa lei estabelece o licenciamento obrigatório de seus membros para poder exercer o jornalismo.
133. STEINER, Christian e URIBE, Patricia (Editores). Konrad Adenauer Stiftung. Bolívia: Plural editores, 2014. p. 324.
134. Corte IDH. *Licenciamento Obrigatório dos Jornalistas* (arts. 13 e 29 da Convenção Americana sobre Direitos Humanos), item 70 da decisão.

proibição de suspensão das garantias judiciais indispensáveis para a proteção dos direitos mencionados no art. 27, ponto 2, da Convenção Americana de Direitos Humanos.

b) pedido específico

Mais precisamente, o governo uruguaio desejava que a Corte opinasse especificamente sobre: **a)** quais eram essas garantias judiciais indispensáveis; e **b)** qual era a relação do art. 27, ponto 2, da Convenção com os arts. 25 e 8º da mesma Convenção.

c) decisão

A Corte decidiu, por unanimidade, que devem ser considerados garantias judiciais indispensáveis, conforme o estabelecido no art. 27, ponto 2, da Convenção, o *habeas corpus* (art. 7º, ponto 6), o amparo[135] ou qualquer outro recurso efetivo perante os juízes ou tribunais competentes (art. 25, ponto 1), destinado a garantir o respeito aos direitos e liberdades cuja suspensão não está autorizada pela Convenção Americana de Direitos Humanos.

Também decidiu, por unanimidade, que devem ser considerados garantias judiciais indispensáveis que não podem ser suspensas os procedimentos judiciais inerentes à forma democrática representativa de governo (art. 29, *c*), previstos no direito interno dos Estados-partes como idôneos para garantir a plenitude do exercício dos direitos a que se refere o art. 27, ponto 2, da Convenção e cuja supressão ou limitação comportem a falta de defesa de tais direitos.

Por fim, decidiu, também por unanimidade, que as mencionadas garantias judiciais devem ser exercitadas conforme o princípio do devido processo legal, esculpido no art. 8º da Convenção Americana de Direitos Humanos. De forma mais detalhada e como anteriormente tratado, definiu-se que os direitos a garantias judiciais e à proteção judicial são de natureza distinta, pois o art. 25 consagra o direito à um recurso judicial enquanto o art. 8º estabelece a maneira pela qual esse recurso irá tramitar[136].

12.3.10.5.8. Opinião Consultiva 10/1989

a) quem solicitou e objetivo

Foi solicitada pelo governo da República da Colômbia com o objetivo de aclarar a correta interpretação do art. 64 da Convenção Americana de Direitos Humanos, tendo por referência a Declaração Americana dos Direitos e Deveres do Homem.

b) pedido específico

Mais precisamente, o governo colombiano buscava uma resposta para a seguinte indagação: o art. 64 da Convenção autoriza a Corte Interamericana de Direitos Humanos a confeccionar opiniões consultivas, desde que solicitado por algum Estado-membro da OEA ou por algum dos órgãos do sistema interamericano, sobre a interpretação da Declaração Americana dos Direitos e Deveres do Homem?

Requereu também que a Corte determinasse o *status* normativo que a Declaração tem no sistema interamericano de proteção dos direitos humanos. Por último, perguntou, desde que a Corte afirmasse possuir jurisdição para interpretar a Declaração, qual era a extensão da jurisdição da Corte para interpretar a Declaração tendo por base o art. 64 da Convenção.

c) ponto importante: Declaração Americana de Direitos e Deveres do Homem como fonte de obrigações internacionais

Em sua fundamentação, a Corte asseverou que a circunstância de a Declaração Americana de Direitos e Deveres do Homem não ser um tratado não significa que ela não produza efeitos jurídicos nem que a Corte esteja impossibilitada de interpretá-la.

Mais precisamente, a Corte fez a seguinte diferenciação: **a)** para os Estados-membros da OEA, a Declaração é o texto que determina quais são os direitos humanos a que se refere à Carta, ou seja, a Declaração contém e define os direitos essenciais que a Carta menciona. Além disso, os arts. 1º, ponto 2, *b*, e 20 do Estatuto da Comissão Interamericana de Direitos Humanos definem a competência da Comissão sobre os direitos humanos enunciados na Declaração. Ou seja, para esses Estados, a Declaração Americana constitui, em relação à Carta da OEA, uma fonte de obrigações internacionais; e **b)** para os Estados-partes da Convenção Americana de Direitos Humanos, a fonte concreta de suas obrigações, no tocante à proteção dos direitos humanos, é a própria Convenção. Contudo, há que levar em conta o art. 29, *d*, da Convenção, logo, os Estados-membros da OEA devem respeitar as obrigações que derivam da Declaração também.

d)apreciação da admissão e da competência pela Corte

Prosseguindo, a Corte decidiu, por unanimidade, que é competente para analisar a opinião consultiva em questão.

e) decisão

E, por unanimidade, decidiu que o art. 64, ponto 1, da Convenção Americana de Direitos Humanos autoriza a Corte, desde que solicitado por algum Estado-membro da OEA ou, dentro de seu interesse de atuação, por algum dos órgãos do sistema interamericano, a confeccionar opiniões consultivas sobre a interpretação da Declaração Americana dos Direitos e Deveres do Homem, dentro dos limites de sua competência, conforme definido na Carta da OEA e na Convenção Americana de Direitos Humanos ou em outros tratados de direitos humanos com incidência nos países americanos.

12.3.10.5.9. Opinião Consultiva 11/1990

a) quem solicitou e objetivo

Foi apresentada pela Comissão Interamericana de Direitos Humanos com o objetivo de aclarar algumas questões sobre o art. 46, pontos 1 e 2, da Convenção Americana de Direitos Humanos.

b) pedido específico

135. O amparo é uma ação adotada por inúmeros países, muitos da América do Sul, como também Portugal, Espanha e Alemanha. Trata-se de uma ação constitucional que tem por fito proteger todos os direitos fundamentais, menos os que tutelam a liberdade física e a locomoção (já protegidos pelo *habeas corpus*).

136. Ver também o caso *Hilaire, Constantine e Benjamin e outros vs. Trinidade e Tobago*. Mérito, reparações e custas. Sentença de 21.06.2002. Item 148 da decisão.

De forma mais precisa, a solicitação formulou duas perguntas:

a) o requisito de esgotamento dos recursos jurídicos internos é aplicado a um indigente que, em razão de circunstâncias econômicas, não é capaz de fazer uso dos recursos jurídicos existentes em certo país?; e

b) no caso de eximir os indigentes desse requisito, quais critérios a Comissão deve considerar para decidir sobre a admissibilidade de tais casos?

c) decisão

A Corte decidiu, por unanimidade, que, se por razões de indigência ou por temor generalizado dos advogados em lhe patrocinar legalmente, um reclamante perante a Comissão for impedido de utilizar os recursos internos necessários para proteger um direito garantido pela Convenção, o requisito de esgotamento dos recursos não precisa ser verificado.

Também decidiu por unanimidade que se, diante das hipóteses levantadas, um Estado-parte provou a disponibilidade dos recursos internos, o reclamante deverá demonstrar que são aplicáveis as exceções disciplinadas no art. 46, ponto 2, da Convenção e que ficou impedido de obter a assistência legal necessária para a proteção ou garantia dos direitos reconhecidos na Convenção.

12.3.10.5.10. Opinião Consultiva 13/1993

a) quem solicitou e objetivo

Foi solicitada pelos governos da República da Argentina e da República Oriental do Uruguai com o objetivo de definir a correta interpretação de alguns artigos da Convenção Americana de Direitos Humanos.

b) pedido específico

Qual a interpretação correta dos arts. 41, 42, 44, 46, 47, 50 e 51 da Convenção Americana de Direitos Humanos, com base "na situação e nas circunstâncias concretas" trazidas à análise.

c) apreciação da admissão e da competência pela Corte

A Corte decidiu, por unanimidade, que é competente para emitir a opinião consultiva em questão.

d) decisão

A Corte decidiu, por unanimidade, que a Comissão Interamericana de Direitos Humanos é competente, nos termos dos arts. 41 e 42 da Convenção, para qualificar qualquer norma do direito interno de um Estado-parte como violadora das obrigações que este assumiu no momento da ratificação da Convenção Americana de Direitos Humanos, mas não é competente para dizer se essa norma contradiz ou não o ordenamento jurídico interno desse mesmo Estado. Assim, uma norma interna pode ser considerada violadora da Convenção por ser irrazoável ou por não estar em conformidade com ela; portanto, uma lei que contraria as obrigações de um Estado derivadas da Convenção não pode ser considerada "razoável" nem "conveniente". Nessa opinião a Corte fez menção direta ao controle de convencionalidade internacional exercido por ela.

Também por unanimidade, a Corte decidiu que, sem olvidar as outras atribuições que o art. 41 da Convenção conferiu à Comissão, uma vez declarada inadmissível uma petição ou comunicação de caráter individual (art. 41, *f*, combinado com os arts. 44 e 45, ponto 1, da Convenção), não cabe qualquer pronunciamento sobre seu mérito.

Por fim, decidiu, por unanimidade, que os arts. 50 e 51 da Convenção contemplam relatórios separados, cujo conteúdo pode ser similar, mas o primeiro não pode ser publicado. Já o segundo pode ser, desde que haja prévia decisão da Comissão, por maioria absoluta de votos, depois de transcorrido o prazo que foi conferido ao Estado para tomar as medidas adequadas.

12.3.10.5.11. Opinião Consultiva 14/1994

a) quem solicitou e objetivo

Foi solicitada pela Comissão Interamericana de Direitos Humanos com o objetivo de obter da Corte respostas sobre alguns pontos.

b) pedido específico

As indagações formuladas pela Comissão são as seguintes:

a) quando um Estado-parte da Convenção Americana de Direitos Humanos produz uma lei que viola manifestamente as obrigações que o Estado contraiu ao ratificar a Convenção, quais seriam, nesse caso, os efeitos jurídicos dessa lei em face das obrigações internacionais do Estado?;

b) quando um Estado-parte da Convenção Americana de Direitos Humanos produz uma lei cujo cumprimento por parte dos agentes ou funcionários desse Estado se traduz em uma violação manifesta da Convenção, quais são as obrigações e responsabilidades dos ditos agentes ou funcionários? As perguntas têm por base o disposto no art. 4º, pontos 2 e 3, da Convenção em relação ao cotejo do art. 235 da antiga Constituição peruana[137] e do art. 140 da nova Constituição peruana[138].

c) apreciação da admissão e da competência pela Corte

A Corte decidiu, por unanimidade, que é competente para emitir a opinião consultiva.

d) decisão

A Corte decidiu, por unanimidade, nos seguintes termos:

a) a produção de uma lei manifestamente contrária às obrigações assumidas por um Estado ao ratificar ou aderir à Convenção constitui uma violação desse diploma internacional, e, caso essa violação afete direitos e liberdades protegidos de indivíduos determinados, dará azo à responsabilidade internacional de tal Estado;

b) o cumprimento por parte de agentes ou funcionários do Estado de uma lei manifestamente violadora da Convenção dará ensejo à responsabilidade internacional desse Estado. E, no caso de o ato de cumprimento constituir por si só um crime internacional, gerará também a responsabilidade internacional dos agentes ou funcionários que executaram o ato.

137. "Não há pena de morte, exceto por traição à pátria em caso de guerra externa."

138. "A pena de morte somente pode ser aplicada por delito de traição à pátria em caso de guerra e por terrorismo, conforme as leis e os tratados em que o Peru é parte obrigada."

12.3.10.5.12. Opinião Consultiva 16/1999

a) quem solicitou e objetivo

Foi solicitada pelos Estados Unidos Mexicanos com o objetivo de obter da Corte respostas sobre alguns pontos.

b) pedido específico

Os Estados Unidos Mexicanos formularam as seguintes indagações, tendo como suporte a Convenção de Viena sobre Relações Consulares:

a) no marco do art. 64, ponto 1, da Convenção Americana, deve-se entender o art. 36 da Convenção de Viena sobre Relações Consulares no sentido de conter disposições concernentes à proteção dos direitos humanos nos Estados americanos?;

b) do ponto de vista do direito internacional, está subordinada a exigibilidade dos direitos individuais conferidos pelo citado art. 36, requerida pelos interessados junto ao Estado receptor, à manifestação do Estado de sua nacionalidade?;

c) tendo por base o objeto e o fim almejado pelo art. 36, ponto 1, *b*, da Convenção de Viena, deve-se interpretar a expressão "sem dilação", contida no citado preceito, no sentido de requerer que as autoridades do Estado receptor informem a todo estrangeiro detido pelos delitos apenados com a pena capital os direitos que possuem, consoante o disposto no art. 36, ponto 1, *b*, da Convenção de Viena, no momento da prisão e em todo caso antes que o detento dê qualquer declaração ou confissão perante as autoridades policiais ou judiciais?;

d) do ponto de vista do direito internacional e tratando-se de pessoas estrangeiras, quais devem ser as consequências jurídicas da imposição e da execução da pena de morte sem a notificação disciplinada no art. 36, ponto 1, *b*, da Convenção de Viena?

O México também formulou as seguintes perguntas, com suporte no Pacto Internacional dos Direitos Civis e Políticos:

a) no marco do art. 64, ponto 1, da Convenção Americana, devem ser entendidos os arts. 2º, 6º, 14 e 50 do Pacto no sentido de conter disposições concernentes à proteção dos direitos humanos nos Estados americanos?;

b) no marco do art. 14 do Pacto, deve ser entendido que o próprio art. 14 deve ser aplicado e interpretado à luz da expressão "todas as garantias possíveis para assegurar um juízo justo", contida no ponto 5 das respectivas salvaguardas das Nações Unidas e que, tratando-se de estrangeiros acusados ou culpados pela prática de delitos apenados com a pena capital, a dita expressão inclui a imediata notificação do detento ou processado, pelo Estado receptor, acerca dos direitos conferidos pelo art. 36, ponto 1, *b*, da Convenção de Viena?;

c) por tratar-se de pessoas estrangeiras acusadas ou culpadas pela prática de delitos apenados com a pena capital, há conformidade entre a omissão do Estado receptor em notificar os interessados de seus direitos (art. 36, ponto 1, *b*, da Convenção de Viena) e o direito destes em dispor dos "meios adequados para a preparação de sua defesa" em consonância com o disposto no art. 14, ponto 3, do Pacto?;

d) por tratar-se de pessoas estrangeiras acusadas ou culpadas pela prática de delitos apenados com a pena capital, deve ser entendido que as expressões "garantias mínimas" (contida no art. 14, ponto 3, do Pacto) e "equiparadas como o mínimo" (contida no ponto 5 das salvaguardas das Nações Unidas) livram o Estado receptor do imediato cumprimento das disposições disciplinadas no art. 36, ponto 1, *b*, da Convenção de Viena sobre Relações Consulares?;

e) os países americanos, constituídos como Estados federais, que são partes no Pacto de Direitos Civis e Políticos e com base nos arts. 2º, 6º, 14 e 50 deste, estão obrigados a garantir a notificação oportuna (art. 36, ponto 1, *b*, da Convenção de Viena) a todo indivíduo de nacionalidade estrangeira preso, detido ou processado em seu território por delitos apenados com a pena capital e a adotar disposições, conforme previsão de seu direito interno, para fazer efetiva nesses casos a notificação oportuna, caso já não esteja garantida por lei ou por outro meio para dar plena eficácia aos direitos e garantias consagrados no Pacto?;

f) no marco do Pacto e tratando-se pessoas estrangeiras, quais devem ser as consequências jurídicas da imposição e execução da pena de morte sem a notificação disciplinada no art. 36, ponto 1, *b*, da Convenção de Viena sobre Relações Consulares?

Por fim, o México formulou as seguintes questões, com supedâneo na Carta da Organização dos Estados Americanos e na Declaração Americana dos Direitos e Deveres do Homem:

a) tratando-se de prisões e detenções de estrangeiros por delitos apenados com a pena capital e tendo por base os arts. 3º, ponto 1, da Carta e o 2º da Declaração, há compatibilidade entre a omissão do Estado receptor em notificar os interessados, sem dilação, de seus direitos (art. 36, ponto 1, *b*, da Convenção de Viena) e a proclamação da Carta de Direitos Humanos, sem distinção por motivos de nacionalidade, e o reconhecimento na Declaração do direito de igualdade diante da lei sem distinção alguma?;

b) tratando-se de pessoas estrangeiras e tendo por base os arts. 3º, ponto 1, da Carta e os 1º, 2º e 26 da Declaração, quais são as consequências jurídicas da imposição e execução da pena de morte sem a notificação disciplinada no art. 36, ponto 1, *b*, da Convenção de Viena?

c) apreciação da admissão e da competência pela Corte

A Corte decidiu, por unanimidade, que é competente para emitir a opinião consultiva.

d) decisão

A Corte decidiu, por unanimidade, que:

✓ o art. 36 da Convenção de Viena sobre Relações Consulares reconhece direitos individuais ao detido estrangeiro, entre eles o direito à informação sobre a assistência consular, aos quais correspondem deveres correlatos a cargo do Estado receptor;

✓ o art. 36 da Convenção de Viena sobre Relações Consulares cuida da proteção dos direitos do nacional do Estado que envia e está em consonância com a ordem internacional dos direitos humanos;

✓ a expressão "sem dilação", constante do art. 36, ponto 1, *b*, da Convenção de Viena, significa que o Estado deve cumprir com seu dever de informar o detido sobre seus direitos no momento da privação da liberdade e em todo caso antes que dê sua primeira declaração perante a autoridade;

✓ a observância dos direitos do indivíduo disciplinados no art. 36 da Convenção de Viena não está subordinada à manifestação do Estado que o envia;

✓ os arts. 2º, 6º, 14 e 50 do Pacto Internacional de Direitos Civis e Políticos são aplicados aos Estados americanos;

✓ o direito individual à informação (art. 36, ponto 1, *b*, da Convenção de Viena) é condição para que o direito ao devido processo legal (art. 14 do Pacto Internacional de Direitos Civis e Políticos) adquira eficácia no caso concreto. E o direito ao devido processo legal estabelece garantias mínimas suscetíveis de expansão via outros instrumentos internacionais, como a Convenção de Viena sobre Relações Consulares, que ampliam o horizonte protetivo dos detidos.

Por seis votos contra um[139], a Corte decidiu que a observância do direito à informação do detido estrangeiro (art. 36, ponto 1, *b*, da Convenção de Viena) faz parte das ditas garantias do devido processo legal, e, nessa circunstância, a imposição da pena de morte constitui uma violação do direito a não ser privado de sua vida "arbitrariamente", nos termos de importantes preceitos alocados em tratados de direitos humanos (*v.g.* Convenção Americana de Direitos Humanos, art. 4º; Pacto Internacional sobre Direitos Civis e Políticos, art. 6º). Assim, ficará caracterizada a responsabilidade internacional do Estado e seu correlato dever de indenizar.

Ao final e por unanimidade, a Corte decidiu que as disposições internacionais que tratam da proteção dos direitos humanos nos Estados americanos, inclusive o disposto no art. 36, ponto 1, *b*, da Convenção de Viena, devem ser respeitadas pelos Estados americanos partes nas respectivas convenções, independentemente de possuírem estrutura federal ou unitária.

12.3.10.5.13. Opinião Consultiva 17/2002

a) quem solicitou e objetivo

Foi solicitada pela Comissão Interamericana de Direitos Humanos com o escopo de obter a correta interpretação de alguns artigos da Convenção Americana de Direitos Humanos.

b) pedido específico

A Comissão demandou pronunciamento da Corte sobre a correta interpretação dos arts. 8º e 25 da Convenção Americana de Direitos Humanos e sobre se as medidas especiais estabelecidas no art. 19 da mesma Convenção constituem "limites ao arbítrio ou a discricionariedade dos Estados" em relação às crianças. Também solicitou a formulação de critérios gerais válidos sobre as matérias dentro do marco da Convenção Americana.

A Comissão incluiu na consulta a solicitação de que a Corte se pronunciasse especificamente sobre a compatibilidade das seguintes medidas especiais, adotadas por alguns Estados, com os arts. 8º e 25 da Convenção Americana:

a) a separação dos jovens de seus pais e/ou família por se considerar, pelo arbítrio do órgão competente e sem o devido processo legal, que estes últimos não possuem condições para a educação e cuidados no geral de seus filhos;

b) a supressão da liberdade mediante a internação de menores em estabelecimentos de guarda ou custódia, por considerá-los abandonados ou propensos a se envolver em situações de risco ou ilegalidade;

c) a aceitação, em sede penal, de confissões de menores obtidas sem as devidas garantias;

d) a tramitação de ações ou procedimentos administrativos que infrinjam direitos fundamentais do menor sem a garantia de defesa; **e)** a definição, em procedimentos administrativos e judiciais, de direitos e liberdades sem a garantia do direito de ser ouvido pessoalmente e a não consideração da opinião e preferências do menor nessa definição.

c) ponto importante: definição de criança e menor de idade

A Corte, declarou que, para os efeitos dessa opinião consultiva, criança ou menor de idade é toda pessoa que não tenha completado 18 anos, salvo se tenha alcançado antes a maioridade por determinação legal.

d) apreciação da admissão e da competência pela Corte

A corte decidiu, por seis votos contra um[140], que é competente para emitir a opinião consultiva e que a solicitação da Comissão Interamericana de Direitos Humanos era admissível.

e) decisão

No mérito, a Corte decidiu da seguinte maneira:

a) em conformidade com a normativa contemporânea do direito internacional dos direitos humanos, na qual se situa o art. 19 da Convenção Americana de Direitos Humanos, as crianças são titulares de direitos, e não somente objeto de proteção;

b) a expressão "interesse superior da criança", consagrada no art. 3º da Convenção sobre os Direitos das Crianças, implica que o desenvolvimento da criança e o exercício pleno de seus direitos devem ser considerados critérios orientadores para a elaboração de normas e a aplicação destas em todas as facetas relativas à vida da criança;

c) o princípio da igualdade, disciplinado no art. 24 da Convenção Americana de Direitos Humanos, não impede a adoção de regras e medidas específicas em relação às crianças, as quais requerem um tratamento diferenciado em função de suas condições especiais. Esse tratamento deve ser direcionado à proteção de seus direitos e interesses;

d) a família constitui o âmbito preferencial para o desenvolvimento da criança e o exercício de seus direitos. Por isso, o Estado deve apoiar e fortalecer a família, por meio de diversas medidas tendentes a auxiliar o cumprimento de sua função natural;

e) devem ser dadas preferência e a respectiva facilitação para a permanência da criança em seu núcleo familiar, salvo se existirem razões determinantes para separá-la de sua família. A separação deverá ser excepcional e preferencialmente temporária;

f) para o correto cuidado com as crianças, o Estado deve se valer de instituições que disponham de pessoal adequado e

139. O voto divergente foi do juiz barbadense Oliver Jackman.

140. O voto divergente foi do juiz barbadense Oliver Jackman.

instalações suficientes para o desempenho de tarefas desse gênero;

g) o respeito ao direito à vida, em relação às crianças, abarca não somente as proibições, entre elas, da privação arbitrária, estabelecidas no art. 4º da Convenção Americana de Direitos Humanos, mas também a obrigação de adotar medidas necessárias para que a existência das crianças se desenvolva em condições dignas;

h) a verdadeira e plena proteção das crianças significa a possibilidade de poderem desfrutar amplamente todos os seus direitos, entre eles os econômicos, sociais e culturais, previstos em diversos instrumentos internacionais. Os Estados-partes nos tratados internacionais de direitos humanos têm a obrigação de adotar medidas positivas para assegurar a proteção de todos os direitos da criança;

i) os Estados-partes na Convenção Americana têm o dever, consoante o disposto nos arts. 17 e 19, combinado com o art. 1º, ponto 1, da mesma Convenção, de tomar todas as medidas positivas que assegurem a proteção das crianças contra maus-tratos, seja em sua relação com as autoridades públicas, seja nas relações interindividuais ou com entes não estatais;

j) nos procedimentos judiciais ou administrativos referentes à direitos das crianças devem ser observados os princípios e as regras do devido processo legal. Isso abarca as regras correspondentes a juiz natural – competente, independente e imparcial –, duplo grau de jurisdição, presunção de inocência, contraditório e ampla defesa, respeitando as particularidades das crianças;

k) os menores de 18 anos que recebam a imputação de uma conduta delituosa devem se sujeitar a órgãos judiciais distintos dos correspondentes aos maiores de idade;

l) a conduta que motive a intervenção do Estado nos casos de delitos perpetrados por menores de idade deve estar descrita na lei penal. Outros casos, como os de abandono, desamparo, risco ou enfermidade, devem ser atendidos de forma diferente, e não com os mesmos procedimentos aplicáveis aos menores que incorreram em conduta típica. Contudo, nesses casos é preciso observar, igualmente, os princípios e as normas do devido processo legal, tanto em relação aos menores como em relação às pessoas que exerçam direitos sobre eles;

m) é possível empregar vias alternativas de solução de controvérsias que afetam as crianças, mas é preciso regular com especial cuidado a aplicação desses meios para que não alterem ou diminuam seus direitos.

12.3.10.5.14. Opinião Consultiva 18/2003

a) quem solicitou e objetivo

Foi solicitada pelos Estados Unidos Mexicanos com o objetivo de obter o posicionamento da Corte sobre o exercício e o gozo de certos direitos trabalhistas pelos trabalhadores imigrantes.

b) pedido específico

O México solicitou a posição da Corte sobre a privação do gozo e exercício de certos direitos trabalhistas (aos trabalhadores imigrantes) e sua compatibilidade com a obrigação dos Estados americanos de garantir a observância dos princípios da igualdade jurídica, não discriminação e proteção igual e efetiva da lei consagrados nos instrumentos internacionais de proteção dos direitos humanos, assim como a subordinação ou condicionamento da observância das obrigações impostas pelo direito internacional dos direitos humanos, incluídas aquelas oponíveis *erga omnes*, na consecução de certos objetivos de política interna de um Estado americano.

Ademais, a consulta trata do caráter que os princípios da igualdade jurídica, não discriminação e proteção igual e efetiva da lei alcançaram no contexto de desenvolvimento progressivo do direito internacional dos direitos humanos e de sua codificação.

As normas cuja interpretação o México solicitou ao Tribunal foram as seguintes: os arts. 3º, ponto 1, e 17 da Carta da OEA; o art. 2º da Declaração Americana de Direitos e Deveres do Homem; os arts. 1º, ponto 1, 2º e 24 da Convenção Americana de Direitos Humanos; os arts. 1º, 2º, ponto 1, e 7º da Declaração Universal de Direitos Humanos; e os arts. 2º, pontos 1 e 2, 5º, ponto 2, e 26 do Pacto Internacional de Direitos Civis e Políticos.

c) apreciação da admissão e da competência da Corte

A Corte decidiu, por unanimidade, que é competente para emitir a opinião consultiva.

d) decisão

No mérito, decidiu da seguinte maneira e também de forma unânime:

a) os Estados têm a obrigação geral de respeitar e garantir os direitos fundamentais, devendo, assim, adotar medidas positivas e evitar tomar iniciativas que limitem ou infrinjam um direito fundamental, além de suprimir as medidas e as práticas que restrinjam ou vulnerem um direito fundamental;

b) o descumprimento pelo Estado, mediante qualquer tratamento discriminatório, da obrigação geral de respeitar e garantir os direitos humanos gera responsabilidade internacional;

c) o princípio da igualdade e da não discriminação possui um caráter fundamental para a salvaguarda dos direitos humanos tanto no direito internacional como no interno;

d) o princípio fundamental da igualdade e da não discriminação faz parte do direito internacional geral, por ser aplicável a todo Estado, independentemente de ser parte ou não de determinado tratado internacional. Na atual etapa de evolução do direito internacional, o princípio fundamental da igualdade e o da não discriminação tornaram-se parte do domínio do *jus cogens*;

e) o princípio fundamental da igualdade e da não discriminação, de caráter peremptório, acarreta obrigações *erga omnes* de proteção que vinculam a todos os Estados e geram efeitos em relação a terceiros, inclusive particulares;

f) a obrigação geral de respeitar e de garantir os direitos humanos vincula os Estados, independentemente de qualquer circunstância ou consideração, inclusive o *status* migratório das pessoas;

g) o direito ao devido processo legal deve ser reconhecido no marco das garantias mínimas que se devem garantir a todo imigrante, independentemente de seu *status* migratório. O amplo alcance da intangibilidade do devido processo legal compreende todas as matérias e todas as pessoas, sem qualquer discriminação;

h) a qualidade migratória de uma pessoa não pode constituir uma justificação para privá-la do gozo e exercício de seus direitos humanos, entre eles os de caráter laboral. O imigrante, ao assumir uma relação de trabalho, adquire direitos, por ser trabalhador, que devem ser reconhecidos e garantidos, independentemente de sua situação regular ou irregular no país de emprego. Esses direitos são consequências da relação laboral;

i) o Estado tem a obrigação de respeitar e garantir os direitos humanos laborais de todos os trabalhadores, independentemente de sua condição de nacional ou estrangeiro, e não pode tolerar situações de discriminação em prejuízo destes nas relações laborais que se estabeleçam entre particulares (empregador-empregado). O Estado não deve permitir que os empregadores privados violem os direitos dos trabalhadores, nem que a relação contratual vulnere as normas mínimas internacionais;

j) os trabalhadores, titulares dos direitos laborais, devem contar com todos os meios adequados para exercê-los. Os trabalhadores imigrantes ilegais possuem os mesmos direitos laborais que correspondem aos demais trabalhadores do Estado de emprego, e este último deve tomar todas as medidas necessárias para que sejam reconhecidos e garantidos na prática;

k) os Estados não podem subordinar ou condicionar a observância do princípio da igualdade perante a lei e do da não discriminação à consecução dos objetivos de suas políticas públicas, quaisquer que sejam estas, incluídas as de caráter migratório.

12.3.10.5.15. Opinião Consultiva 19/2005

a) quem solicitou e objetivo

Foi solicitada pela República Bolivariana da Venezuela com o objetivo de saber se existe no organograma do sistema interamericano um órgão responsável de fazer o controle de legalidade das atuações da Comissão.

b) pedido específico

A Venezuela indagou a Corte acerca da existência ou não de um órgão dentro do sistema interamericano de proteção dos direitos humanos que disponha das competências necessárias para exercer o controle de legalidade das atuações da Comissão, para o qual possam recorrer os Estados-partes da Convenção na defesa da legalidade. E no caso de existir tal órgão, a Venezuela desejaria saber qual é ele e quais são suas atribuições.

c) apreciação da admissão e da competência pela Corte

Pela interpretação dos arts. 41 e 44 a 51 da Convenção Americana de Direitos Humanos referentes à atuação da Comissão Interamericana de Direitos Humanos, a Corte decidiu, por unanimidade, que é competente para emitir a opinião consultiva.

d) decisão

No mérito, decidiu, por unanimidade, da seguinte maneira:

a) a Comissão Interamericana de Direitos Humanos, como órgão do sistema interamericano de proteção dos direitos humanos, tem plena autonomia e independência no exercício de seu mandato, conforme disciplinado na Convenção Americana de Direitos Humanos;

b) a Comissão Interamericana de Direitos Humanos atua dentro do marco legal, estabelecido pela Convenção Americana de Direitos Humanos, no exercício das funções de sua competência no trâmite dos procedimentos relativos às petições individuais (arts. 44 a 51 da Convenção Americana), assim como no exercício das outras atribuições destinadas à promoção e proteção dos direitos humanos, consagradas no art. 41 da Convenção;

c) a Corte Interamericana de Direitos Humanos, no exercício de suas funções, efetua o controle de legalidade das atuações da Comissão Interamericana no que se refere ao trâmite dos assuntos que estejam sob sua jurisdição, conforme sua competência determinada pela Convenção Americana e outros instrumentos interamericanos de proteção dos direitos humanos.

12.3.10.5.16. Opinião Consultiva 20/2009

a) quem solicitou e objetivo

Foi solicitada pela República da Argentina com o escopo de definir a correta interpretação do art. 55 da Convenção Americana de Direitos Humanos.

b) pedido específico

A Argentina solicitou que a Corte apontasse a correta interpretação do art. 55 da Convenção Americana, tendo por base a figura do juiz *ad hoc* e da igualdade de armas no processo perante a Corte Interamericana e sob o contexto de um caso oriundo de uma petição individual, assim como levando em conta a nacionalidade dos magistrados da Corte e o direito a um juiz independente e imparcial.

c) apreciação da admissão e da competência pela Corte

Pela interpretação do art. 55, pontos 1 e 3, da Convenção Americana de Direitos Humanos, a Corte decidiu, por unanimidade, que é competente para emitir a opinião consultiva.

d) decisão

No mérito, decidiu, por unanimidade, que, conforme o que dispõe o art. 55, ponto 3, da Convenção Americana de Direitos Humanos, (i) a possibilidade de os Estados-partes, no caso submetido à Corte, nomearem um juiz *ad hoc* para integrar esse Tribunal quando não se tenha um juiz de sua nacionalidade, fica restrita aos casos originados em **comunicações interestatais** (art. 45 da Convenção Americana de Direitos Humanos); (ii) que não é possível o exercício desse direito em favor dos Estados-partes quando o caso for oriundo de uma petição individual (art. 44 da Convenção Americana); e (iii) que o juiz nacional do Estado demandado não deve participar do julgamento dos casos contenciosos originados em **petições individuais**.

12.3.10.5.17. Opinião Consultiva 21/2014

a) quem solicitou e objetivo

Foi solicitada pelos Estados de Argentina, Brasil, Paraguai e Uruguai[141] com o objetivo de que a Corte determine,

141. Pelos países postulantes fica nítido que é uma demanda consultiva proveniente do Mercosul, mas como o art. 64, ponto 1, da

com maior precisão, quais são as obrigações dos Estados com relação às medidas passíveis de serem adotadas a respeito de meninos e meninas, associadas à sua condição migratória, ou à de seus pais, à luz da interpretação autorizada dos arts. 1º, ponto 1, 2º, 4º, ponto 1, 5º, 7º, 8º, 11, 17, 19, 22, ponto 7, 22, ponto 8, 25 e 29 da Convenção Americana sobre Direitos Humanos e dos arts. 1º, 6º, 8º, 25 e 27 da Declaração Americana dos Direitos e Deveres do Homem e do art. 13 da Convenção Interamericana para Prevenir e Punir a Tortura.

b) pedido específico

De uma maneira bem específica, transcrevemos as nove perguntas formuladas pelos Estado solicitantes.

✓ Quais são, à luz dos arts. 1º, 2º, 5º, 7º, 8º, 19, 22, ponto 7, e 25 da Convenção Americana e dos arts. 1º, 25 e 27 da Declaração Americana dos Direitos e Deveres do Homem, os procedimentos que deveriam [ser adotados] a fim de identificar os diferentes riscos para os direitos de meninos e meninas migrantes; determinar as necessidades de proteção internacional; e adotar, se for o caso, as medidas de proteção especial que se requeiram?

✓ Quais são, à luz dos arts. 1º, 2º, 7º, 8º, 19 e 25 da Convenção Americana e do art. 25 da Declaração Americana dos Direitos e Deveres do Homem, as garantias do devido processo que deveriam reger os processos migratórios que envolvem meninos e meninas migrantes?

✓ Como se deve interpretar, à luz dos arts. 1º, 7º, 8º, 19 e 29 da Convenção Americana e do art. 25 da Declaração Americana dos Direitos e Deveres do Homem, o princípio de *ultima ratio* da detenção como medida cautelar no âmbito de procedimento migratório quando estão envolvidos meninos e meninas que se encontram junto a seus pais, e quando estão envolvidos meninos/as não acompanhados ou separados de seus pais?

✓ Que características devem ter, à luz dos arts. 2º, 7º, 19, 25 e 29 da Convenção Americana e do art. 25 da Declaração Americana dos Direitos e Deveres do Homem, as medidas alternativas adequadas de proteção de direitos da criança que deveriam constituir a resposta estatal prioritária para evitar qualquer tipo de restrição à liberdade ambulatória? Quais são as garantias do devido processo que deveriam aplicar-se no procedimento de decisão sobre medidas alternativas à detenção?

✓ Quais são as condições básicas que deveriam cumprir os espaços de alojamento de meninos/as migrantes, e quais são as obrigações principais que têm os Estados a respeito dos meninos e meninas (sós ou acompanhados) que se encontram sob a custódia estatal por razões migratórias, à luz dos arts. 1º, 2º, 4, ponto 1, 5º, 17 e 19 da Convenção Americana e dos arts. 1º e 25 da Declaração Americana dos Direitos e Deveres do Homem?

✓ Quais são, à luz dos arts. 1º, 2º, 7º, 8º, 19 e 25 da Convenção Americana e do art. 25 da Declaração Americana dos Direitos e Deveres do Homem, as garantias do devido processo que deverão reger os processos migratórios que envolvem meninos e meninas, quando nestes processos se apliquem medidas que restrinjam a liberdade pessoal das crianças?

✓ Qual é o alcance e conteúdo do princípio de não devolução à luz dos arts. 1º, 2º, 4º, ponto 1, 5º, 7º, 8º, 19, 22, ponto 7, 22, ponto 8 e 25 da Convenção Americana, art. 13, ponto 4, da Convenção Interamericana para Prevenir e Punir a Tortura, e dos arts. 1º, 25 e 27 da Declaração Americana dos Direitos e Deveres do Homem, ao adotar-se medidas que possam implicar [n]o retorno de um menino/a a um país determinado?

✓ Que características, à luz do art. 22, ponto 7, da Convenção Americana e do art. 27 da Declaração Americana dos Direitos e Deveres do Homem, deveriam ter os procedimentos a serem empregados quando se identifica um potencial pedido de asilo ou de reconhecimento da condição de refugiado de um menino/a migrante?

✓ Qual é o alcance que se deveria conferir à proteção do direito dos meninos/as de não serem separados de seus pais nos casos em que poderia aplicar-se uma medida de deportação a um ou ambos os progenitores, como consequência de sua condição migratória, à luz dos arts. 8º, 17, 19 e 25 da Convenção Americana e arts. 6º e 25 da Declaração Americana dos Direitos e Deveres do Homem?

c) apreciação da admissão e da competência pela Corte

A Corte considerou-se competente para emitir a presente opinião consultiva

d) decisão

A Corte decidiu, por unanimidade, nos seguintes termos:

De acordo com o requerido pelos Estados solicitantes, o presente Parecer Consultivo determina a seguir, com a maior precisão possível e em conformidade com as normas citadas anteriormente, as obrigações estatais a respeito de crianças, associadas à sua condição migratória ou à de seus pais, e que os Estados devem, em consequência, considerar ao elaborar, adotar, implementar e aplicar suas políticas migratórias, incluindo nelas, conforme corresponda, tanto a adoção ou aplicação das correspondentes normas de direito interno como a assinatura ou aplicação dos tratados e/ou outros instrumentos internacionais pertinentes.

1) Tendo presente, para estes efeitos, que é criança toda pessoa que não tenha completado 18 anos de idade, os Estados devem priorizar o enfoque dos direitos humanos desde uma perspectiva que tenha em consideração, de forma transversal, os direitos das crianças e, em particular, sua proteção e desenvolvimento integral, os quais devem prevalecer sobre qualquer consideração da nacionalidade ou *status* migratório, a fim de assegurar a plena vigência de seus direitos, nos termos dos pontos 34 a 41 e 51 a 71[142] da opinião consultiva.

2) Os Estados se encontram obrigados a identificar as crianças estrangeiras que necessitam de proteção internacional dentro de suas jurisdições, através de uma avaliação inicial com garantias de segurança e privacidade, com o fim de lhes proporcionar o tratamento adequado e individualizado que seja necessário de acordo com sua condição de crianças e, em caso de dúvida sobre a idade, avaliar e determinar a mesma; determinar se se trata de uma criança desacompanhada ou separada, assim como sua nacionalidade ou, se for o caso,

Convenção Americana prevê que somente os Estados-membros e os órgãos da OEA podem consultar a Corte sobre a interpretação da Convenção Americana ou de outros tratados concernentes à proteção dos direitos humanos nos Estados Americanos, tais países decidiram assinar o pedido de consulta de forma independente do Mercosul.

142. Essa numeração é a adotada nas opiniões consultivas da Corte Interamericana, assim facilitará a busca do leitor interessado.

sua condição de apátrida; obter informação sobre os motivos de sua saída do país de origem, de sua separação familiar se for o caso, de suas vulnerabilidades e qualquer outro elemento que evidencie ou negue sua necessidade de algum tipo de proteção internacional; e adotar, caso seja necessário e pertinente, de acordo com o interesse superior da criança, medidas de proteção especial, nos termos dos pontos 72 a 107 da presente opinião consultiva.

3) Com o propósito de assegurar um acesso à justiça em condições de igualdade, garantir um efetivo devido processo e velar para que o interesse superior da criança tenha sido uma consideração primordial em todas as decisões adotadas, os Estados devem garantir que os processos administrativos ou judiciais nos quais se resolva sobre os direitos das crianças migrantes estejam adaptados a suas necessidades e sejam acessíveis a elas, nos termos dos pontos 108 a 115 da presente opinião consultiva.

4) As garantias de devido processo que, conforme o Direito Internacional dos Direitos Humanos, devem reger todo processo migratório, seja administrativo ou judicial, que envolva crianças são: o direito a ser notificado da existência de um procedimento e da decisão que se adote no âmbito do processo migratório; o direito a que os processos migratórios sejam conduzidos por um funcionário ou juiz especializado; o direito a ser ouvido e a participar nas diferentes etapas processuais; o direito a ser assistido gratuitamente por um tradutor e/ou intérprete; o acesso efetivo à comunicação e assistência consular; o direito a ser assistido por um representante legal e a comunicar-se livremente com este representante; o dever de designar um tutor no caso de crianças desacompanhadas ou separadas; o direito a que a decisão que se adote avalie o interesse superior da criança e seja devidamente fundamentada; o direito a recorrer da decisão perante um juiz ou tribunal superior com efeitos suspensivos; e o prazo razoável de duração do processo, nos termos dos pontos 116 a 143 da presente opinião consultiva.

5) Os Estados não podem recorrer à privação de liberdade de crianças para garantir os fins de um processo migratório, nem tampouco podem fundamentar tal medida no descumprimento dos requisitos para ingressar e permanecer em um país, no fato de que a criança se encontre sozinha ou separada de sua família, ou na finalidade de assegurar a unidade familiar, uma vez que podem e devem dispor de alternativas menos lesivas e, ao mesmo tempo, proteger, de forma prioritária e integral, os direitos da criança, nos termos dos pontos 144 a 160 da presente opinião consultiva.

6) Os Estados devem elaborar e incorporar em seus respectivos ordenamentos internos um conjunto de medidas não privativas de liberdade a serem aplicadas enquanto se desenvolvem os processos migratórios, que visem, de forma prioritária, a proteção integral dos direitos da criança, com estrito respeito de seus direitos humanos e do princípio de legalidade, e as decisões que ordenem estas medidas devem ser adotadas por uma autoridade administrativa ou judicial competente em um procedimento que respeite determinadas garantias mínimas, nos termos dos pontos 161 a 170 da presente opinião consultiva.

7) Os espaços de alojamento devem respeitar o princípio de separação e o direito à unidade familiar, de tal modo que no caso de crianças desacompanhadas ou separadas, devem alojar-se em locais distintos ao dos adultos e, no caso de crianças acompanhadas, devem alojar-se com seus familiares, exceto se for mais conveniente a separação, em aplicação do princípio do interesse superior da criança. Ademais, deve-se assegurar condições materiais e um regime adequado para as crianças em um ambiente não privativo de liberdade, nos termos dos pontos 171 a 184 da presente opinião consultiva.

8) Em situações de restrição de liberdade pessoal que podem constituir ou eventualmente se desdobrar, pelas circunstâncias do caso concreto, em uma medida que materialmente corresponda a uma privação de liberdade, os Estados devem respeitar as garantias que se tornam operativas diante destas situações, nos termos dos pontos 185 a 206 da presente opinião consultiva.

9) Os Estados têm a proibição de devolver, expulsar, deportar, retornar, rechaçar na fronteira ou não admitir, ou de qualquer maneira, transferir ou remover uma criança a um Estado quando sua vida, segurança e/ou liberdade estejam em risco de violação por causa de perseguição ou ameaça à mesma, violência generalizada ou violações massivas aos direitos humanos, entre outros, assim como para um Estado onde corra o risco de ser submetida a tortura ou outros tratamentos cruéis, desumanos ou degradantes, ou a um terceiro Estado a partir do qual possa ser enviado a outro no qual possa correr estes riscos, nos termos dos pontos 207 a 242 da presente opinião consultiva.

10) De acordo com o estabelecido na Convenção sobre os Direitos da Criança e outras normas de proteção dos direitos humanos, qualquer decisão sobre a devolução de uma criança ao país de origem ou a um terceiro país seguro apenas poderá basear-se nos requerimentos de seu interesse superior, tendo em consideração que o risco de violação de seus direitos humanos pode adquirir manifestações particulares e especificas em razão da idade, nos termos dos pontos 207 a 242 da presente opinião consultiva.

11) A obrigação estatal de estabelecer e realizar procedimentos justos e eficientes para identificar os potenciais solicitantes de asilo e determinar a condição de refugiado através de uma análise adequada e individualizada das petições, com as correspondentes garantias, deve incorporar os componentes específicos desenvolvidos à luz da proteção integral devida a todas as crianças, aplicando integralmente os princípios reitores e, em especial, o relativo ao interesse superior da criança e sua participação, nos termos dos pontos 243 a 262 da presente opinião consultiva.

12) Qualquer órgão administrativo ou judicial que deva decidir sobre a separação familiar por expulsão motivada pela condição migratória de um ou de ambos os progenitores deve realizar uma análise de ponderação, que contemple as circunstâncias particulares do caso concreto e garanta uma decisão individual, priorizando em cada caso o interesse superior da criança. Nas hipóteses em que a criança tem direito à nacionalidade do país do qual um ou ambos os progenitores podem ser expulsos, ou que cumpra as con-

dições legais para residir permanentemente neste país, os Estados não podem expulsar um ou ambos os progenitores por infrações migratórias de caráter administrativo, pois se sacrificaria de forma irrazoável ou desmedida o direito à vida familiar da criança, nos termos dos pontos 263 a 282 da presente opinião consultiva.

Em atenção a que as obrigações determinadas anteriormente se referem a um tema tão próprio, complexo e variável da época atual, elas devem ser entendidas como parte do desenvolvimento progressivo do Direito Internacional dos Direitos Humanos, processo no qual, consequentemente, este Parecer Consultivo se insere.

12.4. Outros Sistemas

12.4.1. Sistema Europeu

O sistema protetivo europeu está principalmente alicerçado em torno do Conselho da Europa. O Conselho da Europa é uma organização internacional de vocação regional que tem por objetivo garantir a defesa dos direitos humanos, o desenvolvimento democrático e a estabilidade político-social no continente e foi fundado, em 05.05.1949, pelo Tratado de Londres. É composto, atualmente, por 47 Estados-membros.

Seu principal instrumento protetivo é a Convenção Europeia de Direitos Humanos de 1950, que entrou em vigor em 03.09.1953 (data do depósito do décimo instrumento de ratificação) e que instituiu a Comissão Europeia de Direitos Humanos e a Corte Europeia. Mas, por meio do Protocolo 11, a Comissão e a Corte foram substituídas por uma Corte de Direitos Humanos reformulada. Tal reformulação teve por objetivo dotar o sistema europeu de maior compulsoriedade.

Esse mesmo protocolo tornou a Corte competente para receber petições individuais. Essa possibilidade tem contribuído em muito para o evolver do sistema protetivo europeu, pois democratiza seu manejo e aumenta a capilaridade de seu monitoramento.

O único problema é que a Convenção Europeia dos Direitos Humanos apenas trata dos direitos civis e políticos. Destarte, o outro instrumento protetivo de suma importância para o sistema europeu é a Carta Social Europeia, pois essa cuida dos direitos econômicos, sociais e culturais.

A Carta Social Europeia foi adotada em 1961 e a Carta Social Europeia Revisada foi adotada em 1996. A Carta conta com o Comitê Europeu dos Direitos Sociais para auxiliar sua implementação. Percebe-se que a Corte Europeia de Direitos Humanos cuida somente da aplicação da Convenção Europeia de Direitos Humanos (direitos civis e políticos).

12.4.2. Sistema Africano

A União Africana – UA – foi fundada em 2002 e é a organização que sucedeu a Organização da Unidade Africana – OUA, essa criada no ano de 1963.

O principal instrumento protetivo do sistema africano é a Carta Africana dos Direitos Humanos e dos Povos, de 1981, a qual instituiu a Comissão Africana de Direitos Humanos para operacionalizar o sistema. Cabe destacar que foi apenas com a Carta Africana que ficou estabelecido, de fato, um sistema regional de proteção dos direitos humanos no continente africano. Em ordem cronológica, é o terceiro sistema de proteção, aparecendo depois do global e do interamericano.

Sem prejuízo de esclarecer que a OUA já atuava no campo dos refugiados (Convenção sobre Governança dos Aspectos Específicos dos Refugiados, de 1969). "A questão dos refugiados, contudo, é específica, e não representou uma prévia do sistema. Ou seja, a adoção do tratado sobre refugiados não foi a primeira etapa de um projeto para a proteção dos direitos humanos na África, mas um caso particular, um problema que exigia solução. O papel de início do sistema regional africano pertence à Carta Africana[143]".

A OUA estava focada primordialmente no fortalecimento do processo de emancipação da África em relação aos seus colonizadores. E como bem lembra Marina Feferbaum, "... os países africanos soberanos, que, na maior parte, haviam acabado de conquistar suas soberanias, não aceitavam qualquer ideia de interferência externa, o que explica a aversão à implantação de um sistema de proteção de direitos humanos. Dito de outra maneira, a criação de mecanismos de proteção de direitos humanos, ainda que tal atividade se limitasse à função de monitoramento, seria demasiadamente invasiva aos olhos de Estados 'majoritariamente recém-independentes, que protegiam obsessivamente sua liberdade e repudiavam qualquer medida que sugerisse interferência externa nos seus assuntos internos[144]". Portanto, percebe-se que o surgimento de um sistema organizado de proteção dos direitos humanos na África aconteceu com a adoção da supracitada Carta.

A Corte Africana de Direitos Humanos só foi instituída em 1998 pelo Protocolo à Carta (Protocolo Burkina Faso). E em 11.07.2003 foi adotado o Protocolo sobre os Direitos das Mulheres Africanas, o qual detalhou e expandiu os direitos das mulheres (principalmente os que combatem a discriminação de gênero).

É importante apontar que a Carta Africana é o único tratado regional de proteção dos direitos humanos que prevê conjuntamente os direitos civis e políticos como também os econômicos, sociais e culturais. A Carta também trata o direito ao desenvolvimento (direito coletivo, isto é, direito do povo) como direito humano e não prevê a cláusula geral de derrogação (comum nos tratados de direitos humanos), que permite ao Estado se desobrigar dos compromissos, assumidos por meio de tratado, em tempos de "emergência". Exemplos de emergência são a guerra, o perigo público, ou qualquer outra situação que ameace a independência ou segurança do Estado.

12.4.3. Sistema Árabe

A Liga de Estados Árabes é uma organização de estados árabes fundada em 1945.

Seu principal instrumento protetivo é a Carta Árabe de Direitos Humanos, a qual instituiu a Comissão Árabe de Direitos Humanos e a Corte Árabe.

143. FEFERBAUM, Marina. *Proteção Internacional dos Direitos Humanos – Análise do Sistema Africano*. São Paulo: Saraiva, 2012. p. 71.

144. FEFERBAUM, Marina. *Proteção Internacional dos Direitos Humanos – Análise do Sistema Africano*. São Paulo: Saraiva, 2012. p. 72-73.

13. SISTEMA AMERICANO DE PROTEÇÃO ESPECÍFICA

Passemos à análise pontual dos instrumentos regionais de proteção específica dos direitos humanos. Conforme dito anteriormente, tais instrumentos são considerados específicos, regra geral, por protegerem indivíduos determinados e não todos os seres humanos, ou por cuidarem de temas específicos.

13.1. Convenção Interamericana para Prevenir e Punir a Tortura

13.1.1. Apresentação

A Convenção, adotada em 09.12.1985, em Cartagena, na Colômbia, e promulgada no Brasil em 09.12.1989 pelo Decreto 98.386, tem por fundamento a consciência de que todo ato de tortura ou outros tratamentos ou penas cruéis, desumanos ou degradantes constituem uma ofensa à dignidade humana.

13.1.2. Definição de tortura

Por tortura entende-se todo ato pelo qual são infligidos intencionalmente a uma pessoa penas ou sofrimentos físicos ou mentais, com fins de investigação criminal, como meio de intimidação, como castigo pessoal, como medida preventiva, como pena ou com qualquer outro fim[145]. Entende-se também como tortura a aplicação em uma pessoa de métodos tendentes a anular a personalidade da vítima ou a diminuir sua capacidade física ou mental, embora não causem dor física ou angústia psíquica (art. 2º da Convenção).

Percebe-se que a existência de finalidade é imprescindível para caracterização do delito; é formulada de forma bastante ampla pelo art. 2º acima citado.

13.1.2.1. Elementos constitutivos

A Corte já categorizou os elementos constitutivos da tortura, quais são: a) um ato intencional; b) que ocasione severos sofrimentos físicos e mentais; c) que seja cometido com determinado fim ou propósito[146].

Em relação ao primeiro requisito, a Corte Interamericana exige que exista intenção por detrás da conduta lesiva e exclui a possibilidade de considerar como tortura um ato proveniente de grave negligência ou de caso fortuito[147].

13.1.3. Sujeitos ativos do crime de tortura

E consoante ao art. 3º, *a* e *b*, da Convenção, apenas os funcionários ou empregados públicos, ou ainda os particulares, desde que instigados pelos dois primeiros, podem ser sujeitos ativos do crime de tortura.

É muito importante a ressalva do art. 4º: "O fato de haver agido por ordens superiores não eximirá da responsabilidade penal correspondente".

13.1.4. Declarações obtidas por meio de tortura não servem como prova

Outro ponto que merece destaque é o que se encontra disposto no art. 10 da Convenção: "as declarações obtidas por meio de tortura não podem ser admitidas como prova em processo, salvo em processo instaurado contra a pessoa acusada de havê-las obtido mediante atos de tortura e unicamente como prova de que, por esse meio, o acusado obteve tal declaração".

13.1.5. Obrigação dos Estados-partes

Os Estados-partes têm obrigação de proibir a tortura, esta não podendo ser praticada nem mesmo em circunstâncias excepcionais.

Igualmente ao previsto na Convenção da ONU contra a Tortura e outros Tratamentos ou Penas Cruéis, Desumanos ou Degradantes, os Estados-partes se obrigam a punir os torturadores, independentemente do país em que a tortura tenha sido realizada e da nacionalidade do torturador. Percebe-se que a Convenção Interamericana também estabeleceu jurisdição compulsória e universal para julgar os acusados de tortura. Consoante o comentado no subitem 10.3, a compulsoriedade da jurisdição determina que os Estados-partes devem punir os torturadores, independentemente do local onde o crime foi cometido e da nacionalidade do torturador e da vítima. E a universalidade da jurisdição determina que os Estados-partes processem ou extraditem o suspeito da prática de tortura, independentemente da existência de tratado prévio de extradição.

13.1.6. Mecanismos de monitoramento

Para monitorar o cumprimento das obrigações constantes na Convenção, a Comissão Interamericana de Direitos Humanos recebe relatórios confeccionados pelos Estados-partes, os quais auxiliam a confecção do relatório anual da Comissão.

13.2. Convenção Interamericana sobre o Desaparecimento Forçado de Pessoas

13.2.1. Apresentação

A Convenção, adotada em 09.06.1994, em Belém do Pará, no Brasil, e ainda não ratificada pelo Brasil, tem por fundamento a consciência de que o desaparecimento forçado de pessoas viola múltiplos direitos essenciais da pessoa humana, de caráter irrevogável. A Corte Interamericana classifica essa violação como de caráter pluriofensivo, posto que infringe o direito à vida (art. 4º da Convenção Americana), à integridade pessoal (art. 5º), à liberdade pessoal (art. 7º) e o direito a personalidade jurídica (art. 3º)[148]

145. No caso – Mendoza y Otros *vs*. Argentina –, a Corte Interamericana condenou a República da Argentina pela violação, dentre outros, dos arts. 1, 6 e 8 da Convenção Interamericana para Prevenir e Punir a Tortura em prejuízo de algumas das vítimas. A sentença foi proferida no dia 14.05.2013. Para acessar o caso em seu inteiro teor, basta acessar o seguinte endereço eletrônico: http://www.corteidh.or.cr/docs/casos/articulos/seriec_260_esp.pdf. Outro caso parecido é o García Lucero y Otros vs. Chile: http://www.corteidh.or.cr/docs/casos/articulos/seriec_267_esp.pdf.

146. *Caso Bueno Alves vs. Argentina*, item 78 da decisão.

147. STEINER, Christian e URIBE, Patricia (Editores). Konrad Adenauer Stiftung. Bolívia: Plural editores, 2014. p. 144.

148. Corte IDH. *Caso Gelman vs. Uruguai*. Mérito e reparações. Sentença de 24.02.2011. Item 77 da decisão; Corte IDH. *Caso Anzualdo Castro vs. Perú*. Exceções preliminares, mérito, reparações e custas.

13.2.2. *Definição de desaparecimento forçado*

Por desaparecimento forçado entende-se a privação da liberdade de uma ou mais pessoas, seja de que forma for, praticada por agentes do Estado ou por pessoas ou grupos de pessoas que atuem com autorização, apoio ou consentimento do Estado, seguida de falta de informação ou da recusa em reconhecer a privação de liberdade ou informar sobre o paradeiro do desaparecido, impedindo assim o exercício dos recursos legais e das garantias processuais pertinentes (art. 2º da Convenção). O art. 3º dispõe que o desaparecimento forçado será considerado delito continuado ou permanente enquanto não se estabelecer o destino ou o paradeiro da vítima.

Na jurisprudência da Corte Interamericana, especialmente na sentença do caso *González Medina e Familiares vs. República Dominicana*, se reafirmaram os elementos configuradores do delito de desaparecimento forçado: a) a privação de liberdade; b) a intervenção ou aquiescência de agentes estatais; c) a negativa de reconhecer a detenção e de revelar o paradeiro do interessado[149].

13.2.3. *Obrigação dos Estados-partes*

Os Estados-partes têm obrigação de não praticar (atuação estatal negativa) e punir (atuação estatal positiva) o desaparecimento forçado de pessoas.

Igualmente ao previsto na Convenção da ONU contra a Tortura e outros Tratamentos ou Penas Cruéis, Desumanos ou Degradantes e na Convenção Interamericana para Prevenir e Punir a Tortura, os Estados-partes se obrigam a punir os participantes no delito de desaparecimento forçado, independentemente do país em que o desaparecimento tiver sido realizado e da nacionalidade do autor do delito. Percebe-se que a Convenção Interamericana sobre o Desaparecimento Forçado de Pessoas também estabeleceu jurisdição compulsória e universal para julgar os acusados desse delito. A compulsoriedade da jurisdição determina que os Estados-partes devem punir os autores do delito, independentemente do local onde o crime foi cometido e da nacionalidade do violador e da vítima. E a universalidade da jurisdição determina que os e Estados-partes processem ou extraditem o suspeito da prática de desaparecimento forçado, independentemente da existência de tratado prévio de extradição.

13.2.4. *Mecanismos de monitoramento*

Para monitorar o cumprimento, pelos Estados-partes, das obrigações constantes na Convenção, a Comissão Interamericana de Direitos Humanos receberá petições individuais e comunicações interestatais sobre um suposto desaparecimento forçado.

Sentença de 22.09.2009. Item 63 da decisão; y Corte IDH. *Caso Ibsen Cárdenas e Ibsen Peña vs. Bolivia*. Mérito, reparações e custas. Sentença de 01.09.2010. Item 63 da decisão.

149. Corte IDH. *Caso González Medina e familiares vs. República Dominicana*. Sentença de 27.02.2012. Item 128 da decisão; Corte IDH. *Caso Gómez Palomino vs. Perú*. Mérito, reparações e custas. Sentença de 22.11.2005. Item 97 da decisão; e Corte IDH. *Caso Torres Millacura e outros vs. Argentina*. Mérito, reparações e custas. Sentença de 26.08.2011. Item 95 da decisão.

13.3. Convenção Interamericana para Prevenir, Punir e Erradicar a Violência contra a Mulher (Direito das Mulheres)

13.3.1. *Apresentação*

A Convenção Interamericana para Prevenir, Punir e Erradicar a Violência contra a Mulher(também conhecida como Convenção de Belém do Pará), adotada em 09.06.1994, em Belém do Pará, no Brasil, e promulgada no Brasil em 01.08.1996 pelo Decreto 1.973, tem por fundamento a consciência de que a eliminação da violência contra a mulher é condição indispensável para seu desenvolvimento individual e social e sua plena e igualitária participação em todas as esferas da vida.

13.3.2. *Definição de violência contra a mulher*

Por violência contra a mulher entende-se qualquer ato ou conduta baseados no gênero, que causem morte, dano ou sofrimento físico, sexual ou psicológico à mulher, tanto na esfera pública como na esfera privada (art. 1º da Convenção).

A Convenção, em seu art. 2º, define de maneira mais exata as três situações em que a violência contra a mulher pode ser configurada: **a)** dentro da família ou unidade doméstica ou em qualquer outra relação interpessoal, em que o agressor conviva ou tenha convivido no mesmo domicílio que a mulher e que compreende, entre outros, estupro, violação, maus-tratos e abuso sexual; **b)** na comunidade e seja perpetrada por qualquer pessoa e que compreende, entre outros, violação, abuso sexual, tortura, maus-tratos de pessoas, tráfico de mulheres, prostituição forçada, sequestro e assédio sexual no lugar de trabalho, bem como em instituições educacionais, estabelecimentos de saúde ou qualquer outro lugar; e **c)** perpetrada ou tolerada pelo Estado ou seus agentes, onde quer que ocorra.

13.3.3. *Obrigação dos Estados-partes*

Os Estados-partes têm a obrigação de punir todas as formas de violência contra a mulher e de adotar políticas destinadas a prevenir e erradicar tal violência.

13.3.4. *Mecanismos de monitoramento*

Para monitorar o cumprimento das obrigações constantes na Convenção, a Comissão Interamericana de Mulheres receberá relatórios confeccionados pelos Estados-partes (art. 10 da Convenção) e a Comissão Interamericana de Direitos Humanos receberá petições individuais. Esse último sistema permite que qualquer pessoa, grupo de pessoas ou entidade não governamental juridicamente reconhecida em um ou mais Estados-membros da Organização enviem à Comissão Interamericana de Direitos Humanos petições com o fito de denunciar as violações contra os direitos consagrados na Convenção Interamericana para Prevenir, Punir e Erradicar a Violência contra a Mulher.

13.4. Convenção Interamericana para a Eliminação de Todas as Formas de Discriminação contra as Pessoas Portadoras de Deficiência

13.4.1. *Apresentação*

A Convenção, adotada em 07.06.1999, na Cidade da Guatemala, na Guatemala, e promulgada pelo Brasil em

08.10.2001 pelo Decreto 3.956, tem por fundamento a consciência de que as pessoas portadoras de deficiência têm os mesmos direitos humanos e liberdades fundamentais que outras pessoas e que esses direitos, inclusive o de não serem submetidas à discriminação com base na deficiência, emanam da dignidade e da igualdade que são inerentes a todo ser humano.

13.4.2. *Definição de deficiência*

Por deficiência entende-se a restrição física, mental ou sensorial, de natureza permanente ou transitória, que limita a capacidade de exercer uma ou mais atividades essenciais da vida diária, causada ou agravada pelo ambiente econômico e social (art. 1º da Convenção).

13.4.3. *Obrigação dos Estados-partes*

Os Estados-partes têm obrigação de eliminar todas as formas de discriminação contra as pessoas portadoras de deficiência e de propiciar sua plena integração à sociedade.

13.4.4. *Mecanismos de monitoramento*

Para monitorar o cumprimento das obrigações constantes na Convenção e exercer o controle de convencionalidade internacional, foi criada a Comissão para a Eliminação de Todas as Formas de Discriminação contra as Pessoas Portadoras de Deficiência, que recebe relatórios confeccionados pelos Estados-partes, os quais auxiliam a confecção dos relatórios da Comissão.

13.5. Convenção Interamericana contra a Corrupção (Administração da Justiça)

13.5.1. *Apresentação*

A Convenção, adotada em 29.03.1996, na cidade de Caracas, na Venezuela, e promulgada no Brasil em 07.10.2002 pelo Decreto 4.410, tem por fundamento a consciência de que a corrupção solapa a legitimidade das instituições públicas e atenta contra a sociedade, a ordem moral e a justiça, bem como contra o desenvolvimento integral dos povos, e de que a democracia representativa, condição indispensável para a estabilidade, a paz e o desenvolvimento da região, exige, por sua própria natureza, o combate a toda forma de corrupção no exercício das funções públicas e aos atos de corrupção especificamente vinculados a seu exercício.

13.5.2. *Propósitos*

O art. 2º lista os dois grandes propósitos dessa Convenção: **a)** promover e fortalecer o desenvolvimento, por cada um dos Estados-partes, dos mecanismos necessários para prevenir, detectar, punir e erradicar a corrupção; e **b)** promover, facilitar e regular a cooperação entre os Estados-partes a fim de assegurar a eficácia das medidas e ações adotadas para prevenir, detectar, punir e erradicar a corrupção no exercício das funções públicas, bem como os atos de corrupção especificamente vinculados a seu exercício.

13.5.3. *Tipificação dos atos de corrupção*

Por sua vez, os atos de corrupção são tipificados pelo art. 6º, ponto 1, da Convenção:

a) a solicitação ou a aceitação, direta ou indiretamente, por um funcionário público ou pessoa que exerça funções públicas de qualquer objeto de valor pecuniário ou de outros benefícios como dádivas, favores, promessas ou vantagens para si mesmo, para outra pessoa ou para entidade em troca da realização ou omissão de qualquer ato no exercício de suas funções públicas;

b) a oferta ou outorga, direta ou indiretamente, a um funcionário público ou pessoa que exerça funções públicas de qualquer objeto de valor pecuniário ou de outros benefícios como dádivas, favores, promessas ou vantagens a esse funcionário público, outra pessoa ou entidade em troca da realização ou omissão de qualquer ato no exercício de suas funções públicas;

c) a realização, por parte de um funcionário público ou pessoa que exerça funções públicas, de qualquer ato ou omissão no exercício de suas funções, a fim de obter ilicitamente benefícios para si mesmo ou para um terceiro;

d) o aproveitamento doloso ou a ocultação de bens provenientes de qualquer dos atos a que se refere o citado artigo; e

e) a participação, como autor, coautor, instigador, cúmplice, acobertador ou mediante qualquer outro modo na perpetração, na tentativa de perpetração ou na associação ou confabulação para perpetrar qualquer dos atos a que se refere o artigo.

13.5.4. *Obrigação dos Estados-partes*

Os Estados-partes têm a obrigação de adotar as medidas que forem necessárias para estabelecer sua jurisdição sobre os delitos tipificados nessa Convenção, quando estes forem cometidos em seu território, ou por um de seus cidadãos, ou por uma pessoa que tenha sua residência habitual em seu território, ou ainda quando o suspeito se encontrar em seu território e a referida parte não o extraditar para outro país por motivo da nacionalidade do suspeito (art. 5º da Convenção).

Percebe-se que a Convenção Interamericana contra a Corrupção também estabeleceu jurisdição compulsória e universal para julgar os acusados desse delito. A compulsoriedade da jurisdição determina que os Estados-partes devem punir os autores do delito, independentemente do local onde o crime tiver sido cometido e da nacionalidade do violador e da vítima. E a universalidade da jurisdição determina que os Estados-partes processem ou extraditem o suspeito da prática de desaparecimento forçado, independentemente da existência de tratado prévio de extradição.

13.5.5. *Cooperação desejada*

O art. 20 assim determina:

"Nenhuma das normas desta Convenção será interpretada no sentido de impedir que os Estados-partes prestem, reciprocamente, cooperação com base no previsto em outros acordos internacionais, bilaterais ou multilaterais, vigentes ou que forem celebrados no futuro entre eles, ou em qualquer outro acordo ou prática aplicável".

13.5.6. *Mecanismos de monitoramento*

É importante notar que essa Convenção não estatui mecanismo de controle da aplicação de seus preceitos, ou seja, o controle de convencionalidade internacional não poderá ser exercitado.

13.6. Convenção Interamericana contra o Terrorismo

13.6.1. *Apresentação*

A Convenção, adotada em 03.06.2002, na cidade de Bridgetown, em Barbados, e promulgada no Brasil em 26.12.2005 pelo Decreto 5.639, tem por fundamento a consciência compartilhada de que o terrorismo constitui uma grave ameaça para os valores democráticos e para a paz e a segurança internacionais e é causa de profunda preocupação para todos os Estados-membros.

13.6.2. *Objetivo e destaques*

A Convenção, já no seu art. 1º, explicita que o seu objetivo é prevenir, punir e eliminar o terrorismo. E os arts. 7º ao 9º traçam formas de cooperação entre os Estados-membros para garantir a efetividade no combate ao terrorismo. Pela leitura da Convenção percebe-se que não ficou estabelecido um conceito de terrorismo. Pelo contrário, a redação do art. 2º aponta que os delitos de terrorismo são aqueles previstos em alguns instrumentos internacionais (10 foram listados[150]).

Alguns pontos da Convenção ganham destaque devido sua relação explícita com o tema dos direitos humanos. Por exemplo, os arts. 12 e 13 defendem a denegação da condição de refugiado e a denegação de asilo. Essa é a redação do art. 12: "Cada Estado-parte adotará as medidas cabíveis, em conformidade com as disposições pertinentes do direito interno e internacional, para assegurar que não se reconheça a condição de refugiado a pessoas com relação às quais haja motivos fundados para considerar que cometeram um delito estabelecido nos instrumentos internacionais enumerados no art. 2º desta Convenção". E o art. 13 a seguinte: "Cada Estado-parte adotará as medidas cabíveis, em conformidade com as disposições pertinentes do direito interno e internacional, a fim de assegurar que não se conceda asilo a pessoas com relação às quais existam motivos fundados para se considerar que cometeram um delito estabelecido nos instrumentos internacionais enumerados no art. 2 desta Convenção".

Entretanto, o art. 15 cobra respeito aos direitos humanos. Segue redação do artigo citado:

"1. As medidas adotadas pelos Estados-partes em decorrência desta Convenção serão levadas a cabo com pleno respeito ao Estado de Direito, aos direitos humanos e às liberdades fundamentais; 2. Nada do disposto nesta Convenção será interpretado no sentido de desconsiderar outros direitos e obrigações dos Estados e das pessoas, nos termos do direito internacional, em particular a Carta das Nações Unidas, a Carta da Organização dos Estados Americanos, o direito internacional humanitário, o direito internacional dos direitos humanos e o direito internacional dos refugiados; 3. A toda pessoa que estiver detida ou com relação à qual se adote quaisquer medidas ou que estiver sendo processada nos termos desta Convenção será garantido um tratamento justo, inclusive o gozo de todos os direitos e garantias em conformidade com a legislação do Estado em cujo território se encontre e com as disposições pertinentes do direito internacional".

14. INTERPRETAÇÃO E APLICAÇÃO

Após analisarmos os sistemas internacionais de proteção dos direitos humanos, podemos perceber que em determinadas situações ocorre uma sobreposição de normas, oriundas do sistema global, do regional e do nacional. Mas, como já anunciado, isso não se reflete em problema, pois o que se busca é a substancial proteção dos direitos humanos. Destarte, o sistema que estiver mais bem organizado para proteger o indivíduo no caso será o aplicado. Em outras palavras, os sistemas não competem, mas se completam (paradigma da proteção compartilhada dos direitos humanos).

Depois dessa breve introdução sobre a especificidade da tarefa interpretativa dos estudiosos dos direitos humanos, passemos a análise pontual dos principais princípios interpretativos desse ramo do Direito.

14.1. Princípio da primazia da norma mais favorável ou benéfica

Em se tratando de interpretação e de aplicação das regras protetivas de direitos humanos, deve-se ter por fundamento o *princípio da primazia da norma mais favorável à vítima*, o qual determina a busca da maior efetividade possível na proteção dos direitos humanos.

Portanto, de modo geral, os sistemas protetivos global, regional e nacional interagem e complementam-se para melhor proteger o indivíduo dos abusos perpetrados contra sua dignidade humana. Esse exercício foi denominado, por Erik Jaime[151], de o *diálogo das fontes*[152], ou seja, os diversos

150. **a)** Convenção para a Repressão do Apoderamento Ilícito de Aeronaves, assinada na Haia em 16.12.1970; **b)** Convenção para a Repressão de Atos Ilícitos contra a Segurança da Aviação Civil, assinada em Montreal em 23.12.1971; **c)** Convenção sobre a Prevenção e Punição de Crimes contra Pessoas que Gozam de Proteção Internacional, Inclusive Agentes Diplomáticos, adotada pela Assembleia Geral das Nações Unidas em 14.12.1973; **d)** Convenção Internacional contra a Tomada de Reféns, adotada pela Assembleia Geral das Nações Unidas em 17.12.1979; **e)** Convenção sobre a Proteção Física dos Materiais Nucleares, assinada em Viena em 03.12.1980; **f)** Protocolo para a Repressão de Atos Ilícitos de Violência nos Aeroportos que Prestem Serviços à Aviação Civil Internacional, complementar à Convenção para a Repressão de Atos Ilícitos contra a Segurança da Aviação Civil, assinado em Montreal em 24.12.1988; **g)** Convenção para a Supressão de Atos Ilegais contra a Segurança da Navegação Marítima, feita em Roma em 10.12.1988; **h)** Protocolo para a Supressão de Atos Ilícitos contra a Segurança das Plataformas Fixas Situadas na Plataforma Continental, feito em Roma em 10.12.1988; **i)** Convenção Internacional para a Supressão de Atentados Terroristas a Bomba, adotada pela Assembleia Geral das Nações Unidas em 15.12.1997; **j)** Convenção Internacional para a Supressão do Financiamento do Terrorismo, adotada pela Assembleia Geral das Nações Unidas em 09.12.1999.

151. *Identité culturelle et integration: le droit international privé postmoderne.* Séries Recueil des Cours de l'Académie de Droit International de la Haye 251, 1995.

152. O citado diálogo também é previsto expressamente no art. 29, *b*, da Convenção Americana de Direitos Humanos.

sistemas de proteção (fontes heterogêneas) são coordenados para garantir a maior tutela possível da dignidade da pessoa humana – dessa forma, o sistema com maiores possibilidades de garantir a proteção no caso específico será o eleito, podendo até haver uma aplicação conjunta dos sistemas, desde que apropriada. A Constituição brasileira traz previsão expressa da "cláusula de diálogo ou dialógica" no seu art. 4º, II.

Além disso, nenhuma lei ou norma de direito interno, como as disposições de anistia, as regras de prescrição e outras excludentes de responsabilidade, podem impedir que um Estado cumpra essa obrigação, especialmente quando se tratar de graves violações de direitos humanos que constituam crimes contra a humanidade, como os de lesa-humanidade, pois são inanistiáveis e imprescritíveis.

Pelo visto sobre esse princípio, na análise do caso concreto deve-se sempre buscar a norma que mais irá beneficiar a situação vítima. Desse modo, os critérios tradicionais de solução aparente de conflito entre normas (hierarquia, especialidade e cronologia) não podem ser aplicados na interpretação dos direitos humanos.

14.2. Princípio *pro homine*

De outra perspectiva, há o importante *princípio pro homine*, segundo o qual a interpretação das regras protetivas dos direitos humanos deve ser sempre favorável ao seu destinatário, ou seja, o indivíduo; e nunca em prol dos Estados, que se beneficiariam de interpretações restritivistas. Aliás, conforme já apontado, a especificidade dos tratados de direitos humanos – ao contrário dos tradicionais, que visam compor os interesses dos Estados – está na garantia do exercício de direitos pelos indivíduos.

Esse princípio dá fundamento as regras dispostas nas alíneas do art. 29 da Convenção Americana de Direitos Humanos:

"Nenhuma disposição da presente Convenção pode ser interpretada no sentido de:

a) permitir a qualquer dos Estados-partes, grupo ou indivíduo, suprimir o gozo e o exercício dos direitos e liberdades reconhecidos na Convenção ou limitá-los em maior medida do que a nela prevista;

b) limitar o gozo e exercício de qualquer direito ou liberdade que possam ser reconhecidos em virtude de leis de qualquer dos Estados-partes ou em virtude de Convenções em que seja parte um dos referidos Estados;

c) excluir outros direitos e garantias que são inerentes ao ser humano ou que decorrem da forma democrática representativa de governo;

d) excluir ou limitar o efeito que possam produzir a Declaração Americana dos Direitos e Deveres do Homem e outros atos internacionais da mesma natureza."

14.2.1. Três linhas interpretativas

Esse princípio deu azo à construção de três linhas interpretativas pela jurisprudência internacional: **a)** interpretação sistemática dos direitos: objetiva o reconhecimento de direitos implícitos mediante a análise holística das regras protetivas dos direitos humanos[153]; **b)** interpretação restritiva das limitações de direitos[154]: tudo para impedir ao máximo a diminuição da proteção da pessoa humana; e **c)** preenchimento de lacunas e omissões em benefício do indivíduo[155].

14.3. Princípio da máxima efetividade

Outro princípio que merece ser citado é o da *máxima efetividade*, que propugna o papel da interpretação dos direitos humanos no atingimento da plena aplicabilidade de seus preceitos, conferindo, dessa forma, maior proteção à pessoa humana, posto que efetiva. Mediante tal princípio interpretativo, o argumento reacionário de que os direitos humanos são meras normas programáticas cairia por terra.

14.4. Princípio da interpretação autônoma

Por sua vez, o *princípio da interpretação autônoma* defende que "os conceitos e termos inseridos nos tratados de direitos humanos podem possuir sentidos *próprios*, distintos dos sentidos a eles atribuídos pelo direito interno, para dotar de maior efetividade os textos internacionais de direitos humanos[156]". Essa colocação pode ser aplicada na interpretação dos textos "nacionais" de direitos humanos também, sempre em respeito à especificidade do campo de conhecimento destes e à necessidade de garantir a máxima efetividade de seus preceitos protetivos e emancipadores da pessoa humana. Esse princípio é de grande utilização pela Corte Europeia dos Direitos Humanos.

14.5. Princípio da interpretação evolutiva dos direitos humanos

A interpretação dos direitos humanos deve também ter por base o *princípio da interpretação evolutiva dos direitos humanos*. Esse princípio é de grande razoabilidade, pois os direitos humanos contam com inúmeros termos de conceito fluido, que demandam uma interpretação atual para sua pertinente aplicação. Sabe-se que o direito é apenas uma parcela da cultura geral, criada pelo e para o bem do homem, logo se trata de uma construção dinâmica, que assume novas formas ao longo do tempo. Por isso, os direitos humanos devem ser interpretados e aplicados em consonância com os valores atuais de determinada sociedade.

Nesse sentido, a Corte Interamericana assinalou que os tratados de direitos humanos são instrumentos vivos, cuja

153. André de Carvalho Ramos (*op. cit.*, p. 82-83) cita a decisão da Corte Europeia dos Direitos Humanos no caso Golder como emblemático dessa linha interpretativa alicerçada no princípio *pro homine*.

154. No sistema interamericano de proteção dos direitos humanos esse princípio está previsto no art. 29, *b*, da Convenção Americana e a Corte o aplica nos casos que julga, como, por exemplo, no caso *do Massacre de Mapiripán* vs. Colômbia (item 188 da decisão).

155. "(...) No caso da 'denúncia' peruana do reconhecimento da jurisdição obrigatória da Corte Interamericana de Direitos Humanos de 1999, a Corte, em decisões históricas, considerou desprovido tal ato, uma vez que a Convenção Americana de Direitos Humanos, apesar de omissa quanto à possibilidade de denúncia do reconhecimento de jurisdição obrigatória, possui dispositivo expresso que veda o retrocesso ou qualquer diminuição na proteção já acordada ao indivíduo" (RAMOS, *op. cit.*, p. 83-84).

156. RAMOS, *op. cit.*, p. 87.

interpretação tem que acompanhar a evolução dos tempos e as condições de vida atuais[157]. A Corte Europeia de Direitos Humanos possui decisões similares[158].

14.6. Teoria da margem de apreciação

A teoria da margem de apreciação é muito utilizada na interpretação dos direitos humanos, sobretudo pela Corte Europeia dos Direitos Humanos. Ela funciona como um freio para os juízes internacionais, pois impede a análise de uma situação concreta de desrespeito dos direitos da pessoa humana, em função das características de complementaridade e subsidiariedade que os sistemas protetivos internacionais dos direitos humanos possuem.

Importante destacar que até a edição do Protocolo nº 15 não existia uma previsão expressa da doutrina da margem de apreciação nacional na Convenção Europeia e seus Protocolos. O artigo 1º do Protocolo 15 prevê um acréscimo ao preâmbulo da Convenção para reafirmar o princípio da subsidiariedade e que os estados possuem uma margem de apreciação. Agora estava previsto literalmente, na Convenção, a doutrina da margem de apreciação.

Essa teoria permite a diferenciação de temas nos direitos humanos, pois alguns não poderiam ser processados nos sistemas internacionais por dizerem respeito à matéria de grande sensibilidade nacional (umbilicalmente relacionada ao interesse público), que, por essa razão, deve ser analisada internamente pelos juízes nacionais. Como também de temas que ainda não possuem um grande desenvolvimento conceitual no direito comum inerente aos sistemas internacionais de proteção dos direitos humanos.

Em poucas palavras, a equação interesse público/direitos humanos deve ser preferencialmente balanceada pelo próprio Estado (inserida em sua margem de apreciação), mesmo que disso surja qualquer violação dos direitos humanos, pois estando em contato direto com a realidade de seus países, as autoridades nacionais estão, em princípio, melhor preparadas que a jurisdição internacional para avaliar as sensibilidades e os contextos locais. Assim, a mitigação destes últimos em prol do interesse público em dado caso é obra exclusiva do Estado pela teoria da margem de apreciação.

Mas essa teoria não pode ser adotada cruamente. Nesse sentido, reproduzo consideração do Prof. André de Carvalho Ramos:

✓ "o uso da margem de apreciação é controlado pela Corte Europeia dos Direitos Humanos, sendo sempre ponderado pelo princípio da proporcionalidade. No caso de condutas estatais restritivas de direitos protegidos desproporcionais e irrazoáveis, pode a Corte Europeia declarar a violação da Convenção Europeia de Direitos Humanos[159]".

O perigo da teoria da margem de apreciação reside em relativizar a proteção dos direitos humanos, pois tais poderiam ser desrespeitados em dado momento pela concordância majoritária de certa sociedade sobre o alcance de seu interesse público. Afortunadamente, essa teoria não tem a mesma acolhida na Corte Interamericana de Direitos Humanos.[160]

15. DIREITOS HUMANOS NO BRASIL

A Constituição Federal de 1998 torna nuclear o tema dos direitos humanos. Nunca na história brasileira os direitos fundamentais foram tratados de maneira tão ampla e minuciosa por um diploma constitucional. Antes de analisarmos o tratamento conferido pela CF 88, vamos trazer um rápido histórico do tratamento dispensado aos direitos fundamentais pelas antigas constituições brasileiras.

15.1. Histórico das Constituições

Faremos uma explanação evolutiva de caráter acumulativo, isto é, sobre os direitos incorporados por um texto constitucional, sem repetir os já citados, enfocando assim as novidades, os avanços e os retrocessos das Constituições.

15.1.1. Constituição de 1824

Trata-se da primeira Constituição brasileira, a qual se inscreve de maneira muito importante no processo de consolidação da independência e de construção do Estado brasileiro. Trata, em seu título 8º, das disposições gerais e das garantias dos direitos civis e políticos dos cidadãos brasileiros.

Essa Constituição é conhecida por ter sida outorgada pelo imperador D. Pedro I, após ter dissolvido a Assembleia Constituinte que fora instalada para a confecção da primeira Constituição brasileira, e por criar um sistema político monárquico, hereditário e constitucional, além de manter a religião católica apostólica romana como oficial, permitindo-se apenas o culto particular de outras religiões – apesar dessa previsão, na prática a liberdade religiosa era total. Outros pontos de destaque dessa Constituição são o estabelecimento do voto indireto e censitário (com exclusão das mulheres e dos analfabetos) e a divisão política do país em províncias, sendo o presidente de cada uma escolhido pelo imperador (configuração de um Estado unitário).

O ponto mais inovador da Constituição de 1824 foi a instituição do Poder Moderador (que compunha a divisão do poder político juntamente com o Executivo, o Legislativo e o Judiciário), cujo surgimento na letra da lei foi atribuída a Martim Francisco de Andrada, um grande admirador de Benjamin Constant. Esse poder serviria para resolver impasses e assegurar o funcionamento do governo mediante a concentração das atribuições nas mãos do imperador.

157. Corte IDH. *O Direito à Informação sobre a assistência consular no marco das garantías do devido processo legal.* Opinião Consultiva 16/1999, item 114 do seu texto. E Corte IDH. *Caso do "Masacre de Mapiripán" vs. Colômbia.* Mérito, reparações e custas. Sentença de 15.09.2005, item 106 de seu texto.

158. Tribunal Europeu de Direitos Humanos. Caso *Tyrer vs. Reino Unido,* julgado em 25.04.1978. Item 31 da decisão; caso *Marckx,* julgado em 13.06.1979. Item 41 da decisão; caso *Loizidou vs. Turquia* (objeções preliminares), julgado em 23.03.1995. Item 71 da decisão.

159. RAMOS, *op. cit.,* p. 96.

160. Com exceção do *caso Castañeda Gutman vs. México* que marca uma aplicação patente dessa teoria pela Corte Interamericana.

15.1.2. Constituição de 1891

No dia 25.11.1889 foi fundada a República brasileira, isto é, passou-se do regime monárquico para o republicano, o que foi visto historicamente como um golpe militar, pois a transição foi arquitetada pela elite do Exército em conjunto com os ricos cafeicultores.

Em 1891 foi promulgada a Constituição da República dos Estados Unidos do Brasil[161], que, nos arts. 72 a 78, traz uma declaração de direitos. Entre eles, podemos destacar a total liberdade religiosa – o Brasil tornou-se um estado laico. Também foi instituído o voto direto e universal (contra o antigo indireto e censitário), mas os analfabetos e as mulheres continuavam sem o direito de votar.

Como já apontamos em relação à forma de governo (República), a Constituição também inovou quando instituiu a Federação como forma de Estado (contra o antigo Estado unitário) e estabeleceu o regime de governo presidencialista. Ato-consequência da mudança da forma de Estado foi a substituição das províncias por estados-membros.

Por fim, o Poder Moderador foi extinto e remanesceram apenas o Executivo, o Legislativo e o Judiciário, consoante preconizara Montesquieu.

15.1.3. Constituição de 1934

A Constituição promulgada em 1934 não difere substancialmente de sua antecessora e foi confeccionada tendo por inspiração a Constituição alemã de 1919 ("Constituição de Weimar").

Seu título III traz dois capítulos: um denominado Dos Direitos Políticos, e o outro, Dos Direitos e Das Garantias Individuais. De forma inovadora, essa Constituição inclui ainda títulos que cuidam da ordem econômica e social (IV), da família, educação e cultura (V) e da segurança nacional (VI). Há nela um nítido caráter social, sendo a primeira Constituição brasileira a mencionar os direitos sociais em seu texto.

A Constituição de 1934 é constantemente lembrada por ter estendido o direito de voto às mulheres e o tornado secreto. Podemos destacar também os avanços alcançados nos direitos trabalhistas e a adoção do princípio do ensino primário gratuito e de frequência obrigatória.

15.1.4. Constituição de 1937

O ano de 1937 foi marcado pelo golpe de Getúlio Vargas, que utilizou o Plano Cohencomo estopim para a instalação do Estado Novo. Deve-se dizer que o Estado Novo representou, nas palavras de Boris Fausto, "uma aliança da burocracia civil e militar e da burguesia industrial, cujo objetivo comum imediato era o de promover a industrialização do país sem grandes abalos sociais[162]".

A Constituição outorgada em 1937 ("Constituição Polaca") previu direitos fundamentais, todavia, o art. 186 assim dispunha: "É declarado em todo o País o estado de emergência". Isto é, os direitos fundamentais ficavam muito limitados em função desse "estado de emergência duradouro".

Essa Constituição tem nítido caráter ditatorial e se aproxima muito das Constituições fascistas europeias.

15.1.5. Constituição de 1946

Com o fim do Estado Novo, o Brasil reinstaurou o regime de governo presidencialista e elegeu Eurico Gaspar Dutra em 1945.

A Constituição promulgada em 1946 é nitidamente de roupagem liberal-democrática, assim, afasta-se da Constituição anterior, de 1937, apesar de manter algumas similaridades com esta. Em relação à ordem social, a Constituição de 1946 manteve, de certa forma, os benefícios mínimos assegurados na de 1934. Cabe destacar que foi a Constituição de 1946 que conferiu, no plano dos direitos políticos, a igualdade entre homens e mulheres, pois, por exemplo, na Constituição de 1934 só algumas mulheres podiam votar.

15.1.6. Constituição de 1967

Em 1964 foi desferido o golpe militar para cumprir com os propósitos de modernização conservadora da elite brasileira.

A Constituição de 1967 escolheu a segurança nacional exacerbada em prejuízo dos direitos fundamentais. A situação piorou com a edição dos Atos Institucionais, notadamente o de n. 5, que inaugurou a fase "dos anos de chumbo" ou da "ditadura escancarada", na acepção de Elio Gaspari. Além disso, desde 1964, com o Ato Institucional n. 1, as eleições para presidente da República tornaram-se indiretas e, com o Ato Institucional n. 3/1966, as eleições para governadores também se tornaram indiretas (art. 1º):

"A eleição de Governador e Vice-Governador dos Estados far-se-á pela maioria absoluta dos membros da Assembleia Legislativa, em sessão pública e votação nominal.

§ 1º – Os Partidos inscreverão os candidatos até quinze dias antes do pleito perante a Mesa da Assembleia Legislativa e, em caso de morte ou impedimento insuperável de qualquer deles, poderão substituí-los até vinte e quatro horas antes da eleição.

§ 2º – Se não for obtido o *quorum* na primeira votação, repetir-se-ão os escrutínios até que seja atingido, eliminando-se, sucessivamente, do rol dos candidatos, o que obtiver menor número de votos.

§ 3º – Limitados a dois os candidatos ou na hipótese de só haver dois candidatos inscritos, a eleição se dará mesmo por maioria simples".

As eleições diretas para governadores foram restabelecidas em 1982, enquanto as para presidente da República somente em 1990, com a eleição de Fernando Collor de Mello.

15.1.6.1. Constituição de 1969 ou Emenda Constitucional n. 1

Há uma grande discussão sobre a EC n. 1 ser ou não considerada uma Constituição, por ter mudado radicalmente a Constituição de 1967, alterando inclusive seu epíteto para Constituição da República Federativa do Brasil.

161. O nome é mais um indicativo da escolha da Constituição dos Estados Unidos da América como paradigma inspirador.

162. FAUSTO, Boris. *História concisa do Brasil*. São Paulo: Edusp/ Imprensa Oficial do Estado, 2001. p. 201.

15.2. Constituição Cidadã de 1988

Fruto da redemocratização, a Constituição Federal (CF) de 1988 torna a dignidade da pessoa humana um dos fundamentos da República Federativa do Brasil (art. 1º, III, da CF). Outros fundamentos que reforçam o *status* dos direitos humanos no Brasil são a cidadania, os valores sociais do trabalho e o pluralismo político (respectivamente art. 1º, II, IV e V, da CF).

O parágrafo único do art. 1º da CF aponta que o regime de governo, no Brasil, será uma democracia, pois todo o poder emana do povo (soberania popular) e este poderá exercê-lo indiretamente por meio de seus representantes ou diretamente. Os mecanismos de democracia direta encontram-se listados no art. 14, I, II e III, da CF (plebiscito, referendo e iniciativa popular).

"Ademais, a Constituição de 1988 conferiu significado ímpar ao direito de acesso à justiça e criou mecanismos especiais de controle da omissão legislativa (ação direta por omissão e mandado de injunção), destinados a colmatar eventuais lacunas na realização de direitos, especialmente na formulação de políticas públicas destinadas a atender às determinações constitucionais.[163]"

Inclusive, podem-se considerar os direitos humanos até como limitadores do poder constituinte originário:

"É fora de dúvida que o poder constituinte é um fato político, uma força material e social, que não está subordinado ao Direito positivo preexistente. Não se trata, porém, de um poder ilimitado ou incondicionado. Pelo contrário, seu exercício e sua obra são pautados tanto pela realidade fática como pelo Direito, âmbito no qual a dogmática pós-positivista situa os valores civilizatórios, os direitos humanos e a justiça[164]".

15.2.1. Intervenção federal por grave violação dos direitos humanos

Outro ponto de destaque é a inclusão dos direitos da pessoa humana na lista dos princípios sensíveis da Constituição (art. 34, VII, *b*, da CF), os quais autorizam, diante de suas violações, a medida extrema da intervenção[165]. Isso significa que se um estado federado incidir em grave violação dos direitos humanos e nada fizer para mudar essa situação lamentável, a União intervirá[166] nessa unidade federada para restabelecer o respeito integral dos direitos da pessoa humana.

O STF já se pronunciou sobre um pedido de intervenção federal que teve por base a grave violação dos direitos da pessoa humana (art. 34, VII, *b*, da CF). Foi a IF 114-5/MT, ocasião em que o STF sublinhou que a gravidade do fato por si só (violação dos direitos da pessoa humana) não é motivo suficiente para intervenção federal. É necessária a cabal demonstração de que o estado não pode dar uma resposta efetiva ao fato grave ocorrido, ou seja, somente será possível a intervenção federal nesses casos se o estado não possuir uma estrutura mínima que lhe permita responder ao fato danoso – na maioria dos casos, estrutura para movimentar efetivamente a persecução penal.

15.2.2. Federalização dos crimes contra os direitos humanos

O destaque indicado até aqui pelas previsões constitucionais analisadas, ganhou corpo com a inclusão do § 5º ao art. 109 da CF pela EC n. 45 de 2004. Segue a redação legal do mencionado parágrafo:

"Nas hipóteses de grave violação de direitos humanos, o Procurador-Geral da República, com a finalidade de assegurar o cumprimento de obrigações decorrentes de tratados internacionais de direitos humanos dos quais o Brasil seja parte, poderá suscitar, perante o Superior Tribunal de Justiça, em qualquer fase do inquérito ou processo, incidente de deslocamento de competência para a Justiça Federal".

Trata-se da denominada *federalização* dos crimes contra os direitos humanos, e um caso conhecido é o IDC 2-DF/STJ de relatoria da ministra Laurita Vaz, pois o caso tinha como pano de fundo a atuação de um grupo de extermínio e o incidente de deslocamento de competência foi parcialmente acolhido[167]. É importante asseverar, com base na jurisprudência do STJ, que o incidente de deslocamento só será provido se ficar comprovado que a justiça estadual constitui verdadeira barreira ao cumprimento dos compromissos internacionais de proteção dos direitos humanos assumidos pelo Brasil.

Dito de outra forma e agora com ênfase na razão de ser do instituto, deve-se ter consciência de que um caso de grave violação dos direitos humanos previstos em tratados internacionais do qual o Brasil é parte, embora ocorrido no âmbito de um estado-membro da federação, é capaz de ensejar no cenário internacional a responsabilidade do Estado brasileiro, de modo que o deslocamento de competência para a órbita federal, em casos como esse, dá a oportunidade, no plano interno, para o órgão de Justiça da União examinar e decidir a questão, antes de arcar com o pesado ônus dessa violação. No IDC 1-PA/STJ, a linha jurisprudencial acima disposta foi inicialmente construída e no voto do relator desse julgamento ficou fixado a necessidade de se observar os princípios da proporcionalidade e da razoabilidade quando da efetivação do deslocamento.

15.2.3. Hermenêutica aplicada

Para corroborar a importância de tudo o que foi dito, é mister asseverar que é regra básica da hermenêutica jurídica aquela que determina que a aplicação da lei deverá levar em

163. MENDES, *op. cit.*, p. 681. Também: "A Constituição de 1988 é a primeira Carta brasileira a consagrar o direito fundamental de proteção à saúde. Textos constitucionais anteriores possuíam apenas disposições esparsas sobre a questão, como a Constituição de 1824, que fazia referência à proteção de socorros públicos (art. 179, XXXI)" (p. 685).

164. BARROSO, *op. cit.*, p. 110.

165. "A intervenção federal pelo inc. VII do art. 34 busca resguardar a observância dos chamados princípios constitucionais sensíveis. Esses princípios visam assegurar uma unidade de princípios organizativos tidos como indispensáveis para a identidade jurídica da federação, não obstante a autonomia dos Estados-membros para se auto-organizarem" (MENDES, *op. cit.*, p. 835).

166. O STF entende que a intervenção é medida extrema e, para ser decretada, precisa observar a proporcionalidade (IF 2.915/SP, rel. Min. Marco Aurélio).

167. IDC 2-DF, rel. Min. Laurita Vaz, julgado em 27.10.2010.(Inform. STJ 453)

conta os valores constitucionais que irradiam sobre todo o ordenamento jurídico. Vimos que os direitos humanos ocupam lugar central na CF (logo, direitos fundamentais), desta forma, toda interpretação e aplicação de alguma norma do ordenamento jurídico brasileiro devem ser balizadas pela dignidade da pessoa humana. Assim, a interpretação que violar a dignidade da pessoa humana não é válida, ou melhor, é inconstitucional.

15.3. Art. 5º da CF

Da análise do art. 5º da CF percebe-se que o legislador constituinte regrou direitos civis e políticos, como também os econômicos, sociais e culturais como fundamentais. Tal atitude afirma a indivisibilidade e a interdependência dos direitos humanos, consoante já estudamos. A Constituição ainda traçou certos direitos coletivos e difusos como fundamentais.

É importante frisar, como já mencionado no capítulo introdutório, que a doutrina atual, principalmente a alemã, considera os direitos fundamentais como valores éticos sobre os quais se constrói determinado sistema jurídico nacional, ao passo que os direitos humanos existem mesmo sem o reconhecimento da ordem jurídica interna de um país, pois estes possuem vigência universal. Mas, na maioria das vezes, os direitos humanos são reconhecidos internamente pelos sistemas jurídicos nacionais, situação que os torna também direitos fundamentais, ou seja, os direitos humanos previstos na Constituição de um país são denominados direitos fundamentais.

Cabe também mencionar a obrigação, preponderantemente atribuída ao Legislativo brasileiro, que o inciso XLI do art. 5º da CF criou: "a lei punirá qualquer discriminação atentatória dos direitos e liberdades fundamentais".

15.3.1. Extensão dos direitos individuais aos estrangeiros

Um tema que sempre aparece nos concursos em geral é aquele sobre a extensão ou não dos direitos individuais aos estrangeiros. Isso porque a redação do *caput* do art. 5º da CF sublinha que os direitos individuais são garantidos aos brasileiros e estrangeiros residentes no Brasil, deixando de fora os estrangeiros que estejam no país, mas que aqui não residam.

Todavia, a leitura correta do art. 5º é aquela que dialoga com os princípios e os fundamentos da República Federativa do Brasil[168]. Dessa forma, só é possível advogar pela extensão dos direitos aos estrangeiros em questão. Mais especificamente, a República Federativa do Brasil tem por fundamento de sua própria existência a dignidade da pessoa humana (art. 1º, III, da CF), que requer a tutela de qualquer pessoa independentemente do seu *status* jurídico, e por princípio orientador de sua política externa a prevalência dos direitos humanos (art. 4º, II, da CF), que requer que as relações internacionais do Brasil sejam pautadas pelo respeito aos direitos do homem.

Para sintetizar o até aqui dito: no Brasil, qualquer pessoa, brasileiro, estrangeiro residente ou não residente, goza dos direitos individuais previstos na CF.

168. Conforme visto no subitem 15.2.3. (Hermenêutica Aplicada).

15.3.2. §§ 1º e 2º do art. 5º da CF

Ponto relevante é a determinação de que as normas definidoras dos direitos e as garantias fundamentais têm aplicação imediata (art. 5º, § 1º, da CF). Isto é, o juiz pode aplicar diretamente os direitos fundamentais, sem necessidade de qualquer lei que os regulamente. Tal regra tem por base o *princípio da força normativa da Constituição*, idealizado por Konrad Hesse, e "a ideia de que os direitos individuais devem ter eficácia imediata ressalta a vinculação direta dos órgãos estatais a esses direitos e o seu dever de guardar-lhes estrita observância[169]".

O § 2º é enfático: "Os direitos e garantias expressos nesta Constituição não excluem outros decorrentes do regime e dos princípios por ela adotados, ou dos tratados internacionais em que a República Federativa do Brasil seja parte". Tal estipulação possibilita a ampliação progressiva dos direitos fundamentais, pois o Brasil poderá aumentar seu catálogo de direitos à medida que internaliza tratados internacionais de direitos humanos. Na mesma direção ponderou Carlos Weis: "trata-se de evidente cláusula de abertura do rol de direitos fundamentais, a permitir a inclusão de outros direitos e garantias àqueles já previstos na Lei Maior, desde que consoantes com os princípios constitucionais[170]".

Assim, a comunhão dos §§ 1º e 2º permite-nos concluir que um tratado de direitos humanos internalizado pelo Brasil faz parte de seu bloco de constitucionalidade[171] e, assim, pode ser aplicado direta e imediatamente pelo juiz. Lembrando que o bloco de constitucionalidade é composto de todas as normas do ordenamento jurídico que possuam *status* constitucional[172].

Tal ilação suscita muitas discussões, assim, procederemos no próximo item ao estudo do instituto da incorporação de tratado internacional no Brasil e sua posterior ocupação hierárquica no ordenamento jurídico brasileiro.

15.4. Incorporação de tratados

15.4.1. Teses monista e dualista

Há inúmeras discussões doutrinárias sobre o relacionamento do direito internacional com o nacional. Desse debate surgiu de um lado a tese *monista* e de outro a *dualista*.

Segundo a tese monista, o direito internacional e o nacional fazem parte do mesmo sistema jurídico, ou seja, incidem sobre o mesmo espaço. Logo, os compromissos normativos que os países adeptos do monismo – como França, Bélgica e Holanda –, assumem na comunidade internacional

169. MENDES, *op. cit.*, p. 671.

170. Estudo sobre a obrigatoriedade de apresentação imediata da pessoa presa ao juiz: comparativo entre as previsões dos tratados de direitos humanos e do projeto de Código de Processo Penal. Defensoria Pública do Estado de São Paulo, 2011. p. 7.

171. O termo bloco de constitucionalidade já foi citado, pelo STF, nas ADIns 595 e 514, de relatoria do Min. Celso de Mello, mas nunca foi aplicado no Brasil.

172. De forma geral e conforme o art. 5º, § 2º, da CF, o bloco de constitucionalidade é formado pelo texto constitucional, pelos princípios dele decorrentes e pelos tratados internacionais de direitos humanos.

passam a ter vigência imediata no ordenamento interno de tais Estados, gerando a figura da *incorporação automática*.

A tese dualista, ao contrário, advoga que cada um pertence a um sistema distinto e, por assim dizer, incidem sobre espaços diversos. Assim, essa concepção não possibilita a configuração da incorporação automática.

A tese monista ainda se subdivide em: **a) monismo radical**: prega a preferência pelo direito internacional em detrimento do direito nacional; e **b) monismo moderado**: prega a equivalência entre o direito internacional e o nacional. É importante apontar que a jurisprudência internacional aplica o monismo radical, uma escolha respaldada pelo art. 27 da Convenção de Viena sobre Direito dos Tratados: "Uma parte não pode invocar as disposições de seu direito interno para justificar o inadimplemento de um tratado".

O dualismo também se subdivide em: **a) dualismo radical**: impõe a edição de uma lei distinta para incorporação do tratado; e **b) dualismo moderado ou temperado**: não exige lei para incorporação do tratado, apenas um procedimento formal (aprovação do Congresso e promulgação do Executivo).

15.4.2. Incorporação no Direito brasileiro

No Brasil, o procedimento é complexo, tomando corpo com a aprovação do Congresso e a promulgação do Executivo.

A Constituição Federal silenciou sobre esse aspecto, e, em virtude da omissão constitucional, a doutrina defende, como já salientado, que o Brasil adotou a corrente dualista, ou, melhor dizendo, a corrente dualista moderada. Isso porque o tratado só passará a ter validade interna após ter sido aprovado pelo Congresso Nacional e ratificado e promulgado pelo presidente da República. Devemos lembrar que a promulgação é efetuada mediante decreto presidencial.

Depois de internalizado, o tratado é equiparado hierarquicamente à lei ordinária infraconstitucional[173]-[174]. Assim, as normas infraconstitucionais preexistentes ao tratado serão derrogadas quando com ele colidirem (critério cronológico) ou quando forem gerais e os tratados forem especiais (critério da especialidade). Percebe-se que por se tratar de normas de mesma hierarquia (o tratado e a lei interna), em caso de conflito deve-se utilizar os critérios de solução de antinomias aparentes. Por outro lado, é muito defendida a tese que confere prevalência ao tratado sobre a lei interna (especialmente com supedâneo no art. 27 da Convenção de Viena sobre Direitos dos Tratados), apesar de o tema não ser pacífico, em matéria tributária adotou-se expressamente a prevalência do tratado sobre o direito interno (art. 98 do Código Tributário Nacional – CTN), determinando que a legislação tributária posterior ao tratado lhe deve obediência.

173. Conforme a ADI-MC 1.480/DF.

174. Os tratados e as convenções de direitos humanos não poderão ter *status* de lei complementar pela simples escolha do rito adotado para sua incorporação no direito brasileiro, isso porque a Constituição explicitamente elencou quais matérias devem ser exclusivamente tratadas por via de Lei Complementar.

15.4.2.1. Regime especial de incorporação

Com a edição da EC n. 45, os tratados de direitos humanos que forem aprovados, em cada Casa do Congresso Nacional, em dois turnos, por três quintos dos votos dos respectivos membros, serão equivalentes às emendas constitucionais[175] – conforme o que determina o art. 5º, § 3º, da CF[176]-[177]. Ou seja, tais tratados terão hierarquia constitucional quando aprovados por maioria qualificada no Congresso Nacional (regime especial de incorporação) e forem ratificados e posteriormente publicados pelo presidente da República.

Importante sublinhar que cabe ao Congresso Nacional decidir quando aprovará o tratado internacional de direitos humanos pelo quórum especial. Ou seja, ele não tem o dever de sempre aprovar os tratados de direitos humanos por maioria qualificada, mas tem o poder discricionário de decidir quando assim o fará.

15.4.3. Tese da Supralegalidade

Muito se discutiu em relação à hierarquia dos tratados de direitos humanos que foram internalizados anteriormente à edição da EC 45. Em 03.12.2008, o Ministro Gilmar Mendes, no RE 466.343-SP[178], defendeu a tese da supralegalidade de tais tratados, ou seja, superior às normas infraconstitucionais e inferior às normas constitucionais. O voto do Ministro Gilmar Mendes foi acompanhado pela maioria (posição atual do STF). Portanto, todo tratado de direitos humanos que for internalizado sem observar o procedimento especial estabelecido no art. 5º, § 3º, da CF, tem *status* de norma supralegal.

Todavia, tal assunto desperta calorosas discussões: no mesmo recurso extraordinário em que foi exarada a tese da supralegalidade, por exemplo, o Ministro Celso de Mello defendeu o caráter constitucional dos tratados de direitos humanos independentemente do quórum de aprovação.

175. Mas não possuirão *status* de norma constitucional originária. Ou seja, é obra do Poder Constituinte Derivado Reformador e não do Poder Constituinte Originário.

176. Bem fundamentada é a crítica formulada por Valerio de Oliveira Mazzuoli ao mencionado § 3º do art. 5º da CF: "também rompe a harmonia do sistema de integração dos tratados de direitos humanos no Brasil, uma vez que cria *categorias* jurídicas entre os próprios instrumentos internacionais de direitos humanos ratificados pelo governo, dando tratamento diferente para normas internacionais que têm o mesmo fundamento de validade, ou seja, hierarquizando diferentemente tratados que têm o mesmo conteúdo ético, qual seja, a proteção internacional dos direitos humanos. Assim, essa *desigualação dos desiguais* que permite o § 3º ao estabelecer ditas *categorias de tratados* é totalmente injurídica por violar o princípio (também constitucional) da *isonomia*" (*op. cit.*, p. 29).

177. Esse § 3º é denominado de cláusula holandesa pelo Prof. Francisco Rezek.

178. Ementa: Prisão civil. Depósito. Depositário infiel. Alienação fiduciária. Decretação da medida coercitiva. Inadmissibilidade absoluta. Insubsistência da previsão constitucional e das normas subalternas. Interpretação do art. 5º, inc. LXVII e §§ 1º, 2º e 3º, da CF, à luz do art. 7º, § 7º, da Convenção Americana de Direitos Humanos (Pacto de San José da Costa Rica). Recurso Improvido. Julgamento conjunto do RE 349.703 e dos HCs 87.585 e 92.566. É ilícita a prisão civil de depositário infiel, qualquer que seja a modalidade de depósito.

Apesar de a tese da supralegalidade ser um avanço da jurisprudência brasileira, deve-se apontar que uma leitura mais acurada da CF já permitiria apontar que os tratados de direitos humanos internalizados sem o procedimento especial teriam *status* constitucional, já que o § 2º do art. 5º da CF inclui os direitos humanos provenientes de tratados entre seus direitos protegidos, ampliando seu bloco de constitucionalidade, o qual é composto de todas as normas do ordenamento jurídico que possuem *status* constitucional.

Com o mesmo pensar preleciona Valerio de Oliveira Mazzuoli:

"Da análise do § 2º do art. 5º da Carta brasileira de 1988, percebe-se que três são as vertentes, no texto constitucional brasileiro, dos direitos e garantias individuais: a) direitos e garantias *expressos* na Constituição, a exemplo dos elencados nos incisos I a LXXVIII do seu art. 5º, bem como outros fora do rol de direitos, mas dentro da Constituição, como a garantia da anterioridade tributária, prevista no art. 150, III, *b*, do Texto Magno; b) direitos e garantias *implícitos*, subtendidos nas regras de garantias, bem como os decorrentes do regime e dos princípios pela Constituição adotados, e c) direitos e garantias inscritos nos tratados internacionais em que a República Federativa do Brasil seja parte[179]".

E continua o supracitado jurista:

"O que se deve entender é que o *quorum* que o § 3º do art. 5º estabelece serve tão somente para atribuir eficácia *formal* a esses tratados no nosso ordenamento jurídico interno, e não para atribuir-lhes a índole e o nível *materialmente* constitucionais que eles já têm em virtude do § 2º do art. 5º da Constituição[180]"

Apesar da crítica bem fundamentada, deve-se adotar a tese da supralegalidade nos concursos em geral, com exceção dos para Defensoria, pois tal tese tem lastro na posição atual do STF.

15.5. Controle de convencionalidade e supralegalidade

15.5.1. Apresentação

No Brasil, o controle jurisdicional de convencionalidade das leis ganhou formato específico por obra de Valerio de Oliveira Mazzuoli. O citado controle tem a função de compatibilizar a legislação interna (objeto) com os tratados internacionais de direitos humanos em vigor no Brasil (paradigma ou parâmetro)[181] – o que o difere do já mencionado controle de convencionalidade internacional (exercido pelos órgãos internacionais) é o fato de ser exercido por tribunais internos.

15.5.2. Crítica

Antes de analisar o citado controle, cabe mencionar que André de Carvalho Ramos considera somente o controle de convencionalidade internacional como autêntico, principalmente pelo fato da decisão nacional não ter o condão de vincular o juiz internacional (intérprete autêntico). Além dessa consideração, o citado autor deduz algumas diferenças entre os controles, dentre as quais destaco as duas seguintes: **a)** o controle internacional pode fiscalizar o Poder Constituinte Originário e o nacional não; **b)** o controle nacional fica dependente da hierarquia conferida ao tratado-parâmetro pelo próprio ordenamento jurídico. No caso brasileiro, temos três possibilidades: legal, supralegal e constitucional[182].

15.5.3. Condições de funcionamento

Para compreender a funcionalidade do controle de convencionalidade, cabe entender como Mazzuoli concebe a alocação hierárquica dos tratados de direitos humanos no ordenamento pátrio após internalização. Em apertada síntese e como já assinalado no do item 15.4.3., os tratados de direitos humanos que foram incorporados pelo *procedimento simples* (art. 5º, § 2º, da CF)terão *status* constitucional, melhor dizendo, materialmente constitucional. Por outro lado, quando o procedimento adotado para a incorporação for o *especial* (art. 5º, § 3º, da CF), os tratados de direitos humanos serão formal e materialmente constitucionais (equivalentes às emendas constitucionais). E os outros tratados terão *status* supralegal (art. 27 da Convenção de Viena sobre Direito dos Tratados) e servirão de paradigma para o controle de supralegalidade da legislação infraconstitucional.

15.5.4. Controle vertical material de validade

"Em suma, doravante se falará em controle de constitucionalidade apenas para o estrito caso de (in)compatibilidade vertical das leis com a Constituição, e em controle de convencionalidade para os casos de (in)compatibilidade legislativa com os tratados de direitos humanos (formalmente constitucionais ou não) em vigor no país[183]". Dito de outra forma, criou-se um controle vertical material de validade[184] da legislação interna.

Em termos gerais, o citado autor defende que a produção normativa interna apenas será válida quando passar por dois limites verticais materiais. O primeiro é a Constituição (controle de constitucionalidade) e os tratados de direitos humanos que possuem natureza constitucional (controle de convencionalidade); o outro são os demais tratados que possuem *status* supralegal (controle de supralegalidade).

15.5.5. Formas de exercício

O controle de convencionalidade e de supralegalidade serão exercidos de forma difusa, isto é, por todos os juízes e

179. MAZZUOLI, Valerio de Oliveira. *O controle jurisdicional da convencionalidade das leis.* 2. ed. São Paulo, p. 39-40.

180. MAZZUOLI, *op. cit.*, p. 51.

181. É o controle de convencionalidade nacional, nas palavras de André de Carvalho Ramos.

182. RAMOS, André de Carvalho. *Teoria geral dos direitos humanos na ordem internacional*. 2. ed. São Paulo: Saraiva, 2012. p. 250-251.

183. MAZZUOLI, *op. cit.*, p. 74.

184. "Em suma, a validade das normas jurídicas, nesse novo contorno que o constitucionalismo contemporâneo lhe traz, não é mais uma conotação meramente formal, a depender somente da regularidade do seu processo de produção (conforme defendido por Hobbes, posteriormente por Bentham e Austin, até chegar a Kelsen e Bobbio). Tornou-se ela também (como explica Ferrajoli) um fato *substancial*, dependente dos *conteúdos das decisões*, as quais serão inválidas se contrastarem com os novos princípios positivos do direito internacional" (MAZZUOLI, *op. cit.*, p. 105-106).

tribunais no caso concreto. Nesse caso, são aplicadas todas as considerações referentes ao controle de constitucionalidade difuso. Por outro lado, só existirá controle concentrado de convencionalidade na hipótese de o paradigma de verificação ser um tratado de direitos humanos formal e materialmente constitucional (internalizado consoante o disciplinado no art. 5º, § 3º, da CF). Portanto, "o controle de *supralegalidade* é sempre exercido pela via de exceção, ou seja, é sempre *difuso*; já o controle de *convencionalidade* poderá ser *difuso* ou *concentrado*, neste último caso quando o tratado de direitos humanos for aprovado pela sistemática do art. 5º, § 3º, da Constituição e entrar em vigor no Brasil (entenda-se, após ratificado...) com a equivalência de emenda constitucional[185]".

Todas as ponderações sobre o controle de constitucionalidade concentrado são aplicadas ao controle de convencionalidade concentrado, inclusive no tocante à utilização das ações destinadas ao controle abstrato de constitucionalidade – ADIn, Adecon, ADO e ADPF[186] – e os respectivos entes/pessoas detentores de competência para seu manuseio (art. 103 da CF). A razão de ser reside no fato de a análise de compatibilidade de legislação interna (objeto) ser feita com base em tratado de direitos humanos internalizados pelo procedimento especial (paradigma ou parâmetro), que é equivalente a uma emenda constitucional (formal e materialmente constitucional).

O autor também menciona a possibilidade de lançar mão do controle de convencionalidade preventivamente, tanto pelo Congresso Nacional, quando julgar inconvencional um projeto de lei (especialmente por obra da Comissão de Constituição e Justiça – CCJ), como pelo presidente da República, quando vetar o projeto de lei considerado inconvencional.

15.5.6. Objeto

Para ficar claro o objeto do dito controle de convencionalidade, o autor sublinha que ele entrará em ação quando a lei interna (**objeto**) estiver em sintonia com a Constituição, mas em desarmonia com o tratado de direitos humanos (**paradigma ou parâmetro**) – tanto no controle concentrado como no difuso. Do contrário, seria feito o controle de constitucionalidade.

Dito de outra forma, se o paradigma de verificação de compatibilidade for a Constituição, estará em jogo o controle de constitucionalidade (difuso ou concentrado); por sua vez, quando o paradigma for algum tratado de direitos humanos, entrará em cena o controle de convencionalidade (difuso ou concentrado) – desde que previamente se tenha atestado a compatibilidade da lei com a Carta Magna. Percebe-se que o controle de convencionalidade ocasiona o fenômeno chamado doutrinariamente de *ampliação de parametricidade constitucional*.

Por fim,

"ambas essas supernormas (Constituição e tratados) é que irão se *unir* em prol da construção de um direito infraconstitucional compatível com ambas, sendo certo que a incompatibilidade desse mesmo direito infraconstitucional com apenas uma das supernormas já o invalida por completo. Com isto, possibilita-se a criação de um Estado Constitucional e Humanista de Direito em que *todo* o direito doméstico guarde total compatibilidade tanto com a Constituição quanto com os tratados internacionais de direitos humanos ratificados pelo Estado, chegando-se, assim, a uma ordem jurídica interna *perfeita*, que tem no valor dos direitos humanos sua maior racionalidade, principiologia e sentido[187]".

15.6. Conselho Nacional dos Direitos Humanos – CNDH

A Lei 12.986/2014 transformou o Conselho de Defesa dos Direitos da Pessoa Humana – CDDPH – em Conselho Nacional dos Direitos Humanos. O Conselho é um órgão colegiado[188] com representantes de setores representativos ligados aos Direitos Humanos e com importância fundamental na promoção e defesa desses no País.

Cabe destacar a redação do § 1º do art. 2º: "Constituem direitos humanos sob a proteção do CNDH os direitos e garantias fundamentais, individuais, coletivos ou sociais previstos na Constituição Federal ou nos tratados e atos internacionais celebrados pela República Federativa do Brasil".

O CNDH, segundo o art. 4º, é o órgão incumbido de velar pelo efetivo respeito aos direitos humanos por parte dos poderes públicos, dos serviços de relevância pública e dos particulares, competindo-lhe:

a) promover medidas necessárias à prevenção, repressão, sanção e reparação de condutas e situações contrárias aos direitos humanos, inclusive os previstos em tratados e atos internacionais ratificados no País, e apurar as respectivas responsabilidades;

b) fiscalizar a política nacional de direitos humanos, podendo sugerir e recomendar diretrizes para a sua efetivação;

c) receber representações ou denúncias de condutas ou situações contrárias aos direitos humanos e apurar as respectivas responsabilidades;

d) expedir recomendações a entidades públicas e privadas envolvidas com a proteção dos direitos humanos, fixando prazo razoável para o seu atendimento ou para justificar a impossibilidade de fazê-lo;

e) articular-se com órgãos federais, estaduais, do Distrito Federal e municipais encarregados da proteção e defesa dos direitos humanos;

f) manter intercâmbio e cooperação com entidades públicas ou privadas, nacionais ou internacionais, com o objetivo de dar proteção aos direitos humanos e demais finalidades previstas neste artigo;

g) acompanhar o desempenho das obrigações relativas à defesa dos direitos humanos resultantes de acordos internacionais, produzindo relatórios e prestando a colaboração que for necessária ao Ministério das Relações Exteriores;

h) opinar sobre atos normativos, administrativos e legislativos de interesse da política nacional de direitos humanos

185. MAZZUOLI, *op. cit.*, p. 136.

186. Podendo se falar também do Mandado de Injunção.

187. MAZZUOLI, *op. cit.*, p. 142.

188. Seus integrantes estão elencados no art. 3º da Lei 12.986/2014.

e elaborar propostas legislativas e atos normativos relacionados com matéria de sua competência;

i) realizar estudos e pesquisas sobre direitos humanos e promover ações visando à divulgação da importância do respeito a esses direitos;

j) recomendar a inclusão de matéria específica de direitos humanos nos currículos escolares, especialmente nos cursos de formação das polícias e dos órgãos de defesa do Estado e das instituições democráticas;

l) dar especial atenção às áreas de maior ocorrência de violações de direitos humanos, podendo nelas promover a instalação de representações do CNDH pelo tempo que for necessário; **m)** realizar procedimentos apuratórios de condutas e situações contrárias aos direitos humanos e aplicar sanções de sua competência;

n) pronunciar-se, por deliberação expressa da maioria absoluta de seus conselheiros, sobre crimes que devam ser considerados, por suas características e repercussão, como violações a direitos humanos de excepcional gravidade, para fins de acompanhamento das providências necessárias a sua apuração, processo e julgamento.

Também poderá representar:

a) à autoridade competente para a instauração de inquérito policial ou procedimento administrativo, visando à apuração da responsabilidade por violações aos direitos humanos ou por descumprimento de sua promoção, inclusive o estabelecido no inciso XI, e aplicação das respectivas penalidades;

b) ao Ministério Público para, no exercício de suas atribuições, promover medidas relacionadas com a defesa de direitos humanos ameaçados ou violados;

c) ao Procurador-Geral da República para fins de intervenção federal, na situação prevista na alínea *b* do inciso VIIdo art. 34 da Constituição Federal;

d) ao Congresso Nacional, visando a tornar efetivo o exercício das competências de suas Casas e Comissões sobre matéria relativa a direitos humanos.

Por fim, O CNDH, quando verificado violações aos direitos humanos, poderá aplicar as seguintes sanções: (i) advertência; (ii) censura pública; (iii) recomendação de afastamento de cargo, função ou emprego na administração pública direta, indireta ou fundacional da União, Estados, Distrito Federal, Territórios e Municípios do responsável por conduta ou situações contrárias aos direitos humanos; e (iv) recomendação de que não sejam concedidos verbas, auxílios ou subvenções a entidades comprovadamente responsáveis por condutas ou situações contrárias aos direitos humanos (art. 6º da Lei 12.986/2014).

As sanções podem ser aplicadas isoladas ou cumulativamente, como também possuem caráter autônomo, ou seja, deverão ser aplicadas independentemente de outras sanções de natureza penal, financeira, política, administrativa ou civil previstas em lei.

5. Direito Internacional Público

Renan Flumian

1. INTRODUÇÃO

O Direito Internacional Público é composto de princípios e regras – sendo estas positivadas ou costumeiras –, cuja função é reger a comunidade internacional mediante o estabelecimento de direitos e deveres aos sujeitos de Direito Internacional.

A comunidade internacional tem por característica a ausência de mecanismos altamente centralizados e compulsórios de criação e aplicação do Direito. Ela repousa sobre o consentimento dos Estados.

O Direito Internacional Público, como todas as áreas do Direito, passou por diversas fases ao longo de sua evolução. A mais emblemática relaciona-se ao seu âmbito de atuação, já que, inicialmente, tratava-se de direito de inspiração eurocêntrica (conhecido como "Direito Público da Europa"), tornando-se, posteriormente, direito de inspiração mundial. Tal constatação fica clara com a exteriorização de importantes acontecimentos que o moldaram em sua trajetória: **a)** Tratados de Vestfália em 1648; **b)** Congresso de Viena em 1815; **c)** Tratado de Versalhes em 1919 – e, dentro deste, o Pacto da Sociedade das Nações; e **d)** Sistema da Organização das Nações Unidas (ONU) em 1945.

O Direito Internacional é condição de sobrevivência da humanidade. Dessa forma, o Direito Internacional Pós-Moderno é pautado pelo reconhecimento do ser humano como sujeito e objeto de proteção pelo ordenamento jurídico internacional.

Antes de avançarmos no estudo dos fundamentos do Direito Internacional Público, cabe apontar algumas diferenças em relação ao Direito Interno, tornando, assim, mais claras a estrutura e a função do Direito Internacional Público.

2. DIFERENÇAS ENTRE O DIREITO INTERNACIONAL PÚBLICO E O DIREITO INTERNO

2.1. Sujeitos de Direito

a) Direito Internacional: Estado, Organização Internacional (incluindo os blocos regionais) e pessoa humana – teoria eclética ou heteropersonalista. Cabe reiterar que a teoria clássica, que defende o Estado como único sujeito de Direito Internacional, está há muito superada.

b) Direito Interno: pessoa física e pessoa jurídica.

2.2. Função

a) Direito Internacional: reger a comunidade internacional.

b) Direito Interno: reger o seu próprio Estado.

2.3. Criação e Aplicação do Direito

a) Direito Internacional: **ausência** de mecanismos altamente centralizados e compulsórios.

b) Direito Interno: **presença** de mecanismos altamente centralizados e compulsórios.

3. FUNDAMENTOS

Existem duas correntes principais que englobam todas as demais: a *voluntarista* e a *naturalista*. São duas formas de justificar a existência e a validade do Direito Internacional Público.

A corrente voluntarista tem por fundamento a própria vontade dos Estados. Em um paralelo, seria como o Direito Positivo, em que os Estados pactuam, por exemplo, firmando um tratado, e, dessa maneira, criam direitos e obrigações baseados na reciprocidade. É nessa corrente que aparece o princípio do *pacta sunt servanda*.

Por sua vez, a corrente naturalista tem por fundamento razões objetivas, que se encontram situadas acima do caráter volitivo dos Estados. É nessa corrente que aparece o *jus cogens* – tipificado no art. 53 da Convenção de Viena sobre Direito dos Tratados[1].

Aliás, a Convenção de Viena sobre Direito dos Tratados entrou em vigor internacional em 27.01.1980 e só foi promulgada no Brasil pelo Decreto 7.030, de 14.12.2009. A ratificação não só demorou, mas veio com reserva aos arts. 25 e 66. O art. 25 cuida da aplicação provisória de um tratado e determina que, se for assim disposto ou acordado pelas partes, o tratado pode obter uma vigência provisória mesmo sem ter sido objeto de ratificação. O Brasil não aceita tal prática, já que, em regra, a ratificação dos tratados depende de um procedimento complexo, no qual o Congresso Nacional deve aprovar o texto do tratado por meio de um decreto legislativo promulgado pelo Presidente do Senado e publicado no Diário Oficial da União. Assim, a regra é que os tratados celebrados pelo Presidente da República sejam apreciados pelo Congresso Nacional (art. 84, VIII, da CF/1988). Já o art. 66 discorre sobre o processo de solução judicial, de arbitragem e de conciliação, e determina a competência obrigatória da Corte Internacional de Justiça quando houver conflito ou superveniência de norma imperativa de Direito Internacional (*jus cogens*). Esse artigo não foi aceito pelo Brasil, já que o país não está vinculado ao art. 36 do Estatuto da Corte Internacional de Justiça que disciplina a "cláusula facultativa de jurisdição obrigatória".

---

1. "É nulo um tratado que, no momento de sua conclusão, conflite com uma norma imperativa de Direito Internacional Geral. Para os fins da presente Convenção, uma norma imperativa de Direito Internacional Geral é uma norma aceita e reconhecida pela comunidade internacional dos Estados como um todo, como norma da qual nenhuma derrogação é permitida e que só pode ser modificada por norma ulterior de Direito Internacional Geral da mesma natureza". Por exemplo, a proibição da escravidão é uma norma imperativa de Direito Internacional, pois é considerada inderrogável por toda a comunidade internacional.

Vale lembrar que a máxima *pacta sunt servanda* é a base do Direito dos Tratados e diz respeito somente aos Estados que pactuaram livremente, isto é, o terceiro Estado que não é parte do tratado não poderá ser obrigado por este[2]. Por seu turno, o *jus cogens*(normas cogentes de Direito Internacional) é calcado no reconhecimento da existência de direitos e de obrigações naturais, independentemente da existência de algum tratado internacional. O *jus cogens*seria como um qualificador de regras consideradas basilares para a ordenação e a viabilidade da comunidade internacional.

3.1. Perspectiva

O Direito Internacional Público sempre foi concebido como a expressão da vontade dos Estados no plano internacional. Não se tinha a ideia de uma comunidade internacional, mas somente a existência de Estados que buscavam se relacionar com os demais para satisfazer interesses próprios determinados e limitados. Foi dentro deste contexto que o princípio *pacta sunt servanda* imperou.

Apesar de os Estados ainda se relacionarem consoante seus próprios interesses, hodiernamente alcançou-se consenso sobre determinados temas considerados de interesse de todos os sujeitos de Direito Internacional. Assim, a compreensão da existência de uma comunidade internacional e de interesses que advêm dela[3] (sobretudo para sua existência, como, por exemplo, na proteção internacional do meio ambiente), e não apenas de Estados na sua individualidade, deu suporte para o aparecimento do *jus cogens*, sobretudo no considerado Direito Internacional Pós-Moderno. Com base em tal mentalidade, a qualidade de sujeito de Direito Internacional foi estendida às Organizações Internacionais e ao ser humano, como veremos mais adiante.

Portanto, é possível afirmar que a própria dinâmica da vida internacional derrubou o voluntarismo como suporte único e fundamental das relações internacionais, ou seja, o positivismo voluntarista não foi capaz de explicar o aparecimento das normas cogentes de Direito Internacional (*jus cogens*), que só pode ser explicado por razões objetivas de justiça, as quais darão, por sua vez, vazão a uma consciência jurídica universal. Nesse sentido é a colocação de Antônio Augusto Cançado Trindade: "(...) o modelo westfaliano do ordenamento internacional afigura-se esgotado e superado[4]".

4. FONTES DO DIREITO INTERNACIONAL

O art. 38 do Estatuto da Corte Internacional de Justiça (CIJ) determina que a função da Corte é decidir as controvérsias que lhe forem submetidas com base no Direito Internacional. Ademais, indica as fontes que serão utilizadas pelos juízes na confecção de suas decisões, a saber: **a)** as convenções internacionais; **b)** o costume internacional; **c)** os princípios gerais do Direito; **d)** as decisões judiciárias e a doutrina dos juristas mais qualificados das diferentes nações. Por fim, ainda aponta a possibilidade de a Corte decidir por equidade[5] (*ex aequo et bono*), desde que convenha às partes.

4.1. Tratado

Devido à extensão do item, discorreremos sobre ele em tópico próprio.

4.2. Costume internacional

Para ser considerado costume internacional, é necessário que a prática seja geral e reiterada (elemento objetivo ou material), e aceita como o Direito[6] (elemento subjetivo ou psicológico). A Corte Internacional de Justiça definiu o que é o costume no conhecido julgamento do caso da Plataforma Continental do Mar do Norte, em 1969, descrevendo o conceito como "(...) a prática reiterada, acompanhada da convicção quanto a ser obrigatória essa prática, por tratar-se de norma jurídica". Trata-se do costume qualificado pela*opinio juris*[7].

O costume no âmbito internacional adquire grande destaque porque, diferentemente dos Estados, em que há mecanismos altamente centralizados e compulsórios de criação e de aplicação de normas, a sociedade internacional não comporta mecanismo parecido, o que a torna uma *sociedade consuetudinária* por excelência.

Ademais, o costume[8] assume importante papel na evolução do Direito Internacional por possibilitar a produção de novas normas, tendo em vista a demora do processo de obtenção de consenso entre os Estados para a produção normativa. Tal papel é ainda mais relevante na atualidade, uma época marcada pelo constante progresso da ciência e da tecnologia, o que ocasiona mudanças rápidas e, por conseguinte, a ininterrupta necessidade de novas regras.

É imperioso noticiar o atual desprestígio da teoria do *objetor persistente*. Essa teoria predica que um Estado pode se livrar da incidência da regra costumeira desde que tenha abertamente a contrariado desde os primórdios de sua formação. Percebe-se o caráter voluntarista de tal teoria, motivo que denuncia o seu atual demérito em função das bases sobre as quais o costume é hodiernamente formado[9].

2. O art. 26 da Convenção de Viena sobre Direito dos Tratados assim dispõe: "Todo tratado em vigor obriga as partes e deve ser cumprido por elas de boa-fé".
3. Historicamente, pode-se indicar o Direito Humanitário, a Liga das Nações e a Organização Internacional do Trabalho como os primeiros exemplos de limitação, oriunda da comunidade internacional, que os Estados sofreram em sua inabalável soberania.
4. Voto Concorrente na Opinião Consultiva 16/1999 da Corte Interamericana de Direitos Humanos, p. 90.
5. Até a presente data (30.07.2015), não há registro de decisão por equidade.
6. Prática necessária, justa e correta.
7. "A *opinio juris* (convicção do Direito) não é apenas um acordo tácito ou abstrato de vontades (como pretendem os voluntaristas), mas sim a crença prematura dos atores da sociedade internacional (criadores daqueles "precedentes" já referidos) de que aquilo que se pratica reiteradamente se estima obrigatório pelo fato de ser justo e pertencente ao universo do Direito" (MAZZUOLI, V. O. **Curso de Direito Internacional Público**. 6. ed. São Paulo: Ed. RT, 2012. p. 124.).
8. O costume está experimentando um processo de codificação de suas regras pela adoção expressa em tratados, sendo a Convenção de Viena sobre Relações Diplomáticas um grande exemplo desse processo.
9. "(...) Como se vê, essa doutrina, de cunho voluntarista, pretende fundamentar-se no princípio de que o Direito Internacional depende essencialmente do consenso dos Estados. Atualmente, é evidente que tal doutrina – que se baseia numa ideia equi-

Por fim, deve-se lembrar de que o costume poderá ser extinto em função do desuso, da adoção de um novo costume ou da incompatibilidade com um novo tratado internacional. Cabe afirmar que não há hierarquia entre tratados e costumes internacionais, como fontes de Direito Internacional; assim, costumes podem revogar tratados e tratados podem revogar costumes.

4.3. Princípios gerais do Direito

Os Princípios Gerais do Direito são axiomas valorativos que servem de instrumento para os juízes interpretarem os tratados e os costumes internacionais e, destarte, aplicarem o Direito Internacional em conformidade com os valores compartilhados pela comunidade internacional.

De forma prática, os princípios gerais do Direito são na sua maioria extraídos das constituições nacionais. Desse modo, para um princípio ser alçado à categoria de princípio geral do Direito, é necessário que ele seja previsto na maior parte das constituições nacionais (princípio majoritariamente compartilhado pela comunidade internacional).

A fórmula empregada no Estatuto da CIJ (Corte Internacional de Justiça) refere-se aos princípios gerais do Direito reconhecidos pelas nações civilizadas, o que foi apontado pelos novos países independentes como manifestação do colonialismo europeu. O uso da expressão "nações civilizadas" deve ser repreendido, apesar de ela ainda constar no Estatuto.

Um ponto interessante é a transformação do princípio geral em costume, que ocorre quando o princípio recebe a chancela da *opinio juris*, isto é, passa a ser encarado como obrigatório pelos atores internacionais. Outro aspecto interessante é a inclusão dos princípios gerais como fonte do Direito Internacional, pois diante desse quadro a Corte não pode eximir-se de julgar sob a alegação de inexistência de normas oriundas dos tratados ou dos costumes; portanto, fica proibido de forma indireta, o *non liquet*.

A CIJ não listou os princípios gerais do Direito, mas é possível apontar alguns: **a)** princípio da não agressão; **b)** princípio da solução pacífica dos litígios; **c)** princípio da autodeterminação dos povos; **d)** princípio da boa-fé no cumprimento das obrigações internacionais; **e)** princípio da igualdade soberana dos Estados; **f)** princípio da não intervenção em assuntos domésticos dos Estados; **g)** princípio do *pacta sunt servanda*; **h)** princípio do dever de cooperação internacional; **i)** princípio da proibição de ameaça ou emprego de força; **j)** princípio da inalterabilidade do julgamento ou coisa julgada (*res iudicata*); **l)** princípio do livre consentimento; **m)** princípio do respeito universal e observância dos direitos humanos e das liberdades fundamentais para todos etc.

vocada e já superada sobre a formação do costume – não tem mais qualquer razão de ser, uma vez que o entendimento atual é no sentido de não necessitar o costume, para a sua formação, do consentimento *unânime* dos Estados-Membros da sociedade internacional. O que se requer – como explica Cassese – é que certo comportamento esteja difuso dentre a maioria dos sujeitos internacionais, entendendo estes últimos que tal comportamento os obriga juridicamente" (MAZZUOLI, V. O. **Curso de Direito Internacional Público.** 6. ed. São Paulo: Ed. RT, 2012. p. 130-131).

4.4. A jurisprudência e a doutrina

Consoante o que dispõe o art. 38, 5, do Estatuto da CIJ, a Corte poderá utilizar, como meio auxiliar, as decisões judiciárias e a doutrina dos autores mais qualificados para determinar as regras de direito. Tais regras visam, como no caso dos princípios gerais do Direito, a evitar o *non liquet*.

As decisões judiciárias, acima mencionadas, comportam tanto as decisões dos tribunais internacionais, dos tribunais arbitrais internacionais e dos tribunais de algumas Organizações Internacionais, quanto dos tribunais nacionais, existindo entre tais decisões uma hierarquia material.

Com relação à jurisprudência da Corte, cabe apontar que o art. 59 do Estatuto afastou a aplicação da doutrina do *staredecisis*, segundo a qual os precedentes judiciais anteriores vinculam os juízes na solução de controvérsias futuras. Mas, mesmo assim, a Corte pauta-se cada vez mais em seus precedentes, o que contribuiu para o desenvolvimento de uma jurisprudência robusta e caracterizada por sua estabilidade e previsibilidade.

Cabe lembrar que, além da atividade jurisdicional propriamente dita da CIJ, esta também elabora pareceres consultivos que lhe são encomendados. Esses pareceres são utilizados para expressar a interpretação da Corte sobre normas internacionais determinadas. Os pareceres, ao contrário das sentenças, não possuem força vinculante.

A doutrina tem grande importância no Direito Internacional, inclusive maior do que no Direito Nacional, pois as normas internacionais, em geral, são mais vagas e imprecisas em função dos diversos interesses que coexistem na comunidade internacional. Além disso, a doutrina é importante para o processo de individualização das normas jurídicas, sobretudo no caso dos costumes e dos princípios gerais do Direito. Ainda, ela funciona como criadora de normas em relação aos novos ramos do Direito Internacional, o que ficou evidenciado no Direito do Mar, em que a doutrina auxiliou na determinação das noções de plataforma continental e de zona econômica exclusiva.

O expoente máximo da doutrina internacional é o Instituto de Direito Internacional, o qual, mediante resoluções e votos, edita verdadeiras súmulas de princípios do Direito Internacional, o que acaba influenciando a confecção de tratados.

4.5. Outras considerações

Mesmo não constando do rol do art. 38, pode-se indicar também como fonte do Direito Internacional tanto as resoluções emanadas das Organizações Internacionais (OIs), como os atos unilaterais dos Estados (ambos denominados pela doutrina como fontes auxiliares ou subsidiárias).

4.5.1. *Resoluções das Organizações Internacionais*

Em que pese indicarmos como fonte as *resoluções* das OIs, deve ser dito que os atos emanados por elas podem revestir-se das mais variadas formas, como, por exemplo, recomendações, pareceres, decisões, regulamentos etc.

Assim, é importante ter em mente certa diferenciação entre tais atos, pois eles podem apresentar consequência jurídica diversa. Para elucidar esse terreno de desencontros doutrinários, o art. 288 do Tratado sobre Funcionamento da União Europeia é muito útil, pois dispõe que as decisões, os regulamentos e as resoluções são atos de caráter vinculante, e as recomendações e os pareceres não possuem obrigatoriedade de vinculação.

Além disso, há muito as resoluções são consideradas como possíveis exemplos da manifestação do costume internacional. Isso porque, intrinsecamente, essas resoluções têm um valor político e moral, e, com a *opinio juris*,tornam-se costume legal. É imperioso ter consciência de que cada vez mais o costume é obra da ação coletiva dos Estados no interior das OIs.

Mas isso não é tudo, pois a OI, quando adota uma resolução dirigida aos seus membros, está a produzir normas de Direito Internacional (quando estas forem de caráter obrigatório). Esse poder normativo da OI é geralmente exercido em relação aos seus membros (*poder normativo interno*).

Entretanto, existem situações em que se afigura o dito *poder normativo externo* das OIs, isto é, suas resoluções afetando Terceiros Estados, ao arrepio do tradicional *princípio consensualista*. Um exemplo desse tipo, são as OIs criadas para gerir espaços internacionalizados determinados, como as Comissões instituídas para disciplinar a navegação em rios internacionais (Comissão Central do Reno, do Elba, do Danúbio etc.). Ora, nesses casos, as regulamentações que disciplinam a navegação são aplicadas a todos indistintamente, inclusive aos Estados que não fazem parte da OI e que exercem jurisdição sobre o navio que arvora sua bandeira.

Outro exemplo que se encaixa no poder normativo externo das OIs é o da ONU, pois os arts. 2º, § 6º, e 35, § 2º, de sua Carta, transparecem a possibilidade de, em certas situações, emitir resoluções que obriguem Terceiros Estados. A razão aqui reside no caráter indivisível da paz e coletivo da segurança internacional, isto é, assuntos que tratam da sobrevivência de toda a humanidade. Percebe-se que, nesse quadro, a resolução da ONU será obrigatória para todos os Estados, sem distinção, inclusive para os não membros.

Cabe ainda apontar que a interpretação do alcance jurídico de qualquer resolução ou recomendação tem por base a análise do texto e do contexto de seu surgimento, entre outros fatores. Em outras palavras, é necessária uma análise caso a caso.

Essa fonte só não aparece no rol do art. 38 do Estatuto da Corte Internacional de Justiça porque sua elaboração ocorreu em uma época em que as OIs não desfrutavam da relevância atual. Ademais, a aceitação dessa fonte inscreve-se na mudança paradigmática instalada pelo dito Direito Internacional Pós-Moderno.

4.5.2. Atos unilaterais dos Estados

Os atos unilaterais dos Estados não têm por base tratado ou costume prévios, mas sim a vontade estatal discricionária. Ao longo da História, tal expediente serviu de mecanismo para a criação de normas internacionais, ou seja, a criação de direitos e deveres desse Estado perante a sociedade internacional. Exemplo disso é a declaração, em 1945, do presidente dos Estados Unidos Harry S. Truman, que indicava a jurisdição de seu país sobre a Plataforma Continental, o que logo após se converteu em prática generalizada e deu origem a uma nova regra na seara do Direito do Mar. Outro exemplo é a abertura do rio Amazonas à navegação internacional em 1866.

Há duas condições para que o ato unilateral de um Estado possa gerar direitos e obrigações na comunidade internacional: o ato unilateral deve ser público e o Estado deve ter a intenção de se obrigar pelo ato unilateral produzido (princípio de *estoppel*).

5. TRATADO

5.1. Conceito

Tratado é todo acordo formal concluído entre pessoas jurídicas do Direito Internacional Público que tenha por escopo a produção de efeitos jurídicos. Ou consoante o art. 2, ponto 1, *a*, da Convenção de Viena sobre Direito dos Tratados, tratado é um acordo internacional concluído por escrito entre Estados e regido pelo Direito Internacional, quer conste de um instrumento único, quer de dois ou mais instrumentos conexos, qualquer que seja sua denominação específica.

5.2. Terminologia

Existem inúmeras variantes terminológicas de tratado[10] – que foram muito bem catalogadas por Francisco Rezek[11]. Como, por exemplo, acordo, ajuste, arranjo, ata, ato, carta, código, compromisso, constituição, contrato, convenção, convênio, declaração, estatuto, memorando, pacto, protocolo e regulamento. Esses termos indicam a mesma ideia, não obstante certas preferências observáveis pela análise estatística. Assim, pode-se apontar que *carta* e *constituição* são utilizadas para nomear tratados constitutivos de Organizações Internacionais, enquanto *ajuste*, *arranjo* e *memorando* são utilizados para denominar tratados bilaterais de pouca importância. A *convenção* costuma ser multilateral e dispor acerca dos grandes temas do Direito Internacional. Apenas o termo *concordata* possui significado singular, pois é utilizado especificamente para nomear o tratado bilateral em que uma das partes é a Santa Sé, e que tem por objeto a organização do culto, a disciplina eclesiástica, missões apostólicas, relações entre a Igreja católica local e o Estado copactuante.

Antes de analisarmos as classificações dos tratados, cabe apresentar o princípio *in dubio mitius*, que serefere à interpretação literal restritiva dos tratados, em decorrência da soberania dos Estados. Em outras palavras, ele parte da premissa de que, se o significado de um termo ou disposi-

10. Cabe aqui fazer um esclarecimento. O *gentlemen'sagreement*é fundado sobre a honra e condicionado, no tempo, à permanência de seus atores no poder, mas não é uma forma de tratado internacional, e sim um acordo informal que não pode ser exigido formalmente se assim for desejado. Ademais, tratado é todo acordo formal concluído, por escrito, entre pessoas jurídicas de Direito Internacional Público que tenha por escopo a produção de efeitos jurídicos, enquanto que o *gentlemen'sagreement*é concluído geralmente por pessoas físicas, de forma oral, e não pode ter efeitos jurídicos.

11. **Direito Internacional Público.** 11. ed. São Paulo: Ed. Saraiva, 2008. p. 16.

ção é ambíguo, interpreta-se de modo menos oneroso para a parte que assume a obrigação, ou que interfira menos na soberania das partes, ou, ainda, que envolva menos restrições gerais aplicáveis às partes.

5.3. Classificação dos tratados

5.3.1. Classificação formal

5.3.1.1. Quanto às partes

Diz-se bilateral o tratado entre apenas duas partes, e multilateral ou coletivo quando se tratar dos demais casos, ou seja, quando o número de pactuantes for igual ou superior a três.

5.3.1.2. Quanto ao procedimento

Tal critério é utilizado para diferenciar os tratados solenes dos acordos executivos. Acordo executivo é uma expressão criada nos EUA para designar aquele tratado que se conclui sob a autoridade do chefe do Poder Executivo, independentemente do parecer ou do consentimento do Poder Legislativo.

É possível apontar alguns exemplos de acordos executivos permitidos no Brasil: **a)** os acordos que objetivam simplesmente interpretar cláusulas de um tratado já vigente; **b)** os que decorrem, lógica e necessariamente, de algum tratado vigente e são editados para complementá-lo; e **c)** os de *modus vivendi*, que visam a manter uma situação já concretizada ou estabelecer bases para negociações futuras.

5.3.2. Classificação material

5.3.2.1. Quanto à matéria

Tal critério é utilizado para distinguir os tratados-contratos (tratados contratuais) dos tratados-leis (tratados normativos). Apesar de não ter grande importância, é nítida a diferença entre os tratados-contratos – assim chamados porque, por meio deles, as partes regulam interesses recíprocos dos Estados, normalmente de natureza bilateral – e os tratados-leis, os quais têm por escopo criar normas de Direito Internacional, usualmente pactuado entre muitos Estados. A inutilidade de tal classificação é ancorada no fato de que todos os tratados são normativos, dos mais abrangentes pactos universais aos acordos de comércio realizados em âmbito bilateral. Quando menos, o tratado contratual terá seu texto regrado pelas cláusulas finais, cujo caráter normativo é inegável.

5.3.2.2. Quanto à execução no tempo

Critério utilizado para distinguir o tratado que cria uma situação jurídica estática, objetiva e definitiva, daquele que estabelece uma relação jurídica obrigacional dinâmica, com o escopo de vincular as partes por tempo certo ou indefinido. O exemplo clássico da primeira espécie é o tratado de fronteiras.

5.3.2.3. Quanto à execução no espaço

O art. 29 da Convenção de Viena sobre Direito dos Tratados dispõe que o tratado obriga cada uma das partes em relação a todo o seu território. Todavia, comporta exceções expressas, como, por exemplo, o Tratado de Cooperação Amazônica, no qual ocorre uma limitação do alcance territorial por razões técnicas.

5.3.2.4. Quanto à possibilidade de adesão

Critério utilizado para diferenciar os tratados abertos, – que possibilitam a futura adesão de Estados não signatários, – dos fechados, – que não possibilitam ulterior adesão.

5.4. Condição de validade

5.4.1. Capacidade das partes pactuantes

A Convenção de Viena sobre o Direito dos Tratados dispõe que todo Estado tem capacidade para concluir tratados (art. 1º). Do mesmo modo, a Convenção de Viena sobre o Direito dos Tratados entre Estados e Organizações Internacionais ou entre Organizações Internacionais (conhecida como Convenção de Viena de 1986) também confere capacidade para as Organizações Internacionais firmarem tratados[12].

5.4.2. Habilitação dos agentes signatários

Os representantes dos Estados estarão aptos para proceder à assinatura de tratados desde que apresentem plenos poderes para tanto. A carta de plenos poderes é firmada pelo Chefe de Estado ou pelo Ministro das Relações Exteriores.

Cabe lembrar que a apresentação de plenos poderes é dispensada quando se tratar de chefes de Estado ou de governo, de ministros das relações exteriores e de chefes de missão diplomática (art. 7º da Convenção de Viena sobre Direito dos Tratados).

5.4.3. Consentimento mútuo

O tratado é um acordo de vontades, destarte só será aceito se tiver o consentimento de todos os Estados que participaram de sua confecção. No caso dos tratados multilaterais, que são negociados em conferências internacionais, sua aceitação decorre do consentimento de dois terços dos Estados presentes e votantes, a não ser que, pelo mesmo quórum, adotem regra diversa (art. 9º, 2, da Convenção de Viena sobre Tratados).

5.4.4. Objeto lícito e possível

No Direito Internacional, como no Direito Nacional, só se pode criar obrigações e direitos desde que sejam permitidos pelo Direito e pela moral, e sejam materialmente possíveis de se cumprir e de se efetivar.

5.5. Efeitos em relação a terceiros

Um tratado só obriga as partes pactuantes (art. 35 da Convenção de Viena sobre Tratados). Tal princípio decorre da soberania dos Estados e da autonomia da vontade. Aplica-se igualmente às Organizações Internacionais. E, no caso de criação de direitos em favor de terceiros, é imperioso seu

12. O art. 1º da Convenção de Viena de 1986 assim estatui: "A presente Convenção aplica-se: a) aos tratados entre um ou vários Estados e uma ou várias organizações internacionais; e b) aos tratados entre organizações internacionais".

5. Direito Internacional Público

respectivo consentimento, embora, nesse caso, possa ser tácito em função do que dispõe o art. 36 da Convenção de Viena sobre Tratados. Esse artigo define que o consentimento nesse caso específico é presumido. Ou seja, se o tratado nada prever, o terceiro Estado beneficiado deverá expressamente dissentir para o pacto não gerar efeitos sobre ele.

Cabe especificar que para o tratado poder ser invocado perante qualquer órgão das Nações Unidas é necessário seu prévio registro e publicação pelo Secretariado da organização[13].

Este princípio pode ser excepcionado, pois o art. 38 da Convenção de Viena sobre Direito dos Tratados defende que as regras de um tratado podem se tornar obrigatórias para Terceiros Estados quando se transformarem em costume internacional.

5.6. Expressão do consentimento

O art. 11 da Convenção de Viena sobre o Direito dos Tratados disciplina que "o consentimento de um Estado em obrigar-se por um tratado pode manifestar-se pela assinatura, troca dos instrumentos constitutivos do tratado, ratificação, aceitação, aprovação ou adesão, ou por quaisquer outros meios, se assim acordado".

5.6.1. Assinatura

É o ato que finaliza uma negociação, fixando e autenticando o texto do tratado, mas, acima disso, exteriorizando preliminarmente o consentimento das pessoas jurídicas de Direito Internacional que os signatários representam.

A assinatura não cria a obrigação de ratificar o acordado, mas é o primeiro passo rumo à ratificação. É necessário apontar que alguns tratados de importância reduzida não exigem a ratificação, bastando a assinatura para colocá-los em vigência (acordos executivos ou *executiveagreements*[14]). Aliás, essa é a prática adotada entre os países da União Europeia.

É importante destacar que o art. 18 da Convenção de Viena sobre o Direito dos Tratados de 1969 prevê a obrigação do Estado de não frustrar o objeto e a finalidade de um tratado antes de sua entrada em vigor. Em seus estritos termos, o Estado é obrigado a abster-se da prática de atos que frustrariam o objeto e a finalidade de um tratado, quando **a)** tiver assinado ou trocado instrumentos constitutivos do tratado, sob reserva de ratificação, aceitação ou aprovação, enquanto não tiver manifestado sua intenção de não se tornar parte no tratado, ou **b)** tiver expressado seu consentimento em obrigar-se pelo tratado no período que precede a entrada em vigor do tratado e com a condição de esta não ser indevidamente retardada. Essa obrigação decorre do princípio da boa-fé que fundamenta o Direito dos Tratados. Portanto, o Estado não pode ser obrigado a ratificar tratado, mas pode ser cobrado para que não frustre o objeto e a finalidade do tratado.

5.6.2. Ratificação

É o ato administrativo unilateral mediante o qual a pessoa jurídica de Direito Internacional, signatária de um tratado, exprime definitivamente, no plano internacional, seu consentimento.

A ratificação tem que ser expressa e a sua consumação é obtida com a troca dos instrumentos de ratificação com a outra parte contratante, ou a sua entrega ao depositário. Neste último caso trata-se, geralmente, dos tratados multilaterais.

O depositário é, na maioria das vezes, o Estado onde o tratado foi assinado, ou, no caso dos tratados celebrados no âmbito das Nações Unidas e da Organização dos Estados Americanos, a sede dessas organizações. É comum, no caso de tratados multilaterais, a previsão de um quórum mínimo de ratificações para que o tratado se aperfeiçoe, do contrário sua efetividade estaria ameaçada.

5.6.2.1. Ratificação no Brasil

No Brasil é necessário um procedimento complexo para proceder à ratificação de tratados. O Congresso Nacional deve aprovar o texto do tratado, e o fará por meio de um decreto legislativo[15] promulgado pelo presidente do Senado e publicado no Diário Oficial da União. Em seguida, cabe ao presidente da República ratificar ou não – lembrando que a aprovação congressional não obriga a ulterior ratificação do tratado pelo presidente da República.

Por fim, o tratado regularmente concluído depende da promulgação e da publicidade levada a efeito pelo presidente da República para integrar o Direito Nacional. No Brasil, a promulgação ocorre por meio de decreto presidencial e a publicidade perfaz-se com a publicação no Diário Oficial.

5.6.3. Adesão ou aceitação

É o ato administrativo unilateral mediante o qual a pessoa jurídica de Direito Internacional, não signatária de um tratado, exprime definitivamente, no plano internacional, seu consentimento.

É o caso dos países que desejam aderir a um tratado que já vige. Como no caso da ratificação, a adesão ou a aceitação deverá ser feita junto à organização ou ao Estado depositário.

Apesar de algumas divergências doutrinárias, esses dois termos devem ser encarados como sinônimos.

5.6.3.1. Adesão ou aceitação no Brasil

O mesmo procedimento no tocante à ratificação no Brasil deverá ser observado quando da adesão ou da aceitação promovida pelo país. Ou seja, é peremptório um procedimento complexo que privilegie a comunhão de vontades do Congresso Nacional e da Presidência da República.

5.6.4. Reserva

A reserva é um condicionante do consentimento. Ou seja, é a declaração unilateral do Estado aceitando o tratado, mas sob a condição de que certas disposições não valerão para ele.

A reserva pode aparecer tanto no momento da assinatura do tratado como no da ratificação ou da adesão, momento em que o Congresso Nacional pode fazer ressalvas sobre o

13. Conforme redação do art. 102, pontos 1 e 2, da Carta das Nações Unidas.
14. Não criam obrigações onerosas para os Estados-Partes.
15. Lembrando que as matérias de competência exclusiva do Congresso Nacional (art. 49 da CF/1988) devem ser normatizadas via decreto legislativo.

texto do tratado e até mesmo desabonar as reservas feitas por ocasião da assinatura do tratado. No primeiro caso, as ressalvas serão traduzidas em reservas no momento da ratificação pelo presidente da República e, no segundo caso, o presidente da República fica impedido de confirmar as reservas previamente feitas. E, por razões óbvias, a reserva é fenômeno incidente sobre os tratados multilaterais.

Cabe ressaltar que, de acordo com a Convenção de Viena sobre Direito dos Tratados, um tratado pode proibir expressamente a formulação de reservas[16] (art. 19, *a*, da Convenção de Viena sobre o Direito dos Tratados) e que, se ele nada dispuser sobre o assunto, entende-se que as reservas a um tratado internacional são possíveis, a não ser que sejam incompatíveis com seu objeto e sua finalidade (art. 19, *c*, da Convenção de Viena sobre o Direito dos Tratados).

Por fim, a Convenção de Viena sobre Direito dos Tratados também traz um conceito de reserva no seu art. 2º, I, *d*:

> *"(...) reserva significa uma declaração unilateral, qualquer que seja a sua redação ou denominação, feita por um Estado ao assinar, ratificar, aceitar ou aprovar um tratado, ou a ele aderir, com o objetivo de excluir ou modificar o efeito jurídico de certas disposições do tratado em sua aplicação a esse Estado."*

5.6.5. *Emendas e revisão ou reforma*

Todo Estado pactuante é livre para propor a iniciativa de emenda ao tratado. No Brasil, o procedimento de aceitação de emendas segue a lógica do procedimento prévio de ratificação e de adesão. Destarte, no geral, necessário se faz a comunhão de vontades do Legislativo e do Executivo. Mas, como dito, segue a sorte da expressão inicial de consentimento, assim, se se tratar de um acordo executivo, a proposta de emenda poderá ser aceita pelo presidente da República. A aprovação da emenda pelo Congresso Nacional também é formalizada pelo decreto legislativo.

Revisão ou reforma é a denominação dada à modificação de maior abrangência, ao passo que a emenda é pontual. O procedimento para sua aceitação é o mesmo do referente às emendas.

5.6.6. *Vícios do consentimento*

Nos seus arts. 47 até 52, a Convenção de Viena sobre Tratados dispõe sobre os vícios de consentimento.

Ocorrerá a nulidade do tratado nos casos em que configurar erro, dolo, corrupção do representante do Estado, coerção exercida sobre o representante do Estado e coerção decorrente de ameaça ou emprego de força, além da confecção de tratado contrário ao *jus cogens*.

5.7. Incorporação no Direito Brasileiro

Nesta matéria surgem inúmeras discussões doutrinárias sobre o relacionamento entre o Direito Internacional e o Nacional. De tais discussões desenvolveram-se, de um lado, a tese *monista*, e, de outro, a *dualista*.

Segundo a tese monista, o Direito Internacional e o Nacional fazem parte do mesmo sistema jurídico, ou seja, incidem sobre o mesmo espaço. Logo, os compromissos normativos que os países – adeptos do monismo como França, Bélgica e Holanda –, assumem na comunidade internacional passam a ter vigência imediata no ordenamento interno de tais Estados, gerando a figura da *incorporação automática*.

Opondo-se a essa ideia, a tese dualista advoga que cada um pertence a um sistema distinto e, portanto, incide sobre espaços diversos. Assim, essa concepção não possibilita a configuração da incorporação automática.

A tese monista subdivide-se em: ***a)*** *monismo radical: prega a preferência pelo Direito Internacional em detrimento do Direito Nacional; e* ***b)*** *monismo moderado: prega a equivalência entre o Direito Internacional e o Direito Nacional.* É importante apontar que a jurisprudência internacional aplica o monismo radical; tal escolha é respaldada pelo art. 27 da Convenção de Viena sobre Direito dos Tratados: "Uma parte não pode invocar as disposições de seu direito interno para justificar o inadimplemento de um tratado".

O dualismo também se subdivide: ***a)*** *dualismo radical: impõe a edição de uma lei distinta para incorporação do tratado; e* ***b)*** *dualismo moderado ou temperado: não exige lei para incorporação do tratado, apenas se exige um procedimento complexo, com aprovação do Congresso e promulgação do Executivo.*

A Constituição Federal silenciou nesse aspecto, e, em virtude da omissão constitucional, a doutrina defende que o Brasil adotou a corrente dualista, ou, melhor dizendo, a corrente dualista moderada. Isso porque o tratado só passará a ter validade interna após ter sido aprovado pelo Congresso Nacional[17] e ratificado e promulgado pelo presidente da República. Lembremos ainda que a promulgação é efetuada mediante decreto presidencial.

Depois de internalizado, o tratado é equiparado hierarquicamente à norma infraconstitucional. Assim, as normas infraconstitucionais preexistentes ao tratado serão derrogadas quando com ele colidirem. Em relação a quaisquer leis posteriores que venham a colidir com o tratado, o tema já foi decidido pelo STF na ADI-MC 1.480/DF, momento em que o Pretório Excelso exarou entendimento de que os tratados internacionais, em geral, ingressam no sistema jurídico brasileiro com força de lei ordinária federal e, portanto, podem ser revogados por lei posterior e de mesma natureza que com ele colidir, ainda que isso gere responsabilidade no plano internacional. Esse posicionamento do STF é, contudo, altamente criticável, pois a Convenção de Viena sobre Direitos dos Tratados está em vigor no Brasil, e o seu art. 27 assim dispõe: "Uma parte não pode invocar as disposições de seu direito interno para justificar o inadimplemento de um tratado".

Tal dúvida não existe em matéria tributária, já que o art. 98 do CTN adotou a prevalência do tratado sobre o direito interno, determinando que a legislação tributária posterior ao tratado lhe deve obediência. Tal previsão, apesar de

16. O Tribunal Penal Internacional (TPI) foi constituído na Conferência de Roma, em 17.07.1998, onde se aprovou o Estatuto de Roma – tratado que não admite a apresentação de reservas.

17. O art. 84, VIII, da CF assim dispõe: "(...) celebrar tratados, convenções e atos internacionais, sujeitos a referendo do Congresso Nacional".

anterior, está em consonância com a nova ordem jurídica nacional (modificada com a internalização da Convenção de Viena sobre Direitos dos Tratados).

Com a edição da Emenda Constitucional 45, os tratados de direitos humanos que forem aprovados por quórum qualificado, ou seja, em cada Casa do Congresso Nacional, em dois turnos, por três quintos dos votos dos respectivos membros, serão equivalentes às emendas constitucionais – consoante o que determina o art. 5º, § 3º, da CF/1988. Assim, tais tratados terão hierarquia constitucional.

Muito se discutiu em relação à hierarquia dos tratados de direitos humanos que foram internalizados anteriormente à edição da EC 45/2004. Mas, em 03.12.2008, o Ministro Gilmar Mendes, no RE 466.343-SP, defendeu a tese da supralegalidade de tais tratados, ou seja, sua superioridade em relação às normas infraconstitucionais e sua inferioridade em relação às normas constitucionais. O voto do Ministro Gilmar Mendes foi acompanhado pela maioria.

Todavia, tal assunto desperta calorosas discussões. Tomemos como exemplo o fato de que, no mesmo recurso extraordinário em que foi exarada a tese da supralegalidade, o Ministro Celso de Mello defendeu o caráter constitucional dos tratados de direitos humanos independentemente do quórum de aprovação.

Apesar de a tese da supralegalidade ser um avanço na jurisprudência brasileira, deve-se apontar que uma leitura mais acurada da CF já permitiria afirmar que os tratados de direitos humanos internalizados sem o procedimento especial teriam *status* constitucional – isso porque o § 2º do art. 5º da CF/1988 inclui os direitos humanos provenientes de tratados entre os seus direitos protegidos, ampliando o seu bloco de constitucionalidade. É importante lembrar que o bloco de constitucionalidade é composto por todas as normas do ordenamento jurídico que possuem *status* constitucional.

5.8. Registro e publicidade

Em relação aos tratados multilaterais e seguindo uma sistemática já utilizada pelo sistema da Sociedade das Nações, o sistema das Nações Unidas determina o registro *exofficio* (pelo secretário-geral) do tratado em que a ONU ou quaisquer de suas instituições especializadas figure como parte ou como depositário. O registro deverá ocorrer somente depois que o compromisso tenha entrado em vigor.

5.8.1. Promulgação e publicidade no Brasil

Conforme já exteriorizado no subitem **5.6.2.1**, para integrar o Direto Nacional, o tratado regularmente concluído depende da promulgação e da publicidade levada a efeito pelo presidente da República. A promulgação ocorre por meio de decreto presidencial e a publicidade perfaz-se com a publicação no Diário Oficial.

5.9. Formas de extinção ou suspensão

5.9.1. Por violação substancial

A violação substancial de um tratado dá direito à parte prejudicada de torná-lo extinto ou de suspender sua execução no todo ou em partes. A Convenção de Viena sobre Direito dos Tratados disciplina, no seu art. 60, que violação substancial pode ser tanto o repúdio puro e simples do compromisso quanto a afronta a um dispositivo essencial para a consecução de seu objeto e finalidade.

5.9.2. Por vontade comum ou ab-rogação

O fenômeno de extinção de tratado por vontade das partes é denominado ab-rogação. Esse tipo de extinção sempre poderá ocorrer, independentemente de previsão, pois o tratado só foi confeccionado por existir vontade das partes nesse sentido. Assim, a partir do momento em que essa vontade criadora não mais existir, o tratado perde sua razão de ser.

5.9.3. Por vontade unilateral ou denúncia

O fenômeno da extinção do tratado por vontade unilateral de uma das partes é denominado *denúncia*. Este tipo de extinção[18] assemelha-se à ratificação e à adesão, porém com efeito jurídico inverso, pois, pela denúncia, o Estado exterioriza sua retirada do acordo internacional.

No entanto, existem tratados que, por sua própria natureza, são imunes a esse tipo de extinção. É o caso dos tratados de vigência estática[19] – consoante o abordado no subitem **5.3.2.2.** – Por outro lado, alguns tratados facultam a denúncia a todo o momento, exigindo apenas o decurso de certo prazo (pré-aviso), tudo para proteger os interesses dos copactuantes. Em relação ao pré-aviso, a Convenção de Viena sobre Direitos dos Tratados estatui regra geral que condiciona a validade da denúncia à sua comunicação com pelo menos doze meses de antecedência (art. 56, ponto 2), e a violação de tal regra gera responsabilidade internacional do Estado.

Sobre o instituto, cabe ilustrarmos algumas considerações talhadas por Alberto do Amaral Júnior:

> "Em geral, a denúncia é efetuada em relação à globalidade do tratado. Só será consentida denúncia parcial se as cláusulas, que se pretende denunciar, forem separáveis do restante do acordo, não afetando a aplicação do tratado. A retratação da denúncia é cabível tão somente quando ainda não tiver produzido os efeitos jurídicos que lhe são inerentes".[20]

O procedimento para realizar a denúncia é simples: exige-se uma comunicação por escrito em forma de notificação, carta ou instrumento para o outro Estado, nos tratados bilaterais, e para o depositário, nos tratados multilaterais. Tal transmissão significa a saída do acordo internacional pela parte comunicante.

5.9.4. Denúncia no Brasil

Como dito anteriormente, a denúncia assemelha-se à ratificação e à adesão, ou seja, é necessário um procedimento complexo em que tanto o Congresso Nacional como o presidente da República emitam sua chancela. Daí a discussão se há a necessidade de ambos os poderes participarem ou apenas um.

---

18. A denúncia extingue somente os tratados bilaterais, pois nos multilaterais ela significa apenas a saída da parte denunciante.
19. Por exemplo, os tratados que definem fronteiras.
20. **Curso de Direito Internacional Público**. 2. ed. São Paulo: Ed. Atlas, 2011. p. 116.

5. Direito Internacional Público

Na visão de Francisco Rezek[21], parece lógico que, onde a comunhão de vontades entre os Poderes Executivo e Legislativo é necessária para tornar o Estado obrigado por um acordo internacional, seja suficiente apenas a vontade de um daqueles dois poderes para desobrigá-lo por meio da denúncia. O consentimento do Estado apoiava-se sobre duas bases, destarte, quando não mais existir uma delas, a consequência será a denúncia do tratado. Essa posição é a mais aceita.

A outra posição defende a chamada previsão convencional da denúncia, ou seja, a denúncia só tomará corpo após a concordância do Congresso Nacional e do presidente da República. Essa posição é defendida por Valerio de Oliveira Mazzuoli[22].

5.9.5. *Outras considerações*

Resta lógico que, se a execução do tratado tornar-se impossível no decorrer de sua vigência por extinção definitiva do respectivo objeto, os pactuantes estarão livres para se desobrigar. Entretanto, se a impossibilidade for temporária, os compromissos oriundos do acordo ficarão suspensos.

Dentro dessas considerações reguladas pela Convenção de Viena sobre Direito dos Tratados, aparece a regulamentação da cláusula *rebus sic stantibus* pelo art. 62 da supracitada Convenção. Tal cláusula permite a extinção ou a suspensão do tratado, desde que ocorra alguma das circunstâncias autorizadoras[23].

Também é importante dizer que o rompimento de relações diplomáticas ou consulares entre partes em um tratado não afetará as relações jurídicas estabelecidas entre elas por esse tratado, salvo na medida em que a existência de relações diplomáticas ou consulares for indispensável à sua aplicação (art. 63 da Convenção de Viena sobre Direito dos Tratados).

21. **Direito Internacional Público.** 11. ed. São Paulo: Ed. Saraiva, 2008. p. 112. Posição endossada por Alberto do Amaral Júnior em: **Curso de Direito Internacional Público**. 2. ed. São Paulo: Ed. Atlas, 2011. p. 116.

22. **O Controle Jurisdicional da Convencionalidade das Leis. 2.** ed. São Paulo: Ed. RT, 2011. p. 64.

23. Art. 62 da Convenção de Viena sobre Direitos dos Tratados: **Mudança Fundamental de Circunstâncias**
1. Uma mudança fundamental de circunstâncias, ocorrida em relação às existentes no momento da conclusão de um tratado, e não prevista pelas partes, não pode ser invocada como causa para extinguir um tratado ou dele retirar-se, salvo se:
a) a existência dessas circunstâncias tiver constituído uma condição essencial do consentimento das partes em obrigarem-se pelo tratado; e
b) essa mudança tiver por efeito a modificação radical do alcance das obrigações ainda pendentes de cumprimento em virtude do tratado.
2. Uma mudança fundamental de circunstâncias não pode ser invocada pela parte como causa para extinguir um tratado ou dele retirar-se: **a)** se o tratado estabelecer limites; ou
b) se a mudança fundamental resultar de violação, pela parte que a invoca, seja de uma obrigação decorrente do tratado, seja de qualquer outra obrigação internacional em relação a qualquer outra parte no tratado.
3. Se, nos termos dos parágrafos anteriores, uma parte pode invocar uma mudança fundamental de circunstâncias como causa para extinguir um tratado ou dele retirar-se, pode também invocá-la como causa para suspender a execução do tratado.

6. ESTADO

6.1. Conceito

É um agrupamento humano estabelecido sobre um território determinado e guiado por um governo independente.

Da análise do conceito supracitado podem-se apontar os elementos constitutivos do Estado, que são: **a)** população permanente; **b)** território determinado; **c)** governo independente; **d)** capacidade de manter relações com os demais Estados.

Deve-se reiterar também que a personalidade jurídica do Estado é originária, em contrapartida à da Organização Internacional, que é derivada, pois são formadas a partir da vontade dos Estados.

6.2. Classificação

6.2.1. *Estado simples*

São os Estados que não comportam divisão de autonomias em relação às competências internas e apresentam-se no cenário internacional como um todo homogêneo e indivisível. Portugal é um exemplo de Estado simples.

6.2.2. *Estado composto por coordenação*

Nesses Estados existem ou uma associação de Estados soberanos ou uma associação de unidades autônomas, todas iguais entre si e mantenedoras de autonomia interna. O poder soberano é investido em um órgão central.

Esse tipo de Estado pode ser formado de três maneiras: **a)** união pessoal; **b)** confederação de Estados; e **c)** federação de Estados.

A união pessoal é a reunião de dois ou mais Estados sob a autoridade de um soberano comum, e ela só pode ocorrer pela forma monárquica. Como exemplo, podemos citar a Bélgica e o Congo entre 1885 e 1908.

A confederação de Estados é a associação de Estados soberanos que mantêm a autonomia e a personalidade internacional, mas conferem certas funções à autoridade central, como, por exemplo, a manutenção de paz entre os Estados confederados. É o caso da Confederação Germânica entre 1815 e 1866.

Por fim, a federação de Estados ou Estado federal é a união permanente de dois ou mais Estados, em que cada um deles conserva apenas a autonomia interna, pois a soberania externa é exercida por um órgão central, normalmente denominado *governo federal*. O Brasil é Estado federal desde a Constituição Federal de 1891. Portanto, sempre é o governo central que atuará perante a comunidade internacional, já que é o representante do Estado como um todo, o único detentor de personalidade jurídica internacional.

6.2.3. *Estado composto por subordinação*

Esse tipo de Estado diz respeito à associação em que os Estados não são iguais, pois alguns destes nem ao menos detêm autonomia interna.

Historicamente, tais Estados foram tratados como Estados vassalos, protetorados e Estados clientes. Atualmente não existem mais exemplos dessa estrutura. Borgonha é um exemplo de Estado vassalo, em relação ao reino da França, antes de sua anexação.

6.3. Território e soberania

O Território é um dos elementos constitutivos do Estado e representa a porção do espaço terrestre onde este exerce sua soberania.

Soberania[24] é o poder exclusivo que o Estado, representado geralmente pelo governo, detém de constituir direitos e impor deveres sobre um grupo de pessoas conjugadas em um espaço terrestre delimitado pela jurisdição desse mesmo Estado. Esse seria o âmbito interno da soberania, e como âmbito externo pode-se indicar a condição de igualdade que todos os Estados possuem na comunidade internacional.

Resta saber qual é a abrangência desse espaço no qual o Estado exerce sua soberania, o que veremos a seguir. Mas cabe adiantar que o território nacional, em seu sentido jurídico, é mais amplo que o território considerado pela geografia política, pois abrange áreas físicas que vão além dos limites e das fronteiras ditadas por esta.

6.3.1. Domínio terrestre

O domínio terrestre de um Estado compreende seu solo e o respectivo subsolo, e sua abrangência é determinada por limites, as ditas fronteiras. Todavia, deve-se ponderar que a ideia de fronteira é mais ampla que a de linha divisória, pois diz respeito a uma zona.

Em relação a esse tema, cabe mencionar o princípio *uti possidetis*, que foi muito utilizado para a determinação dos limites territoriais do Brasil[25], em contrapartida ao clamor dos governos hispano-americanos, que utilizavam o princípio *uti possidetisjuris* para resolver suas contendas demarcatórias. Em poucas palavras, o *uti possidetis* significa a posse real e efetiva sobre determinada área, o que autoriza sua junção ao domínio terrestre controlado pela soberania do Estado. Já o *uti possidetis juris* prescinde de ocupação efetiva, ficando a análise somente nos aspectos jurídicos.

6.3.2. Domínio fluvial

O domínio fluvial de um Estado compreende os rios e demais cursos d'água que passam por seu território.

A divisão entre rios nacionais e internacionais baseia-se em um critério espacial. Ou seja, se o curso do rio ficar comprimido somente dentro dos limites territoriais do Estado, este será nacional, ao passo que, se ultrapassar tais limites, será internacional.

Entre os rios internacionais existe também uma divisão: contíguos e sucessivos. Contíguos quando passam entre os territórios de dois Estados, dando origem a uma soberania compartilhada, ou seja, a soberania de cada Estado alcança a linha divisória do rio. E sucessivos quando passam pelos territórios de dois ou mais Estados; neste caso, cada Estado exercerá soberania em relação à parte do rio que passar por seu território.

6.3.3. Domínio marítimo

O domínio *marítimo de um Estado compreende as águas interiores, o mar territorial, a zona contígua, a zona econômica exclusiva e a plataforma continental.*

É importante citar aqui o art. 125 da Convenção das Nações Unidas sobre o Direito do Mar, que permite aos Estados sem litoral usufruírem do direito de acesso ao mar pelo território dos Estados vizinhos que tenham litoral, mas estes podem tomar todas as medidas necessárias para assegurar que os direitos e facilidades conferidos aos Estados sem litoral, não prejudiquem de forma alguma os seus legítimos interesses.

Agora estudaremos cada uma dessas partes que formam o domínio marítimo de um Estado. Devemos lembrar ainda que o grande diploma legal que regula o Direito Marítimo é a Convenção das Nações Unidas sobre o Direito do Mar, concluída em MontegoBay, Jamaica, em 10.12.1982.

6.3.3.1. Águas interiores

As águas interiores abrangem toda quantidade de água que se encontra na parte anterior da linha de base.

A linha de base é utilizada para determinar o início do mar territorial, e é traçada tomando por base a linha da maré baixa ao longo da costa, alternada com a linha de reserva das águas interiores quando existirem baías ou portos.

É importante lembrar que, no âmbito das águas interiores ou nacionais, o Estado exerce soberania ilimitada, não sendo possível a dita passagem inocente dos navios mercantes estrangeiros, o que é permitido no âmbito do mar territorial. Ademais, os navios estrangeiros só podem atracar nos portos quando autorizados pela respectiva capitania.

6.3.3.2. Mar territorial

O mar territorial é a parte do mar compreendida entre a linha de base e o limite de 12 milhas marítimas na direção do mar aberto.

Cabe sublinhar que os baixios[26] a descoberto que se encontrem, parcialmente, a uma distância do continente que não exceda a largura do mar territorial podem ser utilizados como parâmetro para medir a largura do mar territorial (art. 13, ponto 1, da Convenção das Nações Unidas sobre Direito do Mar).

No âmbito do mar territorial, o Estado exerce soberania com algumas limitações. Essa soberania alcança não apenas as águas, mas também o leito do mar, seu respectivo subsolo e o espaço aéreo sobrejacente. Como adendo, reiteramos que a doutrina é uniforme em defender que não existem

24. O conceito adotado tem por base o sistema Westphaliano.
25. "Desde o início do séc. XVIII, a extensão geográfica da Colônia nada mais tinha a ver com a incerta linha de Tordesilhas. Restava fazer conhecer de direito as novas fronteiras, uma questão a ser definida com a Espanha. Isso ocorreu através do Tratado de Madrid, entre as coroas portuguesa e espanhola, onde se reconheceu o princípio do *uti possidetis*, beneficiando os portugueses" (FAUSTO, Boris. *História Concisa do Brasil*, p. 74-75, Ed. USP).
26. São bancos de areia ou rochedo, que ficam submersos nos mares e rios, constituindo perigo para a navegação.

limitações à soberania referente ao espaço atmosférico acima do mar territorial.

Como dito no subitem anterior, a soberania sobre o mar territorial é mitigada pelo direito de passagem inocente, reconhecido em favor dos navios de qualquer Estado. Mas deve-se atentar que esse direito deve ser exercido de maneira contínua, rápida e ordeira, sob pena de configurar ato ilícito. Já os submarinos devem navegar na superfície e com o pavilhão arvorado. Ainda, tal soberania pode ser limitada em função da proteção ambiental.

Por exercer soberania sobre o mar territorial, o Estado costeiro poderá exercer poder de polícia, para proceder à fiscalização aduaneira e sanitária, como também à regulamentação dos portos e do trânsito[27] pelas águas territoriais, inclusive tomar medidas para reprimir as infrações às leis de seu território.

6.3.3.3. *Zona contígua*

A zona contígua trata-se de uma segunda faixa, a qual é adjacente ao mar territorial, e, em princípio, também de 12 milhas de largura.

No âmbito da zona contígua, o Estado costeiro também exerce soberania e, destarte, poderá exercer seu poder de polícia e, assim, proceder à fiscalização no que concerne à alfândega, à imigração, à saúde e, ainda, à regulamentação dos portos e do trânsito pelas águas territoriais, como também tomar medidas para reprimir as infrações às leis de seu território.

6.3.3.4. *Zona econômica exclusiva (ZEE)*

A zona econômica exclusiva (ZEE) é aquela situada além do mar territorial e a este adjacente – logo, se sobrepõe à zona contígua. Ela possui largura de duzentas milhas marítimas contadas da linha de base. Assim, se a largura for medida a partir do mar territorial, a ZEE terá 188 milhas marítimas de largura, e, se for medida a partir da linha de base, a ZEE terá 200 milhas marítimas de largura.

O Estado costeiro também exerce direitos de soberania sobre a zona econômica exclusiva. O art. 56 da Convenção sobre Direito do Mar disciplina tais direitos, dentre os quais se destacam: **a)** exploração de recursos naturais vivos ou não vivos; **b)** exploração econômica de caráter abrangente, como, por exemplo, a produção de energia a partir da água, do vento etc.; **c)** investigação científica; **d)** proteção e preservação do meio marinho; **e)** instalação de ilhas artificiais etc.

Em contrapartida, o Estado costeiro tem que suportar os direitos dos outros Estados, como, por exemplo, a navegação, o sobrevoo e a colocação de cabos ou dutos submarinos.

6.3.3.5. *Plataforma continental*

A plataforma continental é a parte do mar adjacente à costa cuja profundidade normalmente atinge duzentos metros e que, distante do litoral, cede lugar às inclinações abruptas que conduzem aos fundos marinhos.

O Estado costeiro tem o direito exclusivo de explorar os recursos naturais encontrados sobre a plataforma e seu subsolo. Tal direito é justificado pelo princípio da contiguidade.

27. A passagem de trânsito também se aplica às aeronaves.

6.3.3.6. *Alto-mar*

O alto-mar é a parcela do mar que não se encontra sob jurisdição de nenhum Estado.

Por fim, a título de consolidação da matéria, cabe destacar que no alto-mar vige o princípio da liberdade: é livre a navegação, assim como todas as formas possíveis de aproveitamento econômico, e não existe interferência da soberania de qualquer Estado.

Tal liberdade só é restringida pela obrigação de utilizá-lo para fins pacíficos e sempre respeitando os interesses dos demais Estados.

6.3.3.7. *Fundos marinhos*

O leito marinho, fora dos limites de qualquer jurisdição, é patrimônio comum da humanidade. Assim sendo, nenhum Estado exerce sua soberania sobre ele.

Tal determinação provém da Declaração de Princípios votada na Assembleia Geral da ONU. Cabe apontar que o determinante de tal votação foi a participação dos países em desenvolvimento, que viram a possibilidade de participar, mediante um regime internacional, da exploração dos recursos minerais que se encontram nos fundos dos oceanos e no seu subsolo.

6.3.3.8. *Navios*

O Estado exerce jurisdição sobre o navio que arvora sua bandeira, como também sobre as pessoas que nele se encontrem, além de exercê-la sobre os navios de seus nacionais.

Pela teoria da territorialidade ficta, os navios representam o prolongamento do domínio dos Estados. Apesar das inúmeras críticas recebidas, essa teoria teve acolhida na Corte Permanente de Justiça Internacional (CPJI), pois no caso do *navio Lótus*, em 1927, o voto dos juízes teve por fundamentação tal teoria.

A Convenção de MontegoBay classifica os navios da seguinte maneira: **a)** navios de guerra; **b)** navios públicos de fins não comerciais; **c)** navios públicos de fins comerciais; e **d)** navios privados ou mercantes.

Os navios privados ou mercantes ficarão sob a jurisdição do Estado do pavilhão quando se encontrarem em águas nacionais ou em alto-mar. Já os navios de guerra são como órgãos do poder público, por isso são soberanos e ficarão sob a jurisdição do Estado do pavilhão onde quer que estejam, mas sempre deverão respeitar as regras do Estado estrangeiro onde se encontrem. Por sua vez, os navios públicos que não têm caráter militar possuem certas prorrogativas, mas em menor amplitude do que aquelas conferidas aos navios de guerra.

6.3.4. *Domínio aéreo*

O domínio aéreo de um Estado compreende os ares situados acima de seu território e de seu mar territorial.

Desse modo, o regime jurídico incidente no espaço aéreo de um Estado é o mesmo da superfície subjacente, com a diferença de não ser permitido o direito de passagem inocente, o qual é tolerado no mar territorial. Todavia, a navegação aérea, civil ou militar, é livre sobre os espaços onde não incide

5. Direito Internacional Público

nenhuma soberania estatal: o alto-mar – incluindo o Polo Norte – e o continente antártico.

6.3.4.1. *Aeronaves*

É obrigação internacional que todo avião que trafega internacionalmente possua uma nacionalidade, a qual será determinada por seu registro ou matrícula. Esse vínculo implica a responsabilidade de um Estado sobre a aeronave e autoriza a respectiva proteção.

Pela teoria da territorialidade ficta, as aeronaves representam o prolongamento do domínio dos Estados.

O Código Brasileiro do Ar (Decreto-lei 483/1938), substituído pelo Código Brasileiro de Aeronáutica (Lei 7.565/1986), classificava as aeronaves da seguinte maneira: **a)** aeronaves de guerra; **b)** aeronaves públicas de fins não comerciais; **c)** aeronaves públicas de fins comerciais; e **d)** aeronaves privadas ou mercantes. Todavia, existe certa equiparação das aeronaves públicas de fins comerciais com as privadas, em função do fato de a maioria das companhias de aviação civil ser pública.

Por fim, cabe apontar que existe um importante diploma legal sobre a matéria: a Convenção sobre Aviação Civil Internacional, concluída em Chicago em 07.12.1944 e firmada pelo Brasil, em Washington, em 29.05.1945.

6.3.4.2. *Espaço ultraterrestre ou sideral*

O espaço ultraterrestre é patrimônio comum da humanidade. Assim, nenhum Estado exerce soberania sobre ele. Em outras palavras, o domínio público internacional refere-se a espaços de interesse geral pertencentes a todas as nações.

6.3.5. *Regiões polares*

As regiões antártica (Polo Sul) e ártica (Polo Norte) são de suma importância para o equilíbrio do clima no planeta Terra. Nenhum Estado exerce soberania sobre o continente antártico, ao passo que o Canadá, a Dinamarca, a Finlândia, a Islândia, a Suécia, a Noruega, a Rússia e os Estados Unidos exercem soberania sobre a região ártica.

Essa soberania compartilhada pode ser criticada, pois a região nada mais é do que um oceano coberto por gelo, e, como sabemos, nos mares vige o princípio da liberdade (reler subitem **6**.3.3.6).

Em relação ao Polo Sul, existe o Tratado da Antártida, assinado em 01.12.1959 e ratificado pelo Brasil em 1975 (Decreto 75.963), que tem por objetivo garantir que a Antártida seja sempre utilizada para fins pacíficos. Podemos citar como princípios informadores desse tratado: **a)** utilização do continente antártico exclusivamente para fins pacíficos; **b)** liberdade de pesquisa e intercâmbio de informações científicas; **c)** congelamento de quaisquer reivindicações territoriais no continente antártico; **d)** direito de cada uma das partes do tratado de proceder, a qualquer tempo, à inspeção das instalações das demais; e **e)** preservação e conservação dos recursos vivos na Antártida (art. 9º, ponto 1, do Tratado da Antártida).

Apesar de o tratado não prever expressamente que a Antártida é "patrimônio comum da humanidade", cabe dizer que "a internacionalização, como modo de exclusão das pretensões de apropriação com intuito de exercer a soberania estatal, se deu e, todavia, se encontra em curso, em relação aos espaços polares. Alguns países pretenderam alegações de reivindicações sobre parcelas da Antártida. Mas esta se considera aqui dentre os espaços internacionalizados, e a prática internacional tem sido em tal sentido. A ser revisto em futuro próximo, o **Tratado da Antártica** de 1959 não deve voltar atrás, no sentido de acolher pretensões nacionais de apropriação de quinhões do continente gelado".[28]

6.4. Reconhecimento

Existe grande divergência doutrinária no tocante a esse tema. A parcela maior da doutrina defende que o reconhecimento de um Estado por seus pares tem natureza declaratória (é a posição adotada pelo Instituto de Direito Internacional), ao passo que a outra parcela defende que tal reconhecimento tem natureza constitutiva. O aclamado princípio da autodeterminação dos povos dá suporte à tese da natureza declaratória do reconhecimento.

Discussões à parte, o reconhecimento pode ser expresso ou tácito, mas deve ser inequívoco. Exemplos de reconhecimento expresso são: tratado, decreto, nota etc. E exemplos do tácito são: início das relações diplomáticas ou a celebração de um tratado qualquer com o novo Estado.

Pode também ser *de jure* ou *de facto*. O reconhecimento *de jure* é definitivo, já o *de facto* é provisório ou limitado.

Ainda se pode classificar o reconhecimento como individual ou coletivo. O individual é efetuado por apenas um Estado, já o coletivo, por vários Estados. Na atualidade, o reconhecimento coletivo tem maior incidência, porque está ligado à aderência do novo Estado à Organização das Nações Unidas.

6.4.1. *Reconhecimento de governo*

O Estado em si mesmo já é reconhecido, ou seja, tem personalidade jurídica de direito internacional. Contudo, uma ruptura na ordem política – uma revolução ou um golpe de Estado, por exemplo – faz com que se instaure no país um novo esquema de poder, contrário às regras constitucionais pertinentes à renovação do governo. Aqui, a grande discussão doutrinária refere-se à forma expressa ou à forma tácita do reconhecimento.

6.5. Imunidades

No plano internacional, os Estados em si possuem imunidades, assim como os agentes estatais, tanto do corpo diplomático como do consular. As imunidades diplomáticas e consulares têm por finalidade garantir o eficaz desempenho das funções das missões diplomáticas, em seu caráter de representantes dos Estados.

Vejamos, primeiramente, o significado das duas convenções celebradas em Viena sobre as imunidades dos agentes estatais, uma delas sobre relações diplomáticas (1961), a outra sobre relações consulares (1963).

28. CASELLA, Paulo Borba. *Direito Internacional dos Espaços*. São Paulo: Atlas, 2009. p. 572.

6.5.1. Imunidades diplomáticas

No âmbito da missão diplomática, tanto os membros do quadro diplomático de carreira quanto os membros do quadro administrativo e técnico gozam de ampla imunidade de jurisdição penal, civil e administrativa, esta última sendo a mais mitigada, que se estende aos membros da família quando estes vivam sob sua dependência e tenham sido incluídos na lista diplomática. São, ademais, fisicamente invioláveis e em caso algum podem ser obrigados a depor como testemunhas. Reveste-os, além disso, a imunidade tributária[29].

Os membros do quadro diplomático de carreira apenas gozam das citadas imunidades em razão do cargo que exercem. Percebe-se que o Estado estrangeiro *per si* é detentor de tais imunidades e seus agentes, como apontado, somente possuem imunidade por representá-lo. Desta forma, podemos falar de imunidades aplicadas diretamente ao Estado estrangeiro. Em recente decisão sobre o tema, o STJ decidiu que o Município não pode cobrar IPTU de Estado estrangeiro, embora possa cobrar taxa de coleta domiciliar de lixo[30].

Mas cabe asseverar que se o agente diplomático inicia uma ação judicial, não lhe será permitido invocar a imunidade de jurisdição em relação a uma reconvenção proposta pelo réu, ligada à ação principal. E também é importante aclarar que a imunidade de jurisdição garantida ao agente diplomático vale apenas no Estado acreditado (no local da missão diplomática). Logo, não o isenta da jurisdição do Estado acreditante (o agente submete-se à jurisdição do seu próprio Estado) – art. 31, ponto 4, da Convenção de 1961.

São também fisicamente invioláveis os locais da missão diplomática com todos os bens ali situados, assim como os locais residenciais utilizados pelo quadro diplomático e pelo quadro administrativo e técnico para fins da missão e por conta do Estado acreditante – salvo o imóvel privado. Esses imóveis e os valores mobiliários neles encontráveis não podem ser objeto de busca, requisição, penhora ou medida qualquer de execução (imunidade de execução). Os arquivos e documentos da missão diplomática são invioláveis onde quer que estejam. Nesse sentido é o art. 22, ponto 2, da Convenção de Viena sobre Imunidades Diplomáticas, pois determina que o Estado acreditado (o que recebe o agente diplomático ou consular) tem a obrigação especial de adotar todas as medidas apropriadas para proteger os locais da missão contra qualquer dano e evitar perturbações à sua tranquilidade ou ofensas à sua dignidade.

Importante destacar que no caso *Yerodia* – República Democrática do Congo v. Reino da Bélgica –, a Corte Internacional de Justiça determinou que a imunidade de ministro de estado das relações exteriores é absoluta e se equipara à imunidade diplomática. Outro caso digno de nota é o caso *Pinochet*, onde ficou definido que a imunidade de ex-chefe de estado vale somente para atos de Estado, não incluindo nestes os crimes de direito internacional.

Em que pesem as imunidades diplomáticas, o Estado acreditado poderá a qualquer momento, e sem ser obrigado a justificar sua decisão, notificar o Estado acreditante de que o chefe da missão ou qualquer membro do pessoal diplomático da missão é *personanongrata* ou que outro membro do pessoal da missão não é aceitável. O Estado acreditante, conforme o caso, retirará a pessoa em questão ou dará por terminadas suas funções na missão. Uma pessoa pode ser declarada *nongrata* ou não aceitável mesmo antes de chegar ao território do Estado acreditado (art. 9º, ponto 1, da Convenção de Viena sobre Relações Diplomáticas).

Também é possível que o Estado acreditado não conceda o *agrément*. *Agrément* é o ato por meio do qual o Estado acreditado manifesta sua concordância com a nomeação de um agente diplomático por parte do Estado acreditante. Ademais, o Estado acreditado não precisa dar os motivos da recusa do *agrément* (art. 4º, ponto 2, da Convenção de Viena sobre Relações Diplomáticas)[31].

6.5.2. Imunidades consulares

Os cônsules e os funcionários consulares gozam de inviolabilidade física e de imunidade ao processo apenas no tocante aos atos relacionados ao trabalho (atos oficiais). Os locais consulares são invioláveis na medida estrita de sua utilização funcional e gozam de imunidade tributária. Os arquivos e documentos consulares são invioláveis em qualquer circunstância e onde quer que se encontrem (art. 33 da Convenção de Viena sobre Relações Consulares).

6.5.3. Resumo comparativo das imunidades

1) Imunidades diplomáticas: **a)** titularidade: membros do quadro diplomático de carreira e do quadro administrativo e técnico; **b)** amplitude: jurisdição penal, civil e administrativa; **c)** fisicamente invioláveis: sim; **d)** podem depor como testemunha: não; e **e)** imunidade tributária: sim.

2) Imunidades consulares: **a)** titularidade: os cônsules e os funcionários consulares; **b)** amplitude: apenas em relação aos processos relacionados ao trabalho; **c)** fisicamente invioláveis: sim; **d)** podem depor como testemunha[32]: sim; e **e)** imunidade tributária: sim.

29. O agente diplomático goza de isenção de todos os impostos e taxas, pessoais ou reais, nacionais, regionais ou municipais, com exceção, dentre outras, dos impostos indiretos incluídos nos preços das mercadorias ou dos serviços, dos impostos e taxas sobre bens imóveis privados, situados no território do Estado acreditado, daqueles decorrentes do direito de sucessão, dos que incorrem sobre rendimentos privados ou sobre serviços específicos prestados ao agente.

30. Encontra-se pacificado na jurisprudência do STJ o entendimento de que os Estados estrangeiros possuem imunidade tributária e de jurisdição, segundo os preceitos das Convenções de Viena de 1961 (art. 23) e de 1963 (art. 32), que concedem isenção sobre impostos e taxas, ressalvadas aquelas decorrentes da prestação de serviços individualizados e específicos que lhes sejam prestados. Assim, em tese, a Taxa de Coleta Domiciliar de Lixo que decorra da prestação de serviço específico pode ser cobrada do Estado estrangeiro. Ademais, a Súmula Vinculante 19 do STF preconiza que "a taxa cobrada exclusivamente em razão dos serviços públicos de coleta, remoção e tratamento ou destinação de lixo ou resíduos provenientes de imóveis não viola o art. 145, II, da Constituição Federal" (RO 138-RJ, Rel. Min. Herman Benjamin, julgado em 25.02.2014).

31. O mesmo ocorre com os agentes consulares (art. 12, ponto 2, da Convenção de Viena sobre Relações Consulares).

32. A título de informação, "Os Deputados e Senadores não serão obrigados a testemunhar sobre informações recebidas ou prestadas em razão do exercício do mandato, nem sobre as pessoas que lhes confiaram ou deles receberam informações" (art. 53, § 6º, da CF/1988).

6.5.4. *Renúncia*

O Estado acreditante (o que envia o agente diplomático ou consular) pode renunciar, se entender conveniente, às imunidades de índole penal e civil de que gozam seus representantes diplomáticos e consulares (art. 32 da Convenção de Viena de 1961). Em caso algum o próprio beneficiário da imunidade pode renunciar.

Cabe reforçar a necessidade dessa renúncia ser expressa (art. 32, ponto 2, da Convenção de Viena sobre Relações Diplomáticas) e sublinhar que a renúncia à imunidade de jurisdição no tocante às ações cíveis ou administrativas não implica renúncia à imunidade quanto às medidas de execução de sentença, para a consecução das quais nova renúncia é necessária (art. 32, ponto 4, da Convenção de Viena sobre Relações Diplomáticas).

6.5.5. *Imunidade do Estado*

A regra de imunidade jurisdicional do Estado, enquanto pessoa jurídica de direito externo, existe há muito tempo no plano internacional e se consubstancia na impossibilidade de o Estado figurar como parte perante tribunal estrangeiro contra sua vontade (*par in parem non habet judicium*). Mais tarde, tal regra foi corroborada pelo princípio da igualdade soberana dos Estados.

No entanto, essa outrora absoluta imunidade vem sendo reconfigurada. A título de exemplo, aponta-se a Convenção Europeia sobre a Imunidade dos Estados, concluída em Basileia e em vigor desde 1976, que exclui do âmbito da imunidade do Estado as ações decorrentes de contratos celebrados e exequendos *in loco*. Dispositivo semelhante aparece no *StateImmunityAct*,que se editou na Grã-Bretanha em 1978. Também se pode apontar a Convenção sobre as Imunidades dos Estados e seus Bens, adotada pela ONU, que tem por linha-base a exclusão do âmbito de imunidade estatal as atividades de notável caráter econômico. No Brasil, por exemplo, o STF decidiu, no julgamento da ACI 9.696 em 1989, que Estado estrangeiro não tem imunidade em causa de natureza trabalhista, entendida como ato de gestão. Ou seja, todo ato de gestão que envolva relação civil, comercial ou trabalhista não se encontra abrangido pela imunidade de jurisdição estatal. Assim, a imunidade recai apenas sobre os atos de império, mas pode ser afastada mediante concordância do Estado por ela beneficiado.

Percebe-se que a imunidade jurisdicional do Estado estrangeiro passou de um costume internacional absoluto a matéria a ser regulada internamente por cada Estado.

Em geral, pode-se dizer que a imunidade jurisdicional estatal não mais incidirá nos processos provenientes de relação jurídica entre o Estado estrangeiro e o meio local – mais exatamente os particulares locais (atos de gestão ou *iusgestionis*).

6.5.6. *Imunidade de execução*

Conforme já dito quando tratamos das imunidades diplomáticas, os Estados possuem imunidade de execução, o que significa que não poderá ser decretada execução forçada – como o sequestro, o arresto e o embargo – contra os bens de um Estado estrangeiro.

Essa imunidade é considerada absoluta por grande parcela da doutrina[33] e prevalece no STF a orientação de que, "salvo renúncia, é absoluta a imunidade do Estado estrangeiro à jurisdição executória"[34]. Logo, se a existência da demanda for comunicada ao Estado estrangeiro e esse não renunciar expressamente à imunidade de jurisdição, o processo deve ser extinto sem resolução de mérito[35]. Por conclusão temos que a imunidade de execução pode ser renunciada pelo próprio Estado[36] ou relativizada quando a execução for de bens não afetos aos serviços diplomáticos e consulares do Estado estrangeiro – por exemplo, recursos financeiros vinculados a atividades empresariais disponíveis em contas bancárias[37]. E caso este não possua bens estranhos à sua representação diplomática nos limites da jurisdição brasileira, deve ser expedida carta rogatória, acompanhada de gestões diplomáticas, para se proceder à cobrança do crédito.

6.6. Exclusão do estrangeiro

6.6.1. *Condição jurídica do estrangeiro*

Consoante o art. 5º da CF/1988, o estrangeiro tem aqui proteção da ordem jurídica como qualquer nacional, apenas com a diferença de não se beneficiar dos direitos políticos. Esse tipo de tratamento é conferido por quase todos os Estados.

Cabe lembrar que todo Estado tem a prerrogativa de decidir sobre a conveniência da entrada ou não de estrangeiros em seu território nacional. Apenas o nacional possui direito de entrar no seu país e fixar residência nele.

6.6.2. *Deportação*

A deportação é a saída compulsória, do território nacional, do estrangeiro que ingressou irregularmente ou cuja presença tenha se tornado irregular – quase sempre por expiração do prazo de permanência ou por exercício de atividade não permitida, como trabalho remunerado no caso do turista.

A medida não é exatamente punitiva nem deixa sequelas. Seu procedimento é simples. O estrangeiro é notificado para sair do Brasil e, caso não obedeça, pode ser decretada, pelo juiz federal, sua prisão com a finalidade de ulterior deportação.

De suma importância sobre o instituto é a impossibilidade de proceder à deportação se isso implicar extradição inadmitida pela lei brasileira (art. 63 do Estatuto do Estrangeiro). Portanto, a deportação não é permitida quando relacionada à prática de crimes políticos, de imprensa, religiosos e militares.

33. Para parte da doutrina, a imunidade de execução foi relativizada na medida em que **bens de uso comercial sem função pública** podem ser objeto de penhora. É a visão, por exemplo, de Antenor Madruga.
34. Vide ACO 543 AgR, Tribunal Pleno, e RE-AgR 222.368/PE, ambos do STF.
35. STF, ACO 645 AgR, Tribunal Pleno, *DJ* 17.08.2007.
36. Importante esclarecer que a renúncia à imunidade de jurisdição no referente às ações civis e administrativas não abrange as medidas de execução de sentença, para as quais é necessária nova renúncia.
37. Vide TST, SBDI-2 ROMS 282/2003-000-10-00-1. Relator: Renato de Lacerda Paiva. Brasília, DF, 28.06.2005. *DJ* 26.08.2005.

A deportação não deve ser confundida com o impedimento à entrada de estrangeiro, que ocorre quando não forem cumpridas as exigências necessárias para o ingresso.

Por fim, o deportado só poderá reingressar no território nacional se ressarcir o Tesouro Nacional, com correção monetária, das despesas com sua deportação e efetuar, se for o caso, o pagamento da multa devida à época, também corrigida (art. 64 do Estatuto do Estrangeiro).

6.6.3. Expulsão

A expulsão é a saída compulsória, do território nacional, do estrangeiro que constituir perigo ou ameaça à ordem pública. Podem-se citar tais atos como possíveis de gerar a expulsão: **a)** conspirações; **b)** espionagem; **c)** provocação de desordens; **d)** mendicidade e vagabundagem etc. A medida deixa sequelas e pode ser considerada punitiva.

Antes de tudo, deve-se dizer que, diferentemente de outras constituições brasileiras (por exemplo, a de 1946), a Constituição de 1988 não adota norma a respeito do tema, que é disciplinado pela Lei 6.815/1980 (Estatuto do Estrangeiro). Referida lei, no art. 65, dispõe que "é passível de expulsão o estrangeiro que, de qualquer forma, atentar contra a segurança nacional, a ordem política ou social, a tranquilidade ou moralidade pública e a economia popular, ou cujo procedimento o torne nocivo à conveniência e aos interesses nacionais". O parágrafo único do mesmo artigo prevê outros casos em que a expulsão do estrangeiro pode ocorrer[38].

Por outro lado, o art. 75, II, da Lei 6.815/1980 dispõe que não se procederá à expulsão "quando o estrangeiro tiver: **a)** cônjuge brasileiro do qual não esteja divorciado ou separado, de fato ou de direito, e desde que o casamento tenha sido celebrado há mais de 5 (cinco) anos; ou **b)** filho brasileiro que, comprovadamente, esteja sob sua guarda e dele dependa economicamente". Tratam-se das chamadas *condições de inexpulsabilidade*. Importante destacar que essas condições de inexpulsabilidade não interferem na extradição, expulsão e entrega (para o TPI), ou seja, não impedem tais medidas de exclusão do estrangeiro.

Em relação à segunda situação, deve-se asseverar que o STF possui orientação consolidada no sentido de que o nascimento de filho brasileiro após a prática da infração penal não caracteriza óbice à expulsão (vide Informativo 554 do STF[39]). Todavia, essa outrora posição consolidada parece ser flexibilizada em função do afeto enquanto valor constitucional central. Hodiernamente, especialmente pelo defendido no HC 114.901/DF[40], sublinha-se o dever constitucional do Estado de proteger a unidade e de preservar a integridade das entidades familiares, além da necessidade de proteção integral e efetiva à criança e ao adolescente nascidos no Brasil. Logo, a posição apontada, outrora indiscutível, começa a ser relativizada, conforme verificado em excerto do citado *habeas corpus*: "constando dos autos que o nascimento do mencionado filho do paciente ocorreu após o fato criminoso e não havendo comprovação de que o menor dependa economicamente do pai e de que tenham eles convivência socioafetiva, a jurisprudência desta Corte, **ainda que mais flexível com o propósito de beneficiar a prole brasileira**, não ampara a pretensão de impedir a efetiva expulsão do estrangeiro, condenado por tráfico de drogas". (grifo nosso)

Na prática, o estrangeiro, depois de notificado de sua expulsão, deve se retirar do Brasil, do contrário poderá receber pena, geralmente de prisão, e somente após seu cumprimento vai ser enviado ao seu país, o qual não poderá negar sua entrada. É importante apontar que a pena também será imposta ao estrangeiro que, depois de sair, retornar ao Brasil sem que a expulsão tenha sido revogada, caso em que incorre no crime tipificado no art. 338 do CP ("Reingressar no território nacional o estrangeiro que dele foi expulso").

O procedimento é complexo, pois necessária se faz a realização de um inquérito[41] no âmbito do Ministério da Justiça, no qual se assegura ao estrangeiro o direito de defesa (contraditório). Após, o presidente da República decidirá sobre a expulsão, devendo materializá-la por meio de decreto (art. 66 do Estatuto do Estrangeiro). E da decisão do presidente da República cabe pedido de reconsideração no prazo de dez dias, a contar da publicação do decreto de expulsão, no Diário Oficial da União (art. 72 do Estatuto do Estrangeiro). Não caberá pedido de reconsideração nos seguintes casos: infração contra a segurança nacional, a ordem política ou social e a economia popular; comércio, posse ou facilitação de uso indevido de substância entorpecente ou que determine dependência física ou psíquica; ou desrespeito à proibição especialmente prevista em lei para estrangeiro (arts. 71 e 72 da Lei 6.815/1980).

Existe a possibilidade do presidente da República delegar a citada competência ao Ministro da Justiça, que nos casos de expulsão assinará uma Portaria Ministerial de Expulsão (art. 1º do Decreto 3.447/2000).

Por sua importância, cabe apontarmos o art. 67 do Estatuto do Estrangeiro: "Desde que conveniente ao interesse nacional, a expulsão do estrangeiro poderá efetivar-se, ainda que haja processo ou tenha ocorrido condenação". Tal regra foi utilizada recentemente pelo STF, na Ext. 1.133/República da Argentina[42], diante da impossibilidade de extraditar estrangeiro que responde a processo penal no Brasil pela prática do crime de furto.

38. "**a)** praticar fraude a fim de obter a sua entrada ou permanência no Brasil; **b)** havendo entrado no território nacional com infração à lei, dele não se retirar no prazo que lhe for determinado para fazê-lo, não sendo aconselhável a deportação; **c)** entregar-se à vadiagem ou à mendicância; ou d) desrespeitar proibição especialmente prevista em lei para estrangeiro".
39. No mesmo sentido, o art. 75, § 1º, do Estatuto do Estrangeiro assim dispõe: "não constituem impedimento à expulsão a adoção ou o reconhecimento de filho brasileiro supervenientes ao fato que o motivar".
40. **Informativo** 690 do STF.
41. Art. 71 do Estatuto do Estrangeiro: "Nos casos de infração contra a segurança nacional, a ordem política ou social e a economia popular, assim como nos casos de comércio, posse ou facilitação de uso indevido de substância entorpecente ou que determine dependência física ou psíquica, ou de desrespeito à proibição especialmente prevista em lei para estrangeiro, **o inquérito será sumário e não excederá o prazo de quinze dias**, dentro do qual fica assegurado ao expulsando o direito de defesa".
42. Rel. Min. Gilmar Mendes, 09.08.2011 (Inform. STF 635).

Por fim, deve-se apontar que a regra no ordenamento jurídico brasileiro é que não há contraditório em procedimento investigatório, como, por exemplo, o inquérito policial. Todavia, como acabamos de ver, o procedimento de expulsão de estrangeiro do território nacional é uma exceção à regra geral (em companhia do procedimento para apurar falta disciplinar), pois permite a defesa do estrangeiro.

6.6.4. *Extradição*

A extradição *é a entrega de um Estado para outro Estado, a pedido deste, de indivíduo que em seu território deva responder a processo penal ou cumprir pena por prática de crime de certa gravidade. Uma condicionante dessa entrega é a confirmação de que os direitos humanos do extraditando serão respeitados (chamada limitação humanística).*

A grande finalidade da extradição é garantir, por meio da cooperação internacional, que a prática de crime não ficará sem punição. E o fundamento jurídico do pedido de extradição pode ser a existência de um tratado[43] que preveja tal hipótese ou, na falta deste, a declaração de reciprocidade[44], que funciona como suporte jurídico para o procedimento. A aceitação da promessa de reciprocidade é, no entanto, ato discricionário do Estado que a recebe.

Deve-se ponderar que a extradição não é permitida quando relacionada à prática de crimes políticos, de imprensa, religiosos e militares. E se o indivíduo foi condenado à morte, a extradição só deve tomar curso se ficar assegurada a conversão da pena de morte em pena de prisão. Ademais, a maioria dos países não permite a extradição de nacional seu - nesse sentido o art. 5º, LI, da CF/1988 determina: "nenhum brasileiro será extraditado, **salvo o naturalizado**, em caso de crime comum, praticado antes da naturalização, ou de comprovado envolvimento em tráfico ilícito de entorpecentes e drogas afins, na forma da lei".

E quando mais de um Estado requerer a extradição da mesma pessoa pelo mesmo fato, terá preferência o pedido daquele em cujo território a infração foi cometida (art. 79 do Estatuto do Estrangeiro). O artigo segue definindo outras situações, assim quando se tratar de crimes diversos, terão preferência, sucessivamente: I – o Estado requerente em cujo território haja sido cometido o crime mais grave, segundo a lei brasileira; II – o que em primeiro lugar houver pedido a entrega do extraditando, se a gravidade dos crimes for idêntica[45]; e III – o Estado de origem, ou, na sua falta, o domiciliar do extraditando, se os pedidos forem simultâneos (§ 1º do art. 79). E nos casos não previstos decidirá sobre a preferência o governo brasileiro (§ 2º), ou havendo tratado ou convenção com algum dos Estados requerentes, prevalecerão suas normas no que disserem respeito à preferência (§ 3º).

Por fim, é possível a figura da reextradição, conforme a leitura do art. 91, IV, do Estatuto do Estrangeiro nos permite interpretar. Porém, para isso acontecer é necessário o consentimento do estado brasileiro. Essa é a posição do STF (Ext. 1267/DF, rel. Min. Gilmar Mendes, 25.03.2014 - Inform. STF 740, 2ª Turma).

6.6.4.1. *Procedimento no Brasil*

O procedimento extraditório no Brasil foi alterado pela Lei 12.878, de 04.11.2013, que deu nova redação aos arts. 80, 81 e 82[46] da Lei 6.815/1980.

Em linhas gerais e num primeiro momento, o país interessado formula pedido de extradição que é transmitido por via diplomática para o Ministério das Relações Exteriores

43. Além dos tradicionais tratados bilaterais a respeito, cada vez mais o pedido de extradição tem por suporte tratado multilateral, especialmente os onusianos. Exemplo do dito é a Ext. 1212/Estados Unidos da América, rel. Min. Dias Toffoli, 09.08.2011 (Inform. STF 635), na qual o pedido de extradição teve por base a Convenção das Nações Unidas contra o Crime Organizado Transnacional.

44. Há algum tempo o STF negou a extradição do libanês Assad Khalil Kiwan (PPE 623), preso no Brasil há três anos e acusado de tráfico internacional de armas e de drogas, porque o Estado do Líbano não fez declaração de reciprocidade – Brasil e Líbano não possuem tratado que regule a extradição. O voto da Ministra Cármen Lúcia (relatora) foi acompanhado pelos demais ministros presentes à sessão, que determinaram, ainda, a remessa do processo ao Ministério Público Federal para que o órgão decida se deve enviar o caso ao Ministério da Justiça, com a sugestão de que o libanês seja expulso do Brasil. Cabe lembrar que somente o Poder Executivo tem prerrogativa para determinar a expulsão de um estrangeiro.

45. Nesse sentido ver a Ext. 1267/DF, rel. Min Gilmar Mendes, 25.03/.014 (Inform. STF 740, 2º Turma).

46. Tais artigos passaram a ter a seguinte redação: "A extradição será requerida por via diplomática ou, quando previsto em tratado, diretamente ao Ministério da Justiça, devendo o pedido ser instruído com a cópia autêntica ou a certidão da sentença condenatória ou decisão penal proferida por juiz ou autoridade competente.
§ 1º O pedido deverá ser instruído com indicações precisas sobre o local, a data, a natureza e as circunstâncias do fato criminoso, a identidade do extraditando e, ainda, cópia dos textos legais sobre o crime, a competência, a pena e sua prescrição.
§ 2º O encaminhamento do pedido pelo Ministério da Justiça ou por via diplomática confere autenticidade aos documentos.
§ 3º Os documentos indicados neste artigo serão acompanhados de versão feita oficialmente para o idioma português."
O pedido, após exame da presença dos pressupostos formais de admissibilidade exigidos nesta Lei ou em tratado, será encaminhado pelo Ministério da Justiça ao Supremo Tribunal Federal.
Parágrafo único. Não preenchidos os pressupostos de que trata o *caput*, o pedido será arquivado mediante decisão fundamentada do Ministro de Estado da Justiça, sem prejuízo de renovação do pedido, devidamente instruído, uma vez superado o óbice apontado."
O Estado interessado na extradição poderá, em caso de urgência e antes da formalização do pedido de extradição, ou conjuntamente com este, requerer a prisão cautelar do extraditando por via diplomática ou, quando previsto em tratado, ao Ministério da Justiça, que, após exame da presença dos pressupostos formais de admissibilidade exigidos nesta Lei ou em tratado, representará ao Supremo Tribunal Federal.
§ 1º O pedido de prisão cautelar noticiará o crime cometido e deverá ser fundamentado, podendo ser apresentado por correio, fax, mensagem eletrônica ou qualquer outro meio que assegure a comunicação por escrito.
§ 2º O pedido de prisão cautelar poderá ser apresentado ao Ministério da Justiça por meio da Organização Internacional de Polícia Criminal (Interpol), devidamente instruído com a documentação comprobatória da existência de ordem de prisão proferida por Estado estrangeiro.
§ 3º O Estado estrangeiro deverá, no prazo de 90 (noventa) dias contada da data em que tiver sido cientificado da prisão do extraditando, formalizar o pedido de extradição.
§ 4º Caso o pedido não seja formalizado no prazo previsto no § 3º, o extraditando deverá ser posto em liberdade, não se admitindo novo pedido de prisão cautelar pelo mesmo fato sem que a extradição haja sido devidamente requerida."

ou, na falta de agente diplomático do Estado que a requerer ou mediante previsão em tratado, diretamente de governo a governo, devendo sempre o pedido ser instruído com a cópia autêntica ou a certidão da sentença condenatória, da sentença de pronúncia ou da que decretar a prisão preventiva, proferida por juiz ou autoridade competente. Importante destacar a exigência de o pedido de extradição ser instruído com indicações precisas sobre o local, a data, a natureza e as circunstâncias do fato criminoso, a identidade do extraditando e, ainda, cópia dos textos legais sobre o crime, a competência, a pena e a sua prescrição (§ 1ºdo art. 80 do Estatuto do Estrangeiro).

Feito isso, cabe ao Ministério da Justiça fazer uma análise identificadora da presença ou não dos pressupostos formais de admissibilidade exigidos no Estatuto do Estrangeiro ou em tratado. Caso o resultado seja positivo, o pedido de extradição será encaminhado ao Supremo Tribunal Federal, que é o juízo da extradição (art. 102, I, *g*, da CF/1988). Percebe-se aqui uma grande modificação, pois antes o Ministério da Justiça ordenava a prisão do extraditando e somente depois de efetivada o pedido era encaminhado ao STF, para esse tomar as providências de julgamento. Agora, como visto, a regra geral é a análise dos requisitos formais pelo Ministério da Justiça e o encaminhamento ao STF quando esses estiverem presentes, sem necessidade de se impor a prisão cautelar.

A prisão preventiva para fins de extradição passou de requisito automático e presente em todos os procedimentos de extradição para elemento excepcional e carente de pedido específico por parte do Estado requerente (art. 82 do Estatuto do Estrangeiro)[47]. Essa prisão fazia parte do próprio procedimento de extradição, mas agora só ocorrerá se tiver o pedido expresso do Estado requerente e a correlata justificação (§ 1º do art. 82 do Estatuto do Estrangeiro)[48].

Ou seja, com a nova redação legal dada ao art. 82 do Estatuto do Estrangeiro, a prisão cautelar em análise ganhou roupagem de medida excepcional, como toda prisão preventiva deve ter no seio de um Estado Democrático de Direito. De agora em diante, o Estado interessado na extradição poderá, em caso de urgência e antes da formalização do pedido de extradição, ou conjuntamente com este, requerer a prisão cautelar do extraditando por via diplomática ou, quando previsto em tratado, ao Ministério da Justiça, que, após exame da presença dos pressupostos formais de admissibilidade exigidos no Estatuto do Estrangeiro ou em tratado, representará ao Supremo Tribunal Federal.

Caso seja concedida a prisão preventiva para fins de extradição, é importante asseverar que o Estado estrangeiro deverá, no prazo de 90 dias contado da data em que tiver sido cientificado da prisão do extraditando, formalizar o pedido de extradição (§ 3º do art. 82 do Estatuto do Estrangeiro). E se o pedido não for formalizado dentro do prazo especificado acima, o extraditando deverá ser posto em liberdade, não se admitindo novo pedido de prisão cautelar pelo mesmo fato sem que a extradição haja sido devidamente requerida (§ 4º do art. 82 do Estatuto do Estrangeiro).

Com relação ao prazo dessa prisão cautelar, o instituto sofreu uma mitigação pela jurisprudência, sendo atribuído limite temporal a ela, compatível com o princípio da proporcionalidade, quando são avaliadas sua necessidade, sua adequação e sua proporcionalidade em sentido estrito[49]. Tal consideração sobre a prisão preventiva para fins de extradição foi fruto de uma modificação de entendimento pelo STF[50], que antes, com base no art. 84, parágrafo único, do Estatuto do Estrangeiro, defendia que a prisão iria perdurar até o julgamento final da extradição.

Cabe destacar que o fundamento para concessão de toda extradição pode ser tanto o fato de o governo requerente se fundamentar em tratado, como quando prometer ao Brasil a reciprocidade.

E o art. 77 da Lei 6.815/1980 cuida das situações em que a extradição não será concedida, a saber: **a)** se tratar de brasileiro, salvo se a aquisição dessa nacionalidade verificar-se após o fato que motivar o pedido (ler o art. 5º, LI, da CF/1988); **b)** o fato que motivar o pedido não for considerado crime no Brasil ou no Estado requerente (necessidade da presença dos requisitos da *dupla tipicidade* e da *dupla punibilidade*)[51]; **c)** o Brasil for competente, segundo suas leis, para julgar o crime imputado ao extraditando; **d)** a lei brasileira impuser ao crime a pena de prisão igual ou inferior a 1 (um) ano; **e)** o extraditando estiver respondendo a processo ou já houver sido condenado ou absolvido no Brasil pelo mesmo fato em que se fundar o pedido; **f)** estiver extinta a punibilidade pela prescrição segundo a lei brasileira ou a do Estado requerente; **g)** o fato constituir crime político (mas ocorrerá a extradição quando o fato constituir, principalmente, infração da lei penal comum ou quando o

47. Ver PPE 730/DF, rel. Min. Celso de Mello, 16.12.2014. (Inform. 772, 2ª Turma).
48. Ver Ext. 893 QO/República Federal da Alemanha, rel. Min. Gilmar Mendes, 10.03.2015. (Inform. 777, 2ª Turma).
49. Ver a Ext. 947 QO/República do Paraguai, rel. Min. Ricardo Lewandowski, 28.05.2014 (Inform. STF 748, Plenário).
50. HC 91657/SP, rel. Min. Gilmar Mendes, 13.09.2007 (**Inform. STF** 479). Segue trecho: "Inicialmente, salientou-se a necessidade de ser revisitado o tema da prisão preventiva para fins de extradição, em face do significado ímpar atribuído pela CF/1988 aos direitos individuais. Destacou-se que, em nosso Estado de Direito, a prisão seria uma medida excepcional e, por isso, não poderia ser utilizada como meio generalizado de limitação das liberdades dos cidadãos, não havendo razão, tanto com base na CF/1988 quanto nos tratados internacionais com relação ao respeito aos direitos humanos e à dignidade da pessoa humana, para que tal entendimento não fosse aplicado no que tange às prisões preventivas para fins de extradição". No mesmo sentido é a Ext. 1254 QO/Romênia, rel. Min. Ayres Britto, 06.09.2011 (**Inform. STF** 639).
51. Ext. 1324/DF, rel. Min. Dias Toffoli, 07.04.2015 (Inform. STF 780, 2ª Turma). Segue trecho: "Por não atendido o requisito da dupla punibilidade, a 2ª Turma indeferiu pedido de extradição formulado pelo governo da Itália. Na espécie, o estrangeiro fora condenado pela justiça italiana por crimes de falência fraudulenta. Embora o presente o requisito da dupla tipicidade, os delitos teriam sido praticados sob a vigência do Decreto Lei 7.661/1945 (Lei de Falências). A referida norma previa prazo prescricional de dois anos para os crimes em comento, tempo esse já transcorrido. A Turma reputou extinta a pretensão executória da pena nos termos da legislação vigente no Brasil, à época dos fatos". Sobre um caso de indeferimento de pedido de extradição pela não configuração do requisito da dupla tipicidade ver o seguinte: PPE 732 QO/DF, rel. Min. Celso de Mello, 11.11.2014 (Informativo STF 767, 2ª Turma).

crime comum, conexo ao delito político, constituir o fato principal); e **h)** o extraditando houver de responder, no Estado requerente, perante tribunal ou juízo de exceção[52].

Por outro lado, a Súmula 421 do STF assim dispõe: "Não impede a extradição a circunstância de ser o extraditando casado com brasileira ou ter filho brasileiro".

Antes de analisarmos as características do processo de extradição, cabe transcrever as condições para a concessão de extradição insculpidas no art. 78 da Lei 6.815/1980: **a)** ter sido o crime cometido no território do Estado requerente ou serem aplicáveis ao extraditando as leis penais desse Estado; e **b)** existir sentença final de privação de liberdade ou estar a prisão do extraditando autorizada por juiz, tribunal ou autoridade competente do Estado requerente, salvo em caso de urgência, quando poderá requerer a prisão cautelar do extraditando (art. 82 da Lei 6.815/1980).

O processo de extradição possui peculiaridades, pois o Estado requerente não é parte e o Ministério Público atua como fiscal da lei, isto é, seu caráter contencioso é mitigado. Mas, apesar disso, o STF admite que o Estado requerente seja representado por advogado.

Contudo, a defesa do extraditando não pode explorar o mérito da acusação. Isso porque o exame do STF recairá somente sobre a existência ou não dos pressupostos autorizadores da extradição. Tanto é assim que o STF tem jurisprudência no seguinte sentido: "Entendeu que o Supremo não é o foro adequado para análise da imputabilidade do extraditando e eventual imposição de medida de segurança. Asseverou que, de acordo com precedentes da Corte (Ext. 367/Estados Unidos da América, *DJU* de 31.10.1979; Ext. 553/República Federal da Alemanha, *DJU* de 18.08.1995), o estado de saúde do extraditando apenas pode influir por ocasião do momento de entrega deste às autoridades estrangeiras e que a questão acerca da inimputabilidade deve ser suscitada na ação penal originária"[53].

Por fim, caso o STF decida pela extradição, o governo, pelo Itamaraty, colocará o indivíduo à disposição do Estado requerente, que dispõe de um prazo improrrogável de 60 dias (art. 86 do Estatuto do Estrangeiro), salvo disposição diversa em tratado bilateral, para retirá-lo do território nacional. Se o prazo não for respeitado, o indivíduo será solto e o pedido extraditório não poderá ser renovado. De outro modo, negada a extradição, não se admitirá novo pedido baseado no mesmo fato (art. 88 do Estatuto do Estrangeiro).

Mas, no julgamento da Extradição 1.085 (caso Cesare Battisti), o STF decidiu que é possível declarar a ilegalidade do ato, do Executivo, de concessão de refúgio e que o acatamento da extradição pela Corte tem o condão de *autorizar* o presidente da República a efetivar tal medida, isto é, cabe ao chefe do Executivo decidir sobre a conveniência de tal medida. Configura-se uma mudança de posicionamento, pois ao STF sempre coube *determinar* a extradição quando entendesse presentes seus pressupostos, e agora o acolhimento da demanda de extradição pela Corte gera apenas uma autorização. A partir dessa decisão, pode-se defender que, no Brasil, quem decide, em última instância, sobre a extradição ou não, é o presidente da República (sistema "belga" ou da contenciosidade limitada[54]), com a ressalva de que este deva acatar decisão do STF que reconheça alguma irregularidade no processo de extradição, ou seja, "indeferido o pedido, deixa-se de constituir o título jurídico sem o qual o Presidente da República não pode efetivar a extradição; se deferida, a entrega do súdito ao Estado requerente fica a critério discricionário do Presidente da República[55]".

Posteriormente a tal julgamento, foi impetrada pela República Italiana a Reclamação 11.243, ocasião em que o STF decidiu ser procedente a preliminar de não cabimento da reclamação em função de ser irrecorrível o ato do presidente da República, pois se trata de ato de soberania nacional que está ancorado nos arts. 1º, 4º, I, e 84 da CF/1988. Portanto, cabe ao STF analisar a legalidade e a procedência do pedido de extradição, e inscreve-se na competência do presidente da República a decisão sobre a sorte do extraditando. A Corte entendeu nesse julgamento que a soberania nacional, no plano transnacional, funda-se no princípio da independência nacional, efetivada pelo presidente da República, consoante suas atribuições previstas no art. 84, VII e VIII, da Constituição brasileira.

E o governo italiano vislumbra em tal situação um descumprimento do tratado firmado entre o Brasil e a Itália para regular a extradição, portanto, tem-se uma lide entre Estados soberanos, que provavelmente será resolvida pela Corte Internacional de Justiça (vide o item **7.5.3.**).

Por fim, é importante dizer que o reconhecimento da situação de refugiado pelo Poder Executivo não impede a extradição se o estrangeiro estiver sendo acusado de crime comum que não tenha qualquer pertinência com os fatos considerados para a concessão do refúgio. Todavia, mesmo se os fatos forem os mesmos, não impedirá eventual pedido de extradição se esses fatos estiverem em desacordo com os requisitos previstos em lei (como pontuado acima quando da análise da Extradição 1.085). Essa última colocação aclara o âmbito de aplicação do art. 33 da Lei 9.474/1997, que assim dispõe: "O reconhecimento da condição de refugiado obstará o seguimento de qualquer pedido de extradição baseado nos fatos que fundamentaram a concessão de refúgio". E o art. 34 da mesma lei prossegue: "A solicitação de refúgio suspenderá, até decisão definitiva, qualquer processo de extradição pendente, em fase administrativa ou judicial, baseado nos fatos que fundamentaram a concessão de refúgio".

6.7. Regime de vistos no Brasil

Para ingressar no Brasil[56], o estrangeiro deverá ser portador de documento de viagem reconhecido pelo governo bra-

52. Sobre os requisitos para concessão da extradição, indico a leitura da Ext. 1234-Extn-segunda/República Italiana, rel. Min. Dias Toffoli, 30.09.2014 (Inform. STF 761, 1ª Turma).
53. Trecho da Ext. 932/ República Italiana, rel. Min. Joaquim Barbosa, 31.05.2007 (**Inform. STF** 469).
54. Art. 83 da Lei 6.815/1980: "Nenhuma extradição será concedida sem prévio pronunciamento do Plenário do Supremo Tribunal Federal sobre sua legalidade e procedência, não cabendo recurso da decisão".
55. Trecho da Extradição 1.114/STF.
56. A entrada no território nacional far-se-á somente pelos locais onde houver fiscalização dos órgãos competentes dos Ministérios da Saúde, da Justiça e da Fazenda (art. 22 do Estatuto do Estrangeiro).

sileiro, de Certificado Internacional de Imunização, quando exigido, e de visto de entrada concedido por missões diplomáticas, repartições consulares de carreira, vice-consulados e, quando autorizados pela Secretaria de Estado das Relações Exteriores (SERE), pelos consulados honorários. Os casos de dispensa de visto, por força de acordo firmado com base na reciprocidade, são indicados no Quadro de Regime de Vistos. As solicitações de visto devem ser feitas no exterior, diretamente às repartições consulares.

Já os casos de dispensa de visto são indicados no Quadro de Regime de Vistos e geralmente ocorrem por força de acordo firmado com base na reciprocidade. Porém, com a promulgaçãoda Lei 12.968/2014 tornou-se possível a dispensa da exigência do visto de turista, negócios e de artista/desportista em caso de reciprocidade, por simples comunicação diplomática e sem a necessidade de acordo internacional. Assim, elimina-se o demorado trâmite para aprovação no Congresso Nacional (art. 49, I da CF) de um acordo internacional, cujo conteúdo era de simples reciprocidade de tratamento. Situação que marcava uma burocratização excessiva sem justificativa.

Os vistos de entrada são classificados em função da natureza da viagem e da estada no Brasil, em: **a)** visto diplomático (Vidip): concedido a autoridades e funcionários estrangeiros e de organismos internacionais que tenham *status* diplomático e viajem ao Brasil em caráter transitório ou permanente; **b)** visto oficial (Visof): concedido a autoridades e funcionários estrangeiros e de organismos internacionais que viajem ao Brasil em missão de caráter transitório ou permanente, incluídas, nessa definição, as missões de caráter científico-cultural, de cunho oficial, e a assistência técnica praticada no âmbito de acordos que contemplem a concessão de Visof a técnicos e peritos cooperantes; **c)** visto de cortesia (Vicor): concedido a personalidades e autoridades estrangeiras em viagem não oficial ao Brasil, para visitas por prazo não superior a 90 dias e também para os dependentes maiores de 21 anos e aos serviçais de funcionários diplomáticos, administrativos ou técnicos estrangeiros, designados para missão de caráter permanente no Brasil, bem como para os serviçais de funcionários do quadro do Ministério das Relações Exteriores de regresso de missão oficial no exterior; **d)** visto de turista (Vitur): concedido ao estrangeiro que viaje ao Brasil em caráter recreativo ou de visita, assim considerado aquele que não tenha intuito imigratório nem intenção de exercício de atividade remunerada; **e)** visto de trânsito (Vitra): concedido ao estrangeiro que, para atingir o país de destino, necessite transitar pelo território brasileiro – esse tipo de visto não será exigido quando o interessado, em viagem contínua, tenha de fazer escalas ou conexões no Brasil, sem abandonar a área de trânsito do porto ou aeroporto em que a escala ou a conexão ocorra; **f)** visto temporário (Vitem): veremos no subitem **6.7.1**; e **g)** visto permanente (Viper): veremos no subitem **6.7.2**.

É importante saber, que os vistos diplomáticos serão concedidos pelas missões diplomáticas e, excepcionalmente, mediante autorização da SERE, pelas repartições consulares. Já os vistos oficiais e os vistos de cortesia serão concedidos pelas missões diplomáticas e repartições consulares.

6.7.1. *Vistos temporários*

Os vistos temporários (Vitem) subdividem-se em função da atividade a ser desempenhada no país em: **a)** Vitem I – para missões culturais, de pesquisa ou estudos, e de assistência social, quando não contempladas pelo Vitem V; **b)** Vitem II – em viagem de negócios, assistência técnica e adoções; **c)** Vitem III – para artistas e desportistas; **d)** Vitem IV – para estudantes e bolsistas de instituições de ensino brasileiras, inclusive as de formação religiosa; **e)** Vitem V – para profissionais sob regime de contrato com empresa no Brasil ou com órgão do governo; **f)** Vitem VI – para correspondentes de meios de comunicação estrangeiros; e **g)** Vitem VII – para ministros de confissão religiosa, membros de instituto de vida consagrada ou ordem religiosa que viajem ao Brasil como missionários.

No caso dos Vitems II e III, o prazo de estada no Brasil é de até 90 dias. Os Vitems IV e VII, até um ano, com a possibilidade do Vitem IV ser prorrogado, quando for o caso, mediante prova do aproveitamento escolar e da matrícula. Nos demais casos, o correspondente à duração da missão (Vitem I), do contrato (Vitem V) ou da prestação de serviços (Vitem VI), comprovada perante a autoridade consular, observado o disposto na legislação trabalhista (art. 14 do Estatuto do Estrangeiro).

6.7.2. *Vistos permanentes*

O visto permanente pode ser concedido ao estrangeiro que pretenda se fixar definitivamente no Brasil, e a imigração objetivará, primordialmente, propiciar mão de obra especializada aos vários setores da economia nacional, visando à Política Nacional de Desenvolvimento em todos os aspectos e, em especial, ao aumento da produtividade, à assimilação de tecnologia e à captação de recursos para setores específicos (art. 16 do Estatuto do Estrangeiro). Cabe ressalvar que a concessão do visto permanente poderá ficar condicionada, por prazo não superior a cinco anos, ao exercício de atividade certa e à fixação em região determinada do território nacional (art. 18 do Estatuto do Estrangeiro).

Os vistos permanentes (Viper) subdividem-se em duas categorias: **a)** imigração dirigida; e **b)** imigração espontânea. As solicitações de vistos permanentes referentes à imigração dirigida estão contempladas pelos acordos bilaterais de imigração e devem ser informadas segundo o disposto nesses instrumentos. Já no âmbito da imigração espontânea, serão examinados exclusivamente pela SERE os casos de: **a)** reunião familiar; e **b)** transferência de rendimentos de aposentadoria.

Por fim, é possível ao estrangeiro domiciliado em cidade de país limítrofe, exercer atividade remunerada no Brasil independentemente de visto de permanência, mediante documento especial que o identifique e caracterize sua condição, podendo, inclusive, ser expedida carteira de trabalho e previdência social (art. 21 da Lei 6.815/1980).

6.7.3. *Transformação dos vistos*

Os vistos temporários V e VII podem ser transformados em visto permanente, mas o titular do visto temporário VII só conseguirá a transformação após o prazo de dois anos de residência no Brasil (art. 37, *caput* e § 1º, da Lei 6.815/1980). O art. 38 do Estatuto do Estrangeiro é peremptório ao vedar a legalização da estada de clandestino e de irregular, e a transformação em permanente, dos vistos de trânsito, de turista, temporário (Vitems I, II, III, IV e VI) e de cortesia.

Já o titular de visto diplomático ou oficial pode obter transformação desses vistos para temporário (Vitems I a VI) ou para permanente, ouvido o Ministério das Relações Exteriores e satisfeitas as exigências legais. Importante destacar que a transformação do visto oficial ou diplomático em temporário ou permanente importará na cessação de todas as prerrogativas, privilégios e imunidades decorrentes daqueles vistos (art. 39 da Lei 6.815/1980).

6.8. Extinção e sucessão

O grande princípio do tema é o da continuidade do Estado, pois, como visto no item **6.1**, todo Estado é um agrupamento humano estabelecido sobre um território determinado e guiado por um governo independente e, destarte, não é somente um produto convencional chancelado pelo direito, mas, antes de tudo, uma realidade física. Percebe-se o quão difícil é a extinção de um Estado.

6.8.1. Modalidades

6.8.1.1. Fusão

A fusão ocorre na hipótese em que dois ou mais Estados passam a constituir um único.

A fusão pode tomar várias formas, por exemplo: um Estado pode deixar de existir e se integrar a outro, como também dois Estados podem deixar de existir e formar um novo Estado.

6.8.1.2. Desmembramento e secessão

O desmembramento ou a secessão ocorrem pela formação de dois ou mais Estados provenientesda divisão de um Estado.

Como grande exemplo tem-se o processo de desmembramento da República Socialista Federativa da Iugoslávia.

6.8.1.3. Transferência territorial

A transferência territorial ocorre quando uma parcela territorial integrante de um Estado se transfere para outro.

Um exemplo é o Acre que, em 17.11.1903, com a assinatura do Tratado de Petrópolis, tornou-se posse definitiva do Brasil. O território passou para o domínio brasileiro em troca do pagamento de 2 milhões de libras esterlinas, de terras de Mato Grosso e do acordo sobre a construção da estrada de ferro Madeira-Mamoré.

Nessa hipótese não se configura surgimento ou desaparecimento de soberania, mas somente uma mudança da soberania incidente sobre a parcela territorial transferida.

6.8.2. Consequências

6.8.2.1. Nacionalidade

O reflexo da sucessão incide de forma variada sobre a nacionalidade. Se o que ocorreu foi a fusão de dois Estados, seus nacionais adquirem a nacionalidade do recém-criado Estado e, paralelamente, perdem sua antiga nacionalidade.

No caso de desmembramento, os habitantes do novo Estado adquirem automaticamente sua nacionalidade, perdendo a antiga e tendo um eventual direito de escolha. Da mesma maneira se procede na chamada transferência de território.

6.8.2.2. Bens públicos

A "propriedade" dos bens públicos passará ao Estado sucessor em cujo território se encontrem. Esse patrimônio, acessório do território, será sempre do Estado detentor da soberania incidente. Por outro lado, os bens imóveis e móveis localizados no exterior serão divididos pelos Estados sucessores de forma equitativa.

6.8.2.3. Dívida externa

O Estado resultante da fusão é responsável pelo conjunto das obrigações convencionais e dos débitos de seus integrantes. No desmembramento e na transferência territorial, vige o *princípio da repartição ponderada da dívida*, levando-se em conta principalmente a destinação que tenha sido dada ao produto dos empréstimos externos.

6.8.2.4. Tratados

A matéria é regulada pela Convenção de Viena sobre Sucessão de Estados em Matéria de Tratados, a qual foi assinada em 23.08.1978 e entrou em vigor em 1996.

Na hipótese de desmembramento de Estado, vige o princípio da tábula rasa, o que permite ao Estado recém-criado se ver diante de uma mesa vazia de obrigações convencionais, ou seja, começar do zero no que tange à participação em tratados. Tal princípio vige também no caso dos tratados multilaterais, mas o novo Estado pode escolher ser parte, devendo enviar uma notificação de sucessão ao depositário, observados, neste último caso, os limites impostos para o ingresso de novos Estados-Partes.

Na hipótese de fusão de Estado, os tratados multilaterais devem continuar em vigor; do contrário, o funcionamento do sistema internacional ficaria em perigo. Os tratados bilaterais devem ser renegociados caso não exista acordo em mantê-los.

Por fim, o art. 11 da Convenção supracitada determina que os tratados relativos às fronteiras não sofrem modificação alguma na ocorrência de qualquer modalidade de sucessão de Estados, tampouco as obrigações e os direitos estabelecidos em tratado relativo ao regime vigente na zona fronteiriça.

7. ORGANIZAÇÕES INTERNACIONAIS

As organizações internacionais (OIs) são constituídas pela vontade coletiva dos Estados ou por outras organizações internacionais, entre elas ou com Estados, e possuem personalidade jurídica de direito internacional. Essa personalidade é derivada, consoante visto no item **6.1**, e distinta da personalidade de seus membros, o que permite às OIs exprimir vontade própria – distinta da de seus Estados-Membros – ao agir nos domínios em que desenvolvem sua ação. Tal se dá tanto nas relações com seus membros quanto no relacionamento com outros sujeitos do Direito Internacional.

O protagonismo das organizações internacionais fica cada vez mais em evidência, pois o multilateralismo ocupa lugar de destaque na comunidade internacional. Com o tempo, percebeu-se a existência de problemas internacionais - por exemplo, o problema ambiental - que demandam respostas internacionais; nesse contexto, as respostas bilaterais não são tão eficazes. Ademais, a interdependência crescente dos Estados, nos mais diversos domínios, transformou as OIs no mecanismo por excelência da cooperação internacional.

Podem-se citar como grandes atores internacionais as Nações Unidas, de caráter universal, a União Europeia e a Organização dos Estados Americanos, de caráter regional. Ao lado dessas organizações intergovernamentais, cabe destacar a atuação das organizações não governamentais (ONGs) no cenário internacional. Todavia, deve-se lembrar que as ONGs não são criadas por Estados, nem são reguladas pelo Direito Internacional, mas pelo direito interno do país onde foram constituídas.

Em outras palavras, as ONGs aparecem como uma federação de organizações nacionais congêneres. Elas associam-se por possuírem objetivos comuns no plano internacional e podem ser classificadas em função de sua finalidade, como nestes exemplos: **a)** finalidade humanitária – Anistia Internacional, Cruz Vermelha Internacional, Assistência Médica Internacional (Médicos Sem Fronteiras) etc.; **b)** finalidade social, cultural e recreativa – Rotary Club International, Lions Clube etc.; **c)** finalidade política – Internacional Socialista etc.; **d)** finalidade desportiva – Fifa (Federação Internacional das Associações de Futebol), COI (Comitê Olímpico Internacional) etc.

Portanto, as ONGs não têm, em princípio, personalidade jurídica internacional, embora esse caráter tenha sido atribuído, de forma especial, ao Comitê Internacional da Cruz Vermelha pela comunidade internacional em função da prestação de verdadeiro serviço público em escala global - o que é confirmado pelos tratados firmados[57] e pelo exercício do direito de legação. Com isso, esse comitê pode relacionar-se diretamente com os Estados e as organizações intergovernamentais quando tratar das matérias abrangidas por seu campo específico de atuação.

Antes de passarmos a analisar mais detidamente a personalidade jurídica das organizações internacionais, cabe esclarecer que o presente item 7 foi desenvolvido com base na importante obra intitulada *Organizações Internacionais*[58].

7.1. Personalidade jurídica

Como já dito no subitem 2.1., as OIs possuem personalidade jurídica e esta pode ser dividida em interna e internacional. A interna aparece em relação aos seus Estados-Membros e aos Estados-Hospedeiros. Já a internacional está relacionada aos direitos, obrigações e prerrogativas em relação aos outros sujeitos de direito internacional.

A questão que suscita mais dúvidas é aquela referente a oponibilidade da personalidade jurídica internacional da OI em relação aos outros sujeitos de direito internacional (art. 35 da Convenção de Viena sobre Tratados). Ainda não existe um consenso em relação a todas OIs, mas pode-se afirmar, por exemplo, que a ONU e suas organizações especializadas ("constelação onusiana") têm personalidade jurídica internacional *erga omnes*, ou seja, extensível a todos os sujeitos de direito internacional, inclusive os estados não membros.

Tratando da personalidade jurídica internacional das OIs, de importância indiscutível mencionar o art. 6º da Convenção de Viena sobre o Direito dos Tratados entre Estados e Organizações Internacionais ou entre Organizações Internacionais: "a capacidade de uma organização internacional para celebrar tratados rege-se pelas regras dessa organização". Isto é, cada OI vai regular as características de sua personalidade jurídica. Todavia, cabe apontar que se o ato constitutivo de uma OI for omisso a esse respeito, isso não possibilitaria a contestação de sua personalidade jurídica (interna e internacional), pois esta é um atributo de toda organização social (como a OI o é), sem o qual não é possível agir em nome próprio no mundo do direito.

Mas existe uma distinção entre a personalidade jurídica internacional dos estados, que é plena, e a personalidade jurídica internacional das organizações internacionais, que é de certa forma limitada. A limitação ocorre em função do reconhecimento da personalidade jurídica estar umbilicalmente associado aos objetivos perseguidos pela OI. Dito de outro modo, a personalidade jurídica internacional das OIs é um atributo instrumental à prossecução dos objetivos sobre os quais têm competência para realizar. Ou seja, a limitação ocorre em função de seus objetivos. Já os Estados têm personalidade jurídica internacional *deper si*.

E a personalidade jurídica internacional é fundamental para as OIs, pois, como dito, todas desempenham missões que implicam uma capacidade de ação autônoma nas relações internacionais, exercida a par ou mesmo à margem dos Estados-Membros e, portanto, uma personalidade jurídica internacional distinta das destes.

Ademais, o art. 42 do CC assim dispõe: "São pessoas jurídicas de direito público externo os Estados estrangeiros e todas as pessoas que forem regidas pelo direito internacional público".

Por fim e a título histórico, importante dizer que a personalidade jurídica das organizações internacionais foi reconhecida no parecer consultivo da Corte Internacional de Justiça no caso *Folke de Bernadotte*[59]: "A Corte, em parecer consultivo de 11.04.1949, deixa claro que em semelhante hipótese, a própria organização sofre um dano em seus serviços, e a conta desse dano – que não se confunde com aqueles causados diretamente às vítimas e a seus sucessores – tem direito a uma reparação adequada. Transparece do texto a convicção de que, por igual, a organização, titular que é de personalidade jurídica distinta das de seus Estados componentes, pode acaso ser

57. Convenções de Genebra de 1949.

58. Versal, João Mota (coordenador). 4.ed. Coimbra: Ed. Coimbra, 2010.

59. Conde sueco e mediador da ONU na Palestina que, no exercício de suas funções, foi assassinado por extremistas israelenses em Jerusalém, em 1948.

autora de um ilícito e sofrer as respectivas consequências. A responsabilidade internacional, assim, pode envolver organizações internacionais tanto como autoras quanto como vítimas do ato ilícito segundo o direito das gentes[60]".

7.1.1. Direito de legação

O direito de legação é a possibilidade de receber agentes diplomáticos (legação passiva) e de enviá-los (legação ativa). Os Estados e as organizações internacionais recebem e, geralmente, apenas os Estados enviam.

Como dito, as OIs normalmente apenas gozam do direito de legação passiva, ou seja, de acolher ou acreditar os representantes dos Estados (mediante uma missão permanente). É o caso da ONU, da OCDE, da OTAN etc.

Por outro lado, a Santa Sé e a Soberana Ordem de Malta gozam do direito de legação ativo e passivo.

Agora passemos a análise de algumas das possíveis classificações das OIs.

7.2. Classificação

7.2.1. Quanto ao âmbito geográfico

Podem classificar-se em *universais* ou *regionais*. São universais as OIs que têm por escopo tratar de assuntos que interessam a todos os países, e logo estão abertas para a associação de todos os países. Já regionais porque tratam de assuntos do interesse de uma parcela de países que se encontram geralmente numa mesma região e estão abertas somente para a associação destes países.

Exemplos de OIs de caráter universal são a ONU e suas agências especializadas. Cabe apontar algumas das principais organizações internacionais especializadas de vocação universal: **a)** Organização Internacional do Trabalho (OIT); **b)** Organização para a Alimentação e Agricultura (FAO); **c)** Organização para a Educação, Ciência e Cultura (UNESCO); **d)** Organização Mundial de Saúde (OMS); **e)** Organização Mundial para a Propriedade Intelectual (OMPI); **e)** Banco Mundial; **f)** Fundo Monetário Internacional (FMI). Tais organizações, como dito, fazem parte da chamada "constelação onusiana".

Constelação ou sistema onusiano é o conjunto de OIs que, embora detentoras de personalidade jurídica própria e fins específicos, coordenam sua atividade em função dos objetivos das Nações Unidas.

E exemplos de OIs de caráter regional são a União Europeia (UE), o Conselho da Europa, a Organização dos Estados Americanos (OEA), o Mercosul, a Organização da Unidade Africana, dentre outros. A Organização do Tratado do Atlântico Norte (OTAN) é um bom exemplo de OI regional, mesmo que seus membros não se encontrem geograficamente tão próximos.

7.2.2. Quanto ao âmbito funcional

Podem classificar-se em *de fins gerais* ou *de fins específicos*. São de fins gerais as OIs que têm por objetivo, consoante ao definido no respectivo pacto constitutivo, tratar de uma gama de assuntos referentes às relações pacíficas entre seus membros e a resolução de conflitos internacionais. Ao passo que são de fins específicos as OIs que têm por objetivo, consoante ao definido no respectivo pacto constitutivo, cuidar de assuntos particulares da cooperação internacional.

O exemplo mais emblemático de OI dirigida a fins gerais é a ONU, pois é a OI com a maior variedade de finalidades até hoje constituída. Outros exemplos são o Conselho da Europa, a Organização dos Estados Americanos (OEA) e a Organização da Unidade Africana.

E exemplos de OIs de fins específicos são: Organização dos Países Exportadores de Petróleo (OPEP), Organização das Nações Unidas para Agricultura e Alimentação (FAO), Fundo Monetário Internacional (FMI), Organização Internacional do Trabalho (OIT), Organização Mundial de Saúde (OMS), Organização para a Cooperação e Desenvolvimento Econômico (OCDE), dentre outras.

7.2.3. Quanto ao âmbito estrutural

Podem classificar-se em *de cooperação* ou *de integração*. Basicamente a caracterização de uma ou outra vai ser determinada pela extensão da transferência de competências que os Estados-Membros decidiram em favor das organizações em que participam.

As OIs de cooperação possuem basicamente tais características: **a)** competências limitadas; **b)** estrutura institucional simples; **c)** decisões tomadas por consenso ou unanimidade; e **d)** deliberações que só criam obrigações aos estados e não diretamente aos nacionais destes estados.

Já as OIs de integração ou supranacionais (que veremos bem no capítulo 9) possuem basicamente essas características: **a)** competências amplas; **b)** estrutura institucional complexa; **c)** decisões tomadas por maioria simples ou qualificada, e sempre vinculativas; **d)** deliberações que criam obrigações aos estados e aos seus nacionais; **e)** existência de órgãos próprios para o exercício do poder executivo e das atividades administrativas; **f)** existência de um tribunal independente (poder jurisdicional obrigatório) constituído no seio da própria organização.

As características apontadas para os dois tipos de OIs representam apenas um quadro geral. Na prática, é comum que uma OI colecione tanto as características típicas de uma OI de cooperação como de uma OI de integração. Neste caso, é necessária uma ponderação entre as funções da OI para inseri-la em uma das duas categorias.

Os dois grandes exemplos de OI de integração são a União Europeia e o Mercosul. E a grande maioria das organizações internacionais tem a estrutura de OI de cooperação.

7.2.4. Quanto ao âmbito participativo

Podem classificar-se em *abertas* ou *fechadas*. São abertas as que condicionem a participação dos países a certos requisitos objetivos. Um bom exemplo de OI aberta é a ONU, consoante ao texto de art. 4º, § 1º, da Carta das Nações Unidas.

Por seu lado, são fechadas as OIs que limitam a participação de estados por não apresentarem certos requisitos tidos como essenciais. Esta limitação é motivada pelo caráter, objetivo ou

60. REZEK, Francisco. *Direito Internacional Público*. 11. ed. São Paulo: Ed. Saraiva, 2008. p. 269-270.

âmbito geográfico da OI. Um bom exemplo de OI fechada é o Conselho da Europa, pois esta organização só permite o ingresso de estado europeu que seja uma democracia representativa e pluralista, além de respeitador dos direitos humanos.

7.3. Imunidades e privilégios

As OIs também gozam de privilégios e imunidades, tal como os estados. Todavia, enquanto os estados (e seus agentes diplomáticos e consulares – ver subitem 6.5.5.) possuem tais privilégios com fundamento no princípio da reciprocidade, as OIs e seus funcionários os têm como condição para o desempenho, com plena liberdade, das funções determinadas no seu estatuto.

Geralmente, os privilégios e as imunidades são disciplinados no denominado *acordo de sede*, concluído com o estado ou estados-hospedeiros. Neste(s) estado(s) funcionará a sede da OI e seus centros de atividade. Um acordo de sede conhecido foi o firmado entre os EUA e a ONU em 1947.

Sobre a matéria, é importante apontar que os privilégios e as imunidades das OIs e dos seus agentes somente são válidas nos Estados-Membros. Todavia, os privilégios e as imunidades da ONU são válidas perante qualquer país, mesmo os não membros.

Os privilégios e as imunidades de que as OIs podem se beneficiar revestem natureza e extensão diversas e isto em função da natureza de cada OI e de suas correlatas competências. Mas, de um modo geral, podemos listar como imunidades e privilégios das OIs e seus agentes, os seguintes: **a)** imunidade de jurisdição[61]; **b)** inviolabilidade dos locais de atividade da organização internacional e o correspondente direito de assegurar a proteção desses locais; **c)** inviolabilidade de todos os bens da OI (não passíveis de requisição, confisco ou expropriação) – imunidade de execução; **d)** garantia de livre comunicação com o exterior; **e)** inviolabilidade dos arquivos em qualquer circunstância e onde quer que se encontrem; e **f)** imunidades fiscais.

Quanto à imunidade de jurisdição e execução, importante abordar brevemente os recursos extraordinários já indicados na nota de rodapé 46. Trata-se de uma reclamação trabalhista ajuizada contra a Organização das Nações Unidas (ONU) e sua agência Programa das Nações Unidas para o Desenvolvimento (PNUD), onde se pedia o afastamento da imunidade de jurisdição desse organismo internacional, a fim de executar a sentença concessiva de direitos trabalhistas em favor de brasileiro contratado pelo PNUD. Todavia, foi defendido, pelo Plenário e de forma majoritária (conforme o voto da rel. Min. Ellen Gracie), que a ONU e suas agências especializadas possuem imunidade de jurisdição e de execução relativamente a causas trabalhistas. Do contrário, configuraria uma violação da Seção 2 da Convenção sobre Privilégios e Imunidades das Nações Unidas[62], promulgada pelo Decreto 27.784/1950.

Interessante nesse caso foram as ponderações do Min. Teori Zavascki, que apontou que a não observância de tratados internacionais, já incorporados ao direito interno, ofenderia a Súmula Vinculante 10[63]. Ainda, sublinhou que, se cláusula pertencente a sistema estabelecido em compromissos internacionais fosse considerada inconstitucional, seria necessário, além de sua formal declaração interna de revogação ou de inconstitucionalidade, também a denúncia em foro internacional próprio.

Depois do breve estudo das possíveis classificações das OIs e de suas respectivas imunidades e privilégios, cabe verificarmos como se dá a criação, a extinção e a sucessão das organizações internacionais.

7.4. A Criação, a extinção e a sucessão

7.4.1. Criação das OIs

Como as OIs são constituídas pela vontade coletiva dos Estados ou por outras organizações internacionais, entre elas ou com Estados, pode-se afirmar que a criação das OIs dá-se normalmente por tratado internacional. Assim ocorreu com a dita primeira organização internacional: a Comissão Central do Reno. Esta Comissão foi instituída pela Ata Final do Congresso de Viena de 1815.

Foi dito "normalmente" porque existem exemplos de criação de OI por deliberação tomada no seio de uma OI. Nesta toada, a Resolução 2029 (XX) criou o Programa das Nações Unidas para o Desenvolvimento (PNUD) e a Resolução 1995 (XIX) criou a Comissão das Nações Unidas para o Comércio e o Desenvolvimento (CNUCED).

Percebe-se que estas duas OIs foram criadas para cumprir objetivos específicos que estão entre as finalidades das NU. Assim, pode-se vislumbrar a vontade dos Estados por trás das resoluções constitutivas dessas OIs, pois os estados criaram a ONU e concordaram em se empenhar com a persecução dos seus objetivos. Isto é, tal criação já estaria aceita pelos estados quando, primeiro, criaram a ONU.

7.4.2. Denominação do ato constitutivo

Antes de estudarmos o fenômeno da extinção das OIs, cabe prestar atenção ao fato de que os tratados constitutivos das OIs apresentam designações diferentes, mesmo que seja indiferente no plano prático. Segue alguns exemplos: **a)** Carta (Carta das NU); **b)** Estatuto (Estatuto do Conselho da Europa); **c)** Pacto (Pacto da Organização do Tratado do Atlântico Norte – OTAN); **d)** Convenção (Convenção de Estocolmo que criou a Associação Europeia de Comércio Livre); **e)** Constituição (Constituição da Organização Internacional do Trabalho – OIT); **f)** Tratado (Tratado de Roma – instituiu a Comunidade Europeia); e **g)** Resolução (Resolução 2029 (XX) que criou o Programa das Nações Unidas para o Desenvolvimento).

A lição que deve ser retirada é a de que, independentemente da designação, o ato constitutivo funciona como a "carta constitucional" da OI. Esta lição nos leva à considera-

61. Vide RE 578543-MT/STF e RE 597368-MT/STF, rel. Min. Ellen Gracie.

62. "A Organização das Nações Unidas, seus bens e haveres, qualquer que seja sua sede ou o seu detentor, gozarão da imunidade de jurisdição, salvo na medida em que a Organização a ela tiver renunciado em determinado caso. Fica, todavia, entendido que a renúncia não pode compreender medidas executivas".

63. "Viola a cláusula de reserva de plenário (CF/1988, art. 97) a decisão de órgão fracionário de tribunal que, embora não declare expressamente a inconstitucionalidade de lei ou ato normativo do poder público, afasta sua incidência, no todo ou em parte".

ção de que toda atividade desempenhada pela OI, incluída a produção das regras derivadas, deve ser subordinada ao estabelecido em sua carta constitutiva, sob pena de invalidade. A título conclusivo, cada OI tem uma ordem jurídica interna hierarquizada (no seu topo figura a carta constitutiva).

Outra consequência da lição aprendida é a da primazia da carta constitutiva da OI sobre os outros compromissos internacionais dos Estados-Membros. Tal ideia aparece no art. 103 da Carta das Nações Unidas: "No caso de conflito entre as obrigações dos Membros das Nações Unidas, em virtude da presente Carta e as obrigações resultantes de qualquer outro acordo internacional, prevalecerão as obrigações assumidas em virtude da presente Carta."

7.4.3. Extinção das OIs

As OIs são criadas, em regra, para funcionarem por tempo indeterminado. Mas existem alguns exemplos de instituição de OIs para viger por prazo determinado. Este é o caso da Comunidade Europeia do Carvão e Aço (CECA), criada pelo Tratado de Paris para viger pelo prazo de 50 anos.

Todavia, como dito, a regra é a criação de OIs para funcionarem por tempo indeterminado e a sua extinção ocorrerá consoante ao determinado no seu ato constitutivo (logicamente, apenas quando isto for previsto). De qualquer modo, a OI pode sempre se extinguir pela vontade dos próprios sujeitos de direito internacional que a criaram.

7.4.4. Sucessão das OIs

No terreno das sucessões das OIs, o mais corrente é que o patrimônio e as funções da OI extinta sejam transmitidos para uma OI existente ou uma a ser criada. Foi o que ocorreu em 1945, quando a ONU sucedeu à Sociedade das Nações (SDN). Outros exemplos são o Tribunal Internacional de Justiça (TIJ) que sucedeu o Tribunal Permanente de Justiça Internacional (TPJI), a Organização para a Cooperação e Desenvolvimento Econômico (OCDE) que sucedeu à Organização Europeia de Cooperação Econômica (OECE), entre outros.

Aqui também o ideal é que a própria OI discipline o seu processo sucessório, principalmente no tocante aos bens e aos feitos jurídicos dos atos adotados pela organização extinta. Uma sucessão bem regulada foi a da OECE pela OCDE.

Passemos a analisar as características e a atuação de algumas das principais Organizações Internacionais.

7.5. Organização das Nações Unidas (ONU)

A ONU é uma organização internacional que tem por objetivo facilitar a cooperação em matéria de Direito Internacional, segurança internacional, desenvolvimento econômico, progresso social, direitos humanos e a realização da paz mundial. Por isso, diz-se que é uma organização internacional de vocação universal.

Sua lei básica é a Carta das Nações Unidas, elaborada em São Francisco, de 25 de abril a 26.06.1945. A Carta tem como anexo o Estatuto da Corte Internacional de Justiça.

Conforme se depreende do conceito, os propósitos da ONU são: **a)** manter a paz e a segurança internacionais; **b)** desenvolver relações amistosas entre as nações; **c)** realizar a cooperação internacional para resolver os problemas mundiais de caráter econômico, social, cultural e humanitário, promovendo o respeito aos direitos humanos e às liberdades fundamentais; e **d)** ser um centro destinado a harmonizar a ação dos povos para a consecução desses objetivos comuns.

E os princípios que devem nortear a atuação da ONU e de seus membros são: **a)** da igualdade soberana de todos os seus membros; **b)** da boa-fé no cumprimento dos compromissos da Carta; **c)** da solução de controvérsias por meios pacíficos; **d)** da proibição de recorrer à ameaça ou ao emprego da força contra outros Estados; **e)** da assistência às Nações Unidas; **f)** da não intervenção em assuntos essencialmente nacionais.

A ONU reúne quase a totalidade dos Estados existentes. Entre estes, existem os membros originários e os eleitos. Estes últimos são admitidos pela Assembleia Geral mediante recomendação do Conselho de Segurança. E só podem ser admitidos os Estados "amantes da paz" que aceitarem as obrigações impostas pela Carta e forem aceitos como capazes de cumprir tais obrigações.

Os membros podem ser suspensos quando o Conselho de Segurança instalar uma ação preventiva ou coercitiva contra eles, como também expulsos quando violarem insistentemente os princípios da Carta. A expulsão é processada pela Assembleia Geral mediante recomendação do Conselho de Segurança.

Passemos agora a abordar pontualmente a parte principal do organograma do sistema ONU.

7.5.1. Assembleia Geral

A Assembleia Geral é composta de todos os membros da ONU, cabendo a cada Estado-Membro apenas um voto. Ela reúne-se em sessões ordinárias, uma vez por ano, e em sessões extraordinárias sempre que preciso for.

As decisões da Assembleia Geral são tomadas pela maioria simples dos membros presentes e votantes. Mas pode-se definir que o quórum será de dois terços quando tratar de questões consideradas importantes.

Entre algumas de suas funções, podem-se citar: **a)** aprovação do orçamento; **b)** eleição dos membros não permanentes do Conselho de Segurança e dos membros do Conselho Econômico e Social; **c)** nomeação do secretário-geral das Nações Unidas; e **d)** eleição, em conjunto com o Conselho de Segurança, dos juízes da Corte Internacional de Justiça.

7.5.2. Conselho de Segurança

No início, o Conselho de Segurança era composto de cinco membros permanentes (China, EUA, França, Reino Unido e URSS) e seis membros não permanentes, totalizando 11 membros, os quais eram eleitos pela Assembleia Geral para exercer mandato de dois anos, vedada a reeleição para o período seguinte. Depois de modificado em 1963, o Conselho de Segurança passou a ser composto dos mesmos cinco membros permanentes (China, EUA, França, Reino Unido e Rússia) e dez membros não permanentes, totalizando 15 membros, os quais continuam sendo eleitos pela Assembleia Geral para exercer mandato de dois anos, vedada a reeleição para o período seguinte. Cada membro do Conselho tem apenas um voto.

As decisões, quando processuais, dependem do voto afirmativo de nove membros. No restante das matérias, o mesmo quórum é necessário, mas com o acréscimo de que todos os membros permanentes devem votar afirmativamente – é o chamado *direito de veto*. Em que pese a Carta da ONU prever a unanimidade dos membros permanentes, a prática tem permitido que estes se abstenham da votação, o que configura a consensualidade, e não a unanimidade.

O Conselho de Segurança é o maior responsável pela manutenção da paz e da segurança internacionais.

7.5.3. Corte Internacional de Justiça (CIJ)

A Corte é o principal órgão judicial da ONU, substituindo a Corte Permanente de Justiça Internacional (CPJI) de 1922, que foi a primeira Corte internacional com jurisdição universal. A Corte funciona com base em seu estatuto e pelas chamadas *Regras da Corte* – espécie de código de processo.

A competência da Corte é ampla. Em relação à *ratione materiae*, a Corte pode analisar todas as questões levadas até ela, como também todos os assuntos previstos na Carta da ONU ou em tratados e convenções em vigor (art. 36, ponto 1, do Estatuto da CIJ). Já a competência *ratione personae* é mais limitada, pois a Corte só pode receber postulações de Estados, sejam ou não membros da ONU (art. 34, ponto 1, do Estatuto da CIJ).

O art. 36, ponto 2, do Estatuto da CIJ assim dispõe a cláusula facultativa de jurisdição obrigatória: "Os Estados-Partes do presente estatuto poderão, em qualquer momento, declarar que reconhecem como obrigatória *ipso facto* e sem acordo especial, em relação a qualquer outro Estado que aceite a mesma obrigação, a jurisdição do tribunal em todas as controvérsias jurídicas que tenham por objeto: **a)** a interpretação de um tratado; **b)** qualquer ponto de Direito Internacional; **c)** a existência de qualquer fato que, se verificado, constituiria violação de um compromisso internacional; e **d)** a natureza ou a extensão da reparação devida pela ruptura de um compromisso internacional". A declaração de reconhecimento da jurisdição da Corte pode ser feita pura e simplesmente ou sob condição de reciprocidade, ou ainda por prazo determinado (art. 36, ponto 3, do Estatuto da CIJ). Lembrando que a CIJ resolve qualquer dúvida que surgir sobre sua jurisdição (art. 36, ponto 6, do Estatuto da CIJ).

Portanto, a título conclusivo, "a Corte Internacional de Justiça não tem competência automática sobre os Estados, e estes só poderão ser obrigados à submissão da Corte se: estiver previsto em tratado de submissão de um conflito à CIJ; decisão voluntária das partes envolvidas por meio de um compromisso; aceitação de jurisdição da CIJ em processo proposto por outro Estado; declaração de submissão pela cláusula facultativa de jurisdição obrigatória[64]". Por fim, cabe lembrar que a cláusula facultativa de jurisdição obrigatória foi inventada pelo diplomata brasileiro Raul Fernandes.

O art. 96 da Carta da ONU prevê uma função consultiva para a Corte. Assim, qualquer organização internacional intergovernamental – especialmente os órgãos das Nações Unidas – pode requerer parecer consultivo à Corte. Percebe-se que os Estados-Membros não podem solicitar, diretamente, parecer consultivo à CIJ. Tal função permite à Corte ser um órgão produtor de doutrina internacional.

As decisões da Corte com base em sua competência contenciosa possuem caráter obrigatório (art. 59 do Estatuto da CIJ) e cada membro das Nações Unidas compromete-se a conformar-se com a decisão da Corte em qualquer caso em que for parte (art. 94, ponto 1, da Carta da ONU). Cabe dizer que se uma das partes em determinado caso deixar de cumprir as obrigações que lhe incumbem em virtude de sentença proferida pela Corte, a outra terá direito de recorrer ao Conselho de Segurança, que poderá, se o julgar necessário, fazer recomendações ou decidir sobre medidas a serem tomadas para o cumprimento da sentença (art. 94, ponto 2, da Carta da ONU). Já os pareceres consultivos não possuem caráter vinculativo.

Importante apontar também que a sentença da Corte é definitiva e inapelável. Todavia, em caso de controvérsia quanto ao seu sentido e alcance, e desde que solicitado por qualquer das partes, a Corte a interpretará (art. 60 do Estatuto da CIJ). Por sua vez, o pedido de revisão da sentença só pode ser feito em razão de fato novo suscetível de exercer influência determinante e que, na ocasião de ser proferida a sentença, era desconhecido da Corte e também da parte que solicita a revisão, contanto que tal desconhecimento não tenha sido devido a negligência (art. 61, ponto 1, do Estatuto da CIJ).

A Corte é composta de 15 juízes eleitos de três em três anos para um período de nove anos e com a possibilidade de reeleição. Mas não é possível que seja eleito mais de um juiz da mesma nacionalidade. Em relação às qualificações necessárias para ser eleito, cabe reproduzirmos o art. 2º do Estatuto: "a Corte será composta de um corpo de juízes independentes, eleitos sem atenção à sua nacionalidade, entre pessoas que gozem de alta consideração moral e possuam as condições exigidas em seus respectivos países para o desempenho das mais altas funções judiciárias, ou que sejam jurisconsultos de reconhecida competência em direito internacional".

Por fim, o art. 31, ponto 1, do Estatuto da CIJ dispõe que "os juízes da mesma nacionalidade de qualquer das partes conservam o direito de funcionar numa questão julgada pela Corte" e o ponto 3 do artigo prossegue: "se a Corte não incluir entre os seus membros nenhum juiz de nacionalidade das partes, cada uma destas poderá proceder à escolha de um juiz". Assim, perante um caso prático, o Estado envolvido que não tenha juiz da mesma nacionalidade na Corte poderá indicar um juiz de sua nacionalidade para participar do julgamento.

7.5.4. Secretariado

O Secretariado é o órgão executivo da ONU. No ápice desse órgão encontra-se o secretário-geral da ONU[65], eleito

64. PORTELA, Paulo Henrique Gonçalves. **Direito Internacional Público e Privado**. 2. ed. Salvador: Ed. JusPodivm, 2010. p. 476-477.

65. Segue para informação a lista de todos os secretários-gerais da ONU: Trygve Lie (Noruega) – 1946-1953; Dag Hammarskjold (Suécia) – 1953-1961; U Thant (Mianmar, antiga Birmânia) – 1961-1971; Kurt Waldheim (Áustria) – 1972-1981; Javier Pérez de Cuellar (Peru) – 1982-1991; Boutros Boutros-Ghali (Egito) – 1992-1996; Kofi Annan (Gana) – 1997-2006; Ban Ki-moon (Coreia do Sul) – 2007-atualidade.

pela Assembleia Geral mediante recomendação do Conselho de Segurança.

O secretário-geral atua como o principal funcionário administrativo da Organização, devendo, conforme o art. 98 da Carta da ONU, estar presente em todas as reuniões da Assembleia Geral, do Conselho de Segurança e do Conselho Econômico e Social, além de desempenhar outras funções que lhe forem atribuídas por esses órgãos.

7.5.5. *Conselho Econômico e Social*

O Conselho Econômico e Social é composto de 54 membros das Nações Unidas, eleitos para um período de três anos; a reeleição é permitida. Por último, a deliberação toma corpo pela maioria dos membros presentes e votantes.

Algumas de suas funções são: **a)** realizar estudos e apresentar relatórios sobre assuntos internacionais de caráter econômico, social, cultural, educacional etc.; **b)** confeccionar recomendações à Assembleia Geral, aos membros das Nações Unidas e às entidades especializadas interessadas; **c)** promover a cultura de respeito e implementar os direitos humanos; **d)** convocar conferências sobre os assuntos de seu interesse.

7.5.5.1. *Comissão Econômica para a América Latina e o Caribe – CEPAL*

A CEPAL foi estabelecida, em 25.02.1948, pela Resolução 106 (VI) do Conselho Econômico e Social. Ela é uma das cinco comissões regionais das Nações Unidas e sua sede central está em Santiago, no Chile. E as suas sedes sub-regionais estão na Cidade do México (para a América Central) e em Porto Espanha (para o Caribe).

Sua grande missão era contribuir com o desenvolvimento econômico da América Latina, mediante a coordenação das ações tomadas para este fim e o auxílio para a melhora das relações econômicas entre os países-membros e destes com as demais nações do mundo. Posteriormente, sua função se ampliou com a entrada, por meio da Resolução 67/1984 do Conselho Econômico e Social, dos países do Caribe e com a assunção do objetivo de também promover o desenvolvimento social.

A Comissão é reconhecida como uma escola de pensamento especializada na análise das tendências econômicas e sociais de médio e longo prazo dos países latino-americanos e caribenhos.

Celso Furtado e RaúlPrebisch tiveram grande destaque na CEPAL. Prebisch foi seu secretário executivo de 1950 a 1963.

7.5.6. *Conselho de Tutela*

O Conselho de Tutela foi criado para controlar o exercício da tutela sobre territórios não autônomos. Esse Conselho sucedeu à Comissão de Mandatos da SDN.

Após a independência de Palau (último território sob tutela), em 01.11.1994, sua atividade foi suspensa, embora continue a existir formalmente.

7.6. Organização Mundial do Comércio

A OMC é uma organização internacional, com sede em Genebra, na Suíça, que tem por objetivo zelar pelas normas que regem o comércio entre os países, em nível mundial ou quase mundial. Por isso, diz-se que é uma organização internacional especializada de vocação universal.

De maneira mais ampla, a OMC é uma organização para liberalização do comércio, um fórum para que os governos negociem acordos comerciais e um lugar para que os governos resolvam suas diferenças comerciais. Ademais, é encarregada de aplicar um sistema de normas comerciais – o chamado sistema de resolução de controvérsias da OMC.

O antigo Acordo Geral de Tarifas e Comércio (Gatt, 1947) não era uma organização internacional, mas sim um acordo temporário que teve vigência de 1948 a 1994, ano em que foi absorvido pelo conjunto institucional mais amplo e mais estruturado que é a OMC. Tal acontecimento se deu na Rodada Uruguai de negociações do Gatt e tomou corpo mediante a Reunião Ministerial de Marrakesh, entrando em vigor em 01.01.1995 com sua ratificação (Decreto 1.355/1994). Sua estrutura comportava um acordo-base (instituidor da OMC), três anexos disciplinando acordos obrigatórios (entre eles a submissão do Estado-Membro ao sistema de solução de controvérsias) e um anexo cuidando de um facultativo.

Antes mesmo do Gatt tencionou-se fundar a Organização Internacional do Comércio (Carta de Havana) no âmbito da Conferência de Bretton Woods, na qual se criou o Banco Mundial com a finalidade de possibilitar a reconstrução da Europa e o Fundo Monetário Internacional (FMI) para regulação do câmbio internacional. Mas a Organização Internacional do Comércio não saiu do papel, sobretudo pelas limitações do executivo estadunidense.

A Conferência de Bretton Woods estabeleceu as regras para as relações comerciais e financeiras entre os países mais industrializados do mundo, ou seja, elaborou um sistema de regras, instituições (Banco Mundial e FMI[66]) e procedimentos para regular a política econômica internacional.

No âmbito da OMC, vige a regra do *single undertaking*, ou seja, os países que aderirem à Organização automaticamente adotam os Anexos 1, 2 (Entendimento Relativo às Normas e Procedimentos sobre Solução de Controvérsias) e 3 (Mecanismo de Exame de Políticas Comerciais) do Acordo Constitutivo da OMC. O Anexo 4 (Acordos Plurilaterais[67]) é opcional. Lembrando que o Anexo 1A cuida dos Acordos Multilaterais sobre Comércio de Bens, o Anexo 1B regula o Acordo Geral sobre o Comércio de Serviços (Gats) e o Anexo 1C disciplina o Acordo sobre Aspectos dos Direitos de Propriedade Intelectual.

A OMC pauta-se no livre-comércio e na igualdade entre os países e atua com base nos seguintes princípios: **a)** princípio da não discriminação – é a coletivização do princípio da nação mais favorecida. A cláusula da nação mais favorecida foi muito utilizada pela Inglaterra no século XVIII, que apro-

66. Ambas as instituições são agências especializadas das Nações Unidas e exercem funções complementares.
67. Anexo 4A – Acordo sobre Comércio de Aeronaves Civis; Anexo 4B – Acordo sobre Compras Governamentais; Anexo 4C – Acordo Internacional de Produtos Lácteos; Anexo 4D – Acordo Internacional sobre Carne Bovina.

veitava sua teia de relacionamento global – fato incomum na época – para conseguir o melhor acordo comercial possível com todos os países. Em termos práticos, a Inglaterra firmava um tratado com um país "B" para diminuir as tarifas sobre certo produto e garantia que seu produto receberia o melhor tratamento possível com a inserção da cláusula da nação mais favorecida, pois, nesse caso, a Inglaterra tinha sempre de ser a nação mais favorecida. Assim, se o país "B" diminuísse ainda mais as tarifas sobre aquele produto em proveito do país "C", as tarifas em relação ao produto da Inglaterra abaixariam automaticamente. Essa cláusula já não é mais aceita na atualidade – assim se garante tratamento igual para todos os países. Importante dizer que esse princípio comporta duas exceções: uma são os acordos regionais caracterizados como união aduaneira ou zona de livre comércio (art. XXIV do Gatt) e a outra engloba a concessão de benefícios dos países desenvolvidos em proveito dos países em desenvolvimento, como também as concessões mútuas de benefícios entre países em desenvolvimento (Sistema Geral de Preferências); **b)** princípio da previsibilidade – para facilitar o acesso ao comércio internacional. Nesse princípio aparece a consolidação tarifária, que nada mais é que a determinação de um teto limitador da incidência tarifária em certos produtos oriundos do exterior. Assim, antes de exportar determinado produto para o país "A", já é possível saber o máximo possível de incidência tarifária. Todavia, cabe dizer que os Estados-Membros não são obrigados a consolidar todos os produtos, mas devem indicar na lista de concessões tarifárias quais deles foram consolidados e com que teto. Em outras palavras, "tarifa consolidada é o valor máximo (teto) de alíquota do imposto de importação que cada membro da OMC se compromete a aplicar para certos produtos do seu universo tarifário[68]"; **c)** princípio da concorrência leal – visa a garantir um comércio internacional justo; **d)** princípio da proibição da proteção nacional – a OMC, em geral, não permite a utilização de restrições quantitativas como forma de proteger a produção nacional. Melhor dizendo, não pode haver qualquer tratamento diferenciado que visa beneficiar os produtos nacionais em detrimento dos importados; e **e)** princípio do tratamento especial e diferenciado para os países em desenvolvimento – por esse princípio, por exemplo, os países em desenvolvimento têm vantagens tarifárias.

A estrutura institucional da OMC está assim definida: **a)** Conferência Ministerial – é o órgão supremo da OMC, do qual participam todos os Estados-Membros por meio de seus ministros das Relações Exteriores ou equivalentes; tem competência para decidir sobre qualquer matéria objeto dos acordos. Reúne-se a cada dois anos ou quando for necessário. Cada membro tem direito a um representante e um voto; **b)** Conselho Geral – é o órgão executivo da OMC, composto dos embaixadores ou dos enviados dos Estados-Membros. Cada membro tem direito a um representante e um voto; **c)** Órgão de Solução de Controvérsias – tem a função de dirimir as disputas comerciais entre os Estados-Membros e é composto dos integrantes do Conselho Geral, que se reúnem mensalmente; **d)** Órgão de Revisão de Política Comercial – tem a função de examinar as decisões governamentais, no âmbito do comércio dos Estados-Membros, com o intuito de identificar violações aos acordos celebrados; **e)** Conselho sobre Comércio de Bens, Conselho sobre Comércio de Serviços e Conselho sobre os Direitos de Propriedade Intelectual Relacionados ao Comércio – cuidam da implementação dos acordos específicos nessas áreas e subordinam-se ao Conselho Geral.

Por fim, as Rodadas de Negociação na história do sistema multilateral de comércio são:

Gatt:

1ª rodada: Genebra, 1947 – 23 países participantes; tema coberto: tarifas.

2ª rodada: Annecy, 1949 – 13 países participantes; tema coberto: tarifas.

3ª rodada: Torquay, 1950, 51 – 38 países participantes; tema coberto: tarifas.

4ª rodada: Genebra, 1955, 56 – 26 países participantes; tema coberto: tarifas.

5ª rodada: Dillon, 1960, 61 – 26 países participantes; tema coberto: tarifas.

6ª rodada: Kennedy, 1964, 67 – 62 países participantes; temas cobertos: tarifas e medidas *antidumping*.

7ª rodada: Tóquio[69], 1973, 79 – 102 países participantes; temas cobertos: tarifas, medidas não tarifárias, cláusula de habilitação.

8ª rodada: Uruguai, 1986, 93 – 123 países participantes; temas cobertos: tarifas, agricultura, serviços, propriedade intelectual, medidas de investimento, novo marco jurídico, OMC.

OMC[70]:

9ª rodada: Doha, 2001, ? – 149 países participantes; temas cobertos: tarifas, agricultura, serviços, facilitação de comércio, solução de controvérsias, regras em sentido geral.

A Rodada Doha, também conhecida como Rodada do Desenvolvimento, tem como motivação inicial a abertura de mercados agrícolas e industriais com regras que favoreçam a ampliação dos fluxos de comércio dos países em desenvolvimento. A Rodada Doha surge devido ao desbalanceamento entre os interesses dos países em desenvolvimento e os países desenvolvidos durante a Rodada Uruguai, onde novas disciplinas sobre Propriedade Intelectual e Serviços foram propostas pelos países desenvolvidos.

As discussões são norteadas pelo princípio de compromisso único – "single undertaking" – tendo em vista um tratamento especial e diferenciado para países em desenvolvimento e países menos desenvolvidos (Parte IV do GATT 1994, Decisão de 28.11.1979, sobre Tratamento Mais Favorável e Diferenciado, Reciprocidade e Plena Participação de Países em Desenvolvimento).

68. TIMM, Luciano Benetti; RIBEIRO, Rafael Pellegrini; ESTRELLA, Angela T. Gobbi. **Direito do Comércio Internacional.** Rio de Janeiro: Ed. FGV, 2009. p. 124.

69. Até a Rodada Tóquio, os grandes participantes foram EUA e Europa.

70. No final de 2013, a OMC acordou uma revisão dos procedimentos alfandegários, o primeiro acordo multilateral concluído pela organização desde que foi fundada em 1995. As medidas, entretanto, só entrarão em vigor depois de serem aprovadas pelos parlamentos de dois terços dos Estados-Membros.

Assim, a Rodada de Doha tem como principais objetivos:

i) redução dos picos tarifários, altas tarifas, escalada tarifária e barreiras não tarifárias em bens não agrícolas – Non-Agricultural Market Access – NAMA;

ii) discutir temas relacionados à agricultura – subsídios, apoio interno, redução de tarifas e crédito à exportação;

iii) negociar a liberalização progressiva em serviços, conforme estabelecido nas discussões do Acordo Geral sobre o Comércio de Serviços – GATS;

iv) ampliar o Acordo TRIMs – Trade RelatedInvestment-Measures, cujo alcance está relacionado aos investimentos em bens, abrangendo temas como escopo e definição, transparência, não discriminação, disposições sobre exceções e salvaguardas do balanço de pagamentos, mecanismos de consultas e solução de controvérsias entre os membros;

v) discutir a interação entre comércio e política de concorrência – princípios gerais de concorrência, de transparência, não discriminação, formação de cartéis, modalidades de cooperação voluntária e instituições de concorrência para os países em desenvolvimento;

vi) negociar maior transparência em compras governamentais;

vii) melhorar o arcabouço institucional ao comércio eletrônico;

viii) aprimorar os dispositivos do Acordo de Solução de Controvérsias, considerando os interesses e necessidades especiais dos países em desenvolvimento;

ix) conduzir negociações que aprimorem as disciplinas dos Acordos sobre *antidumping*, subsídios e medidas compensatórias, preservando seus conceitos básicos.

Até o presente momento ainda existem grandes divergências entre os membros que negociam um acordo global de comércio.

7.6.1. Sistema de solução de controvérsias

O sistema de solução de controvérsias da OMC, como dito acima, tem a função de dirimir as disputas comerciais entre os Estados-Membros e é basicamente dividido em cinco fases: consultas, painéis, apelação, implementação e retaliação. Cabe dizer que o sistema é fruto das normas, procedimentos e práticas elaborados desde o surgimento do Gatt em 1947[71].

Antes de analisar cada etapa, é importante destacar a mudança da regra do *consenso positivo*, vigente no Gatt, para a regra do *consenso negativo ou invertido*, norteadora do sistema de solução de controvérsias da OMC. Pela regra antiga era necessário um consenso de todos os membros do Gatt, inclusive o reclamado, para que um painel fosse instalado, um parecer técnico aprovado e retaliações comerciais fossem levadas a cabo pelo reclamante. Não é necessário mencionar a dificuldade desse sistema em funcionar, pois quase sempre o reclamado votava contra as medidas que o prejudicaria – assim, a regra antiga do consenso positivo impossibilitava, por razões políticas, o manuseio do importante sistema de solução de controvérsias da OMC. Por outro lado, todas essas etapas se tornaram praticamente automáticas com a regra do *consenso negativo ou invertido*, pois o painel só não é instalado se todos os Estados-Membros da OMC, incluído o reclamante, forem contra. O mesmo se aplica para aprovação do parecer técnico e para permissão de adoção de retaliações comerciais. Essa automatização das etapas permite a prevalência das decisões jurídicas sobre as decisões políticas no seio da OMC.

Outro ponto importante antes de adentrarmos a análise das etapas componentes do sistema de solução de controvérsias é a limitação *ratione personae*, ou seja, apenas os Estados podem iniciar uma disputa na OMC, nunca os atores privados.

As etapas processuais são as seguintes:

a) etapa de consultas: antes de solicitar a criação de um painel junto à OMC, as partes em desacordo devem utilizar as consultas bilaterais – bons ofícios, conciliação e mediação – por provocação do reclamante. A etapa de consultas é obrigatória e deve durar 60 dias;

b) etapa de painéis I: se as consultas bilaterais não funcionarem, o reclamante pode solicitar, por escrito, a criação de um painel junto à OMC, mas cabe lembrar que o reclamado tem o direito de impedir a instauração do painel na primeira reunião. O painel é formado a cada caso e é composto normalmente por três indivíduos independentes e altamente qualificados, que possuem a missão de apreciar objetivamente a questão colocada e elaborar um parecer com o objetivo de aclarar se o reclamado descumpriu ou não as regras do comércio internacional estabelecidas pela OMC. O parecer deverá ser entregue às partes no prazo de seis meses, contado da formação do painel, e ao Órgão de Solução de Controvérsias no prazo de nove meses, contado também da formação do painel. É importante dizer que os especialistas em direito e comércio internacional são indicados por cada Estado-Membro e devem ser aprovados pelo Órgão de Solução de Controvérsias;

c) etapa de painéis II: com o recebimento do parecer e sem a interposição do recurso de apelação, o Órgão de Solução de Controvérsias deve adotar o parecer no prazo de 60 dias – respeitando a regra do *consenso negativo*;

d) etapa da apelação: qualquer parte pode notificar o Órgão de Solução de Controvérsias de sua decisão de recorrer. O exercício do direito de recorrer fica condicionado ao respeito do prazo temporal, ou seja, 60 dias contados do recebimento do parecer elaborado pelo Órgão de Solução de Controvérsias. Nesse caso, o Órgão de Apelação terá o prazo de 60 dias para confeccionar um parecer sobre questões de direito da contenda comercial, lembrando que o Órgão de Apelação é um colegiado permanente que emite pareceres em sede de revisão e possui composição fixa (mandato de quatro anos, permitida uma reeleição[72]), a qual é escolhida por consenso entre todos os membros da OMC. Os relatórios do Órgão de Apelação são adotados pelo Órgão de Solução de Controvérsias e aceitos incondicionalmente pelas partes em litígio, salvo se o Órgão de Solução de Controvérsias decidir por

71. Cabe recordar que o sistema de solução de controvérsias do antigo Gatt possuía apenas uma etapa de painéis, de cujas decisões não cabia recurso.

72. Art. 17, ponto 2, do Acordo sobre Normas e Procedimentos para Solução de Disputas.

consenso, incluindo o reclamante e o reclamado, não adotar o relatório confeccionado pelo Órgão de Apelação;

e) etapa da implementação: sendo aceita a reclamação, o reclamado apontado como o infrator deve tomar as medidas necessárias para modificar a conduta censurada pelas regras da OMC, consoante determinado no parecer do painel ou do Órgão de Apelação. As medidas devem ser tomadas dentro de um prazo razoável, que não pode exceder 15 meses contados da adoção pelo Órgão de Solução de Controvérsias do parecer confeccionado pelo painel ou pelo Órgão de Apelação. Entretanto, o supracitado prazo pode ser prorrogado por decisão das partes;

f) etapa da retaliação: caso o Estado-Membro reclamado não cumpra a decisão do Órgão de Solução de Controvérsias após transcorridos 30 dias contados do final do prazo razoável, o Estado reclamante pode solicitar a permissão para adotar retaliações comerciais em desfavor do reclamado para, assim, buscar a compensação dos prejuízos sofridos. O termo técnico é suspensão de concessões. E "essa *suspensão de concessões* é uma autorização para o membro reclamante deixar de cumprir, em relação ao reclamado, obrigações decorrentes dos compromissos assumidos na OMC, em grau equivalente aos prejuízos decorrentes da infração às regras cometida pelo reclamado. Na prática, é uma autorização para impor retaliações comerciais[73]".

7.6.2. Mecanismos de defesa comercial

Depois de explicitado o sistema de solução de controvérsias da OMC, cabe apresentar sucintamente os três mecanismos de defesa comercial que os Estados podem utilizar para proteger a produção nacional.

7.6.2.1. Medidas compensatórias

Comecemos pelas *medidas compensatórias* (art. 4º do Acordo de Subsídios e Direitos Compensatórios – Decreto 93.962/1987), utilizadas para amortecer o potencial dano na importação de produtos que recebem subsídio em seu país de origem. Na prática, funciona com a imposição de sobretaxa para a importação desses produtos.

O "subsídio é qualquer contribuição financeira, suporte de renda ou preços concedido pelo governo ou órgão público, gerando um benefício (vantagem) privado, que seja específico para uma empresa ou setor industrial. Trata-se, portanto, de uma ação do governo que beneficia individualmente uma empresa ou setor industrial, reduzindo artificialmente os seus custos de produção[74]". Essa interferência estatal viola o princípio da concorrência leal, o qual visa a garantir um comércio internacional justo.

7.6.2.2. Antidumping

O *antidumping* também funciona com a imposição de sobretaxa para a importação de certos produtos (medida seletiva[75]). Todavia, ao contrário do subsídio, o *dumping*[76] é uma medida estritamente privada, isto é, praticada pelos atores privados.

Dito isso, cabe diferenciar a concorrência comercial leal da desleal, pois muitas vezes um produto com preço baixo oriundo do exterior está ancorado em competências bem realizadas, isto é, não viola o princípio da concorrência leal. Outras vezes, no entanto, o preço baixo é fruto de uma decisão que ambiciona prejudicar os fabricantes locais de produtos similares para, passado certo tempo e depois de eliminar tais concorrentes, dominar o mercado local de certo produto e, assim, impor tranquilamente seu preço diante da inexistência de concorrência.

Pelo descrito acima, fica claro que, no primeiro caso, o valor, apesar de ser baixo, é real, fruto do bom desempenho de competências. Entretanto, no segundo caso, o valor é baixo e irreal, fruto de um plano desleal de eliminar a concorrência em determinado setor. Dito isso, fica claro que situações que se encaixem no segundo caso violam o princípio da concorrência leal e autorizam a utilização da medida *antidumping*. Ainda mais restritivo é o considerando do Acordo Relativo à Implementação do Artigo VI do Acordo Geral sobre Tarifas Aduaneiras e Comércio ou Acordo *Antidumping*: "as práticas *antidumping* não devem constituir um entrave injustificável ao comércio internacional e (...) os direitos *antidumping* somente podem ser utilizados contra o *dumping* se este causa ou ameaça causar um dano considerável a uma indústria instalada ou se retarda sensivelmente a implantação de uma indústria[77]".

De suma importância é o art. 9º, ponto 1, do Acordo *Antidumping*: "Os direitos *antidumping* vigorarão somente durante o tempo e na medida necessária para neutralizar o *dumping* que estiver causando um dano". Todavia, o ponto 2 do artigo determina: "Quando se justificar, as autoridades encarregadas da investigação reexaminarão a necessidade de continuar a aplicar o direito *antidumping*, por iniciativa própria, ou por solicitação de qualquer parte interessada que justifique através de dados concretos a necessidade de tal reexame". E sempre os Estados devem relatar ao Comitê de Práticas *Antidumping* suas ações preliminares e finais (art. 14, ponto 4, do Acordo *Antidumping*).

As receitas oriundas da cobrança dos direitos *antidumping* e dos direitos compensatórios serão destinadas ao Ministério do Desenvolvimento, Indústria e Comércio Exterior, para aplicação na área de comércio exterior, conforme diretrizes estabelecidas pela Camex (art. 10, parágrafo único, da Lei 9.019/1995).

Por fim, cabe apontarmos a figura do *dumping* social. Tal medida garante que o produto tenha um valor mais barato

73. TIMM, Luciano Benetti; RIBEIRO, Rafael Pellegrini; ESTRELLA, Angela T. Gobbi. **Direito do Comércio Internacional.** Rio de Janeiro: Ed. FGV, 2009. p. 123.
74. TIMM, Luciano Benetti; RIBEIRO, Rafael Pellegrini; ESTRELLA, Angela T. Gobbi. **Direito do Comércio Internacional.** Rio de janeiro: Ed. FGV, 2009. p. 142.
75. Art. 8º, ponto 2, do Acordo *Antidumping*.
76. Art. 2º, ponto 1, do Acordo Relativo à Implementação do Art. VI do Acordo Geral sobre Tarifas Aduaneiras e Comércio: "Para os fins deste Código, um produto é objeto de *dumping*, isto é, introduzido no mercado de outro país a preço inferior ao seu valor normal, se o preço de exportação do produto, quando exportado de um país para outro, for inferior ao preço comparável, praticado no curso de operações comerciais normais, de um produto similar destinado ao consumo no país exterior".
77. Promulgado no Brasil pelo Decreto 93.941/1987.

do que o de mercado em função dos baixos salários pagos aos trabalhadores, do não respeito aos demais direitos trabalhistas, como também, em casos extremos, de utilização de trabalho escravo ou infantil.

7.6.2.3. Salvaguardas

Diferentemente das medidas de defesa anteriormente vistas, as salvaguardas não são utilizadas para defender a produção nacional contra um subsídio concedido por governo estrangeiro (medidas compensatórias) ou contra a deslealdade de um exportador estrangeiro (*antidumping*), mas sim para proteger temporariamente parcela da indústria nacional[78] que será diretamente atingida com a abertura ao comércio internacional. Por exemplo, o setor têxtil é "fechado" no Brasil, ou seja, é proibida a importação de qualquer produto têxtil, eis que o governo brasileiro decide permitir a importação de produtos têxteis a partir de certo momento. Diante desse fato e para proteger o setor têxtil brasileiro, o governo impõe as salvaguardas, as quais podem ser na forma de sobretaxas (da mesma forma como o procedido nas medidas compensatórias e *antidumping*) ou na forma de limitações quantitativas com a determinação de quotas de importação.

Como dito, "no caso das salvaguardas não existe a questão de uma prática comercial desleal a ser *punida*. Trata-se de um problema específico da indústria nacional de determinado país, que ainda não tem condições de enfrentar a concorrência de produtos importados. Por isso, a imposição de medidas de salvaguarda é vinculada a um compromisso de reestruturação do setor beneficiado pela proteção e sujeita o país que as aplica a ter de outorgar compensações aos parceiros comerciais prejudicados com perda de exportações[79]". Portanto, o país prejudicado pode exigir compensações (art. 11 do Acordo sobre Salvaguardas). Por fim, tal matéria é tratada no Acordo sobre Salvaguardas da OMC.

7.7. União Europeia

Devido a uma maior proximidade temática, a União Europeia será analisada no item **11**(Direito Comunitário ou Direito da Integração).

8. SER HUMANO

A Declaração Universal dos Direitos Humanos de 1948 marca o início de um movimento de reconstrução da dignidade humana, após o vilipêndio sofrido com os terrores do nazifascismo. A partir de então, a proteção do ser humano dá-se também por um sistema internacional, ao contrário do que antes ocorria – a proteção dos direitos humanos ficava a cargo somente dos diplomas nacionais.

Visto que, o enfoque sobre a afirmação dos direitos do homem será deixado para a matéria de Direitos Humanos, o que importa analisar agora é o ser humano como sujeito de direito internacional.

A atribuição de personalidade jurídica internacional aos seres humanos data da última metade do século XX, sendo uma evolução do processo, mencionado acima, de reconstrução da dignidade humana. Destarte, o indivíduo adquiriu capacidade processual para pleitear direitos na esfera internacional. Lembrando-se que os tratados de direitos humanos atuam em harmonia com o direito interno, assim, vige o princípio do esgotamento dos recursos internos antes de se recorrer à tutela prestada pelos órgãos internacionais.

Outro fato que contribuiu para uma maior concretização da personalidade jurídica internacional do indivíduo foi, sem dúvida, a adoção do Estatuto do Tribunal Penal Internacional (TPI) pela Conferência de Roma em 17.07.1998. Tem-se, a partir de então, um tribunal permanente para julgar indivíduos acusados da prática de crimes de genocídio, crimes de guerra, crimes de agressão e crimes contra a humanidade. Tal fato corrobora com a ideia de responsabilidade internacional do indivíduo, consoante o que se iniciou com os Tribunais de Nurembergue e de Tóquio[80], e depois de Ruanda e da Iugoslávia.

Ora, só os sujeitos de direito internacional podem ser responsabilizados perante a comunidade internacional. Assim, sob esse prisma também se pode afirmar que o ser humano é um sujeito de direito internacional.

Essa emancipação do ser humano perante a comunidade internacional é consequência da corrosão do positivismo voluntarista, o qual defendia os Estados como únicos sujeitos de direito internacional e excluía o destinatário final das normas jurídicas: a pessoa humana.

Passemos agora à análise de alguns direitos, reconhecidos pelo ordenamento internacional, do ser humano.

8.1. Nacionalidade

A nacionalidade é o vínculo político existente entre o Estado soberano e o indivíduo. A Corte Internacional de Justiça definiu nacionalidade como o vínculo jurídico que tem por base um fato social de ligação, uma conexão genuína de existência, de interesses e de sentimentos, juntamente com a existência de direitos e deveres recíprocos[81].

78. Considera-se como indústria nacional o conjunto de produtores de bens similares ou diretamente concorrentes ao produto importado, estabelecido no território brasileiro, ou os produtores cuja produção total de bens similares ou diretamente concorrentes ao importado constitua uma proporção substancial da produção nacional de tais bens. O termo indústria inclui, ainda, as atividades ligadas à agricultura.
79. TIMM, Luciano Benetti; RIBEIRO, Rafael Pellegrini; ESTRELLA, Angela T. Gobbi. **Direito do Comércio Internacional.** Rio de Janeiro Ed. FGV, 2009. p. 142-143.
80. Tanto o Tribunal de Nurembergue como o de Tóquio foram instituídos para julgar os crimes de guerra e contra a humanidade perpetrados durante a Segunda Guerra Mundial. O Tribunal de Nurembergue tinha por missão julgar os líderes nazistas (o julgamento começou em 20.11.1945) e foi idealizado pelos Aliados (principais: EUA, URSS, Reino Unido e França) da Segunda Guerra, que escalou o Chefe da Justiça estadunidense, Robert Jackson, para ser seu coordenador. Cabe lembrar que a experiência de Nurembergue foi a primeira em que crimes de guerra foram julgados por um tribunal internacional. Já o Tribunal de Tóquio ou Tribunal Militar Internacional para o Extremo Oriente tinha por missão julgar os líderes do Império japonês (o julgamento começou em 03.05.1946) e também foi idealizado pelos Aliados da Segunda Guerra. Uma crítica que se faz aos dois tribunais é que se trata de uma "justiça dos vencedores".
81. *Caso Nottebom* (Liechtenstein vs. Guatemala), sentença exarada no dia 06.04.1955.

O art. 15 da Declaração Universal dos Direitos Humanos determina que nenhum Estado pode arbitrariamente retirar do indivíduo sua nacionalidade ou seu direito de mudar de nacionalidade. E o art. 20 da Convenção Americana sobre Direitos Humanos, celebrada em São José da Costa Rica, dispõe que toda pessoa tem direito à nacionalidade do Estado em cujo território houver nascido, se não tiver direito a outra. Pela redação desses dois diplomas fica claro que o ordenamento internacional combate a apatridia. Apátrida é a condição do indivíduo que não possui nenhuma nacionalidade. Por outro lado, o polipátrida é o indivíduo que possui mais de uma nacionalidade.

E também fica nítido que a determinação da nacionalidade passou de ser um assunto totalmente interno, onde cada país estabelece as regras para aquisição e perda de nacionalidade (enfoque clássico) sem maiores considerações, e tornou-se um direito humano fundamental, o qual todo indivíduo tem direito. O papel fundamental para essa reorientação é exercido pelo direito internacional dos direitos humanos, tanto pelos seus diplomas internacionais, como pela interpretação levada à cabo pelos seus organismos judiciais ou órgãos de controle.

A nacionalidade será originária ou primária quando provier do nascimento – logo, involuntária –, e adquirida ou secundária quando resultar de alteração de nacionalidade por meio da naturalização ou em virtude de casamento – logo, voluntária. A nacionalidade originária pode ser a do Estado de nascimento (*jus soli*) ou a de seus pais (*jus sanguinis*). No Brasil, o critério adotado para determinar quem é brasileiro nato é o *jus soli*, todavia, existem exceções que utilizam o critério *jus sanguinis* (art. 12, I, *b* e *c*, da CF/1988), logo, pode-se afirmar que o Brasil usa um critério misto para a fixação da nacionalidade.

Cabe mencionar a existência do instituto chamado *jus laboris*, o qual possibilita que o serviço em prol do Estado seja um elemento favorecedor e facilitador para obtenção da naturalização.

Outro direito do indivíduo, que é consequência da condição de nacional, é a proibição do banimento. Assim, nenhum Estado pode expulsar nacional seu, com destino a território estrangeiro ou a espaço de uso comum.

8.1.1. Nacionalidade no Brasil

O art. 12 da CF/1988 regula a condição de brasileiro nato e naturalizado, como também as situações de perda da nacionalidade brasileira.

Segundo o inc. I do art. 12, são brasileiros natos: a) os nascidos em território brasileiro, embora de pais estrangeiros, desde que estes não estejam a serviço de seu país; b) os nascidos no estrangeiro, de pai ou mãe brasileiros, desde que qualquer deles esteja a serviço do Brasil; e c) os nascidos no estrangeiro, de pai ou mãe brasileiros, desvinculados do serviço público, desde que sejam registrados em repartição brasileira competente ou venham a residir no território nacional e optem, a qualquer tempo, depois de atingida a maioridade, pela nacionalidade brasileira.

Deve-se comentar que a terceira hipótese exposta acima foi disciplinada pela EC 54/2007, que ainda criou o art. 95 do ADCT: "Os nascidos no estrangeiro entre 07.06.1994 e a data da promulgação desta Emenda Constitucional, filhos de pai brasileiro ou mãe brasileira, poderão ser registrados em repartição diplomática ou consular brasileira competente ou em ofício de registro, se vierem a residir na República Federativa do Brasil".

Consoante o inc. II do art. 12, são brasileiros naturalizados: **a)** os que, na forma da lei, adquiram a nacionalidade brasileira, exigidas aos originários de países de língua portuguesa apenas residência por um ano ininterrupto e idoneidade moral; e **b)** os estrangeiros de qualquer nacionalidade, residentes no Brasil há mais de 15 anos ininterruptos e sem condenação penal, desde que requeiram a nacionalidade brasileira (conhecida como naturalização extraordinária). A lei ordinária regulamentadora n. 6.815/1980 disciplina a possibilidade de aquisição da nacionalidade brasileira e, para tanto, exige, no mínimo, quatro anos de residência no Brasil, idoneidade, boa saúde e domínio do idioma (conhecida como naturalização ordinária). A naturalização só produzirá efeitos depois da entrega do certificado pelo juiz federal competente (arts. 119, *caput*, e 122, ambos da Lei 6.815/1980)[82]. Cabe destacar que a con-

82. Reforçando o aqui dito, pode-se apontar a Ext. 1223/República do Equador, rel. Min. Celso de Mello (Informativo 649 STF). Nessa decisão discutiu-se, em sede de *obiterdictum*, tema de grande relevo: "Em *obiterdictum*, **discutiu-se**, também, a **questão da possibilidade**, ou não, de o brasileiro naturalizado, **embora** condenado pela Justiça estrangeira, **vir a ser processado**, criminalmente, pelo mesmo fato, no Brasil. O Min. Celso de Mello, relator, abordou **a questão da eficácia extraterritorial** da lei penal brasileira **à luz do princípio** "autdedere, autpunire". **Teceu** considerações de ordem doutrinária **no sentido** de que, em situações como a dos autos, viabilizar-se-ia a incidência da cláusula da extraterritorialidade da lei brasileira, condicionada, no entanto, ao atendimento dos requisitos dispostos no § 2º do art. 7º do CP ["Nos casos do inciso II, a aplicação da lei brasileira depende do concurso das seguintes condições: a) entrar o agente no território nacional; b) ser o fato punível também no país em que foi praticado; c) estar o crime incluído entre aqueles pelos quais a lei brasileira autoriza a extradição; d) não ter sido o agente absolvido no estrangeiro ou não ter aí cumprido a pena; e) não ter sido o agente perdoado no estrangeiro ou, por outro motivo, não estar extinta a punibilidade, segundo a lei mais favorável"]. **Aduziu** que essa sistemática objetivaria evitar a impunidade do nacional que delinquira alhures. **Todavia**, dessumiu do art. 14, 7, do Pacto Internacional sobre Direitos Civis e Políticos ("Ninguém poderá ser processado ou punido por um delito **pelo qual já foi** absolvido ou **condenado** por sentença passada em julgado, em conformidade com a lei e os procedimentos penais de cada país"), que este diploma — **qualquer que fosse** sua natureza, supralegal ou constitucional — **estaria acima** da legislação interna, **de sorte a inibir** a eficácia dela. **Assim**, mencionou que, aparentemente, **estaria tolhida** a possibilidade de o Brasil instaurar, contra quem já fora absolvido **ou condenado** definitivamente no exterior, **nova** persecução criminal **motivada** pelos mesmos fatos subjacentes à sentença penal estrangeira. Nesse ponto, o Min. Celso de Mello **sustentou** a existência, em nosso sistema jurídico, **da garantia constitucional** contra a dupla persecução penal **fundada** no mesmo fato delituoso. Por sua vez, o Min. Gilmar Mendes, tendo em conta a redação dos arts. 8º e 9º do CP, sinalizou que a legislação brasileira deveria ser atualizada para admitir a execução da pena no Brasil, o que seria condizente com a internacionalização do mundo, a fim de evitar a criação de verdadeiros paraísos penais. Nessa mesma linha, o Min. Ricardo Lewandowski vislumbrou que a aceitação de condenação imposta em outro país só poderia ocorrer em âmbito restrito de acordos bilaterais ou multilaterais, em que se reconhecesse que o Judiciário estrangeiro atuasse segundo as normas do *dueprocessoflaw*. O Min. Ayres Britto observou que essas ponderações seriam resultado da "cosmopolitanização" do direito (Informativo 649 STF).

cessão da naturalização é faculdade exclusiva do Presidente da República (art. 7º da Lei 818/1949).

O § 1º do art. 12 da CF/1988 traz regra que permite conceder aos portugueses com residência permanente no Brasil, desde que haja reciprocidade em favor de brasileiros, os direitos e garantias fundamentais inerentes ao brasileiro naturalizado.

Por sua vez, o § 4º do art. 12 traz duas situações em que o brasileiro perderá a nacionalidade. Em uma delas (inciso II), a extinção do vínculo patrial pode atingir tanto o brasileiro nato (nacionalidade originária) quanto o naturalizado (nacionalidade derivada), bastando para isso que adquira outra nacionalidade, por naturalização voluntária. Tal possibilidade admite duas exceções: uma é no caso de a lei estrangeira reconhecer a nacionalidade originária; e a outra é quando a lei estrangeira impõe a naturalização ao brasileiro residente em país estrangeiro como condição para a permanência em seu território ou para o exercício de direitos civis. Na outra situação (inciso I), apenas o brasileiro naturalizado poderá perder a nacionalidade, o que ocorrerá quando a naturalização for cancelada, por sentença judicial, pelo exercício de atividade contrária ao interesse nacional. Nesse último caso, só é possível readquirir a nacionalidade brasileira por meio de ação rescisória, cabível somente quando a sentença judicial já estiver transitada em julgado.

8.1.2. *Disciplina constitucional da distinção entre brasileiros naturalizados e natos*

Segundo o art. 12, § 2º, da CF/1988, a lei não poderá estabelecer distinção entre brasileiros natos e naturalizados, salvo nos casos previstos na Constituição. Assim, segue a relação das únicas situações em que a CF/1988 disciplinou a distinção de tratamento entre brasileiros natos e naturalizados:

a) art. 12, § 3º, da CF/1988 – lista os cargos que só podem ser ocupados por brasileiros natos: presidente e vice-presidente da República; presidente da Câmara dos Deputados; presidente do Senado Federal; ministro do Supremo Tribunal Federal; carreira diplomática; oficial das Forças Armadas; e ministro de Estado da Defesa;

b) art. 5º, LI, da CF/1988 – o brasileiro nato nunca será extraditado e o naturalizado será em caso de crime comum, praticado antes da naturalização, ou de comprovado envolvimento em tráfico ilícito de entorpecentes e drogas afins;

c) art. 89, VII, da CF/1988 – lista os componentes do Conselho da República: entre eles, seis cidadãos brasileiros natos, com mais de 35 anos de idade, sendo dois nomeados pelo presidente da República, dois eleitos pelo Senado Federal e dois eleitos pela Câmara dos Deputados, todos com mandato de três anos, vedada a recondução;

d) art. 222 da CF/1988 – a propriedade de empresa jornalística e de radiodifusão sonora e de sons e imagens é privativa de brasileiros natos ou naturalizados há mais de dez anos, ou de pessoas jurídicas constituídas sob as leis brasileiras e que tenham sede no país.

8.2. Asilo

8.2.1. *Asilo territorial*

O asilo territorial é o acolhimento, pelo Estado, em seu território, de estrangeiro perseguido em seu país por causa de dissidência política, de delitos de opinião ou por crimes que, relacionados com a segurança do Estado, não configurem infração penal comum (artigo XIV da Declaração Universal dos Direitos Humanos, artigo 22, ponto 7, da Convenção Americana sobre Direitos Humanos e artigo XXVII da Declaração Americana de Direitos e Deveres do Homem).

Pela visão tradicional do instituto, o Estado exerce, com fundamento em sua soberania, um poder discricionáriona concessão de asilo e sua decisão deve ser respeitada pelos outros Estados. Deve-se lembrar, ainda, que o Estado asilante tem o direito de negar o asilo por motivos de segurança nacional. Porém "o asilo passou a ser regido também por tratados e declarações de direitos humanos de claro conteúdo consuetudinário no plano internacional (...) De fato, o asilo não é mais um tema exclusivamente nacional e não pode mais o Estado desprezar a necessidade de fundamentação adequada na decisão sobre asilo, para que cumpra os tratados de direitos humanos. A discricionariedade nacional é regrada e sua fundamentação pode ser rechaçada pelos órgãos internacionais. Por exemplo, se o Brasil denegar injustamente a concessão de asilo a um indivíduo que será perseguido em seu estado de origem (caso venha a ser devolvido), poderá ser processado perante a Corte Interamericana de Direitos Humanos por violação do Pacto de San José[83]".

Esse tipo de asilo é concedido pelo chefe de Estado e a decisão é constitutiva, com efeitos *ex nunc*.

8.2.2. *Asilo diplomático*

O asilo diplomático é o acolhimento, pelo Estado, em sua representação diplomática, do estrangeiro que busca proteção. É considerado uma forma provisória do asilo territorial, todavia, não assegura automaticamente sua concessão, a qual terá de ser processada para analisar o devido preenchimento de certas condições.

Essa modalidade de asilo tem grande aceitação na América Latina, sobretudo em função de seu passado de instabilidade política. A Convenção de Caracas de 1954[84] disciplina o instituto latino-americano denominado asilo diplomático. Seu art. 1º assim dispõe: "O asilo outorgado em legações, navios de guerra e acampamentos ou aeronaves militares, a pessoas perseguidas por motivos ou delitos políticos, será respeitado pelo Estado territorial, de acordo com as disposições desta Convenção. Para os fins desta Convenção, legação é a sede de toda missão diplomática ordinária, a residência dos chefes de missão, e os locais por eles destinados para esse efeito, quando o número de asilados exceder a capacidade normal dos edifícios. Os navios de guerra ou

83 CARVALHO RAMOS, A. de "Asilo e Refúgio: semelhanças, diferenças e perspectivas" in CARVALHO RAMOS, André de; RODRIGUES, Gilberto; ALMEIDA, Guilherme Assis de. *60 anos de ACNUR – Perspectivas de futuro*. São Paulo: CLA Editora, 2011, p. 20/21.

84. Promulgada pelo Dec. 42.628, de 13.11.1957, pelo então Presidente Juscelino Kubitschek.

aeronaves militares, que se encontrarem provisoriamente em estaleiros, arsenais ou oficinas para serem reparados, não podem constituir recinto de asilo".

Os pressupostos do asilo diplomático são, em última análise, os mesmos do asilo territorial, isto é, a natureza política dos delitos atribuídos ao perseguido (que deve ser estrangeiro[85]) e a contemporaneidade da persecução ("estado de urgência").

Por fim, os locais onde esse asilo pode ocorrer são as missões diplomáticas - não as repartições consulares - e, por extensão, os imóveis residenciais cobertos pela inviolabilidade nos termos da Convenção de Viena sobre Relações Diplomáticas; e, ainda, consoante o costume, os navios de guerra porventura acostados ao litoral.

8.3. Refúgio

O refúgio é o acolhimento, pelo Estado, em seu território, de indivíduo perseguido ou que tenha fundado temor de perseguição por motivos de raça, religião, nacionalidade, grupo social ou opiniões políticas e, por isso, não possa retornar ao seu país de residência. Diferentemente do asilo, não exige a atualidade da perseguição (urgência).

Deve-se atentar que o refúgio tem por base a situação de indivíduo que se encontre fora de seu país de nacionalidade e não possa ou não queira, por temor, regressar ou a situação de apátrida, que esteja fora do país onde teve sua última residência habitual e não possa ou não queira, por temor, regressar a tal país. Além disso, é possível considerar refugiado todo aquele que for vítima de grave e generalizada violação de direitos humanos.

A decisão do Conare, ou do Ministro da Justiça em via recursal, tem natureza declaratório, com efeitos *extunc.*

8.3.1. Diferenças: refúgio e asilo

Para diferenciar os dois institutos, cabe trazer as características do asilo (no seu corte tradicional) bem catalogadas por André de Carvalho Ramos: "1) é um instituto voltado à acolhida do estrangeiro alvo de perseguição política atual; 2) é direito do Estado e não do indivíduo, sendo sua concessão discricionária, não sujeita à reclamação internacional de qualquer outro Estado ou ainda do próprio indivíduo solicitante; 3) sua natureza jurídica é constitutiva, ou seja, não há direito do estrangeiro: ele será asilado apenas após a concessão, que tem efeito *ex nunc*; 4) pode ser concedido inclusive fora do território, nas modalidades do asilo diplomático e do asilo militar; 5) no Brasil, não há órgão específico ou trâmite próprio (tal qual no refúgio, onde existe o Conare): há livre atuação da diplomacia na análise do caso concreto[86]".

E agora as características do refúgio: "Em resumo, o refúgio possui as seguintes características: 1) é baseado em tratados de âmbito universal e ainda possui regulamentação legal específica no Brasil, com trâmite e órgão colegiado específico; 2) buscar proteger um estrangeiro perseguido ou com fundado temor de perseguição (não exige a atualidade da perseguição); 3) a perseguição odiosa é de várias matrizes: religião, raça,nacionalidade, pertença a grupo social e opiniãopolítica, ou seja, a perseguiçãopolítica é apenas uma das causas possíveis do refúgio; 4) pode ser invocado também no caso de indivíduo que não possa retornar ao Estado de sua nacionalidade ou residência em virtude da existência de violações graves e sistemáticas de direitos humanos naquela região - não é necessário uma perseguição propriamente dita; 5) o solicitante de refúgio tem o direito subjetivo de ingressar no território brasileiro, até que sua situação de refúgio seja decidida pelo CONARE (ou, em recurso, pelo Ministro da Justiça); 6) o refúgio é territorial; 7) a decisão de concessão do refúgio é declaratória, com efeito *extunc*, o que implica em reconhecer o direito do solicitante, caso preencha as condições, de obter o refúgio; 8) cabe revisão judicial interna das razões de concessão ou denegação, uma vez que o CONARE tem o dever de fundamentação adequada; 9) existe a vigilância internacional dos motivos do refoulement(rechaço)[87]".

8.4. Proteção diplomática

A proteção diplomática é a assunção de defesa de nacional por seu Estado.

A concessão de proteção diplomática é denominada endosso e exige alguns requisitos para ocorrer: **a)** a condição de nacional do indivíduo prejudicado (pessoa física ou jurídica); **b)** o esgotamento dos recursos internos (não só a existência de tais vias, como também sua acessibilidade, eficácia e imparcialidade); e **c)** a conduta escorreita do indivíduo reclamante (leia-se: não ter violado o ordenamento jurídico interno ou internacional).

Em outras palavras, o nacional - pessoa física ou jurídica - que for vítima de um procedimento estatal arbitrário no exterior e restar impossibilitado de fazer valer seus direitos, pede ao seu país que lhe represente, isto é, pede a proteção diplomática. Deve-se dizer que tal direito do indivíduo nacional não significa obrigação de seu Estado em conceder a proteção, o qual ficará livre para aquiescer ou não.

Discussões surgem quando aparece a dupla nacionalidade ou a múltipla nacionalidade. Neste caso, qualquer dos Estados patriais pode proteger o indivíduo contra terceiro Estado. Contudo, o endosso não poderá tomar corpo se a reclamação for contra um dos Estados patriais; tal impossibilidade tem por fundamento o princípio da igualdade soberana dos Estados.

Outro ponto importante sobre a matéria é a possibilidade de as organizações internacionais protegerem seus agentes, quando estes a seu serviço forem vítimas de ato ilícito. Tal possibilidade foi aventada no parecer consultivo da Corte Internacional de Justiça no caso Folke de

85 Apenas o estrangeiropodesolicitor asilo, pois o nacionalpodeingressar a qualquermomento no território de suanacionalidade.

86 CARVALHO RAMOS, A. de "Asilo e Refúgio: semelhanças, diferenças e perspectivas" in CARVALHO RAMOS, André de; RODRIGUES, Gilberto; ALMEIDA, Guilherme Assis de. *60 anos de ACNUR – Perspectivas de futuro*. São Paulo: CLA Editora, 2011, p. 24.

87 CARVALHO RAMOS, A. de "Asilo e Refúgio: semelhanças, diferenças e perspectivas" in CARVALHO RAMOS, André de; RODRIGUES, Gilberto; ALMEIDA, Guilherme Assis de. *60 anos de ACNUR – Perspectivas de futuro*. São Paulo: CLA Editora, 2011, p. 39/40.

Bernadotte[88]. A tal modalidade de endosso dá-se o nome de proteção funcional. Nesse sentido são as palavras de Francisco Rezek: "no parecer consultivo referente ao caso Bernadotte, a Corte deHaia revelou que não apenas os Estados podem proteger seus nacionais no plano internacional, mas também as organizações internacionais encontram-se habilitadas a semelhante exercício, quando um agente a seu serviço é vítima de ato ilícito. Não há entre o agente e a organização um vínculo de nacionalidade, mas um substitutivo deste para efeito de legitimar o endosso, qual seja o vínculo resultante da função exercida pelo indivíduo no quadro da pessoa jurídica em causa. A essa moderna variante da proteção diplomática dá-se o nome de proteção funcional[89]".

A consequência jurídica do endosso é transformar o Estado em *dominus litis*, ou seja, daí para a frente o Estado vai agir em nome próprio, sendo livre para escolher os meios para materializar a proteção, como também para transigir ou desistir no curso da proteção.

Por fim, sobre o tema cabe mencionar a doutrina ou cláusula Calvo. Segundo Francisco Rezek[90], essa cláusula fundou-se na ideia de que não deve o Direito Internacional prestigiar teorias aparentemente justas e neutras, cujo efeito prático é, no entanto, acobertar privilégios em favor de um reduzido número de Estados. Ministro das Relações Exteriores da Argentina, Carlos Calvo estatuiu, em 1868, que para os estrangeiros, assim como para os nacionais, as cortes locais haveriam de ser as únicas vias de recurso contra atos da administração. Dessa forma, o endosso deveria ser recusado pelas potências estrangeiras a seus nacionais inconformados. Desde o aparecimento dessa doutrina, uma cláusula se fez com frequência incorporar aos contratos de concessão e ajustes análogos, celebrados entre governos latino-americanos e pessoas físicas ou jurídicas estrangeiras, segundo cujos termos as últimas renunciam desde logo, e para todos os efeitos, à proteção diplomática de seus países de origem em caso de litígio relacionado ao contrato.Trata-se da chamada *renúncia prévia à proteção diplomática*.

9. RESPONSABILIDADE INTERNACIONAL

De forma geral, a responsabilidade internacional decorre de ato ilícito (comissivo ou omissivo), em face do ordenamento internacional (tratados, princípios e costumes), imputável ao agente de Estado ou de organização internacional[91] que cause dano a algum sujeito de direito internacional. Mas a responsabilidade internacional pode restar configurada mesmo por ato lícito, desde que cause prejuízo a algum sujeito de direito internacional. Nas palavras de Alberto do Amaral Júnior: "é a chamada responsabilidade civil do Estado no Direito Internacional Público[92]".

Assim, o causador de dano, por ilícito internacional, deve ao Estado prejudicado uma reparação adequada. Em outras palavras, "assim, pode-se considerar como incontestável a regra de que o Estado é internacionalmente responsável por todo ato ou omissão que lhe seja imputável e do qual resulte a violação de uma norma jurídica internacional ou de suas obrigações internacionais[93]".

Vale destacar que "o fundamento da responsabilidade internacional compõe-se de dois pilares: o dever de cumprir as obrigações internacionais livremente avençadas e a obrigação de não causar dano a outrem[94]".

Existem três teorias sobre a natureza jurídica da responsabilidade internacional: subjetivista, objetivista e mista. A teoria objetivista da responsabilização prescinde da culpa e do dolo, tal como regulada pelos ordenamentos jurídicos nacionais[95]. Assim, a responsabilidade do Estado ou da organização internacional restará configurada pela simples (sem prova de culpa e dolo) prática de ilícito internacional e pela consequente produção de dano a outro Estado ou a nacional de outro Estado, como também a agente de organização internacional. Entretanto, como regra geral, não se admite uma responsabilização objetiva em direito internacional (a regra é a teoria subjetivista ou da culpa), sendo sempre imperioso verificar a culpa ou o dolo no procedimento ilícito do Estado ou da organização internacional, exceto em casos especiais e tópicos – como, por exemplo, de danos advindos de atividades nucleares[96] (Tratado sobre Responsabilidade Internacional dos Estados por Danos Causados pela Exploração da Energia Nuclear, de 1963), da poluição marinha por óleo (Tratado sobre Danos Oriundos da Poluição Marinha por Óleo, de 1969) e do lançamento de objetos espaciais (Convenção sobre Responsabilidade Internacional por Danos Causados por Objetos Espaciais, de 1972)[97]. O Brasil é parte dos três diplomas internacionais citados, que cuidam de situações extremamente perigosas (*ultra-hazardousactivities*).

Pelo dito, percebe-se que a regra geral é a da responsabilidade subjetiva dos Estados, ou seja, seus atos devem ser

88. Conde sueco e mediador da ONU na Palestina que, no exercício de suas funções, foi assassinado por extremistas israelenses em Jerusalém, em 1948.
89. **Direito Internacional Público.** 11. ed. São Paulo: Ed. Saraiva, 2008. p. 281.
90. **Direito Internacional Público.** 11. ed. São Paulo: Ed. Saraiva, 2008. p. 284.
91. **Vide art.** 57 do Projeto de Convenção sobre Responsabilidade dos Estados.
92. AMARAL JÚNIOR, Alberto do. **Manual do candidato: direito internacional,** p. 176.
93. ACCIOLY, Hildebrando; NASCIMENTO E SILVA; CASELLA, Paulo Borba. **Manual de Direito Internacional Público.** 19. ed. São Paulo: Ed. Saraiva, 2011. p. 385.
94. PORTELA, Paulo Henrique Gonçalves. **Direito Internacional Público e Privado.** 4. ed. Salvador: JusPodivm, 2012. p. 368-369.
95. Art. 186 do CC: "Aquele que, por ação ou omissão voluntária, negligência ou imprudência, violar direito e causar dano a outrem, ainda que exclusivamente moral, comete ato ilícito". E art. 927 do CC: "Aquele que, por ato ilícito (arts. 186 e 187), causar dano a outrem, fica obrigado a repará-lo".
96. Com previsão expressa no art. 21, XXIII, *d*, da Constituição brasileira.
97. Nesse sentido é a redação do art. 927, parágrafo único, do CC: "Haverá obrigação de reparar o dano, independentemente de culpa, nos casos especificados em lei, ou quando a atividade normalmente desenvolvida pelo autor do dano implicar, por sua natureza, risco para os direitos de outrem".

ilícitos e culposos – teoria da culpa[98]. Tal regra é excepcionada em situações específicas, em que a responsabilidade dos Estados será objetiva – teoria do risco. Nas palavras de Paulo Henrique Gonçalves Portela: "para a teoria objetivista, exige-se meramente o nexo causal entre o ato ilícito e a lesão daí decorrente[99]".

Cabe, por fim, apontar que a teoria mista exige para a configuração da responsabilidade internacional, por omissão, a prova de culpa, especificamente na modalidade de negligência. Por sua vez, nos atos comissivos bastará haver o nexo causal entre a conduta e o resultado prejudicial, tal qual ocorre na teoria objetivista.

Passemos à análise pontual dos elementos configuradores da responsabilidade internacional.

9.1. Elementos

9.1.1. Ato ilícito

O ato ilícito é um comportamento, comissivo ou omissivo, que viola o direito internacional *(convencional e costumeiro)*.

De forma mais detalhada, "a responsabilidade pode ser delituosa ou contratual, segundo resulte de atos delituosos ou da inexecução de compromissos contraídos"[100]. A jurisprudência tem apontado que a configuração do ato ilícito dá-se mais por violação de tratados e dos costumes internacionais.

9.1.2. Dano

O dano é o prejuízo sofrido, por algum sujeito de direito internacional, em função de ato ilícito perpetrado por alguma pessoa jurídica de direito internacional. Isto é, o ato ilícito, mencionado no subitem anterior, tem de causar dano a algum sujeito de direito internacional. Lembremos, ainda, que o dano pode ser material ou imaterial (moral). Caso não se configure o dano no caso concreto, não subsistirá o dever de reparar.

9.1.3. Nexo de causalidade

O *nexo de causalidade é o vínculo existente entre a conduta ilícita e o dano, ou seja, o dano deve decorrer diretamente do ato ilícito internacional.*

O ato ilícito, comissivo ou omissivo, deve ser imputado a uma pessoa jurídica de direito internacional. Importante asseverar que essa imputação é ficta, pois quem comete o ilícito é o agente, assim, é imprescindível que tenha praticado o ato ilícito na qualidade de oficial de órgão do Estado, e não como simples particular.

9.2. Outras considerações

A responsabilidade, no caso dos Estados, pode ser *direta* ou *indireta*. Será direta quando o ato ilícito for perpetrado por órgão de qualquer natureza ou nível hierárquico, e indireta quando o ato ilícito for praticado por dependência sua, como, por exemplo, um ilícito praticado por um dos estados componentes da República Federativa do Brasil.

O ato ilícito internacional normalmente é praticado por agentes do Poder Executivo. Mas é possível que o ilícito internacional resulte de atos oriundos do Poder Legislativo e do Judiciário. Entretanto, o ilícito internacional proveniente de ato dos particulares não dá causa, por si só, à responsabilidade internacional do Estado; necessário se faz comprovar a falta de diligência do Estado, notadamente em seus deveres de prevenção e de repressão.

Por outro lado, a configuração da responsabilidade do Estado não afasta *de per si* a responsabilidade pessoal de seus agentes (art. 58 do Projeto de Convenção sobre Responsabilidade dos Estados – *Draft articlesonResponsibilityofStates for InternationallyWrongfulActs* – da Comissão de Direito Internacional da ONU).

A validade do ato em face da legislação interna é irrelevante para a responsabilidade internacional do Estado – ver arts. 1º, 2º e 3º do Projeto de Convenção sobre Responsabilidade dos Estados (*Draft articlesonResponsibilityofStates for InternationallyWrongfulActs*), da Comissão de Direito Internacional da ONU.

9.3. Causas atenuantes e excludentes da ilicitude

São causas atenuantes, reconhecidas pela comunidade internacional, a imprecisão da regra internacional dita violada e o comportamento da vítima do ato ilícito.

As causas excludentes são: **a)** o consentimento (livre); **b)** a legítima defesa; **c)** as contramedidas; **d)** a força maior; **e)** o perigo; e **f)** o estado de necessidade. Tais causas excludentes da ilicitude encontram-se nos arts. 20 a 26 do Projeto de Convenção da Comissão de Direito Internacional das Nações Unidas sobre a Responsabilidade dos Estados por Danos Transfronteiriços.

Deve-se ponderar, por fim, que mesmo com o consentimento da vítima estará configurada a responsabilidade internacional quando normas *jus cogens* forem violadas.

9.4. Reparação do dano

O responsável pelo dano deverá efetuar uma reparação condizente com a extensão do dano sofrido pela outra personalidade jurídica internacional, trata-se da chamada reparação integral. Em outros termos, todo Estado tem a obrigação primária de respeitar o ordenamento jurídico internacional (convencional e costumeiro). Uma vez desrespeitada essa obrigação primária, nasce a secundária, que é o dever de reparar.

O retorno ao *status quo ante* é a melhor forma de reparação, destarte, é o objetivo primordial de toda reparação. Todavia, o que se observa na comunidade internacional é a reparação por indenização. Ou seja, resolve-se a reparação com o pagamento de valores monetários. Mas, segundo a jurisprudência internacional, tal indenização deve cobrir os danos materiais (dano emergente e lucros cessantes) e os morais, quando existirem. E é importante sublinhar que a

98. Tem por supedâneo o princípio de Direito romano *qui in culpa non est, natura ad nihiltenetur*.
99. **Direito Internacional Público e Privado.** 4. ed. Salvador: JusPodivm, 2012. p. 369.
100. ACCIOLY, Hildebrando; NASCIMENTO E SILVA; CASELLA, Paulo Borba. **Manual de Direito Internacional Público.** 19. ed. São Paulo: Ed. Saraiva, 2011. p. 385.

reparação integral do dano inclui a possibilidade de impor sanções penais a indivíduos (arts. 34 e 58 do Projeto de Convenção sobre Responsabilidade dos Estados, da Comissão de Direito Internacional da ONU), as quais, por sua vez, nunca poderão ser aplicadas aos Estados.

Cabe atentar às outras possibilidades de reparação, como a garantia de não repetição dos atos ilícitos.

Por fim, o dano essencialmente moral deverá ser reparado por meio condizente com sua natureza, como, por exemplo, o desagravo público, o pedido formal de desculpas, a punição das pessoas responsáveis.

10. SOLUÇÃO PACÍFICA DE CONTROVÉRSIAS INTERNACIONAIS

As Convenções da Haia de 1899 e 1907 regularam a solução de controvérsias entre estados e marcaram o início de uma fase do direito internacional caracterizada pela institucionalização dos mecanismos de solução pacífica de disputas internacionais. Esta fase se consolidou com a criação do Tribunal Permanente de Justiça Internacional em 1921 e se intensificou no pós-Segunda Guerra Mundial.

A partir de então pode-se identificar inúmeros mecanismos de solução pacífica de controvérsias internacionais, tais como: meios diplomáticos e políticos, arbitragem, cortes judiciárias de âmbito regional e universal etc. Outra classificação é aquela que separa a solução pacífica em *amistosa* (meios diplomáticos, políticos e jurídicos) e *não amistosa* (meios coercitivos). Nessa obra adotaremos a classificação idealizada pelo jurista Francisco Rezek[101], em função de sua maior incidência em provas e exames.

Antes de adentrarmos ao estudo de cada modalidade de solução pacífica de disputas internacionais, é fundamental buscarmos uma definição de *controvérsia internacional.* Desde a decisão do TPJI no caso Mavromatis[102], pode-se afirmar que controvérsia internacional é um desacordo, entre dois sujeitos de direito, sobre uma questão de fato ou de direito. A controvérsia internacional tem origem no desacordo entre dois ou mais Estados, um Estado e uma organização internacional ou duas organizações internacionais.

Diante deste quadro, uma definição útil de controvérsia internacional pode ser essa: desacordo, entre dois sujeitos de direito, sobre uma questão de fato ou de direito que seja regulada pelo direito internacional público.

Por fim, é importante comentar a importância da solução pacífica de conflitos internacionais no "sistema onusiano". A solução pacífica de controvérsias internacionais figura como um dos propósitos da ONU (art. 1º da Carta da ONU). Neste sentido importante conhecer a redação do art. 33, § 1º, da Carta da ONU: "As partes em uma controvérsia, que possa vir a constituir uma ameaça à paz e à segurança internacionais, procurarão, antes de tudo, chegar a uma solução por negociação, inquérito, mediação, conciliação, arbitragem, solução judicial, recurso a entidades ou acordos regionais, ou a qualquer outro meio pacífico à sua escolha".

101. REZEK, Francisco. **Direito Internacional Público.** 11. ed. São Paulo: Ed. Saraiva, 2008.

102. Também chamado de "caso das concessões Mavromatis na Palestina", situação em que o Estado Grego demandou na Corte Permanente de Justiça internacional para defender o interesse de um cidadão grego em face da Inglaterra.

10.1. Meios diplomáticos

10.1.1. *Entendimento direto*

Trata-se de método de solução de controvérsias amistosa que envolve negociação entre os adversários, sem a presença de terceiros. O entendimento direto ocorre de maneira avulsa ou mediante utilização da comunicação diplomática já existente entre dois estados. Materialmente, pode ser oral ou por meio de troca de notas entre chancelaria e embaixada.

10.1.2. *Sistema consultivo*

Trata-se de método de solução de controvérsias amistosa que envolve negociação programada entre os adversários, sem a presença de terceiros. As consultas não ocorrem de maneira improvisada, mas por estarem previamente programadas.

O método consultivo tem grande importância no continente americano, principalmente após a Conferência Interamericana de Petrópolis, onde tentou-se implementar uma coordenação de medidas de proteção e de ajuda entre as repúblicas americanas, além de garantir a manutenção da paz no continente.

Por fim, pode-se dizer que o sistema consultivo é utilizado como um método de solução de controvérsias e também para a resolução de problemas que demandam resposta rápida e despertam o interesse dos Estados-Membros da OEA.

10.1.3. *Bons ofícios*

Trata-se de método de solução de controvérsias amistosa que envolve negociação entre os adversários, facilitada pela ação instrumental de um terceiro interessado. Instrumental porque este terceiro interessado, o prestador de bons ofícios, não propõe solução para a controvérsia, apenas a facilita mediante a aproximação das partes.

Fundamental saber que o prestador de bons ofícios pode ser um estado, uma organização internacional ou até mesmo uma pessoa, desde que reúna prestígio e reputação, e depende da aquiescência dos contendores para atuar, sob pena de caracterizar intromissão indevida nos assuntos de outros estados.

Por fim, deve-se frisar que a prestação de bons ofícios se enquadra nas atribuições do Secretário-Geral da ONU. Um exemplo conhecido foi a oferta de bons ofícios do Secretário-Geral da ONU na crise dos mísseis em Cuba, em 1962.

10.1.4. *Mediação*

Trata-se de método de solução de controvérsias amistosa que envolve negociação entre os adversários, facilitada pela ação decisiva de um terceiro interessado. Decisiva porque o terceiro interessado propõe solução para a controvérsia.

A escolha do mediador é geralmente feita em conjunto e por concordância dos adversários, mas não é sempre facultativa, podendo ser determinada por um tribunal ou mesmo imposta pelo Direito de determinado Estado. O mediador recolhe informações sobre a disputa e os argumentos de cada parte para ao final confeccionar uma solução, a qual não obriga as partes.

10.1.5. Conciliação

Trata-se de método de solução de controvérsias amistosa que envolve negociação entre os adversários, facilitada pela ação decisiva de um terceiro interessado. A conciliação é uma mistura de inquérito e mediação, pois engloba uma etapa de esclarecimento de fatos e outra de apresentação de solução para a controvérsia.

Outra diferença com a mediação é o seu caráter mais formal. A conciliação toma corpo com a constituição da comissão de conciliadores, geralmente formada por três ou cinco pessoas, dentre as quais figuram representantes dos estados em conflito e elementos neutros. A Comissão estabelecerá as regras que orientaram o procedimento de conciliação. Percebe-se que seu exercício é coletivo, ou seja, não existe conciliador singular e as deliberações geralmente ocorrem por maioria.

O relatório da comissão de conciliadores não é de todo obrigatório para as partes, mas existe certa expectativa sobre a sua aceitação.

Por fim, é de suma importância apontar o Anexo Único da Convenção de Viena sobre Direito dos Tratados, isto porque este traz a figura da conciliação obrigatória. Tal previsão já aparece em inúmeros tratados internacionais.

10.1.6. Inquérito

Trata-se de procedimento específico e preparatório de outro método de solução de controvérsias. Específico porque tem por função esclarecer a situação fática que ocasiona discordância e preparatório porque, como dito, antecede outros métodos (não só os meios diplomáticos) de solução pacífica de controvérsia internacional. Todavia, o inquérito pode constituir um método autônomo de investigação também, isto é, não necessariamente servir de etapa preparatória para outro método de solução de controvérsia internacional.

O inquérito pode ser realizado por especialista ou por uma comissão de especialistas, o que é mais comum. Os membros desta comissão provêm geralmente de governos e organizações internacionais.

Por fim, é importante frisar que a Assembleia Geral da ONU criou uma comissão de inquérito e conciliação para auxiliar na resolução de disputas que figurem Estados-Membros ou órgãos onusianos.

10.1.7. Perspectiva

Depois de analisar os meios diplomáticos de solução de controvérsias internacionais, é importante ter consciência de que as negociações bilaterais perdem importância na atualidade e isto se deve a maior utilização das negociações coletivas no seio de organizações internacionais para dirimir os conflitos internacionais.

10.2. Meios políticos

10.2.1. Nações Unidas – âmbito Global

Tanto a Assembleia Geral quanto o Conselho de Segurança das Nações Unidas funcionam como instâncias políticas de solução de disputas internacionais. Todavia, este meio só será utilizado diante de conflitos considerados graves, como, por exemplo, ameaça à paz. Depois que estes dois órgãos procederem à investigação da controvérsia, eles poderão emitir recomendações para os conflitantes (art. 39 da Carta das Nações Unidas).

Um dado importante e que o difere dos meios diplomáticos de solução de controvérsias, é o fato de o procedimento poder ser instaurado à revelia de uma das partes ou até de ambas, quando denunciado pelo secretário-geral da ONU ou terceiro Estado-Membro.

Além disso, apenas o Conselho de Segurança tem competência para agir preventiva ou corretivamente, utilizando-se até mesmo de força militar – mantida à sua disposição por membros das Nações Unidas – contra Estado ou movimento armado no interior de algum país (arts. 42 a 47 da Carta das Nações Unidas).

O emprego de força militar suscita considerações a respeito da sua legitimidade[103], entretanto, o art. 24, ponto 1, da Carta das Nações Unidas parece resolver essa questão: "A fim de assegurar uma ação pronta e eficaz por parte das Nações Unidas, os seus membros conferem ao Conselho de Segurança a principal responsabilidade na manutenção da paz e da segurança internacionais e concordam em que, no cumprimento dos deveres impostos por essa responsabilidade, o Conselho de Segurança aja em nome deles". Ou seja, todos os Estados-Membros da ONU transferiram ao Conselho de Segurança a responsabilidade no que tange à manutenção da paz e da segurança internacionais. E também as decisões de uso de força militar tomadas nos últimos anos, com grande acolhida da maioria dos estados, parece ter tornado o uso da força militar, em casos extremos, para manutenção da paz e da segurança internacionais em costume internacional.

Por fim, pode-se citar como exemplo a Resolução 1973 aprovada, em 2011, pelo Conselho de Segurança das Nações Unidas e que permitia o emprego de força militar na Líbia pela OTAN. O objetivo era impedir o massacre de civis por tropas do então ditador Muamar Kadafi e, assim, garantir a paz internacional.

10.2.2. Âmbito regional

Exercem essa função as organizações regionais que tenham vocação política, como, por exemplo, a Liga dos Estados Árabes e a Organização dos Estados Americanos. Essas instâncias políticas de solução de controvérsias exercem papel parecido ao do Conselho de Segurança e da Assembleia Geral, no plano mundial.

Também podem exercer essa função as organizações de fins específicos que porventura possuam mecanismos não jurisdicionais de solução de controvérsias entre seus membros, delimitados *ratione materiae*. Um exemplo neste sentido é o Conselho da Organização da Aviação Civil Internacional (OACI), que é competente para examinar e formular solução para a controvérsia surgida entre seus membros, desde que seja no domínio da interpretação e aplicação da

103. Pois o grande objetivo da ONU é a manutenção da paz e da segurança internacionais.

5. Direito Internacional Público

própria carta e de compromissos bilaterais concernentes à aviação civil internacional.

10.3. Meios jurídicos

10.3.1. Arbitragem

Trata-se de método de solução de controvérsias amistosa baseado na sentença arbitral confeccionada por árbitros escolhidos pelas partes.

Antes de qualquer consideração, é fundamental frisar que a arbitragem é uma via jurisdicional, porém não judiciária, de solução pacífica de controvérsias internacionais. Como dito, os árbitros serão escolhidos pelas partes, que também descreverão a matéria conflituosa e determinarão o direito aplicável para o deslinde da disputa. Neste último caso, poderão permitir que os árbitros decidam *ex aequo et bono* (senso de justiça).

Na prática, a base jurídica da arbitragem pode ser tanto a cláusula arbitral ou compromissória que figura no corpo de um tratado qualquer, como o compromisso arbitral prévio ou posterior ao conflito. Deve-se apontar que a estipulação da cláusula arbitral não dispensa a celebração do compromisso arbitral quando for necessário dispor sobre todos os aspectos necessários para a instalação e o bom funcionamento do tribunal arbitral.

O compromisso arbitral é um tratado específico que vai regular todos os aspectos da arbitragem. Por exemplo, no compromisso ficam qualificadas as partes, estipulado o nome dos árbitros e seus respectivos substitutos, determinado o objeto do litígio e o âmbito dos fatos controversos, como também as regras que regerão a instalação e o funcionamento do tribunal arbitral.

Mais precisamente, os estados escolhem um ou dois árbitros, os quais escolherão o presidente. Esses árbitros confeccionarão a sentença arbitral, que funciona como uma decisão jurídica, sendo obrigatória e definitiva. O fundamento dessa obrigatoriedade é o compromisso assumido pelas partes, onde se comprometeram em executar a sentença. Assim, em última análise, esse fundamento tem por base o princípio *pacta sunt servanda*. Mas o problema identificado é que a decisão arbitral tem que ser executada de boa-fé pelas partes, pois não existe a possibilidade de execução forçada, tal qual acontece no direito interno. Todavia, é importante esclarecer que o descumprimento da sentença arbitral configura ato ilícito internacional.

Por fim, a sentença arbitral não é passível de recurso, a menos que esteja previsto no compromisso arbitral e subordinado a descoberta de fatos novos, que não eram conhecidos na época em que a sentença arbitral foi proferida, que possam alterar a substância da decisão. Não obstante, é sempre possível que uma das partes entre com pedido de interpretação ou acuse de nulidade a sentença arbitral, desde que o árbitro incorra em falta grave, como, por exemplo, dolo, corrupção, abuso ou desvio de poder.

10.3.1.1. Corte Permanente de Arbitragem

A Corte Permanente de Arbitragem (CPA) é uma organização internacional, criada pela Primeira Conferência Internacional da Paz, de 1899, realizada na Haia, com o objetivo de facilitar o recurso imediato à arbitragem de controvérsias internacionais. A criação da CPA, até hoje sediada no Palácio da Paz, na Haia, representou o primeiro esforço de institucionalização da solução de controvérsias por meios pacíficos.

A CPA pode arbitrar e promover conciliações entre estados e entre estados e outras partes, inclusive organizações intergovernamentais. Cada Estado-Parte pode indicar até quatro especialistas em Direito Internacional como membros da CPA, compondo os Grupos Nacionais.

É possível afirmar que não se trata de verdadeira corte, pois é uma lista permanente de pessoas qualificadas para funcionar como árbitros, quando escolhidos pelos estados litigantes.

Por fim, a CPA funciona também como um centro de pesquisa em arbitragem.

10.3.2. Cortes Internacionais

Hodiernamente, existem inúmeras cortes ou tribunais internacionais, tanto de âmbito global como regional, que são permanentes, compostos por juízes independentes e têm competência para dirimir disputas com supedâneo no direito internacional.

Segue alguns exemplos: **a)** no âmbito da ONU tem-se a Corte Internacional de Justiça (rever o subitem 7.5.3.); **b)** o Tribunal Internacional do Direito do Mar que foi instituído pela Convenção de MontegoBay e tem por função solucionar as controvérsias, entre seus membros, sobre o direito do mar (conforme vimos no subitem *6.3.3.8.*); **c)** oTribunal Penal Internacional que foi instituído para julgar indivíduos acusados da prática de crimes de genocídio, de crimes de guerra, de crimes de agressão e de crimes contra a humanidade (vamos estudar no capítulo 12; **d)** no âmbito do Conselho da Europa tem-se a Corte Europeia de Direitos Humanos (vamos estudar em direitos humanos); **e)** no âmbito da OEA tem-se a Corte Interamericana de Direitos Humanos (vamos estudar em direitos humanos). Pode-se citar também os tribunais internacionais *ad hoc* de Tóquio, Nuremberg, Ruanda e Ex-Iugoslávia.

A título histórico, cabe apontar qual foi o primeiro tribunal internacional de caráter permanente: "A instituição pioneira – o primeiro órgão de jurisdição internacional permanente – teve âmbito geográfico regional... Trata-se da Corte de Justiça Centro-Americana, instituída por tratado de 20.12.1907 entre Costa Rica, El Salvador, Guatemala, Honduras e Nicarágua. Durou dez anos essa experiência, precoce a vários títulos. A Corte era aberta até mesmo à ação do particular, nacional de um de seus Estados-Membros, que em determinadas circunstâncias pretendesse processar outro Estado. No seu breve período de existência, a Corte de Justiça Centro-Americana julgou uma dezena de feitos, quatro dos quais ajuizados por particulares[104]".

104. REZEK, Francisco. **Direito Internacional Público.** 11. ed. São Paulo: Ed. Saraiva, 2008. p. 355.

10.4. Meios coercitivos

10.4.1. *Retorsão*

Trata-se de método de solução de controvérsias não amistosa que envolve a aplicação das mesmas medidas sofridas pelo Estado prejudicado contra o Estado agressor. Este método de solução de controvérsias não amistosa reverbera a ideia da pena de talião (olho por olho, dente por dente).

Deve-se ponderar que o ato praticado por um Estado, no exercício de sua soberania, em prejuízo de outro, nem sempre configura ato ilícito internacional. Dentro desse contexto aplica-se a retorsão. A base de tal método de solução de conflitos é o princípio da reciprocidade e do respeito mútuo entre Estados.

Passemos a alguns exemplos de situações autorizadoras da medida de retorsão: **a)** aumento exagerado, por um Estado, do imposto de importação sobre os produtos de outro Estado; **b)** proibição de acesso aos portos de um Estado direcionada a determinado Estado; dentre outros.

Por fim, é importante destacar que a prática da retorsão encontra certa resistência na prática internacional, apesar de sua legitimidade.

10.4.2. *Represálias*

Trata-se de método de solução de controvérsias não amistosa que envolve a prática de ato danoso em prejuízo de um Estado, que previamente prejudicou o agora Estado violador. As medidas consideradas como represálias normalmente violam o direito internacional, todavia, não são consideradas ilícitas por serem uma reação contra o dano previamente sofrido.

As represálias são diferentes da retorsão em três sentidos: **a)***motivação*: enquanto a retorsão tem por motivo um dano causado por um ato legal, as represálias têm por motivo um dano causado por um ato ilegal; **b)***resposta*: enquanto a retorsão consiste na aplicação de medida semelhante à sofrida, as represálias não necessitam ser semelhantes; **c)***materialidade*: enquanto a retorsão toma corpo geralmente mediante medidas legislativas e administrativas, as represálias tomam corpo mediante atos concretos e geralmente violentos.

Apesar de método ainda aceito na prática internacional, as represálias estão condicionadas a certas circunstâncias: **a)** é necessário que haja uma violação flagrante do direito internacional; **b)** a resposta tem que ser proporcional ao dano sofrido; **c)** é aplicada como último caso (*ultima ratio*); **d)** é cessada na medida em que a reparação é obtida; **e)** os efeitos danosos devem atingir apenas o Estado violador, nunca particulares e terceiros Estados.

Por fim, deve-se constatar que as represálias têm maior incidência em tempo de guerra.

10.4.3. *Embargo*

Trata-se de método de solução de controvérsias não amistosa que envolve a prática de ato danoso em prejuízo de um Estado, que previamente prejudicou o agora Estado violador. Pelo conceito percebe-se que se trata de uma forma de represália, mas devido sua especificidade será tratado separadamente.

Toma corpo, geralmente, pelo sequestro, em tempo de paz, de navios ou mercadorias de estrangeiros que estejam em portos ou águas territoriais do Estado que lança mão do embargo. Funciona como um penhor, mas com a posterior declaração de guerra torna-se presa bélica mediante confisco.

Este meio coercitivo de solução de controvérsias já não possui tanta acolhida na prática internacional.

10.4.4. *Bloqueio pacífico*

Trata-se de método de solução de controvérsias não amistosa que envolve a prática de ato danoso em prejuízo de um Estado, que previamente prejudicou o agora Estado violador. Pelo conceito percebe-se que se trata de uma forma de represália, mas devido sua especificidade será tratado separadamente.

Toma corpo, geralmente, pelo uso de força armada para impedir as comunicações com os portos ou o litoral de um país. Esta ação tem por finalidade obrigar que o "estado bloqueado" tome certas providências. Todavia, o bloqueio não pode afetar navios de outros países, pois, consoante ao visto no subitem 10.4.2, os efeitos danosos devem atingir apenas o estado violador. Nesse caso, o meio coercitivo vai atingir os nacionais do estado bloqueado, mas é a única maneira de tornar a medida efetiva.

O Instituto de Direito Internacional, na sessão de Heidelberg, em 1887, estabeleceu três condições para que o bloqueio seja legítimo: **a)** que o bloqueio não impeça a entrada de navios estrangeiros; **b)** que o bloqueio seja declarado e notificado oficialmente, além de ser executado por força suficiente; **c)** que os navios que desrespeitem o bloqueio sejam somente objeto de sequestro, com a correlata obrigação de os devolver para seus donos após a cessação do bloqueio, sem direito à indenização.

10.4.5. *Boicotagem*

Trata-se de método de solução de controvérsias não amistoso que envolve a interrupção das relações comerciais com um Estado, que previamente prejudicou o agora Estado violador ou o agora particular violador. Pelo conceito percebe-se que esse método coercitivo pode ser utilizado tanto pelo governo como por seus particulares e visa à "persuasão forçada" do Estado considerado ofensor dos interesses do Estado agredido ou de seus nacionais, no sentido de mudar de atitude.

A boicotagem só vai ser autêntica se for empregada como legítima defesa diante de atos de injustiça ou de agressão. Quando considerada como legítima defesa, não gerará a responsabilidade internacional do estado.

As maiores discussões concentram-se na configuração da responsabilidade internacional do Estado quando a boicotagem for empreendida por particulares. Assim, a boicotagem voluntária é legítima e não gera responsabilidade para o Estado, enquanto que a boicotagem compulsória é ilegítima e gera responsabilidade para o Estado. Percebe-se que vai depender da posição do estado no caso concreto, se ele apoiou ou até mesmo forçou a criação (quando o particular é encorajado ou impelido a atuar) de um boicote particular não legítimo será responsabilizado internacionalmente.

Por fim, a boicotagem pode ser utilizada por decisão do Conselho de Segurança da ONU, para dar efetividade às suas decisões que envolvam situações de ameaça a paz internacional (art. 41 da Carta da ONU[105]). Mas, como bem lembrado por Valerio de Oliveira Mazzuoli[106], a Carta da OEA proíbe expressamente no seu art. 20[107].

10.4.6. *Ruptura das relações diplomáticas*

Trata-se de método de solução de controvérsias não amistosa que envolve a ruptura das relações diplomáticas com um Estado, para persuadi-lo a mudar de atitude, considerada danosa ao Estado ora violador, ou para persuadi-lo a chegar a um acordo sobre determinado assunto que o separa do Estado ora violador.

O art. 41 da Carta da ONU também prevê tal medida, todavia, apenas como meio para se buscar um acordo sobre assunto que ameace a paz internacional.

A ruptura de relações diplomáticas toma corpo ou pela entrega de passaportes ao diplomata do Estado a que se aplica ou pela retirada do seu próprio diplomata da capital do Estado a que se aplica, ou até pelas duas medidas concomitantemente.

Normalmente é interpretada na prática internacional como um protesto, o que não necessariamente leva à situação de guerra. Importante destacar também que a ruptura das relações diplomáticas não implica necessariamente ruptura das relações consulares (art. 2º, ponto 3, da Convenção de Viena de 1963).

10.5. Operações de manutenção de paz

Pela dificuldade de enquadrá-la nos subitens anteriores, devido sua característica única de misto de meio diplomático e coercitivo, trataremos do tema no item separado. O instituto da "manutenção da paz" não foi disciplinado na Carta das Nações Unidas e Dag Hammarskjöld, então segundo Secretário-Geral da ONU, sugeriu que essas operações pertenceriam ao "Capítulo Seis e Meio" da Carta. Lembrando que o capítulo VI da Carta cuida das medidas pacíficas de solução de controvérsias, enquanto o VII cuida das medidas coercitivas.

Primeiramente, os três princípios básicos das operações de manutenção de paz da ONU são: **a)** consenso das partes; **b)** imparcialidade; e **c)** proibição do uso da força – a não ser em legítima defesa e em defesa do mandato. Tais princípios foram construídos na que viria a ser propriamente a primeira operação de manutenção de paz – a UNEF – levado a cabo pela ONU, e que atuou na crise do Suez. Deve-se dizer que a iniciativa de criar tais operações surgiu no mandato de Dag Hammarskjöld, o segundo Secretário-Geral da ONU. Assim, pode-se afirmar que a ONU apenas vai possuir legitimidade para implantar uma operação de paz se os princípios apontados forem respeitados no caso concreto. Todavia, importante saber que o princípio do consenso das partes é mitigado sobretudo nas situações de guerras civis e pelo conceito *ResponsibilitytoProtect*(Resolução 63/308 da Assembleia Geral das Nações Unidas).

Cabe lembrar que as operações de manutenção de paz estão cada vez mais voltadas para os conflitos internos ou guerra civis. Tome de exemplo a conhecida – pelo grande fracasso – operação de manutenção de paz em Ruanda (UNAMIR) que ocorreu de 1993 a 1995.

Por fim, imperativo indicar que o Brasil é um dos mais tradicionais contribuintes de efetivos militares para operações de manutenção da paz das Nações Unidas. A atuação constante do Brasil nessas operações está embasada no art. 4º, VI e VII, da CF/1988 e no fato de o Brasil ser membro fundador da ONU e essa organização ter por principal propósito manter a paz e a segurança internacionais. Vale destacar, por exemplo, que o Brasil comandou a recente Operação de Manutenção de Paz das Nações Unidas no Haiti (MINUSTAH).

11. DIREITO COMUNITÁRIO

O direito comunitário é o ordenamento jurídico, em seu sentido lato, criado por um bloco regional de integração. Bloco regional, a exemplo do Mercosul e da União Europeia, é a associação de países regionalmente próximos com o intuito de prover a integração entre eles em diversos sentidos.

Existem inúmeras maneiras de proceder à integração regional, normalmente apontadas como um processo evolucional rumo à integralização máxima. Conforme a tipologia das etapas do processo de integração elaborada pelo economista húngaro BélaBalassa, são elas:

a) Zona de Preferência Tarifária – dois ou mais países gozam de tarifas mais baixas do que as aplicadas a outros que não possuem acordo preferencial. É o caso da Aladi (Associação Latino-Americana de Integração);

b) Zona de Livre-Comércio – os países do bloco reduzem drasticamente ou eliminam as tarifas alfandegárias ou não alfandegárias entre eles. É o caso do Nafta (Acordo de Livre-Comércio da América do Norte), formado por Estados Unidos, Canadá e México;

c) União Aduaneira – além de os países do bloco eliminarem as tarifas alfandegárias ou não alfandegárias entre eles, estabelecem as mesmas tarifas de importação (TEC – Tarifa Externa Comum) para o comércio internacional fora do bloco. O melhor exemplo é o Mercosul, apesar de este ser considerado uma união aduaneira imperfeita;

d) Mercado Comum – conserva as características da união aduaneira com acréscimo das outras liberdades fundamentais do mercado (livre circulação de pessoas, serviços e capitais). Percebe-se que na união aduaneira existe tão somente a livre circulação de bens. O exemplo foi a Comunidade

105 "O Conselho de Segurança decidirá sobre as medidas que, sem envolver o emprego de forças armadas, deverão ser tomadas para tornar efetivas suas decisões e poderá convidar os Membros das Nações Unidas a aplicarem tais medidas. Estas poderão incluir a interrupção completa ou parcial das relações econômicas, dos meios de comunicação ferroviários, marítimos, aéreos, postais, telegráficos, radiofônicos, ou de outra qualquer espécie e o rompimento das relações diplomáticas".

106 *Curso de Direito Internacional Público*. 6ª ed. São Paulo: Editora RT, 2012. p. 1.093).

107 "Nenhum Estado poderá aplicar ou estimular medidas coercivas de caráter econômico e político, para forçar a vontade soberana de outro Estado e obter deste vantagens de qualquer natureza".

Europeia – leia-se União Europeia antes da entrada em vigor do Tratado de Maastricht de 1993;

e) União Econômica e Monetária – conserva todas as características anteriormente apresentadas com o acréscimo de possuir uma política macroeconômica unificada. Percebe-se que a principal diferença entre o mercado comum e a união econômica e monetária reside na política macroeconômica coordenada do primeiro e na unificada do segundo. A título de solapar possíveis dúvidas, a adoção de moeda única não é condição para constituição da união econômica e monetária, mas sim o ponto alto de tal modalidade de integração. É o caso da União Europeia pós-Tratado de Maastricht.

Após a breve exposição sobre direito comunitário ou direito da integração, passemos à *análise pontual dos dois grandes exemplos de integração hoje existentes: Mercosul e União Europeia.*

11.1. Mercosul

O Mercosul é uma união aduaneira formada por Argentina, Uruguai, Brasil, Paraguai[108] e, mais recentemente, pela Venezuela (2012) também e funciona pela cooperação intergovernamental. Os Estados Associados do Mercosul são Chile (desde 1996), Colômbia e Equador (ambos desde 2004), Peru (desde 2003), Guiana e Suriname (ambos desde 2013). O México é estado observador e a Bolívia[109] é estado associado desde 1996 e, atualmente, encontra-se em processo de adesão. Cabe enfatizar que o Tratado de Assunção é aberto, mediante negociação, à adesão dos demais Países-Membros da ALADI.

Apesar da indiscutível personalidade jurídica de direito internacional ostentada pelo Mercosul, cabe reproduzir o muito citado art. 34 do Protocolo de Ouro Preto: "O Mercosul terá personalidade jurídica de Direito Internacional".

Importante sublinhar que o Mercosul é fundado na reciprocidade de direitos e obrigações entre os Estados-Partes (art. 2º do Tratado de Assunção) e oseu funcionamento é viabilizado por um sistema deliberativo que funciona via o consenso dos Estados-Partes.

A maneira escolhida pelo Mercosul para iniciar o processo de integração regional foi associar-se em forma de união aduaneira, mas seu fim último é constituir-se em mercado comum, seguindo os objetivos estabelecidos no Tratado de Assunção, por meio do qual o bloco foi fundado, em 1991. De forma mais detalhada, o objetivo primordial do Tratado de Assunção é a integração dos quatro Estados-Partes por meio da livre circulação de bens, serviços e fatores produtivos, do estabelecimento de uma Tarifa Externa Comum (TEC), da adoção de uma política comercial comum, da coordenação de políticas macroeconômicas e setoriais, e da harmonização de legislações nas áreas pertinentes

Segundo o art. 1º do Tratado de Assunção, o Mercado Comum implica: **a)** a livre circulação de bens, serviços e fatores produtivos entre os países por meio, entre outros aspectos, da eliminação dos direitos alfandegários e restrições não tarifárias à circulação de mercadorias e de qualquer outra medida de efeito equivalente; **b)** o estabelecimento de uma tarifa externa e de uma política comercial comuns em relação a Terceiros Estados ou agrupamentos de Estados, e a coordenação de posições em foros econômico-comerciais regionais e internacionais; **c)** a coordenação de políticas macroeconômicas e setoriais – de comércio exterior, agrícola, industrial, fiscal, monetária, cambial e de capitais, de serviços, alfandegária, de transportes e comunicações e outras que se acordem – entre os Estados-Partes, a fim de assegurar condições adequadas de concorrência entre eles; e **d)** o compromisso dos Estados-Partes de harmonizar suas legislações, nas áreas pertinentes, para lograr o fortalecimento do processo de integração.

Todavia, o Mercosul vem sendo considerado uma união aduaneira imperfeita devido a inúmeros problemas para sua implementação. Citem-se as exceções à Tarifa Externa Comum (TEC) impostas pelos países-membros em decorrência das assimetrias internas, como a conscientização de que o pacto não avançou na livre circulação de bens e de serviços, nem no completo desmantelamento das barreiras alfandegárias. Ademais, não foi estabelecido um regime de distribuição de receita aduaneira entre os membros do grupo.

Por outro lado, a dimensão social do bloco foi fortalecida pela criação do Instituto Social do Mercosul, com a finalidade de subsidiar a formulação de políticas sociais no âmbito regional. O estabelecimento da Comissão de Coordenação de Ministros de Assuntos Sociais do Mercosul, encarregada de apresentar propostas de trabalho relativas ao Plano Estratégico de Ação Social, reforça esse aspecto relevante do processo de integração. Ainda na vertente social, foi possível avançar em uma nova agenda para o Mercosul, com ênfase em áreas relevantes para os países da região, como Ciência, Tecnologia, Inovação e Capacitação. Destacam-se as seguintes iniciativas: criação do Sistema Integrado de Mobilidade no Mercosul (o Simercosul), que representa salto qualitativo e quantitativo nos programas de bolsas para estudantes e docentes no Mercosul; e criação da Rede Mercosul de Pesquisa, a partir da integração da infraestrutura das redes avançadas de pesquisa dos Estados-Partes.

Passemos à análise pontual dos principais órgãos do Mercosul, tanto os de capacidade decisória e natureza intergovernamental (Conselho do Mercado Comum, Grupo Mercado Comum e Comissão de Comércio) como os consultivos (Parlamento, Secretaria Administrativa e Foro Consultivo Econômico e Social).

11.1.1. Conselho do Mercado Comum (CMC)

Segundo o art. 3º do Protocolo de Ouro Preto, o Conselho do Mercado Comum (CMC) é o órgão superior do Mercosul e tem por finalidade a condução política do processo de inte-

108. Em junho de 2012, o Paraguai, na Cúpula de Mendoza, foi suspenso do bloco e também da Unasul após o duvidoso *"impeachment"* do ex-Presidente Fernando Lugo. Na mesma Cúpula foi aprovada a adesão da Venezuela ao bloco (oficializada no dia 31.07.2012). Cabe lembrar que o Paraguai era o único país que ainda não tinha aprovado a adesão da Venezuela ao bloco. E, portanto, com a sua suspensão, os entraves à entrada da Venezuela foram extirpados. O Paraguai já voltou oficialmente ao bloco (atualizado no dia 07.08.2015).

109. Em 2012 foi assinado o Protocolo de Adesão da Bolívia ao Mercosul, que, uma vez incorporado ao ordenamento jurídico dos Estados-Partes, fará do país andino o sexto membro pleno do bloco.

gração e a tomada de decisões para assegurar o cumprimento dos objetivos estabelecidos pelo Tratado de Assunção e para lograr a constituição final do mercado comum.

O CMC funciona como uma conferência ministerial, mantendo o caráter intergovernamental das instituições do Mercosul, e exerce a titularidade da personalidade jurídica do Mercosul. Ademais, deverá reunir-se toda vez que reputar-se oportuno e, ao menos uma vez por semestre, com a participação dos presidentes dos Estados-Membros.

Cabe apontar algumas funções do CMC: **a)** designar o diretor da Secretaria Administrativa do Mercosul; **b)** criar, modificar ou extinguir órgãos quando estimar necessário; **c)** negociar e firmar acordos em nome do Mercosul com terceiros países, grupos de países e organizações internacionais – podendo ainda delegar tais funções para o Grupo Mercado Comum; **d)** adotar decisões em matéria financeira e orçamentária.

O CMC manifestar-se-á mediante decisões, as quais serão obrigatórias para os Estados-Partes.

Sua composição reúne os ministros das Relações Exteriores e da Economia dos países-membros, e a presidência será exercida por rotação dos Estados-Partes, em ordem alfabética, pelo período de seis meses.

Por fim, o art. 37 do Protocolo de Ouro Preto determina que as decisões dos órgãos do Mercosul serão tomadas por consenso e com a presença de todos os Estados-Partes. O art. 2º, por sua vez, enumera os órgãos com capacidade decisória dentro do organograma do Mercosul: o Conselho do Mercado Comum, o Grupo Mercado Comum e a Comissão de Comércio do Mercosul.

11.1.2. Grupo Mercado Comum (GMC)

O Grupo Mercado Comum (GMC) é o órgão executivo do Mercosul e encontra-se subordinado ao CMC. As resoluções, decididas por consenso, são obrigatórias para os membros do Mercosul.

Entre suas funções, podem-se destacar: **a)** organização das reuniões do CMC; **b)** eleição do diretor da Secretaria Administrativa do Mercosul (SAM); **c)** aprovação dos orçamentos; **d)** aprovação do orçamento e da prestação de contas anual apresentada pela SAM.

O GMC é composto de quatro membros titulares e quatro membros suplentes por país, designados pelos respectivos governos, entre os quais devem constar representantes dos ministérios das Relações Exteriores e da Economia e dos bancos centrais.

Por fim, o GMC reunir-se-á de forma ordinária ou extraordinária. A primeira se realiza de maneira rotativa, por ordem alfabética, nos Estados-Membros, pelo menos uma vez a cada três meses. Já a segunda pode ocorrer a qualquer momento, desde que solicitada por um Estado-Membro.

11.1.3. Comissão de Comércio do Mercosul (CCM)

A Comissão de Comércio do Mercosul (CCM) exerce atividade consultiva e de assessoramento. Algumas de suas funções são: **a)** velar pela aplicação dos instrumentos de política comercial para o bom funcionamento da união aduaneira; **b)** tomar as decisões vinculadas à administração e à aplicação da Tarifa Externa Comum e dos instrumentos de política comercial acordados pelos Estados-Partes; **c)** propor a revisão das alíquotas tarifárias de itens específicos da Tarifa Externa Comum; **d)** propor ao GMC novas normas ou modificações às normas existentes sobre a matéria comercial e aduaneira etc.

O CCM é composto de quatro membros titulares e quatro membros suplentes indicados por país, e será coordenada pelos Ministérios das Relações Exteriores (art. 17 do Protocolo de Ouro Preto).

11.1.4. Parlamento

O Parlamento do Mercosul foi constituído em 06.12.2006, em substituição à Comissão Parlamentar Conjunta.

Entre suas funções, podem-se destacar: **a)** velar pela observância das normas do Mercosul; **b)** elaborar e publicar anualmente um relatório sobre a situação dos direitos humanos nos Estados-Membros; **c)** organizar reuniões públicas sobre questões vinculadas ao desenvolvimento do processo de integração, com entidades da sociedade civil e os setores produtivos; **d)** emitir declarações, recomendações e relatórios sobre questões vinculadas ao desenvolvimento do processo de integração etc. Sua atuação mais importante, entretanto, é elaborar pareceres sobre os projetos de normas, apresentadas pelo CMC antes de sua aprovação, que requerem aprovação legislativa nos Estados-Membros.

Percebe-se aqui a grande diferença entre o Mercosul e a União Europeia: enquanto no primeiro o processo de internalização dos tratados do bloco depende da aprovação legislativa de cada país-membro, na segunda vigora o princípio da aplicação imediata das normas comunitárias.

11.1.5. Secretaria Administrativa do Mercosul (SAM)

A Secretaria Administrativa do Mercosul (SAM) é o órgão que fornece apoio operativo em tarefas técnicas, administrativas e de organização a todos os outros órgãos do bloco (suas funções estão designadas no art. 32 do Protocolo de Ouro Preto).

Sua administração fica a cargo de um diretor, o qual deverá ser nacional de um dos Estados-Partes. Seu mandato é de dois anos, vedada a reeleição.

Trata-se do único órgão que funciona de forma ininterrupta e tem sede fixa (Montevidéu).

11.1.6. Solução de controvérsias

O Protocolo de Olivos[110] reorganizou o sistema de solução de controvérsias do Mercosul. Sua maior inovação foi

110. O art. 1º, ponto 1, do Protocolo de Olivos cuida do âmbito de aplicação do Protocolo: "As controvérsias que surjam entre os Estados-Partes sobre a interpretação, a aplicação ou o não cumprimento do Tratado de Assunção, do Protocolo de Ouro Preto, dos protocolos e acordos celebrados no marco do Tratado de Assunção, das Decisões do Conselho do Mercado Comum, das Resoluções do Grupo Mercado Comum e das Diretrizes da Comissão de Comércio do Mercosul serão submetidas aos procedimentos estabelecidos no presente Protocolo".

a criação de um Tribunal Permanente de Revisão, o qual é encarregado de julgar, em grau de recurso, as decisões proferidas pelos tribunais arbitrais *ad hoc*, isto é, foi instituído o duplo grau de jurisdição para solução de controvérsias no Mercosul. Lembrando que o recurso é limitado a questões de direito tratadas na controvérsia e às interpretações jurídicas desenvolvidas no laudo do Tribunal Arbitral *Ad Hoc* (art. 17, ponto 2, do Protocolo de Olivos).

A título de sistematização, quando surgir alguma contenda envolvendo os países do bloco, o primeiro passo é aplicar as negociações diretas. Com o fracasso destas, passa-se ao Tribunal Arbitral *Ad Hoc* – funciona como primeira instância. Lembrando que, antes de as partes submeterem o caso ao Tribunal Arbitral *Ad Hoc*, podem escolher (ou seja, é facultativa) a etapa intermediária, que toma corpo com o envio da contenda para o Grupo Mercado Comum, que promoverá estudos sobre a disputa e formulará recomendações não cogentes. Depois, com a provocação das partes, exerce-se o duplo grau de jurisdição mediante a análise da decisão do Tribunal Arbitral *Ad Hoc* pelo Tribunal Permanente de Revisão. Entretanto, pode-se passar diretamente das negociações diretas malsucedidas para o Tribunal Permanente de Revisão. Nesse último caso, o tribunal vai julgar a demanda de forma definitiva.

Assim, o procedimento compreende duas etapas: a fase diplomática e a jurisdicional. A primeira poderá começar por iniciativa dos Estados ou dos particulares, já a segunda somente toma curso por iniciativa dos Estados[111].

11.1.6.1. Tribunal Arbitral Permanente de Revisão (TPR)

O Tribunal Permanente é composto de cinco árbitros e tem sede permanente em Assunção, no Paraguai. Cada Estado-Membro envia um titular e um suplente por um período de dois anos, renovável por no máximo dois períodos consecutivos. Já o quinto árbitro é designado por um período de três anos não renovável e escolhido, por unanimidade ou por critério definido por unanimidade, numa lista de oito nomes. Esse árbitro tem de ter a nacionalidade de algum dos Estados-Membros.

Uma síntese do funcionamento do Tribunal seria a seguinte. Diante de controvérsia entre dois Estados-Partes, o tribunal funcionará com três árbitros, sendo dois destes nacionais dos Estados em litígio e o terceiro, que será o presidente, designado por sorteio, organizado pelo diretor da Secretaria Administrativa, entre os outros árbitros do tribunal. Se a controvérsia envolver três ou mais Estados, o tribunal funcionará com todos os seus cinco membros.

Entre suas funções, podem-se destacar: **a)** rever as decisões dos tribunais arbitrais *ad hoc* do Mercosul (os laudos emitidos *ex aequo et bono*não são suscetíveis de revisão); **b)** decidir como instância única quando as partes assim optarem; e **c)** pronunciar-se como instância única consultiva[112].

Por fim, os laudos do Tribunal *Ad Hoc* ou os do Tribunal Permanente de Revisão, conforme o caso, deverão ser cumpridos no prazo que os respectivos tribunais estabelecerem. Se não for estabelecido um prazo, os laudos deverão ser cumpridos no prazo de 30 dias seguintes à data de sua notificação. Se um Estado-Parte na controvérsia não cumprir total ou parcialmente o laudo do Tribunal Arbitral, a outra parte terá a faculdade, dentro do prazo de um ano, contado a partir do dia seguinte ao término do prazo de 30 dias ou de outro que o tribunal estabelecer, de iniciar a aplicação de medidas compensatórias temporárias, como a suspensão de concessões ou outras obrigações equivalentes, com vistas a obter o cumprimento do laudo.

11.1.7. Outras considerações

Por fim, segue a lista dos instrumentos normativos do Mercosul:

a) Tratado de Assunção – fundador do Mercosul;

b) Protocolo de Ouro Preto – trata da estrutura institucional do Mercosul;

c) Protocolo de Brasília – trata do sistema de solução de controvérsias;

d) Protocolo de Olivos – reorganiza o sistema de solução de controvérsias;

e) Protocolo de Ushuaia – dispõe sobre o compromisso democrático do Mercosul;

f) Protocolo Modificativo do Protocolo de Olivos;

g) Protocolo de Adesão da República Bolivariana da Venezuela ao Mercosul;

h) Protocolo Constitutivo do Parlamento do Mercosul.

11.2. União Europeia (UE)

A União Europeia (UE) é uma união econômica e monetária. Ela não é um superestado, mas sim uma entidade supranacional, ou, ainda melhor, uma entidade que funciona por cooperação supranacional. Pode-se também dizer, de uma perspectiva mais sociológica, que é um projeto de integração política que utiliza mecanismos econômicos como instrumento para sua evolução.

Sabe-se que, anteriormente ao atual estágio, alguns países europeus constituíram, pelo Tratado de Paris, em 1951, a Comunidade Europeia do Carvão e do Aço (Ceca), e, em 1957, esses países assinaram os Tratados de Roma, prorrogando e ampliando a cooperação estabelecida no

111. O sistema de solução de controvérsias do Mercosul refere-se aos Estados-Partes (art. 1º, ponto 1, do Protocolo de Olivos). É interessante lembrar, entretanto, que é possível a formulação de reclamação por particulares em razão da sanção ou aplicação, por qualquer dos Estados-Partes, de medidas legais ou administrativas de efeito restritivo, discriminatórias ou de concorrência desleal, em violação do Tratado de Assunção, do Protocolo de Ouro Preto, dos protocolos e acordos celebrados no marco do Tratado de Assunção, das Decisões do Conselho do Mercado Comum, das Resoluções do Grupo Mercado Comum e das Diretrizes da Comissão de Comércio do Mercosul (art. 39 do Protocolo de Olivos). E os particulares afetados formalizarão as reclamações ante a Seção Nacional do Grupo Mercado Comum do Estado-Parte onde tenham sua residência habitual ou a sede de seus negócios (art. 40 do Protocolo de Olivos).

112. A Emenda Regimental 48 do STF disciplinou o acesso dos magistrados brasileiros, e também das partes nos processos, às opiniões consultivas do Tribunal Permanente de Revisão, que funcionam como pareceres sobre casos concretos e situações específicas em causas que envolvem direito internacional do bloco.

âmbito da Ceca com a criação da Comunidade Econômica Europeia (CEE) e da Comunidade Europeia de Energia Atômica (Ceea).

A União Europeia foi formalmente criada pelo Tratado de Maastricht, assinado em 07.02.1992 e em vigor desde 1993, mas apenas obteve personalidade jurídica de direito internacional com o Tratado de Lisboa, em 2003. Hoje conta com 27 países-membros e continua em processo de ampliação.

Passemos à análise pontual dos principais órgãos supranacionais da União Europeia.

11.2.1. Parlamento

O Parlamento Europeu é o local onde os povos dos Estados-Membros são representados. A eleição dos deputados se dá mediante sufrágio universal direto, em escrutínios realizados simultaneamente em todos os países comunitários. Ele desempenha três funções principais: **a)** debate e aprova a legislação da UE (juntamente com o Conselho); **b)** fiscaliza outras instituições da UE, nomeadamente a Comissão, a fim de assegurar que funcionam de forma democrática; e **c)** debate e aprova o orçamento da UE (juntamente com o Conselho).

No entanto, há determinadas questões sensíveis que não se submetem ao Parlamento Europeu (processo legislativo especial referente a determinadas matérias fiscais, de políticas industrial e agrícola, entre outras), hipótese em que seu papel é apenas consultivo. Em todos os casos (processo legislativo ordinário ou especial) a iniciativa legislativa é da Comissão Europeia, embora o Parlamento possa solicitar que apresente propostas legislativas ao Conselho da UE.

11.2.2. Conselho

O Conselho Europeu é composto de um representante de cada Estado-Membro, cuja presidência é exercida rotativamente por seus integrantes no período de seis meses. Cabe ao Conselho definir as principais políticas para a manutenção e aperfeiçoamento da União Europeia.

11.2.3. Comissão

A Comissão Europeia deve garantir o respeito às regras e aos princípios comunitários, propor políticas ao Conselho com o fito de desenvolver as políticas comunitárias, como também executar as políticas comunitárias com suporte nas decisões do Conselho ou diretamente nos tratados.

É composta de nacionais dos Estados-Membros, nomeados de comum acordo pelos governos.

11.2.4. Tribunal de Justiça

O Tribunal de Justiça da União Europeia tem competência para anular os atos da Comissão, do Conselho ou emanados dos governos nacionais quando contrariarem os tratados, como também pronunciar-se, a pedido de tribunal ou juiz nacional, sobre a correta interpretação das normas comunitárias. Existe ainda a competência de emitir pareceres vinculantes sobre os acordos que a União Europeia firmar com Estados terceiros.

O tribunal é composto de 27 juízes, cada um indicado por um Estado-Membro e com mandato renovável de seis anos.

Deve-se ponderar, por fim, que o Tribunal exerce função de grande relevância na criação e na uniformização da interpretação das normas comunitárias.

11.3. Características do direito comunitário

Os elementos ou princípios que caracterizam o direito comunitário surgiram basicamente da jurisprudência do Tribunal de Justiça da União Europeia, que é a autoridade judiciária da União Europeia e responsável, em colaboração com os órgãos jurisdicionais dos Estados-Membros, pela aplicação e interpretação uniformes do direito comunitário.

O Tribunal de Justiça da União Europeia é composto de três jurisdições: o Tribunal de Justiça, o Tribunal Geral e o Tribunal da Função Pública.

Essas características funcionam como princípios gerais do direito comunitário, que auxiliam na superação das lacunas do direito e identificam a existência de uma ordem jurídica supranacional.

Passemos à análise pontual dos princípios gerais do direito comunitário.

11.3.1. Aplicação imediata

As normas comunitárias adquirem vigência de forma imediata na jurisdição interna de cada um dos Estados-Membros. Percebe-se que não é necessário o procedimento de incorporação (tal qual estudamos no subitem **5.7**), logo é um caso típico de aplicação da teoria monista, ou melhor, do monismo radical (rever o subitem **5.7**).

Esse princípio tem por consequência a impossibilidade de o Estado-Membro opor-se, por motivos de ordem legal e constitucional, à aplicação de normas comunitárias.

Cabe distinguir a situação do Mercosul aqui e lembrar que o STF reconheceu que não há disposição constitucional prevendo efeito direto ou aplicabilidade imediata das normas comunitárias, que se submetem à regra geral de incorporação ao sistema nacional[113].

11.3.2. Aplicação direta

Como consequência do princípio anterior, as normas do direito comunitário criam direitos e obrigações não somente para os Estados-Membros, mas também para seus cidadãos. Percebe-se uma grande diferença em relação ao direito internacional típico, pois enquanto este apenas tem incidência em relação aos Estados, o direito comunitário incide sobre os Estados e seus cidadãos.

Como consequência desse princípio, o juiz nacional é obrigado a reconhecer direitos concedidos diretamente por tratados, regulamentos, decisões comunitárias, ou seja, não é necessário que haja uma norma jurídica interna concedendo tal direito.

11.3.3. Aplicação por juízes nacionais

Como corolário dos princípios anteriores, os juízes ordinários dos Estados-Membros devem aplicar o direito

113. CR 8.279 AgR/AT.

comunitário. Tal situação permite afirmar que todo juiz nacional ordinário de um Estado-Membro é também juiz comunitário.

Esse princípio corrobora o que foi dito no subitem **11.2.4**: o Tribunal de Justiça é a autoridade judiciária da União Europeia e responsável, em colaboração com os órgãos jurisdicionais dos Estados-Membros, pela aplicação e interpretação uniformes do direito comunitário. Tal colocação nos leva a outra consideração, qual seja, o Tribunal de Justiça da União Europeia é a mais alta instância para todos os juízes ordinários dos Estados-Membros quando se tratar da aplicação do direito comunitário.

11.3.4. Aplicação predominante do direito comunitário

Esse princípio indica que, caso ocorra conflito entre normas comunitárias e nacionais (mesmo estas sendo de índole constitucional), as primeiras sempre vencerão. Contudo, cabe reforçar que não se trata de um princípio absoluto, podendo eventual colisão entre as duas ordens normativas ser solucionada, por exemplo, pela observância da norma constitucional de determinado país, desde que justificado no caso concreto.

Traz um pouco da ideia abordada no subitem **11.3.1** (aplicação imediata do direito comunitário): esse princípio tem por consequência a impossibilidade de o Estado-Membro opor-se, por motivos de ordem legal e constitucional, à aplicação de normas comunitárias.

Tal característica tem importância fundamental para o funcionamento do sistema comunitário, pois garante a uniformidade na aplicação do direito comunitário em todos os Estados-Membros, garantindo, assim, a eficiência dos órgãos comunitários.

11.4. Diferenças entre a União Europeia e o Mercosul

Os sistemas institucionais das duas organizações internacionais são formal e materialmente muito distintos. Para esclarecer esse hiato, vamos fazer algumas comparações de viés didático.

11.4.1. Finalidade política

a) União Europeia: projeto de integração política que utiliza mecanismos econômicos como instrumento para sua evolução.

b) Mercosul: não visa a uma integração política.

c) balanço: na UE o mercado comum é o meio, já no Mercosul é a finalidade.

11.4.2. Integração × cooperação

a) União Europeia: existe concessão de poderes soberanos dos Estados para os órgãos de integração. Assim, ocorre a substituição dos interesses nacionais pelos interesses comuns.

b) Mercosul: não existe concessão de poderes soberanos dos Estados para os órgãos de integração. Assim, ocorre a preponderância dos interesses nacionais.

c) balanço: na UE tem-se integração e no Mercosul, cooperação.

11.4.3. Autonomia institucional

a) União Europeia: seus funcionários representam o interesse geral comunitário. Para ter uma ideia, na UE, quatro de suas cinco instituições são compostas de funcionários "neutros" (Comissão, Parlamento, Corte de Justiça e Tribunal de Contas). No quinto órgão, o Conselho, apesar de seus integrantes serem funcionários dos Estados-Membros, eles são obrigados a funcionar segundo as regras do sistema comunitário, ou seja, não podem deixar de lado o interesse desse sistema.

b) Mercosul: seus funcionários representam o interesse de seus respectivos Estados.

c) balanço: na UE tem-se autonomia institucional, já no Mercosul não.

11.4.4. Autonomia legal

a) União Europeia: as normas elaboradas por suas instituições têm aplicação imediata e direta, além de prevalência sobre o direito nacional dos Estados-Membros, e podem ser aplicadas pelos juízes nacionais ordinários.

b) Mercosul: as normas elaboradas por suas instituições não têm aplicação imediata e direta, além de não terem prevalência sobre o direito nacional dos Estados-Membros e não poderem ser aplicadas pelos juízes ordinários nacionais. Ou seja, as normas confeccionadas no seio do Mercosul só obrigam os Estados-Membros e dependem de incorporação para ter vigência na ordem jurídica interna dos Estados-Membros, ademais de só serem aplicadas pelos tribunais arbitrais *ad hoc* previstos no sistema do Mercosul.

c) balanço: na UE tem-se autonomia legal, já no Mercosul não.

12. TRIBUNAL PENAL INTERNACIONAL (TPI)

O Tribunal Penal Internacional (TPI) foi constituído na Conferência de Roma, em 17.07.1998, na qual se aprovou o Estatuto de Roma (tratado que não admite a apresentação de reservas), que só entrou em vigor internacionalmente em 01.07.2002 e passou a vigorar, para o Brasil, em 01.09.2002. A partir de então, tem-se um tribunal permanente para julgar **indivíduos**[114] acusados da prática de crimes de genocídio, de crimes de guerra, de crimes de agressão e de crimes contra a humanidade. Deve-se apontar que "*indivíduos*" diz respeito a quaisquer indivíduos, independentemente de exercerem funções governamentais ou cargos públicos (art. 27 do Estatuto de Roma), desde que, à data da alegada prática do crime, tenham completado 18 anos de idade.

Cabe destacar que nenhuma pessoa será considerada criminalmente responsável por uma conduta anterior à entrada em vigor do Estatuto de Roma – é a chamada irretroatividade

114. Percebe-se que aqui, ao contrário da responsabilidade internacional estudada no capítulo 9, a responsabilidade pelo ato internacional ilícito é imputada exclusivamente ao indivíduo. Além dos crimes tipificados no Estatuto de Roma, podemos citar o tráfico de drogas e de escravos e a pirataria como outros exemplos de atos ilícitos internacionais imputados exclusivamente ao indivíduo.

ratione personae. O TPI é orientado pelos princípios da legalidade e da anterioridade penal, o que é bem delineado pela redação do art. 5º, ponto 2, do Estatuto de Roma.

A criação do TPI corrobora a ideia de responsabilidade internacional do indivíduo, consoante o que se iniciou com os Tribunais *Ad Hoc* de Nurembergue e de Tóquio, e depois de Ruanda e da Iugoslávia.

O Tribunal é uma entidade independente da ONU e tem sede em Haia, nos Países Baixos, contudo, sempre que entender conveniente, o Tribunal poderá funcionar em outro local, nos termos do Estatuto de Roma (art. 3º). Ademais, tem personalidade jurídica de direito internacional e é formado pela Presidência, Seção de Instrução, Seção de Julgamento em Primeira Instância, Seção de Recursos, Procuradoria e Secretaria.

As línguas oficiais do TPI são: árabe, chinesa, espanhola, francesa, inglesa e russa, ao passo que as línguas de trabalho são apenas a francesa e a inglesa, embora outras línguas oficiais possam ser usadas como língua de trabalho, conforme o regulamento processual (art. 50, ponto 2, do Estatuto de Roma).

A grande característica do Tribunal é sua *complementaridade*, isto é, a jurisdição do TPI somente será exercida caso a Seção de Instrução verificar que existem provas suficientes para o acusado ser levado para julgamento e concluir que algum sistema jurídico nacional tenha sido incapaz ou não tenha demonstrado interesse em julgar o caso. Esse último requisito pode ser verificado quando ocorrer demora injustificada no procedimento, falta de independência do Poder Judiciário e até falta de capacidade para realizar a justiça penal. Em outras palavras, a jurisdição do TPI tem caráter excepcional, isto é, os Estados têm primazia para investigar os crimes previstos no Estatuto de Roma. Cabe também destacar, consoante o que dispõe o art. 29 do Estatuto de Roma, que os crimes da competência do TPI não prescrevem.

A acusação, referente à prática de algum dos crimes tipificados no art. 5º do Estatuto de Roma, pode ser levada até o conhecimento do TPI, que tem jurisdição para julgar os crimes cometidos nos territórios dos Estados-Partes ou dos Estados que reconheçam sua competência, por meio de algum Estado-Parte, pelo Conselho de Segurança (nos termos do Capítulo VII da Carta da ONU) ou pelo procurador-geral do TPI.

Cabe destacar o importante papel desempenhado pelo procurador no processamento da acusação, pois fará, em primeira mão, a análise sobre a seriedade da dita acusação, podendo recolher informações suplementares junto aos Estados, aos órgãos da Organização das Nações Unidas, às Organizações Intergovernamentais ou Não Governamentais, ou outras fontes fidedignas que considere apropriadas, bem como recolher depoimentos escritos ou orais na sede do Tribunal (art. 15, ponto 2, do Estatuto de Roma). Ainda pode, por sua própria iniciativa, abrir um inquérito com base em informações sobre a prática de crimes da competência do Tribunal (art. 15, ponto 1, do Estatuto de Roma).

Se a acusação for devidamente processada e aceita pela Câmara Preliminar, o TPI poderá julgar o caso. E, caso condene o indiciado culpado, a pena imposta terá de respeitar o limite máximo de 30 anos (art. 77, ponto 1, *a*, do Estatuto de Roma). Todavia, caso o crime seja de extrema gravidade e as condições pessoais do condenado justificar, poderá ser aplicada a pena de prisão perpétua, todavia, essa pena poderá ser reexaminada com vistas à sua redução quando já tiver sido cumprido vinte e cinco anos de prisão. Concomitantemente, poderá ser aplicada a pena de multa e de confisco, caso restar comprovado que o culpado adquiriu bens de forma ilícita (art. 77 do Estatuto de Roma). Sobre a aplicação da pena, cabe ainda destacar o art. 103 do Estatuto de Roma que define que as penas privativas de liberdade serão cumpridas num Estado indicado pelo Tribunal a partir de uma lista de Estados que lhe tenham manifestado a sua disponibilidade para receber pessoas condenadas, ou seja, não existe uma prisão internacional criada pelo TPI.

Além de sanções de natureza penal, o TPI pode determinar a reparação às vítimas de crimes e respectivos familiares, principalmente por meio da restituição, da indenização ou da reabilitação. Ainda, o Tribunal poderá, de ofício ou por requerimento, em circunstâncias excepcionais, determinar a extensão e o nível dos danos, da perda ou do prejuízo causados às vítimas ou aos titulares do direito à reparação, com a indicação dos princípios nos quais fundamentou sua decisão (art. 75 do Estatuto de Roma).

Por fim, a grande inovação do Estatuto foi a criação do instituto da *entrega* ou *surrender*, ou seja, *a entrega de um Estado para o TPI (plano vertical), a pedido deste, de indivíduo que deva cumprir pena por prática de algum dos crimes tipificados no art. 5º do Estatuto de Roma. A título comparativo, a extradição é a entrega de um Estado para outro Estado (plano horizontal), a pedido deste, de indivíduo que em seu território deva responder a processo penal ou cumprir pena por prática de crime de certa gravidade.*

A grande finalidade do instituto da *entrega* é driblar o princípio da não extradição de nacionais e, logicamente, garantir o julgamento do acusado, pois o TPI não julga indivíduos à revelia. Assim, criou-se tal figura para permitir que o Estado entregue indivíduo que seja nacional seu ao TPI.

Em outras palavras, a *entrega* nada mais é do que o cumprimento de ordem emanada do Tribunal Penal Internacional. A legitimidade dessa autoridade reside no fato de o Tribunal realizar os anseios de justiça de toda a comunidade internacional, julgando e condenando autores de crimes nefastos para a humanidade. Assim, o Estado, como signatário do Estatuto de Roma, deve cooperar e entregar seu nacional para ser julgado pelo TPI. A título comparativo, a *entrega* é de interesse de toda a comunidade internacional, ao passo que a *extradição* é de interesse do país requerente.

O Brasil, com fundamento no art. 5º, LI e § 4º, da CF/1988, permite a entrega de nacional seu ao TPI, mas proíbe a extradição de nacional seu ao Estado requerente. Lembrando, com base no inc. LI supracitado, que existe uma exceção ao princípio da não extradição de nacionais no Brasil: trata-se do caso de brasileiro naturalizado que tiver comprovado envolvimento em tráfico ilícito de entorpecentes e drogas afins. Como curiosidade, cabe lembrar que os EUA não reconhecem a jurisdição do TPI.

Por fim, vamos definir pontualmente os crimes dispostos no art. 5º do Estatuto de Roma.

12.1. Crime de genocídio

A Convenção sobre a Prevenção e Repressão do Crime de Genocídio adotada pela Resolução 260 A (III) da Assembleia Geral das Nações Unidas, em 09.12.1948, definiu no art. 2º que *crime de genocídio é a conduta criminosa que tenha a intenção de destruir, no todo ou em parte, um grupo nacional, étnico, religioso ou racial.* Tal definição foi reproduzida no art. 6º do Estatuto de Roma.

O próprio art. 2º indica os tipos de crime considerados genocídio (também reproduzidos pelo art. 6º do Estatuto de Roma): **a)** assassinato de membros do grupo; **b)** atentado grave à integridade física e mental de membros do grupo; **c)** submissão deliberada do grupo a condições de existência que acarretarão sua destruição física, total ou parcial; **d)** medidas destinadas a impedir os nascimentos no seio do grupo; e **e)** transferência forçada das crianças do grupo para outro grupo.

O art. 3º dispõe que além do genocídio serão punidas as demais condutas: **a)** o acordo com vista a cometer genocídio; **b)** o incitamento, direto e público, ao genocídio; **c)** a tentativa de genocídio; e **d)** a cumplicidade no genocídio.

Por fim, é interessante lembrar que o crime de genocídio, quando praticado no estrangeiro por brasileiro ou pessoa domiciliada no Brasil, deve ser julgado pelo juiz brasileiro e terá a incidência da lei nacional (trata-se de uma das hipóteses de extraterritorialidade incondicionada – art. 7º, I, do CP).

12.2. Crime contra a humanidade ou de lesa humanidade

O art. 7º do Estatuto de Roma define que o *crime contra humanidade é a conduta criminosa cometida no quadro de um ataque, sistemático ou generalizado, contra qualquer população civil, desde que haja conhecimento desse ataque.*

O próprio art. 7º indica os tipos de crime considerados contra a humanidade: **a)** homicídio; **b)** extermínio; **c)** escravidão; **d)** deportação ou transferência forçada de uma população; **e)** prisão ou outra forma de privação da liberdade física grave, em violação das normas fundamentais de direito internacional; **f)** tortura; **g)** agressão sexual, escravatura sexual, prostituição forçada, gravidez forçada, esterilização forçada ou qualquer outra forma de violência no campo sexual de gravidade comparável; **h)** perseguição de um grupo ou coletividade que possa ser identificado, por motivos políticos, raciais, nacionais, étnicos, culturais, religiosos ou de gênero, ou ainda em função de outros critérios universalmente reconhecidos como inaceitáveis no direito internacional, relacionados com qualquer ato referido nessas alíneas ou com qualquer crime da competência do Tribunal; **i)** desaparecimento forçado de pessoas; **j)** crime de *apartheid*; e **k)** outros atos desumanos de caráter semelhante, que causem intencionalmente grande sofrimento ou afetem gravemente a integridade física ou a saúde física ou mental.

Apesar da definição normativa ora analisada, é importante destacar que muitos defendem, com base na definição consuetudinária de crime contra a humanidade, que os crimes acima listados dispensariam o contexto de ataque, isto é, tais crimes seriam considerados como contra a humanidade mesmo que fossem praticados fora do contexto de um ataque contra uma certa população civil.

12.3. Crime de guerra

O art. 8º do Estatuto de Roma define que o *crime de guerra é a conduta criminosa cometida como parte integrante de um plano ou de uma política ou como parte de uma prática em larga escala desse tipo de crimes.*

O próprio art. 8º indica uma lista extensa dos tipos de crime considerados de guerra. Basicamente, eles foram disciplinados pelas Convenções de Genebra de 1949 e seus Protocolos Adicionais e pelo chamado direito de Haia, formado por acordos internacionais obtidos durante a Conferência de Paz de 1907.

12.4. Crime de agressão

O Estatuto de Roma não definiu o crime agressão. Assim, somente em junho 2010, na Conferência de Revisão do Estatuto de Roma, realizada em Kampala, capital de Uganda, o crime de agressão foi definido.

Crime de agressão é a conduta criminosa cometida por pessoa que detenha controle ou poder de direção efetivo sobre a ação política ou militar de um país, desde que sua conduta cause por sua gravidade, características e escala uma violação latente da Carta das Nações Unidas.

Além da prática do crime de agressão, serão punidos o planejamento, a preparação e a tentativa do crime de agressão.

Mas o TPI só pode exercer sua jurisdição em relação aos crimes de agressão quando pelo menos 30 Estados tenham ratificado sua previsão (o que ainda não aconteceu[115]).

115. Liechtenstein foi o primeiro país a ratificar o crime de agressão (08.05.2012).

6. Direito Internacional Privado

Renan Flumian

1. INTRODUÇÃO

O Direito Internacional Privado (DIPr) é composto de princípios e regras, sendo estas positivadas ou costumeiras, que têm por primordial função resolver os conflitos de leis no espaço.

Para um maior entendimento do conceito supracitado, faz-se necessário saber o que são e por que surgem tais conflitos.

O conflito de leis no espaço nada mais é do que a situação de existência de duas ou mais leis aplicáveis ao mesmo fato ou mesma relação jurídica, das quais ao menos uma pertence a um ordenamento jurídico estrangeiro. Em outras palavras, um fato ou uma relação jurídica que gera efeitos em dois ou mais ordenamentos jurídicos (leia-se Estados).

Assim, a causa do conflito de leis no espaço é o elemento estrangeiro (também chamado de estraneidade) contido na relação jurídica, situação que se afigura cada vez mais cotidiana em função do atual cosmopolitismo humano impulsionado pela globalização econômica, cultural e política. Ou seja, os elementos de estraneidade são aqueles que dão a uma relação – ou situação – jurídica o caráter internacional. Exemplos mais comuns que internacionalizam a relação jurídica de emprego encontram-se: a nacionalidade do empregado, a nacionalidade do empregador, o lugar da sede da empresa, o local da prestação de serviços e o foro da celebração do contrato.

O Direito Internacional Privado (função) auxilia o juiz nacional na determinação do direito aplicável aos casos, a ele submetido, que contenham elementos estrangeiros. Essa situação pode ocasionar a flexibilização do princípio da territorialidade das leis na medida em que prescreve, em determinados casos, a aplicação do direito estrangeiro pelo juiz nacional.

Mesmo que as normas de DIPr indiquem a aplicação de normas de direito material de natureza privada, a natureza de suas normas é de direito público, porque se dirigem ao juiz (o administrador da justiça em nome do Estado).

Para entendermos como o DIPr aparece como ferramenta de auxílio para o juiz brasileiro, passemos a estudar suas fontes.

2. FONTES

Conforme o estudado sobre as fontes do Direito Internacional Público[1], o art. 38, ponto 1, do Estatuto da Corte Internacional de Justiça (CIJ) determina que a função da Corte é decidir as controvérsias que lhe forem submetidas com base no direito internacional. Ademais, indica as fontes que serão utilizadas pelos juízes na confecção de suas decisões, a saber: *a)* as convenções internacionais; *b)* o costume internacional; *c)* os princípios gerais do direito; *d)* as decisões judiciárias; e *e)* a doutrina dos juristas mais qualificados das diferentes Nações. Por fim, aponta a possibilidade de a Corte decidir por equidade (*ex aequo et bono*), desde que convenha às partes (art. 38, ponto 2, do Estatuto da Corte).

Mesmo não constando do rol do art. 38, podem-se indicar também como fonte do direito internacional tanto as resoluções emanadas das organizações internacionais como os atos unilaterais dos Estados.

Até aqui se conserva semelhança com as fontes do DIPu, todavia, a fonte por excelência do DIPr é a lei interna, ou seja, cada Estado tem competência para legislar sobre direito internacional privado ("direito internacional privado autônomo").

Mas a grande característica da matéria na atualidade é a busca de harmonização e de uniformização mediante a produção convencional internacional ("direito internacional privado convencional e institucional"), até mesmo pela dita *soft law*.

Com ímpeto meramente classificatório, o direito internacional privado convencional é aquele que provém de tratados e convenções, e o direito internacional privado institucional é aquele que provém da produção normativa de blocos regionais de integração, como a União Europeia e o Mercosul.

Soft law indica as fontes que não são obrigatórias, mas que têm importante papel referencial para o juiz nacional e influenciam a confecção de regras tanto em nível convencional internacional como em nível autônomo nacional. Como exemplo, podem-se citar os princípios, códigos de conduta, recomendações, diretrizes, convenções não ratificadas etc. Percebe-se que algumas das fontes elencadas no art. 38 da CIJ caberiam no conceito de *soft law*.

No Brasil, a principal fonte do DIPr é a Lei de Introdução às Normas do Direito Brasileiro (Decreto-Lei 4.657/1942), que trata do DIPr nos arts. 7º a 17. Além dessa, é possível identificar na legislação nacional outros diplomas que abordam assuntos de interesse do DIPr, tais como: *a)* a Constituição Federal trata da sucessão internacional no art. 5º, XXXI, e da competência do STJ em temas de cooperação judiciária internacional no art. 105, I, *i*; *b)* o Código de Processo Civil[2] trata da competência internacional do juiz brasileiro nos arts. 88 a 90; das cartas rogatórias nos arts. 200 a 204, 210 a 212; da prova do direito estrangeiro no art. 337; e, por fim, das sentenças estrangeiras nos arts. 483 e 484.

Antes de iniciarmos o estudo pormenorizado da Lei de Introdução às Normas do Direito Brasileiro, é importante

1 Capítulo 5 do presente livro

2 Ao longo do capítulo serão indicados os artigos do Novo Código de Processo Civil que são aplicáveis ao Direito Internacional Privado.

analisar as principais organizações internacionais elaboradoras de regras do DIPr.

2.1. Conferência de Haia

É uma organização intergovernamental que tem por função trabalhar para a unificação progressiva das regras de direito internacional privado. Funciona por meio da reunião de seus membros (mais de 60 Estados) para a elaboração de tratados que busquem a unificação do DIPr. Pode-se afirmar que é a grande referência na atualização multilateral do direito internacional privado.

Seu estatuto constitutivo foi adotado em 1951 por ocasião da 7ª Conferência.

2.2. Instituto de Direito Internacional

Fundada em 1973 por juristas que se dedicavam ao estudo do direito internacional, é uma instituição privada que tem por função promover o estudo e o desenvolvimento do direito internacional. Funciona por meio de sessões anuais e de comissões científicas. Estas últimas emitem resoluções de caráter normativo.

2.3. Instituto Internacional para a Unificação do Direito Privado (Unidroit)

É uma organização intergovernamental que tem por função estudar as formas de harmonizar e de coordenar o direito internacional privado entre Estados e preparar gradualmente a adoção, pelos diversos Estados, de uma legislação de direito internacional privado uniforme.

Primeiramente fundado em 1926 como órgão auxiliar da Liga das Nações e depois restabelecido em 1940 por meio de um tratado multilateral que determinou seu Estatuto, funciona por meio de reuniões periódicas de seus membros e de grupos de estudos especiais.

Por fim, cabe ressaltar que as regras uniformes elaboradas pelo Instituto valem como tratados.

2.4. Conferências Especializadas Interamericanas sobre Direito Internacional Privado (Cidips)

A Assembleia Geral da Organização dos Estados Americanos (OEA) convoca as Cidips. Até hoje foram realizadas seis conferências, cada uma organizada por reuniões técnicas setoriais. Isto é, aplica-se o mesmo método da Conferência da Haia, ou seja, elaboram-se convenções sobre temas específicos.

Entre as vantagens das atividades desenvolvidas pelas Conferências Especializadas, enfatiza-se a aproximação entre os dois mais importantes sistemas jurídicos do continente: o sistema consuetudinário e o sistema de direito civil. Além disso, tem-se procurado criar convenções com normas não só conflituais, mas também substantivas, de forma a uniformizar o direito material dos países latino-americanos. Outras características das convenções originadas das Cidips são sua concepção universal, a permissão para reservas apenas de caráter especial e a inserção de cláusulas de interpretação para sua futura aplicação pelo juiz nacional.

2.5. Código Bustamante

Apesar de não ser uma organização internacional elaboradora de regras do DIPr, é importante citá-lo, pois é o tratado mais antigo no campo do DIPr ratificado pelo Brasil, e ainda em vigor.

O Código Bustamante é a denominação dada à Convenção de Havana de Direito Internacional Privado de 1928, aprovada no seio da Conferência Pan-Americana realizada na capital cubana nesse mesmo ano. Na prática, funciona como um código internacional de DIPr, logo, obra do direito internacional privado convencional.

Cuida de inúmeras matérias, mas encontra séria resistência, por parte dos magistrados brasileiros, para sua aplicação. Um ponto que suscita muitas dúvidas é o fato de o Código ser de aplicação universal ou com incidência limitada aos casos que envolvam pessoas ligadas (por domicílio ou pela nacionalidade) aos Estados-membros.

O movimento de uniformização e harmonização do DIPr na América Latina prosseguiu sobretudo com as Cidips, as quais estudamos no item anterior.

3. REGRAS DE CONEXÃO DA LEI DE INTRODUÇÃO ÀS NORMAS DO DIREITO BRASILEIRO

As regras de conexão do DIPr são indiretas, pois não resolvem os problemas materiais nem as questões processuais, apenas o conflito de leis no espaço. Melhor dizendo, não solucionam o caso, apenas indicam a solução, isto é, a(s) norma(s) jurídicas a ser(em) aplicada(s) para resolvê-lo.

As normas diretas preveem fatos e apontam soluções (resolvem diretamente o problema); já as indiretas não preveem fatos, mas indicam a lei a ser aplicada (resolvem indiretamente o problema).

Por fim, e antes de passarmos ao estudo das regras de conexão do DIPr brasileiro, é premente observar que as regras de conexão são utilizadas nos casos que envolvem relação jurídica ou fato dotados de elemento estrangeiro, isto é, relações jurídicas que gerem efeitos em dois ou mais ordenamentos jurídicos (leia-se Estados).

3.1. Art. 7º – *Lex domicilii*

> "**Art. 7º** A lei do país em que domiciliada a pessoa determina as regras sobre o começo e o fim da personalidade, o nome, a capacidade e os direitos de família."

A regra de conexão antiga era a da nacionalidade[3]. Assim, aplicava-se ao estatuto pessoal a lei da nacionalidade do interessado. Esse critério era muito criticado, pois não resolvia o problema dos apátridas e fazia com que um estrangeiro residente por muito tempo aqui, continuasse a ter seu estatuto pessoal determinado pelas leis de sua nacionalidade.

O critério atual gira em torno do domicílio da pessoa, ou seja, a regra de conexão é a *lexdomicilii*. Assim, a lei do domicílio da pessoa determina as regras sobre o começo e o fim da personalidade, o nome, a capacidade e os direitos de família.

3. Antes do advento do Dec.-lei 4.657/1942, o art. 8º da Lei de Introdução ao CC/1916 estabelecia como regra de conexão a nacionalidade.

A configuração do domicílio só é regulada pela Convenção Interamericana sobre Domicílio das Pessoas Físicas no Direito Internacional Privado. Em que pese a Convenção não estar ratificada no Brasil, nada impede que o juiz brasileiro a utilize como uma fonte de *soft law*. O art. 2º da Convenção dispõe que o domicílio será determinado em tais circunstâncias e ordem: *a)* pelo lugar da residência habitual; *b)* pelo lugar do centro principal de seus negócios; *c)* na ausência dessas circunstâncias, considerar-se-á como domicílio o lugar da simples residência; *d)* em sua falta, se não houver simples residência, o lugar onde se encontrar.

No art. 6º, a Convenção determina: "quando uma pessoa tiver domicílio em dois Estados-partes, será considerada domiciliada naquele em que tiver a simples residência e, se tiver em ambos, preferir-se-á o lugar onde se encontrar".

3.1.1. § 1º do art. 7º – Lex loci celebrationis

> "§ 1º Realizando-se o casamento no Brasil, será aplicada a lei brasileira quanto aos impedimentos dirimentes e às formalidades da celebração."

A regra de conexão é a *lex loci celebrationis*. Assim, o casamento é regido, no que tange às suas formalidades, pela lei do local de sua celebração. Cabe especificar que essas formalidades estão disciplinadas nos arts. 1.525 a 1.542 do CC/2002; os impedimentos matrimoniais se encontram disciplinados no art. 1.521 do CC/2002; e os casos de anulabilidade do casamento, no art. 1.550 do CC/2002.

Desse modo, o casamento realizado no exterior, o qual respeitou a lei do país de constituição do matrimônio, terá validade no Brasil desde que não ofenda a ordem pública (art. 17 da LINDB). Os limites à aplicação da lei estrangeira serão estudados no item 7.

Importante apontar o art. 1.544 do CC/2002, que dispõe sobre a obrigatoriedade de registro do casamento de brasileiros realizado no exterior. Tal registro deve dar-se no prazo de 180 dias contados da volta de um ou de ambos os cônjuges ao Brasil, no cartório do respectivo domicílio ou, em sua falta, no 1º Ofício da capital do Estado em que passarem a residir.

3.1.2. § 2º do art. 7º – Exceção à lex loci celebrationis

> "§ 2º O casamento de estrangeiros poderá celebrar-se perante autoridades diplomáticas ou consulares do país de ambos os nubentes."

Seria como uma exceção à regra de conexão *lex loci celebrationis*, pois nubentes estrangeiros poderiam aqui se casar com base em sua lei da nacionalidade, desde que perante autoridades diplomáticas ou consulares do país de **ambos** os nubentes.

O parágrafo consagra indiretamente a lei da nacionalidade dos nubentes como regra de conexão. Assim, o casamento é regido, no que tange às suas formalidades, pela citada lei, mas o regime de bens continua sendo regulado pela lei do domicílio dos nubentes, consoante determina o art. 7º, *caput*, da LINDB.

Como estamos falando de casamento, é interessante trazer uma informação. Os funcionários e funcionárias diplomáticos e consulares, conforme determina o art. 1º, *caput*, da Lei 1.542/1952, só poderão casar-se com estrangeiros(as) após obterem licença do ministro de Estado das Relações Exteriores.[4] O art. 2º *da lei supracitada dispõe: "O funcionário da carreira de Diplomata casado com pessoa de nacionalidade estrangeira não poderá servir ao país de origem do seu cônjuge, salvo decisão em contrário do Presidente da República". Por fim, não existe o tal impedimento se o matrimônio for contraído com brasileira naturalizada.*

3.1.3. § 3º do art. 7º – Primeiro domicílio conjugal – Invalidade do casamento

> "§ 3º Tendo os nubentes domicílio diverso, regerá os casos de invalidade do matrimônio a lei do primeiro domicílio conjugal."

Caso o domicílio dos nubentes for diverso, aplicar-se-á, aos casos de invalidade do casamento, a lei do país do primeiro domicílio conjugal (regra de conexão subsidiária). Do contrário, aplica-se a lei do país do domicílio conjugal atual.

Primeiro domicílio conjugal não é necessariamente o do país em que foi realizado o casamento, pois os nubentes podem contratar matrimônio em um país e estabelecer-se em outro.

3.1.4. § 4º do art. 7º – Primeiro domicílio conjugal – Regime de bens

> "§ 4º O regime de bens, legal ou convencional, obedece à lei do país em que tiverem os nubentes domicílio, e, se este for diverso, a do primeiro domicílio conjugal."

Caso o domicílio dos nubentes for diverso, aplicar-se-á, ao regime de bens, a lei do país do primeiro domicílio conjugal (regra de conexão subsidiária). Do contrário, aplica-se a lei do país do domicílio conjugal atual.

Primeiro domicílio conjugal, como visto, não é necessariamente o do país em que foi realizado o casamento, pois os nubentes podem contratar matrimônio em um país e estabelecer-se em outro.

Importante asseverar, com base na jurisprudência do STJ, que em ação de divórcio e partilha de bens de brasileiros, casados e residentes no Brasil, a autoridade judiciária brasileira tem competência para, reconhecendo o direito à meação e a existência de bens situados no exterior, fazer incluir seus valores na partilha[5].

4. O casamento dos funcionários diplomáticos é regulamentado pelos arts. 48 a 50 do Decreto 93.325/1986.

5. A regra do art. 7º, § 4º, e do art. 9º, ambos da LINDB, conduzem à aplicação da legislação brasileira, estando diretamente voltadas ao direito material vigente para a definição da boa partilha dos bens entre os divorciantes. Para o cumprimento desse mister, impõe-se ao magistrado, antes de tudo, a atenção ao direito material, que não excepciona bens existentes fora do Brasil, sejam eles móveis ou imóveis. Se fosse diferente, para dificultar o reconhecimento de direito ao consorte ou vilipendiar o que disposto na lei brasileira atinente ao regime de bens, bastaria que os bens de raiz e outros de relevante valor fossem adquiridos fora das fronteiras nacionais, inviabilizando-se a aplicação da norma a determinar a distribuição equânime do patrimônio adquirido na constância da união. A exegese não afronta o art. 89 do CPC, pois esse dispositivo legal disciplina a competência internacional exclusiva do Poder Judiciário

3.1.5. § 5º do art. 7º – Modificação do regime de bens

"§ 5º O estrangeiro casado, que se naturalizar brasileiro, pode, mediante expressa anuência de seu cônjuge, requerer ao juiz, no ato de entrega do decreto de naturalização, se apostile ao mesmo a adoção do regime de comunhão parcial de bens, respeitados os direitos de terceiros e dada esta adoção ao competente registro."

O parágrafo abarca a modificação do regime de bens do casal após o casamento. No caso, é o estrangeiro casado que adquire a naturalização brasileira e, mediante expressa anuência de seu cônjuge, requer ao juiz a adoção do regime de comunhão parcial de bens, respeitados os direitos de terceiros e feito o competente registro. Essa regra tem como finalidade garantir ao casal a liberdade de gerenciamento do patrimônio conjugal e, ao mesmo tempo, proteger direitos de terceiros.

Ademais, guarda sintonia com o princípio da mutabilidade justificada do regime adotado (art. 1.639, § 2º, do CC/2002), o qual permite a alteração do regime de bens mediante autorização judicial em pedido motivado por ambos os cônjuges, apurada a procedência das razões invocadas e ressalvados os direitos de terceiros.[6]

3.1.6. § 6º do art. 7º – Divórcio realizado no exterior

"§ 6º O divórcio realizado no estrangeiro, se um ou ambos os cônjuges forem brasileiros, só será reconhecido no Brasil depois de 1 (um) ano da data da sentença, salvo se houver sido antecedido de separação judicial por igual prazo, caso em que a homologação produzirá efeito imediato, obedecidas as condições estabelecidas para a eficácia das sentenças estrangeiras no país. O Superior Tribunal de Justiça, na forma de seu regimento interno, poderá reexaminar, a requerimento do interessado, decisões já proferidas em pedidos de homologação de sentenças estrangeiras de divórcio de brasileiros, a fim de que passem a produzir todos os efeitos legais."

O § 6º já não se encontra em compatibilidade com a ordem constitucional brasileira, porque a EC 66/2010 suprimiu a separação judicial como requisito prévio para pedir o divórcio, bem como a obrigatoriedade do prazo de um ano de separação judicial (antigo divórcio-conversão) ou de dois anos de separação de fato (antigo divórcio-direto).[7]

Dessa forma, o divórcio realizado no exterior, quando um ou ambos os cônjuges forem brasileiros, será homologado no Brasil sem o decurso do prazo de um ano da data da sentença estrangeira. Lembremos apenas que a homologação deverá obedecer às condições estabelecidas para a eficácia das sentenças estrangeiras no país. Tais condições serão estudadas no item 6.

3.1.7. § 7º do art. 7º – Extensão do domicílio conjugal

"§ 7º Salvo o caso de abandono, o domicílio do chefe da família estende-se ao outro cônjuge e aos filhos não emancipados, e o do tutor ou curador aos incapazes sob sua guarda."

Tal previsão encontra-se derrogada em função do art. 226, § 5º, da CF/1988. Isto é, o juiz brasileiro, quando da aplicação da lei brasileira, indicada pela regra de conexão domicílio, deverá levar em conta os valores constitucionais que irradiam sobre todo o ordenamento jurídico.

Assim, a releitura do § 7º é no sentido de que o **domicílio conjugal** (atribuído a ambos os cônjuges) se estende aos filhos incapazes e não emancipados (aplicação do critério da unidade do domicílio familiar).

3.1.8. § 8º do art. 7º – Caracterização do domicílio

"§ 8º Quando a pessoa não tiver domicílio, considerar-se-á domiciliada no lugar de sua residência ou naquele em que se encontre."

O parágrafo traz regra para determinar o domicílio da pessoa, o qual é o elemento de conexão para indicação da lei aplicável ao estatuto pessoal. Isto é, quando o domicílio for indeterminado, a pessoa será considerada domiciliada no lugar de sua residência ou naquele em que se encontre.

A doutrina conceitua o indivíduo sem domicílio como adômide. Mas sua caracterização é muito difícil, pois, como visto acima, se o domicílio do indivíduo for indeterminado, este será determinado pelo lugar de residência ou até mesmo onde se encontre. Para tal situação, Maria Helena Diniz diz tratar-se de um "concurso sucessivo de elementos de conexão, pois, faltando o critério de conexão principal, que é o domicílio, a lei indica dois critérios de conexão subsidiários, ou seja, o do lugar da residência ou o daquele em que a pessoa se achar, destinados a funcionar sucessivamente na medida em que o anterior não possa preencher sua função".[8]

3.2. Art. 8º – *Lex rei sitae*

"**Art. 8º** Para qualificar os bens e regular as relações a eles concernentes, aplicar-se-á a lei do país em que estiverem situados."

Trata-se da regra de conexão *lex rei sitae*, sobre a qualificação dos bens e a regulação das relações a eles concernentes. Ou seja, é a lei do local da situação dos bens que vai regulá-los (aplicação do princípio da territorialidade).

"Será preciso, ainda, não olvidar que a lex rei sitae regulará tão somente os bens móveis e imóveis considerados individual-

brasileiro para dispor acerca de bens imóveis situados no Brasil e para proceder a inventário e partilha de bens (móveis e imóveis) situados no Brasil. Dele se extrai que a decisão estrangeira que viesse a dispor sobre bens imóveis ou móveis (estes em sede de inventário e partilha) mostrar-se-ia ineficaz no Brasil. O reconhecimento de direitos e obrigações relativos ao casamento, com apoio em normas de direito material a ordenar a divisão igualitária entre os cônjuges do patrimônio adquirido na constância da união, não exige que os bens móveis e imóveis existentes fora do Brasil sejam alcançados, pela Justiça Brasileira, a um dos contendores, demanda apenas a consideração dos seus valores para fins da propalada equalização – REsp 1.410.958-RS, rel. Min. Paulo de Tarso Sanseverino, julgado em 22.04.2014 (Inform. STJ 544).

6. O STJ entende que essa alteração é possível inclusive para os casamentos ocorridos antes da entrada em vigor do atual Código Civil.

7. Ou seja, o divórcio agora pode ser feito sem que se aguarde o período de tempo e sem prévia separação judicial, sendo denominado pela doutrina como "divórcio-relâmpago". Ademais, pode ser feito em Cartório Extrajudicial, com presença de advogado e desde que sem filhos menores.

8. DINIZ, Maria Helena. **Lei de Introdução ao Código Civil interpretada**. 16. ed. São Paulo: Saraiva, 2011. p. 293.

mente (uti singuli), pertencentes a nacionais ou estrangeiros, domiciliados ou não no país. Quando forem elementos de uma universalidade, afastado estará tal critério, pois a lei normalmente competente para regê-los sob esse aspecto é aquela a que se subordina o instituto correspondente. Assim, os bens considerados uti universitas, como o espólio, o patrimônio conjugal, escapam à aplicação da lex rei sitae, passando a se reger pela reguladora da sucessão (lexdomicilii do autor da herança) (LINDB, art. 10); da sociedade conjugal (LINDB, art. 7º)."[9]-[10]

A título conclusivo: "É mister salientar que a capacidade para exercer direitos reais ou efetivar contratos a eles relativos rege-se pela *lexdomicilii*, e a forma extrínseca dos atos negociais destinados à aquisição, transmissão e extinção de direitos reais obedece ao *locusregitactum*, mas as condições da constituição da aquisição, da transferência do direito real, p. ex., a exigência de tradição ou do assento no registro imobiliário, submetem-se à *lex rei sitae*".[11]

É importante esclarecer que os direitos reais dizem respeito às relações jurídicas proprietárias, possessórias ou de garantias sobre bens.

3.2.1. § 1º do art. 8º – Lex domicilii do proprietário

"§ 1º Aplicar-se-á a lei do país em que for domiciliado o proprietário, quanto aos bens móveis que ele trouxer ou se destinarem a transporte para outros lugares."

O parágrafo cuida de uma regra de conexão subsidiária – a lei do domicílio do proprietário (*lexdomicilii*do proprietário) –, aplicada quando os bens estiverem em situação de intensa mobilidade e trânsito, o que tornaria impossível sua localização espacial para fins de aplicação da lei indicada pela regra de conexão *lex rei sitae*.

Assim, os bens móveis que estiverem em situação de intensa mobilidade terão como regra de conexão a lei do domicílio do proprietário. Ou seja, a qualificação desses bens e a regulação de suas relações serão determinados pela lei do domicílio do proprietário.

3.2.2. § 2º do art. 8º – Lex domicilii do possuidor

"§ 2º O penhor regula-se pela lei do domicílio que tiver a pessoa, em cuja posse se encontre a coisa apenhada."

Cuida de uma regra de conexão subsidiária – a lei do domicílio do possuidor (*lexdomicilii* do possuidor) –, aplicada somente no tocante ao penhor, isto é, daquele que se encontrar com a posse direta da coisa empenhada, no momento da constituição dos direitos de garantia real.

O objetivo de tal regra é dar maior segurança ao negócio, pois o credor, após a tradição do bem dado em penhor, será o possuidor direto.

3.2.3. Navios, aeronaves e embarcações

Tais bens móveis são considerados de natureza especial, pois têm por característica a intensa circulação transfronteiriça e a pouca fixação em determinado território. Assim, são regrados pela lei de matrícula ou de seu abandeiramento, ou seja, a lei do país onde forem registrados por seu proprietário os regulará no que tange à qualificação e às relações a eles concernentes.

Essa regra de conexão não tem previsão na Lei de Introdução às Normas do Direito Brasileiro, mas é oriunda dos arts. 274 a 284 do Código Bustamante.

3.3. Art. 9º – *Locusregitactum*

"**Art. 9º** Para qualificar e reger as obrigações, aplicar-se-á a lei do país em que se constituírem."

Trata-se da regra de conexão *locusregitactum* sobre a qualificação e a regulação das obrigações (leia-se: seus aspectos extrínsecos). Ou seja, é a lei do local em que as obrigações foram constituídas que vai regulá-las.

É importante apontar que as obrigações surgem dos contratos, dos delitos e dos quase delitos (crimes praticados com culpa – negligência, imprudência e imperícia). Mas, em função do comércio internacional, os contratos adquirem grande destaque nas discussões do DIPr.

A regra do art. 9º, *caput*, tem por pressuposto que o local onde a obrigação foi constituída também será a sede da relação jurídica. Isso porque o DIPr tem por prática aplicar a lei do país-sede da relação jurídica, o que permite aplicar a lei do local onde a relação jurídica está produzindo efeitos. Dito isso, pode-se afirmar que o juiz brasileiro poderá aplicar a lei nacional (*lexfori*), sem afrontar o art. 9º, quando um contrato constituído no estrangeiro for executado majoritariamente no Brasil. E um exemplo comum desse caso é a aplicação da *lex loci executionis* aos contratos de trabalho celebrados no exterior, mas com a execução das atividades laborais tomando corpo inteiramente em solo brasileiro.

3.3.1. Autonomia da vontade

A autonomia da vontade como regra de conexão no tocante aos contratos é adotada na maioria dos países na atualidade. Tal regra privilegia a flexibilidade e promove um ambiente propício aos negócios. A título de exemplo, tal regra encontra-se insculpida na Convenção de Roma de 1980 e na Convenção Interamericana sobre Direito Aplicável aos Contratos Internacionais de 1994.

A autonomia da vontade apenas teria limitações ditadas pela ordem pública do país no qual o contrato vai ser executado. Isto é, faz-se necessário que a lei escolhida para reger o contrato não desrespeite a ordem pública do país-sede da execução do contrato. Leia-se aqui "ordem pública" como o conjunto de regras e princípios basilares de um certo ordenamento jurídico.

O art. 9º da LINDB funciona como um limitador da autonomia da vontade, na medida em que determina que as obrigações serão reguladas pela lei do país onde forem constituídas. Ora, em tal quadro as partes não podem escolher a lei aplicável ao contrato constituído. Todavia, se a lei do país onde a obrigação foi constituída permitir a autonomia da vontade sobre a escolha da lei incidente ao contrato, permitida estará a escolha da lei aplicável pelas partes, sendo limitada apenas pela ordem pública do país-sede da execução do contrato.

9. DINIZ, *op. cit.*, p. 317.
10. No mesmo sentido, ler BASSO, Maristela. **Curso de Direito Internacional Privado**. 2. ed. São Paulo: Atlas, 2011. p. 191.
11. DINIZ, *op. cit.*, p. 319.

3.3.2. Arbitragem

A arbitragem está regulada no Brasil pela Lei 9.307/1996. Seu art. 2º, § 1º, permite que as partes escolham livremente as regras de direito que serão aplicadas na arbitragem, desde que não haja violação dos bons costumes e da ordem pública.

Tal possibilidade de escolha da lei aplicável ao contrato não entra em confronto com o art. 9º da LINDB. Isso porque a possibilidade de escolha da lei que vai reger o contrato, uma das características marcantes da arbitragem, diz respeito àquelas matérias que podem ser objeto de arbitragem: somente direitos patrimoniais disponíveis.[12] "*Acontrario sensu*, são insuscetíveis de submissão à arbitragem as questões extrapatrimoniais ou as que envolvem direitos indisponíveis".[13] E a Súmula 485 do STJ ainda possibilita que a Lei de Arbitragem seja aplicada aos contratos que contenham cláusula arbitral, ainda que celebrados antes da sua edição.

A título de elucidação, cabe apontar que arbitragem é uma forma alternativa de dirimir conflitos, mediante a qual as partes estabelecem em contrato ou simples acordo que vão utilizar o juízo arbitral para solucionar controvérsia existente ou eventual em vez de procurar o Poder Judiciário.

Claro está que o art. 9º da LINDB e o art. 2º, § 1º, da Lei 9.307/1996 se aplicam a situações distintas. Com base no art. 9º, o juiz nacional terá de decidir sobre qual a lei aplicável à relação obrigacional que tem elemento estrangeiro. Ao passo que, com suporte no art. 2º, § 1º, o árbitro ou tribunal arbitral irá dirimir os conflitos oriundos da relação obrigacional com suporte nas regras indicadas pelas partes (quando houver indicação da lei reguladora pelas partes) ou terá de decidir sobre o conflito de leis no espaço oriundo da relação jurídica obrigacional. Vale frisar que as partes podem decidir que a arbitragem terá por base não regras de direito, mas sim a equidade. E a arbitragem será considerada mista quando verificado que os árbitros basearam suas decisões em regras jurídicas e critério de equidade.

Percebe-se que a convenção de arbitragem impede o conhecimento da causa pelo Poder Judiciário,[14] constituindo o que a doutrina denominou de *pressuposto processual negativo*, que ocasionará a extinção do processo sem resolução do mérito[15] em função da autonomia da cláusula arbitral (art. 267, VII, do CPC[16]).

Ademais, "a arguição de nulidade da cláusula arbitral deve ser submetida obrigatoriamente ao próprio árbitro antes da judicialização da questão, nos termos do art. 8º, parágrafo único, da Lei 9.307/1996. O entendimento é aplicável indistintamente tanto à cláusula compromissória instituída em acordo judicial homologado quanto àquela firmada em contrato. O parágrafo único do art. 8º da Lei de Arbitragem determina que caberá ao árbitro decidir as questões referentes à existência, validade e eficácia da convenção de arbitragem e do contrato como um todo. Assim, por expressa previsão legal, não pode a parte ajuizar ação anulatória para desconstituir acordo judicial homologado com base na nulidade da cláusula compromissória ali presente antes de submeter o assunto ao árbitro. Isso não significa que o Judiciário não poderá apreciar a questão em momento posterior; pois, segundo o art. 33, § 3º, da Lei de Arbitragem, poderá ser arguida a nulidade mediante ação de embargos do devedor, conforme o art. 741 e seguintes do CPC [o § 3º do art. 33 da Lei 9.307/1996 foi alterado pela Lei 13.129/2015, o qual determina a declaração de nulidade por meio de *impugnação*, conforme o art. 475-L e ss. do CPC][17] se houver execução judicial".[18]

3.3.3. § 1º do art. 9º – Lex loci executionis

"§ 1º Destinando-se a obrigação a ser executada no Brasil e dependendo de forma essencial, será esta observada, admitidas as peculiaridades da lei estrangeira quanto aos requisitos extrínsecos do ato."

Não se trata de regra de conexão subsidiária, mas sim de regra unilateral, pois determina a aplicação da lei brasileira no tocante à forma essencial para a validade da obrigação constituída no exterior e que será executada no Brasil (*lex loci executionis*). Leia-se aqui "forma essencial" como requisitos para validade do negócio jurídico.

É interessante verificar que a regra do § 1º não colide, mas sim reforça a regra geral de conexão *locusregitactum*. Isso porque prescreve, além do respeito à forma essencial ditada pelo direito brasileiro, a aplicação da lei do local onde a obrigação se constituiu.

Um exemplo disso é a exigência estipulada pelo art. 108 do CC/2002: um negócio constituído no exterior que envolva a constituição ou a transferência de direitos reais sobre imóvel, situado no Brasil, com valor superior a 30 vezes o maior salário mínimo vigente no país, dependerá para sua efetivação que se proceda à lavratura da escritura pública, caso não disponha a lei em contrário.

3.3.4. § 2º do art. 9º – Obrigação resultante do contrato

"§ 2º A obrigação resultante do contrato reputa-se constituída no lugar em que residir o proponente."

---

12. São direitos que têm valor pecuniário, pertencentes a uma pessoa que deles pode dispor livremente sem qualquer autorização legal ou de outrem, como, por exemplo, aqueles oriundos do contrato de seguro, resseguro, previdência complementar e capitalização.
13. ARAUJO, Nadia de. **Direito Internacional Privado**. 5. ed. Rio de Janeiro: Renovar, 2011. p. 510.
14. Uma vez que o tribunal arbitral esteja formado, o Poder Judiciário se torna incompetente até mesmo para julgar ação em caráter cautelar. Esse foi o entendimento adotado pela 3.ª Turma do Superior Tribunal de Justiça – STJ, no julgamento do REsp 1297974/RJ, 3ª T., j. 12.06.2012, rel. Min. Nancy Andrighi, *DJe* 19.06.2012. Na mesma toada é a SEC 854-US, rel. originário Min. Massami Uyeda, rel. para acórdão Min. Sidnei Beneti, julgado em 16.10.2013 (Inform. STJ 533).
15. Nesse caso, o juiz irá prolatar uma sentença terminativa ou meramente processual, pois não decide a lide. Por outro lado, tem-se uma sentença definitiva quando a lide é decidida no mérito (hipóteses disciplinadas no art. 269 do CPC).
16. O Novo Código de Processo Civil (CPC), Lei 13.015/2015, traz previsão equivalente. Segue a redação do art. 485, *caput* e VII, do NCPC: "O juiz não resolverá o mérito quando: VII – acolher a alegação de existência de convenção de arbitragem ou quando o juízo arbitral reconhecer sua competência;".
17. Correspondente ao art. 525 do NCPC.
18. STJ, REsp 1.302.900/MG, 3ª T., j. 09.10.2012, rel. Min. Sidnei Beneti, *DJe* 16.10.2012 (Inf. 506 do STJ).

A regra do § 2º aplica-se aos contratos *entre ausentes* (leia-se: contratantes residentes em países diversos). Assim, a lei do país onde residir o proponente regulará e qualificará o contrato firmado entre ausentes. Em outras palavras, aplicar-se-á a lei brasileira sempre que a parte ofertante residir no Brasil. É necessário recordar que o art. 9º, *caput*, é aplicado aos contratos internacionais *entre presentes* e determina que é a lei do local em que as obrigações foram constituídas que vai regulá-las.

Importante é esclarecer o sentido correto do termo "residir". Maria Helena Diniz[19] derruba a pretensão de contradição entre o art. 9º, § 2º, da LINDB e o art. 435 do CC/2002 (aplicável aos contratos de índole nacional), pois aponta que o termo "residir" refere-se ao local "em que se encontra" ou "estabelece morada" (bem diferente da norma de DIPr internacional *lexdomicilii*do proponente). Destarte, "o país onde residir o proponente" significa "o país onde ele estiver". E, por fim, ambos os artigos pregam a aplicação da lei do local onde foi feita a proposta.

Tal interpretação é condizente com o cosmopolitismo do mundo dos negócios, marcado pela intensa mobilidade dos potenciais contratantes.

3.4. Art. 10 – *Lex domicilii*do defunto ou do desaparecido

"**Art. 10.** A sucessão por morte ou por ausência obedece à lei do país em que domiciliado o defunto ou o desaparecido, qualquer que seja a natureza e a situação dos bens."

O artigo traz como regra de conexão a lei do país de último domicílio do defunto ou do desaparecido (*lexdomicilii* do defunto ou do desaparecido) no que tange à regulação da sucessão por morte ou por ausência, qualquer que seja a natureza e a situação dos bens. Resta clara a concepção unitarista da sucessão, tal qual adotada nos países de tradição jurídica romano-germânica.

O contraponto seria a concepção pluralista da sucessão, adotada nos países de tradição jurídica *common law*. A título explicativo, a pluralidade sucessória prega que cada bem, individualmente considerado, deve ser regulado pela lei de sua localização (*lex rei sitae*).

Porém, a jurisprudência pátria vem tornando relativa a regra estipulada no art. 10 da LINDB, ou seja, relativizando a concepção unitarista da sucessão. Tome de exemplo trecho do REsp 1.362.400-SP[20] onde a relatividade do art. 10 é destacada: "Especificamente à lei regente da sucessão, pode-se assentar, de igual modo, que o art. 10 da LINDB, ao estabelecer a lei do domicílio do autor da herança para regê-la, não assume caráter absoluto. A conformação do direito internacional privado exige, como visto, a ponderação de outros elementos de conectividade que deverão, a depender da situação, prevalecer sobre a lei de domicílio do *de cujus*. Além disso, outras duas razões – a primeira de ordem legal; a segunda de ordem prática – corroboram com a conclusão de relatividade do disposto no art. 10, *caput*, da LINDB. No tocante ao primeiro enfoque, o dispositivo legal sob comento deve ser analisado e interpretado sistematicamente, em conjunto, portanto, com as demais normas internas que regulam o tema, em especial o art. 8º, *caput*, e § 1º do art. 12, ambos da LINDB e o art. 89 do CPC. E, o fazendo, verifica-se que, na hipótese de haver bens imóveis a inventariar situados, simultaneamente, aqui e no exterior, o Brasil adota o princípio da pluralidade dos juízos sucessórios. Como se constata, a própria LINDB, em seu art. 8º, dispõe que as relações concernentes aos bens imóveis devem ser reguladas pela lei do país em que se encontrem. Inserem-se, inarredavelmente, no espectro de relações afetas aos bens imóveis aquelas destinadas a sua transmissão/alienação, seja por ato entre vivos, seja *causa mortis*, cabendo, portanto, à lei do país em que situados regê-las. Por sua vez, o CPC, em seu art. 89 (abrangendo disposição idêntica à contida no § 2º do art. 12 da LINDB), é expresso em reconhecer que a jurisdição brasileira, com exclusão de qualquer outra, deve conhecer e julgar as ações relativas aos imóveis situados no país, assim como proceder ao inventário e partilha de bens situados no Brasil, independente do domicílio ou da nacionalidade do autor da herança. Sobressai, no ponto, a insubsistência da tese de que o Juízo sucessório brasileiro poderia dispor sobre a partilha de bem imóvel situado no exterior. Como assinalado, não resta sequer instaurada a jurisdição brasileira para deliberar sobre bens imóveis situados no estrangeiro, tampouco para proceder a inventario ou à partilha de bens imóveis sitos no exterior. O solo, em que se fixam os bens imóveis, afigura-se como expressão da própria soberania de um Estado e, como tal, não pode ser, sem seu consentimento ou em contrariedade ao seu ordenamento jurídico, objeto de ingerência de outro Estado. No ponto, já se pode antever a segunda razão – esta de ordem prática – a justificar a assertiva de que o art. 10 da LINDB encerra, de fato, regramento que comporta exceções. É que um provimento judicial emanado do juízo sucessório brasileiro destinado a deliberar sobre imóvel situado no exterior, além de se afigurar inexistente, pois, como visto, não instaurada sequer sua jurisdição, não deteria qualquer eficácia em outro país, destinatário da "ordem" judicial. Aliás, dentre os princípios que regem o Direito Internacional Privado, ganha cada vez mais relevo o da eficácia das decisões ou do Estado com melhor competência, informador da competência da *lex rei sitae* (lei da situação da coisa) para regular as relações concernentes aos bens imóveis, pois esta é a lei, inarredavelmente, que guarda melhores condições de impor a observância e o acatamento de seus preceitos. Assim, em havendo bens imóveis a serem inventariados ou partilhados simultaneamente no Brasil e no estrangeiro, a premissa de que a lei do domicílio do *de cujus*, sempre e em qualquer situação, regulará a sucessão, somente poderia ser admitida na remota – senão inexistente – hipótese de o Estado estrangeiro, cujas leis potencialmente poderiam reger o caso (em virtude de algum fator de conexão, v.g., situação da coisa, existência de testamento, nacionalidade etc.), possuir disposição legal idêntica à brasileira. Mais do que isso. Seria necessário que, tanto o Brasil, em que domiciliado a autora da herança, assim como o país estrangeiro, país em que situado o imóvel a ser inventariado, adotassem o princípio da unidade ou universalidade do juízo da sucessão e que, em ambos os países, o juízo sucessório fosse (com prejuízo de qualquer outra regra de conexão) o do domicílio do autor da

19. DINIZ, *op. cit.*, p. 333.

20. Rel. Min. Marco Aurélio Bellize, julgado em 28.04.2015 (Inform. STJ 563).

herança. Todavia, em se tratando de bem imóvel situado no estrangeiro, circunstância que se relaciona diretamente com a própria soberania do Estado, difícil, senão impossível, cogitar a hipótese de este mesmo Estado estrangeiro dispor que a sucessão deste bem, nele situado, fosse regulada pela lei de outro país. No ordenamento jurídico nacional (art. 8º, *caput*, da LINDB, em conjunto com o art. 89 do CPC – abrangendo disposição idêntica à contida no § 2º do art. 12 da LINDB), tal hipótese seria inadmissível. A exegese ora propugnada, encontra ressonância na especializada doutrina, que bem esclarece a inidoneidade (e mesmo ineficácia) do critério unitário para reger a sucessão de bens imóveis situados em mais de um Estado, em claro descompasso com as demais normas internas que tratam do tema. Ademais, a jurisprudência do STJ, na linha da doutrina destacada, já decidiu que, "Adotado no ordenamento jurídico pátrio o princípio da pluralidade de juízos sucessórios, inviável se cuidar, em inventário aqui realizado, de eventuais depósitos bancários existentes no estrangeiro. (REsp 397.769-SP, 3ª Turma, *DJ* 19.12.2002)".

Conforme dito no subitem **3.3**, a regra de conexão *lexdomiciliido* defunto ou do desaparecido diz respeito aos aspectos intrínsecos do testamento, como, por exemplo, o conteúdo das disposições de última vontade, sua admissibilidade e os efeitos dela decorrentes. Por outro lado, os aspectos extrínsecos do testamento teriam como regra de conexão o *locusregitactum*(lei do local onde o negócio jurídico tenha se constituído). Como exemplos de aspectos extrínsecos, podem-se apontar o respeito à forma legal e se o ato foi lavrado pela autoridade competente.

A Lei de Introdução às Normas do Direito Brasileiro não cuidou da comoriência,[21] portanto, é imperioso lançar mão do art. 29 do Código Bustamante, que assim determina: "As presunções de sobrevivência ou de morte simultânea, na falta de prova, serão reguladas pela lei pessoal de cada um dos falecidos em relação a sua respectiva sucessão". Ou seja, sem a existência de provas será aplicada a lei de domicílio do *de cujus* para regular a comoriência.[22]

Por fim, se a sucessão for regulada pela lei brasileira, cabe saber que a sucessão se abre no lugar do último domicílio do falecido (art. 1.785 do CC/2002).

3.4.1. § 1º do art. 10 – Exceção benéfica

> "§ 1º A sucessão de bens de estrangeiros, situados no País, será regulada pela lei brasileira em benefício do cônjuge ou dos filhos brasileiros, ou de quem os represente, sempre que não lhes seja mais favorável a lei pessoal do *de cujus*."

Funciona como exceção benéfica, pois a regra de conexão do *caput* será afastada para aplicação da *lexfori* sobre a sucessão de bens de estrangeiros, situados no país, desde que não seja mais favorável para o cônjuge ou os filhos brasileiros a lei pessoal do *de cujus*.

21. Presunção jurídica de que duas ou mais pessoas morreram ao mesmo tempo em função de contexto fático marcado pela simultaneidade.

22. No Brasil, o art. 8º do CC/2002 assim disciplina a comoriência: "Se dois ou mais indivíduos falecerem na mesma ocasião, não se podendo averiguar se algum dos comorientes precedeu aos outros, presumir-se-ão simultaneamente mortos".

Tal regra é reforçada pela mesma previsão insculpida na Constituição brasileira (art. 5º, XXXI). Ademais, é um exemplo de aplicação do princípio da pluralidade sucessória, o que destoa da concepção unitarista adotada pelo DIPr brasileiro.

3.4.2. § 2º do art. 10 – Lex domiciliido herdeiro ou do legatário

> "§ 2º A lei do domicílio do herdeiro ou legatário regula a capacidade para suceder."

Funciona como exceção à lei do último domicílio do defunto, pois a capacidade para suceder será regulada pela lei do domicílio do herdeiro ou do legatário (*lexdomicilii* do herdeiro ou do legatário).

Percebe-se que é a lei do último domicílio do *de cujus* que definirá quem é herdeiro ou não. Após a definição dos herdeiros, cabe verificar a capacidade para suceder de cada um. Tal verificação é balizada pela lei do domicílio do herdeiro.

3.5. Art. 11 – Lei do país de constituição das organizações de interesse coletivo

> "**Art. 11.** *As organizações destinadas a fins de interesse coletivo, como as sociedades e as fundações, obedecem à lei do Estado em que se constituírem.*"

O artigo traz como regra de conexão a lei do país de constituição das organizações de interesse coletivo (sociedade, fundação particular, associação, cooperativa) no que tange à regulação da criação, funcionamento e extinção da pessoa jurídica (critério da incorporação[23]).

Tal regra de conexão deu origem ao princípio do reconhecimento da pessoa jurídica de direito estrangeiro. Isto é, o reconhecimento dos entes coletivos de direito estrangeiro prescinde de ato de autoridade governamental de outras jurisdições; trata-se de um reconhecimento automático pela comunidade internacional. Todavia, tanto a criação de filiais em outras jurisdições como o regime de sua responsabilidade devem guardar respeito à lei do país em que forem se instalar.

Cabe apontar a existência da regra de conexão "lei do país-sede de atividades" no DIPr convencional (critério da sede social[24]). Essa regra aparece na Convenção Relativa ao Reconhecimento Jurídico das Companhias, Associações e Instituições Internacionais, no âmbito das Conferências da Haia. Mas na Convenção Interamericana sobre Conflitos de Leis em Matéria de Sociedades Mercantis, no âmbito da OEA, é a regra de conexão "lei do país de constituição das organizações" a adotada.

Por fim, o critério do controle excepciona a regra de atribuição da nacionalidade às pessoas jurídicas. Assim, a nacionalidade da pessoa jurídica é determinada pelos interesses nacionais que levaram à sua constituição, que são geralmente determinados pela nacionalidade dos possuidores do capital da sociedade.

23. Ampla aplicação no direito inglês e estadunidense.

24. De grande aplicação nos países da Europa Continental.

3.5.1. § 1º do art. 11 – Autorização condicionada

"§ 1º Não poderão, entretanto, ter no Brasil filiais, agências ou estabelecimentos antes de serem os atos constitutivos aprovados pelo Governo brasileiro, ficando sujeitas à lei brasileira."

O parágrafo cuida de autorização condicionada para funcionamento de filiais, agências ou estabelecimentos de pessoa jurídica estrangeira no Brasil; condicionada porque não poderão aqui funcionar antes de ter seus atos constitutivos aprovados pelo governo brasileiro (ver também o art. 1.134 do CC/2002); após aprovação, ficam sujeitos à lei brasileira.

A sujeição à lei doméstica aplica-se somente às operações da pessoa jurídica no Brasil, ou melhor, em relação à filial, e não em relação à matriz.

É importante saber que a autorização concedida pelo governo brasileiro pode ser por ele cancelada caso a pessoa jurídica infrinja disposição de ordem pública ou pratique atos contrários aos fins declarados em seu estatuto. Tal regra está prevista no art. 1.125 do CC/2002.

Cada vez mais adquire importância tal regra, pois a realidade hodierna é marcada pela atuação transfronteiriça das organizações de interesse coletivo. Podem-se apontar como atores de grande importância no cenário internacional as empresas, as ONGs e as fundações com atuação transnacional. Essa característica traz consigo forte apelo para adaptação das legislações domésticas no sentido de facilitar a atuação das organizações transnacionais.

3.5.2. § 2º do art. 11 – Proibição de aquisição de bens imóveis

"§ 2º Os Governos estrangeiros, bem como as organizações de qualquer natureza, que eles tenham constituído, dirijam ou hajam investido de funções públicas, não poderão adquirir no Brasil bens imóveis ou susceptíveis de desapropriação."

O texto traz uma proibição no que se refere à aquisição de bens imóveis no Brasil. Segundo o § 2º do art. 11 da LINDB, o Estado estrangeiro ou a organização internacional ficam impedidos de adquirir bens imóveis ou suscetíveis de desapropriação no território brasileiro. O impedimento estende-se ainda às entidades criadas por Estados estrangeiros.

A razão de ser de tal regra é a proteção da soberania do Estado brasileiro.

3.5.3. § 3º do art. 11 – Exceção à proibição de aquisição de bens imóveis

"§ 3º Os Governos estrangeiros podem adquirir a propriedade dos prédios necessários à sede dos representantes diplomáticos ou dos agentes consulares."

A regra estipulada no § 2º é excepcionada pela permissão conferida aos Estados estrangeiros de adquirir a propriedade dos prédios necessários à sede dos representantes diplomáticos ou dos agentes consulares. Essa exceção é pautada no princípio da proteção do exercício das atividades diplomáticas pelos Estados.

O princípio supracitado tem acolhida no DIPr convencional, consoante o que se vê na Convenção de Viena sobre Relações Diplomáticas, de 1961, e na Convenção de Viena sobre Relações Consulares, de 1963.

4. APLICAÇÃO DO DIREITO ESTRANGEIRO

Viu-se que com a aplicação da regra de conexão é possível determinar o direito material que vai regular o caso com elemento de estraneidade. Esse direito indicado pela norma indireta do DIPr pode ser tanto o nacional como o estrangeiro. Ou seja, em determinadas situações o juiz brasileiro terá de aplicar o direito estrangeiro.[25]

Tendo por base tal possibilidade, passemos agora ao estudo de algumas considerações importantes para o perfeito entendimento do tema "aplicação do direito estrangeiro pelo juiz brasileiro".

4.1. Proibição de reenvio ou devolução – Art. 16 da LINDB

Como visto, o direito indicado pela regra de conexão e que incidirá no fato ou na relação jurídica com elemento estrangeiro é o direito material, tanto nacional como internacional.

Todavia, juízes de alguns países aplicavam não o direito material do país estrangeiro, mas sim seu DIPr, o que possibilitava, em algumas situações, o reenvio ou retorno, ou seja, a regra de conexão estrangeira indicava a *lexfori* como apta a resolver o caso misto.

Funciona como se a solução fosse enviada para o direito de certo país e o direito desse país a reenviasse (de volta ou para outro país). Em outras palavras, o reenvio é uma interpretação que despreza a norma material indicada pela regra de conexão e aplica DIPr estrangeiro para chegar a outra norma material, geralmente de índole nacional.

O reenvio pode ser de distintos graus: *a)* reenvio de 1º grau: refere-se a dois países, isto é, a legislação do país A remete à do país B, que reenvia para A; *b)* reenvio de 2º grau: refere-se a três países, situação em que a legislação de A remete à de B, que reenvia para C; *c)* e reenvio de 3º grau: refere-se a quatro países; é similar ao reenvio de 2º grau, com a diferença de que nesta a legislação de C remete à do país D.

Dentro desse quadro, ergue-se o art. 16 da LINDB e proíbe o juiz nacional de utilizar-se do reenvio. O juiz aplica o DIPr brasileiro para determinar o direito material aplicável, e, se este for estrangeiro, caberá ao magistrado aplicá-lo.

Interessante é perceber que o instituto do reenvio é um desfigurador das regras de conexão, pois a estas cabe solucionar os conflitos de leis no espaço, e, a partir do momento

25. "Caracterizada a norma estrangeira como lei e não fato, segue-se que sua ignorância não é admitida, que o juiz deve aplicá-la *exofficio*, que pode ser invocada a qualquer tempo, isto é, em qualquer fase do processo, e que, em nosso regime processual, pode ser objeto de recurso especial e de ação rescisória. O recurso especial se dará quando nossos tribunais negarem vigência à lei estrangeira competente, ou aplicando-a, lhe derem interpretação divergente da que lhe tenha sido dada por outro acórdão, também de tribunal brasileiro" (DOLINGER, Jacob. **Direito Internacional Privado.** 10. ed. Rio de Janeiro: Forense, 2012. p. 283).

em que o DIPr brasileiro indicar o DIPr estrangeiro, ele não estará cumprindo com sua função.

4.2. Prova do direito estrangeiro –Art. 14 da LINDB

A aplicação da lei estrangeira, quando determinada pelo DIPr brasileiro, é uma obrigação do juiz, e não mera faculdade. Tanto é assim, que a doutrina brasileira tem entendimento robusto no sentido de aplicação *exofficio* do direito estrangeiro pelo magistrado.

A dúvida que o art. 14 da LINDB cria é no tocante à prova do texto e da vigência do direito estrangeiro. Como a Lei de Introdução não disciplina a forma como deve se dar a prova do texto e da vigência do direito estrangeiro, é interessante vermos o que dispõe o art. 409 do Código Bustamante: "A parte que invoque a aplicação do direito de qualquer Estado contratante em um dos outros, ou dela divirja, poderá justificar o texto legal, sua vigência e sentido mediante certidão, devidamente legalizada, de dois advogados em exercício no país de cuja legislação se trate".

O Código Bustamante ainda traz outra maneira de proceder à verificação do texto e da vigência do direito estrangeiro, insculpida no art. 410 (pela via diplomática). E os Estados se obrigam a fornecer a informação requerida sobre o texto e a vigência de seu direito (art. 411 do Código Bustamante).

Percebe-se que o juiz brasileiro terá o auxílio do Código Bustamante para bem aplicar o direito estrangeiro e utilizará o art. 14 da Lei de Introdução e o art. 337 da CPC[26] para exigir da parte que o invoca a prova de seu texto e de sua vigência, no caso de não o conhecer.

A título conclusivo, pode-se dizer que o juiz deve aplicar *exofficio* o direito estrangeiro, caso o conheça. Do contrário, pedirá que as partes provem o texto e a vigência desse direito. Mas caso seja inviável a produção da prova do teor e da vigência de lei estrangeira, o juiz brasileiro aplicará o direito nacional, pois o litígio não pode ficar sem solução (em função do princípio da proibição do *non liquet*).

Cabe mencionar a Convenção Interamericana sobre Prova e Informação acerca do Direito Estrangeiro, de 1979, que, no âmbito da OEA, foi incorporada pelo Brasil na segunda Cidip.

Por fim, deve-se dizer que a lei estrangeira, aplicada por força de dispositivo de Direito Internacional Privado brasileiro, se equipara à legislação federal brasileira, para efeito de admissibilidade de recurso especial, quando contrariada ou lhe for negada vigência pelo juiz nacional (STF, RE 93.131-7/MG, 2ª T., j. 17.12.1981, rel. Min. Moreira Alves, *DJ* 23.04.1982).

4.3. Prova dos fatos ocorridos no estrangeiro – Art. 13 da LINDB

A prova dos fatos ou atos ocorridos no estrangeiro deverá ser feita com base na *lex loci*. É a lei do país onde ocorreu o fato ou o ato que vai regular o procedimento probatório (*locusregitactum*).

O mencionado acima transmite uma parte da regra disposta no art. 13 da LINDB. A outra parte que funciona como ressalva dispõe que o juiz não poderá se valer das provas **não admitidas**pelo direito brasileiro.

"Não admitidas" aparece sublinhada no trecho anterior como forma de contrastar com o texto literal do art. 13, que se refere às provas que a lei brasileira **não conheça.** Se prevalecesse o texto literal, teríamos uma mitigação do direito da parte de defender-se por meio de todas as provas em direito admitidas.

Portanto, deve ser aceito qualquer meio de prova, desde que lícito, conforme os ditames do ordenamento jurídico brasileiro, e que não viole a ordem pública (art. 17 da LINDB). Ademais, o art. 332 do CPC[27]dispõe nesse sentido: "Todos os meios legais, bem como os moralmente legítimos, ainda que não especificados neste Código, são hábeis para provar a verdade dos fatos, em que se funda a ação ou a defesa".

Nesse contexto, cabe apontar as Convenções da Haia sobre Direito Processual Civil de 1954 e sobre Obtenção de Prova no Estrangeiro em Matéria Civil e Comercial de 1970, além da Convenção Interamericana sobre Obtenção de Provas no Exterior de 1975, no âmbito da OEA. Na Convenção Interamericana adotou-se a carta rogatória como instrumento para solicitações, entre juízes, de recebimento e de colheita de provas.

5. COMPETÊNCIA INTERNACIONAL

Como estudado até agora, o juiz deve aplicar uma regra de conexão para determinar o direito aplicável ao caso com elemento estrangeiro. Todavia, antes de aplicar o DIPr brasileiro, cabe ao juiz perscrutar sobre sua competência, pois apenas se for competente poderá julgar o caso misto.

Assim, antes do conflito de leis no espaço, existiria um conflito internacional de jurisdição, que deve ser resolvido com suporte na *lexfori*, mais precisamente no art. 12 da LINDB e nos arts. 88, 89 e 90 do CPC – arts. 21, 23 e 24 no NCPC.

Passemos agora a analisar o campo do direito processual civil internacional.

5.1. Art. 12 da LINDB

> "**Art. 12** É competente a autoridade judiciária brasileira, quando for o réu domiciliado no Brasil ou aqui tiver de ser cumprida a obrigação.
>
> § 1º Só à autoridade judiciária brasileira compete conhecer das ações relativas a imóveis situados no Brasil."

Da leitura do artigo, percebe-se uma diferença de tratamento, entre o *caput* e o § 1º, no que se refere à competência do juiz brasileiro. Essa diferença permite-nos assim dividir a

26. O Novo Código de Processo Civil (CPC), Lei 13.015/2015, traz previsão equivalente. Segue a redação do art. 376 do NCPC: "A parte que alegar direito municipal, estadual, estrangeiro ou consuetudinário provar-lhe-á o teor e a vigência, se assim o juiz determinar".

27. O Novo Código de Processo Civil (CPC), Lei 13.015/2015, traz previsão equivalente. Segue a redação do art. 369 do NCPC: "As partes têm o direito de empregar todos os meios legais, bem como os moralmente legítimos, ainda que não especificados neste Código, para provar a verdade dos fatos em que se funda o pedido ou a defesa e influir eficazmente na convicção do juiz".

competência do juiz brasileiro: *a)* competência concorrente: ação ajuizada contra réu domiciliado no Brasil ou ação sobre obrigação que deva ser cumprida no Brasil; e *b)* competência exclusiva: ação relativa à imóvel situado no Brasil.

Percebe-se que o art. 12 funciona como norma unilateral, pois determina em quais situações o juiz brasileiro terá competência para resolver casos dotados de elemento estrangeiro. O art. 12 é reforçado e complementado pelos arts. 88 e 89 do CPC.

Como anunciado, a jurisdição internacional brasileira está prevista nas hipóteses dos arts. 88 e 89 do CPC, mas o rol, segundo o STJ[28], não é exaustivo. Assim, pode haver processos que não se encontram na relação contida nessas normas, e que, não obstante, são passíveis de julgamento no Brasil. Deve-se analisar a existência de interesse da autoridade judiciária brasileira no julgamento da causa, na possibilidade de execução da respectiva sentença (princípio da efetividade) e na concordância, em algumas situações, pelas partes envolvidas, em submeter o litígio à jurisdição nacional (princípio da submissão). Porém, cabe destacar também que, para a doutrina clássica, apenas o art. 88 do CPC é exemplificativo.

5.1.1. Competência concorrente ou relativa

Uma das hipóteses de competência concorrente é aquela da ação ajuizada contra réu domiciliado no Brasil. O princípio informador dessa regra é o *actiosequitorforum rei*. Em outras palavras, a competência do juiz nacional é determinada pelo critério domiciliar, não importando a condição de estrangeiro do réu. Ademais, reputa-se domiciliada no Brasil a pessoa jurídica estrangeira que aqui tiver agência, filial ou sucursal (art. 88, parágrafo único, do CPC – art. 21, parágrafo único, do NCPC).

Como o critério eleito para definir a competência é o domiciliar, cabe ao juiz bem definir domicílio. Em tal tarefa, lançará mão dos arts. 70 e 71 do CC/2002.

A regra do art. 71 do CC/2002 é de grande utilidade nos casos com elemento estrangeiro, pois a alegação de que o réu possui outra(s) residência(s), além da estabelecida no Brasil, não elidirá a competência do juiz nacional, pois qualquer uma delas poderá ser considerada seu domicílio. Cabe também esclarecer que "é também domicílio da pessoa natural, quanto às relações concernentes à profissão, o lugar onde esta é exercida" (art. 72 do CC/2002).

O art. 75 é utilizado para determinar o domicílio das pessoas jurídicas. A regra geral é que tenham domicílio no local em que funcionarem as respectivas diretorias e administrações, salvo a eleição de domicílio especial na forma do estatuto ou atos constitutivos (art. 75, IV, do CC/2002). Mesmo que a administração tiver sede no estrangeiro, será considerado domicílio, da pessoa jurídica, o local de seu estabelecimento no Brasil.

Outra hipótese de competência concorrente é a que cuida de obrigações, contratuais ou extracontratuais, que devam ser cumpridas no Brasil. Percebe-se que essa regra prescinde do critério domiciliar. Nesse sentido, o STJ decidiu que é vedado às partes dispor (ex.: cláusula de eleição de foro) sobre a competência concorrente de juiz brasileiro por força das normas fundadas na soberania nacional, não suscetíveis à vontade dos interessados.[29]

Um exemplo ordinário é o caso de um contrato internacional que estipule sua execução no Brasil. Tal situação torna o juiz brasileiro competente, mas, ao mesmo tempo, não torna incompetente, por exemplo, o juiz do país onde a obrigação foi constituída.

A terceira hipótese é a regulada pelo art. 88, III, do CPC[30], que dispõe acerca da competência concorrente sobre ação originada de fato ocorrido ou de ato praticado no Brasil.

O art. 22 do NCPC expressamente atribui como parte da competência concorrente ou relativa da autoridade judiciária brasileira julgar ações de alimentos quando (i) o credor tiver domicílio ou residência no Brasil ou (ii) o réu mantiver vínculos no Brasil, tais como posse ou propriedade de bens, recebimento de renda ou obtenção de benefícios econômicos. O juiz brasileiro ainda é relativamente competente para julgar as seguintes ações: decorrentes de relações de consumo, quando o consumidor tiver domicílio ou residência no Brasil (inciso II do art. 22); e em que as partes, expressa ou tacitamente, se submeteram à jurisdição nacional (inciso III do art. 22).

5.1.2. Competência exclusiva ou absoluta

O juiz brasileiro terá competência exclusiva para conhecer das ações relativas a imóveis situados no Brasil. Essa competência exclusiva significa que nenhuma outra jurisdição poderá conhecer de ação que envolva bem imóvel situado no Brasil. Assim, por exemplo, sentença estrangeira sobre bem imóvel situado no Brasil nunca será reconhecida no Brasil, isto é, nunca irradiará efeitos em território nacional. A regra *forum rei sitae* aparece no art. 12, § 1º, da LINDB e no art. 89, I, do CPC – art. 23, I, no NCPC.

O art. 89, inc. II, do CPC traz outra hipótese de competência exclusiva: ao juiz brasileiro compete proceder a inventário e partilha de bens, situados no Brasil, de titularidade de casal estrangeiro que tenha se divorciado no estrangeiro. Essa previsão foi alargada no Novo CPC. A redação do inciso II do artigo 23 do NCPC é a seguinte: "em matéria de sucessão hereditária, proceder à confirmação de testamento particular e ao inventário e à partilha de bens situados no Brasil, ainda que o autor da herança seja de nacionalidade estrangeira ou tenha domicílio fora do território nacional."

O Novo CPC ainda disciplina uma outra hipótese configuradora de competência exclusiva do juiz brasileiro. O inciso III do artigo 23 do NCPC dispõe que compete à autoridade judiciária brasileira, com exclusão de qualquer

28. STJ, RO 64/SP (2008/0003366-4), 3ª T., j. 13.05.2008, rel. Min. Nancy Andrighi, *DJe* 23.06.2008.

29. *Vide* STJ, REsp 804.306/SP, 3ª T., j. 19.08.2008, rel. Min. Nancy Andrighi, *DJe* 03.09.2008.

30. O art. 88 do CPC, que traz três hipóteses de competência concorrente ou relativa da jurisdição brasileira, é repetido quase que em sua integralidade pelo art. 21 do NCPC. Apenas a última hipótese (art. 88, III, do CPC – art. 21, III, no NCPC) sofreu pequena alteração e passou a ter a seguinte redação: "o fundamento seja fato ocorrido ou ato praticado no Brasil".

outra, em divórcio, separação judicial ou dissolução de união estável, proceder à partilha de bens situados no Brasil, ainda que o titular seja de nacionalidade estrangeira ou tenha domicílio fora do território nacional.

Por fim, o Novo CPC de maneira expressa definiu que não será homologada a decisão estrangeira na hipótese de competência exclusiva da autoridade judiciária brasileira (art. 964 do NCPC).

5.1.3. *Exclusão de competência*

O artigo 25 do Novo CPC dispõe que **não** compete à autoridade judiciária brasileira o processamento e o julgamento da ação quando houver cláusula de eleição de foro exclusivo estrangeiro em contrato internacional, arguida pelo réu na contestação. Todavia, tal previsão não se aplicará nos casos de competência exclusiva ou absoluta do juiz brasileiro.

5.2. Cooperação judiciária internacional

Para garantir a efetividade jurisdicional em tempos marcados pelo cosmopolitismo humano e impulsionados pela globalização econômica, cultural e política, é imprescindível a cooperação entre as diferentes jurisdições.

Muitas são as situações em que um juiz depende do Poder Judiciário de outro país para efetuar uma diligência judiciária ou qualquer ato desprovido de carga executória. O instrumento pelo qual um juiz doméstico pede auxílio a um juiz estrangeiro denomina-se carta rogatória. O juiz que pede é denominado rogante (carta rogatória ativa) e o que recebe, rogado (carta rogatória passiva).

A carta rogatória é meio processual adequado para a realização de diligências fora da jurisdição de um determinado Estado, compreendendo tanto os atos ordinatórios (ex.: citação, notificação judicial, cientificação, intimação etc.) como os instrutórios (ex.: coleta de provas). Com o Novo CPC abriu-se expressamente a possibilidade de também executar, via carta rogatória, a decisão interlocutória estrangeira que concede medida de urgência (art. 960, § 1º, do NCPC)[31]. O fundamento para utilização das cartas rogatórias reside ou em um tratado regulando o instituto processual ou no acordo da reciprocidade, realizado pela via diplomática.

A Lei de Introdução às Normas do Direito Brasileiro dá as coordenadas sobre o assunto:

> "**Art. 12** (...)
>
> § 2º A autoridade judiciária brasileira cumprirá, concedido o exequatur e segundo a forma estabelecida pela lei brasileira, as diligências deprecadas por autoridade estrangeira competente, observando a lei desta quanto ao objeto das diligências".

Assim, pode-se afirmar que o juiz brasileiro (rogado), após concedido o *exequatur*, deverá cumprir a carta rogatória emitida pelo juiz estrangeiro (rogante). A redação do artigo 961 do NCPC deixa bem claro a necessidade prévia de concessão de *exequatur*: "A decisão estrangeira somente terá eficácia no Brasil após a homologação de sentença estrangeira ou a concessão do *exequatur*às cartas rogatórias, salvo disposição em sentido contrário de lei ou tratado".

Em relação ao *exequatur* ("execute-se"), é importante apontar que a carta rogatória deve respeitar a lei do país em que será cumprida (*lexfori* do juiz rogado –arts. 200 a 204 e 210 a 212 do CPC[32]) e nunca violar a ordem pública brasileira (art. 17 da LINDB). De um modo geral, os requisitos para concessão do *exequatur*, já levando em conta os ditames do Novo CPC, são os seguintes: (i) ter o pedido de cooperação objeto da rogatória sido proferido por uma autoridade competente; (ii) ter o pleito sido precedido de citação regular, ainda que verificada a revelia; (iii) ser o pedido eficaz no país em que foi apresentado; (iv) não ofender a coisa julgada brasileira; (v) estar acompanhada de tradução oficial, salvo disposição que a dispense prevista em tratado; (vi) não haver manifesta ofensa à ordem pública; (vii) e, no caso de medidas de urgência concedidas sem audiência do réu, quando garantido o contraditório posterior[33].

Os efeitos do cumprimento ou da denegação da carta rogatória fazem apenas coisa julgada formal, ou seja, permitem a reapresentação da carta rogatória. Porém, cabe destacar que quando a matéria objeto do pedido fazer parte do âmbito de competência exclusiva ou absoluta da jurisdição brasileira (rever subitem 5.1.2), o *exequatur* não será concedido.

No Brasil, a competência para conceder *exequatur* às cartas rogatórias é do STJ.[34] Anteriormente era competência do STF, mas desde a edição da EC 45/2004 essa competência passou para o STJ (art. 105, I, *i*, da CF/1988). Cabe dizer que o STJ também é competente para homologar as sentenças estrangeiras (o que estudaremos no item 6).

O procedimento[35] das cartas rogatórias é o seguinte: *a)* recebimento pelo presidente do STJ; *b)* após a concessão de *exequatur*, a carta rogatória é remetida para o juiz federal competente cumpri-la;[36]*c)* após o cumprimento, o juiz tem o prazo de dez dias para devolvê-la ao presidente do STJ, o qual a encaminhará ao Ministério da Justiça ou Ministério das Relações Exteriores, que retornará a carta rogatória ao juiz rogante. O procedimento apresentado é de jurisdição contenciosa e, assim sendo, as partes devem ter acesso às garantias do devido processo legal.

31. Porém, quando se tratar de decisões terminativas de processos judiciais, a execução delas, no Brasil, dependerá de prévia homologação pelo STJ.

32. Os artigos equivalentes no NCPC são: 236; 260; 261; 262; 263; 268; e 960.

33. PORTELA, Paulo Henrique Gonçalves. Direito Internacional Público e Privado. 7. ed. São Paulo: JusPodivm, 2015. p. 709.

34. A competência do STJ é apenas para processar as cartas rogatórias passivas, isto é, aquelas oriundas de juízos ou tribunais estrangeiros.

35. O procedimento sofreu algumas alterações no NCPC, especialmente ditadas pelo art. 26 que vamos transcrever no subitem 5.2.1. Cabe antecipar como grande inovação a criação da figura da "autoridade central", que geralmente existe nos tratados multilaterais criados para reger com maior efetividade a cooperação judiciária internacional entre países parceiros.

36. Art. 109, X, da CF/1988: "Aos juízes federais compete processar e julgar: (...) X – os crimes de ingresso ou permanência irregular de estrangeiro, a execução de carta rogatória, após o 'exequatur', e de sentença estrangeira, após a homologação, as causas referentes à nacionalidade, inclusive a respectiva opção, e à naturalização".

Necessário destacar que, conforme a Resolução 9/2005 do STJ, cabe agravo regimental da decisão do Presidente do STJ que concede *exequatur*.

Por fim, deve-se dizer que o pedido para a produção de prova testemunhal mediante envio de carta rogatória não impede que o processo siga normalmente seu curso. A decisão é da Terceira Turma do Superior Tribunal de Justiça (STJ) e está em consonância com a redação do art. 338 do CPC – art. 377 no NCPC. Portanto, fica a critério do juiz a suspensão do processo, caso considere a efetivação da carta rogatória imprescindível para o julgamento da causa.[37]

5.2.1. No Novo CPC

O NCPC inovou e trouxe capítulo específico sobre a cooperação internacional. É importante destacar o passo do legislador no sentido de deixar as regras brasileiras em maior sintonia com as práticas internacionais. As disposições gerais sobre o tema estão previstas nos arts. 26 e 27 do NCPC.

> ***Art. 26.*** *A cooperação jurídica internacional será regida por tratado de que o Brasil faz parte e observará: I – o respeito às garantias do devido processo legal no Estado requerente; II – a igualdade de tratamento entre nacionais e estrangeiros, residentes ou não no Brasil, em relação ao acesso à justiça e à tramitação dos processos, assegurando-se assistência judiciária aos necessitados; III – a publicidade processual, exceto nas hipóteses de sigilo previstas na legislação brasileira ou na do Estado requerente; IV – a existência de autoridade central para recepção e transmissão dos pedidos de cooperação; V – a espontaneidade na transmissão de informações a autoridades estrangeiras. § 1º Na ausência de tratado, a cooperação jurídica internacional poderá realizar-se com base em reciprocidade, manifestada por via diplomática. § 2º Não se exigirá a reciprocidade referida no § 1º para homologação de sentença estrangeira. § 3º Na cooperação jurídica internacional não será admitida a prática de atos que contrariem ou que produzam resultados incompatíveis com as normas fundamentais que regem o Estado brasileiro. § 4º O Ministério da Justiça exercerá as funções de autoridade central na ausência de designação específica.*

Em relação à autoridade central apontada no inciso IV, cabe apontar que na ausência de definição específica, a responsabilidade para exercer essa função será dada ao Ministério de Justiça.

> ***Art. 27.*** *A cooperação jurídica internacional terá por objeto: I – citação, intimação e notificação judicial e extrajudicial; II – colheita de provas e obtenção de informações; III – homologação e cumprimento de decisão; IV – concessão de medida judicial de urgência; V – assistência jurídica internacional; VI – qualquer outra medida judicial ou extrajudicial não proibida pela lei brasileira.*

5.2.2. Protocolo de LasLeñas

O Protocolo de LasLeñas criou um sistema regional de cooperação judiciária entre os países-membros do Mercosul: Argentina, Uruguai, Brasil, Paraguai[38] e, mais recentemente, a Venezuela (2012). Esse sistema regional trouxe a figura da autoridade central (no Brasil, é o Ministério das Relações Exteriores) e estabeleceu um procedimento simplificado e mais célere para o cumprimento das cartas rogatórias.

A carta rogatória, consoante art. 8º do Protocolo, deverá ser cumprida de ofício pela autoridade jurisdicional competente do Estado rogado e somente poderá ser denegada quando atentar contra a ordem pública doméstica. Ou seja, o único óbice é a ordem pública.

Mesmo dentro do sistema regional de cooperação judicial criado pelo Protocolo, a carta rogatória deve respeitar a lei do país em que será cumprida[39] (*lexfori*do juiz rogado). Ademais, cria-se a possibilidade de estabelecer procedimento especial de tramitação desde que a pedido da autoridade judicial rogante.

5.2.3. Convenção Interamericana sobre Cartas Rogatórias

No tocante às cartas rogatórias, existe também a Convenção Interamericana sobre Cartas Rogatórias, adotada no âmbito da OEA e ratificada pelo Brasil em 1995. Seu art. 2º assim dispõe: "Esta Convenção aplicar-se-á às cartas rogatórias expedidas em processos relativos à matéria civil ou comercial pelas autoridades judiciárias de um dos Estados-Partes nesta Convenção e que tenham por objeto: a) a realização de atos processuais de mera tramitação, tais como notificações, citações ou emprazamentos no exterior; b) o recebimento e obtenção de provas e informações no exterior, salvo reserva expressa a tal respeito".

No âmbito da OEA também existe a figura da autoridade central, responsável pelo recebimento e distribuição das cartas rogatórias provenientes de outro Estado, membro da OEA e signatário da Convenção (art. 4º).

O *exequatur*só será concedido se forem preenchidos dois requisitos: *a)* que a carta rogatória esteja *legalizada*; e *b)* que a carta rogatória e a documentação anexa estejam devidamente traduzidas para o idioma oficial do Estado requerido (art.5º). Todavia, o primeiro é flexibilizado pelo art. 6º da Convenção Interamericana: "Quando as cartas rogatórias forem transmitidas por via consular ou diplomática, ou por intermédio da autoridade central, será desnecessário o requisito da legalização".

Por fim, a carta rogatória poderá ter tramitação especial, desde que solicitado pela autoridade judiciária rogante (art. 10).

6. Direito Internacional Privado

37. "Nos casos em que há pedido de prova testemunhal por precatória ou rogatória formalizado antes do saneamento, o juiz possui duas opções: indeferi-la, caso a considere dispensável, ou deferi-la, hipótese em que não estará impedido de julgar a ação, muito menos suspender o processo. A prova apenas útil, esclarecedora ou complementar não deve impedir o processo de seguir seu trâmite regularmente" (trecho do voto da Ministra Nancy Andrighi no REsp 1132818/SP, 3ª T., j. 03.05.2012, *DJe* 10.05.2012).

38. Em junho de 2012, o Paraguai, na Cúpula de Mendoza, foi suspenso do bloco e também da Unasul após o duvidoso *"impeachment"* do ex-Presidente Fernando Lugo. Na mesma Cúpula foi aprovada a adesão da Venezuela ao bloco (oficializada no dia 31.07.2012). Cabe lembrar que o Paraguai era o único país que ainda não tinha aprovado a adesão da Venezuela ao bloco. E, portanto, com a sua suspensão, os entraves à entrada da Venezuela foram extirpados. O Paraguai já voltou oficialmente ao bloco (atualizado no dia 07.08.2015).

39. O art. 12 do Protocolo de LasLeñas sobre Cooperação e Assistência Jurisdicional em Matéria Civil, Comercial, Trabalhista e Administrativa assim dispõe: "A autoridade jurisdicional encarregada do cumprimento de uma carta rogatória aplicará sua lei interna no que se refere aos procedimentos".

5.3. Litispendência internacional

"**Art. 90.** A ação intentada perante tribunal estrangeiro não induz litispendência nem obsta a que a autoridade judiciária brasileira conheça da mesma causa e das que lhe são conexas."

O artigo do Código de Processo Civil supracitado é muito criticado pela doutrina internacional, pois esta prega o *princípio da não simultaneidade*. Ou seja, a jurisdição competente para julgar o caso com elemento estrangeiro é aquela que for competente e à qual o fato foi submetido em primeiro lugar. Assim, a decisão terá validade nessa jurisdição e poderá ser objeto de homologação para também ter validade em outro(s) país(es) que recebe(m) os efeitos do caso com elemento estrangeiro.

A proposta é que o art. 90 seja relido em conjunto com o princípio do respeito à coisa julgada. Dessa forma, se uma decisão estrangeira foi homologada no Brasil, automaticamente o processo que corre no país sobre a mesma causa será extinto em respeito à coisa julgada estrangeira. Em respeito à coisa julgada nacional, não poderá ser homologada decisão oriunda da sucessividade entre processos que versem sobre a mesma causa que divirja da decisão nacional.

Em julgado importante do STJ,[40] o Ministro Teori Zavascki destacou que a ação intentada perante tribunal estrangeiro não induz a litispendência nem impede que a autoridade judiciária brasileira conheça da mesma causa e das que lhe são conexas. "Não é exclusiva, mas concorrente com a estrangeira, a competência da Justiça brasileira para, entre outras, a ação de divórcio, de alimentos ou de regime de guarda de bens, e mesmo a partilha de bens que não sejam bens situados no Brasil", afirmou o ministro.

Segundo Zavascki, a questão que se põe, em tais casos, é saber qual das duas sentenças prevalece, se a nacional ou a estrangeira. "Essa questão, como se percebe, diz respeito à eficácia do julgado, e não à homologabilidade da sentença estrangeira. A resposta se resolve pela prioridade da coisa julgada: prevalece a sentença que transitar em julgado em primeiro lugar, considerando-se, para esse efeito, relativamente à sentença estrangeira, o trânsito em julgado da decisão do STJ que a homologa, já que essa homologação é condição da eficácia da sentença homologanda", ressaltou o Ministro.

O Ministro ainda asseverou que a sentença estrangeira é homologada nos termos e nos limites em que foi proferida, o que significa que, quanto à partilha dos bens, sua eficácia fica limitada aos bens nela partilhados, não a outros. "Registre-se, outrossim, que as disposições da sentença estrangeira sobre alimentos e guarda dos filhos não inibem a sua posterior revisão perante o Judiciário brasileiro, em caso de superveniente alteração no Estado de fato".

Em outra decisão[41] de destaque, os ministros da Terceira Turma do STJ sublinharam que a sentença arbitral estrangeira homologada pelo Superior Tribunal de Justiça (STJ) justifica a extinção, sem julgamento de mérito, de processo judicial movido no Brasil com a mesma questão. Isto é, uma vez homologada a sentença, a extinção do processo judicial nacional, com o mesmo objeto, fundamenta-se na obrigatoriedade que a decisão arbitral adquire no Brasil por força da Convenção de Nova Iorque.

O Ministro Paulo de Tarso Sanseverino apontou que, de acordo com a Convenção de Nova Iorque, da qual o Brasil é signatário, a obrigatoriedade da sentença arbitral estrangeira deve ser assegurada pelos Estados-partes. Segundo os arts. 483 do CPC[42] e 36 da Lei 9.307/1996, a partir de sua homologação, essa sentença passa a ter plena eficácia no território nacional.

"A obrigatoriedade da sentença arbitral, de acordo com os arts. 18 e 31 da Lei 9.307/1996, significa, entre outras características, a impossibilidade de ser ela revista ou modificada pelo Poder Judiciário, o que lhe confere, no Brasil, o *status* de título executivo judicial, sendo executada da mesma forma que a sentença judicial", explicou o Ministro relator Sanseverino.

Por essa razão, finaliza o relator, não há como admitir a continuidade de processo nacional com o mesmo objeto da sentença homologada, o que poderia até mesmo configurar "ilícito internacional".

Por outro lado, o art. 90 do CPC é claro ao afirmar que a ação intentada perante tribunal estrangeiro não induz litispendência no Brasil (*princípio da simultaneidade*). Portanto, todo caso com elemento estrangeiro decidido em outra jurisdição poderá ser objeto de julgamento no Brasil, haja vista o direito de ação e a competência da autoridade judiciária brasileira. O Novo Código de Processo Civil manteve o *princípio da simultaneidade* ressalvando a possibilidade de exceções ancoradas em tratados internacionais ou acordos bilaterais. Segue a redação do art. 24 do NCPC: "A ação proposta perante tribunal estrangeiro não induz litispendência e não obsta a que a autoridade judiciária brasileira conheça da mesma causa e das que lhe são conexas, ressalvadas as disposições em contrário de tratados internacionais e acordos bilaterais em vigor no Brasil".

No entanto, essa posição, outrora indiscutível, começa a ser revista na jurisprudência consoante os julgados acima comentados, colocando o Brasil em sintonia com a doutrina e a prática internacionais

O ideal é que a decisão provenha da jurisdição onde o caso com elemento estrangeiro irradie mais efeitos ("sede do fato" de Savigny ou "centro de gravidade" de Otto Gierke) ou de qualquer jurisdição, desde que aplique o direito material do país "sede do fato".

Por fim, cabe destacar que a litispendência internacional regulada pelo direito brasileiro é aplicada em casos que envolvem a competência concorrente ou relativa do juiz brasileiro. Quando se tratar de casos ligados à competência

40. Em razão de sigilo judicial, o número desse processo não é divulgado (11.09.2012).

41. REsp 1.203.430, 3ª T., j. 20.09.2012, rel. Min. Paulo Sanseverino.

42. O NCPC fez previsão equivalente no seu art. 961. A redação agora está tecnicamente melhor e não cita erroneamente o STF como responsável pela homologação de decisão estrangeira. Segue a nova redação: "A decisão estrangeira somente terá eficácia no Brasil após a homologação de sentença estrangeira ou a concessão do *exequatur* às cartas rogatórias, salvo disposição em sentido contrário de lei ou tratado".

exclusiva da autoridade judiciária brasileira, não será possível o reconhecimento do processo que corre no estrangeiro.

5.3.1. Protocolo de Las Leñas

O art. 22 do Protocolo de LasLeñas garante o respeito à coisa julgada proveniente de algum país-membro, como também defende o princípio da não simultaneidade; destarte, a ação intentada perante tribunal de algum país-membro induz à litispendência. Lembrando que tal regra só é válida na cooperação judicial entre os países-membros do Mercosul.

5.4. Interpretação do direito estrangeiro

Quando o juiz nacional, por intermédio das regras de conexão, tem de aplicar direito material estrangeiro ao caso a ele apresentado, não poderá utilizar-se de métodos interpretativos oriundos de sua própria jurisdição. Ou seja, para bem aplicar o direito estrangeiro terá de interpretá-lo com base nos métodos utilizados no país de origem desse direito (art. 2º da Convenção sobre Regras Gerais de Direito Internacional Privado).

Do contrário, seria prejudicada até mesmo a função do DIPr, pois o direito material indicado, mediante procedimento interpretativo, poderia ser aplicado de maneira muito disforme se se comparar com sua aplicação dentro do sistema jurídico de seu país de origem.

6. HOMOLOGAÇÃO DE SENTENÇA ESTRANGEIRA[43]

A sentença judicial é um ato soberano, confeccionada pela autoridade judicial de um determinado Estado. Por ser um ato de soberania, a sentença, como todo ato soberano, incide apenas no território nacional e, destarte, é endereçada à população desse Estado.

Todavia, como vimos, alguns fatos ou relações jurídicas interessam a mais de um país. Assim, o juiz de um desses Estados exercerá sua competência e aplicará o direito material indicado por seu DIPr, mas, como dito, a decisão só valerá no território nacional do juiz prolator, apesar do interesse de outras jurisdições. É nesse contexto que surge a figura da homologação de sentença estrangeira.

Após a homologação pela autoridade competente, a sentença, já apta a produzir efeitos no país prolator, passa a produzir efeitos em outra jurisdição também.[44]

43. Sentença estrangeira diz respeito à decisão emanada em outro país. Ou seja, o judiciário argentino prolata uma sentença com base no seu direito e por fundamento em sua soberania, e via o procedimento de homologação essa decisão pode irradiar efeitos em outros países. Agora sentença internacional diz respeito à decisão proveniente de Tribunal Internacional (ex.: Tribunal Penal Internacional e Corte Internacional de Justiça). Nesse caso não é necessário que a decisão seja submetida ao procedimento homologatório para irradiar efeitos no Brasil. Isso porque essa decisão foi tomada com base no Direito Internacional e pelo fato das cortes internacionais serem criadas pelos próprios Estados. Ou seja, o Brasil abriu mão de parte de sua soberania quando aquiesceu voluntariamente (via ratificação dos tratados que previam tais cortes) a se submeter à jurisdição de certas cortes constitucionais. O tema é trabalhado no meu texto de Direito Internacional Público que também faz parte desse livro.

44. Art. 483 do CPC: "A sentença proferida por tribunal estrangeiro não terá eficácia no Brasil senão depois de homologada pelo *Superior Tribunal de Justiça*" (atualizada por nós). A sentença estrangeira homologada pelo STJ é título executivo judicial (art. 475-N, VI, do CPC).

No Brasil, a competência para homologar sentenças estrangeiras era do STF, mas depois da EC 45/2004 essa competência passou para o STJ (art. 105, I, *i*, da CF/1988). Antes de iniciarmos o estudo do procedimento de homologação no Brasil, é importante adiantar que esse procedimento não examina o mérito da sentença estrangeira.[45] Ao STJ cabe apenas a análise dos requisitos formais e, de um viés mais subjetivo, a análise sobre a violação ou não da ordem pública brasileira (art. 17 da LINDB). O NCPC trouxe a possibilidade da autoridade judiciária brasileira deferir pedidos de urgência e realizar atos de execução provisória no processo de homologação de decisão estrangeira[46].

É importante sublinhar que a denegação da homologação para reconhecimento ou execução de sentença ou laudo arbitral estrangeiro por vício formal não obsta que a parte interessada renove o pedido, uma vez sanado o vício verificado. Ou seja, o rechaço da homologação não faz coisa julgada material. E, do ponto de vista material, a defesa somente poderá versar sobre a autenticidade dos documentos, a inteligência da decisão e a observância dos requisitos previstos na Resolução 9/2005 do STJ[47]. Lembrando que o estado estrangeiro interessado na homologação deve entrar com ação de homologação de decisão estrangeira[48].

Outra consideração preliminar ao nosso estudo do procedimento homologatório é aquela referente ao tipo de sentença. Todo tipo de sentença (declaratória, constitutiva ou condenatória) e a sentença arbitral[49] podem ser objeto de homologação pelo STJ[50]. Em relação à sentença declaratória, é interessante notar que o parágrafo único do art. 15 da LINDB foi revogado pela Lei 12.036/2009. Antes as sentenças meramente declaratórias não necessitavam passar pelo procedimento homologatório para produzir efeitos em território brasileiro porque não possuíam carga executória.

Por outro lado, não dependem de homologação pelo Superior Tribunal de Justiça, para serem executados, os títulos executivos extrajudiciais oriundos de país estrangeiro. O título, para ter eficácia executiva, há de satisfazer os requisitos de formação exigidos pela lei do lugar de sua celebração e

45. Vide STJ, SEC 651/FR, Corte Especial, j. 16.09.2009, rel. Min. Fernando Gonçalves, *DJe* 05.10.2009, e SEC 1.043/AR, Corte Especial, j. 28.05.2009, rel. Min. Arnaldo Esteves Lima, *DJe* 25.06.2009.

46. Art. 961, § 3º, do NCPC.

47. Conforme o disposto no art. 9º da Resolução e o disposto em: STJ, SEC 4.616/US, Corte Especial, j. 03.03.2010, rel. Min. Eliana Calmon, *DJe* 25.03.2010.

48. Artigo 960 do Novo CPC.

49. Em procedimento arbitral estrangeiro, a regra aplicável para disciplinar a representação das partes e a forma de ingresso no litígio é a da lei a que elas se submeteram. Na falta de norma acordada, vale a legislação do país onde a sentença arbitral foi proferida. Isso é o que estabelecem a Lei 9.307/1996 e a Convenção de Nova Iorque (STJ, SEC 3709/EX, Corte Especial, j. 14.06.2012, rel. Min. Teori Albino Zavascki, *DJe* 29.06.2012). Sobre o tema, cabe pontuar que o Novo CPC definiu que a homologação de decisão arbitral estrangeira obedecerá ao disposto em tratado e na lei, aplicando-se, subsidiariamente, as disposições pertinentes à homologação constante do próprio NCPC (art. 960, § 3º, do NCPC).

50. Entretanto, a sentença estrangeira de divórcio consensual não depende de homologação para produzir efeitos no Brasil (art. 961, § 5º, do NCPC).

indicar o Brasil como o lugar de cumprimento da obrigação (art. 585, § 2º, do CPC)[51].

Antes de passar ao estudo do procedimento homologatório brasileiro, cabe apontar um exemplo, com base na jurisprudência do STJ, onde não é possível homologar a sentença estrangeira: não é possível a homologação de sentença estrangeira na parte em que ordene, sob pena de responsabilização civil e criminal, a desistência de ação judicial proposta no Brasil. Isso porque essa determinação claramente encontra obstáculo no princípio do acesso à Justiça (CF, art. 5º, XXXV), que é cláusula pétrea da Constituição brasileira[52].

6.1. Procedimento homologatório brasileiro

"**Art. 15.** Será executada no Brasil a sentença proferida no estrangeiro que reúna os seguintes requisitos:

a) haver sido proferida por juiz competente;

b) terem sido as partes citadas ou haver-se legalmente verificada à revelia;

c) ter passado em julgado e estar revestida das formalidades necessárias para a execução no lugar em que foi proferida;

d) estar traduzida por intérprete autorizado;

e) ter sido homologada pelo Superior Tribunal de Justiça."

O art. 15 da LINDB deve ser conjugado com o art. 5º da Resolução 9/2005 do STJ, conforme dispõe o art. 483, parágrafo único, do CPC[53]. Assim, mais um requisito é adicionado aos acima expostos: estar autenticada pelo cônsul brasileiro.

Cabe constatar aqui que o Novo CPC faz previsão expressa dos requisitos indispensáveis à homologação da decisão[54].

Passemos ao estudo de cada requisito do procedimento homologatório, isto é, ao que é necessário para que uma sentença ou laudo arbitral estrangeiro venham a ser homologados pelo STJ.

6.1.1. *Formalidades externas*

Para que uma sentença seja objeto de homologação pelo STJ é imprescindível que ela esteja em conformidade, no que se refere às formalidades externas, com a legislação do país onde foi prolatada. Em outras palavras, a sentença tem de ser válida em seu país de origem. Além disso, o procedimento arbitral tem de estar de acordo com o compromisso arbitral ou cláusula compromissória para ser considerado válido.

6.1.2. *Competência do juízo prolator*

A sentença tem de ser prolatada por juiz competente segundo as regras de competência do direito processual internacional. Não cabe ao STJ perscrutar sobre qual é o juízo competente para a confecção da sentença, mas apenas verificar se a sentença poderia ter sido proferida pelo juízo da qual emanou.

6.1.3. *Citação e revelia*

No momento da delibação, cabe ao STJ checar se a citação das partes envolvidas foi regularmente efetuada ou se a revelia foi corretamente configurada com supedâneo na legislação do país onde a sentença foi prolatada. Tal regra tem por supedâneo os princípios constitucionais do devido processo legal, da ampla defesa e do contraditório (art. 5º, LIV e LV, da CF/1988). Por ser direito fundamental, sempre devem ser respeitados.

Cabe apontar que, se o réu tem domicílio no Brasil, o único meio de citá-lo é mediante carta rogatória, a qual depende de *exequatur*do STJ para ser cumprida.[55] Quando o requerido se encontrar em local ignorado, incerto ou inacessível (art. 231, II, do CPC[56]), o STJ entende ser possível a citação por edital.[57]

51. A versão nova e atualizada desse artigo encontra-se no art. 515, §§ 2º e 3º, do NCPC. A redação permaneceu praticamente a mesma, apenas excluiu-se o STF como responsável pelo procedimento de homologação, tornando, assim, o NCPC alinhado com a Constituição Federal. A substituição do STF pelo STJ deu-se com a edição da EC 45/2004.
52. SEC 854-US, rel. originário Min. Massami Uyeda, rel. para acórdão Min. Sidnei Beneti, julgado em 16.10.2013 (Inform. STJ 533).
53. Esse artigo também ganhou versão equivalente no NCPC e foi atualizado ao indicar o Regimento Interno do STJ (como órgão competente para o procedimento de homologação) e não do STF. O novo código foi feliz em novamente prever uma redação em sintonia com a doutrina e as práticas internacionais. Segue o texto do art. 960, § 2º, do NCPC: "A homologação obedecerá ao que dispuserem os tratados em vigor no Brasil e o Regimento Interno do Superior Tribunal de Justiça".
54. Segue a redação do art. 963 do NCPC: "Constituem requisitos indispensáveis à homologação da decisão:
I – ser proferida por autoridade competente;
II – ser precedida de citação regular, ainda que verificada a revelia;
III – ser eficaz no país em que foi proferida;
IV – não ofender a coisa julgada brasileira;
V – estar acompanhada de tradução oficial, salvo disposição que a dispense prevista em tratado;
VI – não conter manifesta ofensa à ordem pública.
Parágrafo único. Para a concessão do exequatur às cartas rogatórias, observar-se-ão os pressupostos previstos no *caput* deste artigo e no art. 962, § 2º".
55. Tanto é assim que o STJ deixou de homologar sentença proferida pela Corte Magistrada de Jerusalém (STJ, SEC 7193/EX, Corte Especial, j. 18.04.2012, rel. Min. Felix Fischer, *Dje* 10.05.2012), que condenou Calina Projetos Culturais e Sociais Ltda. e o Museu de Arte de São Paulo Assis Chateaubriand (Masp) a indenizar o The Israel Museum (TIM) em virtude de inadimplemento contratual. Os ministros da Corte Especial do STJ, seguindo o voto do Ministro Félix Fischer, relator do processo, entenderam que a citação de pessoa domiciliada no Brasil para responder a processo judicial no exterior deve ser feita, necessariamente, por carta rogatória, sendo inadmissível sua realização por outras modalidades. Nas palavras do Ministro Félix Fischer: "De fato, em processo judicial oriundo do exterior, o entendimento consolidado neste STJ é no sentido de que o ato citatório praticado em face de pessoa domiciliada no estrangeiro deve ser realizado de acordo com as leis do país onde tramita a ação. Todavia, se a pessoa a ser citada for domiciliada no Brasil, é necessário que sua regular citação se dê por carta rogatória ou se verifique legalmente a ocorrência de revelia". Outro caso em que o STJ negou a homologação pelo não cumprimento correto do requisito "citação e revelia" é o SEC 10.154-EX, rel. Min. Laurita Vaz, julgado em 01.07.2014 (Inform. STJ 543).
56. O artigo equivalente no NCPC é o 256.
57. Vide: STJ, SEC 1.325/PY, Corte Especial, j. 06.10.2010, rel. Min. Nancy Andrighi, *DJe* 09.11.2010.

6.1.4. Trânsito em julgado

A sentença só será aqui homologada se tiver transitado em julgado no país onde foi prolatada. Esse requisito é reforçado pela redação da Súmula 420 do STF.[58]

Tal exigência provém da situação esdrúxula que poderia ocasionar a homologação de uma sentença estrangeira não transitada em julgado, pois, depois de irradiado seus efeitos no Brasil, ela poderia ser alvo de modificação por meio de recurso interposto no país onde foi prolatada.

6.1.5. Tradução juramentada

O art. 224 do CC/2002 dispõe sobre a necessidade dos documentos redigidos em língua estrangeira serem traduzidos para o português para ter efeitos legais no país. A extensão dessa exigência para as sentenças estrangeiras foi uma construção jurisprudencial. Todavia, essa necessidade é premente. O Brasil possui o português como único idioma oficial, o qual deve ser utilizado para todos os fins dentro do território nacional (art. 13 da CF/1988).

6.1.6. Autenticação consular

Como visto, esse requisito provém do art. 5º da Resolução 9/2005 do STJ e determina que a sentença, em seu inteiro teor, seja autenticada (*legalização*) pelo consulado brasileiro no país onde foi prolatada.

Esse requisito deve ser interpretado à luz das Normas de Serviço Consular e Jurídico (NSCJ) – Instrução de Serviço 2/2000 do Ministério das Relações Exteriores. O ato de fé pública representativo de autenticação consular oficial de documentos produzidos no exterior é denominado genericamente de *legalização* e se opera: *a)* mediante reconhecimento da assinatura da autoridade expedidora (que desempenha funções no âmbito da jurisdição consular), quando o documento a ser legalizado estiver assinado; ou *b)* mediante autenticação em sentido estrito, relativamente a documentos que não tenham sido assinados ou em que conste assinatura impressa ou selos secos.[59]

6.1.7. Não ofender a ordem pública

Estudaremos tal requisito no item 7.

6.1.8. Homologação

A homologação é o ato final do procedimento homologatório. Assim, a sentença estrangeira só ganhará a chancela da homologação quando o STJ verificar que todos os requisitos determinados pela *lexfori* foram observados.[60]

Depois de conferir o respeito a todos os requisitos, o STJ homologará a sentença estrangeira, e esta passará a irradiar seus efeitos dentro do território brasileiro[61]. Cabe apontar que a execução da sentença estrangeira depois de homologada é de competência dos juízes federais (art. 109, X, da CF/1988)[62].

Conforme analisamos preliminarmente, os laudos arbitrais, para no Brasil irradiarem seus efeitos, também dependem da chancela homologatória conferida pelo STJ.

Por fim, os países podem confeccionar um tratado para regular de maneira específica como o procedimento de homologação pode ocorrer (veremos um exemplo no próximo subitem). Importante destacar que na ausência de tratado não se exigirá a *promessa reciprocidade* para homologação da sentença estrangeira[63].

6.2. Protocolo de *Las Leñas*

O Protocolo também criou um procedimento mais célere e simples para que as sentenças e os laudos arbitrais prolatados em um país-membro do Mercosul irradiem seus efeitos nos outros países-membros.

O procedimento regional encontra-se disciplinado nos arts. 18 a 24 do Protocolo, sendo sua grande característica o fato de as sentenças irradiarem seus efeitos nos outros Estados-membros após seguirem o procedimento adotado para o *exequatur* das cartas rogatórias. Ou seja, não é necessária a homologação da sentença prolatada por um Estado-membro do Mercosul.

O art. 20 do Protocolo disciplina os requisitos para concessão de *exequatur*: *a)* que venham revestidos das formalidades externas necessárias para que sejam considerados autênticos nos Estados de origem; *b)* que estejam, assim como os documentos anexos necessários, devidamente traduzidos para o idioma oficial do Estado em que se solicita seu reconhecimento e execução; *c)* que emanem de um órgão jurisdicional ou arbitral competente, segundo as normas do Estado requerido sobre jurisdição internacional; *d)* que

58. "Não se homologa sentença proferida no estrangeiro sem prova do trânsito em julgado."

59. STJ, SEC 587/CH, Corte Especial, j. 11.02.2008, rel. Min. Teori Albino Zavascki, *DJe* 03.03.2008.

60. A simplicidade das sentenças estrangeiras, a exemplo das proferidas nos EUA, não inibe a homologação cabível, quando presentes seus requisitos (STJ, SEC 868/US, Corte Especial, j. 06.08.2008, rel. Min. Nilson Naves, *DJe* 13.10.2008).

61. Importante apontar que a sentença estrangeira – ainda que preencha adequadamente os requisitos indispensáveis à sua homologação, previstos no art. 5º da Resolução 9/2005 do RISTJ – não pode ser homologada na parte em que verse sobre guarda ou alimentos quando já exista decisão do Judiciário Brasileiro acerca do mesmo assunto, mesmo que esta decisão tenha sido proferida em caráter provisório e após o trânsito em julgado daquela. De início, cumpre destacar que a existência de sentença estrangeira transitada em julgado não impede a instauração de ação de guarda e de alimentos perante o Poder Judiciário Brasileiro, pois a sentença de guarda ou de alimentos não é imutável, haja vista o disposto no art. 35 do ECA: "a guarda poderá ser revogada a qualquer tempo, mediante ato judicial fundamentado, ouvido o Ministério Público". Além disso, o deferimento de *exequatur* à referida sentença estrangeira importaria ofensa à soberania da jurisdição nacional. Precedentes citados: SEC 4.830-EX, Corte Especial, *DJe* 03.10.2013; e SEC 8.451-EX, Corte Especial, *DJe* 29.05.2013, SEC 6.485-EX, rel. Min. Gilson Dipp, julgado em 03.09.2014 (Inform. STJ 548).

62. O Novo CPC disciplinou sobre o tema no seu art. 965. Segue a redação: "O cumprimento de decisão estrangeira far-se-á perante o juízo federal competente, a requerimento da parte, conforme as normas estabelecidas para o cumprimento de decisão nacional. Parágrafo único. O pedido de execução deverá ser instruído com cópia autenticada da decisão homologatória ou do exequatur, conforme o caso".

63. Conforme § 2º do art. 26 do Novo CPC.

a parte contra a qual se pretende executar a decisão tenha sido devidamente citada e tenha sido garantido o exercício de seu direito de defesa; *e)* que a decisão tenha força de coisa julgada e/ou executória no Estado em que foi ditada; *f)* que claramente não contrariem os princípios de ordem pública do Estado em que se solicita seu reconhecimento e/ou execução.

A parte interessada na execução da sentença em outro Estado-membro também poderá utilizar-se da figura da autoridade central, conforme vimos no subitem *5.2.1*.

7. ORDEM PÚBLICA – ART. 17 DA LINDB

> "Art. 17. As leis, atos e sentenças de outro país, bem como quaisquer declarações de vontade, não terão eficácia no Brasil quando ofenderem a soberania nacional, a ordem pública e os bons costumes."

Da leitura do art. 17 da LINDB, percebe-se que existe um filtro em relação aos atos, leis, contratos e sentenças estrangeiras, pois tais só irradiarão seus efeitos no Brasil se não ofenderem a soberania nacional, a ordem pública e os bons costumes.

Poderíamos englobar esses filtros na ideia de ordem pública, mais abrangente. A doutrina por muito tempo tentou estabelecer um conceito indubitável para ordem pública, o que restou infrutífero em função de sua abstratividade.

Todavia, podem-se considerar ordem pública os valores compartilhados por uma dada sociedade em determinado corte temporal (sentido amplo). Pela ideia, percebe-se que é uma noção abstrata e dinâmica, pois se modifica conforme a evolução/involução cultural da sociedade de um país. Em outras palavras, são as ideias políticas, econômicas, culturais etc. compartilhadas por grande parte de uma dada sociedade ou, como dito no subitem *3.3.1*, é o conjunto de regras e princípios basilares de um certo ordenamento jurídico (sentido jurídico).

Sua função dentro do DIPr é defender o sistema de valores de determinado país. Isso porque, por exemplo, uma sentença proveniente de um sistema de valores diverso poderia vir a romper com os valores compartilhados pela nação. Destarte, mesmo se o DIPr brasileiro indicar o direito estrangeiro como aplicável ao caso misto, o juiz poderá afastá-lo para proteger a ordem pública.

Assim, leis estrangeiras, atos ou negócios jurídicos celebrados no exterior (contrato, casamento, testamento etc.) e sentenças estrangeiras serão impedidos de irradiar efeitos no Brasil se atentarem contra a ordem pública. Também ficarão impedidos de aqui irradiar efeitos os laudos arbitrais que atentarem contra a ordem pública,[64] bem como existe limitação à escolha do direito aplicável à arbitragem (art. 2º, § 1º, da Lei 9.307/1996).

Um bom exemplo é a situação de sentenças estrangeiras que determinam o pagamento de dívidas de jogo contraídas no estrangeiro. Ora, tais não poderão ser cumpridas no Brasil por chocarem-se com a determinação do art. 814 do CC/2002. Sendo assim, desrespeitam a ordem pública brasileira.[65]

Um exemplo atual pode ver visualizado na SEC 854-US[66], onde o STJ asseverou que não é possível a homologação de sentença estrangeira na parte em que ordene, sob pena de responsabilização civil e criminal, a desistência de ação judicial proposta no Brasil.Isso porque essa determinação claramente encontra obstáculo no princípio do acesso à Justiça (art. 5º, XXXV, da CF), que é cláusula pétrea da Constituição brasileira.

8. REFLEXOS DO NOVO CÓDIGO DE PROCESSO CIVIL

Ao longo do texto você teve acesso tanto as principais inovações trazidas pelo Novo CPC na matéria Direito Internacional Privado como também as comparações entre os artigos do CPC que se aplicam ao DIPr e seus equivalentes previstos no Novo CPC.

Assim, podemos pontuar que os principais reflexos do Novo Código de Processo Civil no Direito Internacional Privado são:

✓ com o Novo CPC abriu-se expressamente a possibilidade de também executar, via carta rogatória, a decisão interlocutória estrangeira que concede medida de urgência (art. 960, § 1º, do NCPC)

✓ o art. 22 do NCPC expressamente atribui como parte da competência concorrente ou relativa da autoridade judiciária brasileira julgar ações de alimentos quando (i) o credor tiver domicílio ou residência no Brasil ou (ii) o réu mantiver vínculos no Brasil, tais como posse ou propriedade de bens, recebimento de renda ou obtenção de benefícios econômicos. O juiz brasileiro ainda é relativamente competente para julgar as seguintes ações: decorrentes de relações de consumo, quando o consumidor tiver domicílio ou residência no Brasil (inciso II do art. 22); e em que as partes, expressa ou tacitamente, se submeterem à jurisdição nacional (inciso III do art. 22).

✓ a segunda hipótese de competência exclusiva prevista pelo CPC foi alargada no Novo CPC. A redação do inciso II do artigo 23 do NCPC é a seguinte: "em matéria de sucessão hereditária, proceder à confirmação de testamento particular e ao inventário e à partilha de bens situados no Brasil, ainda que o autor da herança seja de nacionalidade estrangeira ou tenha domicílio fora do território nacional.

✓ o NCPC ainda disciplina uma outra hipótese configuradora de competência exclusiva do juiz brasileiro. O inciso III do artigo 23 do NCPC dispõe que compete à autoridade judiciária brasileira, com exclusão de qualquer outra, em divórcio, separação judicial ou dissolução de união estável, proceder à partilha de bens situados no Brasil, ainda que o titular seja de nacionalidade estrangeira ou tenha domicílio fora do território nacional.

64. Nesse sentido foi a decisão na SEC 978/GB, Corte Especial, j. 17.12.2008, rel. Min. Hamilton Carvalhido, *DJe* 05.03.2009: "Impossibilita a homologação da sentença arbitral estrangeira a ausência de assinatura na cláusula de eleição do juízo arbitral contida em contrato de compra e venda, no seu termo aditivo e na indicação de árbitro em nome da ora requerida, porquanto isso ofende o princípio da autonomia da vontade e a ordem pública (art. 4º, § 2º, da Lei 9.307/1996)" (**Inform.** 381 do STJ).

65. Cabe lembrar que no plano interno, diante da cobrança judicial de dívida de jogo, o juiz deve extinguir o processo sem a análise do mérito em função da impossibilidade jurídica do pedido (art. 267, VI, do CPC).

66. Informativo de Jurisprudência do STJ 533.

✓ o artigo 25 do NCPC dispõe que **não** compete à autoridade judiciária brasileira o processamento e o julgamento da ação quando houver cláusula de eleição de foro exclusivo estrangeiro em contrato internacional, arguida pelo réu na contestação. Todavia, tal previsão não se aplicará nos casos de competência exclusiva ou absoluta do juiz brasileiro.

✓ no tema litispendência internacional, o NCPC manteve o *princípio da simultaneidade*, ressalvando a possibilidade de exceções ancoradas em tratados internacionais ou acordos bilaterais. Segue a redação do art. 24 do NCPC: "A ação proposta perante tribunal estrangeiro não induz litispendência e não obsta a que a autoridade judiciária brasileira conheça da mesma causa e das que lhe são conexas, ressalvadas as disposições em contrário de tratados internacionais e acordos bilaterais em vigor no Brasil".

✓ o NCPC inovou e trouxe capítulo específico sobre a cooperação internacional. É importante destacar o passo do legislador no sentido de deixar as regras brasileiras em maior sintonia com as práticas internacionais. As disposições gerais sobre o tema estão previstas nos arts. 26 e 27 do NCPC.

✓ o NCPC trouxe a possibilidade da autoridade judiciária brasileira deferir pedidos de urgência e realizar atos de execução provisória no processo de homologação de decisão estrangeira (Art. 961, § 3º, do NCPC).

✓ o NCPC faz previsão expressa dos requisitos indispensáveis à homologação da decisão. Segue a redação do art. 963 do NCPC: "Constituem requisitos indispensáveis à homologação da decisão: I – ser proferida por autoridade competente; II – ser precedida de citação regular, ainda que verificada a revelia; III – ser eficaz no país em que foi proferida; IV – não ofender a coisa julgada brasileira; V – estar acompanhada de tradução oficial, salvo disposição que a dispense prevista em tratado; e VI – não conter manifesta ofensa à ordem pública.

7. Direito Tributário

Alessandro Spilborghs

1. INTRODUÇÃO AO DIREITO TRIBUTÁRIO

O Direito Tributário está disciplinado em dois diplomas jurídicos atinentes à matéria, quais sejam, a Constituição Federal e o Código Tributário Nacional.

Na Carta Magna a matéria encontra-se entre os artigos 145 a 162, sendo certo que já conseguimos identificar a divisão da matéria em três grandes temas: Poder de Tributar, Limitações ao Poder de Tributar e Repartição de Receitas.

Como a Constituição Federal não disciplinou a matéria na sua totalidade coube à legislação complementar trazer as regras gerais acerca da legislação tributária, cumprindo a disposição do art. 146, III da Constituição Federal. Sendo certo que coube ao Código Tributário Nacional (Lei 5.172/1966) cumprir a determinação.

2. SISTEMA TRIBUTÁRIO NACIONAL

2.1. Poder de Tributar

Os entes federados possuem objetivos fundamentais e que estão descritos no artigo 3º da Constituição Federal e para cumprir com tais obrigações fica evidente a necessidade de recursos financeiros para tanto.

Sendo assim, de modo geral, União, Estados, Distrito Federal e Municípios devem se preocupar em:

a) Construir uma sociedade livre, justa e solidária;

b) Garantir o desenvolvimento nacional;

c) Erradicar a pobreza e a marginalização e reduzir as desigualdades sociais e regionais;

d) Promover o bem de todos, sem preconceitos de origem, raça, cor, idade e quaisquer outras formas de discriminação.

Parte destes recursos necessários são obtidos através da tributação, correspondendo ao que conhecemos como receita derivada. Há, ainda outras modalidades de receita (como a originária), porém são elas alvo de estudo do Direito Financeiro.

Desta feita a exigência tributária recai sobre todos os integrantes de determinado território. Esse pagamento traduz a soberania nacional onde claramente presenciamos a prevalência da vontade estatal em detrimento das vontades individuais.

2.1.1. Poder de tributar e competência tributária

Como já foi visto anteriormente o poder de tributar representa parcela da soberania do Estado e está embutida no texto da Carta Magna. Isso quer dizer que a Constituição Federal descreve os meios que podem ser utilizados para auferir receita, mas, cuidado, isso não significa afirmar que cabe à Constituição Federal instituir ou criar os tributos.

Atenção

A instituição ou criação de tributos cabe aos entes federados já que são eles que possuem a necessidade da receita.

Portanto não se deve confundir competência tributária e poder de tributar, uma vez que o poder de tributar exsurge da prevalência do interesse público em detrimento do privado enquanto a competência tributária corresponde apenas ao exercício desse poder através da instituição de tributos através de lei.

Deve-se ressaltar que a simples outorga de competência a um ente político não é suficiente para suprir suas necessidades financeiras, já que em seu delimitado território podem não ocorrer os fatos correspondentes à exigência tributária em quantidade bastante para tanto. Diante disso coube também à Constituição Federal estabelecer regras que impõem a repartição de receitas tributárias entre os entes federados (art. 157 a 162) como medida complementar a resguardar a autonomia dos entes políticos.

2.1.2. Modalidades de competência

A competência é doutrinariamente classificada como uma forma didática comumente apresentada da seguinte maneira:

a) Privativa

b) Comum

c) Especial

d) Residual

e) Extraordinária

Na <u>competência privativa</u> temos os impostos. É certo que os entes políticos possuem no seu feixe de competência a possibilidade de instituição de impostos, de modo que cada qual dos entes federados está autorizado a instituir tão somente os impostos que a ele foram outorgados, conforme a seguir se observa.

De forma exemplificativa temos os impostos da União dispostos no artigo 153 da Constituição Federal: imposto de importação (**II**); imposto de exportação (**IE**); imposto sobre a renda (**IR**); imposto sobre produtos industrializados (**IPI**); imposto sobre operações financeiras (**IOF**); imposto territorial rural (**ITR**) e imposto sobre grandes fortunas (**IGF**).

Para os Estados deve ser observado o artigo 155 da Constituição Federal que elenca os seguintes impostos: imposto sobre transmissão *causa mortis* e doações (**ITCMD**); imposto sobre circulação de mercadorias e serviços (**ICMS**) e o imposto sobre a propriedade de veículo automotor (**IPVA**).

E, por último, os Municípios, observando-se o artigo 156 da Constituição Federal: imposto predial e territorial urbano (**IPTU**); imposto sobre a transmissão de bens imóveis (**ITBI**) e o imposto sobre serviços (**ISS**).

Atenção

Lembre-se que o Distrito Federal possui competência cumulativa, tendo em vista que são somados ao seu feixe de instituir impostos tanto os estaduais, bem como os municipais (art. 147, CF). Resulta daí seis impostos privativos, quais sejam: ITCMD, ICMS, IPVA, IPTU, ITBI e ISS.

Para a competência comum têm-se as taxas e a contribuição de melhoria que poderão ser exigidos por qualquer ente federado dentro da sua competência. Assim, para se identificar se uma taxa ou uma contribuição de melhoria pertence à União, por exemplo, deve-se verificar quem realiza o serviço público ou a obra pública. Se estes forem federais, obviamente, restará à União a competência para instituir os tributos correspondentes.

A competência especial envolve os empréstimos compulsórios e as contribuições denominadas especiais (artigos 148 e 149 da CF). A rigor as contribuições especiais pertencem ao ente federal, com uma exceção relativa a contribuição para o custeio do serviço de iluminação pública que é de competência dos Municípios e do Distrito Federal conforme artigo 149-A da CF.

Por fim, temos as duas últimas modalidades de competência que são exclusivas da União: a residual e a extraordinária.

A competência residual autoriza a União a ampliar o rol de tributos inicialmente conferidos pela Constituição. Assim, para criar serão necessários três requisitos que devem ser em conjunto observados, como dispõe o artigo 154, I da CF:

I – instituição deverá ocorrer por lei complementar;

II – o imposto deverá observar o princípio da não cumulatividade; e

III – não poderá ter fato gerador, nem mesmo base de cálculo idênticos aos dos impostos já discriminados pela Constituição Federal.

Aqui vale lembrar que há outro dispositivo constitucional que também faz referência à competência residual. Trata-se do art. 195, § 4º, CF, o qual autoriza a **União também a instituir novas contribuições sociais (destinadas a custear a seguridade social)**. Diante dessa possibilidade a Constituição Federal também condiciona a instituição à observância dos requisitos do art. 154, I, contudo com uma pequena, porém importante adaptação condizente ao terceiro requisito.

As novas contribuições para serem instituídas deverão:

I – ser veiculadas por lei complementar;

II – ser não cumulativas; e

III – não poderão ter fato gerador, nem base de cálculo das contribuições sociais já existentes.

Diante do que foi apresentado fica claro que a diretriz constitucional segue o seguinte raciocínio: novos impostos não podem ter FG / BC dos impostos já existentes, enquanto novas contribuições não podem ter FG / BC das contribuições já existentes.

Por último a competência extraordinária onde a União poderá, nos casos de guerra externa ou iminência de guerra externa, instituir o imposto extraordinário de guerra (artigo 154, II da CF). Esse tributo não deve ser confundido com o empréstimo compulsório, pois, muito embora também da competência da União e instituído perante a mesa situação, é o empréstimo compulsório espécie tributária distinta, bem como tributo integrante da competência especial.

2.2. Limitações ao poder de tributar

Há dois tipos de limitações ao poder de tributar, são elas: os princípios e as imunidades. O tema é apresentado pela seção II do capítulo correspondente ao sistema tributário nacional, delineado entre os artigos 150 a 152 da Carta Magna. Assim, **princípios e** imunidades são conhecidos como regras limitadoras ao poder de tributar, diferenciando-se no seu funcionamento: enquanto os princípios estabelecem como, quando e quanto cobrar de tributos, as imunidades, por sua vez, impedem a cobrança tributária.

Ademais, as limitações ao poder de tributar, em sua maioria, conferem ao contribuinte garantias fundamentais que não podem ser suprimidas.

Sobre o tema é importante destacar o § 4º do artigo 60 da Constituição Federal:

> *§ 4º Não será objeto de deliberação a proposta de emenda tendente a abolir:*
>
> *I – a forma federativa de Estado;*
>
> *II – o voto direto, secreto, universal e periódico;*
>
> *III – a separação dos Poderes;*
>
> *IV – os direitos e garantias individuais.*

Assim, fica claro que é vedada a restrição das garantias individuais, mas não há qualquer vedação para o incremento das mesmas.

Para ilustrar um caso de incremento ocorreu com o advento da EC 42/2003 quando esta fez referência ao princípio da anterioridade. Até aquele momento, toda a vez que um tributo fosse instituído ou majorado, essa exigência deveria aguardar o exercício financeiro subsequente.

Deve-se lembrar que o exercício financeiro tem início em todo o dia 1º de cada ano, então um tributo majorado no dia 31 de dezembro poderia ser cobrado no dia seguinte (1º de janeiro).

A partir da Emenda houve uma nova imposição que passou a compor o princípio da anterioridade, exigindo que além da observância do exercício financeiro, o tributo também não poderia ser cobrado antes de 90 dias da data da publicação da lei.

Com isso, após a reforma constitucional, além de se aguardar a transposição do exercício financeiro, o contribuinte foi ainda mais protegido com a exigência de uma nova anterioridade, a nonagesimal, a qual deve ser aplicada paralelamente à anterioridade anual, portanto, uma regra não exclui a outra. Ao contrário, as duas funcionam concomitantemente, ressalvadas apenas as exceções constitucionalmente previstas.

O que é visto como ofensa ao texto constitucional e diminutivo das garantias individuais é a criação de novas exceções a quaisquer dos princípios constitucionais tributários. Ter-se-ia, aqui supressão a cláusulas pétreas, algo, portanto, impossível de prosperar.

2.2.1. *Princípios*

Os princípios tributários são as normas constitucionais que devem ser observadas por todos os entes federados e aplicados a todas e quaisquer espécies tributárias, ressalvadas apenas as exceções que a própria Carta Magna determinar.

Princípios nada mais são que uma modalidade da limitação ao poder de tributar, e sendo o poder de tributar tema restrito ao texto constitucional, os princípios, como regras limitadoras que são, não poderiam encontrar-se estabelecidos em outro local que não fosse a Constituição Federal. Em sua maioria os encontramos entre os artigos 150 a 152.

2.2.1.1. Princípio da legalidade

Vamos iniciar o estudo com o princípio da legalidade disposto no artigo 150 da CF assim redigido:

> *Art. 150. Sem prejuízo de outras garantias asseguradas ao contribuinte, é vedado à União, aos Estados, ao Distrito Federal e aos Municípios:*
>
> *I – exigir ou aumentar tributo sem lei que o estabeleça*

Diante da redação do artigo entende-se que todo e qualquer tributo apenas poderá ser instituído através de lei. Assim, cabe ao ente federado, observando seu feixe de competência, instituir o tributo por lei própria para que então os contribuintes da exação estejam sujeitos ao seu pagamento.

Portanto, qualquer outro veículo normativo não é aceito tais como portarias, instruções normativas, decretos para se instituir um tributo.

Essa é uma conclusão tomada com a simples leitura de dois dispositivos, o primeiro da Constituição Federal e o segundo do Código Tributário Nacional, conforme segue:

> *Art. 5º*
>
> *II – ninguém será obrigado a fazer ou deixar de fazer alguma coisa* ***senão em virtude de lei.***
>
> *E*
>
> *Art. 3º* ***Tributo é toda prestação pecuniária compulsória****, em moeda ou cujo valor nela se possa exprimir, que não constitua sanção de ato ilícito, instituída em lei e cobrada mediante atividade administrativa plenamente vinculada.*

Como já apresentado o conceito de tributo, observe que sua prestação é sempre compulsória de tal forma que podemos afirmar com o mesmo grau de veracidade que não há tributo cujo pagamento seja facultativo.Com a atribuição de representar uma prestação pecuniária compulsória a Carta Magna é clara em afirmar que o único veículo legislativo possível para impor tal obrigatoriedade é a lei.

Diante disso a instituição, a criação, a exigência de tributos apenas restará validada se decorrente de lei. Sempre. Não há nenhuma hipótese, não há nenhum tributo que possa ser cobrado senão em virtude de lei.

Atenção

Essa regra também é aplicada quando se pretende alterar as alíquotas dos tributos, seja para majorar como para reduzir. Porém, diferentemente do que ocorre na instituição de tributos, a mudança de alíquotas em alguns poucos casos pode se dar por outro veículo que não seja a lei.

Existem, então, exceções ao princípio da legalidade quanto à alteração de alíquotas. Fazem parte dessas exceções os tributos abaixo relacionados:

a) Imposto de importação (II);

b) Imposto de exportação (IE);

c) Imposto sobre produtos industrializados (IPI);

d) Imposto sobre operações financeiras (IOF);

e) CIDE combustível; e

f) ICMS combustível.

Assim, temos cinco tributos federais (os quatro primeiros impostos mais a contribuição) que podem ter suas alíquotas variadas por ato do Poder Executivo, o que invariavelmente ocorre por decreto. Já o ICMS combustível tem suas alíquotas definidas por convênio firmado em sede do Conselho Nacional de Política Fazendária (CONFAZ).

Atenção

Os tributos acima indicados são instituídos por lei, contudo as suas alíquotas (e somente suas alíquotas) podem ser alteradas por decreto, ainda assim, respeitando-se os limites legais, conforme se traduz pela leitura do texto constitucional:

> *Art. 153.*
>
> *§ 1º – É facultado ao Poder Executivo,* atendidas as condições e os limites estabelecidos em lei, *alterar as alíquotas dos impostos enumerados nos incisos I, II, IV e V.*

2.2.1.1.1. Lei ordinária ou lei complementar

Diante do que foi exposto acima não resta dúvida quanto à regra da utilização da lei para a instituição do tributo.

Mas agora pode surgir a dúvida do tipo de lei a ser utilizada: ordinária ou complementar.

Sobre o tema e ainda que a orientação do Supremo Tribunal Federal seja por não existir hierarquia entre as leis, de acordo com o julgado AC 2209 AgR, Relator Min. Joaquim Barbosa, Segunda Turma, julgado em 02.03.2010, *DJe* 25.03.2010, os tributos devem ser instituídos por lei ordinária e observadas as normas gerais de Direito Tributário (estas sim dependentes de lei complementar).

Apenas para os casos expressamente indicados na Constituição Federal é que a lei complementar será utilizada para a instituição do tributo e temos apenas 4 (quatro) deles que dependem de lei complementar para serem instituídos. São eles:

1. Empréstimos Compulsórios (art. 148, CF);
2. Imposto sobre Grandes Fortunas (art. 153, VII, CF);
3. Impostos residuais (art. 154, I, CF); e
4. Contribuições sociais residuais (art. 195, § 4º c/c art. 154, I, CF).

Atenção

Com isso temos que nenhum outro tributo, exceto os quatro acima citados, depende de lei complementar. Daí poderemos estabelecer que os tributos são instituídos por lei ordinária, sendo apenas por lei complementar quando a Constituição expressamente indicar.

Nesse momento é importante trazer o papel da medida provisória para a instituição de tributos.

A medida provisória (MP) também é admitida como veículo instituidor de tributos, desde que observados os requisitos constitucionais de relevância e urgência disposto no artigo 62 da CF.

No entanto há restrição da utilização da medida provisória para temas reservados à lei complementar (art. 62, § 1º,

III, CF), logo concluir-se que para os tributos que só podem ser instituídos por lei complementar a medida provisória não é admitida.

Tudo isso para preservar o equilíbrio e o excesso de tributação sobre toda e qualquer matéria o que abriria as possibilidades do ente federado sobrecarregar o contribuinte de uma forma rápida diante da tramitação preferencial que possui a medida provisória.

2.2.1.1.2. Outras funções da lei complementar

A matéria tributária reservada à lei complementar não se resume a alguns poucos tributos e a Constituição Federal disciplinou, especialmente em seus artigos 146 e 146-A, outros temas em que somente a lei complementar poderá descrever, quais sejam:

✓ Dispor sobre conflitos de competência, em matéria tributária, entre a União, os Estados, o Distrito Federal e os Municípios.

✓ Regular as limitações constitucionais ao poder de tributar.

✓ Estabelecer normas gerais em matéria de legislação tributária.

✓ Trazer a definição de tributos e de suas espécies, bem como, em relação aos impostos, estabelecer seus respectivos fatos geradores, bases de cálculo e contribuintes.

✓ Dispor sobre obrigação, lançamento, crédito, prescrição e decadência.

✓ Oferecer adequado tratamento tributário ao ato cooperativo praticado pelas sociedades cooperativas.

✓ Definir um tratamento diferenciado e favorecido para as microempresas e para as empresas de pequeno porte.

✓ Instituir um regime único de arrecadação dos impostos e contribuições da União, dos Estados, do Distrito Federal e dos Municípios.

✓ E poderá estabelecer critérios especiais de tributação, com o objetivo de prevenir desequilíbrios da concorrência, sem prejuízo da competência de a União, por lei, estabelecer normas de igual objetivo.

2.2.1.2. Princípio da igualdade

O próximo princípio a ser estudado é o da igualdade disposto no artigo 150, I da CF assim redigido:

> *Art. 150. Sem prejuízo de outras garantias asseguradas ao contribuinte, é vedado à União, aos Estados, ao Distrito Federal e aos Municípios:*
>
> *(...)*
>
> *II – instituir tratamento desigual entre contribuintes que se encontrem em situação equivalente, proibida qualquer distinção em razão de ocupação profissional ou função por eles exercida, independentemente da denominação jurídica dos rendimentos, títulos ou direitos.*

Este princípio decorre da isonomia já que se a lei é para todos, os tributos também o são.

Isso significa que é irrelevante a pessoa quem pratica o fato gerador tributário esta estará sujeita ao recolhimento da exação, independentemente de sua ocupação profissional ou da função exercida, por exemplo.

A partir desse raciocínio devemos considerar a igualdade em buscar tributar as pessoas de maneira equivalente a sua capacidade contributiva, tendo como objetivo a tributação maior para quem pode pagar mais e menor àqueles que não possuem a mesma condição financeira.

De forma intrínseca ao princípio da igualdade temos o princípio da capacidade contributiva descrito no § 1º do artigo 145 da Constituição Federal abaixo destacado:

> *Art. 145.*
>
> *§ 1º Sempre que possível,* os impostos terão caráter pessoal e serão graduados segundo a capacidade econômica do contribuinte, *facultado à administração tributária, especialmente para conferir efetividade a esses objetivos, identificar, respeitados os direitos individuais e nos termos da lei, o patrimônio, os rendimentos e as atividades econômicas do contribuinte.*

Com isso se o montante do imposto cobrado de um indivíduo for equivalente a sua capacidade de contribuir com o Fisco estaremos nos aproximando da justiça fiscal (igualdade tributária).

2.2.1.3. Princípio da irretroatividade

O próximo princípio a ser estudado é o da irretroatividade elencado no artigo 150, III "a" abaixo destacado:

> *Art. 150. Sem prejuízo de outras garantias asseguradas ao contribuinte, é vedado à União, aos Estados, ao Distrito Federal e aos Municípios:*
>
> *(...)*
>
> *III – cobrar tributos:*
>
> *a) em relação a fatos geradores ocorridos antes do início da vigência da lei que os houver instituído ou aumentado.*

Esse princípio demonstra a efetiva preocupação do legislador com a segurança jurídica, uma vez que a lei publicada não pode pretender alcançar, muito menos modificar, situações acontecidas anteriormente a sua entrada em vigor.

Para melhor entender vamos a um caso hipotético. Imagine que há um mês um cidadão realizou variadas movimentações financeiras sem ser tributado, haja vista não haver previsão tributária para o caso. Contudo, hoje, o governo federal ressuscitou a cobrança da CPMF (contribuição sobre movimentações financeiras. O cidadão está seguro que não deverá pagar o tributo em razão das operações que efetivou há um mês, pois a CPMF só poderá ser cobrada sobre as movimentações financeiras futuras.

Atenção

A lei que entra em vigor hoje não poderá atingir fatos praticados no passado. A lei não deverá retroagir devendo ser aplicada a fatos futuros e não aos pretéritos.

Mas como toda regra comporta exceção aqui temos que destacar a norma contida no Código Tributário Nacional em que descreve hipóteses em que a legislação atual será aplicada a fatos anteriores a sua entrada em vigor e para tanto vale destacar a redação do artigo 106:

> *Art. 106. A lei aplica-se a ato ou fato pretérito:*
>
> *I – em qualquer caso, quando seja expressamente interpretativa, excluída a aplicação de penalidade à infração dos dispositivos interpretados;*

7. Direito Tributário

II – tratando-se de ato não definitivamente julgado:

a) quando deixe de defini-lo como infração;

b) quando deixe de tratá-lo como contrário a qualquer exigência de ação ou omissão, desde que não tenha sido fraudulento e não tenha implicado em falta de pagamento de tributo;

c) quando lhe comine penalidade menos severa que a prevista na lei vigente ao tempo da sua prática.

Para um melhor entendimento vamos ilustrar uma das hipóteses previstas no dispositivo, ao supor um fato gerador praticado em março de 2014. Na época a legislação estabelecia alíquota de 15% e multa, caso não haja o pagamento no valor de R$ 20. O contribuinte não paga o tributo e acaba sendo constatado o seu descumprimento em fevereiro de 2015. Imagine que no ano de 2015 a legislação, diferentemente do ano anterior, fixava alíquota para o mesmo caso em 5% e multa em R$ 10. Qual legislação deverá ser aplicada? A legislação em vigor em 2014 (alíquota de 15% e multa de R$ 20); ou a legislação em vigor em 2015 (alíquota de 5% e multa de R$ 10), momento em que a falta de pagamento é descoberta?

No caso em questão o tributo deverá ser pago conforme a alíquota vigente à época da ocorrência do fato gerador, ou seja, 15%, pois a lei de 2015 não poderá retroagir e alcançar uma situação praticada no ano anterior. Porém, em relação à multa, devemos aplicar o disposto no art. 106, II, c do Código Tributário Nacional, de modo que a penalidade a qual o indivíduo está sujeito é aquela que for a menos severa para ele, ou seja, a de R$ 10 (conforme a legislação de 2015 estabelece).

2.2.1.4. Princípio da anterioridade

O próximo princípio é o da anterioridade disposto no artigo 150, III da CF assim redigido:

Art. 150. Sem prejuízo de outras garantias asseguradas ao contribuinte, é vedado à União, aos Estados, ao Distrito Federal e aos Municípios:

(...)

III – cobrar tributos:

(...)

b) no mesmo exercício financeiro em que haja sido publicada a lei que os instituiu ou aumentou;

c) antes de decorridos noventa dias da data em que haja sido publicada a lei que os instituiu ou aumentou, observado o disposto na alínea b.

O primeiro cuidado que se deve ter com o princípio da anterioridade é não confundi-lo com o da irretroatividade. Assim, enquanto a irretroatividade preocupa-se em manter os fatos pretéritos intactos a alterações legislativas, o princípio da anterioridade busca assegurar ao contribuinte um prazo para que ele se prepare para uma nova carga tributária.

Com isso se um tributo é instituído ou majorado no dia de hoje, a nova exação não poderá ser cobrada no mesmo exercício financeiro da lei que promoveu a alteração. Além disso, uma segunda regra passou a integrar o princípio com o advento da EC 42/2003, estabelecendo a vedação em cobrar o tributo antes de decorridos 90 (noventa) dias contados da data da publicação da lei que o instituiu ou aumentou.

Doravante são duas regras a serem observadas de forma concomitante:

✓ Exercício financeiro (conhecida como anterioridade anual): é equivalente ao período do ano calendário – Artigo 34, Lei 4.320/1964 – ou seja, de 01/jan até 31/dez. Contudo, observar a regra não significa aguardar a passagem de 365 dias para a cobrança do tributo. Basta aguardar o exercício financeiro seguinte, o que sempre ocorrerá na transição entre os dias 31 de dezembro de 01 de janeiro de cada ano. Se um tributo é majorado em junho de um determinado ano, então sua cobrança só poderá acontecer a partir de 01 de janeiro do ano subsequente.

✓ 90 (noventa) dias (conhecida como anterioridade nonagesimal): o prazo é contado em dias e não em meses. Assim, aguardar três meses não é exemplo da obediência ao prazo de 90 dias. Portanto o contribuinte terá no mínimo 90 dias para se preparar para uma carga tributária majorada. Antes desse período a cobrança não poderá acontecer.

Embora duas sejam as anterioridades e como pudemos afirmar ambas devam ser observadas, certo é que, na prática, sempre uma delas prevalecerá em detrimento da outra, dependendo da data em que o tributo seja instituído ou majorado. Observe:

Tributos instituídos ou majorados antes do mês de outubro terão como regra prevalecente a anterioridade anual, uma vez que esta promoverá ao contribuinte prazo maior até que o tributo seja exigido.

Para os tributos instituídos ou majorados após iniciado o mês de outubro, a anterioridade nonagesimal assegurará ao contribuinte maior prazo, isto pois da data em que a carga é majorada (após 1º de outubro) até o exercício financeiro seguinte, o período é menor que noventa dias, logo a anterioridade do art. 150, III, *c* da Constituição Federal (resguardando o prazo mínimo de 90 dias) prevalecerá em detrimento da anterioridade anual.

Atenção

As regras da anterioridade têm sua aplicação quando o tributo é instituído ou majorado, afinal quando existe uma elevação da carga fiscal é importante assegurar aos contribuintes um período mínimo de tempo entre sua veiculação por lei até que os novos valores sejam cobrados.

Na hipótese de o tributo ser reduzido, não há necessidade da aplicação de nenhuma das anterioridades, afinal o contribuinte se já estava recolhendo um tributo sob alíquota mais alta, é obvio que também está preparado para pagar o mesmo tributo sob uma alíquota menor.

2.2.1.4.1. Exceções à anterioridade

Há algumas exceções ao princípio da anterioridade que devem ser estudadas, tendo em vista as frequentes perguntas sobre o tema. Interessante destacar que dentre os princípios o da anterioridade é aquele que comporta o maior número de exceções.

A exceção significa dizer que existem tributos que não se sujeitam a nenhuma das regras da anterioridade, outros que não precisam aguardar pelo exercício financeiro seguinte e mais alguns que não dependem do prazo de 90 dias.

Portanto, existem tributos que podem ser exigidos imediatamente (ou seja, que não observam nenhuma das duas regras); tributos que só aguardam o prazo de 90 dias para serem cobrados (logo não precisam aguardar pelo exercício financeiro subsequente) e outros que só precisam esperar pelo exercício financeiro seguinte (mas que não devem obediência aos 90 dias). São eles:

✓ imposto de importação, imposto de exportação, imposto de guerra e empréstimo compulsório no caso de calamidade pública ou guerra (são exceções às duas anteriores);

✓ imposto sobre produtos industrializados, contribuições sociais para a seguridade social, Cide combustível e ICMS combustível (não observam a anterioridade anual, porém permanecem sujeitos ao prazo mínimo de 90 dias);

✓ imposto de renda, IPVA (quando tiver sua base de cálculo majorada) e IPTU (quando tiver sua base de cálculo majorada). Nenhum destes está limitado pela anterioridade nonagesimal, contudo sempre devem atender à anterioridade anual.

2.2.1.5 Princípio da vedação ao confisco

Princípio disposto no artigo 150, IV da Constituição Federal com a seguinte redação:

> *Art. 150. Sem prejuízo de outras garantias asseguradas ao contribuinte, é vedado à União, aos Estados, ao Distrito Federal e aos Municípios:*
>
> *(...)*
>
> *IV – utilizar tributo com efeito de confisco.*

Normalmente a primeira ideia que surge é que a vedação ao confisco seja um valor sobrecarregado, com alíquotas nitidamente exageradas, impossíveis de serem suportadas pelo contribuinte.

Devemos entender que o limite do confisco é a capacidade contributiva do indivíduo e a verificação sobre ser o valor exagerado ocorrerá no âmbito do Poder Judiciário e não do Poder Legislativo.

As chamadas sanções políticas também são consideradas como violação ao confisco, uma vez que representam medidas coercitivas utilizadas pela Administração Pública para forçar o contribuinte a pagar o tributo.

Sobre o tema há súmulas do Supremo Tribunal Federal o que demonstra ser um assunto consolidado e que deve ser de conhecimento e que merecem destaque:

> *Súmula 70: É inadmissível a interdição de estabelecimento como meio coercitivo para a cobrança de tributo.*
>
> *Súmula 323: É inadmissível a apreensão de mercadorias como meio coercitivo para pagamento de tributos.*
>
> *Súmula 547: Não é lícito à autoridade proibir que o contribuinte em débito adquira estampilhas, despache mercadorias nas alfândegas e exerça suas atividades profissionais.*

2.2.1.6. Princípio da liberdade de tráfego

O princípio que se segue é o da liberdade de tráfego disposto no artigo 150, V da CF assim redigido:

> *Art. 150. Sem prejuízo de outras garantias asseguradas ao contribuinte, é vedado à União, aos Estados, ao Distrito Federal e aos Municípios:*
>
> *(...)*
>
> *V – estabelecer limitações ao tráfego de pessoas ou bens, por meio de tributos interestaduais ou intermunicipais, ressalvada a cobrança de pedágio pela utilização de vias conservadas pelo Poder Público.*

Esse princípio foi inserido na Carta Magna com o objetivo de proibir que União, Estados, Distrito Federal e Municípios estabeleçam tributos que restrinjam a liberdade de ir e vir das pessoas e seus bens particulares.

O que pode surgir é a dúvida com relação a cobrança de pedágio.

Nesse ponto é importante destacar que a própria Constituição autoriza a cobrança de pedágio, pois ainda que a exigência interfira na locomoção das pessoas em território nacional, essa exação é identificada como exceção ao princípio, não precisando respeitá-lo.

Atenção

No ano de 2014, inclusive, o Supremo Tribunal Federal deixou claro seu posicionamento sobre o pedágio classificando-o como tarifa. Observe:

Ementa: Tributário e constitucional. Pedágio. Natureza jurídica de preço público. Decreto 34.417/1992, do estado do rio grande do sul. Constitucionalidade. 1. O pedágio cobrado pela efetiva utilização de rodovias conservadas pelo Poder Público, cuja cobrança está autorizada pelo inciso V, parte final, do art. 150 da Constituição de 1988, não tem natureza jurídica de taxa, mas sim de preço público, não estando a sua instituição, consequentemente, sujeita ao princípio da legalidade estrita. 2. Ação direta de inconstitucionalidade julgada improcedente. (ADI 800, Rel. Min. Teori Zavascki, Tribunal Pleno, julgado em 11.06.2014).

2.2.1.7. Princípio da uniformidade geográfica

Temos agora um princípio diferenciado, pois apenas deverá ser observado pela União. Trata-se do princípio da uniformidade geográfica elencado no artigo 151, da CF:

> *Art. 151. É vedado à União:*
>
> *I – instituir tributo que não seja uniforme em todo o território nacional ou que implique distinção ou preferência em relação a Estado, ao Distrito Federal ou a Município, em detrimento de outro, admitida a concessão de incentivos fiscais destinados a promover o equilíbrio do desenvolvimento socioeconômico entre as diferentes regiões do País.*

Isso se deve em razão de apenas a União ser o ente federado que, em virtude de sua competência territorial, ter condições de cobrar tributos em todo o País.

Assim, se a alíquota do ITR sobre as propriedades rurais for de 5%, impossível admitir que apenas para o Estado de Mato Grosso o imposto seja exigido sob o patamar de 8%, preterindo, portanto, os proprietários de imóveis da região.

Mas deve-se lembrar da possibilidade na redução da carga tributária para localidades do País que se encontram em posição de desigualdade socioeconômica. Um exemplo dessa situação é a Zona Franca de Manaus que possui carga tributária menor se comparada com as outras regiões.

2.2.1.8. Princípio da não discriminação tributária

O último princípio a ser estudado é o da não discriminação tributária disposto no artigo 152, da Constituição Federal que assim encontra-se redigido:

Art. 152. É vedado aos Estados, ao Distrito Federal e aos Municípios estabelecer diferença tributária entre bens e serviços, de qualquer natureza, em razão de sua procedência ou destino.

Diferentemente do princípio da uniformidade geográfica, o da não diferenciação tributária restringe as cobranças fiscais dos Estados, do Distrito Federal, bem como dos Municípios. O único ente que, dessa maneira, não está por ele amarrado é a União.

A vedação nesse caso é para afastar a possibilidade das alíquotas serem modificadas em razão da procedência ou do seu destino.

Fato típico de ferimento do presente princípio em razão da procedência é a discriminação tributária quando é cobrada uma alíquota de IPVA para carros nacionais e outra, maior, para carros importados. Nessa hipótese temos a variação de alíquotas em razão da procedência do veículo (estrangeiro), o que em absoluto poderia acontecer.

Sobre a violação ocorrida no destino seria o caso de um Estado fixar alíquotas diferentes do ICMS sobre o transporte intermunicipal de acordo com a distância da cidade para onde o serviço foi contratado. Para cidades próximas à capital alíquota alta, para cidades distantes da capital, alíquota mais baixa o que ofenderia a regra constitucional.

2.2.2. Imunidades

Muito embora princípios e imunidades limitem o poder de tributar, cada um promove a restrição à instituição de tributos de maneira peculiar. Enquanto os princípios funcionam como diretrizes da cobrança tributária, as imunidades, ao contrário, impedem a instituição de tributos.

As imunidades definem um espaço não tributável, inalcançável pelos entes políticos, vez que por mais ampla que seja a competência, esta não tem como atingir uma situação imune, podendo até mesmo vislumbrar as imunidades como o campo de incompetência tributária.

2.2.3. Imunidade x isenção

Entende-se por imunidade aquela regra de não incidência constitucionalmente qualificada enquanto a isenção consubstancia-se como regra de não incidência legalmente qualificada.

Outra diferença está na previsão de cada uma delas. As imunidades são veiculadas necessariamente pelo texto constitucional. As isenções dependem de legislação infraconstitucional. As imunidades, a rigor, sequer por emenda constitucional poderão ser abolidas. Isenções admitem sua revogação.

Ainda que diferentes no conceito os institutos da imunidade e da isenção se assemelham quando perguntamos sobre a ocorrência do fato gerador. Seja num caso de imunidade, seja num caso de isenção o fato gerador não acontece, logo, muito menos surge à obrigação tributária principal do pagamento do tributo. Outro ponto em que se aproximam é quanto às obrigações acessórias, pois em ambos os institutos esse tipo de obrigação subsiste, mesmo que o pagamento do tributo não seja necessário.

Atenção

A isenção também pode ser conceituada como dispensa legal do pagamento do tributo. Aliás, esse é o conceito previsto pelo Código Tributário Nacional, cabendo ao candidato anotar como alternativa correta a que define isenção desta maneira.

A diferença entre chamar a isenção de regra de não incidência ou dispensa legal do pagamento do tributo está na ocorrência, ou não, do fato gerador. Enquanto regra de não incidência, não temos o fato gerador. Já, como dispensa legal do pagamento do tributo, o fato gerador existe, porém fica o contribuinte dispensado do cumprimento da obrigação principal.

2.2.4. Tributos abrangidos pela imunidade

A imunidade impede a exigência de tributos, disso não há dúvidas, porém que tributos seriam esses? Alcançaria a imunidade todas as espécies tributárias?

A resposta está no próprio texto constitucional, quando descreve hipóteses de não incidência para impostos, taxas e contribuições.

Contudo, vale lembrar que as imunidades para impostos são as de maior número e costumam ser tema recorrente em provas. Exemplo: não incide IPI sobre produtos manufaturados destinados ao exterior. Não incidem impostos sobre o patrimônio da União.

Há imunidades, porém, quanto à incidência de taxas (art. 5º, XXXIV, *a*, CF): a todos da população são assegurados o direito de petição aos Poderes Públicos em defesa de direitos independentemente do pagamento de taxas. Bem como há imunidades quanto a contribuições, especificamente contribuições sociais e contribuições de intervenção no domínio econômico. Exemplo: não incidem contribuições sociais e contribuições de intervenção no domínio econômico sobre as receitas decorrentes de exportação (art. 149, § 2º, I, CF).

Isso, por outro lado, não significa dizer que uma imunidade afasta do contribuinte todos esses tributos de uma só vez. Aliás inexiste qualquer hipótese na qual o contribuinte se veja livre de impostos, taxas e contribuições. O que há, conforme ressaltado acima, são exemplos de imunidades às vezes para impostos, outros para taxas e alguns também a respeito de contribuições.

2.2.5. Imunidades genéricas

Doutrinariamente uma classificação recorrente entre as imunidades divide-as como genéricas ou específicas. Essa classificação leva em consideração a extensão do benefício, afastando um ou vários impostos ao mesmo tempo, também de acordo com a proteção que a Constituição quer oferecer, se mais ampla ou mais restrita.

A imunidade tida como genérica é aquela que alcança todos os impostos, independente do ente competente para exigi-los. As imunidades genéricas, portanto, impedem a tributação por meios de impostos por parte da União, Estados Distrito Federal e Municípios.

Já as imunidades específicas são aquelas que por sua vez tem alcance restrito a um único imposto, podendo ser ele, por sua vez, federal, estadual ou municipal.

Na sequência detalhamos as imunidades.

2.2.5.1. *Imunidade Recíproca*

A imunidade recíproca é tratada no artigo 150 da Constituição Federal:

> ***Art. 150.****Sem prejuízo de outras garantias asseguradas ao contribuinte, é vedado à União, aos Estados, ao Distrito Federal e aos Municípios:*
>
> *(...)*
>
> ***VI** – instituir impostos sobre:*
>
> ***a)** patrimônio, renda ou serviços, uns dos outros;*

Essa imunidade impede que os entes políticos exijam impostos uns dos outros, de modo que um Município não poderia vir a exigir IPTU de imóveis pertencentes a quaisquer dos entes políticos, da mesma forma que um Estado não poderá exigir IPVA sobre os veículos ou da União cobrar Imposto de Renda sobre os acréscimos patrimoniais conquistados pelos demais entes.

A imunidade recíproca é ampla o suficiente para afastar todo e qualquer imposto, incluindo o imposto sobre operações financeiras, o imposto de importação ou o imposto de exportação.

Mas é bom lembrar que essa imunidade não afasta em nenhum momento taxas ou contribuições. Desta feita não há impedimento constitucional nenhum para que um Município venha a exigir taxa do lixo de um imóvel pertencente ao governo do Estado, por exemplo.

2.2.5.1.1. Imunidade das autarquias e fundações

A imunidade recíproca não se limita aos entes federados. Conforme prevê o § 2º do artigo 150 da Carta Magna essa imunidade é extensiva ao patrimônio, rendas e serviços das autarquias e fundações instituídas e mantidas pelo Poder Público.

É claro que a imunidade só restará assegurada às autarquias e fundações desde que verificado o vínculo do patrimônio, das rendas e dos serviços com suas finalidades essenciais, pois um terreno baldio de propriedade de uma autarquia, sobre o qual não se vislumbra a vinculação direta ou indireta com as finalidades essenciais não será objeto de imunidade.

Além das autarquias e fundações o Supremo Tribunal Federal entendeu que a imunidade recíproca abarcaria não só os entes federados, suas autarquias e fundações, mas também as empresas públicas e sociedades de economia mista desde que os serviços públicos prestados sejam obrigatórios por parte do Estado bem como essenciais à população.

No entanto as empresas públicas e sociedades de economia mista gozam de imunidade desde que estejam presentes os seguintes requisitos:

✓ Não distribuam lucro a particulares

✓ Não desempenhem atividade econômica também exercida por empresas privadas

Devemos observar que a imunidade não será aplicada em determinadas situações indicadas no artigo 150, § 3º, Constituição Federal. Assim, **a imunidade recíproca não se aplica** quando patrimônio, renda e serviços estiverem relacionados:

✓ Com exploração de atividades econômicas regidas pelas normas aplicáveis a empreendimentos privados;

✓ Com atividades em que haja contraprestação ou pagamento de preços ou tarifas pelo usuário; e

✓ Promitente comprador de bem imóvel ainda que de propriedade de ente imune.

2.2.5.2. *Imunidade Religiosa*

Essa imunidade está ligada a crença e a liberdade religiosa de forma que o Estado não poderá intervir para fins de tributação, seja do local em que é realizado o culto como a sua manifestação.

Assim, não só o imóvel onde ocorre a celebração de um culto religioso tem a guarida da imunidade, mas todo o patrimônio, a renda e os serviços comportam igual benefício, desde que relacionado com as finalidades da entidade religiosa.

É importante destacar a aplicação da Súmula 724 do Supremo Tribunal Federal para o caso:

> *"Ainda quando alugado a terceiros, permanece imune ao IPTU o imóvel pertencente a qualquer das entidades referidas pelo art. 150, VI, c, da Constituição, desde que o valor dos aluguéis seja aplicado nas atividades essenciais de tais entidades."*

Apenas para não deixar nenhuma dúvida sobre o caso temos que o imóvel deve ser de propriedade da entidade religiosa, porém não necessariamente é ocupado por esta. Ainda assim, sobre ele não pesará a incidência do IPTU, sob a condição de os valores percebidos a título de aluguéis serem revertidos para a manutenção da entidade religiosa proprietária.

2.2.5.3. *Imunidade para partidos políticos, sindicatos e entidades assistenciais e educacionais*

> ***Artigo 150 da Constituição Federal:***
>
> *Sem prejuízo de outras garantias asseguradas ao contribuinte, é vedado à União, aos Estados, ao Distrito Federal e aos Municípios:*
>
> *(...)*
>
> ***VI** – instituir impostos sobre:*
>
> ***c)** patrimônio, renda ou serviços dos partidos políticos, inclusive suas fundações, das entidades sindicais dos trabalhadores, das instituições de educação e de assistência social, sem fins lucrativos, atendidos os requisitos da lei.*

É importante deixar claro que todos elencados na alínea "c" devem observar os requisitos estabelecidos em lei.

Importante lembrar que, embora a Constituição Federal nesse dispositivo não estabeleça em qual lei os requisitos devem ser relacionados, por ser a imunidade uma limitação ao poder de tributar e as regras limitadoras ao poder de tributar dependerem de regulação por lei complementar (art. 146, II, CF), então será uma lei complementar onde restarão os requisitos.

2.2.5.3.1. Requisitos estabelecidos em lei

Os requisitos indicados e exigidos por lei serão descritos através de uma lei complementar o que foi realizado através do Código Tributário Nacional no seu artigo 14:

> **Art. 14.** *O disposto na alínea IV do art. 9º é subordinado à observância dos seguintes requisitos pelas entidades nele referidas:*
>
> ***I*** *– não distribuírem qualquer parcela de seu patrimônio ou de suas rendas, a qualquer título;*
>
> ***II*** *– aplicarem integralmente, no País, os seus recursos na manutenção dos seus objetivos institucionais;*
>
> ***III*** *– manterem escrituração de suas receitas e despesas em livros revestidos de formalidades capazes de assegurar sua exatidão.*

Com relação ao primeiro requisito é importante salientar que a vedação para a distribuição da parcela do patrimônio não impede que as mesmas possam obter lucro, bem como também não representa nenhum empecilho ao pagamento de salários aos funcionários pelos serviços prestados.

Já o segundo requisito impõe a aplicação integral dos recursos em território nacional, o que se apresentar como justo já que o País abre mão de captar tais recursos. No caso se os recursos forem destinados ao exterior a imunidade será suspensa.

Como uma última condição temos a necessidade de escriturar as receitas e despesas de forma suficiente e eficaz.

Atenção

No caso de desatendimento de qualquer um dos requisitos acima discriminados, caberá a autoridade administrativa suspender o benefício da imunidade.

2.2.5.3.2 Entidades assistenciais e contribuições sociais

E as instituições filantrópicas como se comportam perante essa imunidade? Essas além de estar imune aos impostos, também não estão sujeitas à incidência de contribuições sociais para a seguridade social, justamente em razão dos serviços prestados à população sem a cobrança de valores.

Temos um caso interessante de imunidade contido no artigo 195, § 7º da Constituição Federal ao estipular que as entidades beneficentes de assistência social estão isentas às contribuições sociais.

> *Art. 195. (...)*
>
> *(...)*
>
> *§ 7º São isentas de contribuição para a seguridade social as entidades beneficentes de assistência social que atendam às exigências estabelecidas em lei.*

Atenção

Ainda que o texto constitucional indique a palavra "isentas" é certo que o dispositivo citado corresponde a uma verdadeira imunidade.

2.2.5.4. *Imunidade cultural*

Essa imunidade disciplinada no artigo 150, VI, *d*, da Constituição Federal é tida como objetiva, já que é irrelevante a pessoa que produza os impressos já que protege propriamente a impressão que conduz o conhecimento, o saber, a informação.

Assim, podemos afirmar que os impostos como ICMS ou IPI estão naturalmente afastados, contudo a receita advinda de livros, jornais ou periódicos restará sujeita à incidência do imposto de renda e mesmo contribuições. A razão, segundo o Supremo Tribunal Federal, se encontra na diferença entre tributar a receita decorrente da comercialização destes produtos e a própria comercialização (esta sim imune a impostos).

Observe que esta imunidade só alcança impostos (ainda que afaste todos eles, sejam federais, estaduais ou municipais), mas uma interpretação para impedir a exigência de contribuições não é possível.

Uma questão que deve ser ressaltada é que a Carta Magna não faz restrição ao conteúdo da divulgação para ser ter a imunidade. Por melhor ou pior que seja a qualidade do livro, do jornal ou do periódico, dos textos ou fotografias nele compreendidos, a imunidade independe dessa avaliação, estando a regra constitucional aqui tão somente para resguardar a liberdade de expressão.

Outro ponto que pode surgir dúvida diz respeito ao livro eletrônico. Ainda que veiculado em um formato digital não deixa de apresentar o que justamente a Constituição Federal veio para proteger, ou seja, o veículo de difundir ideias, pensamentos, opiniões, informações várias, cultura à população.

A imunidade sobre os jornais também não apresenta dúvida seja o jornal de abrangência nacional ou regional e na mesma linha seguem os periódicos.

Dois pontos merecem destaque já que foram objeto de julgamento pelo Supre Tribunal Federal sobre a lista telefônica e o papel. A lista telefônica foi equiparada a periódico e sua função de utilidade pública é suficiente para angariar a proteção constitucional.

Já o papel o Supremo Tribunal Federal entende que a imunidade só tem o condão de proteger os insumos assemelhados ao papel, como papéis fotográficos, papel para jornal, papel couchê, papel offset, entre tantas outras modalidades, mas que se destinam sempre à impressão.

Portanto, a imunidade sobre os demais materiais deve ser afastada tais como as tintas, máquinas e equipamentos, ainda que específicos para editoração. Porém, filmes utilizados para produção da capa do livro restarão protegidos pelo benefício.

2.2.5.5. *Imunidade Musical*

Trata-se da regra imunizante mais recente. Fixada no art. 150, VI, *e*, da Constituição Federal a imunidade musical foi introduzida em 2013 pela EC 75. Através dela fonogramas e videofonogramas musicais (CDs, DVDs, Blu Rays) produzidos no Brasil e contendo obras musicais (apenas sons, como exemplo uma orquestra sinfônica) ou literomusicais (sons e letras, como exemplo a música cantada) estarão livres da incidência de impostos (federais, estaduais ou municipais).

Porém não é só! Há um importante critério subjetivo que marca essa imunidade. As obras devem ser de autores brasileiros ou até mesmo obras de autores estrangeiros, porém interpretadas por artistas brasileiros, afinal a imunidade objetiva estimular a produção artística nacional.

Atenção

A imunidade musical afasta a incidência d impostos sobre a produção da obra (gravação) e também sobre a comercialização (venda dos CDs ou DVDs), contudo o texto constitucional expressamente excepciona a etapa de replicação industrial (multiplicação da gravação em cópias) da proteção imunizante.

2.3. Repartição de receitas

Esse tema corresponde ao último tema descrito no Sistema Tributário Nacional e estão previstas na Carta Magna, podendo ser visualizadas a rigor entre os artigos 157 a 162 e também em outros dispositivos da mesma natureza como, por exemplo, o artigo 153, § 5º da CF.

Essas regras guardam relação com o Direito Financeiro, mas devem ser estudadas já que costumam ser questionadas nas provas de Direito Tributário.

O legislador constitucional ao determinar a repartição das receitas tributárias tem como objetivo:

a) Preservar a autonomia político-administrativa dos entes federados; e

b) Dirimir eventuais desigualdades socioeconômicas existentes entre os mesmos entes políticos.

Em outras palavras podemos afirmar que:

a) União reparte o produto da arrecadação dos seus impostos com Estados e Municípios.

b) Estados repartem o produto da arrecadação dos seus impostos com seus próprios Municípios.

c) Municípios, nem o Distrito Federal repartem o produto dos seus impostos com Estados, nem com a União.

2.3.1. Quais tributos tem sua receita partilhada?

A partir da leitura dos artigos temos que nem todos os tributos sujeitam-se às regras lá estabelecidas.

São as receitas arrecadadas através de impostos que sujeitam-se à repartição, contudo, repisamos, nem todos subordinam-se ao estabelecido. São eles:

a) Impostos municipais – nenhum imposto municipal (IPTU, ITBI ou ISS) tem sua receita repartida, sendo irrelevante o tamanho do Município arrecadante, bem como o produto da arrecadação.

b) Impostos sob competência do Distrito Federal – é vedada a divisão do Distrito Federal em Municípios, de modo que o Distrito Federal tem competência para instituir e cobrar os impostos municipais e os estaduais e o total da arrecadação com este permanecerá.

c) ITCMD – o imposto de transmissão causa mortis é o único imposto estadual cuja arrecadação permanece integralmente com o Estado instituidor, inadmitindo qualquer tipo de participação em sua receita.

d) II (imposto de importação); IE (Imposto de exportação), IGF (imposto sobre grandes fortunas) e IEG (Imposto extraordinário de guerra) – dentre os impostos federais são os únicos cuja receita não é repartida.

Atenção

A partir da EC 42/2003 uma única contribuição passou a integrar o rol de tributos em que a sua receita está sujeita à repartição. Trata-se da CIDE combustível já que a sua arrecadação é partilhada com Estados e Municípios.

3. TRIBUTO

A Constituição Federal no artigo 146 assim estabelece:

Art. 146. Cabe à lei complementar:

(...)

III – estabelecer normas gerais em matéria de legislação tributária, especialmente sobre:

a) definição de tributos e de suas espécies, *bem como, em relação aos impostos discriminados nesta Constituição, a dos respectivos fatos geradores, bases de cálculo e contribuintes;*

Por isso coube ao Código Tributário Nacional o papel para regrar o que se entende por tributo nos seguintes termos:

Artigo 3º Tributo é toda prestação pecuniária compulsória, em moeda ou cujo valor nela se possa exprimir, que não constitua *sanção de ato ilícito, instituída em lei e cobrada mediante atividade administrativa plenamente vinculada.*

Pontualmente vamos analisar cada expressão contida no regramento acima:

a) Prestação pecuniária: significa dizer que um tributo corresponde a uma obrigação que deverá ser adimplida mediante o pagamento em dinheiro. E quando se diz em dinheiro devemos lembrar que o pagamento só poderá ser exigido em moeda corrente nacional, inadmitindo obrigar o contribuinte a pagar em moeda estrangeira.

No caso do valor tributário se apresentar em moeda estrangeira deverá ser convertido considerando o câmbio da data da ocorrência do fato gerador, conforme artigo 143 do Código Tributário Nacional.

Outra característica da prestação pecuniária consiste em extinguir o crédito mediante moeda ou cujo valor nela se possa exprimir. O serviço militar ou mesmo a participação como mesário nas eleições, embora, com característica obrigatória, não significam tributo, pois seu cumprimento se dá mediante uma prestação *in labore* (através do trabalho).

b) Prestação compulsória: a compulsoriedade do tributo é evidente e inafastável como característica de sua definição. Portanto, não basta que um indivíduo cumpra uma prestação pecuniária, esta precisa ter caráter obrigatório. Afinal o tributo advém de uma obrigação decorrente de lei.

O tributo está ligado a um dever de pagar, em virtude de uma obrigação, sob pena de sanção.

c) Instituição por lei: justamente por se tratar de uma prestação que impõe ao contribuinte a obrigação de pagar, não poderia ser veiculada a exigência em outro ato que não fosse a lei. É previsão e garantia constitucional:

Art. 5º (...)

(...)

II – ninguém será obrigado a fazer ou deixar de fazer alguma coisa senão em virtude de lei

Se por lei ordinária, por lei complementar, isso é indiferente. O que se sabe é que todo e qualquer tributo só poderá ser instituído por lei, inadmitindo-se sua instituição por instruções normativas, portarias ou mesmo decretos.

d) Cobrança mediante atividade administrativa plenamente vinculada: o tributo é instituído por lei e sua cobrança ocorre por meio de uma atividade administrativa, denominada como lançamento.

A rigor, cumpre ao ente instituidor do tributo promover sua cobrança e efetiva arrecadação. Ainda que tais atividades possam ser delegadas (capacidade tributária ativa), a exigência sempre será vinculada à lei, afastando do conceito de lançamento os critérios de conveniência e oportunidade, típicos de atos discricionários.

e) Não correspondência com multa: tributo e multa não se confundem. Seus conceitos não podem ser misturados, ainda que muitas vezes o tributo pareça se comportar como uma sanção.

As penalidades decorrem de infrações, portanto, da prática de atos ilícitos. Tributos são resultantes da lei, portanto, o fato gerador de qualquer tributo corresponderá sempre a um ato de prática lícita.

3.1. Espécies tributárias

Com a apresentação do conceito de tributo fica claro entender que ele é considerado um gênero, do qual verificamos espécies diferentes e segundo a Constituição Federal são 5 (cinco) espécies tributárias abaixo identificadas:

1. Impostos;
2. Taxas;
3. Contribuições de Melhoria;
4. Empréstimos Compulsórios; e
5. Contribuições Especiais.

Qualquer uma das espécies indicadas devem possuir, necessariamente, todas as características descritas para tributo, afinal são todas integrantes do mesmo gênero, são todas pertencentes à mesma família dos tributos.

3.2. Impostos

Para iniciarmos a análise do tema vale destacar novamente o artigo 146 do texto constitucional:

Art. 146. Cabe à lei complementar:

(...)

III – estabelecer normas gerais em matéria de legislação tributária, especialmente sobre:

a) definição de tributos e de suas espécies, bem como, em relação aos impostos discriminados nesta Constituição, a dos respectivos fatos geradores, bases de cálculo e contribuintes;

Assim coube ao Código Tributário Nacional, em razão de sua recepção como Lei Complementar, determinar os fatos geradores, bases de cálculo e contribuintes dos impostos. Contudo, não são todos os impostos que possuem essas informações descritas pelo Código Tributário Nacional, por duas razões: ou existe legislação complementar específica, ou o imposto não existia à época.

É o caso do ICMS e do ISS que possuem discriminadas essas características na LC 87/1996 e 116/2003, respectivamente.

Outras características específicas sobre impostos também são indicadas pelo Código Tributário Nacional e que valem, sem restrição a todo e qualquer imposto.

Art. 16. Imposto é o tributo cuja obrigação tem por fato gerador uma situação independente de qualquer atividade estatal específica, relativa ao contribuinte.

Por isso que os impostos são tributos não vinculados já que o fato gerador não guarda nenhuma relação com uma contraprestação estatal.

A segunda importante característica dos impostos está relacionada com a não vinculação das receitas (princípio da não afetação) com base constitucional no artigo 167. Nesse sentido, a arrecadação dos impostos não pode ser destinada, nem parcialmente, a fundo, órgão ou despesa específica, ressalvadas as exceções indicadas pela própria Constituição Federal. A arrecadação dos impostos destina-se simplesmente a abastecer os cofres públicos e só então o governo federal, estadual ou municipal investirá os recursos arrecadados de acordo com seu plano político.

3.3. Taxas

Essa espécie tributária possui disciplina tanto na Constituição Federal, bem como no Código Tributário Nacional, haja vista este último, desde seu advento reconhecer as taxas como uma das espécies tributárias, em conjunto aos impostos e contribuições de melhoria.

As taxas podem ser instituídas por quaisquer dos entes políticos em decorrência do exercício de fiscalização ou em razão do oferecimento ou da prestação de um serviço público específico e divisível e sujeitam-se aos princípios constitucionais tributários.

Em um comparativo com os impostos as taxas devem são vinculados, ou seja, devem corresponder a uma contraprestação porém, não obrigatoriamente.

O único caso em que a arrecadação das taxas tem destinação específica é para as custas e emolumentos, conforme ADI 3694 julgada em 20.09.2006, pois tais receitas devem vincular-se ao custeio dos serviços afetos às atividades específicas da Justiça (art. 98, § 2º, CF).

Assim, em resumo, e seguindo o posicionamento do Supremo Tribunal Federal aliado às diretrizes constitucionais podemos afirmar que as taxas:

a) São tributos vinculados (seu fato gerador é vinculado a uma contraprestação estatal);

b) Sua arrecadação pode, porém não é obrigatório, destinar-se ao serviço público ou à atividade fiscal desempenhada.

c) Apenas as custas e emolumentos devem necessariamente custear atividades inerentes à Justiça.

Atenção

Uma vez o legislador vincule a receita decorrente de uma taxa deve cuidar para que a destinação esteja aliada direta ou indiretamente à atuação estatal. O raciocínio é resultado de julgamento realizado em meados de 2010, quando se decidiu pela constitucionalidade em destinar a receita de taxas notariais ao reaparelhamento do Ministério Público.

3.3.1. Modalidades de taxas

Ambos os diplomas, Carta Magna e o Código Tributário Nacional preveem duas modalidades de taxas:

✓ as taxas de polícia e

✓ as taxas de serviço.

As taxas de polícia são cobradas em razão do exercício do poder de polícia enquanto as taxas de serviço são cobradas pela utilização, efetiva ou potencial, de serviços públicos específicos e divisíveis, prestados ao contribuinte ou postos a sua disposição (art. 145, II, CF).

3.3.2. Taxa de Polícia

As taxas de polícia referem-se ao exercício regular do poder de polícia o que corresponde à atividade fiscalizatória exercida por cada um dos entes federados sendo que esse fundamenta-se no princípio da supremacia do interesse público sobre o privado, haja vista a necessidade de o ente público observar as garantias individuais, porém limitadas estas aos interesses da coletividade.

O poder de polícia aqui indicado diz respeito ao poder de polícia administrativa, regulando a prática de ato ou abstenção de fato, em razão de interesse público concernente à segurança, à higiene, à ordem, aos costumes, à disciplina da produção e do mercado, ao exercício de atividades econômicas dependentes de concessão ou autorização do Poder Público, à tranquilidade pública ou ao respeito à propriedade e aos direitos individuais ou coletivos (art. 78 do CTN).

Como exemplos de taxas de polícia temos: a taxa de Controle e Fiscalização Ambiental (TFCA), a taxa de Combate e Prevenção a Incêndio (TCPI) e a taxa de Licença e Funcionamento (TLIF).

3.3.2.1. Exercício do poder de polícia

Sobre o exercício do poder de polícia ainda que se tenha a disposição do artigo 145, II da CF vale destacar o parágrafo único do artigo 78 do CTN:

> *Art. 78. (...)*
>
> *(...)*
>
> *Parágrafo único. Considera-se regular o exercício do poder de polícia quando desempenhado pelo órgão competente nos limites da lei aplicável, com observância do processo legal e, tratando-se de atividade que a lei tenha como discricionária, sem abuso ou desvio de poder.*

A expressão "regular exercício do poder de polícia" é interessante, pois leva ao questionamento sobre o que é necessário para que uma atividade fiscalizatória autorize a implementação de uma taxa.

Com isso temos que adotar o posicionamento dos Tribunais Superiores na linha de que basta o potencial exercício do poder de polícia para validar a cobrança tributária (Resp 810335/RO julgado em 11.03.2008).

Por isso não há razão de deixar de pagar a taxa alegando que o fiscal não visita o estabelecimento comercial. O ente irá comprovar que possui um departamento fiscalizatório em funcionamento e que assim será presumida haver a fiscalização.

3.3.3. Taxa de serviço

Tanto no texto constitucional como no do Código Tributário Nacional a taxa é cobrada em razão da utilização, efetiva ou potencial, de serviço público específico e divisível, prestado ao contribuinte ou colocado a sua disposição (art. 145, II, CF c/c art. 77 do CTN).

Note que na redação de ambos os dispositivos há referência à utilização do serviço e também às qualidades desse mesmo serviço.

A diferença entre a utilização e o serviço, além das qualidades inerentes a cada um deles, está também em verificar que para cobrar a taxa basta que a utilização seja efetiva *OU* potencial, enquanto, por outro lado o serviço oferecido seja específico *E* divisível.

Assim, com relação à *utilização* não há necessidade de que o serviço seja utilizado pelo contribuinte, pois só sua disponibilidade já é suficiente para autorizar o ente político a instituir a exação.

Já quanto ao *serviço* observamos este depender de duas características que devem se apresentar sempre reunidas: o serviço precisa ser específico e divisível. O Código Tributário Nacional esclarece os conceitos:

> *Art. 79. (...)*
>
> *(...)*
>
> *II – específicos, quando possam ser destacados em unidades autônomas de intervenção, de unidade, ou de necessidades públicas;*
>
> *III – divisíveis, quando suscetíveis de utilização, separadamente, por parte de cada um dos seus usuários.*

São características comuns, de modo que uma sem a outra não traz fundamento bastante para que um serviço seja custeado por taxa e muito embora pareçam se confundir é importante destacar:

✓ Específico: quando o ente federado tem condições de identificar o contribuinte ou o grupo de contribuintes que se vale do serviço ou para os quais o serviço está posto à disposição.

✓ Divisível: quando o ente federado tem condições de mensurar a quantidade de serviço oferecido ou efetivamente prestado ao contribuinte.

Atenção

Apesar de serem serviços públicos, a iluminação pública, a limpeza pública e a segurança pública não podem ser custeadas por meio de taxa, uma vez tratarem de serviços públicos indivisíveis, ou seja, *uti universi*.

3.3.4. Base de cálculo das taxas

A base de cálculo da taxa deve corresponder a algum parâmetro inerente ao serviço de fiscalização ou ao serviço público, guardando, inclusive, proporcionalidade aos serviços.

No entanto deve-se tomar cuidado que a Constituição Federal dispõe sobre a vedação da identidade de base de cálculo própria de impostos (artigo 145, § 2º).

Neste sentido temos a posição do Supremo Tribunal Federal apresentada através da Súmula 595:

> *"É inconstitucional a taxa municipal de conservação de estradas de rodagem cuja base de cálculo seja idêntica à do imposto territorial rural".*

Nesse ponto o Código Tributário Nacional vai além e estabelece que a base de cálculo não pode ser calculada em função do capital das empresas abaixo em destaque já que não guarda qualquer relação:

> *Art. 77. (...)*
>
> *Parágrafo único. **A taxa não pode ter base de cálculo ou fato gerador idênticos aos que correspondam a imposto nem ser calculada em função do capital das empresas.***

Um outro fator que merece destaque é o teor da Súmula vinculante 29:

> *"É constitucional a adoção, no cálculo do valor da taxa, de um ou mais elementos da base de cálculo própria de determinado imposto, desde que não haja integral identidade entre uma base e outra."*

Diante disso se a taxa pela coleta de lixo residencial for calculada de acordo com a área do imóvel ou de acordo com a testada do imóvel, para o Tribunal não teremos violação nenhuma, haja vista que a área ou a testada do imóvel não representam base de cálculo próprios do IPTU, nem do ITR ou de qualquer outro imposto incidente sobre bens imóveis. São, é verdade, elementos importantes para definir o valor venal do bem (este sim base de cálculo do IPTU), mas não se equiparam à base de cálculo conforme definida pelo Código Tributário Nacional.

3.4. Contribuições de melhoria

A terceira das espécies tributárias indicada pela Constituição Federal e também pelo Código Tributário Nacional é a contribuição de melhoria. O tributo poderá ser instituído por qualquer um dos entes federados e a legitimidade da instituição é verificada quando o sujeito ativo do tributo é o mesmo ente realizador da obra.

No caso de haver uma obra pública realizada entre dois entes ambos poderão instituir o tributo desde que observados a competência territorial para não ensejar uma bitributação. Além disso, caso ocorra uma parceria público privada não deixa de ser possível a instituição do referido tributo.

Atenção

Assim como as taxas o tributo em estudo é considerado vinculado, uma vez que o seu fato gerador depende de uma contraprestação estatal. Mas é importante frisar que apenas a obra não enseja a instituição do tributo, sendo imprescindível a valorização imobiliária.

Com relação à arrecadação, não podemos afirmar que esta encontra-se afetada à obra, pois os recursos arrecadados não se destinam, necessariamente, a custear a obra pública. A obra em si é custeada por impostos, sendo que toda a população é contribuinte, porém, apenas os proprietários é que se valerão de acréscimo patrimonial e o tributo é instituído justamente para evitar esse enriquecimento sem causa.

3.4.1. Quem pode cobrar e quem deve pagar

Todos os entes políticos poderão instituir a contribuição de melhoria, desde que sejam os responsáveis pela implementação da obra pública. Diz-se então esta enquadrar-se na competência comum.

O critério para definir quem pode cobrar não é o local da obra, mas o ente realizador e idealizador da mesma.

O contribuinte do tributo é naturalmente o proprietário do imóvel beneficiado com a valorização, mas também incluem-se como contribuintes o titular do domínio útil ou o possuidor. O locatário não é contribuinte, cabendo ao proprietário, por outro lado, reajustar os valores do aluguel.

Caso o imóvel seja alienado ou transmitido a responsabilidade pelo pagamento recairá sobre o adquirente ou sucessores do bem.

3.4.2. Limites da cobrança

Os limites da exigência do tributo não é trato no texto constitucional que simplesmente outorga a competência das contribuições de melhoria à União, Estados, Distrito Federal e Municípios.

Assim, foi o Código Tributário Nacional e o Decreto-lei 195/1967 as normas que vieram estabelecer os limites para a cobrança, respectivamente:

> *Art. 81. A contribuição de melhoria cobrada pela União, pelos Estados, pelo Distrito Federal ou pelos Municípios, no âmbito de suas respectivas atribuições, é instituída para fazer face ao custo de obras públicas de que decorra valorização imobiliária, tendo como limite total a despesa realizada e como limite individual o acréscimo de valor que da obra resultar para cada imóvel beneficiado.*

> *Art. 3º A Contribuição de Melhoria a ser exigida pela União, Estado, Distrito Federal e Municípios para fazer face ao custo das obras públicas, será cobrada pela Unidade Administrativa que as realizar, adotando-se como critério o benefício resultante da obra, calculado através de índices cadastrais das respectivas zonas de influência, a serem fixados em regulamentação deste Decreto-lei.*

Existia a discussão se o Dec.-lei 195/1967 havia revogado parcialmente o disposto no art. 81 do Código Tributário Nacional em virtude do § 2º de seu artigo 3º mas a jurisprudência é pacífica em reconhecer a necessidade de se observar ambos os critérios e de que não houve alteração do Código Tributário através do mencionado Decreto-lei. *(REsp 362788/RS, Rel. Ministra Eliana Calmon, Segunda Turma, julgado em 28.05.2002, DJ 05.08.2002, p. 284. STJ).*

Para o limite individual a contribuição de melhoria deve considerar o montante da valorização do imóvel sendo base de cálculo do tributo a diferença positiva entre o valor venal do imóvel antes da obra e o valor venal do imóvel após a obra pública.

3.5. Empréstimos Compulsórios

Já foi pacificado pelo Supremo Tribunal Federal e isso já faz muito tempo (o julgado ocorreu em 11.10.1990 através do RE 121336) acerca da natureza tributária dos empréstimos compulsórios quando a cobrança era realizada sobre a aquisição de veículos automotores, fundada no Decreto-lei 2.288/1986.

Por isso temos que esse tributo, ainda que se alegue ser empréstimo, a sua exigência impõe obrigatoriedade no pagamento e é dependente de lei, de modo que foi desconsiderada a tese de que o empréstimo compulsório representaria um contrato público em que o Estado se impõe perante o interesse individual.

É importante consignar que a cobrança na conta de energia elétrica determinada pela Lei 10.438/2002 identificada como encargo de capacidade emergencial (conhecido como Seguro Apagão) foi considerado pelo Supremo Tribunal Federal como preço público através do RE 576189, julgado em 22.04.2009 e em nada confunde-se com o tributo aqui estudado.

3.5.1. Hipóteses de cabimento

Os empréstimos compulsórios são exclusivos da União de acordo com o artigo 148 da CF e só podem ser instituídos nas circunstâncias abaixo indicadas:

✓ Despesas extraordinárias decorrentes de calamidade pública;

✓ Despesas extraordinárias decorrentes de guerra externa ou sua iminência; e

✓ Para a realização de um investimento público de caráter urgente e relevante interesse nacional.

Importante registrar que a ocorrência dessas situações ensejam a instituição do tributo e não que tais situações configurem o fato gerador.

3.5.2. Empréstimos compulsórios e anterioridade

Tributo como é o empréstimo compulsório está sujeito a todo e qualquer princípio constitucional tributário, ressalvadas apenas as hipóteses em que a Lei Maior o colocar como exceção.

Merece destaque a aplicação do princípio da anterioridade. É vedada a cobrança de tributos no mesmo exercício financeiro em que foi instituído ou majorado, bem como antes de decorridos 90 dias.

Para o empréstimo compulsório faz-se necessário observar a situação na qual ele é instituído:

✓ Se instituído em razão de calamidade pública, não se sujeitará a nenhuma das regras da anterioridade.

✓ Se instituído em razão de guerra externa ou sua iminência, não se sujeitará a nenhuma das regras da anterioridade.

✓ Se instituído em razão de investimento público, sujeitar-se-á às duas regras da anterioridade.

3.5.3. Destino da arrecadação

A redação da Constituição Federal é bastante clara:

> *Art. 148. (...)*
>
> *(...)*
>
> *Parágrafo único. A aplicação dos recursos provenientes de empréstimo compulsório será vinculada à despesa que fundamentou sua instituição.*

Contudo isso não significa dizer que o empréstimo compulsório corresponde a um tributo vinculado. O que é vinculado são suas receitas e não o seu fato gerador.

Como dito anteriormente o empréstimo compulsório pode ter fato gerador de impostos e impostos são tributos não vinculados, pois seu fato gerador independe de contraprestação estatal. Assim, empréstimos compulsórios são tributos não vinculados.

O disposto constitucional diz respeito às receitas, referindo-se, portanto, ao princípio da não afetação. Logo, os empréstimos compulsórios se assemelham aos impostos, pois ambos tem fato gerador desvinculado de quaisquer atuações estatais, porém se diferenciam quanto ao destino da arrecadação. A arrecadação dos impostos não pode estar afetada, a dos empréstimos está afetada à hipótese que autorizou sua instituição e cobrança.

3.6. Contribuições especiais

Contribuições sociais são as contribuições destinadas custear a ordem social, a ordem econômica, bem como as categorias profissionais ou econômicas. Ocorre que após a EC 39/2002 foi acrescentada ao texto magno a cobrança sobre o serviço de iluminação pública e logo passaram a questionar se a exigência tinha ou não natureza tributária.

O Supremo Tribunal Federal chancelou suas características tributárias, porém não a identificou com as demais contribuições especiais, justamente porque o destino de sua arrecadação não se assemelhava a nenhuma das atividades previamente estabelecidas pelo art. 149 da Constituição Federal.

Independentemente de como sejam classificadas certo é que todas essas contribuições sujeitam-se às normas gerais de Direito Tributário, o que significa dizer que são reguladas pelos prazos de decadência e prescrição quinquenais, sendo considerada inconstitucional a lei ordinária que disponha sobre prazo diferenciado para elas (Súmula Vinculante n. 8).

Atenção

Não entende o Supremo Tribunal Federal que devam essas contribuições serem instituídas por lei complementar, ou que seu fato gerador, base de cálculo e contribuintes sejam fixados por lei complementar (ADI 578082 julgado em 17.05.2005).

As contribuições especiais e mesmo a Cosip são tributos veiculados por lei ordinária. As únicas contribuições dependentes de lei complementar são as denominadas contribuições residuais, nos termos do art. 195, § 4º da Constituição Federal.

3.6.1. Contribuições sociais

As contribuições sociais são tributos sob a competência exclusiva da União (artigo 149 da CF) mas que podem ser cobradas pelos demais entes federados desde que:

✓ Exigidas apenas dos funcionários públicos;

✓ Destinada a custear o regime previdenciário; e

✓ Impossibilidade de alíquota inferior às contribuições federais.

Uma especial atenção merece o dispositivo do artigo 40 da CF:

> *Art. 40. Aos servidores titulares de cargos efetivos da União, dos Estados, do Distrito Federal e dos Municípios, incluídas suas autarquias e fundações, é assegurado regime de previdência de caráter contributivo e solidário, mediante contribuição do respectivo ente público, dos servidores ativos e inativos e dos pensionistas, observados critérios que preservem o equilíbrio financeiro e atuarial e o disposto neste artigo.*

É importante tomar cuidado, pois a competência para legislar sobre a previdência social é concorrente entre União e Estados (artigo 24, XII, CF) e até os Municípios podem legislar sobre seu regime previdenciário específico, pois corresponde a assunto de interesse local (artigo 30, I, CF).

3.6.1.1. Modalidades de contribuições sociais

As contribuições sociais destinam-se a custear segmentos pertencentes à ordem social, título constitucional reservado entre os artigos 193 a 232. Nesse título encontramos temas componentes como a saúde, a assistência social, a previdência social, a educação, o desporto, a família, o meio ambiente, entre outros.

Por uma opção didática, preferimos dividir as contribuições sociais em duas modalidades:

✓ Específicas: destinadas a custear a seguridade social.

✓ Genéricas: destinadas a custar outros segmentos sociais que não a seguridade social.

Atenção

Em famoso julgado (ADI 2556 MC julgado em 09.10.2002) o Supremo Tribunal Federal adota outra classificação para as contribuições sociais:

Contribuições para a seguridade social: destinadas à saúde, assistência e previdência social.

✓ Contribuições sociais gerais: destinadas a outros segmentos sociais que não pertencentes aos da seguridade.

✓ Outras contribuições sociais: destinadas à seguridade social desde que decorrentes de novas fontes de custeio.

3.6.1.1.1. Contribuições sociais específicas

As contribuições sociais específicas, podem ser separadas entre contribuições sociais previdenciárias e sociais não previdenciárias. E destas últimas temos como exemplos o PIS, a COFINS, a CSSL.

As contribuições sociais específicas podem ser cobradas de acordo com o artigo 195 da CF:

✓ Do empregador, da empresa ou entidade a ela equiparada por lei;

✓ Do trabalhador e demais segurados da previdência social;

✓ Da receita decorrente do concurso de prognósticos; e

✓ Do importador de bens ou serviços do exterior ou de quem a lei a ele equiparar.

As contribuições sociais exigidas do empregador são calculadas sobre diversas bases de cálculo:

✓ Folha de salários e demais rendimentos do trabalho pagos ou creditados, a qualquer título, à pessoa física que lhe preste serviço, mesmo sem vínculo empregatício: essa é a base de cálculo das contribuições previdenciárias patronais.

✓ Receita ou faturamento: base de cálculo do PIS (Programa de Integração Social) e da COFINS (Contribuição social para a seguridade social), portanto contribuições não previdenciárias.

✓ Lucro: base de cálculo da CSSL (Contribuição Social sobre o Lucro) outra das contribuições não previdenciárias.

3.6.1.1.2. Contribuições sociais específicas e anterioridade

As contribuições sociais específicas sujeitam-se às regras descritas no artigo 195 da Constituição Federal, de modo que o dispositivo estabelece regime jurídico próprio para essa modalidade de contribuição.

Uma das especificidades é a anterioridade aplicada a essa qualidade de tributo. Essas contribuições não observam a anterioridade geral aplicada a todos os tributos descrita no artigo 150, III, *b* e *c*, mas isso não significa afirmar que não se sujeitam a anterioridade nenhuma.

As contribuições sociais específicas estão sujeitas a uma anterioridade mais moderada denominada anterioridade mitigada ou nonagesimal:

> *Art. 195. (...)*
>
> *(...)*
>
> *§ 6º As contribuições sociais de que trata este artigo só poderão ser exigidas após decorridos noventa dias da data da publicação da lei que as houver instituído ou modificado, não se lhes aplicando o disposto no art. 150, III, b.*

Lembre-se que essa anterioridade só é aplica às contribuições sociais específicas (previdenciárias ou não), não sendo este mesmo princípio aplicado às contribuições sociais gerais.

3.6.1.1.3. Contribuições sociais residuais

As contribuições residuais ou novas contribuições sociais são exclusividade da União e quando instituídas terão por escopo custar a seguridade social.

A Constituição Federal ao tratar do assunto assim descreve:

> *Art. 195. (...)*
>
> *(...)*
>
> *§ 4º A lei poderá instituir outras fontes destinadas a garantir a manutenção ou expansão da seguridade social, obedecido o disposto no art. 154, I.*

Art. 154. A União poderá instituir:

I – mediante lei complementar, impostos não previstos no artigo anterior, desde que sejam não cumulativos e não tenham fato gerador ou base de cálculo próprios dos discriminados nesta Constituição;

Interessante exemplo para esse tipo de contribuição foi a CPMF (Contribuição Provisória sobre Movimentação Financeira) instituída há muitos anos para custear a saúde (porém já revogada), contudo novamente vislumbrada como uma importante ferramenta arrecadatória em tempos de crise econômica.

Assim, ao se criar novas fontes de custeio para a seguridade social a União deve ter a cautela de observar os requisitos indicados pelo art. 154, I, CF. Três requisitos são descritos:

✓ Necessidade de Lei Complementar;

✓ Não cumulatividade; e

✓ Impossibilidade de fato gerador ou base de cálculo dos impostos já discriminados.

Segundo o Supremo Tribunal Federal (RE 228321 julgado em 01.10.1998) ao se instituir novas contribuições sociais a União deverá respeitar os requisitos constitucionais, desde que o terceiro requisito seja adaptado à espécie tributária que se está instituindo.

Podemos concluir que as novas contribuições não podem ter fato gerador ou base de cálculo das contribuições sociais já existentes, porém, não haveria afronta à Constituição caso elas sejam criadas com fato gerador ou base de cálculo dos impostos.

3.6.1.1.4. Contribuições sociais genéricas

As contribuições sociais gerais (denominação dada pelo Supremo Tribunal Federal) são tributos sujeitos às duas regras delineadas pela anterioridade, bem como identificadas pelo destino de sua arrecadação. Se a prestação pecuniária recolhida não se destina à saúde, assistência ou previdência social, não é contribuição específica, logo, só poderá ser enquadrada como genérica.

Um exemplo clássico é a contribuição ao salário educação que destinado a custear a educação básica pública é tida como contribuição genérica.

3.6.2. Contribuições de intervenção no domínio econômico

As Contribuições de intervenção no domínio econômico também conhecida como CIDE's são tributos com nítido caráter extrafiscal, mesmo porque, conforme sua própria denominação, representam tributos intervencionistas.

O tributo, portanto, deve ser motivado para que a União o institua. Uma violação aos princípios da ordem econômica ou mesmo desequilíbrios ou inobservância das liberdades de concorrência e iniciativa empresarial são o bastante para que a União, através do papel de Estado interventor, poderá instituir a CIDE sobre determinado domínio econômico com o objetivo de resgatar, sob o controle estatal, a harmonia e funcionamento de um determinado segmento da economia.

Ainda que pareça num primeiro momento contraditório, a CIDE serve justamente como o instrumento para que a União valha-se da supremacia do interesse público. A instituição da CIDE, que se dará por lei ordinária, sobre integrantes de um domínio econômico, captará recursos que necessariamente devem retornar ao mesmo domínio econômico, sob pena de desvio de finalidade.

Deste modo, a CIDE possui algumas características (conforme as lições de Marco Aurélio Greco – Contribuições de intervenção no domínio econômico e figura afins, p. 13) que marcam o seu perfil:

✓ Natureza extrafiscal;

✓ Se intervencionista, deve ser motivada;

✓ A intervenção pode ser duradoura, mas não deve ser eterna;

✓ A arrecadação deve retornar para o mesmo domínio econômico;

✓ Respeitará as normas gerais de Direito Tributário;

✓ Desnecessária instituição por Lei Complementar (basta lei ordinária);

✓ Desnecessária exigência sobre todos os integrantes de um setor econômico;

✓ Arrecadação deve retornar ao mesmo domínio econômico.

3.6.3. Contribuições corporativas

As contribuições corporativas são aquelas arrecadadas no interesse das categorias profissionais e econômicas.

Embora seja de competência da União a sua arrecadação costuma ser delegada a terceiros, que tem de modo geral o objetivo de zelar pelo desenvolvimento de uma atividade profissional, atuando, inclusive, em defesa da respectiva categoria, bem como capacitar trabalhadores em larga escala para integrarem variados segmentos econômicos. Em razão dessa transferência arrecadatória costumam essas contribuições também serem chamadas de parafiscais tendo como exemplo clássico os conselhos de fiscalização profissional (CRM, CRA, CRECI, CRO, CREA).

Deve-se ressaltar que com relação à Ordem dos Advogados do Brasil há posicionamento jurisprudencial específico e excepcional, pois tem sido reconhecida como autarquia em regime especial e se diferencia dos demais conselhos profissionais porque não se limita a defender a corporação, busca atingir seus objetivos legais e constitucionais (artigo 133, CF).

Outro fator interessante é que a anuidade por ela exigida não se configura como tributo, pois a arrecadação não compreende receita pública, os valores não são fixados por lei e eventuais débitos não são cobrados através do procedimento da Lei de Execuções Fiscais. Nesse sentido é o REsp 572080/PR, Rel. Ministro Castro Meira, Segunda Turma, julgado em 15.09.2005, *DJ* 03.10.2005, p. 173.

Atenção

As contribuições arrecadadas em favor dos serviços sociais autônomos, através do SESC, SENAC, SESI ou SENAI, para o Supremo Tribunal Federal não se enquadram como contribuições corporativas, mas sim como verdadeiras contribuições sociais genéricas, nos termos do art. 240 da Constituição Federal.

3.6.3.1. Contribuição sindical e contribuição confederativa

O texto constitucional assim dispõe:

Artigo 8º É livre a associação profissional ou sindical, observado o seguinte:

(...)

IV – a assembleia geral fixará a contribuição que, em se tratando de categoria profissional, será descontada em folha, para custeio do sistema confederativo da representação sindical respectiva, independentemente da contribuição prevista em lei;

Diante dessa leitura percebemos haver duas contribuições diferenciadas:

✓ Contribuição confederativa sindical: valor fixado através de assembleia geral e que não possui natureza tributária, pois só é cobrada daqueles que são sindicalizados.

✓ Contribuição sindical: denominada também como imposto sindical (art. 579, CLT). Valor determinado por lei, cuja cobrança anual corresponde a um dia de remuneração para o empregado e para o empregador corresponde numa importância proporcional ao capital social da firma ou empresa, observada tabela descrita na Consolidação das Leis Trabalhistas (art. Art.580, III). Essa contribuição é devida por aqueles participantes de determinada categoria profissional ou econômica (independentes se sindicalizados ou não) a ser recolhida para o Sindicato ou Federação representante da categoria.

3.6.4. Contribuição para o custeio do serviço de iluminação pública

Sobre esse tema é o artigo 149-A da Constituição Federal que regula nos seguintes termos:

Art. 149-A Os Municípios e o Distrito Federal poderão instituir contribuição, na forma das respectivas leis, para o custeio do serviço de iluminação pública, observado o disposto no art. 150, I e III.

Parágrafo único. É facultada a cobrança da contribuição a que se refere o caput, na fatura de consumo de energia elétrica.

A contribuição de iluminação pública (CIP) ou contribuição para o custeio do serviço de iluminação (COSIP) surgiu com o advento da EC 39/2002 e sua competência foi outorgada aos Municípios e Distrito Federal por se tratar a iluminação assunto de interesse local.

Interessante notar que essa é a única das contribuições que a União não tem competência, pois as demais (sociais, de intervenção e corporativas) podem ser por ela instituídas.

O surgimento da contribuição ocorreu com a impossibilidade de se destinar recursos dos impostos para o custeio do serviço (em razão do princípio da não afetação), bem como porque declarada a inconstitucionalidade da cobrança de taxa, haja vista tratar-se de um serviço público indivisível, de acordo com a Súmula 670 do STF e Súmula Vinculante 41:

"O serviço de iluminação pública não pode ser remunerado mediante taxa".

Aliás, a COSIP foi considerada pelo Supremo Tribunal Federal como tributo *sui generis*, a partir da decisão no RE 573675 (julgado em 25.03.2009) onde confirmaram não se tratar de taxa por causa da indivisibilidade do serviço, nem imposto, pois sua arrecadação não pode ter destinação específica a uma despesa.

A cobrança poderá ser através de conta de luz ou outra forma de lançamento faculdade atribuída para os entes instituidores como forma de reduzir os gastos com essa cobrança.

Aliás, diga-se de passagem, ainda que corresponda a serviço público prestado a toda a coletividade, entendeu o Supremo Tribunal não haver nenhuma irregularidade em se cobrar o tributo apenas dos consumidores de energia elétrica, desde que a exigência seja proporcional ao custo do serviço, admitindo-se, até mesmo a progressividade de suas alíquotas.

4. IMPOSTOS EM ESPÉCIE

4.1. Impostos federais

4.1.1. Imposto de importação – II

O primeiro imposto a ser estudado é o de importação que inaugura o rol de impostos ordinários da União (art. 153, I, CF). Sua eminente característica extrafiscal coaduna-se com sua permissão em ter alíquotas alteradas por decreto, desde que observados os limites legais (art. 153, § 1º, CF).

Esse imposto não observa o princípio da anterioridade (art. 150, § 1º, CF), de modo que não precisará aguardar pelo exercício financeiro seguinte, nem mesmo o prazo de 90 dias para que uma nova alíquota passe a ser exigida, possibilitando sua cobrança imediata.

O imposto em comento incide sobre produtos estrangeiros vindos do exterior. A expressão "produtos estrangeiros do exterior" pode parecer redundante, porém era uma forma de o legislador diferenciar a "importação" de um produto de um Estado para outro, sujeito ao ICMS, da importação de um produto estrangeiro de procedência de outros países.

Assim, temos que o fato gerador corresponde a entrada de produtos estrangeiros em território nacional e a base de cálculo poderá ser:

✓ quando a alíquota for específica, a unidade de medida adotada pela lei tributária;

✓ quando a alíquota for ad valorem, o preço normal que o produto, ou seu similar, alcançaria, ao tempo da importação, em uma venda em condições de livre concorrência, para entrega no porto ou lugar de entrada do produto no País;

✓ quando se trate de produto apreendido ou abandonado, levado a leilão, o preço da arrematação.

O contribuinte nesse caso é o importador ou quem a lei a ele equiparar ou o arrematante no caso de produtos apreendidos ou abandonados.

4.1.2. Imposto de exportação – IE

O próximo imposto integrante do segmento do comércio exterior é o imposto de exportação que, tal qual o de importação, também possui natureza extrafiscal, inclusive guardando as mesmas excepcionalidades do imposto de importação em relação aos princípios da legalidade e da anterioridade.

Para o caso tem-se que as alíquotas deste imposto poderão ser alteradas através de decreto, conforme o artigo 153,

§ 1º, CF e a exigência de nova carga tributária não se sujeita ao exercício financeiro seguinte, nem mesmo à observância dos 90 dias.

Consiste em um tributo de competência da União, inexistindo a alternativa de qualquer outro ente político vir a fazê-lo e que incidirá sobre produtos nacionais ou nacionalizados sendo esse entendido como sendo o produto estrangeiro que ingressa no território brasileiro de forma definitiva.

Em resumo temos que o fato gerador é a saída do território nacional de produtos nacionais ou nacionalizados; a base de cálculo poderá ser da seguinte forma:

✓ quando a alíquota for específica, a unidade de medida adotada pela lei tributária;

✓ quando a alíquota for ad valorem, o preço normal que o produto, ou seu similar, alcançaria, ao tempo da exportação, em uma venda em condições de livre concorrência.

Por fim, o contribuinte será o exportador ou quem a lei a ele equiparar.

4.1.3. Imposto sobre a renda – IR

Mais um tributo exclusivo da União, conforme o artigo 153, III, CF.

Mesmo nos casos em que a arrecadação do imposto de renda é repassada direta ou indiretamente aos demais entes federados, não se cogita a hipótese deles interferirem na competência da União, haja vista que apenas têm direito em parcela do produto da arrecadação e não competência para legislar sobre o imposto.

Assim, temos o fato gerador como a aquisição da disponibilidade econômica ou jurídica de rendas e proventos de qualquer natureza;

Atenção

Considera-se renda tudo aquilo que for produto do trabalho, do capital ou da combinação de ambos.

Já a base de cálculo é o montante, real, arbitrado ou presumido, da renda ou dos proventos tributáveis de acordo com o artigo 44 do Código Tributário Nacional. Ademais, o contribuinte é o titular da disponibilidade econômica ou jurídica de rendas e proventos de qualquer natureza (artigo 45, CTN).

4.1.3.1. Critérios constitucionais informadores do IR

Vale destacar que a Constituição Federal enumera que o imposto de renda possui os seguintes critérios, de acordo com o artigo 153, § 2º, I, assim disposto:

✓ Generalidade;

✓ Universalidade; e

✓ Progressividade

Devemos entender por generalidade a possibilidade de o imposto recair sobre o conjunto de quaisquer contribuintes que venham a praticar seu fato gerador, independente se pessoas físicas, jurídicas, nacionais, estrangeiras, ricos ou pobres.

Já a universalidade compreende a renda sobre a qual o imposto incidirá. É irrelevante também a modalidade de renda ou proventos, de modo que o imposto será exigido de todo e qualquer contribuinte que ao final de um determinado período demonstrar ter conquistado acréscimo patrimonial.

E, por último, a progressividade que é aplicada às alíquotas do imposto, atentando-se à capacidade econômica do indivíduo que aufere renda e proventos. Desta feita, conforme maior a base de cálculo (acréscimo patrimonial), maior será a faixa de alíquota sob a qual o contribuinte deverá pagar a exação.

4.1.4. Imposto sobre produtos industrializados – IPI

O IPI é um dos impostos de maior arrecadação no País, embora não seja de conhecimento de muitos.

O IPI ainda é por muitos considerado como tributo extrafiscal (ainda que a carga arrecadatória seja uma das maiores entre os impostos federais) e não observa dois princípios, o da legalidade já que as suas alíquotas podem variar de acordo com o ato do Poder Executivo, nem mesmo o princípio da anterioridade anual (muito embora deva o IPI respeitar o prazo mínimo de 90 dias).

Outro ponto que merece destaque é a imunidade prevista para produtos industrializados destinados ao exterior. Para essa situação não haverá a incidência do IPI (artigo 153, § 3º, III da Constituição Federal).

Temos como fato gerador:

✓ O desembaraço aduaneiro, quando de procedência estrangeira;

✓ A saída dos estabelecimentos importador, industrial, comerciante ou arrematante.

✓ A arrematação, quando apreendido ou abandonado e levado a leilão.

A base de cálculo varia de acordo com o fato gerador praticado – artigo 47 do CTN, tais como:

✓ No desembaraço aduaneiro a base de cálculo é o preço normal do produto acrescido do imposto de importação, das taxas exigidas para a entrada do produto no País, mais os encargos cambiais.

✓ Quando na saída do estabelecimento a base é o valor da operação ou na falta deste valor o preço corrente da mercadoria.

✓ Na arrematação o preço da arrematação.

Já o contribuinte é identificado conforme o fato gerador praticado (art. 51, CTN):

✓ o importador ou quem a lei a ele equiparar;

✓ o industrial ou quem a lei a ele equiparar;

✓ o comerciante de produtos sujeitos ao imposto, que os forneça ao industrial; ou

✓ o arrematante de produtos apreendidos ou abandonados, levados a leilão.

4.1.4.1. Princípios da seletividade e não cumulatividade

Ambos os princípios são de aplicação obrigatória o que difere do ICMS que, como será estudado adiante, a seletividade é facultativa, mas a não cumulatividade é obrigatória.

O princípio da seletividade das alíquotas do IPI decorre da essencialidade do produto, no sentido em que quanto mais essencial um produto menor sua alíquota e a recíproca também é verdadeira, pois quanto menos essencial um produto maior a alíquota.

Já a não cumulatividade, princípio assegurado pela Constituição Federal, tem como objetivo atenuar a carga tributária do IPI sobre o consumidor final, compensando o tributo em cada operação com os valores incidentes nas etapas anteriores.

4.1.5. Imposto sobre operações financeiras – IOF

Outro tributo de competência da União e que representa um importante instrumento fiscal controlador do consumo, especialmente quando da necessidade de obtenção de linhas créditos. Não há previsão para que sua administração seja realizada por outra pessoa jurídica de direito público, o que representaria a transferência da capacidade tributária ativa. Por outro lado o imposto tem receita repartida, mas isso em nada interfere na competência da União, apenas o produto da arrecadação é repartido entre Estados e Municípios, conforme estampado no art. 153, § 5º, da Constituição Federal.

Importante frisar que seu fato gerador não é apenas uma operação financeira, mas quatro hipóteses que se revelam através do art. 63 do Código Tributário Nacional:

✓ quanto às operações de crédito, a sua efetivação pela entrega total ou parcial do montante ou do valor que constitua o objeto da obrigação, ou sua colocação à disposição do interessado;

✓ quanto às operações de câmbio, a sua efetivação pela entrega de moeda nacional ou estrangeira, ou de documento que a represente, ou sua colocação à disposição do interessado em montante equivalente à moeda estrangeira ou nacional entregue ou posta à disposição por este;

✓ quanto às operações de seguro, a sua efetivação pela emissão da apólice ou do documento equivalente, ou recebimento do prêmio, na forma da lei aplicável;

✓ quanto às operações relativas a títulos e valores mobiliários, a emissão, transmissão, pagamento ou resgate destes, na forma da lei aplicável.

Já a base de cálculo será correspondente ao fato gerador podendo ser:

✓ quanto às operações de crédito, o montante da obrigação, compreendendo o principal e os juros;

✓ quanto às operações de câmbio, o respectivo montante em moeda nacional, recebido, entregue ou posto à disposição;

✓ quanto às operações de seguro, o montante do prêmio;

✓ quanto às operações relativas a títulos e valores mobiliários:a) na emissão, o valor nominal mais o ágio, se houver; b) na transmissão, o preço ou o valor nominal, ou o valor da cotação em Bolsa, como determinar a lei; c) no pagamento ou resgate, o preço.

Seus contribuintes podem ser qualquer das partes na operação tributada, como dispuser a lei (art. 66, CTN). Assim, por exemplo, nas operações de seguro pode ser a seguradora ou o segurado, cabendo à lei ordinária federal indicar o sujeito passivo do imposto.

4.1.5.1. *IOF sobre o ouro*

Esse ponto merece uma especial atenção já que a sua incidência irá repercutir na tributação do ICMS como será estudado.

O artigo 153, § 5º, I, da CF trata do assunto e está assim redigido:

Art. 153. (...)

(...)

§ 5º – O ouro, quando definido em lei como ativo financeiro ou instrumento cambial, sujeita-se exclusivamente à incidência do imposto de que trata o inciso V do "caput" deste artigo, devido na operação de origem; a alíquota mínima será de um por cento, assegurada a transferência do montante da arrecadação nos seguintes termos:

I – trinta por cento para o Estado, o Distrito Federal ou o Território, conforme a origem;

II – setenta por cento para o Município de origem.

Percebemos a incidência exclusiva do IOF sobre o ouro quando este for tratado como:

✓ Ativo financeiro

✓ Instrumento cambial

Percebe-se, desta feita, que o dispositivo constitucional limita a incidência do IOF sobre o ouro como ativo financeiro ou instrumento cambial. Se o ouro não for assim tratado, não caberá a cobrança do imposto federal. Se o ouro for negociado como mercadoria teremos a incidência do II/IE/ICMS dependendo da operação (art. 155, § 3º, Constituição Federal).

4.1.6. Imposto territorial rural – ITR

O ITR pertence ao feixe de competência destinado à União (art. 153, VI, CF), sendo que nenhum outro ente federado terá a oportunidade de instituir o imposto. Assim, os proprietários de imóveis situados em zona rural estarão sujeitos a recolher o imposto aos cofres federais.

Existem três características peculiares descritas na Constituição acerca do ITR (art. 153, § 4º):

✓ O imposto receberá alíquotas progressivas para desestimular a manutenção de propriedades improdutivas;

✓ O imposto não incidirá sobre o único imóvel rural, desde que considerado como pequena gleba.

✓ O imposto poderá ser arrecadado e fiscalizado pelos Municípios na forma da lei.

Assim temos o fato gerador como a propriedade, o domínio útil ou a posse de imóvel por natureza, como definido na lei civil, localização fora da zona urbana do Município (art. 29); a base de cálculo corresponde ao valor fundiário (art. 30) e o contribuinte pode ser o proprietário do imóvel, o titular de seu domínio útil, ou o seu possuidor a qualquer título (art. 31 – todos os dispositivos do Código Tributário Nacional).

4.1.6.1. *ITR e Municípios*

De acordo com a previsão constitucional em vigor, sem prejuízo da competência da União sobre o ITR, existe a possibilidade de os Municípios virem a cobrar este imposto federal e o artigo 153 trata do assunto:

Art. 153. (...)

(...)

***§ 4º** O imposto previsto no inciso VI do caput:*

(...)

***III** – será fiscalizado e cobrado pelos Municípios que assim optarem, na forma da lei, desde que não implique redução do imposto ou qualquer outra forma de renúncia fiscal.*

A Lei Federal 11.250/2005 é a responsável por regulamentar a disposição do art. 153, § 4º, III, sendo certo que os Municípios (ou o Distrito Federal) interessados na arrecadação do ITR deverão celebrar convênio junto a União (Decreto 6.433/2008) para fazerem jus ao benefício.

Resta claro que a celebração do convênio permitirá aos Municípios e ao Distrito Federal a arrecadação total do ITR, vedada qualquer redução ou renúncia fiscal quanto ao imposto.

4.1.7. Imposto sobre grandes fortunas – IGF

Último dos impostos ordinários de competência da União, ainda que não instituído tem função destacadamente arrecadatória sujeitando-se a todos os princípios constitucionais tributários, não sendo indicado como exceção a nenhum deles.

Atenção

Para o IGF caberá a lei complementar instituidora deste tributo indicar o seu fato gerador, determinar a base para o cálculo, bem como discriminar quem serão os contribuintes.

4.1.8. Imposto extraordinário de guerra – IEG

O Imposto em estudo pertence à chamada competência extraordinária que é exclusiva da União. Nesse sentido não há qualquer possibilidade de os Estados, Distrito Federal ou Municípios virem a instituir tal exação em caso de beligerância.

Pode entender-se como próximo ao Empréstimo Compulsório, pois tem sua instituição autorizada em razão de calamidade pública, guerra externa ou iminência de guerra externa, contudo não pode ser instituído para captar recursos em decorrência da necessidade de se realizar investimento público em caráter urgente.

O imposto extraordinário em questão representa exceção ao princípio da anterioridade e neste caso não observará nenhuma das regras estabelecidas, seja a anterioridade anual, seja a noventena, mas não representa exceção ao princípio da legalidade.

Atenção

A CF/1988 não prevê a necessidade de o imposto ser instituído por Lei Complementar, sendo suficiente lei ordinária. Nesse caso está correto afirmar também que o imposto poderá ser veiculado por medida provisória.

4.2. Impostos estaduais

4.2.1. Imposto sobre transmissão causa mortis e doações – ITCMD

Esse imposto é de competência estadual recaindo sobre a transmissão *causa mortis* ou por doação de quaisquer bens ou direitos. Sua alíquota máxima é definida através de resolução do Senado Federal.

Observe que o ITCMD incide sobre a transmissão de quaisquer bens ou direitos, ou seja, não importa se sobre bens móveis ou imóveis.

Não há que confundir o ITCMD com o ITBI quando se tratar de transmissão de bens móveis, pois o imposto municipal somente recairá sobre bens imóveis. Por outro lado é bastante comum confundir ITCMD com o ITBI quando se tratar da transmissão de bens imóveis. Isso porque ambos os impostos incidem sobre a transmissão desse tipo de bem.

O ITCMD alcança a transmissão decorrente de morte, enquanto o ITBI apenas alcança a transmissão entre vivos. Contudo, ainda que a **transmissão** seja **entre vivos** também é possível a incidência do **ITCMD** e não do ITBI. Para tanto é necessário conhecer a natureza da transmissão ocorrida entre vivos: se onerosa ou não onerosa.

Confirmada a natureza onerosa, então ITBI é o imposto a incidir. Pela via contrária, se a natureza da transmissão for não onerosa, então estaremos diante de uma típica doação, sobre a qual recairá o ITCMD.

Por fim vale destacar o disposto no art. 155, § 1º, da Constituição Federal, o qual fixa o Estado local da situação do bem como competente para sua arrecadação. Já, quando o imposto recair sobre bens móveis, então na hipótese de sucessão hereditária competente será o Estado onde se processar o inventário ou arrolamento e nas doações, competente será o Estado local de domicílio do doador.

4.2.2. Imposto sobre circulação de mercadorias e serviços – ICMS

O ICMS, dentre todos os impostos, é aquele para o qual mais características constitucionais foram atribuídas. A justificativa é a preocupação com a guerra fiscal.

O imposto poderá incidir sobre:

- ✓ Circulação de mercadoria;
- ✓ Serviços de transporte interestadual;
- ✓ Serviços de transporte intermunicipal;
- ✓ Serviços de telecomunicação;
- ✓ Energia elétrica;
- ✓ Derivados de petróleo;
- ✓ Combustíveis; e
- ✓ Minerais.

Atenção

Sobre telecomunicação, energia elétrica, derivados de petróleo, combustíveis e minerais nenhum outro imposto poderá recair, salvo o ICMS, o II e o IE.

Vários são os fatos geradores do imposto, os quais podem ser visualizados na combinação entre os artigos 155, II e 155, § 2º, IX da Constituição Federal, bem como a LC 87/1996:

✓ operações relativas à circulação de mercadorias, inclusive o fornecimento de alimentação e bebidas em bares, restaurantes e estabelecimentos similares;

✓ prestações de serviços de transporte interestadual e intermunicipal, por qualquer via, de pessoas, bens, mercadorias ou valores;

✓ prestações onerosas de serviços de comunicação, por qualquer meio, inclusive a geração, a emissão, a recepção, a transmissão, a retransmissão, a repetição e a ampliação de comunicação de qualquer natureza;

✓ fornecimento de mercadorias com prestação de serviços não compreendidos na competência tributária dos Municípios;

✓ fornecimento de mercadorias com prestação de serviços sujeitos ao imposto sobre serviços, de competência dos Municípios, quando a lei complementar aplicável expressamente o sujeitar à incidência do imposto estadual.

✓ sobre a entrada de mercadoria ou bem importados do exterior, por pessoa física ou jurídica, ainda que não seja contribuinte habitual do imposto, qualquer que seja a sua finalidade;

✓ sobre o serviço prestado no exterior ou cuja prestação se tenha iniciado no exterior;

✓ sobre a entrada, no território do Estado destinatário, de petróleo, inclusive lubrificantes e combustíveis líquidos e gasosos dele derivados, e de energia elétrica, quando não destinados à comercialização ou à industrialização, decorrentes de operações interestaduais, cabendo o imposto ao Estado onde estiver localizado o adquirente.

Já com relação a base de cálculo deverá ser observado o artigo 13 da LC 87/1996, responsável por discriminar as diversas bases de cálculo do imposto conforme o fato gerador praticado.

✓ Nos casos de saída de mercadoria de estabelecimento de contribuinte, transmissão a terceiro de mercadoria depositada em armazém geral ou em depósito fechado, no Estado do transmitente e na transmissão de propriedade de mercadoria, ou de título que a represente, quando a mercadoria não tiver transitado pelo estabelecimento transmitente a base de cálculo será o *valor da operação*.

✓ Quando do fornecimento de alimentação, bebidas e outras mercadorias por qualquer estabelecimento sua base de cálculo será *o valor da operação, compreendendo mercadoria e serviço*.

✓ Na prestação de serviço de transporte interestadual e intermunicipal e de comunicação, *o preço do serviço*.

✓ No fornecimento de mercadoria com prestação de serviços *o valor da operação ou o preço corrente da mercadoria fornecida ou empregada*, caso o serviço não seja de competência municipal.

✓ No desembaraço aduaneiro de mercadorias ou bens importados do exterior a base de cálculo resultará na soma das seguintes parcelas: *a) o valor da mercadoria ou bem constante dos documentos de importação; b) imposto de importação; c) imposto sobre produtos industrializados; d) imposto sobre operações de câmbio; e e) quaisquer outros impostos, taxas, contribuições e despesas aduaneiras.*

✓ Quando do recebimento, pelo destinatário, de serviço prestado no exterior a base de cálculo compreenderá *o valor da prestação do serviço, acrescido, se for o caso, de todos os encargos relacionados com a sua utilização.*

✓ Quando da aquisição em licitação pública de mercadorias ou bens importados do exterior e apreendidos ou abandonados, leva-se em conta *o valor da operação acrescido do valor dos impostos de importação e sobre produtos industrializados e de todas as despesas cobradas ou debitadas ao adquirente.*

✓ Quando da entrada no território do Estado de lubrificantes e combustíveis líquidos e gasosos derivados de petróleo e energia elétrica oriundos de outro Estado, quando não destinados à comercialização ou à industrialização, a base de cálculo será *o valor da operação de que decorrer a entrada.*

✓ Quando da utilização, por contribuinte, de serviço cuja prestação se tenha iniciado em outro Estado e não esteja vinculada a operação ou prestação subsequente, *o valor da prestação no Estado de origem.*

Atenção

Integra a base de cálculo do imposto o montante do próprio imposto, bem como o valor correspondente a seguros, juros e demais importâncias pagas, recebidas ou debitadas, bem como descontos concedidos sob condição e o frete, caso o transporte seja efetuado pelo próprio remetente ou por sua conta e ordem e seja cobrado em separado (art. 13, § 1º, LC 87/1996).

Com relação ao contribuinte será qualquer pessoa, física ou jurídica, que realize, com habitualidade ou em volume que caracterize intuito comercial, operações de circulação de mercadoria ou prestações de serviços de transporte interestadual e intermunicipal e de comunicação, ainda que as operações e as prestações se iniciem no exterior (art. 4º da LC 87/1996).

É também contribuinte a pessoa física ou jurídica que, mesmo sem habitualidade ou intuito comercial:

✓ importe mercadorias ou bens do exterior, qualquer que seja a sua finalidade;

✓ seja destinatária de serviço prestado no exterior ou cuja prestação se tenha iniciado no exterior;

✓ adquira em licitação mercadorias ou bens apreendidos ou abandonados; ou

✓ adquira lubrificantes e combustíveis líquidos e gasosos derivados de petróleo e energia elétrica oriundos de outro Estado, quando não destinados à comercialização ou à industrialização.

4.2.2.1. *Principais características*

A Não cumulatividade: o imposto é obrigatoriamente não cumulativo. Isso significa que no regime de arrecadação do ICMS compensa-se o que for devido em cada operação relativa à circulação de mercadorias ou prestação de serviços com o montante cobrado nas anteriores pelo mesmo ou outro Estado ou pelo Distrito Federal.

A Seletividade: princípio de aplicação facultativa. As alíquotas do ICMS poderão variar em função da essencialidade do produto. Quanto mais necessário um produto menor sua alíquota. Exemplo: arma de fogo alíquota alta, leite alíquota baixa.

O Regime de alíquotas: o ICMS pode incidir sobre operações relativas à circulação de mercadoria ou prestação de serviços dentro do Estado ou entre Estados. Por isso dizer operações internas e operações interestaduais.

Para as operações internas pode o Senado Federal fixar alíquotas mínimas e máximas. Para as operações interestaduais deve o Senado Federal fixar a alíquota a ser aplicada.

Outras hipóteses de incidência do imposto: além de todas as hipóteses já discriminadas anteriormente, o IMCS também poderá incidir sobre a importação de bens, mercadorias ou serviços, mesmo que o importador seja consumidor final.

Atenção

Na importação o ICMS é devido ao Estado para onde a mercadoria é destinada. É irrelevante o Estado por onde chegou a mercadoria no País. Importante é o Estado de destino.

Há também a possibilidade de o imposto recair sobre outros serviços acompanhados de mercadorias, desde que não estejam sujeitos ao ISS. Exemplo: restaurante.

Imunidades específicas: já observamos vários casos de situações imunes à incidência de impostos. Em relação ao ICMS, a Constituição Federal descreve mais 4 (quatro) hipóteses sobre os quais esse imposto não poderá recair:

✓ Exportação;

✓ Operações interestaduais relativas a combustível derivado de petróleo e energia elétrica;

✓ Ouro, quando caracterizado como ativo financeiro / instrumento cambial; e

✓ Serviço de comunicação nas modalidades de radiodifusão sonora e de sons e imagens de recepção livre e gratuita.

4.2.3. Imposto sobre a propriedade de veículo automotor – IPVA

O IPVA é o terceiro e último imposto de competência dos Estados e Distrito Federal. Sua alíquota mínima deve ser determinada por resolução do Senado Federal e há autorização constitucional também para que, respeitada esse piso, as alíquotas sejam selecionadas de acordo com o uso e o tipo do veículo.

A partir do advento da EC 42/2003 foi acrescentado ao IPVA a possibilidade de receber alíquotas seletivas em razão do tipo e da utilização do veículo, conforme o artigo 155, § 6º, II, da CF.

Veja que no atual texto da Constituição é facultado aos Estados aplicar alíquotas que variem de acordo com o tipo, bem como de acordo com a utilização do veículo.

São critérios distintos oferecendo grande flexibilidade ao legislador estadual para a fixação de alíquotas. Quando as alíquotas são alteradas por se tratar de veículos de carga, veículos de transporte coletivo ou veículos de passeio está sendo utilizado o critério do tipo. Já quando as alíquotas variam em razão do veículo servir à agricultura, transporte urbano de passageiros (táxi) ou transporte particular então temos o critério do uso.

Em resumo temos que o fato gerador é ser proprietário de veículo automotor (art. 155, III, CF); a base de cálculo será o valor venal do veículo (conforme legislação estadual correspondente) e com relação a quem seja contribuinte será o proprietário do veículo automotor (conforme legislação estadual correspondente).

4.3. Impostos municipais

4.3.1. Imposto predial e territorial urbano – IPTU

Primeiro imposto a ser estudado no âmbito municipal, o IPTU deve ser instituído por meio de lei ordinária, porém, apesar dessas básicas informações, não podemos esquecer que ao Distrito Federal também foi reservada a competência para institui-lo, algo, aliás, que vale, igualmente, para os demais impostos municipais (ITBI e ISS).

O texto constitucional autoriza através do artigo 156, § 1º, I e art. 182, § 4º, II (ambos da Constituição Federal) duas maneiras de o IPTU receber alíquotas progressivas:

a) Progressividade em razão da função social do imóvel; e

b) Progressividade em razão do valor do imóvel.

Além dessas possibilidades de variação de alíquotas há mais uma assim assinalada pela Constituição:

Art. 156.

§ 1º. *Sem prejuízo da progressividade no tempo a que se refere o art. 182, § 4º, II, o imposto previsto no inciso I poderá:*

II *– ter alíquotas diferentes de acordo com a localização e o uso do imóvel.*

Aqui, a mudança de alíquotas se dá em razão da localização ou do uso do imóvel. Temos então a aplicação do princípio da seletividade e não o da progressividade, pois o critério informador é o uso/local, diferentemente quando temos a progressividade em que o critério é o valor do bem.

Em resumo temos o fato gerador como a propriedade, o domínio útil ou a posse de bem imóvel por natureza ou por acessão física, como definido na lei civil, localizado na zona urbana do Município (art. 32 do CTN); a base de cálculo o valor venal do imóvel (art. 33, CTN) e contribuinte pode ser o proprietário do imóvel, o titular do seu domínio útil, ou o seu possuidor a qualquer título (art. 34, CTN).

4.3.2. Imposto sobre a transmissão de bens imóveis – ITBI

Esse imposto costuma também ser indicado pela sigla ITIV o que significa imposto sobre transmissão *inter vivos*.

Sobre o tema um cuidado redobrado precisamos ter com as questões que buscam avaliar o conhecimento do candidato sobre o Município competente para arrecadar o imposto.

O ITBI é sempre recolhido para o Município onde se encontrar o bem imóvel negociado. É irrelevante a cidade de domicílio do proprietário do imóvel ou o domicílio do comprador do bem. O imposto é arrecadado para o Município onde o imóvel estiver localizado.

Para finalizar temos como fato gerador a transmissão "inter vivos", a qualquer título, por ato oneroso, de bens imóveis, por natureza ou acessão física, e de direitos reais sobre imóveis, exceto os de garantia, bem como cessão de direitos a sua aquisição (art. 156, II, CF c/c art. 35 do CTN); a base de cálculo corresponde ao valor venal dos bens ou direitos transmitidos (art. 38, CTN) e o contribuinte poderá ser qualquer uma das partes na operação tributada, como dispuser a lei municipal (art. 42 do CTN).

4.3.2.1. Imunidade específica do ITBI

A primeira característica a ser apontada é que neste caso há definitivamente a transmissão de bens imóveis ou direitos reais, porém a situação é protegida pela Constituição Federal quanto à cobrança do ITBI. Diante disso, trata-se de caso específico de imunidade.

Perceba que se não fosse o texto da Carta Magna em livrar a hipótese da incidência do ITBI, (artigo 156, § 2º, I) a cobrança seria iminente tendo em vista a ocorrência do fato gerador da exação.

Temos, portanto, imunidade em relação ao ITBI para cinco situações:

a) Transmissão de imóvel para integralizar o capital social;

b) Transmissão de imóvel em virtude de fusão;

c) Transmissão de imóvel em virtude de incorporação;

d) Transmissão de imóvel em virtude de cisão; e

e) Transmissão do imóvel em virtude da extinção da pessoa jurídica.

Apenas vale lembrar que não terá o benefício imunizatório a empresa que tiver como sua atividade principal a compra, a venda e a locação de imóveis.

4.3.3. Imposto sobre serviços – ISS

Para o último imposto a ser estudado, o ISS, é preciso informar que a CF/1988 apenas dispõe que os serviços por este imposto tributados serão aqueles de qualquer natureza, exceto os que se encontram no campo de incidência do ICMS. Além disso, consta a necessidade de tais serviços serem enumerados por lei complementar.

Desta feita, podemos afirmar que o ISS incide sobre quaisquer serviços, exceto:

✓ Serviço de transporte interestadual;

✓ Serviço de transporte intermunicipal; e

✓ Serviço de telecomunicação.

Aliás, a lei complementar do ISS (LC 116/2003) tem papel fundamental na caracterização do tributo, pois cabe a ela:

✓ Fixar as alíquotas máximas e mínimas do imposto;

✓ Afastar sua incidência sobre serviços destinados ao exterior; e

✓ Regular a forma e as condições como isenções, incentivos e benefícios fiscais serão concedidos e revogados.

Em resumo temos o fato gerador como a prestação de serviços constantes da lista anexa à LC 116/2003, ainda que esses não se constituam como atividade preponderante do prestador (art. 1º da LC 116/2003).

Atenção

O imposto incide também sobre o serviço proveniente do exterior do País ou cuja prestação se tenha iniciado no exterior do País (art. 1º, § 1º da LC 116/2003).

A base de cálculo é o preço do serviço (art. 7º da LC 116/2003) e como contribuinte serão os prestadores de serviço (art. 5º da LC 116/2003).

5. CÓDIGO TRIBUTÁRIO NACIONAL

5.1. Legislação tributária

Ao dispor sobre legislação tributária é quase que automática a relação apenas com a lei, mas não apenas ela faz parte. A legislação tributária comporta várias espécies normativas, a lei é apenas um exemplo dessas espécies. Para que um veículo normativo seja integrante da legislação tributária basta que verse sobre tributos e obrigações tributárias, no todo ou em parte.

A legislação tributária é compreendida por:

✓ Leis

✓ Tratados e convenções internacionais

✓ Decretos

✓ Normas complementares

Lei – veículo responsável por estabelecer (art. 97, CTN):

✓ a instituição ou a extinção de tributos;

✓ a majoração ou redução de tributos;

✓ a definição do fato gerador da obrigação principal;

✓ a alteração das alíquotas;

✓ a aplicação/dispensa/redução de penalidades; bem como

✓ as hipóteses de exclusão, suspensão e extinção do crédito tributário

Atenção 1

A majoração dos tributos pode ocorrer pela modificação das alíquotas ou mesmo pela modificação da base de cálculo. Em ambos os casos há a necessidade de lei.

Atenção 2

A mera atualização da base de cálculo não é equivalente a uma majoração. Logo, atualização não precisa ser através de lei. Pode acontecer por decreto, por exemplo.

Tratados e convenções internacionais – são de competência privativa do Presidente da República, os quais, uma vez celebrados dependerão de referendo por parte do Congresso Nacional.

Segundo o Código Tributário Nacional (art. 98) os tratados e as convenções internacionais revogam ou modificam a legislação tributária interna, e serão observados pela que lhes sobrevenha.

Decretos – sem dúvida integrantes da legislação tributária, podendo, inclusive, em alguns casos alterar alíquotas de tributos (veja exceções ao princípio da legalidade), porém não devem ser equiparados à lei. São veículos infralegais, de modo que seu alcance é limitado pela lei.

Normas complementares – sua função é complementar as leis, os tratados e os decretos. São exemplos de normas complementares (art. 100, CTN):

✓ atos expedidos pelas autoridades administrativas;

✓ decisões administrativas, cuja lei atribua eficácia normativa;

✓ práticas reiteradas (costumes) da autoridade administrativa; e

✓ convênios celebrados entre União, Estados, Distrito Federal e Municípios.

Atenção

A obediência às normas complementares é suficiente para afastar a imposição de penalidades, juros de mora e atualização monetária dos tributos.

A interpretação da legislação poderá ser de duas formas:

a) Literal ou gramatical: essa modalidade de interpretação deve ser aplicada às modalidades de suspensão ou exclusão do crédito tributário, à outorga de isenção e à dispensa do cumprimento de obrigações tributárias acessórias.

b) Benéfica: a lei tributária que disponha sobre infrações ou que aplica penalidades deverá ser interpretada de maneira mais benéfica ao infrator ou a quem sofre a penalidade.

Atenção

A interpretação benéfica não é para a alíquota, mas para a infração ou penalidade pecuniária.

Sobre a integração da legislação em caso em casos de lacunas na legislação devem ser utilizadas quatro formas para promover a integração. São elas:

✓ A analogia;

✓ Os princípios gerais de Direito Tributário;

✓ Os princípios gerais de Direito Público;

✓ Equidade.

Atenção 1:

Analogia não pode servir como fundamento para exigir um tributo. A autoridade administrativa não pode justificar a cobrança de um tributo com base em caso semelhante, no qual houve a exigência tributária. Tributo decorre de lei e não da analogia.

Atenção 2:

A equidade é a última forma de integração da legislação tributária e consiste numa adaptação da lei ao caso concreto, promovendo a aplicação igualitária. Porém essa adaptação não autoriza a dispensa do pagamento do tributo. O pagamento do tributo só pode ser dispensado por lei.

5.2. Fato gerador e obrigação tributária

A obrigação tributária é identificada como um vínculo jurídico decorrente de lei, envolvendo um credor (Fisco) e um devedor (contribuinte).

O Código Tributário Nacional (artigos 113 a 118) subdivide a obrigação tributária em duas modalidades: obrigação principal e obrigação acessória. Por isso, inclusive, podemos identificar também dois fatos geradores:

✓ Fato gerador da obrigação principal é a situação definida em lei como necessária e suficiente à sua ocorrência. Representa a situação em que o contribuinte se torna obrigado a recolher um tributo.

✓ Fato gerador da obrigação acessória é qualquer situação que, na forma da legislação aplicável, impõe a prática ou a abstenção de ato que não configure obrigação principal. Consiste, portanto, em obrigações que servem de base para o pagamento, mas que com ele não se confundem. O preenchimento de uma guia de arrecadação é exemplo disso.

Em resumo identificamos que a obrigação tributária (principal ou acessória) sempre decorrerá da prática do fato gerador. E, no Direito Tributário, a obrigação acessória é independente da obrigação principal. Neste sentido, mesmo que um cidadão não precise pagar o tributo, pode estar ele sujeito ao cumprimento de uma obrigação acessória. Exemplo claro está na declaração do imposto de renda, mesmo para aqueles que não precisam recolher o tributo.

Atenção

Uma vez descumprida a obrigação acessória, esta será convertida em obrigação principal, em relação à penalidade pecuniária. Daí dizer que o pagamento de um tributo ou mesmo o pagamento de uma multa consubstanciam-se em obrigações principais.

5.3. Domicílio tributário

O domicílio tributário a rigor pode ser escolhido pelo contribuinte, mas eventualmente o Fisco poderá recusar a eleição do domicílio se implicar em dificuldade na arrecadação e fiscalização do tributo ou se resultar na impossibilidade da cobrança.

Para a pessoa física o domicílio tributário costuma ser o de sua residência habitual, para as pessoas jurídicas, o lugar de sua sede.

5.4. Sujeitos Ativo e Passivo

Uma vez que a obrigação tributária estabelece um vínculo entre credor e devedor, temos, então, as figuras do sujeito ativo e do sujeito passivo.

Sujeito Ativo: é a pessoa jurídica de direito público titular de competência para a instituição de tributos. São os entes federados (União, Estados, Distrito Federal e Municípios). A competência para instituir tributos pertence apenas aos entes políticos indicados, mas a capacidade tributária ativa (capacidade de administrar os tributos) pode ser delegada a outras pessoas jurídicas de Direito Público, como autarquias e fundações.

Sujeito Passivo: todos podemos ser sujeitos passivos da obrigação tributária. Às vezes aparecemos como contribuinte, outras como responsável.

Assim a capacidade tributária passiva independe:

✓ Da capacidade civil das pessoas – uma criança premiada na loteria é contribuinte de imposto.

✓ De a pessoa possuir restrições civis, comerciais ou profissionais – um médico que tenha seu registro cassado deve pagar o imposto correspondente se continuar atendendo seus pacientes.

✓ De a empresa encontrar-se regularmente constituída – uma oficina na garagem de uma residência é uma empresa que está sujeita aos impostos como qualquer outra pessoa jurídica.

Atenção

Para ser sujeito passivo é imprescindível estar ligado à prática do fato gerador. Essa regra vale tanto para o contribuinte, como para o responsável.

Contribuinte é aquele que está direta e pessoalmente ligado ao fato gerador. Ou seja, é quem pratica o fato gerador, é quem aufere renda, circula mercadorias, presta serviços etc.

Responsável é aquele que está indiretamente ligado ao fato gerador, mas não o pratica. Ou seja, é a empresa que paga o salário para o funcionário. Quem aufere a renda é o funcionário, mas a empresa é a responsável por reter o imposto de renda devido.

5.5. Responsabilidade

Os artigos 128 a 138 do Código Tributário Nacional correspondente à responsabilidade tributária e matéria que costumeiramente é objeto de pergunta. De plano podemos observar que o texto legal estabelece duas modalidades de responsabilidade:

✓ Responsabilidade pelo pagamento e

✓ Responsabilidade por infrações

A responsabilidade pelo pagamento dos tributos pode ocorrer em razão da *solidariedade, da transferência ou por substituição*. Vejamos:

5.5.1. Solidariedade

A solidariedade decorre de lei ou em razão do interesse comum dos devedores.

Na solidariedade qualquer um dos devedores responde integralmente pela dívida tributária de forma que não há o benefício de ordem para o caso. São três os efeitos da solidariedade (art. 125, CTN):

✓ *O pagamento de um dos devedores exonera os demais* – como a dívida é solidária, o Fisco cobrará o montante total de qualquer um dos contribuintes, extinguindo o crédito tributário.

✓ *A isenção ou a remissão exonera a todos, a não ser que o benefício seja pessoal* – se um imóvel possui três proprietários e é conferida isenção a este, ninguém restará obrigado ao pagamento do tributo. O caso excepcional ocorre se a isenção é oferecida a apenas um dos proprietários, assim, ele não precisará recolher o tributo, porém os demais proprietários continuam devedores pelo saldo.

✓ *A interrupção da prescrição beneficia ou prejudica a todos* – exemplo prático ocorre quando todos os devedores de um tributo desaparecem, exceto um, justamente quem o Fisco consegue citá-lo para a execução do patrimônio. Mesmo que a citação tenha acontecida somente sobre um dos devedores, considera-se o prazo interrompido para os demais também, em razão da solidariedade da dívida que existe entre eles.

5.5.2. Responsabilidade por transferência

Essa espécie de responsabilidade que também é conhecida como responsabilidade dos sucessores trata da sucessão tributária que pode decorrer da alienação de bens imóveis, de bens móveis, ou em razão da sucessão empresarial. Em todos os casos poderá haver transferência da responsabilidade pelo pagamento dos tributos que deixaram de ser recolhidos por quem praticou o fato gerador de acordo como artigo 130 do Código Tributário Nacional.

Existem duas situações em que o adquirente não responde por eventuais dívidas tributárias do imóvel:

✓ Quando no ato da venda do imóvel seja apresentado comprovante de quitação dos tributos; ou

✓ Se o imóvel foi arrematado em leilão público. Ainda que o valor da arrematação seja inferior ao valor da dívida, o adquirente (arrematante) recebe o bem livre de qualquer ônus (artigo 130, parágrafo único)

Transmissão decorrente de morte: se o contribuinte do tributo, embora tenha praticado o fato gerador, vem a falecer antes de sua quitação. O Código Tributário Nacional também nessa hipótese indica quem será o responsável pelo cumprimento da obrigação.

Art. 131. São pessoalmente responsáveis:

(...)

II – o sucessor a qualquer título e o cônjuge meeiro, pelos tributos devidos pelo de cujus até a data da partilha ou adjudicação, limitada esta responsabilidade ao montante do quinhão do legado ou da meação;

III – o espólio, pelos tributos devidos pelo de cujus até a data da abertura da sucessão.

Desta feira a responsabilidade pelo pagamento das dívidas deixadas pelo falecido será transferida para o espólio a partir da data da abertura da sucessão. Posteriormente, com a partilha, são os herdeiros responsáveis pelo pagamento dos tributos cujos fatos geradores foram praticados pelo espólio.

Sucessão empresarial: há disposições no Código Tributário Nacional (arts. 132 e 133) prevendo a transferência da responsabilidade tributária também quando há sucessão empresarial. Dívidas deixadas por pessoas jurídicas serão transferidas às novas pessoas jurídicas resultantes de operações empresariais.

✓ Pessoa jurídica decorrente de **fusão**. Duas empresas (A+B) se reúnem formando um nova e terceira empresa (C). A empresa resultado dessa operação (C) é sucessora tributária das empresas A e B, respondendo por todos os fatos geradores praticados até a data da fusão.

✓ Pessoa jurídica decorrente de **cisão**. Uma empresa (A) sofre uma ruptura em seu capital, desmembrando-se em duas novas empresas (B e C). Com a extinção da empresa A (em razão da cisão total de seu patrimônio), as novas empresas passam a dividir a responsabilidade pelas dívidas deixadas por A.

✓ Pessoa jurídica com capital social maior por ter absorvido capital de outra empresa através da **incorporação**. Uma empresa (A) incorpora outra empresa (B) fortificando seu capital social. A empresa B deixa de existir individualmente, porém a empresa A mantém sua existência com o capital social acrescido fruto da incorporação. A empresa A, então, torna-se responsável pelas dívidas tributárias da empresa B.

✓ Pessoa jurídica tem seu quadro societário modificado através de uma **transformação**. Embora previsto no Código Tributário como hipótese em que a responsabilidade tributária é sucedida, tecnicamente aqui não ocorre sucessão nenhuma, pois não há a extinção de uma pessoa jurídica. Ocorre apenas uma transformação em seu quadro societário. Uma empresa por cotas de responsabilidade limitada se transforma em uma sociedade anônima. Como não há extinção da pessoa jurídica, as dívidas tributárias que possuía enquanto era limitada, com ela permanecem agora que é sociedade anônima.

✓ Empresa é **extinta**, porém sua atividade empresarial permanece sendo exercida por um sócio remanescente, sob a mesma ou outra razão social. Trata-se de uma precaução do legislador em assegurar um responsável pelas dívidas deixadas por uma empresa que fecha suas portas. Se a mesma atividade for explorada por um sócio da empresa que fechou, então a nova empresa será responsabilizada por eventuais dívidas existentes.

✓ Sucessão da atividade empresarial por **aquisição do fundo de comércio ou estabelecimento comercial**. O adquirente (seja pessoa física ou jurídica) pode responder pelas dívidas da empresa adquirida de duas formas diferentes: integralmente ou subsidiariamente.

Num primeiro caso a empresa é alienada ao adquirente e este permanece a explorando a mesma atividade. Porém o **alienante encerra toda e qualquer outra atividade empresarial imediatamente** à venda. Caso existam dívidas tributárias deixadas pela empresa alienada, o sucessor será o **adquirente que responderá por todas** elas (artigo 133, I CTN).

Num segundo caso a empresa é alienada, o adquirente permanece a explorar a atividade, contudo o **antigo dono continua a explorar a mesma atividade ou volta a explorar dentro de 6 (seis) meses** a mesma ou outra atividade empresarial. Aqui, o Fisco deverá em primeiro lugar exigir as dívidas da empresa alienada do antigo dono e caso não tenha como quitar, então a Administração pública passará a exigir do **adquirente**, tendo em vista sua **responsabilidade subsidiária** (artigo 133, II CTN).

Atenção

Se a empresa for adquirida em razão de alienação judicial em processo de falência ou recuperação judicial, a responsabilidade não será transferida ao adquirente (artigo 133, §§ 1º e 2º do CTN), salvo se este for:

✓ sócio da sociedade falida ou em recuperação judicial, ou sociedade controlada pelo devedor falido ou em recuperação judicial;

✓ parente, em linha reta ou colateral até o 4º (quarto) grau, consanguíneo ou afim, do devedor falido ou em recuperação judicial ou de qualquer de seus sócios; ou

✓ identificado como agente do falido ou do devedor em recuperação judicial com o objetivo de fraudar a sucessão tributária.

✓ Transferência da responsabilidade em razão da impossibilidade do cumprimento da obrigação principal pelo contribuinte. Também denominada **responsabilidade de terceiros** disciplinada no artigo 134 do CTN.

Art. 134. Nos casos de impossibilidade de exigência do cumprimento da obrigação principal pelo contribuinte, respondem solidariamente com este nos atos em que intervierem ou pelas omissões de que forem responsáveis:

I – os pais, pelos tributos devidos por seus filhos menores;

II – os tutores e curadores, pelos tributos devidos por seus tutelados ou curatelados;

III – os administradores de bens de terceiros, pelos tributos devidos por estes;

IV – o inventariante, pelos tributos devidos pelo espólio;

V – o síndico e o comissário, pelos tributos devidos pela massa falida ou pelo concordatário;

VI – os tabeliães, escrivães e demais serventuários de ofício, pelos tributos devidos sobre os atos praticados por eles, ou perante eles, em razão do seu ofício;

VII – os sócios, no caso de liquidação de sociedade de pessoas.

Apesar de a redação do caput do artigo 134 indicar solidariedade, perceba que as pessoas listadas nos sete incisos só respondem pelos tributos devidos no caso de impossibilidade do pagamento do contribuinte e ainda assim, apenas nos atos em que intervierem ou pelas omissões que forem responsáveis. É caso típico de responsabilidade por transferência de natureza subsidiária.

Atenção

Para essa responsabilidade de terceiros há indicação expressa afastando-se transferir multas pela falta de pagamento do tributo (as multas punitivas). Além de se transferir as dívidas referentes a tributos, devem ser transferidas, inclusive, as multas moratórias – artigo 134, parágrafo único do CTN (pelo atraso no pagamento).

5.5.3. *Responsabilidade por substituição*

A responsabilidade por substituição encontra-se respaldada no Código Tributário Nacional e pode ser identificada em trecho do artigo 128.

Art. 128. Sem prejuízo do disposto neste capítulo, a lei pode atribuir de modo expresso a responsabilidade pelo crédito tributário a terceira pessoa, *vinculada ao fato gerador da respectiva obrigação,* excluindo a responsabilidade do contribuinte *ou atribuindo-a a este em caráter supletivo do cumprimento total ou parcial da referida obrigação.*

Assim esse tipo de responsabilidade exclui a obrigação daquele que praticou o fato gerador (contribuinte) de pagar o tributo, transferindo-a desde logo ao responsável indicado pela lei.

Famoso exemplo de responsabilidade por substituição é aquela prevista no art. 135 do mesmo diploma legal.

Art. 135. São pessoalmente responsáveis pelos créditos correspondentes a obrigações tributárias resultantes de atos praticados com excesso de poderes ou infração de lei, contrato social ou estatutos:

I – as pessoas referidas no artigo anterior;

II – os mandatários, prepostos e empregados;

III – os diretores, gerentes ou representantes de pessoas jurídicas de direito privado.

Nessa situação os diretores podem responder **pessoalmente** pelas dívidas da empresa que administram, desde que pratiquem atos qualificados como:

✓ excesso de poder;

✓ infração à lei;

✓ contra o contrato social ou estatutos da empresa.

Atenção 1:

Para que um diretor, um gerente, um sócio de empresa seja pessoalmente responsável, não basta a mera inadimplência da empresa quanto ao pagamento do tributo, é imprescindível a prática de quaisquer dos atos previstos no *caput* do artigo 135 do Código Tributário Nacional.

Atenção 2:

Importantíssimo lembrar também o enunciado da súmula 435 do Superior Tribunal de Justiça que identifica uma quarta situação capaz de autorizar a cobrança da dívida sobre os sócios administradores da empresa: "Presume-se dissolvida irregularmente a empresa que deixar de funcionar no seu domicílio fiscal, sem comunicação aos órgãos competentes, legitimando o redirecionamento da execução fiscal para o sócio-gerente".

5.5.4. *Responsabilidade por infrações*

Esse tipo de responsabilidade implica em identificar quem serão as pessoas obrigadas a pagar os valores a título de multa. Essa responsabilidade não quer verificar quem deve pagar o tributo, mas quem se vê obrigado a recolher o montante decorrente da penalidade pecuniária.

Essa modalidade tem sua regra prevista nos artigos 136 e 137 do Código Tributário Nacional e hipótese de seu afastamento no art. 138.

Art. 136. Salvo disposição de lei em contrário, a responsabilidade por infrações da legislação tributária independe da intenção do agente ou do responsável e da efetividade, natureza e extensão dos efeitos do ato.

Aqui a regra impõe àquele que comete uma infração a responsabilidade pelo efeito dela decorrente independentemente de sua intenção (se dolosa ou culposamente), da efetividade (se atingiu ou não o resultado pretendido), da natureza (qual modalidade de infração) ou da extensão (a quantidade do prejuízo causado).

Temos então que a responsabilidade é objetiva, afinal pouco importa a intenção do agente, porém três exceções se abrem a essa regra, quando a responsabilidade será **pessoal** do agente que praticou o ato:

✓ quanto às infrações conceituadas por lei como crimes ou contravenções, salvo quando praticadas no exercício regular de administração, mandato, função, cargo ou emprego, ou no cumprimento de ordem expressa emitida por quem de direito;

✓ quanto às infrações em cuja definição o dolo específico do agente seja elementar;

✓ quanto às infrações que decorram direta e exclusivamente de dolo específico.

5.5.4.1. Denúncia espontânea

Trata-se de uma modalidade de extinção da punibilidade por infrações, de modo que sua prática eximirá o contribuinte da responsabilidade pelo pagamento das multas previsto no artigo 138 do Código Tributário Nacional.

O objetivo desta prática é incentivar o contribuinte que se encontra em situação irregular perante o Fisco, em razão da falta de pagamento de um tributo, a procurar pela Administração e recolher o tributo devido.

Atenção

Importante lembrar que para o descumprimento de obrigações acessórias não se admite denúncia espontânea (AGRG no REsp 916168/SP julgado em 24.03.2009).

Por fim, vale ainda destacar que a denúncia espontânea apenas surtirá seus efeitos desde que realizada antes do início do procedimento fiscalizatória e uma vez acompanhada do recolhimento do tributo, somado aos juros e correção monetária.

5.6. Lançamento e crédito tributário

É cediço que crédito tributário depende do lançamento, afinal cabe a este último constituir o crédito tributário através de sua prática. Entende-se por lançamento o procedimento administrativo tendente a verificar a ocorrência do fato gerador da obrigação correspondente, além disso cabe ao ato formalizador do crédito tributário:

✓ determinar a matéria tributável;

✓ calcular o montante do tributo devido;

✓ identificar o sujeito passivo; e, se for o caso,

✓ propor a aplicação da penalidade cabível.

Sobre as modalidades de lançamento destacam-se as seguintes:

Lançamento Direto ou de Ofício – modalidade descrita pelo art. 149 do CTN, a qual independe da participação do contribuinte para formalizar o crédito tributário. As informações condizentes ao contribuinte já são conhecidas pelo Fisco, bem como os parâmetros que norteiam o cálculo do tributo. De posse de todos esses dados o Fisco, de ofício, promove o lançamento. É o caso típico do que ocorre com o IPTU, o "carnê" do imposto representa o próprio lançamento e nela a Municipalidade indica exatamente o valor que deverá ser recolhido, independentemente de qualquer informação prestada pelo proprietário do imóvel.

Lançamento Misto ou por Declaração – nessa segunda modalidade prevista no art. 147 do CTN, o Fisco só tem condições de promover o lançamento após receber do contribuinte as informações referentes à pratica do fato gerador que enseja a cobrança tributária. Exemplifica com clareza a utilização desse lançamento o preenchimento do formulário de Declaração de Bagagem Acompanhada (DBA). Nesta guia, o viajante que retorna do exterior deve informar os produtos estrangeiros que traz em sua bagagem, devendo recolher o imposto de importação conforme o cálculo que a autoridade tributária efetuará na zona alfandegária.

Autolançamento ou lançamento por Homologação – representa a última e mais utilizada modalidade formalizadora do crédito tributário. Prevista no art. 150 do CTN, a participação do contribuinte é bastante intensa, de modo que caberá a ele não só prestar as informações correspondentes ao fato gerador que praticou, mas também ele próprio terá a responsabilidade de calcular o valor do tributo e consequentemente promover o pagamento. Assim, o pagamento é feito de modo antecipado (antes, portanto, de qualquer procedimento fiscalizatório), sujeitando-se a posterior homologação por parte da Administração tributária. O imposto de renda pessoa física (IRPF) é um ótimo exemplo de tributo dependente dessa modalidade, haja vista o contribuinte do tributo declarar as informações e, sendo o caso, recolher os valores aos cofres públicos, antecipando-se a qualquer ato de cobrança.

5.7. Modalidades de suspensão da exigibilidade do crédito

As formas de suspensão estão dispostas no artigo 151 do CTN e são interpretadas literalmente.

Temos 6 (seis) modalidades de suspensão da exigibilidade, quais sejam:

TU	**Tu**tela antecipada
LI	**Li**minar
PA	**Pa**rcelamento
DE	**De**pósito
MO	**Mo**ratória
RA	**R**ecurso **A**dministrativo

A suspensão da exigibilidade do crédito através de qualquer uma de suas modalidades suspende igualmente o decurso do prazo prescricional, impossibilitando a inscrição em dívida ativa, bem como o posterior ajuizamento da execução fiscal. Ademais, efetivada a suspensão resta assegurado ao contribuinte a obtenção de certidão positiva com efeitos de negativa nos termos do art. 206 do Código Tributário Nacional.

5.7.1. Tutela antecipada e liminar

As tutelas de urgência no processo civil visam proteger emergencialmente o direito daquele que requer essas medidas. Para que suspendam a exigibilidade do crédito tributário o mero requerimento não é suficiente. É imprescindível que o juiz, na ação, reconheça os fundamentos do pedido e conceda a tutela antecipada ou a medida liminar. Só a concessão da tutela ou da liminar é que suspenderá a exigibilidade do crédito tributário.

5.7.2. Parcelamento

O mero pedido de parcelamento da dívida por parte do contribuinte não suspende a exigibilidade do crédito, é necessário que a Administração tributária concorde com o pedido.

O parcelamento pode ocorrer nos âmbitos federal, estadual ou municipal e em todos eles dependerá de lei específica do ente político competente e não excluirá a incidência de juros e multa, salvo se a lei que o conceder permita seu afastamento.

Atenção

O entendimento prevalecente no Superior Tribunal de Justiça é de que o parcelamento não traz fundamento para que o contribuinte possa alegar a denúncia espontânea, uma vez que aqui não há o pagamento integral. (Resp 1102577/DF julgado em 22.04.2009)

Para o devedor tributário que se encontra em recuperação judicial haverá outra lei específica dispondo sobre seu plano de parcelamento. Contudo, na falta desta lei, deve ser aplicada a lei geral de parcelamento concedida pelo ente, não podendo, neste caso, ser o prazo de parcelamento inferior ao concedido pela lei federal específica.

5.7.3. Depósito no montante integral

O depósito deve ser realizado no montante integral, entendemos que o valor a der depositado deve corresponder ao montante exigido pelo Fisco, sob pena de não se ter suspensa a exigibilidade do crédito tributário. Ademais, lembramos que a exigência do depósito não pode funcionar como condição para o contribuinte se defender em esfera administrativa ou judicial. Prevalece no âmbito jurisprudencial:

> *Súmula vinculante 21: É inconstitucional a exigência de depósito ou arrolamento prévios de dinheiro ou bens para admissibilidade de recurso administrativo.*

> *Súmula vinculante 28: É inconstitucional a exigência de depósito prévio como requisito de admissibilidade de ação judicial na qual se pretenda discutir a exigibilidade do crédito tributário.*

5.7.4. Moratória

Essa modalidade também depende de lei específica e pode ser oferecida por quaisquer dos entes federados, quando então o contribuinte se beneficiará de uma modalidade que adia o vencimento do tributo, assegurando maior prazo para o seu pagamento. Conforme se depreende do artigo 152 do Código Tributário Nacional temos dois tipos de moratória: geral e individual.

A moratória geral é aquela concedida pelo ente político a qualquer dos tributos sob sua competência, abrangendo todos os contribuintes. Ou também é moratória geral aquela concedida pela União aos tributos estaduais e municipais, desde que, nesse caso, o benefício seja igualmente concedido aos tributos federais e às obrigações de direito privado. Uma vez concedida esta **gera direito adquirido** para o contribuinte.

A moratória individual pode ser federal, estadual ou municipal, contudo deve beneficiar apenas aqueles contribuintes que demonstram determinadas características indicadas pela lei, condicionando-se adiar o vencimento do tributo apenas após despacho da autoridade administrativa que conferir e confirmar o direito à moratória. Particularmente essa modalidade de moratória **não gera direito adquirido**.

Apesar das diferenças, existem também semelhanças entre elas, sendo que em ambas as modalidades a lei:

✓ Fixará o prazo de duração do favor;

✓ Indicará os tributos aos quais se aplica;

✓ Determinará o número de prestações e seus vencimentos (quando for parcelada).

Atenção

A moratória não aproveita aos casos de dolo, fraude ou simulação do sujeito passivo ou do terceiro em benefício daquele (art. 154, parágrafo único, CTN). Assim, a tentativa por parte do contribuinte em ludibriar o Fisco para conquistar o benefício não será protegida pela moratória.

5.7.5. Recurso administrativo

O recurso administrativo é aquele que inaugura a fase litigiosa do processo administrativo, quando o contribuinte se manifesta contrariamente ao crédito tributário lançado. Quando se promove depósito em dinheiro na esfera administrativa, estamos apenas afastando a atualização monetária da dívida. Isso não significa que o depósito possa ser exigido como requisito para a interposição do recurso. Assim, o recurso administrativo é modalidade de suspensão da exigibilidade do crédito, o depósito administrativo já não tem o mesmo condão.

5.8. Modalidades de extinção do crédito

5.8.1. Pagamento

A primeira modalidade de extinção é o pagamento que se não efetuado dentro do prazo restará ao contribuinte também a multa. Desta feita recairá sobre o contribuinte dois pagamentos (o do tributo e o da multa) sendo certo que a quitação de um não exclui a responsabilidade pelo outro.

Atenção

Na pendência de consulta formulada à Administração tributária dentro do prazo de pagamento, afasta-se a responsabilidade do contribuinte pelo pagamento da multa e dos juros moratórios.

Na ausência de indicação do prazo a regra é que será de 30 dias contados da data da notificação do lançamento. É permitida a mesma legislação tributária conceder desconto para os pagamentos efetuados antes do prazo final.

Na hipótese de um devedor possuir dois ou mais débitos vencidos para com o mesmo ente federado (artigo 163, CTN), a imputação do pagamento acontecerá observando-se os seguintes "critérios de desempate":

1. Primeiro os débitos em que o indivíduo é contribuinte, depois os débitos em que se afigura como responsável.
2. Primeiro as contribuições de melhoria, após as taxas e só então os impostos.
3. Na ordem crescente do prazo de prescrição.
4. Na ordem decrescente dos montantes.

Quando do pagamento indevido cabe ao contribuinte buscar a restituição do tributo quando:

✓ O pagamento for considerado indevido ou mais que o devido;

✓ Houver erro na identificação do sujeito passivo; ou

✓ A decisão condenatória for reformada, anulada, revogada ou rescindida.

Para restituir os valores pagos indevidamente o contribuinte tem à disposição a ação de Repetição do Indébito, a qual deverá ser proposta pelo interessado dentro do prazo de 5 (cinco) anos contados da extinção do crédito tributário.

Atenção

Para os tributos sujeitos ao lançamento por homologação, o prazo da ação repetitória deve ser contado da data em que ocorreu o pagamento antecipado e não na data da homologação. Em todos os demais casos (lançamentos de ofício ou por declaração) o prazo também é contado da data do pagamento.

O Código Tributário Nacional disciplina a restituição dos denominados tributos indiretos através do artigo 166. Diz-se haver dois tipos de tributos de acordo com quem fica com o encargo financeiro:

✓ Tributos *diretos*: aquele que pratica o fato gerador é o mesmo que permanece com o ônus tributário, sem a possibilidade de transferi-lo a terceiros. Exemplo: o proprietário do veículo é quem paga o IPVA, sem ter como transferir a carga do imposto para outra pessoa.

✓ Tributos *indiretos*: aquele que pratica o fato gerador é denominado como contribuinte de direito, porém, este tem a alternativa de transferir o ônus tributário a um terceiro (denominado contribuinte de fato). Exemplo: o comerciante é contribuinte de direito do ICMS, contudo o valor que ele recolhe acerca do imposto é embutido no preço do produto que vende, tornando o consumidor final o verdadeiro contribuinte.

Atenção

Segundo entendimento atual do Superior Tribunal de Justiça (Resp 1191860/SC julgado em 01.03.2011) o contribuinte que tem legitimidade para propor a ação de Repetição de Indébito é o contribuinte de direito desde que ele comprove que não repassou para o contribuinte de fato o encargo financeiro (Súmula 546 do Supremo Tribunal Federal).

5.8.2. *Compensação*

A compensação é um instituto que busca a extinção de obrigações recíprocas entre duas pessoas. Assim, quando duas pessoas forem credoras e devedoras uma da outra poderão abater suas dívidas até o limite onde elas se encontram (artigo 368 do Código Civil).

Em matéria tributária pode-se, conforme autorização legal, compensar créditos tributários vencidos ou vincendos, restando proibida a compensação daqueles objeto de discussão judicial enquanto não transitada em julgado a decisão (art. 170-A, CTN).

5.8.3. *Transação*

Conforme o Código Tributário Nacional a transação é mais uma modalidade possível para se extinguir o crédito tributário. Dependente de lei, a transação poderá ser oferecida ao contribuinte como alternativa à terminação de um litígio envolvendo a administração tributária (art. 171 do CTN).

As características que não podemos perder de vista sobre a transação são:

✓ Facultativa ao contribuinte

✓ Vinculada à lei

✓ Concessão de ambas as partes

✓ Objetiva o fim de um litígio

✓ Extintiva do crédito tributário

5.8.4. *Remissão*

A dívida tributária pode ser perdoada conforme disposição legal. Esse é o instituto da remissão. Consiste, portanto, no perdão legal da dívida e não se confunde com a anistia, a qual, embora também caracterizada como perdão legal, só alcança a penalidade pecuniária e não o crédito tributário como um todo.

Prevista também no Código Tributário Nacional (artigo 172), a remissão pode ser total ou parcial e é oferecida para os casos em que o crédito tributário já se encontra constituído.

5.8.5. *Decadência*

A atividade administrativa formalizadora do crédito tributário é o lançamento. Nesse apenas através de sua realização é que constituído o crédito tributário será. Contudo, em razão da segurança jurídica, existe um prazo para que essa operação ocorra, sob pena de a administração tributária perder o direito de constituí-lo. A esse período previsto em lei e limitador da atividade administrativa chamamos decadência.

Independente da modalidade de lançamento utilizada, o prazo para constituir o crédito sempre será sempre de 5 (cinco), conforme o Código Tributário Nacional. Porém é de extrema importância, que os prazos de decadência e prescrição devem ser estabelecidos por lei complementar (não se admitindo lei ordinária para tratar do assunto – Súmula Vinculante n. 08).

O **prazo decadencial é ininterrupto** (observe o destaque a seguir), afastada também qualquer hipótese de paralisação (suspensão) da sua contagem. Assim, as formas de suspensão da exigibilidade do crédito tributário não geram nenhum efeito na decadência, paralisando somente a contagem prescricional. Não há meios de a Fazenda Pública impedir o transcurso da decadência (EREsp 572603/PR julgado em 08.06.2005), devendo o lançamento ser proposto sempre dentro do quinquênio legal.

Atenção

Entende-se que a disposição contida no art. 173, II do Código Tributário Nacional representa verdadeira hipótese de interrupção da contagem decadencial, mostrando-se como único caso em que isso pode acontecer. Trata-se da ocasião em que o lançamento é anulado por vício formal, possibilitando ao Fisco realizar nova constituição do crédito dentro de 05 anos contados da data da decisão anulatória.

Existem, a rigor, seis formas de se contar o prazo de 5 anos para se promover o lançamento:

a) *Art. 173, I, CTN* – é a regra geral. O prazo é contado a partir do primeiro dia do exercício seguinte àquele em que o lançamento poderia ter sido efetuado. Se o lançamento poderia (deveria) ter sido efetuado em 2005, porém não aconteceu, então o prazo terá início a partir de 01.01.2006 (primeiro dia do exercício seguinte). Esse dispositivo é aplicado quando o contribuinte não paga o tributo devido e sequer presta as informações condizentes à prática do fato gerador.

b) *Art. 173, II, CTN* – regra aplicada apenas nos casos em que o lançamento é anulado por vício formal. Neste caso o prazo para que a Fazenda Pública promova um lançamento substituto tem início a partir da data da decisão definitiva que houver anulado o lançamento.

c) *Art. 173, parágrafo único, CTN* – regra que prevê a antecipação do início da contagem do prazo decadencial. Antecipação porque pela regra geral (art. 173, I) a contagem somente se iniciaria no primeiro dia do exercício financeiro seguinte, contudo, na hipótese do dispositivo o prazo é contado já a partir da data em que o contribuinte é notificado acerca do início do procedimento de fiscalização. Observe, esse dispositivo apenas antecipa o prazo, não o prorroga. Se o procedimento de fiscalização se inicia após o primeiro dia do exercício financeiro seguinte, não se conta a decadência daí, mantendo-se, neste caso a aplicação da regra geral.

d) *Art. 150, § 4º, CTN* – dispositivo que estabelece a contagem do prazo para tributos sujeito à sistemática do lançamento por homologação. Para esses tributos, com o decurso de 5 anos da data da ocorrência do fato gerador, tem-se a homologação tácita, extinguindo o crédito. Se o Fisco observar que a declaração do contribuinte contém valor inferior ao verdadeiramente devido, cumprirá lançar a diferença dentro desses 5 anos, sob pena de decadência.

e) *Art. 150, § 4º, CTN* (parte final) – mesmo dispositivo, porém utilizado na hipótese de o contribuinte ter se valido de dolo, fraude ou simulação para recolher um tributo sujeito ao lançamento por homologação em valor inferior. Verificadas quaisquer dessas três características, então o prazo para o lançamento será o da regra geral (primeiro dia do exercício seguinte) e não da data do fato gerador.

f) *Art. 149, parágrafo único, CTN* – quando a autoridade administrativa resolve alterar o lançamento por iniciativa própria. Há autorização para alterar os lançamentos dos últimos 5 anos, nas hipóteses descritas no art. 149, CTN.

5.8.6. *Prescrição*

Considerada também como norma geral de Direito Tributário, a prescrição é matéria reservada à lei complementar, cabendo ao Código Tributário Nacional fazer esse papel.

Como foi visto a decadência indica o prazo para se efetuar o lançamento, já a prescrição representa o prazo que a Fazenda Pública possui para exigir judicialmente um crédito tributário constituído que deixou de ser pago. São 5 (cinco) anos que a Fazenda Pública possui para promover a ação judicial adequada (execução fiscal).

Ainda em comparação à decadência, o prazo prescricional admite causa de suspensão e de interrupção, o que, a rigor, não se admite na decadência. Suspendem a prescrição as modalidades de suspensão da exigibilidade do crédito tributário. Já as causas de interrupção são 4 (artigo 174, parágrafo único, CTN):

✓ Despacho do juiz que ordenar a citação em execução fiscal;

✓ Protesto judicial;

✓ Qualquer ato judicial que constitua em mora o devedor; e

✓ Qualquer ato inequívoco ainda que extrajudicial, que importe em reconhecimento do débito pelo devedor.

A contagem da prescrição se inicia a partir do momento em que o crédito tributário encontra-se definitivamente constituído de acordo com o artigo 174 do CTN.

Importante notar que o prazo de 5 anos não começa a fluir a desde a notificação de lançamento, mas somente quando o crédito tributário estiver constituído de maneira definitiva. Constituição definitiva é o crédito que não tem mais possibilidade de ser alterado, ou porque não foi proposta impugnação administrativa atacando-o, ou se houve impugnação, a decisão administrativa final manteve sua exigência.

Há a possibilidade da prescrição ser intercorrente, porém essa modalidade não está disciplinada no Código Tributário Nacional, mas originou-se da jurisprudência e hoje encontra-se disciplinada na lei de execuções fiscais. Ocorre no processo de execução quando não são encontrados o devedor ou bens passíveis de penhora, momento em que a execução será suspensa pelo prazo de até 1 ano. Findo esse período o processo executivo é encaminhado ao arquivo e a partir daí se permanecer inerte por mais de 5 anos teremos a ocorrência da denominada prescrição intercorrente. Nesse sentido compreende o Superior Tribunal de Justiça:

> *Súmula 314: Em execução fiscal, não localizados bens penhoráveis, suspende-se o processo por um ano, findo o qual se inicia o prazo da prescrição quinquenal intercorrente.*

5.8.7. Conversão do depósito em renda

A conversão do depósito em renda difere do depósito do montante integral, pois o primeiro é forma de extinção do crédito, enquanto o segundo corresponde a uma modalidade de suspensão da exigibilidade do crédito tributário.

Na realidade, aquele depósito que é facultado ao contribuinte promover para suspender a exigibilidade demonstra com clareza a pretensão de discutir a cobrança, contudo assegurando seu direito em obter uma certidão de regularidade fiscal e desse litígio poderá sair vencedor extinguindo definitivamente o crédito em razão de uma decisão judicial transitada em julgado, ou então pode sair vencedora a Fazenda Pública, sendo certo que nesse caso o depósito outrora efetuado será convertido em renda a favor do ente político vitorioso na demanda.

5.8.8. Pagamento antecipado e homologação do lançamento

O pagamento antecipado é a principal característica de um tributo sujeito ao lançamento por homologação. Aliás uma vez efetuado o pagamento resta este sujeito a posterior homologação por parte da administração pública, a qual poderá homologar o recolhimento de modo expresso ou tácito.

Invariavelmente a homologação ocorre pela modalidade tácita quando, após o fato gerador, temos a passagem de 5 anos sem qualquer manifestação fazendária, considerando-se então extinto definitivamente o crédito tributário.

Na hipótese de restituir um tributo à mercê do lançamento por homologação, estabelece a LC 118/2005 que a extinção do crédito tributário ocorre no momento do pagamento antecipado, contando-se daí o prazo quinquenal para se ajuizar a respectiva ação.

5.8.9. Consignação em pagamento

Na consignação em pagamento o contribuinte tem a intenção de pagar o tributo, consignando o valor em juízo para que o magistrado analise a situação e julgando procedente o pedido converta o depósito em renda a favor do ente político de direito. É causa de extinção do crédito tributário.

Será admissível a ação consignatória quando se fizer presente a vontade do contribuinte em liquidar a sua dívida, entretanto não tê-la realizado devido a obstáculos levantados pelo credor, seja simplesmente recusando o pagamento, seja condicionando o pagamento ao cumprimento de outras exigências que não tenham parâmetro legal, ou nas hipóteses em que houver dúvida sobre qual é o ente político legitimado para receber o tributo.

5.8.9.1. Bitributação e bis in idem

A bitributação é uma das principais hipóteses que autorizam o ingresso da ação consignatória. Ocorre quando existem dois entes federados, cobrando tributos idênticos sobre um mesmo fato gerador. Exemplo: imóvel localizado em região de zona urbana limite entre dois Municípios. Certamente sobre o imóvel haverá IPTU, porém é certo que o contribuinte não se sujeitará a pagar para as duas cidades, pois caso haja a cobrança mútua, então caberá ao interessado promover a ação de consignação em pagamento a fim de que o juiz observe a situação e decida para qual dos Municípios o imposto deverá ser recolhido.

Já no *bis in idem* temos a presença de apenas um ente federado, porém cobrando tributos diversos sobre um mesmo fato gerador. Exemplifica essa hipótese com a instituição de um empréstimo compulsório que tenha como fato gerador a aquisição de renda do indivíduo. Ora, auferir renda já é fato gerador do imposto de renda, logo teremos a União, cobrando dois tributos (empréstimo compulsório e imposto de renda) sobre um mesmo fato gerador. Situação essa constitucionalmente permitida.

5.8.10. Decisão administrativa irreformável e decisão judicial passada em julgado

O contribuinte pode preferir buscar inicialmente a esfera administrativa por entender ser um caminho de resposta mais rápida se comparada ao Judiciário, como também pode querer ingressar diretamente com uma ação judicial.

Daí, temos breves, porém importantes, considerações a fazer:

a) O contribuinte pode buscar se defender na esfera judicial ou na esfera administrativa;

b) Se preferir a administrativa é a ele garantida a esfera judicial, mesmo com uma decisão administrativa contrária a seus interesses.

c) Não significa que é preciso esgotar a administrativa para só então valer-se da judicial.

d) É possível intentar direto na judicial sem passar na administrativa, porém, inadmite-se o retorno à administrativa, posteriormente.

e) A decisão administrativa irreformável só é modalidade de extinção do crédito se for favorável ao contribuinte.

f) Da mesma forma a decisão judicial transitada em julgado só representa extinto o crédito se favorável ao contribuinte, pois, ao contrário, o tributo deverá ser pago.

5.8.11. Dação em pagamento em bens imóveis

Hipótese acrescentada ao Código Tributário Nacional apenas no ano de 2001, com o advento da LC 104/2001. Antes disso não podia a Fazenda Pública receber um imóvel como forma de quitação de tributos, mesmo que os bens oferecidos fossem de seu interesse. Lembre-se que todas as formas de extinção do crédito devem ser listadas por lei complementar.

Atenção

A autorização só é válida para bens imóveis, não sendo possível quitar um tributo pela entrega de bens móveis. Segundo o Supremo Tribunal Federal (ADI 1917 julgado em 26.04.2007) essa hipótese violaria o princípio da licitação (art. 37, XXI, CF).

Observadas essas orientações, todos os entes federados poderão aceitar bens imóveis como forma de extinção do crédito tributário, desde que instituam lei prevendo as condições e a forma como os bens serão admitidos.

5.9. Modalidades de exclusão do crédito

São duas as modalidades de exclusão: isenção e anistia

As duas estão condicionadas à veiculação legal (princípio da reserva legal – art. 97, VI, CTN) e da mesma forma se ambas só podem ser concedidas por lei, sua revogação ou redução também só poderá ocorrer mediante lei.

Nesse sentido isenção ou anistia não podem ser concedidas, muito menos revogadas por decreto. São modalidades que dependem necessariamente de lei federal (para os tributos federais), lei estadual (para os estaduais) e lei municipal (para os tributos sob competência dos Municípios).

Além disso, o Código Tributário indicou a forma como a lei referente aos benefícios excludentes do crédito deverá ser interpretada. As formas de exclusão impõem uma interpretação literal, de modo que tudo o que a lei não expressamente autorizar, passará ao largo do benefício.

Na isenção dispensa-se o pagamento do tributo, na anistia dispensa-se o pagamento da multa e para nenhum dos benefícios dispensa-se a observância em relação às obrigações acessórias.

5.10. Garantias e privilégios do crédito

Trata-se de um capítulo onde encontramos regras variadas que asseguram ao crédito tributário vantagens que facilitam sua cobrança pela Fazenda Pública. O capítulo lista garantias, privilégios e preferências do crédito tributário.

Garantia: toda e qualquer medida que se destinar a atribuir maior efetividade e segurança ao crédito tributário. Exemplo: artigo 185 do CTN.

Privilégio: trata-se de uma prerrogativa, de uma prevalência de um crédito sobre o outro em fase antecedente à execução. Exemplo: artigo 184 do CTN.

Preferência: representa prerrogativa de um credor em ser embolsado antes que outro credor quando estamos diante de uma concorrência de créditos. Exemplo: art. 186 do CTN.

Segundo o artigo 184 do Código Tributário Nacional, independentemente de outros privilégios especiais sobre determinados bens, **responde pelo pagamento do crédito tributário a totalidade dos bens e das rendas**, de qualquer origem ou natureza, do sujeito passivo, seu espólio ou sua massa falida, inclusive os gravados por ônus real ou cláusula de inalienabilidade ou impenhorabilidade, seja qual for a data da constituição do ônus ou da cláusula, excetuados unicamente os bens e rendas que a lei declare absolutamente impenhoráveis.

A **presunção de fraude** (art. 185 do CTN) pode ser levantada a partir da inscrição em dívida ativa, considerando-se fraudulenta qualquer tentativa de alienação de bens ou oneração de rendas. Contudo é possível afastá-la, desde que o contribuinte possua bens ou rendas suficientes para o pagamento integral da dívida (art. 185, parágrafo único, CTN).

A presunção de fraude tem caráter geral, ou melhor, é considerada como presunção absoluta, de modo que não será aceita prova em contrário, diferentemente, portanto, quando estamos diante de uma presunção relativa. Entendimento que vem sendo consagrado pelo Superior Tribunal de Justiça.

Isso significa que se houver a alienação ou oneração de bens ou rendas, pouco importa a boa ou má-fé do adquirente, presumir-se-á de qualquer modo a fraude.

5.10.1. Penhora on-line

Trata-se de um dispositivo (art. 185-A, CTN) acrescentado no ano de 2005 ao Código Tributário Nacional pela LC 118.

A regra delineará os passos do magistrado a partir do momento em que, apesar de promovida a citação, o devedor tributário deixar de efetuar o pagamento e sequer apresentar bens à penhora, bem como não forem encontrados bens passíveis de penhora.

Presente tal situação o juiz determinará a indisponibilidade de bens e direitos do executado, decisão que será encaminhada preferencialmente por meio eletrônico aos órgãos e entidades responsáveis por promover registros de transferências de bens.

5.10.2. Preferência do crédito tributário

> *Art. 186. O crédito tributário prefere a qualquer outro, seja qual for a sua natureza ou o tempo de sua constituição, ressalvados os créditos decorrentes da legislação do trabalho ou do acidente do trabalho.*

O *caput* do presente artigo é bastante claro ao afirmar que independente de tratarmos de impostos, taxas ou contribuições, seja qual for a espécie tributária, ou mesmo, seja qual for o momento da constituição do crédito tributário, estes preferirão a qualquer outro.

A exceção à regra se dá quando há credores de valores fruto da legislação trabalhista (aviso prévio, salário-família, férias) e inclusive eventuais indenizações pautadas na Lei de Acidentes do Trabalho.

5.10.2.1. Preferência do crédito tributário na falência

Após o advento da nova Lei de Falências e Recuperação Judicial (Lei 11.101/2005) a regra acima permaneceu a mesma, entretanto, ressalvados os casos envolvidos em falência.

De acordo com a Lei 11.101/2005 (Falências e Recuperação Judicial) os créditos são discriminados em duas modalidades: extraconcursais e concursais. Conforme a própria lei (artigo 84) os créditos extraconcursais deverão ser satisfeitos antecedentes aos créditos concursais. Tendo em vista que o crédito tributário é classificado como concursal, logo, ele deve aguardar a liquidação dos extraconcursais.

Além disto, estabelece ainda o inciso que, na falência, o crédito tributário também não prefere àquelas importâncias passíveis de restituição. Passível de restituição pode ser o bem arrecadado no processo de falência ou que se encontra em poder do devedor na data da decretação da falência, sendo que o verdadeiro proprietário era terceiro. Restituição esta que poderá ocorrer em dinheiro (art. 86 da Lei de Falências).

5.10.3. Prevalência da execução fiscal

O *caput* do artigo 187 informa que a Fazenda Pública não depende do ingresso no processo de concurso de credores para ver seu crédito satisfeito. Quer-se dizer que o crédito tributário prefere a qualquer outro, salvo os decorrentes da legislação trabalhista.

Quanto à habilitação no processo de falência também não há esta necessidade (regra válida também para recuperação judicial, concordata, inventário ou arrolamento), haja vista expressa determinação legal. Assim deve ser reservado pela massa falida (mediante requerimento da Fazenda Pública credora) montante suficiente para o pagamento da dívida. Entretanto, "havendo impugnações ao crédito declarado, as Fazendas Públicas têm de ajuizar a execução fiscal, visto que dispõem de privilégio de foro".

Proposta a execução fiscal antes de decretada a falência o processo prosseguirá normalmente até o valor do bem penhorado. Caso ocorra o contrário (execução fiscal proposta e bem penhorado depois de decretada a falência) a Fazenda Pública aguardará a realização do ativo, obedecendo a ordem estabelecida pelo artigo 186, parágrafo único, inciso I, do Código Tributário Nacional.

5.10.4. Concurso de preferência em relação ao crédito tributário

Diferentemente do disposto no artigo 186 do Código Tributário Nacional, aqui, quando um contribuinte for devedor de exações para mais de um sujeito de Direito Público haverá o concurso de preferências a ser observado.

Assim, primeiro devem ser pagos os créditos federais, a seguir os pertencentes aos Estados membros, Distrito Federal e Territórios e, por fim, os pertencentes aos Municípios.

Para que se dê o concurso de preferência é imprescindível que tenhamos sobre um mesmo bem constrições judiciais promovidas por entes políticos diferentes, em outras palavras, é preciso que o bem seja alvo de mais de uma penhora.

5.10.5. Preferência do crédito no inventário ou arrolamento

O artigo 189 e seu parágrafo único do Código Tributário Nacional verifica-se mais uma preferência do crédito tributário, pois, embora, a Fazenda Pública não precise habilitar seus créditos nos processos de inventário ou arrolamento, ainda assim serão estes pagos antes de qualquer outro (diferente do que ocorre quando do processo falimentar).

5.11. Administração tributária

A Administração tributária possui amplos poderes para fiscalizar a arrecadação dos tributos, mesmo sobre aqueles que não são contribuintes, isentos ou imunes ao pagamento (artigo 195 do CTN).

Atenção

Estão sujeitos à fiscalização tributária ou previdenciária quaisquer livros comerciais, limitado o exame aos pontos da investigação (Súmula 439 STF).

Qualquer início de fiscalização deve ser documentado, nos termos da legislação aplicável, fixando-se, inclusive prazo máximo para a conclusão das diligências administrativas (artigo 196 do CTN).

5.11.1. Sigilo bancário e sigilo fiscal

O artigo 197 do CTN estabelece as obrigações acessórias que devem ser observadas pelas pessoas indicadas na lista.

O fato de instituições financeiras fazerem parte da lista não significa necessariamente a quebra do sigilo bancário, pois o que existe é uma transferência de informações para a Administração tributária, a qual por sua vez manterá os dados sob sua proteção.

Entendem nossos Superiores Tribunais (ADI 655298 julgado em 04.09.2007) que ainda que se trate de um direito à privacidade constitucionalmente assegurado, o sigilo bancário não é absoluto, pois deve prevalecer o interesse público em detrimento ao individual, bem como o objetivo da Justiça. Contudo, essa "quebra" do sigilo somente ocorrerá mediante a observância de um procedimento legal e mesmo assim, atentando-se à proporcionalidade do ato da quebra em razão do objetivo que pretende alcançar.

Atenção

A obrigação de prestar informações descrita no art. 197 do CTN não abrange a prestação de informações quanto a fatos sobre os quais o informante esteja legalmente obrigado a observar segredo em razão de cargo, ofício, função, ministério, atividade ou profissão. Exemplo: o advogado no exercício de sua atividade tem acesso a informações íntimas de seu cliente, as quais deverão ser mantidas sob segredo profissional.

Já o sigilo fiscal, que não se confunde com o sigilo bancário, obriga os servidores públicos a manterem sob sua proteção os dados a que tem acesso sobre a vida econômica, financeira e fiscal dos cidadãos (artigo 198 do CTN).

5.12. Dívida ativa e certidões

A dívida ativa, seja ela de natureza tributária ou não, dependerá de ato de inscrição, o qual corresponde a um ato de controle administrativo da legalidade. Cumpre à Procuradoria da Fazenda Pública promover tal ato a fim de se apurar a certeza e a liquidez do crédito.

Cabem as seguintes considerações:

1. Não podemos confundir a inscrição em dívida ativa com a constituição do crédito tributário.
2. A inscrição em dívida ativa autoriza a expedição de uma certidão, a qual representa um título executivo de natureza extrajudicial (artigo 784, IX, NCPC).
3. A dívida ativa da Fazenda Pública comporta, além do tributo (valor principal), também a atualização monetária, juros, multa de mora e demais encargos previstos em lei (artigo 2º, § 1º, da Lei 6.830/1980).
4. A dívida regularmente inscrita goza de presunção de liquidez e certeza, logo, poderá ser ilidida por prova inequívoca. Quer-se dizer, assim, que a dívida inscrita possui presunção relativa de liquidez (montante determinável) e certeza (autenticidade da dívida), haja vista a possibilidade de se impedir a execução fiscal, apesar de já ter havido a regular inscrição da dívida.
5. A inscrição em dívida ativa é imprescindível para se obter o título executivo, o qual será utilizado em ulterior execução

fiscal. Não há prazo indicado em lei para que uma dívida seja regularmente inscrita. O quinquênio disposto no Código Tributário Nacional (art. 174) corresponde ao prazo para executar e não para se inscrever. Contudo, é certo que se a inscrição antecede a execução e esta deve ocorrer dentro de cinco anos a partir do momento em que o crédito encontra-se definitivamente constituído, então a inscrição também acontece dentro de cinco anos. Contudo, repisa-se, o prazo é para executar e não para a inscrição.

Não há indicação expressa em lei sobre as modalidades de certidão de dívida ativa, porém é possível enumerá-las em três:

1. Certidão negativa – aquela que é expedida e não acusa nenhum débito por parte do contribuinte solicitante do documento, por isso dizer-se certidão negativa, pois confirma a negativa de dívida. "Só se pode indeferir certidão negativa quando for possível certificar o contrário, ou seja, quando se pode certificar a existência do débito. E não se pode certificar (positivamente) senão o que consta oficial e formalmente nos assentamentos do Fisco" (REsp 721569/ES julgado em 01.09.2005);

2. Certidão positiva – documento que ratifica algum débito resultado de um tributo não pago após o decurso do prazo legal ou após decisão administrativa irreformável. Trata-se de documento acusador, demonstrando a situação de irregularidade do contribuinte perante o Fisco;

3. Certidão positiva com efeitos de negativa – é mais uma certidão positiva. Não é uma certidão negativa, embora tenha os mesmos efeitos desta. Representa documento que indica haver débitos para com o Fisco, contudo os montantes em questão encontram-se com sua exigibilidade suspensa ou com o juízo da execução garantido.

8. Direito Administrativo

Wander Garcia

1. REGIME JURÍDICO-ADMINISTRATIVO

1.1. Conceito

Regime jurídico pode ser conceituado como *o conjunto harmônico de princípios e normas que incidem sobre determinada categoria ou instituto de direito*.

Há dois grandes regimes jurídicos: o de *direito público* e o de *direito privado*. O primeiro, que mais nos interessa, é aquele destinado a reger as relações jurídicas em que o Poder Público está presente, atuando numa posição de supremacia.

O Poder Público tem deveres extremamente importantes para a sociedade. Tais deveres englobam tarefas de *segurança*, de *fiscalização e controle* de condutas antissociais, de oferecimento de *serviços essenciais*, como educação, saúde, energia elétrica, água, transporte, dentre outros. Para que tais deveres sejam devidamente cumpridos é necessário que haja um regime jurídico diferenciado, um **regime jurídico de direito público**, que tem duas grandes marcas: a) supremacia do interesse público sobre o interesse privado; b) indisponibilidade do interesse público.

Porém, não se pode esquecer que o Poder Público age em **três grandes atividades**, quais sejam: a) *atividade legislativa*, de elaborar leis; b) *atividade administrativa*, de executar direta e concretamente a lei; c) *atividade jurisdicional*, de aplicar a lei, mediante provocação, com o fito de compor conflitos de interesse caracterizados por pretensões resistidas.

A *atividade legislativa* é objeto do Direito Constitucional, destacando-se o tema do "processo legislativo".

A *atividade jurisdicional* é objeto do Direito Processual (penal, civil, do trabalho etc.).

Já a *atividade administrativa* é objeto do Direito Administrativo. Esse ramo do Direito regula o chamado **regime jurídico administrativo**, que pode ser definido como *o conjunto harmônico de princípios e normas que regem os bens, os órgãos, os agentes e a atividade administrativa, a qual visa realizar concreta, direta e imediatamente os fins desejados pelo Estado*.

É importante destacar que o Direito Administrativo rege toda e qualquer atividade da Administração, seja ela do Executivo, do Legislativo ou do Judiciário, já que os dois últimos poderes também exercem (atipicamente) atividades administrativas. Por exemplo, quando exercer o poder disciplinar sobre servidores ou fazer licitação para adquirir bens.

Assim, um membro do Poder Judiciário (magistrado) pratica tanto atos jurisdicionais (ex.: quando exara uma sentença) como atos administrativos (ex.: quando aplica uma advertência ao servidor do fórum).

1.2. Origem

Só é possível falar-se em regime jurídico administrativo com o aparecimento do Estado de Direito, em que a lei passa a valer tanto para os administrados como para o administrador.

Tal se deu com o declínio dos regimes absolutistas, marcados pela vontade incontrastável dos soberanos, e que foi perdendo espaço, até se extinguir, após a Declaração dos Direitos do Homem e do Cidadão na França (1789) e a Declaração de Independência dos Estados Unidos (1796).

Os Estados de Direito, por sua vez, valeram-se da ideia de separação dos Poderes desenvolvida por Montesquieu (*O Espírito das Leis*, 1748).

2. PRINCÍPIOS DO DIREITO ADMINISTRATIVO

2.1. Introdução

Vejamos primeiro o que são princípios.

Princípios *são normas jurídicas de especial relevância e alta carga valorativa que, além de vincular, servem de vetor interpretativo a todos os destinatários do Direito*.

São, então, (1) alicerces do ordenamento jurídico, (2) normas vinculantes, (3) vetores interpretativos, (4) normas relevantes, (5) além de deterem alta carga valorativa.

Pode-se dizer que os princípios gerais do Direito Administrativo decorrem de dois outros basilares, quais sejam, o da supremacia do interesse público sobre o privado e o da indisponibilidade do interesse público.

O princípio da ***supremacia do interesse público sobre o interesse privado***[1] parte da ideia de que o fim do Estado é o bem comum, e não o individual. Assim, deve prevalecer o interesse público, o interesse comum, e não o interesse particular que cada um tem.

Essa supremacia pode ser verificada nas seguintes *prerrogativas* da Administração: a) presunção de legitimidade dos atos administrativos; b) prazos maiores no processo civil; c) prazo prescricional menor contra o Estado; d) imperatividade, exigibilidade, coercibilidade e autoexecutoriedade de boa parte dos atos administrativos, atributos esses que

1. Celso Antônio Bandeira de Mello define interesse público como o "interesse resultante do conjunto dos interesses que os indivíduos pessoalmente têm quando considerados em sua qualidade de membros da Sociedade e pelo simples fato de o serem" (*Curso de Direito Administrativo*, p. 59). Aliás, o interesse público pode ser primário (verdadeiro interesse público) ou secundário, interesse que diz respeito apenas à pessoa jurídica estatal (que não é verdadeiro interesse público), como o interesse de arrecadar mais tributos. Hely Lopes Meirelles, por sua vez, entende por interesse público as "aspirações ou vantagens licitamente almejadas por toda a comunidade administrada, ou por uma parte expressa de seus membros" (*Direito Administrativo Brasileiro*, p. 81).

permitem a autotutela da Administração, que não precisa buscar o Poder Judiciário para a imposição de grande parte de seus atos.

A doutrina diferencia a chamada *supremacia estatal geral*, que incide sobre todas as pessoas, da *supremacia estatal especial*, que incide sobre as pessoas com quem o Estado tem relação jurídica específica. A submissão de todos nós às leis de trânsito é um exemplo da supremacia estatal geral. Já a submissão das concessionárias de serviço público às imposições do Poder Concedente é exemplo da supremacia estatal especial.

O princípio da **indisponibilidade do interesse público**, por sua vez, decorre da ideia de República (coisa de todos). Ele indica que os interesses públicos não podem ser objeto de disposição, devendo o Poder Público velar por sua proteção e promoção. A ordem jurídica trará o perfil do que é interesse público, cabendo à Administração Pública buscar seu atendimento. Decorrem desse princípio os seguintes: a) princípio da legalidade; b) princípio da isonomia; c) princípio da motivação; d) princípio da publicidade, dentre outros.

Passemos, agora, ao estudo dos demais princípios do Direito Administrativo, que, repita-se, são expressões dos dois acima referidos.

2.2. Princípios do Direito Administrativo em espécie

2.2.1. Princípio da legalidade

Esse princípio pode ser **conceituado** como *aquele pelo qual a Administração Pública só pode fazer o que a lei determinar ou permitir*.

O princípio da legalidade está **previsto** expressamente no art. 37, *caput*, da CF.

Trata-se de princípio próprio do Estado de Direito. Aliás, o Direito Administrativo nasce justamente com o aparecimento desse tipo de Estado.

O princípio em questão afirma que a atividade administrativa é sublegal, devendo expedir comandos complementares à lei. É muito famosa a frase de Seabra Fagundes a respeito da legalidade: "administrar é aplicar a lei de ofício".

Na **prática**, isso significa que a Administração Pública não pode fazer coisa alguma sem que haja uma lei prévia dizendo que ela está autorizada ou tem a obrigação de fazê-la.

Recentemente, tomei conhecimento de um **exemplo** interessante: o Prefeito de uma determinada cidade resolveu baixar um ato administrativo determinando que todo o comércio local fechasse aos domingos, sem que houvesse lei alguma na cidade trazendo essa determinação. Tal conduta fere o princípio da legalidade, pois o Prefeito só poderia ter agido se houvesse uma lei municipal nesse sentido.

O Chefe do Poder Executivo tem o poder de regulamentar a lei, e não de fazer a própria lei. Nesse sentido, o art. 84, IV, da CF dispõe que o Presidente da República – e os demais Chefes do Executivo (Prefeito e Governador, por simetria) – têm competência para expedir decretos e regulamentos para a fiel execução da *lei*. Esses decretos têm por objetivo explicar a lei e dizer como ela deverá ser cumprida.

Ou seja, no Brasil temos *regulamentos de execução de lei*, e não *regulamentos autônomos de lei*.

No exemplo dado, o Prefeito daquela cidade poderia baixar um regulamento para o fim de executar a lei que proíbe o comércio aos domingos, caso a lei existisse (regulamento de execução de lei). Mas não poderia criar a própria proibição do comércio por meio de um decreto (regulamento autônomo de lei).

O princípio da legalidade é tão forte que no Direito brasileiro há pouquíssimas **exceções**.

A primeira exceção diz respeito aos *regulamentos autônomos de lei*. O art. 84, VI, da CF criou duas exceções, em que o Chefe do Executivo poderá, por decreto, fazer algo que somente a lei poderia fazer: a) dispor sobre a organização e funcionamento da administração federal, quando não implicar aumento de despesa nem criação ou extinção de órgãos públicos; b) dispor sobre a extinção de funções ou cargos públicos, quando vagos.

Um exemplo da situação "a" é um Prefeito, por decreto, transformar uma secretaria municipal em outra secretaria municipal (ex.: transformar a secretaria de administração em secretaria de gestão pública). O que não é possível é extinguir ou criar um órgão público, mas transformar um órgão é plenamente possível.

Um exemplo da situação "b" é um Prefeito, por decreto, extinguir 30 cargos de telefonista da prefeitura, por estarem vagos esses cargos e não haver mais interesse em provê-los, em virtude da tecnologia dos sistemas de telefonia não mais requerer tantos cargos de telefonista numa repartição pública.

A segunda exceção ao princípio da legalidade é a *medida provisória* (art. 62, CF). Com efeito, a medida provisória, apesar de não ser *lei em sentido estrito*, tem *força de lei*.

Assim, é possível que uma medida provisória, mesmo que não haja lei sobre um dado assunto, inove na ordem jurídica e determine algo para a Administração Pública.

Um exemplo foi a medida provisória que regulamentou as obrigações que cada um de nós passamos a ter com o "Apagão Elétrico" que assolou o Brasil há alguns anos. A medida provisória em questão foi possível porque estávamos numa situação de relevância e urgência, que justificava a edição da medida em detrimento do processo normal de elaboração de diplomas legislativos.

Porém, de acordo com a Constituição, a medida provisória não pode ser expedida para qualquer matéria. A EC 32/2001 estabeleceu, no art. 62, § 1º, da CF, vedação à edição de medidas provisórias sobre as seguintes matérias: *nacionalidade, cidadania, direitos políticos, partidos políticos e direito eleitoral; direito penal, processual penal e processual civil; organização do Poder Judiciário e do Ministério Público, a carreira e a garantia de seus membros; planos plurianuais, diretrizes orçamentárias, orçamento e créditos adicionais e suplementares; matéria reservada à lei complementar; disposição que vise à detenção ou sequestro de bens, de poupança popular ou qualquer outro ativo financeiro.*

Parte da doutrina faz uma diferenciação entre a *legalidade* e a *reserva legal*. Há matérias que podem ser reguladas por lei e por medida provisória, hipótese em que se fala em obediência à legalidade. Há matérias que só podem ser reguladas por lei em sentido formal, hipótese em que se fala em obediência à reserva legal. As matérias mencionadas no parágrafo anterior obedecem ao princípio da reserva legal. Como exemplo, temos o direito penal, matéria que só pode ser regulada por lei, nunca por decreto ou medida provisória (art. 5º, XXXIX, CF).

Por fim, vale diferenciar o princípio da legalidade para a Administração, com o **princípio da legalidade para o particular**. O primeiro está previsto no art. 37, *caput*, da CF, ao passo que o segundo, no art. 5º, II, da CF ("ninguém será obrigado a fazer ou deixar de fazer alguma coisa senão em virtude de lei"). O primeiro dispõe que a Administração só pode fazer o que a lei determinar ou permitir, enquanto que o segundo dispõe que o particular pode fazer o que bem entender, a não ser o que a lei proibir. Portanto, a Administração está amarrada, presa. Ela só pode fazer algo se a lei desamarrar e permitir que esse algo seja feito. Já o particular está livre, podendo fazer o que quiser. Ele só ficará impedido de fazer algo quando vier uma lei proibindo que ele o faça.

2.2.2. *Princípio da impessoalidade*

Esse princípio pode ser **conceituado** como *aquele que impõe tratamento igualitário às pessoas, respeito à finalidade e também a ideia de que os atos dos agentes públicos devem ser imputados diretamente à Administração Pública e nunca à pessoa do agente.*

O princípio da impessoalidade está **previsto** expressamente no art. 37, *caput*, da CF.

Repare que o princípio tem três comandos: a) *impõe igualdade de tratamento*; b) *impõe respeito ao princípio da finalidade*; c) impõe *neutralidade do agente*, que não pode fazer autopromoção.

Um exemplo de violação ao primeiro comando ("a") é o agente público, responsável para julgar a concessão de alvarás para construção, dar prioridade aos pedidos de alvará formulados por amigos seus em detrimento das demais pessoas que tiverem pedido o alvará em data anterior.

Um exemplo de violação ao segundo comando ("b") é o agente público usar um ato que tem uma finalidade legal "X" com o objetivo de atender a uma finalidade "Y", como ocorre quando se utiliza o ato "remoção" – cuja finalidade é organizar melhor as funções de agentes públicos ou transferir um agente público para outro local, a pedido deste – com a finalidade de punição.

Um exemplo de violação ao terceiro comando ("c") é um Prefeito determinar a utilização de um símbolo usado na sua campanha eleitoral em todas as obras da prefeitura. Tal situação é expressamente vedada pelo art. 37, § 1º, da CF, que dispõe que a publicidade oficial deverá ter caráter educativo, informativo ou de orientação social, dela não podendo constar nomes, *símbolos* ou imagens que caracterizem *promoção pessoal*.

O terceiro comando do princípio da impessoalidade também tem outros tipos de reflexo. Um deles é a possibilidade de reconhecer a validade de atos praticados por funcionário público irregularmente investido no cargo ou função sob o fundamento de que tais atos configuram atuação do órgão e não do agente público. Isso ocorre, pois, se todos os atos praticados pela Administração são *imputados* diretamente a esta (o agente público é neutro, ou seja, é um mero órgão da Administração), mesmo os atos praticados por alguém irregularmente investido em função pública poderão ser considerados válidos já que, em última análise, são atos da Administração e podem ser preservados se estiverem de acordo com as demais normas jurídicas.

2.2.3. *Princípio da moralidade administrativa*

Esse princípio pode ser **conceituado** como *aquele que impõe obediência à ética da Administração, consistente no conjunto de preceitos da moral administrativa, como o dever de honestidade, lealdade, boa-fé e probidade.*

O princípio da moralidade está **previsto** expressamente no art. 37, *caput*, da CF.

Todavia, a Constituição não determina que a moralidade exigida por seu art. 37, *caput*, esteja juridicizada. Aliás, se assim o fosse, bastaria a exigência de respeito ao princípio da legalidade. A Constituição também não está se referindo à moralidade comum, pois o art. 5º, LXXIII, da CF, ao tratar das hipóteses de cabimento de ação popular, é mais específico no tema e usa a expressão completa, qual seja, "moralidade administrativa", que é a moralidade no interior da administração e não no bojo da sociedade como um todo.

Assim, quando a Constituição exige, também, respeito à moralidade está impondo o dever de atendimento a moralidade administrativa (e não à moralidade comum), mas não está se referindo a uma moralidade juridicizada, mas a uma moralidade extraída da prática diária da boa administração. Ou seja, está-se exigindo um comportamento com respeito aos padrões éticos de boa-fé, decoro, lealdade, honestidade e probidade. Aliás, nesse sentido é o disposto no art. 2º, parágrafo único, IV da Lei 9.784/1999, no Código de Ética Profissional do Servidor Público Federal (Decreto 1.171/1994) e na Lei 8.112/1990.

São exemplos de atos que ferem o princípio da moralidade administrativa os seguintes: a) Prefeito e Câmara aumentam a remuneração dos agentes públicos em demasia a fim de se fortalecerem e de inviabilizarem economicamente a gestão posterior; b) Prefeito e Câmara geram grande diminuição de impostos para a gestão seguinte, com a mesma finalidade espúria mencionada; c) desapropriação realizada com o fim de prejudicar um inimigo político; d) uso de cartões corporativos do governo para gastos de ordem pessoal.

Não é necessária lesão ao erário para o desrespeito a esse princípio. Um prefeito que desapropria um imóvel com a finalidade de prejudicar um inimigo político, estará sujeito à invalidação dessa desapropriação pela violação ao princípio da moralidade, mesmo que o imóvel fosse necessário mesmo e que não houvesse, então, prejuízo econômico com o ato.

Dentro do tema do princípio da moralidade, vale fazer referência a outros institutos jurídicos relacionados.

O primeiro deles é a **improbidade administrativa**, que consiste na *imoralidade administrativa qualificada pelo prejuízo ao patrimônio público, pelo enriquecimento ilícito do agente ou pela ofensa aos princípios da Administração Pública.* A prática de tal ato importará, nos termos da Constituição, a

8. Direito Administrativo

suspensão dos direitos políticos, a perda da função pública, a indisponibilidade de bens e o ressarcimento ao erário, sem prejuízo da ação penal cabível (art. 37, § 4º, CF). A Lei 8.429/1992 repete tais sanções e acrescenta outras (art. 12 da Lei 8.429/1992), que serão estudadas em capítulo próprio.

Outro importante instituto é o da **ação popular**. Essa ação, que visava apenas à anulação de ato lesivo ao patrimônio público, passou a ser cabível, com a CF/1988, também para anular ato lesivo ao meio ambiente, ao patrimônio histórico e cultural e à *moralidade administrativa*.

Também se relaciona com o princípio da moralidade uma das hipóteses que caracterizam crime de responsabilidade do Presidente da República, consistente no ato que atenta contra a *probidade* na administração (art. 85, V, da CF).

Ainda no tema "direitos políticos", a Constituição dispõe que lei complementar deve trazer hipóteses de **inelegibilidade**, a fim de proteger a *probidade administrativa*, a *moralidade* para o exercício do mandato e a normalidade e legitimidade das eleições contra a influência do poder econômico ou o abuso do exercício de função, cargo ou emprego na administração direta e indireta. (art. 14, § 9º, CF).

Por fim, também pode ser instaurada CPI para investigar fato determinado relacionado à violação do princípio da moralidade administrativa (art. 58, § 3º, da CF), sem prejuízo da atuação do Tribunal de Contas no caso (por ausência de legitimidade do ato, que inclui a moralidade deste – art. 70, *caput*, da CF), do ajuizamento de ações civis públicas e da impugnação individual do ato em ações comuns ou especiais (como o mandado de segurança), quando se desejar anular ato que viola o princípio.

Enfim, essa relação de situações em que a moralidade é exigida revela o quão esse princípio é importante para o nosso Direito, mormente se pensarmos no número de escândalos que nosso País revela a cada dia, o que faz com que a aplicação do princípio aos casos concretos tenha função primordial para termos um País probo e que atenda cada vez mais aos justos anseios da população.

2.2.4. *Princípio da publicidade*

Esse princípio pode ser **conceituado** como *aquele que impõe ampla divulgação dos atos oficiais, para conhecimento público e início dos efeitos externos*.

O princípio da publicidade está **previsto** expressamente no art. 37, *caput*, da CF.

O conceito apresentado revela que o princípio tem dois grandes **sentidos**: a) garantir que todos tenham conhecimento das coisas que acontecem na Administração Pública; b) garantir que os atos oficiais só tenham efeitos externos após sua publicação.

Com isso, os cidadãos em geral poderão exercer sua cidadania, questionando atos governamentais, solicitando o controle destes e até ingressando com ações contra atos que estejam em desacordo com a ordem jurídica. Da mesma forma, o Ministério Público e as demais pessoas legitimadas também terão elementos para fazer esse tipo de controle.

As pessoas individualmente prejudicadas também recebem a proteção do princípio da publicidade. Um exemplo é aquele que recebe uma multa de trânsito. Tal pessoa só terá de pagar a multa se receber uma notificação oficial no prazo previsto em lei. A notificação é, portanto, requisito de eficácia da multa aplicada. O art. 281, parágrafo único, II, da Lei 9.503/1993, dispõe que o auto de infração será arquivado e seu registro julgado insubsistente se não houver, no prazo máximo de 30 dias, notificação da autuação.

Nesse sentido, é importante reforçar a ideia de que a *publicidade* dos atos oficiais é requisito de ***eficácia*** dos atos administrativos, e não requisito de *existência* ou de *validade* destes.

Por outro lado, o princípio da publicidade tem **exceções**. Ou seja, há casos em que o interesse público justificará que determinados atos oficiais sejam deixados em sigilo, ainda que temporariamente.

Confira os casos em que se admite o sigilo dos atos oficiais: a) para a defesa da segurança da sociedade e do Estado; b) em investigações policiais; c) para o resguardo da inviolabilidade da intimidade, da vida privada, da honra e da imagem das pessoas.

A Lei 12.527/2011 regula o acesso à informação previsto no inciso XXXIII do art. 5º da CF ("todos têm direito a receber dos órgãos públicos informações de seu interesse particular, ou de interesse coletivo ou geral, que serão prestadas no prazo da lei, sob pena de responsabilidade, ressalvadas aquelas cujo sigilo seja imprescindível à segurança da sociedade e do Estado").

Essa lei se aplica a todos os entes federativos. Por conta dela, houve um movimento muito amplo no sentido de os entes da Administração Pública passarem a divulgar pela internet a remuneração e o subsídio dos agentes públicos, por se tratar de obrigação que decorre dos termos da lei.

Essa lei trata também dos requisitos do pedido de acesso a informações aos órgãos e entidades estatais (arts. 10 a 14) e também das restrições de acesso à informação (arts. 21 a 31).

Uma regra fundamental da lei dispõe que "não poderá ser negado acesso à informação necessária à tutela judicial ou administrativa de direitos fundamentais" (art. 21).

A lei detalha melhor os casos em que cabe sigilo por motivo de segurança da sociedade e do Estado (art. 23), sigilo esse que varia entre 5, 15 e 25 anos (informações reservada, secreta e ultrassecreta, respectivamente), bem como os casos em que cabe sigilo por motivo de respeito à intimidade, vida privada, honra e imagem das pessoas, que poderão ter seu acesso restrito pelo prazo máximo de 100 anos (art. 31).

Há decisão do STJ que entendeu que fere a Lei de Transparência o não fornecimento pela União de extrato completo dos gastos de cartão corporativo utilizado por chefe de Escritório da Presidência (MS 20.895-DF, j. 12.11.2014). Também fere o princípio da publicidade a sonegação pelo Ministério das Relações Exteriores do nome das pessoas que receberam passaporte diplomático (STJ, MS 16.179-DF, j. 09.04.2014). O STF também entendeu que viola a transparência negativa do Senado Federal de apresentar comprovantes de despesas de verbas indenizatórias dos Senadores (MS 28.178, j. 04.03.2015).

Por fim, vale dizer que se sujeitam a essa lei todos os órgãos da Administração Direta, todas as suas entidades e também as aquelas controladas direta ou indiretamente pelos entes políticos (art. 1º), sendo que a Lei 9.784/1999 se aplica subsidiariamente (art. 20). Quanto ao respeito ao princípio da publicidade no âmbito dos **processos administrativos em geral**, a Lei 9.784/1999 estabelece, em seu art. 2º, parágrafo único, V, a obrigatoriedade da divulgação dos atos administrativos, devendo-se publicar no Diário Oficial as principais fases do processo. Os demais atos podem ser afixados na porta do ente ou conforme o disposto na lei local. O artigo 28 da Lei 9.784/1999 obriga, ainda, à intimação do interessado, por correspondência, por exemplo, para tomar ciência dos atos do processo administrativo.

Vale lembrar que a propaganda oficial não pode caracterizar promoção pessoal (*vide* novamente o art. 37, § 1º, CF), devendo ser objetiva e com caráter informativo, educativo ou de orientação social.

2.2.5. Princípio da eficiência

Esse princípio pode ser **conceituado** como *aquele que impõe o dever de a Administração Pública atender satisfatoriamente às necessidades dos administrados, bem como de o administrador público fazer o melhor, como profissional, diante dos meios de que dispõe.*

O princípio da eficiência está **previsto** no art. 37, *caput*, da CF, por força da EC 19/1998, que o introduziu expressamente na Constituição.

Porém, mesmo antes da EC 19/1998, já se falava na Constituição em controle interno dos Poderes para atender a eficiência (art. 74, II, CF), de modo que o princípio estava no mínimo implícito na redação original da Constituição.

Ademais, o Decreto-Lei 200/1967, que regula a Administração Pública federal, também tem regras voltadas para a eficiência, como as seguintes: a) fortalecimento do sistema de mérito (art. 25, VII); b) dirigentes capacitados (art. 25, V); c) supervisão ministerial das entidades da administração indireta (art. 26, III); d) demissão de servidor ineficiente ou desidioso (art. 100).

Ocorre que, com a **Reforma do Estado**, ocorrida em 1998, percebeu-se a necessidade de trazer um princípio geral de eficiência. Tal reforma estava preocupada em diminuir o controle de meios (administração burocrática) e focar no controle de fins (administração gerencial), controle este que se volta para os resultados, ou seja, para a eficácia.

Na verdade, *a administração pública gerencial* não abandona as conquistas da *administração pública burocrática*, em especial o combate aos vícios da *administração pública patrimonialista* (corrupção, personalismo, confusão entre o patrimônio do soberano e o público, nepotismo etc.).

Porém, não se pode buscar a eficiência a qualquer custo. Esse princípio deve ser obedecido sem desconsiderar os demais, como o da legalidade, da moralidade, da publicidade e da eficiência.

Vale anotar que a eficiência não significa racionalização econômica, com busca incessante de redução de custos e otimização de recursos. Essa busca está ligada ao princípio da economicidade, que também tem guarida nos princípios administrativos (art. 70 da CF). Ao contrário, por vezes, o princípio da eficiência mitiga um pouco o princípio da economicidade no ponto em que exige que haja um mínimo de qualidade e de efetividade na atuação estatal, o que, muitas vezes, impõe um maior investimento público.

Para concretizar o princípio da eficiência, a EC 19/1998 também trouxe para o servidor público mais um requisito para adquirir a estabilidade, qual seja, o de que passe por uma *avaliação especial de desempenho*, sendo que, mesmo depois de adquiri-la, deverá se submeter a *avaliações periódicas de desempenho*, podendo ser exonerado, caso não seja aprovado em qualquer delas (art. 41, § 1º, III, da CF). Para a Administração, a EC em questão trouxe a possibilidade de realização de *contrato de gestão*, aumentando a autonomia dos órgãos e entidades públicos em troca da fixação de metas de desempenho a cumprir (art. 37, § 8º, CF).

2.2.6. Princípio da segurança jurídica

Esse princípio pode ser **conceituado** como *aquele que impõe a exigência de maior estabilidade nas relações jurídicas de forma a se atender ao interesse público.*

O princípio da segurança jurídica não está **previsto** expressamente na CF. Porém, está implícito no art. 5º, XXXVI, pelo qual a lei não pode prejudicar o direito adquirido, o ato jurídico perfeito e a coisa julgada.

No plano infraconstitucional, o princípio está previsto expressamente no art. 2º, *caput*, da Lei 9.784/1999.

O princípio da segurança jurídica tem as seguintes **consequências**:

a) decorre dele o dever de respeitar o direito adquirido, o ato jurídico perfeito e a coisa julgada (art. 5º, XXXVI, CF); exemplo de aplicação dessa regra foi a decisão do STF que impediu que nova norma do Ministério da Educação aumentasse os requisitos para a concessão de financiamento estudante pelo FIES em relação a estudantes que já vinham se beneficiando do financiamento (ADPF 341, j. 27.05.2015);

b) permite a convalidação de atos anuláveis, ou seja, de atos que podem ser repetidos sem o vício que os inquinava;

c) permite a conversão de atos nulos em atos de outra categoria, na qual serão válidos;

d) permite a manutenção de atos nulos expedidos há muito tempo, desde que haja excepcionalíssimo interesse público (ex.: loteamento popular antigo feito sem autorização administrativa);

e) proíbe a aplicação retroativa de nova interpretação por parte da Administração (inciso XIII do parágrafo único do art. 2º da lei acima referida); tal proibição visa a preservar a boa-fé, a confiança do administrado na Administração;

f) protege expectativas legítimas de promessas firmes. Ex.: permissão de uso de bem público dada pelo Estado com prazo determinado, que acaba sendo revogada antes do final do prazo; com base no princípio da proteção da confiança, é possível que o permissionário requeira em juízo que continue com a permissão ou que receba indenização pela quebra da confiança;

g) não gera direito adquirido a regime funcional ou contratual;

h) "a garantia da irretroatividade da lei, prevista no art. 5º, XXXVI, da Constituição da República, não é invocável pela entidade estatal que a tenha editado" (Súmula 654 do STF);

i) "os valores recebidos de boa-fé pelo servidor público, quando pagos indevidamente pela Administração Pública em função de interpretação equivocada de lei, não devem ser devolvidos" (STJ, AgRg no Ag 1.423.790, *DJ* 30.11.2012).

O princípio da segurança jurídica também pode ser considerado em dois aspectos: a) no aspecto objetivo, está ligado à irretroatividade das leis e das novas interpretações, e a finalidade é proteger o próprio sistema (endossegurança); b) no aspecto subjetivo, está ligado ao princípio da proteção à confiança legítima.

De acordo com o princípio da confiança legítima, quando (1) o Estado expede um ato conclusivo capaz de gerar confiança no administrado, (2) levando este a praticar determinada conduta no sentido da expectativa criada pelo Estado, (3) este fica adstrito a manter a sua palavra mesmo se o ato for ilegal, (4) salvo má-fé do administrado.

Um exemplo interessante é a situação em que a administração outorga ao particular uma permissão de serviço público pelo prazo de 4 anos, tratando-se de prazo ideal para a amortização de investimentos pelo permissionário e recebimento de retorno compatível pelo seu trabalho, sendo que, dois anos depois, a permissão vem a ser revogada. A aplicação do princípio da confiança fará com que o Estado tenha de voltar atrás na revogação do ato ou tenha essa revogação do ato anulada. Em o Estado demonstrando interesse público na anulação do ato, a aplicação do princípio determinará a condenação do Estado a pagar indenização pela perda antecipada da permissão pelo particular.

2.2.7. *Princípio da razoabilidade*

Esse princípio pode ser **conceituado** como *aquele que impõe o dever de agir dentro de um padrão normal, evitando-se negligência e excesso e atuando de forma compatível entre os meios e fins previstos na lei.*

O princípio da razoabilidade não está expresso na Constituição Federal.

Porém, o art. 5º, LXXVIII, da CF, introduzido pela EC 45/2004, introduziu o direito à *razoável* duração do processo judicial e administrativo. A expressão "razoável", apesar de ligada à questão do processo célere, acaba trazendo à tona o valor da razoabilidade.

Assim, o princípio da razoabilidade continua implícito de modo geral na CF, mas pelo menos está expresso para fins de duração do processo no nosso Texto Maior.

Apesar disso, ele pode ser encontrado exposto em alguns textos infralegais, como o da Constituição do Estado de São Paulo (art. 111) e no art. 2º, *caput*, da Lei de Processo Administrativo Federal (Lei 9.784/1999).

Além do mais, o art. 2º, parágrafo único, VI, da Lei 9.784/1999 também acaba por tratar do princípio da razoabilidade ao trazer a seguinte obrigação à Administração em seus atos: "adequação entre meios e fins, vedada a imposição de obrigações, restrições e sanções em medida superior àquelas estritamente necessárias ao atendimento do interesse público".

São **exemplos** de violação ao princípio da razoabilidade os seguintes: a) demissão de um agente público, quando era suficiente uma suspensão; b) cumulação indistinta de todas as sanções por ato de improbidade administrativa, mesmo em casos mais leves, como de violação a princípios da administração; c) requisição administrativa de bens ou serviços em quantidade maior do que a necessária; d) dissolução de passeata pacífica por meio de arma de fogo.

O princípio somente tem **incidência** em relação a atos *discricionários*, não incidindo em relação a atos *vinculados*. Isso porque, quando um ato é vinculado, a Administração só tem uma opção de ato a ser praticado, não havendo que se falar em mais de uma possibilidade e, portanto, que o ato fere a razoabilidade. Porém, quando se tem um ato discricionário, existe mais de uma opção para o administrador, ocasião em que se poderá discutir se a atitude tomada está ou não de acordo com a razoabilidade.

Uma dúvida muito frequente é se o princípio da razoabilidade é sinônimo do **princípio da proporcionalidade**. Essa dúvida ganha ainda mais relevância pelo fato de o art. 2º, *caput*, da Lei 9.784/1999 dispor que a Administração deve respeitar a *razoabilidade* e também a *proporcionalidade*.

Na prática, costuma-se usar a expressão "proporcionalidade" para situações que envolvem quantidade. São situações em que se tem um "meio" (por exemplo, a possibilidade de aplicação de mais de um valor de multa) e "fim" (punir e prevenir que alguém cometa a infração). Por exemplo, se uma multa poderia variar de R$ 100 a R$ 1.000,00 e acaba sendo fixada em R$ 1.000,00, diz-se que houve violação ao princípio da proporcionalidade se o caso não era grave.

A expressão "razoabilidade" acaba sendo utilizada para outras situações que não envolvem questão matemática, mas sim a busca de uma conduta igualitária da Administração. Por exemplo, se um Prefeito, mesmo diante do caos na área da saúde, resolver fazer uma obra para reformar a praça em frente ao hospital, em detrimento de maiores investimentos no próprio serviço de saúde, diz-se que houve violação ao princípio da razoabilidade. Nesse caso, o investimento na praça (que beneficia pessoas que nela brincam e passeiam) é discriminatório e desigual em relação à falta de investimento na saúde (considerando o caos em que se está e que a questão da saúde envolve o valor mais importante de todos, que é a vida)? Na análise dessa relação de congruência o princípio da razoabilidade orientará para a busca da medida mais igualitária e menos discriminatória.

Outras diferenças apontadas são as seguintes: a) quanto à origem, a razoabilidade se desenvolveu no direito anglo-saxônico (na Inglaterra, sob o prisma do devido processo legal em geral, trazido na Magna Carta; nos EUA, sob o prisma do devido processo legal substantivo), ao passo que a proporcionalidade, no direito germânico; b) quanto ao âmbito de incidência, o princípio da proporcionalidade é aplicado quando se está diante de uma relação em que há "meio" e "fim", ao passo que o da razoabilidade, quando se está diante de uma relação de "critério distintivo" e "medida tomada", em que se deve buscar a igualdade, ou seja, uma relação de congruência entre o "critério distintivo" e a "medida tomada"; b) quanto a conteúdo valorativo, a razoabilidade de fundamento nas noções de racionalidade e equilíbrio (mais subjetivas) e a proporcionalidade, nas noções de adequação, necessidade e ponderação (mais objetivas).

Quanto ao princípio da proporcionalidade, o STF, no julgamento do RE 466.343-1, especificou que esse princípio, quando aplicado na restrição a direitos fundamentais, deve levar em conta os seguintes critérios:

a) adequação: eficácia do meio escolhido;

b) necessidade: uso do meio menos restritivo ou gravoso para atingir a finalidade, face ao indivíduo paciente;

c) proporcionalidade em sentido estrito: ponderação entre os benefícios alcançados com o ato e os danos por ele causados.

Quanto à ordem correta de aplicação do princípio, é a seguinte: primeiro analisa-se, de fato, se há colisão de direitos fundamentais; depois descreve-se o conflito identificando os pontos relevantes do caso e, por fim, faz-se o exame, sucessivo, da adequação, da necessidade e da proporcionalidade em sentido estrito.

2.2.8. Princípio da motivação

Esse princípio pode ser **conceituado** como *aquele que impõe ao administrador público o dever de indicar, prévia ou contemporaneamente, os pressupostos de fato e de direito que determinam a decisão ou o ato, de forma explícita, clara e congruente.*

O princípio da motivação **não está previsto** expressamente no art. 37, *caput*, da CF.

Porém, o princípio pode ser encontrado para as decisões do Poder Judiciário e do Ministério Público (art. 93, IX, da CF c/c art. 129, § 4º, da CF), que devem ser devidamente fundamentadas, sob pena de nulidade.

Apesar de não haver previsão genérica do princípio da motivação na Constituição Federal, há na legislação infraconstitucional. O art. 2º, *caput*, da Lei 9.784/1999 faz referência expressa à motivação como princípio a ser obedecido por toda a Administração Direta e Indireta, de todos os poderes.

O princípio da motivação **decorre** do aparecimento do Estado de Direito, em que a única vontade que impera é a da lei e não a pessoal, de modo que a Administração tem de justificar seus atos. Ele é reforçado pelo princípio da moralidade e pela ampliação do acesso ao Judiciário, que também exigirão a motivação como forma de preservar a probidade administrativa e permitir que as pessoas possam impugnar atos da Administração em juízo.

Uma dúvida muito comum é se a obrigatoriedade de motivação é **regra** ou **exceção**. A pergunta tem pertinência, pois o art. 50 da Lei 9.784/1999 traz um rol de casos em que a motivação é necessária. Com isso, para alguns, ela só seria obrigatória quando a lei determinar.

Porém, não se deve esquecer que a motivação é um princípio e, como tal, é uma norma que tem hierarquia material em relação a algumas regras, como a prevista no art. 50 da Lei 9.784/1999. Não bastasse isso, o rol de casos em que a motivação é obrigatória é tão amplo que se pode afirmar: a regra é que os atos administrativos que afetem direitos devem ser motivados.

Assim, só não haverá o dever de motivar quando a lei expressamente o dispensar, como é o caso da nomeação e da exoneração para cargo em comissão, que são livres, ou seja, não dependem de motivação por aquele que comete tais atos.

Nos demais casos, a motivação é requisito de validade do ato administrativo atinente à *forma*.

Vale ressaltar, todavia, que, caso se esteja diante de *ato vinculado* e em situação cuja motivação seja óbvia, e ainda haja respeito aos demais requisitos de validade, este poderá ser mantido se demonstrada a ausência de prejuízo. Nessa hipótese, a motivação não deixa de ser obrigatória, podendo o servidor vir a ser responsabilizado por sua ausência, mas o ato pode ser mantido no mundo jurídico, desde que possa ser demonstrado que antecede à lei quanto aos demais aspectos.

Nos *atos discricionários*, por sua vez, a falta de motivação gera necessariamente sua invalidação, sob pena de se permitir a invenção de motivos em momento posterior.

A **motivação *aliunde***, consistente na declaração de concordância com os fundamentos apresentados em outra manifestação anteriormente expedida, é admitida e largamente utilizada na Administração Pública. Ter-se-á por motivação do ato aquela à qual faz referência. Ex.: a autoridade expede um ato adotando como fundamento parecer que o precede.

Vale lembrar que, quando se tratar de decisões de órgãos colegiados ou de decisões orais, a motivação deve constar da respectiva ata ou termo escrito.

2.2.9. Princípio da autotutela

Esse princípio pode ser **conceituado** como *aquele que impõe o dever de a Administração Pública anular seus próprios atos, quando eivados de vício de ilegalidade, e o poder de revogá-los por motivo de conveniência e oportunidade, respeitados os direitos adquiridos.*

O princípio da autotutela não está **previsto** expressamente no art. 37, *caput*, da CF.

Porém, o princípio é muito conhecido e está previsto na Súmula 473 do STF e no art. 53 da Lei 9.784/1999.

Perceba-se que, diante de *ilegalidade*, fala-se em dever (ato vinculado) de anular. E que diante de motivo de *conveniência e oportunidade*, fala-se em poder (ato discricionário) de revogar. O nome do princípio remete à ideia de que a Administração agirá sozinha, ou seja, sem ter de levar a questão ao Poder Judiciário.

Um exemplo de aplicação da autotutela consiste em a Administração, tomando ciência da ilegalidade na concessão de uma licença para construir, promover sua anulação de ofício.

Outro exemplo consiste em a Administração, após ter concedido uma autorização para uso de um bem público para que uma comunidade feche uma rua por um dia para realizar uma festa local, revogar a autorização dada por conta da ciência de um fato novo que torna inconveniente a manutenção da autorização outorgada ao particular.

Tanto a anulação como a revogação poderão se dar independentemente de apreciação judicial.

2.2.10. Princípio do controle judicial dos atos administrativos

Esse princípio pode ser **conceituado** como *aquele que impõe que todo ato administrativo seja passível de controle por parte do Poder Judiciário, ainda que se trate de ato dis-*

cricionário, desde que esse controle se atenha aos aspectos de legalidade, razoabilidade e moralidade.

Tal controle se justifica tanto pelo fato de estarmos num Estado de Direito como porque existe o **princípio da universalidade da jurisdição**, pelo qual *a lei não excluirá da apreciação do Poder Judiciário lesão ou ameaça de lesão a direito* (art. 5º, XXXV, CF).

Ao tratarmos do princípio em questão, importante se faz trazermos à baila noções sobre os Sistemas de Controle Jurisdicional da Administração.

Há dois **sistemas**: a) o sistema do contencioso administrativo (sistema francês); b) o sistema judiciário (sistema inglês).

Como vimos, o Brasil adotou o segundo, ou seja, o sistema da jurisdição única.

Na Europa continental, de outra parte, há órgãos independentes e autônomos da própria Administração destinados a efetuar o controle dos atos administrativos. Trata-se da chamada *dualidade de jurisdição* (ou *contencioso administrativo*), em que um órgão exerce a jurisdição sobre os atos administrativos e o Poder Judiciário a exerce sobre os demais atos e fatos jurídicos. Na França, por exemplo, o Conselho de Estado é que faz esse tipo de papel (há os chamados tribunais administrativos, que se sujeitam ao Conselho, que funciona como juízo de apelação, de cassação e até de juízo originário e único de determinados litígios administrativos).

O Brasil adotou outro sistema, o anglo-americano, em que não existe essa dualidade, cabendo apenas ao Poder Judiciário exercer a jurisdição, de modo que é este que faz o controle ora estudado.

2.2.11. Outros princípios

A doutrina também aponta como princípios do Direito Administrativo os seguintes: **finalidade** (impõe à Administração que só pratique atos voltados ao interesse público), **especialidade** (ligado à descentralização administrativa, impõe que as pessoas jurídicas criadas pelo Estado – autarquias, por exemplo – atuem de acordo com a finalidade definida em lei), **controle ou tutela** (ligado ao anterior, impõe que a Administração Direta fiscalize os entes que tiver criado, com o objetivo de garantir a observância de suas finalidades legais), **continuidade** (impõe que os serviços públicos não sejam interrompidos), **responsabilidade do Estado** (impõe responsabilidade objetiva a este) tratando também dos princípios da **hierarquia**, do **interesse público**, da **ampla defesa** e do **contraditório**, dentre outros.

3. PODERES DA ADMINISTRAÇÃO PÚBLICA

3.1. Considerações gerais

Os poderes têm *caráter instrumental*, uma vez que são os meios pelos quais a Administração busca atingir seu fim, qual seja, a proteção e promoção do interesse público.

Por conta disso, a doutrina costuma associar a ideia de poder à de dever, daí porque muitos autores dizem que a Administração tem, na verdade, um *poder-dever* ou um *dever-poder*, como prefere Celso Antônio Bandeira de Mello.

Enfim, os poderes conferidos à Administração só existem com o objetivo de atender seus **deveres** – dever de agir, dever de eficiência, dever de probidade e dever de prestar contas.

Considerando a importância dos poderes para atender os objetivos da Administração, esses são irrenunciáveis. Ademais, não se pode manejá-los sem que o agente tenha *competência* (ou teremos excesso de poder) ou, ainda que competente, quando se desvia da finalidade para a qual existe aquele ato (caso de desvio de poder).

3.2. Definições de Hely Lopes Meirelles

Hely Lopes Meirelles traz as seguintes definições dos poderes administrativos (*Direito Administrativo Brasileiro*, 26. ed., São Paulo: Malheiros, p. 109-123):

a) poder vinculado – "é aquele que o Direito Positivo – a lei – confere à Administração Pública para a prática de ato de sua competência, determinando os elementos e requisitos necessários à sua formalização";

b) poder discricionário – "é o que o Direito concede à Administração, de modo explícito, para a prática de atos administrativos com liberdade na escolha de sua conveniência, oportunidade e conteúdo";

c) poder hierárquico – "é o de que dispõe o Executivo para distribuir e escalonar as funções de seus órgãos, ordenar e rever a atuação de seus agentes, estabelecendo a relação de subordinação entre os servidores do seu quadro de pessoal";

d) poder disciplinar – "é a faculdade de punir internamente as infrações funcionais dos servidores e demais pessoas sujeitas à disciplina dos órgãos e serviços da Administração";

e) poder regulamentar – "é a faculdade de que dispõem os Chefes de Executivo (Presidente da República, Governadores e Prefeitos) de explicar a lei para sua correta execução, ou de expedir decretos autônomos sobre matéria de sua competência ainda não disciplinada por lei";

f) poder de polícia – "é a faculdade de que dispõe a Administração Pública para condicionar e restringir o uso e gozo de bens, atividades e direitos individuais, em benefício da coletividade ou do próprio Estado".

3.3. Poderes vinculado e discricionário

Repare que a diferença entre o **poder vinculado** e o **poder discricionário** é que, no primeiro, a lei deixa bem *determinados* os elementos e requisitos necessários à prática de um ato, ao passo que, no segundo, a lei confere *margem de escolha* para a Administração quanto à conveniência, a oportunidade e o conteúdo do ato.

No exercício de um ato ou poder vinculado, não será possível ao administrador público fazer apreciações pessoais, subjetivas, uma vez que está muito claro na lei *quando* deve agir e a *forma* desse agir. São atos vinculados os seguintes: concessão de aposentadoria voluntária e multa de trânsito por excesso de velocidade.

No exercício de um ato ou poder discricionário, é dado ao administrador público utilizar critério de conveniência e oportunidade para discernir *quando* deve agir ou a *forma* desse agir. Observe que não existe arbitrariedade ou liberdade total para Administração, mas sim *margem de liberdade* para que essa, no caso concreto, verifique a melhor providência a ser tomada.

Nesse sentido, todo ato discricionário tem uma parte vinculada, em que o agente estará adstrito ao que dispuser a lei. A *competência*, por exemplo, sempre é vinculada, já que a lei sempre determina quem é competente.

No entanto, Hely Lopes Meirelles entende que três requisitos dos atos administrativos são sempre vinculados: *competência, forma* e *finalidade* (interesse público). Ou seja, a competência discricionária é sempre *parcialmente vinculada*, não conferindo, assim, *total liberdade* para o agente público, mas apenas *margem de liberdade* para este.

Dessa forma, o *mérito* de um ato discricionário, ou seja, a margem de liberdade que remanesce ao agente público se situará nos requisitos *motivo* e/ou *objeto*.

O Judiciário não pode se imiscuir no *mérito* administrativo, sob pena de violação ao princípio da independência dos Poderes. Todavia, o Judiciário pode apreciar os seguintes aspectos de um ato discricionário: de *legalidade*, de *razoabilidade* e de *moralidade*.

São exemplos de atos discricionários os seguintes: a autorização de uso de bem público para que o particular realize um evento e a autorização para compra de uma arma (Lei 10.826/2003).

3.4. Poderes hierárquico e disciplinar

Repare que a diferença entre o poder hierárquico e o poder disciplinar é que o primeiro diz respeito ao dia a dia das relações de subordinação (escalonamento de funções, ordens, revisão de atos), ao passo que o segundo só atua quando houver um ilícito disciplinar, possibilitando à Administração a aplicação de sanções disciplinares.

O **poder hierárquico** *é aquele conferido* ao *agente público para organizar a estrutura da Administração e fiscalizar a atuação de seus subordinados, expressando-se na distribuição e orientação das funções, na expedição de ordens e na revisão dos atos dos demais agentes, numa relação de ampla subordinação.*

Esse poder se dá de *órgão* para *órgão* ou de *cargo* para *cargo*. Dessa forma, a hierarquia não se confunde com o *controle* (*supervisão ministerial* ou *tutela*), pois este se dá de *pessoa jurídica* para *pessoa jurídica*. A hierarquia confere amplos poderes ao órgão superior, ao passo que o controle somente permite que a entidade controladora fiscalize a controlada no que a lei dispuser e quanto a possíveis desvios de finalidade da entidade.

A delegação e a avocação são institutos muito ligados ao poder hierárquico e serão vistos no item 4.3.2.2.1.

O **poder disciplinar** *é aquele conferido ao agente público para aplicação de sanções ou penalidades aos demais agentes, dada a prática de uma infração disciplinar.*

Perceba que, em relação ao poder hierárquico, o poder disciplinar é mais específico, direcionando-se tão somente à atividade de punir ou não um agente por infração funcional, enquanto aquele é mais amplo, dizendo respeito à organização, orientação e revisão de atos.

Por outro lado, é bom salientar que o poder disciplinar não se dirige apenas sobre os servidores públicos. O conceito doutrinário desse poder engloba não só a atividade disciplinar dos agentes públicos, como também a que se dirige a outras pessoas que mantêm relação jurídica com a Administração, já que esse poder é a faculdade de punir internamente as infrações funcionais dos servidores e demais pessoas sujeitas à disciplina dos órgãos e serviços da Administração.

O poder disciplinar pode ser tanto vinculado como discricionário e depende do que dispuser a lei a respeito.

O ato decorrente do poder disciplinar deve ser devidamente motivado. Aliás, dois aspectos são muito importantes nesse poder: a) a necessidade de apuração da falta com contraditório e ampla defesa; b) o dever de motivar.

Mais à frente veremos outros elementos referentes ao processo administrativo disciplinar.

3.5. Poder regulamentar

Conforme já visto, o poder regulamentar pode ser **conceituado** como a *faculdade de que dispõem os Chefes de Executivo de explicar a lei para sua correta execução ou de expedir decretos autônomos sobre matéria de sua competência ainda não disciplinada por lei.*

Na **prática**, o poder disciplinar se dá pela edição de decretos regulamentares, ou seja, de decretos que explicam a lei, propiciando sua fiel execução.

Vamos a um **exemplo**. Imagine uma lei municipal que estabelece a proibição de emissão de ruído acima de determinado limite após as 22 horas. Esse tipo de lei costuma trazer a proibição em si, o limite de decibéis para os diferentes locais de um município (zonas residenciais, zonas comerciais, em frente a hospitais etc.) e a sanção aplicável em caso de descumprimento. Porém, tais leis não entram em detalhes sobre como serão aplicadas no plano concreto. É nessa hora que entra o regulamento. O Prefeito, por meio de um decreto, detalhará como a fiscalização deverá ser feita, que tipo de aparelho poderá aferir o limite de decibéis, além de outras regras necessárias à fiel execução da lei.

O poder regulamentar consiste justamente em o Chefe do Executivo emitir regulamentos com vistas à operacionalização do cumprimento da lei.

É por isso que o exercício desse poder não pode inovar na ordem jurídica, ou seja, criar direitos ou obrigações novos. Esse poder tem por objetivo apenas regulamentar o que a lei estabeleceu, não podendo passar por cima dela.

Conforme já visto quando estudamos o princípio da legalidade, só excepcionalmente são cabíveis *decretos autônomos de lei*, valendo citar os dois casos previstos no art. 84, VI, da Constituição, em que um decreto poderá inovar na ordem jurídica, atentando, claro, aos limites estabelecidos no dispositivo.

No mais, a regra é que os decretos sejam *voltados à execução de lei.*

Passemos agora às **características** do poder regulamentar:

a) é exercido pelo *Chefe do Poder Executivo*;

b) é *indelegável*;

c) o meio utilizado para trazer ao mundo jurídico o regulamento é o *decreto* (ato-forma);

d) objetiva tão somente *propiciar a fiel execução da lei*, não podendo, como regra, ir além do que ela dispõe, ou seja, *não podendo inovar* na ordem jurídica;

e) o Congresso Nacional tem competência para sustar atos normativos do Executivo que exorbitem o poder regulamentar (art. 49, V, CF);

f) há leis que são de eficácia contida, por dizerem ser necessário regulamento para produzirem efeitos (condição suspensiva, portanto).

Não se deve confundir o **poder normativo** com o **poder regulamentar**. Aquele tem conceito mais amplo, que abrange tanto o poder regulamentar, como poder de editar outros atos normativos infralegais. O poder normativo pode ser exercido por outros agentes além do Chefe do Executivo (único que pode praticar o poder regulamentar). Por exemplo, exercem poder normativo um Ministro de Estado (art. 84, parágrafo único, da CF) e uma agência reguladora, tudo nos termos da lei e dos regulamentos.

3.6. Poder de polícia

3.6.1. Conceito de poder de polícia em sentido amplo

Conforme já vimos, o poder de polícia pode ser **conceituado** como *a faculdade de que dispõe a Administração Pública para condicionar e restringir o uso e gozo de bens, atividades e direitos individuais, em benefício da coletividade ou do próprio Estado.*

O conceito em tela **abrange** duas situações: a) as leis, que trazem as limitações administrativas aos direitos, à liberdade e à propriedade das pessoas; b) a polícia administrativa, consistente na atividade de fiscalizar a conformidade do comportamento das pessoas aos limites estabelecidos pela lei.

Portanto, o poder de polícia em sentido amplo abrange tanto a lei como a fiscalização com vistas a verificar se a aquela está sendo cumprida.

Vejamos um exemplo. Em matéria de trânsito, o Código de Trânsito Brasileiro é o instrumento que traz a *limitação administrativa*, ao passo que os agentes de trânsito exercem a fiscalização, a *polícia administrativa*.

3.6.2. Conceito de poder de polícia em sentido estrito (polícia administrativa)

A **polícia administrativa** pode ser **conceituada** como *a atividade da Administração Pública, expressa em atos normativos ou concretos, de condicionar a liberdade e a propriedade dos indivíduos aos ditames da lei, mediante ação fiscalizadora, ora preventiva, ora repressiva.*

A polícia administrativa é sempre sublegal, ou seja, atua no sentido de fazer com que a lei seja cumprida.

Para tanto, a polícia administrativa vale-se não só de atos concretos (ex.: multas) como também de atos normativos (ex.: regulamentos).

A tarefa primordial da polícia administrativa é impor um *não fazer* ("non facere"). Para tanto, os agentes administrativos atuarão *preventivamente* (ex.: fazendo vistorias) e *repressivamente* (ex.: aplicando sanções, apreendendo produtos, removendo veículos etc.).

Dessa forma, a polícia administrativa é essencialmente **negativa**, já que impõe um não fazer. Há casos, porém, em que será positiva, como quando o poder de polícia se dá para que o proprietário atue concretamente para atender à função social da propriedade.

3.6.3. Características da polícia administrativa

O poder de polícia em sentido estrito ou polícia administrativa tem as seguintes **características**:

a) **provém privativamente de autoridade pública**, ou seja, não é permitida sua delegação ao particular. A este somente é possível ser credenciado para **contribuir materialmente** com o poder de polícia, como no caso de empresa que controla radares fotográficos de trânsito, mas a declaração de vontade será, ao final, da autoridade pública, que, com base nesses elementos materiais, poderá aplicar ou não uma multa de trânsito; ou seja, o poder de polícia não pode ser delegado para entidade privada (STF, ADI 1.717/DF, *DJ* 29.03.2003), mas é possível que o particular receba (por contrato de prestação de serviço ou por credenciamento) a incumbência de colaborar, com atividades materiais, com a administração pública;

b) **é imposto coercitivamente pela administração,** independente da concordância do particular, sem necessidade de buscar o Poder Judiciário; Hely Lopes Meirelles denomina esse atributo de autoexecutoriedade;

c) **abrange de forma genérica as atividades e a propriedade,** diferentemente da servidão e da requisição administrativas, que abrangem atividades e pessoas *específicas*.

Por conta da generalidade do poder de polícia, seu exercício *não gera direito de indenização* em favor do particular. Ao contrário, seu exercício é fato que enseja a cobrança de uma *taxa* a ser paga pelo particular.

Parte da doutrina aponta que o poder de polícia é **discricionário.** Porém, isso nem sempre ocorre. Vai depender do texto da lei que cria a limitação administrativa. Se a lei é bem clara e objetiva sobre o que está proibido e sobre qual conduta o agente público deve tomar, como ocorre com boa parte das normas do Código de Trânsito, está-se diante de competência vinculada e não competência discricionária. Já se a lei traz conceito vago sobre a hipótese que enseja uma atuação, bem como possibilita que seja aplicada mais de uma sanção para o agente infrator, aí sim teremos uma competência discricionária.

Em outras palavras, a lei que estabelece o condicionamento à liberdade e à propriedade das pessoas (poder de polícia em sentido amplo) pode tanto trazer conceitos claros e objetivos, ensejando uma competência vinculada (ex.: "o recuo de frente dos imóveis residenciais deve ser de 4 metros"), como trazer conceitos fluidos e vagos e/ou mais de uma opção ao agente público, ensejando competência discricionária (ex.: "em caso de violação da presente lei, será aplicada multa de R$ 1.000,00 a R$ 5.000,00, de acordo com a gravidade da infração").

Por fim, resta saber se o poder de polícia possibilita que a Administração sempre **use a força** para fazer valer seus atos.

Hely Lopes Meirelles chama esse atributo de "coercibilidade", ao passo que Celso Antônio Bandeira de Mello chama esse atributo de "autoexecutoriedade". Para Hely, a expressão "autoexecutoriedade" designa a simples possibilidade de a Administração fazer imposições ao particular, sem recorrer ao Judiciário, sendo a coercibilidade um *plus*, que permite o uso da força.

A possibilidade de a Administração impor comandos de não fazer sem buscar o Poder Judiciário é pacífica, decorrendo da imperatividade (na linguagem de Celso Antônio Bandeira de Mello) e da autoexecutoriedade (na linguagem de Hely Lopes Meirelles).

Já a possibilidade de a Administração, após ter imposto um comando, fazer o uso da força para fazer valer o comando (*autoexecutoriedade* para Celso Antônio e *coercibilidade* para Hely), não é a regra, mas a exceção em matéria de poder de polícia.

Com efeito, a Administração só pode usar a força para que faça valer suas determinações de polícia em caso de urgência ou quando a lei expressamente determinar. Do contrário, terá de buscar a prestação jurisdicional.

Assim, caso uma lei proíba ruídos acima de um dado limite e uma lanchonete, já autuada, continue gerando ruídos excessivos, a interdição do estabelecimento só será possível se a lei local expressamente previr tal possibilidade. Do contrário, o Município deverá ingressar com ação de interdição de estabelecimento.

Vale dizer que o STJ vem estabelecendo limites ao poder de polícia quando a Administração pretende utilizá-lo para cumprir finalidade arrecadatória. Confira-se a respeito as seguintes súmulas desse Tribunal:

– Súmula STJ 510: A liberação de veículo retido apenas por transporte irregular de passageiros não está condicionada ao pagamento de multas e despesas.

– Súmula STJ 127: É ilegal condicionar a renovação da licença de veículo ao pagamento de multa, da qual o infrator não foi notificado.

3.6.4. Polícia administrativa x polícia judiciária

Não se pode confundir a *polícia administrativa* (exs.: fiscalizações de vigilância sanitária, de trânsito e de construções), com a *polícia judiciária* (ex.: investigação feita pela polícia civil).

Tais polícias têm as seguintes **diferenças**:

a) a primeira age sobre *ilícitos administrativos*, ao passo que a segunda age sobre *ilícitos penais*;

b) a primeira age sobre *bens* e *pessoas*, ao passo que a segunda age sobre *pessoas*;

c) a primeira atua por *variados órgãos*, ao passo que a segunda atua pela *polícia civil* e pela *polícia federal*;

d) a primeira tem atuação *preventiva, repressiva e punitiva*, ao passo que a segunda costuma atuar *repressivamente*, voltada a investigar ilícitos penais;

e) a primeira é custeada por taxas, ao passo que a segunda, por impostos.

A polícia militar, por sua vez, faz o chamado *policiamento ostensivo*. Esse policiamento pode ser considerado uma espécie à parte de polícia. Porém, vários autores consideram a polícia militar como *polícia administrativa de segurança pública*.

A guarda municipal, de sua parte, tem por função a proteção municipal preventiva. É competência geral das guardas municipais a proteção dos bens, serviços e logradouros públicos municipais e instalações do Município (art. 4º, *caput*, da Lei 13.022/2014). São competências específicas das guardas municipais, dentre outras, respeitadas as competências dos órgãos federais e estaduais, prevenir e inibir, pela presença e vigilância, bem como coibir, infrações penais ou administrativas e atos infracionais que atentem contra os bens, serviços e instalações municipais; colaborar, de forma integrada com os órgãos de segurança pública, em ações conjuntas que contribuam com a paz social; exercer competências de trânsito que lhes forem conferidas; encaminhar ao delegado de polícia, diante de flagrante delito, o autor da infração, preservando o local do crime, quando possível e sempre que necessário (art. 5º da Lei 13.022/2014). Assim, verifica-se que as guardas municipais também exercem polícia administrativa, em geral relacionada à segurança pública.

3.6.5. Princípio da intranscendência das sanções administrativas e das medidas restritivas de direito

O art. 5º, XLV, da CF dispõe que "nenhuma pena passará da pessoa do condenado, podendo a obrigação de reparar o dano e a decretação do perdimento de bens ser, nos termos da lei, estendidas aos sucessores e contra eles executadas, até o limite do valor do patrimônio transferido".

Essa disposição constitucional alcança não só sanções penais, como também sanções administrativas.

Em matéria de poder de polícia, a lembrança desse princípio é importante, pois em nenhuma hipótese sanções e restrições decorrentes desse poder têm autorização para superar a dimensão pessoal do infrator.

Em matéria de punição a Administrações Públicas, o STF também consagra o princípio da intranscendência subjetiva das sanções, inibindo a aplicação de severas sanções às administrações por ato de gestão anterior à assunção dos deveres públicos (AC-2641).

3.6.6. Prazo para a ação punitiva (Lei 9.873/1999)

Praticado um ilícito administrativo, a Administração Pública passa a ter um prazo para exercer a **ação punitiva**.

De acordo com o art. 1º da Lei 9.873/1999, a ação punitiva da Administração Pública Federal, direta e indireta, prescreve em **5 (cinco) anos**. No entanto, quando o fato objeto da ação punitiva da Administração também constituir crime, a prescrição reger-se-á pelo prazo previsto na lei penal.

Esse prazo será contado dos seguintes **momentos**:

a) como regra: da prática do ato;

b) nas infrações permanentes ou continuadas: do dia em que tiver cessado.

É possível também que ocorra a **prescrição intercorrente**. Esta se dá quando o procedimento administrativo ficar parado por mais de 3 anos, pendente de julgamento ou despacho. Configurada a prescrição intercorrente, os autos serão arquivados de ofício ou mediante requerimento da parte interessada, sem prejuízo da apuração da responsabilidade funcional decorrente da paralisação, se for o caso.

Interrompe-se a prescrição da **ação punitiva**:

a) pela notificação ou citação do indiciado ou acusado, inclusive por meio de edital;

b) por qualquer ato inequívoco que importe apuração do fato;

c) pela decisão condenatória recorrível;

d) por qualquer ato inequívoco que importe em manifestação expressa de tentativa de solução conciliatória no âmbito interno da administração pública federal.

Suspende-se a prescrição durante a vigência de compromissos de cessação ou de desempenho.

Em matéria de trânsito há regra específica. Por conta de tal regra, o STJ é pacífico no sentido da indispensabilidade de uma primeira notificação quando da autuação da infração de trânsito, oportunizando-se, assim, o exercício do direito ao contraditório e à ampla defesa. A autoridade de trânsito terá o prazo de 30 dias para notificar o infrator para que se defenda. Não o fazendo no prazo legal, deverá o auto de infração ser arquivado e seu registro julgado insubsistente, a teor do art. 281, parágrafo único, inciso II, do CTB (STJ, REsp 951.915/RS).

Uma vez constituída uma sanção pecuniária decorrente da ação punitiva, começa a correr o prazo para a **ação de execução** da administração pública federal.

Esse prazo também é de 5 (cinco) anos, contados da constituição definitiva do crédito não tributário (art. 1º-A da Lei 9.873/1999).

Interrompe-se o prazo prescricional da **ação executória**:

a) pelo despacho do juiz que ordenar a citação em execução fiscal;

b) pelo protesto judicial;

c) por qualquer ato judicial que constitua em mora o devedor;

d) por qualquer ato inequívoco, ainda que extrajudicial, que importe em reconhecimento do débito pelo devedor;

e) por qualquer ato inequívoco que importe em manifestação expressa de tentativa de solução conciliatória no âmbito interno da administração pública federal.

3.6.7. Setores da polícia administrativa e competência

São **setores** comuns da polícia administrativa os seguintes: segurança pública; ordem pública; tranquilidade pública; higiene e saúde pública; defesa do consumidor; defesa do patrimônio estético, artístico, histórico e paisagístico; moralidade pública; economia popular; trânsito; meio ambiente etc.

Quanto à **competência** para o poder de polícia, Hely Lopes Meirelles traz a resposta: *"é competente para dada medida de polícia administrativa quem for competente para legislar sobre a matéria"*, ressalvada a competência dos Municípios para suplementar a legislação federal e a competência concorrente dos Estados.

4. ATOS ADMINISTRATIVOS

4.1. Conceito

O **ato administrativo** pode ser **conceituado** como *a declaração do Estado, ou de quem lhe faça as vezes, no exercício de prerrogativas públicas, destinada a cumprir direta e concretamente a lei.*

Repare que um ato jurídico só será ato administrativo se contiver os seguintes elementos:

a) presença do *Estado* ou de alguém lhe faça as vezes, como é o tabelião e o registrador;

b) ato praticado com *prerrogativas públicas*, ou seja, com supremacia estatal em relação à outra parte ou ao destinatário do ato;

c) ato destinado a executar a lei no caso concreto, fazendo-o de ofício.

Assim, nem todo ato da Administração é ato administrativo. Caso não haja prerrogativas ou não se busque a execução da lei no caso concreto, não se terá um ato administrativo.

Confira alguns atos que são "atos da Administração", mas não "atos administrativos":

✓ *atos regidos pelo Direito Privado.* Exs.: locação de prédio para uso do Poder Público; escritura de compra e venda; emissão de cheque; tais atos não têm os atributos (as qualidades e forças) do ato administrativo; vale ressaltar que os atos antecedentes dos citados devem obedecer ao Direito Público;

✓ *atos materiais*: fatos administrativos. Exs.: cirurgia, ministração de aula, serviço de café, pavimentação; não há declaração, prescrição do Estado;

✓ *atos políticos:* são os atos de governo, praticados com grande margem de discrição e diretamente em obediência à Constituição, no exercício de função pública. Exs.: indulto, iniciativa de lei, veto, sanção; são amplamente discricionários.

Por outro lado, há atos administrativos que não são praticados pelo Poder Executivo, como os da vida funcional do Poder Judiciário e do Poder Legislativo (contratação de servidores, licitação para obras e aquisições).

Os dirigentes de entidades da Administração Indireta e os executores de serviços delegados podem praticar atos que se equiparam a atos administrativos típicos, tornando-os passíveis de controle por meio de mandado de segurança e ação popular.

4.2. Perfeição, validade e eficácia

Os atos administrativos, que são espécies de atos jurídicos, também podem ser verificados segundos os planos da existência, da validade e da eficácia.

Para tanto, vale conhecer os seguintes conceitos:

a) perfeição: *situação do ato cujo processo formativo está concluído*; ato perfeito é o que completou o ciclo necessário à sua formação (plano da existência). Ex.: decisão administrativa que acaba de ser redigida e assinada pela autoridade;

b) validade: *adequação do ato às exigências normativas* (plano da validade). Ex.: a decisão administrativa mencionada (já existente, portanto), que esteja, também, de acordo com a lei;

c) eficácia: *situação em que o ato está disponível para produção de efeitos típicos* (plano da eficácia). Ex.: ato existente e válido, cuja condição suspensiva ou o termo que o acometia já se implementou, habilitando-o à produção de efeitos, situação que ocorre quando se autoriza o uso de bem público ao particular apenas 10 dias após a expedição do ato de autorização.

Questão interessante diz respeito ao **silêncio administrativo**. De acordo com o princípio da legalidade nem mesmo uma declaração expressa da Administração pode se dar sem que a lei permita ou determine tal declaração. Consequentemente, com o silêncio da Administração não poderia ser diferente. Assim, apenas quando a lei expressamente atribuir algum efeito jurídico ao silêncio administrativo é que este produzirá algum efeito. Nesse sentido, caso um particular faça um pedido para a Administração e a lei dispuser expressamente que a inexistência de resposta num certo prazo (silêncio) importa em aprovação do pedido, aí sim o silêncio terá efeito jurídico, no caso o de se considerar aprovada a solicitação feita. Já se um particular faz um pedido e a lei nada dispuser a respeito do que acontece em caso de silêncio administrativo, o particular não poderá considerar atendido o pedido, por conta do aludido princípio da legalidade.

4.3. Requisitos do ato administrativo

Hely Lopes Meirelles ensina que o ato administrativo tem os seguintes **requisitos**: *competência, forma, motivo, finalidade e objeto.*

Já Celso Antônio Bandeira de Mello prefere separar os **elementos de existência** (conteúdo, forma e pertinência à função administrativa) dos **pressupostos de validade** do ato administrativo (sujeito competente capaz e não impedido; motivo; requisitos procedimentais; finalidade; causa; formalização).

Nesse sentido, vale a pena trazer os dois entendimentos doutrinários.

4.3.1. Requisitos do ato administrativo segundo Hely Lopes Meirelles

Os cinco requisitos do ato administrativo para Hely Lopes Meirelles coincidem com os requisitos mencionados no art. 2º, parágrafo único, da Lei 4.717/1965 (Lei de Ação Popular).

O primeiro deles é a **competência**, que consiste na *medida da atribuição legal de cargos, órgãos ou entidades.*

São vícios de competência os seguintes: a) usurpação de função: alguém se faz passar por agente público sem o ser, ocasião em que o ato será inexistente; a) excesso de poder: alguém que é agente público acaba por exceder os limites de sua competência (ex.: fiscal do sossego que multa um bar que visita por falta de higiene); o excesso de poder torna nulo ato, salvo em caso de incompetência relativa, em que será considerado anulável; a) função de fato: exercida por agente que está irregularmente investido em cargo público, apesar de a situação ter aparência de legalidade; nesse caso, os atos praticados serão considerados válidos se houver boa-fé.

O segundo requisito é o **objeto**, que *é o conteúdo do ato, aquilo que o ato dispõe, decide, enuncia, opina ou modifica na ordem jurídica.*

O objeto deve ser lícito, possível e determinável, sob pena de nulidade. Ex.: o objeto de um alvará para construir é a licença.

O terceiro requisito é a **forma**, que consiste no conjunto de *formalidades necessárias para a seriedade do ato.* A seriedade do ato impõe: a) respeito à forma propriamente dita; b) motivação.

O quarto requisito é o **motivo**, que consiste no *fundamento de fato e de direito que autoriza a expedição do ato.* Ex.: o motivo da interdição de estabelecimento consiste no fato de este não ter licença (motivo de fato) e de a lei proibir o funcionamento sem licença (motivo de direito).

De acordo com a Teoria dos Motivos Determinantes, o motivo invocado para a prática do ato condiciona sua validade. Dessa forma, provando-se que o motivo é inexistente, falso ou mal qualificado, o ato será considerado nulo.

E o quinto requisito é a **finalidade**, que *é o bem jurídico objetivado pelo ato.* Ex.: proteger a paz pública, a salubridade, a ordem pública.

Cada ato administrativo tem uma finalidade.

O **desvio de poder (ou de finalidade)** *ocorre quando um agente exerce uma competência que possuía, mas para alcançar finalidade diversa daquela para a qual foi criada.*

Não se deve confundir o *excesso de poder* (vício de sujeito) com o *desvio de poder* (vício de finalidade), espécies do gênero abuso de autoridade.

4.3.2. Elementos e pressupostos do ato administrativo segundo Celso Antônio Bandeira de Mello

4.3.2.1. Elementos de existência do ato administrativo

4.3.2.1.1. Conteúdo

Consiste no que o ato estabelece, dispõe, decide, enuncia, opina ou modifica na ordem jurídica. Trata-se do *objeto* a que se refere Hely Lopes Meirelles[2]. Ex.: quando alguém recebe um alvará para construir uma casa, o conteúdo desse ato é uma *licença.* Para que estejamos diante de um ato administrativo, o conteúdo deve ter *pertinência em relação à função administrativa.* Do contrário, teremos apenas um *ato jurídico* que não é o do tipo *ato administrativo.*

4.3.2.1.2. Forma

Trata-se do revestimento exterior do ato, do modo pelo qual esse revela sua existência. Basta ter um objeto e uma forma qualquer para que o ato exista. Se o ato vai ser válido ou não quanto a esse último aspecto, isso será visto no pressuposto *formalização.* São exemplos de forma as seguintes: escrita, verbal e gestual.

4.3.2.2. Pressupostos de validade do ato administrativo

4.3.2.2.1. Sujeito

É quem produz o ato. O sujeito deve ser **capaz, não impedido** e **competente** para que o ato seja válido.

2. O objeto é trazido por Hely como requisito de validade do ato administrativo, devendo ser lícito, possível e determinado.

Quanto à **capacidade**, o ato expedido por agente público que se torna *incapaz*, desde que preencha os demais requisitos legais e seja do tipo vinculado, será considerado válido, já que no Direito Administrativo o que importa é o atendimento do fim previsto em lei. No entanto, se um incapaz pratica um ato discricionário, esse ato será necessariamente inválido, pois não há como dar margem de liberdade a quem não tem capacidade civil.

Quanto aos casos de **impedimento** para atuar em processo administrativo, estes estão previstos no art. 18 da Lei 9.784/1999, valendo citar como exemplo o impedimento de um servidor que tenha interesse direto ou indireto em dada matéria que a ele seria submetida.

Com relação à **competência**, esta *é a medida do poder atribuído a cargo público, órgão público ou entidade da Administração.*

A competência só pode ser instituída pela *lei*, daí a frase de Caio Tácito de que "não é competente quem quer, mas quem pode, segundo a norma de Direito".

A competência é *intransferível* e *improrrogável* pela simples vontade do agente.

Porém, o exercício da competência pode ser delegado e avocado nos limites das normas que regulam a Administração Pública.

Confira os requisitos para a **delegação de competência** (arts. 12 a 14, Lei 9.784/1999):

a) órgão ou titular de cargo podem delegar;

b) desde que não haja impedimento legal;

c) desde que seja apenas parte da competência;

d) deve ser a outro órgão ou titular de cargo, mesmo que não subordinado hierarquicamente;

e) deve ser conveniente em razão de índole técnica, social, econômica, jurídica ou territorial;

f) pode ser de órgão colegiado ao respectivo presidente;

g) não podem ser delegados:

g1) Edição de ato normativo;

g2) Decisão de recurso administrativo;

g3) Matérias de competência exclusiva de órgão ou autoridade;

h) depende de publicação do ato de delegação no D.O.;

i) ato deve especificar matérias e poderes transferidos, a duração e objetivos da delegação e o recurso cabível;

j) é revogável a qualquer tempo;

k) decisões adotadas por delegação devem mencionar expressamente essa qualidade.

Quanto à **avocação** de competência, confira as regras previstas no art. 15 da Lei 9.784/1999:

a) é a passagem da competência de órgão hierarquicamente inferior para superior;

b) é temporária;

c) é excepcional, dependendo de motivos relevantes devidamente justificados.

Os atos expedidos por agente incompetente serão quase sempre nulos. São **vícios de competência** os seguintes:

a) usurpação de função: *consiste na situação em que alguém se faz passar por agente público sem o ser*; o ato será no mínimo nulo, mas, para a maioria dos doutrinadores, trata-se de ato inexistente;

b) excesso de poder: *ocorre na hipótese em que alguém que é agente público acaba por exceder os limites de sua competência.* Ex.: fiscal do sossego público que multa um bar que visita por falta de higiene; o ato será nulo, pois a incompetência é material, já que o fiscal deveria atuar na matéria "sossego público" e não na matéria "vigilância sanitária"; entende-se que, em se tratando de vício de *incompetência relativa* (territorial, por exemplo), o ato será anulável e não nulo;

c) função de fato: *é aquela exercida por agente que está irregularmente investido no cargo público, apesar da situação ter aparência legal.* O ato não será anulado se estiver conforme a lei quanto aos demais pressupostos, prevalecendo o princípio da segurança jurídica, dada a boa-fé e a aparência de legalidade. O agente, todavia, terá anulada sua nomeação, desligando-se da função que exercia.[3]

4.3.2.2.2. Motivo

É o fato que autoriza ou exige a prática do ato. Se o motivo está previsto em lei, o ato é vinculado. Se não estiver previsto, o ato é discricionário. Voltando àqueles requisitos trazidos por Hely Lopes Meirelles, o *motivo*, para ele, consiste não só no fundamento de *fato*, mas também no de *direito*, que autorizam a expedição do ato. Na classificação que ora estudamos, *motivo* é tão somente o *fato* autorizador, enquanto que o fundamento de direito é o pressuposto de validade que veremos a seguir, que está dentro da *formalização*.

A chamada **teoria dos motivos determinantes** dispõe que *o motivo invocado para a prática do ato condiciona sua validade*. Se se provar que o motivo é inexistente, falso ou mal qualificado, o ato será nulo. Exs.: caso uma licitação seja revogada sob o único fundamento de que não há disponibilidade orçamentária, a prova da inexistência de tal situação torna o ato de revogação nulo; caso a exoneração de ocupante de um cargo em comissão tenha sido motivada em fato inexistente, ainda que a motivação não seja obrigatória no caso, o ato é considerado nulo.

Aliás, segundo o STJ, configura-se vício de legalidade a falta de coerência entre as razões expostas no ato e o resultado nele contido (MS 13948, *DJe* 07.11.2012).

Não se deve confundir o motivo do ato (algo concreto, do mundo dos fatos – o motivo da apreensão de uma lotação, por exemplo, é a inexistência de autorização para circulação) com o motivo legal (fundamento legal, algo abstrato). Em suma, tal teoria dispõe que os atos administrativos, quando forem motivados, ficam vinculados aos motivos expostos, para todos os fins de direito. Os motivos devem, portanto, coincidir com a realidade, sob pena de o ato ser nulo, mesmo se a motivação não era necessária.

Distinção importante é a que se faz entre **motivo** e **móvel.** Motivo é o fato que autoriza o ato, enquanto móvel

3. Outro exemplo é o previsto no art. 1.554 do Código Civil: "subsiste o casamento celebrado por aquele que, sem possuir a competência exigida em lei, exercer publicamente as funções de juiz de casamentos e, nessa qualidade, tiver registrado o ato no Registro Civil".

é a intenção, a vontade do agente. Se o ato é vinculado, não interessa o móvel do agente. Já se o ato é discricionário, o móvel viciado (ex.: por buscar uma perseguição política, como a desapropriação de imóvel de um inimigo político), ainda que atenda ao "fim legal", torna o ato nulo.

Também se faz relevante diferenciarmos **motivo** e **motivação**. O primeiro é o fato, enquanto o segundo integra a *formalização*[4] (pressuposto de validade do ato que se verá em seguida), consistindo a *motivação* na exposição do motivo de fato e da sua relação de pertinência com a fundamentação jurídica e com o ato praticado. Como regra, a motivação é obrigatória, só deixando de existir tal dever se a lei expressamente autorizar.

4.3.2.2.3. Requisitos procedimentais

São os outros atos jurídicos indispensáveis à prática do atual. Ex.: é necessário o concurso para que haja a nomeação; para que se conceda a licença, deve haver solicitação.

4.3.2.2.4. Finalidade

É o bem jurídico objetivado pelo ato. Ex.: proteger a paz pública, a salubridade, a ordem pública. Cada espécie de ato administrativo tem uma finalidade. Para cada fim a ser alcançado há um ato que será o instrumento para sua realização. Se alguém utiliza um ato administrativo para alcançar finalidade diversa daquela para o qual fora criado, este alguém estará cometendo um desvio de poder ou de finalidade.

Assim, o **desvio de poder ou desvio de finalidade** consiste em *o agente se servir de um ato administrativo para satisfazer finalidade alheia à sua natureza*. Esse tipo de conduta gera a nulidade do ato, conforme a Lei de Ação Popular.

Esse desvio pode se manifestar das seguintes formas:

a) quando o agente busca finalidade alheia ao interesse público, ex.: prejudicar inimigo, favorecer amigo;

b) quando o agente busca finalidade pública, mas alheia à categoria do ato que utiliza, ex.: *remove-se* alguém com a finalidade de punição, quando o correto seria aplicar uma *pena disciplinar*, como demissão, suspensão, advertência etc.

Vale destacar que não se deve confundir o *excesso de poder* (vício de sujeito, de competência) com o *desvio de finalidade ou desvio de poder* (vício de finalidade), os quais são espécies do *gênero abuso de autoridade*, que, aliás, é fundamento para que se ingresse com mandado de segurança (art. 5º, LXIX, CF).

4.3.2.2.5. Causa

É o vínculo de pertinência entre o motivo e o conteúdo do ato. Para que um ato administrativo atenda o pressuposto de validade *causa*, é necessário que haja correlação lógica entre o motivo e o conteúdo do ato em função de sua finalidade.

No âmbito da causa se examinam a *razoabilidade* e a *proporcionalidade*, que são vistas olhando o conteúdo do ato, o seu motivo e a intensidade necessária para atingir a finalidade.

Um exemplo de situação que não atende ao pressuposto de validade *causa* é a utilização de arma de fogo para dissolver uma passeata pacífica.

Não se deve confundir o *motivo* com a *causa*. O *motivo* é fundamento de fato e de direito que autoriza a prática do ato, não se confundindo com a *causa*, que é relação de adequação, de proporcionalidade entre o motivo invocado e o ato praticado. Ambos (motivo e causa) são requisitos ou pressupostos de validade do ato administrativo. Há problema no motivo quando o fato ou o direito invocados são falsos ou inadequados, respectivamente. Há problema na causa quando o ato praticado é desproporcional aos motivos invocados, em função da finalidade do ato.

4.3.2.2.6. Formalização

É a específica maneira pela qual o ato deve ser externado, incluindo o dever de motivação.

Assim, além de todo ato administrativo dever ser exteriorizado (o que requer uma forma qualquer), cumpre que seja de dado modo (específica forma). Ex.: o contrato oriundo de uma concorrência pública deve ser *escrito*. Mas não é só, para que o ato atenda ao pressuposto de validade *formalização*, é necessário que ele seja *motivado*, ou seja, que contenha a exposição do motivo de fato, do motivo de direito e do vínculo entre eles e o ato praticado.

Excepcionalmente, alguns aspectos de formalização podem ser irrelevantes à validade do ato. Nesses casos, tornam o ato apenas irregular. Por exemplo, quando há omissão de elemento relativo à simples padronização, como é o caso de uma certidão de objeto e pé expedida em papel não timbrado.

No entanto, como regra, a falta de motivação gera a nulidade do ato.

Por fim, vale lembrar que, enquanto no Direito Privado vige o princípio da liberdade das formas, no Direito Público a solenidade é a regra, de modo que a forma é substancial.

4.4. Atributos do ato administrativo

4.4.1. Noções gerais

Em primeiro lugar nunca se deve confundir os *requisitos*, *pressupostos* ou *elementos* do ato com os *atributos* (qualidades, prerrogativas) deste, tema de que cuidaremos agora.

Os atributos dos *atos administrativos* não existem, como regra, nos *atos jurídicos em geral* (do Direito Privado). A ordem jurídica dispensa tratamento diferenciado aos atos administrativos, já que eles, sendo instrumentos de atuação da Administração Pública para realizar a proteção e a promoção do interesse público, devem ter prevalência sobre os outros, como condição de garantia desse interesse público almejado.

Assim, tais poderes não existem em benefício da Administração, mas se justificam como forma de prover o bem comum. Exprimem a supremacia do interesse público.

Vejamos tais *atributos* ou *notas peculiares* dos atos administrativos.

4. A falta de motivação, portanto, é problema na *forma*. Já a situação em que se tem motivação, mas se invoca um motivo falso ou inexistente, é problema no *motivo* (*vide* teoria dos motivos determinantes).

4.4.2. Atributos em espécie

4.4.2.1. Presunção de legitimidade

É a qualidade que reveste tais atos de se presumirem verdadeiros e conforme ao direito, até prova em contrário.

Perceba que o princípio traz duas presunções: a) de veracidade dos fatos; b) de legalidade do ato praticado.

Trata-se de presunção *juris tantum* (presunção relativa) de legitimidade e não de presunção *juris et de jure* (presunção absoluta). Um exemplo desse atributo é o ato que constata que o particular deixou de promover a limpeza de um terreno de sua propriedade e que determina sua feitura. Tal ato presume-se verdadeiro quanto à constatação da falta de limpeza e legal quanto à determinação dada. O particular fica com o ônus de provar o contrário.

A presunção de legitimidade decorre do princípio da legalidade, pois, como esse princípio informa toda a atuação administrativa, presume-se que a Administração tenha cumprido a lei, valendo lembrar que tal presunção admite prova em contrário.

A existência de tal presunção é interessante administrativamente falando, pois torna mais célere e eficiente a atividade administrativa. Isso porque a presunção de legitimidade dos atos administrativos autoriza a sua imediata execução, mesmo que tenham sido impugnados, salvo se se conseguir sua suspensão ou anulação administrativa ou judicial.

4.4.2.2. Imperatividade

É a qualidade pela qual os atos administrativos se impõem a terceiros, independentemente de sua concordância.

Esse atributo é também chamado de *poder extroverso.*

Essa qualidade do ato administrativo permite que a Administração mande no particular, independentemente de sua concordância.

Partindo do exemplo dado no item anterior, imperatividade significa que a Administração pode *determinar* que o particular faça a limpeza de seu terreno, sem que tenha de ter a concordância deste ou que tenha de buscar autorização do Poder Judiciário.

É importante deixar claro que nem todos os atos administrativos são dotados de imperatividade. Os atos enunciativos e negociais não têm esse atributo, já que esta qualidade é desnecessária à sua operatividade.

A lei é que vai dispor quais atos são dotados de imperatividade.

4.4.2.3. Exigibilidade

É a qualidade em virtude da qual a Administração pode compelir terceiros a cumprir o determinado, mediante coação indireta.

Aqui já se presume a constituição da obrigação (a imperatividade), com o *plus* de se poder impelir o terceiro à observância do dever, sem necessidade de se recorrer ao Poder Judiciário.

Continuando o exemplo dado nos itens anteriores, o atributo significa que, após o particular ter sido notificado para limpar seu terreno (imperatividade), pode a Administração, na inércia deste, aplicar uma *multa* (exigibilidade = coação indireta), a fim de compelir indiretamente o particular a cumprir o que fora determinado.

4.4.2.4. Autoexecutoriedade

É a qualidade pela qual o Poder Público pode compelir materialmente o administrado, sem busca da via judicial, ao cumprimento da obrigação que impôs e exigiu.

Veja-se que a autoexecutoriedade é ainda mais forte que a exigibilidade, uma vez que a primeira admite que a Administração use da coação direta (coação material), que significa fazer uso da força.

No Direito Francês é denominada *privilège d`action d`office.*

Partindo do exemplo que vinhamos dando, a autoexecutoriedade significa que, depois de notificar o particular para limpar o terreno (imperatividade) e aplicar a multa (exigibilidade), a Administração pode, por si própria, invadir o terreno do particular, fazer a limpeza e mandar a conta dos custos de seu ato (autoexecutoriedade).

Outros exemplos desse atributo são a requisição de bens e serviços particulares, no caso de iminente perigo público, dissolução de passeata com o uso da força, a fim de possibilitar a passagem de uma ambulância por uma via pública, a interdição de uma obra, a apreensão de mercadorias falsificadas, a apreensão do veículo por violação de certas normas de trânsito, entre outros.

Repare que aqui há sanção e também desconstituição do ato ilegal.

É bom deixar claro que a autoexecutoriedade não é atributo de todo ato administrativo. Trata-se de atributo excepcional, que existe nos seguintes casos:

a) quando a lei expressamente autorizar;

b) quando a medida for condição indispensável à eficaz garantia do interesse público;

c) quando a medida for urgente e não houver via judiciária de igual eficácia à disposição da Administração, ocasião em que se entende que a medida é permitida implicitamente pela lei.

Vale observar que Hely Lopes Meirelles chama de autoexecutoriedade a possibilidade de a Administração impor seus atos independentemente de pronunciamento do Poder Judiciário, chamando de **coercibilidade** a possibilidade de a Administração usar a força.

Parte da doutrina também denomina de executoriedade o que chamamos neste item de autoexecutoriedade.

Ademais, Hely Lopes Meirelles entende que a coercibilidade é a regra em matéria de atos da administração (e não exceção, como pensa a maior parte da doutrina), só não sendo possível ser utilizada quando a lei expressamente o proibir, como é o caso da cobrança de tributos e multas já impostos e não pagos, em que será necessário promover-se uma execução fiscal junto ao Poder Judiciário.

4.4.2.5. Tipicidade

Alguns doutrinadores, com destaque para Maria Sylvia Zanella Di Pietro, entendem que há, ainda, um quinto atributo do ato administrativo.

Trata-se do atributo da **tipicidade**, pela qual *o ato administrativo deve corresponder a figuras definidas previamente pela lei como aptas a produzir determinados resultados.*

Isso significa que os atos administrativos devem respeitar os tipos definidos na lei.

Para nós, todavia, o que se define por tipicidade nada mais é do que *pressuposto de validade* do ato administrativo e não *atributo* deste.

Com efeito, *atributos* são *prerrogativas* dos atos administrativos, e a tipicidade não nos parece uma prerrogativa do ato administrativo, mas o requisito de validade deste.

No entanto, em exames e concursos públicos, a tipicidade é tratada como atributo dos atos administrativos, de modo que fica a notícia de que, aparecendo o instituto, deve-se lembrar que a doutrina o trata como atributo do ato administrativo.

4.5. Formas de extinção dos atos administrativos

4.5.1. Cumprimentos de seus efeitos

Os atos administrativos *nascem, produzem seus efeitos* e se *extinguem* num determinado momento.

O ideal é que os atos administrativos se extingam pelas vias naturais. E a via natural de extinção do ato administrativo é o cumprimento de seus efeitos.

Uma vez que um ato administrativo cumpriu seu papel, produzindo os efeitos para os quais foi expedido, entende-se que o ato foi extinto.

Como exemplo, temos uma autorização da Prefeitura para que seja feita uma festa na praça da cidade, autorização esta que ficará extinta no momento em que a festa terminar, uma vez que seus efeitos foram cumpridos.

4.5.2. Desaparecimento do sujeito ou do objeto sobre o qual recai o ato

Todo ato administrativo recai ou sobre um *sujeito* ou sobre um *objeto*. Por exemplo, a nomeação de um servidor público recai sobre um sujeito, no caso sobre a pessoa nomeada. Já o tombamento de um imóvel recai sobre um objeto, no caso o bem tombado.

Perceba que a razão de existir do ato administrativo nos dois exemplos citados é justamente a presença de uma pessoa, no primeiro caso, e de um objeto, no segundo caso.

Caso a pessoa ou o objeto venha a desaparecer, o ato administrativo correspondente perderá sua razão de ser e, consequentemente, será extinto.

Assim, no primeiro exemplo, morrendo o servidor nomeado, o ato administrativo de nomeação restará extinto, ocorrendo automaticamente a vacância do cargo. Da mesma forma, vindo a desaparecer o bem tombado (por um incêndio de grandes proporções, por exemplo), o ato administrativo de tombamento também ficará extinto.

4.5.3. Contraposição

A contraposição pode ser **conceituada** como a *extinção de um ato administrativo pela prática de outro antagônico ao primeiro.*

Um exemplo é o ato de *exoneração* de um servidor público. Tal ato, uma vez praticado, faz com que a *nomeação* do mesmo servidor, feita no passado, fique automaticamente extinta, já que a primeira (exoneração) é totalmente antagônica à segunda (nomeação).

4.5.4. Cassação

A cassação pode ser **conceituada** como a *extinção de um ato que beneficia um particular por este não ter cumprido os deveres para dele continuar gozando.*

Portanto, o **motivo** da cassação de um ato administrativo é o fato de seu beneficiário ter descumprido obrigações que foram estipuladas como contrapartida para que o interessado conseguisse se beneficiar desse ato.

Por exemplo, a pessoa que tem a permissão de uso de um bem público e que não vem pagando o preço público correspondente poderá vir a ter cassado o ato de permissão.

Outro exemplo diz respeito à autorização de porte de arma de fogo. Um dos deveres de quem tem o porte é não ser pego em estado de embriaguez ou sob efeito de entorpecentes. Assim sendo, caso o detentor de porte de arma seja pego numa dessas duas situações, terá a autorização correspondente cassada, nos termos do art. 10, § 2º, do Estatuto do Desarmamento – Lei 10.826/2003.

A cassação não se confunde com a revogação. Enquanto a primeira tem por motivo o descumprimento de obrigações pelo beneficiário do ato, a segunda tem por motivo a ocorrência de um fato novo não relacionado ao beneficiário que torna inconveniente ao interesse público a manutenção do ato.

A cassação também não se confunde com a anulação, pois nessa a extinção do ato se dá pela ocorrência de uma ilegalidade por ocasião de sua formação, ao passo que a cassação consiste numa ilegalidade praticada pelo beneficiário ocorrida depois da prática do ato administrativo. Enfim, na cassação, o ato, embora legítimo na sua origem e formação, torna-se ilegal na sua execução.

4.5.5. Caducidade

A caducidade pode ser **conceituada** como a *extinção de um ato porque a lei não mais o permite.* Trata-se de extinção por invalidade superveniente.

Um exemplo é a permissão de serviço público dada a alguém para exercer o transporte coletivo urbano por meio de *vans* ou peruas. Imaginemos que, depois de conferida a permissão, advenha uma lei municipal criando nova modelagem no serviço de transporte coletivo para o fim de abolir o transporte por meio de *vans*, admitindo apenas o transporte por meio de ônibus e micro-ônibus. Nesse caso, todas as permissões conferidas aos chamados perueiros ficarão extintas, pela ocorrência do instituto da caducidade.

Exemplo interessante aconteceu com a edição do Estatuto do Desarmamento, que passou a praticamente proibir o porte de arma no Brasil por particulares. Com a entrada em vigor do Estatuto, todas as autorizações de porte de arma concedidas conforme a lei antiga caducaram no prazo de 90 dias (art. 29).

Enfim, a caducidade nada mais é do que a extinção de um ato administrativo pela ilegalidade superveniente, ou seja, pelo fato de uma lei editada posteriormente à prática do ato não mais permitir que esse tipo de ato exista.

4.5.6. *Revogação*

A revogação pode ser **conceituada** como a *extinção de um ato administrativo legal ou de seus efeitos por outro ato administrativo pela ocorrência de fato novo que torna o ato inconveniente ou inoportuno, respeitando-se os efeitos precedentes (ex nunc).*

Em suma, a revogação é extinção do ato administrativo por motivo de conveniência ou oportunidade.

Um exemplo disso é a revogação de um certame licitatório para a construção de uma praça temática pela ocorrência de fato novo consistente na abrupta diminuição da arrecadação de um município, fazendo com que não seja mais conveniente ao interesse público fazer gastos com a construção de praças, considerando as dificuldades econômicas que o município passou a ter.

Outro exemplo é a revogação da permissão de uso de bem público concedida a uma pessoa jurídica, pelo fato de um Município passar a ter interesse em utilizar o imóvel, para fins de atender, por exemplo, à demanda crescente por creches na cidade.

Repare, nos dois casos, que as situações narradas não contemplam ilegalidade alguma a propiciar a anulação, nem descumprimento de deveres pelo beneficiário do ato, a propiciar cassação, nem lei posterior incompatível com o ato, a propiciar a caducidade.

As situações narradas revelam que, após a expedição de um ato administrativo totalmente de acordo com a lei, aconteceram fatos novos que fizeram com que o interesse público se direcionasse para o fim de extinguir o ato, dando-se a esta extinção o nome de revogação.

O **sujeito ativo da revogação** é a *Administração Pública*, por meio de autoridade administrativa competente para o ato, podendo ser seu superior hierárquico. O Poder Judiciário nunca poderá revogar um ato administrativo, já que se limita a apreciar aspectos de legalidade deste e nunca aspectos de conveniência ou oportunidade. O Judiciário só poderá anular atos administrativos por ele mesmo praticados, como na hipótese em que um provimento do próprio Tribunal é revogado por este.

Quanto ao **objeto da revogação,** tem-se que essa recai sobre *o ato administrativo ou relação jurídica dele decorrente*, salientando-se que o ato administrativo deve ser *válido*, pois, caso seja inválido, estaremos diante de hipótese que enseja anulação. É importante ressaltar que não é possível *revogar* um ato administrativo já extinto, dada a falta de utilidade em tal proceder, diferente do que se dá com a *anulação* de um ato extinto, que, por envolver a retroação de seus efeitos (a invalidação tem efeitos *ex tunc*), é útil e, portanto, possível.

O **fundamento da revogação** é a *mesma regra de competência que habilitou o administrador à prática do ato que está sendo revogado*, devendo-se lembrar que só cabe falar-se em revogação nas hipóteses de ato discricionário.

Já o **motivo da revogação** é a *inconveniência ou inoportunidade* da manutenção do ato ou da relação jurídica gerada por ele. Isto é, o administrador público faz apreciação ulterior e conclui pela necessidade da revogação do ato para atender ao interesse público.

Quanto aos **efeitos da revogação**, essa suprime o ato ou seus efeitos, mas respeita aqueles que já transcorreram. Ou seja, opera-se da data da revogação em diante, não negando os efeitos operados ao tempo de sua vigência. Trata-se de eficácia *ex nunc*, portanto.

Quanto aos **limites ao poder de revogar**, a doutrina aponta que são atos irrevogáveis os seguintes: a) os que a lei assim declarar; b) os atos já exauridos, ou seja, que cumpriram seus efeitos; c) os atos vinculados, já que não se fala em conveniência ou oportunidade, dado que o agente só tem uma opção; d) os meros ou puros atos administrativos (exs.: certidão, voto dentro de uma comissão de servidores); e) os atos de controle; f) os atos complexos (praticados por mais de um órgão em conjunto); g) os atos que geram direitos adquiridos.[5]

Hely Lopes Meirelles lembra que a jurisprudência vem reconhecendo como irrevogáveis os atos que geram *direitos subjetivos* para o destinatário, noção que, a nosso ver, deve estar compreendida na ideia de *direito adquirido*.

Quanto aos *atos gerais* ou *regulamentares*, estes são, por sua natureza, revogáveis em qualquer tempo e em quaisquer circunstâncias, respeitando-se os efeitos produzidos.

Tema relevante é o atinente à relação entre **revogação** e **indenização.** Por respeitar os efeitos precedentes (a revogação não retroage – *ex nunc*) e por não poder atingir direitos adquiridos, a *revogação legítima* não gera direito à indenização, salvo se envolver uma relação contratual.

Nada obstante, caso o Poder Público tenha a intenção de atingir efeitos passados (*ex tunc*), só lhe resta desapropriar o direito, indenizando por completo o particular, como no caso em que, após expedida uma licença para construir, decida a Administração alterar o traçado de via pública, o que impede a obra na forma aprovada.

No que concerne à **revogação da revogação** (ou revogação de um ato revocatório), no Direito Administrativo, diferente do que ocorre com as leis, entendemos, assim como Celso Antônio Bandeira de Mello, que é admitido o efeito repristinatório. Ou seja, revogado o ATO X pelo ATO Y e, em seguida, o ATO Y pelo ATO Z, fica restaurado o ATO X. Assim, a revogação de um ato revocatório de outro tem natureza *constitutiva* do primeiro. Porém, essa tese não é admitida por inúmeros doutrinadores, como José dos Santos Carvalho Filho e o saudoso Diógenes Gasparini, de acordo com os quais, também no Direito Administrativo, só é possível a repristinação por expressa disposição normativa.

5. A Lei de Introdução às Normas do Direito Brasileiro, em seu artigo 6º, § 2º, dispõe: *"consideram-se adquiridos assim os direitos que o seu titular, ou alguém por ele, possa exercer, como aqueles cujo começo do exercício tenha termo pré-fixo, ou condição preestabelecida inalterável, a arbítrio de outrem"*.

4.5.7. Anulação (invalidação)

A anulação pode ser **conceituada** como a *extinção do ato administrativo ou de seus efeitos por outro ato administrativo ou por decisão judicial, por motivo de ilegalidade, com efeito retroativo (ex tunc).*

Em suma, a anulação é extinção do ato administrativo por motivo de ilegalidade.

Um exemplo é a anulação de uma permissão de uso de bem público para a instalação de uma banca de jornais por ter sido conferida sem licitação.

O **sujeito ativo da invalidação** pode ser tanto o *administrador público* como o *juiz*. A Administração Pública poderá invalidar de ofício ou a requerimento. Já o Poder Judiciário só poderá invalidar um ato por provocação ou no bojo da uma lide.

A possibilidade de o Poder Judiciário anular atos administrativos decorre do fato de estarmos num Estado de Direito (art. 1º, CF), em que a lei deve ser obedecida por todos. Decorre também do princípio da inafastabilidade da jurisdição ("a lei não poderá excluir da apreciação do Poder Judiciário lesão ou ameaça a direito" – artigo 5º, XXXV, da CF) e da previsão constitucional do mandado de segurança, do *habeas data* e da ação popular, que só fazem sentido se se permitir que o Judiciário possa anular atos administrativos.

O **objeto da invalidação** é o ato administrativo inválido ou os efeitos de tal ato (relação jurídica). Por exemplo, quando se anula uma licitação, há de se anular a licitação em si e a relação jurídica dela decorrente, no caso o contrato administrativo.

O **fundamento** da anulação é o dever de obediência ao princípio da legalidade. Não se pode conviver com a ilegalidade. Portanto, o ato nulo deve ser invalidado.

O **motivo da invalidação** é a *ilegalidade* do ato e da eventual relação jurídica por ele gerada. Hely Lopes Meirelles diz que o motivo da anulação é a *ilegalidade* ou a *ilegitimidade* do ato, diferente da revogação, que tem por motivo a *inconveniência ou inoportunidade*. Fala-se em *ilegalidade* ou *ilegitimidade* do ato para ressaltar que a anulação deve ser feita não só quando haja violação frontal ao que dispõe o texto legal (ilegalidade), mas também quando haja abuso, por excesso ou desvio de poder, ou mesmo quando se viole princípios do Direito (ilegitimidade).

Quanto ao **prazo para que se efetive a invalidação**, Hely Lopes Meirelles diz que, em que pese a inclinação da doutrina para a ideia de que não há prazo para anulação do ato administrativo, a jurisprudência vem atenuando tal afirmativa para dizer que se devem manter atos ilegítimos praticados e operantes há longo tempo e que já produziram efeitos perante terceiros de boa-fé, de modo a fazer valer o princípio da segurança jurídica.

Na esfera federal, a Lei 9.784/1999 dispõe em seu art. 54: "o direito da Administração de anular os atos administrativos de que decorram efeitos favoráveis para os destinatários decai em cinco anos, contados da data em que foram praticados, salvo comprovada má-fé ".

Nesse sentido, temos duas situações:

a) prazo para anular ato que beneficia alguém de boa-fé: 5 anos;

b) prazo para anular ato que beneficia alguém de má-fé: não há prazo, porém, em virtude do princípio da segurança jurídica há que entenda que se deva aplicar ao caso o maior prazo previsto no Código Civil, que é de 15 anos (art. 1.238 – usucapião extraordinária). Vale lembrar, ainda, que a boa-fé é presumida, de modo que compete à Administração Pública que pretender anular o ato ou outro autor de ação para o mesmo fim (por exemplo, o autor popular e o Ministério Público) o ônus da prova da má-fé.

Quanto ao termo *a quo* do prazo de 5 anos previsto para o primeiro caso, temos as seguintes situações:

a) regra: o prazo de 5 anos começa a correr da data em que o ato foi praticado;

b) no caso de atos com efeitos patrimoniais contínuos: o prazo de 5 anos começa a correr da percepção do primeiro pagamento.

O art. 54, § 2º, da Lei 9.784/1999 traz regra interessante, que tem o seguinte teor: "considera-se exercício do direito de anular qualquer medida de autoridade administrativa que importe impugnação à validade do ato".

Essa regra faz com que a decadência não se opere se, no curso dos cinco anos de prazo, a autoridade administrativa tome medida que importe impugnação à validade do ato.

É importante ressaltar que o prazo em questão é um prazo *decadencial* e não *prescricional*. Dessa forma, não incidem as regras de suspensão e interrupção da prescrição previstas no Código Civil.

Outro ponto importante é que a regra ora estudada está prevista na Lei de Processo Administrativo Federal, o que não impede que Municípios e Estados-membros estabeleçam regras sobre o prazo decadencial para anular atos administrativos, como é o caso do Estado de São Paulo, que, em sua Lei de Processo Administrativo, estabelece que o prazo decadencial para anular atos ilegais é de 10 (dez) anos, contados de sua produção (art. 10, I, da Lei Estadual 10.177/1998). Dessa forma, deve-se verificar, no âmbito de cada ente federativo, se existe lei estabelecendo prazo diferenciado para a anulação de atos administrativos ilegais. Caso não haja ato normativo local nesse sentido, aplicar-se-ão, por analogia, as regras previstas na Lei 9.784/1999.

Considerando o posicionamento do STF no MS 31736/DF (j. 10.09.2013), há de se tomar cuidado quanto ao início do prazo decadencial no caso de aposentadoria. Considerando que esta é considerado um ato complexo, que só se torna perfeito e acabado quando, após a aposentadoria ser deferida pela Administração, é confirmada pelo Tribunal de Contas respectivo, o prazo decadencial para anular uma ilegalidade numa aposentadoria concedida não se inicia do deferimento desta pela Administração, mas sim da data em que o Tribunal de Contas tiver aprovado ou não o ato. No caso julgado pelo STF a aposentadoria foi deferida pela Administração em 1992 e, apenas em 2012 o Tribunal de Contas analisou e decidiu por ilegalidades em seu cálculo. Porém, a aposentada, que já estava nessa qualidade desde 1992, não conseguiu anular a decisão do Tribunal de Contas, sob o argumento do transcurso do prazo de 5 anos para a anulação de atos que beneficiam terceiros de boa-fé. Isso porque, segundo o STF, esse prazo não chegou correr, já que o ato de aposentadoria só se aperfeiçoou em 2012 (e não em 1992), sendo que os 5 anos para anular alguma ilegalidade no ato como um todo só tem início em 2012. Por outro lado, o plenário do STF também assentou que, nesse tipo de caso, havendo boa-fé do servidor público que recebe valores indevidos a título de aposentadoria, só a partir da data em que for ela julgada ilegítima pelo órgão competente (no exemplo dado acima, em 2012) deverá ser devolvida a quantia recebida a maior após essa data (MS 26085, DJ 09.06.2011). Não se deve, todavia, confundir o reconhecimento de nulidades pelos Tribunais de Contas quanto a aposentadorias (que é um ato completo, ou seja, que só se forma quando o Tribunal de Contas a aprova), como o mesmo reconhecimento quando se tratar de outros tipos de atos não complexos, como uma promoção. Nesse último caso, após deferida a promoção, o Tribunal de Contas têm 5 anos para exercer o controle de legalidade dos atos administrativos (no caso, declarar a sua ilegalidade e determinar a sua anulação a tempo), contados da data em que a Administração deferiu a promoção (vide, a respeito: STF, MS 26404/DF, j. 29.10.2009).

De rigor lembrar que a anulação de atos que geram uma relação jurídica constituída a pessoas não pode se dar simplesmente porque se verificou uma ilegalidade e se está dentro do prazo de 5 anos para que se dê. É necessário que se verifique se não é o caso de convalidação, bem como que se instaure o adequado procedimento e que se respeite às garantias constitucionais do **devido processo legal, da ampla defesa e do contraditório** (STF, AI 587487 AgR/RJ).

Por fim, ainda em relação decadência quinquenal para anular atos prevista na Lei 9.784/1999, o STJ entende que os atos administrativos praticados anteriormente ao advento da Lei 9.784/1999 estão sujeitos ao prazo decadencial de 5 anos, porém, contado da entrada em vigor da lei que estabeleceu esse prazo (9.784/1999), qual seja, 01.02.1999, e não da prática do ato (REsp 1.270.474-RN, j. 18.10.2012).

No que concerne aos **efeitos da invalidação,** como o ato nulo já nasce com a sanção de nulidade, a declaração se dá retroativamente, ou seja, com efeito *ex tunc*. Invalidam-se as consequências passadas, presentes e futuras do ato, já que, do ato ilegal, não nascem direitos. A anulação importa no desfazimento do vínculo e no retorno das partes ao estado anterior. Tal regra é atenuada em face dos terceiros de boa-fé. Assim, a anulação da nomeação de um agente público, por exemplo, surte efeitos em relação a este (que é parte da relação jurídica anulada), mas não em relação aos terceiros destinatários dos atos por este praticado, desde que tal ato respeite a lei quanto aos demais aspectos.

Tema relevante é o atinente aos **tipos de invalidade** ou **tipos de vícios dos atos administrativos** e os respectivos **meios de correção.**

A doutrina majoritária (corrente quaternária) entende que podem ocorrer os seguintes **vícios** nos atos administrativos:

a) atos administrativos **inexistentes**, que, de tão absurdos que são, sequer precisam ter declarada sua inexistência;

b) atos administrativos **nulos**, que devem ser anulados no prazo decadencial;

c) atos administrativos **anuláveis**, que podem ser convalidados, permanecendo na ordem jurídica;

d) atos administrativos **irregulares**, que são aqueles que contêm vício formal de pouca relevância, devendo permanecer na ordem jurídica.

Hely Lopes Meirelles defendia a ideia de que não havia, no Direito Administrativo, atos anuláveis, pois a anulabilidade é instituto do direito privado, em que se pode dispor de certos interesses. Para esse respeitado doutrinador, o ato administrativo ou era nulo ou era válido e só.

Confira, agora com mais detalhes, a definição dos tipos de vícios dos atos administrativos:

a) atos inexistentes: *são os que assistem ao campo do absurdo jurídico, do totalmente intolerável*; tais atos não produzem efeito algum. Exs.: instrução de um agente policial a outro para torturar um bandido; prática de usurpação de função, ou seja, conduta de alguém que se faz passar por agente público, praticando ato da alçada deste;

b) atos irregulares: *são aqueles que padecem de vícios formais irrelevantes, reconhecíveis de plano, em que há descumprimento de norma que tem por único objetivo impor padronização interna dos atos*; tais atos não devem ser invalidados. Ex.: certidão feita pela autoridade competente, mas em papel não timbrado;

c) atos nulos (nulidade absoluta): *são os que a lei assim declare ou aqueles sobre os quais a convalidação seja racionalmente impossível, pois, se o conteúdo fosse repetido, seria repetida a ilegalidade;*[6] a nulidade absoluta é grave, devendo o ato ser anulado, salvo se já tiver operado o prazo decadencial para tanto. Exs.: nomeação para cargo efetivo feita sem concurso público; contrato feito sem licitação, quando não incidia nenhuma hipótese de dispensa ou inexigibilidade desta;

d) atos anuláveis (nulidade relativa): *são os que podem ser repetidos sem o vício originário*; a nulidade relativa é vício de menor gravidade, sendo possível a convalidação do ato. Ex.: ato expedido por autoridade com incompetência territorial; ato praticado com particular relativamente incapaz; ato praticado mediante erro ou dolo.

Vistos os vícios concernentes à questão da validade, passemos ao estudo dos **meios integradores da invalidade**.

A **convalidação (ou saneamento)** *é a supressão da invalidade de um ato pela expedição de outro, com efeitos retroativos*. Incide sobre os atos *anuláveis*, tornando-os válidos com efeito retroativo.

A convalidação só poderá ser feita se o ato puder ser repetido sem o vício que o inquinava ou se, apesar de se estar

6. Hely Lopes Meirelles diz que a nulidade pode ser *explícita* ou *virtual*. "É explícita quando a lei a comina expressamente, indicando os vícios que lhe dão origem; é virtual quando a invalidade decorre da infringência de princípios específicos do Direito Público, reconhecidos por interpretação das normas concernentes ao ato. Em qualquer destes casos, porém, o ato é ilegítimo ou ilegal e não produz qualquer efeito válido entre as partes, pela evidente razão de que não se pode adquirir direitos contra a lei." O art. 166, VII, do Código Civil traz as duas espécies de ato nulo referentes a essa classificação.

diante de ato com vício insanável, haja excepcional e patente interesse público na sua preservação. No primeiro caso, geralmente incide sobre vícios de sujeito (competência) e de forma (descumprimento de forma que não seja substancial), os quais, sanados, importam em convalidação do ato anterior, cuja maior vantagem é ter efeito retroativo, efeito que não existiria com a simples expedição de um novo ato, sem aproveitamento do anterior viciado.

Vejamos, agora, os **requisitos** que a doutrina aponta como essenciais para que seja possível a convalidação: a) possibilidade de o ato ser expedido novamente, sem o vício originário; b) prejuízo maior se não se mantiver o ato viciado; c) inexistência de prejuízo ao erário e a terceiro; d) boa-fé; e) inexistência de impugnação prévia do ato.

O artigo 55 da Lei 9.784/1999 admite expressamente a convalidação, devendo a Administração, sempre que possível, optar por ela. Todavia, há uma hipótese em que a Administração poderá optar entre convalidar e não convalidar um ato anulável. Trata-se do caso em que se têm *atos discricionários praticados por autoridade incompetente.* Nesse caso, a autoridade que for a competente não fica obrigada a convalidar o ato viciado, dada a margem de liberdade que detém para praticá-lo.

A convalidação será chamada de *ratificação* nas hipóteses em que há vício de incompetência, não podendo incidir nos casos em que essa for outorgada com exclusividade ou em razão de matéria.[7]

Quanto ao vício de *forma*, a convalidação só será possível se essa não for essencial à validade do ato. Há de se lembrar que a forma abrange a forma propriamente dita (escritura pública, escritura particular, ato verbal etc.) e a motivação. Quanto à motivação, a sua ausência, caso se esteja diante de *ato vinculado* e em situação cuja motivação seja óbvia e passível de demonstração futura, verificando-se que houve respeito aos demais requisitos de validade do ato, este poderá ser mantido se demonstrada a ausência de prejuízo. Já quanto aos *atos discricionários*, a falta de motivação gera sua invalidação, sob pena de se permitir a invenção de motivos em momento posterior. Todavia, há entendimentos doutrinários e jurisprudenciais no sentido de que, excepcionalmente, é possível que um ato discricionário sem motivação pode ser convalidado, desde que a administração promova motivação posterior que demonstre de modo inquestionável o seguinte: a) que o motivo extemporaneamente alegado preexistia; b) que esse motivo era idôneo para justificar o ato; c) que o motivo foi a razão determinante da prática do ato (STJ, AgRg no RMS 40.427-DF).

Quanto ao *motivo* e à *finalidade*, fica difícil falar-se em convalidação. O mesmo se pode dizer quanto ao *objeto*. Neste caso, poderá caber a *conversão*, que é instituto jurídico que não se confunde com a *convalidação*.

Vejamos, agora, um *exemplo* de convalidação. Imagine a nomeação de um servidor feita por um Ministro de Estado, quando a competência era da alçada do Presidente da República, seguindo-se a delegação por parte deste para a referida nomeação. O ato originário contém vício (falta de competência), que pode ser sanado, pela convalidação, mediante *ratificação* do Presidente da República ou, após a delegação da competência, *confirmação* pelo Ministro de Estado.

A **conversão (ou sanatória)** *consiste no aproveitamento de um ato inválido, tornando-o ato de outra categoria, com efeito retroativo à data do ato original.*

A conversão incide sobre atos nulos, aproveitando-os em outra categoria de atos. A palavra-chave aqui é "aproveitar".

Diferentemente da convalidação, que mantém o ato na categoria de atos em que ele é praticado, na conversão aproveita-se o ato nulo para uma outra situação, para uma outra categoria de atos.

Um exemplo é a *permissão* de uso de bem público concedida sem licitação (permissão nula!), que acaba sendo convertida numa *autorização* de uso de bem público (outra categoria de ato!), que não requer licitação.

Outro exemplo é a nomeação de um agente público para um cargo de provimento *efetivo*, sem realização de concurso público, que acaba sendo convertida em nomeação para cargo em *comissão*, que não requer prévia aprovação em concurso público.

O instituto da conversão está previsto no Código Civil. Confira: "art. 170. Se, porém, o negócio nulo contiver os requisitos de outro, subsistirá este quando o fim a que visavam as partes permitir supor que o teriam querido, se houvesse previsto a nulidade".

Por fim, vale ressaltar que a conversão, assim como a convalidação, tem efeito retroativo, ou seja, ficam mantidos todos os atos praticados no período antecedente ao saneamento, salvo, naturalmente, se houver má-fé.

4.6. Classificação dos atos administrativos

4.6.1. *Quanto à liberdade de atuação do agente*

Ato vinculado *é aquele em que a lei tipifica objetiva e claramente a situação em que o agente deve agir e o único comportamento que poderá tomar.* Tanto a situação em que o agente deve agir como o comportamento que vai tomar são únicos e estão clara e objetivamente definidos na lei, de forma a inexistir qualquer margem de liberdade ou apreciação subjetiva por parte do agente público. Ex.: licença para construir, concessão de aposentadoria.

Ato discricionário *é aquele em que a lei confere margem de liberdade para avaliação da situação em que o agente deve agir ou para escolha do melhor comportamento a ser tomado.*

Seja na situação em que o agente deve agir, seja no comportamento que vai tomar, o agente público terá uma margem de liberdade na escolha do que mais atende ao interesse público. Neste ponto fala-se em *mérito administrativo*, ou seja, na valoração dos motivos e escolha do comportamento a ser tomado pelo agente.

Vale dizer, o agente público fará apreciação subjetiva, agindo segundo o que entender ser mais conveniente e oportuno ao interesse público.

7. Outra expressão pertinente, mas que não se confunde com a convalidação e a *ratificação*, é a *confirmação*, que consiste na renúncia ao poder de anular o ato ilegal, o que é diferente de sanar o vício do ato, corrigindo-o (convalidação).

Reconhece-se a discricionariedade nos seguintes casos, dentre outros:

a) quando a regra que traz a competência do agente traz *conceitos fluidos*, como *bem comum*, *moralidade*, *ordem pública* etc.;

b) quando a lei *não traz um motivo* que enseja a prática do ato, como, por exemplo, a que permite nomeação para cargo em comissão, de livre provimento e exoneração;

c) quando *há mais de uma opção* para o agente quanto ao momento de atuar, à forma do ato (ex.: verbal, gestual ou escrita), à sua finalidade ou ao conteúdo (ex.: possibilita-se que o agente público, diante de uma infração administrativa, escolha se deve fazer uma advertência, aplicar uma multa ou fazer uma apreensão).

A discricionariedade sofre alguns *temperamentos*, de modo a fazer com que a margem de liberdade seja a mais estreita possível e a preservar o princípio da legalidade. Confira:

a) todo ato discricionário é *parcialmente regrado ou vinculado*; a competência, por exemplo, é sempre vinculada; aliás, Hely Lopes Meirelles entende que a competência, a forma e a finalidade são sempre vinculadas, conforme vimos;

b) só há discricionariedade *nas situações marginais*, nas zonas cinzentas; assim, situações que envolvem certa subjetividade, mas encontram na sociedade quase que um consenso, não ensejam margem de liberdade para o agente público; por exemplo, caso o agente público encontre duas pessoas fazendo sexo no meio da rua, ainda que um ou outro possa achar que isso não é imoral, o fato é que é indubitável no pensamento médio que a conduta é imoral, fazendo com que o agente, em que pese estar diante de um conceito fluido ("moralidade pública"), deva agir reconhecendo a existência de uma situação de imoralidade; em suma, o temperamento em tela lembra a todos que a situação concreta (o colorido do caso concreto) diminui a margem de liberdade conferida ao agente público.

c) não há discricionariedade volitiva para a Administração na chamada "discricionariedade técnica"; esta se dá quando a solução de alguma controvérsia administrativa exija o conhecimento técnico especializado, como de um engenheiro ou de um médico; por exemplo, havendo dúvida sobre se algum imóvel está ou não em perigo de desabamento, na hipótese de um engenheiro chamado pela Administração para fazer a análise em questão concluir pelo risco de desabamento, não caberá à Administração invocar a discricionariedade para dizer que pensa diferente e que não vai determinar a interdição ou a demolição do bem, pois no caso tem-se discricionariedade técnica, em que a Administração fica vinculada à manifestação conclusiva do profissional que tiver exarado seu entendimento técnico sobre a questão.

Questão muito importante quanto aos atos discricionários é saber se o Judiciário poderá apreciá-los.

A resposta a essa pergunta é positiva, ou seja, o Judiciário pode sim apreciar atos discricionários. Porém, só poderá fazê-lo quanto aos seguintes aspectos:

a) legalidade: todo ato discricionário é parcialmente *regrado* ou *vinculado* e, especificamente quanto a esse ponto, o Poder Judiciário poderá apreciar o ato discricionário; imagine uma competência que diga que "o Governador, em caso de falta grave, poderá suspender ou demitir o servidor público, mediante contraditório e ampla defesa"; trata-se de um ato discricionário, pois a expressão "falta grave" é bastante fluida, sem contar o fato de que o governador tem duas opções, "demitir" ou "suspender" o agente; porém, mesmo se tratando de um ato discricionário, há elementos vinculados nesse ato; um deles é a competência, pois só o Governador pode praticar o ato; outro é fato de que o governador só tem duas opções, de modo que, se tomar uma terceira medida (por exemplo, "demissão a bem do serviço público"), estará saindo dos limites do ato discricionário; além disso, o Governador é obrigado a garantir o contraditório e a ampla defesa; pois bem, se qualquer desses pontos vinculados do ato discricionário for desrespeitado, poderá o Judiciário, fazendo o controle de legalidade, anular o referido ato;

b) moralidade: todo ato discricionário está sujeito a cumprir o princípio da moralidade, que está previsto no art. 37, *caput*, da CF; assim, caso um ato discricionário fira a moralidade (por exemplo, a desapropriação do imóvel de um inimigo político de um Prefeito), poderá ser anulado pelo Poder Judiciário;

c) razoabilidade: todo ato discricionário está sujeito a cumprir o princípio da razoabilidade, que está previsto no art. 2º, *caput*, da Lei 9.784/1999; assim, caso um ato discricionário fira a razoabilidade ou a proporcionalidade (por exemplo, desapropria-se área bem maior do que a necessária para a implantação de um projeto da Administração), poderá ser anulado pelo Poder Judiciário. Em matéria de controle de políticas públicas frequentemente o Judiciário analisa a razoabilidade na eleição de prioridades feita pela Administração, determinando, muitas vezes, a implementação de políticas públicas determinadas pela Constituição e que eventualmente tiverem sido relegadas a segundo plano sem justificativa razoável. Nesses casos, costuma-se exarar sentença determinando que a Administração Pública adote providências administrativas e respectiva previsão orçamentária para implantação ou ampliação da política pública faltosa.

Em suma, o Judiciário pode sim apreciar um ato discricionário, mas apenas quanto aos aspectos de legalidade, razoabilidade e moralidade, não sendo possível a revisão dos critérios adotados pelo administrador (o *mérito administrativo*), se tirados de dentro da margem de liberdade a ele conferida pelo sistema normativo.

4.6.2. Quanto às prerrogativas da administração

Atos de império são os *praticados no gozo de prerrogativas de autoridade*. Ex.: interdição de um estabelecimento.

Atos de gestão são os *praticados sem uso de prerrogativas públicas, em igualdade com o particular, na administração de bens e serviços*. Ex.: contrato de compra e venda ou de locação de um bem imóvel.

Atos de expediente *são os destinados a dar andamento aos processos e papéis que tramitam pelas repartições, preparando-os para decisão de mérito a ser proferida pela autoridade*. Ex.: remessa dos autos a uma autoridade, para que esta tome uma decisão, conduta que tem o nome de "levar os autos à conclusão".

A distinção entre ato de gestão e de império está em desuso, pois era feita para excluir a responsabilidade do Estado pela prática de atos de império, de soberania. Melhor é distingui-los em atos regidos pelo *direito público* e pelo *direito privado*.

4.6.3. *Quanto aos destinatários*

Atos individuais *são os dirigidos a destinatários certos, criando-lhes situação jurídica particular*. Ex.: decreto de desapropriação, nomeação de agente público, exoneração de agente público, licença para construir, autorização de uso de bem público, tombamento, dentre outros.

Atos gerais *são os dirigidos a todas as pessoas que se encontram na mesma situação, tendo finalidade normativa.*

São diferenças entre um e outro as seguintes:

a) os atos individuais podem ser impugnados individualmente, ao passo que os normativos só por ADI ou após uma providência concreta;

b) os atos normativos prevalecem sobre os atos individuais;

c) a revogação de atos individuais deve respeitar eventual direito adquirido de seu beneficiário, ao passo que os atos normativos podem ser livremente revogados.

4.6.4. *Quanto à formação da vontade*

Atos simples *decorrem de um órgão, seja ele singular ou colegiado.* Ex.: nomeação feita pelo Prefeito; deliberação de um conselho ou de uma comissão.

Atos complexos *decorrem de dois ou mais órgãos, em que as vontades se fundem para formar um único ato.* Ex.: decreto do Presidente, com referendo de Ministros.

Atos compostos *decorrem de dois ou mais órgãos, em que a vontade de um é instrumental em relação à vontade de outro, que edita o ato principal.* Aqui existem dois atos pelo menos: um principal e um acessório. Um exemplo é a nomeação do Procurador-Geral da República, que depende de prévia aprovação pelo Senado. Outro exemplo são os atos que dependem de aprovação ou homologação. Não se deve confundir atos compostos com atos de um procedimento, vez que, enquanto os segundos são o encadeamento de atos tendentes ao ato principal, os primeiros resultam de dois ou mais órgãos e não têm por elemento marcante a sucessão de atos preparatórios de um ato final, diferentemente do procedimento.

4.6.5. *Quanto aos efeitos*

Ato constitutivo *é aquele em que a Administração cria, modifica ou extingue direito ou situação jurídica do administrado.* Exs.: permissões de serviço público e de uso de bem público, penalidades, revogação de atos, autorizações, dentre outros.

Ato declaratório *é aquele em que a Administração reconhece um direito que já existia.* Exs.: admissão, licença, homologação, isenção, anulação.

Ato enunciativo *é aquele em que a Administração apenas atesta dada situação de fato ou de direito.* Não produz efeitos jurídicos diretos. São juízos de conhecimento ou de opinião. Exs.: certidões, atestados, informações e pareceres.

4.6.6. *Outra classificação*

Atos normativos *são aqueles que contêm comando geral da Administração Pública, com o objetivo de executar a lei.* Exs.: regulamentos (da alçada do Chefe do Executivo), instruções normativas (da alçada dos Ministros de Estado), regimentos, resoluções etc.

Atos ordinatórios *são aqueles que disciplinam o funcionamento da Administração e a conduta funcional de seus agentes.* Exs.: instruções (são escritas e gerais, destinadas a determinado *serviço público*), circulares (escritas e de caráter uniforme, direcionadas a determinados *servidores*), avisos, portarias (expedidas por chefes de órgãos – trazem determinações gerais ou especiais aos subordinados, designam alguns servidores, instauram sindicâncias e processos administrativos etc.), ordens de serviço (determinações especiais ao *responsável* pelo ato), ofícios (destinados às *comunicações* escritas entre autoridades) e despacho (contém *decisões* administrativas).

Atos negociais *são declarações de vontade coincidentes com pretensão do particular.* Exs.: licença, autorização e protocolo administrativo.

Atos enunciativos *são aqueles que apenas atestam, enunciam situações existentes.* Não há prescrição de conduta (determinações) por parte da Administração. Exs.: certidões, atestados, apostilas e pareceres.

Atos punitivos *são as sanções aplicadas pela Administração aos servidores públicos e aos particulares.* Exs.: advertência, suspensão e demissão; multa de trânsito.

4.7. Atos administrativos em espécie

4.7.1. *Quanto ao conteúdo*

Autorização *é o ato administrativo unilateral, discricionário e precário pelo qual a Administração faculta ao particular, em proveito deste, o uso privativo de bem público ou o desempenho de uma atividade, os quais, sem esse consentimento, seriam legalmente proibidos.* Exs.: autorização de uso de praça para realização de festa beneficente ou evento cultural; autorização para compra e registro ou para porte de arma. A autorização se baseia no poder de polícia, fazendo-se juízo de conveniência e oportunidade acerca da sua concessão ou não. Trata-se de ato *constitutivo*.

Licença *é o ato administrativo unilateral e vinculado pelo qual a Administração faculta àquele que preencha requisitos legais o exercício de uma atividade.* Exs.: licença para construir; licença para dirigir veículos automotores. A licença também se baseia no poder de polícia, havendo juízo de legalidade somente. Trata-se de ato *declaratório*, daí porque, enquanto na autorização se fala em interesses, na licença se fala em direitos subjetivos, pois cumpridos os requisitos para a licença o interessado tem direito de exigi-la, diferentemente do que acontece quanto à autorização.

Admissão é o *ato unilateral e vinculado pelo qual a Administração reconhece ao particular que preencha requisitos legais o direito à prestação de um serviço público.* Exs.: admissão de aluno em escola ou universidade pública; admissão de paciente em hospital; admissão de pessoa carente em programa de assistência social.

Permissão *é o ato administrativo unilateral, discricionário e precário, pelo qual a Administração faculta ao particular a execução de serviço público ou a utilização privativa de bem público, mediante licitação.* Exs.: permissão para taxista ou perueiro efetuar transporte remunerado de passageiros; permissão para que uma banca de jornal se instale numa calçada ou praça públicas. Vale lembrar que, por ser precária, pode ser revogada a qualquer momento sem que o particular tenha direito à indenização. Ademais, diferentemente da autorização, a permissão depende de licitação.

Concessão *é o ato bilateral (contrato) e não precário pelo qual a Administração faculta a uma pessoa jurídica a execução de serviço público ou a utilização privativa de bem público, mediante licitação na modalidade concorrência.* Exs.: concessão dada a uma empresa de ônibus para que efetue transporte remunerado de passageiros; concessão dada a um restaurante para que utilize espaço público num aeroporto. Por não ser precária, o particular tem direito de ver mantida a concessão. Todavia, caso haja interesse público na sua revogação, este prevalece sobre o do particular, o qual terá direito à indenização pela revogação da concessão, diferentemente do que ocorre na autorização e na permissão, que são atos precários, ou seja, passíveis de revogação sem direito à indenização em favor do interessado. Confira algumas diferenças entre a concessão e a permissão: a) a primeira só pode ser concedida a pessoa jurídica, ao passo que a segunda, a pessoa física ou jurídica; b) a primeira é contratual, ao passo que a segunda é precária, podendo ser revogada sem direito à indenização em favor do permissionário; c) a primeira deve ser concedida após licitação na modalidade concorrência, ao passo que a segunda pode ser concedida por meio de outras modalidades licitatórias; d) a primeira é formalizada mediante *contrato de concessão*, ao passo que a segunda, mediante *contrato de adesão*.

Credenciamento *é o ato ou contrato formal pelo qual a administração pública confere a um particular (pessoa física ou jurídica), normalmente sem prévia licitação, a prerrogativa de exercer certas atividades materiais ou técnicas, em caráter instrumental ou de colaboração com o Poder Público, a título oneroso, remuneradas, na maioria das vezes, diretamente pelos interessados.* Um exemplo de credenciamento é o ato que ocorre com as empresas de autoescola, que recebem credenciamento do Poder Público para a prática de certas atividades em colaboração com este (aulas, exames etc.), sem licitação e com cobrança dos interessados. Inexistindo viabilidade técnica de competição, está-se diante de hipótese de inexigibilidade (art. 25, *caput*, da Lei 8.666/1993). Assim, é inexigível a licitação nas hipóteses em que o credenciamento é aberto para outorga a todos os interessados habilitados, já que inexistente a possibilidade teórica de competição.

Aprovação *é o ato unilateral e discricionário pelo qual se exerce o controle prévio ou posterior do ato administrativo.* A aprovação é um tipo de *controle* que analisa a *conveniência* e *a oportunidade* do ato controlado. Ex.: aprovação dada pelo Senado à indicação do Presidente para nomeação de Ministro para o Supremo Tribunal Federal. Em tese, o Senado pode rejeitar a indicação, não a aprovando, por considerá-la não conveniente, em vista de não ter o indicado reputação ilibada, por exemplo.

Homologação *é o ato unilateral e vinculado pelo qual se reconhece a legalidade de um ato administrativo.* A homologação é um tipo de *controle* que analisa apenas o *cumprimento das formalidades legais*, não entrando no mérito dos atos praticados. Ex.: homologação de uma licitação ou de um concurso público pela autoridade superior à comissão de licitação, autoridade essa que controlará exclusivamente a legalidade dos procedimentos, sem entrar no mérito dos julgamentos feitos.

Parecer *é o ato pelo qual órgãos consultivos da Administração emitem opinião técnica sobre assunto de sua competência.* Podem ser de três tipos: ***facultativo*** (o parecer é pedido se a autoridade quiser); ***obrigatório*** (a autoridade é obrigada a solicitar o parecer, em que pese não ser obrigada a acatá-lo) e ***vinculante*** (a autoridade é obrigada a solicitar o parecer e a acatar o seu conteúdo – ex.: parecer médico). O STF vem decidindo que o parecer jurídico que deve ser dado sobre minuta de editais, de contratos e de convênios é um parecer vinculante (MS 24.584), pois o art. 38, parágrafo único, da Lei 8.666/1993 dispõe que o setor jurídico deve *aprovar* tais minutas, o que revela que o parecer é verdadeira *decisão administrativa* e não mera opinião técnica. Dessa forma, havendo alguma ilegalidade, o parecerista responde como se fosse autor da minuta por ele aprovada, ficando sujeito, por exemplo, a multas pelo Tribunal de Contas e a ações populares, ações civis públicas e ações por improbidade administrativa, valendo lembrar, todavia, que a responsabilidade do agente público não é objetiva: depende de culpa ou dolo, nos casos de ressarcimento do erário, e de dolo em algumas modalidades de improbidade administrativa.

Visto *é o ato administrativo unilateral pelo qual a autoridade atesta a regularidade formal de outro ato administrativo.* Ex.: pedido de férias de um agente, que recebe o visto de seu chefe (o qual observa sua regularidade formal) antes deste encaminhar para o chefe subsequente apreciá-lo.

Protocolo administrativo *é o ato negocial pelo qual o Poder Público acerta com o particular a realização de determinado empreendimento ou atividade ou a abstenção de certa conduta.*

4.7.2. Quanto à forma

Decreto *é a forma de que se revestem os atos individuais ou gerais, emanados do Chefe do Poder Executivo.* Exs.: nomeação e exoneração de agentes públicos (atos individuais); regulamentos (atos gerais que têm por objeto proporcionar a fiel execução da lei – artigo 84, IV, CF). Não existe, como regra, *regulamento autônomo* em nosso direito, uma vez que ele sempre deve estar adstrito ao que dispõe uma lei, nunca podendo existir por si só; ou seja, no Brasil a regra é termos *regulamentos de execução* de lei. Como vimos, a EC 32/2001 modificou o artigo 84, VI, da CF, permitindo que o Presidente, por meio de decreto, disponha de matérias que somente a lei poderia dispor. Trata-se de situação que excepciona a regra no sentido de que não há regulamentos autônomos em nosso direito.

Resolução e portaria *são as formas de que se revestem os atos, gerais ou individuais, emanados de autoridades que não sejam o Chefe do Executivo.* Ex.: no Estado de São Paulo, a resolução é própria dos Secretários de Estado, enquanto as portarias são a forma de que se revestem os atos das autoridades até o Diretor de Serviço. Assim, em cada ente político se instituirá a forma que deve revestir os atos de cada autoridade. Importa lembrar, ainda, que as resoluções e portarias trarão, além de atos *individuais* próprios de tais autoridades, atos *gerais* consistentes em instruções para cumprimento das leis e regulamentos.

Circular *é o instrumento de que se valem as autoridades para transmitir ordens internas a seus subordinados.*

Despacho *é o ato administrativo que contém decisões das autoridades sobre assunto de interesse individual ou coletivo submetido à sua apreciação.* ***Despacho normativo*** é aquele que aprova uma decisão sobre assunto de interesse geral, ficando esta obrigatória para toda a administração, além de valer para todos que estiverem na mesma situação.

Alvará *é a forma pela qual a Administração confere licença ou autorização para a prática de ato ou exercício de atividade sujeita ao poder de polícia do Estado.* Exs.: alvará de construção (instrumento que confere e prova a licença); alvará para porte de arma (instrumento da autorização conferida).

4.8. Procedimento administrativo

Não se deve confundir o ato administrativo com o procedimento administrativo. O segundo *consiste na sucessão encadeada de atos que propiciam a formação do ato final objetivado pela Administração.*

Assim, um procedimento é uma sucessão de atos, não se confundindo com cada ato em si.

Na verdade, ficaria melhor falar-se em *processo administrativo* para designar a definição dada, reservando-se a expressão procedimento administrativo para designar o *rito* a ser seguido.

Porém, em Direito Administrativo a expressão *procedimento administrativo* acaba sendo usada para designar *processo administrativo*.

De qualquer forma, é bom lembrar que há processos administrativos típicos, como o processo disciplinar e o processo de licitação, cuja característica marcante é ter uma regulamentação específica em lei própria. Os processos administrativos que não tiverem regulamentação própria devem seguir o disposto na Lei de Geral de Processo Administrativo (Lei 9.784/1999).

5. ORGANIZAÇÃO DA ADMINISTRAÇÃO PÚBLICA

5.1. Considerações gerais

O Estado tem três Poderes independentes e harmônicos entre si (Legislativo, Executivo e Judiciário). Porém, é por meio da Administração Pública que o Estado atua, tratando-se esta do aparelhamento necessário à realização de sua finalidade.

Em sentido *formal*, Administração Pública é o conjunto de órgãos instituídos para consecução dos fins do Governo (que é o comando, a iniciativa).

Em sentido *material*, é o conjunto das funções necessárias aos serviços públicos em geral.

E em sentido *operacional*, é o desempenho sistemático dos serviços estatais.

O fato é que a Administração é o instrumento de que se vale o Estado para pôr em prática as opções políticas do Governo.

Tal atuação se dará por intermédio de *entidades* (pessoas jurídicas), *órgãos* (centros de decisão) e de *agentes* (pessoas investidas em cargos, empregos e funções).

5.2. Conceitos básicos sobre a organização da Administração Pública

O objetivo deste tópico é efetuar uma série de distinções e conceitos de grande valia para o estudo sistematizado do tema proposto.

A primeira distinção trata da relação entre a pessoa jurídica e os órgãos estatais.

As **pessoas jurídicas estatais** *são entidades integrantes da estrutura do Estado e dotadas de personalidade jurídica*, ou seja, de aptidão genérica para contrair direitos e obrigações.

Já os **órgãos públicos** *são centros de competência integrantes das pessoas estatais instituídos para o desempenho das funções públicas por meio de agentes públicos.* São, portanto, parte do corpo (pessoa jurídica).

Cada órgão é investido de determinada competência, dividida entre seus cargos.

Apesar de não terem personalidade jurídica, têm prerrogativas funcionais, o que admite até que interponham mandado de segurança, quando violadas (tal capacidade processual, todavia, só têm os órgãos independentes e os autônomos).

Todo ato de um órgão é imputado diretamente à pessoa jurídica da qual é integrante, assim como todo ato de agente público é imputado diretamente ao órgão ao qual pertence (trata-se da chamada "teoria do órgão", que se contrapõe à teoria da representação ou do mandato, conforme se verá no capítulo seguinte). Deve-se ressaltar, todavia, que a representação legal da entidade é atribuição de determinados agentes, como o Chefe do Poder Executivo e os Procuradores.

Tema importante acerca dos órgãos públicos é a sua **classificação**. Passemos, então, ao estudo da classificação dos órgãos, levando em conta os ensinamentos de Hely Lopes Meirelles.

Quanto à **posição**, os órgãos públicos podem ser:

a) órgãos *independentes*: são os originários da Constituição e representativos dos Poderes do Estado (Legislativo, Executivo e Judiciário); aqui estão todas as corporações legislativas, chefias de executivo e tribunais e juízo singulares;

b) órgãos *autônomos*: são os que estão na cúpula da Administração, logo abaixo dos órgãos independentes, tendo autonomia administrativa, financeira e técnica, segundo as diretrizes dos órgãos a eles superiores; aqui estão os Ministérios, as Secretarias Estaduais e Municipais, a AGU, dentre outros;

c) órgãos *superiores*: são os que detêm poder de direção quanto aos assuntos de sua competência, mas sem autonomia administrativa e financeira, tais como os gabinetes, as procuradorias judiciais, os departamentos, as divisões, dentre outros;

d) órgãos *subalternos*: são os que se acham na base da hierarquia entre órgãos, tendo reduzido poder decisório, com atribuições de mera execução, tais como as portarias e as seções de expediente.

Quanto à **estrutura**, os órgãos podem ser:

a) *simples* ou *unitários*: constituídos por um só centro de competência;

b) *compostos*: constituídos pelo conjunto de outros órgãos menores, com atividades-fim idênticas ou auxiliares. Ex.: Ministério da Saúde.

Quanto à **atuação funcional**, os órgãos podem ser:

a) *singulares* ou *unipessoais*: são os que atuam por um único agente. Ex.: Presidência da República;

b) *colegiados* ou *pluripessoais*: são os que atuam por manifestação conjunta da vontade de seus membros. Exs.: corporações legislativas, tribunais e comissões.

Outra distinção relevante para o estudo da estrutura da Administração Pública é a que se faz entre **desconcentração e descentralização**.

A **desconcentração** *é a distribuição interna de atividades administrativas, de competências*. Ocorre de *órgão* para *órgão* da entidade Ex.: competência no âmbito da Prefeitura, que poderia estar totalmente concentrada no órgão Prefeito Municipal, mas que é distribuída internamente aos Secretários de Saúde, Educação etc.

Já a **descentralização** *é a distribuição externa de atividades administrativas, que passam a ser exercidas por pessoa ou pessoas distintas do Estado*. Dá-se de *pessoa jurídica* para *pessoa jurídica* como técnica de especialização. Ex.: criação de autarquia para titularizar e executar um dado serviço público, antes de titularidade do ente político que a criou. A descentralização pode ser de duas espécies:

a) na descentralização **por serviço**, a lei atribui ou autoriza que outra pessoa detenha a *titularidade* e a execução do serviço; repare que é necessária lei; aqui, fala-se em *outorga* do serviço;

b) na descentralização **por colaboração**, o contrato ou ato unilateral atribui à outra pessoa a *execução* do serviço; repare que a delegação aqui se dá por contrato, não sendo necessária lei; o particular colabora, recebendo a execução do serviço e não a titularidade deste; aqui, fala-se também em *delegação* do serviço e o caráter é transitório.

Há também outra distinção importante, relacionada à Administração Direta e Indireta.

A **Administração Direta** *compreende os órgãos integrados no âmbito direto das pessoas políticas (União, Estados, Distrito Federal e Municípios)*. Repare que todos os órgãos dos entes políticos fazem parte da Administração Direta, de modo que a prefeitura, a câmara de vereadores, os tribunais judiciais, os tribunais de contas, o ministério público, dentre outros, são parte integrante da administração, já que são órgãos, e não pessoas jurídicas criadas pelos entes políticos.

Já a **Administração Indireta** *compreende as pessoas jurídicas criadas pelo Estado para titularizar e exercer atividades públicas (autarquias, fundações públicas, agências reguladoras e associações públicas) e para agir na atividade econômica ou em atividades não típicas de Estado (empresas públicas, sociedades de economia mista, fundações privadas criadas pelo Estado e consórcios públicos de direito privado)*. Repare que a Administração Indireta é composta de pessoas jurídicas (e não de órgãos!) criados pelos entes políticos.

Outra classificação relevante para o estudo do tema em questão é a que segue.

As **pessoas jurídicas de direito público** *são os entes políticos e mais as autarquias e fundações públicas, uma vez que todas essas pessoas são criadas para exercer típica atividade administrativa, o que impõe que tenham, de um lado, prerrogativas de direito público, e, de outro, restrições de direito público, próprias de quem gere coisa pública.*[8] São espécies de pessoas jurídicas de direito público as seguintes: autarquias, fundações públicas, agências reguladoras e associações públicas (consórcios públicos de direito público).

As **pessoas jurídicas de direito privado estatais** *são as empresas púbicas e as sociedades de economia mista, visto que são criadas para exercer atividade econômica, devendo ter os mesmos direitos e restrições das demais pessoas jurídicas privadas, em que pese tenham algumas restrições adicionais, pelo fato de terem sido criadas pelo Estado*. São espécies de pessoas jurídicas de direito privado estatais as seguintes: empresas públicas, sociedades de economia mista, fundações privadas criadas pelo Estado e consórcios públicos de direito privado.

Para fecharmos essa introdução, é necessário conhecermos também a distinção seguinte.

A **hierarquia** *consiste no poder que um órgão superior tem sobre outro inferior, que lhe confere, dentre outras prerrogativas, uma ampla possibilidade de fiscalização dos atos do órgão subordinado*.

O **controle (tutela** ou **supervisão ministerial)** *consiste no poder de fiscalização que a pessoa jurídica política tem sobre a pessoa jurídica que criou, que lhe confere tão somente a possibilidade de submeter à segunda ao cumprimento de seus objetivos globais, nos termos do que dispuser a lei*. Ex.: a União não pode anular um ato administrativo de concessão de aposentadoria por parte do INSS (autarquia por ela criada), por não haver hierarquia, mas pode impedir que o INSS passe a comercializar títulos de capitalização, por exemplo, por haver nítido desvio dos objetivos globais para os quais fora criada a autarquia. Aqui não se fala em *subordinação*, mas em *vinculação administrativa*.

5.3. Administração indireta

5.3.1. Autarquias

As autarquias podem ser **conceituadas** como as *pessoas jurídicas de direito público, criadas por lei específica, para titularizar atividade administrativa*. Realizam atividades pró-

8. *Vide* art. 41 do Código Civil. O parágrafo único deste artigo faz referência às *pessoas de direito público com estrutura de direito privado*, que serão regidas, no que couber, pelas normas do CC. A referência é quanto às fundações públicas, às quais aplicam-se as normas do CC apenas quando não contrariarem os preceitos de direito público.

prias (típicas) da Administração Direta, as quais são passadas para as autarquias para agilizar, facilitar e principalmente especializar a prestação dos serviços públicos. O Dec.-lei 200/1967 define autarquia como "o serviço autônomo, criado por lei, com personalidade jurídica, patrimônio e receita próprios, para executar atividades típicas da Administração Pública, que requeiram, para seu melhor funcionamento, gestão administrativa e financeira descentralizada" (art. 5º, I).

São um prolongamento, um *longa manus* do Estado. Qualquer ente político (União, Estados-membros, Distrito Federal e Municípios) pode criar uma autarquia, desde que por lei específica e para realizar atividades típicas da Administração.

A autarquia deve ser criada por lei específica, lei essa que tem o poder de conferir personalidade jurídica a ela, não sendo necessário levar atos constitutivos ao Registro Público. Porém, a organização da autarquia se estabelece por decreto, que aprovará o regulamento ou o estatuto da entidade. A lei criadora da entidade tratará também do patrimônio inicial, já transferindo ou autorizando sua transferência, da entidade criadora para a entidade criada.

A expressão autarquia vem dos termos *autós* (= próprio) e *arquia* (= governo), o que nos ajuda a lembrar que a autarquia tem autonomia administrativa e financeira.

São exemplos de autarquia os seguintes entes: INSS, CADE, Banco Central, INCRA e USP.

Quando a autarquia tiver algumas diferenças em relação às autarquias tradicionais, diz-se que se está diante de autarquia de regime especial.

Vejamos as **características** das autarquias.

São dotadas de **capacidade administrativa**, ou seja, podem ser *titulares* de serviço público, mas o mesmo não acontece com as sociedades de economia mista e empresas públicas, por exemplo, que, no máximo, podem *executar* um serviço público. Ou seja, as autarquias podem receber *outorga do serviço* mais do que a mera delegação deste.

Isso significa que as autarquias poderão *regulamentar*, *fiscalizar* e *executar* o serviço público de que são titulares, podendo repassar o último (execução do serviço) ao particular, mediante concessão de serviço público.

Em outras palavras, as autarquias desempenham **atribuições típicas de Estado**. O Decreto-Lei 200/1967, em seu artigo 5º, I, deixa claro que a autarquia só pode ser criada para exercer atividade típica da Administração, o que exclui sua criação para exercer atividade meramente econômica, por exemplo.

As autarquias possuem **autonomia (capacidade de autoadministração).** Por serem *pessoas jurídicas* (e não *órgãos* da Administração Direta), são sujeitos de direitos e obrigações, e têm gestão administrativa e financeira própria. Não se trata, portanto, de autonomia em sentido político, já que estão sujeitas a controle das entidades maiores a que se vinculam, mas autonomia administrativa.

Por serem pessoas de direito público, as autarquias têm **responsabilidade objetiva** (art. 37, § 6º, da CF). Justifica-se esse tipo de responsabilização pelo fato de agirem em atividades típicas da Administração Direta. Aliás, as autarquias respondem diretamente por seus atos, não podendo a entidade criadora ser chamada a responder solidariamente. A entidade matriz só responderá *subsidiariamente*, ou seja, na falta de patrimônio suficiente da autarquia.

As autarquias têm um regime jurídico muito próximo ao dos entes políticos, dada a natureza de suas atividades. Trata-se do chamado **regime jurídico de direito público**, cujas regras são apresentadas a seguir.

Na relação com a Administração Direta, as autarquias estão sujeitas a **controle** (*supervisão ministerial* ou *tutela*). A entidade criadora da autarquia tem o poder de influir sobre esta apenas para exigir o cumprimento dos objetivos públicos para os quais foi criada, e para que harmonize sua conduta à atuação administrativa global do Estado.

Perceba-se, portanto, que o controle não permite que a Administração Direta demita um servidor público de uma autarquia, por exemplo, ou invalide um contrato administrativo que esta tenha celebrado. O controle só poderá ser feito de forma global sobre os rumos que a autarquia tem tomado. A lei que cria a autarquia é que dará os contornos e a forma de exercício do controle.

Entre a entidade criadora e a autarquia há mera vinculação, ou seja, mero poder de correção finalística do serviço autárquico.

Esse controle pode se dar nas seguintes frentes: a) controle político (ex.: nomeação de seus dirigentes pelo Executivo); b) controle administrativo (ex.: supervisão ministerial quanto à correção finalística da autarquia); c) controle financeiro (pelo Tribunal de Contas e outros meios trazidos na lei).

No que concerne à relação com terceiros, as **prerrogativas administrativas** (não as políticas) do Estado se transmitem às autarquias. Assim, as autarquias têm as seguintes prerrogativas ou sujeições:

a) expedem verdadeiros **atos administrativos**, com todos os ***atributos*** do ato administrativo, quais sejam, presunção de legitimidade, imperatividade, exigibilidade e autoexecutoriedade;

b) celebram contratos administrativos, regidos pela Lei 8.666/1993;

c) devem **licitar** para celebrar contratos, concessões e permissões;

d) devem promover **concurso público** para admissão de pessoal;

e) devem contratar pessoal pelo **regime estatuário**, como regra; dada a natureza das atividades de uma autarquia (atividade administrativa, e não meramente econômica), o vínculo com seus agentes deve ser o de ***cargo público***, criado por *lei* e regido pelo *estatuto* dos funcionários públicos, e não pela CLT, salvo para atribuições subalternas;

f) possuem **bens públicos**, portanto, bens inalienáveis, imprescritíveis e impenhoráveis; dessa forma, a execução de valores em face de uma autarquia deverá ultimar-se mediante a expedição de precatório;

g) possuem **imunidade de impostos sobre o patrimônio, renda e serviços** (art. 150, VI, *a*, CF), quanto a atividades vinculadas às finalidades essenciais da pessoa e desde que não haja contraprestação ou pagamento de preços ou tarifas para o exercício;

h) possuem **prerrogativas processuais próprias** da Fazenda Pública, como recurso de ofício quando cabível (art. 10, Lei 9.469/1997), prazo em dobro para manifestações processuais (art. 183, *caput*, do NCPC), juízo privativo da entidade estatal a que pertencem, ampliação do prazo para desocupação em caso de despejo; prescrição quinquenal de suas dívidas passivas, execução fiscal de seus créditos inscritos, dentre outras.

Nas relações internas, por serem pessoas jurídicas de direito público (sujeitas ao regime jurídico de direito público), devem respeitar as normas de direito financeiro (normas orçamentárias) e o regime de pessoal é o mesmo da Administração Direta, em que a regra é o regime estatutário.

5.3.2. Fundações públicas de direito público

As fundações públicas de direito público podem ser conceituadas como *autarquias que tomam como substrato um patrimônio personalizado.*

Enfim, tais fundações são autarquias, cujo elemento patrimonial é o mais relevante. Trata-se da personalização de um patrimônio, cujo objetivo é a titularização de uma atividade administrativa.

São exemplos dessas fundações a FUNAI, o IPEA, a FUNDAP e a FAPESP.

Tais autarquias tomam o nome de fundação, pois, aqui, o elemento patrimônio prepondera em detrimento do elemento humano, ocorrendo o inverso com a autarquia típica.

Quanto ao **regime jurídico**, é idêntico ao das autarquias, para o qual se remete o leitor.

Existem, todavia, algumas diferenças entre as autarquias e as fundações públicas.

A primeira delas já foi apontada: as fundações têm como elemento preponderante o patrimonial.

A segunda diz respeito à criação de tais entes. Parte da doutrina entende que tais entidades são *criadas por lei específica*, por se tratarem de verdadeiras autarquias (ex.: Maria Sylvia Zanella Di Pietro). Por outro lado, outra parte da doutrina entende que a fundação deve ter sua criação *autorizada por lei específica*. Isso significa que, autorizada por lei a criação de uma fundação, deve esta ser efetivamente criada com o registro de seus atos constitutivos no Cartório do Registro Civil das Pessoas Jurídicas. A razão dessa discórdia diz respeito ao texto do art. 37, XIX, da CF, que não esclarece se está fazendo referência às fundações públicas, às fundações privadas ou a ambas.

A última diferença reside no fato de que, no que concerne às fundações, a Constituição dispõe que lei complementar definirá as áreas de sua atuação (art. 37, XIX, CF), também havendo dissenso doutrinário sobre se o dispositivo está fazendo referência às fundações públicas de direito público, às fundações privadas criadas ou a ambas.

Não se pode confundir as fundações públicas com as fundações privadas criadas pelo Estado. Isso porque nada impede que o Estado crie fundações com personalidade de direito privado, sendo apenas necessário que haja autorização legal. Muitas vezes deseja-se criar uma pessoa jurídica, cujo elemento patrimonial terá caráter preponderante, para um fim de interesse público, mas que não trate de típica atividade administrativa.

Em tal hipótese, cria-se uma fundação privada, com regime jurídico de direito privado. Nesse caso, haverá fiscalização por parte do Ministério Público, na forma da lei civil.

Portanto, o critério que diferencia uma *fundação pública de direito público* de uma *fundação privada criada pelo Estado* é a natureza da atividade da pessoa jurídica criada. Se se tratar de típica atividade administrativa, será uma fundação pública. Se não, uma fundação privada.

Uma fundação estatal criada para fiscalizar o meio ambiente certamente será uma fundação pública de direito público, recebendo o regime jurídico de uma autarquia, com as diferenças acima apontadas. Já uma fundação estatal criada para ser uma mera biblioteca pública, por não atuar em atividade típica de Estado, é uma fundação privada criada pelo Estado, recebendo o regime de direito privado, que será visto mais à frente.

5.3.3. Agências reguladoras

As agências reguladoras podem ser **conceituadas** como *autarquias sob regime especial, encarregadas do exercício do poder normativo e fiscalizador das concessões e permissões de serviço público, bem como do poder de polícia sobre certas atividades.*

A atual política de passar ao setor privado a execução dos serviços públicos, reservando ao Estado a regulamentação e fiscalização dos vários setores relativos a tais serviços, trouxe a necessidade de criar entes, com natureza de pessoa jurídica de direito público, para desempenhar tal papel de regulação e fiscalização, a fim de preservar o interesse dos usuários e da coletividade em geral.

Assim, foram criadas autarquias especiais, com o nome de agências reguladoras, servindo de exemplo as seguintes: ANEEL (regula e fiscaliza o setor de geração, transmissão e distribuição de energia elétrica), ANATEL (regula e fiscaliza o setor de telecomunicações), ANP (regula e fiscaliza as atividades econômicas exercidas pela Petrobras e outros concessionários do setor), ANVISA (regula e fiscaliza a produção e a comercialização, sob o aspecto da vigilância sanitária, de medicamentos, alimentos, cosméticos etc.), ANS (regula e fiscaliza o setor de saúde complementar), ANA (regula e fiscaliza as atividades decorrentes do aproveitamento dos recursos hídricos, bem como o direito de uso de água em rios da União – águas), ADENE (desenvolvimento do Nordeste), ANTT (transportes), ANCINE (cinema), dentre outras.

O **regime jurídico** das agências reguladoras é igual ao das autarquias, com algumas peculiaridades, daí porque se diz que tais agências são *autarquias sob regime especial*, uma vez que, diferente das autarquias tradicionais, as leis que criaram as agências reguladoras trouxeram algumas diferenças em seu regime jurídico. Vejamos:

a) os dirigentes das agências reguladoras são nomeados pelo Presidente da República, com prévia *aprovação pelo Senado*;

b) os dirigentes das agências reguladoras têm *mandato fixo*, só podendo ser destituídos pelo cometimento de crime, improbidade administrativa ou descumprimento injustificado das políticas estabelecidas para o setor ou pelo contrato de gestão, situação que, em tese, confere maior isenção a tais agentes;

c) os ex-dirigentes das agências estão sujeitos à chamada "quarentena", ou seja, no período de tempo em que continuam vinculados à autarquia após o exercício do cargo, ficam impedidos de prestar serviços às empresas que estavam sob sua regulamentação ou fiscalização;

d) têm *poder normativo* reconhecido pela Constituição Federal (art. 21, XI), já que são *órgãos reguladores*; tal poder deve, todavia, ficar adstrito ao que dispuser as leis de criação dessas agências.

Vale lembrar que a autonomia financeira de tais agências se dá não só com o aporte de verbas orçamentárias, como também em relação à cobrança de taxas pelo exercício do poder de polícia, além de multa por descumprimento de preceitos legais ou contratuais.

5.3.4. Agências executivas

A expressão "agências executivas" designa um *qualificativo atribuível a autarquias e fundações integrantes da Administração Federal, por iniciativa do Ministério Supervisor e com anuência do Ministério da Administração, à entidade que haja celebrado contrato de gestão com aquele e possua um plano estratégico de reestruturação e desenvolvimento institucional.*

Tal possibilidade de qualificação veio a partir da introdução do princípio da eficiência pela EC 19/1998.

De um lado, são dadas maiores autonomia e prerrogativas às autarquias e fundações que tiverem interesse em receber tal qualificativo e, de outro, são atribuídas metas de desempenho e eficiência a serem atingidas.

A existência do contrato de gestão e o cumprimento dos demais requisitos permitirão a qualificação em questão, habilitando a entidade a receber as vantagens previstas na lei.

Tal figura jurídica é trazida na Lei 9.649/1998 (*vide* o artigo 51 e também o Decreto 2.487/1998).

A lei dispõe que a qualificação de agência executiva é feita pelo Presidente da República, após a iniciativa e a anuência previstas acima. Para que seja implementada é necessário ainda a celebração do chamado contrato de gestão, que fixará o plano estratégico de reestruturação e melhoria do desempenho da pessoa, contrato esse que tem prazo mínimo de um ano.

Uma das maiores vantagens conferidas às autarquias e fundações que receberem essa qualificação consiste na ampliação dos limites de isenção ao dever de licitar para as agências executivas (artigo 24, XXIV, da Lei de Licitações): aumenta-se o valor para dispensa de licitação em seu âmbito para o montante de 20% do limite previsto para a utilização da modalidade convite.

5.3.5. Consórcios públicos

Com a edição da Lei 11.107/2005, duas novas pessoas jurídicas estatais foram criadas. Ambas têm o nome de *consórcio público*, mas uma é de direito público (associação pública) e outra é de direito privado (consórcio público de direito privado).

Tais consórcios consistem na *reunião de entes políticos* (União, Estados, DF e Municípios) para formação de *pessoas jurídicas* com vistas à *gestão associada de serviços públicos.*

Como antecedentes do assunto, podemos citar a Lei 8.080/1990, que assim dispunha: "art. 10. Os municípios poderão constituir consórcios para desenvolver em conjunto as ações e os serviços de saúde que lhes correspondam. § 1º Aplica-se aos consórcios administrativos intermunicipais o princípio da direção única, e os respectivos atos constitutivos disporão sobre sua observância".

Na prática, os municípios acabavam montando associações civis, regidas pelo Código Civil.

Até que veio o disposto na nova redação do art. 241 da Constituição e, depois, a Lei 11.107/2005, possibilitando o aparecimento de consórcios públicos com regimes mais claros e definidos.

Os consórcios públicos têm por **finalidade mediata** a realização de objetivos de *interesse comum* dos entes políticos. Nesse sentido, os consórcios públicos diferem dos contratos, já que estes têm em mira a satisfação de interesses contrapostos das partes e não de *interesses comuns*. Ademais, os consórcios públicos são pessoas jurídicas, ao passo que os contratos não são pessoas jurídicas.

As **finalidades imediatas** dos consórcios podem ser das seguintes naturezas:

a) regulação e fiscalização de serviços públicos (art. 2º, § 3º, da Lei 11.107/2005), como a criação de uma agência reguladora de saneamento básico por parte de Estado e alguns Municípios;

b) mera prestação de serviço público (art. 1º, § 3º, da lei citada), como a criação de um hospital público por parte de vários Municípios (consórcio intermunicipal de saúde).

É importante ressaltar que o consórcio público não pode ter fins econômicos (art. 4º, IV), ou seja, não pode visar ao lucro. Dessa forma, os consórcios públicos de direito privado não poderão ser criados se for necessário investimento privado.

Vejamos com mais detalhe, agora, as duas **espécies** de consórcios públicos.

As **associações públicas** são criadas para exercer atividade típica de Estado. Assim, são pessoas de direito público, de natureza autárquica (art. 41, IV, do CC). Tais entidades integram a Administração Indireta de todos os entes consorciados (art. 6º, § 1º, da Lei 11.107/2005). Um exemplo de consórcio público dessa natureza (consórcio público de direito público) é a criação de uma pessoa jurídica por entes políticos em associação para a *fiscalização* do meio ambiente numa dada região.

Já os **consórcios públicos de direito privado** são criados para o exercício de atividades que não são exclusivas do Estado. Nesse sentido, são pessoas de direito privado estatais. Um exemplo de consórcio público dessa natureza é um hospital público criado por entes políticos em associação.

O **regime jurídico** das associações públicas segue o regime geral das pessoas de direito público, aplicando-se o regime especial da lei 11.107/2005 e, subsidiariamente, a legislação das associações civis (art. 15). A aplicação do regime geral das pessoas de direito público fará com que tais consórcios pratiquem atos administrativos, tenham bens públicos, contratem agentes públicos, como regra, pelo regime estatutário, dentre outras características do regime autárquico, já vistas no presente texto.

Já o regime dos consórcios públicos de direito privado segue o regime geral das pessoas privadas estatais, aplicando o regime especial da lei 11.107/2005 e, subsidiariamente, a legislação das associações civis (art. 15). A aplicação do regime geral das pessoas de direito privado estatais fará com que tais consórcios pratiquem atos regidos pelo direito privado, tenham bens privados (portanto penhoráveis), contratem agentes públicos, como regra, pelo regime celetista, dentre outras características do regime de direito privado, a serem vistas no próximo item.

A **criação** dos consórcios públicos segue o seguinte trâmite:

1) Subscrição de Protocolo de Intenções entre os entes políticos, com os seguintes pontos:

a) denominação, finalidade, espécie, prazo e sede;

b) identificação dos consorciados e da área;

c) critérios de representação do consórcio;

d) regulamentação da assembleia geral; número de votos de cada consorciado (ao menos 1);

e) eleição e mandato do representante (Chefe do Executivo);

f) autorização e limites para a gestão associada de serviços públicos;

2) Publicação do Protocolo na imprensa oficial;

3) Ratificação do Protocolo por lei de cada ente;

4) Celebração do **Contrato de Consórcio Público** (art. 5º), que pode se dar por apenas parcela dos celebrantes do protocolo.

O início da personalidade dos consórcios públicos se dá da seguinte forma:

a) nas associações públicas, com a vigência das leis de ratificação do protocolo de intenções;

b) nos consórcios de direito privado, segundo a lei civil, ou seja, após o arquivamento do estatuto social no registro público competente.

Os entes consorciados devem fazer, ano a ano, um **Contrato de Rateio**, que terá por objetivo tratar dos recursos econômicos necessários para a manutenção do consórcio.

Por fim, vale ressaltar que a Lei 11.107/2005 introduziu a possibilidade de qualquer dos entes consorciados contratar entidade ou órgão pertencente a outro ente consorciado para a prestação de serviços públicos, tudo isso sem licitação, configurando uma nova espécie de dispensa (art. 24 da Lei 8.666/1993). Esse contrato, que se assemelha a um Contrato de Concessão de Serviço Público, tem o nome de **Contrato de Programa**.

5.3.6. Empresas estatais ou governamentais

As empresas estatais podem ser **conceituadas** como *pessoas jurídicas de direito privado especial, cuja criação se dá pelo Estado, autorizado por lei específica, com a finalidade de executar serviço público ou explorar atividade econômica não ligada a esse tipo de serviço, em caráter suplementar, desde que necessário aos imperativos da segurança nacional ou a relevante interesse coletivo.*

O § 1º do artigo 173 da Constituição dispõe que "a lei estabelecerá o estatuto jurídico da empresa pública, da sociedade de economia mista e de suas subsidiárias que explorem atividade econômica de produção ou comercialização de bens ou de prestação de serviços".[9]

Repare que tais entidades são criadas, então, para agir na atividade econômica, seja na área de produção ou comercialização de produtos (ex.: Petrobras), seja na prestação de serviços (ex.: Correios).

Deve ficar registrado, dessa forma, que tais empresas realizam típica atividade econômica e por isso têm regime jurídico de direito privado, de modo que não podem ser chamadas a titularizar serviço público, mas apenas para serem suas delegatárias, ou seja, apenas para a mera execução desse tipo de serviço.

Passemos à análise das características das empresas estatais:

a) possuem um **regime jurídico de direito privado**, ou seja, aquele próprio das empresas privadas, como determina a CF, inclusive no que tange aos direitos e obrigações do direito civil e comercial (**igualdade em contratos**, por exemplo), do direito do trabalho (regime de contratação será o da **CLT** e as controvérsias julgadas pela Justiça do Trabalho), do direito tributário (**não há imunidade tributária**) e do direito processual civil (**não têm prerrogativas** quanto aos prazos, custas e reexame necessário);

b) estão sujeitas à **responsabilidade civil subjetiva**, salvo quando prestarem serviço público, hipótese em que a responsabilidade será objetiva (art. 37, § 6º, da CF), ou quando incidir outro tipo de responsabilidade objetiva prevista em lei (ex.: matéria ambiental, relação de consumo, danos causados pela circulação de produtos e danos decorrentes do desenvolvimento de atividade de risco, conforme arts. 927, parágrafo único, e 931, ambos do Código Civil);

c) possuem **bens privados**, (art. 98, CC) bens esses que poderão ser utilizados, onerados, penhorados ou alienados na forma estatutária e independentemente de autorização legislativa especial, porque tal autorização está implícita na lei que autorizou a criação da empresa e lhe outorgou os poderes necessários para realizar suas atividades, como nos ensina Hely Lopes Meirelles; vale ressaltar que, no caso de a empresa estatal executar serviço público, os bens que estiverem afetados ao serviço não poderão ser penhorados,

9. Tal estatuto trazido na lei deve dispor sobre: "I – sua função social e formas de fiscalização pelo Estado e pela sociedade; II – a sujeição ao regime jurídico próprio das empresas privadas, inclusive quanto aos direitos e obrigações civis, comerciais, trabalhistas e tributários; III – licitação e contratação de obras, serviços, compras e alienações, observados os princípios da administração pública; IV – a constituição e o funcionamento dos conselhos de administração e fiscal, com a participação de acionistas minoritários; V – os mandatos, a avaliação de desempenho e a responsabilidade dos administradores".

como decorrência do princípio da continuidade do serviço público.

Apesar das características apontadas acima, não se deve esquecer que as pessoas de direito privado estatais foram criadas pelo Estado, fazendo parte da Administração Indireta estatal. Dessa forma, o **regime jurídico de direito privado** delas é ***especial***, sofrendo tais entidades sujeições que as empresas puramente privadas não têm:

a) devem promover concurso público para admissão de pessoal;

b) devem promover licitação para a celebração de contratos;

c) são fiscalizadas pelo Tribunal de Contas;

d) obedecem aos princípios da Administração Pública e seus agentes são equiparados a funcionários públicos para efeitos penais e de improbidade administrativa;

e) os dirigentes de empresas estatais estão sujeitos ao mandado de segurança quando exerçam funções delegadas do Poder Público;

f) apesar de terem autonomia administrativa e financeira, sofrem o controle ou supervisão da entidade criadora, bem como condicionantes legais e constitucionais (*vide* artigo 169, § 1º, da CF);

g) seus agentes estão sujeitos ao teto salarial previsto no art. 37, XI, da CF, nos casos estabelecidos no § 9º do art. 37, não havendo tal submissão quando a empresa estatal não for dependente economicamente da entidade que a tiver criado;

h) seus agentes estão sujeitos à proibição de acumulação remunerada de cargos, empregos ou funções na Administração (art. 37, XVII, CF);

i) não estão sujeitas à falência (art. 2º, I, da Lei 11.101/2005).

Quanto à questão da imunidade tributária, a imunidade recíproca, que alcança as entidades autárquicas, não alcança, como se viu, as empresas estatais. Porém, há duas exceções, que uma empresa estatal tem o direito à imunidade recíproca. São elas:

a) quando a empresa estatal tem monopólio sobre certo serviço público, como os Correios e a Infraero;

b) quando a empresa estatal tem capital totalmente público ou praticamente todo público, tem função absolutamente pública e não concorre no mercado, por exemplo, porque não cobra por seus serviços; um exemplo foi um caso julgado pelo STF em que se reconheceu essa imunidade a um hospital federal, revestido da forma sociedade de economia mista, em que o capital era 99,9% federal e que atendia exclusivamente pelo Sistema Único de Saúde, ou seja, sem atuar no mercado (RE 580264, j. 16.12.2010); outro exemplo foi o reconhecimento dessa imunidade, também pelo STF, a uma sociedade de economia mista (Codesp) que presta o serviço de Administração Portuária, com controle acionário quase total da União (99,97%), sendo que a entidade, apesar de cobrar por seus serviços, não o faz com o intuito de lucro e não concorre com outras empresas privadas (RE 253472/SP).

Quanto à criação, as empresas estatais dependem de **autorização de lei específica.**

Observe-se que, diferente da autarquia, que é *criada* por lei específica, as empresas estatais têm sua criação *autorizada* por lei específica, de maneira que tal criação só se efetiva com o arquivamento dos atos constitutivos da sociedade na Junta Comercial.

Qualquer um dos entes políticos pode criar uma empresa estatal. Vale salientar que também depende de autorização legislativa, em cada caso, a criação de subsidiárias de empresas estatais, assim como a participação de qualquer delas em empresa privada (art. 37, XX, CF). Assim, a Constituição exige que a autorização legislativa seja específica e se dê a cada vez que uma nova subsidiária é criada, usando o inciso a expressão "em cada caso".

No que concerne ao **objeto** das empresas estatais, a Constituição atual deixa claro que a sua criação só se justifica quando, excepcionalmente, o Estado tenha de agir na *atividade econômica*. Tais empresas poderão, por exemplo, ser concessionárias de serviço público (executam o serviço público, mas não são titulares deste, sob pena de terem de obedecer ao regime jurídico próprio das autarquias e fundações públicas). E também podem simplesmente agir em atividades econômicas que não importem em prestação de serviço público.

Sua atuação se dá em **atividade econômica suplementar**, não sendo possível que o Estado crie à vontade empresas estatais. Isso ocorre porque, como se sabe, a ordem econômica é fundada na livre iniciativa, na propriedade privada e na livre concorrência, daí porque apenas excepcionalmente pode o Estado nela agir.

Nesse sentido, o art. 173 da CF determina que o Estado só poderá agir na atividade econômica em duas hipóteses:

a) quando houver *relevante interesse público*, como na fabricação de remédio caro para combater a AIDS;

b) quando houver *imperativo de segurança nacional*, como na fabricação de material bélico em caso de guerra.

Essas são as características das empresas estatais, valendo, portanto, tanto para as empresas públicas como para as sociedades de economia mista. Vejamos agora as diferenças entre esses dois tipos de ente.

As **empresas públicas** são empresas estatais com as seguintes peculiaridades:

a) constituídas por qualquer modalidade societária admitida (S/A, Ltda. etc.);

b) com capital social formado integralmente por recursos de pessoas jurídicas de direito público (caso tenha participação da União, esta deve ter a maioria do capital votante); caso a União faça parte de uma empresa pública, a maioria do capital votante deve ser de sua propriedade da União, admitindo-se, no capital da empresa a participação de outras pessoas jurídicas de direito público interno bem como de entidades da Administração Indireta da União, dos Estados, Distrito Federal e Municípios (art. 5º do Dec.-lei 900/1969);

c) caso sejam da União, têm foro na Justiça Federal (art. 109, I e IV, da CF) na área cível e criminal, salvo quanto às contravenções penais, cujo julgamento é da competência da Justiça Comum;

d) são exemplos desse tipo de empresa a Caixa Econômica Federal, os Correios e o SERPRO.

O Dec.-lei 200/1967 define empresa pública como "a entidade dotada de personalidade jurídica de direito privado, com patrimônio próprio e capital exclusivo da União, criado por lei para a exploração de atividade econômica que o Govêrno seja levado a exercer por fôrça de contingência ou de conveniência administrativa podendo revestir-se de qualquer das formas admitidas em direito" (art. 5º, II).

As **sociedades de economia mista** são empresas estatais com as seguintes peculiaridades:

a) constituídas somente pela forma de sociedade anônima (S/A);

b) possuem necessariamente capital privado e público, sendo que a maioria das ações com direito a voto é do Poder Público;

c) a Justiça Comum é o foro próprio de tais sociedades mesmo sendo federais;

d) são exemplos desse tipo de empresa o Banco do Brasil, a Petrobras e a Sabesp.

O Dec.-lei 200/1967 define sociedade de economia mista como "a entidade dotada de personalidade jurídica de direito privado, criada por lei para a exploração de atividade econômica, sob a forma de sociedade anônima, cujas ações com direito a voto pertençam em sua maioria à União ou a entidade da Administração Indireta" (art. 5º, III).

5.3.7. Entes de cooperação (paraestatais)

5.3.7.1. Noções gerais

Tradicionalmente, a expressão "entidade paraestatal" era utilizada para designar não só aquelas entidades criadas pelo particular para fins de interesse público, como também as empresas estatais (sociedades de economia e empresa pública).

Porém, como as empresas estatais fazem parte da Administração Indireta, ou seja, não seguem paralelas ao Estado, mas são parte integrante deste, hoje a expressão "paraestatal", no âmbito doutrinário, designa tão somente aquelas entidades do terceiro setor, ou seja, os entes de cooperação do Estado.

De qualquer forma, é necessário tomar certos cuidados, pois ainda há muitas leis, que, por serem antigas, utilizam a expressão entidade paraestatal para se referirem também às empresas estatais.

A partir de tal observação, podemos **conceituar** as entidades paraestatais como *aquelas pessoas jurídicas de direito privado dispostas paralelamente ao Estado, executando atividade de interesse público*.

Vejamos, agora, quatro tipos de ente de cooperação (serviços sociais autônomos, organizações sociais, OSCIPs e simples organizações da sociedade civil).

5.3.7.2. Serviços Sociais Autônomos

Os **serviços sociais autônomos** *são pessoas jurídicas de direito privado, sem fins lucrativos, vinculadas a categorias profissionais e destinadas ao fomento de assistência social, educacional ou de saúde, podendo receber recursos públicos e contribuições parafiscais*. São entidades desse tipo o SESC, o SENAI, o SENAC e o SESI.

São **características** dessas entidades, que prestam serviços de interesse público, as que seguem:

a) são pessoas jurídicas de direito privado não criadas pelo Estado (são tão somente oficializadas, qualificadas como tal pelo Estado);

b) o regime de seus empregados é celetista;

c) não têm prerrogativas públicas, ou seja, não gozam de privilégios administrativos, fiscais e processuais;

d) nem estão diretamente submetidas à obrigatoriedade de realização de concurso público e licitação (STF, RE 789.874/DF, j. 17.09.2014), o que não exclui o dever de agirem de forma proba, devendo criar processos seletivos e de contratações que estejam em acordo com os princípios da impessoalidade, da moralidade e da eficiência, já que tais entidades manejam recursos públicos;

e) seus funcionários são equiparados a agentes públicos, sujeitos à prática de crimes funcionais e de ato de improbidade administrativa, já que gerem recursos públicos;

f) as ações movidas contra essas entidades devem ser julgadas, salvo interesse direto da União, na Justiça Comum e não na Justiça Federal (STF, RE 414375/SC);

g) seus dirigentes estão sujeitos a mandado de segurança, bem como cabe ação popular em caso de lesão ao patrimônio da entidade;

h) são obrigados a prestar contas junto ao Tribunal de Contas (art. 5.º, V, da Lei 8.443/1992);

i) os dirigentes dessas entidades são obrigados a juntar, à documentação correspondente à prestação de contas junto ao Tribunal de Contas, cópia da declaração de rendimentos e de bens, relativa ao período-base da gestão, de conformidade com a legislação do Imposto sobre a Renda (art. 4º da Lei 8.730/1993 e STJ, REsp 1.356.484-DF, j. 05.02.2013);

j) possuem estrutura de sociedades civis, associações e fundações privadas;

k) atribuída a qualificação de serviço social autônomo, a entidade passa a recolher contribuições parafiscais de associados e a ser destinatária de dotações orçamentárias;

l) por receberem auxílio público ficam sujeitas a controle finalístico e à prestação de contas para o Poder Público.

5.3.7.3. Organizações Sociais – OS (Lei 9.637/1998)

Já as **organizações sociais** são *entidades privadas, sem fins lucrativos, cujas atividades se dirigem ao ensino, pesquisa científica, desenvolvimento tecnológico, proteção e conservação do meio ambiente, cultura, saúde, qualificadas como tal por decisão do Ministro respectivo da atividade e do Ministro da Administração Federal e Reforma do Estado.*

A qualificação de uma entidade como organização social é um instrumento que permite a transferência de certas atividades de interesse público ao setor privado, sem necessidade de concessão ou permissão, tratando-se de nova forma de parceria com valorização do terceiro setor, possibilitando, de outra parte, maior controle sobre as entidades que recebem recursos públicos para fins coletivos.

O instituto das organizações sociais está regulamentado, no âmbito federal, na Lei 9.637/1998.

São exemplos de organizações sociais algumas Santas Casas de Misericórdia (hospitais privados filantrópicos), que receberam tal qualificação, celebraram contrato de gestão com a Administração Pública e vêm recebendo equipamentos, pessoal e dinheiro estatais para a prestação do serviço público de saúde para a população.

São **requisitos** para que seja atribuída a qualificação de organização social a uma entidade os seguintes:

a) não ter fins lucrativos, devendo os excedentes ser aplicados em suas atividades;

b) ter fim social de interesse coletivo;

c) ter conselho de administração como órgão superior, com presença de mais de 50% de representantes do governo e de entidades civis;

d) decisão dos Ministros indicados no conceito, qualificando a entidade.

Uma vez recebida a qualificação de organização social, a entidade poderá firmar contrato de gestão com o Poder Público, contrato este que fixará os termos da parceria, como as atividades a serem desempenhadas pela entidade e a colaboração a ser oferecida pelo Estado, que poderá consistir em aporte de bens públicos em permissão de uso, recursos do orçamento e até servidores públicos.

Os serviços contratados pelo Poder Público junto à organização social, a partir do contrato de gestão, não dependem de licitação, tratando-se de caso de dispensa de licitação previsto no art. 24 da Lei 8.666/1993.

A partir desse momento, a organização social deverá promover a publicidade de seus atos, estará sujeita ao controle do Tribunal de Contas e à verificação periódica do atendimento das metas a que tiver se submetido.

Assim como os serviços sociais autônomos, as organizações sociais não são obrigadas a promover concurso público para a admissão de seu pessoal, nem a promover licitação para a realização de contratos com terceiros, devendo, todavia, efetuar tais despesas mediante obediência aos princípios da impessoalidade, da moralidade e da eficiência.

Caso ocorra descumprimento, pela entidade, do contrato de gestão, apurado em processo administrativo com ampla defesa, será feita sua desqualificação, que importará em reversão (devolução) dos bens públicos que estavam sendo utilizados pela entidade privada.

O STF, em Ação Direta de Inconstitucionalidade, decidiu algumas questões em relação às organizações sociais, acolhendo em parte o pedido, para conferir interpretação conforme a Constituição à Lei 9.637/1998 e ao inciso XXIV do art. 24 da Lei 8.666/1993, para explicitar que: " a) o procedimento de qualificação das organizações sociais deveria ser conduzido de forma pública, objetiva e impessoal, com observância dos princípios do *caput* do art. 37 da CF, e de acordo com parâmetros fixados em abstrato segundo o disposto no art. 20 da Lei 9.637/1998; b) a celebração do contrato de gestão fosse conduzida de forma pública, objetiva e impessoal, com observância dos princípios do "caput" do art. 37 da CF; c) as hipóteses de dispensa de licitação para contratações (Lei 8.666/1993, art. 24, XXIV) e outorga de permissão de uso de bem público (Lei 9.637/1998, art. 12, § 3º) deveriam ser conduzidas de forma pública, objetiva e impessoal, com observância dos princípios do "caput" do art. 37 da CF; d) a seleção de pessoal pelas organizações sociais seria conduzida de forma pública, objetiva e impessoal, com observância dos princípios do *caput* do art. 37 da CF, e nos termos do regulamento próprio a ser editado por cada entidade; e e) qualquer interpretação que restringisse o controle, pelo Ministério Público e pelo Tribunal de Contas da União, da aplicação de verbas públicas deveria ser afastada" (ADI 1923, j. 16.04.2015).

As Organizações Sociais (OSs) não se confundem com as **Organizações da Sociedade Civil de Interesse Público (OSCIPs)**, regulamentadas pela Lei 9.790/1999.

a) As primeiras atuam em atividades em que o Estado deveria atuar (ex.: saúde, educação etc.), apesar de não se tratarem de atividades exclusivas do Estado, ao passo que as segundas atuam em atividades de utilidade pública, em relação às quais o Estado tem interesse de fomento, tais como promoção da segurança alimentar, da ética e da paz;

b) As OSCIPs, na verdade, são entidades que recebem o **fomento** do Estado, por exemplo, para defender os consumidores, os idosos, os homossexuais etc.;

c) As OSs são qualificadas mediante aprovação do Ministro supervisor e do Ministro da Administração Federal e Reforma do Estado, ao passo que as OSCIPs são qualificadas pelo Ministro da Justiça;

d) As OSs celebram com a Administração *contrato de gestão*, ao passo que as OSCIPs celebram *termo de parceria*.

5.3.7.4. Organizações da Sociedade Civil de Interesse Público – OSCIPs (Lei 9.790/1999)

Podem receber a qualificação de OSCIP pessoas jurídicas de direito privado, sem fins lucrativos, que atuem observando o princípio da universalização dos serviços, e cujos objetivos sociais tenham ao menos uma das seguintes finalidades (art. 3º da lei): "I – promoção da assistência social; II – promoção da cultura, defesa e conservação do patrimônio histórico e artístico; III – promoção gratuita da educação, observando-se a forma complementar de participação das organizações de que trata esta Lei; IV – promoção gratuita da saúde, observando-se a forma complementar de participação das organizações de que trata esta Lei; V – promoção da segurança alimentar e nutricional; VI – defesa, preservação e conservação do meio ambiente e promoção do desenvolvimento sustentável; VII – promoção do voluntariado; VIII – promoção do desenvolvimento econômico e social e combate à pobreza; IX – experimentação, não lucrativa, de novos modelos socioprodutivos e de sistemas alternativos de produção, comércio, emprego e crédito; X – promoção de direitos estabelecidos, construção de novos direitos e assessoria jurídica gratuita de interesse suplementar; XI – promoção da ética, da paz, da cidadania, dos direitos humanos, da democracia e de outros valores universais; XII – estudos e pesquisas, desenvolvimento de tecnologias alternativas, produção e divulgação de informações e conhecimentos técnicos e científicos que digam respeito às atividades mencionadas neste artigo".

A Lei 9.790/1999 estabelece, ainda, que a dedicação dessas entidades nessas finalidades pode ser tanto na execução direta de programas, como na prestação de serviços intermediários de apoio a outras organizações sem fins lucrativos e a órgãos que atue em áreas afins (art. 3º, parágrafo único).

As pessoas jurídicas interessadas na qualificação como OSCIP, além de não ter fins lucrativos e de atuar nas finalidades estabelecidas no art. 3º da referida lei, devem ainda atender aos requisitos estabelecidos no art. 4º da lei, relacionados aos componentes de resguardo da legalidade, da impessoalidade, da moralidade, da publicidade, da economicidade e da eficiência na atuação da entidade, bem como não se tratar de entidade não passível de qualificação.

Preenchidos os requisitos e apresentados os documentos de que trata o art. 5º da lei federal, compete ao Ministro da Justiça decidir sobre a possibilidade ou não da qualificação.

Uma vez qualificada como OSCIP, a entidade fica habilitada para a celebração, com o Poder Público, de Termo de Parceria (art. 9º), destinado à formação do vínculo de cooperação entre as partes, para o fomento e a execução das atividades de interesse público previstas no já referido art. 3º da lei.

O Poder Público não é obrigado a fazer parceria com a entidade que for qualificada como OSCIP.

A celebração de Termo de Parceria será precedida de consulta aos Conselhos de Políticas Públicas das áreas correspondentes de atuação existentes, nos respectivos níveis de governo. Assim, no âmbito da Secretaria de Educação ou da Secretaria de Assistência Social de dado Estado ou Município, por exemplo, deverá ser constituído o conselho respectivo, para o fim acima indicado.

O Termo de Parceria tratará, entre outras questões essenciais, do objeto, das metas e resultados, e da avaliação de desempenho das entidades respectivas (art. 10, § 2º).

É importante lembrar que as OSCIPs têm o dever legal de atender ao princípio da universalização dos serviços (art. 3º), atendendo, assim, a todos que procurarem a entidade, ressalvados os casos em que houver limitação máxima de pessoas pelo tipo de atendimento, ocasião em que se deve atender a todos dentro do limite de vagas existentes e segundo as metas acertadas com o Poder Público e com critérios de admissão que respeitem a impessoalidade e a moralidade.

Em função do princípio da legalidade, é necessário que os Estados, Distrito Federal e Municípios tenham lei local operacionalizando a realização de termo de parceria com as OSCIPs. Além de autorização que o Poder Público local qualifique e celebre termo de parceria com OSCIPs, a lei local pode estabelecer requisitos como tempo de existência da OSCIP, experiência na área de atuação, qualificações especiais para celebrar termo de parceria em determinadas atividades, entre outros requisitos.

Apesar de a lei federal não exigir licitação para a celebração de Termo de Parceria com OSCIPs, em respeito aos princípios da isonomia e da indisponibilidade do interesse público, faz necessário que cada ente regulamente procedimento com vistas a assegurar tais valores. Isso implica na previsão de chamamentos públicos, que tragam critérios os mais objetivos possíveis, para a escolha, dentre as entidades interessadas, da que melhor atende ao interesse público.

Vale lembrar que a Constituição Federal, regra matriz sobre o dever de licitar, não impõe licitação pública para "o fomento e a execução das atividades de interesse público" previstas na Lei 9.790/1999, mas apenas para a contratação de obras, prestação de serviços, alienações e compras da Administração Pública (art. 37, XXI).

Dessa forma, para atender à isonomia e à indisponibilidade do interesse cabe fazer seleção nos termos do regulamento local, que poderá instituir, por exemplo, procedimento de Chamamento Público ou de Concurso de Projetos para a hipótese, procedimento que agora está regulamento em lei geral sobre parcerias, lei essa que é aplicável, no que couber, às OSCIPs (art. 4º da Lei 13.019/2014).

Um exemplo de OSCIP já implementada no setor é a Escola de Pais do Brasil – Seccional de Florianópolis, entidade sem fins econômicos, declarada de utilidade pública e credenciada pelo Ministério da Justiça como Organização da Sociedade Civil de Interesse Público – OSCIP, que organiza seminários, ministra cursos e ciclos de debates nas redes particular e pública de ensino, em empresas e centros comunitários e onde quer que se solicite sua atividade. Atua na prevenção e na busca por soluções de problemas ligados à família e à cidadania.

5.3.7.5. Organizações da Sociedade Civil – OSC (Lei 13.019/2014)

A Lei 13.019/2014, o chamado Marco Regulatório das Organizações da Sociedade Civil (MROSC), institui normas gerais para as parcerias entre a administração pública e organizações da sociedade civil, em regime de mútua cooperação, para a consecução de finalidades de interesse público e recíproco, mediante a execução de atividades ou de projetos previamente estabelecidos em planos de trabalho inseridos em termos de colaboração, em termos de fomento ou em acordos de cooperação. (art. 1º).

Essa lei veio em resposta à "CPI das ONGs", que constatou que havia um grande número de ONGs no país que trabalhavam de forma irregular, servindo, muitas vezes, de laranjas para o desvio de recursos públicos. A CPI constatou também que, mesmo em entidades que não eram de fachada, havia vários vícios na celebração e execução dos convênios (esse era o nome do instrumento utilizado para o acerto dessas parcerias com a Administração Pública, nome esse que agora não mais poderá ser utilizado para designar esse tipo de parceria), como a ausência de processo seletivo para a celebração do convênio, a ferir, muitas vezes, o princípio da impessoalidade, a ausência de instrumento adequado de prestação de contas e também a ausência de metas e de controle de resultados. Naturalmente que há muitas entidades seríssimas nesse setor, que, vale lembrar, é essencial para a consecução de atividades de interesse público em nosso Pais, mas já estava mais do que na hora de vir uma lei que pudesse sanear os vícios mencionados, além de tratar de outras questões de suma importância para esse tipo de parceria.

Antes de tratarmos com mais detalhe desse tipo de parceria, de rigor pontuar que essa lei se aplica às parcerias que envolvam ou não transferências de recursos financeiros, **mas não se aplica às hipóteses previstas no art. 3º da lei, como, por exemplo,** às transferências de recursos homologadas pelo Congresso Nacional ou autorizadas pelo Senado Federal naquilo em que as disposições dos tratados, acordos e convenções internacionais específicas conflitarem com a Lei.

Na prática, esse tipo de parceria acontece muito nas **seguintes áreas**: a) assistência social; b) educação; c) saúde; d) esporte; e) cultura; f) direitos humanos.

São **exemplos** as parcerias celebradas com entidades sem fins lucrativos (organizações da sociedade civil) para acolhimento de crianças sem família, para acolhimento de pessoas sem habitação, para realização de atividades com crianças e adolescentes em situação de risco no contraturno das aulas, atendimento a moradores de rua, acolhimento de idosos, apoio a famílias e indivíduos que vivenciam violação de direitos, dentre eles a violência física, psicológica, sexual, cumprimento de medidas socioeducativas em meio aberto, dentre outros.

Para que uma **entidade** possa realizar esse tipo de parceria há de atender aos seguintes **requisitos**:

a) enquadrar-se no conceito de organização da sociedade civil, *que é a* entidade privada sem fins lucrativos que não distribua entre os seus sócios ou associados, conselheiros, diretores, empregados, doadores ou terceiros eventuais resultados, sobras, excedentes operacionais, brutos ou líquidos, dividendos, isenções de qualquer natureza, participações ou parcelas do seu patrimônio, auferidos mediante o exercício de suas atividades, e que os aplique integralmente na consecução do respectivo objeto social, de forma imediata ou por meio da constituição de fundo patrimonial ou fundo de reserva, bem como as demais entidades mencionadas nas alíneas "b" e "c" do inciso I do art. 2º da Lei 13.019/2014;

b) ser regida por normas de organização interna que estabeleça o seguinte: i) objetivos voltados à promoção de atividades e finalidades de relevância pública e social; ii) que, em caso de dissolução da entidade, o respectivo patrimônio líquido seja transferido a outra pessoa jurídica de igual natureza que preencha os requisitos desta Lei e cujo objeto social seja, preferencialmente, o mesmo da entidade extinta; iii) escrituração de acordo com os princípios fundamentais de contabilidade e das Normas Brasileiras de Contabilidade; importante salientar que celebração de meros acordos de cooperação (aqueles acordos que não envolvam transferência de recursos), só será exigido o requisito "i" e que, quanto às entidades religiosas, estão dispensados os requisitos "i" e "ii".

c) possuir: no mínimo, um, dois ou três anos de existência, com cadastro ativo, comprovados por meio de documentação emitida pela Secretaria da Receita Federal do Brasil, com base no Cadastro Nacional da Pessoa Jurídica – CNPJ, conforme, respectivamente, a parceria seja celebrada no âmbito dos Municípios, do Distrito Federal ou dos Estados e da União, admitida a redução desses prazos por ato específico de cada ente na hipótese de nenhuma organização atingi-los; experiência prévia na realização, com efetividade, do objeto da parceria ou de natureza semelhante; instalações, condições materiais e capacidade técnica e operacional para o desenvolvimento das atividades ou projetos previstos na parceria e o cumprimento das metas estabelecidas.

A Administração Pública, por sua vez, deverá criar, caso não já tenha, **Conselho de Política Pública** ("para atuar como instância consultiva, na respectiva área de atuação, na formulação, implementação, acompanhamento, monitoramento e avaliação de políticas públicas"), **Comissão de Seleção** (órgão colegiado responsável pelo Chamamento Público, espécie de certame licitatório para a escolha da entidade) e a **Comissão de Monitoramento e Avaliação** (órgão colegiado que destinado a avaliar as parcerias), conforme incisos IX, X e XI do art. 2º da Lei 13.019/2014.

Dentre os **princípios e diretrizes** a serem respeitados nesse tipo de parceria, destacam-se os da **transparência**, do **controle social das ações públicas** e da **priorização do controle de resultados**, tendências cada vez mais fortes no direito administrativo.

Conforme já comentado, os instrumentos a serem firmados com as organizações da sociedade civil não mais poderão ser chamados de convênio, que passam a ser apenas os acordos de mútua cooperação entre entes políticos. Agora os instrumentos firmados por essas entidades com o Poder Público passam a se chamar **termo de colaboração** e **termo de fomento**, usando-se sempre o nome "termo de colaboração", ficando reservado a nomenclatura "termo de fomento" para as parcerias decorrentes de planos de trabalho que foram propostos pelas organizações da sociedade civil (arts. 16 e 17 da Lei 13.019/2014). Importante consignar que a lei prevê também um instrumento com o nome de "acordo de colaboração", que é aquele que não envolve transferência de recursos financeiros.

Mas a celebração desses termos de colaboração e de fomento dependem de um processo seletivo, que tem o nome de **chamamento público**. Mas antes desse procedimento, é necessário que a Administração crie um Plano de Trabalho (art. 22 da Lei 13.019/2014), que será executado pela entidade vencedora do certame. A partir desse plano, faz-se um edital de chamamento, que, sempre que possível, deve estabelecer critérios e indicadores a serem seguidos (especialmente objetos, metas, custos e indicadores, quantitativos ou qualitativos, de avaliação de resultados (art. 23, parágrafo único, da Lei 13.019/2014), sendo que o grau de adequação da proposta aos objetivos específicos do programa ou ação em que se insere o objeto da parceria e, quando for o caso, ao valor da referência constante do chamamento público é critério obrigatório de julgamento (art. 27, *caput*, da Lei 13.019/2014). A lei prevê, ainda, a inversão de fases nesse procedimento, de modo que primeiro se faz a etapa competitiva e se ordena as propostas.

Uma vez finalizado o chamamento público e celebrado o termo de colaboração ou o termo de fomento, passa-se à **execução** desses termos, cujo grande destaque é a **prestação de contas** a ser feita pelo parceiro junto ao Poder Público. Nesse ponto, vale lembrar que, num termo de colaboração ou de fomento, não há relação de crédito e débito (não há obrigações recíprocas, mas sim repasse de recursos pelo Poder Público, para que sejam alocadas pelas entidades nos objetivos comuns acertados. Por isso é que a entidade parceria tem o dever de prestar contas, que se dará mediante a apresentação de dois relatórios (art. 66 da Lei 13.019/2014): a) Relatório de Execução do Objeto, voltado para as atividades desenvolvidas com vistas à execução do objetivo (ex: como se deu o atendimento às crianças, idosos etc.); b) Relatório de Execução Financeira, voltado à descrição das despesas e receitas efetivamente realizadas.

Com relação à prestação de contas financeira, importante ressaltar que a entidade não obrigada a fazer licitação para a aquisição de produtos e serviços no mercado com o

8. Direito Administrativo

dinheiro recebido pelo Poder Público. Porém, é obrigado a **gastar esses recursos com respeito** aos princípios da legalidade, da moralidade, da boa-fé, da probidade, da impessoalidade, da economicidade, da eficiência, da isonomia, da publicidade, da razoabilidade e do julgamento objetivo e a busca permanente de qualidade e durabilidade.

Quanto ao prazo **da parceria**, a lei não traz limite, mas dispõe que deverá constar do termo de colaboração ou de fomento a vigência e as hipóteses de prorrogação (art. 42, VI). De qualquer forma, por analogia, entendemos que, em se tratando de serviços públicos contínuos, há de se admitir o limite máximo previsto na Lei 8.666/1993, que é total de 60 meses, já contidas as prorrogações ordinárias, sem prejuízo da prorrogação extraordinária prevista no art. 57, § 4º, da Lei 8.666/1993.

A lei prevê, ainda, **sanções graves** às seguintes pessoas: a) às entidades que executarem a parceria em desacordo com o plano de trabalho e com as normas da lei e legislação específica (art. 73); b) e aos agentes públicos e particulares beneficiários ou que concorrem pelo ato, pela prática de atos de improbidade administrativa, sendo que a lei cria diversos tipos novos de improbidade (art. 77).

Em termos de **disposições transitórias**, a lei só entrará em vigor para os Municípios em 1º de janeiro de 2017, salvo se ato administrativo local determinar a sua aplicação imediata.

Vale salientar que a Lei 13.019/2014 sofreu drásticas mudanças com a edição da Lei 13.204/2015 que alterou em diversos pontos, retirando, de um lado, boa parte das regras moralizadoras e importantes previstas na redação originária da lei, o que é lastimável, mas também tornando viável, de outro lado, a aplicação da lei em pontos que estavam confusos ou exagerados na redação originária, o que é salutar."

5.3.8. *Ordem dos Advogados do Brasil – OAB*

A natureza jurídica da OAB foi exaustivamente debatida pelo Supremo Tribunal Federal na ADI 3.026-4/DF.

A decisão proferida pelo STF na ADI mencionada anota que a OAB não é uma autarquia especial e não integra a Administração Indireta como outro tipo de pessoa jurídica, de modo que não se sujeita ao controle estatal.

Por outro lado, o STF reconhece que a OAB presta, sim, um *serviço público*.

Na prática, isso significa que a OAB, de um lado, não é obrigada a fazer concursos públicos, licitações e a se submeter à fiscalização do TCU e ao regime estatutário dos agentes públicos, podendo contratar pelo regime celetista.

De outro lado, por ser um *serviço público*, a OAB pode fiscalizar os advogados e também tem direito a vantagens tributárias.

Na ementa do acórdão, o STF deixa claro que a OAB não é integrante da Administração Indireta, tratando-se de uma figura ímpar no País, no caso, um *Serviço Público Independente*.

O acórdão também conclui que a OAB não pode ser comparada às demais entidades de fiscalização profissional, pois não está voltada exclusivamente a finalidades corporativas, possuindo finalidade institucional.

6. AGENTES PÚBLICOS

6.1. Conceito

Os agentes públicos podem ser **conceituados** como *os sujeitos que servem ao Poder Público como instrumentos de sua vontade, mesmo que o façam apenas ocasionalmente*.

Saber quem é agente público é importante para diversos fins, tais como verificação de cabimento de mandado de segurança em face de ato de dada autoridade, submissão a certas restrições de direito público, sujeição à aplicação especial da lei penal, sujeição à Lei de Improbidade Administrativa, sujeição à Lei de Abuso de Autoridade, dentre outras situações.

No entanto, as leis trazem diferentes conceitos de agente público para efeito de determinar quem está e quem não está a ela sujeito. Por exemplo, o conceito de agente público na Lei de Improbidade Administrativa é muito mais amplo que o conceito previsto no Código Penal.

Tal situação é plenamente possível, pois cada lei deverá definir quem está a ela sujeito.

De qualquer forma, o conceito trazido por nós é um conceito geral que pode ser aplicado independentemente das especificidades de cada lei.

6.2. Natureza da atuação dos agentes públicos

Neste item comumente são estudadas as teorias do *mandato*, da *representação* e da *presentação*.

A terceira teoria, qual seja, a de que a natureza da atuação do agente público perante o Poder Público é de *presentação*, é a mais adotada, dispensando a análise aprofundada das demais, pelos seguintes motivos:

a) a natureza transitória e revogável do mandato (teoria do mandato) não se coaduna com a estabilidade dos agentes públicos;
b) a representação (teoria da representação) é forma de integração da vontade dos incapazes, e o Estado não é incapaz;
c) na presentação, o Estado se faz presente por um de seus órgãos, um agente público, de modo que todos os atos são imputados diretamente a ele (Estado), teoria que se coaduna com a realidade.

A **teoria da presentação** fez com que se desenvolvesse a *teoria do órgão*, de acordo com a qual todo ato expedido por um agente público é imputado diretamente à Administração Pública.

De fato, quando um agente público pratica um ato, esse agente nada mais está fazendo do que se fazendo presente (presentando) como Estado. No fundo, quem pratica o ato é o próprio Estado, e não o agente público, que é um mero presentante deste.

Essa conclusão tem várias consequências, dentre as quais a de que, causado um dano a terceiro por conduta de agente estatal, o Estado responderá objetivamente, não sendo sequer possível que a vítima ingresse com ação diretamente em face do agente público, devendo acionar o Estado, que, regressivamente, poderá se voltar em face do agente público que tiver agido com culpa ou dolo (art. 37, § 6º, da CF).

6.3. Classificação dos agentes públicos

Segundo Celso Antônio Bandeira de Mello, os agentes públicos podem ser classificados da forma como vemos nos enunciados adiante.

Agentes políticos *são os titulares de cargos estruturais à organização política do país.* Seu vínculo com o Estado não é de natureza profissional, mas política. A relação jurídica com o Estado é estatutária (não contratual), descendendo da própria Constituição.

São exemplos de agentes políticos o Presidente da República, Governadores, Prefeitos, Senadores, Deputados, Vereadores, Secretários de Governo, Ministros de Estado.

Há controvérsia sobre a inclusão dos juízes e promotores na aludida espécie. Se se encarar como discrímen da classificação o fato de serem titulares de cargos estruturais no âmbito da organização política do País (e não no sentido de fazerem política, no sentido pejorativo da palavra), há de se chegar à conclusão de que tais agentes são, efetivamente, agentes políticos.

Servidores estatais *são todos aqueles que mantêm com as entidades da Administração Direta e Indireta, públicas ou privadas, relação de trabalho de natureza profissional em caráter não eventual, sob vínculo de dependência.* Subdividem-se em dois grupos:

a) servidores públicos: são aqueles servidores estatais que atuam junto ao ente político e respectivas pessoas de direito público (autarquias e fundações públicas); podem ser titulares de *cargo público* (regime estatutário), sendo esta a regra (exs.: escreventes, delegados e fiscais), ou de *emprego público* (regime celetista); no primeiro caso, terão o nome de *servidores titulares de cargo público*; no segundo, de *servidores empregados*, que são os admitidos para funções materiais subalternas, contratados por necessidades temporárias de excepcional interesse público ou remanescentes do regime anterior à CF/1988;

b) servidores de pessoas governamentais de direito privado: são os que atuam como empregados, sob regime trabalhista, nas empresas públicas e sociedades de economia mista.

Já os **particulares em colaboração com a Administração**, por sua vez, *são os que, sem perder a qualidade de particulares, exercem função pública, ainda que em caráter episódico.* Subdividem-se nos seguintes grupos:

a) requisitados para prestação de atividade pública. Exs.: jurados e mesários;

b) gestores de negócios públicos que atuam em situações de necessidade pública premente;

c) contratados por locação civil de serviços. Ex.: advogado contratado para sustentação oral;

d) concessionários e permissionários de serviços públicos, bem como delegados de função ou ofício público. Ex.: notários e tabeliães.

Outra classificação importante dos agentes públicos é a que os divide nas seguintes espécies:

Agentes políticos: *vide* correspondente acima.

Agentes administrativos: *vide* servidores estatais.

Agentes honoríficos: *cidadãos convocados para prestar, transitoriamente, serviço ao Estado, em razão de sua honorabilidade.* Não há remuneração. Ex.: mesários eleitorais, jurados do Tribunal do Júri.

Agentes delegados: *particulares que recebem delegação para executar atividade, obra ou serviço público, agindo em nome próprio e por sua conta e risco, mediante remuneração advinda do Estado ou dos usuários dos serviços.* Ex.: tabeliães, oficiais de registro, concessionários de serviço público.

Agentes credenciados: *particulares que recebem uma incumbência específica para representar a Administração.* São remunerados. Aqui a transitoriedade é maior que na espécie anterior. Ex.: advogado renomado contratado por Prefeitura para fazer sustentação oral num julgamento perante o Tribunal; advogado que tem convênio com o Estado para representar necessitados em juízo em nome destes.

Outra classificação possível, feita diante do texto constitucional, é a que divide os servidores públicos em: a) agentes políticos, b) servidores públicos em sentido estrito ou estatutários; c) empregados públicos; d) contratados por tempo determinado.

Por fim, vale dar uma palavra sobre os militares. Esses têm estatuto próprio, podendo ser considerados servidores estatutários também.

Porém, para alguns autores, como Maria Sylvia Zanella Di Pietro, os *militares* devem ser considerados uma espécie à parte de agentes públicos, dadas as peculiaridades de seu regime jurídico.

Assim, para quem tem esse entendimento, haveria quatro grandes grupos de agentes públicos: a) agentes políticos; b) servidores públicos; c) militares; d) particulares em colaboração com a Administração.

6.4. Espécies de vínculos: cargos, empregos e funções

6.4.1. *Cargos públicos*

Os cargos públicos podem ser **conceituados** como as *mais simples unidades de competência a serem exercidas por agente público, devendo ser criados por lei.* Além de ser criados por lei, qualquer alteração nas atribuições do cargo somente pode ocorrer por meio de lei formal (STF, MS 26.740-DF).

Os cargos públicos são próprios das pessoas jurídicas de direito público.

Os cargos públicos podem ser efetivos ou em comissão (esse será visto no próximo item). Os titulares de **cargos efetivos** (também chamados de servidores públicos) devem passar por concurso público, podem adquirir estabilidade e se submetem ao regime estatutário, daí porque tais cargos são reservados a agentes públicos em que o dever de isenção e a responsabilidade são grandes, o que não ocorre, por exemplo, na contratação de servidores temporários, que serão chamados para empregos públicos, como se verá.

É importante consignar, desde já, que a EC 19/1998 suprimiu a obrigatoriedade do regime jurídico único, supressão essa que está suspensa no momento por decisão do STF em ADI que questiona a ausência de votação no Congresso quanto a essa modificação.

De qualquer forma, a exigência de regime jurídico único, que consta da redação original do art. 39, *caput*, da CF, quer dizer apenas que não é possível haver mais de um estatuto de funcionário público para reger os servidores com **cargo público** na Administração Direta e Indireta. Há de existir um "único" estatuto de funcionário público no âmbito das pessoas jurídicas de direito público da administração direta e indireta de um dado ente federativo. Por exemplo, na esfera federal, não é possível que haja dois estatutos de servidores públicos (a Lei 8.112/19990 e uma outra lei), de modo a um estatuto servir para uma parte dos servidores e outro, para outra parte. A única exceção se dá quanto aos militares, que têm estatuto próprio. Outra possibilidade, diz respeito à concorrência de um regime jurídico geral (no caso federal, a Lei 8.112/1990), com leis específicas tratando de alguma particularidade de uma carreira. Ademais, nada impede que as pessoas contratadas para um mero núcleo de encargo de trabalho (emprego) sejam regidas pela CLT.

Outro ponto importante acerca do regime jurídico dos servidores estatutários é que não é possível que estes celebrem acordos ou convenções coletivas e trabalho, pois a Administração Pública está sujeita ao princípio da legalidade, não se autorizando que se conceda por convenção ou acordo coletivo vantagens a servidores públicos, já que essas concessões dependem de lei de iniciativa do Executivo (art. 61, § 1º, II, "a" e "c") e de prévia dotação orçamentária (art. 169, §. 1º, I e II). Vide a respeito a decisão proferida pelo STF na ADI 554/MT. A celebração de convenções e acordos coletivos de trabalho é direito exclusivo dos trabalhadores da iniciativa privada, sujeitos ao regime celetista (art. 7º, XXVI, da CF).

6.4.2. Funções públicas

Em sentido amplo, as funções públicas abrangem as funções em confiança, os estágios, as contratações temporárias (art. 37, IX, da CF) e a contratação de agentes de saúde e de combate a endemias (art. 198, § 4º, da CF).

De um lado, temos essas funções públicas em sentido amplo e, de outro, temos os *cargos públicos* e os *empregos públicos*.

Em sentido estrito, as funções públicas dizem respeito às *funções em confiança*, que podem ser conceituadas como *o conjunto de atribuições, criadas por lei, correspondente a encargos de direção, chefia e assessoramento, a serem exercidas exclusivamente por titular de cargo efetivo, da confiança da autoridade que as preenche.*

A função em confiança está prevista no artigo 37, V, CF (não confundir com cargo em comissão, também previsto neste inciso, que pode ser preenchido por pessoas que não fizeram concurso público, que não são da carreira).

Assim, só quem já tem um cargo efetivo na Administração pode ser chamado para uma função de confiança (para ser chefe de uma seção, por exemplo).

A qualquer momento o servidor pode perder uma função em confiança, ocasião em que voltará a ocupar o cargo efetivo que antes detinha.

Enfim, quando uma determinada lei criar uma função de direção, chefia ou assessoramento e dispuser que só quem tem cargo efetivo poderá assumir essa função, estaremos diante de uma *função em confiança* e não diante de um *cargo em comissão.*

6.4.3. Empregos públicos

Os empregos públicos podem ser **conceituados** como *núcleos de encargos de trabalho, a serem preenchidos por contratados pelo regime jurídico celetista, contratual.*

O regime celetista tem por característica **maior rigidez** do que o regime estatutário. Isso porque um contrato faz lei entre as partes (*pacta sunt servanda*), ao passo que o Estatuto de Funcionário Público, que rege os detentores de cargo, é uma lei que pode ser modificada a qualquer momento sem que o agente público tenha direito adquirido ao regime funcional que tinha antes.

Outra diferença entre o regime celetista e o regime estatutário é a de que o primeiro **não admite a aquisição de estabilidade** como regra, ao passo que esse instituto é próprio aos regidos pelo regime estatutário que detenham cargo efetivo, o mesmo não acontecendo em relação aos estatutários que detêm cargo em comissão.

Apesar de o empregado público ter regime funcional celetista e submeter-se obrigatoriamente ao Regime Geral da Previdência Social, a admissão de pessoas para um emprego público depende de **concurso público**.

Outro ponto importante diz respeito aos **casos em que é possível utilizar o regime celetista**, ou seja, em que se permite a contratação de agentes públicos para um emprego público. Os casos são os seguintes:

a) pessoas jurídicas de direito privado estatais: todos os agentes serão contratados para emprego público, ou seja, pelo regime celetista;

b) pessoas jurídicas de direito público: serão contratados para emprego público, pelo regime celetista, aqueles que tiverem atribuições subalternas (ex.: telefonista, jardineiro etc.).

No último caso, os empregados públicos, apesar de serem celetistas, têm direito à estabilidade própria dos que têm cargos públicos, conforme vem decidindo a jurisprudência (Súmula 390 do TST).

Assim, um empregado público da União tem direito à estabilidade, ao passo que um empregado público do Banco do Brasil não tem esse direito.

Ainda nesse tema, existe grande discussão se a dispensa de empregado público em pessoa jurídica de direito privado estatal (por exemplo, no Banco do Brasil) precisa ser motivada.

Respondendo a essa pergunta o Tribunal Superior do Trabalho entende que a motivação é dispensável (TST, OJ-I 247). Todavia, a motivação faz-se necessária nos Correios, que, apesar de ser uma pessoa jurídica de direito privado estatal, por ter o monopólio de sua atividade, está submetido a várias sujeições das pessoas jurídicas de direito público, dentre elas àquela de motivar seus atos.

Não bastasse, o STF, além do que já se decidia em relação aos Correios, passou a decidir que, em se tratando de empresa pública ou sociedade de economia mista ***prestadoras de ser-***

viço público, a dispensa depende de motivação em qualquer caso, pois tais empresas estatais não são como as estatais meramente exploradoras de atividade econômica, tendo, assim, um regime jurídico privado, mas com mais condicionantes públicos, como é o caso do dever de motivação em caso de dispensa de agentes públicos; confira: "em atenção, no entanto, aos princípios da impessoalidade e isonomia, que regem a admissão por concurso público, a dispensa do empregado de empresas públicas e sociedades de economia mista que prestam serviços públicos deve ser motivada, assegurando-se, assim, que tais princípios, observados no momento daquela admissão, sejam também respeitados por ocasião da dispensa; a motivação do ato de dispensa, assim, visa a resguardar o empregado de uma possível quebra do postulado da impessoalidade por parte do agente estatal investido do poder de demitir" (STF, RE 589.998, *DJ* 12.09.2013). Repare que essa regra não se aplica as empresas estatais meramente ***exploradoras de atividade econômica***.

6.5. Cargo público

6.5.1. Classificação quanto à posição

Isolados são os cargos que não estão subdivididos em classes. Então, não há promoção.

De carreira são os cargos subdivididos em classes. Cada classe indica uma promoção.

Quadro é o conjunto de todos os cargos, isolados e de carreira. A **carreira** é composta de **classes** (crescentes), que é o conjunto de cargos da mesma natureza de trabalho. Por fim temos os **cargos,** que são as menores unidades de competência. **Lotação** é o número de servidores que devem ter exercício em cada repartição.

No âmbito federal, por exemplo, há um quadro para cada unidade básica de organização, ou seja, tem-se um quadro para cada Ministério.

6.5.2. Classificação quanto à vocação de retenção dos ocupantes

Podem ser de **provimento em comissão** (de ocupantes provisórios – demissíveis *ad nutum*), de **provimento efetivo** (de ocupantes permanentes) e de **provimento vitalício** (permanentes com maiores garantias)

Cargos em comissão *são unidades de competência a serem preenchidas por servidores de carreira nos casos, condições e percentuais mínimos previstos em lei.*

Repare que é possível que tais cargos sejam preenchidos sem que o ocupante faça concurso público.

Outras características do cargo em comissão são as seguintes:

a) seu caráter é provisório, sendo ocupado por pessoas de confiança, que podem ser nomeadas e exoneradas livremente (*ad nutum*);

b) o regime funcional dos cargos em comissão é estatutário e não celetista; dessa forma, é o Estatuto de Funcionários Públicos que rege os servidores com cargo em comissão, estatuto esse que não se aplicará na parte que trata do direito à estabilidade, pois esse direito não existe em favor daqueles que detêm cargo em comissão;

c) o regime previdenciário dos ocupantes de cargo em comissão é o Regime Geral da Previdência Social e não o Regime Próprio de Previdência dos funcionários públicos, regime aplicável apenas aos servidores que detêm cargo efetivo;

d) só podem ser criados cargos em comissão para atribuições em que o elemento confiança é indispensável (para chefia, direção e assessoramento); o STF declara com frequência a inconstitucionalidade de leis que criam cargos em comissão para atribuições eminentemente técnicas, como as de cargos para médico, auditor, jornalista, psicólogo, enfermeiro, motorista etc. (*v.*, p. ex., ADI 3602), deixando claro que esses cargos devem ser efetivos, providos, assim, por concurso público.

Vale ressaltar que, em que pese o art. 37, V, CF dispor que a nomeação para cargo em comissão é livre, podendo ser chamado quem nunca fez concurso público algum, a lei que criar cargos em comissão deverá trazer percentuais mínimos deles que devem ser providos por servidores de carreira.

Cargos de provimento efetivo são a regra em matéria de cargos públicos, dependendo de concurso público de provas ou de provas e títulos seu provimento.

Enquanto os cargos em comissão têm como marca a transitoriedade, os cargos efetivos têm por nota a permanência, daí a possibilidade de o servidor, preenchidos certos requisitos, auferir a estabilidade, que é o direito de não ser demitido, salvo se incidir em falta grave, apurada em processo administrativo, ou em consequência da avaliação periódica, assegurada a ampla defesa, dentre outras situações que veremos a seguir.

Cargos de provimento vitalício são aqueles cujo elemento permanência é ainda mais intenso, uma vez que seus ocupantes só podem perdê-lo por meio de sentença transitada em julgado. É atributo dos magistrados (art. 95, I, CF), membros do Ministério Público (art. 128, § 5º, I, "a", CF) e membros dos Tribunais de Contas (art. 73, § 3º, CF). Seu provimento pode ou não depender de concurso público. E a vitaliciedade ocorre após dois anos de exercício, se o ingresso foi por concurso (juízes e promotores), ou logo após a posse, se por indicação (Ministros dos Tribunais Superiores, por exemplo).

6.5.3. Provimento em cargo público

Consiste no ato de designação de alguém para titularizar cargo público. É da alçada do chefe do Poder, ou do Presidente ou Procurador-Geral, quanto ao Tribunal de Contas e ao Ministério Público, respectivamente. Pode haver delegação dessa competência.

Os provimentos podem ser de vários tipos, de acordo com a natureza da designação.

Nomeação *é o provimento autônomo de servidor em cargo público*. Por ela, determinada pessoa é designada para titularizar cargo público independentemente de ter tido algum vínculo com o cargo. Caso não compareça, a nomeação será declarada sem efeito.

Não se deve confundir a **nomeação** (designação) com a **posse**, que é ato seguinte, consistente na aceitação do cargo, em que ocorre o fenômeno da **investidura**. Com esta (a investidura) forma-se a relação jurídica funcional, marcando o início dos direitos e deveres funcionais, bem como as restrições, impedimentos e incompatibilidades. Na Lei 8.112/1990, o prazo para tomar posse é de 30 dias. Por fim, ocorrerá outra situação que é a **entrada em exercício**, que no âmbito federal deve-se dar até 15 dias após a posse. Como a posse já estabelece a relação jurídica, caso o agente não entre em exercício, não se pode tão somente nomear outra pessoa, devendo, antes, exonerar-se o agente faltoso. Mas se houver nomeação sem que o nomeado tome posse, basta que seja chamada a pessoa seguinte na classificação, pois a primeira nomeação será declarada sem efeito.

A Lei 8.112/1990 admite posse por **procuração específica** (art. 13, § 3º, da Lei 8.112/1990).

O artigo 13 da Lei de Improbidade Administrativa (Lei 8.429/1992) dispõe que "a posse e o exercício de agente público ficam condicionados à apresentação de declaração dos bens e valores que compõem o seu patrimônio privado, a fim de ser arquivada no serviço de pessoal competente". Tal declaração deve abranger qualquer espécie de bem e valor patrimonial e, quando for o caso, abrangerá também os do cônjuge ou companheiro, dos filhos e de outros que sejam dependentes. Deve ser anualmente atualizada e também na data em que o agente deixar o serviço público. Prescreve a lei, ainda, que será punido com demissão a bem do serviço público, sem prejuízo de outras sanções cabíveis, o agente que se recusar a prestar declarações de bens, dentro do prazo determinado, ou que as prestar falsamente.

Promoção (ou acesso) *é o ato de designação para titularizar cargo superior da própria carreira.* Consiste em ato de provimento derivado vertical. É feita pelo Chefe do Poder. No caso do Poder Executivo, seu Chefe (que age por decreto) pode delegá-la para o Ministro ou Secretário, que agirão por resolução ou portaria. É importante consignar a respeito da promoção que: "a União, os Estados e o Distrito Federal manterão escolas de governo para a formação e o aperfeiçoamento dos servidores públicos, constituindo-se a participação nos cursos um dos requisitos para a promoção na carreira, facultada, para isso, a celebração de convênios ou contratos entre os entes federados" (art. 39, § 2º, CF).

Readaptação *é o ato de designação para titularizar cargo compatível com a limitação física ou mental que advier ao agente público.* É uma espécie de transferência para um cargo compatível e com funções, escolaridade e vencimentos equivalentes. Caso o agente revele incapacidade permanente para o trabalho, é caso de conceder-lhe aposentadoria por invalidez, não se falando em readaptação.

Reversão é o *ato de designação para que o aposentado volte a titularizar cargo, por não mais persistir o motivo da aposentadoria.* Pode ser de ofício ou a pedido. Não se deve confundir com a reversão ocorrida no campo das concessões de serviço público, pela qual os bens que o concessionário utilizava na prestação do serviço público passam ao Poder Público com a extinção da avença. A reversão a pedido depende de previsão legal.

No âmbito da Lei 8.112/1990 a reversão cabe em dois casos (art. 25): a) por invalidez, cessados os motivos da aposentadoria; b) no interesse da Administração, a pedido e em até 5 anos.

Aproveitamento *é o ato de designação do servidor que estava em disponibilidade para que volte a titularizar cargo público.* Trata-se do reingresso de servidor estável que se encontra em disponibilidade. Esta (a disponibilidade) é o ato pelo qual o Poder Público transfere para a inatividade remunerada servidor estável cujo cargo venha a ser extinto ou ocupado por outrem em decorrência de reintegração, com proventos proporcionais.

Reintegração *é ato de reinvestidura do servidor estável, quando invalidada sua demissão por decisão administrativa ou judicial.* Geralmente, a reintegração decorre de decisão judicial que declara nula a demissão do agente público. Reintegrado o servidor, terá direito ao ressarcimento de todas as vantagens perdidas no período em que esteve demitido.

Tema correlato com a reintegração é o que diz respeito à comunicabilidade da instância criminal e da esfera administrativa.

Como regra, as instâncias civil, administrativa e criminal são independentes. Porém a instância criminal produzirá efeitos nas demais quando importar em absolvição por inexistência do fato ou por negativa de autoria (art. 126 da Lei 8.112/1990). A mera absolvição criminal por falta de provas não é suficiente para que o agente público demitido na esfera administrativa leve essa sentença à Administração para pedir sua reintegração. Essa só vai acontecer se a absolvição do agente demitido for por inexistência material do fato ou negativa de autoria.

Recondução *é o retorno do servidor estável ao cargo que antes titularizava, por ter sido inabilitado no estágio probatório de outro cargo ou por ter sido desalojado pela reintegração daquele cuja vaga ocupou.* A recondução, na primeira hipótese, depende de previsão expressa no estatuto local.

6.5.4. *Investidura*

A investidura *consiste na posse do cargo.*

Com a investidura, a relação jurídica fica efetivamente formada.

A partir de tal evento já há titularidade de cargo, ficando o agente sujeito a ser exonerado. Além disso, inicia-se uma série de deveres, tais como de: honestidade, imparcialidade, legalidade, lealdade, obediência (não estando o servidor obrigado a cumprir as ordens manifestamente ilegais), conduta ética, dentre outros.

Impedimentos e incompatibilidades também passam a existir, como o impedimento de contratar com a Administração ou a incompatibilidade com o exercício de certas atividades particulares, dentre outros.

Direitos também se iniciam, como o de exercício do cargo, dentre outros que serão vistos quando se tratar do sistema remuneratório.

6.5.5. *Entrada em exercício*

Consiste no efetivo exercício da atividade ligada ao cargo. Trata-se do início do desempenho das atribuições, com os consequentes efeitos remuneratórios e previdenciários.

6.5.6. *Desinvestidura (vacância)*

Consiste no desligamento do agente público correspondente à sua destituição do cargo, do emprego ou da função. Passemos à análise das hipóteses que geram a vacância.

Falecimento: a morte do agente torna vago o cargo, o emprego ou a função.

Aposentadoria: *a transferência para a inatividade remunerada*, seja ela voluntária, compulsória ou por invalidez, gera o desligamento do agente, a vacância, não podendo o servidor permanecer trabalhando no cargo que detinha. O agente público somente poderá cumular a aposentadoria com outra remuneração se for nomeado para um cargo em comissão ou se detiver mandato eletivo, respeitando, na somatória do que receber, o teto remuneratório respectivo.

Perda do cargo, emprego ou função: *é o desligamento em virtude de sentença judicial em ação penal ou de improbidade administrativa.* O art. 92, I, do Código Penal diz ser efeito da condenação a perda do cargo, emprego ou função se aquela consistir em prisão de 1 (um) ano ou mais em crime contra administração, ou se consistir em prisão por tempo superior a 4 (quatro) anos nos demais crimes. Tal efeito da condenação penal deve estar motivadamente declarado na sentença para incidir. Quanto à ação civil por ato de improbidade administrativa, a perda do cargo é sanção típica do reconhecimento da prática de ato ímprobo. Quantos aos militares oficiais, há as seguintes particularidades previstas no art. 142, § 3º, da CF: "VI – o oficial só perderá o posto e a patente se for julgado indigno do oficialato ou com ele incompatível, por decisão de tribunal militar de caráter permanente, em tempo de paz, ou de tribunal especial, em tempo de guerra".

Dispensa: *é o desligamento daquele admitido pelo regime da CLT sem que haja justa causa.* Conforme já mencionado, tal ato só deve ser motivado se se tratar de empregado público de pessoa jurídica de direito público e de empregados de empresa pública e sociedade de economia mista *prestadoras de serviço público*. Todavia, tais dispensas devem respeitar critérios gerais e igualitários, a fim de que se respeite a legalidade, a moralidade, a razoabilidade e a eficiência.

Demissão: *é o desligamento por justa causa quando há infração disciplinar.* Tem natureza punitiva, sancionatória, o que a difere da exoneração, própria para os desligamentos que não têm tal natureza. A demissão por infração disciplinar depende de processo administrativo em que se assegure ampla defesa, seja para servidores estáveis, seja para servidores que ainda estão em estágio probatório.

Exoneração: *é o desligamento a pedido ou de ofício, sempre com caráter não punitivo.* De ofício, pode ser *imotivada* (no caso dos titulares de cargo em comissão) ou *motivada*, nas hipóteses de não satisfação do estágio probatório (Súmula 21 do STF: "funcionário em estágio probatório não pode ser exonerado nem demitido sem inquérito ou sem as formalidades legais de apuração de sua capacidade"[10]) ou quando o agente não entrar em exercício.

A EC 19/1998 prevê mais duas hipóteses de exoneração motivada.

A primeira se dá em caso de **avaliação insatisfatória de desempenho.** Isso porque, a partir de tal emenda, é requisito para adquirir a estabilidade a aprovação em **avaliação *especial* de desempenho** (feita por comissão instituída para essa finalidade após os 3 anos de estágio probatório – art. 41, § 4º, CF) e, mesmo após adquirir-se a estabilidade, o servidor estará sujeito a **avaliações *periódicas* de desempenho** (procedimento que será regulamentado na forma de lei complementar, assegurada ampla defesa – art. 41, § 1º, III, CF), sendo que, não aprovado em qualquer dos dois tipos de avaliação, será exonerado.

Trata-se de exoneração e não de demissão porque não se trata de punição por infração, mas de desligamento por simples falta de aptidão. Quanto à avaliação periódica de desempenho, há outro dispositivo constitucional incidente que dispõe que a lei complementar estabelecerá *critérios e garantias especiais para a perda do cargo pelo servidor público estável que, em decorrência das atribuições de seu cargo efetivo, desenvolva atividades exclusivas de Estado. Na hipótese de insuficiência de desempenho, a perda do cargo somente ocorrerá mediante processo administrativo em que lhe sejam assegurados o contraditório e a ampla defesa* (art. 247, CF). Perceba-se que, para tal situação, a previsão é de processo administrativo e não apenas ampla defesa.

A segunda nova espécie de exoneração se dá **para atender limite de despesas com pessoal ativo e inativo** (art. 169, § 4º). A Lei de Responsabilidade Fiscal traz limites máximos de despesas com pessoal ativo e inativo, consistentes nos seguintes percentuais da receita corrente líquida: 50% (União) e 60% (Estados e Municípios). Em caso de superação desse limite, deve-se exonerar pessoal, consoante os critérios trazidos na Lei 9.801/1999, que estabelece a necessidade de se começar a tentativa de readequação dos gastos reduzindo em pelo menos 20% os cargos em comissão e as funções de confiança, passando à exoneração dos não estáveis, para só após exonerar servidores estáveis e, mesmo assim, desde que ato normativo motivado de cada um dos Poderes especifique a atividade funcional, o órgão ou unidade objeto da redução e traga os seguintes critérios combinados: menor tempo de serviço, maior remuneração e menor idade.

O servidor que perde cargo por esse motivo fará jus a indenização correspondente a um mês de remuneração por um ano de serviço. O cargo será extinto, vedada a criação de outro semelhante por pelo menos 4 anos.

Sobre o tema vacância de cargo, havia grande discussão quanto à existência de direito ao FGTS quando esta se desse por contratação de servidor público sem concurso público. O STF acabou por dirimir a questão, sob o fundamento de que se trata, na espécie, de efeitos residuais de fato jurídico que existira, não obstante reconhecida sua nulidade, considerando-se, assim, constitucional a disposição nesse sentido contida no art. 19-A da Lei 8.036/1990. Porém, o STF entende que, afora o direito aos salários e ao FGTS depositado, a inconstitucionalidade do ato não permite o pagamento, no caso, das verbas rescisórias relativas ao aviso-prévio, à gratificação natalina, às férias e respectivo terço, à indenização referente ao seguro-desemprego e à multa prevista na CLT (RE 705.140/RS, j. 28.08.2014).

10. A respeito do direito de defesa do servido em estágio probatório, confira as seguintes decisões:
"O servidor público ocupante de cargo efetivo, ainda que em estágio probatório, não pode ser exonerado ad nutum, com base em decreto que declara a desnecessidade do cargo, sob pena de ofensa à garantia do devido processo legal, do contraditório e da ampla defesa. Incidência da Súmula 21 do STF." (STF, RE 378041/MG)
"Firmou-se neste Superior Tribunal de Justiça a tese segundo a qual é desnecessária a instauração de processo administrativo disciplinar para exoneração de servidor em estágio probatório, sendo suficiente a abertura de sindicância em que observados o contraditório e a ampla defesa. Precedentes. 2. Afasta-se a alegação de cerceamento de defesa se assegurado, no processo administrativo que resultou na exoneração do servidor, o direito à ampla defesa e ao contraditório." (STJ, RMS 21.012/MT, DJe 23.11.2009)

6.6. Vedação ao nepotismo (Súmula Vinculante 13)

A Súmula Vinculante nº 13 do STF proíbe a contratação de parentes no âmbito dos três Poderes. Confira o teor da súmula, divida em diversos pedaços, para que possa ser melhor compreendida:

a) "A nomeação de cônjuge, companheiro ou parente em linha reta, colateral ou por afinidade, até o 3º grau, inclusive, (...)

b) (...) da autoridade nomeante ou de servidor da mesma pessoa jurídica investido em cargo de direção, chefia ou assessoramento (...)

c) (...) para o exercício de cargo em comissão ou de confiança ou, ainda, de função gratificada (...)

d) (...) na administração pública direta e indireta em qualquer dos Poderes da União, dos Estados, do DF e dos Municípios, (...)

e) (...) compreendido o ajuste mediante designações recíprocas, (...)

f) (...) viola a Constituição Federal."

Repare que a proibição abrange tanto parentes consanguíneos como parentes por afinidade ("a"), até 3º grau, incluindo, ainda, o cônjuge e o companheiro.

Repare também que o parente que não pode ser nomeado ("b") é o parente de duas pessoas: da autoridade que faz a nomeação e de alguém que esteja investido em cargo em comissão naquele ente. Assim, parentes de quem assina as nomeações e parentes de alguém que já tenha um cargo em comissão num ente estatal estão impossibilitados de serem nomeados.

Outro ponto que merece ser ressaltado é que o impedimento de nomeação de terceiro é para o exercício de cargo em comissão ou de função de confiança no ente ("c"), nada impedindo que alguém preste um concurso público para cargo efetivo numa entidade em que um parente seu seja autoridade nomeante ou já tenha um cargo em comissão, sendo que, aprovado no concurso, o terceiro terá direito à nomeação para o cargo respectivo.

A proibição em tela não se dirige só à Administração Direta, atinge também toda a Administração Pública Indireta ("d").

A súmula também veda o nepotismo cruzado ("e"). Tal prática consiste em autoridades de entes diversos combinarem de um nomear o parente do outro. Esse tipo de ajuste recíproco tem claro objetivo de fraudar a proibição do nepotismo e é considerado prática vedada pela súmula vinculante.

Ao final, a súmula conclui dizendo que esse tipo de prática viola a Constituição, sendo certo que o STF fundou sua decisão no princípio da moralidade, previsto no art. 37, *caput*, da CF.

Apesar de o texto da súmula não indicar, o STF entende que a vedação ao nepotismo tem uma exceção, qual seja, a súmula não incide sobre a nomeação de servidores para cargo de natureza política. Confira decisão a respeito:

"Impossibilidade de submissão do reclamante, Secretário Estadual de Transporte, agente político, às hipóteses expressamente elencadas na Súmula Vinculante 13, por se tratar de cargo de natureza política. 2. Existência de precedente do Plenário do Tribunal: RE 579.951/RN, rel. Min. Ricardo Lewandowski, DJE 12.09.2008." (STF, Rcl 6650 MC-AgR, DJ 21.11.2008).

Por fim, a regra que veda o nepotismo não impede que parentes sirvam sob a direção imediata de outro parente quando se está diante de servidores admitidos mediante prévia aprovação em concurso público para cargo efetivo (STF, ADI 524/ES, j. 20.05.2015).

6.7. Acessibilidade a cargos e empregos na Constituição

6.7.1. Oportunidade a brasileiros e estrangeiros

Segundo o art. 37, I, da CF, *"os cargos, empregos e funções públicas são acessíveis aos brasileiros que preencham os requisitos estabelecidos em lei, assim como aos estrangeiros, na forma da lei"*.

Essa regra garante a possibilidade de que todos possam vir a ser agentes públicos (preenchidos certos requisitos, claro).

Repare que, enquanto a norma relativa aos brasileiros é de eficácia contida ou restringível (o que a faz produzir imediatamente efeitos, em que pese a lei poder restringi-los), a norma relativa aos estrangeiros é diferente, dando a ideia de ter eficácia limitada (o que a faz depender de uma lei para produzir efeitos).

Quanto aos brasileiros, a regra não faz distinção entre os natos e os naturalizados. Nada obstante, o § 3º do art. 12 da CF dispõe: "são privativos de brasileiro nato os cargos: I – de Presidente e Vice-Presidente da República; II – de Presidente da Câmara dos Deputados; III – de Presidente do Senado Federal; IV – de Ministro do Supremo Tribunal Federal; V – da carreira diplomática; VI – de oficial das Forças Armadas; VII – de Ministro de Estado da Defesa".

6.7.2. Requisitos de ingresso no serviço público

O texto constitucional, tal como configurado hoje, permite que sejam estabelecidos requisitos para o ingresso no serviço público.

Porém, para que tais requisitos estejam em acordo com a Lei Maior, é necessário que atendam ao seguinte:

a) estejam **previstos em lei** (art. 37, I, da CF); decretos, resoluções e outros instrumentos não são suficientes para inserir no edital a previsão de exame psicotécnico; deve ser lei em sentido formal (STF, AI 529.219 Agr, DJ 26.03.2010);

b) sejam **objetivos**, **científicos** e **pertinentes**, sob pena de violação ao princípio da isonomia (art. 5º, *caput*, da CF);

c) sejam passíveis de **recurso** e **impugnação**, sob pena de violação aos princípios do contraditório e da ampla defesa; *vide*, por exemplo, o REsp 1.046.586 (STJ).

Assim, requisitos ligados ao sexo, à idade, ao exame psicotécnico, dentre outros, são compatíveis com a Constituição, desde que atendam aos itens mencionados.

Nesse sentido, confira três súmulas do STF:

a) Súmula 683: "o limite de idade para a inscrição em concurso público só se legitima em face do art. 7º, XXX, da Constituição, quando possa ser justificado pela natureza das atribuições do cargo a ser preenchido"; segundo o STF, O limite de idade, quando regularmente fixado em lei e no edital de determinado concurso público, há de ser comprovado no momento da inscrição no certame, e não no momento da posse (ARE 840.592/CF, J. 23.06.15).

b) Súmula 684: é inconstitucional o veto não motivado à participação de candidato a concurso público";

c) Súmula 686: só por lei se pode sujeitar a exame psicotécnico a habilitação de candidato a cargo público". Nesse sentido é também a Súmula Vinculante STF 44: "Só por lei se pode sujeitar a exame psicotécnico a habilitação de candidato a cargo público".

O STF e o STJ consideram não pertinentes, entre outros, os seguintes requisitos para o ingresso no serviço público:

a) exigência de prova física desproporcional à cabível habilitação aos cargos de escrivão, papiloscopista, perito criminal e perito médico-legista de Polícia Civil (STF, Ag. Reg. no RE 505.654-DF);

b) exigência de sexo masculino para concurso de ingresso em curso de formação de oficiais de polícia militar estadual, requisito que fere a isonomia, traduzindo-se em indevido discrímen de gênero (STF, RE 528.684/MS, j. 03.09.2013);

c) exigência que não haja inquérito penal ou ação penal não transitada em julgado contra o candidato, requisito que fere o princípio da presunção de inocência (STF, Ag. Reg. no ARE 713.138-CE); ou seja, "na fase de investigação social em concurso público, o fato de haver instauração de inquérito policial ou propositura de ação penal contra candidato, por si só, não pode implicar a sua eliminação" (STJ, AgRg no RMS 39.580-PE, j. 11.02.2014).

No mais, há interessante súmula do STJ, que trata do momento em que se pode exigir comprovação de requisito relacionado ao exercício do cargo: *"o diploma ou habilitação legal para o exercício do cargo deve ser exigido na posse e não na inscrição para o concurso público"* (Súmula 266).

6.7.3. A jurisprudência e o exame psicotécnico

O STF e o STJ firmaram jurisprudência no sentido de que é possível exigir exame psicotécnico nos concursos públicos, com caráter eliminatório, desde que se atenda a três requisitos: a) previsão expressa do exame em lei formal; b) existência de critérios objetivos, científicos e pertinentes; c) recorribilidade. *Vide*, por exemplo, decisão do STJ no RMS 43.416-AC, j. 18.02.2014.

6.7.4. Obrigatoriedade do concurso

O artigo 37, II, da CF tem o seguinte teor: *"a investidura em cargo ou emprego público depende de aprovação prévia em concurso público de provas ou de provas e títulos, de acordo com a natureza e a complexidade do cargo ou emprego, na forma prevista em lei, ressalvadas as nomeações para cargo em comissão declarado em lei de livre nomeação e exoneração"*.

Esse dispositivo cria uma regra que determina a realização de concurso para a admissão de pessoal na Administração.

Todavia, como toda regra, essa também tem exceção. Não será necessário concurso público nas nomeações para cargo em comissão.

Da mesma forma, não há necessidade de promover concurso público nas contratações temporárias de excepcional interesse público, sendo suficiente que se faça mero processo seletivo.

6.7.5. Validade do concurso público

Segundo o art. 37, III, da CF, *"o prazo de validade do concurso público será de até dois anos, prorrogável uma vez, por igual período"*.

Há um detalhe importante: a lei dispõe que a validade é de *até* 2 anos e não *de* dois anos. Ex.: se for fixado no edital como de um ano o prazo de validade do concurso, tal prazo poderá ser prorrogado, mas terá que ser *somente uma vez* e pelo *mesmo* período de um ano, de modo que, caso prorrogado, o prazo total do exemplo será de 2 anos de validade do concurso.

Os candidatos de um concurso não têm direito subjetivo à determinação de prorrogação do prazo de validade de um concurso. Trata-se de decisão discricionária da Administração. Porém, já se decidiu que, apesar de a Administração não estar obrigada a prorrogar o prazo de validade dos concursos, se novos cargos vierem a ser criados, durante esse prazo de validade, mostra-se de todo recomendável que se proceda a essa prorrogação (STF, RE 581.113-C).

6.7.6. Direitos do aprovado em concurso público

No passado, o aprovado em concurso público tinha apenas o direito de não ser *preterido* na ordem de classificação (art. 37, IV, da CF). Dessa forma, a aprovação no concurso gerava ao candidato mera *expectativa de direito*, cabendo à administração a análise *discricionária* da conveniência ou não em nomear os candidatos aprovados.

Diante de alguns abusos, os tribunais começaram a reconhecer o direito à nomeação em situações em que a Administração Pública, no prazo de validade do concurso, *externava* de alguma maneira que tinha interesse em nomear novos servidores. Um exemplo eram as situações em que se abria *novo concurso* no prazo de validade do anterior ou em que se nomeava outro servidor (inclusive agentes terceirizados temporários – STJ, AgRg no RMS 33.893, *DJ* 30.11.2012) para exercer as *mesmas funções* do cargo para o qual o candidato fora aprovado.

Recentemente, o STF e o STJ passaram a entender também que o candidato aprovado em concurso tem *direito* de ser nomeado *no limite das vagas previstas no respectivo edital*, uma vez que a Administração, ao estabelecer o número de vagas, *vincula-se* a essa escolha e cria expectativa nos candidatos, impondo-se as nomeações respectivas, em respeito aos princípios da *boa-fé, razoabilidade, isonomia* e *segurança jurídica*.

É bom consignar que o STF até admite que a Administração deixe de nomear os aprovados no limite das vagas do edital se houver ato *motivado* demonstrando a existência de fato novo que torne inviável a nomeação. Tal ato, todavia, poderá ser controlado pelo Judiciário (RE 227.480, DJ 21.08.2009). De qualquer forma, na prática, será muito difícil que a Administração consiga justificar a existência de motivo que inviabiliza as nomeações, pois somente razões *pertinentes, novas, imprevisíveis e justificadas antes da impugnação de candidatos* à ausência de sua nomeação atendem ao princípio da *adequada motivação*. O STF, em outra decisão, resumiu assim os requisitos que devem estar previstos em conjunto para caracterizar essa situação excepcional: "a) superveniência, ou seja, vinculadas a fatos posteriores à publicação do edital; b) imprevisibilidade, isto é, determinadas por circunstâncias extraordinárias; c) gravidade, de modo a implicar onerosidade excessiva, dificuldade ou mesmo impossibilidade de cumprimento efetivo das regras editalícias; d) necessidade, traduzida na ausência de outros meios, menos gravosos, de se lidar com as circunstâncias" (RE 598.099, j. 10.08.2011).

A Administração também não será obrigada a nomear o servidor nessas condições caso o concurso tenha sido feito por conta da instalação de um novo órgão e esse órgão não vem a ser criado no período de validade do concurso (STF, RE 748.105 AgR/DF, j. 17.09.2013).

Feita essa ressalva, vale anotar outras características desse direito.

A primeira delas diz respeito ao efeito das *desistências* de outros candidatos nomeados no concurso. Por exemplo, alguém aprovado na 919ª posição, num concurso com 770 vagas previstas no edital, 633 nomeados e 150 desistências têm direito de ser nomeado? Segundo o STJ, a resposta é positiva. Isso porque as desistências devem ser *somadas* ao total de vagas previsto no edital. No caso (aliás, esse é um caso real – STJ, RMS 21.323, DJ 21.06.2010), somando-se as 770 vagas do edital com as 150 desistências dos nomeados, a administração pública fica obrigada a nomear até o classificado na 920ª posição.

A segunda característica diz respeito ao efeito da *criação de novas vagas* durante o prazo de validade do concurso. Nesse ponto, o STJ *não* vem reconhecendo o direito à nomeação daqueles que, com as novas vagas, estariam classificados no limite da somatória destas com as vagas do edital (AgRg no RMS 26.947, DJ 02.02.2009).

A terceira observação diz respeito a *efeito econômico* da não nomeação de um aprovado no limite das vagas do edital. Nessa seara, o STJ também não vem reconhecendo o direito à indenização pelo período pretérito à efetiva nomeação, pois entende não ser correto receber-se retribuição sem o efetivo exercício do cargo (AgRg no REsp 615.459/SC, *DJe* 07.12.2009). Todavia, quando há preterição na ordem de classificação, ou seja, quando alguém deixa de ser nomeado em favor de outro que está em pior classificação, o STJ entende devida a indenização, com pagamento de vencimentos retroativos à data da impetração judicial (MS 10.764/DF, DJ 01.10.2009).

A quarta observação diz respeito ao *momento adequado* para o ingresso com ação judicial visando à nomeação no limite das vagas do edital. Nesse ponto, ainda não há posição específica de nossos tribunais superiores. Mas há algumas pistas. O STJ entende que há interesse processual em se promover a ação ainda durante o prazo de validade do concurso (RMS 21.323, DJ 21.06.2010), o que permitiria, em nossa opinião, o ingresso da ação logo após a homologação do certame. E o mesmo STJ entende que também há interesse processual em promover a ação após o prazo de validade do concurso. Tratando-se de mandado de segurança, o STJ entende que o prazo decadencial de 120 se inicia da data que expirar a validade do concurso (AgRg no RMS 21.165/MG, DJ 08.09.2008).

6.7.7. Acesso a novas carreiras sem concurso público

Nesse tema o STF editou a Súmula Vinculante 43, que assim dispõe: "É inconstitucional toda modalidade de provimento que propicie ao servidor investir-se, sem prévia aprovação em concurso público destinado ao seu provimento, em cargo que não integra a carreira na qual anteriormente investido".

6.7.8. Direito à anulação de questões de concursos

Tema recorrente na jurisprudência é o direito do candidato de requerer a anulação de certas questões de concursos públicos. Geralmente, esse pedido é feito nas seguintes situações: a) quando a questão é formulada fora do conteúdo programático previsto no edital; b) quando a questão foi mal elaborada e apresenta problema no seu mérito.

A princípio, a jurisprudência do STF é no sentido de que o Judiciário é incompetente para substituir-se à banca examinadora de concurso público no reexame de critérios de correção das provas e de conteúdo das questões formuladas. Assim, quanto às alegações de que a questão está fora do conteúdo programático, por exemplo, basta que um tema esteja previsto de forma genérica no edital, para que, desde que haja um mínimo de conexão desse tema com o perguntado na questão que se deseja anular, para que Judiciário afaste a possibilidade de proceder à anulação da questão, mormente em mandado de segurança, que não permite dilação probatória (STF, MS 30.860/DF, j. 28.08.2012). E havendo dúvida sobre se uma questão foi corretamente elaborada ou não, o Judiciário deve evitar se substituir à banca examinadora.

Porém, o mesmo STF entende que, havendo erro grosseiro, o Judiciário pode ser reconhecer a ilegalidade. Um exemplo foi o caso em que questões de Direito Civil do concurso para Procurador da República foram anuladas pelo STF por restar patente sua ofensa ao que dispõe o Código Civil (MS 30.859/DF, 28.08.2012). Por outro lado, o STF também já decidiu que os critérios adotados por banca examinadora de concurso público não podem ser revistos pelo Judiciário (RE 632.853, j. 23.04.2015).

6.7.9. Cláusula de barreira

Outro tema recorrente é o da constitucionalidade ou não da chamada cláusula de barreira (ou afunilamento). Essa cláusula é aquela utilizada quando um concurso tem mais de uma fase e se estipula no edital que só serão corrigidas as provas da outra fase referente a um número determinado de candidatos aprovados. Por exemplo, o edital do concurso pode prever uma nota de corte e dizer que, dentre os que atingiram a nota de corte, apenas 200 candidatos passarão para a próxima fase do concurso.

O STF entende que esse tipo de condição de passagem para outra fase é norma de avaliação e de classificação a critério do organizador do exame, tratando-se, ainda, de cláusula que atinge a todos indistintamente, daí porque não se pode considerá-la discriminatória (MS 30195 AgR-DF, j. 26.06.2012). *Vide*, também, o RE 635.739/AL, j. 19.02.2014, pelo STF.

6.7.10. Direitos da pessoa com deficiência

Segundo o art. 37, VIII, da CF, *"a lei reservará percentual dos cargos e empregos públicos para as pessoas portadoras de deficiência e definirá os critérios para a sua admissão"*.

A respeito dessa regra, confira as seguintes decisões do STF:

> "Recurso ordinário em mandado de segurança interposto de acórdão do Superior Tribunal de Justiça que entendeu ser plausível o cálculo da quantidade de vagas destinadas à específica concorrência de acordo com o número de turmas do curso de formação. Os limites máximo e mínimo de reserva de vagas para específica concorrência tomam por base de cálculo a quantidade total de vagas oferecidas aos candidatos, para cada cargo público, definido em função da especialidade. Especificidades da estrutura do concurso, que não versem sobre o total de vagas oferecidas para cada área de atuação, especialidade ou cargo público, não influem no cálculo da reserva. Concurso público. Provimento de 54 vagas para o cargo de Fiscal Federal Agropecuário. Etapa do concurso dividida em duas turmas para frequência ao curso de formação. Convocação, respectivamente, de 11 e 43 candidatos em épocas distintas. Reserva de quatro vagas para candidatos portadores de deficiência. Erro de critério. Disponíveis 54 vagas e, destas, reservadas 5% para específica concorrência, três eram as vagas que deveriam ter sido destinadas à específica concorrência. A convocação de quarto candidato, ao invés do impetrante, violou direito líquido e certo à concorrência no certame" (RMS 25.666, Rel. Min. Joaquim Barbosa, julgamento em 29.09.2009, Segunda Turma, DJE de 04.12.2009).

> "A exigência constitucional de reserva de vagas para portadores de deficiência em concurso público se impõe ainda que o percentual legalmente previsto seja inferior a um, hipótese em que a fração deve ser arredondada. Entendimento que garante a eficácia do art. 37, VIII, da CF, que, caso contrário, restaria violado" (RE 227.299, Rel. Min. Ilmar Galvão, julgamento em 14.06.2000, Plenário, DJ de 06.10.2000). No mesmo sentido: RE 606.728-AgR, Rel. Min. Cármen Lúcia, julgamento em 02.12.2010, Primeira Turma, DJE de 01.02.2011.

Repare que o STF firmou as seguintes posições:

a) na reserva de vagas para deficientes (concorrência específica), esses só concorrem entre si;

b) para o cálculo do número de vagas reservadas, deve-se fazer o arredondamento "para cima" da fração;

6.7.11. Vagas reservadas aos negros ("Cotas").

A Lei 12.990/2014 reservou aos negros 20% das vagas oferecidas nos concursos públicos para provimento de **cargos efetivos** e **empregos públicos** no âmbito da administração pública federal, das autarquias, das fundações públicas, das empresas públicas e das sociedades de economia mista controladas pela União (art. 1º).

Essa **reserva de vagas** obedece às seguintes regras (arts. 2º a 4º):

a) será aplicada sempre que o número de vagas oferecidas no concurso público for igual ou superior a 3 (três), sendo que, na hipótese de quantitativo fracionado para o número de vagas reservadas a candidatos negros, esse será aumentado para o primeiro número inteiro subsequente, em caso de fração igual ou maior que 0,5 (cinco décimos), ou diminuído para número inteiro imediatamente inferior, em caso de fração menor que 0,5 (cinco décimos);

b) constará expressamente dos editais dos concursos públicos, que deverão especificar o total de vagas correspondentes à reserva para cada cargo ou emprego público oferecido;

c) poderão concorrer a essas vagas candidatos negros, considerados como aqueles que se autodeclararem pretos ou pardos no ato da inscrição no concurso público, conforme o quesito cor ou raça utilizado pelo IBGE, sendo que, na hipótese de constatação de declaração falsa, o candidato será eliminado do concurso e, se houver sido nomeado, ficará sujeito à anulação da sua admissão ao serviço ou emprego público, após procedimento administrativo em que lhe sejam assegurados o contraditório e a ampla defesa, sem prejuízo de outras sanções cabíveis;

d) os candidatos negros concorrerão concomitantemente às vagas reservadas e às vagas destinadas à ampla concorrência, de acordo com a sua classificação no concurso, sendo que os candidatos negros aprovados dentro do número de vagas oferecido para ampla concorrência não serão computados para efeito do preenchimento das vagas reservadas; já no caso de desistência de candidato negro aprovado em vaga reservada, a vaga será preenchida pelo candidato negro posteriormente classificado;

e) na hipótese de não haver número de candidatos negros aprovados suficiente para ocupar as vagas reservadas, as vagas remanescentes serão revertidas para a ampla concorrência e serão preenchidas pelos demais candidatos aprovados, observada a ordem de classificação.

f) quanto à nomeação dos candidatos aprovados, esta respeitará os critérios de alternância e proporcionalidade, que consideram a relação entre o número de vagas total e o número de vagas reservadas a candidatos com deficiência e a candidatos negros;

A lei entrou em vigor na data de sua publicação e terá vigência pelo prazo de 10 (dez) anos (lei temporária), não se aplicando aos concursos cujos editais já tivessem sido publicados antes de sua entrada em vigor (art. 6º).

Vale, por fim, trazer a seguinte decisão do STJ sobre a não caracterização de pessoa com deficiência para fins de aplicação das regras de acessibilidade a essa pessoa, quando se tratar de alguém com surdez unilateral: "Candidato em concurso público com surdez unilateral não tem direito a participar do certame na qualidade de deficiente auditivo. Isso porque o Decreto 5.296/2004 alterou a redação do art. 4º, II, do Decreto 3.298/1999 – que dispõe sobre a Política Nacional para Integração de Pessoa Portadora de Deficiência e excluiu da qualificação "deficiência auditiva" os portadores de surdez unilateral. Vale ressaltar que a jurisprudência do STF confirmou a validade da referida alteração normativa. Precedente citado do STF: MS 29.910 AgR, Segunda Turma, DJe 01.08.2011." (MS 18.966-DF, j. 02.10.2013).

6.7.12. *Contratação temporária*

O art. 37, IX, da CF, traz a seguinte disposição: *"a lei estabelecerá os casos de contratação por tempo determinado para atender a necessidade temporária de excepcional interesse público"*.

Cada ente político poderá legislar para o fim de regulamentar o dispositivo acima transcrito.

A Lei 8.745/1993 (alterada pela Lei 9.849/1999) traz, para a esfera federal, os casos em que cabe esse tipo de contratação, servindo de exemplo a contratação em situação de calamidade pública, combate a surtos endêmicos ou para recenseamento.

Geralmente o prazo máximo de contratação é de 12 meses, findo o qual o contrato se extingue.

Permite-se, em algumas situações, prorrogação do contrato.

É importante relatar que não é possível prever a contratação temporária para a admissão de servidores para funções burocráticas ordinárias e permanentes. Assim, o STF entendeu inconstitucional lei do Estado do Rio Grande do Norte que criou contratação temporária para Defensor Público (ADI 3.700). Confira outra decisão do STF a respeito do tema:

"Servidor público: contratação temporária excepcional (CF, art. 37, IX): inconstitucionalidade de sua aplicação para a admissão de servidores para funções burocráticas ordinárias e permanentes." (ADI 2.987)

A contratação temporária não exige concurso público, mas é necessário fazer um processo seletivo simplificado para garantir um mínimo de moralidade, podendo esse ser dispensado em situações justificadas, procedendo-se à análise de *curriculum*. Nesse sentido, confira a seguinte decisão do STF:

"A regra é a admissão de servidor público mediante concurso público: CF, art. 37, II. As duas exceções à regra são para os cargos em comissão referidos no inciso II do art. 37, e a contratação de pessoal por tempo determinado para atender a necessidade temporária de excepcional interesse público. CF, art. 37, IX. Nessa hipótese, deverão ser atendidas as seguintes condições: a) previsão em lei dos cargos; b) tempo determinado; c) necessidade temporária de interesse público; d) interesse público excepcional." (ADI 2.229)

Os contratados são regidos pelo regime *sui generis* estabelecido na lei citada, não sendo correto dizer que são contratados pelo regime celetista, já que eles têm um estatuto próprio.

Assim sendo, compete à Justiça Comum e não à Justiça do Trabalho julgar as controvérsias decorrentes dessa relação, conforme vem decidindo pacificamente o STF (ADI 3.395-MC-DF).

6.8. Direito de greve e de sindicalização

A Constituição de 1988, em sua redação original, contemplava o direito de greve no serviço público, mas o condicionava à edição de uma *lei complementar*.

Essa lei acabou não sendo editada e o STF, chamado a se pronunciar, decidiu, num mandado de injunção julgado nos anos 90, que o direito de greve do servidor era norma de eficácia limitada, não podendo ser exercido enquanto não fosse regulamentado.

Na ocasião, o STF se limitou a declarar a mora legislativa, adotando a teoria não concretista, pela qual o mandado de injunção não se presta a suprir lacunas legislativas, mas apenas a constatar a mora, quando esta existir.

Sobreveio a EC 19/1998, pela qual o direito de greve do servidor ficava mantido, devendo ser exercido nos termos e limites definidos em *lei específica* (art. 37, VII).

Outra década se passou sem a edição da tal lei específica. Até que, em 2007, o STF, rompendo com sua tradição em mandado de injunção, adotou a teoria concretista geral, julgando procedente novos mandados de injunção sobre o assunto (MIs 670/ES, 708/DF e 712/PA), para declarar *mora legislativa abusiva* e **conceder ao servidor o direito de exercer greve**, observados os preceitos da Lei 7.783/1989, que trata da greve na iniciativa privada.

A decisão resolveu preencher uma lacuna legislativa, com efeitos *erga omnes*, utilizando-se da analogia para determinar a utilização da lei referida até que adviesse a lei específica preconizada na Constituição.

A partir dessa decisão, começaram a surgir várias discussões sobre os contornos do direito de greve.

Sobre os **serviços que não podem ser objeto de greve**, além das proibições constitucionais relativas aos *militares das forças armadas* e aos *policiais militares* (art. 142, § 3º, IV, c/c art. 42, § 1º da CF), há entendimento do Min. Eros Grau no sentido de que *policiais civis* também não podem entrar em greve. Aliás, para esse Ministro, o direito de greve não é absoluto. Há serviços públicos em que a coesão social impõe que sejam prestados plenamente, em sua totalidade.

Nesse sentido, Eros Grau entende ser proibida a greve nos serviços de *segurança pública*, de *administração da Justiça*, de *arrecadação tributária* e de *saúde pública* (Recl 6.568, DJ 25.09.2009), posição que ainda não está pacificada no STF.

No STJ, por sua vez, vem se admitindo a greve nos mais variados setores, salvo os proibidos pela Constituição. No entanto, levando em conta os princípios da supremacia do interesse público e da continuidade do serviço público, esse tribunal vem, caso a caso, estipulando um **percentual mínimo** de pessoal a continuar trabalhando a fim de que não haja paralisação total dos serviços.

A título de exemplo, o STJ, considerando o período eleitoral, definiu em 80% o mínimo de servidores necessários na Justiça Eleitoral (Pet 7.933, DJ 08.06.2010). Para a Justiça Federal, fixou-se em 60% o mínimo de servidores em serviço (Pet 7.961, DJ 18.06.2010). E para os médicos peritos do INSS, determinou-se que 50% mantivessem o trabalho (Pet 7.985, DJ 25.06.2010).

Para fazer valer suas decisões o STJ vem fixando o pagamento de **multa** à entidade representante dos trabalhadores no caso de descumprimento de decisão relativa à greve. Trata-se de multa diária, que vem sendo fixada entre R$ 50 mil e R$ 100 mil para sindicatos de grande porte.

Outro ponto interessante diz respeito à possibilidade de **corte nos vencimentos** dos grevistas. No STJ, ainda há controvérsia a respeito. O posicionamento tradicional admite o corte. Mas há decisão recente no sentido de que, por se tratar de direito constitucional do servidor e envolver verba alimentar, o corte prévio é proibido, devendo-se buscar a compensação dos dias paralisados sob pena de reposição ao erário dos vencimentos pagos. É bom lembrar que a Lei 8.112/1990 dispõe que só por lei e por mandado judicial é possível o desconto de vencimentos (art. 45). Ademais, ainda não foi instituído um Fundo de Greve, com contribuições para o exercício desse direito constitucional. Nada impede, todavia, que se determine que o servidor grevista reponha, posteriormente, as horas não trabalhadas.

Por fim, vale lembrar que não é possível **exonerar ou demitir** servidor por ter participado de movimento grevista. Há várias leis no país dispondo que o servidor em estágio probatório que participar de greve deve ser exonerado. Tais leis ferem o direito constitucional de greve e o princípio da isonomia, segundo o STF (ADI 3.235, DJ 12.03.2010).

É importante ressaltar, ainda, que a Constituição veda a greve dos militares das Forças Armadas (art. 142, § 3º, IV, CF) e, por extensão, dos militares dos Estados-membros, do Distrito Federal e dos Territórios (art. 42, § 1º, CF).

Quanto ao direito de sindicalização, o art. 37, VI, da CF estabelece que *"é garantido ao servidor público civil o direito à livre associação sindical"*. Aqui também incide vedação aos militares (art. 142, § 3º, IV, CF).

6.9. Proibição de acumulação remunerada

A Constituição traz regra proibindo a acumulação remunerada de cargos públicos (art. 37, XVI).

Nada obstante, desde que haja compatibilidade de horários, admite-se a acumulação remunerada nos seguintes casos: a) de dois cargos de professor; b) um cargo de professor com outro, técnico ou científico; c) a de dois cargos ou empregos privativos de profissionais da saúde com profissões regulamentadas (alteração feita por força da EC 34/2001).

Quanto à **extensão da regra**, deve-se ressaltar que a proibição vale também para empregos e funções e abrange autarquias, fundações, empresas públicas, sociedades de economia mista, suas subsidiárias e sociedades controladas, direta ou indiretamente, pelo Poder Público.

Outros casos trazidos na Constituição de permissão de acumulação remunerada são os seguintes: a) magistrados e membros do Ministério Público: permite-se acumulação com um cargo ou função de professor (art. 95, parágrafo único, I, e art. 128, § 5º, II, "d", ambos da CF, respectivamente); b) vereador: pode acumular, mas desde que haja compatibilidade de horários (art. 38, III, CF); caso não haja tal compatibilidade, o eleito deve se afastar do cargo, emprego ou função que tinha, tendo a faculdade de escolher qual remuneração deseja receber como vereador, se a que detinha antes ou a prevista para o cargo eletivo; c) prefeito: não pode acumular, devendo afastar-se do cargo, emprego ou função que detinha, podendo optar pela remuneração (art. 38, II, CF); d) mandato eletivo federal, estadual e distrital: ficará afastado do cargo, emprego ou função anterior (art. 38, I, CF), sem poder optar pela remuneração.

Nos casos de afastamento, o tempo de serviço do mandato será contado para todos os fins do cargo, emprego ou função originais (previdenciários, para concessão de quinquênios etc.), exceto promoção por merecimento.

A **finalidade** de tal regra é evitar que o exercício de várias funções possa comprometer a boa qualidade do serviço, atendendo também a critérios de moralidade (quanto aos cargos em comissão), bem como à necessidade de se permitir que outras pessoas possam ter oportunidade de acesso a cargos, empregos ou funções públicas. As exceções, por sua vez, visam a melhor aproveitar pessoas que tenham capacidade técnica e científica para dadas atribuições.

Vale salientar que, mesmo nos casos em que há permissão de acumulação remunerada de cargos públicos (casos que tem rol taxativo na constituição), tem-se que cumprir ainda o requisito da **compatibilidade de horários**, dos dois cargos que se pretende acumular. Por conta disso o TCU decidiu no Acórdão 2.133/05 que o limite máximo de horas de trabalho nos dois cargos em que se pretende a acumulação é de 60 horas semanais, decisão fundamentada na presunção de que, mais do que isso, haveria comprometimento da qualidade do serviço. Todavia, o STJ tem decidido que esse limite não tem força normativa, nem há lei estabelecendo carga horária máxima, seja diária, seja semanal. Dessa forma, a compatibilidade de horários deve ser vista caso a caso, não se podendo fazer presunção de que 60 horas é o máximo permitido por semana (AgRg no AREsp 291.919-RJ, j. 18.04.2013).

Há de se ressaltar também que em qualquer dos casos de acumulação comentados neste item faz-se mister respeitar o disposto no inciso XI do art. 37 da Constituição quanto aos **tetos remuneratórios**. Assim sendo, a somatória dos valores recebidos em acumulação não pode ultrapassar o teto respectivo, sofrendo o agente um corte na folha de pagamento se tal ocorrer.

Diante das regras sobre proibição de acumulação remunerada de cargo, emprego ou função, confira-se a casuística do STF e do STJ a respeito do tema:

a) é vedada a acumulação dos cargos e remuneração de vereador e secretário municipal, tendo em conta interpretação sistemática dos artigos 36, 54 e 56 da CF, bem como o princípio da separação dos Poderes (STF, RE 497.554/PR);

b) é vedada a acumulação dos cargos de médico com cargo de perito criminal da polícia civil na modalidade médico veterinário (STF, RE, 248.248);

c) é vedada a acumulação dos cargos de inspetor escolar com o de supervisor pedagógico, pois não diz respeito à exceção, que deve ser interpretada estritamente, em que se permite a acumulação de dois cargos de professor ou um técnico com um de professor (STF, RE 382.389);

d) é vedada a acumulação de dois cargos de jornalista (STF, RE 463.028);

e) é permitida a acumulação de cargo de médico militar com o de professor de instituição pública de ensino; primeiro porque o médico militar não desempenha função típica de militar, circunstância, que, se existisse, impediria a acumulação; segundo porque a Constituição admite a acumulação de cargo de *professor* com cargo *técnico ou científico*, sendo que o cargo de médico é considerado técnico ou científico, pois sua ocupação pressupõe formação em área especializado do conhecimento, dotada de método próprio (STJ, RMS 39.157);

Tema correlato é o da **acumulação de remuneração com aposentadoria.** Também, como regra, é proibida. Como exceção pode existir tal acumulação se os cargos da ativa e da inatividade forem cumuláveis entre si. Outra exceção importante é a que permite a acumulação da aposentadoria com a remuneração de um cargo em comissão ou de um mandato eletivo (art. 37, § 10, CF). Perceba que a regra que veda a percepção simultânea de proventos de aposentadoria com remuneração de cargo, emprego ou função diz respeito tão somente às aposentadorias especiais, ou seja, a dos ocupantes de cargos efetivos (art. 40, CF), a dos militares estaduais (art. 42, CF) e a dos militares das Forças Armadas (art. 142, CF). Essa acumulação não é vedada quando se trata de acumulação de proventos de aposentadoria com remuneração proveniente de contratação temporária (STJ, REsp 1.298.503, DJ 13.04.2015).

Porém, não se admite acúmulo tríplice de provimentos e vencimentos de professor, mesmo que decorrentes de aprovações em concursos públicos anteriores à vigência da EC 20/1998 (STF: AI 545.424 Agrar, DJ de 25.03.2013; AI 529.499 AgR, DJ 17.11.2010).

6.10. Estabilidade e estágio probatório

O instituto da *estabilidade* está previsto no art. 41 da CF. A partir do texto constitucional, a doutrina aponta três requisitos para sua aquisição: a) nomeação para "cargo efetivo", em virtude de concurso público; b) "três anos de efetivo exercício" no cargo; c) aprovação em "avaliação especial de desempenho por comissão instituída para essa finalidade".

O primeiro requisito ("cargo efetivo") foi introduzido pela EC 19/1998. A redação anterior exigia apenas que o "servidor" fosse nomeado em virtude de concurso, não havendo referência ao cargo ser efetivo ou não, o que permitia que servidores celetistas em geral pudessem pleitear a estabilidade.

A atual redação, porém, parece ter deixado claro que somente servidores titulares de verdadeiros cargos efetivos teriam direito à estabilidade.

Porém, o TST, chamado a se manifestar sobre o tema, concluiu que os "servidores celetistas" das pessoas jurídicas de direito público (União, Estados, DF, Municípios, autarquias, fundações públicas, agências reguladoras e associações públicas) também têm direito à estabilidade, direito esse que só não existe para os celetistas das pessoas jurídicas de direito privado estatal, como a empresa pública e a sociedade de economia mista (Súmula 390 do TST).

Quanto ao segundo requisito ("três anos de efetivo exercício"), esse também foi alterado pela EC 19/1998. Na redação original exigiam-se dois anos de efetivo exercício. Essa redação fazia com que a Administração Pública estipulasse como estágio probatório o período de dois anos, porque esse estágio sempre foi considerado o tempo de efetivo exercício em que se verificaria se o servidor empossado tinha ou não aptidão para auferir a definitiva titularidade do cargo.

Ocorre que a Constituição foi alterada, aumentando o tempo de exercício para três anos, e os estatutos de funcionário público não acompanharam essa modificação. Exemplo disso é o próprio estatuto federal (Lei 8.112/1990). Isso fez com que os tribunais, num primeiro momento, decidissem que o prazo para estágio probatório é um e o prazo de efetivo exercício para adquirir a estabilidade é outro. Esse posicionamento tinha repercussão prática, pois há direitos que só existem após o fim do estágio probatório (ex.: direito de promoção) e, sendo esse mais curto, pessoas que ainda não tinham estabilidade poderiam gozar desses direitos após os dois anos de estágio.

Apenas em 2010 o STF (STA 269 AgR, DJ 26.02.2010) e o STJ (MS 12.523/DF, DJ 18.08.2009) se posicionaram no sentido de que o período de estágio probatório deve coincidir com o período de efetivo exercício para a aquisição da estabilidade, no caso, ambos os períodos são de 3 anos e correm conjuntamente, pouco importando a redação do estatuto local.

Vale ressaltar que esses tribunais vêm entendendo que os períodos de estágio probatório e efetivo exercício ficam suspensos quando o servidor é afastado ou cedido para outro órgão (STJ, RMS 23.689, DJ 07.06.2010).

Passando ao terceiro requisito para a estabilidade ("avaliação especial de desempenho por comissão instituída para essa finalidade"), o primeiro ponto exigido pelo STF (AI 623.854, DJ 23.10.2009) e pelo STJ (RMS 20.934, DJ 01.02.2010) é que haja um procedimento que não é de natureza disciplinar (não sendo necessário cumprir os requisitos do processo disciplinar), mas que assegure o devido processo legal, o que impõe observância do contraditório e da ampla defesa. Assim, exige-se que o servidor possa apresentar defesa, instruir o procedimento com provas e ter contra si exarada decisão devidamente motivada.

Outro direito do servidor é que a avaliação de desempenho ocorra no limite dos três anos de efetivo exercício. Isso significa que, após o transcurso desse prazo, sem a realização da avaliação, o servidor pode ser considerado estável, pois a desídia da Administração não pode ser a ele imputada, presumindo-se que o servidor teve reconhecida sua aptidão.

Após o transcurso dos três anos de efetivo exercício, o servidor pode até ser exonerado por inaptidão para o cargo, mas desde que a avaliação de desempenho tenha se dado durante o período de estágio probatório e a exoneração tenha sido motivada nas suas conclusões (STJ, RMS 23.504, DJ 02.08.2010).

Também já restou pacificado que o servidor que sai de um cargo numa dada administração (por exemplo, de policial militar) e vai para outro cargo na mesma administração (por exemplo, de policial civil) não pode aproveitar o estágio probatório anteriormente cumprido (STJ, RMS 20.934, DJ 01.02.2010).

Vale igualmente lembrar que os servidores em estágio probatório não podem sofrer restrições que não decorram explícita ou implicitamente da lei. Nesse sentido, o STF proíbe a discriminação dos não estáveis, caso lei ou ato normativo estabeleça que estes, se participarem de greve durante o estágio probatório, estão sujeitos à exoneração (ADI 3.235, DJ 12.03.2010). Servidor em estágio probatório tem, portanto, direito de greve.

6.11. Disponibilidade

É a colocação do servidor estável em inatividade remunerada, até seu adequado aproveitamento em outro cargo, com proventos proporcionais ao seu tempo de serviço.

Trata-se de direito do servidor, desde que estável, que ocorre nas seguintes situações: a) quando o cargo é extinto; b) quando o cargo é declarado desnecessário; c) quando um servidor é reintegrado e volta para o cargo para onde foi chamado um novo servidor, ficando este desalojado por não ter um cargo de origem, devendo, então, ser colocado em disponibilidade.

É importante ressaltar que só tem esse direito quem já é estável (*vide* § 3º do artigo 41 da CF há pouco transcrito). Nesse sentido, dispõe a Súmula 22 do STF que: "o estágio probatório não protege o funcionário contra a extinção do cargo".

Nunca se deve esquecer de que a CF é taxativa no sentido de que na disponibilidade a remuneração será proporcional ao tempo de serviço do agente. Antes da EC 19/1998, o STF entendia que era integral, portanto, é bom saber que agora é proporcional.

A disponibilidade a que estão sujeitos os juízes e promotores não implica remuneração proporcional, sob pena de ofensa à vitaliciedade a que têm direito, de maneira que será integral a remuneração para essas situações.

6.12. Sistema remuneratório

Para que se possa entender o sistema remuneratório dos servidores públicos, de rigor verificar os seguintes conceitos:

a) remuneração (estipêndio/vencimentos): devida à grande massa de servidores, corresponde ao padrão fixado em lei (vencimento), mais vantagens pessoais;

b) salário: devido aos empregados públicos da Administração Direta e Indireta, vale dizer, àqueles regidos pela CLT;

c) subsídio: modalidade de remuneração fixada em parcela única e devida aos agentes políticos (art. 39, § 4º, CF: fala-se em membro de Poder, detentor de mandato eletivo, Ministros de Estado e Secretários Estaduais e Municipais), membros do Ministério Público, aos Policiais (art. 144, § 9º, CF), Procuradores de Estado, Defensores Públicos, Procuradores da Fazenda Nacional e integrantes da Advocacia Geral da União (art. 135), bem como Ministros dos Tribunais de Contas. O § 8º do artigo 39 da CF abre possibilidade de a remuneração dos servidores organizados em carreira ser também por subsídio, nos termos de lei. Vale ressaltar que no subsídio não se fala em vantagens pessoais, já que se trata de parcela única, vedado o acréscimo de qualquer gratificação, adicional, abono, prêmio, verba de representação ou outra espécie remuneratória, obedecido ao teto remuneratório constitucional. Entretanto, os direitos gerais dos servidores previstos no § 3º do artigo 39 da CF permanecem.

d) adicionais: devidos por tempo de serviço ou função especial, que exige conhecimentos especializados ou um regime próprio de trabalho. O adicional se relaciona com o tempo (adicional de tempo) ou com a função (adicional de função – ex.: por dedicação integral, por nível universitário);

e) gratificações: devidas por condições personalíssimas ou por anormalidades no desempenho da função, com característica de precariedade. As gratificações se relacionam com o servidor (pessoal: por ter filho – salário família etc.) ou com o serviço (segurança, salubridade ou onerosidade;

f) indenizações: mero ressarcimento de despesas efetuadas pelo agente no desempenho de atividade pública, não se incorporando na remuneração. Ex.: ajuda de custo (mudança), diárias (despesas com viagem) e auxílio-transporte (condução para o trabalho).

A par dos conceitos acima, tem-se como fundamental também verificar os seguintes princípios o regras desses sistema:

a) proibição de efeito cascata: vantagens e gratificações não podem incidir umas sobre as outras. Nesse sentido, *vide* o inciso XIV do artigo 37 da CF: *"os acréscimos pecuniários percebidos por servidor público não serão computados nem acumulados para fins de concessão de acréscimos ulteriores"*.

b) fixação por lei e revisão geral anual: *a remuneração e o subsídio somente poderão ser fixados ou alterados por lei específica, observada a iniciativa privativa em cada caso. Fica assegurada revisão geral anual, sempre na mesma data e sem distinção de índices.* O STF é pacífico no sentido de que não é possível que iniciativa ou emenda parlamentar disponha sobre o aumento de remuneração dos servidores, de iniciativa privativa do Executivo (arts. 61, § 1º, II, *a*, e 63, I, *a*, ambos da CF), sendo que a fixação ou alteração de remuneração depende de lei específica (art. 37, X, da CF), ficando vedada a ainda que a lei estabeleça vinculação ou equiparação remuneratórias para efeito de remuneração de pessoal (art. 37, XIII, da CF), conforme se pode conferir na ADI 64/RO. No que diz respeito aos membros da polícia no Distrito Federal, o STF editou a Súmula Vinculante 39: "Compete privativamente à União legislar sobre vencimentos dos membros das polícias civil e militar e do corpo de bombeiros militar do Distrito Federal".

c) teto remuneratório: a EC 41/2003 modificou o inciso XI do art. 37 da CF, que antes trazia como teto único o subsídio dos Ministros do STF, estabelecendo um teto nacional consistente também no subsídio mensal, em espécie, dos Ministros do STF, bem como subtetos. Na esfera da União vale o teto nacional para todos os Poderes. Nos Estados e DF tem-se como subtetos no âmbito do Executivo o subsídio do Governador, no âmbito do Legislativo o subsídio dos Deputados estaduais/distritais e no âmbito do Judiciário o subsídio dos Desembargadores do TJ, limitado este a 90,25% do subsídio dos Ministros do STF. A EC 47/2005 permite aos Estados e ao DF, por meio de emenda às respectivas Constituições e Lei Orgânica, adotar como limite único o subsídio dos Desembargadores do TJ, não se aplicando a regra aos subsídios dos deputados estaduais e distritais e dos vereadores. Nos Municípios, o subteto é o subsídio do Prefeito. Estabeleceu-se, ainda, como subteto para os membros do MP, Procuradores e Defensores Públicos, o subsídio dos Desembargadores do TJ. Vale salientar que o valor do que deve estar contido no teto abrange a remuneração e o subsídio, os proventos, pensões ou outra espécie remuneratória, percebidos cumulativamente ou não, incluídas as vantagens pessoais ou de qualquer outra natureza. Além disso, a regra do teto atinge os ocupantes de cargos, funções e empregos públicos da administração, direta, autárquica e fundacional, membros dos Poderes da União, dos Estados, do DF e dos Municípios, detentores de mandato eletivo e demais agentes políticos. Aplica-se também às empresas públicas e sociedades de economia mista e suas subsidiárias que receberem recursos da União, dos Estados, do Distrito Federal ou dos Municípios para pagamento de despesas de pessoal ou custeio em geral (art. 37, § 9º, CF).

Vale ressaltar que o STF vinha entendendo que "as vantagens pessoais percebidas antes da entrada em vigor da EC 41/2003 não se computam para fins de cálculo do teto constitucional" (MS 27565, j. 18.10.2011). Nesse caso, reconheceu-se a procurador da república aposentado o direito de, a partir da data da impetração, continuar a receber, sem redução, o montante bruto que percebia anteriormente à EC 41/2003, até a sua total absorção pelas novas formas de composição de seus proventos. Porém, o mesmo STF reconheceu a eficácia imediata do abate-teto sobre salários e proventos de servidores públicos ativos e inativos e a inclusão de vantagens pessoais no teto remuneratório, em decisão que entendeu por bem "fixar a tese de que o teto de remuneração estabelecido pela Emenda Constitucional 41/2003 é de eficácia imediata, submetendo às referências de valor máximo nela fixadas todas as verbas remuneratórias percebidas pelos servidores de União, estados e municípios, ainda que adquiridas sob o regime legal anterior" (RE 609.381, j. 02.10.2014) .

d) proibição de vinculação ou equiparação: *é vedada a vinculação ou equiparação de quaisquer espécies remuneratórias para efeito de remuneração dos servidores*; o STF entende violada essa regra quando se vincula o reajuste de vencimentos ao incremento da arrecadação de ICMS (RE 218.874/SC) ou que vincula o reajuste do subsídio do governador ao reajuste concedido aos servidores (ADI 3491); o STF editou a Súmula Vinculante n. 37, tratando, ainda, da proibição de aumento de vencimento dos servidores com fundamento na isonomia ("Não cabe ao Poder Judiciário, que não tem função legislativa, aumentar vencimentos de servidores públicos sob o fundamento de isonomia"); vide, a respeito, a decisão proferida pelo STF no RE 592.317/RJ, j. 28.08.2014;

e) irredutibilidade: *os subsídios e os vencimentos são irredutíveis* (art. 37, XV, CF); o STF entende que fere esse princípio o aumento na carga de trabalho do servidor sem o consequente aumento na remuneração (RE 255792/MG); entende também que o princípio é violado quando se desconta a remuneração de servidor afastado de suas funções por responder por processo penal em face da acusação de cometimento de crime funcional (RE 482.006); entende ainda que a aplicação do teto remuneratório previsto na EC 41/2003 não fere direito adquirido nem o princípio da irredutibilidade, eis que os excessos eventualmente percebidos fora dessas condições, ainda que com o beneplácito de disciplinas normativas anteriores, não estariam amparados pela regra da irredutibilidade, ressaltando, ademais, que o pagamento de remunerações superiores aos tetos de retribuição, além de se contrapor a noções primárias de moralidade, de transparência e de austeridade na administração dos gastos com custeio, representaria gravíssima quebra da coerência hierárquica essencial à organização do serviço público (RE 609.381, j. 02.10.2004);

f) proibição de indexação: o STF editou a Súmula Vinculante 42, com o seguinte teor: "É inconstitucional a vinculação do reajuste de vencimentos de servidores estaduais ou municipais a índices federais de correção monetária";

g) publicação obrigatória: "os Poderes Executivo, Legislativo e Judiciário publicarão anualmente os valores do subsídio e da remuneração dos cargos e empregos públicos" (art. 39, § 6º, CF);

h) direitos dos ocupantes de cargos públicos: o § 3º do artigo 39 da Constituição dispõe que se aplica aos servidores ocupantes de cargo público o disposto no art. 7º, IV, VII, VIII, IX, XII, XIII, XV, XVI, XVII, XVIII, XIX, XX, XXII e XXX.

Confira o disposto nos incisos citados do art. 7º da CF: IV e VII (salário mínimo), VIII (décimo terceiro salário), IX (remuneração de trabalho noturno superior à do diurno), XII (salário-família ao trabalhador de baixa renda), XIII (jornada diária não superior a 8 horas e semanal não superior a 44 horas, facultadas compensações), XV (repouso semanal remunerado), XVI (hora extra superior em pelo menos 50% da hora normal), XVII (férias anuais, com 1/3 a mais de remuneração), XVIII (licença à gestante de 120 dias), XIX (licença-paternidade), XX (proteção do mercado de trabalho da mulher), XXII (redução dos riscos do trabalho) e XXX (proibição de diferença de salário, função ou admissão por discriminação).

6.13. Aposentadoria

Consiste na transferência para a inatividade remunerada, cumpridos certos requisitos. Vejamos os tipos de aposentadoria:

Por invalidez: deve ser invalidez permanente, sendo os proventos proporcionais ao tempo de contribuição, exceto se decorrente de acidente em serviço, moléstia profissional ou doença grave contagiosa ou incurável, na forma da lei.

Compulsória: aos 70 anos de idade ou aos 75 anos de idade, na forma da lei complementar, com proventos proporcionais ao tempo de contribuição. Trata-se modificação introduzida pela EC 88/2015, vez que antes a aposentadoria compulsória ocorria sempre aos 70 anos de idade. A novel EC estabelece, ainda, uma norma de aplicação imediata, pela qual ministros do STF, dos Tribunais Superiores e do TCU desde já têm aposentadoria compulsória somente aos 75 anos (art. 100 do ADTC): "Até que entre em vigor a lei complementar de que trata o inciso II do § 1º do art. 40 da Constituição Federal, os Ministros do Supremo Tribunal Federal, dos Tribunais Superiores e do Tribunal de Contas da União aposentar-se-ão, compulsoriamente, aos 75 (setenta e cinco) anos de idade, nas condições do art. 52 da Constituição Federal". Sobre essa Emenda Constitucional, o STF tomou as seguintes decisões em Medida Cautelar na Ação Direta de Inconstitucionalidade 5316, julgada em 21.05.2015:

"a) suspender a aplicação da expressão "nas condições do art. 52 da Constituição Federal" contida no art. 100 do ADCT, introduzido pela EC 88/2015, por vulnerar as condições materiais necessárias ao exercício imparcial e independente da função jurisdicional, ultrajando a separação dos Poderes, cláusula pétrea inscrita no art. 60, § 4º, III, da CF; b) fixar a interpretação, quanto à parte remanescente da EC 88/2015, de que o art. 100 do ADCT não pudesse ser estendido a outros agentes públicos até que fosse editada a lei complementar a que alude o art. 40, § 1º, II, da CF, a qual, quanto à magistratura, é a lei complementar de iniciativa do STF, nos termos do art. 93 da CF; c) suspender a tramitação de todos os processos que envolvessem a aplicação a magistrados do art. 40, § 1º, II, da CF e do art. 100 do ADCT, até o julgamento definitivo da ação direta em comento; e d) declarar sem efeito todo e qualquer pronunciamento judicial ou administrativo que afastasse, ampliasse ou reduzisse a literalidade do comando previsto no art. 100 do ADCT e, com base neste fundamento, assegurasse a qualquer outro agente público o exercício das funções relativas a cargo efetivo após ter completado 70 anos de idade".

Voluntária: a pedido do interessado.

a) com remuneração proporcional ao tempo de serviço: aos 65 anos/homem e 60 anos/mulher;

b) com remuneração integral: aos 60 anos/homem (mínimo de 35 anos de contribuição) e 55 anos/mulher (mínimo de 30 anos de contribuição).

As aposentadorias mencionadas ficam condicionadas a que o agente tenha tempo mínimo de 10 anos de efetivo exercício no serviço público e 5 anos no cargo efetivo em que se dará a aposentadoria.

No caso de professor que comprove exclusivo e efetivo magistério na educação infantil/ensino fundamental/ensino médio reduz-se em 5 anos a idade e o tempo de contribuição para a concessão de aposentadoria voluntária integral.

Vale consignar que a Constituição abre espaço para o fim da aposentadoria com limite na remuneração integral. Confira-se a redação trazida pela EC 20/1998 ao § 14 do art. 40: *"a União, os Estados, o Distrito Federal e os Municípios, desde que instituam regime de previdência complementar para os seus respectivos servidores titulares de cargo efetivo, poderão fixar, para o valor das aposentadorias e pensões a serem concedidas pelo regime de que trata este artigo, o limite máximo estabelecido para os benefícios do regime geral de previdência social de que trata o art. 201"*. O § 15 do mesmo artigo diz que a lei complementar disporá sobre as normas gerais para instituição do regime de previdência complementar em questão.

A possibilidade citada não saiu do papel, daí porque o constituinte derivado editou a EC 41/2003 limitando o valor dos benefícios previdenciários dos agentes públicos e determinando a instituição de previdência complementar fechada, de natureza pública e na modalidade de contribuição definida.

Assim, dispôs o texto constitucional que os proventos serão calculados considerando as remunerações utilizadas como base para as contribuições do servidor aos regimes de que tratam os arts. 40 e 201 da CF, na forma da lei (art. 40, § 3º), estabelecendo como limite máximo para o valor dos benefícios do regime geral do art. 201 a quantia de R$ 2.400,00, reajustada a partir da publicação da EC/1941 pelos índices aplicados aos benefícios do regime geral (art. 5º, EC/1941)

Quanto à previdência complementar dos servidores públicos, foi criada na esfera federal pela Lei 12.618/2012, sobre a qual vale fazer os seguintes apontamentos:

a) essa lei entrou totalmente em vigor, quanto ao Poder Executivo, com a edição do Decreto 7.808, publicado em 21 de setembro de 2012 (*vide* art. 33 da Lei 12.618/2012), decreto esse que criou a Fundação de Previdência Complementar do Servidor Público Federal do Poder Executivo (Funpresp-Exe); quanto ao Poder Judiciário, com a edição da Resolução STF n. 496/2012, publicada em 29.10.2012; e quanto à Câmara dos Deputados, ao Senado Federal e ao Tribunal de Contas da União, estes três órgãos celebraram, em 31.01.2013, convênio de adesão à Funpresp-Exe, como patrocinadores do plano sob administração desta; com isso agentes públicos federais que ingressaram no serviço público após as datas mencionadas passaram a ter como limite máximo de aposentadoria o previsto para o regime geral de previdência (art. 3º, I, da Lei 12.618/2012), mas com a possibilidade de complementar esse valor com o regime de previdência complementar; porém, servidores que tenham ingressado no serviço público até data anterior ao início da vigência de previdência complementar poderão, mediante prévia e expressa opção, aderir ao regime de previdência complementar (art. 1º, parágrafo único, da Lei 12.618/2012), mas aplicando-se a ele o limite máximo estabelecido para os benefícios do regime geral de previdência, o que, mesmo havendo um benefício especial em favor desses servidores mais antigos que aderirem (art. 3º, §§ 1º e 2º, da Lei 12.618/2012), fará com que dificilmente um servidor que tenha ingressado no serviço público antes da vigência do regime em questão tenha interesse em aderir a ele;

b) o regime de previdência complementar é aplicável não só aos servidores públicos do Executivo em geral, como também do Judiciário, do Legislativo, Ministério Público da União (MPU) e Tribunal de Contas da União (TCU), como também aos membros do Judiciário, do MPU e do TCU, ou seja, atingindo juízes federais e do trabalho, desembargadores, ministros dos tribunais superiores, procuradores da república e do trabalho e ministros dos tribunais de contas;

c) a lei define como **patrocinadores** a União, suas autarquias e fundações, como **participante**, o servidor titular de cargo e o membro de poder, que aderirem aos planos de benefícios administrados pelas entidades; e como **assistidos**, o participante ou o seu beneficiário em gozo de benefício de prestação continuada (art. 2º da Lei 12.618/2012);

d) os planos de benefício da Lei 12.618/2012 são estruturados na modalidade de **contribuição definida**, sendo que a alíquota que incidirá sobre o valor que superar o benefício do regime geral da previdência (art. 16 e ss.) e será definida pelo servidor anualmente, com o servidor e o patrocinador pagando a mesma alíquota, até o limite de 8,5% no caso da alíquota a ser paga pelo patrocinador; assim, imaginemos que o teto do regime geral de previdência fosse de R$ 2.400,00 (esse é o valor original quando da reforma da previdência, mas é reajustado constantemente desde lá); imagine agora que um servidor federal que adira ao regime de previdência complementar ganhe R$ 8.000,00 por mês; nesse caso, sobre R$ 2.400,00 serão devidas as contribuições correntes da União e do servidor; e sobre a diferença entre o que ganha o servidor e o teto da previdência geral (diferença que, no caso, é de R$ 5.600,00), incidirá alíquota para fazer frente à previdência complementar, sendo que o servidor é quem define, todo ano, quanto quer pagar de alíquota (por exemplo, 7% sobre esses R$ 5.600,00) e a União fica obrigada a contribuir com a mesma alíquota (no caso, 7% também), não podendo a União contribuir com mais de 8,5%; já servidores que não ganham mais do que R$ 2.400,00, também podem contribuir para a previdência complementar, mas não haverá contribuição pela União, de modo que o benefício complementar desse tipo de servidor tende a ser proporcionalmente menor do que o benefício de um servidor que ganha mais de R$ 2.400,00.

Além disso, a reforma constitucional estabeleceu a obrigatoriedade de os Estados, DF e Municípios instituírem contribuição previdenciária de seus servidores, para o custeio, em benefício destes, do regime previdenciário do art. 40, cuja alíquota não será inferior a da União (11%).

Estipulou ainda a contribuição dos inativos e pensionistas, que incidirá em percentual igual ao estabelecido para os servidores ativos, mas incidente apenas sobre os valores que superem o limite máximo para os benefícios do regime geral (R$ 2.400,00) (art. 40, § 18, CF).

No que concerne à pensão por morte, estabeleceu-se que a lei disporá sobre o assunto e o benefício será igual, caso aposentado o falecido, aos proventos deste até o limite do art. 201 mais 70% da parcela excedente ao limite, e, caso na ativa o falecido, à remuneração deste até o limite do art. 201 mais 70% da parcela excedente a este limite (art. 40, § 7º, CF). Tal disposição, todavia, não se aplica aos militares das Forças Armadas (art. 10, EC/1941) e quanto aos pensionistas dos militares dos Estados, DF e Territórios aplica-se o que for fixado em lei específica do respectivo ente estatal.

Quanto à revisão dos benefícios previdenciários, determinou-se o fim da paridade com a remuneração dos servidores ativos, assegurando-se apenas o reajuste dos benefícios para preservar seu valor real, conforme critérios estabelecidos em lei (art. 40, § 8º, CF). Tal regra também não é aplicável aos militares das Forças Armadas (art. 10, EC/1941).

A lei não pode estabelecer contagem de tempo de contribuição fictício, como, por exemplo, dizer que férias não gozadas pelo servidor equivale a 3 meses de tempo de contribuição para efeito de aposentadoria.

O tempo de contribuição federal, estadual ou municipal será contado para efeito de aposentadoria e o tempo de serviço correspondente para efeito de disponibilidade. Também conta o tempo de contribuição para o regime geral, a chamada contagem recíproca (art. 201, § 9º, CF).

Aliás, vale ressaltar que, hoje, o requisito não é mais *tempo de serviço*, mas *tempo de contribuição*.

O artigo 8º da EC 20/1998 trazia a regra de transição para os servidores que já o eram quando de sua edição. Agora, tal regra foi modificada pelo artigo 2º da EC 41/2003, a qual também estabeleceu regra de transição para aqueles que ingressaram no serviço público até a data de sua publicação (art. 6º, EC 41/2003).

Quanto à aposentadoria especial de que trata o art. 40, §. 4º, da CF (p. ex., por trabalhar em atividades insalubres), o STF, diante da mora legislativa em regulamentar a questão, reconheceu que "enquanto não editada a lei reguladora do direito assegurado constitucionalmente, o critério a ser levado em conta é o da Lei 8.213/1991, mais precisamente o definido no artigo 57, adotando-se os parâmetros previstos para os trabalhadores em geral (Ag. Reg. no ARE 727.541-MS). Nesse sentido é a Súmula Vinculante STF 33.

Quanto ao ocupante exclusivamente de cargo em comissão (ou seja, aquele que não seja servidor já com cargo efetivo), aplica-se as regras previdenciárias do regime geral de previdência (art. 40, § 13, da CF), e não as regras acima sobre o regime próprio de previdência do servidor público. Nesse sentido, não se aplica, por exemplo, a regra da aposentadoria compulsória a quem tenha cargo em comissão, de modo que uma pessoa com 80 ou 90 anos (e há casos disso) pode trabalhar no poder público num cargo em comissão.

6.14. Processo administrativo disciplinar

É aquele destinado à apuração de faltas disciplinares, violação de deveres funcionais e imposição de sanções a servidores públicos.

6.14.1. Garantias e princípios

a) contraditório e ampla defesa: *"aos litigantes, em processo judicial ou administrativo, e aos acusados em geral são assegurados o contraditório e ampla defesa, com os meios e recursos a ela inerentes"* (art. 5º, LV, CF). *Vide* também a Lei 9.784/1999, aplicável subsidiariamente às leis federal e locais que tratam do processo disciplinar; vale salientar, que, apesar das inúmeras garantias contidas nesse princípio, o STF, na Súmula Vinculante 5, *não* entende que a falta de defesa técnica por advogado no processo disciplinar, por si só, *ofenda* o contraditório e a ampla defesa; ou seja, a falta de advogado *não gera* a presunção de desrespeito a esse princípio, se forem preservados os três elementos dessa garantia, que são os seguintes: "a) *o direito de manifestação* (que obriga o órgão julgador a informar à parte contrária dos atos praticados no processo e sobre os elementos dele constantes); b) *o direito de informação sobre o objeto do processo* (que assegura ao defendente a possibilidade de se manifestar oralmente ou por escrito sobre os elementos fáticos e jurídicos contidos no processo); e c) o direito de ver os seus argumentos contemplados pelo órgão incumbido de julgar (que exige do julgador capacidade de apreensão e isenção de ânimo para contemplar as razões apresentadas)" (STF, RE 434.059/DF);

b) juiz natural: *"ninguém será processado nem sentenciado senão pela autoridade competente"* (art. 5º, LIII, CF);

c) vedação da prova ilícita: *"são inadmissíveis, no processo, as provas obtidas por meios ilícitos"* (art. 5º, LVI, CF). Ex.: não é possível requerer a interceptação telefônica em processo administrativo disciplinar (Lei 9.296/1996); porém, o STJ admite a utilização dessa prova, em processo disciplinar, na qualidade de "prova emprestada", caso tenha sido produzida em ação penal, e desde que devidamente autorizada pelo juízo criminal e com a observância das diretrizes da Lei 9.296/1996 (MS 16.146, j. 22.5.13); não se considera ilícita a prova quando feita pela própria vítima (interlocutor) de fiscal que exigia propina, bem como não se considera flagrante preparado (mas flagrante esperado) no caso em que a solicitação de dinheiro pelo fiscal se dera dias antes de sua prisão (quando não mais se dependia do flagrante para a configuração do delito) e a equipe policial apenas permaneceu alerta, sem instigar a atuação do fiscal (STJ, RMS 19.785);

d) direito ao silêncio, *in dubio pro reo*, presunção de inocência e ônus da prova da Administração; por conta do princípio da presunção de inocência, não é possível cortar remuneração preventivamente, mas é cabível o afastamento cautelar do agente; por conta do ônus da prova da Administração não é possível que esta simplesmente coloque o ônus da prova sobre o servidor e atue de modo tendencioso e direcionado a culpabilizá-lo (STJ, MS 10.906);

e) gratuidade: não se pode cobrar custas do agente público;

f) oficialidade: instaurado e desenvolvido de ofício pela Administração;

g) formalismo moderado: deve-se ter em mente a instrumentalidade das formas, respeitando sempre a ampla defesa e o contraditório; por conta disso, o STJ entende, por exemplo, que a prorrogação *motivada* do prazo para a conclusão dos trabalhos da comissão em processo administrativo disciplinar não acarreta, por si só, a nulidade do procedimento (MS 16.031, j. 26.06.2013); por conta disso, "o excesso de prazo para a conclusão do processo administrativo disciplinar não gera, por si só, qualquer nulidade no feito, desde que não haja prejuízo para o acusado. Isso porque não se configura nulidade sem prejuízo (*pas de nulité sans grief*)" (RMS 33.628-PE, j. 02.04.2013).

h) motivação: a motivação já um imperativo decorrente do regime republicano, do princípio da inafastabilidade da jurisdição (sem a motivação, como se vai exercer esse direito, demonstrando ao Judiciário uma ilegalidade ou abuso de poder) e do princípio da moralidade administrativa, mas esse princípio (da motivação) é ainda mais importante quando se pratica atos que restringem ou interferem nos direitos de terceiro; em matéria disciplinar, então, é ainda mais importante que a Administração motive adequadamente seus atos, explicitando e explicando as razões de seu convencimento; porém, isso não quer dizer que a Administração tem o dever de fazer o exame detalhado de cada argumento trazido pelas partes (STF, Ag. Reg. no ARE 637.958-MG);

i) respeito aos demais princípios administrativos: o STJ determinou a anulação de demissão certa ocasião, por ofensa aos princípios da impessoalidade (art. 37, *caput*, da CF) e da imparcialidade (art. 18 da Lei 9.784/1999), pelo fato de o processo administrativo ter sido instaurado por um dos investigados e também pelo fato de uma das testemunhas também se tratar de investigado, tendo prestado depoimento sem o compromisso de dizer a verdade (MS 14.233, DF).

Já no plano substancial, além do respeito aos princípios e regras administrativos em geral, destaque-se a relevância de decidir consoante os princípios da legalidade, da moralidade e, mais do que nunca, da razoabilidade e da proporcionalidade. Quanto aos dois últimos princípios, o Judiciário tem, inclusive, anulado a aplicação de penas de demissão (determinando que a Administração aplique nova pena, mas agora proporcional), quando revela violação à razoabilidade ou proporcionalidade (STJ, RMS 29.290-MG). O Judiciário também tem anulado penas disciplinares quando se demonstra que a autoridade apenadora comete desvio de finalidade, apenando o servidor por perseguição ou interesse de natureza diversa, mas não prevista em lei, revelando violação aos princípios da impessoalidade (e imparcialidade), moralidade e razoabilidade (STJ, MS 14.959-DF).

6.14.2. Incidência

O processo administrativo é obrigatório para as hipóteses em que são cabíveis sanções mais graves, tais como:

a) demissão;

b) perda do cargo;

c) suspensão por mais de 30 dias;

d) cassação da aposentadoria;

e) destituição de cargo em comissão como punição (diferente da livre exoneração).

6.14.3. Fases do processo administrativo:

a) Instauração: por portaria, auto de infração, representação ou despacho da autoridade;

b) Instrução: produção de provas com participação do acusado;

c) Defesa: deve ser ampla e efetiva;

d) Relatório: elaborado pelo presidente da comissão (que deve ser formada por pessoas estáveis de cargo idêntico ou superior ao processado); trata-se de mera peça opinativa, não vinculando autoridade julgadora;

(As quatro fases anteriores também são chamadas de **inquérito**)

e) Julgamento: decisão final, que deve ser motivada e fundamentada pela autoridade competente, por exemplo, pelo Prefeito, Secretário dos Negócios Jurídicos. Vale salientar que o STJ entende que não é obrigatória a intimação do interessado para apresentar alegações finais após o relatório final do processo administrativo disciplinar, não havendo previsão legal nesse sentido (MS 18.090-DF, j. 08.05.2013).

Cabe recurso administrativo e ao Judiciário, que não adentra ao mérito do julgamento, mas ao respeito às formalidades, aos aspectos de legalidade. Em caso de anulação judicial da demissão, haverá reintegração do agente, com direito a indenização.

6.14.4. Meios sumários

Sindicância: meio sumário de investigação, destinado à apuração preliminar de fatos com dois objetivos, que devem ser vistos no prazo de 30 dias:

a) Aplicação de sanções menos severas: multa, repreensão e suspensão de até 30 dias;

b) Processo preparatório: meio de convencimento para instauração de processo administrativo ou arquivamento da peça de instauração.

Verdade Sabida: aquela testemunhada ou conhecida inequivocamente pelo superior hierárquico e que enseja sanção leve. Alguns estatutos admitem que a partir dela se imponha sanção, desde que se garanta ampla defesa ou contraditório. Porém, trata-se de instituto inconstitucional, pois há de sempre se garantir contraditório e ampla defesa.

Termo de Declarações: servidor, confessando a falta, aceita a sanção aplicável, desde que não se exija processo disciplinar. Também é inconstitucional, pois sempre há de se garantir contraditório e ampla defesa.

O STF entende inconstitucional esses dois meios, sob o argumento de que não é "admissível que o Estado, em tema de restrição à esfera jurídica de qualquer cidadão e de seus servidores, exerça a sua autoridade de maneira abusiva ou arbitrária, de modo a desprezar, no exercício de sua atividade, o postulado da plenitude de defesa, visto que o reconhecimento da legitimidade ético-jurídica de qualquer medida imposta pelo Poder Público de que resultem, como no caso, consequências gravosas no plano dos direitos e garantias individuais exige a observância da garantia do devido processo" (ADI 2120/AM).

6.14.5. Sanções disciplinares

Normalmente, os estatutos dos funcionários públicos estabelecem as seguintes sanções disciplinares:

a) demissão;

b) demissão a bem do serviço público;

c) suspensão;

d) advertência, repreensão;

e) multa.

Porém, o estatuto local tem liberdade para estabelecer outros tipos de sanções disciplinares.

6.14.6. Comunicabilidade de instâncias

A regra é a da independência das instâncias cível, administrativa e criminal. A absolvição ocorrida no juízo criminal somente se comunicará à instância administrativa se se tratar de "absolvição por negativa de autoria" ou de "absolvição por inexistência do fato", e nunca se for "absolvição por falta de provas".

De qualquer forma, o exercício do poder disciplinar pelo Estado não está sujeito ao encerramento da perseguição criminal, nem se deixar influenciar, como se viu, por eventual sentença absolutória nessa instância, salvo nos casos mencionados (STF, MS 23.190/RJ, j. 01.08.2013; STJ, MS 18.090-DF, j. 08.05.2013).

Deve-se acrescentar que, de acordo com a Súmula 18 do STF, *"pela falta residual, não compreendida na absolvição pelo juízo criminal, é admissível a punição administrativa do servidor público"*.

7. IMPROBIDADE ADMINISTRATIVA

7.1. Conceito

É o ato de imoralidade qualificada pela lei que importa em enriquecimento ilícito do agente, prejuízo ao erário ou violação dos princípios da administração pública e que enseja, em processo judicial promovido pela pessoa jurídica lesada ou pelo Ministério Público, a aplicação das seguintes sanções: suspensão dos direitos políticos, perda da função pública, indisponibilidade dos bens, ressarcimento ao erário, perda de bens e valores acrescidos ilicitamente, multa civil e proibição de contratar com a administração pública ou dela receber benefícios. Tudo sem prejuízo das sanções penais, civis e administrativas.

Atualmente, o regime jurídico da improbidade está previsto na CF (art. 37, § 4º) e na Lei 8.429/1992 (Lei de Improbidade Administrativa).

7.2. Modalidades

A Lei 8.429/1992 estabelece três modalidades de ato de improbidade administrativa.

A primeira modalidade é a de **enriquecimento ilícito (art. 9º)**. Essa modalidade consiste em o agente auferir vantagem patrimonial indevida em razão do exercício da atividade pública. São exemplos de improbidade nessa modalidade os seguintes: receber comissão, propina; utilizar bem ou funcionário públicos em proveito próprio; adquirir bens desproporcionais à renda, dentre outros.

O STJ é pacífico no sentido de que é necessário dolo para a configuração dessa modalidade.

A segunda modalidade é a de atos que causam **prejuízo ao erário (art. 10)**. Essa modalidade consiste em o agente, por ato doloso ou culposo, ensejar perda patrimonial, desvio, malbaratamento ou dilapidação dos bens das entidades. São exemplos de improbidade nessa modalidade os seguintes: permitir ou facilitar que bem público seja desviado para particular, ou que seja alienado por preço inferior ao de mercado; realizar operações financeiras sem observância das normas legais; conceder benefício fiscal sem observância da lei; frustrar licitação; ordenar ou permitir realização de despesas não autorizadas; dentre outros.

O STJ é pacífico no sentido de que essa modalidade pode se configurar tanto mediante conduta dolosa como mediante conduta culposa em sentido estrito (EREsp 875.163/RS, DJ 30.06.2010).

A terceira modalidade é que importa em **violação a princípios da Administração Pública (art. 11)**. Essa modalidade consiste em o agente violar dolosamente deveres de honestidade, imparcialidade, legalidade e lealdade às instituições. São exemplos de improbidade nessa modalidade os seguintes: praticar ato visando a fim proibido em lei ou diverso daquele previsto na regra de competência (desvio de finalidade), retardar ou deixar de praticar ato de ofício, revelar fato que deva permanecer em segredo, negar publicidade aos atos oficiais, deixar de prestar contas.

O STJ é pacífico no sentido de que é necessário dolo para a configuração dessa modalidade.

A jurisprudência do STJ afastou todas as teses de responsabilidade objetiva em qualquer das modalidades citadas.

E, nos casos em que se exige dolo, a jurisprudência desse tribunal esclareceu que se trata do *dolo genérico*, consistente na "vontade de realizar fato descrito na norma incriminadora" (REsp 765.212/AC, j. 02.03.2010).

Segue relação dos tipos de improbidade previstos na Lei 8.429/1992, com grifos e comentários nossos:

Dos Atos de Improbidade Administrativa que Importam **Enriquecimento Ilícito**

Art. 9º Constitui ato de improbidade administrativa importando enriquecimento ilícito **auferir qualquer tipo de vantagem patrimonial indevida em razão** do exercício de cargo, mandato, função, emprego ou atividade nas entidades mencionadas no art. 1º desta lei, **e notadamente**: *(a expressão "e notadamente revela que o rol abaixo é exemplificativo, de modo que o caput já traz um tipo genérico dessa modalidade; ademais, aqui se exige dolo e não é necessário que haja lesão ao erário)*

I – **receber**, para si ou para outrem, **dinheiro, bem móvel ou imóvel**, ou **qualquer outra vantagem econômica**, direta ou indireta, a título de comissão, percentagem, gratificação ou presente de quem tenha interesse, direto ou indireto, **que possa ser atingido ou amparado por ação ou omissão decorrente das atribuições do agente público**;

II – **perceber vantagem econômica**, direta ou indireta, **para facilitar** a aquisição, permuta ou locação de bem móvel ou imóvel, ou a contratação de serviços pelas entidades referidas no art. 1º por preço superior ao valor de mercado;

III – **perceber vantagem econômica**, direta ou indireta, **para facilitar** a alienação, permuta ou locação de bem público ou o fornecimento de serviço por ente estatal por preço inferior ao valor de mercado;

IV – **utilizar**, em obra ou serviço **particular**, veículos, máquinas, equipamentos ou material de qualquer natureza, de propriedade ou à disposição de qualquer das entidades mencionadas no art. 1º desta lei, bem como o trabalho de servidores públicos, empregados ou terceiros contratados por essas entidades; o STJ reconheceu que incide o dispositivo na utilização, por Prefeita, de procuradores municipais para defendê-la na Justiça Eleitoral em casos envolvendo uso indevido de dinheiro público e abuso de autoridade e do poder econômico quando candidata à reeleição (REsp 908.790-RN, j. 20.10.2009); também foi reconhecida a aplicação do dispositivo num caso em que um Prefeito usou vinte funcionários públicos em horário de expediente na construção de casa para a sua moradia (STJ, REsp 867.146-SC);

V – **receber vantagem econômica de qualquer natureza**, direta ou indireta, **para tolerar** a exploração ou a prática de jogos de azar, de lenocínio, de narcotráfico, de contrabando, de usura ou de qualquer outra atividade ilícita, ou **aceitar promessa** de tal vantagem;

VI – **receber vantagem econômica de qualquer natureza**, direta ou indireta, **para fazer declaração falsa** sobre medição ou avaliação em obras públicas ou qualquer outro serviço, ou sobre quantidade, peso, medida, qualidade ou característica de mercadorias ou bens fornecidos a qualquer das entidades mencionadas no art. 1º desta lei;

VII – **adquirir**, para **si** ou para **outrem**, no exercício de mandato, cargo, emprego ou função pública, **bens de qualquer natureza cujo valor seja desproporcional à evolução do patrimônio ou à renda do agente público**;

VIII – **aceitar emprego, comissão ou exercer atividade de consultoria ou assessoramento** para pessoa física ou jurídica **que tenha interesse suscetível** de ser atingido ou amparado por ação ou omissão decorrente das atribuições do agente público, durante a atividade;

IX – **perceber vantagem econômica** para **intermediar** a liberação ou aplicação de verba pública de qualquer natureza;

X – **receber vantagem econômica de qualquer natureza**, direta ou indiretamente, **para omitir** ato de ofício, providência ou declaração a que esteja obrigado;

XI – **incorporar**, por qualquer forma, **ao seu patrimônio** bens, rendas, verbas ou valores integrantes do acervo patrimonial das entidades mencionadas no art. 1º desta lei;

XII – **usar, em proveito próprio**, bens, rendas, verbas ou valores integrantes do acervo patrimonial das entidades mencionadas no art. 1º desta lei.

Dos Atos de Improbidade Administrativa que Causam **Prejuízo ao Erário**

Art. 10. Constitui ato de improbidade administrativa que causa lesão ao erário **qualquer ação ou omissão, dolosa ou culposa, que enseje** perda patrimonial, desvio, apropriação, malbaratamento ou dilapidação dos bens ou haveres das entidades referidas no art. 1º desta lei, e notadamente: *(repare que a modalidade se configura mediante conduta culposa ou dolosa)*

I – **facilitar ou concorrer** por qualquer forma **para a incorporação** ao patrimônio particular, de pessoa física ou jurídica, de bens, rendas, verbas ou valores integrantes do acervo patrimonial das entidades mencionadas no art. 1º desta lei;

II – **permitir ou concorrer** para que pessoa física ou jurídica privada **utilize** bens, rendas, verbas ou valores integrantes do acervo patrimonial das entidades mencionadas no art. 1º desta lei, **sem a observância das formalidades legais ou regulamentares aplicáveis à espécie;**

III – **doar** à pessoa física ou jurídica bem como ao ente despersonalizado, ainda que de fins educativos ou assistências, bens, rendas, verbas ou valores **do patrimônio de qualquer das entidades** mencionadas no art. 1º desta lei, **sem observância** das formalidades legais e regulamentares aplicáveis à espécie;

IV – **permitir ou facilitar** a alienação, permuta ou locação de bem integrante do patrimônio de qualquer das entidades referidas no art. 1º desta lei, ou ainda a prestação de serviço por parte delas, **por preço inferior ao de mercado;**

V – **permitir ou facilitar** a aquisição, permuta ou locação de bem ou serviço **por preço superior ao de mercado;**

VI – **realizar operação financeira** sem observância das normas legais e regulamentares ou aceitar garantia insuficiente ou inidônea;

VII – **conceder benefício administrativo ou fiscal** sem a observância das formalidades legais ou regulamentares aplicáveis à espécie;

VIII – **frustrar a licitude de processo licitatório ou de processo seletivo para celebração de parcerias com entidades sem fins lucrativos, ou dispensá-los indevidamente**; o STJ afastou decisão que condenara agentes por improbidade neste tipo, ao fundamento de que o elemento subjetivo (culpa ou dolo) não foram comprovados, e dano ao erário, essencial para a configuração da modalidade, não aconteceu, em virtude de do pagamento da quantia de R$ 50 mil pela Administração correspondeu efetivamente a uma prestação de serviço (REsp 1.038.777-SP, j. 03.02.2011);

IX – **ordenar ou permitir** a realização de despesas não autorizadas em lei ou regulamento;

X – **agir negligentemente na arrecadação de tributo ou renda**, bem como no que diz respeito à **conservação do patrimônio público**;

XI – **liberar verba pública** sem a estrita observância das normas pertinentes **ou influir** de qualquer forma para a sua aplicação irregular;

XII – **permitir, facilitar ou concorrer** para que **terceiro se enriqueça ilicitamente**; o STJ entende que a configuração do art. 10, XII, da Lei 8.429/1992 só é pertinente em caso de comprovada demonstração, nos autos, do nexo de causalidade entre o enriquecimento de terceiro e o prejuízo da Administração (REsp 842.428-ES);

XIII – **permitir que se utilize**, em obra ou serviço particular, veículos, máquinas, equipamentos ou material de qualquer natureza, de propriedade ou à disposição de qualquer das entidades mencionadas no art. 1º desta lei, bem como o trabalho de servidor público, empregados ou terceiros contratados por essas entidades.

XIV – **celebrar contrato ou outro instrumento** que tenha por objeto a prestação de serviços públicos por meio da gestão associada sem observar as formalidades previstas na lei;

XV – **celebrar contrato** de rateio de consórcio público sem suficiente e prévia dotação orçamentária, ou sem observar as formalidades previstas na lei.

XVI – **facilitar ou concorrer, por qualquer forma, para a incorporação, ao patrimônio particular de pessoa física ou jurídica, de bens, rendas, verbas ou valores públicos transferidos pela administração pública a entidades privadas** mediante celebração de parcerias, sem a observância das formalidades legais ou regulamentares aplicáveis à espécie;

XVII – **permitir ou concorrer para que pessoa física ou jurídica privada utilize bens, rendas, verbas ou valores públicos transferidos pela administração pública a entidade privada mediante celebração de parcerias**, sem a observância das formalidades legais ou regulamentares aplicáveis à espécie;

XVIII – **celebrar parcerias da administração pública com entidades privadas sem a observância das formalidades legais ou regulamentares aplicáveis à espécie**;

XIX – **agir negligentemente na celebração, fiscalização e análise das prestações de contas de parcerias firmadas pela administração pública com entidades privadas**;

XX – **liberar recursos de parcerias firmadas pela administração pública com entidades privadas sem a estrita observância das normas pertinentes ou influir de qualquer forma para a sua aplicação irregular**.

A Lei 13.019/2014, que trata do Marco Regulatório para Celebração de Parcerias com Organizações da Sociedade Civil, criou os incisos XVI a XXI e deu nova redação ao inciso VIII do art. 10 da Lei 8.429/1992, além criar o inciso VIII do art. 11 da mesma lei.

Posteriormente, a Lei 13.204/2015 alterou os incisos XIX e XX do art. 10 da Lei 8.429/1992, nada dispondo sobre o inciso XXI.

Dos Atos de Improbidade Administrativa que Atentam Contra os **Princípios da Administração Pública**

Art. 11. Constitui ato de improbidade administrativa que atenta contra os princípios da administração pública qualquer **ação ou omissão que viole os deveres** de honestidade, imparcialidade, legalidade, e lealdade às instituições, e notadamente: *(aqui se exige dolo e não se exige lesão ao erário)*

I – **praticar ato visando fim proibido em lei ou regulamento** ou diverso daquele previsto, na regra de competência; O STJ entendeu configurado o dispositivo em caso no qual um prefeito repassara a um hospital vultosa verba consignada no orçamento municipal em razão do incêndio sofrido pelo hospital; porém, omitiu o caráter público de tal quantia e divulgou na imprensa que tratava-se de sua doação particular, daí porque foi condenado pela prática de improbidade à suspensão de seus direitos políticos por três anos e ao pagamento das custas processuais (REsp 884.083-PR); o STJ entendeu configurado o dispositivo e também o *caput* do art. 11 (neste caso, por violação aos princípios da moralidade, finalidade, legalidade e interesse público), em caso no qual vereadores de um município exigiram de seus assessores comissionados a entrega de percentual dos seus vencimentos para o pagamento de outros servidores não oficiais (assessores informais), bem como para o custeio de campanhas eleitorais e despesas do próprio gabinete (REsp 1.135.767-SP);

II – **retardar ou deixar de praticar, indevidamente, ato de ofício**; o STJ afastou a aplicação desse dispositivo a um caso em que agente público agiu com desídia e negligência, mas sem demonstração de que teria agido com dolo, ainda que eventual (REsp 875.163-RS, j. 19.05.2009);

III – **revelar fato ou circunstância** de que tem ciência em razão das atribuições e que deva permanecer em segredo;

IV – **negar publicidade aos atos oficiais**;

V – **frustrar a licitude de concurso público**; o STJ entendeu não configurar o ilícito a contratação temporária de servidores e sua prorrogação sem concurso, quando amparadas em legislação local, a afastar o dolo genérico, essencial para a configuração dessa modalidade de improbidade (EDcl no AgRg no AgRg no AREsp 166.766-SE, j. 23.10.2012); por outro lado, o STJ reconheceu a aplicação do dispositivo em caso no qual a contratação sem concurso se deu e ainda o agente público contratante postergou por 8 anos a eficácia do ato ímprobo (REsp 915.322-MG);

VI – **deixar de prestar contas** quando esteja obrigado a fazê-lo;

VII – **revelar ou permitir que chegue ao conhecimento de terceiro**, antes da respectiva divulgação oficial, teor de medida política ou econômica capaz de afetar o preço de mercadoria, bem ou serviço;

VIII – **descumprir as normas relativas à celebração, fiscalização e aprovação de contas de parcerias firmadas pela administração pública com entidades privadas**.

IX – **deixar de cumprir a exigência de requisitos de acessibilidade previstos na legislação.** (Redação dada pela Lei 13.146/2015)

O STJ reconheceu que configura a modalidade do art. 11 as seguintes condutas:

a) de professor da rede pública de ensino, que, aproveitando-se dessa situação assedia sexualmente seus alunos (REsp 1.255.120-SC, j. 21.05.2003);

b) de médico que emite laudo médico de sua competência em seu próprio benefício (AgRg no AREsp 73.968-SP, j. 02.10.2012);

8. Direito Administrativo

O STJ também afasta o reconhecimento de improbidade quando o agente público, mesmo cometendo uma ilegalidade, não tenha atuado, num sentido amplo, com imoralidade, desídia, desvio ético ou desonestidade. Afinal, a expressão improbidade significa desonestidade e, não havendo ofensa a esse bem jurídico, não há falar-se em responsabilidade por ato de improbidade administrativa. Um exemplo foi o de um Prefeito que permitiu o uso de um imóvel público a título precário, sem que houvesse lei autorizando (contrariando assim a lei orgânica local), para abrigar, sob a orientação de servidores em trabalho voluntário, crianças sujeitas a abusos e maus-tratos, durante a noite e finais de semana, pois à época não havia nem conselho tutelar no local (REsp 1.129.277-RS, j. 04.05.2010). Reconheceu-se que o ato foi praticado com o intuito de assegurar direitos fundamentais a crianças e adolescentes e que a eventual ilegalidade na formalização não é suficiente para caracterizar ato de improbidade, sem prejuízo de que a questão seja corrigida.

7.3. Sanções ou penas (art. 12)

A Lei 8.429/1992 estabelece as seguintes sanções para aquele que pratica o ato de improbidade:

a) suspensão dos direitos políticos: de 8 a 10, de 5 a 8 e de 3 a 5 anos, para os arts. 9º, 10 e 11, respectivamente;

b) perda da função pública;

c) indisponibilidade dos bens (§ 4º do art. 37 da CF);

d) ressarcimento ao erário;

e) perda de bens e valores acrescidos ilicitamente;

f multa civil: no valor de até 3 (três) vezes o valor do *acréscimo patrimonial* do agente, no caso do art. 9º; no valor de até 2 (duas) vezes o valor do *dano*, no caso do art. 10; e no valor de até 100 vezes a *remuneração percebida* pelo agente, no caso do art. 11;

g) proibição de contratar com a Administração Pública ou dela receber benefícios ou incentivos fiscais ou creditícios, direta ou indiretamente, ainda que por intermédio de pessoa jurídica da qual seja sócio majoritário, por 10, 5 e 3 anos, para os artigos 9º a 11, respectivamente.

As quatro primeiras sanções foram criadas expressamente pela CF, enquanto as demais foram criadas pela Lei 8.429/1992.

Na fixação das penas previstas nesta Lei o juiz levará em conta a extensão do dano causado, assim como o proveito patrimonial obtido pelo agente.

A aplicação das sanções independe de dano ao erário (art. 21, I), salvo quanto à pena de ressarcimento, e da aprovação ou rejeição de contas pelo órgão de controle interno ou Tribunal de Contas (art. 21, II).

No tocante à **cumulação das sanções previstas no art. 12 da Lei 8.429/1992**, o STJ entendeu que estas não podem ser cumuladas de modo indistinto, em obediência ao princípio da proporcionalidade (REsp 626.204/RS, DJ 06.09.2007).

Na prática, somente em casos gravíssimos, como de enriquecimento ilícito do agente (art. 9º), justifica-se a cumulação de todas as sanções previstas no art. 12.

Casos que envolvam violação a princípios (art. 11) e prejuízo ao erário (art. 10), desde que não dolosos, dão ensejo, normalmente, apenas a multa civil e ressarcimento do dano (AgRg no AgRg no Ag 1.261.659/TO, DJ 07.06.2010).

7.4. Sujeitos do ato de improbidade

São **sujeitos passivos**, ou seja, podem ser vítimas do ato de improbidade as seguintes pessoas (art. 1º, *caput* e parágrafo único, da Lei 8.429/1992):

a) pessoas jurídicas de direito público e de direito privado integrantes da Administração Direta e Indireta;

b) empresa incorporada ao patrimônio público;

c) entidade para cuja criação ou custeio o Estado tenha contribuído ou contribua com mais de 50% do patrimônio ou da receita anual;

d) entidade para cuja criação ou custeio o erário haja concorrido ou concorra com menos de 50% do patrimônio ou da receita anual; nesse caso a *sanção patrimonial* fica limitada à repercussão do ilícito sobre a contribuição dos cofres públicos;

e) entidades que recebam subvenção, benefício ou incentivo, fiscal ou creditício, de órgãos ou empresas públicas (ressarcimento só da contribuição pública); nesse caso a *sanção patrimonial* também fica limitada à repercussão do ilícito sobre a contribuição dos cofres públicos.

São **sujeitos ativos**, ou seja, praticam atos de improbidade as seguintes pessoas (arts. 2º e 3º da Lei 8.429/1992):

a) *agentes públicos*, ou seja, todo aquele que exerce, ainda que transitoriamente ou sem remuneração, por eleição, nomeação, designação, contratação ou qualquer outra forma de investidura ou vínculo, mandato, cargo, emprego ou função nas entidades mencionadas acima como sujeitos passivos; aqui temos os chamados *agentes próprios* de improbidade; inclusive juízes e membros do Ministério Público podem ser sujeitos ativos desses atos (STJ, REsp 1.191.613-MG, DJ 17.04.2014);

b) aquele que *induziu* ou *concorreu* para a prática do ato (art. 3º);

c) particular *beneficiado*, direta ou indiretamente, pelo ato (art. 3º). Vale informar que o STJ tem entendimento de que "não é possível o ajuizamento de ação de improbidade administrativa exclusivamente em face de particular, sem a concomitante presença de agente público no polo passivo da demanda" (REsp 1.171.017-PA, j. 25.02.2014).

No tocante aos *sujeitos ativos* do ato de improbidade, o STF fixou entendimento de que os **agentes políticos** que respondam por crime de responsabilidade (exs.: Presidente, Ministros de Estado, desembargadores, entre outros) não estão sujeitos à incidência da Lei 8.429/1992 (RE 579.799, DJ 19.12.2008), dada a similitude das sanções nas duas esferas.

No entanto, findo o mandato do agente político sujeito à aplicação da Lei de Crime de Responsabilidade (Lei 1.079/1950), é possível que este seja acionado com fundamento na Lei 8.429/92, seja porque não haverá mais dupla sujeição a regimes que ensejam responsabilidade política, seja para que o agente público não fique impune. Esse foi o entendimento exarado pelo STF na AC 3585 AgR/RS.

Todavia, o STF não incluiu os Prefeitos nesse rol, apesar destes responderem por crime de responsabilidade (Rcl 6034,

DJ 29.08.2008), sob o argumento de que apenas as autoridades com foro de prerrogativa de função para o processo e o julgamento por crime de responsabilidade, elencadas na Constituição Federal (arts. 52, I e II; 96, III; 102, I, *c*; 105, I, *a*, e 108, I, *a*, todos da CF/1988), não estão sujeitas a julgamento também na Justiça cível comum pela prática da improbidade administrativa (vide também o REsp 1.034.511-CE, j. 01.09.2009, do STJ), o que não é o caso do Prefeito.

Porém, há quem não concorde com isso, por entender que não faz sentido que o Prefeito responda nas duas esferas (por crime de responsabilidade e por improbidade administrativa), com o mesmo tipo de consequência, já que essas duas esferas são bem semelhantes quanto às sanções cabíveis. E o caso foi considerado de repercussão geral, estando o STF para reapreciar em breve a questão.

Quanto aos sujeitos ativos impróprios de improbidade (art. 3º), o STJ já admitiu que uma ação de improbidade fosse mantida após a exclusão de agentes públicos do polo passivo da demanda, mesmo restando como réus, além da sociedade de economia mista na qual se deram os fatos, apenas particulares (REsp 1.138.523, j. 23.02.2010).

Quanto ao sucessor daquele que causar lesão ao patrimônio público ou se enriquecer ilicitamente, o art. 8º da Lei 8.429/1992, respeitando o princípio constitucional da intranscendência das sanções e restrições de direito (art. 5º, XLV, da CF), dispõe que aquele está sujeito às cominações desta lei, mas até o limite do valor da herança. No caso, o sucessor terá de suportar a perda de bens ou valores acrescidos ilicitamente ao patrimônio do falecido, o ressarcimento ao erário pelo ato cometido pelo falecido e a multa civil imposta ao falecido que tenha praticado o ato de improbidade, enfim, todas as sanções econômicas aplicadas a este, serão suportadas pelos sucessores do *de cujus*, nos limites das forças da herança, ou seja, os sucessores arcarão com esses valores até o valor da herança, não tendo obrigação de suportar com seu patrimônio pessoal anterior ao falecimento do sucedido, as dívidas deixadas por este.

7.5. Processo

São **legitimados ativos** o Ministério Público e a pessoa jurídica interessada (art. 17). Qualquer pessoa poderá representar à autoridade administrativa competente (ou ao MP) para instaurar investigação a fim de apurar a prática do ato (art. 14). Comissão processante dará ciência ao MP e ao Tribunal de Contas da existência de procedimento (art. 15). A Fazenda Pública, se for o caso, promoverá ações para complementação do ressarcimento do patrimônio público (art. 17, § 2º).

Caso a ação tenha sido promovida pelo MP, aplica-se o disposto no § 3º do art. 6º da Lei 4.717/1965, chamando-se a pessoa jurídica lesada para contestar, abster-se de contestar o pedido ou atuar ao lado do autor, de acordo com o interesse público (§ 3º do art. 17).

O Ministério Público, se não for parte, será obrigatoriamente fiscal da lei, sob pena de nulidade.

As **cautelares** previstas pela Lei 8.429/1992 são as seguintes:

a) **Sequestro (art. 16)**: havendo fundados indícios de responsabilidade. O pedido pode incluir investigação, exame e bloqueio de bens, contas bancárias e aplicações financeiras no exterior;

b) **Indisponibilidade de bens (art. 7º)**: recairá sobre bens que assegurem ressarcimento (arresto) e sobre o acréscimo patrimonial (pode ser sequestro);

c) **Afastamento do agente público (art. 20, parágrafo único)**: quando a medida for necessária à instrução processual, sem prejuízo da remuneração, podendo ser determinada pela autoridade judicial ou administrativa competente.

Apesar de não prevista na Lei de Improbidade, é cabível também a cautelar de exibição de documentos para fins de quebra do sigilo bancário ou fiscal do agente.

Quanto à medida cautelar de **indisponibilidade de bens**, tutela de urgência que visa garantir eventual condenação pecuniária resultante de improbidade administrativa, o STJ entende que tal medida pode alcançar bens adquiridos anteriormente à prática do ato de improbidade (REsp 839936/PR, DJ 01.08.2007), mesmo que se tratem de bem de família (REsp 806.301/PR, DJ 03.03.2008). Porém, o mesmo STJ já decidiu que "os valores investidos em aplicações financeiras cuja origem remonte a verbas trabalhistas não podem ser objeto de medida de indisponibilidade em sede de ação de improbidade administrativa", ressalva a penhora dos rendimentos dessa aplicação (REsp. 1.164.037-RS, j. 20.02.2014).

O STJ também entende que a decretação da medida prescinde da individualização de bens na petição inicial e requer apenas o *fumus boni juris*, estando o *periculum in mora* implícito na lei (REsp 1.177.290/MT, DJ 01.07.2010).

Por fim, o STJ determina que a medida só incide sobre as bases patrimoniais da futura sentença condenatória, incluído o valor de eventual multa civil (AgRg nos EDcl no REsp 637413/RS, DJ 21.08.2009), não podendo atingir todo o patrimônio do acusado de ato ímprobo, se não for necessário.

O **procedimento** previsto pela lei é o ordinário (art. 17), com notificação do requerido, antes do recebimento da inicial, para oferecer resposta por escrito no prazo de 15 dias (defesa preliminar), podendo o juiz rejeitar a ação se convencido da inexistência do ato, da improcedência da demanda ou da inadequação da via eleita (§ 8º).

O STJ ainda não se pacificou sobre a ausência de oportunidade para os réus apresentarem **defesa preliminar** antes do recebimento da inicial (art. 17, § 7º, da Lei 8.429/1992) constituir cerceamento de defesa que gera nulidade absoluta do processo desde sua origem. Há acórdãos nesse sentido (REsp 883.795/SP, DJ 26.03.2008), mas também há decisões no sentido de que a nulidade só existirá se houver demonstração do efetivo prejuízo (REsp 1.174.721/SP, DJ 29.06.2010).

Por fim, é importante ressaltar que a lei **veda** expressamente qualquer tipo de transação, acordo ou conciliação na ação por improbidade administrativa (art. 17, § 1º, da Lei 8.429/1992).

Essa disposição foi objeto da Medida Provisória 703, de 18 de dezembro de 2015, que, no ponto, revoga completamente essa vedação de transação, acordo ou conciliação.

Há de se acompanhar a apreciação do Legislativo, para se verificar se a medida, nesse ponto, será convertida em lei.

Quanto à **competência** para o ajuizamento da ação de improbidade, não havendo disposição na lei a esse respeito, é de rigor valer-se do contido nas regras gerais sobre ações civis públicas, devendo prevalecer o disposto no artigo 2º da Lei 7.347/1985, que diz competente, de forma funcional (*rectius*: absoluta), o foro do local onde ocorrer o dano, com a peculiaridade de que nas causas em que a União, entidade autárquica ou empresa pública federal forem autoras, rés, assistentes ou oponentes, a competência será da Justiça Federal, junto ao juízo da seção judiciária que abranger a área em que se configurou o dano, dada a posição exarada pelo Supremo Tribunal Federal a respeito, a qual deu origem ao cancelamento da Súmula 183 do Superior Tribunal de Justiça.

No que pertine à existência de **foro por prerrogativa de função** na ação por improbidade, a questão acabou se esvaziando com a não submissão da maior parte dos agentes políticos à Lei 8.429/1992. No entanto, no caso do Prefeito, como a lei continua se aplicando a este, a questão é relevante. Nesse ponto, o STF declarou inconstitucional a alteração feita no art. 84, § 2º, do Código de Processo Penal, que estendia o foro privilegiado da esfera penal às ações de improbidade, que são consideradas ações cíveis (ADI 2.797, DJ 19.12.2006). Assim, as ações de improbidade contra os Prefeitos devem ser promovidas em primeira instância.

A **sentença** aplicará as sanções e determinará o pagamento ou a reversão dos bens, conforme o caso, em favor da pessoa jurídica (art. 18).

Vale ressaltar que a perda da função pública e a suspensão dos direitos políticos só produzirão efeitos com o trânsito em julgado da sentença condenatória (art. 20, *caput*).

7.6. Prescrição (art. 23)

No que diz respeito ao **prazo prescricional** para o exercício da pretensão de aplicar as sanções de improbidade administrativa, o STF entende que a pretensão é imprescritível quanto à sanção de ressarcimento do erário. Aliás, o STF foi além ao interpretar o art. 37, § 5º, da CF e consagrou entendimento de que são imprescritíveis as pretensões de ressarcimento ao erário toda vez que este é causado por ato ilícito do ofensor, seja um ato de improbidade ou não, seja um ato praticado por agente público ou não (MS 26.210, DJ 10.10.2008).

Quanto à aplicação das **demais sanções**, têm-se os seguintes prazos (art. 23): a) 5 anos: após o término do exercício do mandato, de cargo em comissão ou de função de confiança; b) no prazo da lei específica quanto à prescrição para faltas punidas com demissão a bem do serviço público, para os casos de cargo efetivo e emprego público (normalmente 5 anos contados da data do fato); c) até cinco anos da data da apresentação à administração pública da prestação de contas final pelas entidades referidas no parágrafo único do art. 1º da Lei 8.429/1992.

Resta saber qual regra deve ser aplicada quanto aos servidores detentores de cargo efetivo, mas que praticaram o ato em momento que estavam em cargos em comissão ou função de confiança. O STJ apreciou a questão e entendeu que se deveria aplicar a regra pertinente ao servidor efetivo (REsp 1.060.529/MG, DJe 18.09.2009), regra essa normalmente mais favorável ao agente público, uma vez que o termo *a quo* do prazo prescricional tem início logo após a prática do ato.

Nos casos de mais de um réu, entendeu-se que o prazo prescricional corre individualmente, de acordo com as condições de cada um (STJ, REsp 1.185.461/PR, DJ 17.06.2010).

E no caso de reeleição de Prefeito, entendeu-se que o prazo começa a fluir do término do segundo mandato (REsp 1.153.079/BA, DJ 29.04.2010).

Segundo o STJ, "Nas ações civis por ato de improbidade administrativa, interrompe-se a prescrição da pretensão condenatória com o mero ajuizamento da ação dentro do prazo de cinco anos contado a partir do término do exercício de mandato, de cargo em comissão ou de função de confiança, ainda que a citação do réu seja efetivada após esse prazo" (REsp 1.391.212-PE, j. 02.09.2014).

7.7. Disposições penais

A Lei 8.429/1992 tipifica, no âmbito penal, a seguinte conduta:

> "**Art. 19.** Constitui crime a representação por ato de improbidade contra agente público ou terceiro beneficiário, quando o autor da denúncia o sabe inocente.
>
> Pena: detenção de seis a dez meses e multa.
>
> **Parágrafo único.** Além da sanção penal, o denunciante está sujeito a indenizar o denunciado pelos danos materiais, morais ou à imagem que houver provocado.

8. BENS PÚBLICOS

8.1. Conceito

Bens públicos são aqueles pertencentes às pessoas jurídicas de direito público interno (art. 98 do CC), podendo ser móveis ou imóveis, corpóreos ou incorpóreos. Todos os outros bens são particulares, seja qual for a pessoa a que pertencerem (segunda parte do art. 98 em questão). Os bens adquiridos pelos concessionários de serviço público e afetados a esse serviço também são bens públicos, desde que reversíveis (art. 35, § 1º, da Lei 8.987/1995). Isso ocorre pois o Poder Concedente (sempre pessoa de direito público) é proprietário com termo suspensivo de tais bens (v. art. 131 do CC e 18 da Lei 8.987/1995).

Não se deve confundir tal conceito com a noção de domínio público em sentido amplo, que abrange tanto os bens pertencentes ao Estado (bens públicos) como aqueles em relação aos quais sua utilização subordina-se às normas estabelecidas por este (bens particulares de interesse público) e ainda as coisas inapropriáveis individualmente, mas de fruição geral da coletividade (*res nullius*). Assim, tal ideia abrange tanto o domínio patrimonial (sobre os bens públicos) como o domínio eminente (sobre todas as coisas de interesse público), entendido esse como o poder político pelo qual o Estado submete à sua vontade todas as coisas de seu território, no ensinamento de Hely Lopes Meirelles. Em nome do domínio eminente é que são estabelecidas as limitações administrativas, as servidões etc.

8.2. Classificação

Segundo sua destinação, os bens públicos podem ser classificados da seguinte forma (art. 99 do Código Civil):

a) bens de uso comum do povo (ou do domínio público): *são os destinados a uso público, podendo ser utilizados indiscriminadamente por qualquer do povo.* Ex.: mares, rios, estradas, ruas e praças. Não há direito de uso exclusivo ou privilégios na utilização de tais bens. Apesar de destinados ao uso indistinto de todos, podem assumir caráter gratuito ou oneroso, na forma da lei (art. 103, CC: *"o uso comum dos bens públicos pode ser gratuito ou retribuído, conforme for estabelecido legalmente pela entidade a cuja administração pertencer").* Ex.: zona azul, pedágio, ancoragem em portos;

b) bens de uso especial (ou do patrimônio administrativo indisponível): *são aqueles destinados à execução dos serviços públicos ou a servirem de estabelecimento para os entes públicos.* Ex.: edifícios onde estão as repartições públicas, equipamentos e veículos públicos; teatros, museus, universidades, bibliotecas, escolas públicas e hospitais; cemitérios e mercados públicos. Também são chamados de bens de uso especial aqueles que têm destinação específica, como museus, universidades, ou ainda aqueles utilizados pelos concessionários e permissionários do Poder Público;

c) bens dominicais[11] (ou do patrimônio disponível): *são aqueles que não têm destinação específica, nem se encontram sujeitos ao uso comum do povo.* São bens que simplesmente integram o patrimônio do Estado e que, eventualmente, podem ser alienados. Ex.: terrenos de marinha, terras devolutas, prédios em renda etc. O CC não os trata como inalienáveis, dispondo que "podem ser alienados, observadas as exigências da lei" (art. 101), o que não quer dizer que podem ser objeto de penhora, visto que a execução contra as pessoas de direito público se faz, de acordo com o art. 100 da CF, mediante a expedição de precatório.

8.3. Afetação e desafetação

Em regra, todos os bens públicos ingressam no patrimônio público afetados por destinação específica.

Afetação *significa vinculação de um bem a uma destinação específica.* Decorre de um fato natural, da lei ou de ato administrativo. Uma avenida é afetada (destinada) à circulação de veículos e pessoas. O local onde fica uma repartição pública é afetado ao uso do Poder Público para consecução de seus fins.

Desafetação *consiste na retirada da destinação dada ao bem público, com o consequente ingresso do bem na categoria dos bens dominicais.* A desafetação só pode ocorrer em virtude de lei ou de ato administrativo decorrente de autorização legislativa.

8.4. Regime jurídico

Os bens públicos são gravados de uma série de condicionantes decorrentes do fato de pertencerem ao povo e de terem destinações voltadas à coletividade, direta ou indiretamente. Confira as regras decorrentes desse regime jurídico especial.

a) São **inalienáveis**, o que significa que não podem ser vendidos ou doados, salvo se passarem para a categoria de bens dominicais. São **requisitos para alienação[12] de bens imóveis:** (1) presença de interesse público devidamente justificado, (2) desafetação, (3) avaliação, (4) autorização legislativa e (5) licitação na modalidade concorrência. Em sendo bens móveis não serão necessárias a desafetação e a autorização legislativa. Há *dispensa de autorização legislativa* também na alienação de bens por pessoas de direito privado estatais. Há *dispensa de licitação*, se imóveis, em caso de dação em pagamento, doação ou venda para outro órgão ou ente público; permuta; investidura (aquisição de área pública isoladamente inaproveitável; a Lei 9.648/1998, que trouxe redação ao § 3º do art. 17 da Lei 8.666/1993, também considera investidura a "alienação aos legítimos possuidores diretos ou, na falta destes, ao Poder Público, de imóveis para fins residenciais construídos em núcleos urbanos anexos a usinas hidrelétricas, desde que considerados dispensáveis na fase de operação dessas unidades e não integrem a categoria de bens reversíveis ao final da concessão"); disposições em geral para programas habitacionais. No caso de bens móveis, a dispensa de licitação ocorre na doação social, na permuta, venda de ações, títulos e bens produzidos pelos entes e venda de materiais e equipamentos para órgãos e entes públicos.

Instituto próximo da questão ora tratada é a *legitimação de posse*, que consiste na transferência do domínio de terra devoluta ou área pública sem utilização para particular ocupante. O Estatuto da Terra traz a regulamentação da questão na esfera federal. Trata-se de transferência de domínio voluntária, ou seja, distinta da usucapião (não voluntária), que é vedada quanto aos bens públicos;

b) São **imprescritíveis**, o que significa que não são passíveis de usucapião (prescrição aquisitiva). O art. 183, § 3º, da CF dispõe que os imóveis públicos não serão adquiridos por usucapião. O art. 191, parágrafo único, da CF repete tal regra. O art. 102 do Código Civil também dispõe dessa forma, sem que traga a restrição de que se trate de bem imóvel, já que dispõe que "os *bens públicos* não estão sujeitos a usucapião" (g.n.)[13];

c) Também são **impenhoráveis**, o que inclui a vedação de serem objeto de garantia. Isso decorre do fato de que os bens públicos devem estar disponíveis para que o Estado desenvolva suas atividades, o que não se coaduna com a entrega em garantia ou para penhora. A regra em questão não vale para os bens das pessoas jurídicas de direito privado estatais (sociedade de economia mista e empresas públicas), salvo se forem concessionárias de serviço público, hipótese em que apenas os bens afetados ao serviço serão impenhoráveis. A impossibilidade de oneração dos bens públicos encontra exceção nas operações de crédito por antecipação de receita (art. 167, IV, CF) e nos débitos com a União (art. 167, § 4º, CF).

A **execução contra o Estado** é feita por meio de precatório (art. 100, CF). Os pagamentos das Fazendas serão feitos na **ordem cronológica de apresentação desses** (requisição do

11. José Cretella Júnior e José Cretella Neto diferenciam "bem dominical" de "bem dominial". Ensinam que "dominial é gênero, que abrange os três tipos de bens públicos, incluindo-se, entre estes tipos, o bem dominical, ou bem do patrimônio privado do Estado. Logo, dominial é gênero de que dominical é espécie".

12. *Vide* art. 17 da Lei 8.666/1993 (Lei de Licitações e Contratos).

13. *Vide* também a Súmula 340 do STF.

Presidente do Tribunal) e à conta do crédito respectivo, sem indicação dos casos ou pessoas. É **obrigatória a inclusão no orçamento** das entidades de direito público de verba para pagamento de débitos oriundos de sentença transitada em julgado, constante de precatório **apresentado até 1º de julho**, fazendo-se o **pagamento até o final do exercício seguinte**, em valor atualizado. **Exceções:** débitos alimentares e débitos de pequeno valor (valores distintos conforme capacidade do ente político), que seguem regra própria. Vale lembrar que o pagamento de precatório fora da ordem cronológica pode gerar sequestro (art. 100, § 6º, CF). O não pagamento, por sua vez, pode gerar pedido de intervenção no ente (art. 34, V, "a", e 35, I, CF).

Vale ressaltar que todos os bens públicos são impenhoráveis, inclusive os bens dominicais.

No entanto, há situações excepcionais em que os bens públicos podem ser objeto de constrição judicial.

O STJ vem admitindo a penhora de dinheiro público quando a Fazenda Pública não cumpre decisões judiciais que determinam o fornecimento de medicamentos e tratamentos na área da saúde.

A jurisprudência é calcada no postulado da proporcionalidade, fazendo com que, na ponderação entre a regra constitucional do precatório com os princípios constitucionais da dignidade da pessoa humana e da proteção integral da saúde, preponderem os dois últimos valores.

8.5. Formas de aquisição e uso dos bens públicos

8.5.1. Aquisição

Pode se dar por desapropriação ou por compra, a qual dependerá de prévia licitação, salvo os casos de dispensa e inexigibilidade. Adquire-se também por dação em pagamento, permuta, penhora e sucessão.

8.5.2. Uso dos bens públicos

a) uso livre: ocorre quanto aos bens de uso comum do povo, respeitando-se as leis e sem que haja exclusividade, ainda que momentânea;

b) autorização de uso: ato unilateral, discricionário e precário, em que se faculta uso em caráter episódico, no interesse do particular. Ex.: fechar rua para festa; circo; carga pesada;

c) permissão de uso: ato unilateral, discricionário e precário, no interesse coletivo, que faculta uso com maior permanência do bem público, mediante licitação. Ex.: banca de jornal, barracas, feiras, box em mercado municipal;

d) concessão de uso: contrato que transfere o uso por prazo certo para finalidade específica, mediante licitação. Não há precariedade, vale dizer, a revogação antes do prazo contratual gera direito à indenização. Ex.: restaurante ou lanchonete em aeroporto ou rodoviária;

e) concessão de direito real de uso: contrato pelo qual se transfere, como direito real, o uso remunerado ou gratuito de imóvel não edificado, mediante licitação. Serve para urbanização, industrialização e cultivo de terra (Dec.-lei 271/1967). O direito real confere mais estabilidade à concessão feita, que fica oponível até ao Poder Público, ressalvada a possibilidade de desapropriação;

f) concessão de uso especial (MP 2.220/2001; art. 183, § 1º, CF): como não se admite usucapião de bem público, nas hipóteses em que forem preenchidos os requisitos legais para o usucapião especial urbano até 30.06.2001 há direito do ocupante à concessão de uso especial, que se constitui administrativa ou judicialmente;

g) cessão de uso: consiste na atribuição gratuita da posse de um bem público de entidade ou órgão para outro, possibilitando ao cessionário a utilização nas condições estabelecidas no termo, por prazo certo ou indeterminado. Trata-se de ato de colaboração entre os entes públicos. Caso se trate de cessão externa, é necessária autorização legal.

8.6. Espécies de bens na CF (da União)

8.6.1. Os que atualmente lhe pertencem e os que lhe vierem a ser atribuídos

8.6.2. Terras devolutas indispensáveis à defesa

a) das fronteiras, fortificações e construções militares;
b) das vias federais de comunicação;
c) da preservação ambiental, definidas em lei.

Terras devolutas são as terras vazias, sem proprietário ou não afetadas a nada, representando bem disponível estatal (art. 5º do Decreto-lei 9.760/1946). As da União são as voltadas à preservação ambiental e defesa de fronteiras, fortificações e vias federais de comunicação, definidas em lei (art. 20, II, CF). São do Estado as que não forem da União e dos Municípios as atribuídas por aqueles às edilidades. A Lei 6.383/1976 trata da discriminação das terras devolutas da União, sob responsabilidade do INCRA, podendo ser administrativa ou judicial, esta no rito sumário. O art. 29 da referida lei diz que o ocupante de terras públicas, quando as tenha tornado produtivas com o seu trabalho e o de sua família, fará jus à legitimação da posse de área contínua de até 100 hectares, preenchidos os requisitos legais.

Vale citar, ainda, a Lei 601/1850, que tem o seguinte teor: "Art. 3º São terras devolutas: § 1º As que não se acharem aplicadas a algum uso público nacional, provincial, ou municipal. § 2º As que não se acharem no domínio particular por qualquer título legitimo, nem forem havidas por sesmarias e outras concessões do Governo Geral ou Provincial, não incursas em comisso por falta do cumprimento das condições de medição, confirmação e cultura. § 3º As que não se acharem dadas por sesmarias, ou outras concessões do Governo, que, apesar de incursas em comisso, forem revalidadas por esta Lei. § 4º As que não se acharem ocupadas por posses, que, apesar de não se fundarem em título legal, forem legitimadas por esta Lei".

8.6.3. Terras tradicionalmente ocupadas pelos índios

Os índios têm posse permanente e usufruto exclusivo das riquezas do solo, dos rios e dos lagos nelas existentes.

O aproveitamento dos demais recursos só se dará com autorização do Congresso Nacional, garantida a participação nos resultados.

8.6.4. Lagos e rios:

a) de terrenos de seu domínio;

8. Direito Administrativo

b) que banhem mais de um Estado;

c) que sirvam de limite com outros países;

d) que se estendam a território estrangeiro ou dele provenham, inclusive os terrenos marginais.

8.6.5. Terrenos de marinha

São aqueles formados pela porção de terras banhadas pelas águas dos rios navegáveis ou pelas águas do mar (art. 20, VII, CF). O art. 2º do Decreto-lei 9.760/1946 os define como a faixa de 33 metros da linha do preamar médio de 1831 para a parte da terra. O particular que ocupar parte de terreno de marinha, mediante a devida outorga (enfiteuse ou aforamento, ou mesmo mero regime de ocupação), pagará à União taxa de Administração (art. 127 do Dec.-lei 9.760/1946). E caso o ocupante venha a transferir a terceiros, mediante alienação a título oneroso, esse direito sobre o bem (chamado "domínio útil"), deverá pagar o chamado laudêmio (art. 5º do Dec.-lei 2.398/1987). Aliás, o pagamento de laudêmio à União é devido não só quando há transferência do domínio ou de ocupação, seja para terceiros, seja para integralizar cotas de empresa, como também quando há transferência do direito a benfeitorias no bem (AgRg no AREsp 429.801/PE, DJe 25.02.2014). Aliás, no caso de irregularidade da ocupação, a União, independentemente de fazer a cobrança devida pela ocupação do bem, pode buscar a anulação dos registros da ocupação, podendo fazê-lo administrativamente (sem necessidade de ação judicial), " em razão do atributo da presunção de legitimidade e executoriedade do ato administrativo, justificando-se, inclusive, a inversão do ônus da prova a cargo dos ocupantes (Resp 409.303-RS, DJ 14.10.2012).

8.6.6. Mar territorial

Faixa de 12 milhas, contadas do litoral continental, sobre a qual o Estado exerce poderes de soberania (art. 20, VI, da CF e Lei 8.617/1993).

8.6.7. Recursos da zona econômica exclusiva

A zona econômica exclusiva consiste na faixa de 12 a 200 milhas, sobre a qual o Estado exerce poderes de exploração dos recursos naturais do mar (art. 20, V, CF e Lei 8.617/1993).

8.6.8. Recursos naturais da plataforma continental

A plataforma continental consiste no prolongamento natural das terras da superfície sob a água do mar, porção de terras submersas que apresentam a mesma estrutura geológica das terras do continente (art. 20, V, CF e Lei 8.617/1993).

8.6.9. Ilhas

a) fluviais (de rios) e lacustres (de lagos) nas zonas limítrofes com outros países; as demais são dos Estados;

b) oceânicas (no oceano);

c) costeiras (próximas à costa), excluídas as de terceiros.

8.6.10. Recursos minerais, inclusive dos subsolos

É assegurada a participação (ou compensação financeira) no resultado da exploração de petróleo, gás natural, potencial hídrico e outros recursos minerais, no respectivo território, plataforma continental, mar territorial e zona econômica exclusiva, em favor dos Estados, DF, Municípios e União, nos termos da lei (art. 20, § 1º, da CF).

9. INTERVENÇÃO DO ESTADO NA ORDEM ECONÔMICA E NO DIREITO DE PROPRIEDADE

9.1. Intervenção do Estado na ordem econômica

Apesar de vivermos num sistema de livre-iniciativa e de livre concorrência (art. 170 da CF), o Estado, para preservar outros valores previstos na Constituição, acaba por ter de intervir na ordem econômica, de modo a evitar que abusos sejam cometidos.

É interessante iniciar o tratamento da presente matéria por sua raiz constitucional para que depois possamos trazer à baila as disposições contidas na Lei 12.529/2011 (Lei do CADE ou Lei Antitruste). Vejamos tais dispositivos constitucionais:

"**Art. 170.** A ordem econômica, fundada na valorização do trabalho humano e na livre- iniciativa, tem por fim assegurar a todos existência digna, conforme os ditames da justiça social, observados os seguintes princípios:

I – soberania nacional; II – propriedade privada; III – função social da propriedade; IV – livre concorrência; V – defesa do consumidor; VI – defesa do meio ambiente; VII – redução das desigualdades regionais e sociais; VIII – tratamento favorecido para as empresas de pequeno porte constituídas sob as leis brasileiras e que tenham sua sede e administração no País.

Parágrafo único. É assegurado a todos o livre exercício de qualquer atividade econômica, independentemente de autorização de órgãos públicos, salvo nos casos previstos em lei."

"**Art. 173. § 4º.** A lei reprimirá o abuso do poder econômico que vise à dominação dos mercados, à eliminação da concorrência e ao aumento arbitrário dos lucros.

§ 5º A lei, sem prejuízo da responsabilidade individual dos dirigentes da pessoa jurídica estabelecerá a responsabilidade desta, sujeitando-a às punições compatíveis com sua natureza, nos atos praticados contra a ordem econômica e financeira e contra a economia popular."

"**Art. 174.** Como agente normativo e regulador da atividade econômica, o Estado exercerá, na forma da lei, as funções de fiscalização, incentivo e planejamento, sendo este determinante para o setor público e indicativo para o setor privado.

§ 1º A lei estabelecerá as diretrizes e bases do planejamento do desenvolvimento nacional equilibrado, o qual incorporará e compatibilizará os planos nacionais e regionais de desenvolvimento. (...)"

A Lei Federal 12.529/2011 estrutura o Sistema Brasileiro de Defesa da Concorrência – SBDC e dispõe sobre a prevenção e a repressão às infrações contra a ordem econômica, orientada pelos ditames constitucionais de liberdade de iniciativa, livre concorrência, função social da propriedade, defesa dos consumidores e repressão ao abuso do poder econômico (art. 1º).

O SBDC é formado pelo Conselho Administrativo de Defesa Econômica – CADE e pela Secretaria de Acompanhamento Econômico do Ministério da Fazenda (art. 3º).

O CADE é entidade judicante com jurisdição em todo o território nacional, que se constitui em autarquia federal, vinculada ao Ministério da Justiça (art. 4º). Ele é constituído pelos seguintes órgãos: a) Tribunal Administrativo de Defesa Econômica; b) Superintendência-Geral; e c) Departamento de Estudos Econômicos (art. 5º).

Constituem infrações da ordem econômica, independentemente de culpa, os atos sob qualquer forma manifestados, que tenham por objeto ou possam produzir os seguintes efeitos, ainda que não sejam alcançados (art. 36, *caput*): a) limitar, falsear ou de qualquer forma prejudicar a livre concorrência ou a livre-iniciativa; b) dominar mercado relevante de bens ou serviços; c) aumentar arbitrariamente os lucros; e d) exercer de forma abusiva posição dominante.

Só haverá configuração de infração da ordem econômica se, **ocorridas quaisquer das hipóteses previstas no artigo 36, § 3º, da Lei 12.529/2011** (exs: preços concertados, divisão ou limitação de acesso a mercado), **tal implicar na ocorrência de uma das quatro situações narradas no parágrafo anterior** (art. 36, *caput*).

A lei prevê sanções pecuniárias (art. 37) e não pecuniárias (art. 38).

No primeiro caso, há multa à pessoa jurídica e também ao administrador desta.

São exemplos de sanções não pecuniárias as seguintes: a imposição de publicação de notícia sobre a ocorrência da prática anticoncorrencial, a proibição de contratar com instituições financeiras oficiais e de participar de licitação, a cisão da sociedade, a transferência de controle societário, a venda de ativos, a cessação parcial da atividade ou qualquer providência necessária à eliminação dos efeitos nocivos à ordem econômica.

9.2. Intervenção do Estado na propriedade privada

9.2.1. Introdução

A propriedade há de atender duas funções: a função individual, mais ligada aos interesses do proprietário; e à função social, ligada ao interesse da sociedade.

Para garantir que a propriedade atenda à sua função social, o Estado nela intervém com vista a preservar os seguintes valores:

a) uso seguro da propriedade: por exemplo, criando leis (Código de Obras) e fiscalizando seu cumprimento;

b) uso organizado da propriedade: por exemplo, criando leis de zoneamento e fiscalizando seu cumprimento;

c) uso legítimo da propriedade: por exemplo, criando leis que impõem o silêncio após dado horário e fiscalizando seu cumprimento;

d) uso social da propriedade: por exemplo, valendo-se dos institutos da desapropriação, servidão, requisição, ocupação temporária;

e) preservação do meio ambiente; por exemplo: valendo-se do instituto do tombamento.

O foco do estudo da intervenção na propriedade recairá sobre as limitações administrativas, exemplificadas nos itens "a" a "c", e também sobre os demais institutos mencionados como exemplos nos itens "d" e "e".

9.2.2. Limitação administrativa

É a imposição unilateral, geral e gratuita, que traz os limites dos direitos e atividades particulares de forma a condicioná-los às exigências da coletividade. Ex.: proibição de construir sem respeitar recuos mínimos; proibição de instalar indústria ou comércio em determinadas zonas da cidade; leis de trânsito, de obras e de vigilância sanitária; lei do silêncio.

A limitação administrativa pode ser de três tipos: *positiva* (ex.: imposição de construção de muro ou de limpar o imóvel), *negativa* (ex.: limitação da altura de uma obra) ou *permissiva* (ex.: permitir vistoria de imóvel pelo Poder Público).

Perceba-se a identidade entre a limitação administrativa e o poder de polícia. Enquanto o poder de polícia é a atividade condicionadora dos direitos aos seus limites, a limitação é o próprio limite que o particular deve observar e que o Poder Público deve levar em conta na sua atividade de poder de polícia.

Nem a limitação administrativa, nem a atividade de condicionamento dos direitos feita pelo Poder Público (poder de polícia), ensejarão indenização ao particular, visto que são imposições que atingem a todos igualmente, não prejudicando ninguém especificamente, mas apenas traçando os limites do direito que cada um de nós temos.

São diferenças entre limitação administrativa e servidão: a primeira não é ônus real, ao passo que a segunda é ônus real; aquela é gratuita (atingindo a todos), enquanto esta é onerosa (pois atinge um bem em particular); a limitação importa e traça deveres de não fazer (*non facere*), já a segunda em deveres de suportar (*pati*) – *suportar* é mais amplo que *não fazer*).

9.2.3. Requisição de bens ou serviços

É o ato pelo qual o Estado determina e efetiva a utilização de bens ou serviços particulares, mediante indenização ulterior, para atender necessidades públicas urgentes e transitórias, ou seja, em caso de iminente perigo público.

O **requisito** para requisição de *bens* está previsto na CF, em seu artigo 5º, XXV: *no caso de iminente perigo público, a autoridade competente poderá usar de propriedade particular, assegurada ao proprietário indenização ulterior, se houver dano.*

São situações de iminente perigo público uma inundação, um incêndio, a falta de alimento etc. Em caso de inundação, por exemplo, pode o Poder Público, para dar guarida àqueles que poderão ter sua casa invadida pela água, requisitar o ginásio de um clube particular para abrigo de tais pessoas. Após isso, o particular será indenizado.

O fundamento do instituto consiste no estado de necessidade pública. O artigo 22, inciso III, da CF, diz caber privativamente à União legislar sobre "requisições civis ou militares, em caso de iminente perigo público e em tempo de guerra". A requisição administrativa de bens e serviços é tratada pela Lei Delegada 4/1962 e pelo Decreto-lei 2/1966, enquanto que as requisições civis e militares em tempo de guerra estão reguladas pelo Decreto-lei 4.812/1942.

São **diferenças entre desapropriação e requisição** as seguintes: a desapropriação só se refere a *bens*, enquanto a requisição pode ser de *bens* ou *serviços;* a primeira é direcionada a *aquisição* do bem, ao passo que a segunda busca apenas seu *uso*, de forma que a desapropriação visa atender a necessidades *permanentes* e a requisição, a necessidades *transitórias;* a primeira depende de *acordo ou processo* para se efetivar, a segunda é *autoexecutável;* a desapropriação depende de *indenização prévia*, a requisição dá ensejo à *indenização posterior* desde que haja dano.

9.2.4. Ocupação temporária (ou provisória)

Consiste no direito de uso do Poder Público sobre um bem particular não edificado, de forma transitória, remunerada ou gratuita, com o objetivo de executar obras, serviços ou atividades públicas.

O artigo 36 do Decreto-lei 3.365/1941 (Lei de Desapropriação) prevê tal ocupação: *é permitida a ocupação temporária, que será indenizada, a final, por ação própria, de terrenos não edificados, vizinhos às obras e necessários à sua realização. O expropriante prestará caução, quando exigida.*

Quanto às diferenças entre a ocupação e a requisição, a primeira incide sobre bens, enquanto a segunda sobre *bens* e *serviços;* a requisição é típica de situações de urgência, enquanto a ocupação não tem essa característica necessariamente; o exemplo de ocupação mais comum (o trazido acima) prevê que ela só se dá sobre terrenos não edificados e mediante caução (se exigida), enquanto a requisição incide sobre qualquer bem e sem caução.

Em leis esparsas existem outros tipos de ocupação, como aquela destinada a fazer pesquisas acerca da existência de minérios em bens particulares, medida que evita uma desapropriação do bem com posterior ciência de que a suspeita de que havia minério no local era infundada.

9.2.5. Servidões administrativas

É o ônus real de uso imposto pela Administração a um bem particular, com objetivo de assegurar a realização de obras e serviços públicos, assegurada indenização ao particular, salvo se não houver prejuízo.

São exemplos de servidão os seguintes: instalação de linhas e torres de transmissão de energia elétrica em bem particular; servidão de aqueduto; e servidão para instalação de placas indicativas de ruas em imóveis particulares (nesse caso geralmente não haverá dano ao particular, não se podendo falar em indenização).

Institui-se tal ônus real tal qual a desapropriação para aquisição da propriedade de um bem. Há necessidade de ato declaratório da utilidade pública da servidão (art. 40 do Dec. Lei. 3.365/1941: *o expropriante poderá constituir servidões, mediante indenização **na forma desta lei***), com consequente tentativa de acordo para indenização, que, infrutífera, ensejará processo judicial para sua instituição. Assim, os *títulos* para instituição da servidão podem ser tanto o **acordo administrativo** como a **sentença judicial**. Após isso, um dos dois será **registrado** no Cartório Imobiliário, *constituindo*, finalmente, o direito real em tela.

A indenização segue a sorte daquela prevista para a desapropriação. A Súmula 56 do STJ tem o seguinte teor: *na desapropriação para instituir servidão administrativa são devidos juros compensatórios pela limitação do uso da propriedade.* O único cuidado que se deve ter ao ler a presente súmula é não confundir servidão com limitação administrativa.

São diferenças gerais entre a servidão administrativa e a servidão civil: a primeira é ônus real do Poder Público sobre a propriedade, enquanto a segunda é ônus real de um prédio (dominante) em face de outro prédio (serviente); aquela tem serventia pública (utilidade pública) e esta tem serventia privada (utilidade privada e bem certo).

9.2.6. Tombamento

O tombamento pode ser **conceituado** como o *ato do Poder Público que declara de valor histórico, artístico, paisagístico, turístico, cultural ou científico, bens ou locais para fins de preservação.*

O instituto está regulamentado no Dec.-lei 25/1937.

Quanto ao **objeto**, o tombamento pode alcançar tanto bens imóveis individualmente considerados (um prédio histórico), um conjunto arquitetônico (o Pelourinho, em Salvador), um bairro (o Centro do Rio de Janeiro), uma cidade (Ouro Preto) e até um sítio natural. Pode também alcançar bens móveis, como a mobília da casa de um personagem histórico, como Santos Dumont.

Admite-se o chamado *tombamento cumulativo*, que é o tombamento de um mesmo bem por mais de um ente político.

A **instituição** do tombamento pode ser *voluntária* (por requerimento do próprio dono da coisa) ou *contenciosa*. A última impõe a notificação do proprietário para, no prazo de 15 dias, impugnar, se quiser, a intenção do Poder Público de tombar a coisa. Uma vez concluído pelo tombamento, este será feito mediante inscrição do ato num dos quatro Livros do Tombo (Paisagístico, Histórico, Belas Artes e Artes Aplicadas). Em se tratando de imóvel, o ato também deve ser registrado no Registro de Imóveis.

É importante ressaltar que, com a notificação do proprietário, ocorre o *tombamento provisório*, que já limita o uso da coisa por seu dono.

Além de poder ser instituído por *ato administrativo*, o tombamento também pode advir de *ato legislativo* (por exemplo, o art. 216, § 5º, da CF, pelo qual "ficam tombados os documentos e sítios detentores de reminiscências históricas dos antigos quilombos") ou *ato judicial*. No terceiro caso, o juiz, diante de uma ação coletiva (ex.: ação popular ou ação civil pública), determina a inscrição do tombamento no Livro do Tombo.

Quanto aos **efeitos** do tombamento, temos, entre outros, os seguintes: a) o proprietário deverá conservar a coisa (se não tiver recursos, deve levar ao conhecimento do Poder Público, que fica autorizado legalmente a executar a obra);

b) o proprietário não pode reparar, pintar ou restaurar a coisa, sem prévia autorização especial do Poder Público; c) os vizinhos não podem reduzir a visibilidade da coisa tombada, nem colocar anúncios sem prévia autorização especial; d) os entes políticos têm direito de preferência na aquisição da coisa, caso o proprietário queira aliená-la; e) o bem tombado, se for um bem público, ou seja, pertencente a uma pessoa jurídica de direito público, é inalienável; f) o bem tombado não pode sair do País, salvo se por prazo curto, sem alienação, para fim de intercâmbio cultural e mediante autorização do Poder Público; g) o proprietário do bem tombado tem direito de ser indenizado, caso sofra restrição especial que o prejudique economicamente.

A Constituição traz uma norma especial sobre o tombamento do patrimônio cultural ao dispor que "ficam tombados todos os documentos e os sítios detentores de reminiscências históricas dos antigos quilombos" (art. 216, § 5º).

O Dec.-lei 25/1937 é de leitura obrigatória para se conhecer mais sobre o instituto do tombamento.

9.2.7. Expropriação (art. 243 da CF)

A expropriação pode ser **conceituada** como *a retirada da propriedade de alguém sem o pagamento de indenização alguma*.

O instituto é cabível nas seguintes **hipóteses (art. 243 da CF, com nova redação dada pela EC 81/2014):**

a) sobre propriedades rurais e urbanas de qualquer região do País onde forem localizadas culturas ilegais de plantas psicotrópicas ou a exploração de trabalho escravo na forma da lei;
b) sobre bem apreendido em decorrência de tráfico ilícito de entorpecentes e drogas afins e da exploração de trabalho escravo.

Os bens expropriados terão a seguinte **destinação:**

a) propriedades serão expropriadas e destinadas à reforma agrária e a programas de habitação popular, sem qualquer indenização ao proprietário e sem prejuízo de outras sanções previstas em lei;
b) o bem será confiscado e reverterá a fundo especial com destinação específica, na forma da lei.

Resta estudar agora a desapropriação, que consiste na retirada da propriedade de terceiro, mas mediante o devido pagamento.

9.2.8. Desapropriação

9.2.8.1. Fundamentação legal

O instituto da desapropriação está regulamentado nos seguintes diplomas: Constituição Federal – arts. 5º, XXIV, 182, § 3º, 184, 185 e 243; Decreto-lei 3.365/1941 (utilidade e necessidade pública), Lei 4.132/1962 (interesse social), Decreto-Lei 1.075/1970 (imissão provisória na posse em imóveis residenciais urbanos), Lei 8.257/1991 (glebas com culturas ilegais de plantas psicotrópicas), Lei 8.629/1993 (reforma agrária), Lei Complementar 76/1993 (rito sumário de contraditório especial para reforma agrária) e Lei 10.257/2001 (desapropriação por interesse social como instrumento de política urbana).

9.2.8.2. Direito material

Pode-se **conceituar** a desapropriação como o *procedimento pelo qual o Poder Público, fundado em necessidade pública, utilidade pública ou interesse social, compulsoriamente adquire para si um bem certo, em caráter originário, mediante indenização prévia, justa e pagável em dinheiro, salvo no caso de imóveis em desacordo com a função social da propriedade, hipóteses em que a indenização far-se-á em títulos da dívida pública.*

A desapropriação é expressão do princípio da supremacia do interesse público sobre o particular. É muito comum que entrem em choque dois interesses. De um lado, o Poder Público, interessado muitas vezes em utilizar um dado imóvel particular para, por exemplo, construir uma escola, um hospital ou uma repartição pública. De outro, o particular interessado em não alienar nem ceder um imóvel do qual é titular do direito de propriedade. Entre o interesse do Poder Público e o interesse do particular, prevalecerá o primeiro, ou seja, o Poder Público poderá exigir que o particular entregue o bem de sua propriedade, e, em troca, o particular terá direito de ser indenizado, indenização que será, em regra, prévia, justa e pagável em dinheiro.

A desapropriação é **forma originária de aquisição da propriedade**, não se vinculando, portanto, ao título anterior. Isso significa, por exemplo, que as dívidas do imóvel ficam sub-rogadas no preço pago pela desapropriação e não mais neste (art. 31 do Decreto-lei 3.365/1941). Ademais, mesmo que se tenha desapropriado imóvel de pessoa que não era seu dono, não haverá invalidade (ou seja, não há direito de reivindicação por terceiro – art. 35 do Decreto-lei 3.365/1941), ressalvado o direito de o verdadeiro dono se insurgir contra o que se supunha dono do imóvel.

A **competência para legislar** sobre desapropriação é privativa da União (art. 22, II, CF).

São **fases** da desapropriação a **declaratória,** em que o ente declara de utilidade pública determinada área a ser desapropriada, e a **executória**, em que são tomadas providências concretas para efetivar a manifestação de vontade anterior. Tenta-se, em primeiro lugar, fazer um acordo com o proprietário (desapropriação extrajudicial). Não sendo frutífera tal tentativa, ingressa-se com ação de desapropriação.

A **competência para a primeira fase** (competência para declarar bem de utilidade pública ou interesse social) é dos entes políticos (União, Estados, DF e Municípios), do DNIT (Lei 10.233/2001) e da ANEEL (art. 10 da Lei 9.074/1995).

A **competência para a segunda fase** (competência para executar a desapropriação) é dos entes políticos, autarquias e fundações públicas; concessionárias de serviço público ou entes delegados pelo Poder Público, desde que autorizados expressamente pela lei ou pelo contrato (art. 3º do Decreto-lei 3.365/1941).

O **objeto** da desapropriação é qualquer bem (móvel ou imóvel, material ou imaterial, inclusive o espaço aéreo e o subsolo), exceto moeda corrente nacional (salvo moedas raras), pessoas e direitos personalíssimos. O objeto deve também ser existente, preciso, certo e possível. É cabível a desapropriação do espaço aéreo e do subsolo quando de sua utilização pelo Poder Público resultar prejuízo patrimonial ao proprietário do solo.

Bem público pode ser desapropriado. A União pode desapropriar de todos os entes, além dos particulares. Estados desapropriam dos Municípios e dos particulares. Municípios, só dos particulares. Quando a desapropriação se dá sobre bem público, além de se respeitar os limites acima, deve ser precedida de autorização legislativa.

Por fim, vale destacar que não é possível a autodesapropriação, ou seja, a desapropriação de bem da própria pessoa.

A **declaração de utilidade pública** consiste no ato pelo qual o Poder Público manifesta intenção de adquirir compulsoriamente determinado bem submetendo-o à sua força expropriatória. Deve-se identificar o *bem*, seu *destino* e o *dispositivo legal* que autoriza o ato. Faz-se por decreto, normalmente. O Poder Legislativo pode tomar a iniciativa, cabendo ao Executivo efetivá-la. Ao Poder Judiciário é vedado decidir se se verificam ou não os casos de utilidade pública (art. 9º do Dec.-lei 3.365/1941).

São **efeitos da declaração:** a) submete o bem à força expropriatória do Estado; **b) fixa o estado** dos bens, o que não significa que não possa ser vendido ou alterado (importante, pois o Estado deverá indenizar as benfeitorias necessárias efetuadas posteriormente; as benfeitorias úteis, por sua vez, só serão indenizadas pelo Estado se este autorizar sua realização; as voluptuárias nunca serão indenizadas); **c) confere ao Poder Público o direito de penetrar** no bem, com auxílio de força policial se o caso (art. 7º do Dec.-lei 3.365/1941 – tal efeito demonstra a autoexecutoriedade do Decreto); **d) dá início ao prazo de caducidade** da declaração.

A **caducidade da declaração** consiste na perda de sua validade pelo decurso do tempo sem que o Poder Público promova os atos concretos de expropriação, ficando inviabilizada a desapropriação. Nas hipóteses de desapropriação por **utilidade pública, o prazo de caducidade é de 5 anos** (art. 10 do Decreto-lei 3.365/1941). No caso de desapropriação por **interesse social, a caducidade se dá após 2 anos** (art. 3º, Lei 4.132/1961). A desapropriação por interesse social se dá quando não se cumpre a função social da propriedade, sendo as demais por utilidade ou necessidade pública. Caso haja a caducidade, somente **decorrido 1 ano** poderá haver nova declaração sobre aquele bem.

Imissão provisória de posse é a transferência da posse do bem objeto de desapropriação para o expropriante, já no início da lide, concedida pelo Juiz, se o Poder Público declarar urgência e depositar, em Juízo, a favor do proprietário, importância fixada segundo critério legal.

A **indenização** será sempre **justa, prévia** e, como regra, em **dinheiro**. Mas quando não se atender à função social, seja em área urbana, seja em área rural, a desapropriação decorrente de tal situação implicará pagamento por títulos públicos, resgatáveis anual e sucessivamente. Vale dizer, em que pese o pagamento seja prévio, não será em dinheiro, mas em títulos resgatáveis anualmente. Vejamos as hipóteses de pagamento com títulos públicos:

Imóvel rural: a União é competente para desapropriá-lo quando o fundamento é o não atendimento à função social; o pagamento é feito em títulos da dívida agrária, com cláusula de preservação do valor real, resgatáveis em até 20 anos, a partir do segundo ano de emissão do título. Cuidado, pois as benfeitorias úteis e necessárias são indenizadas em dinheiro (art. 184, § 1º, da CF).

Imóvel urbano: o Município é o competente para desapropriá-lo quando o fundamento é o não atendimento à função social da propriedade (imóvel não edificado, subutilizado ou não utilizado). Depende de lei específica, para a área incluída no Plano Diretor, a exigência, nos termos de lei federal, de que o proprietário promova o adequado aproveitamento do imóvel, sob pena de, sucessivamente, determinar-se o parcelamento ou edificação compulsórios, instituir-se IPTU progressivo no tempo, para só depois, mantida a situação, efetivar-se a desapropriação. Nesse caso o pagamento será feito em títulos da dívida pública (de emissão previamente aprovada pelo Senado), resgatáveis em até 10 anos, em parcelas anuais, iguais e sucessivas, assegurados o valor real da indenização e os juros legais. Não há previsão de pagamento em dinheiro das benfeitorias, talvez porque geralmente não haverá benfeitoria alguma (art. 182, CF).

Não há indenização (confisco): na expropriação de propriedades rurais e urbanas de qualquer região, onde forem localizadas culturas ilegais de plantas psicotrópicas ou a exploração de trabalho escravo, o mesmo ocorrendo com bens de valor econômico apreendidos em decorrência de tráfico ilícito de entorpecentes e drogas afins e da exploração de trabalho escravo. Há, portanto, o confisco de tais bens, que serão utilizados em projetos sociais (assentamentos, cultivos, instituições, recuperação, fiscalização etc.).

A **justa indenização** compreende o valor de mercado do imóvel, abrangendo os danos emergentes e os lucros cessantes do proprietário. Inclui juros moratórios, compensatórios, correção monetária e honorários advocatícios. Os juros moratórios, segundo a MP 2.183-56, correm a partir de 1º de janeiro do exercício seguinte ao que o pagamento deveria ser feito. Os juros compensatórios são contados desde o momento da imissão antecipada na posse, pois, a partir daí, o proprietário não mais terá a disponibilidade do bem, devendo ser compensado por isso. A correção monetária é contada desde a realização do laudo pericial que fixa o valor do bem expropriado. Os honorários são fixados tendo por base de cálculo a diferença entre o oferecido pelo Poder Público e o fixado pelo Poder Judiciário.

Consuma-se a desapropriação com o pagamento da indenização, pois a Constituição diz que a desapropriação requer prévia (e justa) indenização. É importante saber qual o momento em que se consuma a desapropriação, a fim de concluir-se até quando o Poder Público pode dela desistir Destarte, pode-se desistir da desapropriação até o último momento anterior ao do pagamento da indenização. Deve-se ressaltar que eventuais danos causados ao particular devem ser ressarcidos.

Desapropriação por zona *é aquela de área maior do que a necessária à realização de obra ou serviço, para abranger zona contígua a ela, tendo em vista* reservá-la *para o futuro ou* revendê-la, *se extraordinária valorização for decorrência da desapropriação a ser efetuada.* Ou seja, consiste em desapropriar área maior do que a necessária naquele momento, com a finalidade de garantir espaço para realização de obras no futuro ou com o objetivo de revender a área maior desapropriada, quando houver valorização muito grande do local, a fim de não causar enriquecimento sem causa ao antigo proprietário. A declaração de utilidade deve compreendê-las, mencionando qual é para revenda e qual será para o desenvolvimento da obra (art. 4º do Decreto-lei 3.365/1941). Parte da doutrina defende que o Poder Público deveria, no caso de valorização, cobrar o tributo contribuição de melhoria, já que se trata de alternativa menos gravosa ao proprietário, entendimento não compartilhado pela jurisprudência do STF.

Direito de extensão *consiste na faculdade do expropriado de exigir que na desapropriação se inclua a parte restante do bem que se tornou inútil ou de difícil utilização.* Deve ser exercido quando da realização do acordo administrativo ou no bojo da ação de desapropriação, sob pena de se considerar que houve renúncia.

Segundo o art. 20 do Dec.-lei 3.365/1941, a contestação somente poderá versar sobre dois pontos: a) vício do processo judicial; b) impugnação do preço. Qualquer outra questão deverá ser decidida por ação autônoma.

Quanto ao vício do processo judicial pode-se alegar, em preliminar, tanto defeitos processuais (ausência de pressupostos processuais) como aqueles relativos à ação (ausência de condição de ação).

Quanto à impugnação ao preço, o que se permite é discutir o *quantum* ofertado pelo Poder Público na sua petição inicial.

Por outro lado, pode o particular exercer o direito de extensão, ou seja, o direito *de exigir que na desapropriação se inclua a parte restante do bem que se tornou inútil ou de difícil utilização*, na própria contestação, apresentando outra avaliação do bem, abrangendo a integralidade do imóvel, e não apenas a parte incluída no plano de desapropriação, conforme entendimento do Superior Tribunal de Justiça.

O fundamento jurídico desse direito também é a norma constitucional que determina a fixação da justa indenização (art. 5º, XXIV). Isso porque, caso o expediente da desapropriação parcial com esvaziamento econômico da área remanescente não fosse impedido, a justa indenização, por vias transversas, estaria sendo prejudicada.

Não bastasse isso, há diversas outras normas repelindo esse tipo de conduta e conferindo ao prejudicado o direito de extensão. Por exemplo, a Lei Complementar 76/1993, que dispõe sobre o procedimento sumário de desapropriação para fins de reforma agrária, e que contempla expressamente, em seu art. 4º, o direito de extensão.

Retrocessão *importa no direito do ex-proprietário de reaver o bem expropriado que não foi utilizado em finalidade pública.* O requisito aqui é o desvio de finalidade, a chamada tredestinação, utilizando-se o bem expropriado em fim não público. Não configura o instituto a utilização do bem em destinação distinta da prevista no decreto expropriatório, quando a nova finalidade for de interesse público.

9.2.8.3. *Direito processual na desapropriação direta*

9.2.8.3.1. Competência

O foro competente para o julgamento de ação de desapropriação é o da situação da área desapropriada. No caso da Justiça Federal, a regra permanece, ou seja, é competente o juízo federal onde se situa o imóvel objeto da demanda.

9.2.8.3.2. Legitimidade

a) Ativa: podem propor a ação de desapropriação as pessoas competentes para a fase de execução da desapropriação (vistas acima), ou seja, os entes políticos, as autarquias e as fundações públicas, as concessionárias de serviço público e os entes delegados pelo Poder Público também poderão, desde que autorizados expressamente por lei ou por contrato (art. 3º do Dec.-lei 3.365/1941);

b) Passiva: sofre a ação de desapropriação o proprietário do bem.

9.2.8.3.3. Petição inicial

A petição inicial conterá:

a) preenchimento dos requisitos da inicial previstos na legislação processual civil;

b) oferta do preço;

c) exemplar do contrato, ou do jornal oficial, em que foi publicado o decreto (serve cópia autenticada);

d) planta ou descrição do bem e suas confrontações.

9.2.8.3.4. Imissão provisória na posse

Muitas vezes, o Poder Público não tem como esperar o final da ação de desapropriação para adentrar no bem. As demandas sociais costumam ser urgentes. Nesses casos, o Poder Público pode pedir para ingressar imediatamente no imóvel. São necessários dois requisitos para a imissão provisória na posse (art. 15, *caput*, do Dec.-lei 3.365/1941), analisados abaixo.

Alegação de urgência: aqui, há três observações a serem feitas. A primeira, no sentido de que basta a mera alegação de urgência para que o requisito seja preenchido, ou seja, não é necessária a demonstração da urgência em juízo, por se tratar de questão de conveniência e oportunidade da administração pública; a segunda, no sentido de que essa alegação pode acontecer tanto no decreto expropriatório, como em momento posterior; e a terceira, no sentido de que a alegação de urgência não poderá ser renovada e obrigará o expropriante a requerer a imissão provisória dentro do prazo improrrogável de 120 dias.

Depósito imediato de quantia arbitrada pelo juiz, na forma da lei: aqui, há duas observações importantes a serem feitas. A primeira, no sentido de que não se busca, nessa fase, a fixação do real valor de mercado do imóvel que está sendo desapropriado; o que temos aqui são critérios estabelecidos pela lei para que o magistrado, num juízo preliminar, chegue a um valor razoável para determinar a imissão provisória na posse; a segunda observação é a de que existem duas regulamentações sobre a imissão provisória na posse:

8. Direito Administrativo

a) regra (art. 15, § 1º, do Dec.-lei 3.365/1941): a imissão será autorizada mediante depósito que observe um dos seguintes critérios: a1) valor equivalente a, pelo menos, vinte vezes o valor locativo do imóvel; a2) valor venal do imóvel, desde que atualizado no ano fiscal anterior; a3) no caso de inexistência de atualização do venal do imóvel, o juiz fixará o valor do depósito observando a data da fixação do valor venal e a valorização ou desvalorização ocorridas posteriormente. Na prática, acaba sendo utilizado o valor venal atualizado. O STF emitiu a Súmula 652, dispondo ser constitucional a utilização dos critérios citados. O expropriado poderá levantar até 80% do valor depositado, após as providência do art. 34 do Dec.-lei 3.365/1941;

b) regra para desapropriação de prédios residenciais urbanos (arts. 1º a 4º do Dec.-lei 1.075/1970): a imissão será autorizada com o simples depósito do preço oferecido na petição inicial de desapropriação, todavia, caso o expropriado, em 5 dias da intimação da oferta, impugne o preço oferecido, o juiz, servindo-se de perito avaliador (caso necessário), fixará, em 48 horas, o valor provisório do imóvel; se o valor arbitrado for maior do que o oferecido na inicial pelo Poder Público, o juiz só admitirá a imissão provisória se este complementar o depósito para que esta atinja a metade do valor arbitrado. O expropriado poderá levantar a totalidade do valor depositado (ou seja, 50% do *preço depositado e complementado*) ou, quando o valor arbitrado for igual ou menor ao dobro do preço oferecido, é lícito ao expropriado optar por levantar 80% do *preço oferecido*.

9.2.8.3.5. Contestação

Segundo o art. 20 do Dec.-lei 3.365/1941, a contestação somente poderá versar sobre dois pontos: a) vício do processo judicial; b) impugnação do preço. Qualquer outra questão deverá ser decidida por ação autônoma.

Quanto ao vício do processo judicial pode-se alegar, em preliminar, tanto defeitos processuais (ausência de pressupostos processuais) como aqueles relativos à ação (ausência de condição de ação).

Quanto à impugnação ao preço, o que se permite é discutir o *quantum* ofertado pelo Poder Público na sua petição inicial.

É importante ressaltar que, caso o particular queira exercer o direito de extensão, ou seja, o direito *de exigir que na desapropriação se inclua a parte restante do bem que se tornou inútil ou de difícil utilização*, poderá fazê-lo na contestação, apresentando outra avaliação do bem, abrangendo a integralidade do imóvel, e não apenas a parte incluída no plano de desapropriação. Segundo o STJ, "o pedido e extensão formulado na contestação em nada ofende o art. 20 do Decreto-lei 3.365/1941" (Resp. 882.135/SC, DJ 17.05.2007, e Resp. 816.535/SP, DJ 16.02.2007).

O fundamento jurídico desse direito também é a norma constitucional que determina a fixação da justa indenização (art. 5º, XXIV). Isso porque, caso o expediente da desapropriação parcial com esvaziamento econômico da área remanescente não fosse impedido, a justa indenização, por vias transversas, estaria sendo prejudicada.

Além disso, há diversas outras normas repelindo esse tipo de conduta e conferindo ao prejudicado o direito de extensão. José Fernandes Carvalho Filho cita a Lei Complementar 76/1993, que dispõe sobre o procedimento sumário de desapropriação para fins de reforma agrária, e que contempla expressamente, em seu art. 4º, o direito de extensão. Para Carvalho Filho, "essas leis mais novas demonstram, à evidência, que o legislador nunca quis banir o direito de extensão do ordenamento jurídico. Ao contrário, restabeleceu-o expressamente em outras leis como que para indicar que em todos os casos de desapropriação, e presentes os mesmos pressupostos, é assegurado ao proprietário usar de seu direito de extensão". (*Manual de Direito Administrativo*, 18ª edição, Rio de Janeiro: Lumen Juris, p. 770, 2007).

Para Celso Antônio Bandeira de Mello pode-se discutir, ainda, no bojo da ação expropriatória, vícios na declaração de utilidade pública, inclusive desvio de finalidade: "se o proprietário puder objetivamente e indisputavelmente demonstrar que a declaração de utilidade pública não é um instrumento para a realização dos fins a que se preordena, mas um recurso ardiloso para atingir outro resultado, o juiz deverá reconhecer-lhe o vício e, pois, sua invalidade; cumpre que tal apreciação possa ser feita até mesmo na ação expropriatória, que, se assim não fora, de nada valeria ao particular demonstrar-lhe o vício posteriormente, pois, uma vez integrado o bem, ainda que indevidamente, ao patrimônio público – *ex vi* do art. 35 do Decreto-lei 3.365/1941 –, a questão resolver-se-ia por perdas e danos, donde ser ineficiente tal meio para garantir ao proprietário despojado a proteção estabelecida no art. 5º, XXIV, da Carta Magna" (*Curso de Direito Administrativo*, 24ª edição, São Paulo: Malheiros, pp. 866-7, 2007).

Cuidado, pois é excepcional a possibilidade de discutir a questão referida no parágrafo anterior, na ação de desapropriação. Como regra, esse tipo de questão deve ser objeto de ação própria.

9.2.8.3.6. Procedimento

Na fase judicial a desapropriação se desenvolve segundo o seguinte procedimento:

a) petição inicial, com os requisitos já mencionados, e eventual requerimento de imissão provisória na posse;

b) havendo requerimento de imissão provisória na posse, o juiz deve tomar as providências mencionadas (fixar valor para depósito e proceder à imissão na posse);

c) ao despachar a inicial o juiz deverá tomar duas providências: c1) determinar a citação do réu; c2) designar um perito de sua livre escolha para proceder à avaliação dos bens;

d) feita a citação, a ação seguirá o rito ordinário.

9.2.8.3.7. Sentença

A sentença deverá tratar dos seguintes assuntos:

a) das impugnações processuais alegadas em preliminares;

b) do *quantum* indenizatório, que deverá ser fixado levando em conta o valor de mercado do bem (a Constituição fala em "justa indenização"), os danos emergentes e os lucros cessantes, a partir do livre convencimento do juiz em face das avaliações do perito e das argumentações das partes e de seus assistentes técnicos;

c) dos consectários legais, tais como juros compensatórios, juros moratórios, correção monetária, custas e despesas processuais e honorários advocatícios.

Sobre os valores principais e os consectários legais, no caso de desapropriação se efetivar, temos o seguinte:

a) **valor de mercado do bem:** o juiz deverá arbitrar quantia que corresponda ao valor do mercado do bem, com todas as benfeitorias que já existiam no imóvel antes do ato expropriatório; quanto às benfeitorias feitas posteriormente, serão pagas as necessárias e as úteis, estas quando realizadas com autorização do expropriante. Se houver desapropriação de parte de um imóvel, tornando a parte remanescente economicamente inviável, pode-se pedir indenização pelo valor total do bem, exercendo o chamado direito de extensão;

b) **danos emergentes e lucros cessantes:** aqui entram os valores que o juiz pode arbitrar para desmonte e transporte de equipamentos instalados e em funcionamento (art. 25, parágrafo único, do Dec.-lei 3.365/1941), os valores devidos ao proprietário da coisa que tiver fundo de comércio próprio no local (ponto comercial), os valores relativos à valorização ou depreciação de eventual área remanescente, pertencente ao réu (art. 27, *caput*, do Dec.-lei 3.365/1941), dentre outros; quanto aos lucros cessantes, deve-se tomar cuidado para que não haja cumulação indevida deles com juros compensatórios (STJ, Resp. 509.854/RS, DJ 17.04.2007);

c) **juros compensatórios:** esses juros são devidos quando o Poder Público promove a imissão provisória na posse do imóvel. Nessa circunstância, o expropriado poderá levantar parte do valor depositado em juízo, mas só receberá o valor total (de mercado) do seu bem após a sentença definitiva; é sobre a diferença entre o valor total do bem e o valor ofertado por ocasião da imissão provisória na posse da coisa que incidirão os juros compensatórios. São juros justos, pois o proprietário da coisa, ao se ver desprovido dela, deixa de poder auferir renda com o bem, sendo correto que receba juros compensatórios quanto a essa diferença. Assim, os juros compensatórios são **contados** da imissão na posse (art. 15-A do Dec.-lei 3.365/1941, acrescentado pela MP 2.183/2001). A medida provisória referida estabeleceu, também, que os juros compensatórios seriam "de até 6% (seis por cento) ao ano"; todavia, o STF, na ADI 2.332-2, deferiu liminar para suspender a eficácia da expressão "de até 6% ao ano" e também para determinar "que a base de cálculo dos juros compensatórios será a diferença eventualmente apurada entre 80% do preço ofertado em juízo e o valor do bem fixado na sentença". A ideia de substituir a expressão "preço ofertado em juízo" pela expressão "80% do preço ofertado em juízo" tem razão no fato de que, normalmente, o expropriado só levanta 80% do preço depositado em juízo; com relação ao montante do juros, com a retirada da expressão, remanesce a regra estabelecida na Súmula 618 do STF, pela qual a taxa de juros compensatórios é de 12% ao ano. Por fim, vale a pena dizer que os juros compensatórios são devidos mesmo que o imóvel não produza renda, pois o STF suspendeu a eficácia dos §§ 1º e 2º do art. 15-A do Dec.-lei 3.365/1941;

d) **juros moratórios:** esses juros são devidos quando há atraso, pelo Poder Público, do pagamento que deverá efetuar pela desapropriação. Como o pagamento, de regra, é feito por precatório, esse atraso só passa a existir "a partir de 1º de janeiro do exercício seguinte àquele em que o pagamento deveria ser feito, nos termos do art. 100 da Constituição" (art. 15-B do Dec.-lei 3.365/1941); o mesmo dispositivo estabelece que esses juros serão de 6% ao ano. Esse dispositivo não foi alterado pelo STF;

e) **correção monetária:** é contada desde a realização do laudo pericial que fixa o valor do bem expropriado;

f) **custas e despesas processuais:** são de responsabilidade do Poder Público os honorários periciais, no caso de o valor por ele oferecido ser majorado pelo magistrado;

g) **honorários advocatícios:** os honorários serão fixados entre 0,5 e 5% da diferença entre o valor oferecido pelo Poder Público e o valor fixado pelo Poder Judiciário (art. 27, § 1º, do Dec.-lei 3.365/1941, com a redação dada pela MP 2.183-56/2001), diferença que deve ser atualizada. No mesmo parágrafo do art. 27, havia previsão de que os honorários não poderiam ultrapassar os R$ 151 mil; todavia, na ADI 2.332-2 o STF também suspendeu a eficácia da expressão. É importante ressaltar que na base de cálculo dos honorários advocatícios devem ser incluídas as parcelas devidas a título de juros moratórios e compensatórios, também devidamente atualizados, nos termos da Súmula 131 do STJ.

9.2.8.3.8. Recursos

Na desapropriação, cabem os recursos à moda do que ocorre nas ações de rito ordinário. Assim, a título de exemplo, da decisão interlocutória cabe agravo, ao passo que da sentença terminativa ou de mérito cabe apelação. Das decisões proferidas pelos Tribunais Estaduais ou Federais, cabem, por exemplo, recurso especial ou recurso extraordinário.

No que concerne aos efeitos do recurso de apelação, temos as seguintes regras (art. 28 do Dec.-lei 3.365/1941):

a) se interposta pelo expropriado: terá efeito apenas devolutivo;

b) se interposta pelo Poder Público: terá efeito devolutivo e suspensivo.

Por fim, é fundamental lembrar que, no caso de a sentença condenar a Fazenda Pública em quantia superior ao dobro da oferecida na petição inicial, ficará sujeita ao duplo grau de jurisdição.

9.2.8.3.9. Desistência da desapropriação

Conforme já escrito, pode-se desistir da desapropriação até o último momento anterior ao do pagamento da indenização. Deve-se ressaltar que os danos causados ao particular devem ser ressarcidos. Assim, a desistência só se efetivará se o Poder Público: a) fizer o pedido antes de ultimada a desapropriação; b) ressarcir o expropriado de todos os danos que tiver; c) pagar as despesas processuais; d) devolver o bem.

Todavia, o STJ vem entendendo que há um quinto requisito que deve ser atendido, qual seja, o de que não tenha havido substanciais alterações no imóvel por parte do Poder Público, tornando impossível a restituição no estado em que se encontrava antes da imissão provisória (STJ, REsp 132.398/SP – Min. Hélio Mosimann, DJ 19.10.1998).

9.2.8.4. Retrocessão

Infelizmente, é muito comum o Poder Público desapropriar um imóvel e não utilizá-lo posteriormente numa atividade de interesse público. Em algumas vezes, o Poder Público simplesmente não utiliza o imóvel. Em outras, utiliza, mas em atividades que não são de interesse público.

O STJ vem, em matéria de desapropriação, fazendo a distinção entre tredestinação lícita e tredestinação ilícita.

A tredestinação consiste na mudança de destinação de um imóvel desapropriado.

Como se sabe, quando se expede o decreto expropriatório, é necessário indicar a finalidade daquela desapropriação que se deseja fazer. Assim, indica-se no decreto se a finalidade é construir uma escola, construir um hospital, construir casas populares, alargar uma via pública etc. A tredestinação ocorre quando a Administração Pública, de posse do imóvel desapropriado, acaba utilizando-o em finalidade distinta da prevista inicialmente.

Ocorre que essa mudança de finalidade pode se dar para atender outra demanda de interesse público. Um exemplo dessa situação é a desapropriação de uma área para construir uma escola e depois acabar construindo um hospital. Nesse caso, tem-se a tredestinação lícita, não sendo possível questionar a desapropriação realizada e os atos subsequentes.

Outra possibilidade é a de a Administração mudar a finalidade da desapropriação realizada para o fim de atender uma demanda que não é de interesse público. Um exemplo é desapropriar uma área para construir uma escola e depois ceder essa área para um comerciante local montar uma loja de venda de automóveis. Nesse caso, tem-se a tredestinação ilícita, que autoriza a nulidade do ato consequente e a retomada da coisa pelo anterior proprietário, que tem o direito de retrocessão.

Nesses casos, fica a dúvida: o antigo proprietário poderá reivindicar o imóvel de volta, devolvendo os valores que tiver recebido, terá direito a uma mera indenização ou não terá direito algum?

Para responder a essa pergunta, temos que tratar do instituto da retrocessão.

Pelo conceito tradicional, **retrocessão** *importa no direito do ex-proprietário de reaver o bem expropriado que não foi utilizado em finalidade pública*. O requisito, como se viu, é o desvio de finalidade, a chamada tredestinação, utilizando-se o bem expropriado em finalidade não pública. Não configura o instituto a utilização do bem em finalidade distinta da prevista no decreto expropriatório, quando a nova finalidade for de interesse público.

A primeira regra sobre o assunto foi o art. 1.150 do antigo CC, cujo texto era imperativo: o Poder Público oferecerá o imóvel ao ex-proprietário, caso não tenha o destino que deu origem à desapropriação, pelo preço que o foi. Apesar da imperatividade do texto, dando a entender tratar-se de direito real do antigo proprietário, por estar o dispositivo no capítulo do direito pessoal de preferência, foi muito forte a corrente no sentido de que o direito do ex-proprietário era meramente pessoal.

Sobreveio o art. 35 do Decreto-lei 3.365/1941, cuja redação não permite a reivindicação do bem, após desapropriado. Com a entrada em vigor desse decreto-lei, ganhou força a tese de que a retrocessão tratava-se de mero direito pessoal do antigo proprietário.

Todavia, alguns acórdãos do STF também reconheceram o caráter de direito real do ex-proprietário.

O STJ, por sua vez, já há alguns anos entende tratar-se de direito real o direito do ex-proprietário, conforme se vê do seguinte acórdão: Edcl. no REsp 623.511/RJ, DJ 26.09.2005.

Há três temas bastante polêmicos que devem, ainda, ser aclarados.

O primeiro é concernente ao seguinte ponto: quando o imóvel não é utilizado em finalidade alguma pelo Poder Público, qual é o prazo para se considerar o bem não utilizado para fins de exercício do direito de retrocessão?

A resposta a essa pergunta depende da modalidade de desapropriação envolvida:

a) na desapropriação por interesse social, prevalece a tese de que o prazo é de 2 anos, visto que, segundo o art. 3º da Lei 4.132/1962, é o prazo para que o Poder Público adote "as providências de aproveitamento do bem expropriado";

b) na desapropriação para reforma agrária, o art. 16 da Lei 8.629/1993 estabelece o prazo de três anos, contados da data de registro do título translativo de domínio, para que o órgão expropriante destine a respectiva área aos beneficiários da reforma agrária;

c) na desapropriação por descumprimento da função social em imóvel urbano, o art. 8º da Lei 10.257/2001 dispõe que o Município tem o prazo de cinco anos para proceder ao adequado aproveitamento do imóvel, contado de sua incorporação ao patrimônio público;

d) na desapropriação por utilidade ou necessidade pública, não há, na lei, prazo máximo para a ocupação do bem pelo Poder Público, prevalecendo a tese de que o prazo, então, será de 5 anos, mantendo-se a harmonia com o prazo de caducidade do decreto expropriatório, à moda do que acontece para esses dois prazos na desapropriação por interesse social.

O segundo ponto é relativo ao prazo para ingressar com a ação de retrocessão. Prevalece o entendimento de que se deve utilizar o prazo prescricional previsto para os direitos reais. Como o art. 205 do CC não faz distinção entre ações reais e pessoais, deve-se utilizar o prazo geral previsto no dispositivo, que é de 10 anos. Se o entendimento prevalecente fosse de que a retrocessão é direito pessoal, o prazo seria o previsto para ações indenizatórias contra o Poder Público.

O último ponto diz respeito à autonomia da ação que deverá ser aforada. Nesse sentido, é pacífico que se deve ingressar com ação própria, não sendo possível aproveitar a ação de desapropriação originária.

Por fim, é importante ressaltar que "ao imóvel desapropriado para implantação de parcelamento popular, destinado às classes de menor renda, não se dará outra utilização nem haverá retrocessão" (art. 5º, § 3º, do Dec.-lei 3.365/1941).

Confira acórdão do STJ reconhecendo o caráter real do direito de retrocessão, e, consequentemente, que o prazo prescricional respectivo é o das ações de natureza real:

> "1. A jurisprudência desta Corte e do STF adotou corrente no sentido de que a ação de retrocessão é de natureza real e, portanto, aplica-se o art. 177 do CC/1916 e não o prazo quinquenal de que trata o Decreto 20.910/1932. 2. Recurso especial provido." (STJ, REsp 2006.01546994, DJ14.03.2007).

9.2.8.5. Situação jurídica de terceiros

Há quatro tipos de terceiros que podem ter seus direitos afetados por uma desapropriação. Confira:

a) verdadeiro proprietário da coisa, que não consta como réu na ação de desapropriação: quanto a essa pessoa, incide o art. 35 do Dec.-lei 3.365/1941, que dispõe que "os bens expropriados, uma vez incorporados à Fazenda Pública, não podem ser objeto de reivindicação, ainda que fundada em nulidade do processo de desapropriação"; assim, o verdadeiro proprietário deve acionar aquele que recebeu a indenização e buscar a satisfação dos seus interesses por meio de perdas e danos, ou seja, o Poder Público, por adquirir de forma originária o bem objeto de expropriação, não sofre os efeitos da evicção;

b) credor do expropriado: quanto ao credor com garantia real, incide o art. 31 do Dec.-lei 3.365/1941, pelo qual "ficam sub-rogados no preço quaisquer ônus ou direitos que recaiam sobre o bem expropriado", ou seja, o credor com direito real sobre a coisa passará a ter direito real sobre a quantia depositada em juízo, operando-se, inclusive, o vencimento antecipado da dívida; já o credor sem garantia especial poderá pedir a penhora dos valores depositados em juízo;

c) locatário do expropriado: aquele que é locatário de um imóvel que está sendo desapropriado não tem direito de manter a locação. Esse contrato fica extinto e o locatório poderá pedir indenização do Poder Público pelos danos que tiver, por exemplo, pela perda do fundo de comércio (ponto comercial). O fundamento desse pedido é a responsabilidade objetiva do Estado pelos danos causados às pessoas e o deve ser deduzido em ação própria de indenização (art. 20 do Dec.-lei 3.365/1941);

d) vizinho do expropriado: segundo o art. 37 do Dec.-lei 3.365/1941, "aquele cujo bem for prejudicado extraordinariamente em sua destinação econômica pela desapropriação de área contígua terá direito a reclamar perdas e danos do expropriante".

9.2.8.6. Desapropriação indireta

Infelizmente, é comum que o Poder Público se aproprie de bem particular sem observância dos requisitos da declaração e da indenização prévia. O nome dessa situação é **desapropriação indireta**, que também pode ser conceituada como *a abusiva e irregular apropriação do imóvel particular pelo Poder Público, com sua consequente integração no patrimônio público, sem obediência às formalidades e cautelas do processo de expropriação e que abre ao lesado o recurso à via judicial para ser indenizado.*

Perceba que para configurar o instituto da desapropriação indireta não basta o mero apossamento administrativo, ou seja, não basta uma invasão do Poder Público, por seus agentes, em um imóvel particular. É necessário que haja uma invasão somada a uma utilização do bem numa situação de interesse público.

Um exemplo bem comum da desapropriação indireta é a utilização de uma área particular para construção de um trecho de uma estrada.

Apesar da abusividade do procedimento, o Poder Público tem direito de ser mantido no bem, preenchido o requisito de sua utilização em atividade de interesse público. O fundamento desse direito é o próprio art. 35 do Dec.-lei 3.365/1941, que assegura que "os bens expropriados, uma vez incorporados à Fazenda Pública, não podem ser objeto de reivindicação, ainda que fundada em nulidade do processo de desapropriação. Qualquer ação, julgada procedente, resolver-se-á em perdas e danos". Trata-se do princípio do fato consumado.

Também fundamentam o instituto o art. 5º, XXIV, da CF, e o art. 15, § 3º, do Decreto-lei 3.365/1941. O primeiro porque determina o pagamento de indenização justa quando ocorre desapropriação, o que deve ocorrer tanto para aquela que respeita as regras jurídicas e, principalmente, para aquelas feitas de modo abusivo e irregular. E o segundo dispositivo porque estabelece valer para a desapropriação indireta a disciplina dos juros compensatórios, em matéria de desapropriação, quando houver imissão provisória na posse.

O particular prejudicado tem direito de ingressar com ação de indenização por desapropriação indireta.

A legitimidade ativa para a demanda é do proprietário do imóvel. Por envolver a perda da propriedade, há decisões que entendem ter a ação natureza real, de modo que o cônjuge do proprietário deve participar da demanda (STJ, REsp 64.177, DJ 25.09.1995).

A legitimidade passiva da ação é da pessoa jurídica de direito público responsável pela incorporação do bem ao seu patrimônio.

Sob o argumento de que a ação se funda em direito real sobre o imóvel, há decisões do STF no sentido de que a competência é do foro do local onde ele se encontra. O STJ vem julgando nesse sentido (STJ, CC 46.771-RJ, DJ 19.09.2005).

O prazo prescricional para ingressar com a ação de indenização por desapropriação indireta, nos termos da Súmula 119 do STJ, é de 20 anos. O fundamento da súmula é que esse é o prazo para a usucapião extraordinária de bens imóveis, sob a égide do antigo Código Civil (arts. 550 e 551). Todavia, no atual CC, o prazo da usucapião extraordinária é de 15 anos, como regra, e de 10 anos, quando o possuidor houver estabelecido no imóvel sua moradia habitual, ou nele realizado obras ou serviços de caráter produtivo, conforme o art. 1.238 do CC.

A indenização deve abarcar os seguintes pontos:

a) valor de mercado do bem: observar o mesmo item da desapropriação direta; se houver desapropriação indireta de parte de um imóvel, tornando a parte remanescente economicamente inviável, pode-se pedir indenização pelo valor total do bem, exercendo o chamado direito de extensão;

b) danos emergentes e lucros cessantes: observar o mesmo item da desapropriação direta;

c) juros compensatórios: aqui, os juros compensatórios são devidos desde a ocupação do imóvel pelo Poder Público. Os juros incidirão sobre o total de indenização, uma vez que, diferente da desapropriação direta, não há diferença entre o valor fixado na sentença e o valor ofertado, pois aqui não se fala em valor ofertado; os juros, aqui, terão o mesmo percentual dos juros compensatórios na desapropriação direta, uma vez que foi suspensa pelo STF a disposição que estabelecia juros de até 6% ao ano (*vide* art. 15-A, § 3º, do Dec.-lei 3.365/1941). Assim, remanesce a regra estabelecida na Súmula 618 do STF, pela qual a taxa de juros compensatórios é de 12% ao ano;

d) juros moratórios: esses juros são devidos quando há atraso, pelo Poder Público, do pagamento que deverá efetuar pela desapropriação. Como o pagamento, de regra, é feito por precatório, esse atraso só passa a existir "a partir de 1º de janeiro do exercício seguinte àquele em que o pagamento deveria ser feito, nos termos do art. 100 da Constituição" (art. 15-B do Dec.-lei 3.365/1941); o mesmo dispositivo estabelece que esses juros serão de 6% ao ano, mas ele não foi alterado pelo STF;

e) correção monetária: é contada desde a realização do laudo pericial que fixa o valor do bem expropriado;

f) custas e despesas processuais: são de responsabilidade do Poder Público os honorários periciais, inclusive quanto ao adiantamento das quantias para fazer frente a essas despesas (STJ, REsp 788.817, j. 19.06.2007);

g) honorários advocatícios: o Dec.-lei 3.365/1941 dispõe que, à moda do que ocorre na desapropriação direta, os honorários serão fixados entre 0,5 e 5% da diferença entre o valor oferecido pelo Poder Público e o valor fixado pelo Poder Judiciário (art. 27, §§ 1º e 3º, do Dec.-lei 3.365/1941, com a redação dada pela MP 2.183-56/2001); todavia, como não há diferença entre valor fixado pelo juiz e valor ofertado pelo Poder Público, já que este se apoderou do bem sem seguir os trâmites legais, devem incidir os honorários sobre o valor total da condenação, prevalecendo os parâmetros previstos na legislação processual civil, conforme lição de José Fernandes Carvalho Filho (*Manual de Direito Administrativo*, 18ª edição, Rio de Janeiro: Lumen Juris, 2007, p. 767). É importante ressaltar que na base de cálculo dos honorários advocatícios devem ser incluídas as parcelas devidas a título de juros moratórios e compensatórios, também devidamente atualizados, nos termos da Súmula 131 do STJ.

9.2.8.7. Desapropriação por não atendimento à função social da propriedade

Em área rural, a desapropriação-sanção deve atender às seguintes regras (art. 184 da CF):

a) União é quem tem competência para a desapropriação para reforma agrária pelo não cumprimento da função social da propriedade;

b) o pagamento será feito com títulos da dívida agrária, resgatáveis em até 20 anos, a partir do 2º ano de sua emissão;

c) as benfeitorias úteis e necessárias serão indenizadas em dinheiro;

d) não cabe desapropriação para reforma agrária: i) em caso de pequena e média propriedade rural se o proprietário não tiver outra; ii) em caso de propriedade produtiva.

Em área urbana, a desapropriação-sanção deve atender às seguintes regras (art. 182 da CF):

a) o Município desapropria o imóvel urbano que não estiver cumprindo a função social da propriedade;

b) o pagamento será feito com títulos da dívida pública, de emissão aprovada pelo Senado, resgatáveis em até 10 anos, em parcelas anuais, iguais e sucessivas;

c) o Estatuto da Cidade estabelece que o valor a ser apurado é o *valor venal* e não haverá *lucros cessantes*;

d) são requisitos para a aplicação do instituto os seguintes: i) lei federal, plano diretor municipal, lei municipal específica indicando áreas que devem ser utilizadas; ii) notificação para parcelamento, edificação ou utilização compulsória (1 ano para projeto e 2 anos para iniciar as obras); iii) IPTU progressivo por 5 anos, com alíquota de até 15%, no máximo dobrando a cada ano.

Cumpridos os requisitos mencionados, e permanecendo a propriedade sem cumprir a sua função social, o Município pode ingressar com ação de desapropriação-sanção.

10. RESPONSABILIDADE CIVIL DO ESTADO

10.1. Evolução histórica e teorias sobre a responsabilidade estatal

A responsabilidade patrimonial do Estado passou pelas seguintes fases:

a) fase da irresponsabilidade: nessa fase, o Estado não respondia por danos causados aos particulares, sob o argumento de que o poder soberano dos reis era divino, de modo que não era correto dizer que o rei errava ("the king can do no wrong");

b) fase civilista: nessa fase, o Estado passou a responder, mas apenas se o dano tivesse sido causado por *culpa ou dolo de um funcionário estatal*; assim, caso o motorista de uma Prefeitura, por exemplo, atropelasse alguém por conta de uma manobra imprudente, o Estado responderia civilmente pela respectiva indenização;

c) fase publicista: nessa fase, o Estado passou a responder civilmente mediante a aplicação de institutos jurídicos mais adequados às características estatais, ou seja, segundo princípios próprios do direito público, daí o nome de fase *publicista*; pertencem a essa fase a responsabilização estatal segundo dois fundamentos:

c1) culpa administrativa: aqui, o Estado responde se o dano tiver origem num *serviço defeituoso*; por exemplo, caso alguém sofra um acidente automotivo pelo fato de haver uma enorme cratera numa rua já há alguns meses, caracteriza-se o serviço estatal defeituoso e, consequentemente, a culpa administrativa a ensejar a responsabilidade civil do Estado. Repare que, aqui, o foco não é a culpa do *funcionário*, mas a culpa do *serviço*, também chamada de culpa anônima do serviço, pois não se analisa a conduta de alguém em especial, mas o desempenho do serviço público;

c2) risco administrativo: aqui, o Estado responde objetivamente pelos danos que causar, ou seja, basta que uma conduta estatal cause um dano indenizável a alguém para que o Estado tenha de responder civilmente, pouco importando se há culpa do funcionário ou se há culpa administrativa. Um exemplo é um policial atirar para se defender e a bala acabar atingindo um terceiro (a chamada "bala perdida"); nesse caso, pouco importa se o policial agiu com culpa ou não, respondendo o Estado objetivamente. O princípio maior que rege a Teoria do Risco Administrativo é o da igualdade, não sendo justo que a vítima sofra sozinha por conduta estatal que, em tese, beneficia a todos; a teoria em questão objetiva que haja igualdade nos ônus e encargos sociais.

A responsabilidade fundada no **risco administrativo** é a regra hoje no direito brasileiro, que, assim, impõe que o Estado responda objetivamente pelos danos que seus agentes causarem a terceiros (art. 37, § 6º, da CF).

A responsabilidade objetiva estatal tem como marco histórico o famoso Caso Blanco, em que uma menina fora atropela por veículo público e ficou decidido que o Poder Judiciário (que analisava casos cíveis, com princípios próprios) não era o competente para conhecer da questão, mas sim o Conselho de Estado (que analisava casos afetos ao Poder Público), que deveria aplicar princípios próprios do direito público, como o da igualdade e da legalidade, que impõem a indenização ao particular que é lesado em detrimento de uma atividade de proveito à coletividade.

Por fim, é bom ressaltar que a responsabilidade objetiva no Brasil admite excludentes de responsabilidade do Estado, de modo que não adotamos a **Teoria do Risco Integral**, que não admite excludentes, mas a **Teoria do Risco Administrativo**, conforme mencionado, teoria essa que admite excludentes de responsabilidade.

A Teoria do Risco Integral vem sendo aplicada, sem controvérsia alguma, na responsabilidade por *dano nuclear*, seja o responsável pelo dano o Estado ou o particular. Além dos casos previstos na CF, o STF entende que lei infraconstitucional também pode estabelecer novos casos de responsabilidade estatal com risco integral (ADI-4976, j. 07.05.2014).

10.2. Modalidades de responsabilidade

Conforme vimos no item anterior, a responsabilidade do Estado, como regra, é objetiva, fundada no *risco administrativo*.

Porém, a jurisprudência vem reconhecendo que, em alguns casos, a responsabilidade estatal é subjetiva, fundada na *culpa administrativa*.

Assim sendo, pode-se dizer, hoje, que há duas modalidades de responsabilidade civil estatal.

A primeira modalidade é a **responsabilidade objetiva**. Trata-se da regra em matéria de responsabilidade do Estado, nos termos do art. 37, § 6º, da CF. A responsabilidade é objetiva em duas situações:

a) por conduta comissiva do Estado: nesse caso pode-se dizer que o Estado causou materialmente um dano, já que atuou positivamente (comissivamente), o que faz incidir o texto do art. 37, § 6º, da CF, que não reclama conduta culposa ou dolosa para que o Estado responda civilmente por danos causados a terceiros; são exemplos de *condutas comissivas* a bala perdida de um policial, a agressão feita por agente público com arma da corporação, a transfusão de sangue contaminado com HIV em hospital público, a interdição indevida de um estabelecimento comercial, um acidente com um carro oficial dirigido de modo imprudente, dentre outros. O art. 37, § 6º, da CF estabelece que essa responsabilidade objetiva alcança as pessoas jurídicas de direito público (entes políticos, mais entidades com natureza autárquica) e as pessoas jurídicas de direito privado prestadoras de serviços públicos;

b) por atividade de risco estatal: nesse caso, temos situações em que não se sabe muito bem se o Estado age numa conduta comissiva ou omissiva; por exemplo, imagine um depósito de explosivos das Forças Armadas, que acaba por pegar fogo, gerando inúmeros danos na vizinhança. Perceba que pouco importa se a conduta estatal é comissiva ou omissiva, pois como a atividade de armazenar explosivos é uma atividade de risco, aplica-se o disposto no art. 927, parágrafo único, do Código Civil, para efeito de responsabilizar o Estado objetivamente; vale ressaltar que qualquer pessoa, de direito público ou de direito privado, responde objetivamente por danos causados por atividades de risco que pratiquem.

A segunda modalidade é a **responsabilidade subjetiva**. Trata-se de exceção em matéria de responsabilidade do Estado. A responsabilidade será subjetiva em três situações:

a) por conduta omissiva do Estado: nesse caso não se pode dizer que o Estado causou materialmente um dano, pois uma omissão não é capaz de "causar" coisa alguma, situação que impede a aplicação da responsabilidade objetiva prevista no art. 37, § 6º, da CF, que se aplica quando o Estado, por seus agentes, "causa" um dano a terceiro; por outro lado, não é possível simplesmente aplicar o Código Civil nesse tipo de situação (omissiva), pois esse Código é fundado em princípios de Direito Privado, e a responsabilidade estatal deve ser fundada em princípios de Direito Público; assim sendo, em caso de conduta omissiva do Estado, esse responderá **subjetivamente**, mas com fundamento na **culpa administrativa** e não na culpa do funcionário público. A culpa administrativa ocorre quando se demonstra que o serviço é **defeituoso** (a chamada "falta do serviço"), ou seja, quando se demonstra que o serviço: i) não funcionou, ii) funcionou atrasado ou iii) funciona mal; tal apreciação é feita levando-se em conta o que legitimamente se espera do serviço estatal. São exemplos de condutas omissivas estatais que costumam gerar responsabilidade por envolver serviço defeituoso o não recapeamento de ruas pelo Poder Público, propiciando acidentes automobilísticos; a falta de limpeza de bueiros e córregos, propiciando alagamentos e deslizamentos de imóveis; a morte de detento ocasionada por outro detento; a ausência de fiscalização ambiental pelo Estado, propiciando danos ambientais; a existência de animal em estrada, causando acidente; a falha no semáforo, causando acidente; o acidente em sala de aula de escola pública, machucando aluno; dentre outros. Todavia, a jurisprudência não costuma responsabilizar o Estado por atos causados por um fugitivo da prisão, que, tempos depois da fuga, comete crimes, causando danos a terceiros; por enquanto, o STF e o STJ vêm entendendo que a responsabilidade do Estado por omissão é subjetiva; vale ressaltar que o STF tem decisão no sentido de que a responsabilidade estatal por atos omissivos ***específicos*** é objetiva; um exemplo de caso de omissão específica do Estado é a agressão física a aluno por colega, em escola estadual, hipótese em que a responsabilidade estatal será objetiva, com base na Teoria do Risco Administrativo (STF, ARE 697.326 AgR/RS, DJ 26.04.2013); não se pode confundir uma *conduta omissiva genérica* (ex: o Estado não conseguir evitar todos os furtos de carros), com uma *conduta omissiva específica* (ex: o Estado ter o dever de vigilância sobre alguém e não evitar o dano); no primeiro caso, o Estado responde *subjetivamente*, só cabendo indenização se ficar provado que o serviço foi defeituoso (ex: um policial presencia um furto e nada faz); no segundo caso, o Estado responde *objetivamente*, não sendo necessário perquirir sobre se o serviço estatal foi ou não defeituoso;

b) por condutas omissivas ou comissivas de pessoas jurídicas de direito privado estatais exploradoras de atividade econômica: essas pessoas não são alcançadas pela responsabilidade objetiva prevista no art. 37, § 6º, da CF; dessa forma, a regulamentação de sua responsabilidade cabe ao direito privado e este, como regra, estabelece a responsabilidade civil subjetiva, em que a pessoa jurídica só responderá se um agente seu agir mediante conduta culposa ou dolosa (art. 186 do Código Civil). Todavia, o caso concreto pode envolver situação que gere responsabilidade objetiva, não pela Constituição Federal, mas pela legislação infraconstitucional; por exemplo, se a pessoa jurídica em tela causar dano em virtude de atividade de risco, responderá objetivamente (art. 927, parágrafo único, do CC); o mesmo acontecerá se se tratar de uma relação de consumo (por exemplo, a relação entre o Banco do Brasil e seus clientes);

c) quanto à responsabilidade civil do agente público: nesse caso, o próprio art. 37, § 6º, da CF estabelece que o agente público só responderá por danos causados a terceiros se agir com culpa ou dolo e, mesmo assim, apenas em ação regressiva movida pelo Poder Público, não sendo possível que a vítima ingresse com ação indenizatória diretamente contra o agente público que lhe causar dano.

10.3. Fundamentos da responsabilidade objetiva e motivos que ensejam

São fundamentos da responsabilidade objetiva do Estado os princípios da **igualdade** e da **legalidade**.

De acordo com o princípio da *igualdade*, não é isonômico que uma pessoa sofra danos por obra do Estado, que age em favor de todas as outras pessoas, e não seja indenizada por isso.

O princípio da *legalidade*, por sua vez, não permite que o Estado haja de forma a causar danos às pessoas, pois isso é ilegal. Agindo assim, o Estado, fica, então, com a obrigação de reparar o dano.

Há quem complemente os fundamentos expostos neste estudo para dizer que a responsabilidade objetiva do Estado fundamenta-se, também, no princípio da **solidariedade social**, previsto no art. 3º da CF.

Quanto aos motivos que ensejam a responsabilidade objetiva estatal, a doutrina destaca que as funções estatais (ex.: atuação policial, realização de grandes obras etc.) ensejam danos mais intensos do que o normal, o que faz com que o Estado mereça um tratamento diferenciado, no sentido de responder efetivamente quando causá-los a terceiros.

O fato é que os deveres públicos colocam o Estado permanentemente obrigado a agir no mundo dos fatos. Não bastasse isso, o Estado possui o direito de usar a força, o que dá ensejo a maior causação de danos.

O administrado, por sua vez, não tem como se evadir dos perigos gerados pelo Estado, já que esse dita os termos de sua atividade.

Tudo isso faz com que somente a responsabilidade objetiva do Estado seja apta a garantir o efetivo ressarcimento a todas as pessoas sujeitas aos perigos causados pelo Poder Público.

10.4. Pressupostos ou requisitos da responsabilidade objetiva

Considerando os elementos vistos no item 10.2, é possível, agora, sistematizar os requisitos para que o Estado responda objetivamente.

Grosso modo, os requisitos são três: a) conduta comissiva (não é necessário que haja culpa ou dolo); b) dano indenizável; c) nexo de causalidade entre a conduta e o dano.

Adensando melhor essas ideias, temos como primeiro requisito da responsabilidade objetiva o seguinte: **fato ou ato de agente das pessoas jurídicas de direito público ou das pessoas privadas prestadoras de serviço público.**

Dois pontos devem ser ressaltados.

O primeiro, quanto ao fato de que as pessoas jurídicas de direito público, como também as pessoas jurídicas de direito privado prestadoras de serviço público (ex.: Correios), respondem objetivamente.

O segundo, quanto ao fato de que tais pessoas respondem pelos atos lesivos praticados por seus agentes contra terceiros, desde que esses agentes tenham agido "na qualidade de agentes públicos".

Assim, se um servidor público, no final de semana, vai a um bar e acaba se desentendendo com alguém, espancando esse alguém e gerando uma série de sequelas nele, o Estado não irá responder por esse ato, pois o agente público não atuou, no caso, na qualidade de agente público.

De qualquer forma, é bom ressaltar que, se um agente público usa a arma da corporação para causar um dano a alguém, mesmo que isso ocorra em período de folga, o Estado responderá objetivamente.

O segundo requisito – **dano indenizável** – requer que o dano causado a terceiro tenha os seguintes requisitos:

a) lesão a *direito* da vítima, vale dizer, à esfera juridicamente protegida do indivíduo;

b) dano *certo* (dano necessário, não apenas eventual), ***especial*** (dano que atinge pessoas em particular e não coletividade em geral) e ***anormal*** (dano que ultrapassa os problemas e dificuldades comuns da vida em sociedade; ex.: uma pequena fila numa repartição pública ou o pó de uma obra pública não configuram o dano anormal, não gerando indenização).

O terceiro requisito – **nexo de causalidade entre a conduta estatal e o dano** – impõe que haja um nexo entre o ato estatal e o dano causado a terceiro. O STF entende que não há nexo de causalidade quando um detento foge da prisão e, tempos depois, comete crimes ou com a ajuda de comparsas (STF, AR 1.376). Todavia, houve um caso em que um presidiário, que já havia fugido sete vezes da prisão, acabou por estuprar um menor de 12 anos, caso esse que levou o STF a entender que havia nexo de causalidade, uma vez que, se a lei de execução penal tivesse sido corretamente aplicada, o preso estaria em regime fechado e não teria conseguido fugir pela oitava vez e cometido o crime (STF, RE 409.203).

Por fim, vale dizer que o STF entende que também é objetiva a responsabilidade do Estado quando este causa danos aos seus próprios agentes públicos (RE 435.444-RS).

10.5. Excludentes da responsabilidade do Estado

Conforme visto no item 10.1, o Brasil adota a Teoria do Risco Administrativo em matéria de responsabilidade do Estado e não a Teoria do Risco Integral.

Assim sendo, a responsabilidade do Estado admite excludentes.

Confira os casos em que se reconhece que a responsabilidade estatal ficará excluída: a) força maior (ex.: um tornado causa estragos em diversos imóveis de uma cidade); b) culpa exclusiva de terceiro; c) culpa exclusiva da vítima.

A culpa concorrente da vítima e do Estado não exclui a responsabilidade estatal, gerando apenas atenuação do *quantum* indenizatório.

10.6. Responsabilidade do agente público. Denunciação da lide do agente público que causou o dano e direito de regresso

O agente público, segundo o art. 37, § 6º, da CF, responde pelos danos que causar a terceiros, perante a pessoa com quem trabalha, se agir com culpa ou dolo.

Ou seja, os agentes públicos têm dupla proteção: a) a primeira é de só responder se agirem com culpa ou dolo; b) a segunda, de não poderem ser acionados diretamente pelo terceiro lesado.

Quanto a esse segundo aspecto, fica, então, a notícia de que o terceiro lesado só poderá ingressar com ação diretamente contra o Poder Público. Em seguida, em ação de regresso, o agente público que tiver atuado com culpa ou dolo pode ser acionado pelo Poder Público para que este se ressarça dos prejuízos que teve de arcar por conta do agente público responsável pelo dano.

Assim, não cabe a responsabilidade "per saltum" da pessoa natural do agente público (STF, RE 327.904, rel. Min. Carlos Brito, j. 15.08.2006 – Informativo 436), devendo o juiz julgar extinta, por ilegitimidade de parte, eventual ação promovida pelo terceiro lesado em face do agente público.

Resta saber se o Estado poderá, logo que acionado pelo terceiro lesado, denunciar da lide o agente público, criando demanda paralela a ser julgada em sentença única.

O STJ vem aceitando a denunciação da lide nesses casos. Porém, vem crescendo o entendimento de que a denunciação da lide somente é possível quando a causa de pedir trazida na ação de responsabilidade seja a narração de uma conduta culposa ou dolosa do agente público. Nesse caso, como a ação já é fundada na culpa, não há problema em se denunciar da lide o agente público, eis que a sua culpa já estará sendo discutida na demanda principal.

Porém, quando a petição inicial se funda, fática e juridicamente, na responsabilidade objetiva do Estado, parece-nos temerário que o juiz admita eventual denunciação da lide do Poder Público. Isso porque ela não se coaduna com a ideia de responsabilidade objetiva, que visa a uma indenização pronta e rápida que não aconteceria se pudesse ser chamado o agente público para responder, instaurando-se uma lide paralela, em que se tivesse que discutir sua culpa ou seu dolo.

Aliás, o STJ é pacífico no sentido de que a ação de denunciação da lide não importa na perda do direito do Estado de ingressar com ação de regresso contra o servidor, já que o Estado tem garantido o direito de se ressarcir na própria Constituição Federal (art. 37, § 6º, da CF).

Vale lembrar que, uma vez que o Estado arque com indenização em favor de terceiro e o agente público responsável pelo ato danoso tenha agido com culpa ou dolo, o Estado nem sempre terá de ingressar com ação de regresso, sendo possível, desde que haja concordância do agente público, desconto da indenização em folha de pagamento, na forma da lei, e desde que seja parceladamente, de modo a não comprometer a subsistência do agente e de sua família.

10.7. Responsabilidade das pessoas jurídicas prestadoras de serviço público

Conforme já visto, a responsabilidade dessas pessoas, nos termos do art. 37, § 6º, da CF, também é objetiva. Assim, as concessionárias de serviço público, por exemplo, nas áreas de água e esgoto, energia elétrica, telefonia, transporte público, dentre outras, respondem pelos danos que seus agentes causarem, independentemente de culpa.

É importante ressaltar que o STF vinha entendendo que a responsabilidade objetiva dos concessionários (prevista no art. 37, § 6º, da CF) só existiria em relação ao usuário do serviço e não em relação a terceiro não usuário, que sofre dano no contexto da prestação de um serviço público. O terceiro deveria buscar responsabilização da concessionária com fundamento em outras regras jurídicas.

No entanto, houve **mudança** na orientação jurisprudencial, para admitir a responsabilidade objetiva também em favor do não usuário do serviço público. Confira:

> "A responsabilidade civil das pessoas jurídicas de direito privado prestadoras de serviço público é objetiva relativamente a terceiros usuários e não usuários do serviço, segundo decorre do art. 37, § 6º, da Constituição Federal. II – A inequívoca presença do nexo de causalidade entre o ato administrativo e o dano causado ao terceiro não usuário do serviço público, é condição suficiente para estabelecer a responsabilidade objetiva da pessoa jurídica de direito privado." (STF, RE 591874)

O STF passou a entender que a expressão "terceiros", contida no dispositivo constitucional citado, inclui os terceiros não usuários do serviço público. Primeiro porque não há restrição redacional nesse sentido, não se podendo fazer interpretação restritiva do dispositivo constitucional. Segundo porque a Constituição, interpretada à luz do princípio da isonomia, não permite que se faça qualquer distinção entre os chamados "terceiros", usuários e não usuários do serviço público, uma vez que todos podem sofrer dano em razão da ação administrativa estatal. Terceiro porque os serviços públicos devem ser prestados de forma adequada e em caráter geral, estendendo-se, indistintamente, a todos os cidadãos, beneficiários diretos ou indiretos da ação estatal.

10.8. Responsabilidade das pessoas de direito privado estatais exploradoras de atividade econômica

O § 6º do art. 37 da Constituição Federal estabelece ser objetiva a responsabilidade das pessoas jurídicas de *direito público* e das pessoas jurídicas de *direito privado prestadoras de serviço público*.

Nesse sentido, pessoa jurídica de direito privado *exploradora de atividade econômica* não se enquadra na regra matriz da responsabilidade objetiva do Estado.

Ao contrário, tais entidades estão submetidas, como regra, ao regime jurídico próprio das empresas privadas, inclusive quanto às obrigações civis, o que inclui a responsabilidade civil (art. 173, § 1º, II, da CF), que, no Direito Privado, como regra, ainda é de natureza subjetiva.

Todavia, é bom ressaltar que o regime jurídico de direito privado, no que tange à responsabilidade civil, sofreu muitas transformações, deixando de ser calcado sempre na responsabilidade subjetiva e passando a trazer regras bastante abrangentes de responsabilidade objetiva.

Dessa forma, dependendo do tipo de relação jurídica existente entre as partes e dos contornos fáticos que envolveram a atuação da empresa estatal, pode-se caracterizar situação que enseja responsabilidade objetiva também. E isso não por conta do art. 37, § 6º, da Constituição, que não se aplica ao caso, mas por conta das próprias regras de Direito Privado.

Por exemplo, caso se configure, no caso concreto, relação de consumo ou hipótese de vítima equiparada a consumidor, a responsabilidade da empresa será objetiva. Outra possibilidade é de, apesar de a relação jurídica entre vítima e empresa ser regulada pelo Código Civil, configurar-se dano causado por atividade de risco (art. 927, parágrafo único, do CC) ou por circulação de produtos (art. 931 do CC), situações essas para as quais o atual Código Civil estabelece responsabilidade objetiva.

10.9. Responsabilidade por obra pública

Quando é o próprio Estado que executa uma obra por agentes públicos pertencentes aos quadros da própria Administração, não há dúvida alguma de que o Estado responde objetivamente por danos causados a terceiros.

A dúvida sobre se o Estado responde ou não existe quando a obra pública causadora de dano foi encomendada pelo Estado a uma empreiteira, ou seja, a um particular que tenha celebrado contrato administrativo com a Administração Pública.

A Lei 8.666/1993, que regula as licitações e os contratos administrativos, é clara ao dispor que o contratado é responsável pelos danos causados a terceiros, decorrentes de sua culpa ou dolo na execução do contrato (art. 70). O dispositivo também esclarece que tal responsabilidade não fica excluída ou reduzida pela fiscalização ou acompanhamento pelo órgão interessado.

Assim sendo, não há responsabilidade primária e solidária do Estado pelos danos causados por obras realizadas por empreiteira contratada deste.

Mas há duas situações em que o Estado poderá responder por conta de uma obra pública que tiver encomendado a um empreiteiro.

O primeiro caso diz respeito às situações em que os danos causados a terceiros são produzidos por motivo inerente à obra encomendada pelo Estado. São aquelas situações em que o contratado não age com culpa ou dolo, mas, em virtude de características próprias da obra, danos serão inevitáveis. Por exemplo, em caso de nivelamento de ruas, é praticamente inexorável a causação de danos, vez que casas à margem da via ficarão em nível mais baixo ou mais elevado que esta.

O segundo caso diz respeito à hipótese em que o contratado pela Administração, culpado pelos danos decorrentes da obra, não tem recursos para arcar com os ônus decorrentes da responsabilidade civil que carrega. Nesse caso, o Estado, por ser o patrocinador da obra e por agir em favor de toda a coletividade, deve indenizar os danos causados, socializando a sua reparação em favor daquele que sofreria sozinho caso não fosse indenizado. Tem-se, no caso, responsabilidade subsidiária do Estado.

Assim, havendo culpa exclusiva do empreiteiro, o Estado não responde primária e solidariamente pelos danos causados, podendo responder subsidiariamente, diante da impotência econômica ou financeira daquele.

10.10. Responsabilidade do tabelião e do registrador

Tanto o tabelião como o registrador respondem objetivamente perante terceiros, nos termos do que determina o art. 37, § 6º, da CF.

Além disso, o Estado, que confere uma delegação a essas pessoas, também responde objetivamente e diretamente pelos danos por eles causados. Confira a casuística:

> "Responsabilidade objetiva – Estado – Reconhecimento de firma – Cartório oficializado. Responde o estado pelos danos causados em razão de reconhecimento de firma considerada assinatura falsa. Em se tratando de atividade cartorária exercida à luz do artigo 236 da Constituição Federal, a responsabilidade objetiva é do notário, no que assume posição semelhante à das pessoas jurídicas de direito privado prestadoras de serviços públicos – § 6º do artigo 37 também da Carta da República." (STF, 2ª T., RE 201.595/SP, relator Min. MARCO AURÉLIO, DJ 20.04.2001)

> "Responsabilidade civil. Notário. Legitimidade passiva *ad causam*. Responsabilidade objetiva do estado de Pernambuco pelos danos causados pelo titular de serventia extrajudicial não oficializada. Precedentes. A responsabilidade

8. Direito Administrativo

civil por dano causado a particular por ato de oficial do Registro de Imóveis é pessoal, não podendo o seu sucessor, atual titular da serventia, responder pelo ato ilícito praticado pelo sucedido, antigo titular. Precedentes. Recurso especial provido." (STJ, 3ª T., REsp 696.989/PE, Rel. Ministro CASTRO FILHO, j. 23.05.2006, DJ 27.11.2006, p. 278)

O Ofício de Notas não é uma pessoa jurídica, mas sim uma estrutura organizada para a prestação de serviços notariais. Tal estrutura é organizada técnica e administrativamente pelo notário, que é uma pessoa física a quem é delegado o exercício da atividade notarial, mediante concurso público.

O notário exerce, então, função pública, sendo tratado pela doutrina como um particular em colaboração com o Poder Público. Trata-se, na verdade, de um agente público delegado, ou seja, de um agente público que recebe a delegação de um serviço público, que será prestado em nome próprio e por conta e risco do notário.

Assim sendo, a pessoa física titular da serventia extrajudicial é quem responde, com seu patrimônio pessoal, por eventuais danos causados a terceiros por atos praticados por si ou por seus prepostos. Nesse sentido é o disposto no art. 22 da Lei 8.935/1994. O notário, responsabilizado, poderá exercer o direito de regresso no caso de culpa ou dolo de seus prepostos.

Porém, não se pode olvidar de que a atividade prestada pelo notário é uma atividade administrativa e, portanto, de interesse estatal. Por isso, o Estado também responde pelos atos praticados pelos notários e seus prepostos.

Como tais serviços são organizados pelos Estados-membros, estes serão os responsáveis civilmente pelos prejuízos causados a terceiros, nos termos do art. 37, § 6º, da CF.

Segundo o STF, a responsabilidade civil do notário e a do Estado são objetivas, no caso.

Assim, o terceiro lesado poderá propor ação contra o notário, contra o Estado ou contra ambos, sendo que é objetiva tanto a responsabilidade da pessoa física do notário como a responsabilidade da pessoa jurídica do Estado-membro respectivo.

Vale ressaltar que há decisão do STJ com entendimento um pouco diferente. No caso, entende este Tribunal que se deve ingressar com ação em face do notário e, caso este não possa suportar a indenização, aí sim caberá acionar o Estado subsidiariamente (STJ, REsp 1.163.652/PE, DJ 01.07.2010).

10.11. Responsabilidade por atos legislativos e jurisdicionais

O Estado não responde, como regra, pela edição de leis que prejudiquem alguém.

Tal regra só cede nas seguintes situações: a) se uma lei declarada inconstitucional causa danos ao particular; b) em caso de lei de efeito concreto causar dano a uma pessoa em particular (ex: criação de Parque Florestal em área privada).

O Estado também não responde, como regra, pela expedição de decisões que prejudiquem alguém. Como exceção temos: a) o caso de erro judiciário, que é aquele reconhecido em revisão criminal ou o decorrente de prisão de alguém além do tempo permitido; b) os casos em que o juiz responde pessoalmente por dolo, fraude, recusa, omissão ou retardamento injustificado de providências de seu ofício, nos termos da legislação processual civil; c) os casos de erro grave (ex: prisão de alguém sem qualquer envolvimento com o fato criminoso – *vide* o caso do "Bar Bodega" no Informativo 570 do STF).

10.12. Responsabilidade por atos do Ministério Público

O Ministério Público não é pessoa jurídica, mas órgão da Administração Direta da União (Ministério Público da União – art. 128) e dos Estados-membros.

Assim, não tendo o Ministério Público personalidade jurídica, não há como responsabilizá-lo civilmente por seus atos.

Por outro lado, a responsabilidade do Estado é, como regra, objetiva, de modo que quando um órgão estatal causa um dano a terceiro, a pessoa jurídica estatal correspondente tem de responder, ressalvada a ação de regresso em face do agente público que tiver agido com culpa ou dolo, no caso, o membro do Ministério Público.

Esse é o posicionamento do STF (AI 552.366 AgR, DJ 28.10.2009).

10.13. Responsabilidade subsidiária

O Estado responde subsidiariamente pelos danos causados pelas seguintes pessoas que estiverem atuando em atividades que ele mesmo deveria prestar: a) pessoas jurídicas de direito público da Administração Indireta (autarquias, fundações públicas, agências reguladoras e associações públicas); b) pessoas jurídicas de direito privado prestadoras de serviço público; c) pessoas jurídicas de direito privado executoras de obra pública, por danos decorrentes dessa obra.

Há de se ressaltar que a responsabilidade subsidiária, para acontecer, depende da impotência econômica ou financeira da entidade estatal.

10.14. Prescrição

Até pouco tempo atrás não havia controvérsia alguma sobre qual era o prazo prescricional para o exercício da pretensão indenizatória em face do Estado.

Doutrina e jurisprudência eram uníssonas no sentido de que esse prazo era de 5 anos, nos termos do art. 1º do Decreto 20.910/1932, que regula a prescrição contra a Fazenda Pública.

Porém, com a entrada em vigor do atual Código Civil, que estabelece que o prazo prescricional para ações indenizatórias é de 3 anos (art. 206, § 3º, V), uma forte corrente passou a considerar que esse prazo também deveria ser aplicado às ações indenizatórias em face da Fazenda Pública. Isso porque o art. 10 do Decreto 20.910/1932 prevê que o prazo de 5 anos nele previsto "não altera as prescrições de menor prazo, constantes das leis e regulamentos, as quais ficam subordinadas às mesmas regras". Dessa forma, como o prazo previsto no Código Civil é, atualmente, um prazo "menor" do que o de 5 anos previsto no Decreto mencionado, dever-se-ia aplicar o prazo previsto no Código, fazendo com que a prescrição de ações de reparação civil em geral tivesse prazo de 3 anos contra a Fazenda Pública.

A questão hoje é bastante controversa.

Porém, o STJ, que estava bastante dividido, tem-se encaminhado no sentido de que o prazo continua de 5 anos (AgRg no Ag 1.364.269, DJ 24.09.2012). O argumento da primeira turma é no sentido de que o prazo de 5 anos é um prazo histórico, previsto em norma especial e igual a uma série de outros prazos de prescrição previstos para o exercício de pretensão indenizatória de outras naturezas em face do Estado (EResp 1.081.885/RR, rel. Hamilton Carvalhido, DJ 01.02.2011). Ao contrário, o prazo previsto no Código Civil é prazo destinado a regular as relações de Direito Privado.

Para resolver de vez a questão, em recurso repetitivo restou estabelecido pelo STJ que as ações patrimoniais passivas ou ativas de que seja parte a Fazenda Pública regem-se pelo prazo prescricional previsto no Decreto 20.910/1932. Vale a pena replicar ementa a respeito do tema: "Administrativo. Processual civil. Responsabilidade civil do estado. Ação de indenização contra a Fazenda Pública. Prazo prescricional.decreto 20.910/1932. Quinquenal. Tema objeto de recurso repetitivo. Súmula 168/STJ. INCIDÊNCIA. 1. A jurisprudência desta Corte firmou-se no sentido de que a prescrição contra a Fazenda Pública é quinquenal, mesmo em ações indenizatórias, uma vez que é regida pelo Decreto 20.910/1932." (AgRg nos EAREsp 53471/RS, relator Ministro Humberto Martins, 1ª Seção, j. 27.02.2013).

Há de se aguardar, agora, como se posicionará a jurisprudência em relação à responsabilização civil de *pessoas jurídicas* que causarem danos à Administração por condutas definidas na Lei 12.846, de 1º de agosto de 2013. Parece-nos que, de acordo com essa lei, a prescrição da pretensão do Poder Público de buscar a reparação civil no caso mencionado (de pessoa jurídica cuja conduta incida no art. 5º da lei), voltará a ser de 5 anos, nos termos de seu art. 25, *caput*. Apesar de a lei ter usado uma terminologia totalmente inadequada ("prescrição da infração"), parece-nos que dispositivo citado **não fez** distinção entre a aplicação de sanções civis (como a de reparação civil, que, inclusive, envolve verdadeiro prazo *prescricional*) e administrativas (que, em verdade, envolve prazo decadencial, apesar de ser comum a lei usar a palavra "prescrição" para abranger prazos decadenciais também), de modo que o prazo prescricional de 5 anos se aplicaria tanto às sanções civis, como às sanções administrativas para as pessoas jurídicas que praticarem condutas definidas no art. 5º da Lei 12.846/2013.

Ainda em relação à questão da prescrição, há dois casos específicos em que o prazo prescricional para a ação indenizatória estão definidos por existir regra especial estabelecendo tais prazos, sem que haja exceção quanto à sua aplicação. O primeiro é prazo para ingresso de ação indenizatória por desapropriação indireta (prazo prescricional de 10 anos) e o segundo é para ingresso de ação indenizatória por restrições decorrentes de atos do Poder Público (prazo prescricional de 5 anos – art. 10 do Dec.-lei 3.365/1941).

Por fim, de rigor lembrar que há três casos de imprescritibilidade da pretensão de reparação civil, quais sejam: a) ressarcimento do erário; b) ressarcimento de dano ambiental; c) ressarcimento de danos por perseguição política, prisão e tortura durante a ditadura militar. Quanto a esse último caso, *vide*, por exemplo, o AgRg no Ag 1.428.635, julgado pelo STJ em 02.08.2012.

Vale, também, uma palavra sobre o termo *a quo* da contagem do prazo prescricional.

No caso, esse prazo é contado da data do fato ou do ato lesivo. Todavia, caso o dano tenha sido causado por conduta considerada crime na esfera penal, o prazo prescricional começará a fluir a partir do trânsito em julgado da ação penal (STJ, AgRg no Ag 1383364/SC, DJ 25.05.2011).

10.15. Responsabilidade civil e administrativa de pessoas jurídicas (Lei 12.846/2013)

A Lei 12.846, de 1º de agosto de 2013, dispõe sobre a responsabilização **objetiva**, nas esferas administrativa e civil, de **pessoas jurídicas**, pela prática, por estas, de atos contrários à Administração Pública, **inclusive** atos contrários à Administração Pública estrangeira, ainda que cometidos no exterior (arts. 1º e 28).

Essa responsabilidade objetiva, todavia, somente se aplica quanto aos atos lesivos **definidos no art. 5º da Lei** (por exemplo: fraude à licitação), e desde que a pessoa que tenha cometido tais atos seja uma pessoa jurídica. As demais pessoas (pessoas físicas ou naturais) e os demais casos (ilícitos não previstos no art. 5º da Lei 12.846/2013), continuam regulamentados pelas leis existentes ao tempo da Lei 12.846/2013, podendo se tratar tanto de responsabilidade subjetiva (quando se aplicar o artigo 186 do Código Civil, por exemplo), como de responsabilidade objetiva (quando se aplicar os artigos 927, parágrafo único e 931 do Código Civil, também por exemplo).

Outro requisito para que haja a responsabilidade administrativa e civil da pessoa jurídica perante a Administração é que os atos lesivos respectivos tenham sido praticados em seu **interesse ou benefício**, ainda que não exclusivamente em seu interesse ou benefício (art. 2º).

As sanções administrativas podem ser aplicadas **sem intervenção do Judiciário** no caso de aplicação de *multa* e de *publicação extraordinária de decisão condenatória* (art. 6º). A multa variará de 0,1% a 20% do faturamento bruto da pessoa jurídica no último exercício anterior ao da instauração do processo administrativo, em valor nunca inferior à vantagem auferida. Quanto à publicação extraordinária de decisão condenatória, consiste em se determinar a publicação, às expensas da pessoa jurídica infratora, de extrato da decisão condenatória em meio de comunicação de grande circulação, em edital afixado pelo prazo mínimo de 30 dias no próprio estabelecimento ou no local da atividade, e no sítio eletrônico da pessoa jurídica.

Quanto às demais sanções administrativas previstas no art. 19 da Lei (que incluem o perdimento de bens, a suspensão ou interdição parcial de atividades, a dissolução compulsória da pessoa jurídica e a proibição de contratar com a Administração), bem como quanto à reparação civil, cabe ao Poder Público ingressar com **ação judicial**, para que o Judiciário promova a devida responsabilização. A ação em questão seguirá o rito da Lei de Ação Civil Pública (art. 21, *caput*), e pode ser ajuizada não só por meio das procuradorias dos entes públicos, como também pelo Ministério Público (art. 19, *caput*), sendo, que na omissão das autoridades administrativas, este poderá também pedir em juízo a aplicação das sanções previstas no art. 6º da Lei.

É importante ressaltar que a aplicação das sanções previstas na lei ora comentada **não afetava** os processos de responsabilização e aplicação de penalidades decorrentes dos atos de improbidade nos termos da Lei 8.429/1992 e de ilícitos alcançados pela Lei 8.666/1993 ou outras normas de licitação e contratos. Porém, a Medida Provisória 703, de 18/12/15, mudou a redação do art. 30 da lei em análise para o fim de dizer que a aplicação dessas sanções não será afetada pelo acordo de leniência, ressalvada a hipótese em que esse acordo inclua essas sanções, inclusive podendo incluir sanções relativas à infração contra a ordem econômica.

Quanto à **decadência** ou **prescrição** para aplicar as sanções previstas na Lei, o prazo é de 5 anos, contados da data da ciência da infração ou, no caso de infração permanente ou continuada, do dia em que tiver cessado (art. 25). Na esfera administrativa ou judicial, a prescrição será interrompida com a instauração de processo que tenha por objeto a apuração da infração.

Outro ponto importante da lei, que deverá provocar mais efetividade na apuração dessas infrações, é a regulamentação do chamado **acordo de leniência** (art. 16), que recebeu novo regramento pela MP 703, de 18.12.2015. De acordo com o texto legal em vigor com essa alteração, "a União, os Estados, o Distrito Federal e os Municípios poderão, no âmbito de suas competências, por meio de seus órgãos de controle interno, de forma isolada ou em conjunto com o Ministério Público ou com a Advocacia Pública, celebrar acordo de leniência com as pessoas jurídicas responsáveis pela prática dos atos e pelos fatos investigados e previstos nesta Lei que colaborem efetivamente com as investigações e com o processo administrativo, de forma que dessa colaboração resulte:

"I – a identificação dos demais envolvidos na infração, quando couber;

II – a obtenção de informações e documentos que comprovem a infração noticiada ou sob investigação;

III – a cooperação da pessoa jurídica com as investigações, em face de sua responsabilidade objetiva; e

IV – o comprometimento da pessoa jurídica na implementação ou na melhoria de mecanismos internos de integridade."

Vale ressaltar que o acordo de leniência somente poderá ser celebrado se preenchidos, cumulativamente, os seguintes requisitos (também com novas redações dadas pela MP 703/15):

"I – a pessoa jurídica cesse completamente seu envolvimento na infração investigada a partir da data de propositura do acordo;

II – a pessoa jurídica, em face de sua responsabilidade objetiva, coopere com as investigações e com o processo administrativo, comparecendo, sob suas expensas, sempre que solicitada, a todos os atos processuais, até seu encerramento;

III – a pessoa jurídica se comprometa a implementar ou a melhorar os mecanismos internos de integridade, auditoria, incentivo às denúncias de irregularidades e à aplicação efetiva de código de ética e de conduta."

Outro ponto importante é que o acordo de leniência celebrado pela autoridade administrativa terá os seguintes efeitos (também com novas redações dadas pela MP 703/2015):

"I – isentará a pessoa jurídica das sanções previstas no inciso II do **caput** do art. 6º e das sanções restritivas ao direito de licitar e contratar previstas na Lei 8.666, de 21 de junho de 1993, e em outras normas que tratam de licitações e contratos;

II – poderá reduzir a multa prevista no inciso I do **caput** do art. 6º em até dois terços, não sendo aplicável à pessoa jurídica qualquer outra sanção de natureza pecuniária decorrente das infrações especificadas no acordo; e

III – no caso de a pessoa jurídica ser a primeira a firmar o acordo de leniência sobre os atos e fatos investigados, a redução poderá chegar até a sua completa remissão, não sendo aplicável à pessoa jurídica qualquer outra sanção de natureza pecuniária decorrente das infrações especificadas no acordo."

É importante dizer que o acordo de leniência **não exime** a pessoa jurídica da obrigação de reparar integralmente o dano causado e **deve estipular** as condições necessárias para assegurar a efetividade da colaboração e o resultado útil do processo administrativo e quando estipular a obrigatoriedade de reparação do dano poderá conter cláusulas sobre a forma de amortização, que considerem a capacidade econômica da pessoa jurídica.

Por fim, seguem outras características desse acordo, previstas no arts. 16 a 17-B, também com novas redações ou inclusões feitas pela MP 703/2015):

a) "Os efeitos do acordo de leniência serão estendidos às pessoas jurídicas que integram o mesmo grupo econômico, de fato e de direito, desde que firmem o acordo em conjunto, respeitadas as condições nele estabelecidas" (§ 5º);

b) "A proposta de acordo de leniência somente se tornará pública após a efetivação do respectivo acordo, salvo no interesse das investigações e do processo administrativo" (§ 6º);

c) "Não importará em reconhecimento da prática do ato ilícito investigado a proposta de acordo de leniência rejeitada" (§ 7º);

d) "Em caso de descumprimento do acordo de leniência, a pessoa jurídica ficará impedida de celebrar novo acordo pelo prazo de 3 (três) anos contados do conhecimento pela administração pública do referido descumprimento" (§ 8º);

e) "A formalização da proposta de acordo de leniência suspende o prazo prescricional em relação aos atos e fatos objetos de apuração previstos nesta Lei e sua celebração o interrompe" (§ 9º);

f) "A Controladoria-Geral da União – CGU é o órgão competente para celebrar os acordos de leniência no âmbito do

Poder Executivo federal, bem como no caso de atos lesivos praticados contra a administração pública estrangeira" (§ 10);

g) "O acordo de leniência celebrado com a participação das respectivas Advocacias Públicas impede que os entes celebrantes ajuízem ou prossigam com as ações de que tratam o art. 19 desta Lei e o art. 17 da Lei 8.429, de 2 de junho de 1992, ou de ações de natureza civil" (§ 11);

h) "O acordo de leniência celebrado com a participação da Advocacia Pública e em conjunto com o Ministério Público impede o ajuizamento ou o prosseguimento da ação já ajuizada por qualquer dos legitimados às ações mencionadas no § 11" (§ 12);

i) Na ausência de órgão de controle interno no Estado, no Distrito Federal ou no Município, o acordo de leniência somente será celebrado pelo chefe do respectivo Poder em conjunto com o Ministério Público (§ 13);

j) O acordo de leniência depois de assinado será encaminhado ao respectivo Tribunal de Contas, que poderá, nos termos do inciso II do art. 71 da Constituição Federal, instaurar procedimento administrativo contra a pessoa jurídica celebrante, para apurar prejuízo ao erário, quando entender que o valor constante do acordo não atende o disposto na lei (§ 14);

k) "A administração pública poderá também celebrar acordo de leniência com a pessoa jurídica responsável por atos e fatos investigados previstos em normas de licitações e contratos administrativos com vistas à isenção ou à atenuação das sanções restritivas ou impeditivas ao direito de licitar e contratar" (art. 17).

l) "Os processos administrativos referentes a licitações e contratos em curso em outros órgãos ou entidades que versem sobre o mesmo objeto do acordo de leniência deverão, com a celebração deste, ser sobrestados e, posteriormente, arquivados, em caso de cumprimento integral do acordo pela pessoa jurídica" (art. 17-A);

m) "Os documentos porventura juntados durante o processo para elaboração do acordo de leniência deverão ser devolvidos à pessoa jurídica quando não ocorrer a celebração do acordo, não permanecendo cópias em poder dos órgãos celebrantes" (art. 17-B).

A Medida Provisória 703/2015 fez, assim, grandes modificações na Lei 12.846/2013. Percebe-se claramente que se trata de modificações com vistas a permitir que as grandes empresas envolvidas em escândalos como a Lava-Jato e o Metrô de São Paulo consigam fechar acordos para garantir a sua sobrevivência, mantendo-se, assim, projetos de grande relevância para a infraestrutura do País e garantindo a manutenção de centenas de milhares de empregos. O mote da alteração é que se deve focar na punição de "pessoas físicas" e de "pessoas jurídicas", e não na extinção de "pessoas jurídicas". Naturalmente que a lei continua forte quanto às sanções cabíveis às pessoas jurídicas, mas agora com maior facilidade para fechar os acordos de leniência, face à flexibilização de requisitos, tais como não haver mais necessidade de a pessoa jurídica infratora ser a primeira a manifestar o interesse em cooperar para a apuração do ilícito, não haver mais necessidade de a pessoa jurídica confessar o ilícito (substituída pela necessidade de a pessoa jurídica cooperar para cessar lesões e colaborar permanentemente nas investigações) e o acordo poder incluir sanções que seriam aplicadas nos processos administrativos de que tratam as Leis 8.666/1993 e 12.529/2011, ou mesmo em ações de improbidade administrativa.

De qualquer forma, por se tratar de Medida Provisória, faz-se necessário acompanhar a sua tramitação, a fim de verificar o que será efetivamente convertido em lei.

Por fim, importante destacar que "os órgãos ou entidades dos Poderes Executivo, Legislativo e Judiciário de todas as esferas de governo deverão informar e manter atualizados, para fins de publicidade, no **Cadastro Nacional de Empresas Inidôneas e Suspensas – CEIS**, de caráter público, instituído no âmbito do Poder Executivo federal, os dados relativos às sanções por eles aplicadas, nos termos do disposto nos arts. 87 e 88 da Lei n. 8.666, de 21 de junho de 1993" (art. 23 – g.n.).

11. LICITAÇÃO PÚBLICA

11.1. Finalidades ou objetivos

A Administração Pública, para cumprir suas tarefas, **precisa realizar muitos contratos.** A maior parte deles envolve **aquisição** de bens, serviços e obras. Mas há também situações em que a Administração **aliena** bens ou faz **permissões e concessões.**

No entanto, é fundamental que a Administração Pública, previamente à contratação, siga um procedimento destinado a preservar certos princípios. Esse procedimento tem o nome de **licitação**.

A Lei 8.666/1993, em sua redação original, dispunha que a licitação tinha por finalidade atender aos seguintes objetivos (art. 3º, *caput*): a) garantir a observância do princípio da **isonomia**; b) garantir a seleção da proposta **mais vantajosa** para a administração.

A simples existência de um processo de licitação já evita que interessados em contratar com a Administração Pública sejam excluídos dessa possibilidade, o que preserva o princípio da igualdade. Além disso, a existência de concorrência entre interessados, por si só, já é capaz de obrigá-los a formular a mais vantajosa proposta possível, o que atende ao princípio da indisponibilidade do interesse público.

Mas como tais finalidades da licitação devem ser buscadas da maneira mais efetiva possível, não basta que a licitação seja procedimento obrigatório para contratações da Administração Pública. É necessário, também, que todas as regras do procedimento sejam direcionadas ao máximo atendimento desses objetivos.

Um exemplo de regra que visa a garantir o princípio da isonomia é a que veda a criação de requisitos de habilitação que não estejam dispostos no art. 27 e seguintes da Lei 8.666/1993.

Um exemplo de regra que visa a garantir a proposta mais vantajosa para a Administração é a que estabelece, na modalidade pregão, que os licitantes, depois de apresentadas suas propostas, terão oportunidade de fazer lances verbais com vistas a se chegar a melhor proposta possível (art. 4º, VIII, da Lei 10.520/2002).

A Lei 12.349/2010 alterou o art. 3º, *caput*, da Lei 8.666/1993, criando uma terceira finalidade para a licitação, qual seja: promover o **desenvolvimento nacional sustentável**.

Exemplo de regra que visa a promover o desenvolvimento nacional sustentável é a que estabelece que, em caso de empate, terão preferência as propostas relativas a bens e serviços produzidos no País (art. 3º, § 2º, II, da Lei 8.666/1993).

Em resumo, a licitação tem três finalidades: a) garantir a isonomia; b) garantir a proposta mais vantajosa para a administração; c) promover o desenvolvimento nacional sustentável.

11.2. Legislação

A **regra-matriz** da licitação encontra-se no art. 37, XXI, da Constituição Federal, *in verbis*:

"Ressalvados os casos especificados na legislação, as obras, serviços, compras e alienações serão contratados mediante processo de licitação pública que assegure igualdade de condições a todos os concorrentes, com cláusulas que estabeleçam obrigações de pagamento, mantidas as condições efetivas da proposta, nos termos da lei, o qual somente permitirá as exigências de qualificação técnica e econômica indispensáveis à garantia do cumprimento das obrigações".

Uma vez estabelecida a regra-matriz da licitação, a Constituição Federal tratou de dispor sobre quem tem **competência para legislar** nessa matéria. Nesse sentido, o art. 22, XXVII, da CF estabelece que compete privativamente à União legislar sobre "normas gerais de licitação e contratação, em todas as modalidades, para as administrações públicas diretas, autárquicas e fundacionais da União, Estados, Distrito Federal e Municípios, obedecido o disposto no art. 37, XXI, e para as empresas públicas e sociedades de economia mista, nos termos do art. 173, § 1º, III".

Assim, a CF elegeu a **União** como responsável, privativamente, pela edição de **normas gerais** sobre licitação.

Normas gerais sobre licitação *são aquelas que tratam de questões que reclamam tratamento homogêneo em todo o País*. Já as **normas especiais** sobre licitação *são aquelas que tratam de questões que requerem tratamento peculiar no âmbito do ente local ou aquelas que envolvam a operacionalização da aplicação da lei geral no ente local.*

Argumentando ofensa à competência da União, o STF entendeu inconstitucional uma lei do Distrito Federal que criava, no âmbito da licitação, restrições a empresas que discriminarem na contratação de mão de obra (ADI 3.670, DJ 18.05.2007). O Pretório Excelso também entendeu inconstitucional lei do estado do Rio Grande do Sul que criava, também no âmbito da licitação, preferência a licitantes que usassem *softwares* livres ou sem restrições proprietárias (ADI 3.059, DJ 20.08.04).

Por outro lado, na ADI 927, o STF entendeu que as disposições da Lei 8.666/1993 que tratam da doação de bem imóvel e da permuta de bem móvel têm aplicação apenas à União, já que as questões relativas ao destino de bens públicos estão ligadas ao autogoverno dos demais entes políticos quanto ao seu patrimônio público, envolvendo questão de interesse local a justificar certas normas especiais por parte destes.

Outro ponto importante sobre o disposto no art. 22, XXVII, da CF é o fato de ter sido feita uma ressalva para as empresas públicas e sociedades de economia mista, que deveriam obedecer ao art. 173, § 1º, III, da CF, introduzida pela EC 19/1998.

Esse dispositivo tem o seguinte teor: "§ 1º – A lei estabelecerá o estatuto jurídico da empresa pública, da sociedade de economia mista e de suas subsidiárias que explorem atividade econômica de produção ou comercialização de bens ou de prestação de serviços, dispondo sobre: (...) III – licitação e contratação de obras, serviços, compras e alienações, observados os princípios da administração pública."

Repare que a Constituição admitiu que pudesse haver uma lei paralela tratando da licitação e contratação por parte de empresas públicas exploradoras de atividade econômica (produção, comércio e prestação de serviços). Essa lei, que deverá ser ordinária e federal, tem uma única condicionante: deve estabelecer as regras do certame observando os princípios da administração pública.

No entanto, enquanto essa lei não vem, entende-se que tais pessoas jurídicas têm que realizar licitação nos termos da Lei 8.666/1993, ressalvadas hipóteses em que ela não atender ao *pressuposto jurídico* – de ser conveniente ao interesse público – como no caso em que tais entidades, em sua atuação no mercado, desejem fazer contratos ligados à sua atividade-fim e a realização da licitação possa comprometer as atividades da estatal, impedindo que ela atue no mercado em condições paritárias com as demais empresas.

A própria Lei 8.666/1993, em seu art. 17, II, "e", estabelece que é dispensada a licitação na venda de bens móveis produzidos ou comercializados por órgãos ou entidades da Administração, em virtude de suas finalidades.

De qualquer forma, fica a notícia de que, enquanto não editada a lei referida, as empresas estatais exploradoras de atividade econômica em sentido estrito devem fazer licitação com base na Lei 8.666/1993, com a ressalva sobre os contratos relativos à sua atividade-fim e sobre o caso da Petrobras, que ainda não tem posição definitiva no STF.

O caso da Petrobras diz respeito ao art. 67 da Lei 9.478/1997, que estabelece que "os contratos celebrados pela PETROBRAS, para aquisição de bens e serviços, serão precedidos de procedimento licitatório simplificado, a ser definido em decreto do Presidente da República". Esse decreto foi editado (Decreto 2.745/1998). Entendemos que se trata de decreto inconstitucional, pois o art. 173, § 1º, III, da CF é claro ao dispor que somente uma lei poderá estabelecer regras sobre a licitação de empresas estatais exploradoras de atividade econômica.

Todavia, o STF, nas poucas decisões dadas a respeito, demonstra que tende a fixar entendimento no sentido da validade do referido decreto. *Vide* os seguintes casos: AC 1.193, RE 441.280, MS 25.888 e MS 27.837.

11.3. Princípios da licitação

O art. 3º da Lei 8.666/1993 estabelece os seguintes princípios da licitação: a) legalidade; b) impessoalidade; c) moralidade; d) igualdade; e) publicidade; f) probidade administrativa; g) vinculação ao instrumento convocatório; h) do julgamento objetivo; e i) os princípios correlatos.

Para guardar, lembre-se de que há quatro princípios da Administração (legalidade, impessoalidade, moralidade e publicidade) mais os seguintes: igualdade (que já está no conceito de impessoalidade), probidade (que já está no conceito de moralidade), vinculação ao instrumento convocatório e julgamento objetivo. O princípio da eficiência não está expresso no art. 3º da Lei 8.666/1993, mas, naturalmente, aplica-se à licitação, já que está expresso na Constituição Federal (art. 37, *caput*).

O princípio da **legalidade** impõe que a Administração só faça, numa licitação, o que a lei determina ou autoriza. Assim, não pode a Administração desconsiderar o disposto na Lei 8.666/1993, criando, por exemplo, novas regras sobre dispensa de licitação, modalidades de licitação novas, tipos de licitação novos, dentre outras.

O princípio da **impessoalidade** impõe que a Administração trate os licitantes de modo igualitário, não promovendo perseguições ou favorecimentos indevidos. Esse princípio também impõe que seja respeitado o princípio da finalidade, o que faz com que a licitação não possa ser utilizada para outras finalidades que não as três que o instituto tem, quais sejam, garantir a isonomia, garantir a proposta mais vantajosa para a Administração e promover o desenvolvimento nacional sustentável.

O princípio da **igualdade**, contido no princípio da impessoalidade, tem efeito relevante no que diz respeito às restrições que a Administração faz a que certas pessoas contratem com ela. Ademais, o princípio também incide quando a Administração quer ter direitos adicionais aos que já estão estipulados como cláusulas exorbitantes. Por conta disso, a Administração não pode inventar novas cláusulas exorbitantes que não estejam expressamente permitidas em lei, sob pena de ferir não só o princípio da legalidade como também o da igualdade. Há casos, todavia, em que é possível restringir a participação de certas pessoas em procedimentos licitatórios, das cooperativas na licitação para a contratação de prestação de serviços com locação de mão de obra, quando o trabalho, por sua natureza, demandar necessidade de subordinação, ante os prejuízos que podem advir para a Administração Pública caso o ente cooperativo se consagre vencedor no certame e não cumpra suas obrigações (REsp 1.204.186, DJ 29.10.2012).

Os princípios da **moralidade** e da **probidade** impõem que a Administração Pública aja sempre de forma honesta, proba, leal e de boa-fé. O princípio impede, por exemplo, que haja favorecimento indevido a algum licitante, o que também é vedado pela aplicação do princípio da impessoalidade. Impede, também, que a Administração se valha de sua condição privilegiada para fazer exigências indevidas do licitante ou contratante. Certa vez tomei conhecimento de uma situação em que um órgão público, que deixou em aberto vários pagamentos a uma empresa fornecedora, condicionou a emissão de um atestado de cumprimento da obrigação por parte desta para apresentar declaração dando por quitados todos os débitos dos órgãos públicos. No caso, a fornecedora acabou aceitando essa situação surreal, pois precisava desse atestado para participar de outro certame licitatório. A conduta da Administração Pública, no caso, foi lastimável e merece total reprovação, pois viola o princípio da boa-fé objetiva, corolário do princípio da moralidade.

O princípio da **publicidade** impõe uma série de providências em matéria de licitação. Uma delas é a exigência de que seja publicado em diário oficial e em jornal de grande circulação aviso contendo o resumo dos editais, inclusive com indicação de onde os interessados poderão ler seu texto integral (art. 21 da Lei 8.666/1993). Outra exigência é a de que todas as compras feitas pela Administração sejam objeto de publicidade em órgãos de divulgação ou em quadro de avisos de amplo acesso público (art. 16 da Lei 8.666/1993). As contratações sem licitação (licitação dispensada, dispensabilidade e inexigibilidade) também serão objeto de publicação na imprensa oficial, no prazo de 5 dias, como condição de eficácia dos atos (art. 26 da Lei 8.666/1993). Será obrigatória audiência pública nas licitações cujo valor estimado for superior a R$ 150 milhões (art. 39 da Lei 8.666/1993). Além disso, a publicação resumida do instrumento de contrato ou de seus aditamentos na imprensa oficial, que é condição indispensável para sua eficácia, será providenciada pela Administração até o quinto dia útil do mês seguinte ao de sua assinatura, para ocorrer no prazo de vinte dias daquela data, qualquer que seja seu valor, ainda que sem ônus (art. 61, parágrafo único, da Lei 8.666/1993). Atos que afetem direitos dos licitantes serão publicados na imprensa oficial, caso os prepostos destes não estiverem presentes nos atos respectivos (art. 109, § 1º, da Lei 8.666/1993). Os Tribunais de Contas e os órgãos integrantes do sistema de controle interno poderão solicitar para exame, até o dia imediatamente anterior à data do recebimento das propostas, cópia do edital de licitação já publicado (art. 113, § 2º, da Lei 8.666/1993).

Em que pese todo esse dever de publicidade, na modalidade de licitação convite não será necessária a publicação de aviso do edital na imprensa e em jornal de grande circulação. Aliás, nessa modalidade de licitação sequer há edital. O que existe é a elaboração de uma carta-convite, que será enviada a pelo menos três fornecedores, convidando-os a participar de licitação e oferecer proposta para a Administração. A publicidade à qual se reduz esse convite é a publicação desse instrumento convocatório em local apropriado da Administração (art. 22, § 3º, da Lei 8.666/1993).

O princípio da **vinculação ao instrumento convocatório** determina que, além das disposições legais, a Administração deve seguir, rigorosamente, os termos do edital ou do convite. Assim, todas as disposições do instrumento convocatório têm de ser seguidas, sejam as que tratam dos requisitos de habilitação e dos critérios de julgamento da licitação, sejam as que tratam dos termos em que serão celebrados o futuro contrato administrativo. No mesmo sentido do princípio da vinculação ao instrumento convocatório estão também as regras da "vinculação ao termo que dispensou ou declarou inexigível a licitação" e da "vinculação à proposta do licitante vencedor", nos termos do art. 55, XI, da Lei 8.666/1993 ("a vinculação ao edital de licitação ou ao termo que a dispensou ou a inexigiu, ao convite e à proposta do licitante vencedor").

O princípio do **julgamento objetivo** se dirige a dois momentos da licitação. Primeiro quanto à estipulação dos critérios de julgamento. Nesse sentido, o art. 40, VII, da Lei 8.666/1993 impõe que o edital indique, obrigatoriamente, critério de julgamento, com disposições claras e parâmetros objetivos. Segundo, quanto ao julgamento em si, que será feito em momento posterior. Nesse sentido, "no julgamento das propostas, a Comissão levará em consideração os critérios objetivos definidos no edital ou convite", sendo "vedada a utilização de qualquer elemento, critério ou fator sigiloso, subjetivo ou reservado que possa, ainda que indiretamente, elidir o princípio da igualdade entre os licitantes" (art. 44, § 1º, da Lei 8.666/1993). Ademais, "o julgamento das propostas será objetivo, devendo a Comissão de licitação ou o responsável pelo convite realizá-lo em conformidade com os tipos de licitação, os critérios previamente estabelecidos no ato convocatório e de acordo com os fatores exclusivamente nele referidos, de maneira a possibilitar sua aferição pelos licitantes e pelos órgãos de controle" (art. 45 da Lei 8.666/1993). A lei está tão preocupada com o dever de julgamento objetivo que há vários outros dispositivos reforçando a sua necessidade: arts. 30, § 8º, 31, §§ 2º e 5º, 42, § 5º, 46, § 1º, I, § 2º, I, e § 3º, todos da Lei 8.666/1993.

11.4. Quem deve licitar?

O art. 1º, parágrafo único, da Lei 8.666/1993 responde à pergunta formulada neste item. Confira: "subordinam-se ao regime desta Lei, além dos órgãos da administração direta, os fundos especiais, as autarquias, as fundações públicas, as empresas públicas, as sociedades de economia mista e demais entidades controladas direta ou indiretamente pela União, Estados, Distrito Federal e Municípios".

Em resumo, pode-se dizer que estão sujeitos à Lei 8.666/1993 os seguintes entes:

a) os entes políticos (União, Estados, Distrito Federal e Municípios);

b) as pessoas jurídicas de direito público (autarquias, fundações públicas, agências reguladoras e associações públicas);

c) as pessoas jurídicas de direito privado estatais (empresas públicas, sociedades de economia mista, fundações privadas criadas pelo Estado e consórcios públicos de direito privado);

d) as entidades controladas direta ou indiretamente pelos entes políticos;

e) os fundos especiais.

Repare que as entidades paraestatais, ou seja, entidades não criadas pelos Estados, mas que atuam em atividades de utilidade pública, não têm o dever de licitar.

Assim, não são obrigadas a licitar as entidades do Sistema "S", as Organizações Sociais (OS) e as Organizações da Sociedade Civil de Interesse Público (OSCIPs). Nesse sentido, confira a seguinte decisão do Tribunal de Contas da União (TCU): "é assente que as entidades do Sistema 'S' não estão obrigadas a seguir rigorosamente os ditames da Lei 8.666/1993, todavia têm que observar os princípios constitucionais gerais da Administração Pública" (TCU, Acórdão 88/08, DOU 01.02.2008).

Assim, tais entidades não precisam fazer a licitação segundo a Lei 8.666/1993, mas devem fazer seus gastos observando, dentre outros, os princípios da impessoalidade, da moralidade e da eficiência.

A OAB também não tem o dever de licitar. Na ADI 3.026-4, o STF decidiu que a OAB não é uma autarquia especial e não integra a Administração Indireta como outro tipo de pessoa jurídica, de modo que não se sujeita ao controle estatal. Por outro lado, o STF reconhece que a OAB presta, sim, um serviço público. Na prática isso significa que a OAB, de um lado, não é obrigada a fazer concursos públicos, **licitações** e a se submeter à fiscalização do TCU e ao regime estatutário dos agentes públicos, podendo contratar pelo regime celetista. De outro, por ser um serviço público, a OAB pode fiscalizar os advogados e também tem direito a vantagens tributárias. Na ementa do acórdão, o STF deixa claro que a OAB não é integrante da Administração Indireta, tratando-se de uma figura ímpar no País, no caso, um Serviço Público Independente. O acórdão também conclui que a OAB não pode ser comparada às demais entidades de fiscalização profissional, pois não está voltada exclusivamente a finalidades corporativas, possuindo finalidade institucional.

11.5. Contratação direta

11.5.1. Pressupostos da licitação

A Constituição Federal estabelece que a Administração deve, como regra, contratar apenas mediante licitação (art. 37, XXI, da CF). Todavia, o próprio dispositivo citado admite que a lei preveja situações em que a contratação poderá ser direta, ou seja, sem licitação.

Nesse sentido, a doutrina aponta os pressupostos para que a licitação se dê. Confira:

a) pressuposto lógico: para que seja possível a realização da licitação, deve existir pluralidade de objetos e de ofertantes; caso o objeto seja singular ou o fornecedor seja exclusivo, estará inviabilizada a licitação;

b) pressuposto jurídico: também será necessário que a realização da licitação seja conveniente ao interesse público. Ex.: não é de interesse público que o Estado que tenha uma empresa de Imprensa Oficial faça licitação para que seja escolhida outra empresa para publicar seu Diário Oficial, devendo contratar diretamente com aquela;

c) pressuposto fático: não fará sentido fazer-se a licitação acaso não compareça nenhum interessado.

11.5.2. Grupos de contratação direta

Há três grupos de contratação direta. Confira:

a) licitação dispensada (art. 17): relativa à alienação de bens públicos; a lei traz um rol taxativo desses casos; <u>não há</u> discricionariedade para a Administração, que, nos casos indicados, não deve fazer licitação;

b) dispensa de licitação (art. 24): o art. 24 traz os casos em que daria para fazer a licitação, mas a lei autoriza sua não realização; trata-se de rol taxativo de casos de dispensa; <u>há</u> discricionariedade para a Administração decidir se vai ou não realizar a licitação no caso concreto; a lei faculta a dispensa, sem obrigar que a Administração não realize a licitação;

c) inexigibilidade de licitação (art. 25): o art. 25 estabelece que, quando a licitação é inviável ("não tem como ser feita"), é hipótese de sua inexigibilidade; tal dispositivo traz um rol de casos de inviabilidade, mas se trata de um rol exemplificativo; aqui não há discricionariedade para a Administração, que, nos casos de inviabilidade, não deve fazer licitação.

11.5.3. Licitação dispensada

O art. 17 da Lei 8.666/1993 prevê diversos casos de licitação dispensada, tema visto na matéria "bens públicos". De qualquer forma, vale fazer a lembrança de alguns casos.

Quanto aos **imóveis**, a alienação depende de interesse público, *autorização legislativa*, avaliação e licitação, dispensada esta na:

a) dação em pagamento;

b) doação para Administração ou para programas sociais;

c) investidura (alienação a proprietário lindeiro de área remanescente ou resultante de obra pública inaproveitável isoladamente).

Quanto aos **móveis**, a alienação depende de interesse público, avaliação e licitação, dispensada esta na doação social, na permuta entre órgãos da Administração e outros casos.

11.5.4. Dispensa de licitação

O art. 24 estabelece mais de 30 hipóteses de dispensa de licitação. Para facilitar a compreensão, classificaremos essas hipóteses em cinco grupos.

11.5.4.1. Em razão do valor (I e II)

a) contratos de até 10% do valor limite para o convite, ou seja:

✓ R$ 15 mil para obras e serviços de engenharia;

✓ R$ 8 mil para compras e serviços;

b) contratos de até 20% do valor limite para o convite, se feitos por consórcios públicos, empresas estatais e agências executivas (§ 1º do art. 24).

Obs.: não é possível o **fracionamento** de contratações que possam ser feitas de uma só vez, para que não haja violação reflexa da lei.

11.5.4.2. Em razão de situações excepcionais

a) em caso de **guerra** ou **grave perturbação da ordem** (III) – ex.: greve;

b) em caso de **calamidade pública** ou **emergência** (IV):

✓ ex.: desmoronamento de uma ponte;

✓ somente para os bens/serviços relacionados à urgência;

✓ por, no máximo, 180 dias, vedada prorrogação do contrato;

c) em caso de **licitação deserta** (V):

✓ caso não haja interessados à licitação e esta não possa ser repetida sem prejuízo, mantidas as condições do edital.

Obs.: não se deve confundir **licitação deserta** com **licitação fracassada**; na última, aparecem interessados, mas esses ou são inabilitados ou são desclassificados, não cabendo dispensa, mas concessão de prazo para os licitantes apresentarem nova documentação;

d) quando a União tiver que intervir no **domínio econômico** para regular preços ou normalizar o abastecimento (VI);

e) em caso de **rescisão contratual**, para conclusão do remanescente de obra; contrata-se o 2º melhor classificado nas condições oferecidas pelo vencedor do certame (XI).

11.5.4.3. Em razão do objeto

a) Para *compra* ou *locação* de **imóvel** pela Administração (X):

✓ ex.: aluguel de imóvel para instalar um creche municipal;

✓ imóvel destinado a finalidade precípua da Administração;

✓ imóvel com instalação/localização ideais para Administração;

✓ imóvel com valor compatível com o de mercado;

b) Para *aquisição* ou *restauração* de **obras de arte** e **objetos históricos** (XV):

✓ desde que de autenticidade certificada;

✓ desde que compatível com finalidade do órgão.

11.5.4.4. Em razão da pessoa

a) na contratação de **instituição brasileira** de pesquisa, ensino, desenvolvimento institucional ou recuperação de preso, **com** inquestionável reputação ético-profissional e **sem** fins lucrativos (XIII):

✓ ex: contratação da FGV para uma consultoria;

b) na contratação de serviços de **organizações sociais** para atividades contempladas no contrato de gestão (XXIV).

11.5.4.5. Outros casos

VII. quando as propostas apresentadas consignarem preços manifestamente superiores aos praticados no mercado nacional, ou forem incompatíveis com os fixados pelos órgãos oficiais competentes, casos em que, observado o art. 48 da Lei 8.666/1993 e, persistindo a situação, será admitida a adjudicação direta dos bens ou serviços por valor não superior ao constante do registro de preços, ou dos serviços;

VIII. para a aquisição, por pessoa jurídica de direito público interno, de bens produzidos ou serviços prestados por órgão ou entidade que integre a Administração Pública e que tenha sido criado para esse fim específico em data anterior à vigência da Lei 8.666/1993, desde que o preço contratado seja compatível com o praticado no mercado; importante ressaltar que o limite temporal de criação do órgão ou entidade que integre a administração pública estabelecido nesse caso de dispensa de licitação não se aplica aos órgãos ou entidades que produzem produtos estratégicos para o SUS, no âmbito da Lei 8.080, de 19 de setembro de 1990, conforme elencados em ato da direção nacional do SUS (art. 24, § 2º, da Lei 8.666/1993);

IX. quando houver possibilidade de comprometimento da segurança nacional, nos casos estabelecidos em decreto do Presidente da República, ouvido o Conselho de Defesa Nacional;

XII. nas compras de hortifrutigranjeiros, pão e outros gêneros perecíveis, no tempo necessário para a realização dos processos licitatórios correspondentes, realizadas diretamente com base no preço do dia;

XVI. para a impressão dos diários oficiais, de formulários padronizados de uso da administração, e de edições técnicas oficiais, bem como para prestação de serviços de informática a pessoa jurídica de direito público interno, por órgãos ou entidades que integrem a Administração Pública, criados para esse fim específico;

XVII. para a aquisição de componentes ou peças de origem nacional ou estrangeira, necessários à manutenção de equipamentos durante o período de garantia técnica, junto ao fornecedor original desses equipamentos, quando tal condição de exclusividade for indispensável para a vigência da garantia;

XVIII. nas compras ou contratações de serviços para o abastecimento de navios, embarcações, unidades aéreas ou tropas e seus meios de deslocamento quando em estada eventual de curta duração em portos, aeroportos ou localidades diferentes de suas sedes, por motivo de movimentação operacional ou de adestramento, quando a exiguidade dos prazos legais puder comprometer a normalidade e os propósitos das operações e desde que seu valor não exceda ao limite previsto na alínea "a" do inciso II do art. 23 da Lei 8.666/1993;

XIX. para as compras de material de uso pelas Forças Armadas, com exceção de materiais de uso pessoal e administrativo, quando houver necessidade de manter a padronização requerida pela estrutura de apoio logístico dos meios navais, aéreos e terrestres, mediante parecer de comissão instituída por decreto;

XX. na contratação de associação de portadores de deficiência física, sem fins lucrativos e de comprovada idoneidade, por órgãos ou entidades da Administração Pública, para a prestação de serviços ou fornecimento de mão de obra, desde que o preço contratado seja compatível com o praticado no mercado;

XXI. para a aquisição de bens e insumos destinados exclusivamente à pesquisa científica e tecnológica com recursos concedidos pela CAPES, pela FINEP, pelo CNPq ou por outras instituições de fomento à pesquisa credenciadas pelo CNPq para esse fim específico;

XXII. na contratação de fornecimento ou suprimento de energia elétrica e gás natural com concessionário, permissionário ou autorizado, segundo as normas da legislação específica;

XXIII. na contratação realizada por empresa pública ou sociedade de economia mista com suas subsidiárias e controladas, para a aquisição ou alienação de bens, prestação ou obtenção de serviços, desde que o preço contratado seja compatível com o praticado no mercado;

XXV. na contratação realizada por Instituição Científica e Tecnológica – ICT ou por agência de fomento para a transferência de tecnologia e para o licenciamento de direito de uso ou de exploração de criação protegida;

XXVI. na celebração de contrato de programa com ente da Federação ou com entidade de sua administração indireta para a prestação de serviços públicos de forma associada nos termos do autorizado em contrato de consórcio público ou em convênio de cooperação;

XXVII. na contratação da coleta, processamento e comercialização de resíduos sólidos urbanos recicláveis ou reutilizáveis, em áreas com sistema de coleta seletiva de lixo, efetuados por associações ou cooperativas formadas exclusivamente por pessoas físicas de baixa renda reconhecidas pelo poder público como catadores de materiais recicláveis, com o uso de equipamentos compatíveis com as normas técnicas, ambientais e de saúde pública;

XXVIII. para o fornecimento de bens e serviços, produzidos ou prestados no País, que envolvam, cumulativamente, alta complexidade tecnológica e defesa nacional, mediante parecer de comissão especialmente designada pela autoridade máxima do órgão;

XXIX. na aquisição de bens e contratação de serviços para atender aos contingentes militares das Forças Singulares brasileiras empregadas em operações de paz no exterior, necessariamente justificadas quanto ao preço e à escolha do fornecedor ou executante e ratificadas pelo Comandante da Força;

XXX. na contratação de instituição ou organização, pública ou privada, com ou sem fins lucrativos, para a prestação de serviços de assistência técnica e extensão rural no âmbito do Programa Nacional de Assistência Técnica e Extensão Rural na Agricultura Familiar e na Reforma Agrária, instituído por lei federal;

XXXI. nas contratações visando ao cumprimento do disposto nos arts. 3º, 4º, 5º e 20 da Lei 10.973, de 2 de dezembro de 2004, observados os princípios gerais de contratação dela constantes.

XXXII. na contratação em que houver transferência de tecnologia de produtos estratégicos para o Sistema Único de Saúde – SUS, no âmbito da Lei 8.080, de 19 de setembro de 1990, conforme elencados em ato da direção nacional do SUS, inclusive por ocasião da aquisição destes produtos durante as etapas de absorção tecnológica.

XXXIII. na contratação de entidades privadas sem fins lucrativos, para a implementação de cisternas ou outras tecnologias sociais de acesso à água para consumo humano e produção de alimentos, para beneficiar as famílias rurais de baixa renda atingidas pela seca ou falta regular de água.

XXXIV – para a aquisição por pessoa jurídica de direito público interno de insumos estratégicos para a saúde produzidos ou distribuídos por fundação que, regimental ou estatutariamente, tenha por finalidade apoiar órgão da administração pública direta, sua autarquia ou fundação em projetos de ensino, pesquisa, extensão, desenvolvimento institucional, científico e tecnológico e estímulo à inovação, inclusive na gestão administrativa e financeira necessária à execução desses projetos, ou em parcerias que envolvam transferência de tecnologia de produtos estratégicos para o Sistema Único de Saúde – SUS, nos termos do inciso XXXII deste artigo, e que tenha sido criada para esse fim específico em data anterior à vigência desta Lei, desde que o preço contratado seja compatível com o praticado no mercado" (acrescido pela Lei 13.204, de 14.12.2015).

11.5.5. Inexigibilidade de licitação

O art. 25 da Lei 8.666/1993 dispõe que a licitação é inexigível quando houver **inviabilidade de competição.** O mesmo dispositivo apresenta um rol exemplificativo (três hipóteses) de casos em que existe tal **situação.**

11.5.5.1. Em caso de fornecedor exclusivo (I)

Por exemplo, quando há um único fornecedor de um medicamento. Outro exemplo é a contratação de serviço postal, que só pode ser feito pelos Correios, que tem o monopólio desse serviço.

A lei traz a seguinte disposição sobre esse caso de inexigibilidade: "para aquisição de materiais, equipamentos ou gêneros que só possam ser fornecidos por produtor, empresa ou representante comercial exclusivo, vedada a preferência de marca, devendo a comprovação de exclusividade ser feita através de atestado fornecido pelo órgão de registro do comércio do local em que se realizaria a licitação ou a obra ou serviço, pelo Sindicato, Federação ou Confederação Patronal, ou, ainda, pelas entidades equivalentes".

Trata-se de situação em que seria inútil licitar, dada a impossibilidade de competição.

Não se deve, todavia, confundir a exclusividade de produtor-vendedor com a exclusividade comercial. A primeira sempre gera a inexigibilidade. Já a segunda depende de se aferir a exclusividade do vendedor na praça de comércio em que se esteja realizando a licitação.

Em caso positivo, estar-se-á em caso de inexigibilidade; se negativo, não.

No convite, considera-se como praça de comércio a localidade. Na tomada de preços, observando-se o registro cadastral. E na concorrência, o País.

Não se deve confundir, outrossim, fornecedor exclusivo com *preferência de marca*. Essa não é permitida pela Lei de Licitações, que só abre exceção quando se trata da dispensa de certame para aquisição de certos equipamentos pelas Forças Armadas, preenchidos os requisitos legais, a fim de manter a *padronização*.

11.5.5.2. Caso seja necessário contratar serviço singular (II)

Serviço singular é aquele serviço técnico *diferenciado*, não podendo se tratar de um serviço *comum*. Um exemplo é a necessidade de contratar uma consultoria para a modelagem de uma parceria público-privada, serviço que, efetivamente, é singular. Já a contratação de um escritório de advocacia para o ingresso com uma ação simples, como uma ação de revisão contratual, não envolve serviço singular, mas serviço comum, corrente.

Uma vez havendo necessidade de contratar um serviço singular, deve-se contratar *profissional com notória especialização*.

A lei traz a seguinte disposição sobre esse caso de inexigibilidade: "*para a contratação de serviços técnicos enumerados no art. 13 desta Lei, de natureza singular, com profissionais ou empresas de notória especialização, vedada a inexigibilidade para serviços de publicidade e divulgação*".

Repare que a lei dispõe que não há possibilidade de contratar por inexigibilidade serviços de publicidade ou divulgação.

11.5.5.3. Na contratação de artista (III)

A lei traz a seguinte disposição sobre esse caso de inexigibilidade: "para contratação de profissional de qualquer setor artístico, diretamente ou através de empresário exclusivo, desde que consagrado pela crítica especializada ou pela opinião pública".

11.5.6. Formalidades para a contratação direta

As dispensas, as inexigibilidades e o retardamento previsto no art. 8º, parágrafo único, da Lei 8.666/1993 deverão ser feitos mediante os seguintes requisitos, conforme o caso (art. 26 da Lei 8.666/1993):

a) existência de um processo administrativo;

b) justificativa da não realização da licitação;

c) justificativa de preço – pesquisa de preço;

d) razão da escolha do fornecedor;

e) comunicação, em 3 dias úteis, à autoridade superior, para ratificação;

f) publicação da contratação, em 5 dias, para eficácia do ato.

11.5.7. Responsabilidade em caso de superfaturamento

O art. 25, § 2º, da Lei 8.666/1993 estabelece nos casos de inexigibilidade e em qualquer dos casos de dispensa, se comprovado superfaturamento, que respondem *solidariamente* pelo dano causado à Fazenda Pública o *fornecedor ou o prestador de serviços* e o *agente público* responsável, sem prejuízo de outras sanções legais cabíveis.

11.6. Fases da licitação

11.6.1. Fase interna

O procedimento licitatório importa numa sucessão de atos com vistas à escolha do vencedor do certame.

Essa sucessão de atos pode ser dividida, num primeiro momento, em duas grandes etapas, quais sejam: a fase interna e a fase externa da licitação.

A fase interna consiste no conjunto de preparativos feitos no interior da Administração, prévios à publicação do edital ou ao envio da carta-convite.

Dentre os principais atos da fase interna, destacam-se os seguintes:

a) *abertura de processo administrativo, devidamente autuado, protocolado e numerado*;

b) *solicitação de contratação com indicação sucinta do objeto*, ou seja, o órgão interessado indicará a necessidade de se fazer a compra, da contratação de serviço, da contratação de obra etc.;

c) *verificação acerca da existência de dotação orçamentária para a despesa*, ou seja, verifica-se se há previsão orçamentária para a contratação solicitada pelo órgão interessado;

d) *verificação do impacto orçamentário-financeiro*, ou seja, verifica-se se, no momento, há recursos financeiros disponíveis;

e) *autorização para abertura de licitação e designação de comissão especial de licitação, de leiloeiro ou de responsável pelo convite, de acordo com o caso*;

f) *realização de audiência pública, quando for o caso*; essa audiência é necessária quando o valor estimado para uma licitação ou conjunto de licitações com objetos similares (simultâneas ou sucessivas) for superior a R$ 150 milhões (são simultâneas aquelas que têm objetos similares e com realização prevista em intervalo de até 30 dias; são sucessivas aquelas com objetos similares, cujo edital da mais recente tenha data anterior a 120 dias do término do contrato resultante da licitação antecedente);

g) *elaboração ou finalização do texto da minuta do edital*;

h) *exame e aprovação da minuta do edital pela assessoria jurídica da Administração*; vale lembrar que o STF entende que o parecer da assessoria jurídica tem natureza jurídica de decisão (*parecer vinculante*), o que faz com que o assessor jurídico responda por qualquer irregularidade no edital que tiver aprovado;

i) *aprovação do edital*; ou seja, autoridade competente deverá apreciar a minuta e aprovar o edital.

Antes de passarmos para a fase externa da licitação, vale tratar um pouco sobre as pessoas que dirigirão os trabalhos numa licitação.

Nesse sentido, o art. 51 da Lei 8.666/1993 estabelece que a licitação será processada e julgada por comissão permanente ou especial de, *no mínimo, 3 (três) membros*, sendo pelo menos *2 (dois) deles* servidores qualificados pertencentes aos quadros *permanentes* dos órgãos da Administração responsáveis pela licitação. Ou seja, só um membro pode ser daqueles que têm cargo em comissão.

No caso de convite, a Comissão de licitação, excepcionalmente, nas pequenas unidades administrativas e em face da exiguidade de pessoal disponível, poderá ser substituída por servidor formalmente designado pela autoridade competente.

A Comissão para julgamento dos pedidos de inscrição em registro cadastral, sua alteração ou cancelamento será integrada por profissionais legalmente habilitados no caso de obras, serviços ou aquisição de equipamentos.

Os membros das Comissões de licitação responderão *solidariamente* por todos os atos praticados pela Comissão, salvo se posição individual divergente estiver devidamente fundamentada e registrada em *ata lavrada* na reunião em que tiver sido tomada a decisão.

A investidura dos membros das Comissões permanentes *não excederá a 1 (um) ano*, vedada a recondução da totalidade de seus membros para a mesma comissão no período subsequente.

No caso da modalidade *concurso*, o julgamento será feito por uma comissão especial integrada por pessoas de reputação ilibada e reconhecido conhecimento da matéria em exame, servidores públicos ou não.

11.6.2. Fase externa

Uma vez que a minuta do edital estiver aprovada, passa-se à fase externa da licitação, fase essa que tem os seguintes momentos:

11.6.2.1. Publicação do instrumento convocatório

Nessa etapa, temos duas possibilidades.

Se se tratar de licitação na modalidade **convite**, não há edital. O instrumento convocatório é a **carta-convite**, que deverá ser remetida a pelo menos 3 interessados, cadastrados ou não na Administração.

Repare que devem ser feitos, no mínimo, 3 convites. O ideal é fazer o maior número possível. Ademais, há de se convidar tanto pessoas cadastradas como pessoas não cadastradas na Administração.

Por fim, faz-se necessário afixar cópia da carta-convite em quadro de aviso da Administração.

Nas demais modalidades de licitação, o instrumento convocatório tem o nome de **edital**.

O edital é o *ato pelo qual são convocados os interessados e estabelecidas as condições que regerão o certame*, devendo **tratar**, obrigatoriamente, do seguinte (art. 40 da Lei 8.666/1993):

a) **regras procedimentais:** *modalidade* de licitação (*caput*); *objeto* do certame (I); onde estão as *informações* relevantes (IV, V e VIII); quais são as *datas* para recebimento dos envelopes com a documentação e a proposta e para início da abertura dos envelopes (*caput*); *forma de apresentação* das propostas (VI);

b) **condições de participação:** qualificação para participação na licitação (VI), em conformidade com os artigos 27 a 31; disciplina sobre a participação de consórcios no certame;

c) **critérios de julgamento:** *tipo* de licitação, tais como menor preço, melhor técnica etc. (*caput*); *critérios de avaliação* das propostas (VII); *padrão mínimo de qualidade*;

d) **futuro contrato:** *direitos* e *obrigações* de cada parte (pagamento, entrega e prazos); *prerrogativas extraordinárias* da Administração Pública; modos de *recomposição* da equação econômico-financeira (reajustes e revisões); hipóteses de *rescisão contratual*; *sanções* cabíveis e sua quantificação;

e) **anexo:** o edital deve trazer em anexo as especificações complementares e a minuta do futuro contrato a ser celebrado.

Qualquer modificação no edital exige divulgação pela mesma forma que se deu no texto original, reabrindo-se o prazo inicialmente estabelecido, exceto quando, inquestionavelmente, a alteração não afetar a formulação das propostas (art. 21, § 4º, da Lei 8.666/1993).

Os prazos estabelecidos para a apresentação da proposta pelo licitante serão contados a partir da última publicação do edital resumido ou da expedição do convite, ou ainda da efetiva disponibilidade do edital ou do convite e respectivos anexos, prevalecendo a data que ocorrer mais tarde (art. 21, § 3º, da Lei 8.666/1993).

O edital poderá ser impugnado. Essa **impugnação** obedece às seguintes regras (art. 41):

a) pode ser feita por um *interessado* e também por qualquer *cidadão*;

b) o prazo para o *cidadão* impugnar é até de *5 dias úteis* da data da abertura dos envelopes de habilitação, devendo a Administração julgar e responder à impugnação em até *3 dias úteis*;

c) o prazo para o *licitante* impugnar é até o 2º dia útil da data da abertura dos envelopes de habilitação ou da data da sessão de leilão.

A impugnação feita tempestivamente pelo licitante não o impedirá de participar do processo licitatório até o trânsito em julgado da decisão a ela pertinente.

A inabilitação do licitante importa preclusão do seu direito de participar das fases subsequentes.

Independentemente dos prazos para impugnação, nada impede que qualquer licitante, contratado ou pessoa jurídica ou física, represente para o Ministério Público, para o órgão de controle interno da Administração ou para o Tribunal de Contas acerca de irregularidades que encontrar (art. 113, § 1º).

11.6.2.2. *Habilitação*

11.6.2.2.1. Conceito

A expressão "habilitação" ora é utilizada para designar um *procedimento* (uma série de atos, portanto), ora é utilizada para designar um *ato administrativo* só.

Na sua **acepção procedimental**, a habilitação *é o conjunto de atos destinados a apurar a idoneidade e a capacitação de um sujeito para contratar com a Administração Pública*.

Já na **acepção de ato administrativo**, a habilitação *é o ato pelo qual a Administração Pública decide se um sujeito é dotado da idoneidade necessária para a participação na licitação*.

Em termos práticos, essa fase licitatória tem por fim verificar se o interessado tem *idoneidade* e *capacitação* para vir a contratar com a Administração Pública. O foco aqui não é verificar qual interessado tem a melhor proposta comercial (isso é visto na fase de julgamento e classificação), mas se o interessado tem aptidão para vir a ser contratado pela Administração Pública.

A Constituição Federal, em seu art. 37, XXI, acaba por trazer duas disposições sobre a habilitação, que são as seguintes: **a)** "processo de licitação pública que assegure igualdade de condições a todos os concorrentes"; e b) processo de licitação em que só se permite "exigências de qualificação técnica e econômica indispensáveis à garantia do cumprimento das obrigações".

O princípio da igualdade admite certas restrições à participação de interessados na licitação. Um exemplo é uma licitação para fornecimento de combustível para uma Prefeitura, em que o edital estabelece que só poderão participar do certame postos de gasolina que estejam situados até 15 km do pátio de carros da Prefeitura. Trata-se de limitação lícita, pois, se um posto de gasolina muito distante ganhar o certame, a Prefeitura gastará muita gasolina para ir ao posto abastecer os carros.

No caso relatado, a restrição à participação tem pertinência. Porém, há várias situações em administrações públicas no País que criam restrições impertinentes e, portanto, violadoras do princípio da igualdade. Confira, a respeito, a seguinte decisão do STF:

> "Licitação pública. Concorrência. Aquisição de bens. Veículos para uso oficial. **Exigência de que sejam produzidos no Estado-membro.** Condição compulsória de acesso. Art. 1º da Lei 12.204/1998, do Estado do Paraná, com a redação da Lei 13.571/2002. Discriminação arbitrária. Violação ao princípio da isonomia ou da igualdade. Ofensa ao art. 19, II, da vigente Constituição da República. Inconstitucionalidade declarada. Ação direta julgada, em parte, procedente. Precedentes do Supremo. É inconstitucional a lei estadual que estabeleça como condição de acesso a licitação pública, para aquisição de bens ou serviços, que a empresa licitante tenha a fábrica ou sede no Estado-membro." (STF, ADI 3583, DJ 13.03.2008)

As exigências, além de atender à isonomia, devem estar previstas em lei (princípio da legalidade) e ser indispensáveis à garantia do cumprimento das obrigações pelo interessado. Confira decisão do Tribunal de Contas da União (TCU), que se deparou com exigência em edital não prevista em lei:

"Além disso, para a habilitação de interessado em participar de licitação só pode ser exigida a documentação exaustivamente enumerada nos arts. 27 a 31 da Lei de Licitações e Contratos, onde não há menção à necessidade de comprovação de que a empresa não tenha entre seus sócios participante de outra entidade que esteja em situação de inadimplência em contratação anterior com a Administração Pública." (TCU, Acórdão 991/2006, DOU 26.06.06).

11.6.2.2.2. Momento

Após a publicação do edital, segue-se um prazo para os interessados na licitação apresentarem dois envelopes para a Administração. O primeiro envelope é composto dos documentos que comprovam a *idoneidade* e a *capacitação* do licitante (documentos de habilitação) e o segundo traz documento com a proposta comercial do licitante (documentos de proposta).

A fase de habilitação consiste justamente em abrir o envelope contendo os documentos de habilitação e em verificar se o interessado atende às qualificações necessárias à participação no certame.

Resta saber em que momento isso deve ser feito, ou seja, quando é que ocorre a fase de habilitação.

Como **regra**, a habilitação ocorre logo após o recebimento dos dois envelopes mencionados e antes da abertura dos envelopes com a proposta (art. 43 da Lei 8.666/1993). Em outras palavras, a habilitação normalmente ocorre após a publicação do edital e antes da fase de julgamento e classificação.

O procedimento de habilitação envolve os seguintes atos:

a) os documentos poderão ser apresentados em *original*, por qualquer processo de *cópia autenticada* por cartório competente ou por *servidor da administração ou publicação em órgão da imprensa oficial* (art. 32);

b) os envelopes serão abertos e os documentos apreciados (art. 43, I);

c) os licitantes presentes e a comissão rubricarão todos os documentos (art. 43, § 2º);

d) os licitantes que demonstrarem os requisitos de qualificação serão habilitados;

e) os licitantes que não demonstrarem os requisitos de qualificação serão inabilitados;

f) caso não haja recurso por parte dos inabilitados, serão devolvidos a estes os envelopes fechados contendo as respectivas propostas; havendo recurso, os envelopes fechados só serão devolvidos quando e se o recurso for denegado (art. 43, II);

g) a inabilitação posterior de um licitante só poderá acontecer se houver fatos supervenientes ou se fatos que já ensejavam a inabilitação só forem conhecidos após o julgamento;

h) após a fase de habilitação, não cabe desistência de proposta, salvo por motivo justo decorrente de fato superveniente e aceito pela comissão (art. 43, § 6º);

i) se todos os licitantes forem inabilitados, a Administração poderá fixar aos licitantes o prazo de 8 dias úteis para a apresentação de nova documentação escoimada das causas referidas que levaram à inabilitação, facultada, no caso de convite, a redução deste prazo para três dias úteis (art. 48, § 3º).

Na **tomada de preços**, o momento da habilitação é um pouco diferente. Isso porque, nessa modalidade, só poderá participar da licitação aquele que já esteja previamente cadastrado ou que apresente os documentos para o devido cadastro até o 3º dia anterior à data do recebimento das propostas.

Assim, na tomada de preços temos a chamada *habilitação prévia* e não a *habilitação preliminar*, que é aquela que ocorre após o edital (e que é a regra, como vimos).

Num primeiro momento, só pode participar da tomada de preços quem já esteja previamente *cadastrado*, ou seja, que já tenha a documentação de habilitação já apresentada à Administração.

Os arts. 34 a 37 da Lei 8.666/1993 tratam dos registros cadastrais, que são muito comuns nos órgãos e entidades da Administração Pública que realizam frequentemente licitações. O registro cadastral deve estar permanente aberto aos interessados, devendo a unidade responsável proceder, no mínimo anualmente, ao chamamento público para a atualização dos registros existentes e ingresso de novos interessados, sendo autorizado que unidades administrativas utilizem registros cadastrais de outros órgãos ou entidades da Administração Pública.

O interessado que já tem registro cadastral receberá um documento cujo nome é "certificado de registro cadastral" (art. 32, § 2º, da Lei 8.666/1993), o qual será apresentado quando for participar de uma tomada de preços.

Já o interessado em participar de uma tomada de preços que não estiver previamente cadastrado tem a possibilidade de participar da licitação desde que atenda às condições exigidas para cadastramento até o 3º dia anterior à data do recebimento das propostas. Ou seja, publicado o edital de uma tomada de preços, o interessado deverá correr para conseguir seu cadastramento, nos termos dos arts. 34 a 37 da Lei 8.666/1993 e das demais regras locais, até o momento acima referido.

Caso a *comissão do certame* ou a *comissão de cadastramento*, no momento do recebimento dos envelopes com a proposta, não tenha tido tempo ainda de analisar se os documentos apresentados para cadastro são suficientes, deverá a comissão de licitação receber a proposta sob condição, vale dizer, condicionada à regularidade do cadastro solicitado, que será verificada em seguida. Nesse caso, procede-se de modo semelhante à concorrência, pois a comissão vai ter que parar e verificar a qualificação antes de abrir os envelopes das propostas, podendo marcar outra data para tanto, se for o caso.

Já quanto ao **convite**, ao **concurso**, ao **leilão** e ao **fornecimento de bens para pronta entrega**, pode-se dispensar, no todo ou em parte, a documentação dos arts. 28 a 31. Ou seja, na prática, seguem o critério de habilitação preliminar, mas, em alguns casos, pode a Administração dispensar todas ou algumas das exigências de qualificação. No entanto, a regularidade do interessado com a Seguridade Social é exigência de qualificação que não pode ser dispensada em hipótese alguma, nos termos do art. 195, § 3º, da CF.

Por fim, no **pregão** temos uma inversão de fases. Primeiro é aberto o envelope com as propostas comerciais, passando à existência de lances verbais e a uma negociação com o melhor classificado e depois é aberto o envelope com os documentos de habilitação do melhor classificado no certame (art. 4º, XII, da Lei 10.520/2002). Ou seja, primeiro vem a fase de julgamento e classificação e depois a de habilitação. Aqui, fala-se em **habilitação posterior**.

Em resumo, o momento da habilitação, em regra, é logo após a publicação do edital (*habilitação preliminar*), mas se dará antes do edital na tomada de preços (*habilitação prévia*) e após o julgamento e classificação no pregão (*habilitação posterior*).

11.6.2.2.3. Documentação a ser apresentada (qualificação)

O art. 27 da Lei 8.666/1993 dispõe que, nas licitações, exigir-se-á dos interessados, exclusivamente, documentação relativa a:

a) habilitação jurídica;

b) qualificação técnica;

c) qualificação econômico-financeira;

d) regularidades fiscal e trabalhista;

e) regularidade quanto ao trabalho de menores.

A **habilitação jurídica** consiste na *comprovação da existência de capacidade de fato e da titularidade de condições para contratar com a Administração Pública*. São exigidos, conforme o caso, os seguintes documentos (art. 28 da Lei 8.666/1993):

a) cédula de identidade;

b) registro comercial, no caso de empresa individual;

c) ato constitutivo, estatuto ou contrato social em vigor, devidamente registrado, em se tratando de sociedades comerciais, e, no caso de sociedades por ações, acompanhado de documentos de eleição de seus administradores;

d) inscrição do ato constitutivo, no caso de sociedades civis, acompanhada de prova de diretoria em exercício;

e) decreto de autorização, em se tratando de empresa ou sociedade estrangeira em funcionamento no País, e ato de registro ou autorização para funcionamento expedido pelo órgão competente, quando a atividade assim o exigir.

A **regularidade fiscal** *consiste na existência de inscrição nos cadastros públicos de contribuinte e na inexistência de débitos fiscais exigíveis*. São exigidos, conforme o caso, os seguintes documentos (art. 29 da Lei 8.666/1993):

a) prova de inscrição no Cadastro de Pessoas Físicas (CPF) ou no Cadastro Geral de Contribuintes (CGC);

b) prova de inscrição no cadastro de contribuintes estadual ou municipal, se houver, relativo ao domicílio ou sede do licitante, pertinente ao seu ramo de atividade e compatível com o objeto contratual;

c) prova de regularidade para com a Fazenda Federal, Estadual e Municipal do domicílio ou sede do licitante, ou outra equivalente, na forma da lei;

d) prova de regularidade relativa à Seguridade Social e ao Fundo de Garantia por Tempo de Serviço (FGTS), demonstrando situação regular no cumprimento dos encargos sociais instituídos por lei.

Há de se ressaltar que só se pode exigir do licitante a apresentação de inscrições e certidões pertinentes. Assim, uma empresa prestadora de serviço não é obrigada a apresentar demonstração de inscrição no Fisco estadual, nem certidão negativa de tributo estadual.

Da mesma forma, não se pode exigir certidões com requisitos formais que podem não ser uniformes nas mais variadas esferas administrativas brasileiras. Nesse sentido, confira a seguinte decisão do STJ:

> "A despeito da vinculação ao edital a que se sujeita a Administração Pública (art. 41 da Lei 8.666/1993), afigura-se ilegítima a exigência da apresentação de certidões comprobatórias de regularidade fiscal quando não são fornecidas, do modo como requerido pelo edital, pelo município de domicílio do licitante" (STJ, REsp 974854/MA, DJ 16.05.2008)

A **qualificação técnica** *consiste na idoneidade técnica para a execução do objeto licitado, mediante a demonstração de experiência anterior na execução de contrato similar e da disponibilidade de pessoal e de equipamentos indispensáveis.* Podem ser exigidos, conforme o caso, os seguintes documentos (art. 30 da Lei 8.666/1993):

a) registro ou inscrição na entidade profissional competente (capacidade genérica);

b) comprovação de aptidão para desempenho de atividade pertinente e compatível em características, quantidades e prazos com o objeto da licitação (capacidade específica);

c) indicação das instalações e do aparelhamento e do pessoal técnico adequados e disponíveis para a realização do objeto da licitação, bem como da qualificação de cada um dos membros da equipe técnica que se responsabilizará pelos trabalhos (capacidade operacional);

d) comprovação, fornecida pelo órgão licitante, de que recebeu os documentos e, quando exigido, de que tomou conhecimento de todas as informações e das condições locais para o cumprimento das obrigações objeto da licitação;

e) prova de atendimento de requisitos previstos em lei especial, quando for o caso.

As qualificações previstas nos itens "b" e "c" serão feitas por **atestados** fornecidos por pessoas jurídicas de direito público ou privado. Caso se trate de serviços ou obras, será necessário que os atestados sejam registrados nas entidades profissionais competentes.

A respeito da exigência de atestados, um exemplo é uma licitação para construir uma rodovia. Certamente, o edital exigirá, como qualificação técnica, dentre outros requisitos, que os licitantes apresentem atestado de que já fizeram obra semelhante, requisito indispensável para se aferir sua aptidão para executar a obra caso venha a ganhar a licitação. Por se tratar de obra, tal atestado deverá ser registrado na entidade profissional competente.

Quanto à capacitação técnico-profissional (pessoal técnico especializado), a exigência deve se limitar à comprovação do licitante de possuir em seu quadro permanente, na data prevista para entrega da proposta, profissional detentor de atestado de responsabilidade técnica por execução de obra ou serviço de características semelhantes, limitadas estas exclusivamente às parcelas de maior relevância e valor significativo do objeto da licitação, vedadas as exigências de quantidades mínimas ou prazos máximos. Tais profissionais deverão participar da obra ou serviço objeto da licitação, admitindo-se a substituição por profissionais de experiência equivalente ou superior, desde que aprovada pela administração.

Será sempre admitida a comprovação de aptidão através de certidões ou atestados de obras ou serviços similares de complexidade tecnológica e operacional equivalente ou superior.

É vedada a exigência de comprovação de atividade ou de aptidão com limitações de tempo ou de época ou ainda em locais específicos, ou quaisquer outras não previstas na Lei 8.666/1993 que inibam a participação na licitação.

As exigências mínimas relativas a instalações de canteiros, máquinas, equipamentos e pessoal técnico especializado, considerados essenciais para o cumprimento do objeto da licitação, serão atendidas mediante a apresentação de relação explícita e da declaração formal da sua disponibilidade, sob as penas cabíveis, vedadas as exigências de propriedade e de localização prévia.

Admite-se a exigência de experiência anterior: "é lícita cláusula em edital de licitação exigindo que o licitante, além de contar, em seu acervo técnico, com um profissional que tenha conduzido serviço de engenharia similar àquele em licitação, já tenha atuado em **serviço similar**. Esse entendimento está em consonância com a doutrina especializada que distingue a qualidade técnica profissional da qualidade técnica operacional e com a jurisprudência do STJ, cuja Segunda Turma firmou o entendimento de que `não fere a igualdade entre os licitantes, tampouco a ampla competitividade entre eles, o condicionamento editalício referente à experiência prévia dos concorrentes no âmbito do objeto licitado, a pretexto de demonstração de qualificação técnica, nos termos do art. 30, inc. II, da Lei n. 8.666/1993` (REsp 1.257.886-PE, j. 03.11.2011). Além disso, outros dispositivos do mesmo art. 30 permitem essa inferência. Dessa forma, o § 3º do art. 30 da Lei 8.666/1993 estatui que existe a possibilidade de que a comprovação de qualificação técnica se dê por meio de serviços similares, com complexidade técnica e operacional idêntica ou superior. Ainda, o § 10 do art. 30 da mesma lei frisa ser a indicação dos profissionais técnicos responsáveis pelos serviços de engenharia uma garantia da administração". (STJ, RMS 39.883-MT, Rel. Min. Humberto Martins, j. 17.12/2013)

Segundo o art. 30, § 8º, da Lei 8.666/1993, no caso de obras, serviços e compras de grande vulto, de alta complexidade técnica, poderá a Administração exigir dos licitantes a metodologia de execução, cuja avaliação, para efeito de sua aceitação ou não, antecederá sempre à análise dos preços e será efetuada exclusivamente por critérios objetivos.

Entende-se por licitação de alta complexidade técnica aquela que envolva alta especialização como fator de extrema relevância para garantir a execução do objeto a ser contratado, ou que possa comprometer a continuidade da prestação de serviços públicos essenciais.

O Tribunal de Contas da União (TCU), chamado a interpretar várias das disposições acima em caso concreto, exarou interessante decisão, que determinou à Administração Pública que:

> "9.3.4. Abstenha-se de exigir comprovação de vínculo empregatício do responsável técnico de nível superior com a empresa licitante, uma vez que extrapola as exigências de qualificação técnico-profissional, definidas no art. 30, inciso II e § 1º, da Lei 8.666/1993.
>
> 9.3.5. Abstenha-se de exigir, para a comprovação de qualificação técnico-operacional dos licitantes, os requisitos de propriedade e de localização prévia dos equipamentos a serem utilizados na obra, conforme o disposto no § 6º do art. 30 da Lei 8.666/1993.
>
> 9.3.6. Não exija, como requisito para habilitação dos licitantes, a apresentação de certificados de qualidade e outros documentos que não integrem o rol da documentação exigida por lei, para comprovação de capacidade técnica, nos termos do inciso II c/c o § 1º, ambos do art. 30 da Lei 8.666/1993, abstendo-se especialmente de exigir certificado do Programa Brasileiro de Qualidade e Produtividade de Habitat (PBQPH) – Nível A, aceitando-o, se for o caso, apenas como critério de pontuação técnica.
>
> 9.3.7. Abstenha-se de efetuar exigência de quantitativos mínimos de serviços nos atestados técnico-profissionais, para fins de qualificação técnico-profissional, ante a expressa vedação do art. 30, § 1º, I, da Lei 8.666/1993" (TCU Acórdão 608/2008, Plenário, DOU 14.05.2008).

A **qualificação econômico-financeira** *consiste em o licitante ter recursos financeiros e situação econômica adequados à satisfatória execução do objeto da contratação*. Podem ser exigidos, conforme o caso, os seguintes documentos (art. 31 da Lei 8.666/1993):

a) balanço patrimonial e demonstrações contábeis do último exercício social, já exigíveis e apresentados na forma da lei, que comprovem a boa situação financeira da empresa, vedada a sua substituição por balancetes ou balanços provisórios, podendo ser atualizados por índices oficiais quando encerrado há mais de 3 (três) meses da data de apresentação da proposta;

b) certidão negativa de falência, concordata ou recuperação judicial expedida pelo distribuidor da sede da pessoa jurídica, ou de execução patrimonial, expedida no domicílio da pessoa física;

c) garantia, nas mesmas modalidades e critérios previstos no "caput" e § 1º do art. 56 da Lei 8.666/1993, limitada a 1% (um por cento) do valor estimado do objeto da contratação.

A exigência de *índices* limitar-se-á à demonstração da capacidade financeira do licitante para assumir compromissos caso seja contratado, vedada a exigência de valores mínimos de faturamento anterior, índices de rentabilidade ou lucratividade.

A Administração, nas *compras para entrega futura* e na *execução de obras e serviços*, poderá exigir capital mínimo ou patrimônio líquido mínimo, ou ainda as garantias previstas no § 1º do art. 56 da Lei 8.666/1993, como dado objetivo de comprovação da qualificação econômico-financeira dos licitantes e para efeito de garantia ao adimplemento do contrato a ser ulteriormente celebrado.

O capital mínimo ou o valor do patrimônio líquido a que nos referimos não poderá exceder a 10% (dez por cento) do valor estimado da contratação, devendo a comprovação ser feita relativamente à data da apresentação da proposta, na forma da lei, admitida a atualização para esta data através de índices oficiais.

Poderá ser exigida, ainda, a relação dos compromissos assumidos pelo licitante que importem diminuição da capacidade operativa ou absorção de disponibilidade financeira (dívidas do licitante!), calculada esta em função do patrimônio líquido atualizado e sua capacidade de rotação.

A comprovação de boa situação financeira da empresa será feita de forma objetiva, através do cálculo de índices contábeis previstos no edital e devidamente justificados no processo administrativo da licitação que tenha dado início ao certame, vedada a exigência de índices e valores não usualmente adotados para correta avaliação de situação financeira suficiente ao cumprimento das obrigações decorrentes da licitação.

O Tribunal de Constas da União (TCU), chamado a interpretar questão atinente à qualificação econômico-financeira em caso concreto, exarou interessante decisão:

> "Os índices e seus valores devem ser fixados de modo a avaliar a capacidade financeira da empresa em cumprir com suas obrigações contratuais. Não é fazendo comparações com a capacidade econômico-financeira das maiores empresas do ramo (índices de liquidez geral e de liquidez corrente iguais ou superiores a 3,00) que se aferirá a capacidade econômico-financeira para a execução de determinado contrato. A obra em questão, devido a seu porte, não necessita da capacidade técnica, operacional e econômico-financeira de grandes construtoras, de grandes empresas de capital aberto, mas, antes, se destina a empresas locais e regionais de médio porte (TCU, Acórdão 1.899/2006, Plenário, DOU 16.10.2006).

A **regularidade quanto ao trabalho de menores** *consiste em o licitante cumprir o disposto no inciso XXXIII do art. 7º da CF, que proíbe o trabalho noturno, perigoso e insalubre a menor de 18 anos, bem como qualquer trabalho a menores de 16 anos, salvo na condição de aprendiz, a partir de 14 anos.*

O licitante deve demonstrar essa qualificação por meio da apresentação de uma declaração de regularidade.

O descumprimento dessa regra, caso descoberto no futuro, ensejará a rescisão do contrato administrativo (art. 78, XVIII, da Lei 8.666/1993).

Resta saber como fica o atendimento aos requisitos de habilitação quando um **consórcio** de empresas participa como licitante.

Em primeiro lugar, é importante dizer que o edital deve prever se é possível ou não a participação de um consórcio de empresas.

Caso o edital preveja essa possibilidade, há de determinar o seguinte aos consorciados:

a) que comprovem o *compromisso* público ou particular, subscrito pelos consorciados, de constituir formalmente o consórcio, caso venham a ser contratados; a constituição e o registro do consórcio serão feitos antes da celebração do contrato;

b) que indiquem a *empresa líder* do consórcio, que será responsável por este e deverá atender às condições de liderança previstas no edital, valendo salientar que somente empresa brasileira pode ser líder de consórcio;

c) que fica *proibida a participação* de empresa consorciada, na mesma licitação, através de mais de um consórcio ou isoladamente;

d) que ficam responsáveis *solidariamente* pelos atos praticados em consórcio, tanto na fase de licitação, quanto na de execução do contrato.

Resta saber, agora, quais regras regerão o cumprimento dos requisitos para a habilitação quando se tem um consórcio de empresas disputando a licitação. Confira:

a) cada consorciado deve apresentar os documentos de habilitação (arts. 28 a 31 da Lei 8.666/1993);

b) para efeito de qualificação técnica, admite-se o somatório dos quantitativos de cada consorciado, na proporção de sua respectiva participação;

c) para efeito de qualificação econômico-financeira, admite-se o somatório dos valores de cada consorciado, na proporção de sua respectiva participação;

d) pode a administração estabelecer, para o consórcio, um acréscimo de até 30% dos valores exigidos para licitante individual, inexigível este acréscimo para os consórcios compostos, em sua totalidade, por micro e pequenas empresas assim definidas em lei.

A **regularidade trabalhista** consiste na inexistência de débitos inadimplidos perante a Justiça do Trabalho (Lei 12.440/2011).

A prova dessa regularidade se dá pela CNDT (Certidão Negativa de Débitos Trabalhistas), expedida eletrônica e gratuitamente.

O interessado não obterá CNDT se em seu nome constar inadimplemento de obrigações estabelecidas em sentença transitada em julgado, acordos judiciais e acordos firmados perante o Ministério Público do Trabalho ou Comissão de Conciliação Prévia

Todavia, verificada a existência de débitos garantidos por penhora suficiente ou com exigibilidade suspensa, será expedida Certidão Positiva de Débitos Trabalhistas em nome do interessado com os mesmos efeitos da CNDT.

A CNDT certificará a empresa em relação a todos os seus estabelecimentos, agências e filiais e o seu prazo de validade é de 180 dias contados de sua emissão.

11.6.2.3. Julgamento e classificação

Essa fase consiste na *verificação objetiva da conformidade das propostas com os critérios previamente estabelecidos, bem como na sua ordenação em ordem da melhor para a pior para a Administração.*

Nessa fase, deve a Administração abrir os envelopes que contêm as *propostas comerciais* dos licitantes.

Vale lembrar que, aqui, as propostas também devem ser rubricadas pelos licitantes presentes e pela comissão (art. 43, § 2º, da Lei 8.666/1993).

As propostas devem ser analisadas, em primeiro lugar, quanto à sua aptidão. Havendo vícios na proposta, o licitante será desclassificado.

Confira os vícios que ensejam desclassificação:

a) vício formal: *consiste no descompasso da proposta com as regras e padrões estipulados no edital ou na lei.* Dentre os vícios formais está a existência de proposta que faz referência à proposta de outro (ex.: "a proposta da empresa é R$ 0,01 centavo mais barata que a proposta mais barata dos demais licitantes");

b) vício material: *consiste no descompasso da proposta com o objeto licitado.* Um exemplo é uma licitação para adquirir papel A4, mas que recebe uma proposta para papel A3;

c) vício quanto à exequibilidade: *consiste na existência de proposta de valor insuficiente para cobrir os custos do fornecedor.* Imagine uma licitação para comprar combustível, em que o fornecedor vencedor oferece o preço de R$ 1,39 para fornecer gasolina, tendo a Administração feito pesquisa de preço e encontrado como valor de mercado a quantia de R$ 2,90; ora, com um preço desses, ou a gasolina é roubada ou é "batizada"; esse preço é manifestamente inexequível. A lei exige que a proposta seja *manifestamente inexequível* para que seja desclassificada, devendo-se levar em conta os parâmetros estabelecidos no § 1º do art. 41 da Lei 8.666/1993;

d) outros vícios: não se admitirá proposta que apresente preços global ou unitários simbólicos, irrisórios ou de valor zero, incompatíveis com os preços dos insumos e salários de mercado, acrescidos dos respectivos encargos, ainda que o ato convocatório da licitação não tenha estabelecido limites mínimos, exceto quando se referirem a materiais e instalações de propriedade do próprio licitante, para os quais ele renuncie a parcela ou à totalidade da remuneração (art. 44, § 3º, da Lei 8.666/1993).

Quando todos os licitantes são inabilitados, quando todas as propostas forem desclassificadas, a Administração poderá fixar aos licitantes o prazo de 8 dias úteis para a apresentação de outras propostas escoimadas de vícios, facultada, no caso de convite, a redução deste prazo para 3 dias úteis.

Em seguida à verificação de vícios nas propostas, deve a Administração julgar aquelas consideradas aptas, procedendo-se, depois, à classificação das que forem aceitas.

Não se considerará qualquer oferta de vantagem não prevista no edital ou no convite, inclusive financiamentos subsidiados ou a fundo perdido, nem preço ou vantagem baseada nas ofertas dos demais licitantes.

O julgamento e a classificação variarão de acordo com o tipo de licitação (menor preço, maior lance, melhor técnica etc.), tema que será visto em item adiante.

11.6.2.4. Homologação

A homologação *é o ato pelo qual se examina a regularidade do procedimento licitatório.*

A autoridade competente (por exemplo, o Secretário Municipal de Administração) deve verificar a regularidade do procedimento e, estando este em ordem, deve homologar o certame licitatório.

11.6.2.5. Adjudicação

A adjudicação *é o ato pelo qual se atribui o objeto do certame ao vencedor da licitação.*

Como regra, a adjudicação é feita após a homologação (art. 43, VI, da Lei 8.666/1993).

Porém, na modalidade de licitação pregão, primeiro é feita a adjudicação e, depois, a homologação (art. 4º, XXI e XXII, da Lei 10.520/2002).

São efeitos da adjudicação os seguintes:

a) o direito de o adjudicatório não ser preterido, caso a Administração faça a contratação;

b) a vinculação do adjudicatário à proposta por ele feita;

c) a liberação dos demais licitantes para retirar documentos e levantar garantias.

Apesar da vinculação do adjudicatário, decorridos 60 (sessenta) dias da data da entrega das propostas, sem a convocação para a contratação, esse ficará liberado dos compromissos assumidos (art. 64, § 3º, da Lei 8.666/1993).

A recusa injustificada do adjudicatário em assinar o contrato, aceitar ou retirar o instrumento equivalente, dentro do prazo estabelecido pela Administração, caracteriza o descumprimento total da obrigação assumida, sujeitando-o às penalidades legalmente estabelecidas (art. 81 da Lei 8.666/1993).

11.7. Modalidades de licitação

11.7.1. Concorrência

A expressão "modalidades" significa "procedimento", "rito". Não se deve confundir *modalidade* de licitação (concorrência, tomada de preços, convite etc.) com *tipo* de licitação (menor preço, melhor técnica etc.). A primeira, como se viu, diz respeito ao *procedimento* a ser seguido pela Administração. O segundo diz respeito ao *critério de julgamento* a ser seguido pela Administração.

A concorrência pode ser **conceituada** como *a modalidade destinada a transações de grande vulto e a casos especiais elencados na lei, que permite a participação de qualquer interessado que, na fase inicial de habilitação, comprove possuir os requisitos mínimos de qualificação exigidos no edital.*

Essa modalidade tem **destinação obrigatória** para os contratos de:

a) grande vulto, ou seja, para *obras e serviços de engenharia* de valor superior a R$ 1,5 milhão, e, quanto às *compras e demais serviços*, de valor superior a R$ 650 mil;

b) compra de imóveis, de qualquer valor;

c) alienações de imóveis, de qualquer valor; vale salientar que também se admite o leilão para alienação de imóveis adquiridos em processos judiciais e por dação em pagamento (art. 19 da Lei 8.666/1993);

d) alienação de móveis, quando estes forem avaliados em valor superior a R$ 650 mil; se o valor for inferior a essa quantia, pode-se usar a modalidade tomada de preços ou leilão (art. 17, § 6º, da Lei 8.666/1993);

e) concessões de direito real de uso (art. 23, § 3º, da Lei 8.666/1993);

f) concessões de serviço público (art. 2º, II, da Lei 8.987/1995);

g) licitações internacionais, de qualquer valor; vale salientar que, nas licitações internacionais, é cabível também a tomada de preços, quando o órgão ou entidade dispuser de cadastro internacional de fornecedores, bem como convite, se não houver fornecedor do bem ou serviço no País (art. 23, § 3º, da Lei 8.666/1993);

h) aquisição de bens por sistema de registro de preços (art. 15, § 3º, I, da Lei 8.666/1993): vale salientar que o registro de preços também pode ser feito por meio da modalidade pregão (art. 11 da Lei 10.520/2002); o Sistema de Registro de Preços é um procedimento que a Administração pode adotar perante compras rotineiras de bens padronizados (ex.: material de escritório, medicamentos): presumindo que adquirirá tais bens múltiplas vezes, a Administração abre licitação, e aquele que oferecer a cotação mais baixa terá seus preços registrados para quando a Administração precisar; não se trata de modalidade de licitação, já que inclusive é precedida de uma (concorrência ou pregão), mas de procedimento a ser feito para situações de fornecimento contínuo.[14]

Essa modalidade tem **destinação facultativa** para os casos em que couber modalidade licitatória de menor expressão, tais como tomada de preços e convite (art. 23, § 4º, da Lei 8.666/1993).

A concorrência tem como **principais características** as seguintes:

a) prazos maiores: o prazo mínimo entre a publicação do aviso do edital e o recebimento das propostas é de 30 dias, como regra, e de 45 dias se o contrato a ser celebrado contemplar o regime de empreitada integral ou quando a licitação for do tipo "melhor técnica" ou "técnica e preço" (art. 21, § 2º, I, "b", e II, "a", da Lei 8.666/1993); há de se lembrar que o prazo é contado da última publicação do aviso do edital; além disso, na contagem do prazo, deve-se excluir o dia do início e incluir o dia do vencimento (art. 110 da Lei 8.666/1993);

b) universalidade: a concorrência admite a participação de qualquer interessado que atenda, na fase inicial de habilitação preliminar, os requisitos de qualificação previstos no edital (art. 22, § 1º, da Lei 8.666/1993), ou seja, não é necessário que o interessado esteja previamente cadastrado para participar da concorrência, daí porque se fala em acesso universal ao certame; todavia, na fase de habilitação, aquele licitante que não cumprir os requisitos de qualificação será inabilitado;

14. Cada registro valerá por um ano. O § 3º do art. 15 da Lei dispõe que o sistema de registro de preços será regulamentado por decreto, atendidas as peculiaridades regionais, observado o seguinte: I – seleção feita mediante concorrência; II – estipulação prévia do sistema de controle e atualização dos preços registrados; III – validade do registro não superior a 1 ano. O § 4º, por sua vez, assevera que a existência de preços registrados não obriga a Administração a firmar as contratações que deles poderão advir, ficando-lhe facultada a utilização de outros meios, respeitada a legislação relativa às licitações, sendo assegurado ao beneficiário do registro preferência em igualdade de condições.

c) **habilitação preliminar:** conforme já mencionado, a habilitação, na concorrência, é feita logo após a publicação do edital e antes do julgamento das propostas, daí porque se fala em *habilitação preliminar*, diferente da tomada de preços (*habilitação prévia*) e do pregão (*habilitação posterior*).

11.7.2. Tomada de preços

A tomada de preços pode ser **conceituada** como *a modalidade destinada a transações de médio vulto, que só permite a participação de interessados devidamente cadastrados ou que atendam às condições do cadastro até o 3º dia anterior à data do recebimento das propostas, observada a necessária qualificação* (art. 22, § 2º, da Lei 8.666/1993).

Essa modalidade tem **destinação prevista** para os contratos de:

a) **médio vulto**, ou seja, para *obras e serviços de engenharia* de valor até R$ 1,5 milhões, e, quanto às *compras e demais serviços*, de valor até R$ 650 mil;

b) **licitações internacionais**, quando o órgão ou a entidade dispuser de cadastro internacional de fornecedores, bem como convite, se não houver fornecedor do bem ou serviço no País (art. 23, § 3º, da Lei 8.666/1993).

Essa modalidade tem **destinação facultativa** para os casos em que couber o convite, modalidade licitatória de menor expressão (art. 23, § 4º, da Lei 8.666/1993).

Existe uma **proibição** muito séria, que tem em mira evitar fraudes na utilização das modalidades licitatórias.

É vedada a utilização da modalidade "tomada de preços" para parcelas de uma mesma obra ou serviço, ou ainda para obras e serviços da mesma natureza e no mesmo local que possam ser realizadas conjunta e concomitantemente, sempre que o somatório de seus valores caracterizar o caso de concorrência, exceto para as parcelas de natureza específica que possam ser executadas por pessoas ou empresas de especialidade diversa daquela do executor da obra ou serviço (art. 23, § 5º, da Lei 8.666/1993).

A ideia da lei é evitar fracionamentos de contratos para que se utilize tomada de preços quando caberia concorrência.

A tomada de preços tem como **principais características** as seguintes:

a) **prazos intermediários:** o prazo mínimo entre a publicação do aviso edital e o recebimento das propostas é de 15 dias, como regra, e de 30 dias quando a licitação for do tipo "melhor técnica" ou "técnica e preço" (art. 21, § 2º, II, "b", e III, da Lei 8.666/1993); há de se lembrar que o prazo é contado da última publicação do aviso do edital; além disso, na contagem do prazo deve-se excluir o dia do início e incluir o dia do vencimento;

b) **prévio cadastro:** o interessado em participar da licitação deve já ter um registro cadastral, ou seja, deve ter um documento cujo nome é *certificado de registro cadastral* (art. 32, § 2º, da Lei 8.666/1993), documento esse que será apresentado por ele quando for participar da tomada de preços; caso o interessado não tenha cadastro prévio, poderá participar da licitação desde que atenda às condições exigidas para cadastramento até o 3º dia anterior à data do recebimento das propostas; ou seja, publicado o edital, o interessado deverá correr para conseguir seu cadastramento, nos termos dos arts. 34 a 37 da Lei 8.666/1993 e das demais regras locais, até o momento acima referido.

11.7.3. Convite

O convite pode ser **conceituado** como *a modalidade destinada a transações de menor vulto, na qual se deve convidar ao menos três interessados, cadastrados ou não, permitida a participação de outros interessados cadastrados que manifestarem interesse com antecedência de até 24 horas da data da apresentação das propostas* (art. 22, § 3º, da Lei 8.666/1993).

Essa modalidade tem **destinação** para os contratos de **menor vulto**, ou seja, para *obras e serviços de engenharia* de valor até R$ 150 mil, e, quanto às *compras e demais serviços*, de valor até R$ 80 mil.

Aqui também existe aquela séria **proibição**, que tem em mira evitar fraudes na utilização das modalidades licitatórias.

É vedada a utilização da modalidade "convite" para parcelas de uma mesma obra ou serviço, ou ainda para obras e serviços da mesma natureza e no mesmo local que possam ser realizadas conjunta e concomitantemente sempre que o somatório de seus valores caracterizar o caso de tomada de preços ou concorrência, exceto para as parcelas de natureza específica que possam ser executadas por pessoas ou empresas de especialidade diversa daquela do executor da obra ou serviço (art. 23, § 5º, da Lei 8.666/1993).

A ideia da lei é evitar fracionamentos de contratos para que se utilize convite, quando caberia tomada de preços ou concorrência.

O convite tem como **principais características** as seguintes:

a) **prazo menor:** o prazo mínimo entre a publicação do aviso edital e o recebimento das propostas é de 5 dias *úteis*, contados da expedição do convite (art. 21, § 2º, IV, e § 3º, da Lei 8.666/1993); há de se lembrar que o prazo é contado da última publicação do aviso do edital; além disso, na contagem do prazo, deve-se excluir o dia do início e incluir o dia do vencimento;

b) **publicidade reduzida:** no convite, a publicidade se reduz à expedição de carta-convite a pelo menos três interessados e à afixação de cópia do convite no quadro de avisos da Administração Pública;

c) **participação restrita a convidados ou cadastrados:** confira as regras (art. 22, §§ 3º, 6º e 7º, da Lei 8.666/1993):

c1) devem ser convidados pelo menos três interessados, cadastrados ou não;

c2) se existir na praça mais de três interessados, a cada novo convite, deve-se chamar, no mínimo, um cadastrado que não tenha sido ainda convidado, até que todos os cadastrados sejam convidados;

c3) quando, por limitações do mercado ou manifesto desinteresse dos convidados, for impossível a obtenção do número mínimo de licitantes, pode-se convidar número menor, desde que haja a devida motivação, sob pena de repetição do convite;

c4) interessados em participar da licitação podem fazê-lo mesmo que não tenham sido convidados, desde que sejam cadastrados na repartição e que manifestem interesse até 24 horas da data da apresentação das propostas; é necessário, então, que o interessado faça um requerimento nesse prazo; a doutrina entende que só se pode exigir prévio cadastro desse interessado não convidado se a Administração tiver exigido habilitação no convite feito no caso concreto;

d) habilitação facultativa: a fase de habilitação não é obrigatória no convite, podendo ser dispensada no todo ou em parte (art. 32, § 1º, da Lei 8.666/1993); porém, a regularidade com a Seguridade Social deve sempre ser exigida, por força de determinação prevista na Constituição Federal (art. 195, § 3º, da CF);

e) direção dos trabalhos: a regra é que a licitação pelo convite seja dirigida por uma comissão de licitação, como nas modalidades concorrência e tomada de preços; porém, em pequenas unidades, pode substituí-la por servidor formalmente designado (art. 51, § 1º, da Lei 8.666/1993).

11.7.4. Concursos

O concurso pode ser **conceituado** como *a modalidade destinada à escolha de trabalho técnico, científico ou artístico, mediante prêmios ou remuneração ao vencedor* (art. 22, § 4º, da Lei 8.666/1993).

Essa modalidade tem **destinação** para a *premiação de trabalhos* técnicos (ex.: concurso para a escolha do melhor projeto arquitetônico), científicos (ex.: concurso para a escolha da melhor monografia jurídica) e artísticos (exs.: concursos para escolha de melhores hino, brasão da cidade, fotografia, poema etc.).

O concurso tem como **principais características** as seguintes:

a) prazo: o prazo mínimo entre a publicação do aviso do edital e o recebimento do trabalho pronto é de 45 dias; há de se lembrar que o prazo é contado da última publicação do aviso do edital; além disso, na contagem do prazo, deve-se excluir o dia do início e incluir o dia do vencimento; o prazo é grande, pois o interessado não vai entregar uma mera proposta, mas já entregará o trabalho pronto;

b) regulamento: o edital deve, no mínimo, fazer referência ao local onde está o regulamento do concurso; deve também indicar a qualificação exigida dos participantes (ex.: dizer que o concurso é só para os estagiários de uma Prefeitura); deve, ainda, traçar as diretrizes e a forma de apresentação do trabalho, bem como as condições de realização e os prêmios a serem dados ao(s) vencedor(es); se o objeto do concurso for um projeto (ex.: projeto arquitetônico), o vencedor deverá autorizar sua execução a qualquer tempo, segundo a conveniência da Administração;

c) habilitação facultativa: a fase de habilitação não é obrigatória no concurso, podendo ser dispensada no todo ou em parte (art. 32, § 1º, da Lei 8.666/1993);

d) julgamento: o julgamento será feito por uma comissão especial integrada por pessoas de reputação ilibada e reconhecido conhecimento da matéria em exame, servidores públicos ou não (art. 51, § 5º, da Lei 8.666/1993).

11.7.5. Leilão

O leilão pode ser **conceituado** como *a modalidade destinada à venda de bens móveis inservíveis, de produtos apreendidos ou penhorados, de imóveis adquiridos em processo judicial ou por dação em pagamento e de ativos, ações e outros direitos relacionados ao Programa Nacional de Desestatização.*

Essa modalidade tem **destinação** indicada no conceito, valendo salientar, quanto à desestatização, que essa é regulamentada na Lei 9.491/1997.

O leilão tem como **principais características** as seguintes:

a) prazo: o prazo mínimo entre a publicação do aviso do edital e a sessão de leilão é de 45 dias; há de se lembrar que o prazo é contado da última publicação do aviso do edital; além disso, na contagem do prazo, deve-se excluir o dia do início e incluir o dia do vencimento;

b) tipo de licitação: como o leilão visa à alienação de bens, o tipo licitatório cabível (critério de julgamento) é o de maior lance; esse deve ser igual ou superior ao valor da avaliação; os lances são verbais ou mediante procedimentos tecnológicos;

c) habilitação facultativa: a fase de habilitação não é obrigatória no leilão, podendo ser dispensada no todo ou em parte (art. 32, § 1º, da Lei 8.666/1993);

d) direção dos trabalhos: pode ser cometida a leiloeiro oficial ou a servidor designado pela Administração (art. 53 da Lei 8.666/1993).

11.7.6. Pregão

Essa modalidade de licitação não está prevista na Lei 8.666/1993, mas na Lei 10.520/2002. Trata-se de modalidade aplicável à Administração Pública Direta e Indireta de todos os entes políticos (União, Estados, DF e Municípios).

O pregão pode ser **conceituado** como *a modalidade destinada à aquisição de bens e serviços comuns, caracterizada pela inversão de fases, aumento dos momentos de competição, celeridade, oralidade e redução de exigências para a participação* (art. 22, § 4º, da Lei 8.666/1993).

Essa modalidade é **destinada** à aquisição de *bens e serviços comuns.*

Bens e serviços comuns são "aqueles cujos padrões de desempenho e qualidade possam ser objetivamente definidos no edital, por meio de especificações usuais no mercado" (art. 1º, parágrafo único, da Lei 10.520/2002).

Enfim, bens e serviços comuns são aqueles que têm especificações usuais no mercado.

São exemplos de *bens comuns* os seguintes: água mineral, combustível, material hospitalar, medicamentos, material de limpeza, móveis, veículos, computadores, dentre outros.

São exemplos de *serviços comuns* os seguintes: de digitação, de manutenção, de assinatura (de TV, revista e telefonia móvel), de copa, de garçom, de ascensorista, de lavanderia, de limpeza, de reprografia, de vigilância, dentre outros.

O fato é que, nos dias de hoje, quase tudo tem especificação usual no mercado e, portanto, quase tudo pode ser adquirido pela Administração mediante a modalidade pregão.

Aliás, é bom ressaltar que não há limitação de valor para aquisição mediante o pregão. Assim, até mesmo uma compra de milhões de reais, que ensejaria concorrência, pode ser feita pelo pregão.

A única exigência é que se trate de bens e serviços comuns.

Nada obstante, há situações que não ensejam o uso de pregão. Um exemplo é a contratação de uma obra. A *obra* não está no conceito nem de *serviço*, nem de *compra de bens*, para fins de licitação (art. 6º, I, II e III, da Lei 8.666/1993). Como regra, também não é possível a utilização de pregão para alienação de bens e para as locações imobiliárias.

Serviços de engenharia, ao contrário, desde que sejam serviços com especificações usuais no mercado, como o serviço de terraplenagem, podem ser contratados mediante pregão.

O pregão tem como **principais características** as seguintes (Lei 10.520/2002):

a) prazo: o prazo mínimo entre a publicação do aviso do edital e a data para a apresentação das propostas (data da sessão de pregão) é de *8 dias úteis* (art. 4º, V);

b) tipo de licitação: menor preço (art. 4º, X);

c) direção dos trabalhos: haverá um pregoeiro e a respectiva equipe de apoio, sendo que esta será integrada em sua maioria por servidores ocupantes de cargo efetivo ou emprego na Administração Pública (art. 3º, IV);

d) inversão de fases: primeiro vem a fase de *julgamento* e depois a de *habilitação*; primeiro vem a *adjudicação* e depois a *homologação* (art. 4º, VII, XII, XXI e XXII);

e) lances verbais: faz-se uma classificação provisória e depois selecionam-se as melhores propostas (1ª classificada mais propostas até 10% superiores, garantidas três propostas diferentes) para uma fase de lances verbais, com vistas a alcançar a proposta mais vantajosa para a Administração (art. 4º, VIII);

f) negociação do preço: o licitante que chegar à melhor proposta estará sujeito, ainda, a uma negociação de preço que o pregoeiro fará caso o proposto não atinja um valor aceitável (art. 4º, XI, XVI e XVII);

g) exigências vedadas: é vedada a exigência de *garantia da proposta*, de *aquisição de edital* por interessado e de pagamento de *taxas* (salvo de reprografia) (art. 5º);

h) redução das exigências de habilitação (art. 4º, XIII);

i) concentração dos atos do certame na sessão de pregão: faz-se tudo na sessão, inclusive a adjudicação do objeto do certame, se não houver recurso;

j) recurso único e oral (art. 4º, XVIII).

Quanto ao **procedimento** da fase externa do pregão, confira o passo a passo:

a) publicação do edital;

b) antes de iniciar a sessão pública, faz-se o credenciamento do licitante ou de seus representantes, que devem identificar-se e, conforme o caso, comprovar a existência de poderes para a formulação de propostas e para a prática de todos os demais atos inerentes ao certame;

c) aberta a sessão, os interessados apresentarão uma *declaração de habilitação* (declaração dando ciência de que cumprem os requisitos de habilitação) e entregarão os *envelopes contendo a proposta comercial*;

d) *abertura dos envelopes com a proposta comercial*;

e) *desclassificação* de eventuais propostas com vícios;

f) elaboração de *classificação provisória*;

g) *seleção das propostas* que passarão aos lances verbais; deve-se selecionar o 1º classificado (autor da oferta de valor mais baixo) e os autores das ofertas com preços até 10% superiores àquela; há de se garantir, no mínimo, três propostas diferentes; repare que não são três licitantes diferentes, mas três propostas de valor diferente, o que faz com que, muitas vezes, haja bem mais do que três licitantes nessa fase, bastando que haja licitantes com propostas de valor igual;

h) *início de nova disputa*, com *lances verbais* e sucessivos, até se chegar ao melhor lance possível;

i) *classificação definitiva*, levando em conta também os que não foram selecionados para os lances verbais, mas excluindo os que já foram desclassificados;

j) *negociação* com o autor da oferta de menor valor;

k) *exame da aceitabilidade* da proposta de menor valor;

l) *declaração da aceitabilidade da proposta* ou nova negociação com outro classificado;

m) *abertura do envelope de habilitação* da oferta com preço aceitável;

n) *saneamento de eventuais falhas* nos documentos de habilitação;

o) *declaração de habilitação* do licitante que tem preço aceitável ou exame sucessivo das ofertas subsequentes até apuração de uma aceitável e que atenda aos requisitos de habilitação;

p) *declaração do licitante vencedor*;

q) consulta aos licitantes sobre o interesse em apresentar *recurso*;

r) *adjudicação do objeto do certame ao vencedor na própria sessão de pregão*, caso não haja recurso; o recurso deve ser interposto na própria sessão de pregão (por meio do pregoeiro), apresentando-se o motivo; em seguida, a sessão ficará suspensa e o recorrente terá 3 dias para apresentar suas razões, seguindo-se o prazo de 3 dias para os demais licitantes se manifestarem;

s) *elaboração e subscrição da ata da sessão*;

t) *homologação do certame pela autoridade competente* (não é o pregoeiro, mas a autoridade superior) e publicação da decisão homologatória;

u) *empenho de despesa*;

v) *convocação do vencedor* para celebração do contrato; vale salientar que o prazo de validade das propostas é de 60 dias, se outro não estiver fixado no edital;

x) havendo recusa do adjudicatário, negociação com os próximos classificados, até que haja preço aceitável com condições de habilitação;

z) *celebração do contrato*.

Vale salientar que a Lei 10.520/2002 admite o pregão por meio eletrônico, cuja regulamentação se encontra no Decreto 5.450/2005 para o âmbito da União.

Esse decreto dispõe que o pregão eletrônico deve ser utilizado preferencialmente em relação ao pregão presencial.

Uma diferença básica do pregão eletrônico para o pregão presencial é o fato de que, no primeiro, o interessado deve estar previamente credenciado no SICAF – Sistema de Cadastramento Unificado de Fornecedores.

11.7.7. *Vedação*

Por fim, vale citar que é **vedada** a criação de outras modalidades de licitação ou a combinação das previstas em lei (art. 22, § 8º, da Lei 8.666/1993).

Assim, não é possível que qualquer dos entes da Administração Pública venha a criar uma nova modalidade de licitação, ou mesmo combinar modalidades para o fim de criar uma inédita modalidade licitatória.

Somente por meio de lei – e deve se tratar de uma lei federal, pois somente a União poderá legislar sobre normas gerais em matéria de licitação – é que é possível criar uma nova modalidade licitatória.

Um exemplo é o **pregão**, que foi criado pela Lei 10.520/2002.

Outro exemplo é a modalidade de licitação denominada **consulta**, que é exclusiva da Agência Nacional de Telecomunicações – ANATEL. O art. 54 da Lei 9.472/1997 estabelece que essa agência pode utilizar o procedimento da consulta mediante procedimentos próprios determinados por atos normativos expedidos pela agência, desde que não seja para a contratação de obras e serviços de engenharia.

11.8. Tipos de licitação

Não se deve confundir as *modalidades* de licitação (ou procedimentos licitatórios – concorrência, convite etc.) com *tipos* de licitação (ou critérios de julgamento – menor preço, melhor técnica etc.).

Feita tal observação, vejamos os tipos de licitação.

11.8.1. *Menor preço*

Esse tipo é o mais comum em matéria de licitação. Isso porque a Administração adquire muitos bens, e esse tipo é o adequado para as compras e aquisições estatais.

Esse tipo de licitação é compatível com as modalidades concorrência, tomada de preços, convite e pregão.

Devem ser desclassificadas as propostas com preço simbólico, irrisório, de valor zero ou impraticável, tanto para mais como para menos.

A lei diz que serão desclassificadas as propostas com preços manifestamente inexequíveis ou que não venham a ter demonstrada sua viabilidade através de documentação da coerência com os custos dos insumos e a produtividade.

Em caso de empate, têm preferência, sucessivamente, os bens e serviços:

a) produzidos no País;

b) produzidos ou prestados por empresas brasileiras;

c) produzidos ou prestados por empresas que invistam em pesquisa e desenvolvimento de tecnologia no País.

Permanecendo o empate, far-se-á um sorteio, em ato público, para o qual todos os licitantes serão convocados, vedado qualquer outro processo.

11.8.2. *Maior lance ou oferta*

Esse tipo de licitação é próprio para a alienação de bens móveis e imóveis e concessão de direito real de uso de bens públicos.

Esse tipo de licitação é compatível com as modalidades concorrência e leilão.

11.8.3. *Melhor técnica e técnica e preço*

Esses tipos de licitação são utilizados exclusivamente para *serviços de natureza predominantemente intelectual*, em especial na elaboração de projetos, cálculos, fiscalização, supervisão e gerenciamento, de engenharia consultiva em geral e, em particular, para elaboração de estudos técnicos preliminares e projetos básicos e executivos, bem como para contratação de bens e serviços de informática.

Quanto aos bens e serviços de informática cabe também o pregão (e não a concorrência, própria dos casos em que se usa o tipo melhor técnica), ressalvadas as aquisições em que a técnica é realmente importante e que os produtos não possam ser definidos por especificações usuais de mercado. Nesse sentido, o TCU tem o seguinte entendimento: "alerta ao DNIT no sentido de que as contratações para aquisição de bens e serviços de informática não precisam ser realizadas, necessariamente, sob a forma de licitação do tipo 'técnica e preço', podendo também ocorrer sob a forma de pregão, conforme já tratado pelo TCU em diversos julgados precedentes, a exemplo dos Acórdãos de n. 237/2009-P, 144/2008-P, 2.658/2007-P, 1.782/2007-P, 1.114/2006-P, 2.138/2005-P, 2.094/2004-P, 1.182/2004-P, 740/2004-P (com redação alterada pelo Acórdão 1.299/2006- P) e 313/2004-P (item 1.6.2, TC-019.930/2008-9, Acórdão 819/2009-Plenário)".

Excepcionalmente, utilizar-se-á esse tipo de licitação para fornecimento de bens, execução de obras ou prestação de serviços de grande vulto, quando dependentes de tecnologia sofisticada, desde que haja autorização expressa da autoridade de maior nível hierárquico da Administração promotora da licitação.

No tipo "melhor técnica", o ato convocatório fixará preço máximo a ser pago. Há três tipos de documentos: com a qualificação, com a proposta técnica e com a proposta de preço. Deve-se seguir o seguinte procedimento:

a) abertura de *envelope com a documentação de habilitação*;

b) quanto aos habilitados, abertura do *envelope com a proposta técnica*; tal proposta seguirá os termos do edital e poderá tratar da capacitação e experiência; da metodologia e organização; da tecnologia e dos recursos materiais; da qualificação das equipes técnicas;

c) *avaliação e classificação das propostas técnicas*;

d) *valorização mínima* das propostas técnicas;

e) abertura dos envelopes com as *propostas de preço* daqueles que têm a valorização mínima;

f) negociação entre os licitantes, considerando a melhor proposta técnica e o menor preço com valorização mínima, até se chegar ao vencedor.

No tipo "melhor técnica e preço" far-se-á a classificação das propostas segundo critério de média nas notas respectivas. Deve-se seguir o seguinte procedimento:

a) abertura de *envelope com a documentação de habilitação*;

b) quanto aos habilitados, abertura do *envelope com a proposta técnica*; tal proposta seguirá os termos do edital e poderá tratar da capacitação e experiência; da metodologia e organização; da tecnologia e dos recursos materiais; da qualificação das equipes técnicas;

c) avaliação e classificação das *propostas técnicas*;

d) será feita a avaliação e a valorização das *propostas de preços*, de acordo com critérios objetivos preestabelecidos no instrumento convocatório;

e) a classificação dos proponentes far-se-á de acordo com a *média ponderada das valorizações das propostas técnicas e de preço*, de acordo com os pesos preestabelecidos no instrumento convocatório.

11.9. Licitação com participação de Microempresa (ME) e Empresa de Pequeno Porte (EPP)

Em primeiro lugar, vale trazer a definição dessas empresas (art. 3º da Lei Complementar 123/2006, alterado pela Lei Complementar 139/2011):

a) microempresa: empresário ou pessoa jurídica que aufira, em cada ano-calendário, receita bruta igual ou inferior a R$ 360 mil;

b) empresa de pequeno porte: empresário ou pessoa jurídica que aufira, em cada ano-calendário, receita bruta superior a R$ 360 mil e igual ou inferior a R$ 3,6 milhões.

Considera-se receita bruta o produto da venda de bens e serviços nas operações de conta própria, o preço dos serviços prestados e o resultado nas operações em conta alheia, não incluídas as vendas canceladas e os descontos incondicionais concedidos.

Não poderá se beneficiar do tratamento jurídico diferenciado previsto na Lei Complementar 123/2006 a pessoa jurídica:

a) de cujo capital participe outra pessoa jurídica;

b) que seja filial, sucursal, agência ou representação, no País, de pessoa jurídica com sede no exterior;

c) de cujo capital participe pessoa física que seja inscrita como empresário ou seja sócia de outra empresa que receba tratamento jurídico diferenciado nos termos da Lei Complementar, desde que a receita bruta global ultrapasse o limite de R$ 3,6 milhões;

d) cujo titular ou sócio participe com mais de 10% (dez por cento) do capital de outra empresa não beneficiada pela Lei Complementar, desde que a receita bruta global ultrapasse o limite de R$ 3,6 milhões;

e) cujo sócio ou titular seja administrador ou equiparado de outra pessoa jurídica com fins lucrativos, desde que a receita bruta global ultrapasse o limite de R$ 3,6 milhões;

f) constituída sob a forma de cooperativas, salvo as de consumo;

g) que participe do capital de outra pessoa jurídica;

h) que exerça atividade de banco comercial, de investimentos e de desenvolvimento, de caixa econômica, de sociedade de crédito, financiamento e investimento ou de crédito imobiliário, de corretora ou de distribuidora de títulos, valores mobiliários e câmbio, de empresa de arrendamento mercantil, de seguros privados e de capitalização ou de previdência complementar;

i) resultante ou remanescente de cisão ou qualquer outra forma de desmembramento de pessoa jurídica que tenha ocorrido em um dos 5 (cinco) anos-calendário anteriores;

j) constituída sob a forma de sociedade por ações.

Para fins dos benefícios tributários previstos na lei complementar há outras pessoas jurídicas excluídas (art. 17). Mas para fins das vantagens decorrentes do acesso aos mercados, basta verificar os requisitos de faturamento já citados, bem como as pessoas jurídicas que estão excluídas do benefício.

Confira agora os direitos conferidos a uma ME ou EPP na licitação:

a) **comprovação diferida da regularidade fiscal:** nas licitações públicas, a comprovação de regularidade fiscal das MEs e EPPs somente será exigida para efeito de assinatura do contrato (art. 42 da LC 123/2006); as MEs e EPPs, por ocasião da participação em certames licitatórios, deverão apresentar toda a documentação exigida para efeito de comprovação de regularidade fiscal, mesmo que esta apresente alguma restrição, hipótese em que será assegurado o prazo de 5 (cinco) dias úteis, cujo termo inicial corresponderá ao momento em que o proponente for declarado o vencedor do certame, prorrogáveis por igual período, a critério da Administração Pública, para a regularização da documentação, pagamento ou parcelamento do débito e emissão de eventuais certidões negativas ou positivas com efeito de certidão negativa; a não regularização da documentação nesse prazo implicará decadência do direito à contratação, sem prejuízo das sanções previstas no art. 81 da Lei 8.666/1993, sendo facultado à Administração convocar os licitantes remanescentes, na ordem de classificação, para a assinatura do contrato, ou revogar a licitação (art. 43 da LC 123/2006);

b) **empate ficto:** nas licitações será assegurada, como critério de desempate, preferência de contratação para as MEs e EPPs; entende-se por empate aquelas situações em que as propostas apresentadas pelas microempresas e empresas de pequeno porte sejam iguais ou até 10% (dez por cento) superiores à proposta melhor classificada (na modalidade de pregão, o intervalo percentual será de até 5% (cinco por cento) superior ao melhor preço). Ocorrendo o empate, a ME ou EPP melhor classificada poderá apresentar proposta de preço inferior àquela considerada vencedora do certame, situação em que será adjudicado em seu favor o objeto licitado; não ocorrendo a contratação da ME ou EPP, serão convocadas as remanescentes que porventura se enquadrem nessa condição, na ordem classificatória, para o exercício do mesmo direito; no caso de equivalência dos valores apresentados pelas MEs e EPPs que se encontrem nos intervalos estabelecidos, será realizado sorteio entre elas para que se identifique aquela que primeiro poderá apresentar melhor oferta. Na hipótese da não contratação de uma ME ou EPP, o objeto licitado será adjudicado em favor da proposta originalmente vencedora do certame; o empate ficto somente se aplicará quando a melhor oferta inicial não tiver sido apresentada por microempresa ou empresa de pequeno porte; no caso de pregão, a ME ou EPP melhor classificada será convocada para apresentar nova proposta no prazo máximo de 5 (cinco) minutos após o encerramento dos lances, sob pena de preclusão (arts. 44 e 45 da LC 123/2006);

c) **cédula de crédito microempresarial:** a ME e a EPP titulares de direitos creditórios decorrentes de empenhos liquidados por órgãos e entidades da União, Estados, Distrito Federal e Município não pagos em até 30 (trinta) dias contados da data de liquidação poderão emitir cédula de crédito microempresarial;

d) tratamento diferenciado: nas contratações públicas da administração direta e indireta, autárquica e fundacional, federal, estadual e municipal, deverá ser concedido tratamento diferenciado e simplificado para as microempresas e empresas de pequeno porte objetivando a promoção do desenvolvimento econômico e social no âmbito municipal e regional, a ampliação da eficiência das políticas públicas e o incentivo à inovação tecnológica, sendo que, no que diz respeito às compras públicas, enquanto não sobrevier legislação estadual, municipal ou regulamento específico de cada órgão mais favorável à microempresa e empresa de pequeno porte, aplica-se a legislação federal (art. 47 da LC 123/2006, com redação dada pela LC 147/2014);

e) licitação exclusiva para ME e EPP: a administração pública **deverá** realizar processo licitatório destinado exclusivamente à participação de microempresas e empresas de pequeno porte nos itens de contratações cujo valor seja de até R$ 80.000,00 (oitenta mil reais); repare que a lei se refere aos itens de contratações e não à somatória dos itens reunidos num mesmo procedimento licitatório;

f) subcontratação obrigatória para ME e EPP: a administração pública **poderá** realizar processo licitatório em que seja exigida dos licitantes a subcontratação de microempresa ou de empresa de pequeno porte especificamente no que tange às licitações voltadas à aquisição de obras e serviços; ressalta-se que essa regra só vale para obras e serviços (e não para compras) e é faculdade da Administração, e não obrigação, como na regra anterior;

g) cota obrigatória para ME e EPP: a administração pública deverá realizar processo licitatório em que se estabeleça cota de até 25% (vinte e cinco por cento) do objeto para a contratação de microempresas e empresas de pequeno porte, em certames para a aquisição de bens de natureza divisível; apesar de a lei não fixar esse cota em 25% sempre (ou seja, no caso concreto, pode variar de qualquer número acima do número zero até os 25%), a lei obriga que essa cota seja estabelecida nos certames licitatórios, desde que se trate de certame cujo objeto seja a aquisição de bens de natureza divisível.

Na hipótese da subcontratação obrigatória (item "f"), os empenhos e pagamentos do órgão ou entidade da administração pública poderão ser destinados diretamente às microempresas e empresas de pequeno porte subcontratadas.

Não se aplicam os três últimos itens nos seguintes casos:

a) não houver um mínimo de 3 (três) fornecedores competitivos enquadrados como microempresas ou empresas de pequeno porte sediados local ou regionalmente e capazes de cumprir as exigências estabelecidas no instrumento convocatório;

b) o tratamento diferenciado e simplificado para as microempresas e empresas de pequeno porte não for vantajoso para a administração pública ou representar prejuízo ao conjunto ou complexo do objeto a ser contratado;

c) a licitação for dispensável ou inexigível, nos termos dos arts. 24 e 25 da Lei nº 8.666, de 21 de junho de 1993, excetuando- se as dispensas tratadas pelos incisos I e II do art. 24 da mesma Lei, nas quais a compra deverá ser feita preferencialmente de microempresas e empresas de pequeno porte, aplicando-se o disposto no inciso I do art. 48.

11.10. Licitação e promoção do desenvolvimento nacional

A Lei 12.349/2010 alterou o art. 3º da Lei 8.666/1993 para o fim de estabelecer um novo objetivo para a licitação, qual seja, a *promoção do desenvolvimento nacional sustentável.*

Para tanto, essa lei trouxe as seguintes ferramentas, previstas nos §§ 5º a 13 do art. 3º da Lei 8.666/1993:

a) margem de preferência ordinária: nos processos de licitação, poderá ser estabelecida margem de preferência para *produtos manufaturados e para serviços nacionais que atendam a normas técnicas brasileiras*; essa margem de preferência será estabelecida com base em estudos revistos periodicamente, em prazo não superior a 5 (cinco) anos, que levem em consideração: geração de emprego e renda; efeito na arrecadação de tributos federais, estaduais e municipais; desenvolvimento e inovação tecnológica realizados no País; custo adicional dos produtos e serviços; e em suas revisões, análise retrospectiva de resultados;

b) margem de preferência adicional: para *os produtos manufaturados e serviços nacionais resultantes de desenvolvimento e inovação tecnológica realizados no País*, poderá ser estabelecida margem de preferência adicional àquela prevista no item anterior.

As margens de preferência por produto, serviço, grupo de produtos ou grupo de serviços referidas acima serão definidas pelo Poder Executivo federal, não podendo a soma delas ultrapassar o montante de 25% (vinte e cinco por cento) sobre o preço dos produtos manufaturados e serviços estrangeiros.

As margens de preferências mencionadas não se aplicam aos bens e aos serviços cuja capacidade de produção ou prestação no País seja inferior:

a) à quantidade a ser adquirida ou contratada;

b) ao quantitativo fixado com fundamento no § 7º do art. 23 da Lei 8.666/1993, quando for o caso.

A margem de preferência ordinária poderá ser estendida, total ou parcialmente, aos bens e serviços originários dos Estados-Partes do Mercado Comum do Sul – Mercosul.

A título de exemplo do item ora estudado, o Decreto 7.709/2012 dá margem de preferência de 25% e 15%, respectivamente, para aquisições de motoniveladora e pás mecânicas, escavadores, carregadoras, pás carregadoras e retroescavadeira nacionais.

Os editais de licitação para a contratação de bens, serviços e obras poderão, mediante prévia justificativa da autoridade competente, exigir que o contratado promova, em favor de órgão ou entidade integrante da administração pública ou daqueles por ela indicados a partir de processo isonômico, medidas de compensação comercial, industrial, tecnológica ou acesso a condições vantajosas de financiamento, cumulativamente ou não, na forma estabelecida pelo Poder Executivo federal.

Nas contratações destinadas à implantação, manutenção e ao aperfeiçoamento dos sistemas de tecnologia de informação e comunicação, considerados estratégicos em ato do Poder Executivo federal, a licitação poderá ser restrita a bens e serviços com tecnologia desenvolvida no País e produzidos de acordo com o processo produtivo básico de que trata a Lei 10.176, de 11 de janeiro de 2001.

Será divulgada na internet, a cada exercício financeiro, a relação de empresas favorecidas em decorrência das margens de preferência, com indicação do volume de recursos destinados a cada uma delas.

É importante registrar que as preferências em questão e nas demais normas de licitação e contratos devem **privilegiar** o tratamento diferenciado e favorecido às microempresas e empresas de pequeno porte na forma da lei (art. 3º, § 14, e 5º-A da Lei 8.666/1993). Por outro lado, as preferências dispostas no art. 3º da Lei 8.666/1993 prevalecem sobre as demais preferências previstas na legislação quando estas forem aplicadas sobre produtos ou serviços estrangeiros (art. 3º, § 15, da Lei 8.666/1993).

11.11. RDC – Regime Diferenciado de Contratações Públicas

A Lei 12.462/2011 estabelece o RDC – Regime Diferenciado de Contratações Públicas, aplicável **exclusivamente** às contratações necessárias à realização (art. 1º):

a) das Olimpíadas/2016 e Paraolimpíadas/2016;

b) da Copa das Confederações/2013 e Copa do Mundo/2014;

c) das obras de infraestruturas e serviços para os aeroportos das capitais do Estados distantes até 350 km das cidades sedes dos mundiais referidos acima;

d) das ações do Programa de Aceleração do Crescimento – PAC;

e) das obras e serviços de engenharia no âmbito do Sistema Único de Saúde – SUS;

f) das obras e serviços de engenharia para construção, ampliação e reforma de estabelecimentos penais e unidades de atendimento socioeducativo.

A opção pelo RDC **afasta** a aplicação da Lei 8.666/1993 (art. 1º, § 2º).

A Lei de RDC acrescenta os **princípios** da "economicidade" e da "eficiência", que não estavam expressos na Lei 8.666/1993 (art. 3º).

Essa lei também admite a chamada **contratação integrada**, ou seja, contratar uma empresa para fazer tudo, do projeto básico e executivo, à execução, testes e pré-operação (art. 9º).

Também inovou ao admitir **remuneração variável** do contratado, vinculada ao desempenho, com base em metas, qualidade, sustentabilidade e prazos (art. 10).

A licitação se desenrola nas seguintes **fases**, nesta ordem: preparatória, publicação do instrumento convocatório (com prazos menores[15]), apresentação de propostas ou lances, julgamento, habilitação, recursal e encerramento (adjudicar e homologar – art. 12).

Quanto aos **tipos de licitação**, a lei prevê os seguintes: menor preço ou maior desconto, técnica e preço, melhor técnica e conteúdo artístico, maior oferta de preço ou maior retorno econômico (art. 18).

Outra inovação interessante é a vedação do **nepotismo** nas contratações diretas, ou seja, nas contratações sem licitação (art. 37).

11.12. Licitação e Sistemas de Defesa

A Lei 12.598/2012 estabelece normas especiais para compras, contratações e desenvolvimento de produtos e sistemas de defesa.

Exemplo de norma especial é a promoção de **licitação exclusiva** para as chamadas EED – Empresas Estratégicas de Defesa, pessoa jurídica credenciada pelo Ministério da Defesa, com sede, operação, pesquisa e desenvolvimento de tecnologia no Brasil.

11.13. Revogação da licitação

A revogação da licitação é possível, desde que fundada em situação ulterior aferida pela autoridade competente que a justifique, ou seja, que torne conveniente ou oportuna a extinção do certame, sempre respeitando a ampla defesa e o contraditório e mediante motivação.

A revogação da licitação tem efeitos *ex nunc*, já que, até a sua ocorrência, não havia nenhuma ilegalidade, daí porque, se já há vencedor e a licitação for revogada licitamente, deve-se indenizá-lo das eventuais despesas que já teve.

Caso a licitação seja revogada ilicitamente, indeniza-se o prejudicado completamente.

11.14. Anulação da licitação

A anulação da licitação deve ser de ofício ou provocada, assegurada a ampla defesa e o contraditório, e tem por motivo ilegalidade ocorrida no certame (art. 59 da Lei 8.666/1993).

Anulada a licitação, o contrato também fica anulado automaticamente, se já celebrado.

A anulação tem efeitos *ex tunc*, não gerando indenização, ressalvado o que o contratado já realizou e desde que ele não tenha sido o culpado pela anulação.

15. Art. 15. Será dada ampla publicidade aos procedimentos licitatórios e de pré-qualificação disciplinados por esta Lei, ressalvadas as hipóteses de informações cujo sigilo seja imprescindível à segurança da sociedade e do Estado, devendo ser adotados os seguintes prazos mínimos para apresentação de propostas, contados a partir da data de publicação do instrumento convocatório:

I – para aquisição de bens:

a) 5 (cinco) dias úteis, quando adotados os critérios de julgamento pelo menor preço ou pelo maior desconto; e

b) 10 (dez) dias úteis, nas hipóteses não abrangidas pela alínea *a* deste inciso;

II – para a contratação de serviços e obras:

a) 15 (quinze) dias úteis, quando adotados os critérios de julgamento pelo menor preço ou pelo maior desconto; e

b) 30 (trinta) dias úteis, nas hipóteses não abrangidas pela alínea a deste inciso;

III – para licitações em que se adote o critério de julgamento pela maior oferta: 10 (dez) dias úteis; e

IV – para licitações em que se adote o critério de julgamento pela melhor combinação de técnica e preço, pela melhor técnica ou em razão do conteúdo artístico: 30 (trinta) dias úteis.

Ou seja, indenizar-se-á só o que está de boa-fé e apenas quanto ao que já foi executado, valendo lembrar que a boa-fé é presumida.

A revogação só poderá ser feita pela autoridade competente e não pelo órgão julgador do certame, diferente do que ocorre na anulação, que pode ser feita pela comissão ou pelas demais autoridades competentes, bem como pelo Poder Judiciário.

12. CONTRATOS ADMINISTRATIVOS

12.1. Conceito

O contrato administrativo pode ser conceituado *como o acordo de vontades entre a Administração e terceiros pertinente a obras, serviços, compras, alienações ou locações, em que existem cláusulas exorbitantes em favor da primeira, preservado o equilíbrio econômico-financeiro entre as partes.*

Repare que um contrato só será do tipo "contrato administrativo" se o acordo de vontades cumprir os seguintes requisitos: a) presença da *Administração Pública*; b) existência de cláusulas que coloquem a Administração em *posição de supremacia* em relação à outra parte contratante; c) *reciprocidade nas obrigações*, que devem ser pertinentes a obras, serviços, compras, alienações ou locações.

Quanto ao terceiro requisito, vale destacar que o contrato administrativo não se confunde com o convênio administrativo, pois, no primeiro, há obrigações recíprocas (um quer uma coisa ou serviço e o outro quer uma remuneração em dinheiro), ao passo que no segundo há interesses comuns (os convenentes querem desenvolver um projeto comum, dividindo tarefas), estabelecendo-se uma parceria para unir esforços no cumprimento desse interesse comum.

Preenchidos tais requisitos, estar-se-á diante de um contrato administrativo, cujo regime jurídico, naturalmente, é diferenciado em relação ao dos contratos privados.

12.2. Características principais

O contrato administrativo tem duas características marcantes. A primeira delas é a existência de **cláusulas exorbitantes** em favor do Poder Público, que tem mais direitos que o particular em relação às *cláusulas regulamentares* do contrato. A segunda é o direito ao **equilíbrio econômico-financeiro**, o que faz com que ambas as partes tenham direito a que as *cláusulas econômicas* do contrato mantenham o equilíbrio que detinham quando de sua celebração.

Vamos a um exemplo. A Administração, em virtude de ter cláusulas exorbitantes em seu favor, pode, unilateralmente, modificar uma cláusula contratual para o fim de determinar que o contratado forneça mais produtos do que o previsto no contrato. Esse direito da Administração existe justamente porque há **cláusulas exorbitantes** em seu favor, cláusulas essas que existem apenas quanto às *cláusulas regulamentares* do contrato (ex.: prazos, quantidade, especificações etc.). O contratado será obrigado a cumprir essa ordem da Administração, mas terá, de outra parte, direito a que seja mantido o **equilíbrio econômico-financeiro**, ou seja, a que seja mantido o equilíbrio das *cláusulas econômicas* do contrato. Isso se dará mediante o aumento da quantia a ser paga para o contratado, que, tendo de trazer mais produtos, deverá receber mais por isso.

As **cláusulas exorbitantes** se justificam pois a Administração, diferentemente do particular, age em nome de toda a coletividade, de forma que tais poderes são indispensáveis à preservação do interesse público buscado na contratação.

O art. 58 da Lei 8.666/1993 exemplifica esse tipo de cláusula ao dispor que a Administração tem a prerrogativa de interferir nos contratos para:

a) modificá-los, unilateralmente, para melhor adequação às finalidades de interesse público, respeitados os direitos do contratado;

b) rescindi-los, unilateralmente, nos casos especificados no inc. I do art. 79 da Lei 8666/1993;

c) fiscalizar-lhes a execução;

d) aplicar-lhes sanções motivadas pela inexecução total ou parcial do ajuste;

e) nos casos de serviços essenciais, ocupar, provisoriamente, bens móveis, imóveis, pessoal e serviços vinculados ao objeto do contrato, na hipótese de necessidade de acautelar apuração administrativa de faltas contratuais pelo contratado, bem como na hipótese de rescisão do contrato administrativo (essa cláusula era muito utilizada nas concessões de serviço público; porém, com a edição da Lei 8.987/1995, passou-se a aplicar as regras específicas desta lei).

Quanto à característica da **manutenção do equilíbrio econômico-financeiro**, vale salientar que essa ela tem raiz constitucional, estando prevista no art. 37, XXI, do Texto Maior, no ponto em que o dispositivo assevera que o processo de licitação pública deve assegurar "*igualdade de condições a todos os concorrentes, com cláusulas que estabeleçam obrigações de pagamento, mantidas as condições efetivas da proposta* (...)". Além disso, também está prevista na Lei 8.666/1993, que estabelece que as cláusulas econômicas de contrato administrativo não podem ser alteradas sem a concordância do contratado, devendo ser revistas se houver alteração contratual que desequilibre a equação econômico-financeira original (art. 58, § 1º, da Lei 8.666/1993).

12.3. Regime jurídico

Como se sabe, os contratos administrativos têm seu regime jurídico delineado na Lei 8.666/1993. Porém, além dessa lei, a Constituição e outros diplomas legislativos também participam da formação do precitado regime jurídico.

Sobre o tema, confira o art. 54 da Lei 8.666/1993: "os contratos administrativos de que trata esta Lei regulam-se pelas suas cláusulas e pelos preceitos de direito público, aplicando-se-lhes, supletivamente, os princípios da teoria geral dos contratos e as disposições de direito privado".

Assim, pode-se sistematizar a questão, concluindo-se que se aplicam aos contratos administrativos as seguintes normas jurídicas, sucessivamente:

1º) CF: ex.: princípio da eficiência;

2º) Lei 8.666/1993 e Preceitos de Direito Público: ex.: casos de rescisão;

3º) Cláusulas editalícias e contratuais;

4º) Princípios da Teoria Geral dos Contratos: ex.: princípio da função social dos contratos;

5º) Disposições de Direito Privado: ex.: regras sobre vícios redibitórios (Código Civil e CDC), desconsideração da personalidade jurídica (art. 50 do Código Civil), cláusula penal máxima (art. 412 do Código Civil), juiz pode reduzir valor de multa, se excessiva, como no caso de uma multa de 88% reduzida para 10% (*vide* REsp 330.677).

12.4. Formalização

Para um contrato administrativo ser celebrado são necessários os seguintes requisitos:

a) ato administrativo motivado especificando a necessidade de contratação;

b) solicitação com indicação do objeto a ser contratado e de sua quantidade;

c) constatação da existência de recurso próprio para a despesa;

d) verificação do impacto orçamentário-financeiro; não basta haver previsão orçamentária. No curso de cada exercício financeiro há de se verificar se existem recursos em caixa, respeitando-se as cotas trimestrais de despesas fixadas (art. 47 da Lei 4.320/1964) e há de se obedecer também a outros requisitos legais (ex.: art. 42 da Lei de Responsabilidade Fiscal – LC 101/2000);

e) autorização para abertura de licitação;

f) elaboração e aprovação de edital;

g) reserva de recursos;

h) *licitação*, salvo dispensa ou inexigibilidade desta;

i) *convocação do adjudicatário*: estipula-se prazo para o adjudicatário (vencedor da licitação) comparecer para assinar o contrato (art. 64, *caput*), o qual pode ser prorrogado uma vez, com justificativa do contratado (art. 64, § 1º). Decorridos 60 dias da data de entrega das propostas, sem convocação, o adjudicatário fica liberado do dever de assinar o contrato, ou seja, fica liberado dos compromissos assumidos (art. 64, § 3º). Se o convocado não assinar contrato, a Administração tem duas opções (art. 64, § 2º): i) convocar o licitante remanescente, nas mesmas condições do vencedor; ou ii) revogar o certame;

j) os contratos devem conter determinadas cláusulas *escritas* acerca do *regime de execução, reajustes, condições de pagamento e atualização, prazos de início, execução, conclusão, multas e rescisão; garantias (caução, seguro, fiança);*

k) *devem ser escritos*, sendo nulo o contrato verbal com a Administração, salvo o de pequenas compras de pronto pagamento, assim entendidas aquelas de valor não superior a 5% do limite para aquisições por convite. A lei admite em alguns casos o regime de adiantamento (art. 68 da Lei 4.320/1964), em que se entrega numerário ao servidor para gasto futuro. Isso deve acontecer apenas nos casos definitivos em lei, como, por exemplo, no pagamento de diárias;

l) o *instrumento* do contrato é obrigatório nos casos de concorrência e de tomada de preços, bem como nas dispensas e inexigibilidades compreendidas naquelas modalidades, e facultativo nas compras de entrega imediata e sem obrigações futuras, bem como nos demais casos escritos não compreendidos nas duas modalidades acima, nos quais pode ser substituído por carta-contrato, nota de empenho de despesa, autorização de compra ou ordem de execução de serviço. A minuta do futuro contrato integrará sempre o edital;

m) o *contrato* tem como condição de *eficácia* a publicação de seu resumo na Imprensa Oficial, a qual deve se dar até o 5º dia útil do mês seguinte à sua assinatura e até 20 dias após esta, seja de que valor for;

n) faculta-se à Administração a exigência de *garantias* a fim de assegurar a execução do contrato, devendo estar prevista no edital. O particular deve escolher entre caução, em dinheiro ou títulos da dívida pública, seguro-garantia ou fiança bancária. A garantia não pode exceder a 5% do valor do contrato, salvo quanto a obras, serviços e fornecimentos de grande vulto envolvendo alta complexidade técnica e riscos financeiros consideráveis, quando o limite poderá ser elevado até a 10% do valor do contrato. A garantia será liberada ou restituída após a execução, e, quando em dinheiro, será atualizada monetariamente.

12.5. Alterações dos contratos (art. 65)

12.5.1. Unilaterais

São as alterações feitas por imposição da Administração. As modificações aqui permitidas, que serão a seguir expostas, são feitas unilateralmente pela Administração, mas não podem implicar alteração do objeto contratual, sob pena de se caracterizar burla ou fraude à licitação feita. Permitem-se apenas alterações no projeto ou meramente quantitativas. Vejamos as alterações permitidas (art. 65, I):

a) qualitativa: *quando houver modificação do projeto ou das especificações para melhor adequação técnica aos seus objetivos;*

b) quantitativa: *quando necessária a modificação do valor contratual em decorrência de acréscimo ou diminuição quantitativa de seu objeto, nos limites permitidos na lei.*

No caso de alteração do projeto ou especificações (alteração qualitativa), temos duas situações típicas:

a) situações novas: por exemplo, decisão judicial impondo que dada obra atenda a preceitos técnicos em matéria de acústica;

b) situações existentes, mas desconhecidas: o solo se revela diferente do imaginado (ex.: tem muita pedra; tem falha geológica), impondo fundação diferenciada.

Um bom projeto básico evita isso, o que faz com que os tribunais de contas tenham cada vez mais recomendado a feitura de bons projetos antes que um edital de licitação seja elaborado.

A alteração qualitativa não admite que seja alterado o próprio objeto contratual. Assim, não é possível alterar o objeto contratual de cimento para tijolo, por exemplo.

Já quando é necessária a modificação do valor contratual em decorrência de acréscimo ou diminuição nas obras, serviços e compras, temos os seguintes limites:

a) acréscimo: até 25% do valor inicial; tratando-se de reforma, é possível acréscimo de até 50% do valor inicial;

b) diminuição: até 25% do valor inicial.

Não são computados nos limites os *reajustes* e *revisões*.

As alterações de valor devem levar em conta os ganhos e as perdas de escala.

12.5.2. Bilaterais

São as autorizadas pela lei, sendo feitas de comum acordo entre as partes, ou por processo judicial promovido pelo interessado, para restabelecer o equilíbrio inicial quando houver prejuízo significativo causado por um dos seguintes fatos:

a) força maior ou caso fortuito: alteração que requer i) desequilíbrio contratual, ii) evento lesivo consistente em força maior ou caso fortuito e iii) configuração de álea econômica extraordinária e extracontratual (prejuízo significativo). Ex.: uma grande chuva destrói uma obra pública em andamento, executada por uma construtora contratada pela Administração;

b) sujeições ou interferências imprevistas: *descoberta de um óbice natural ao cumprimento do contrato na forma prevista*. Ex.: descoberta de que o terreno em que o particular deverá construir a obra contratada é rochoso, aumentando em demasia os custos para a realização da fundação. Preenchidos os requisitos de desequilíbrio e configuração de álea extraordinária, também se enseja a alteração bilateral;

c) fato da administração: *toda ação ou omissão da Administração que se dirige e incide direta e especificamente sobre o contrato, retardando ou impedindo sua execução*. Ex.: atraso do Poder Público na entrega do imóvel para feitura de uma obra contratada com o particular. Esta alteração unilateral também gera, por óbvio, direito ao reequilíbrio econômico-financeiro.[16] Para alteração do contrato motivada pelo fato da administração é necessário: i) desequilíbrio contratual, ii) fato da administração e iii) configuração de álea econômica extraordinária e extracontratual (prejuízo significativo);

d) fato do príncipe: *fato geral do Poder Público que afeta substancialmente o contrato, apesar de não se dirigir especificamente a ele*. Ex.: mudança de política cambial por parte do Banco Central (STJ, ROMS 15.154);

e) modificação tributária: *criação, alteração ou extinção de tributo ou encargo legal que interfira diretamente nos preços (custos) para mais ou para menos* (art. 65, § 5º). Assim, aumentos significativos em tributos como ISS, ICMS, IPI, dentre outros, geram o direito à revisão contratual. Note que o aumento no imposto sobre a renda não interfere nos custos de uma empresa, mas apenas na renda desta, não ensejando a revisão contratual; da mesma forma, a criação da CPMF não enseja a revisão, por não gerar um prejuízo significativo, segundo o Tribunal de Contas da União (TCU);

f) aplicação da Teoria da Imprevisão: caso não se configure nenhuma das hipóteses acima, é possível invocar-se cláusula genérica para alteração contratual, que requer *desequilíbrio contratual causado pela sobrevinda de fatos imprevisíveis ou previsíveis, porém, de consequências incalculáveis, retardadores ou impeditivos da execução do contrato*. Vale dizer, são necessários: i) desequilíbrio contratual ulterior, ii) imprevisibilidade ou previsibilidade de consequência incalculável e iii) retardamento ou impedimento da execução do ajustado (prejuízo significativo). Ex.: advento de guerra causando aumento demasiado no preço do petróleo, atingindo contratos em curso; crise mundial aumentando muito o dólar.

Não caberá revisão contratual nos seguintes casos: a) de culpa do contratado; b) de evento existente antes das propostas; c) de ausência de prejuízo significativo.

A jurisprudência entende que não dá ensejo à revisão contratual dois fatos: a) dissídio coletivo, por se tratar de algo previsível; b) inflação, por também se tratar de fato previsível e que é compensado pelo instituto do *reajuste* e não da *revisão*.

O reajuste *é a atualização monetária em contratos de trato sucessivo, feita a cada 12 meses*. Ele difere da revisão, pois esta decorre de evento *extraordinário*, ao passo que o reajuste decorre de evento *ordinário*.

O reajuste tem como termo inicial a data prevista para a apresentação da proposta do licitante (art. 40, XI, da Lei 8.666/1993 e art. 3º, § 1º, da Lei 10.192/2001), nos termos do que decide o STJ (REsp 846.367/RS).

Em caso de atraso no pagamento, incide correção monetária mensal (Lei do Plano Real).

Por fim, e voltando à questão da *revisão* contratual, caso qualquer das situações ocorridas anteriormente leve a uma consequência tal que a revisão contratual não consiga trazer novamente o equilíbrio originário, o contrato deverá ser extinto.

12.6. Execução do contrato

Dispõe o artigo 66 da Lei 8.666/1993 que o contrato deverá ser executado fielmente:

> *Art. 66. O contrato deverá ser executado fielmente pelas partes, de acordo com as cláusulas avençadas e as normas desta lei, respondendo cada uma delas pelas consequências de sua inexecução total ou parcial.*

O contrato administrativo, portanto, faz lei entre as partes, que devem cumpri-lo integralmente.

Nada obstante, como se viu, tal regra sofre as seguintes exceções:

a) a Administração pode modificar unilateralmente condições contratuais;

b) nestes casos, e naqueles outros em que se configurarem hipóteses de desequilíbrio econômico-financeiro, deve-se promover sua modificação.

Outra questão importante nesta matéria é o fato de que a Administração deverá manter um representante para fiscalizar a execução dos contratos, enquanto o contratado deve indicar um preposto, aceito pela primeira, para acompanhar a execução do ajuste.

Deve-se destacar, ainda, que o contratado, na execução do ajuste, não pode deixar de cumprir suas obrigações por suspensão do contrato de até 120 dias, bem como por atraso no seu pagamento por até 90 dias. Vale dizer: a exceção de contrato não cumprido não pode ser alegada pelo particular em tais condições, em que pese poder ser alegada pelo Poder Público, se a culpa é do particular.

16. Art. 65: (...) "§ 6º Em havendo alteração unilateral do contrato que aumente os encargos do contratado, a Administração deverá restabelecer, por aditamento, o equilíbrio econômico-financeiro inicial".

O contratado tem como prestação principal adimplir o objeto contratual, devendo também: observar as normas técnicas adequadas, empregar o material apropriado, sujeitar-se aos acréscimos e supressões legais, executar pessoalmente o objeto do contrato (a execução é pessoal, mas não personalíssima, daí a possibilidade de contratar terceiros para colaborar ou até para executar partes, desde que nos limites admitidos pela Administração na execução do contrato – *vide* art. 72, por exemplo, que trata da subcontratação), atender aos encargos trabalhistas, previdenciários, fiscais e comerciais decorrentes da execução, bem como manter o preposto acima indicado.

Vale ressaltar que, na execução do contrato, o particular é responsável pelas obrigações que contrair, as quais não poderão ser imputadas ao Poder Público:

> **Art. 71.** O contratado é responsável pelos encargos trabalhistas, previdenciários, fiscais e comerciais resultantes da execução do contrato.

Assim sendo, a Administração não poderá ser acionada por terceiros, em virtude de atos do contratado.

A Lei 9.032/1995, todavia, dispõe que a Administração Pública responde solidariamente com o contratado pelos *encargos previdenciários* resultantes da inexecução do contrato, nos termos do art. 31 da Lei 8.212/1991.

O TST também admite que a Administração responda por encargos trabalhistas no caso de terceirização de serviços, como nos contratos em que a Administração faz com empresas de vigilância, limpeza, dentre outros. Porém, a responsabilidade da Administração é subsidiária e depende de que esta tenha agido de forma culposa na aplicação da Lei 8.666/1993 (conforme Súmula 331 do TST).

Executado o contrato, esse será recebido provisoriamente pela Administração, em até 15 dias da comunicação escrita do contratado, pelo responsável pelo acompanhamento e definitivamente por servidor ou comissão designada pela autoridade, após decurso do prazo de observação ou vistoria que ateste a adequação do objeto ao contrato, tudo sem prejuízo da responsabilidade civil pela solidez e segurança da obra ou do serviço (art. 73).

A **inexecução total ou parcial** do contrato enseja sua rescisão, com as consequências contratuais e as previstas em lei ou regulamento (art. 77). O art. 78 da Lei 8.666/1993 enumera os motivos para rescisão do contrato, dentre eles os seguintes:

a) o não cumprimento ou o cumprimento irregular de cláusulas contratuais;
b) a lentidão no seu cumprimento, o atraso injustificado no início, a paralisação sem justa causa e sem prévia comunicação;
c) a subcontratação não admitida no contrato;
d) o desatendimento das determinações regulares da autoridade designada para acompanhamento de sua execução;
e) razões de interesse público (revogação do contrato);
f) *suspensão* da execução por mais de 120 dias ou *atraso* por mais de 90 dias; em ambos os casos a extinção será opção do contratado, não cabendo rescisão, todavia, se houver calamidade pública, grave perturbação da ordem interna ou guerra;
g) caso fortuito ou força maior impeditivos da execução.

Os casos de rescisão serão formalmente motivados nos autos do processo administrativo, assegurados o contraditório e a ampla defesa. Quando a rescisão não se der por culpa do contratado (incisos XII a XVII do art. 78), esse será ressarcido dos prejuízos que houver sofrido, tendo ainda direito à devolução da garantia, pagamento pela execução até a rescisão e pagamento do custo da desmobilização. A rescisão pelo não cumprimento das cláusulas contratuais acarretará, sem prejuízo das sanções legais, na assunção imediata do objeto pela Administração, com a ocupação e utilização do local, instalações, equipamentos, material e pessoal empregados na execução do contrato necessários à sua continuidade e retenção dos créditos decorrentes do contrato até o limite dos prejuízos causados à Administração.

Os artigos 86 e seguintes tratam das sanções administrativas cabíveis em caso de inexecução parcial ou total do contrato, garantida prévia defesa, servindo como exemplo: advertência, multa, suspensão temporária de participação em licitação e impedimento de contratar por prazo não superior a 2 anos, declaração de inidoneidade para licitar ou contratar com a Administração enquanto durarem os motivos da punição ou até que seja promovida a reabilitação perante a autoridade, que depende de cumprimento de sanções e ressarcimento ao erário, podendo-se aplicar as duas últimas sanções também aos profissionais que tiverem dado causa ao ilícito.

Quanto a sanção de inidoneidade para licitar ou contratar com a Administração, ela se irradia para todas as esferas de governo. Assim, na esteira de um exemplo tirado da jurisprudência do STJ, uma empresa que tenha recebido essa sanção de um município, por ter fornecido medicamento adulterado a este, ficará impedida de contratar com todos os outros municípios, Estados, DF e União (Resp 520.553). Porém, essa sanção tem efeitos futuros, ou seja, não alcança os contratos em curso quando de sua aplicação, sem prejuízo de que, dentro de cada contrato em curso possa haver sua rescisão por específicas inexecuções em cada contrato (STJ, MS 13.964/DF).

Quanto à possibilidade do TCU declarar a inidoneidade de empresa privada para participar de licitações, o STF entende que esse tribunal tem competência, na esteira do disposto no art. 46 da Lei 8.443/1992 – Lei Orgânica do TCU (MS 30.788/MG, j. 21.05.2015).

12.7. Extinção do contrato

O contrato administrativo se extingue pelas seguintes causas:

a) conclusão do objeto ou decurso do tempo: quanto à questão da duração do contrato, é importante que fique claro que todo contrato administrativo deve ter prazo determinado e respeitar os créditos orçamentários; quanto aos serviços contínuos (ex.: limpeza, vigilância merenda etc.), cabem sucessivas prorrogações, limitando-se a contratação total a até 60 meses, sendo que, em casos excepcionais, devidamente justificados e mediante autorização da autoridade superior, cabe outra prorrogação, por mais 12 meses, totalizando 72 meses; já quanto a serviços relativos à segurança nacional, o prazo máximo do contrato é de 120 meses;

b) acordo entre as partes (rescisão amigável ou bilateral): ocorre por acordo entre as partes, desde que haja interesse público. A extinção bilateral também é chamada de distrato;

c) culpa da Administração (rescisão judicial): a chamada *rescisão judicial* ocorre por ação judicial promovida pelo particular, que não pode promover a extinção do ajuste unilateralmente. O particular deverá trazer como fundamento o descumprimento, por parte do Poder Público, de obrigações contratuais. Conforme já escrito, o particular não pode alegar a exceção de contrato não cumprido até 120 dias de suspensão do contrato e 90 dias de atraso no pagamento; a suspensão do contrato consiste em a Administração dizer para o contratado que é para ele suspender o cumprimento de suas obrigações, período em que também não receberá quantia alguma; o atraso no pagamento é pior, pois o particular deve continuar cumprindo com suas obrigações, mas nada poderá fazer para rescindir o contrato se o atraso não superar 90 dias. Naturalmente, o contratado prejudicado pela suspensão ou atraso no contrato poderá, posteriormente, requerer compensação financeira pelos danos que suportar com essas condutas da Administração;

d) por vontade da Administração (rescisão unilateral ou administrativa): essa forma de extinção é promovida pela Administração, respeitando o contraditório e a ampla defesa, nos seguintes casos:

d1) anulação: por motivo de *ilegalidade* na licitação ou no contrato;

d2) revogação: por inconveniência ou inoportunidade; nesse caso, o STJ entende o seguinte: "esta Corte Superior já se pronunciou no sentido de que a rescisão do contrato administrativo por ato unilateral da Administração Pública, sob justificativa de interesse público, impõe ao contratante a obrigação de indenizar o contratado pelos prejuízos daí decorrentes, como tais considerados não apenas os danos emergentes, mas também os lucros cessantes. Precedentes. É que, sob a perspectiva do Direito Administrativo Consensual, os particulares que travam contratos com a Administração Pública devem ser vistos como parceiros, devendo o princípio da boa-fé objetiva (e seus corolários relativos à tutela da legítima expectativa) reger as relações entre os contratantes público e privado" (REsp 1240057/AC, *DJe* 21.09.2011);

d3) inexecução do contrato pelo contratado.

12.8. Outras questões

Uma questão que aparece com certa frequência é saber se é possível a aplicação do instituto da **arbitragem** para regular contratos administrativos.

A jurisprudência vem entendendo que essa possibilidade existe, caso se trate de empresas estatais, dada a natureza dos interesses de que cuidam tais empresas.

Não há norma na Lei 8.666/1993 estabelecendo a possibilidade de aplicação da mediação e da arbitragem quanto às pessoas jurídicas de direito público.

Porém, em matéria de concessão de serviço público e de parceria público-privada, a lei admite que o edital preveja a utilização de arbitragem para a resolução de disputas decorrentes ou relacionadas ao contrato (art. 23-A da Lei 8.987/1995 e art. 11, III, da Lei 11.079/2004).

Naturalmente, a arbitragem não poderá discutir cláusulas regulamentares desses contratos, podendo incidir apenas sobre questões de outra natureza.

Outra questão bastante polêmica é quanto à possibilidade de **retenção de pagamento da contratada pela não manutenção da regularidade fiscal**. O STJ entende que não é possível *retenção* por esse motivo, já que não há previsão legal nesse sentido, lembrando que o objetivo da retenção é cobrir prejuízos causados pelo contratado e multas aplicadas pela Administração (arts. 80, IV, e 87, § 2º). Porém, é possível *rescindir* o contrato no caso por descumprimento de cláusula essencial desse.

13. SERVIÇO PÚBLICO

13.1. Conceito

O serviço público pode ser conceituado como *toda atividade oferecida aos administrados, prestada pelo Estado ou por concessionário, sob regime de Direito Público.*

São exemplos de serviço público os serviços de fornecimento de energia, água, telefone, transporte coletivo, coleta de lixo, dentre outros.

13.2. Instituição

A Constituição Federal e as leis federais, estaduais ou municipais são os instrumentos aptos a instituir os serviços públicos.

Assim, não é possível que o Chefe do Executivo, por exemplo, por meio de decreto determine que um dado serviço, antes privado, passe a ser público. Ou seja, caso determinado Município queira estabelecer que o serviço funerário é um serviço público, será necessário que uma lei local traga essa disposição.

São exemplos de serviços públicos criados pela Constituição Federal os seguintes: serviço postal, telecomunicações, radiodifusão sonora e de sons e imagens, energia elétrica, navegação aérea, aeroespacial, infraestrutura aeroportuária, transporte ferroviário, portos, transporte rodoviário, transporte coletivo urbano, seguridade social, saúde, educação, dentre outros.

13.3. Características

Quando a CF ou a lei elegem um dado serviço como público, o Poder Público passa a ser o ***titular*** de serviço, ou seja, passa a ter o direito e o dever de **regulamentar**, **fiscalizar** e **executar** o serviço.

Com relação à **execução**, ou seja, à sua mera prestação aos usuários, o Poder Público pode passar seu exercício ao particular, por meio de concessão ou permissão de serviço público, precedidas de licitação.

O Estado continuará a ser titular, dono do serviço, ditando as regras e fiscalizando sua prestação, e o particular ficará com seu exercício, em troca do qual receberá uma remuneração.

Há serviços, todavia, inerentes à própria ideia de Estado (como o de polícia judiciária, polícia administrativa, jurisdição, dentre outros), que não podem ser concedidos, eis que são ***serviços próprios do Estado***, ou seja, ***de execução privativa deste***.

Há, de outra parte, serviços, como educação e saúde, em que o particular não precisa receber concessão ou permissão do Poder Público para prestá-lo, ficando, todavia, sujeito à fiscalização estatal (arts. 199 e 209 da CF, respectivamente).

A Lei 8.987/1995 dispõe sobre o regime de concessão e permissão da prestação de serviços previsto no art. 175 da Constituição Federal.

13.4. Serviço adequado

O art. 6º da Lei 8.987/1995 impõe a que o serviço público seja adequado, estabelecendo que **serviço adequado** é o que satisfaz as seguintes condições:

13.4.1. Generalidade

Todos devem ter acesso ao serviço, garantido o tratamento equânime aos usuários que estiverem na mesma situação.

13.4.2. Eficiência

Os serviços públicos devem ser atuais e atender satisfatoriamente aos interesses dos usuários.

13.4.3. Segurança

Os serviços devem ser seguros, não causando danos ao particular.

13.4.4. Cortesia

Os usuários devem ser tratados com urbanidade, respeito, educação e atenção.

13.4.5. Atualidade

Compreende a modernidade das técnicas, do equipamento e das instalações e a sua conservação, bem como a melhoria e a expansão do serviço.

13.4.6. Modicidade das tarifas

Ou seja, as tarifas devem ter preços acessíveis.

13.4.7. Regularidade e continuidade

Impõe que o serviço esteja sempre à disposição para utilização coletiva.

O serviço público não pode ser interrompido, mesmo em caso de greve, quando será mantido para garantir o mínimo à população, salvo em situação de emergência ou após aviso prévio por: a) razões de ordem técnica ou segurança; b) inadimplemento do usuário, considerado o interesse da coletividade. O STJ admite o corte do serviço por inadimplemento. Não cabe o corte, porém, em quatro casos:

a) serviços essenciais (STJ, AgRg no Edcl na Susp. de Liminar 606/CE);

b) débitos antigos; apenas o débito presente enseja o corte; débitos antigos devem ser cobrados pelas vias ordinárias;

c) cobrança por aferição unilateral em caso de fraude no medidor (STJ, REsp 975.314); nesse caso, como é a concessionária que estipula o valor a ser pago, não seria correto que ela pudesse cortar o serviço;

d) cobrança feita junto ao atual usuário do serviço por débito pretérito de usuário anterior; aliás, o atual usuário sequer pode ser cobrado pela dívida do usuário anterior (STJ, AgRg no REsp 1.327.162, DJ 28.09.2012).

13.5. Classificação

13.5.1. Quanto à obrigatoriedade

a) compulsórios: *são os de utilização obrigatória;* por conta disso, são remunerados por taxa (regime tributário), como o serviço de coleta de lixo;

b) facultativos: *são os de utilização não obrigatória*; portanto, são remunerados por tarifa ou preço público (regime não tributário), como o de transporte coletivo.

13.5.2. Quanto à essencialidade

a) serviços públicos: *são os que a Administração presta diretamente à comunidade por serem essenciais à sobrevivência do grupo social* (exs.: defesa, polícia); tais serviços também são chamados de *pró-comunidade* ou *próprios do Estado*;

b) serviços de utilidade pública: *são os prestados pela Administração ou concessionários, por ser conveniente que haja regulamentação e controle* (exs.: luz, gás, telefone); tais serviços são chamados de *pró-cidadão* ou *impróprios do Estado*.

13.5.3. Quanto aos destinatários

a) *uti singuli*: *são os que têm usuários determinados* (ex.: água, luz);

b) *uti universi*: *são os que têm usuários indeterminados* (ex.: segurança).

13.5.4. Quanto à finalidade

a) administrativos: *são os executados para atender às necessidades da Administração ou preparar outros serviços que serão prestados ao público;*

b) industriais/comerciais: *são os que produzem renda para quem os presta, por meio de tarifa ou preço público* (ex.: correios);

c) sociais: *são os definidos pela Constituição como serviços sociais*, como o de educação, saúde etc.

14. CONCESSÕES DE SERVIÇO PÚBLICO

14.1. Conceito de concessão de serviço público

A concessão de serviço público pode ser conceituada como a *atribuição pelo Estado, mediante licitação, do exercício de um serviço público de que é titular, a alguém que aceita prestá-lo em nome próprio, por sua conta e risco, nas condições fixadas e alteráveis unilateralmente pelo Poder Público, ressalvada a manutenção do equilíbrio econômico-financeiro do contrato.*[17]

17. *Vide* a obra de Celso Antônio Bandeira de Mello.

A matéria vem regulamentada na Lei 8.987/1995, nos termos das diretrizes apontadas no art. 175 da Constituição Federal.[18]

14.2. Noções gerais acerca da concessão de serviço público

O concessionário de serviço público recebe o **exercício (e não a titularidade)** dos serviços públicos. Assim, só se concede o exercício do serviço público e não sua titularidade, que continua com o Estado, o qual, por ser dele titular, ditará as regras e fiscalizará o exercício concedido ao particular. A saúde e a educação, apesar de serem serviços públicos, não dependem de concessão para que os particulares as prestem, bastando autorizações, em alguns casos. O objetivo da concessão é o de obter o melhor serviço possível.

Quanto à **remuneração** do concessionário, esta se dará por tarifa, subsídio e outros meios alternativos, como a publicidade, a qual é muito comum e pode ser verificada nos anúncios publicitários afixados nos ônibus de transporte coletivo.

A natureza da concessão não é simplesmente contratual, mas complexa. Trata-se de relação jurídica com três partes:

a) ato regulamentar: ato unilateral do Poder Público que fixa as condições de funcionamento, organização e modo da prestação dos serviços, podendo ser alterado unilateralmente também, de acordo com as necessidades públicas;

b) ato condição: concordância do concessionário, que aceita submissão ao ato regulamentar e às demais condições;

c) contrato: instrumento no qual estará prevista a questão financeira, garantindo-se, para o presente e para o futuro, o equilíbrio econômico-financeiro dos contratantes; caso haja alteração regulamentar ou outra alteração extracontratual que cause desequilíbrio, deve o Poder Público reequilibrar o contrato, mantendo a proporção, a igualdade inicial.

O Estado muda, unilateralmente, a regulamentação (as cláusulas regulamentares, que trazem as especificações de como e em que condições os serviços devem ser prestados), só respeitando a natureza do objeto do contrato e a equação econômico-financeira (cláusulas regulamentares que trazem as especificações sobre a parte econômica do contrato).

14.3. Formalidades para a realização da concessão

Uma vez que um serviço é considerado público e se trate de um daqueles que o Estado pode fazer concessão, esta dependerá dos seguintes requisitos para que aconteça:

a) lei: esta deverá autorizar a concessão ou permissão do serviço público;

b) licitação na modalidade concorrência: além de ser necessária a realização de licitação, ela deve se dar, em matéria de concessão de serviço público, naquela modalidade mais abrangente, qual seja, a concorrência.

Quanto à licitação para a outorga de concessão, o julgamento será feito segundo um dos seguintes critérios: a) menor valor da tarifa; b) maior oferta pela concessão; c) melhor proposta técnica com preço fixado no edital; d) combinação de proposta técnica com valor da tarifa; e) combinação de proposta técnica com o preço da concessão; f) melhor preço da concessão, após aprovação da proposta técnica; g) menor tarifa, após aprovação da proposta técnica.

A Lei 9.491/1997, que regula o Programa Nacional de Desestatização, traz a modalidade leilão como adequada à respectiva licitação.

14.4. Poderes do concedente

A Lei 8.987/1995 estabelece que o titular do serviço público (concedente) tem os seguintes poderes numa concessão de serviço públicos:

a) de inspeção e fiscalização: vê-se desempenho, cumprimento de deveres e de metas;

b) de alteração unilateral das cláusulas regulamentares: respeitados equilíbrio financeiro e os limites legais (p. ex, não pode alterar a natureza do objeto da concessão);

c) de intervenção: em casos de comprometimento do serviço público, a Administração pode intervir na concessionária para regularizar a situação; ex.: intervenção em empresa de ônibus que não está desempenhando corretamente seu papel, mesmo após notificações e aplicação de multa;

d) extinção da concessão antes do prazo: a extinção pode se dar, dentre outros motivos, por conveniência e oportunidade do concedente para melhorar o serviço público (encampação ou resgate), ou por falta cometida pelo concessionário (caducidade);

e) aplicação de sanções ao concessionário inadimplente: multas, por exemplo.

14.5. Prazo

A Lei 8.987/1995 não estabelece prazo máximo ou mínimo para a concessão de serviço público.

Portanto, faz-se necessário que o edital de concorrência pública para a outorga da concessão estabeleça qual será o prazo do contrato celebrado com o vencedor do certame.

Admite-se prorrogação da concessão, desde que haja previsão editalícia.

14.6. Transferência da concessão e do controle acionário da concessionária

A lei autoriza a transferência da concessão se a Administração previamente anuir, o que parece burlar a ideia de licitação, a nosso ver.

Por maior razão, a lei também autoriza a transferência do controle acionário da pessoa jurídica vencedora da licitação, também desde que haja anuência do Poder Concedente.

O art. 27 da Lei dispõe ser causa de caducidade da concessão (extinção por culpa do particular) a transferência

---

18. "Art. 175. Incumbe ao Poder Público, na forma da lei, diretamente ou sob regime de concessão ou permissão, sempre através de licitação, a prestação de serviços públicos.
Parágrafo único. A lei disporá sobre:
I – o regime das empresas concessionárias e permissionárias de serviços públicos, o caráter especial de seu contrato e de sua prorrogação, bem como as condições de caducidade, fiscalização e rescisão da concessão ou permissão;
II – os direitos dos usuários;
III – a política tarifária;
IV – a obrigação de manter serviço adequado."

8. Direito Administrativo

da concessão ou do controle acionário sem tal anuência do Poder Concedente.

14.7. Direitos do concessionário

O concessionário tem dois direitos básicos:

a) **manutenção do equilíbrio econômico-financeiro** do contrato no decorrer de sua execução;

b) não sofrer exigência de prestação **estranha ao objeto da concessão**.

Uma vez garantidos esses direitos, o concessionário é obrigado a cumprir as determinações regulamentares do Poder Concedente, que, de acordo com as exigências do interesse público, modificará as cláusulas regulamentares do serviço, estabelecendo os detalhes de como este deverá ser prestado.

14.8. Formas de extinção

a) **Advento do termo contratual:** forma usual, em que termina o prazo da concessão e ela fica extinta. Os bens aplicados no exercício do serviço são revertidos para o Poder Concedente, nos termos previstos no edital. Hely Lopes Meirelles denomina tal forma de extinção como reversão, porque há retorno do serviço ao Poder Concedente. Preferimos não tratar da hipótese por este nome, uma vez que o instituto da reversão, que será visto a seguir, é a *consequência* da extinção da concessão e não uma *forma* de sua extinção.

b) **Rescisão judicial:** forma de extinção feita a pedido de qualquer um dos "contratantes". Como o Poder Público pode extinguir de ofício a concessão, geralmente a rescisão judicial será pedida pelo concessionário, por culpa do Poder Concedente. Na ação pode-se pleitear indenização por não ter havido, ainda, amortização do investimento feito pelo concessionário. Os serviços prestados pela concessionária não poderão ser interrompidos ou paralisados até a decisão judicial transitar em julgado. Extinta a concessão, os bens também são revertidos para o poder público, para garantia da continuidade do serviço público, na forma prevista no edital.

c) **Rescisão consensual:** mútuo acordo, com reversão dos bens da mesma forma.

d) **Rescisão por ato unilateral do Poder Concedente:**

✓ **encampação ou resgate:** é o encerramento da concessão por ato do Poder Concedente, durante o transcurso do prazo inicialmente fixado, *por motivo de conveniência e oportunidade administrativa* (espécie de revogação) sem que o concessionário haja dado causa ao ato extintivo. Depende de lei específica que o autorize, como forma de proteção ao concessionário e também porque geralmente enseja grandes custos. É necessária prévia indenização, que compense o investimento ainda não amortizado, bem como que faça frente aos lucros cessantes pela extinção prematura do contrato de concessão, já que não há culpa do concessionário. Bens revertem ao Poder Concedente. Ex.: fim dos bondes.

✓ **caducidade ou decadência:** encerramento da concessão antes do prazo, *por inadimplência do concessionário.*[19] Depende de prévio processo administrativo, com direito a ampla defesa, para apuração da falta grave do concessionário, processo que só poderá ser acionado após comunicação detalhada à concessionária dos descumprimentos contratuais referidos no § 1º do art. 38 da Lei, dando-lhe prazo para regularização. Além das hipóteses previstas em tal dispositivo, é também causa da caducidade a transferência da concessão ou do controle acionário sem prévia anuência do Poder Concedente (art. 27). A declaração de caducidade será feita por decreto do Poder Concedente. Só se indeniza a parcela não amortizada, uma vez que houve culpa daquele que exercia o serviço público. Da eventual indenização devida serão descontados os valores relativos a multas contratuais e danos causados pela concessionária.

✓ **anulação da concessão:** é o encerramento da concessão quando esta for outorgada com vício jurídico. Se não houve má-fé por parte do concessionário, este terá direito à indenização pelas despesas que teve e para a amortização do investimento.

✓ **falência da concessionária:** faz com que se extinga a concessão feita.

✓ **extinção da empresa ou morte do concessionário:** também faz extinguir a concessão.

14.9. Reversão dos bens

Consiste na *passagem ao Poder Concedente dos bens do concessionário aplicados no serviço público como consequência da extinção da concessão, cuja finalidade é manter a continuidade do serviço público.*

A reversão se dará nos limites definidos no edital de convocação para a licitação, assegurando-se ao concessionário a amortização do investimento que fez. Ex.: frota de ônibus de empresa que teve sua concessão extinta passa para o Poder Público.

14.10. Responsabilidade do concessionário

Cabe lembrar aqui que o § 6º do artigo 37 da CF, que prevê a responsabilidade objetiva do Estado, dispõe que *as pessoas jurídicas de direito privado prestadoras de serviço público* respondem pelos danos que seus agentes, nessa qualidade, causarem a terceiros.

19. "Art. 38. A inexecução total ou parcial do contrato acarretará, a critério do poder concedente, a declaração de caducidade da concessão ou a aplicação das sanções contratuais, respeitadas as disposições deste artigo, do art. 27, e as normas convencionadas entre as partes.

§ 1º A **caducidade da concessão poderá ser declarada pelo poder concedente quando**:

I – o serviço estiver sendo prestado de forma inadequada ou deficiente, tendo por base normas, critérios, indicadores e parâmetros definidores de qualidade do serviço;

II – a concessionária descumprir cláusulas contratuais ou disposições legais ou regulamentares concernentes à concessão;

III – a concessionária paralisar o serviço ou concorrer para tanto, ressalvadas as hipóteses decorrentes de caso fortuito ou força maior;

IV – a concessionária perder as condições econômicas, técnicas ou operacionais para manter a adequada prestação do serviço concedido;

V – a concessionária não cumprir as penalidades impostas por infrações, nos devidos prazos;

VI – a concessionária não atender a intimação do poder concedente no sentido de regularizar a prestação do serviço;

VII – a concessionária for condenada por sentença transitada em julgado por sonegação de tributos, inclusive contribuições sociais."

Daí se conclui não somente que a responsabilidade dos concessionários é objetiva, como também que o Estado não responderá pelos danos causados por tais pessoas jurídicas a terceiros, mas sim o próprio concessionário.

O Poder Público responderá apenas subsidiariamente (ou seja, após o esgotamento do patrimônio da concessionária), desde que o dano tenha sido causado na prestação do serviço público.

14.11. Permissões de serviço público

O **conceito tradicional** de permissão de serviço público é o seguinte: *ato unilateral e precário, "intuito personae", por meio do qual o Poder Público transfere a alguém o exercício de um serviço público, mediante licitação.*

Apesar da confusão na doutrina e na jurisprudência, principalmente após a Constituição de 1988 (que parece dar natureza contratual à permissão) e a Lei 8.987/1995 (que também utiliza a palavra "contrato de adesão" para designá-la), deve-se encarar a permissão como *ato unilateral, precário e sem direito à indenização por extinção unilateral,* adotando-se seu conceito tradicional, já que o art. 2º, IV, da Lei 8.987/1995 é claro ao dispor que a permissão é precária, característica essa incompatível com a ideia de contrato, que é vínculo firme, que faz lei entre as partes, e não vínculo precário.

Assim, a Administração deve ser muito responsável quando analisa se um caso concreto é hipótese de concessão ou de permissão de serviço público. Se este requisitar grandes investimentos (ex.: serviço de transporte coletivo de massa), a Administração deverá outorgar concessão. Se não, poderá ser outorgada permissão (ex.: serviço de transporte individual por táxi).

Isso não foi respeitado no passado, principalmente na concessão do serviço de transporte coletivo, em que se outorgava permissão, quando deveria ser concessão.

Dessa forma, tendo em vista o princípio da boa-fé, da presunção de legitimidade dos atos da Administração e da relevância desses fatos, em casos em que caberia concessão e fora dada permissão, caso haja revogação dessa antes do tempo, deve-se usar o regime jurídico da concessão para reger as consequências decorrentes de tal intenção do Poder Público.

Nesse sentido, Maria Sylvia Zanella Di Pietro traz a diferenciação entre a permissão tradicional e a **permissão condicionada ou qualificada**, ensinando o seguinte: "A rigor, a autorização de uso e a permissão de uso são precárias, enquanto a concessão é estável. Na prática administrativa, tem-se admitido autorização e permissão com prazo (sendo chamadas de condicionadas ou qualificadas), o que confere ao beneficiário a mesma estabilidade que decorre da concessão e, portanto, o mesmo direito à indenização, em caso de revogação do ato antes do prazo estabelecido. Confundem-se, nessas hipóteses, os institutos da autorização e permissão, de um lado, e a concessão, de outro".

Com o fim de fecharmos o raciocínio, podemos conferir as disposições da Lei 8.987/1995 acerca da concessão e da permissão de serviço público:

a) concessão de serviço público: *a delegação de sua prestação, feita pelo Poder Concedente, mediante licitação, na modalidade concorrência, à pessoa jurídica ou consórcio de empresas que demonstre capacidade para o seu desempenho, por sua conta e risco e por prazo determinado* (art. 2º, II);

b) permissão de serviço público: *a delegação, a título precário, mediante licitação, da prestação de serviços públicos, feita pelo Poder Concedente à pessoa física ou jurídica que demonstre capacidade para o seu desempenho, por sua conta e risco* (art. 2º, IV).

Por outro lado, o art. 40 da Lei 8.987/1995 estabelece que "a permissão de serviço público será formalizada mediante **contrato de adesão** que observará os termos desta lei, das demais normas pertinentes e do edital de licitação, inclusive quanto à precariedade e à revogabilidade unilateral do contrato pelo poder concedente. Parágrafo único. Aplica-se às permissões o disposto nesta lei." (g.n.)

Diante de todo o exposto, confiram-se as principais diferenças entre os institutos da concessão e da permissão:

a) enquanto a concessão tem efetiva natureza contratual, a permissão é precária, não dando ensejo a indenização pela sua extinção (a lei diz que se formalizará a permissão mediante um *contrato* de adesão, mas deixa claro, mais de uma vez, sua precariedade), salvo em caso de permissão condicionada ou qualificada;

b) a concessão só pode ser atribuída a pessoa jurídica ou consórcios de empresas, enquanto que a permissão pode ser atribuída tanto a pessoa jurídica quanto física;

c) a concessão requer licitação na modalidade concorrência, ao passo que permissão apenas requer licitação, não havendo necessidade de que se utilize a modalidade em questão.

14.12. Concessão de serviço público precedida da execução de obra pública

O art. 2º, inciso III, da Lei 8.987/1995 define tal concessão como "a construção total ou parcial, conservação, reforma, ampliação ou melhoramento de quaisquer obras de interesse público, delegada pelo poder concedente, mediante licitação, na modalidade concorrência, à pessoa jurídica ou consórcio de empresas que demonstre capacidade para a sua realização, por sua conta e risco, de forma que o investimento da concessionária seja remunerado e amortizado mediante a exploração do serviço ou da obra por prazo determinado".

14.13. Parcerias Público-Privadas

14.13.1. Introdução

A tão esperada Lei da Parceria Público-Privada é mais uma etapa da chamada Reforma do Estado, que se iniciou em meados da década de 1990, e que tinha e tem por finalidade reduzir a participação do Estado na execução de tarefas econômicas, próprias do particular.

São **marcos** dessa reforma: a) o Programa de Privatização do Governo Federal, caracterizado pela venda de ações e de outros ativos de empresas estatais; b) a criação das agências reguladoras, com consequente incremento das concessões de serviços públicos aos particulares; c) e as parcerias público-privadas.

Tais parcerias foram criadas sob os seguintes **argumentos**: a) necessidade de investimentos na área da infraestrutura; b) carência de recursos públicos atuais para esses investimentos; c) desinteresse do setor privado na sua realização, principalmente em setores incapazes de gerar remuneração direta compatível com o custo do empreendimento.

A ideia central da parceria, portanto, é unir duas forças, a pública e a privada, com garantias especiais e reforçadas de que o parceiro privado será efetiva e adequadamente remunerado.

Mesmo antes da lei federal que hoje regula a matéria, diversos Estados-membros já haviam legislado sobre o tema, como Minas Gerais (Lei 14.868/2003), Goiás (Lei 14.910/2004), Santa Catarina (Lei 12.930/2004) e São Paulo (Lei 11.688/2004).

Diante desse quadro, qual lei deverá prevalecer, a local ou a federal? A lei federal é expressa ao dispor que se aplica à administração direta e indireta da União, dos Estados, do Distrito Federal e dos Municípios. Assim, e considerando que compete à lei federal traçar normas gerais de licitação e contratação (art. 22, XXVII, CF), as leis locais serão aplicadas no que não contrariar as normas gerais previstas na Lei 11.079/2004.

14.13.2. Conceito de PPP

A partir das disposições da lei, elaboramos um conceito de parceria público-privada: *é o contrato de prestação de serviços ou de concessão de serviços públicos e de obras públicas, de grande vulto e de período não inferior a 5 anos, caracterizado pela busca da eficiência na realização de seu escopo e pela existência de garantias especiais e reforçadas para o cumprimento da necessária contraprestação pecuniária do parceiro público ao parceiro privado, financiado pelo mercado financeiro.*

Confira o conceito, agora, esquematizado:

✓ contrato de prestação de serviços ou de concessão de serviços públicos ou de obras públicas:

✓ de grande vulto (igual ou superior a R$ 20 milhões);

✓ de período não inferior a 5 anos;

✓ caracterizado pela busca da eficiência na realização de seu escopo

✓ e pela existência de garantias especiais e reforçadas

✓ para o cumprimento da necessária contraprestação pecuniária do parceiro público ao parceiro privado;

✓ financiado pelo mercado financeiro.

14.13.3. Espécies

A lei usa a expressão "modalidades" de parceria para fazer referência ao tema. Por ser uma expressão que indica o "procedimento licitatório" (concorrência, tomada de preços etc.), preferimos reservar a palavra "modalidade" para tratar do *procedimento* do certame para a contratação da parceria, e a palavra "espécie" para tratar das duas *formas* de parceira.

A **concessão patrocinada** *é a concessão de serviços públicos ou de obras públicas em que, além das tarifas cobradas dos usuários, faz-se necessária uma contraprestação pecuniária do parceiro público ao parceiro privado* (art. 2º, § 1º).

São exemplos de concessão patrocinada as relativas a concessões para o saneamento básico, para construção e reforma de rodovias e para a consecução de outros serviços públicos delegáveis em que as tarifas a serem cobradas não sejam suficientes para cobrir os custos do concessionário.

A *concessão patrocinada* é muito parecida com a *concessão de serviço público* prevista na Lei 8.987/1995. A diferença é que, na primeira, as tarifas cobradas dos usuários do serviço (por exemplo, o pedágio de uma rodovia) não são suficientes para cobrir os custos do serviço e a remuneração da concessionária, o que faz com que seja necessário um "patrocínio" por parte do parceiro público (o Poder Público), que pagará uma contraprestação ao parceiro privado (ao concessionário do serviço).

Já a **concessão administrativa** *é contrato de prestação de serviços (qualificados) de que a Administração seja usuária direta ou indireta* (art. 2º, § 2º).

Quando a Administração contrata a prestação de um serviço do particular, essa contratação é regulada pela Lei 8.666/1993, tratando-se de um *contrato administrativo* simples.

Porém, quando a Administração contrata serviços de que seja usuária direta ou indireta, serviços esses que <u>não têm</u> como objetivo único o fornecimento de mão de obra, o fornecimento e instalação de equipamentos ou a execução de obra pública, aí sim teremos o instituto da concessão administrativa, uma das duas espécies de parceria público-privada.

São exemplos de concessão administrativa a construção de centros administrativos para as instalações do Poder Público, de hospitais, de escolas, de presídios etc. Perceba-se que, em qualquer dos casos, não há tarifa a ser paga pelos usuários, mas só contraprestação a ser paga pelo Poder Público.

Assim, na concessão administrativa temos as seguintes características:

a) não há cobrança de tarifa de usuários;

b) não cabe se tiver como objeto único o fornecimento de mão de obra, o fornecimento e instalação de equipamentos ou a execução de obra pública;

c) são exemplos a construção de escolas, hospitais e presídios, desde que o concessionário não se limite a fazer as construções, tendo também como tarefa a administração desses equipamentos públicos.

A criação das duas concessões especiais mencionadas fez com que a lei se referisse às demais concessões, regidas pela Lei 8.987/1995, como **concessões comuns** (art. 2º, § 3º). Estas continuarão a ser utilizadas para os casos em que as tarifas dos usuários forem suficientes para cobrir os custos do contratado, o prazo contratual for inferior a 5 anos ou o valor do contrato inferior a R$ 20 milhões.

14.13.4. Diretrizes

O art. 4º da lei elenca as diretrizes que deverão ser observadas na contratação de parceria público-privada. Vejamos:

a) Busca da eficiência no cumprimento das missões estatais e no emprego dos recursos públicos. Decorrem desta diretriz as regras que estabelecem:

a1) o dever de criação de critérios objetivos de avaliação de desempenho do parceiro privado (art. 5º, VII);

a2) a realização de vistoria dos bens reversíveis (art. 5º, X);

a3) a necessidade de compartilhamento com a Administração de ganhos efetivos do parceiro decorrentes da redução do risco de crédito dos financiamentos utilizados pelo parceiro privado (art. 5º, IX);

b) Responsabilidade fiscal na celebração e na execução das parcerias. Decorrem desta diretriz as regras que estabelecem:

b1) a elaboração de estimativa de impacto-financeiro nos exercícios em que deva vigorar a parceria (art. 10, II);

b2) a necessidade de compatibilidade entre o contrato e as leis de diretrizes orçamentárias e do plano plurianual (art. 10, III e V);

b3) a necessidade de autorização legislativa específica para as concessões patrocinadas em que mais de 70% da remuneração do parceiro for paga pela Administração (art. 10, § 3º);

c) Respeito ao interesse dos destinatários dos serviços. Decorrem desta diretriz as regras que estabelecem a necessidade de que haja previsão contratual de mecanismos para:

c1) a preservação da atualidade da prestação dos serviços;

c2) a avaliação do desempenho do parceiro privado, segundo critérios objetivos (art. 5º, V e VII);

d) Transparência dos procedimentos e das decisões. Decorrem desta diretriz as regras que estabelecem:

d1) a submissão da minuta de edital a consulta pública, com prazo mínimo de 30 dias para o oferecimento de sugestões (art. 10, VI);

d2) a necessidade de fixação no contrato das penalidades aplicáveis à Administração e aos parceiros privados (art. 5º II), providência rara nos contratos administrativos;

e) Repartição objetiva dos riscos entre as partes. Decorre desta diretriz a regra que estabelece a repartição de riscos, inclusive os referentes a caso fortuito, força maior, fato do príncipe e álea econômica extraordinária (art. 5º III);

f) Respeito aos interesses do parceiro privado. Decorrem desta diretriz as regras que estabelecem:

f1) a vigência do contrato compatível com a amortização dos investimentos, não inferior a 5, nem superior a 35 anos, incluindo eventual prorrogação (art. 5º, I);

f2) a aplicação automática das cláusulas de atualização monetária (art. 5º, § 1º);

f3) a possibilidade de as obrigações pecuniárias da Administração ter garantias especiais, tais como vinculação de receitas, instituição de fundos especiais, contratação de seguro-garantia, oferecimento de garantias prestadas por instituições financeiras, organismos internacionais, e fundo garantidor e empresa estatal criados para esta finalidade (art. 8º);

g) Diferimento dos valores a serem pagos pelo Poder Público. Decorre dessa diretriz a regra que estabelece que a contraprestação da Administração será obrigatoriamente *precedida* da entrega do serviço (art. 7º). Ou seja, primeiro o parceiro privado faz sua parte e apenas após a Administração faz o pagamento. Não mais se fará pagamentos mensais mediante medições dos serviços prestados. O pagamento se dará apenas após a conclusão da obra. A lei permite que a Administração, nos termos do contrato, efetue pagamento da contraprestação relativa à parcela fruível de serviço objeto do contrato de parceria.

14.13.5. Características marcantes

Das sete diretrizes apontadas, as três primeiras ("a", "b" e "c") já estavam adequadamente definidas em lei (*vide* as Leis 8.987/1995 e 8.666/1993, e a Lei de Responsabilidade Fiscal). A quarta e a quinta ("d" e "e") geravam uma série de dúvidas. E a sexta e a sétima ("f" e "g") são bem inovadoras.

A sétima diretriz é bem interessante, pois cria um modelo novo. Para fazer frente à escassez de recursos para o presente, a Administração se reserva o direito de **só pagar** sua contraprestação ao parceiro privado **quando** este disponibilizar o serviço objeto do contrato. Assim, somente após a construção da escola, do hospital, do presídio, da rodovia, é que a Administração pagará sua contraprestação. Além de não gastar agora, a Administração se livra de uma série de transtornos decorrentes das medições mensais para pagamento, das revisões contratuais e dos problemas na condução e na fiscalização do contratado. Este, por sua vez, ganha em eficiência, pois se compromete a entregar um projeto pronto.

E como o modelo resolve o problema do financiamento do particular? Afinal de contas, como o parceiro privado conseguirá fazer tão grandes investimentos sem o aporte de recursos pela Administração mês a mês? A solução encontrada pela lei é o financiamento no mercado financeiro.

A lei dispõe que, antes da celebração do contrato, deverá ser criada uma Sociedade de Propósito Específico (SPE), cuja incumbência é implantar e gerir o objeto da parceria. Tal sociedade poderá assumir a forma de companhia aberta, com valores mobiliários admitidos a negociação no mercado. Deve obedecer a padrões de governança corporativa e adotar contabilidade e demonstrações financeiras padronizadas. A Administração não poderá ser titular da maioria de seu capital votante (art. 9º).

Trata-se de uma sociedade criada pelo *próprio* parceiro privado, ou seja, pelo vencedor do certame licitatório para a consecução de suas atividades. Há pelo menos três vantagens na criação da SPE: a) evita a figura do consórcio na execução do contrato, focando a cobrança da execução do serviço numa pessoa apenas; b) permite que valores mobiliários dessas empresas sejam vendidos, atraindo investimento; c) possibilita que a empresa consiga empréstimos em bancos de fomento, também para atrair investimentos.

Eis o novo modelo. O parceiro privado tomará empréstimos no mercado financeiro para realizar investimentos para o parceiro público, que somente começará a pagar sua contraprestação após a disponibilização do serviço.

E como o modelo resolve o problema do risco em se emprestar dinheiro para parceiros da Administração? Afinal de contas, no Brasil o Poder Público é useiro e vezeiro em não pagar os particulares. A solução encontrada pela lei foi dar garantias especiais e reforçadas de que o parceiro irá receber sua contraprestação e, consequentemente, terá como pagar o mercado financeiro pelos investimentos feitos.

A questão está colocada na sexta diretriz do item anterior, que estabelece dois princípios: a) o da *garantia da amortização do investimento*; e b) o da *garantia da satisfação efetiva e imediata do crédito*. O primeiro se revela com a fixação de prazos mínimos de vigência da parceria. Já o segundo, com a criação de garantias especiais e reforçadas em favor do parceiro privado.

As garantias passam por fianças bancárias e seguros e preveem até a instituição de um "fundo garantidor ou uma empresa estatal criada para essa finalidade" (art. 8º, V).

Para o âmbito da União, a lei autorizou que as pessoas de direito público correspondentes (União, autarquias, fundações públicas), seus fundos especiais e suas empresas públicas dependentes (as duas últimas só apareceram com a Lei 12.409/2011) participem, no limite global de R$ 6 bilhões do que chamou de Fundo Garantidor de Parcerias Público-Privadas (FGP), de natureza privada e patrimônio próprio separado do patrimônio pessoal de seus participantes. Tal fundo está sendo formado por aporte de bens (dinheiro, imóveis dominicais, móveis) e direitos (ações excedentes ao necessário para o controle de sociedades de economia mista, e títulos da dívida pública) dos participantes, também chamados de cotistas. Empresa especializada será incumbida de avaliar os bens e direitos transferidos (art. 16).

O FGP será criado, administrado, gerido e representado, judicial e extrajudicialmente, por instituição financeira controlada, direta ou indiretamente, pela União, que zelará pela manutenção de sua rentabilidade e liquidez (art. 17).

O estatuto e o regulamento do FGP devem deliberar sobre a política de concessão de garantias, inclusive no que se refere à relação entre ativos e passivos do Fundo (art. 18, *caput*). A garantia será prestada nas seguintes modalidades: fiança, sem benefício de ordem para o fiador; penhor de bens móveis e hipoteca de bens imóveis, ambos do Fundo; alienação fiduciária; garantia, real ou pessoal, vinculada ao patrimônio de afetação do Fundo (art. 18, § 1º).

A garantia poderá ser acionada a partir do 15º dia do vencimento de título exigível aceito pelo parceiro público. No caso de emissão de fatura não aceita, mas também não rejeitada expressa e motivadamente, a garantia poderá ser acionada transcorridos 45 dias de seu vencimento (art. 18, §§ 4º e 5º). A quitação do débito pelo Fundo importará sua sub-rogação nos direitos do parceiro privado.

Se necessário, os bens e direitos do fundo poderão ser objeto de constrição judicial e alienação para satisfazer as obrigações garantidas (art. 18, § 7º).

O FGP poderá usar parcela da cota da União para prestar garantia aos seus fundos especiais, às suas autarquias, às suas fundações públicas e às suas empresas estatais dependentes (art. 18, § 7º, incluído pela Lei 12.409/2011).

Toda essa sistemática de garantias especiais tem uma razão: conforme visto, o Poder Público não costuma pagar em dia seus fornecedores, gerando grande insegurança por parte destes, principalmente quanto à realização de grandes investimentos. O não pagamento pela Administração ensejava a propositura de ação judicial, com recebimento do crédito, ao final, após a expedição de precatórios.

Se de um lado, resolve o problema, de outro, a solução sofre críticas de alguns, no sentido de que é inconstitucional, porque trata de modo diferente os credores do Poder Público. Não satisfeitos seus créditos, uma parte dos credores (aqueles que têm outros contratos com a Administração) deve recorrer ao Judiciário, e só receberá após a expedição de um precatório. A outra parte (a dos que têm uma parceria público-privada) receberá sem ter que esperar por um precatório judicial.

Críticas à parte, é bom destacar que os demais entes da federação também poderão criar, por meio de lei, fundo com características semelhantes ou mesmo uma empresa estatal (como foi o caso de São Paulo, que criou a Companhia Paulista de Parcerias), uma vez que essa garantia é prevista de modo genérico (para todos os entes políticos) no art. 8º, V, da Lei.

Por fim, vale destacar um ponto bastante polêmico, que é o da possibilidade de o edital (e o respectivo contrato) prever que se possa usar a arbitragem para a solução dos conflitos entre os parceiros. Dispõe o inciso III do art. 11 da Lei que tais instrumentos poderão prever "o emprego dos mecanismos privados de resolução de disputas, inclusive a arbitragem, a ser realizada no Brasil e em língua portuguesa, nos termos da Lei 9.037, de 23 de setembro de 1996, para dirimir conflitos decorrentes ou relacionados ao contrato". De nossa parte, entendemos que esse mecanismo de solução de conflitos só poderá incidir quanto a questões de ordem estritamente técnica não jurídica, tais como questões econômicas, contábeis e de engenharia. O princípio da indisponibilidade do interesse público impede que decisões de ordem administrativa sejam revistas por órgão que não seja a própria Administração ou o Poder Judiciário.

14.13.6. Procedimento e tipo licitatório

O *procedimento* ou *modalidade* de licitação para contratação da parceria é o da concorrência. O rito, todavia, sofre duas alterações marcantes. De um lado, traz a previsão de regras semelhantes às do pregão. De outro, permite o saneamento de falhas cometidas pelos licitantes. Quanto ao tipo licitatório, também temos novidade.

Vejamos as novidades:

a) Inversão de fases. O art. 13 dispõe que o edital *poderá* prever a inversão das fases de habilitação e julgamento. Quanto a este, há previsão de que possa ser precedido de uma etapa chamada de "qualificação de propostas técnicas", desclassificando-se os licitantes que não alcançarem a pontuação mínima (art. 12, I). Repare que não se trata de "qualificação habilitatória", mas de valoração de propostas técnicas;

b) Lances verbais. Com relação às propostas econômicas, o edital definirá se haverá apenas "propostas escritas em envelopes lacrados" ou se haverá "propostas escritas, seguidas de lance em viva voz" (art. 12, III);

c) Tipo de "menor valor da contraprestação a ser paga pela Administração". Na verdade, trata-se do famoso tipo "menor preço" adaptado às características das parcerias. A lei também admite o tipo "melhor proposta em razão da combinação do menor valor da contraprestação a ser paga pela Administração com o critério de melhor técnica, de acordo com os pesos estabelecidos no edital" (*vide* art. 12, II);

d) Saneamento de falhas. O edital poderá prever a possibilidade de saneamento de falhas, de complementação de insuficiências ou ainda de correções de caráter formal no curso do procedimento, desde que o licitante possa satisfazer as exigências dentro do prazo fixado no instrumento convocatório (art. 12, IV).

15. CONTROLE DA ADMINISTRAÇÃO

15.1. Controle interno

15.1.1. Introdução

O controle interno pode ser **conceituado** como o *controle exercido no interior da própria Administração, tendo fundamento no princípio da autotutela.*

Quanto à **iniciativa**, o controle interno deve se dar *de ofício*, podendo iniciar-se, também, por *provocação do interessado*.

Quanto à **extensão**, o controle abrange a fiscalização *contábil, financeira, orçamentária, operacional* e *patrimonial* (art. 70 da CF).

Quanto aos **meios**, o controle interno se dá pela *fiscalização hierárquica* (já vista no item Poder Hierárquico), pela *supervisão ministerial* (vista no capítulo da Organização da Administração) e também pelos *recursos administrativos*, que serão analisados no próximo item.

15.1.2. Recursos administrativos em sentido amplo

Os **recursos administrativos** são *todos os meios administrativos hábeis a provocar o controle da atividade administrativa*. Aqui a expressão "recursos administrativos" é utilizada em sentido amplo, abrangendo todo e qualquer tipo de provocação administrativa do interessado, com vistas ao controle da atividade da Administração.

São **modalidades** dos recursos administrativos:

a) representação, consistente na denúncia de irregularidade, feita na Administração;

b) reclamação administrativa, consistente na dedução das seguintes pretensões:

b1) pedido de reconsideração: feito para a mesma autoridade que decidiu;

b2) revisão: destinada ao reexame de matéria já definitivamente apreciada pela Administração quando surgirem fatos ou circunstâncias que possam modificar a decisão anterior, não podendo haver reforma em prejuízo de quem a pede (art. 65 da Lei 9.784/1999), ou seja, em matéria de revisão não cabe *reformatio in pejus*. Um exemplo é o pedido de revisão da demissão de um agente público, mas que acabou sendo absolvido na esfera criminal por negativa de autoria ou inexistência do fato;

b3) recurso hierárquico: feito para o superior hierárquico de quem decidiu. Será hierárquico *próprio* se dirigido à autoridade superior do mesmo órgão da inferior (ex.: para secretário da educação contra ato de um diretor da secretaria); será hierárquico *impróprio*, se dirigido para autoridade superior fora do órgão da inferior (ex.: para o Prefeito contra ato do secretário da saúde).

15.1.3. Recurso hierárquico

Como regra, o recurso hierárquico tem somente **efeito** devolutivo, tendo também efeito suspensivo nas hipóteses em que a lei assim dispuser ou quando o administrador aplicá-lo motivadamente, não se presumindo sua existência. Recebido no efeito suspensivo, sem exigência de caução do particular, este não terá interesse processual em ingressar com demanda no Poder Judiciário (salvo se o recurso pleitear que a administração deixe de se omitir diante de um caso concreto). Disso decorre o impedimento da fluência do prazo prescricional.

Tem **legitimidade** para interpor recurso as seguintes pessoas: a) os titulares dos direitos discutidos no processo; b) os terceiros afetados pela decisão; c) as organizações e associações representativas, em caso de interesses coletivos; d) os cidadãos ou associações, quanto aos interesses difusos.

Quanto ao recurso hierárquico, a Lei 9.784/1999 dispõe, em seu art. 56, que os recursos serão **dirigidos** à autoridade que proferiu a decisão, a qual, se não a reconsiderar no prazo de 5 dias, o encaminhará à autoridade superior.

O **prazo** para recurso é, como regra, de 10 dias, contado da ciência ou divulgação oficial da decisão (art. 59), sendo que, na contagem dos prazos, exclui-se o dia do início e inclui-se o do vencimento (art. 66).

O recurso administrativo **tramitará no máximo por três instâncias**, salvo disposição legal diversa (art. 57).

O **não conhecimento** do recurso não impede a Administração de rever de ofício o ato ilegal, desde que não ocorrida a preclusão administrativa (art. 63).

O órgão competente para decidir o recurso pode tomar as **seguintes decisões**: não conhecer do recurso, ou confirmar, modificar, anular ou revogar, total ou parcialmente, a decisão recorrida, se a matéria for de sua competência.

Cabe *reformatio in pejus*, mas o recorrente deve ser cientificado para a defesa, se, da aplicação de tal regra, puder decorrer gravame à situação do recorrente (art. 64).

15.1.4. Coisa julgada e prescrição administrativas

Toda decisão administrativa é passível de ser reapreciada pelo Poder Judiciário nos aspectos de legalidade, moralidade e razoabilidade.

Assim, uma decisão administrativa, mesmo confirmada por um recurso administrativo, não faz aquela coisa julgada prevista na lei processual civil ou penal, coisa julgada que faz com que a decisão fique, definitivamente, imutável no mundo jurídico.

Porém, na esfera administrativa existe a chamada **coisa julgada administrativa**, que consiste na *impossibilidade de retratação por parte da Administração Pública, quando decida favoravelmente ao administrado, desde que, é claro, não se trate de decisão ilegal.*

Em outras palavras, a coisa julgada administrativa consiste no não cabimento mais de recursos na esfera administrativa. De qualquer forma, nada impede que a decisão seja revista no âmbito do Poder Judiciário ou, caso seja ilegal, seja revista pela Administração no prazo de 5 anos (art. 54 da

Lei 9.784/1999), sob pena de decadência, salvo comprovada má-fé, hipótese em que não há prazo para anulá-la.

O outro conceito importante é o de **prescrição administrativa,** que *consiste na perda do prazo para recorrer de decisão administrativa (prazo previsto na lei local) ou na perda do prazo para que a Administração reveja seus atos (5 anos) ou, ainda, na perda do prazo para punir (previsto também na lei local).*

Prescrição das pretensões contra o particular: o prazo prescricional para a Administração ingressar com demanda contra o particular é o da lei civil (10 anos, como regra; 3 anos para reparação civil; 5 anos para responsabilidade contratual).

Prescrição das pretensões contra a Fazenda Pública: o prazo é de 5 anos, permitida uma única interrupção, quando então o prazo recomeça a contar, agora, por mais 2 anos e meio, desde que, na somatória do prazo que já decorreu com esse novo prazo não fique reduzido a prazo inferior aos 5 anos originariamente previstos. A Súmula 383 do STF assim dispõe: *a prescrição em favor da Fazenda Pública recomeça a correr, por dois anos e meio, a partir do ato interruptivo, mas não fica reduzida aquém de cinco anos, embora o titular do direito a interrompa durante a primeira metade do prazo.* Vale salientar que o art. 10 do Decreto 20.910/1932, que trata da prescrição quinquenal contra a Fazenda, dispõe que o prazo de cinco anos *"não altera as prescrições de menor prazo, constantes das leis e regulamentos, as quais ficam subordinadas às mesmas regras".*

15.1.5. Processo administrativo

No contexto do controle interno da Administração, o processo administrativo é tema de bastante importância.

É por meio do processo administrativo que os requerimentos do particular serão analisados, que punições serão constituídas, que a Administração desenvolverá suas competências.

O controle interno se dará, então, por meio de processos administrativos.

O estudo dos recursos administrativos, visto há pouco, ocorre no âmbito de processos administrativos. Porém, há alguns temas de processo administrativo que não foram vistos quando estudamos o recurso administrativo, daí porque abrimos o presente item com o fito de estudá-los.

O processo administrativo pode ser **conceituado** como *o conjunto de atos coordenados para obtenção de uma decisão final no âmbito administrativo.* São exemplos de processo administrativo o processo disciplinar, o processo licitatório, o processo para aplicação de sanções decorrentes da polícia administrativa, dentre outros.

O *processo administrativo* não se confunde com o *procedimento administrativo.* Este consiste no rito, no procedimento aplicável a um processo administrativo. No processo judicial há diversos ritos, como o ordinário, o sumário, dentre outros.

No plano federal, há uma **Lei de Processo Administrativo Federal**, que é a **Lei 9.784/1999**. Essa lei traz as regras do processo administrativo na esfera federal, para as três esferas da administração (do Legislativo, do Executivo e do Judiciário), inclusive para o Ministério Público e para Tribunal de Contas.

Essa lei traz **princípios administrativos** (art. 2º), bem como regras sobre **direitos e deveres dos administrados** (arts. 3º e 4º), **formação do processo** (arts. 5º a 8º), **legitimação dos interessados** (arts. 9º e 10), **competência** (arts. 11 a 17), **impedimentos e suspeições** (arts. 18 a 21), **forma, comunicações, instrução, julgamento e motivação** (arts. 22 a 50), **desistência, casos de extinção, anulação, revogação, convalidação, recurso administrativo e revisão** (arts. 51 a 65), dentre outros aspectos, sendo diploma de importante leitura.

Como **princípios específicos** do processo administrativo, pode-se apontar:

a) legalidade objetiva (art. 2º, *caput*, da Lei 9.784/1999): o processo é para fazer valer a lei;

b) oficialidade ou impulsão (art. 29, Lei 9.784/1999): a Administração instaura e movimenta o processo de ofício;

c) informalismo (art. 2º, parágrafo único, IX, da Lei 9.784/1999): respeita-se a forma legal tendo em conta a instrumentalidade das formas;

d) verdade material: impõe a busca da verdade real;

e) publicidade (art. 2º, parágrafo único, V, da Lei 9.784/1999): impõe a divulgação dos atos do processo;

f) contraditório e ampla defesa (art. 5º, LV, da CF);

g) devido processo legal (art. 5º, LIV, da CF): impõe respeito às normas que regem o processo;

h) razoável duração do processo (art. 5º, LXXVIII, da CF): além dos meios que garantam a celeridade da tramitação.

As **fases** do processo administrativo são as seguintes: instauração, instrução, defesa, relatório (peça informativa e opinativa) e julgamento pela autoridade competente.

Como **modalidades** de processo administrativo tem-se:

a) processo de expediente: é aquele destinado a registrar situações administrativas, não incidindo sobre direitos, daí a impropriedade do nome;

b) processo de outorga: é aquele em que se pleiteia um direito ou situação individual perante a Administração;

c) processo de controle: é aquele em que se controla o mérito de atos praticados (aprovação) ou o respeito às formalidades legais (homologação);

d) processo punitivo: é aquele destinado à imposição de penalidades em geral;

e) processo administrativo disciplinar: é aquele destinado à apuração de faltas disciplinares de servidores;

f) processo administrativo tributário, dentre outros.

A Lei 9.784/1999 é a Lei Geral de Processo Administrativo Federal. Assim, havendo uma lei específica tratando de alguma espécie de processo administrativo (exs.: Lei 8.666/1993, que trata do processo licitatório; Lei 8.112/1990, que trata do processo disciplinar), a Lei 9.784/1999 só poderá ser aplicada subsidiariamente (art. 69).

No mais, a Lei 9.784/1999 poderá também ser aplicada em relação a processos administrativos de Estados-membros e Municípios. A Lei Federal se aplicará por inteiro quando não houver lei de processo administrativo num dado Estado-membro ou município e se aplicará de modo subsidiário quando já houver lei de processo em algum ente federativo.

A aplicação subsidiária consiste em a Lei Geral de Processo Administrativo incidir quanto a aspectos que não foram regulados pela lei específica ou pela lei local.

15.2. Controle externo

15.2.1. Introdução

O controle externo pode ser **conceituado** como *aquele exercido por órgão ou pessoa que está fora da Administração*.

Quanto ao órgão controlador, o controle externo pode ser de duas espécies, quais sejam, **parlamentar** e **judicial**.

15.2.2. Controle parlamentar

O art. 49, X, da CF, diz ser **competência exclusiva** do Congresso Nacional *fiscalizar e controlar, diretamente, ou por qualquer de suas Casas, os atos do Poder Executivo, incluídos os da administração indireta.*

Tal controle, no plano financeiro-econômico, é exercido com o **auxílio** dos tribunais de contas, que são órgãos independentes, mas que atuam como auxiliares do Poder Legislativo no controle parlamentar.

Os tribunais de contas fiscalizam toda a administração direta e indireta, bem como qualquer pessoa física ou jurídica, desde que tenha recebido recurso de origem estatal.

O controle externo da Câmara Municipal será exercido com o auxílio dos Tribunais de Contas dos Estados ou dos Conselhos ou Tribunais de Contas dos Municípios, onde houver, sendo vedada a criação de Tribunais, Conselhos ou órgãos de Contas Municipais (art. 31, CF), ressalvados os já existentes, no Município de São Paulo e no Município do Rio de Janeiro.

O parecer prévio, emitido pelo órgão competente sobre as contas que o Prefeito deve anualmente prestar, só deixará de prevalecer por decisão de dois terços dos membros da Câmara Municipal (art. 31, CF).

Quanto ao controle legislativo, vale lembrar que o artigo 49, V, diz que é competência exclusiva do Congresso *"sustar os atos normativos do Poder Executivo que exorbitem do poder de regulamentar ou dos limites de delegação legislativa"*.

O artigo 49, IX, por sua vez, confere a competência para *"julgar anualmente as contas prestadas pelo Presidente da República e apreciar os relatórios sobre a execução dos planos de governo"*.

Vale salientar que a Constituição Federal traz uma série de situações em que o Poder Legislativo controlará atos do Poder Executivo, como na aprovação de tratados e convenções internacionais, autorização para declarar guerra e fazer a paz, aprovação ou suspensão de intervenção federal ou estado de sítio, todas previstas no artigo 49. Há também controle, previsto no artigo 52, a ser feito pelo Senado Federal, quanto à aprovação da escolha de ocupantes de certos cargos, autorização de operações externas financeiras e endividamentos. Tudo sem contar o fato de que se pode constituir CPI por prazo certo e para apurar fato determinado (art. 58. § 3º).

O artigo 71 da Constituição traz, ainda, as seguintes disposições a respeito da competência do Tribunal de Contas:

a) *aplicar aos responsáveis, em caso de ilegalidade de despesa ou irregularidades de contas, as sanções previstas em lei, que estabelecerá, entre outras cominações, multa proporcional ao dano causado ao erário;*

b) *assinar prazo para que o órgão ou entidade adote as providências necessárias ao exato cumprimento da lei, se verificada ilegalidade;*

c) *sustar, se não atendida, a execução do ato impugnado, comunicando a decisão à Câmara dos Deputados e ao Senado Federal;*

d) *no caso de contrato, o ato de sustação será adotado diretamente pelo Congresso Nacional, que solicitará, de imediato, ao Poder Executivo as medidas cabíveis;*

e) *se o Congresso Nacional ou o Poder Executivo, no prazo de noventa dias, não efetivar as medidas previstas no item anterior, o Tribunal decidirá a respeito;*

f) *as decisões do Tribunal de que resulte imputação de débito ou multa terão eficácia de título executivo.*

15.2.3. Controle judicial

O controle judicial dos atos da administração pública pode se dar por qualquer tipo de demanda judicial.

Porém, há **ações especiais** contra atos do Poder Público, como o mandado de segurança, o *habeas data*, a ação popular e a ação civil pública, por exemplo.

Não há ato administrativo **imune** ao controle judicial. Até o ato discricionário está sujeito ao controle jurisdicional, desde que tal controle se atenha aos aspectos de legalidade, razoabilidade e moralidade, não sendo possível invadir-se o puro mérito administrativo, ou seja, a conveniência e a oportunidade que remanesce ao agente público diante dos chamados atos discricionários.

Neste ponto, vale destacar que determinados atos estão sujeitos a **controle especial**. São eles: os atos políticos (ex.: iniciativa e veto a projeto de lei, nomeação de Ministro, concessão de indulto etc.), os atos legislativos (leis) e os atos *interna corporis* (regimentos de tribunais e de corporações legislativas).

Os primeiros terão âmbito de controle muito pequeno. Os segundos serão controlados por meio de ações de constitucionalidade, salvo as leis de efeito concreto, que podem ser atacadas por meios comuns, como o mandado de segurança e a ação popular. Os últimos, por dizerem respeito aos interesses internos da corporação legislativa, não são passíveis de controle quanto ao seu conteúdo, sendo possível tão somente analisá-los quanto a aspectos formais.

Em virtude do princípio da inafastabilidade da jurisdição, o interessado **não é obrigado a esgotar as vias administrativas** para pleitear proteção judicial em decorrência de lesão a direito seu. Nesse sentido, confira a seguinte decisão do STJ: "o esgotamento prévio das instâncias administrativas não é condição para que a parte se socorra do Poder Judiciário e pleiteie o reconhecimento de seu direito líquido e certo" (STJ, RMS 13.893/MS, DJ 24.03.2008).

Questão importante diz respeito ao prazo de **prescrição** para o ingresso com ação contra a Fazenda Pública.

Como regra, esse prazo é de 5 anos, nos termos do art. 1º do Decreto 20.910/1932.

Todavia, em matéria de ação indenizatória há dúvidas sobre se o prazo é de 3 ou de 5 anos, conforme foi visto no item referente à responsabilidade civil do Estado.

Há tema bastante interessante no que diz respeito ao prazo prescricional para ingressar com ação contra a Fazenda Pública quanto a eventos que ensejam direitos de trato sucessivo.

A título de exemplo, imagine que os vencimentos de servidor público não tenham sido adequadamente reajustados há 10 anos. É possível, hoje, que esse servidor proponha ação judicial visando à condenação do ente federativo em relação ao pagamento retroativo do reajuste bem como à determinação de que esse reajuste seja aplicado aos vencimentos futuros?

O Decreto 20.910/1932, que regula a prescrição das dívidas da Fazenda Pública, dispõe que essas prescrevem em 5 anos, contados da data do ato ou fato do qual se originarem (art. 1º), conforme já vimos.

Todavia, há súmula do Superior Tribunal de Justiça que estabelece que, nas relações de trato sucessivo em que a Fazenda Pública figure como devedora, quando *não haja negativa* do direito reclamado pelo interessado, a prescrição atinge apenas as prestações vencidas antes do quinquênio anterior à propositura da ação, não ocorrendo prescrição do fundo de direito.

Assim, desde que não tenha havido negativa expressa da Administração em relação ao direito do servidor, este poderá aforar ação mesmo já tendo transcorrido o prazo de 5 anos da data em que os reajustes deveriam ter sido feitos. E isso se dá porque, nas relações de trato sucessivo, a lesão se renova mensalmente.

Apesar de a prescrição não atingir o fundo de direito, o servidor não poderá reclamar, na ação proposta, prestações vencidas antes do quinquênio anterior à propositura da ação, por ter ocorrido prescrição.

Quanto à ação adequada a ser proposta pelo servidor, em que pese não se operar a decadência para a propositura de mandado de segurança com relação a prestações de trato sucessivo, essa ação não é adequada, pois haveria problema em se formar título executivo para a cobrança dos últimos cinco anos de prestações devidas.

Como é cediço, o mandado de segurança não pode ser utilizado como ação de cobrança. O máximo que a Lei de Mandado de Segurança permite é que o pagamento de prestações pecuniárias asseguradas na sentença será efetuado relativamente às prestações que se vencerem a contar do ajuizamento da inicial.

Dessa forma, o servidor deve ingressar com ação de conhecimento pelo rito ordinário, objetivando a cobrança das prestações atrasadas e das prestações que se vencerem a contar do ajuizamento da inicial (obrigação de pagar), bem como a implantação do reajuste para as prestações futuras (obrigação de fazer), com pedido de tutela antecipada.

A respeito, confira os seguintes entendimentos jurisprudenciais:

Súmula 85 do STJ. "Nas relações jurídicas de trato sucessivo em que a fazenda pública figure como devedora, quando não tiver sido negado o próprio direito reclamado, a prescrição atinge apenas as prestações vencidas antes do quinquênio anterior à propositura da ação."

"A Administração Pública quedou-se omissa em repassar o reajuste de fevereiro de 1995 determinado pelas Leis Municipais 10.688/1988 e 10.722/1989 aos vencimentos dos servidores públicos municipais. Desse modo, verifica-se tratar de lesão que se renova mensalmente, caracterizando, por conseguinte, relação jurídica de trato sucessivo, nos termos da Súmula 85 do STJ." (STJ, AgRg no Ag 1118098/SP, DJ 29.06.2009)

"Nas demandas em que se discute o reajuste de vencimentos de servidores, e não havendo negativa expressa da Administração, a prescrição não atinge o próprio fundo de direito, mas tão somente as parcelas anteriores ao quinquênio que antecedeu à propositura da ação." (STJ, AgRg no Ag 1056855/SP, DJ 13.10.2008)

15.3. Autocomposição de conflitos em que for parte pessoa jurídica de direito público (Lei 13.140/2015)

A solução alternativa de conflitos envolvendo pessoas de direito público estatal não é novidade no Direito Brasileiro, estando prevista em diplomas como a Lei de Concessão de Serviços Públicos e Lei de Parcerias Público-Privadas, que admitem até mesmo a arbitragem em alguns casos.

A novidade está na edição da Lei 13.129, de 26 de maio de 2015, que alterou o § 1º do art. 1º da Lei 9.307/1996, para o fim de admitir, genericamente, a utilização da arbitragem para dirimir conflitos relativos a direitos patrimoniais disponíveis da administração pública direta e indireta, lei essa já em vigor, e na edição da Lei 13.140, de 26 de junho de 2015, que regulamenta, de um lado, a mediação entre particulares, e, de outro, que mais nos interessa, a autocomposição de conflitos no âmbito da Administração Pública.

Em relação a esta autocomposição de conflitos em que se tem como parte pessoa jurídica de direito público, os entes políticos (União, Estados, DF e Municípios) poderão criar câmaras de prevenção e resolução administrativa de conflitos, no âmbito de seus respectivos órgãos da Advocacia Pública, onde houver, com competência para (art. 32):

I – dirimir conflitos entre órgãos e entidades da administração pública;

II – avaliar a admissibilidade dos pedidos de resolução de conflitos, por meio de composição, no caso de controvérsia entre particular e pessoa jurídica de direito público;

III – promover, quando couber, a celebração de termo de ajustamento de conduta.

O modo de composição e funcionamento das câmaras mencionadas será estabelecido em regulamento de cada ente federado, sendo que a submissão do conflito a essas câmaras é facultativa e será cabível apenas nos casos previstos no regulamento respectivo de cada ente federado, ficando absolutamente vedada essa competência em caso de controvérsias que somente possam ser resolvidas por atos ou concessão de direitos sujeitos a autorização do Poder Legislativo, sendo que a lei já deixa expresso, para que não haja dúvidas, que estão compreendidas na competência dessas câmaras a prevenção e a resolução de conflitos que envolvam equilíbrio econômico-financeiro de contratos celebrados pela administração com particulares.

Havendo consenso entre as partes, o acordo será reduzido a termo e constituirá título executivo extrajudicial.

Segundo o art. 33 da lei, enquanto não forem criadas as câmaras de mediação, os conflitos poderão ser dirimidos nos termos do procedimento de mediação previsto na lei para a mediação entre particulares (arts. 14 a 20 da lei).

Outros pontos importantes dessa autocomposição estatal são:

a) a Advocacia Pública da União, dos Estados, do Distrito Federal e dos Municípios, onde houver, poderá instaurar, de ofício ou mediante provocação, procedimento de mediação coletiva de conflitos relacionados à prestação de serviços públicos (art. 33. parágrafo único); por exemplo, isso pode ser feito em matéria de problemas de falta de água ou de energia elétrica;

b) a instauração de procedimento administrativo para a resolução consensual de conflito no âmbito da administração pública suspende a prescrição (art. 34), sendo que se considera instaurado o procedimento quando o órgão ou entidade pública emitir juízo de admissibilidade, retroagindo a suspensão da prescrição à data de formalização do pedido de resolução consensual do conflito; e, em se tratando de matéria tributária, a suspensão da prescrição deverá observar o disposto na Lei 5.172, de 25 de outubro de 1966 – Código Tributário Nacional.

No âmbito específico dos conflitos envolvendo a Administração **Federal** Direta e suas Autarquias e Fundações, a lei federal já traz as seguintes regras (art. 35 a 40):

a) essas controvérsias poderão ser objeto de transação por adesão, com fundamento em: autorização do Advogado-Geral da União, com base na jurisprudência pacífica do STF ou de tribunais superiores; ou parecer do Advogado-Geral da União, aprovado pelo Presidente da República;

b) ao fazer o pedido de adesão, o interessado deverá juntar prova de atendimento aos requisitos e às condições estabelecidos na resolução administrativa;

c) a resolução administrativa terá efeitos gerais e será aplicada aos casos idênticos, tempestivamente habilitados mediante pedido de adesão, ainda que solucione apenas parte da controvérsia;

d) a adesão implicará renúncia do interessado ao direito sobre o qual se fundamenta a ação ou o recurso, eventualmente pendentes, de natureza administrativa ou judicial, no que tange aos pontos compreendidos pelo objeto da resolução administrativa;

e) se o interessado for parte em processo judicial inaugurado por ação coletiva, a renúncia ao direito sobre o qual se fundamenta a ação deverá ser expressa, mediante petição dirigida ao juiz da causa;

f) a formalização de resolução administrativa destinada à transação por adesão não implica a renúncia tácita à prescrição nem sua interrupção ou suspensão;

g) no caso de conflitos que envolvam controvérsia jurídica entre órgãos ou entidades de direito público que integram a administração pública federal, a Advocacia-Geral da União deverá realizar composição extrajudicial do conflito, observados os procedimentos previstos em ato do Advogado-Geral da União, sendo que, se não houver acordo quanto à controvérsia jurídica, caberá ao Advogado-Geral da União dirimi-la, com fundamento na legislação afeta;

h) nos casos em que a resolução da controvérsia implicar o reconhecimento da existência de créditos da União, de suas autarquias e fundações em face de pessoas jurídicas de direito público federais, a Advocacia-Geral da União poderá solicitar ao Ministério do Planejamento, Orçamento e Gestão a adequação orçamentária para quitação das dívidas reconhecidas como legítimas;

i) a composição extrajudicial do conflito não afasta a apuração de responsabilidade do agente público que deu causa à dívida, sempre que se verificar que sua ação ou omissão constitui, em tese, infração disciplinar;

j) nas hipóteses em que a matéria objeto do litígio esteja sendo discutida em ação de improbidade administrativa ou sobre ela haja decisão do Tribunal de Contas da União, a conciliação de que trata o *caput* dependerá da anuência expressa do juiz da causa ou do Ministro Relator.

k) é facultado aos Estados, ao Distrito Federal e aos Municípios, suas autarquias e fundações públicas, bem como às empresas públicas e sociedades de economia mista federais, submeter seus litígios com órgãos ou entidades da administração pública federal à Advocacia-Geral da União, para fins de composição extrajudicial do conflito;

l) nos casos em que a controvérsia jurídica seja relativa a tributos administrados pela Secretaria da Receita Federal do Brasil ou a créditos inscritos em dívida ativa da União: – não se aplicam as disposições dos incisos II e III do *caput* do art. 32; – as empresas públicas, sociedades de economia mista e suas subsidiárias que explorem atividade econômica de produção ou comercialização de bens ou de prestação de serviços em regime de concorrência não poderão exercer a faculdade prevista no art. 37; quando forem partes as pessoas de direito público federais, (a) a submissão do conflito à composição extrajudicial pela Advocacia-Geral da União implica renúncia do direito de recorrer ao Conselho Administrativo de Recursos Fiscais; (b) a redução ou o cancelamento do crédito dependerá de manifestação conjunta do Advogado-Geral da União e do Ministro de Estado da Fazenda.

De acordo com o art. 39 da lei, a propositura de ação judicial em que figurem concomitantemente nos polos ativo e passivo órgãos ou entidades de direito público que integrem a administração pública federal deverá ser previamente autorizada pelo Advogado-Geral da União.

E de acordo com o art. 40 da lei, os servidores e empregados públicos que participarem do processo de composição extrajudicial do conflito, somente poderão ser responsabilizados civil, administrativa ou criminalmente quando, mediante dolo ou fraude, receberem qualquer vantagem patrimonial indevida, permitirem ou facilitarem sua recepção por terceiro, ou para tal concorrerem.

Por fim, vale observar que a lei em questão foi publicada em 29.06.2015, com *vacatio legis* de 180 dias contados daquela data (art. 47).

16. PROCESSO ADMINISTRATIVO

16.1. Aspectos gerais

As questões gerais já foram tratadas no item 15.1.5. acima, para o qual remetemos o leitor, de modo que neste capítulo vamos nos ater ao regulamentado na Lei de Processo Administrativo Federal (Lei 9.784/1999).

16.2. Processo Administrativo Federal (Lei 9.784/1999)

Conforme mencionado, no plano federal, há uma **lei geral de Processo Administrativo**, que é a **Lei 9.784/1999**. Essa lei traz as regras do processo administrativo nesse plano (federal), para as três esferas da administração (do Legislativo, do Executivo e do Judiciário), inclusive para o Ministério Público e para Tribunal de Contas, sempre no que diz respeito à atividade administrativa, não podendo essa lei incidir sobre atividades legislativas e jurisdicionais.

Essa lei traz **princípios administrativos** (art. 2º), bem como regras sobre **direitos e deveres dos administrados** (arts. 3º e 4º), **formação do processo** (arts. 5º a 8º), **legitimação dos interessados** (arts. 9º e 10), **competência** (arts. 11 a 17), **impedimentos e suspeições** (arts. 18 a 21), **forma, comunicações, instrução, julgamento e motivação** (arts. 22 a 50), **desistência, casos de extinção, anulação, revogação, convalidação, recurso administrativo e revisão** (arts. 51 a 65), dentre outros aspectos, sendo diploma de importante leitura.

Para os fins de sua aplicação, a Lei 9.784/1999 traz os seguintes conceitos:

a) órgão: a unidade de atuação integrante da estrutura da Administração direta e da estrutura da Administração indireta;

b) entidade: a unidade de atuação dotada de personalidade jurídica;

c) autoridade: o servidor ou agente público dotado de poder de decisão.

O art. 2º da Lei 8.429/1992, além de trazer princípios específicos dos processos administrativos, traz também outros princípios e critérios a serem observadas nestes.

Quanto aos **princípios**, são enumerados os seguintes (art. 2º, *caput*): a) legalidade; b) finalidade; c) motivação; d) razoabilidade; e) proporcionalidade; f) moralidade; g) ampla defesa; h) contraditório; i) segurança jurídica; j) interesse público; e k) eficiência.

Todos os princípios mencionados já foram conceituados e explicados no capítulo que trata dos princípios administrativos. Porém, vale fazer algumas observações a respeito dos princípios enumerados.

A primeira delas é quanto ao **princípio da finalidade**, pelo qual o agente público deve sempre aplicar a lei buscando a finalidade desta (tanto a finalidade mediata, que é atender ao interesse público, como a finalidade imediata, que é atender ao específico objetivo buscado em determinada competência fixada em lei), bem como evitando subjetividades e favorecimentos ou perseguições indevidos. Vale lembrar que, pelo princípio da finalidade, um agente público, diante de uma regra de competência, deve atuar nesta buscando apenas a finalidade para a qual esta regra foi criada, não podendo buscar por meio de uma determinada regra de competência nem mesmo uma finalidade patentemente de interesse público, caso a competência manejada tenha sido criada para finalidade diversa. Assim, apesar de o princípio da finalidade decorrer logicamente dos princípios da legalidade e da impessoalidade, é sempre bom pontuar que a Administração deve atender à finalidade para a qual seus atos são previstos, como forma de evitar o desvio de poder ou de finalidade.

A segunda observação diz respeito ao fato de que os **princípios da razoabilidade e da proporcionalidade** estão trazidos individualmente no dispositivo, dando a entender que não se confundem um com o outro. Para alguns, que entendem que os dois princípios são coincidentes, sendo a proporcionalidade apenas a dimensão da razoabilidade, o objetivo legal de citar os dois princípios individualmente é apenas de reforçar a importância destes e garantir que as ideias nele contidas serão devidamente obedecidas. Para outros, a existência de diferenças entre os princípios é a razão de os dois terem sido citados. A questão foi trabalhada no capítulo de princípios administrativos, no item 2.2.7.

Quanto aos **critérios** a serem seguidos pela Administração Pública nos processos administrativos, a lei determina a observação do seguinte (art. 2º, parágrafo único):

I – atuação conforme a lei e o Direito; aqui podemos perceber a influência dos princípios da legalidade e da legitimidade;

II – atendimento a fins de interesse geral, vedada a renúncia total ou parcial de poderes ou competências, salvo autorização em lei; aqui podemos perceber a influência dos princípios da finalidade e da indisponibilidade do interesse público;

III – objetividade no atendimento do interesse público, vedada a promoção pessoal de agentes ou autoridades; aqui podemos perceber a influência dos princípios da impessoalidade, da finalidade e da moralidade;

IV – atuação segundo padrões éticos de probidade, decoro e boa-fé; aqui podemos perceber a influência do princípio da moralidade;

V – divulgação oficial dos atos administrativos, ressalvadas as hipóteses de sigilo previstas na Constituição; aqui podemos perceber a influência dos princípios da publicidade e da transparência;

VI – adequação entre meios e fins, vedada a imposição de obrigações, restrições e sanções em medida superior àquelas estritamente necessárias ao atendimento do interesse público; aqui podemos perceber a influência do princípio da proporcionalidade e, para quem entende serem sinônimos, do princípio da razoabilidade;

VII – indicação dos pressupostos de fato e de direito que determinarem a decisão; aqui podemos perceber a influência do princípio da motivação;

VIII – observância das formalidades essenciais à garantia dos direitos dos administrados; aqui podemos perceber a influência dos princípios da formalidade moderada, da instrumentalidade das formas e da segurança jurídica;

IX – adoção de formas simples, suficientes para propiciar adequado grau de certeza, segurança e respeito aos direitos dos administrados; aqui podemos perceber a influência dos princípios da formalidade moderada, da instrumentalidade das formas e da eficiência;

X – garantia dos direitos à comunicação, à apresentação de alegações finais, à produção de provas e à interposição de recursos, nos processos de que possam resultar sanções e nas situações de litígio; aqui podemos perceber a influência dos princípios do contraditório, da ampla defesa e do devido processo legal;

XI – proibição de cobrança de despesas processuais, ressalvadas as previstas em lei; aqui podemos perceber a influência do princípio do acesso à justiça administrativa;

XII – impulsão, de ofício, do processo administrativo, sem prejuízo da atuação dos interessados; aqui podemos perceber a influência dos princípios do impulso oficial e da legalidade;

XIII – interpretação da norma administrativa da forma que melhor garanta o atendimento do fim público a que se dirige, vedada aplicação retroativa de nova interpretação; aqui podemos perceber a influência dos princípios da legalidade, da finalidade e da segurança jurídica.

A Lei 9.784/1999 também arrola, em rol exemplificativo, os **direitos dos administrados** (art. 3º):

a) *ser tratado com respeito pelas autoridades e servidores, que deverão facilitar o exercício de seus direitos e o cumprimento de suas obrigações*; também é direito dos administrados ser tratados com cortesia, que é algo que vai além do mero respeito, direito esse que decorre da interpretação sistemática, que leva em conta o disposto na Lei 8.987/1995;

b) *ter ciência da tramitação dos processos administrativos em que tenha a condição de interessado, ter vista dos autos, obter cópias de documentos neles contidos e conhecer as decisões proferidas*; esse direito decorre do princípio da publicidade e também é essencial para a garantida do contraditório e da ampla defesa; qualquer tentativa de obstar isso deve ser reprimida exemplarmente, pois viola de modo afrontoso os direitos decorrentes dos princípios da ampla defesa e do contraditório;

c) *formular alegações e apresentar documentos antes da decisão, os quais serão objeto de consideração pelo órgão competente*; a garantia da ampla defesa impõe que os administrados sempre falem por último, logo antes da decisão, sem prejuízo de que após a formulação das alegações, e já no âmbito do processo decisório final, seja dado um parecer pelos setores técnicos e jurídicos previamente à decisão em si da autoridade;

d) *fazer-se assistir, facultativamente, por advogado, salvo quando obrigatória a representação, por força de lei*; a assistência do advogado é direito do administrado, mas não é obrigatória, o que significa que não haverá nulidade do processo administrativo se não houver a presença de advogado; aliás, mesmo no processo disciplinar, que pode até resultar na demissão de um agente público, não é indispensável a presença de advogado, nos termos da Súmula Vinculante STF 5, para a qual a falta de defesa técnica por advogado no processo disciplinar não ofende a Constituição.

A Lei 9.784/1999 arrola, ainda, os **deveres dos administrados** (art. 4º), em rol exemplificativo (pois outros deveres podem estar em outras leis ou atos normativos):

a) *expor os fatos conforme a verdade*; apesar de haver esse dever, a lei não traz sanção específica para o administrado que falta com a verdade no processo administrativo;

b) *proceder com lealdade, urbanidade e boa-fé*;

c) *não agir de modo temerário*; apesar de haver esse dever, a lei não traz sanção específica para o administrado que falte com a verdade no processo administrativo;

d) *prestar as informações que lhe forem solicitadas e colaborar para o esclarecimento dos fatos*; aqui também não há sanção específica pelo descumprimento, mas, a depender do caso, é possível que se configure o crime de desobediência à ordem legal de funcionário público (art. 330 do CP);

Quanto ao **início do processo**, há de observar as seguintes regras (arts. 5º a 8º):

a) *o processo administrativo pode iniciar-se de ofício ou a pedido de interessado*; a autoridade, quando tiver motivo para instaurar um processo de ofício, pode fazê-lo por meio de uma portaria que narre fatos que ensejam a abertura do processo (por exemplo, a descoberta de uma possível ilegalidade) e que determina a instauração do processo e a autuação do procedimento; já quando um interessado faz um requerimento a autoridade simplesmente determina a autuação deste para início do processo a pedido do interessado.

b) *o requerimento inicial do interessado, salvo casos em que for admitida solicitação oral, deve ser formulado por* ***escrito*** *e conter os seguintes dados: i) órgão ou autoridade administrativa a que se dirige; ii) identificação do interessado ou de quem o represente; iii) domicílio do requerente ou local para recebimento de comunicações; iv) formulação do pedido, com exposição dos fatos e de seus fundamentos; v) data e assinatura do requerente ou de seu representante*; destaque-se na regra que o processo deve ser iniciado por **escrito**, não podendo tal se dar de forma oral, salvo se alguma lei autorizar que isso aconteça; além de escrito, é necessário que o documento tenha um **destinatário**, **identifique interessado** com nome, endereço e demais dados de qualificação (o que impede que um documento apócrifo se inicie a partir de pedido de interessado), contenha **pedido**, com exposição de fatos e fundamentos, e seja **datado** e **assinado**.

c) *é vedada à Administração a recusa imotivada de recebimento de documentos, devendo o servidor orientar o interessado quanto ao suprimento de eventuais falhas*;

d) *os órgãos e entidades administrativas deverão elaborar modelos ou formulários padronizados para assuntos que importem pretensões equivalentes*; essa regra é a consagração do princípio do acesso à justiça administrativa (decorrentes da ideia de República, do princípio da legalidade, do princípio da moralidade, e do devido processo administrativo, com respeito ao contraditório e à ampla defesa), cujos passos iniciais depende de ser facilitar a elaboração de pedidos administrativos, o que efetivamente ocorre quando se tem modelos ou formulários padronizados para requerimentos, dada a ignorância da população em geral acerca da forma como se deve buscar direitos administrativamente;

e) *quando os pedidos de uma pluralidade de interessados tiverem conteúdo e fundamentos idênticos, poderão ser formulados em um único requerimento, salvo preceito legal em contrário*; essa regra está a admitir o litisconsórcio ativo nos processos administrativos, como de resto é algo consagrado nos processos judiciais.

Quanto aos **legitimados** para o processo administrativo, são os seguintes: (art. 9º):

a) *pessoas físicas ou jurídicas que o iniciem como titulares de direitos ou interesses individuais ou no exercício do direito de representação*; aqui, salta aos olhos a ausência de legitimidade para sujeitos de direitos despersonalizados, como é o caso dos condomínios edilícios e da massa falida; porém, por analogia ao disposto na legislação processual civil, há de se considerar que esses sujeitos têm não só a legitimidade (que decorre do direito material), como a capacidade para estar num processo administrativo requerendo a defesa de seus interesses;

b) *aqueles que, sem terem iniciado o processo, têm direitos ou interesses que possam ser afetados pela decisão a ser adotada*; por conta dessa regra, admite-se o chamado litisconsórcio ativo ulterior, em que um terceiro que não iniciou o processo (também chamado de assistente litisconsorcial) pode requerer o seu ingresso na demanda para atuar junto com aquele que tiver feito o pedido inicial;

c) *as organizações e associações representativas, no tocante a direitos e interesses coletivos*; aqui, por analogia, deve-se concluir que todos os legitimados para a ação civil pública (art. 5º da Lei 7.347/1985) também são legitimados para iniciar um processo administrativo, até porque, quem pode o mais (ajuizar uma ação judicial), tem que poder o menos (iniciar um processo administrativo sobre os mesmos fatos); assim, em tese, até mesmo o Ministério Público poderá iniciar um processo administrativo para defender interesse próprio (nos termos do item "a" acima), o que pode acontecer, por exemplo, quando tiver alguma questão administrativa que deseje regularizar (por exemplo, um pedido de licença para a União); já na defesa de direitos e interesses coletivos (de um grupo ou categoria de pessoas, como de um plano de saúde, por exemplo), tal pleito administrativo até faz sentido, como num pleito em favor de um grupo, formulado junto à ANS ou à ANVISA, por exemplo; todavia, normalmente o Ministério Público procede de um jeito diferente, preferindo instaurar inquéritos civis, tentar um termo de ajustamento de conduta e já ingressar com uma ação judicial se não tiver sucesso;

d) *as pessoas ou as associações legalmente constituídas quanto a direitos ou interesses difusos*; aqui, como se tem interesses difusos requeridos em face da Administração, a tendência é que envolva uma das matérias que admite a ação popular, de modo que faz sentido que se tenha atribuído legitimidade a uma pessoa só (que nem precisa ser um cidadão, como na ação popular), para fazer um pedido administrativo que venha a beneficiar pessoas indetermináveis (titulares de interesses difusos); aqui, da mesma forma como comentado acima, há de se admitir que os demais legitimados para a ação civil pública também são legitimados para iniciar um processo administrativo para defender os mesmos representados que podem defender num processo judicial;

Quanto à capacidade processual, o art. 10 dispõe que são capazes, para fins de processo administrativo, os maiores de 18 anos, ressalvada previsão especial em ato normativo próprio.

Outro tema muito caro quando se pretender iniciar um processo administrativo é o da **competência**, que tem as seguintes regras:

a) *a competência é irrenunciável e se exerce pelos órgãos administrativos a que foi atribuída como própria, salvo os casos de delegação e avocação legalmente admitidos* (art. 11); por conta desse dispositivo uma autoridade não pode se eximir de decidir, nem pode renunciar sua competência em favor de outro órgão, já que a renúncia é definitiva; o que se pode fazer é delegar a competência, já que a delegação é temporária e regulamentada nos arts. 12 a 14;

b) *um órgão administrativo e seu titular poderão, se não houver impedimento legal, delegar parte da sua competência a outros órgãos ou titulares, ainda que estes não lhe sejam hierarquicamente subordinados, quando for conveniente, em razão de circunstâncias de índole técnica, social, econômica, jurídica ou territorial; essa regra se aplica à delegação de competência dos órgãos colegiados aos respectivos presidentes* (art. 12); repare que a delegação não poderá se dar se houver alguma lei a impedindo-a para determinado caso, se for de toda a competência (só cabe delegação de parte da competência) e se não houver conveniência pública na delegação;

c) *não podem ser objeto de delegação: i) a edição de atos de caráter normativo; ii) a decisão de recursos administrativos; iii) as matérias de competência exclusiva do órgão ou autoridade* (art. 13); assim, o Presidente da República não pode delegar a competência que tem para editar regulamentos de lei (ato de caráter normativo); uma autoridade competente para julgar um recurso não pode delegar essa competência para outra autoridade; e as matérias de competência exclusiva de um órgão ou autoridade, assim entendidas quando a lei expressamente dispuser que se trata de competência exclusiva (o que, como regra, não é o que acontece) não podem ser objetos de delegação;

d) *o ato de delegação e sua revogação deverão ser publicados no meio oficial, sendo que o ato de delegação atenderá às seguintes regras: i) especificará as matérias e poderes transferidos, os limites da atuação do delegado, a duração e os objetivos da delegação e o recurso cabível, podendo conter ressalva de exercício da atribuição delegada; ii) é revogável a qualquer tempo pela autoridade delegante; iii) as decisões adotadas por delegação devem mencionar explicitamente esta qualidade e considerar-se-ão editadas pelo delegado* (art. 14); como requisito formal para uma delegação de competência válida, é necessário publicar o ato delegatório, ato esse que deve especificar não só as matérias e poderes transferidos, como os limites da delegação, a duração, os objetivos e o recurso cabível; se o ato delegatório não for publicado ou não especificar a matéria objeto de delegação o ato praticado pela autoridade delegatária é nulo; quanto à ausência de prazo de duração da delegação no ato de delegação, parece-nos que não causa a nulidade absoluta dos atos produzidos pelo delegatário, pois, enquanto não revogado o ato de delegação, presume-se mantida a vontade de mantê-la (até porque a revogação pode se dar a qualquer tempo), tratando-se de uma mera irregularidade;

e) *será permitida, em caráter excepcional e por motivos relevantes devidamente justificados, a avocação temporária de* *competência atribuída a órgão hierarquicamente inferior* (art. 15); a avocação consiste no movimento contrário à delegação; enquanto nesta alguém que tem competência a delega para terceiro, naquela alguém que não detém uma competência retira, temporariamente, a competência de quem a tem; todavia, por ter caráter excepcional, a autoridade que avocar (sempre uma autoridade hierarquicamente superior ao do detentor da competência) terá de justificar com muito rigor essa necessidade; um exemplo é um Ministro de Estado avocar a competência para a apuração de uma irregularidade no ministério de grande repercussão nacional;

f) *os órgãos e entidades administrativas divulgarão publicamente os locais das respectivas sedes e, quando conveniente, a unidade fundacional competente em matéria de interesse especial* (art. 16); sem essa divulgação fica difícil, muitas vezes, saber onde apresentar requerimentos administrativos, bem como quem é a autoridade competente para o respectivo endereçamento;

g) *inexistindo competência legal específica, o processo administrativo deverá ser iniciado perante a autoridade de menor grau hierárquico para decidir* (art. 17); essa regra é muito útil para saber em relação a qual autoridade se dever endereçar um pedido administrativo; a lei foi muito sábia ao indicar que se deve endereçar o pedido à autoridade de menor grau, pois, assim, garante-se que alguém mais próximo à controvérsia possa apreciar o pedido formulado, bem como se garante que, decidida a questão pela menor autoridade, o interessado tenha mais instâncias para apresentar recursos, quando a decisão se dá de modo desfavorável a ele;

Assim como no processo judicial, o processo administrativo deve se resguardar de situações em que o julgador possa ter interesse pessoal no caso por parentesco ou outro tipo de relação com os interessados no processo. Aqui temos os temas do impedimento e da suspeição.

Quanto ao **impedimento**, são impedidos de atuar em processo administrativo o servidor ou autoridade que (art. 18):

a) *tenha interesse direto ou indireto na matéria*; por exemplo, uma autoridade do INSS não pode apreciar um pedido de aposentadoria feito por ele mesmo;

b) *tenha participado ou venha a participar como perito, testemunha ou representante, ou se tais situações ocorrem quanto ao cônjuge, companheiro ou parente e afins até o terceiro grau*; por exemplo, pegando carona no exemplo anterior, um médico do INSS que tenha feito uma perícia num caso e, depois, devido a uma promoção sua para um setor que julga recursos em face de decisões no órgão, depara-se com o mesmo caso onde funcionou como perito é considerado impedido, pois perdeu a imparcialidade por ter apreciado o mesmo caso anteriormente; da mesma forma, também haverá impedimento da autoridade que tenha de decidir algum caso no INSS que tenha sido objeto de perícia por sua esposa num momento anterior;

c) *esteja litigando judicial ou administrativamente com o interessado ou respectivo cônjuge ou companheiro*.

O impedimento, segue, ainda, a duas regras (art. 19): a) autoridade ou servidor que incorrer em impedimento deve comunicar o fato à autoridade competente, abstendo-se de atuar; b) a omissão do dever de comunicar o impedimento constitui falta grave, para efeitos disciplinares.

As duas regras acima se complementam. De um lado, o agente público impedido tem o dever de, por iniciativa própria, considerar-se impedido. De outro, se não o fizer responderá por falta grave e será punido disciplinarmente. Caso o agente público não se declare impedido, o interessado poderá requerer administrativamente a declaração de impedimento do servidor, que, se não for feita, enseja recurso administrativo à autoridade superior.

Já quanto à **suspeição**, *pode ser arguida a suspeição de autoridade ou servidor que tenha amizade íntima ou inimizade notória com algum dos interessados ou com os respectivos cônjuges, companheiros, parentes e afins até o 3º grau* (art. 20). Vale ressaltar que *o indeferimento de alegação de suspeição poderá ser objeto de recurso, sem efeito suspensivo* (art. 21).

Um processo, para se desenvolver precisa de uma forma, de um lugar e do cumprimento de certos prazos, possibilitando, assim, o seu andamento.

Quanto à **forma**, o processo administrativo obedece às seguintes regras (art.22):

a) *os atos do processo administrativo não dependem de forma determinada senão quando a lei expressamente a exigir*; ou seja, a regra é a liberdade da forma, porém, quando a lei estipular alguma forma (como no caso em que se determina que o requerimento administrativo inicial seja feito por escrito – art. 6º, *caput*, da Lei 9.784/1999), esta deve ser obedecida, sob pena de nulidade;

b) *os atos do processo devem ser produzidos por escrito, em vernáculo, com a data e o local de sua realização e a assinatura da autoridade responsável*; repare que não só o requerimento inicial, como também os demais atos do processo (tanto do interessado, como da Administração) devem se dar por escrito;

c) *salvo imposição legal, o reconhecimento de firma somente será exigido quando houver dúvida de autenticidade*; há repartições que não aceitam a juntada de documentos sem que haja reconhecimento firma (quando se tratar de declarações ou contratos) e sem que sejam documentos autenticados; tal determinação é abusiva e não pode ser feita; todavia, em seguida à juntada dos documentos, o valor probatório de certos documentos será cotejado em funções de outras provas;

d) *a autenticação de documentos exigidos em cópia poderá ser feita pelo órgão administrativo*; às vezes a autoridade pede para que se traga algum documento ao processo, ocasião em que o interessado pode pedir para um servidor da repartição que reconheça a autenticidade da cópia, apresentando-lhe, no ato, o documento original;

e) *o processo deverá ter suas páginas numeradas sequencialmente e rubricadas*; é fundamental que a portaria de instauração do processo ou o requerimento inicial seja devidamente autuado e que a numeração de páginas com rubrica também se dê no processo.

Quanto ao **tempo**, o processo administrativo obedece às seguintes regras (arts.23 e 24):

a) *os atos do processo devem realizar-se em dias úteis, no horário normal de funcionamento da repartição na qual tramitar o processo*;

b) *serão concluídos depois do horário normal os atos já iniciados, cujo adiamento prejudique o curso regular do procedimento ou cause dano ao interessado ou à Administração*; muitas vezes, uma perícia acaba tendo de se realizar fora de um horário normal de trabalho, como em situações de urgência ligadas a questões de vigilância sanitária, por exemplo;

c) *inexistindo disposição específica, os atos do órgão ou autoridade responsável pelo processo e dos administrados que dele participem devem ser praticados no prazo de cinco dias, salvo motivo de força maior*; o prazo de 5 dias para a prática de atos pela autoridade ou pelo interessado (administrado) é a regra geral em matéria de processo administrativo, regra essa que só cede quando há disposição específica fixando prazo em números diferentes de dias, como é o caso do prazo para interpor recurso administrativo, que, segundo o art. 59, *caput*, da Lei 9.784/1999, é de 10 dias;

d) *esse prazo de 5 dias pode ser dilatado até o dobro, mediante comprovada justificação*;

Quanto ao **lugar**, os atos do processo devem realizar-se preferencialmente na sede do órgão, cientificando-se o interessado se outro for o local de realização (art. 25).

O desenvolvimento do processo, depende, ainda, de uma efetiva **comunicação de atos**, que obedece às seguintes regras (arts. 26 a 28):

a) *o órgão competente perante o qual tramita o processo administrativo determinará a intimação do interessado para ciência de decisão ou a efetivação de diligências*; a ausência de intimação fere o princípio do contraditório e da ampla defesa;

b) *a intimação deverá conter: i) identificação do intimado e nome do órgão ou entidade administrativa; ii) finalidade da intimação; iii) data, hora e local em que deve comparecer; iv) se o intimado deve comparecer pessoalmente, ou fazer-se representar; v) informação da continuidade do processo independentemente do seu comparecimento; vi) indicação dos fatos e fundamentos legais pertinentes*; intimações que não tragam tais elementos podem tornar o ato processual respectivo nulo, caso haja prejuízo ao requerente;

c) *a intimação observará a antecedência mínima de 3 dias úteis quanto à data de comparecimento*; repare que não são 3 dias corridos, mas 3 dias úteis; não respeitado esse prazo, o interessado não será obrigado a comparecer ao ato processual marcado;

d) *a intimação pode ser efetuada por ciência no processo, por via postal com aviso de recebimento, por telegrama ou outro meio que assegure a certeza da ciência do interessado*; a intimação por vista no processo se dá quando o interessado vai à repartição ver o processo ou participar de algum ato processual, ocasião em que se aproveita e se faz a intimação dele na hora;

e) *no caso de interessados indeterminados, desconhecidos ou com domicílio indefinido, a intimação deve ser efetuada por meio de publicação oficial*; repare que não é necessário publicar edital em jornal de grande circulação, bastando a publicação em diário oficial; conjugando-se essa regra com a imediatamente superior, verifica-se que a regra não é intimar o interessado por diário oficial, mas sim por ciência no processo, carta com aviso de recebimento, telegrama ou outro meio afim; assim, se um interessado for intimado por diário oficial, tendo seu endereço devidamente indicado no processo administrativo, poderá invocar nulidade da intimação;

f) *as intimações serão nulas quando feitas sem observância das prescrições legais, mas o comparecimento do administrado supre sua falta ou irregularidade*; aqui temos a aplicação prática do princípio da instrumentalidade das formas, já que, com o comparecimento do interessado, o desrespeito à forma não gerará prejuízo algum;

g) *o desatendimento da intimação não importa o reconhecimento da verdade dos fatos, nem a renúncia a direito pelo administrado*; portanto, a revelia em atender uma intimação não gera o efeito típico do processo civil de se considerar verdadeiro eventual fato imputado pela Administração ou administrado, nem se considera que este está renunciado a algum direito;

h) *no prosseguimento do processo, será garantido direito de ampla defesa ao interessado*;

i) *devem ser objeto de intimação os atos do processo que resultem para o interessado em imposição de deveres, ônus, sanções ou restrição ao exercício de direitos e atividades e os atos de outra natureza, de seu interesse*;

O processo administrativo se desenrola nas seguintes **fases**: instauração, instrução, defesa, relatório (peça informativa e opinativa) e julgamento pela autoridade competente.

Tratamos até agora da instauração e de questões necessárias ao desenvolvimento regular do processo como legitimados, suspeição e impedido, forma, lugar e tempo. Agora é ora de tratar da instrução.

A Lei 9.784/1999 traz as seguintes regras acerca da **instrução processual**:

a) *as atividades de instrução destinadas a averiguar e comprovar os dados necessários à tomada de decisão realizam-se de ofício ou mediante impulsão do órgão responsável pelo processo, sem prejuízo do direito dos interessados de propor atuações probatórias; o órgão competente para a instrução fará constar dos autos os dados necessários à decisão do processo e os atos de instrução que exijam a atuação dos interessados devem realizar-se do modo menos oneroso para estes* (art. 29); aqui vê-se a aplicação prática dos princípios do impulso oficial, do contraditório e ampla defesa e da menor onerosidade na produção de provas;

b) *são inadmissíveis no processo administrativo as provas obtidas por meios ilícitos* (art. 30); trata-se de mera repetição da consagrada regras constitucional (art. 5º, LVI, da CF);

c) *quando a matéria do processo envolver assunto de interesse geral, o órgão competente poderá, mediante despacho motivado, abrir período de consulta pública para manifestação de terceiros, antes da decisão do pedido, se não houver prejuízo para a parte interessada; a abertura da consulta pública será objeto de divulgação pelos meios oficiais, a fim de que pessoas físicas ou jurídicas possam examinar os autos, fixando-se prazo para oferecimento de alegações escritas; o comparecimento à consulta pública não confere, por si, a condição de interessado do processo, mas confere o direito de obter da Administração resposta fundamentada, que poderá ser comum a todas as alegações substancialmente iguais* (art. 31); trata-se de importante regra nos dias atuais, que recla-

8. Direito Administrativo

mam maior possibilidade de participação das pessoas das decisões públicas, tratando-se de importante tendência do Direito Administrativo, que, espera-se, deve sair do papel, pois ainda se vê muito pouco abertura de consulta pública mesmo nos casos em que é obrigatória, como nos assuntos de interesse geral; imagine um caso em que um interessado legitimado pela lei faz um requerimento à ANVISA para que proíba a comercialização de certos tipos de medicamentos para emagrecimento; nesse caso, certamente há interesse geral que justifica a abertura de uma consulta pública;

d) *antes da tomada de decisão, a juízo da autoridade, diante da relevância da questão, poderá ser realizada audiência pública para debates sobre a matéria do processo* (art. 32);

e) *os órgãos e entidades administrativas, em matéria relevante, poderão estabelecer outros meios de participação de administrados, diretamente ou por meio de organizações e associações legalmente reconhecidas* (art. 33);

f) *os resultados da consulta e audiência pública e de outros meios de participação de administrados deverão ser apresentados com a indicação do procedimento adotado* (art. 34);

g) *quando necessária à instrução do processo, a audiência de outros órgãos ou entidades administrativas poderá ser realizada em reunião conjunta, com a participação de titulares ou representantes dos órgãos competentes, lavrando-se a respectiva ata, a ser juntada aos autos* (art. 35);

h) *cabe ao interessado a prova dos fatos que tenha alegado, sem prejuízo do dever atribuído ao órgão competente para a instrução e do disposto no art. 37 da lei* (art. 36); como no processo civil, o ônus da prova compete a quem faz o requerimento inicial, sem prejuízo de que a Administração também busque o maior número de provas possível; porém, no final das apurações, não havendo prova dos fatos que ensejariam o direito reclamado, a Administração terá de julgar em desfavor ao requerente, pois o ônus probatório é deste;

i) *quando o interessado declarar que fatos e dados estão registrados em documentos existentes na própria Administração responsável pelo processo ou em outro órgão administrativo, o órgão competente para a instrução proverá, de ofício, à obtenção dos documentos ou das respectivas cópias* (art. 37); infelizmente, isso é muito comum; o interessado muitas vezes está sendo prejudicado por conduta de agentes públicos e estes, para piorar a situação, ainda dificultam o acesso em favor do interessado de documentos de interesse deste; a regra em questão visa a evitar esse tipo de abuso de poder; não há sanção se a Administração continuar inerte nesse sentido, daí porque, em não logrando êxito, o requerente deve acionar o Judiciário para conseguir os documentos, sem prejuízo de representar o agente público por abuso de poder, falta disciplinar e cometimento de ato de improbidade na modalidade violação a princípios da administração;

j) *o interessado poderá, na fase instrutória e antes da tomada da decisão, juntar documentos e pareceres, requerer diligências e perícias, bem como aduzir alegações referentes à matéria objeto do processo; os elementos probatórios deverão ser considerados na motivação do relatório e da decisão; somente poderão ser recusadas, mediante decisão fundamentada, as provas propostas pelos interessados quando sejam ilícitas, impertinentes, desnecessárias ou protelatórias* (art. 38); aqui está-se a consagrar a ampla defesa e o contraditório; destaque para o ponto em que se permite ao interessado requerer perícias (isso não é muito comum na prática de processos administrativos, mas o direito existe) e de apresentar alegações referente ao que se tratou no processo;

k) *quando for necessária a prestação de informações ou a apresentação de provas pelos interessados ou terceiros, serão expedidas intimações para esse fim, mencionando-se data, prazo, forma e condições de atendimento; não sendo atendida a intimação, poderá o órgão competente, se entender relevante a matéria, suprir de ofício a omissão, não se eximindo de proferir a decisão* (art. 39);

l) *quando dados, atuações ou documentos solicitados ao interessado forem necessários à apreciação de pedido formulado, o não atendimento no prazo fixado pela Administração para a respectiva apresentação implicará arquivamento do processo* (art. 40); aqui tem-se uma sanção pesada contra o interessado que não está colaborando; o arquivamento do processo não se confunde com a extinção dele, nem com a formação de coisa julgada administrativa contra a pretensão do interessado; a lei não se refere a "indeferir" o pedido, mas a "arquivar" o pedido; a lei proíbe que o interessado venha a se arrepender e a apresentar os documentos e dados que deveria ter apresentado; nesse caso, de rigor a continuidade do processo, até por economia processual, já que se pode, com isso, evitar uma ação judicial a ser promovida pelo interessado;

m) *os interessados serão intimados de prova ou diligência ordenada, com antecedência mínima de três dias úteis, mencionando-se data, hora e local de realização* (art. 41); aqui mais uma vez a regra que exige intimação com antecedência mínima de 3 dias úteis para diligências que reclamarem a presença do interessado;

n) *quando deva ser obrigatoriamente ouvido um órgão consultivo, o parecer deverá ser emitido no prazo máximo de 15 dias, salvo norma especial ou comprovada necessidade de maior prazo; se um parecer obrigatório e vinculante deixar de ser emitido no prazo fixado, o processo não terá seguimento até a respectiva apresentação, responsabilizando-se quem der causa ao atraso; se um parecer obrigatório e não vinculante deixar de ser emitido no prazo fixado, o processo poderá ter prosseguimento e ser decidido com sua dispensa, sem prejuízo da responsabilidade de quem se omitiu no atendimento* (art. 42).

o) *quando por disposição de ato normativo devam ser previamente obtidos laudos técnicos de órgãos administrativos e estes não cumprirem o encargo no prazo assinalado, o órgão responsável pela instrução deverá solicitar laudo técnico de outro órgão dotado de qualificação e capacidade técnica equivalentes* (art. 43);

p) *encerrada a instrução, o interessado terá o direito de manifestar-se no prazo máximo de 10 dias, salvo se outro prazo for legalmente fixado* (art. 44); aqui, duas observações; a primeira, de que aquele prazo de 5 dias, que é a regra, cede para 10 dias quando se tratar das alegações finais após a instrução; a segunda, de que o princípio do contraditório e da ampla defesa reclama que o interessado fale por último antes das medidas preparatórias para que se dê a decisão, que envolvem relatório e parecer, estes sim podendo se dar após as alegações finais, já fazem parte da decisão comum um todo;

q) *em caso de risco iminente, a Administração Pública poderá motivadamente adotar providências acauteladoras sem a prévia manifestação do interessado* (art. 45); aqui tem-se a expressão do poder geral de cautela administrativa, equivalente ao poder geral de cautela do juiz, poder exercitado para que se proteja o bem jurídico a ser apreciado no processo administrativo enquanto o processo não se encerra; por exemplo, é possível que a Administração venha a suspender provisoriamente a venda de um produto que deva ter autorização dele, enquanto o processo não seja julgado; a respeito do poder geral de cautela da Administração, o STF assim decidiu: "Os denominados "quintos" incorporados aos vencimentos de servidor podem ser suspensos, no curso de processo administrativo, com fundamento no poder cautelar da Administração (Lei 9.784/1999: Art. 45: Em caso de risco iminente, a Administração Pública poderá motivadamente adotar providências acauteladoras sem a prévia manifestação do interessado). Essa a conclusão da 2ª Turma ao finalizar julgamento de recurso ordinário em mandado de segurança no qual se impugnava decisão do Conselho da Justiça Federal — CJF que, em processo administrativo, determinara o cancelamento de incorporação de quintos percebidos pela ora recorrente, bem assim ordenara, no exercício geral de cautela, a suspensão do pagamento da vantagem até a conclusão do feito administrativo. Na espécie, a impetrante possuía vínculo empregatício com a Empresa Brasileira de Pesquisa Agropecuária — Embrapa, como advogada, no período de 27.01.1978 até 19.02.2000, quando assumira cargo efetivo de analista judiciário em Tribunal Regional Federal. O mencionado tribunal, ao aproveitar o tempo de serviço prestado, concedera à impetrante a incorporação de cinco quintos de função comissionada por ela exercida — v. Informativo 719. A Turma pontuou que, na espécie, não estaria em debate o processo administrativo, devidamente instaurado, ou o direito à ampla defesa, mas a possibilidade de a Administração suspender a parcela questionada. Asseverou que, por se tratar de quintos impugnados pelo TCU, a decisão da autoridade administrativa competente teria sido devidamente motivada e não teria comprometido as finanças da servidora". (STF, RMS 31973/DF, j. 25.02.2014)

r) *os interessados têm direito à vista do processo e a obter certidões ou cópias reprográficas dos dados e documentos que o integram, ressalvados os dados e documentos de terceiros protegidos por sigilo ou pelo direito à privacidade, à honra e à imagem* (art. 46);

s) *o órgão de instrução que não for competente para emitir a decisão final elaborará relatório indicando o pedido inicial, o conteúdo das fases do procedimento e formulará proposta de decisão, objetivamente justificada, encaminhando o processo à autoridade competente* (art. 47).

Uma vez que houve a instauração do processo, a instrução desse e a oportunidade de alegações pelo administrativo, chega-se ao momento da decisão.

Sobre o **dever de decidir** e à **motivação das decisões**, há de se obedecer às seguintes regras:

a) *a Administração tem o dever de explicitamente emitir decisão nos processos administrativos e sobre solicitações ou reclamações, em matéria de sua competência* (art. 48); assim como o juiz, a autoridade não pode se eximir de julgar, nem pode fazê-lo sem a devida motivação quanto aos aspectos de fato e de direito envolvidos na questão;

b) *concluída a instrução de processo administrativo, a Administração tem o prazo de até 30 dias para decidir, salvo prorrogação por igual período expressamente motivada* (art. 49); aqui, também um prazo diferente dos prazos de 5 dias; repare que os 30 dias são contados do fim da instrução do processo, e não da data em que é iniciado o processo; e repare também que Administração pode, desde que motive adequadamente, prorrogar esse prazo por mais 30 dias; a disposição do art. 49 é tão importante que pode ser utilizada por analogia em administrações de todo País, para o fim de exigir que sempre que um requerimento for feito à Administração, havendo elementos para decidir, a decisão nunca poderá passar dos 30 dias (ou dos 30 dias mais a prorrogação motivada), salvo disposição em sentido contrário em lei local; não havendo decisão nesse prazo, cabe ação judicial para que o juiz determine a decisão imediata (em atos discricionários) ou substitua imediatamente a vontade da Administração (em atos vinculados), face à ilegal omissão desta;

c) *os atos administrativos deverão ser motivados, com indicação dos fatos e dos fundamentos jurídicos, quando* (art. 50): *i) neguem, limitem ou afetem direitos ou interesses; ii) imponham ou agravem deveres, encargos ou sanções; iii) decidam processos administrativos de concurso ou seleção pública; iv) dispensem ou declarem a inexigibilidade de processo licitatório; v) decidam recursos administrativos; vi) decorram de reexame de ofício; vii) deixem de aplicar jurisprudência firmada sobre a questão ou discrepem de pareceres, laudos, propostas e relatórios oficiais;* viii) *importem anulação, revogação, suspensão ou convalidação de ato administrativo*; repare que os casos em que a motivação é obrigatória são tão amplos, que se pode dizer que a regra é a motivação, não havendo o dever de motivar apenas quando a lei expressamente dispensar tal ato, como no caso da livre nomeação e exoneração de quem tem cargo em comissão (art. 37, II, da CF);

d) *a motivação deve ser explícita, clara e congruente, podendo consistir em declaração de concordância com fundamentos de anteriores pareceres, informações, decisões ou propostas, que, neste caso, serão parte integrante do ato*; aqui se explica que a motivação tem que ser explícita e mais clara e transparente possível, bem como que é legal a motivação *aliunde*, ou seja, a que concorda com os fundamentos de anterior pareceres ou decisões;

e) *na solução de vários assuntos da mesma natureza, pode ser utilizado meio mecânico que reproduza os fundamentos das decisões, desde que não prejudique direito ou garantia dos interessados*;

f) *a motivação das decisões de órgãos colegiados e comissões ou de decisões orais constará da respectiva ata ou de termo escrito*; aqui fica um alerta para integrantes de comissões, que, não concordando com alguma decisão tomada pelo órgão, deve pedir para colocar em ata sua discordância, sob pena de estar sujeito às consequências da decisão com a qual não concordou, mas também não ressalvou em ata.

Por ocasião da decisão no processo administrativo ou mesmo antes disso podem ocorrer algumas intercorrências. Nesse ponto, há de se trazer as regras sobre **desistência** e **outros casos de extinção do processo**:

a) *o interessado poderá, mediante manifestação escrita, desistir total ou parcialmente do pedido formulado ou, ainda, renunciar a direitos disponíveis; havendo vários interessados, a desistência ou renúncia atinge somente quem a tenha formulado; a desistência ou renúncia do interessado, conforme o caso, não prejudica o prosseguimento do processo, se a Administração considerar que o interesse público assim o exige* (art. 51); repare que a renúncia ou desistência pode se dar a qualquer tempo; porém, muitas vezes um requerimento denuncia alguma ilegalidade na Administração e esta, mesmo diante da desistência do processo pelo denunciante, tem o direito de prosseguir no processo, pois, no final, pode ser que seja comprovada mesmo uma ilegalidade e a Administração não pode conviver com isso, em razão do princípio da legalidade;

b) *o órgão competente poderá declarar extinto o processo quando exaurida sua finalidade ou o objeto da decisão se tornar impossível, inútil ou prejudicado por fato superveniente* (art. 52).

Sobre a **anulação**, a **revogação** e a **convalidação**, confira-se as regras:

a) *a Administração deve anular seus próprios atos, quando eivados de vício de legalidade, e pode revogá-los por motivo de conveniência ou oportunidade, respeitados os direitos adquiridos* (art. 53); aqui temos o princípio da autotutela, que também está previsto na Súmula 473 do STF; repare que atos inconvenientes ou inoportunos são revogados, ao passo que atos ilegais, anulados; importante ressaltar que o STF tem insistido na necessidade de instauração de processo administrativo prévio, dotado de contraditório e de ampla defesa, toda vez que eventual decisão da Administração que anule ou revogue um ato puder influir negativamente no direito de alguém; interessante notar que a Min. Cármen Lúcia, inclusive, sugeriu que a Súmula 473 do STF (que tem teor semelhante ao art. 53 da Lei 9.784/1999) fosse objeto de súmula vinculante para acrescer o trecho ""garantidos, em todos os casos, o devido processo legal administrativo e a apreciação judicial" (RE 594.296), sugestão que se aguarda seja aprovada, já que de acordo com o mandamento constitucional e a própria Lei 9.784/1999;

b) *o direito da Administração de anular os atos administrativos de que decorram efeitos favoráveis para os destinatários decai em cinco anos, contados da data em que foram praticados, salvo comprovada má-fé; no caso de efeitos patrimoniais contínuos, o prazo de decadência contar-se-á da percepção do primeiro pagamento; considera-se exercício do direito de anular qualquer medida de autoridade administrativa que importe impugnação à validade do ato* (art. 54); aqui se tem o prazo decadencial para anular atos que beneficiam pessoas de boa-fé, que é de 5 anos; se o ato ilegal beneficia alguém de má-fé (e o ônus de provar a má-fé é da Administração), não há prazo para a anulação, ressalvada a posição daqueles que, invocando o princípio da segurança jurídica, entendem que o prazo nesse segundo caso é de 15 anos, maior prazo prescricional previsto no Código Civil (art. 1.238); repare que os 5 anos são contados não da data da publicação ou do conhecimento do ato, mas da data em que o ato foi praticado; no caso de atos com efeitos contínuos (por exemplo, uma aposentadoria), o prazo de 5 anos é contado da percepção do primeiro pagamento;

c) *em decisão na qual se evidencie não acarretarem lesão ao interesse público nem prejuízo a terceiros, os atos que apresentarem defeitos sanáveis poderão ser convalidados pela própria Administração* (art. 55); aqui temos o instituto da convalidação, que aproveita atos com vícios sanáveis na própria categoria de atos do ato original, com efeito retroativo para sanar a ilegalidade como um todo.

Acerca do **recurso administrativo**, a lei traz as seguintes regras:

a) *das decisões administrativas cabe recurso, em face de razões de legalidade e de mérito* (art. 56); repare que se pode recorrer contra pressupostos processuais e condições para o processo (temas preliminares) e contra o mérito da decisão;

b) *o recurso será dirigido à autoridade que proferiu a decisão, a qual, se não a reconsiderar no prazo de 5 dias, o encaminhará à autoridade superior* (art. 56, § 1º); repare que a autoridade para a qual é dirigido o recurso é a mesma autoridade que apreciou a questão; essa autoridade, ao receber o recurso, recebe o chamado poder regressivo, que permite que ela mude de ideia no prazo de 5 dias, como se tivesse sido feito um pedido de reconsideração pra ela; não entendendo ser o caso de reconsiderar, a autoridade deverá encaminhar o recurso para a autoridade superior, que julgará esse recurso;

c) *salvo exigência legal, a interposição de recurso administrativo independe de caução* (art. 56, § 2º); em reforço a essa regra a Súmula Vinculante STF 21 estabelece que "é inconstitucional a exigência de depósito ou arrolamento prévios de dinheiro ou bens para admissibilidade de recurso administrativo; da mesma forma, a Súmula STJ 373 é no sentido de que: "É ilegítima a exigência de depósito prévio para admissibilidade de recurso administrativo".

d) *se o recorrente alegar que a decisão administrativa contraria enunciado da súmula vinculante, caberá à autoridade prolatora da decisão impugnada, se não a reconsiderar, explicitar, antes de encaminhar o recurso à autoridade superior, as razões da aplicabilidade ou inaplicabilidade da súmula, conforme o caso* (art. 56, § 3º); temos aqui um dever jurídico à autoridade prolatora da decisão que vai causar um constrangimento interessante a ela; é muito comum que autoridades, ao apreciarem pedidos de reconsideração, simplesmente escrevam que mantêm a decisão por seus próprios fundamentos; mas agora isso não mais será possível se houver alegação de violação a enunciado de súmula vinculante, pois a autoridade será obrigada a explicar as razões da aplicabilidade ou não da súmula, o que pode até levar a autoridade a reformar totalmente sua decisão, quando for o caso;

e) *o recurso administrativo tramitará no máximo por 3 instâncias administrativas, salvo disposição legal diversa* (art. 57); o texto em questão gera uma dúvida interessante; afinal, tem-se a instância inicial que toma a decisão original e mais 3 instâncias após a primeira decisão tomada sobre o caso, ou, somando todas as instâncias pelas quais um processo administrativo passa, temos um total de 3 instâncias? A nosso ver, uma leitura atenta do dispositivo faz concluir que temos, na verdade, além da instância original, mais até 3 instâncias recursais; isso porque a instância original não é uma "instância recursal", mas simplesmente a primeira e original instância de um processo administrativo, ao passo que o dispositivo é claro ao dispor que "o recurso (...) tramitará no máximo por 3 instâncias""; ora, a lei é clara que só a fase de recursos tem 3 instâncias, não incluindo a primeira fase do processo, que não é recursal, mas simplesmente a instância original do processo; vale lembrar que, em matéria de direitos fundamentais (no caso, à ampla defesa) não é dado ao intérprete restringir onde não haja restrição; no mais, o dispositivo encerra sua prescrição esclarecendo que se houver outra disposição em lei especial, esta prevalecerá, valendo lembrar também que, se o processo já se inicia em autoridades muito graduadas, como Ministros e Presidente da República, por um imperativo lógico não se conseguirá alcançar 3 instâncias administrativas;

f) *têm legitimidade para interpor recurso administrativo (art. 58): i) os titulares de direitos e interesses que forem parte no processo; ii) aqueles cujos direitos ou interesses forem indiretamente afetados pela decisão recorrida; iii) as organizações e associações representativas, no tocante a direitos e interesses coletivos; iv) os cidadãos ou associações, quanto a direitos ou interesses difusos*; as disposições aqui repetem as diretrizes estampadas na lei quando trata dos legitimados para o processo administrativo (art. 9º);

g) *salvo disposição legal específica, é de 10 dias o prazo para interposição de recurso administrativo, contado a partir da ciência ou divulgação oficial da decisão recorrida* (art. 59, *caput*); essa é uma regra extremamente importante, pois traz o prazo de todos os recursos administrativos que não tenham, em outra lei, prazo diverso; assim, para cada recurso que se interpor no processo administrativo (para cada uma das 3 instâncias recursais) ter-se-á o mesmo prazo de 10 dias; outro ponto que deve ser destacado é que esse prazo deve ser contado a partir da ciência ou divulgação oficial da decisão recorrida, lembrando-se que há regras específicas a serem obedecidas nas intimações dos interessados, nos arts. 26 e seguintes da Lei 9.784/1999;

h) *quando a lei não fixar prazo diferente, o recurso administrativo deverá ser decidido no prazo máximo de 30 dias, a partir do recebimento dos autos pelo órgão competente* (art. 59, § 1º); esse prazo *poderá ser prorrogado por igual período, ante justificativa explícita* (art. 59, § 2º); repare que o mesmo prazo que a Administração tem para decidir inicialmente (em primeira instância) um processo administrativo (art. 49) é também o prazo para decidir os recursos administrativos, prazo esse de 30 dias; não bastasse, da mesma forma que, quanto à decisão inicial, admite-se prorrogação motivada do prazo para decidir, por mais 30 dias, também no julgamento de recursos cabe tal prorrogação, desde que também diante de uma justificativa explícita; vale ressaltar que a não apreciação de recurso no prazo também enseja a tomada de medidas judiciais em face da negligência administrativa, sem prejuízo de se buscar a responsabilização administrativa do servidor desidioso;

i) *o recurso interpõe-se por meio de requerimento no qual o recorrente deverá expor os fundamentos do pedido de reexame, podendo juntar os documentos que julgar convenientes* (art. 60); assim como nos pedidos iniciais, em recursos também é comum separar a parte "dos fatos", da parte "do direito" e depois fazer o "pedido", no caso, de reforma da decisão, tudo sem prejuízo da juntada de documentos, mesmo nessa fase do processo; quanto à separação indicada (fatos, direito e pedido) não é algo absoluto e que, se não feito, enseja não conhecimento do recurso; estamos numa época em que se deve buscar ao máximo o "acesso à justiça administrativa", de modo que se no recurso (ou mesmo no pedido inicial) a autoridade puder entender qual pedido foi feito e qual é a mínima justificativa apresentada, tal é suficiente, havendo provas dos fatos alegados, para apreciação e quem sabe julgamento a favor do requerente; aliás, quanto à produção de provas, de rigor lembrar que a Administração também deve buscar produzi-las (pelo princípio da impulsão oficial), ainda que o ônus probatório não seja dele, e que a busca pela verdade é tão importante em matéria pública, que mesmo na fase recursal se admite a juntada de documentos, o que não é permitido no processo civil, salvo se se tratar de fato novo;

j) *salvo disposição legal em contrário, o recurso não tem efeito suspensivo; havendo justo receio de prejuízo de difícil ou incerta reparação decorrente da execução, a autoridade recorrida ou a imediatamente superior poderá, de ofício ou a pedido, dar efeito suspensivo ao recurso* (art. 61); quando um administrado tem uma decisão administrativa a seu favor e um terceiro vem a recorrer dessa decisão, como o recurso como regra não tem efeito suspensivo, o administrado que iniciou aquele processo pode já pedir para a Administração executar imediatamente a decisão que tiver sido tomada em seu favor; todavia, se o administrado tiver feito um requerimento inicial e este tiver sido negado, o recurso interposto, como não tem efeito suspensivo, não ajuda em nada ao recorrente para executar imediatamente a decisão, pois nada lhe é dado ainda neste momento; o administrador deve aguardar o julgamento do recurso e, se este for provido, aí sim poderá pedir a execução imediata da decisão, já que eventual outro recurso a ser interposto por um terceiro não terá efeito suspensivo; de qualquer forma, em qualquer dos casos mencionados, nada impede que alguém interponha recurso e peça para a Administração suspender a decisão recorrida (ou seja, atribuir, além do efeito devolutivo natural de todo recurso, o efeito suspensivo também); um exemplo é a situação em que se toma a decisão de demolir um imóvel do administrado; nesse caso, em havendo recurso por parte do administrado, este pode pedir que se atribua efeito suspensivo ao recurso, o que terá por consequência a suspensão temporária da decisão de demolir o imóvel;

k) *interposto o recurso, o órgão competente para dele conhecer deverá intimar os demais interessados para que, no prazo de 5 dias úteis, apresentem alegações* (art. 62); aqui tem-se o chamado prazo para resposta ao recurso; tal prazo só será concedido a alguém quando houver um terceiro interessado, ou seja, quando houver, além do requerente e da Administração, uma terceira pessoa com interesse direto no processo; repare que o prazo aqui não é de 10 dias, como é o prazo para recorrer, mas também não é de 5 dias corridos, mas, sim, de 5 dias úteis, o que faz diferença;

l) *o recurso não será conhecido quando interposto (art. 63): i) fora do prazo; ii) perante órgão incompetente, caso em que será indicada ao recorrente a autoridade competente, sendo-lhe devolvido o prazo para recurso; iii) por quem não seja legitimado; iv) após exaurida a esfera administrativa*; se o recurso estiver fora de prazo, é óbvio que não deva ser conhecido, o mesmo se podendo dizer de recurso interposto por aquele que não seja legitimado recursal ou interposto em casos quando já exaurida a esfera administrativa, ou seja, quando já não caiba mais recurso no caso, como quando já se tenha percorrido três instâncias recursais; o que se tem de interessante na regra em tela é que, caso o recurso seja interposto junto a órgão incompetente, a autoridade para a qual for dirigido o recurso, em vez de não conhecer e arquivar o caso, deve não conhecer do recurso e indicar qual é a autoridade correta para dirigir recurso, dando o prazo de 10 dias (da intimação de sua decisão) para o recorrente interponha novo recurso, agora junto à autoridade correta;

m) *o não conhecimento do recurso não impede a Administração de rever de ofício o ato ilegal, desde que não ocorrida preclusão administrativa* (art. 63, § 2º); essa regra demonstra o quão é importante o princípio da legalidade no Direito Administrativo; isso porque a regra está a admitir que mesmo um recurso não conhecido (por exemplo, por ter sido interposto fora de prazo) pode levar à Administração a, ciente de algum fato que revele que há uma ilegalidade a ser sanada, rever de ofício o ato que o requerente queria que fosse revisto pelo recurso interposto, tudo porque a Administração não fecha os olhos para a ilegalidade, sob pena de violar não só o princípio da autotutela e o princípio da legalidade, como o princípio basilar que está por trás destes, que é o princípio da indisponibilidade do interesse público; a título de exemplo, vale citar um caso em que uma pessoa ingresse com um pedido administrativo para ver declarado a nulidade de um auto de infração, ao argumento de que fora expedido por autoridade absolutamente incompetente; imagine, agora, que os autos com esse requerimento acabe por irem para a tal autoridade absolutamente incompetente, que resolve, ela mesma, apreciar o pedido e indeferi-lo; em seguida, imagine que o administrado ingresse, fora do prazo, com um recurso contra essa decisão, alegando ter havido incompetência para o julgamento do pedido administrativo, impedimento para o julgamento e, no mérito, patente ilegalidade do auto de infração, por incompetência absoluta da autoridade; numa situação dessas, a autoridade que receber esse recurso deve não conhecer o recurso do requerente, mas, diante de tantas ilegalidades que poderá verificar facilmente da leitura do recurso, poderá, com fulcro no princípio da legalidade e no art. 63, § 2º, da Lei 9.784/1999, anular qualquer um dos atos de ofício, seja o auto de infração (ficando prejudicado os requerimentos posteriores), seja, no caso de não ter elementos ainda para decidir sobre o auto de infração, a decisão que apreciou o requerimento inicial, a fim de que o processo seja apreciado nos termos da lei pela autoridade incompetente; resta saber o que significa a ressalva no dispositivo citado, de que essa providência de autotutela só pode se dar "desde que não ocorrida preclusão administrativa"; a preclusão, em matéria processual, é a perda de uma oportunidade processual, seja por perda do prazo, seja por comportamento anterior contraditório com o objetivo recursal; no caso em questão, como o princípio da autotutela para anular atos ilegais deve respeitar apenas o prazo de 5 anos para anular atos que beneficiam terceiros de boa-fé, só se pode concluir que a expressão "preclusão administrativa" foi usada contra a Administração e não contra o administrado (aliás, a palavra "administrativa", que vem em seguida à palavra "preclusão" leva a essa conclusão também), com o fito de dizer que a administração pode anular os seus atos a qualquer tempo, desde que não tenha havido ainda decadência do direito de anular;

n) *o órgão competente para decidir o recurso poderá confirmar, modificar, anular ou revogar, total ou parcialmente, a decisão recorrida, se a matéria for de sua competência; sendo que, se da aplicação do disposto neste artigo puder decorrer gravame à situação do recorrente, este deverá ser cientificado para que formule suas alegações antes da decisão* (art. 64); quando um administrado reconhecer, ao final do recurso, deve pedir o seu provimento para modificar a decisão em seu favor ou anular a decisão em seu favor; porém, a autoridade que apreciar o recurso pode, também, confirmar a decisão (nesse caso o recurso não é provido), modificar a decisão em desfavor do administrado, anular a decisão em desfavor do administrado ou mesmo revogar a decisão (em favor ou em desfavor do administrado), pois, em se tratando de decisão discricionária, esta pode ser revogada a qualquer tempo, de acordo com a conveniência e a oportunidade administrativas; quando o autoridade aprecia o recurso a favor do administrado, não há problema algum; o problema é quando o administrado recorre de uma decisão que não lhe agradou totalmente e, no bojo do recurso dele, a Administração resolve piorar ainda mais a situação do administrador (modificando, anulando ou revogando decisões em seu desfavor); nesse caso, se estivéssemos diante de um processo penal, não caberia agravar a decisão em desfavor do recorrente, pois lá vige o princípio da impossibilidade da *reformatio in pejus*; todavia, em direito administrativo é diferente; a Lei 9.784/1999 admite a *reformatio in pejus* em matéria recursal; a única ressalva é que, em homenagem à ampla defesa e ao contraditório devidos ao administrado, a Administração em suspeitando que irá agravar a situação do recorrente deve, antes de o fazê-lo, intimar o recorrente, deixando claro que está tendente a reformar a decisão em seu desfavor em certo e determinado ponto, e dando oportunidade para que o administrado formule suas alegações antes da decisão;

o) *se o recorrente alegar violação de enunciado da súmula vinculante, o órgão competente para decidir o recurso explicitará as razões da aplicabilidade ou inaplicabilidade da súmula, conforme o caso* (art. 64-A);

p) *acolhida pelo Supremo Tribunal Federal a reclamação fundada em violação de enunciado da súmula vinculante, dar-se-á ciência à autoridade prolatora e ao órgão competente para o julgamento do recurso, que deverão adequar as futuras decisões administrativas em casos semelhantes, sob pena de responsabilização pessoal nas esferas cível, administrativa e penal* (art. 64-B); quando o STF expede uma súmula vinculante, esta, como o próprio nome diz, "terá efeito vinculante em relação aos demais órgãos do Poder Judiciário e à administração pública direta e indireta, nas esferas federal, estadual e municipal" (art. 2º, *caput,* da Lei 11.417/2006); nesse sentido, as autoridades e órgãos públicos são obrigados a obedecer rigorosamente as súmulas e, caso não o façam, o prejudicado poderá, após esgotar as vias administrativas alegando a violação à súmula vinculante (art. 7º, § 1º, da Lei 11.417/2006), ingressar com Reclamação Constitucional junto ao STF (art. 7º, *caput,* da Lei 11.417/2006), a fim de que este anule o ato administrativo e determine que o órgão adeque as futuras decisões administrativas em casos semelhantes, sob pena de responsabilização pessoal nas esferas cível, administrativa e penal;

q) *os processos administrativos de que resultem sanções poderão ser revistos, a qualquer tempo, a pedido ou de ofício, quando surgirem fatos novos ou circunstâncias relevantes suscetíveis de justificar a inadequação da sanção aplicada* (art. 65); *da revisão do processo não poderá resultar agravamento da sanção* (art. 65, parágrafo único); aqui se está a tratar da chamada "revisão administrativa", que, à moda do que se dá com a "revisão criminal", permite, mas desde que a favor do requerente, que sanções aplicadas a este sejam revistas, caso surjam fatos novos ou circunstâncias relevantes suscetíveis de justificar a inadequação da sanção aplicada; aqui, como se viu, não cabe *reformatio in pejus*, como cabe em caso de recurso administrativo, conforme visto acima.

Quanto à **contagem de prazos**, as regras são as seguintes (arts. 66 e 67):

a) *os prazos começam a correr a partir da data da cientificação oficial, excluindo-se da contagem o dia do começo e incluindo-se o do vencimento*; aqui temos uma regra comum no Direito, igual ao regime da legislação processual civil;

b) *considera-se prorrogado o prazo até o primeiro dia útil seguinte se o vencimento cair em dia em que não houver expediente ou este for encerrado antes da hora normal*;

c) *os prazos expressos em dias contam-se de modo contínuo*;

d) *os prazos fixados em meses ou anos contam-se de data a data. Se no mês do vencimento não houver o dia equivalente àquele do início do prazo, tem-se como termo o último dia do mês*;

e) *salvo motivo de força maior devidamente comprovado, os prazos processuais não se suspendem*; um exemplo de força maior é uma greve no transporte coletivo, que impeça que alguém compareça a alguma audiência ou que protocole no prazo algum requerimento o recurso.

Quanto às **sanções**, a Lei 9.784/1999 estabelece que "as sanções, a serem aplicadas por autoridade competente, terão natureza pecuniária ou consistirão em obrigação de fazer ou de não fazer, assegurado sempre o direito de defesa" (art. 68).

A título de **disposições finais**, as regras são as seguintes:

a) *os processos administrativos específicos continuarão a reger-se por lei própria, aplicando-se-lhes apenas subsidiariamente os preceitos desta Lei* (art. 69); isso já foi visto no início da análise da Lei 9.784/1999, tratando-se de consequência direta do fato desta lei ser uma lei geral de processos administrativos, que, assim, cede em face da existência de regras em sentido contrários em alguma lei específica que trate de um específico processo administrativo, como a Lei 8.666/1993 (Licitações e Contratos) ou a Lei 8.112/1990 (Estatuto dos Servidores Federais), tudo sem prejuízo de que a lei em tela (9.784/1999) seja aplicada subsidiariamente aos processos administrativos regidos pelas leis citadas, quando não houver, na lei específica, regra sobre questão determinada;

b) *terão prioridade na tramitação, em qualquer órgão ou instância, os procedimentos administrativos em que figure como parte ou interessado (art. 69-A): i) pessoa com idade igual ou superior a 60 (sessenta) anos; ii) pessoa portadora de deficiência, física ou mental; iii) pessoa portadora de tuberculose ativa, esclerose múltipla, neoplasia maligna, hanseníase, paralisia irreversível e incapacitante, cardiopatia grave, doença de Parkinson, espondiloartrose anquilosante, nefropatia grave, hepatopatia grave, estados avançados da doença de Paget (osteíte deformante), contaminação por radiação, síndrome de imunodeficiência adquirida, ou outra doença grave, com base em conclusão da medicina especializada, mesmo que a doença tenha sido contraída após o início do processo*;

c) *a pessoa interessada na obtenção do benefício, juntando prova de sua condição, deverá requerê-lo à autoridade administrativa competente, que determinará as providências a serem cumpridas* (art. 69-A, § 1º);

d) *deferida a prioridade, os autos receberão identificação própria que evidencie o regime de tramitação prioritária* (art. 69-A, § 2º);

e) *a lei entrou em vigor na data de sua publicação* (art. 70).

9. Direito Ambiental

Fabiano Melo

1. PRINCÍPIOS DO DIREITO AMBIENTAL

a) Princípio do Desenvolvimento Sustentável: na interpretação do princípio do desenvolvimento sustentável é necessário conjugar o art. 170 (ordem econômica) com o art. 225 (meio ambiente) da Constituição Federal, isto é, é necessário compatibilizar as atividades econômicas com a proteção ao meio ambiente. Aliás, a defesa do meio ambiente é um dos princípios da ordem econômica (art. 170, VI, CF). Dessa forma, as atividades econômicas não podem ser exercidas em desarmonia com os princípios destinados a tornar efetiva a proteção ao meio ambiente.

b) Princípio da Função Socioambiental da Propriedade: o regime jurídico da propriedade publicizou-se com a Constituição de 1988. É dizer, os princípios de direito público norteiam a concepção e conteúdo do direito de propriedade no ordenamento jurídico brasileiro. Garante-se a propriedade privada (art. 5º, XXII, da CF), mas o direito de propriedade somente se legitima ao atender a função social (art. 5º, XXIII, da CF). A função socioambiental da *propriedade urbana* no âmbito constitucional assenta-se no § 2.º do art. 182. Nesse sentido, a *propriedade urbana* cumpre sua função social quando atende às exigências fundamentais de ordenação da cidade expressas no plano diretor. Importante lembrar que o plano diretor é obrigatório para as cidades com mais de 20 mil habitantes. Por sua vez, conforme o art. 186 da CF, a função social da *propriedade rural* é cumprida quando atende, simultaneamente, segundo critérios e graus de exigência estabelecidos em lei, aos seguintes requisitos: "I – aproveitamento racional e adequado; *II – utilização adequada dos recursos naturais disponíveis e preservação do meio ambiente;* III – observância das disposições que regulam as relações de trabalho; IV – exploração que favoreça o bem-estar dos proprietários e dos trabalhadores."

c) Princípio da Prevenção: significa agir antecipadamente. O princípio da prevenção aplica-se ao *risco conhecido*. Entende-se por ***risco conhecido*** aquele identificado através de pesquisas, dados e informações ambientais ou ainda porque os impactos são conhecidos em decorrência dos resultados de intervenções anteriores, como, por exemplo, a degradação das atividades de mineração, em que as consequências para o meio ambiente são de conhecimento geral. É a partir do ***risco ou perigo conhecido*** que se procura adotar medidas antecipatórias de mitigação dos possíveis impactos ambientais.

d) Princípio da Precaução: O princípio da precaução encontra-se previsto no Princípio 15 da Declaração do Rio (1992), que postula: "Quando houver ameaça de danos graves ou irreversíveis, a ausência de certeza científica absoluta não será utilizada como razão para o adiamento de medidas economicamente viáveis para prevenir a degradação ambiental." Esse é um princípio atrelado à **incerteza científica (risco desconhecido)**. Atua como um mecanismo de gerenciamento de riscos ambientais, notadamente para as atividades e empreendimentos marcados pela ausência de estudos e pesquisas objetivas sobre as consequências para o meio ambiente e a saúde humana. Como exemplos de aplicabilidade do princípio da precaução, enumera-se a necessidade de sua observância no plantio de organismos geneticamente modificados (OGMs) ou ainda na gestão dos riscos decorrentes das intervenções antrópicas que contribuem para a majoração da intensidade dos efeitos do aquecimento global. Não há, como se sabe, estudos conclusivos sobre as consequências de OGMs para a saúde humana e o meio ambiente e, como tal, se faz necessário a observância do princípio da precaução.

e) Princípio do Poluidor Pagador: É um princípio de natureza econômica, cautelar e preventivo, que compreende a internalização dos custos ambientais, que devem ser suportados pelo empreendedor, afastando-os da coletividade. Conforme o Princípio 16 da Declaração do Rio, "as autoridades nacionais devem procurar promover a internalização dos custos ambientais e o uso de instrumentos econômicos, tendo em vista a abordagem segundo a qual o poluidor deve, em princípio, arcar com o custo da poluição, com a devida atenção ao interesse público e sem provocar distorções no comércio e nos investimentos internacionais". A frase que identifica o princípio é a "internalização das externalidades negativas". Em outras palavras, o empreendedor deve adotar todas as medidas para mitigar as externalidades negativas (gases, efluentes, resíduos sólidos) e tratá-las no processo produtivo. Ainda que adote todas as medidas de prevenção e mesmo assim se verifique a ocorrência do dano, o empreendedor será obrigado a repará-lo.

f) Princípio do Usuário Pagador: o princípio reconhece a necessidade de valoração econômica dos recursos naturais, com a cobrança pela sua utilização. Nesse sentido, a água é um bem econômico, conforme a Lei 9.433/1997, que instituiu a Política Nacional de Recursos Hídricos. A PNRH dispõe sobre a cobrança do uso de recursos hídricos, ao "reconhecer a água como bem econômico e dar ao usuário uma indicação de seu real valor" (art. 19, I).

g) Princípio da Informação Ambiental: é direito da população receber e ter acesso às informações sobre todos os procedimentos, públicos ou privados, que intervenham no meio ambiente. Assim, a população tem o direito de ser informada sobre a qualidade dos bens ambientais, sobre a realização de obras e atividades efetiva e potencialmente poluidoras etc.

h) Princípio da Participação Comunitária: é através desse princípio que a população participa (a) das políticas públicas ambientais na esfera administrativa (audiências, consultas públicas e direito de petição); (b) propõe ações judiciais no Poder Judiciário; ou (c) votando ou participando através dos mecanismos legislativos (plebiscito, referendo e iniciativa popular de lei).

i) **Princípio da Cooperação:** cooperar significa agir em conjunto e, para o direito ambiental, a cooperação ocorre no âmbito internacional e nacional. Na esfera internacional a proteção ao meio ambiente é uma obrigação conjunta dos Estados, que atuam para a redução da pobreza e para o desenvolvimento sustentável. No âmbito interno, o Brasil adotou o federalismo cooperativo, de partilha de responsabilidades entre os entes federativos (União, estados, Distrito Federal e municípios) na proteção ao meio ambiente.

2. CONCEITO DE MEIO AMBIENTE

Para a Lei da Política Nacional de Meio Ambiente (Lei 6.938/1981), compreende-se como meio ambiente "o conjunto de condições, leis, influências e interações de ordem física, química e biológica, que permite, abriga e rege a vida em todas as suas formas" (art. 3º, I).

3. CLASSIFICAÇÃO DE MEIO AMBIENTE

A classificação de meio ambiente, em sentido amplo e com fins didáticos, congrega quatro componentes: (a) Meio Ambiente Físico ou Natural; (b) Meio Ambiente Cultural; (c) Meio Ambiente Artificial (Urbano); (d) Meio Ambiente do Trabalho.

O *meio ambiente físico ou natural* é aquele integrado pela flora, fauna, os recursos hídricos, a atmosfera, os estuários, o mar territorial, o solo, o subsolo, os elementos da biosfera.

O *meio ambiente cultural* constitui-se pelo patrimônio cultural, artístico, arqueológico, paisagístico, etnográfico, assim como pelas manifestações culturais, folclóricas e populares brasileiras. O meio ambiente cultural é composto tanto pelo patrimônio material quanto pelo patrimônio imaterial.

O *meio ambiente artificial* é o espaço urbano, as cidades com seus espaços abertos, tais como ruas, praças e parques; e os espaços fechados, com as edificações etc.

O *meio ambiente do trabalho*, por fim, possui vinculação com a saúde e a segurança do trabalhador. O art. 200 da Constituição Federal cuida das competências do Sistema Único de Saúde, entre as quais: "colaborar na proteção do meio ambiente, nele compreendido o do trabalho" (inciso VIII).

4. A CONSTITUICÃO E O MEIO AMBIENTE

A Constituição previu um capítulo para a proteção ambiental, que se materializa no art. 225, cujo *caput* apresenta a seguinte redação: "Todos têm direito ao meio ambiente ecologicamente equilibrado, bem de uso comum do povo e essencial à sadia qualidade de vida, impondo-se ao Poder Público e à coletividade o dever de defendê-lo e preservá-lo para as presentes e futuras gerações."

Para a *efetividade do meio ambiente ecologicamente equilibrado*, cabe ao Poder Público (art. 225, § 1º, da CF):

"I – preservar e restaurar os processos ecológicos essenciais e prover o manejo ecológico das espécies e ecossistemas;

II – preservar a diversidade e a integridade do patrimônio genético do país e fiscalizar as entidades dedicadas à pesquisa e manipulação de material genético;

III – definir, em todas as unidades da Federação, espaços territoriais e seus componentes a serem especialmente protegidos, sendo a alteração e a supressão permitidas somente através de lei, vedada qualquer utilização que comprometa a integridade dos atributos que justifiquem sua proteção;

IV – exigir, na forma da lei, para instalação de obra ou atividade potencialmente causadora de significativa degradação do meio ambiente, estudo prévio de impacto ambiental, a que se dará publicidade;

V – controlar a produção, a comercialização e o emprego de técnicas, métodos e substâncias que comportem risco para a vida, a qualidade de vida e o meio ambiente;

VI – promover a educação ambiental em todos os níveis de ensino e a conscientização pública para a preservação do meio ambiente;

VII – proteger a fauna e a flora, vedadas, na forma da lei, as práticas que coloquem em risco sua função ecológica, provoquem a extinção de espécies ou submetam os animais a crueldade."

Por fim, o art. 225 apresenta *determinações específicas*, a saber:

"§ 2º aquele que explorar recursos minerais fica obrigado a recuperar o meio ambiente degradado, de acordo com solução técnica exigida pelo órgão público competente;

§ 3º as condutas e atividades consideradas lesivas ao meio ambiente sujeitarão os infratores, pessoas físicas ou jurídicas, a sanções penais e administrativas, independentemente da obrigação de reparar os danos causados;

§ 4º a Floresta Amazônica brasileira, a Mata Atlântica, a Serra do Mar, o Pantanal Mato-Grossense e a Zona Costeira são patrimônio nacional, e sua utilização far-se-á, na forma da lei, dentro de condições que assegurem a preservação do meio ambiente, inclusive quanto ao uso dos recursos naturais;

§ 5º são indisponíveis as terras devolutas ou arrecadadas pelos estados, por ações discriminatórias, necessárias à proteção dos ecossistemas naturais;

§ 6º as usinas que operem com reator nuclear deverão ter sua localização definida em lei federal, sem o que não poderão ser instaladas."

Outro aspecto que merece atenção é a leitura do art. 216 da Constituição, que disciplina o patrimônio cultural. Com efeito, "constituem patrimônio cultural brasileiro os bens de natureza material e imaterial, tomados individualmente ou em conjunto, portadores de referência à identidade, à ação, à memória dos diferentes grupos formadores da sociedade brasileira, nos quais se incluem:

I – as formas de expressão;

II – os modos de criar, fazer e viver;

III – as criações científicas, artísticas e tecnológicas;

IV – as obras, objetos, documentos, edificações e demais espaços destinados às manifestações artístico-culturais;

V – os conjuntos urbanos e sítios de valor histórico, paisagístico, artístico, arqueológico, paleontológico, ecológico e científico".

Entre os instrumentos, destaca-se que "o Poder Público, com a colaboração da comunidade, promoverá e protegerá o patrimônio cultural brasileiro, *por meio de inventários, registros, vigilância, tombamento e desapropriação, e de outras formas de acautelamento e preservação*" (art. 216, § 1º, da CF). A Constituição consigna, além disso, que a lei estabelecerá incentivos para a produção e o conhecimento de bens e valores culturais; que os danos e ameaças ao patrimônio cultural serão punidos, na forma da lei; e que ficam tombados todos os documentos e os sítios detentores de reminiscências históricas dos antigos quilombos. Por fim, relaciona que "é facultado aos estados e ao Distrito Federal vincular a fundo estadual de fomento à cultura até cinco décimos por cento de sua receita tributária líquida, para o financiamento de programas e projetos culturais, vedada a aplicação desses recursos no pagamento de: (I) despesas com pessoal e encargos sociais; (II) serviço da dívida; (III) qualquer outra despesa corrente não vinculada diretamente aos investimentos ou ações apoiados" (art. 216, § 6º, III, da CF).

Meio Ambiente na Constituição – Art. 225	
Norma-matriz: *caput* do art. 225	a) todos: todos os brasileiros e estrangeiros residentes no país; b) todos têm direito: criou um direito público subjetivo, oponível contra todos (Estado, particulares); c) meio ambiente ecologicamente equilibrado: é um meio ambiente sem poluição; d) bem de uso comum do povo: é um bem jurídico autônomo, de titularidade difusa, que não pertence ao domínio público ou privado; e) sadia qualidade de vida: só pode ser alcançada com o meio ambiente ecologicamente equilibrado; f) Poder Público: entes federativos e os seus poderes (Executivo, Legislativo e Judiciário); g) presentes e futuras gerações: criou a responsabilidade entre gerações, para que as futuras recebam o meio ambiente ecologicamente equilibrado.
Instrumentos de garantia de efetividade do *caput*: § 1.º do art. 225	a) preservar e restaurar os processos ecológicos essenciais e prover o manejo ecológico das espécies e ecossistemas; b) preservar a diversidade e a integridade do patrimônio genético do país e fiscalizar as entidades dedicadas à pesquisa e manipulação de material genético; c) definir, em todas as unidades da Federação, espaços territoriais e seus componentes a serem especialmente protegidos, sendo a alteração e a supressão permitidas somente através de lei, vedada qualquer utilização que comprometa a integridade dos atributos que justifiquem sua proteção; d) exigir, para instalação de obra ou atividade potencialmente causadora de significativa degradação do meio ambiente, estudo prévio de impacto ambiental, a que se dará publicidade; e) controlar a produção, a comercialização e o emprego de técnicas, métodos e substâncias que comportem risco para a vida, a qualidade de vida e o meio ambiente; f) promover a educação ambiental em todos os níveis de ensino e a conscientização pública para a preservação do meio ambiente; g) proteger a fauna e a flora, vedadas as práticas que coloquem em risco sua função ecológica, provoquem a extinção de espécies ou submetam os animais a crueldade.
Determinações particulares: §§ 2.º a 6.º do art. 225	a) aquele que explorar recursos minerais fica obrigado a recuperar o meio ambiente degradado, de acordo com solução técnica exigida pelo órgão público competente; b) as condutas e atividades consideradas lesivas ao meio ambiente sujeitarão os infratores, pessoas físicas ou jurídicas, a sanções penais e administrativas, independentemente da obrigação de reparar os danos causados; c) a Floresta Amazônica brasileira, a Mata Atlântica, a Serra do Mar, o Pantanal Mato-Grossense e a Zona Costeira são patrimônio nacional, e sua utilização far-se-á dentro de condições que assegurem a preservação do meio ambiente, inclusive quanto ao uso dos recursos naturais; d) são indisponíveis as terras devolutas ou arrecadadas pelos Estados, por ações discriminatórias, necessárias à proteção dos ecossistemas naturais; e) as usinas que operem com reator nuclear deverão ter sua localização definida em lei federal, sem o que não poderão ser instaladas.

5. COMPETÊNCIAS CONSTITUCIONAIS EM MATÉRIA AMBIENTAL

As competências constitucionais em matéria ambiental estão disciplinadas entre os artigos 21 a 25 e no artigo 30 da Constituição de 1988.

No sistema de repartição de competências constitucionais, duas são as divisões fundamentais:

✓ **Competência Administrativa**

✓ **Competência Legislativa**

Entende-se por **competência administrativa ou material**, aquela que determina o campo de atuação político-administrativa de cada ente federativo. Em outras palavras, **no âmbito ambiental** a competência administrativa é representada, por exemplo, pelo poder de polícia ambiental, pelo licenciamento ambiental etc.

A **competência legislativa, formal** ou **legiferante**, exercida pelo Poder Legislativo, é a capacidade de editar leis.

No direito ambiental as discussões mais significativas versam sobre a competência material **comum** da União, Estados, Distrito Federal e Municípios (art. 23) e a competência legislativa **concorrente** da União, Estados e Distrito Federal (art. 24).

No que se refere à competência material ou administrativa comum, assim dispõe a Constituição Federal, a saber: "art. 23. É competência comum da União, dos Estados, do Distrito Federal e dos municípios: (...) III – proteger os documentos, as obras e outros bens de valor histórico, artístico e cultural, os monumentos, as paisagens naturais notáveis e os sítios arqueológicos; IV – impedir a evasão, a destruição e a descaracterização de obras de arte e de outros bens de valor histórico, artístico ou cultural; (...) VI – proteger o meio ambiente e combater a poluição em qualquer de suas formas; VII – preservar as florestas, a fauna e a flora; XI – registrar, acompanhar e fiscalizar as concessões de direitos de pesquisa e exploração de recursos hídricos e minerais em seus territórios". Segundo o parágrafo único do art. 23 da CF: "leis complementares fixarão normas para a cooperação entre a União e os estados, o Distrito Federal e os municípios,

9. Direito Ambiental

tendo em vista o equilíbrio do desenvolvimento e do bem-estar em âmbito nacional". Nesse sentido, a primeira das leis complementares foi a LC 140/2011, que regulamentou o art. 23, incisos III, VI, VII e parágrafo único, da Constituição Federal – que será objeto de tópico próprio.

A competência legislativa concorrente está prevista no art. 24, a saber: "compete à União, aos estados e ao Distrito Federal legislar concorrentemente sobre: (...) VI – florestas, caça, pesca, fauna, conservação da natureza, defesa do solo e dos recursos naturais, proteção do meio ambiente e controle da poluição; VII – proteção ao patrimônio histórico, cultural, artístico, turístico e paisagístico; VIII – responsabilidade por dano ao meio ambiente, ao consumidor, a bens e direitos de valor artístico, estético, histórico, turístico e paisagístico".

No âmbito da *legislação concorrente*, a competência da União limitar-se-á a estabelecer *normas gerais* e não exclui a competência suplementar dos Estados.

Atenção

Inexistindo lei federal sobre normas gerais, os Estados exercerão a **competência legislativa plena** para atender a suas peculiaridades.

A superveniência de lei federal sobre normas gerais **suspende a eficácia da lei estadual**, no que lhe for contrário.

Competências constitucionais em matéria ambiental

União	Competência legislativa exclusiva (art. 22)	a) legislar sobre águas, energia, informática, telecomunicações e radiodifusão (inc. IV); b) legislar sobre jazidas, minas, outros recursos minerais e metalurgia (inc. XII); c) legislar sobre atividades nucleares de qualquer natureza (inc. XXVI).
	Competência administrativa exclusiva (art. 21)	a) planejar e promover a defesa permanente contra as calamidades públicas, especialmente as secas e as inundações (inc. XVIII); b) instituir sistema nacional de gerenciamento de recursos hídricos e definir critérios de outorga de direitos de seu uso (inc. XIX); c) instituir diretrizes para o desenvolvimento urbano, inclusive habitação, saneamento básico e transportes urbanos (inc. XX); d) explorar os serviços e instalações nucleares de qualquer natureza e exercer monopólio estatal sobre a pesquisa, a lavra, o enriquecimento e reprocessamento, a industrialização e o comércio de minérios nucleares e seus derivados, atendidos os seguintes princípios e condições: a responsabilidade civil por danos nucleares independe da existência de culpa (inc. XXIII, *d*).
Estados e Distrito Federal	Competência legislativa (art. 25, § 3º)	Os estados poderão, mediante lei complementar, instituir regiões metropolitanas, aglomerações urbanas e microrregiões, constituídas por agrupamentos de municípios limítrofes, para integrar a organização, o planejamento e a execução de funções públicas de interesse comum.
	Competência administrativa (art. 25, § 1º)	São reservadas aos estados as competências que não lhes sejam vedadas por esta Constituição.
Municípios	Competências legislativas (art. 30)	a) legislar sobre assuntos de interesse local (inc. I); b) suplementar a legislação federal e a estadual no que couber (inc. II).
	Competência administrativa (art. 30)	a) promover, no que couber, adequado ordenamento territorial, mediante planejamento e controle do uso, do parcelamento e da ocupação do solo urbano (inc. VIII); b) promover a proteção do patrimônio histórico-cultural local, observadas a legislação e a ação fiscalizadora federal e estadual (inc. IX).
União, estados, Distrito Federal e municípios	Competência administrativa *comum* (art. 23)	a) proteger os documentos, as obras e outros bens de valor histórico, artístico e cultural, os monumentos, as paisagens naturais notáveis e os sítios arqueológicos (inc. III); b) impedir a evasão, a destruição e a descaracterização de obras de arte e de outros bens de valor histórico, artístico e cultural (inc. IV); c) proteger o meio ambiente e combater a poluição em qualquer de suas formas (inc. VI); d) preservar as florestas, a fauna e a flora (inc. VII); e) registrar, acompanhar e fiscalizar as concessões de direitos de pesquisa e exploração de recursos hídricos e minerais em seus territórios (inc. XI).
União, estados e Distrito Federal	Competência legislativa *concorrente* (art. 24)	a) legislar concorrentemente sobre florestas, caça, pesca, fauna, conservação da natureza, defesa do solo e dos recursos naturais, proteção do meio ambiente e controle da poluição (inc. VI); b) legislar concorrentemente sobre proteção ao patrimônio histórico, cultural, artístico, turístico e paisagístico (inc. VII); c) legislar concorrentemente sobre responsabilidade por dano ao meio ambiente, ao consumidor, a bens e direitos de valor artístico, estético, histórico, turístico e paisagístico (inc. VIII).

6. SISTEMA NACIONAL DO MEIO AMBIENTE (SISNAMA)

O **Sistema Nacional do Meio Ambiente (SISNAMA)** é o conjunto de entes e órgãos da União, Estados, Distrito Federal, Municípios e suas respectivas administrações indiretas, responsáveis pela proteção, controle, monitoramento e melhoria da qualidade e da política ambiental no País. O SISNAMA é uma criação da Política Nacional do Meio Ambiente (art. 6º da Lei 6.938/1981), regulamentado pelo Decreto 99.274/1990. Estrutura-se em 06 (seis) níveis fundamentais:

Órgão Superior: O **Conselho de Governo,** com função de assessorar o Presidente da República na formulação da política nacional e nas diretrizes para o meio ambiente e os recursos ambientais.

Órgão Consultivo e Deliberativo: o Conselho Nacional do Meio Ambiente (Conama), com a finalidade assessorar, estudar e propor ao Conselho de Governo, diretrizes de políticas governamentais para o meio ambiente e os recursos naturais e deliberar, no âmbito de sua competência, sobre normas e padrões compatíveis com o meio ambiente ecologicamente equilibrado e essencial à sadia qualidade de vida. Possui poder regulamentar em nível federal.

Órgão Central: O Ministério do Meio Ambiente (MMA), com a finalidade de planejar, coordenar, supervisionar e controlar, como órgão federal, a política nacional e as diretrizes governamentais fixadas para o meio ambiente. **Atenção**: o art. 6º, III, da Lei 6.938/1981 consigna como órgão central do Sisnama a Secretaria do Meio Ambiente da Presidência da República. Contudo, as funções de órgão central são exercidas pelo Ministério do Meio Ambiente, isso porque a Secretaria do Meio Ambiente da Presidência da República foi transformada em Ministério do Meio Ambiente através da Lei 8.490/1992. É necessário atenção porque em provas de concursos o examinador já optou pela literalidade.

Órgãos executores: o **Instituto Brasileiro do Meio Ambiente e dos Recursos Naturais Renováveis – IBAMA e o Instituto Chico Mendes de Conservação da Biodiversidade – Instituto Chico Mendes,** com a finalidade de executar e fazer executar a política e as diretrizes governamentais fixadas para o meio ambiente, de acordo com as respectivas competências;

Órgãos Seccionais: os **órgãos ou entidades estaduais** responsáveis pela execução de programas, projetos e pelo controle e fiscalização de atividades capazes de provocar a degradação ambiental.

Órgãos Locais: os **órgãos ou entidades municipais,** responsáveis pelo controle e fiscalização dessas atividades, nas suas respectivas jurisdições.

7. POLÍTICA NACIONAL DE MEIO AMBIENTE

A Política Nacional do Meio Ambiente está prevista na Lei 6.938/1981, que é considerada a "lei mãe" na esfera infraconstitucional.

Objetivo Geral: a Política Nacional do Meio Ambiente tem por objetivo a preservação, melhoria e recuperação da qualidade ambiental propícia à vida, visando assegurar, no país, condições ao desenvolvimento socioeconômico, aos interesses da segurança nacional e à proteção da dignidade da vida humana.

São **instrumentos** da Política Nacional do Meio Ambiente:

a) o estabelecimento de padrões de qualidade ambiental;
b) o zoneamento ambiental;
c) a avaliação de impactos ambientais;
d) o licenciamento e a revisão de atividades efetiva ou potencialmente poluidoras;
e) os incentivos à produção e instalação de equipamentos e a criação ou absorção de tecnologia, voltados para a melhoria da qualidade ambiental;
f) a criação de espaços territoriais especialmente protegidos pelos Poderes Públicos federal, estadual e municipal, tais como áreas de proteção ambiental, de relevante interesse ecológico e reservas extrativistas;
g) o sistema nacional de informações sobre o meio ambiente;
h) o sistema nacional de informações sobre o meio ambiente;
i) o Cadastro Técnico Federal de Atividades e Instrumentos de Defesa Ambiental;
j) as penalidades disciplinares ou compensatórias ao não cumprimento das medidas necessárias à preservação ou correção da degradação ambiental;
k) a instituição do Relatório de Qualidade do Meio Ambiente, a ser divulgado anualmente pelo Instituto Brasileiro do Meio Ambiente e Recursos Naturais Renováveis (Ibama);
l) a garantia da prestação de informações relativas ao meio ambiente, obrigando-se o Poder Público a produzi-las, quando inexistentes;
m) o Cadastro Técnico Federal de atividades potencialmente poluidoras e/ou utilizadoras dos recursos ambientais;
n) instrumentos econômicos, como concessão florestal, servidão ambiental, seguro ambiental e outros.

8. LICENCIAMENTO AMBIENTAL

O licenciamento ambiental é um procedimento administrativo de avaliação dos possíveis impactos ambientais de uma obra ou atividade efetiva ou potencialmente poluidora ou causadora de degradação ambiental. É decorrência do princípio da prevenção.

Os diplomas que abordam o licenciamento ambiental são: (a) art. 10 da Lei 6.938/1981; (b) LC 140/2011; (c) Resolução Conama 1/1986, que disciplina o Estudo Prévio de Impacto Ambiental (EIA/Rima); e (d) Resolução Conama 237/1997, que aborda o licenciamento ambiental ordinário.

Nesse sentido, "a construção, instalação, ampliação e funcionamento de estabelecimentos e atividades utilizadores de recursos ambientais, efetiva ou potencialmente poluidores ou capazes, sob qualquer forma, de causar degradação ambiental dependerão de prévio licenciamento ambiental (art. 10, Lei 6.938/1981)".

Segundo a LC 140/2011, licenciamento ambiental é "o procedimento administrativo destinado a licenciar atividades ou empreendimentos utilizadores de recursos ambientais, efetiva ou potencialmente poluidores ou capazes, sob qualquer forma, de causar degradação ambiental".

As atividades e empreendimentos com **significativo** impacto ambiental devem, obrigatoriamente, submeter-se ao **Estudo Prévio de Impacto Ambiental e seu respectivo Relatório de Impacto Ambiental (EIA/Rima),** conforme prescreve o art. 225, § 1º, IV, da Constituição Federal, a saber: "exigir, na forma da lei, para instalação de obra ou atividade potencialmente causadora de significativa degradação do meio ambiente, estudo prévio de impacto ambiental, a que se dará publicidade".

Como procedimento, o licenciamento ambiental é a sucessão de atos que visam à obtenção sequencial de três licenças: (a) licença prévia; (b) licença de instalação; (c) licença de operação.

No licenciamento ambiental ordinário (Resolução Conama 237/1997), o empreendedor deve obter três licenças ambientais, a saber:

a) Licença Prévia – aprova a localização e a concepção do projeto, além de verificar a sua viabilidade ambiental. Prazo: o estabelecido pelo cronograma de elaboração dos planos, programas e projetos relativos ao empreendimento ou atividade, que não pode ser superior a 5 anos.

b) Licença de Instalação – aprova a instalação, com as medidas ambientais e suas condicionantes. Prazo: segundo o cronograma do empreendimento ou atividade, com prazo não superior a 6 anos.

c) Licença de Operação – autoriza a instalação da atividade ou empreendimento, desde que observadas as condicionantes ambientais anteriores. Prazo: mínimo de 4 anos e máximo de 10 anos.

Atenção

A *renovação de licenças ambientais* deve ser requerida *com antecedência mínima de 120 (cento e vinte) dias da expiração de seu prazo de validade*, fixado na respectiva licença, ficando este automaticamente prorrogado até a manifestação definitiva do órgão ambiental competente.

Todos os entes federativos podem efetuar o licenciamento ambiental, a teor da competência administrativa comum do art. 23 da Constituição Federal. Contudo, é necessário que observem dois requisitos: (a) possuir órgão ambiental capacitado; e (b) conselho de meio ambiente. Os detalhes dos requisitos podem ser vistos no próximo tópico, sobre a LC 140/2011.

Os empreendimentos e atividades são licenciados ou autorizados, ambientalmente, **por um único ente federativo**, em conformidade com as atribuições estabelecidas nos termos da LC 140/2011.

Os demais entes federativos interessados podem manifestar-se ao órgão responsável pela licença ou autorização, **de maneira não vinculante**, respeitados os prazos e procedimentos do licenciamento ambiental.

COMPETÊNCIAS PARA O LICENCIAMENTO AMBIENTAL CONFORME A LC 140/2011	
Licenciamento de atividades e empreendimentos de competência da União	a) localizados ou desenvolvidos conjuntamente no Brasil e em país limítrofe; b) localizados ou desenvolvidos no mar territorial, na plataforma continental ou na zona econômica exclusiva; c) localizados ou desenvolvidos em terras indígenas; d) localizados ou desenvolvidos em unidades de conservação instituídas pela União, exceto em Áreas de Proteção Ambiental (APAs); e) localizados ou desenvolvidos em dois ou mais estados; f) de caráter militar, excetuando-se do licenciamento ambiental, nos termos de ato do Poder Executivo, aqueles previstos no preparo e emprego das Forças Armadas, conforme disposto na Lei Complementar 97, de 9 de junho de 1999; g) destinados a pesquisar, lavrar, produzir, beneficiar, transportar, armazenar e dispor material radioativo, em qualquer estágio, ou que utilizem energia nuclear em qualquer de suas formas e aplicações, mediante parecer da Comissão Nacional de Energia Nuclear (Cnen); ou h) que atendam tipologia estabelecida por ato do Poder Executivo, a partir de proposição da Comissão Tripartite Nacional, assegurada a participação de um membro do Conselho Nacional do Meio Ambiente (Conama), e considerados os critérios de porte, potencial poluidor e natureza da atividade ou empreendimento. – O licenciamento dos empreendimentos cuja localização compreenda concomitantemente áreas das faixas terrestre e marítima da zona costeira será de atribuição da União exclusivamente nos casos previstos em tipologia estabelecida por ato do Poder Executivo, a partir de proposição da Comissão Tripartite Nacional, assegurada a participação de um membro do Conselho Nacional do Meio Ambiente (Conama) e considerados os critérios de porte, potencial poluidor e natureza da atividade ou empreendimento.
Licenciamento de atividades e empreendimentos de competência dos estados	(a) promover o licenciamento ambiental de atividades ou empreendimentos utilizadores de recursos ambientais, efetiva ou potencialmente poluidores ou capazes, sob qualquer forma, de causar degradação ambiental, ressalvado o disposto para a União e os municípios. (b) promover o licenciamento ambiental de atividades ou empreendimentos localizados ou desenvolvidos em unidades de conservação instituídas pelo Estado, exceto em Áreas de Proteção Ambiental (APAs).

9. Direito Ambiental

<table>
<tr><td>Licenciamento de atividades e empreendimentos de competência dos municípios</td><td colspan="2">a) que causem ou possam causar impacto ambiental de âmbito local, conforme tipologia definida pelos respectivos Conselhos Estaduais de Meio Ambiente, considerados os critérios de porte, potencial poluidor e natureza da atividade; ou
b) localizados em unidades de conservação instituídas pelo município, exceto em Áreas de Proteção Ambiental (APAs).</td></tr>
<tr><td>Licenciamento de atividades e empreendimentos do Distrito Federal</td><td colspan="2">No que tange ao licenciamento ambiental no Distrito Federal, como de resto o conjunto de ações administrativas, são aplicáveis as disposições concernentes aos estados e aos municípios.</td></tr>
<tr><td rowspan="3">Licenciamento ambiental de atividades e empreendimentos em áreas de proteção ambiental (APAs)</td><td>União</td><td>a) localizados ou desenvolvidos conjuntamente no Brasil e em país limítrofe;
b) localizados ou desenvolvidos no mar territorial, na plataforma continental ou na zona econômica exclusiva;
c) localizados ou desenvolvidos em dois ou mais estados;
d) de caráter militar, excetuando-se do licenciamento ambiental, nos termos de ato do Poder Executivo, aqueles previstos no preparo e emprego das Forças Armadas, conforme disposto na Lei Complementar 97, de 9 de junho de 1999;
e) que atendam tipologia estabelecida por ato do Poder Executivo, a partir de proposição da Comissão Tripartite Nacional, assegurada a participação de um membro do Conselho Nacional do Meio Ambiente (Conama), e considerados os critérios de porte, potencial poluidor e natureza da atividade ou empreendimento.</td></tr>
<tr><td>Estados</td><td>Quantos aos estados, compete a promoção do licenciamento ambiental de atividades ou empreendimentos utilizadores de recursos ambientais, efetiva ou potencialmente poluidores ou capazes, sob qualquer forma, de causar degradação ambiental, ressalvada as disposições concernentes à União e aos municípios. Ou seja, o estado promoverá o licenciamento ambiental de atividades que não estejam afetas às hipóteses elencadas pela LC 140/2011 à União e aos municípios – inclusive no que se refere às APAs.</td></tr>
<tr><td>Municípios</td><td>Serão licenciadas pelos municípios as APAs que se enquadrem no conceito de impacto ambiental de âmbito local, conforme a redação da alínea a do inciso XIV do art. 9º da LC 140/2011, que dispõe que os municípios devem promover o licenciamento ambiental de atividades e empreendimentos "que causem ou possam causar impacto ambiental de âmbito local, conforme tipologia definida pelos respectivos Conselhos Estaduais de Meio Ambiente, considerados os critérios de porte, potencial poluidor e natureza da atividade".</td></tr>
</table>

9. LEI COMPLEMENTAR 140/2011

A Lei Complementar 140/2001 fixa normas nos termos dos incisos III, VI e *VII do caput* e do parágrafo único do art. 23 da Constituição Federal, **para a cooperação entre a União, os estados, o Distrito Federal e os municípios nas ações administrativas decorrentes do exercício da competência comum** relativas à proteção das paisagens naturais notáveis, à proteção do meio ambiente, ao combate à poluição em qualquer de suas formas e à preservação das florestas, da fauna e da flora. A LC 140/2011 é a primeira das leis complementares a regulamentar o art. 23 da Constituição Federal.

Segundo o art. 3º da LC 140/2011, constituem **objetivos fundamentais** da União, dos estados, do Distrito Federal e dos municípios, **no exercício da competência comum** desta Lei Complementar: "I – proteger, defender e conservar o meio ambiente ecologicamente equilibrado, promovendo gestão descentralizada, democrática e eficiente; II – garantir o equilíbrio do desenvolvimento socioeconômico com a proteção do meio ambiente, observando a dignidade da pessoa humana, a erradicação da pobreza e a redução das desigualdades sociais e regionais; III – harmonizar as políticas e ações administrativas para evitar a sobreposição de atuação entre os entes federativos, de forma a evitar conflitos de atribuições e garantir uma atuação administrativa eficiente; IV – garantir a uniformidade da política ambiental para todo o país, respeitadas as peculiaridades regionais e locais."

Para a consecução dos objetivos da LC 140/2011, os entes federativos podem valer-se, entre outros, dos seguintes **instrumentos de cooperação institucional (art. 4º)**: "I – consórcios públicos, nos termos da legislação em vigor; II – convênios, acordos de cooperação técnica e outros instrumentos similares com órgãos e entidades do Poder Público, respeitado o art. 241 da Constituição Federal; III – Comissão Tripartite Nacional, Comissões Tripartites Estaduais e Comissão Bipartite do Distrito Federal; IV – fundos públicos e privados e outros instrumentos econômicos; V – delegação de atribuições de um ente federativo a outro, respeitados os requisitos previstos na LC 140/2011; IV – delegação da execução de ações administrativas de um ente federativo a outro, respeitados os requisitos previstos na LC 140/2011."

Desses instrumentos, um dos destaques são as Comissões Tripartites.

Nesse sentido, a **Comissão Tripartite Nacional** será formada, paritariamente, por representantes dos Poderes Executivos da União, dos estados, do Distrito Federal e dos municípios, com o objetivo de fomentar a gestão ambiental compartilhada e descentralizada entre os entes federativos.

As **Comissões Tripartites Estaduais**, por sua vez, serão formadas, paritariamente, por representantes dos Poderes Executivos da União, dos estados e dos municípios, com o objetivo de fomentar a gestão ambiental compartilhada e descentralizada entre os entes federativos.

Por fim, a **Comissão Bipartite do Distrito Federal** será formada, paritariamente, por representantes dos Poderes Executivos da União e do Distrito Federal, com o objetivo de fomentar a gestão ambiental compartilhada e descentralizada entre esses entes federativos.

A **organização e funcionamento** das Comissões Tripartites e a Comissão Bipartite do Distrito Federal serão regidos pelos seus regimentos internos.

Atenção

Outro ponto que merece atenção é a **delegação da execução de ações administrativas**. Nesse sentido, o ente federativo poderá **delegar**, mediante convênio, a execução de ações administrativas a ele atribuídas na LC 140/2011, desde que o ente destinatário da delegação disponha de órgão ambiental capacitado a executar as ações administrativas a serem delegadas e de conselho de meio ambiente. Para os fins de delegação que se relacionou, considera-se órgão ambiental capacitado aquele que possui técnicos próprios ou em consórcio, devidamente habilitados e em número compatível com a demanda das ações administrativas a serem delegadas.

Não obstante o conjunto de objetivos, instrumentos e a distribuição de competências entre os entes federativos, o tema central da LC 140/2011 é, sem dúvida, o licenciamento ambiental. E nele dois aspectos são fundamentais, a saber: (a) atuação supletiva; (b) atuação subsidiária.

Entende-se por **atuação supletiva** a ação do ente da Federação que se substitui ao ente federativo originariamente detentor das atribuições, nas hipóteses definidas na LC 140/2011. Os entes federativos **devem atuar em caráter supletivo nas ações administrativas de licenciamento e na autorização ambiental**, nas seguintes hipóteses (art. 15): "I – inexistindo órgão ambiental capacitado ou conselho de meio ambiente no estado ou no Distrito Federal, a União deve desempenhar as ações administrativas estaduais ou distritais até a sua criação; II – inexistindo órgão ambiental capacitado ou conselho de meio ambiente no município, o estado deve desempenhar as ações administrativas municipais até a sua criação; e III – inexistindo órgão ambiental capacitado ou conselho de meio ambiente no estado e no município, a União deve desempenhar as ações administrativas até a sua criação em um daqueles entes federativos." Outra hipótese é o decurso dos prazos de licenciamento, sem a emissão da licença ambiental, que não implica emissão tácita nem autoriza a prática de ato que dela dependa ou decorra, mas instaura a competência supletiva (art. 14, § 3º, LC 140/2011).

Atuação subsidiária, por sua vez, é a ação do ente da Federação que visa a auxiliar no desempenho das atribuições decorrentes das competências comuns, quando solicitado pelo ente federativo originariamente detentor das atribuições definidas na LC 140/2011. Assim, "**a ação administrativa subsidiária** dos entes federativos dar-se-á por meio de apoio técnico, científico, administrativo ou financeiro, sem prejuízo de outras formas de cooperação. A ação subsidiária deve ser solicitada pelo ente originariamente detentor da atribuição nos termos" da LC 140/2011 (art. 16).

Por fim, a LC 140/2011 disciplina a **fiscalização de obras e atividades licenciadas** pelos entes federativos.

Nesse sentido, compete ao órgão responsável pelo licenciamento ou autorização, conforme o caso, de um empreendimento ou atividade, lavrar auto de infração ambiental e instaurar processo administrativo para a apuração de infrações à legislação ambiental cometidas pelo empreendimento ou atividade licenciada ou autorizada. De forma direta, **quem licenciar a obra, deve fiscalizá-la!**

Todavia, nos casos de iminência ou ocorrência de degradação da qualidade ambiental, o ente federativo que tiver conhecimento do fato deverá determinar medidas para evitá-lo, fazer cessá-lo ou mitigá-lo, comunicando imediatamente ao órgão competente para as providências cabíveis.

Atenção

O fato de "quem licencia, fiscaliza" não impede o exercício pelos entes federativos da atribuição comum de fiscalização da conformidade de empreendimentos e atividades efetiva ou potencialmente poluidores ou utilizadores de recursos naturais com a legislação ambiental em vigor, prevalecendo, contudo, o auto de infração ambiental lavrado por órgão que detenha a atribuição de licenciamento ou autorização (ou seja, quem licenciou ou autorizou).

10. RESPONSABILIDADE CIVIL AMBIENTAL

A proteção ambiental é, em essência, preventiva. Contudo, mesmo que o empreendedor adote todas as medidas preventivas para obstar os impactos ambientais e ainda assim se verifique a ocorrência de danos ambientais, subsistirá a obrigação de repará-los.

Desde a edição da Lei 6.938/1981, o sistema jurídico brasileiro adota a **responsabilidade objetiva**, sem culpa, fundada no nexo de causalidade, impondo a obrigatoriedade de reparar ou indenizar pelos danos causados. A Constituição Federal reforçou essa obrigação no § 3º do art. 225, com a imposição de reparar os danos causados ao meio ambiente.

Assim, reitera-se, a **responsabilidade civil por danos ambientais é objetiva**, com fulcro no art. 14, § 1º, da Lei 6.938/1981.

Para discutir a responsabilidade civil em matéria ambiental, é necessário o conceito de dano ambiental.

Para José Rubens Morato Leite, "dano ambiental deve ser compreendido como toda lesão intolerável causada por qualquer ação humana (culposa ou não) ao meio ambiente, diretamente, como macrobem de interesse da coletividade, em uma concepção totalizante, e, indiretamente, a terceiros, tendo em vista interesses próprios e individualizáveis e que refletem no macrobem" (*Dano ambiental*, p. 104). Édis Milaré, por sua vez, define dano ambiental como "a lesão aos recursos ambientais, com consequente degradação (alteração adversa) do equilíbrio ecológico e da qualidade de vida" (*Direito do ambiente*, p. 810).

Entre as classificações possíveis para o dano ambiental, destacam-se:

Quanto à extensão do dano

a) Dano Patrimonial: é o que diz respeito à perda material do bem atingido. É o dano físico, material.

b) Dano Extrapatrimonial ou "Moral Ambiental": é a lesão que atinge valores imateriais, reduzindo o bem-estar, a qualidade de vida do indivíduo ou da coletividade ou mesmo atingindo o valor intrínseco do bem.

Quanto à extensão do bem protegido

a) Dano Ambiental (*lato sensu*):é o dano que atinge o meio ambiente em sentido amplo.

b) Dano ecológico puro: é aquele que atinge exclusivamente os ecossistemas, os próprios bens da natureza – restrito, portanto, ao meio ambiente natural. Segundo o STJ, o dano ecológico puro é caracterizado por afligir a natureza em si mesma, como bem inapropriado ou inapropriável (REsp 1.145.083/MG, DJe 04.09.2012).

c) Dano ambiental individual ou ambiental reflexo: trata-se do desequilíbrio no ecossistema que provoca danos ao indivíduo, afetando a saúde, os bens ou a atividade econômica.

No que tange à reparação do dano ambiental, necessário consignar que a reparação dos danos ambientais deve ser integral. São formas de reparação: (a) reparação/restauração natural (*in natura*); (b) compensação ambiental; (c) indenização pecuniária. Essas modalidades não estão em pé de igualdade, o que significa dizer que é necessário buscar sempre que possível a reparação/restauração natural, e na impossibilidade, as outras formas de reparação. Uma indagação importante é sobre a possibilidade de cumulação de pedidos em uma ação civil pública ambiental. Isso porque o art. 3º da Lei 7.347/1985 (Lei da Ação Civil Pública) dispõe que: "a ação civil poderá ter por objeto a condenação em dinheiro ou o cumprimento de obrigação de fazer ou não fazer". Em primeira leitura percebe-se o uso da conjunção "ou" entre os pedidos de "condenação em dinheiro" e da "obrigação de fazer ou não fazer". Tal conjunção confere a compreensão de que o objeto da reparação é uma **ou** outra forma específica. O entendimento da conjunção "ou" enquanto hipótese alternativa ou excludente foi usada pelas instâncias ordinárias para refutar a possibilidade de cumulação de pedidos. Ou seja, o objeto é a condenação em dinheiro ou a obrigação de fazer ou não fazer. Não obstante, o STJ ao adentrar nessa discussão decidiu que: "a exegese do art. 3º da Lei 7.347/85 ('A ação civil poderá ter por objeto a condenação em dinheiro ou o cumprimento de obrigação de fazer ou não fazer'), a conjunção 'ou' deve ser considerada com o sentido de adição (permitindo, com a cumulação dos pedidos, a tutela integral do meio ambiente) e não o de alternativa excludente (o que tornaria a ação civil pública instrumento inadequado a seus fins) (AgRg no REsp 1.170.532/MG, DJe 06.10.2010)." No mesmo sentido, "a jurisprudência do STJ está firmada no sentido de que, nas demandas ambientais, por força dos princípios do poluidor-pagador e da reparação *in integrum*, admite-se a condenação, simultânea e cumulativa, em obrigação de fazer, não fazer e indenizar. Assim, na interpretação do art. 3º da Lei 7.347/1985, a conjunção "ou" opera com valor aditivo, não introduz alternativa excludente (REsp 1.145.083/MG, DJe 04.09.2012)". Portanto, é possível, quando necessário, a cumulação de pedidos em uma ação civil pública ambiental.

Atenção

A ação de reparação de danos ambientais difusos é imprescritível, segundo julgados do Superior Tribunal de Justiça (STJ).

A Lei 6.938/1981 conceitua o **poluidor** como "a pessoa física ou jurídica, de direito público ou privado, responsável, direta ou indiretamente, por atividade causadora de degradação ambiental" (art. 3º, IV). Portanto, o poluidor pode ser direto ou indireto.

No que se refere à responsabilidade do Estado por danos ambientais, quando o dano ambiental é provocado pelo próprio Poder Público ou por meio de concessionária de serviço público, **a responsabilidade é objetiva**, com fulcro no art. 37, § 6º, da Constituição Federal. Contudo, quando o dano ambiental é decorrente de omissão do Poder Público no exercício do poder de polícia, a doutrina e os tribunais se dividem entre a responsabilidade subjetiva (REsp 647493/SC) e a responsabilidade objetiva (REsp 1071741/SP). Apesar de decisões mais recentes do STJ se pautarem pela responsabilidade objetiva, trata-se de tema ainda controverso.

11. RESPONSABILIDADE PENAL AMBIENTAL

As discussões sobre a responsabilidade penal ambiental encontram-se na Lei 9.605/1998.

No que se refere à responsabilidade penal da pessoa jurídica, serão responsabilizadas penalmente nos casos em que a infração seja cometida por decisão de seu representante legal ou contratual, ou de seu órgão colegiado, no interesse ou benefício da sua entidade. A responsabilidade das pessoas jurídicas não exclui a das pessoas físicas, autoras, coautoras ou partícipes do mesmo fato.

As penas aplicadas às pessoas físicas são: (a) privativa de liberdade; (b) multa; (c) restritivas de direitos.

As penas privativas de liberdade podem ser substituídas por penas restritivas de direitos, quando: "I – tratar-se de crime culposo ou for aplicada a pena privativa de liberdade inferior a quatro anos; II – a culpabilidade, os antecedentes, a conduta social e a personalidade do condenado, bem como os motivos e as circunstâncias do crime indicarem que a substituição seja suficiente para efeitos de reprovação e prevenção do crime" (art. 7º da Lei 9.605/1998).

A multa será calculada segundo os critérios do Código Penal; se revelar-se ineficaz, ainda que aplicada no valor máximo, poderá ser aumentada até três vezes, tendo em vista o valor da vantagem econômica auferida.

As **penas restritivas de direito aplicáveis às pessoas físicas** são: (a) prestação de serviços à comunidade; (b) interdição temporária de direitos; (c) suspensão parcial ou total de atividades; (d) prestação pecuniária; (e) recolhimento domiciliar (art. 8º).

As penas aplicáveis isolada, cumulativa ou alternativamente às **pessoas jurídicas** são: (a) multa; (b) restritivas de direitos; (c) prestação de serviços à comunidade.

As **penas restritivas de direitos da pessoa jurídica** são (art. 22): (a) suspensão parcial ou total de atividades; (b) interdição temporária de estabelecimento, obra ou atividade; (c) proibição de contratar com o Poder Público, bem como dele obter subsídios, subvenções ou doações.

A **prestação de serviços à comunidade pela pessoa jurídica consistirá** em (art. 23): (a) custeio de programas e de projetos ambientais; (b) execução de obras de recuperação de áreas degradadas; (c) manutenção de espaços públicos; (d) contribuições a entidades ambientais ou culturais públicas.

A pessoa jurídica constituída ou utilizada, preponderantemente, com o fim de permitir, facilitar ou ocultar a prática de crime definido na Lei de Crimes Ambientais (Lei 9.605/1998) terá decretada sua **liquidação forçada**, e seu patrimônio será considerado instrumento do crime e, como tal, perdido em favor do Fundo Penitenciário Nacional.

A **ação penal é pública incondicionada.**

Atenção

Nos **crimes ambientais de menor potencial ofensivo**, a proposta de aplicação imediata de pena restritiva de direitos ou multa, prevista no art. 76 da Lei 9.099, de 26 de setembro de 1995, somente poderá ser formulada desde que tenha havido a prévia composição do dano ambiental de que trata o art. 74 da mesma lei, salvo em caso de comprovada impossibilidade.

Nos crimes da Lei de Crimes Ambientais, a **suspensão condicional da pena** pode ser aplicada nos casos de **condenação a pena privativa de liberdade não superior a três anos.**

12. RESPONSABILIDADE ADMINISTRATIVA AMBIENTAL

A base legal da responsabilidade administrativa ambiental é a Lei 9.605/1998 (art. 70 ao art. 76) e o Decreto 6.514/2008.

Considera-se **Infração administrativa ambiental** toda ação ou omissão que viole as regras jurídicas de uso, gozo, promoção, proteção e recuperação do meio ambiente.

São autoridades competentes para lavrar auto de infração ambiental e instaurar processo administrativo os funcionários de órgãos ambientais integrantes do Sistema Nacional de Meio Ambiente (Sisnama), designados para as atividades de fiscalização, bem como os agentes das Capitanias dos Portos e do Ministério da Marinha.

Qualquer pessoa, constatando infração ambiental, poderá dirigir representação às autoridades relacionadas no parágrafo anterior, para efeito do exercício do seu poder de polícia.

A autoridade ambiental que tiver conhecimento de infração ambiental é obrigada a promover sua apuração imediata, mediante processo administrativo próprio, sob pena de corresponsabilidade.

O **processo administrativo** para apuração de infração ambiental deve observar os seguintes prazos máximos (art. 71 da Lei 9.605/1998):

"I – **vinte dias** para o infrator oferecer **defesa ou impugnação** contra o auto de infração, contados da data da ciência da autuação;

II – **trinta dias** para a autoridade competente **julgar o auto de infração**, contados da data da sua lavratura, apresentada ou não a defesa ou impugnação;

III – **vinte dias para o infrator recorrer** da decisão condenatória à instância superior do Sistema Nacional do Meio Ambiente (Sisnama), ou à Diretoria de Portos e Costas, do Ministério da Marinha, de acordo com o tipo de autuação;

IV – **cinco dias** para o **pagamento de multa**, contados da data do recebimento da notificação."

Sanções Administrativas em espécie: (a) advertência; (b) multa; (c) multa diária; (d) apreensão de animais, produtos e subprodutos da flora e da fauna; (e) destruição ou inutilização do produto; (f) suspensão de venda e fabricação do produto; (g) embargo de obra ou atividade; (h) demolição de obra; (i) suspensão parcial ou total de atividades; (j) restritiva de direitos.

A **advertência** será aplicada pela inobservância das disposições da Lei 9.605/1998 e da legislação em vigor, ou de preceitos regulamentares, sem prejuízo das demais sanções.

A **multa simples** será aplicada sempre que o agente, por negligência ou dolo: "I – advertido por irregularidades que tenham sido praticadas, deixar de saná-las, no prazo assinalado por órgão competente do Sisnama ou pela Capitania dos Portos, do Ministério da Marinha; II – opuser embaraço à fiscalização dos órgãos do Sisnama ou da Capitania dos Portos, do Ministério da Marinha" (art. 72, § 3º).

A **multa diária** será aplicada sempre que o cometimento da infração se prolongar no tempo.

A **multa** terá por base a unidade, hectare, metro cúbico, quilograma ou outra medida pertinente, de acordo com o objeto jurídico lesado.

As **sanções restritivas de direitos** são (art. 72, § 8º): "I – suspensão de registro, licença ou autorização; II – cancelamento de registro, licença ou autorização; III – perda ou restrição de incentivos e benefícios fiscais; IV – perda ou suspensão da participação em linhas de financiamento em estabelecimentos oficiais de crédito; V – proibição de contratar com a Administração Pública, pelo período de até três anos."

O **valor da multa** é de, no mínimo, de R$ 50,00 (cinquenta reais) e no máximo de R$ 50.000.000,00 (cinquenta milhões de reais) – art. 75.

A **reincidência** é prevista nas infrações administrativas ambientais. Nesse sentido, o cometimento de nova infração ambiental pelo mesmo infrator, no período de cinco anos, contados da lavratura de auto de infração anterior devidamente confirmado em julgamento, implica: (a) aplicação da **multa em triplo**, no caso de cometimento da mesma infração; ou (b) aplicação da **multa em dobro**, no caso de cometimento de infração distinta.

Atenção

Ao contrário da responsabilidade civil ambiental, o instituto da **prescrição** é aplicável na responsabilidade administrativa. Dessa forma, **prescreve em cinco anos** a ação da administração objetivando apurar a prática de infrações contra o meio ambiente, contada da data da prática do ato, ou, no caso de infração permanente ou continuada, do dia em que esta tiver cessado.

Incide **a prescrição no procedimento de apuração do auto de infração paralisado por mais de três anos**, pendente de julgamento ou despacho, cujos autos serão arquivados de ofício ou mediante requerimento da parte interessada, sem prejuízo da apuração da responsabilidade funcional decorrente da paralisação. **Trata-se de prescrição intercorrente.**

Quando **o fato objeto da infração também constituir crime**, a prescrição na esfera administrativa reger-se-á pelo prazo previsto na lei penal. Em outras palavras, se a conduta é ao mesmo tempo infração administrativa e crime ambiental, o prazo prescricional deve seguir a lei penal.

Por fim, a prescrição da pretensão punitiva da administração **não elide a obrigação de reparar o dano ambiental.**

13 . SISTEMA NACIONAL DE UNIDADES DE CONSERVAÇÃO

A Lei 9.985/2000 instituiu o Sistema Nacional de Unidades de Conservação.

Considera-se **Unidade de Conservação** o "espaço territorial e seus recursos ambientais, incluindo as águas jurisdicionais, com características naturais relevantes, legalmente instituído pelo Poder Público, com objetivos de conservação e limites definidos, sob regime especial de administração, ao qual se aplicam garantias adequadas de proteção" (art. 2º, I).

Órgãos gestores do Sistema Nacional de Unidades de Conservação (Snuc):

"**I – Órgão Consultivo e Deliberativo:** Conama, com as atribuições de acompanhar a implementação do Sistema;

II – Órgão Central: Ministério do Meio Ambiente, com a finalidade de coordenar o Sistema;

III – Órgãos Executores: Instituto Chico Mendes e o Ibama, em caráter supletivo, os órgãos estaduais e municipais, com a função de implementar o Snuc, subsidiar as propostas de criação e administrar as unidades de conservação federais, estaduais e municipais, nas respectivas esferas de atuação" (art. 6º, grifos nossos).

As unidades de conservação se dividem em **dois grupos**, cada qual com características próprias, a saber:

Unidades de Proteção Integral – o objetivo básico é preservar a natureza, sendo admitido apenas o uso indireto dos seus recursos naturais, com exceção dos casos previstos na Lei 9.985/2000.

Unidades de Uso Sustentável – o objetivo básico é compatibilizar a conservação da natureza com o uso sustentável de parcela dos seus recursos naturais.

UNIDADES DE PROTEÇÃO INTEGRAL	UNIDADES DE USO SUSTENTÁVEL
Estação Ecológica	Área de Proteção Ambiental
Reserva Biológica	Área de Relevante Interesse Ecológico
Parque Nacional	Floresta Nacional
Refúgio de Vida Silvestre	Reserva Extrativista
Monumento Natural	Reserva de Fauna
	Reserva de Desenvolvimento Sustentável
	Reserva Particular do Patrimônio Natural

UNIDADES DE PROTEÇÃO INTEGRAL: ASPECTOS BÁSICOS

Unidade de Conservação	Objetivos	Dominialidade	Características (básicas)
Estação Ecológica	Preservação da natureza e a realização de pesquisas científicas.	Posse e domínio público. Áreas privadas devem ser desapropriadas.	a) permite-se a realização de pesquisas científicas em no máximo 3% da extensão, desde que não ultrapasse o limite de 1.500 ha; b) é proibida a visitação pública, exceto com objetivo educacional;
Reserva Biológica	Preservação integral da biota e dos demais elementos naturais em seus limites.	Posse e domínio público. Áreas privadas devem ser desapropriadas.	a) é proibida a visitação pública, exceto com objetivo educacional; b) a pesquisa científica depende de autorização prévia do órgão responsável pela administração da unidade e está sujeita às condições e restrições por este estabelecidas, bem como àquelas previstas em regulamento.
Parque Nacional	Preservação de ecossistemas naturais de grande relevância ecológica e beleza cênica.	Posse e domínio público. Áreas privadas devem ser desapropriadas.	Permite-se a realização de pesquisas científicas, atividades de educação e interpretação ambiental, recreação e turismo ecológico.

9. Direito Ambiental

Monumento Natural	Preservar ambientes naturais raros, singulares e de grande beleza cênica.	Admitem-se áreas particulares, desde que compatíveis com a UC e com a anuência do proprietário.	Na impossibilidade de compatibilizar a propriedade privada com os objetivos da UC, ou com a não anuência do proprietário, impõe-se a sua desapropriação.
Refúgio de Vida Silvestre	Proteger ambientes naturais em que se assegurem condições para a existência e reprodução de exemplares e populações.	Admitem-se áreas particulares, desde que compatíveis com a UC e com a anuência do proprietário.	Na impossibilidade de compatibilizar a propriedade privada com os objetivos da UC, ou diante da não anuência do proprietário, impõe-se a sua desapropriação.

UNIDADES DE USO SUSTENTÁVEL: ASPECTOS BÁSICOS			
Unidade de Conservação	Objetivo	Dominialidade	Características principais
Área de Proteção Ambiental	Disciplinar o processo de ocupação da unidade, assegurar a sustentabilidade do uso dos recursos naturais e proteger a diversidade biológica.	Terras públicas e privadas.	a) área de grande extensão, com certo grau de ocupação humana, dotada de atributos abióticos, bióticos, estéticos e culturais, importante para o bem-estar e a qualidade de vida; b) respeitados os limites constitucionais, podem ser estabelecidas normas e restrições para a utilização de uma propriedade privada localizada em uma Área de Proteção Ambiental.
Área de Relevante Interesse Ecológico	Manter os ecossistemas naturais de importância regional ou local e regular o uso admissível dessas áreas, de modo a compatibilizá-los com os objetivos de conservação da natureza.	Terras públicas ou privadas.	a) é uma área em geral de pequena extensão, com pouca ou nenhuma ocupação humana, com características naturais extraordinárias ou que abriga exemplares raros da biota regional; b) respeitados os limites constitucionais, podem ser estabelecidas normas e restrições para a utilização de uma propriedade privada localizada em uma Área de Relevante Interesse Ecológico.
Floresta Nacional	Área com cobertura florestal de espécies predominantemente nativas e tem como objetivo básico o uso múltiplo sustentável dos recursos florestais e a pesquisa científica, com ênfase em métodos para exploração sustentável de florestas nativas.	Posse e domínio públicos, sendo que as áreas particulares incluídas em seus limites devem ser desapropriadas de acordo com o que dispõe a lei.	a) é admitida a permanência de populações tradicionais que a habitam quando de sua criação, em conformidade com o disposto em regulamento e no Plano de Manejo da unidade; b) a pesquisa é permitida e incentivada.
Reserva Extrativista	Proteger os meios de vida e a cultura das populações extrativistas e assegurar o uso sustentável dos recursos naturais da unidade.	Domínio público, sendo que as áreas particulares incluídas em seus limites devem ser desapropriadas. A posse das populações tradicionais é regulada por contrato de concessão de direito real de uso.	a) são proibidas a exploração de recursos minerais e a caça amadorística ou profissional; b) a pesquisa científica é permitida e incentivada.
Reserva de Fauna	Área natural com populações animais de espécies nativas, terrestres ou aquáticas, residentes ou migratórias, adequadas para estudos técnico-científicos sobre o manejo econômico sustentável de recursos faunísticos.	Posse e domínio públicos, sendo que as áreas particulares incluídas em seus limites devem ser desapropriadas.	É proibido o exercício da caça amadorística ou profissional.

Reserva de Desenvolvimento Sustentável	Preservar a natureza e, ao mesmo tempo, assegurar as condições e os meios necessários para a reprodução e a melhoria dos modos e da qualidade de vida e exploração dos recursos naturais das populações tradicionais, bem como valorizar, conservar e aperfeiçoar o conhecimento e as técnicas de manejo do ambiente, desenvolvido por estas populações.	Domínio público. A posse das populações tradicionais é disciplinada através de contrato de concessão de direito real de uso.	Observado o plano de manejo e o órgão administrador: a) é permitida e incentivada a visitação pública e a pesquisa científica voltada à conservação da natureza, à melhor relação das populações residentes com seu meio e à educação ambiental, sujeitando-se a prévia autorização; b) é admitida a exploração de componentes dos ecossistemas naturais em regime de manejo sustentável e a substituição da cobertura vegetal por espécies cultiváveis, desde que sujeitas ao zoneamento, às limitações legais e ao Plano de Manejo da área.
Reserva Particular do Patrimônio Natural	Conservar a diversidade biológica.	Área privada, gravada com perpetuidade através de Termo de Compromisso averbado à margem da inscrição no Registro Público de Imóveis.	Só se admitem a pesquisa científica e a visitação com objetivos turísticos, recreativos e educacionais.

Na **Teoria Geral das Unidades de Conservação**, alguns tópicos merecem destaque, a saber:

a) As Unidades de Conservação (UCs) são criadas por ato do Poder Público, precedido de estudos técnicos e de consulta pública.

b) A consulta pública não é obrigatória na criação de uma Estação Ecológica ou de uma Reserva Biológica.

c) As unidades de conservação do grupo de unidades de uso sustentável podem ser transformadas em unidades do grupo de unidades de proteção integral por instrumento normativo da mesma espécie de criação (se a unidade foi criada por decreto, a ampliação/transformação pode ocorrer com a edição de outro decreto), observados os estudos técnicos e a consulta popular.

d) A desafetação ou redução dos limites de uma unidade de conservação só pode ser realizada mediante lei específica.

e) As unidades de conservação, **exceto Área de Proteção Ambiental e Reserva Particular do Patrimônio Natural**, devem possuir uma *zona de amortecimento* e, quando conveniente, corredores ecológicos.

f) Considera-se **zona de amortecimento** o entorno de uma unidade de conservação, onde as atividades humanas estão sujeitas a normas e restrições específicas, com o propósito de minimizar os impactos negativos sobre a unidade.

g) Toda unidade de conservação deve possuir o seu **Plano de Manejo**, que deve ser elaborado no prazo de até *cinco anos* de sua criação.

h) Plano de Manejo é o documento técnico mediante o qual, com fundamento nos objetivos gerais de uma unidade de conservação, se estabelece o seu zoneamento e as normas que devem presidir o uso da área e o manejo dos recursos naturais, inclusive a implantação das estruturas físicas necessárias à gestão da unidade.

i) O conteúdo de um **Plano de Manejo** deve abranger a área da unidade de conservação, sua zona de amortecimento e os corredores ecológicos, incluindo medidas com o fim de promover sua integração à vida econômica e social das comunidades vizinhas.

j) O **Plano de Manejo** poderá dispor sobre as atividades de **liberação planejada e cultivo de organismos geneticamente modificados** nas Áreas de Proteção Ambiental e nas zonas de amortecimento das demais categorias de unidade de conservação, observadas as informações contidas na decisão técnica da Comissão Técnica Nacional de Biossegurança (CTNBio) sobre: (I) o registro de ocorrência de ancestrais diretos e parentes silvestres; (II) as características de reprodução, dispersão e sobrevivência do organismo geneticamente modificado; (III) o isolamento reprodutivo do organismo geneticamente modificado em relação aos seus ancestrais diretos e parentes silvestres; e (IV) situações de risco do organismo geneticamente modificado à biodiversidade.

k) As unidades de conservação podem ser geridas por organizações da sociedade civil de interesse público com objetivos afins aos da unidade, mediante instrumento a ser firmado com o órgão responsável por sua gestão.

Atenção

Tópico fundamental nas unidades de conservação versa sobre a **compensação ambiental** do art. 36 da Lei 9.985/2000. Com efeito, "nos casos de licenciamento ambiental de empreendimentos de significativo impacto ambiental, assim considerado pelo órgão ambiental competente, com fundamento em estudo de impacto ambiental e respectivo relatório – EIA/Rima, o empreendedor é obrigado a apoiar a implantação e manutenção de unidade de conservação do Grupo de Proteção Integral, de acordo com o disposto neste artigo e no regulamento" da Lei 9.985/2000. Quando, porém, o empreendimento afetar unidade de conservação específica ou sua zona de amortecimento, o licenciamento em questão só poderá ser concedido mediante autorização do órgão responsável por sua administração, e a unidade afetada, mesmo que não pertencente ao Grupo

9. Direito Ambiental

de Proteção Integral, deverá ser uma das beneficiárias da compensação do art. 36 da Lei 9.985/2000.

"Ao órgão ambiental licenciador compete definir as unidades de conservação a serem beneficiadas, considerando as propostas apresentadas no EIA/Rima e ouvido o empreendedor, podendo inclusive ser contemplada a criação de novas unidades de conservação" (§ 2º do art. 36).

O art. 36 em questão foi objeto da ADI 3.378, que questionou a constitucionalidade da compensação ambiental. O Supremo Tribunal Federal, por sua vez, decidiu pela constitucionalidade do instituto, mas declarou inconstitucional a seguinte passagem do § 1º da Lei 9.985/2000, a saber: "inconstitucionalidade da expressão 'não pode ser inferior a meio por cento dos custos totais previstos para a implantação do empreendimento', no § 1º do art. 36 da Lei 9.985/2000. O valor da compensação-compartilhamento é de ser fixado proporcionalmente ao impacto ambiental, após estudo em que se assegurem o contraditório e a ampla defesa. Prescindibilidade da fixação de percentual sobre os custos do empreendimento".

14. CÓDIGO FLORESTAL

A Lei 12.651/2012 revogou a Lei 4.771/1965 e instituiu um novo Código Florestal no país, que possui como objetivo o desenvolvimento sustentável.

Segundo o Código Florestal, "as florestas existentes no território nacional e as demais formas de vegetação nativa, reconhecidas de utilidade às terras que revestem, **são bens de interesse comum a todos os habitantes do país,** exercendo-se os direitos de propriedade com as limitações que a legislação em geral e especialmente esta Lei estabelecem" (art. 2º).

Além disso, na utilização e exploração da vegetação, **as ações ou omissões contrárias às disposições desta Lei são consideradas uso irregular da propriedade**, sem prejuízo da responsabilidade civil, nos termos do § 1º do art. 14 da Lei 6.938, de 31 de agosto de 1981, e das sanções administrativas, civis e penais.

Atenção

As obrigações previstas no Código Florestal **têm natureza real e são transmitidas ao sucessor**, de qualquer natureza, no caso de transferência de domínio ou posse do imóvel rural.

Das áreas previstas no Código Florestal duas merecem destaque: **Áreas de Preservação Permanente (APP) e Reserva Legal.**

Conceito de Área de Preservação Permanente (APP): área protegida, coberta ou não por vegetação nativa, com a função ambiental de preservar os recursos hídricos, a paisagem, a estabilidade geológica e a biodiversidade, facilitar o fluxo gênico de fauna e flora, proteger o solo e assegurar o bem-estar das populações humanas.

Há **duas espécies** de Áreas de Preservação Permanente: (a) as instituídas **por força de lei**, previstas no art. 4º do Código Florestal; (b) as **declaradas de interesse social por ato do Chefe do Poder Executivo**, previstas no art. 6º do Código Florestal.

Faixas marginais de qualquer curso d'água natural perene e intermitente, excluídos os efêmeros, desde a borda da calha do leito regular, conforme o art. 4, I, do Código Florestal	
LARGURA DO CURSO D'ÁGUA	FAIXA MARGINAL DE PROTEÇÃO APP
menos de 10 m	30 m
de 10 a 50 m	50 m
de 50 a 200 m	100 m
de 200 a 600 m	200 m
mais de 600 m	500 m

Consideram-se, ainda, de preservação permanente, quando declaradas de interesse social por ato do Chefe do Poder Executivo, as áreas cobertas com florestas ou outras formas de vegetação destinadas a uma ou mais das seguintes finalidades (art. 6º):
1. conter a erosão do solo e mitigar riscos de enchentes e deslizamentos de terra e de rocha;
2. proteger as restingas ou veredas;
3. proteger várzeas;
4. abrigar exemplares da fauna ou da flora ameaçados de extinção;
5. proteger sítios de excepcional beleza ou de valor científico, cultural ou histórico;
6. formar faixas de proteção ao longo de rodovias e ferrovias;
7. assegurar condições de bem-estar público;
8. auxiliar a defesa do território nacional, a critério das autoridades militares;
9. proteger áreas úmidas, especialmente as de importância internacional.

A **vegetação situada em Área de Preservação Permanente** deverá ser mantida pelo proprietário da área, possuidor ou ocupante a qualquer título, pessoa física ou jurídica, de direito público ou privado.

Atenção

Tendo ocorrido **supressão de vegetação situada em Área de Preservação Permanente**, o proprietário da área, possuidor ou ocupante a qualquer título é obrigado a promover a recomposição da vegetação, ressalvados os usos autorizados previstos no Código Florestal. **Essa obrigação tem natureza real e é transmitida ao sucessor no caso de transferência de domínio ou posse do imóvel rural.**

A **intervenção ou a supressão de vegetação nativa em Área de Preservação Permanente** somente ocorrerá nas hipóteses de *utilidade pública, de interesse social ou de baixo impacto ambiental* previstas no Código Florestal (art. 8º):

"§ 1º A supressão de vegetação nativa protetora de nascentes, dunas e restingas **somente poderá ser autorizada em caso de utilidade pública.**

§ 2º A **intervenção ou a supressão de vegetação nativa em Área de Preservação Permanente** de que tratam os incisos VI e VII do *caput* do art. 4º (as restingas, como fixadoras de dunas ou estabilizadoras de mangues, e os manguezais,

9. Direito Ambiental

em toda sua extensão) poderá ser autorizada, excepcionalmente, em locais onde a função ecológica do manguezal esteja comprometida, para execução de obras habitacionais e de urbanização, inseridas em projetos de regularização fundiária de interesse social, em áreas urbanas consolidadas ocupadas por população de baixa renda.

§ 3º É dispensada a autorização do órgão ambiental competente para a execução, em caráter de urgência, de atividades de segurança nacional e obras de interesse da defesa civil destinadas à prevenção e mitigação de acidentes em áreas urbanas."

"**É permitido o acesso de pessoas e animais às Áreas de Preservação Permanente** para obtenção de água e para realização de atividades de baixo impacto ambiental" (art. 9º).

Outro espaço ambientalmente protegido do Código Florestal é a **Reserva Legal.**

Considera-se **Reserva Legal** a "área localizada no interior de uma propriedade ou posse rural, delimitada nos termos do art. 12 do Código Florestal, com a função de assegurar o uso econômico de modo sustentável dos recursos naturais do imóvel rural, auxiliar a conservação e a reabilitação dos processos ecológicos e promover a conservação da biodiversidade, bem como o abrigo e a proteção de fauna silvestre e da flora nativa".

Todo imóvel rural deve manter área com cobertura de vegetação nativa, a título de Reserva Legal, sem prejuízo da aplicação das normas sobre as Áreas de Preservação Permanente, observados os seguintes percentuais mínimos em relação à área do imóvel, excetuados os casos previstos no art. 68 do Código Florestal (art. 12):

"(I) **localizado na Amazônia Legal:** (a) 80% (oitenta por cento), no imóvel situado em área de florestas; (b) 35% (trinta e cinco por cento), no imóvel situado em área de cerrado; (c) 20% (vinte por cento), no imóvel situado em área de campos gerais;

(II)**localizado nas demais regiões do país:** 20% (vinte por cento)."

RESERVA LEGAL (Art. 12 da Lei 12.651/2012)		
Imóvel rural na Amazônia Legal em área com	**Florestas:**	80% do imóvel
	Cerrados:	35% do imóvel
	Campos Gerais	20% do imóvel
Imóvel rural localizado nas demais regiões do país	20% do imóvel	

Em algumas situações **não será necessária a constituição da Reserva Legal**, a saber:

(a) Os empreendimentos de abastecimento público de água e tratamento de esgoto **não estão sujeitos à constituição de Reserva Legal.**

(b) **Não será exigida Reserva Legal** relativa às áreas adquiridas ou desapropriadas por detentor de concessão, permissão ou autorização para exploração de potencial de energia hidráulica, nas quais funcionem empreendimentos de geração de energia elétrica, subestações ou sejam instaladas linhas de transmissão e de distribuição de energia elétrica.

(c) **Não será exigida Reserva Legal** relativa às áreas adquiridas ou desapropriadas com o objetivo de implantação e ampliação de capacidade de rodovias e ferrovias.

"A **localização da área de Reserva Legal no imóvel rural** deverá levar em consideração os seguintes estudos e critérios:(I) o plano de bacia hidrográfica;

(II) o Zoneamento Ecológico-Econômico; (III) a formação de corredores ecológicos com outra Reserva Legal, com Área de Preservação Permanente, com Unidade de Conservação ou com outra área legalmente protegida; (IV) as áreas de maior importância para a conservação da biodiversidade; e (V) as áreas de maior fragilidade ambiental" (art. 9º).

Atenção
Qual órgão ambiental aprova a localização da Reserva Legal? O *órgão estadual* integrante do Sisnama ou instituição por ele habilitada deverá aprovar a localização da Reserva Legal após a inclusão do imóvel no Cadastro Ambiental Rural (CAR), conforme o art. 29 do Código Florestal.

CADASTRO AMBIENTAL RURAL (CAR)
É criado o Cadastro Ambiental Rural (CAR), no âmbito do Sistema Nacional de Informação sobre Meio Ambiente (Sinima), registro público eletrônico de âmbito nacional, obrigatório para todos os imóveis rurais, com a finalidade de integrar as informações ambientais das propriedades e posses rurais, compondo base de dados para controle, monitoramento, planejamento ambiental e econômico e combate ao desmatamento (art. 29).

Será admitido **o cômputo das Áreas de Preservação Permanente no cálculo do percentual da Reserva Legal do imóvel,** desde que: (I) o benefício previsto neste artigo não implique a conversão de novas áreas para o uso alternativo do solo; (II) a área a ser computada esteja conservada ou em processo de recuperação, conforme comprovação do proprietário ao órgão estadual integrante do Sisnama; e (III) o proprietário ou possuidor tenha requerido inclusão do imóvel no Cadastro Ambiental Rural (CAR), nos termos do Código Florestal. O regime de proteção da Área de Preservação Permanente não se altera na hipótese ora relacionada.

Poderá ser instituída Reserva Legal em regime de condomínio ou coletiva entre propriedades rurais, respeitado o percentual previsto no art. 12 (quadro anterior) em relação a cada imóvel.

A **Reserva Legal deve ser conservada com cobertura de vegetação nativa pelo proprietário do imóvel rural,** possuidor ou ocupante a qualquer título, pessoa física ou jurídica, de direito público ou privado.

Admite-se **a exploração econômica da Reserva Legal** mediante manejo sustentável, previamente aprovado pelo órgão competente do Sisnama, de acordo com as modalidades previstas no art. 20 e seguintes do Código Florestal.

É obrigatória a suspensão imediata das atividades em área de Reserva Legal desmatada irregularmente após 22 de julho de 2008.

A **área de Reserva Legal deverá ser registrada no órgão ambiental competente** por meio de inscrição no Cadastro Ambiental Rural (CAR) de que trata o art. 29, sendo vedada a alteração de sua destinação, nos casos de transmissão, a qualquer título, ou de desmembramento, com as exceções previstas no Código Florestal.

Na posse, a área de Reserva Legal é assegurada por termo de compromisso firmado pelo possuidor com o órgão competente do Sisnama, com força de título executivo extrajudicial, que explicite, no mínimo, a localização da área de Reserva Legal e as obrigações assumidas pelo possuidor por força do previsto no Código Florestal.

O registro da Reserva Legal no Cadastro Ambiental Rural (CAR) desobriga a averbação no Cartório de Registro de Imóveis, sendo que, no período entre a data da publicação dessa Lei e o registro no CAR, o proprietário ou possuidor rural que desejar fazer a averbação terá direito à gratuidade desse ato.

O proprietário ou possuidor de imóvel rural que detinha, em 22 de julho de 2008, área de Reserva Legal em extensão inferior ao estabelecido no art. 12 (vide quadro), poderá regularizar sua situação, independentemente da adesão ao Programa de Regularização Ambiental, adotando as seguintes alternativas, isolada ou conjuntamente (art. 66, Lei 12.651/2012): "I – recompor a Reserva Legal; II – permitir a regeneração natural da vegetação na área de Reserva Legal; III – compensar a Reserva Legal."

A obrigação em questão tem natureza real e é transmitida ao sucessor no caso de transferência de domínio ou posse do imóvel rural.

Atenção

1. Nos imóveis rurais que detinham, em 22 de julho de 2008, área de até 4 (quatro) módulos fiscais e que possuam remanescente de vegetação nativa em percentuais inferiores ao previsto no art. 12, a Reserva Legal será constituída com a área ocupada com a vegetação nativa existente em 22 de julho de 2008, vedadas novas conversões para uso alternativo do solo (art. 67, Lei 12.651/2012).

2. Os proprietários ou possuidores de imóveis rurais que realizaram supressão de vegetação nativa respeitando os percentuais de Reserva Legal previstos pela legislação em vigor na época em que ocorreu a supressão são dispensados de promover a recomposição, compensação ou regeneração para os percentuais exigidos no Código Florestal (art. 68, Lei 12.651/2012).

15. POLÍTICA NACIONAL DE RESÍDUOS SÓLIDOS

A Lei 12.305/2012 institui a **Política Nacional de Resíduos Sólidos**, dispondo sobre seus princípios, objetivos e instrumentos, bem como sobre as diretrizes relativas à gestão integrada e ao gerenciamento de resíduos sólidos, incluídos os perigosos, às responsabilidades dos geradores e do poder público e aos instrumentos econômicos aplicáveis.

O **objeto** da Política Nacional de Resíduos Sólidos (PNRS) **é a *gestão integrada* e o *gerenciamento* de resíduos sólidos.**

Entende-se por **resíduos sólidos** o "material, substância, objeto ou bem descartado resultante de atividades humanas em sociedade, a cuja destinação final se procede, se propõe proceder ou se está obrigado a proceder, nos estados sólido ou semissólido, bem como gases contidos em recipientes e líquidos cujas particularidades tornem inviável o seu lançamento na rede pública de esgotos ou em corpos d'água, ou exijam para isso soluções técnica ou economicamente inviáveis em face da melhor tecnologia disponível".

Já os **rejeitos** são "resíduos sólidos que, depois de esgotadas todas as possibilidades de tratamento e recuperação por processos tecnológicos disponíveis e economicamente viáveis, não apresentem outra possibilidade que não a disposição final ambientalmente adequada".

FIQUE ATENTO:
As expressões *Resíduos Sólidos* e *Rejeitos* demandam atenção.
RESÍDUOS SÓLIDOS: é um conceito mais amplo e incluiu os rejeitos.
REJEITOS: resíduos sólidos que, depois de esgotadas todas as possibilidades de tratamento e recuperação, não apresentem outra possibilidade que não a disposição final ambientalmente adequada. Ou seja, são inviáveis o seu tratamento e recuperação.

15.1. PRINCÍPIOS DA POLÍTICA NACIONAL DE RESÍDUOS SÓLIDOS

PRINCÍPIOS DA POLÍTICA NACIONAL DE RESÍDUOS SÓLIDOS:
A prevenção e a precaução;
O poluidor-pagador e o protetor-recebedor;
A visão sistêmica, na gestão dos resíduos sólidos, que considere as variáveis ambiental, social, cultural, econômica, tecnológica e de saúde pública;
O desenvolvimento sustentável;
A ecoeficiência;
A cooperação entre as diferentes esferas do poder público, o setor empresarial e demais segmentos da sociedade;
A responsabilidade compartilhada pelo ciclo de vida dos produtos;
O reconhecimento do resíduo sólido reutilizável e reciclável como um bem econômico e de valor social, gerador de trabalho e renda e promotor de cidadania;
O respeito às diversidades locais e regionais;
O direito da sociedade à informação e ao controle social;
A razoabilidade e a proporcionalidade.

15.2. Ordem de Prioridade na Gestão e Gerenciamento de Resíduos

Na gestão e gerenciamento de resíduos sólidos, deve ser observada a seguinte ordem de prioridade: não geração, redução, reutilização, reciclagem, tratamento dos resíduos sólidos e disposição final ambientalmente adequada dos rejeitos (art. 9º, *caput*).

Ordem de Prioridade na Gestão e Gerenciamento de Resíduos
Não geração, Redução,• Reutilização,• Reciclagem, •Tratamento dos resíduos sólidos,• Disposição final ambientalmente adequada dos rejeitos.

15.3. Responsabilidade Compartilhada

Considera-se **responsabilidade compartilhada pelo ciclo de vida dos produtos** o conjunto de atribuições individualizadas e encadeadas dos fabricantes, importadores, distribuidores e comerciantes, dos consumidores e dos titulares dos serviços públicos de limpeza urbana e de manejo dos resíduos sólidos, para minimizar o volume de resíduos sólidos e rejeitos gerados, bem como para reduzir os impactos causados à saúde humana e à qualidade ambiental decorrentes do ciclo de vida dos produtos, nos termos da Lei da PNRS (art. 3º, XVII).

Conforme o art. 30 da PNRS, "é instituída a responsabilidade compartilhada pelo ciclo de vida dos produtos, a ser implementada de forma individualizada e encadeada, abrangendo os fabricantes, importadores, distribuidores e comerciantes, os consumidores e os titulares dos serviços públicos de limpeza urbana e de manejo de resíduos sólidos, consoante as atribuições e procedimentos previstos nesta Seção".

15.4. LOGÍSTICA REVERSA

15.4.1 Conceito

Entende-se por **logística reversa** o "instrumento de desenvolvimento econômico e social caracterizado por um conjunto de ações, procedimentos e meios destinados a viabilizar a coleta e a restituição dos resíduos sólidos ao setor empresarial, para reaproveitamento, em seu ciclo ou em outros ciclos produtivos, ou outra destinação final ambientalmente adequada (art. 3º, XII)".

Após o uso pelo consumidor, o produto (resíduo sólido) deve retornar para o setor empresarial para o reaproveitamento ou outra destinação final ambientalmente adequada.

Exemplo de sistema de logística reversa é o que ocorre nos locais de devolução de pilhas e baterias em shopping centers em algumas cidades. Caberá ao consumidor depositar suas pilhas e baterias no local indicado.

15.4.2. Obrigatoriedade

Segundo o art. 33, da PNRS, são **obrigados** a estruturar e implementar sistemas de logística reversa, mediante retorno dos produtos após o uso pelo consumidor, de forma independente do serviço público de limpeza urbana e de manejo dos resíduos sólidos, **os fabricantes, importadores, distribuidores e comerciantes** de:

agrotóxicos, seus resíduos e embalagens, assim como outros produtos cuja embalagem, após o uso, constitua resíduo perigoso, observadas as regras de gerenciamento de resíduos perigosos previstas em lei ou regulamento, em normas estabelecidas pelos órgãos do Sisnama, do SNVS e do Suasa, ou em normas técnicas;

✓ pilhas e baterias;

✓ pneus;

✓ óleos lubrificantes, seus resíduos e embalagens;

✓ lâmpadas fluorescentes, de vapor de sódio e mercúrio e de luz mista;

✓ produtos eletroeletrônicos e seus componentes.

PRODUTOS OBRIGADOS À LOGÍSTICA REVERSA – ART. 33 DA PNRS
Agrotóxicos, seus resíduos e embalagens, assim como outros produtos cuja embalagem, após o uso, constitua resíduo perigoso;
Pilhas e baterias;
Pneus;
Óleos lubrificantes, seus resíduos e embalagens;
Lâmpadas fluorescentes, de vapor de sódio e mercúrio e de luz mista;
Produtos eletroeletrônicos e seus componentes.

A obrigatoriedade de estruturar e implementar os sistemas de logística reversa é para **os fabricantes, importadores, distribuidores e comerciantes** desses produtos. Significa dizer, não inclui o gerador de resíduos domiciliares, cuja obrigação é disponibilizar adequadamente os resíduos sólidos reutilizáveis e recicláveis para a devolução nos sistemas de logística reversa.

A **logística reversa relativa às lâmpadas** fluorescentes, de vapor de sódio e mercúrio e de luz mista e de **produtos eletroeletrônicos** e seus componentes será implementada progressivamente segundo cronograma estabelecido em regulamento.

O sistema de **logística reversa de agrotóxicos**, seus resíduos e embalagens, seguirá o disposto na Lei 7.802/1989 (Lei de Agrotóxicos) e no Decreto 4.074/2002 (Destino Final de Embalagens de Agrotóxicos).

Além da obrigatoriedade para os produtos elencados no art. 33, *caput*, da PNRS, como se viu, é possível ampliar a logística reserva para outros produtos, como por exemplo aqueles comercializados em embalagens plásticas, metálicas ou de vidro.

Nesse sentido o § 1º do art. 33 da Lei da PNRS, *in verbis*: "na forma do disposto em regulamento ou em acordos setoriais e termos de compromisso firmados entre o poder público e o setor empresarial, os sistemas previstos no caput **serão estendidos a produtos comercializados em embalagens plásticas, metálicas ou de vidro, e aos demais produtos e embalagens**, considerando, prioritariamente, o grau e a extensão do impacto à saúde pública e ao meio ambiente dos resíduos gerados".

Para tanto, a definição dos produtos e embalagens relacionados considerará a viabilidade técnica e econômica da logística reversa, bem como o grau e a extensão do impacto à saúde pública e ao meio ambiente dos resíduos gerados (art. 33, § 2º).

BIBLIOGRAFIA

LEITE, José Rubens Morato e AYALA, Patryck de Araújo. *Dano ambiental: do individual ao coletivo extrapatrimonial.* 5. ed. São Paulo: RT, 2012.

MELO, Fabiano. *Manual de Direito ambiental.* São Paulo: Método, 2014.

MILARÉ, Édis. *Direito do ambiente: doutrina, prática, jurisprudência, glossário.* 6. ed. São Paulo: Ed. RT, 2009.

OLIVEIRA, Fabiano Melo Gonçalves de. *Direito ambiental.* 3. ed. Rio de Janeiro: Impetus, 2012.

________. SILVA, Telma Bartholomeu. *Direitos difusos e coletivos: Direito ambiental.* Coleção Saberes do Direito, vol. 39. São Paulo: Saraiva, 2012.

10. Direito Civil

Wander Garcia

1. LEI DE INTRODUÇÃO ÀS NORMAS DO DIREITO BRASILEIRO – LINDB

1.1. Princípios do Direito Civil

Miguel Reale, coordenador da comissão que redigiu o anteprojeto que deu origem ao novo Código, salienta que esse é norteado por três **princípios**: o da socialidade, o da eticidade e o da operabilidade. Tais princípios fazem refletir os elementos acima apontados.

O **princípio da socialidade** é aquele que *impõe prevalência dos valores coletivos sobre os individuais.*

Já o **princípio da eticidade** é aquele que *impõe a justiça e a boa-fé nas relações civis.*

O **princípio da operabilidade**, por sua vez, é *aquele que impõe soluções viáveis, operáveis e sem grandes dificuldades na aplicação do direito.* Está contido nesse princípio o da **concreção**, pelo qual *o legislador deve criar leis pensando em situações as mais concretas possíveis, evitando ser muito abstrato, ou quando não possível, dando poderes ao juiz para resolver o conflito de modo a melhor atender às diretrizes legais.* O princípio da operabilidade é identificado no Código Civil, por exemplo, quando este confere ao juiz papéis mais abrangentes, tais como papel de *juiz moderador* (ex.: juiz que pode reduzir o valor de multas, caso abusivas) e de *juiz com maior discricionariedade* (ex.: juiz que está diante de cláusulas gerais e conceitos jurídicos indeterminados, que permitem que esse agente busque a melhor solução para o caso concreto, diante das diretrizes traçadas pela lei).

Apesar de não mencionado expressamente por Miguel Reale, entendemos que também norteia o Código Civil o princípio da **dignidade da pessoa humana**, que é *aquele que impõe respeito aos múltiplos aspectos da personalidade humana, como a moral, a intelectual e a física.* A existência de um capítulo no Código Civil destinado exclusivamente aos direitos da personalidade, somada à previsão constitucional da proteção da dignidade da pessoa humana demonstram que o princípio em tela informa o atual Código Civil.

E também não há como negar que o Código Civil ainda dá primazia à **propriedade individual**, à **autonomia da vontade** e à **igualdade**. A primeira é garantida pela Constituição e pelo Código Civil. A segunda ainda é a fonte inicial da formação das relações jurídicas civis. E a igualdade, entendida em seu sentido amplo (tratar igualmente os iguais e desigualmente os desiguais), é o princípio que fundamenta as relações privadas, na qual se busca o equilíbrio entre as partes, diferentemente do que ocorre nas relações públicas, em que há supremacia do interesse público sobre o interesse privado, em nítida situação de desequilíbrio.

A partir dessas observações, é possível criar uma Teoria dos Princípios Basilares, ou seja, uma teoria que visa a identificar quais são os princípios do Direito Civil que inspiram e norteiam todos os outros princípios e regras desse macrossistema.

Nesse sentido, pode-se dizer que são **princípios basilares** do Direito Civil os seguintes: a) **autonomia da vontade**; b) **igualdade**; c) **propriedade individual**; d) **solidariedade social** (contendo as ideias de socialidade, eticidade e dignidade da pessoa humana); e e) **operabilidade**.

Além dos princípios basilares, e abaixo deles, temos os **princípios-norma**, que são as *normas jurídicas aplicáveis a determinada categoria de relações, dotadas de especial relevância e alta carga valorativa.* São exemplos desses princípios os da função social dos contratos (aplicável aos contratos), da boa-fé objetiva (aplicável aos contratos), da função social da propriedade (aplicável ao direito de propriedade), da igualdade entre os filhos (aplicável ao direito de família e sucessões), entre outros.

Tais princípios têm as seguintes características: a) têm aplicação *direta e imediata* aos casos concretos; b) têm *hierarquia* em relação às meras regras-norma, hierarquia essa que é chamada de *hierarquia material* caso estejam previstos em leis da mesma categoria das regras (ex.: há hierarquia material, e não formal, entre um princípio previsto no Código Civil e uma mera regra prevista no mesmo Código); c) servem de *elemento integrativo* e de *vetor interpretativo* aos aplicadores do Direito.

Por fim, temos os **princípios gerais do direito**, que são as *diretrizes políticas, sociais e jurídicas extraídas do sistema jurídico como um todo.* Um exemplo desse princípio é o da *presunção de boa-fé.* Tais princípios somente são aplicados em caso de lacunas, ou seja, em casos de vazio no sistema jurídico. E, mesmo assim, tais princípios são só chamados caso a lacuna não possa ser resolvida com a *analogia* e os *costumes.* Dessa forma, tais princípios não têm aplicação direta e imediata aos casos concretos, dependendo, para sua aplicação, da existência de lacuna que não possa ser suprida pelos elementos mencionados.

1.2. Introdução ao estudo do Direito Civil

1.2.1. Finalidade da Lei de Introdução às Normas do Direito Brasileiro

A primeira Lei de Introdução às Normas do Direito Brasileiro foi a Lei n. 3.071/1916. Essa lei foi revogada pelo Decreto-Lei 4.657/1942, atualmente em vigor.

A Lei de Introdução às Normas do Direito Brasileiro é norma introdutória do Direito como um todo, e não apenas do Direito Civil, como parecia ser, diante do nome que detinha antes (Lei de Introdução ao Código Civil). Tal lei, na verdade, tem **três finalidades**.

A primeira delas, e a que mais se sobressai, é a de **regular a forma de aplicação das leis em geral**: a) o início e a duração de sua obrigatoriedade (arts. 1º e 2º); b) os mecanismos de integração em caso de lacuna (art. 4º); c) os critérios de interpretação (art. 5º); e d) os meios de preservação da segurança jurídica em face da edição de novas normas (art. 6º).

A segunda finalidade é a de **regular o direito internacional privado brasileiro** (arts. 7º a 17).

A última é a de **regular os atos civis praticados no estrangeiro pelas autoridades consulares brasileiras** (arts. 18 e 19).

A primeira finalidade incide não só sobre a aplicação das normas de Direito Civil, mas sobre o Direito como um todo, ressalvada a existência de uma lei especial dispondo de modo contrário. Por exemplo, em Direito Penal, sob o argumento de que existe uma lacuna, não será possível valer-se da analogia para considerar crime um tipo de conduta ainda não regulada pelo Direito, por haver vedação dessa forma de integração na lei penal.

1.2.2. Fontes do Direito

Quando se pergunta "quais são as fontes do Direito", fica sempre a dúvida sobre a qual fonte a indagação se refere. Existem *fontes criadoras* do Direito (legislador, por exemplo). Há *fontes formais* do Direito (a lei, por exemplo). Há *fontes históricas* do Direito (fatos históricos marcantes que deram origem à modificação de uma lei).

As **fontes formais** do Direito podem ser divididas em duas espécies: principais e acessórias.

As **fontes *formais principais*** são: a lei, a analogia, o costume e os princípios gerais do direito. Como adotamos o sistema romano-germânico, de início, só a lei é fonte formal principal. Apenas em caso de lacuna é que se admite que o aplicador se valha da analogia, do costume e dos princípios gerais, nessa ordem, como fonte formal jurídica (art. 4º da LINDB).

Para completo entendimento do assunto, é importante destacar que, por lei, deve-se entender norma constitucional, lei ordinária, lei complementar, lei delegada, resolução legislativa, decreto legislativo e medida provisória.

Já as **fontes *formais secundárias ou acessórias*** são: os decretos, as resoluções administrativas, as instruções normativas, as portarias etc. São acessórias pois guardam obediência a uma fonte principal.

Doutrina e jurisprudência são consideradas, tradicionalmente, como *fontes não formais* ou *fontes indiretas* (mediatas). Isso porque trazem preceitos não vinculantes. São também consideradas *fontes meramente intelectuais* ou *informativas*.

Há de se fazer alguns temperamentos com relação à jurisprudência. Isso porque, apesar de um entendimento reiterado pelos tribunais não ter força de lei, a Emenda Constitucional 45/2004 estabeleceu que o Supremo Tribunal Federal poderá, após reiteradas decisões sobre matéria constitucional, aprovar súmula, que terá efeito vinculante e incidirá sobre a validade, a interpretação e a eficácia de normas determinadas acerca das quais haja controvérsia (art. 103-A da CF).

Tais súmulas, ainda que declarativas em relação ao que é Direito, poderão ser consideradas verdadeiras fontes formais, já que têm eficácia *erga omnes*.

1.2.3. Lei

1.2.3.1. Conceito

Em sentido estrito, pode-se **conceituar** a **lei** como o *ato do Poder Legislativo imperativo, geral, originário e autorizador de se exigir do Estado a garantia de seu cumprimento mediante o uso de coação física, se necessário.*

1.2.3.2. Classificação

As leis podem ser **classificadas** a partir de diversos **critérios**. Vejamos:

a) Quanto à sua **natureza**: podem ser *substantivas* ou *adjetivas*.

Substantivas *são as que estabelecem os direitos e deveres das pessoas em suas atividades e relações pessoais e profissionais.* São também chamadas de *materiais*.

Adjetivas *são as que regulamentam os atos de um processo, o qual tem por objetivo fazer valer as normas materiais.* São também chamadas de normas *processuais* ou *formais*;

b) Quanto à **hierarquia**: são escalonadas em *constitucionais, complementares* e *ordinárias*. As normas complementares estão em posição superior às ordinárias, não só porque exigem quórum especial (art. 69 da CF), como porque, segundo a Constituição, têm o condão de dispor sobre a elaboração das leis (art. 59, parágrafo único), o que se deu com a edição da Lei Complementar 95/1998;

c) Quanto à **competência** ou **extensão territorial**: são *federais, estaduais/distritais* e *municipais*;

d) Quanto ao **alcance**: podem ser *gerais* ou *especiais*.

Gerais *são as que regulam uma dada relação jurídica, a par de outra lei que regula um determinado aspecto daquela relação.* Assim, o Código Civil, ao tratar do contrato de locação é uma lei geral (arts. 565 e ss.), ao passo que a Lei 8.245/1991 é uma lei especial, pois trata apenas de um determinado aspecto da locação, no caso a locação de imóvel urbano.

Especiais *são as que regulam sozinhas uma relação jurídica por inteiro ou um determinado aspecto de uma relação jurídica regulada de modo genérico por outra lei.* Além da Lei de Locações, podem ser citados o Código de Defesa do Consumidor e o Estatuto da Criança e do Adolescente.

A classificação é importante para efeito de se descobrir qual é a lei aplicável ao caso concreto. Entre uma lei especial e uma lei geral, ainda que a lei geral seja posterior, deve-se aplicar a lei especial. Isso porque se presume que esta tratou com mais detalhe do assunto.

É importante ressaltar que **uma lei pode ser especial em relação a uma e geral em relação a outra**. Por exemplo, em relação à compra e venda prevista no Código Civil, as normas sobre o assunto previstas no CDC são especiais. Mas em relação à Lei de Alienação Fiduciária (Decreto-Lei 911/1969), as normas do CDC são consideradas gerais.

1.2.3.3. *Nascimento da lei.*

O processo de elaboração das leis tem as seguintes etapas: iniciativa, discussão, votação, sanção (ou veto, com posterior recusa ao veto), promulgação e publicação.

A **sanção**, que pode ser expressa ou tácita (CF, art. 66, § 3º) é a *aquiescência dada pelo Chefe do Poder Executivo ao projeto de lei aprovado*. Permite-se também o veto, motivado pela inconstitucionalidade ou contrariedade do projeto ao interesse público, hipótese em que o Poder Legislativo poderá rejeitá-lo ("derrubá-lo"), por voto da maioria absoluta dos deputados e senadores, em sessão conjunta.

Após a sanção ou a recusa ao veto, passa-se à **promulgação**, que é o *ato pelo qual o Poder Executivo autentica a lei, atestando sua existência e determinando sua obediência*. O Executivo tem quarenta e oito horas contadas da sanção ou da comunicação da recusa ao veto para proceder à promulgação. Caso não o faça, o Presidente do Senado o fará e, se este não o fizer em igual prazo, caberá ao Vice-Presidente do Senado fazê-lo (CF, art. 66, § 7º).

Feita a promulgação, vem a **publicação**, que é *a divulgação oficial da nova lei, possibilitando seu conhecimento público*.

Em seguida à publicação, temos uma situação eventual pela qual pode passar uma lei, o chamado **período de vacância**, que é o *lapso temporal entre a data da publicação da lei e um termo prefixado na própria lei ou em outro diploma legislativo, durante o qual aquela não pode ainda produzir efeitos*. Esse intervalo entre a data da publicação da lei e sua entrada em vigor chama-se *vacatio legis*.

Segundo a LINDB, não havendo disposição em contrário, a lei começa a vigorar em todo o país quarenta e cinco dia após sua publicação. Nos estados estrangeiros, a obrigatoriedade da lei brasileira, quando for admitida, inicia-se três meses após oficialmente publicada (art. 1º, *caput* e § 1º). Adotou-se o princípio da *vigência sincrônica*, já que haverá vigência simultânea em todo o território nacional, ou seja, *prazo único* para entrada em vigor no país. Tal princípio se contrapõe ao da *vigência progressiva*, pelo qual a lei vai entrando em vigor no país segundo prazos que variam de acordo com a região[1]. Já nos estados estrangeiros, o prazo é outro, de modo que os agentes de nossas representações diplomáticas e os que têm fora do Brasil interesses regulados pela lei brasileira, por exemplo, só ficam obrigados após o período de três meses acima aludido.

Repare que, no silêncio, temos o período de vacância de quarenta e cinco dias, que poderá ser modificado mediante expressa indicação na lei de que entrará em vigor em outro termo. Segundo a Lei Complementar 95/1998, deve-se reservar a cláusula "entra em vigor na data da sua publicação" apenas para as leis de pequena repercussão. Quanto às demais, deve-se fixar um período de vacância que contemple prazo razoável para que dela se tenha amplo conhecimento (art. 8º, *caput*, da LC 95/1998). O Código Civil, por exemplo, entrou em vigor um ano após sua publicação (art. 2.044 do CC). A contagem do prazo dar-se-á com a inclusão da data da publicação e do último dia do prazo, entrando em vigor no dia subsequente à sua consumação integral (art. 8º, § 1º, da LC 95/1998).

Há períodos de vacância fixados na própria Constituição, como os previstos nos art. 150, III, "b" e "c", e 195, § 6º (no que concerne à cobrança de tributos).

Pode ocorrer de, no curso do período de vacância, ser necessária nova publicação da lei destinada a alguma correção. Nesse caso, o prazo de vacância começará a correr mais uma vez a partir da data da nova publicação (art. 1º, § 3º, da LINDB).

Pode ocorrer também de, após o período de vacância, ser necessária nova publicação da lei para o mesmo fim. Nesse caso, como a lei já estava em vigor, os efeitos que ela produziu até aquele momento serão respeitados. A LINDB é expressa no sentido de que as correções serão consideradas lei nova (art. 1º, § 4º), de modo que novo período de vacância deverá ser computado.

1.2.3.4. *Vigência da lei*

1.2.3.4.1. Vigência da lei no tempo

Neste tópico estuda-se o princípio da continuidade e a revogação das leis e também o conflito das leis no tempo.

Princípio da continuidade é *aquele pelo qual a lei terá vigência enquanto outra não a modificar ou a revogar*. Ou seja, a regra é a de que as leis têm caráter permanente. Mas há exceções à regra.

Há casos em que a lei tem **vigência temporária** (leis temporárias), que cessará nas seguintes hipóteses: a) advento de termo (prazo) fixado para sua duração; b) implemento de condição resolutiva (leis circunstanciais); c) consecução de seus fins.

A lei **também poderá perder vigência:** a) pela não recepção em função de nova ordem constitucional; b) por suspensão de sua execução pelo Senado, em razão de declaração incidental de inconstitucionalidade pelo STF; ou c) pelo trânsito em julgado de ação destinada ao controle concentrado de constitucionalidade, em caso de reconhecimento da inconstitucionalidade.

A revogação é a *supressão de uma lei por outra*. Existem variadas espécies de revogação, daí a pertinência de proceder a sua classificação:

a) Quanto à **extensão**: pode ser *total* ou *parcial*.

Revogação total (ou ab-rogação) é *a supressão integral da lei anterior*. O art. 2.045 do atual Código Civil revogou por inteiro o Código anterior.

Revogação parcial (ou derrogação) é *a supressão de parte da lei anterior*;

b) Quanto *à* **forma de sua execução**: pode ser *expressa* ou *tácita*.

Revogação expressa é *aquela em que a lei nova declara inequivocamente a supressão de dada lei*. O atual Código Civil, como se viu, revogou expressamente a Lei 3.071/1916 (CC anterior) em seu art. 2.045.

1. Segundo a anterior LINDB, a obrigatoriedade das leis, quando não se fixasse outro prazo, "começaria no Distrito Federal, três dias depois de oficialmente publicada, quinze dias no Estado do Rio de Janeiro, trinta dias nos Estados Marítimos e no de Minas Gerais, cem dias nos outros, compreendidas as circunscrições não constituídas em Estado".

Revogação tácita é *aquela em que a lei nova, apesar de não declarar inequivocamente que a lei antiga está sendo suprimida, mostra-se incompatível com ela ou regule inteiramente a matéria de que essa tratava.*

A *incompatibilidade* se dá, por exemplo, quando uma lei nova permite algo que a antiga proibia. Ou quando a primeira proíbe algo que a segunda permite. Chama-se também revogação indireta.

A *regulamentação por inteiro de uma matéria* se dá quando a nova lei esgota a matéria da qual a lei anterior tratava. Assim, ainda que a nova Lei de Falências não fizesse referência expressa à revogação da lei anterior, o fato é que esta ficaria revogada, uma vez que aquela regula por inteiro a matéria dessa. Chama-se também revogação global.

Anote-se que é possível que uma lei revogada continue a produzir efeitos. Exemplo disso é a disposição do art. 2.038 do atual CC, que determina a continuidade da aplicação do CC/16 para as enfiteuses já existentes quando da entrada em vigor do primeiro. Trata-se da *ultratividade* ou *pós-atividade da lei.*

É importante anotar que, "salvo disposição em contrário, a lei revogada não se restaura por ter a lei revogadora perdido a vigência" (art. 2º, § 3º, da LINDB). Ou seja, se uma lei "A" é revogada por uma lei "B", e a tal lei "B" é revogada pela lei "C", a lei "A" não fica restaurada. Isso quer dizer que não existe o efeito repristinatório (restaurador) da primeira lei revogada. O que pode acontecer é a lei "C" expressamente dizer que novamente entrará em vigor a lei "A". Neste caso teremos uma lei nova e não exatamente uma repristinação.

De qualquer forma, ainda que não adotado como regra pela nossa LINDB, vamos conceituar o instituto da **repristinação**, *que consiste na restauração da lei revogada, em virtude da lei revogadora ter pedido a vigência.* O instituto em tela só é admitido quando a lei expressamente restaurar a lei anterior ou, no âmbito do Direito Administrativo, no que concerne aos *atos administrativos* (e não às *leis*).

No tema aplicação da lei no tempo é, ainda, importante anotar que a lei nova, apesar de ter efeito imediato e geral, deve respeitar o ato jurídico perfeito, o direito adquirido e a coisa julgada (art. 6º da LINDB). A Constituição, em seu art. 5º, XXXVI, reforça o princípio ao dispor que "a lei não prejudicará o direito adquirido, o ato jurídico perfeito e a coisa julgada".

Trata-se do **princípio da irretroatividade da lei**.

A **coisa julgada** pode ser conceituada como a *qualidade da sentença de mérito de o seu comando ser imutável. Isso se dá com o trânsito em julgado da decisão.*

O **direito adquirido** é *aquele que já se incorporou ao patrimônio de seu titular, uma vez que preenchidos, sob a vigência da lei anterior, os requisitos para a aquisição do direito.* Para a LINDB, "consideram-se adquiridos assim os direitos que seu titular, ou alguém por ele, possa exercer, como aqueles cujo começo do exercício tenha termo prefixo, ou condição preestabelecida inalterável, a arbítrio de outrem" (art. 6º, § 2º).

O **ato jurídico perfeito** é *aquele já consumado segundo a lei vigente ao tempo em que se efetuou* (art. 6º § 1º, da LINDB).

A lei não pode *prejudicar* tais valores, mas pode *beneficiar*. É por isso que a lei penal que beneficia o acusado retroage (art. 5º, XL, da CF) e que a lei tributária também retroage em alguns casos (art. 106 do CTN).

Não se deve confundir *retroatividade* com *aplicabilidade imediata*. A lei não pode atingir, para prejudicar, fatos passados, mas pode ser aplicada de modo imediato para fatos que ocorrerem depois de sua vigência, ainda que relacionados com fatos anteriores.

1.2.3.4.2. Vigência da lei no espaço

Nesse tema vige o princípio da **territorialidade**, para o qual *a lei tem aplicação dentro do território do Estado que a expediu*. Esse princípio decorre da soberania estatal. A ideia de território estende-se também a outros espaços, como os navios e aeronaves de guerra, onde se encontrarem.

Admite-se, todavia, que a lei estrangeira, em determinadas hipóteses, tenha eficácia em nosso território, ou seja, admite-se a **extraterritorialidade.** Isso se dá com fundamento na solidariedade internacional. A aplicação da lei estrangeira em outro território tem por finalidade proteger a pessoa em território estrangeiro e regular os efeitos de atos estrangeiros que venham a se cumprir no país. Em virtude da existência de exceções é que se diz que adotamos o princípio da **territorialidade moderada.**

Todavia, em nenhuma hipótese poderá ser aplicada uma lei estrangeira (bem como atos, sentenças e declarações de vontade) que ofenda a soberania nacional, a ordem pública e os bons costumes do país (art. 17 da LINDB).

Chama-se **estatuto pessoal** o conjunto de normas que rege o estrangeiro pela lei de seu país de origem. Um estrangeiro que estiver em nosso país poderá carregar consigo um conjunto de normas estrangeiras que regulará seus direitos no Brasil. Esses temas são estudados com profundidade no Direito Internacional.

1.2.3.5. Aplicação da lei

1.2.3.5.1. Interpretação da lei

Interpretar é *extrair o sentido e o alcance da lei, com vistas a sua posterior aplicação.*

A interpretação que nos interessa não é um fim em si mesmo. Ela objetiva extrair da lei normas jurídicas para aplicação aos casos concretos, possibilitando que o Direito cumpra seu papel de garantir uma convivência justa entre as pessoas.

As **técnicas interpretativas** são tão importantes que, para seu estudo, foi se formando uma verdadeira ciência, que é chamada de **hermenêutica**. Pode-se defini-la, portanto, como *a ciência da interpretação.*

A **técnica gramatical** *consiste em verificar o significado das palavras, isolada e sintaticamente, atendendo à pontuação e à colocação dos vocábulos.* Usa-se também a expressão *interpretação literal* para fazer referência a essa técnica.

A **técnica lógica** *consiste na análise dos períodos da lei, combinando-os entre si mediante um raciocínio lógico, de modo a se atingir uma perfeita compatibilidade.*

A **técnica sistemática** *consiste em relacionar os vários dispositivos legais que guardam pertinência com o tema no sistema jurídico, de modo a buscar uma resposta única e trabalhada.*

A **técnica histórica** *consiste em averiguar os antecedentes da norma, desde as circunstâncias fáticas e valorativas que a precederam (*occasio legis*) até as discussões e deliberações legislativas, de modo a verificar a razão de sua existência (*ratio legis*).*

A **técnica teleológica** *consiste em averiguar o sentido e o alcance da lei partindo dos fins sociais a que ela se dirige, bem como adaptando-a às exigências do bem comum* (art. 5º da LINDB).

A utilização das técnicas de interpretação pode levar a **resultados** *declarativos (ou especificadores), restritivos* e *extensivos*. Em determinadas matérias existem óbices, decorrentes de sua própria natureza, a alguns dos resultados possíveis. Por exemplo, em Direito Penal, não se pode interpretar um tipo penal de modo a que se chegue a um resultado extensivo em relação ao texto da lei. Quando se tem uma exceção, também não se pode interpretar de modo a que se chegue a um resultado extensivo. A própria ordem jurídica se encarrega de colocar óbices a determinados resultados. O art. 114 do Código Civil, por exemplo, dispõe que os negócios jurídicos benéficos (como uma doação) e a renúncia "interpretam-se estritamente".

1.2.3.5.2. Integração das lacunas

O Direito tem por objetivo regular o comportamento humano, de modo a garantir uma convivência justa entre as pessoas. Para tanto, são editadas inúmeras leis. Como se viu, é a partir dessas que se vão extrair as normas jurídicas destinadas a regular as variadas questões que se apresentarem no mundo fenomênico. O aplicador partirá da lei, adaptada à realidade fático-valorativa daquele momento histórico. O problema é quando não há lei regulando aquele fato. Estar-se-á diante de uma lacuna.

As **causas** das lacunas são as seguintes: a) impossibilidade de o legislador lograr êxito em regular todas as questões de interesse da sociedade; b) superveniência de modificações fáticas e sociais sem que a lei acompanhe a nova realidade.

É importante anotar que o juiz somente pode colmatar (preencher a lacuna) para o caso concreto que decide. Exceção a essa regra somente pode se dar por meio do mandado de injunção, importante na colmatagem da lacuna enquanto não sobrevier lei preenchendo o vazio. Tal possibilidade não vinha sendo admitida pelo Supremo Tribunal Federal. Todavia, no mandado de injunção que pedia o reconhecimento de mora abusiva do Congresso em legislar sobre o direito de greve do servidor público, o STF resolveu permitir que esse direito fosse exercido, aplicando-se a Lei de Greve para o setor privado por analogia.

Seja qual for o tipo de lacuna, deve-se recorrer ao art. 4º da LINDB, que dispõe: "quando a lei for omissa, o juiz decidirá o caso de acordo com a analogia, os costumes e os princípios gerais do direito".

A lei não permite que o juiz se exima de decidir. Deve o magistrado aplicar a norma legal, e, na sua falta, as três fontes referidas, sucessivamente (art. 126 do CPC). Vale dizer que o Novo CPC, em seu art. 140, *caput*, é mais abrangente que o mencionado art. 126, pois estabelece que o juiz não se exime de decidir sob a alegação de lacuna ou obscuridade do **ordenamento jurídico** e não apenas da lei, conforme o ainda vigente Código.

O juiz só decidirá por equidade nos casos previstos em lei (art. 127 do CPC; art. 140, parágrafo único, do novo CPC), como o previsto no art. 11, II, da Lei 9.307/1996. Isso não impede que o juiz, ao aplicar a lei, busque a forma mais equânime de fazê-lo. Ou seja, deve o juiz agir com "equidade dentro da lei". O que não pode é ignorar a lei e simplesmente decidir do modo que entender ser mais equânime. Reconhece a doutrina que também é possível valer-se da equidade quando haja lacuna e nenhum dos critérios previstos na lei consiga integrá-la. De qualquer forma, entendemos ser difícil que isso se configure, pois um dos princípios gerais de direito, último recurso a ser utilizado em caso de lacuna, é o da igualdade, que remete justamente à ideia de equidade.

A **integração** pode ser definida como *o processo de preenchimento de lacunas, mediante a aplicação da analogia, dos costumes e dos princípios gerais do direito, nessa ordem, criando-se norma individual para o caso*. Repare que há uma ordem de preferência na utilização das fontes. Comecemos com a primeira.

Decidir de acordo com a analogia *consiste em aplicar, a um acontecimento não regulado por uma norma jurídica, outra norma prevista para hipótese semelhante*. São necessários os seguintes procedimentos: a) comparar as semelhanças entre as hipóteses; b) avaliar se a semelhança justifica um tratamento jurídico idêntico. O fundamento da utilização da analogia é o princípio da igualdade. Utiliza-se muito aqui os argumentos vistos, especialmente o argumento *a fortiori*, que compreende o "a maiori ad minus" e o "a minori ad maius". Não sendo possível a utilização da analogia, deve-se recorrer aos costumes.

Decidir de acordo com o costume *consiste em aplicar as normas decorrentes da prática reiterada de determinado ato, com a convicção de sua obrigatoriedade jurídica*. O costume, que é fonte formal secundária do direito, tem dois elementos: a) o objetivo (o uso); e b) o subjetivo (a crença na sua obrigatoriedade). Em relação à lei, são divididos em: a) *contra legem* (contrários à lei); b) *praeter legem* (quando não estiver regulado em lei); c) *secundum legem* (quando a lei já o reconhece). As normas costumeiras a serem aplicadas na forma do art. 4º da LINDB são aquelas *praeter legem*. O costume contra a lei só poderá ser aplicado nos casos de lacuna superveniente, ou seja, naqueles casos em que a lei não acompanhou as mudanças na sociedade, continuando a prescrever comandos patentemente em descompasso com a nova realidade. Só em situações muito excepcionais é que se pode admitir tal possibilidade. Não sendo possível valer-se dos costumes, socorre-se dos princípios gerais de direito.

Decidir de acordo com os princípios gerais de direito *consiste em aplicar as ideias políticas, sociais e jurídicas subjacentes ao sistema jurídico*. Se a questão fática posta à aplicação da lei pode ser resolvida pela utilização de um princípio de direito pertinente aos fatos apresentados, não estaremos diante de lacuna. Deve-se a ela aplicar o princípio, que é lei voltada para o caso. Quando não houver lei ou princípio jurídico pertinente ao caso é que estaremos diante de lacuna. Não sendo possível recorrer à analogia e ao costume, recorre-se aos princípios gerais do direito, que, como o próprio nome diz, não são especiais em relação àquela questão. São princípios que norteiam o direito como um todo, como: o da igualdade, o da legalidade, o da presunção de boa-fé, o da proibição do locupletamento ilícito, o da dignidade da pessoa humana etc.

2. PARTE GERAL

2.1. Pessoas naturais

2.1.1. Generalidades

Antes de iniciarmos o estudo das pessoas naturais, devemos mostrar a importância da noção de "pessoas" para o Direito Civil, em particular, e para o Direito, como um todo.

O Direito regula as relações jurídicas entre as pessoas. Mas quais são os elementos de uma relação jurídica? São três: a) **sujeitos de direito**, que são os entes que podem fazer parte de uma relação jurídica, normalmente pessoas (um animal, por exemplo, não pode fazer parte de uma relação jurídica, mas apenas ser um objeto dela); b) um **objeto**, que é, de modo imediato, uma obrigação (de dar, de fazer de não fazer), e, de modo mediato, o bem da vida buscado (um móvel, um imóvel, um semovente, a honra, a vida etc.); e c) um **acontecimento** que faz nascer a tal relação, uma vez que não é qualquer fato do mundo fenomênico que gera uma "relação jurídica", sendo necessário que essa situação esteja previsto numa norma jurídica como apto a fazer criar, a modificar ou a extinguir um direito.

A partir da noção do que regula o Direito (relação jurídica) e de que somente pessoas (naturais ou jurídicas) podem fazer parte de uma relação jurídica, mostra-se, assim, a importância de estudar as pessoas. Excepcionalmente, um ente não personalizado, ou seja, alguém que não seja uma pessoa também poderá fazer parte de uma relação jurídica, como o espólio e o nascituro. De qualquer forma, vamos ao estudo das pessoas naturais, que, como se viu, são, por excelência, elementos essenciais das relações jurídicas.

2.1.2. Conceito de pessoa natural

Pessoa natural *é o ser humano*. O Código Civil, em seu art. 1º, dota de personalidade o ser humano.

2.1.3. Personalidade

Personalidade *é a qualificação conferida pela lei a certos entes, que entrega a esses aptidão ou capacidade genérica para adquirir direitos e contrair obrigações.* Ou seja, é uma qualificação legal que confere capacidade jurídica a certos entes. O direito confere tal qualificação jurídica a toda pessoa, inclusive à pessoa jurídica.

Assim, a personalidade pode ser vista como o atributo que a ordem jurídica confere a entes de adquirir/contrair genericamente direitos e obrigações. Quem tem personalidade é, então, sujeito de direito, qualificação que não se pode dar a um animal, por exemplo, já que tais entes não podem adquirir direitos ou contrair obrigações.

Para *atuar* na vida jurídica é necessário, como regra, ter personalidade jurídica. A origem da palavra traz esse sentido. Em latim, *persona* significa a máscara que os atores usavam para a amplificação de sua voz. Para *atuar* no teatro, portanto, tais máscaras também eram necessárias (*per sonare*).

Deve-se tomar cuidado com a expressão **"sujeito de direito"**, visto que há entes que não têm personalidade, mas que são sujeitos de direitos, tais como o nascituro, o espólio, a massa falida, o condomínio edilício, a herança jacente e a herança vacante. Neste caso, não existe aptidão genérica para contrair direitos e obrigações, mas aptidão específica para contrair certos direitos e certas obrigações ligadas às finalidades do ente.

Enquanto uma pessoa, *sujeito de direito personificado*, por ter personalidade, pode fazer tudo o que a lei não proíbe (art. 5º, II, da CF), um *sujeito de direito não personificado* só pode fazer o que a lei permite.

O **nascituro**, por exemplo, não tem personalidade jurídica, mas a lei põe a salvo, desde a concepção, direitos que possa ter (art. 2º do CC). Isso significa que o nascituro é um sujeito de direito, mas não quer dizer que tenha personalidade, ou seja, que tenha aptidão genérica para realizar atos e negócios jurídicos.

O **condomínio edilício** também. Não tem personalidade, ou seja, não tem qualificação que o habilita a praticar qualquer ato jurídico que não seja proibido em lei, mas, por ser um *sujeito de direito despersonificado*, só está habilitado a praticar atos permitidos expressa ou implicitamente em lei, como contratar funcionários e serviços de manutenção. A **massa falida** também é um *sujeito de direito despersonificado*, tendo autorização especial para praticar atos úteis à administração dos bens arrecadados do empresário falido, podendo cobrar créditos desse, por exemplo.

Resta saber quando um ente passa a ser qualificado como dotado de personalidade. Ou seja, quando se tem o **início da personalidade**. No que concerne à pessoa jurídica, veremos em capítulo próprio. Quanto à pessoa natural, dispõe o art. 2º do CC que "a personalidade civil da pessoa começa do nascimento com vida".

O entendimento predominante sobre o que seja **nascimento com vida** é no sentido de que este se dá no exato instante em que a pessoa dada à luz respira. São dois requisitos, portanto: a) separação do ventre materno; e b) respiração. Das múltiplas funções vitais, o primeiro movimento de inspiração do ar atmosférico para os pulmões caracteriza o nascimento com vida. Caso respire, ainda que uma só vez, pode-se dizer que nasceu com vida, e que, portanto, chegou a adquirir personalidade, pouco importando se tem ou não forma humana e se tem ou não aptidão, perspectiva para viver.

Adotamos, portanto, a **teoria *natalista***, segundo a qual o nascimento com vida faz nascer a personalidade, em detrimento de outras teorias, como a *concepcionista*, para qual a personalidade já se inicia com a fecundação do óvulo e as que consideram que o início da personalidade depende de outros fatores, como a *viabilidade de vida*.

De qualquer forma, ainda que em perfeito estado quanto às demais faculdades de saúde, caso o ente que venha a nascer (separe-se do ventre materno) não respire, não terá adquirido personalidade. A entrada de ar nos pulmões da criança é que determina a aquisição da personalidade, ainda que por pouco instantes. Há vários exames periciais para que se faça tal constatação e o mais conhecido é a *docimasia hidrostrática de Galeno*, pela qual se coloca fragmentos dos pulmões em meio líquido, a fim de se verificar se houve ou não inspiração.

O **nascituro**, ou seja, *aquele que já foi concebido, mas ainda não nasceu com vida*, não tem personalidade, como se viu. Todavia, dispõe o art. 2º do CC que "a lei põe a salvo, desde a concepção", seus direitos. Em outras palavras, o nascituro é um *sujeito de direito despersonificado*. Grande parte dos direitos atribuídos a esse sujeito de direito tem sua aquisição subordinada à implementação de uma condição suspensiva, qual seja, a de que *nasça com vida*. Caso nasça com vida, o direito do nascituro se consolida como existente desde a data da concepção, retroagindo, portanto, seus efeitos.

De qualquer forma, permite a lei que determinados interesses possam ser protegidos desde a concepção, por meio de provimentos cautelares. Dentre seus direitos, vale lembrar os direitos à vida (art. 5º da CF e CP), à filiação (art. 1.596 do CC), à integridade física, a alimentos, a uma adequada assistência pré-natal (art. 8º do ECA), a um curador que represente e zele por seus interesses, a ser contemplado por doação (art. 542 do CC), dentre outros.

2.1.4. Capacidade jurídica

Capacidade jurídica pode ser **conceituada** como *a aptidão conferida pela ordem jurídica para adquirir direitos e contrair obrigações*[2].

Só tem capacidade jurídica, ou seja, capacidade para praticar atos jurídicos, os entes eleitos pelo Direito. É a ordem jurídica que dirá quem tem capacidade.

Ao distribuir capacidade a certos entes o Direito faz algumas distinções. É por isso que há três **espécies de capacidade**: a) a capacidade de direito (de gozo ou de fruição); b) a capacidade de fato (ou de exercício); e c) a capacidade excepcional (ou especial).

Capacidade de direito consiste na *aptidão genérica conferida pela ordem jurídica para adquirir direitos e contrair deveres.*

Capacidade de fato consiste na *aptidão genérica conferida pela ordem jurídica para, sozinho, adquirir direitos e contrair deveres.*

Capacidade excepcional consiste na *aptidão especial conferida pelo Direito para adquirir direitos e contrair deveres.*

No primeiro caso, repare que a aptidão é genérica, ou seja, é possível adquirir todos os direitos e contrair todos os deveres que não forem vedados. Essa *aptidão genérica* para a prática de atos da vida civil é consequência de se ter personalidade, pois, segundo o CC, "toda *pessoa* é capaz de direitos e deveres na ordem civil" (art. 1º). Assim, uma criança de três anos, um adulto, uma pessoa jurídica, todos, só por serem pessoas, terão capacidade de direito. Isso possibilita que uma criança receba uma herança (aquisição de direitos) e tenha um imóvel em seu nome locado (o que importa em contrair deveres).

No segundo caso, repare que a pessoa pode praticar sozinha os atos da vida jurídica. Trata-se de um *plus*. Confere-se aqui a possibilidade de se adquirir um direito e de se contrair uma obrigação por si só, ou seja, sem que seja necessário que o interessado seja representado ou assistido por outrem. Aqui é diferente. Nem toda pessoa tem a capacidade de fato. Não seria conveniente, por exemplo, que uma criança de três anos, que tem capacidade para adquirir direitos e contrair deveres, exercesse-os sozinha. Como regra, só tem capacidade de fato ou de exercício os maiores de dezoito anos. Assim, uma criança pode receber uma doação (uma vez que, por ter personalidade, tem *capacidade de direito*, pode adquirir direitos) e também pode vender bens (já que, repita-se, tem aptidão genérica não só para adquirir direitos, como para contrair obrigações), mas não poderá praticar tais atos pessoalmente (diretamente), mas apenas por meio de seu representante legal (seus pais, por exemplo). Vale dizer, os pais dessa criança é que assinarão o contrato de compra e venda do bem que essa pessoa adquirir. Caso uma pessoa não tenha capacidade de fato, terá de ser representada ou assistida por outra pessoa, na forma da lei. Ou seja, quem não tiver capacidade de fato dependerá da *mediação* de outro para a prática de atos jurídicos válidos.

No terceiro caso, repare que o ente não tem aptidão genérica, mas aptidão especial. Não pode fazer tudo o que a lei não proíbe (aptidão genérica). Só pode fazer o que a lei autoriza (aptidões excepcionais). Essa terceira capacidade é própria daqueles entes que não são pessoas, mas em favor dos quais a lei faculta a prática de certos atos da vida jurídica. É o caso do nascituro, do espólio, da massa falida etc. O espólio não pode praticar qualquer ato, mas somente aqueles que a lei autoriza, e, mesmo assim, mediante autorização judicial como regra.

Diante das duas primeiras situações, surgem mais dois conceitos: a) o de capacidade de plena; e b) o de incapacidade.

Capacidade plena é a que *decorre da titularização das capacidades de direito e de fato.*

Incapacidade é a *inexistência de parte ou de toda capacidade de fato*. A incapacidade pode ser relativa ou absoluta. Será relativa quando não se tenha parte da capacidade de fato, como ocorre com o pródigo, por exemplo, que pode praticar alguns atos jurídicos sozinhos e outros, não. Será absoluta quando não haja qualquer capacidade de fato, como ocorre com uma criança de três anos, por exemplo.

Em outras palavras: na *incapacidade* ou se estará diante de um *absolutamente incapaz* (aquele que não pode praticar sozinho nenhum ato, devendo ser representado) ou de um *relativamente incapaz* (aquele que não pode praticar sozinho alguns atos, devendo ser assistido por alguém com capacidade plena para a sua prática).

É importante notar que a expressão "incapacidade" no Código Civil (arts. 3º e 4º) só se refere às *pessoas*, ficando

2. O termo capacidade tem origem no latim *capere*, que significa apoderar-se, adquirir, apanhar.

de fora a análise da terceira situação (capacidade especial ou excepcional).

2.1.5. Legitimação

Não se deve confundir o instituto da capacidade, que abrange a capacidade de direito e de fato, como vimos, com o da legitimação.

A **legitimação** consiste na *aptidão específica do sujeito de direito para a prática de certos atos jurídicos*. A capacidade consiste na aptidão *genérica* para a prática de atos.

Assim, uma pessoa adulta, mesmo tendo capacidade (de direito e de fato) para praticar atos da vida civil, não tem legitimação para vender um imóvel a um dos filhos, sem autorização de seu cônjuge e dos demais descendentes (art. 496 do CC). Tem capacidade plena para vender seus bens, podendo fazê-lo em relação à pessoa que quiser num primeiro momento, mas não tem legitimação para fazê-lo em relação a um de seus filhos, sem que haja autorização dos demais. Se o fizer, o ato será inválido não por falta de capacidade, mas por falta de legitimação, ou seja, por falta de aptidão específica para a prática do ato "compra e venda".

A **ilegitimação**, portanto, pode ser conceituada como a *restrição específica ao sujeito de direito para a prática de determinados atos da vida civil com certas pessoas ou em relação a certos negócios ou bens*. São impedimentos circunstanciais. Outros exemplos de ilegitimidade são os seguintes: o tutor não pode adquirir bem do tutelado (art. 1.749, I, do CC); o casado, exceto no regime de separação absoluta de bens, não pode alienar imóveis sem a autorização do outro cônjuge (art. 1.647, I, do CC); o que comete ato de indignidade não pode herdar (art. 1.814, II, do CC); os casos de impedimento matrimonial (art. 1.521 do CC).

2.1.6. Incapacidade

Incapacidade também pode ser **conceituada** como a *restrição legal genérica ao exercício dos atos jurídicos*. Outro conceito é o seguinte: *inexistência de parte ou de toda capacidade de fato*.

Toda pessoa tem capacidade de *direito* (ou de *gozo*). Portanto, a incapacidade a que faz referência a lei (arts. 3º e 4º) é tão somente a incapacidade de *fato* (ou de *exercício*).

Como já dito, não seria conveniente, por exemplo, que uma criança de três anos, que tem capacidade para adquirir direitos e contrair deveres, exercesse-os sozinha.

Passemos, então, ao estudo dos absolutamente e dos relativamente incapazes.

2.1.7. Absolutamente incapazes

Absolutamente incapazes são *os que não podem exercer sozinhos qualquer ato jurídico* (art. 3º do CC).

Ou seja, são os completamente privados de praticar, por si sós, atos da vida civil. A prática de atos em seu nome só poderá ser feita por *representantes*, que assinam sozinhos os atos, sob pena de nulidade absoluta daqueles por ventura realizados pessoalmente pelo incapaz (art. 166, I, do CC).

O absolutamente incapaz, apesar de *ter* (de gozar) o direito, não pode *exercer* direta e pessoalmente nenhum aspecto dos atos da vida jurídica a ele relativos, que são praticados diretamente por seu representante legal, sob pena de serem declarados atos nulos.

A *representação* supre a incapacidade absoluta e é feita pelos pais, na hipótese de se tratar de menor sob o poder familiar (art. 1.690 do CC); pelo tutor, na hipótese de menor sob tutela (art. 1.747, I, do CC); e, quando a lei trazia outras hipóteses pessoas, além da do menor de 16 anos, como absolutamente incapaz, pelo curador, nos demais casos (arts. 1.781 e 1.747, I, do CC).

A representação legal, ora comentada, não se confunde com a representação convencional (mandato). De qualquer forma, aplica-se às duas hipóteses o art. 119 do CC, pelo qual é "**anulável** o negócio concluído pelo **representante em conflito de interesses** com o representado, se tal fato era ou devia ser de conhecimento de quem com aquele tratou" (g.n.).

A **incapacidade absoluta**, portanto, pode ser conceituada como a *proibição total do exercício do direito pelo incapaz*. O direito é tão radical nesse ponto que, ainda que os atos beneficiem os absolutamente incapazes, serão nulos se não praticados por seus representantes.

Confiram-se as **espécies** de absolutamente incapazes antes da modificação no art. 3º do Código Civil, promovida pelo art. 114 da Lei 13.146/2015 (Estatuto da Pessoa com Deficiência), que passou a considerar absolutamente incapazes apenas os menores de 16 anos:

a) Os menores de 16 anos.

Os menores de 16 anos não teriam, segundo a lei, atingido o discernimento para distinguir o que podem ou não fazer e mesmo para discernir o que lhes é ou não conveniente.

Tais menores eram chamados de *impúberes*, reservando-se a expressão menores *púberes* aos que tinham entre 16 e 18 anos. Essas denominações são impróprias em relação ao que dispõe hoje a lei, visto que a puberdade não se inicia aos 16 anos, mas bem antes.

b) Os que, por enfermidade ou deficiência mental, não tiverem o necessário discernimento para a prática dos atos da vida civil.

Fábio Ulhoa Coelho distingue *enfermidade* de *deficiência* mental. Diz que deficiência mental é um *estado* e, como tal, em poucos casos, poderá ser evitada ou curada. Já a enfermidade mental é uma lesão à saúde, de efeitos mais ou menos prolongados, com maior possibilidade de cura.

Assim, aquele que é são e passa a desenvolver uma doença mental deve ser considerado um *enfermo* mental; aquele que já nascer com o problema mental, um *deficiente* mental.

Podemos **conceituar enfermidade** ou **deficiência mental** como *o comprometimento das faculdades mentais que possibilitam à pessoa discernir o que melhor atende ao seu bem-estar*.

Mas não basta que haja uma enfermidade ou uma deficiência mental para que se configure essa espécie de absolutamente incapaz. É necessário que, de tal problema, resulte a **ausência do necessário discernimento** para a prática de atos da vida civil.

Ou seja, é necessário que a pessoa não tenha um *mínimo* de discernimento para a prática dos atos da vida civil. Quando a lei faz referência à *ausência do necessário discernimento*, só pode ter em mente, dada a gravidade da restrição, aqueles que não têm discernimento nenhum para a prática de atos. Assim, deve-se ler a expressão "não tiverem o necessário discernimento" como "não tiverem o mínimo discernimento" ou "não tiverem discernimento algum". Aquele que tem algum discernimento, mas que seja um discernimento reduzido, será um relativamente incapaz, como se verá.

A **senilidade**, por si só, não é causa bastante para que a pessoa seja interditada, o que somente se dará se a velhice por ventura originar um estado patológico, como a arteriosclerose, devendo-se verificar se de fato o discernimento sofreu abalo. Se a doença apenas o reduziu, o idoso será considerado relativamente incapaz; se o extirpou por completo, absolutamente incapaz.

Também não gera a incapacidade jurídica a **deficiência física**. Um cego ou surdo, por exemplo, são pessoas capazes, podendo exercer diretamente seus direitos e deveres. Tornam-se incapazes ou plenamente capazes nas mesmas situações que o não deficiente físico.

Novidade trazida pelo atual Código Civil era a possibilidade de o enfermo (não necessariamente mental) e o deficiente físico, voluntariamente, requererem que o juiz nomeie curador para cuidar de todos ou alguns de seus negócios ou bens (art. 1.780), tudo a facilitar a prática de atos de seu interesse. Tal situação se assemelha a um mandato, com a diferença de que o curador tem o dever de prestar contas com muito mais rigor. Difere da curatela normal pelo fato de o curatelado poder, a qualquer tempo, pedir seu levantamento.

Essa disposição do art. 1.780 do Código Civil foi revogada pela Lei 13.146/2015, que, no seu lugar criou o instituto da "Tomada de Decisão Apoiada", previsto no art. 1.783-A, o qual tem o seguinte teor:

"Art. 1.783-A. A tomada de decisão apoiada é o processo pelo qual a pessoa com deficiência elege pelo menos 2 (duas) pessoas idôneas, com as quais mantenha vínculos e que gozem de sua confiança, para prestar-lhe apoio na tomada de decisão sobre atos da vida civil, fornecendo-lhes os elementos e informações necessários para que possa exercer sua capacidade.

§ 1º Para formular pedido de tomada de decisão apoiada, a pessoa com deficiência e os apoiadores devem apresentar termo em que constem os limites do apoio a ser oferecido e os compromissos dos apoiadores, inclusive o prazo de vigência do acordo e o respeito à vontade, aos direitos e aos interesses da pessoa que devem apoiar.

§ 2º O pedido de tomada de decisão apoiada será requerido pela pessoa a ser apoiada, com indicação expressa das pessoas aptas a prestarem o apoio previsto no *caput* deste artigo.

§ 3º Antes de se pronunciar sobre o pedido de tomada de decisão apoiada, o juiz, assistido por equipe multidisciplinar, após oitiva do Ministério Público, ouvirá pessoalmente o requerente e as pessoas que lhe prestarão apoio.

§ 4º A decisão tomada por pessoa apoiada terá validade e efeitos sobre terceiros, sem restrições, desde que esteja inserida nos limites do apoio acordado.

§ 5º Terceiro com quem a pessoa apoiada mantenha relação negocial pode solicitar que os apoiadores contra-assinem o contrato ou acordo, especificando, por escrito, sua função em relação ao apoiado.

§ 6º Em caso de negócio jurídico que possa trazer risco ou prejuízo relevante, havendo divergência de opiniões entre a pessoa apoiada e um dos apoiadores, deverá o juiz, ouvido o Ministério Público, decidir sobre a questão.

§ 7º Se o apoiador agir com negligência, exercer pressão indevida ou não adimplir as obrigações assumidas, poderá a pessoa apoiada ou qualquer pessoa apresentar denúncia ao Ministério Público ou ao juiz.

§ 8º Se procedente a denúncia, o juiz destituirá o apoiador e nomeará, ouvida a pessoa apoiada e se for de seu interesse, outra pessoa para prestação de apoio.

§ 9º A pessoa apoiada pode, a qualquer tempo, solicitar o término de acordo firmado em processo de tomada de decisão apoiada.

§ 10. O apoiador pode solicitar ao juiz a exclusão de sua participação do processo de tomada de decisão apoiada, sendo seu desligamento condicionado à manifestação do juiz sobre a matéria.

§ 11. Aplicam-se à tomada de decisão apoiada, no que couber, as disposições referentes à prestação de contas na curatela."

c) Os que, mesmo por causa transitória, não puderem exprimir sua vontade.

Não poder exprimir a vontade é o mesmo que *ter obstruída, por motivo físico ou psíquico, a possibilidade de manifestação da vontade*. Quem estiver nessa condição, ainda que por uma causa transitória, será considerado absolutamente incapaz.

Pode até se tratar de alguém que tenha discernimento. Basta que não consiga manifestar sua vontade para que possa ser interditada a fim de que outro se expresse por ela.

É importante, ainda, notar que a impossibilidade de exprimir a vontade gerará a incapacidade absoluta, ainda que temporária. Vale trazer como exemplo a situação daquele que se encontra em coma profundo.

Os surdos-mudos que não consigam exprimir sua vontade, por não terem recebido educação adequada, também podem se enquadrar na espécie.

Essa hipótese de incapacidade absoluta (Os que, mesmo por causa transitória, não puderem exprimir sua vontade) agora é hipótese de incapacidade relativa (art. 4º, III, do Código Civil).

A modificação no art. 3º do Código Civil promovida Estatuto da Pessoa com Deficiência tem *vacatio legis* de 180 dias, contados de 07 de julho de 2015.

Finda a *vacatio legis*, esses dois casos que não dizem respeito ao menor de 16 anos (os que, por enfermidade ou deficiência mental, não tiverem o necessário discernimento para a prática dos atos da vida civil; e os que, mesmo por causa transitória, não puderem exprimir sua vontade), caso acometam uma pessoa maior farão com que esta pessoa ou seja considerada plenamente capaz ou, caso se enquadre em qualquer dos casos do art. 4º do Código Civil (os ébrios habituais e os viciados em tóxico, aqueles que, por causa transitória ou permanente, não puderem exprimir sua vontade; e os pródigos), seja considerada relativamente incapaz.

O objetivo dessa lei é proteger a dignidade da pessoa com deficiência, eliminando os casos que davam ensejo à interdição absoluta de uma pessoa e diminuindo também os casos que davam ensejo à incapacidade relativa, já que ficou excluída essa incapacidade quanto àqueles que tem Síndrome de Down, por exemplo, dada a abolição da hipótese dessa incapacidade para aquele que não tivesse desenvolvimento mental completo.

2.1.8. Relativamente incapazes

Relativamente incapazes são *os que não podem exercer sozinhos a grande maioria dos atos civis, necessitando de assistência de alguém com capacidade plena, que praticará junto com o incapaz os atos jurídicos de seu interesse* (art. 4º do CC).

Será anulável a prática de ato jurídico sem a presença de assistente (art. 171, I, do CC). Este supre a incapacidade. Uma diferença que se tem aqui é que, caso o incapaz não queira praticar o ato, esse não se realizará, pois ele é quem o pratica, ainda que assistido.

Além disso, a lei permite que o relativamente incapaz exerça sozinho alguns atos civis. Aquele que tem entre 16 e 18 anos, por exemplo, pode sozinho (sem assistência): aceitar mandato (art. 666 do CC), fazer testamento (art. 1.860, parágrafo único, do CC), ser testemunha em atos jurídicos (art. 228, I, do CC), dentre outros.

Os pródigos, por sua vez, podem praticar sozinhos todos os atos de mera administração de seu patrimônio (art. 1.782 do CC). Por fim, vale lembrar que o Código Civil em vigor inovou ao dispor que o juiz, quantos aos relativamente incapazes, assinará, segundo as potencialidades da pessoa, os limites da curatela, podendo dispor quais atos o incapaz poderá praticar sozinho (art. 1.772 do CC).

Confiram-se as **espécies** de relativamente incapazes antes da modificação feita pelo Estatuto da Pessoa com Deficiência:

a) Os maiores de 16 e menores de 18 anos.

A experiência de vida dos que têm entre 16 e 18 anos não é, presume a lei, suficiente para que sejam considerados plenamente capazes. De outra parte, essas pessoas têm maior grau de amadurecimento que os menores de 16 anos, portanto merecem tratamento diferenciado.

Praticado um ato civil que não esteja autorizado a fazer sozinho, sem a assistência de um responsável legal, o ato será anulável. Entretanto, o menor não poderá invocar sua pouca idade para eximir-se da obrigação que tenha contraído, quando dolosamente a tiver ocultado, ao ser inquirido pela outra parte, ou se espontaneamente se disser maior (art. 180 do CC).

Ademais, "a incapacidade relativa de uma das partes não pode ser invocada pela outra em benefício próprio, nem aproveita aos cointeressados capazes, salvo se, neste caso, for indivisível o objeto do direito ou da obrigação comum" (art. 105 do CC).

Apesar de não ser questão específica dos relativamente incapazes, deve-se destacar que "ninguém poderá reclamar o que, por uma obrigação anulada, pagou a um incapaz, se não provar que reverteu em proveito dele a importância paga" (art. 181 do CC).

O menor relativamente incapaz, além de poder aceitar mandato (art. 666 do CC), fazer testamento (art. 1.860, parágrafo único, do CC) e ser testemunha em atos jurídicos (art. 228, I, do CC), como vimos, pode também celebrar contrato de trabalho e ser eleitor (art. 14, § 1º, II, "c", da CF).

Essa hipótese de relativamente incapaz (os maiores de 16 e menores de 18 anos) foi mantida pela alteração promovida pela Lei 13.146/2015.

b) Os ébrios habituais, os viciados em tóxicos e os que, por deficiência mental, tenham discernimento reduzido.

Deve-se entender por **ébrio habitual** o *dependente de álcool, ou seja, o alcoólatra ou dipsômano.* Hoje vem sendo muito usada a expressão "alcoólico" para designar o dependente de álcool, uma vez que a expressão "alcoólatra" tem caráter muito pejorativo na sociedade.

Quanto aos **toxicômanos,** não há dúvida quanto à necessidade de haver dependência, já que a lei usa a expressão "viciados", que a identifica.

Quer-se evitar nos dois casos, principalmente, a ruína econômica do indivíduo. Vale salientar que, caso a dependência leve a situações como: a) impossibilidade de a pessoa se expressar; ou b) enfermidade mental que propicie a ausência do necessário discernimento, estaremos diante de hipótese de incapacidade absoluta.

A terceira hipótese do dispositivo é a do **portador de deficiência mental que tiver um discernimento reduzido,** questão já tratada no tópico precedente. Vale lembrar que, aqui, existe ainda alguma capacidade de entendimento, mas menor que a daquele que está com a plena faculdade mental.

As hipóteses dos "ébrios habituais" e dos "viciados em tóxicos", como relativamente incapazes, foram mantidas pela alteração promovida pela Lei 13.146/2015, mas a hipótese daqueles que "por deficiência mental, tenham discernimento reduzido" foi excluída por essa lei.

c) Os excepcionais, sem desenvolvimento mental completo.

Maria Helena Diniz ensina que tal situação abrange os fracos de mente, os surdos-mudos e os portadores de anomalia psíquica, que apresentem sinais de desenvolvimento mental incompleto, comprovados e declarados em sentença de interdição, tornando-os incapazes de praticar atos na vida civil, sem a assistência de um curador.

Serve como exemplo, também, a situação de alguns portadores da síndrome de Down.

Excepcionais *com desenvolvimento mental completo* são totalmente capazes. Excepcionais *sem o desenvolvimento mental completo* são relativamente capazes. E excepcionais *sem o necessário discernimento* eram considerados absolutamente incapazes antes da edição da Lei 13.146/2015.

De qualquer forma, essa hipótese de relativamente incapaz (os excepcionais, sem desenvolvimento mental completo) foi excluída pela alteração promovida pela Lei 13.146/2015.

d) Os pródigos.

Podemos definir **pródigo** como *aquele que dissipa seu patrimônio sem controle.*

A prodigalidade pode se dar das seguintes formas: a) *oniomania*, perturbação mental que provoca o portador a adquirir descontroladamente tudo o que tiver vontade; b) *cibomania*, perturbação que leva à dilapidação patrimonial em jogos de azar; c) *imoralidade*, que leva ao descontrole de gastos para satisfação de impulsos sexuais

O pródigo, em verdade, só fica privado da prática de atos que possam comprometer o seu patrimônio, não podendo, sem assistência de seu curador, alienar, emprestar, dar quitação, transigir, hipotecar, agir em juízo e praticar atos que não sejam de mera administração (*vide* arts. 1.767, V, e 1.782 do CC). Pode casar (mas não dispor sobre o regime de bens sozinho), mudar de domicílio, exercer o poder familiar, contratar empregados domésticos etc.

Essa hipótese de relativamente incapaz (os pródigos) foi mantida pela alteração promovida pela Lei 13.146/2015.

A Lei 13.146/2015 estabeleceu como hipótese de relativamente incapaz a daqueles "que, por causa transitória ou permanente, não puderem exprimir a sua vontade". Tirando a hipótese dos dependentes químicos e dos pródigos é nessa hipótese que se tentará enquadrar casos mais graves de problemas mentais (por exemplo, os psicopatas), para que estes sejam considerados relativamente incapazes também e, assim, poderem ser interditados.

2.1.9. Interdição

No que se refere aos incapazes por motivo de idade, o simples fato de a terem inferior a 16 anos (absolutamente incapazes) e entre 16 e 18 anos (relativamente incapazes) já faz com que sejam reconhecidos como tais.

Já no que se refere aos demais casos de incapacidade, somente um pronunciamento judicial e o preenchimento de certas formalidades fará com que não se questione a condição de incapaz de uma dada pessoa.

O art. 1.767 do CC prevê os casos em que caberá a interdição ou a curatela, que, agora com a modificação feita pelo Estatuto da Pessoa com Deficiência, limitam-se aos casos de incapacidade relativa previstos nos incisos II, III e IV do art. 4º do Código Civil, quais sejam, os ébrios habituais e os viciados em tóxico; aqueles que, por causa transitória ou permanente, não puderem exprimir sua vontade; e os pródigos. Vale lembrar que, apesar da eliminação da interdição para pessoas com desenvolvimento mental incompleto ou sem o necessário discernimento, agora cabe interdição daqueles que não podem exprimir sua vontade por motivo transitório, os quais, em que pese serem considerados incapazes naquela situação, não podiam ser interditados antes dessa modificação.

O processo de interdição é o meio adequado ao pronunciamento judicial da incapacidade. Seu objetivo é aferir a existência e, se for o caso, o grau de incapacidade de uma pessoa.

Segundo o art. 1.768 do CC, são legitimados ativos para a demanda: os pais ou tutores; o cônjuge (ou o companheiro, segundo entendimento doutrinário); qualquer parente; e o Ministério Público, este só em caso de deficiência mental ou intelectual ou subsidiariamente aos demais (por não existirem, por não promoverem a interdição ou por serem incapazes). Segundo o art. 1.770 do CC, no caso de interdição promovida pelo Ministério Público, o juiz nomeará defensor (curador especial) ao suposto incapaz; nos demais casos, o Ministério Público será o defensor.

A Lei 13.146/2015 passou a legitimar também a própria pessoa incapaz para promover a ação interdição (art. 1.768, IV).

Estranhamente, o novo Código de Processo Civil, com vigor a partir de final de março de 2016, revogou os arts. 1768 a 1.773 Código Civil, dispositivos esses que, à exceção dos arts. 1.770 e 1.773, tiveram novas redações trazidas pelo Estatuto da Pessoa com Deficiência, norma posterior e que, portanto, restaura, em nossa opinião, os dispositivos revogados e que por esta nova norma foram tratados.

Antes de pronunciar a interdição, deve o juiz, que deverá ser assistido por equipe multidisciplinar, entrevistará pessoalmente o interditando (art. 1.771 do CC).

Pronunciada a interdição, o juiz determinará, segundo as potencialidades da pessoa, os limites da curatela (art. 1.772 do CC). Segundo o parágrafo único do art. 1.772, acrescido pela Lei 13.146/2015, "para a escolha do curador, o juiz levará em conta a vontade e as preferências do interditando, a ausência de conflito de interesses e de influência indevida, a proporcionalidade e a adequação às circunstâncias da pessoa".

Segundo o art. 1.775, *caput* e parágrafos, do CC, a nomeação do curador segue a seguinte ordem preferencial: cônjuge ou companheiro; na falta, os pais; na falta desses, os descendentes mais próximos. São os casos de curatela legítima. Não havendo pessoas nessa condição, compete ao juiz a escolha do curador (curatela dativa).

Segundo o art. 1.775-A, acrescido pela Lei 13.146/2015, "Na nomeação de curador para a pessoa com deficiência, o juiz poderá estabelecer curatela compartilhada a mais de uma pessoa".

Quanto às pessoas que, por causa transitória ou permanente, não puderem exprimir a sua vontade, "receberão todo o apoio necessário para ter preservado o direito à convivência familiar e comunitária, sendo evitado o seu recolhimento em estabelecimento que os afaste desse convívio", nos termos da nova redação dada pela Lei 13.146/2015.

A autoridade do curador estende-se à pessoa e aos bens dos filhos do curatelado (art. 1.778 do CC).

A lei prevê o levantamento da interdição cessada a causa que a determinou. A incapacidade termina, normalmente, por desaparecerem as causas que a determinaram, como na hipótese de cura de enfermidade mental. Deve ser feita a averbação no Registro Público competente da sentença que põe fim à interdição.

O novo Código de Processo Civil traz as normas processuais sobre a interdição em seus arts. 747 a 758, valendo salientar que, ao nosso ver, eventual dúvida entre norma do novo CPC e norma trazida pelo Estatuto da Pessoa com Deficiência sobre a mesma questão, prevalecerá este último diploma, por ser norma elaborada posteriormente, ainda que os diplomas entrem em vigor em momentos diferentes.

2.1.10. Emancipação

Emancipação pode ser **conceituada** como o *fim da menoridade antes da idade prevista em lei* ou como a antecipação da capacidade plena.

A **consequência** imediata da emancipação é *habilitar a pessoa à prática de todos os atos da vida civil* (art. 5º, *caput, do CC*). Outras consequências são a possibilidade de o emancipado ser responsabilizado civilmente sem benefício algum e a cessação do direito automático de pedir pensão alimentícia.

As espécies de emancipação são as seguintes:

a) Voluntária (ou direta): é a concedida pelos pais, ou por um deles na falta do outro, mediante instrumento público inscrito no Registro Civil competente (Lei 6.015/1973, art. 29, IV, 89 e 90), independentemente de homologação judicial, ao menor que tenha 16 anos completos.

Há de se ponderar que doutrina e jurisprudência consideram que a emancipação voluntária não exonera os pais da responsabilidade pelos atos ilícitos praticados pelo filho que ainda não tiver completado 18 anos. Confira-se: "a única hipótese em que poderá haver responsabilidade solidária do menor de 18 anos com seus pais é ter sido emancipado nos termos do art. 5º, parágrafo único, inciso I, do no Código Civil" (Enunciado nº 41 das JDC/CJF);

b) Judicial: é a concedida pelo juiz, ouvido o tutor, desde que o menor tenha 16 anos completos;

c) Legal: é a que decorre da ocorrência de certos eventos previstos em lei. Tal emancipação não depende de registro para produzir efeitos. Eventual demanda promovida para ver reconhecida a emancipação nos casos abaixo tem mera função de gerar maior segurança jurídica ao interessado.

O **casamento** é a primeira causa, seja qual for a idade do nubente. Pode acontecer de ocorrer emancipação até de alguém que se casou antes da idade núbil, por suprimento judicial. Não faz sentido que uma pessoa que constituiu família continue sob a autoridade de outrem. A emancipação não é afetada pelo fim do casamento, salvo em caso de invalidação deste quanto ao que estiver de má-fé, segundo corrente majoritária.

Outra causa é o **exercício *de emprego público efetivo***. Vale ressaltar que, aqui, também não há idade mínima prevista na lei. Estão excluídas situações temporárias, tais como estágios, contratações temporárias e investidura em cargo em comissão. De qualquer forma, será hipótese pouco provável de acontecer, visto que, normalmente, os estatutos do funcionalismo preveem a idade mínima de 18 anos para o ingresso em função pública.

Outro motivo é a **colação de grau em curso superior**, também independe da idade. Trata-se de mais uma hipótese bastante rara, mormente agora em que a maioridade é atingida aos 18 anos.

E, ainda, pelo ***estabelecimento civil ou comercial, ou pela existência de relação de emprego, desde que, em função deles, o menor com 16 anos completos tenha economia própria***. O fato de o menor ter economia própria, ou seja, conseguir prover seu próprio sustento, é demonstração de que é dotado de experiência e amadurecimento suficientes para a prática de atos da vida civil. Entendemos que eventual demissão superveniente do emancipado não o torna novamente incapaz, já que os requisitos para a emancipação são de difícil configuração e demonstram efetivamente o amadurecimento necessário para o exercício pleno dos atos da vida civil.

2.1.11. Fim da personalidade

Deve-se tratar, agora, do **fim da personalidade**. Dispõe o art. 6º do CC que "a existência da pessoa natural termina com a morte". Com a morte, extingue-se a personalidade, passando-se os direitos e as obrigações do morto (essas no limite das possibilidades da herança) aos seus sucessores. Tais direitos e obrigações, denominados espólio, não têm personalidade, ou seja, não tem a qualificação que lhes conferiria a autorização genérica para praticar atos jurídicos; mas são sujeitos de direitos, visto que estão autorizados, por meio das pessoas indicadas na lei, a praticar certos atos, como ingressar com ação para cobrar determinada quantia devida ao monte.

São **consequências** da morte as seguintes: extinção do poder familiar, dissolução do casamento, abertura da sucessão, extinção dos contratos personalíssimos; mas fica mantida a vontade expressada pelo falecido em testamento e preservam-se alguns direitos da personalidade (relativos ao cadáver, à imagem, ao nome e aos direitos de autor).

A **morte** pode ser de três tipos: real, civil e presumida.

Morte real é *aquela certa, que pode ser atestada por exame médico*. Constatada a morte de uma pessoa, um médico fará um atestado de óbito. Na falta desse profissional, duas pessoas qualificadas que tiverem presenciado ou verificado a morte o farão. Com base no atestado de óbito será feita a lavratura do assento de óbito no Registro Público competente. A partir desse assento é que será extraída a certidão de óbito. O enterro depende dessa certidão. A cremação será feita em virtude de vontade do falecido ou por motivo de saúde pública, dependendo de atestado de 2 (dois) médicos ou de médico legista e, caso se trate de morte violenta, de autorização judicial.

Comoriência é a *presunção de morte simultânea, que se aplica quando duas ou mais pessoas falecerem na mesma ocasião, sem que se possa determinar quem morreu primeiro*.

A importância do tema está no direito das sucessões. Se um dos mortos na mesma ocasião tiver falecido primeiro, isso poderá fazer com que o outro seja seu herdeiro. Se considerarmos que a morte se deu simultaneamente, nenhum dos dois herdará do outro.

Na França, a solução é diferente. Cria-se uma escala de possibilidades. Entre homem e mulher, presume-se que a mulher morreu primeiro. Entre o mais novo e o mais velho, presume-se que esse faleceu primeiro.

Morte civil *é aquela em que a lei considera morta para a prática de atos da vida jurídica pessoa ainda viva.* Trata-se de instituto abolido nas legislações modernas. No passado, era sanção que recaía sobre os escravos e sobre outras pessoas, por motivos políticos ou religiosos. Há resquícios do instituto em nossa lei na regulamentação da indignidade e da deserdação, nas quais o herdeiro excluído da sucessão é considerado "como se morto fosse". (arts. 1.814, 1.816 e 1.961 a 1.963 do CC).

Morte presumida *é a que decorre de declaração judicial da morte, sem decretação de ausência, em caso de perigo de vida ou guerra, ou de declaração de ausência quando se autoriza a abertura de sucessão definitiva.*

Com efeito, o art. 6º do CC diz que se tem a **morte presumida** "quanto aos ausentes, nos casos em que a lei autoriza a abertura da sucessão definitiva".

O art. 7º do CC assevera que "pode ser declarada a morte presumida, **sem a decretação de ausência**: I – se for extremamente provável a morte de quem estava em perigo de vida; II – se alguém, desaparecido em campanha ou feito prisioneiro, não for encontrado até 2 (dois) anos após o término da guerra", dispondo o dispositivo em seu parágrafo único que "a declaração da morte presumida, nesses casos, somente poderá ser requerida depois de esgotadas as buscas e averiguações, devendo a sentença fixar a data provável do falecimento".

2.1.12. Ausência

Em caso de ***ausência***, ou seja, de uma pessoa **desaparecer** de seu domicílio sem deixar notícias ou procurador a quem caiba administrar seus bens e tenha interesse em fazê-lo, e de não ter se configurada nenhuma das hipóteses acima, pode o interessado ou o Ministério Público requerer ao juiz a **declaração de ausência** da pessoa, nomeando em favor dela um **curador** (o cônjuge, os pais ou os descendentes do desaparecido, nessa ordem, ou, na falta, alguém nomeado pelo juiz), que procederá à **arrecadação** dos bens do ausente, tudo na forma dos arts. 22 a 26 do CC (**fase da curadoria do ausente**).

Passado **1 (um) ano da arrecadação** dos bens do ausente, ou, se há procurador, passados 3 (três) anos, poderão os interessados requerer que se: a) declare a ausência; e que se b) **abra provisoriamente a sucessão**, que produzirá efeitos após 180 dias da publicação da respectiva sentença pela imprensa, efetuando-se o inventário e partilha dos bens (**fase da sucessão provisória**). *Vide* arts. 26 a 36 do CC.

Passados **10 (dez) anos do trânsito em julgado da sentença que abriu a sucessão provisória** ou 5 (cinco) anos das últimas notícias do ausente que já contar com 80 (oitenta) anos, poderão os interessados requerer a **sucessão definitiva**, procedendo-se ao **levantamento das cauções** que tiverem sido exigidas daqueles herdeiros que não eram ascendentes, descendentes ou cônjuges do ausente (**fase da sucessão definitiva**).

Caso o ausente não apareça nos 10 (dez) anos seguintes à abertura da sucessão definitiva, não terá mais direito algum às coisas deixadas. Se comparecer nesse período, terá direito aos bens existentes no estado em que se acharem, os sub-rogados em seu lugar, ou o preço que os herdeiros e demais interessados tiverem recebido pelos bens alienados depois daquele tempo.

Se, nos 10 (dez) anos a que se refere o parágrafo anterior, o ausente não regressar e **não houver interessado algum**, os bens arrecadados passarão ao Município ou ao Distrito Federal, se localizados nas respectivas circunscrições, incorporando-se à União se situados em território federal.

As disposições sobre a sucessão definitiva, no caso, estão nos arts. 37 a 39 do CC.

Por fim, vale anotar que, hoje, o ausente não é mais considerado um *incapaz*, mas alguém ***presumido morto*** pela lei a partir do momento em que é aberta a sucessão definitiva.

2.2. Direitos da Personalidade

2.2.1. Conceito de Direitos da Personalidade

Direitos da Personalidade *são aqueles que protegem características inerentes à pessoa.* São direitos que recaem sobre nossos atributos naturais e suas projeções sociais.

Os objetos de tais direitos são, portanto, os seguintes aspectos próprios da pessoa: a) sua integridade física (vida, corpo, partes do corpo); b) sua integridade intelectual (liberdades de pensamento e de expressão, autorias científica e artística); e c) sua integridade moral (intimidade, vida privada, honra, imagem e nome).

O CC preferiu não conceituar direitos da personalidade, mas dispôs que são intransmissíveis, irrenunciáveis e que seu exercício não é passível de sofrer limitações (art. 11 do CC).

De início, são protegidas as características próprias da pessoa natural. Todavia, o nascituro e a pessoa jurídica, no que couber, também estarão resguardados. O primeiro, em virtude do disposto no art. 2º, segunda parte, do CC. E o segundo, em razão do art. 52 do mesmo Código.

Já a pessoa jurídica terá protegidos interesses como o nome, a imagem e o segredo. Reconhecendo a existência de uma honra objetiva em favor desse tipo de pessoa, o STJ sumulou que "a pessoa jurídica pode sofrer dano moral" (Súmula 227).

2.2.2. Regime Jurídico Geral

Os direitos da personalidade são:

a) Absolutos: *oponíveis contra todos* ("erga omnes"). Esses direitos geram deveres de abstenção por parte de cada um de nós, inclusive do Estado. Enquanto num contrato há relatividade (só há efeitos relativamente a cada contratante), o direito à imagem, por exemplo, gera efeitos em face de todos, tratando-se, assim, de um direito oponível de modo absoluto;

b) Intransmissíveis: *não passíveis de cessão à esfera jurídica de outrem.* É importante destacar que a *titularidade* do direito é que não pode ser transmitida. O *exercício* do direito, todavia, pode ser transferido. Um exemplo: não se pode transmitir a um terceiro direito moral de que conste o nome do autor (ou um pseudônimo por ele criado) na obra de sua autoria. Mas é possível que se transfira a uma editora o direito de explorar economicamente a obra, reproduzindo-a e vendendo vários de seus exemplares. No segundo caso não se transferiu o direito como um todo, mas *parcela dos poderes* que tem o seu titular;

c) Irrenunciáveis: *não são passíveis de rejeição por parte de seu titular*. Não se pode renegar direitos da personalidade. Difere da intransmissibilidade, pois aquela diz respeito à cessão a um terceiro, ao passo que a renúncia abrange situações de desistência, de renegação. Assim, não se pode vender um órgão em virtude da intransmissibilidade. Não se pode pôr fim à vida em virtude da irrenunciabilidade;

d) Indisponíveis: *não são passíveis de se abrir mão, de disposição*. Essa regra, na verdade, engloba as duas anteriores. Quer dizer que os direitos da personalidade não podem ser transmitidos, objetos de renúncia ou objetos de abandono. É bom anotar que alguns poderes inerentes aos direitos de personalidade podem ser objetos de disposição, tais como os poderes de doar em vida órgãos, preenchidos determinados requisitos, de consentir na exposição da imagem e de permitir o acesso a informações da vida privada (sigilo bancário, por exemplo). Aliás, quanto aos dois últimos interesses, é possível que razões de interesse público justifiquem sua exposição, mesmo sem o consentimento do titular do direito;

e) Ilimitados: *abrangem interesses imanentes ao ser humano, ainda que não mencionados expressamente pela lei ou que não identificados pela ciência*. Assim, mesmo que não identificados expressamente como direitos da personalidade, têm essa natureza os direitos a alimentos, ao planejamento familiar, à dignidade, ao culto religioso etc.

f) Imprescritíveis: *não são passíveis de perda pelo decurso do tempo*. Não é porque o autor de um texto o fez há 30 anos, por exemplo, que perderá os direitos de personalidade correspondentes. Por outro lado, violado o direito, e nascida a pretensão de reparação civil, começa a correr prazo prescricional. Normalmente, o prazo para se pedir uma indenização pela violação do direito é de 3 anos. Exemplo da imprescritibilidade dos direitos da personalidade é o que diz respeito à pretensão para a compensação por danos morais em razão de acontecimentos que maculam tão vastamente os direitos da personalidade, como a tortura e a morte. Nesse sentido, o Superior Tribunal de Justiça reconhece ser imprescritível tal pretensão quando se tratar de perseguição política na época da ditadura (AgRg no RE 1.163.157);

g) Impenhoráveis: *não são passíveis de constrição judicial*. Dessa forma, não posso penhorar um órgão de uma pessoa, nem o seu nome, muito menos os direitos morais que têm em relação à obra que tiver criado. Mas é possível a penhora de frutos econômicos dos interesses protegidos pelos direitos da personalidade, ressalvada a quantia correspondente ao necessário para a sobrevivência do autor (CPC, art. 649, IV; art. 833, IV, do novo CPC);

h) Inexpropriáveis: *não são passíveis de desapropriação*. O Estado pode, mediante indenização, despojar compulsoriamente uma pessoa de sua propriedade, em caso de interesse público. Nada obstante, não poderá fazê-lo em relação a direitos da personalidade, ideia que decorre de se tratar de direito indisponível;

i) Vitalícios: *acompanham a pessoa até a sua morte*. Alguns direitos, inclusive, são resguardados mesmo depois da morte, como o respeito ao corpo do morto, à sua honra e à sua memória, bem como os direitos morais do autor. Prova disso é que o parágrafo único do art. 12 do CC diz que tem legitimação para fazer cessar a ameaça ou a lesão a direito da personalidade do morto, o cônjuge sobrevivente, ou qualquer parente em linha reta, ou colateral até o quarto grau.

2.2.3. *Garantias do Regime Jurídico Geral*

Violado ou ameaçado de ser violado um direito da personalidade, pode-se reclamar em juízo as seguintes sanções (CC, art. 12):

a) cessação da ameaça ou da lesão ao direito;

b) perdas e danos;

c) demais sanções previstas em lei.

Assim, se alguém verificar a existência de uma foto sua num *outdoor* com fins publicitários, sem a necessária autorização, poderá pedir a retirada do cartaz (a) e uma indenização por danos materiais e morais porventura existentes (b). Um autor que verificar a reprodução indevida de sua obra também poderá pedir sua retirada de circulação (a), uma indenização por danos materiais e morais (b), além de poder ficar com os exemplares da obra reproduzida e de poder representar o ofensor na esfera criminal (c).

Repare que a lei permite um atuar repressivo (para cessar a lesão) e uma atitude preventiva (em caso de ameaça de lesão). Para fins destas possibilidades, será de grande valia a ação cominatória.

São partes legítimas para requerer a aplicação de tais sanções a própria pessoa lesada, por si ou por seu representante, e, caso já falecida, o cônjuge sobrevivente, ou qualquer parente em linha reta, ou colateral até o quarto grau (art. 12, parágrafo único, do CC). Repare que há uma lacuna nesse dispositivo. Não se incluiu o companheiro no rol dos legitimados. Se a finalidade da lei é possibilitar que pessoas presumidamente próximas ao morto e que também são sucessoras dele estejam legitimadas, não há justificativa para a exclusão do companheiro, que também tem presumida afetividade em relação ao falecido, além de ser sucessor deste. Nesse sentido, o Enunciado 275 das Jornadas de Direito Civil entende que o rol dos legitimados presentes nos arts. 12 e 20 do CC compreende o companheiro. E o Enunciado 398, das mesmas Jornadas, entende que as medidas previstas no art. 12, parágrafo único, do CC podem ser invocadas por qualquer uma das pessoas ali mencionadas de forma concorrente e autônoma.

2.2.4. *Regimes Jurídicos Especiais*

O CC disciplina de modo especial a proteção do próprio corpo (arts. 13 a 15 do CC), o direito ao nome (arts. 16 a 19), a proteção aos escritos, à palavra e à imagem (art. 20) e a proteção à vida privada (art. 21).

2.2.4.1. *Proteção do corpo*

2.2.4.1.1. Disposição do corpo em vida

O art. 13 do CC traz a seguinte **regra**: *é defeso o ato de disposição do próprio corpo, quando importar diminuição permanente da integridade física, ou contrariar os bons costumes.*

O parágrafo único e o *caput* do art. 13 trazem as seguintes **exceções**: a) em caso de *exigência médica;* e b) *para fins de transplante*, na forma estabelecida em lei especial.

Isso significa que não se pode dispor do corpo em duas situações: a) se isso importar em diminuição permanente da integridade física; b) se houver contrariedade aos bons costumes. Mas se estará autorizado: a) em caso de exigência médica; e b) para fins de transplante.

A expressão *diminuição permanente* proíbe, portanto, que alguém corte o próprio braço ou a própria perna, uma vez que tais condutas são irreversíveis. E a frase *contrariar bons costumes* proíbe, por exemplo, que alguém se machuque intencionalmente, mesmo que sem diminuição permanente da integridade física.

Os bens jurídicos tutelados pelo dispositivo são a saúde humana e os bons costumes. Assim, não fere a lei a colocação de adereços (brincos, *piercings*), uma vez que, se é que importam em diminuição permanente, não afetam a saúde da pessoa. O mesmo se pode dizer de cirurgias plásticas, que, se feitas segundo as regras técnicas, não afetam a saúde da pessoa, além de não contrariarem os bons costumes.

Nos casos em que houver exigência médica, como quando se amputa uma perna por motivo de doença ou se retira parte do intestino em virtude de câncer, ou até quando se faz cirurgia para a redução do estômago, a diminuição permanente estará autorizada. Entende-se abarcado no requisito da "exigência médica" a cirurgia de mudança de sexo, já que a doutrina entende que essa expressão *refere-se tanto ao bem-estar físico quanto ao bem-estar psíquico do disponente* (v. Enunciados 6 e 276 das JDC/CJF). Nesse sentido, a Resolução nº 1.955/2010 do Conselho Federal de Medicina traz os requisitos para a cirurgia de mudança de sexo.

A outra exceção (para fins de transplante) está regulada na Lei 9.434/1997. Essa lei permite a disposição de tecidos (não se regula a disposição de sangue, de esperma e de óvulo), órgãos ou partes do corpo vivo, atendidos os seguintes requisitos (art. 9º da Lei):

a) deverá ser gratuita a disposição;

b) deverá o doador ser capaz; o incapaz só poderá doar medula óssea, desde que ambos os pais e o juiz autorizem e não haja risco para sua saúde; a gestante só poderá doar tecido para transplante de medula óssea, desde que não haja risco à sua saúde ou ao feto;

c) dever-se-á tratar de órgãos duplos, de partes de órgãos, tecidos ou partes do corpo cuja retirada não impeça o organismo doador de continuar vivendo sem risco para a sua integridade e não represente grave comprometimento de suas aptidões vitais e saúde mental e não cause mutilação ou deformação inaceitável;

d) deverá estar presente uma necessidade terapêutica comprovadamente indispensável ao receptor;

e) deverá o doador autorizar, preferencialmente por escrito e diante de testemunhas, especificamente o tecido, o órgão ou a parte do corpo objeto da retirada;

f) deverá o juiz autorizar a doação, salvo em relação à medula óssea e em relação à doação para cônjuge ou parentes consanguíneos até quarto grau inclusive;

g) poderá o doador revogar a doação a qualquer momento antes de sua concretização;

h) a realização de transplantes ou enxertos só poderá ser realizada por estabelecimento de saúde autorizado pelo SUS.

2.2.4.1.2. Disposição do corpo para depois da morte

O art. 14 do CC traz a seguinte **regra**: *é válida, com objetivo científico ou altruístico, a disposição gratuita do próprio corpo, no todo ou em parte, para depois da morte.*

A expressão *objetivo científico* diz respeito aos casos em que se deixa o corpo ou partes do corpo para fins de estudos (ex.: para uma faculdade de medicina). Já a expressão *objetivo altruístico* se refere aos casos em que está a se preocupar com o bem-estar alheio, como quando se deixa elemento do corpo para fins de transplante em favor de quem precisa de um tecido (ex.: córnea), de um órgão (ex.: coração) ou de parte do corpo (ex.: fígado).

A Lei 9.434/1997 permite a retirada *post mortem* de tecidos (não se regula a disposição de sangue, de esperma e de óvulo), órgãos ou partes do corpo humano, destinados a transplante ou tratamento, atendidos os seguintes requisitos (arts. 3º a 8º da Lei):

a) deverá ser gratuita a disposição;

b) deverá ser precedida de diagnóstico de morte encefálica, constatada e registrada por dois médicos não participantes das equipes de remoção e transplante; os prontuários médicos serão mantidos na instituição por um período mínimo de 5 anos;

c) deverá ser admitida a presença de médico de confiança da família do falecido no ato de comprovação e atestação da morte encefálica;

d) deverá ser feita mediante o *consenso afirmativo* do doador, não se presumindo sua vontade em doar; não existindo indicação da vontade do falecido (por meio de um documento, por exemplo), a retirada dependerá da autorização do cônjuge ou parente, maior de idade, obedecida a linha sucessória, reta ou colateral, até o segundo grau inclusive, firmada em documento subscrito por duas testemunhas presentes à verificação da morte (parece-nos haver lacuna na ausência do companheiro na regra); o Enunciado 277 das JDC/CJF é no sentido de que a manifestação expressa do doador de órgão em vida prevalece sobre a vontade dos familiares; assim, a aplicação do art. 4º da Lei 9.434/1997 (que trata da autorização ou não pelos familiares) ficou restrita à hipótese de silêncio do potencial doador;

e) poderá o doador revogar a doação a qualquer momento;

f) é vedada a remoção quanto a pessoas não identificadas;

g) após a retirada, o corpo será condignamente recomposto para ser entregue, em seguida, aos parentes do mortos ou seus responsáveis legais para sepultamento;

h) a realização de transplantes ou enxertos só poderá ser realizada por estabelecimento de saúde autorizado pelo SUS.

2.2.4.1.3. Tratamento e intervenção cirúrgica

O art. 15 do CC traz a seguinte **regra**: *ninguém pode ser constrangido a submeter-se, com risco de vida, a tratamento médico ou intervenção cirúrgica.*

Três princípios permeiam a regra em questão.

Pelo **princípio da informação**, *o paciente tem o direito de receber todas as informações relativas à sua situação, à* *possibilidade de tratamento e aos respectivos riscos* (*vide* arts. 6º, III, e 31 do CDC).

De acordo com o **princípio da autonomia**, *o profissional deve respeitar a vontade do paciente ou de seu representante, se aquele for incapaz.*

Já pelo **princípio da beneficência**, *a atuação médica deve buscar o bem-estar do paciente, evitando, sempre que possível, danos e riscos.*

A partir de tais princípios e da regra enunciada, percebe-se que o paciente tem o *direito de recusa a tratamento arriscado*. Assim, informado de que uma cirurgia para retirada de um tumor da cabeça gera um risco de morte, este é quem escolherá se deseja ou não fazê-la.

Quando não for possível consultar o paciente, e havendo situação de iminentes riscos para sua vida, o tratamento ou a intervenção cirúrgica deverão ser realizados, não respondendo o médico por constrangimento ilegal (art. 146, § 3º, I, do CP). Em situações como essas, o médico age em verdadeiro estado de necessidade, que é uma excludente da ilicitude.

2.2.4.2. *Escritos, palavra e imagem*

O art. 20 do CC traz a seguinte **regra**: *a divulgação de escritos, a transmissão da palavra, ou a publicação, a exposição ou a utilização da imagem de uma pessoa poderão ser proibidas, a seu requerimento e sem prejuízo da indenização que couber, se lhe atingirem a honra, a boa fama ou a respeitabilidade, ou se se destinarem a fins comerciais.*

O próprio art. 20 traz as seguintes **exceções** à impossibilidade de exposição daqueles interesses: a) se houver *autorização* da pessoa; b) se *necessário à administração da justiça*.

Ou seja, não se pode expor os escritos, a palavra e a imagem das pessoas em duas situações: a) se lhe atingir a honra; b) se tiver fins comerciais. Mas é possível expor tais interesses: a) se houver autorização; b) se necessário à administração da justiça.

A expressão *se lhe atingirem a honra, a boa fama ou a respeitabilidade* proíbe que alguém tenha, por exemplo, veiculada sua imagem de uma maneira difamatória. A frase *se se destinarem a fins comerciais* proíbe, por exemplo, que alguém tenha publicada sua foto em um informe publicitário ou em uma revista de "fofocas" sem sua autorização.

É importante lembrar que as **garantias** que a lei traz ao lesado são as seguintes: a) proibir a exposição; b) reclamar indenização. Apesar da não referência à aplicação das demais sanções previstas em lei, tal como está previsto no art. 12 (regime jurídico geral), tal providência é possível, como no caso em que a conduta do ofensor também configura crime (injúria, difamação ou calúnia, por exemplo). Ou quando se prevê o direito de resposta, proporcional ao agravo (art. 5º, V, da CF).

Em se tratando de morto ou de ausente, são partes **legítimas**: a) o cônjuge; b) os ascendentes ou descendentes. Em relação ao regime jurídico geral, repare que aqui não se elegeu os parentes colaterais até o quarto grau como legitimados. Repare, ainda, que mais uma vez parece haver uma lacuna, ao não se legitimar o companheiro.

São três os interesses protegidos pelas regras: a) os escritos (expressados em documento); b) a palavra (expressada pela voz); c) a imagem (retrato e atributo).

Os **escritos** encontram regramento especial na Lei 9.610/1998 (Lei sobre Direitos Autorais), que protege "os textos de obras literárias, artísticas ou científicas", dentre outros (art. 7º da Lei).

As **palavras** também encontram regramento especial nessa Lei, que protege "as conferências, alocuções, sermões e outras obras da mesma natureza", dentre outras (art. 7º da Lei).

Quanto à **imagem**, essa deve ser dividida em duas espécies.

a) imagem-retrato: *consiste na reprodução gráfica da figura humana, podendo se referir a partes do corpo também, como a voz e as pernas.* São exemplos: o retrato, o desenho, a fotografia e a filmagem de uma pessoa. A imagem-retrato está protegida pelo art. 5º, X, da CF, pelo qual "são invioláveis a intimidade, a vida privada, a honra e a *imagem* das pessoas, assegurado o direito a indenização pelo dano material ou moral decorrente de sua violação";

b) imagem-atributo: *consiste no conjunto de características sociais do indivíduo, ou de dada pessoa jurídica, que o identifica socialmente.* Enquanto a imagem-retrato condiz com o retrato físico da pessoa, a imagem-atributo se refere a seu retrato social. A proteção a essa imagem está prevista no art. 5º, X, da CF, pelo qual fica assegurado "o direito de resposta, proporcional ao agravo, além da indenização por dano material, moral ou à *imagem*". Nessa, os agentes danosos são os meios de comunicação, ideia tirada do texto do dispositivo, que fala também em direito de resposta, extensível às pessoas jurídicas. Havendo violação da imagem-atributo, deve haver indenização, independente de demonstração de prejuízo econômico ou mesmo existência de dor profunda, mas simplesmente pelo *dano à imagem*, devendo a indenização seguir critério facilitado, distinto do dano material e moral. Repare que fala em "indenização por dano material, moral ou à imagem".

É importante trazer à tona alguns **temperamentos** à proteção em tela. Nenhum direito é absoluto. O direito à preservação da imagem encontra pontos de atrito com a *liberdade de expressão e de comunicação* e com o *direito de acesso à informação*.

O Supremo Tribunal Federal, no julgamento da ADPF 130 (p. em 06/11/09), ao julgar não recepcionada pela Constituição a Lei de Imprensa (Lei 5.250/1967), **exarou entendimento no sentido de que, na ponderação de interesses entre os dois blocos de direitos da personalidade citados (liberdade de imprensa e de expressão x imagem, honra, intimidade e vida privada) prepondera o primeiro bloco, impedindo-se a censura prévia**. O segundo bloco incide posteriormente para fins de direito de resposta e responsabilidade civil, penal e administrativa.

É claro que não é qualquer fato que poderá ser livremente veiculado pela imprensa. Deve-se tratar de fato relevante para o indivíduo em sociedade. Caso contrário, pode haver abuso e, portanto, ensejo à reparação do dano causado ao ofendido. Tal se dá, por exemplo, com a divulgação por um jornal ou uma revista de elementos da intimidade ou da vida privada de artistas sem seu consentimento. Nesse caso, não há fato relevante para a vida social, conceito nobre, mas "fuxico", "fofoca", o que não está protegido no relevante direito de informação jornalística.

A manifestação abusiva da expressão, apesar de não poder ser censurada, pode sofrer coerções posteriores, principalmente as que envolvem o direito de resposta e a indenização por danos materiais e morais.

2.2.4.3. Vida privada

O art. 21 do CC traz a seguinte **regra**: *a vida privada da pessoa natural é inviolável, e o juiz, a requerimento do interessado, adotará as providências necessárias para impedir ou fazer cessar ato contrário a esta norma.*

É importante destacar que a **garantia** que a lei traz ao lesado é a seguinte: pode-se pedir ao juiz que impeça ou faça cessar a violação da vida privada. Apesar de não prevista no dispositivo, eventual violação também dá ensejo a que se reclame indenização (art. 5º, X, da CF). E, em que pese também a não referência à aplicação das demais sanções previstas em lei, tal como está previsto no art. 12 (regime jurídico geral), tal providência é possível, como no caso em que a conduta do ofensor também configura crime (interceptação indevida de conversa telefônica, por exemplo), em que se faculta a persecução criminal.

Apesar de o dispositivo se referir apenas à vida privada, são dois os interesses protegidos pela regra: a) a própria vida privada; e b) a intimidade.

Os direitos de inviolabilidade da vida privada e da intimidade são espécies do gênero **direito à privacidade**, *que é aquele de a pessoa manter informações privadas a seu respeito sob seu controle exclusivo*. Tal direito se traduz no direito de ser deixado tranquilo ou em paz.

A **intimidade**, por sua vez, é *o espaço que a pessoa tem consigo*. Diz respeito aos seus pensamentos, segredos, dúvidas existenciais e sonhos. O diário particular de uma pessoa contém informações sobre sua intimidade.

A **vida privada** consiste nos *espaços exteriores privados, ligados às relações familiares, de amizade e profissionais das pessoas*. Aqui temos suas correspondências e conversas telefônicas, os sigilos bancário e fiscal, as relações amorosas etc.

2.2.4.4. Direitos autorais

Quanto aos direitos autorais, a matéria é exaustivamente tratada na Lei 9.610/1998, que regula os direitos de autor e os que lhe são conexos, reputados bens móveis para fins legais (art. 3º).

Tal lei **protege**, por exemplo, os textos de obras literárias, artísticas ou científicas, as obras musicais, coreográficas, fotográficas e cinematográficas, o desenho, a pintura, a escultura, dentre outras (art. 7º).

Não são objeto da proteção dos direitos autorais ideias, sistemas, métodos, projetos ou conceitos matemáticos como tais, formulários em branco, texto de atos oficiais, informações de uso comum como calendários, nomes, títulos isolados etc. (art. 8º).

A proteção à obra intelectual abrange o seu título, se original. A lei considera **autor** a pessoa física criadora de obra literária, artística ou científica, sem prejuízo da proteção às pessoas jurídicas nos casos previstos em lei (art. 11).

Não depende de registro a proteção aos direitos autorais (art. 18), podendo o autor registrar sua obra no órgão público de que trata o art. 17 da Lei 5.988/1973 (art. 19).

Pertencem ao autor os direitos **patrimoniais** e **morais** sobre a obra que criou (art. 22). Os **direitos morais** do autor, inalienáveis e irrenunciáveis (art. 27), são, dentre outros, os seguintes: a) o de reivindicar, a qualquer tempo, a autoria da obra; b) o de ter seu nome ou sinal indicado como sendo o do autor na utilização de sua obra; c) o de conservar a obra inédita; d) o de assegurar sua integridade, opondo-se a quaisquer modificações; e e) o de modificá-la (art. 24).

Os primeiros quatro direitos são transmitidos aos sucessores por morte do autor. No que concerne aos direitos patrimoniais, depende de autorização prévia e expressa do autor a utilização da obra por outrem. Os herdeiros podem explorar economicamente a obra por 70 anos contados de 1º de janeiro do ano subsequente ao do falecimento do autor (como regra), ou da publicação da obra (no caso de obras anônimas ou pseudônimas), ou da sua divulgação (quanto às obras audiovisuais e fotográficas), conforme os arts. 41 a 44. Findo o período, a obra passará ao **domínio público**, o mesmo ocorrendo se não houver sucessores do autor falecido ou se for obra de autor desconhecido, ressalvada a proteção legal aos conhecimentos étnicos e tradicionais (art. 45).

Não constituem ofensa aos direitos autorais: a) a reprodução, em um só exemplar, de pequenos trechos, para uso privado do copista, desde que feita por este, sem intuito de lucro; b) a citação de passagens de qualquer obra, para fins de estudo ou crítica, indicando-se nome do autor e a origem da obra; c) o apanhado de lições em escola, vedada a publicação sem autorização expressa; d) a utilização de obras para demonstração à clientela; e) a representação teatral ou musical no recesso familiar ou para fins didáticos, na escola e sem fim lucrativo; f) as paráfrases e paródias que não forem reproduções da obra nem lhe impliquem descrédito; e g) a representação de obras situadas permanentemente em logradouros públicos (arts. 46 a 48).

A **transferência** dos direitos patrimoniais poderá ser dos seguintes tipos: a) transmissão total (salvo os direitos morais e os excluídos pela lei; se for definitiva, dependerá de contrato escrito); b) cessão total ou parcial (faz-se por escrito e se presume onerosa).

O titular do direito violado poderá requerer: i) a apreensão dos exemplares reproduzidos ou a suspensão da divulgação, ii) sem prejuízo da indenização cabível, iii) bem como a perda em seu favor dos exemplares apreendidos e iv) o pagamento do preço dos que tiverem sido vendidos (art. 102). Responde solidariamente com o contrafator aquele que vender, expuser, distribuir ou tiver a obra reproduzida com fraude.

2.2.4.5. Nome

Os arts. 16 a 18 do CC trazem a seguinte **regra**: *toda pessoa tem direito ao nome, que não pode ser empregado de modo que exponha a pessoa ao desprezo público, ainda que sem intenção difamatória, ou para fins de propaganda comercial sem autorização do seu titular.* O art. 19 dispõe que *o pseudônimo adotado para atividades lícitas goza da proteção que se dá ao nome.*

Por ser objeto de direito da personalidade, o nome é intransferível, irrenunciável e indisponível. O **princípio da imutabilidade**, todavia, sofre **exceções,** quando houver:

a) modificação no estado de filiação ou de paternidade: em virtude da procedência de ação negatória de filiação; reconhecimento, judicial ou voluntário, de paternidade; ou realização ou desfazimento de adoção. Muda-se o sobrenome apenas, salvo no caso de adoção de menores, em que é possível que se altere inclusive o prenome, a pedido do adotante ou do adotado (art. 47, § 5º, do ECA);

b) alteração do nome de um dos pais: modificando-se o nome familiar de um dos pais, será necessário fazer o mesmo em relação aos filhos;

c) casamento: qualquer um dos nubentes pode adotar o nome do outro (art. 1.565, § 1º, do CC);

d) dissolução da sociedade conjugal e do casamento: não é obrigatória a perda do nome do outro na separação e no divórcio (arts. 1.578 e 1.571, § 2º, do CC). Todavia, a requerimento do inocente e desde que não se revele prejuízo à outra parte, pode-se perder compulsoriamente o direito de continuar usando o nome de casado. Pode também o cônjuge inocente renunciar, a qualquer momento, ao direito de usar o sobrenome do outro;

e) pela união estável: o companheiro pode pedir ao juiz a averbação do patronímico do companheiro no seu registro de nascimento;

f) vontade daquele que tem entre 18 e 19 anos: o art. 56 da LRP faculta ao interessado, no primeiro ano após ter atingido a maioridade civil, requerer a alteração de seu nome, desde que não prejudique os apelidos de família, averbando-se a alteração que será publicada pela imprensa; o pedido pode ser feito administrativamente;

g) erro gráfico evidente: o art. 110 da LRP dispõe que a correção de erros de grafia poderá ser processada a partir do próprio cartório onde se encontrar o assentamento, mediante petição assinada pelo interessado, que será remetida ao Ministério Público e ao juiz, que despachará no prazo de 48 horas. Exemplo dessa situação é o daquele que recebeu o nome de "Osvardo", quando deveria ser "Osvaldo". Também ocorre quando se troca o "i" pelo "e" ou o "s" pelo "x" quando da grafia do patronímico. Prova-se o erro, neste caso, pela comparação com os documentos dos demais membros da família;

h) exposição do portador do nome ao ridículo: o art. 55, parágrafo único, da LRP impede que os oficiais do registro civil registrem prenome suscetíveis de expor ao ridículo seus portadores. Para que essa regra seja eficaz, há de se reconhecer que, caso o oficial atenda ao pedido dos pais numa situação dessas, nada impede que no futuro busque-se a modificação do nome em razão dessa circunstância. Nomes como Bin Laden e Adolph Hitler poderão dar ensejo ao pedido de modificação. Mas já houve casos em que se admitiu a modificação de nomes bastante comuns, como Raimunda;

i) apelido público notório: o art. 58 da LRP dispõe que o prenome é definitivo, admitindo-se sua substituição por apelidos públicos notórios. São exemplos: Lula, Xuxa e Pelé. A redação dada pela Lei 9.708/1998 ao dispositivo em questão permite a "substituição" do prenome e não a mera "inserção" apelido público notório. Houve casos de modificação de "Amarildo" para "Amauri" e de "Maria" para "Marina". Basta provar em juízo que a pessoa é conhecida publicamente (no trabalho, na família, entre amigos etc.) por nome diverso do que consta em seus documentos; a prova se faz por testemunhas, por correspondências, por cadastros etc.;

j) necessidade para a proteção de vítimas e testemunhas de crimes: o § 7º do art. 57 da LRP admite a alteração de nome completo para proteção de vítimas e testemunhas de crimes, bem como de seu cônjuge, convivente, ascendentes, descendentes, inclusive filhos menores e dependentes, mediante requerimento ao juiz competente dos registros públicos, ouvido o MP;

k) homonímia: a redação do art. 57, *caput*, da LRP, traz uma norma um tanto quanto aberta, que possibilita modificações em outras situações excepcionais, como na homonímia;

l) cirurgia de mudança de sexo: o Superior Tribunal de Justiça vem admitindo tal possibilidade, inclusive no autorizando, além da mudança de **nome**, que o transexual operado solicite modificação civil de seu **gênero** (de masculino para feminino ou de feminino para masculino), para que conste de toda sua documentação referência exclusiva ao novo sexo civil, facilitando a inserção social e profissional.

2.3. Pessoas Jurídicas

2.3.1. Conceito

Pode-se **conceituar** pessoa jurídica como o *grupo humano criado na forma da lei e dotado de personalidade jurídica própria para a realização de fins comuns.*

As pessoas jurídicas são, então, *sujeitos de direito personalizados*, de modo que têm aptidão genérica para adquirir direitos e obrigações compatíveis com sua natureza.

No que concerne aos direitos da personalidade, o Código Civil assegura que "aplica-se às pessoas jurídicas, no que couber, a proteção dos direitos da personalidade" (art. 52).

A título de exemplo, é compatível com a pessoa jurídica a proteção de sua integridade moral, daí porque o Superior Tribunal de Justiça assegura indenização por danos morais a tais entes.

2.3.2. Requisitos para a sua regular constituição

As pessoas jurídicas de direito público são criadas pela Constituição ou por meio de leis específicas. Já as pessoas jurídicas de direito privado têm sua criação regulada pelo Código Civil.

A doutrina aponta diversos requisitos para a constituição de uma pessoa jurídica. São os seguintes:

a) vontade humana criadora, ou seja, intenção de criar pessoa jurídica distinta de seus membros;

b) observância das condições legais para a sua instituição;

c) objetivo lícito;

d) ato constitutivo, ou seja, documento escrito, denominado estatuto (nas associações e sociedades institucionais), escritura pública/testamento (nas fundações), contrato social (nas sociedades contratuais) e lei (nas autarquias);

e) autorização ou aprovação do Poder Executivo, quando necessário, ou seja, nos poucos casos em que a lei condiciona a criação da pessoa jurídica à autorização mencionada (exs.: empresas estrangeiras, montepio, caixas econômicas, bolsas de valores etc.);

f) autorização de lei específica, no caso de pessoas jurídicas de direito privado estatais;

e) registro, ou seja, arquivamento dos atos constitutivos no Registro Público competente, em se tratando de pessoa jurídica de direito privado.

O art. 45 do Código Civil dispõe que o **surgimento**, ou seja, a **existência legal** da pessoa jurídica de direito privado começa com sua **inscrição** no Registro Público competente. Dessa forma, o **início da personalidade** da pessoa jurídica de direito privado se dá com o **registro competente**.

O registro declarará o seguinte (art. 46 do CC):

I. a denominação, os fins, a sede, o tempo de duração e o fundo social, quando houver;

II. o nome e a individualização dos fundadores ou instituidores, e dos diretores;

III. o modo por que se administra e representa, ativa e passivamente, judicial e extrajudicialmente;

IV. se o ato constitutivo é reformável no tocante à administração, e de que modo;

V. se os membros respondem, ou não, subsidiariamente, pelas obrigações sociais;

VI. as condições de extinção da pessoa jurídica e o destino do seu patrimônio, nesse caso.

Havendo ilegalidade no ato de constituição da pessoa jurídica de direito privado, o interessado terá três anos para exercer o direito de anulá-lo, contado o prazo da publicação de sua inscrição no registro público (art. 45, parágrafo único, do CC). O prazo é decadencial e, após o seu decurso, todos os vícios ficarão convalidados.

O **ato constitutivo deve ser arquivado** nos seguintes registros públicos: a) na OAB (se se tratar de sociedade de advogados); b) na Junta Comercial (se se tratar de sociedade empresária); c) no Cartório de Pessoas Jurídicas (se se tratar de sociedades simples, fundações e associações).

Os partidos políticos, depois de arquivarem seus atos constitutivos no Cartório de Pessoas Jurídicas, adquirindo personalidade jurídica, devem registrar seus estatutos no Tribunal Superior Eleitoral (art. 17, § 2º, da CF). Os sindicatos, após o registro no Cartório, também devem comunicar sua criação ao Ministério do Trabalho.

As **sociedades empresárias** são pessoas jurídicas de direito privado, com fins lucrativos, cujo objeto é o exercício de atividade econômica organizada para a produção ou a circulação de bens ou de serviços (art. 982 c/c art. 966, ambos do CC). Por exemplo, uma indústria.

Já as **sociedades simples** são pessoas jurídicas de direito privado que admitem como objeto o exercício de profissão intelectual, de natureza científica, literária ou artística, ainda que com o concurso de auxiliares ou colaboradores, salvo se o exercício da profissão constituir elemento de empresa. Por exemplo, uma sociedade que reúne quatro médicos, que agem como profissionais liberais independentes um do outro.

As sociedades que não forem objeto de inscrição no Registro Público são consideradas **sociedades despersonificadas** (em comum, irregulares ou de fato).

O art. 986 do CC dispõe que, enquanto não inscritos os atos constitutivos, as **sociedades despersonificadas ficarão sujeitas às seguintes disposições**: a) os sócios, nas relações entre si ou com terceiros, somente por escrito podem provar a existência da sociedade, mas os terceiros podem prová-la de qualquer modo (art. 987); b) os bens e dívidas sociais constituem patrimônio especial, do qual os sócios são titulares em comum (art. 988); c) os bens sociais respondem pelos atos de gestão praticados por qualquer dos sócios, salvo pacto expresso limitativo de poderes, que somente terá eficácia contra o terceiro que o conheça ou deva conhecer (art. 989); d) todos os sócios respondem solidária e ilimitadamente pelas obrigações sociais, excluído do benefício de ordem, previsto no art. 1.024 do CC, aquele que contratou pela sociedade (art. 990); e) reger-se-á a sociedade pelas regras mencionadas, observadas, subsidiariamente e, no que com ela forem compatíveis, as normas da sociedade simples (art. 986).

2.3.3. Funcionamento das pessoas jurídicas

Cada espécie de pessoa jurídica tem sua peculiaridade no que concerne ao seu funcionamento.

Todavia, o Código Civil traz algumas regras a esse respeito, que são as seguintes:

a) obrigam a pessoa jurídica os atos dos administradores, exercidos nos limites de seus poderes definidos no ato constitutivo (art. 47); nesse sentido, aquele que tem contato com um administrador de uma pessoa jurídica deve verificar os poderes que o ato constitutivo outorga a essa pessoa; se os atos praticados pelo administrador da pessoa jurídica estiverem dentro dos limites definidos no ato constitutivo, a pessoa jurídica ficará obrigada, sejam quais forem os termos contratuais estabelecidos por seus administrador;

b) se a pessoa jurídica tiver administração coletiva, as decisões se tomarão pela maioria de votos dos presentes, salvo se o ato constitutivo dispuser de modo diverso (art. 48);

c) decai em três anos o direito de anular as decisões a que se refere a alínea anterior, quando violarem a lei ou estatuto, ou forem eivadas de erro, dolo, simulação ou fraude (art. 48, parágrafo único);

d) se a administração da pessoa jurídica vier a faltar, o juiz, a requerimento de qualquer interessado, nomear-lhe-á administrador provisório (art. 49).

Verificadas as regras de funcionamento da pessoa jurídica, é o caso, agora, de verificarmos sua dissolução.

2.3.4. Extinção das pessoas jurídicas

A pessoa jurídica dissolve-se pelas seguintes causas:

a) **convencional**, por deliberação de seus membros, conforme o quórum estabelecido nos estatutos ou na lei;

b) **administrativa**, em razão de decisão administrativa que, nos termos da lei, determine o fim da pessoa jurídica, quando esta dependa de aprovação ou autorização do Poder Público para funcionar e pratique atos nocivos ou contrários aos seus fins;

c) **judicial**, quando se configura algum dos casos de dissolução previstos em lei ou no estatuto e a sociedade continua a existir, obrigando um dos sócios a ingressar em juízo.

Sobre a **dissolução** de uma pessoa jurídica do tipo **sociedade**, confira as **hipóteses legais** não abarcadas pelas causas *convencionais* e *administrativas* (arts. 1.033 e 1.034 do CC):

a) vencimento do prazo de duração;

b) falta de pluralidade de sócios, não reconstituída no prazo de cento e oitenta dias (não se aplica essa extinção caso o sócio remanescente requeira a transformação da sociedade para empresário individual ou empresa individual de responsabilidade limitada);

c) anulação da constituição, por ilegalidade;

d) exaurimento do seu fim social;

e) verificação da inexequibilidade dos fins sociais ou da existência de atividade nociva que justifique a extinção da sociedade (essa última hipótese é de ordem doutrinária e jurisprudencial, servindo de exemplo a extinção de algumas torcidas organizadas por ordem da Justiça).

Não se deve confundir as expressões **dissolução**, **liquidação** e **cancelamento** da inscrição da pessoa jurídica, a qual importará na sua extinção definitiva.

Num primeiro momento, verificam-se causas que levam à **dissolução** da pessoa jurídica (convenção, decisão administrativa ou decisão judicial). A pessoa jurídica, neste momento, ainda não está extinta, mas está em processo de extinção. Num segundo momento, inicia-se a **liquidação**, devendo os administradores providenciar imediatamente a investidura do liquidante e restringir a gestão própria aos negócios inadiáveis, vedadas novas operações, pelas quais responderão solidária e ilimitadamente. **Encerrada a liquidação**, promover-se-á o **cancelamento da inscrição** da pessoa jurídica.

Segundo o art. 51 do CC, nos casos de dissolução da pessoa jurídica ou cassada a autorização para seu funcionamento, ela **subsistirá** para os **fins de liquidação**, até que essa se conclua.

Far-se-á, no registro onde a pessoa jurídica estiver inscrita, **a averbação de sua dissolução**.

As disposições para a liquidação das **sociedades** aplicam-se, no que couber, **às demais pessoas jurídicas de direito privado**. Nesse sentido, vale ler as disposições acerca da liquidação das sociedades, presentes nos arts. 1.102 a 1.112 do Código Civil. É também objetivo da liquidação a partilha dos bens entre os sócios. Tal partilha se fará de modo proporcional à participação de cada um no capital social. No caso das associações e fundações, há regras próprias que serão analisadas em seguida.

Quanto à transformação, incorporação, fusão e cisão das sociedades, matéria afeta ao Direito Empresarial, confira o disposto nos arts. 1.113 a 1.122 do Código Civil.

2.3.5. Desconsideração da personalidade jurídica

2.3.5.1. Conceito

Nesse caso tem-se o instituto da desconsideração da personalidade jurídica, que pode ser conceituado como *a declaração de ineficácia da personalidade jurídica para determinados fins, atingindo diretamente o patrimônio dos sócios ou administradores de pessoa jurídica, a fim de evitar fraude ou abuso de direito.*

O instituto está previsto no art. 50 do Código Civil e, quando aplicado, a pessoa jurídica não é desconstituída, mas declarada ineficaz em relação a certas e determinadas obrigações.

Assim, se uma pessoa natural utiliza uma pessoa jurídica para cometer fraudes, as obrigações contraídas por essa poderão repercutir na esfera dos bens pessoais da pessoa natural, com a desconsideração da sua personalidade.

A desconsideração prevista no Código Civil é chamada de *desconsideração direta*.

Resta saber se o Código Civil brasileiro também admite a **desconsideração inversa**. Nessa desconsideração, como o próprio nome diz, desconsidera-se a pessoa natural do sócio ou administrador de uma pessoa jurídica para o fim de atingir o patrimônio da própria pessoa jurídica da qual faz parte o primeiro. Um exemplo pode aclarar o instituto. Imagine que alguém que deseja se separar de seu cônjuge sem ter de repartir bens que está em seu nome, passe tais bens para uma pessoa jurídica da qual é sócio, ficando esvaziado patrimonialmente como pessoa natural. Nesse caso, a desconsideração inversa atua para o fim de, na separação judicial, o juiz desconsiderar a autonomia da natural em relação à pessoa jurídica, determinando que os bens que pertencem à última sejam partilhados com o cônjuge prejudicado, como se fossem bens pertencentes à pessoa natural do cônjuge que perpetrou a fraude. Exemplo disso pode ser conferido na seguinte decisão do STJ: "Se o sócio controlador de sociedade empresária transferir parte de seus bens à pessoa jurídica controlada com o intuito de fraudar partilha em dissolução de união estável, a companheira prejudicada, ainda que integre a sociedade empresária na condição de sócia minoritária, terá legitimidade para requerer a desconsideração inversa da personalidade jurídica de modo a resguardar sua meação" (REsp 1.236.916-RS, j. 22.10.2013).

Apesar da desconsideração inversa não estar expressa no Código Civil, a doutrina e a jurisprudência a admitem, tendo em vista que essa desconsideração visa a evitar e reprimir justamente a mesma conduta, qual seja, o abuso da personalidade. Vale dizer que o novo Código de Processo Civil faz menção expressa à desconsideração inversa da personalidade jurídica (art. 133, p. 2º).

2.3.5.2. Hipóteses que ensejam a desconsideração

O Código Civil adotou a *teoria maior* da desconsideração. De acordo com essa teoria, para que a desconsideração se dê, é necessário, além da dificuldade em responsabilizar a pessoa jurídica (normalmente, essa dificuldade ocorre quando a pessoa jurídica acionada está insolvente, mas a doutrina entende que não é necessária a demonstração da insolvência para que se proceda à desconsideração – Enunciado 281 das JDC/CJF), a presença de outros requisitos.

No caso, exige-se que tenha havido *abuso de personalidade*. Esse abuso, nos termos do art. 50 do Código Civil, pode ser de duas espécies:

a) desvio de finalidade: ou seja, a utilização da pessoa jurídica para fim diverso daquele para a qual foi criada. Por exemplo, utilização de pessoa jurídica para emissão de notas fiscais frias;

b) confusão patrimonial: ou seja, situação em que os bens dos sócios das pessoas jurídicas se confundem com os bens dela.

A confusão patrimonial é típica das situações em que o sócio recebe, para si, créditos da pessoa jurídica, ou em que esta recebe para si créditos do sócio.

Existem empresas que não têm bens em nome próprio, mas somente no nome dos sócios. Isso pode prejudicar credores, que poderão pedir a desconsideração da personalidade.

A *teoria menor* da desconsideração, não adotada pelo Código Civil, propugna que a desconsideração da personalidade jurídica pode se dar toda vez que ela for obstáculo ao ressarcimento do dano, não sendo necessária demonstração de fraude ou abuso. Essa teoria tem esse nome porque exige *menos* requisitos para que se dê a aplicação do instituto.

Há diversas situações que caracterizam o abuso de personalidade. Porém, a doutrina aponta que o encerramento irregular das atividades da pessoa jurídica não basta, por si só, para caracterizar o abuso da personalidade jurídica (Enunciado 282 das JDC/CJF), sendo necessário que tal encerramento tenha se dado com o objetivo de dificultar o cumprimento de suas obrigações, caracterizando o desvio de finalidade. Nesse sentido decidiu o STJ no REsp 1.306.553-SC, DJ 12.12.14.

Aliás, é bom remarcar que a doutrina entende que os casos que ensejam desconsideração da personalidade nas relações civis (*desvio de finalidade* e *confusão patrimonial*) devem ser interpretados restritivamente (Enunciado 146 das JDC/CJF), por serem exceções à regra que estabelece a autonomia entre a pessoa jurídica e a pessoa de seus sócios ou administradores. Há de se lembrar de que o Código Civil adotou a teoria maior da desconsideração, diferente da Lei de Crimes Ambientais e do CDC, que adotaram a teoria menor da desconsideração, que traz menos requisitos para que esta se dê.

2.3.5.3. Legitimado ativo

De acordo com o art. 50 do Código Civil, podem requerer a desconsideração qualquer *interessado* ou o *Ministério Público*, esse quando couber sua intervenção.

O **Ministério Público** pode intervir em ações em que se estiver diante de interesses indisponíveis, bem como em ações coletivas e de falência, entre outras. Nesses casos, o *Parquet* é legitimado para requerer a desconsideração da personalidade.

O **interessado** é, normalmente, o credor da obrigação que está sendo satisfeita pela pessoa jurídica. Aqui se está diante de alguém que tem interesse jurídico na desconsideração.

A doutrina vem reconhecendo que a teoria de desconsideração, prevista no art. 50 do Código Civil, pode ser invocada pela pessoa jurídica, em seu favor. Exemplo dessa situação se dá quando bens da pessoa jurídica são passados para o nome de um dos sócios com o fito de prejudicar credores. A pessoa jurídica, interessada em solver suas obrigações, pode, em tese, requerer a desconsideração para que se atinja o patrimônio que está em nome do sócio que cometeu a fraude. Naturalmente, tal situação só acontecerá na prática se esse sócio não mais estiver no comando administrativo da empresa.

2.3.5.4. Legitimado passivo

De acordo com o art. 50 do Código Civil, a desconsideração da personalidade pode atingir o patrimônio tanto de *sócios* como de *administradores da sociedade*.

Assim, deve-se ressaltar, de início, que não só sócios, como também mero administrador não sócio, estão sujeitos à incidência do instituto.

Outra observação importante é que, apesar da lei fazer referência à palavra "sócio", a desconsideração da pessoa jurídica pode atingir também associados e outros membros de pessoas jurídicas. Ou seja, o instituto não se aplica apenas à *sociedade*, mas também às associações, fundações e outras pessoas jurídicas que não têm fins lucrativos ou econômicos.

Nesse sentido, confira o Enunciado 284 das JDC/CJF: "as pessoas jurídicas de direito privado sem fins lucrativos ou de fins não econômicos estão abrangidas no conceito de abuso da personalidade jurídica".

Vale, ainda, indagar se, uma vez ocorrido abuso da personalidade (por desvio de finalidade ou confusão patrimonial), pode-se atingir o patrimônio de qualquer sócio e administrador, independente de dolo específico de sua parte quanto ao abuso perpetrado.

Na análise literal do art. 50 do Código Civil, chega-se à conclusão de que se adotou a teoria objetiva no caso. No entanto, em face do princípio da proporcionalidade, a doutrina vem entendendo que o sócio ou administrador que desconhece o abuso não responde com seu patrimônio pessoal.

Nesse sentido, confira o Enunciado 7 das JDC/CJF: "só se aplica a desconsideração quando houver prática de ato irregular, e, limitadamente, aos administradores ou sócios que nela hajam incorrido".

2.3.5.5. Questões processuais

O Superior Tribunal de Justiça vem entendendo que aquele que sofre a desconsideração da personalidade num processo judicial, respondendo com seu próprio patrimônio por obrigações alheias, passa a ser **parte** do processo (REsp 258.812, DJ 18/12/06).

O STJ também entende que a desconsideração da personalidade **é possível na fase da execução de sentença**, mesmo que quem sofra os efeitos da desconsideração não tenha sido chamado a participar do processo de conhecimento que levou à formação do título que se estiver executando (REsp 920.602, DJ 23/06/08). Naturalmente, o afetado pela desconsideração terá direito de se defender, exercendo plenamente o contraditório e a ampla defesa, garantindo-se o devido processo legal.

O novo Código de Processo Civil regulamentou as questões processuais sobre a desconsideração da personalidade jurídica, trazendo as seguintes regras:

"**Art. 133.** O incidente de desconsideração da personalidade jurídica será instaurado a pedido da parte ou do Ministério Público, quando lhe couber intervir no processo.

§ 1º O pedido de desconsideração da personalidade jurídica observará os pressupostos previstos em lei.

§ 2º Aplica-se o disposto neste Capítulo à hipótese de desconsideração inversa da personalidade jurídica.

Art. 134. O incidente de desconsideração é cabível em todas as fases do processo de conhecimento, no cumprimento de sentença e na execução fundada em título executivo extrajudicial.

§ 1º A instauração do incidente será imediatamente comunicada ao distribuidor para as anotações devidas.

§ 2º Dispensa-se a instauração do incidente se a desconsideração da personalidade jurídica for requerida na petição inicial, hipótese em que será citado o sócio ou a pessoa jurídica.

§ 3º A instauração do incidente suspenderá o processo, salvo na hipótese do § 2o.

§ 4º O requerimento deve demonstrar o preenchimento dos pressupostos legais específicos para desconsideração da personalidade jurídica.

Art. 135. Instaurado o incidente, o sócio ou a pessoa jurídica será citado para manifestar-se e requerer as provas cabíveis no prazo de 15 (quinze) dias.

Art. 136. Concluída a instrução, se necessária, o incidente será resolvido por decisão interlocutória.

Parágrafo único. Se a decisão for proferida pelo relator, cabe agravo interno.

Art. 137. Acolhido o pedido de desconsideração, a alienação ou a oneração de bens, havida em fraude de execução, será ineficaz em relação ao requerente."

2.3.6. *Classificação das pessoas jurídicas*

2.3.6.1. Quanto à nacionalidade

Quanto à **nacionalidade**, as pessoas jurídicas podem ser divididas em **nacionais** e **estrangeiras**.

Pessoas jurídicas nacionais são aquelas organizadas e constituídas conforme a lei brasileira, tendo no País sua sede e administração (art. 1.126 do CC). **Pessoas jurídicas estrangeiras** são aquelas de fora do País, que não possuem as características citadas.

A sociedade estrangeira não poderá funcionar no País sem autorização do Poder Executivo. Se autorizada, sujeitar-se-á lei brasileira quanto aos atos aqui praticados, devendo ter representante no Brasil. Nesse caso, poderá nacionalizar-se, transferindo sua sede para o território nacional (arts. 1.134 a 1.141 do CC).

2.3.6.2. Quanto à estrutura interna

Quanto à **estrutura interna**, as pessoas jurídicas podem ser divididas em **corporações** e **fundações**.

As **corporações** (*universitas personarum*) são um conjunto ou reunião de pessoas que formam uma pessoa jurídica. O elemento marcante aqui são as *pessoas*. São exemplos de corporações as sociedades e as associações.

As **fundações** (*universitas bonorum*) são um conjunto ou reunião de bens que formam uma pessoa jurídica. O elemento marcante aqui são os bens. Diferentemente das corporações, que normalmente costumam ter fins voltados à satisfação de seus membros, as fundações têm objetivos externos, estabelecidos pelo instituidor da pessoa jurídica.

2.3.6.3. Quanto à atuação

Quanto à atuação, as pessoas jurídicas podem ser de direito público e de direito privado.

As **pessoas jurídicas de direito público** são de duas espécies:

a) externo: países e organizações internacionais;

b) interno: União, Estados, Distrito Federal, Municípios, autarquias, agências reguladoras, associações Públicas (consórcios públicos de direito público) e fundações públicas.

As **pessoas jurídicas de direito privado** podem ser subdivididas nas seguintes espécies (art. 44):

a) sociedades: *são pessoas jurídicas com objetivo de lucro*; as cooperativas são consideradas sociedades simples;

b) associações: *são pessoas jurídicas constituídas de pessoas que se reúnem para realização de fins não econômicos*; têm objetivos científicos, artísticos, educativos, culturais, políticos, corporativos, esportivos etc.;

c) fundações: *são acervos de bens, que recebem personalidade jurídica para realização de fins determinados de interesse público, de modo permanente e estável*; o elemento marcante é o patrimonial;

d) entidades religiosas: têm o regime jurídico das associações; são livres a criação, a organização, a estruturação interna e o funcionamento das organizações religiosas, sendo vedado ao poder público negar-lhes reconhecimento ou registro dos atos constitutivos e necessários ao seu funcionamento;

e) partidos políticos: têm o regime jurídico das associações; os partidos políticos serão organizados e funcionarão conforme o disposto em lei específica;

f) consórcios públicos de direito privado: são pessoas jurídicas formadas pela reunião de entes federativos para a gestão conjunta de serviços que podem ser exercidos por pessoas de direito privado;

g) empresas individuais de responsabilidade limitada: trata-se de nova espécie, introduzida pela Lei 12.441/2011; verificar explicações no capítulo de Direito Empresarial deste livro.

De acordo o Enunciado 142 das JDC/CJF, "os partidos políticos, os sindicatos e as associações religiosas possuem natureza associativa, aplicando-se-lhes o Código Civil".

Acerca das organizações religiosas o Enunciado 143 das JDC/CJF defende que "a liberdade de funcionamento das organizações religiosas não afasta o controle de legalidade e legitimidade constitucional de seu registro, nem a possibilidade de reexame, pelo Judiciário, da compatibilidade de seus atos com a lei e com seus estatutos".

2.3.7. Associações

Como se viu, **associações** *são pessoas jurídicas constituídas de pessoas que se reúnem para realização de fins não econômicos*. O instituto está regulamentado nos arts. 53 a 61 do Código Civil.

Não há, entre os associados, direitos e obrigações recíprocos. Nas associações todos têm um interesse comum, que no caso é o de realizar fins não econômicos relacionados à ciência, à arte, à educação, à cultura, ao esporte, à política, à defesa de classe, à defesa de minorias e de valores importantes para a sociedade, para a religião etc.

A CF assegura a liberdade de associação para fins lícitos. Qualquer pessoa pode se associar. Mas o associado pode se retirar a qualquer tempo, não podendo ser obrigado a permanecer associado.

Sob pena de **nulidade**, o **estatuto das associações conterá (art. 54)**:

I. a denominação, os fins e a sede da associação;

II. os requisitos para a admissão, demissão e exclusão dos associados;

III. os direitos e deveres dos associados;

IV. as fontes de recursos para sua manutenção;

V. o modo de constituição e de funcionamento dos órgãos deliberativos;

VI. as condições para a alteração das disposições estatutárias e para a dissolução;

VII. a forma de gestão administrativa e de aprovação das respectivas contas.

Os associados devem ter **direitos iguais, mas** o estatuto poderá instituir categorias com vantagens especiais **(art. 55)**.

Ainda quanto aos direitos, **nenhum associado poderá ser impedido de exercer direito ou função que lhe tenha sido legitimamente conferido**, a não ser nos casos e pela forma previstos na lei ou no estatuto. Assim, num clube, por exemplo, não é possível impedir a entrada de um associado que não esteja pagando sua colaboração mensal, salvo se o estatuto dispuser expressamente que o direito de frequentar o clube ficará cerceado em caso de inadimplemento **(art. 58)**.

A **qualidade de associado é intransmissível se** o estatuto não dispuser o contrário. Assim, ninguém pode ceder sua qualidade de associado numa associação de classe por exemplo. Todavia, em se tratando de clubes esportivos, é comum que o estatuto permita a transmissão da qualidade de associado **(art. 56)**.

Mesmo se o associado for titular de quota ou fração ideal do patrimônio da associação, a transferência daquela não importará, de per si, na atribuição da qualidade de associado ao adquirente ou ao herdeiro, salvo disposição diversa do estatuto. Essa regra decorre do fato de que a qualidade de associado é intransmissível.

A **exclusão** do associado é admitida, preenchidos os seguintes requisitos **(art. 57)**:

a) reconhecimento de **justa causa**;

b) prévio **procedimento que assegure direito de defesa**, nos termos do estatuto;

c) direito a **recurso**, nos termos do estatuto.

Compete privativamente à **assembleia geral:** a) destituir os administradores; e b) alterar o estatuto. Para as deliberações mencionadas é exigido decisão da assembleia especialmente convocada para esse fim, cujo quórum será o estabelecido no estatuto, bem como os critérios de eleição dos administradores **(art. 59, parágrafo único)**.

A **convocação dos órgãos deliberativos** far-se-á na forma do estatuto, garantido a 1/5 (um quinto) dos associados o direito de promovê-la **(art. 60)**.

Dissolvida a associação, **o remanescente** do seu patrimônio líquido, depois de deduzidas, se for o caso, as quotas ou frações ideais pertencentes a algum associado, **será destinado a entidade de fins não econômicos designada no estatuto**, ou, omisso este, por deliberação dos associados, **a instituição municipal, estadual ou federal, de fins idênticos ou semelhantes (art. 61)**.

Por cláusula do estatuto ou, em seu silêncio, por deliberação dos associados, podem esses, antes da destinação do remanescente referida, receber em restituição, atualizado o respectivo valor, as contribuições que tiverem prestado ao patrimônio da associação **(art. 61, § 1º)**.

Não existindo no Município, no Estado, no Distrito Federal ou no Território, em que a associação tiver sede, instituição nas condições indicadas, o que remanescer do seu patrimônio deve ser se entregue à Fazenda do Estado, do Distrito Federal ou da União **(art. 61, § 2º)**.

2.3.8. Fundações

Como se viu, **fundações** *são acervos de bens, que recebem personalidade jurídica para realização de fins determinados de interesse público, de modo permanente e estável.*

O elemento marcante nas fundações é o patrimonial. Aqui não se tem propriamente uma reunião de pessoas com vistas a dada finalidade. Aqui se tem reunião de bens com vistas à consecução de objetivos não econômicos.

O Código Civil estabelece que a fundação somente poderá constituir-se para fins religiosos, morais, culturais ou de assistência. O Enunciado 8 das JDC/CJF é no sentido de que "a constituição da fundação para fins científicos, educacionais ou de promoção do meio ambiente está compreendida no Código Civil, art. 62, parágrafo único". O Enunciado 9 vai além e defende que o art. 62, parágrafo único, do CC "deve ser interpretado de modo a excluir apenas as fundações com fins lucrativos".

No entanto, a Lei 13.151/2015 alterou o Código Civil para dispor, no parágrafo único de seu art. 62, que a fundação **somente** poderá constituir-se para fins de: "assistência social; cultura, defesa e conservação do patrimônio histórico e artístico; educação; saúde; segurança alimentar e nutricional; defesa, preservação e conservação do meio ambiente e promoção do desenvolvimento sustentável; pesquisa científica, desenvolvimento de tecnologias alternativas, modernização de sistemas de gestão, produção e divulgação de informações e conhecimentos técnicos e científicos; promoção da ética, da cidadania, da democracia e dos direitos humanos; atividades religiosas;"

O instituto está regulamentado nos arts. 62 a 69 do Código Civil.

A criação de uma fundação depende, *grosso modo*, de um ato de dotação de bens (por testamento ou escritura pública), da elaboração do estatuto (com apreciação do Ministério Público) e do registro no Cartório das Pessoas Jurídicas.

Para criar uma fundação, seu **instituidor** fará, por **escritura pública ou testamento, dotação especial de bens livres**, especificando o fim a que se destina e declarando, se quiser, a maneira de administrá-la. Quando insuficientes para constituir a fundação, os bens a ela destinados serão, se de outro modo não dispuser o instituidor, incorporados em outra fundação que se proponha a fim igual ou semelhante.

Constituída a fundação por negócio jurídico entre vivos, o instituidor é obrigado a transferir-lhe a propriedade, ou outro direito real, sobre os bens dotados, e, se não o fizer, serão registrados, em nome dela, por mandado judicial.

As pessoas responsabilizadas pelo instituidor pela aplicação do patrimônio, tendo ciência do encargo, formularão logo o estatuto da fundação projetada, submetendo-o, em seguida, à aprovação da autoridade competente (o Ministério Público), com recurso ao juiz. Se o estatuto não for elaborado no prazo assinado pelo instituidor ou, não havendo prazo, em cento e oitenta dias, a incumbência caberá ao Ministério Público.

Velará pelas fundações o **Ministério Público do Estado** onde situadas. O Código Civil dispõe que, se a fundação funcionar no Distrito Federal ou em Território, caberá o encargo ao Ministério Público Federal. No entanto, na ADI nº 2.794-8, o STF entendeu que o dispositivo é inconstitucional, por violar as atribuições do Ministério Público do Distrito Federal. E a Lei 13.151/2015 veio a corrigir o problema introduzindo a regra de que "Se funcionarem no Distrito Federal ou em Território, caberá o encargo ao Ministério Público do Distrito Federal e Territórios" (art. 66, § 1º).

Se a fundação estender sua atividade por mais de um Estado, caberá o encargo, em cada um deles, ao respectivo Ministério Público.

Para que se possa **alterar o estatuto** da fundação, é mister que a reforma:

I. seja deliberada por **dois terços** dos indivíduos competentes para gerir e representar a fundação;

II. não contrarie ou desvirtue o fim desta;

III. seja **aprovada pelo órgão do Ministério Público** no prazo máximo de 45 (quarenta e cinco) dias, findo o qual ou no caso de o Ministério Público a denegar, poderá o juiz supri-la, a requerimento do interessado.

Quando a alteração não houver sido aprovada por **votação unânime**, os administradores da fundação, ao submeterem o estatuto ao órgão do Ministério Público, requererão que se dê ciência à minoria vencida para impugná-la, se quiser, em dez dias.

Tornando-se **ilícita**, **impossível** ou **inútil** a finalidade a que visa a fundação, **ou vencido o prazo de sua existência**, o órgão do Ministério Público, ou qualquer interessado, promover-lhe-á a **extinção**, **incorporando-se o seu patrimônio**, salvo disposição em contrário no ato constitutivo ou no estatuto, **em outra fundação**, designada pelo juiz, que se proponha a fim igual ou semelhante.

2.4. Domicílio

2.4.1. Conceito

Domicílio *é a sede jurídica da pessoa.*

O instituto do domicílio é de grande importância para o Direito. As pessoas fazem parte de diversas relações, de natureza civil, empresarial, processual, administrativa, tributária, eleitoral etc.; e, em todas essas, precisam ser encontradas para responder por suas obrigações. Esse ponto de referência é o domicílio, que vem do latim *domus*, que quer dizer "casa" ou "morada". O instituto está regulamentado nos arts. 70 a 78 do Código Civil.

2.4.2. Domicílio da pessoa natural

O **domicílio da pessoa natural** *é local onde ela estabelece sua residência com ânimo definitivo.*

Repare que o domicílio da pessoa natural tem dois elementos, o **objetivo** (ato de fixação em determinado local) e o **subjetivo** (ânimo definitivo de permanência).

Não se deve confundir *morada* (local onde a pessoa natural se estabelece provisoriamente), *residência* (que, pressupondo maior estabilidade, é o lugar onde a pessoa natural se estabelece habitualmente) e *domicílio*, que requer *residência* com *ânimo definitivo.*

O **domicílio básico**, que é o local onde se estabelece a residência com ânimo definitivo, pode ser **modificado**, desde que a pessoa natural **transfira sua residência** com a **intenção manifesta de o mudar**. A prova da intenção resultará do que declarar a pessoa às municipalidades dos lugares, que deixa, e para onde vai, ou, se tais declarações não fizer, da própria mudança, com as circunstâncias que a acompanharem.

Caso a pessoa natural **tenha mais de uma residência**, considera-se domicílio *qualquer uma delas.* Trata-se do caso, por exemplo, daquele que reside numa cidade durante a semana e, em outra, nos finais de semana.

Caso a pessoa natural **não tenha residência habitual**, é domicílio *o lugar onde for encontrada* (*domicílio aparente ou ocasional*).

Quanto às **relações profissionais**, é **também** domicílio da pessoa natural *o local onde estas são exercidas.* Se a pessoa exercer profissão em lugares diversos, cada um deles constituirá domicílio para as relações que lhe corresponderem.

Tem **domicílio necessário**, ou seja, domicílio que não pode ser fixado por sua própria vontade, mas por vontade da lei, as seguintes pessoas: a) o **incapaz**, sendo seu domicílio o de seu representante ou assistente; b) o **servidor público**, sendo seu domicílio o local onde exerce permanentemente suas atribuições; c) o **militar**, sendo seu domicílio o local onde servir, e, sendo da Marinha ou da Aeronáutica, a sede do comando a que se encontrar imediatamente subordinado; d) o **marítimo**, sendo seu domicílio o do local onde o navio estiver matriculado; e) o **preso**, sendo seu domicílio o lugar em que cumprir a sentença.

Vale citar a Súmula 383 do Superior Tribunal de Justiça, pela qual "a competência para processar e julgar as ações conexas de interesse do menor é, em princípio, do foro do domicílio do detentor de sua guarda".

O **agente diplomático do Brasil**, que, citado no estrangeiro, alegar extraterritorialidade sem designar onde tem, no país, seu domicílio, poderá ser demandado no Distrito Federal ou no último ponto do território brasileiro onde o teve.

2.4.3. Domicílio das pessoas jurídicas

O domicílio da pessoa jurídica *é o local onde funcionarem as respectivas diretorias ou administrações, ou aquele eleito no estatuto.*

Caso tenha mais de um estabelecimento em lugares diferentes, cada um deles será considerado domicílio para os atos nele praticados.

Se a administração, ou diretoria, tiver a sede no estrangeiro, haver-se-á por domicílio da pessoa jurídica, no tocante às obrigações contraídas por cada uma das suas agências, o lugar do estabelecimento, sito no Brasil, a que ela corresponder.

Quanto às pessoas jurídicas de direito público, o domicílio é, da União, o Distrito Federal, dos Estados e Territórios, as respectivas capitais, e do Município, o lugar onde funcione a administração municipal.

2.4.4. Domicílio nos contratos

Admite-se nos contratos escritos que os contratantes especifiquem o domicílio onde se exercitem e cumpram os direitos e obrigações deles resultantes.

É possível, portanto, estabelecer o foro de eleição para a hipótese de se ingressar com ação judicial.

Em matéria de relação de consumo, caso o foro de eleição tenha sido fixado de modo a dificultar a defesa do aderente em juízo, pode o juiz declinar de ofício de sua competência, reconhecendo a nulidade da cláusula de eleição de foro (art. 112, parágrafo único, do CPC). Há importante alteração da cláusula de eleição de foro no novo Código de Processo Civil que, segundo o art. 63, § 3º, poderá ser reputada ineficaz e não mais nula, como previa o CPC/1973.

2.5. Bens

2.5.1. Conceito

Na acepção do Código Civil *bens são toda utilidade física ou ideal que sejam objeto de um direito subjetivo.*

Nesse sentido, não há como confundir *bens* com *coisas*. O primeiro abrange utilidades materiais e imateriais, ao passo que as coisas dizem respeito às utilidades materiais, corpóreas.

Dessa forma, há bens que não são coisas, tais como a honra e a imagem.

Os *bens* são vocacionados a ser *objetos* de uma *relação jurídica*, a qual também tem a *pessoa* como um de seus elementos.

2.5.2. Classificação dos bens

2.5.2.1. Bens considerados em si mesmos

2.5.2.1.1. Imóveis/móveis

Considerados em si mesmos, ou seja, analisados em seu aspecto intrínseco, os bens têm uma primeira classificação que leva em conta sua mobilidade ou não.

Saber se um bem é imóvel ou não é importante por diversos motivos. Por exemplo, bens imóveis só se adquirem pelo registro, ao passo que móveis, pela tradição. Ademais, os primeiros dependem de outorga uxória para alienação e os segundos, não. Os prazos para usucapião são distintos, sendo maiores em se tratando de bens imóveis. A hipoteca e o direito real de garantia incidem sobre imóvel, ao passo que o penhor, sobre móvel.

Bens imóveis *são aqueles que não podem ser transportados de um lugar para outro sem alteração de sua substância.* Por exemplo, um terreno. São bens **imóveis** os seguintes:

a) ***imóveis por natureza***: o solo;

b) imóveis por acessão: tudo quanto se incorporar ao solo, natural ou artificialmente; aqui temos como exemplos de *bem imóvel por* ***acessão natural*** as árvores, frutos pendentes, pedras, fontes e cursos de água; já de *bens imóveis por* ***acessão artificial*** temos como exemplo as construções e as plantações, já que as últimas importam num atuar humano e não em nascimento espontâneo. Construções provisórias (que se destinam a remoção ou retirada), como os circos, parques de diversão, barracões de obra, entre outras, não são consideradas acessões.

c) imóveis por determinação legal:

i) os **direitos reais sobre imóveis**, tais como a propriedade e a hipoteca;

ii) as **ações que asseguram direitos reais sobre imóveis**, tal como a ação reivindicatória;

iii) o **direito à sucessão aberta**, ou seja, o direito de herança, enquanto não tiver sido feita a partilha de bens, pouco importando a natureza dos bens deixados na herança; a renúncia de uma herança é, portanto, uma renúncia de bem imóvel, devendo ser feita mediante escritura pública ou termo nos autos (art. 1806, CC) e autorização do cônjuge.

O Código Civil dispõe, ainda, que **não perdem o caráter de bens imóveis:**

a) as edificações que, separadas do solo, mas conservando a sua unidade, forem removidas para outro local; aqui se pode usar como exemplo casas pré-fabricadas, transportadas de um local para outro;

b) os materiais provisoriamente separados de um prédio, para nele se reempregarem; aqui se pode utilizar como exemplo parte de um telhado retirada para manutenção que depois será recolocada em seu lugar.

O atual Código Civil não faz referência aos imóveis por *acessão intelectual*, ou seja, àqueles bens que, mesmo não sendo imóveis, passavam a ser considerados como tal por vontade do proprietário da coisa. O instituto, previsto no

Código anterior, era útil naquelas situações em que se queria unir um bem imóvel (uma fazenda, por exemplo) com bens nele empregados (tratores, máquinas, ferramentas etc.) para que tudo fosse considerado uma coisa só, o que repercutiria em caso de garantias, alienações e outros negócios. O atual Código não mais permite essa imobilização por vontade do dono e, em substituição, criou o instituto da *pertença*, que será visto logo adiante.

Bens móveis *são os passíveis de deslocamento sem alteração de sua substância*. Por exemplo, um livro. São bens móveis os seguintes:

a) **móveis por natureza**: os bens suscetíveis de remoção por força alheia, sem alteração da substância ou destinação econômico-social, ex.: um livro, um computador, alimentos, uma casa pré-fabricada, que, enquanto exposta à venda ou transportada, é um móvel também, porém, uma vez incorporada ao solo, passa a ser imóvel, permanecendo com essa natureza se for retirada do solo para ser incorporada em outro lugar, como se viu quando tratamos dos imóveis;

b) **semoventes**: também são móveis por natureza; a diferença é que esses bens são suscetíveis de movimento próprio, também sem que haja alteração da substância ou destinação econômico-social. Ex.: um cachorro.

c) **móveis por determinação legal:**

i) as **energias que tenham valor econômico**, como a energia elétrica;

ii) os **direitos reais sobre objetos móveis**, como o penhor;

iii) as **ações correspondentes a direitos reais sobre objetos móveis**, como a reintegração de posse em relação a bens móveis;

iv) os **direitos pessoais de caráter patrimonial**, como os créditos em geral, o fundo de comércio, as quotas e ações de sociedades e os direitos de autor;

v) as **ações sobre direitos pessoais de caráter patrimonial**, como a ação indenizatória;

d) **móveis por antecipação**: são os bens incorporados ao solo, mas com a intenção de separá-los e convertê-los em móveis, como as árvores destinadas ao corte e os frutos ainda não colhidos.

Não perdem o caráter de bens móveis os **materiais destinados a alguma construção enquanto não forem empregados**, como os materiais que acabam de ser comprados em uma loja de materiais de construção.

Readquirem a qualidade de bens móveis os provenientes da **demolição** de algum prédio. No caso da demolição, que é diferente daquela situação em os bens serão reempregados no imóvel, os objetos de demolição (portas, batentes, azulejos etc.) voltam a ser móveis.

Os **navios** e as **aeronaves** são bens móveis. Porém, podem ser imobilizados para fins de hipoteca, que é direito real de garantia sobre imóveis (v. art. 1.473, VI e VII, do CC, bem como o art. 138 da Lei 7.565/1986 – Código Brasileiro de Aeronáutica).

2.5.2.1.2. Fungíveis/infungíveis

Bens fungíveis *são os móveis que podem ser substituídos por outros da mesma espécie, qualidade e quantidade*. Ex.: dinheiro.

Repare que, para ser fungível, o bem precisa, em primeiro lugar, ser *móvel*. Ademais, deve ser daquele tipo de móvel que pode ser substituído por outro da mesma espécie, qualidade e quantidade. Um quadro pintado por um renomado pintor, por exemplo, não pode ser considerado fungível, dada a impossibilidade de sua substituição por outro equivalente. O mesmo se pode dizer de uma casa, que, por se tratar de bem imóvel, é, nos termos da lei, infungível, **ressalvada** disposição convencional entre as partes em sentido contrário.

Bens infungíveis *são os imóveis ou os móveis que não podem ser substituídos por outros da mesma espécie, qualidade e quantidade*. Exs.: uma casa e uma obra de arte.

Essa classificação é útil, pois há contratos que só recaem sobre bens fungíveis (ex.: mútuo). E outros que só recaem sobre bens infungíveis (ex.: comodato). Ademais, para a compensação de dívidas, é necessário que estas sejam líquidas, vencidas e fungíveis. A expressão fungibilidade também aparece para classificar as obrigações e em matéria de ações possessórias e recursos, quando se admite o conhecimento de uma ação ou um recurso por outro.

2.5.2.1.3. Consumíveis/inconsumíveis

Bens consumíveis *são os móveis cujo uso importa sua destruição ou os destinados à alienação*. Ex.: alimentos em geral.

Repare que, para ser consumível, o bem precisa, em primeiro lugar, ser móvel. Ademais, deve ser daquele tipo de móvel que, uma vez usado, destrói-se imediatamente, como é o caso dos alimentos. Também são considerados consumíveis, para fins legais, os bens que forem destinados à alienação. Isso porque, uma vez alienados, também não têm mais utilidade para o vendedor.

Bens inconsumíveis *são os imóveis ou os móveis cujo uso não importa sua destruição e que não esteja destinado à alienação*. Ex.: uma obra de arte que ornamenta a casa de alguém, um carro, uma casa.

Essa classificação é útil, pois os bens consumíveis não podem ser objeto de usufruto. Se o forem, configurando-se o *usufruto impróprio*, o usufrutuário, ao final, deve devolver o equivalente.

Ademais, o CDC adotou classificação semelhante, que divide os bens em **duráveis** e **não duráveis**. Os primeiros ensejam reclamação por vícios em até 90 dias, ao passo que os segundos, em até 30 dias (art. 26 do CDC).

2.5.2.1.4. Divisíveis/indivisíveis

Bens divisíveis *são os que se podem fracionar sem alteração da substância, boa diminuição de valor ou prejuízo do uso a que se destinam*. Ex.: quantia em dinheiro.

Tais bens, mesmo sendo fisicamente divisíveis, podem tornar-se indivisíveis por disposição de *lei* ou por *vontade das partes*.

Bens indivisíveis *são os que, caso fracionados, sofrem alteração da substância, boa diminuição de valor ou prejuízo ao uso a que se destinam, bem como os que, em virtude da lei ou da vontade das partes, receberam essa qualificação*.

Os bens podem ser indivisíveis pelas seguintes causas: a) **por natureza**, como o animal, um carro, uma obra de arte; b)

por determinação legal, como as servidões prediais (art. 1.386 do CC), a hipoteca (art. 1.421 do CC), o direito dos coerdeiros até a partilha (art. 1.791, CC) e a impossibilidade de desmembramento de lote cuja área seja inferior a 125 m^2 (art. 4º, III, da Lei 6.766/1979); c) **por vontade das partes**, por convenção que torna coisa comum indivisa por prazo não superior a 5 anos, suscetível de prorrogação (art. 1.320, § 1º, do CC).

Essa classificação é útil em matéria de cumprimento das obrigações em que houver mais de um devedor ou credor. Caso a prestação seja indivisível, mesmo que não haja solidariedade entre os devedores, cada um deles responderá pela dívida por inteiro (art. 259, CC). A classificação também tem relevância quando há um condomínio sobre um dado bem e se deseja extinguir esse condomínio. Se a coisa for divisível, a extinção será mais simples. Já, se for indivisível, diferente será o procedimento para a divisão (arts. 1.320 e 1.322 do CC).

2.5.2.1.5. Singulares/Coletivos

Bens singulares *são os bens que, embora reunidos, se consideram de per si, independentemente dos demais*. Ex.: são singulares, quando considerados em sua individualidade, um boi, uma árvore, um livro etc. Já se cada um deles for considerado agregado a outros, formando um todo, ter-se-á bens coletivos ou uma universalidade de fato. Assim, temos bens coletivos num rebanho de gado, numa floresta e numa biblioteca, respectivamente.

Os bens singulares podem ser de duas **espécies**:

a) *singulares simples*, quando suas partes, da mesma espécie, estão ligadas pela própria natureza (um boi, p. ex.);
b) *singulares compostos*, quando suas partes se acham ligadas pela indústria humana (uma casa, p. ex.).

O Código Civil anterior conceituava os **bens coletivos** ou **universais** como *aqueles que se encaram agregados em um todo*. Tais bens consistem na reunião de vários bens singulares, que acabam formando um todo com individualidade própria. Os bens coletivos são chamados também de universais ou de universalidades. Há duas espécies de universalidades:

a) *universalidades de fato*, que consistem na pluralidade de bens singulares que, pertinentes à mesma pessoa, tenham destinação unitária (exs.: rebanho e biblioteca); os bens que formam essa universalidade podem ser objeto de relações jurídicas próprias; assim, pode-se destacar um boi do rebanho e vendê-lo isoladamente;
b) *universalidade de direito*, que consiste no complexo de relações jurídicas de uma pessoa, dotadas de valor econômico (exs.: herança, patrimônio, fundo de comércio, massa falida etc.); a diferença entre a universalidade de fato e a de direito é que a primeira se forma a partir da vontade do titular, ao passo que a segunda decorre da lei, que pode, em determinados casos, criar alguns obstáculos à alienação em separado de partes desse todo.

2.5.2.2. Bens reciprocamente considerados

2.5.2.2.1. Principais/acessórios

Considerados em si mesmos, ou seja, analisados um em comparação com outro, os bens podem ser principais e acessórios.

Saber se um bem é principal ou acessório é importante, pois o acessório segue o principal. O contrário, não. E isso pode ter várias repercussões, como em matéria de formação, validade e extinção dos negócios jurídicos.

A doutrina aponta as seguintes relações entre o bem principal e o bem acessório: a) a natureza do acessório tende a ser a mesma do principal, tendo em vista o princípio da gravitação; assim, sendo o solo bem imóvel (por natureza), a árvore também o é (por acessão); b) o acessório acompanha o principal em seu destino, salvo disposição legal ou convencional em contrário; c) o proprietário do principal é proprietário do acessório.

Bens principais *são os bens que existem por si, ou seja, independentemente da existência de outros bens*. São exemplos o solo e um contrato de locação etc. Os bens principais têm existência própria, autônoma.

Bens acessórios *são aqueles cuja existência depende da existência de outro, do principal*. São exemplos uma árvore (que depende da existência do solo) e um contrato de fiança locatícia (que depende de um contrato de locação).

São **espécies de bens acessórios**:

a) os produtos: *utilidades da coisa que não se reproduzem*, por exemplo, os recursos minerais; são utilidades que se retiram da coisa, diminuindo-lhe a quantidade, porque não se reproduzem periodicamente, como pedras, metais etc.; o Código Civil dispõe que, apesar de ainda não separados do bem principal, os produtos podem ser objeto de negócio jurídico; assim, o dono de um sítio pode vender um caminhão de areia (produto) desse imóvel, mesmo antes de separar a areia do local;
b) os frutos: *utilidades que se reproduzem, podendo ser civis, naturais ou industriais*. Exs.: juros e alugueres (frutos civis), frutos de uma árvore (frutos naturais) e produção de uma fábrica (frutos industriais); quanto ao seu estado, os frutos podem ser *pendentes* (enquanto unidos à coisa que os produziu), *percebidos ou colhidos* (depois de separados da coisa que os produziu), *estantes* (os separados e armazenados ou acondicionados para venda), *percipiendos* (os que deviam ser, mas não foram colhidos e percebidos) e os *consumidos* (os que não existem mais porque foram utilizados); o Código Civil também dispõe que, apesar de ainda não separados do bem principal, os produtos podem ser objeto de negócio jurídico;

Obs.: saber o que é e o que não é produto e fruto, e a situação em que cada fruto se encontra, é relevante principalmente em matéria possessória; o possuidor de boa-fé que venha a perder a coisa possuída tem direitos diferentes em relação a esses bens, comparado com o possuidor de má-fé, matéria vista no tópico de Direito das Coisas;

c) as pertenças: *são bens móveis que, não constituindo partes integrantes de outros bens, estão destinados a estes de modo duradouro*. São exemplos os móveis de uma casa e os tratores e equipamentos de uma fazenda. Repare que os bens citados a) são **móveis**, b) **não estão integrados na coisa** de modo que sua retirada comprometesse sua substância, e c) **são bens destinados de modo duradouro** à casa e à fazenda. As pertenças, como se percebe, são bens acessórios. E os bens acessórios, como regra, seguem o bem principal. Assim, em tese, a venda de uma fazenda importaria também na venda dos tratores e equipamentos da fazenda. No entanto, o atual Código Civil resolveu regulamentar o instituto das pertenças justamente para excepcionar essa regra. O artigo 94 diz que os negócios jurídicos que digam respeito ao principal **não abrangem as pertenças**. No entanto, o próprio Código Civil dispõe que as pertenças seguirão o principal **caso** haja *disposição de lei*, *de vontade* ou *circunstancial* em contrário. Assim, vendida uma fazenda, os tratores não fazem parte desse negócio. Vendida uma casa, os móveis dela também não acompanham a venda. No entanto, se a lei dispuser o contrário, se as partes convencionarem o contrário (ex.: vende-se uma fazenda com "porteira fechada") ou se as circunstâncias em que o negócio estiver sendo feito der a entender que as pertenças acompanharão o bem principal, a regra de que a pertença não segue o principal fica excepcionada; **d) as benfeitorias:** *são melhoramentos feitos em coisa já existente*. Por exemplo, um novo quarto construído numa casa já pronta. Diferem das acessões, que consistem na criação de coisa nova, como é o caso de uma casa construída num terreno vazio. As benfeitorias têm as seguintes espécies: i) **voluptuárias** (*são as de mero deleite* – não aumentam o uso habitual do bem, ainda que o tornem mais agradável ou sejam de elevado valor), ii) **úteis** (*são as que aumentam ou facilitam o uso do bem*) e iii) **necessárias** (*são as indispensáveis à conservação do bem ou a evitar que este se deteriore*). Não se consideram benfeitorias os melhoramentos ou acréscimos sobrevindos ao bem sem a intervenção do proprietário, possuidor ou detentor. O instituto da benfeitoria se diferencia do instituto da pertença, pois a primeira passa a ser parte integrante da coisa. Assim, vendido o bem principal, a benfeitoria nele realizada, apesar de ser bem acessório, acompanhará o bem principal, ao contrário do que acontece ordinariamente com a pertença. Saber a natureza da benfeitoria (se voluptuária, útil ou necessária) também é relevante em matéria de Direito das Coisas, pois também há tratamento diferenciado acerca dos direitos que têm os possuidores de boa e de má-fé em relação à coisa que perderam. Em matéria de desapropriação o tema também é pertinente, pois, uma vez feito o decreto expropriatório, o expropriado não terá mais direito a indenizações decorrentes de benfeitorias que fizer posteriormente na coisa, salvo se se tratar de benfeitoria necessária, em qualquer caso, e se se tratar de benfeitoria útil autorizada pelo Poder Público.

2.5.2.3. Bens públicos

Essa temática é desenvolvida em Direito Administrativo, para onde remetemos o leitor.

2.6. Fatos Jurídicos

2.6.1. Fato jurídico em sentido amplo

Em sentido amplo, **fato jurídico** *é todo acontecimento natural ou humano que produz efeito jurídico*, ou seja, qualquer acontecimento que se dê no mundo fenomênico que gere uma consequência jurídica é considerado fato jurídico. Assim, se alguém jogar uma pedra em outra pessoa causando dano a esta, certamente se está diante de um fato jurídico, pois o acontecimento (jogar uma pedra causando dano) gera como consequência jurídica o dever de indenizar. Por outro lado, caso alguém pegue nas mãos uma pedra e a devolva ao chão, jogando-a, não haverá consequência jurídica alguma, caracterizando-se o que se convencionou chamar de **fato simples**.

O fato jurídico pode ser de variadas espécies. Confira:

1. Fato jurídico em sentido estrito: *é o acontecimento natural que produz efeitos jurídicos*. Exs.: nascimento, morte, decurso do tempo, raio, temporal etc. O fato jurídico em sentido estrito pode ser tanto um fato ordinário (como a morte natural e o decurso do tempo) como um fato extraordinário (como um tufão numa dada localidade);

2. Ato jurídico: *é o acontecimento humano que produz efeitos jurídicos*. O ato jurídico em sentido estrito pode ser dividido em duas espécies, quais sejam, os atos ilícitos e os atos lícitos:

2.1. Atos ilícitos: *são os atos humanos contrários ao Direito, que produzem efeitos jurídicos não queridos pelo agente*. Exemplo de ato ilícito é o atropelamento de A por B, tendo A agido com imprudência. Esse acontecimento terá como efeito o surgimento de um dever por parte de A de indenizar B, efeito certamente não querido por A;

2.2. Atos lícitos: *são os atos humanos conformes ao Direito, que geram efeitos jurídicos normalmente queridos pelo agente*. Os atos lícitos podem ser divididos em três espécies, quais sejam, os atos jurídicos em sentido estrito, os negócios jurídicos e os atos-fatos jurídicos:

a) Atos jurídicos em sentido estrito (não negocial): *são simples comportamentos humanos, voluntários, conscientes e conformes ao Direito, cujos efeitos jurídicos são predeterminados pela lei*. Aqui, não há liberdade de escolha por parte do agente dos efeitos jurídicos que resultarão de seu comportamento. São exemplos de ato jurídico em sentido estrito a tradição (entrega da coisa), o reconhecimento de um filho, o perdão, a confissão, a mudança de domicílio, a ocupação, o achado de um tesouro, a notificação etc. Para ilustrar as características do instituto, tomemos o exemplo do reconhecimento de um filho. Esse ato humano é voluntário, consciente e conforme ao Direito. Porém, os efeitos que dele decorrem (por exemplo, quanto ao estado familiar e o dever de prestar alimentos) não podem ser negociados pelo agente. Não é possível, por exemplo, reconhecer um filho desde que os alimentos sejam fixados até determinado valor. Aqui há mera atuação da vontade, mera intenção. Costumam, por fim, ser potestativos;

b) Negócio jurídico: *são declarações de vontade qualificadas, cujos efeitos são regulados pelo próprio interessado*. Aqui, há liberdade de escolha por parte daquele ou daqueles que praticam o ato. Os agentes declaram sua vontade e têm poder de negociar os efeitos jurídicos que nasceram de sua declaração. São exemplos o testamento (negócio jurídico unilateral) e o contrato de compra e venda (negócio jurídico bilateral). Nos dois casos, os agentes têm como estipular as condições dos atos praticados. Vigora nos negócios jurídicos o princípio da liberdade negocial. Os efeitos jurídicos dos atos praticados não estão predeterminados na lei, como ocorre no ato jurídico em sentido estrito. Os efeitos jurídicos são negociados e estipulados pelos próprios interessados, respeitando a lei, é claro;

c) Atos-fatos jurídicos: *são simples comportamentos humanos conformes ao Direito, mas desprovidos de intencionalidade ou consciência (voluntariedade) quanto aos efeitos* *jurídicos que dele resultarão*. Ex.: quando uma criança ou algum outro absolutamente incapaz *acha um tesouro*, independente do elemento volitivo, ou seja, da intenção de procurar e de ficar dono do bem, o Direito atribuirá metade dos bens achados a essas pessoas (art. 1.264 do CC). Aqui, o direito leva em conta apenas o *ato material* de achar, pouco importando o elemento volitivo. É por isso que se fala em ato-fato, uma vez que o comportamento fica entre o *ato* (por ser humano) e o *fato* (da natureza, por não serem relevantes a consciência e a vontade).

Passaremos, agora, ao estudo dos **negócios jurídicos**, começando por sua classificação.

2.6.2. Classificação dos negócios jurídicos

2.6.2.1. Quanto ao número de vontades para a formação

Unilaterais *são negócios que se aperfeiçoam com uma única manifestação de vontade*. Ex.: testamento e renúncia de herança. Podem ser receptícios (a vontade deve se tornar conhecida do destinatário para produzir efeitos – ex.: revogação de mandato) ou não receptícios (conhecimento por parte de outras pessoas é irrelevante – ex.: testamento, confissão de dívida).

Bilaterais *são os negócios que se aperfeiçoam com duas manifestações, coincidentes sobre o objeto*. Ex.: contratos em geral. O fato de existir mais de uma pessoa em cada um dos dois polos contratuais não faz com que o ato deixe de ser bilateral.

Plurilaterais *são os negócios que envolvem mais de duas partes ou polos*. Ex.: contrato de sociedade com três ou mais sócios.

2.6.2.2. Quanto às vantagens

Gratuitos *são os negócios em que apenas uma das partes aufere benefícios*. Ex.: doação sem encargo.

Onerosos *são negócios em que todos os contratantes auferem vantagens e também encargos*. Ex.: compra e venda.

Bifrontes: *são tipos de negócios que podem ser gratuitos ou não, de acordo com a vontade das partes*. Ex.: mútuo, depósito e mandato. Os contratos citados podem ou não ser objetos de remuneração em favor do mutuante, do depositante e do mandante. Caso haja remuneração o contrato será um negócio jurídico oneroso. Caso não haja, o contrato será um negócio jurídico gratuito. Deve-se tomar cuidado para não confundir classificação dos negócios jurídicos com a classificação dos contratos. Na Parte Geral, estudam-se as classificações dos negócios jurídicos apenas.

2.6.2.3. Quanto à autonomia

Principais *são os negócios que existem independentemente da existência de outros*. Ex.: contrato de locação de imóvel.

Acessórios *são os negócios cuja existência depende da de outro, o negócio principal*. Ex.: o contrato de fiança locatícia.

Os negócios acessórios seguem a sorte dos negócios principais. Assim, se um contrato principal é considerado nulo e se extingue, o contrato de fiança também ficará extinto. O contrário não acontece, ou seja, o negócio acessório não determina a sorte do negócio principal.

2.6.2.4. Quanto à forma

Solenes (formais) *são os negócios que devem obedecer à forma prescrita em lei*. Ex.: escritura, se envolver compra e venda de imóvel; aliás, se essa compra e venda for de valor superior a 30 salários mínimos, será necessária escritura pública. Se a forma for exigida como condição de *validade* do negócio jurídico (ex.: escritura para a venda de imóveis) a sua falta torna o negócio jurídico nulo, por se tratar de formalidade *ad solemnitatem*. Mas, se determinada forma tiver por objetivo apenas a *prova* do ato (ex.: registro do compromisso de compra e venda no Registro de Imóveis), estar-se-á diante de formalidade *ad probationem tantum* e sua falta não gera a nulidade do ato, mas apenas sua ineficácia perante terceiros.

Não solenes *são os negócios de forma livre*. Aliás, no Direito Privado, a regra é a liberdade das formas. Ou seja, quando a lei não impuser determinada forma para a prática de um negócio, os interessados poderão escolher a forma que mais lhe aprouverem, tais como a forma verbal, escrita etc.

2.6.3. Reserva mental

O atual Código Civil inovou em relação ao Código anterior ao regulamentar o instituto da reserva mental.

De acordo com este instituto, "a manifestação de vontade subsiste ainda que o seu autor haja feito a reserva mental de não querer o que manifestou, salvo se dela o destinatário tinha conhecimento" (art. 110).

A reserva mental é, na verdade, a emissão de uma declaração de vontade não querida em seu íntimo, tendo por objetivo enganar o destinatário dessa declaração de vontade.

Um exemplo pode aclarar a regra. Imagine que "A" manifeste perante "B" que emprestará a este determinada quantia em dinheiro, sendo que "A", no seu íntimo, faz uma reserva no sentido de que não fará o tal empréstimo. Essa situação pode se dar, por exemplo, numa situação de crise financeira de "B", que diz que irá se suicidar, caso não consiga um empréstimo.

Pois bem, o Código Civil dispõe que essa reserva mental feita por "A" não afeta a declaração de vontade que fez. Ou seja, a reserva mental feita é **irrelevante para o direito**.

Todavia, na hipótese de o destinatário da manifestação da vontade (no caso, "B") ter ciência dessa reserva mental (no caso, saiba que "A", no seu íntimo, não tem intenção declarada), o Código Civil dispõe que a manifestação de vontade de "A" **é como se não existisse e não precisa ser cumprida**. Tal solução se dá, pois, nesse caso, como "B" está ciente da reserva, não está sendo enganado e, portanto, não precisa da proteção legal.

2.6.4. Representação

Quando alguém tiver de praticar um negócio jurídico, pode praticar sozinho ou por meio de um representante. O representante é, então, aquele que atua em nome do representado.

Os **requisitos** e os **efeitos** da **representação legal** (que decorre da lei) são os estabelecidos nas normas respectivas; os da **representação voluntária** (que decorre de acordo entre as partes) são os da Parte Especial deste Código.

Assim, o estudo específico dos vários tipos de representação, que vai da representação legal que os pais fazem de seus filhos à representação que ocorre em relação às pessoas jurídicas e à representação em virtude de mandato, deve ser feito nas disposições pertinentes previstas no Código Civil e em outras leis.

Porém, a Parte Geral do Código, nos arts. 115 a 120, traz regras acerca da representação, regras essas que ora serão estudadas.

Os poderes de representação, como se sabe, podem ser conferidos por lei (representação legal) ou pelo interessado (representação voluntária).

No entanto, o representante, quando atua, é obrigado a demonstrar que é legítimo representante sob pena de, não o fazendo, responder pelos atos cometidos com excesso. Confira: "O representante é obrigado a provar às pessoas, com quem tratar em nome do representado, a sua qualidade e a extensão de seus poderes, sob pena de, não o fazendo, responder pelos atos que a estes excederem" (art. 118).

Essa regra faz com que o representante tenha todo interesse em ser bem transparente com as pessoas com quem contratar, para que estas, posteriormente, não possam alegar algo em seu desfavor. Além disso, compete ao representante apenas atuar nos limites de seus poderes.

Nesse sentido, o Código Civil assegura que "a manifestação de vontade pelo representante, nos limites de seus poderes, produz efeitos em relação ao representado" (art. 116 do CC). Ou seja, desde que o representante aja segundo os limites em que pode atuar, o representado, seja qual for o negócio praticado, fica vinculado à manifestação de vontade proferida pelo representante junto a terceiros.

Todavia, há negócios que o representante, mesmo tendo praticado nos limites dos poderes que tinha, não pode praticar, pelo fato de a lei trazer uma presunção de que esse tipo de negócio pode ser prejudicial ao representado.

O primeiro caso é dos negócios feitos pelo representante em **conflito de interesses** com o representado. Há casos em que o representante pratica atos em nome do representado, no qual há um interesse do representante que, se atendido, acabará prejudicando o representado. Tal se dá, por exemplo, quando um vizinho dá procuração a outro vizinho para que este vote em nome do primeiro numa assembleia condominial, e, numa das deliberações da assembleia, o procurador é chamado a votar sobre se o responsável pelo ressarcimento com gastos decorrentes de infiltração no prédio é ele, o representante, ou seu vizinho, o representado. Caso os outros vizinhos que participaram da votação tenham ciência de que o que está sendo votado está em conflito de interesses, o voto deste contra o vizinho representado deverá ser anulado. Confira, a respeito, o teor do art. 119 do Código Civil: "É anulável o negócio concluído pelo representante em conflito de interesses com o representado, se tal fato era ou devia ser do conhecimento de quem com aquele tratou. Parágrafo único. É de cento e oitenta dias, a contar da conclusão do negócio ou da cessação da incapacidade, o prazo de decadência para pleitear-se a anulação prevista neste artigo."

Outro caso polêmico é o do chamado **contrato consigo** mesmo, em que o representante, em nome do representado, faz um contrato deste consigo mesmo. Por exemplo, "A" é representante de "B" e resolve comprar um imóvel de "B", usando a procuração que ele deu para si. O contrato terá como partes "A" e "B", mas "A" estará atuando, ao mesmo tempo, em nome próprio e como representante de "B". O Código Civil repudia esse tipo de situação e só permite o contrato consigo mesmo nos casos em que a **lei** o admite expressamente (p. ex., para alienar determinado bem, por determinado preço – art. 685 do CC) e também nos casos em que o **representante autorizar** previamente esse tipo de contratação. Confira, a respeito, o art. 117 do Código Civil: "Salvo se o permitir a lei ou o representado, é anulável o negócio jurídico que o representante, no seu interesse ou por conta de outrem, celebrar consigo mesmo. Parágrafo único. Para esse efeito, tem-se como celebrado pelo representante o negócio realizado por aquele em quem os poderes houverem sido subestabelecidos".

O parágrafo único do art. 117 trata da hipótese em que "A" recebe procuração de "B" e substabeleceu poderes de representação a "C". Nesse caso, se "A" celebrar contrato, em nome próprio, com "B", representado por "C", a lei considera que "A" está celebrando contrato consigo mesmo, afinal de contas "C" foi escolhido por "A" para esse intento, que se presume fraudulento.

Em suma, o contrato consigo mesmo (autocontrato) é vedado como regra, só se admitindo quando a lei permitir ou quando o representado expressamente o autorizar. A proibição, aliás, também existe no Código de Defesa do Consumidor (art. 51, VIII).

2.6.5. *Planos da existência, da validade e da eficácia do negócio jurídico*

O negócio jurídico pode ser analisado nos planos da existência, da validade e da eficácia.

O **plano da existência** tem em mira verificar os **elementos** necessários para que um negócio jurídico se repute **existente** no mundo jurídico.

Uma vez existente um negócio jurídico, é caso de perquirir acerca do **plano da validade**, no qual se verifica se o negócio está ou não **conforme à ordem jurídica**.

Mas não basta. Muitas vezes um negócio jurídico *existe* e é *válido*, porém ainda não produz *efeitos*. Por isso, há de se investigar acerca do **plano da eficácia**, no qual se analisa se o negócio jurídico está ou não **produzindo efeitos**.

Nossa tarefa, agora, é analisar os três planos, começando pelo plano da existência.

2.6.6. *Elementos de existência do negócio jurídico*

São elementos de existência do negócio jurídicos os seguintes: *manifestação de vontade*, *finalidade negocial* e *idoneidade do objeto*.

2.6.6.1. *Manifestação de vontade*

A vontade manifestada é pressuposto básico para que um negócio exista. Naturalmente, para que haja manifestação de vontade, faz-se necessária a presença de um *agente emissor* dessa vontade, daí porque é desnecessária a indicação desse elemento, assim como também entendemos desnecessária a indicação do elemento *forma*, uma vez que o elemento manifestação de vontade pressupõe a existência de uma dada forma.

A **manifestação de vontade** pode ser **expressa**, **tácita** e **presumida**.

A **manifestação expressa** é aquela que se realiza pela palavra *falada* ou *escrita*, ou por *gestos*, explicitando a intenção do agente.

A **manifestação tácita** é aquela que se revela pelo *comportamento* do agente. Exemplo de manifestação tácita é o fato de alguém, diante de uma doação com encargo ofertada por outrem, nada dizer a respeito, mas logo em seguida recolher imposto de transmissão por doação, comportamento esse que demonstra ter concordado com a oferta, operando a manifestação tácita de vontade.

A **manifestação presumida** é aquela que decorre de presunções legais. A diferença entre a manifestação tácita e a presumida é que esta decorre de situações regulamentadas expressamente pela lei, como as previstas nos arts. 322, 323, 324, 539 e 1.807 do Código Civil. Um exemplo é a situação em que o doador fixa prazo para o donatário declarar se aceita ou não a liberalidade. Desde que o donatário, ciente do prazo, não faça dentro dele a declaração, entender-se-á que aceitou, se a doação não for sujeita a encargo (art. 539 do CC).

Resta a dúvida se o **silêncio**, por si só, pode importar anuência, que é um tipo de manifestação de vontade. O Código Civil, em seu art. 111, dispõe que o silêncio importa anuência, quando as circunstâncias ou os usos o autorizarem, e não for necessária a declaração de vontade expressa. Dessa forma, não basta mero silêncio para que se entenda ter havido manifestação de vontade tácita. É necessário que haja outras circunstâncias ou comportamentos (ou mesmo alguma disposição legal, como o art. 539 do CC) que levem à conclusão de anuência. Ademais, é necessário que o negócio não seja daqueles que reclamam declaração de vontade expressa.

2.6.6.2. *Finalidade negocial*

A simples existência de uma manifestação de vontade não garante que estamos diante de um negócio jurídico.

Como se viu, não há como confundir o ato jurídico em sentido estrito com o negócio jurídico. Este se diferencia daquele exatamente pela existência de uma finalidade negocial.

Isso porque negócios jurídicos *são aquelas declarações de vontade qualificadas, cujos efeitos são regulados pelo próprio interessado*. Os agentes declaram sua vontade e têm poder de negociar os efeitos jurídicos que nasceram de sua declaração.

Assim, o reconhecimento de um filho, por exemplo, não é um negócio jurídico, pois não tem fim negocial. Ao contrário, um testamento e um contrato são negócios jurídicos, pois têm fim negocial. Nos dois casos, os agentes têm como estipular as condições dos atos praticados. Vigora nos negócios jurídicos o princípio da liberdade negocial, como se viu.

2.6.6.3. *Objeto idôneo*

De nada valerá haver uma declaração de vontade se esta não recair sobre algum objeto. Ademais, também não é suficiente que a declaração recaia sobre um objeto que não tenha pertinência ao negócio que se deseja fazer.

2.6.7. *Pressupostos de validade do negócio jurídico*

São pressupostos de validade do negócio jurídico os seguintes: *manifestação de vontade livre, agente emissor da vontade capaz, legitimação, objeto lícito, possível e determinável, obediência à forma, quando prescrita em lei, inexistência de outras hipóteses de nulidade e anulabilidade.*

2.6.7.1. *Manifestação de vontade livre*

A existência de uma manifestação de vontade é requisito de existência do negócio jurídico. Mas a existência de uma manifestação de vontade *livre* é requisito de validade do negócio jurídico.

Assim, negócios praticados por alguém mediante erro, dolo ou coação são negócios inválidos, por não se configurar, em tais casos, vontade livre.

A coação moral irresistível (ex.: ameaça de matar alguém que não praticar um negócio jurídico) gera a invalidade do negócio jurídico. Já a coação física irresistível (ex.: pegar à força o dedo polegar de alguém com o fito de fazer a pessoa "assinar" um contrato com sua digital) não chega sequer a configurar uma manifestação de vontade, de modo que se está diante de um negócio inexistente, e não diante de um negócio inválido.

2.6.7.2. *Agente capaz*

Não basta que o agente tenha expressado vontade livre. Para que o negócio jurídico seja válido, é necessário que o agente tenha capacidade de fato, ou seja, capacidade de exercício.

Caso um absolutamente incapaz pratique um negócio jurídico por si só, ou seja, sem que o faça por meio de seu representante, ter-se-á uma nulidade absoluta. Já caso um relativamente incapaz pratique um negócio jurídico sozinho, ou seja, sem a presença de seu assistente, ter-se-á uma nulidade relativa.

2.6.7.3. *Legitimação*

Não basta a capacidade geral para que o ato seja válido. O agente também deve ter aptidão específica para a prática do ato que deseja. Nesse sentido, alguém casado pelo regime de comunhão parcial e com filhos não poderá alienar um imóvel a um dos filhos sem a autorização dos outros e do cônjuge, por carecer de legitimação.

2.6.7.4. *Objeto lícito, possível e determinável*

Objeto lícito é aquele que não contraria o direito como um todo. Aqui, analisa-se se não há alguma norma no sistema jurídico que considera ilícito dado objeto.

Objeto possível é aquele possível jurídica e fisicamente. A possibilidade jurídica diz respeito à inexistência de alguma proibição direta do Código Civil. A possibilidade física diz respeito à possibilidade, ainda que difícil, de o objeto ser reproduzido no mundo fenomênico.

2.6.8. Pressupostos de eficácia do negócio jurídico

2.6.8.1. Inexistência de termo suspensivo pendente

Termo suspensivo *é o evento futuro e certo que condiciona o início dos efeitos do contrato*. Por exemplo, um contrato de locação que traz uma cláusula estabelecendo que o locatário só poderá adentrar o imóvel após dez dias de sua celebração.

2.6.8.2. Inexistência de condição suspensiva pendente

Condição suspensiva *é o evento futuro e incerto que condiciona o início dos efeitos do contrato*. Por exemplo, um contrato de doação que prevê que o donatário só será proprietário da coisa se vier a se casar com determinada pessoa.

2.6.9. Elementos acidentais do negócio jurídico

2.6.9.1. Condição

Cláusula acertada pelas partes que subordina o efeito do negócio jurídico a evento futuro e incerto. Espécies:

a) condição suspensiva: *a que subordina a eficácia inicial do ato a sua implementação*. Ex.: "se você se casar, começarei a te pagar uma pensão";

b) condição resolutiva: *a que faz com que o ato deixe de produzir efeitos*. Ex.: "se você se casar, deixarei de te pagar a pensão".

Condições proibidas: as contrárias à lei, à ordem pública e aos bons costumes; as que privam o ato de todos os efeitos (perplexas); as que sujeitam o negócio ao puro arbítrio de uma das partes (as puramente potestativas é que são proibidas – ex.: pagarei se quiser; as simplesmente potestativas podem ser válidas – ex.: doarei se fores bem em sua apresentação); as físicas (nenhum ser humano seria capaz) ou juridicamente (proibida na lei) impossíveis. Todas elas tornam o negócio nulo. As condições impossíveis, quando resolutivas, têm-se por inexistentes.

Regras finais: reputa-se verificada a condição se maliciosamente retardada pela parte a quem prejudica. Por outro lado, reputa-se não verificada a condição se maliciosamente levada a efeito por quem dela aproveita.

2.6.9.2. Termo

É a data acertada à qual fica subordinado o efeito do negócio jurídico. Ou seja, é o dia em que começa ou em que se extingue a eficácia do negócio jurídico. O termo convencional consiste em evento futuro e certo. Mas a data exata pode ser certa (se definida) ou incerta (ex.: dia da morte).

2.6.9.3. Encargo (ou modo)

Cláusula acessória às liberalidades pela qual se impõe uma obrigação ao beneficiário. Considera-se não escrito o encargo ilícito ou impossível, salvo se constituir o motivo determinante da liberalidade, quando invalida o negócio jurídico.

2.6.10. Defeitos do negócio jurídico (geram sua anulabilidade – ato anulável)

2.6.10.1. Erro ou ignorância

O erro ou ignorância pode ser **conceituado** como *o engano cometido pelo próprio agente*. O instituto está previsto nos arts. 138 a 144 do Código Civil.

Para tornar o ato anulável, o erro deve ser:

a) substancial (essencial): quanto à sua natureza, seu objeto, suas qualidades;

b) escusável;

c) real: o prejuízo deve ser a causa determinante do negócio.

Exemplo de erro é a situação em que alguém pensa estar fazendo um contrato de doação, mas está fazendo uma compra e venda.

O erro acidental (relativo a questões secundárias) não gera a anulabilidade do ato.

A respeito do erro, o Código Civil traz, ainda, as seguintes regras:

a) o falso motivo só vicia a declaração de vontade quando expresso como razão determinante;

b) a transmissão errônea da vontade por meios interpostos é anulável nos mesmos casos em que o é a declaração direta;

c) O erro de indicação da pessoa ou da coisa, a que se referir a declaração de vontade, não viciará o negócio quando, por seu contexto e pelas circunstâncias, se puder identificar a coisa ou pessoa cogitada;

d) o erro de cálculo apenas autoriza a retificação da declaração de vontade;

e) o erro não prejudica a validade do negócio jurídico quando a pessoa, a quem a manifestação de vontade se dirige, oferecer-se para executá-la na conformidade da vontade real do manifestante.

2.6.10.2. Dolo

O dolo pode ser **conceituado** como *o erro provocado pela parte contrária ou por terceiro, por meio de expediente malicioso*. O instituto está previsto nos arts. 145 a 150 do Código Civil.

Exemplo de dolo é a adulteração de quilometragem de veículo, feita pelo vendedor, em prejuízo do comprador.

Para tornar o ato anulável o dolo deve ser:

a) essencial;

b) com malícia;

c) determinante;

d) não recíproco.

O dolo acidental também não enseja a anulação do ato, mas enseja a reparação por perdas e danos, circunstância que não acontece no caso de erro acidental.

A respeito do dolo, o Código Civil traz, ainda, as seguintes regras:

a) nos negócios jurídicos bilaterais, o silêncio intencional de uma das partes a respeito de fato ou qualidade que a outra parte haja ignorado constitui omissão dolosa, provando-se que sem ela o negócio não se teria celebrado;

b) pode também ser anulado o negócio jurídico por dolo de terceiro se a parte a quem aproveite dele tivesse ou devesse ter conhecimento; em caso contrário, ainda que subsista o negócio jurídico, o terceiro responderá por todas as perdas e danos da parte a quem ludibriou;

c) o dolo do representante legal de uma das partes só obriga o representado a responder civilmente até a importância do proveito que teve; se, porém, o dolo for do representante convencional, o representado responderá solidariamente com ele por perdas e danos;

d) se ambas as partes procederem com dolo, nenhuma pode alegá-lo para anular o negócio ou reclamar indenização.

2.6.10.3. Coação

A coação pode ser **conceituada** como *a ameaça que constrange alguém à prática de um negócio*. O instituto está previsto nos arts. 151 a 155 do Código Civil.

Exemplo de coação é o contrato assinado por alguém mediante ameaça de morte.

Para tornar o negócio anulável, a ameaça deve ser:

a) da parte que aproveita ou de terceiro, com conhecimento daquela;

b) determinante;

c) grave: veem-se aspectos subjetivos das partes;

d) injusta: mal prometido não é exercício regular de direito; se for, a ameaça não é injusta;

e) iminente;

f) relativa ao paciente, sua família ou seus bens.

Se a coação disser respeito a pessoa não pertencente à família do paciente, o juiz, com base nas circunstâncias, decidirá se houve coação.

A respeito da coação, o Código Civil traz, ainda, as seguintes regras:

a) ao apreciar a coação, ter-se-ão em conta o sexo, a idade, a condição, a saúde, o temperamento do paciente e todas as demais circunstâncias que possam influir na gravidade dela;

b) não se considera coação a ameaça do exercício normal de um direito, nem o simples temor reverencial;

c) vicia o negócio jurídico a coação exercida por terceiro se dela tivesse ou devesse ter conhecimento a parte a que aproveite e esta responderá solidariamente com aquele por perdas e danos;

d) subsistirá o negócio jurídico se a coação decorrer de terceiro sem que a parte a que aproveite dela tivesse ou devesse ter conhecimento; mas o autor da coação responderá por todas as perdas e danos que houver causado ao coacto.

2.6.10.4. Estado de perigo

O estado de perigo pode ser **conceituado** como *a assunção de obrigação excessivamente onerosa com o intuito de salvar a si ou a alguém de sua família de grave dano conhecido da outra parte*. O instituto está previsto no art. 156 do Código Civil.

Exemplo de estado de perigo é a exigência de cheque-caução em hospital.

O ato cometido em situação de estado de perigo é anulável. Mas há corrente doutrinária que entende que o ato deveria ser válido, determinando-se apenas o ajuste das prestações.

2.6.10.5. Lesão

A lesão pode ser **conceituada** como *a assunção de prestação manifestamente desproporcional ao valor da prestação oposta por premente necessidade ou inexperiência*. O instituto está previsto no art. 157 do Código Civil.

Exemplo de lesão é a compra de imóvel que vale R$ 500 mil por R$ 100 mil, por inexperiência de quem vende. Outro exemplo é a venda de um apartamento por 40% do seu preço de mercado para pagar resgate de sequestro não conhecido da outra parte.

O STJ reconhece a configuração do instituto em contrato no qual o advogado, aproveitando-se de desespero do cliente, firmou contrato pelo qual sua remuneração seria de 50% do benefício econômico gerado pela causa (REsp 1.155.200, DJ 02/03/11).

O instituto requer a configuração de dois **elementos** para se caracterizar:

a) elemento objetivo: prestação manifestamente desproporcional;

b) elemento subjetivo: premente necessidade ou inexperiência.

Quanto ao requisito subjetivo "inexperiência", o Enunciado 410 das Jornadas de Direito Civil traz o seguinte entendimento: "art. 157: A inexperiência a que se refere o art. 157 não deve necessariamente significar imaturidade ou desconhecimento em relação à prática de negócios jurídicos em geral, podendo ocorrer também quando o lesado, ainda que estipule contratos costumeiramente, não tenha conhecimento específico sobre o negócio em causa."

O instituto não incide quanto a atos unilaterais, pois há de se comparar a existência de duas prestações.

Na lesão, não há necessidade de existir: a) situação de perigo; b) conhecimento da situação pela outra parte.

O ato praticado mediante lesão é anulável. Porém, o negócio pode ser mantido se a parte prejudicada receber uma compensação.

2.6.10.6. Fraude contra credores

A fraude contra credores **dá-se com** *a transmissão de bens ou remissão de dívidas feitas pelo devedor já insolvente ou por elas reduzido à insolvência*. O instituto está previsto nos arts. 158 a 165 do Código Civil.

São **requisitos** da fraude contra credores os seguintes:

a) *consilium fraudis*: conluio fraudulento (elemento subjetivo); nos negócios gratuitos, o conluio é presumido; nos negócios onerosos, a existência de ações contra o alienante configuram-no;

b) evento danoso: prejuízo (elemento objetivo);

c) ação própria: pauliana ou revocatória.

Confira as diferenças entre a **fraude contra credores** e a **fraude à execução:** a) vício social X ato atentatório da Justiça; b) depende de ação própria X reconhecimento na própria execução; c) gera anulação do negócio X gera ineficácia do negócio perante o credor.

A respeito da fraude contra credores, o Código Civil traz, ainda, as seguintes regras:

a) se o adquirente dos bens do devedor insolvente ainda não tiver pagado o preço e este for, aproximadamente, o corrente, desobrigar-se-á depositando-o em juízo, com a citação de todos os interessados; se inferior, o adquirente, para conservar os bens, poderá depositar o preço que lhes corresponda ao valor real;

b) a ação poderá ser intentada contra o devedor insolvente, a pessoa que com ele celebrou a estipulação considerada fraudulenta, ou terceiros adquirentes que hajam procedido de má-fé;

c) o credor quirografário que receber do devedor insolvente o pagamento da dívida ainda não vencida ficará obrigado a repor, em proveito do acervo sobre que se tenha de efetuar o concurso de credores, aquilo que recebeu;

d) presumem-se fraudatórias dos direitos dos outros credores as garantias de dívidas que o devedor insolvente tiver dado a algum credor;

e) presumem-se, porém, de boa-fé e valem os negócios ordinários indispensáveis à manutenção de estabelecimento mercantil, rural, ou industrial, ou à subsistência do devedor e de sua família:

f) anulados os negócios fraudulentos, a vantagem resultante reverterá em proveito do acervo sobre que se tenha de efetuar o concurso de credores; se esses negócios tinham por único objeto atribuir direitos preferenciais, mediante hipoteca, penhor ou anticrese, sua invalidade importará somente na anulação da preferência ajustada.

2.6.11. *Atos nulos*

São atos **nulos** os seguintes (art. 166 do CC):

a) os celebrados por pessoa absolutamente incapaz;

b) os de objeto ilícito, impossível ou indeterminável;

c) os que tiverem motivo determinante, comum a ambas as partes, ilícito;

d) os que não revestirem a forma prescrita em lei;

e) os que preterirem alguma solenidade que a lei considere essencial para sua validade;

f) os que tiverem por objeto fraudar lei imperativa;

g) os que a lei taxativamente declarar nulo, ou proibir-lhe a prática, sem cominar sanção;

h) o negócio jurídico simulado, mas subsistirá o que se dissimulou, se válido for na substância e na forma.

Qualquer interessado ou o MP, quando cabível, pode alegar a nulidade e o juiz pode pronunciá-la de ofício (art. 168 do CC).

O negócio nulo não pode ser convalidado (art. 168, parágrafo único do CC).

A sanção de nulidade opera de pleno direito. Assim, a ação judicial respectiva resulta em sentença de natureza declaratória, com eficácia *ex tunc.*

Quanto à **simulação,** essa pode ser de duas espécies:

a) absoluta: *quando não se quer negócio algum* (ex.: divórcio simulado para fugir de responsabilidade civil);

b) relativa: *quando se encobre um negócio querido.*

Na simulação relativa, temos as seguintes situações:

i) negócio simulado: *o que se declara, mas não se quer. O negócio simulado é nulo.* Ex.: doação de um imóvel;

ii) negócio dissimulado: *o que se pretende de verdade.* O negócio dissimulado pode ser mantido, desde que válido na forma e na substância. Ex.: compra e venda do mesmo imóvel.

2.6.12. *Atos anuláveis*

São atos **anuláveis** os seguintes (art. 171 do CC):

a) os praticados por relativamente incapaz;

b) os com defeito (erro, dolo, coação, estado de perigo, lesão ou fraude contra credores);

c) outros previstos em lei, como no caso de falta de legitimação.

O negócio anulável pode ser confirmado pelas partes, inclusive tacitamente (caso já tenha sido cumprido com ciência do vício), salvo direito de terceiro.

Só os interessados podem alegar a anulabilidade.

O prazo decadencial para pleitear a anulação é de 2 anos, como regra. Todavia, para anulação nos casos "a" e "b", o prazo é de 4 anos.

A sanção de anulabilidade não opera de pleno direito, dependendo de provocação da parte interessada. Assim, a sentença respectiva tem natureza constitutiva e eficácia *ex nunc.*

2.6.13. *Anulabilidade x Nulidade*

Para fechar o tema das invalidades no Código Civil, faz-se necessário fazer uma análise comparativa entre os institutos da anulabilidade e da nulidade. Confira a comparação, que traz, primeiro, informação sobre a anulabilidade e, depois, sobre a nulidade:

a) interesse envolvido: privado x público;

b) legitimidade para alegar: só interessados x interessados, MP e juiz de ofício;

c) possibilidade confirmação: admite x não admite;

d) consequência do decurso do tempo: convalesce (em regra: 2 anos) x não convalesce;

e) ação cabível: anulatória x declaratória de nulidade;

f) efeitos da sentença: não retroage (*ex nunc*) x retroage (*ex tunc*);

g) possibilidade de aproveitamento: pela *convalidação* x pela *conversão* em outro ato.

2.7. Prescrição e decadência

2.7.1. *Prescrição*

2.7.1.1. *Conceito*

É a causa extintiva da pretensão por seu não exercício no prazo estipulado pela lei;

✓ Diz respeito às ações condenatórias.

2.7.1.2. *Características:*

a) parte que se beneficia só pode renunciar ao direito após o decurso do prazo (art. 191 do CC);

b) prazos não podem ser alterados por convenção (art. 192 do CC);

c) juiz pode reconhecer de ofício (art. 219, § 5º, CPC);

d) pode-se reconhecê-la a qualquer tempo (art. 193 do CC);

e) relativamente incapaz e PJ têm ação contra responsáveis por ela (art. 195 do CC);

f) prescrição iniciada contra uma pessoa continua a correr contra o seu sucessor (art. 196 do CC).

2.7.1.3. *Não corre prescrição*

a) entre os cônjuges, na constância da sociedade conjugal;

b) entre ascendentes e descendentes, durante o poder familiar;

c) entre tutelados ou curatelados e seus tutores ou curadores, durante a tutela ou curatela;

d) contra os incapazes de que trata o art. 3º;

e) contra os ausentes do País em serviço público da União, dos Estados ou dos Municípios;

f) contra os que se acharem servindo nas Forças Armadas, em tempo de guerra;

g) pendendo condição suspensiva;

h) não estando vencido o prazo;

i) pendendo ação de evicção.

2.7.1.4. *Interrompem a prescrição (uma única vez)*

a) o despacho do juiz, mesmo incompetente, que ordenar a citação, se o interessado a promover no prazo e na forma da lei processual;

b) o protesto, nas condições do item antecedente;

c) o protesto cambial;

d) a apresentação do título de crédito em juízo de inventário ou em concurso de credores;

e) qualquer ato judicial que constitua em mora o devedor;

f) qualquer ato inequívoco, ainda que extrajudicial, que importe reconhecimento do direito pelo devedor.

Observações:

a) a prescrição interrompida recomeça a correr da data do ato interruptivo ou do último ato do processo que a interrompeu;

b) a prescrição pode ser interrompida por qualquer interessado;

c) a interrupção da prescrição por um credor não aproveita aos outros; semelhantemente, a interrupção operada contra o codevedor, ou seu herdeiro, não prejudica aos demais coobrigados (art. 204);

d) exceção: interrupção por um credor solidário aproveita aos outros, assim como a interrupção efetuada contra o devedor solidário envolve os demais e seus herdeiros;

e) a interrupção operada contra um dos herdeiros do devedor solidário não prejudica os outros herdeiros ou devedores senão quando se trate de obrigações e direitos indivisíveis (acessório não segue o acessório);

f) a interrupção produzida contra o principal devedor prejudica o fiador (acessório segue o principal).

2.7.1.5. *Prazos*

2.7.1.5.1. Geral

A prescrição ocorre em 10 anos quando a lei não lhe haja fixado prazo menor (art. 205 do CC).

2.7.1.5.2. Especiais (art. 206 do CC)

a) 1 ano: pretensão de hotéis, segurado contra segurador (pedido de pagamento suspende prazo), tabeliães, peritos etc.;

b) 2 anos: prestação de alimentos, a partir dos vencimentos;

c) 3 anos: alugueres, ressarcimento por enriquecimento sem causa, reparação civil, seguro obrigatório (ex. DPVAT) etc.;

d) 4 anos: pretensão relativa à tutela, da prestação de contas;

e) 5 anos: cobrança de dívidas líquidas constantes de instrumentos; pretensão de profissionais liberais, contado da conclusão dos serviços; pretensão do vencedor para haver do vencido o que despendeu em juízo.

2.7.2. *Decadência*

2.7.2.1. *Conceito*

É a causa extintiva do direito potestativo pelo seu não exercício no prazo estipulado pela lei.

✓ Diz respeito às ações constitutivas.

2.7.2.2. *Características*

a) salvo disposição legal, não se aplicam os casos de impedimento, suspensão e interrupção (art. 207 do CC);

b) não corre prazo decadencial contra absolutamente incapaz (art. 208 do CC);

c) é nula a renúncia à decadência legal (art. 209 do CC), mas a decadência convencional pode ser alterada;

d) o juiz deve conhecer de ofício decadência legal (art. 210 do CC);

e) pode-se reconhecê-la a qualquer tempo (art. 211 do CC);

f) "o prazo decadencial para o ajuizamento da ação rescisória prorroga-se para o primeiro dia útil seguinte, caso venha a findar no recesso forense, sendo irrelevante a controvérsia acerca da natureza do prazo para ajuizamento da ação, se prescricional ou decadencial, pois, em ambos os casos, o termo ad quem seria prorrogado (EREsp 667.672-SP, DJe 26/6/2008). Desse modo, na linha do precedente da Corte Especial e outros precedentes do STJ, deve-se entender cabível a prorrogação do termo ad quem do prazo prescricional no caso". (STJ, REsp 1.446.608-RS, J. 21/10/2014).

3. DIREITO DAS OBRIGAÇÕES

3.1. Introdução

3.1.1. *Conceito*

Obrigação *é o vínculo jurídico que confere ao credor (sujeito ativo) o direito de exigir do devedor (sujeito passivo) o cumprimento de determinada prestação.*

3.1.2. *Elementos*

3.1.2.1. *Sujeitos*

Trata-se do elemento subjetivo. De acordo com esse elemento, toda obrigação tem duas classes de sujeitos, o ativo (credor) e o passivo (devedor) **(devedor)**.

3.1.2.2. *Objeto*

Aqui temos o elemento objetivo. Toda obrigação requer um objeto, ou seja, uma *conduta humana* a ser cumprida.

10. Direito Civil

O objeto pode ser dividido em dois. O objeto imediato, que será dar, fazer ou não fazer. Já o objeto mediato será "o que" se vai dar, fazer ou não fazer. Por exemplo, quem tem uma dívida de R$ 500 está diante de uma obrigação cujo objeto imediato é "dar" e o objeto mediato é o "dinheiro". Para que o negócio seja válido, seu objeto (tanto o imediato como o mediato) deve ser lícito, possível jurídica e fisicamente, e determinável (art. 166, II, do CC). Assim, se um contrato estipular a obrigação de entregar a herança de pessoa viva, esse negócio será nulo, pois seu objeto é impossível juridicamente.

3.1.2.3. Vínculo jurídico

Não basta a existência de sujeitos e de um objeto para que se constitua uma obrigação. Se duas pessoas estiverem simplesmente conversando e uma delas estiver com um livro nas mãos, não terá se formado obrigação alguma. Agora, se essas pessoas combinarem a venda do livro, aí sim ter-se-á criado um vínculo jurídico, com obrigações para as duas partes, inclusive. Um fica obrigado a entregar o livro; o outro, a pagar um preço.

3.1.3. Fontes das obrigações

Como seu viu, para se criar uma obrigação não bastam sujeitos e objeto. Há de se ter um fato jurídico apto, ou seja, um acontecimento do mundo fenomênico que faça nascer a obrigação. Quais seriam, então, essas fontes das obrigações? Em última análise, a lei é sempre a fonte, pois é ela que estabelecerá os fatos que fazem nascer uma obrigação. Mas que tipos de fatos a lei considera aptos para nascer uma obrigação?

São fontes de obrigações os *atos ilícitos* (geram obrigações de indenizar, normalmente), os *contratos* (geram obrigações variadas, como entregar uma coisa, pagar um preço), as *declarações unilaterais de vontade* (*vide* a respeito a promessa de recompensa, a gestão de negócios, o pagamento indevido e o enriquecimento sem causa) e *outros fatos ou situações rotuladas especificamente pela lei* (como a obrigação de pagar tributo, a obrigação de pagamento de alimentos a parentes e a obrigação de indenizar por fato de terceiro).

3.2. Classificação das Obrigações

3.2.1. Quanto à possibilidade de exigência

3.2.1.1. Obrigação civil

É aquela que pode ser exigida por meio de ação judicial. São exemplos a obrigação de entregar uma coisa, na compra venda, e a obrigação de pagar alugueres, na locação.

3.2.1.2. Obrigação natural

É aquela que não pode ser exigida por meio de ação judicial, mas, caso cumprida voluntariamente, não pode ser repetida. Ou seja, o devedor não é obrigado a cumpri-la, mas, se o fizer, o credor não é obrigado a devolver o que recebeu. A retenção (*soluti retentio*) é único efeito da obrigação natural. São exemplos as obrigações relativas a dívidas prescritas (art. 882 do CC) e dívidas de jogo (art. 814 do CC). *Vide* também art. 564, III, do CC. A obrigação natural diz respeito a uma dívida inexigível, portanto, não passível de compensação.

3.2.2. Quanto à extensão

3.2.2.1. Obrigação de resultado

É aquela em que o devedor se compromete a atingir determinado fim, sob pena de responder pelo insucesso. São exemplos a obrigação do vendedor de entregar a coisa vendida, a obrigação do transportador de levar o passageiro são e salvo ao destino e a obrigação do cirurgião plástico em cirurgias de natureza estética.

3.2.2.2. Obrigação de meio

É aquela em que o devedor se compromete a empregar seus conhecimentos e técnicas com vistas a alcançar determinando fim, pelo qual não se responsabiliza. São exemplos as obrigações dos médicos e dos advogados. Tais profissionais se obrigam a fazer o melhor, mas não se obrigam, por exemplo, a curar, no primeiro caso, e a ganhar uma ação, no segundo.

Essa classificação é importante em matéria de responsabilidade civil contratual.

3.2.3. Quanto aos elementos acidentais

3.2.3.1. Obrigação pura e simples

É aquela que produz efeitos normalmente, por não estar sujeita a condição, termo ou encargo.

3.2.3.2. Obrigação condicional

É aquela cujos efeitos estão subordinados a evento futuro e incerto.

3.2.3.3. Obrigação a termo

É aquela cujos efeitos estão subordinados a evento futuro e certo.

3.2.3.4. Obrigação com encargo ou modal

É aquela que estabelece um gravame a ser cumprido pelo credor.

3.2.4. Quanto ao momento do cumprimento

3.2.4.1. Obrigação de execução instantânea ou momentânea

É aquela que se cumpre imediatamente após a sua constituição. Um exemplo é a obrigação de pagamento à vista.

3.2.4.2. Obrigação de execução diferida

É aquela que se cumpre em um só ato, mas em momento futuro. Por exemplo, quando se combina que a entrega será feita 60 dias após a constituição da obrigação.

3.2.4.3. Obrigação de execução continuada, periódica ou de trato de sucessivo

É aquela que se cumpre por meio de atos reiterados e protraídos no tempo. Um exemplo é a obrigação de pagar parcelas de um financiamento.

Essa classificação é importante para efeito de aplicação da regra da imprevisão (arts. 317 e 478 do CC).

3.2.5. Quanto à liquidez

3.2.5.1. Obrigação líquida

É aquela cujo objeto está determinado. Por exemplo, quando alguém se obriga a pagar R$ 500. Está-se diante de uma obrigação líquida.

3.2.5.2. Obrigação ilíquida

É aquela cujo objeto não está determinado. Por exemplo, quando alguém atropela uma pessoa, que sofre danos materiais diversos e morais. De início, a obrigação de indenizar não é líquida.

Essa classificação é importante em matéria de configuração da mora (o art. 397 do CC considera em mora, de pleno direito, o devedor que descumpre obrigações positivas e líquidas); de compensação (o art. 369 dispõe que esta só é possível entre dívidas vencidas e líquidas); e de imputação do pagamento (o art. 352 exige, para que o devedor indique a dívida que está pagando, que esta seja vencida e líquida).

3.2.6. Quanto à existência por si só

3.2.6.1. Obrigação principal

É aquela que existe por si só. São exemplos as decorrentes do contrato de compra e venda (de entregar uma coisa e de pagar um preço).

3.2.6.2. Obrigação acessória

É aquela cuja existência depende da existência da principal. São exemplos a multa (cláusula penal) e juros de mora.

Essa classificação é importante para efeito de aplicação da seguinte regra: "o acessório segue o principal". Por exemplo, a nulidade do principal leva à nulidade do acessório. O contrário não ocorre, claro. Nosso Código acolhe tal regra em vários dispositivos, como nos arts. 92, 184, 233 e 364.

3.2.7. Quanto à natureza do direito

3.2.7.1. Obrigação correspondente a direito pessoal

É aquela travada diretamente entre pessoas, em que o patrimônio do devedor fica sujeito ao seu cumprimento.

3.2.7.2. Obrigação correspondente a direito real

É aquela em que todas as pessoas ficam sujeitas a respeitar a relação entre uma pessoa e uma coisa. Também é chamada de *ônus real*.

3.2.7.3. Obrigação propter rem

É aquela à qual o titular de direito sobre uma coisa, exatamente por estar nessa situação jurídica, fica sujeito. Trata-se de uma obrigação híbrida. Recai sobre uma pessoa (direito pessoal), mas por força de um direito real. São exemplos a obrigação do possuidor de uma coisa de não prejudicar a segurança, o sossego e a saúde de um prédio vizinho (art. 1.277 do CC), a obrigação dos donos de imóveis confinantes de concorrerem para as despesas de tapumes divisórios (art. 1.297, § 1º, do CC), a obrigação de um condômino de contribuir para as despesas de conservação da coisa (art. 1.315 do CC), a obrigação do titular da coisa de arcar com os débitos tributários a ela pertinentes (art. 130 do CTN). Repare, no caso das despesas condominiais e tributárias, que o novo proprietário da coisa, tenha ou não dado causa à dívida contraída para o seu uso, fica sujeito ao seu pagamento, com possível penhora da coisa com vistas à satisfação do crédito. É por isso que a obrigação também é denominada *ambulatorial*.

3.2.8. Quanto aos seus elementos

3.2.8.1. Obrigação simples

É aquela que só tem um sujeito ativo, um sujeito passivo e um objeto. Por exemplo, a obrigação de "A" entregar um carro a "B".

3.2.8.2. Obrigação composta ou complexa

É aquela que tem mais de um sujeito ativo, de um sujeito passivo ou de um objeto. Por exemplo, obrigações com vários credores ou com vários devedores (pluralidade subjetiva). Nesses casos podem-se ter obrigações divisíveis, indivisíveis ou solidárias, o que será visto a seguir. Outro exemplo é a obrigação de "A" entregar a "B" uma casa **e** um carro, ou uma casa **ou** um carro (pluralidade objetiva). No primeiro caso temos obrigação cumulativa (ou conjuntiva). No segundo, obrigação alternativa (ou disjuntiva).

3.3. Modalidades das obrigações

3.3.1. Obrigação de dar

3.3.1.1. Conceito

É aquela de entregar ou restituir uma coisa. Na compra e venda, temos a *entrega* da coisa. No comodato, a *restituição*. Essas duas formas de dar são espécies do gênero *tradição*.

No nosso direito, só se adquire a propriedade de uma coisa móvel com a tradição, de modo que, enquanto essa não se der, o devedor da coisa (vendedor) permanece proprietário dela. Isso gera as seguintes consequências (art. 237 do CC): a) a coisa perece para o dono (*res perit domino*); b) os melhoramentos e acrescidos na coisa até a tradição beneficiam o dono, que poderá exigir aumento no preço.

3.3.1.2. Regras para o caso de perecimento da coisa (perda total)

a) *se ocorrer antes da tradição ou pendente condição suspensiva, sem culpa do devedor*, resolve-se a obrigação retornando as partes ao estado anterior. Por exemplo, se, por força maior, um carro a ser entregue pelo vendedor tem perda total em virtude de uma inundação. Eventual valor pago pelo comprador será devolvido pelo vendedor. No caso de pender condição suspensiva a situação é a mesma. Um exemplo é a disposição "se passar no vestibular, te dou este carro". Se antes da aprovação no vestibular o carro perecer sem culpa do devedor, a obrigação ficará resolvida. *Vide* art. 234 do CC;

b) *se ocorrer antes da tradição ou pendente condição suspensiva, com culpa do devedor*, o credor tem direito a receber o equivalente em dinheiro, mais perdas e danos. Por se exemplo, se, por imprudência do vendedor, esse, após ter vendido ou prometido carro, envolve-se em batida com perda total do veículo. Terá de devolver ao comprador o dinheiro que eventualmente receber, além de indenizá-lo por perdas e danos. No caso daquele que recebeu a promessa, terá de dar a ele o equivalente em dinheiro, mais perdas e danos. *Vide* arts. 234 e 236 do CC;

c) *se ocorrer antes da tradição e a obrigação for de restituir*, a obrigação ficará resolvida. São casos como o dever de restituir que cabe ao comodatário e ao depositário. Como se viu, a coisa perece para o dono, ou seja, o comodante e o depositando suportarão a perda. Todavia, se aquele que recebeu a coisa para restituir agir com culpa, responderá pelo equivalente em dinheiro, mais perdas e danos. Muitas vezes, inclusive, a culpa é presumida. *Vide* arts. 235 e 236 do CC;

d) *se ocorrer após a tradição*, o problema é do credor, pois a coisa perece para o dono. Mas há exceções. Por exemplo, se a coisa vier a perecer por já estar com problema quando da sua entrega (ex.: cavalo com moléstia respiratória). O devedor responderá por esse vício redibitório.

3.3.1.3. Regras para o caso de deterioração da coisa (perda parcial)

Um exemplo de deterioração da coisa é a perda do estepe do carro. As regras são semelhantes. Se não houver culpa do devedor, a obrigação fica resolvida, ressalvada a possibilidade de o credor ficar com a coisa, com abatimento no preço (art. 238 do CC). Já se houver culpa do devedor, poderá o credor exigir o equivalente em dinheiro mais perdas e danos, ou aceitar a coisa no estado, mais perdas e danos (art. 239). Quanto à deterioração da coisa nas obrigações de restituição, o credor a receberá no estado em que se encontre. Já se houver culpa do devedor, este responderá pelo equivalente, mais perdas e danos (art. 240).

3.3.1.4. Coisa certa ou incerta

A coisa incerta há de ser pelo menos determinável, de modo que a lei exige a indicação, pelo menos, do *gênero* e da *quantidade* da coisa. Se faltar um ou outro, o objeto será indeterminável. Então, se for indicado que a coisa é "laranja" e que a quantidade é "50 quilos" não haverá problema. A qualidade será determinada quando houver a escolha das laranjas pelo devedor. Esse, todavia, não pode escolher a de pior qualidade. Deve escolher pelo menos a de meio-termo. A escolha da coisa também tem o nome de *concentração* e, salvo estipulação em contrário, compete ao devedor. Feita a escolha e cientificado o credor, acaba a incerteza, a coisa torna-se certa, determinada. Antes da escolha, não pode o devedor alegar perda ou deterioração da coisa (art. 246 do CC), pois o gênero nunca perece (*genuns nunquam perit*). Ficaria estranho mesmo dizer que não há laranjas e que a obrigação não pode ser cumprida. Se o devedor não as possui mais, que as consiga com terceiro. Só se pode fazer esse tipo de alegação se se tratar de gênero limitado, ou seja, restrito a certo lugar. Por exemplo, quando se combina de entregar laranjas de certo sítio e elas não existirem mais.

3.3.2. Obrigação de fazer

3.3.2.1. Conceito

É aquela em que o devedor presta atos ou serviços.

3.3.2.2. Espécies

a) **personalíssima** (*intuitu personae*, infungível ou imaterial), em que só o devedor pode cumprir a obrigação, seja porque assim se estabeleceu (o contrato diz que o devedor cumprirá pessoalmente a obrigação), seja porque sua própria natureza impede a substituição do devedor (por exemplo, na contratação de um cantor para um show ou de um artista plástico para fazer uma escultura);

b) **impessoal** (fungível ou material), em que não é necessário que o devedor cumpra pessoalmente a obrigação, ou seja, para o credor o importante é que o objeto seja prestado, ainda que por terceiro.

Há também obrigação de fazer no contrato preliminar (*pacto de contrahendo*), que é aquele em que se faz uma promessa de fazer contrato futuro. É o caso do compromisso de compra e venda, por exemplo.

3.3.2.3. Regras em caso de não cumprimento da obrigação de fazer

a) *Se a obrigação for personalíssima e se tornar impossível sem culpa do devedor*, ficará resolvida (art. 248 do CC). Por exemplo, se o cantor não conseguir chegar a tempo ao show por ter ficado preso na estrada em virtude de deslizamento de terra na pista (*impossibilidade*);

b) *se a obrigação for personalíssima e se tornar impossível por culpa do devedor*, ficará transformada em obrigação de indenizar por perdas e danos (art. 248). Por exemplo, se o cantor sair com muito atraso para fazer o show e não chegar a tempo (*impossibilidade*);

c) *se a obrigação for personalíssima e houver recusa do devedor*, ficará transformada em obrigação de indenizar por perdas e danos (art. 247). Por exemplo, se o cantor, por vontade própria, avisar, a uma semana do show, que não irá comparecer para a apresentação (*recusa*). Repare que, nesse caso, a obrigação ainda não se tornou impossível. A solução dada pelo CC para o caso (perdas e danos) não é a única. O CC parte do pressuposto de que não se pode constranger fisicamente o devedor a cumprir a obrigação. Por outro lado, o CPC, no § 1º do art. 461, dispõe que a obrigação somente se converterá em perdas e danos se o autor o requerer ou se impossível a tutela específica ou a obtenção do resultado prático correspondente. No caso, sem forçar fisicamente o devedor, é possível valer-se de instrumento de coação indireta, a cominação de multa diária (*astreinte*) para fazê-lo cumprir a obrigação. Nesse sentido é também o art. 84 do CDC. Também são dispositivos aplicáveis os arts. 287 e 644 do CPC, esse último quando se tiver título executivo. Ou seja, há duas saídas para o caso: c1) pleitear a transformação da obrigação de fazer em obrigação de indenizar perdas e danos; c2) exigir judicialmente o cumprimento da obrigação, por meio de demanda cominatória, sem prejuízo de indenização por demais perdas e danos;

d) *se a obrigação for impessoal e se tornar impossível sem culpa do devedor*, ficará resolvida (art. 248 do CC). Por exemplo, se o eletricista não puder comparecer para fazer um reparo nas instalações elétricas de uma casa de show por ter ficado preso na estrada que dá acesso ao local em virtude de deslizamento de terra na pista;

e) *se a obrigação for impessoal e se tornar impossível por culpa do devedor*, ficará transformada em obrigação de indenizar por perdas e danos (art. 248). Por exemplo, se o eletricista não puder comparecer para fazer um reparo nas instalações elétricas de uma casa de show por ter saído com muito atraso e não chegar a tempo;

f) *se a obrigação for impessoal e houver recusa ou mora do devedor*, o credor tem três opções: f1) pleitear a transformação da obrigação de fazer em obrigação de indenizar perdas e danos; f2) exigir judicialmente o cumprimento da obrigação, por meio de demanda cominatória, sem prejuízo de indenização por demais perdas e danos; f3) fazer executar a obrigação por terceiro à custa do devedor (art. 249 do CC). A novidade está na terceira possibilidade, pois o atual Código faculta ao credor, em caso de urgência, executar ou mandar executar o fato independentemente de autorização judicial, sendo depois ressarcido (art. 249, parágrafo único). Por exemplo, se um encanador é contratado para comparecer num determinado dia para consertar um vazamento numa casa e, passado tal dia, e mesmo já tendo recebido, ele não comparecer e a casa ficar inundada ou na iminência de sê-lo, pode o credor contratar outro encanador, ressarcindo-se depois com o primitivo contratado;

g) *se a obrigação for de emitir declaração de vontade*, o credor poderá se aproveitar do disposto no art. 466-A do CPC. Se se tratar de imóvel, cabe a ação de adjudicação compulsória (Dec.-lei 58/1937; Lei 649/1949; Lei 6.766/1979).

3.3.3. Obrigação de não fazer

3.3.3.1. Conceito

É aquela em que o devedor deve se abster de praticar um ato ou uma atividade. Também é chamada de *obrigação negativa* ou *obrigação de abstenção*. São exemplos a obrigação de não construir acima de certa altura ou de não divulgar determinado segredo.

3.3.3.2. Regras para o caso de não cumprimento da obrigação de não fazer, ou seja, caso se faça o que se combinara não fazer

a) *Se a obrigação se tornar impossível sem culpa do devedor*, ficará resolvida (art. 250 do CC). Tal ocorre quando se tornar impossível a abstenção do ato. Por exemplo, se alguém que se obrigou a não construir um muro for obrigado pelo Município a fazê-lo;

b) *se a obrigação se tornar impossível por culpa do devedor*, ficará transformada em obrigação de indenizar por perdas e danos (art. 248, por analogia);

c) *se o devedor praticar o ato a cuja abstenção se obrigara*, o credor terá duas opções: c1) pleitear a transformação da obrigação de não fazer em obrigação de indenizar por perdas e danos; c2) exigir judicialmente o cumprimento da obrigação, por meio de demanda cominatória, sem prejuízo de indenização por demais perdas e danos;

d) *se o devedor praticar o ato por culpa sua*, ficará transformada em obrigação de indenizar por perdas e danos (art. 248, por analogia).

3.3.4. Obrigação alternativa

3.3.4.1. Conceito

É a aquela que tem dois ou mais objetos e que se extingue com a prestação de um deles. Há previsão de mais de um objeto, mas o devedor se exonera cumprindo apenas um deles. Por exemplo, uma pessoa se obriga a entregar seu carro ou sua moto. Entregando um ou outro, está exonerado da obrigação.

3.3.4.2. Escolha

Compete ao devedor como regra (*favor debitoris*). Mas as partes podem estipular que a escolha compete ao credor ou a terceiro. A escolha só se considera feita após comunicação à parte contrária. O não exercício do direito de escolha no prazo acarreta decadência para o seu titular.

3.3.4.3. Impossibilidade de uma das prestações

Subsiste o débito em relação à(s) outra(s). Se houver culpa do devedor e a escolha couber ao credor, caso esse tenha interesse na obrigação que se impossibilitou, terá direito ao valor dela com perdas e danos.

3.3.4.4. Impossibilidade de ambas as prestações

Se não houver culpa do devedor, a obrigação será extinta. Se houver culpa e competir a ele a escolha, pagará o valor da que se impossibilitou por último, mais perdas e danos; e se competir ao credor a escolha, esse poderá reclamar o valor de qualquer das obrigações, mais perdas e danos.

3.3.4.5. Obrigação alternativa x obrigação facultativa

Na segunda, existe faculdade para o devedor de substituir o objeto da prestação. Por exemplo, uma pessoa se obriga a entregar seu carro, podendo substituí-lo pela entrega de sua moto. A diferença é que se trata de obrigação simples (só tem um objeto). Se o carro perecer, a obrigação fica extinta. O credor só pode exigir o cumprimento da obrigação principal.

3.3.5. Obrigações divisíveis e indivisíveis

3.3.5.1. Conceito de obrigação divisível

É aquela em que cada um dos devedores só está obrigado a cumprir sua cota-parte da dívida e cada um dos credores só pode exigir sua parte do crédito. Por exemplo, se "A" e "B" (devedores) devem R$ 1.000,00 a "C" (credor), "A" está obrigado a pagar R$ 500 para "C".

3.3.5.2. Conceito de obrigação indivisível

É aquela em que, por conta da impossibilidade de divisão do objeto, cada devedor está obrigado pela totalidade da prestação e cada credor pode exigi-la por inteiro. Por exemplo, se "A" e "B" (devedores) devem um carro a "C", esse pode exigir de "A" ou de "B" a coisa, independentemente de cada um ser responsável por parte do débito. Aquele que cumprir a obrigação sub-roga-se no direito do credor em relação aos outros coobrigados. Se houver mais de um credor, o devedor deverá a todos conjuntamente. A indivisibilidade pode ser das seguintes espécies: a) física ou natural (ex.: animal vivo); b) legal (ex.: menor fração de imóvel rural); c) por motivo econômico (ex.: pedra preciosa); e d) por motivo determinante do negócio (ex.: terreno adquirido para construção de um shopping). A obrigação indivisível difere da solidária, pois, caso a primeira se converta em perdas e danos, cada devedor ficará obrigado apenas pela sua cota-parte.

3.3.6. Obrigação solidária

3.3.6.1. Conceito

É aquela em que há mais de um credor ou mais de um devedor, cada um com direito, ou obrigado, à dívida toda. Por exemplo, se "A" e "B" (devedores) devem R$ 1.000,00 a "C" e "D", os últimos podem exigir, juntos ou isoladamente, os R$ 1.000,00 integrais só de "A" ou só de "B". A solidariedade pode recair só sobre os devedores (solidariedade passiva), só sobre os credores (solidariedade ativa) ou sobre ambos os polos (solidariedade mista).

3.3.6.2. Formação da obrigação solidária

A solidariedade não se presume. Ela decorre da lei (solidariedade legal) ou da vontade das partes (solidariedade convencional).

3.3.6.3. Solidariedade ativa

É aquela em que qualquer um dos credores pode exigir sozinho a totalidade da obrigação junto ao devedor. Por exemplo, os titulares de uma conta corrente. Eles são credores solidários dos valores depositados, podendo exigir do banco a entrega de todo o numerário. O devedor pode se exonerar da dívida pagando-a a qualquer dos credores. No entanto, se já tiver sido demandado por algum deles (é necessário citação), só poderá a esse pagar em razão do princípio da prevenção. O credor que tiver recebido a prestação responderá perante os outros. Com a morte do credor solidário, desaparece a solidariedade em relação aos herdeiros isoladamente considerados. Se a prestação for convertida em perdas e danos, subsiste a solidariedade.

3.3.6.4. Solidariedade passiva

É aquela em que cada um dos devedores pode ser demandado a cumprir a totalidade da obrigação junto ao credor. Com a morte de um dos devedores solidários, só se pode cobrar de um herdeiro, isoladamente, a quota correspondente ao seu quinhão hereditário. Se houver impossibilidade da obrigação por culpa de um dos devedores, todos continuam solidários pelo valor da coisa em dinheiro, mas pelas perdas e danos só responde o culpado. Se houver inexecução da obrigação, todos respondem pelos juros solidariamente, mas o culpado deverá ressarcir os demais. As defesas comuns (ex.: prescrição) podem ser alegadas por qualquer devedor solidário. Já as defesas pessoais (ex.: erro, coação) só podem ser alegadas pelo devedor a que disserem respeito. O credor pode renunciar à solidariedade total (em relação a todos os devedores) ou parcialmente (em relação a um deles, por exemplo). O devedor que tiver pagado a obrigação terá direito de regresso contra os demais. A presunção é a de que as cotas de cada devedor são iguais. Se um dos codevedores for insolvente, sua quota será dividida igualmente por todos.

3.3.6.5. Aspectos processuais

No *processo de conhecimento*, cabe ao devedor solidário valer-se do *chamamento ao processo*. Já no *processo de execução*, quando couber, é possível alegar o *benefício de ordem*, que é a faculdade de o executado indicar à penhora bens livres de outro devedor solidário.

3.4. Transmissão das obrigações

3.4.1. Introdução

O tema diz respeito à alteração no aspecto subjetivo da obrigação, no caso a substituição dos sujeitos que ocupam um dos polos da relação obrigacional. Aqui, não se fala em alteração nos demais elementos da obrigação (objeto e vínculo).

3.4.2. Cessão de crédito

3.4.2.1. Conceito

É o negócio jurídico bilateral pelo qual o credor transfere a outrem, a título oneroso ou gratuito, os seus direitos na relação obrigacional. Há três figuras: o cedente (credor que transmite o crédito), o cessionário (terceiro que recebe o crédito) e o cedido (o que continua devedor).

3.4.2.2. Limites materiais

Como regra, qualquer crédito pode ser objeto de cessão, salvo por impossibilidade decorrente: a) da natureza da obrigação (ex.: alimentos de direito de família); b) da lei (ex.: crédito penhorado); e c) da convenção com o devedor (*pacto de non cedendo*).

3.4.2.3. Forma

Como regra, cabe qualquer forma admitida em lei. Todavia, se a cessão tiver por objeto direito que só pode ser transmitido por escritura pública, há de se obedecer esta forma (ex.: cessão de direitos hereditários).

3.4.2.4. Eficácia perante terceiros

Para tanto, a cessão deverá ser feita por instrumento público ou por instrumento particular com as formalidades da procuração e com registro no Cartório de Títulos e Documentos.

3.4.2.5. Eficácia perante o devedor cedido

Para tanto, a cessão depende de notificação do devedor ou de sua ciência manifestada por escrito. Antes da notificação, o devedor pode pagar ao cedente, exonerando-se da dívida. Depois, só se exonera se pagar ao cessionário. É no momento da ciência da cessão que o devedor deve alegar as exceções pessoais de que disponha em relação ao cedente, como a compensação, sob pena de se presumir que delas tenha aberto mão.

3.4.2.6. Responsabilidade do cedente

Se a cessão for a título oneroso, o cedente fica responsável pelo seguinte: a) pela existência do crédito quando da cessão; b) pela sua qualidade de credor; e c) pela validade da obrigação. Já se for a título gratuito, o cedente só responde pela existência do crédito se tiver procedido de má-fé. Em qualquer caso, só haverá responsabilidade pelo débito se o cedente tiver assumido expressamente a responsabilidade pela solvência do cedido. Nesse caso teremos a cessão *pro solvendo*, e a responsabilidade é apenas pelo que o cedente tiver recebido do cessionário, acrescido de juros e despesas com a cessão.

3.4.3. Assunção de dívida (cessão de débito)

3.4.3.1. Conceito

É o negócio jurídico bilateral pelo qual um terceiro (assuntor) assume a posição de devedor. O que ocorre é tão somente a substituição no plano passivo, sem que haja extinção da dívida, de modo que não se confunde com a novação subjetiva passiva, em que nasce uma obrigação nova.

3.4.3.2. Espécies

a) **Expromissão:** *é o contrato entre o credor e o terceiro, pelo qual esse assume a posição de novo devedor, sem a participação do devedor originário;*

b) **delegação:** *é o contrato entre o devedor originário (delegante) e o terceiro (delegatário), com a concordância do credor.*

3.4.3.3. Efeitos

a) **Liberatórios:** o devedor originário fica desvinculado do pagamento da dívida. Essa é a regra;

b) **cumulativos:** o devedor originário continua vinculado, servindo a assunção de reforço da dívida, com solidariedade entre os devedores. A doutrina também chama a hipótese de adesão, coassunção ou adjunção à dívida. Trata-se de caso que depende de convenção expressa. Essa hipótese não se confunde com a fiança, pois o novo devedor responde por dívida própria.

3.5. Adimplemento e extinção das obrigações

3.5.1. Introdução

As obrigações podem ser extintas de dois modos. O modo satisfatório ocorre quando o credor recebe a prestação ou tira algum proveito. A satisfação pode ser direta (ex.: pagamento) ou indireta (ex.: compensação). O modo não satisfatório ocorre quando a obrigação fica extinta sem qualquer proveito para o credor (ex.: remissão, prescrição, novação etc.).

3.5.2. Pagamento

3.5.2.1. Conceito

É o efetivo cumprimento da prestação. O termo "pagamento" vale para designar o cumprimento de qualquer modalidade obrigação (de dar, fazer ou não fazer).

3.5.2.2. Elementos essenciais

a) Existência de obrigação que justifique o pagamento, sob pena de se tratar de pagamento indevido, possibilitando repetição de indébito;

b) intenção de pagar (*animus solvendi*), sob pena de se tratar de pagamento por engano, também possibilitando repetição;

c) cumprimento da prestação;

d) presença de sujeito que paga (*solvens*);

e) presença daquele a quem se paga (*accipens*).

3.5.2.3. Quem deve pagar

Qualquer interessado na extinção da obrigação pode pagar. Assim, além do devedor, pode pagar o terceiro interessado, ou seja, aquele que poderia ter seu patrimônio atingido caso a dívida não fosse paga (ex.: fiador, avalista, sócio, adquirente de imóvel hipotecado etc.). Nesse caso, o *solvens* (terceiro interessado) fica sub-rogado nos direitos do credor originário. Já o pagamento feito por terceiro não interessado (por interesse moral ou afetivo, por exemplo), em nome próprio, apenas autoriza esse a reembolsar-se do que pagar, sem sub-rogação nos direitos do credor. A obrigação original fica extinta, nascendo obrigação nova. Se o terceiro não interessado agir em nome do devedor, terá feito uma liberalidade, ficando a obrigação resolvida, sem direito de regresso em face daquele. Por fim, é importante destacar que, se o devedor tinha meios de impedir a cobrança do credor, o terceiro que pagar sem sua autorização não terá direito a qualquer reembolso.

3.5.2.4. A quem se deve pagar

O pagamento deve ser feito ao credor, ao seu representante ou aos seus sucessores. O pagamento feito a qualquer outra pessoa não tem efeito liberatório. O devedor, apesar de poder acionar quem receber indevidamente, continuará obrigado ao pagamento. Porém há situações em que o pagamento feito a terceiro desqualificado tem valor: a) se houver ratificação pelo credor; b) se reverter em proveito do credor; c) se for feito de boa-fé ao credor putativo, ou seja, àquele que parecia, objetivamente, ser o credor (ex.: herdeiro aparente). De outra parte, há situações em que o pagamento feito ao credor não terá valor: a) se for feito ao credor incapaz de dar quitação, salvo se reverteu em seu proveito; b) se o devedor tiver sido intimado da penhora e mesmo assim pagar ao credor.

3.5.2.5. Objeto do pagamento

O pagamento deve coincidir com a coisa devida. Assim, o credor não é obrigado a receber prestação diversa da pactuada, ainda que mais valiosa. Da mesma forma, só se pode constranger o credor a receber o todo, não em partes. As dívidas em dinheiro deverão ser pagas no vencimento, em moeda corrente (real) e pelo valor nominal. Quanto ao valor nominal, a própria lei admite a convenção de aumento progressivo de prestações sucessivas, dando força à ideia de dívida de valor (e não de dívida de dinheiro). O reajuste automático de prestação tem o nome de cláusula de escala móvel. A Lei 10.192/2001 considera nula de pleno direito a estipulação de reajuste em periodicidade inferior a um ano. Também admite-se a revisão da obrigação "quando, por motivos imprevisíveis, sobrevier desproporção manifesta entre o valor da prestação devida e o do momento de sua execução" (art. 317 do CC). Adotou-se a teoria da imprevisão. Outrossim, são nulas as convenções de pagamento em ouro ou em moeda estrangeira. A ideia é preservar o curso forçado da moeda nacional. Há exceções no Dec.-Lei nº 857/69 e na Lei 6.423/1977 (ex.: importação e exportação). Presumem-se a cargo do devedor as despesas com o pagamento e a quitação.

3.5.2.6. Lugar do pagamento

É aquele onde o devedor deve cumprir a obrigação e o credor exigir seu cumprimento. A regra é o domicílio do devedor (dívida quesível ou *quérable*). Mas por motivo legal, convencional ou circunstancial é possível que a obrigação tenha de ser cumprida no domicílio do credor (dívida portável ou *portable*). Se o pagamento consistir na tradição de um imóvel ou em prestações relativas a imóvel, far-se-á no lugar onde estiver situado o bem. Será válido o pagamento feito em lugar diverso se houver motivo grave que justifique isso e não haja prejuízo para o credor.

3.5.2.7. Tempo do pagamento

Salvo disposição legal ou contratual em contrário, pode o credor exigir imediatamente o pagamento. O credor poderá cobrar a dívida antes do vencimento se: a) o devedor cair em falência ou concurso de credores; b) os bens do devedor, hipotecados ou empenhados, forem penhorados em execução por outro credor; c) cessarem, ou se tornarem insuficientes, as garantias do débito, fidejussórias ou reais, e o devedor, intimado, negar-se a reforçá-las.

3.5.3. Pagamento em consignação

3.5.3.1. Conceito

Forma especial de pagamento, por meio de depósito judicial ou em estabelecimento bancário, cabível quando houver mora do credor ou risco para o devedor na realização do pagamento direto. Serve para a entrega de qualquer objeto, só não se admite para a obrigação de fazer ou não fazer. Se for feito por processo de conhecimento, a sentença tem natureza declaratória. Para que o devedor fique exonerado da obrigação, a consignação deve cumprir os mesmos requisitos exigidos para a validade do pagamento quanto às pessoas, ao objeto, modo, tempo e lugar. O depósito em estabelecimento bancário só é admitido quando a prestação for em dinheiro.

3.5.3.2. Cabimento

a) Se o credor não puder, ou, sem justa causa, recusar receber o pagamento, ou dar quitação na devida forma;

b) se o credor não for, nem mandar receber a coisa no lugar, tempo e condição devidos;

c) se o credor for incapaz de receber, for desconhecido, declarado ausente, ou residir em lugar incerto ou de acesso perigoso ou difícil;

d) se ocorrer dúvidas sobre quem deva legitimamente receber o objeto do pagamento;

e) se pender litígio sobre o objeto do pagamento.

3.5.4. Pagamento com sub-rogação

3.5.4.1. Conceito

É a operação pela qual a dívida se transfere a terceiro que a pagou, com todos os seus acessórios. Tem-se aqui uma sub-rogação subjetiva, uma vez que há troca de devedor. Extingue-se a obrigação com relação ao credor original. Por outro lado, transferem-se ao novo credor todos os direitos, ações, privilégios e garantias do primitivo em relação à dívida.

3.5.4.2. Espécies

a) Legal ou automática: *é a que opera de pleno direito,* em favor:

a1) do credor que paga a dívida do devedor comum; aqui temos um devedor com dois credores, sendo que um desses paga o outro para evitar o fim do patrimônio do devedor, por exemplo;

a2) do adquirente do imóvel hipotecado, que paga o credor hipotecário, bem como do terceiro que efetiva o pagamento para não ser privado de direito sobre o imóvel;

a3) do terceiro interessado, que paga a dívida pela qual era ou podia ser obrigado, no todo ou em parte;

b) convencional: *é a que decorre da vontade das partes* e que se verifica nos seguintes casos:

b1) quando o credor recebe o pagamento de terceiro e expressamente lhe transfere todos os seus direitos;

b2) quando terceira pessoa empresta ao devedor a quantia precisa para solver a dívida, sob a condição de ficar o mutuante sub-rogado nos direitos do credor satisfeito. Ex.: contratos de mútuo pelo Sistema Financeiro da Habitação.

3.5.5. Imputação do pagamento

3.5.5.1. Conceito

É a indicação ou determinação da dívida a ser quitada quando uma pessoa obrigada por dois ou mais débitos da mesma natureza e com o mesmo credor só pode pagar parte deles.

3.5.5.2. Regra geral

Cabe ao devedor indicar, no ato do pagamento, qual dívida deseja saldar.

3.5.5.3. Ausência de indicação pelo devedor

Nesse caso, o credor fará a indicação por meio da quitação. Se a indicação não for feita, dar-se-á a imputação legal:

a) o pagamento será imputado primeiro nos juros vencidos e depois no capital;

b) o pagamento será imputado primeiro nas dívidas vencidas há mais tempo;

c) se todas forem vencidas no mesmo tempo, imputa-se na mais onerosa;

d) se todas forem iguais, imputa-se proporcionalmente.

Por fim, é importante trazer à colação a orientação fixada pela Súmula nº 464 do STJ: "a regra de imputação de pagamentos estabelecida no art. 354 do Código Civil não se aplica às hipóteses de compensação tributária".

3.5.6. Dação em pagamento

3.5.6.1. Conceito

É o acordo de vontades por meio do qual o credor aceita receber prestação diversa da que lhe é devida. Por exemplo, uma pessoa devia R$ 1.000,00 e combina com o credor que pagará com a entrega de uma bicicleta. Trata-se de contrato real, pois só se aperfeiçoa com a tradição. Se for determinado o preço da coisa dada em pagamento, as relações entre as partes regular-se-ão pelas normas do contrato de compra e venda.

3.5.6.2. Efeitos

Extingue a obrigação original. Todavia, se houver evicção, ficará restabelecida a prestação primitiva, ficando sem efeito a quitação dada.

3.5.7. Novação

3.5.7.1. Conceito

É a criação de obrigação nova para extinguir a anterior. Trata-se, ao mesmo tempo, de causa extintiva e geradora de obrigações. Decorre da vontade dos interessados, não da lei.

3.5.7.2. Requisitos de validade

a) Existência de obrigação anterior: assim, não podem ser objeto de novação obrigações nulas ou extintas;

b) constituição de nova dívida: há de ser algo efetivamente novo e válido;

c) intenção de novar ou *animus novandi*: a novação não se presume; assim, é indispensável a aceitação expressa do credor em relação à nova dívida.

3.5.7.3. Espécies

a) objetiva ou real: quando houver modificação no próprio objeto da obrigação. Por exemplo, substitui-se obrigação em dinheiro para obrigação de não fazer;

b) subjetiva ou pessoal: quando houver substituição de um dos sujeitos da obrigação anterior; não se confunde com a cessão de crédito e a assunção de dívida, pois na novação o vínculo é extinto. Pode ser:

b1) ativa: quando houver substituição do credor, formando-se nova dívida entre devedor e terceiro;

b2) passiva: quando houver substituição do devedor. Será chamada novação por expromissão quando o devedor é substituído sem o seu consentimento; se for por ordem do devedor, chama-se delegação, sendo necessária a anuência do credor;

c) mista ou subjetiva-objetiva: quando, ao mesmo tempo, houver substituição do objeto e de algum dos sujeitos da obrigação anterior.

3.5.8. Compensação

3.5.8.1. Conceito

É a extinção das obrigações entre duas pessoas que são, ao mesmo tempo, credora e devedora uma da outra. As obrigações ficam extintas até onde se compensarem. Por exemplo, se "A" deve R$ 1.000,00 a "B" e este, R$ 800 a "A", pela compensação, a segunda obrigação fica extinta, remanescendo uma dívida de R$ 200 de "A" para "B".

3.5.8.2. Espécies

a) Legal: é a que decorre da lei, automaticamente. Nesse caso, o devedor poderá alegar a compensação na contestação (exceção de compensação) ou em embargos do devedor. Por se tratar de questão dispositiva, o juiz não pode pronunciá-la de ofício, salvo em relação a honorários advocatícios fixados na própria sentença;

b) convencional: é a que decorre da vontade das partes.

3.5.8.3. Requisitos da compensação legal

a) Reciprocidade das obrigações; a exceção é a situação do fiador, que poderá opor compensação de crédito do devedor para com o credor;

b) prestações líquidas e vencidas; dívida prescrita não pode ser oposta, pois, de acordo com o art. 190 do CC, a exceção prescreve no mesmo prazo que a pretensão;

c) coisas fungíveis; ou seja, as coisas a serem compensadas devem ser do mesmo gênero e qualidade.

3.5.8.4. Impedimentos à compensação

Tanto a vontade (impedimento convencional) como a lei (impedimento legal) podem estabelecer restrições à compensação. São casos de impedimento legal:

a) se uma das dívidas provier de furto, roubo ou esbulho;

b) se uma das dívidas se originar de comodato, depósito ou alimentos;

c) se uma das dívidas for de coisa não suscetível de penhora;

d) se a compensação se der em prejuízo de terceiros.

Em relação a débitos fiscais, a legislação especial é que trata do tema.

3.5.9. Confusão

Confusão é a extinção da obrigação pela reunião, em uma única pessoa, das qualidades de credora e devedora na relação jurídica. A confusão pode ser total ou parcial. O processo será extinto, sem julgamento de mérito. Um exemplo é um herdeiro que recebe de herança um crédito contra si mesmo.

3.5.10. Remissão das dívidas

Consiste na exoneração da dívida do devedor, por liberalidade do credor. A lei exige concordância do devedor. Assim, trata-se de negócio jurídico bilateral. A remissão não pode prejudicar terceiros. Se isso ocorrer, pode ser configurada a fraude contra credores. A remissão pode ser expressa, tácita (ex.: quitação total após pagamento parcial) ou presumida (ex.: devolução voluntária do título).

3.6. Inadimplemento das obrigações

3.6.1. Introdução

Nem sempre a obrigação é cumprida como estipulado entre o credor e o devedor. Nesses casos, fala-se em inadimplemento, que pode ser absoluto (ou definitivo) ou relativo (ou mora). Aliás, o descumprimento de deveres acessórios, anexos e instrumentais (decorrentes do princípio da boa-fé objetiva) também podem configurar o inadimplemento.

O **inadimplemento absoluto** *ocorre na hipótese do credor estar impossibilitado de receber a prestação devida, seja porque é impossível o cumprimento, seja porque a prestação já não lhe é útil*. Será total quando a prestação por inteiro não puder ser cumprida e parcial se apenas uma parte da prestação não puder ser cumprida. O critério para distinguir o inadimplemento absoluto da mora não é só a impossibilidade da prestação. Também ocorre o primeiro quando a prestação já não for útil ao credor. Assim, se o vestido de uma noiva chega após o casamento, não se tem simples mora, mas inadimplemento absoluto. O descumprimento de obrigação de não fazer acarreta, sempre, inadimplemento absoluto, uma vez que não há mais como cumprir o que foi combinado.

O **inadimplemento relativo** *ocorre na hipótese em que ainda for possível e útil a realização da prestação, apesar da inobservância do tempo, do lugar e da forma devidos.* No exemplo anterior, caso o vestido de noiva devesse ser entregue vinte dias antes do casamento, mas isso só ocorrer dez dias antes do evento, estar-se-á diante de mora, não de inadimplemento absoluto. A distinção entre a primeira e o segundo é importante, pois esse enseja cobrança de perdas e danos, sem direito à prestação, ao passo que aquela enseja cobrança de perdas e danos, bem como da própria prestação.

O **inadimplemento culposo** (absoluto ou relativo) faz com que o devedor tenha de responder por perdas e danos, juros, atualização monetária e honorários de advogado (caso tenha sido contratado um). É importante consignar que, na responsabilidade civil contratual ou negocial, a culpa é presumida. Assim, se alguém deixar de cumprir uma obrigação contratual, presume-se que agiu com culpa. Basta o credor fazer a prova do inadimplemento, não sendo necessário que prove algum fato imputável ao devedor. Esse só fica exonerado da responsabilidade se demonstrar alguma excludente, como o caso fortuito ou de força maior ou a culpa exclusiva de terceiro. Já na responsabilidade civil extracontratual subjetiva (culposa), o credor é que tem o ônus da prova da culpa do causador do dano. Nos contratos benéficos ou gratuitos, aquele que pratica a liberalidade só responde se agir com dolo. Assim, na doação pura e simples, o doador só responde pela impossibilidade de entrega da coisa doada caso tenha agido com dolo (ex.: se tiver destruído a coisa).

O **inadimplemento fortuito** não gera, em princípio, obrigação de indenizar. Segundo o art. 393 do CC, o devedor não responde pelos prejuízos resultantes do caso fortuito ou força maior, salvo se expressamente houver por eles se responsabilizado. Assim, só haverá responsabilidade no fortuito se o devedor assumir essa obrigação.

Dívida x responsabilidade: não se deve confundir as duas. A primeira é o elemento pessoal (*Schuld*), ao passo que a segunda, o patrimonial (*Haftung*). Um devedor, enquanto estiver em dia, tem uma dívida. Quando incorrer em inadimplência, passa a ter uma responsabilidade, ou seja, todos os seus bens passam a ser a garantia do pagamento da dívida, salvo bens impenhoráveis. O Direito coloca à disposição do credor meios para que este consiga satisfazer de modo específico seu crédito. Não sendo possível isso, a obrigação converte-se em perdas e danos, ficando o patrimônio do devedor sujeito a esse pagamento.

3.6.2. Mora

3.6.2.1. Conceito

Quanto ao devedor, consiste no não pagamento, e quanto ao credor, na não aceitação do pagamento no tempo, lugar e forma devidos. É importante ressaltar que a diferença entre mora e inadimplemento absoluto é que, na primeira, a obrigação ainda pode ser cumprida.

3.6.2.2. Mora do devedor (mora solvendi ou debitoris)

3.6.2.2.1. Espécies

a) Mora *ex re* (ou de pleno direito): *é aquela em que o fato que a ocasiona está previsto objetivamente na lei.* Assim, a mora é automática. Basta que ocorra o fato para que se configure a mora. Ex.: quando a obrigação tem data de vencimento. O CC estabelece que "o inadimplemento da obrigação, positiva e líquida, no seu termo, constitui de pleno direito em mora o devedor" (art. 397 do CC). Trata-se das chamadas obrigações impuras, em que se aplica a regra do *dies interpellat pro homine*. Outra regra de mora automática é a seguinte: "nas obrigações provenientes de ato ilícito, considera-se o devedor em mora, desde que o praticou" (art. 398 do CC);

b) mora *ex persona* (ou por ato da parte): *é aquela que depende de providência por parte do credor para que se caracterize.* Por exemplo, a que depende de interpelação judicial ou extrajudicial, protesto ou mesmo citação do devedor. Aliás, caso ainda não esteja configurada a mora num dado caso, a citação válida terá sempre esse efeito segundo o art. 219 do CPC. O CC estabelece que "não havendo termo, a mora se constitui mediante interpelação judicial ou extrajudicial" (art. 397, parágrafo único). Trata-se das chamadas obrigações perfeitas, em que, por não haver vencimento, a mora depende de notificação. Mas há casos em que, mesmo havendo termo (vencimento) estabelecido, a lei determina que a mora só se configurará após notificação extrajudicial ou judicial. É o caso dos compromissos de compra de venda e da alienação fiduciária em garantia.

3.6.2.2.2. Pressupostos

a) Exigibilidade da prestação; ou seja, termo vencido ou condição suspensiva implementada;

b) inexecução culposa; assim, se o devedor conseguir provar que a inexecução ocorreu por caso fortuito ou força maior, fica excluída a mora;

c) viabilidade do cumprimento tardio; ou seja, não se estará diante de mora se a inexecução da obrigação tornar inútil ao credor seu cumprimento posterior; nesse caso tem-se inadimplemento absoluto.

Vale observar que a "simples propositura da ação de revisão de contrato não inibe a caracterização da mora do autor" (Súmula nº 380 do STJ).

3.6.2.2.3. Efeitos

Caracterizada a mora, o credor tem duas opções:

a) exigir o cumprimento da obrigação, mais o pagamento de todos os prejuízos que a mora causar, incluindo perdas e danos, juros, atualização monetária e honorários de advogado;

b) enjeitar a prestação, exigindo a satisfação de todas as perdas e danos, caso a prestação, devido à mora, tornar-se inútil aos seus interesses.

Obs.: estando o devedor em mora, esse responderá, inclusive, pela impossibilidade da prestação. Trata-se do efeito que a doutrina chama de perpetuação da obrigação (*perpetuatio obligationis*). O devedor responde mesmo que a impossibilidade decorra de caso fortuito ou de força maior. Só não responderá se provar que o dano teria ocorrido mesmo que tivesse cumprido a prestação a termo (*exceção de dano inevitável*).

3.6.2.3. *Mora do credor (mora accipiendi ou credendi)*

3.6.2.3.1. Pressupostos

a) Vencimento da obrigação; o credor não é obrigado a receber antes do tempo; todavia, se o vencimento já tiver ocorrido e o credor não quiser receber, estará configurada sua mora, independentemente de culpa do credor; se não houver vencimento, o devedor deverá notificar para constituição em mora;

b) efetiva oferta da prestação pelo devedor ao credor;

c) recusa injustificada em receber; assim, não se configura a mora se o credor tem justo motivo para não aceitar o pagamento, como no caso de haver diferença entre o que deveria ser cumprido e o que é oferecido.

Obs.: o ônus da prova da mora do credor é do devedor. É por isso que o devedor deve propor ação de consignação em pagamento, exonerando-se da obrigação e evitando a incidência de penalidades e indenizações.

3.6.2.4. *Purgação da mora*

É a atitude voluntária da parte que tem por finalidade sanar o cumprimento defeituoso da obrigação pelo seu efetivo adimplemento. O devedor em mora deve oferecer a prestação mais a importância dos prejuízos decorrentes do dia da oferta. O credor em mora deve oferecer o recebimento, sujeitando-se aos efeitos da mora até a mesma data.

3.6.3. Perdas e danos. Características

a) Incidem quando há inadimplemento obrigacional;

b) dependem da existência de dano;

c) incluem os *danos emergentes* (o que efetivamente se perdeu) e os *lucros cessantes* (o que razoavelmente se deixou de lucrar);

d) incluem os danos materiais (ou patrimoniais) e os danos morais (ou de natureza extrapatrimonial);

e) só incluem os prejuízos efetivos e os lucros cessantes por efeito direto e imediato (nexo de causalidade entre os danos sofridos pelo credor e o inadimplemento do devedor);

f) quando se trata de dívida em dinheiro, as perdas e danos incluem os *danos emergentes* (a própria prestação + atualização monetária + custas e honorários de advogado) e os *lucros cessantes* (juros de mora); o juiz pode conceder *indenização suplementar*, quando for provado que os juros de mora não cobrem o prejuízo e não houver pena convencional;

g) os juros de mora são contados desde a citação; isso não ocorre nas indenizações por ato ilícito e nos casos de mora *ex re.*

3.6.4. Juros legais

A lei usa a expressão juros legais no capítulo que trata dos juros moratórios. Como se sabe, juros moratórios são aqueles que têm caráter indenizatório pelo retardamento no cumprimento da obrigação. Esses juros também têm caráter punitivo. Não se deve confundir os juros moratórios com os juros remuneratórios (ou compensatórios). Esses são devidos como forma de remunerar o capital emprestado (ex.: taxa de juros do cheque especial). A lei estabelece as seguintes regras para os juros moratórios:

a) as partes podem convencionar os juros moratórios no percentual de até 12% ao ano;

b) se as partes não convencionarem os juros moratórios, estes serão fixados "segundo a taxa que estiver em vigor para a mora do pagamento de impostos devidos à Fazenda Nacional", ou seja, segundo a taxa Selic; o STJ vem entendendo que se aplica a taxa Selic, não incidindo, cumulativamente, correção monetária, uma vez que ela já embute essa correção (EResp 727.842/SP, DJ 20/11/08);

c) ainda que não se alegue prejuízo, o devedor é obrigado ao pagamento de juros moratórios, inclusive quando não se deve dinheiro, fixando-se, nesse caso, valor pecuniário para o cálculo dos juros devidos.

3.6.5. Cláusula penal

3.6.5.1. *Conceito*

É a obrigação acessória que incide caso uma das partes deixe de cumprir a obrigação principal. Por exemplo, fixa-se o pagamento de uma multa de 10% caso o aluguel não seja pago em dia. Decorre de convenção entre as partes. Essa cláusula pode ser estipulada tanto para a mora como para o inadimplemento absoluto.

3.6.5.2. *Finalidades*

a) meio de coerção: trata-se incentivo ao fiel cumprimento da obrigação;

b) prefixação de perdas e danos: ou seja, independentemente de provar a existência de danos, o credor pode exigi-la do devedor em caso de não cumprimento da obrigação.

3.6.5.3. *Indenização suplementar*

Como regra, a cláusula penal é *substitutiva* (ou *disjuntiva)*, ou seja, o credor não poderá pedir indenização suplementar. Todavia, caso haja previsão de que a cláusula penal é apenas uma indenização mínima, o credor poderá pedir a complementação, hipótese em que teremos a *clausula penal cumulativa.*

Amenizando um pouco a regra, o Enunciado nº 430 das Jornadas de Direito Civil entende que, em se tratando de contrato de adesão, não há necessidade de convenção prevendo a possibilidade de indenização suplementar caso o valor do dano supere o valor da cláusula penal. Nesse sentido, confira: "art. 416, parágrafo único: no contrato de adesão, o prejuízo comprovado do aderente que exceder ao previsto na cláusula penal compensatória poderá ser exigido pelo credor independentemente de convenção".

3.6.5.4. *Espécies*

a) compensatória: *é a estipulada para a hipótese de total inadimplemento da obrigação*; nesse caso, o credor só poderá exigir a multa, uma vez que a prestação já não pode mais ser cumprida;

b) moratória ou compulsória: *é a estipulada para evitar o retardamento culposo no cumprimento da obrigação ou para dar segurança especial a uma cláusula determinada*; nesse caso, o credor poderá exigir a prestação e a multa.

3.6.5.5. Limites da cláusula penal

a) valor: a multa não pode exceder o valor da obrigação principal, ou seja, seu valor máximo é de 100%. Já no CDC, a multa é de até 2% sobre o valor da prestação no fornecimento de crédito; a Lei de Usura limita a multa em 10% para os contratos de mútuo; a legislação que regula compromissos de compra e venda de imóveis também a limita em 10%; em relação às despesas de condomínio, a taxa máxima é de 2%;

b) redução equitativa: se a obrigação principal tiver sido cumprida em parte, ou se o montante da penalidade for manifestamente excessivo, a penalidade deve ser reduzida equitativamente pelo juiz.

3.6.6. *Arras ou sinal*

3.6.6.1. Conceito

É o bem entregue por um dos contratantes a outro como confirmação do contrato e princípio de pagamento. Trata-se de pacto acessório e contrato real (só se aperfeiçoa com a entrega do dinheiro ou da coisa).

3.6.6.2. Espécies

a) confirmatórias: *são as utilizadas para confirmar o negócio.* Se quem pagar as arras desistir do contrato, ficará sem elas em favor da outra parte. Já se quem recebeu as arras desistir do contrato, deverá devolvê-las em dobro, com atualização monetária, juros e honorários de advogado. As arras confirmatórias servem de prefixação das perdas e danos. Se os prejuízos superarem seu valor, pode-se pedir indenização suplementar;

b) penitenciais: *são as utilizadas para a prefixação das perdas e danos, no caso de qualquer das partes desistir do contrato.* A regra é igual à das arras confirmatórias. A diferença é que aqui não cabe pedido de indenização suplementar.

4. DIREITO DOS CONTRATOS

4.1. Conceito, existência, validade, eficácia, formação, estipulação em favor de terceiro e promessa por fato de terceiro e contrato com pessoa a declarar

4.1.1. *Conceito de contrato*

Contrato *é o acordo de vontades para o fim de adquirir, resguardar, modificar ou extinguir direitos,* conforme lição de Clóvis Bevilaqua. Trata-se de uma das fontes humanas geradoras de obrigações. As outras são: a) as declarações unilaterais da vontade; b) os atos ilícitos. Esse conceito abrange tanto os contratos principais como os acessórios. O Direito Romano distinguia *contrato* de *convenção.* Essa era o gênero, que tinha como espécies o *contrato* e o *pacto* (hoje chamado contrato acessório).

4.1.2. *Existência, validade e eficácia*

O negócio jurídico pode ser avaliado em três planos: da existência, da validade e da eficácia.

O **plano da existência** analisa os requisitos necessários para a *formação* do contrato. Não preenchidos quaisquer dos elementos de existência do contrato, o acontecimento sequer tem repercussão na esfera jurídica. Por exemplo, se uma pessoa não autoriza outra a prestar um serviço de manutenção de seu carro, o contrato respectivo não se formou, não existe na esfera jurídica.

O **plano da validade** analisa os requisitos necessários para que o contrato *não sofra as sanções* de nulidade ou de anulabilidade, sanções essas que podem impedir que o contrato produza efeitos.

O **plano da eficácia** analisa os momentos em que o contrato regular *inicia e termina a produção de seus efeitos.*

4.1.2.1. Elementos de existência do contrato

4.1.2.1.1. Exteriorização de vontade

Consiste na manifestação de vontade expressa ou tácita. A manifestação expressa *é aquela exteriorizada de modo inequívoco.* Pode ser verbal, escrita ou gestual. A manifestação tácita *é aquela que decorre de um comportamento.* Por exemplo, uma pessoa recebe uma proposta para ganhar um bem em doação e, sem nada dizer, recolhe o imposto de transmissão de bens, aceitando tacitamente a doação.

4.1.2.1.2. Acordo de vontades (consentimento)

Consiste na coincidência de vontades no sentido da formação do contrato. Assim, para existir um contrato, não basta a exteriorização de uma vontade. São necessárias duas vontades coincidentes. Não se admite, portanto, a existência do autocontrato ou contrato consigo mesmo. O que pode haver é que um mandatário celebre contrato figurando, de um lado, em nome do mandante e, de outro, em nome próprio. Por exemplo, "A" celebra um contrato com "B", sendo que "A" recebeu uma procuração de "B" para atuar em nome desse. Não é sempre que o Direito autoriza uma situação dessas. O art. 117 do CC, inclusive, dispõe que, "salvo se o permitir a lei ou o representado, é anulável o negócio jurídico que o representante, no seu interesse ou por conta de outrem, celebrar consigo mesmo".

4.1.2.1.3. Finalidade negocial

Consiste na vontade de regulamentar uma dada relação jurídica, o que difere da simples intenção manifestada por uma determinada vontade. Assim, quem celebra um contrato de compra e venda busca regulamentar uma dada relação jurídica, celebrando um *negócio jurídico.* Já aquele que muda de domicílio manifesta apenas uma intenção, sem buscar a regulamentação de uma relação jurídica em especial.

4.1.2.1.4. Apreciação pecuniária

Consiste na existência de um elemento econômico no acordo de vontades. A patrimonialidade é considerada, pela doutrina, como ínsita a todo e qualquer tipo de contrato, ainda que existente apenas no caso de descumprimento do dever principal.

4.1.2.1.5. Elementos especiais

Há determinados contratos que exigem, para sua formação, a presença de outros elementos. É o caso dos contratos reais, que exigem, para a sua existência, a entrega da coisa. Por exemplo, o mútuo (empréstimo de coisa fungível) só passa a existir quando há tradição.

4.1.2.2. Pressupostos de validade do contrato

4.1.2.2.1. Vontade livre

Consiste na vontade externada sem vícios. O pressuposto não é preenchido, por exemplo, se a vontade resulta de erro, dolo ou coação, situações em que o contrato será considerado anulável (art. 171, II, CC).

4.1.2.2.2. Capacidade das partes

Consiste na aptidão genérica para, pessoalmente, praticar os atos da vida civil. O incapaz, para que seja parte de um contrato válido, deve ser assistido (se relativamente incapaz) ou representado (se absolutamente incapaz), sob pena de o ato ser anulável (art. 171, I, do CC) ou nulo (art. 166, I, do CC), respectivamente.

4.1.2.2.3. Legitimação das partes

Consiste na aptidão específica para a prática de certos atos da vida civil. O cônjuge que aliena bem imóvel sem a anuência de seu consorte, salvo no regime de separação absoluta, não tem legitimação. O ato por ele praticado é considerado anulável (art. 1.647, I, c/c art. 1.649, do CC).

4.1.2.2.4. Obediência à forma, quando prescrita em lei

Trata-se de requisito que só incidirá se houver forma imposta por lei. Se a lei civil nada dispuser sobre a forma, essa será de livre escolha das partes. Normalmente, um contrato de compra e venda de móvel não requer forma especial; já um contrato de compra e venda de imóvel sempre requer forma especial, no caso a forma escrita. Aliás, se o imóvel for de valor superior a 30 salários mínimos, a forma é ainda mais especial, uma vez que é exigida escritura pública. A desobediência à forma torna o contrato nulo (art. 166, IV, do CC), salvo se se tratar de forma estabelecida em lei apenas para efeito probatório.

4.1.2.2.5. Objeto lícito, possível e determinável

Tanto o objeto *imediato*, ou seja, a obrigação de dar, fazer ou não fazer, como o objeto *mediato* da obrigação, isto é, o bem econômico sobre o qual ele recai (coisa ou serviço), devem respeitar tais imposições. **Objeto lícito** *é aquele que não atenta contra a ordem jurídica como um todo.* Um exemplo de contrato com objeto ilícito é o contrato de sociedade para a exploração de prostituição. **Objeto possível juridicamente** *é aquele que não está proibido expressamente pela lei.* Um exemplo de contrato impossível juridicamente é o que trata de herança de pessoa viva (art. 426 do CC). **Objeto determinável** *é aquele indicado ao menos pelo gênero e pela quantidade.* O contrato com objeto ilícito, impossível ou indeterminável é considerado nulo (art. 166, II, do CC).

4.1.2.2.6. Inexistência de configuração de outras hipóteses legais de ato anulável ou nulo

Além dos casos mencionados, a lei estabelece outras hipóteses que geram invalidade. São exemplos de ato anulável os casos de **fraude contra credores** (arts. 158 e ss. do CC) e de ato nulo os **contratos que tiverem como objetivo fraudar lei imperativa** (ex.: contratos que violarem o princípio da função social) e os que **a lei taxativamente declarar nulo, ou proibir a sua prática, sem cominar sanção** (art. 166, VI e VII, do CC).

4.1.2.3. Pressupostos de eficácia do contrato

4.1.2.3.1. Inexistência de termo suspensivo pendente

Termo suspensivo *é o evento futuro e certo que condiciona o início dos efeitos do contrato.* Por exemplo, um contrato de locação que traz uma cláusula estabelecendo que o locatário só poderá adentrar ao imóvel após dez dias de sua celebração.

4.1.2.3.2. Inexistência de condição suspensiva pendente

Condição suspensiva *é o evento futuro e incerto que condiciona o início dos efeitos do contrato.* Por exemplo, um contrato de doação que prevê que o donatário só será proprietário da coisa se vier a se casar com determinada pessoa.

4.1.3. Formação dos contratos

4.1.3.1. Introdução

Antes de se formar, o contrato passa por uma fase, a fase pré-contratual, que também é chamada de fase de puntuação, de tratativas ou de negociações preliminares. Em seguida, as partes podem fazer um contrato preliminar (que é aquele que acerta a celebração de um contrato futuro), podem fazer um contrato definitivo ou podem não fazer contrato algum.

Portanto, há de se separar bem três situações: a) fase de negociações preliminares à formação do contrato; b) contrato preliminar; c) contrato definitivo.

A fase de negociações preliminares não gera, como regra, obrigações entre aqueles que negociam. Todavia, a doutrina e a jurisprudência evoluíram no sentido de dar mais responsabilidade aos envolvidos nessa fase. Com base no princípio da boa-fé, vem se entendendo que, se na fase das negociações preliminares forem criadas fortes expectativas em um dos negociantes, gerando inclusive despesas de sua parte, o outro negociante deverá responder segundo a chamada responsabilidade pré-contratual, instituto jurídico que se aplica apenas à fase de negociações preliminares, daí o nome "pré-contratual". Nesse sentido, vale transcrever trecho da obra de Maria Helena Diniz sobre o assunto: "todavia, é preciso deixar bem claro que, apesar de faltar obrigatoriedade aos entendimentos preliminares, pode surgir, excepcionalmente, a responsabilidade civil para os que deles participam, não no campo da culpa contratual, mas no da aquiliana. Portanto, apenas na hipótese de um dos participantes criar no outro a expectativa de que o negócio será celebrado, levando-o a despesas, a não contratar com terceiro ou a alterar planos de sua atividade imediata, e depois desistir, injustificada e arbitrariamente, causando-lhe sérios prejuízos, terá, por isso, a obrigação de ressarcir todos os danos. Na verdade, há uma responsabilidade pré-contratual, que dá certa relevância jurídica aos acordos preparatórios, fundada não só no princípio de que os interessados deverão comportar-se de boa-fé, prestando informações claras e adequadas sobre as condições do negócio (...), mas também nos arts. 186 e 927 do Código Civil, que dispõem que todo aquele que, por ação ou omissão, dolosa ou culposa, causar prejuízo a outrem fica obrigado a reparar o dano" (**Curso de Direito Civil Brasileiro**, vol. 3. 26. ed., São Paulo: Saraiva. p. 42, 2010).

Nada obstante, entre a fase de tratativas e a celebração do contrato em si, há atos com consequência jurídica relevante. Tais atos são a "oferta" e a "aceitação", essenciais à formação do contrato.

4.1.3.2. Oferta, proposta ou policitação

A oferta pode ser **conceituada** como *a declaração de vontade pela qual o proponente (policitante) leva ao conhecimento do oblato os termos para a conclusão de um contrato.*

Para que vincule, a oferta deve ter os seguintes **requisitos**:

a) seriedade: não pode ser brincadeira;

b) clareza: não pode ser ambígua;

c) completude: deve indicar todos os aspectos essenciais do contrato (preço e coisa);

d) com destinatário: deve ser dirigida a alguém ou ao público.

O **efeito** da oferta é *obrigar* o proponente aos seus termos, **salvo se**:

a) o contrário dela resultar;

b) a natureza ou as circunstâncias levarem a outra conclusão;

c) seus termos evidenciarem a falta de obrigatoriedade.

Ademais, a oferta **deixa de ser obrigatória** nos seguintes casos (art. 428 do CC):

a) *se feita sem prazo à pessoa presente, não for imediatamente aceita*; considera-se presente a pessoa que contrata por telefone ou outro meio semelhante; cuidado, pois, no CDC, o orçamento, caso não estipule prazo de validade, terá prazo de 10 dias;

b) *se feita sem prazo a pessoa ausente, tiver decorrido tempo suficiente para chegar a resposta ao conhecimento da outra parte (prazo moral)*; é exemplo de ausência a oferta feita por e-mail ou correspondência;

c) *se feita com prazo a pessoa ausente, não tiver sido expedida a resposta no tempo estipulado*;

d) *se houver retratação anterior ou simultânea à chegada da proposta ao conhecimento da outra parte.*

4.1.3.3. Aceitação

A aceitação pode ser **conceituada** como *a adesão integral do oblato à proposta formulada.*

Para que a aceitação leve à formação do contrato são necessários os seguintes **requisitos** (arts. 431 e 432 do CC):

a) deve ser expedida no prazo;

b) não deve conter adições, restrições ou modificações;

c) deve ser expressa.

A aceitação **tácita** só se admite se há costume entre as partes (art. 111 do CC) ou nos casos legais (ex.: silêncio do donatário em face de doação oferecida por alguém – art. 539 do CC).

Uma vez que a aceitação foi feita cumprindo os requisitos legais, seu **efeito** jurídico será a criação do vínculo contratual.

No entanto, o vínculo não será criado nos seguintes casos:

a) se houver retratação (art. 433 do CC); nesse caso, a retratação deve chegar ao conhecimento do proponente junto ou antes da aceitação;

b) se, embora expedida a tempo, por motivo imprevisto, a aceitação chegar tarde ao conhecimento do proponente (ex.: por problema nos correios), conforme art. 430 do CC; nesse caso, o proponente ficará liberado, mas deverá comunicar imediatamente o fato ao aceitante, sob pena de responder por perdas e danos.

4.1.3.4. Teorias sobre o momento da conclusão dos contratos entre ausentes

De acordo com o **sistema da informação (ou cognição)**, o contrato se forma no momento em que o policitante toma conhecimento da aceitação pelo oblato. O problema é que nunca se sabe exatamente quando isso ocorre.

Já o sistema da **agnição (declaração)** contempla as seguintes **espécies**:

a) declaração propriamente dita: o contrato se forma assim que se faz a declaração de aceitação, ou seja, assim que o oblato escreve a resposta com a aceitação; o problema é que essa resposta pode ser rasgada logo em seguida;

b) recepção: o contrato se forma no momento em que o proponente recebe a declaração de aceitação; também é complicada essa espécie, pois não há como o aceitante ter certeza do momento em que o proponente recebe a declaração de aceitação;

c) expedição: o contrato se forma no momento em que a declaração de aceitação é expedida; essa espécie é mais aceita, pois traz um dado mais objetivo; ademais, está prevista expressamente no *caput* do art. 434 do CC.

Porém, os contratos não se formarão no seguintes casos (art. 434 do CC):

a) se houver retratação da aceitação;

b) se for estipulado prazo para chegar à aceitação e essa não chegar;

c) se for estipulado que o proponente deseja esperar a resposta (recepção).

Quanto ao contrato eletrônico, não há previsão expressa a respeito no Código Civil. Porém, a doutrina aponta que ele se forma com a recepção (Enunciado JDC/CJF nº 173).

4.2. Princípios dos contratos

4.2.1. Princípio da autonomia da vontade

É aquele que assegura a liberdade de contratar, consistente na escolha entre celebrar ou não um contrato e na faculdade de escolher com quem, o que e como contratar.

4.2.2. Princípio da força obrigatória (obrigatoriedade, intangibilidade)

É aquele pelo qual o contrato faz lei entre as partes. Esse princípio decorre do anterior e estabelece a ideia de *pacta sunt servanda.* Em virtude dele, as partes são obrigadas a cumprir o combinado e não podem modificar unilateralmente o contrato.

4.2.3. Princípio da relatividade

É aquele pelo qual os efeitos dos contratos só são produzidos entre as partes. Decorre do princípio da autonomia da vontade.

4.2.4. Princípio da função social dos contratos

Aquele que só legitima e protege contratos que objetivam trocas úteis, justas e não prejudiciais ao interesse coletivo. Tal princípio é inspirado na diretriz de sociabilidade do atual Código Civil, que, traduzida para o plano contratual, impõe que o ele seja instrumento de adequado convívio social.

Consequências do princípios:

a) Os contratos devem ser **úteis**, ou seja, devem ser de interesse das partes. Assim, não é útil o contrato que estabelece a venda casada, em que um comerciante, por exemplo, é obrigado a adquirir cervejas e refrigerantes, quando seu interesse é apenas adquirir refrigerantes;

b) os contratos devem ser **justos**, ou seja, devem ser equilibrados. O contrato deve ser meio de negociação sadia de interesses e não meio de opressão. As cláusulas não podem ser abusivas, leoninas. Esse princípio impõe respeito à solidariedade, à justiça social e à dignidade da pessoa humana. Assim, não é justo o contrato que estabelece prestações exageradas ou desproporcionais, como, por exemplo, o contrato que estabelece que um contratante fica exonerado de qualquer responsabilidade pelo serviço prestado ou que estabelece que o comprador deve renunciar à indenização por benfeitorias necessárias que fizer no imóvel que tiver de ser devolvido;

c) os contratos devem **respeitar o interesse coletivo**, ou seja, não podem prejudicar os interesses difusos e coletivos, tais como o direito ao meio ambiente ecologicamente equilibrado. O próprio art. 170 da CF dispõe que um dos princípios da ordem econômica é a defesa do meio ambiente. A ideia central aqui é a promoção de um *desenvolvimento sustentável*.

O juiz, diante dessa cláusula geral, deverá se valer das *regras de experiência* e das *conexões sistemáticas*, ou seja, da utilização de regras previstas em outros diplomas legislativos que estabeleçam valores concernentes ao equilíbrio contratual. O juiz usará o princípio para interpretar o contrato, corrigir ou contrato e até declarar nulas uma cláusula contratual ou todo o contrato se, depois de todo esforço interpretativo, não puder mantê-lo.

4.2.5. Princípio da boa-fé objetiva

Aquele que impõe aos contratantes guardar em todas as fases que envolvem o contrato o respeito à lealdade.

Consequências:

a) Os contratantes devem ser **leais**, ou seja, devem agir com honestidade, retidão, respeito, cuidado e probidade;

b) deve-se analisar a conduta dos contratantes segundo os parâmetros da **boa-fé objetiva**, ou seja, o que se entende como atitude de boa-fé na sociedade. Trata-se da concepção ética de boa-fé e não da concepção individual, subjetiva, de boa-fé. Assim, não se verifica o que pensa um dos contratantes sobre o que é agir de boa-fé. Verifica-se o que pensa a sociedade sobre isso. O juiz, diante dessa cláusula geral, também deverá se valer das *regras de experiência* e das *conexões sistemáticas*, ou seja, da utilização de regras previstas em outros diplomas legislativos que estabeleçam valores concernentes à boa-fé.

Exemplo de aplicação prática do princípio é o trazido no Enunciado 432 das Jornadas de Direito Civil, *in verbis*: "art. 422: Em contratos de financiamento bancário, são abusivas cláusulas contratuais de repasse de custos administrativos (como análise do crédito, abertura de cadastro, emissão de fichas de compensação bancária etc.), seja por estarem intrinsecamente vinculadas ao exercício da atividade econômica, seja por violarem o princípio da boa-fé objetiva".

O princípio se aplica desde a fase das tratativas contratuais, passando pela fase de celebração, execução, extinção e até após o contrato. E o juiz também usará o princípio para interpretar o contrato, corrigir ou contrato e até declarar nulas uma cláusula contratual ou todo o contrato se, depois de todo esforço interpretativo, não puder mantê-lo.

O princípio da boa-fé objetiva também é fundamento, hoje, na imposição de reparação de danos originados na fase pré-contratual. Com efeito, quando pessoas estão em tratativas para celebrar um contrato, mas tal tratativa é de tal monta que gera expectativa legítima de que o contrato vá ser concluído, havendo rompimento das tratativas e prejuízo material a alguma das partes, de rigor, em homenagem ao princípio da boa-fé objetiva, o reconhecimento da responsabilidade civil em desfavor da parte infratora.

4.3. Classificação dos contratos

4.3.1. Quanto aos efeitos (ou quanto às obrigações)

4.3.1.1. Contratos unilaterais

São aqueles em que há obrigações para apenas uma das partes. São exemplos a doação pura e simples, o mandato, o depósito, o mútuo (empréstimo de bem fungível – dinheiro, p. ex.) e o comodato (empréstimo de bem infungível). Os três últimos são unilaterais, pois somente se formam no instante em que há entrega da coisa (são contratos reais). Entregue o dinheiro, por exemplo, no caso do mútuo, esse contrato estará formado e a única parte que terá obrigação será o mutuário, a de devolver a quantia emprestada (e pagar os juros, se for mútuo feneratício).

4.3.1.2. Contratos bilaterais

São aqueles em que há obrigações para ambos os contratantes. Também são chamados de sinalagmáticos. A expressão "sinalagma" confere a ideia de reciprocidade às obrigações. São exemplos a prestação de serviços e a compra e venda.

4.3.1.3. Contratos bilaterais imperfeitos

São aqueles originariamente unilaterais, que se tornam bilaterais por uma circunstância acidental. São exemplos o mandato e o depósito não remunerados. Assim, num primeiro momento, o mandato não remunerado é unilateral (só há obrigações para o mandatário), mas, caso esse incorra em despesas para exercê-lo, o mandante passará também a ter obrigações, no caso a de ressarcir o mandatário.

4.3.1.4. Contratos bifrontes

São aqueles que originariamente podem ser unilaterais ou bilaterais. São exemplos o mandato e o depósito. Se for estipulada remuneração em favor do mandatário ou do depositário, estar-se-á diante de contrato bilateral, pois haverá obrigações para ambas as partes. Do contrário, será unilateral, pois haverá obrigações apenas para o mandatário ou para o depositário.

Importância da classificação: a classificação é utilizada, por exemplo, para distinguir contratos em que cabe a exceção de contrato não cumprido. Apenas nos contratos bilaterais é que uma parte pode alegar a exceção, dizendo que só cumpre a sua obrigação após a outra cumprir a sua. Nos contratos unilaterais, como só uma das partes tem obrigações, o instituto não se aplica. Isso vale tanto para a inexecução total (hipótese em que se alega a *exceptio non adimplecti contractus*) como para a inexecução parcial (hipótese em que se alega a *exceptio non rite adimplecti contractus*), previstas no art. 476 do CC, e ainda para a exceção de insegurança, prevista no art. 477 do CC. Para aplicação do instituto, é importante verificar qual das duas partes tem de cumprir sua obrigação em primeiro lugar.

4.3.2. Quanto às vantagens

4.3.2.1. Contratos gratuitos

São aqueles em que há vantagens apenas para uma das partes. Também são chamados de benéficos. São exemplos a doação pura e simples, o depósito não remunerado, o mútuo não remunerado e o comodato.

4.3.2.2. Contratos onerosos

São aqueles em que há vantagens para ambas as partes. São exemplos a compra e venda, a prestação de serviços, o mútuo remunerado (feneratício) e a doação com encargo.

Não se deve confundir a presente classificação com a trazida anteriormente e achar que todo contrato unilateral é gratuito e que todo contrato bilateral é oneroso. Como exemplo de contrato unilateral e oneroso pode-se trazer o mútuo feneratício.

Importância da classificação: a) os institutos da evicção e dos vícios redibitórios somente são aplicados aos contratos onerosos; b) na fraude contra credores, em se tratando de contratos gratuitos celebrados por devedor insolvente ou reduzido à insolvência, o *consilium fraudis* é presumido. Nos contratos onerosos, por sua vez, tal *consilium* deve ser provado; c) na responsabilidade civil, essa se configura por mera culpa de qualquer das partes em contratos onerosos, ao passo que, nos contratos gratuitos, quem detém o benefício só responde se agir com dolo; d) na interpretação dos contratos, essa será estrita (não ampliativa) nos contratos gratuitos ou benéficos.

4.3.3. Quanto ao momento de formação

4.3.3.1. Contrato consensual

É aquele que se forma no momento do acordo de vontades. São exemplos a compra e venda e o mandato. Nesse tipo de contrato, a entrega da coisa (tradição) é mera execução.

4.3.3.2. Contrato real

É aquele que somente se forma com a entrega da coisa. São exemplos o comodato, o depósito e o mútuo. Nesses contratos a entrega da coisa é requisito para a formação, a existência do contrato.

4.3.4. Quanto à forma

4.3.4.1. Contratos não solenes

São aqueles de forma livre. São exemplos a compra e venda de bens móveis, a prestação de serviços e a locação. A regra é ter o contrato forma livre (art. 107 do CC), podendo ser verbal, gestual ou escrito, devendo obedecer a uma forma especial apenas quando a lei determinar.

4.3.4.2. Contratos solenes

São aqueles que devem obedecer a uma forma prescrita em lei. São exemplos a compra e venda de imóveis (deve ser escrita, e, se de valor superior a 30 salários mínimos, deve ser por escritura pública), o seguro e a fiança.

A forma, quando trazida na lei, costuma ser essencial para a validade do negócio (forma *ad solemnitatem*). Porém, em algumas situações, a forma é mero meio de prova de um dado negócio jurídico (forma *ad probationem tantum*).

4.3.5. Quanto às qualidades pessoais dos contratantes

4.3.5.1. Contratos impessoais

São aqueles em que a prestação pode ser cumprida, indiferentemente, pelo devedor ou por terceiro. Em obrigações de dar, por exemplo, não importa se é o próprio devedor ou terceiro quem cumpre a obrigação, mas sim que essa seja cumprida.

4.3.5.2. Contratos personalíssimos

São aqueles celebrados em razão de qualidades pessoais de pelo menos um dos contratantes, não podendo a respectiva prestação ser cumprida por terceiro. Também são chamados de contratos *intuitu personae*. Geralmente, nesse tipo de contrato, há obrigações de fazer. Os elementos confiança, qualidade técnica e qualidade artística são primordiais. São exemplos a contratação de um pintor renomado para realizar uma obra de arte e a contratação de um cantor para se apresentar numa casa de espetáculos. Nesses dois exemplos, a *pessoalidade* é da natureza do contrato. Entretanto, é possível que, por vontade dos contratantes, fique estipulado o caráter personalíssimo desse.

Importância da classificação: a) em caso de não cumprimento da obrigação, em se tratando de contrato impessoal, o credor tem, pelo menos, duas opções, quais sejam, mandar executar a obrigação por terceiro à custa do devedor ou simplesmente requerer indenização por perdas e danos; no caso de contrato personalíssimo, todavia, a obrigação não cumprida se converte em obrigação de pagar perdas e danos, já que só interessa seu cumprimento pelo devedor e não por terceiro; b) em caso de falecimento do devedor, em se tratando de contrato impessoal, a obrigação fica transmitida aos herdeiros, que deverão cumpri-la nos limites das forças da herança; no caso de contrato personalíssimo, por sua vez, o falecimento do devedor antes de incorrer em mora importa a extinção do contrato, não transferindo as obrigações respectivas aos herdeiros daquele.

4.3.6. Quanto à existência de regramento legal

4.3.6.1. Contratos típicos (ou nominados)

São os que têm regramento legal específico. O CC traz pelo menos vinte contratos típicos, como a compra e venda, a doação e o mandato. Leis especiais trazem diversos outros contratos dessa natureza, como o de locação de imóveis urbanos (Lei 8.245/1991), de incorporação imobiliária (Lei 4.561/1964) e de alienação fiduciária (Decreto-Lei 911/1969 com as alterações da Lei 10.931/2004).

4.3.6.2. Contratos atípicos (ou inominados)

São os que não têm regramento legal específico, nascendo da determinação das partes. Surgem da vida cotidiana, da necessidade do comércio. São exemplos o contrato de cessão de clientela, de agenciamento matrimonial, de excursão turística e de feiras e exposições. Apesar de não haver regulamentação legal desses contratos, o princípio da autonomia da vontade possibilita sua celebração, observados alguns limites impostos pela lei. O art. 425 do CC dispõe que "é lícito às partes estipular contratos atípicos, observadas as normas gerais fixadas neste Código". Assim, as pessoas podem criar novas figuras contratuais, desde que respeitem os seguintes preceitos do CC: os da parte geral (ex.: o objeto deve ser lícito, possível e determinável) e os da teoria geral das obrigações e dos contratos (ex.: deve atender ao princípio da função social dos contratos). De qualquer modo, nesse tipo de contrato as partes devem trazer maiores detalhes acerca de seu regramento, dada a inexistência de regulação legal da avença.

4.3.6.3. Contratos mistos

São os que resultam da fusão de contratos nominados com elementos particulares, não previstos pelo legislador, criando novos negócios contratuais. Exemplo é o contrato de exploração de lavoura de café, em que se misturam elementos atípicos com contratos típicos, como a locação de serviços, a empreitada, o arrendamento rural e a parceria agrícola.

4.3.7. Quanto às condições de formação

4.3.7.1. Contratos paritários

São aqueles em que as partes estão em situação de igualdade, podendo discutir efetivamente as condições contratuais.

4.3.7.2. Contratos de adesão

São aqueles cujas cláusulas são aprovadas pela autoridade competente ou estabelecidas unilateralmente sem que o aderente possa modificar ou discutir substancialmente seu conteúdo. Exemplos: contratos de financiamento bancário, seguro e telefonia. A lei estabelece que a inserção de uma cláusula no formulário não desnatura o contrato, que continua de adesão.

Importância da classificação: Os contratos de adesão têm o mesmo regime jurídico dos contratos paritários, mas há algumas diferenças pontuais. Se o contrato de adesão for regido pelo Direito Civil, há duas regras aplicáveis: a) as cláusulas ambíguas devem ser interpretadas favoravelmente ao aderente (art. 423 do CC); b) a cláusula que estipula a renúncia antecipada do aderente a direito resultante da natureza do contrato é nula (art. 424 do CC). Já se o contrato de adesão for regido pelo CDC, há duas regras peculiares a esse contrato (art. 54 do CDC): a) os contratos de adesão admitem cláusula resolutória, mas essas são alternativas, cabendo a escolha ao consumidor, ou seja, é ele quem escolhe se deseja purgar a mora e permanecer com o contrato ou se prefere a sua resolução; b) as cláusulas limitativas de direito devem ser redigidas com destaque, permitindo sua imediata e fácil identificação, sendo que o desrespeito a essa regra gera a nulidade da cláusula (art. 54, § 4º, c/c o art. 51, XV, do CDC).

4.3.8. Quanto à definitividade

4.3.8.1. Contratos definitivos

São aqueles que criam obrigações finais aos contratantes. Os contratos são, em sua maioria, *definitivos*.

4.3.8.2. Contratos preliminares

São aqueles que têm como objeto a realização futura de um contrato definitivo. Um exemplo é o compromisso de compra e venda. Os contratos preliminares devem conter os requisitos essenciais do contrato a ser celebrado, salvo quanto à forma. Assim, enquanto a compra e venda definitiva de um imóvel deve ser por escritura pública, o compromisso de compra e venda pode ser por escritura particular. Além disso, o contrato preliminar deve ser levado a registro para ter eficácia perante terceiros. Assim, um compromisso de compra e venda não precisa ser registrado para ser válido, mas sem a formalidade não há como impedir que um terceiro o faça antes, pois, não registrando, carregará esse ônus. De qualquer forma, o compromissário comprador, uma vez pagas todas as parcelas do compromisso, tem direito à adjudicação compulsória, independentemente da apresentação do instrumento no Registro de Imóveis. O compromissário deve apenas torcer para que alguém não tenha feito isso antes. As regras sobre o contrato preliminar estão nos artigos 462 e 463 do CC:

a) consequência imediata do contrato preliminar: desde que não conste cláusula de arrependimento, qualquer das partes pode exigir a celebração do contrato definitivo, assinalando prazo à outra. É importante ressaltar que, em matéria de imóveis, há diversas leis impedindo a cláusula de arrependimento;

b) consequência mediata do contrato preliminar: esgotado o prazo mencionado sem a assinatura do contrato definitivo, a parte prejudicada pode requerer ao Judiciário que supra a vontade do inadimplente, conferindo caráter definitivo ao contrato preliminar, salvo se a isso se opuser a natureza da obrigação.

4.3.9. Quanto ao conhecimento prévio das prestações

4.3.9.1. Contrato comutativo

É aquele em que as partes, de antemão, conhecem as prestações que deverão cumprir. Exs.: compra e venda, prestação de serviços, mútuo, locação, empreitada etc. A maior parte dos contratos tem essa natureza.

4.3.9.2. Contrato aleatório

É aquele em que pelo menos a prestação de uma das partes não é conhecida de antemão. Ex.: contrato de seguro.

4.3.10. Quanto ao momento de execução

4.3.10.1. Contratos instantâneos

São aqueles em que a execução se dá no momento da celebração. Um exemplo é a compra e venda de pronta entrega e pagamento.

4.3.10.2. Contratos de execução diferida

São aqueles em que a execução se dá em ato único, em momento posterior à celebração. Constitui exemplo a compra e venda para pagamento em 120 dias.

4.3.10.3. Contratos de trato sucessivo ou de execução continuada

São aqueles em que a execução é distribuída no tempo em atos reiterados. São exemplos a compra e venda em prestações, a locação e o financiamento pago em parcelas.

Importância da classificação: para efeito de discernir que tipo de contrato está sujeito à regra da imprevisão. Tal instituto, previsto nos arts. 478 a 480 do CC, só é aplicável aos contratos de execução diferida e de execução continuada, visto que não se pode conceber que uma prestação possa se tornar excessivamente onerosa por um fato novo em contratos em que a execução se dá no mesmo instante de sua celebração.

4.4. Onerosidade excessiva

4.4.1. Introdução

A Primeira Guerra Mundial trouxe sérias consequências à execução dos contratos, principalmente os de longo prazo. Isso fez com que ganhasse força a ideia de que está implícita em todo pacto uma cláusula pela qual a obrigatoriedade de seu cumprimento pressupõe a inalterabilidade da situação de fato que deu origem à sua formação. Tratava-se da chamada cláusula *rebus sic stantibus* ("enquanto as coisas estão assim"). Enquanto as condições fáticas existentes quando da celebração do contrato estiverem inalteradas, as disposições desse serão obrigatórias. Modificadas tais condições, causando desequilíbrio entre os contratantes, há de se alterar suas disposições. No Brasil, houve certa resistência a essa ideia, uma vez que o país acabara de ganhar um novo Código Civil (o de 1916), que não fazia referência ao assunto. Isso fez com que a ideia do *rebus sic stantibus* acabasse sendo aceita desde que os novos fatos fossem extraordinários e imprevisíveis, daí porque entre nós ganhou o nome de Teoria da Imprevisão. Mesmo assim, era só uma teoria. Algumas leis até trataram da questão, mas sempre de modo pontual. São exemplos a Lei de Alimentos, a Lei de Locações e a Lei de Licitações e Contratos Administrativos. Sobreveio o Código de Defesa do Consumidor, que inovou ao permitir a revisão contratual por onerosidade excessiva, independentemente de fato imprevisível. E em 2003, com a entrada em vigor do atual CC, previu-se para qualquer contrato regido pelo Direito Civil o instituto da "resolução por onerosidade excessiva", contudo novamente vinculada à ocorrência de fatos imprevisíveis. Como se verá, o CC adotou um nome infeliz ("resolução"), pois, em caso de onerosidade excessiva por fato imprevisível, deve-se, em primeiro lugar, buscar a revisão contratual e não a extinção do contrato.

4.4.2. Requisitos para aplicação da regra da imprevisão

O CC exige o seguinte para que se tenha direito à revisão ou à resolução do contrato:

a) o contrato deve ser de execução continuada ou diferida;
b) a prestação de uma das partes deve se tornar excessivamente onerosa;
c) a outra parte deve ficar com extrema vantagem;
d) o desequilíbrio deve ser decorrência de acontecimentos extraordinários e imprevisíveis.

O primeiro requisito é óbvio, pois num contrato de execução instantânea não há tempo para que a prestação fique excessivamente onerosa.

O segundo requisito impõe que a perda seja razoável. Pequenas perdas não possibilitam a revisão contratual.

O requisito de extrema vantagem para a outra parte vem sendo atenuado pela doutrina. Em virtude do princípio da função social dos contratos, basta que uma das partes fique com a prestação excessivamente onerosa para que possa pleitear a revisão contratual.

Por fim, exige-se acontecimento extraordinário e imprevisível. O requisito afasta acontecimentos ordinários, como é o caso da inflação. O problema é que, no mundo moderno e na realidade brasileira, quase tudo é previsível e quase tudo acontece com uma certa frequência. A inflação é previsível. O aumento do dólar também. Assim, num primeiro momento, somente situações extremas, como a guerra ou a ocorrência de uma catástrofe causada pela natureza, preencheriam o requisito. Isso fez com que a doutrina flexibilizasse a regra, apontando que os "motivos imprevisíveis" que autorizam a revisão contratual podem estar relacionados tanto com uma causa imprevisível (guerra, ciclone etc.) como um resultado imprevisível (o tamanho do aumento do dólar, por exemplo).

4.4.3. Consequência da configuração do instituto

O devedor poderá pedir em juízo a resolução do contrato, retroagindo os efeitos da sentença para a data da citação (art. 478 do CPC). Trata-se de consequência extremamente radical e que fere os princípios da conservação dos contratos, da função social, da boa-fé objetiva e da proibição de exercício abusivo dos direitos, bem como das disposições dos arts. 317 e 480 do CC. Assim, deve-se buscar, em primeiro lugar, a revisão contratual, que só não será efetivada se for inviável, para só então partir-se para a resolução do contrato. Se a parte prejudicada ingressar diretamente com pedido de resolução do contrato, o art. 479 do CC dispõe que a medida poderá ser evitada se o réu se oferecer a modificar equitativamente as condições do pacto. O juiz analisará se a proposta é ou não equitativa, verificando se há ou não boa-fé dos contratantes.

4.5. Evicção

4.5.1. Conceito

É a perda da coisa adquirida onerosamente, em virtude de decisão judicial ou administrativa que a atribui a outrem por motivo anterior à aquisição. O exemplo comum é daquele que adquire onerosamente um bem de quem não é dono, vindo a perdê-lo por uma ação movida pelo verdadeiro proprietário da coisa. Quem aliena direito sobre o bem tem, assim, o dever de garantir que era seu titular e que a transferência o atribuirá realmente ao adquirente. O instituto da evicção tem três personagens, quais sejam, o **alienante** (aquele que transferiu o direito sobre a coisa, e que não era seu verdadeiro titular), o **evicto** (aquele que adquiriu o direito sobre a coisa, mas foi vencido numa demanda promovida por terceiro, verdadeiro titular de tal direito) e o **evictor** ou **evencente** (terceiro reivindicante da coisa, que vence a demanda que promoveu contra o adquirente).

4.5.2. Incidência

O instituto incide tanto na perda da posse como na perda do domínio sobre a coisa; a perda pode ser parcial ou total; deve se tratar de contrato oneroso; a garantia subsiste mesmo na compra feita em hasta pública; a privação da coisa, configuradora da evicção, pode se dar tanto por decisão judicial, como por decisão administrativa.

4.5.3. Garantia

Ocorrendo a evicção, o evicto se voltará contra o alienante para fazer valer os seguintes direitos:

a) de *restituição integral do preço ou das quantias pagas*; o preço será o do valor da coisa na época em que se evenceu;

b) de *indenização dos frutos que tiver sido obrigado a restituir*;

c) de *indenização pelas despesas dos contratos e pelos prejuízos que diretamente resultarem da evicção;* assim, as despesas contratuais com escritura pública, registro e imposto de transmissão, bem como qualquer outra que decorra diretamente da perda da coisa, como a correção monetária e os juros, deverão ser indenizadas;

d) de *ressarcimento das custas judiciais e dos honorários do advogado por ele constituído;*

e) de *pagamento das benfeitorias necessárias ou úteis que fizer, não abonadas pelo reivindicante.*

4.5.4. Possibilidades de alteração da garantia

4.5.4.1. Possibilidades

Segundo o art. 448 do CC, é facultado às partes, desde que por cláusula expressa, reforçar, diminuir ou excluir a responsabilidade pela evicção.

Assim, pode-se estipular expressamente que, em caso de evicção, o adquirente terá direito à devolução do preço com um acréscimo de cinquenta por cento, por exemplo, punição que reforça a garantia.

Pode-se também diminuir e até excluir a responsabilidade pela evicção, estipulando-se expressamente que, em caso de perda da coisa, o adquirente não terá direito à devolução do preço por inteiro (diminuição) ou do valor total pago (exclusão).

Entretanto, o art. 449 do CC dispõe que, mesmo havendo cláusula excluindo a garantia contra evicção (a chamada cláusula genérica de exclusão ou cláusula de irresponsabilidade), se esta vier a ocorrer, o evicto ainda assim terá direito ao pagamento do preço pago pela coisa, salvo se tiver ciência do risco da evicção e assumido expressamente esse risco. Há, portanto, dois tipos de exclusão estabelecidos em lei: a exclusão parcial e a exclusão total.

4.5.4.2. Exclusão parcial

Dá-se quando há mera cláusula que exclui a garantia (ex.: fica excluída a garantia que decorre da evicção). Neste caso, o evicto continuará tendo direito à devolução do preço pago pela coisa, ficando excluídos somente os demais direitos que decorrem da evicção (indenização dos frutos, despesas, prejuízos, sucumbência e benfeitorias). Tal limitação da autonomia da vontade decorre da necessidade de dar guarida ao princípio do não enriquecimento sem causa. Aqui temos uma *cláusula genérica de exclusão da garantia.*

4.5.4.3. Exclusão total

Dá-se quando presentes três requisitos. O primeiro deles consiste na a) existência de uma cláusula de exclusão da garantia, como aquela dada anteriormente como exemplo. Além disso, é necessário que b) o evicto tenha ciência do risco da evicção, como na hipótese em que é informado que corre uma demanda reivindicatória promovida por terceiro em face do alienante. Por fim, é imprescindível que, ciente do risco de perda da coisa, c) o evicto o tenha assumido, vale dizer, é necessário assunção do risco por parte do adquirente. Trata-se da chamada *cláusula específica de exclusão da garantia.* O art. 449 do CC não impõe textualmente que os dois últimos requisitos (ciência e assunção do risco da evicção) estejam expressos numa cláusula contratual, de modo que se pode admitir sua comprovação de outra forma.

4.5.5. Requisitos para exercer a garantia que decorre da evicção

a) *perda total ou parcial* do domínio, da posse ou do uso da coisa alienada;

b) *onerosidade da aquisição*, salvo a doação para casamento com certa e determinada pessoa;

c) *inexistência de cláusula de irresponsabilidade*. Caso exista, só se terá direito ao preço pago.

d) *anterioridade do direito do evictor*. O alienante não responderá se o direito do evictor sobre a coisa só se der após sua transferência ao adquirente.

e) *denunciação da lide ao alienante*. O STJ entende que a obrigatoriedade da denunciação é tão somente para exercer o direito de regresso no mesmo processo, não impedindo que se ingresse com ação autônoma em seguida, para o fim de fazer valer diante do alienante os direitos que decorrem da evicção, entendimento que encontra arrimo no princípio que veda o enriquecimento sem causa.

4.6. Vícios redibitórios

4.6.1. Conceito

São problemas ocultos presentes em coisas recebidas em virtude de contrato comutativo, que as tornem impróprias ao uso a que são destinadas ou lhes diminuam o valor. O instituto está previsto nos arts. 441 a 446 do CC. São exemplos um carro com motor ruim e um apartamento com infiltração, vícios que o comprador nem sempre pode perceber. O fundamento do instituto é o princípio da garantia quanto à coisa. Não se deve confundir o instituto dos vícios redibitórios com o do erro e do dolo. O vício é um problema na coisa, ao passo que o erro e o dolo são problemas na vontade. Além disso, o vício possibilita a redibição do contrato ou o abatimento no preço, ao passo que o erro e o dolo ensejam a anulação do contrato.

4.6.2. *Requisitos para a configuração do instituto*

a) prejuízo sensível ao uso ou ao valor da coisa;
b) problema imperceptível à diligência ordinária do adquirente (vício oculto);
c) problema já existente ao tempo da entrega da coisa;
d) contrato oneroso e comutativo.

4.6.3. *Efeitos*

Configurado o vício, o adquirente poderá ingressar com uma das seguintes ações (denominadas ações edilícias):

4.6.3.1. *Ação redibitória*

É aquela que objetiva a rescisão do contrato. Nesta ação pede-se a extinção do contrato, com a devolução do valor recebido e o pagamento das despesas do contrato. Se o alienante sabia do vício, o adquirente pode também pedir indenização por perdas e danos.

4.6.3.2. *Ação estimatória (quanti minoris)*

É aquela que tem por finalidade a obtenção do abatimento do preço.

Observação: o prazo para ingressar com as ações acima é decadencial, uma vez que nos dois casos estamos diante de prazo previsto na Parte Especial do CC, bem como de pretensões de natureza constitutiva (rescisão e modificação do contrato, respectivamente).

4.6.4. *Prazo para ingressar com a ação*

a) se a coisa for móvel: 30 dias.
b) se a coisa for imóvel: 1 ano.

4.6.5. *Termo a quo*

Conta-se o prazo da (do):

4.6.5.1. *Data da entrega efetiva*

Quando o adquirente não estava na posse da coisa.

4.6.5.2. *Data da alienação*

Quando o adquirente estava na posse da coisa. Nesse caso, o prazo fica reduzido à metade.

4.6.5.3. *No momento em que o adquirente tiver ciência do vício*

Quando este, além de oculto, só poderá ser conhecido mais tarde, dada a sua natureza. Neste caso, a lei estipula um prazo máximo para *ciência* do vício. Esse prazo é de 180 dias para móvel e de 1 ano para imóvel. Assim, se uma pessoa comprar um carro com esse tipo de vício e vier a descobri-lo 170 dias depois, cumpriu o primeiro prazo, qual seja, o prazo de 180 dias para a tomada de ciência do problema na coisa. Em seguida, começará o segundo prazo, o de *garantia* para ingressar com uma das ações mencionadas. No caso, o prazo será de 30 dias, por se tratar de móvel. Mas, se a pessoa só tem ciência do vício 190 dias após a aquisição, o *prazo para ciência* do vício terá terminado, ficando prejudicado o direito. Nessa hipótese, nem se começa a contar o *prazo de garantia*.

Confira a respeito o seguinte acórdão do STJ: "Quando o vício oculto, por sua natureza, só puder ser conhecido mais tarde (art. 445, § 1º, CC), o adquirente de bem móvel terá o prazo de trinta dias (art. 445, caput, do CC), a partir da ciência desse defeito, para exercer o direito de obter a redibição ou abatimento no preço, desde que o conhecimento do vício ocorra dentro do prazo de cento e oitenta dias da aquisição do bem." (REsp 1.095.882-SP, DJ 19.12.14).

4.6.6. *Garantia contratual*

O CC estabelece que "não correrão os prazos da garantia legal na constância da garantia contratual" (art. 446). Isso significa que, havendo garantia voluntária (ex.: até a próxima Copa do Mundo), primeiro se conta o prazo dela, para só depois se contar o prazo da garantia legal. Todavia, a lei dispõe que, havendo garantia voluntária (= a garantia contratual), o adquirente deve denunciar eventual defeito que a coisa tiver ao alienante no prazo de 30 dias após seu descobrimento, sob pena de decadência. Ou seja, a lei dá com uma mão (diz que os prazos de garantia voluntária e legal devem ser somados), mas tira com a outra (estabelece um procedimento diferente, que obriga o adquirente a avisar a ocorrência do defeito ao alienante 30 dias após essa descoberta), prazo independente do de garantia. Aqui temos o chamado "prazo de aviso". De qualquer forma, nunca haverá decadência em prazo menor que o próprio prazo de garantia legal (30 dias para móvel e 1 ano para imóvel).

4.7. Extinção dos contratos

4.7.1. *Execução*

Esta é a forma normal de extinção dos contratos. Na compra e venda a execução se dá com a entrega da coisa (pelo vendedor) e com o pagamento do preço (pelo comprador).

4.7.2. *Invalidação*

O contrato anulável produz seus efeitos enquanto não for anulado pelo Poder Judiciário. Uma vez anulado (decisão constitutiva), o contrato fica extinto com efeitos "ex nunc". Já o contrato nulo recebe do Direito uma sanção muito forte, sanção que o priva da produção de efeitos desde o seu início. A parte interessada ingressa com ação pedindo uma decisão declaratória, decisão que deixa claro que o contrato nunca pode produzir efeitos, daí porque essa decisão tem efeitos "ex tunc". Se as partes acabaram cumprindo "obrigações", o juiz as retornará ao estado anterior.

4.7.3. Resolução

Há três hipóteses de extinção do contrato pela resolução, a saber:

4.7.3.1. Por inexecução culposa

É aquela que decorre de culpa do contratante. Há dois casos a considerar:

a) se houver cláusula resolutiva expressa (pacto comissório), ou seja, previsão no próprio contrato de que a inexecução deste gerará sua extinção, a resolução opera de pleno direito, ficando o contrato extinto; o credor que ingressar com ação judicial entrará apenas com uma ação declaratória, fazendo com que a sentença tenha efeitos *ex tunc*. A lei protege o devedor em alguns contratos, estabelecendo que, mesmo existindo essa cláusula, ele tem o direito de ser notificado para purgar a mora (fazer o pagamento atrasado) no prazo estabelecido na lei.

b) se não houver cláusula resolutiva expressa, a lei estabelece a chamada **"cláusula resolutiva tácita"**, disposição que está implícita em todo contrato, e que estabelece que o seu descumprimento permite que a outra parte possa pedir a resolução do contrato. Neste caso, a resolução dependerá de interpelação judicial para produzir efeitos, ou seja, ela não ocorre de pleno direito. Repare que não basta mera interpelação extrajudicial. Os efeitos da sentença judicial serão "ex nunc".

É importante ressaltar que a parte lesada pelo inadimplemento (item *a* ou *b*) tem duas opções (art. 474 do CC): a) pedir a resolução do contrato; ou b) exigir o cumprimento do contrato. Em qualquer dos casos, por se tratar de inexecução culposa, caberá pedido de indenização por perdas e danos. Se houver cláusula penal, esta incidirá independentemente de prova de prejuízo (art. 416 do CC). Todavia, uma indenização suplementar dependerá de convenção no sentido de que as perdas e os danos não compreendidos na cláusula penal também serão devidos.

4.7.3.2. Por inexecução involuntária

É aquela que decorre da impossibilidade da prestação. Pode decorrer de caso fortuito ou força maior, que são aqueles fatos necessários, cujos efeitos não se consegue evitar ou impedir. Esta forma de inexecução exonera o devedor de responsabilidade (art. 393 do CC), salvo se este expressamente assumiu o risco (art. 393 do CC) ou se estiver em mora (art. 399 do CC).

4.7.3.3. Por onerosidade excessiva

Conforme vimos, no caso de onerosidade excessiva causada por fato extraordinário e imprevisível, cabe revisão contratual. Não sendo esta possível, a solução deve ser pela resolução do contrato, sem ônus para as partes. A resolução por onerosidade excessiva está prevista no art. 478 do CC.

4.7.4. Resilição

4.7.4.1. Conceito

É a extinção dos contratos pela vontade de um ou de ambos contratantes. A palavra-chave é *vontade*. Enquanto a resolução é a extinção por inexecução contratual ou onerosidade excessiva, a resilição é a extinção pela vontade de uma ou de ambas as partes.

4.7.4.2. Espécies

a) bilateral, *que é o acordo de vontades para pôr fim ao contrato* (**distrato**). A forma para o distrato é a mesma que a lei exige para o contrato. Por exemplo, o distrato de uma compra e venda de imóvel deve ser por escritura, pois esta é a forma que a lei exige para o contrato. Já o distrato de um contrato de locação escrito pode ser verbal, pois a lei não exige documento escrito para a celebração de um contrato de locação. É claro que não é recomendável fazer um distrato verbal no caso, mas a lei permite esse procedimento.

b) unilateral, *que é a extinção pela vontade de uma das partes* (**denúncia**). Essa espécie de resilição só existe por exceção, pois o contrato faz lei entre as partes. Só é possível a denúncia unilateral do contrato quando: i) houver previsão contratual ou ii) a lei expressa ou implicitamente autorizar. Exemplos: em contratos de execução continuada com prazo indeterminado, no mandato, no comodato e no depósito (os três últimos são contratos feitos na base da confiança), no arrependimento de compra feita fora do estabelecimento comercial (art. 49 do CDC) e nas denúncias previstas na Lei de Locações (arts. 46 e 47 da Lei 8.245/1991). A lei exige uma formalidade ao denunciante. Este deverá notificar a outra parte, o que poderá ser feito extrajudicialmente. O efeito da denúncia é "ex tunc". Há uma novidade no atual CC, que é o "aviso prévio legal". Esse instituto incide se alguém denuncia um contrato prejudicando uma parte que fizera investimentos consideráveis. Nesse caso, a lei dispõe que a denúncia unilateral só produzirá efeitos após um prazo compatível com a amortização dos investimentos (art. 473, parágrafo único).

4.7.5. Morte

Nos contratos impessoais, a morte de uma das partes não extingue o contrato. Os herdeiros deverão cumpri-lo segundo as forças da herança. Já num contrato personalíssimo (contratação de um advogado, contratação de um cantor), a morte da pessoa contratada extingue o contrato.

4.7.6. Rescisão

A maior parte da doutrina encara a rescisão como gênero, que tem como espécies a resolução, a resilição, a redibição etc.

4.8. Compra e venda

4.8.1. Introdução

Na fase primitiva da civilização havia apenas troca ou permuta de objetos. Isso porque não havia denominador comum de valores. Em seguida, algumas mercadorias passaram a ser utilizadas como padrão monetário (ouro, prata, cabeça de gado). Aliás, cabeça de gado chamava *pecus*, o que deu origem à palavra pecúnia. Até que surgiu o papel-moeda, que é um elemento representativo de um padrão monetário. Isso possibilitou grande circulação de riqueza, tornando o contrato de compra e venda o mais comum dos contratos.

4.8.2. *Conceito*

É o contrato pelo qual um dos contratantes (vendedor) se obriga a transferir o domínio de coisa corpórea ou incorpórea, e outro (comprador), a pagar-lhe certo preço em dinheiro ou valor fiduciário equivalente. Ou seja, um dá uma coisa (um alimento, um móvel, um eletrodoméstico) e o outro dá dinheiro ou outro valor fiduciário (cheque, por exemplo). Perceba que compra e venda não transfere a propriedade da coisa, mas apenas obriga uma das partes a transferir a coisa a outro.

4.8.3. *Sistemas*

Quanto aos efeitos dos contratos de compra e venda, existem três: a) francês, em que o contrato tem o poder de transferir o domínio da coisa. Ou seja, celebrado o contrato de compra e venda, independentemente da tradição (na coisa móvel) ou do registro (na coisa imóvel), a propriedade dela já é do comprador; b) romano, em que o contrato apenas cria obrigações. O descumprimento do contrato gera perdas e danos; c) brasileiro, que adotou o romano, com poucas exceções; assim, o contrato de compra e venda gera obrigações e não transferência direta da propriedade.

4.8.4. *Classificação*

O contrato de compra e venda é bilateral, consensual, oneroso, comutativo e não solene (salvo os direitos reais sobre imóveis).

4.8.5. *Elementos*

4.8.5.1. *Consentimento*

a) deve recair sobre uma coisa e um preço (elemento de existência);

b) deve recair sobre a natureza do contrato e sobre o objeto (elemento de validade); não recaindo, pode-se estar diante de erro ou dolo;

c) deve ser livre e espontâneo (elemento de validade); não o será se houver coação;

d) deve surgir de agente capaz (elemento de validade).

4.8.5.2. *Preço*

a) deve ter peculiaridade (ser ou representar dinheiro), seriedade (ser verdadeiro, real, sob pena de ser simulação) e certeza (certo ou determinável);

b) a lei admite o preço segundo: i) acordo entre os contratantes; ii) arbítrio de terceiro escolhido pelas partes; iii) tabelamento oficial; iv) taxa de mercado ou bolsa em certo dia e lugar; v) índices ou parâmetros (p. ex.: valor do petróleo);

c) a lei admite, excepcionalmente, convenção de venda sem fixação de preço, desde que essa seja a intenção das partes, hipótese em que se considera o tabelamento oficial ou o preço corrente das vendas habituais do vendedor;

d) o preço é livre, mas existem alguns temperamentos, que podem tornar o contrato anulável, como, por exemplo, em "Negócios da China" (aplicação do instituto da lesão – art. 157 do CC) e no estado de perigo (art. 156 do CC).

4.8.5.3. *Coisa*

a) pode ser corpórea (móveis e imóveis) ou incorpórea (ações, direito de autor, créditos);

b) deve ser existente, ainda que de modo potencial; se for inexistente por ter perecido (ex.: casa destruída), a venda é nula; se for sobre coisa futura sem assunção de risco, a venda é sob condição; se for coisa futura com assunção de risco, a venda é aleatória;

c) deve ser individuada, ou seja, determinada ou determinável; se for coisa incerta, deve ser indicada ao menos quanto ao gênero e à quantidade; o devedor escolherá, pelo menos, a de termo médio;

d) deve ser disponível, ou seja, alienável natural, legal e voluntariamente (não pode conter cláusula de inalienabilidade) e pertencente ao vendedor. Neste caso, não sendo o vendedor dono da coisa, a venda poderá ser convalidada se ele vier a adquiri-la posteriormente e estiver de boa-fé (art. 1.268 do CC).

4.8.6. *Efeitos da compra e venda*

4.8.6.1. *Principais*

a) gera obrigações recíprocas de entregar a coisa e pagar o preço;

b) gera responsabilidades por vícios redibitórios e pela evicção.

4.8.6.2. *Secundários*

a) responsabilidade pelos riscos da coisa: até a tradição, é do vendedor; se houver mora no recebimento, é do comprador; se for entregue ao transportador indicado ao vendedor, é do comprador;

b) responsabilidade pelos riscos do preço: até o pagamento, é do comprador; após o pagamento e em caso de mora em receber, é do vendedor;

c) responsabilidade pelas despesas de escritura e registro: é do comprador, salvo convenção diversa;

d) responsabilidade pela tradição: é do vendedor, salvo convenção diversa;

e) responsabilidade pelas dívidas pretéritas que gravam a coisa até a tradição: é do vendedor, salvo convenção diversa; se a obrigação for *propter rem*, o comprador terá direito de regresso contra o vendedor;

f) direito de retenção da coisa: até o pagamento, o vendedor não é obrigado a entregar a coisa, salvo nas vendas a crédito e convenção em contrário.

4.8.7. *Limitações à compra e venda*

4.8.7.1. *Venda de ascendente a descendente*

É anulável, salvo se houver consentimento dos outros descendentes e do cônjuge. A ideia é impedir vendas por preços mais baixos, prejudicando herdeiros. Repare que isso só ocorre na venda. A doação não precisa do consentimento. Porém, o donatário deverá colacionar os bens recebidos em vida, no inventário do doador, quando este falecer, salvo se houver dispensa disso.

4.8.7.2. *Aquisição por pessoa encarregada de zelar pelos interesses do vendedor*

É nula. Exemplos: aquisição pelo tutor, curador, administrador, juiz, servidor público etc.

4.8.7.3. *Venda de fração ideal de coisa indivisível em condomínio*

Os consortes terão direito de preferência. Um exemplo é de três pessoas donas de um mesmo imóvel. Caso uma delas queira vender sua parte, deverá oferecer às outras, que terão preferência na aquisição. Não respeitada tal preferência, o prejudicado poderá depositar o preço dentro de 180 dias da transmissão. Se os dois consortes prejudicados tiverem interesse na coisa, tem primazia o que tiver benfeitorias de maior valor na coisa, o que tiver maior quinhão e o que fizer o primeiro depósito, nessa ordem.

4.8.7.4. *Venda entre cônjuges*

Só é possível em relação a bens excluídos da comunhão.

4.8.8. *Venda ad mensuram*

4.8.8.1. *Conceito*

Aquela em que o preço estipulado é feito com base nas dimensões do imóvel. Ex.: alguém compra um terreno em que se deixou claro que os 360 m² têm o valor de R$ 50 mil.

4.8.8.2. *Consequência*

A área do imóvel deverá efetivamente corresponder às dimensões dadas.

4.8.8.3. *Tolerância*

A lei admite uma diferença de até 1/20 da área total enunciada.

4.8.8.4. *Exclusão da tolerância*

a) se houver exclusão expressa no contrato;

b) se o comprador provar que não teria realizado o negócio se soubesse da diferença.

4.8.8.5. *Direitos do comprador*

Poderá pedir o complemento da área (ação *ex empto* ou *ex vendito*). Não sendo possível, terá a opção entre pedir a resolução do contrato ou o abatimento proporcional do preço.

4.8.9. *Venda ad corpus*

4.8.9.1. *Conceito*

Aquela em que o imóvel é vendido como coisa certa e discriminada, sendo meramente enunciativa eventual referência às suas dimensões. Ex.: consta do contrato que a área tem mais ou menos 20.000 m².

4.8.9.2. *Consequência*

Pouco importa a área efetiva do imóvel. Não haverá complemento ou devolução do preço.

4.8.10. *Retrovenda*

4.8.10.1. *Conceito*

Cláusula pela qual o vendedor reserva-se o direito de reaver o imóvel que está sendo alienado, em certo prazo, restituindo o preço mais despesas feitas pelo comprador (art. 505 do CC). Ou seja, é aquela situação em que alguém vende um imóvel, mas assegura o direito de recomprá-lo em certo prazo, pelo mesmo preço da venda anterior. Infelizmente esse instituto é muito utilizado na agiotagem. O Judiciário vem reconhecendo a simulação quando o intuito da retrovenda é servir de garantia para uma dívida.

4.8.10.2. *Direito de retrato*

O prazo máximo para esse direito é de 3 anos. Trata-se de prazo decadencial.

4.8.11. *Preferência*

4.8.11.1. *Conceito*

Convenção em que o comprador se obriga a oferecer ao vendedor a coisa que aquele vai vender, para que este use seu direito de prelação na compra, tanto por tanto (art. 513). Por exemplo, é aquela situação em que alguém compra um andar de um prédio comercial para instalar sua empresa e, já pensando no futuro crescimento, estabelece com o vendedor, que é dono da sala vizinha, que quer preferência na aquisição da segunda sala, caso o vendedor queira vendê-la no futuro.

4.8.11.2. *Exercício do direito*

Havendo interesse em vender a coisa, o vendedor deverá notificar o titular do direito de preferência para que este diga se tem interesse em adquiri-la, no mínimo, pelo mesmo valor da proposta recebida pelo vendedor. Não havendo prazo estipulado, o titular do direito de preferência terá 3 dias, se a coisa for móvel, e 60 dias, se a coisa for imóvel, para manifestar-se, sob pena de decadência. O prazo máximo que pode ser convencionado para esse tipo de manifestação é de 180 dias, se a coisa for móvel, e de 2 anos, se imóvel.

4.8.11.3. *Descumprimento do direito*

A preferência contratual, se preterida, enseja apenas direito de o prejudicado pedir perdas e danos ao ofensor. Não há direito de perseguir a coisa. Por isso, não se deve confundir esse direito de preferência com outros direitos de preferência que decorrem da lei, que admitem a persecução da coisa, como no caso da preferência que existe entre coproprietários de um bem indivisível, quando um deles deseja vender sua fração ideal.

4.9. Contrato estimatório (venda em consignação)

O contrato estimatório pode ser **conceituado** como *aquele em que o consignante entrega bens móveis ao consignatário, para que este os venda, pagando àquele o preço ajustado, ou restitua a coisa ao consignante no prazo ajustado*.

Trata-se da famosa **venda em consignação**, muito comum nas vendas de carros, livros, joias, obra de arte, artesanato, bebidas. Atualmente, há muitas lojas de veículo consignado. O dono do veículo leva o automóvel à loja, deixando-o lá, em consignação, para que a loja tente vender o veículo. Uma vez vendido o veículo, o valor mínimo combinado será entregue ao dono do veículo, ficando o valor pago a mais com a loja de veículos.

A vantagem desse contrato é que o vendedor final (ex.: a loja de veículos) não precisar ter um grande capital de giro, pois não tem que comprar bens para revender.

Quanto à **coisa consignada**, há de se observar as seguintes regras:

a) não pode ser objeto de constrição em favor dos credores do consignatário, enquanto não pago integralmente o preço (art. 536 do CC); isso ocorre, pois o consignatário (ex.: loja de veículos consignados) não é dono da coisa, mas apenas a mantém para tentar vendê-la a terceiro;

b) não pode ser alienada pelo consignante antes de lhe ser restituída ou de ser comunicada restituição (art. 537 do CC); ou seja, o consignante (dono da coisa) deve respeitar a posição do consignatório; porém, o consignante pode pedir a coisa de volta, sendo que, uma vez restituída a coisa, o consignante poderá vendê-la a quem bem entender;

c) se não puder ser restituída, ainda que por fato não imputável ao consignatário, este deverá pagar o preço (art. 535 do CC); por exemplo, se o carro, que estava na loja de carros, vier a se perder, o consignatário (loja de veículos) deverá pagar o preço da coisa ao consignante (dono do carro).

Quanto à **classificação**, o contrato é *típico, bilateral, oneroso* e *real*.

O contrato estimatório tem, ainda, as seguintes **características**:

a) transfere-se a posse e o poder de disposição (e não a propriedade);

b) a propriedade continua com o consignante, até que seja vendida a terceiro ou adquirida pelo consignatário, mas o consignante não pode alienar a coisa antes de ser devolvida ou comunicada a sua restituição (art. 537 do CC);

c) o consignante fixa **preço de estima**, ou seja, o preço mínimo que ele deseja receber pela coisa consignada; esse preço deve ser abaixo do de mercado e o consignatário deve pagar esse preço, ficando com a diferença do valor pago a maior;

d) o consignatário, findo o contrato, pode devolver o bem, ficar com ele (pagando o preço estimado) ou vendê-lo a terceiro (pagando o preço estimado);

e) decorrido o prazo sem entrega da coisa pelo consignatário, cabe reintegração de posse;

f) o consignante, caso não receba o valor pela coisa vendida pelo consignatário, não deve acionar o terceiro, mas o consignatário.

Quanto ao **consignatário**, temos as seguintes regras:

a) tem poderes de posse e de disposição (ou seja, tem um *mandato* para vender a coisa);

b) tem por obrigação principal uma obrigação alternativa, qual seja, de vender a coisa, de ficar com a coisa ou de devolver a coisa no prazo combinado, sendo que, nos dois últimos casos, deve pagar o preço estimado;

c) tem por obrigação acessória arcar com as despesas de custódia e venda da coisa, salvo acordo entre as partes.

Quanto ao **consignante**, temos as seguintes regras:

a) tem poderes de fixar o preço de estima;

b) tem poder de propriedade compatível com o poder do consignatário; tem a posse indireta apenas, podendo retomar após o decurso do prazo; notificado o consignatário sem que este devolva a coisa, caberá reintegração de posse;

c) tem por obrigação não poder dispor da coisa no curso do contrato.

4.10. Doação

O contrato de doação pode ser **conceituado** como *o contrato em que uma pessoa, por liberalidade, transfere de seu patrimônio bens ou vantagens para o de outra, mediante aceitação desta* (art. 538 do CC).

Quanto à **classificação**, a doação é contrato:

a) gratuito: há vantagem apenas para uma das partes;

b) unilateral: há obrigação apenas para uma das partes, salvo na doação com encargo (contrato bilateral);

c) consensual: constitui-se com o mero acordo de vontades, não sendo necessária a entrega da coisa, ou seja, não é contrato *real*;

d) solene/formal: ou seja, há forma prescrita em lei, que deve ser obedecida; no caso, o art. 541, *caput*, e parágrafo único, do CC impõe forma escrita (pública ou privada), salvo bens móveis e de pequeno valor, se lhes seguir incontinenti a tradição.

São **características** do contrato de doação as seguintes:

a) a contratualidade: trata-se de contrato "inter vivos", não se confunde com o testamento, que é ato "causa mortis"; ademais, a doação gera direitos pessoais, direitos típicos de um contrato;

b) o "animus donandi": a doação depende da existência de intenção de praticar uma liberalidade;

c) a transferência de bens ou direitos do patrimônio do doador ao patrimônio do donatário; ou seja, é necessário que haja enriquecimento de um lado e empobrecimento de outro;

d) a necessidade de aceitação do donatário: ou seja, a doação não se aperfeiçoa enquanto beneficiário não a aceitar (art. 539 do CC); a aceitação pode ser das seguintes espécies:

d1) expressa: por exemplo, a feita no próprio instrumento de doação; na doação com encargo só cabe aceitação expressa;

d2) tácita: é aquela que decorre de comportamento do donatário; por exemplo, se o donatário recolhe imposto de transmissão, é sinal que aceitou tacitamente a doação;

d3) presumida: é aquela em que o doador fixa prazo para aceitação ou não da doação, sendo que o donatário é notificado das condições e do prazo para aceitação, deixando transcorrer o prazo "in albis".

No contrato de doação, há **casos particulares**, em que se têm regras específicas:

a) absolutamente incapaz: dispensa-se aceitação, se a doação for pura e simples (art. 543 do CC), já que, nesse tipo de doação, presume-se o benefício para o incapaz; porém, na doação com encargo, o representante legal deve aceitar ou não a doação;

b) nascituro: nesse caso a aceitação será feita pelo representante legal deste (art. 542 do CC);

c) doação em contemplação de casamento futuro: não pode ser impugnada por falta de aceitação; ficará sem efeito se o casamento não se realizar (art. 546 do CC).

Vejamos, agora, aos **requisitos especiais** da doação:

a) **subjetivos:**

✓ Os **absoluta ou relativamente incapazes** não podem, em regra, doar, nem por seu representante.

✓ Os **cônjuges** não podem doar sem autorização (salvo no regime de separação absoluta), salvo doações remuneratórias de móveis (serviço prestado), doações módicas, doações *propter nuptias* (art. 1.647, parágrafo único, do CC) e doação de bens próprios (salvo imóveis – art. 1.642, II, do CC).

✓ O **cônjuge adúltero** não pode fazer doação a seu cúmplice, sob pena de anulabilidade.

Art. 550 do CC; aliás, "a doação do cônjuge adúltero ao seu cúmplice pode ser anulada pelo outro cônjuge, ou por seus herdeiros necessários, até dois anos depois de dissolvida a sociedade conjugal".

✓ A doação entre **consortes** não é possível, se casados pelo regime de comunhão universal, mas é possível nos demais casos, sendo que essa doação importará em adiantamento do que cabe ao cônjuge donatário, na herança.

✓ **O falido** não pode doar porque não está na administração da coisa, além do que a doação seria lesiva; é cabível, em alguns casos, a ação pauliana (fraude contra credores – art. 158 do CC).

✓ O ascendente pode doar a **descendente**, mas tal doação importará em adiantamento da legítima (art. 544 do CC), devendo o valor da doação ser colacionado no inventário (arts. 2002 do CC e 1.014 do CPC), salvo se o doador, no instrumento de doação ou por testamento, dispensar a colação, dispondo que a doação está saindo da metade disponível (arts. 1.847, 2.005 e 2.006 do CC).

✓ Cabe doação a **sociedade não constituída** (entidade futura), mas tal doação caducará se a entidade não for criada em dois anos da liberalidade (art. 554 do CC).

b) **objetivos:**

✓ Só podem ser doadas as coisas ***in commercio***; partes do corpo não podem ser doadas, portanto; salvo excepcionalmente, nos casos previstos em lei;

✓ É nula a **doação universal**, ou seja, a doação de todos os bens, sem reserva de parte do patrimônio ou renda suficiente para subsistência do doador (art. 548 do CC). A finalidade da regra é evitar a penúria do doador, garantindo-lhe a dignidade (art. 1º, III, da CF). É possível evitar a sanção de nulidade, fazendo-se reserva de usufruto em favor do doador.

✓ É nula a doação inoficiosa, ou seja, de parte excedente à de que o doador poderia dispor em testamento no momento em que doa (art. 549 do CC).

c) **requisito formal:**

A doação deve ser escrita, podendo ser verbal nos casos já mencionados.

Confira, agora, as **espécies** de doação:

a) pura e simples: é a doação feita por mera liberalidade, sem condição, termo, encargo ou outra restrição. Não perdem esse caráter as doações meritórias (p. ex., para um grande cientista) e a doação remuneratória ou gravada, no que exceder o valor dos serviços ou gravame.

b) modal ou com encargo (ou onerosa): é a doação em que o doador impõe ao donatário uma incumbência específica em benefício próprio (ex.: cuidar do doador), de terceiro (ex.: cuidar do tio doente do doador) ou do interesse geral (ex.: construir uma escola). Se o encargo for ilícito ou impossível, deve ser ignorado. Havendo encargo, é interessante que haja um prazo para o seu cumprimento. Não havendo, deve-se notificar o donatário, assinando prazo razoável para cumprir (art. 562 do CC). Podem exigir o cumprimento o doador, seus herdeiros, os beneficiários do encargo e o Ministério Público, neste caso, se o encargo for do interesse geral, desde que depois da morte do doador, sem que este tenha agido. Em caso de mora no cumprimento da obrigação, o doador pode, ainda, revogar a doação.

c) doação remuneratória: é a doação em que, sob aparência de liberalidade, há firme propósito do doador de pagar serviços prestados pelo donatário ou alguma vantagem que haja recebido deste. Não perde caráter de liberalidade no valor excedente ao valor dos serviços remunerados.

d) doação condicional: é a doação que produz ou deixa de produzir efeitos segundo evento futuro e incerto.

e) doação em forma de subvenção periódica: essa doação parece com a prestação de alimentos (art. 545 do CC), ficando extinta com a morte do doador, salvo se este dispôs de modo diverso, ou seja, que a subvenção periódica continuará.

f) doação com cláusula de reversão: é aquela doação em que o doador estipula a volta dos bens ao seu patrimônio se sobreviver ao donatário (art. 547 do CC). A venda da coisa, estando ainda vivo o doador, é anulável.

g) doação a termo: é aquela doação que tem termo final ou inicial. Ex.: pelo prazo de 10 anos.

h) doação conjuntiva: é a doação feita em comum a mais de uma pessoa. A lei presume que a doação é distribuída por igual. Haverá direito de acrescer, caso venha a faltar um dos donatários, apenas no caso de doação para marido e mulher, subsistindo na totalidade a doação para o cônjuge sobrevivo (art. 551 do CC).

Quanto à **revogação da doação**, pode ser por ingratidão ou por inexecução da obrigação.

Vejamos primeiro a revogação por **ingratidão.**

O art. 556 do CC dispõe que não se pode renunciar antecipadamente ao direito de revogar uma doação, por ingratidão.

Confira as **hipóteses de revogação da doação por ingratidão** (art. 557 do CC):

a) se o donatário atentou contra a vida do doador ou cometeu crime de homicídio doloso contra ele;

b) se cometeu contra ele ofensa física;

c) se o injuriou gravemente ou o caluniou;

d) se, podendo ministrá-los, recusou ao doador os alimentos de que este necessitava.

A revogação também é possível se as ofensas mencionadas se derem contra o cônjuge, ascendente, descendente, ainda que adotivo, ou irmão do doador (art. 558 do CC).

O prazo decadencial para ingressar com ação com vistas à revogação da doação é de 1 ano, contado da chegada ao conhecimento do doador o fato que autorizar a sua autoria (art. 559 do CC).

A **legitimidade ativa** para ingressar com essa ação é apenas do doador (trata-se de ação personalíssima), não se transmitindo aos herdeiros, que podem, no máximo, prosseguir na ação intentada pelo doador, caso este venha a falecer.

No caso de homicídio doloso a ação caberá aos herdeiros do doador, salvo perdão por parte deste (art. 561 do CC).

Já a **legitimidade passiva** para a ação visando à revogação da doação é do donatário.

A revogação por ingratidão não prejudica os direitos adquiridos por **terceiros**, nem obriga o donatário a restituir os frutos percebidos antes da citação válida; mas o sujeita a pagar os posteriores, e, quando não possa restituir em espécie as coisas doadas, a indenizá-la pelo meio-termo do seu valor (art. 563 do CC).

Não se revogam por ingratidão (art. 564 do CC):

a) as doações puramente remuneratórias;

b) as oneradas com encargo já cumprido;

c) as que se fizerem em cumprimento de obrigação natural;

d) as feitas para determinado casamento.

Passemos agora ao estudo da revogação da doação por **inexecução do encargo** se o donatário incorrer em mora (art. 562 do CC).

Não havendo prazo para o cumprimento, o doador poderá notificar judicialmente o donatário, assinando-lhe prazo razoável para que cumpra a obrigação assumida.

Podem exigir o cumprimento do encargo o doador, os herdeiros, os beneficiários do encargo e o Ministério Público (se o encargo for de interesse geral, depois da morte do doador, se este nada tiver feito – art. 553 do CC).

4.11. Empréstimo

O empréstimo é o gênero, que tem como espécies o *comodato* e o *mútuo*.

O empréstimo permite que alguém utilize coisa alheia, com o dever de restituir a coisa ao final.

4.11.1. Comodato

O comodato pode ser **conceituado** como *o empréstimo gratuito de coisas não fungíveis* (art. 579 do CC).

Outro conceito de comodato é o seguinte: *é o contrato pelo qual uma pessoa entrega a outra, gratuitamente, coisa não fungível para que a utilize e depois restitua.*

O comodato é um *empréstimo de uso*, já que a coisa é devolvida depois, ao passo que o mútuo é um *empréstimo de consumo*, já que a coisa (fungível) acaba sendo consumida, devolvendo-se o equivalente.

O comodato tem as seguintes **características**:

a) é unilateral: ou seja, gera obrigações apenas para o comodatário, já que é um contrato que se forma apenas com a entrega da coisa; acidentalmente, o comodato pode gerar obrigações para o comodante, hipótese em que se terá um contrato bilateral imperfeito;

b) é gratuito: ou seja, somente o comodatário aufere vantagens; se for estipulada remuneração, desfigura-se para aluguel; não desfigura o contrato a existência de pequeno encargo, como cuidar das plantas, dos pássaros, ou seja, não pode ser uma contraprestação;

c) é real: ou seja, perfaz-se com a tradição do objeto (art. 579, 2ª parte, do CC); na falta de entrega não se tem comodato, mas no máximo contrato preliminar (promessa de comodato);

d) é não solene: ou seja, não há forma especial para sua validade.

O comodato tem os seguintes **requisitos**:

a) **subjetivos:**

✓ administradores de bens alheios, especialmente de incapazes (tutores, curadores), não podem dá-los em comodato, pois não seria administração normal a cessão gratuita do uso; nesses casos, o comodato só seria possível mediante autorização judicial;

✓ não há necessidade de que o comodante seja proprietário da coisa dada em comodato; por exemplo, o usufrutuário pode dar a coisa em comodato; porém, o locatário não pode assim agir, sob pena de despejo.

b) **objetivos:**

✓ Deve se tratar de coisa não fungível, podendo ser móvel ou imóvel.

Quanto à **duração**, o contrato de comodato tem as seguintes características:

a) é temporário; se fosse perpétuo, seria uma doação;

b) possibilidades:

b1) se não tiver prazo convencional (duração indeterminada), tem-se o comodato "ad usum" ou com "tempo presumido"; nesse caso presumir-se-lhe-á pelo tempo necessário para o uso concedido (art. 581 do CC); exs.: empréstimo para fazer um curso em São Paulo por 6 meses ou empréstimo de um trator para uma colheita; a retomada antes do prazo, nesse caso, só será possível em caso de necessidade imprevista e urgente reconhecida pelo juiz, como quando o comodante fique doente e precise fazer um tratamento na cidade onde se encontra o imóvel dado em comodato;

b2) se tiver prazo convencional certo, deve-se respeitá-lo; a retomada antes do termo final só será possível em caso de necessidade imprevista e urgente (art. 581 do CC).

Quanto às **obrigações do comodatário**, temos as seguintes:

a) como obrigação principal, deve *conservar* a coisa como se sua fosse (art. 582 do CC); não basta o cuidado elementar; correndo risco o objeto, o comodatário deve dar preferência à coisa comodada no salvamento (art. 583 do CC), mas não é necessário que arrisque a própria vida;

b) *não usar* a coisa, senão de acordo com o contrato ou a natureza dela (art. 582 do CC; não é possível cedê-la a terceiro, mudar a sua destinação (ex.: de residencial para comercial), sob pena de responsabilidade por perdas e danos;

c) arcar com as *despesas* normais com uso e gozo da coisa emprestada (ex.: limpeza, condomínio, tributos), não podendo recobrá-las do comodante (art. 584 do CC); porém, o comodatário não responde por despesas extraordinárias (ex.: infiltração, problemas na fundação), mas, se urgentes, deve reparar e depois cobrar do comodante;

d) restituir a coisa "in natura", o que deverá ser feito no prazo ajustado ou, na falta, quando lhe for reclamado, ressalvado o tempo necessário ao uso concedido (finalidade), ou, ainda, em caso de necessidade imprevista e urgente (art. 581 do CC); não restituída a coisa, deve-se constituir em mora o comodatário (por meio de notificação), com posterior ingresso com ação de reintegração de posse; constituído o comodatário em mora, este responderá, até restituir a coisa, pelo aluguel desta que for arbitrado pelo comodante (art. 582 do CC);

e) responder pelo dano à coisa, por culpa ou dolo; responderá também por caso fortuito ou de força maior se, correndo risco o objeto dado em comodato, salvar seus bens primeiro (art. 583 do CC) ou se estiver em mora (arts. 582 e 399 do CC);

f) responder solidariamente se houver mais de um comodatário simultaneamente sobre uma coisa (arts. 585 e 275 a 285, do CC).

São **obrigações do comodante**:

a) reembolsar o comodatário pelas despesas extraordinárias e urgentes que este fizer, ressalvado o direito de retenção em favor deste; porém, o comodante não tem obrigação de restituir as despesas normais e o valor das benfeitorias úteis e voluptuárias não autorizadas por ele;

b) indenizar o comodatário pelos vícios ocultos que escondeu dolosamente e não preveniu.

O comodato fica **extinto** nas seguintes hipóteses:

a) com o advento do termo convencionado;

b) pela resolução, por iniciativa do comodante, em caso de descumprimento de suas obrigações;

c) por sentença, a pedido do comodante, provada a necessidade imprevista e urgente;

d) pela morte do comodatário, se o contrato for "intuito personae"; ex.: morte de paralítico que recebeu cadeira de rodas;

e) pelo distrato;

f) pela alienação da coisa emprestada.

4.11.2. Mútuo

O mútuo pode ser **conceituado** como o *empréstimo de coisas fungíveis* (art. 586 do CC).

Trata-se de contrato pelo qual uma das partes transfere uma coisa fungível a outra, obrigando-se esta a restituir-lhe coisa do mesmo gênero, da mesma qualidade e na mesma quantidade.

Diferentemente do comodato, que é um empréstimo de uso, o mútuo é um empréstimo de consumo.

Um exemplo é o empréstimo de dinheiro, já que este é coisa fungível. O dinheiro emprestado será consumido pelo mutuário, que, mais tarde, devolverá a mesma quantia, mas não necessariamente o mesmo dinheiro que recebeu.

Outro exemplo é empréstimo de café que um vizinho faz para o outro. Quem recebe o café irá consumi-lo. Em seguida, deverá restituir o café, procurando comprar outro da mesma marca e na mesma quantidade emprestada.

Por conta dessa característica do mútuo (empréstimo de consumo), a doutrina aponta que esse contrato transfere a propriedade da coisa emprestada, o que pode ser visualizado com tranquilidade no exemplo do empréstimo de café. O café a ser devolvido em seguida será outro.

O mútuo tem as seguintes **características**:

a) é unilateral: ou seja, gera obrigações apenas para o mutuário; isso ocorre, pois o mútuo só se forma com a entrega da coisa, e, uma vez formado, somente o mutuário tem deveres;

b) é gratuito, se não houver remuneração para o mutuante; e é oneroso, se houver remuneração para o mutuante; o mútuo oneroso é denominado mútuo feneratício; em caso de mútuo destinado a fins econômicos (empréstimo de dinheiro feito em favor de uma empresa) presumem-se devidos juros (art. 591 do CC), vale dizer, presume-se que se trata de mútuo oneroso; mútuo destinado a fins econômicos é aquele não feito por amizade, cortesia ou espírito de solidariedade;

c) é real, pois somente passa a existir com a tradição da coisa; assim, o empréstimo de dinheiro somente se perfaz quando há a entrega do dinheiro; mesmo que já haja um contrato de mútuo assinado, enquanto não houver a entrega de dinheiro, o contrato não é considerado existente, tratando-se, nessa fase, de mera promessa de mutuar;

d) é não solene: ou seja, não se exige forma especial; de qualquer forma, é recomendável que o mútuo se dê por escrito, tendo em vista as limitações para provar por testemunhas contratos com valor superior a dez salários mínimos (art. 227 do CC).

O mútuo tem os seguintes **requisitos**:

a) subjetivos:

✓ o mutuante deve estar habilitado a obrigar-se;

✓ o mutuário também deve estar habilitado; por exemplo, no caso de mútuo feito a pessoa menor, sem prévia autorização do representante legal, o valor emprestado não pode ser reavido nem do mutuário nem de seus fiadores (art. 588 do CC); trata-se de proteção contra a exploração gananciosa da sua inexperiência; porém, deixa-se de aplicar a pena nos seguintes casos (art. 589 do CC): i) se o representante ratificar posteriormente; ii) se o menor, ausente o representante, contrair empréstimo para seus alimentos habituais; iii) se o menor tiver bens ganhos com seu trabalho, de modo a que eventual execução futura não ultrapasse as forças do patrimônio do menor; iv) se o empréstimo reverter em benefício do menor; v) se o menor entre 16 e 18 anos tiver obtido o empréstimo maliciosamente (art. 180 do CC).

b) objetivos:

✓ É necessário que a coisa seja fungível e de propriedade do mutuante.

Quanto à **duração**, o contrato de mútuo tem as seguintes características (arts. 590 e 592 do CC):

a) a restituição da coisa emprestada deve ser feita no prazo convencionado, que, inexistindo, dá ensejo às seguintes regras:

a1) se for produtos agrícolas: devolve-se até a próxima colheita;

a2) se for dinheiro: o prazo do mútuo será de 30 dias, pelo menos;

a3) se for outra coisa fungível: o mútuo se dará pelo período de tempo que declarar mutuante; ou seja, este, a todo tempo, poderá intimar o devedor para restituir no prazo razoável que estipular;

a4) se o mutuário sofrer notória mudança em sua situação econômica: pode-se exigir a restituição antes do vencimento (art. 590 do CC).

São **obrigações do mutuário:**

a) restituir o que recebeu, em coisas do mesmo gênero, qualidade e quantidade, no prazo estipulado (art. 586 do CC); é válida a cláusula de devolver a coisa equivalente ou seu valor no momento da restituição; em relações de consumo, a restituição total ou parcial do valor emprestado antes do prazo definido no contrato acarreta a redução proporcional dos juros e demais acréscimos (art. 52, § 2º, do CDC); não sendo possível a devolução do gênero, por causa não imputável ao devedor, substitui-se pelo equivalente pecuniário; indenização por perdas e danos só se houver culpa do mutuário;

b) pagar juros, se convencionados, ou se se trata de mútuo com fins econômicos; não se deve confundir os juros compensatórios (remuneração do capital) com os juros moratórios ou legais (pela mora); os juros legais são devidos desde a citação; quanto aos limites legais aos juros compensatórios, o art. 591 do CC estabelece que estes não podem exceder a taxa estipulada no art. 406 do CC (taxa dos juros legais), que é a Taxa Selic, a qual já contém correção monetária e juros; a capitalização de juros é vedada, salvo se feita anualmente; a cumulação de juros compensatórios com juros moratórios é possível, pois cada um tem sua origem, mas não é possível cumulá-los com comissão de permanência; todavia, a regra de limitação de juros e de proibição de capitalização de juros não se aplica às instituições financeiras, inclusive às administradoras de cartão de crédito (Medida Provisória 2.170-36/2001); o conceito de instituição financeira pode ser encontrado no art. 17 da Lei 4.595/1964 e na LC 105/2001);

c) pagar correção monetária, também chamada de cláusula de escala móvel; essa correção não se confunde com os juros; porém, quando aplicada a Taxa Selic, é importante observar que essa taxa já embute juros e correção monetária; porém, se os juros e a correção monetária forem estipulados especificamente, há de se tomar cuidado para que os juros estejam dentro dos limites (salvo instituição financeira), bem como se a correção monetária também está dentro dos limites, valendo salientar que a Lei do Plano Real (Lei 10.192/2001) considera nula a estipulação de correção monetária em periodicidade inferior a um ano;

d) responder pelos riscos da coisa desde a tradição (art. 587 do CC).

4.12. Prestação de Serviço

A prestação de serviço pode ser **conceituada** como *o contrato pelo qual uma parte se obriga para com a outra a fornecer-lhe a prestação de uma atividade, mediante remuneração* (art. 594 do CC).

São **exemplos** desse contrato a manutenção de equipamentos, a limpeza, a vigilância, a lavandeira, o gerenciamento, dentre outros.

O *regime jurídico* desse contrato se dá pelos arts. 593 e seguintes do Código Civil. No entanto, determinados serviços são regulados em outros contratos típicos do Código Civil (ex.: empreitada, transporte e corretagem) ou em lei especial, como é o caso do serviço voluntário (Lei 9.608/1998), serviço trabalhista (CLT), serviço decorrente de contrato administrativo (Lei 8.666/1993), serviço público (Lei 8.987/1995), dentre outros.

A prestação de serviços tem a seguintes **características**:

a) é bilateral, pois há obrigações para as duas partes; o prestador de serviço tem uma obrigação de fazer, ao passo que o tomador do serviço, uma obrigação de pagar;

b) é onerosa, pois há vantagens para ambas as partes; aliás, presume-se que o serviço é retribuído, sendo que, se não houver valor fixado, deve-se proceder ao arbitramento da retribuição (art. 596 do CC);

c) é consensual, pois se forma com o acordo de vontades;

d) é comutativa, pois, de antemão, conhecem-se as prestações de cada uma das partes;

e) é não solene, pois não há forma prescrita em lei para esse contrato.

Há um requisito subjetivo bastante importante no contrato de prestação de serviço. Trata-se da necessidade de o serviço ser prestado por alguém que possua habilitação, caso a lei assim determine. Assim, serviços advocatícios e médicos, por exemplo, devem ser prestados por aquele que possua habilitação para tanto. Caso alguém preste um serviço sem o título de habilitação ou sem a satisfação dos requisitos legais, a consequência é que esses serviços não poderão ser cobrados (art. 606 do CC). Excepcionalmente, o juiz poderá fixar em favor de quem prestou o serviço nessas condições uma compensação razoável, desde que o prestador do serviço esteja de boa-fé e que não se trate de um serviço vedado a inabilitados por lei de ordem pública.

Confira, agora, os **efeitos** do contrato de prestação de serviço:

a) o prestador do serviço deve adimplir primeiro (art. 597 do CC); ou seja, primeiro presta-se o serviço para depois receber por este, salvo convenção ou costume entre as partes;

b) quanto à duração, a prestação de serviço não se poderá convencionar por mais de 4 anos; não havendo prazo estipulado, nem se podendo inferir da natureza do contrato, ou do costume do lugar, qualquer das partes, a seu arbítrio, mediante prévio aviso, pode resolver o contrato; dar-se-á esse aviso: i) com antecedência de 8 dias, se o salário se houver fixado por tempo de um mês, ou mais; ii) com antecipação de 4 dias, se o salário se tiver ajustado por semana, ou quinzena; iii) de véspera, quando se tenha contratado por menos de sete dias; obs.: não se conta no prazo do contrato o tempo em que o prestador de serviço, por culpa sua, deixou de servir (art. 600 do CC);

c) aquele que aliciar pessoas obrigadas em contrato escrito a prestar serviço a outrem pagará a este a importância que ao prestador de serviço, pelo ajuste desfeito, houvesse de caber durante dois anos (art. 608 do CC).

Em caso de descumprimento do contrato pelo prestador de serviço, sua responsabilidade é subjetiva, no âmbito do Código Civil (art. 248 do CC), e objetiva, no âmbito do Código de Defesa do Consumidor (art. 14 do CDC), salvo o profissional liberal, que, mesmo no CDC, responde subjetivamente.

Caso o prestador de serviço seja despedido sem justa causa (art. 603 do CC), paga-se a retribuição vencida mais metade do que lhe tocaria até o fim do contrato. Se despedido com justa causa (art. 602 do CC), paga-se só a retribuição vencida, e o *prestador* responde por perdas e danos. O mesmo acontecerá se o próprio prestador de serviço se despedir sem justa causa.

O contrato é **extinto** nos seguintes casos (art. 607 do CC):

a) morte de qualquer das partes, salvo se for convencionada a impessoalidade do contrato;

b) escoamento do prazo ou conclusão dos serviços;

c) resilição por aviso prévio;

d) resolução por inadimplemento;

e) resolução pela impossibilidade de continuação, motivada por força maior.

A alienação do prédio agrícola, onde a prestação dos serviços se opera, não importa em rescisão do contrato, salvo ao prestador de serviço escolher entre novo tomador do serviço e o primitivo contratante (art. 609 do CC).

4.13. Depósito

O depósito pode ser **conceituado** como *o contrato em que o depositário recebe um objeto móvel, para guardar, até que o depositante o reclame* (art. 627 do CC).

A finalidade do contrato é a guarda de coisa alheia. Dessa forma, a princípio, o bem não deve ser usado pelo depositário, mas apenas guardado por este.

São exemplos de depósito o contrato de estacionamento, a alienação fiduciária, a guarda de joias em cofre, os guarda-móveis de aeroporto e os hotéis de cachorro.

O depósito tem as seguintes características:

a) é real, pois se forma com a entrega da coisa, não bastando o consentimento (art. 627 do CC);

b) é gratuito, pois, como regra, não envolve retribuição (art. 628 do CC); todavia, o depósito será oneroso nos seguintes casos: i) quando houver convenção nesse sentido; ii) quando resultar de atividade negocial (ex.: estacionamento); iii) quando o depositário o praticar por profissão; iv) quando for um depósito necessário, pois este não se presume gratuito (art. 651 do CC); por exemplo, o depósito da bagagem do hóspede por hotel é remunerado, ainda que esse preço esteja embutido no preço da hospedagem; na falta de convenção sobre o valor da retribuição recorre-se à lei, aos usos e até ao arbitramento (art. 628, parágrafo único, do CC);

c) é unilateral: se for gratuito, ocasião em que só o depositário terá obrigações (de entregar a coisa); se o depositante tiver de pagar remuneração, ter-se-á um contrato bilateral;

d) é não solene, não exigindo forma prescrita em lei; a forma escrita é apenas para *prova* do depósito voluntário (art. 646 do CC), e não para a *validade* deste; assim, recibos, tíquetes e outros documentos são meios de prova do depósito, e não requisitos de validade deste.

O depósito tem as seguintes **espécies**:

a) voluntário: decorre do consenso espontâneo; o depositante não precisa ser dono da coisa, mas deve ter o poder para administrá-la;

b) necessário: decorre de obrigação legal; é o que se efetua por ocasião de calamidade, como incêndio (depósito miserável), inundação, naufrágio e saque (art. 647 do CC); também é depósito necessário o que os hospedeiros têm em relação às bagagens dos hóspedes (art. 649 do CC).

São **obrigações do depositante**:

a) reembolsar as despesas feitas pelo depositário (art. 643 do CC);

b) indenizar o depositário pelos prejuízos que advierem do depósito (art. 643 do CC);

c) sujeitar-se ao direito de retenção em favor do depositário até o pagamento da retribuição, despesas e prejuízos líquidos provados de pronto (art. 644 do CC); valores ilíquidos exigem caução e remoção para depósito público.

São **obrigações do depositário**:

a) guardar a coisa alheia como se fosse sua; pode confiar a terceiro (ex.: banco, cofre etc.), já que não é contrato personalíssimo;

b) só usar a coisa ou dá-la em depósito a alguém mediante licença expressa do depositante (art. 640 do CC), sob pena de responder por perdas e danos; depositário também responderá por perdas e danos, se confiada a coisa a terceiro autorizado, este causar prejuízo; depositário será responsável se agir com culpa na escolha do terceiro;

c) conservar a coisa, respondendo subjetivamente por danos causados a esta, mas com culpa presumida; depositário se livra da responsabilização em caso de força maior e caso fortuito (art. 393 do CC), mas terá que prová-los (art. 642 do CC); inclusive: tem ônus de provar força maior.

d) restituir a coisa com seus frutos e acrescidos, quando o exija o depositante (art. 629 do CC), ainda que o depósito tenha prazo (art. 633 do CC), salvo: i) exercício de direito de retenção; ii) se o objeto estiver embargado; iii) se sobre ele pender execução; iv) se houver motivo razoável para suspeitar que a coisa foi dolosamente obtida, ocasião em que será recolhido ao depósito público (art. 634 do CC).

Nos depósitos voluntário e necessário, aquele que não restituir a coisa quando exigido, será compelido a fazê-lo mediante:

a) prisão não excedente a um ano;

b) pagamento de indenização dos prejuízos.

No entanto, o STF entende que não é mais cabível a prisão civil do depositário infiel. Nesse sentido, confira o teor da Súmula Vinculante nº 25: "é ilícita a prisão civil de depositário infiel, qualquer que seja a modalidade de depósito". Nesse sentido também é a Súmula 419 do STJ, ambas fundamentadas na Convenção Americana de Direitos Humanos (Pacto de San José da Costa Rica).

4.14. Fiança

4.14.1. Conceito

É contrato pelo qual uma pessoa (fiador) garante satisfazer ao credor uma obrigação assumida pelo devedor (afiançado), caso este não a cumpra (art. 818 do CC).

4.14.2. Exemplos

Em contratos de locação e de mútuo.

4.14.3. *Obrigações*

A fiança pode se dar em relação a *dívidas presentes* e *futuras*, mas, quanto a estas, o fiador não será demandado enquanto não se fizer certa e líquida a obrigação do devedor. A fiança normalmente serve de garantia a obrigações de dar dinheiro, mas nada impede uma fiança em outras obrigações de dar e nas obrigações de fazer e de não fazer. Nestes casos, a garantia tende a ser de satisfazer perdas e danos.

4.14.4. *Natureza jurídica*

É de *contrato acessório*; é também considerada uma *garantia* ou uma *caução* (garantia e caução são gêneros que abrangem a fiança, o aval, a hipoteca etc.), mas do tipo *fidejussória*, pois é uma garantia de natureza pessoal (o patrimônio de uma certa *pessoa* responde); já numa garantia *real* (hipoteca e penhor, p. ex.), um *bem certo* faz esse papel. Neste caso, o credor perseguirá um bem e não uma pessoa.

4.14.5. *Classificação*

4.14.5.1. *Quanto à existência por si só*

É *contrato acessório*; a consequência prática disso é que a fiança segue a sorte do contrato principal (há uma exceção no art. 824 do CC). Por exemplo, se este se extinguir, a fiança também restará extinta. A doutrina lembra que a fiança também é um *contrato subsidiário*, ou seja, tem sua execução subordinada ao não cumprimento, pelo devedor, do contrato principal. Dessa forma, se o contrato principal for integralmente cumprido, a fiança não produzirá efeitos práticos.

4.14.5.2. *Quanto às obrigações*

É *contrato unilateral*; isso porque a fiança é um contrato entre o credor e o fiador (o afiançado ou devedor não faz parte do contrato; aliás, pode-se estipular fiança até sem o consentimento do devedor - art. 820 do CC); repare que nesse contrato o credor não tem obrigações; só o fiador as tem, o que o torna um contrato unilateral.

4.14.5.3. *Quanto às vantagens*

a) regra geral: é *contrato gratuito*, pois só há vantagens para o credor; o fiador não tem vantagens.

b) exceção: será *contrato oneroso* se o fiador receber uma retribuição. Ex.: na fiança bancária, o Banco (fiador) receberá uma remuneração do afiançado.

A fiança *não admite interpretação extensiva* (art. 819 do CC). Exemplo disso decorre da Súmula 214 do STJ: "o fiador na locação não responde por obrigações resultantes de aditamento ao qual não anuiu".

Por outro lado, a lei dispõe que a fiança abrange, salvo limitação, os acessórios da dívida principal, tais como juros, multas e despesas judiciais, desde a citação do fiador (art. 822 do CC).

4.14.5.4. *Quanto à relevância pessoal*

É *contrato personalíssimo*; isso porque é feito com base na confiança; o credor pode até rejeitar o fiador se este for inidôneo; a consequência prática de ser um contrato *intuitu personae* é que, com o falecimento do fiador, a fiança ficará extinta; as dívidas existentes até o falecimento serão suportadas pelos herdeiros do fiador, no limite das forças da herança; já as dívidas que se vencerem após a morte do fiador não mais estão cobertas pela fiança (art. 836 do CC);

4.14.6. *Requisitos subjetivos especiais*

1. O **pródigo** não pode prestar fiança, sem a assistência de seu curador, pois tal ato não é mera administração do seu patrimônio (art. 1.782 do CC); trata-se de requisito de validade – o ato será anulável se descumprido;

2. O **cônjuge**, exceto no regime de separação absoluta, depende do consentimento do outro para prestar fiança (art. 1.647, III, do CC); trata-se de requisito de validade – o ato também será anulável se descumprido; *vide*, ainda, os arts. 1.642, IV, e 1.649; o STJ vem entendendo que a fiança dada sem autorização do cônjuge é totalmente ineficaz (Súmula nº 332: "a fiança prestada sem autorização de um dos cônjuges implica a ineficácia total da garantia").

3. Se houver obrigação de dar fiador (legal, convencional ou judicial), o **credor não é obrigado a aceitar pessoa**:

a) *inidônea* (fiador falido, insolvente, estelionatário etc.);

b) *não domiciliada no município onde tenha de prestar a fiança* (repare que a lei não fala em "com imóvel no município", mas em "não domiciliada no município");

c) *que não possua bens suficientes para cumprir a obrigação.* (art. 825 do CC)

Obs.: o credor pode exigir substituição do fiador se este se tornar insolvente ou incapaz (art. 826 do CC).

4.14.7. *Efeitos da fiança*

4.14.7.1. *Principal*

Cria a obrigação do fiador pagar a dívida do devedor se este não o fizer no tempo e forma devidos (art. 818, CC).

4.14.7.2. *Fiança de fiança*

Consiste em alguém assumir a obrigação de satisfazer a dívida caso o fiador não possa fazê-lo. O fiador do fiador também leva o nome de *subfiador* ou *abonador*.

4.14.7.3. *Cofiança (fiança conjunta)*

a) conceito: *consiste na existência de mais de um fiador para a mesma obrigação*; neste caso, os fiadores têm obrigação concomitante, podendo ser chamados conjuntamente para satisfação do crédito perante o credor.

b) solidariedade dos cofiadores: a fiança conjuntamente prestada a um só débito por mais de uma pessoa importa *solidariedade* entre elas (art. 829).

c) benefício de divisão: *estipulação entre os fiadores, pela qual se reservam a responder unicamente pela parte, que, em proporção, lhe couber no pagamento.* Tal benefício, se estipulado, desfaz a presunção de solidariedade entre os cofiadores (art. 829).

4.14.7.4. *Fiança parcial*

Consiste em o fiador fixar no contrato a parte da dívida que toma sob sua responsabilidade, caso em que não será por mais obrigado (art. 830 do CC).

4.14.7.5. *Benefício de ordem (ou de excussão)*

a) conceito: *direito de o fiador, demandado pelo pagamento da dívida, exigir que sejam primeiro executados os bens do devedor* (art. 827 do CC).

b) exercício do direito: segundo a lei, o fiador, no prazo da contestação da lide, deve indicar bens do devedor, livres e desembargados, suficientes para solver o débito. A lei foi imprecisa, pois deveria dispor "no prazo para oferecer bens à penhora", uma vez que não há contestação na ação de execução (art. 827 do CC).

c) impossibilidade de alegação do benefício de ordem: o benefício não pode ser invocado se

c1) o fiador *renunciar* expressamente a esse direito;

c2) o fiador tiver se obrigado como *principal pagador* ou *devedor solidário*;

c3) o devedor for *insolvente* ou *falido* (art. 828 do CC).

4.14.7.6. *Sub-rogação legal em favor do garante*

a) conceito: *é a transferência dos direitos do credor ao fiador se este pagar integralmente a dívida* (art. 831 do CC). Apesar de a lei usar a expressão "integralmente", também haverá sub-rogação, mas proporcional, se houver pagamento parcial da dívida.

b) extensão pessoal: o fiador que pagar a dívida pode acionar tanto o *devedor*, como cada um dos *outros fiadores* pela respectiva quota. A parte de outro fiador que se tornar insolvente distribuir-se-á pelos demais (art. 831 do CC).

c) extensão objetiva:

c1) o devedor responde também perante o fiador por todas as *perdas e danos* que este pagar, e pelos que sofrer em razão da fiança (art. 832 do CC).

c2) o fiador tem direito aos *juros do desembolso* pela taxa estipulada na obrigação principal (juros compensatórios – ex.: na fiança num contrato de mútuo), e, não havendo taxa convencionada, aos *juros legais* (juros de mora – ex.: na fiança num contrato locação) (art. 833 do CC).

c3) é bom lembrar que a sub-rogação transfere ao novo credor todos os *direitos, ações, privilégios* e *garantias* do primitivo, em relação à dívida, contra o devedor principal e os fiadores (art. 349 do CC).

4.14.7.7. *Desídia do credor*

Quando o credor, sem justa causa, não der o devido andamento à execução iniciada contra o devedor, poderá o fiador promover tal andamento (art. 834). A regra, que traz uma legitimidade de processo civil, visa a proteger o fiador contra eventual dissipação do patrimônio pelo devedor no curso da ação de execução. *Vide* também a regra do art. 839 do CC.

4.14.7.8. *Penhora de bem de família do fiador de locação*

Como se sabe, a Lei 8.009/1990 admite a penhora do bem de família se o devedor for fiador de uma locação de imóvel urbano. Porém, com fundamento na EC 26/2000, que instituiu como direito social fundamental o direito à moradia, alguns acórdãos foram proferidos no sentido da impenhorabilidade de bem de família de fiador de locação. Ocorre que, por enquanto, os tribunais superiores vêm reafirmando a penhorabilidade do bem de família nesse caso (STF: RE 407.688-SP, *DJ* 06.10.2006; STJ: REsp 1.363.368-MS, J. 12/11/2014).

4.14.8. *Extinção da fiança*

4.14.8.1. *Pela extinção da obrigação principal*

Isso pode se dar com o *cumprimento* da obrigação pelo devedor, com a *confusão*, com a *compensação*, com o *perdão* da dívida (remissão) etc.

4.14.8.2. *Pela novação, sem intervenção do fiador (art. 366 do CC)*

Repare que nem sempre a novação importa em extinção da fiança, mas apenas no caso em que o fiador nela não intervir. Cuidado para não confundir essa situação com o *aditamento* contratual sem anuência do fiador, em que a solução é diversa, como se viu na Súmula 214 do STJ. Se o aditamento ocorrer no curso do prazo certo previsto no contrato, o fiador não responde pela parte que exceder o valor da obrigação que originariamente afiançou. Se o aditamento ocorrer quando o contrato já estiver vigorando por prazo indeterminado, o fiador por nada responderá, se não houver sua anuência.

4.14.8.3. *Pela concessão de moratória ao devedor, sem o consentimento do fiador (art. 838, I, do CC)*

Trata-se de causa de extinção que ocorre com certa frequência e que nem sempre é aproveitada pelo fiador.

4.14.8.4. *Pela impossibilidade de sub-rogação em favor do fiador, por fato do credor (art. 838, II, do CC)*

Dá-se, por exemplo, quando o credor tem duas garantias em seu favor, como fiança e hipoteca, e abre mão deste direito real. Nesse caso, estará prejudicando o fiador, que sub-rogado nos direitos e garantias do credor teria um direito real em seu favor, o que lhe garantiria a satisfação do seu crédito.

4.14.8.5. *Pela aceitação, por parte do credor, de pagamento da dívida pelo devedor por meio de objeto diverso do que estava obrigado*

Nesse caso, o fiador não mais responde, ainda que o credor perca a coisa pela evicção (art. 838, III, CC).

4.14.8.6. *Pela exoneração da fiança:*

a) conceito: *é a extinção da garantia, a pedido do fiador, quando esta não tiver limitação no tempo* (art. 835 do CC).

b) modo: o fiador deverá *notificar* o credor. Diferente do antigo CC, o atual não exige sentença judicial para que a exoneração ocorra. A forma atual é a notificação, que pode ser *extrajudicial*.

c) efeitos: durante 60 dias após a notificação do credor, o fiador fica obrigado por todos os efeitos da fiança. Trata-se de um prazo que a lei presume como suficiente para que o credor busque junto ao devedor um novo fiador.

d) locação de imóvel urbano: a Lei nº 8.245/1991, em seu art. 39, dispõe que "salvo disposição contratual em contrário, qualquer das garantias da locação se estende até a efetiva devolução do imóvel". Ou seja, o fiador fica obrigado até a entrega das chaves do imóvel ao credor (locador). Assim, salvo se houver disposição contratual de que a fiança ficará extinta num dado termo ou ocorrido dado evento, o fiador não tem como se exonerar da fiança, ainda que o contrato esteja vigorando por tempo indeterminado. Trata-se de solução que nos parece bastante desproporcional, pois a fiança, como regra, é um contrato que não traz benefício algum para o fiador, que não pode, assim, ficar indefinidamente adstrito ao seu cumprimento. Sensível a isso, o atual Código Civil não só permite a exoneração do fiador (desde que o contrato esteja vigorando por tempo indeterminado, claro), como também admite que esta se dê por simples notificação extrajudicial. O STJ, de um lado, admite essa exoneração do fiador (mediante notificação resilitória), mas, de outro, é claro no sentido de que "a prorrogação da locação por prazo indeterminado implica também prorrogação automática da fiança (*ope legis*)" (REsp 1.326.557, j. 13.11.12), respondendo o fiador, assim, até a devolução do imóvel.

4.14.8.7. Pela morte do fiador

A responsabilidade dos herdeiros pelo cumprimento da fiança se limita ao tempo decorrido até a morte do fiador e não pode ultrapassar as forças da herança (art. 836 do CC). Eventos ocorridos após a morte do fiador não serão de responsabilidade de seus herdeiros, dada a extinção da fiança.

4.14.9. Oposição de exceções: o fiador pode opor ao credor as seguintes exceções

4.14.9.1. Pessoais (suas, do fiador)

Incapacidade de ser fiador, nulidade da fiança, exoneração pelo decurso do prazo etc.

4.14.9.2. Extintivas da obrigação que competem ao devedor principal

O fiador pode alegar que já houve pagamento, compensação, remissão, dentre outros, em favor do devedor principal. Mas a lei não permite que o fiador alegue exceções que digam respeito simplesmente à incapacidade pessoal do devedor principal (ex.: o fiador dizer que o devedor era pródigo), salvo o caso de mútuo feito a pessoa menor (ex.: o fiador pode alegar que não responderá, pois a fiança foi feita num empréstimo a alguém de 15 anos, sem a presença de seu representante). *Vide* art. 837 do CC.

4.15. Mandato

4.15.1. Conceito

É contrato pelo qual uma pessoa (mandatário ou representante) recebe de outrem (mandante ou representado) poderes para, em nome deste, praticar atos ou administrar interesses (art. 653 do CC).

A expressão vem de "manu" + "datum", que significa dar as mãos. São exemplos os mandatos para que uma pessoa inscreva outra num concurso público, administre o patrimônio do representado, vote em nome do representado numa assembleia de condôminos, dentre outros. Cuidado, pois o contrato em tela não tem o nome de "procuração". Esta é apenas o *instrumento* do mandato. Ou seja, a *forma* como o mandato se exterioriza. O papel é a "procuração". O seu conteúdo é o "mandato".

O maior de 16 e o menor de 18 anos não emancipado pode ser *mandatário*, mas o mandante não tem ação contra ele senão de conformidade com as regras gerais aplicáveis às obrigações contraídas por menores (art. 666).

4.15.2. Diferenças

O instituto não se confunde com o da comissão mercantil, em que o comissário atua em seu próprio nome, e com a representação legal ou judicial, pois a primeira não decorre do acordo de vontades (não é contrato), mas da lei (ex.: pais e curadores representam filhos e curatelados), e a segunda decorre de ordem judicial (ex.: inventariante, administrador etc.). Há regimes jurídicos próprios para regular essas situações.

4.15.3. Classificação

4.15.3.1. Quanto às vantagens

a) regra geral: é *contrato gratuito*, pois só há vantagens para o mandante; o mandatário não tem vantagens, não recebe remuneração (art. 658 do CC);

b) exceções: será *contrato oneroso* em dois casos:

b1) se houver estipulação de retribuição;

b2) se decorrer de ofício ou profissão lucrativa do mandatário;

O mandato conferido a um advogado ou a um despachante, por exemplo, será oneroso.

Não havendo retribuição prevista em lei ou no contrato, ela será determinada pelos usos, e, na falta, por arbitramento (art. 658, parágrafo único, do CC).

4.15.3.2. Quanto às obrigações

a) se o mandato for gratuito: será *contrato unilateral*, pois só o mandatário terá obrigações; se o mandante vier a ter obrigações no curso do contrato, decorrente de despesas que surgirem, parte da doutrina fala em contrato bilateral imperfeito.

b) se o mandato for oneroso: será *contrato bilateral*, pois o mandatário terá suas usuais obrigações, e o mandante também, pois arcará com uma remuneração em favor do primeiro.

4.15.3.3. Quanto à relevância pessoal

É *contrato personalíssimo*; isso porque é feito com base na confiança; a consequência prática disso é que, como regra, cabe revogação (unilateral) do contrato a qualquer tempo. Outra consequência é que a morte de qualquer das partes gera a extinção do contrato.

4.15.3.4. Quanto ao momento da formação

É *contrato consensual*, pois passa a existir desde o acordo de vontades. Inclusive, é um contrato cuja aceitação pode ser tácita, revelando-se pelo começo de execução da representação (art. 659 do CC).

4.15.3.5. Quanto à forma

a) regra geral: é *contrato não solene*; apesar de o art. 653 dizer que "a procuração é o instrumento do mandato", o art. 656 dispõe que o mandato pode ser "verbal ou escrito".

O fato de se admitir a forma verbal demonstra que não há solenidade a ser atendida.

b) exceção: será *contrato solene* se a lei exigir forma especial para o ato a ser praticado pelo mandatário (art. 657 do CC). Por exemplo, se for constituído um mandato dando poderes para o mandatário alienar um imóvel do mandante de valor superior a 30 salários mínimos, a procuração deve ser uma escritura pública.

c) prova do mandato: para fins de *validade* do mandato, vimos os itens "a" e "b". Resta saber se a lei exige forma especial para a *prova* do mandato. Perante terceiro, o mandatário está sujeito a ter que provar o mandato. Nesse caso, a procuração, documento escrito do qual constará o lugar onde foi passada, as qualificações das partes, o objeto e a extensão dos poderes conferidos, será o meio adequado. Segundo a lei, o terceiro *poderá* exigir que a procuração traga firma reconhecida (art. 654, §§ 1º e 2º). O art. 38 do CPC não exige firma reconhecida para a prova da procuração judicial.

4.15.4. Espécies de mandato

4.15.4.1. Especial

É aquele específico para um ou mais negócios determinados do mandante (art. 660 do CC). Exs.: procuração para vender um imóvel (especial para um negócio determinado do mandante) e procuração para emprestar um imóvel e alugar um outro imóvel (especial para dois negócios determinados do mandante).

4.15.4.2. Geral

É aquele para administrar todos os negócios do mandante (art. 660 do CC). Repare que, em que pese se referir a todos os negócios, o mandato geral só admite a *administração ordinária* dos bens (ex.: gerenciar, fazer pagamentos, contratar, proceder a reparos etc.). Será necessário um mandato com **poderes especiais e expressos** para: alienar, hipotecar, transigir e praticar outros atos que exorbitem a administração ordinária (art. 661, § 1º).

4.15.5. Direitos do mandatário

4.15.5.1. De remuneração

Se o mandato for oneroso, mesmo que o negócio não surta o efeito esperado, o mandatário terá direito à retribuição, salvo se agir com culpa (arts. 658 e 676, CC).

4.15.5.2. De adiantamento da importância das despesas necessárias à execução do mandato

O mandatário pode fazer tal pedido, nos termos do art. 675 do CC. Ingressam aí despesas para pagamento de taxas, transporte e hospedagem, por exemplo.

4.15.5.3. De recebimento dos valores desembolsados para fazer frente ao mandato, mas não adiantados

O mandante é obrigado a pagar todas as despesas da execução do mandato, também na hipótese de o negócio não surtir o efeito esperado, salvo culpa do mandatário (art. 676 do CC).

4.15.5.4. De retenção

O mandatário tem sobre a coisa de que tenha a posse em virtude do mandato direito de retenção até se reembolsar do que no desempenho do encargo despendeu (art. 681 do CC).

4.15.5.5. De substabelecer seus poderes, se houver autorização

O mandatário, autorizado, pode se fazer substituir na execução do mandato. Neste caso, o mandatário só responderá por eventuais danos causados pelo substabelecido se tiver agido com culpa na escolha deste ou nas instruções dadas a ele (art. 667, § 2º, CC). Não existindo autorização, a situação fica assim:

a) se havia proibição: os atos praticados em nome do mandante não obrigam este (se a proibição constava do mandato), salvo ratificação posterior; a responsabilidade do mandatário por eventuais danos é objetiva (art. 667, § 1º, do CC); não se vai verificar a conduta nem do mandatário, nem do substabelecido;

b) se não havia proibição: a responsabilidade do mandatário por eventuais danos só existirá se o substabelecido tiver agido culposamente (art. 667, § 4º, do CC).

4.15.6. Deveres do mandatário

1. Dar execução ao mandato, aplicando toda a diligência habitual: regra prevista no art. 667 do CC.

2. Responder pelos danos ocorridos sob a gerência do substabelecido: art. 667 do CC.

3. Apresentar o instrumento de mandato, quando terceiro exigir: *vide* art. 654, § 2º.

4. Enviar ao mandante as somas recebidas: pelas somas que devia entregar ao mandante ou recebeu para despesa, mas empregou em proveito seu, pagará o mandatário juros, desde o momento em que abusou (art. 670 do CC).

5. Não compensar os prejuízos a que deu causa com os proveitos que gerou ao mandante: *vide* art. 669 do CC.

6. Prestar contas de sua gerência: *vide* arts. 668 do CC e 914 do CPC.

7. Concluir negócio já começado se houver perigo na demora, apesar de ciente do fim do mandato: *vide* arts. 674 e 682 do CC.

8. Responsabilizar-se pessoalmente por negócios feitos em seu próprio nome: mesmo que o negócio seja de conta do mandante (*vide* art. 663 do CC).

4.15.7. Direitos do mandante

1. Revogar o mandato a qualquer tempo: salvo cláusula de irrevogabilidade (arts. 683 a 686 do CC). Em matéria de compromisso de compra e venda de imóvel há situações em que o compromitente vendedor constitui o compromissário comprador seu procurador para fins de celebração da escritura definitiva de compra e venda. É o chamado mandato "em causa própria" (mandato *in rem suam*). Nesse caso, tem-se cláusula de irrevogabilidade (*vide* art. 685).

2. Autorizar ou não o substabelecimento, com ou sem reserva de poderes.

3. Ratificar ou não negócio realizado pelo mandatário que exceder poderes com ciência do terceiro: art. 673 do CC. Cuidado para não confundir *atuação fora do mandato* (exceder poderes ou exorbitar dos poderes) com *descumprimento das instruções*, que será visto adiante.

4. Exigir do mandatário entrega de somas, informações, prestação de contas e pagamento de indenização por prejuízos.

5. Acionar o mandatário que comprar, em nome próprio, algo que deveria ser comprado para o mandante, exigindo para si a coisa comprada: *vide* art. 671 do CC.

4.15.8. *Obrigações do mandante*

1. Honrar os compromissos assumidos em seu nome: a regra vale mesmo que o mandatário tenha descumprido suas instruções, mas não vale quando o mandatário exorbitar seus poderes ou não tiver poder algum (arts. 663, 665 e 675, do CC).

2. Pagar despesas e retribuições ao mandatário, quando devidos.

3. Pagar perdas e danos se revogar contrato irrevogável: *vide* art. 683 do CC.

4. Outras obrigações: *vide* art. 686 (terceiros de boa-fé).

4.15.9. *Extinção do mandato*

1. Pela revogação (feita pelo mandante) ou pela renúncia (feita pelo mandatário): a primeira está prevista no art. 687, ao passo que a segunda, no art. 688. Nos dois casos temos resilição unilateral com denúncia vazia (há restrições no art. 45 do CPC e no art. 688 do CC.

2. Pela morte ou interdição de uma das partes: atenuam as regras as disposições dos arts. 689 e 690 do CC.

3. Pelo término do prazo ou pela conclusão do negócio.

5. RESPONSABILIDADE CIVIL

5.1. Responsabilidade subjetiva

5.1.1. *Hipótese de incidência (art. 186)*

Aquele que, por ação ou omissão voluntária, negligência ou imprudência, violar direito e causar dano a outrem, ainda que exclusivamente moral, comete ato ilícito.

conduta culposa/dolosa + dano + nexo causal

5.1.2. *Consequência (art. 927)*

Aquele que cometer ato ilícito *fica obrigado a reparar dano*

5.1.3. *Excludentes da ilicitude*

a) legítima defesa;

b) exercício regular de direito e estrito cumprimento de dever legal;

c) estado de necessidade – neste caso, o 3º não culpado será indenizado pelo agressor.

5.2. Responsabilidade objetiva

Na responsabilidade objetiva não é necessário comprovar conduta dolosa ou culposa do causador do dano. Para responsabilização deste basta comprovar CONDUTA + DANO + NEXO DE CAUSALIDADE.

5.2.1. *Ato ilícito por abuso de direito (art. 187)*

Também comete ato ilícito o titular de um direito que, ao exercê-lo, excede manifestamente os limites impostos pelo seu fim econômico ou social, pela boa-fé ou pelos bons costumes.

Trata-se do chamado **ato emulativo.**

O Enunciado 37/CJF considera **objetiva** a responsabilidade no caso, ou seja, não é necessário culpa ou dolo. Exemplos:

a) excesso na liberdade de informação;

b) excesso no exercício da propriedade (direito de vizinhança);

c) excesso na legítima defesa.

✓ Acerca da temática do abuso de direito, confira, ainda, os seguintes enunciados das Jornadas de Direito Civil:

a) 413 – Art. 187: Os bons costumes previstos no art. 187 do CC possuem natureza subjetiva, destinada ao controle da moralidade social de determinada época, e objetiva, para permitir a sindicância da violação dos negócios jurídicos em questões não abrangidas pela função social e pela boa-fé objetiva.

b) 414 – Art. 187: A cláusula geral do art. 187 do Código Civil tem fundamento constitucional nos princípios da solidariedade, devido processo legal e proteção da confiança, e aplica-se a todos os ramos do direito.

5.2.2. *Atividade de risco (art. 927, parágrafo único)*

Quando a atividade normalmente desenvolvida pelo autor do dano implicar, por sua natureza, risco para os direitos de outrem.

Exs.: acidente em loja de fogos; acidente com helicóptero, matando terceiros.

Configura-se quando a atividade causar a pessoa determinada um ônus maior do que aos demais membros da coletividade (Enunciado 38/CJF).

Confira, ainda, outros dois enunciados das Jornadas de Direito Civil:

a) "446 – Art. 927: A responsabilidade civil prevista na segunda parte do parágrafo único do art. 927 do Código Civil deve levar em consideração não apenas a proteção da vítima e a atividade do ofensor, mas também a prevenção e o interesse da sociedade."

b) "448 – Art. 927: A regra do art. 927, parágrafo único, segunda parte, do CC aplica-se sempre que a atividade normalmente desenvolvida, mesmo sem defeito e não essencialmente perigosa, induza, por sua natureza, risco especial e diferenciado aos direitos de outrem. São critérios de avaliação desse risco, entre outros, a estatística, a prova técnica e as máximas de experiência."

5.2.3. *Produtos postos em circulação (art. 931)*

Os empresários individuais e as empresas respondem independentemente de culpa pelos danos causados pelos ***produtos*** *postos em circulação.*

Ex.: danos causados por insumo vendido a uma indústria.

5.2.4. *Responsabilidade pelo fato de 3º (arts. 932 e 933)*

Responsabilidade **indireta**.

Não afasta a responsabilidade do causador do dano.

Se o agente praticante do ato responder (o que requer culpa ou dolo, como regra), o responsável também responderá, mas sem necessidade de dolo ou culpa *in vigilando* ou *in eligendo* ou mesmo de se invocar o modelo da culpa presumida para o caso.

Hipóteses:

a) **Pais** por filhos menores sob sua autoridade e companhia; para o STJ, a emancipação voluntária não exclui responsabilidade do pai;

b) **Tutor e curador** nos mesmos casos;

c) **Empregador** por empregados, no exercício do trabalho; para o STF, é presumida a culpa do patrão (Súmula nº 341); para o STJ, o tomador de serviço não responde por empresa terceirizada;

d) **Dono** de hotel por hóspedes;

e) **Partícipe** de crime, sem ganho, até o limite de sua participação.

5.3. Outros casos de obrigação de indenizar

5.3.1. *Dono ou detentor de animal (art. 936)*

Responsabilidade presumida: *o dono ou detentor do animal ressarcirá o dano por este causado, se não provar culpa da vítima ou força maior.*

O Enunciado nº 452 das Jornadas de Direito Civil entende que o caso é de responsabilidade objetiva, com excludente do fato exclusivo de terceiro.

5.3.2. *Prédio em ruína (art. 937)*

Responsabilidade presumida: *o dono de edifício ou construção responde pelos danos que resultarem de sua ruína se esta provier de falta de reparos, cuja necessidade fosse manifesta.*

5.3.3. *Coisas caídas ou lançadas (art. 938)*

Responsabilidade objetiva: *aquele que habitar prédio, ou parte dele, responde pelo dano proveniente das coisas que dele caírem ou forem lançadas em lugar indevido.*

5.4. Excludentes de responsabilidade em geral

5.4.1. *Legítima defesa*

Situação atual/iminente de **injusta agressão** a si ou a 3º.

Ex.: atira-se em pessoa que está para matar outra.

5.4.2. *Exercício regular de direito*

Ex.: ingresso com ação judicial; protesto.

5.4.3. *Estrito cumprimento de dever legal*

Ex.: prestação de informações às autoridades fiscais.

5.4.4. *Estado de necessidade*

Dano a coisa ou pessoa para remover perigo iminente.

Se 3º atingido não causar o perigo, o agente **responde**, com ação regressiva contra verdadeiro culpado.

Ex.: "A", fechado por "B", desvia carro, batendo em 3º ("C") para não atropelar alguém; "A", apesar do estado de necessidade, responderá perante 3º ("C"), podendo ingressar com ação de regresso contra "B", culpado por tudo.

5.4.5. *Caso fortuito ou de força maior*

É o fato necessário, cujos efeitos não são possíveis de evitar ou impedir (art. 393, parágrafo único, do CC).

Exs.: um tornado de grande expressão, um terremoto.

De acordo com o Enunciado nº 443 das Jornadas de Direito Civil, "o caso fortuito e a força maior somente serão considerados como excludentes da responsabilidade civil quando o fato gerador do dano não for conexo à atividade desenvolvida".

Para o STJ, roubo em posto de gasolina é considerado força maior, excluindo a responsabilidade do estabelecimento.

Já roubo em agência bancária é evento previsível, não caracterizando força maior.

Outro entendimento importante é o fixado na Súmula nº 479 do STJ: "As instituições financeiras respondem objetivamente pelos danos gerados por fortuito interno relativo a fraudes e delitos praticados por terceiros no âmbito de operações bancárias".

5.4.6. *Culpa exclusiva da vítima*

Ex.: alguém se joga na frente de um carro e é atropelado.

Obs.: culpa concorrente da vítima só altera valor indenizatório.

5.4.7. *Fato de terceiro*

Ex.: arremesso de pedra em ônibus, ferindo passageiro (STJ).

Já se houver acidente de ônibus causado por 3º, transportador responde perante passageiros, com regresso contra 3º.

Obs.: a extinção da punibilidade criminal não acarreta exoneração da responsabilidade, salvo negativa de autoria/fato.

5.5. Sujeitos passivos do direito à indenização

5.5.1. *Autores e coautores da ofensa*

5.5.1.2. *Responsáveis indiretos*

a) Responsáveis por atos de terceiros (arts. 932 e 933);

b) Súmula STJ 130: a em**presa responde, perante o cliente, pela reparação de dano/furto em seu estacionamento;**

c) Súmula STF 492: empresa **locadora** de veículos responde civil e solidariamente com o locatário pelos danos por este causados a terceiro, no uso do carro locado;

d) Súmula STJ 132: a ausência de registro da transferência não implica responsabilidade do antigo dono resultante de acidente que envolva o **veículo alienado.**

5.5.1.3. *Solidariedade*

Se a ofensa tiver mais de um autor, todos responderão solidariamente pela reparação (art. 942).

Um exemplo de solidariedade está na Súmula STJ n. 221: são civilmente responsáveis pelo ressarcimento de dano, decorrente de publicação pela imprensa, tanto o autor do escrito quanto o proprietário do veículo de divulgação.

Porém, essa súmula não se aplica em relação aos provedores de internet e redes sociais. Nesse sentido, se um usuário de rede social posta conteúdo ofensivo a terceiro, este não poderá pedir indenização por danos materiais e morais junto à empresa provedora daquele portal. Tal empresa só poderá ser acionada se, mesmo após ter sido comunicada a respeito da mensagem ofensiva, não a tiver excluído.

Outro exemplo de solidariedade é o trazido pelo STJ, no REsp 343.649, quando se decidiu que, quem permite que terceiro conduza seu veículo, é responsável solidário pelos danos culposamente causados por este.

5.6. Sujeitos ativos do direito à indenização

5.6.1. Vítima direta

Ex.: aquele que sofreu o acidente.

5.6.2. Vítima indireta

Ex.: os familiares próximos da vítima do acidente.

Tem-se no caso danos morais **reflexos** ou por **ricochete**.

Trata-se do *préjudice d'affection,* pois o instituto é fundado no princípio da afeição.

O STJ admite o dano indireto, sendo comum fixar-se indenização por danos morais em favor de pessoas muito próximas da vítima de um homicídio, tais como pais, filhos, irmãos, cônjuge e companheiro.

5.7. Reparação dos danos

5.7.1. Regra

A indenização mede-se pela extensão do dano.

Trata-se do princípio da reparação integral dos danos.

Exemplo de aplicação prática do princípio é a Súmula 281 do STJ, que impede a tarifação do dano moral.

5.7.2. Exceções ao princípio da reparação integral

a) Se houver **excessiva desproporção** entre a *gravidade da culpa* e o *dano* o juiz pode reduzir equitativamente a indenização (art. 944, parágrafo único);

b) Se houver **culpa recíproca**, a indenização será *proporcional*, levando em conta os graus de culpa (art. 945);

c) O **incapaz** responde *subsidiária* e *equitativamente.*

Subsidiariamente: pois só responde se responsável não responder ou não dispuser de meios; ex.: curador de um incapaz rico, que não tiver meios.

Equitativamente: pois, caso o incapaz responda, o valor não poderá privá-lo do necessário para a sua subsistência; há entendimento de que pais, tutores e curadores também se beneficiam dessa limitação quando o pagamento da indenização puder prejudicar a subsistência do incapaz (Enunciado CJF nº 39).

Adotou-se a **Teoria do Patrimônio Mínimo**, de modo a garantir sempre um patrimônio para o incapaz, criando a **Responsabilidade Mitigada e Subsidiária**.

5.7.3. Espécies de danos

5.7.3.1. Dano material

a) danos emergentes: *o que efetivamente se perdeu;* ex.: conserto do veículo, medicamentos, tratamentos;

b) lucros cessantes: *o que razoavelmente se deixou de lucrar*; ex.: renda que profissional liberal deixa de auferir por ficar 30 dias sem trabalhar;

c) decorrentes da "Perda de uma Chance": dano decorrente da possibilidade de buscar posição jurídica mais vantajosa que **muito provavelmente** ocorreria; ex.: voo atrasado a impedir posse de aprovado em concurso. De acordo com o Enunciado nº 444 das Jornadas de Direito Civil, "a responsabilidade civil pela perda de chance não se limita à categoria de danos extrapatrimoniais, pois, conforme as circunstâncias do caso concreto, a chance perdida pode apresentar também a natureza jurídica de dano patrimonial. A chance deve ser séria e real, não ficando adstrita a percentuais apriorísticos". O STJ reconheceu a aplicabilidade dessa teoria no seguinte caso: "Tem direito a ser indenizada, com base na teoria da perda de uma chance, a criança que, em razão da ausência do preposto da empresa contratada por seus pais para coletar o material no momento do parto, não teve recolhidas as células-tronco embrionárias. No caso, a criança teve frustrada a chance de ter suas células embrionárias colhidas e armazenadas para, se eventualmente fosse preciso, fazer uso delas em tratamento de saúde. (...) Essa chance perdida é, portanto, o objeto da indenização" (REsp 1.291.247-RJ, J. em 19/8/2014).

5.7.3.2. Dano estético

Cicatrizes, marcas, aleijão.

STJ: dano estético é cumulável com dano moral (Súmula 387).

5.7.3.3. Dano moral

STJ: Cumulável com dano material (Súmula 37).

5.7.4. Na demanda antes de vencida a dívida (art. 939)

Credor ficará obrigado a i) esperar o tempo que faltava para o vencimento; ii) descontar os juros correspondentes, embora estipulados; iii) pagar as custas em dobro.

5.7.5. Na demanda por dívida já paga (art. 940)

Credor ficará obrigado a pagar ao devedor o dobro do que houver cobrado.

5.7.6. Na demanda com pedido maior que o devido (art. 940)

Credor ficará obrigado a: pagar ao devedor o equivalente do que dele exigir.

Obs. 1: excludente – as penas previstas nos arts. 939 e 940 não se aplicarão quando o autor **desistir** da ação antes de contestada a lide, salvo ao réu o direito de haver indenização por algum prejuízo que prove ter sofrido.

Obs. 2: STJ admite cobrança da indenização na contestação.

5.7.7. *Homicídio (art. 948)*

a) despesas c/ tratamento da vítima, seu funeral e o luto da família (ex.: médico + enterro + dano moral);

b) alimentos às pessoas a quem o morto os devia, levando-se em conta a duração provável da vida da *vítima*; trata-se da famosa "pensão".

5.7.8. *Lesão à saúde (art. 949)*

a) despesas do tratamento e dos lucros cessantes até ao fim da convalescença, além de prejuízos provados (art. 949);

b) se resultar defeito impedindo o ofendido de exercer profissão ou diminuindo sua capacidade de trabalho, a indenização incluirá pensão correspondente à importância do trabalho para quem se inabilitou ou da depreciação sofrida (art. 950);

c) o prejudicado, se preferir, poderá exigir que a indenização seja arbitrada e paga de uma só vez, em vez de pensão.

Obs.: o disposto nos arts. 948 a 950 aplica-se ao caso de danos causados no exercício de atividade profissional.

5.7.9. *Esbulho (art. 952)*

a) havendo usurpação ou esbulho do alheio, indenização abrange: i) valor das deteriorações; ii) lucros cessantes;

b) faltando a coisa, reembolsa-se o equivalente pelo preço ordinário e de afeição, desde que este não supere àquele.

5.7.10. *Injúria, difamação e calúnia (art. 953)*

a) a indenização consistirá na reparação do dano que delas resulte ao ofendido – não cabe tarifação de danos!

b) se o ofendido não puder provar prejuízo material, o juiz fixará, equitativamente, o valor da indenização.

5.7.11. *Ofensa à liberdade pessoal (art. 954)*

Cárcere privado e prisão ilegal (por denúncia falsa ou má-fé).

A indenização consistirá no pagamento das perdas e danos que sobrevierem ao ofendido, e, se este não provar prejuízo, juiz fixará equitativamente o valor da indenização.

5.8. Dano moral

5.8.1. *Conceito*

*Consiste na **ofensa ao patrimônio moral** de pessoa, tais como o nome, a honra, a fama, a imagem, a intimidade, a credibilidade, a respeitabilidade, a liberdade de ação, a autoestima, o respeito próprio e a afetividade.*

5.8.2. *Sujeitos passivos do dano moral*

a) Pessoas naturais; ex.: atropelamento da esposa de alguém, causando morte;

b) Pessoas jurídicas (Súmula 227 do STJ), sendo que, nesse caso, o dano moral exsurge da ofensa à honra **objetiva** da pessoa jurídica; ex.: difamação do nome de um restaurante da cidade;

c) Coletividade: o STJ está dividido sobre essa possibilidade, apesar de haver disposição legal expressa acerca do cabimento de indenização por dano moral em caso de danos coletivos ou difusos (art. 6º, VII, do CDC).

5.8.3. *Prova do dano moral*

a) Pessoa natural: a simples lesão ao patrimônio moral da pessoa natural caracteriza o dano moral, não sendo necessário prova da ocorrência desse dano; ex.: mãe não precisa demonstrar que sentiu morte do filho; na inexecução de um **contrato** não existe tal presunção;

b) Pessoa jurídica: o fato lesivo deve ser devidamente demonstrado para caracterizá-lo (Enunciado 189/CJF);

c) Dano moral "in re ipsa": para o STJ, determinadas condutas geram dano moral, sem necessidade de demonstração ou prova da ocorrência deste, mesmo quando a vítima for pessoa jurídica; por exemplo, a inscrição indevida em cadastro de inadimplentes e a publicação não autorizada da imagem de pessoa, com fins econômicos ou comerciais (Súmula STJ 403).

5.8.4. *Exemplos de casos em que cabe dano moral*

Súmula STJ 388: a simples devolução indevida de cheque caracteriza dano moral;

Súmula STJ 370: caracteriza dano moral a apresentação antecipada de cheque pré-datado;

Súmula STJ 227: a pessoa jurídica pode sofrer dano moral.

Casos de abandono afetivo: vide, por exemplo, STJ, REsp 1.159.242, j. 24.04.12.

Casos de ocultação da verdade, por cônjuge, quanto à paternidade biológica: vide, por exemplo, STJ, REsp 922.462, j. 04.04.2013. Na mesma decisão em que se reconheceu a responsabilidade do cônjuge infiel, afastou-se a responsabilidade do cúmplice ("amante").

5.8.5. *Exemplos de casos em que não cabe dano moral*

Súmula STJ 385: anotação irregular em cadastro de crédito não gera dano moral se já existe legítima inscrição;

Informativo 350 STJ: descumprimento de contrato, por si só, não gera dano moral;

Mero dissabor decorrente de produto com vício não gera dano moral se a coisa vem a ser consertada.

5.8.6. *Encargos de condenação*

a) correção monetária: é devida desde a data da fixação da indenização por dano moral (sentença ou acórdão); segundo a Súmula nº 362 do STJ, "A correção monetária do valor da indenização do dano moral incide desde a data do arbitramento";

b) juros moratórios: são devidos desde a data do evento danoso (Súmula STJ 54);

c) honorários: incidem também sobre o valor fixado a título de danos morais.

Súmula STJ 326: na ação de indenização por dano moral, a condenação em montante inferior ao postulado na petição inicial não implica sucumbência recíproca.

5.9. Pensão segundo o STJ

5.9.1. *Falecimento de pai/mãe, com filhos menores*

Devida até 25 anos do filho, quando presumidamente este terá concluído sua formação.

5.9.2. *Falecimento de cônjuge ou companheiro*

Devida até quando a vítima fizesse 70 anos.

5.9.3. *Falecimento de filho menor em família de baixa renda*

Devida desde quando a vítima tivesse 14 anos, até quando fizesse 65 anos; valor cairá à metade quando vítima fizesse 25, pois se presume que teria contraído família e não mais poderia ajudar tanto os pais.

5.9.4. *Falecimento de filho maior que ajudava família*

Devida vitaliciamente à família, diminuindo o valor quando a vítima fizesse 25 anos.

5.9.5. *Encargos de condenação*

a) correção monetária: é devida desde o evento danoso;

b) juros moratórios: são devidos desde a data do evento danoso (Súmula STJ 54);

c) honorários: incidem sobre as parcelas vencidas e 12 parcelas vincendas.

5.9.6. *Cumulação com pensão previdenciária*

A jurisprudência do STJ é pacífica no sentido de que "o benefício previdenciário é diverso e independente da indenização por danos materiais ou morais, porquanto, ambos têm origens distintas. Este, pelo direito comum; aquele, assegurado pela Previdência. A indenização por ato ilícito é autônoma em relação a qualquer benefício previdenciário que a vítima receba" (AgRg no AgRg no REsp 1.292.983-AL, DJe 7/3/2012) (REsp 776.338-SC, J. 6/5/2014).

5.10. DPVAT

A Lei 6.194/1974 dispõe sobre o seguro obrigatório (DPVAT) de danos pessoais causados por veículos automotores de via terrestre, ou por sua carga, a pessoas transportadas ou não.

Os danos pessoais cobertos pelo DPVAT são os seguintes: a) morte (R$ 13.500,00 por pessoa vitimada); b) invalidez permanente, total ou parcial (até R$ 13.500,00 por pessoa vitimada); c) despesas de assistência médica e suplementares (até R$ 2.700,00, como reembolso à vítima, no caso de despesas de assistência médica e suplementares devidamente comprovadas).

No caso de invalidez permanente, esta pode ser total e parcial. Quanto à parcial, pode ser parcial completa e parcial incompleta, conforme a extensão das perdas anatômicas ou funcionais. A indenização variará de acordo com o enquadramento da perda, nos termos das regras previstas na Lei 6.194/1974. Aliás, mesmo sendo a lei clara nesse sentido, o STJ teve de elaborar uma súmula a respeito (Súmula n. 474): "A indenização do seguro DPVAT, em caso de invalidez parcial do beneficiário, será paga de forma proporcional ao grau da invalidez".

Em qualquer caso, o pagamento da indenização se dará mediante simples prova do acidente e do dano decorrente, independentemente da existência de culpa, havendo ou não resseguro, abolida qualquer franquia de responsabilidade do segurado.

Vale observar que, segundo a Súmula 257 do STJ, "a falta de pagamento do prêmio do seguro obrigatório de Danos Pessoais Causados por Veículos Automotores de Vias Terrestres (DPVAT) não é motivo para a recusa do pagamento da indenização".

No mais, o STJ também é pacífico no sentido de que "as seguradoras integrantes do consórcio do seguro DPVAT são solidariamente responsáveis pelo pagamento de indenizações securitárias, podendo o beneficiário reclamar de qualquer delas o que lhe é devido" (REsp 1.108.715, j. 15.05.2012).

Quanto aos encargos devidos, "os juros de mora na indenização do seguro DPVAT fluem a partir da citação" (Súmula STJ n. 426).

Quanto à ação de cobrança do seguro obrigatório, a pretensão respectiva prescreve em 3 anos (Súmula STJ n. 405), sendo que, no caso, de incapacidade ou invalidez, o termo inicial é a data em que o segurado teve ciência inequívoca da incapacidade laboral ou invalidez (Súmula STJ n. 278).

Por fim, vale citar a Súmula/STJ n. 470, pela qual o "O Ministério Público não tem legitimidade para pleitear, em ação civil pública, a indenização decorrente do DPVAT em benefício do segurado."

6. DIREITO DAS COISAS

6.1. Introdução

Para formar uma relação jurídica são necessários três elementos: a) *sujeitos de direito*, b) *bens* e um c) *fato* que faça nascer a relação. Para visualizarmos esses três elementos, vamos imaginar um contrato de compra e venda, que é uma das principais relações jurídicas de que trata o Direito. Esse contrato requer a existência de um vendedor e de um comprador (*sujeito de direito*), de uma coisa de expressão econômica (*bem*) e de um acordo de vontade sobre o preço da coisa (*fato* que faz nascer a relação jurídica).

A Parte Geral do Direito Civil trata da capacidade dos *sujeitos de direito*. Cuida ainda das classificações e do regime jurídico básico dos *bens*. E também cuida de trazer regulamentação básica acerca dos *fatos e negócios jurídicos*.

O Direito das Obrigações e o Direito Contratual focam na relação jurídica obrigacional formada. Tratam principalmente dos direitos e deveres das *pessoas* que entabulam negócios jurídicos. Repare que o objetivo maior aqui é regulamentar **direitos pessoais**, ou seja, *direitos e deveres entre pessoas determinadas, em que uma pode exigir uma prestação da outra.*

Já o Direito das Coisas tem como objetivo maior regulamentar relações jurídicas em que o elemento marcante é uma coisa corpórea (a posse, por exemplo), bem como relações que estabelecem **direito reais**, que *são direitos que estabelecem um poder jurídico, direto e imediato, do titular sobre a coisa, com exclusividade e contra todos.*

Em suma, no Direito das Coisas estuda-se a **posse** (de bens móveis ou imóveis) e os **direitos reais**, ou seja, aqueles direitos que se têm sobre uma coisa, com exclusividade e contra todos (propriedade, superfície, servidão, usufruto, uso, habitação, penhor, hipoteca e anticrese).

Nossa primeira tarefa será tratar da posse para em seguida tratar dos direitos reais sobre coisas móveis e imóveis.

6.2. Posse

6.2.1. Conceito de posse

É o exercício, pleno ou não, de algum dos poderes inerentes à propriedade (art. 1.196 do CC). É a *exteriorização da propriedade*, ou seja, a *visibilidade da propriedade.* Os poderes inerentes à propriedade são *usar*, *gozar* e *dispor* da coisa, bem como *reavê-la* (art. 1.228). Assim, se alguém estiver, por exemplo, *usando* uma coisa, como o locatário e o comodatário, pode-se dizer que está exercendo *posse* sobre o bem.

6.2.2. Teoria adotada

Há duas teorias sobre a posse. A primeira é a **Teoria Objetiva** (de Ihering), para a qual a posse se configura como a mera *conduta de dono*, pouco importando a apreensão física da coisa e a vontade de ser dono dela. Já a segunda, a **Teoria Subjetiva** (de Savigny), entende que a posse só se configura se houver a apreensão física da coisa (*corpus*), mais a vontade de tê-la como própria (*animus domini*). Nosso CC adotou a Teoria Objetiva de Ihering, pois não trouxe como requisito para a configuração da posse a apreensão física da coisa ou a vontade de ser dono dela, mas apenas que se tenha uma conduta de proprietário. Assim, uma pessoa que paga os impostos de um sítio e coloca um caseiro para cuidar da área, mesmo não tendo apreensão física sobre a coisa por inteiro e que não tenha em sua cabeça um ânimo de dono, exerce posse, pois sua conduta revela uma conduta de proprietário, ou seja, uma exteriorização da propriedade.

6.2.3. Detenção

É aquela situação em que alguém conserva a posse em nome de outro e em cumprimento às suas ordens e instruções. É muito importante entender o instituto da detenção, pois ele traz exceções ao conceito de posse. Um exemplo típico é o do caseiro. Quem olhasse de longe poderia chegar à conclusão de que um caseiro exerce posse sobre um imóvel de que cuida. Em geral, caseiros usam e cuidam da coisa, exteriorizando um dos poderes da propriedade. Todavia, o próprio art. 1.198 do CC exclui do conceito de posse a situação em que se encontra um detentor. Assim, o caseiro em relação a imóvel de que cuida e o funcionário público em relação aos móveis da repartição têm mera *detenção* sobre a coisa, não recebendo os direitos típicos daquele que exerce *posse.*

6.2.4. Classificação da posse

6.2.4.1. Posse direta e indireta

Quanto ao campo de seu exercício (art. 1.197 do CC).

a) posse indireta: *é aquela exercida por quem cedeu, temporariamente, o uso ou o gozo da coisa a outra pessoa.* São exemplos as exercidas pelo locador, nu-proprietário, comodante e depositante. O possuidor indireto ou mediato pode se valer da proteção possessória.

b) posse direta: *é aquela exercida por quem recebeu o bem, temporariamente, para usá-lo ou gozá-lo, em virtude de direito pessoal ou real.* Vale lembrar que o possuidor direito ou imediato também pode se valer de proteção possessória, inclusive contra o proprietário da coisa que exerça a posse indireta e que perturbe a sua posse.

6.2.4.2. Posse individual e composse

Quanto à simultaneidade de seu exercício (art. 1.199 do CC).

a) posse individual: *é aquela exercida por apenas uma pessoa.*

b) composse: *é a posse exercida por duas ou mais pessoas sobre coisa indivisa.* São exemplos a posse dos cônjuges sobre o patrimônio comum e dos herdeiros antes da partilha. Na composse *pro diviso* há uma divisão de fato da coisa.

6.2.4.3. Posse justa e injusta

Quanto à existência de vícios objetivos (art. 1.200 do CC).

a) posse justa: *é aquela que não for violenta, clandestina ou precária.* Assim, é justa a posse não adquirida pela força física ou moral (não violenta), não estabelecida às ocultas (não clandestina) e não originada do abuso de confiança por parte de quem recebe a coisa com o dever de restituí-la (não precária). Perceba que os vícios equivalem, no Direito Penal, aos crimes de roubo, furto e apropriação indébita.

b) posse injusta: *é aquela originada do esbulho.* Em caso de violência ou clandestinidade, a posse só passa a existir após a cessação da violência ou da clandestinidade (art. 1.208 do CC). Já em caso de precariedade (ex.: um comodatário passa a se comportar como dono da coisa), a posse deixa de ser justa e passa a ser injusta diretamente. É importante ressaltar que, cessada a violência ou a clandestinidade, a posse passa a existir, mas o vício que a inquina faz com que o Direito a considere injusta. E, mesmo depois de um ano e dia, a posse continua injusta, só deixando de ter essa característica se houver aquisição da coisa, o que pode acontecer pela usucapião, por exemplo. A qualificação de posse injusta é relativa, valendo apenas em relação ao anterior possuidor da coisa. Em relação a todas as outras pessoas, o possuidor injusto pode defender a sua posse.

6.2.4.4. Posse de boa-fé e de má-fé

Quanto à existência de vício subjetivo (art. 1.201 do CC).

a) posse de boa-fé: *é aquela em que o possuidor ignora o vício ou o obstáculo que impede a aquisição da coisa.* É de boa-fé a posse daquele que crê que a adquiriu de quem legitimamente a possuía. Presume-se de boa-fé o possuidor com **justo título**, ou seja, *aquele título que seria hábil para transferir o direito à posse, caso proviesse do verdadeiro possuidor ou proprietário da coisa.*

b) posse de má-fé: *é aquela em que o possuidor tem ciência do vício ou do obstáculo que impede a aquisição da coisa.* A posse de boa-fé pode se transmudar em posse de má-fé em caso de ciência posterior do vício. A citação para a demanda que visa à retomada da coisa tem o condão de alterar o caráter da posse.

Obs.: saber se a posse de alguém é de boa-fé ou de má-fé interfere no direito à indenização pelas benfeitorias feitas, no direito de retenção, no direito aos frutos, no prazo de prescrição aquisitiva (usucapião), na responsabilidade por deterioração da coisa etc.

6.2.4.5. *Posse nova e velha*

Quanto ao tempo da posse.

a) **posse nova:** *é aquela de menos de ano e dia.*

b) **posse velha:** *é aquela de mais de ano e dia.* Essa classificação, prevista no CC anterior, não tem correspondente no atual CC.

Não se deve confundir esse conceito com os de **ação de força nova** (que é a ação possessória promovida dentro de ano e dia da turbação ou do esbulho) e **ação de força velha** (que é a ação possessória promovida após ano e dia do esbulho). Esses conceitos decorrem do art. 924 do CPC, que estabelece que na ação de força velha o autor da demanda não poderá se valer do rito especial possessório, que prevê a concessão de liminar. Deve o interessado ingressar com ação pelo rito ordinário, nada impedindo, todavia, que seja beneficiado com a concessão de tutela antecipada, preenchidos seus requisitos, conforme vem entendendo o STJ.

6.2.4.6. *Posse natural e jurídica*

Quanto à origem.

a) **posse natural:** *é a que decorre do exercício do poder de fato sobre a coisa.*

b) **posse civil ou jurídica:** *é que decorre de um título,* não requerendo atos físicos ou materiais.

6.2.5. *Aquisição da posse*

6.2.5.1. *Conceito*

Adquire-se a posse desde o momento em que se torna possível o exercício, em nome próprio, de qualquer dos poderes inerentes à propriedade (art. 1.204).

6.2.5.2. *Aquisição originária*

É aquela que não guarda vínculo com a posse anterior. Ocorre nos casos de: **a) Apreensão,** *que consiste na apropriação unilateral da coisa sem dono* (abandonada – *res derelicta*, ou de ninguém – *res nullius*) ou na retirada da coisa de outrem sem sua permissão (cessadas a violência ou a clandestinidade); **b) Exercício do direito**, como no caso da servidão constituída pela passagem de um aqueduto em terreno alheio; **c) Disposição**, que consiste em alguém dar uma coisa ou um direito, situação que revela o exercício de um poder de fato (posse) sobre a coisa.

6.2.5.3. *Aquisição derivada*

É aquela que guarda vínculo com a posse anterior. Nesse caso, a posse vem gravada dos eventuais vícios da posse anterior. Essa regra vale para a sucessão a título universal (art. 1.206 do CC), mas é abrandada na sucessão a título singular (art. 1.207 do CC). Ocorre nos casos de **tradição**, *que consiste na transferência da posse de uma pessoa para outra, pressupondo acordo de vontades.* A tradição pode ser de três tipos:

a) **Tradição real:** *é aquela em que há a entrega efetiva, material da coisa.* Ex.: entrega de um eletrodoméstico para o comprador. No caso de aquisição de grandes imóveis não há necessidade de se colocar fisicamente a mão sobre toda a propriedade, bastando a referência a ela no título. Trata-se da chamada ***traditio longa manu.***

b) **Tradição simbólica:** *é aquela representada por ato que traduz a entrega da coisa.* Exemplo: entrega das chaves de uma casa.

c) **Tradição consensual:** é aquela decorrente de contrato, de acordo de vontades. Aqui temos duas possibilidades. A primeira é a ***traditio brevi manu***, que *é aquela situação em que um possuidor em nome alheio passa a possuir a coisa em nome próprio.* É o caso do locatário que adquire a coisa. Já a segunda é o **constituto possessório**, *que é aquela situação em que um possuidor em nome próprio passa a possuí-la em nome de outro, adquirindo a posse indireta da coisa.* É o caso do dono que vende a coisa e passa a nela ficar como locatário ou comodatário.

6.2.6. *Perda da posse*

6.2.6.1. *Conceito*

Perde-se a posse quando cessa, embora contra a vontade do possuidor, o poder sobre o bem. É importante ressaltar, quanto ao ausente (no sentido de não ter presenciado o esbulho), que este só perde a posse quando, tendo notícia desta, abstém-se de retomar a coisa ou, tentando recuperá-la, é violentamente repelido (art. 1.224).

6.2.6.2. *Hipóteses de perda posse*

a) **Abandono:** *é a situação em que o possuidor renuncia à posse, manifestando voluntariamente a intenção de largar o que lhe pertence;* ex.: quando alguém atira um objeto na rua;

b) **Tradição com intenção definitiva:** *é a entrega da coisa com o ânimo de transferi-la definitivamente a outrem;* se a entrega é transitória, não haverá perda total da posse, mas apenas perda temporária da posse direta, remanescendo a posse indireta;

c) **Destruição da coisa e sua colocação fora do comércio;**

d) **Pela posse de outrem:** nesse caso a perda da posse se dá por esbulho, podendo a posse perdida ser retomada.

6.2.7. *Efeitos da posse*

Aquele que exerce posse tem uma série de direitos. Esses direitos vão variar de acordo com o tempo de posse (usucapião), o fato de ser de boa-fé ou não, dentre outras variáveis. Confira-se os efeitos:

6.2.7.1. *Percepção dos frutos*

Quando o legítimo possuidor retoma a coisa de outro possuidor, há de se resolver a questão dos frutos percebidos ou pendentes ao tempo da retomada. De acordo com o caráter da posse (de boa ou de má-fé) haverá ou não direitos para aquele que teve que entregar a posse da coisa. Antes de verificarmos essas regras, vale trazer algumas definições.

6.2.7.1.1. Conceito de frutos

São utilidades da coisa que se reproduzem (frutas, verduras, filhotes de animais, juros etc.). Diferem dos **produtos**, que *são as utilidades da coisa que não se reproduzem* (minerais, por exemplo).

6.2.7.1.2. Espécies de frutos quanto à sua natureza

a) civis (como os alugueres e os juros), **b)** naturais (como as maçãs de um pomar) e **c)** industriais (como as utilidades fabricadas por uma máquina).

6.2.7.1.3. Espécies de frutos quanto ao seu estado

a) pendentes (são os ainda unidos à coisa que os produziu); **b)** percebidos ou colhidos (são os já separados da coisa que os produziu); **c)** percebidos por antecipação (são os separados antes do momento certo); **d)** percipiendos (são os que deveriam ser colhidos e não o foram); **e)** estantes (são os já separados e armazenados para fim de venda); **f)** consumidos (são os que não existem mais porque foram utilizados).

6.2.7.1.4. Direitos do possuidor de boa-fé

Tem direito aos frutos que tiver percebido enquanto estiver de boa-fé (art. 1.214).

6.2.7.1.5. Inexistência de direitos ao possuidor de boa-fé

Não tem direito às seguintes utilidades: **a)** aos frutos pendentes quando cessar a sua boa-fé; **b)** aos frutos percebidos antecipadamente, estando já de má-fé no momento em que deveriam ser colhidos; **c)** aos produtos, pois a lei não confere esse direito, como faz com os frutos. De qualquer forma, é importante ressaltar que nos casos dos itens "a" e "b", apesar de ter que restituir os frutos colhidos ou o seu equivalente em dinheiro, terá direito de deduzir do que deve as despesas com a produção e o custeio.

6.2.7.1.6. Situação do possuidor de má-fé

Este responde por todos os frutos colhidos e percebidos, bem como pelos que, por sua culpa, deixou de perceber, desde o momento em que se constituiu de má-fé. Todavia, tem direito às despesas de produção e custeio (art. 1.216 do CC), em virtude do princípio do não enriquecimento sem causa.

6.2.7.2. Responsabilidade por perda ou deterioração da coisa

Quando o legítimo possuidor retoma a coisa de outro possuidor, também há de se resolver a questão de eventual perda ou destruição da coisa, bem como de eventual deterioração ou degradação da coisa, que passa a ter seu valor diminuído.

6.2.7.2.1. Responsabilidade do possuidor de boa-fé

Não responde pela perda ou deterioração às quais não der causa (art. 1.217 do CC).

6.2.7.2.2. Responsabilidade do possuidor de má-fé

Como regra, responde pela perda ou deterioração da coisa, só não tendo esse dever se provar que de igual modo esses acontecimentos se dariam, caso a coisa estivesse com o reivindicante dela (art. 1.218 do CC). Um exemplo de exoneração da responsabilidade é a deterioração da coisa em virtude de um raio que cai sobre a casa.

6.2.7.3. Indenização por benfeitorias e direito de retenção

Outra questão importante de se verificar quando o legítimo possuidor retoma a coisa de outro possuidor é a de eventual benfeitoria feita pelo segundo. De acordo com o caráter da posse (de boa ou de má-fé) haverá ou não direitos para aquele que teve que entregar a posse da coisa. Antes de verificarmos essas regras, é imperativo trazer algumas definições.

6.2.7.3.1. Conceito de benfeitorias

São os melhoramentos feitos em coisa já existente. São bens acessórios. Diferem da **acessão**, que *é a criação de coisa nova.* Uma casa construída no solo é acessão, pois é coisa nova, já uma garagem construída numa casa pronta é benfeitoria, pois é um melhoramento em coisa já existente.

6.2.7.3.2. Espécies de benfeitorias

a) benfeitorias necessárias são as que se destinam à conservação da coisa (ex.: troca do forro da casa, em virtude do risco de cair); b) benfeitorias úteis são as que aumentam ou facilitam o uso de uma coisa (ex.: construção de mais um quarto numa casa pronta); c) benfeitorias voluptuárias são as de mero deleite ou recreio (ex.: construção de uma fonte luminosa na entrada de uma casa).

6.2.7.3.3. Direitos do possuidor de boa-fé

Tem direito à **indenização** pelas benfeitorias necessárias e úteis que tiver feito, podendo, ainda, levantar as benfeitorias voluptuárias, desde que não deteriore a coisa. A indenização se dará pelo valor atual da benfeitoria. Outro direito do possuidor de boa-fé é o de retenção da coisa, enquanto não for indenizado por benfeitorias úteis e necessárias que tiver realizado na coisa (art. 1.219 do CC). Significa que o possuidor não é obrigado a entregar a coisa enquanto não for ressarcido. O direito deve ser exercido no momento da contestação da ação que visa à retomada da coisa, devendo o juiz se pronunciar sobre a sua existência. Trata-se de um excelente meio de coerção para recebimento da indenização devida. Constitui verdadeiro direito real, pois é direito que não se converte em perdas e danos.

6.2.7.3.4. Direitos do possuidor de má-fé

Tem direito apenas ao ressarcimento das benfeitorias necessárias que tiver feito, não podendo retirar as benfeitorias voluptuárias (art. 1.220 do CC). Trata-se de uma punição a esse possuidor, que só é ressarcido pelas benfeitorias necessárias, pois são despesas que até o possuidor legítimo teria que fazer. O retomante escolherá se pretende indenizar pelo valor atual ou pelo custo da benfeitoria. O possuidor de má-fé não tem direito de retenção da coisa enquanto não for indenizado pelas benfeitorias necessárias que eventualmente tiver realizado.

6.2.7.4. Usucapião

A posse prolongada, e que preenche outros requisitos legais, dá ensejo a outro efeito da posse, que é a aquisição da coisa pela usucapião.

6.2.7.5. *Proteção possessória*

A posse também tem por efeito o de gerar direito de o possuidor defendê-la contra a perturbação e a privação de seu exercício, provocadas por terceiro.

6.3. Direitos reais

6.3.1. *Conceito de direito real*

É o poder, direto e imediato, do titular sobre a coisa, com exclusividade e contra todos. Perceba que esses direitos envolvem os seguintes elementos: a) sujeito ativo, que pode ser qualquer pessoa; b) sujeito passivo, que é toda a coletividade, ou seja, todos nós temos que respeitar os direitos reais das pessoas; em caso de violação do direito real, passa-se a ter um sujeito passivo determinado; c) bem: é a coisa de expressão econômica sobre a qual o titular do direito tem poder; d) poder direto e imediato sobre a coisa. O direito real difere do direito pessoal, pois este gera uma relação entre pessoas determinadas (princípio da relatividade) e, em caso de sua violação, converte-se em perdas e danos. No direito real, ao contrário, seu titular pode perseguir a coisa sobre a qual tem poder, não tendo que se contentar com a conversão da situação em perdas e danos.

6.3.2. *Princípios do direito real*

6.3.2.1. *Princípio da aderência*

Aquele pelo qual se estabelece um vínculo entre o sujeito e a coisa, independentemente da colaboração do sujeito passivo. No direito pessoal, o vínculo depende da colaboração de pelo menos duas pessoas, ou seja, o gozo do direito depende da intermediação de outra pessoa.

6.3.2.2. *Princípio do absolutismo*

Aquele pelo qual os direitos reais são exercidos contra todos ("erga omnes"). Por exemplo, quando alguém é proprietário de um imóvel, todos têm que respeitar esse direito. Daí surge o *direito de sequela* ou o *jus persequendi*, pelo qual, violado o direito real, a vítima pode perseguir a coisa, em vez de ter de se contentar com uma indenização por perdas e danos.

6.3.2.3. *Princípio da publicidade (ou visibilidade)*

Aquele pelo qual os direitos reais só se adquirem depois do registro do título na matrícula (no caso de imóvel) ou da tradição (no caso de móvel). Por ser o direito real oponível *erga omnes*, é necessário essa publicidade para que sejam constituídos. Os direitos pessoais, por sua vez, seguem o consensualismo, ou seja, basta o acordo de vontades (o consenso) para que sejam constituídos.

6.3.2.4. *Princípio da taxatividade*

Aquele pelo qual o número de direitos reais é limitado pela lei. Assim, por acordo de vontades não é possível criar uma nova modalidade de direito real, que são *numerus clausus*. São direitos que afetam terceiros, daí a necessidade de previsão legal. Os direitos pessoais, por sua vez, não são taxativos, podendo ser criados pelas partes interessadas (art. 425 do CC), daí porque são chamados *numerus apertus*.

6.3.2.5. *Princípio da tipificação*

Aquele pelo qual os direitos reais devem respeitar os tipos existentes em lei. Assim, o acordo de vontades não tem o condão de modificar o regime jurídico básico dos direitos reais.

6.3.2.6. *Princípio da perpetuidade*

Aquele pelo qual os direitos reais não se perdem pelo decurso do tempo, salvo as exceções legais. Esse princípio se aplica ao direito de propriedade. Os direitos pessoais, por sua vez, têm a marca da transitoriedade.

6.3.2.7. *Princípio da exclusividade*

Aquele pelo qual não pode haver direitos reais, de igual conteúdo, sobre a mesma coisa. Por exemplo, o nu-proprietário e o usufrutuário não têm direitos iguais quanto ao bem objeto do usufruto. No caso de condomínio (duas ou mais pessoas proprietárias de um bem), cada uma tem porção ideal na coisa, exclusivas e distintas.

6.3.2.8. *Princípio do desmembramento*

Aquele que permite o desmembramento do direito matriz (propriedade), constituindo-se direitos reais sobre coisas alheias. Ou seja, pelo princípio é possível desmembrar um direito real (propriedade, por exemplo) em outros direitos reais (uso, por exemplo).

6.3.3. *Espécies de direito real*

Propriedade, superfície, servidão, usufruto, uso, habitação, direito do promitente comprador de imóvel, penhor, hipoteca e anticrese.

6.4. Propriedade

6.4.1. *Características gerais*

6.4.1.1. *Conceito*

É o direito real que faculta ao seu titular (o proprietário) os poderes de usar, gozar e dispor da coisa, bem como de reavê-la de quem quer que injustamente a possua ou detenha (art. 1.228 do CC).

6.4.1.2. *Função social da propriedade*

O direito de propriedade deve ser exercido em consonância com as suas finalidades econômicas e sociais e de modo que sejam preservados, de conformidade com o estabelecido em lei especial, a flora, a fauna, as belezas naturais, o equilíbrio ecológico e o patrimônio histórico e artístico, bem como evitada a poluição do ar e das águas (art. 1.228, § 1º).

6.4.1.3. *Vedação ao abuso de direito*

São defesos os atos que não trazem ao proprietário qualquer comodidade, ou utilidade, e sejam animados pela intenção de prejudicar outrem (art. 1.228, § 2º).

6.4.1.4. *Extensão física da propriedade do solo*

Abrange a do espaço aéreo e subsolo correspondentes, em altura e profundidade úteis ao seu exercício. Todavia, essa propriedade não abrange os recursos minerais (salvo os de emprego imediato na construção civil, desde que não submetidos a transformação industrial) e os potenciais de energia hidráulica (arts. 1.229 e 1.230).

6.4.2. Formas de aquisição da propriedade imóvel

A propriedade imóvel pode ser adquirida por diversas formas. O modo corrente é a aquisição pelo **registro** do título (escritura de compra e venda, escritura de doação) na matrícula. É possível também a aquisição pela **usucapião**, pela **acessão**, pela **sucessão** ***causa mortis*** e pela **desapropriação.**

6.4.2.1. Registro na matrícula do imóvel

6.4.2.1.1. Conceito

Consiste no ato de registrar o título translativo da alienação do imóvel (escritura de compra e venda ou de doação) na matrícula existente no Registro de Imóveis (art. 1.245 do CC).

6.4.2.1.2. Momento da aquisição da propriedade imóvel

No Direito Brasileiro, a propriedade imóvel não se adquire com o contrato de compra e venda ou de doação. Enquanto o contrato não for registrado na matrícula do imóvel, o comprador não adquirirá a propriedade do bem (art. 1.245, § 1º, do CC). Isso porque o Brasil adotou o sistema romano-germânico. No sistema francês, a propriedade imóvel é adquirida no momento da conclusão do contrato de compra e venda ou de doação.

6.4.2.1.3. Presunção de veracidade do Registro Público

Nosso Direito estabelece a presunção de veracidade nas informações constantes do Registro de Imóveis. Assim, enquanto não há ação para a decretação da invalidade do registro, e o respectivo cancelamento, o adquirente continua a ser considerado dono do imóvel (art. 1.245, § 2º, do CC).

6.4.2.1.4. Início dos efeitos do registro

O registro é eficaz desde o momento em que se apresentar o título ao oficial do registro e este prenotar no protocolo. Esse efeito só não existirá se o interessado tiver de complementar a documentação apresentada e não o fizer no prazo de trinta dias (art. 1.246 do CC).

6.4.2.2. Usucapião

6.4.2.2.1. Conceito

É a forma de aquisição originária da propriedade, pela posse prolongada no tempo e o cumprimento de outros requisitos legais. A usucapião também é chamada de prescrição aquisitiva. Essa forma de aquisição da propriedade independe de registro no Registro de Imóveis. Ou seja, cumpridos os requisitos legais, o possuidor adquire a propriedade da coisa. Assim, a sentença na ação de usucapião é meramente declaratória da aquisição da propriedade, propiciando a expedição de mandado para registro do imóvel em nome do adquirente, possibilitando conhecimento de todos da nova situação. A aquisição é originária, ou seja, não está vinculada ao título anterior. Isso faz com que eventuais restrições que existirem na propriedade anterior não persistam quanto ao novo proprietário.

6.4.2.2.2. Requisitos

São vários os requisitos para a aquisição da propriedade pela usucapião. Vamos enumerar, neste item, apenas os requisitos que devem ser preenchidos em todas as modalidades de usucapião, deixando os requisitos específicos de cada modalidade para estudo nos itens abaixo respectivos. Os requisitos gerais são os seguintes:

a) posse prolongada no tempo: não basta mera detenção da coisa, é necessária a existência de posse, e mais, de posse que se prolongue no tempo, tempo esse que variará de acordo com o tipo de bem (móvel ou imóvel) e outros elementos, como a existência de boa-fé, a finalidade da coisa etc.;

b) posse com *animus domini*: não basta a mera posse; deve se tratar de posse com ânimo de dono, com intenção de proprietário; essa circunstância impede que se considere a posse de um locatário do bem, como hábil à aquisição da coisa;

c) posse mansa e pacífica: ou seja, posse sem oposição; assim, se o legítimo possuidor da coisa se opôs à posse, ingressando com ação de reintegração de posse, neste período não se pode considerar a posse como mansa e pacífica, como sem oposição;

d) posse contínua: ou seja, sem interrupção; não é possível computar, por exemplo, dois anos de posse, uma interrupção de um ano, depois mais dois anos e assim por diante; deve-se cumprir o período aquisitivo previsto em lei sem interrupção.

6.4.2.2.3. Usucapião extraordinário – Requisitos

a) tempo: 15 anos; o prazo ficará reduzido para 10 anos se o possuidor houver estabelecido no imóvel a sua moradia habitual, <u>ou</u> nele realizado obras ou serviços de caráter produtivo (art. 1.238, *caput* e parágrafo único, do CC);

b) requisitos básicos: posse "mansa e pacífica" (sem oposição), "contínua" (sem interrupção) e com "ânimo de dono".

6.4.2.2.4. Usucapião ordinário – Requisitos

a) tempo: 10 anos; o prazo ficará reduzido para 5 anos se preenchidos dois requisitos: a) se o imóvel tiver sido adquirido onerosamente com base no registro constante do respectivo cartório; b) se os possuidores nele tiverem estabelecido a sua moradia <u>ou</u> realizado investimentos de interesse social e econômico (art. 1.242, *caput* e parágrafo único, do CC);

b) requisitos básicos: posse "mansa e pacífica" (sem oposição), "contínua" (sem interrupção) e com "ânimo de dono";

c) boa-fé e justo título: como o prazo aqui é menor, exige-se do possuidor, no plano subjetivo, a boa-fé, e no plano objetivo, a titularidade de um título hábil, em tese, para transferir a propriedade.

6.4.2.2.5. Usucapião especial urbano – Requisitos

a) tempo: 5 anos (art. 1.240 do CC);

b) requisitos básicos: posse "mansa e pacífica" (sem oposição), "contínua" (sem interrupção) e com "ânimo de dono";

c) tipo de imóvel: a) área urbana; b) tamanho de até 250 m²;

d) finalidade do imóvel: utilização para a moradia do possuidor ou de sua família;

e) requisitos negativos: i) que o possuidor não seja proprietário de outro imóvel urbano ou rural; ii) que o possuidor não tenha já sido beneficiado pelo direito ao usucapião urbano.

6.4.2.2.6. Usucapião urbano coletivo – Requisitos

a) tempo: 5 anos (art. 10 da Lei 10.257/2001 – Estatuto da Cidade);

b) requisitos básicos: posse "mansa e pacífica" (sem oposição), "contínua" (sem interrupção) e com "ânimo de dono";

c) tipo de imóvel: a) área urbana; b) tamanho superior a 250 m²;

d) finalidade do imóvel: a) utilização para a moradia; b) população de baixa renda;

e) requisitos negativos: i) que o possuidor não seja proprietário de outro imóvel urbano ou rural; ii) que seja impossível identificar o terreno ocupado por cada possuidor.

6.4.2.2.7. Usucapião especial rural – Requisitos

a) tempo: 5 anos (art. 1.239 do CC);

b) requisitos básicos: posse "mansa e pacífica" (sem oposição), "contínua" (sem interrupção) e com "ânimo de dono";

c) tipo de imóvel: a) área de terra em zona rural; b) tamanho de até 50 hectares;

d) finalidade do imóvel: a) utilização para a moradia do possuidor ou de sua família; b) área produtiva pelo trabalho do possuidor ou de sua família;

e) requisito negativo: a terra não pode ser pública.

6.4.2.2.8. Usucapião especial urbana familiar – Requisitos (introduzida pela Lei 12.424/2011)

a) tempo: 2 anos (art. 1.240-A do CC);

b) requisitos básicos: posse "mansa e pacífica" (sem oposição), "contínua" (sem interrupção) e com "ânimo de dono";

c) tipo de imóvel: a) área urbana; b) tamanho de até 250 m²;

d) finalidade do imóvel: utilização para a moradia do possuidor ou de sua família;

e) tipo de posse: posse direta, com exclusividade;

f) requisito específico: imóvel cuja propriedade o possuidor dividia com ex-cônjuge ou ex-companheiro que tenha abandonado o lar;

g) requisitos negativos: i) que o possuidor não seja proprietário de outro imóvel urbano ou rural; ii) que o possuidor não tenha já sido beneficiado pelo direito ao usucapião urbano;

h) consequência: o possuidor abandonado adquire o domínio integral do imóvel.

6.4.2.3. Posse pro labore (desapropriação privada)

O atual CC criou nova hipótese que dá ensejo à aquisição forçada da propriedade. Essa hipótese prevê, de um lado, que o possuidor que sofra a reivindicação da coisa tenha utilizado esta em obras e serviços de relevante interesse social e econômico, e que, de outro, tenha interesse em pagar indenização para o proprietário da área.

6.4.2.3.1. Conceito

Consiste no direito de o possuidor de extensa área permanecer/ adquirir compulsoriamente a coisa, pagando justa indenização ao proprietário do imóvel, desde que preenchidos os demais requisitos legais.

6.4.2.3.2 Requisitos

a) posse ininterrupta por mais de 5 anos; b) boa-fé do possuidor; c) extensa área; d) considerável número de possuidores; e) realização de obras e serviços considerados pelo juiz de interesse social e econômico relevante. Perceba que, diferentemente da usucapião coletiva, a desapropriação privada não requer moradia, mas requer boa-fé e pagamento de justa indenização.

6.4.2.3.3. Operacionalização

Por ocasião da reivindicação da coisa, os interessados deverão requerer ao juiz a fixação de justa indenização devida ao proprietário, que, paga, ensejará registro da sentença no Registro de Imóveis para o fim de atribuir a propriedade aos possuidores (art. 1.228, §§ 4º e 5º).

No entanto, o Enunciado nº 496 das Jornadas de Direito Civil entende que esse direito dos possuidores pode ser objeto de ação autônoma, não se restringindo à defesa em pretensões reivindicatórias.

6.4.2.4. Acessão

6.4.2.4.1. Conceito

É modo originário de aquisição da propriedade, pelo qual fica pertencendo ao proprietário tudo quanto se une ou se incorpora ao seu bem (art. 1.248 do CC).

6.4.2.4.2. Espécies

a) natural: consiste na união do acessório ao principal advinda de acontecimento natural (formação de ilhas, aluvião, avulsão e abandono);

b) artificial (industrial): resulta de trabalho humano.

6.4.2.4.3. Requisitos

a) conjunção entre duas coisas, até então separadas;

b) caráter acessório de uma das duas, em confronto com a outra; uma é principal (coisa acedida) e a outra, acessória (coisa acedente).

6.4.2.4.4. Princípios básicos para a solução de problemas quando o acessório vem de terceiro

a) princípio de que o acessório segue o principal: assim, normalmente o dono da coisa principal fica com a coisa acessória vinda do bem de terceiro.

b) princípio do não enriquecimento sem causa: faz com que, sempre que possível, o proprietário prejudicado tenha direito à indenização pela incorporação de coisa sua a um bem de outra pessoa.

6.4.2.4.5. Formação de ilhas em rios não navegáveis (art. 1.248, I, do CC, e art. 23 do Código de Águas)

a) conceito: *depósito paulatino de materiais (trazidos pela corrente) ou rebaixamento de águas, deixando descoberta e a seco parte do fundo ou do leito.*

b) titularidade: a área de terras formada passa a ser do proprietário ribeirinho, a depender de sua formação.

c) ilha formada no meio do rio: passa a pertencer aos proprietários ribeirinhos fronteiros, na proporção de suas testadas.

d) ilha formada entre a linha que divide o álveo: quando a ilha se forma na metade mais próxima a uma das margens, esta pertencerá ao proprietário ribeirinho do lado da formação.

e) ilha formada pelo desdobramento de um novo braço do rio: nesse caso, os proprietário das margens que perderam o braço serão donos da área.

6.4.2.4.6. Aluvião (art. 1.250 do CC)

a) conceito: *acréscimo natural e imperceptível de terras às margens dos rios.* Ocorre quando a terra vai se depositando em uma margem do rio, formando um novo pedaço de terra. A doutrina denomina aluvião imprópria aquela situação em que esse pedaço de terra se forma pelo afastamento de águas, que descobrem parte do álveo, ou seja, parte da área coberta pelas águas.

b) titularidade: essa nova área de terra passa a ser do proprietário dos terrenos marginais, na proporção de suas testadas.

6.4.2.4.7. Avulsão (art. 1.251 do CC)

a) conceito: *deslocamento de uma porção de terra de um prédio a outro por força natural violenta.*

b) consequências: i) o dono do outro prédio adquire propriedade do acréscimo se indenizar ou não houver reclamação em 1 ano; ii) se não houver o pagamento da indenização reclamada, o dono do prédio deve aquiescer na remoção do acréscimo.

6.4.2.4.8. Abandono de álveo (art. 1.252 do CC)

a) conceito: *é o rio que seca ou que se desvia em virtude de fenômeno natural.* O álveo é a superfície coberta pelas águas, de modo que o abandono de álveo é a seca do rio, que fica descoberto, abandonado.

b) titularidade: a área formada pertencerá aos proprietários ribeirinhos das duas margens, ficando, cada um, proprietário até o local onde se tinha a linha média do álveo.

6.4.2.4.9. Acessões artificiais

a) conceito: *são as que resultam de um comportamento humano.* São exemplos as construções e as plantações.

b) características: i) dá-se de móveis a imóveis; ii) a acessão existente em terreno presume-se feita pelo proprietário e à sua custa, até prova em contrário; iii) fazendo ou não a acessão, como regra, o proprietário do bem principal fica dono do acessório (da acessão); iv) não pode haver enriquecimento sem causa.

c) acessão em terreno próprio com elementos alheios: por exemplo, planta em seu terreno com semente alheia; nesse caso o proprietário do terreno adquire a propriedade da semente, mas deve pagar ao dono do material o seu valor, bem como pagar perdas e danos, se agiu de má-fé (art. 1.254 do CC).

d) acessão com elementos próprios em terreno alheio: por exemplo, uma pessoa planta sementes suas no terreno de alguém ou edifica com materiais próprios no terreno de outrem; nesse caso, o proprietário das sementes ou dos materiais os perde para o proprietário do terreno, tendo direito de indenização pelo valor dos elementos, caso esteja de boa-fé. Se o valor da acessão exceder consideravelmente o valor do terreno e aquele que plantou ou edificou estiver de boa-fé, este poderá adquirir a propriedade do solo se pagar indenização (art. 1.255 do CC).

e) construção em solo próprio, que invade solo alheio: é o caso de alguém que constrói em terreno próprio, mas que acaba por invadir parte de terreno alheio. A lei permite que o construtor de boa-fé que invadiu área de até um vigésimo do solo alheio fique dono da parte invadida, desde que o valor da construção exceda o dessa parte e que pague indenização que represente o valor da área perdida e a desvalorização da área remanescente. O possuidor de má-fé só terá o mesmo direito na hipótese de não ser possível demolir a porção invasora sem grave prejuízo à sua construção, desde que paguem indenização correspondente a dez vezes o valor que pagaria se estivesse de boa-fé. Para o caso de construções que excedam um vigésimo do terreno alheio, o invasor de má-fé pagará indenização em dobro, ao passo que o possuidor de boa-fé tem direito de adquirir a área invadida se também pagar o valor que a invasão acrescer à sua construção (arts. 1.258 e 1.259).

6.4.3. Perda da propriedade imóvel

6.4.3.1. Alienação:

6.4.3.1.1. Conceito

Consiste na venda, na doação, na troca ou na dação em pagamento.

6.4.3.1.2. Efeitos

Os efeitos da perda da propriedade são subordinados ao registro do título translatício no Registro de Imóvel (art. 1.275, parágrafo único, do CC).

6.4.3.2. Renúncia

6.4.3.2.1. Conceito

Ato unilateral pelo qual o proprietário declara expressamente o seu intuito de abrir mão da coisa. Tem como condição não acarretar prejuízos a terceiro.

6.4.3.2.2. Efeitos

Os efeitos da perda da propriedade dependem do registro do ato renunciativo, que deverá se consubstanciar numa escritura pública (art. 108 do CC) ou num termo judicial (art. 1.806 do CC – herança).

6.4.3.3. Abandono

6.4.3.3.1. Conceito

Ato unilateral pelo qual o proprietário se desfaz da coisa, a partir de conduta que revela não mais querer conservá-la em seu patrimônio.

6.4.3.3.2. Presunção absoluta da intenção de abandonar

O atual CC presumiu o abandono de forma absoluta na hipótese de o proprietário da coisa a) cessar os atos de posse sobre ela e b) deixar de satisfazer os ônus fiscais (deixar de pagar o IPTU ou o ITR). Nesse caso, não se encontrando o imóvel na posse de outrem, deverá ser arrecadado como bem vago, passando, três anos depois, à propriedade do Município onde se encontrar, se se tratar de imóvel urbano, ou à propriedade da União, se se tratar de imóvel rural.

6.4.3.4. Perecimento do imóvel

6.4.3.4.1 Conceito

Consiste na sua destruição por ato voluntário ou involuntário. Exemplo do primeiro caso é o incêndio proposital. E, do segundo, o raio, o furacão e o terremoto.

6.4.3.4.2. Efeitos

Em última análise, o dono da construção ou da plantação continua proprietário do solo.

6.4.3.5. Desapropriação

6.4.3.5.1. Conceito

Consiste no despojamento compulsório do proprietário do imóvel por parte do Poder Público, que fica obrigado a pagar justa indenização.

6.4.3.5.2. Efeitos

A desapropriação só se consuma com o pagamento integral da indenização devida. Até este momento, o Poder Público poderá desistir da aquisição da área. Não desistindo e havendo o pagamento da indenização, o juiz determina o registro da sentença respectiva no Registro de Imóveis.

6.4.3.6. Outras hipóteses

Também se perde a propriedade pela usucapião, pelo casamento, pela dissolução da sociedade conjugal, no casamento pelo regime de comunhão universal, pela sentença em ação reivindicatória, pelo implemento de condição resolutiva, pelo confisco (art. 243 da CF) e pela desapropriação privada (art. 1.228, §§ 4º e 5º, CC), dentre outros casos.

6.4.4. Aquisição da propriedade móvel

6.4.4.1. Ocupação

6.4.4.1.1. Conceito

Modo de aquisição originário da propriedade de coisa móvel e sem dono, por não ter sido ainda apropriada ("res nullius"*) ou por ter sido abandonada (*"res derelicta"*)* (art. 1.263 do CC).

6.4.4.1.2. Ocupação x Descoberta

A descoberta difere da ocupação, por se referir a coisa perdida pelo seu proprietário. O regime jurídico da **descoberta** determina que aquele que ache coisa alheia perdida há de restituí-la ao dono ou legítimo possuidor. Se não o encontrar, entregará a coisa achada à autoridade competente. Aquele que restituir terá direito a uma recompensa não inferior a 5% do seu valor, e à indenização pelas despesas que houver feito, se o dono não preferir abandoná-la. Decorridos sessenta dias da divulgação da notícia pela autoridade por imprensa ou edital, não se apresentando quem comprove a propriedade da coisa, será esta vendida em hasta pública e, deduzidas do preço as despesas, mais a recompensa do descobridor, pertencerá o remanescente ao Município onde se achou o objeto perdido. Sendo a coisa de pequeno valor, o Município poderá dá-la a quem a achou (art. 1.233 a 1.237 do CC). A doutrina chama a recompensa pela entrega da coisa de "achádego" e o descobridor de "inventor".

6.4.4.2. Achado do tesouro

6.4.4.2.1. Conceito de tesouro

Consiste no depósito antigo de coisas preciosas, oculto e de cujo dono não haja memória (art. 1.264 do CC).

6.4.4.2.2. Conceito do achado do tesouro

Consiste na descoberta casual desse depósito antigo.

6.4.4.2.3. Consequências possíveis

a) será dividido por igual entre o proprietário do prédio e aquele que achar a coisa; b) pertencerá por inteiro ao proprietário do prédio se foi quem achou, se foi quem determinara a pesquisa para encontrá-lo ou se achado por terceiro não autorizado a procurar; c) havendo enfiteuse, este terá o direito que corresponde ao proprietário da coisa.

6.4.4.3. Usucapião

6.4.4.3.1. Conceito

Modo originário de aquisição da propriedade pela posse prolongada da coisa. Também se aplicam à usucapião de bem móvel as regras dos arts. 1.243 e 1.244 do CC.

6.4.4.3.2. Usucapião ordinário

Requer posse ininterrupta e sem oposição por três anos, além de boa-fé e justo título (art. 1.260 do CC).

6.4.4.3.3. Usucapião extraordinário

Requer apenas posse ininterrupta e sem oposição por cinco anos (art. 1.261 do CC).

6.4.4.4. Tradição

6.4.4.4.1. Conceito

Consiste na entrega da coisa móvel ao adquirente, com a intenção de lhe transferir o domínio, em razão de título translativo da propriedade. Aqui, vale a mesma observação feita para a aquisição de bens imóveis pelo registro na matrícula, ou seja, vale lembrar que o simples acordo de vontades (contrato) não transfere a propriedade da coisa móvel, sendo necessária a tradição, que é o que dá visibilidade, publicidade ao negócio, daí o fato de o Direito estabelecer que só ela tem o condão de transferir a propriedade (art. 1.267 do CC).

6.4.4.4.2. Espécies de tradição

Vide aquisição e perda da posse (item 6.2.6).

6.4.4.4.3. Tradição por quem não é proprietário

Nesse caso, não há alienação da propriedade, exceto se forem preenchidos os seguintes requisitos: a) a coisa for oferecida ao público (em leilão público ou estabelecimento comercial); b) a coisa for transferida em circunstâncias tais que, ao adquirente de boa-fé, pareça que o alienante é dono da coisa. Outra possibilidade de o negócio valer é o vendedor adquirir posteriormente a propriedade, estando o adquirente de boa-fé (art. 1.268 do CC).

6.4.4.4.4. Tradição decorrente de negócio nulo

O CC dispõe que não transfere a propriedade a tradição, quando tiver por título um negócio nulo. Um exemplo é a entrega de um bem vendido por um absolutamente incapaz (art. 1.268, § 2º, do CC).

6.4.4.5. Especificação

6.4.4.5.1. Conceito

É modo de aquisição da propriedade pela transformação de coisa móvel em espécie nova, em virtude de trabalho ou indústria do especificador, desde que não seja possível reduzi-la à forma primitiva (art. 1.269 do CC). Um exemplo é o trabalho feito por artesão em matéria-prima da qual não é dono. O fundamento do instituto é a valorização do trabalho e da função social da propriedade.

6.4.4.5.2. Requisitos

a) bem móvel; b) matéria-prima alheia; c) impossibilidade de retorno ao estado anterior.

6.4.4.5.3. Consequências

a) especificador de boa-fé: vira proprietário da coisa se o valor da coisa especificada exceder consideravelmente o da matéria-prima; deve indenizar o prejudicado; se o valor da coisa especificada não exceder o da matéria-prima, o possuidor de boa-fé tem direito de ser indenizado.

b) especificador de má-fé: a coisa especificada pertencerá ao dono da matéria-prima, sem direito de indenização em favor do especificador.

6.4.4.6. Confusão/Comissão/Adjunção

6.4.4.6.1. Incidência dos institutos

Nas situações em que coisas pertencentes a pessoas diversas se mesclarem, sem possibilidade de separá-las (art. 1.272, § 1º, do CC).

6.4.4.6.2. Confusão

É a mistura entre coisas líquidas. Ex.: água e álcool.

6.4.4.6.3. Comissão

É a mistura entre coisas secas ou sólidas. Ex.: açúcar e farinha.

6.4.4.6.4. Adjunção

É a justaposição de coisas, sem possibilidade de destacar acessório do principal. Ex.: duas coisas coladas.

6.4.4.6.5. Consequências

a) se for possível a separação: não haverá problema, bastando a entrega de cada coisa ao seu proprietário;

b) se não for possível a separação ou esta exigir gasto excessivo: nasce um condomínio forçado, cabendo, a cada um, quinhão proporcional ao valor da coisa que entrou para a mistura.

c) se uma das coisas for principal: o dono dela ficará proprietário de tudo, indenizando os outros.

d) se a mescla foi operada de má-fé: aquele que estiver de boa-fé decidirá se pretende ou não ficar com a coisa, assegurado, em qualquer caso, o direito de receber uma indenização.

6.5. Condomínio

6.5.1. Conceito

É o direito de propriedade de mais de uma pessoa sobre a mesma coisa, cabendo a cada uma delas a totalidade dos poderes inerentes ao domínio, sendo que o exercício desses poderes é limitado pelos direitos dos demais. (art. 1.314 do CC).

6.5.2. Direitos e exercício dos direitos

No plano qualitativo, todos os condôminos podem usar, reivindicar e gravar a coisa, bem como alhear parte ideal dela; por outro lado, não podem alterar a destinação da coisa e dar posse a estranhos; já no plano quantitativo, os condôminos devem dividir as despesas proporcionalmente, deliberar sobre a administração da coisa pela maioria e dividir os frutos na proporção de seus quinhões.

6.5.3. Classificação

6.5.3.1. Quanto à origem

a) **convencional (voluntário):** *é o resultante do acordo de vontades*, como a aquisição conjunta de um bem; b) **incidental (eventual):** *é o resultante de causas alheias à vontade dos condôminos*, como a herança deixada para vários herdeiros; c) **forçado (legal):** *é o resultante de imposição da ordem jurídica, como consequência do estado de indivisão da coisa*, como as paredes, cercas, muros e valas.

6.5.3.2. Quanto à forma

a) ***pro diviso:*** *é aquele em que a comunhão existe juridicamente, mas não de fato, dado que cada condômino exerce atos sobre parte certa e determinada do bem*; b) ***pro indiviso:*** *é aquele em que a comunhão existe de fato e de direito.*

6.5.4. Quota ideal

6.5.4.1. Conceito

É a fração que, no bem indiviso, cabe a cada consorte. Repare que o direito recai sobre o bem todo, mas com algumas limitações quantitativas em relação a alguns poderes de proprietário.

6.5.4.2. *Consequências*

a) possibilita o cálculo do montante das vantagens e ônus atribuíveis a cada um dos comunheiros;

b) possibilita direitos plenos (de usar e reivindicar, por exemplo) e direitos limitados (aos frutos, à repartição de despesas e a deliberações);

c) a fração deve estar no título; no silêncio, presumem-se iguais os quinhões.

6.5.5. *Direitos dos condôminos*

6.5.5.1. *Usar da coisa conforme sua destinação e sobre ela exercer todos os direitos compatíveis com a indivisão*

Assim, não é possível impedir ou atrapalhar o uso por parte do outro, nem mudar a destinação do bem, muito menos dar posse, uso ou gozo a estranhos, sem autorização dos demais.

6.5.5.2. *Reivindicar os bens de terceiros*

O condômino pode ingressar sozinho com a ação reivindicatória ou reintegratória de posse.

6.5.5.3. *Alhear ou gravar sua parte*

A alienação deve respeitar o direito de preferência em favor dos demais condôminos (art. 504 do CC); já o gravame (instituição de hipoteca, por exemplo) só incidirá sobre a parte ideal pertencente ao condômino.

6.5.5.4. *Direito de pedir a divisão*

6.5.6. *Deveres dos condôminos*

1. Concorrer para as despesas de conservação e divisão da coisa, na proporção de sua parte.

2. Responder pelas dívidas contraídas em proveito da comunhão, presumindo-se o rateio na proporção dos quinhões.

3. Responder pelos frutos que percebeu da coisa e pelo **dano** que lhe causou.

6.5.7. *Extinção do condomínio*

6.5.7.1. *Regra geral*

A todo tempo será lícito ao condomínio exigir a divisão da coisa comum (art. 1.320 do CC).

6.5.7.2. *Exceções*

a) existindo pacto de não dividir, cujo prazo máximo é de cinco anos, suscetível de prorrogação posterior; b) pela vontade do doador ou do testador; c) por determinação judicial, se houver graves razões aconselhando.

6.5.7.3. *Meios*

a) Coisa divisível: divide-se fisicamente, de acordo com os quinhões.

b) Coisa indivisível: a) verifica-se se um dos consortes tem interesse em adjudicar tudo para si, com a concordância de todos; não sendo possível, b) vende-se e reparte-se o apurado, sendo que há direito de preferência do condômino em relação a estranhos. É importante ressaltar que as regras do direito de preferência em caso de venda voluntária de fração ideal (art. 504 do CC) são diferentes das regras do mesmo direito em caso de divisão forçada (art. 1.322 do CC).

6.5.8. *Administração do condomínio*

6.5.8.1. *Escolha do administrador*

A maioria escolherá o administrador, que pode ser estranho ao condomínio (art. 1.323 do CC).

6.5.8.2. *Poderes do administrador*

Este não poderá praticar atos que exigem poderes especiais, como alienar, por exemplo.

6.5.8.3. *Quorum para deliberações*

Estas serão tomadas pela maioria absoluta; a maioria será calculada pelo valor dos quinhões. Em caso de empate, decidirá o juiz, a requerimento de qualquer condômino, ouvidos os outros (art. 1.325, §§ 1º e 2º, do CC).

6.5.9. *Condomínio edilício*

6.5.9.1. *Conceito*

É o condomínio caracterizado pela existência de uma propriedade comum ao lado de uma propriedade privativa (art. 1.331 do CC). Nesse caso temos a) *unidades autônomas*, tais como apartamentos, escritórios, salas, lojas e garagens; e b) *partes comuns*, tais como o terreno, a estrutura do edifício, o telhado, os corredores, as escadas, as áreas de lazer.

6.5.9.2. *Natureza*

É um sujeito de direito despersonificado, já que a lei autoriza sua atuação em juízo, bem como a contratação de serviços e de funcionários.

6.5.9.3. *Instituição*

Ocorre com o a) **Ato de Instituição**, que discrimina e individualiza as unidades, e nasce de ato *inter vivos* ou de testamento, registrado no Registro de Imóveis (art. 1.332, *caput* e I, do CC); b) **Convenção**, que, aprovada por 2/3 das frações ideais, traz os direitos e deveres dos condôminos, devendo ser também registrada no Registro Imobiliário para ser oponível contra terceiros; c) **Regulamento** (ou Regimento Interno), que consiste no documento que completa a convenção, tecendo minúcias sobre o funcionamento do condomínio edilício. A alteração da convenção depende do voto de 2/3 do condôminos.

6.5.9.4. *Estrutura interna do condomínio:*

a) Unidades autônomas: nenhuma unidade pode ser privada de saída para a via pública; o proprietário pode alugar, ceder ou gravar sua unidade, independente de autorização dos outros condôminos, que também não têm direito de preferência na aquisição da unidade do vizinho; o direito de preferência só existe no caso de o condômino resolver alugar sua garagem a estranhos; para efeitos tributários, cada unidade é prédio isolado; vale salientar que, de acordo com a alteração promovida pela Lei 12.607/2012 junto ao art. 1.331, § 1º, do CC, os abrigos para veículos só poderão ser alienados ou alugados a pessoas estranhas ao condomínio se houver autorização expressa na convenção de condomínio;

b) Áreas comuns: cada consorte pode utilizá-las sem dano, incômodo ou embaraço aos demais; são insuscetíveis de divisão e de alienação.

6.5.9.5. Deveres e sujeições dos condôminos

a) contribuir para as despesas na proporção de sua fração ideal, salvo disposição em contrário na convenção, não podendo votar na assembleia se não estiver quite;

b) pagar juros de 1% ao mês e multa de até 2% caso não pague sua contribuição; quanto à multa, o Enunciado nº 505 das Jornadas de Direito Civil entende que "é nula a estipulação que, dissimulando ou embutindo multa acima de 2%, confere suposto desconto de pontualidade no pagamento da taxa condominial, pois configura fraude à lei (Código Civil, art. 1336, § 1º), e não redução por merecimento";

c) não alterar a fachada;

d) preservar o sossego, a salubridade, a segurança e os bons costumes;

e) pagar multa de até dez vezes o valor de sua contribuição, de acordo com as disposições legais e convencionais aplicáveis ao caso concreto; o Enunciado nº 508 das Jornadas de Direito Civil entende que "verificando-se que a sanção pecuniária mostrou-se ineficaz, a garantia fundamental da função social da propriedade (arts. 5º, XXIII, da CRFB e 1.228, § 1º, do CC) e a vedação ao abuso do direito (arts. 187 e 1.228, § 2º, do CC) justificam a exclusão do condômino antissocial, desde que a ulterior assembleia prevista na parte final do parágrafo único do art. 1.337 do Código Civil delibere a propositura de ação judicial com esse fim, asseguradas todas as garantias inerentes ao devido processo legal".

6.5.9.6. Administração do condomínio:

a) Exercício: dá-se pelo síndico, cujo mandato é de até dois anos, permitida a reeleição.

b) Competência do síndico: representa ativa e passivamente o condomínio, em juízo ou fora dele; pode ser condômino ou pessoa natural ou jurídica estranha.

c) Assembleia: a Geral Ordinária tem por objeto aprovar, por maioria dos presentes, o orçamento das despesas, a contribuição dos condôminos e a prestação de contas. Já a Extraordinária é convocada pelo síndico ou por 1/4 do condôminos.

d) Quórum: salvo quando exigido quórum especial, as deliberações da assembleia serão tomadas, em primeira convocação, por maioria dos votos dos condôminos presentes que representem pelo menos metade das frações ideais. Em segunda votação, a assembleia poderá deliberar por maioria dos votos presentes. Depende da aprovação de 2/3 dos votos dos condôminos a alteração da convenção. A mudança de destinação do edifício depende da unanimidade.

6.6. Direitos reais de fruição

6.6.1. Introdução

Os direitos reais sobre coisas alheias podem ser de gozo ou fruição (superfície, servidão, usufruto, uso, habitação), de garantia (penhor, hipoteca, anticrese) ou de aquisição (compromisso de compra e venda). Os direitos reais estudados neste capítulo consistem no desmembramento do direito de propriedade para permitir que o beneficiário do direito use e/ou goze da coisa alheia.

6.6.2. Superfície

6.6.2.1. Conceito

Direito real pelo qual o proprietário concede a outrem, por tempo determinado, gratuita ou onerosamente, a faculdade de construir ou de plantar em seu terreno (art. 1.369 do CC, e arts. 21 a 24 da Lei 10.257/2001).

6.6.2.2. Instituição

Mediante escritura pública devidamente registrada no Registro de Imóvel; não é possível por meio de testamento.

6.6.2.3. Direitos do proprietário do solo (fundieiro ou concedente)

a) pode receber quantia (à vista ou parceladamente), caso se combine a onerosidade do direito de superfície; o nome do pagamento é "solarium";

b) pode adquirir a construção ou a plantação, extinto o direito, independentemente de indenizar o superficiário, salvo convenção em contrário;

c) tem direito de preferência na alienação do direito de superfície.

6.6.2.4. Direitos do superficiário

a) pode plantar ou construir no terreno; não se autoriza obra no subsolo, salvo se inerente ao objeto da concessão;

b) pode transferir o direito a terceiros, e, por morte, a herdeiros; não há a figura do laudêmio, comissão devida ao dono da coisa, na enfiteuse;

c) tem direito de preferência na alienação do imóvel.

6.6.2.5. Deveres do superficiário

a) deve pagar o "solarium", se onerosa;

b) responde pelos encargos e tributos incidentes sobre o imóvel;

c) deve manter a destinação para o qual foi prevista.

6.6.2.6. Extinção

a) pela consolidação, que ocorre pela fusão, na mesma pessoa, do direito de superfície e do direito de propriedade; b) por ter se dado destinação diversa da estabelecida pelo bem; c) pelo advento do termo; d) pela renúncia do superficiário; e) pelo distrato; f) pelo perecimento do bem gravado; g) pelo não uso do direito de construir, no prazo convencionado; h) pela desapropriação do solo ou do direito.

6.6.2.7. Diferenças em relação à enfiteuse

Esta se constitui por testamento; o enfiteuta tem direito ao resgate da coisa, preenchidos requisitos legais; a enfiteuse confere todos os poderes inerentes ao domínio; a enfiteuse é perpétua, ao passo que a superfície é temporária; a enfiteuse prevê pagamento de laudêmio (comissão) ao proprietário, em caso de venda do direito.

6.6.2.8. Diferenças em relação ao direito de superfície do Estatuto da Cidade (EC)

Este vale para imóveis urbanos, ao passo que o do CC, para imóveis rurais; o previsto no EC pode ser por tempo determinado ou indeterminado; abrange o direito de usar o solo, o subsolo e o espaço aéreo; não limita o direito à feitura de construção ou plantação.

6.6.3. Servidão

6.6.3.1. Conceito

É o direito real de gozo que proporciona utilidade para o prédio dominante e grava o prédio serviente, que pertence a dono diverso (art. 1.378). Um exemplo é a servidão pela qual um prédio fica proibido de construir acima de certa altura, a fim de beneficiar outro. Outro exemplo é a servidão de passagem, em que um prédio que não tem entrada para a rua (prédio dominante) se beneficia com a possibilidade de utilização do prédio vizinho (prédio serviente) para passagem de pessoas e veículos. É importante ressaltar que o direito só recai sobre imóveis, bem como que não se liga a uma pessoa, mas a um prédio. O dono deste fica adstrito apenas pelo fato de ser proprietário da coisa. O imóvel que se beneficia com a servidão leva o nome de *dominante*, ao passo que o que recebe o gravame é chamado *serviente*.

6.6.3.2. Finalidade

Proporcionar valorização do prédio dominante, tornando-o mais útil, agradável ou cômodo. O instituto é muito utilizado para corrigir desigualdades naturais entre prédios ou para estabelecer padrões estéticos ou de comodidade entre imóveis.

6.6.3.3. Características do direito de servidão

a) perpétuo: tem duração indefinida, como regra. Mas é possível instituir servidão a termo ou com condição (servidão *ad tempus*).

b) indivisível: mesmo no caso de divisão do prédio dominante ou do prédio serviente, a restrição continua a gravar cada uma das partes do prédio serviente, salvo se a restrição perder sentido (art. 1.386 do CC).

c) inalienável: como a restrição é feita pela necessidade do prédio dominante, não há que se falar em transferência da restrição, por alienação, a outro prédio.

6.6.3.4. Constituição das servidões

As servidões se constituem por **negócio jurídico** (contrato ou testamento) registrado no Registro de Imóveis; por **sentença judicial** (em ação de divisão, para possibilitar a utilização dos quinhões partilhados – arts. 979 e 980 do CPC) e por **usucapião**.

6.6.3.5. Ações judiciais

a) **ação confessória:** *é a que visa ao reconhecimento da existência da servidão;* é promovida pelo dono do prédio dominante; b) **ação negatória:** *é a que visa à negativa da existência da servidão;* é promovida pelo dono do prédio serviente; c) **manutenção ou reintegração de posse:** *promovidas para reprimir algumas violações ao exercício da servidão.*

6.6.3.6. Extinção da servidão

a) pela **renúncia**; b) pela **cessação da utilidade**; c) pelo **resgate**, pelo dono do prédio serviente; d) pela **confusão** (dono dos dois prédios passa a ser uma pessoa só); e) pela **usucapião**, nas servidões aparentes; f) pelo **perecimento** da coisa; g) pelo **decurso do prazo ou da condição**; h) pela **desapropriação.**

6.6.3.7. Passagem forçada

a) conceito: *direito assegurado ao proprietário do prédio encravado (sem acesso para a via pública) de, mediante pagamento de indenização, constranger vizinho a lhe dar passagem* (art. 1.285 do CC).

b) finalidade: *atender a função econômica e social da propriedade.*

c) sujeito passivo: normalmente, é o proprietário contíguo; porém, se não for suficiente a colaboração deste, pode-se atingir o vizinho não imediato; procura-se o imóvel que mais natural e facilmente se preste à passagem.

d) requisitos: i) **encravamento natural**, que é aquele não provocado pelo dono do prédio encravado (ex.: não tem esse direito quem vendeu a área que possibilitava sua passagem, salvo contra quem tiver comprado a área – art. 1.285, § 2º, do CC); ii) **encravamento absoluto**, que é aquele em que não há outra saída, ainda que uma saída difícil e penosa; iii) **menor ônus possível ao serviente**, ou seja, procura-se a passagem junto ao vizinho cujo imóvel mais natural e facilmente se prestar ao intento, bem como a passagem que menos atrapalhe o vizinho no uso de seu imóvel; iv) **pagamento de indenização**, ou seja, o vizinho que tiver que dar a passagem deverá ser indenizado pelos danos que suportar com essa medida forçada.

e) extinção: a passagem forçada fica extinta i) no caso de abertura de estrada que passe ao lado da divisa do prédio encravado, bem como ii) no caso de a área encravada ser anexada a outra não encravada.

f) diferenças entre "servidão de passagem ou de trânsito" e "passagem forçada": a primeira decorre de negócio jurídico, ao passo que a segunda decorre da lei; a primeira nem sempre decorre de um imperativo (pode ser instituída apenas para mais comodidade ou facilidade), ao passo que a segunda decorre de um imperativo, já que se tem um prédio encravado; na primeira não se fala em indenização (pode até envolver pagamento, pois muitas vezes decorre de um contrato), já na segunda a indenização decorre da própria lei; a primeira está regulada no âmbito dos direitos reais, ao passo que a segunda, mesmo encerrando as características de direito real, está no âmbito do direito de vizinhança.

6.6.4. Usufruto

6.6.4.1. Conceito

É o direito real conferido a alguém de retirar temporariamente de coisa alheia os frutos e as utilidades que ela produz, sem alterar-lhe a substância (art. 1.390 do CC). Repare que o usufrutuário pode não só *usar* a coisa (por exemplo, habitar uma casa dada em usufruto), como também pode *fruir*, tirar os frutos da coisa (no mesmo exemplo, pode alugar a coisa para terceiro, tirando renda dela). O proprietário da coisa é chamado *nu-proprietário*, ao passo que o beneficiário do usufruto e denominado *usufrutuário*.

6.6.4.2. Características

a) temporário: o usufruto extingue-se no prazo ajustado ou com a morte do usufrutuário; no caso da pessoa jurídica, a lei traz com prazo máximo o de 30 anos do início do exercício do usufruto (art. 1.410, III, do CC).

b) direito real: diferente do comodato, que é um empréstimo de coisa infungível que gera mero direito pessoal, no usufruto tem-se um direito real, ou seja, um direito que é oponível *erga omnes*.

c) inalienável: não é possível ceder *o direito ao usufruto*; todavia, o mero *exercício do direito ao usufruto* pode ser transmitido, de modo gratuito ou oneroso (art. 1.393 do CC); assim, se "A" for titular de um usufruto, não poderá passar esse direito para "B". "A" será sempre o usufrutuário da coisa. Mas poderá passar o exercício desse direito, possibilitando, por exemplo, que "B" possa usar e fruir da coisa na qualidade de locatário dela, por exemplo. Em virtude da inalienabilidade do direito ao usufruto, não é possível penhorá-lo para vender o *direito ao usufruto* a terceiro. Todavia, pode o juiz penhorar o *exercício do direito ao usufruto*, por exemplo, nomeando um administrador para alugar a coisa a terceiro, de modo a gerar renda para pagamento da dívida exequenda. Quando a dívida toda tiver sido paga, será levantada a penhora sobre o *exercício do direito ao usufruto*, e o titular do *direito ao usufruto* volta a gozar integralmente da coisa.

6.6.4.3. Constituição do usufruto

O usufruto se constitui por **determinação legal** (ex.: a lei estabelece o usufruto dos pais sobre os bens do filho menor – art. 1.689, I, do CC); por **negócio jurídico** (contrato ou testamento) registrado no Registro de Imóveis; e por **usucapião**.

6.6.4.4. Objeto

O usufruto pode recair sobre a) um ou mais bens **móveis** ou **imóveis** (assim, pode recair até sobre títulos de crédito); ou sobre b) a totalidade ou parte de um **patrimônio**.

6.6.4.5. Classificação quanto à origem

a) usufruto legal: *é o que decorre da lei*. Ex.: dos pais em relação aos bens dos filhos menores;

b) usufruto convencional: *é o que decorre de negócio jurídico*. Ex.: o pai doa imóveis aos seus filhos, mas estipula que ficará com usufruto desses bens.

6.6.4.6. Classificação quanto à duração

a) usufruto temporário: *é o que tem prazo certo de vigência*.

b) usufruto vitalício: *é o que perdura até a morte do usufrutuário ou enquanto não sobrevier causa legal extintiva*.

6.6.4.7. Classificação quanto ao objeto

a) usufruto próprio: *é o que tem por objeto coisas inconsumíveis, cujas substâncias são conservadas, podendo ser restituídas ao nu-proprietário*.

b) usufruto impróprio: *é o que incide sobre bens consumíveis*. Com a extinção do usufruto, devolve-se coisa equivalente.

6.6.4.8. Classificação quanto aos titulares

a) usufruto simultâneo: *é o constituído em favor de duas ou mais pessoas, ao mesmo tempo, extinguindo-se gradativamente em relação a cada uma das que falecerem, salvo expressa estipulação de direito de acrescer*. Assim, a regra é que, instituído usufruto em favor de mais de duas pessoas, com o falecimento de uma delas, a sua parte não vai para quem continuar vivo. A parte da pessoa falecida só será acrescida aos que sobreviverem se houver estipulação expressa desse direito de acrescer (art. 1.411 do CC) ou no caso de legado de usufruto (art. 1.946 do CC).

b) usufruto sucessivo: *é o constituído em favor de uma pessoa, para que depois de sua morte transmita a terceiro. É vedado pela lei.*

6.6.4.9. Direitos do usufrutuário

a) de posse, uso, administração e percepção dos frutos da coisa; b) de transferir o exercício do direito ao usufruto, gratuita ou onerosamente.

6.6.4.10. Deveres do usufrutuário

a) inventariar, antes de assumir o usufruto, os bens que receber, determinando o estado em que se acham; b) dar caução (fidejussória ou real) se lha exigir o dono da coisa; se o usufrutuário não der caução, não poderá administrar a coisa; no caso de doação em que o doador reserva a si o usufruto da coisa doada (ex.: pai doa ao filho, mantendo o usufruto da coisa), não haverá obrigação de prestar caução; c) velar pela conservação dos bens e entregá-los, findo o usufruto; d) pagar as despesas ordinárias de conservação, bem como prestação e tributos devidos pela posse ou rendimento da coisa usufruída; e) dar ciência ao dono de qualquer lesão contra a posse da coisa, ou contra o direito do usufrutuário.

6.6.4.11. Extinção

O usufruto fica extinto com a) a renúncia ou desistência do direito; b) a morte do usufrutuário; c) o advento do termo final; d) a extinção da pessoa jurídica ou, se ela perdurar, após o decurso de 30 anos; e) a cessação do motivo que deu origem ao direito; f) a destruição da coisa (salvo se for consumível); g) a consolidação da propriedade e do usufruto na mesma pessoa; h) a culpa do usufrutuário prevista no art. 1.410, VII, do CC; i) pelo não uso, a não fruição da coisa.

6.6.5. Uso

6.6.5.1. Conceito

É o direito real que, a título gratuito ou oneroso, autoriza uma pessoa a retirar temporariamente de coisas alheias todas as utilidades para atender às suas próprias necessidades e às de sua família (art. 1.412 do CC). Repare que *direito real de uso* autoriza não só o uso da coisa, como também a percepção de frutos dela. Nesse sentido, é instituto que se aproxima do usufruto. A diferença é que o *usuário* não pode retirar os frutos além das necessidades próprias e de sua família. Essas necessidades serão avaliadas segundo a condição social e o lugar onde viver o *usuário*. É também chamado de *usufruto restrito*.

6.6.5.2. Características

É temporário, indivisível, intransmissível e personalíssimo (ou seja, deve ser exercido pessoalmente pelo *usuário* e sua família).

6.6.5.3. Objeto

O *uso* pode recair sobre bens móveis ou imóveis.

6.6.5.4. Constituição

Corre por negócio jurídico (contrato ou testamento), sentença judicial ou usucapião.

6.6.5.5. Regime jurídico

É o previsto acima, aplicando-se, no que couber, as disposições relativas ao usufruto.

6.6.6. Habitação

6.6.6.1. Conceito

É o direito real temporário de ocupar gratuitamente coisa alheia, para morada do titular e de sua família (art. 1.414 do CC). Perceba que é ainda mais restrito que o uso, pois só permite a *morada* do titular do direito e de sua família. Outra diferença é que é gratuito, ou seja, não há contrapartida em favor do dono da coisa.

6.6.6.2. Características

É temporário, indivisível, intransmissível, personalíssimo e gratuito.

6.6.6.3. Objeto

A habitação só pode recair sobre "casa", cujo conceito abrange apartamentos.

6.6.6.4. Constituição

Corre por negócio jurídico (contrato ou testamento) ou lei (*vide* art. 1.831 do CC – cônjuge sobrevivente).

6.6.6.5. Regime jurídico

É o previsto anteriormente, aplicando-se, no que couber, as disposições relativas ao usufruto. É importante ressaltar que o habitador não pode alugar ou emprestar a coisa, mas tão somente morar nela.

6.7. Direitos reais em garantia

6.7.1. Introdução

Como se viu, os direitos reais sobre coisas alheias podem ser de gozo ou fruição (superfície, servidão, usufruto, uso, habitação), de garantia (penhor, hipoteca, anticrese) ou de aquisição (compromisso de compra e venda). Os direitos reais estudados neste capítulo têm por objeto servir de garantia especial para o recebimento de créditos. Todo credor tem direito de cobrar a dívida do devedor, com penhora de bens deste para satisfação do crédito. Mas muitas vezes os credores têm interesse em convencionar segurança especial para o recebimento do crédito. Essa garantia pode ser pessoal (fidejussória) ou real. Exemplo de garantia pessoal é o aval ou a fiança. O problema é que essa garantia não é tão segura como a real, pois o fiador ou o avalista podem ficar sem patrimônio, caso em que o credor não terá como satisfazer o seu crédito. Já a garantia real, que será estudada agora, é muito mais segura, pois, independentemente de quem estiver com a coisa dada em garantia, o credor com garantia real poderá persegui-la para satisfação do seu crédito. Ou seja, a garantia real é muito mais eficaz, pois o bem dado em garantia fica vinculado ao pagamento da dívida. Como os direitos reais em garantia estão sempre ligados a uma dívida, sua natureza é de direitos reais *acessórios*.

6.7.2. Efeitos

Os direitos reais em garantia geram os seguintes efeitos:

a) direito de preferência: os credores hipotecários (de hipoteca) e pignoratícios (de penhor) têm preferência no pagamento de seus créditos, em relação a outros credores que não tiverem o mesmo direito (art. 1.422 do CC). Uma vez arrematada em juízo a coisa, o credor com garantia real receberá primeiro, e, havendo sobras, serão pagos os demais credores. Havendo mais de uma hipoteca, terá preferência aquele que tiver prioridade na inscrição, ou seja, aquele que tiver a garantia mais antiga.

b) direito de sequela: consiste no poder de o credor com garantia real perseguir e reclamar a coisa dada em garantia de qualquer pessoa.

c) direito de excussão: consiste no poder de promover a venda judicial da coisa dada em garantia, após o vencimento da dívida. Esse direito é diferente na anticrese.

d) indivisibilidade: o pagamento de uma ou mais prestações da dívida não importa em exoneração da garantia, salvo convenção entre as partes.

6.7.3. Requisitos para a validade da garantia

a) **Capacidade geral** para os atos da vida civil; b) **Capacidade especial para alienar**; c) **Legitimidade** (ex.: presença de outorga uxória); d) **Existência de bem suscetível de alienação** (ex.: não pode ser dado em garantia um bem público).

6.7.4. Requisitos para a constituição e a eficácia da garantia

a) **especialização**, que consiste na descrição pormenorizada do bem, do valor do crédito, do prazo para pagamento e da taxa de juros; b) **publicidade**, que consiste no registro no Registro de Imóveis (para hipoteca, anticrese e penhor rural) ou no Registro de Títulos e Documentos (para penhor convencional).

6.7.5. Cláusula comissória

Consiste na estipulação que autoriza o credor a ficar com a coisa dada em garantia, caso a dívida não seja paga. Nosso direito proíbe essa cláusula, considerando nula estipulação nesse sentido. Assim, deixando o devedor de pagar em dia sua dívida, estará sujeito à execução judicial da coisa, e não à perda automática dela (art. 1.428 do CC). O objetivo da lei é evitar a agiotagem.

6.7.6. Penhor

Esse direito real em garantia recai sobre coisa **móvel** e fica constituído de acordo com a **tradição**, a transferência efetiva da posse da coisa ao credor (art. 1.431 do CC), que passa a ser depositário da coisa. No penhor rural, industrial, mercantil e de veículos as coisas empenhadas ficam na posse do devedor, que as deve guardar e conservar.

Por se tratar de contrato solene, deverá ser levado a registro, sendo que no penhor comum este se dará no Cartório de Títulos de Documentos.

Extingue-se o penhor extinguindo-se a obrigação, perecendo a coisa, renunciando o credor, com a confusão, com a adjudicação judicial, a remissão ou a venda da coisa empenhada.

6.7.7. Hipoteca

Esse direito real em garantia recai sobre os **imóveis** e seus acessórios, o domínio direto, o domínio útil, as estradas de ferro, os navios, as aeronaves, dentre outros. A hipoteca abrange as ações e melhoramentos feitos posteriormente no imóvel (arts. 1.473 e 1.474 do CC).

A hipoteca deve ser registrada no cartório do lugar do imóvel.

A lei considera nula a cláusula que proíbe o proprietário alienar a coisa, mas o adquirente terá de suportar a garantia que recai sobre o bem.

O dono do imóvel hipotecado pode constituir outra hipoteca sobre ele, mediante novo título, em favor do mesmo ou de outro credor, respeitada a prioridade da primeira hipoteca.

Extingue-se a hipoteca pela extinção da obrigação principal, pelo perecimento da coisa, pela resolução da propriedade, pela renúncia do credor, pela remição, pela arrematação ou adjudicação, e pela averbação do cancelamento do registro.

6.7.8. Anticrese

Pode-se conceituar a anticrese *como o direito real em garantia em que o devedor entrega imóvel ao credor, que recebe o direito de perceber os frutos e rendimentos da coisa, para compensação da dívida* (art. 1.506 do CC).

O credor anticrético pode administrar os bens dados em anticrese e fruir seus frutos e utilidades, mas deverá apresentar anualmente balanço, exato e fiel, de sua administração.

7. DIREITO DE FAMÍLIA

7.1. Introdução

7.1.1. Conceito de direito de família

O Direito de família pode ser **conceituado** como o *conjunto de normas que regulam o casamento, a união estável, a filiação, a adoção, o poder familiar (direito parental), os alimentos, a tutela e a curatela (direito assistencial protetivo).*

Esse direito **rege** as seguintes relações familiares: a) **pessoais/afetivas**, como os deveres entre os cônjuges (fidelidade), os conviventes e os pais e filhos (educação); b) **patrimoniais**, como as que envolvem a sociedade conjugal (regime de bens); c) **assistenciais**, como a assistência material entre cônjuges e entre pais e filhos, e tutor e tutelado.

Tais relações são protegidas em virtude de **interesses superiores** (família como "base da sociedade" – art. 226, *caput*, da CF) e não individuais, o que faz com que os princípios dos direitos meramente obrigacionais não possam ser aplicados diretamente em matéria de direito de família.

Em outras palavras, tendo em vista os direitos envolvidos, que não se resumem à questão patrimonial, envolvendo questões pessoais, afetivas e assistenciais, o direito de família reclama **regras próprias**, diferentes das regras típicas do direito obrigacional.

7.1.2. Objeto do direito de família

O objeto do direito de família é justamente a "**família**", que, em sua concepção *lata*, têm as seguintes espécies: a) **família matrimonial:** decorrente do casamento; b) **família informal** (natural): decorrente da união estável; c) **família monoparental:** formada por qualquer dos pais e seus descendentes; d) **família substituta:** decorrente de guarda ou tutela; e) **famílias plurais:** abrange as uniões fundadas no afeto, tais como as famílias anaparental (sem pais; com parentes ou amigos; ex.: a jurisprudência entende que há bem de família em imóvel com duas irmãs – STJ, Resp. 57.606), homoafetiva (decorrente de união de pessoas do mesmo sexo; o STF, na ADI 4.277 e ADPF 132, decidiu que a união estável pode ser constituída por pessoas do mesmo sexo) e eudemonista (baseada no afeto, mas com busca da felicidade individual; ex.: casal que tem um relacionamento livre ou aberto).

Vale salientar, quanto à **união estável homoafetiva**, que o STF, na ADI 4.277 e na ADPF 132, julgadas em 05.05.2011, tomou a seguinte decisão: pela procedência das ações e com efeito vinculante, no sentido de dar interpretação conforme a Constituição Federal **para excluir qualquer significado do artigo 1.723 do Código Civil que impeça o reconhecimento da união entre pessoas do mesmo sexo como entidade familiar**.

A decisão teve por **fundamento** o art. 3º, IV, da CF, que veda qualquer tipo de discriminação.

Como consequência, a união estável homoafetiva passa a ter a mesma regulamentação da união estável entre homem e mulher (deveres, alimentos, sucessões etc.; sobre o direito a alimentos no caso vide a decisão do STJ no REsp 1.302.467-SP, DJ 25.03.15), o que fez, num primeiro momento, com que se chegasse à conclusão de que o instituto da conversão da união estável em casamento também poderia se dar quanto às uniões estáveis homoafetivas, tendo ocorrido, no início, grande número de conversões de união estável homoafetiva em casamento.

Em seguida, o STJ foi além e decidiu no sentido de que se pode admitir o casamento **direto** de pessoas do mesmo sexo, como forma de fazer valer a diretiva que o STF deu ao julgar as ações acima mencionadas. O dispositivo da decisão tem o seguinte teor: "dou provimento ao recurso especial para afastar o óbice relativo à diversidade de sexos e para determinar o prosseguimento do processo de habilitação de casamento, salvo se por outro motivo as recorrentes estiverem impedidas de contrair matrimônio" (REsp 1183378/RS, Rel. Ministro Luis Felipe Salomão, 4ª Turma, *DJe* 01.02.2012).

Não bastasse, o Conselho Nacional de Justiça, invocando o posicionamento do STF e mencionada decisão do STJ resolveu editar a Resolução n. 175, de 14 de maio de 2013, dispondo ser "vedada às autoridades competentes a recusa de habilitação, celebração de casamento civil ou de conversão de união estável em casamento entre pessoas de mesmo sexo" (art. 1º). A resolução foi além e dispôs que "a recusa prevista no artigo 1º implicará a imediata comunicação ao respectivo juiz corregedor para as providências cabíveis" (art. 2º). Em outras palavras, a partir dessa decisão, os Cartórios competentes passaram a ser obrigados a proceder ao **casamento civil** de pessoas do mesmo sexo, e mais, tal casamento pode ser dar diretamente, ou seja, independentemente conversão da união estável em casamento.

Após essa resolução milhares de casamentos de pessoas do mesmo sexo foram e vem sendo realizados.

Todavia, é bom lembrar que o STF não deu seu posicionamento, ainda, tanto sobre a possibilidade de conversão da união estável homoafetiva em casamento, como sobre a possibilidade de casamento homoafetivo direto, limitando-se a reconhecer essa união como uma união estável com idêntica proteção que a união estável entre pessoas de sexo diverso.

De qualquer forma, acreditamos que dificilmente o STF irá rever as decisões tomadas pelo STJ e pelo CNJ, devendo prevalecer tais decisões e todos os casamentos que vêm sendo realizados. Mas é importante que o leitor acompanhe eventuais futuras decisões do STF a esse respeito do tema.

7.2. Princípios do Direito de Família

Conforme já visto, o direito de família reclama regulamentação peculiar, já que os interesses envolvidos não se limitam a questões patrimoniais. Nesse sentido, confira os princípios específicos desse direito:

a) dignidade da pessoa humana: previsto no art. 1º, III, CF, admite que até a pessoa solteira tenha direito à proteção do bem de família; tal princípio também é levado em conta quando alguém que sofre "adoção à brasileira" (ou seja, foi adotado por alguém sem respeito aos trâmites legais, como ocorre no caso dos adotantes terem simplesmente registrado a criança em seu nome mediante consentimento dos genitores, de forma clandestina) deseja o reconhecimento de sua paternidade biológica; apesar de a adoção regular eliminar o vínculo com a família biológica, em caso de "adoção à brasileira", o princípio da dignidade da pessoa humana opera no sentido de impor que seja reconhecido ao adotado buscar sua origem (direito de reconhecimento de sua ancestralidade e origem genética), inclusive com anulação de seu registro de nascimento (STJ, REsp 1.167.993, j. 18.12.2012);

b) solidariedade familiar: previsto no art. 3º, I, CF, impõe dever de assistência moral, espiritual e material; aliás, por conta desse princípio, o STJ já reconheceu direito a alimentos na união estável mesmo antes da Lei 8.971/1994, que admitiu pela primeira vez esse tipo de direito; outro exemplo de aplicação do princípio é o cabimento de pedido de alimentos até mesmo depois do divórcio, em casos excepcionais;

c) igualdade entre os filhos: previsto no art. 227, § 6º, CF, reconhece igualdade absoluta entre os filhos, havidos ou não do casamento, adotivos, ou nascidos por inseminação artificial;

d) igualdade entre cônjuges e companheiros: previsto art. 226, § 5º, CF, admite que o homem use o **nome** da mulher e peça **alimentos**; determina a igualdade na chefia familiar, mas admite tratamento diferenciado entre os consortes, em situações especiais, como as que envolvem a competência para ações que tenham por fundamento a Lei Maria da Penha (11.340/2006), conforme art. 100, I, CPC. Com o novo CPC, a competência para a ação de divórcio, separação, anulação de casamento e reconhecimento ou dissolução de união estável será: do domicílio do guardião de filho incapaz; ou do último domicílio do casal, caso não haja filho incapaz; ou do domicílio do réu, se nenhuma das partes residir no antigo domicílio do casal (art. 53, I);

e) não intervenção na família: previsto no art. 1.513 do CC e no art. 226, § 7º, da CF, assegura que o planejamento familiar é de livre decisão do casal, permitindo ao Estado que apenas colabore com esse planejamento, e nunca determine coisa alguma nessa seara;

f) maior interesse da criança e do adolescente: previsto no art. 227 CF, admite até que a ordem cronológica dos interessados numa adoção seja quebrada, para que uma criança venha a ficar com alguém que esteja no final da fila, mas que tenha já a guarda da criança e esteja numa situação avançada de afetividade com esta;

g) princípio da paternidade responsável: estabelece que *o estado de filiação é personalíssimo, indisponível e imprescritível*, decorrendo do direito à convivência familiar; esse princípio tem por consequência a ideia de que a investigação de paternidade é imprescritível e de que o Estado deve agir na busca de quem é o pai de uma criança de mãe solteira; aliás, esse direito, às vezes, contrapõe-se ao direito de intimidade da mulher (liberdade de relacionamentos sexuais e sigilo de parceiros); a Lei 8.560/1992 impõe que o Juiz Corregedor do Registro Civil deve ouvir a mãe e pode ser que ela não queira falar, não havendo sanção jurídica para o silêncio da mãe sobre a paternidade de seu filho;

h) princípio da função social da família: previsto no art. 226 da CF, estabelece que a família é a base da sociedade, merecendo proteção especial do Estado, como se dá quando se institui bem de família ou quando se determina a união de cônjuges funcionários públicos, quando cada um está lotado numa localidade;

i) princípio da afetividade: estabelece que *a afeição é o fundamento maior das relações familiares*, tendo por **consequência** a **desbiologização da paternidade**, que faz com que se reconheça que o vínculo de paternidade é mais ligado ao afeto do que ao elemento biológico, o que fez criar o chamado novo parentesco civil, decorrente da parentalidade socioafetiva, baseada na posse do estado de filho.

Um exemplo do princípio da afetividade é o padrasto ter legitimidade para entrar com destituição de poder familiar do pai biológico ausente da criança criada pelo padrasto, ação essa preparatória de adoção.

Outro exemplo do último princípio é a decisão do STJ no sentido de que a pessoa que reconhece filho sabendo que não era filho seu não pode pedir cancelamento do registro, salvo prova de vício de consentimento. Essa decisão está na linha de pensamento do Enunciado 339 do CJF, que propõe não pode ser rompida a relação de paternidade em detrimento de filho.

7.3. Casamento civil

7.3.1. *Conceito*

O casamento pode ser **conceituado** como o *vínculo jurídico entre um homem e uma mulher, estabelecido mediante intervenção estatal, e que cria deveres de comunhão de vida (moral, espiritual e material) e constitui a família.*

Atualmente, a família não é criada somente pelo casamento. A diferença é que, com o casamento, passa a existir uma presunção absoluta de que o casal forma uma família.

O preço dessa presunção absoluta é justamente a necessidade de participação do Estado na criação desse vínculo, o que é feito por meio de autoridade investida em função delegada pelo Estado para esse fim.

7.3.2. *Natureza jurídica*

Há várias teorias para explicar a natureza jurídica do casamento. Confira:

a) Teoria Contratualista: *o casamento é um contrato civil especial*; essa teoria tem raízes no direito canônico; trata-se de uma teoria um pouco falha, pois não há como se aplicar as disposições gerais dos contratos para regulamentar o casamento, que reclama regras próprias;

b) Teoria Institucionalista: *o casamento é uma instituição social e jurídica própria, possuindo regras diferenciadas e de ordem pública*; de acordo com essa teoria o acordo de vontades (típico de um contrato) é só no momento inicial de escolha pelo casamento; em seguida, quem dita as regras é a lei, o que faz com que não se possa confundir o casamento com um contrato, já que neste a autonomia da vontade tem mais força; além disso, o contrato é sempre temporário, ao passo que o casamento é feito para durar, e não para ser temporário;

c) Teoria Eclética (ou mista): o casamento é um ato complexo, podendo ser considerado um contrato na sua formação, mas uma instituição no seu conteúdo.

A doutrina rejeita a Teoria Contratualista, de modo que as duas últimas teorias são as mais acolhidas.

7.3.3. *Princípios do casamento*

O casamento segue uma série de princípios, dentre os quais se destacam os seguintes: a) liberdade na escolha do nubente; b) solenidade do ato nupcial (garantem consentimento, publicidade e validade); c) submissão a normas de ordem pública; d) caráter permanente; e) comunhão de vida exclusiva, a exigir fidelidade (art. 1.566, I).

7.3.4. *Elementos de existência*

Parte da doutrina entende que, quanto aos vícios, o casamento só pode ser *válido*, *nulo* ou *anulável*, não havendo que se falar em casamento *inexistente*. Esse é o caso, por exemplo, de Silvio Rodrigues.

Porém, há casos em que não há como se reconhecer um mínimo de juridicidade para se dizer que o casamento existe.

Isso fez com que a doutrina majoritária apontasse os chamados **requisitos de existência** do casamento, que são os seguintes: a) diversidade de sexo (art. 1.514 do CC): "homem e mulher"; vale salientar que a questão sofreu modificação, de maneira que remetemos o leitor ao item 7.1.2; b) consentimento (art. 1.514 do CC): "declaração de vontade de estabelecer vínculo conjugal"; c) declaração do juiz na celebração de que estão "casados" (art. 1.514 do CC).

Diferente do que ocorre quanto às nulidades e anulabilidades, não é necessário que a ineficácia seja declarada em juízo, nem muito menos que se ingresse com ação ordinária para o reconhecimento da inexistência do casamento.

7.3.5. *Impedimentos matrimoniais*

7.3.5.1. Conceito

Os impedimentos matrimoniais podem ser conceituados como *as situações previstas e especificadas em lei, que, permanente ou temporariamente, proíbem o casamento.*

O rol de impedimentos matrimoniais é taxativo e inclui situações positivas ou negativas, de fato ou de direito, e físicas ou jurídicas.

A lei trata de forma diferenciada as chamadas "causas suspensivas", em relação aos chamados "impedimentos dirimentes públicos ou absolutos". Confira a seguir o que significa cada um desses institutos.

7.3.5.2. Causas suspensivas

As causas suspensivas podem ser **conceituadas** como *os fatos que suspendem o processo de celebração do casamento a ser realizado, se arguidos antes das núpcias, e que tornam o casamento irregular, se realizado, ensejando sanções aos nubentes.*

Por **exemplo**, caso o filho do curador de alguém deseje casar com a pessoa curatelada, e alguém legitimado denuncie o fato antes do casamento, este ficará suspenso até que cesse a relação de curatela e restem saldadas as respectivas contas. No entanto, se o casamento acabar se realizando, pelo fato de ninguém legitimado ter feito a denúncia, esse casamento receberá uma sanção, no caso, o regime de bens será obrigatoriamente o de separação de bens (art. 1.641, I, do CC).

Assim, há dois tipos de **consequências jurídicas** quando está presente uma causa suspensiva:

a) se o casamento ainda não tiver sido realizado, este ficará suspenso, até que a causa suspensiva deixe de existir;

b) se o casamento já tiver sido realizado, será considerado um casamento irregular, tem por sanção a obrigatoriedade do regime de separação de bens (art. 1.641, I, do CC).

São **legitimados** para arguir as causas suspensivas da celebração do casamento as seguintes pessoas: a) parentes em linha reta de um dos nubentes (consanguíneos e afins); b) colaterais até segundo grau (consanguíneos e afins), nos termos do art. 1.524 do CC.

O **prazo** para a arguição é de 15 dias, contados da afixação do edital de proclamas, publicado pelo oficial após a entrega da documentação em ordem pelos interessados em se casar.

A arguição exige **forma** escrita, apresentando o arguinte declaração escrita e assinada, instruída com as provas do fato alegado, ou com a indicação do lugar onde possam ser obtidas (art. 1.529 do CC).

Havendo impugnação, o oficial do registro dará aos nubentes **nota da oposição**, indicando os fundamentos, as provas e o nome de quem a ofereceu (art. 1.530 do CC). Podem os nubentes requerer prazo razoável para fazer prova contrária aos fatos alegados e promover as ações civis e criminais contra o oponente de má-fé.

Cumpridas as formalidades legais e verificada a inexistência de fato obstativo, o oficial do registro extrairá o **certificado de habilitação** (art. 1.531 do CC), que terá eficácia de 90 dias, contados da data em que foi extraído o certificado.

São **hipóteses** de casos suspensivos os seguintes:

a) o viúvo ou a viúva que tiver filho do cônjuge falecido, enquanto não fizer inventário dos bens do casal e der partilha aos herdeiros; o objetivo é evitar a confusão patrimonial de filhos com a nova sociedade conjugal; são sanções para o casamento realizado nessas circunstâncias a obrigatoriedade do regime de separação de bens (art. 1641, I, do CC) e a hipoteca legal de seus imóveis em favor dos filhos (art. 1.489, II, do CC); os nubentes podem pedir ao juiz que não seja aplicada a sanção se provarem que não haverá prejuízo aos herdeiros (art. 1.523, parágrafo único, do CC);

b) a viúva, ou a mulher cujo casamento se desfez por ser nulo ou ter sido anulável, até 10 meses depois do começo da viuvez, ou da dissolução da sociedade conjugal; o objetivo é evitar confusão de sangue ("turbatio sanguinis"), conflito de paternidade; a sanção para o casamento realizado nessas circunstâncias é a obrigatoriedade do regime de separação de bens (art. 1.641, I, do CC); os nubentes podem pedir ao juiz que não seja aplicada a sanção se provarem que a viúva deu à luz filho no período ou que não está grávida (art. 1.523, parágrafo único, do CC);

c) o divorciado enquanto não houver sido homologada ou decidida a partilha dos bens do casal; o objetivo é evitar confusão patrimonial; a sanção para o casamento realizado nessas circunstâncias é a obrigatoriedade do regime de separação de bens (art. 1641, I, do CC); os nubentes podem pedir ao juiz que não seja aplicada a sanção se provarem que não haverá prejuízo ao ex-cônjuge (art. 1.523, parágrafo único, do CC);

d) o tutor ou o curador e os seus descendentes, ascendentes, irmãos, cunhados ou sobrinhos, com a pessoa protegida, enquanto não cessar a tutela ou curatela e não estiverem saldadas as respectivas contas; o objetivo é evitar consentimento não espontâneo; a sanção para o casamento realizado nessas circunstâncias é a obrigatoriedade do regime de separação de bens (art. 1641, I, do CC); os nubentes podem pedir ao juiz que não seja aplicada a sanção se provarem que não haverá prejuízo (art. 1.523, parágrafo único, do CC).

7.3.5.3. Impedimentos dirimentes públicos ou absolutos

7.3.5.3.1. Questões gerais

Conforme já visto, os impedimentos matrimoniais podem ser **conceituados** como *as situações previstas e especificadas em lei, que, permanente ou temporariamente, proíbem o casamento.*

A **consequência jurídica** do casamento realizado em hipótese em que está presente um impedimento matrimonial é a *invalidade* do casamento.

Qualquer pessoa capaz é **legitimada** para a oposição de impedimento, o que deve ser feito levando ao conhecimento do oficial perante o qual se processa a habilitação ou perante o juiz, os quais serão obrigados a declarar de ofício o impedimento, assim que tiverem conhecimento deste (art. 1.522, parágrafo único, do CC).

A constatação da existência de impedimentos tem os seguintes **efeitos**: a) impossibilita a obtenção do certificado de habilitação; b) adia o casamento, enquanto o impedimento persistir; c) torna nulo o casamento por ventura realizado (art. 1.548, II, do CC).

7.3.5.3.2. Impedimentos em espécie

7.3.5.3.2.1. Resultantes de parentesco

Não podem casar (art. 1.521, I a V, do CC):

a) os ascendentes com os descendentes, seja o parentesco natural ou civil; por exemplo, não é possível o casamento de pai com filho, ou de avô com neta;

b) os afins em linha reta; trata-se do parentesco que se estabelece entre um dos cônjuges ou companheiros e os parentes na linha reta do outro; repare que o impedimento por afinidade só existe quanto aos fins na linha reta; por exemplo, não podem casar o sogro com a nora, ou o padrasto com a enteada; vale lembrar que "na linha reta, a afinidade não se extingue com a dissolução do casamento ou união estável" (art. 1.595, § 2º, do CC); a união estável também gera o vínculo de afinidade (art. 1.595 do CC); já o cunhadio desaparece com o fim do casamento, sendo possível que ex-cunhados se casem;

c) o adotante com quem foi cônjuge do adotado e o adotado com quem o foi do adotante; por exemplo, imagine que "A" e "B", casados, venham a se separar; em seguida "A" adota "C"; pois bem, "B" e "C" não poderão se casar, embora não tenha se formado vínculo de afinidade entre eles;

d) os irmãos, unilaterais ou bilaterais; os irmãos são unilaterais quando têm apenas um dos pais em comum (serão irmãos consanguíneos se o pai é comum e uterinos se a mãe é comum); os irmãos são bilaterais quando têm os dois pais em comum, hipótese em que são chamados germanos; naturalmente, o impedimento também existe entre irmãos quando um deles é adotado;

e) entre colaterais até o terceiro grau inclusive; colaterais são os parentes que descendem de um tronco comum sem descenderem um do outro (vai até ancestral comum); repare que o impedimento vai até o 3º grau, de modo que primos, que são parentes em 4º grau, podem se casar; a regra do impedimento até o 3º grau traz uma exceção, que é o casamento de tios e sobrinhos, cujo impedimento é vencível segundo o Dec.-lei 3.200/1941; para tanto, é necessário que dois médicos atestem a sanidade, afirmando não ser inconveniente para a saúde deles e da prole o casamento; uma vez que não haja problema, nubentes recebem certificado pré-nupcial; o Enunciado CJF nº 98 entende que o decreto-lei em questão ainda está em vigor;

f) o adotado com o filho do adotante; essa regra é um pouco estranha, pois tais pessoas ("adotado" e "filho do adotante") já são considerados irmãos para todos os fins (art. 41, *caput*, do ECA), o que faz com que a regra seja desnecessária; aproveitando o ensejo, vale lembrar que o adotado desliga-se do vínculo com seus pais e parentes biológicos, salvo os impedimentos matrimoniais (art. 41, *caput*, do ECA).

7.3.5.3.2.2. Resultantes de vínculo

Não podem casar (art. 1.521, VI, do CC) **as pessoas casadas.**

Nossa lei proíbe a bigamia, que é considerado crime (art. 235 do CP). O conceito de família, no Direito brasileiro, tem base monogâmica.

Aquele que tiver interesse em casar e quiser fazê-lo de novo, deverá apresentar certidão de óbito, documento que revele a morte presumida (arts. 22 a 39 e 1.571, § 1º, do CC; quanto ao ausente, é necessário ter ocorrido a abertura da sucessão definitiva) ou registro da sentença do divórcio.

Aquele que é casado e se casa de novo, além de cometer crime, sujeita-se, ainda, à sanção de nulidade do segundo casamento (art. 1.548, II, do CC).

Por fim, vale salientar que não gera o impedimento a existência de casamento religioso não inscrito no registro civil (art. 1.515 do CC).

7.3.5.3.2.3. Resultantes de crime

Não podem casar (art. 1.521, VII, do CC) **o cônjuge sobrevivente com o condenado por homicídio ou tentativa de homicídio contra o seu consorte.**

O impedimento diz respeito a condutas dolosas, o que pode ser facilmente verificado pelo fato de a lei fazer referência à "tentativa", que reclama dolo.

A lei exige que haja condenação, o que exclui a situação daquele que ainda não tenha sido condenado, bem como absolvições e reconhecimento da prescrição.

Vale lembrar que a lei também considera crime "contrair casamento, conhecendo a existência de impedimento que lhe cause a nulidade absoluta" (art. 237 do CP).

7.3.6. Casamento nulo e casamento anulável

Os arts. 1.548 a 1.564 do Código Civil tratam do tema "invalidade do casamento".

O art. 1.548 do Código Civil estabelece os seguintes casos de **nulidade** do casamento:

a) o contraído pelo enfermo mental sem o necessário discernimento para os atos da vida civil; repare que não está previsto com causa de nulidade o casamento dos demais absolutamente incapazes, que são aqueles menores de 16 anos e aqueles que, mesmo por causa transitória, não puderem exprimir a sua vontade (na redação antiga do art. 3º do CC, quando aquele que não podia exprimir a sua vontade era considerado absolutamente incapaz); de qualquer forma essa hipótese de nulidade (do casamento contraído pelo enfermo mental sem o necessário discernimento para os atos da vida civil) foi revogada pela Lei 15.146/2015 (Estatuto da Pessoa com Deficiência) e não mais subsiste com o fim da *vacatio legis* de 180 dias dessa lei, contados de 07/07/15;

b) o contraído por infringência de impedimento; aqui só entram os impedimentos dirimentes ou absolutos (art. 1.521 do CC), não entrando as causas suspensivas, uma vez que estas não tornam o casamento nulo, mas apenas irregular.

São **legitimados** para a ação de nulidade os interessados e o Ministério Público (art. 1.549 do CC). São interessados o cônjuge, o ascendente, os descendentes, os irmãos, os filhos do leito anterior, os colaterais sucessíveis e os credores.

A sentença tem **natureza declaratória**, ou seja, reconhece uma situação já ocorrida, daí por que tem eficácia ***ex tunc***, retroagindo seus efeitos à data da celebração do casamento.

De qualquer maneira, o casamento nulo pode produzir **alguns efeitos**. O art. 1.561 do CC dispõe que, embora nulo ou anulável, o casamento produz todos os efeitos até a data da sentença em relação aos filhos. Em relação aos cônjuges, o casamento só produzirá esses efeitos em favor daquele que estava de boa-fé, ou seja, daquele que ignorava o impedimento matrimonial.

Já o art. 1.550 do Código Civil estabelece os seguintes casos de **anulabilidade** do casamento:

a) de quem não completou a idade mínima para casar (idade núbil); aqui temos os menores de 16 anos (absolutamente incapazes), porém, não se anulará o casamento de que resultou gravidez (art. 1.551 do CC); além disso, o menor que não atingiu idade núbil poderá, após atingi-la, confirmar o casamento com a autorização de seus representantes ou com o suprimento judicial (art. 1.553 do CC); tem legitimidade para pedir a anulação do casamento, nesse caso, o próprio menor, seus representantes legais e seus ascendentes (art. 1.552 do CC), ação que deve ser ajuizada no prazo de 180 dias do dia que perfez idade, no caso da ação a ser promovida pelo menor, e da data do casamento, no caso de ação a ser promovida pelos demais legitimados (art. 1.560, § 1º, do CC);

b) do menor em idade núbil, quando não autorizado por seu representante legal; aqui temos alguém que já tem 16 anos, mas ainda não completou 18 anos; essas pessoas precisam de autorização do representante legal para casar; não a tendo, o casamento é anulável; o instrumento de autorização para casamento deverá ser transcrito na escritura antenupcial (art. 1.537 do CC); se houver discordância entre os responsáveis, ou entre o menor e os responsáveis, pode-se recorrer ao juiz, podendo este conceder o suprimento judicial, hipótese em que o regime de bens será obrigatoriamente o de separação de bens; os responsáveis (pais ou tutores) podem revogar o seu consentimento até a celebração do casamento (art. 1.518 do CC); a ação anulatória deve ser promovida em 180 dias; são legitimados para pedir a anulação do casamento o incapaz, ao deixar de sê-lo (contado o prazo do dia em que cessar a incapacidade) seus representantes legais (contado o prazo da data do casamento) e os herdeiros necessários (contado o prazo da morte do incapaz); de qualquer forma, há um óbice à anulação, qual seja, não se anulará o casamento quando à sua celebração houverem assistido os representantes legais do incapaz, ou tiverem, por qualquer modo, manifestado sua aprovação (art. 1.555, § 2º, do CC);

c) por vício da vontade consistente em erro essencial sobre a pessoa; considera-se erro essencial sobre a pessoa do outro cônjuge (art. 1.557 do CC): c1) o que diz respeito à sua identidade, sua honra e boa fama, sendo esse erro tal que o seu conhecimento ulterior torne insuportável a vida em comum ao cônjuge enganado (ex.: marido ou esposa garoto ou garota de programa); c2) a ignorância de crime, anterior ao casamento, que, por sua natureza, torne insuportável a vida conjugal (repare que não há necessidade de trânsito em julgado); c3) a ignorância, anterior ao casamento, de defeito físico irremediável que não caracterize deficiência ou de moléstia grave e transmissível, por contágio ou por herança, capaz de pôr em risco a saúde do outro cônjuge ou de sua descendência; o erro deve ser determinante, ou seja, de tal gravidade que, caso o cônjuge que se engana o conhecesse, não teria se casado; o erro deve, então, ser sobre fato anterior ao ato nupcial, desconhecido do cônjuge e que torne insuportável a vida em comum; vale salientar que o defloramento da mulher ignorado pelo marido não é mais causa de anulabilidade do casamento; a legitimidade para ingressar com a ação em tela é apenas do cônjuge que cometeu o erro, que terá três anos para ingressar com a ação respectiva, sendo que, caso se mantenha a coabitação após a ciência do erro, o casamento ficará convalidado, salvo nos casos de defeito ou moléstia (art. 1.559 do CC);

d) por vício da vontade consistente em coação; considera-se coação a situação em que o consentimento de um ou de ambos os cônjuges houver sido captado mediante fundado temor de mal considerável e iminente para a vida, saúde e a honra, sua ou de seus familiares; a ação de anulação deve ser promovida pelo próprio coacto (art. 1.559 do CC), no prazo de quatro anos a contar da celebração do casamento (art. 1.560, IV, do CC), mas a coabitação, havendo ciência do vício, convalida o casamento.

e) do incapaz de consentir ou manifestar, de modo inequívoco, o consentimento; deve-se tratar de incapacidade duradoura, em que se tem mero discernimento reduzido, pois, se não houver discernimento algum, há a hipótese de nulidade de casamento; o prazo para ajuizar a ação é de 180 dias, contados da celebração do casamento;

f) realizado pelo mandatário, sem que ele ou o outro contraente soubesse da revogação do mandato, e não sobrevindo coabitação entre os cônjuges; o prazo para ajuizar a ação é 180 dias, contados da data em que o mandante tiver conhecimento da celebração;

g) por incompetência da autoridade celebrante; cuidado, pois há três situações a considerar; se a incompetência for relativa, temos um casamento anulável; se a incompetência for absoluta (por exemplo, o casamento foi feito pelo Prefeito da cidade), o casamento é considerado inexistente, e se a autoridade celebrante é daquelas que exerce "função de fato" (ou seja, foi investida irregularmente na função, mas atua publicamente como juiz de casamento há um bom tempo, agindo de boa-fé), o casamento será considerado válido se registrado no Registro Civil (art. 1.554 do CC); o prazo para ingressar com ação é de dois anos, contados da celebração (art. 1.560, II, do CC).

Vale salientar que o Estatuto da Pessoa com Deficiência (Lei 13.146/2015) criou o § 2º para o art. 1.550 do Código Civil, com o seguinte teor: "A pessoa com deficiência mental ou intelectual em idade núbia poderá contrair matrimônio, expressando sua vontade diretamente ou por meio de seu responsável ou curador".

7.3.7. Espécies de casamento

7.3.7.1. Casamento putativo

O casamento putativo pode ser **conceituado** como *aquele que, embora nulo ou anulável, foi contraído de boa-fé por um ou por ambos os cônjuges* (art. 1.561 do CC).

A **boa-fé** consiste na ignorância, ao tempo da celebração do casamento, da existência de impedimentos à união conjugal, podendo se tratar de erro de fato (ex.: não se sabe que duas pessoas que se casam são irmãos) ou erro de direito (ex.: não se sabe que é proibido o casamento entre tios e sobrinhos).

A boa-fé é **presumida**, mas admite prova em contrário.

A proteção que se dá ao cônjuge de boa-fé no casamento putativo também vem sendo estendida para aquele que sofre coação. Este, apesar de ter ciência do vício no casamento, merece proteção equivalente àquele que está de boa-fé, por uma questão de justiça.

A **sentença** que proclama a invalidade do casamento é o ato adequado para que se declare que o casamento é putativo. O juiz pode fazer tal declaração de ofício ou a requerimento das partes.

Uma vez reconhecido o casamento putativo, o casamento, mesmo nulo, **produzirá seus efeitos até o dia da sentença anulatória** (art. 1.561 do CC), ou seja, a sentença terá efeitos *ex nunc*.

Isso faz com que a anulação do casamento não afete direitos adquiridos até a data da decisão anulatória.

Assim, o cônjuge inocente (de boa-fé) adquire a meação dos bens do casal e permanece emancipado, caso tenha casado quando ainda não tinha 18 anos.

Os filhos ficam sempre com seus direitos preservados nos casamentos nulos ou anuláveis, pouco importando se seus pais estão ou não, os dois, de boa-fé.

Quando o casamento for anulado por culpa de um dos cônjuges, este incorrerá na perda de todas as vantagens havidas do cônjuge inocente e na obrigação de cumprir as promessas que lhe fez no contrato antenupcial (art. 1.564, I e II, do CC).

7.3.7.2. Casamento nuncupativo

O casamento nuncupativo é **conceituado** como *aquele contraído em situação de iminente risco de vida, sem possibilidade da presença da autoridade ou de seu substituto* (art. 1.540 do CC).

Nesse caso, o casamento será celebrado na presença de seis testemunhas, que com os nubentes não tenham parentesco em linha reta, ou, na colateral, até segundo grau.

A doutrina também denomina esse casamento como de "viva voz", ou "*in articulo mortis*" ou "*in extremis vitae momentis*", que significa "nos últimos momentos de vida".

Realizado o casamento, devem as testemunhas comparecer perante a autoridade judicial mais próxima, dentro de dez dias, pedindo que lhes tome por termo a declaração de:

a) que foram convocadas por parte do enfermo;

b) que este parecia em perigo de vida, mas em seu juízo;

c) que, em sua presença, declararam os contraentes, livre e espontaneamente, receber-se por marido e mulher.

Autuado o pedido e tomadas as declarações, o juiz procederá às diligências necessárias para verificar se os contraentes tinham ou não impedimentos matrimoniais ou causas suspensivas.

Verificada a idoneidade dos cônjuges para o casamento, assim o decidirá a autoridade competente, com recurso voluntário às partes.

Em seguida, o juiz mandará registrar a decisão no livro do Registro dos Casamentos, sendo que o assento assim lavrado retrotrairá os efeitos do casamento, quanto ao estado dos cônjuges, à data da celebração.

Serão dispensadas as formalidades apontadas se o enfermo convalescer e puder ratificar o casamento na presença da autoridade competente e do oficial do registro.

7.3.7.3. Casamento por procuração

O Código Civil admite o casamento por procuração (art. 1.542 do CC).

Porém, a procuração deve se dar por instrumento público e com poderes especiais, sendo que o mandato tem eficácia por até noventa dias.

A revogação do mandato não necessita chegar ao conhecimento do mandatário; mas, celebrado o casamento sem que o mandatário ou o outro contraente tivessem ciência da revogação, responderá o mandante por perdas e danos.

Só por instrumento público se poderá revogar o mandato.

7.3.7.4. Casamento em caso de moléstia grave

O casamento em caso de moléstia grave pode ser **conceituado** como *aquele realizado em caso de moléstia grave, estando um dos nubentes impedido de se locomover* (art. 1.539 do CC).

Esse casamento não se confunde com o nuncupativo. Primeiro porque, aqui, não há iminente perigo de vida, mas moléstia que apenas impede o nubente de se locomover. Segundo porque, aqui, há menos testemunhas que no casamento nuncupativo. E terceiro porque, aqui, não há necessidade de buscar apreciação judicial, diferente do que ocorre no casamento nuncupativo.

No casamento em caso de moléstia grave o juiz de casamentos irá celebrá-lo onde se encontrar o impedido, sendo urgente, ainda que à noite, fazendo-se necessário a presença de duas testemunhas que saibam ler e escrever.

A falta ou impedimento da autoridade competente para presidir o casamento suprir-se-á por qualquer dos seus substitutos legais e a do oficial do Registro Civil por outro *ad hoc*, nomeado pelo presidente do ato.

O termo avulso, lavrado pelo oficial *ad hoc*, será registrado no respectivo registro dentro de cinco dias, perante duas testemunhas, ficando arquivado.

7.3.7.5. Casamento perante autoridade diplomática ou consular

Esse casamento pode ser **conceituado** como *aquele constituído entre brasileiros e celebrado no estrangeiro, perante autoridades diplomáticas ou cônsules brasileiros* (art. 1.544 do CC).

Há uma formalidade a cumprir: o casamento deverá ser registrado em 180 dias, a contar da volta de um ou de ambos os cônjuges ao Brasil, no cartório do respectivo domicílio, ou, em sua falta, no 1º Ofício da Capital do Estado em que passarem a residir.

7.3.7.6. Casamento religioso com efeitos civis

Esse casamento pode ser **conceituado** como *aquele que, celebrado perante autoridade religiosa, cumpre os requisitos habilitatórios previstos na lei civil e é inscrito no Registro Público* (art. 1.515 do CC). O instituto também está presente no art. 226, § 2º, da CF, pela qual "o casamento religioso tem efeitos civis, nos termos da lei".

Na prática, esse casamento significa que os nubentes, em seguida ao casamento religioso, levam a documentação para demonstrar que cumprem os requisitos de habilitação para o casamento civil, bem como documentação que demonstra que casaram no religioso, para o fim de passarem a ser considerados também casados no regime civil. A vantagem desse casamento é o fato de que não será necessária a celebração civil. Além disso, todos os efeitos civis retroagirão à data do casamento religioso. Há duas possibilidades para a concretização desse registro:

a) habilitação civil anterior ao casamento religioso (art. 1.516, § 1º, do CC): faz-se habilitação civil; recebe-se certidão, da qual constará o prazo de eficácia da habilitação, que é de 90 dias da data em que for extraído o certificado; faz-se o casamento religioso dentro desse prazo; faz-se o registro civil dentro de 90 dias da realização do casamento religioso; trata-se de prazo decadencial, a ser cumprido mediante a comunicação do celebrante ao ofício competente, ou por iniciativa de qualquer interessado; ultrapassado esse prazo, o registro depende de nova habilitação.

b) habilitação civil posterior ao casamento religioso: casa-se no religioso; faz-se a habilitação civil; dentro do prazo de eficácia da habilitação (90 dias), requer-se o registro, com prova do casamento religioso (certidão de casamento religioso tirada do registro eclesiástico).

7.3.8. Efeitos do casamento

7.3.8.1. Efeitos sociais

São efeitos sociais do casamento os seguintes: a) **a criação da família matrimonial**, atendendo à vontade do art. 226 da Constituição Federal, que, apesar de proteger a família originada de outras fontes, tem interesse em que se facilite o casamento; b) **o estabelecimento do vínculo de afinidade** entre cada cônjuge e os parentes do outro (art. 1.595 do CC); c) **a emancipação** do consorte de menor idade (art. 5º, parágrafo único, II, do CC).

7.3.8.2. Efeitos pessoais

São efeitos pessoais do casamento os seguintes:

a) a fidelidade mútua (arts. 1.566, I, e 1.573, I, do CC), que implica no abstenção de cada consorte de praticar relações sexuais com terceiro; o adultério é considerado motivo suficiente para o reconhecimento da impossibilidade da vida em comum; de qualquer forma, a lei vem atenuando algumas regras em torno da questão da fidelidade para admitir o reconhecimento de filho adulterino no casamento (interpretação *a contrario sensu* do disposto no art. 1.611 do CC); porém, o filho havido fora do casamento, reconhecido por um dos cônjuges, não poderá residir no lar conjugal sem o consentimento do outro; outra flexibilização da lei diz respeito àqueles casos em que duas pessoas permanecem casadas, mas estão separadas de fato; nesse caso, o art. 1.723, § 1º, do CC admite que um dos separados de fato constitua união estável com terceiro, ainda que continue formalmente casado com o outro;

b) a coabitação (arts. 1.566, II, 1.511 e 1.797, I, do CC), que implica vida em comum, no domicílio conjugal, com convivência sexual; a coabitação admite que um dos cônjuges se ausente do domicílio para atender a encargos públicos, ao exercício de profissão, ou a interesses particulares relevantes; não há como exigir a coabitação em juízo, mas a sua falta deliberada enseja pedido de divórcio;

c) a mútua assistência (art. 1.566, III, do CC), implicando assistência material, moral e espiritual;

d) o respeito e consideração mútuos (arts. 1.566, V, e 1.573, III, do CC), que implica a sinceridade e o zelo pela honra e dignidade do outro;

e) a igualdade de direitos e deveres entre marido e mulher (art. 1.511 do CC e art. 226, § 5º, da CF), que implica a igualdade material e também a igualdade no exercício da direção de sociedade conjugal (arts. 1.567 e 1.570 do CC); marido e mulher devem atuar em colaboração, no interesse do casal e dos filhos; havendo divergência, qualquer dos cônjuges poderá recorrer ao juiz, que decidirá tendo em consideração àqueles interesses; se estiver impedido qualquer dos cônjuges, o outro exercerá com exclusividade a direção da família, cabendo-lhe a administração dos bens; os cônjuges são obrigados a concorrer, na proporção de seus bens e dos rendimentos do trabalho, para o sustento da família e a educação dos filhos, qualquer que seja o regime patrimonial; qualquer dos nubentes poderá adotar o sobrenome do outro (art. 1.565, § 1º, do CC);

f) o sustento, a guarda e a educação dos filhos (art. 1.566, IV, do CC); esse efeito impõe o regular exercício do poder familiar, que é um poder-dever (art. 1.634 do CC), o que inclui o dever de assistir e representar seus filhos (art. 1.690 do CC); *sustento* significa prover a subsistência material (alimentos, vestuário e medicamentos); *guarda* significa ter os filhos em sua companhia, vigiá-los e reclamá-los de qualquer que injustamente os possua; *educar* significa prover a educação moral (exigir que lhe prestem obediência, respeito e serviços próprios da idade), intelectual e fisicamente (de acordo com condições econômicas e sociais), tudo com carinho, dedicação e amor, sob pena de suspensão ou destituição do poder familiar (arts. 1.637 e 1.638 do CC), sem prejuízo do dever de arcar com alimentos (art. 1.696 do CC).

7.3.8.3. Efeitos patrimoniais

São efeitos patrimoniais do casamento os seguintes: a) **cria a sociedade conjugal**, que será delineada de acordo com o regime de bens (direitos, deveres e restrições); b) **estabelece o direito sucessório** em favor do cônjuge sobrevivente, que é herdeiro necessário (art. 1.845 do CC); aliás, o cônjuge sobrevivente pode ingressar na primeira classe em alguns casos (art. 1.829 do CC); o cônjuge só não será herdeiro em caso de já ter havido, ao tempo da morte do outro, separação judicial ou de fato há mais de 2 anos, salvo se não há culpa do sobrevivente (art. 1.830 do CC); outro direito do cônjuge sobrevivente é o direito real de habitação relativamente ao imóvel destinado à residência da família (art. 1.831 do CC); c) **pais devem administrar bens do filho menor**, não podendo dispor destes; d) **impõe o dever de alimentar entre os cônjuges e em favor dos filhos; e) institui o bem de família** (Lei 8.009/1990 e art. 1.711 do CC).

7.4. Bem de família

7.4.1. Questões gerais

Existem duas regulamentações para o bem de família. A primeira delas está prevista na Lei 8.009/1990 e trata do bem de família legal, que é aquele que decorre da própria lei, sem necessidade de qualquer medida por parte dos beneficiários. A segunda regulamentação se encontra nos arts. 1.711 e seguintes do Código Civil e diz respeito ao bem de família voluntário, que é aquele destinado por ato de vontade dos cônjuges, mediante escritura pública ou testamento.

7.4.2. Bem de família voluntário

A **aplicação** desse instituto se dá quando o casal ou a entidade familiar possuir vários imóveis utilizados como residência e não desejam que a impenhorabilidade recaia sobre o de menor valor.

Imagine um casal com duas residências, uma de R$ 200 mil e outra de R$ 300 mil. A Lei 8.009/1990 garante a eles a impenhorabilidade de uma das residências, no caso a de menor valor (art. 5º da Lei 8.009/1990), salvo se outro imóvel tiver sido registrado.

É nessa hora que entra em campo o Código, que regula o bem de família voluntário. Esse casal poderá, por meio de escritura pública ou testamento, dispor que o imóvel de R$ 300 mil é o imóvel a ser protegido pelo bem de família, e toda a regulamentação nesse sentido está nos arts. 1.711 a 1.722 do Código Civil.

A **instituição** do bem de família voluntário, conforme mencionado, deve se dar por *escritura pública* ou *testamento*, lavrados pelos cônjuges ou pessoas de outra entidade familiar.

O terceiro poderá igualmente instituir bem de família por testamento ou doação, dependendo a eficácia do ato da aceitação expressa de ambos os cônjuges beneficiados ou da entidade familiar beneficiada.

Para constituição do bem de família, é necessário, ainda, *registro* de seu título no Registro de Imóveis (art. 1.714 do CC).

O bem de família voluntário pode se **estender**, no máximo, a 1/3 do patrimônio líquido da entidade familiar.

O bem de família consistirá em **prédio residencial urbano ou rural**, com suas pertenças e acessórios, destinando-se em ambos os casos a domicílio familiar, e poderá abranger **valores mobiliários**, cuja renda será aplicada na conservação do imóvel e no sustento da família.

A **consequência** da instituição do bem de família é a isenção de execução por dívidas posteriores à sua instituição, salvo as que provierem de *tributos* relativos ao prédio, ou de despesas de *condomínio* (art. 1.715 do CC).

O **prazo** de isenção de proteção do bem de família durará enquanto viver um dos cônjuges, ou, na falta destes, até que os filhos completem a maioridade (art. 1.716 do CC).

A dissolução da sociedade conjugal não extingue o bem de família. Porém, dissolvida a sociedade conjugal pela morte de um dos cônjuges, o sobrevivente poderá pedir a extinção do bem de família, se for o único bem do casal.

Extingue-se, igualmente, o bem de família com a morte de ambos os cônjuges e a maioridade dos filhos, desde que não sujeitos a curatela.

7.4.3. Bem de família legal

A Lei 8.009/1990 é uma lei de ordem pública que, por si só, qualifica determinados bens como bens de família, independentemente de qualquer outra providência por parte dos interessantes.

Uma vez que um bem é qualificado como bem de família, tal bem passa a ser considerado **impenhorável**, ressalvadas algumas exceções legais.

Confira os **requisitos** para um bem ser considerado bem de família legal: a) deve se tratar de imóvel residencial; b) deve se tratar de imóvel próprio do casal ou da entidade familiar.

A impenhorabilidade **compreende** o imóvel sobre o qual se assentam a construção, as plantações, as benfeitorias de qualquer natureza e todos os equipamentos, inclusive os de uso profissional, ou *móveis que guarnecem a casa*, desde que quitados.

Quanto aos móveis que guarnecem a casa estão protegidos o televisor, a geladeira, o sofá, o dormitório, dentre outros. Mas não estão protegidos os automóveis, as obras de arte e os adornos suntuosos.

Se se tratar de um imóvel locado, apenas os móveis que guarnecem a casa serão considerados impenhoráveis.

A **consequência** da instituição do bem de família é a isenção da impenhorabilidade desses bens quanto a dívidas civis, comerciais, fiscais, previdenciárias ou de outra natureza, contraídas pelos beneficiários desse instituto.

Porém, a lei estabelece exceções, em que bens de família serão considerados penhoráveis. Confira:

a) em razão dos créditos de trabalhadores da própria residência e das respectivas contribuições previdenciárias;

b) pelo titular do crédito decorrente do financiamento destinado à construção ou à aquisição do imóvel, no limite dos créditos e acréscimos constituídos em função do respectivo contrato;

c) pelo credor de pensão alimentícia, resguardados os direitos, sobre o bem, do seu coproprietário que, com o devedor, integre união estável ou conjugal, observadas as hipóteses em que ambos responderão pela dívida (nova redação dada pela Lei 13.144/2015);

d) para cobrança de impostos, predial ou territorial, taxas e contribuições devidas em função do imóvel familiar;

e) para execução de hipoteca sobre o imóvel oferecido como garantia real pelo casal ou pela entidade familiar;

f) por ter sido adquirido com produto de crime ou para execução de sentença penal condenatória a ressarcimento, indenização ou perdimento de bens;

g) por obrigação decorrente de fiança concedida em contrato de locação.

A jurisprudência entende que a cobrança de débitos condominiais está contida na exceção trazida no item "d" mencionado.

Outra exceção trazida na lei é a seguinte (art. 4º): não se beneficiará do bem de família legal aquele que, sabendo-se insolvente, adquire de má-fé imóvel mais valioso para transferir a residência familiar, desfazendo-se ou não da moradia antiga. Neste caso, poderá o juiz, na respectiva ação do credor, transferir a impenhorabilidade para a moradia familiar anterior, ou anular-lhe a venda, liberando a mais valiosa para execução ou concurso, conforme a hipótese.

Quando a residência familiar constituir-se em imóvel rural, a impenhorabilidade restringir-se-á à sede de moradia, com os respectivos bens móveis, e, nos casos do art. 5º, XXVI, da Constituição, à área limitada como pequena propriedade rural.

Vale informar, ainda, que o STJ é pacífico, hoje, no sentido de que pessoa solteira também recebe a proteção do bem de família. Confira, a esse respeito, a Súmula nº 364 do STJ: "o conceito de impenhorabilidade de bem de família abrange também o imóvel pertencente a pessoas solteiras, separadas e viúvas".

Outro entendimento importante a respeito do tema é fixado na Súmula nº 486 do STJ: "É impenhorável o único imóvel residencial do devedor que esteja locado a terceiros, desde que a renda obtida com a locação seja revertida para a subsistência ou a moradia da sua família".

Por fim, o STJ tem afastado a proteção legal ao bem de família, quando se configura tentativa de fraude à exe-

10. Direito Civil

cução, caracterizando abuso de direito. Confira a seguinte decisão: "Deve ser afastada a impenhorabilidade do único imóvel pertencente à família na hipótese em que os devedores, com o objetivo de proteger o seu patrimônio, doem em fraude à execução o bem a seu filho menor impúbere após serem intimados para o cumprimento espontâneo da sentença exequenda. De início, cabe ressaltar que o STJ tem restringido a proteção ao bem de família com o objetivo de prevenir fraudes, evitando prestigiar a má-fé do devedor. (...) Trata-se de sopesar a impenhorabilidade do bem de família e a ocorrência de fraude de execução. Assim, é preciso considerar que, em regra, o devedor que aliena, gratuita ou onerosamente, o único imóvel, onde reside a família, está, ao mesmo tempo, dispondo da proteção da Lei 8.009/1990, na medida em que seu comportamento evidencia que o bem não lhe serve mais à moradia ou subsistência. Do contrário, estar-se-ia a admitir o *venire contra factum proprium*" (REsp 1.364.509-RS, J. 10/6/2014).

7.5. Regime patrimonial do matrimônio (Direito Patrimonial)

7.5.1. Conceito

O regime patrimonial do matrimônio pode ser **conceituado** como o *conjunto de normas aplicáveis às relações e interesses econômicos resultantes do casamento.*

Trata-se do estatuto patrimonial dos consortes.

A lei não permite que os cônjuges disponham livremente sobre esse assunto, devendo estes aceitar o regime de bens que a lei estabelece como regra (regime da comunhão parcial de bens) ou pactuar um dos outros regimes previstos e regulamentados exaustivamente na lei civil.

7.5.2. Princípios

São princípios do direito patrimonial dos cônjuges os seguintes:

a) variedade de regime de bens; há quatro tipos de regime, quais sejam, comunhão universal, comunhão parcial, separação de bens e participação final dos aquestos;

b) liberdade dos pactos antenupciais (arts. 1.639, 1.640, parágrafo único, 1.655 e 1.641, I a III, do CC), podendo os cônjuges, como regra , escolher o regime que lhes convém, não estando adstritos aos regimes tipificados, podendo, assim, combiná-los entre si (art. 1.639 do CC); porém, há limites para isso; os cônjuges devem respeitar preceitos de ordem pública e também os fins e a natureza do matrimônio; dessa forma, não poderão retirar do regime de bens os deveres inerentes ao casamento, nem muito menos privar um ao outro do poder familiar, da igualdade, e também não poderão alterar a vocação hereditária; o princípio da liberdade dos pactos antenupciais cede para alguns casos em que a lei obriga o regime de separação de bens (art. 1.641 do CC), tais como no casamento contraído com causa suspensiva, no casamento de alguém que dependa de suprimento judicial e no casamento de pessoa maior de 70 anos (alterado pela Lei 12.344/2010); quanto à última exceção (casamento de maior de 70 anos) parte da doutrina entende que essa norma fere os princípios da dignidade da pessoa humana e da igualdade;

c) mutabilidade justificada do regime adotado (art. 1.639, § 2º, do CC), sendo admissível a alteração do regime de bens, mediante autorização judicial em pedido motivado de ambos os cônjuges, apurada a procedência das razões invocadas e ressalvados os direitos de terceiros; o STJ entende que essa alteração é possível inclusive para os casamentos ocorridos antes da entrada em vigor do atual Código Civil, em função do princípio da igualdade; de qualquer maneira, a modificação de regime de bens depende de autorização judicial (com intervenção do MP, para evitar o abuso de ascendência), de pedido motivado de ambos os cônjuges e de apuração da procedência das razões invocadas (para evitar fraude ou dano), ficando ressalvados, sempre, os direitos de terceiros;

d) formalidade, valendo salientar que o pacto antenupcial (arts. 1.653 a 1.657 do CC) é *contrato solene, realizado antes do casamento, por meio do qual as partes dispõem o regime de bens que vigorará no matrimônio* (art. 1.639, § 1º, do CC); o pacto deve ser celebrado por meio de escritura pública, sob pena de nulidade (art. 1.653 do CC), com posterior registro em livro especial no registro imobiliário do domicílio do casal, como requisito de eficácia perante terceiros; o pacto antenupcial será considerado ineficaz se o casamento não lhe seguir (art. 1.653 do CC); caso os nubentes concordem com o regime que a lei recomenda – o regime de comunhão parcial – bastará que estes reduzam a termo a opção pela comunhão parcial (art. 1.640, parágrafo único, do CC), não sendo necessária a elaboração de escritura pública.

e) imediata vigência na data da celebração do casamento.

7.5.3. Disposições comuns aos variados regimes de bens

Cada regime de bens (comunhão parcial, comunhão universal etc.) tem as suas peculiaridades. Porém, todos os regimes de bens têm, em comum, as seguintes regras:

O cônjuge **pode livremente**, sem autorização do outro (arts. 1.642 e 1.643 do CC):

a) praticar todos os atos de disposição e de administração necessários ao desempenho de sua profissão, salvo alienar ou gravar de ônus real os bens imóveis;

b) administrar os bens próprios;

c) desobrigar ou reivindicar imóveis gravados ou alienados sem o seu consentimento ou sem suprimento judicial;

d) demandar a extinção de fiança, doação ou aval realizados pelo outro cônjuge sem o seu consentimento; porém, o terceiro, prejudicado com a sentença favorável ao autor, terá direito regressivo contra o cônjuge, que realizou o negócio jurídico, ou seus herdeiros (art. 1.646 do CC);

e) reivindicar bens comuns doados ou transferidos pelo outro cônjuge ao concubino, salvo se o bem tiver sido adquirido pelo esforço comum destes ou se o casal estiver separado de fato por mais de 5 anos; aliás, segundo o art. 550 do CC, a doação do cônjuge adúltero ao seu cúmplice pode ser anulada pelo outro cônjuge, ou por seus herdeiros necessários, até dois anos depois de dissolvida a sociedade conjugal;

f) comprar, inclusive a crédito, as coisas necessárias à economia doméstica; por exemplo, pode o cônjuge fazer compras em supermercado sem autorização do outro;

g) obter, por empréstimo, as quantias que a aquisição dessas coisas possa exigir; aliás, as dívidas contraídas para esses fins obrigam solidariamente ambos os cônjuges (art. 1.644 do CC);

h) praticar atos que não lhes forem vedados expressamente; por exemplo, dispor por testamento bem imóvel próprio ou doar bem móvel particular, como um carro pertencente só a um dos cônjuges.

Por outro lado, o cônjuge **não pode**, sem a autorização do outro, salvo regime de separação absoluta (art. 1.647 do CC):

a) alienar ou gravar de ônus real os bens imóveis; nesse caso, falta legitimação ao cônjuge; tais bens, os imóveis, são considerados bens de raiz, ou seja, bens importantes para a família, de modo que a lei vai exigir o consenso do casal para a alienação ou o gravame sobre tais bens;

b) pleitear, como autor ou réu, acerca desses bens ou direitos; por exemplo, na ação reivindicatória será necessária a presença de ambos os cônjuges, diferente do que ocorre em mera ação possessória ou em ações relacionada à locação, pois não há direito real nesses casos;

c) prestar fiança ou aval; havendo violação dessa norma, apenas o cônjuge que não tiver autorizado o ato tem legitimidade para pedir a anulação deste; ademais, pode esse cônjuge ingressar com embargos de terceiro para excluir sua meação de eventual penhora, salvo quando a dívida tiver sido contraída com vistas a atender as necessidades da economia doméstica, ou seja, quando a dívida for contraída em proveito da família; quanto ao tema, a Súmula 332 do STJ fixou o entendimento de que "a fiança prestada sem autorização de um dos cônjuges implica a ineficácia total da garantia";

d) fazer doação de bens comuns ou que possam integrar futura meação; assim, o cônjuge não pode doar bens que pertencem aos dois, sem autorização do outro; também não pode doar bens que integrarão futura meação (isso acontece no regime de participação final dos aquestos); no entanto, essa regra tem uma exceção, que é no caso da doação remuneratória; assim, um cônjuge não precisa de autorização do outro para doar bens comuns quando essa doação tem por objetivo remunerar alguém que tenha prestado um serviço para o cônjuge doador, como uma doação feita a um dentista que tiver tratado, sem cobrar, o cônjuge doador; ademais, são válidas as doações nupciais feitas aos filhos quando casarem ou estabelecerem economia separada.

O problema é que há casos em que um cônjuge se recusa a autorizar o outro cônjuge a cometer um dos atos citados, gerando uma situação de conflito entre os dois.

Nesses casos, é possível que o **juiz supra a outorga**, quando a denegação de autorização se dê sem justo motivo. Um exemplo é a situação de uma família sem dinheiro para pagar as mínimas contas, mas que mantém uma casa de praia que sequer é frequentada. Nesse caso, o juiz, a pedido de um dos cônjuges, pode autorizar a venda do imóvel, ainda que o outro cônjuge não concorde com isso.

Também é cabível o suprimento da outorga pelo juiz se for impossível que um dos cônjuges conceda a outorga (art. 1.648, *caput*, do CC), como no caso deste estar em coma, sem que haja curador nomeado para responder por seus atos.

Resta saber agora qual é a **consequência jurídica** da prática de um ato sem autorização do cônjuge. O art. 1.649 do CC estabelece que, nesses casos, o ato praticado será considerado anulável, podendo o outro cônjuge (ou seus herdeiros) pleitear a anulação até dois anos do fim da sociedade conjugal. Porém, a aprovação posterior do ato, feita por instrumento público ou por instrumento particular autorizado, torna o ato válido, e, portanto, não mais passível de anulação.

Vale salientar que, quando um dos cônjuges não puder exercer a administração dos bens que lhe incumbe, segundo o regime de bens, caberá ao outro (art. 1.651): a) gerir os bens comuns e os do consorte; b) alienar os bens móveis comuns; c) alienar os imóveis comuns e os móveis ou imóveis do consorte, mediante autorização judicial.

Outra regra geral importante é a que dispõe que o cônjuge que estiver na posse dos bens particulares do outro será para com este e seus herdeiros responsável (art. 1.652): a) como usufrutuário, se o rendimento for comum; b) como procurador, se tiver mandato expresso ou tácito para os administrar; c) como depositário, se não for usufrutuário, nem administrador.

7.5.4. Regime de comunhão parcial

Esse regime pode ser **conceituado** como *aquele em que se comunicam os bens que sobrevierem ao casal, na constância do casamento, salvo exceções legais* (art. 1.658 do CC).

Esse regime é o estabelecido pela lei, quando os nubentes não quiserem aderir a outro regime de bens.

Nesse regime, **excluem-se da comunhão** (art. 1.659 do CC):

a) os bens que cada cônjuge possuir ao casar e os sub-rogados em seu lugar;

b) os bens recebidos na constância do casamento, por doação ou sucessão, e os sub-rogados em seu lugar;

c) bens adquiridos com valores exclusivamente pertencentes a um dos cônjuges em sub-rogação dos bens particulares;

d) as obrigações anteriores ao casamento;

e) as obrigações provenientes de atos ilícitos, salvo reversão em proveito do casal;

f) os bens de uso pessoal, os livros, os instrumentos da profissão, desde que não integrem fundo de comércio ou patrimônio de sociedade da qual pertença o consorte;

g) os proventos do trabalho pessoal de cada cônjuge;

h) as pensões, os meio-soldos (metade do soldo que o Estado paga ao militar reformado), os montepios (pensão de instituto de previdência) e outras rendas semelhantes;

i) os bens cuja aquisição tiver por título causa anterior ao casamento (art. 1.661 do CC), por exemplo, os reivindicados antes do casamento, com sentença depois; ou o dinheiro recebido depois do casamento, mas relativo à venda feita antes deste.

Entram na comunhão (art. 1.660 do CC):

a) os bens adquiridos onerosamente na constância do casamento, ainda que em nome de um dos cônjuges; presunção: presumem-se adquiridos na constância do casamento os bens móveis, salvo prova em contrário (art. 1.662 do CC);

b) os bens adquiridos por fato eventual, com ou sem concurso de trabalho ou despesa anterior; por exemplo, os bens ganhados em loteria, ou por aluvião ou avulsão;

c) os bens recebidos por doação, herança ou legado em favor de ambos;

d) as benfeitorias em bens particulares de cada cônjuge; presumem-se feitas com esforço comum;

e) os frutos dos bens comuns e particulares, percebidos na constância ou pendentes ao tempo em que cessar a comunhão.

Outro tema importante é quanto à sujeição dos bens comuns (pertencentes a ambos os cônjuges) e dos bens particulares (pertencentes a apenas um dos cônjuges), a certas dívidas.

Nesse sentido, **os bens comuns respondem** (art. 1.664 do CC) pelas obrigações contraídas pelo marido/mulher para atender aos encargos da família, às despesas de administração e às despesas decorrentes da lei.

Por outro lado, **os bens comuns não respondem** (art. 1.666 do CC) pelas dívidas contraídas pelo cônjuge na administração de seus bens particulares; por exemplo, na contratação de advogado.

Quanto aos **bens particulares, estes podem responder**:

a) pelas dívidas da compra ou do empréstimo feitos quanto às coisas necessárias à economia doméstica em virtude da solidariedade;

b) pelas dívidas contraídas na administração dos bens particulares;

c) pelas dívidas em geral contraídas por seu proprietário.

7.5.5. Regime de comunhão universal

Esse regime pode ser **conceituado** como *aquele que importa a comunicação de todos os bens presentes e futuros dos cônjuges e suas dívidas passivas, salvo exceções legais* (art. 1.667 do CC).

Nesse regime, **excluem-se da comunhão** (art. 1.668 do CC):

a) os bens recebidos por doação ou herança com cláusula de incomunicabilidade e os sub-rogados em seu lugar; porém, é bom lembrar que a cláusula de incomunicabilidade prevista em testamento deve ser devidamente motivada, devendo haver justa causa, se disser respeito aos bens da legítima (art. 1.848 do CC);

b) bens gravados de fideicomisso e o direito do herdeiro fideicomissário, antes de realizada a condição suspensiva; nesses casos, temos direitos provisórios ou eventuais, de modo que não há mesmo como entrarem na comunhão;

c) as dívidas anteriores ao casamento, salvo as despesas com seus aprestos (exs.: preparativos, enxoval e outras despesas para o casamento) ou se reverterem em proveito comum (ex.: imóvel residencial do casal);

d) as doações antenupciais feitas para um dos cônjuges ao outro com cláusula de incomunicabilidade;

e) os bens de uso pessoal, os livros e os instrumentos de profissão; os proventos do trabalho pessoal de cada cônjuge, as pensões, meio-soldos, montepios e outras rendas semelhantes.

Por outro lado, **entram na comunhão**:

a) todos os outros bens presentes e futuros dos cônjuges, inclusive os frutos (doados com incomunicabilidade) dos bens não comunicáveis percebidos ou vencidos na constância – art. 1.669 do CC;

b) todas as dívidas passivas, salvo as invalidadas; aqui não entram somente as dívidas que geraram proveito da família ou que se refiram a bens comuns; aqui entram todas as dívidas passivas;

c) as despesas com os aprestos do casamento;

d) as despesas anteriores ao casamento que se reverterem em proveito comum (ex.: o apartamento comprado para o casal).

Extinta a comunhão, e efetuada a divisão do ativo e do passivo, cessará a responsabilidade de cada um dos cônjuges para com os credores do outro (art. 1.671 do CC).

Por fim, há de se ressaltar que se deve aplicar ao regime de comunhão universal o disposto para o regime da comunhão parcial, quanto à *administração* dos bens.

7.5.6. Regime de participação final nos aquestos

Esse regime pode ser **conceituado** como *aquele em que cada cônjuge possui patrimônio próprio, e lhe cabe, à época da dissolução da sociedade conjugal, direito à metade dos bens adquiridos pelo casal onerosamente na constância do casamento* (art. 1.672 do CC).

Trata-se de um regime misto. Durante a sociedade conjugal, assemelha-se ao regime de separação total de bens. Dissolvida a sociedade conjugal, equivale ao regime de comunhão parcial.

Nesse regime, **excluem-se da comunhão**:

a) os bens que cada um possuía ao casar e os adquiridos, a qualquer título, na constância do casamento (art. 1.673 do CC);

b) as dívidas contraídas por um dos cônjuges, antes ou depois do casamento; porém, as dívidas contraídas após o casamento, que tiverem revertido em proveito do outro entrarão na comunhão (art. 1.677 do CC).

Quanto à **administração** e à **disposição** de bens durante o casamento, temos as seguintes regras:

a) cada cônjuge *administra* livremente seus bens particulares (art. 1.673, parágrafo único, do CC);

b) cada cônjuge *aliena* livremente seus bens *móveis* particulares (art. 1.673, parágrafo único, do CC);

c) por *pacto antenupcial*, pode-se convencionar que cada cônjuge *aliena* livremente seus bens *imóveis* particulares (art. 1.656 do CC); ou seja, a regra é não haver esse direito em favor dos cônjuges, mas a lei admite que o pacto antenupcial atribua aos cônjuges a possibilidade de alienar livremente seus bens particulares;

d) quanto às demais restrições previstas no art. 1.647 do CC e não mencionadas no item acima, devem ser obedecidas pelos que optaram pelo regime de participação final nos aquestos; assim, nenhum cônjuge pode, sem autorização do outro, prestar fiança ou aval (art. 1.647, III, do CC).

Quanto aos **efeitos patrimoniais da dissolução da sociedade conjugal**, deve-se seguir o seguinte procedimento:

a) calcula-se o *montante dos aquestos existentes*, ou seja, dos bens onerosamente adquiridos na constância do casamento (art. 1.674 do CC); vale salientar que a lei presume que os bens móveis tenham sido adquiridos durante o casamento, salvo prova em contrário;

b) em seguida, *exclui-se* dessa soma de patrimônios próprios os bens *anteriores* ao casamento (e os sub-rogados em seu lugar), os bens que cada cônjuge tiver recebido por *sucessão* (ex.: herança) ou *liberalidade* (ex.: doação), e as *dívidas* relativas a esses bens;

c) em seguida, *computa-se* o valor das *doações* feitas por um dos cônjuges, sem a necessária autorização do outro; nesse caso o bem poderá ser reivindicado pelo cônjuge prejudicado ou por seus herdeiros, ou declarado no monte partilhável, por valor equivalente ao da época da dissolução (art. 1.675 do CC);

d) em seguida, *computa-se* o valor dos *bens alienados em detrimento da meação* ou reivindica-se tais bens (art. 1.676 do CC); a lei está fazendo referência aos bens alienados indevidamente (por exemplo, por falta de autorização do outro cônjuge);

e) feitas tais contas, chega-se ao montante dos aquestos à data em que cessou a convivência, seja por separação, divórcio ou morte (art. 1.683 do CC);

f) procede-se à divisão desse montante, ficando metade para cada um dos cônjuges (meação); a lei propõe a divisão desses bens em natureza; porém, não sendo possível nem conveniente essa divisão, calcular-se-á o valor de alguns ou de todos para reposição em dinheiro ao cônjuge não proprietário; não sendo possível a reposição em dinheiro, serão avaliados e, mediante autorização judicial, alienados tantos bens quantos bastarem (art. 1.684, *caput*, e parágrafo único, do CC).

O Código Civil estabelece, ainda, que as dívidas de um cônjuge, quando superiores à sua meação, não obrigam ao outro ou aos seus herdeiros (art. 1.686 do CC).

Por fim, a lei é expressa no sentido de que o direito à meação **não** é renunciável, cessível ou penhorável na vigência do regime matrimonial (art. 1.682 do CC). Trata-se de uma proteção ao cônjuge, que, numa situação qualquer de vulnerabilidade, poderia renunciar a direito muito importante para a sua subsistência. Há de se tomar cuidado, pois a meação, em si, é impenhorável, porém, não são impenhoráveis os bens que a compõem.

7.5.7. Regime de separação de bens

Esse regime pode ser **conceituado** como *aquele em que os bens permanecerão sob a propriedade, administração e fruição exclusiva de cada um dos cônjuges, que os poderá livremente alienar ou gravar com ônus real* (art. 1.687 do CC).

O regime de separação típico é *absoluto*, não comportando limitação quanto à propriedade exclusiva de cada cônjuge. Todavia, nada impede que, por pacto antenupcial, os nubentes instituam um regime de separação *limitada* de bens.

O atual Código Civil **aumentou os poderes** de cada cônjuge sobre o seu patrimônio exclusivo. Isso se deu, pois o art. 1.647 do CC estabelece algumas limitações aos cônjuges (exs.: não podem, sem autorização do outro, alienar imóveis, prestar fiança e aval etc.), mas tais limitações não se aplicam aos que estão num regime de separação absoluta de bens (art. 1.647, *caput*, do CC).

Por outro lado, ambos os cônjuges devem **contribuir** para as despesas do casal na proporção dos rendimentos de seu trabalho e de seus bens, salvo estipulação em contrário em pacto antenupcial.

Normalmente, o regime de separação de bens se dá por vontade dos nubentes, sendo instituído por meio de pacto antenupcial (separação voluntária de bens).

Porém, há casos em que o regime de separação de bens é obrigatório, ou seja, em que a lei não dá outra alternativa aos nubentes, que devem, necessariamente, submeter-se a esse regime, que a doutrina costuma chamar de "separação legal de bens". Confira os casos:

a) quanto às pessoas que o contraírem com inobservância das **causas suspensivas** da celebração do casamento;

b) quanto à pessoa **maior de 70 anos**;

c) quanto a todos os que dependerem, para casar, de **suprimento judicial**.

No entanto, nos casos de separação legal de bens, era muito comum ocorrer situações de grande injustiça, como no caso de um casal criar um bom patrimônio com esforço comum, mas os bens acabarem por ficar no nome de um dos cônjuges apenas. Nesses casos, findo o casamento, o cônjuge sem bens em seu nome ficava totalmente ao relento, o que não era correto.

Por conta disso, a jurisprudência passou a entender que aquestos (bens onerosamente adquiridos na constância do casamento) deveriam ser divididos entre os cônjuges. Nesse sentido, confira a Súmula 377 do STF: "no regime de separação legal de bens, comunicam-se os adquiridos na constância do casamento".

Tal medida não deve ser tomada em relação aos casados pelo regime de separação voluntária de bens. O Superior Tribunal de Justiça vem reafirmando a necessidade de se respeitar a vontade dos cônjuges no sentido de separar os patrimônios de cada qual. No entanto, em casos excepcionalíssimos, de enorme injustiça, pode-se admitir a participação patrimonial de um cônjuge sobre determinado bem do outro, como no caso a seguir transcrito: "o regime jurídico da separação de bens voluntariamente estabelecido é imutável e deve ser observado, admitindo-se, todavia, excepcionalmente, a participação patrimonial de um cônjuge sobre bem do outro, se efetivamente demonstrada, de modo concreto, a aquisição patrimonial pelo esforço comum, caso dos autos, em que uma das fazendas foi comprada mediante permuta com cabeças de gado que pertenciam ao casal." (STJ, REsp. 286.514/SP, j. 02.08.2007).

7.6. Dissolução da sociedade conjugal

7.6.1. Emenda Constitucional nº 66/2010

A redação antiga do art. 226, § 6º, da CF dispunha que "o casamento civil pode ser dissolvido pelo divórcio, após prévia separação judicial por mais de um ano nos casos expressos em lei, ou comprovada separação de fato por mais de dois anos".

Havia, então, duas espécies de divórcio, quais sejam: **a)** o divórcio-conversão, que exigia mais de um ano de separação judicial, para que pudesse ser requerido; **b)** divórcio-direto: que exigia mais de 2 anos de separação de fato, para que pudesse ser requerido.

No entanto, a EC 66/2010 modificou a redação do dispositivo citado, para o fim de dispor o seguinte: "O casamento pode ser dissolvido pelo divórcio".

Ou seja, o divórcio, agora, pode ser feito sem aguardar-se período de tempo e sem prévia separação judicial.

Ademais, tudo isso pode ser feito em Cartório Extrajudicial, com presença de advogado, e desde que sem filhos menores.

A inexistência de menção à separação judicial no texto constitucional faz com que esse instituto possa ser considerado não recepcionado pela nova ordem constitucional. No entanto, para quem não pensa assim, pode-se dizer que o instituto da separação judicial cairá em desuso ou terá muito pouco uso, pois, se duas pessoas não querem mais ficar casadas, por que fariam, primeiro, a separação judicial, para depois fazer o divórcio, se podem, agora, passar direto para o divórcio, sem necessidade de esperar tempo algum, já que não há mais requisito temporal na Constituição Federal?

O fato é que o chamado divórcio-relâmpago já pegou e vem sendo a tônica, agora, quando um casal não quer mais manter o casamento.

Nesse sentido, vale informar que o Conselho Nacional de Justiça, chamado a se manifestar sobre assunto, alterou a sua Resolução nº 35, para admitir o divórcio extrajudicial mesmo que não cumpridos os prazos de 2 anos de separação de fato (antigo divórcio-direto) e de 1 ano de separação judicial (antigo divórcio-conversão), não entrando no mérito se ainda existe a possibilidade de alguém preferir, antes do divórcio, promover separação judicial.

Na prática, a EC 66/2010 vem sendo aplicada normalmente pelos Cartórios Extrajudiciais, para permitir o divórcio direto, sem necessidade de cumprir os prazos mencionados, tudo indicando que o instituto da separação judicial venha, como dito, no mínimo, a cair em desuso ou em pouquíssimo uso.

7.6.2. Hipóteses de dissolução da sociedade conjugal e do casamento

Antes da mudança na Constituição Federal fazia mais sentido a distinção entre as hipóteses de dissolução da sociedade conjugal e as hipóteses de dissolução do casamento.

A dissolução da sociedade conjugal se dá nos seguintes casos (art. 1.571 do CC): a) pela morte de um dos cônjuges; b) pela nulidade ou anulação do casamento; c) pela separação judicial; d) pelo divórcio.

Já a dissolução do casamento se dá nas seguintes hipóteses (art. 1.571, § 1º, do CC): a) pela morte de um dos cônjuges (inclusive presunção quanto ao ausente – abertura da sucessão definitiva); b) pela nulidade ou anulação do casamento; c) pelo divórcio.

Depois da EC 66/2010, a tendência é não mais se buscar a separação judicial, mas sim o divórcio diretamente, o que fará com que se extinga, ao mesmo tempo, a sociedade conjugal (e, portanto, os deveres conjugais e o regime patrimonial) e o casamento (o vínculo matrimonial).

7.6.3. Divórcio consensual

Quando um casal tem interesse comum em se divorciar, está-se diante de hipótese de divórcio consensual. Conforme já escrito, com a EC 66/2010, esse casal não tem de esperar tempo algum, nem mesmo se submeter a prévia separação, para conseguir o divórcio. Basta que ingresse em juízo com esse pedido, ou que faça tal requerimento em cartório extrajudicial, se não houver filhos incapazes e desde que se façam representar por advogado, para que o divórcio aconteça.

Resta saber se é possível pedir o divórcio consensual no curso do primeiro ano de casamento. Para alguns doutrinadores isso não é possível, pois mesmo para a mera separação consensual a lei exige que se trate de duas pessoas casadas há mais de um ano (art. 1.574 do CC), quanto mais para o divórcio, que é providência mais forte. No entanto, entendemos que, como não há limitação, nesse sentido, no novo texto constitucional, não há que se cumprir esse requisito, apesar de pensarmos, no plano pessoal, que é absolutamente temerário duas pessoas se casarem e já buscarem a separação logo no primeiro ano de casamento, sem buscar, por mais tempo, meios de se entender como casal.

7.6.4. Divórcio não consensual

Situação diversa é aquela em que um quer se divorciar, e o outro, não. A jurisprudência vinha atenuando os rigores quanto aos requisitos para que alguém buscasse em juízo a separação de outrem, para o fim de entender que o simples fato de alguém buscar a separação já demonstra a impossibilidade da comunhão de vida, não sendo necessário que também demonstre grave violação dos deveres do casamento.

Esse entendimento decorre do fato de que há um princípio maior envolvido na temática, que é o princípio da liberdade.

Todavia, quem assim agisse, buscando a separação mesmo contra a vontade do outro, estaria sujeito às sanções cabíveis àquele que é o causador do fim do relacionamento, como perder o nome de casado e receber alimentos apenas para a sua subsistência.

Pois bem. Se assim o era com a separação judicial, também deve ser com relação ao divórcio relâmpago. O princípio da igualdade fará com que aquele que não mais deseje ficar casado tenha direito de ingressar com ação contra o outro cônjuge, para o fim de pedir o divórcio forçado, mas arcando com as consequências dessa sua ação, como as mencionadas no parágrafo anterior.

De qualquer forma, recomenda-se a leitura do disposto nos arts. 1.571 a 1.582 do Código Civil, pois algumas regras relativas à separação judicial podem aparecer num exame, ainda que, para nós, esse instituto não faça mais sentido hoje.

Por outro lado, faz-se necessário aguardar as decisões judiciais que se tomarão a respeito desse assunto a partir de agora, tratando-se de tema ainda muito aberto e que não deveria, ao menos em nossa opinião, ser objeto de certas perguntas em provas e exames neste momento.

7.7. União Estável

A união estável tem **natureza jurídica** de entidade familiar (art. 226, § 3º, da CF).

O **conceito tradicional** de união estável é o seguinte: *consiste na convivência pública, contínua e duradoura entre um homem e uma mulher, com o objetivo de constituição de família* (art. 1.723 do CC).

Todavia, esse conceito, hoje, deve levar em conta o posicionamento do STF acerca da **união estável homoafetiva**. Com efeito, o Excelso Pretório, na ADI 4.277 e na ADPF 132, julgadas em 05.05.2011, tomou a seguinte decisão: pela procedência das ações e com efeito vinculante, no sentido de dar interpretação conforme a Constituição Federal *para excluir qualquer significado do artigo 1.723 do Código Civil que impeça o reconhecimento da união entre pessoas do mesmo sexo como entidade familiar.*

A decisão teve por **fundamento** o art. 3º, IV, da CF, que veda qualquer tipo de discriminação.

Como consequência, a união estável homoafetiva passa a ter a mesma regulamentação da união estável entre homem e mulher (deveres dos companheiros, alimentos, sucessões etc.).

Em relação ao **histórico** da união estável, nosso direito passou por várias fases. Num primeiro momento não havia direito algum para quem estivesse numa relação dessas, mas apenas restrições. Em seguida, passou-se a denominar esse tipo de relação como "concubinato", passando a jurisprudência, aos poucos, a conferir certos direitos, principalmente à concubina. Confira, nesse sentido, a Súmula 380 do STF: "comprovada a existência da sociedade de fato entre os concubinos, é cabível sua dissolução judicial com a partilha do patrimônio adquirido pelo esforço comum".

Sobreveio a Constituição de 1988, que, em seu art. 226, § 3º, estabeleceu que, "para efeito de proteção do Estado, é reconhecida a união estável entre o homem e a mulher como entidade familiar, devendo a lei facilitar sua conversão em casamento".

Com o advento da Constituição de 1988, a terminologia mudou. Passou-se a usar a expressão "união estável", reservando a expressão "concubinato" para as relações estáveis entre duas pessoas impedidas de se casar. Por exemplo, "A" e "B" são casados, mas "B" mantém "C" como amante, não estão cumpridos os requisitos de uma união estável. Nesse caso, entre "B" e "C" tem-se um concubinato, que não gera os direitos da união estável.

Em seguida veio a Lei 8.971/1994, que regulamentou o *conceito* de união estável (exigindo cinco anos ou existência de filho comum), os *direitos sucessórios* (usufruto de parte de bens deixados pelo companheiro e herança, na falta de ascendentes ou descendentes do companheiro falecido) e direito à *metade* de certos bens em caso de falecimento do companheiro (companheiro sobrevivente passa a ter direito à metade dos bens resultantes de atividade decorrente do esforço comum).

Dois anos depois adveio a Lei 9.278/1996, mudando o *conceito* de união estável (sem exigir requisito temporal, mas apenas a convivência duradoura, pública e contínua, de homem e mulher, com o objetivo de constituir família). Quanto aos direitos, estabelece o direito à meação, já na constância da união estável, de certos bens; estabelece o direito de administração comum dos bens comuns; estabelece o direito a alimentos em caso de dissolução da sociedade conjugal; estabelece o direito real de habitação sobre o imóvel de residência da família, em caso de falecimento do companheiro; estabelece regra sobre a conversão da união estável e casamento; e institui o segredo de justiça para as ações e a vara de família como juízo delas.

Por fim, adveio o **atual Código Civil**, que, em seus arts. 1.723 a 1.727, estabelece uma série de regras sobre a união estável. Confira:

a) quanto ao *conceito* desta, manteve o conceito trazido pela Lei 9.278/1996;

b) quanto aos impedimentos, estabelece que a união estável não se configura quando ocorrerem os *impedimentos* para o casamento; no entanto, caso alguém seja casado, mas separado de fato ou judicialmente, nada impede que esse alguém constitua uma união estável; repare que a existência de *causas suspensivas* não impede a configuração da união estável;

c) estabelece os deveres dos companheiros (lealdade, respeito e assistência, guarda, sustento e educação dos filhos);

d) estabelece o regime de comunhão parcial de bens (igual ao casamento);

e) estabelece regra sobre a conversão da união estável em casamento;

f) estabelece o conceito de concubinato ("relações não eventuais entre o homem e a mulher, impedidos de casar").

O art. 1.790 do CC trata dos direitos sucessórios do companheiro, estabelecendo que "a companheira ou o companheiro participará da sucessão do outro, quanto aos bens adquiridos onerosamente na vigência da união estável, nas condições seguintes: a) se concorrer com filhos comuns, terá direito a uma quota equivalente à que por lei for atribuída ao filho; b) se concorrer com descendentes só do autor da herança, tocar-lhe-á a metade do que couber a cada um daqueles; c) se concorrer com outros parentes sucessíveis, terá direito a um terço da herança; d) não havendo parentes sucessíveis, terá direito à totalidade da herança.

O Código Civil também estabelece que é possível ingressar com ação de dissolução de união estável, podendo o companheiro ingressante, comprovando a necessidade, requerer previamente cautelar de separação de corpos (art. 1.562 do CC).

Outra regra sobre a união estável encontra-se no art. 1.595, § 2º do CC, pelo qual "na linha reta, a afinidade não se extingue com a dissolução do casamento ou da união estável".

Quanto aos **requisitos** da configuração da união estável, são os seguintes:

a) inexistência de impedimento para o casamento, ressalvada a situação de alguém casado, que esteja separado de fato ou judicialmente;

b) diversidade de sexos: esse requisito está superado após a decisão do STF mencionada, que admite a união estável entre pessoas do mesmo sexo (união homoafetiva);

c) continuidade das relações sexuais: requisito implícito;

d) convivência duradoura: estabilidade na relação;

e) convivência pública: notoriedade de afeições recíprocas; pode ser convivência notória, porém discreta, limitada ao conhecimento de amigos, familiares e vizinhos; não requer publicidade, mas não pode se tratar de uma relação absolutamente secreta;

f) objetivo de constituir família: não se configura simplesmente pelo fato de suas pessoas dividirem despesas; também não é necessário que se queira ter filhos; mas há necessidade de formar uma parceria de natureza afetivo-amorosa com caráter duradouro. Segundo o STJ, "o fato de namorados projetarem constituir família no futuro não caracteriza união estável, ainda que haja coabitação", vez que "a coabitação entre namorados, a propósito, afigura-se absolutamente usual nos tempos atuais, impondo-se ao Direito, longe das críticas e dos estigmas, adequar-se à realidade social. Por oportuno, convém ressaltar que existe precedente do STJ no qual, a despeito da coabitação entre os namorados, por contingências da vida, inclusive com o consequente fortalecimento da relação, reconheceu-se inexistente a união estável, justamente em virtude da não configuração do *animus maritalis* (REsp 1.257.819-SP, Terceira Turma, DJe 15/12/2011)". (REsp 1.454.643-RJ, DJe 10/3/2015)

A **prova** da união estável pode se dar de variadas maneiras, tais como pela certidão de nascimento de filho comum, certidão de casamento religioso, contrato de locação de imóvel residencial, declaração de dependência no INSS/IR, contrato de plano de saúde, correspondência, fotos e recibos; testamento etc.

Caso os companheiros queiram um reconhecimento formal de sua relação, mas não seja o caso de ingressar com ação de dissolução de união estável, podem ingressar com uma ação declaratória de existência de união estável ou com ação de justificação judicial (arts. 861 a 866 do CPC).

As novas disposições do Código Civil sobre união estável valem para uniões em curso quando de sua entrada em vigor, respeitadas, naturalmente, situações jurídicas já consolidadas com base na lei anterior.

Quanto aos **deveres pessoais**, os companheiros devem obedecer aos seguintes deveres: a) lealdade e respeito: a fidelidade está implícita; b) assistência: tanto a moral como a material (dever alimentar); c) guarda, sustento e educação dos filhos.

A coabitação não é dever absoluto, não sendo sequer necessária à caracterização da união estável, conforme entendimento do STF (Súmula nº 382).

Quanto ao **regime patrimonial**, temos as seguintes regras:

a) os companheiros poderão estabelecer o regime patrimonial de sua relação, o que deve ser feito mediante contrato escrito; não é necessário que se trate de uma escritura pública, podendo ser mero escrito particular; no entanto, é muito comum que esse documento seja produzido em Cartório de Títulos e Documentos, como forma de se garantir o arquivamento de uma cópia do documento em registro público; todavia, "não é lícito aos conviventes atribuírem efeitos retroativos ao contrato de união estável, a fim de eleger o regime de bens aplicável ao período de convivência anterior à sua assinatura" (STJ, REsp 1.383.624-MG, DJ 12.06.15), pois nem no casamento isso é possível;

b) caso não haja contrato escrito especificando as regras do regime patrimonial entre os companheiros, aplicar-se-á às relações patrimoniais, no que couber, o regime de comunhão parcial de bens (art. 1.725 do CC); ou seja, não será necessário verificar quais bens foram adquiridos com o esforço comum dos companheiros, como se fazia no passado, adotando-se o regime jurídico da comunhão parcial de bens, pelo qual, como regra, comunicam-se os bens adquiridos na constância da união estável. Por conta disso, o STJ, por exemplo, entende que "na hipótese de dissolução de união estável subordinada ao regime da comunhão parcial de bens, não deve integrar o patrimônio comum, a ser partilhado entre os companheiros, a valorização patrimonial das cotas sociais de sociedade limitada adquiridas antes do início do período de convivência do casal" (STJ, REsp. 1.173.931-RS, j. em 22.10.2013).

Por fim, vale trazer à tona os principais **efeitos jurídicos** da união estável:

a) gera o direito a alimentos (arts. 1.694 e 1.708 do CC);

b) gera direito à sucessão do outro, nos termos do art. 1.790 do CC, já mencionado;

c) estabelece o regime de comunhão parcial de bens, salvo contrato escrito entre os companheiros (art. 1.725 do CC);

d) confere direito real de habitação sobre o imóvel de residência da família, em caso de falecimento do companheiro (art. 7º, parágrafo único, da Lei 9.278/1996); tal direito favorece o companheiro sobrevivente enquanto sobreviver ou não constituir nova união ou casamento; o direito é mantido mesmo que o companheiro sobrevivente adquira outro imóvel residencial com dinheiro recebido do seguro de vida do companheiro falecido (STJ, REsp. 1.249.227-SC, j. 17.12.2013);

e) permite que o convivente tenha direito de usar o nome do outro (art. 57 da Lei 6.015/1973);

f) assegura ao companheiro a condição de dependente para os fins legais (ex.: imposto de renda; benefício previdenciário);

g) outorga ao companheiro o direito de continuar a locação, havendo morte do outro (art. 11, I, da Lei 8.245/1991);

h) obriga os companheiros a declarar a existência de união estável nos instrumentos com terceiros, sob pena de configurar má-fé; porém o STJ não entende ser ineficaz a fiança prestada sem autorização de um dos companheiros, não aplicando, assim, a Súmula STJ n. 332 à união estável, pelo fato de esta não envolver ato solene e público, que possa ser conhecido de todos, como se dá no casamento (STJ, REsp 1.299.866-DF, j. 25.02.2014); nessa linha é também a seguinte decisão do STJ: "A invalidação da alienação de imóvel comum, fundada na falta de consentimento do companheiro, dependerá da publicidade conferida à união estável, mediante a averbação de contrato de convivência ou da decisão declaratória da existência de união estável no Ofício do Registro de Imóveis em que cadastrados os bens comuns, ou da demonstração de má-fé do adquirente" (REsp 1.424.275-MT, DJ 16.12.14);

i) permite o uso de cautelar para afastar o outro do lar (art. 798 do CPC e art. 1.562 do CC);

j) permite a adoção;

k) legitima o companheiro prejudicado a ingressar com embargos de terceiro para excluir sua meação de eventual penhora indevida;

l) faculta aos companheiros o direito de pleitear a conversão da união estável em casamento, mediante pedido destes ao juiz e assento no Registro Civil (art. 1.726 do CC);

m) impõe aos companheiros os deveres especiais previstos no art. 1.724 do CC (lealdade, respeito etc.).

7.8. Alimentos

Os alimentos podem ser **conceituados** como *a prestação que podem alguns parentes, os cônjuges ou os companheiros pedir uns aos outros, consistentes no necessário para que uma pessoa possa viver, fixada segundo a necessidade do reclamante e a possibilidade da pessoa obrigada.*

Não se deve **confundir** *alimentos* como *dever de sustento*, já que o segundo se dá quando se está na companhia daquele que precisa de auxílio. Assim, o pai que mora com o filho menor tem *dever de sustento* em relação a este. Já o pai que não mora com o filho menor tem o *dever de prestar alimentos* ao filho.

Os alimentos podem ser assim **classificados:**

a) quanto à natureza: *naturais* (necessários), que são destinados à satisfação das necessidades primárias da vida (comer, vestir, habitar) indispensáveis à subsistência (art. 1.694, § 2º, do CC); *civis* (*côngruos*), que são destinados a manter a condição social, inclusive educação, do alimentando (art. 1.694 do CC), valendo salientar que o STJ tem admitido a fixação da pensão alimentícia em salário mínimo, considerando que esta visa garantir a subsistência do alimentando (RE em Ag 842.157), previsão que também se encontra no art. 533, § 4º, do NCPC.

b) quanto à causa jurídica: *legais* (*legítimos*), que decorrem da lei (ex.: devidos pelo parentesco, casamento ou companheirismo); *voluntários*, decorrem de declaração de vontade *inter vivos* ou *causa mortis*; um exemplo é o legado de alimentos, estipulado em testamento; *indenizatórios* (*ressarcitórios*), que são os resultantes de responsabilidade civil. Essa classificação é importante, pois a prisão civil do alimentante, admitida pelo art. 5º, LXVII, da CF só cabe quanto aos alimentos legais, não sendo admitida nos demais casos.

c) quanto à finalidade: *definitivos* (*regulares*), que são os de caráter permanente, fixados pelas partes ou por decisão judicial definitiva; tais alimentos podem, todavia, ser revistos se sobrevier mudança nas possibilidades ou nas necessidades (art. 1.699 do CC); *provisórios*, que são os fixados liminarmente na ação de alimentos de rito especial (Lei 5.478/1968); essa ação reclama prova pré-constituída (prova de parentesco ou da obrigação de alimentos), devendo o juiz, ao despacho do pedido, fixar alimentos provisórios (art. 4º); *provisionais* (*ad litem*), que são os fixados em medida cautelar, preparatória ou incidental, de ação de separação judicial, de divórcio, de nulidade ou anulação do casamento ou de alimentos;

d) quanto ao momento a partir do qual são devidos: *atuais*, que são postulados a partir do ajuizamento da ação; *futuros*, que são devidos a partir da sentença; *pretéritos*, que, no Brasil não são devidos, pois pessoa, bem ou mal, conseguiu sobreviver, não havendo como entrar com ação para a fixação de alimentos, pedindo que sejam pagos alimentos para período anterior à sua fixação.

A ***obrigação alimentar*** tem as seguintes **características**:

a) é transmissível, já que a obrigação de prestar alimentos transmite-se aos herdeiros do devedor, na forma do art. 1.694 do CC (art. 1.700 do CC), respeitados os limites das forças da herança; repare que é a própria obrigação que se transmite, e não apenas as eventuais prestações atrasadas; por exemplo, se alguém deve alimentos a uma ex-esposa, e esse alguém vem a falecer, a obrigação alimentar permanece e os herdeiros do falecido deverão continuar arcando com a pensão alimentícia, no limites das forças da herança; porém, o STJ entende que o espólio não responda por ação de alimentos quando inexista obrigação alimentar assumida pelo autor do espólio por acordo ou decisão judicial antes da sua morte (STJ, REsp. 1.337.862-SP, j. 11.02.2014).

b) é divisível e comum, ou seja, a obrigação alimentar não é solidária, como regra, de modo que, havendo mais de um devedor, cada qual responde por sua cota-parte (STJ Resp. 50.153-9/RJ); como se sabe, a solidariedade não se presume, decorrendo da lei ou da vontade; e a lei não estabelece a solidariedade em matéria de obrigação alimentar; assim, se dois avós (paterno e materno) devem alimentos em favor de um neto, cada qual será obrigado a pagar a sua cota-parte, não sendo possível exigir a obrigação por inteiro de apenas um dos devedores; aliás, caso apenas um devedor seja acionado em juízo, este poderá chamar os demais devedores a integrar a lide (art. 1.698 do CC); de qualquer forma, há um caso em que a obrigação alimentar é solidária; trata-se da obrigação alimentar de vida em favor do idoso (art. 12 da Lei 10.741/2003);

O ***direito aos alimentos*** tem as seguintes **características**:

a) é personalíssimo, pois é um direito que só existe pela necessidade do alimentando, não podendo ser transferido a terceiro;

b) é inacessível, pois o crédito de alimentos não pode ser objeto de cessão a terceiro; porém, as prestações atrasadas (vencidas) são consideradas créditos comuns, podendo ser cedidas (art. 1.707 do CC);

c) é impenhorável, pois é direito fundamental, relacionado à sobrevivência da pessoa, não podendo ser afetado por constrição judicial (art. 1.707 do CC; art. 649, VII, do CPC);

d) é incompensável, ou seja, não é passível de compensação, que é meio de extinção de obrigação; tal regra se encontra no art. 1.707 do CC; de qualquer forma, é possível a compensação de prestações alimentares quando houver adiantamentos dessas prestações (*RT* 616/147) e, em outros casos excepcionais, para que não haja enriquecimento sem causa (REsp 982.857/RJ, *DJe* 03.10.2008);

e) é irrepetível, ou seja, uma vez pagos, não podem ser reclamados de volta, não importando sua natureza; isso se dá porque, uma vez prestados os alimentos, presume-se que estes serão consumidos; de qualquer forma, pode-se pedir devolução dos alimentos se houver novo casamento do alimentando e o desconto em folha demorou a cessar; ademais, caso alguém tenha pagado alimentos a filho que, posteriormente, descobre não ser seu, não haverá possibilidade de pedir de volta os alimentos prestados ao alimentando, mas nada impede que o alimentante ingresse com ação de ressarcimento de danos em face do pai biológico da criança;

f) é intransacionável, pois, já que o direito a alimentos é indisponível e personalíssimo, não há como considerá-lo passível de transação (art. 841 do CC); por conta disso, esse direito não pode ser objeto de juízo arbitral; todavia, há de se tomar cuidado com a questão terminológica, pois a lei não admite transação quanto ao direito aos alimentos em si, e não em relação ao *quantum* (ao valor) da prestação alimentar, já que o valor pode ser negociado;

g) é imprescritível, ou seja, o direito de pedir alimentos não tem prazo para se exercer; todavia, uma vez que uma pensão alimentícia já está fixada, o direito de cobrar prestações vencidas prescreve, e isso acontece no prazo de 2 anos, contados da data em que cada prestação vencer (art. 206, § 2º, do CC – antes era 5 anos), isto é, a prescrição ocorre mensalmente; então, não se deve confundir o direito de pedir alimentos (que é imprescritível) com a pretensão de cobrar prestações alimentares vencidas (que prescreve em 2 anos da data em que cada prestação vencer);

h) é irrenunciável, ou seja, o direito a alimentos não pode ser objeto de disposição, já que guarda relação com o próprio direito à vida, que é direito fundamental e de ordem pública; todavia, é possível *deixar de exercer o direito a alimentos* (art. 1.707 do CC), situação que não se confunde com a renúncia ao direito a alimentos, pois, no primeiro caso, deixa-se de pedir alimentos por um tempo, ao passo que a renúncia é definitiva, de modo que não pode se dar; outra exceção diz respeito à renúncia a prestações atrasadas, que também é admitida, por se tratar de meros créditos vencidos e não exercidos; sobre o tema, vale lembrar a Súmula nº 379 do STF, pela qual "no acordo de desquite não se admite renúncia aos alimentos, que poderão ser pleiteados ulteriormente, verificados os pressupostos legais"; se em algum documento aquele que tem direito a alimentos escrever que "renuncia" aos alimentos, deve-se entender que se trata de uma dispensa provisória destes, salvo se o cônjuge tenha sido aquinhoado com bens e rendas suficientes para sua manutenção, não sabendo conservá-los;

i) é atual, ou seja, é exigível imediatamente; por conta disso, é possível até pedir a prisão civil do devedor, em certos casos, como meio coativo bastante eficaz para que os alimentos sejam pagos. Importante trazer à tona que, positivou-se no novo CPC, a autorização da prisão civil do alimentante foi limitado e compreende até as 3 (três) prestações anteriores do débito alimentar ao ajuizamento da execução e as que se vencerem no curso do processo.

Confira, agora, os **pressupostos da obrigação alimentar**:

a) necessidade do reclamante: a necessidade se dá quando não se tem bens suficientes, nem se pode prover, pelo seu trabalho, à própria mantença (art. 1.695 do CC); por exemplo, por se tratar de filho em idade de formação escolar, ou pelo fato de alguém estar doente ou em idade avançada; é importante ressaltar que, quando a necessidade dos alimentos se der por culpa de quem os pleiteia, os alimentos serão apenas os indispensáveis à *subsistência* (art. 1.694, § 2º, do CC);

b) possibilidade da pessoa obrigada: a obrigação alimentar só atinge quem tem possibilidade de prestar alimentos, não atingindo, portanto, quem possui somente o necessário à sua subsistência, salvo os que decorrem do poder familiar, pois, nesse caso, os pais devem dar um jeito para prestar alimentos.

Quanto aos **meios** ou **modalidades** de prestação alimentar, confira as espécies (art. 1.701 do CC):

a) própria: fornecimento, em casa, de hospedagem e sustento, mais educação, quando menor;

b) imprópria: pagando pensão periódica – juiz pode intervir – art. 1.701, parágrafo único, do CC.

Quanto às **pessoas obrigadas** a prestar alimentos, temos as seguintes: a) ascendentes, em favor dos descendentes (ex.: pai deve para filho); b) descendentes, em favor dos ascendentes (ex.: filho deve para o pai); c) cônjuges; d) companheiros; e) irmãos.

O STJ entende que o rol de responsáveis é taxativo, de modo que outros parentes não têm o dever alimentar. Nesse sentido, já se decidiu que as tias não devem alimentos aos sobrinhos (STJ, REsp 1.032.846, j. 18.12.2008).

Confira, agora, as **regras sobre a ordem preferencial** da obrigação alimentar em relação a ascendentes, descendentes e irmãos (arts. 1.696 a 1.698 do CC):

a) num primeiro momento, a obrigação recai sobre *pais* e *filhos* entre si (reciprocamente);

b) na falta destes, a obrigação cabe aos demais *ascendentes*, na ordem de sua proximidade; por exemplo, na falta do pai, o avô deve alimentos para o neto;

c) na falta de ascendentes, a obrigação cabe aos *descendentes*, na ordem da sucessão; por exemplo, se um pai não tem mais um ascendente para arcar com alimentos em seu favor, poderá pedir alimentos para seu filho, preenchidos os pressupostos da obrigação alimentar;

d) na falta de descentes, a obrigação cabe aos irmãos, unilaterais ou bilaterais (germanos), sem distinção ou preferência;

e) se o parente, que deve em primeiro lugar, não estiver em condições de suportar totalmente o encargo, serão chamados a concorrer os de grau imediato; por exemplo, se o pai não tem condições de arcar com o valor mínimo necessário para a subsistência de seu filho, pode-se chamar o seu pai (avô da criança) para arcar com o complemento do encargo; cuidado, pois a responsabilidade dos avós não é direta, mas subsidiária e complementar; assim, não se pode querer acionar os avôs diretamente, só porque estes têm melhores condições; deve-se acionar primeiramente o pai ou a mãe da criança e, caso estes se virem impossibilitados de prestá-la, total ou parcialmente, somente aí pode ser intentada a ação contra os avós (progenitores), para que estes arquem com toda a pensão ou com o complemento desta, respectivamente (STJ, REsp 1.077.010, j. 08.06.2010).

Vale ressaltar que, sendo várias as pessoas obrigadas a prestar alimentos, todas devem concorrer na proporção dos respectivos recursos, e, intentada ação contra uma delas, poderão as demais ser chamadas a integrar a lide (art. 1.698 do CC).

Quanto aos alimentos devidos aos filhos, em tese, os valores são devidos até que o filho atinja a maioridade. No entanto, o STJ entende que o cancelamento da pensão não é automático quando se atinge a maioridade (Súmula nº 358 do STJ: o cancelamento de pensão alimentícia de filho que atingiu a maioridade está sujeito à decisão judicial, mediante contraditório, ainda que nos próprios autos). É necessário verificar se a necessidade ainda existe, sendo que, caso o filho esteja ainda em período de estudos, a pensão será mantida até o fim destes, salvo se o filho já mantém economia própria.

Quanto aos alimentos entre cônjuges, a orientação jurisprudencial atualmente é no sentido de que devem ser fixados, quando efetivamente cabíveis, "**por tempo determinado**, sendo cabível o pensionamento alimentar sem marco final tão somente quando o alimentado (ex-cônjuge) se encontrar em circunstâncias excepcionais, como de incapacidade laboral permanente, saúde fragilizada ou impossibilidade prática de inserção no mercado de trabalho. Precedentes citados: REsp 1.290.313-AL, Quarta Turma, DJe 7/11/2014; REsp 1.396.957-PR, Terceira Turma, DJe 20/6/2014; e REsp 1.205.408-RJ, Terceira Turma, DJe 29/6/2011". (REsp 1.496.948-SP, DJe 12/3/2015).

Verifique, agora, os **meios para assegurar o pagamento** da pensão alimentícia: a) ação de alimentos, para reclamá-los (Lei 5.478/1968); b) execução por quantia certa (art. 732 do CPC; art. 528, § 8º, do novo CPC); c) penhora em vencimentos (art. 649, IV, e § 2º, do CPC; art. 833, IV, e § 2º, do novo CPC); d) desconto em folha de pagamento da pessoa obrigada (art. 734 do CPC; art. 912 do novo CPC); e) reserva de aluguéis de prédio do alimentante (art. 17 da Lei 5.478/1968); f) prisão do devedor (art. 21 da Lei 5.478/1968, e art. 733, § 1º, do CPC/ art. 911, parágrafo único, c.c. art. 528, § 3º, ambos do novo CPC).

Quanto à possibilidade de **revisão (redução ou majoração)** da pensão alimentícia, bem como de sua **exoneração**, o Código Civil traz a seguinte disposição: "se, fixados os alimentos, sobrevier mudança na situação financeira de quem os supre, ou na de quem os recebe, poderá o interessado reclamar ao juiz, conforme as circunstâncias, exoneração, redução ou majoração do encargo" (art. 1.699 do CC).

Por fim, vale lembrar que, apesar da omissão do Código Civil, a Lei 11.804/2008 regulamenta dos chamados alimentos gravídicos, que são os alimentos devidos à mulher gestante.

Tais alimentos compreendem "os valores suficientes para cobrir as despesas adicionais do período de gravidez e que sejam dela decorrentes, da concepção ao parto, inclusive as referentes à alimentação especial, assistência médica e psicológica, exames complementares, internações, parto, medicamentos e demais prescrições preventivas e terapêuticas indispensáveis, a juízo do médico, além de outras que o juiz considere pertinentes" (art. 2º).

A lei assegura a proporcionalidade na responsabilidade dos genitores acerca quanto à responsabilidade por essas despesas, de modo que parte desses custos deve ser custeada pelo pai e a outra parte, pela mãe, na proporção dos recursos de ambos (art. 2º, parágrafo único).

O juiz fixará esses alimentos desde que convencido da existência de indícios da paternidade, como, por exemplo, a demonstração de a mãe e o suposto pai são namorados.

Os alimentos gravídicos fixados pelo juiz perdurarão até o nascimento da criança.

O réu será citado para apresentar resposta em 5 dias, aplicando-se supletivamente a Lei de Alimentos (Lei 5.478/1968) e o Código de Processo Civil.

Após o nascimento com vida, esses alimentos ficam convertidos em pensão alimentícia em favor da criança até que uma das partes solicite a sua revisão.

7.9. Relações de parentesco

7.9.1. Disposições gerais sobre as relações de parentesco

São **parentes em linha reta** as pessoas que estão umas para com as outras na relação de ascendentes e descendentes. Assim, são parentes em linha reta o filho, o pai, o avô etc. (art. 1.591 do CC).

São **parentes em linha colateral ou transversal**, até o quarto grau, as pessoas provenientes de um só tronco, sem descenderem uma da outra (art. 1.592 do CC). Assim, são parentes em linha colateral os tios, sobrinhos, primos etc. O limite é o quarto grau, de modo que os filhos dos primos de alguém não são parentes desse alguém para fins da lei civil.

Quanto às **espécies** de parentesco, este pode ser **natural** ou **civil**, conforme resulte de consanguinidade ou outra origem (art. 1.593 do CC). Essa disposição vem sendo utilizada pela doutrina e pela jurisprudência para justificar parentesco com base em critérios não biológicos, como o parentesco decorrente do vínculo socioafetivo.

O parentesco socioafetivo, tão comentado hoje no Direito de Família, faz com que os conceitos trazidos aumentem ainda mais, para incluir no conceito de família relações socioafetivas que se enquadram no conceito de posse no estado de filho. Um exemplo é a relação em que uma pessoa ("A") se casa com outra ("B") que já tem um filho ("C"), sendo que, no dia a dia, "A" acaba assumindo e exercendo o papel duradouro de pai de "C". Tal relação revela a chamada *posse no estado de filho*, fazendo com que passe a existir relação de parentesco entre "A" e "C".

Essa discussão, hoje, não é mais de caráter puramente doutrinário. Trata-se de questão que encontra fundamento legal no Código Civil e que, amplamente aceita pela doutrina, já vem sendo aplicada pela jurisprudência.

No plano legal, o art. 1.593 do Código Civil, mencionado, é que justifica essa conclusão.

O fato de a lei civil aceitar que o parentesco civil resulte de "outra origem" faz com que a lei abra campo para que tal outra origem possa se fundar na afinidade com os parentes do cônjuge, na adoção, na reprodução assistida heteróloga e também na afetividade com a pessoa com a qual alguém firmar relação de pai e filho.

Nesse sentido, no plano doutrinário, confira os Enunciados 103 e 256, das Jornadas de Direito Civil, do Conselho da Justiça Federal: "103. Art. 1.593: O Código Civil reconhece, no art. 1.593, outras espécies de parentesco civil além daquele decorrente da adoção, acolhendo, assim, a noção de que há também parentesco civil no vínculo parental proveniente quer das técnicas de reprodução assistida heteróloga relativamente ao pai (ou mãe) que não contribuiu com seu material fecundante, quer da **paternidade socioafetiva, fundada na posse do estado de filho**." (g.n.); "256. Art. 1.593: A posse do estado de filho (**parentalidade socioafetiva**) constitui modalidade de **parentesco civil**." (g.n.)

No plano jurisprudencial, o parentesco civil socioafetivo vem sendo aceito pelo Superior Tribunal de Justiça. Confira: "Reconhecimento de filiação. Ação declaratória de nulidade. Inexistência de relação sanguínea entre as partes. Irrelevância diante do vínculo socioafetivo. – O reconhecimento de paternidade é válido se reflete a existência duradoura do vínculo socioafetivo entre pais e filhos. A ausência de vínculo biológico é fato que por si só não revela a falsidade da declaração de vontade consubstanciada no ato do reconhecimento. A relação socioafetiva é fato que não pode ser, e não é, desconhecido pelo Direito. Inexistência de nulidade do assento lançado em registro civil. – O STJ vem dando prioridade ao critério biológico para o reconhecimento da filiação naquelas circunstâncias em que há dissenso familiar, onde a relação socioafetiva desapareceu ou nunca existiu. Não se pode impor os deveres de cuidado, de carinho e de sustento a alguém que, não sendo o pai biológico, também não deseja ser pai socioafetivo. A *contrario sensu*, se o afeto persiste de forma que pais e filhos constroem uma relação de mútuo auxílio, respeito e amparo, é acertado desconsiderar o vínculo meramente sanguíneo, para reconhecer a existência de filiação jurídica. – Recurso conhecido e provido." (REsp 878.941/DF, Rel. Ministra Nancy Andrighi, Terceira Turma, julgado em 21.08.2007, *DJ* 17.09.2007, p. 267)

Diferente é a situação de alguém que pensa ser pai de uma criança nascida na constância de uma união estável, tornando-se pai registral da criança, mas em seguida descobre por exame de DNA que não é pai e deixa de manter contato com a criança. Nesse último caso, o STJ entende que é cabível a desconstituição da paternidade registral (REsp 1.330.404-RS, DJ 19.02.15).

Dando continuidade ao estudo do parentesco, o art. 1.594 do CC ensina como se deve contar os **graus de parentesco**: "contam-se, na linha reta, os graus de parentesco pelo número de gerações, e, na colateral, também pelo número delas, subindo de um dos parentes até ao ascendente comum, e descendo até encontrar o outro parente".

Outro tema importante é o do **vínculo de afinidade**. De acordo com o Código Civil, cada cônjuge ou companheiro é aliado aos parentes do outro pelo vínculo da afinidade (art. 1.595). Porém, o parentesco por afinidade limita-se aos ascendentes, aos descendentes e aos irmãos do cônjuge ou companheiro. Assim, o primo da esposa de alguém não é parente por afinidade desse alguém. Por fim, vale lembrar que, na linha reta, a afinidade não se extingue com a dissolução do casamento ou da união estável. Ou seja, sogra e genro nunca poderão se casar. Mas cunhado e cunhada poderão se casar.

7.9.2. Da filiação

Tema relevante em matéria de relação de parentesco é o da filiação.

De acordo com o art. 1.596 do CC, "os filhos, havidos ou não da relação de casamento, ou por adoção, terão os mesmos direitos e qualificações, proibidas quaisquer designações discriminatórias relativas à filiação". Esse dispositivo está a garantir o **princípio da igualdade** entre os filhos previsto no art. 227, § 6º, da CF.

Outra questão importante diz respeito à presunção de filiação. Essa presunção existe quando há um casamento. Porém, o art. 1.597 do CC traz regras específicas sobre o assunto, pelas quais presumem-se concebidos na constância do casamento os filhos:

a) nascidos cento e oitenta dias, pelo menos, *depois* de estabelecida a convivência conjugal;

b) nascidos nos trezentos dias subsequentes à dissolução da sociedade conjugal, por morte, separação judicial, nulidade e anulação do casamento;

c) havidos por fecundação artificial homóloga, mesmo que falecido o marido; homóloga é a fecundação com material genético vindo do marido e da mulher;

d) havidos, a qualquer tempo, quando se tratar de embriões excedentários, decorrentes de concepção artificial homóloga;

e) havidos por inseminação artificial heteróloga, desde que tenha prévia autorização do marido; heteróloga é a fecundação com material genético vindo da mulher e de um terceiro (doador do material genético); para que o filho nascido nessas condições seja presumido do marido da mãe, é necessário autorização deste quanto ao procedimento feito por sua mulher.

A filiação materna ou paterna pode resultar de casamento declarado nulo, ainda mesmo sem as condições do putativo (art. 1.617 do CC).

A prova da impotência do cônjuge para gerar, à época da concepção, **ilide** a presunção da paternidade (art. 1.599 do CC).

Por outro lado, **não basta** o adultério da mulher, ainda que confessado, para ilidir a presunção legal da paternidade (art. 1.600 do CC). Além disso, não basta a confissão materna para excluir a paternidade (art. 1.602 do CC).

Cabe ao marido o **direito de contestar** a paternidade dos filhos nascidos de sua mulher, sendo tal ação imprescritível (art. 1.601 do CC). Contestada a filiação, os herdeiros do impugnante têm direito de prosseguir na ação.

A filiação prova-se pela certidão do termo de nascimento registrada no Registro Civil. Ninguém pode vindicar estado contrário ao que resulta do registro de nascimento, salvo provando-se erro ou falsidade do registro (art. 1.604 do CC).

Na falta, ou defeito, do termo de nascimento, poderá provar-se a filiação por qualquer modo admissível em direito (art. 1.605 do CC):

a) quando houver começo de prova por escrito, proveniente dos pais, conjunta ou separadamente;

b) quando existirem veementes presunções resultantes de fatos já certos.

A ação de prova de filiação compete ao filho, enquanto viver, passando aos herdeiros, se ele morrer menor ou incapaz (art. 1.606 do CC). Se iniciada a ação pelo filho, os herdeiros poderão continuá-la, salvo se julgado extinto o processo.

7.9.3. Do reconhecimento dos filhos fora do casamento

No item anterior vimos como funciona a presunção de filiação quando se estão no bojo de um casamento.

Resta estudar agora o reconhecimento de filhos fora do casamento.

A maternidade da criança é algo sobre o que não há dúvida, pois o hospital atesta quem é mãe de uma dada criança. Porém, a paternidade, quando o pai não é casado com a mãe da criança, depende de reconhecimento da filiação por esse pai.

O art. 1.607 do CC dispõe que o filho havido fora do casamento pode ser reconhecido pelos pais, conjunta ou separadamente.

Esse reconhecimento é ato muito sério, daí porque a lei o considera **irrevogável**, ainda que tenha sido feito em testamento (art. 1.610 do CC). Não bastasse, são ineficazes a condição e o termo apostos ao ato de reconhecimento do filho (art. 1.613 do CC).

Em se tratando de **filho maior**, este não pode ser reconhecido sem o seu consentimento, e o menor pode impugnar o reconhecimento, nos quatro anos que se seguirem à maioridade, ou à emancipação (art. 1.614 do CC).

O reconhecimento pode ser feito das seguintes **formas**:

a) no registro do nascimento;

b) por escritura pública ou escrito particular, a ser arquivado em cartório;

c) por testamento, ainda que incidentalmente manifestado;

d) por manifestação direta e expressa perante o juiz, ainda que o reconhecimento não haja sido o objeto único e principal do ato que o contém.

Quanto ao **momento** em que o reconhecimento pode se dar, este pode preceder o nascimento do filho ou ser posterior ao seu falecimento, se ele deixar descendentes.

Porém, há casos em que alguém reconhece um filho fora do casamento, mas esse alguém é casado com outra pessoa. Nesse caso, a lei permite o reconhecimento, mas dispõe que o filho havido fora do casamento, reconhecido por um dos cônjuges, não poderá residir no lar conjugal sem o consentimento do outro (art. 1.611 do CC).

O filho reconhecido, enquanto menor, ficará sob a guarda do genitor que o reconheceu, e, se ambos o reconheceram e não houver acordo, sob a de quem melhor atender aos interesses do menor (art. 1.612 do CC).

Caso não haja reconhecimento espontâneo pelos pais, é possível que se ingresse com ação de investigação, cuja sentença que julgar procedente produzirá os mesmos efeitos do reconhecimento, mas poderá ordenar que o filho se crie e eduque fora da companhia dos pais ou daquele que lhe contestou essa qualidade (art. 1.616 do CC).

Sobre a questão, vale citar a Súmula nº 301 do STJ, pela qual "em ação investigatória, a recusa do suposto pai a submeter-se ao exame de DNA induz presunção *juris tantum* de paternidade".

Quanto à questão da maternidade, uma vez que esta constar do termo do nascimento do filho, a mãe só poderá contestá-la provando a falsidade do termo, ou das declarações nele contidas (art. 1.608 do CC).

7.9.4. Do poder familiar

O poder familiar é um **direito-poder** dos pais em relação aos **filhos menores** (art. 1.630 do CC). No passado, esse poder tinha o nome de pátrio poder.

Esse poder é exercido por **ambos os pais**, sendo que, caso haja divergência entre esses, qualquer deles pode recorrer ao juiz para a solução do desacordo.

Na falta ou impedimento de um deles, o outro exercerá o poder familiar com exclusividade.

Esse poder faz com que os pais tenham os seguintes **direitos/responsabilidades** em relação aos filhos menores (art. 1.634 do CC, com novas redações introduzidas pela Lei 13.058/2014):

a) dirigir-lhes a criação e educação;

b) exercer a guarda unilateral ou compartilhada nos termos do art. 1.584 do CC;

c) conceder-lhes ou negar-lhes consentimento para casarem;

d) conceder-lhes ou negar-lhes consentimento para viajarem ao exterior;

e) conceder-lhes ou negar-lhes consentimento para mudarem sua residência permanente para outro Município;

f) nomear-lhes tutor por testamento ou documento autêntico, se o outro dos pais não lhe sobreviver, ou o sobrevivo não puder exercer o poder familiar;

g) representá-los judicial e extrajudicialmente até os 16 (dezesseis) anos, nos atos da vida civil, e assisti-los, após essa idade, nos atos em que forem partes, suprindo-lhes o consentimento;

h) reclamá-los de quem ilegalmente os detenha;

i) exigir que lhes prestem obediência, respeito e os serviços próprios de sua idade e condição.

Caso os pais não estejam mais juntos, o poder familiar dos dois **continua existindo**. Porém, há que se verificar como ficará a guarda.

A Lei 13.058/2014 alterou disposições do Código Civil (arts. 1.583, 1.584, 1.585 e 1.634) e trouxe importante novidade nesse terreno.

Essa lei estabelece que a regra, agora, é a guarda compartilhada dos pais em relação aos filhos. Confira o disposto no § 2º do art. 1.584 do Código Civil: "Quando não houver acordo entre a mãe e o pai quanto à guarda do filho, encontrando-se ambos os genitores aptos a exercer o poder familiar, será aplicada a guarda compartilhada, salvo se um dos genitores declarar ao magistrado que não deseja a guarda do menor". Repare que a regra é a guarda compartilhada, regra essa que só cederá, segundo a lei, em três casos: a) se houver acordo dos pais em sentido contrário; b) se o juiz verificar que somente um dos genitores está apto a exercer o poder familiar; c) se um dos genitores declarar ao juiz que não deseja a guarda do menor. Não ocorrendo qualquer dessas hipóteses, o juiz determinará que a guarda é compartilhada, o que impõe que as decisões do dia a dia do filho devam ser decididas por ambos os pais, bem como que, sempre que possível e conveniente para os filhos, a residência também seja compartilhada, morando os filhos com os dois pais alternadamente. Quanto a este último ponto (residência compartilhada) é possível que, dados os contornos do caso concreto, a residência não seja alternada, remanescendo a guarda compartilhada em todos os demais aspectos que não digam respeito à residência em si e devendo se fazer valer a regra legal de que "o tempo de convívio com os filhos deve ser dividido de forma equilibrada com a mãe e o pai, sempre tendo em vista as condições fáticas e os interesses dos filhos".

No caso de não haver guarda compartilhada, o pai ou mãe que não detém a guarda não participa de todas as decisões do dia a dia do filho, mas permanece com o direito de supervisionar os interesses do filho e, para possibilitar essa supervisão, qualquer dos genitores será parte legítima para solicitar informações e/ou prestação de contas, objetivas ou subjetivas, em assuntos ou situações que direta ou indiretamente afetem a saúde física e psicológica e a educação de seus filhos (art. 1.583, p. 5º).

Por fim, voltando à guarda compartilhada, vale elencar as demais regras introduzidas pela Lei 13.058/2014:

"**Art. 1.584.**

(...)

§ 3º Para estabelecer as atribuições do pai e da mãe e os períodos de convivência sob guarda compartilhada, o juiz, de ofício ou a requerimento do Ministério Público, poderá basear-se em orientação técnico-profissional ou de equipe interdisciplinar, que deverá visar à divisão equilibrada do tempo com o pai e com a mãe.

§ 4º A alteração não autorizada ou o descumprimento imotivado de cláusula de guarda unilateral ou compartilhada poderá implicar a redução de prerrogativas atribuídas ao seu detentor.

§ 5º Se o juiz verificar que o filho não deve permanecer sob a guarda do pai ou da mãe, deferirá a guarda a pessoa que revele compatibilidade com a natureza da medida, considerados, de preferência, o grau de parentesco e as relações de afinidade e afetividade.

§ 6º Qualquer estabelecimento público ou privado é obrigado a prestar informações a qualquer dos genitores sobre os filhos destes, sob pena de multa de R$ 200,00 (duzentos reais) a R$ 500,00 (quinhentos reais) por dia pelo não atendimento da solicitação." (NR)

"**Art. 1.585.** Em sede de medida cautelar de separação de corpos, em sede de medida cautelar de guarda ou em outra sede de fixação liminar de guarda, a decisão sobre guarda de filhos, mesmo que provisória, será proferida preferencialmente após a oitiva de ambas as partes perante o juiz, salvo se a proteção aos interesses dos filhos exigir a concessão de liminar sem a oitiva da outra parte, aplicando-se as disposições do art. 1.584." (NR)

Quanto ao poder familiar, este se **extingue** nos seguintes casos:

a) pela morte dos pais ou do filho;

b) pela emancipação do filho;

c) pela maioridade;

d) pela adoção;

e) por decisão judicial, nos casos de perda do poder familiar.

É importante que fique claro que o pai ou a mãe que contrai novas núpcias, ou estabelece união estável, não perde, quanto aos filhos do relacionamento anterior, os direitos ao poder familiar, exercendo-os sem qualquer interferência do novo cônjuge ou companheiro.

A **suspensão** do poder familiar se dará quando o pai ou a mãe (art. 1.637 do Código Civil):

a) abusarem de sua autoridade;

b) forem condenados criminalmente em sentença cuja pena exceda a dois anos de prisão.

Já a **perda** do poder familiar se dará quando o pai ou a mãe (art. 1.638 do Código Civil):

a) castigarem imoderadamente o filho;

b) deixarem o filho em abandono;

c) praticarem atos contrários à moral e aos bons costumes;

d) incidirem, reiteradamente, no abuso de autoridade.

Além disso, verificada a hipótese de maus-tratos, opressão ou abuso sexual impostos pelos pais ou responsáveis, a *autoridade judiciária* poderá determinar, como **medida cautelar**, o *afastamento* do agressor da moradia comum, com fixação provisória de alimentos de que necessitem a criança ou adolescente dependente do agressor (art. 130 do Estatuto da Criança e do Adolescente).

Desvios e problemas decorrentes de culpa grave reiterada ou de dolo no exercício do poder familiar pelos pais devem ensejar suspensão do poder familiar e até perda do poder familiar, neste caso se configuradas as hipóteses do art. 1.638 do Código Civil.

Merece a aplicação das sanções os pais que utilizam o filho para atividades ilícitas, como as relacionadas ao tráfico ou a prostituição infantil. Tais casos revelam quase ausência total de valores positivos por parte dos pais, e, tudo indica, por parte dos filhos também, a justificar as medidas drásticas apontadas.

As sanções de suspensão e perda do poder familiar vêm sendo aplicadas também nos casos em que pais deixam de cuidar e de educar seus filhos, ainda que não tenha acontecido resultado lesivo visível num primeiro momento.

Outro caso que justifica a aplicação das medidas de suspensão e perda do poder familiar é o que decorre da chamada *alienação parental*.

A chamada Síndrome da Alienação Parental (SAP), também conhecida pela sigla em inglês PAS, recebeu esse nome de Richard Gardner, e consiste na situação em que o pai ou a mãe de uma criança a treina para romper os laços afetivos com o outro genitor, criando fortes sentimentos de ansiedade e temor em relação ao outro genitor. Exemplos de atuação nesse sentido são: a) exclusão do outro genitor da vida dos filhos; b) interferência nas visitas do outro genitor; c) ataque à relação entre filho e o outro genitor; d) ataque à imagem do outro genitor.

É importante não confundir a alienação parental com a síndrome, que pode ou não decorrer desta. A **alienação**

parental é o afastamento do filho de um dos genitores, provocado pelo outro. Já a **síndrome da alienação parental** são as consequências emocionais e comportamentais que atingem a vítima da alienação parental.

Há estudos que revelam que 80% dos filhos de pais divorciados já sofreram algum tipo de alienação parental.

Porém, somente em caso mais graves é cabível a suspensão e até a perda do poder familiar. A esse respeito, *vide* o seguinte precedente, relatado pela brilhante Desembargadora do Tribunal de Justiça do Rio Grande do Sul, Desembargadora Maria Berenice Dias: "Destituição do poder familiar. Abuso sexual. Síndrome da alienação parental. Estando as visitas do genitor à filha sendo realizadas junto a serviço especializado, não há justificativa para que se proceda a destituição do poder familiar. A denúncia de abuso sexual levada a efeito pela genitora, não está evidenciada, havendo a possibilidade de se estar frente à hipótese da chamada síndrome da alienação parental. Negado provimento." (TJRS, AI 70015224140, j. 12.07.2006).

Além da alienação parental, há outro caso de grave descumprimento de dever de educação familiar. Trata-se da situação em que o pai ou a mãe não se relacionam com o filho, não cumprindo minimamente o dever de amparo afetivo, moral e intelectual. A situação vem sendo chamada doutrinariamente de **abandono afetivo** ou **abandono moral**.

Pais que assim agem estão sujeitos à perda do poder familiar por praticarem a conduta descrita no art. 1.638, II, do Código Civil.

Confira decisão do Superior Tribunal de Justiça destituindo mãe do poder familiar por conta de abandono afetivo: "Direito civil. Pátrio poder. Destituição por abandono afetivo. Possibilidade. Art. 395, inciso II, do Código Civil [1916] c/c art. 22 do ECA. Interesses do menor. Prevalência. – Caracterizado o abandono efetivo, cancela-se o pátrio poder dos pais biológicos. Inteligência do art. 395, II do Código Bevilacqua, em conjunto com o art. 22 do Estatuto da Criança e do Adolescente. Se a mãe abandonou o filho, na própria maternidade, não mais o procurando, ela jamais exerceu o pátrio poder." (REsp 275.568-RJ, rel. Humberto Gomes de Barros, j. 18.05.2004).

Por outro lado, fica também a discussão sobre que outras sanções ou consequências são cabíveis. No caso, a maior discussão é se cabe ou não reparação civil no caso.

O Superior Tribunal de Justiça, que não aceitava a tese de que cabe condenação ao pai ao pagamento de indenização por danos morais, mudou de posição, estipulando danos morais pelo abandono efetivo decorrente da omissão do genitor no dever de cuidar da prole (REsp 1.159.242-SP, Rel. Min. Nancy Andrighi, j. 24.04.2012)".

Importante mencionar também a Lei 13.010/2014, que assegura à criança e ao adolescente "o direito de ser educados e cuidados sem o uso de castigo físico ou de tratamento cruel ou degradante, como formas de correção, disciplina, educação ou qualquer outro pretexto, pelos pais, pelos integrantes da família ampliada, pelos responsáveis, pelos agentes públicos executores de medidas socioeducativas ou por qualquer pessoa encarregada de cuidar deles, tratá-los, educá-los ou protegê-los", sendo que os responsáveis por tais atos estão sujeitos às seguintes medidas, que serão aplicadas pelo Conselho Tutelar de acordo com a gravidade do caso: "I – encaminhamento a programa oficial ou comunitário de proteção à família; II – encaminhamento a tratamento psicológico ou psiquiátrico; III – encaminhamento a cursos ou programas de orientação; IV – obrigação de encaminhar a criança a tratamento especializado; V – advertência" (redações dos arts. 18-A e 18-B da Lei 8.069/1990 – ECA).

8. DIREITO DAS SUCESSÕES

8.1. Sucessões em Geral

8.1.1. Introdução

A **sucessão** *causa mortis* pode ser **conceituada** como *a transmissão de um patrimônio em razão da morte de seu titular*.

São **espécies de sucessão** ***causa mortis*** as seguintes:

a) testamentária: é a que se verifica quando o destino dos bens se dá por disposição de última vontade do próprio autor da herança, manifestada por meio de testamento;

b) legítima, legal ou **"ab intestato":** é regulada pela lei de forma supletiva; ou seja, quando não há testamento ou quando este for parcial, tiver sido declarado nulo ou tiver caducado.

Quanto aos seus **efeitos**, há os seguintes tipos de sucessão:

a) a título universal: quando o sucessor (herdeiro) recebe todo o patrimônio do defunto ou uma fração da universalidade que este patrimônio representa;

b) a título singular: quando o sucessor (legatário) é contemplado com bem certo e individualizado, ou com vários bens determinados, só existe por testamento.

Já a **herança** pode ser **conceituada** como *o patrimônio deixado pelo morto, formado não só pelos bens materiais do falecido, mas também os seus direitos (créditos ou ações) e suas obrigações.*

A herança é considerada bem **imóvel**, além de bem **indivisível**, equivale a um condomínio, antes da partilha.

Os **fundamentos** da sucessão hereditária são os seguintes:

a) propriedade: há necessidade de os bens permanecerem com titulares, de modo que a propriedade possa continuar sendo (ou possa vir a ser) aproveitada, atendendo à sua função social (continuidade);

b) família: é conveniente não se deixar desamparadas pessoas bem próximas ao falecido, como filhos (presumida necessidade); ademais, é oportuno deferir às pessoas presumida ou efetivamente ligadas com afeição ao *de cujus* o patrimônio deste, de modo a propiciar-lhes melhor condição material de vida (presumida afeição);

c) liberdade: esse princípio é a favor da possibilidade de escolha do destino do patrimônio formado pelo autor da herança, dentro dos limites legais (liberdade); o princípio é exercido pela elaboração de um testamento.

8.1.2. *Abertura da sucessão*

O **momento** da abertura da sucessão é o da morte do "de cujus". A morte natural é comprovada pela certidão passada pelo oficial. Nos demais casos, faz-se necessária uma decisão judicial.

A abertura da sucessão tem as seguintes **consequências**:

a) os herdeiros sucessíveis sobrevivos recebem, sem solução de continuidade, a propriedade e a posse dos bens do defunto (art. 1.784 do CC); a exceção se dá quanto ao legatário (aquele que recebe um bem certo por meio de testamento); nesse caso, desde a abertura da sucessão, a coisa passa a pertencer a este, salvo se pender condição suspensiva; porém, não se defere de imediato a ele a posse da coisa (art. 1.923, *caput*, e § 1º, do CC);

b) faz iniciar o prazo de 30 dias para a instauração do inventário (art. 1.796 do CC).

O momento da sucessão também é relevante para a aferição da lei aplicável a esta. No caso, o art. 1.787 do CC dispõe que regula a sucessão e a legitimação para suceder a lei vigente ao tempo de sua abertura.

Quanto ao **lugar**, a sucessão abre-se no lugar do último domicílio do falecido (art. 1.785 do CC).

8.1.3. *Herança e sua administração*

O **objeto** da sucessão hereditária é a **herança**, ou seja, o *patrimônio do falecido, constituído pelo conjunto de direitos e obrigações que se transmitem com a morte do "de cujus"*.

Todavia, há direitos e obrigações que não se transmitem: a) direitos personalíssimos (ex.: poder familiar, direitos políticos, obrigação de fazer infungível – art. 247 do CC); b) uso, usufruto e habitação.

A herança tem as seguintes **características**:

a) natureza imobiliária: para efeitos legais, a sucessão aberta é um *imóvel* (art. 80, II do CC); como consequência, para a cessão da herança é necessário escritura pública (art. 1.793 do CC);

b) indivisibilidade: o direito dos coerdeiros quanto à propriedade e à posse da herança não pode ser dividido até a partilha (art. 1791, parágrafo único, do CC); como consequência, observa-se as normas relativas ao condomínio forçado; assim, cada condomínio pode reivindicar tudo sozinho; além disso cada condômino deve colaborar com a conservação da coisa;

c) unidade: a herança defere-se como um todo unitário, ainda que vários sejam os herdeiros (art. 1.791, *caput*, do CC); dessa forma, não é possível dividir a herança em vários espólios; todavia, com a partilha cessa o estado de indivisão retroativamente, formando-se o quinhão hereditário de cada herdeiro. União estável é exceção.

Quanto à cessão da herança, como regra, é possível ceder a quota hereditária (fração ideal na herança), atendido o seguinte:

a) é ineficaz a cessão de direito sobre bem certo, considerado singularmente (art. 1.793, § 2º, do CC);

b) é ineficaz a transmissão de bem certo sem prévia autorização do juiz (art. 1.793, § 3º, do CC);

c) deve-se respeitar o direito de preferência dos coerdeiros (art. 1.794 do CC); se mais de um herdeiro quiser a coisa, entre eles se distribui o quinhão cedido (art. 1.795, parágrafo único, do CC), na proporção das respectivas quotas hereditárias; o coerdeiro a quem não se der conhecimento da cessão poderá, depositado o preço, haver para si a cota cedida a estranho, se o requerer até 180 dias após a transmissão;

d) a cessão deve ser feita mediante escritura pública (art. 1.793, *caput*, do CC);

e) se o herdeiro for casado, é necessária a autorização do cônjuge, já que a herança é considerada imóvel enquanto estiver aberta (art. 80, II, do CC).

Por fim, é importante ressaltar que o herdeiro **não responde por encargos superiores às forças da herança**. Incumbe-lhe, porém, a prova do excesso, salvo se houver inventário que a escuse, demonstrando o valor dos bens herdados (art. 1.792 do CC).

Até o compromisso do inventariante, a **administração da herança** caberá, sucessivamente (art. 1.797 do CC):

a) ao cônjuge ou companheiro, se com o outro convivia ao tempo da abertura da sucessão;

b) ao herdeiro que estiver na posse e administração dos bens, e, se houver mais de um nessas condições, ao mais velho;

c) ao testamenteiro;

d) à pessoa de confiança do juiz, na falta ou escusa das indicadas nos incisos antecedentes, ou quando tiverem de ser afastadas por motivo grave levado ao conhecimento do juiz.

8.1.4. *Vocação hereditária*

Tem bastante relevância para o direito das sucessões a **capacidade para suceder**, que pode ser conceituada como *a aptidão da pessoa para receber bens deixados pelo "de cujus"*.

Não se trata da capacidade civil genérica, mas da legitimação da pessoa para receber bens por sucessão *causa mortis*.

Deve-se verificar a capacidade para suceder no momento em que se verifica a abertura da sucessão.

Na **sucessão legítima**, tem legitimidade para suceder as seguintes pessoas: a) já nascidas; ou b) já concebidas no momento da abertura da sucessão (art. 1.798 do CC).

Na **sucessão testamentária**, tem legitimidade para suceder as seguintes pessoas:

a) os filhos, ainda não concebidos, de pessoas indicadas pelo testador, desde que vivas estas ao abrir-se a sucessão; nesse caso, os bens da herança serão confiados, após a liquidação ou partilha, a curador nomeado pelo juiz;

b) as pessoas jurídicas;

c) as pessoas jurídicas, cuja organização for determinada pelo testador sob a forma de fundação.

Não tem capacidade para suceder as seguintes pessoas (art. 1.801 do CC):

a) a pessoa que, a rogo, escreveu o testamento, nem o seu cônjuge ou companheiro, ou os seus ascendentes e irmãos;

b) as testemunhas do testamento;

c) o concubino do testador casado, salvo se este, sem culpa sua, estiver separado de fato do cônjuge há mais de cinco anos;

d) o tabelião, civil ou militar, ou o comandante ou escrivão, perante quem se fizer, assim como o que fizer ou aprovar o testamento.

São **nulas** as disposições testamentárias em favor de pessoas **não legitimadas** a suceder, ainda quando simuladas sob a forma de contrato oneroso, ou feitas mediante interposta pessoa (art. 1.802 do CC). Para esse fim, presumem-se pessoas interpostas os ascendentes, os descendentes, os irmãos e o cônjuge ou companheiro do não legitimado a suceder. Por exemplo, se o testador deixa bens para o filho de sua concubina, essa disposição será nula, pois o filho é descendente da concubina, caracterizando a proibição de usar interposta pessoa para burlar a regra que a ilegitima para a sucessão.

O testador só poderá testar em favor do filho do concubino quando se tratar de um filho seu também (art. 1.803 do CC).

8.1.5. Aceitação da herança

A **aceitação da herança** pode ser **conceituada** como *o ato jurídico unilateral pelo qual o herdeiro, legítimo ou testamentário, manifesta livremente sua vontade de receber a herança que lhe é transmitida.*

Uma vez **aceita** a herança, torna-se **definitiva** sua transmissão ao herdeiro, **desde a abertura da sucessão.**

Por outro lado, quando o herdeiro **renuncia** à herança, a transmissão tem-se por **não verificada** (art. 1.804, parágrafo único, do CC).

Confira, agora, as **espécies de aceitação**:

a) expressa: se resulta de manifestação escrita do herdeiro (art. 1.805, primeira parte, do CC);

b) tácita: se resulta de comportamento próprio da qualidade de herdeiro (art. 1.805, segunda parte, do CC); por exemplo, pela tomada de providências, por parte do herdeiro, para fazer a cessão onerosa da herança; ou pela postura de cobrar devedores da herança;

c) presumida: decorrente do silêncio do herdeiro após ser instado pelo juiz, provocado por interessado, após 20 dias da abertura da sucessão (art. 1.807 do CC);

d) aceitação pelos credores: caso o herdeiro prejudique seus credores, renunciando a uma herança, os próprios credores poderão aceitar a herança, em nome do renunciante (art. 1.813 do CC); a habilitação dos credores se fará no prazo de 30 dias seguintes ao conhecimento do fato; pagas as dívidas do renunciante, prevalece a renúncia quanto ao remanescente, que será devolvido aos demais herdeiros.

O Código Civil estabelece as seguintes **limitações** à aceitação da herança:

a) não se pode aceitar a herança **parcialmente, sob condição** ou **a termo** (art. 1.808 do CC);

b) a aceitação é **irrevogável** (art. 1.812 do CC).

Por outro lado, a aceitação, **em alguns casos**, pode ser **parcial ou total**:

a) a herança e o legado são independentes, podendo-se aceitar um e renunciar a outro, e vice-versa (art. 1.808, § 1º, do CC);

b) o herdeiro, chamado, na mesma sucessão, a mais de um quinhão hereditário, sob títulos sucessórios diversos, pode livremente deliberar quanto aos quinhões que aceita e aos que renuncia (art. 1.808, § 2º, do CC).

Falecendo o herdeiro, antes de aceitar, essa prerrogativa passa aos seus herdeiros, salvo condição suspensiva pendente (art. 1.809 do CC).

8.1.6. Renúncia da herança

A **renúncia da herança** pode ser **conceituada** como *o ato jurídico unilateral pelo qual o herdeiro declara expressamente que não aceita a herança a que tem direito* (art. 1.806 do CC).

São **requisitos** da renúncia os seguintes:

a) capacidade jurídica do renunciante;

b) forma prescrita em lei: instrumento público ou termo judicial (art. 1.806 do CC);

c) inadmissibilidade de condição ou termo (art. 1.808 do CC);

d) não realização de ato equivalente à aceitação, já que a aceitação é irrevogável (art. 1.812 do CC);

e) impossibilidade de repúdio parcial (art. 1.808 do CC).

A renúncia da herança tem os seguintes **efeitos**:

a) considera-se que a transmissão da herança não foi verificada (art. 1.804, parágrafo único, do CC);

b) os herdeiros do renunciante não o representarão (art. 1.811 do CC);

c) a parte do renunciante será acrescida à dos outros herdeiros da mesma classe e, sendo ele o único desta, devolve-se aos da classe subsequente (art. 1.810 do CC);

d) a renúncia é irrevogável (art. 1.812 do CC);

e) se houve verdadeira renúncia, o renunciante não haverá de pagar imposto de transmissão de bens *causa mortis*; porém, se deu-se o nome de renúncia algo que, na verdade, é a cessão da herança para alguém, haverá de ser pago imposto de transmissão.

8.1.7. Excluídos da sucessão por indignidade

A **exclusão da sucessão por indignidade** pode ser **conceituada** como *a pena civil que priva do direito à herança herdeiros ou legatários que cometerem atos graves contra o autor da herança ou pessoa próxima a ele, taxativamente enumerados em lei.*

Tal exclusão **opera-se** da seguinte maneira: a) verifica-se se um herdeiro ou legatário cometeu algum dos atos que a lei considera de indignidade enquanto o autor da herança era vivo; b) os legitimados devem ingressar com ação judicial visando a que o juiz reconheça a indignidade e aplique a pena, no prazo previsto na lei.

Repare que o autor da herança não tem participação alguma no processo de exclusão do indigno da herança.

São causas de **exclusão** da sucessão as seguintes condutas de herdeiros ou legatários (art. 1.814 do CC):

a) quando houverem sido autores, coautores ou partícipes de homicídio doloso ou tentativa deste contra a pessoa de cuja sucessão se tratar: seu cônjuge, seu companheiro, seu ascendente, seu descendente; repare que deve se tratar de crime contra a vida; deve-se tratar, ainda, de crime doloso; não é necessária a prévia condenação criminal; um exemplo, a situação de uma filha que mata ou manda matar os pais;

b) quando houverem acusado caluniosamente em juízo autor da herança (denunciação caluniosa – art. 339 do CP) ou incorrerem em crime contra a honra deste, ou de seu cônjuge ou companheiro;

c) quando por violência ou meios fraudulentos atentarem contra a liberdade de testar do autor da herança de dispor livremente de seus bens por ato de última vontade; por exemplo, um herdeiro constranger o testador a fazer algo, ou impedi-lo de revogar o testamento etc.

Quanto à declaração jurídica de indignidade, esta não opera de pleno direito, devendo ser declarada por sentença proferida em ação ordinária.

A **legitimidade** para propor essa ação é daquele que tiver **legítimo interesse**. Por exemplo, o coerdeiro, o legatário e o fisco, na falta de sucessores. Há quem entenda que até o Ministério Público possa ingressar com essa ação, desde que haja interesse público. Nesse sentido é o Enunciado CJF 116.

A exclusão do herdeiro ou legatário ficará prejudicada se o autor da herança, por meio de testamento ou documento autêntico, reabilitar o indigno (art. 1.818 do CC).

O prazo decadencial para o ingresso da ação é de 4 anos contados da abertura da sucessão (art. 1.815, parágrafo único, do CC). Não é possível a propositura dessa ação enquanto o autor da herança ainda estiver vivo.

São *pessoais* os **efeitos** da exclusão da herança ou do legado por indignidade. Assim, o excluído é considerado *como se morto fosse* (art. 1.816 do CC), podendo seus descendentes representá-lo na herança do falecido.

São válidas as alienações onerosas de bens hereditários a terceiros de boa-fé e os atos de administração legalmente praticados pelo herdeiro, antes da sentença de exclusão; mas aos herdeiros subsiste, quando prejudicados, o direito de demandar-lhes perdas e danos.

O excluído da sucessão é obrigado a restituir os frutos e rendimentos que dos bens da herança houver percebido, mas tem direito a ser indenizado das despesas com a conservação destes.

Em vida, o autor da herança só poderá deserdar, instituto que não se confunde com a indignidade.

A **deserdação** é *o ato unilateral do testador, que se aperfeiçoa com êxito em ação ordinária proposta por interessado, que exclui da sucessão herdeiro necessário, por testamento, motivado em causas taxativamente previstas em lei.* As causas são as mesmas da indignidade (art. 1.962 do CC), mais ofensa física, injúria grave, relações ilícitas no âmbito familiar (com a madrasta, padrasto, enteado etc.) e desamparo em alienação mental ou grave enfermidade.

A deserdação só atinge os *herdeiros necessários*, ao passo que a exclusão por indignidade atinge qualquer herdeiro ou legatário.

A deserdação deve ser feita por testamento, o qual é obrigado a expor expressamente a declaração da sua causa (art. 1.964 do CC).

Além disso, o interessado deverá ingressar com ação para provar a causa da deserdação, no prazo de 4 anos, a contar da data da abertura do testamento.

8.2. Sucessão legítima

8.2.1. Direito de representação

O **direito de representação** pode ser **conceituado** como *a convocação legal de parentes do falecido a suceder em todos os direitos em que ele sucederia se vivo fosse* (art. 1.851 do CC).

A finalidade do direito de representação é preservar a equidade, reparando a perda sofrida pelo representante, pela morte prematura do representado.

São **requisitos** para o exercício do direito de representação os seguintes:

a) haver o representado falecido antes do autor da herança;

b) dar-se a representação só na linha reta (art. 1.833 do CC – "ad infinitum") e na linha transversal em benefício dos sobrinhos (filhos do irmão falecido – art. 1.840 do CC);

c) descender o representante do representado.

São **efeitos** do direito de representação os seguintes:

a) os representantes herdam exatamente o que caberia ao representado se vivo fosse e sucedesse (art. 1.854 do CC); ou seja, herdam por estirpe, e não por cabeça;

b) o quinhão do representado partir-se-á por igual entre os representantes (art. 1.855 do CC);

c) a quota que os representantes receberem não responde por débitos do representado (já que não entrou no seu patrimônio), mas só por débitos do "de cujus";

d) mas representantes terão que trazer à colação bens recebidos em doação por representado;

e) o direito de representação só se opera na sucessão legítima, nunca na testamentária.

8.2.2. Ordem de vocação hereditária (art. 1.829 do CC)

De acordo com o art. 1.829 do Código Civil, a sucessão legítima defere-se na seguinte ordem:

I. **aos descendentes, em concorrência com o cônjuge sobrevivente**

Porém, estão fora da primeira classe os seguintes cônjuges sobreviventes:

a) casados sob o regime da comunhão universal;

b) casados sob o regime da separação obrigatória de bens (separação legal, e não a separação convencional);

c) casados sob regime da comunhão parcial, quando o autor da herança não houver deixado bens particulares;

De outra parte, está dentro da primeira classe o cônjuge sobrevivente casados sob os regimes de separação convencional de bens (STJ, REsp 1.382.170-SP, DJ 26.05.15) e de comunhão parcial, quando o autor da herança houver deixado bens particulares. Nessa última hipótese (cônjuge sobrevivente casado sob o regime de comunhão parcial deixando bens particulares, o STJ entende que essa concorrência com os descendentes somente se dará quanto aos bens particulares do acervo hereditário. Confira:

"DIREITO CIVIL. SUCESSÃO CAUSA MORTIS E REGIME DE COMUNHÃO PARCIAL DE BENS.

O cônjuge sobrevivente casado sob o regime de comunhão parcial de bens concorrerá com os descendentes do cônjuge falecido apenas quanto aos bens particulares eventualmente constantes do acervo hereditário. O art. 1.829, I, do CC estabelece que o cônjuge sobrevivente concorre com os descendentes do falecido, salvo se casado: i) no regime da comunhão universal; ou ii) no da separação obrigatória de bens (art. 1.641, e não art. 1.640, parágrafo único); ou, ainda, iii) no regime da comunhão parcial, quando o autor da herança não houver deixado bens particulares. Com isso, o cônjuge supérstite é herdeiro necessário, concorrendo com os descendentes do morto, desde que casado com o falecido no regime: i) da separação convencional (ou consensual), em qualquer circunstância do acervo hereditário (ou seja, existindo ou não bens particulares do falecido); ou ii) da comunhão parcial, apenas quando tenha o de cujus deixado bens particulares, pois, quanto aos bens comuns, já tem o cônjuge sobrevivente o direito à meação, de modo que se faz necessário assegurar a condição de herdeiro ao cônjuge supérstite apenas quanto aos bens particulares. Dessa forma, se o falecido não deixou bens particulares, não há razão para o cônjuge sobrevivente ser herdeiro, pois já tem a meação sobre o total dos bens em comum do casal deixados pelo inventariado, cabendo a outra metade somente aos descendentes deste, estabelecendo-se uma situação de igualdade entre essas categorias de herdeiros, como é justo. Por outro lado, se o falecido deixou bens particulares e não se adotar o entendimento ora esposado, seus descendentes ficariam com a metade do acervo de bens comuns e com o total dos bens particulares, em clara desvantagem para o cônjuge sobrevivente. Para evitar essa situação, a lei estabelece a participação do cônjuge supérstite, agora na qualidade de herdeiro, em concorrência com os descendentes do morto, quanto aos bens particulares. Assim, impõe uma situação de igualdade entre os interessados na partilha, pois o cônjuge sobrevivente permanece meeiro em relação aos bens comuns e tem participação na divisão dos bens particulares, como herdeiro necessário, concorrendo com os descendentes. A preocupação do legislador de colocar o cônjuge sobrevivente na condição de herdeiro necessário, em concorrência com os descendentes do falecido, assenta-se na ideia de garantir ao cônjuge supérstite condições mínimas para sua sobrevivência, quando não possuir obrigatória ou presumida meação com o falecido (como ocorre no regime da separação convencional) ou quando a meação puder ser até inferior ao acervo de bens particulares do morto, ficando o cônjuge sobrevivente (mesmo casado em regime de comunhão parcial) em desvantagem frente aos descendentes. Noutro giro, não se mostra acertado o entendimento de que deveria prevalecer para fins sucessórios a vontade dos cônjuges, no que tange ao patrimônio, externada na ocasião do casamento com a adoção de regime de bens que exclua da comunhão os bens particulares de cada um. Com efeito, o regime de bens tal qual disciplinado no Livro de Família do Código Civil, instituto que disciplina o patrimônio dos nubentes, não rege o direito sucessório, embora tenha repercussão neste. Ora, a sociedade conjugal se extingue com o falecimento de um dos cônjuges (art. 1.571, I, do CC), incidindo, a partir de então, regras próprias que regulam a transmissão do patrimônio do de cujus, no âmbito do Direito das Sucessões, que possui livro próprio e específico no Código Civil. Assim, o regime de bens adotado na ocasião do casamento é considerado e tem influência no Direito das Sucessões, mas não prevalece tal qual enquanto em curso o matrimônio, não sendo extensivo a situações que possuem regulação legislativa própria, como no direito sucessório". (REsp 1.368.123-SP, DJe 8/6/2015).

É importante observar que o cônjuge sobrevivente <u>não tem direito</u> à herança se, no momento da morte, estava separado judicialmente ou de fato por mais de dois anos, salvo prova, neste caso, de que a convivência se tornara impossível sem a culpa dele.

Se o cônjuge sobrevivente concorrer com os descendentes, seu quinhão será, em princípio, <u>igual</u> ao que couber a cada um deles por cabeça, mas a quota do cônjuge sobrevivente <u>não poderá ser menor do que ¼ da herança</u>, caso seja ascendente dos herdeiros com quem concorrer (art. 1.832 do CC).

II. **aos ascendentes, em concurso com o cônjuge**

O cônjuge terá direito a 1/3 da herança, se concorrer com ambos os pais do *de cujus*; e à metade, se concorrer com um só deles, ou com ascendentes de outro grau (ex.: avós).

III. **ao cônjuge sobrevivente**

Na falta de descendentes e de ascendentes, o cônjuge sobrevivente terá direito a toda a herança, sem qualquer distinção quanto ao regime de bens.

IV. **aos colaterais**

Primeiramente são chamados os irmãos do morto (pode haver representação dos filhos de irmão falecido). Depois, os sobrinhos. Os tios só serão convocados quando não existir sobrinho algum. Na falta de tios, chama-se os colaterais de quarto grau (primos, tios-avós e sobrinhos-netos).

8.2.3. *Sucessão dos descendentes*

A sucessão dos descendentes se dá da seguinte forma:

a) por cabeça, "per capita" ou por direito próprio (todos são do mesmo grau): a herança é dividida em partes iguais, de acordo com o número de herdeiros;

b) por estirpe ou por direito de representação: quando concorrem descendentes de graus diferentes.

Por exemplo: "A" tem 3 filhos ("B", "C" e "D"); "B" morre antes de "A" e deixa 2 filhos ("B1" e "B2"), que serão os representantes de "B", "C" e "D" recebem 1/3 da herança; "B1" e "B2", 1/6 cada.

Ou seja, o quinhão do representado (pré-morto, indigno ou deserdado) é dividido entre os representantes ("B1 e "B2").

Não existe direito de representação na linha ascendente. Na colateral, só é deferido em favor dos sobrinhos do morto, quando concorrerem com os irmãos deste (art. 1.853 do CC).

8.2.4. *Sucessão do companheiro*

O companheiro sobrevivente, embora seja <u>herdeiro legítimo</u>, <u>não é</u> *necessário* (ao contrário do cônjuge sobrevivente).

De acordo com o art. 1.790, participará da sucessão do outro, <u>quanto aos bens adquiridos onerosamente na vigência da união estável</u>, nos seguintes termos:

I. se concorrer com filhos comuns, terá direito a uma quota equivalente à que por lei for atribuída ao filho;

II. se concorrer com descendentes só do autor da herança, tocar-lhe-á a metade do que couber a cada um deles;

III. se concorrer com outros parentes sucessíveis, terá direito a um terço da herança;

IV. não havendo parentes sucessíveis, terá direito à totalidade da herança.

8.2.5. Herdeiros necessários

São **herdeiros necessários** os *descendentes*, os *ascendentes* e o *cônjuge* (art. 1.845 do CC). Repare que o *companheiro* não é considerado herdeiro necessário.

Os herdeiros necessários têm uma **vantagem**, qual seja: pertence a eles, de pleno direito, a metade dos bens da herança, constituindo a *legítima*.

Calcula-se a **legítima** sobre o valor dos bens existentes na abertura da sucessão, abatidas as dívidas e as despesas do funeral, adicionando-se, em seguida, o valor dos bens sujeitos a colação (art. 1.847 do CC).

A legítima, a princípio, **não pode ser gravada** pelo autor da herança. Todavia, **se houver justa causa**, declarada no testamento, pode o testador estabelecer cláusula de inalienabilidade, impenhorabilidade e de incomunicabilidade sobre os bens da legítima (art. 1.848 do CC). Mediante autorização judicial e havendo justa causa, podem ser alienados os bens gravados, convertendo-se o produto em outros bens, que ficarão sub-rogados nos ônus dos primeiros.

Com relação à outra metade da herança (metade disponível), o autor da herança pode destiná-la a todos àqueles que têm capacidade para suceder. Aliás, se o testador deixar a algum herdeiro necessário sua parte disponível, ou algum legado, esse herdeiro não perderá o direito à legítima.

Para excluir da sucessão os herdeiros colaterais, basta que o testador disponha de seu patrimônio sem os contemplar, pois tais herdeiros, por não serem herdeiros necessários, não têm a eles reservado a legítima.

8.3. Sucessão testamentária

A **sucessão testamentária** pode ser **conceituada** como *aquela que decorre de expressa manifestação de última vontade, em testamento ou codicilo.*

No testamento **dispõe-se sobre** bens e também sobre reconhecimento de filhos, nomeação de tutor, reabilitação do indigno etc.

Extingue-se em 5 anos o **prazo para impugnação de sua validade**, a partir de seu registro.

São **características** do testamento as seguintes:

a) é personalíssimo: ou seja, não pode ser feito por procurador;

b) é negócio jurídico unilateral, ou seja, aperfeiçoa-se com única declaração de vontade;

c) é proibido o testamento conjuntivo ou de mão comum ou mancomunado, já que a lei veda o pacto sucessório, tendo em vista a revogabilidade do testamento;

d) é negócio jurídico solene, gratuito, revogável, *causa mortis* (só tem efeito após a morte do testador.

Quanto à **capacidade para testar**, é conferida aos plenamente capazes e aos maiores de 16 anos.

Não podem testar os incapazes e os que, no ato de fazê-lo, não tiverem pleno discernimento.

São **formas ordinárias** de testamento as seguintes:

a) testamento público: *é o escrito por tabelião, de acordo com as declarações do testador, que pode se servir de notas, devendo ser lavrado o instrumento e lido em voz alta pelo primeiro ao segundo e a 2 testemunhas (ou pelo testador na presença dos demais), com posterior assinatura de todos*; o surdo deverá ler ou designar quem o leia, se não souber; ao cego só se permite testamento público, que lhe será lido duas vezes (pelo tabelião e uma testemunha); o analfabeto só pode utilizar essa forma; o surdo-mudo, não podendo ler em voz alta, nem ouvir a leitura, e o mudo (não pode efetuar suas declarações) não podem fazê-lo;

b) testamento cerrado (secreto ou místico): *é o escrito pelo testador ou outra pessoa (a seu rogo) e por aquele assinado, desde que aprovado pelo tabelião, que o recebe na presença de 2 testemunhas, com a declaração pelo testador de que se trata de seu testamento e quer que seja aprovado, lavrando-se auto de aprovação, que deve ser lido, em seguida, ao testador e às testemunhas, assinando todos*; deve-se cerrar e coser o instrumento aprovado; ao final, entrega-se ao testador e lança-se no livro local a data em que o testamento foi aprovado e entregue; quem não saiba (analfabeto) ou não possa (cego) ler, não pode utilizá-lo; o surdo-mudo pode, se escrever tudo; o juiz só não o levará em consideração se achar vício externo que o torne eivado de nulidade ou suspeito de falsidade;

c) testamento particular (hológrafo): *é o que pode ser escrito de próprio punho ou mediante processo mecânico, devendo ser lido e assinado por quem o escreveu, na presença de pelo menos três testemunhas, que o devem subscrever*; as testemunhas devem confirmar em juízo, podendo o juiz fazê-lo se comparecer ao menos uma delas, havendo prova suficiente de sua veracidade; não podem dele utilizar os cegos e analfabetos; em circunstâncias excepcionais declaradas na cédula, o testamento particular de próprio punho e assinado pelo testador, sem testemunhas, poderá ser confirmado, a critério do juiz.

Já o **codicilo** *trata-se de ato de última vontade destinado a disposições de pequeno valor.* Toda pessoa capaz de testar poderá, mediante escrito particular seu, datado e assinado, fazer disposições especiais sobre seu enterro, sobre esmolas de pouca monta a certas e determinadas pessoas, ou, independentemente, aos pobres de certo lugar, assim como legar móveis, roupas ou joias, de pouco valor, de seu uso pessoal, e ainda nomear ou instituir testamenteiros.

Revoga-se o codicilo por outro (expressamente) ou por testamento posterior, de qualquer natureza, que não o confirme ou modifique.

São **testamentos especiais:** os marítimos, aeronáuticos e militares, sendo utilizados em situações emergenciais.

Quanto às **disposições testamentárias**, confira algumas regras:

a) regras proibitivas:

✓ não cabe nomeação de herdeiro a termo (salvo nas disposições fideicomissárias), considerando-se não escrita a fixação de data ou termo;

✓ não cabe disposição com condição captatória (é proibido o pacto sucessório);

✓ é nula a cláusula que se refira a pessoa incerta, cuja identidade não se possa averiguar.

b) regras permissivas:

✓ a nomeação pode ser pura e simples, quando não haja qualquer condição ou ônus;

✓ a nomeação pode ser feita sob condição suspensiva ou resolutiva, desde que lícitas e possíveis, ou mediante encargo (para certo fim ou modo), que pode ser exigido do beneficiário, não se falando em revogação pelo descumprimento, salvo se expressamente prevista pelo testador, e, ainda, por certo motivo.

Instituto importante em matéria de sucessão testamentária é o do **legado**. Este pode ser **conceituado** como a *coisa certa e determinada deixada a alguém (legatário), por testamento ou codicilo*. O legado pode ser de coisas, crédito, quitação de dívida, alimentos, usufruto, imóvel, dinheiro, renda ou pensão vitalícia.

A aquisição do legado é diferente da regra geral da aquisição da herança, que se dá com a *saisine*. Isso porque, aberta a sucessão, o legatário adquire apenas a propriedade de coisa, se esta for coisa certa, existente no acervo. No entanto, se tratar de coisa incerta (escolhe-se a de qualidade média), só adquire essa coisa quando da partilha. Quanto à posse, o legatário não tem como exigi-la imediatamente. Poderá apenas pedi-la aos herdeiros, que verificarão quanto à possibilidade, não podendo obtê-la por sua própria autoridade. Os frutos, todavia, pertencem ao legatário desde a morte do testador, salvo o de dinheiro, que decorre da mora.

Outro tema relevante na sucessão testamentária é o da **caducidade**. Segundo o Código Civil, um testamento deixa de produzir efeitos pela nulidade, pela revogação ou pela caducidade, que se dá pela falta do objeto (modificação substancial feita pelo testador, alienação da coisa, evicção ou perecimento) ou pela falta do beneficiário (por exclusão, renúncia, falta de legitimação ou morte – não há direito de representação).

Questão bastante interessante é relativa ao **direito de acrescer**, temática que se coloca quando o testador contempla vários beneficiários, deixando-lhes a mesma herança ou coisa, em porções não determinadas, e um dos concorrentes vem a faltar.

Nesse caso, não havendo substituto designado pelo testador, será acrescido ao quinhão dos coerdeiros ou colegatários conjuntamente contemplados o quinhão daquele que vem a faltar, salvo se estes têm cotas hereditárias determinadas.

Confira um exemplo em que caberá o direito de acrescer: "deixo o imóvel X a Fulano e Beltrano". Vindo a faltar Fulano, Beltrano ficará com a parte do primeiro, pelo direito de acrescer.

No entanto, esse direito não se aplica no seguinte caso: "deixo metade do imóvel X a Fulano e metade do imóvel X a Beltrano". Nesse caso, vindo a faltar Fulano, e não havendo substituto para ele, sua cota vai aos herdeiros legítimos.

Falando em substituto, o instituto da **substituição** pode ser **conceituado** como *a indicação de certa pessoa para recolher a herança ou legado, caso o nomeado venha a faltar*.

A substituição pode ser **vulgar** ou **fideicomissária:**

a) substituição vulgar e recíproca: é a que se verifica quando o testador nomeia um herdeiro ou legatário para receber a quota que caberia àquele que não quis ou não pôde receber; é *recíproca* quando os herdeiros ou legatários são nomeados substitutos uns dos outros.

b) substituição fideicomissária: é aquela em que o testador (fideicomitente) institui alguém como fiduciário para ser seu herdeiro ou legatário e receber a herança ou legado quando for aberta a sucessão, mas estabelece que seu direito será resolvido, em favor de outrem (fideicomissário), por razão de sua morte, após determinado prazo, ou depois de verificada certa condição.

O art. 1.952 do Código Civil só permite a substituição fideicomissária em favor dos não concebidos ao tempo da morte do testador. Caso o fideicomissário contemplado no testamento já tenha nascido quando da abertura da sucessão, a lei determina que o direito de propriedade dos bens abrangidos pelo testamento seja a ele transmitida imediatamente, mas o fiduciário terá direito de usufruto sobre tais bens, até que seja verificada a condição ou o termo estabelecido no testamento.

O art. 1.959 do Código Civil considera nulos os fideicomissos além de segundo grau.

Outro tema relevante é o da **revogação do testamento**.

Segundo o art. 1.969 do Código Civil, "o testamento pode ser revogado pelo mesmo modo e forma como pode ser feito."

Dessa forma, o testamento deve ser revogado por outro testamento.

A revogação pode ser das seguintes espécies: a) *expressa* (ou *direta*); b) *tácita* ou *indireta* (ex.: o novo testamento tem disposições incompatíveis com o anterior); c) *total*; d) *parcial*; e) real (quando o testamento cerrado ou particular for destruído com o consentimento do testador).

Já o **rompimento do testamento** consiste na ineficácia deste pelo fato de o testador não ter conhecimento da existência de herdeiros necessários seus, quando da elaboração do testamento.

O art. 1.973 do Código Civil dispõe que "sobrevindo descendente sucessível ao testador, que não o tinha ou não o conhecia quando testou, rompe-se o testamento em todas as suas disposições, se esse descendente sobreviver ao testador".

Por fim, vale uma palavra acerca de instituto que vem sendo objeto de muitas controvérsias atualmente, o chamado "testamento vital", documento que estabelece disposições sobre o tipo de tratamento de saúde, ou não tratamento, que a pessoa deseja no caso de não ter condições de manifestar a sua vontade.

A doutrina, calcada no princípio da dignidade da pessoa humana, vem entendendo que é válida essa declaração de vontade, desde que expressa em documento autêntico (vide, por exemplo, o Enunciado nº 528 do CJF).

8.4. Inventário e partilha

O inventário e a partilha visam à divisão dos bens deixados pelo "de cujus". Para tanto, procede-se à apuração do quinhão de cada herdeiro, seguindo-se à partilha de bens.

A lei processual civil dispõe que, "havendo testamento ou interessado incapaz, proceder-se-á ao inventário judicial;

se todos forem capazes e concordes, poderá fazer-se o inventário e a partilha por **escritura pública**, a qual constituirá título hábil para o registro imobiliário" (art. 982 do CPC).

Repare que, havendo incapaz, o inventário deverá ser feito judicialmente. Não havendo, poderá ser feito em cartório extrajudicial, sendo necessário, todavia, a presença de **advogado**.

O inventário judicial pode ter três **ritos**:

a) *tradicional*, aplicável quando não cabível outro rito (arts. 982 a 1.030 do CPC);

b) *arrolamento sumário*, aplicável quando todos os interessados forem maiores e capazes, abrangendo bens de quaisquer valores, bem como quando houver um único herdeiro (art. 1.031 do CPC);

c) *arrolamento comum*, aplicável quando os bens do espólio sejam de valor igual ou inferior a 2.000 OTN's (art. 1.036 do CPC).

O inventário judicial costuma ter as seguintes fases:

a) pedido de abertura do inventário;

b) nomeação do inventariante e assinatura do compromisso;

c) primeiras declarações apresentadas pelo inventariante, que deverá descrever os bens, os créditos e as obrigações do espólio, bem como deverá indicar os valores e a nomeação dos sucessores;

d) citação dos interessados, da Fazenda Pública e do Ministério Público, quando for o caso;

e) avaliação dos bens, que poderá se dispensada;

f) últimas declarações;

g) cálculo do imposto de transmissão *causa mortis*, homologação pelo juiz e recolhimento;

h) pedido de quinhões, deliberação de partilha, esboço e auto de partilha; quando houver herdeiro único, os bens serão adjudicados;

i) juntada das negativas fiscais;

l) expedição de formal de partilha, ou de carta de adjudicação.

Tema relevante é o dos sonegados.

A sonegação pode ser conceituada como *a ocultação dolosa dos bens da herança, ou sujeitos à colação.*

A consequência dessa conduta é a perda do direito que o sonegador teria sobre os bens sonegados. Porém, o reconhecimento desse comportamento e a perda desse direito dependem de ação própria.

Outro instituto relevante em matéria de inventário e partilha é o da **colação**. Esta pode ser **conceituada** como *a restituição ao monte do valor das liberalidades recebidas do autor da herança por seus descendentes, a fim de nivelar as legítimas.*

O autor da herança pode, por meio de testamento ou no próprio título da liberalidade, **dispensar** o beneficiário do ato da colação, dispondo que a liberalidade está saindo da parte disponível de sua herança.

Está dispensado de colacionar o descendente que, ao tempo da realização da doação, não seria chamado à sucessão na qualidade de herdeiro necessário (p. ex.: neto que recebe quando o avô tem filhos vivos).

Os ascendentes não são obrigados a colacionar.

O objeto da colação é o *valor* das doações certo ou estimativo, que lhes atribuir o ato de liberalidade.

Apenas as doações é que deverão ser trazidas à colação, não estando sujeitos a esta os *gastos ordinários* do ascendente com o descendente, tais como: despesas com educação, estudo, sustento, vestuário, saúde, casamento, ou os feitos no interesse da defesa do filho em processo-crime, pouco importando, neste último caso, o desfecho do processo, ou seja, se houve absolvição ou condenação.

Segundo o STJ, "O filho do autor da herança tem o direito de exigir de seus irmãos a colação dos bens que receberam via doação a título de adiantamento da legítima, ainda que sequer tenha sido concebido ao tempo da liberalidade." (REsp 1.298.864, DJ 29.05.15).

9. MARCO CIVIL DA INTERNET BRASILEIRA (LEI 12.965/2014)

9.1. Fundamentos da Lei 12.965/2014.

A Lei 12.965, de 23 abril de 2014, estabelece **princípios, garantias, direitos** e **deveres** para o **uso da Internet no Brasil** e também determina as **diretrizes para atuação do Poder Público** (União, Estados, Distrito Federal e Municípios) em relação à matéria (art. 1º). Trata-se do chamado "Marco Civil da Internet Brasileira".

Essa lei tem como **fundamento basilar** o **respeito à liberdade de expressão**, conforme se percebe da forma como está redigido o art. 2º, *caput*, da lei. Isso significa que esse é o fundamento maior da Lei, devendo prevalecer quando em confronto com outros bens jurídicos que, assim como a liberdade de expressão, estão protegidos pela Constituição Federal, como a imagem, a honra, a intimidade e a vida privada.

Nesse sentido (da prevalência da liberdade de expressão) já era o entendimento do STF, que, no julgamento da ADPF 130 (*DJe* 06.11.2009), ao julgar não recepcionada pela Constituição a Lei de Imprensa (Lei 5.250/1967), **exarou entendimento no sentido de que, na ponderação de interesses entre os dois blocos de direitos da personalidade citados (liberdade de expressão em geral x imagem, honra, intimidade e vida privada) prepondera o primeiro bloco, impedindo-se a censura prévia**. O segundo bloco incide posteriormente para fins de direito de resposta e responsabilidade civil, penal e administrativa.

Mas o Marco Civil traz ainda como **outros fundamentos** da lei os seguintes (art. 2º):

I – *o reconhecimento da escala mundial da rede*;

II – *os direitos humanos, o desenvolvimento da personalidade e o exercício da cidadania em meios digitais*;

III – *a pluralidade e a diversidade*;

IV – *a abertura e a colaboração*;

V – *a livre-iniciativa, a livre concorrência e a defesa do consumidor*; e

VI – *a finalidade social da rede*.

Quanto a **reconhecimento da escala mundial da rede**, ele guarda respeito com os seguintes princípios que informam o marco: a) universalidade; b) diversidade (citada no item III acima); c) funcionalidade, segurança e estabilidade; d) padronização e interoperabilidade (citada no item IV acima); e) acesso à inovação.

Quanto à **finalidade social da rede**, é fundamento extremamente relevante, pois reconhece que a rede não tem somente fins econômicos e individuais, mas fins sociais, principalmente para que haja maior acesso à informação e à cultura, de um lado, e o desenvolvimento tecnológico, de outro.

Quanto à **abertura de a colaboração**, significa que todos a Internet deve basear-se em padrões abertos que permitam a relacionamento, a participação e a colaboração de todos em seu desenvolvimento.

Os demais fundamentos citados acima são tão importantes como os três citados nos parágrafos anteriores, mas trazem valores correntes e conhecidos de todos, por estarem previstos na própria Constituição Federal.

9.2. Princípios do uso da internet.

Quanto aos **princípios** acerca do **uso da internet** no Brasil, a lei elenca os seguinte (art. 3º):

I – *garantia da liberdade de expressão, comunicação e manifestação de pensamento, nos termos da Constituição Federal;*

II – *proteção da privacidade;*

III – *proteção dos dados pessoais, na forma da lei;*

IV – *preservação e garantia da neutralidade de rede;*

V – *preservação da estabilidade, segurança e funcionalidade da rede, por meio de medidas técnicas compatíveis com os padrões internacionais e pelo estímulo ao uso de boas práticas;*

VI – *responsabilização dos agentes de acordo com suas atividades, nos termos da lei;*

VII – *preservação da natureza participativa da rede;*

VIII – *liberdade dos modelos de negócios promovidos na internet, desde que não conflitem com os demais princípios estabelecidos nesta Lei.*

Quanto à **neutralidade da rede**, significa que não cabem filtragem ou privilégios de tráfego por motivos políticos, comerciais, religiosos, culturais, ou qualquer outra forma de discriminação ou favorecimento. As únicas filtragens e privilégios de tráfego cabíveis são os de natureza técnica e ética.

O princípio da neutralidade é bastante amplo e abrange as seguintes questões:

a) os provedores de conexão à internet (exs: Vivo, Claro, Tim, Net etc.) devem: i) vender pacotes de dados na internet que respeitem um mínimo de qualidade, cabendo cobrança de valores maiores por planos apenas quando o plano mais barato oferecido seja bem razoável diante das disposições da lei; ii) abster-se de cobrar valores adicionais pelo simples fato de usuários acessarem bastante sites com dados mais pesados, como o You Tube; iii) abster-se de bloquear, monitorar, filtrar ou analisar o conteúdo dos pacotes de dados; iv) estar num mercado com muita concorrência, não podendo haver monopólios ou oligopólios quanto às companhias de telecomunicações, já que essa situação reduz a competição desse serviço;

b) os provedores de aplicações de internet (provedores de serviços de e-mail, de hospedagem de blogs, redes sociais; exs: Yahoo, UOL, Facebook) não podem fazer o seguinte: i) permitir que algumas pessoas tenham acesso a certas informações públicas da internet e outras, não; ii) bloquear acesso a certos sites e e-mails que contêm críticas sobre eles; iii) bloquear o envio e o recebimento de conteúdos lícitos à sua escolha; iv) bloquear que os usuários executem aplicativos legais e utilizem serviços lícitos à sua escolha;

Quanto às filtragens de natureza ética, estas sim são cabíveis, pois dizem respeito a valores maiores a serem protegidos, como é o caso de filtragem de conteúdo relacionado a pedofilia.

Quanto às filtragens de natureza técnica, também cabíveis, tem-se, por exemplo, as relacionadas a conter vírus e hackers.

É consequência da exigência de neutralidade da rede a não responsabilização em hipótese alguma dos provedores de conexão à internet por conteúdos danosos gerados por terceiros (art. 18) e a não responsabilização, como regra, dos provedores de aplicações de internet, pelos mesmos motivos, salvo se, após ordem judicial específica, esses provedores não a cumprirem para tornar indisponível o conteúdo apontado como infringente (art. 19, *caput*).

O parágrafo único do art. 3º do Marco estabelece, ainda, que os princípios expressos na lei não excluem outros previstos no ordenamento jurídico pátrio relacionados à matéria ou nos tratados internacionais em que a República Federativa do Brasil seja parte, respeitando, assim, o disposto no art. 5º, § 2º, da CF.

9.3. Conceitos legais básicos.

A lei também traz uma série de definições, que são essenciais para compreensão de seu conteúdo. Considera-se (art. 5º):

I – internet: *o sistema constituído do conjunto de protocolos lógicos, estruturado em escala mundial para uso público e irrestrito, com a finalidade de possibilitar a comunicação de dados entre terminais por meio de diferentes redes;*

II – terminal: *o computador ou qualquer dispositivo que se conecte à internet*; outros exemplos de dispositivos são os tablets e os telefones celulares;

III – endereço de protocolo de internet (endereço IP): *o código atribuído a um terminal de uma rede para permitir sua identificação, definido segundo parâmetros internacionais;* se alguém enviar um e-mail lesivo a alguém, esse ofensor poderá ser identificado pela autoridade policial ou judicial por meio do endereço de IP que é identificado no e-mail enviado;

IV – administrador de sistema autônomo: *a pessoa física ou jurídica que administra blocos de endereço IP específicos e o respectivo sistema autônomo de roteamento, devidamente cadastrada no ente nacional responsável pelo registro e distribuição de endereços IP geograficamente referentes ao País;*

V – conexão à internet: *a habilitação de um terminal para envio e recebimento de pacotes de dados pela internet, mediante a atribuição ou autenticação de um endereço IP;* a conexão à internet pode se dar mediante a aquisição de um pacote de dados junto a uma empresa fornecedora (por exemplo, junto à Claro ou à Vivo) ou mediante o uso de uma rede pública (por exemplo, num restaurante);

VI – registro de conexão: *o conjunto de informações referentes à data e hora de início e término de uma conexão à internet, sua duração e o endereço IP utilizado pelo terminal para o envio e recebimento de pacotes de dados*; por meio desse registro sabe-se quando houve conexão à internet, bem como a duração desta e o endereço do terminal que teve o acesso, mas esse registro não informa quais *sites* foram efetivamente acessados;

VII – aplicações de internet: *o conjunto de funcionalidades que podem ser acessadas por meio de um terminal conectado à internet*; aqui temos aplicações dos provedores de e-mail e de redes sociais, por exemplo; em outras palavras, o Facebook é uma aplicação de internet; o Yahoo Mail também;

VIII – registros de acesso a aplicações de internet: *o conjunto de informações referentes à data e hora de uso de uma determinada aplicação de internet a partir de um determinado endereço IP*; esse tipo de registro é mais específico que o "registro de conexão", pois informa quais *sites* (aplicações de internet) foram acessados.

9.4. Direitos e garantias dos usuários.

A lei também estabelece direitos e garantias aos usuários.

Quanto aos **direitos do usuário**, depois de dispor que o acesso à internet é *essencial ao exercício da cidadania*, a lei assegura ao primeiro os seguintes direitos (art. 7º):

I – *inviolabilidade da intimidade e da vida privada, sua proteção e indenização pelo dano material ou moral decorrente de sua violação*; aqui tem-se norma que nada mais faz do que repetir o texto constitucional (art. 5º, X, da CF);

II – *inviolabilidade e sigilo do fluxo de suas comunicações pela internet, salvo por ordem judicial, na forma da lei*; essa regra acaba por equiparar comunicações telefônicas com comunicações on-line via internet, que só podem ser objeto de interceptação por ordem judicial, para fins de investigação criminal ou instrução processual penal e na forma da Lei 9.2961996 (art. 5º, XII, da CF);

III – *inviolabilidade e sigilo de suas comunicações privadas armazenadas, salvo por ordem judicial*; aqui temos situação diversa, pois não diz respeito a interceptação de uma comunicação em curso, mas de uma comunicação armazenada num terminal, como uma conversa travada entre duas pessoas e registra no WhatsApp, por exemplo; aqui a lei só exige que haja uma autorização judicial, não sendo necessário que se atenda ao disposto na Lei 9.296/1996; todavia, não se deve confundir essa situação com aquela em que policiais (sem autorização judicial) simplesmente verificam os registros telefônicos de aparelhos celulares (ou seja, os números de telefone das últimas ligações efetuadas, e não o conteúdo de conversas), hipótese essa em que o STF admite que se dê, sem que haja violação à Constituição (art. 5º, XII), ao argumento que esta protege a comunicação de dados e não o registro de dados (HC 91.867, *DJ* 20.09.2012); assim, policiais que desejem se valer de provas contidas em conversas armazenadas em celular transmitidas via internet (como acontece no Viber, no Skype, no WhatsApp e no IMessage, por exemplo) deve solicitar autorização judicial para lerem e usarem essas informações;

IV – *não suspensão da conexão à internet, salvo por débito diretamente decorrente de sua utilização*; o Marco Civil, no caso, foi duríssimo e foi além até mesmo da Lei 8.987/1995 (que trata das Concessões de Serviços Públicos, dentre eles serviços essenciais como o de energia elétrica); essa lei admite a interrupção de serviços públicos não só por inadimplemento do usuário, como também por razões de ordem técnica ou de segurança das instalações (art. 6º, § 3º), em caso de emergência e mediante aviso prévio; já a Lei em análise só admite em caso de débito que diga respeito à conexão (outros débitos, como débito referente a alguma conta de e-mail, por exemplo, não podem gerar interrupção da conexão), não havendo previsão de suspensão da conexão por motivo técnico (por exemplo, para a manutenção da rede provedora, mediante aviso prévio); entendemos que casos excepcionalíssimos, de índole estritamente técnica e mediante comunicação prévia, devem ser ressalvados, por aplicação analógica da Lei 8.987/1995, sem prejuízo de desconto na mensalidade proporcional ao período parado, mas os demais casos implicam em descumprimento legal e ensejam indenização por danos morais e materiais pela violação do direito do usuário;

V – *manutenção da qualidade contratada da conexão à internet*; essa regra impede, ao nosso ver, que a Anatel estabeleça que os provedores de conexão atendam apenas a certo percentual do contrato; agora os provedores têm que atender sempre no mínimo 100% da condição contratada;

VI – *informações claras e completas constantes dos contratos de prestação de serviços, com detalhamento sobre o regime de proteção aos registros de conexão e aos registros de acesso a aplicações de internet, bem como sobre práticas de gerenciamento da rede que possam afetar sua qualidade*;

VII – *não fornecimento a terceiros de seus dados pessoais, inclusive registros de conexão, e de acesso a aplicações de internet, salvo mediante consentimento livre, expresso e informado ou nas hipóteses previstas em lei*; esse direito do usuário promete gerar muita confusão; isso porque provedores de aplicações como site de buscas e outros tantos costumam se valer de informações advindas dos sites (aplicações) que usuários frequentam para, a partir delas, inserir anúncios na navegação do usuário, com ou sem a participação de terceiros; experimente procurar informação sobre um hotel numa cidade num site de buscas e depois entrar na sua conta de e-mail ou num site de notícias; a probabilidade de você receber anúncios nesses terceiros, do local pesquisado no site de buscas é muito grande; porém, pode ser que o site de buscas argumente que seu provedor de e-mail ou o site de notícias (terceiros) não chegam a receber as informações de acesso, tratando-se de anúncio do próprio site de buscas; outro ponto importante nessa regra é impedir que o governo (como fez o governo americano, que recebia dados de acessos de usuários de empresas provedoras de aplicações de internet, como Yahoo e Facebook) exija de provedores de aplicações de internet os dados pessoais, registros de conexão e registros de acesso a aplicações de internet de usuários em geral, sem o consentimento destes;

VIII – *informações claras e completas sobre coleta, uso, armazenamento, tratamento e proteção de seus dados pessoais, que somente poderão ser utilizados para finalidades que*: a) *justifiquem sua coleta*; b) *não sejam vedadas pela legislação*; e c) *estejam especificadas nos contratos de prestação de serviços ou em termos de uso de aplicações de internet*;

IX – *consentimento expresso sobre coleta, uso, armazenamento e tratamento de dados pessoais, que deverá ocorrer de forma destacada das demais cláusulas contratuais*;

X – *exclusão definitiva dos dados pessoais que tiver fornecido a determinada aplicação de internet, a seu requerimento, ao término da relação entre as partes, ressalvadas as hipóteses de guarda obrigatória de registros previstas nesta Lei*;

XI – *publicidade e clareza de eventuais políticas de uso dos provedores de conexão à internet e de aplicações de internet*;

XII – *acessibilidade, consideradas as características físico-motoras, perceptivas, sensoriais, intelectuais e mentais do usuário, nos termos da lei*;

XIII – *aplicação das normas de proteção e defesa do consumidor nas relações de consumo realizadas na internet.*

Quanto às **garantias do usuário**, a lei estabelece o seguinte (art. 8º):

a) a garantia do direito à privacidade e à liberdade de expressão nas comunicações é condição para o pleno exercício do direito de acesso à internet;

b) são nulas de pleno direito as cláusulas contratuais que violem o direito à privacidade e à liberdade de expressão nas comunicações, tais como aquelas que: I – impliquem ofensa à inviolabilidade e ao sigilo das comunicações privadas, pela internet; ou II – em contrato de adesão, não ofereçam como alternativa ao contratante a adoção do foro brasileiro para solução de controvérsias decorrentes de serviços prestados no Brasil.

Quanto às cláusulas nulas de pleno direito, destaque para que considera cláusula abusiva a que estabelece foro estrangeiro para a solução de controvérsias decorrentes de serviços prestados no Brasil. Considerada nula a cláusula em questão, aplica-se o disposto na processual brasileira quanto à competência para o processamento e julgamento da causa.

9.5. Provisão de conexão e aplicações de internet.

9.5.1. *Proteção aos Registros, aos Dados Pessoais e às Comunicações Privadas*

9.5.1.1. *Aspectos gerais.*

O art. 10 da Lei dispõe o seguinte: "a guarda e a disponibilização dos registros de conexão e de acesso a aplicações de internet de que trata esta Lei, bem como de dados pessoais e do conteúdo de comunicações privadas, devem atender à preservação da intimidade, da vida privada, da honra e da imagem das partes direta ou indiretamente envolvidas", sendo que "o provedor responsável pela guarda somente será obrigado a disponibilizar os registros mencionados no *caput*, de forma autônoma ou associados a dados pessoais ou a outras informações que possam contribuir para a identificação do usuário ou do terminal, mediante ordem judicial, na forma do disposto na Seção IV deste Capítulo, respeitado o disposto no art. 7º".

Repare que o dispositivo só faz referência aos "registros de conexão" (ex: horário em que o usuário acessou a internet) e de registros de "acesso a aplicações de internet" (ex: sites que o usuário visitou), bem como aos "dados pessoais" (ex: dados preenchidos em formulários na web) e a "conteúdo de comunicações privadas", fazendo-o para dizer que a guarda e disponibilização desses registros ou conteúdos devem preservar os direitos individuais, salvo ordem judicial. Não há referência aqui à interceptação on-line de conversas via internet, que seguem a mesma regra das conversas telefônicas conforme visto quando da análise dos direitos dos usuários, previstos no art. 7º da Lei.

Vale mencionar que o disposto no *caput* do art. 10 *não impede o acesso aos dados cadastrais que informem qualificação pessoal, filiação e endereço, na forma da lei, pelas autoridades administrativas que detenham competência legal para a sua requisição* (art. 10, § 3º).

Em resposta clara do governo brasileiro aos abusos cometidos pelo governo norte-americano, que teve a acesso a comunicações da Presidência da República e da Petrobras, conseguiu-se a aprovar o disposto no art. 11, que tem o seguinte teor: "Em qualquer operação de coleta, armazenamento, guarda e tratamento de registros, de dados pessoais ou de comunicações por provedores de conexão e de aplicações de internet em que pelo menos um desses atos ocorra em território nacional, deverão ser obrigatoriamente respeitados a legislação brasileira e os direitos à privacidade, à proteção dos dados pessoais e ao sigilo das comunicações privadas e dos registros", sendo que o disposto acima se aplica "aos dados coletados em território nacional e ao conteúdo das comunicações, desde que pelo menos um dos terminais esteja localizado no Brasil" e também se aplica "mesmo que as atividades sejam realizadas por pessoa jurídica sediada no exterior, desde que oferte serviço ao público brasileiro ou pelo menos uma integrante do mesmo grupo econômico possua estabelecimento no Brasil".

Nesse sentido, o Yahoo ou o Facebook, por se tratarem de empresa que, apesar de terem sede no exterior, ofertam serviço no Brasil, não podem, em tese, a título de obedecer a uma nova ordem do governo norte-americano ceder a este dados e conteúdos de comunicações ocorridos em território nacional, sob pena de estarem violando a lei brasileira. Caso o façam, poderão sofrer sanções gravíssimas, como a suspensão temporária das atividades relacionadas ou mesmo a proibição dessas atividades no Brasil.

Vale salientar que, "Os provedores de conexão e de aplicações de internet deverão prestar, na forma da regulamentação, informações que permitam a verificação quanto ao cumprimento da legislação brasileira referente à coleta, à guarda, ao armazenamento ou ao tratamento de dados, bem como quanto ao respeito à privacidade e ao sigilo de comunicações" (art. 11, § 3º), sendo que "decreto regulamentará o procedimento para apuração de infrações ao disposto neste artigo (art. 11, § 4º).

Sem prejuízo das demais sanções cíveis, criminais ou administrativas, as infrações às normas previstas nos arts.

10 e 11 acima mencionados ficam sujeitas, conforme o caso, às seguintes sanções, aplicadas de forma isolada ou cumulativa (art. 12):

I – advertência, com indicação de prazo para adoção de medidas corretivas;

II – multa de até 10% (dez por cento) do faturamento do grupo econômico no Brasil no seu último exercício, excluídos os tributos, considerados a condição econômica do infrator e o princípio da proporcionalidade entre a gravidade da falta e a intensidade da sanção;

III – suspensão temporária das atividades que envolvam os atos previstos no art. 11; ou

IV – proibição de exercício das atividades que envolvam os atos previstos no art. 11.

Em se tratando de empresa estrangeira, responde solidariamente pelo pagamento da multa mencionada sua filial, sucursal, escritório ou estabelecimento situado no País.

9.5.1.2. Guarda de Registros de Conexão

Aqui temos um dever da empresa provedora de conexão à internet. Essa empresa tem informações preciosas sobre os registros de conexão do usuário, sendo que tais informações, apesar de serem protegidas, podem, por ordem judicial, virem a ser requisitadas, daí porque faz sentido regulamentar a guarda desses registro.

De acordo com o art. 13 da Lei, cabe ao administrador de sistema autônomo de conexão à internet o dever de manter os registros de conexão, sob sigilo, em ambiente controlado e de segurança, pelo prazo de 1 (um) ano, nos termos do regulamento, sendo que tal responsabilidade não poderá ser transferida a terceiros.

Repare que o provedor de conexão à internet se limita a ter de guardar o "registro de conexão" (*conjunto de informações referentes à data e hora de início e término de uma conexão à internet, sua duração e o endereço IP utilizado pelo terminal para o envio e recebimento de pacotes de dados*), que não se confunde com o "registros de acesso a aplicações de internet" (*conjunto de informações referentes à data e hora de uso de uma determinada aplicação de internet a partir de um determinado endereço IP*). Esse segundo registro é mais específico que o "registro de conexão", pois informa quais sites (aplicações de internet) foram acessados. Aliás, os provedores de conexão à internet, sendo ela onerosa ou gratuita, não podem guardar os registros de acesso a aplicações de internet (art. 14).

O § 2º do art. 13 dispõe que a autoridade policial ou administrativa ou o Ministério Público poderá requerer cautelarmente que os registros de conexão sejam guardados por prazo superior a 1 (um) ano, sendo que a autoridade requerente terá o prazo de 60 (sessenta) dias, contados a partir do requerimento, para ingressar com o pedido de autorização judicial de acesso aos registros. Ou seja, as autoridades policial ou administrativa ou o Ministério Público podem fazer requerimento direto ao provedor, para que este mantenha a guarda dos registros, requerimento esse que terá eficácia por 60 dias, sendo que ao final desse prazo esses órgãos devem pedir autorização judicial para acesso aos registros. Vale salientar que o provedor responsável pela guarda dos registros deverá manter sigilo em relação ao requerimento em questão, que perderá sua eficácia caso o pedido de autorização judicial seja indeferido ou não tenha sido protocolado no prazo de 60 dias. Ademais, em qualquer hipótese, a disponibilização ao requerente dos registros de que trata este artigo deverá ser precedida de autorização judicial (art. 13, § 5º).

Por fim, de rigor mencionar que, na aplicação de sanções pelo descumprimento ao disposto no art. 13 serão considerados a natureza e a gravidade da infração, os danos dela resultantes, eventual vantagem auferida pelo infrator, as circunstâncias agravantes, os antecedentes do infrator e a reincidência (art. 13, § 6º).

9.5.1.3. Guarda de Registros de Acesso a Aplicações de Internet na Provisão de Aplicações

Já o provedor de aplicações de internet (ex: Facebook, Yahoo etc.), desde que constituído na forma de pessoa jurídica e que exerça essa atividade de forma organizada, profissionalmente e com fins econômicos deverá manter os respectivos registros de acesso a aplicações de internet, sob sigilo, em ambiente controlado e de segurança, pelo prazo de 6 (seis) meses, nos termos do regulamento (art. 15). Repare que aqui o registro é mais específico, pois diz respeito aos sites (aplicações) pelo qual o usuário navegou.

Aliás, ordem judicial poderá obrigar, por tempo certo, os provedores de aplicações de internet que não se enquadrem nos requisitos acima a guardarem registros de acesso a aplicações de internet, desde que se trate de registros relativos a fatos específicos em período determinado.

Aqui, a autoridade policial ou administrativa ou o Ministério Público também poderão requerer cautelarmente a qualquer provedor de aplicações de internet que os registros de acesso a aplicações de internet sejam guardados, inclusive por prazo superior aos 6 meses mencionados, observado o disposto nos §§ 3º e 4º do art. 13.

Em qualquer hipótese, a disponibilização ao requerente dos registros de que trata este artigo deverá ser precedida de autorização judicial.

Ademais, na aplicação de sanções pelo descumprimento ao disposto no dispositivo analisado, serão considerados a natureza e a gravidade da infração, os danos dela resultantes, eventual vantagem auferida pelo infrator, as circunstâncias agravantes, os antecedentes do infrator e a reincidência.

Regra importante é que dispõe que, na provisão de aplicações de internet, onerosa ou gratuita, é vedada a guarda (art. 16):

I – dos registros de acesso a outras aplicações de internet sem que o titular dos dados tenha consentido previamente, respeitado o disposto no art. 7º; ou

II – de dados pessoais que sejam excessivos em relação à finalidade para a qual foi dado consentimento pelo seu titular.

Por fim, ressalvadas as hipóteses previstas na Lei, a opção por não guardar os registros de acesso a aplicações de internet não implica responsabilidade sobre danos decorrentes do uso desses serviços por terceiros (art. 17).

9.5.1.4. *Responsabilidade por Danos Decorrentes de Conteúdo Gerado por Terceiros*

É muito comum que pessoas sejam ofendidas em seus direitos em aplicações de internet. Podem ser citados como exemplo difamações e calúnias lançadas contra alguém em redes sociais e a disponibilização de material de conteúdo privado de alguém (fotos, vídeos), expondo a intimidade de que deseja vê-la protegida.

Quanto acontece esse tipo de ofensa, uma pergunta que se faz é se os provedores de acesso à internet e de aplicações de internet devem ser responsabilizados, já que os conteúdos ofensivos só foram publicados porque tais provedores mantém seus serviços ativos.

Quanto aos **provedores de acesso à internet**, a lei é claríssima a dispor que em nenhuma hipótese serão responsabilizados por isso (art. 18). Assim, as empresas que simplesmente vendem a banda larga que alguém se vale para postar mensagens ofensivas não vão responder por estas.

Já quanto aos **provedores de aplicações de internet**, aí a resposta é outra. Antes do Marco Civil da Internet o Superior Tribunal de Justiça vinha decidindo que, mesmo havendo relação de consumo (e a consequente responsabilidade objetiva típica dessas relações) nos serviços prestados por esses provedores (apesar de gratuito, eles recebem remuneração indireta por anúncios, como é o caso do Google), a responsabilidade deles por danos causados por terceiros a alguém pela postagem de conteúdo ofensivo depende da verificação, no caso concreto, sobre se o serviço prestado foi defeituoso, considerando o que legitimamente se espera dele. E nesse tipo de caso o STJ reforça o dever desses provedores de aplicação de "garantir o sigilo, a segurança e a inviolabilidade dos dados cadastrais de seus usuários, bem como o funcionamento e a manutenção das páginas na Internet que contenham os blogs individuais desses usuários", mas, "no que tange à fiscalização do conteúdo das informações postadas por cada usuário, não se trata de atividade intrínseca ao serviço prestado, de modo que não se pode reputar defeituoso, nos termos do art. 14 do CDC, o site que não examina e filtra o material nele inserido". (...) "Não bastasse isso, a verificação antecipada, pelo provedor, do conteúdo de todas as informações inseridas na web eliminaria – ou pelo menos alijaria – um dos maiores atrativos da Internet, que é a transmissão de dados em tempo real". (...) "Contudo, essas normas não livram indiscriminadamente os provedores de responsabilidade pelo tráfego de informações em seus sites. Há, como contrapartida, o dever de, uma vez ciente da existência de mensagem de conteúdo ofensivo, retirá-la imediatamente do ar, sob pena, aí sim, de responsabilização" (REsp 1.192.208, *DJ* 02.08.2012).

Em outras palavras, para a jurisprudência do STJ o provedor de aplicações de internet (por exemplo, o Facebook) só responderá pelos atos de ofensivos de terceiros caso venha a tomar ciência inequívoca da existência de mensagem ofensiva a alguém e, mesmo diante de tal ciência, mantenha a mensagem de conteúdo ofensivo no ar.

Veja mais duas decisões nesse sentido:

"RESPONSABILIDADE CIVIL. SITE DE RELACIONAMENTO. MENSAGENS OFENSIVAS. A responsabilidade objetiva, prevista no art. 927, parágrafo único, do CC, não se aplica a empresa hospedeira de site de relacionamento no caso de mensagens com conteúdo ofensivo inseridas por usuários. O entendimento pacificado da Turma é que o dano decorrente dessas mensagens não constitui risco inerente à atividade dos provedores de conteúdo. A fiscalização prévia do teor das informações postadas pelo usuário não é atividade do administrador de rede social, portanto, seu dever é retirar do ar, logo que for comunicado, o texto ou a imagem que possuem conteúdo ilícito, apenas podendo responder por sua omissão." Precedentes citados: REsp 1.186.616-MG, *DJe* 31.08.2011, e REsp 1.175.675-RS, *DJe* 20.09.2011. REsp 1.306.066-MT, Rel. Min. Sidnei Beneti, j. 17.04.2012. (Inform. STJ 495)

"RESPONSABILIDADE. PROVEDOR. CONTEÚDO. MENSAGENS OFENSIVAS. INTERNET. Trata-se, na origem, de ação indenizatória por danos morais em que o recorrido alega ser alvo de ofensas em página na Internet por meio de rede social mantida por provedor. Assim, a Turma deu provimento ao recurso, afastando a responsabilidade do provedor pelos danos morais suportados pelo recorrido, ao entender que os provedores de conteúdo, como o recorrente – que disponibilizam, na rede, informações criadas ou desenvolvidas pelos provedores, sendo esses que produzem as informações divulgadas na Internet –, não podem ser obrigados a exercer um controle prévio do conteúdo das informações prestadas no site por seus usuários, devem, assim que tiverem conhecimento inequívoco da existência de dados ilegais no site, removê-los imediatamente, sob pena de responder pelos danos respectivos, devendo manter, ainda, um sistema minimamente eficaz de identificação de seus usuários, cuja efetividade será analisada caso a caso. Na espécie, o provedor, uma vez ciente da existência de material de conteúdo ofensivo, adotou todas as providências tendentes à imediata remoção do site. Ademais, a rede social disponibilizada pelo provedor mantém um canal para que as pessoas cuja identidade tiver sido violada solicitem a exclusão da conta falsa, bem como para que seja feita denúncia de abuso na utilização de perfis individuais ou comunidades. A recorrente mantém um meio razoavelmente eficiente de rastreamento dos usuários, medida de segurança que corresponde à diligência média esperada de um provedor de conteúdo". REsp 1.186.616-MG, Rel. Min. Nancy Andrighi, j. 23.08.2011. (Inform. STJ 481)

Ocorre que o Marco Civil da Internet adotou que o provedor de aplicações de internet só poderá ser responsabilizado civilmente por danos decorrentes de conteúdo gerado por terceiro se, após ordem judicial específica, não tomar providência para tornar indisponível o conteúdo apontado como infringente (art. 19). Ou seja, alguém que se sinta ofendido por algum conteúdo gerado por terceiros não terá como simplesmente notificar o provedor mencionado, para que este remova a publicação, sendo de rigor que ingresse com uma ação judicial para que o juiz determine a remoção do conteúdo.

Não bastasse o art. 19 também assevera que tal remoção de conteúdo também deve considerar os limites técnicos do serviço do provedor, de modo que, caso eventualmente um provedor demonstre que será impossível remover todos os conteúdos apontados como infringentes, poderá vir a ser isentado de reponsabilidade.

A ordem judicial de que trata o art. 19 (ordem para tornar indisponível o conteúdo ofensivo) deverá conter, sob pena de nulidade, identificação clara e específica do conteúdo apontado como infringente, que permita a localização inequívoca do material. Nesse sentido, a lei acolheu o disposto no Enunciado n. 554 JDC/CJF, pelo qual "Independe de indicação do local específico da informação a ordem judicial para que o provedor de hospedagem bloqueie determinado conteúdo ofensivo na internet". Ou seja, a lei exige a identificação do conteúdo apontado como infringente, mas não exige que o ofendido aponte os locais específicos onde a informação se encontra.

O § 2º do art. 19 dispõe que "a aplicação do disposto neste artigo para infrações a direitos de autor ou a direitos conexos depende de previsão legal específica, que deverá respeitar a liberdade de expressão e demais garantias previstas no art. 5º da Constituição Federal.

Já o § 3º do art. 19 assevera que "as causas que versem sobre ressarcimento por danos decorrentes de conteúdos disponibilizados na internet relacionados à honra, à reputação ou a direitos de personalidade, bem como sobre a indisponibilização desses conteúdos por provedores de aplicações de internet, poderão ser apresentadas perante os juizados especiais". Essa regra é interessante, pois, já que agora é necessário ingressar na Justiça para pedir a indisponibilização de conteúdos ofensivos, pelo menos que se possa fazê-lo em justiça, a princípio, mais célere e simples.

Em mais uma disposição processual, o art. 19, § 4º, estabelece que "o juiz, inclusive no procedimento previsto no § 3º, poderá antecipar, total ou parcialmente, os efeitos da tutela pretendida no pedido inicial, existindo prova inequívoca do fato e considerado o interesse da coletividade na disponibilização do conteúdo na internet, desde que presentes os requisitos de verossimilhança da alegação do autor e de fundado receio de dano irreparável ou de difícil reparação".

A regra, apesar de processual, acaba por dar uma diretriz de direito material, ao dispor que, na verificação sobre se um dado conteúdo é ofensivo ao direito de alguém, há de se verificar se há interesse coletivo na sua disponibilização na internet, já que esse interesse, se houve, faz com que a informação não possa ser retirada à força, em virtude do princípio da supremacia do interesse público sobre o interesse particular.

O art. 20 da lei dispõe que, "sempre que tiver informações de contato do usuário diretamente responsável pelo conteúdo a que se refere o art. 19, caberá ao provedor de aplicações de internet comunicar-lhe os motivos e informações relativos à indisponibilização de conteúdo, com informações que permitam o contraditório e a ampla defesa em juízo, salvo expressa previsão legal ou expressa determinação judicial fundamentada em contrário". Essa regra se aplicará especialmente nas tutelas antecipadas concedidas sem a oitiva do terceiro responsável pelo conteúdo dito como ofensivo.

Já o parágrafo único do art. 20 estabelece que "quando solicitado pelo usuário que disponibilizou o conteúdo tornado indisponível, o provedor de aplicações de internet que exerce essa atividade de forma organizada, profissionalmente e com fins econômicos substituirá o conteúdo tornado indisponível pela motivação ou pela ordem judicial que deu fundamento à indisponibilização". Aqui se tem a vítima do conteúdo ofensivo buscando uma espécie de direito de resposta, ao solicitar que no lugar do texto ofensivo conste a motivação ou ordem judicial que deu fundamento à indisponibilização do ato ofensivo.

O único caso em que a lei não exige que se ingresse com ação judicial, para que o provedor de aplicações de internet indisponibilize conteúdos ofensivos, é o caso previsto no art. 21 da Lei, quando há violação da intimidade decorrente da divulgação, sem autorização de seus participantes, de **imagens**, de **vídeos** ou de outros materiais contendo **cenas de nudez ou de atos sexuais de caráter privado**. Nesses casos, basta que o ofendido (participante da cena) ou seu represente legal faça uma notificação (pode ser extrajudicial) ao provedor, para que este promova, de forma diligente, no âmbito e nos limites técnicos do seu serviço, a indisponibilização desse conteúdo. A notificação em questão deverá conter, sob pena de nulidade, elementos que permitam a identificação específica do material apontado como violador da intimidade do participante e a verificação da legitimidade para apresentação do pedido.

Na hipótese em questão (do art. 21 da Lei), caso o provedor de aplicações de internet, após ser devidamente notificado, deixe de promover a indisponibilização do conteúdo, gerado por terceiros *será responsabilizado subsidiariamente* pela violação. Responsabilização subsidiária significa que pagará a indenização devida caso o terceiro ofensor for condenado ao não tiver patrimônio suficiente para arcar com os respectivos prejuízos.

9.5.1.5. Requisição Judicial de Registros

Segundo o art. 22 da Lei "a parte interessada poderá, com o propósito de formar conjunto probatório em processo judicial cível ou penal, em caráter incidental ou autônomo, requerer ao juiz que ordene ao responsável pela guarda o fornecimento de registros de conexão ou de registros de acesso a aplicações de internet", sendo que, "sem prejuízo dos demais requisitos legais, o requerimento deverá conter, sob pena de inadmissibilidade: I – fundados indícios da ocorrência do ilícito; II – justificativa motivada da utilidade dos registros solicitados para fins de investigação ou instrução probatória; e III – período ao qual se referem os registros".

Esse pedido é típico é, normalmente, complementar ao pedido de indisponibilização do conteúdo ofensivo. Veja o caso de alguém que é surpreendido com postagem de conteúdos ofensivos à sua honra e imagem. Esse alguém vai buscar, num primeiro momento, a remoção do conteúdo, mas tem interesse em buscar saber também quem foi o terceiro responsável pela disponibilização do conteúdo, daí porque terá enorme interesse em requerer ao juiz que ordene ao responsável pela guarda dos registros de conexão e de acesso a aplicações de internet que informe o endereço de IP e demais dados necessários a identificação do ofensor e à caracterização da ofensa praticada por este.

No caso em questão o art. 23 estabelece que "cabe ao juiz tomar as providências necessárias à garantia do sigilo das informações recebidas e à preservação da intimidade, da vida privada, da honra e da imagem do usuário, podendo determinar segredo de justiça, inclusive quanto aos pedidos de guarda de registro".

11. Estatuto da Criança e do Adolescente

João Aguirre

1. DIRETRIZ CONSTITUCIONAL DA TUTELA DA CRIANÇA E DO ADOLESCENTE

A Constituição Federal de 1988 tem por objetivo estender a proteção do Estado a uma nova concepção de família, estruturada nas relações afetivas e na dignidade de seus membros, qualquer que seja a sua origem, estabelecendo a tutela incondicionada da formação da personalidade do menor.

Tem-se por princípio fundamental a defesa dos superiores interesses da criança e do adolescente, premissa essencial de nosso ordenamento, em que se objetiva a criação de uma ordem jurídica justa e solidária, visando primordialmente o bem-estar social e a plenitude do desenvolvimento da personalidade do menor, respeitando sua condição peculiar de pessoa em desenvolvimento.

Trata-se da concretização da doutrina da proteção integral e do princípio da prioridade absoluta da criança e do adolescente, diretrizes axiológicas insculpidas na Constituição Federal da República que garantem à criança e ao adolescente prioridade absoluta, reconhecendo-os como sujeitos de direitos merecedores de proteção especial e garantindo-lhes todos os direitos fundamentais inerentes à pessoa humana.

2. A LEI 8.069/1990 (ECA) E A PROTEÇÃO À CRIANÇA E AO ADOLESCENTE

Em consonância com a base axiológica de nosso ordenamento, a Lei 8.069/1990, o Estatuto da Criança e do Adolescente, tem por alicerce a doutrina da proteção integral e a prioridade absoluta no tratamento da criança e do adolescente.

De acordo com o art. 2º do ECA, criança é a pessoa de até 12 anos de idade incompletos e adolescente, aquele que se encontra na faixa etária entre 12 e 18 anos de idade. Contudo, em casos excepcionais, devidamente expressos em lei, as normas previstas no Estatuto poderão ser aplicadas às pessoas entre 18 e 21 anos de idade.

Estabelece o ECA que a criança e o adolescente gozam de todos os direitos fundamentais inerentes à pessoa humana, com prioridade absoluta, devendo ser asseguradas a ambos todas as oportunidades e facilidades, com o objetivo de lhes facultar o desenvolvimento físico, mental, moral, espiritual e social, em condições de liberdade e de dignidade.

Como se vê, a criança e o adolescente são reconhecidos como sujeitos de direito em toda a sua plenitude, que merecem a proteção integral não só do Estado mas da família e da comunidade.

Atenção

Essa garantia de prioridade absoluta no tratamento dado à criança e ao adolescente compreende:

a) **Primazia:** para receber proteção e socorro em quaisquer circunstâncias;

b) **Precedência:** de atendimento nos serviços públicos ou de relevância pública;

c) **Preferência:** na formulação e na execução das políticas sociais públicas;

d) **Privilégio:** na destinação de recursos públicos nas áreas relacionadas com a proteção à infância e à juventude.

Nesse contexto de proteção integral nenhuma criança ou adolescente pode ser objeto de qualquer forma de tratamento discriminatório, negligência, exploração, violência, crueldade e opressão.

3. DO DIREITO À VIDA E À SAÚDE

Toda criança e também o adolescente têm direito a proteção à vida e à saúde, cabendo ao Estado efetivar políticas sociais públicas que permitam o nascimento e o desenvolvimento sadio e harmonioso, em condições dignas de existência.

Assim é assegurado à gestante o atendimento pré e perinatal, por meio do Sistema Único de Saúde (SUS), para que a parturiente será atendida preferencialmente pelo mesmo médico que a acompanhou na fase pré-natal, devendo o poder público propiciar-lhe apoio alimentar, assim como assistência psicológica à gestante e à mãe, no período pré e pós-natal, até como forma de prevenir ou minorar as consequências do estado puerperal.

O mesmo direito possui a gestante ou a mãe que manifeste interesse em entregar seus filhos para adoção, que serão obrigatoriamente encaminhadas à Justiça da Infância e da Juventude.

Já no que tange ao aleitamento materno, cabe ao poder público, às instituições e aos empregadores propiciar condições adequadas à sua efetivação, o que se estende aos filhos de mães submetidas a medida privativa de liberdade.

Por outro lado, no que pertine à proteção da saúde da criança e do adolescente, o Estatuto da Criança e do Adolescente lhes assegura atendimento integral, através do SUS, além de lhes garantir o acesso universal e igualitário às ações e serviços para sua promoção, proteção e recuperação.

Merecem tratamento especializado a criança e o adolescente portadores de deficiência, cabendo ao Estado fornecer gratuitamente àqueles que necessitarem os medicamentos, próteses e outros recursos relativos ao tratamento, habilitação ou reabilitação.

4. DO DIREITO À LIBERDADE, AO RESPEITO E À DIGNIDADE

4.1. Do Direito à Liberdade

O direito à liberdade compreende os seguintes aspectos:

a) ir, vir e estar nos logradouros públicos e espaços comunitários, ressalvadas as restrições legais;

b) opinião e expressão;

c) crença e culto religioso;

d) brincar, praticar esportes e divertir-se;

e) participar da vida familiar e comunitária, sem discriminação;

f) participar da vida política, na forma da lei;

g) buscar refúgio, auxílio e orientação.

4.2. Do Direito ao Respeito

O direito ao respeito consiste na:

a) inviolabilidade da integridade física, psíquica e moral da criança e do adolescente;

b) preservação da imagem, da identidade, da autonomia, dos valores, ideias e crenças, dos espaços e objetos pessoais.

4.3. Do Direito à Dignidade

Todos devem velar pela dignidade da criança e do adolescente, sujeitos de direito que merecem a proteção integral, impondo-se que o Estado, a família e a comunidade os ponham a salvo de qualquer tratamento desumano, violento, aterrorizante, vexatório ou constrangedor.

A Lei 13.010 de 26 de junho de 2014, popularmente chamada de "Lei da Palmada", o direito da criança e do adolescente de serem educados e cuidados sem o uso de castigos físicos ou de tratamento cruel ou degradante, inserindo no Estatuto da Criança e do Adolescente os artigos 18-A, 18 B e 70-A.

Por conseguinte, dispõe o artigo 18-A do ECA que por castigo físico deve ser entendida qualquer ação de natureza disciplinar ou punitiva aplicada com o uso da força física sobre a criança ou o adolescente que resulte em: a) sofrimento físico; ou b) lesão. Por outro lado, o mesmo dispositivo legal conceitua o tratamento cruel ou degradante como conduta ou forma cruel de tratamento em relação à criança ou ao adolescente que: a) humilhe; ou b) ameace gravemente; ou c) ridicularize a criança ou o adolescente.

Nos casos em que se verificar o uso de castigo físico ou de tratamento cruel ou degradante, qualquer pessoa encarregada de cuidar de crianças e de adolescentes, tratá-los, educá-los ou protegê-los, estarão sujeitos, sem prejuízo de outras sanções cabíveis, às seguintes medidas, que serão aplicadas de acordo com a gravidade do caso: a) encaminhamento a programa oficial ou comunitário de proteção à família; b) encaminhamento a tratamento psicológico ou psiquiátrico; c) encaminhamento a cursos ou programas de orientação; d) obrigação de encaminhar a criança a tratamento especializado; e) advertência.

Essas medidas serão aplicadas pelo Conselho Tutelar, sem prejuízo de outras providências legais, cabendo ainda, à União, aos Estados, ao Distrito Federal e aos Municípios atuar de forma articulada na elaboração de políticas públicas e na execução de ações destinadas a coibir o uso de castigo físico ou de tratamento cruel ou degradante e difundir formas não violentas de educação de crianças e de adolescentes.

5. DO DIREITO À CONVIVÊNCIA FAMILIAR E COMUNITÁRIA

Visando a tutela do superior interesse da criança e do adolescente, diretriz fundamental da doutrina da proteção integral, deve-se, primordialmente, propiciar sua manutenção no seio da família natural.

Entende-se por família natural a comunidade formada por qualquer dos pais e os seus descendentes. Já a família extensa ou ampliada consiste na comunidade que se estende para além da unidade pais e filhos ou da unidade do casal, formada por parentes próximos com os quais a criança ou adolescente convive e mantém vínculos de afinidade e afetividade.

Por outro lado, a família substituta se constitui através da guarda, tutela ou adoção. Dispõe o art. 19 do ECA que toda criança ou adolescente tem direito a ser criado e educado no seio da sua família e, excepcionalmente, em família substituta. Assim, é possível que o menor seja colocado em família substituta, naquelas hipóteses em que não existam, ou sejam desconhecidos, os membros de sua família natural, ou nas situações em que a manutenção da criança ou do adolescente no seio de sua família nuclear acabe por se demonstrar altamente prejudicial aos seus interesses, colocando em risco o pleno e salutar desenvolvimento de sua personalidade.

Trata-se de medida extremada, que deve ser tomada somente em caráter excepcional, como medida de proteção, condicionada à ocorrência de uma situação de risco para o menor.

5.1. Da Família Natural

Como vimos, a **família natural** consiste na comunidade formada pelos pais ou qualquer deles e seus descendentes, podendo ser ampliada em decorrência da necessidade de proteção da criança e do adolescente, hipótese em que abrangerá, também, as relações que se estendem para além da unidade pais e filhos ou da unidade do casal, formada por parentes próximos com os quais a criança ou adolescente convive e mantém vínculos de afinidade e afetividade, denominada **família extensa ou ampliada.**

No âmbito da proteção do ECA, merece relevo a questão relativa ao reconhecimento de paternidade, posto consistir em direito fundamental da criança e do adolescente. Desse modo, mesmo o filho havido fora do casamento pode ser reconhecido pelos pais, conjunta ou separadamente, afastando-se qualquer forma deletéria de discriminação ou de tratamento desigual entre filhos.

Por conseguinte, dispõe o art. 26 do ECA que os filhos havidos fora do casamento poderão ser reconhecidos pelos pais, conjunta ou separadamente, no próprio termo de nascimento, por testamento, mediante escritura ou outro documento público, qualquer que seja a origem da filiação.

5.2. Da Família Substituta

Dispõe o art. 28 do ECA que, independentemente da situação jurídica da criança ou do adolescente, a sua colocação em **família substituta** será efetivada através da a) **guarda**; b) **tutela**; ou c) **adoção**.

Consoante dito anteriormente, a inserção da criança e do adolescente em uma família substituta constitui medida excepcional que só deverá ser levada a efeito na impossibilidade de manutenção do menor no âmbito de sua família natural ou ampliada.

Assim, sendo inevitável a colocação em família substituta, deve-se, quando possível, ouvir a criança ou o adolescente, que terá sua opinião devidamente considerada, de preferência através de uma equipe interprofissional e respeitando seu estágio de desenvolvimento e grau de compreensão sobre as implicações da medida. Ressalte-se que nos casos do maior de 12 anos de idade, seu consentimento será absolutamente necessário e deverá ser colhido em audiência.

Além disso, como forma de melhor proteger os interesses da criança e do adolescente, evitando ou minorando as consequências da extremada medida de colocação em família substituta, devem-se levar em conta o grau de parentesco e a relação de afinidade ou de afetividade do menor para com seu guardião ou tutor, no momento da apreciação do pedido por parte do juiz.

Outrossim, a colocação em família substituta não admitirá transferência da criança ou adolescente a terceiros ou a entidades governamentais ou não governamentais, sem autorização judicial.

No sentido de melhor proteger aos interesses da criança, impõe-se que grupos de irmãos sejam colocados sob adoção, tutela ou guarda de uma mesma família substituta, preservando seu contato e o relacionamento afetivo criado ao longo da convivência familiar, salvo hipóteses de comprovada existência de risco de abuso ou outra situação que justifique plenamente a necessidade de afastamento dos irmãos, casos em que, de toda forma, deve-se evitar o definitivo rompimento dos vínculos fraternais.

5.2.1. Da Guarda

A guarda consiste na primeira e mais branda das medidas de colocação em família substituta prevista pelo ECA, eis que não acarreta a suspensão e nem a perda do poder familiar por parte dos pais do menor, nem impede o exercício do direito de visitas, assim como o dever de prestar alimentos, que serão objeto de regulamentação específica, a pedido do interessado ou do Ministério Público, salvo expressa e fundamentada determinação em contrário da autoridade judiciária competente, ou quando a medida for aplicada em preparação para adoção.

A guarda obriga à prestação de assistência material, moral e educacional à criança e ao adolescente, o que vai ao encontro da doutrina da proteção integral que constitui a base de valores de nosso ordenamento.

O guardião, por sua vez, será investido do direito de opor-se a terceiros, inclusive aos pais, conferindo-se à criança e ao adolescente que se encontram sob sua guarda a condição de seu dependente, inclusive no que se refere aos direitos previdenciários.

Atenção

É possível classificar a guarda prevista pelo Estatuto da Criança e do Adolescente da seguinte forma:

a) Guarda Permanente: concedida ao guardião de forma definitiva e que impõe a responsabilidade pela criança ou adolescente até o momento em que atingir a idade de 18 anos.

b) Guarda Provisória: destina-se a regularizar a posse de fato e é concedida de forma temporária ao guardião, podendo ser deferida, liminar ou incidentalmente, nos procedimentos de tutela e adoção, exceto no de adoção por estrangeiros, nos termos do § 1º do art. 33 do Estatuto da Criança e do Adolescente.

c) Guarda Peculiar: deferida excepcionalmente, fora dos casos de tutela e adoção, para atender a situações peculiares ou suprir a falta eventual dos pais ou responsável, e permite que seja deferido o direito de representação para a prática de atos determinados.

5.2.2. Da Tutela

Medida menos branda do que a guarda, a tutela pressupõe a prévia decretação da perda ou suspensão do poder familiar e implica necessariamente o dever de guarda.

Serão postas sob tutela as pessoas de até 18 anos incompletos, e seu tutor poderá ser nomeado por testamento ou qualquer documento autêntico, devendo, no prazo de 30 (trinta) dias após a abertura da sucessão, ingressar com pedido destinado ao controle judicial do ato.

Contudo, somente será deferida a tutela à pessoa indicada na disposição de última vontade se restar comprovado que a medida é vantajosa ao tutelando e que não existe outra pessoa em melhores condições de assumi-la.

5.2.3. Da Adoção

A adoção é medida excepcional e irrevogável, à qual se deve recorrer apenas quando esgotados os recursos de manutenção da criança ou adolescente na família natural ou extensa.

5.2.3.1. Requisitos para a adoção

São requisitos para a adoção:

a) podem adotar os maiores de 18 (dezoito) anos, independentemente do estado civil;

b) o adotante há de ser pelo menos dezesseis anos mais velho que o adotado;

c) enquanto não der contas de sua administração e não saldar o débito, não poderá o tutor ou o curador adotar o pupilo ou o curatelado;

d) adoção depende de consentimento dos pais ou dos representantes legais, de quem se deseja adotar, e da concordância deste, se contar mais de 12 anos. Porém o consentimento será dispensado em relação à criança ou adolescente cujos pais sejam desconhecidos ou tenham sido destituídos do poder familiar;

e) para adoção conjunta, é indispensável que os adotantes sejam casados civilmente ou mantenham união estável, comprovada a estabilidade da família;

f) os divorciados, os judicialmente separados e os ex-companheiros podem adotar conjuntamente, contanto que acordem sobre a guarda e o regime de visitas e desde que o estágio de convivência tenha sido iniciado na constância do período de convivência e que seja comprovada a existência de vínculos de afinidade e afetividade com aquele não detentor da guarda, que justifiquem a excepcionalidade da concessão. Nesses casos, desde que demonstrado efetivo benefício ao adotando, será assegurada a guarda compartilhada;

g) é vedada a adoção por procuração;

h) o adotando deve contar com, no máximo, 18 anos na data do pedido, salvo se já estiver sob a guarda ou tutela dos adotantes;

i) não podem adotar os ascendentes e os irmãos do adotando.

5.2.3.2. Vínculos de Filiação

A adoção atribui a condição de filho ao adotado, com os mesmos direitos e deveres, inclusive sucessórios, desligando-o de qualquer vínculo com pais e parentes, salvo os impedimentos matrimoniais, sendo recíproco o direito sucessório entre o adotado, seus descendentes, o adotante, seus ascendentes, descendentes e colaterais até o 4º grau, observada a ordem de vocação hereditária.

Se um dos cônjuges ou concubinos adota o filho do outro, mantêm-se os vínculos de filiação entre o adotado e o cônjuge ou concubino do adotante e os respectivos parentes.

O vínculo da adoção constitui-se por sentença judicial, que será inscrita no registro civil mediante mandado do qual não se fornecerá certidão. A inscrição consignará o nome dos adotantes como pais, bem como o nome de seus ascendentes. O mandado judicial, que será arquivado, cancelará o registro original do adotado.

A sentença conferirá ao adotado o nome do adotante e, a pedido de qualquer deles, poderá determinar a modificação do prenome. Caso a modificação de prenome seja requerida pelo adotante, é obrigatória a oitiva do adotando.

5.2.3.3. Adoção post mortem

A adoção será deferida quando apresentar reais vantagens para o adotando e fundar-se em motivos legítimos. Poderá ocorrer o deferimento antes de prolatada a sentença, ao adotante que vier a falecer no curso do procedimento, desde que tenha manifestado sua vontade de forma inequívoca – adoção *post mortem*.

5.2.3.4. Estágio de Convivência

A adoção será precedida de *estágio de convivência* com a criança ou adolescente, pelo prazo que a autoridade judiciária fixar, observadas as peculiaridades do caso.

O *estágio de convivência* poderá ser dispensado se o adotando já estiver sob a tutela ou guarda legal do adotante durante tempo suficiente para que seja possível avaliar a conveniência da constituição do vínculo.

A simples guarda de fato não autoriza, por si só, a dispensa da realização do estágio de convivência.

Atenção

Em caso de adoção por pessoa ou casal residente ou domiciliado fora do país, o estágio de convivência, cumprido no território nacional, será de no mínimo 30 (trinta) dias.

5.2.3.5. Efeitos

A adoção produz seus efeitos a partir do trânsito em julgado da sentença constitutiva, exceto na hipótese de adoção póstuma, caso em que terá força retroativa à data do óbito.

O adotado tem direito de conhecer sua origem biológica, bem como de obter acesso irrestrito ao processo no qual a medida foi aplicada e seus eventuais incidentes, após completar 18 (dezoito) anos.

O acesso ao processo de adoção poderá ser também deferido ao adotado menor de 18 (dezoito) anos, a seu pedido, asseguradas orientação e assistência jurídica e psicológica.

A morte dos adotantes não restabelece o poder familiar dos pais naturais.

5.2.3.6. Adoção Internacional

Considera-se adoção internacional aquela na qual a pessoa ou casal postulante é residente ou domiciliado fora do Brasil.

A adoção internacional é medida excepcional e somente será deferida se, após consulta ao cadastro de pessoas ou casais habilitados à adoção, mantido pela Justiça da Infância e da Juventude na comarca, bem como aos cadastros estadual e nacional anteriormente referidos, não for encontrado interessado com residência permanente no Brasil.

A adoção internacional de criança ou adolescente brasileiro ou domiciliado no Brasil somente terá lugar quando restar comprovado:

a) que a colocação em família substituta é a solução adequada ao caso concreto;

b) que foram esgotadas todas as possibilidades de colocação da criança ou adolescente em família substituta brasileira, após consulta aos cadastros mencionados;

c) que, em se tratando de adoção de adolescente, este foi consultado, por meios adequados ao seu estágio de desenvolvimento, e que se encontra preparado para a medida, mediante parecer elaborado por equipe interprofissional.

6. DO DIREITO À EDUCAÇÃO, À CULTURA, AO ESPORTE E AO LAZER

Toda criança e adolescente possui direito à educação, o que objetiva ao pleno desenvolvimento de sua pessoa, além do necessário preparo para o exercício da cidadania e qualificação para o trabalho.

Por conseguinte, são assegurados à criança e ao adolescente:

a) igualdade de condições para o acesso e permanência na escola;

b) direito de ser respeitado por seus educadores;

c) direito de contestar critérios avaliativos, podendo recorrer às instâncias escolares superiores;

d) direito de organização e participação em entidades estudantis;

e) acesso à escola pública e gratuita próxima de sua residência.

Além disso, os pais da criança e do adolescente, ou seus responsáveis, têm o direito a ter ciência do processo pedagógico, bem como participar da definição das propostas educacionais afetas ao menor.

Por outro lado, cabe ao Estado assegurar à criança e ao adolescente:

a) ensino fundamental, obrigatório e gratuito, inclusive para os que a ele não tiveram acesso na idade própria;

b) progressiva extensão da obrigatoriedade e gratuidade ao ensino médio;

c) atendimento educacional especializado aos portadores de deficiência, preferencialmente na rede regular de ensino;

d) atendimento em creche e pré-escola às crianças de 0 a 6 anos de idade;

e) acesso aos níveis mais elevados do ensino, da pesquisa e da criação artística, segundo a capacidade de cada um;

f) oferta de ensino noturno regular, adequado às condições do adolescente trabalhador;

g) atendimento no ensino fundamental, através de programas suplementares de material didático-escolar, transporte, alimentação e assistência à saúde.

Os dirigentes de estabelecimentos de ensino fundamental deverão comunicar ao Conselho Tutelar todos os casos de:

a) maus-tratos envolvendo seus alunos;

b) reiteração de faltas injustificadas e de evasão escolar, esgotados os recursos escolares;

c) elevados níveis de repetência.

7. DO DIREITO À PROFISSIONALIZAÇÃO E À PROTEÇÃO NO TRABALHO

Em consonância com as diretrizes de nossa ordem constitucional (art. 7º, XXXIII) é proibido o trabalho noturno, perigoso ou insalubre do menor de 18 anos e qualquer trabalho ao menor de 16 anos, salvo na condição de aprendiz a partir dos 14 anos de idade.

Nesse sentido, considera-se aprendizagem a formação técnico-profissional ministrada segundo as diretrizes e bases da legislação de educação em vigor, e a formação técnico-profissional obedecerá aos seguintes princípios:

a) garantia de acesso e frequência obrigatória ao ensino regular;

b) atividade compatível com o desenvolvimento do adolescente;

c) horário especial para o exercício das atividades.

8. DA PREVENÇÃO

É dever de todos prevenir a ocorrência de ameaça ou violação dos direitos da criança e do adolescente, importando em responsabilidade da pessoa física ou jurídica a inobservância de quaisquer das normas de prevenção que desse dever decorrem.

8.1. Da Prevenção Especial

8.1.1. Da informação, Cultura, Lazer, Esportes, Diversões e Espetáculos

Incumbe ao Poder Público regular, através do órgão competente, as diversões e espetáculos públicos, divulgando destacadamente as seguintes informações, afixando-as em lugar visível e de fácil acesso:

a) sobre a natureza dos espetáculos;

b) sobre a as faixas etárias a que não se recomendem;

c) sobre locais e horários em que sua apresentação se mostre inadequada.

Toda criança ou adolescente terá acesso às diversões e espetáculos públicos classificados como adequados à sua faixa etária, mas as crianças menores de 10 anos somente poderão ingressar e permanecer nos locais de apresentação ou exibição quando acompanhadas dos pais ou responsável.

As emissoras de rádio e televisão somente exibirão, no horário recomendado para o público infantojuvenil, programas com finalidades educativas, artísticas, culturais e informativas.

Nenhum espetáculo será apresentado ou anunciado sem aviso de sua classificação, antes de sua transmissão, apresentação ou exibição.

8.1.2. Dos Produtos e Serviços

São produtos cuja venda à criança ou ao adolescente é proibida:

a) armas, munições e explosivos;

b) bebidas alcoólicas;

c) produtos cujos componentes possam causar dependência física ou psíquica ainda que por utilização indevida;

d) fogos de estampido e de artifício, exceto aqueles que pelo seu reduzido potencial sejam incapazes de provocar qualquer dano físico em caso de utilização indevida;

e) revistas e publicações contendo material impróprio ou inadequado a crianças e adolescentes;

f) bilhetes lotéricos e equivalentes.

Atenção

O ECA também proíbe a hospedagem de criança ou adolescente em hotel, motel, pensão ou estabelecimento congênere, salvo se autorizado ou acompanhado pelos pais ou responsável.

8.1.3. Da Autorização para Viajar

Nenhuma criança poderá viajar para fora da comarca onde reside desacompanhada dos pais ou responsável, sem expressa autorização judicial.

Dispensa-se a autorização quando:

a) tratar-se de comarca contígua à da residência da criança, se na mesma unidade da Federação, ou incluída na mesma região metropolitana;

b) a criança estiver acompanhada:

b.1) de ascendente ou colateral maior, até o terceiro grau, comprovado documentalmente o parentesco;

b.2) de pessoa maior, expressamente autorizada pelo pai, mãe ou responsável.

A autoridade judiciária poderá, a pedido dos pais ou responsável, conceder autorização válida por dois anos.

Quando se tratar de **viagem ao exterior,** a autorização é dispensável, se a criança ou adolescente:

a) estiver acompanhado de ambos os pais ou responsável;

b) viajar na companhia de um dos pais, autorizado expressamente pelo outro através de documento com firma reconhecida.

Sem prévia e expressa autorização judicial, nenhuma criança ou adolescente nascido em território nacional poderá sair do país em companhia de estrangeiro residente ou domiciliado no exterior.

9. DAS MEDIDAS DE PROTEÇÃO

As medidas de proteção poderão ser aplicadas sempre que a criança ou adolescente estiver em situação de risco. Desse modo, aplicam-se as medidas de proteção quando os direitos da criança e do adolescente estiverem sendo ameaçados ou violados por: i) ação ou omissão da sociedade ou do Estado; ii) abuso, falta ou omissão dos pais ou responsável; iii) em razão de sua própria conduta.

As medidas de proteção estão previstas no rol exemplificativo do art. 101 do ECA, podendo ser aplicadas a critério do juiz, de forma cumulativa ou não, e substituídas quando necessárias.

Atenção

São medidas de proteção:

a) encaminhamento aos pais ou responsável, mediante termo de responsabilidade;

b) orientação, apoio e acompanhamento temporários;

c) matrícula e frequência obrigatórias em estabelecimento oficial de ensino fundamental;

d) inclusão em programa comunitário ou oficial de auxílio à família, à criança e ao adolescente;

e) requisição de tratamento médico, psicológico ou psiquiátrico, em regime hospitalar ou ambulatorial;

f) inclusão em programa oficial ou comunitário de auxílio, orientação e tratamento a alcoólatras e toxicômanos;

g) acolhimento institucional;

h) inclusão em programa de acolhimento familiar;

i) colocação em família substituta.

10. DO ATO INFRACIONAL

Considera-se ato infracional a conduta descrita como crime ou contravenção penal.

À criança que pratica ato infracional só serão aplicadas as medidas de proteção, enquanto, para o adolescente, podem ser aplicadas as medidas de proteção e as medidas socioeducativas.

Nenhum adolescente será privado de sua liberdade senão em flagrante de ato infracional ou por ordem escrita e fundamentada da autoridade judiciária competente. Além disso, o adolescente tem direito à identificação dos responsáveis pela sua apreensão, devendo ser informado acerca de seus direitos.

A apreensão de qualquer adolescente e o local onde se encontra recolhido serão *in continenti* comunicados à autoridade judiciária competente e à família do apreendido ou à pessoa por ele indicada, examinando-se, desde logo e sob pena de responsabilidade, a possibilidade de liberação imediata.

O adolescente civilmente identificado não será submetido a identificação compulsória pelos órgãos policiais, de proteção e judiciais, salvo para efeito de confrontação, havendo dúvida fundada.

11. DAS MEDIDAS SOCIOEDUCATIVAS

Verificada a prática de ato infracional, a autoridade competente poderá aplicar ao adolescente as seguintes medidas:

a) advertência;

b) obrigação de reparar o dano;

c) prestação de serviços à comunidade;

d) liberdade assistida;

e) inserção em regime de semiliberdade;

f) internação em estabelecimento educacional;

g) qualquer uma das medidas de proteção previstas no art. 101, I a IX, do ECA.[1]

11.1. Advertência

A advertência consistirá em admoestação verbal, que será reduzida a termo e assinada.

11.2. Obrigação de Reparar o Dano

A autoridade poderá determinar, se for o caso e em se tratando de ato infracional com reflexos patrimoniais, que o adolescente restitua a coisa, promova o ressarcimento do dano, ou, por outra forma, compense o prejuízo da vítima. Havendo manifesta impossibilidade, a medida poderá ser substituída por outra adequada.

11.3. Prestação de Serviços à Comunidade

A prestação de serviços comunitários consiste na realização de tarefas gratuitas de interesse geral, por período não excedente a seis meses, junto a entidades assistenciais, hospitais, escolas e outros estabelecimentos congêneres, bem como em programas comunitários ou governamentais.

As tarefas serão atribuídas conforme as aptidões do adolescente, devendo ser cumpridas durante jornada máxima de oito horas semanais, aos sábados, domingos e feriados ou em dias úteis, de modo a não prejudicar a frequência à escola ou à jornada normal de trabalho.

1. Art. 101. Verificada qualquer das hipóteses previstas no art. 98, a autoridade competente poderá determinar, entre outras, as seguintes medidas: I – encaminhamento aos pais ou responsável, mediante termo de responsabilidade; II – orientação, apoio e acompanhamento temporários; III – matrícula e frequência obrigatórias em estabelecimento oficial de ensino fundamental; IV – inclusão em programa comunitário ou oficial de auxílio à família, à criança e ao adolescente; V – requisição de tratamento médico, psicológico ou psiquiátrico, em regime hospitalar ou ambulatorial; VI – inclusão em programa oficial ou comunitário de auxílio, orientação e tratamento a alcoólatras e toxicômanos; VII – acolhimento institucional; VIII – inclusão em programa de acolhimento familiar; IX – colocação em família substituta.

11.4. Liberdade Assistida

A liberdade assistida será adotada sempre que se afigurar a medida mais adequada para o fim de acompanhar, auxiliar e orientar o adolescente. A autoridade designará pessoa capacitada para acompanhar o caso, a qual poderá ser recomendada por entidade ou programa de atendimento.

A liberdade assistida será fixada pelo prazo mínimo de seis meses, podendo a qualquer tempo ser prorrogada, revogada ou substituída por outra medida, ouvidos o orientador, o Ministério Público e o defensor.

11.5. Regime de Semiliberdade

O regime de semiliberdade pode ser determinado desde o início, ou como forma de transição para o meio aberto, possibilitada a realização de atividades externas, independentemente de autorização judicial.

A medida não comporta prazo determinado, aplicando-se, no que couber, as disposições relativas à internação.

São obrigatórias a escolarização e a profissionalização, devendo, sempre que possível, ser utilizados os recursos existentes na comunidade.

11.6. Internação

A internação constitui medida privativa da liberdade, sujeita aos princípios de brevidade, excepcionalidade e respeito à condição peculiar de pessoa em desenvolvimento.

A medida de internação só poderá ser aplicada quando:

a) tratar-se de ato infracional cometido mediante grave ameaça ou violência a pessoa;

b) por reiteração no cometimento de outras infrações graves;

c) por descumprimento reiterado e injustificável da medida anteriormente imposta.

A internação pode ser i) provisória; ii) com prazo indeterminado; iii) com prazo determinado.

A **internação provisória** é decretada antes da sentença e pode ser determinada pelo prazo máximo de quarenta e cinco dias. A decisão deverá ser fundamentada e basear-se em indícios suficientes de autoria e materialidade, demonstrada a necessidade imperiosa da medida.

A **internação com prazo indeterminado** deve ter sua manutenção reavaliada, mediante decisão fundamentada, no máximo a cada seis meses, e em nenhuma hipótese o período máximo de internação excederá a três anos. Atingido o limite estabelecido, o adolescente deverá ser liberado, colocado em regime de semiliberdade ou de liberdade assistida. Outrossim, a liberação será compulsória aos 21 anos de idade.

A **internação com prazo determinado** tem cabimento por descumprimento reiterado e injustificável da medida anteriormente imposta e não poderá ser superior a 3 (três) meses, devendo ser decretada judicialmente após o devido processo legal.

12. DO CONSELHO TUTELAR

O Conselho Tutelar é um órgão não jurisdicional, permanente e autônomo, encarregado pela sociedade de zelar pelo cumprimento dos direitos da criança e do adolescente.

Deve haver, no mínimo, um Conselho Tutelar em cada município, composto por cinco membros escolhidos pela comunidade local. O mandato dos conselheiros será de quatro anos, permitida uma recondução.

Exige-se para a candidatura a membro do Conselho Tutelar: a) reconhecida idoneidade moral; b) idade superior a 21 anos e c) residência no município do respectivo Conselho.

A lei municipal disporá sobre local, dia e horário de funcionamento do Conselho Tutelar, inclusive quanto a eventual remuneração de seus membros, devendo constar da lei orçamentária municipal a previsão dos recursos necessários a seu funcionamento.

O exercício efetivo da função de conselheiro garante os seguintes atributos:

a) constitui serviço público relevante;

b) estabelecerá presunção de idoneidade moral; e

c) assegura prisão especial, em caso de crime comum, até o julgamento definitivo.

12.1. Das Atribuições do Conselho

São atribuições do Conselho Tutelar:

1) atender as crianças e adolescentes nas hipóteses relacionadas à medidas de proteção ou aos atos infracionais, aplicando as seguintes medidas:

a) encaminhamento aos pais ou responsável, mediante termo de responsabilidade;

b) orientação, apoio e acompanhamento temporários;

c) matrícula e frequência obrigatórias em estabelecimento oficial de ensino fundamental;

d) inclusão em programa comunitário ou oficial de auxílio à família, à criança e ao adolescente;

e) requisição de tratamento médico, psicológico ou psiquiátrico, em regime hospitalar ou ambulatorial;

f) inclusão em programa oficial ou comunitário de auxílio, orientação e tratamento a alcoólatras e toxicômanos;

g) acolhimento institucional;

2) atender e aconselhar os pais ou responsável, aplicando as seguintes medidas:

a) encaminhamento a programa oficial ou comunitário de proteção à família;

b) inclusão em programa oficial ou comunitário de auxílio, orientação e tratamento a alcoólatras e toxicômanos;

c) encaminhamento a tratamento psicológico ou psiquiátrico;

d) encaminhamento a cursos ou programas de orientação;

e) obrigação de matricular o filho ou pupilo e acompanhar sua frequência e aproveitamento escolar;

f) obrigação de encaminhar a criança ou adolescente a tratamento especializado;

g) advertência.

3) promover a execução de suas decisões, podendo:

a) requisitar serviços públicos nas áreas de saúde, educação, serviço social, previdência, trabalho e segurança;

b) representar junto à autoridade judiciária nos casos de descumprimento injustificado de suas deliberações.

4) encaminhar ao Ministério Público notícia de fato que constitua infração administrativa ou penal contra os direitos da criança ou adolescente;

5) encaminhar à autoridade judiciária os casos de sua competência;

6) providenciar as seguintes medidas estabelecidas pela autoridade judiciária para o adolescente autor de ato infracional:

a) encaminhamento aos pais ou responsável, mediante termo de responsabilidade;

b) orientação, apoio e acompanhamento temporários;

c) matrícula e frequência obrigatórias em estabelecimento oficial de ensino fundamental;

d) inclusão em programa comunitário ou oficial de auxílio à família, à criança e ao adolescente;

e) requisição de tratamento médico, psicológico ou psiquiátrico, em regime hospitalar ou ambulatorial;

f) inclusão em programa oficial ou comunitário de auxílio, orientação e tratamento a alcoólatras e toxicômanos;

g) acolhimento institucional.

7) expedir notificações;

8) requisitar certidões de nascimento e de óbito de criança ou adolescente quando necessário;

9) assessorar o Poder Executivo local na elaboração da proposta orçamentária para planos e programas de atendimento dos direitos da criança e do adolescente;

10) representar, em nome da pessoa e da família, contra a violação dos direitos previstos no art. 220, § 3º, inciso II, da Constituição Federal, que estabelece os meios legais para garantir à pessoa e à família, e especialmente à criança e ao adolescente, a possibilidade de se defenderem de programas ou programações de rádio e televisão que contrariem os princípios insculpidos em nossa Lei Maior, bem como da propaganda de produtos, práticas e serviços que possam ser nocivos à saúde e ao meio ambiente;

11) representar ao Ministério Público para efeito das ações de perda ou suspensão do poder familiar, após esgotadas as possibilidades de manutenção da criança ou do adolescente junto à família natural.

Cabe também ao Conselho Tutelar, no exercício de suas atribuições, sempre que entender necessário o afastamento do convívio familiar, comunicar *in continenti* o fato ao Ministério Público, prestando-lhe informações sobre os motivos de tal entendimento e as providências tomadas para a orientação, o apoio e a promoção social da família.

As decisões do Conselho Tutelar somente poderão ser revistas pela autoridade judiciária a pedido de quem tenha legítimo interesse.

12. Direito do Consumidor

Wander Garcia

1. ANTECEDENTES HISTÓRICOS

O século XX foi marcado pelo processo de industrialização do Brasil. Esse processo levou ao aparecimento da chamada "sociedade de consumo", que tem as seguintes peculiaridades:

a) produção em série de produtos, ou seja, produção em grandes quantidades e diversidade;

b) distribuição em massa de produtos e serviços, destacando-se o aparecimento de grandes centros comerciais, tais como supermercados, shoppings e lojas de departamento;

c) publicidade em grande escala, no oferecimento de produtos e serviços, inclusive a publicidade por meio de *merchandising*;

d) oferecimento generalizado de crédito ao consumidor;

e) formalização das aquisições por **contrato de adesão**.

Essas peculiaridades levaram ao aparecimento de uma situação de verdadeira desigualdade entre fornecedores e consumidores, propiciando o aparecimento de uma legislação de defesa do segundo.

2. LEGISLAÇÃO

Entre a entrada em vigor do antigo Código Civil (em 1917) e os dias atuais houve grande lapso temporal em que o consumidor não recebeu proteção legal alguma.

Por conta disso, a Constituição de 1988 deixou claro que deveria ser elaborado um Código de Defesa do Consumidor, que acabou por vir ao mundo jurídico por meio da Lei 8.078/1990.

É importante destacar que a Constituição determinou a elaboração de um Código de **Defesa** do Consumidor, e não de um mero código de relações de consumo. Isso significa que o código deveria trazer (e trouxe!) normas que tomam partido em favor do consumidor, tratando-o de maneira especial, com vantagens e prerrogativas maiores do que as do fornecedor, tudo com vistas a deixar mais equilibrada a relação jurídica entre os dois.

A Constituição de 1988 estava tão preocupada com o grande desequilíbrio que havia entre o fornecedor e o consumidor, que acabou por trazer várias normas acerca da proteção do consumidor, conforme se pode verificar na seguinte relação:

a) art. 48, ADCT: *"o Congresso Nacional, dentro de cento e vinte dias da promulgação da Constituição, elaborará código de defesa do consumidor"*.

b) art. 5º, XXXII, CF: *"o Estado promoverá, na forma da lei, a defesa do consumidor"*. Repare que a defesa do consumidor é cláusula pétrea, pois está no art. 5º da CF.

c) art. 1º, inciso III, CF: é fundamento da República a *"dignidade da pessoa humana"*. Essa dignidade das pessoas deve estar protegida em todos os aspectos de sua personalidade, tais como a pessoa como *trabalhadora*, como parte de uma *família*, como *presidiária*, como *consumidora* etc.

d) art. 150, § 5º, CF: *"a lei determinará medidas para que os consumidores sejam esclarecidos acerca dos impostos que incidam sobre mercadorias e serviços"*. A Lei 12.741/2012 regulamenta o assunto.

e) art. 170, CF: um dos princípios da ordem econômica é a *"defesa do consumidor"*. Aliás, a finalidade da ordem econômica é *"assegurar a todos existência digna, conforme os ditames da justiça social"*.

Passemos, agora, ao estudo dos princípios do Direito do Consumidor, que decorrem das normas expressas na Lei 8.078/1990.

3. PRINCÍPIOS DO DIREITO DO CONSUMIDOR

3.1. Introdução

Em primeiro lugar, faz-se necessário lembrar que os **princípios** são *normas jurídicas de especial relevância e alta carga valorativa, que, além de vincular, servem de vetor interpretativo a todos os destinatários do direito.*

São, então, (1) alicerces do ordenamento jurídico, (2) normas vinculantes, (3) vetores interpretativos, (4) normas relevantes, além de deter (5) alta carga valorativa.

Nesse sentido, os princípios têm posição especial no ordenamento jurídico. Eles não só instituem normas a serem aplicadas diretamente às relações de consumo, como também orientam a aplicação das outras normas previstas no CDC e nos contratos de consumo.

Os princípios do CDC incidem não somente sobre as regras do próprio CDC, como também em relação a *regras* previstas em leis especiais, em que se possa vislumbrar a existência de uma relação de consumo. Por exemplo, podemos citar a Lei de Plano de Saúde. Caso haja um conflito entre uma *regra* dessa lei e uma *regra* do CDC, prevalece a *regra* da Lei de Plano de Saúde, pois esta é uma lei especial em relação ao CDC. No entanto, se houver um conflito entre uma regra da Lei de Plano de Saúde e um princípio do CDC, prevalece o princípio do CDC, pois os *princípios* têm hierarquia material em relação às meras *regras*.

Feita a presente introdução, passemos ao estudo dos princípios em espécie.

3.2. Princípio da vulnerabilidade

Esse princípio pode ser **conceituado** como *aquele que impõe o reconhecimento da vulnerabilidade do consumidor no mercado de consumo.*

O princípio está previsto no art. 4º, I, do CDC.

O CDC traz **presunção absoluta** da vulnerabilidade do consumidor, vulnerabilidade essa que pode ser verificada nos seguintes aspectos: econômico (ex.: consumidor x poder econômico do banco), físico (ex.: consumidor x riscos de acidente aéreo), informativo (ex.: consumidor x desconhecimento das condições reais de financiamento), técnico (ex.: consumidor x ignorância sobre o funcionamento de equipamentos eletrônicos) e científico (ex.: consumidor x ignorância dos efeitos de um medicamento).

O reconhecimento da vulnerabilidade do consumidor faz com que a lei trate o consumidor de modo diferenciado.

Vejamos alguns **exemplos** de situações que revelam esse tratamento desigual entre o consumidor e o fornecedor:

a) *"as cláusulas contratuais serão interpretadas de maneira mais favorável ao consumidor"* (art. 47 do CDC);

b) *o* consumidor *pode desistir de contrato feito fora do estabelecimento no prazo de 7 dias* (art. 49), também pode desistir de alguns outros contratos, em alguns casos com direito ao reembolso de quantias pagas, ressalvados alguns descontos (art. 53).

O princípio da vulnerabilidade se relaciona com os princípios da *igualdade*, do *equilíbrio* e do *protecionismo*.

3.3. Princípio da ordem pública e do interesse social

Esse princípio pode ser **conceituado** como *aquele que dispõe ser o CDC uma lei que estabelece normas de ordem pública e interesse social.*

O princípio está previsto no art. 1º do CDC.

O fato de o CDC ser uma norma de **ordem pública** tem as seguintes consequências:

a) o juiz pode conhecer de ofício o foro de eleição abusivo; o STJ é pacífico nesse sentido; no entanto, o STJ não admite que o juiz, de ofício, reconheça a nulidade de outras cláusulas contratuais (*vide*, por exemplo, a Súmula 381 do STJ, pela qual, "nos contratos bancários, é vedado ao julgador conhecer, de ofício, da abusividade das cláusulas);

b) não há preclusão para alegação de uma nulidade de pleno direito (art. 51 do CDC), que pode ser suscitada em qualquer grau de jurisdição; um exemplo é a alegação feita somente por ocasião de um recurso de apelação de que dada multa em contrato de consumo é ilegal. Essa tese se contrapõe ao *princípio do dispositivo*, previsto no CPC. Assim, essa segunda consequência não é pacífica, devendo-se aguardar pronunciamento específico dos tribunais a respeito dessa possibilidade.

O fato de o CDC ser uma norma de **interesse social** tem como consequência a possibilidade de o Ministério Público defender certos direitos individuais do consumidor.

Isso porque, apesar de o art. 127 da CF só autorizar ao Ministério Público a defesa de *interesses individuais indisponíveis*, esse mesmo dispositivo confere ao *Parquet* o dever de defender os *interesses sociais*.

Assim, o Ministério Público pode defender interesses individuais homogêneos quando houver interesse social envolvido, como nos casos de educação e saúde.

Nesse sentido, a Súmula 643 do STF estabelece que "o Ministério Público tem legitimidade para promover ação civil pública cujo fundamento seja a ilegalidade de reajuste de mensalidades escolares".

Porém, o Ministério Público não tem legitimação, por não haver interesse social envolvido, para atuar em benefício de segurado, em caso de seguro obrigatório de veículo. Nesse sentido, a Súmula 470 do STJ estabelece que "o Ministério Público não tem legitimidade para pleitear, em ação civil pública, a indenização decorrente do DPVAT em benefício do segurado".

3.4. Princípio do dever de informar

Esse princípio pode ser **conceituado** como *aquele que estabelece o dever de o fornecedor informar de modo adequado e claro as características, uso, risco e preço dos produtos e serviços.*

São exemplos de aplicação prática do princípio as seguintes regras do CDC:

a) é dever do fornecedor informar de modo adequado e claro os produtos e serviços e todas as suas características, tais como qualidades, quantidade, composição, preço, garantia, prazos de validade e origem, entre outros dados, bem como sobre os riscos que apresentem à saúde e segurança dos consumidores. (art. 31 do CDC);

b) o contrato não obrigará o consumidor se este não tomar conhecimento prévio de seus termos ou se o instrumento for redigido de modo a dificultar a sua compreensão (art. 46).

O Estatuto da Pessoa com Deficiência (Lei 13.146/2015) estabeleceu a seguinte redação ao parágrafo único do art. 6º do CDC: "A informação de que trata o inciso III do *caput* deste artigo deve ser acessível à pessoa com deficiência, observado o disposto em regulamento". Esse inciso III mencionado dispõe que são direitos básicos do consumidor "a informação adequada e clara sobre os diferentes produtos e serviços, com especificação correta de quantidade, características, composição, qualidade, tributos incidentes e preço, bem como sobre os riscos que apresentem". Ou seja, a partir da vigência desse estatuto (segundo o art. 127 dele, em 180 dias após a publicação da lei, no caso o dia 07.07.2015), e nos termos do regulamento que será feito para a aplicação dessa norma, os produtos e serviços devem trazer as informações mencionadas (quantidade, características, composição, qualidade, tributos incidentes e preço) deverão vir acessíveis às pessoas com deficiência, sem prejuízo da norma prevista no art. 69 do mesmo estatuto: "O poder público deve assegurar a disponibilidade de informações corretas e claras sobre os diferentes produtos e serviços ofertados, por quaisquer meios de comunicação empregados, inclusive em ambiente virtual, contendo a especificação correta de quantidade, qualidade, características, composição e preço, bem como sobre os eventuais riscos à saúde e à segurança do consumidor com deficiência, em caso de sua utilização, aplicando-se, no que couber, os arts. 30 a 41 da Lei 8.078, de 11.09.1990. § 1º Os canais de comercialização virtual e os anúncios publicitários veiculados na imprensa escrita, na internet, no rádio, na televisão e nos demais veículos de comunicação abertos ou por assinatura devem disponibilizar, conforme a compatibilidade do meio, os recursos de acessibilidade de que trata o art. 67 desta Lei, a expensas do fornecedor do produto ou do serviço, sem prejuízo da observância do disposto nos arts. 36 a 38 da Lei 8.078, de 11 de setembro de 1990. § 2º Os fornecedores devem disponibilizar, mediante solicitação, exemplares de bulas, prospectos, textos ou qualquer outro tipo de material de divulgação em formato acessível".

Da mesma forma, o Estatuto da Pessoa com Deficiência estabeleceu a seguinte redação ao § 6º do art. 43 do CDC: "Todas as informações de que trata o *caput* deste artigo devem ser disponibilizadas em formatos acessíveis, inclusive para a pessoa com deficiência, mediante solicitação do consumidor". Esse *caput* do art. 43 trata do direito que tem o consumidor de ter acesso às informações existentes em cadastros, fichas, registros e dados pessoais e de consumo arquivados sobre ele, bem como sobre as suas respectivas fontes, no que diz respeito aos bancos de dados e cadastros de consumidor, como são os serviços de proteção ao crédito (ex.: SPC, Serasa etc.).

O princípio da informação impõe não só *informações*, como também algumas *explicações*. Nesse sentido, o STJ determina que, na venda de alimentos, não é suficiente colocar "contém glúten". É necessário que o fabricante explique as consequências disso (Inform. 417 do STJ).

Por outro lado, quanto ao tema das etiquetas em supermercado, o STJ entende que não é mais necessário colocar etiqueta com o preço em cada produto, pois a Lei 10.962/2004 admite, hoje, a utilização do sistema de código de barras, além de outros métodos previstos nessa lei.

3.5. Princípio da prevenção

Esse princípio pode ser **conceituado** como *aquele que obriga o fornecedor a tomar todas as precauções para evitar qualquer tipo de dano ao consumidor.*

Decorrem de tal princípio as seguintes regras:

a) o dever de informação ostensiva dos **perigos** e da **forma de uso** dos produtos (arts. 8º e 9º do CDC);

b) a **proibição** de venda de produto ou serviço de **alto grau de nocividade** ou **periculosidade** (art. 10 do CDC);

c) no caso de **conhecimento ulterior** do perigo, o fornecedor deve **comunicar** o fato às **autoridades competentes** e aos **consumidores**, mediante **anúncios publicitários** (art. 10, § 1º, do CDC), efetivando-se o **"recall"**;

d) sempre que tiverem conhecimento da periculosidade de produtos ou serviços à saúde ou segurança dos consumidores, a União, os Estados, o Distrito Federal e os Municípios deverão informá-los a respeito (art. 10, § 3º, do CDC).

3.6. Princípio da reparação integral dos danos

Esse princípio pode ser **conceituado** como *aquele que impõe reparação de todos os danos causados ao consumidor.*

O princípio, que decorre do disposto no art. 6º, VI, do CDC, tem as seguintes **consequências**:

a) há de se reparar os **danos patrimoniais** e **morais** (art. 6º, VI);

b) há de se reparar os danos **individuais**, **coletivos** e **difusos** (art. 6º, VI).

Por conta desse princípio, o STJ entende que não pode haver **tabelamento** para fixação de danos materiais e morais: no sentido de haver valor fixo legal ou jurisprudencial limitando indenizações, como havia no Código Brasileiro de Telecomunicações, que não foi recepcionado pela CF/1988, por decisão do STF. O que há é, em matéria de danos morais, alguns parâmetros indicados pelo STF, para que não sejam fixadas indenizações em valor desproporcional

Assim, não prevalecem em face do CDC as leis que limitam a indenização em favor do consumidor, como é o caso da Convenção de Varsóvia, aplicável, por exemplo, quando há atrasos em voo ou extravio de bagagem. Essa lei estabelece limites à indenização nesses casos, limite esse que não está de acordo com o princípio estudado no presente item, conforme entendimento pacífico do STJ.

3.7. Princípio da responsabilidade objetiva

Esse princípio pode ser **conceituado** como *aquele pelo qual o fornecedor responde, independentemente da existência de culpa, pelos danos causados aos consumidores.*

O princípio decorre do disposto nos artigos 12 a 18 do CDC, que serão vistos oportunamente.

Por conta da responsabilidade objetiva, o fornecedor só conseguirá se eximir de sua responsabilidade se provar uma das seguintes situações: a) que não colocou o produto no mercado; b) que o produto ou o serviço não é defeituoso; c) que a culpa é exclusiva da vítima ou de terceiro.

O **objetivo é garantir a efetiva reparação dos danos**, uma vez que a **prova da culpa** é muito difícil.

Esse princípio impôs uma mudança de paradigma. Com a entrada em vigor do CDC, em vez de a vítima sofrer sozinha os efeitos dos danos causados numa relação de consumo, passou a ocorrer uma **socialização dos danos**, em que todos pagam pelos danos ocorridos, já que o fornecedor embutirá no preço o risco do seu negócio, que aumentou muito com a instituição da responsabilidade objetiva.

É importante ressaltar que o princípio da responsabilidade objetiva tem uma exceção no CDC, qual seja: a responsabilidade pessoal do **profissional liberal** deve ser apurada mediante a verificação de culpa (art. 14, § 4º, do CDC). Ou seja, a responsabilidade do fornecedor profissional liberal, como o médico, é *subjetiva* no âmbito das relações de consumo.

3.8. Princípio da solidariedade

Esse princípio pode ser conceituado como *aquele que estabelece que, tendo mais de um autor a ofensa, todos respondem solidariamente, independentemente da existência de culpa* (art. 7º, parágrafo único, do CDC).

Confira algumas consequências práticas do princípio:

a) o plano de saúde responde por dano causado por médico conveniado;

b) a agência de turismo responde por dano causado em hotel por ela recomendado;

c) a corretora de seguro pode responder junto com a seguradora, quando não apresentar informação adequada;

d) a empresa aérea responde junto com a fabricante de um avião que tiver caído por problema na fabricação deste;

e) a concessionária de veículos responde junto com a montadora pelo conserto de veículo vindo com vício de fabricação.

É importante destacar que, na responsabilidade pelo *fato do produto*, também chamada de responsabilidade por *defeito* ou *acidente de consumo*, o comerciante não responde junto com o fabricante da coisa que tiver causado o acidente, conforme se pode verificar do art. 12 do CDC. Assim, caso um veículo tenha defeito de fabricação e tal defeito venha a causar um *acidente de consumo*, o comerciante não responderá pela indenização pelos danos morais e materiais causados, mas somente a montadora responderá por tais danos, tratando-se de uma exceção ao princípio da solidariedade entre os fornecedores.

Por fim, é imperioso lembrar que, havendo solidariedade entre os fornecedores, o consumidor poderá acionar apenas um deles e cobrar desse um a obrigação por inteiro. Em seguida, o fornecedor que responder ingressará com ação de regresso contra os demais fornecedores.

Acerca da solidariedade, confira, ainda, os seguintes artigos do CDC: 18, 19, 25, 28, § 3º e 34.

3.9. Princípio da facilitação da defesa dos direitos do consumidor

Esse princípio pode ser **conceituado** como *aquele que estabelece que a defesa do consumidor será facilitada por meio de normas de direito material e processual, bem como por atuação específica do Estado.*

Confira algumas *consequências práticas* ou *expressões* do princípio:

a) o Estado deve manter assistência jurídica gratuita e promotorias, delegacias e juizados específicos (art. 5º do CDC);

b) a responsabilidade objetiva facilita a defesa dos direitos do consumidor;

c) as ações coletivas facilitam a defesa dos consumidores em juízo;

d) a possibilidade de inversão do ônus da prova também facilita a defesa do consumidor em juízo.

Quanto à inversão do ônus da prova, o CDC dispõe que esta pode ser deferida "quando, a critério do juiz, for verossímil a alegação ou quando for ele hipossuficiente, segundo as regras ordinárias de experiências" (art. 6º, VIII).

Adotou-se, assim, a chamada Teoria da Carga Dinâmica, pela qual a *carga* (ou *ônus da prova*) pode ser modificada pelo juiz.

O STJ é pacífico, hoje, no sentido de que a **inversão do ônus da prova não é automática** (*ope legis*), dependendo de decisão judicial (*ope iudices*). Só há uma exceção em que o ônus da prova é invertido automaticamente pela lei, sendo de responsabilidade direta do fornecedor. Trata-se do ônus da prova sobre a veracidade da *publicidade*, que pertence a quem a patrocina (art. 38 do CDC), ou seja, ao anunciante.

No mais, para que o juiz determine a inversão do ônus da prova, é necessário que ele verifique a existência de um dos seguintes **requisitos**: a) verossimilhança das alegações do consumidor; b) hipossuficiência do consumidor.

Repare que basta a configuração de **um** dos dois requisitos para que o juiz determine a inversão do ônus da prova, sendo que a hipossuficiência não se confunde com a vulnerabilidade, já que esta é presumida e está ligada ao direito material, ao passo que a hipossuficiência tem relação com o direito processual.

O STJ entende que a inversão do ônus da prova não impõe que a parte desfavorecida com a medida pague a **prova pericial**. No entanto, a não realização desse tipo de prova acabará prejudicando aquele que tem o ônus probatório.

Por fim, vale salientar que o STJ entende que o **Ministério Público também pode requerer a inversão do ônus da prova**, já que, em última análise, o *Parquet* atua, em juízo, na defesa da coletividade, que, no caso das relações de consumo, é composta de consumidores.

3.10. Princípio da modificação e da revisão contratual

Esse princípio pode ser **conceituado** como *aquele que, pondo fim ao dogma do "pacta sunt servanda", estabelece o* direito de modificação *das cláusulas contratuais que estabeleçam* prestações desproporcionais, *bem como o* direito de revisão *das cláusulas contratuais* em razão de fatos supervenientes que as tornem excessivamente onerosas (art. 6º, V).

O **direito de modificação** incide sobre aquelas cláusulas que já nascem desproporcionais, abusivas (ex.: cláusula que diz que só o fornecedor pode rescindir unilateralmente o contrato).

Já o **direito de revisão** incide sobre cláusulas que nasceram proporcionais, mas que se tornaram excessivamente onerosas por um fato superveniente. Um exemplo é a cláusula de indexação de contrato de *leasing* pela variação cambial que se torna excessivamente onerosa por um aumento abrupto e altíssimo no preço do dólar.

Quanto ao direito de revisão, perceba-se que se trata de faculdade mais ampla do que a trazida na Teoria da Imprevisão, prevista nos arts. 317 e 478 do Código Civil. Neste diploma legislativo, a lei exige, para a aplicação do direito à revisão, que o fato superveniente seja *extraordinário* e *imprevisível*, requisito este não exigido no CDC.

Assim, caso um contrato seja indexado pela variação cambial e o valor do dólar suba significativamente (fato superveniente), tornando excessivamente onerosa a cláusula para o consumidor, este terá direito à revisão contratual, pouco importando se a variação para cima do câmbio é extraordinária ou não, e se é previsível ou não.

3.11. Princípio da boa-fé objetiva

Esse princípio pode ser **conceituado** como *aquele que impõe ao fornecedor e ao consumidor presumirem e praticarem os atos da relação de consumo com boa-fé, entendida esta como aquela extraída da ética.*

Repare que o CDC adotou a concepção ética (objetiva) da boa-fé, e não a concepção individual (subjetiva) da boa-fé. Ou seja, o juiz deve verificar se os contratantes agiram de boa-fé comparando as atitudes destes com a boa-fé extraída da sociedade (boa-fé objetiva) e não com a boa-fé individual do juiz ou de uma pessoa qualquer, ou seja, o que o juiz ou terceiro entendem, particularmente, o que é agir de boa-fé numa dada situação (boa-fé subjetiva).

Há jurisprudência do STJ, de lavra do Min. Rui Rosado, que dispõe ferir o princípio da boa-fé a conduta de um fornecedor (uma instituição financeira) de pedir a busca e apreensão de um veículo alienado fiduciariamente, em face da inadimplência tão somente da **última** parcela de um financiamento, providência esta que, por sua desproporção e deslealdade, caracteriza ato que afronta a boa-fé objetiva. No caso, o fornecedor deve simplesmente fazer a cobrança da parcela não paga, não sendo razoável retirar o carro do consumidor por conta do não pagamento de apenas uma parcela do financiamento.

4. RELAÇÃO JURÍDICA DE CONSUMO

4.1. Importância da temática

Para que se aplique o CDC é necessário que se configure uma relação de consumo ou alguma hipótese em que o CDC equipare algumas pessoas a consumidor.

Para a configuração de uma relação de consumo são necessários três elementos: a) o *objetivo* (a existência de um produto *ou* de um serviço); b) o *subjetivo* (a existência de um fornecedor *e* de um consumidor); e c) o *finalístico* (a aquisição ou utilização de produto ou serviço como destinatário final).

Esses elementos serão estudados nos itens que seguem.

4.2. Elementos subjetivos

A relação de consumo só se configura, quanto ao elemento *subjetivo*, se, num dado caso concreto, estiver presente um consumidor *e* um fornecedor.

O **consumidor** é toda pessoa física ou jurídica que adquire ou utiliza produto ou serviço como destinatário final (art. 2º do CDC).

Repare que a *pessoa jurídica* também pode ser consumidora. Ou seja, é possível que uma empresa adquira algum produto e venha a pedir a proteção do CDC.

Para que isso aconteça, é necessário que se configurem os outros elementos para a formação de uma relação de consumo.

Já o **fornecedor** é definido como *toda pessoa física ou jurídica, pública ou privada, nacional ou estrangeira, bem como os entes despersonalizados, que desenvolvem atividade de produção, montagem, criação, construção, transformação, importação, exportação, distribuição ou comercialização de produtos ou prestação de serviços* (art. 3º, *caput*, do CDC).

Repare que uma *pessoa física* também pode ser fornecedora. São exemplos o médico, o arquiteto, o fisioterapeuta, que atuam de modo autônomo.

Quanto às pessoas jurídicas, repare que as *pessoas jurídicas de direito público* (União, Estados, DF, Municípios, autarquias, agências reguladoras, fundações públicas e associações públicas) também podem ser fornecedoras. Tal situação não é muito comum, pois tais pessoas costumam celebrar contratos regidos pelo direito público e não pelo direito privado. Mas em situações excepcionais pode-se configurar uma relação de consumo com a presença de uma pessoa jurídica de direito público, como é o caso da prestação de serviço de reprografia por parte de uma repartição pública, situação em que se aplicará o CDC e não uma norma de direito público.

As *pessoas jurídicas estrangeiras* também podem ser fornecedores para fim de aplicação do CDC. Tal situação pode ocorrer quando uma pessoa jurídica estrangeira vem a atuar em território nacional, como ocorre com companhias aéreas que fazem escalas de voo no Brasil. Caso, nessa escala no Brasil, a empresa aérea venda produtos aos passageiros, aplicar-se-á o CDC.

Há um acórdão muito interessante do STJ que responsabiliza uma empresa multinacional, mas com unidade constituída sob as leis brasileiras (a "Panasonic"), por problema em filmadora adquirida em unidade do exterior. O consumidor, mesmo tendo adquirido a filmadora em viagem, conseguiu a condenação da empresa brasileira, pertencente à mesma marca. De acordo com o STJ, *"o mercado consumidor, não há como negar, vê-se hoje 'bombardeado' diuturnamente por intensa e hábil propaganda, a induzir a aquisição de produtos, notadamente os sofisticados de procedência estrangeira, levando em linha de conta diversos fatores, dentre os quais, e com relevo, a respeitabilidade da marca. Se empresas nacionais se beneficiam de marcas mundialmente conhecidas, incumbe-lhes responder também pelas deficiências dos produtos que anunciam e comercializam, não sendo razoável destinar-se ao consumidor as consequências negativas dos negócios envolvendo objetos defeituosos"* (REsp 63.981/SP).

Enfim, as disposições do CDC sobre as pessoas jurídicas como fornecedoras é tão ampla, que se pode concluir que toda pessoa jurídica está sujeita, em tese, à aplicação do CDC.

Além das pessoas físicas e das pessoas jurídicas, os *entes despersonalizados* também podem ser fornecedores. Nesse sentido, pessoas que se reúnem, sem formalização jurídica, para desenvolver atividades no mercado de consumo, também respondem perante o CDC, como é o caso de camelôs e sociedades de fato.

Por fim, não basta que se esteja diante de uma pessoa física, de uma pessoa jurídica ou de um ente despersonalizado, para que se tenha um fornecedor. Para que se tenha um fornecedor que responda perante o CDC tais entes devem *"desenvolver atividades"* de produção, montagem, criação, comércio, prestação de serviço etc.

Isso significa que só será fornecedor aquele que *pratica uma atividade* de produção, montagem, comércio etc., ficando de fora do conceito de fornecedor aquele que pratica uma única conduta de produção, montagem, venda etc.

Assim, uma pessoa física, que só tem um imóvel, e que o vende a outra pessoa (a um vizinho, por exemplo) não será considerada fornecedora, pois não "desenvolve atividade" de venda, tendo feito tal contrato numa situação isolada, aplicando-se o Código Civil ao negócio celebrado entre as partes. Ao contrário, uma incorporadora, cujo objetivo é justamente incorporar e vender imóveis, será considerada fornecedora, aplicando-se o CDC ao negócio entabulado.

Por fim, há de se ressaltar que é fornecedor quem desenvolve as seguintes atividades: de *produção, montagem, criação, construção, transformação, importação, exportação, distribuição ou comercialização de produtos* ou *prestação de serviços.*

Dessa forma, o fornecedor é o gênero, que tem como espécies o produtor, o montador, o criador, o construtor, o transformador, o importador, o exportador, o distribuidor, o comerciante e o prestador de serviços.

4.3. Elementos objetivos

A relação de consumo só se configura, quanto ao elemento *objetivo*, se estiver presente um produto *ou* um serviço.

O **produto** é qualquer bem, móvel ou imóvel, material ou imaterial (art. 3º, § 1º, do CDC).

Quanto aos produtos imateriais, pode-se citar como exemplo a aquisição de um CD com um programa antivírus.

Já o **serviço** é qualquer *atividade fornecida no mercado de consumo, mediante remuneração*, inclusive as de natureza bancária, financeira, de crédito e securitária, *salvo as decorrentes das relações de caráter trabalhista* (art. 3º, § 2º, do CDC).

Há três pontos a se ressaltar no que diz respeito ao **conceito de serviço.**

O primeiro é que, para que se tenha um serviço regido pelo CDC, deve-se tratar de uma *atividade fornecida no mercado de consumo.*

Atividades fornecidas no mercado de consumo são aquelas que envolvem oferta ao mercado, produção em série, oferecimento ao público, ofertas em veículos de comunicação etc.

Nesse sentido, atividades que não envolvam *oferta ao público* (ex.: encomenda de um quadro a um pintor famoso), *produção em série* (ex.: prestação de serviço especializadíssimo a uma grande montadora de automóveis) ou *grande possibilidade de publicidade* (ex.: serviço de advocacia) tendem a não ser consideradas *"atividades fornecidas no mercado de consumo"* e, portanto, não envolvem relação de consumo, mas relação regida pelo Código Civil, por exemplo.

O segundo ponto a destacar é o fato de que, para que se tenha um serviço regido pelo CDC, deve-se tratar de serviço prestado *mediante remuneração.* Assim, serviços puramente gratuitos, como os serviços prestados por uma entidade assistencial, não são considerados serviços para efeito de aplicação do CDC.

Há de se tomar certo cuidado, pois alguns serviços têm remuneração indireta e, dessa forma, estão sujeitos à incidência do CDC.

Um exemplo é a "lavagem grátis", oferecida por alguns postos de gasolina para quem abastece o carro com um número mínimo de litros. Nesse caso, a tal lavagem grátis não é tão grátis assim... O custo dessa lavagem está embutido no preço do combustível, de modo que, havendo qualquer problema no serviço de lavagem oferecido, é possível dizer que se aplica o CDC, por envolver serviço remunerado indiretamente.

O terceiro ponto a destacar é o fato de que não se caracteriza como serviço regido pelo CDC os serviços *decorrentes das relações de caráter trabalhista.* Tais serviços são regidos pela CLT e não pelo CDC.

Por fim, o CDC, que define serviço como qualquer "atividade" fornecida no mercado de consumo, acaba por trazer alguns exemplos de atividades que são regidas pelo próprio Código, quais sejam: atividades de natureza bancária, financeira, de crédito e securitária.

O CDC resolveu trazer expressamente essas indicações, pois o legislador já imaginava que haveria muitos questionamentos, principalmente das instituições financeiras e de seguro, que iriam tentar fugir da sua aplicação.

Mesmo com indicação expressa de que tais atividades estão sujeitas à incidência do CDC, houve muitos questionamentos dessas instituições, o que levou o STJ a editar súmulas confirmando a aplicação do CDC em relação a contratos bancários (Súm. 297), a contratos de plano de saúde (Súm. 469) e a contratos de previdência privada (Súm. 321).

4.4. Elemento finalístico

A relação de consumo só se configurará, quanto ao elemento *finalístico*, se o consumidor adquirir ou utilizar produto ou serviço como **destinatário final.**

Dessa forma, não é suficiente que se tenha um consumidor, um fornecedor e um produto ou serviço para que se tenha uma relação de consumo. Faz-se necessário que o consumidor adquira ou utilize o produto ou serviço como *destinatário final* destes.

Configurados todos esses requisitos, teremos uma relação de consumo, relação esta que será regida pelo CDC.

O problema é que a expressão "destinatário final" é bastante vaga e sujeita a muitas controvérsias.

Vamos a um exemplo. É possível dizer que um taxista é destinatário final de um táxi quando adquire o veículo numa concessionária? No *plano fático*, o taxista é destinatário final, pois compra o carro para ficar com ele e não para revendê-lo. Ou seja, o destino final fático do táxi é o próprio taxista. Já no *plano econômico*, o taxista não é destinatário final, pois o carro é utilizado numa atividade econômica, que transcende a figura do taxista. Ou seja, o destino final econômico do táxi atinge outras pessoas que não só o taxista.

Em suma, de acordo com a definição que se dê à expressão *destinatário final*, pode-se incluir ou excluir determinada relação da incidência do CDC.

Isso levou à formulação de diversas teorias a respeito da definição de destinatário final. Confira-as:

A **teoria finalista (ou subjetiva)** propõe que *consumidor é aquele que adquire produto ou serviço como* destinatário final fático e econômico.

Assim, só é consumidor quem usa o produto não profissionalmente. Por exemplo, é consumidor aquele que adquire produtos num supermercado para consumo em família, pois tais produtos não serão utilizados profissionalmente.

Por outro lado, não é consumidor quem adquire produtos ou serviços para uso profissional ou empresarial. Por exemplo, não é consumidor aquele que adquire *insumos, matéria-prima* e *bens de capital* para usar numa produção industrial. Vale lembrar que não é considerado aquisição de insumo a contratação de empresa de seguradora, por concessionária de veículo, para proteger os veículos enquanto expostos na loja. Isso porque "se a sociedade empresária firmar contrato de seguro visando proteger seu patrimônio (destinação pessoal), mesmo que seja para resguardar insumos utilizados em sua atividade comercial, mas sem integrar o seguro nos produtos ou serviços que oferece, haverá caracterização de relação de consumo, pois será aquela destinatária final dos serviços securitários. Situação diversa seria se o seguro empresarial fosse contratado para cobrir riscos dos clientes, ocasião em que faria parte dos serviços prestados pela pessoa jurídica" (STJ, REsp 1.352.419-SP, j. 19.08.2014). Assim como também há relação de consumo "entre a sociedade empresária vendedora de aviões e a sociedade empresária administradora de imóveis que tenha adquirido avião com o objetivo de facilitar o deslocamento de sócios e funcionários. O STJ, adotando o conceito de consumidor da teoria finalista mitigada, considera que a pessoa jurídica pode ser consumidora quando adquirir o produto ou serviço como destinatária final, utilizando-o para atender a uma necessidade sua, não de seus clientes. No caso, a aeronave foi adquirida para atender a uma necessidade da própria pessoa jurídica – o deslocamento de sócios e funcionários –, não para ser incorporada ao serviço de administração de imóveis" (STJ, AgRg no REsp 1.321.083-PR, j. 09.09.2014).

O STJ adotou essa teoria. Por conta disso, esse tribunal exclui da aplicação do CDC, por exemplo, os contratos de empréstimos bancários feitos por empresas para incrementar sua atividade econômica.

Já a **teoria maximalista** propõe que *consumidor é aquele que adquire produto ou serviço como* destinatário final fático, *pouco importando se é ou não destinatário final econômico*.

Assim, basta que alguém adquira um produto ou serviço para si, sem intuito de revenda, para que se tenha uma relação de consumo, o que faz com que também seja consumidor aquele que usa o produto profissionalmente, desde que não o revenda, já que, neste caso, não seria destinatário final fático.

Portanto, quem compra insumos e bens de capital, desde que não seja para revenda ou aluguel, é considerado consumidor, o que faz com que uma empresa que contraia um empréstimo bancário para incrementar sua atividade seja considerada consumidora.

Essa teoria acaba protegendo pessoas que não precisam de uma proteção especial, isto é, empresas de enorme porte podem ser protegidas pelo CDC em contratos nos quais não estejam em situação de vulnerabilidade.

Por fim, a **teoria intermediária** propõe que *consumidor é aquele que adquire produto ou serviço como destinatário final fático e econômico, podendo-se também aplicar o CDC em caso de comprovação de vulnerabilidade técnica, jurídica ou econômica*.

O STJ vem, aos poucos, rendendo-se a essa teoria. Na verdade, essa teoria adota a teoria finalista (que exige destinação fática e econômica para se configurar uma relação de consumo), mas admite a aplicação do CDC em casos em que se comprove que o adquirente de produto ou serviço é vulnerável.

Quando uma empresa é do tipo microempresa ou empresa individual, o STJ costuma entender que há vulnerabilidade, justificando a aplicação do CDC, desde que haja, pelo menos, destinação final fática. Um exemplo está no Informativo 441 do STJ, em que se entendeu que uma empresa dessa natureza, que havia adquirido uma máquina de bordar, tinha direito à proteção do CDC. Outro exemplo está no Informativo 383 do STJ, em que se entendeu que um caminhoneiro tinha, também, direito à proteção do CDC.

Sobre a questão, vale a pena citar interessante decisão do STJ: "a jurisprudência desta Corte, no tocante à matéria relativa ao consumidor, tem mitigado os rigores da teoria finalista para autorizar a incidência do Código de Defesa do Consumidor nas hipóteses em que a parte (pessoa física ou jurídica), embora não seja tecnicamente a destinatária final do produto ou serviço, se apresenta em situação de vulnerabilidade. O Acórdão recorrido destaca com propriedade, porém, que a recorrente é uma sociedade de médio porte e que não se vislumbra, no caso concreto, a vulnerabilidade que inspira e permeia o Código de Defesa do Consumidor" (REsp 1.027.165/ES, *DJe* 14.06.2011).

O STJ também costuma denominar essa nova forma de encarar a teoria finalista como finalismo aprofundado. Nesse sentido, vale também citar o seguinte precedente: "a jurisprudência do STJ, tomando por base o conceito de consumidor por equiparação previsto no art. 29 do CDC, tem evoluído para uma aplicação temperada da teoria finalista frente às pessoas jurídicas, num processo que a doutrina vem denominando finalismo aprofundado, consistente em se admitir que, em determinadas hipóteses, a pessoa jurídica adquirente de um produto ou serviço pode ser equiparada à condição de consumidora, por apresentar frente ao fornecedor alguma vulnerabilidade, que constitui o princípio-motor da política nacional das relações de consumo, premissa expressamente fixada no art. 4º, I, do CDC, que legitima toda a proteção conferida ao consumidor. A doutrina tradicionalmente aponta a existência de três modalidades de vulnerabilidade: técnica (ausência de conhecimento específico acerca do produto ou serviço objeto de consumo), jurídica (falta de conhecimento jurídico, contábil ou econômico e de seus reflexos na relação de consumo) e fática (situações em que a insuficiência econômica, física ou até mesmo psicológica do consumidor o coloca em pé de desigualdade frente ao fornecedor). Mais recentemente, tem se incluído também a vulnerabilidade informacional (dados insuficientes sobre o produto ou serviço capazes de influenciar no processo decisório de compra). A despeito da identificação *in abstracto* dessas espécies de vulnerabilidade, a casuística poderá apresentar novas formas de vulnerabilidade aptas a atrair a incidência do CDC à relação de consumo. Numa relação interempresarial, para além das hipóteses de vulnerabilidade já consagradas pela doutrina e pela jurisprudência, a relação de dependência de uma das partes frente à outra pode, conforme o caso, caracterizar uma vulnerabilidade legitimadora da aplicação da Lei 8.078/1990, mitigando os rigores da teoria finalista e autorizando a equiparação da pessoa jurídica compradora à condição de consumidora. Hipótese em que revendedora de veículos reclama indenização por danos materiais derivados de defeito em suas linhas telefônicas, tornando inócuo o investimento em anúncios publicitários, dada a impossibilidade de atender ligações de potenciais clientes. A contratação do serviço de telefonia não caracteriza relação de consumo tutelável pelo CDC, pois o referido serviço compõe a cadeia produtiva da empresa, sendo essencial à consecução do seu negócio. Também não se verifica nenhuma vulnerabilidade apta a equipar a empresa à condição de consumidora frente à prestadora do serviço de telefonia. Ainda assim, mediante aplicação do direito à espécie, nos termos do art. 257 do RISTJ, fica mantida a condenação imposta a título de danos materiais, à luz dos arts. 186 e 927 do CC/2002 e tendo em vista a conclusão das instâncias ordinárias quanto à existência de culpa da fornecedora pelo defeito apresentado nas linhas telefônicas e a relação direta deste defeito com os prejuízos suportados pela revendedora de veículos" (REsp 1.195.642/RJ, *DJe* 21.11.2012).

De qualquer forma, o STJ entendeu inaplicável o CDC na relação entre "o fornecedor de equipamento médico-hospitalar e o médico que firmam contrato de compra e venda de equipamento de ultrassom com cláusula de reserva de domínio e de indexação ao dólar americano, na hipótese em que o profissional de saúde tenha adquirido o objeto do contrato para o desempenho de sua atividade econômica" (REsp 1.321.614-SP, DJ 03.03.2015).

4.5. Outros entendimentos jurisprudenciais sobre o tema

A jurisprudência vem tomando uma série de decisões acerca da existência ou não de relação de consumo em determinadas situações.

Confira relação com casos em que se entende que **não há relação de consumo**:

a) na relação entre o condômino e o condomínio edilício, já que não se configura a definição de prestação de serviço prevista no CDC (STJ, AgRg no Ag 1.122.191, *DJe* 01.07.2010);

b) na locação de imóvel urbano, já que há lei específica tratando da questão, a Lei 8.245/1991 (STJ, AgRg no Ag 1.089.413, *DJe* 28.06.2010);

c) na relação entre o Fisco e os contribuintes de impostos e taxas, já que há um regime de direito público específico para a questão;

d) na relação entre o INSS e seus segurados, já que também há um regime jurídico de direito público específico para a questão (STJ, REsp 143.092);

e) no consumo de energia elétrica não residencial (art. 25 da MP 2.198-4 – "MP do Apagão");

f) na atividade profissional desenvolvida pelo advogado, já que este não atua no mercado de consumo, além de haver lei específica regulando sua responsabilidade, a Lei 8.906/1994 (STJ, REsp 532.377/RJ);

g) no contrato de crédito educativo, pois o objeto do contrato é um programa de governo, em benefício do estudante, sem conotação de serviço bancário (STJ, REsp 1.256.227, *DJe* 21.08.2012).

Confira, agora, relação com casos em que se entende que **há relação de consumo**:

a) na alienação fiduciária (art. 53 do CDC);

b) no *leasing* (STJ, AgRg no REsp 275.391/MG);

c) no contrato bancário (Súmula 297 do STJ);

d) na previdência privada (Súmula 321 do STJ);

e) nos planos de saúde (Súmula 469 do STJ);

f) nos contratos de transporte aéreo;

g) quanto ao beneficiário de serviço público que não seja daqueles que só o Estado pode prestar, como segurança pública, justiça etc. (art. 22 do CDC). Ex.: consumidor de água, luz, energia e telefonia;

h) na doação de sangue feita a um hospital que cobra o sangue do paciente que irá recebê-lo;

i) entre torcedores e entidades do esporte (Estatuto do Torcedor);

j) nos serviços prestados gratuitamente na internet, mas que sejam remunerados indiretamente por anúncios, como é o caso do Google; todavia, há de se verificar no caso concreto se o serviço foi defeituoso, considerando o que legitimamente se espera; nesse sentido o STJ decidiu que o serviço do Google "deve garantir o sigilo, a segurança e a inviolabilidade dos dados cadastrais de seus usuários, bem como o funcionamento e a manutenção das páginas na Internet que contenham os blogs individuais desses usuários. No que tange à fiscalização do conteúdo das informações postadas por cada usuário, não se trata de atividade intrínseca ao serviço prestado, de modo que não se pode reputar defeituoso, nos termos do art. 14 do CDC, o site que não examina e filtra o material nele inserido". (...) "Não bastasse isso, a verificação antecipada, pelo provedor, do conteúdo de todas as informações inseridas na web eliminaria – ou pelo menos alijaria – um dos maiores atrativos da Internet, que é a transmissão de dados em tempo real". (...) "Contudo, essas normas não livram indiscriminadamente os provedores de responsabilidade pelo tráfego de informações em seus sites. Há, como contrapartida, o dever de, uma vez ciente da existência de mensagem de conteúdo ofensivo, retirá-la imediatamente do ar, sob pena, aí sim, de responsabilização" (REsp 1.192.208, *DJe* 02.08.2012). Aliás, sobre essa temática vale trazer interessante decisão do STJ, para o qual "A sociedade empresária gestora de portal de notícias que disponibilize campo destinado a comentários de internautas terá responsabilidade solidária por comentários, postados nesse campo, que, mesmo relacionados à matéria jornalística veiculada, sejam ofensivos a terceiro e que tenham ocorrido antes da entrada em vigor do marco civil da internet (Lei 12.965/2014)".

4.6. Consumidores equiparados

O Código de Defesa do Consumidor também se aplica a outras situações em que não se configuram exatamente os elementos da relação de consumo mencionados.

Isso porque o CDC criou a figura dos consumidores equiparados, que recebem a proteção do regime jurídico especial previsto na lei consumerista, mesmo não se tratando do consumidor-padrão, do consumidor *standard*.

O consumidor-padrão (consumidor *standard*), como já sabemos, é a *pessoa que adquire ou utiliza produto/serviço como destinatário final* (art. 2º do CDC).

Mas é equiparada a consumidor a coletividade de pessoas, *ainda que indetermináveis, que haja intervindo nas relações de consumo* (art. 2º, parágrafo único).

Outro caso de consumidor equiparado é o dos **consumidores bystanders**. Estes consistem *nas vítimas do evento decorrente de responsabilidade pelo fato do produto ou serviço* (art. 17 do CDC). Um exemplo é o pedestre que acaba sendo atropelado por um acidente ocorrido com um ônibus. A vítima (o pedestre) não é consumidor-padrão, pois não adquire nem utiliza o serviço de transporte coletivo oferecido no ônibus acidentado. No entanto, essa pessoa, por ser vítima de um acidente de consumo, é equiparada a consumidor, levando o nome de consumidor "bystander". Como consumidor equiparado, essa pessoa receberá todas as vantagens da aplicação do CDC.

Mas há ainda um terceiro caso de consumidor equiparado, que é o das *pessoas, determináveis ou não,* expostas às práticas comerciais *de oferta, publicidade, práticas abusivas, cobranças de dívidas e bancos de dados e cadastros de consumidores* (art. 29 do CDC). Pode-se citar como exemplos os telespectadores de televisão que assistem a uma propaganda e uma pessoa que teve seu nome incluído indevidamente no Serasa. Ainda que os telespectadores ou a pessoa negativada não tenham adquirido ou utilizado produto ou serviço algum, tais pessoas são equiparadas a consumidores e recebem a proteção do CDC.

5. RESPONSABILIDADE PELO FATO DO PRODUTO OU DO SERVIÇO (DEFEITO)

A responsabilidade pelo **fato do produto ou do serviço** também é chamada de responsabilidade por **defeito** ou de responsabilidade por **acidente de consumo**.

Tal responsabilidade pode ser **conceituada** como *a obrigação de indenizar por danos causados por defeito ou falta de informação de produto ou serviço.*

Um exemplo é um problema no freio de um veículo que causa um acidente com vítima. Outro exemplo é um problema em tratamento estético que causa a queda de todo o cabelo de uma pessoa.

Repare que o *defeito* consiste num tipo de problema de um produto ou de um serviço que causa um dano à *saúde* ou à *segurança* de uma pessoa, ensejando direito à indenização.

É por isso que o *defeito* costuma ser conceituado como um "problema externo" do produto ou do serviço. Ou seja, não se trata de um simples problema interno num produto (ex.: uma televisão que não funciona), mas de problema externo, que causa um dano à saúde ou à segurança do consumidor (ex.: uma televisão que dá um choque no consumidor).

Confira, agora, os **requisitos** da responsabilidade pelo fato do produto ou do serviço:

a) *existência de um defeito do produto ou serviço, ou falta de informação acerca de um produto ou serviço;*

b) *dano relacionado à saúde ou segurança do consumidor*;

c) *nexo de causalidade* entre o defeito, ou falta de informação, e o dano.

Repare que, na narrativa do primeiro requisito, nada se escreveu quanto à necessidade de haver conduta *culposa* ou *dolosa* por parte do fornecedor.

Isso porque a responsabilidade no CDC é *objetiva*, não depende de comprovação de conduta culposa ou dolosa do fornecedor para que se configure.

A única exceção é a dos *profissionais liberais*. Estes somente responderão mediante a comprovação de culpa ou dolo de sua parte (art. 14, § 4º, do CDC). Assim, um médico, um dentista, um fisioterapeuta, um encanador, um eletricista e qualquer outro profissional liberal, caso atuem como autônomos, e não no contexto de uma pessoa jurídica, responderão apenas *subjetivamente*, ou seja, se atuarem com culpa ou dolo.

A responsabilidade desses profissionais só será objetiva caso se configurem outras circunstâncias que levem a uma responsabilidade objetiva, como a prevista no art. 927, parágrafo único, do Código Civil (*atividade de risco*) ou como a existência de uma *obrigação de resultado*, tal como a obrigação de um médico cirurgião plástico.

De toda forma, em qualquer dos dois casos, nada impede que o juiz inverta o ônus da prova e determine que o próprio profissional liberal demonstre que não agiu com culpa ou dolo.

Ainda quanto ao primeiro requisito (*existência de um defeito do produto ou serviço, ou falta de informação acerca de um produto ou serviço*), há de se tratar, agora, acerca das características do conceito de defeito em sentido amplo.

O **defeito**, em sentido amplo, pode ser conceituado como a situação em que um produto ou serviço *não oferece a segurança que dele legitimamente se espera.*

Para se verificar se há a existência ou não de um *defeito*, deve-se levar em consideração os seguintes pontos:

a) apresentação ou modo de fornecimento do produto ou serviço;

b) resultado e riscos que razoavelmente se espera do produto ou serviço;

c) época em que o produto ou serviço foi colocado no mercado.

O CDC estabelece que não há defeito pelo simples fato de haver um produto ou serviço de melhor qualidade. Assim, não é porque um dado veículo de luxo tem freios com funcionalidades bem mais avançadas que os demais veículos que não os têm estejam com defeito.

Outra questão importante é a das *espécies* de defeitos. São **tipos de defeitos** os seguintes:

a) de concepção: projeto, design (ex.: uma embalagem de extrato de tomate cortante);

b) de produção: fabricação, construção, montagem (ex.: um freio montado errado pela montadora);

c) de informação: falta desta quanto à utilização e riscos do produto ou serviço (exs.: a falta de informação sobre riscos de um pesticida ou sobre a profundidade de uma piscina num hotel).

Quanto aos **sujeitos da relação jurídica** de responsabilidade, temos os *sujeitos ativos*, ou seja, aqueles que têm direito a uma indenização, e os *sujeitos passivos*, ou seja, aqueles que deverão arcar com a indenização decorrente do fato do produto ou do serviço.

São **sujeitos ativos** da relação de responsabilidade os seguintes:

a) a vítima que adquiriu ou utilizou produto ou serviço;

b) a vítima de um acidente de consumo, ainda que não tenha adquirido ou utilizado o produto ou o serviço respectivos (art. 17 do CDC).

São **sujeitos passivos** da relação de responsabilidade os seguintes:

a) o fabricante (art. 12 do CDC);

b) o produtor (art. 12 do CDC);

c) o construtor, nacional ou estrangeiro (art. 12 do CDC);

d) o importador (art. 12 do CDC);

e) o prestador de serviço (art. 14 do CDC).

Observe que não são todos os *fornecedores* que respondem quando há acidente de consumo. O *comerciante*, por exemplo, não responde por esse tipo de evento. Assim, caso o consumidor compre um veículo numa concessionária (*comerciante*) e esse veículo tenha um problema que venha a causar um acidente vitimando o consumidor, este só poderá ingressar com pedido indenizatório em face da montadora do veículo (*fabricante*), não cabendo ação contra o *comerciante* (a concessionária). Já num acidente aéreo causado por problema no avião, o consumidor lesado (ou sua família, caso este venha a falecer) pode ingressar com ação tanto em face da empresa aérea (*prestador de serviço*), como em face da montadora do avião (*fabricante*), podendo ingressar com ação também contra o *fabricante da peça* do avião que tiver causado o problema (art. 25, § 2º, do CDC: *"sendo o dano causado por componente ou peça incorporada ao produto ou serviço, são responsáveis solidários seu fabricante, construtor ou importador e o que realizou a incorporação"*).

No entanto, há alguns casos em que o *comerciante* responderá por um acidente de consumo. São os seguintes (art. 13 do CDC):

a) se o fabricante, o construtor, o produtor ou o importador não puderem ser identificados (ex.: produtos vendidos *in natura* numa quitanda);

b) se o produto for fornecido sem identificação clara de seu fabricante, produtor, construtor ou importador (ex.: produtos vendidos sem que constem na embalagem dados suficientes sobre seu fabricante ou importador);

c) se o comerciante não conservar adequadamente os produtos perecíveis (ex.: produtos que dependem de refrigeração, mas que não passam por tal procedimento à noite, pelo fato de um dado supermercado desligar as geladeiras no período noturno).

Uma vez ocorridas as situações "a" e "b", o comerciante que tiver que pagar alguma indenização poderá ingressar com ação de regresso contra os demais responsáveis (fabricante, importador etc.), nos termos do art. 13, parágrafo único, do CDC.

Tema relevante em matéria de acidente de consumo é o das **excludentes de responsabilidade** do fornecedor.

Com relação às excludentes de responsabilidade, o fornecedor não responderá se *provar* o seguinte (arts. 12, § 3º, e 14, § 3º, do CDC):

a) *que não colocou o produto no mercado*. Ex.: o fornecedor demonstra em juízo que o produto com problema tinha sido furtado de sua fábrica antes de finalizada sua produção, tendo sido colocado no mercado por pessoas que cometeram crime de receptação;

b) *que inexiste defeito*. Ex.: em perícia judicial, o fornecedor consegue demonstrar que o freio de um carro acidentado não estava com problema, tendo o acidente outra causa;

c) *que houve culpa exclusiva do consumidor*. Ex.: em perícia judicial o fornecedor consegue demonstrar que o consumidor sofreu um acidente de consumo por mau uso da coisa ou sem seguir regras explícitas de segurança;

d) *que houve culpa exclusiva de terceiro*. Exs.: em instrução probatória, o fornecedor demonstra que não havia problema no produto, mas que uma assistência técnica não autorizada, ao mexer neste, acabou causando o problema; outro exemplo é a empresa de ônibus demonstrar que terceiro lançou uma pedra dentro do ônibus, causando a lesão no passageiro deste.

A doutrina controverte sobre se o caso fortuito ou de força maior também é causa excludente da responsabilidade por acidente de consumo.

Muitos dizem que não, pois a lei não traz expressamente essa possibilidade, mas somente as apontadas anteriormente (arts. 12, § 3º, e 14, § 3º, do CDC).

No entanto, prevalece o entendimento de que tais eventos são, sim, causas excludentes da responsabilidade, desde que o fortuito tenha ocorrido após o encerramento do processo produtivo.

Trata-se da famosa diferença entre o *fortuito interno* e o *fortuito externo*. O primeiro é aquele que ocorre durante o processo produtivo, não excluindo a responsabilidade. E o segundo é aquele que ocorre após o fim do processo produtivo, excluindo a responsabilidade.

Para melhor entendermos a questão, vamos a dois exemplos.

Imagine que no meio da produção de um refrigerante um raio tenha atingido as instalações elétricas de uma indústria, ocasionando falta de energia e problemas na produção. Imagine, agora, que um consumidor tenha comprado um produto fabricado nessas condições e tenha sofrido um dano por conta de um problema no produto. Ora, o fortuito causador de tudo ocorreu no bojo do processo de produção (*fortuito interno*), estando, portanto, na esfera de controle do fornecedor. Dessa forma, este irá responder pelos danos causados, não sendo o fortuito uma causa excludente de responsabilidade.

Imagine agora que, no bojo do processo produtivo, não tenha ocorrido problema algum, e que um consumidor compre um produto isento de que qualquer problema. Imagine que, posteriormente à aquisição do produto, este venha a ser atingido por um raio, já na casa do consumidor. Ora, agora temos um *fortuito externo* que, certamente, exclui a responsabilidade do fornecedor, que não tem nada a ver com o ocorrido.

A respeito do tema, vale trazer a interessante Súmula 479 do STJ: "as instituições financeiras respondem objetivamente pelos danos gerados por fortuito interno relativo a fraudes e delitos praticados por terceiros no âmbito de operações bancárias" (*DJe* 01.08.2012). Um exemplo é o caso em que instituição financeira entrega talonário de cheque a terceiro que, em nome do correntista, passa a emitir várias cártulas sem fundos, gerando negativação do nome deste. Trata-se de defeito na prestação de serviço (art. 14 do CDC), cabendo pretensão indenizatória, com prazo prescricional de 5 anos (art. 27 do CDC), conforme decisão do STJ tomada no REsp 1.254.883-PR, j. 03.04.2014.

O STJ entende, assim, que roubo a consumidores ocorridos em agências bancárias não excluem a responsabilidade dos bancos, por se tratar de evento previsível, diferente, por exemplo, de roubos ocorridos no interior de lojas ou postos de gasolina, em que o dono do estabelecimento não responde junto ao consumidor pelo fato de terceiro. Voltando à questão dos bancos, o STJ entende que os Correios que prestam serviços de "banco postal" respondem como os bancos por roubos aos consumidores (REsp 1.183.121-SC, *DJ* 07.04.2015).

Outro tema relevante em matéria de responsabilidade por fato do produto é o da **prescrição**. Isso porque esse tipo de responsabilidade consiste em o fornecedor pagar uma indenização ao consumidor, e a condenação de alguém a pagar uma indenização envolve prazo prescricional. Lembre-se de que não se deve confundir o *vício* (problema interno do produto), que possibilita que o consumidor peça o *conserto* da coisa, com o *defeito* (problema externo do produto que atinge a saúde ou a segurança do consumidor), que possibilita que o consumidor peça uma *indenização* por danos materiais e morais. Neste item estamos estudando o instituto do defeito e, portanto, é preciso verificar qual é o prazo prescricional para se exercer em juízo a pretensão indenizatória.

A resposta a essa pergunta está no art. 27 do CDC, que estabelece que "prescreve em cinco anos a pretensão à reparação pelos danos causados por fato do produto ou do serviço (...), iniciando-se a contagem do prazo a partir do conhecimento do dano e de sua autoria".

Há dois pontos importantes na regra. O primeiro é quanto ao prazo, que é de **5 anos**, sendo certo que, se existir prazo maior no Código Civil, prevalece o prazo do Código Civil, pois o CDC veio para melhorar os direitos do consumidor e não para reduzi-los. O segundo ponto é o termo *a quo* do prazo de 5 anos. Repare que esse prazo só começa a contar do conhecimento do dano **e** de sua autoria. Ou seja, não conhecido o dano, o prazo não tem início ainda. É necessário o conhecimento deste e também o conhecimento da autoria do dano para que o prazo se inicie.

Em matéria de responsabilidade da indústria de cigarro por danos causados aos consumidores, o STJ, apesar de estar julgando improcedente tais ações (v., por exemplo, REsp 1.197.660, *DJe* 01.08.2012), vem entendendo, especificamente quanto ao prazo prescricional para o seu ingresso, que este se inicia, no mínimo, após a lei que determinou que constasse de cada maço de cigarro informação sobre os malefícios deste.

6. RESPONSABILIDADE PELO VÍCIO DO PRODUTO OU DO SERVIÇO (VÍCIO)

A responsabilidade por *vício* pode ser **conceituada** como a *obrigação de sanar problemas intrínsecos de produtos ou serviços*.

Os vícios são problemas de *qualidade* e *quantidade* de produtos ou serviços. Um exemplo é a compra de uma televisão que não funciona (problema de qualidade) ou a compra de alimento numa embalagem que indica 5 kg, mas que, na verdade, tem apenas 4,5 kg do produto.

Repare, nos dois casos, que o problema é *intrínseco*, ou seja, a coisa tem um problema interno, mas que não causa (ou não causou ainda) um dano à saúde ou à segurança do consumidor.

Havendo vício, o consumidor não terá, num primeiro momento, direito a uma indenização, como ocorre quando há um defeito (*acidente de consumo* ou *fato do produto ou do serviço*). O consumidor, a princípio, terá direito ao conserto da coisa, no problema de qualidade, e direito à complementação do peso ou medida, no problema de quantidade.

Assim, não se pode confundir o instituto do *vício*, que será aprofundado neste capítulo, com o instituto do *defeito*, que foi visto no capítulo anterior.

Os vícios podem gerar nos produtos ou serviços as seguintes **características (ou tipos de vícios)**:

a) *impropriedade ao consumo*. Exs.: produto com validade vencida, deteriorado, adulterado, falsificado, nocivo, perigoso ou em desacordo com as normas;

b) *inadequação ao consumo*. Ex.: televisão que não funciona;

c) *diminuição de valor*. Ex.: veículo novo vindo com um risco no capô;

d) *disparidade na informação*. Ex.: veículo novo vindo sem algum acessório informado em sua propaganda;

e) *quantidade menor*. Ex.: produto com 100 ml a menos do que o informado na embalagem.

Uma vez constatado o vício, a responsabilidade do fornecedor é **objetiva**, ou seja, independe de culpa ou dolo de sua parte.

É importante consignar que, em caso de vício em serviço prestado por profissional liberal (ex.: serviço prestado com disparidade com a proposta feita pelo profissional), a responsabilidade deste também é objetiva. Ou seja, apesar de o profissional liberal responder *subjetivamente* na responsabilidade por *defeito* (art. 14, § 4º, do CDC), esse mesmo profissional, na responsabilidade por *vício* (art. 20 do CDC), responde *objetivamente*.

Quanto aos **sujeitos da relação jurídica** de responsabilidade, temos os sujeitos ativos, ou seja, aqueles que têm direito ao conserto do problema ou à reexecução dos serviços, e os sujeitos passivos, ou seja, aqueles que deverão desfazer o vício do produto ou do serviço.

São **sujeitos ativos** da relação de responsabilidade por vício os seguintes:

a) o adquirente do produto ou serviço. Ex.: a pessoa que compra uma televisão com problema numa loja;

b) o destinatário do produto ou serviço. Ex.: a pessoa que ganha de presente um produto com problema.

Vale dizer, é sujeito ativo o consumidor-padrão, ou seja, aquele que adquire ou utiliza produto ou serviço.

São **sujeitos passivos** da relação de responsabilidade: os fornecedores em geral (arts. 18, *caput*, 19, *caput*, e 20, *caput*, do CDC).

Repare que todos os fornecedores respondem. Não se exclui, aqui, o *comerciante*. Assim, se alguém compra uma televisão com problema numa loja, é possível reclamar que o vício seja sanado não só pela empresa que montou a televisão (*fabricante*), como também pela empresa que a vendeu (*comerciante*).

Aliás, os fornecedores envolvidos nessa cadeia comercial (comerciante, produtor, fornecedor etc.) respondem *solidariamente*. Ou seja, o consumidor pode escolher apenas um dos fornecedores e tentar fazer valer todos os seus direitos em face do que foi escolhido.

Há comerciantes que costumam dizer que só trocarão equipamentos eletrônicos com problema se a reclamação se der em até 10 dias, por exemplo. E que, depois, o consumidor deverá buscar seus direitos com o fabricante. Trata-se de prática totalmente contrária ao que a lei determina, pois o *comerciante* tem responsabilidade objetiva e solidária com o *fabricante* na responsabilidade por *vício*, devendo atender ao consumidor durante todo o prazo de garantia.

Em matéria de vício, a lei quer facilitar a vida do consumidor, que pode buscar seus direitos diretamente com o *comerciante*, facultado a este o ingresso com ação regressiva, num segundo momento, contra o *fabricante* do produto.

Outro ponto importante a respeito do sujeito passivo da responsabilidade é o fato de que a ignorância do *fornecedor* sobre a existência do vício não exime sua responsabilidade (art. 23 do CDC). Aliás, nem mesmo uma disposição contratual é capaz de eximir a responsabilidade do fornecedor por vícios em produtos (art. 24 do CDC).

Resta saber agora **quais direitos** tem o consumidor em caso de vício em produto e em serviço.

Comecemos com o **vício de qualidade do produto** (art. 18 do CDC). O consumidor tem dois passos a tomar.

O **1º passo** consiste em *reclamar a substituição das partes viciadas*. Ou seja, o consumidor deve procurar qualquer dos fornecedores envolvidos (fabricante ou comerciante) e pedir o conserto do vício. Por exemplo, deve buscar a loja onde comprou a televisão e pedir que a televisão com problema seja consertada.

Naturalmente, o **consumidor deve procurar** extrajudicialmente o fornecedor dentro do prazo de garantia (30 dias para produto não durável e 90 dias para produto durável, ressalvada a existência de garantia contratual, que é complementar). E para que o consumidor comprove que reclamou dentro do prazo de garantia, é importante que o consumidor reclame por escrito ou guarde algum documento que demonstre que levou o produto para conserto em determinada data.

Em seguida, o fornecedor instado a sanar o vício terá o prazo máximo de **30 dias** para consertar o produto. Em geral, as pessoas se assustam quando ficam sabendo que o fornecedor tem um prazo tão grande para sanar o vício. No entanto, esse prazo está previsto na lei (art. 18, § 1º, do CDC). De qualquer forma, é bom informar que, por ocasião da celebração do contrato, as partes podem convencionar prazo diferente para sanar o vício, que poderá variar de 7 a 180 dias, sendo que, caso o contrato seja de adesão, a cláusula com modificação de prazo deverá ser convencionada em separado, por meio de manifestação expressa do consumidor (art. 18, § 2º, do CDC).

Caso o fornecedor sane os vícios do produto, ótimo, a questão estará resolvida. No entanto, caso o fornecedor se recuse a consertar o produto ou não o faça no prazo de 30 dias, o consumidor deve partir para o segundo passo.

O **2º passo** consiste em o consumidor ingressar em juízo para exigir, alternativamente e à sua escolha, uma das seguintes opções:

a) substituição do produto por outro da mesma espécie, em perfeitas condições de uso;

b) restituição imediata da quantia paga, atualizada, sem prejuízo de eventuais perdas e danos;

c) abatimento proporcional do preço.

O consumidor é livre para escolher qualquer das opções anteriores. No exemplo da televisão, o consumidor tem direito de pedir uma nova televisão, da mesma marca e modelo, mas em perfeitas condições de uso (opção "a"), podendo haver substituição por outro de espécie diferente, mediante complemento ou restituição de preço (art. 18, § 4º, do CDC); ou poderá pedir a rescisão do contrato, entregando a televisão para fornecedor e recebendo o dinheiro de volta, atualizado monetariamente, sem prejuízo de se pedir uma indenização por perdas e danos (opção "b"); ou poderá pedir um desconto, por conta do problema na televisão (opção "c").

Logo que tiver ciência inequívoca de que o fornecedor não irá sanar o vício, o consumidor deverá tomar uma providência urgente. Isso porque o prazo de garantia, que fica suspenso quando o consumidor pede que o vício seja sanado, volta a correr logo que há a ciência inequívoca da negativa de resolução do problema. Assim, o consumidor pode até fazer mais uma tentativa extrajudicial de resolver o problema, mas o ideal é que ingresse imediatamente com ação fazendo uma das três escolhas mencionadas, evitando, assim, que se opere a decadência, pelo fim do prazo de garantia sem ingresso com a ação competente.

Em suma, o consumidor que se deparar com um vício de qualidade num produto deve, em primeiro lugar, pedir que o vício seja sanado (1º passo) e, caso não obtenha sucesso, deve ingressar com ação fazendo uma das três escolhas mencionadas.

No entanto, a lei estabelece três casos em que o consumidor poderá pular o primeiro passo, buscando diretamente qualquer das três escolhas mencionadas (art. 18, § 3º, do CDC). Trata-se da chamada *tutela antecipada de direito material*.

A lei confere esse direito ao consumidor em três casos, quais sejam:

a) se, em razão da extensão do vício, a substituição das partes viciadas *puder comprometer a qualidade ou características do produto*;

b) se a substituição das partes viciadas *diminuir o valor do produto*;

c) se se tratar de *produto essencial*.

A título de exemplo, imagine que você tenha comprado um pão em fatias num supermercado e que, ao chegar em casa, verifique que tal pão está mofado. Nesse caso, não há como substituir as partes viciadas *sem comprometer o produto*, o que possibilita que volte ao supermercado e passe diretamente ao 2º passo, pedindo outro pão no lugar (substituição do produto) ou o desfazimento da compra (rescisão do contrato). O abatimento no preço não se coloca no presente caso, pois um pão mofado não tem valor algum. De qualquer forma, como você terá um bom prazo de garantia pela frente, nada impede que busque resolver a questão extrajudicialmente, partindo para uma ação judicial apenas se a questão não for resolvida imediatamente.

Outro caso em que cabe a tutela antecipada de direito material é quando o produto é *essencial*. O problema é que a expressão produto essencial é muito vaga é dá margem a muitas interpretações. Ademais, o que para alguns é essencial para outros pode não ser, o que gera muita controvérsia nessa matéria.

A título de exemplo, a 3ª Câmara de Coordenação e Revisão da Procuradoria-Geral da República, aprovou enunciado (Enunciado 8, de 29.06.2011), com o seguinte teor: "o aparelho de telefone celular é produto essencial, para os fins previstos no art. 18, § 3º, da Lei 8.078/1990 (CDC)". Aliás, o Departamento de Proteção e Defesa do Consumidor (DPDC), do Ministério da Justiça, também já havia tomado decisão nesse sentido. No entanto, há ação judicial questionando a decisão tomada pelo DPDC, estando a questão *sub judice*.

Esse exemplo foi trazido apenas para que você comece a refletir sobre o instituto da tutela antecipada e sobre sua aplicação aos chamados *produtos essenciais*. Para o consumidor, quase tudo será produto essencial (telefone, televisão, carro, alimentos etc.). Já o fornecedor sempre defenderá a tese de que um dado produto não é essencial, como vem acontecendo agora com o telefone celular.

Ainda em relação ao vício de qualidade de produtos ou serviços, há interessante decisão do STJ dispondo o seguinte: "Responde solidariamente por vício de qualidade do automóvel adquirido o fabricante de veículos automotores que participa de propaganda publicitária garantindo com sua marca a excelência dos produtos ofertados por revendedor de veículos usados" (REsp 1.365.609-SP, *DJ* 25.05.2015).

Vamos agora ao estudo das providências que o consumidor deve tomar quando houver um **vício de quantidade do produto** (art. 19 do CDC).

Nesse caso, o consumidor não tem que cumprir os dois passos, podendo passar direto para a escolha de uma das seguintes alternativas:

a) substituição do produto por outro da mesma espécie, sem o vício de quantidade;

b) restituição imediata da quantia paga, atualizada, sem prejuízo de eventuais perdas e danos;

c) abatimento proporcional do preço;

d) complementação do peso ou medida.

Em relação ao vício de qualidade do produto, repare que há uma opção a mais, qual seja, a possibilidade do consumidor pedir a "complementação do peso ou medida", providência pertinente aos vícios de quantidade.

Ocorrendo vício de quantidade em produto, o consumidor deve, portanto, partir direto para qualquer uma das opções mencionadas e, caso o fornecedor não atenda à sua solicitação, o consumidor deverá, no prazo de garantia, ingressar com ação judicial para fazer valer sua escolha.

Resta agora fazer o estudo das providências que o consumidor deve tomar quando houver um **vício na prestação de serviço** (art. 20 do CDC).

Nesse caso, o consumidor também não tem que cumprir os dois passos, podendo passar direto para a escolha de uma das seguintes alternativas:

a) reexecução dos serviços, sem custo adicional e quando cabível;

b) restituição imediata da quantia paga, atualizada, sem prejuízo de eventuais perdas e danos;

c) abatimento proporcional do preço.

Em relação ao vício de qualidade do produto, repare que no lugar da opção "substituição do produto" está a opção "reexecução dos serviços".

Ocorrendo vício na prestação de serviço, o consumidor deve, portanto, partir direto para qualquer uma das opções mencionadas e, caso o *fornecedor* (*prestador de serviço*) não atenda à sua solicitação, o consumidor deverá, ainda no prazo de garantia, ingressar com ação judicial para fazer valer sua escolha.

Por fim, há de se discutir o **prazo decadencial** para o consumidor reclamar dos vícios em produto ou serviço. Enquanto na responsabilidade por *defeito* o prazo é prescricional (de 5 anos), na responsabilidade por *vício* o prazo é decadencial (de 30 ou 90 dias).

Esse prazo é também chamado prazo de *garantia legal*, pois se trata de um prazo previsto na lei (art. 26 do CDC).

O **prazo** varia de acordo com o tipo de produto ou serviço. Se estes forem *não duráveis*, o prazo para reclamar é de 30 dias. Já se forem *duráveis* o prazo é de 90 dias (art. 26 do CDC). E, se houver garantia contratual, esta será somada à garantia legal (art. 50 do CDC).

O **termo inicial** da contagem desse prazo varia de acordo com o tipo de vício. Se o vício for *aparente*, o prazo de garantia começa a contar da entrega efetiva do produto ou do término da execução dos serviços (art. 26, § 1º, do CDC). Já se o vício for *oculto*, o prazo se inicia no momento em que ficar evidenciado o defeito (art. 26, § 3º, do CDC).

Um ponto a ser comentado é que, no âmbito do CDC, o vício pode ser tanto *oculto* como *aparente*, diferentemente do Código Civil, em que somente vício *oculto* confere direitos ao comprador da coisa.

Outro ponto a comentar é o fato de que, quando o vício é *aparente*, o prazo de garantia deve começar a ser contado logo. Afinal de contas, trata-se de um vício aparente, de fácil percepção. Assim, o prazo se inicia com a entrega efetiva do produto ou com o término da execução dos serviços.

Já se o vício é *oculto*, o prazo de garantia se inicia apenas no momento em que ficar evidenciado o "defeito" (a lei deveria ter usado a expressão "vício"), o que pode acontecer anos depois da entrega do produto ou do término da execução dos serviços.

Outra questão fundamental quanto ao prazo de garantia é a possibilidade de **suspensão do prazo decadencial**. Tal suspensão se dá nos seguintes casos:

a) no momento da reclamação comprovadamente formulada pelo consumidor perante o fornecedor, até a resposta negativa correspondente, que deve ser transmitida de forma inequívoca;

b) no momento da instauração de inquérito civil até o seu encerramento.

Isso significa que, se o consumidor comprou um produto durável há 10 dias e efetuou reclamação para que o produto fosse consertado, o prazo de 90 dias ficará suspenso até que o fornecedor responda inequivocamente que não vai consertar a coisa. Uma vez feita essa resposta negativa, o prazo voltará a correr e o consumidor terá 80 dias para ingressar com ação contra o fornecedor.

Havendo inquérito civil pendente, o prazo decadencial também fica suspenso, tudo conforme o disposto no art. 26, § 2º, do CDC.

Por fim, vale trazer à colação a Súmula 477 do STJ: "a decadência do art. 26 do CDC não é aplicável à prestação de contas para obter esclarecimentos sobre cobrança de taxas, tarifas e encargos bancários" (*DJe* 19.06.2012).

É muito comum que vícios em produtos ou serviços gerem dissabor no consumidor, que perde tempo e fica aborrecido com esses problemas. Porém, o STJ entende que, nesses casos, não cabe pedido de dano moral, pois tais dissabores são próprios da sociedade de consumo. Todavia, em casos mais graves, como num caso em que um consumidor tinha comprado um carro zero km e teve que ir grande quantidade de vezes à concessionária para fazer reparos, aí sim cabe indenização por danos morais (STJ, REsp 1.443.268-DF, j. 03.06.2014). Porém, o STJ entendeu ser hipótese de dano moral *in re ipsa* o caso em que "companhia aérea, além de atrasar desarrazoadamente o voo de passageiro, deixe de atender aos apelos deste, furtando-se a fornecer tanto informações claras acerca do prosseguimento da viagem (em especial, relativamente ao novo horário de embarque e ao motivo do atraso) quanto alimentação e hospedagem (obrigando-o a pernoitar no próprio aeroporto), tem-se por configurado dano moral indenizável *in re ipsa*, independentemente da causa originária do atraso do voo" (REsp 1.280.372-SP, j. 07.10.2014).

7. DESCONSIDERAÇÃO DA PERSONALIDADE JURÍDICA DA SOCIEDADE *(DISREGARD OF THE LEGAL ENTITY)*

Como regra, a personalidade de uma pessoa jurídica é distinta da personalidade daquelas pessoas que a compõem, de modo que somente a primeira responde com seu patrimônio por suas dívidas.

Nada obstante, permite-se que, em algumas situações, seja desconsiderada a personalidade da pessoa jurídica, atingindo a personalidade das próprias pessoas que a compõem.

O art. 28 do CDC estabelece as seguintes **hipóteses de desconsideração** da personalidade:

a) abuso de direito;

b) excesso de poder;

c) infração da lei;

d) fato ou ato ilícito;

e) violação dos estatutos ou contrato social;

f) quando houver falência, estado de insolvência, encerramento ou inatividade da pessoa jurídica, provocados por má administração;

g) sempre que a personalidade for obstáculo ao ressarcimento de prejuízos causados ao consumidor.

Repare, no item "f", que não é qualquer falência, estado de insolvência ou encerramento ou inatividade da pessoa jurídica que leva à desconsideração da personalidade, mas somente quando tais fatos tenham sido causados por má administração do fornecedor.

De qualquer forma, no plano prático, basta verificar a extensão da regra prevista no item "g" para perceber que, **na verdade, sempre que necessário, caberá desconsideração** da personalidade do fornecedor para atingir o patrimônio de seus sócios.

Nesse sentido, o Superior Tribunal de Justiça vem entendendo que o CDC adotou a **Teoria Menor da Desconsideração**, pela qual há "menos" requisitos para que esta se dê. No caso, exige-se apenas a dificuldade em penhorar bens do fornecedor, não sendo necessário comprovar fatos adicionais, como abuso da personalidade, confusão patrimonial, dentre outros, como se dá no âmbito das relações regidas pelo Código Civil (art. 50 do CC).

Tema correlato, mas que não se confunde com o instituto da desconsideração da personalidade, é a possibilidade de se responsabilizar pessoas jurídicas integrantes de **grupos societários**, **sociedades consorciadas** e **sociedades coligadas**.

Assim, há de se investigar, agora, como se deve proceder em caso do fornecedor responsável estar no contexto de sociedades múltiplas.

Quanto às *sociedades integrantes de grupos societários e sociedades controladas* (art. 265 da Lei 6.404/1976 – sociedade controladora e sua controlada podem constituir grupo de sociedades, mediante convenção, para combinar recursos e esforços para a realização de seus objetos), a responsabilidade é *subsidiária*.

Quanto às *sociedades consorciadas* (art. 278 da Lei 6.404/1976 – aliança para a execução conjunta de determinado empreendimento), a responsabilidade é *solidária*.

E quanto às sociedades coligadas (art. 243, § 1º, da Lei 6.404/1976 – são coligadas as sociedades nas quais a investidora tenha influência significativa), só respondem por *culpa*.

8. PRÁTICAS COMERCIAIS

8.1. Introdução

No tema das práticas comerciais estuda-se a *oferta*, a *publicidade*, as *práticas abusivas*, a *cobrança de dívidas* e o *banco de dados e cadastros de consumidores*.

Para fins de estudo das práticas comerciais, o art. 29 do CDC dispõe que "*equiparam-se aos consumidores todas as pessoas determináveis ou não expostas às práticas nele previstas*".

Ou seja, qualquer pessoa exposta a uma prática comercial, mesmo que não se enquadre no conceito de consumidor-padrão (ou *standard*), será equiparada a consumidor e terá direito à proteção do CDC.

Passemos ao estudo dos temas citados.

8.2. Oferta

Em sentido amplo, oferta pode ser **conceituada** como o "veículo que transmite uma mensagem, seja ela *informação* ou *publicidade*".

Um exemplo de *informação* é a resposta que o gerente ou atendente dá ao consumidor.

Um exemplo de *publicidade* é um anúncio em revista.

A oferta, em sentido amplo, segue o **princípio da vinculação**, que tem o seguinte teor: *"toda* informação ou publicidade, *suficientemente precisa, veiculada por* qualquer forma ou meio de comunicação *com relação a produtos e serviços oferecidos ou apresentados,* obriga o fornecedor *que a fizer veicular ou dela se utilizar e* integra o contrato *que vier a ser celebrado*" (art. 30).

Ou seja, a oferta vincula fortemente o fornecedor. Aliás, este (o fornecedor) *"é solidariamente responsável pelos atos de seus prepostos ou representantes autônomos"* (art. 34 do CDC). Assim, ofertas feitas pelos prepostos ou representantes autônomos do fornecedor de um produto ou serviço vinculam esse fornecedor, que responde solidariamente com as pessoas mencionadas.

Por conta do princípio da vinculação, o CDC estabelece que, **em caso de recusa à oferta**, o consumidor poderá, alternativamente e à sua livre escolha (art. 35):

a) exigir o cumprimento forçado da obrigação, nos termos da oferta, apresentação ou publicidade (execução específica);

b) aceitar outro produto ou prestação de serviço equivalente;

c) rescindir o contrato, com direito à restituição de quantia eventualmente antecipada, monetariamente atualizada, e perdas e danos.

Ainda no contexto da oferta em sentido amplo, existe o **princípio da informação adequada**, que tem o seguinte teor (art. 31 do CDC): "*a oferta e apresentação de produtos ou serviços devem assegurar* informações *corretas,* claras, precisas, ostensivas *e em língua portuguesa sobre suas características, qualidades, quantidade, composição, preço, garantia, prazos de validade e origem, entre outros dados, bem como sobre os riscos que apresentam à saúde e segurança dos consumidores*".

Assim, o fornecedor é obrigado a informar sobre tudo que é relevante para o consumidor, e tal princípio é extremamente rigoroso no CDC.

Uma das espécies de oferta, como se viu, é a **publicidade**. E tal instituto (o da publicidade) tem, também, alguns regramentos específicos.

De acordo com o CDC, a publicidade obedece ao **princípio da identificação**, pelo qual esta "*deve ser veiculada de tal forma que o consumidor, fácil e imediatamente, a identifique como tal*" (art. 36, *caput*, do CDC). Por conta disso, ferem o princípio citado aquelas propagandas que têm o mesmo estilo editorial das reportagens de jornal.

Outro princípio que incide sobre a publicidade é o **princípio da veracidade**, pelo qual *"o fornecedor, na publicidade de seus produtos ou serviços, manterá, em seu poder, para informação dos legítimos interessados, os dados fáticos, técnicos e científicos que dão sustentação à mensagem"* (art. 36, parágrafo único, do CDC).

Por conta disso *"o ônus da prova da veracidade e correção da informação ou comunicação publicitária cabe a quem as patrocina"* (art. 38 do CDC).

A doutrina denomina a hipótese de **inversão legal ou obrigatória da prova**, pois a própria lei já estabelece a inversão do ônus da prova, não sendo necessário que o juiz tome qualquer decisão nesse sentido.

O CDC veda a *publicidade enganosa* e a *publicidade abusiva* (art. 37 do CDC). Para tanto, a lei traz as seguintes distinções:

a) publicidade enganosa: *"é enganosa qualquer modalidade de informação ou comunicação de caráter publicitário,* inteira ou parcialmente falsa, *ou, por qualquer outro modo, mesmo por omissão,* capaz de induzir em erro o consumidor *a respeito da natureza, características, qualidade e quantidade, propriedades, origem, preço e quaisquer outros dados sobre produtos e serviços"*. Ex.: é enganosa a publicidade de um posto de gasolina que anuncia um preço e cobra outro. O CDC prossegue e estabelece que *"a publicidade é* enganosa *por omissão quando deixar de informar sobre* dado essencial *do produto ou serviço"*.

b) publicidade abusiva: *"é abusiva, dentre outras, a publicidade* discriminatória *de qualquer natureza, a que* incite à violência, explore o medo ou a superstição, se aproveite da deficiência de julgamento e experiência da criança, desrespeite valores ambientais, *ou que seja capaz de* induzir o consumidor a se comportar de forma prejudicial ou perigosa *à sua saúde ou segurança"*. Ex.: é abusiva a publicidade de um veículo em que se incite o consumidor a dirigir acima dos limites de velocidade estabelecidos na lei.

É importante perceber que, enquanto na propaganda enganosa a preocupação é de ordem mais econômica, na propaganda abusiva, a preocupação é mais voltada para a saúde, a segurança e a dignidade dos consumidores.

Por fim, vale citar jurisprudência do STJ sobre propaganda comparativa – aquela em que uma empresa compara as qualidades de seu produto ou serviço com a de outra empresa. Confira: "É lícita a propaganda comparativa entre produtos alimentícios de marcas distintas e de preços próximos no caso em que: a comparação tenha por objetivo principal o esclarecimento do consumidor; as informações veiculadas sejam verdadeiras, objetivas, não induzam o consumidor a erro, não depreciem o produto ou a marca, tampouco sejam abusivas (art. 37, § 2º, do CDC); e os produtos e marcas comparados não sejam passíveis de confusão" (REsp 1.377.911-SP, j. 02.10.2014).

8.3. Práticas abusivas

As práticas abusivas podem ser **conceituadas** como as *práticas utilizadas pelo fornecedor e vedadas pelo CDC, por serem lesivas à boa-fé, à vulnerabilidade e à liberdade de escolha do consumidor*.

As práticas abusivas podem se dar na fase de produção ou na fase de venda do produto ou serviço, e podem ser pré ou pós contratuais.

Uma informação importante é que o rol de práticas abusivas previsto no art. 39 do CDC é **meramente exemplificativo**. Há hipóteses de práticas abusivas por todo o CDC, como é o caso da publicidade disfarçada e o emprego de peça usada em conserto de produtos.

Confira as práticas abusivas previstas no art. 39 do CDC:

I. fazer venda casada e exigir condição quantitativa, salvo justa causa.

Ex.1: lanchonete que só aceita venda conjunta de lanche, batata frita e refrigerante (venda casada);

Ex.2: cinema que só vende copos de refrigerante com conteúdo mínimo de 700 ml (condição quantitativa);

Ex.3: um fabricante que só comercializa açúcar em embalagens mínimas de 1 Kg pratica algo justificável, ou seja, com justa causa, de modo que não faz prática abusiva; da mesma forma, um supermercado que limita a aquisição de produtos em até 5 unidades também atua com justa causa, pois confere oportunidade a outros consumidores;

Ex.4: Súm. STJ 356 – "É legítima a cobrança da tarifa básica pelo uso dos serviços de telefonia fixa";

Ex.5: Súm. STJ 473 – "O mutuário do SFH não pode ser compelido a contratar o seguro habitacional obrigatório com a instituição financeira mutuante ou com a seguradora por ela indicada" (*DJe* 19.06.2012);

Ex.6: O STJ entendeu que "Configura dano moral coletivo *in re ipsa* a realização de venda casada por operadora de telefonia consistente na prática comercial de oferecer ao consumidor produto com significativa vantagem – linha telefônica com tarifas mais interessantes do que as outras ofertadas pelo mercado – e, em contrapartida, condicionar a aquisição do referido produto à compra de aparelho telefônico" (REsp. 1.397.870-MG, *DJ* 10.12.2014).

II. recusar atendimento à demanda de consumidor, na medida do estoque.

Ex.: postos de gasolina que esperam um aumento no valor do produto para vendê-lo ao consumidor; taxista que não aceita transportar o consumidor para um trecho muito curto;

III. promover fornecimento de produto ou serviço, sem solicitação do consumidor.

Sanção: equiparam-se à amostra grátis os serviços prestados e os produtos remetidos ou entregues sem solicitação. Ex.: "couvert" deixado na mesa de restaurante sem que o consumidor tenha pedido; cartão de crédito enviado ao endereço do consumidor sem que este tenha pedido; aliás, segundo a Súmula STJ 532, "Constitui prática comercial abusiva o envio de cartão de crédito sem prévia e expressa solicitação do consumidor, configurando-se ato ilícito indenizável e sujeito à aplicação de multa administrativa";

IV. aproveitar da fraqueza ou ignorância do consumidor;

V. exigir do consumidor vantagem manifestamente excessiva.

O STJ entende que uma instituição financeira não pode cobrar tarifa pela emissão de boleto bancário (Inf. 423);

VI. executar serviços sem prévios orçamento e autorização, salvo costume entre as partes.

O art. 40 do CDC dispõe que o orçamento deve discriminar mão de obra, materiais, condições de pagamento, início e término dos serviços e, salvo estipulação em contrário, o valor orçado tem validade de 10 dias, contado de seu recebimento;

VII. repassar informação depreciativa de consumidor no exercício de seu direito;

VIII. colocar no mercado de consumo produto em desacordo com as normas técnicas.

Ex.: produtos que não respeitem as normas do INMETRO;

IX. recusar venda a quem se dispõe comprar mediante pronto pagamento;

X. elevar sem justa causa o preço de produtos ou serviços.

O STJ invoca esse dispositivo para proibir diferença de preço para pagamento em dinheiro, cheque ou cartão (In. 427);

XI. aplicar fórmula ou índice de reajuste diverso do previsto no contrato;

XII. deixar de estipular prazo para cumprimento ou início da obrigação.

8.4. Cobrança de dívidas

Quanto aos **limites** na cobrança de débitos, o consumidor inadimplente não será exposto a ridículo nem será submetido a qualquer tipo de constrangimento ou ameaça (art. 42, *caput*, do CDC).

Quanto às consequências de uma **cobrança indevida**, o consumidor cobrado indevidamente tem direito à repetição do indébito, por valor igual ao dobro do que pagou em excesso, acrescido de correção e juros legais, salvo engano justificável (art. 42, parágrafo único, do CDC).

Repare que essa pena incide tanto na cobrança judicial como na extrajudicial. Mas é necessário que o pagamento tenha sido feito pelo consumidor para que ele tenha direito à aplicação da sanção da devolução em dobro em desfavor do fornecedor.

Por fim, vale trazer à baila o disposto no art. 42-A do CDC, pelo qual em todos os **documentos de cobrança de débitos** apresentados ao consumidor deverão constar o nome, o endereço e o número de inscrição no Cadastro de Pessoas Físicas – CPF ou no Cadastro Nacional de Pessoa Jurídica – CNPJ do fornecedor do produto ou serviço correspondente. Em outras palavras, os documentos de cobrança devem deixar claro quem é o fornecedor que está promovendo a cobrança, deixando essa mais justa e transparente.

8.5. Banco de dados e Cadastro de Consumidores

O tema em tela diz respeito aos Serviços de Proteção ao Crédito, como SPC e SERASA, mas também abrange o sistema de informações que o Banco Central compartilha com os bancos, que é o SISBACEN.

O fato é que o CDC permite que o nome do consumidor seja negativado nesses bancos de dados. Todavia, há regras bem rígidas a serem seguidas, para que não haja abuso na prática de "sujar" o nome do consumidor no mercado de consumo.

Um dos princípios mais importantes nessa matéria é o que estabelece o **direito à informação**, ou seja, o consumidor terá amplo acesso às informações existentes em cadastros, fichas, registros e dados pessoais e de consumo arquivados sobre ele, bem como sobre as suas respectivas fontes (art. 43 do CDC).

Outra regra diz respeito à **caducidade da informação**. De acordo com ela, o cadastro não pode conter informações negativas referentes a período superior a 5 anos, sendo que, consumada a prescrição da cobrança do débito, o dado também não pode mais ser oferecido aos interessados (art. 43, § 5º, do CDC).

Em nossa opinião, a regra é muito clara: a informação negativa a respeito do consumidor deve ser apagada quando consumada a prescrição da cobrança, respeitado o prazo máximo de 5 anos.

No entanto, por conta das regras atinentes à ação monitória, que permite que alguém ingresse com essa ação no prazo de até 5 anos, o STJ editou a Súmula 323, que tem o seguinte teor: "a inscrição do nome do devedor pode ser mantida nos serviços de proteção ao crédito até o prazo máximo de 5 anos, independentemente da prescrição da execução".

Essa súmula faz com que, na prática, alguém que dê um cheque sem fundo fique com o nome negativado por 5 anos, já que, mesmo com a prescrição do cheque se dando em período bem inferior, a possibilidade de ingressar com monitória faz com que se possa deixar a informação negativa enquanto couber a propositura dessa ação de rito especial para a cobrança do valor expresso no cheque.

Uma regra muito relevante acerca dos bancos de dados é sobre a **comunicação de abertura de cadastro.** Confira essa regra: "a abertura de cadastro, ficha, registro e dados pessoais e de consumo deve ser comunicada por escrito ao consumidor, quando não solicitada por ele" (art. 43, § 2º, do CDC).

Ademais, uma vez que algum apontamento seja feito no nome do consumidor, este, sempre que encontrar inexatidão nos seus dados e cadastros, poderá exigir sua imediata correção, devendo o arquivista, no prazo de 5 dias úteis, comunicar a alteração aos eventuais destinatários das informações incorretas (art. 43, § 3º, do CDC). Repare que o prazo é de 5 dias úteis e não de 5 dias corridos.

Resta dúvida de qual é o prazo para o credor da dívida informar ao banco de dados que promove a negativação que o consumidor já pagou integralmente o débito. Como a lei não tem disposição a respeito, o STJ tem decidido que esse prazo também é de 5 dias úteis, por analogia ao prazo que o arquivista do banco de dados tem para fazer a correção nas informações sobre o consumidor. Vide a respeito o REsp 1.424.792-BA, j. 10.09.2014.

No dia a dia, há dois grandes tipos de problemas do consumidor com a negativação de seu nome.

O primeiro problema se dá quando há negativação indevida por conta de informação equivocada dada pelo credor (uma instituição financeira, por exemplo). Nesse caso, não se deve ingressar com ação contra o Serviço de Proteção ao Crédito (o Banco de Dados), mas contra o credor que deu a informação equivocada (a instituição financeira, no exemplo dado).

O segundo tipo de problema se dá quando se mantém uma informação indevida no Banco de Dados mesmo após ciência inequívoca, por parte do Serviço de Proteção ao Crédito, do erro no apontamento. Nesse caso, sim, deve-se ingressar com ação diretamente contra o Banco de Dados (por exemplo, contra a Serasa).

Sobre o tema, vale trazer à colação os seguintes entendimentos jurisprudenciais:

a) Súm. STJ 359: "cabe ao órgão mantenedor do Cadastro de Proteção ao Crédito a notificação do devedor antes de proceder à inscrição";

b) Súm. STJ 404: "é dispensável o aviso de recebimento (AR) na carta de comunicação ao consumidor sobre a negativação de seu nome em bancos de dados e cadastros";

c) Súm. STJ 385: "da anotação irregular em cadastro de proteção ao crédito, não cabe indenização por dano moral, quando preexistente legítima inscrição, ressalvado o direito ao cancelamento";

d) STJ: discussão judicial da dívida não é suficiente para suspender a negativação do nome; o consumidor há de demonstrar requisitos para a concessão de tutela de urgência;

e) Súm. STJ 380: "a simples propositura da ação de revisão de contrato não inibe a caracterização da mora do autor".

Fechando o presente item, vale lembrar que hoje também existe o chamado cadastro de adimplemento, regulamentado pela Lei 12.414/2011. Essa lei disciplina a formação e a consulta a banco de dados com informações sobre o histórico do crédito de uma pessoa física ou jurídica.

A ideia é que os chamados "bons pagadores" possam se beneficiar dessa condição, contraindo financiamentos ou vendas a prazo com juros mais baixos.

9. PROTEÇÃO CONTRATUAL

9.1. Disposições gerais

Uma vez que o consumidor celebre um contrato com o fornecedor, o primeiro passa a receber uma proteção especial, que é a proteção contratual, prevista nos arts. 46 e seguintes do CDC.

A primeira regra de proteção é a que estabelece dois **pressupostos de vinculação do consumidor a um contrato**. Esses pressupostos são os seguintes: a) a oportunidade de conhecimento prévio de seu conteúdo; b) a existência de redação e apresentação de fácil compreensão.

Confira a regra do art. 46 do CDC: "os contratos que regulam as relações de consumo não obrigarão os consumidores, se não lhes for dada oportunidade de tomar conhecimento prévio de seu conteúdo, ou se os respectivos instrumentos forem redigidos de modo a dificultar a compreensão de seu sentido e alcance."

Outra importante regra de proteção contratual é a da **interpretação mais favorável** ao consumidor (art. 47 do CDC), cujo teor é a seguinte: *"as cláusulas contratuais serão interpretadas de maneira mais favorável ao consumidor"*.

Repare que no CDC não é necessário que a cláusula contratual seja ambígua para que se busque a interpretação mais favorável ao consumidor. Repare, outrossim, que tal regra vale para qualquer contrato de consumo e não só para contratos de adesão.

Isso faz com que o disposto no art. 47 do CDC não se confunda com o disposto no art. 423 do Código Civil, que tem regra semelhante, mas que somente se aplica se houver cláusula ambígua e desde que se trate de contrato de adesão.

Outra regra importante de proteção contratual é a que estabelece a **vinculação de escritos.** Confira (art. 48 do CDC): *"as declarações de vontade constantes de escritos particulares, recibos e pré-contratos relativos às relações de consumo vinculam o fornecedor, ensejando inclusive execução específica, nos termos do art. 84 e parágrafos"*.

Essa regra é interessante, devendo o consumidor, quando for comprar um imóvel, por exemplo, guardar os rascunhos das propostas, bem como outros documentos e escritos, pois tais elementos vinculam o fornecedor e permitem que o consumidor ingresse com ação buscando execução específica das obrigações decorrentes desses escritos.

Outra regra bastante importante é a que assegura o **direito de arrependimento nas compras feitas fora de estabelecimento comercial,** também chamada de **denúncia vazia do contrato de consumo**. Confira a regra (art. 49): *"o consumidor pode desistir do contrato, no prazo de sete dias a contar de sua assinatura ou do ato de recebimento do produto ou serviço, sempre que a contratação de fornecimento de produtos ou serviços ocorrer fora do estabelecimento comercial, especialmente por telefone ou a domicílio. (...) Se o consumidor exercitar o direito de arrependimento previsto neste artigo, os valores eventualmente pagos, a qualquer título, durante o prazo de reflexão, serão devolvidos, de imediato, monetariamente atualizados"*.

Repare que esse direito só existe em compras feitas fora do estabelecimento comercial (exs.: por telefone, em domicílio, pela internet). Repare, também, que o consumidor tem 7 dias corridos, e não 7 dias úteis, para exercer seu direito de arrependimento, sendo que esse prazo começa a ser contado do momento em que o consumidor estiver com o produto em sua disponibilidade, o que coincide, normalmente, com a entrega do produto ou serviço. Por fim, repare que o consumidor tem direito de receber tudo o que pagou de volta, inclusive com correção monetária.

9.2. Cláusulas abusivas

Conforme já visto, o CDC é uma norma de ordem pública (art. 1º), ou seja, uma norma que não pode ser afastada pela vontade das partes.

Assim, quando uma cláusula contratual está em desacordo com as normas do CDC, tal cláusula é considerada *nula* e não meramente *anulável.*

O art. 51 do CDC usa, inclusive, uma expressão bem chamativa, dispondo que as cláusulas contratuais contrárias ao Código "são nulas de pleno direito". Essa expressão "de pleno direito" é apenas um reforço, para lembrar que a nulidade é uma sanção jurídica que se aplica automaticamente, ou seja, independentemente de alguém ingressar com uma ação para a anulação do negócio.

Por conta disso, toda vez que uma cláusula contratual violar o CDC, ter-se-á, imediatamente, uma cláusula que não pode produzir efeitos. O ingresso com ação posterior serve apenas para declarar a nulidade, pois essa sanção já está aplicada pelo próprio Direito quando se acorda uma cláusula que fere o CDC.

Para facilitar a vida do consumidor, o artigo 51 do CDC traz um rol exemplificativo de cláusulas contratuais consideradas nulas de pleno direito.

Trata-se de **rol exemplificativo**, pois qualquer cláusula contratual que esteja em desacordo com qualquer princípio ou regra do CDC é considerada nula de pleno direito (art. 51, XV, do CDC), independente de constar casuisticamente de algum inciso do art. 51 do CDC.

Passemos à análise das hipóteses previstas no art. 51 do CDC, que considera nulas de pleno direito, dentre outras, as cláusulas que:

I. impossibilitem, exonerem ou atenuem a responsabilidade do fornecedor por vícios de qualquer natureza dos produtos e serviços ou impliquem renúncia ou disposição de direitos. Nas relações de consumo entre o fornecedor e o consumidor pessoa jurídica, a indenização poderá ser limitada, em situações justificáveis.

Repare que, se o consumidor é *pessoa física*, não cabe cláusula alguma que mitigue ou exclua a responsabilidade do fornecedor. Nesse sentido, o STJ entende que é nula qualquer cláusula que exonere o estabelecimento por furto ocorrido em seu estacionamento (Súmula 130). No entanto, se o consumidor for *pessoa jurídica* e houver motivo justificável, é cabível convenção entre as partes *limitando* a indenização, mas não é cabível convenção impossibilitando ou exonerando o fornecedor de pagar indenização;

II. subtraiam ao consumidor a opção de reembolso de quantia já paga, nos casos previstos no CDC.

Um exemplo de nulidade nesse caso é a cláusula contratual que retira do consumidor o direito de arrependimento em contratos celebrados fora de estabelecimento comercial (art. 49 do CDC);

III. transfiram responsabilidades a terceiros.

Um exemplo é a cláusula contratual que dispõe que o consumidor só poderá acionar a seguradora do fornecedor, e nunca este diretamente;

IV. estabeleçam obrigações consideradas iníquas, abusivas, que coloquem o consumidor em desvantagem exagerada, ou sejam incompatíveis com a boa-fé ou a equidade.

Por exemplo, é considerada abusiva a cláusula que limita os dias de internação por parte de plano de saúde (Súmula 302 do STJ).

Para facilitar a aplicação desse inciso, o CDC presume exagerada, entre outras, a vontade que (art. 51, § 1º, do CDC):

i) ofende os princípios fundamentais do sistema;

ii) restringe direitos ou obrigações fundamentais inerentes à natureza do contrato, de tal modo a ameaçar seu objeto ou o equilíbrio contratual;

iii) mostre-se excessivamente onerosa ao consumidor, considerando-se a natureza e conteúdo do contrato, o interesse das partes e outras circunstâncias peculiares ao caso.

Exemplo de cláusula exagerada (portanto, abusiva) é a que fixa foro de eleição oneroso ao consumidor;

V. vetado;

VI. estabeleçam inversão do ônus da prova em prejuízo do consumidor.

Qualquer cláusula nesse sentido é totalmente nula. Não há exceções. Vale lembrar que o ônus da prova, em qualquer ação de conhecimento, é sempre do autor da demanda. No entanto, no âmbito do CDC, o juiz poderá inverter o ônus da prova em favor do consumidor, não em favor do fornecedor (art. 6º, VIII, do CDC). E, no caso de publicidade, a própria lei já inverte o ônus da prova sobre a veracidade e a correção desta, dispondo que aquele que patrocina a comunicação tem o ônus da prova correspondente;

VII. determinem a utilização compulsória de arbitragem.

Por conta desse inciso, é nula a cláusula num contrato de consumo que determina que eventual controvérsia entre as partes será dirimida por meio da arbitragem. Dessa forma, a arbitragem só será cabível quando o consumidor, após ter assinado o contrato, acaba por aceitá-la livremente;

VIII. imponham representante para concluir ou realizar outro negócio jurídico pelo consumidor.

Um exemplo é aquela situação em que o consumidor autoriza que uma terceira pessoa emita nota promissória em seu nome, situação vedada pelo inciso em tela e pela Súmula 60 do STJ;

IX. deixem ao fornecedor a opção de concluir ou não o contrato, embora obrigando o consumidor;

X. permitam ao fornecedor, direta ou indiretamente, variação do preço de maneira unilateral;

XI. autorizem o fornecedor a cancelar o contrato unilateralmente, sem que igual direito seja conferido ao consumidor;

XII. obriguem o consumidor a ressarcir custos de cobrança de sua obrigação, sem que igual direito lhe seja conferido contra o fornecedor;

XIII. autorizem o fornecedor a modificar unilateralmente o conteúdo ou a qualidade do contrato, após sua celebração.

Os cinco incisos anteriores têm o mesmo sentido, qual seja, o de deixar claro que determinadas prerrogativas contratuais só serão válidas se forem atribuídas igualmente às duas partes, ou seja, ao fornecedor e ao consumidor;

XIV. infrinjam ou possibilitem violação de normas ambientais.

Para que um contrato atenda à sua função social, não basta que haja equilíbrio e justiça entre as partes contratuais. É necessário, também, que as cláusulas contratuais não firam direitos coletivos, como os expressados nas normas ambientais;

XV. estejam em desacordo com o sistema de proteção ao consumidor.

Conforme já escrito, esse inciso cria uma regra de extensão, que torna o art. 51 do CDC uma norma que traz efetivamente um rol exemplificativo de cláusulas abusivas. Assim, qualquer cláusula contratual que fira uma norma prevista no CDC, independente do caso se enquadrar nos demais incisos desse artigo, é considerada nula de pleno direito;

XVI. possibilitem a renúncia do direito de indenização por benfeitorias necessárias.

As benfeitorias necessárias são aquelas indispensáveis à conservação da coisa. No Direito Civil, até o possuidor de má-fé que tiver de sair da coisa tem direito de ser indenizado pelas benfeitorias necessárias que fizer. Se assim é com o possuidor de má-fé, não é possível ser diferente com o consumidor, que merece sempre uma proteção especial. Assim, um consumidor que comprar uma casa a prestação e tiver de devolvê-la terá direito de ser indenizado pelas benfeitorias necessárias que fizer, mesmo que haja cláusula contratual em sentido contrário.

Uma vez que uma cláusula contratual é nula, isso não quer dizer que o contrato inteiro será nulo. Vige, no caso, o princípio da conservação dos contratos. No entanto, quando a nulidade da cláusula importar em ônus excessivo a qualquer das partes, é possível que a melhor solução seja a extinção do contrato como um todo. Nesse sentido, confira o § 2º do art. 51 do CDC: *"a nulidade de uma cláusula contratual abusiva não invalida o contrato, exceto quando de sua ausência, apesar dos esforços de integração, decorrer ônus excessivo a qualquer das partes"*.

Por fim, vale trazer uma palavra sobre a chamada ação anulatória geral, prevista no § 4º do art. 51 do CDC: *"é facultado a qualquer consumidor ou entidade que o represente requerer ao Ministério Público que ajuíze a competente ação para ser declarada a nulidade de cláusula contratual que contrarie o disposto neste Código ou de qualquer forma não assegure o justo equilíbrio entre direitos e obrigações das partes"*.

Considerando que o Ministério Público só pode defender interesses individuais indisponíveis e interesses sociais (art. 127, *caput*, da CF), tal ação só será cabível nos contratos que envolverem tais interesses, como é o caso do contrato educacional.

9.3. Fornecimento de produtos ou serviços que envolva outorga de crédito ou concessão de financiamento ao consumidor (art. 52)

Cada vez mais o consumidor celebra contratos que envolvem crédito puro (ex.: empréstimo de dinheiro) ou financiamento para aquisição de um bem (ex.: aquisição de um carro, de um imóvel ou de um aparelho eletrônico).

Normalmente, o consumidor está em grande desvantagem nessas transações, já que precisa do crédito, de um lado, e tem, do outro, a presença de grandes e impositivas empresas, como são as instituições financeiras.

É por isso que o CDC estabelece regras específicas sobre esse tipo de contratação.

A primeira regra é a da **informação**. De acordo com o disposto no art. 52 do CDC, o fornecedor deverá, entre outros requisitos, **informar** o consumidor, *prévia* e *adequadamente*, sobre o seguinte:

a) preço do produto ou serviço em moeda corrente nacional;

b) montante dos juros de mora e da taxa efetiva anual de juros;

c) acréscimos legalmente previstos;

d) número e periodicidade das prestações;

e) soma total a pagar, com e sem financiamento.

Outra regra importante diz respeito ao **limite de multa de mora**. De acordo com o disposto no art. 52, § 1º, do CDC, as multas de mora decorrentes do inadimplemento de obrigações no seu termo não poderão ser superiores a dois por cento (2%) do valor da prestação.

Repare que o CDC não traz limitação à taxa de **juros compensatórios**. Tais taxas devem respeitar, portanto, o disposto no Código Civil, que limita os juros ao mesmo índice aplicável aos débitos com a Fazenda Pública (art. 591 c.c. art. 406 ambos do CC). Todavia, as instituições financeiras não são obrigadas a respeitar tal limite. Já quanto aos **juros moratórios**, o STJ determina que "nos contratos bancários não regidos por legislação específica, os juros moratórios poderão ser fixados em até 1% ao mês".

Por fim, há uma última regra protetiva do consumidor sobre o assunto. Trata-se do **direito do consumidor liquidar antecipadamente o débito**, total ou parcialmente, mediante **redução proporcional dos juros e demais acréscimos** (art. 52, § 2º, do CDC). Assim, um consumidor que tenha tomado um empréstimo para pagar em 24 meses, por exemplo, poderá, a qualquer momento, não só pagar antecipadamente todas as parcelas ou parte das parcelas que ainda irão vencer, como também receber um abatimento no valor das prestações adiantadas, tendo em vista a redução proporcional dos juros e demais acréscimos.

Repare que esse direito só vale para contratos de crédito ou de financiamento. Portanto, caso alguém tenha feito um contrato de arrendamento mercantil (*leasing*), que é uma locação com opção de compra, e queira antecipar parcelas da locação, não haverá o direito à redução proporcional no valor das parcelas, pois não se trata, no plano jurídico, de um empréstimo, mas de uma locação. Ao contrário, se um carro estiver sendo adquirido por meio de alienação fiduciária, cabe redução proporcional dos juros, pois esse contrato nada mais é do que um mútuo (empréstimo de dinheiro), com o carro dado em garantia.

9.4. Compra e venda de móveis ou imóveis por prestações e alienação fiduciária

Nos contratos de *compra e venda de móveis ou imóveis por prestações* (ex.: compra de um terreno a prazo, diretamente do loteador) e no *contrato de alienação fiduciária* (aquisição de veículo mediante empréstimo bancário garantido pela alienação em confiança do veículo à instituição financeira) há uma regra muito interessante que protege o consumidor no caso de resolução do contrato, que será vista após a exemplificação feita nos dois próximos parágrafos.

Normalmente, quando o consumidor não tem mais condições de arcar com as prestações nas aquisições mencionadas, o contrato acaba se resolvendo e o fornecedor recebe de volta a coisa. Nos exemplos dados, o loteador volta a ficar com o terreno e a instituição financeira fica com o carro.

Porém, é comum, nesses casos, que o fornecedor queira ficar também com todo ou quase todo o valor já pago pelo consumidor.

Para que isso não aconteça, o CDC estabelece a seguinte regra (art. 53): *"(...) consideram-se nulas de pleno direito as cláusulas que estabeleçam a* perda total *das prestações pagas em benefício do credor que, em* razão do inadimplemento, pleitear a resolução do contrato e a retomada do produto alienado".

Partindo do exemplo da aquisição do terreno, caso no compromisso de compra e venda respectivo haja cláusula dispondo que o consumidor perderá o valor das parcelas pagas, tal disposição será nula de pleno direito.

O STJ entende que o consumidor tem direito de receber de volta todas as parcelas que já tenha pagado, abatido 10% do valor, para compensar o fornecedor. Naturalmente, caso o consumidor chegue a usar a coisa que teve de devolver, o fornecedor terá direito de ficar com quantia superior aos 10%, sob pena de enriquecimento sem causa do consumidor.

Outro ponto é que o STJ é pacífico no sentido de que a restituição das parcelas pagas (com o abatimento permitido) deve ser feita imediatamente, e não diferido no tempo. Nesse sentido: "em contratos submetidos ao Código de Defesa do Consumidor, é abusiva a cláusula contratual que determina a restituição dos valores devidos somente ao término da obra ou de forma parcelada, na hipótese de resolução de contrato de promessa de compra e venda de imóvel, por culpa de quaisquer contratantes. Em tais avenças, deve ocorrer a imediata restituição das parcelas pagas pelo promitente comprador – integralmente, em caso de culpa exclusiva do promitente vendedor/construtor, ou parcialmente, caso tenha sido o comprador quem deu causa ao desfazimento. Precedentes citados: AgRg no Ag 866.542-SC, 3.ª T., *DJe* 11.12.2012; REsp 633.793-SC, 3.ª T., *DJ* 27.06.2005; e AgRg no REsp 997.956-SC, 4.ª T., *DJe* 02.08.2012". (REsp 1.300.418-SC, Rel. Min. Luis Felipe Salomão, j. 13.11.2013)

O CDC traz, ainda, uma importante regra sobre o **contrato de consórcio**. Confira (art. 53, § 2º, do CDC): *"nos contratos do sistema de* consórcio *de produtos duráveis, a compensação ou a restituição das parcelas quitadas, na forma deste artigo, terá* descontada, *além da* vantagem econômica auferida com a fruição, *os* prejuízos que o desistente ou inadimplente causar ao grupo". *Vale dizer que, segundo a Súmula STJ 538, "As administradoras de consórcio têm liberdade para estabelecer a respectiva taxa de administração, ainda que fixada em percentual superior a dez por cento."*

9.5. Contratos de adesão[1]

O CDC **conceitua** o contrato de adesão como *"aquele cujas cláusulas tenham sido* aprovadas pela autoridade competente *ou* estabelecidas unilateralmente *pelo fornecedor de produtos ou serviços, sem que o consumidor* possa discutir ou modificar substancialmente seu conteúdo" (art. 54).

Repare que há **duas espécies** de contrato de adesão, quais sejam: a) contratos com cláusulas estabelecidas pela Administração Pública; b) contratos estabelecidos unilateralmente pelo fornecedor, sem que o consumidor possa discutir ou modificar substancialmente seu conteúdo.

O fato de o consumidor conseguir inserir alguma cláusula num formulário de um contrato estabelecido unilateralmente pelo fornecedor não desnatura esse contrato, que continua de adesão (art. 54, § 1º, do CDC). Ou seja, um contrato originariamente de adesão só deixará de sê-lo se o consumidor conseguir discutir e modificá-lo substancialmente.

O fato de um contrato de consumo ser, também, um contrato de adesão tem os seguintes **efeitos**:

a) o contrato recebe normalmente a proteção geral prevista no CDC;

b) o contrato recebe, adicionalmente, três proteções específicas para o contrato de adesão (art. 54, §§ 2º, 3º e 4º, do CDC).

A primeira proteção específica para o contrato de adesão é o chamado **direito de escolha** em caso de possibilidade de resolução do negócio. Confira a regra (art. 54, § 2º, do CDC): "nos contratos de adesão admite-se cláusula resolutória, desde que a alternativa, cabendo a escolha ao consumidor (...)".

Vamos ao exemplo. Imagine que um consumidor tenha celebrado um compromisso de compra e venda de um apartamento com uma construtora e que, depois de pagar várias parcelas, torne-se inadimplente. Imagine, ainda, que se trata de um contrato de adesão (e normalmente tais contratos são mesmo de adesão) e que haja cláusula resolutiva expressa, ou seja, cláusula dispondo que o não pagamento de prestações importará na resolução do contrato. Pois bem, quando a lei dispõe que a cláusula resolutória é uma alternativa cuja escolha compete ao consumidor, está dizendo que o consumidor tem duas alternativas numa situação dessas, quais sejam: a) aceitar a resolução do contrato; b) purgar a mora para evitar a resolução do contrato.

No exemplo em tela, o consumidor tem, então, a opção de manter o contrato, desde que pague as parcelas atrasadas, ou seja, desde que purgue a mora.

A segunda proteção específica diz respeito às **características da redação contratual em geral**. Os contratos de adesão devem ter sua redação geral dotada dos seguintes atributos, de modo a facilitar a compreensão pelo consumidor (art. 54, § 3º, do CDC):

a) redação em termos claros;

b) redação com caracteres ostensivos e legíveis, cujo tamanho da fonte não será inferior ao corpo 12 (doze).

Caso um contrato não respeite tal disposição, estaremos diante de um contrato nulo, nos termos do art. 51, XV, do CDC.

A terceira proteção específica diz respeito às **características da redação quanto às cláusulas limitativas de direito**. Todo contrato de adesão tem uma série de cláusulas que limitam os direitos do consumidor. Tais cláusulas deverão ser redigidas com **destaque**, permitindo sua imediata e fácil compreensão.

A redação com destaque significa **ou** letra maior, **ou** negrito **ou** sublinhado. Caso alguma cláusula limitativa de direito num contrato de adesão regido pelo CDC não esteja assim redigida, será nula de pleno direito, nos termos do art. 51, XV, do CDC.

10. SANÇÕES ADMINISTRATIVAS NAS RELAÇÕES DE CONSUMO

10.1. Introdução

O CDC prevê a *proteção civil* do consumidor, o que é feito por meio de ações judiciais coletivas ou individuais. Prevê também a *proteção criminal* deste, o que é feito por meio de ações penais públicas incondicionadas, diante dos diversos tipos penais previstos no próprio CDC. E, por fim, prevê a proteção administrativa do consumidor, que é feita por todos os entes políticos (União, Estados, Distrito Federal e Municípios), no exercício do chamado poder de polícia administrativa (arts. 55 a 60 do CDC).

A Constituição Federal, em seu artigo 24, V e VIII, dispõe que é competência concorrente da União, Estados e Distrito Federal legislar sobre direito do consumidor, cabendo à União traçar as normas gerais e aos Estados e Distrito Federal suplementar a legislação federal, sem prejuízo, por óbvio, da competência dos Municípios para legislar sobre assuntos de interesse local.

O CDC é justamente a **norma geral** de que trata a CF, norma geral essa que traz também a proteção administrativa das relações de consumo, a qual deve, em cada esfera de atuação dos entes políticos, ser regulamentada para aplicação das sanções administrativas.

No âmbito da União, tal regulamentação da proteção administrativa foi veiculada por meio do Decreto 2.181/1997, pelo qual se trouxe a forma como será realizado o poder de polícia em estudo, estabelecendo os órgãos incumbidos da fiscalização, as hipóteses de prática ilícita, as sanções aplicáveis (em consonância com as previstas no CDC) e a gradação da sanção.

10.2. Poder de polícia nas relações de consumo

O poder de polícia nas relações de consumo pode ser **conceituado** como a *atividade do Poder Público de condicionar a atividade dos fornecedores* baixando normas *(União, Estados e Distrito Federal) relativas à produção, industrialização, distribuição e consumo de produtos e serviços, bem como*

1. O atual Código Civil traz algumas disposições acerca dos contratos de adesão por ele regidos:
"Art. 423. Quando houver no contrato de adesão cláusulas ambíguas ou contraditórias, dever-se-á adotar a interpretação mais favorável ao aderente."
"Art. 424. Nos contratos de adesão, são nulas as cláusulas que estipulem a renúncia antecipada do aderente a direito resultante da natureza do negócio."

fiscalizando e controlando *(União, Estados Distrito Federal e Municípios) tais itens e também a publicidade respectiva, tudo no interesse da preservação da vida, da saúde, da segurança, da informação e do bem-estar do consumidor.*

Num primeiro momento, o **poder de polícia** atua por meio da edição de leis. Trata-se do poder de polícia em sentido amplo, que *consiste no fato de a União (normas gerais) e os Estados e Distrito Federal (suplementando a legislação federal)* baixarem leis *trazendo os limites da conduta dos fornecedores e o tipo de sanção administrativa correspondente a cada descumprimento dos limites legais da sua conduta.* A maior expressão do poder de polícia em sentido amplo é justamente o CDC, que traz os limites das atividades dos fornecedores e as sanções administrativas aplicáveis.

Num segundo momento, temos o **poder de polícia em sentido estrito**, que se dá por meio de regulamentos administrativos e atos concretos. Esse poder de polícia, também chamado de polícia administrativa, consiste *na atuação da Administração Pública de* fiscalizar e controlar *as atividades dos fornecedores, estabelecendo, num primeiro momento, regulamentos para fiel execução das leis acima, e, num segundo momento, expedindo atos administrativos, na observação concreta da conduta dos fornecedores, a fim de verificar se estes estão cumprindo ou não as leis acima referidas, aplicando, se for o caso, a sanção administrativa correspondente.* É expressão da polícia administrativa um fiscal do Procon fiscalizar o cumprimento da lei de consumo, aplicando as sanções administrativas previstas no CDC.

Os órgãos federais, estaduais, do Distrito Federal e municipais com atribuições para **fiscalizar e controlar** o mercado de consumo manterão comissões permanentes para elaboração, revisão e atualização dos **regulamentos** atinentes à fiscalização e ao controle administrativo das atividades dos fornecedores.

Para garantir a efetividade da fiscalização e o controle administrativo, o CDC confere aos órgãos públicos poderes semelhantes aos que tem o Ministério Público **(poder de notificação ou requisição)**, facultando a tais órgãos a expedição de notificações aos fornecedores para que, sob pena de desobediência, prestem informações sobre questões de interesse do consumidor, resguardado o segredo industrial.

10.3. Sanções administrativas cabíveis

As sanções administrativas a seguir expostas são aquelas que cada ente político (União, Estados, DF e Municípios), em função do regulamento que fizer para fiel execução da lei, poderá prever para o exercício do poder de polícia administrativa local.

Tais sanções devem ser aplicadas pela autoridade administrativa, no âmbito de sua atribuição, de forma cumulativa ou não, inclusive por *medida cautelar* antecedente ou incidente de procedimento administrativo.

Vejamos, então, as sanções administrativas previstas no CDC, atentando para o fato de que, com exceção da multa, que pode ser estipulada livremente pelo regulamento para qualquer tipo de prática ilícita nas relações de consumo, as demais só podem ser aplicadas para um âmbito previamente definido pelo CDC. Confira-se:

a) **multa:** será graduada de acordo com a gravidade da infração, a vantagem auferida e a condição econômica do fornecedor, aplicando-se mediante procedimento administrativo e revertendo-a para o fundo de direitos difusos correspondente a cada ente político; seu valor será de 200 a 3 milhões de UFIRs ou índice que venha a substituí-la;

b) **apreensão do produto;**

c) **inutilização do produto;**

d) **cassação do registro do produto junto ao órgão competente;**

e) **proibição de fabricação do produto;**

f) **suspensão de fornecimento de produtos e serviço;**

g) **revogação de concessões ou permissão de uso:** aplicada à concessionária de serviço público, quando violar obrigação legal ou contratual.

As sanções mencionadas (itens "b" a "g") serão aplicadas pela administração, mediante procedimento administrativo, assegurada ampla defesa, quando forem constatados vícios de quantidade ou de qualidade por inadequação ou insegurança do produto ou serviço;

h) **suspensão temporária da atividade;**

i) **cassação de licença do estabelecimento ou atividade;**

j) **interdição, total ou parcial, de estabelecimento, de obra ou de atividade;**

k) **intervenção administrativa:** será aplicada sempre que as circunstâncias de fato desaconselharem a cassação de licença, a interdição ou a suspensão da atividade.

As sanções anteriores (itens "h" a "k") serão aplicadas mediante procedimento administrativo, assegurada ampla defesa, quando o fornecedor reincidir na prática das infrações de maior gravidade previstas no Código e na legislação de consumo;

l) **imposição de contrapropaganda:** será cominada quando o fornecedor incorrer na prática de propaganda enganosa ou abusiva, sempre às expensas do infrator, devendo ser divulgada da mesma forma, frequência e dimensão e, preferencialmente, no mesmo veículo, local, espaço e horário, de forma capaz de desfazer o malefício da publicidade enganosa ou abusiva.

11. SISTEMA NACIONAL DE DEFESA DO CONSUMIDOR – SNDC

São **integrantes** do SNDC os órgãos federais, estaduais, do Distrito Federal e municipais e as entidades privadas de defesa do consumidor (art. 105 do CDC).

O órgão de coordenação política do sistema é o Departamento Nacional de Defesa do Consumidor (da Secretaria Nacional de Defesa do Consumidor, do Ministério da Justiça), o qual deverá:

I. planejar, elaborar, propor, coordenar e executar a política nacional de proteção ao consumidor;

II. receber, analisar, avaliar e encaminhar consultas, denúncias ou sugestões apresentadas por entidades representativas ou pessoas jurídicas de direito público ou privado;

III. prestar aos consumidores orientação permanente sobre seus direitos e garantias;

IV. informar, conscientizar e motivar o consumidor através dos diferentes meios de comunicação;

V. solicitar à polícia judiciária a instauração de inquérito policial para a apreciação de delito contra os consumidores, nos termos da legislação vigente;

VI. representar ao Ministério Público competente para fins de adoção de medidas processuais no âmbito de suas atribuições;

VII. levar ao conhecimento dos órgãos competentes as infrações de ordem administrativa que violarem os interesses difusos, coletivos, ou individuais dos consumidores;

VIII. solicitar o concurso de órgãos e entidades da União, Estados, do Distrito Federal e Municípios, bem como auxiliar a fiscalização de preços, abastecimento, quantidade e segurança de bens e serviços;

IX. incentivar, inclusive com recursos financeiros e outros programas especiais, a formação de entidades de defesa do consumidor pela população e pelos órgãos públicos estaduais e municipais;

XIII. desenvolver outras atividades compatíveis com suas finalidades.

Para consecução de seus objetivos, o Departamento Nacional de Defesa do Consumidor poderá solicitar o concurso de órgãos e entidades de notória especialização técnico-científica.

12. CONVENÇÃO COLETIVA DE CONSUMO

A convenção coletiva de consumo pode ser **conceituada** como a *convenção escrita estabelecida entre as entidades civis de consumidores e as associações de fornecedores ou sindicatos de categoria econômica, que tem por fim regular relações de consumo e por objeto estabelecer condições relativas ao preço, à qualidade, à quantidade, à garantia e características de produtos e serviços, bem como reclamação e composição do conflito de consumo* (art. 107 do CDC).

Quanto às **formalidades**, a convenção, além de dever ser escrita, apenas se tornará obrigatória a partir do registro do instrumento no cartório de títulos e documentos.

Quanto à **abrangência** da convenção, esta somente obrigará os filiados às entidades signatárias.

Além disso, não se exime de cumprir a convenção o fornecedor que se desligar da entidade em data posterior ao registro do instrumento.

13. DEFESA DO CONSUMIDOR EM JUÍZO: INDIVIDUAL E COLETIVA

13.1. Tipos de interesses

A defesa do consumidor em juízo poderá se dar individual ou coletivamente. A **defesa coletiva** será exercida quando se tratar de um dos seguintes interesses (art. 81, parágrafo único, do CDC):

I. interesses ou direitos difusos: os transindividuais, de natureza indivisível, de que sejam titulares pessoas indeterminadas e ligadas por circunstâncias de fato. Ex.: direito ao meio ambiente ecologicamente equilibrado;

II. interesses ou direitos coletivos: os transindividuais, de natureza indivisível, de que seja titular grupo, categoria ou classe de pessoas ligadas entre si ou com a parte contrária por uma relação jurídica base. Ex.: direito dos integrantes de um consórcio de carro;

III. interesses ou direitos individuais homogêneos: os decorrentes de origem comum. Ex.: direito das vítimas de um acidente aéreo.

13.2. Legitimados concorrentes para a defesa coletiva

Segundo o CDC, são legitimados para a defesa dos interesses coletivos em sentido amplo os seguintes (art. 82 do CDC):

I. Ministério Público;

II. União, Estados, Distrito Federal e Municípios;

III. entidades da administração pública direta e indireta;

IV. órgãos da administração pública direta ou indireta, especificamente destinadas à defesa dos interesses e direitos protegidos pelo CDC;

IV. associações legalmente constituídas há pelo menos 1 (um) ano e que incluam entre seus fins institucionais a defesas dos interesses e direitos protegidos pelo CDC, dispensada a autorização assemblear.

O requisito de pré-constituição pode ser dispensado pelo juiz nas ações que visem à proteção de interesses individuais homogêneos, quando haja manifesto interesse social evidenciado pela dimensão ou características do dano, ou pela relevância do bem jurídico a ser protegido (art. 82, § 1º, do CDC).

O novo Código de Processo Civil, cuja entrada em vigor em março de 2016[2], estabelece, em seu art. 139, X, que ao juiz incumbe "quando se deparar com diversas demandas individuais repetitivas, oficiar o Ministério Público, a Defensoria Pública e, na medida do possível, outros legitimados a que se referem o art. 5º da Lei 7.347, de 24.07.1985, e o art. 82 da Lei 8.078, de 11.09.1990, para, se for o caso, promover a propositura da ação coletiva respectiva".

13.3. Tipos de ações admissíveis para proteção dos direitos do consumidor

O art. 83 do CDC dispõe que, para a defesa dos direitos e interesses protegidos pelo Código, são admissíveis todas as espécies de ações capazes de propiciar sua adequada e efetiva tutela.

Vale dizer, pode o autor escolher o *rito* procedimental que deseja imprimir à demanda (rito sumário, rito ordinário, rito do mandado de segurança etc.), bem como pode pedir qualquer tipo de *provimento* jurisdicional (provimento declaratório, provimento constitutivo, provimento condenatório, provimento mandamental, provimento executivo *latu sensu*), devendo escolher qual *rito* e *provimento* será mais eficaz para atender ao direito pleiteado.

Vale lembrar que o provimento mandamental é o melhor deles, já que, em tal caso, o juiz, na sentença, determina que alguém faça ou deixe de fazer alguma coisa, determinação

2. Para Didier, "o prazo da vacância do CPC/2015 deve ser contado em ano, e não em dias. Isso significa que o início de sua vigência ocorrerá no dia 18 de março de 2016". Luiz Guilherme Marinoni, Daniel Mitidiero e Sérgio Cruz Arenhart "se restringem a indicar 16.03.2016 como a data em que o novo CPC deve entrar em vigor (*Novo código de processo civil comentado*. São Paulo: RT, 2015, p. 991)". Disponível em: [http://portalprocessual.com/sobre-o-inicio-da-vigencia-do-cpc2015/]. Acesso em: 04.08.2015.

essa que será enviada por ofício à pessoa destinatária da ordem, sem necessidade de abertura de processo de execução de sentença, o que a torna menos burocrática, além da vantagem de, em caso de seu descumprimento, configurar-se o crime de desobediência à ordem judicial, o que torna a sentença muitíssimo eficaz.

O veto presidencial ao dispositivo que tratava da possibilidade de se ingressar com ação mandamental foi inócuo, eis que o fato de se admitir todas as espécies de ações já é suficiente para que se possa ingressar com tal espécie de pedido.

13.4. Provimento jurisdicional final e tutela antecipada nas obrigações de fazer ou não fazer

O art. 84 do CDC traz uma série de regras interessantes acerca dos comandos judiciais cabíveis nas ações que tenham por objeto obrigação de fazer. Confira:

a) *na ação que tenha por objeto o cumprimento de obrigação de fazer ou não fazer, o juiz concederá a tutela específica da obrigação ou determinará providências que assegurem o resultado prático equivalente ao do adimplemento;*

b) *sendo relevante o fundamento da demanda e havendo justificado receio de ineficácia do provimento final, é lícito ao juiz conceder a tutela liminarmente ou após justificação prévia, citando o réu.*

Na busca de tal tutela específica, o CDC traz incentivos negativos ao réu para cumprir o que o autor da ação deseja, e o faz dizendo que o *juiz poderá, na hipótese de concessão da tutela antecipada ou na sentença, impor multa diária ao réu, independentemente de pedido do autor, se for suficiente ou compatível com a obrigação, fixando prazo razoável para o cumprimento do preceito.*

Vale ressaltar, todavia, que *a multa só será exigível do réu após o trânsito em julgado da sentença favorável ao autor, mas será devida desde o dia em que se houver configurado o descumprimento.*

O juiz poderá, ainda, determinar as medidas necessárias, tais como busca e apreensão, remoção de coisas e pessoas, desfazimento de obra, impedimento de atividade nociva, além de requisição de força policial.

Com todas as possibilidades previstas no CDC para que uma obrigação de fazer seja cumprida pelo fornecedor, a conversão da obrigação em perdas e danos somente será admissível se por elas optar o autor ou se for impossível a tutela específica ou a obtenção do resultado prático correspondente.

13.5. Isenção de custas

Nas ações coletivas não haverá adiantamento de custas, emolumentos, honorários periciais e quaisquer outras despesas.

Nada obstante, o juiz condenará a associação autora a pagar ao réu os honorários advocatícios, custas e demais despesas em caso de litigância de má-fé, hipótese em que a associação autora e os diretores responsáveis pela propositura da ação serão solidariamente condenados ao décuplo das custas, sem prejuízo de responsabilidade por perdas e danos.

13.6. Ação de regresso e denunciação da lide

Na hipótese do art. 13, parágrafo único do CDC (que traz as exceções em que há responsabilidade do comerciante por fato do produto), a ação de regresso do comerciante contra o fornecedor responsável poderá ser ajuizada em processo autônomo, facultada a possibilidade de prosseguir-se nos mesmos autos, vedada a denunciação da lide.

13.7. Ações coletivas para a defesa de interesses individuais homogêneos

Veremos agora o específico regime das ações coletivas destinadas à defesa dos interesses individuais homogêneos.

Os legitimados para propositura desse tipo de demanda são exatamente aqueles a que nos referimos acima (MP, entes e órgãos da Administração Pública Direta e Indireta e associações), devendo-se salientar que o Ministério Público, por ser o interesse em questão normalmente disponível, só terá legitimidade quando os interesses individuais homogêneos tiverem expressão para a coletividade, como os que dizem respeito à *saúde* ou à *segurança* das pessoas, o acesso à *educação*, a prestação de serviços públicos, bem como quanto àqueles em que haja *grande dispersão dos lesados.*

O STJ reconhece, pacificamente, a legitimidade do MP para defender consumidores contra mensalidades abusivas praticadas por escolas privadas.

Quanto aos serviços públicos, o STJ também reconhece a legitimidade do Ministério Público para defender interesses individuais homogêneos relativos a desrespeito de direitos de usuários de serviço de telefonia (REsp 568.734, *DJe* 29.06.2012).

Os legitimados para as ações de que trata o presente item proporão as respectivas ações em nome próprio e no interesse das vítimas ou seus sucessores, ação civil coletiva essa que buscará a efetivação da responsabilidade pelos danos individualmente sofridos.

O Ministério Público, se não ajuizar a ação, atuará sempre como fiscal da lei.

A competência para esse tipo de demanda segue um regime um pouco diferente daquela prevista na Lei de Ação Civil Pública (que é a do *local do dano*) e do ECA (que é a do *local da ação ou omissão*).

O CDC ressalva a competência da Justiça Federal, dizendo que é competente para a causa a justiça local (art. 93):

I. no foro do lugar onde ocorreu ou deva ocorrer o dano, quando de âmbito local;

II. no foro da Capital do Estado ou no do Distrito Federal, para os danos de âmbito nacional ou regional, aplicando-se as regras do Código de Processo Civil aos casos de competência concorrente.

Vale dizer, a competência aqui só será a do foro do local onde ocorreu ou deva ocorrer o dano se este for de âmbito local. Caso o dano seja de âmbito regional, a competência será a do foro da Capital do Estado correspondente e, em sendo o dano de âmbito nacional, a competência será a do foro do Distrito Federal.

Outra questão importante nesse tipo de ação é a preocupação com a situação dos lesados que queiram intervir na demanda coletiva ou que já ingressaram com alguma demanda individual.

Por isso é que a lei dispõe que, proposta a ação, será publicado edital no órgão oficial a fim de que os interessados possam intervir no processo como litisconsortes, sem prejuízo de ampla divulgação pelos meios de comunicação social por parte dos órgãos de defesa do consumidor (art. 94 do CDC).

Julgada procedente a demanda, far-se-á uma condenação genérica, que simplesmente fixa a responsabilidade dos réus pelos danos causados (art. 95 do CDC). Isso porque existem diversas pessoas naquela situação, não sendo o caso de se chamar todas para apuração do *quantum* do dano que cada uma sofreu, o que pode ser relegado para um momento posterior, o da liquidação de sentença.

A liquidação e a execução de sentença poderão ser promovidas tanto pela vítima e seus sucessores como também pelos legitimados à propositura dessa ação coletiva (art. 97 do CDC).

A execução coletiva, promovida pelos legitimados de que trata o art. 82, abrange as vítimas cujas indenizações já tiverem sido fixadas em sentença de liquidação, sem prejuízo do ajuizamento de outras execuções (art. 98 do CDC).

A execução coletiva far-se-á com base em certidão das sentenças de liquidação, da qual deverá constar a ocorrência ou não do trânsito em julgado.

É competente para a execução o juízo:
I. da liquidação da sentença ou da ação condenatória, no caso de execução individual;
II. da ação condenatória, quando coletiva a execução.

No primeiro caso (execução individual), perceba-se que há uma opção para aquele que ajuíza uma ação individual. Este pode escolher tanto o juízo por onde pediu a liquidação individual da sentença como o juízo que exarou a sentença condenatória coletiva em seu favor.

No segundo caso (execução coletiva), é prevento o juízo por onde correu a ação condenatória correspondente.

Vale ressaltar que em caso de concurso de créditos decorrentes de condenação prevista na Lei de Ação Civil Pública e de indenizações pelos prejuízos individuais resultantes do mesmo evento, estas terão preferência de pagamento (art. 99 do CDC). Vale dizer, ocorrido um evento que gera indenização à coletividade como um todo e também àquelas pessoas que tiveram danos individualizados, os créditos dessas terão preferência em relação aos da coletividade.

Assim, a destinação da importância recolhida ao Fundo criado pela lei de Ação Civil Pública ficará sustada enquanto pendentes de decisão de segundo grau as ações de indenização pelos danos individuais, salvo na hipótese de o patrimônio do devedor ser manifestamente suficiente para responder pela integralidade das dívidas.

Por fim, há questão importante a se comentar, que diz respeito à inércia do interessado em liquidar e executar seus danos individuais. Decorrido o prazo de 1 ano sem habilitação de interessados em número compatível com a gravidade do dano, poderão os legitimados do art. 82 promover a liquidação e a execução da indenização devida (art. 100 do CDC). O produto da indenização devida reverterá para o Fundo criado pela Lei 7.347/1985.

13.8. Ações de responsabilidade do fornecedor de produtos e serviços

Passemos, agora, ao comentário das especificidades das ações que envolvam responsabilidade do fornecedor de produtos e serviços, responsabilidade essa que pode ser tanto por fato do produto ou do serviço como por vício do produto ou do serviço.

De acordo com o artigo 101 do CDC, a ação de responsabilidade civil do fornecedor de produtos e serviços, sem prejuízo das disposições há pouco vistas (disposições gerais e ação coletiva para defesa de interesses individuais homogêneos), terá as seguintes particularidades:

a) competência: *a ação pode ser proposta no domicílio do autor*; vale dizer, além do domicílio do réu, poderá ser promovida facultativamente no domicílio do autor, normalmente o próprio consumidor;

b) admissão de chamamento ao processo: *o réu que houver contratado seguro de responsabilidade poderá chamar ao processo o segurador, vedada a integração do contraditório pelo Instituto de Resseguros do Brasil. Nesta hipótese, a sentença que julgar procedente o pedido condenará o réu nos termos do art. 80 do CPC. Se o réu houver sido declarado falido, o administrador judicial será intimado a informar a existência de seguro de responsabilidade facultando-se, em caso afirmativo, o ajuizamento de ação de indenização, diretamente contra o segurador, vedada a denunciação da lide ao Instituto de Resseguros do Brasil e dispensado o litisconsórcio obrigatório como este.*

Segundo a Súmula STJ 540, "Na ação de cobrança do seguro DPVAT, constitui faculdade do autor escolher entre os foros do seu domicílio, do local do acidente ou ainda do domicílio do réu.

Uma questão muito interessante nesse tipo de ação de responsabilidade do fornecedor de produtos e serviços é a possibilidade de os legitimados de agir na forma do CDC poderem propor ação visando a compelir o Poder Público competente a proibir, em todo o território nacional, a produção, divulgação, distribuição ou venda, ou a determinar alteração na composição, estrutura, fórmula ou acondicionamento de produto, cujo uso ou consumo regular se revele nocivo ou perigoso à saúde pública ou à incolumidade pessoal. Ex.: Procon ingressar com ação para compelir o Poder Público a proibir a fabricação de produtos com insumos agrícolas transgênicos não autorizados.

13.9. Coisa julgada

O regime da coisa julgada nas ações coletivas do CDC é bem diferente do previsto nas ações individuais em geral, que costumam ter limites subjetivos restritos e pouca flexibilidade.

Vejamos, então, esse regime diferenciado.

Dispõe o artigo 103 do CDC que nas ações coletivas nele previstas a sentença fará coisa julgada:

I. *erga omnes*, exceto se o pedido for julgado improcedente por insuficiência de provas, hipótese em que qualquer legitimado poderá intentar outra ação, com idêntico fundamento, valendo-se de nova prova, **na hipótese dos interesses difusos**;

II. *ultra partes*, mas limitadamente ao grupo, categoria ou classe, salvo improcedência por insuficiência de provas, nos termos do inciso anterior, **nas hipóteses de interesses coletivos**;

III. *erga omnes*, apenas no caso de procedência do pedido, para beneficiar todas as vítimas e seus sucessores, **na hipótese de interesses individuais homogêneos.**

Para efeito de fixação da matéria, seguem abaixo dois quadros, um sobre as características dos interesses difusos, coletivos e individuais homogêneos e outro com a questão da coisa julgada nesse tema.

Interesses	**Grupo**	**Objeto**	**Origem**	**Disposição**	**Exemplos**
Difusos	indeterminável	indivisível	situação de fato	indisponível	interesse das pessoas na despoluição de um rio
Coletivos	determinável	indivisível	relação jurídica	disponível apenas pelo grupo	interesse dos condôminos de edifício na troca de um elevador com problema
Individ. Homog.	determinável	divisível	origem comum	disponível individualmente	interesse de vítimas de acidente rodoviário em receber indenização

	Procedência	**Improcedência**	**Improcedência por falta de provas**	**Observação**
Difusos	*erga omnes*	*erga omnes*	**sem eficácia** *erga omnes*	**Interesses individuais não ficam prejudicados pela improcedência**
Coletivos	*ultra partes*, limitada ao grupo categoria ou classe	*ultra partes*	**sem eficácia** *ultra partes*	**Interesses individuais não ficam prejudicados pela improcedência**
Individuais homogêneos	*erga omnes*, para beneficiar vítimas e sucessores, salvo se a vítima, ciente da ação coletiva, preferiu continuar com a ação individual	**sem eficácia** *erga omnes*	**sem eficácia** *erga omnes*	**Interesses individuais não ficam prejudicados pela improcedência**

Um ponto importante é a criação de um novo tipo de julgado, o de **improcedência por falta de provas**, o qual beneficia terceiros que não participaram da ação e que não puderam contribuir na prova nela feita.

Não bastasse isso, mesmo que uma ação seja julgada improcedente (não se trata da improcedência por falta de provas), os efeitos da coisa julgada dessa ação, quando veiculados interesses difusos ou coletivos, **não prejudicarão interesses e direitos individuais dos integrantes da coletividade, do grupo, categoria ou classe.** Vale dizer, mesmo após uma improcedência da questão numa ação coletiva, será possível que uma pessoa prejudicada ingresse com ação individual buscando seus direitos.

A preocupação do CDC é tão grande em resguardar interesses individuais que os efeitos da coisa julgada prevista na Lei de Ação Civil Pública, que também são *erga omnes*, limitados à competência territorial do órgão prolator, também não prejudicarão as ações de indenização por danos pessoalmente sofridos, propostas individualmente ou na forma prevista no CDC; mas, procedente o pedido, beneficiarão as vítimas e seus sucessores, que poderão proceder à liquidação e à execução nos termos dos dispositivos relativos à ação coletiva para defesa de interesses individuais homogêneos.

Aplica-se o disposto no parágrafo anterior à sentença penal condenatória.

As ações coletivas, relativas às hipóteses de interesses difusos e coletivos, não induzem litispendência para as ações individuais (art. 104 do CDC). Vale dizer, as ações individuais promovidas na pendência de ações para defender direitos difusos ou coletivos não serão extintas, já que é a lei que diz não se induzir litispendência nesse caso.

Porém, os efeitos da coisa julgada *erga omnes* ou *ultra partes*, relativos às hipóteses de interesses coletivos e individuais homogêneos, não beneficiarão os autores das ações individuais, se não for requerida sua suspensão no prazo de 30 (trinta) dias, a contar da ciência nos autos do ajuizamento da ação coletiva. Isto é, podem correr juntas ações para defesa de interesses difusos e individuais homogêneos, de um lado, e ações individuais, de outro, mas, caso os autores das ações individuais não requeiram sua suspensão dentro do prazo de 30 dias do conhecimento de que foi ajuizada ação coletiva correspondente, os efeitos da coisa julgada daquelas ações não os beneficiarão.

13. Direito Empresarial

Alessandro Sanchez e Alexandre Gialluca

1. DIREITO DE EMPRESA

1.1. Empresário

O Código Civil brasileiro vigente, editado no ano de 2002 e inspirado no estatuto civil italiano, unificou legislativamente o direito privado. Essa unificação, entretanto, não significou a perda de autonomia do direito empresarial, que se mantém intacta, com princípios e regras próprias.

Tal evolução inseriu na legislação pátria a relevância da empresa como atividade econômica organizada, e o empresário como seu exercente, individualmente, por uma pessoa natural, ou de forma societária, por uma pessoa jurídica, de acordo com os seguintes requisitos:

Profissionalidade: exercício habitual da atividade empresarial praticada de forma reiterada e em nome próprio, ainda que indiretamente, pois é o empresário, de forma individual ou societária, que responde por todos os atos de seus prepostos;

Atividade Econômica: atividade que visa ao lucro por intermédio da produção ou comercialização de bens e/ou serviços.

Organização: formato em que o empresário reúne os elementos – mão de obra (própria ou alheia) e capital.

O nosso Código Civil, no parágrafo único do art. 966, conceitua o não empresário como aquele cujas atividades foram consideradas civis pelo Código Civil revogado. Com a unificação promovida pelo atual Código Civil, são considerados individualmente profissionais liberais autônomos, e societariamente sob a forma de sociedade simples.

Tais atividades são aquelas consideradas intelectuais, de natureza científica (medicina ou ciências contábeis), literária (escritor) ou artística (pintor de quadros), ainda que com a contribuição de auxiliares ou colaboradores, ressalvados os casos em que o exercício da profissão constitua elemento de empresa, o que significaria a absorção da atividade intelectual pela empresarial, assumindo os requisitos que anteriormente foram pontuados.

Sendo, assim, o profissional liberal em regra não é empresário; no entanto, quando a atividade intelectual for absorvida por elementos de empresa (estrutura empresarial), a atividade intelectual se transformará em atividade empresarial, por exemplo: consultório médico que se transforma em hospital.

Podemos, portanto, afirmar que a primeira parte do Código Comercial foi revogada, afastando-nos do comerciante e aproximando-nos da empresa, como bem podemos identificar ao analisar os arts. 966 e 2.045 do Código Civil.

Atenção

A atividade empresarial não se limita àquela comercial em sentido estrito (produção e intermediação). A atividade empresarial tem uma conotação mais ampla, englobando a prestação de serviços. Portanto, aqueles que se constituem economicamente por meio de sociedade por ações serão sempre sociedades empresariais, assim como as sociedades cooperativas jamais serão empresariais, mas sim sociedades simples.

1.1.1. Capacidade para o exercício da atividade empresarial

O art. 972 do Código Civil dispõe que: "podem exercer a atividade de empresário os que estiverem em pleno gozo da capacidade civil e não forem legalmente impedidos".

Para tanto, devemos nos socorrer do Código Civil, que em seu art. 3º classifica os absolutamente incapazes como aqueles impedidos de exercer atos da vida civil, muito embora possam contrair direitos e obrigações. Nessa condição estão os menores de 16 anos. Os absolutamente incapazes devem ser representados, sob pena de nulidade absoluta de seus atos.

O art. 4º do Código Civil classifica os relativamente capazes como os maiores de 16 e menores de 18 anos; os ébrios habituais e os viciados em tóxicos, aqueles que, por causa transitória ou permanente, não puderem exprimir sua vontade e os pródigos. Os relativamente incapazes devem ser assistidos, sob pena de anulabilidade de seus atos.

O menor emancipado antes de completar 18 anos, nos termos do art. 5º, parágrafo único, do Código Civil, estará apto a exercer a atividade empresarial. A incapacidade cessará nos seguintes casos:

I – pela concessão dos pais, ou de um deles na falta do outro, mediante instrumento público, independentemente de homologação judicial, ou por sentença do juiz, ouvido o tutor, se o menor tiver 16 anos completos;

II – pelo casamento;

III – pelo exercício de emprego público efetivo;

IV – pela colação de grau em curso de ensino superior;

V – pelo estabelecimento civil ou comercial, ou pela existência de relação de emprego, desde que, em função deles, o menor com 16 anos completos tenha economia própria.

Se por um lado tratamos da capacidade, por outro estabelece o art. 973 do Código Civil que "a pessoa legalmente impedida de exercer atividade própria de empresário, se a exercer, responderá pelas obrigações contraídas". Os casos de impedimento encontram-se em diversas leis esparsas. Podemos citar os funcionários públicos; os militares do Exército, Marinha ou Aeronáutica, bem como os auxiliares do empresário e o falido não reabilitado.

O art. 974 do Código Civil admite que o incapaz, devidamente representado ou assistido, continue a exercer a atividade empresarial em duas situações:

a) Incapacidade superveniente (a incapacidade surge após o início do exercício da atividade empresarial, momento em que a capacidade era plena. Por exemplo: empresário que, por causa transitória ou permanente, não puder exprimir sua vontade);

b) Morte do empresário individual, deixando herdeiros ou sucessores incapazes.

Para que o incapaz continue a exercer a atividade empresarial por meio de um representante ou devidamente assistido, segundo o art. 974, § 1º, do Código Civil, é necessária uma autorização judicial, cabendo ao juiz avaliar os riscos da empresa (da atividade) ou a conveniência de continuá-la. Essa autorização poderá ser revogada a qualquer momento.

Além da autorização judicial, deverá o juiz separar os bens que o incapaz possuía no momento da interdição ou da sucessão dos bens destinados ao exercício da atividade empresarial.

O Registro Público de Empresas Mercantis, a cargo das Juntas Comerciais, deverá registrar contratos ou alterações contratuais da sociedade que envolva sócio incapaz, desde que atendidos, conjuntamente, os seguintes pressupostos:

I – O sócio incapaz não pode exercer a administração da sociedade;

II – O capital deve ser totalmente integralizado;

III – O sócio relativamente incapaz deve ser assistido e o absolutamente incapaz deve ser representado por seus representantes legais.

Se o representante ou o assistente for pessoa legalmente impedida de exercer atividade empresarial, deverá nomear um ou mais gerentes para o exercício da função com a aprovação do juiz (art. 975 do Código Civil). Essa nomeação, contudo, não exime o representante ou o assistente da responsabilidade pelos atos praticados pelos gerentes (art. 975, § 2º, do Código Civil).

1.2. Empresa Individual de Responsabilidade Limitada

A Lei 12.441/2011 institui as Empresas Individuais de Responsabilidade Limitada, alterando diversos dispositivos de nosso Código Civil. O ideal é o de autorizar o titular da Empresa Individual na separação de patrimônio, já que a pessoa natural exercente da empresa será considerada distinta, logicamente, da pessoa jurídica empresária, e cada uma dessas pessoas terá patrimônio próprio.

Nesse sentir, o Código Civil passa a admitir uma nova espécie de Pessoa Jurídica em seu art. 44, VI, até então de conteúdo limitado às associações, fundações, sociedades, entidades religiosas e partidos políticos. As empresas individuais de responsabilidade limitada são pessoa jurídica *sui generis*, não se podendo, a princípio, admiti-las como mera pessoa jurídica individual, já que o legislador permite nessa mesma espécie as sociedades unipessoais em definitivo; assim como não se admite a classificação como sociedades, ou então o legislador as teria abrangido no inciso III, além do que se percebe a técnica e imprópria nomeação.

Acrescente-se o art. 980-A no Código Civil vigente para trazer 4 requisitos básicos a essa nova pessoa jurídica. Os requisitos exigidos pelo dispositivo são: (a) Constituição por única pessoa natural titular do capital social, que poderá figurar em uma única empresa deste tipo; (b) Integralização do capital; (c) Capital superior a 100 (cem) vezes o valor do salário mínimo vigente.

A Empresa Individual de Responsabilidade Limitada (Eireli) pode ser sócia ou acionista de sociedade empresária, ponto que não nos parece duvidoso, assim como a Eireli pode adotar as formas de Microempresa (ME) ou Empresa de pequeno porte (EPP).

Atenção

O Nome Empresarial da Empresa Individual de Responsabilidade Limitada (Eireli) será formado pela inclusão da expressão "Eireli" após a firma (nome civil do empresário) ou da denominação, valendo dizer que tal espécie poderá se valer de "elemento fantasia" na formação de seu nome empresarial, sempre inerente aos tipos empresariais prestigiados com a separação patrimonial. Aliás, por aplicação subsidiária das normas das Sociedades Limitadas, vale lembrar que a utilização do nome civil de seu exercente na composição do nome empresarial atrairá responsabilização ilimitada.

Tal tipo empresarial poderá resultar da concentração das quotas de outra modalidade societária num único sócio, independentemente das razões que motivaram tal concentração, tudo por força da inclusão do § 3º do art. 980-A no Código Civil, adentrando aqui o que talvez seja a razão da maior polêmica a respeito da natureza dessa espécie empresarial, já que, caso fosse intenção do legislador trazer uma mera empresa individual para o ordenamento jurídico, bastaria deixar de mencionar a unipessoalidade societária, obrigando o titular de sociedade unipessoal acidental a buscar a transformação para Empresa Individual de Responsabilidade Limitada; além do que existiria a opção de afastar a pluralidade de sócios da limitada. Para tanto, concluímos por tratar sua natureza como a de pessoa jurídica *sui generis*, por não se enquadrar adequadamente nos tipos atualmente existentes no que tange às pessoas jurídicas.

Com tais considerações, ressalte-se que, da entrada em vigor de tal instituto em diante, o sócio remanescente de sociedade empresária que acidentalmente se tornou unipessoal, a título de exemplo, por morte do outro sócio, poderá, no prazo de 180 (cento e oitenta) dias, transformar-se em sociedade unipessoal em definitivo, por força do parágrafo único do art. 1.033 do Código Civil, assim como poderá adotar a forma já prevista, sanando a impessoalidade nesse mesmo prazo, conforme regra contida no inciso IV do art. 1.033 do Código Civil.

Finalmente, aplicam-se à empresa de responsabilidade individual limitada, no que couber e for compatível, subsidiariamente, as regras previstas para as sociedades limitadas, bem como a desconsideração da personalidade jurídica.

1.3. Estabelecimento empresarial

Estabelecimento empresarial, que é sinônimo de fundo de comércio,é o complexo de bens reunidos para o desenvolvimento da atividade empresarial e possui um valor próprio, distinto do valor dos bens que o compõem. O estabelecimento não é sinônimo de patrimônio. O patrimônio é composto de todos os bens valorados economicamente e o estabelecimento é composto apenas de bens utilizados para o exercício da atividade. Os débitos, por exemplo, fazem parte do patrimônio, mas não do estabelecimento.

O Código Civil brasileiro, em seu art. 1.142, conceitua estabelecimento empresarial como "[...] todo complexo de bens organizado, para exercício da empresa, por empresário, ou por sociedade empresária".

A união desses bens organizados para possibilitar o exercício da atividade empresarial faz que eles tenham um valor próprio distinto do estabelecimento, considerado individualmente. Portanto, o fundo de comércio ou estabelecimento empresarial constitui uma universalidade de fato,um conjunto de bens que se mantêm unidos, destinados a um fim, por vontade e determinação de seu proprietário.

O estabelecimento empresarial é composto por bens de duas categorias: corpóreos e incorpóreos.

Os bens corpóreos são aqueles que se caracterizam por ocupar espaço no mundo exterior. Entre eles podemos destacar: (a) mercadorias; (b) instalações; (c) máquinas e utensílios.

Os bens incorpóreos são as coisas imateriais, que não ocupam espaço no mundo exterior. São ideias, frutos da elaboração abstrata da inteligência ou do conhecimento humano. Existem na consciência coletiva. Nessa categoria estão os direitos que seu titular integra no estabelecimento empresarial, tais como patente de invenção, modelo de utilidade, marcas e desenhos industriais.

Atenção

A clientela e o aviamento (capacidade de captação de negócios) estão relacionados entre si e não têm existência separada do estabelecimento; constituem atributos ou qualidades do estabelecimento, como instrumentos do exercício da atividade empresarial, e não elementos.

1.3.1. *Trespasse*

O estabelecimento empresarial compõe o patrimônio do empresário, razão pela qual este tem livre disponibilidade sobre o estabelecimento empresarial,ou seja, faz dele o que melhor lhe aprouver. Por outro lado, uma vez que integra o patrimônio do empresário, o estabelecimento empresarial é a garantia dos credores; e, nessa linha, a lei fixa determinadas condições para que possa ser alienado.

A alienação do estabelecimento empresarial poderá ser parcial e não precisará de concordância dos credores, caso restem bens suficientes para cumprir com as obrigações contraídas.

No caso de trespasse, situação em que são transferidos todos os bens que constituem a substância da empresa para outro titular, o legislador, no art. 1.145 do Código Civil, fixa como condição a concordância expressa ou tácita de todos os credores do empresário ou o pagamento de todos os credores.

No caso de notificação dos credores, considera-se o aceite tácito acerca da alienação se o credor não se manifestar contrariamente no prazo de 30 dias do recebimento da notificação. Se o alienante assim não proceder, deixando de colher a anuência dos credores ou de notificá-los, poderá ter sua falência decretada.

Atenção

O trespasse tem sua eficácia diretamente relacionada com a averbação de seu contrato à margem da inscrição do empresário.

1.3.2. *Obrigações solidárias*

Os débitos regularmente contabilizados responsabilizam solidária e temporariamente alienante e adquirente. O alienante se mantém responsável pelos débitos anteriores à alienação, por um ano a contar da publicação da transferência no diário oficial do estado; e, quanto aos débitos vincendos (a vencer), por um ano a contar do vencimento da obrigação.

Credor trabalhista: O art. 448 da CLT consagra a imunidade dos contratos de trabalho diante de mudança na propriedade ou estrutura jurídica da empresa – o credor trabalhista sempre poderá cobrar o titular do estabelecimento empresarial.

Credor fiscal: O art. 133 do CTN prevê a responsabilidade subsidiária ou integral do adquirente.

A Lei 11.101/2005 (recuperação judicial e falência), em seu art. 141, inciso II, determina que, quando houver alienação de estabelecimento empresarial em processo falencial, o objeto da alienação estará livre de qualquer ônus, inclusive trabalhista e fiscal.

Havia discussão quando a alienação do estabelecimento era realizada em recuperação judicial, pois o art. 60, parágrafo único, da Lei 11.101/2005 não previa expressamente a ressalva para as dívidas trabalhistas.

Atenção

No julgamento da Ação Direta de Inconstitucionalidade 3.934/2009, o STF entendeu que, havendo alienação de estabelecimento em recuperação judicial, o adquirente não responde por quaisquer dívidas, inclusive as trabalhistas.

O alienante de estabelecimento empresarial não pode, salvo cláusula contratual em sentido contrário, fazer concorrência com o adquirente por um prazo de 5 (cinco) anos.

O adquirente de estabelecimento empresarial sub-roga-se nos contratos necessários para exploração do estabelecimento, salvo os de caráter pessoal (locação ou cessão do uso da marca), conforme art. 1.148 do Código Civil.

O nome empresarial não pode ser objeto de alienação (art. 1.164 do Código Civil). No entanto, o parágrafo único do art. 1.164 permite que o adquirente de estabelecimento empresarial possa usar o nome do alienante, desde que previsto no contrato, precedido do seu próprio, com a qualificação de sucessor.

1.4. Nome empresarial

É o nome com o qual o empresário, seja pessoa natural, seja pessoa jurídica, se apresenta no mercado, identificando o sujeito que exerce a atividade empresarial. O nome empresarial é também um dos elementos incorpóreos do estabelecimento empresarial, não se confundindo com outros elementos de identificação da empresa, como a marca dos produtos vendidos ou o título do estabelecimento.

O nome empresarial torna possível a participação do empresário individual e coletivo no mundo dos negócios, tornando-o sujeito de direitos e obrigações e dando-lhe, ainda, legitimidade processual ativa e passiva. O nome empresarial, de acordo com o funcionamento da empresa individual ou societária, tem a seguinte estruturação:

Firma: Só pode ter por base o nome civil do empresário individual ou dos sócios da sociedade empresária quando o núcleo do nome empresarial corresponde a um ou mais nomes civis do empresário, que correspondem também a sua assinatura, conforme o art. 1.155 do Código Civil.

Quando determinada sociedade utiliza-se de firma, estamos diante de uma **Firma Social**. A firma social identifica algumas espécies de sociedades em que obrigatoriamente o nome dos sócios deve figurar no nome empresarial. Em regra, a firma social identifica as sociedades em que há sócios de responsabilidade ilimitada (art. 1.157 do Código Civil), por exemplo a sociedade em nome coletivo e a sociedade em comandita simples.

Admite-se constar da firma apenas o nome de um ou alguns dos sócios, acompanhado do termo "CIA" no final, por extenso ou abreviadamente.

A firma social deve atender ao disposto no art. 1.165 do Código Civil, que determina: toda vez que sócio vier a falecer, for excluído ou se retirar, seu nome não pode ser conservado na firma. Não se permite a manutenção do nome nem mediante cláusula contratual.

Denominação: Pode ter por base um nome civil ou qualquer outra expressão linguística que a doutrina costuma designar "elemento fantasia".

Somente duas espécies societárias podem escolher entre firma e denominação: a limitada e a comandita por ações.

A sociedade anônima só adota denominação. No entanto, o art. 1.160, parágrafo único, do Código Civil, repetindo o art. 3º da Lei das S.A., permite que na denominação possa constar o nome do fundador, acionista ou pessoa que tenha contribuído para o êxito da sociedade. Isso não transforma a denominação em firma.

2. SOCIEDADES

Ao tratar do tema das sociedades, importante discorrer um pouco sobre a pessoa jurídica, um ente criado pelo direito e dotado de personalidade jurídica idêntica à concedida às pessoas naturais, não se confundindo, portanto, com a pessoa de seus sócios.

As pessoas jurídicas podem ser de direito público e privado. Entre as pessoas de direito público interno estão a União, estados, Distrito Federal, Territórios, municípios, empresas públicas, autarquias e outras criadas por lei; e entre as externas estão os Estados estrangeiros e organismos internacionais.

As pessoas jurídicas de direito privado são as associações, fundações, sociedades, entidades religiosas e partidos políticos.

O art. 981 do Código Civil dispõe que "celebram contrato de sociedade as pessoas que reciprocamente se obrigam a contribuir, com bens ou serviços, para o exercício da atividade econômica e a partilha, entre si, dos resultados". Tal dispositivo se aplica às sociedades simples (intelectuais) ou empresárias, personificadas por terem seus atos constitutivos levados a registro ou despersonificadas.

2.1. Sociedades Simples

As **sociedades simples** são constituídas por intermédio de contrato, a partir da união de esforços para o desenvolvimento de profissões intelectuais de natureza científica, literária ou artística. Conforme o parágrafo único do art. 966 do Código Civil brasileiro, não possuem caráter empresarial, e sua atividade não é profissional e organizada. O art. 997 do Código Civil define o conteúdo mínimo das cláusulas contratuais, que, em regra, serão livremente pactuadas.

São reguladas pelo Código Civil em seus arts. 997 a 1.038. Tais sociedades, além de se constituírem no tipo pertinente à atividade societária intelectual, também têm suas normas consideradas uma espécie de parte geral do direito societário, pois suas regras têm aplicação subsidiária à maioria das sociedades empresárias contratuais.

Atenção

As sociedades de advogados são assim consideradas, mas se submetem às regras do Estatuto da Advocacia (Lei 8.906/1994).

As **sociedades cooperativas** são consideradas sociedades simples conforme o parágrafo único do art. 982 do Código Civil, independentemente do seu objeto social, e são disciplinadas pela Lei 5.764/1971. São formadas a partir da união de, no mínimo, 20 pessoas que reciprocamente se obrigam a contribuir com bens ou serviços para o exercício de uma atividade econômica, de proveito comum e sem objetivo de lucro.

Ainda em relação às cooperativas, por serem consideradas sociedades simples, vale dizer que se caracterizam pela regra da responsabilidade ilimitada, ainda que possa optar pela forma limitada, e que a responsabilidade entre os sócios será sempre solidária, guardada a proporção de suas quotas. Em relação ao fundo de reserva, todavia, há indivisibilidade social.

2.2. Sociedades Empresárias

As **sociedades empresárias** são pessoas jurídicas de direito privado, constituídas para o exercício da atividade econômica organizada para a produção ou circulação de bens e serviços, de forma profissional, de acordo com os mesmos requisitos estudados no primeiro capítulo.

O Código Civil possibilita a criação das seguintes sociedades empresárias: sociedades não personificadas, que não possuem seus atos constitutivos levados a registro, como no caso das sociedades em comum e em conta de participação, assim como as personificadas em nome coletivo, comandita simples, limitadas, anônimas e comandita por ações, bem como as sociedades coligadas. Esse rol é taxativo.

As sociedades devem preencher os requisitos previstos no art. 104 do Código Civil vigente, quais sejam: agente capaz; objeto lícito, possível, determinado ou determinável e forma prescrita ou não defesa em lei.

Em relação às sociedades empresárias, faremos, preliminarmente, breves considerações a respeito das sociedades contratuais ou de pessoas, sejam as sociedades limitadas, em nome coletivo e comandita simples. Em seguida trataremos das sociedades de capital ou institucionais, anônimas e de comandita por ações. Outra classificação bastante utilizada pela doutrina é aquela que divide as sociedades em **limitadas**: a própria limitada e sociedade anônima; **ilimitadas**: em comum, em nome coletivo e sociedade simples; e **sociedades mistas**: conta de participação, comandita simples e comandita por ações.

2.3. Sociedades despersonificadas

2.3.1. Sociedades em comum

Entre as sociedades não personificadas estão as **sociedades em comum**, sejam: a) aquelas que existem apenas de fato, por não terem sequer contrato escrito; b) as que possuem contrato escrito não registrado no órgão competente; ou c) aquelas que, mesmo registradas, passaram por uma substancial mudança em sua condição de fato, não tendo levado a registro tais modificações (arts. 986 a 990).

Tais regras têm caráter punitivo e afastam quaisquer benefícios concedidos por lei às sociedades empresárias, além de trazerem pesada responsabilização para os seus sócios, por exemplo, o fato de serem declarados falidos e não poderem se beneficiar do instituto da recuperação de empresas.

Seus bens e dívidas sociais constituem patrimônio especial do qual seus sócios são titulares em comum. A responsabilidade dos sócios perante as obrigações sociais será ilimitada e solidária para o sócio que contratou pela sociedade, figurando diretamente na relação obrigacional com o terceiro e subsidiária para os demais.

A sociedade somente poderá provar sua existência por escrito, e os terceiros de boa-fé podem se utilizar de qualquer meio de prova, visando a sua responsabilização por prejuízos que eventualmente causar ao mercado.

2.3.2. Sociedades em conta de participação

Outra espécie de sociedade não personificada é a **sociedade em conta de participação** (arts. 991 a 996). Uma sociedade oculta, para tanto, não possui firma social e seu contrato não pode ser arquivado na Junta Estadual. Essa sociedade possui duas categorias de sócios: o sócio ostensivo, aquele que responde e contrata pela sociedade, possuindo responsabilidade solidária e ilimitada pelas obrigações sociais; e o sócio participante, mero investidor que não figura em nome da sociedade, razão pela qual não tem responsabilidade pelas obrigações sociais.

2.3.3. Sociedade em nome coletivo

Trata-se de uma sociedade constituída mediante contrato escrito e formada somente por pessoas naturais, na qual todos os sócios têm responsabilidade solidária e ilimitada pelas obrigações sociais.

2.3.4. Sociedade em comandita simples

Nesse tipo societário, há duas espécies de sócios: os comanditados, pessoas físicas com responsabilidade solidária e ilimitada pelas obrigações sociais, já que, além de administrar, contratam pela sociedade; e os comanditários, pessoas físicas ou jurídicas com responsabilidade limitada ao valor de sua quota, já que são meros investidores de capital, não participando de sua administração (art. 1.045, CC).

2.4. Sociedade limitada

2.4.1. Aspectos gerais e regência supletiva das sociedades limitadas

O Código Civil de 2002 regula a matéria, assegurando aos sócios a liberdade de adotar as regras das sociedades simples ou das sociedades anônimas. Fábio Ulhôa Coelho, em sua obra *Sociedades limitadas*, considera as sociedades simples instáveis, pois basta notificação prévia de 60 dias para a retirada de sócio, enquanto nas sociedades anônimas a retirada do sócio exige justa causa.

Em regra, as sociedades limitadas adotam subsidiariamente as regras das sociedades simples, e a escolha pelas sociedades por ações para sanar as omissões sobre suas regras é solução supletiva, em vista do disposto no art. 1.052 do Código Civil.

Tratando-se da responsabilidade limitada dos sócios pelas obrigações sociais, vejamos como funcionam as regras para a determinação do limite da responsabilidade dos sócios.

Para que a sociedade possa funcionar, é imperioso que receba recursos de seus sócios. A injeção de capital na sociedade poderá ocorrer à vista ou a prazo. O ato pelo qual o sócio promete injetar capital na sociedade denomina-se subscrição. Na medida em que esse sócio de fato ingressa com o capital, ele integraliza o que subscreveu. Equivale a dizer que paga à sociedade o que prometeu. O pagamento realizado pelos sócios determina seu capital social.

Segundo o art. 981 do Código Civil, todos os sócios deverão contribuir para a formação do capital social da sociedade com dinheiro, bens ou créditos, sendo "nula a estipulação contratual que exclua qualquer sócio de participar dos lucros e perdas sociais".

Atenção

Não é possível a constituição de sociedade por apenas uma pessoa. Em se tratando de unipessoalidade incidental temporária, por exemplo, no caso de falecimento de um dos sócios, a pluralidade deve restabelecer-se no prazo máximo de 180 (cento e oitenta) dias, devendo ser dissolvida a sociedade caso sua reconstituição não ocorra nesse prazo.

2.4.2. Quotas, cessão e penhora

As sociedades limitadas são constituídas por quotas, de maneira que, ao contribuírem para o capital social, os sócios transferem dinheiro ou bens à sociedade, adquirindo em contrapartida quotas de participação, que perfazem a divisão do capital social. Ao subscrever uma quota do capital social, o sócio adquire o direito de ser sócio. A seguir, trabalharemos a possibilidade de cessão de tais quotas.

As quotas podem ser iguais ou desiguais. Isso quer dizer, não que as quotas possam ter valores diferentes, mas que cada sócio pode ter quantidades diferentes de quotas.

O sócio que subscrever quotas e deixar de integralizá-las em prazo acordado no contrato social é chamado de "remisso". A sociedade pode, nesse caso, cobrar do sócio o valor não integralizado, com juros e correção monetária, ou, se preferir, excluí-lo dos quadros societários ou então reduzir as suas quotas.

Nos demais países, com legislação de origem romana, é livre a cessão de quotas. Todavia, no nosso direito, tal questão depende de análise, como aquela referente à norma supletiva adotada pela sociedade limitada em seu contrato social. No silêncio do contrato, a cessão de quotas é permitida, desde que não haja oposição de sócios que representem 25% do capital social.

Ainda em relação à questão das quotas, tratemos agora sobre sua penhorabilidade, questão sempre polêmica, que tem direcionado a doutrina, ao interpretar os arts. 1.057 e 1.058 do Código Civil, a afirmar essa possibilidade. Vale consignar que o diploma civil se cala quanto à cessão para a própria sociedade.

2.4.3. *A vontade da sociedade*

A sociedade limitada é uma pessoa jurídica e como tal é dotada de vontade própria, expressa pelos sócios em reunião ou assembleia. Assim, havendo pronunciamento por escrito de todos os sócios, dispensa-se uma e outra.

Nas sociedades compostas por poucos sócios, as deliberações podem ser tomadas em reunião, desde que prevista no contrato social. Quando a sociedade for constituída por mais de 10 (dez) sócios, as deliberações deverão ser tomadas por assembleia, observados todos os seus requisitos e formalidades.

A obrigatoriedade da assembleia começa nos primeiros quatro meses após o final do exercício social; tem por finalidade apreciar as contas dos administradores, deliberar sobre o balanço, designar administradores e quaisquer outras matérias, segundo deliberação dos sócios.

Tais assembleias devem ser convocadas pelos administradores, ainda que subsidiariamente possam ser convocadas pelos sócios ou pelo Conselho Fiscal. Caso os administradores retardem a convocação da assembleia por mais de 60 (sessenta) dias, os sócios poderão convocá-la. Vale dizer que sócios que possuem mais de 20% do capital social também poderão convocar assembleia, caso não atendido em 8 (oito) dias pedido de convocação fundamentado, com indicação das matérias a serem tratadas. O Conselho Fiscal apenas o fará diante do retardamento da convocação anual por mais de 30 (trinta) dias ou quando ocorrerem motivos graves e urgentes.

A convocação dar-se-á pela imprensa, procedimento que pode ser dispensado, desde que compareçam todos os sócios ou que todos deem ciência de sua realização por escrito, o que nos parece uma ótima solução, tendo em vista o alto custo desse método.

Caso o procedimento dos editais tenha seguimento, a publicação deverá ser feita por 3 (três) vezes na imprensa oficial, além da divulgação em jornal de grande circulação. Da data da primeira publicação até a realização da assembleia, deve-se observar o prazo de 8 (oito) dias. Tomados todos esses procedimentos de convocação, a assembleia pode ser instalada, exigindo-se em primeira convocação a presença de titulares de três quartos do capital social.

A segunda convocação, caso o quórum não tenha sido atingido, ocorrerá do mesmo modo, porém com antecedência mínima de 5 (cinco) dias entre a convocação e a realização da assembleia. Essa assembleia realizar-se-á sem a necessidade de um quórum mínimo de sócios. É presidida e secretariada por sócios escolhidos entre os presentes.

Atenção

Os votos serão contados de acordo coma participação no capital social. O direito de voto poderá ser exercido pessoalmente ou por procurador que seja sócio ou advogado.

2.4.4. *Deliberações*

a) Para a modificação do contrato social, fusão, incorporação, dissolução ou a cessação do estado de liquidação, exige-se a aprovação de três quartos do capital social.

b) No que tange à nomeação, destituição ou fixação de remuneração dos administradores, além de pedido de recuperação judicial exige-se mais da metade do capital social.

c) Unanimidade para a designação de administrador não sócio enquanto o capital não estiver integralizado.

d) Quórum de dois terços para a destituição de administrador sócio, nomeado pelo contrato social, e para a nomeação de administrador não sócio, quando o capital já estiver integralizado.

Para as demais deliberações exige-se a maioria dos votos dos presentes à assembleia, salvo exigência prevista no contrato social.

2.4.5. *Administração da sociedade limitada*

Se o contrato social permitir, poderá haver administrador que não seja sócio. Trata-se de inovação trazida pelo Código Civil.

Existindo permissão no contrato social de administrador não sócio, este será escolhido por deliberação dos sócios.

O administrador deverá ser investido no cargo mediante um termo de posse a ser assinado no livro de atas da administração. Tal ata deverá ser registrada na Junta Comercial, para dar publicidade ao ato. Se nos 30 (trinta) dias seguintes após sua nomeação o administrador não comparecer para assinar o termo de posse, este se tornará sem efeito.

A administração cessa pelo término do contrato, se ele não for reconduzido ao cargo. Também cessa a administração pela destituição do administrador, que pode ocorrer a qualquer tempo por deliberação dos sócios.

O Código Civil de 2002 admite a figura do administrador estranho ao quadro social, quando exista permissão contratual. Caso o capital não esteja integralizado para a permissão de administrador não sócio, é necessária a aprovação por no mínimo dois terços dos sócios, segundo o art. 1.061 do mesmo Código.

A nomeação dar-se-á no contrato social ou em ato separado. A distinção na escolha do instrumento de nomeação traz efeitos na destituição. Exigem-se no mínimo dois terços do capital social, caso a nomeação tenha sido realizada no próprio contrato social, e maioria do capital social, se a nomeação tiver ocorrido por ato separado. Parte da doutrina não aceita a pessoa jurídica como administradora, entendimento com que não coadunamos.

Em todo caso, o administrador deverá ser pessoa idônea, vedados aqueles condenados por crimes contra a administração pública, falimentares, de prevaricação, corrupção ativa ou passiva, concussão, peculato, crime contra a economia popular, contra o sistema financeiro nacional, contra as normas de defesa da concorrência, as relações de consumo, a fé pública ou a propriedade, enquanto perdurarem os efeitos da condenação (§ 1º do art. 1.011 do Código Civil).

2.4.6. Direitos e obrigações dos administradores

Os poderes de gestão da sociedade conferidos ao administrador são definidos no contrato social, desde que o assunto não seja de competência privativa da assembleia de sócios. Os administradores possuem o poder de representar a sociedade, tomando vários atos em seu nome, como a formalização de determinados contratos para a realização de seu objeto social.

No exercício de tais poderes, pode o administrador causar danos à sociedade. Na ocorrência de tais danos, ele se responsabilizará pessoalmente, se agir em desacordo com os deveres de diligência e de lealdade.

2.4.7. A sociedade limitada e sua relação com terceiros

Saliente-se que não são raras as vezes em que os administradores realizam atos que extrapolam os limites, imputados ou não a eles, pois são órgãos que expressam a vontade da sociedade. É também verdade que, se o administrador realizar atos que não extrapolem tais limites, mas cause prejuízos a terceiros, a responsabilidade será exclusiva da sociedade.

Trabalharemos, daqui por diante, os atos dos administradores realizados em desobediência à lei ou ao contrato social, não restando dúvida de que estaremos diante de situações em que somente o administrador será responsabilizado.

A questão inicial está na "aparência", pois não se pode exigir do terceiro de boa-fé que sempre, ao contratar com uma sociedade, analise o contrato social e interprete as cláusulas de poderes do administrador. Não nos parece justo dizer que tais restrições contratuais são oponíveis a terceiros, pois isso seria uma exigência demasiada.

Se o ato parece regular, é dessa forma que ele deve ser tratado. A sociedade tem culpa *in eligendo*, por ter escolhido mal seu gerente, devendo ela suportar tais prejuízos. Esses atos praticados pelo administrador são conhecidos como atos *ultra vires societatis*.

Entendemos que o nosso Código Civil acolheu parcialmente a teoria *ultra vires*, já que o art. 1.015 traz algumas hipóteses em que a sociedade não será responsabilizada pelos atos de seus administradores. Esses atos jamais poderão ser imputados a terceiros de boa-fé, quando deverá ser observada a teoria da aparência, exceto nas relações perante fornecedores e instituições financeiras e de créditos.

As três hipóteses *ultra vires societatis*, que devem ser aplicadas apenas da maneira já explicada na presente obra e que estão elencadas no parágrafo único do art. 1.015 do Código Civil, são as seguintes: 1) quando haja limitação de poderes dos administradores inscrita no registro próprio; 2) quando o terceiro conhecia do excesso de mandato; 3) quando a operação realizada for evidentemente estranha ao objeto social da pessoa jurídica.

Atenção

É importante deixarmos claro mais uma vez que os terceiros de boa-fé não responderão pelos atos excessivos do administrador ou da sociedade. A aparência é suficiente para vincular a sociedade, embora o STJ entenda que a má-fé é absolutamente inerente a tais atos. Frise-se que não participamos do entendimento do referido Tribunal.

2.4.8. Deveres, direitos e responsabilidade dos sócios

No presente tópico falaremos daqueles que dão origem às sociedades. Qualquer pessoa pode ser sócia, inclusive os incapazes, que não poderão exercer direitos de gerência. O art. 977 do Código Civil também faculta a possibilidade de sociedade entre cônjuges, desde que não estejam casados sob o regime de comunhão universal ou de separação obrigatória.

2.4.8.1. Deveres dos sócios

A condição de sócio traz uma série de deveres. De pronto, é imperioso falarmos no dever de lealdade e de contribuir para a formação do capital social. Caso o sócio não cumpra com essa obrigação, a sociedade deve notificá-lo para que assim o faça, sob pena de ser considerado sócio remisso.[1] A sociedade, nesse caso, poderá optar entre: 1) a cobrança dos valores, incluindo perdas e danos; 2) a redução de sua quota; ou 3) a exclusão do sócio remisso, com a consequente devolução de sua parte.

Podemos pensar a exclusão dos sócios da seguinte maneira:

a) Sócio remisso – é aquele que subscreveu mas não integralizou suas quotas, conforme pactuado. Nessa hipótese, a sociedade tem duas alternativas: intentar ação perante o sócio remisso ou, se preferir, simplesmente excluí-lo do quadro societário.

b) Art. 1.085do Código Civil– quando a maioria dos sócios, representando mais da metade do capital social, entender que algum deles está pondo em risco a continuidade da sociedade, por ato de inegável gravidade. Nesse caso, o sócio poderá ser excluído, mediante alteração contratual, mas desde que no contrato social esteja prevista cláusula de exclusão por justa causa.

Atenção

Para exclusão de sócio minoritário, são necessários três requisitos:

a) Que mais da metade do capital social concorde e decida pela exclusão do sócio;

b) Que exista previsão expressa de exclusão no contrato social;

c) E que haja justa causa para a exclusão.

1. Aquele que não cumpre com a obrigação de contribuir para a formação do capital social.

Deve ser convocada reunião ou assembleia para esse fim, conferindo-se tempo hábil para a defesa do acusado.

2.4.8.2. Direitos dos sócios

Contribuindo para a formação do capital social, o sócio adquire determinados direitos, como o de participação nos lucros e no acervo social, caso haja dissolução da sociedade. Os sócios ainda têm direito a fiscalização ampla dos negócios da sociedade e da própria administração, lembrando-se principalmente do direito à participação nas deliberações da sociedade, ao voto e, finalmente, ao direito de preferência, com conotação pessoal e patrimonial, na aquisição de quotas da sociedade.[2]

O sócio, não concordando com a modificação do contrato, fusão da sociedade ou qualquer espécie de incorporação, tem direito de retirar-se da sociedade. Trata-se do chamado direito de recesso, ato unilateral imposto à sociedade, como prevê o art. 1.077 do Código Civil. O valor a ser pago ao sócio dissidente deverá ser apurado em balanço especial, nos termos do art. 1.031 do Código Civil.

2.4.8.3. Responsabilidade dos sócios

A responsabilidade de cada sócio nesse tipo de sociedade é restrita ao valor de suas quotas, havendo solidariedade quanto à integralização do capital social.[3] Após a integralização do capital social, nada mais pode ser cobrado dos sócios, a não ser em casos excepcionais, como a desconsideração da personalidade jurídica, tema que trataremos mais adiante.

2.5. Sociedades por Ações

2.5.1. Conceito, classificação e constituição das sociedades anônimas

As sociedades por ações existem nas seguintes espécies: anônima e comandita por ações. Ambas estão previstas na Lei 6.404/1976.

Tais sociedades possuem o capital social dividido em ações; os sócios são chamados acionistas e sempre será uma sociedade empresária, em razão do disposto no art. 2º, § 1º, da Lei 6.404/1976.

Obrigatoriamente, a sociedade por ações adota uma denominação (nunca utiliza firma), acompanhada da expressão S.A., no início, meio ou fim da denominação, ou da expressão Cia., no início ou no meio da denominação, porém nunca no fim. Essa disposição visa impedir eventuais confusões entre as sociedades previstas no Código Comercial.

A responsabilidade do acionista é limitada ao preço de emissão da ação. Não há solidariedade – o sócio acionista é responsável somente pelo que não integralizou e não pelo que os outros acionistas não integralizaram.

As sociedades anônimas classificam-se em abertas e fechadas. As companhias abertas são aquelas que têm seus valores mobiliários negociados nas bolsas de valores ou no mercado de balcão. As companhias fechadas, ao contrário, são aquelas que não têm seus valores mobiliários negociados nas bolsas de valores ou no mercado de balcão.

A subscrição pública para a constituição das sociedades anônimas de capital aberto se dá pela colocação das ações da sociedade para circulação nas bolsas de valores e no mercado de balcão. Analisemos o que é bolsa de valores e mercado de balcão e, em seguida, o que são valores mobiliários.

A bolsa de valores e o mercado de balcão formam o mercado de capitais. O mercado de capitais é regulado pelo Governo Federal através de uma autarquia federal denominada CVM (Comissão de Valores Mobiliários), criada pela Lei 6.385/1976, que tem como funções controlar o mercado de capitais, fiscalizar a emissão de valores mobiliários e autorizar a constituição de companhias abertas, bem como a emissão e negociação de seus papéis.

Para o registro na comissão de valores mobiliários, o fundador deve procurar uma instituição financeira e contratar a prestação dos serviços de *underwriting*, para que suas ações sejam colocadas no mercado junto aos investidores.

O pedido de registro de emissão na Comissão de Valores Mobiliários, assinado pelo fundador e por uma instituição financeira, deve ser instruído com o projeto do estatuto, o estudo de viabilidade econômica e financeira do empreendimento e a minuta do prospecto.

Seguidamente, a constituição por subscrição pública consiste na colocação das ações junto aos investidores por meio das instituições financeiras intermediárias e demais agentes do mercado de capitais envolvidos na operação. No término dessa fase, todas as ações da companhia em constituição devem ter sido subscritas.

Na assembleia de constituição, a validade de certas deliberações está sujeita a quórum específico. A fundação da sociedade é aprovada desde que não haja oposição de subscritores representantes de mais da metade do capital social.

O processo constitutivo das sociedades anônimas fechadas é significativamente mais singelo que o das abertas. A constituição por subscrição particular destina-se à formação de sociedade anônima fechada, que pelo menos inicialmente não pretende captar recursos no mercado de capitais.

Realizada a assembleia de fundação ou lavrada a escritura pública, os administradores devem providenciar, nos 30 (trinta) dias seguintes, conforme o art. 36 da Lei 8.934/1994, o arquivamento dos atos constitutivos na Junta Estadual em que se situa a sede da companhia.

Se a companhia houver sido constituída por deliberação em assembleia, serão arquivados junto com a ata ou atas respectivas um exemplar do estatuto, a relação dos subscritores com nome, qualificação, ações e entradas realizadas, além do recibo de seus depósitos bancários (art. 95 da Lei das Sociedades Anônimas).

De acordo com o previsto no Estatuto da Advocacia (Lei 8.906/1994, art. 1º, § 1º), é condição de validade do registro do ato constitutivo de qualquer pessoa jurídica o visto de advogado. Mesmo que a sociedade por ações tenha sido constituída por escritura pública, a formalidade é indispensável ao registro válido, na Junta, da certidão expedida pelo tabelião.

2. Esse direito deve ser exercido no prazo decadencial de 30 (trinta) dias, conforme disposição do § 1º do art. 1.081 do Código Civil.

3. Art. 1.052 do Código Civil.

13. Direito Empresarial

Arquivados os atos constitutivos, os primeiros administradores devem providenciar sua publicação no jornal oficial do local da sede, nos 30 (trinta) dias seguintes, levando depois à Junta Estadual um exemplar dessa publicação, que também ficará arquivado.

Em seguida, deve-se providenciar a inscrição da sociedade no Cadastro Nacional de Pessoas Jurídicas (CNPJ) e em cadastros estaduais ou municipais; a matrícula no INSS; a filiação aos sindicatos, entre outras coisas.

2.5.2. Ações

A ação é uma parcela do capital social e atribui a seu detentor a condição de sócio. Essa operação é denominada "capitalização". A doutrina divide as ações, quanto à espécie, em: ordinárias, preferenciais ou de fruição.

Ordinárias: oferecem direitos e vantagens comuns a todos os acionistas. São chamados direitos essenciais e estão previstos no art. 109 da Lei 6.404/1976. Todos os acionistas têm direito, independentemente do previsto no estatuto social ou em assembleiageral, a: 1) participar dos lucros; 2) participar do acervo da companhia, em caso de liquidação; 3) fiscalizar a gestão dos negócios sociais; 4) subscrever, preferentemente, ações ou valores mobiliários conversíveis em ações emitidos pela S.A. e 5) retirar-se da sociedade.

A ação ordinária é de emissão obrigatória. O novo mercado de bolsa de valores, seguindo diretrizes da chamada "governança corporativa", preceitua que, para que seja possível ingressar nesse mercado, as companhias devem ter o capital social representado por 100% de ações ordinárias com direito a voto. A ação ordinária sempre dará direito a voto.

Preferenciais (art. 17):são aquelas que atribuem uma vantagem política e econômica ao seu detentor, como:

a) prioridade no recebimento de dividendo, fixo ou mínimo;
b) prioridade no reembolso do capital, com ou sem prêmio;
c) acumulação das duas vantagens anteriores.

As ações preferenciais, em regra, não atribuem o direito de voto a seu detentor. O preferencialista terá direito de voto em duas situações:

a) na assembleia de constituição (art. 87, § 2º, da Lei 6.404/1976);

b) para eleição de um membro do Conselho Fiscal (art. 161, § 4º, alínea *a*, da mesma Lei).

O art. 111, § 1º, da Lei das Sociedades por Ações determina que as ações preferenciais sem direito de voto adquirirão o exercício desse direito se a companhia, pelo prazo previsto no Estatuto, não superior a 3 (três) exercícios consecutivos, deixar de pagar as vantagens que as ações preferenciais concedem a seu detentor, cessando somente após o pagamento dessas vantagens.

Existe um número máximo previsto em lei de emissão de ações preferenciais sem direito de voto. O art. 15, § 2º, determina que companhia não pode emitir mais de 50% do capital social de ações preferenciais sem direito de voto. A emissão de ações preferenciais é facultativa.

Determina ainda a lei que, para que as ações preferenciais possam ser negociadas no mercado, elas devem atribuir pelo menos uma das seguintes vantagens: 1) direito de participar do dividendo, em pelo menos 25% daquele a ser distribuído; 2) direito de recebimento de dividendos, pelo menos 10% superiores àqueles atribuídos à ação ordinária; ou 3) direito de participar do chamado *Tag along*[4] (art. 254-A da Lei).

Quando esse acionista majoritário resolve alienar suas ações, estas possuem um sobrevalor, pois, além de representar parcela do capital social, concedem ao adquirente o poder de controle da sociedade anônima.

A legislação determina que o adquirente do poder de controle faça uma oferta pública de aquisição de ações a todos os acionistas minoritários que possuam direito de voto, pagando no mínimo 80% do valor pago ao acionista majoritário.

Poderá o adquirente do poder de controle oferecer aos acionistas minoritários o pagamento de um prêmio equivalente à diferença entre o valor de mercado e o valor pago por ação integrante do bloco de controle, desde que estes permaneçam na sociedade (art. 254-A, § 4º, da Lei 6.404/1976).

De fruição (art. 44):são aquelas oferecidas aos ordinarialistas ou preferencialistas que tiverem suas ações amortizadas[5] pela companhia.

2.5.2.1. Classificação quanto à circulação

Nominativas (art.31): são representadas por um certificado, e sua transferência se opera por meio de registro em livro próprio da S.A. (Livro de Transferência das Ações Nominativas). Essa espécie de ação não é mais utilizada.

Escriturais: são transferidas por uma operação realizada por meio de instituição financeira. Diferentemente das nominativas, essas ações não possuem cautela (certificado de emissão). Quase a totalidade das ações encontradas hoje no mercado é escritural.[6]

2.5.3. Formação do capital social

Como já observamos, a sociedade anônima pode obter recursos tanto no mercado financeiro como no mercado de capitais, por meio da emissão de valores mobiliários. Para a formação do capital social, vinculam-se somente as contribuições relacionadas à realização do objeto social que devem ser subscritas pelos sócios. Ao subscrever uma ação, o sócio se compromete a pagar o preço de emissão nela contido, que não pode ser inferior a seu valor nominal.

O capital social será formado por dinheiro ou quaisquer bens, desde que suscetíveis de avaliação em dinheiro e fixados em moeda nacional. É possível integralizá-lo em créditos, sendo proibido em nosso país falar em integralização através de serviços. É através dele que a empresa adquire patrimônio

4. *Tag along* (ir junto). As ações ordinárias concedem ao seu portador o direito de voto. Portanto, o detentor de certo número dessas ações pode ser considerado o acionista majoritário.
5. Amortização é o valor pago ao acionista pelas suas ações, levando-se em conta o valor que este receberia caso a sociedade fosse liquidada.
6. A Lei 8.021/1990 (Plano Collor) extinguiu as ações ao portador e as endossáveis.

para o exercício de sua atividade, garantindo os credores e estabelecendo a responsabilidade dos sócios, que se limita ao preço de emissão das ações que possui.

2.5.3.1. *Aumento do capital social*

O aumento do capital social servirá para investir na expansão dos negócios, para adequar-se à nova realidade patrimonial ou mesmo para sanear obrigações empresariais. Existem algumas possibilidades para a obtenção de novos recursos, além da conversão de valores mobiliários em ações, como as seguintes:

Emissão de novas ações: exige-se inicialmente a integralização de pelo menos 75% do capital social. A emissão de novas ações deverá ser motivada. Para tanto, se faz necessária uma deliberação em assembléia geral extraordinária, permitindo aos acionistas em exercício o direito de preferência.

Capital autorizado: caso o estatuto social preveja, para o aumento do capital social basta ato dos administradores, independentemente de assembleia. O estatuto deve ser bem claro quanto ao limite, valor, número, espécie e classe das novas ações, assim como quanto ao órgão competente para deliberar, inclusive sobre o direito de preferência dos acionistas.

2.5.3.2. *Redução do capital social*

Ao exercer o direito de retirada, o acionista faz jus ao reembolso de suas ações. Se a companhia não dispuser de valor suficiente para tanto, terá prazo de 120 (cento de vinte) dias para substituir os dissidentes; caso contrário, deverá reduzir o capital social. Em se tratando de sócio remisso, é possível realizar sua execução ou exclusão, ficando a companhia com suas ações; estamos diante aqui da redução compulsória. A redução facultativa, decidida pela própria sociedade, pode ocorrer quando o capital for considerado excessivo para a realização do objeto social da sociedade.

2.5.4. *Acionistas*

Trataremos agora dos titulares das ações da companhia, admitindo-se, inclusive, acionista incapaz, que pode ser o empreendedor interessado nos negócios da companhia ou não, aquele meramente especulador. Acionista controlador é aquele que tem o poder de dirigir a sociedade.

O art. 116 da Lei das Sociedades por Ações define o acionista controlador como a pessoa, natural ou jurídica, ou o grupo de pessoas vinculadas por meio de acordo de acionistas ou sob controle comum, que possua direitos de acionista que lhe assegurem de modo permanente a preponderância nas deliberações sociais e, consequentemente, o poder de eleger a maioria dos administradores, exercendo o domínio sobre o funcionamento da sociedade em função desse poder. Assim, para ser um acionista controlador, basta ter a maioria dos votos nas deliberações, ainda que não atinja mais de 50%.

O abuso do poder de controle é tratado no artigo seguinte, a seguir: 1) orientar a sociedade para fim estranho ao objeto social ou lesivo ao interesse nacional; 2) favorecer outra sociedade em detrimento dos minoritários; 3) liquidar companhia rentável; 4) praticar atos de cisão, fusão, incorporação ou transformação a fim de obter vantagem indevida; 5) praticar atos alheios ao interesse da companhia; 6) eleger administrador que saiba ser inapto, moral ou tecnicamente; 7) induzir os administradores à prática de atos ilegais; 8) contratar com a companhia diretamente ou por meio transverso em condições de favorecimento, não estendidas a outros; 9) aprovar contas irregulares; 10) subscrever novas ações, com bens estranhos ao objeto social da companhia.[7]

Atenção

Os acionistas minoritários compõem o conjunto de acionistas que, na assembleia geral, detém uma participação em capital inferior. A legislação pátria define acionistas minoritários como aqueles que não são controladores.

2.5.4.1. *Deveres dos acionistas*

Primeiramente impõe-se a contribuição para o capital social, que pode incidir sobre bens ou dinheiro, podendo ocorrer no momento da aquisição da ação ou posteriormente. Na hipótese de acionista remisso, a sociedade pode executá-lo ou promover a venda extrajudicial de suas ações. Caso a sociedade não consiga fazê-lo integralizar suas ações, deve apropriar-se dessas em razão da decadência, já que o remisso decai de seus direitos decorrentes das ações.

Ao acionista impõe-se o dever de lealdade para com a sociedade, na medida em que não pode exercer seus direitos em detrimento dos direitos da sociedade.

2.5.4.2. *Direitos dos acionistas*

Os direitos essenciais dos acionistas estão reconhecidos no art. 109 da Lei das Sociedades por Ações, quais sejam: participação nos lucros; direito à participação no acervo social, em caso de liquidação; direito de fiscalização; direito de preferência; e direito de retirada.

2.5.5. *Dos administradores*

2.5.5.1 *Deveres*

a) Dever de diligência: está previsto no art. 153 da Lei das Sociedades por Ações; o administrador, no exercício das suas funções, deve ter a diligência que todo homem ativo e probo tem na condução de seus próprios negócios.

b) Dever de lealdade: o art. 155 da Lei das Sociedades por Ações dispõe que o administrador não pode se valer de informações que obteve em razão de seu cargo, em proveito próprio ou alheio, independentemente de causar prejuízo ou não à sociedade.[8]

c) Dever de informação: o administrador tem o dever de informar à companhia se é acionista, quanto recebe de dividendos, se tem ações em outras companhias, bem como tem o dever de informar o mercado sobre fatos relevantes que possam influir na aquisição de valores mobiliários.

---

7. Nesses casos, basta a prova do dano causado à sociedade.
8. *Insider trading* é a negociação de informações internas para obter proveito próprio. É crime previsto no art. 27-D da Lei 6.385/1976.

2.5.5.2. *Responsabilidade dos administradores*

O administrador, em atos regulares de gestão, não pode ser pessoalmente responsável pelas obrigações que contrair em nome da sociedade; responderá civilmente, entretanto, pelos prejuízos que causar quando proceder: 1) dentro de suas atribuições ou poderes com dolo ou culpa; ou 2) violando a lei ou o estatuto. Quanto a esta última hipótese, existe discussão na doutrina a respeito da espécie de responsabilidade, se objetiva ou subjetiva. Modesto Carvalhosa entende que a responsabilidade é sempre objetiva, não se indagando a respeito de dolo ou culpa do administrador.

2.6. Sociedades em Comandita por Ações

As sociedades em comandita por ações possuem responsabilidade mista e seguem a mesma lógica das comanditas simples, apesar de serem raramente utilizadas. Podemos dizer que é uma espécie de sociedade por ações. Possui duas espécies de acionistas: o acionista diretor (seu nome está incluído na firma social e tem responsabilidade ilimitada) e os acionistas comuns (seus nomes não estão incluídos na firma social e têm responsabilidade limitada). Quando houver mais de um administrador, todos serão solidária e ilimitadamente responsáveis pelas dívidas societárias. O nome empresarial dessa espécie societária será Firma ou Denominação.

2.7. Da transformação, incorporação, fusão e cisão das sociedades

2.7.1. *Transformações societárias*

As transformações societárias afins a este estudo englobarão tanto as mudanças de tipos societários, como as incorporações, fusões e cisões das sociedades. Discutiremos quatro fenômenos jurídicos envolvendo as sociedades, objeto da metamorfose, e os titulares (pessoas naturais ou jurídicas) das suas respectivas quotas ou ações. Os bens, nessas negociações, ao contrário do trespasse, permanecem inalterados na esfera patrimonial do empresário ou da sociedade empresária.

Assim, sempre que nos referirmos ou tratarmos de transformações societárias, será necessário nos atentarmos para o fato de que o patrimônio da sociedade manter-se-á inalterado, preservando-se a vontade[9] do empresário; caso contrário, estaremos diante de outro negócio jurídico.

A transformação societária em sentido estrito independe de dissolução ou liquidação da sociedade,[10] perfazendo-se naquele que ainda necessita do consentimento de todos os sócios, ressalvando-se os direitos dos sócios dissidentes, devidamente previstos no Código Civil e na Lei das Sociedades por Ações.

A transformação de tipo societário também não poderá modificar ou prejudicar os direitos dos credores. As obrigações constituídas sob o regime jurídico anterior preservar-se-ão, incluindo as garantias pessoais, se existirem.

2.7.2. *Incorporação societária*

Na incorporação societária, uma ou mais sociedades são absorvidas por outra.[11] Tal hipótese opera-se entre sociedades de tipos iguais ou diferentes, comportando a possibilidade de expansão empresarial.

A Lei das Sociedades por Ações exige a elaboração de um protocolo, espécie de pré-contrato, para a operação que será realizada. O protocolo realizar-se-á através de uma proposta de incorporação, além da justificação, verdadeira exposição de motivos para que a operação se realize. No caso das sociedades limitadas, o Código Civil exige o projeto de reforma do ato constitutivo.[12]

Da sociedade incorporadora exige-se aprovação de 75% do capital social, quando se tratar de sociedade limitada; nas sociedades por ações, exige-se maioria simples do capital votante.[13] Caso a sociedade incorporada seja uma sociedade anônima, exige-se também o quórum de pelo menos 50% do capital social;[14] se for sociedade limitada, o quórum aumenta para 75% do capital social.

Desse modo, aprovada a incorporação, extingue-se a sociedade incorporada, momento em que todas as medidas necessárias devem ser tomadas junto ao registro competente.

2.7.3. *Fusão*

A fusão é a junção de duas ou mais sociedades formando uma nova, que lhes sucede em todos os direitos e obrigações; dessa operação surge uma nova pessoa jurídica, deixando de existir as sociedades que participaram da fusão.

Primeiramente, há necessidade de elaborar um projeto sobre o futuro da fusão, com a distribuição do capital social da nova companhia entre os sócios das sociedades fundidas. Nas sociedades anônimas o quórum é de pelo menos 50% do capital votante, e nas limitadas, 75% do capital social.

2.7.4. *Cisão*

Consiste no desmembramento total ou parcial da sociedade, que transfere seu patrimônio para uma ou várias sociedades já existentes ou constituídas para esse fim.

A cisão é total quando todo o patrimônio é transferido para outras sociedades, extinguindo-se a sociedade cindida. Chama-se também de cisão pura quando a sociedade transfere seu patrimônio para duas ou mais novas sociedades. Em caso de cisão absorção, a sociedade transfere seu patrimônio para duas ou mais sociedades já existentes, até porque a transferência para uma única sociedade seria uma incorporação. Nesta última, as regras de incorporação[15] devem ser obedecidas. Na cisão parcial, apenas parte do patrimônio é transferida, subsistindo a sociedade cindida.

9. O estabelecimento empresarial se perfaz em uma universalidade de fato, pois tais bens estão reunidos por vontade do empresário, ao contrário da massa falida, em que os bens estão reunidos por vontade da lei.
10. Art. 1.113 do Código Civil e art. 220 da Lei das Sociedades por Ações (Lei 6.404/1976).
11. Art. 1.116 do Código Civil e art. 227 da Lei das Sociedades por Ações (Lei 6.404/1976).
12. Art. 1.117 do Código Civil.
13. Arts. 1.076 e 1.071 do Código Civil.
14. Art. 136 da Lei das Sociedades por Ações (Lei 6.404/1976).
15. Art. 229, § 3°, da Lei das Sociedades por Ações (Lei 6.404/1976).

Atenção

Nas sociedades anônimas, após o advento da Lei 10.303/2001, deve-se ter a cisão como uma espécie de retirada, havendo mudança de objeto social, redução do dividendo obrigatório ou participação em grupo de sociedades.

2.7.5. Direitos dos credores

Tais operações podem prejudicar os interesses dos credores; desse modo, o art. 1.122 do Código Civil faculta aos credores prejudicados a possibilidade, em 90 (noventa) dias, de pleitear a anulação da operação.

3. CONTRATOS EMPRESARIAIS

A valorização da supremacia da vontade como fonte de direitos e obrigações representa a possibilidade reconhecida às partes de adotar, em seus múltiplos relacionamentos na ordem privada, as estipulações que julgarem mais convenientes.

Tal liberdade de contratar será exercida nos limites da função social do contrato.[16]

Adquirem, então, força os contratos inominados, à luz da teoria esposada pelo Código Napoleônico de que o contrato faz lei entre as partes.

Quando o homem usa de sua manifestação de vontade com a intenção precípua de gerar efeitos jurídicos, a expressão dessa vontade constitui-se através de um negócio jurídico.

Os contratos celebrados sob a égide do direito empresarial não apresentam diferenças profundas em relação ao regime jurídico aplicável aos contratos civis em geral, tanto que a disciplina jurídica dos contratos mercantis tem como corpo legislativo principal o Código Civil.

Mantém-se, assim, o direito comercial autônomo em relação ao direito civil, não obstante a unificação das obrigações, com princípios gerais comuns, mas com algumas regras especiais.

3.1. Compra e venda mercantil

A compra e venda tem base no art. 481, CC, sendo aquela em que uma das partes se obriga a transferir o domínio de determinada coisa, pela qual a outra parte deverá pagar determinado preço. A compra e venda será mercantil se as partes envolvidas forem empresários; existem as espécies: civil e de consumo para tal modalidade.

3.2. Alienação fiduciária em garantia

A alienação fiduciária em garantia representa a venda em garantia de um bem financiado, por meio do qual passam as partes a desfrutar de situação jurídica peculiar, outorgando-se ao fiduciário o domínio resolúvel e a posse indireta, independentemente de tradição, e ao devedor (o financiado ou fiduciante) a posse direta do bem e o respectivo depósito. Essa mixagem permite um extenso elenco de garantias ao capital investido, eis que as responsabilidades sobre o uso e a conservação competem ao fiduciante.

16. Art. 421 do Código Civil.

3.3. Arrendamento mercantil

O contrato de arrendamento mercantil assemelha-se a um contrato de locação, podendo o arrendatário, entretanto, no término do contrato, comprar o bem locado. O contrato de *leasing* encontra-se regulado pela Lei 6.099/1974 e pela Resolução do Banco Central 2.309/1996, que define:

Considera-se, para os efeitos desta lei, arrendamento mercantil o negócio jurídico realizado entre pessoa jurídica, na qualidade de arrendadora, e pessoa física ou jurídica, na qualidade de arrendatária e que tenha por objeto o arrendamento de bens adquiridos pela arrendadora, segundo especificações da arrendatária e para uso próprio desta.

O arrendatário, no final do contrato, poderá escolher entre adquirir o bem, prorrogar o contrato ou devolvê-lo.

O arrendamento mercantil puro ou financeiro se caracteriza pela inexistência de resíduo expressivo, e, para o exercício da opção de compra, o arrendatário desembolsa uma importância de pequeno valor, devendo a soma das prestações correspondentes à locação ser suficiente para a recuperação do custo do bem e o retorno do investimento da arrendadora. O tempo de duração do *leasing* financeiro não pode ser inferior a 2 (dois) anos caso a vida útil do bem atinja até 5 (cinco) anos; e não pode ser inferior a 3 (três) anos se a vida útil for de maior prazo.[17]

Outra modalidade é o arrendamento mercantil operacional, em que o arrendatário dá assistência técnica, propondo, até, a substituição dos bens arrendados. A soma do valor das prestações não pode ultrapassar 75% do custo do bem arrendado. O tempo de duração mínimo do contrato de *leasing* operacional não pode ser inferior a 90 dias.

Ainda temos *o lease-back*, contrato pelo qual a pessoa proprietária de um bem o vende para em seguida recebê-lo do comprador em arrendamento; e o *self leasing*, operações realizadas entre empresas coligadas, uma arrendadora e outra arrendatária.

3.4. Franquia

Disciplinado pela Lei 8.955/1994, o contrato de franquia ou *franchising* é aquele por meio do qual um franqueador cede ao franqueado o direito de uso de marca ou patente, associado ao direito de distribuição exclusiva ou semiexclusiva de produtos ou serviços e, eventualmente, também ao direito de uso de tecnologia de implantação e administração de negócio ou sistema operacional, desenvolvidos ou detidos pelo franqueador, mediante remuneração direta ou indireta, sem que no entanto fique caracterizado vínculo empregatício.[18] O contrato de franquia deve ser sempre escrito e assinado na presença de 2 (duas) testemunhas e terá validade independentemente de ser registrado em cartório ou órgão público.

Quando o franqueador ceder os direitos mencionados ou sua tecnologia, deverá fornecer ao interessado uma circular de oferta de franquia, por escrito e em linguagem

17. As empresas de arrendamento mercantil são consideradas instituições financeiras.

18. Art. 2º da Lei 8.955/1994.

clara e acessível, contendo informações de várias ordens, tais como balanços e demonstrações financeiras da empresa franqueadora relativos aos dois últimos exercícios; descrição detalhada da franquia; descrição geral do negócio e das atividades que serão desempenhadas pelo franqueado; perfil ideal do franqueado no que se refere à experiência anterior, nível de escolaridade e outras características que o franqueado, obrigatória ou preferencialmente, deve ter.

Além disso, a circular deve conter as especificações quanto ao total estimado do investimento inicial necessário à aquisição, implantação e entrada em operação da franquia; valor da taxa inicial de filiação ou taxa de franquia e de caução e valor estimado das instalações, equipamentos e do estoque inicial e suas condições de pagamento; indicação do que é efetivamente oferecido ao franqueado pelo franqueador, no que se refere à supervisão de rede, serviços de orientação e outros prestados ao franqueado.

Ainda, treinamento do franqueado, especificando duração, conteúdo e custos; treinamento dos funcionários do franqueado; manuais de franquia; auxílio na análise e escolha do ponto onde será instalada a franquia; *layout* e padrões arquitetônicos nas instalações do franqueado; e por fim a situação do franqueado, após a expiração do contrato em franquia, em relação a *know-how* ou segredo de indústria a que venha a ter acesso em função da franquia, ou pela implantação de atividade concorrente com a do franqueador; entre outras importantes informações.

3.5. Faturização ou *factoring*

Por esse contrato, uma empresa mercantil ou civil, chamada faturizado, cede seus ativos financeiros a outra, chamada faturizador. Há outra pessoa que, mesmo sem ser parte no contrato, está intimamente ligada a essa operação: o sacado das duplicatas faturizadas. Ele deveria pagar ao sacador dessas duplicatas, mas, com a operação de fomento comercial, deverá cumprir essa prestação perante o faturizador.

Atenção

As relações jurídicas do setor são, assim, de três ordens: de fornecimento normal, a prazo, de bens ou de serviços a clientes, mediante documentação correspondente; da empresa faturadora com a factor, à qual cede os créditos correspondentes, mediante remuneração, consistente em desconto, pela antecipação do numerário, nos valores respectivos; e da empresa factor com os clientes do faturizado, seus devedores.

A faturização tem grande utilidade para as pequenas e médias empresas com dificuldade de capital de giro.[19]

No *maturity factoring* há a negociação dos créditos, em que a faturizada resolve cedê-los à faturizadora, que detém o encargo de cobrá-los em seus respectivos vencimentos, repassando à faturizada, mediante comissão.

No *conventional factoring* a negociação dos créditos é cedida pela faturizada à faturizadora, que mantém o encargo de cobrá-los. Nessa hipótese, a faturizadora adianta o valor desses créditos à faturizada, mediante cobrança de juros ou deságio.

3.6. Representação comercial

O contrato de representação comercial, em nosso sistema, é regido pela Lei 4.886/1965, alterada pela Lei 8.420/1992. Exerce representação comercial autônoma a pessoa jurídica ou a pessoa natural, sem relação de emprego, que desempenha em caráter não eventual, por conta de uma ou mais pessoas, a mediação para a realização de negócios mercantis, agenciando propostas ou pedidos, para transmiti-los aos representados, praticando ou não atos relacionados com a execução dos negócios.[20] Para que alguém possa exercer a representação comercial, é obrigatório que se proceda ao registro no Conselho Regional competente.

Tal contrato terá prazo certo ou determinado, na medida em que a renovação o transforma automaticamente em contrato por prazo indeterminado. A indenização prevista não pode ser inferior a 1/12 avos do total da retribuição auferida durante o tempo em que exerceu a representação.

Além dos elementos comuns e outros a juízo dos interessados, constarão obrigatoriamente do contrato de representação comercial os seguintes elementos: condições e requisitos gerais da representação; indicação genérica ou específica dos produtos ou artigos objeto da representação; prazo certo ou indeterminado da representação; indicação da zona ou zonas em que será exercida a representação; garantia ou não, parcial, total ou por certo prazo, da exclusividade de zona ou setor de zona; retribuição e época do pagamento, pelo exercício da representação, dependente da efetiva realização dos negócios e recebimento ou não, pelo representado, dos valores respectivos; os casos em que se justifique a restrição de zona concedida com exclusividade; obrigações e responsabilidade das partes contratantes; exercício exclusivo ou não da representação a favor do representado e indenização devida ao representante pela rescisão do contrato fora dos casos previstos em lei, cujo montante[21] não poderá ser inferior a 1/12 avos do total da retribuição auferida durante o tempo em que exerceu a representação.

Atenção

Caso ocorra inadimplemento de compradores ou se o negócio for desfeito por estes, ou ainda se for sustada a entrega das mercadorias em razão da situação comercial do comprador, não será devida nenhuma retribuição ao representante comercial.

3.7. Agência e distribuição

O art. 710 do Código Civil entende **agência** como o acordo pelo qual uma pessoa assume de forma permanente, mas sem vínculo de dependência, a obrigação de promover negócios em determinada região, a conta da parte contrária,

19. Distancia-se do desconto bancário principalmente pelo fato de não ter o faturizador ação regressiva contra o faturizado, assumindo aquele os riscos da não liquidação dos débitos. Essa vantagem suplanta a desvantagem de ser, na faturização, a comissão do faturizador, em regra, superior à taxa do desconto bancário. Aplicada com o devido critério, a faturização pode ser um remédio eficiente para suprir a falta de capital de giro de empresas em formação e expansão.

20. Art. 1° da Lei 4.886/1965.

21. O contrato com prazo determinado, uma vez prorrogado o prazo inicial, torna-se a prazo indeterminado.

mediante remuneração, sendo que na **distribuição** se verificam os requisitos da agência cumulados com o fato de o agente ter à sua disposição a coisa a ser negociada.

3.8. Comissão e mandato mercantil

Comissãomercantil é o contrato em que o comissário se obriga a praticar atos de compra ou venda por conta do comitente empresário, porém em nome próprio, segundo o art. 693 do Código Civil. No **mandato mercantil** o mandatário recebe poderes para praticar atos em nome do mandante empresário, porém em nome próprio, praticando atos ou administrando interesses, e obrigando o mandante perante terceiros, conforme o disposto no art. 653, CC.

3.9. Corretagem

Acordo pelo qual o corretor se compromete a conseguir negócios em favor da parte contrária, sem que se mantenha ligação por mandato, prestação de serviços ou qualquer tipo de dependência, mediante remuneração, conforme o art. 722, CC.

3.10. Concessão mercantil

A Lei 6.729/1979 regula a concessão, estruturada de forma que o empresário concedente, inserido na atividade de comércio, tem o direito de comprar, durante o prazo de sua vigência, os produtos da concedente e de revendê-los a terceiros. O concessionário age em nome próprio e por conta própria, seguro, ademais, quanto à manutenção do fornecimento de produtos acabados, em consonância com as cotas que lhe cabem pelo contrato, compreendidos os veículos automotores, implementos e complementos, estendendo-se por analogia a outros sistemas de vendas.

No objeto do contrato, compreendem-se: comercialização desses bens; fabricação e fornecimento pelo produtor; prestação de assistência técnica aos produtos, incluindo garantia ou revisão; e uso gratuito de marca.

Como condições básicas, figuram: exclusividade do revendedor na colocação dos produtos, vedando-se a venda de outros produtos; faculdade de participação em modalidades especiais de venda, como consórcio, sorteio, *leasing* e planos de financiamento; possibilidade de comercializar implementos e componentes; mercadorias destinadas aos veículos; veículos usados de qualquer marca; e outros bens ou serviços compatíveis com a concessão.

4. TÍTULOS DE CRÉDITO

Concentraremos nossos estudos na letra de câmbio, nota promissória, cheque e duplicata, pois os demais derivam destes; além do que trataremos dos institutos que os cercam, para finalmente trabalhar as hipóteses das ações cambiárias.

O título de crédito é um documento formal, com força executiva, representativo de dívida líquida e certa, de circulação desvinculada do negócio que o originou.

O Código Civil prevê que se trata de "um documento necessário ao exercício do direito literal e autônomo nele contido".[22]

22. Art. 887 do Código Civil.

As suas principais características são:

Cartularidade: não pode ser verbal; não há o que se cobrar, em sede de direito empresarial, sem o documento, sem o título propriamente dito. O fenômeno da cartularidade decorre da literalidade e da autonomia. É em razão de ser o direito mencionado no título literal e autônomo que a apresentação da cártula torna-se necessária para o exercício desse direito.

Literalidade: vale somente aquilo que efetivamente está escrito no título, nada mais, nada menos.

Autonomia: Divide-se em dois subprincípios: 1) abstração: A obrigação consubstanciada em título se desvincula ao negócio que lhe deu origem; 2) Não oposição das exceções a terceiros de boa-fé: A invalidade de uma relação não prejudica as demais. Um ótimo exemplo é daquele que dá aval a um menor que endossa o título em favor de um terceiro de boa-fé. Fica claro que civilmente o terceiro de boa-fé não poderá cobrar o menor, porém o avalista não poderá opor exceção (defesa) no sentido de argumentar por não cumprir a obrigação já que avalizou um menor. Nessa lógica, temos a proibição de o avalista opor defesa ao terceiro de boa-fé; logo, o avalista terá de cumprir a obrigação.

4.1. Classificações dos títulos de crédito

O título poderá ser livre, não existindo um padrão definido para sua confecção, como é o caso da letra de câmbio e da nota promissória, ou vinculado, como é o caso do cheque e da duplicata,[23] que estão vinculados a um padrão específico.

O título também poderá ser promessa ou ordem de pagamento. No caso de **promessa de pagamento**, tal relação cria duas situações: a de quem paga – emitente ou sacador – e a de quem recebe – beneficiário ou tomador. Podemos dar como exemplo de promessa de pagamento a nota promissória. A **ordem de pagamento** cria três situações jurídicas: a do sacador, que emite a ordem para que alguém pague; a do sacado, que recebe a ordem; e a do tomador, que se beneficia da ordem. Como exemplo, temos o cheque e a duplicata.

Finalmente, os títulos podem ser **nominativos**: se o nome da pessoa, natural ou jurídica, com direito à prestação, encontra-se anotado no próprio título ou nos registros especiais do instituto emissor, sendo transferíveis mediante ato formal;[24] ou **àordem**: se emitidos em benefício da pessoa indicada ou daquela a que esta determinar (ordenar) e transferíveis por meio do endosso, neles lançado. **Ao portador**: se emitidos genericamente em favor do possuidor e transferíveis por simples tradição. **Mistos**: títulos nominativos munidos de cupões ao portador.

4.2. Letra de câmbio

A letra de câmbio é um título de crédito abstrato, que corresponde a um documento formal, decorrente da relação de crédito entre duas ou mais pessoas. Por essa relação de crédito

23. A duplicata é o único título que além de vinculado é também considerado causal. Está sempre relacionado a uma compra e venda ou prestação de serviços empresarial.

24. A Lei 9.069/1995 proíbe a emissão, pagamento e compensação de cheques superiores a R$ 100,00 sem a identificação do beneficiário.

o sacador dá ordem de pagamento pura e simples, à vista ou a prazo, ao sacado, a seu favor ou de terceira pessoa (tomador ou beneficiário), no valor e nas condições nela constantes.

Atenção

As legislações aplicadas à letra de câmbio são: a **CONVENÇÃO DE GENEBRA** – Lei uniforme sobre letras de câmbio e nota promissória trazida ao nosso país por intermédio do Decreto 57.663/1966 (Lei Uniforme – LU).[25]

A letra de câmbio é uma ordem de pagamento. Portanto, seu saque ou emissão[26] geram três relações jurídicas. O sacador emite a ordem para que o sacado pague e o tomador se beneficie.

O saque autoriza o tomador a procurar o sacado para, ocorridas determinadas condições, receber a quantia referida no título, e vincula o sacador ao pagamento da letra de câmbio. Caso o sacado não pague ao tomador o valor mencionado na letra de câmbio, poderá este cobrar o valor do sacador, na medida em que o sacador, ao praticar o saque, tornou-se codevedor do título.

São requisitos da letra de câmbio:

a) a expressão *letra de câmbio*;

b) a ordem de pagar a quantia;

c) o nome do sacado;

d) o lugar do pagamento;

e) o nome do tomador;

f) o local e data do saque;

g) a assinatura do sacador.[27]

Caso o sacador não assine, deverá ser representado por procurador, nomeado por instrumento público e com poderes especiais.

Registre-se que os requisitos constantes da letra de câmbio e de outros títulos de crédito não precisam estar completos (preenchidos no instrumento) no momento do saque, conforme o art. 3° do Decreto 2.044/2008.[28]

4.2.1. Aceite

O sacado apenas obriga-se ao pagamento da letra de câmbio, vinculando-se à obrigação expressa no título, quando expressamente, por meio do ACEITE, concorda com essa obrigação. O aceite é representado pela assinatura do sacado no anverso ou no verso do título, acompanhado do termo *aceito*.[29]

Aceite limitativo: é aquele em que o sacado aceita pagar apenas uma parte do valor do título.[30]

Cláusula não aceitável: é a que traz a proibição do aceite. Somente será apresentada ao sacado para pagamento, o que evitará sua não aceitação.

4.2.2. Endosso

No que se referem ao ato jurídico que opera a transferência da titularidade, os títulos de crédito são obrigatoriamente nominativos, e poderão ser "à ordem" ou "não à ordem".

Os títulos "à ordem" são aqueles cuja circulação ocorre mediante endosso; os "não à ordem" circulam mediante cessão civil de crédito.

Endosso é o ato cambiário que opera a transferência do crédito representado por um título "à ordem". A cláusula "à ordem" é tácita. Dessa forma, para que um título de crédito seja considerado "à ordem" e, portanto, transferível por endosso, basta que não contenha uma cláusula "não à ordem".

O primeiro endosso deverá ser efetuado pelo tomador, que é o primeiro credor do título. O segundo endossador ou endossante é o endossatário do tomador, e assim sucessivamente.[31]

Cada endossante, ao endossar o título de crédito a um endossatário, deixa de ser credor do valor nele mencionado, passando a figurar como codevedor, juntamente com os demais endossadores e o sacado.

Endosso em preto é aquele que identifica o endossatário; e endosso em branco é aquele que não identifica o endossatário.[32]

Outra modalidade de endosso é o chamado **endosso mandato**, em que o credor pode constituir um representante para o exercício dos direitos mencionados na cártula, logicamente, à vista do título.

Finalmente, tem-se o **endosso caução**, que é o ato cambiário por meio do qual o credor onera o título, considerado bem móvel, a título de penhor.

4.2.3. Aval

O aval é o ato cambiário pelo qual uma pessoa, denominada avalista, garante o pagamento de um título em favor do devedor principal ou de um coobrigado.

O devedor, em favor de quem o aval foi prestado, é chamado de avalizado.

O aval resulta da assinatura do avalista no anverso do título, geralmente acompanhada da expressão *por aval*.

O vencimento faz que surja a obrigação para o devedor de pagar o valor mencionado no título de crédito.[33]

Avais em branco e superpostos consideram-se simultâneos e não sucessivos.[34]

25. O Decreto 57.663/1966 inseriu a Convenção de Genebra em nosso ordenamento jurídico.
26. Art. 889, § 2°, do Código Civil. Tal dispositivo considera o domicílio do emitente lugar de emissão e pagamento do título.
27. Ausente a data de pagamento, entender-se-á que o pagamento opera-se à vista.
28. Súmula 387 do Supremo Tribunal Federal: "A cambial emitida ou aceita com omissões, ou em branco, pode ser completada pelo credor de boa-fé antes da cobrança ou do protesto."
29. O aceite poderá ser recusado pelo sacado, o que acarretará no vencimento antecipado do título, por força do art. 43 da LU.
30. O aceite parcial implica vencimento antecipado do título.
31. Não há limites na legislação para o número de endossos a que um título de crédito pode ser submetido.
32. A Lei 8.021/1990 proibiu a emissão de títulos ao portador.
33. Súmula 26 do Superior Tribunal de Justiça: "O avalista do título de crédito vinculado a contrato de mútuo também responde pelas obrigações pactuadas, quando no contrato figurar como devedor solidário."
34. Súmula 189 do Supremo Tribunal Federal.

4.2.4. Vencimento

O vencimento poderá ser à vista, a certo termo da data, a certo termo da vista ou a dia certo.

A certo termo da vista: verifica-se o vencimento após o transcurso de um lapso temporal iniciado na data do aceite.

A certo termo da data: tem-se o vencimento após o transcurso de um lapso temporal iniciado na data do saque.

A data certa: tem-se por vencido o título em dia predeterminado pelas partes.

As regras de contagem do prazo de vencimento no direito cambiário estão dispostas no art. 36 da LU.

Ressalte-se que para efeito de contagem de prazo, dia útil é aquele em que há expediente bancário.

As obrigações de pagar, em geral, poderão ser quesíveis (*QUÉRABLE*) ou portáveis (*PORTABLE*). São quesíveis quando cabe ao credor a iniciativa de procurar o devedor para a satisfação de seu crédito. São portáveis quando cabe ao devedor a iniciativa de procurar o credor para o pagamento de seu débito.

4.2.5. Protesto

O protesto é um ato notarial que visa documentar, no próprio título, a ocorrência de um fato que tem relevância para as relações cambiais. A letra de câmbio comporta três tipos de protesto: o protesto por falta de aceite; por falta de data de aceite; e por falta de pagamento.

O protesto por falta de aceite é extraído contra o sacador, não podendo ser extraído contra o sacado, que não aceitou o título, na medida em que, não aceitando o título, não está vinculado à obrigação cambial. Uma vez efetuado o protesto por falta de aceite, intimar-se-á o sacado para que compareça e aceite o título. Se não o fizer, o protestado é o sacador.

Já no que se refere ao protesto por falta de data de aceite e ao protesto por falta de pagamento, o protestado é o sacado. Se protesto por falta de pagamento, a letra de câmbio deverá ser apresentada nos dois dias seguintes àquele em que o título for pagável, ou seja, na data de seu vencimento. Se cair em dia não útil, o vencimento se dará no primeiro dia útil seguinte. A inobservância desse prazo gera a perda do direito de crédito perante os coobrigados: sacador, endossantes e avalistas, nos termos do art. 53 da LU.

Observa-se que a falta de protesto não prejudica o direito de crédito contra o aceitante sacado e respectivo avalista.

O protesto por falta de pagamento é necessário para cobrar os codevedores e respectivos avalistas, mas é facultativo para a cobrança do devedor principal e respectivo avalista.

Com a inclusão da cláusula "sem despesas" o protesto necessário fica dispensado. O credor fica dispensado do protesto para a constituição de seu direito de crédito contra qualquer devedor do título.

4.2.6. Prescrição

O prazo prescricional está fixado no art. 70 da LU.

3 anos: a contar da data do vencimento do título para o exercício do direito de crédito contra o devedor principal e seu avalista.

1 ano: a contar da data do protesto do título – para o exercício do direito de crédito contra os coobrigados (sacador, endossantes e respectivos avalistas).

6 meses: a contar do pagamento – para o exercício do direito de regresso por qualquer um dos coobrigados.

4.3. Nota promissória

É a promessa de pagamento que uma pessoa faz a outra. Vimos que, quando do saque das letras de câmbio, surgem três situações jurídicas distintas: sacador, sacado e tomador. Tratando-se de notas promissórias, surgem duas situações jurídicas distintas: aquele que promete pagar determinada quantia e o beneficiário dessa promessa.

A pessoa que promete pagar denomina-se **sacador**, **promitente** ou **emitente**. A pessoa em favor de quem é feita a promessa denomina-se **sacado** ou **beneficiário.**

Os requisitos essenciais das notas promissórias são:

a) denominação NOTA PROMISSÓRIA expressa no idioma empregado no título;

b) promessa pura e simples de pagar quantia determinada;

c) pessoa a quem deve ser paga;

d) data de emissão;

e) assinatura do emitente.

A época e lugar do pagamento não são requisitos essenciais da letra de câmbio.[35]

A nota promissória está, basicamente, sujeita às mesmas regras da letra de câmbio, desde que sejam compatíveis com a natureza de promessa de pagamento.[36]

4.4. Cheque

É uma ordem de pagamento à vista, emitida contra um banco e com base em suficiente provisão de fundos ou oriundos de abertura de crédito.

O sacador é o emitente do cheque e o sacado é o banco.

Beneficiário é aquele em favor do qual determinada quantia é paga.

Atenção

É elemento essencial do cheque ser um título à vista.[37] No Brasil, o cheque é necessariamente nominativo. Observe-se, entretanto, que o Plano Collor (Lei 8.021/1990) estabeleceu que o cheque poderá ser ao portador até determinada quantia.

O prazo de apresentação do cheque será de:

a) 30 dias, tratando-se de cheque da mesma praça;

b) 60 dias, tratando-se de cheques de praças diferentes.[38]

35. Arts. 75 e 76 da Lei Uniforme.

36. Súmula 258 do Superior Tribunal de Justiça: "A nota promissória vinculada a contrato de abertura de crédito não goza de autonomia em razão da iliquidez do título que a originou."

37. A jurisprudência entende que o pós-datamento não desnatura o cheque como título de crédito, tendo como única consequência a ampliação do prazo de apresentação.

38. Um cheque será da mesma praça quando o município que constar como de sua emissão for o mesmo município da agência bancária pagadora.

O termo inicial para a contagem do prazo de prescrição do cheque é a expiração do prazo de apresentação citado anteriormente, que será de 6 meses.

Após o transcurso do prazo prescricional o cheque não será mais considerado título executivo; porém, como título monitório, poderá consubstanciar prova escrita para o ajuizamento da ação monitória.

4.4.1. *Cheque cruzado*

Caracteriza-se pela aposição de dois traços paralelos no anverso do título. O cheque cruzado por ser:

a) geral, ou em branco (não há indicação do banco entre as linhas paralelas); e

b) especial, ou em preto (há indicação do banco entre as linhas paralelas).

A diferença entre o cheque com cruzamento em branco (ou geral) e um cheque com cruzamento em preto (ou especial) está no fato de que o cheque com cruzamento em branco ou geral deve ser pago através de crédito em conta de um banco qualquer; já o cheque com cruzamento em preto, ou especial, somente deve ser pago a um banco expressamente mencionado no título. Caso esse banco seja o próprio banco sacado, apenas poderá ser pago a um de seus clientes, mediante depósito em conta.

4.4.2. *Cheque para ser levado em conta*

A Lei 7.357/1985, em seu art. 46, o define como o cheque que não pode ser pago em dinheiro. Tal proibição se dá mediante inscrição transversal, no anverso do título, da cláusula "para ser creditado em conta".

4.4.3. *Cheque visado*

É aquele em que o banco atesta a existência de fundos durante o prazo de apresentação, conforme o art. 7º da Lei 7.357/1985.

4.4.4. *Cheque administrativo*

O cheque administrativo é emitido pelo próprio banco sacado. O banco, dessa forma, ocupa simultaneamente a posição de emitente e sacado. Ex.: *traveller check*.

4.4.5. *Protesto e ação cambial*

A cobrança de um cheque sem fundos, pela lei, pressupõe o protesto do cheque dentro do prazo de apresentação, sob pena de o credor perder seu direito de crédito contra os endossantes e os avalistas.

Atenção

Observe-se que, para fins cambiários, o protesto do cheque pode ser substituído pela declaração de inexistência de fundos feita pelo banco sacado ou pela câmara de compensação.

O prazo para execução do cheque é de 6 (seis) meses contados a partir da expiração do prazo para sua apresentação (art. 59 da Lei 7.357/1985). Uma vez prescrita a execução, cabe, no prazo de até 2 (dois) anos seguintes ao término do prazo prescricional, ação de enriquecimento ilícito.[39]

Para todos os efeitos, emissão de cheque sem fundos é crime previsto no art. 171, § 2º, do Código Penal.[40]

Não é considerada crime a emissão de cheque pós-datado sem fundos. Para que se caracterize o crime é necessário que tenha havido dolo.[41]

No que se refere à conta conjunta, a responsabilidade dos titulares da conta não é solidária quanto à emissão do cheque. É solidária apenas no que se refere ao contrato de abertura de crédito com o banco.

4.5. Duplicata

A Lei 5.474/1968, em seu art. 1º, estabelece que todo empresário que realiza uma venda, com prazo não inferior a 30 (trinta) dias, deverá extrair uma FATURA e apresentá-la ao devedor. A fatura é um documento emitido pelo vendedor relacionando as mercadorias vendidas, discriminando-as, indicando sua quantidade e o respectivo valor.

A fatura é um documento que tem o condão de facilitar a atividade do Fisco, aumentando seu poder de controle sobre as atividades mercantis. Para isso, foi criada a chamada nota fiscal-fatura. Através de um único documento, o empresário cumpre duas obrigações: uma de caráter empresarial: emissão da fatura; e a outra de caráter fiscal: emissão de nota fiscal.

O art. 1º da Lei 5.474/1968 prevê que no ato da emissão da fatura o empresário poderá emitir um título de crédito denominado DUPLICATA.

Atenção

A duplicata pode então ser definida como uma ordem de pagamento emitida pelo empresário com o escopo de documentar o crédito oriundo de uma operação de compra e venda mercantil.[42]

Os requisitos da duplicata são encontrados no art. 2º, § 1º, da Lei 5.474/1968.

A duplicata é título de crédito de aceite obrigatório, o que significa dizer que o comprador da mercadoria – sacado – não poderá deixar de aceitar o título.

A recusa do aceite apenas poderá ocorrer em situações expressamente previstas em lei, especificamente no art. 8º da Lei 5.474/1968.

O protesto deverá ser efetuado nos 30 (trinta) dias seguintes ao vencimento da duplicata, sob pena de o credor perder seu direito de crédito contra os endossantes e seus avalistas, mantendo-se, porém, em relação ao sacado e seu avalista.[43]

39. Súmula 600 do Supremo Tribunal Federal: "Cabe ação executiva contra o emitente e seus avalistas, ainda que não apresentado o cheque ao sacado no prazo legal, desde que não prescrita a ação cambiária."

40. Súmula 521 do Supremo Tribunal Federal: "O foro competente para o processo e julgamento dos crimes de estelionato, sob a modalidade da emissão dolosa de cheque sem provisão de fundos, é o do local onde se deu a recusa do pagamento pelo sacado." A Súmula 554 do Supremo Tribunal Federal dispõe que o pagamento do cheque antes da denúncia por estelionato não caracteriza causa excludente de antijuridicidade.

41. Súmula 246 do Supremo Tribunal Federal: "Comprovado não ter havido fraude, não se configura o crime de emissão de cheque sem fundos."

42. A duplicata é um título causal.

43. O art. 394 do Código Civil estabelece que o não cumprimento da obrigação constitui o devedor em mora.

Atenção

O documento para a propositura de ação de execução depende do tipo de aceite da duplicata:

a) Se for aceite ordinário, o protesto é uma necessidade;

b) Se for aceite por duplicata, deve ser apresentada a duplicata ou triplicata (protestada), acompanhada do comprovante de entrega das mercadorias.

O protesto por falta de devolução representa uma exceção ao princípio da cartularidade. O credor, que não está na posse do título, protesta-o por indicação. Essa indicação da emissão da duplicata é extraída do Livro de Registro de Duplicatas.

A ação de execução contra o sacado e seu avalista prescreve em 3 (três) anos a contar do vencimento do título; contra os coobrigados (endossantes e seus avalistas), prescreve em 1 (um) ano, a contar da data do protesto do título.

Por ser um título causal, a duplicata mercantil não pode ser emitida e protestada sem que tenha havido a efetiva prestação de serviços.[44]

A ação para cobrança da duplicata sem aceite deve estar acompanhada de comprovante de entrega de mercadorias.[45]

O foro competente para a propositura da execução do título extrajudicial é, em princípio, o do lugar do pagamento.

A ação de anulação de cambial tanto pode ser movida nas hipóteses de extravio ou destruição parcial ou total como nas hipóteses de furto, roubo ou apropriação indébita do título.

Atenção

A doutrina e jurisprudência têm entendido, acertadamente, que a ação também pode ser ajuizada pelo credor pignoratício ou pelo endossatário-mandatário, pois ambos podem exercer os direitos emergentes da cambial.

A ação de anulação e substituição de títulos ao portador tem inequívoca semelhança com a ação de anulação de cambial; contudo, não se aplica às cambiais.

O portador do título que pagou o valor previsto na cambial pode propor ação de regresso contra os coobrigados anteriores.

5. RECUPERAÇÃO JUDICIAL, EXTRAJUDICIAL E FALÊNCIA

5.1. Aspectos gerais da recuperação judicial, a extrajudicial e a falência do empresário e da sociedade empresária (Lei 11.101/2005)

A crise empresarial decorrente de situação de insolvência pode ser econômica, financeira ou patrimonial; porém, o que nos interessa são os efeitos dessa crise e seus reflexos no mundo jurídico. A Lei 11.101/2005 rege a empresa em crise e oferece para uma primeira classificação três distintos institutos: a recuperação judicial de empresas, a recuperação extrajudicial e a falência.

Insolvência é a condição de quem não pode saldar suas dívidas. Diz-se do devedor que possui um passivo sensivelmente maior que o ativo. Por outras palavras, significa que a pessoa (física ou jurídica) deve em proporção maior do que pode pagar, isto é, tem compromissos superiores a seus rendimentos ou a seu patrimônio.

O questionamento que se faz em seguida é sobre qual instituto utilizar e em que momento. A resposta vem da análise de viabilidade da empresa que perfaz a capacidade de oferecimento de alguma resposta positiva para sua salvação.

Atenção

Caso a empresa tenha condições de ser reerguida, a solução é o instituto da recuperação de empresas; já na inviabilidade, a falência é o único caminho a seguir.

5.1.1. *Âmbito de incidência da lei de recuperação de empresas e falência*

A Lei de Recuperação e Falência é aplicável basicamente aos empresários e às sociedades empresárias, excluídas em absoluto as sociedades simples, pois não são empresárias; as empresas públicas e sociedades de economia mista; as cooperativas de crédito; consórcios; entidades de previdência privada e outras entidades legalmente equiparadas.

As instituições financeiras, sociedades operadoras de planos de saúde, sociedades seguradoras e de capitalização estão relativamente excluídas, pois, muito embora tenham previsão de processo de liquidação na forma extrajudicial, há possibilidade de processo de falência nas leis especiais que as regem.

As obrigações a título gratuito e as despesas que os credores fizerem para tomar parte na recuperação judicial ou na falência não são exigíveis do devedor, salvo as custas judiciais decorrentes de litígio com o devedor.

Atenção

Importante considerar o disposto no art. 6° da Lei 11.101/2005, de que a decretação da falência ou o deferimento do processamento da recuperação judicial suspende o curso da prescrição e de todas as ações e execuções perante o devedor, inclusive aquelas decorrentes de credores particulares do sócio solidário. O lapso prescricional voltará a fluir do trânsito em julgado da sentença de encerramento da falência ou da recuperação judicial. As ações que demandem quantias ilíquidas, aquelas de natureza trabalhista e as execuções de natureza fiscal não são atingidas.

Na recuperação judicial, a suspensão da prescrição das ações e execuções não poderá exceder o prazo improrrogável de 180 (cento e oitenta) dias, restabelecendo-se, após o decurso do prazo, o direito dos credores de continuar em suas ações e execuções, independentemente de pronunciamento judicial.

5.1.2. *Competência para as ações de recuperação e falências*

A competência para a propositura das ações de recuperação judicial e falência, bem como de homologação da

44. Súmula 248 do Superior Tribunal de Justiça: "Comprovada a prestação dos serviços, a duplicata não aceita, mas protestada, é título hábil para instruir pedido de falência."

45. Súmula 153 do Supremo Tribunal Federal: "Simples protesto cambiário não interrompe a prescrição." Tal súmula foi superada pelo art. 202, CC, segundo recente entendimento da banca examinadora responsável pela aplicação do Exame de Ordem unificado em todo o país.

recuperação extrajudicial, é do juízo do principal estabelecimento do devedor, que deve ser entendido como aquele em que se encontra centralizado o maior volume de negócios da empresa, mesmo que se tenha estabelecido de outra forma, consensual ou contratualmente.

Caso o comerciante seja pessoa jurídica, seu domicílio será o do lugar onde funcionarem as respectivas diretorias e administrações, ou onde elegerem domicílio especial, nos seus estatutos ou atos constitutivos. Não é de agora que se sustenta a existência de dois domicílios, algumas vezes coincidentes, para as pessoas jurídicas de direito privado, notadamente as sociedades mercantis. Esse assunto foi bastante discutido pela doutrina, tanto quanto controvertido na jurisprudência. Um é o domicílio legal, fixado nos estatutos; outro, o real, determinado em razão de seu principal estabelecimento.

A distribuição da ação falencial ou recuperacional previne a jurisdição para qualquer outro pedido relativo ao mesmo devedor.

5.1.3. *Verificação e habilitação de créditos*

Os procedimentos de verificação e habilitação de créditos na recuperação de empresas e na falência são comuns. A verificação de créditos será realizada pelo administrador judicial, tomando por base as escriturações do devedor e os documentos apresentados pelos credores. Confeccionada a relação inicial de credores, ocorrerá a publicação de tal relação na imprensa oficial, iniciando-se prazo de 15 (quinze) dias para que os credores verifiquem seus nomes na lista e, na falta, requeiram sua habilitação ou apresentem, se for o caso, suas impugnações.

O administrador judicial, nos 45 (quarenta e cinco) dias seguintes, fará publicar novo edital contendo a nova relação de credores. A contar dessa publicação, os credores, o devedor, seus sócios ou o representante do Ministério Público têm prazo de 10 (dez) dias para apresentar impugnações aos créditos apresentados, quanto à classificação ou à falta de legitimidade, por exemplo.

O papel do Ministério Públicono procedimento verificatório ultrapassa o sentido de defesa do interesse individual, consistindo, antes, sua intervenção na consequência lógica ao pleno exercício de sua função de *custoslegis*, não sendo razoável admitir sua legitimidade para impugnar (art. 8° da Lei 11.101/2005), mas não para se manifestar acerca das impugnações oferecidas pelos demais legitimados.

5.2. Falência

Processo pelo qual o devedor empresário é afastado de suas atividades para preservar e otimizar a utilização produtiva dos bens, ativos e recursos produtivos, inclusive os intangíveis, da empresa. Através da falência dá-se o encerramento da atividade econômica desenvolvida pela empresa em crise financeira, de forma a minimizar os prejuízos de seus empregados e credores.

Trata-se de um regime jurídico de execução concursal que coloca os credores em condição de paridade, ainda que apenas um deles tenha fundamentado o pedido na ação que decretou a falência do devedor.

O juízo da falência é indivisível e competente para conhecer todas as ações sobre bens, interesses e negócios do falido. Dessa forma, todas essas ações irão convergir, após a instauração da execução consensual do devedor, para o juízo falimentar. Em virtude dessa característica, diz-se que o juízo da falência é universal.

O instituto da falência não se restringe aos domínios do direito empresarial. Caminha também pelas áreas do direito público, tributário, internacional, penal, processual civil e direito privado do direito civil e direito do trabalho. Em cada um deles vai buscar regras, preceitos e ensinamentos, tendo muitas vezes de modificá-los a fim de adaptá-los ao grande meio de execução coletiva que é a falência.

Inspira-se, ainda, nas ciências econômicas, cujos fenômenos não lhe devem ser estranhos, nas ciências financeiras e na estatística, em que verifica a prova do resultado do seu funcionamento. Apreciada economicamente, a falência interessa não somente à economia individual, mas também à pública, pois incontestavelmente perturba o crédito público e produz a dispersão de capitais, trazendo dano para a economia geral.

Atenção

O sistema jurídico universal prevê cinco exceções ao princípio da universalidade do juízo falimentar, quando tais ações não serão atraídas para o juízo onde estiver transitando a falência. A seguir: ações não reguladas pela lei falimentar em que a massa falida for autora ou litisconsorte ativa; reclamações trabalhistas; execuções tributárias; ações de conhecimento em que é parte ou interessada a União; e as ações que demandem obrigação ilíquida. Tais ações terão prosseguimento com o administrador judicial.

5.2.1. *Fase pré-falencial*

Os pressupostos para a instauração da execução concursal são os seguintes: devedor empresário, insolvência e sentença declaratória de falência.

A situação de insolvência, que é o déficit entre o ativo ou patrimônio e o passivo ou as obrigações da empresa, pode ser presumida observando-se os direcionamentos dados pelo art. 94 da Lei de Recuperação e Falência, tais como:

I – Impontualidade injustificada

Aquele que sem relevante razão de direito não paga, no vencimento, obrigação líquida, materializada em título ou títulos executivos protestados, cuja soma ultrapasse o equivalente a 40 (quarenta) salários mínimos na data do pedido de falência.

II – Execução frustrada

Da mesma forma, será decretada a falência quando o devedor executado por qualquer quantia líquida não paga, não deposita e não nomeia bens suficientes para solver os débitos dentro do prazo legal.

III – Atos de falência

Será decretada a falência daquele que pratica qualquer dos seguintes atos:

a) procede a liquidação precipitada de seus ativos ou lança mão de meio ruinoso ou fraudulento para realizar pagamentos;

b) realiza ou, por atos inequívocos, tenta realizar, com o objetivo de retardar pagamentos ou fraudar credores, negócio simulado ou alienação de parte ou da totalidade de seu ativo a terceiro, credor ou não;

c) transfere estabelecimento a terceiro, credor ou não, sem o consentimento de todos os credores e sem ficar com bens suficientes para solver seu passivo;

d) simula a transferência de seu principal estabelecimento com o objetivo de burlar a legislação ou a fiscalização, ou para prejudicar credor;

e) dá ou reforça garantia a credor por dívida contraída anteriormente sem ficar com bens livres e desembaraçados suficientes para saldar seu passivo;

f) ausenta-se sem deixar representante habilitado e com recursos suficientes para pagar os credores, abandona estabelecimento ou tenta ocultar-se de seu domicílio, do local de sua sede ou de seu principal estabelecimento;

g) deixa de cumprir, no prazo estabelecido, obrigação assumida no plano de recuperação judicial.

Os atos que acabamos de mencionar são conhecidos como atos de falência e não acarretarão a decretação da falência se fizerem parte do plano de recuperação judicial.

Possuem legitimidade ativa para requerer a execução coletiva: o próprio devedor empresário, caso em que ocorre a autofalência; qualquer credor; o cônjuge sobrevivente; os herdeiros do devedor; o inventariante e o sócio ou acionista da sociedade.[46]

5.2.1.1. *Petição inicial*

A petição inicial para o requerimento de falência deve atender aos requisitos genéricos previstos no Código de Processo Civil e aos requisitos específicos previstos na Lei de Recuperação e Falência. Para falência requerida com base na impontualidade de pagamento, o pedido deve ser instruído com título executivo cujo valor ultrapasse 40 (quarenta) salários mínimos e com o devido instrumento de protesto.

Em caso de falência requerida com base em execução frustrada, o pedido deve ser instruído com a certidão expedida pelo juízo em que se processa a execução. Já em caso de pedido de falência baseado na prática de ato de falência, o requerente deverá descrever os fatos que caracterizam o ato, juntando as provas que possui e especificando as que pretende produzir.

O requerente poderá desistir do pedido de falência antes da citação do devedor.

5.2.1.2. *Rito do processo falimentar*

O pedido de falência segue rito diferente em função de seu autor. Quando o pedido for realizado pelo próprio devedor, o rito a ser seguido é o previsto nos arts. 105 a 107 da Lei de Recuperação e Falência; nos demais casos, segue-se o rito do art. 98 da mesma Lei.

5.2.1.3. *Autofalência*

Ao requerer sua própria falência, o empresário devedor deve apresentar o pedido acompanhado dos seguintes documentos:

a) demonstrações contábeis referentes aos 3 (três) últimos exercícios sociais e as levantadas especialmente para instruir o pedido, confeccionadas com estrita observância da legislação societária aplicável e compostas obrigatoriamente do balanço patrimonial, das demonstrações de resultados acumulados, das demonstrações do resultado desde o último exercício social e do relatório do fluxo de caixa;

b) relação nominal dos credores;

c) relação dos bens e direitos que compõem o ativo, com a respectiva estimativa de valor e documentos comprobatórios de propriedade;

d) prova da condição de empresário, contrato social ou estatuto em vigor ou, se não houver, a indicação de todos os sócios, seus endereços e a relação de seus bens pessoais;

e) os livros obrigatórios e documentos contábeis que lhe forem exigidos por lei; e

f) relação de seus administradores nos últimos 5 (cinco) anos.

Não estando o pedido regularmente instruído, o juiz determinará que seja emendado; caso contrário, proferirá a sentença declaratória de falência, sem prévia oitiva do Ministério Público.[47]

5.2.1.4. *Falência requerida por credores e terceiros*

Quando requerida a falência por terceiros, credor, sócio, cônjuge, herdeiro ou inventariante, a lei prevê a citação do empresário para que este se manifeste dentro de 10 (dez) dias. Se o pedido da falência baseia-se em impontualidade injustificada ou execução frustrada, o devedor pode elidi-lo depositando em juízo, no prazo de resposta, o valor correspondente ao total de crédito em atraso, acrescido de correção monetária, juros e honorários advocatícios. Essa é a determinação do art. 98 da Lei de Recuperação e Falência.

O devedor pode, no entanto, apenas contestar o pedido de falência, caso em que o juiz, acolhendo as razões de defesa, deverá proferir sentença denegatória de falência, condenando o requerente nas verbas de sucumbência e, eventualmente, em perdas e danos, se a falência tiver sido requerida com dolo. Caso o juiz não acolha as razões de defesa, proferirá sentença declaratória de falência.

Denomina-se depósito elisivo aquele realizado pelo devedor empresário com a finalidade de impedir a declaração de sua falência, de forma a demonstrar a capacidade de adimplemento do crédito exigido.[48]

A decisão que decreta a falência da sociedade com sócios ilimitadamente responsáveis também acarreta a falência destes, que ficam sujeitos aos mesmos efeitos jurídicos produzidos em relação à sociedade falida e, por isso, deverão ser citados para apresentar contestação, se assim o

46. Súmula 159 do Supremo Tribunal Federal: "Cobrança excessiva, mas de boa-fé, não dá lugar às sanções do art. 1.531 do Código Civil." A Súmula 159 faz referência ao Código Civil de 1916. O Código Civil vigente trata da matéria no art. 940.

47. Art. 105 e incisos da Lei de Recuperação e Falência.

48. Súmula 29 do Superior Tribunal de Justiça: "No pagamento em juízo para elidir falência, são devidos correção monetária, juros e honorários de advogado."

desejarem. Essa disposição atingirá, da mesma forma, o sócio que tenha se retirado voluntariamente ou que tenha sido excluído da sociedade há menos de 2 (dois) anos, quanto às dívidas existentes na data do arquivamento da alteração do contrato, no caso de não terem sido solvidas até a data da decretação da falência.

Atenção

É importante recordar que a prova para a insolvência advém do protesto da obrigação descumprida. Até mesmo aqueles títulos que não estão sujeitos a protesto obrigatório deverão ser levados a cartório para sua efetivação.

5.2.1.5. Sentença

Denegatória: quando o juiz da falência julga improcedente o pedido do credor, exara nos autos a sentença denegatória de falência, que desafia o recurso de apelação, nos termos do art. 100 da Lei de Recuperação e Falência.

Declaratória: a sentença declaratória da falência tem natureza constitutiva, posto que insere o devedor e seus credores no regime jurídico da falência. Na sentença que declara a falência, já pode ser fixado o termo legal da falência, ou seja, "o lapso temporal anterior à decretação da quebra que tem importância para a ineficácia de determinados atos do falido perante a massa". O termo da falência não poderá retroagir por mais de 90 (noventa) dias do primeiro protesto por falta de pagamento; na falta de protesto, não poderá retroagir mais de 90 (noventa) dias da petição inicial ou convolação da recuperação judicial em falência.

A sentença declaratória de falência deve obedecer aos requisitos previstos no art. 99 da Lei de Recuperação e Falência. Da sentença que declara a falência caberá recurso de agravo por instrumento.[49]

5.2.2. Fase falencial

A decretação da falência gera uma série de efeitos sobre as obrigações do devedor, disciplinados nos arts. 115 a 128 da Lei 11.101/2005, sujeitando todos os credores, que somente poderão exercer seus direitos sobre os bens do falido e do sócio ilimitadamente responsável na forma que a mencionada lei prescrever.

Os principais efeitos são:

1) suspensão do exercício do direito de retenção sobre os bens sujeitos à arrecadação, os quais deverão ser entregues ao administrador judicial, além da suspensão do exercício do direito de retirada ou de recebimento do valor de suas quotas ou ações pelos sócios da sociedade falida;

2) os contratos bilaterais não se resolvem pela falência e podem ser cumpridos pelo administrador judicial, se o cumprimento reduzir ou evitar o aumento do passivo da massa falida ou for necessário à manutenção e preservação de seus ativos, mediante autorização do Comitê;

3) o contrato unilateral poderá ser cumprido pelo administrador judicial, se esse fato reduzir ou evitar o aumento do passivo da massa falida ou for necessário à manutenção e preservação de seus ativos, realizando o pagamento da prestação pela qual está obrigada;

4) o mandato conferido pelo devedor, antes da falência, para a realização de negócios, cessará seus efeitos com a decretação da falência, cabendo ao mandatário prestar contas de sua gestão;

5) as contas correntes do devedor consideram-se encerradas no momento da decretação da falência, cabendo ao mandatário prestar contas de sua gestão;

6) contra a massa falida não são exigíveis juros vencidos após a decretação da falência, previstos em lei ou em contrato, se o ativo apurado não bastar para o pagamento dos credores subordinados.

Havendo riscos para a etapa de arrecadação ou visando a preservação dos bens da massa falida ou ainda dos interesses dos credores, é possível falar na lacração do estabelecimento empresarial.

São ineficazes em relação à massa falida, tenha ou não o contratante conhecimento do estado de crise econômico-financeira do devedor, seja ou não intenção deste fraudar credores:

1) o pagamento de dívidas não vencidas realizado pelo devedor dentro do termo legal, por qualquer meio extintivo do direito de crédito, ainda que pelo desconto do próprio título;

2) o pagamento de dívidas vencidas e exigíveis, realizado dentro do termo legal, por qualquer forma que não esteja prevista em contrato;

3) a constituição de direito real de garantia, inclusive a retenção, dentro do termo legal, tratando-se de dívida contraída anteriormente; se os bens dados em hipoteca forem objeto de outras posteriores, a massa falida receberá a parte que caberá ao credor da hipoteca revogada;

4) a prática de atos a título gratuito, desde 2 (dois) anos antes da decretação da falência;

5) a renúncia à herança ou legado, até 2 (dois) anos antes da decretação da falência;

6) a venda ou transferência de estabelecimento feita sem o consentimento expresso ou o pagamento de todos os credores, a esse tempo existentes, não tendo restado ao devedor bens suficientes para solver seu passivo, salvo se no prazo de 30 (trinta) dias não houver oposição dos credores, após serem devidamente notificados, judicialmente ou pelo oficial do registro de títulos e documentos; e os registros de direitos reais e de transferência de propriedade entre vivos, por título oneroso ou gratuito, ou a averbação relativa a imóveis realizados após a decretação da falência, salvo se tiver havido prenotação anterior.

Saliente-se que são revogáveis os atos praticados com a intenção de prejudicar credores, provando-se o conluio fraudulento entre o devedor e o terceiro que com ele contratar e o efetivo prejuízo sofrido pela massa falida.

5.2.3. Classificação dos créditos

Mencionamos antes que, diferentemente do que ocorre na recuperação judicial, a classificação dos créditos na falência segue uma ordem bastante rigorosa, que não pode

49. Súmula 25 do Superior Tribunal de Justiça: "Nas ações da Lei de Falências, o prazo para a interposição de recurso conta-se da intimação da parte."

ser modificada por acordos entre as partes. O art. 83 da Lei em comento estabelece a seguinte ordem de preferência de pagamentos das obrigações do falido:

Art. 83. A classificação dos créditos na falência obedece à seguinte ordem:

I – os créditos derivados da legislação do trabalho, limitados a 150 (cento e cinquenta) salários mínimos por credor, e os decorrentes de acidentes de trabalho;

II – créditos com garantia real até o limite do valor do bem gravado;

III – créditos tributários, independentemente da sua natureza e tempo de constituição, excetuadas as multas tributárias;

IV – créditos com privilégio especial, a saber:

a) os previstos no art. 964 da Lei 10.406, de 10 de janeiro de 2002;

b) os assim definidos em outras leis civis e comerciais, salvo disposição contrária desta Lei;

c) aqueles a cujos titulares a lei confira o direito de retenção sobre a coisa dada em garantia;

d) aqueles em favor dos microempreendedores individuais e das microempresas e empresas de pequeno porte de que trata aLei Complementar 123, de 14 de dezembro de 2006;

V – créditos com privilégio geral, a saber:

a) os previstos no art. 965 da Lei 10.406, de 10 de janeiro de 2002;

b) os previstos no parágrafo único do art. 67 desta Lei;

c) os assim definidos em outras leis civis e comerciais, salvo disposição contrária desta Lei;

VI – créditos quirografários, a saber:

a) aqueles não previstos nos demais incisos deste artigo;

b) os saldos dos créditos não cobertos pelo produto da alienação dos bens vinculados ao seu pagamento;

*c)*os saldos dos créditos derivados da legislação do trabalho que excederem o limite estabelecido no inciso I do *caput* deste artigo;

VII – as multas contratuais e as penas pecuniárias por infração das leis penais ou administrativas, inclusive as multas tributárias;

VIII – créditos subordinados, a saber:

*a)*os assim previstos em lei ou em contrato;

*b)*os créditos dos sócios e dos administradores sem vínculo empregatício.

5.2.4. Pagamento dos credores

Realizadas as restituições, pagos os créditos extraconcursais e consolidado o quadro geral de credores, as importâncias recebidas com a realização do ativo serão destinadas ao pagamento dos credores, atendendo à classificação prevista na lei específica, respeitados seus demais dispositivos e as decisões judiciais que determinam reserva de importâncias.

Havendo reserva de importâncias, os valores a ela relativos ficarão depositados até o julgamento definitivo do crédito e, no caso de não ser este finalmente reconhecido, no todo ou em parte, os recursos depositados serão objeto de rateio suplementar entre os credores remanescentes.

Os créditos trabalhistas de natureza estritamente salarial, vencidos nos 3 (três) meses anteriores à decretação da falência, até o limite de 5 (cinco) salários mínimos por trabalhador, serão pagos tão logo haja disponibilidade em caixa.

Pagos todos os credores, o saldo, se houver, será entregue ao falido.

5.2.5. Fase pós-falencial – Encerramento da falência

Concluída a realização de todo o ativo e distribuído o produto entre os credores, o administrador judicial apresentará suas contas ao juiz, no prazo de 30 (trinta) dias. O juiz decidirá por sentença se aprova ou não as contas apresentadas pelo administrador judicial. Dessa decisão cabe apelação.

A sentença que rejeitar as contas do administrador judicial fixará suas responsabilidades, poderá determinar a indisponibilidade ou o sequestro de bens e servirá como título executivo para indenização da massa.

Julgadas as contas do administrador judicial, ele apresentará o relatório final da falência no prazo de 10 (dez) dias, indicando o valor do ativo e o do produto de sua realização, o valor do passivo e o dos pagamentos feitos aos credores, e especificará justificadamente as responsabilidades com que continuará o falido. Apresentado o relatório final, o juiz encerrará a falência por sentença, que deverá ser publicada em edital, dela cabendo recurso de apelação.

5.2.6. Extinção das obrigações do falido

Extinguem as obrigações do falido: o pagamento de todos os créditos; o pagamento, depois de realizado todo o ativo, de mais de 50% (cinquenta por cento) dos créditos quirografários, facultando-se ao falido o depósito da quantia necessária para atingir essa porcentagem se para tanto não bastaram a integral liquidação do ativo e o decurso do prazo de 5 (cinco) anos, contados do encerramento da falência, se o falido não tiver sido condenado por prática de crime previsto na Lei de Recuperação e Falência.

Cumpridas as obrigações de acordo com as hipóteses mencionadas, o falido poderá requerer ao juízo da falência que suas obrigações sejam declaradas extintas por sentença, podendo opor-se a esse pedido qualquer credor. Da sentença que julga o pedido do falido sobre a extinção de suas obrigações, cabe apelação. Tal sentença, quando exarada antes do encerramento da falência, declarará extintas as obrigações do falido.

5.3. Recuperação judicial

A recuperação judicial é uma ação que tem por objetivo a superação da situação de crise econômico-financeira do devedor, a fim de permitir a manutenção da fonte produtora, do emprego dos trabalhadores e dos interesses dos credores, promovendo assim a preservação da empresa, sua função social e o estímulo à atividade econômica.

Atenção

A recuperação judicial da empresa pode ser requerida pelo empresário em crise; pela sociedade empresária em crise; pelo cônjuge sobrevivente; pelos herdeiros; pelo inventariante e pelo sócio remanescente.

Para tanto, os requisitos a serem preenchidos pelo empresário ou sociedade empresária para a utilização da recuperação judicial de empresa objetivando superar a crise que afeta o desenvolvimento de sua atividade econômica, são: exercer atividade regular há mais de 2 (dois) anos; não ser falido e, se o for, estiverem extintas suas responsabilidades; não ter, há menos de cinco anos, obtido concessão de recuperação judicial.

Sendo o devedor microempresário ou empresário de pequeno porte, o prazo também é de 5 (cinco) anos, além de não ter sido condenado, assim como seu administrador ou sócio controlador, por crime falimentar.

Todos os créditos constituídos até o momento do pedido de recuperação judicial, ainda não vencidos ou ilíquidos, estarão sujeitos aos efeitos da recuperação judicial. Podemos considerar que estão excluídos desses efeitos, portanto, os créditos formados após o pedido de recuperação. O art. 49, § 3º, da Lei de Recuperação e Falência traz uma gama de créditos que também não estarão sujeitos aos efeitos da recuperação judicial. É o caso, por exemplo, de proprietário em contrato de venda com reserva de domínio.

O art. 50 da referida lei prevê os meios pelos quais o empresário poderá restaurar a normalidade de sua atividade econômica. Contudo, o rol apresentado na lei é apenas exemplificativo, podendo o empresário, através de outras possibilidades, recuperar sua empresa. São meios de recuperação judicial, por exemplo, a alteração do controle societário, o aumento do capital social e o trespasse ou arrendamento de estabelecimento empresarial.

5.3.1. Processamento

Após a análise do preenchimento dos requisitos dos arts. 48 e 51 da Lei em estudo, o juiz deverá, ao exarar seu despacho deferitório, se for o caso, além de deferir o processamento da recuperação, nomear o administrador judicial, ordenando também a suspensão temporária de todas as ações e execuções pelo prazo improrrogável de 180 (cento e oitenta) dias.

Determinará ao devedor a apresentação de contas demonstrativas mensais enquanto perdurar a recuperação judicial e ordenará a intimação do Ministério Público e a comunicação por carta às Fazendas Públicas Federal e de todos os estados e municípios em que o devedor tiver estabelecimento.

Deferido o processamento da recuperação, o empresário ou a sociedade empresária não poderá mais desistir dela, salvo se obtiver aprovação de sua desistência na assembléia geral de credores.

O empresário ou a sociedade empresária deverá apresentar o plano de recuperação no prazo improrrogável de 60 (sessenta) dias da publicação da decisão que deferir o processamento de recuperação judicial, sob pena de convolação em falência. O plano apresentará a discriminação pormenorizada dos meios de recuperação a serem empregados para superar a crise; demonstração de sua viabilidade econômica; e laudo econômico-financeiro e de avaliação dos bens e ativos do devedor.

O juiz ordenará a publicação de edital contendo aviso aos credores sobre o recebimento do plano de recuperação e fixando o prazo para a manifestação de eventuais objeções.

Apresentando-se objeção por parte de algum credor, o juiz deverá convocar a assembleia geral de credores para que esta delibere sobre o plano de recuperação, aprovando-o, rejeitando-o ou modificando-o. A realização da assembleia não poderá exceder 150 (cento e cinquenta) dias contados do deferimento do processamento da recuperação judicial. Caso o plano seja aprovado, para que o empresário possa executá-lo é necessária ainda a apresentação de certidões negativas de débitos tributários. Se tais certidões não forem apresentadas, o juiz indeferirá desde logo o pedido de recuperação.

Na hipótese de o plano de recuperação de empresa não ter sido aprovado, o juiz decretará a falência do empresário.

O juiz poderá conceder a recuperação judicial com base em plano que não obteve aprovação na assembleia geral de credores, desde que, na mesma assembleia, tenho o plano obtido de forma cumulativa:

a) o voto favorável de credores que representem mais da metade do valor de todos os créditos presentes à assembleia, independentemente de classes;

b) a aprovação de duas das classes de credores pelo quórum qualificado já estudado ou, caso haja somente duas classes com credores votantes, a aprovação de pelo menos uma delas; e

c) na classe que houver rejeitado o plano, tiver obtido o voto favorável de mais de 1/3 dos credores, computados de acordo com as regras já estudadas no tópico referente ao "Quórum de deliberação".

Atenção
Da decisão que concede a recuperação judicial cabe agravo de instrumento, que poderá ser interposto por qualquer credor ou pelo representante do Ministério Público.

O plano de recuperação judicial implica novação dos créditos anteriores ao pedido, e obriga o devedor e todos os credores a ele sujeitos, sem prejuízo das garantias, salvo mediante aprovação expressa do credor titular da respectiva garantia.

5.3.2. Encerramento da recuperação judicial

Cumpridas as obrigações vencidas no prazo da recuperação judicial, o juiz decretará por sentença o encerramento da recuperação judicial. Da sentença que denega o pedido de encerramento da recuperação judicial cabe recurso de agravo, enquanto a sentença que encerra a recuperação enfrenta o recurso de apelação.

5.3.3. Recuperação judicial para microempresas

A Lei Complementar 123/2006 determina que será considerada microempresa aquela que atingir, em cada ano-calendário, receita bruta igual ou inferior a R$ 360.000,00 (trezentos e sessenta mil reais). Considera, ainda, empresa de pequeno porte o empresário ou a pessoa jurídica que aufira, em cada ano-calendário, receita bruta superior a R$ 360.000,01 e igual ou inferior a R$ 3.600.000,00 (três milhões e seiscentos mil reais).

O plano de recuperação judicial de microempresas e empresas de pequeno porte será limitado às seguintes condições:

a) abrangerá exclusivamente os créditos quirografários, ressalvados os créditos que não se submetem à recuperação judicial, já mencionados em nosso estudo;

b) preverá parcelamento em até 36 (trinta e seis) parcelas mensais, iguais e sucessivas, acrescidas de juros equivalentes à taxa Sistema Especial de Liquidação e de Custódia – SELIC, podendo conter ainda a proposta de abatimento do valor das dívidas;

c) preverá o pagamento da primeira parcela no prazo máximo de 180 (cento e oitenta) dias, contado da distribuição do pedido de recuperação judicial; e

d) estabelecerá a necessidade de autorização do juiz, após ouvidos o administrador judicial e o comitê de credores, para o devedor aumentar despesas ou contratar empregados.

O juiz poderá autorizar a recuperação especial sem a convocação de assembleia geral.

5.4. Recuperação extrajudicial

O devedor que preencher os requisitos previstos na Lei de Recuperação e Falência para a recuperação judicial poderá se valer da prerrogativa de não necessitar recorrer ao Judiciário para negociar um plano de recuperação com seus credores. A esse procedimento dá-se o nome de recuperação extrajudicial.

O devedor não poderá requerer a homologação de plano extrajudicial se tiver pendente pedido de recuperação judicial ou se tiver obtido recuperação em qualquer de suas modalidades há menos de 2 (dois) anos. O pedido de homologação do plano de recuperação extrajudicial não acarretará suspensão de direitos, ações ou execuções, nem a impossibilidade do pedido de decretação de falência pelos credores não sujeitos ao plano de recuperação extrajudicial.

O procedimento poderá requerer a homologação em juízo do plano de recuperação extrajudicial, juntando sua justificativa e o documento que contenha seus termos e condições com as assinaturas dos credores que a ele aderiram ou, no caso de plano que obrigue a todos os credores, com as assinaturas de credores que representem mais de 3/5 de todos os créditos de cada espécie por ele abrangidos.

Recebido o pedido de homologação do plano de recuperação extrajudicial, o juiz ordenará a publicação de edital no órgão oficial e em jornal de grande circulação nacional ou das localidades da sede e das filiais do devedor, convocando todos os credores do devedor para apresentação de suas impugnações ao plano de recuperação extrajudicial.

Os credores terão prazo de 30 (trinta) dias, contado da publicação do edital, para impugnar o plano, juntando a prova de seu crédito. Sendo apresentada impugnação, será aberto prazo de 5 (cinco) dias para que o devedor sobre ela se manifeste. Após, os autos serão conclusos imediatamente ao juiz para apreciação de eventuais impugnações, decidindo no prazo de 5 (cinco) dias acerca do plano de recuperação extrajudicial, homologando-o por sentença se entender que não implica prática de atos que visem a lesar seus credores e que não há outras irregularidades que recomendem sua rejeição. Da sentença cabe apelação sem efeito suspensivo.

O plano de recuperação extrajudicial produz efeitos após sua homologação judicial. Contudo, é ilícito que o plano estabeleça a produção de efeitos anteriores à homologação, desde que exclusivamente em relação à modificação do valor ou da forma de pagamento dos credores signatários. Na hipótese de não homologação do plano, o devedor poderá, cumpridas as formalidades, apresentar novo pedido de homologação de plano de recuperação extrajudicial. Tal sentença de homologação do plano de recuperação extrajudicial constituirá título executivo judicial, nos termos do art. 475-N do Código de Processo Civil (vide art. 515 do NCPC).

A recuperação extrajudicial não altera minimamente os direitos de algumas categorias de credores. São sujeitos que não podem renegociar os créditos que detêm perante empresário ou sociedade empresária por meio do expediente da recuperação extrajudicial.

Não serão atingidos pelo plano de recuperação extrajudicial os credores trabalhistas, os credores tributários e os credores titulares de posição de proprietário fiduciário de bens móveis ou imóveis, de arrendador mercantil, de proprietário ou promitente vendedor de imóveis cujos respectivos contratos contenham cláusula de irrevogabilidade ou irretratabilidade, e de proprietário em contrato de venda com reserva de domínio de crédito decorrente de adiantamento de contrato de câmbio para exportação.

6. PROPRIEDADE INDUSTRIAL

A Convenção da União de Paris de 1883 instituiu internacionalmente o sistema de propriedade industrial. Atualmente, em nosso ordenamento jurídico, a Lei 9.279/1996 regula a propriedade industrial, em consonância com nossa Constituição Federal.

Seguem os bens da propriedade industrial:

6.1. Invenção

É a criação original do espírito humano. O requisito para que a invenção possa ter proteção jurídica, além da originalidade, é a novidade e a aplicação industrial. A patente dar-se á no Instituto Nacional da Propriedade Industrial (Inpi) e se faz pelo depósito.

6.2. Modelo de utilidade

É a melhoria introduzida na forma de objetos conhecidos, a fim de aumentar sua utilidade. Não se trata de uma invenção, mas sim de um acréscimo na utilidade. Pode-se dizer que uma novidade parcial é agregada.

A patente é o único instrumento de prova admissível pelo direito para a demonstração de concessão do direito de exploração exclusiva de uma invenção ou modelo de utilidade. Para que a patente possa ser concedida, devem ser observados determinados requisitos: (a) novidade; (b) aplicação industrial; e (c) atividade inventiva.

a) Novidade: é necessário que a criação seja desconhecida pela comunidade. Uma invenção e modelos de utilidade são considerados novos quando não compreendidos no "estado da técnica".

O estado da técnica constitui tudo aquilo que se torna acessível ao público antes da data do depósito de patente. Dessa forma, uma invenção compreendida no estado da técnica significa dizer que já era de domínio público e, portanto, não patenteável.

Se determinada pessoa inventou algo (sempre utilizável na indústria) e se a invenção caiu em domínio público, o inventor não terá mais direito à proteção jurídica de seu invento, pois falta o requisito da novidade.

b) Aplicação industrial: poderá ser patenteada somente a criação suscetível de aproveitamento industrial (por exemplo, invenção de máquina inútil ou que dependa de combustível inexistente para funcionar, não poderá ser privilegiada);

c) Atividade inventiva: a invenção e o modelo de utilidade são dotados de atividade inventiva sempre que, para um técnico no assunto, não decorram, óbvia e evidentemente, do estado da técnica, e, não havendo atividade inventiva, estamos diante de mera descoberta, não patenteável.

A patente confere ao seu titular o direito de impedir que terceiro, sem o seu consentimento, utilize de qualquer forma a invenção ou modelo de utilidade.

Caso o titular de uma patente opte por autorizar terceiros a utilizar sua criação, poderá fazê-lo através de um contrato de licença de exploração, que deverá ser averbado no Instituto Nacional de Propriedade Industrial.

Os direitos de exploração da patente serão compulsoriamente licenciados a terceiros, basicamente quando: (a) o titular exerce os direitos dela decorrentes de forma abusiva ou pratica atos que configurem abuso de poder econômico;e (b) pela não disponibilização da invenção ou do modelo de utilidade diante das necessidades do mercado.

Atenção

A vigência da Patente de Invenção se dá pelo prazo de 20 anos, e do Modelo de Utilidade, 15 anos, a contar da data do depósito no Instituto Nacional da Propriedade Industrial.

A extinção da patente ocorre: (a) pela expiração do prazo de sua vigência; (b) pela renúncia de seu titular: (c) pela caducidade; (d) pelo não pagamento da retribuição anual ao Inpi; e (e) por estrangeiros que deixem de nomear procurador com poderes para receber citação.

6.3. Desenho industrial

O desenho industrial é considerado novo quando não compreendido no estado da técnica. A proteção jurídica concedida ao desenho industrial decorre de registro no Instituto Nacional de Propriedade Industrial. O registro será concedido apenas se o desenho tiver uma aplicação na indústria. As obras de cunho meramente artístico são protegidas pela Lei de Propriedade Intelectual 9.610/1998.

O registro vigorará pelo prazo de dez anos contados a partir da data do depósito, prorrogável por três períodos sucessivos de cinco anos cada. Registre-se que não há caducidade do registro de um desenho industrial.

6.4. Marca

A marca surgiu como indicação de procedência do produto ou artigo. Adquire forma nominativa, figurativa ou mista.

Para que uma marca possa ser registrada, é indispensável o atendimento de três condições: (a) novidade relativa; (b) não colidência com marca notória; e (c) não impedimento.

Quanto à novidade relativa, a expressão linguística ou signo utilizado não precisa ser necessariamente criado pelo empresário; o que deve ser nova é a utilização daquele signo na identificação de produtos industrializados ou comercializados, ou de serviços prestados. O princípio da novidade relativa atende a dois subprincípios: *a) subprincípio da anterioridade*;e *b) subprincípio da especialidade ou especificidade de uma atividade*. O primeiro subprincípio não será relevante se não atendido o segundo. Assim, quando se referir ao mesmo ramo de atividade, privilegia-se aquele que primeiro fez o registro do signo ou expressão linguística. Tratando-se de atividades distintas, pode coexistir o mesmo nome marcário, desde que não se confundam as atividades e que não gere dúvidas para o consumidor.

Quanto a não colidência com marca notória, se alguém pretender apropriar-se de marca que evidentemente não lhe pertence, seu pedido poderá ser indeferido pelo Inpi, mesmo que não exista registro anterior da marca no Brasil.

Essa prática consiste em requerer o registro de marcas ainda não exploradas, mas já utilizadas por outro empresário, responsável pela criação e consolidação da marca no exterior.

Caso esse empresário de marca exterior intencione expandir seus negócios para o mercado brasileiro, encontrando-a já registrada em nome de outra pessoa, em princípio o titular do direito de exclusividade poderá requerer ao Inpi a nulidade do registro anterior, bem como a concessão do direito industrial em seu nome, desde que demonstre a notoriedade de sua marca.

Quanto ao não impedimento, é importante considerar que a lei impede o registro, como marca, de determinados signos.

O impedimento legal obsta o registro do signo como marca, como é o caso da proibição de utilização da bandeira e brasão das Forças Armadas, mas não a sua utilização na identificação de produtos ou serviços.

A proteção da marca se restringe à classe a que pertence, salvo quando o Inpi a declara "marca de alto renome". Nessa hipótese, a proteção é ampliada a todas as classes.

Atenção

O registro da marca estende-se por dez anos, a partir da sua concessão. Ao contrário do prazo da patente, é prorrogável por períodos iguais e sucessivos, devendo o interessado pleitear a prorrogação sempre no último ano de vigência do registro.

A ação de nulidade de marca pode ser proposta pelo Inpi, ou qualquer pessoa com legítimo interesse, nos autos da ação. Segundo o disposto no art. 173 da Lei 9.279/1996, o juiz poderá determinar a suspensão dos efeitos do registro e do uso da marca.

BIBLIOGRAFIA

ALMEIDA, Amador Paes de. *Curso de direito comercial*. São Paulo: Saraiva, 2006.

ALMEIDA, Marcus Elidius Michelli de. Comentários aos artigos 85 a 93 da Lei de Falências. In: LUCCA, Newton de; SIMÃO FILHO, Adalberto (orgs.). *Comentários à Nova Lei de Recuperação de Empresas e de Falências*, v. 1. São Paulo: Quartier Latin, 2005, p. 377-455.

AMARAL DOS SANTOS, Moacyr. *Tratado da prova no cível e comercial*. São Paulo: Max Limonad, 1966.

ASCARELLI, Túlio. *Teoria geral dos títulos de crédito*. Campinas: Red, 1994.

ASSIS, Olney Queiroz Assis.*Direito societário*. São Paulo: Damásio de Jesus, 2004.

_____. *Manual da microempresa: teoria e prática*.São Paulo: Lúmen Juris, 1993.

BERTOLDI, Marcelo; RIBEIRO, Márcia Carla Pereira. *Curso avançado de direito comercial*. São Paulo: RT, 2011.

BEZERRA FILHO, Manoel Justino. *Nova lei de recuperação e falências comentada*. São Paulo: RT, 2005.

BRUSCHI, Gilberto G. *Aspectos processuais da desconsideração da personalidade jurídica*. São Paulo: Saraiva, 2009.

BULGARELLI, Waldirio. *Sociedades comerciais, empresa e estabelecimento*. São Paulo: Atlas, 1996.

CAMPINHO, Sérgio. *O direito de empresa*. Rio de Janeiro: Renovar, 2005.

CANDIDO DA SILVA, Márcio. *Direito civil para concurso de juiz do trabalho*. Bauru: Edipro, 2011.

CARVALHO DE MENDONÇA, José Xavier. *Tratado de direito comercial brasileiro*. Rio de Janeiro: Freitas Bastos, 1933.

CEOLIN, Ana Caroline S. *Abusos na aplicação da teoria da desconsideração da personalidade jurídica*. Belo Horizonte: Del Rey, 2002.

COELHO, Fábio Ulhôa. *A sociedade limitada no Código Civil*. São Paulo: Saraiva, 2003.

_____. *Curso de direito comercial*. São Paulo: Saraiva, 2008.

_____. *Manual de direito comercial*. São Paulo: Saraiva, 2011.

DENSA, Roberta. *Direito do consumidor*. São Paulo: Atlas, 2010.

DINIZ, Maria Helena.*Direito de empresa*.São Paulo:Saraiva, 2010.

DORIA, Dylson. *Curso de direito comercial*. São Paulo: Saraiva, 2000.

ESTRELA, Hernani. *Curso de direito comercial*. Rio de Janeiro: Konfino, 1973.

FAZZIO JUNIOR, Waldo.*Manual de direito comercial*. São Paulo: Atlas, 2011.

_____. *Nova lei de falência e recuperação de empresas*. São Paulo: Atlas, 2006.

FERREIRA, Waldemar. *Instituições de direito comercial*. São Paulo: Saraiva, 1961.

GABRIEL, Sérgio. *Direito empresarial*. São Paulo: Atlas, 2010.

LUCCA, Newton de; SIMÃO FILHO, Adalberto (orgs.). *Comentários à Nova Lei de Recuperação de Empresas e de Falências*. São Paulo: Quartier Latin, 2005.

MAMEDE, Gladston. *Direito empresarial brasileiro*. São Paulo: Atlas, 2011.

MARQUES, José Frederico. *Manual de direito processual civil*. São Paulo: Saraiva, 1986.

MARTINS, Fran. *Curso de direito comercial*. Rio de Janeiro: Forense, 1995.

MELLO FRANCO, Vera Helena de. *Manual de direito comercial*. São Paulo: RT, 2004.

MIGLIARI JUNIOR, Arthur. *Crimes de recuperação de empresas e de falências*. São Paulo: Quartier Latin, 2006.

MONTEIRO DE BARROS, Flávio Augusto. *Manual de direito civil*. São Paulo: Gen Método, 2007.

NEGRÃO, Ricardo. *Manual de direito comercial e de empresa*. São Paulo: Saraiva, 2010.

_____. *Direito empresarial unificado*. São Paulo: Saraiva, 2010.

PAES DE ALMEIDA, Amador. *Curso de falência e recuperação de empresa*. São Paulo: Saraiva, 2006.

_____. *Teoria e prática dos títulos de crédito*. São Paulo: Saraiva, 2009.

_____. *Execução dos bens dos sócios*. São Paulo: Saraiva, 2007.

RAMOS, André Luiz Santa Cruz. Direito empresarial esquematizado. São Paulo: Método, 2010.

REQUIÃO, Rubens. *Curso de direito comercial*. São Paulo: Saraiva, 2007.

RIZZATO NUNES, Luiz Antonio. *Introdução ao estudo do direito*. São Paulo: Saraiva, 2005.

_____. *Comentários ao Código de Defesa do Consumidor*. São Paulo: Saraiva, 2006.

ROQUE, Sebastião José. *Curso de direito empresarial*. São Paulo: Ícone, 2007.

_____. *Direito contratual civil-mercantil*. São Paulo: Ícone, 2003.

_____. *Introdução ao estudo do direito*. São Paulo: Ícone, 2007.

ROSA JR., Luiz Emygdio F. *Títulos de crédito*. Rio de Janeiro: Renovar, 2000.

SANCHEZ, Alessandro. *Prática jurídica empresarial*. São Paulo: Atlas, 2010.

_____. Direito empresarial para concurso de juiz do trabalho. Bauru: Edipro, 2011.

SILVA, Ivan de Oliveira. *Curso de direito do seguro*. São Paulo: Saraiva, 2008.

TAVARES BORBA, P. R. *Propriedade industrial*. Rio de Janeiro: Forense, 2000.

TEIXEIRA, Tarcisio. *Direito empresarial sistematizado*. São Paulo: Saraiva, 2011.

TOMAZETE, Marlon. *Curso de direito empresarial*. São Paulo: Atlas, 2009.

VALVERDE, Trajano de Miranda. *Força probante dos livros mercantis*. Rio de Janeiro: Forense, 1960.

VAMPRÉ, Spencer. *Tratado elementar de direito comercial*. Rio de Janeiro: Briguet, 1922.

14. Direito Processual Civil – Novo CPC

Luiz Dellore

INTRODUÇÃO: SISTEMA PROCESSUAL À LUZ DO NOVO CÓDIGO DE PROCESSO CIVIL (Lei 13.105/2015, com alterações da Lei 13.256/2016)

Em março de 2015 foi publicada a **Lei 13.105/2015**, o **Novo Código de Processo** Civil (NCPC). Ainda que existam muitas repetições em relação ao Código de Processo Civil anterior, de 1973 (CPC/1973), existem diversas novidades, importantes modificações e, sem dúvidas, um bom número de polêmicas.

Este texto de Processo Civil é escrito à luz do NCPC; porém, antes de qualquer decisão judicial a respeito do novo sistema. Cabe destacar que, como em relação a qualquer diploma importante, apenas após a pacificação de alguns temas por parte dos tribunais superiores é que haverá o mínimo de certeza em relação a alguns assuntos. Além disso, vale destacar que, *antes mesmo do fim da vacatio legis*, já houve alteração legislativa alterando o NCPC. Trata-se da **Lei 13.256/2016**, que alterou mais de uma dezena de artigos, especialmente modificando a ordem cronológica e os recursos para tribunais superiores. Este capítulo já é escrito *levando em consideração tais alterações*.

O NCPC muda a estrutura do sistema processual. No CPC/1973 (também comentado neste livro, neste momento de transição) era dividido em 5 livros (conhecimento, execução, cautelar, procedimentos especiais e disposições finais e transitórias). O NCPC é dividido em *Parte Geral e Parte Especial*, além de contar com um *Livro Complementar* (para as disposições transitórias).

A **Parte Geral do NCPC** se aplica a *todos os processos e procedimentos* e regula questões como princípios (Livro I), regras de competência (Livro II), juiz e partes (Livro III), forma do ato processual (Livro IV), tutela provisória (Livro V) e formação, suspensão e extinção do processo (Livro VI). Ela vai dos arts. 1º ao 317. No CPC/1973, tudo isso era basicamente enfrentado no Livro I (Processo de Conhecimento). Assim, se algum **tema estiver regulado na Parte Geral**, pode-se concluir que isso *se aplica não só ao processo de conhecimento, mas também ao processo de execução e aos recursos*. Assim, é possível se afirmar que a **teoria geral do processo** está *regulada na Parte Geral do NCPC*.

A **Parte Especial** é dividida em **três livros**: I – processo de conhecimento e cumprimento de sentença; II – processo de execução e III – processo nos tribunais e meios de impugnação das decisões; ela vai dos arts. 318 ao 1.044. Como se percebe, o **NCPC acaba com o processo cautelar** da forma que ele era previsto no CPC/1973 (Livro III do antigo Código, com as cautelares nominadas e inominadas). *Toda situação de urgência é regulada no Livro V da Parte Geral* (tutela provisória), sendo esse um dos temas mais modificados – e com polêmicas – do NCPC.

No **Livro I da Parte Especial**, o *Título I* regula o **Processo de Conhecimento**, especificamente o *procedimento comum* (não mais se fala em rito ordinário, pois *deixa de existir o rito sumário*). Trata da petição inicial e da defesa do réu, passando pelas provas e audiências chegando até a sentença e a coisa julgada. Vai do art. 319 ao 512. O *Título II* regula o **Cumprimento da Sentença** (ou seja, o adimplemento do título executivo judicial) e a defesa do devedor. Vai do art. 513 ao 538. Por fim, *Título III* regula os **procedimentos especiais** (alguns procedimentos especiais do CPC/1973 são mantidos, outros são excluídos e há inovações). Vai do art. 539 e 770.

O **Livro II da Parte Especial** regula o **Processo de Execução**. É o tema que menos alteração sofreu no NCPC, em relação ao Código anterior – mas, ainda assim, há algumas importantes inovações, como a possibilidade de *penhora de salário*. As regras, que servem tanto para o exequente como para o executado, vão do art. 771 ao 925.

Já o **Livro III da Parte Especial**, o *Título I* regula a tramitação dos **processos nos tribunais**, abordando as atribuições do relator (*deixa de existir a figura do revisor*) e como se dará o julgamento colegiado. O regramento vai do art. 926 ao 993. Por sua vez, o *Título II* trata dos *recursos*, do art. 994 ao 1.044.

Após essas duas partes, há ainda o **Livro Complementar** (fora da Parte Geral ou Especial) trata das *regras de transição*, ou seja, as *disposições finais e transitórias* (revogações e direito intertemporal). O assunto é tratado do art. 1.045 ao 1.072.

Por fim, uma última palavra a respeito da **data da vigência do NCPC**. Existe *divergência na doutrina* que se manifesta a respeito do tema. Existem 3 possíveis datas: 16, 17 ou 18 de março de 2016. O art. 1.045 do NCPC aponta que o Código entra em vigor "após decorrido 1 (um) ano da data de sua publicação oficial". A sanção ocorreu em 16.03.2015, ao passo que a publicação no *D.O.U.* se deu em 17.03.2015. As duas principais correntes consideram de forma diversa a contagem do "ano", apontando como dia da vigência:

(i) **dia 17.03.2016**: publicação em 17.03.2015, 1 ano em 16.03.2016, entrando em vigor "no dia subsequente à sua consumação integral" (LC 95/1998, art. 8º, § 1º), ou seja, 17.03.2016;

(ii) **dia 18.03.2016**: publicação em 17.03.2015, 1 ano em 17.03.2016 (CC, art. 132, § 3º), entrando em vigor "no dia subsequente à sua consumação integral" (LC 95/1998, art. 8º, § 1º), ou seja, 18.03.2016. Esta me parece a contagem mais correta – mas vejamos o que o STJ entende a respeito do assunto.

Feita essa introdução a respeito do NCPC, passa-se à análise do processo civil brasileiro à luz do novo diploma legal.

1. TEORIA GERAL DO PROCESSO CIVIL (PARTE GERAL DO NCPC)

1.1. Lide e Formas de solução da lide

1.1.1. Introdução

O homem vive em sociedade e necessita dos mais diversos bens, que não existem em número suficiente para todos – ou seja, são escassos. Diante disso, há conflitos entre as pessoas que compõem a sociedade para a obtenção de determinados bens. Para tentar regular a vida em sociedade, surgem regras de comportamento (direito positivo).

Porém, a existência de regras não é suficiente para evitar ou eliminar todos os conflitos que podem surgir. Nessas situações, caracteriza-se a *insatisfação* – que é um fator de instabilidade. Ou seja, para se manter a paz social, os *conflitos, litígios ou lides devem ser eliminados.*

1.1.2. Lide

A **lide** é a *pretensão qualificada pela resistência*, conforme clássica definição do autor italiano Carnelutti.

Já que a lide é um fator antissocial, deve ser pacificada. Se os litigantes não observam espontaneamente as regras de comportamento (*normas primárias*), então deverá haver a aplicação de sanções (*normas secundárias*).

1.1.3. Formas de solução da lide

A evolução da solução da lide, ao longo da história, pode ser assim sintetizada:

(i) Autotutela: *imposição da decisão por uma das partes, especialmente pela força.*

(ii) Autocomposição: *um ou ambos os litigantes abrem mão da sua pretensão.*

(iii) Arbitragem facultativa: *os litigantes, espontaneamente, buscam um terceiro de sua confiança para decidir a lide (normalmente o ancião ou líder religioso).*

(iv) Arbitragem obrigatória: *o Estado impõe a obrigação de se solucionar a lide via um árbitro, vedando a autotutela.*

(v) Jurisdição: *poder estatal de aplicar o direito em relação a uma lide.*

(vi) ADRs: da sigla em inglês, *formas alternativas de decisão da lide.*

1.1.4. ADR (alternative dispute resolution – formas alternativas de solução da lide)

Nos últimos anos – e especialmente com o NCPC – há um estímulo no Brasil aos métodos alternativos de solução da lide, dentre os quais se destacam:

a) conciliação: *o conciliador busca o consenso entre os litigantes e tem uma postura propositiva, sugerindo soluções para as partes.* Tem previsão no NCPC.

b) mediação: *o mediador busca o consenso entre os litigantes e tem uma postura de induzir que as próprias partes encontrem a solução.* Após longo período sem regulamentação legal, passou a ser *previsto no NCPC* e, também, *na Lei 13.140/2015* (diploma aprovado após o NCPC, mas com vigência anterior– e que tem *alguns conflitos com o Código*).

c) arbitragem: *as partes estabelecem que a decisão da lide será proferida por um árbitro privado, que conheça a matéria em debate e não por um juiz do Poder Judiciário.* Uma vez que haja a opção pela arbitragem, não é possível a utilização da jurisdição. É prevista pela *Lei 9.307/1996*, que sofreu *importantes reformas com a Lei 13.129/2015.* Não se deve confundir a moderna arbitragem (ADR) com a arbitragem facultativa mencionada no tópico anterior.

Um ponto comum às ADRs é que não há decisão judicial. Uma forma de distinguir as três figuras é a seguinte:

✓ o **mediador** é *terceiro* que busca o acordo entre as partes, *mas sem sugerir a solução* (NCPC, art. 165, § 3º);

✓ o **conciliador** é *terceiro* que busca o acordo entre as partes, *sugerindo a solução* (NCPC, art. 165, § 2º);

✓ o **árbitro** é *terceiro* que irá *decidir a lide.*

Os métodos alternativos de solução da lide têm sido muito estimulados. Nesse sentido, o CNJ editou a Resolução 125, cuja ementa é a seguinte "Dispõe sobre a Política Judiciária Nacional de tratamento adequado dos conflitos de interesses no âmbito do Poder Judiciário e dá outras providências". E, com o NCPC (que prevê uma *audiência de conciliação e mediação praticamente obrigatória*) e a Lei 13.140/2015 e Lei 13.129/2015, o panorama é que haverá ainda mais estímulo a esses métodos de solução, inclusive para desafogar a jurisdição que está absolutamente abarrotada.

1.2. Jurisdição e competência

1.2.1. Conceito de jurisdição: poder estatal de aplicar o direito (decidir) em relação a um caso concreto (lide).

A jurisdição é exercida pelos juízes, que são escolhidos pelo próprio Estado. Apesar de a jurisdição ser una e indivisível, como função estatal, existem algumas classificações.

1.2.2. Divisão da jurisdição conforme a lide debatida (matéria objeto do conflito)

Por questões de conveniência e melhor divisão do trabalho, não é todo juiz do Brasil que irá julgar toda e qualquer causa. Entende-se que é conveniente uma divisão conforme a lide em discussão.

Desta forma, há uma especialização conforme a matéria debatida em juízo. Assim, há diversos ramos da jurisdição. No atual sistema constitucional brasileiro, a divisão existente é a seguinte:

Ordinária (comum)	Federal (CF, art. 109, I)
	Estadual (CF, art. 125)

Extraordinária (especializada)	Eleitoral (CF, art. 118)
	Trabalhista (CF, art. 111)
	Penal Militar (CF, art. 122)

Conforme a lide discutida em juízo, um dos ramos do Poder Judiciário será o competente para apreciar a causa em detrimento dos demais.

A partir da natureza da lide debatida, deve-se analisar se a questão é da competência de uma das três Justiças Especializadas (Eleitoral, Trabalhista ou Penal Militar). Se não for, conclui-se se tratar de causa de competência da Justiça Comum (Federal ou Estadual).

Na Justiça Comum, deve-se analisar se algum ente federal é parte do processo (CF, art. 109, I: União, autarquias ou empresas públicas federais): se for, a competência será da Justiça Federal; se não for, a competência será da Justiça Estadual – que, portanto, é a residual. Mas, ainda assim, é a que tem a maior quantidade de causas e juízes.

1.2.3. Conceito de competência

É a medida, parcela, parte da jurisdição. Ou seja, apesar de todo juiz ser investido na jurisdição, *cada magistrado tem uma parcela, um pedaço da jurisdição*, para julgar determinadas causas. Isto é a competência.

1.2.4. Divisão da competência

Existem diversos critérios para a classificação da competência. Aqui destacamos os mais relevantes.

1.2.4.1. Em relação ao juiz brasileiro ou juiz estrangeiro

Há **competência concorrente** quando o *juiz brasileiro e o juiz de outro país podem tratar da matéria* (NCPC, arts. 21 e 22). Isso ocorre nas seguintes situações:

(i) réu, qualquer que seja a sua nacionalidade, domiciliado no Brasil;

(ii) obrigação tiver de ser cumprida no Brasil;

(iii) o fundamento da demanda seja fato ocorrido ou de ato praticado no Brasil.

(iv) ação de alimentos, se o autor for domiciliado ou residente no Brasil ou se o réu tiver algum vínculo no Brasil (bens, renda ou benefícios econômicos);

(v) ação envolvendo relação de consumo, e o consumidor for domiciliado ou residente no Brasil (compras pela internet se inserem aqui).

(vi) ação em que as partes se submetem à jurisdição nacional (ou seja, quando há o processo no Brasil e não há impugnação pelo réu, *ainda que não se esteja diante de uma das hipóteses anteriores*).

Nestes casos, a decisão estrangeira, para ser executada no Brasil, deve inicialmente passar pelo procedimento de **homologação de decisão estrangeira (NCPC, arts. 960 e ss.)**, procedimento de competência *exclusiva do STJ* (NCPC, art. 960, § 2º e CF, art. 105, I, "i"). Excepcionalmente, a **decisão estrangeira de tutela de urgência**, poderá ser executada no Brasil, via carta rogatória, *pelo próprio juiz competente para cumprir tal medida de urgência, sem a homologação do STJ*, (NCPC, art. 960, § 4º).

Além disso, fala-se em **competência exclusiva** quando *somente o juiz brasileiro pode tratar da matéria* (NCPC, art. 23). Verifica-se nas seguintes hipóteses:

(i) ações relativas a imóveis situados no Brasil;

(ii) ações relativas à sucessão hereditária, para proceder à confirmação de testamento particular e ao inventário e à partilha de bens situados no Brasil, ainda que o autor da herança seja de nacionalidade estrangeira ou tenha domicílio fora do território nacional. Nesses casos, *sempre terá de existir um processo perante um juiz brasileiro*;

(iii) em *divórcio, separação judicial ou dissolução de união estável, para* proceder à *partilha de bens situados no Brasil*, ainda que o titular seja de nacionalidade estrangeira ou tenha domicílio fora do território nacional. Nesses casos, tal qual no anterior, sempre terá de existir um processo perante um juiz brasileiro.

O art. 25 do NCPC inova ao afirmar *não competir à Justiça brasileira* o julgamento da demanda quando houver **cláusula de eleição de foro exclusivo estrangeiro em contrato internacional**, arguida pelo réu na contestação. Tal regra, por certo, *não se aplica nos casos de competência internacional exclusiva.*

Além disso, os arts. 26 e ss. do NCPC tratam da **Cooperação Internacional**. Há diversos novos dispositivos sobre o tema, no sentido do *cumprimento de uma decisão estrangeira do Brasil ou o contrário*. O tema será regido por tratado do qual o Brasil é signatário. Devem ser observadas algumas *premissas, para que uma decisão proferida no exterior possa ser cumprida no Brasil ou vice-versa:*

(i) devido processo legal no Estado requerente;

(ii) igualdade de tratamento entre nacionais e estrangeiros, residentes ou não no Brasil, assegurada a assistência judiciária aos necessitados;

(iii) publicidade, salvo nos casos de segredo de justiça;

(iv) autoridade central, para recepção e transmissão de pedidos de cooperação;

(v) espontaneidade na transmissão de informações a autoridades estrangeiras.

A **autoridade central** é o *órgão administrativo responsável por dar andamento às atribuições referentes à cooperação internacional*. Na ausência de previsão específica, *no Brasil será realizada pelo Ministério da Justiça* (NCPC, art. 26, § 4º).

São três os **instrumentos de cooperação jurídica internacional**: *auxílio direto, carta rogatória e homologação de decisão estrangeira* (esta última já mencionada acima).

O **auxílio direto** é *modalidade simplificada de cooperação internacional*, na qual é desnecessária qualquer análise pelo STJ (NCPC, art. 28). Como exemplo, requerimento de informações a respeito do andamento de processos judiciais no Brasil (NCPC, art. 30, I).

A **carta rogatória** (*exequatur* – possibilidade de cumprimento da ordem estrangeira no Brasil) tramitará perante o STJ e terá natureza de jurisdição contenciosa, de modo que deve observar o princípio do devido processo legal. Contudo, é vedada a revisão do mérito da decisão estrangeira no Brasil (NCPC, art. 36).

1.2.4.2. Tipos e espécies de competência:

A questão é regulada pelo NCPC, arts. 62 e 63.

Os dois *tipos* são a **competência absoluta**, *fundada em interesse público, que não pode ser alterada por vontade das partes*, e a **competência relativa**, *fundada no interesse das partes, e que pode ser alterada se estas assim quiserem.*

Como *espécies da competência absoluta* há:

(i) competência em razão da matéria: *Justiça Federal, Estadual ou Trabalhista? Vara Cível, Criminal ou Família?*
(ii) competência em razão da pessoa: o fato de a *União* **participar do litígio influencia na fixação da competência? (A menção específica à competência em razão da pessoa é inovação do NCPC).**
(iii) competência em razão da função ou **competência hierárquica:** *competência originária em 1º grau (regra) ou em grau superior? (Exceção, como em casos de foro por prerrogativa de função).*

Em relação ao item ii, se houver participação de *ente federal no processo* (União, empresa pública federal, autarquia federal, fundação federal e ainda conselhos de fiscalização profissional, como a OAB), a causa deverá ser julgada pela Justiça Federal – salvo nas exceções constitucionais (CF, art. 109, I, parte final).

Em relação à *discussão entre Justiça Federal e Estadual*, duas súmulas do STJ foram reproduzidas no art. 45 do NCPC: (i) cabe ao juiz federal apreciar se há necessidade de participação do órgão federal (Súmula 150/STJ) e (ii) se o ente federal for excluído, deve o juiz federal devolver o processo ao juiz estadual, e não suscitar conflito de competência (Súmula 224/STJ).

No caso das três espécies de competência absoluta, ainda que haja contrato entre as partes escolhendo que a lide será solucionada por outro órgão judiciário, isso não será aceito pelo juiz (exatamente porque se trata da competência absoluta, em que não há liberdade das partes para alterá-la).

Como espécies da competência relativa há:

✓ **(i) competência territorial**: *São Paulo ou Rio de Janeiro? Belo Horizonte ou Curitiba?*

✓ **(ii) competência em razão do valor**: *Juizado Especial ou Vara tradicional da Justiça Estadual?*

Nestes casos, diferentemente do que se expôs em relação à competência absoluta, é possível se falar em **foro de eleição**: *podem as partes optar, em contrato, por um órgão judiciário situado em comarca distinta daquela prevista em lei como a territorialmente competente.* Exatamente porque esta competência se funda no interesse das partes.

No tocante à **competência em razão do valor** apesar de se tratar de incompetência relativa, no sistema brasileiro atual não há espaço para contrato entre as partes a seu respeito. *A única possibilidade que se tem é a escolha, pelo autor, do JEC ou da vara tradicional da Justiça Estadual. Curioso é apontar que o NCPC, tendo a oportunidade de ter alterado a regulamentação quanto à competência em razão do valor, não o fez.*

Das espécies acima indicadas, as mais debatidas no Exame da OAB são a competência em razão da matéria (que antes do NCPC englobava, também, os debates quanto a competência em razão da pessoa) e a competência territorial.

Conforme o tipo de competência (absoluta ou relativa), há distinções em relação às consequências para o processo. E isso é importante especialmente em relação às **situações de incompetência.** Além disso, importante modificação do NCPC é que, a partir de agora, a **forma de arguir a incompetência** é *sempre a mesma*, seja incompetência absoluta ou relativa.

No quadro a seguir, verificam-se as distinções entre os tipos de competência (absoluta e relativa) em relação a três situações:

Tipo de competência/Distinções	Conhecimento de ofício pelo juiz (ou a parte precisa provocar?)	Forma de arguição pelo réu	Consequências da não arguição
Absoluta	Sim, de ofício (NCPC, art. 64, § 1º)	Preliminar de contestação (NCPC, art. 64)	Pode ser alegada / conhecida a qualquer tempo e grau de jurisdição (NCPC, art. 64, § 1º) Após coisa julgada, cabe rescisória (NCPC, art. 966, II)
Relativa	Não, a parte precisa provocar* (NCPC, art. 65)	Preliminar de contestação (NCPC, art. 64) – novidade do NCPC	Prorrogação da competência (NCPC, art. 65)

Em regra, o juiz deve *conhecer de ofício a incompetência absoluta* e *não pode conhecer de ofício a incompetência relativa* (STJ, Súmula 33: "A incompetência relativa não pode ser declarada de ofício").

Contudo, em relação ao **conhecimento de ofício da incompetência relativa pelo juiz**, há uma **exceção** (NCPC, art. 63, § 3º– por isso o asterisco no quadro acima). Tratando-se de situação em que há *eleição de foro, com cláusula abusiva, poderá o juiz de ofício declarar que a cláusula é ineficaz,* remetendo os autos ao juízo do foro do domicílio do réu. Como exemplo (mas não a única situação*), em relação de consumo, cláusula de eleição de foro em prejuízo do consumidor.*

Como já mencionado, o NCPC unificou a forma de se arguir a incompetência: a parte ré sempre deverá se valer da contestação, alegando essa defesa em preliminar.

Alegada a incompetência, deverá a parte autora se manifestar. Acolhida a incompetência, os autos serão remetidos ao juiz competente; rejeitada a incompetência, os autos permaneceram perante o mesmo juízo. Dessa decisão, pelo NCPC (art. 1.015), *não cabe agravo de instrumento*. Em relação à *incompetência absoluta*, possivelmente (i) a jurisprudência *aceitará o agravo de instrumento* (interpretando o rol do art. 1.015 como exemplificativo) ou (ii) *aceitará o mandado de segurança*. Isso porque é incongruente admitir-se rescisória de decisão referente à incompetência absoluta, mas não agravo.

Ainda em relação à incompetência absoluta, o § 3º do art. 64 do NCPC regula o que ocorre com decisões proferidas por magistrado que posteriormente se dá por incompetente de forma absoluta: (i) em regra, serão *conservados os efeitos da decisão já proferida* pelo juiz, até nova decisão do juiz competente; (ii) excepcionalmente, poderá ser revogada a decisão, *pelo próprio juiz que a prolatou*, ao reconhecer sua incompetência.

No tocante a não arguir a incompetência, é conveniente debater o **conceito de preclusão**: trata-se da *perda de uma faculdade processual pela parte*. Ou seja, a parte poderia ter realizado algum ato processual, mas não o fez – e, assim, perdeu a possibilidade de fazê-lo.

Como a incompetência absoluta pode ser alegada a qualquer tempo e grau de jurisdição, percebe-se que não há a preclusão. E, inclusive, após a formação da coisa julgada, ainda é possível se utilizar a ação rescisória pelo prazo de dois anos contados do trânsito em julgado (NCPC, arts. 966, II e 975, *caput*).

Por outro lado, se a parte não impugnar a incompetência relativa no prazo da contestação (como preliminar), não será possível realizar essa alegação posteriormente. Portanto, percebe-se que a incompetência relativa preclui. Denomina-se **prorrogação da competência** o fenômeno pelo qual *o juiz antes relativamente incompetente passa a ser relativamente competente, diante da ausência de alegação de incompetência territorial*. Somente ocorre a prorrogação no tocante à incompetência relativa.

1.2.5. Critérios para fixação da competência territorial

O CPC e leis extravagantes bem regulam a fixação da competência territorial.

No tocante à competência para o ajuizamento, existem *duas regras gerais e diversas exceções* (NCPC, arts. 48 e 53).

As **regras gerais** são as seguintes:

(i) na hipótese de **direito pessoal** ou **direito real sobre móveis**, a competência para o julgamento da causa será o *foro do domicílio do réu* (NCPC, art. 46).

(ii) tratando-se de **direito real sobre imóveis**, competente para julgar a lide será o *foro do local da coisa* (NCPC, art. 47).

Em relação ao art. 46 do NCPC, existem algumas situações adicionais previstas no dispositivo legal. Se o *réu tiver mais de um domicílio*, "será demandado no foro de qualquer deles"; se tiver *domicílio incerto ou desconhecido*, "será demandado onde for encontrado ou no foro do domicílio do autor"; caso *não tenha domicílio ou residência no Brasil*, a ação "será proposta no foro do domicílio do autor", sendo que *se também o autor residir fora do Brasil*, a ação "será proposta em qualquer foro"; se houver litisconsórcio passivo com *réus com domicílios distintos*, o autor poderá optar por qualquer dos foros; a *execução fiscal* será proposta no foro do domicílio / residência do réu ou no lugar onde for encontrado (NCPC, art. 46, §§ 1º a 5º).

Já em relação ao art. 47 do CPC, apesar de se tratar de competência territorial (e, portanto, em regra passível de modificação pela vontade das partes), o § 1º traz casos em que **não cabe foro de eleição**: "O autor pode optar pelo foro do domicílio do réu ou de eleição, **se o litígio não recair** sobre *direito de propriedade, vizinhança, servidão, divisão e demarcação de terras e nunciação de obra nova*". Por sua vez, o § 2º destaca que a ação possessória imobiliária será proposta no foro da situação da coisa.

Assim, nesses casos, obrigatoriamente a competência será do local do imóvel, *não se admitindo a modificação por vontade das partes*. Trata-se, nesses casos, por opção legislativa, de *competência absoluta*, mesmo que envolva território.

Ademais, como já exposto, *além destas duas regras gerais* (arts. 46 e 47 do NCPC), existem diversas **exceções** tanto no próprio NCPC como em leis extravagantes.

No NCPC, o tema é tratado nos arts. 48 e 53:

✓ no **inventário, partilha, arrecadação, cumprimento de disposições de última vontade ou impugnação de partilha extrajudicial**: foro do *último domicílio do falecido* – mesmo foro competente para todas as ações em que o espólio for réu (NCPC, art. 48);

✓ porém, se o falecido **não possuía domicílio certo**, competente será o *foro da situação dos bens imóveis* (NCPC, art. 48, parágrafo único, I); se existiam bens imóveis em lugares diferentes, o *foro de qualquer desses bens* (NCPC, art. 48, parágrafo único, II); ou, se não houver bens imóveis, *foro de qualquer dos bens do espólio* (NCPC, art. 48, parágrafo único, III);

✓ nas demandas em que o **ausente for réu**: *foro de seu último domicílio* (NCPC, art. 49);

✓ quando o **réu for incapaz**: *foro do domicílio de seu representante ou assistente* (CPC, art. 50);

✓ no momento em que a **União for autora**: seção judiciária (termo para foro na Justiça Federal) do *domicílio do réu* (CF, art. 109, § 1º e NCPC, art. 51);

✓ quando a **União for ré**, há 3 possíveis foros, cuja escolha é do autor (*foros concorrentes*): (a) domicílio do autor, (b) local do ato ou fato que deu origem à demanda ou onde está a coisa objeto do litígio, (c) Distrito Federal (CF, art. 109, § 2º e NCPC, art. 51, parágrafo único).

✓ quanto ao Estado ou DF, aplicam-se as mesmas regras relativas à União – sendo possível o ajuizamento, quando o Estado for réu, não no DF, mas na capital do respectivo Estado (NCPC, art. 52);

✓ no **divórcio (e ações correlatas quanto à vida em comum)**: a) foro do *domicílio do guardião do filho incapaz; b)* se não houver filho incapaz, do último domicílio do incapaz; c) se nenhum morar no último domicílio, no do réu (NCPC, art. 53, I). Assim, **não** existe mais a previsão legal de *foro da mulher*;

✓ na **ação de alimentos**: foro do domicílio de *quem pleiteia alimentos* (NCPC, art. 53, II);

✓ na ação envolvendo **estatuto do idoso** (Lei 10.741/2003), na residência do idoso (NCPC, art. 53, III, *e*);

✓ na ação **indenizatória relativa à serventia notarial ou de registro**, na *sede do próprio cartório extrajudicial* (NCPC, art. 53, III, *f*);

✓ nas ações de **reparação de danos**, no *lugar do ato ou fato* (NCPC, art. 53, IV, *a*);

✓ nas indenizações decorrentes de **acidente de veículo (inclusive aeronave) ou dano decorrente de delito**: foro do *local do fato* ou do *domicílio do autor* (NCPC, art. 53, V);

✓ nas lides envolvendo **relações de consumo**: foro do *domicílio do consumidor* (CDC, art. 101, I);

✓ nas **ações de despejo**, se não houver foro de eleição: foro do *local do imóvel* (Lei 8.245/1991, art. 58, II).

Como se pode perceber, em muitas dessas situações de exceção, o legislador buscou facilitar o acesso à justiça para a parte mais fraca, ou seja, para a parte **hipossuficiente** (salvo em relação ao tabelião ou registro). Assim, inverteu a regra de que é competente o foro do domicílio do réu.

Contudo, vale destacar que, como se está diante de competência territorial (relativa) e como essas exceções servem para facilitar a postulação em juízo para os autores, nada impede que o autor ajuíze a causa no domicílio do réu.

Se a **União ou ente federal intervier**, haverá a *remessa do processo ao juízo federal* – salvo se for recuperação judicial, falência, insolvência, acidente do trabalho, causa de competência da justiça eleitoral ou do trabalho (NCPC, art. 45, I e II).

1.2.6. Exemplos de fixação de Justiça e foro competentes

Para concluir este tópico, vale analisar alguns exemplos de fixação de competência, tanto em relação à competência em razão da matéria e pessoa, como em relação à competência territorial.

a) batida de carro entre particulares, ocorrida em São Paulo, autor domiciliado em Santos e réu domiciliado em Campinas:

Justiça Estadual, foro competente: São Paulo ou Santos (NCPC, art. 53, V);

b) batida de carro entre uma ambulância da Secretaria de Saúde do Estado do Rio de Janeiro e um particular, ocorrida no Rio de Janeiro, autor domiciliado em Niterói:

Justiça Estadual, foro competente: Rio de Janeiro ou Niterói (NCPC, art. 53, V);

c) batida de carro entre uma ambulância do Ministério da Saúde e um particular, ocorrida em Belo Horizonte, autor domiciliado em Betim:

Justiça Federal (CF, art. 109, I), foro competente: Belo Horizonte ou Betim (NCPC, art. 53, V);

d) usucapião de imóvel situado em São José dos Pinhais, possuidor e proprietários particulares, domiciliados em Curitiba:

Justiça Estadual, foro competente: São José dos Pinhais (CPC, art. 47);

e) despejo por falta de pagamento de imóvel situado em Recife, locador domiciliado em Olinda, locatário domiciliado em Recife:

Justiça Estadual, foro competente: Recife (Lei 8.245/1991, art. 58, II – local do imóvel, salvo se houver foro de eleição);

f) reclamação trabalhista de empregado da Caixa Econômica Federal (empresa pública federal), que reside e trabalha em Manaus:

✓ Justiça do Trabalho, foro competente: Manaus. Apesar de a reclamada ser ente federal, a justiça especializada atrai a competência em relação à Justiça Comum (CF, art. 109, I, parte final e NCPC, art. 45, II);

g) ação indenizatória de danos morais de empregado contra sua empregadora. Empregado domiciliado em Vila Velha, empresa sediada em Vitória:

Justiça do Trabalho, foro competente: Vila Velha. Apesar de o dano moral ser um instituto típico do direito civil e não da área trabalhista, a competência é da Justiça do Trabalho (CF, art. 114, VI e NCPC, art. 45, II);

h) acidente do trabalho em que o acidentado pleiteia uma diferença em relação ao que é pago pelo INSS a título de auxílio-acidente. Acidente ocorrido na Comarca de Imbituba/SC, que não tem Justiça Federal (subseção judiciária mais próxima: Florianópolis):

✓ Justiça Estadual, foro competente: Imbituba. Apesar do INSS ser Federal, no acidente do trabalho, por previsão constitucional, considerando o objetivo de facilitar o acesso à justiça do acidentado, a competência é da Justiça Estadual – com recurso julgado pelo TJ (CF, art. 109, I, parte final e NCPC, art. 45, I);

i) acidente do trabalho em que o acidentado pleiteia danos morais afirmando que o acidente somente ocorreu por culpa do seu empregador. Acidente ocorrido em Porto Alegre:

Justiça do Trabalho, foro competente: Porto Alegre. A jurisprudência do STF fixou a competência da Justiça do Trabalho para se pleitear danos decorrentes de acidente do trabalho em face do empregador (CF, art. 114, VI – STF, CC 7204, j. 29.06.2005 e NCPC, art. 45, I).

1.2.7. Alterações da competência após o ajuizamento da demanda

A respeito da modificação da competência o NCPC em grande parte reproduz o que constava do CPC/1973 e da jurisprudência do STJ.

A regra prevista na legislação processual é a ***perpetuatio jurisdictionis***, ou seja, *a competência é fixada no momento do registro ou distribuição da inicial, sendo irrelevantes as posteriores alterações que porventura ocorram* (CPC, art. 43). Contudo, por questões de celeridade e conveniência, algumas vezes é possível que haja a modificação da competência.

Assim, em regra, se o réu mudar de endereço durante o trâmite do processo, não haverá redistribuição da causa.

Porém, o próprio art. 43 do CPC, que prevê a *perpetuatio*, traz *exceções*: haverá a redistribuição se (i) houver supressão do órgão judiciário perante o qual tramitava a causa ou (ii) houver alteração da competência absoluta (matéria, pessoa ou hierarquia/função).

Assim, se uma vara for extinta ou se mudar a competência da vara (de vara cível para vara de família), aí será possível a redistribuição da causa.

Por sua vez, a competência pode ser alterada se houver **conexão** (*duas ou mais demandas que têm a mesma causa de pedir ou o pedido* – NCPC, art. 55) ou **continência** (*duas ou mais demandas em que há identidade de partes e de causa de pedir, mas o pedido de uma é mais amplo que o das demais* – NCPC, art. 56).

A **consequência da conexão** é a *reunião dos processos*, para que haja julgamento conjunto. A finalidade é (i) evitar decisões contraditórias e (ii) prestigiar a economia processual. Porém, **só haverá a reunião** de processos *se ambos estiverem no mesmo grau de jurisdição* (NCPC, art. 55, § 1º – exatamente como previsto na Súmula 235 do STJ).

Inova o NCPC ao trazer *situações concretas e afirmar que nelas há conexão* (**conexão legal** – NCPC, art. 55, § 2º). Somente há 2 hipóteses de conexão legal no Código: (i) execução de título executivo extrajudicial e processo de conhecimento relativo à mesma dívida e (ii) execuções fundadas no mesmo título executivo.

Outra inovação do NCPC é a possibilidade de **reunião de processos semelhantes**, *mesmo que não haja conexão* (NCPC, art. 55, § 3º). Contudo, a regulamentação dessa situação foi muito sucinta, sem maiores explicações de quais os requisitos ou vedações para que isso ocorra. Porém, *não parece ser possível aplicar esse dispositivo às "ações de massa"* (situações que se repetem às centenas ou milhares no país), pois o sistema prevê o incidente de resolução de demandas repetitivas para solucionar esses casos (NCPC, art. 976 e ss.).

Como **consequência da continência** (NCPC, art. 57), pode haver (i) a *reunião dos processos* (pelos motivos já expostos em relação à conexão) ou (ii) a *extinção de um deles* (inovação na legislação). O critério para verificar se deve haver reunião ou extinção consta da legislação: a) se a **ação que tiver o pedido mais amplo** *for ajuizada antes* (ou seja, o pedido continente), a demanda posterior é uma repetição, em grau menor. Sendo assim, haverá a *extinção do segundo processo*; b) se a **ação menos abrangente for anterior**, a ação continente, que trará mais argumentos e pedido mais amplo, não poderá ser extinta, caso em que *haverá a reunião*.

Se a situação de conexão ou continência determinar a *reunião das demandas*, a **prevenção** é que *determinará qual o juízo responsável pelo julgamento de ambas as demandas*, ou seja, o juiz que primeiro tiver tido contato com a lide é que julgará as causas conexas ou continentes. O **critério de prevenção** eleito pelo NCPC é distinto e mais simples que o existente no CPC/1973 (que trazia regras distintas). No novo Código, a *prevenção sempre será apurada pela distribuição ou registro* (NCPC, art. 59)

Utiliza-se o **conflito de competência** se *um ou mais juízes entenderem que são competentes ou incompetentes para julgar a mesma causa* (NCPC, art. 66). O conflito será usado se houver dúvida entre dois ou mais juízes a respeito de quem deverá julgar a causa (por força de conexão, continência, prevenção, acessoriedade).

O conflito pode ser suscitado pelo juiz, MP ou partes (NCPC, art. 951). O conflito pode ser **negativo** (os dois juízes entendem que são *incompetentes* para julgar a causa) ou **positivo** (os dois juízes entendem que são *competentes* para julgar a causa).

O conflito é decidido pelo Tribunal que seja hierarquicamente superior aos dois juízes envolvidos no conflito. Ou seja:

✓ se o conflito for entre o juiz de direito da 1ª Vara Cível do Rio de Janeiro e o juiz de direito da 2ª Vara Cível de Niterói, competente para julgar o conflito será o TJRJ;

✓ se o conflito for entre o juiz da 1ª Vara Federal do Rio de Janeiro e o juiz de direito da 2ª Vara Cível de Niterói, competente para julgar o conflito será o STJ.

1.3. Princípios processuais

Os **princípios** são a *base na qual se assenta qualquer ramo do Direito, permeando toda sua aplicação. Dão ao sistema um aspecto de coerência e ordem.* Assim, os princípios processuais dão coerência e lógica ao sistema processual.

Existem princípios na Constituição e na legislação infraconstitucional. O NCPC, além de trazer novos princípios processuais, optou por *positivar, no âmbito infraconstitucional, diversos princípios que antes eram somente constitucionais.* A repetição de princípios processuais constitucionais no âmbito do NCPC acaba por *impedir que se discuta*, no âmbito do STF, via recurso extraordinário, os princípios processuais civis. Isso porque a jurisprudência do STF é firme ao apontar que não cabe RE para discutir "violação reflexa" à Constituição: se há algum dispositivo violado do ponto de vista infraconstitucional, só existe eventual violação à CF de forma reflexa, e isso não pode ser discutido pela via do RE.

Os artigos iniciais do NCPC tratam dos princípios processuais – sob a nomenclatura de **"normas fundamentais do processo civil"**. A seguir, serão analisados os princípios do processo civil brasileiro – tanto os previstos na CF, quanto os previstos no NCPC (bem como os que estão previstos em ambos os diplomas). Além disso, ao final deste tópico serão analisados dispositivos legais que também estão inseridos no tópico inicial do NCPC, ainda que não sejam tecnicamente princípios.

1.3.1. Princípio do acesso à justiça (inafastabilidade do controle jurisdicional)

O **princípio do acesso à justiça** garante que *o jurisdicionado, diante de uma lide, poderá buscar a solução via jurisdição, sendo indevidas quaisquer limitações à possibilidade de se acionar o Judiciário.* É previsto na CF, art. 5º, XXXV: "a lei não excluirá da apreciação do Poder Judiciário lesão ou ameaça a direito". E também no NCPC, art. 3º: "não se excluirá da apreciação jurisdicional ameaça ou lesão a direito".

Como subprincípio decorrente do acesso à justiça, o NCPC aponta que o "Estado promoverá, sempre que possível, a solução consensual dos conflitos" (art. 3º, § 2º), destacando o forte incentivo à conciliação e à mediação no novo sistema processual (a mediação prevista tanto no NCPC como na Lei 13.140/2015 – sendo que existem algumas incompatibilidades entre os novos diplomas).

Um exemplo de limitação do acesso à justiça seria a dificuldade de a parte pobre arcar com as custas do processo. Para tanto, de modo a garantir o acesso à justiça, há a previsão da assistência jurídica (CF, art. 5º, LXXIV, e art. 98 e ss. do NCPC).

Por fim, destaque-se que houve discussão se a arbitragem (forma de ADR, como já visto) violaria o acesso à justiça, já que veda a possibilidade de discussão da lide perante o Judiciário. Prevalece a posição de que, diante da opção das partes pela arbitragem, não há violação ao princípio (STF, SE 5206 AgR, Tribunal Pleno, j. 12.12.2001, *DJ* 30.04.2004). Para reforçar esse entendimento, o art. 3º, § 1º, do NCPC expressamente aponta que é "permitida a arbitragem, na forma da lei" (Lei 9.307/1996, alterada pela Lei 13.129/2015).

1.3.2. Princípio do devido processo legal

Este é um princípio pelo qual muito dos demais princípios são extraídos. É previsto na CF, art. 5º, LIV: "ninguém será privado da liberdade ou de seus bens sem o devido processo legal". Para o processo civil, é certo que o princípio se refere à perda de bens.

O princípio se aplica a diversas situações (há alta abstração) e indica as condições mínimas para o trâmite do processo.

Pode-se definir o **princípio do devido processo legal** como o *princípio que determina que o Estado-juiz não deve agir de qualquer forma, mas sim de uma forma específica, prevista em lei (regras previamente estabelecidas)*. E, sem essa forma, não é possível à parte perder seus bens em virtude de um processo judicial. Tanto o autor como o réu são beneficiários do princípio.

Mais recentemente, doutrina e jurisprudência têm falado em **devido processo legal formal** (conceito acima exposto) e, também, em **devido processo legal substancial** (ou **material**), o qual *assegura que uma sociedade só será submetida a leis razoáveis* (também denominado princípio da razoabilidade das leis).

1.3.3. Princípio da ampla defesa

O **princípio da ampla defesa** é a *garantia de qualquer réu de ter plenas condições de apresentar seus argumentos de defesa*. Pode ser entendido como o princípio do acesso à justiça sob a perspectiva do réu. É positivado no art. 5º, LV, da CF: "aos litigantes (...) são assegurados o contraditório e ampla defesa, com os meios e recursos a ela inerentes".

O dispositivo constitucional faz menção a "recursos" inerentes à ampla defesa. Não se deve entender o termo em seu sentido técnico processual (ato que busca revisão de uma decisão judicial), mas sim como meios para que a defesa seja plenamente exercitada.

Porém, a ampla defesa não significa que tudo aquilo que o réu pretende alegar ou provar deve ser levado em consideração. O juiz deve analisar a pertinência e a conveniência das provas e das alegações.

1.3.4. Princípio do contraditório

O **princípio do contraditório** pode ser assim definido: *quando uma parte se manifesta, a outra também deve ter a oportunidade de fazê-lo*. É positivado no art. 5º, LV, da CF, reproduzido no tópico acima.

Trata-se de um binômio: "informação e possibilidade de manifestação". O primeiro é indispensável; o segundo é opcional, ou seja, não haverá violação ao princípio se a parte, ciente (informada), não se manifestar.

Além da previsão constitucional, o contraditório é encontrado no NCPC, em dois dispositivos.

O art. 9.º traz a visão clássica de o juiz não decidir sem ouvir a parte contrária, salvo exceções previstas no parágrafo único, como no caso de tutela de urgência.

Assim, em casos de urgência, a concessão de alguma medida pelo juiz antes da manifestação da parte contrária *não importa em violação ao princípio* – desde que, posteriormente, a outra parte seja ouvida. Este seria o pedido de liminar *inaudita altera parte* (sem que se ouça a outra parte). Não é que o contraditório não existe, ele é apenas diferido (adiado) para um momento seguinte, considerando a urgência do caso concreto.

O art. 7º do NCPC preceitua que a igualdade (*vide* item 1.3.6) é uma das formas pelas quais se atinge o efetivo contraditório.

1.3.4.1. Princípio da vedação de decisões surpresa

Inova o NCPC ao trazer, no art. 10, o contraditório sob outro ângulo: da *impossibilidade de o juiz decidir sem que tenha dado às partes oportunidade de se manifestar*. Mesmo que se trate de matéria que possa ser apreciada de ofício. Trata-se da **vedação de "decisões surpresa"**.

Como exemplo, se o juiz for reconhecer a prescrição, ainda que possa fazer isso de ofício, *terá antes de ouvir a parte a respeito desse tema*. Se assim não proceder, haverá uma decisão surpresa, o que é vedado por este dispositivo.

A ideia da vedação de prolação de decisão surpresa é permitir que a parte apresente argumentos para afastar a tese que possivelmente seria acolhida – ou seja, para efetivamente ter a *oportunidade de convencer o magistrado*, antes da prolação da decisão (*visão mais moderna do princípio do contraditório*).

Para alguns autores, isso nada mais é que o princípio do contraditório. Porém, como o próprio NCPC o aponta em dispositivo que não o do contraditório, é importante conhecer as duas facetas do tema.

Por fim, vale destacar que, inegavelmente, a aplicação do princípio faz com que o *processo demore mais* – o que poderia trazer algum conflito com o princípio da razoável duração do processo – *vide* item 1.3.10.

1.3.5. Princípio do juiz natural (princípio da vedação do tribunal de exceção)

O **princípio do juiz natural** preceitua que o *órgão julgador competente para determinada causa deve existir e ser conhecido antes de ocorrido o fato a ser julgado*. É previsto no art. 5º da CF, em dois incisos: "XXXVII – não haverá juízo ou tribunal de exceção" e "LIII – ninguém será processado nem sentenciado senão pela autoridade competente".

Assim, o juiz natural é o juiz competente previsto em lei (Constituição e Códigos) para julgar a lide em abstrato, antes mesmo de sua ocorrência.

O objetivo do princípio é garantir a *imparcialidade* do julgador, a qual é usualmente deixada de lado quando se cria um tribunal *ad hoc* (para determinado ato, após a sua ocorrência).

Não se deve confundir o juiz natural com a identidade física do juiz (princípio processual que existia no CPC/1973 e não mais existe no NCPC).

1.3.6. Princípio da isonomia (princípio da igualdade)

Pelo **princípio da isonomia** *o juiz deve tratar, no âmbito do processo, as partes da mesma forma.* Há previsão na CF, art. 5º, *caput* ("Todos são iguais perante a lei") e no NCPC, art. 7º (o qual prevê que o juiz deve assegurar "às partes paridade de tratamento em relação ao exercício de direitos e faculdades processuais"). A igualdade deve ser observada em todos os aspectos do processo.

Assim, prevê o princípio que o Judiciário deve tratar os litigantes da mesma forma, sem que haja benefícios em prol de um e em detrimento do outro. Como exemplo, os prazos processuais devem ser os mesmos tanto para o autor como para o réu.

Contudo, por vezes a própria legislação cria situações processuais distintas entre os litigantes. E isso se justifica pela necessidade de se equilibrar a posição entre as partes, em virtude de uma prévia desigualdade, ou seja, o princípio da igualdade também significa tratar desigualmente os desiguais – na medida de suas desigualdades (ex.: isenção de custas somente para a parte hipossuficiente).

1.3.7. Princípio da proibição de provas ilícitas

O princípio da **proibição da prova ilícita** deixa claro que "são inadmissíveis, no processo, as provas obtidas por meios ilícitos" (CF, art. 5º, LVI). O valor que se busca proteger é a intimidade das pessoas (também protegida na CF, art. 5º, X).

Se uma prova ilícita for levada ao processo, esta não deverá ser levada em conta pelo magistrado no momento do julgamento.

Derivada uma prova lícita de uma inicialmente ilícita, o entendimento majoritário é de que persiste a nulidade (esta é a denominada **teoria do fruto da árvore envenenada**).

1.3.8. Princípio da publicidade

O **princípio da publicidade** prevê que *os atos processuais e a tramitação do processo devem ser, em regra, públicos.* É previsto no art. 93, IX, da CF: "todos os julgamentos dos órgãos do Poder Judiciário serão públicos (...)". No NCPC, há repetição desse comando no art. 11 e também menção à publicidade no art. 8º.

Porém, não se trata de um princípio absoluto, já que há situações em que o processo pode ser sigiloso. E isso é previsto na própria CF, no art. 5º, LX: "a lei só poderá restringir a publicidade dos atos processuais quando a defesa da intimidade ou o interesse social o exigirem".

Assim, em certos casos – como nas discussões envolvendo direito de família –, tendo em vista a defesa da intimidade, o processo não será público para terceiros, em virtude do **segredo de justiça** (NCPC, arts. 11 e 189).

1.3.9. Princípio da motivação (princípio da fundamentação)

Pelo **princípio da motivação** *toda decisão proferida pelo Poder Judiciário deverá ser fundamentada, explicada, motivada pelo magistrado que a profere.* É positivado na CF, art. 93, IX: "todos os julgamentos dos órgãos do Poder Judiciário serão públicos, e fundamentadas todas as decisões (...)". Tal qual na CF, o NCPC prevê no art. 11 a publicidade e a fundamentação das decisões.

A finalidade é que as partes saibam a razão pela qual seus argumentos foram aceitos ou, principalmente, negados. Inclusive de modo a se ter condições de impugnar a decisão, via recurso. Caso não haja motivação, a decisão será nula.

1.3.10. Princípio da duração razoável do processo (princípios da economia e da celeridade)

O **princípio da duração razoável do processo** foi inserido na Constituição pela EC 45/2004 (Reforma do Judiciário). Nos termos do art. 5º, LXXVIII, "a todos, no âmbito judicial e administrativo, são assegurados a razoável duração do processo e os meios que garantam a celeridade de sua tramitação".

E, no NCPC, está previsto no art. 4º. A inovação no Código é que *há menção específica à satisfação*, o que sinaliza que o princípio não se restringe apenas à fase de conhecimento, mas também ao cumprimento de sentença e execução.

É a expressão positivada dos princípios implícitos da economia processual e da celeridade (parte da doutrina trata estes dois princípios como sinônimos).

Para os que entendem existir diferença, o **princípio da economia processual** busca *um processo econômico não só em relação ao tempo, como também recursos humanos, recursos materiais, custos etc.* Já quando se fala em **princípio da celeridade**, *a ideia é um processo que não tenha uma duração prolongada.*

1.3.11. Princípio do duplo grau de jurisdição

Como não se tem previsão explícita (pois não previsto na CF ou na legislação infraconstitucional), há quem entenda não se tratar de um princípio. Contudo, a posição majoritária é que se trata de um *princípio implícito*, que decorre do devido processo legal e, também, da previsão de recursos e tribunais no sistema processual-constitucional brasileiro.

O **princípio do duplo grau de jurisdição** pode ser definido como a *possibilidade de reexame de uma decisão judicial, por um outro órgão jurisdicional, usualmente superior.*

Contudo, reconhece-se que em algumas hipóteses o princípio pode ser excepcionado. Como exemplos, podem ser apontados os acórdãos proferidos em causas de competência originária do STF (ex.: ADI – Ação Direta de Inconstitucionalidade). A questão é mais complexa no âmbito processual penal, pois há previsão do duplo grau no Pacto de San José da Costa Rica (Convenção Americana sobre Direitos Humanos); porém, não há essa previsão para o processo civil.

1.3.12. Princípio da inércia (princípio dispositivo)

O **princípio da inércia** determina que, *para a atuação do Judiciário visando a solucionar uma lide, há necessidade de manifestação da parte interessada*. Ou seja, o Judiciário fica inerte até que seja provocado pelo autor. O princípio está previsto nos arts. 2º do NCPC e tem por objetivo garantir a imparcialidade do juiz. Mas o mesmo artigo preceitua que, uma vez retirado o Judiciário da inércia, aí o processo tramita por impulso oficial.

Apesar de a *regra* ser o Judiciário inerte, existem algumas *exceções* no sistema, em que a própria legislação afirma que o juiz poderá agir *de ofício* (ou seja, sem provocação da parte). Por exemplo, ao apreciar matérias de ordem pública, como vícios processuais (NCPC, art. 485, § 3º) – porém, reitere-se que, mesmo nesses casos, deverá ser dada à parte a oportunidade de se manifestar, para evitar a prolação de decisão-surpresa (*vide* item 1.3.4.1 acima).

1.3.13. Princípio da congruência (princípio da adstrição do juiz ao pedido ou da correlação)

Como decorrência do princípio dispositivo, há o **princípio da congruência**, o qual aponta que *o juiz apenas pode conceder o que foi pedido pela parte*. É previsto nos arts. 141 e 492 do NCPC.

Se o Judiciário somente pode se movimentar se provocado pela parte (princípio dispositivo), é certo que tal Poder não deve conceder algo além do que foi pleiteado pela parte.

Se o juiz conceder algo fora do que foi pedido, fala-se em decisão *extra petita* (a parte pede dano material e o juiz concede dano moral). Se o juiz conceder algo além do que foi pedido, fala-se em decisão *ultra petita* (a parte pede R$ 10 mil de dano moral e o juiz concede R$ 20 mil de dano moral). Nesses dois casos, há nulidade da decisão.

1.3.14. Princípio do convencimento motivado do juiz (livre convencimento?)

O **princípio do convencimento motivado** regula a avaliação das provas existentes nos autos e está previsto no art. 371 do NCPC. Assim, *o juiz não está vinculado a qualquer prova em específico, mas ao conjunto probatório como um todo – contudo, ao decidir, terá de indicar os motivos que deram base a seu convencimento.*

Ou seja, uma prova não vale mais que a outra. E um exemplo claro disto é que o juiz não está vinculado à conclusão do perito no laudo pericial (NCPC, art. 479). Porém, reitere-se, deverá fundamentar o porquê de não acolher ou acolher determinada prova. Relembre-se que o princípio da motivação (item 1.3.9 acima) já aponta esta necessidade.

No CPC/1973, este princípio era denominado de **livre convencimento motivado**. No NCPC, como se percebe, houve a supressão da palavra "livre". Alguns autores sustentam que essa alteração legislativa *muda a forma de apreciação da prova pelo juiz*; outros afirmam que *não houve qualquer alteração*, pois o juiz sempre terá de apreciar a prova e, com base nas especificidades do caso concreto e sua percepção, julgar (pois o julgador não é uma máquina, mas um ser humano). Independentemente desse debate, o importante é conhecer que houve a alteração legislativa quanto ao princípio.

1.3.15. Princípio da oralidade

O **princípio da oralidade** é aquele que *estimula a realização dos atos processuais por meio verbal; ou seja, mediante a realização de audiências*. Para que se compreenda este princípio, é de se entender que a **finalidade da oralidade** é *aproximar o juiz das partes e das provas*, o que se verificar a partir de alguns *subprincípios*.

No NCPC, houve uma sensível redução da oralidade em relação ao que era previsto no CPC/1973 (exatamente porque, no sistema anterior, a jurisprudência acabou por afastar do cotidiano forense alguns aspectos da oralidade).

Houve, por exemplo, a *supressão do princípio da identidade física do juiz*, que determinava que o juiz que produziu a prova era o juiz que deveria julgar a causa.

Em relação à *audiência*, que no CPC/1973 sempre seria conduzida pelo juiz, será *conduzida por mediador ou conciliador*, quando se tratar do *ato inaugural* (NCPC, art. 334, § 1º). Porém, prevê o NCPC que o juiz poderá determinar o comparecimento das partes em juízo, para "inquiri-las sobre os fatos da causa" (art. 139, VIII), o que demonstra que o NCPC ainda prevê o contato entre juízes e partes e prova (**princípio da imediatidade**).

Assim, não houve a total abolição da oralidade, mas sua mitigação. Além da imediatidade, podemos apontar que permanece no NCPC:

a) princípio da concentração: a *instrução deve ser reduzida a um número mínimo de audiências* **(audiência una – NCPC, art. 365), e a um rápido julgamento após o término da instrução (30 dias, segundo o NCPC, art. 366);**

b) princípio da irrecorribilidade das interlocutórias: na linha do acima exposto, deve-se *evitar que, a cada interlocutória, o processo seja suspenso*. Assim, apenas algumas situações de interlocutórias, devidamente previstas em lei, é que poderão ser impugnadas por agravo de instrumento (NCPC, art. 1.015);

1.3.16. Princípio da boa-fé (lealdade processual)

O processo acarreta sempre a manifestação de ambas as partes (*vide* princípio do contraditório). É certo que a ida ao Judiciário decorre da existência da lide, o que muitas vezes significa um grau acentuado de animosidade entre os litigantes. Contudo, o processo em si não pode ser um local de conflito.

Daí o **princípio da boa-fé**, que *busca evitar uma atuação desleal ou fraudulenta das partes e de seus advogados, no âmbito do processo, prevendo sanções processuais para quem assim atue*. Apesar do foco do princípio ser as partes, aplica-se, também, a todos que atuam no processo (NCPC, art. 5º).

No CPC/1973, não havia menção expressa à boa-fé dentre os princípios. Mas havia indicativo de qual deveria ser a conduta ética das partes no processo, o que se denominava de **princípio da lealdade processual**. Assim, é possível se falar que boa-fé e lealdade, neste contexto, são *sinônimas*.

Como expressão do princípio pode-se destacar a existência da **litigância de má-fé**, *figura processual que prevê multa à parte que agir contra a boa-fé ou deslealmente no processo* (NCPC, arts. 80 e 81).

A parte (autor, réu, terceiro) é considerada litigante de má-fé *quando* (NCPC, art. 80):

✓ I - deduzir pretensão ou defesa contra texto expresso de lei ou fato incontroverso;

✓ II - alterar a verdade dos fatos;

✓ III - usar do processo para conseguir objetivo ilegal;

✓ IV - opuser resistência injustificada ao andamento do processo;

✓ V - proceder de modo temerário em qualquer incidente ou ato do processo;

✓ VI - provocar incidentes manifestamente infundados;

✓ VII - interpuser recurso com intuito manifestamente protelatório.

A condenação em litigância de má-fé importa, conforme art. 81 do NCPC, em:

(i) *multa* entre *1% e 10% do valor corrigido da causa*; se o valor da causa for irrisório ou inestimável, a multa poderá ser de até 10 salários mínimos (NCPC, art. 81, § 2º);

(ii) *indenização* à parte contrária pelos danos sofridos, honorários advocatícios e despesas. Essa indenização será desde logo fixada pelo juiz ou, se não for possível, liquidada por arbitramento, nos próprios autos - *inexistindo limite legal para o seu valor*.

A imposição da pena por litigância de má-fé poderá ser imposta **de ofício ou a requerimento da parte** (NCPC, art. 81), sendo revertida para a parte contrária (NCPC, art. 96).

Se houver litisconsórcio entre os litigantes de má-fé, haverá condenação de forma proporcional ou mesmo de forma solidária, se os litigantes se coligaram para lesar a parte contrária (NCPC, art. 81, § 1º).

Figura *análoga* à litigância de má-fé é o "**ato atentatório à dignidade da Justiça**".

É previsto na parte geral do NCPC, para duas das condutas esperadas das partes (previstas no art. 77, deveres das partes):

✓ cumprir com exatidão as decisões jurisdicionais, de natureza provisória ou final, e não criar embaraços à sua efetivação (inc. IV);

✓ não praticar inovação ilegal no estado de fato de bem ou direito litigioso (inc. VI).

Assim, entendeu o NCPC que essas duas *condutas são mais graves que as demais*. Assim, são qualificadas de ato atentatório à dignidade da justiça (não litigância de má-fé), sendo aplicável *multa de até 20% do valor da causa*, que será *revertida ao Estado* e não à parte contrária (art. 77, §§ 2º e 3º). Não se cumula a multa por ato atentatório com a multa por litigância de má-fé, mas é possível que haja a cumulação com outras multas processuais (art. 77, § 4º).

Além disso, prevê o NCPC o **ato atentatório à dignidade da justiça no processo de execução** (aplicado analogicamente para o cumprimento de sentença), para quando o executado (NCPC, art. 774):

✓ I - frauda a execução;

✓ II - se opõe maliciosamente à execução, empregando ardis e meios artificiosos;

✓ III - dificulta ou embaraça a realização da penhora;

✓ IV - resiste injustificadamente às ordens judiciais;

✓ V - intimado, não indica quais são e onde se encontram os bens sujeitos à penhora e os respectivos valores, nem exibe prova da propriedade.

Se o executado assim proceder, o juiz poderá aplicar **multa** *de até 20% do valor atualizado do débito* objeto da execução, sem prejuízo de outras sanções, sendo que a *multa reverterá em proveito do* **exequente** e será exigível na própria execução (NCPC, art. 774, parágrafo único).

Ou seja, (i) na parte geral há multa por litigância de má-fé e ato atentatório, com valores distintos (até 10% e até 20%, respectivamente), (ii) nada impede que na execução haja multa por má-fé e ato atentatório e (iii) o destinatário da multa por ato atentatório à dignidade da justiça é distinto em relação à parte geral (Estado) ou na execução e cumprimento de sentença (parte contrária).

1.3.17. Princípio da cooperação

O art. 6º do NCPC inova ao prever o **princípio da cooperação**, destacando que *todos os sujeitos do processo devem "cooperar entre si para que se obtenha, em tempo razoável, decisão de mérito justa e efetiva"*. Qual seria efetivamente o significado desse novo princípio?

Não há dúvida de que apresenta alguma correlação com o princípio da boa-fé, acima exposto. Assim, a tendência é que, ao menos no início da vigência do NCPC, é que o princípio da cooperação se aproxime da boa-fé e lealdade processual.

Assim, do ponto de vista das partes, a cooperação poderia ser vista como um limite ao contraditório, no sentido de não se ter um contraditório nocivo, que viole a boa-fé. É certo que cooperar *não pode significar que um advogado tenha de abrir mão da estratégia de atuar em prol de seu cliente.*

Como exemplos, (i) saneamento compartilhado, em que as partes apontam quais são os pontos controvertidos (NCPC, art. 357, § 3º), (ii) dever de exibição de documentos (NCPC, art. 396 e ss.) e (iii) dever de manter endereço (inclusive *e-mail*) atualizado perante o Judiciário (NCPC, art. 246, § 1º).

Do ponto de vista do juiz, o princípio seria o dever de cooperar com a parte, informando e esclarecendo-a antes de proferir alguma decisão.

Como exemplos, (i) a vedação de decisão-surpresa, prevista no art. 10 do NCPC (e já analisada no item 1.3.4.1 acima), (ii) a necessidade de decisão quanto à distribuição do ônus da prova antes da instrução (NCPC, art. 357, III) e (iii) o dever de o magistrado indicar qual ponto da inicial deve ser emendado, não cabendo apenas se falar "emende a inicial" (NCPC, art. 321).

1.3.18. Princípios relacionados às nulidades

É importante que, no processo, haja a observância de formas, de maneira que se garanta segurança aos litigantes (princípio do devido processo legal). Contudo, dúvida não há de que a observância irrestrita das formas engessa o andamento do processo (em violação ao princípio da razoável duração do processo).

Neste contexto é que se inserem os princípios relacionados às nulidades (isso porque a inobservância de forma, a rigor, acarreta a nulidade do ato processual, ou seja, sua repetição).

Merecem destaque os seguintes princípios:

a) princípio da instrumentalidade das formas, pelo qual *ainda que a forma prevista em lei não for observada, o juiz considerará válido o ato se, realizado de outro modo, alcançar-lhe a finalidade* (NCPC, art. 277). Logo, *só haverá nulidade se houver prejuízo* (regra do *pas de nullitè sans grief* – CPC, art. 282, § 1º).

b) princípio da causalidade: *decretada a nulidade de um ato, os que dele decorrerem também devem ser reconhecidos como nulos* (NCPC, art. 281).

c) princípio da conservação: *não há nulidade dos atos posteriores que sejam independentes daquele que foi anteriormente anulado* (NCPC, art. 283).

1.3.19. Princípio da eventualidade

O processo tem por finalidade a solução da lide e deve seguir sempre com essa finalidade. Nesta linha, para evitar demora na tramitação do processo (princípio da razoável duração do processo), fala-se em **preclusão**. Ou seja, em regra, o processo não pode voltar para uma fase anterior.

Assim, o **princípio da eventualidade** aponta que *a parte, no momento em que se manifestar, deverá trazer todos os argumentos e pedidos possíveis, visto que, em regra, não é possível fazê-lo em momento posterior*.

Para ilustrar, vale trazer o exemplo da contestação em que réu deverá apresentar *todos* seus argumentos de defesa, ainda que contraditórios (NCPC, art. 336).

1.3.20. Outros princípios mencionados no início do NCPC

Em um contexto de trazer para o NCPC cláusulas gerais – que permitem ao juiz uma margem de discricionariedade (e, assim, maior liberdade no julgar) – o art. 8º do Código destaca que o juiz, ao decidir deverá observar o ordenamento jurídico (leis), mas observando os *fins sociais* e as *exigências do bem comum*, promovendo a *dignidade da pessoa humana* e observando a *proporcionalidade* e a *razoabilidade*.

Esse mesmo art. 8º do NCPC destaca que o juiz deverá observar os princípios da *legalidade* (CF, art. 5º, II), da *publicidade* (CF, art. 93, IX – já tratado no item 1.3.8 acima) e da *eficiência* (CF, art. 37, *caput*). Ou seja, mais três princípios constitucionais reproduzidos no NCPC – sendo que a publicidade é reforçada no art. 11, em conjunto com o *princípio da motivação* (também presente na CF, art. 93, IX e igualmente já visto no item 1.3.9 supra).

1.3.21. Regra do julgamento cronológico

Finalizando a parte inicial do NCPC (que trata das normas fundamentais, ou seja, a parte principiológica), mas não se tratando tecnicamente de um princípio, há a previsão de **julgamento das demandas em ordem cronológica** (art. 12).

Este é um dos dispositivos alterados durante a *vacatio legis* (Lei 13.256/2016), sendo importante conhecer a modificação.

A redação original era a seguinte: "Os juízes e os tribunais *deverão obedecer* à ordem cronológica de conclusão para proferir sentença ou acórdão.".

Considerando essa previsão, uma vez que a causa fosse à *conclusão para julgamento*, deveria ser *observada essa ordem cronológica de conclusão para prolação das* ***sentenças***: primeiro teria de ser sentenciada a causa mais antiga, para somente depois ser sentenciada a causa mais recente.

Também *nos tribunais* deveria ser observada essa regra, considerando a conclusão para prolação de **acórdão**

Contudo, com a alteração legislativa, a redação do artigo ficou a seguinte: Art. 12. Os juízes e os tribunais *atenderão, preferencialmente*, à ordem cronológica de conclusão para proferir sentença ou acórdão.

Ou seja: de um **comando para o julgador** (*deverão obedecer*) passou-se para uma mera **sugestão ao magistrado** (*atenderão, preferencialmente*). Portanto, não haverá qualquer consequência se a ordem cronológica não for observada.

De qualquer forma, o dispositivo não foi revogado, de modo que que haverá essa **preferência** para o julgamento em ordem cronológica, no tocante às *sentenças e acórdãos*. Mas isso **não se verifica**, por falta de previsão legal, às *decisões interlocutórias* (de 1º grau) e às *decisões monocráticas* de relator (no âmbito dos tribunais).

Pela redação mantida, em cada uma das varas de juízes ou gabinetes de desembargadores ou de ministros, deverá ser elaborada uma **lista com a ordem dos processos** que estão conclusos para decisão final (NCPC, art. 12, § 1º). Essa lista deverá estar *disponível não só na vara ou gabinete, mas também na internet* (e, por certo, demandará considerável tempo dos servidores do cartório para sua elaboração – resta verificar, considerando ser uma preferência e não mais dever, se essa lista realmente será elaborada no cotidiano forense).

Não há *previsão, no NCPC de consequência ou qualquer penalidade caso a ordem cronológica não seja observada* (há previsão de processo disciplinar contra o escrevente se esse servidor não *publicar* as decisões em ordem cronológica – NCPC, art. 153, § 5º; contudo, com a alteração da Lei 13.256/2016, o *caput* desse artigo também destaca, para o servidor, a *preferência*, de modo que também esvaziada a previsão de processo disciplinar). Como se trata de ordem *preferencial*, a rigor não seria possível sequer representação perante a Corregedoria local ou CNJ.

O próprio NCPC traz diversas **exceções à ordem cronológica**: são pelo menos *29 hipóteses, divididas em 9 incisos*. Ou seja, nesses diversos casos, a ordem cronológica não precisará ser observada. Destacamos aqui as principais situações em que isso ocorre (NCPC, art. 12, § 2º):

✓ homologação de acordo,

✓ julgamento de causas massificadas (seja em julgamento de recursos repetitivos ou incidente de resolução de demandas repetitivas),

✓ sentença sem resolução do mérito (art. 485),

✓ decisão monocrática do relator, no âmbito dos tribunais (art. 932),

✓ julgamento de embargos de declaração e agravo interno;

✓ preferências legais, como no caso de idoso;

✓ metas do CNJ;

✓ situações de urgência.

1.4. Partes, procuradores, sucumbência e justiça gratuita, Juiz, Conciliador e Mediador, Ministério Público, Defensoria Pública e Fazenda Pública em juízo

1.4.1. Partes e capacidades

Para que se saiba quem pode figurar como parte no âmbito do Poder Judiciário, é necessário que se conheça as diversas capacidades existentes:

a) capacidade de ser parte: *pode ser parte em um processo judicial quem tem a possibilidade de ser titular de direitos – assim, trata-se de conceito ligado à personalidade jurídica* (CC, art. 1º).

Apesar disso, para resolver questões de ordem prática, a legislação processual por vezes concede capacidade de ser parte a entes despersonalizados. É, por exemplo, o caso do espólio, que é representado pelo inventariante (cf. NCPC, art. 75, V, VI, VII e XI). Uma situação concreta que gerou muita polêmica foi pacificada com a edição da Súmula 525 do STJ: "A Câmara de Vereadores não possui personalidade jurídica, apenas personalidade judiciária, somente podendo demandar em juízo para defender os seus direitos institucionais".

Como se percebe, ou há ou não há capacidade de ser parte, não sendo possível falar em correção dos polos da relação processual no caso de incapacidade de ser parte – o processo será extinto.

b) capacidade processual *(legitimatio ad processum)*: *é a capacidade de figurar no processo judicial por si mesmo, sem o auxílio de outrem.*

Não se deve confundir esta figura com a condição da ação *legitimidade de parte* (*legitimatio ad causam*), adiante enfrentada.

A regra do NCPC (art. 71) é que os absolutamente incapazes (CC, art. 3º) devem ser representados, ao passo que os relativamente incapazes (CC, art. 4º) devem ser assistidos.

Uma criança tem capacidade de ser parte (pode pleitear alimentos, por exemplo), mas não pode figurar, sozinha, no processo. Assim, não tem capacidade processual, devendo estar acompanhada para que haja a supressão de sua incapacidade processual. Diferentemente da incapacidade de ser parte, a incapacidade processual pode ser suprida (NCPC, art. 76).

Por sua vez, há algumas pessoas que, apesar de não serem incapazes à luz da legislação civil, têm restrições em sua capacidade processual. É a hipótese dos *litigantes casados*.

Em regra, não há qualquer distinção entre solteiros e casados. A *exceção* envolve as **ações reais imobiliárias**, *salvo no caso do regime* de separação total de bens (NCPC, art. 73). Neste caso, ou há litisconsórcio ou há autorização do cônjuge para se ingressar em juízo – via outorga uxória (prestada pela esposa ao marido) ou outorga marital (prestada pelo marido à esposa). A inovação do NCPC se refere à expressa *menção à união estável* (art. 73, § 3º) – o que já era admitido pela jurisprudência. A lei prevê a necessidade de participação do companheiro *apenas quando constar dos autos a informação de que existe união estável* – isso de modo a evitar atitudes de má-fé, no sentido de trazer essa informação para os autos após anos de tramitação do processo, de modo a acarretar a nulidade do processo.

O legislador assim previu considerando que a discussão envolvendo direitos reais imobiliários em tese pode influenciar toda a família. É uma visão que dá maior valor ao bem imóvel que se justificava na década de 1970, mas não na segunda década do século XXI (mas não houve alteração no NCPC).

c) capacidade postulatória: *é a capacidade plena de representar as partes em juízo; a capacidade de falar, de postular perante os órgãos do Poder Judiciário*. Em regra, o advogado é o titular da capacidade postulatória (NCPC, art. 103).

Porém, há casos em que a lei concede capacidade postulatória à própria parte – mas isso não impede a postulação por meio de um advogado. As situações são as seguintes:

✓ Juizados Especiais Cíveis, nas causas de até 20 salários mínimos (Lei 9.099/1995, art. 9º) – e, também, Juizado Especial Federal e Juizado da Fazenda Pública Estadual (nesses casos, diante da omissão legislativa, o entendimento majoritário é que não há a limitação de 20 salários, sendo cabível a atuação da parte sem advogado até o teto desses juizados, regulados pela Lei 10.259/2001 e Lei 12.153/2009, respectivamente);

✓ ação de alimentos (Lei 5.478/1968, art. 2º);

✓ *habeas corpus*;

✓ reclamações trabalhistas (CLT, art. 791), cabendo lembrar que essa capacidade, para o TST, não é irrestrita (Súmula 425 do TST: "O *jus postulandi* das partes, estabelecido no art. 791 da CLT, limita-se às Varas do Trabalho e aos Tribunais Regionais do Trabalho, não alcançando a ação rescisória, a ação cautelar, o mandado de segurança e os recursos de competência do Tribunal Superior do Trabalho").

✓ A prova de que houve a outorga de poderes ao advogado se dá pelo contrato de mandato, cujo instrumento é a procuração (*vide* item 1.4.4 abaixo).

✓ Existindo **vício de capacidade que possa ser sanado**, inicialmente o juiz deverá determinar a *correção* da falha (NCPC, art. 76, *caput*). Se não houver a correção da falha, existem *consequências distintas*, conforme o grau de jurisdição e o polo da parte.

✓ Caso o vício não seja sanado e o **processo estiver em 1º grau**, existem *3 possibilidades* (NCPC, art. 76, § 1º): (i) *extinção* do processo *sem resolução de mérito* (art. 485, IV), se o vício tivesse de ser *sanado pelo autor*; (ii) *revelia* (art. 344), se o vício tivesse de ser *sanado pelo réu*; (iii) *exclusão do processo ou revelia*, se o vício tivesse de ser *sanado por terceiro* (terceiro no polo ativo: exclusão do processo; terceiro no polo passivo: revelia).

✓ Caso o vício não seja sanado e o **processo estiver no tribunal** (intermediário ou superior), existem 2 possibilidades (NCPC, art. 76, § 2º): (i) *não conhecimento* do recurso, se o vício tivesse de ser *sanado pelo recorrente*; (ii) *desentranhamento das contrarrazões*, se o vício tivesse de ser *sanado pelo recorrido*. Assim, não mais poderá ser aplicado o entendimento de tribunal superior de impossibilidade de correção de procuração (vício de capacidade postulatória) no âmbito do STJ ou STF.

1.4.2. *Alteração das partes após o ajuizamento da demanda (sucessão processual)*

Em regra, *realizada a citação, descabe a alteração do pedido ou da causa de pedir; consequentemente, impede-se a modificação das partes* (NCPC, art. 329).

Contudo, existem algumas *exceções*. Dá-se o nome **sucessão processual** à *alteração das partes em um processo judicial* (NCPC, art. 108). Não deve ser confundida com a **substituição processual**, que *importa em pleitear direito alheio em nome próprio* (NCPC, art. 18).

Um exemplo de sucessão processual é a hipótese de *falecimento* de uma das partes (NCPC, art. 110) quando – após a suspensão do processo (NCPC, art. 313, I) – o sucessor ingressará nos autos para assumir a posição processual do falecido. Isso ocorrerá mediante um procedimento especialmente denominado *habilitação* (NCPC, art. 687).

Outro exemplo em que pode ocorrer a sucessão é a *alienação de objeto litigioso*. Neste caso, quem adquire o bem poderá ingressar no processo no lugar da parte que alienou o bem – desde que haja consentimento da parte contrária (NCPC, art. 109, § 1º). Se não houver o consentimento, o adquirente poderá intervir no processo como assistente litisconsorcial do alienante (NCPC, art. 109, § 2º).

1.4.3. *Curador especial*

O CPC prevê, para determinados casos, a figura de um **curador especial**. Trata-se de um *advogado nomeado pelo juiz para postular em nome de determinada parte que apresenta uma situação de hipossuficiência*.

Deverá existir a curatela especial nas seguintes situações (NCPC art. 72):

(i) *incapaz sem representante legal* (inova o NCPC ao esclarecer que a curatela durará *enquanto subsistir a incapacidade*);

(ii) ao *réu preso*, que for revel (ou que venha a ser preso durante a fluência do prazo de contestação – STJ, REsp 1.032.722/PR, 4.ª T., j. 28.08.2012, *DJe* 15.10.2012, **Informativo/STJ** 503) e

(iii) ao réu revel citado por edital ou por hora certa (ou seja, *citação ficta*).

Em regra, compete à própria parte buscar o seu advogado. Mas, nesses casos, diante de alguma dificuldade (*situação de hipossuficiência*), o magistrado é quem providencia o patrono (que recebe o nome de curador especial), em observância aos princípios da ampla defesa e do contraditório.

1.4.4. *Mandato*

Como visto acima, a parte usualmente será representada em juízo por um advogado. O *contrato que regula a relação cliente – advogado* é o **mandato**. A **procuração** é o *instrumento do mandato e prova que a parte é representada pelo advogado*.

Em regra, ao apresentar qualquer manifestação, o advogado já junta ao processo a procuração. Contudo, em *situações de urgência*, é possível que o advogado pleiteie alguma providência jurisdicional sem a apresentação da procuração, requerendo prazo para tanto – de 15 dias, prorrogáveis por mais 15 dias (CPC, art. 104).

✓ A **procuração geral para o foro** (procuração com a cláusula *ad judicia*) permite que o advogado realize os principais atos do processo.

✓ Para *situações específicas*, há necessidade de constar da procuração os *poderes especiais*, que são os seguintes – existindo novidades em relação ao CPC/1973 (NCPC, art. 105):

(i) receber citação,
(ii) confessar,
(iii) reconhecer a procedência do pedido,
(iv) transigir,
(v) desistir,
(vi) renunciar ao direito sobre o qual se funda a ação,
(vii) receber,
(viii) dar quitação,
(ix) firmar compromisso e
(x) assinar declaração de hipossuficiência econômica.

Inova o NCPC ao determinar que da procuração conste o *nome, número de inscrição e endereço da sociedade de advogados* – se o advogado fizer parte de alguma, por certo (NCPC, art. 105, § 3º). Além disso, a procuração, salvo previsão em sentido contrário constante do próprio instrumento, é eficaz por toda a tramitação do processo, inclusive o cumprimento de sentença (NCPC, art. 105, § 4º).

1.4.4.1. *Formas de extinção do mandato*

A legislação civil prevê o **término do mandato** nas seguintes hipóteses (CC, art. 682):

(i) renúncia ou revogação;
(ii) morte ou interdição das partes (seja cliente ou advogado);
(iii) mudança de estado que inabilite o mandante a conferir poderes (como uma alteração societária que altere quem, na empresa, possa outorgar mandato) ou o mandatário para exercê-los (perda da capacidade postulatória pelo advogado, que pode ocorrer por força de uma suspensão perante a OAB, dentre outras razões);
(iv) pelo término do prazo ou pela conclusão do negócio.

A **renúncia** é o *ato pelo qual o advogado deixa de representar o cliente*. Pode o advogado "renunciar ao mandato a qualquer tempo, *provando (...) que comunicou a renúncia ao mandante*, a fim de que este nomeie substituto" (NCPC, art. 112). Ou seja, se não houver a comprovação no processo de que houve a ciência ao cliente, a renúncia não será válida. Mas, mesmo que comprovada a ciência da renúncia, *o advogado continuará a representar o mandante nos autos por 10 dias*, de modo a não lhe causar prejuízo (NCPC, art. 112, § 1º). Porém, se houver *mais de um advogado com poderes* e só houver a *renúncia de um* dos advogados, não há necessidade processual de comunicar a renúncia.

Por outro lado, a **revogação** é o *ato pelo qual o cliente desconstitui o advogado da sua função de mandatário*. Do ponto de vista processual, o CPC não traz a necessidade de o cliente (mandante) comprovar que deu ciência ao advogado (mandatário) da revogação. Pela lei processual, a parte que revoga o mandato deve, no mesmo ato, constituir novo advogado (NCPC, art. 111). Contudo, à luz da ética profissional, o novo mandatário deve dar ciência ao anterior de que está assumindo a causa.

Havendo **morte do advogado**, sua **interdição** ou a **perda de sua capacidade postulatória**, é fácil concluir que haverá um defeito de representação, já que o cliente não terá quem o represente dotado de capacidade postulatória. Nesse caso, *o processo será suspenso* (CPC, art. 313, I) e o juiz concederá *prazo de 15 dias para que seja nomeado novo advogado* pelo cliente, sob pena de extinção (se a morte envolver o patrono do autor) ou revelia (se em relação ao advogado do réu). É o que prevê o NCPC, art. 313, § 3º.

Por fim, caso não se verifique qualquer uma das hipóteses acima indicadas, com término do processo (trânsito em julgado e arquivamento), também há a extinção do mandato.

1.4.5. Sucumbência e honorários sucumbenciais

O **ônus da sucumbência** é *a condenação ao pagamento das despesas (custas processuais, honorários periciais e outras) e honorários advocatícios, pela parte vencida*. Tem previsão no NCPC, art. 85, ou seja, os honorários estão incluídos no ônus da sucumbência.

Ainda que o advogado atue em causa própria e seja o vencedor, há a condenação na sucumbência.

O NCPC traz diversas inovações quanto aos honorários (o art. 85 é o que mais tem parágrafo no NCPC, são 19).

✓ São devidos honorários *não só na ação principal*, mas também (NCPC, art. 85, § 1º):

✓ na reconvenção;

✓ no cumprimento de sentença, provisório ou definitivo;

✓ na execução, resistida ou não, e

✓ nos recursos, cumulativamente ao fixado em 1º grau.

✓ Os honorários serão *fixados*, em 1º grau, entre *10% e 20%*. A **base de cálculo** será (i) o valor da *condenação* ou – inovação – (ii) do *proveito econômico* ou (iii) do *valor atualizado da causa* (art. 85, § 2º). Esse critério se aplica mesmo ao caso de improcedência de pedido. Se o *valor da causa for muito baixo* ou o *proveito econômico irrisório*, o juiz fixará os honorários de *forma equitativa* (NCPC, art. 85, § 8º) – ou seja, fixará os honorários em quantia superior, considerando as especificidades do caso concreto.

✓ Nas causas em que a **Fazenda Pública for parte**, a fixação dos honorários observará critérios legais e percentuais de modo escalonado, entre 10%/20% até 1%/3%. Quanto maior a base de cálculo, menor o percentual. Por exemplo:

(i) mínimo de 10% e máximo de 20% sobre o valor da condenação/proveito econômico obtido até 200 salários mínimos;

(ii) mínimo de 8% e máximo de 10% sobre o valor da condenação/proveito econômico obtido entre 200 e 2.000 salários (art. 85, § 3º) – e assim sucessivamente.

✓ Importante novidade é a **fixação de honorários em grau recursal**. O tribunal, ao julgar o recurso, *majorará os honorários fixados anteriormente*, levando em conta o trabalho adicional realizado em grau recursal. Assim, se em primeiro grau foi fixado o montante de 10% da condenação a título de honorários, o tribunal poderá fixar mais 5% quando do julgamento do recurso. Contudo, será *vedado*, no cômputo geral da fixação de honorários devidos ao advogado do vencedor, *ultrapassar os limites estabelecidos para a fase de conhecimento*, ou seja, o teto de 20%, quando esse for o critério a ser aplicado (art. 85, § 11).

✓ Os honorários fixados em grau recursal são *cumuláveis* com multas e outras sanções processuais (§ 12).

✓ O NCPC reafirma que os *honorários constituem direito do advogado* e têm *natureza alimentar*, sendo titulares dos mesmos privilégios de créditos oriundos da legislação trabalhista (art. 85, § 14).

✓ O § 14 do art. 85 do NCPC, inovando, *veda a compensação dos honorários* advocatícios em caso de *sucumbência parcial*, promovendo a superação da Súmula 306 do STJ ("Os honorários advocatícios devem ser compensados quando houver sucumbência recíproca, assegurado o direito autônomo do advogado à execução do saldo sem excluir a legitimidade da própria parte").

✓ Se a decisão transitada em julgado for *omissa quanto ao direito aos honorários* ou seu valor, será cabível *ação autônoma* para sua definição e cobrança (art. 85, § 18); a previsão gera a *superação da parte final da Súmula 453 do STJ* ("Os honorários sucumbenciais, quando omitidos em decisão transitada em julgado, não podem ser cobrados em execução ou em ação própria").

✓ **Advogados públicos** *perceberão honorários sucumbenciais nos termos da lei* (art. 85, § 19). Assim, salvo regras específicas de determinadas carreiras da advocacia pública (que já recebem honorários de sucumbência), *enquanto não houver edição de lei específica, não haverá o pagamento dos honorários*.

✓ No caso de **sucumbência mínima**, a responsabilidade pela sucumbência será na íntegra do outro litigante (art. 86, parágrafo único).

✓ Se houver **litisconsórcio**, haverá o *pagamento dos honorários pelos vencidos*, devendo a sentença distribuir expressamente quanto cada parte arcará. Contudo, se a *sentença for omissa* – e não houver embargos de declaração quanto ao ponto – então haverá *solidariedade entre todos os vencidos*. Trata-se de interessante inovação prevista no § 2º do art. 87.

✓ No caso de **transação**, se não houver previsão de *quem arca* com as despesas, estas serão *divididas igualmente* (art. 90, § 2º). Se a transação ocorrer antes da sentença, haverá dispensa do pagamento de eventuais custas remanescentes (art. 90, § 3º).

✓ Se o réu **reconhecer a procedência do pedido** e, ao mesmo tempo, **cumprir a obrigação** que reconheceu, haverá redução dos honorários pela metade. Trata-se de mais uma situação envolvendo desconto nos honorários sucumbenciais para estimular o cumprimento da obrigação (e esta novidade do NCPC – art. 90, § 4º).

1.4.6. Justiça Gratuita

✓ No sistema anterior, a questão relativa à justiça gratuita era tratada fora do CPC, na Lei 1.060/1950. No NCPC, o assunto passa a ser regulado no próprio Código.

✓ O assunto e regulado dos arts. 98 ao 102 do NCPC. Apesar disso, não houve a total revogação da Lei 1.060/1950 (*vide* art. 1.072, III, do NCPC).

✓ O NCPC regula a **concessão e revogação da gratuidade de justiça**, que é a *isenção de custas e despesas, para os que têm insuficiência de recursos*.

✓ Distingue-se a justiça gratuita da **assistência judiciária gratuita** (que é a *prestação de serviços jurídicos no Judiciário* – ou seja, a indicação do advogado, principalmente a cargo da Defensoria Pública - *vide* item 1.4.10 abaixo) da **assistência jurídica** (que é a *prestação completa de serviços jurídicos ao necessitado* – não só a prestação jurisdicional, mas também esclarecimento de eventuais dúvidas; *vide* CF, art. 5º, LXXIV).

✓ Nada impede que uma parte que contrata *advogado particular* pleiteie e receba a gratuidade de justiça (NCPC, art. 99, § 3º).

✓ O NCPC afirma que a gratuidade de justiça *engloba não só as taxas e custas*, mas também (i) honorários do *perito*, (ii) exame de DNA e *outros exames* necessários no caso concreto, (iii) depósito para *interposição de recurso ou propositura de ação rescisória* e (iv) valores devidos a *cartórios extrajudiciais* em decorrência de registros ou averbações necessários à efetivação da decisão judicial (art. 98, § 1º).

✓ Contudo, *não estão incluídas* na gratuidade eventuais multas processuais impostas ao beneficiário da justiça gratuita (art. 98, § 4º).

✓ Se o beneficiário da justiça gratuita **não tiver êxito na causa** (seja figurando do lado ativo ou passivo da demanda), *deverá ser condenado a arcar com os honorários advocatícios da parte contrária* (art. 98, § 2º). Mas somente será possível executar os honorários se, no *prazo de 5 anos*, o credor demonstrar que o beneficiário está com *condições financeiras* aptas a responder pelo débito (art. 98, § 3º).

✓ A gratuidade de justiça é **direito da parte**, seja *pessoa física ou jurídica* (art. 98). Porém, *só a pessoa física tem presunção* na afirmação da hipossuficiência econômica (art. 99, § 3º), devendo a pessoa jurídica provar sua situação econômica (exatamente como previsto na Súmula 481 do STJ, editada à luz do CPC/1973: "Faz jus ao benefício da justiça gratuita a pessoa jurídica com ou sem fins lucrativos que demonstrar sua impossibilidade de arcar com os encargos processuais)".

✓ A justiça gratuita pode ser **requerida a qualquer momento** (NCPC, art. 99): (i) na petição inicial; (ii) na contestação; (iii) na petição de ingresso de terceiro e (iv) no recurso. Ou seja, cabe pleitear a gratuidade em qualquer momento do processo – mesmo durante a tramitação da causa em primeiro grau, após a inicial e antes do recurso.

✓ Se o requerimento de gratuidade for formulado *quando da interposição do recurso*, o recorrente *não terá de recolher o preparo* – não sendo possível se falar em deserção até eventual decisão do relator que indeferir e determinar o recolhimento das custas (NCPC, art. 99, § 7º).

✓ Quanto ao **critério para a concessão da gratuidade**, a lei não traz critérios objetivos, tratando-se de decisão que ficará a cargo do magistrado, conforme o caso concreto. O NCPC apenas traz o *direito à gratuidade no caso de "insuficiência de recursos para pagar as custas, despesas processuais e honorários advocatícios"* (NCPC, art. 98).

✓ *Não é possível ao juiz indeferir de plano a gratuidade* (NCPC, art. 99, § 2º). Se o magistrado não estiver convencido da presença dos requisitos, deverá determinar que a parte *comprove sua situação* de hipossuficiência econômica.

✓ Inova o NCPC ao prever a concessão de **justiça gratuita parcial**, que pode se configurar de duas formas distintas: (i) reconhecimento da *gratuidade para alguns dos atos do processo* ou apenas a *redução de parte das despesas* (NCPC, art. 98, § 5º) e (ii) *parcelamento de despesas*, "se for o caso" (NCPC art. 98, § 6º). O Código, porém, não traz qualquer *critério* para a aplicação dessas duas novas figuras.

✓ Concedida a gratuidade, pode a parte contrária **impugnar a concessão da justiça gratuita**. Inicialmente, haverá a discussão do tema *perante o próprio juiz que concedeu o benefício* (e não por recurso), *nos próprios autos* (e não mais em apartado, como no CPC/1973). Assim, deferido o pedido, a parte contrária *poderá oferecer impugnação na contestação, na réplica, nas contrarrazões* de recurso ou, nos casos de pedido superveniente ou formulado por terceiro, por meio de *petição simples*, a ser apresentada no prazo de 15 dias (NCPC, art. 100).

✓ Da decisão que *aprecia a impugnação*, cabe **recurso** (NCPC, art. 101). Assim: (i) se o juiz *indeferir a gratuidade* pleiteada por qualquer das partes, o recurso cabível será o *agravo de instrumento*; (ii) se a *impugnação* à justiça gratuita *for acolhida*, o recurso cabível será o *agravo de instrumento*; (iii) se o magistrado decidir quanto à gratuidade (para deferi-la ou não, seja relacionada à impugnação ou não) *na própria sentença*, o recurso cabível será a *apelação*.

✓ *Transitada em julgado a decisão que revogou a gratuidade*, a parte que teve o benefício cassado deverá *recolher todas as despesas do processo*, em prazo fixado pelo juiz (NCPC, art. 102). *Caso não haja o recolhimento*, se o ex-beneficiário for o *autor*, o processo será *extinto*; se for o *réu*, não haverá o deferimento de qualquer ato requerido por essa parte até que haja o pagamento (NCPC, art. 102, parágrafo único) – dispositivo de duvidosa constitucionalidade.

1.4.7. Juiz (poderes, impedimento e suspeição)

O NCPC, em relação aos **poderes do juiz**, em parte repete o CPC/1973 (ao destacar que o juiz deve assegurar *igualdade de tratamento às partes*, velar pela *duração razoável do processo*, reprimir *ato contrário à dignidade da justiça* e tentar a *autocomposição entre as partes*). Mas existem algumas novidades, com destaque para as seguintes (NCPC, art. 139):

(i) possibilidade de (a) *dilação dos prazos processuais* e (b) *alteração da ordem de produção das provas*, considerando o caso concreto (a dilação de prazos só pode ser determinada antes de encerrado o prazo regular);

(ii) possibilidade de determinar *medidas coercitivas* para assegurar o cumprimento de *ordem judicial*, inclusive nas ações que tenham por objeto *prestação pecuniária* (ou seja: é possível se cogitar de multa-diária para uma obrigação de pagar);

(iii) possibilidade de o juiz determinar o *suprimento de pressupostos processuais* e o *saneamento de outros vícios processuais*;

(iv) quando *diante de diversas demandas individuais repetitivas*, pode o juiz oficiar o MP, a Defensoria Pública e outros legitimados *para que se promova a ação coletiva*.

Como não poderia deixar de ser, busca o NCPC que o magistrado seja imparcial – bem como seus auxiliares, pois não só o magistrado pode ser parcial, mas outros partícipes do processo (NCPC, art. 148). Assim, seguem existindo as figuras do **impedimento e suspeição**.

São hipóteses de *impedimento* do juiz (NCPC, art. 144):

I – atuar em processo que antes *interveio como mandatário da parte, perito, MP* ou prestou depoimento como testemunha;

II – atuar em processo em *outro grau de jurisdição*, se *antes proferiu decisão*;

III – atuar em processo no qual *estiver postulando* (como defensor, advogado ou MP) *cônjuge, companheiro ou parente até o terceiro grau*;

IV – atuar em processo quando *ele próprio, cônjuge ou companheiro, ou parente (consanguíneo ou afim) até o terceiro grau for parte*;

V – atuar em processo quando for *sócio ou membro da direção de pessoa jurídica que for parte no processo*;

VI – atuar em processo quando for herdeiro presuntivo, donatário ou empregador de qualquer das partes;

VII – atuar em processo que for *parte instituição de ensino com a qual tenha relação de emprego ou decorrente de contrato de prestação de serviços;*

VIII – polêmica inovação, quando for parte *cliente do escritório de advocacia de seu cônjuge, companheiro ou parente, consanguíneo ou afim, em linha reta ou colateral, até o terceiro grau inclusive*, mesmo que patrocinado por advogado de outro escritório;

IX – quando o magistrado for autor de demanda contra a parte ou seu advogado.

São hipóteses de *suspeição* do juiz (NCPC, art. 145):

I – o magistrado que for *amigo íntimo ou inimigo* das *partes ou de seus advogados;*

II – o magistrado que *receber presentes* de pessoas que tiverem interesse na causa, que *aconselhar alguma das partes* acerca do objeto da causa ou que *subministrar meios para atender às despesas do litígio;*

III – quando *qualquer das partes for sua credora ou devedora*, de seu cônjuge ou companheiro ou de parentes destes, em linha reta até o terceiro grau, inclusive;

IV – se for *interessado no julgamento* do processo em favor de qualquer das partes.

Cabe, ainda, a suspeição por *motivo de foro íntimo* (NCPC, art. 145, § 1º).

Quanto à **forma** de se apontar a parcialidade do juiz e de seus auxiliares, **não existe mais exceção de impedimento e suspeição** (prevista no CPC/1973). No NCPC, no prazo de 15 dias a partir do conhecimento do fato, *a parte deve alegar o impedimento ou a suspeição, em petição específica dirigida ao juiz do processo.* Nessa peça, será indicado o fundamento da recusa quanto ao magistrado e poderá haver juntada de documentos e indicação de testemunhas (NCPC, art. 146).

Se o juiz não se declarar impedido ou suspeito, o incidente será encaminhado ao tribunal, e haverá o sorteio de um relator, que poderá conceder efeito suspensivo ou não (NCPC, art. 146, § 2º).

1.4.8. Conciliador e Mediador

Considerando o grande estímulo que o NCPC dá às formas alternativas de solução dos conflitos (ADR, especialmente conciliação e mediação), é certo que a figura do conciliador e mediador ganha força no Código. Assim, inova o NCPC ao trazer uma seção específica para esses profissionais (arts. 165 a 175).

✓ **Conciliadores e mediadores** são *profissionais alheios ao conflito, cuja intervenção imparcial busca permitir que as partes cheguem ao consenso.* Como já exposto no item 1.1.4, o **mediador** é *terceiro* que busca o acordo entre as partes, *mas sem sugerir a solução, atuando preferencialmente nos casos em que houver vínculo anterior entre as partes, como no direito de família* (NCPC, art. 165, § 3º), ao passo que o **conciliador** é *terceiro* que busca o acordo entre as partes, *sugerindo a solução,* atuando preferencialmente nos caos em que *não houver vínculo anterior entre as partes*, como em acidentes de veículos (NCPC, art. 165, § 2º).

Considerando as especificidades de cada situação, a mediação pode ser desenvolvida *em mais de uma sessão,* ao passo que a conciliação, em regra, se realiza com *uma reunião.* Contudo, não há vedação para que haja mais de uma audiência para a conciliação.

A mediação não era regulada no CPC/1973 (que só tratava da conciliação), mas é prevista no NCPC e, também, na Lei 13.140/2015 (que é posterior ao NCPC, mas cuja *vacatio* é menor). Apesar de existirem *pontos comuns*, há *distinções entre as duas leis*, o que já é objeto de polêmica.

Prevê a legislação a criação dos **centros judiciários de solução consensual de conflitos**, ou "Cejuscs" (NCPC, art. 165, Lei 13.140/2015, art. 24 e Resolução CNJ 125/2010, art. 8º). Esses centros serão "responsáveis pela *realização de sessões e audiências de conciliação e mediação e pelo desenvolvimento de programas* destinados a auxiliar, orientar e *estimular a autocomposição*" (NCPC, art. 165).

A composição e a organização dos centros serão definidas em cada tribunal, observando-se as normas do CNJ (NCPC, art. 165, § 1º; Lei 11.340/2015, art. 24, parágrafo único). Assim, há espaço para se reconhecer as especificidades de cada local.

São **princípios da mediação e da conciliação** a *independência*, a *imparcialidade*, a *autonomia da vontade*, a *confidencialidade*, a *oralidade*, a *informalidade* e a *decisão informada* (NCPC, art. 166). Por sua vez, a Lei 13.140/2015, a mediação será orientada pelos seguintes princípios (art. 2º): I – *imparcialidade* do mediador; II – *isonomia* entre as partes; III – *oralidade*; IV – *informalidade*; V – *autonomia da vontade* das partes; VI – *busca do consenso*; VII – *confidencialidade*; VIII – *boa-fé*. A seguir, são analisados os princípios mais relevantes.

Pelo **princípio da independência**, os *conciliadores e mediadores devem atuar de forma autônoma*, sem subordinação, vinculação ou influência de pessoas ou órgãos. Pode o mediador ou conciliador recusar, suspender ou interromper a sessão se ausentes as condições necessárias para seu bom desenvolvimento (Resolução CNJ 125/2010, anexo III, art. 1º, V).

A **imparcialidade**, tal qual em relação ao juiz, representa a *ausência de comprometimento de qualquer ordem em relação aos envolvidos no conflito* Na Resolução CNJ 125/2010, imparcialidade é o dever de agir com ausência de favoritismo, preferência ou preconceito, assegurando que valores e conceitos pessoais não interfiram no resultado do trabalho – jamais sendo possível aceitar qualquer espécie de favor ou presente (Resolução CNJ 125/2010, anexo III, art. 1º, IV).

A **autonomia da vontade** é a *intenção manifestada por pessoa capaz, com liberdade*. A Resolução 125/2010 do CNJ reconhece ser a autonomia da vontade o dever de respeitar os diferentes pontos de vista dos envolvidos, assegurando-lhes que cheguem a uma decisão voluntária e não coercitiva com liberdade para tomar as próprias decisões (Anexo III, art. 2º, II).

Pelo **princípio da decisão informada**, a parte deve ser *plenamente informada quanto aos seus direitos em relação à sessão consensual* (Resolução 125/2010 do CNJ, anexo III, art. 1º, II). Porém, que mediadores e conciliadores *não devem atuar como advogados de qualquer das partes*, por força da imparcialidade acima exposta.

A **confidencialidade** é fundamental para que as *partes possam negociar com tranquilidade e transparência*, contando com a *garantia de que o que disserem não será usado contra eles posteriormente*. Assim, se infrutífera a conciliação ou mediação, a *proposta formulada na audiência não deverá constar no termo* – salvo se houver acordo entre as partes (NCPC, art. 166, § 1º). Caso haja violação da confidencialidade, *essa prova deverá ser considerada ilícita*.

Ainda que a doutrina aponte qual seria o caminho para as sessões consensuais, há *flexibilidade no procedimento*, inclusive considerando a **informalidade** dos métodos alternativos (NCPC, art. 166, § 4º). Como exemplo, a possibilidade de o mediador se reunir com as partes, *em conjunto ou separadamente* (Lei 13.140/2015, art. 19).

O NCPC prevê a necessidade de **duplo cadastramento**, ou seja, o *profissional* (pessoa física) ou *câmaras privadas de conciliação e mediação* (pessoa jurídica) deverão se inscrever em *cadastro nacional* e, também em *cadastro perante o TJ ou TRF* que atuarão (NCPC, art. 167).

Quanto à **capacitação mínima**, o conciliador ou mediador deverá realizar um "*curso realizado por entidade credenciada*, conforme parâmetro curricular definido pelo CNJ em conjunto com o Ministério da Justiça" (NCPC, art. 167, § 1º). Em relação ao mediador, a lei própria exige que o profissional seja *pessoa capaz graduada há pelo menos dois anos em curso de ensino superior* de instituição reconhecida pelo Ministério da Educação (Lei 11.340/2015, art. 11).

Além disso, a lei permite que haja **concurso público para mediadores e conciliadores judiciais**. Escolhido o profissional, o tribunal remeterá ao diretor do foro os dados necessários para que seu nome passe a *constar da respectiva lista a ser observada na distribuição alternada e aleatória*, respeitado o princípio da igualdade dentro da mesma área de atuação profissional (NCPC, art. 167, § 2º). A Lei de Mediação **não se refere a concurso**, mas o cadastramento de mediadores pelos tribunais e o custeio das despesas pelas partes (Lei 13.140/2015, arts. 12 e 13)

No cadastro deverão ser informados todos os *dados relevantes para a atuação do profissional*, como o número de processos de que participou, o sucesso ou insucesso da atividade, a matéria sobre a qual versou a controvérsia e outros dados que o tribunal julgar relevantes (NCPC, art. 167, § 3º). O objetivo é que, a partir desses dados, que serão classificados sistematicamente e publicados ao menos anualmente pelos tribunais, possa haver *conhecimento da população, realização de estatísticas e avaliação dos meios consensuais e dos profissionais* (NCPC, art. 167, § 4º).

O conciliador e o mediador *podem ser advogados*. Porém, onde estiverem cadastrados, estarão **impedidos** *para a advocacia nos juízos em que desempenham suas funções* (NCPC, art. 167, § 5º). Vale destacar que essa restrição *não consta* na Lei 13.140/2015.

Pode o tribunal optar por estruturar **quadro próprio de conciliadores e mediadores** (ou seja, não de terceiros cadastrados), a ser **preenchido por concurso público de provas e títulos** (NCPC, art. 167, § 6º).

Em linha com a liberdade das partes quanto ao procedimento (vide, adiante, o negócio jurídico processual), o Código permite que as **partes escolham o facilitador** (seja o conciliador, mediador ou câmara privada de meios consensuais – NCPC, art. 168), sendo que o *escolhido poderá ou não estar cadastrado no tribunal* (NCPC, art. 168, § 1º). Se não houver esse acordo, então haverá *distribuição aleatória entre os profissionais cadastrados no tribunal* (NCPC, art. 168, § 2º). Vale esclarecer que a legislação permite, se recomendável à luz das especificidades do caso concreto, a designação de *mais de um mediador ou conciliador* (NCPC, art. 168, § 3º).

Quanto à **remuneração**, o facilitador será remunerado pelo *trabalho realizado, conforme tabela fixada pelo tribunal, a partir de parâmetros do CNJ* (NCPC, art. 169). Apesar disso, o próprio Código prevê a possibilidade de **trabalho voluntário** (NCPC, art. 169, § 1º). Além disso, será exigida **atuação gratuita de pessoas jurídicas**; se uma câmara privada se cadastrar para atuar mediante remuneração, deverá suportar percentual de atuações gratuitas como contrapartida de seu credenciamento (NCPC, art. 169, § 2º).

Considerando a necessária imparcialidade, o **mediador ou conciliador pode ser impedido** (NCPC, art. 148, II, sendo que as hipóteses de impedimento, tratadas no tópico acima, estão no art. 144). Nesse caso, o próprio facilitador deverá informar isso ao coordenador do Cejusc, que procederá a nova distribuição (NCPC, art. 170). Se o impedimento se verificar *depois de já iniciado o procedimento*, este será interrompido, para nova distribuição (NCPC, art. 170, parágrafo único). Não há menção, neste art. 170, à *suspeição* do mediador ou conciliador. Contudo, há menção no art. 173, II (ao tratar da atuação indevida do conciliador) e na Lei 13.140/2015, que aponta serem *aplicáveis ao mediador as hipóteses legais de impedimento e suspeição* do juiz (art. 5º). Portanto, dúvida não há quanto à aplicação do impedimento e suspeição aos conciliares e mediadores.

Também para garantir a imparcialidade, a legislação cria **impedimento para o conciliador ou mediador exercer a advocacia**, para as *partes litigantes*, no prazo de *1 ano contado do término da última audiência em que atuaram* (NCPC, art. 172). De se destacar que o tema não foi tratado no Estatuto da OAB dentre os impedimentos, o que pode gerar debates quanto à sua legalidade (Lei 8.906/1994, art. 28).

A legislação ainda prevê uma **impossibilidade temporária para o exercício da função** (por questões de saúde, férias ou quaisquer outras razões). Nesse caso, o conciliador ou mediador informará o fato ao centro, para evitar *novas distribuições* e morosidade (NCPC, art. 171).

A **exclusão de conciliadores e mediadores** é prevista para aquele *facilitador que atuar indevidamente*. O Código tipifica as seguintes situações (NCPC, art. 173):

I – agir com *dolo ou culpa* na condução da conciliação ou da mediação ou violar os deveres decorrentes do art. 166, §§ 1º e 2º (princípios acima analisados);

II – atuar em procedimento de mediação ou conciliação, apesar de *impedido ou suspeito*.

A apuração dessas faltas será realizada por meio de procedimento administrativo, sendo cabível o afastamento cautelar do facilitador pelo juiz, pelo prazo de 180 dias (NCPC, art. 173, §§ 1º e 2º).

A União, Estados, DF e Municípios poderão criar câmaras de mediação e conciliação com atribuições relacionadas à solução consensual de **conflitos no âmbito administrativo**, para (i) dirimir conflitos entre órgãos e entes da própria administração, (ii) conciliação em conflitos envolvendo o ente estatal e (iii) celebração de TAC – termo de ajustamento de conduta (NCPC, art. 174 e Lei 13.140/2015, art. 32).

1.4.9. Ministério Público

O **Ministério Público**, **MP** ou ***Parquet*** é *instituição permanente, essencial à função jurisdicional e destinada à preservação dos valores fundamentais do Estado* (defesa da ordem jurídica, regime democrático e interesses sociais – CF, art. 127).

A Constituição Federal (art. 128) divide o MP em MPE (Ministério Público Estadual – atua perante a Justiça Estadual) e MPU (Ministério Público da União). O MPU compreende o MP Federal (atua perante o STF, o STJ e a Justiça Federal) e, também, MP do Trabalho (Justiça do Trabalho), MP Militar (Justiça Militar da União) e MPDFT (Distrito Federal e Territórios).

No que interessa para o processo civil, pertinente à atuação do MPE e do MPF, as carreiras são assim divididas:

Órgão	**1º grau**	**2º grau**	**Chefia**
MPE	Promotor de Justiça	Procurador de Justiça	Procurador-Geral de Justiça
MPF	Procurador da República	Procurador Regional da República	Procurador-Geral da República

A atuação do MP em um processo judicial pode se dar de duas formas:

✓ parte em que o MP postula como qualquer autor, principalmente no âmbito coletivo, mediante a ação civil pública (defesa do consumidor, meio ambiente, educação, criança, idoso, patrimônio público etc.);

✓ fiscal da ordem jurídica (*custos legis*), em que o MP se manifesta opinando e verificando se o interesse da coletividade em debate está sendo adequadamente analisado pelo Judiciário. Esta atuação se dá em processos individuais e coletivos; mas, se o MP não for autor de uma demanda coletiva, obrigatoriamente atuará como fiscal da ordem jurídica (no CPC/1973 o termo utilizado era "fiscal da lei").

O MP atuará "na defesa da ordem jurídica, do regime democrático e dos interesses e direitos sociais e individuais indisponíveis" (NCPC, art. 176) e, especificamente como fiscal da ordem jurídica, se manifestará nas seguintes hipóteses (NCPC, art. 178):

I – em demandas que envolvam interesse público ou social (ou seja, basicamente as que envolvam a participação de um ente estatal ou em que a lide interesse à coletividade);

II – em demandas que envolvam interesses de incapazes;

III – em litígios coletivos pela posse de terra rural ou urbana;

Vale destacar que o NCPC *não prevê* a atuação do MP em discussões envolvendo *estado da pessoa e direito de família* (poder familiar, tutela, curatela, interdição, casamento, declaração de ausência e disposições de última vontade) – salvo se se tratar de interesse de menor, pois aí será incapaz (inc. II).

A não manifestação do MP quando ele deveria ter sido ouvido acarreta a nulidade do processo (NCPC, art. 279).

Em relação às **prerrogativas processuais** do MP, há o direito de ser intimado pessoalmente e a existência de prazos em dobro (NCPC, art. 180) – salvo se a legislação trouxer prazo específico para o MP (NCPC, art. 180, § 2º).

Apesar da existência de prazo diferenciado, se após o decurso do prazo fixado pelo juiz não houver a manifestação do MP quando estiver atuando como fiscal da ordem jurídica (e, portanto, não apresentar seu parecer), o juiz determinará o prosseguimento dos autos mesmo sem a manifestação ministerial (NCPC, art. 180, § 1º).

1.4.10. Defensoria Pública

A **Defensoria Pública** é instituição destinada à "*orientação jurídica*, a promoção dos direitos humanos e a defesa dos direitos individuais e coletivos *dos necessitados, em todos os graus, de forma integral e gratuita*" (NCPC, art. 185 – vide, também, CF, art. 134).

Trata-se, assim, da instituição encarregada de prestar *assistência jurídica integral e gratuita aos cidadãos financeiramente hipossuficientes*.

A Defensoria, para realizar sua função institucional de maneira adequada, goza de *vantagens (prerrogativas) processuais*, as quais devem ser observadas em qualquer processo e grau de jurisdição.

Dentre as principais **prerrogativas processuais**, destacam-se as seguintes:

(i) *intimação pessoal do defensor* (NCPC, art. 186, § 1º). Pela lei específica da Defensoria, a **intimação** será necessariamente para o próprio defensor, *por entrega dos autos com vista* (LC 80/1994, art. 44, I).

(ii) *prazo em dobro* para manifestação nos processos judiciais (NCPC, art. 186 e LC 80/1994: art. 44, I). Essa regra diz respeito a *todos* os *prazos processuais* (cuja inobservância poderia ensejar na preclusão) – inclusive para *escritórios* *de prática de faculdades ou outras entidades* que prestem assistência jurídica mediante convênio com a Defensoria (NCPC, art. 186, § 2º).

Porém, *não se aplica o prazo em dobro* às situações *de direito material* (prescrição e decadência). Também não se aplica a hipóteses em que houver previsão legal expressa de prazo para a Defensoria (NCPC, art. 186, § 4º).

A pedido da Defensoria, pode o juiz determinar a intimação da parte assistida, quando o ato processual depender de providência específica da parte (NCPC, art. 186, § 2º) – regra que se justifica pelo fato de, muitas vezes, o defensor ter dificuldade de contato com o assistido.

Além disso, a Defensoria é responsável pelo exercício da **curadoria especial** (NCPC, art. 72, parágrafo único e LC 80/1994, art. 4º, XVI).

No âmbito do processo civil, como já visto (item 1.4.3 acima), o juiz dará curador especial **(i)** ao incapaz, se não tiver representante legal, ou se os interesses deste colidirem com os daquele, enquanto durar a incapacidade; **(ii)** ao réu preso, bem como ao revel citado por edital ou com hora certa, enquanto não for constituído advogado (NCPC, art. 72). Ressalte-se que, nesses casos, *não é necessária a comprovação da incapacidade econômica* para que haja a atuação da Defensoria Pública.

1.4.11. Fazenda Pública em juízo e Advocacia Pública

Por **Fazenda Pública** entenda-se o *Estado em juízo*. No conceito incluem-se a *União, os Estados, os Municípios, o Distrito Federal e as respectivas autarquias e fundações*, excluindo-se as empresas públicas e as sociedades de economia mista (cuja natureza é de pessoa jurídica de direito privado e, portanto, sujeitam-se à disciplina processual destinada às *entidades privadas*).

Na qualidade de instituição que está em juízo postulando em nome do Estado (zelando pelo interesse público), ostenta situação processual diferenciada, seja no polo ativo ou passivo. O NCPC prevê regras processuais específicas para a Fazenda e, também, tem capítulo para a Advocacia Pública.

1.4.11.1. Prazos processuais diferenciados

A Fazenda Pública dispõe de **prazo** em *dobro para todas as suas manifestações processuais (NCPC, art. 183). Portanto, atenção para o fato de não mais se falar em prazo em quádruplo para contestar, que era a previsão do CPC/1973.*

Isto se aplica em qualquer procedimento (comum ou especial) e qualquer processo (conhecimento ou execução). A prerrogativa só não aplicará quando houver regra específica fixando prazo próprio *(NCPC, art. 183, § 2º)*, como no caso dos Juizados Especiais, em que os prazos para a Fazenda Pública são todos especificamente previstos em lei (Lei 10.259/2001, art. 9º e Lei 12.153/2009, art. 7º).

1.4.11.2. Citação

A citação, de uma forma geral, será analisada mais adiante nesta obra. Apenas se diga, no momento, que quando a **Fazenda Pública for ré**, *a citação ocorrerá por oficial de justiça, não sendo possível sua realização por correio (NCPC, art. 247, III).*

A citação da União, Estados, DF, dos Municípios e de suas respectivas autarquias e fundações de direito público: o ato citatório deverá ser realizado *perante o órgão de Advocacia Pública* responsável pela representação judicial de tais entes (NCPC, art. 242, § 3º).

Ainda, a Lei 11.419/2006, que dispõe sobre a informatização do processo judicial, prevê a possibilidade de a citação da Fazenda ocorrer por **meio eletrônico**, *desde que o ente público tenha se cadastrado previamente no Poder Judiciário*, devendo os autos ser disponibilizados na íntegra para o citando (arts. 2º, 5º e 6º da lei em questão). Avançando no assunto, o NCPC destaca que União, Estados, DF, Municípios e entidades da administração indireta deverão manter cadastro nos sistemas de processo eletrônico, para que recebam citação por correio eletrônico (NCPC, art. 246, § 2º).

Portanto, em **autos físicos**, a citação da Fazenda será por *oficial de justiça, perante a Procuradoria*; em **autos eletrônicos**, onde houver citação por *correio eletrônico*, esse será o meio de citação da Fazenda.

1.4.11.3. Custas e honorários

A Fazenda Pública está *dispensada do pagamento* das **custas** e dos **emolumentos** (que ostentam natureza tributária e cuja dispensa encontra fundamento na confusão como causa excludente da obrigação), mas *não do pagamento* das **despesas em sentido estrito** (que se destinam a remunerar terceiros cuja responsabilidade é auxiliar a atividade do Estado-juiz, como por exemplo, os *honorários do perito judicial* – Súmula 232 do STJ: "A Fazenda Pública, quando parte no processo, fica sujeita à exigência do depósito prévio dos honorários do perito").

Quanto aos **honorários advocatícios**, o NCPC traz diversas inovações em relação à Fazenda, especialmente trazendo uma situação de escalonamento dos honorários (percentual menor quanto maior for o valor da causa ou conteúdo econômico da demanda – NCPC, art. 85, § 3º). O assunto já foi enfrentado no item 1.4.5 acima.

1.4.11.4. Dispensa de pagamento de preparo e do depósito da ação rescisória

São *dispensados de preparo os recursos interpostos pela Fazenda Pública* (NCPC, art. 1.007, § 1º), a qual também se encontra liberada de depósito prévio recursal, quando exigido (art. 1º-A da Lei 9.494/1997).

A Fazenda também não tem de recolher o *depósito de 5% para ajuizamento da ação rescisória* (NCPC, art. 968, § 1º – dispositivo que menciona "União, aos Estados, ao Distrito Federal, aos Municípios, às suas respectivas autarquias e fundações de direito público, ao Ministério Público, à Defensoria Pública e aos que tenham obtido o benefício de gratuidade da justiça").

1.4.11.5. Remessa necessária

Em regra, para que haja a apreciação da causa por parte do Tribunal, necessária a interposição de recurso (*vide* capítulo 5). Porém, para resguardar o interesse público, *mesmo que não haja recurso, a decisão desfavorável à Fazenda será examinada pelo 2º grau.* É esta a figura da **remessa necessária** (NCPC, art. 496), que não tem natureza recursal.

Importante consignar que isso não impede que haja o recurso por parte da Fazenda. Assim, (i) se houver recurso, o Tribunal o analisará – e, também, caso algo não tenha sido impugnado, o reexame necessário; (ii) se não houver o recurso, haverá exclusivamente a análise do reexame necessário.

Assim, em síntese, a eficácia da sentença de mérito está condicionada à confirmação da decisão pelo Tribunal de segundo grau, nas seguintes hipóteses:

✓ sentença proferida contra a União, os Estados, o Distrito Federal, os Municípios, e as respectivas autarquias e fundações de direito público (NCPC, art. 496, I);

✓ sentença que julgar procedentes, no todo ou em parte, os embargos à execução fiscal (NCPC, art. 496, II).

Porém, **não haverá remessa necessária** quando:

(i) a *condenação, ou o proveito econômico obtido, for de valor certo e líquido* inferior a (NCPC, art. 496, § 3º): (a) 1000 salários mínimos, para a União e entes federais, (b) 500 salários mínimos, para Estados, DF e respectivos entes, bem como capitais dos Estados e (c) 100 salários mínimos, para os demais municípios e respectivos entes;

(ii) a *sentença estiver fundada em forte precedente jurisprudencial*, a saber (NCPC, art. 496, § 4º): (a) súmula de tribunal superior, (b) acórdão proferido em recurso repetitivo, (c) entendimento firmado em incidente de resolução de demandas repetitivas ou assunção de competência; (d) entendimento constante em orientação vinculante firmada no âmbito do respectivo ente público ("súmula administrativa" da AGU, por exemplo).

1.4.11.6. Tutela provisória contra a Fazenda Pública

Existem **restrições legais quanto ao uso dos provimentos de urgência em face da Fazenda Pública.**

O NCPC, como se verá adiante, trata da tutela de urgência e tutela da evidência sob o título de "tutela provisória". Considerando a visão restritiva da concessão de medidas sumárias contra a Fazenda, muito possivelmente a jurisprudência irá firmar-se no sentido de que as *restrições existentes aplicam-se a todas as espécies de tutelas provisórias.*

Os óbices à concessão de medidas de urgência contra a Fazenda estão especificados no art. 1º da Lei 8.437/1992 e art. 1º da Lei 9.494/1997, e se refere *tanto à tutela antecipada* (NCPC, art. 303) quanto à *tutela específica das obrigações de fazer* (NCPC, art. 497).

Em síntese, não se afigura cabível a tutela antecipada contra a Fazenda Pública nos seguintes casos:

(a) quando providência semelhante não puder ser concedida em ações de mandado de segurança, em virtude de vedação legal (art. 1º da Lei 8.437/1992); ou seja, que tenha por objeto a compensação de créditos tributários, a entrega de mercadorias e bens provenientes do exterior, a reclassificação ou equiparação de servidores públicos e a concessão de aumento ou a extensão de vantagens ou pagamento de qualquer natureza (art. 7º, § 2º, da Lei 12.016/2009);

(b) quando impugnado ato de autoridade sujeita, na via de mandado de segurança, à competência originária de Tribunal (art. 1º, § 1º, da Lei 8.437/1992), o que, todavia, não se aplica aos processos de ação popular e de ação civil pública (art. 1º, § 2º, da Lei 8.437/1992);

(c) quando esgotar, no todo ou em qualquer parte, o objeto da ação (art. 1º, § 3º, da Lei 8.437/1992);

(d) quando o objeto for a compensação de créditos tributários ou previdenciários (art. 1º, § 5º, da Lei 8.437/1992 e Súmula 212 do STJ: "A compensação de créditos tributários não pode ser deferida em ação cautelar ou por medida liminar cautelar ou antecipatória").

Apesar dessas limitações legais, a *jurisprudência admite a concessão de tutela antecipada contra a Fazenda em situações de extrema urgência* para a parte, como no caso de pedidos de remédios não concedidos no sistema de saúde e necessários à sobrevivência do autor.

1.5. Litisconsórcio e intervenção de terceiros

1.5.1. Litisconsórcio

Entende-se por **litisconsórcio** a *situação em que há pluralidade de partes na relação jurídica processual em qualquer dos polos.*

Justifica-se o litisconsórcio considerando que a lide pode envolver não apenas a parte "A" de um lado e a parte "X" do outro, mas sim as partes "A" e "B" contra as partes "X" e "Y".

Não se deve confundir o litisconsórcio com o processo coletivo. No litisconsórcio, há pluralidade de partes, todas devidamente indicadas; no processo coletivo um autor coletivo formula algum pedido em prol de uma coletividade de pessoas (determinadas, determináveis ou indetermináveis, conforme o caso).

No que se refere ao litisconsórcio, o NCPC não trouxe mudanças.

Existem diversas *classificações* envolvendo o litisconsórcio, sendo que os Exames da OAB usualmente indagam exatamente a respeito de tais divisões.

1.5.1.1. Classificação quanto ao polo da relação processual

Em relação ao polo em que os litisconsortes se encontram, é possível se falar em:

(i) litisconsórcio passivo: aquele em que *existem, no mesmo processo, dois ou mais réus;*

(ii) litisconsórcio ativo: verifica-se quando *há, no mesmo processo, dois ou mais autores;*

(iii) litisconsórcio misto ou **recíproco**: situação na qual, *ao mesmo tempo, há mais de um autor e mais de um réu.*

Como se percebe, não há maiores dificuldades em relação a esta classificação. A base legal para estas situações encontra-se no NCPC, art. 113, *caput.*

1.5.1.2. Classificação quanto ao momento de formação do litisconsórcio

Existem dois momentos em que o litisconsórcio pode ter início:

14. Direito Processual Civil – Novo CPC

(iv) litisconsórcio originário ou **inicial**: aquele *formado desde o início da demanda, já indicado na petição inicial*;

(v) litisconsórcio superveniente, **incidental** ou **ulterior**: o qual é *formado em momento posterior ao início da demanda*.

O litisconsórcio superveniente usualmente se verifica por força de uma determinação de emenda da inicial por parte do juiz.

1.5.1.3. Classificação quanto à necessidade de existência do litisconsórcio

A classificação que ora se apresenta responde à seguinte indagação: em determinado caso, é *obrigatória* a existência do litisconsórcio para que o processo tenha sua tramitação válida? Conforme a resposta, haverá:

(vi) litisconsórcio facultativo: situação na qual *há pluralidade de litigantes por opção das partes* (ou seja, apesar de existir, o litisconsórcio *não é obrigatório* para a validade do processo);

(vii) litisconsórcio necessário: situação na qual *há pluralidade de litigantes porque a lei ou a relação jurídica objeto do litígio assim determinam* (ou seja, o litisconsórcio *é obrigatório* sob pena de extinção do processo sem resolução do mérito).

Para facilitar a compreensão, vale apresentar exemplos.

Dois vizinhos de um mesmo condomínio assinam a mesma operadora de TV a cabo. Por força de problemas da empresa, há cobrança indevida, inscrição em cadastros restritivos de crédito e cancelamento do sinal. É *possível* que ambos ingressem em juízo com uma única ação indenizatória? Sim. Mas é *obrigatório* que assim procedam? Não.

O exemplo trata de uma situação de *litisconsórcio facultativo*. Nos termos do NCPC, art. 113, essa modalidade de litisconsórcio é possível nas seguintes situações (uma situação a menos que o CPC/1973):

I – comunhão de direitos ou obrigações em relação à lide;

II – conexão pelo pedido ou pela causa de pedir;

III – afinidade de questões por ponto comum de fato ou de direito.

Contudo, a experiência mostrou que um *litisconsórcio ativo facultativo com muitos autores não é conveniente* para a tramitação de um processo. Isso porque há dificuldades tanto para o juiz organizar o processo como para o réu se defender. Imagine que o problema com a TV a cabo envolve todos os 300 apartamentos de um condomínio com vários edifícios. Seria complicada a tramitação de uma demanda com inúmeros autores.

Denomina-se **(viii) litisconsórcio multitudinário**, **plúrimo** ou **múltiplo** *o grande número de litisconsortes ativos facultativos em um processo judicial*. Neste caso, o Código permite que o *juiz desmembre o processo*, criando *vários outros com um número menor de autores*. Aponta o NCPC que o juiz pode assim proceder, no processo de conhecimento (inclusive liquidação e cumprimento de sentença) ou execução, quando o elevado número de litisconsortes "comprometer a rápida solução do litígio ou dificultar a defesa" (NCPC, art. 113, § 1º). Se o réu requerer o desmembramento ao juiz, será *interrompido o prazo para contestar*, que reiniciará quando da intimação da decisão judicial a respeito da limitação do litisconsórcio multitudinário (NCPC, art. 113, § 2º).

Outro exemplo: autor ingressa em juízo pleiteando a usucapião de um terreno cuja proprietária, no registro de imóveis, é uma mulher casada. Nesse caso, o polo passivo *deverá trazer*, obrigatoriamente, o cônjuge. Isso porque em demandas envolvendo direitos reais imobiliários, a lei assim determina (NCPC, art. 73, § 1º, I). Se o marido não estiver no polo passivo, o juiz determinará a emenda da inicial. Se não for cumprida a determinação do juiz, *o processo será extinto, sem resolução do mérito* (NCPC, art. 115, parágrafo único). Ou seja, a participação do litisconsorte *é obrigatória* para a normal tramitação do processo. Este segundo exemplo, portanto, é de uma situação de *litisconsórcio necessário* (NCPC, art. 114).

Quando **não observado o litisconsórcio necessário**, as consequências estão no art. 115 do NCPC: (i) se o litisconsórcio for *necessário unitário* (*vide* item abaixo), haverá total nulidade da sentença, com a devolução dos autos para a origem para que haja a integração (mediante citação) dos litisconsortes necessários; (ii) se o litisconsórcio for *necessário simples*, a decisão proferida será válida, mas apenas ineficaz em relação a quem não integrou a relação processual.

1.5.1.4. Classificação quanto à necessidade de mesma decisão para os litisconsortes

Uma vez existente o litisconsórcio, a pergunta que se faz a seguir é: a decisão a ser proferida no processo tem de ser a mesma para os litisconsortes? Conforme a resposta, teremos:

(ix) litisconsórcio comum ou **simples**: situação na qual *a decisão de mérito não necessariamente será a mesma para os litisconsortes*;

(x) litisconsórcio unitário: situação na qual *a decisão de mérito deverá ser a mesma para os litisconsortes, invariavelmente* (NCPC, art. 116)

Vale destacar que, no litisconsórcio simples, a decisão judicial *poderá* ou não ser a mesma – o juiz terá liberdade para julgar o pedido procedente para um e improcedente para o outro, ou mesmo procedente ou improcedente para ambos. Como exemplo, vale imaginar uma demanda indenizatória em virtude de um "engavetamento" em que dois motoristas que sofreram o dano acionam, em um único processo (litisconsórcio ativo) o réu, causador do acidente. Conforme a prova dos autos, poderá o juiz julgar o pedido procedente para ambos ou procedente para um e improcedente para o outro.

Já no litisconsórcio unitário, ao contrário, uma vez que determinada decisão for proferida para um, *obrigatoriamente também o será no mesmo sentido para o outro* – seja pela procedência ou improcedência. Basta visualizar, a título de exemplo, uma demanda em que o MP ingressa em juízo pleiteando a anulação de um casamento. Ora, é certo que a decisão para a esposa e para o marido terá de ser a mesma (NCPC, art. 116). Não há como o casamento ser nulo para um e não o ser para o outro cônjuge. Outro exemplo de litisconsórcio unitário envolve uma situação em que se busca a anulação de um contrato de compra e venda, sendo que os vendedores são 2 (cônjuges). Ou se anula a compra e venda para ambos, ou não se anula; não há como se ter decisões distintas quanto à anulação da contração celebrada.

Os litisconsortes serão considerados como **litigantes distintos**. Porém, inova o NCPC ao afirmar que isso *não se aplica no litisconsórcio unitário*, momento em que os "atos e as omissões de um não prejudicarão os outros, mas os poderão beneficiar" (NCPC, art. 117).

1.5.1.5. Litisconsórcio facultativo é sempre simples? E litisconsórcio necessário é sempre unitário?

Em regra, o litisconsórcio facultativo é simples. Da mesma forma, *em regra,* o litisconsórcio necessário é unitário. Para ilustrar, basta analisar os exemplos mencionados nos tópicos anteriores, que fazem parte da regra.

Contudo, não estamos diante de sinônimos. Assim, nem todo litisconsórcio facultativo é simples. E nem todo litisconsórcio unitário é necessário. Há exceções.

Há situações nas quais o **litisconsórcio é necessário e simples**: ou seja, *precisa existir o litisconsórcio, mas a decisão pode ser distinta para os litisconsortes* (ex.: usucapião de área que compreende mais de um imóvel no cartório de imóveis, sendo que são distintos os proprietários de cada uma delas).

E há casos em que o **litisconsórcio é facultativo e unitário**: ou seja, *não precisa existir o litisconsórcio, mas, já que existe, a decisão tem de ser a mesma para os litigantes* (ex.: dois condôminos ingressam em juízo pleiteando a anulação de determinada reunião de condomínio).

1.5.2. Intervenção de terceiros

A **intervenção de terceiro**, como se depreende do próprio nome, *permite que terceiro (ou seja, alguém que não é o autor ou o réu) passe a participar da relação processual.* A finalidade da intervenção é a economia processual: considerando que já existe uma lide em debate, aproveita-se para discuti-la em todos os aspectos, inclusive naquele envolvendo terceiro.

1.5.2.1. Mudanças no NCPC

O NCPC trouxe **importantes inovações** para as intervenções de terceiro.

No CPC/1973 existiam 5 intervenções de terceiro (assistência, oposição, nomeação, denunciação e chamamento).

No NCPC:

(i) *oposição deixou de ser intervenção de terceiro* e passou a ser procedimento especial (NCPC, art. 682 e ss. – *vide* item 3.11.),

(ii) houve *inserção do incidente de desconsideração da personalidade jurídica* (NCPC, arts. 133 a 137) e do *amicus curiae* (NCPC, art. 138), e

(iii) *nomeação à autoria deixou de existir*, cabendo agora ao réu, ao alegar ilegitimidade, apontar quem é o efetivo réu (NCPC, art. 339).

Assim, **o réu, na contestação, ao alegar ilegitimidade passiva,** *deverá indicar quem deveria figurar como réu, desde que tenha conhecimento dessa informação.* Se assim não fizer, terá de arcar com as *despesas processuais* e *indenizar o autor* pelos prejuízos decorrentes da falta de indicação. Trata-se de algo totalmente novo no sistema.

Voltando às intervenções de terceiro, existem duas *modalidades* de intervenção no sistema processual:

✓ **intervenção espontânea**: aquela em que *o terceiro, que está fora do processo, espontaneamente busca seu ingresso em uma determinada demanda;*

✓ **intervenção provocada**: aquela na qual *uma das partes litigantes (autor ou réu) busca trazer o terceiro para o processo.*

No NCPC:

a) são intervenções espontâneas: (i) assistência; e (ii) *amicus curiae.*

b) são intervenções provocadas: (i) denunciação; (ii) chamamento; (iii) incidente de desconsideração da personalidade jurídica e (iv) *amicus curiae.*

Como se percebe, a intervenção do *amicus curiae* pode ser espontânea ou provocada.

1.5.2.2. Assistência

Na **assistência,** *terceiro busca seu ingresso no processo para auxiliar o assistido* (seja o autor, seja réu).

Contudo, para que a assistência seja possível, é necessário existir **interesse jurídico**, e não meramente interesse econômico ou moral (NCPC, art. 119).

Para entender o que significa interesse jurídico, basta verificar se *a decisão judicial proferida na demanda proposta entre "A" e "B" irá influenciar a esfera jurídica de "C".* Se a resposta for positiva, haverá interesse jurídico e, portanto, será admitida a assistência. Se o interesse não for jurídico, *talvez* possa ser hipótese (dependendo de quem for o terceiro e das especificidades da causa) de ingresso como *amicus curiae.*

Para visualizar o exposto, basta imaginar um despejo entre locador e locatário – sendo que existe sublocação. Se houver a decretação do despejo, a esfera jurídica do sublocatário estará sendo violada – daí a existência do interesse jurídico para justificar a figura da assistência.

Por outro lado, analisando a discussão judicial envolvendo o título de um campeonato, dois clubes de futebol litigam para saber quem deve ficar com tal troféu. Um torcedor, por mais fanático que seja, não terá a sua *esfera jurídica* alterada se a taça permanecer ou não com seu time. Assim, nesse caso não existiria interesse jurídico capaz de permitir o uso da assistência.

Logo, reitere-se, cabe a assistência quando houver interesse jurídico do terceiro. Contudo, há uma *exceção.* Tratando-se de causa que interesse à União, há lei permitindo a assistência mesmo que exista apenas interesse econômico (Lei 9.469/1997, art. 5º, parágrafo único). É a chamada **assistência anômala ou anódina.**

Quanto ao **cabimento**, a assistência cabe em *qualquer procedimento e em todos os graus de jurisdição,* mas o assistente receberá o processo no estado em que ele se encontra. Ou seja, não se voltará a uma fase anterior para que o assistente possa realizar algum ato (NCPC, art. 119, parágrafo único). Como a assistência está inserida na parte geral do Código, é de concluir que, a partir do NCPC, também será admitida no processo de execução.

Quanto ao **procedimento,** o terceiro atravessará uma petição pleiteando seu ingresso no feito. Se a parte contrária do assistido ou mesmo o assistido não concordarem com o pedido de ingresso do assistente, caberá *impugnação*, sem suspender o processo– a ser ofertada em 15 dias (prazo agora é maior – NCPC, art. 120). Além disso, pode *o juiz, de plano, rejeitar o ingresso do assistente*, especialmente se clara a ausência de interesse jurídico (NCPC, art. 120, parte final).

Da decisão quanto ao ingresso do assistente é cabível o **recurso** de *agravo de instrumento* (NCPC, art. 1.015, IX).

Existem duas modalidades de assistência:

✓ **1) assistência simples** ou **adesiva** (NCPC, arts. 121 a 123): *o assistente não dispõe da lide, ou seja, o assistente não pode ir além do que fizer o assistido*. Assim, se o assistido não recorrer, não pode o assistente fazê-lo; não pode o assistente se opor à desistência ou reconhecimento do pedido assistido.

✓ A decisão a ser proferida irá influenciar a relação jurídica existente entre assistente e assistido. É o exemplo do sublocatário.

✓ O assistente simples não é parte, por isso não é coberto pela coisa julgada, mas por uma estabilização distinta denominada *justiça da decisão*, que eventualmente poderá ser afastada (NCPC, art. 123).

✓ **2) assistência litisconsorcial** (NCPC, art. 124): *o assistente dispõe da lide, ou seja, o assistente pode ir além do que fizer o assistido*. Logo, se não houver recurso do assistido, poderá o assistente recorrer; se assistido desistir do processo, pode prosseguir o assistente.

✓ A decisão a ser proferida irá *influenciar a relação jurídica entre o assistente e a parte contrária do assistido*. Como exemplo, uma ação possessória envolvendo um imóvel que é um condomínio; se houver o ajuizamento por parte de apenas um dos condôminos, o outro poderá ingressar no feito como assistente litisconsorcial.

✓ O art. 124 afirma expressamente que o assistente litisconsorcial é "litisconsorte da parte principal". Assim, diferentemente do assistente simples, o *assistente litisconsorcial é parte* (litisconsórcio superveniente). Poderia ter sido desde o início, mas não o foi.

1.5.2.3. Denunciação da lide

A **denunciação da lide** tem por finalidade *fazer com que terceiro venha a litigar em conjunto com o denunciante e, se houver a condenação deste, o denunciado irá ressarcir o prejuízo do denunciante*.

Ou seja, como se pode perceber é, na realidade, uma *ação de regresso* – a qual tramita em conjunto com a ação principal.

No NCPC, diferentemente do Código anterior, a denunciação **é admissível** (art. 125, *caput*). Assim, se a denunciação for indeferida, não for proposta ou não for permitida, não há qualquer problema: *sempre será possível utilizar ação autônoma* (NCPC, art. 125, § 1º).

Pela legislação (NCPC, art. 125), duas são as hipóteses em que é cabível a denunciação:

(i) o *comprador pode denunciar o vendedor* na hipótese de *evicção* (CC, art. 447 – ou seja, se "A" vende para "B" um imóvel e, posteriormente, "C" ingressa em juízo contra "B" afirmando que o imóvel é seu, "B" pode denunciar "A" – que terá de indenizar "B" se o pedido de "C" for procedente e a denunciação for acolhida).

(ii) o réu pode denunciar *aquele que tem obrigação de indenizar, por força de lei ou contrato* (o exemplo típico é o réu em uma ação indenizatória acionar sua seguradora).

Em relação à denunciação na evicção, há novidade: o sistema passa a **vedar sucessivas denunciações da lide**, dentro do mesmo processo. No NCPC, só é possível a denunciação do alienante imediato (ou seja, quem vendeu) e de mais uma. Logo, somente são possíveis duas denunciações nos mesmos autos.

No exemplo acima, "B" pode denunciar "A" (que foi quem lhe vendeu o imóvel) e "A" poderá (em *única denunciação sucessiva*) denunciar "Z", que foi quem lhe vendeu. Mas, "Z" não poderá denunciar "X", que foi de quem ele adquiriu o bem. Mas poderá se valer, como visto, de *ação autônoma*.

Cabe a **denunciação pelo autor**, realizada na *petição inicial*, hipótese em que o denunciado *pode passar a ser litisconsorte ativo do denunciante e aditar a inicial* (NCPC, art. 127).

A **denunciação pelo réu** (a mais comum) é realizada na *contestação*. E o NCPC prevê três possibilidades (art. 128):

(i) *denunciado contesta o pedido do autor* (nesse caso, a demanda principal terá de um lado o autor e, do outro, em litisconsórcio, o denunciante [réu original] e o denunciado);

(ii) *denunciado revel em relação à denunciação*, ou seja, o denunciado se abstém de contestar a denunciação (nessa hipótese, para o denunciado, há revelia em relação à denunciação e o denunciante, réu na ação principal, poderá (a) prosseguir normalmente com a sua defesa apresentada na ação principal ou (b) abrir mão dessa defesa na ação principal e prosseguir apenas com a busca da procedência da denunciação, de modo a transferir para o denunciado a provável condenação da ação principal);

(iii) *denunciado confessa o alegado na ação principal*, ou seja, o denunciado admite como verdadeiros, os fatos narrados pelo autor na petição inicial da ação principal (nesse caso, surge a possibilidade de o denunciante (a) prosseguir normalmente com a sua defesa apresentada na ação principal ou (b) abrir mão dessa defesa na ação principal, para prosseguir apenas com a busca da procedência na ação de regresso).

O CPC/1973 *previa a suspensão* do processo quando determinada a citação do denunciado. Não há essa previsão no NCPC. Portanto, o processamento da denunciação **não suspende o processo**.

A **sentença**, ao final, julgará o pedido e a denunciação ao mesmo tempo. Se o *denunciante for vencido na ação principal*, passa o juiz à análise da denunciação (NCPC, art. 129). Se o *denunciante for vencedor* na ação principal, então a denunciação não será analisada, por falta de interesse de agir – mas haverá custas e honorários *em favor do denunciado* (NCPC, art. 129, parágrafo único – inovação do NCPC).

Assim, no caso de procedência da ação e denunciação do réu, tem-se que *a sentença condena o réu a ressarcir o autor e também condena o denunciado a ressarcir o denunciante*. Nessa situação, pode o autor requerer o **cumprimento da sentença contra o denunciado**, nos limites da condenação na ação de regresso. Trata-se de inovação do NCPC (art. 128, parágrafo único), em linha com o que vinha decidindo a jurisprudência à luz do CPC/1973 (nesse sentido, no tocante à denunciação e contrato de seguro, a questão consta da Súmula 537 do STJ: "Em ação de reparação de danos, a seguradora denunciada, se aceitar a denunciação ou contestar o pedido do autor, pode ser condenada, direta e solidariamente junto com o segurado, ao pagamento da indenização devida à vítima, nos limites contratados na apólice").

1.5.2.4. Chamamento ao processo

O **chamamento ao processo** tem por finalidade *fazer com que terceiros (outros devedores solidários) venham a litigar em conjunto com o chamante. A principal distinção* entre o chamamento e a denunciação é que *neste não há a necessidade de se provar que o terceiro também é responsável pelo débito* (diferentemente da denunciação, em que há uma verdadeira ação de regresso). Ou seja, aceito o chamamento, já é certo que haverá responsabilização do chamado.

As hipóteses de cabimento do chamamento são as seguintes (NCPC, art. 130):

(i) do devedor principal (afiançado), quando apenas o fiador tiver sido colocado no polo passivo (situação frequente, na qual o fiador chama o locatário que não pagou o aluguel);

(ii) dos demais fiadores, quando apenas um fiador tiver sido colocado no polo passivo (basta pensar, também, dois fiadores no contrato de locação, mas apenas um é acionado);

(iii) dos demais devedores solidários, quando apenas um tiver sido colocado no polo passivo.

Como se pode perceber das três hipóteses, *o chamante é responsável pelo débito, mas também existem outros responsáveis* (devedores solidários, fiadores, devedor principal).

Só cabe o **chamamento pelo réu**, e a intervenção deverá é apresentada pelo réu na contestação (NCPC, art. 131).

Se o chamamento for deferido pelo juiz, o chamado terá de ser citado. E deve o *réu-chamante providenciar as diligências necessárias* para esse ato processual (como, por exemplo, pagamento de custas ou retirada de carta precatória para distribuição). A inércia do réu-chamante acarretará a revogação da decisão que determinou o chamamento. Concede o NCPC o prazo de *30 dias* para o réu providenciar a citação (*mesma comarca*) e *2 meses para comarcas distintas* (art. 131, parágrafo único). Eventual falha ou morosidade no serviço forense, por óbvio, não poderá prejudicar a parte interessada.

A sentença que julgar *procedente o pedido* em face do réu-chamante também será título executivo para que aquele que pagar o débito possa exigi-lo do devedor principal ou dos demais codevedores, na proporção que couber a quem pagou (NCPC, art. 132).

Exemplo: determinada obrigação tem dois devedores solidários. Apenas "A" é colocado no polo passivo. "A" – mesmo sendo responsável pela dívida na sua totalidade – chama "B" para que venha também a figurar no polo passivo. Se "A" for condenado e pagar todo o débito, poderá executar "B" para receber metade do valor pago (se for essa a proporção da garantia de cada um prevista no contrato).

1.5.2.5. Incidente de desconsideração da personalidade jurídica

Como já mencionado, o **incidente de desconsideração da personalidade jurídica** é novidade no NCPC. Trata-se do *procedimento necessário para que permita a desconsideração da personalidade jurídica.* É cabível em todas as fases do processo de conhecimento, no cumprimento de sentença e na execução de título executivo extrajudicial (NCPC, art. 134). O incidente é usado tanto na desconsideração da personalidade da pessoa jurídica, para se chegar aos bens do sócio, como também na desconsideração da personalidade do sócio, para se chegar nos bens da pessoa jurídica (a chamada **desconsideração inversa** – NCPC, art. 133, § 2º).

O requerimento do incidente de desconsideração deverá demonstrar o *preenchimento dos requisitos legais para a desconsideração* (a saber: CDC, 28 ou CC, 50). Considerando que o NCPC se aplica subsidiariamente ao processo do trabalho, a rigor técnico o incidente deveria ser *também aplicado na Justiça do Trabalho* (resta saber como será a jurisprudência trabalhista, mas a tendência é que não se aplique).

A instauração do incidente *suspenderá o processo* (NCPC, art. 134, § 2º).

O NCPC prevê que, instaurado o incidente, o sócio ou a pessoa jurídica serão *citados para se manifestar* e requerer as provas cabíveis em até 15 dias (NCPC, art. 135).

Concluída a instrução, se necessária, o incidente de desconsideração da personalidade jurídica será resolvido por *decisão interlocutória*, de modo que cabível *agravo de instrumento* (NCPC, art. 1.015, IV); se a decisão for proferida pelo *relator*, caberá *agravo interno* (NCPC, art. 136).

É possível que, desde a *petição inicial do processo de conhecimento já se pleiteie a desconsideração* da personalidade jurídica. Nesse caso, não haverá necessidade de incidente, pois o tema será debatido no próprio processo principal. Assim, portanto, não será o caso de suspensão do processo (NCPC, art. 134, § 3º).

Acolhido o pedido de desconsideração, eventual alienação ou oneração de bens será considerada **fraude de execução**, será *ineficaz em relação ao requerente* (NCPC, art. 137).

1.5.2.6. Amicus curiae

O NCPC passa a regular a figura do ***amicus curiae* ou "amigo da Corte"**. A proposta é que este *terceiro, defendendo uma posição institucional* (que não necessariamente coincida com a das partes) *intervenha para apresentar argumentos e informações proveitosas à apreciação da demanda.*

O magistrado, considerando a *relevância da matéria, a especificidade do tema objeto da demanda ou a repercussão social da controvérsia*, poderá, *por decisão irrecorrível*, de ofício ou a requerimento das partes – ou de quem pretenda ser o *amicus curiae* – solicitar ou admitir a participação de pessoa natural ou jurídica, órgão ou entidade especializada, com representatividade adequada, no prazo de *15 dias de sua intimação* (NCPC, art. 138).

Seria possível, então, se falar em *amicus curiae* em todos os graus de jurisdição e processos? E mesmo em demandas individuais ou somente coletivas?

Considerando a redação do art. 138 (que não faz restrição) e a localização do tema no NCPC (parte geral), é de se concluir pelo amplo cabimento do *amicus* – desde que uma causa relevante, tema que tenha especificidade ou repercussão social da controvérsia (ou seja, situações um tanto quanto subjetivas). E, pelo Código, essa decisão quanto ao ingresso do amigo da corte seria *irrecorrível*.

Vale destacar que o interesse do amigo da Corte *não é jurídico*, mas institucional, moral, político, acadêmico, intelectual ou outro.

✓ O *amicus* não era previsto no CPC/1973, mas já era previsto em leis específicas, e utilizado no controle concentrado de constitucionalidade no STF e no *julgamento de recursos repetitivos* (hipótese expressamente mencionada no NCPC – art. 138, § 3º).

✓ O grande objetivo do *amicus curiae* é **qualificar o contraditório.**

✓ Admitido o amigo da Corte, o juiz definirá quais são seus **poderes** (NCPC, art. 138, § 2º). A lei apenas prevê que o *amicus curiae* não poderá recorrer, salvo para *embargar de declaração* e no caso de julgamento do incidente de *resolução de demandas repetitivas*, quando, portanto, admissíveis outros recursos (NCPC, art. 138, §§ 1º e 3º).

1.6. Pressupostos processuais, elementos da ação e condições da ação

1.6.1. Introdução

Como já visto, pelo princípio da inércia, o Poder Judiciário só atua se provocado. E a forma de provocar o Estado é mediante o **processo**, que é o *instrumento que o Estado coloca à disposição dos litigantes para solucionar a lide (administrar justiça).*

Por sua vez, já que a autotutela em regra é vedada, é direito da parte poder acionar o Judiciário. Assim, **ação** é o *direito que as partes têm ao processo.*

Esses conceitos usualmente não são pedidos em Exames da OAB, mas sua compreensão é importante para que se tenha a base para entender os três temas objeto deste tópico – os quais são usualmente perguntados em conjunto, apesar de serem institutos distintos.

1.6.2. Pressupostos processuais

A análise dos processos e dos procedimentos existentes no NCPC será realizada mais adiante, no próximo capítulo, por questões didáticas.

No momento, analisa-se a figura dos **pressupostos processuais**, que *são requisitos que devem estar presentes para que o processo tenha seu início (pressupostos de existência) e desenvolvimento (pressupostos de validade) de forma regular.*

Conforme o autor consultado, há variação entre a classificação dos pressupostos processuais. Optamos por seguir a nomenclatura existente no CPC/1973 e mantida no NCPC, que fala em *pressupostos de constituição e de desenvolvimento válido e regular do processo* (NCPC, art. 485, IV).

Assim:

✓ **pressupostos de existência**: são *aqueles sem os quais não é possível sequer se falar em processo* (jurisdição, citação, capacidade postulatória e petição inicial);

✓ **pressupostos de validade**: *são aqueles necessários para que o processo seja válido e regular* (petição inicial apta, citação válida, capacidade processual do autor, competência do juízo e imparcialidade do juiz).

Nestas situações, ausentes os pressupostos de existência ou validade, o processo será extinto, sem resolução do mérito (novamente, NCPC, art. 485, IV).

Contudo, há também os **pressupostos negativos**, que *são aqueles requisitos que, uma vez presentes, acarretam a extinção do processo sem resolução de mérito* (NCPC, art. 485, V). Seriam a litispendência (NCPC, art. 337, §§ 1º a 3º), coisa julgada (NCPC, art. 337, § 4º) e perempção (CPC, art. 486, § 3º). E, para alguns autores, também a convenção de arbitragem (NCPC, art. 337, X).

1.6.3. Elementos identificadores da ação

Os **elementos identificadores da ação** ou **elementos identificadores da demanda** são *elementos que permitem concluir que uma ação é idêntica ou semelhante à outra. São as partes, causa de pedir e pedido* (NCPC, art. 319, II, III e IV).

Para que se compreenda melhor tais elementos, cabe uma breve explicação:

✓ **partes**: *autor e réu na relação jurídica processual*;

✓ **causa de pedir**: *fatos e fundamentos jurídicos pelos quais o autor ingressa em juízo*;

✓ **pedido**: *objetivo da parte quando busca o Judiciário.*

A importância concreta dos elementos identificadores é (i) verificar se uma ação é idêntica à outra e (ii) saber o que ocorrerá diante de ações idênticas ou semelhantes.

Se houver a **tríplice identidade** – ou seja, *mesmas partes, causa de pedir ou pedido* –, haverá *litispendência ou coisa julgada* (NCPC, art. 337, §§ 1º a 4º).

A **litispendência** se verifica quando *estão em trâmite, ao mesmo tempo, duas ações idênticas*; a **coisa julgada** ocorre *quando a primeira ação idêntica já transitou em julgado.* Nestes casos, haverá a extinção do segundo processo, sem resolução do mérito (NCPC, art. 485, V).

Em outras palavras, *a partir da análise dos elementos da ação é que se poderá verificar se há pressupostos processuais negativos* – e por isso é que há alguma dificuldade na compreensão do tema.

De seu turno, se houver semelhança entre duas demandas, fala-se em *conexão* ou *continência* – o que acarreta a reunião dos dois processos para julgamento conjunto. O tema já foi antes debatido (item 1.2.7 supra).

1.6.4. Condições da ação

Para que haja a apreciação do mérito (solução da lide), é necessário que estejam presentes tanto os pressupostos processuais como as condições da ação.

As **condições da ação** podem ser definidas como os *requisitos para que uma ação possa existir e ser processada perante o Judiciário.* Ou seja, o direito de ação não é irrestrito, mas sim *condicionado* pelas condições de ação – trata-se de uma disciplina do direito de agir, para que o Judiciário não se manifeste a respeito de demandas que seriam absolutamente inviáveis.

No CPC/1973, três eram as condições da ação. No NCPC, são duas – seguindo a evolução do pensamento do autor italiano LIEBMAN, que inicialmente defendia três, mas posteriormente passou a defender duas condições da ação (houve supressão da possibilidade jurídica do pedido).

Assim, pelo NCPC, art. 485, VI, são condições da ação:

✓ **legitimidade de partes**: *coincidência/identidade entre as partes na relação jurídica processual e na relação jurídica material* (para o processo judicial do divórcio [relação material], são partes legítimas no processo o marido e a mulher);

✓ **interesse de agir**: *necessidade e adequação do provimento jurisdicional pleiteado* (se ainda não houve o vencimento de uma dívida, não há falta de pagamento e, então, não há *necessidade* de se buscar o Judiciário; se o autor utiliza um processo ou procedimento indevido em relação ao pedido formulado, fala-se em *inadequação*);

A **carência da ação** (NCPC, art. 337, XI) é a *ausência de uma das condições da ação*. Nesta situação, *o autor será carecedor da ação*. Diante disso, o processo será extinto sem resolução do mérito (NCPC, art. 485, VI).

Em relação às mudanças existentes no NCPC, vale destacar:

✓ a situação que antes era configurada como *possibilidade jurídica do pedido* (como um pedido de usucapião de área pública, vedado pelo sistema), poderia ser hoje qualificada como de falta de interesse de agir – ou seja, o fim dessa condição da ação *não significa que o sistema passe a permitir pedidos impossíveis*;

✓ o novo Código deixa de trazer as expressões "condição da ação" ou "carência da ação", de modo que alguns autores sustentam que isso não mais existe no processo brasileiro (e que seriam pressupostos processuais); porém, considerando a força da tradição, o mais provável é que siga se utilizando (e pedindo em provas) as expressões consagradas no direito processual brasileiro.

1.7. Dos atos processuais

1.7.1. Da forma dos atos processuais

Tal qual no Código anterior, o NCPC prevê o **princípio da liberdade das formas** (art. 188: os *atos processuais independem de forma determinada*, salvo quando a lei a exigir) e **instrumentalidade das formas** (art. 188, parte final: são válidos os atos que, realizados de outro modo, *preencham a finalidade essencial*).

Reafirmando o princípio da publicidade (NCPC, art. 8º), o art. 189 destaca que os atos processuais são públicos, mas há processos que tramitam em **segredo de justiça**:

(i) quando o "*interesse público ou social*" assim exigirem;

(ii) nas causas de *direito de família* (casamento, separação de corpos, divórcio, separação, união estável, filiação, alimentos e guarda de crianças e adolescentes);

(iii) em processos nos quais constem dados protegidos pelo *direito constitucional à intimidade*;

(iv) relativos à *arbitragem* e cumprimento de carta arbitral – desde que haja confidencialidade comprovada em juízo.

Inova o Código ao prever que, mesmo nos processos que tramitam em segredo de justiça, o *terceiro que demonstra interesse jurídico* na causa pode requerer ao juiz "certidão do dispositivo da sentença", e da partilha de bens decorrentes de divórcio ou separação (art. 189, § 2º).

1.7.2. Negócio Jurídico Processual (NJP) e calendarização

Prevê o NCPC a ampla realização do **negócio jurídico processual**, que permite a *alteração procedimental*. Se o processo debater *direitos que admitam autocomposição*, é lícito às *partes plenamente capazes estipular mudanças no procedimento* para ajustá-lo às especificidades da causa e *convencionar sobre seus ônus, poderes, faculdades e deveres processuais* (NCPC, art. 190). Isso pode ser definido antes (em cláusula contratual que tratar da solução de eventuais conflitos) ou durante o processo (por contrato ou petição conjunta nos autos).

Em síntese: *as partes poderão, de comum acordo, alterar o procedimento para o julgamento de sua causa.*

O juiz, de ofício ou a requerimento, *controlará a validade das convenções sobre procedimento*, recusando-lhes aplicação em casos de nulidade, inserção abusiva em contrato de adesão (o que, portanto, tende a afastar o NJP de relações de consumo) ou situações em que uma parte se encontre em manifesta situação de vulnerabilidade (NCPC, art. 190, parágrafo único). A dúvida, aqui, é saber *quais os limites do NJP* celebrado entre as partes. Isso somente será efetivamente definido pela jurisprudência do STJ, após diversos debates.

Além disso, NCPC inova ao prever, na sequência, o **"calendário processual"** (art. 191). Isso significa que *as partes e o juiz podem, de comum acordo, fixar calendário para a prática de atos processuais*. Quando isso ocorrer, tal calendário *vincula as partes e o juiz*, e os prazos nele previstos somente serão modificados em casos excepcionais e devidamente justificados (NCPC, art. 191, § 1º). No mais, considera-se *dispensada a intimação das partes* para a prática de ato processual ou a realização de audiência cujas datas tiverem sido designadas no calendário (NCPC, art. 191, § 2º). Ou seja, se as partes estipularem no calendário que o prazo para apresentação de quesitos é a data "x" e a audiência será realizada na data "y", não haverá necessidade de intimação.

1.7.3. Dos pronunciamentos do juiz (atos do juiz)

A **sentença** é definida como o pronunciamento pelo qual o juiz, com ou sem resolução de mérito, finda a fase cognitiva do procedimento comum ou extingue a execução (NCPC, art. 203, § 1º).

A **decisão interlocutória** é considerada todo pronunciamento judicial de *natureza decisória* que não se enquadra na definição de sentença (NCPC, art. 203, § 2º). Ou seja, um critério por exclusão, em relação à sentença.

Os **despachos** são os demais pronunciamentos do juiz praticados no processo, de ofício ou a requerimento (NCPC, art. 203, § 3º). Ou seja, um critério por exclusão, em relação à sentença e interlocutória.

O **acórdão** é o julgamento colegiado o tribunal (NCPC, art. 204).

O NCPC também prevê **a decisão monocrática do relator** (NCPC, art. 932, III, IV e V), mas deixou de defini-la neste momento, o que seria conveniente.

Os despachos, as decisões interlocutórias, o dispositivo das sentenças e a ementa dos acórdãos serão **publicados no Diário de Justiça Eletrônico** (NCPC, art. 205, § 3º). E, novamente, por certo que também se inclui a monocrática, mas o legislador foi omisso – quanto a ela, se houver ementa poderá ser apenas a ementa publicada; caso contrário, deverá ser publicada a decisão na íntegra.

1.7.4. Do tempo dos atos processuais

Os atos processuais devem ser realizados nos **dias úteis, das 6h às 20h** (NCPC, art. 212). Diferentemente do CPC/1973, não há mais necessidade de *autorização do juiz* para realizar as citações, intimações e penhoras "no período de férias forenses, onde as houver, e nos feriados ou dias úteis *fora do horário estabelecido neste artigo*" (NCPC, art. 212, § 2º). Porém, deve ser respeitada a inviolabilidade do domicílio à noite (CF, art. 5º, XI).

São **feriados**, além dos declarados em lei, "os sábados, os domingos e os dias em que não haja expediente forense" (NCPC, art. 216).

Se o processo não for eletrônico, a petição deverá "ser protocolada no horário de funcionamento do fórum ou tribunal" (NCPC, art. 212, § 3º). Sendo processo eletrônico, o ato pode ser realizado a qualquer hora do dia (NCPC, art. 213).

1.7.5. Dos prazos

Existem importantes novidades no NCPC quanto aos prazos.

Se o **prazo não estiver previsto em lei**, *o juiz determinará em quanto tempo* deverá ser realizado determinado ato processual, levando em conta a "complexidade do ato" (NCPC, art. 218, § 1º). Se o juiz não determinar prazo, este será de *5 dias* (NCPC, art. 218, § 3º).

Em relevante inovação para afastar um dos aspectos mais nocivos da "jurisprudência defensiva", o NCPC prevê que o **ato praticado antes do início do prazo será tempestivo** (art. 218, § 4º). Ou seja, o advogado pode recorrer antes da publicação da decisão, sem risco de que se fale em intempestividade.

A **contagem de prazos** teve mudanças significativas:

(i) na contagem de *prazo em dias*, estabelecido por lei ou pelo juiz, *apenas os dias úteis serão computados* (NCPC, art. 219) – sendo que essa previsão somente se aplica a prazos processuais e não prazos de direito material, como os prescricionais (NCPC, art. 219, parágrafo único). A dúvida é saber se o processo penal, processo do trabalho e processo eleitoral também terão a contagem de prazos dessa forma (resta aguardar a jurisprudência, mas havendo regra específica de contagem de prazo em outro diploma, não deve ser aplicado o NCPC; na omissão, deve ser aplicado);

(ii) haverá *suspensão de curso do prazo entre 20 de dezembro e 20 de janeiro*, período no qual não poderão ocorrer audiências – exatamente para que o advogado possa usufruir alguns dias de descanso e férias (NCPC, art. 220). Apesar de prazos suspensos nesse período, pela lei o Poder Judiciário deverá seguir em funcionamento (NCPC, art. 220, § 1º).

A **forma de contagem de prazo** (inicialmente disponibilização no diário oficial, depois publicação no próximo dia útil, com a exclusão do dia do início e inclusão do dia do término) segue a mesma prevista no CPC/1973 (NCPC, art. 224) – salvo pela não contagem nos dias úteis (art. 219).

Também há previsão de **prazos para magistrados e auxiliares.** O juiz proferirá: despachos em até 5 dias; decisões interlocutórias em 10 dias e sentenças em 30 dias (NCPC, art. 226). Em qualquer grau de jurisdição, havendo motivo justificado, o juiz pode exceder, por igual tempo, os prazos a que está submetido (NCPC, art. 227).

É mantida a previsão de **prazo em dobro para litisconsortes com advogados distintos** (art. 229). A novidade é a menção do NCPC quanto ao prazo em dobro para todas as manifestações e "em qualquer juízo ou tribunal, independentemente de requerimento". Contudo, *não se aplica* a regra do prazo em dobro *nos processos eletrônicos* (NCPC, art. 229, § 2º).

1.7.6. Da comunicação dos atos processuais

O NCPC prevê a existência de 4 cartas (art. 237). Três já existentes no sistema anterior: **carta precatória** (*realização de atos entre comarcas distintas*), **carta rogatória** (*realização de atos entre países distintos*), **carta de ordem** (*realização de atos entre graus de jurisdição distintos* – do tribunal para o 1º grau, por exemplo). E uma novidade: **carta arbitral** (*realização de atos entre órgão do Poder Judiciário e juízo arbitral*).

Caso exista *sentença de mérito favorável ao réu que transitar em julgado antes da citação*, deverá o escrivão comunicar o resultado do julgamento ao réu (NCPC, art. 241).

Citação é o ato pelo qual o *réu, executado ou interessado é convocado para integrar a relação processual* (NCPC, art. 238).

A citação poderá ser feita por **5 formas**: correio, oficial de justiça, escrivão, edital ou meio eletrônico (NCPC, art. 246).

A *citação por correio será a regra*, salvo nas ações de estado, quando o citando for incapaz, pessoa de direito público ou residir em local não atingido pelo serviço postal (NCPC, art. 247, I, II, III e IV). Também *não se realizará a citação por correio* se o autor, desde a petição inicial, requerer, *de forma justificada*, que ela seja feita de outra forma (NCPC, art. 247, V).

A *citação por escrivão ou chefe de secretaria* ocorrerá se o citando comparecer em cartório (NCPC, art. 246, III).

Há inovação em relação à **forma de citação das empresas**: com *exceção de microempresas e empresas de pequeno porte*, as empresas públicas e privadas deverão manter *cadastro nos sistemas de processo em autos eletrônicos*, para efeito de recebimento de citações e intimações, que serão efetuadas preferencialmente por esse meio (NCPC, art. 246, § 1º).

Se a **citação for para pessoa jurídica**, e não for por meio eletrônico, será *válido o ato* se a carta for entregue (i) a pessoa com *poderes de gerência* ou (ii) a funcionário *responsável pelo recebimento de correspondências.* Ou seja, a entrega para o porteiro, aceita pela jurisprudência, passa a ser prevista também no NCPC (art. 248, § 2º).

Com regras distintas do decidido pela jurisprudência do STJ, o NCPC prevê especificamente a **citação de pessoas físicas em condomínios** edilícios ou loteamentos com controle de acesso. Nesses casos, será válida a citação entregue a *funcionário da portaria* responsável pelo recebimento de correspondência; porém, o porteiro poderá *negar-se a recebê-la* se declarar, por escrito e sob as penas da lei, que o destinatário da correspondência está ausente (NCPC, art. 248, § 4º).

A **citação por oficial de justiça** (ou mandado) será realizada quando não possível a citação por correio ou quando esta for infrutífera (NCPC, art. 249).

Muda o número de diligências necessárias à **citação por hora certa**: quando, por *duas vezes*, o oficial de justiça tiver procurado o citando em seu domicílio ou residência sem o encontrar, deverá, havendo suspeita de ocultação, intimar qualquer pessoa da família ou, em sua falta, qualquer vizinho de que, no dia útil imediato, voltará a fim de efetuar a citação na hora que designar (NCPC, art. 252).

Por sua vez, na *citação por hora certa referente a moradores de condomínios* edilícios ou loteamentos com controle de acesso, será válida a intimação feita a funcionário da portaria responsável pelo recebimento de correspondência (NCPC, art. 252, parágrafo único).

A **citação por edital** será feita (NCPC, art. 256): (i) quando *desconhecido ou incerto o citando*; (ii) quando *ignorado*, incerto ou inacessível *o lugar em que se encontrar o citando* e (iii) nos demais casos expressos em lei (por exemplo, se o país que recusar o cumprimento de carta rogatória – NCPC, art. 256, § 1º).

Para fins de citação por edital, o citando será considerado em local ignorado ou incerto quando *infrutíferas as tentativas de localização do réu*. E isso ocorre inclusive mediante requisição pelo juízo de informações sobre seu *endereço nos cadastros* de órgãos públicos ou de concessionárias de serviços públicos (NCPC, art. 256, § 3º).

Importante inovação é a **publicação do edital na internet e não mais em jornal**. Tanto na *página do próprio tribunal*, quanto na *plataforma de editais do CNJ* (NCPC, art. 257, II).

Apesar dessa previsão de publicação do edital na internet, *poderá o juiz*, conforme as peculiaridades da comarca, determinar a publicação do edital *também em "jornal local de ampla circulação"* ou "outros meios" (NCPC, art. 257, parágrafo único).

A parte que requerer citação por edital, alegando *dolosamente* a ocorrência das circunstâncias autorizadoras para sua realização, incorrerá em *multa de 5 salários mínimos* (NCPC, art. 258).

Afirma o Código ser necessária a publicação de editais em três hipóteses (art. 259): I – na ação de usucapião de imóvel; II – nas ações de recuperação ou substituição de título ao portador; III – em qualquer ação em que seja necessária, por determinação legal, a provocação, para participação no processo, de interessados incertos ou desconhecidos.

Intimação é o ato pelo qual se dá ciência a alguém dos atos do processo (NCPC, art. 269).

Pode o **próprio advogado promover a intimação do advogado da parte contrária**, *por meio do correio*, juntando aos autos *cópia do ofício de intimação e do aviso de recebimento*; o ofício de intimação deverá ser instruído com *cópia do despacho, da decisão ou da sentença* (NCPC, art. 269, §§ 1º e 2º). Cabe também a *intimação da Fazenda Pública* dessa forma – devendo a intimação ser enviada para o órgão de Advocacia Pública responsável pela representação judicial do respectivo ente (NCPC, art. 269, § 3º).

Sempre que possível (ou seja, se já houver tecnologia nesse sentido), as intimações serão realizadas por meio eletrônico (NCPC, art. 270).

Além de seguir existindo a intimação em nome do advogado, será possível requerer a **intimação em nome da sociedade de advogados** inscrita na OAB – seja em conjunto com o nome do advogado, seja apenas em nome da sociedade (NCPC, art. 272, §§ 1º e 2º).

Conforme jurisprudência sedimentada do STJ no sistema anterior, se houver **requerimento expresso para publicação em nome de determinado profissional**, as intimações deverão trazer o nome desse patrono, *sob pena de nulidade* (NCPC, art. 272, § 5º).

1.8. Da tutela provisória

1.8.1. Visão geral do tema no NCPC

Em uma das mais incisivas mudanças do novo sistema processual, o NCPC muda consideravelmente o panorama em relação às **situações de urgência**. Vale destacar, desde logo, que diversas são as dúvidas e polêmicas, sendo que muitas questões somente serão pacificadas pelo STJ, em alguns anos.

Antes, **tutela antecipada e processo cautelar** eram tratados em *livros separadas* e eram *requeridos de maneiras distintas* (nos mesmos autos e em autos apartados, respectivamente). Agora, ainda que haja distinção entre as duas, ambas as formas de se tutelar a urgência estão *no mesmo livro* e com *mecanismo de se requerer bem semelhante*.

Sob a denominação **tutela provisória** o NCPC reuniu o *regramento referente à tutela de urgência e à tutela de evidência* (esta última, inovação).

Nas disposições gerais relativas ao assunto, consta que a "**tutela provisória** pode ter por fundamento *urgência ou evidência*" (NCPC, art. 294).

Assim, **tutela provisória é gênero**, dentro do qual existem *duas espécies*: **tutela de urgência e tutela de evidência**. De seu turno, a espécie *tutela de urgência* se divide em duas subespécies: tutela de urgência **cautelar** e tutela de urgência **antecipada** (art. 294, parágrafo único). Vejamos no quadro:

Gênero	Espécies	Subespécies
Tutela provisória	Tutela de urgência	Tutela cautelar
		Tutela antecipada
	Tutela de evidência	--

A **tutela de urgência** (qualquer delas) poderá ser *requerida em caráter antecedente ou incidental* (NCPC, art. 294, parágrafo único). No caso da **concessão em caráter antecedente**, teremos algo *semelhante com a antiga cautelar preparatória*, **com recolhimento de custas**, mas *sem se falar em processo em apartado*.

Em relação à **tutela de urgência incidental**, o *procedimento passa a ser bem simples*: em processo que já tramita, basta apresentar uma *petição apontando os requisitos e requerendo uma medida de urgência*. Sem custas (NCPC, art. 295), cópias de autos ou qualquer outra formalidade.

O juiz poderá determinar as medidas que considerar adequadas para **efetivar a tutela provisória**, que observará, no que couber, as *normas referentes ao cumprimento provisório da sentença* (NCPC, art. 297, *caput*, e parágrafo único).

Na **decisão** que conceder, negar, modificar ou revogar a tutela provisória *o juiz motivará seu convencimento de modo claro e preciso* (NCPC art. 298).

1.8.2. Da tutela de urgência

São **requisitos da tutela de urgência**: a) elementos que evidenciem a *probabilidade do direito*; b) *perigo de dano* ou risco ao resultado útil do processo (NCPC, art. 300). Assim, tem-se uma *coincidência de requisitos entre a cautelar e a antecipação de tutela* (subespécies da espécie tutela de urgência, como já visto).

Para deferir a tutela de urgência o juiz poderá, conforme o caso, exigir **caução** real ou fidejussória idônea para ressarcir danos que a outra parte possa vir a sofrer, podendo a *caução ser dispensada se a parte economicamente hipossuficiente não puder oferecê-la* (NCPC, art. 300, § 1º).

A **concessão** da tutela de urgência poderá se verificar *liminarmente* ou após *audiência de justificação prévia*, quando se poderá fazer prova dos requisitos para sua concessão (NCPC, art. 300, § 2º).

Tal qual no sistema anterior, há dispositivo **vedando a concessão de tutela antecipada** ("tutela de urgência de natureza antecipada") se **houver perigo de irreversibilidade** (NCPC, art. 300, § 3º). O*u seja, não se concede a tutela de urgência antecipada se a situação não puder voltar ao que era antes (ao status quo ante)*.

Porém, no sistema anterior, a jurisprudência temperava essa regra. Isso porque há muitas situações em que, *ainda que haja o risco de irreversibilidade, se não concedida a antecipação de tutela, haverá o risco de perecimento de um direito de grande relevância* (como, por exemplo, o direito à vida). É o que alguns denominam de **irreversibilidade recíproca** (não é um termo usual na jurisprudência, mas já foi utilizado pela OAB em provas anteriores).

Nesses casos, o juiz deve avaliar qual o direito que deve prevalecer e, se o caso, *conceder a antecipação de tutela, ainda que irreversível*, com base nos princípios da proporcionalidade e razoabilidade. É a posição dominante, no Código anterior, por exemplo, em questões envolvendo saúde, como se percebe do seguinte trecho de julgado do STJ:

> "*É possível a antecipação da tutela, ainda que haja perigo de irreversibilidade do provimento, quando o mal irreversível for maior*, como ocorre no caso de não pagamento de pensão mensal destinada a custear tratamento médico da vítima de infecção hospitalar, visto que a falta de imediato atendimento médico causar-lhe-ia *danos irreparáveis de maior monta do que o patrimonial*" (STJ, REsp 801.600/CE, *DJe* 18.12.2009).

Como já apontado em tópico anterior (item 1.4.11.6 acima), existem diversas **restrições quanto à concessão de tutela antecipada contra o Estado** (Lei 9.494/1997, art. 1º) – o que deve ser lido, à luz do NCPC, como **vedação à tutela provisória**. Contudo, exatamente como em relação à irreversibilidade, *a situação vem sendo mitigada pela jurisprudência*.

Assim, quando envolver direito à vida e à saúde, admite-se a concessão de tutela antecipada mesmo em face da Fazenda Pública, como se percebe do seguinte julgado, ao se manifestar a respeito do art. 1º da Lei 9.494/1997: "(...) o referido artigo deve ser interpretado de forma restritiva, *de modo a não existir vedação legal à concessão de antecipação dos efeitos da tutela contra a Fazenda Pública nas hipóteses em que envolvam o pagamento de verba de natureza alimentar*, como ocorre no presente caso" (STJ, AgRg no REsp 726.697/PE, *DJe* 18.12.2008).

A **tutela de urgência cautelar** pode ser efetivada mediante *arresto, sequestro, arrolamento de bens, registro de protesto contra alienação de bem* e qualquer outra medida idônea para asseguração do direito (NCPC, art. 301).

Temos, aqui, uma grande dificuldade: qual o **requisito e procedimento para essas medidas cautelares**? A lei é absolutamente omissa. Frise-se que essa é a **única menção** às antigas cautelares nominadas do CPC/1973. Assim, há total *ausência de regulamentação dessas medidas* – que, mencionadas expressamente, poderão seguir sendo utilizadas (especialmente arresto e sequestro, as mais frequentes no cotidiano forense).

Diante da ausência de regulamentação legal, o *procedimento será bem aberto*, cabendo ao juiz decidir não só o mérito (requisitos para sua concessão), mas também a forma de tramitação (efetivamente, o procedimento).

A **tendência**, especialmente no início da vigência do NCPC, é que *seguirão sendo aplicados os requisitos e procedimentos previstos no CPC/1973*. Ou seja, mesmo revogado o CPC/1973, é possível que suas regras inspirem a utilização dessas tutelas de urgência cautelares.

Sendo assim, no ponto, remete-se o leitor para o que foi escrito à luz do CPC/1973, nesta mesma obra. Apenas destaca-se, aqui, a principal distinção entre o arresto, sequestro e arrolamento (repita-se, à luz do Código anterior):

a) arresto:

✓ utilizado por um *credor qualificado* (com título executivo ou outro documento representativo da dívida) em face de um *devedor desqualificado* (que busca se ausentar ou alienar bens para ficar sem patrimônio);

✓ tem por finalidade *evitar a dilapidação do patrimônio*, de modo que o requerente tenha êxito numa futura execução de quantia certa (isto é, que ainda existam bens penhoráveis);

✓ tem por objeto *qualquer bem* do requerido;

✓ o arresto tende a se converter, na sequência da demanda, em *penhora*;

b) sequestro:

✓ utilizado quando houver *disputa a respeito da posse ou propriedade de um bem*;

✓ tem por finalidade *evitar o perecimento de determinado bem*, de modo que o requerente tenha êxito numa futura execução de entrega de coisa certa;

✓ tem por objeto um *bem específico* do requerido;

✓ o sequestro tende a se converter, na sequência da demanda, em *depósito*;

c) arrolamento:

✓ utilizado quando houver *disputa a respeito da posse ou propriedade de bens indeterminados*;

✓ tem por finalidade *evitar o perecimento de tais bens*, além de se saber *quais são* e quantos são os bens em disputa;

✓ ou seja, é instrumento próximo ao sequestro. A distinção entre as duas cautelares é que, no sequestro, sabe-se exatamente qual bem se quer proteger; no arrolamento, *quer-se saber quais são os bens, além de protegê-los*;

✓ tem por objetivo *arrolar* (obter um rol, uma relação) *e proteger* um conjunto de bens na posse do requerido (como em casos de direito de família e entre sócios).

✓ **Efetivada a tutela de urgência** (cautelar ou antecipatória) e **posteriormente reformada**, deverá o *autor reparar o dano processual causado ao réu* (NCPC, art. 302), com a indenização fixada preferencialmente nos mesmos autos (NCPC, art. 302, parágrafo único).

1.8.2.1. Do procedimento da tutela antecipada antecedente

A **tutela antecipada antecedente** vem prevista para os casos em que a urgência for *anterior ou contemporânea (conjunta) à propositura da ação*. Nessas hipóteses, a petição inicial *pode limitar-se ao requerimento da tutela antecipada* e à indicação do pedido de tutela final com a exposição da lide, do direito que se busca realizar e do perigo de dano ou risco ao resultado útil do processo (NCPC, art. 303). Sendo essa a escolha do autor, haverá *recolhimento de custas* e o *valor da causa* deverá levar em consideração o *pedido de tutela final*, e não apenas o valor relativo à antecipação de tutela (NCPC, art. 303, § 4º).

Ou seja, **pode se pedir somente a tutela antecipada** indicando a petição *qual será o pedido principal* – que não mais será uma "ação principal", pois o pedido será elaborado posteriormente, nos mesmos autos.

Concedida a tutela antecipada antecedente, o autor deverá **aditar a petição inicial** para complementar sua argumentação, juntar novos documentos e confirmar o pedido de tutela final, em 15 dias ou outro prazo maior que o juiz fixar (NCPC, art. 303, § 1º, I). No aditamento, *não haverá* a necessidade de recolhimento de *novas custas* (NCPC, art. 303, § 3º). Feito o aditamento, o réu será *citado para comparecer à audiência de conciliação ou de mediação* (NCPC, art. 303, § 1º, II); não havendo acordo, somente aí haverá o início do prazo para contestação (NCPC, art. 303, § 1º, III).

Se o autor não aditar a petição inicial para elaborar o pedido principal, haverá a *extinção do processo sem resolução do mérito* (NCPC, art. 303, § 2º).

Se a **tutela antecipada for indeferida,** o juiz determinará a *emenda da inicial*, em *5 dias, sob pena de extinção do processo sem resolução do mérito* (art. 303, § 6º). Atenção para esse *prazo de 5 dias*, que é um dos poucos prazos do NCPC de poucos dias – e, inclusive, bem inferior ao prazo de aditamento no caso de concessão da liminar (15 dias ou mais, como exposto acima).

Importante – e polêmica – inovação do NCPC é a previsão de **estabilização da tutela antecipada**: a *tutela antecipada concedida se tornará estável se da decisão que a conceder não for interposto recurso* (NCPC, art. 304). Já debate a doutrina se a menção a "recurso" deve ser entendida como o *uso do agravo ou se é possível se interpretar que seria qualquer impugnação à decisão judicial concessiva da antecipação de tutela* – inclusive a própria contestação. Por cautela, até que haja a definição do tema pelo STJ, o mais seguro é interpretar "recursos" exatamente da forma técnica que consta no NCPC (ou seja, *embargos de declaração e/ou agravo de instrumento*).

Uma vez estabilizada a antecipação de tutela, o *processo será extinto* e qualquer das partes poderá **ingressar com novo processo judicial** para *rever, reformar ou invalidar a tutela antecipada estabilizada* em até 2 anos contados da ciência da decisão extintiva (NCPC, art. 304, §§ 1º, 2º e 5º). Assim, se não houver essa ação para afastar a estabilidade da tutela antecipada, estaríamos diante de **coisa julgada**? Pelo Código, não, pois se afirma que a decisão que concede a tutela *não fará coisa julgada* (NCPC, art. 304, § 6º), mas sim que há **estabilidade dos efeitos da tutela antecipada**, que só será *afastada por decisão na demanda que buscar alterar a tutela estabilizada*.

Do cotejo dos arts. 303 e 304 percebe-se uma **incongruência quanto à estabilização da antecipação de tutela**. De um lado, o NCPC afirma que, *não realizado o aditamento*, o processo será *extinto* (art. 303, § 2º). Do outro, afirma o Código que *só há estabilização* se não houver recurso do réu e *aditamento do autor* (art. 304, § 1º). O tema já é polêmico.

Uma *possível interpretação* é entender que, **não havendo recurso do réu** contra a decisão que concede a tutela antecipada, há **2 opções ao autor**: (i) *aditar a inicial* – e, assim, não haverá a estabilização da tutela antecipada, mas o prosseguimento do processo ou (ii) *não aditar a inicial* – hipótese em que não haverá a extinção, mas sim a estabilização da tutela antecipada (e, eventualmente, poderá o autor ingressar com nova medida judicial para pleitear o pedido principal).

Para melhor compreensão, vale exemplificar. Pensemos uma inscrição indevida em cadastro restritivo de crédito. Tutela provisória de urgência antecipada requerida de forma antecedente (apenas a exclusão de cadastro restritiva), apontando como futuro pedido principal indenização por danos morais. **Tutela antecipada deferida para excluir o nome do cadastro restritivo de crédito**. Possibilidades:

(i) *réu agrava* e *autor não adita* a inicial: *não há estabilização* da tutela antecipada e o processo será *extinto sem resolução do mérito*;

(ii) *réu agrava* e *autor adita* a inicial, pleiteando danos morais: não há estabilização da tutela antecipada e o processo prosseguirá;

(iii) *réu não agrava* e *autor não adita* a inicial: *estabilização da tutela antecipada* (no sentido de a inscrição ser indevida) e *extinção do processo*, com mérito (procedência do pedido de tutela antecipada). Se o autor quiser pleitear danos morais, poderá, mas por meio de nova demanda.

A tutela antecipada **conservará seus efeitos** enquanto não revista, reformada ou invalidada por decisão de mérito (art. 304, § 3º);

1.8.2.2. Do procedimento da tutela cautelar antecedente

No tópico anterior, houve a análise da tutela antecipada antecedente. Neste tópico, analisa-se a outra tutela de urgência que pode ser requerida de forma antecedente: a **tutela cautelar antecedente**.

Neste caso, a *petição inicial* da ação que buscar tal tutela *indicará a lide e seu fundamento*, a *exposição sumária do direito* que visa assegurar e o *perigo de dano* ou risco ao resultado útil do processo (NCPC, art. 305). São requisitos semelhantes ao do antigo processo cautelar, existente no CPC/1973. Também deverá existir valor da causa e recolhimento de custas (interpretação que decorre do NCPC, art. 308, *caput*, parte final).

Se o autor assim quiser, o *pedido principal pode ser formulado juntamente com o pedido de tutela cautelar* (NCPC, art. 308, § 1º)

Se o juiz entender que o **pedido tem natureza antecipada**, deverá observar o *regramento relativo à tutela antecipada* (NCPC, art. 305, parágrafo único). Ou seja, é a **fungibilidade entre as tutelas de urgência**. Contudo, *não há artigo específico no sentido inverso*, quanto à antecipação de tutela. Ou seja, não há previsão de possibilidade de o juiz receber a antecipação de tutela como cautelar – especialmente porque **não há previsão de estabilização da tutela cautelar**, mas somente da tutela antecipada. Resta verificar como será a jurisprudência em relação a este tema (no sistema anterior, falava-se em fungibilidade de mão dupla).

O réu será **citado para contestar** em *5 dias* (NCPC, art. 306). Trata-se de um *prazo curto*, que não é a regra no NCPC. Se não houver contestação, haverá **revelia**, com a presunção de veracidade dos fatos narrados, afirmando o Código que o juiz deverá *decidir em 5 dias* (NCPC, art. 307). Se houver contestação, o trâmite da demanda será pelo **procedimento comum** do processo de conhecimento (NCPC, art. 307, parágrafo único).

Efetivada a tutela cautelar, o *pedido principal terá de ser formulado pelo autor no prazo de 30 dias*, caso em que será apresentado nos *mesmos autos* em que já deduzido o pedido cautelar (NCPC, art. 308). O complemento da demanda, em relação ao pedido principal, *não demandará novas custas processuais* (NCPC, art. 308) e será possível *aditar a causa de pedir* (NCPC, art. 308, *caput* e § 2º).

Apresentado o pedido principal, as *partes serão intimadas para comparecer à audiência de conciliação ou mediação*; não havendo autocomposição, o prazo para contestação terá fluência a partir desse momento (NCPC, art. 308, §§ 3º e 4º).

Cessa a eficácia da tutela cautelar antecedente se (NCPC, art. 309):

I – não houver a *apresentação do pedido principal* em 30 dias;

II – a tutela cautelar não for *efetivada* em 30 dias;

III – o *pedido principal for improcedente* ou o *processo for extinto sem mérito*.

Se isso ocorrer, somente será possível formular novo pedido se houver novo fundamento (nova causa de pedir).

Em regra, o **indeferimento do pedido cautelar não obsta a formulação do pedido principal**. A exceção se refere à hipótese em que *reconhecida a prescrição e decadência na análise do pedido cautelar* (NCPC, art. 310). Ou seja, nesse caso a coisa julgada do processo cautelar terá de ser observada no processo principal.

1.8.3. Da tutela da evidência

Com esse nome específico, trata-se de uma **novidade na legislação**. Mas é possível vislumbrar uma semente desse novo instituto no CPC/1973, especialmente no antigo art. 273, § 6º (tutela antecipada com base em pedidos incontroversos).

A **tutela da evidência** busca resguardar um *direito evidente*; ou seja, é uma *tutela provisória que não depende de urgência* (exatamente por isso não é denominada de tutela de urgência, o outro gênero da tutela provisória).

A **tutela da evidência será concedida**, *independentemente* da demonstração de *perigo de dano ou de risco ao resultado útil do processo*. O Código a prevê em **4 situações** (art. 311):

I – ficar caracterizado *abuso do direito de defesa* ou manifesto propósito protelatório da parte (tutela de evidência **penalizadora da má-fé**;

II – *as alegações de fato puderem ser comprovadas apenas documentalmente* e houver *tese firmada em julgamento de casos repetitivos ou súmula vinculante* (tutela de evidência fundada em **tese firmada em tribunal superior**)

III – se tratar de *pedido reipersecutório fundado em prova documental* adequada do *contrato de depósito*, caso em que será decretada a ordem de entrega do objeto custodiado sob cominação de multa (tutela de evidência em **contrato de depósito**);

IV – a petição inicial for instruída com *prova documental suficiente dos fatos constitutivos do direito do* autor, a que o *réu não oponha prova* capaz de gerar dúvida razoável (tutela de evidência **fundada em prova incontroversa**).

Afirma o Código que nos casos dos incs. II e III será possível a **concessão liminar** da tutela de evidência (art. 311, parágrafo único).

Exemplo, ainda que não haja uma situação de perigo grave, a tese debatida é tão firme que já consta de súmula vinculante; nesse caso, o autor não deve aguardar o término do processo para usufruir o seu pedido (tutela de evidência fundada em tese firmada em tribunal superior – que poderá ser concedida em caráter liminar).

1.8.4. Síntese da tutela provisória no NCPC

Como se sabe, a resposta do Poder Judiciário a um pedido formulado pelo autor não é imediata. Contudo, há situações nas quais não é necessário aguardar o término do processo para que o Judiciário conceda o pleiteado pela parte. É para isso que se pleiteia uma "**liminar**", ou seja, *uma decisão no início do processo*.

No NCPC, o tema é tratado sob o título **tutela provisória**.

A tutela provisória pode ser concedida com base na **urgência**: *antecipação de tutela* e *cautelar*. Do ponto de vista formal, ambas são pleiteadas da mesma forma: ou *durante o processo* de conhecimento que já tramita (**incidentalmente**) ou mesmo *antes de se debater o pedido principal* (tutela de urgência **antecedente**). É possível, também, pedi-las *junto com o pedido principal*, na mesma petição inicial. *Não* se pede em **processo apartado**. Se a tutela de urgência for pleiteada de forma antecedente, há necessidade de se **aditar a petição inicial**, para se *formular o pedido principal*, sob pena de extinção.

Mas qual a **distinção entre antecipação de tutela e cautelar**?

A **finalidade da cautelar** *é resguardar o pedido principal* (caráter *conservativo* – visa a evitar o perecimento do direito).

A **finalidade da antecipação de tutela** *é, desde logo, antecipar os efeitos de uma futura decisão de mérito* (caráter *satisfativo* – já se quer a fruição do direito).

Apesar de na teoria ser simples diferenciar o cabimento de cada uma (*distinção entre assegurar e satisfazer*), na prática há dificuldades. Tanto porque cada juiz pode ter um entendimento, como porque há situações que podem ser enquadradas nas duas hipóteses.

Diante disso, haveria **fungibilidade entre as tutelas de urgência**, ou seja, entre cautelar e antecipação de tutela? O NCPC apenas prevê que o pedido cautelar possa ser apreciado, pelo juiz, como de tutela antecipada (NCPC, art. 305, parágrafo único). Diante disso, pode existir também o contrário, ou seja, o juiz receber um *pedido cautelar como se fosse tutela antecipada*? No CPC/1973, a jurisprudência entendia que a fungibilidade era de mão dupla (ou seja, fungibilidade nos dois sentidos). Porém, no NCPC, **apenas a tutela antecipada pode ser estabilizada**, e não o pedido cautelar (art. 304). Por essa razão, há maior dificuldade em se admitir a fungibilidade de mão dupla no NCPC – mas resta verificar como será a jurisprudência quanto ao tema.

Por fim, além da tutela provisória fundada na urgência, o NCPC inova ao trazer a tutela provisória (antes da sentença, em cognição sumária) *fundada no direito evidente*: **tutela de evidência**. Há 4 hipóteses em que isso é cabível, sendo que em duas delas é possível a *concessão liminar*. A **finalidade da tutela de evidência** *é inverter o ônus do tempo do processo*: se já existe direito razoavelmente plausível em favor do autor, por que haveria necessidade de se aguardar a sentença para sua fruição? Essa é a ideia da tutela da evidência.

1.9. Formação, suspensão e extinção do processo (parte geral)

O presente tópico trata da formação, suspensão e extinção do processo em relação a todos os processos e procedimentos. Cada um dos processos (conhecimento e execução) terá especificidades, especialmente em relação à extinção.

1.9.1. Formação

Como já visto, a *jurisdição é inerte (princípio dispositivo)*, razão pela qual a parte deve provocar o Judiciário para que tenha início o processo (NCPC, art. 2º).

A regra constante da parte inicial do art. 312 é a seguinte: "considera-se proposta a ação quando a petição inicial for protocolada (...)". Porém, para o réu, somente surtem os efeitos da formação após a sua citação.

De qualquer forma, há a **formação do processo** *no momento em que a petição inicial é protocolada em juízo*.

Assim, são **requisitos de constituição da relação processual**:

✓ *petição inicial escrita em português* (NCPC, art. 192);

✓ *subscrita por advogado ou defensor público;* e *endereçada a juiz.*

Repetindo o CPC/1973, afirma o NCPC que se considera proposta a ação quando a petição inicial for protocolada (art. 312). (*Vide* art. 240 quanto aos efeitos da citação para o réu).

1.9.2. Suspensão do processo

Apesar de o princípio da celeridade permear todo o sistema processual, por vezes se faz necessária a **suspensão do processo**, ou seja, *a paralisação do trâmite processual*.

Não obstante, qualquer que seja a hipótese de suspensão, *atos urgentes podem ser praticados durante o período em que o processo está suspenso* – salvo se houver alegação de *impedimento ou suspeição* (NCPC, art. 314).

É importante consignar que suspensão do processo é algo distinto da suspensão ou interrupção do prazo processual.

É necessária previsão legal para que haja a suspensão do processo, sendo que o Código prevê diversas situações para tanto.

O principal dispositivo que trata do tema é o art. 313 do NCPC, que traz as seguintes **hipóteses de suspensão**:

(i) Pela *morte ou perda da capacidade processual* de qualquer das *partes*, de seu representante legal ou de seu procurador.

O autor, quando falece, deixa de deter capacidade de ser parte. Um idoso que é interditado perde sua capacidade processual. Um advogado que é desligado dos quadros da OAB não é mais dotado de capacidade postulatória. Nestes três exemplos, o processo não pode prosseguir. Mas preferível à extinção de plano é a *suspensão, até que a incapacidade seja solucionada.*

Contudo, se a falha não for suprida, sendo em relação ao autor, o processo será extinto sem mérito; sendo em relação ao réu, será decretada a revelia (NCPC, art. 313, § 3º). Inova o NCPC ao apontar que, no caso de óbito da parte, se não houver habilitação, o juiz determinará a suspensão de ofício e buscará que haja o ingresso dos herdeiros (NCPC, art. 313, § 2º).

(ii) Por *convenção das partes.*

Se as partes estão em vias de celebrar um acordo para pôr fim ao processo, o prosseguimento do feito pode dificultar as negociações. Daí a conveniência de suspender o processo.

Contudo, o *prazo máximo para que o processo fique suspenso é de seis meses* (NCPC, art. 313, § 4º). Após tal período, o processo deverá retomar seu curso;

(iii) Quando houver *arguição de impedimento ou suspeição*.

Lembrando que não há mais a figura da exceção, se a parte impugnar a imparcialidade do juiz, é conveniente que se aguarde a decisão dessa questão com a suspensão do processo.

(iv) Quando for admitido o *incidente de resolução de demandas repetitivas*.

O IRDR (art. 976) é uma das grandes novidades do NCPC. Quando ele for admitido, para que se decida a questão repetitiva, impõe-se a suspensão de todos os outros processos que discutam a mesma tese jurídica. A rigor, o prazo máximo de suspensão é de 1 ano, mas eventualmente poderá esse prazo ser majorado (NCPC, art. 980, parágrafo único).

(v) Quando a *sentença de mérito depender do julgamento de outra causa ou de prova requisitada a outro juízo*, ou seja, quando houver *prejudicialidade externa*.

Ao se falar em prejudicialidade, significa dizer que *antes da solução da questão principal* (o pedido, aquilo que deverá ser apreciado pelo juiz), *deve ser solucionada a questão prejudicial em debate em outro processo*. O objetivo da suspensão pela prejudicialidade externa é evitar que haja a prolação de decisões conflitantes.

No que diz respeito à suspensão decorrente de prova a ser produzida em outro juízo, o exemplo é a *expedição de carta precatória para oitiva de testemunha*. Ou seja, o processo "principal" fica sobrestado até que a prova em questão seja produzida.

Considerando a morosidade que isso acarreta, houve alteração legislativa: apenas quando se tratar de prova "imprescindível" é que a carta terá o condão de suspender o processo (NCPC, art. 377).

Por fim, o processo só poderá ficar suspenso pela alínea V pelo prazo máximo de 1 ano (NCPC, art. 313, § 4º);

(vi) Por motivo de *força maior*.

Para fins deste inciso, deve-se entender por força maior a situação imprevisível, alheia à vontade das partes e do juiz que torne impossível a realização de determinado ato processual. Se isso ocorrer, o processo estará suspenso e, consequentemente, prorrogados os prazos para realização daquele ato processual. Como exemplo da segunda década do século XXI, as fortes chuvas que destruíram diversos fóruns em cidades do Sudeste do Brasil.

(vii) Quando se discutir em juízo *questão decorrente de acidentes e fatos da navegação de competência do Tribunal Marítimo*.

O Tribunal Marítimo é órgão administrativo que aprecia questões relativas ao Direito Marítimo (tema que ganha prestígio no NCPC). Assim, se houver o debate de acidente marítimo em apreciação perante o Tribunal Marítimo, eventual processo judicial sobre esse tema deverá ser suspenso. Trata-se, portanto, de mais uma situação de prejudicialidade externa (como no inc. V). Não há previsão legal de prazo máximo de suspensão, mas por uma interpretação teleológica, também deve ser aplicado o prazo máximo de 1 ano (NCPC, art. 313, § 4º).

1.9.3. Extinção do processo

O processo em determinado momento terá de chegar a seu final. *O término do processo se dará pelas mais diversas razões*. É o que se denomina de **extinção do processo**.

Termina o NCPC sua parte geral falando de extinção do processo, e que ela **se dará por sentença** (art. 316). Porém, as hipóteses de sentença com e sem resolução de mérito (*conhecimento*) ou quando cabe a extinção na *execução* estão previstas apenas na parte especial (arts. 485, 487 e 924).

Em linha com o princípio da cooperação e contraditório, destaca o NCPC que, **antes de proferir decisão sem resolução de mérito**, o juiz deverá *conceder prazo* à parte para que, se possível, corrija o vício que acarretaria a extinção (NCPC, art. 317).

2. PROCESSO DE CONHECIMENTO

2.1. Processos e procedimentos

O processo mais regulamentado no Código é o processo de conhecimento, que será analisado neste capítulo.

Mas, para que se entenda bem o tema, é necessário, inicialmente, realizar uma breve análise dos conceitos de processo, procedimento e rito.

✓ **Processo** é o *instrumento que o Estado coloca à disposição dos litigantes para solucionar a lide (administrar justiça)*.

✓ **Procedimento** é a *forma, modo, maneira pela qual o processo se exerce*.

✓ **Rito** é a *forma, modo, maneira pela qual o procedimento se desenvolve*. No NCPC, deixa de ter relevância esta subclassificação de rito.

Ou seja, são três conceitos correlacionados, porém distintos.

2.1.1. Processos no NCPC

O NCPC conhece 2 tipos de processos (cf. Livro I e II da Parte Especial do Código):

a) Processo de conhecimento (tutela cognitiva): *há crise de certeza, ou seja, não se sabe quem tem razão até que o juiz decida. Visa a uma sentença de mérito, que decidirá a lide.*

Por sua vez, o processo de conhecimento pode ser classificado conforme o pedido formulado, o provimento pretendido ou a sentença obtida, da seguinte forma:

(i) pedido condenatório: impõe ao réu uma obrigação de pagar, dar, fazer, não fazer etc.;

(ii) pedido constitutivo (positivo ou negativo): constitui, modifica ou extingue uma relação jurídica (na constitutiva positiva, há a constituição de uma relação jurídica; na constitutiva negativa, há a extinção de uma relação jurídica);

(iii) pedido declaratório (positivo ou negativo): declara a (in)existência de uma relação jurídica.

Ainda, para alguns, há ainda o pedido **mandamental** e **executivo *lato sensu***, que podem ser vistos como uma variação do pedido condenatório;

b) Processo de execução (tutela satisfativa): *há crise de adimplemento, ou seja, já se sabe quem tem razão, mas não há a satisfação do direito do credor por parte do devedor. Para ser utilizado, é necessário título executivo e inadimplemento.*

Como se vê, no NCPC **o processo cautelar foi extinto** (e existia no CPC/1973). No novo Código, a cautelar (não mais processo autônomo) pode ser requerida de forma antecedente ou junto com a petição inicial (*vide* capítulo 1.8, a respeito da tutela provisória).

2.1.2. Procedimentos no CPC

Como já exposto, procedimento é a forma pela qual o processo se desenvolve. Cada processo terá seus próprios procedimentos.

No NCPC, o panorama é o seguinte:

a) No *processo de conhecimento*, há os seguintes procedimentos:

(i) comum, *que é o procedimento-padrão, a ser utilizado na maior parte das causas* (NCPC, art. 318);

(ii) especial, *que apresenta distinções em relação ao procedimento comum*, de modo a decidir a lide de forma mais adequada (NCPC, Título III do Livro I da Parte Especial, art. 539 e ss., além de leis extravagantes);

O procedimento comum (que é o procedimento padrão, o mais amplo e usual), é aplicado de forma subsidiária aos procedimentos especiais e também ao processo de execução (art. 318, parágrafo único).

b) No *processo de execução*, não há um procedimento comum e outros especiais. O que existem são **diversos tipos de procedimentos**, *cada um correspondente a cada uma das diversas espécies de execução* (alimentos, entrega de coisa, contra a Fazenda etc.).

No tocante ao procedimento comum do processo de conhecimento, há importante mudança em relação ao que existia no CPC/1973. No Código anterior, o procedimento comum se dividia no rito ordinário e sumário. No NCPC, houve a extinção do rito sumário; sendo assim, não mais se justifica a existência de um rito ordinário. Logo, no NCPC somente existe, *no processo de conhecimento, procedimento comum* **(art. 318 e ss.)** *e especial* **(art. 539 e ss.).**

Diante do exposto, é possível apresentar o seguinte quadro síntese em relação ao NCPC.

Processo	Procedimento
1) Conhecimento	1.1) Comum; 1.2) Especial.
2) Execução	2.1) pagar quantia; 2.2) fazer ou não fazer; 2.3) alimentos etc. (Diversos, conforme a espécie de obrigação).

A título de comparação, no sistema anterior (CPC/1973) o quadro era o seguinte:

Processo	Procedimento	Rito
1) Conhecimento	1.1) Comum; 1.2) Especial.	1.1.1) Ordinário; 1.1.2) Sumário.
2) Execução	2.1) pagar quantia; 2.2) fazer ou não fazer; 2.3) alimentos etc. (Diversos, conforme a espécie de obrigação).	–
3) Cautelar	3.1) inominadas; 3.2) nominadas.	–

2.1.3. Procedimentos no processo de conhecimento

Considerando o panorama geral exposto, é possível analisar os procedimentos no processo de conhecimento:

(i) procedimento comum: *é a base, a norma que se aplica de forma subsidiária aos demais.*

É o procedimento regulado com mais vagar pelo NCPC, é o mais completo, com maior número de atos (inicial, contestação, réplica etc.) e fases mais facilmente distinguíveis (postulatória, saneadora, instrutória, decisória e cumprimento de sentença);

(ii) procedimentos especiais: *surgem diante da impossibilidade de solução a determinados problemas pelo procedimento comum. A finalidade é adequar o procedimento ao direito material debatido.*

As diferenças, em relação ao procedimento paradigma (comum), são previstas em lei e podem estar nos prazos, na previsão de liminar, na modificação/concentração das fases processuais etc.

2.1.4. Distinção concreta entre os procedimentos

Para visualizar a distinção entre os diversos procedimentos, cabe apresentar exemplos.

Basta visualizar um **pedido condenatório**, que pode tramitar:

✓ pelo procedimento *comum*;

✓ pelo procedimento *especial* (condenação a pagar alimentos).

Procedimento comum (trâmite em 1º grau) – possível algumas variações
1) inicial;
2) audiência de conciliação ou mediação (NCPC, art. 334);
3) contestação, em 15 dias (NCPC, art. 335).
4) réplica; em 15 dias (NCPC, art. 351)
5) saneamento (NCPC, art. 357);
6) audiência de instrução (NCPC, art. 358);
7) alegações finais/memoriais (NCPC, art. 364);
7) sentença (passível de recurso).

Procedimento especial – alimentos (Lei 5.478/1968, trâmite em 1º grau)
1) inicial
2) audiência de conciliação, instrução e julgamento: – tentativa de conciliação; – apresentação de contestação; – produção de provas; – alegações finais.
3) sentença – que inclusive poderá ser proferida na própria audiência (passível de recurso, que será recebido só no efeito devolutivo).

Como se percebe da análise dos dois trâmites, as diferenças de procedimento são eminentemente práticas e perceptíveis de verificação a partir da análise do passo a passo procedimental das demandas.

2.2. Formação, suspensão e extinção do processo de conhecimento

Uma vez verificada a distinção entre processo e procedimento, é possível verificar como todos os processos de conhecimento (independentemente do procedimento) se formam e chegam a seu término. Aqui se retoma o que inicialmente foi exposto em relação a todos os processos (parte geral, item 1.9).

2.2.1. Formação do processo de conhecimento

✓ *Não há significativas distinções entre a formação de qualquer processo e o processo de conhecimento. Assim, vide item 1.9.1.*

2.2.2. Suspensão do processo de conhecimento

Idem acima. *Vide* Item 1.9.2.

2.2.3. Extinção do processo de conhecimento

✓ *No tocante à formação, suspensão e extinção do processo, o ponto em que há distinção entre a parte geral (muito genérica) e a parte especial (específica) é este, relativo à* **extinção do processo**.

✓ *Tal qual no sistema anterior, o NCPC separa a* **extinção sem resolução do mérito** *(por questões formais) e a* **extinção com resolução do mérito** *(em que há a composição da lide, com o pedido efetivamente apreciado). Curioso é destacar que a parte geral para expressamente em* **extinção** *do processo, por sentença (art. 316), mas os artigos específicos que tratam do tema no processo de conhecimento não se referem nem à extinção, nem à sentença.*

2.2.3.1. Decisão sem resolução do mérito

A decisão sem resolução do mérito (NCPC, art. 485) em regra, extinguirá o processo. Porém, se houver mais de um pedido ou litisconsorte, e houver decisão sem mérito em relação a tal pedido ou parte, então não haverá extinção do processo, pois prosseguirá a relação processual em relação ao outro pedido ou parte. Por isso é que o NCPC não se refere à extinção no *caput* do artigo que trata da hipótese em que o juiz não resolve o mérito.

São hipótese de **decisão sem resolução do mérito**:

(i) *indeferimento da inicial* (NCPC, art. 330; o § 1º traz casos de *inépcia da inicial*).

Nas hipóteses em que o *vício da petição inicial for sanável*, deverá o juiz determinar *sua emenda* (NCPC, arts. 317 e 321). Contudo, (i) se, mesmo após a determinação, *não houver a emenda* ou (ii) *se o vício for grave e não admitir correção*, então haverá o indeferimento da inicial e *o magistrado extinguirá o processo, sem resolução do mérito.*

(ii) *o processo ficar parado* por mais de um ano por *negligência das partes.*

Este inciso retrata o *abandono do processo por ambos* os litigantes;

(iii) *autor abandona* a causa por mais de 30 dias.

Já este inciso retrata o *abandono do autor.*

Nos 2 casos de abandono (incs. II e III), *as partes devem ser intimadas pessoalmente, antes da decisão sem mérito* (NCPC, art. 485, § 1º). A providência se justifica por força de hipóteses como, por exemplo, a morte do advogado sem ciência do cliente. Se houver a decisão sem mérito por abandono de ambas as partes, as *custas do processo* serão pagas proporcionalmente pelas partes; se for abandono do autor, o autor arcará integralmente com custas e honorários (NCPC, art. 485, § 2º).

Se o *réu já tiver apresentado a contestação*, a extinção pelo abandono do autor depende de requerimento do réu (NCPC, art. 485, § 6º).

(iv) *falta de requisitos de constituição* ou *validade* do processo.

Haverá extinção do processo *se não estiverem presentes os pressupostos processuais de existência e validade* (tema já antes tratado – cf. item 1.6.2 supra);

(v) *perempção, litispendência* e *coisa julgada.*

A litispendência e a coisa julgada (NCPC, art. 337, §§ 1º a 4º) já foram analisadas no item 1.6.3. A **perempção** é a *situação na qual, se o autor provocar a extinção do processo por 3 vezes por força do abandono, o juiz, no 4º ajuizamento extinguirá o processo sem resolução do mérito* – nesse caso, porém, será possível à parte alegar em defesa seu direito (NCPC, art. 486, § 3º).

(vi) falta de legitimidade ou interesse processual (*carência de ação).*

A *falta de uma das condições da ação* já foi antes analisada (item 1.6.4);

(vii) *convenção de arbitragem ou* reconhecimento de *competência pelo juízo arbitral.*

Se as partes celebraram contrato no qual estipulam que, *diante da lide, a solução será pela via da arbitragem, a causa não pode ser decidida pelo Poder Judiciário,* mas sim por um árbitro (Lei 9.307/1996). Daí a extinção sem resolução de mérito. Inova o NCPC ao mencionar reconhecimento da competência pelo juiz arbitral; ou seja, o árbitro, ao reconhecer sua competência para apreciar determinada lide, acaba por esvaziar a competência do Poder Judiciário.

(viii) *autor desiste* da ação.

A desistência é distinta da renúncia (NCPC, art. 487, III, "c"). *A primeira, por ser sem mérito, admite a repropositura da mesma ação. A segunda, por ser com mérito, forma coisa julgada* e impede a repropositura. Assim, o autor *desiste do processo,* ao passo que *renuncia ao direito.*

A partir do momento em que é *oferecida a contestação pelo réu, a desistência do autor depende da concordância do réu* (NCPC, art. 485, § 4º). Além disso, define o NCPC que a desistência *só é admitida até a sentença* – afinal, com a sentença, ou a parte recorre ou se submete à decisão, não mais sendo possível a desistência do processo (NCPC, art. 485, § 5º).

(ix) ação for *intransmissível*.

Se o direito discutido em juízo for **intransmissível** (basicamente as hipóteses de direito personalíssimo), *o falecimento da parte* (o suposto titular do direito) *não permite que haja a sucessão da posição jurídica processual*. O grande exemplo é o divórcio; assim, com a morte de uma das partes, extingue-se o processo de divórcio e passa a parte sobrevivente a ser viúva.

Em todos os incisos do art. 485 do NCPC ora apresentados, *a sentença é terminativa*, ou seja, processual, não decide a lide. Assim, **em regra, admite-se a repropositura da ação**. Porém, se a extinção se deu por litispendência, indeferimento, falta de pressupostos ou condição da ação ou convenção de arbitragem, a propositura da nova ação depende da correção do vício que causou a extinção anteriormente (NCPC, art. 486, § 1º). Contudo, para a repropositura ou nova propositura, é necessário o recolhimento das custas e honorários do processo anterior (NCPC, art. 486, § 2º).

A relação do art. 486, § 1º leva à confirmação de que *não cabe a repropositura no caso de coisa julgada e perempção*.

Se for **possível ao juiz apreciar o mérito a favor do réu** (item abaixo), mas também houver um *argumento capaz de levar o processo à extinção sem mérito*, deverá o juiz apreciar o mérito (NCPC, art. 488). Trata-se de uma opção do Código que prestigia a decisão do mérito – pois essa resolve a lide e é coberta pela coisa julgada.

Por fim, vale destacar que houve supressão de inciso em relação ao CPC/1973: no Código anterior, havia também a previsão de extinção do processo sem mérito no caso de *confusão* entre autor e réu (**confusão** se verifica *quando as duas partes da relação processual se encontram em uma única parte na relação jurídica de direito material*. Como não é lícito alguém litigar contra si mesmo, o processo deve ser extinto. Como exemplo, a fusão de duas empresas que estavam litigando). A supressão não significa que seja possível a parte litigar contra si mesmo – mas sim que a extinção se dará por outro motivo – como a falta de interesse de agir superveniente (art. 485, VI).

2.2.3.2. Decisão com resolução do mérito

O art. 487 do NCPC contém 3 incisos e **5 situações de decisão de mérito**. Apesar disso, apenas na hipótese prevista no *inc. I é que há efetivamente decisão do juiz*, aceitando ou não o pedido apresentado pelas partes. Nas demais hipóteses, o magistrado simplesmente se manifesta a respeito de uma situação que, pelo Código, também tem o condão de resolver o mérito.

Não se trata de extinção do processo, pois, a rigor, após a sentença haverá o prosseguimento do feito, com a fase de cumprimento de sentença. Além disso, na nova sistemática do Código, cabe também a decisão parcial de mérito (NCPC, art. 356, *vide* item 2.3.5.3).

São **hipóteses em que há resolução do mérito** (NCPC, art. 487):

(i) juiz julga *procedente ou improcedente* o pedido do autor na inicial ou pelo réu, na reconvenção.

É a conclusão esperada – e mais frequente – de um processo judicial.

Além disso, o sistema prevê a improcedência liminar do pedido, ou seja, a hipótese em que, sem a citação do réu, o pedido já é julgado improcedente. Isso já existia no Código anterior, mas passou por modificações no NCPC. Cabe a **improcedência liminar** nos seguintes casos (NCPC, art. 332):

a) quando o pedido contrariar *súmula* do STJ, STF – e também do Tribunal de Justiça, quanto a direito local;

b) decisão proferida em *recurso repetitivo* (STF ou STJ), incidente de resolução de demandas repetitivas ou incidente de assunção de competência;

c) quando o juiz verificar, desde logo, prescrição ou decadência (NCPC, art. 332, § 1º).

Apelando o autor contra a sentença de improcedência liminar, o juiz poderá se retratar em 5 dias; caso o faça, o processo seguirá; se não, determinará a citação do réu para apresentar contrarrazões em 15 dias (NCPC, art. 332, §§ 3º e 4º). Não interposta apelação contra a sentença de improcedência liminar, o réu será intimado do trânsito em julgado da sentença (NCPC, art. 332, § 2º).

(ii) juiz reconhece a *decadência* ou a *prescrição*.

Transcorrido determinado lapso temporal, não será mais lícito à parte buscar o Judiciário para satisfazer sua pretensão – com isso ocorre a consumação da **prescrição e decadência**. Vale destacar que o juiz pode conhecer de ofício da prescrição, antes mesmo da contestação do réu (como visto no item "c" logo acima); mas, fora esse caso, por força do princípio da vedação de decisões surpresa, deverá o juiz ouvir as partes antes de reconhecer a prescrição ou decadência (NCPC, art. 487, parágrafo único).

Este tema é usualmente objeto de questões de concursos, com respostas erradas: *prescrição e decadência importam em extinção com resolução do mérito*. Foi uma opção legislativa para que a sentença fosse coberta pela *coisa julgada*;

(iii) *réu* reconhece a *procedência do pedido (seja na ação ou reconvenção)*.

Reconhecimento do pedido é a *concordância do réu com o pedido formulado pelo autor*. É importante destacar que *não se trata de revelia* (ausência de contestação), mas sim de submissão à pretensão do autor;

(iv) as partes *transigem*.

É a hipótese de *acordo entre as partes*. Como se sabe, a **transação** *envolve concessões recíprocas para encerrar o litígio*, ou seja, cada parte cede um pouco de sua pretensão e resistência;

(v) autor *renuncia ao direito* sobre que se funda a ação.

Como já exposto em relação ao art. 485, é *fundamental que se diferencie a desistência* (NCPC, art. 485, VIII) *da renúncia* (NCPC, art. 487, III, "c"). A desistência atinge o direito processual, acarreta a extinção sem mérito e assim permite uma nova propositura da mesma ação. Já na **renúncia** *o autor abre mão de sua pretensão, o ato atinge o direito material*. E isso acarreta a extinção com mérito, a sentença é coberta pela coisa julgada e assim não cabe a repropositura.

As três últimas hipóteses estão inseridas no art. 487, III, dispositivo que se refere à **homologação** por parte do juiz. Assim, não há propriamente decisão (como no inc. I), mas sim homologação de uma solução decorrente da atuação das partes.

As hipóteses ora enfrentadas, em que há *análise do mérito*, importam em **decisão definitiva** (NCPC, art. 487). Com o *trânsito em julgado de uma decisão definitiva*, tem-se a *coisa julgada material* (NCPC, art. 502).

2.3. Procedimento comum

Como já acima exposto, este é o procedimento-padrão, a base dos demais processos e procedimentos e que, portanto, encontra a maior regulação por parte do CPC.

2.3.1. *Hipóteses de utilização do procedimento comum*

Será utilizado o procedimento comum por *exclusão*: se não for hipótese de algum procedimento especial (previsto no NCPC ou em lei extravagante), então este será o utilizado.

Trata-se, portanto, do procedimento residual.

2.3.2. *Petição inicial e seus requisitos*

Os **requisitos da petição inicial** estão previstos no NCPC, art. 319. Em grande parte, é reprodução do art. 282 do CPC/1973, mas há algumas alterações.

Diante da clareza, vale reproduzir o artigo:

Art. 319. A petição inicial *indicará*:

I – o juízo a que é dirigida (*endereçamento*);

II – os nomes, os prenomes, o estado civil, a existência de união estável, a profissão, o número de inscrição no Cadastro de Pessoas Físicas ou no Cadastro Nacional da Pessoa Jurídica, o endereço eletrônico, o domicílio e a residência do autor e do réu (*qualificação*);

III – o fato e os fundamentos jurídicos do pedido (*causa de pedir*);

IV – o pedido com as suas especificações (*pedido*);

V – o *valor da causa*;

VI – as provas com que o autor pretende demonstrar a verdade dos fatos alegados (*provas*);

VII – a opção do autor pela realização ou não de audiência de conciliação ou de mediação (*interesse na audiência inaugural*).

Em relação ao sistema anterior, destaca-se o seguinte:

✓ *deixa* de ser requisito da inicial o **requerimento de citação do réu**. Mas, claro, se o advogado quiser colocar esse requisito (especialmente para indicar a forma de citação) não haverá qualquer problema;

✓ quanto à **qualificação** das partes, o autor *deverá indicar na petição inicial mais dados*: a existência de união estável e o endereço eletrônico e autor e réu;

✓ caso não disponha dos **dados necessários para qualificar de modo completo o réu**, o autor poderá, na petição inicial, *requerer ao juiz diligências para que isso seja obtido* (NCPC, art. 319, § 1º).

✓ o autor deverá indicar **se quer ou não a audiência inaugural de conciliação ou mediação**;

✓ segue existindo a previsão do art. 285-B do CPC/1973 (hipótese de **revisão de contratos bancários**), agora no art. 330, § 2º: "Nas ações que tenham por objeto a *revisão de obrigação* decorrente de empréstimo, de financiamento ou de alienação de bens, o autor terá de, *sob pena de inépcia*, discriminar na petição inicial, dentre as obrigações contratuais, *aquelas que pretende controverter, além de quantificar o valor incontroverso do débito*". E, nesse caso, o *incontroverso terá de continuar a ser pago* (§ 3º).

O projeto aprovado pelo Congresso previa a possibilidade de **conversão de ação individual em coletiva**, quando se estivesse diante de uma demanda que pudesse ter um potencial de repetição. Porém, o dispositivo foi *vetado* (art. 333). Ainda que vetado, pode ser objeto de alguma pergunta na OAB, por isso é feita menção do tema.

Os requisitos ora analisados são previstos para a *inicial do procedimento comum*. Mas, como já dito, também se aplicam aos *demais processos e procedimentos*, com algumas diferenças.

Se a **petição inicial não trouxer algum dos requisitos**, o juiz determinará a *emenda da inicial* (NCPC, arts. 317 e 321). Contudo, se o autor não proceder à emenda, haverá o *indeferimento da inicial*, com a extinção do processo sem resolução do mérito (NCPC, art. 485, I). Por sua vez, **se o vício da inicial for grave** e sequer permitir a emenda, poderá o magistrado *desde logo extinguir o processo* (NCPC, art. 330). Nessas situações, fala-se em **indeferimento liminar da inicial**, hipóteses em que o processo é extinto sem resolução do mérito e *sem haver a citação do réu*.

Também é possível se falar em **improcedência liminar da inicial**, situação na qual *o pedido é julgado improcedente (portanto, decisão de mérito), sem a citação do réu* (o assunto já foi tratado no item 2.2.3.2 acima).

Descabe a procedência liminar do pedido, pois é necessário o contraditório e ampla defesa do réu (porém, o sistema prevê a figura da tutela de evidência, como já enfrentado).

Considerando os diversos **requisitos da petição inicial**, na sequência será feita a análise de alguns dos requisitos com mais vagar (daqueles que não foram analisados em outros momentos).

2.3.2.1. *Causa de pedir*

Causa de pedir: na terminologia do CPC, *são os fatos e fundamentos jurídicos do pedido* (Por que o autor pede em juízo determinada providência?).

Observemos que não se deve confundir **fundamentos jurídicos** (consequência jurídica pretendida pelo autor, decorrente dos fatos narrados) com **fundamentos legais** (base legal, artigos de lei).

A causa de pedir é integrada *apenas pelos fundamentos jurídicos*. Assim, ainda que a parte mencione determinados artigos na inicial, poderá o juiz julgar com base em outros dispositivos – desde que não altere os fatos ou fundamentos jurídicos levados aos autos pelo autor.

Para que haja a **alteração da causa de pedir** após o ajuizamento da inicial, deve ser observado o seguinte (NCPC, art. 329):

(i) até a citação: *permitido, sem qualquer restrição*, bastando uma petição do autor;

(ii) após a citação: permitido, *desde que o réu concorde* (hipótese em que haverá possibilidade de manifestação do réu, no prazo mínimo de 15 dias, sendo possível requerimento de prova suplementar);

(iii) após o saneamento do processo: *inadmissível*.

Essa é exatamente a **mesma regra em relação à alteração do pedido** após o ajuizamento.

2.3.2.2. Pedido

Pedido: *é aquilo que o autor pede quando aciona o Judiciário.*

O CPC/1973 apontava que o pedido deveria ser certo *ou* determinado – e a doutrina apontava que esse era um erro, pois deveria ser "e" e não "ou". O NCPC deixa isso claro que o **pedido deve ser certo** (art. 322) **e determinado** (art. 324).

A **certeza do pedido** diz respeito ao verbo, à *providência jurisdicional*. Ou seja, fazer menção, no pedido, a condenar, declarar ou constituir.

Ainda que a parte não peça, compreende-se no pedido (NCPC, art. 322, § 1º – o que por alguns é chamado de *pedido implícito*):

(i) *juros legais*;

(ii) *correção monetária* (não constava do CPC/1973, mas era admitido pela jurisprudência do STJ);

(iii) verbas de *sucumbência*, ou seja, custas e honorários;

(iv) *prestações sucessivas* que se vencerem durante o processo, enquanto durar a obrigação (NCPC, art. 323);

(v) *multa diária* (astreintes), na tutela específica das obrigações de fazer, não fazer ou entregar coisa (NCPC, art. 536, *caput* e § 1º).

Interpretação do pedido: inovando em relação ao Código anterior (que apontava que o pedido deveria ser interpretado de forma *restritiva*), o NCPC prevê que o pedido vai ser *interpretado conforme "o conjunto da postulação e observará o princípio da boa-fé"* (art. 322, § 2º). Ou seja, o juiz terá mais margem para interpretar o pedido: não só com base naquilo que estiver ao final da petição inicial, no tópico "do pedido", mas também a peça como um todo.

A **determinação do pedido** diz respeito ao complemento, ao *bem da vida*. Ou seja, ao se pedir a condenação (certeza do pedido), indicar de *quanto* se quer a condenação.

Apesar de a regra ser a determinação do pedido, o NCPC admite a formulação de **pedido genérico**, em hipóteses específicas (art. 324, § 1º):

I – nas *ações universais*, se o autor não puder individuar os bens demandados (ações que envolvem *um conjunto de bens, uma universalidade*, tais como o espólio, uma biblioteca, a massa falida. Basta imaginar um filho buscando o patrimônio de um pai falecido. O autor ingressará com uma petição de herança [réus *condenados* a entregar ao autor seu quinhão – pedido certo], mas não conseguirá delimitar *o valor exato dos bens correspondentes ao seu quinhão*, pois não se sabe o *quantum debeatur*);

II – quando *não for possível determinar*, desde logo, as *consequências do ato ou do fato* (como exemplo, um acidente envolvendo a explosão de um botijão de gás em um restaurante. O cliente poderá ter de ficar meses em tratamento médico. Mesmo antes de ficar totalmente recuperado, o cliente já poderá ingressar em juízo contra o restaurante. E os danos, porém, ainda não podem ser determinados de modo definitivo);

III – quando a determinação do objeto ou do valor da condenação *depender de ato que deva ser praticado pelo réu* (O exemplo típico para esta situação é a *prestação de contas*: *conforme as contas prestadas, será possível verificar se há e quanto é o valor a ser pago*).

Tomando posição em relação a uma polêmica doutrinária, o NCPC deixa clara a **impossibilidade de indenização por dano moral como pedido genérico**, o que era admitido pela jurisprudência do STJ no Código anterior (considerando ser uma situação em que "não era possível determinar, desde logo, as consequências" do ato ou fato, inc. II). O NCPC aponta que, na demanda indenizatória, *inclusive a fundada em dano moral*, o valor da causa será a *quantia pretendida* (art. 292, V); com isso, não se mostra mais possível pleitear o dano moral sem indicar, na inicial, o valor pretendido.

O sistema admite a **cumulação de pedidos**, ou seja, a elaboração de *mais de um pedido, mesmo que não conexos, em face do mesmo réu*. Será possível a **cumulação** quando (NCPC, art. 327, § 1º):

1) os pedidos forem *compatíveis*;

2) competente o *mesmo juízo;*

3) adequado o *mesmo procedimento* (ou utilização do procedimento comum, sem prejuízo do uso de "técnicas processuais diferenciadas previstas nos procedimentos especiais" para um dos pedidos cumulados, desde que não haja incompatibilidade com o procedimento comum).

A legislação permite o **pedido alternativo**, *que é aquele em que o autor formula dois pedidos para ver acolhido um, indistintamente*. Pede-se a entrega do bem comprado ou o dinheiro de volta (NCPC, art. 325 – o devedor pode cumprir a prestação de mais de um modo), sem preferência por parte do autor. Se qualquer dos pedidos for acolhido, estará satisfeito o autor.

O **pedido subsidiário** se verifica quando *o autor formula um pedido principal e, somente se este não puder ser acolhido, formula um pedido subsidiário/eventual*. Pede-se o cumprimento do contrato como pedido principal e, somente se isso não for possível, pleiteia-se indenização por perdas e danos (NCPC, art. 326). Aqui há, portanto, preferência por parte do autor – que somente estará totalmente satisfeito se for acolhido o pedido principal.

A doutrina também fala em **pedido sucessivo** (não previsto na legislação), quando há cumulação de pedidos, mas *o segundo pedido depende, do ponto de vista lógico,* *do acolhimento do primeiro*. Assim, numa investigação de paternidade cumulada com alimentos, somente após o acolhimento do pedido de reconhecimento da paternidade é que se pode cogitar de concessão do pedido de alimentos.

Em relação à **modificação do pedido**, repete-se o acima exposto quanto à causa de pedir (NCPC, art. 329):

(i) até a citação: *permitido, sem qualquer restrição*, bastando uma petição do autor;

(ii) após a citação: permitido, *desde que o réu concorde* (hipótese em que haverá possibilidade de manifestação do réu, no prazo mínimo de 15 dias, sendo possível requerimento de prova suplementar);

(iii) após o saneamento do processo: *inadmissível*.

2.3.2.3. Provas

Prova: o objetivo da prova *é influir no convencimento do juiz quanto aos fatos trazidos pelas partes (NCPC, art. 369).*

Cabe relembrar que, pela Constituição, *provas ilícitas são inadmissíveis* (CF, art. 5º, LVI).

O **momento principal de produção de prova oral** é a *audiência de instrução* (NCPC, art. 361). Tratando-se de *documentos, já na inicial e contestação* devem ser juntados.

A regra é que *somente os fatos devem ser provados*, mas não o direito (há *exceção* prevista no NCPC, art. 376: o juiz poderá determinar que a parte prove "direito municipal, estadual, estrangeiro ou consuetudinário").

Fato incontroverso (aquele que *não é objeto de impugnação pela parte contrária*) e **fato notório** (aquele que é de *conhecimento comum dos litigantes*) *independem de prova* (NCPC, art. 374).

Da mesma forma, *aquilo que ordinariamente ocorre* – as chamadas **máximas de experiência** – também não precisa ser provado (NCPC, art. 375). Como exemplo, a culpa num acidente de veículo, com base no que ordinariamente ocorre, é do veículo que está atrás.

O **momento de requerer a produção das provas** é na *inicial e na contestação*. O **juiz irá decidir a respeito de qual prova será produzida** *no saneamento* (NCPC, art. 357, II: fixação dos pontos controvertidos a respeito dos quais haverá prova). Além disso, *cabe ao juiz deferir provas de ofício* (NCPC, art. 370).

O NCPC contempla previsão sobre a **prova emprestada**: o juiz *poderá admitir o uso* de prova produzida em outro processo, atribuindo-lhe o *valor que considerar adequado, observado o contraditório* (art. 372).

No CPC/1973, havia o princípio do *livre convencimento motivado* do juiz. No NCPC, há o **princípio do convencimento motivado**, pois fala-se em "razões da formação" do convencimento, mas sem a menção a "livre" (art. 371): "O juiz apreciará a *prova constante dos autos*, independentemente do sujeito que a tiver promovido, e *indicará na decisão as razões da formação de seu convencimento*".

Quanto ao **ônus da prova**, *em regra, é de quem alega.*

Assim, compete:

✓ **ao autor**, provar *o fato constitutivo do seu direito* (NCPC, art. 373, I);

✓ **ao réu**, provar *o fato impeditivo, modificativo ou extintivo do direito do autor* (NCPC, art. 373, II).

Inovação do Código é a previsão da **distribuição dinâmica do ônus da prova** (ou carga dinâmica do ônus da prova), mecanismo que já vinha sendo aplicado pela jurisprudência e debatido pela doutrina mesmo antes do NCPC.

Em casos previstos em lei ou diante de peculiaridades da causa relacionadas: (i) à impossibilidade ou excessiva *dificuldade de cumprir o encargo de provar* ou (ii) à *maior facilidade de obtenção* da prova do fato contrário, *poderá o juiz atribuir o ônus da prova de modo diverso por meio de decisão fundamentada*, caso em que deverá dar à parte a oportunidade de se desincumbir do ônus que lhe foi atribuído (NCPC, art. 373, § 1º).

Em linha com a carga dinâmica, vale destacar, como exemplos, nas **relações de consumo**, em que é possível a *inversão do ônus da prova*, desde que presente a hipossuficiência do consumidor ou verossimilhança da alegação (CDC, art. 6º, VIII).

Se o autor não se desvencilhar de seu ônus: *improcedência do pedido*, sendo vedada a repropositura, diante da coisa julgada que se forma (NCPC, art. 487, I).

2.3.2.3.1 Meios de provas

No tocante aos **meios de prova**, o Código traz os seguintes:

(i) *ata notarial* **(NCPC, art. 384)**

(ii) *depoimento pessoal* (NCPC, art. 385);

(iii) *confissão* (NCPC, art. 389)

(iv) *exibição de documento ou coisa* (NCPC, art. 396)

(v) *documental* (NCPC, art. 405);

(vi) *testemunhal* (NCPC, art. 442);

(vii) *pericial* (NCPC, art. 464); e

(viii) *inspeção judicial* (NCPC, art. 481).

A seguir, segue análise dos principais aspectos de cada um dos meios de prova.

(i) ata notarial

A ata notarial é meio de prova que não era previsto no CPC/1973, apesar de já ser utilizado no cotidiano forense. Sua previsão é conveniente para não haver dúvidas quanto à sua utilização.

Realizada em cartório extrajudicial (e, por isso, dotada de fé pública), a ata notarial serve para a produção de prova em uma situação *em que a prova possa desaparecer* (como para provar o conteúdo de páginas da internet, que podem ser alteradas ou excluídas posteriormente; a ata certifica o que foi visualizado naquele momento em que se acessou determinada página).

A ata notarial poderá atestar ou documentar a *existência e o modo de existir de algum fato*. É possível que *imagem ou som gravados* em arquivos eletrônicos conste da ata notarial (NCPC, art. 384, parágrafo único).

(ii) Depoimento pessoal

É o *interrogatório das partes*, seja o *autor ou o réu* (NCPC, art. 385).

Existem *limitações ao dever de depor em juízo*, como em situações de sigilo ou autoincriminação (NCPC, art. 388) – que **não se aplicam** em causas de estado e de direito de família (NCPC, art. 388, parágrafo único).

O depoimento pessoal é *requerido pelo juiz ou pela parte contrária* (NCPC, art. 385, *caput*). Assim, não é requerido *pelo próprio depoente*.

Pode ocorrer, no depoimento pessoal, a **pena de confesso**: se a *parte não comparecer* ou, comparecendo, *recusar-se a responder* o que lhe for perguntado, *presumir-se-ão confessados os fatos contra ela* alegados (NCPC, art. 385, § 1º).

No momento da colheita da prova, *quem ainda não depôs não pode ficar na sala de audiência* ouvindo o outro depoimento pessoal (NCPC, art. 385, § 2º).

A parte depoente *não pode ler suas respostas*, mas é permitido levar *breves anotações* (NCPC, art. 387). A parte não presta compromisso de dizer a verdade.

O depoimento pessoal da parte que residir em comarca, seção ou subseção judiciária diversa daquela onde tramita o processo poderá ser **colhido por meio de videoconferência** ou outro recurso tecnológico de transmissão de sons e imagens em tempo real, o que poderá ocorrer, inclusive, *durante a realização da audiência de instrução e julgamento* (NCPC, art. 385, § 3º).

Dúvida que surgirá é se o depoimento pessoal das partes será feito **mediante reperguntas** (como no Código anterior) **ou mediante perguntas dos próprios advogados** – como é a novidade em relação à prova testemunhal (NCPC, art. 459). Como não há previsão do tema na seção própria do depoimento pessoal, é de se concluir que a forma de inquirição será a mesma da prova testemunhal – ou seja, perguntas formuladas pelos advogados e não pelo juiz.

(iii) Confissão

Entende-se por **confissão** a *situação na qual a parte admite a verdade de um fato contrário ao seu interesse* (NCPC, art. 389).

A confissão pode ser *judicial ou extrajudicial*.

A **confissão judicial** pode ser:

✓ *real*, ou seja, efetivamente aconteceu; ou

✓ *ficta*, quando resulta de sanção por alguma recusa da parte.

A **confissão judicial real** pode ser:

✓ *espontânea*, quando realizada *pelo próprio confitente*, sem provocação; ou

✓ *provocada*, quando obtida mediante *interrogatório*.

Assim, percebe-se que a confissão pode ocorrer por meio *documental* ou no *depoimento pessoal*.

(iv) Exibição de documento ou coisa

Pode o *juiz determinar que seja exibido determinado documento ou coisa* (NCPC, arts. 396 e 401).

O destinatário da ordem pode ser:

✓ *o réu* (NCPC, art. 396). Se o réu estiver com o documento/coisa e não o exibir, *admitem-se como verdadeiros os fatos que o requerente queria provar* com o que seria exibido (NCPC, art. 400).

✓ *terceiro* (NCPC, art. 401). Se terceiro estiver com o documento/coisa e não o exibir, o *juiz poderá determinar apreensão*, inclusive com força policial, sendo que o terceiro incorrerá no crime de desobediência (NCPC, art. 403, parágrafo único).

✓ Inova o Código ao permitir que o juiz adote medidas coercitivas (tais como multa diária) para que se obtenha o documento ou coisa (NCPC, art. 400, parágrafo único) – diferentemente da jurisprudência quanto ao tema à luz do CPC/1973 (Súmula 372 do STJ).

(v) Prova documental

O **momento de produção** da prova documental é *na inicial e na contestação* (NCPC, art. 434).

Fora estes momentos, só podem ser juntados (NCPC, art. 435):

a) *documentos novos* (prova de fatos posteriores aos narrados à inicial);

b) documentos para *rebater documentos produzidos pela parte contrária*.

Toda vez que um *documento for juntado, a parte contrária deverá ter a oportunidade de se manifestar, em 15 dias* (NCPC, art. 437, § 1º).

Se uma das partes entender que o documento é falso, deverá **arguir a falsidade** – na contestação, réplica ou em petição simples, 15 dias após a juntada do documento (NCPC, art. 430).

Apresentado o documento por uma das partes, se a outra não o *impugnar no momento seguinte* (arguição de falsidade na contestação, réplica ou simples petição, como visto acima), há *preclusão* e considera-se autêntico o documento (NCPC, art. 411, III).

Em relação à reprodução realizada por **foto, vídeo ou áudio**, o NCPC afirma que isso é válido (art. 422). Mas trata-se de presunção relativa, pois é certo que a parte contrária pode impugnar esse documento.

Tratando-se de **foto digital ou obtida na internet**, *deverá ser apresentada a "autenticação mecânica", que deve ser interpretado como (i) o arquivo digital que traz a foto ou (ii) o arquivo e as informações da página na internet de onde essa foto foi retirada. Tratando-se de foto obtida na internet, ainda é possível se realizar a ata notarial (art. 384).*

Se a foto estiver em **jornal ou revista impressa**, *deverá ser juntado aos autos o original onde apareceu essa foto. Contudo, muitas vezes isso pode ser insuficiente para eventual perícia – e talvez seja necessária a apresentação do próprio arquivo eletrônico (existente junto à imprensa), conforme o caso concreto. E o juiz, por certo, terá poderes para isso.*

O § 3º do art. 422 destaca que o **e-mail**, *para fins de prova, equipara-se a fotografia. Assim, deverá ser juntada a "autenticação eletrônica" (arquivo eletrônico e não só a mensagem impressa, para fins de eventual perícia). Mas o dispositivo não trata da força probante do e-mail (como o NCPC fez com o telegrama), mas sim dos aspectos formais para aceitação da prova. E cabe sempre lembrar que o juiz tem o convencimento motivado (art. 371).*

(iii) Prova testemunhal

É o *interrogatório de terceiros, que não são parte no processo* (NCPC, art. 442).

A parte deve apresentar *rol de testemunhas* no saneamento (NCPC, art. 357, §§ 4º e 5º).

Há a apresentação do rol de testemunhas para (i) permitir que haja a *intimação das testemunhas* se as partes assim requererem e (ii) para que a *parte contrária saiba*, antes da audiência, *quem são as testemunhas.*

Cada parte poderá apresentar *até 10 testemunhas*, mas o juiz pode dispensar *mais do que 3 sobre o mesmo fato* (NCPC, art. 357, § 6º), sendo possível, conforme a complexidade da causa, limitar o número de testemunhas (NCPC, art. 357, § 7º).

Após a apresentação do rol, só cabe a **substituição da testemunha** que (NCPC, art. 451):

✓ *falecer*;

✓ por *enfermidade* não tiver condições de depor; ou

✓ que mudou de endereço e *não foi encontrada pelo oficial* de justiça.

Em regra, a **testemunha será ouvida em juízo**, perante o juiz da causa, na audiência de instrução. Porém, pode haver (i) *produção antecipada de prova* (art. 381), (ii) oitiva por *carta* (precatória, rogatória ou de ordem – art. 453, II) ou ainda, inovação do NCPC, (iii) oitiva por *videoconferência* – que pode até mesmo ocorrer durante a própria audiência de instrução (art. 453, § 1º).

Inovação do NCPC está no art. 455: compete ao **próprio advogado intimar a testemunha** para que compareça em juízo, e isso será feito via carta com aviso de recebimento, pelos *correios*. Se não houver o envio do AR pelo advogado e a testemunha não comparecer, presume-se sua *desistência*. Se o advogado preferir, pode apenas comunicar a testemunha por outros meios – mas, se a testemunha se ausentar, também se presume a desistência.

Contudo, ainda permanece a possibilidade de **intimação da testemunha pelo Judiciário** (NCPC, § 4º do art. 455): (i) se frustrada a intimação via AR (ou se, desde logo, o juiz assim determinar), (ii) quando a testemunha for servidor público, (iii) quando a testemunha for arrolada pelo MP ou Defensoria ou (iv) quando a testemunha for autoridade.

A testemunha, *no início do depoimento*, presta o **compromisso de dizer a verdade** (NCPC, art. 458).

Quanto ao **procedimento da oitiva**, serão ouvidas primeiro as testemunhas que foram arroladas pelo *autor*, depois pelo *réu*. E uma testemunha não ouve o depoimento da outra. Porém, há inovação: é possível que o juiz, em comum acordo com as partes, *altere a ordem de oitiva das testemunhas*, qualquer que seja a ordem (NCPC, art. 456, parágrafo único).

Quanto à **indagação das testemunhas**, deixa de existir o modelo das *reperguntas* (em que o advogado pergunta ao juiz, que então formula a repergunta para a testemunha) e passa o *advogado a formular as perguntas diretamente para o depoente* (NCPC, art. 459). Isso já consta do art. 212 do CPP, por força de reforma de 2008.

As perguntas são inicialmente formuladas pelo advogado que arrolou a testemunha e, posteriormente, pelo outro advogado. Pode o juiz (i) formular perguntas, antes ou depois das partes e (ii) indeferir as perguntas que forem impertinentes, repetição de outra ou quiserem induzir a resposta.

Pode o juiz determinar a oitiva da **testemunha referida** (mencionada por uma das testemunhas ouvidas) ou realização de acareação entre testemunhas ou entre testemunha e parte. Inova o NCPC ao esclarecer que a *acareação poderá ser feita por videoconferência* e por regular como a acareação será realizada – por reperguntas do juiz e não por perguntas diretas dos advogados (art. 461).

Não podem ser testemunhas as pessoas (NCPC, art. 447):

a) incapazes, ou seja:

✓ o *interdito* por enfermidade mental;

✓ o que, acometido por retardamento mental, ao tempo em que *ocorreram os fatos, não podia discerni-los*; ou não está *habilitado a transmitir as percepções*;

✓ o *menor de 16 anos*;

✓ o *cego e o surdo*, quando a *ciência do fato depender dos sentidos* que lhes faltam;

b) impedidas, a saber:

✓ o *cônjuge, o companheiro, o ascendente e o descendente* em qualquer grau, ou colateral, até o terceiro grau;

✓ o que é *parte* na causa;

✓ o que *intervém em nome de uma parte* (tutor, representante legal da pessoa jurídica ou o advogado que assista ou tenha assistido as partes);

c) suspeitas, que são:

✓ o *inimigo* da parte, ou o seu *amigo* íntimo;

✓ o que tiver *interesse no litígio*.

Se necessário, *pode o juiz ouvir essas pessoas*, mas não como testemunhas e sim como *informantes*, que não prestam compromisso (NCPC, art. 447, §§ 4º e 5º).

Se o juiz aceitar ouvir uma testemunha que não deveria ser ouvida, o advogado da parte contrária poderá apresentar a **contradita**, *que é exatamente a alegação de que a testemunha é incapaz, suspeita ou impedida* (NCPC, art. 457, § 1º).

(iv) Prova pericial

A **prova pericial** consiste em *exame, vistoria ou avaliação* (NCPC, art. 464) e é utilizada *quando há a necessidade de conhecimentos técnicos a respeito de qualquer disciplina – salvo direito* (NCPC, art. 464, § 1º, I).

De início, já se esclareça que há **três possibilidades de perícia** no NCPC: (i) *prova técnica simplificada* (art. 464, § 2º), (ii) perícia *comum* (arts. 465 e ss.) e (iii) perícia *consensual* (art. 471).

Como já visto, houve importante **alteração quanto à escolha do perito**. Deverá o juiz escolher os peritos a partir de um *cadastro mantido pelo tribunal* (NCPC, art. 156, § 1º). *Somente* se não houver profissional cadastrado para o local onde está a vara é que haverá livre escolha pelo juiz (§ 5º) – sempre devendo ser escolhido profissional que tenha conhecimento técnico para a perícia.

Permite o NCPC a possibilidade de substituição da perícia por **prova técnica simplificada**, quando o "ponto controvertido for de menor complexidade" (art. 464, § 2º).

Contudo, o Código não especifica o que seja esse ponto de menor complexidade, de modo que isso terá de ser verificado no caso concreto. Como exemplo, podemos cogitar o de um tablet com um problema e a verificação do que causou esse problema (defeito ou mau uso); isso, em tese, seria algo mais simples que permitiria a substituição.

A prova técnica simplificada é uma *perícia mais informal* que conta apenas com o *depoimento verbal do especialista* (esse é o termo utilizado pelo NCPC, e não perito) sem a necessidade de formalizar quesitos, assistente técnico ou apresentação de laudo escrito (art. 464, § 3º). O especialista poderá realizar apresentação ao prestar os esclarecimentos ao juiz (art. 464, § 4º), sendo que sua oitiva ocorrerá na audiência de instrução ou em outra audiência designada pelo juiz especificamente para ouvi-lo.

Em situação complexa que demande conhecimentos técnicos de mais de uma área do conhecimento, pode o juiz nomear **mais de um perito** e podem as partes indicar mais de um assistente técnico (art. 475 do NCPC).

Existem inovações no **procedimento da perícia**.

De início, diante da *necessidade de prova pericial*, deverá o juiz nomear um *perito especialista no objeto da perícia*, fixando prazo para apresentação do laudo (NCPC, art. 465).

Após a **nomeação do perito**, as partes terão o prazo de 15 para se manifestarem, quanto (i) impedimento ou suspeição do perito, (ii) indicação de assistente técnico e (iii) apresentação de quesitos.

Após essa manifestação, será a vez do perito falar nos autos, em 5 dias, momento em que (i) formulará *proposta de honorários*, (ii) *apresentará seu currículo*, principalmente demonstrando sua especialização na área objeto da perícia e (iii) indicará seus *contatos profissionais*, inclusive correio eletrônico, para ser intimado.

A seguir, nova manifestação das partes, no prazo de 5 dias, para que digam a respeito dos honorários sugeridos pelo perito.

Com essas informações, o **juiz fixará os honorários periciais** e determinará o pagamento da quantia. A responsabilidade pelo pagamento é de *quem requereu a perícia* ou de ambas as partes (metade para cada), se (a) a prova for determinada de ofício ou (b) a perícia foi requerida pelo autor e pelo réu. Em regra, apenas após o pagamento integral dos honorários é que terá início a confecção do laudo. Inova o NCPC ao permitir o **pagamento de metade antes da perícia** e a outra metade somente após a apresentação do laudo e prestados os esclarecimentos (art. 465, § 4º). Isso será requerido pelas partes e decidido pelo juiz.

Inovação quanto aos honorários periciais é a previsão de sua *redução*, pelo juiz, caso a perícia seja inconclusiva ou deficiente (art. 465, § 5º).

Se a perícia for realizada por *carta precatória*, é possível que o perito e assistentes técnicos sejam definidos apenas no juízo de destino (art. 465, § 6º). Como exemplo, a situação em que será realizada a perícia para avaliar um imóvel em Comarca distante 500 km do juízo de origem. Muito melhor, por certo, a nomeação de perito no juízo deprecado.

O **perito deve ser imparcial**, mas não os assistentes técnicos, que são de confiança das partes (NCPC, art. 466). Assim, *há impedimento e suspeição para o perito*, mas não para os assistentes. Porém, isso não significa que os assistentes podem agir de má-fé, podendo ser penalizados se isso ocorrer.

Caso requerido pelas partes, admite-se que o *perito ou assistente técnico preste esclarecimentos em audiência*. Para isso, as perguntas a serem respondidas pelo perito devem ser formuladas na *forma de quesitos* (NCPC, art. 477, § 3º).

Considerando o princípio do convencimento motivado, *o juiz não está vinculado ao laudo pericial* (NCPC, art. 479) e pode, quando entender que a questão não está bem esclarecida, determinar a realização de *nova perícia* (NCPC, art. 480).

Fundada na maior liberdade que o Código dá às partes de definirem o procedimento, existe a **perícia consensual** (NCPC, art. 471).

Somente é possível o uso da perícia consensual se: (i) as partes forem *capazes* e (ii) o litígio puder ser revolvido por *acordo* entre as partes. Ao requererem essa modalidade de perícia, as partes já deverão indicar: (a) o *perito* (escolhido de comum acordo pelas partes, sem interferência do juiz), (b) os *assistentes técnicos*, (c) *data e local* da realização da perícia e (d) *quesitos* que deverão ser respondidos pelo perito. Uma vez apresentado o requerimento de perícia consensual, o juiz poderá deferir ou indeferir o pleito.

O Código é expresso ao destacar que a perícia consensual é efetiva prova pericial (art. 471, § 3º), *não sendo caso de uma perícia consensual e perícia usual* ao mesmo tempo.

Inova o NCPC ao prever os **requisitos do laudo pericial** (art. 473):

(i) relatório, que é a exposição do objeto da perícia,

(ii) fundamentação, que é composta da análise técnica do perito somada à indicação do método utilizado e justificativa de sua escolha (inclusive em relação a ser um método usualmente utilizado nessa área do conhecimento),

(iii) conclusão, com a resposta a todos os quesitos deferidos pelo juiz.

Concluído o laudo, o perito deverá protocolá-lo em juízo. A seguir, as *partes e assistentes técnicos poderão se manifestar no prazo comum de 15 dias*. Existindo alguma dúvida, terá o perito mais 15 dias para esclarecer os pontos levantados nas manifestações. Após os esclarecimentos periciais, se ainda existir alguma dúvida, as partes poderão requerer novos esclarecimentos (formulando novos quesitos), que serão prestados na audiência de instrução (art. 477).

(v) Inspeção judicial

A **inspeção** é meio de prova no qual *o juiz vai ao local dos fatos inspecionar pessoas ou coisas, a fim de se esclarecer sobre determinada questão que interesse à decisão da causa* (NCPC, art. 481).

A lei parte da premissa que, em determinadas hipóteses, *somente a observação pessoal é que poderá subsidiar a tomada de decisão* (NCPC, art. 483). Assim, o juiz irá até onde se encontra a pessoa ou coisa.

É possível que o *juiz seja acompanhado por peritos* (NCPC, art. 482) e *pelas partes* (CPC, art. 483, parágrafo único).

2.3.2.4. Citação

Citação é o *ato pelo qual o réu (ou quem está no polo passivo) é convocado para integrar a relação processual* (NCPC, art. 238). Assim, uma vez realizada a citação válida do réu no processo, não haverá nova citação dessa parte, no mesmo processo.

Não se deve confundir a citação com outras figuras.

A **intimação** é o *ato pelo qual se dá ciência a alguém dos atos e termos do processo* (NCPC, art. 269). Assim, tanto o réu como o autor (como terceiros) podem ser intimados diversas vezes em um processo.

Inova o NCPC ao permitir que o *advogado promova a intimação do advogado da parte contrária*, enviando pelo correio, com aviso de recebimento, carta (**ofício de intimação**) *com cópia da decisão judicial a que se quer dar ciência* à parte contrária (NCPC, art. 269, §§ 1º e 2º).

No mais, a **notificação** *é procedimento especial de jurisdição voluntária utilizado para manifestar qualquer intenção de modo formal* (NCPC, art. 726).

Portanto, no processo civil, apenas a citação e a intimação são *formas de comunicação de ato processual*.

O NCPC conhece 5 **modalidades de citação**:

(i) citação por correio, que é a *regra* e poderá ocorrer para qualquer comarca do país (CPC, art. 247).

O carteiro entregará ao citando carta registrada e colherá a assinatura do réu no recibo (aviso de recebimento – AR). A respeito do tema, a Súmula 429 do STJ, editada com base no sistema anterior: "A citação postal, quando autorizada por lei, exige o aviso de recebimento";

Tratando-se de **pessoa jurídica**, será válida a entrega da carta (i) a *pessoa com poderes de gerência geral* ou (ii) a *funcionário responsável pelo recebimento de correspondências* – que é o mais comum (NCPC, art. 248, § 2º).

Em relação a **pessoas físicas**, inova o Código, que *não* acolhe entendimento do STJ quanto ao tema: em *condomínios edifícios* ou *loteamentos com controle de acesso*, será válida a entrega da carta a *funcionário da portaria responsável pelo recebimento de correspondência*, que poderá recusar o recebimento, se declarar, por escrito, sob as penas da lei, que o *destinatário da correspondência está ausente* (NCPC, art. 248, § 4º).

(ii) citação por *oficial de justiça* ou *por mandado*, que é a forma de citação mais segura, pois realizada por servidor público que tem fé pública. Será realizada *quando a lei assim determinar* (maior segurança), por *opção do autor* ou quando *infrutífera a citação por correio* (NCPC, art. 249).

São hipóteses em que a lei determina a **citação obrigatoriamente por oficial de justiça** (NCPC, art. 247):

✓ ações de *estado* (principalmente estado familiar – direito de família, por ser hipótese de direito indisponível);

✓ citando pessoa *incapaz*;

✓ citando *pessoa de direito público* (Fazenda Pública);

✓ local *não atendido pela entrega domiciliar de correspondência*;

✓ quando o *autor, justificadamente, requerer de outra forma.*

✓ Há alteração em relação ao Código anterior, com a supressão da menção ao *processo de execução*; ou seja, o NCPC *permite a citação no processo de execução por correio.*

A **citação por hora certa** é *citação realizada por oficial de justiça*, mas com algumas características específicas. Quando o *oficial tiver "suspeita de ocultação" do réu* e, por **2 (duas)** *vezes*, não encontrá-lo em seu endereço, *informará que voltará no dia útil imediato, em hora designada, e fará a citação a qualquer pessoa da família ou, se não houver, qualquer vizinho* (NCPC, art. 252) e, se o réu residir em condomínio edilício ou loteamento com controle de acesso, na pessoa do porteiro (NCPC, art. 252, parágrafo único).

No dia marcado, o *oficial de justiça retornará e, caso não encontre o réu, fará a citação por hora certa*, ainda que o réu esteja se ocultando em outra cidade. A citação será considerada realizada mesmo que o terceiro se ausente ou recuse a receber a citação (NCPC, art. 253, §§ 1º e 2º).

Realizada a citação por hora certa, será enviada ao réu carta, telegrama ou *e-mail* informando a realização do ato citatório (NCPC, art. 254).

(iii) citação por edital ocorre quando (i) *desconhecido ou incerto o citando*, (ii) *ignorado*, incerto ou inacessível *o lugar onde está o citando* (NCPC, art. 256).

No caso de *réu no exterior*, se o *país de destino recusar o cumprimento da rogatória*, considera-se lugar inacessível e, assim, permitida a citação por edital (NCPC, art. 256, § 1º).

No caso de ser *inacessível o lugar em que se encontrar o réu*, a notícia de sua citação será divulgada também pelo *rádio*, se na comarca houver emissora (NCPC, art. 256, § 2º).

O *réu será considerado em local ignorado ou incerto* se infrutíferas as tentativas de sua localização, inclusive mediante requisição pelo juízo de informações sobre seu endereço nos *cadastros de órgãos públicos ou de concessionárias de serviços públicos*, como empresas de telefonia, bancos, receita federal, justiça eleitoral (NCPC, art. 256, § 3º).

A citação por edital tem os seguintes **requisitos** (NCPC, art. 257):

I – a *afirmação do autor* ou a *certidão do oficial* informando a presença de uma das hipóteses que autorize essa modalidade de citação;

II – a *publicação do edital na internet*, na página do tribunal local e do CNJ, devendo isso ser certificado nos autos (*poderá* o juiz determinar a publicação do edital em *jornal local* ou *outros meios*, considerando as peculiaridades da comarca);

III – a determinação do *prazo* (entre 20 e 60 dias), fluindo da data da publicação única ou, havendo mais de uma, da primeira;

IV – a advertência de que será *nomeado curador especial em caso de revelia.*

Tanto a *citação por hora certa como a citação por edital* são, na verdade, *situações de ficção jurídica de que a citação se realizou, com a ciência do réu.* Por isso são hipóteses de **citação ficta**. Nesses casos, se o réu for revel, para garantir o contraditório, deverá ser *nomeado curador especial*

14. Direito Processual Civil – Novo CPC

(NCPC, art. 72, II), isto é, ainda que sem contato como réu, um advogado apresentará contestação, buscando defender a pessoa que foi citada de forma ficta. Nesta hipótese, cabe a *contestação por negativa geral* (NCPC, art. 341, parágrafo único).

Se o autor **requerer dolosamente a citação do réu por edital** (ou seja, sem que presentes suas hipóteses autorizadoras), lhe será aplicada multa de 5 vezes o salário mínimo, que reverterá para o citando (NCPC, art. 258).

No mais, prevê o NCPC a publicação de editais de citação nas seguintes hipóteses (art. 259):

I – na ação de *usucapião* de imóvel;

II – na ação de *recuperação ou substituição de título ao portador*;

III – em qualquer ação em que seja necessária, por determinação legal, a provocação, para participação no processo, de *interessados incertos ou desconhecidos*.

(iv) citação por *meio eletrônico*, realizada por correio eletrônico ou outra forma de comunicação eletrônica. É regulada pela Lei 11.419/2006.

Não muito utilizado no sistema anterior, o NCPC busca dar grande estímulo a este meio citatório. Tanto é que determina que **todas as empresas** (salvo ME e EPP), privadas e públicas, bem como a **Fazenda Pública** (União, Estados e Municípios, além de entes da administração direta) deverão manter "*cadastro nos sistemas de processo em autos eletrônicos*, para efeito de recebimento de *citações e intimações*, as quais serão *efetuadas preferencialmente por esse meio*".

(iv) citação pelo *escrivão ou chefe de secretaria*. Pouco comum, utilizada para a hipótese em que o citando comparecer em cartório.

Os **efeitos da citação** encontram-se no NCPC, art. 240:

(i) induz *litispendência;*

(ii) torna a *coisa litigiosa;*

(iii) constitui *em mora o devedor;* e

(iv) *interrompe a prescrição.*

2.3.2.5. Valor da causa

Valor da causa: *toda* demanda cível, seja de jurisdição contenciosa ou voluntária, ação ou reconvenção, terá *valor certo da causa* (NCPC, art. 291).

A *fixação* do valor da causa é realizada por dois critérios:

✓ **fixação legal ou obrigatória**: a atribuição do valor *já foi previamente definida pelo legislador.*

✓ **fixação voluntária**: como não há previsão legal para fixar o valor da causa, este será *livremente fixado a partir de uma estimativa do autor.*

As hipóteses de fixação legal estão no NCPC, art. 292:

(i) na *ação de cobrança de dívida*, a soma monetariamente corrigida do principal, dos juros e de eventuais outras penalidades, até a propositura da ação;

(ii) na ação que tiver por objeto a existência, validade, cumprimento, modificação, resolução, resilição ou rescisão de *ato jurídico*, o *valor do ato ou de sua parte controvertida* (hipótese de discussão relativa a contrato);

(iii) na *ação de alimentos*, a soma de *12 prestações mensais* pedidas pelo autor;

(iv) na ação de *divisão, de demarcação e de reivindicação*, o valor de avaliação da área ou do bem objeto do pedido;

(v) na ação *indenizatória*, **inclusive a de** *dano moral*, **o valor pretendido (portanto, não mais cabe dano moral como pedido genérico, sem se especificar, na inicial, o valor que se quer receber);**

(vi) havendo *cumulação de pedidos*, a quantia correspondente à *soma dos valores* de todos eles;

(vii) sendo *alternativos os pedidos*, o de *maior valor*;

(viii) se houver também *pedido subsidiário*, o valor do *pedido principal*.

Quando se tratar de *relação continuativa* com *prestações vencidas e vincendas*, o valor da causa deverá *levar em conta ambas*, da seguinte forma (NCPC, art. 292, §§ 1º e 2º):

✓ *soma das prestações vencidas e vincendas se a obrigação tem tempo inferior a um ano* (ex.: o contrato é de 10 meses. Há débito de 2 parcelas e ainda faltam 5. O valor da causa será a soma das 2 já vencidas mais as 5 restantes = 7 parcelas);

✓ *soma das parcelas vencidas mais 1 ano* das prestações vincendas se a *obrigação for por tempo indeterminado ou durar mais de um ano* (ex.: não foram pagas 2 prestações e ainda faltam 20; nesse caso, o valor da causa considerará as 2 vencidas mais 12 vincendas = 14 parcelas).

Também há hipótese de fixação legal em legislação extravagante. O principal exemplo é a Lei do Inquilinato (Lei 8.245/1991), que prevê, na *ação de despejo*, o valor da causa em *12 vezes o valor mensal do aluguel* (art. 58, III).

Se o **valor da causa estiver errado**, o *juiz poderá corrigi-lo de ofício* (não mais determinando que o autor emende a inicial), inclusive intimando o autor para que recolha as custas faltantes (NCPC, art. 292, § 3º).

Para **impugnar o valor da causa**, há simplificação: deixa de existir a peça específica para isso e passa a ser cabível a discussão do tema em *preliminar de contestação* (NCPC, art. 293).

A **importância do valor da causa** é *processual e fiscal*:
(i) no *Juizado Especial Cível* é determinante para a fixação da competência (até 40 salários mínimos) e também para a obrigatoriedade ou não de advogado (até 20 salários a própria parte é dotada de capacidade postulatória);

(ii) é base de cálculo para *multas e outras penas* impostas pelo juiz (como litigância de má-fé);

(iii) *pode ser o parâmetro para a fixação dos honorários do advogado* (NCPC, art. 85, §§ 2º e 6º);

(iv) do ponto de vista fiscal, o valor da causa *é a base de cálculo para o pagamento das custas.*

2.3.3. Audiência de conciliação ou de mediação

Na mais relevante **alteração procedimental do procedimento comum**, o NCPC prevê a designação de uma **audiência inaugural de conciliação ou mediação**, a ser *conduzida, onde houver, por conciliador ou mediador* (NCPC, art. 334, § 1º). A respeito de quem é o conciliador ou mediador (e informações adicionais quanto à mediação e conciliação), *vide* item 1.4.8.

As previsões do NCPC quanto ao tema, **no tocante à mediação**, terão de ser *compatibilizadas com a Lei da Mediação* (Lei 13.140/2015, lei posterior ao NCPC, mas que entrará antes em vigor).

Estando *em termos a petição inicial* (observância dos requisitos acima expostos) e *não sendo caso de improcedência liminar*, o **juiz designará audiência de conciliação ou mediação** com *antecedência mínima de 30 dias*, devendo ser *citado o réu pelo menos 20 dias antes* (NCPC, art. 334).

É possível, se o caso concreto assim demandar, **mais de uma audiência consensual** que terá de ser realizada, no máximo, até *2 meses da data de realização da primeira* (NCPC, art. 334, § 2º).

Pelo NCPC, **somente não haverá a audiência de conciliação ou mediação** nas seguintes hipóteses (art. 334, § 4º):

I – se *ambas as partes manifestarem*, expressamente, *desinteresse* na composição consensual;

O *autor* deixará clara essa vontade na *petição inicial* (NCPC, art. 319, VII) e o *réu*, em *petição própria* para isso, *10 dias antes da audiência* (NCPC, art. 334, § 5º).

II – quando *não se admitir a autocomposição*.

A Lei de Mediação **não prevê** *hipótese em que a audiência de mediação não ocorra*. Porém, na Lei 13.140/2015, há previsão do princípio da autonomia (art. 2º, V) – de modo que, eventualmente, será possível sustentar a não realização da audiência com base nesse princípio.

Em polêmica previsão, o **não comparecimento injustificado da parte à audiência conciliatória** é considerado *ato atentatório à dignidade da justiça* e sancionado com *multa de até 2% da vantagem econômica pretendida ou do valor da causa*, revertida em favor da União ou do Estado (NCPC, art. 334, § 8º).

Vale destacar que essa previsão somente faz menção à *conciliação*. Além disso, na Lei de Mediação não há previsão de multa para a ausência. Resta verificar se a jurisprudência fará a distinção entre as duas figuras (audiência de conciliação e de mediação).

As partes deverão comparecer à audiência de conciliação ou mediação **acompanhadas por advogado** (NCPC, art. 334, § 9º), sendo possível a **constituição de representante**, desde que *com poderes para negociar* (NCPC, art. 334, § 10).

Pelo Código, a **pauta das audiências de conciliação e mediação** será organizada de modo a respeitar o *intervalo mínimo de 20 minutos* entre o início de cada audiência (NCPC, art. 334, § 12).

Será possível a realização da **audiência de conciliação ou mediação por meio eletrônico** (NCPC, art. 334, § 7º).

Se houver acordo nessa audiência, será reduzido a termo e homologado por sentença (NCPC, art. 334, § 11). A Lei de Mediação prevê que, se o **conflito for solucionado pela mediação antes da citação do réu**, *não serão devidas custas judiciais finais* (art. 29).

Não realizado o acordo, terá início o prazo para contestação.

2.3.4. *Defesa do réu*

O tema foi objeto de profundas modificações no NCPC.

Antes, o réu, citado, poderia apresentar uma série de peças para se defender (exceções e impugnações). Há importante **simplificação**, sendo basicamente cabível a contestação.

2.3.4.1. *Contestação*

A **contestação** é a *resistência do réu ao pedido do autor*.

O réu poderá oferecer **contestação**, no **prazo de 15 dias**, *contado* a partir (NCPC, art. 335):

I – da *audiência de conciliação/ mediação*, ou da última sessão de conciliação, quando qualquer parte não comparecer ou, comparecendo, não houver autocomposição;

II – do *protocolo do pedido de cancelamento da audiência* de conciliação/mediação apresentado pelo réu, quando ambas as partes tiverem manifestado desinteresse na via consensual;

III – da *juntada* aos autos do mandado ou carta de citação, nos demais casos.

Pelo **princípio da eventualidade**, *toda matéria de defesa*, ainda que contraditória, *deve ser alegada* na contestação, sob pena de *preclusão* (NCPC, art. 336).

Contudo, há *exceções*. Tratando-se de *matéria de ordem pública* (como condições da ação e pressupostos processuais), cabe a alegação em momento posterior (portanto, não há preclusão – NCPC, art. 485, § 3º).

Decorrente do princípio da eventualidade, há o **ônus da impugnação específica** (NCPC, art. 341). Ou seja, *se determinado fato não for especificamente impugnado, presume-se que seja verdadeiro*.

Portanto, em regra, não cabe a **contestação por negativa geral** (situação em que o réu simplesmente afirma que "tudo que está na inicial não é verdadeiro", sem trazer sua versão aos fatos). A *exceção* é a contestação apresentada pelo *defensor público, advogado dativo e curador especial* (NCPC, art. 341, parágrafo único).

A **defesa do réu**, na contestação, pode ser de *mérito* ou *processual*.

A **defesa de mérito** (NCPC, art. 336 e 341) *impugna os fatos e é baseada na relação jurídica de direito material*.

Pode tanto ser a *resistência às alegações da inicial* (negam-se os fatos) ou a apresentação de *fato impeditivo, modificativo ou extintivo do direito do autor* (apresenta-se um fato que afasta a pretensão do autor – NCPC, art. 350).

Como exemplo de **fato impeditivo**, a *incapacidade do contratante*; como exemplo de **fato modificativo**, a *compensação*, e como exemplo de **fato extintivo**, o *pagamento*.

A apresentação de *defesa de mérito busca a improcedência do pedido* (prolação de sentença em que há resolução do mérito – NCPC, art. 487, I).

Já a **defesa processual** (NCPC, arts. 337, 485 e 330) *impugna a relação de direito processual, ou seja, aspectos formais-burocráticos da causa* (pressupostos processuais e condições de ação). Como é *anterior ao mérito*, costuma também ser denominada **preliminar**.

A alegação de uma *defesa processual* pode acarretar:

✓ a *extinção do processo sem resolução de mérito*, desde que haja a respectiva previsão no NCPC, art. 485 (ex.: litispendência: art. 337, V, c/c art. 485, V);

✓ a *possibilidade de correção da falha* (emenda) sob pena de extinção (ausência de recolhimento de custas: art. 337, XII, c/c art. 330, I);

✓ a *alteração do juízo que julgará a causa* (incompetência absoluta: art. 337, II).

Defesas processuais trazidas pelo Código, que o réu irá alegar antes de discutir o mérito (preliminarmente – NCPC, art. 337):

I – *vício de citação;*

II – *incompetência absoluta e relativa* (**novidade** *no NCPC, quanto à relativa);*

III – *incorreção do valor da causa* (**novidade** *no NCPC);*

IV – *inépcia da inicial* (NCPC, art. 330, § 1º);

V – *perempção;*

VI – *litispendência;*

VII – *coisa julgada;*

VIII – *conexão (apesar da ausência de menção na lei, também a continência – curioso que o NCPC não corrigiu essa omissão);*

IX – *incapacidade de parte, defeito de representação, falta de autorização (incapacidade: criança sem representação; defeito de representação: falta de procuração do advogado nos autos; falta de autorização: há casos em que o cônjuge precisa de autorização para litigar – NCPC, art. 73);*

IX – *convenção de arbitragem;*

XI – *ausência de legitimidade de parte ou interesse processual (no sistema anterior, falava-se em* **carência de ação**, possivelmente o termo carência seguirá sendo utilizado e pedido em Exames da OAB);

XII – falta de *caução* ou *prestação prevista em lei (como principal exemplo de prestação prevista em lei, a ausência de recolhimento de custas);*

XIII – *indevida concessão de gratuidade de justiça* (**novidade** *no NCPC).*

Como se percebe, *diversos argumentos de defesa já foram analisados em momentos anteriores.* Seja ao se discutir condições da ação e pressupostos processuais, seja ao se tratar das hipóteses de extinção do processo sem mérito. Isso demonstra que o processo civil é um sistema, em que *inicial, contestação e decisão estão conectadas.*

O NCPC inova ao apontar preliminares que antes existiam.

Mas, o Código também muda o sistema anterior em relação à **reconvenção**. Antes, em peça apartada; agora, na própria contestação. A reconvenção é o *pedido formulado pelo réu, contra o autor, nos próprios autos do processo.*

Assim, no NCPC, o réu deverá formular, *na própria contestação, pedido contra o autor* (NCPC, art. 343) – bastando abrir um tópico específico para isso na peça de defesa (preliminar, mérito e reconvenção).

Oferecida a reconvenção pelo réu, o *autor será intimado*, na pessoa do seu advogado, para apresentar resposta (contestar) em 15 dias (NCPC, art. 343, § 1º).

Uma vez apresentada, a reconvenção passa a ser **autônoma** *em relação à ação*; assim, a desistência ou extinção da ação não obsta o prosseguimento da reconvenção (NCPC, art. 343, § 2º).

A reconvenção pode ser proposta com *litisconsórcio passivo* – contra o autor e terceiro; ou em *litisconsórcio ativo* – pelo réu e terceiro (NCPC, art. 343, §§ 3º e 4º).

Apresentada a reconvenção, haverá a **anotação no distribuidor**, de modo que se saiba que o *autor é réu na reconvenção*, para fins de expedição de *certidão negativa de feitos judiciais* (NCPC, art. 286, parágrafo único).

2.3.4.2 Alterações em relação ao CPC/1973

Como se percebe do tópico anterior, inúmeras são as mudanças na defesa do réu em relação ao sistema do Código anterior. Considerando o histórico de provas, é possível vislumbrar que a OAB trará uma série de questões em relação a esse tema. Por isso, para facilitar, este tópico é uma síntese daquilo que mudou.

Deixa de existir no NCPC:

(i) a exceção de incompetência relativa: o tema passa a ser alegado em *preliminar de contestação* (NCPC, art. 337, II).

(ii) a exceção de impedimento e suspeição: o tema passa a ser alegado em *petição específica para isso*, sem maiores formalidades ou necessidade de autuação em apartado (NCPC, art. 146) – mas há a suspensão do processo (NCPC, art. 313, III).

(iii) a ação declaratória incidental, pois a *questão prejudicial será coberta pela coisa julgada* (NCPC, art. 503, § 1º).

(iv) a impugnação ao valor da causa: a matéria será *alegada na própria contestação*, em preliminar (NCPC, arts. 293 e 337, III).

(v) a impugnação à justiça gratuita: a gratuidade será impugnada *nos próprios autos*, na próxima peça que a parte impugnante apresentar, após a concessão da gratuidade (NCPC, art. 100).

(vi) a reconvenção como peça autônoma, que agora será apresentada como um tópico da própria contestação (NCPC, art. 343);

(vii) a nomeação à autoria: Se o réu alegar, na contestação, que é *parte ilegítima* e tiver conhecimento de quem é a parte legítima, *deverá indicar isso na defesa*, sob pena de arcar com as despesas processuais e indenizar o autor pelos prejuízos (NCPC, art. 339).

Por sua vez, quando houver essa **indicação do réu correto**, poderá o autor, em 15 dias, *alterar a petição inicial para promover a troca de réus* (NCPC, art. 338). Nesse caso, haverá pagamento de *honorários* entre 3% e 5% do valor da causa, *em favor do advogado do réu excluído* (NCPC, art. 338, parágrafo único).

2.3.4.3. Revelia

Como já visto, o princípio do contraditório pode ser traduzido em um binômio: informação e possibilidade de manifestação. Assim, é obrigatório que o réu seja citado para, querendo, contestar.

Mas, o que é obrigatório é a *oportunidade de contestar*. Portanto, para a validade do processo, *não é obrigatória a existência de contestação*.

Nesse contexto, há a **revelia**, que é a *ausência de contestação* (NCPC, art. 344).

As **consequências** ou **efeitos** da revelia são:

(i) a *presunção de veracidade* dos fatos alegados pelo autor (NCPC, art. 344) e

(ii) os *prazos contra o revel* sem advogado nos autos fluirão da *data de publicação da decisão no diário oficial* (NCPC, art. 346 – trata-se de **inovação** do NCPC o comando para se publicar).

Assim, numa investigação de paternidade, se o réu for revel, por se tratar de direito indisponível, *ainda assim haverá necessidade de dilação probatória* (DNA). E, diante de dois réus, se um contestar, *em relação à matéria que for comum à defesa dos dois*, o fato será controvertido e, portanto, haverá *necessidade de prova*.

Contudo, há *exceções* em relação aos dois efeitos da revelia:

Assim, **não haverá presunção de veracidade**, mesmo que haja ausência de contestação, se (NCPC, art. 345):

I – houver *litisconsórcio passivo* e algum dos réus *contestar*;

II – o litígio versar sobre *direitos indisponíveis*;

III – a petição inicial não trouxer *instrumento que a lei considere indispensável à prova do ato*;

IV – as *alegações* de fato do autor forem *inverossímeis ou* forem *contraditórias* com a prova dos autos (**novidade** do NCPC).

A partir do momento em que o revel constituir advogado, então seu *patrono será normalmente* **intimado das decisões pelo diário oficial**. Pode, a qualquer tempo, o revel nomear advogado – mas isso não importará em qualquer repetição de ato, pois o processo é recebido "no estado em que se encontrar" (NCPC, art. 346, parágrafo único).

Além disso, inova o Código ao apontar que será **lícita a produção de provas pelo revel**, desde que o réu nomeie advogado a tempo de praticar os "atos processuais indispensáveis" à produção da prova (NCPC, art. 349).

Assim, o réu revel tem, no NCPC, muito mais direitos processuais que no Código anterior.

2.3.4.4. Síntese da defesa do réu

Em importante simplificação quanto ao que existia no CPC/1973, o réu pode, no prazo da contestação:

1) arguir o impedimento ou suspeição do juiz

2) contestar, momento em que poderá:

a) utilizar de intervenções de terceiro provocadas (denunciar da lide, chamar ao processo, requerer a desconsideração da personalidade jurídica ou o ingresso de *amicus curiae*);

b) apresentar diversas preliminares, dentre as quais a ilegitimidade, com possibilidade de *indicação do réu correto*;

c) discutir o mérito, via defesa direta ou indireta.

Dessas manifestações, apenas o impedimento ou suspeição **suspendem o processo.**

2.3.5. Providências preliminares e julgamento conforme o estado do processo

2.3.5.1. Visão geral

No procedimento comum, após a inicial e contestação, os autos voltam para o juiz verificar qual deve ser o desenrolar do processo. Conforme as alegações realizadas no processo, é possível que algumas **providências preliminares** sejam tomadas.

É o que se verifica no caso de *necessidade de produção de prova* (NCPC, arts. 348 e 349) ou *contestação* que traga matéria de *mérito* (NCPC, art. 350) ou *processual* (NCPC, art. 351)

Assim, após a manifestação do réu em defesa, é possível que as partes sejam instadas a se manifestar a respeito da produção de provas e/ou a apresentar réplica.

Depois de cumpridas as providências preliminares, ou caso estas não sejam necessárias, então procederá o juiz ao **julgamento conforme o estado do processo** (NCPC, art. 353).

Assim, antes do início da fase instrutória, o juiz deve verificar se estão presentes os requisitos para que se verifique uma dessas três situações: (i) *extinção do processo*, (ii) *julgamento antecipado do mérito*, (iii) *julgamento antecipado parcial do mérito* e (iv) *saneamento e organização do processo*.

2.3.5.2. Providências preliminares

Como acima exposto, são duas (no CPC/1973, havia também a previsão de ação declaratória incidental, extinta no NCPC – *vide* item 2.3.4.2 supra):

a) especificação de provas (NCPC, arts. 348 e 349). É cabível em 2 hipóteses:

(i) o juiz deve determinar a produção de provas pelo *autor* quando, apenas da *ausência de contestação, não houver a presunção de veracidade* e o autor ainda não tiver requerido as provas;

(ii) o juiz aceitará a produção de provas *pelo réu* que, mesmo *revel, ingresse nos autos com advogado a tempo de realizar os atos relativos à produção de provas* (como, por exemplo, apresentar rol de testemunhas tempestivamente).

Como já visto, há casos em que a ausência de contestação não acarreta a presunção de veracidade – como nos casos de *direito indisponível* (NCPC, art. 345).

b) réplica (NCPC, arts. 350 e 351): de modo a *garantir o contraditório*, o autor apresentará sua manifestação em relação aos argumentos e documentos apresentados pelo réu na contestação.

O prazo para réplica foi *ampliado*. Se o réu alegar *fato impeditivo, modificativo ou extintivo* do direito do autor, este será ouvido no prazo de 15 dias, permitindo-lhe o juiz a produção de prova.

Do mesmo modo, caso o *réu alegue qualquer das matérias preliminares* (previstas no art. 337), o juiz determinará a oitiva do autor no prazo de 15 dias, permitindo-lhe a produção de prova.

Vale destacar que o termo "réplica" não consta nos artigos ora analisados, apesar de aparecer em 3 dispositivos do NCPC (arts. 100, 430 e 437).

Verificando a existência de **irregularidades ou de vícios sanáveis**, o juiz determinará sua correção em *prazo não superior a 30 dias* (NCPC, art. 352).

2.3.5.3. *Julgamento conforme o estado do processo*

Findas as providências preliminares, o juiz deverá apreciar se o processo tem condições de prosseguir ou se já é possível a prolação de sentença. É o julgamento de que ora se trata.

No CPC/1973, eram 3 formas; agora, são **4**: (i) extinção do processo, (ii) julgamento antecipado do mérito, (iii) julgamento antecipado parcial do mérito (**novidade**) e (iv) saneamento e organização do processo.

a) extinção do processo (NCPC, art. 354)

Se presente uma das hipóteses do art. 485 do CPC (ou seja, *defesa processual*), o magistrado proferirá *sentença terminativa* (extinção sem resolução do mérito).

✓ Se não ocorrer nenhuma das hipóteses de sentença terminativa (NCPC, art. 485), deverá o juiz analisar se está presente alguma das *hipóteses previstas no art. 487, II e III*. Se isso ocorrer, também o feito já será sentenciado – mas sentença *com resolução de mérito*.

Relembrando, as hipóteses do art. 487 em questão são as seguintes:

✓ prescrição e decadência;

✓ transação;

✓ renúncia à pretensão formulada na ação;

✓ reconhecimento da procedência do pedido.

b) julgamento antecipado do mérito ou do pedido (NCPC, art. 355 – no CPC/1973, julgamento antecipado da *lide*)

Se não for o caso de extinção (art. 354), passa o magistrado a analisar a possibilidade de **julgamento antecipado do mérito** (art. 355), que *é a decisão de mérito em que o juiz acolhe ou rejeita o pedido (NCPC, art. 487, I), sem dilação probatória* (daí o "*antecipado*" do julgamento).

O **julgamento antecipado é permitido** nas seguintes hipóteses (NCPC, art. 355):

(i) quando *não houver a necessidade de produção de outras provas* além das já constantes nos autos – ou seja, (a) a questão de *mérito for unicamente de direito*, ou, (b) sendo de *direito e de fato, não houver necessidade de outra prova além da documental*;

(ii) quando ocorrer à *revelia e houver presunção de veracidade.*

Assim, nessas hipóteses, sinaliza a lei que *a causa já reúne elementos suficientes para o seu julgamento*, sendo desnecessária a produção de provas;

c) julgamento antecipado parcial do mérito (NCPC, art. 356 – novidade do NCPC)

O NCPC contempla a possibilidade de serem proferidas *decisões parciais quanto aos pedidos formulados pelo autor*, ao prever o **julgamento antecipado parcial do mérito**.

O juiz decidirá parcialmente o mérito quando um ou mais dos pedidos formulados ou parcela deles (art. 355):

I – mostrar-se *incontroverso*;

II – estiver em condições de imediato julgamento (*julgamento antecipado do mérito*, como acima analisado).

Ou seja, se houver um *pedido de dano moral cumulado com dano material*, e o juiz entender que o dano moral já tem os seus requisitos previstos sem a necessidade de prova oral, mas que o dano material demanda perícia, o juiz deverá: (i) proferir **decisão parcial quanto ao dano moral**, já julgando procedente o pedido e (ii) determinar a **instrução quanto ao dano material**. Trata-se de inovadora previsão legislativa.

Para evitar dúvidas, afirma o NCPC que o **recurso** cabível da decisão que *julga parcialmente o mérito é o agravo de instrumento* (NCPC, art. 356, § 5º).

A parte poderá **liquidar ou executar**, desde logo, a *obrigação reconhecida na decisão que julgar parcialmente o mérito*, independentemente de caução, *ainda que haja recurso interposto* contra ela (art. 356, § 2º). *Com o trânsito em julgado* da decisão, a execução será *definitiva* (art. 356, § 3º).

d) saneamento e organização do processo (NCPC, art. 357)

O NCPC busca reforçar o **saneamento do processo**, ou seja, o momento em que *o juiz "limpa" o processo das questões formais burocráticas, de modo a partir para a instrução do feito.*

Assim, *não sendo o caso* de extinção do processo ou julgamento antecipado da lide (total ou parcial), o juiz proferirá *decisão de saneamento e de organização do processo* para (NCPC, art. 357):

I – resolver as *questões processuais pendentes*, se houver;

II – delimitar as *questões de fato* sobre as quais recairá a *atividade probatória*, especificando os meios de prova admitidos;

III – definir a distribuição do *ônus da prova;*

IV – delimitar as *questões de direito relevantes* para a decisão do mérito;

V – designar, se necessário, *audiência de instrução e julgamento.*

Realizado o saneamento do processo, as partes terão o direito de pedir **esclarecimentos** ou solicitar ajustes no prazo comum de *5 dias*, findo o qual a decisão se torna estável (NCPC, art. 357, § 1º).

Inova o NCPC ao prever que as partes poderão apresentar ao juiz, para homologação, a **delimitação consensual** sobre as *questões de fato* sobre as quais recairá a prova e as *questões de direito* relevantes para a decisão de mérito. Esse acordo, uma vez *homologado, vinculará as partes e o juiz* (NCPC, art. 357, § 2º).

Outra novidade é o **saneamento compartilhado**: se a causa apresentar *complexidade* em matéria de fato ou de direito, o juiz deverá designar *audiência para que o saneamento seja feito em cooperação com as partes*. Nesse caso, o juiz convidará as partes a *esclarecer suas alegações* (NCPC, art. 357, § 3º). Se essa audiência for designada, esse será o momento para se apresentar o **rol de testemunhas** (NCPC, art. 357, § 5º).

Se não houver a audiência de saneamento compartilhado, mas tiver sido determinada a produção de **prova testemunhal**, o juiz fixará *prazo comum não superior a 15 dias* para que as partes apresentem **rol de testemunhas** (NCPC art. 357, § 4º). O número máximo de testemunhas será 10, sendo 3, no máximo, para a prova de cada fato (NCPC, art. 357, § 6º). Apesar disso, será possível a **limitação do número de testemunhas pelo juiz** levando em conta a *complexidade da causa* e dos *fatos individualmente considerados* (NCPC, art. 357, § 7º).

Caso determine a produção de **prova pericial**, o juiz deverá *nomear perito* especializado no objeto da perícia, e, se possível, estabelecer, desde logo, *calendário* para sua realização (NCPC, art. 357, § 8º).

Pelo NCPC, as **pautas de audiência** deverão ser preparadas com *intervalo mínimo de 1 hora* entre as audiências (NCPC, art. 357, § 9º).

2.3.6. Audiência de instrução

Não sendo hipótese de *julgamento antecipado da lide* e se houver *prova a ser produzida em audiência*, será designada **audiência de instrução e julgamento** (NCPC, art. 358 e ss.).

No início da audiência (antes da instrução), o juiz tentará a *conciliação, mesmo que antes tenha se utilizado algum método de solução consensual* (NCPC, art. 359).

Quanto ao **poder de polícia** do juiz para organizar a audiência, cabe ao magistrado (NCPC, art. 360):

I – manter a *ordem* e o decoro na audiência;

II – ordenar que se *retirem da sala de audiência* os que se comportarem inconvenientemente;

III – requisitar, quando necessário, *força policial*;

IV – tratar com *urbanidade* as partes, os advogados, os membros do Ministério Público e da Defensoria Pública e qualquer pessoa que participe do processo;

V – *registrar em ata*, com exatidão, *todos os requerimentos* apresentados em audiência.

A **ordem das provas**, na audiência de instrução, é, *preferencialmente*, a seguinte (NCPC, art. 361):

(i) oitiva do *perito e dos assistentes técnicos* para esclarecimentos, a partir de quesitos antes formulados (destaque-se que o laudo já terá sido elaborado previamente);

(ii) *depoimento pessoal das partes*; primeiro do autor, depois do réu (é proibido, a quem ainda não depôs, assistir ao interrogatório da outra parte – NCPC, art. 385, § 2º);

(iii) oitiva de *testemunhas*; primeiro do autor, depois do réu.

Enquanto **estiver ocorrendo depoimentos** (do perito, assistentes técnicos, partes ou testemunhas), *não poderão* os advogados e o Ministério Público intervir ou apartear, *sem licença do juiz* (NCPC, art. 361 parágrafo único).

Pode ocorrer o **adiamento da audiência** nas seguintes situações (NCPC, art. 362):

(i) *convenção* das partes;

(ii) *impossibilidade de comparecer*, por *motivo justificado*, relativa a *qualquer pessoa* que dela deva necessariamente participar;

(iii) *atraso injustificado* do início da audiência, em tempo *superior a 30 minutos* do horário marcado.

Havendo **antecipação ou adiamento da audiência**, o juiz, de ofício ou a requerimento da parte, determinará a *intimação dos advogados* ou da sociedade de advogados para ciência da nova designação (NCPC, art. 363).

Ao **final da audiência**, as partes apresentam *alegações finais orais*, ou por escrito (*memoriais*), em *prazo sucessivo de* 15 dias, sendo garantido o acesso aos autos *(NCPC, art. 364, caput e § 2º)*.

O **prazo para a prolação de decisão** é ao *final da audiência ou 30 dias* (NCPC, art. 366).

A **audiência poderá ser integralmente gravada** em imagem e em áudio, em meio digital ou analógico, desde que assegure o rápido acesso das partes e dos órgãos julgadores, observada a legislação específica. A gravação também *poderá ser realizada diretamente por qualquer das partes*, independentemente de autorização judicial (NCPC, art. 367, §§ 5º e 6º).

Por fim, prevê o Código que a **audiência será pública**, ressalvadas as exceções legais de segredo de justiça (NCPC, art. 368).

2.3.7. Sentença, coisa julgada e ação rescisória

2.3.7.1. Sentença

Sentença, de maneira didática, pode ser entendida *como o ato em que juiz aprecia o pedido em 1º grau de jurisdição*. A sentença pode ser com ou sem resolução de mérito (NCPC, arts. 485 e 487).

Pela redação do Código (art. 203, § 1º), sentença é "o pronunciamento por meio do qual o juiz, com fundamento nos arts. 485 e 487, põe fim à *fase cognitiva do procedimento comum*, bem como *extingue a execução*".

Porém, nos arts. 485 e 487 o NCPC *não faz menção à sentença*, pois o novo sistema permite que uma *decisão interlocutória também aprecie o mérito*.

Quanto às situações de decisão com e sem mérito, o tema já foi enfrentado nos itens 2.2.3.1 e 2.2.3.2 supra.

São **elementos para a sentença**: *relatório, fundamentação e dispositivo* (NCPC, art. 489).

✓ Uma das grandes inovações – e polêmicas – do NCPC é a **exigência de melhor motivação das decisões**. Diverge a doutrina quanto à conveniência do dispositivo. E, de modo geral, a magistratura critica a inovação.

✓ **Não será considerada fundamentada** a *decisão* (seja interlocutória, sentença ou acórdão) que (NCPC, art. 489, § 1º):

I – se *limitar a indicar*, reproduzir ou parafrasear *ato normativo*, sem explicar sua relação com a causa ou a questão decidida;

II – empregar *conceitos jurídicos indeterminados* sem explicar a causa concreta de sua incidência;

III – invocar motivos que se prestariam a *justificar qualquer outra decisão*;

IV – não enfrentar *todos os argumentos deduzidos no processo* capazes de, em tese, infirmar a conclusão adotada;

V – se limitar a *invocar precedente* ou enunciado de súmula, sem identificar seus fundamentos determinantes nem demonstrar que o caso se ajusta àqueles fundamentos;

VI – *deixar de seguir enunciado de súmula*, jurisprudência ou precedente invocado pela parte, sem demonstrar a existência de distinção no caso ou a superação do entendimento.

✓ Além disso, no caso de **colisão entre normas**, "o juiz deve *justificar o objeto e os critérios gerais da ponderação efetuada*, enunciando as razões que autorizam a interferência na norma afastada e as premissas fáticas que fundamentam a conclusão" (NCPC, art. 489, § 2º).

✓ Se essa nova fundamentação da decisão **não for observada**, cabíveis *embargos de declaração* (NCPC, art. 1.022, parágrafo único, II). Contudo, ainda que a sentença esteja com vício de fundamentação, se o processo estiver em **condições de imediato julgamento**, deverá o tribunal *desde logo decidir o mérito* – ao invés de anular a decisão e determinar a prolação de nova por parte do juiz de origem (NCPC, art. 1.013, § 3º, IV).

A sentença deve *refletir o pedido* formulado pela parte na inicial sob pena de ser *viciada* (NCPC, art. 141 e 492):

✓ se o juiz conceder *além do que foi pedido* (foi pleiteado R$ 10 mil de danos e o juiz concedeu R$ 15mil), haverá julgamento *ultra petita*;

✓ se o juiz conceder algo *diferente do que foi pedido* (a parte pediu dano moral, o juiz concedeu dano material), haverá julgamento *extra petita*;

✓ se o juiz conceder *aquém do que foi pedido* (a parte formulou pedidos cumulados: danos materiais e danos morais, mas o juiz somente aprecia o dano material pleiteado), haverá julgamento *infra petita* (ou *citra petita*).

✓ A decisão condenatória produz **hipoteca judiciária** (NCPC, art. 495, § 1º), ou seja, a *possibilidade de averbar a sentença na matrícula do imóvel* – para que terceiros tenham ciência dessa situação ao eventualmente cogitar de adquirir o bem. Porém, se houver *reforma ou invalidação dessa decisão*, o autor responderá, independentemente de culpa, pelos *danos* decorrentes da constituição da garantia (NCPC, art. 495, § 5º).

✓ Em relação à **tutela específica**, o NCPC (art. 497 e ss.) em grande parte repete o Código anterior (art. 461 e ss.).

✓ Assim, na ação que tenha por objeto a **prestação de fazer ou de não fazer**, o juiz concederá a *tutela específica ou determinará providências que assegurem a obtenção de tutela* pelo resultado prático equivalente (NCPC, art. 497).

✓ Na concessão da *tutela específica* destinada a inibir a prática, a reiteração ou a continuação de um *ilícito*, ou a sua remoção, é *irrelevante a demonstração da ocorrência de dano* ou da existência de culpa ou dolo (NCPC, art. 497, parágrafo único). Ou seja, o réu não pode apontar a inexistência de culpa para não ser compelido a cumprir uma determinada prática.

✓ Somente haverá **conversão da obrigação em perdas e danos** (NCPC, art. 499) se:

(i) o *autor* assim requerer;

(ii) for *impossível a tutela específica* ou a obtenção de tutela pelo resultado prático equivalente.

✓ Caberá **indenização por perdas e danos** independentemente da multa fixada para *compelir o réu ao cumprimento específico da obrigação* (NCPC, art. 500). Logo, não há *bis in idem* na *astreinte e na indenização*, pois as naturezas são distintas.

✓ A multa periódica (**astreinte**) *independe de requerimento da parte* e poderá ser aplicada em *qualquer momento* (na tutela provisória ou na sentença no processo de conhecimento, ou na fase de execução). A multa deve ser *suficiente e compatível* com a obrigação e que se determine prazo razoável para cumprimento do preceito (NCPC, art. 537).

✓ A *multa* poderá, de ofício ou a requerimento da parte, ser *alterada pelo juiz*, seja quanto ao valor ou periodicidade – e inclusive ser *excluída* (NCPC, art. 537, § 1º). Ou seja, **não há preclusão quanto à multa**, conforme já definido pela jurisprudência do STJ.

✓ E essa **modificação da multa** poderá ocorrer quando (NCPC, art. 537, § 1º):

I – se tornar *insuficiente ou excessiva*;

II – o obrigado demonstrou *cumprimento parcial superveniente da obrigação* ou justa causa para o descumprimento.

✓ De modo a evitar debates jurisprudenciais, o NCPC expressamente define que o **beneficiário da multa** é o *credor / exequente* (NCPC, art. 537, § 2º), e não o Estado.

2.3.7.2. *Coisa julgada*

Coisa julgada é definida, no NCPC, como a *imutabilidade e indiscutibilidade da decisão de mérito não mais sujeita a recurso* (NCPC, art. 502).

Imutabilidade e indiscutibilidade não são sinônimos, mas tampouco são definidos pela lei. **Imutabilidade** é a *impossibilidade de nova análise de uma lide já antes julgada e com trânsito em julgado*, o que se atinge com a *extinção do segundo processo, sem mérito*. Já a **indiscutibilidade** é a *impossibilidade de se rediscutir, em 2ª demanda* semelhante à primeira (não idêntica, pois aí seria imutabilidade) aquilo que foi decidido com força de coisa julgada na 1ª demanda (algo que se verifica com mais frequência em relações jurídicas continuativas ou sucessivas).

Muda o NCPC os **limites objetivos da coisa julgada** (*qual parte* da decisão é coberta pela coisa julgada), Antes, apenas a questão principal. Agora, *há coisa julgada também quanto à resolução de questão prejudicial*, decidida *expressa e incidentemente* no processo, se:

I – dessa resolução *depender o julgamento do mérito*;

II – a seu respeito tiver havido *contraditório prévio e efetivo*, não se aplicando no caso de revelia;

III – o juízo tiver *competência em razão da matéria* e da pessoa para resolvê-la como questão principal (art. 503, § 1º).

Por isso, não há, no NCPC, a previsão da *ação declaratória incidental* (CPC/1973, art. 325).

Divide-se a coisa julgada em duas espécies:

✓ **coisa julgada formal**: *é a imutabilidade da sentença, no próprio processo em que foi prolatada*, não admitindo mais reforma (atinge qualquer sentença – inclusive as sentenças terminativas, processuais). Uma vez transitada em julgado a decisão, *cabe a repropositura* (NCPC, art. 486_ Contudo, se a extinção for por litispendência, inépcia da inicial, arbitragem, falta de pressupostos processuais ou condições da ação, *somente será admitida a repropositura se houver a correção do vício* (NCPC, art. 486, § 1º);

coisa julgada material: é a verdadeira coisa julgada, *a imutabilidade e indiscutibilidade da sentença não só no processo em que foi proferida – mas também para qualquer outro processo* (atinge somente as *sentenças com julgamento de mérito*).

Não haverá a extensão da coisa julgada se no processo houver *restrições probatórias* ou *limitações à cognição* que impeçam o aprofundamento da análise da questão prejudicial (art. 503, § 2º).

Essa inovação já traz *polêmicas*.

Muda o NCPC também os **limites subjetivos da coisa julgada** (*quem* é atingido pela coisa julgada). Quanto ao tema, o CPC/1973 destacou que a *coisa julgada não beneficiaria nem prejudicaria* terceiros. No NCPC, afirma o art. 506 que a sentença **não prejudica** terceiros. Contudo, a parte inicial deste dispositivo destaca que a sentença "faz coisa julgada às partes entre as quais é dada". Também já debate a doutrina o real alcance dessa modificação – mesmo se algum. Resta aguardar a jurisprudência.

O art. 508 do NCPC traz a previsão da **eficácia preclusiva da coisa julgada** (princípio do *deduzido e dedutível*): com o trânsito em julgado "considerar-se-ão deduzidas e repelidas todas as alegações e as defesas que a parte poderia opor assim ao acolhimento como à rejeição do pedido".

Uma vez transitada em julgado a decisão e tendo esta sido coberta pela coisa julgada, há ainda possibilidade de impugnação. Trata-se da ação rescisória (NCPC, art. 966).

2.3.7.3. Ação Rescisória (AR)

2.3.7.3.1. Finalidade e cabimento

A **finalidade da AR** é *rescindir decisão de mérito transitada em julgado*. Assim, trata-se de uma *revisão da coisa julgada* em hipóteses expressamente previstas na legislação.

É possível, conforme o caso, não só *a rescisão do julgado* (**juízo rescindente**), mas também que *seja proferida uma nova decisão* (**juízo rescisório**).

Decisões que podem ser impugnadas por AR:

✓ *sentença*;

✓ *decisão interlocutória*, que tenha apreciado o mérito da causa;

✓ *acórdão*, proferido por Tribunal de 2º grau ou Tribunal Superior;

✓ *decisão monocrática*, proferida por relator no Tribunal e que tenha julgado o mérito.

Percebe-se, então, que *qualquer decisão que apreciar o mérito de maneira final* poderá ser impugnada por AR. Trata-se de *inovação* em relação ao sistema anterior, o que pode ser percebido a partir do *caput* do art. 966, o qual destaca que a **decisão de mérito**, *transitada em julgado*, pode ser rescindida (no sistema anterior, falava-se em sentença e acórdão).

Cabimento da AR. As decisões que admitem **o uso da rescisória** estão especificamente previstas em lei (NCPC, art. 966):

I – proferidas por *juiz corrupto (prevaricação, concussão ou corrupção)*;

II –proferidas por *juiz impedido* ou *juízo absolutamente incompetente*;

III – resultarem de *dolo ou coação da parte vencedora* ou de *colusão* entre as partes;

IV – que *ofenderem coisa julgada* anteriormente formada;

V – que *violem manifestação norma jurídica (literal disposição de lei, no CPC/1973)*;

VI – fundadas em *prova falsa – seja apurada em processo crime, seja demonstrada na própria rescisória*;

VII – quando o autor, após o trânsito em julgado, obtiver *prova nova*;

VIII – fundadas em *erro de fato verificável* do exame dos autos;

Quanto às hipóteses de cabimento, merece destaque o seguinte:

(i) deixa de ser cabível AR fundada na *invalidação de confissão, desistência ou transação* (art. 485, VIII, do CPC/1973). Para tentar diminuir os *debates quanto ao cabimento da AR ou da ação anulatória*, o NCPC estipula que os "atos de disposição de direitos, praticados pelas partes ou por outros participantes do processo e homologados pelo juízo, bem como os atos homologatórios praticados no curso da execução, estão *sujeitos à anulação*, nos termos da lei" (art. 966, § 4º). Ou seja, utiliza-se, nesse caso, a anulatória (ajuizada em 1º grau) e não a rescisória.

(ii) admite-se **AR para impugnar decisão processual** (não de mérito) que *impeça nova propositura da demanda ou a admissibilidade de recurso* (NCPC, art. 966, § 2º);

(iii) é possível a **AR fundada em um capítulo da decisão** (NCPC, art. 966, § 3º).

2.3.7.3.2. Prazo

Prazo decadencial para ajuizamento da AR: *2 anos, contados do trânsito em julgado* da última decisão proferida no processo (NCPC, art. 975).

A menção a "última decisão" parece adotar a jurisprudência do STJ quanto ao tema, definida antes do NCPC.

Imaginemos o trânsito em julgado de um *capítulo da sentença* em 1º grau e de outro capítulo da decisão no Tribunal. Nesses casos, haveria *mais de um prazo para ajuizamento da AR*? O STJ pacificou a questão, afirmando que era *somente um prazo* e contado do *trânsito da última decisão*. A questão foi definida na Súmula 401: "O prazo decadencial da ação rescisória *só se inicia quando não for cabível qualquer recurso do último pronunciamento judicial*".

Se o dia final do prazo expirar em dia não útil (férias, recesso, feriados ou dia sem expediente forense), o prazo será prorrogado até o 1º dia útil subsequente (NCPC, art. 975, § 1º), como já pacificado pelo STJ no sistema anterior.

O **termo inicial de AR fundada em prova nova** (NCPC, art. 966, VII), *não será o trânsito em julgado*, mas sim a *data de "descoberta da prova nova"*. Porém, nesse caso, será observado o *prazo máximo de 5 anos*, contado do trânsito em julgado da última decisão proferida no processo (NCPC, art. 975, § 2º). Portanto, o próprio Código traz uma situação de prova nova com prazo superior a 2 anos do trânsito.

Os defensores da tese da **relativização da coisa julgada** (ou coisa julgada inconstitucional) buscam desconstituir a coisa julgada mesmo após o prazo de 2 anos. Para esses, em *casos graves, situações repugnantes*, quando em jogo a *dignidade da pessoa humana*, deveria ser aceita a AR mesmo após o prazo previsto em lei.

Como exemplos:

(i) a situação em que se decidiu a investigação de paternidade quando ainda não existia o DNA. E, hoje, com esse exame, percebe-se que a decisão judicial não refletiu a realidade (a tese já foi acolhida pelo STJ e STF – neste último, com julgado com repercussão geral, RE 363.889);

(ii) os casos em que há decisão condenando a Fazenda Pública a indenizar alguém em valores elevados e, posteriormente, descobre-se que a condenação era indevida (como numa desapropriação milionária em que, depois do prazo da AR, descobre-se que a área já era do ente expropriante). Neste aspecto, segue a divergência jurisprudencial, mas há precedentes favoráveis à relativização.

Com a inovação do art. art. 975, § 2º acima analisada, resta verificar se o prazo máximo da relativização passará a ser de 5 anos – o que será definido pela jurisprudência.

2.3.7.3.3. Competência

Trata-se de ação **competência originária** *dos Tribunais.*

Se ajuizada para atacar *sentença ou decisão interlocutória*, sempre será *competente o Tribunal de 2º grau.*

Se for atacar *acórdão de Tribunal, o próprio Tribunal* (de 2º grau ou Superior) julgará a AR.

Porém, se *o Tribunal Superior* se limitou a *não conhecer do recurso*, daí a competência *é do Tribunal de 2º grau.*

Ou seja, tratando-se de acórdão a ser rescindido, a *competência é do último Tribunal que apreciou o mérito da causa.*

Inova o NCPC ao prever que, se for **reconhecida a incompetência de determinado tribunal** para o julgamento da AR, o *autor será intimado para emendar a inicial*, adequando ao outro tribunal que se entender competente (art. 968, § 5º). A inovação é relevante para evitar que haja extinção e, assim, decadência na repropositura (o que muito ocorria no sistema anterior).

2.3.7.3.4. Petição inicial e procedimento

A **petição inicial da AR** deve observar o art. 968 c/c art. 319 do NCPC e deve trazer:

✓ endereçamento (*tribunal*);

✓ partes (*partes, terceiro prejudicado ou MP* – NCPC, art. 967);

✓ causa de pedir (fundada no *art. 966 do NCPC*);

✓ pedido (*rescisão* [juízo rescindente] e, eventualmente, *nova decisão* [juízo rescisório] – NCPC, art. 968, I);

✓ valor da causa;

✓ além de custas, deve haver recolhimento de **5% sobre o valor da causa**, que reverterá à parte ré em caso de improcedência (NCPC, art. 968, II), existindo teto de *1000 salários mínimos* (NCPC, art. 968, § 2º). Contudo, *não necessita ser recolhido* pela União, Estados, Municípios, autarquias e fundações ligadas a esses entes, MP, Defensoria e beneficiários da gratuidade de justiça (NCPC, art. 968, § 1º).

A AR tem **procedimento especial** (NCPC, art. 966 e ss.) e tem o seguinte trâmite:

Procedimento especial da AR **(ressalvadas as distinções, o NCPC determina a observância do procedimento comum –art. 970, parte final)**
1) inicial diretamente no Tribunal;
2) citação; – cabe tutela provisória para obstar o cumprimento de sentença (NCPC, art. 969).
3) contestação (prazo: 15 a 30 dias – NCPC, art. 970);
4) instrução (pode ser realizada por carta de ordem para o órgão que proferiu a decisão rescindenda– NCPC, art. 972);
5) após a instrução, memoriais no prazo de 10 dias, sucessivamente às partes (NCPC, art. 973);
6) decisão (acórdão); – cabe, conforme o resultado da ação, embargos de declaração, REsp e RE do acórdão que julga a AR.

2.3.7.4. *Liquidação de sentença*

✓ A **liquidação** se insere no *processo de conhecimento* e é a última atividade *antes que tenha início a fase de cumprimento de sentença.* É principalmente utilizada para *título executivo judicial*, mas também é possível sua utilização para o título executivo extrajudicial.

✓ Pelo NCPC, somente há **2 modalidades de liquidação**: *por arbitramento* e *pelo procedimento comum* (denominada, no sistema anterior, de liquidação por artigos).

✓ A **liquidação por cálculo** *deixou de ser tratada como modalidade de liquidação* no NCPC. Contudo, é necessária a *indicação do valor exato a ser executado* (apresentação da **memória de cálculo atualizada**) para o início do cumprimento de sentença (NCPC, art. 509, § 2º). Portanto, no NCPC a liquidação por cálculo não demanda um incidente prévio de liquidação, o que é necessário nas demais formas de liquidação.

✓ A **liquidação por arbitramento** será utilizada quando "determinado pela sentença, convencionado pelas partes ou exigido pela natureza do objeto da liquidação" (NCPC, art. 509, I). Será realizada por *documentos juntados pelas partes* (produzidos fora dos autos e submetidos posteriormente ao contraditório) ou, se o juiz entender insuficiente para chegar ao valor do dano, por *perícia* (NCPC, art. 510). No sistema anterior, somente era admitida a perícia.

✓ A **liquidação pelo procedimento comum** ocorrerá quando "houver *necessidade de alegar e provar fato novo*" (NCPC, art. 509, II), ou seja, será possível ampla produção probatória (por documentos, testemunhas ou perícia). Nessa hipótese, discute-se um *fato novo nunca debatido no processo.*

✓ Para diferenciar as duas liquidações: na liquidação pelo procedimento comum, como visto, o fato novo não foi debatido no processo, ao passo que na liquidação por arbitramento discute-se fato já antes debatido no processo de conhecimento – porém, à época, não houve necessidade ou conveniência de se apurar o prejuízo decorrente de tal fato.

✓ Para exemplificar:

(i) queda de material de uma construção, atingindo pessoa que passava na rua. Pedido genérico de condenação (para pagamento de *todos* os danos decorrentes dessa situação) e sentença ilíquida. Na liquidação, pede-se o pagamento da fisioterapia. Isso não foi debatido no processo, de modo que se trata de fato novo, cabível a **liquidação pelo procedimento comum**.

(ii) queda de um poste em fazenda, matando um animal. Pedido genérico de condenação para lucros cessantes (tudo que aquele animal poderia ter produzido em vida) e sentença ilíquida. Na liquidação, aponta-se qual seria, em média, o tempo útil de vida do animal e quais seriam os valores daí decorrentes. Algo que já foi mencionado desde o início do processo, mas que antes da verificação da responsabilidade do réu, talvez não fosse conveniente fazer. No caso, **liquidação por arbitramento** – seja por documentos (laudos realizados fora dos autos) ou por perito designado pelo juiz.

3. PROCEDIMENTOS ESPECIAIS (TÍTULO III DO LIVRO I DA PARTE GERAL DO NCPC)

3.1. Visão geral

Como já exposto, o NCPC conhece 2 processos (conhecimento e execução).

No **processo de conhecimento**, existem *dois procedimentos*: comum e especial (não mais existe a subdivisão, no procedimento comum, em rito ordinário e sumário).

O **procedimento é especial** quando apresentar *algo de distinto do procedimento comum*.

Em síntese, a divisão procedimental no processo de conhecimento é a seguinte:

(i) **procedimento comum**: *é a base, a tramitação que se aplica de forma subsidiária a todos os processos e procedimentos*;

(ii) **procedimentos especiais**: *surgem diante da impossibilidade de solução de determinados problemas pelo procedimento comum. A finalidade é adequar o procedimento ao direito material debatido.*

As diferenças dos procedimentos especiais, em relação ao procedimento paradigma (comum), são previstas em lei e podem estar nos prazos, na previsão de liminar, na modificação/concentração das fases processuais etc.

Mas é importante destacar que *não há apenas um procedimento especial*. São diversos procedimentos especiais, cada qual com alguma distinção em relação ao procedimento padrão.

Assim, diante de uma lide que deve ser solucionada via processo de conhecimento, **deve-se inicialmente verificar se existe algum procedimento especial.**

Se existir, deverá ser utilizado referido procedimento. Se não existir, parte-se para o procedimento comum.

Assim, **a escolha do procedimento é feita por exclusão**:

1º) verificar se há *procedimento especial*; se não houver, parte-se para;

2º) *procedimento comum.*

Portanto, é importante que bem se conheça quais são os procedimentos especiais – e são diversos. Há procedimentos especiais no NCPC e também em leis extravagantes.

No NCPC, há procedimentos especiais de jurisdição contenciosa **e procedimentos especiais de** jurisdição voluntária. **Fora do NCPC, diversas** leis extravagantes **preveem procedimentos especiais.**

3.1.1. Jurisdição contenciosa e voluntária

Consoante visto desde o início, a base para que exista o processo é a lide.

Contudo, há situações nas quais, mesmo sem a lide, há necessidade de se acionar o Judiciário. Nestes casos, fala-se em *jurisdição voluntária* por oposição à *jurisdição contenciosa.*

Assim:

✓ **jurisdição contenciosa**: *existe conflito entre as partes, o Judiciário atuará para compor a lide* (refere-se a tudo o quanto já foi exposto ao longo dos capítulos);

✓ **jurisdição voluntária** ou **graciosa**: não há lide, trata-se de verdadeira *administração pública, via Judiciário, de interesses privados.*

A respeito das distinções entre jurisdição voluntária e contenciosa, cabe apresentar o seguinte quadro:

Jurisdição contenciosa	Jurisdição voluntária (NCPC, art. 719)
Existe lide	Inexiste lide
Existem partes (NCPC, art. 77)	Existem interessados (NCPC, art. 720)
Juízo de legalidade estrita (NCPC, art. 140, parágrafo único)	Juízo de equidade (NCPC, art. 723, parágrafo único)

No sistema anterior, havia previsão legal no sentido de a *sentença da jurisdição voluntária não fazer coisa julgada* (CPC/1973, art. 1.111). Esse dispositivo *não foi repetido no NCPC*, de modo que, como já apontado por parte da doutrina no sistema anterior, é de se concluir que a **decisão da jurisdição é coberta pela coisa julgada**, tal qual ocorre com a decisão da jurisdição contenciosa.

3.1.2. Procedimentos especiais no NCPC

Há novidades nos procedimentos especiais, em relação ao sistema anterior.

De início, apresenta-se um panorama geral de como o tema é tratado no NCPC:

Título III – Dos Procedimentos Especiais

Capítulo I – Da Ação de Consignação em Pagamento

Capítulo II – Da Ação de Exigir Contas

Capítulo III – Das Ações Possessórias

Capítulo IV – Da Ação de Divisão e da Demarcação de Terras Particulares

Capítulo V – Da Ação de Dissolução Parcial de Sociedade

Capítulo VI – Do Inventário e da Partilha

Capítulo VII – Dos Embargos de Terceiro

Capítulo VIII – Da Oposição

Capítulo IX – Da Habilitação

Capítulo X – Das Ações de Família

Capítulo XI – Da Ação Monitória

Capítulo XII – Da Homologação do Penhor Legal

Capítulo XIII – Da Regulação de Avaria Grossa

Capítulo XIV – Da Restauração de Autos

Capítulo XV – Dos Procedimentos de Jurisdição Voluntária

Seção I – Disposições Gerais

Seção II – Da Notificação e da Interpelação

Seção III – Da Alienação Judicial

Seção IV – Do Divórcio e da Separação Consensuais, da Extinção Consensual de União Estável e da Alteração do Regime de Bens do Matrimônio

Seção V – Dos Testamentos e dos Codicilos

Seção VI – Da Herança Jacente

Seção VII – Dos Bens dos Ausentes

Seção VIII – Das Coisas Vagas

Seção IX – Da Interdição

Seção X – Disposições Comuns à Tutela e à Curatela

Seção XI – Da Organização e da Fiscalização das Fundações

Seção XII – Da Ratificação dos Protestos Marítimos e dos Processos Testemunháveis Formados a Bordo

Em síntese, em relação ao sistema anterior há procedimentos especiais que foram mantidos (como possessórias e monitórias), outros que foram excluídos (como depósito e ação de nunciação de obra nova) e outros incluídos (como dissolução parcial de sociedade, ações de família e procedimentos relativos ao direito marítimo). Outra exclusão como procedimento especial que merece destaque é da **ação de usucapião** (que, portanto, passa a seguir o procedimento comum), mas que passa a ser prevista a possibilidade de **usucapião extrajudicial** (NCPC, art. 1.071 – *vide* item 3.6 abaixo).

É certo que é inviável a análise, nesta obra, de **todos os procedimentos especiais. Assim, opta-se por apresentar aqui aqueles procedimentos que têm a maior probabilidade de estarem no Exame da OAB – considerando as provas anteriores da FGV e o momento de transição entre Códigos que vivemos.**

Mas a **sugestão ao candidato** é que ao menos faça a *leitura do texto seco do NCPC*, entre os arts. 539 a 770 (artigos que tratam dos procedimentos especiais no Código).

Assim, a seguir, passa-se à análise de alguns procedimentos especiais em espécie. Iniciando por procedimentos previstos no NCPC para, a seguir, tratar de procedimentos especiais previstos em legislação extravagante.

3.2. Ações possessórias

Na legislação civil, o **possuidor** é definido como *quem "tem de fato o exercício (...) de algum dos poderes inerentes à propriedade"* (CC, art. 1.196).

Quando a *causa de pedir* de uma demanda **tiver por base a posse**, estaremos diante de uma *ação possessória*.

Quando a *causa de pedir* de uma demanda **tiver por base a propriedade**, estaremos diante de uma *ação petitória*. Dentre as petitórias, há a ação de imissão na posse e a reivindicatória (que buscam a obtenção da *posse a partir de sua propriedade*), que seguem o procedimento comum, pois não há previsão específica dessas demandas no NCPC.

Assim, somente as possessórias é que têm um procedimento especial. Vale destacar que, em grande parte, há repetição do Código anterior no NCPC, em relação às possessórias.

O NCPC prevê **3 ações possessórias**:

(i) reintegração de posse, no caso de *esbulho* (*perda* da posse);

(ii) manutenção de posse, no caso de *turbação* (*perturbação* da posse, sem perdê-la);

(iii) interdito proibitório (*ameaça* de ser molestado na posse).

O **procedimento das possessórias é** *distinto* por que:

a) possibilidade de liminar:

Cabe *liminar na possessória* (NCPC, arts. 558 e 562) na hipótese de posse nova (ou seja, de *menos de ano e um dia*). Não se trata de uma tutela provisória (NCPC, art. 294), mas sim de uma liminar com requisitos distintos: *prova da posse e tempo da moléstia*;

b) fungibilidade das ações possessórias:

Em virtude do *dinamismo dos fatos* em relação à posse, mesmo se o autor ajuizar uma determinada ação e a situação for (ou se transformar) em outra, *desde que provados os fatos, deverá o juiz conceder a proteção possessória* (NCPC, art. 554).

c) audiência de justificação:

Se o juiz não se convencer, pelos documentos, a respeito da *concessão ou não da liminar*, deverá ser **designada audiência de justificação** para formar a convicção (NCPC, art. 562).

A **petição inicial** da possessória deve trazer a (i) posse do autor, (ii) moléstia ocorrida em relação à posse e (iii) data da turbação ou esbulho (NCPC, art. 561). A inicial pode **cumular pedidos**, além da proteção da posse, (i) condenação em perdas e danos, (ii) indenização dos frutos, (iii), imposição de medida de apoio (tal como multa) para evitar nova violação à posse e (ii) para que haja cumprimento da tutela provisória ou final (NCPC, art. 555).

Na **contestação**, pode o réu *formular pedido em face do autor*, em relação a: (i) perdas e danos e (ii) própria proteção possessória (NCPC, art. 556 – o que será feito pela reconvenção, na própria contestação).

Traz o NCPC novidades quanto às possessórias envolvendo **litígio coletivo pela posse** ou propriedade de imóvel.

Na possessória em que figure no **polo passivo grande número de pessoas**, serão feitas a *citação pessoal dos ocupantes* encontrados no local e a *citação por edital dos demais*, determinando-se a intimação do MP e, se envolver pessoas em situação de hipossuficiência econômica, da Defensoria Pública. Para tal citação pessoal, o oficial de justiça *procurará os ocupantes no local por uma vez*, citando-se por edital os que não forem encontrados (NCPC, art. 554, § 2º). O juiz deverá determinar que se dê **ampla publicidade** da existência dessa ação e dos prazos processuais, podendo, para tanto, valer-se de *anúncios em jornal ou rádio locais*, da publicação de cartazes na região do conflito e de outros meios (NCPC, art. 554, § 3º).

Além disso, quando o *esbulho ou a turbação afirmado tiver ocorrido há mais de ano e dia*, o juiz, antes de apreciar o pedido de liminar, deverá designar *audiência de mediação* a realizar-se em até 30 dias (NCPC, art. 565).

Se **concedida mas não executada a liminar** possessória no prazo de 1 ano a contar da data de distribuição, caberá ao juiz designar *audiência de mediação* com a presença do Ministério Público (NCPC, art. 565, §§ 1º e 2º).

O juiz poderá comparecer à área objeto do litígio (**inspeção judicial**) quando sua *presença se fizer necessária à efetivação da tutela jurisdicional* (NCPC, art. 565, § 3º). Essa prova pode ser realizada de ofício, mas também, por certo, requerida pelas (NCPC, art. 481).

Os **órgãos responsáveis pela política agrária e pela política urbana** da União, Estado e Município onde se situe a área objeto do litígio, *poderão ser intimados para a audiência*, a fim de se manifestarem sobre seu interesse no processo e sobre a existência de possibilidade de solução para o conflito possessório (NCPC, art. 565, § 4º).

3.3. Ação monitória

A **ação monitória** é *procedimento mais célere para os casos em que autor dispõe de prova escrita sem eficácia de título executivo, que traduza obrigação de (i) pagar quantia, (ii) entregar coisa móvel ou imóvel ou (iii) adimplir obrigação de fazer ou não fazer* (NCPC, art. 700).

Assim, no NCPC há ampliação do cabimento da monitória, para incluir a entrega de coisa imóvel e obrigação de fazer e não fazer.

Não é possível a utilização do processo de execução, por *falta de título executivo*, mas *já há prova escrita* de onde decorre o dever de pagar, de entregar coisa ou de obrigação de fazer.

Por **prova escrita sem eficácia de título** deve-se entender:

(i) aquele *produzido pelo réu ou que tenha sua participação*; mas "o que interessa, na monitória, é a possibilidade de formação da convicção do julgador a respeito de um crédito, e não a adequação formal da prova apresentada a um modelo predefinido" (STJ, REsp 925.584/SE, 4.ª T., j. 09.10.2012, *DJe* 07.11.2002, **Informativo** 506);

(ii) também a *prova oral documentada*, produzida de forma antecipada (NCPC, art. 700, § 1º).

Havendo **dúvida quanto à idoneidade de prova** documental apresentada na inicial, o juiz *intimará o autor para, querendo, emendar a petição inicial*, adaptando-a ao procedimento comum (NCPC, art. 700, § 5º). A inovação do NCPC busca evitar que se discuta o cabimento da monitória, para se focar na análise do mérito.

Na **petição inicial** da monitória, incumbe ao autor indicar, conforme o caso (NCPC, art. 700, § 2º), sob pena de indeferimento (NCPC, art. 700, § 4º):

I – a *importância devida* (com *memória de cálculo*);

II – o *valor atual da coisa* reclamada;

III – o *conteúdo patrimonial em discussão* ou o proveito econômico perseguido.

Cabe **monitória contra a Fazenda Pública** (NCPC, art. 700, § 6º e Súmula 339 do STJ). Sendo ré a Fazenda Pública, não apresentada defesa, serão aplicadas as *regras do reexame necessário*, observando-se a seguir, no que couber, o cumprimento de sentença (NCPC, art. 701, § 4º).

Na monitória, admite-se a **citação por qualquer meio** permitido para o procedimento comum (NCPC, art. 700, § 7º e Súmula 282 do STJ, especificamente quanto à permissão de citação por edital).

Na monitória **cabe a reconvenção**, mas é vedado o oferecimento de *reconvenção à reconvenção* (NCPC, art. 702, § 6º e Súmula 292 do STJ).

Além disso, com base na jurisprudência do STJ (formada no sistema anterior), não é necessário, na **monitória fundada em cheque prescrito**, tratar do negócio que deu origem ao débito. Nesse sentido, *Súmula 531 do STJ*: "Em ação monitória fundada em cheque prescrito ajuizada contra o emitente, é dispensável a menção ao negócio jurídico subjacente à emissão da cártula".

Sendo evidente o direito do autor, o juiz deferirá a **expedição de mandado** de pagamento, de entrega de coisa ou para execução de obrigação de fazer ou de não fazer, concedendo ao réu *prazo de 15 dias* para o *cumprimento e o pagamento de honorários* advocatícios de *5% do valor atribuído à causa* (NCPC, art. 701).

Haverá a **constituição do título executivo judicial**, independentemente de qualquer formalidade, *se não realizado o pagamento e não apresentados embargos*, observando-se, no que couber, o procedimento do cumprimento de sentença (NCPC, art. 701, § 2º); verificada tal hipótese, **cabe ação rescisória** da decisão de *deferimento da expedição do mandado de pagamento* (NCPC, art. 701, § 3º).

Admite-se, na ação monitória, o pedido de **parcelamento da dívida** previsto no art. 916 do NCPC (art. 701, § 5º).

Os **embargos à ação monitória** (contestação da monitória) podem se fundar em *matéria passível de alegação como defesa no procedimento comum* (NCPC, art. 702, § 1º).

Quando o réu alegar que o autor pleiteia quantia superior à devida, deverá declarar de imediato o valor que entende correto, apresentando demonstrativo discriminado e atualizado da dívida. Se não o fizer, os embargos serão liminarmente rejeitados, se esse for o seu único fundamento, e, se houver outro fundamento, os embargos serão processados, mas o juiz deixará de examinar a alegação de excesso (NCPC, art. 702, §§ 2º e 3º).

O autor será **intimado para responder aos embargos** no prazo de *15 dias* (NCPC art. 702, § 5º);

A *critério do juiz*, os **embargos serão autuados** em *apartado*, se parciais, constituindo-se de pleno direito o título executivo judicial em relação à parcela incontroversa (NCPC, art. 702, § 7º).

Cabe **apelação** contra a sentença que *acolhe ou rejeita os embargos* (NCPC, art. 702, § 9º).

Os embargos monitórios **somente suspendem a ação monitória até o julgamento de primeiro grau**. Daí porque pode se concluir que, de forma distinta da regra geral de duplo efeito no NCPC, o *recurso de apelação da sentença da monitória será recebido sem efeito suspensivo* (NCPC, art. 702, § 4º). Resta verificar se esse será mesmo o entendimento jurisprudencial.

O juiz condenará ao pagamento de **multa de até 10% sobre o valor da causa** nos seguintes casos (NCPC, art. 702, § 10):

a) se o *autor propuser, indevidamente e de má-fé*, a monitória; multa em favor do réu;

b) se o réu opuser *embargos de má-fé*; multa em favor do autor.

3.4. Ações de família

O NCPC cria um capítulo próprio para regular o procedimento das **ações familiares**, para as demandas contenciosas de *divórcio, separação, reconhecimento e extinção de união estável, guarda visitação e filiação*.

Em linha com o novo sistema processual, o NCPC afirma que nessas ações "todos os esforços serão empregados para a solução consensual da controvérsia, devendo o juiz dispor do auxílio de profissionais de outras áreas de conhecimento para a mediação e a conciliação" (NCPC, art. 694).

Cabe a **suspensão do processo** enquanto os litigantes se submetem a *mediação extrajudicial* ou *atendimento multidisciplinar* (NCPC, art. 694, parágrafo único). A Lei de Mediação vai além, afirmando que a *suspensão se impõe* (Lei 13.140/2015, art. 16) e que é *irrecorrível a decisão que suspende o processo*, apesar de ser possível o deferimento de *medidas urgentes* mesmo durante a suspensão (Lei 13.140/2015, art. 16 §§ 1º e 2º).

Mas a *grande novidade procedimental quanto às ações de família* é a previsão de que a **citação do réu**, para a audiência de conciliação ou mediação, será realizada **sem cópia da petição inicial** (contrafé). O *mandado conterá apenas os dados necessários à audiência*, sendo assegurado ao réu o direito de examinar o conteúdo da inicial a qualquer tempo, em cartório (NCPC, art. 695, § 1º). A Lei de Mediação **não traz previsão nesse sentido**. Há dúvidas quanto à constitucionalidade desse dispositivo. Resta verificar como será a jurisprudência.

A **citação** para a ação familiar será feita na *pessoa do réu* e deve ocorrer com *antecedência mínima de 15 dias da data da audiência* de mediação ou conciliação (NCPC, art. 695, §§ 2º e 3º).

Na **audiência**, as partes devem estar acompanhadas de *advogado* (NCPC, art. 695, § 4º). Na **mediação extrajudicial**, não há essa obrigatoriedade, mas é *mera opção* (Lei 13.140/2015, art. 10).

O **MP** somente intervirá quando houver *interesse de incapaz*, e deverá ser *ouvido previamente à homologação de eventual acordo* (NCPC, art. 698).

Quando houver, no processo, discussão sobre fato relacionado a **abuso ou a alienação parental**, o juiz, ao tomar o depoimento do incapaz, deverá estar *acompanhado por especialista* (NCPC, art. 699).

3.5. Divórcio, separação e extinção de união estável consensuais (jurisdição voluntária)

Como exemplo de jurisdição voluntária, há o **divórcio consensual**. De início, cabe recordar que, desde a EC 66/2010, a rigor, não haveria mais a necessidade de se falar em separação, visto que é possível *desde logo partir-se para o divórcio*. Contudo, o NCPC optou por seguir utilizando o termo **separação consensual**.

Assim, se marido e mulher não mais querem continuar casados, se estão de acordo a respeito de bens e alimentos, ou seja, se não há nenhuma pendência, *inexiste lide*. Contudo, ainda assim há necessidade de participação estatal no divórcio.

Se não houver filhos menores (ou nascituro), será inclusive possível que se vá a um cartório extrajudicial para se proceder ao *divórcio via escritura pública*, devendo os cônjuges estar assistidos por advogado (NCPC, art. 733). A escritura *independe de homologação* judicial e é título hábil para qualquer *ato de registro*, bem como para *levantamento de importância depositada em instituições financeiras* (NCPC, art. 733, § 1º).

Não obstante, se assim preferirem ou **se houver filhos menores**, será realizado um divórcio consensual *perante o Judiciário* (CPC, art. 731).

A legislação prevê requisitos mínimos para a petição do divórcio e separação consensuais, que será instruída com certidão de casamento e eventual pacto antenupcial, bem como assinada por ambos os cônjuges (NCPC, art. 731):

(i) a *descrição e partilha dos bens* comuns;
(ii) a *pensão alimentícia* entre os *cônjuges*;
(iii) o acordo relativo à *guarda dos filhos incapazes e visita*;
(iv) a *contribuição para criar e educar os filhos (alimentos)*.

Diante da inexistência de lide, é possível que um único advogado postule em favor de ambos os cônjuges.

Assim, mediante a *verificação dos requisitos* previstos em lei, o *juiz homologará o divórcio* e a sentença será levada aos registros civis (NCPC, art. 733).

A lei processual **deixa de prever a audiência de ratificação** que constava no sistema anterior (CPC/1973, art. 1.122).

O **mesmo procedimento** se aplica para a *extinção de união estável consensual* (NCPC, art. 732) e para *mudança de regime de bens de casamento* (NCPC, art. 734).

Quanto à **alteração do regime de bens do casamento** o juiz, ao receber a petição inicial, determinará a *intimação do Ministério Público* e a *publicação de edital* que divulgue a pretendida alteração de bens, somente podendo *decidir depois de 30 dias* da publicação do edital (NCPC, art. 734, § 1º). Os cônjuges podem propor ao juiz *meio alternativo de divulgação da alteração do regime de bens*, a fim de resguardar direitos de terceiros (NCPC, art. 734, § 2º).

3.6. Ação de usucapião

*A **usucapião** é uma das formas de aquisição originária da propriedade, quando há o exercício da posse por determinado tempo* (CC, arts. 1.238 a 1.244).

Para que seja reconhecida a usucapião, é necessária a conjugação de 4 elementos:

(i) *posse ininterrupta*, isto é, a posse vem sendo exercida ao longo dos anos sem que tenha ocorrido sua perda em algum momento (admite-se a soma das posses dos antecessores com a finalidade de obter o tempo exigido pela lei);

(ii) *posse incontestada*, que implica o exercício pacífico da posse, sem oposição;

(iii) o possuidor esteja com *ânimo de dono*, exteriorizando atos condizentes à figura do proprietário;

(iv) o *decurso do tempo* exigido em lei.

a) Espécies de usucapião:

(i) **extraordinária** (CC, art. 1.238): independe de título ou de boa-fé, basta o exercício manso, pacífico e ininterrupto da posse por 15 (quinze) anos (CC, art. 1.238, parágrafo único. O prazo será de dez anos se o possuidor houver estabelecido no imóvel a sua moradia habitual, ou nele realizado obras ou serviços de caráter produtivo);

(ii) **ordinária** (CC, art. 1.242): depende de justo título e boa-fé, quando o possuidor estabeleceu sua moradia habitual ou realize serviços de caráter produtivo, pelo prazo de 10 (dez) anos (CC, art. 1.242, parágrafo único. O prazo para a aquisição será de cinco anos quando o imóvel for adquirido onerosamente, com base no registro em cartório, cancelado posteriormente, desde que o possuidor tenha estabelecido moradia);

(iii) **especial rural** (CC, art. 1.239): o prazo é de 5 (cinco) anos quando o possuidor morar no imóvel rural ou o utilizar para a produção de seu trabalho, não possuir outro imóvel em seu nome e a área não exceda a 50 hectares;

(iv) **especial urbana** (CC, art. 1.240): o prazo é 5 (cinco) anos, para área de até 250 metros quadrados, desde que o possuidor não seja proprietário de outro imóvel e utilize para moradia;

(v) **coletivo** (Lei 10.257/2001, art. 10 – Estatuto da Cidade): o prazo para aquisição da propriedade coletiva é de 5 (cinco) nos casos em que a área, com mais de 250 metros quadrados, esteja ocupada por população de baixa renda com destinação para moradia, não sendo possível identificar os terrenos ocupados por cada família e não havendo proprietários de outros imóveis;

(vi) **familiar** (CC, art. 1.240-A): o prazo para o ex-cônjuge ou companheiro adquirir a propriedade do imóvel urbano, de até 250 metros quadrados, que dividia com o parceiro até o abandono, é de 2 (dois) anos, desde que permaneça utilizando o imóvel para moradia, ininterruptamente e sem oposição.

Havia previsão de procedimento especial no CPC/1973 para a ação de usucapião. Porém, isso não foi repetido no NCPC. Logo, o procedimento passa a ser o comum.

Contudo, há importante inovação, não no âmbito judicial, mas no extrajudicial.

O art. 1.071 do NCPC **altera a Lei de Registros Públicos** (Lei 6.015/1973), para inserir o art. 216-A, que trata da **usucapião extrajudicial** (a Lei 11.977/2009 já trazia a possibilidade de usucapião reconhecida em cartório, no caso do art. 183 da CF).

Assim, agora há **opção** entre o pedido extrajudicial de usucapião e via jurisdicional. Pode a parte optar por formular o pedido **diretamente no cartório do registro de imóveis da comarca em que se situa o imóvel** usucapiendo. Não há menção a tamanho ou utilização do imóvel.

O interessado deverá apresentar **requerimento** ao cartório competente, instruindo-o com *diversos documentos*: (i) *ata notarial* atestando o tempo de posse, (ii) *planta e memorial descritivo* assinado por profissional legalmente habilitado, (iii) *certidões negativas* dos distribuidores da comarca da situação do imóvel e do domicílio do requerente, (iii) justo título ou outros documentos que demonstrem *origem da posse*, continuidade, natureza e tempo, tais como o pagamento dos impostos e taxas incidentes sobre o imóvel.

O oficial de registro de imóveis dará **ciência** à União, ao Estado, ao Município, para que se manifestem, em quinze dias, sobre o pedido; tal comunicação será feita pessoalmente, pelo oficial de registro de títulos e documentos, ou por correio, com aviso de recebimento (art. 216-A, § 3º).

Para que **terceiros interessados tenham ciência** e possam se manifestar em até 15 dias, o oficial de registro de imóveis promoverá a *publicação de edital em jornal de grande circulação*, onde houver (art. 216-A, § 4º).

Se não houver impugnações, estando a documentação em ordem, não havendo pendência de diligências e constando a concordância expressa dos titulares de direitos reais e de outros direitos registrados ou averbados na matrícula do imóvel e na matrícula dos imóveis confinantes, o *oficial de registro de imóveis registrará a aquisição do imóvel com as descrições apresentadas*, sendo permitida a abertura de matrícula, se for o caso (art. 216-A, § 6º).

Se o **pedido extrajudicial for rejeitado**, isso *não impedirá o ajuizamento de ação de usucapião* (art. 216-A, § 9º).

3.7. Mandado de segurança individual

*O **mandado de segurança** é o instrumento adequado para proteger direito líquido e certo não amparado por* habeas corpus *ou* habeas data, *quando o responsável pela ilegalidade ou abuso de poder for autoridade pública ou agente de pessoa jurídica no exercício de atribuições do Poder Público* (Lei 12.016/2009, art. 1º).

O direito líquido é certo é aquele que independe de outra prova que não a documental.

O prazo para impetração do mandado de segurança é decadencial de 120 (cento e vinte) dias contados da ciência do ato impugnado (Lei 12.016/2009, art. 23). A decadência se refere ao uso do instrumento, sendo possível o ajuizamento da demanda pelas vias ordinárias até a prescrição da pretensão.

Procedimento:

1) Petição inicial: deverá demonstrar a ofensa ao direito líquido e certo, indicando a autoridade coatora do ato;
2) Liminar: é possível a concessão de liminar (Lei 12.016/2009, art. 7º, III) – sendo que existem restrições à concessão de liminares contra a Fazenda Pública (Lei 9.494/1997);
3) Após prestadas as informações pela autoridade coatora, o MP será ouvido (Lei 12.016/2009, art. 12);
4) Se a sentença for concessiva da ordem, há reexame necessário (Lei 12.016/2009, art. 14, § 1º).

3.8. Ação de despejo por falta de pagamento

*O inadimplemento do inquilino quanto à obrigação de pagar os aluguéis autoriza o ajuizamento da **ação de despejo**.* Essa ação pode ainda ser cumulada com a cobrança dos aluguéis e acessórios da locação (Lei 8.245/1991, art. 62, I).

Portanto, a **legitimidade ativa** é do locador, enquanto que a **legitimidade passiva** recai sobre o inquilino e seus fiadores (quanto a esses, em relação à cobrança, não quanto ao despejo em si).

O foro competente para o ajuizamento da ação é da situação do imóvel, salvo se houver cláusula de foro de eleição no contrato (Lei 8.245/1991, art. 58, II).

Procedimento:

1) Petição inicial: deverá fazer prova do contrato de locação e das parcelas vencidas e não pagas pelo locatário, através de demonstrativo de débito;
2) Citação do réu: o réu pode contestar (negando o direito constitutivo do autor) ou purgar a mora (com o objetivo de evitar a rescisão do contrato) no prazo de 15 dias contados da citação;
2.a) o depósito efetuado como purgação da mora admite complementação, em caso de insuficiência (Lei 8.245/1991, art. 62, III);
3) Sentença: com o julgamento de procedência da ação será expedido mandado de despejo, que conterá o prazo de 30 (trinta) dias para a desocupação voluntária. Se após a notificação do decurso do prazo o inquilino permanecer no imóvel, na realização do despejo poderá ser utilizada a força (Lei 8.245/1991, art. 65).

A dúvida é se, com o NCPC, haverá a audiência de conciliação e mediação (art. 334) na ação de despejo. A resposta tende a ser negativa, considerando o procedimento próprio da ação de despejo. Contudo, resta verificar como será a jurisprudência a respeito do tema.

3.9. Juizados Especiais

Atualmente existem três Juizados, que compõem um *sistema*.

No âmbito da Justiça Estadual existe o **Juizado Especial Cível** (Lei 9.099/1995), uma *opção* (em relação à Justiça Comum Estadual) para os litigantes com causas de *até 40 salários mínimos*.

De seu turno, na área federal, há o **Juizado Especial Federal** (Lei 10.259/2001), que tem *caráter obrigatório* para o julgamento das demandas com valor *até 60 salários mínimos*, bem como a aplicação subsidiária da Lei 9.099/1995.

E, também na esfera estadual, há o **Juizado da Fazenda Pública Estadual** (Lei 12.153/2009), para o julgamento de causas com valor de *até 60 salários mínimos* – sendo que, *onde estiver instalado, terá caráter obrigatório*. A lei teve sua vigência a partir de junho de 2010 e prevê que os juizados *devem ser instalados em até 2 anos*.

Mas, afinal, **o que são os Juizados?**

Trata-se tanto de (i) um *procedimento distinto* do comum previsto no NCPC, como também (ii) a criação de uma *estrutura paralela* em relação à usual formatação da Justiça (em 2º grau, Colégio Recursal e não Tribunal).

Assim, é certo que haverá distinção em relação ao procedimento de causas perante os Juizados e causas perante a Justiça tradicional. Tanto é assim que no capítulo de recursos foi aberto um tópico específico para recursos nos Juizados.

3.9.1. JEC (Lei 9.099/1995)

Os Juizados buscam **a simplificação e a desburocratização do processo** (art. 2º).

Nesta linha, a inicial será mais simples que o NCPC, art. 319. São **requisitos da inicial** (art. 14, § 1º):

(i) *qualificação* das partes;

(ii) fatos e fundamentos de forma *sucinta*;

(iii) *pedido e valor*.

Podem ser **autores no JEC** (art. 8º, § 1º):

✓ pessoas físicas *capazes*;

✓ *ME, EPP e mocroempreendedores individuais*;

✓ Organização da Sociedade Civil de Interesse Público (*OSCIP*);

✓ *sociedades de crédito ao microempreendedor.*

No tocante à capacidade postulatória, a própria parte é dotada nas *causas até 20 salários mínimos*, não havendo necessidade de advogado (art. 9º).

Não podem ser réus (art. 8º, *caput*):

✓ *incapaz*;

✓ *preso*;

✓ pessoas jurídicas de *direito público*;

✓ *massa falida*.

✓ *Insolvente civil*

Causas que **não são admitidas no JEC** (art. 3º, § 2º):

✓ *família* (alimentos e estado);

✓ *fiscal;*

✓ *falência;*

✓ interesse do *Estado*.

Visando à simplificação, há **institutos do CPC vedados no JEC**:

✓ intervenção de *terceiros* (art. 10);

✓ citação por *edital* (art. 18, § 2º);

✓ *reconvenção* (art. 31 – admite-se pedido contraposto);

✓ *ação rescisória* (art. 59).

O **procedimento do JEC** é:

1) inicial;
2) audiência de conciliação;
3) audiência de instrução (apresentação de contestação/oitiva de testemunhas e depoimento pessoal, se for o caso/alegações finais);
4) sentença (passível de recurso para o Colégio Recursal) que não poderá ser ilíquida (art. 38, parágrafo único);
5) após trânsito em julgado: formação do título – cumprimento de sentença perante o próprio JEC (art. 52).

3.9.2. *JEF (Lei 10.259/2001) e JEFP (Lei 12.153/2009)*

Aplica-se de forma subsidiária aos demais Juizados a Lei 9.099/1995.

Além do procedimento, o destaque para o JEF e o JEFP é que no polo passivo encontram-se entes estatais. No **JEF**, *entes públicos federais*; no **JEFP**, *entes públicos estaduais e municipais*.

Outro destaque é que o pagamento não é feito por precatório, mas sim por requisição de pequeno valor, *muito mais ágil*.

Quanto ao **procedimento**:

JEF
1) inicial;
2) audiência de conciliação e instrução OU;
2a) contestação em 30 dias e, se necessário, audiência de instrução;
3) sentença (passível de recurso para o Colégio Recursal);
4) após trânsito em julgado: formação do título – pagamento será efetuado em 60 dias, independentemente de precatório (requisição de pequeno valor – "RPV" – art. 17).

JEFP
1) inicial;
2) audiência de conciliação (com supervisão do juiz – art. 16);
3) audiência de instrução;
4) sentença;
5) após trânsito em julgado, formação do título – execução perante o próprio juizado. – quanto à execução, poderá ser por "obrigação de pequeno valor", em até 60 dias, ou precatório (art. 13): lei específica de cada ente estipulará até qual quantia será via OPV e a partir de qual valor será por precatório. – o art. 13, § 3º, estipula que, na ausência de lei, serão os seguintes valores para pagamento via OPV: (i) 40 salários mínimos, quanto aos Estados e ao Distrito Federal; (ii) 30 salários mínimos, quanto aos Municípios. – se não houver o pagamento da OPV no prazo, será possível o sequestro de renda pública, dispensada a oitiva da Fazenda (art. 13, § 1º).

3.9.3. *Recursos nos Juizados*

O sistema recursal dos Juizados é distinto em relação ao previsto no NCPC. O assunto será tratado no item 5.3. abaixo.

3.10. Ação de alimentos (processo de conhecimento)

Considerando a **urgência na prestação de alimentos**, para a sobrevivência de quem deles necessita, é certo que *o procedimento-padrão seria insuficiente*.

Daí o procedimento previsto na *Lei 5.478/1968 para o processo de conhecimento*, bem como o *NCPC, art. 538 para o cumprimento de sentença e art. 911 para o processo de execução.*

Trata-se, portanto, de um **procedimento mais concentrado** que o comum:

1) inicial;
2) alimentos provisórios (art. 4º);
3) audiência de conciliação, instrução e julgamento (art. 9º): – tentativa de conciliação; – apresentação de contestação; – produção de provas; – alegações finais.
3) sentença – que inclusive poderá ser proferida na própria audiência (art. 11, parágrafo único).

O art. 4º da Lei 5.478/1968 prevê a figura dos **alimentos provisórios**, que serão concedidos pelo juiz até mesmo de ofício no momento em que determina a citação do réu.

Cabe esclarecer que a lei em questão somente pode ser utilizada quando se estiver diante de **dever alimentar pré-constituído** (ou seja, paternidade, cônjuge, companheiro).

Se não se tratar dessa hipótese, não cabe o uso do célere procedimento previsto na Lei 5.478/1968. Então terá de ser utilizado o *procedimento comum*. É, por exemplo, o que ocorre com a *investigação de paternidade*.

Portanto, **não cabe**, na *investigação de paternidade, a figura dos alimentos provisórios*. Mas, para resguardar a parte, cabe **tutela de urgência para os alimentos,** *desde que presentes os requisitos* (NCPC, art. 300 – elementos que evidenciem *a probabilidade do direito* e o *perigo de dano* ou ao resultado útil do processo).

É certo que é mais fácil obter os alimentos provisórios (pois decorrem de prova pré-constituída) do que alimentos via tutela de urgência (pois dependem de prova).

3.11. Da Oposição

Como já exposto, no CPC/1973 a oposição era intervenção de terceiros (*vide* 1.5.2.1.). Inova o NCPC ao classificá-la como procedimento especial.

Apesar dessa modificação topológica, seu **cabimento** segue o mesmo previsto no sistema anterior: *quem pretender*, no todo ou em parte, *a coisa ou o direito sobre que controvertem autor e réu* poderá, até ser proferida a sentença, *oferecer oposição* contra ambos (NCPC, art. 682).

Como grande exemplo, uma situação em que A e B litigam afirmando que são titulares de determino bem imóvel; se *C entende que ele é o efetivo titular, ingressa com a oposição contra A e B*, em litisconsórcio passivo necessário. Assim, o **opoente litiga contra todos.**

O **procedimento** também não sofreu alterações em relação ao sistema anterior:

✓ a oposição deve seguir os requisitos de uma petição inicial – que é, pois se trata de ação (NCPC, art. 683);

✓ a oposição será *distribuída por dependência;*

✓ os opostos serão *citados na pessoa de seus advogados*, para contestar em 15 dias (NCPC, art. 683, parágrafo único);

✓ a oposição será *apensada aos autos* e tramitará *simultaneamente* à ação originária, sendo ambas julgadas pela mesma sentença (NCPC, art. 685);

✓ se a oposição for proposta *após o início da audiência de instrução*, o juiz suspenderá o curso do processo ao fim da produção das provas, salvo se concluir que a unidade da instrução atende melhor ao princípio da duração razoável do processo (NCPC, art. 685, parágrafo único).

O juiz, ao sentenciar, se for o caso de julgar ambas ações ao mesmo tempo, apreciará *inicialmente a oposição* – que é prejudicial em relação ao pedido original, constante da ação (NCPC, art. 686). Afinal, retomando o exemplo anterior, se o juiz reconhecer que o opoente C é o titular do bem imóvel, por óbvio que prejudicado o pedido de A contra B quanto à titularidade do mesmo bem.

No âmbito do CPC/1973, a oposição era objeto de diversas questões de bancas de concursos, no contexto das intervenções de terceiros. A tendência é que isso se repita em relação ao NCPC.

4. PROCESSO DE EXECUÇÃO E CUMPRIMENTO DE SENTENÇA

4.1. Visão geral e pontos em comum entre execução e cumprimento

Como já exposto, o NCPC tem dois processos: conhecimento e execução.

Porém, a parte final do processo de conhecimento envolve o cumprimento de sentença (que é o adimplemento do título judicial). Assim, o cumprimento de sentença é tratado no Livro I da Parte Especial, ao passo que o processo de execução é tratado no Livro II da Parte Especial.

Contudo, existem **inúmeras semelhanças** entre cumprimento de sentença e execução. Por isso, por questões didáticas e para facilitar o estudo, opta-se por tratar dos dois assuntos em sequência, e não separadamente, como consta do NCPC.

A fase de **cumprimento de sentença**, inserida no final do processo de conhecimento (Título II do Livro I da Parte Especial do NCPC), regula o *inadimplemento de uma obrigação decorrente de uma decisão judicial* (ou, de forma mais ampla, de um *título executivo judicial*).

Por sua vez, o **processo de execução** (Livro II da Parte Especial do NCPC) regula o *inadimplemento de uma obrigação decorrente de um título executivo extrajudicial.*

Portanto, o panorama é o seguinte:

Forma de execução	Requisitos
Processo de execução (Livro II da Parte Especial do NCPC – processo autônomo)	Inadimplemento + Título executivo extrajudicial
Cumprimento de sentença (Livro II da Parte Especial do NCPC – parte final do processo de conhecimento)	Inadimplemento + Título executivo judicial

Essas são as premissas para que se entenda o quadro executivo do processo civil brasileiro. Apesar de serem sistemas distintos, por vezes *o procedimento* a ser observado no processo de execução e na fase de cumprimento de sentença é o mesmo. Daí a necessidade de muita atenção para não confundir um sistema com o outro.

No mais, **aplica-se o procedimento de um ao outro**, de forma *subsidiária*. Nesse sentido:

(i) Art. 513. O cumprimento da sentença será feito segundo as regras deste Título, *observando-se, no que couber e conforme a natureza da obrigação, o disposto no Livro II da Parte Especial* deste Código (ou seja, aplica-se ao cumprimento de sentença as regras da execução);

(ii) Art. 771. Este Livro regula o procedimento da *execução fundada em título extrajudicial*, e suas disposições aplicam-se, também, no que couber, aos procedimentos especiais de execução, *aos atos executivos realizados no procedimento de cumprimento de sentença*, bem como aos efeitos de atos ou fatos processuais a que a lei atribuir força executiva. Parágrafo único. *Aplicam-se subsidiariamente à execução as disposições do Livro I da Parte Especial* (ou seja, este artigo afirma que se aplica ao cumprimento de sentença as regras da execução e vice-versa).

Portanto, são **requisitos necessários para a execução e para o cumprimento de sentença** o *inadimplemento* e o *título executivo*. Vale destacar que, na nomenclatura do NCPC, o termo utilizado é **exigibilidade da obrigação** e não inadimplemento (NCPC, art. 786).

De seu turno, se houver *inadimplemento*, mas *não houver título executivo*, não cabe a execução. No caso, terá de ser utilizado o **processo de conhecimento** (com diversas opções de procedimento, conforme o caso).

Por sua vez, se *não houver inadimplemento*, mas houver *título executivo*, tampouco cabe a execução. No caso, a rigor, *terá de se esperar* até que haja o *vencimento do título* e eventual inadimplemento (basta imaginar uma nota promissória com data futura). Contudo, caso o devedor, antes do vencimento do título, passe a alienar seu patrimônio, então se estará diante de uma *situação de urgência*, sendo cabível a tutela de urgência cautelar (no caso, o *arresto* – NCPC, art. 301).

Vale destacar uma importante inovação do NCPC: **se existir título executivo extrajudicial**, mas a parte tiver alguma *dúvida* quanto à sua liquidez, certeza ou exigibilidade, é **possível optar pelo processo de conhecimento**. É a previsão do art. 785: A existência de título executivo extrajudicial *não impede a parte de optar pelo processo de conhecimento*, a fim de obter título executivo judicial.

Conforme o **tipo de obrigação**, haverá um *procedimento distinto* para tramitar a execução ou cumprimento de sentença. E aqui mais um ponto em comum entre as duas modalidades.

São **procedimentos do processo de execução**:

(i) para a *entrega de coisa*

(ii) das obrigações de *fazer ou de não fazer*

(iii) por *quantia certa*

(iv) *contra a Fazenda Pública*

(v) de *alimentos*

São **procedimentos da fase de cumprimento de sentença**:

(i) de obrigação de *pagar quantia*,

(ii) de obrigação de prestar *alimentos*,

(iii) de obrigação de pagar quantia certa pela *Fazenda Pública*,

(iv) que reconheça a exigibilidade de *obrigação de fazer, de não fazer ou de entregar coisa.*

Assim, ainda que, em número, haja distinção, a divisão é exatamente a mesma.

4.2. Processo de execução

4.2.1. *Princípios da execução*

É certo que, em regra, *os princípios processuais do processo* (vistos na parte geral) **também se aplicam à execução**.

Como exemplo: devido processo legal, contraditório, ampla defesa, lealdade e boa-fé, publicidade, motivação etc.

Contudo, existem **princípios específicos** do processo executivo.

4.2.1.1. Princípio do título executivo

O **princípio do título executivo** significa que a *atividade executiva demanda existência de prévio título*, no qual se reconhece a existência de uma obrigação.

E o título pode decorrer de *atos jurisdicionais anteriores* (título executivo judicial) ou de documento reconhecido pela lei como capaz de dar início à execução (título executivo extrajudicial).

Ou seja: sem título, não há execução.

Dessa afirmação tem-se que *nulla executio sine titulo* (nula a execução se não houver título).

A base legal para o princípio está no art. 798, I, "a" do NCPC: Ao propor a execução, incumbe ao exequente: I – instruir a petição inicial com: *a)* o título executivo extrajudicial.

Cabe destacar que, considerando a previsão de tutela provisória no sistema processual, há quem afirme ser possível uma "**execução sem título permitida**" – ou seja, a existência de *atos executivos mesmo sem a efetiva formação do título*. Contudo, a posição majoritária é no sentido de que os atos executivos decorrentes da tutela de urgência têm previsão legal. Assim, *o título seria a decisão antecipatória* (em regra, por meio de decisão interlocutória)

4.2.1.2. Princípio da taxatividade dos títulos executivos

Só é *título executivo o documento expressamente previsto em lei*. Esse é o **princípio da taxatividade dos títulos executivos.**

Não é possível às partes – ainda que credor e devedor assim entendam – *criar um título executivo que não esteja previsto em lei.*

Contudo, vale destacar que a legislação prevê uma considerável *liberdade em relação à criação de título* – como, por exemplo, quanto à confissão de dívida a partir de um documento assinado pelo devedor e duas testemunhas (NCPC, art. 784, III).

Alguns ainda apontam a existência do princípio da **tipicidade dos títulos executivos.** A distinção seria no sentido de, além estar previsto em lei, o *título deve preencher os requisitos exigidos pela lei.*

A justificativa para a existência do princípio da taxatividade (e / ou da tipicidade) é que o executado deve ter a segurança de saber se está participando – ou não – da formação de um título executivo.

4.2.1.3. Princípio do resultado / da efetividade da execução forçada

O processo executivo é voltado para a satisfação do direito do exequente. E o *objetivo do processo é entregar ao exequente*, na medida do possível, *tutela idêntica a que obteria mesmo sem o processo.*

Assim, interessa ao exequente a obtenção do bem da vida pretendido – e não a substituição por dinheiro. Este é o **princípio do resultado** ou da **efetividade da execução forçada.**

Contudo, vale destacar que, por vezes – especialmente pensando em uma obrigação de fazer – *talvez não seja possível a opção pretendida (a tutela específica)*, de modo que, então, a possibilidade que resta é a conversão dessa obrigação em perdas e danos (dinheiro). Nesse sentido, o NCPC, art. 499: A obrigação *somente será convertida em perdas e danos se o autor o requerer ou se impossível a tutela específica* ou a obtenção de tutela pelo resultado prático equivalente.

4.2.1.4. Princípio da atipicidade dos meios executivos

O **princípio da atipicidade** (ou da **concentração dos poderes de execução**) destaca que o juiz tem um *rol exemplificativo de poderes para se atingir o resultado da execução* (*vide* princípio do resultado, tratado acima).

Como exemplo, próprio para a **tutela específica**: NCPC, art. 536, § 1º: (...) o juiz poderá determinar, *entre outras medidas*, a imposição de multa, a busca e apreensão, a remoção de pessoas e coisas, o desfazimento de obras e o impedimento de atividade nociva, podendo, caso necessário, requisitar o auxílio de força policial.

A menção a "entre outras medidas" é que se refere à aticipidade. No CPC/1973, isso somente era permitido para a tutela específica das obrigações de fazer, não fazer e entrega de coisa.

Porém, inova o NCPC ao afirmar que **também para a obrigação de pagar** existe a possibilidade de aticipidade dos meios executivos. É a previsão do art. 139, IV, ao apontar que o juiz poderá "*determinar todas as medidas indutivas, coercitivas, mandamentais ou sub-rogatórias* necessárias para assegurar o *cumprimento de ordem judicial*, inclusive nas ações que *tenham por objeto prestação pecuniária*". Resta verificar como será a jurisprudência a respeito desse princípio, na obrigação de pagar.

4.2.1.5. Princípio da menor onerosidade

O **princípio da menor onerosidade** é um dos mais importantes da execução, e busca *proteger o executado.*

Sem dúvidas deve a execução permitir que se atinja o adimplemento do título executivo (princípio do resultado).

Contudo, *isso não pode ser feito a qualquer custo. Assim,* o princípio visa a proteger o executado contra *atos que sejam excessivos para a satisfação do direito do exequente, de modo que o executado fique em situação muito desfavorável.* Como exemplo, a previsão de *impenhorabilidade do bem de família.*

O princípio está positivado no NCPC, art. 805: Quando por vários meios o exequente puder promover a execução, o *juiz mandará que se faça pelo modo menos gravoso para o executado.*

Porém, inova o NCPC ao apontar, também, uma postura ativa do executado para que haja a aplicação do princípio da menor onerosidade: não basta ao executado buscar a aplicação do princípio, mas ele deve também indicar alternativas para que a execução prossiga. É a previsão do parágrafo único do art. 805: Ao executado que alegar ser a medida executiva mais gravosa *incumbe indicar outros meios mais eficazes e menos onerosos,* sob pena de manutenção dos atos executivos já determinados. Importante inovação que traz o equilíbrio entre a defesa do executado e a efetividade da execução.

4.2.1.6. Princípio da disponibilidade

Na execução busca-se a *satisfação do direito do exequente,* o que se atinge por uma série de atos (penhora, avaliação, expropriação etc.). Portanto, não se discute se o executado deve ou não. Logo, *o resultado do processo* **somente beneficia ao exequente**, *mas não ao executado.*

Nessa perspectiva, a *disponibilidade de quem está no polo ativo* (**princípio dispositivo** – parte dispõe da lide) *no processo executivo é ainda maior* do que no processo de conhecimento.

No processo de conhecimento, como visto, para o autor desistir do processo após a apresentação da contestação, o réu deve concordar (NCPC, art. 485, § 4º).

Na execução, *o exequente pode desistir do processo independentemente da apresentação de defesa do executado.*

Assim, pelo **princípio da disponibilidade**, *pode o exequente, sem qualquer interferência do executado* (NCPC, art. 775):

(i) prosseguir com a execução por completo;

(ii) desistir dela por completo;

(iii) desistir de alguns atos executivos.

Porém, em relação à **defesa do executado** (seja via embargos à execução ou impugnação ao cumprimento de sentença), a regra é um pouco distinta, assemelhando-se ao que se verifica no processo de conhecimento. (NCPC, art. 775, parágrafo único). Assim, na desistência da execução, observar-se-á o seguinte:

a) serão extintos os embargos e impugnação que versarem apenas sobre questões processuais, pagando o exequente as custas e os honorários advocatícios;

b) nos demais casos, a extinção dependerá da concordância do impugnante ou embargante.

4.2.1.7. Princípio da patrimonialidade

Pelo **princípio da patrimonialidade** tem-se que *a execução atinge o patrimônio da pessoa, e não a própria pessoa.*

Os bens do executado é que são os responsáveis pela satisfação do direito do exequente – e não seu corpo. Afinal, a execução é voltada para a satisfação do direito do exequente (*princípio do resultado / efetividade*), mas é preciso que se respeite os direitos fundamentais do executado (*princípio da menor onerosidade*).

Nesse sentido, a **vedação da prisão civil por dívida**, salvo em relação ao devedor de alimentos (Súmula Vinculante 25: É ilícita a prisão civil de depositário infiel, qualquer que seja a modalidade de depósito).

4.2.2. Legitimidade de parte

Tal qual se fala em legitimidade no processo de conhecimento, isso se verifica *também no processo de execução.*

A **regra** e no sentido de a *parte legítima ativa ser o credor da obrigação,* ao passo que a *parte legítima passiva ser o devedor.*

4.2.2.1. Legitimidade ativa

A **legitimidade ativa para a execução** é tratada no art. 778 do NCPC.

A *classificação* é a seguinte:

a) Legitimidade ativa ordinária, que pode ser:

a.1) primária ou originária;

a.2) derivada ou superveniente.

b) Legitimidade ativa extraordinária

Na legitimidade **ordinária**, o *exequente vai a juízo em nome próprio, postular direito próprio.*

Na legitimidade **extraordinária** (admissível apenas nos casos previstos em lei), o *exequente vai a juízo em nome próprio postular direito de outro.*

Na legitimidade ativa ordinária **primária**, *a obrigação foi constituída em favor do credor que consta no título, ou a quem a lei atribui o título.*

De seu turno, na legitimidade ativa ordinária **derivada**, a obrigação *foi constituída em favor de um credor, mas houve ato de transmissão para um novo credor* (seja de título extrajudicial ou judicial).

O art. 778, *caput*, do NCPC trata da legitimidade *ativa ordinária primária*:

> **Art. 778.** Pode promover a execução forçada *o credor a quem a lei confere título executivo.*

Ocorre em qualquer título de crédito, como um cheque.

Mas, também, verifica-se em relação ao advogado e seus honorários sucumbenciais. Isso porque a legislação aponta que o advogado é titular dos honorários de sucumbência. Lei 8.906/1994, art. 23:

Os honorários incluídos na condenação, por arbitramento ou sucumbência, pertencem ao advogado, tendo este direito autônomo para executar a sentença nesta parte (...).

Porém, é possível à própria parte exequente, em nome próprio, executar os honorários do advogado (o que é frequente no cotidiano forense).

Nesse caso: *legitimidade ativa extraordinária* (parte pleiteando, em seu próprio nome, o direito de seu advogado).

O art. 778, § 1º, do NCPC trata da legitimidade *ativa ordinária derivada*:

> § 1º Podem *promover a execução forçada ou nela prosseguir, em sucessão* ao exequente originário: (...) II – o *espólio*, os herdeiros ou os sucessores do credor, sempre que, por morte deste, lhes for transmitido o direito resultante do título executivo;

Ou seja, situação típica de falecimento do pai e sequência da execução pelo filho; contudo, não se aplica a direitos personalíssimos.

Além disso, há outros incisos:

> III – o cessionário, quando o direito resultante do título executivo lhe foi transferido por *ato entre vivos*;

A distinção deste inciso em relação ao II é que, no anterior, o ato de transferência do crédito é *mortis causa*.

> IV – o sub-rogado, nos casos de sub-rogação legal ou convencional.

A situação típica deste inciso é a do fiador que paga a dívida, para então assumir a mesma posição jurídica do credor originário, em relação ao devedor principal.

Em relação à legitimidade ativa *extraordinária*, uma das principais situações diz respeito à atuação do MP. Tanto que é a previsão legislativa constante do NCPC.

> § 1º Podem promover a execução forçada ou nela prosseguir, em sucessão ao exequente originário:
>
> I – o Ministério Público, nos casos previstos em lei.

4.2.2.2. Legitimidade passiva

A **legitimidade passiva** para a execução, de forma análoga ao exposto quanto à ativa, pode ser dividida em ordinária **primária** e ordinária **derivada ou superveniente**. Considerando o princípio do título, *não se fala em legitimidade extraordinária passiva.*

A legitimidade passiva *primária* trata da situação mais usual. Nesse sentido:

> **Art. 779.** A execução pode ser promovida contra:
>
> I – o *devedor*, reconhecido como tal no título executivo."

Já a legitimidade passiva derivada se verifica quando há a transmissão da obrigação do devedor originário para outrem, em hipóteses previstas em lei.

> "**Art. 779** (...):
>
> II – o *espólio, os herdeiros ou os sucessores do devedor*."

Contudo, vale destacar que, tratando-se de obrigação personalíssima, isso não se transmite aos herdeiros do falecido.

> "**Art. 779** (...) III – o *novo devedor*, que assumiu, *com o consentimento do credor*, *a obrigação* resultante do título executivo;"

Como se percebe, a "cessão do débito" (*assunção da dívida por terceiro*) *depende do consentimento do credor* (e a cessão do crédito, porém, *independe do consentimento do devedor*).

> "**Art. 779** (...) IV – o *fiador do debito constante em título extrajudicial*;"

O inciso trata do garantidor do direito do exequente em juízo.

> "**Art. 779** (...) V – o responsável *titular do bem vinculado por garantia real* ao pagamento do débito";

Existindo bem que tenha garantia real, ainda que haja a transferência, o ônus segue a coisa (característica do direito real)

> "**Art. 779** (...) VI – o responsável tributário, assim definido em lei".

Hipótese em que a legislação tributária cria a obrigação para terceiro que não necessariamente o devedor original.

4.2.2.3. Intervenção de terceiros na execução

Em relação às **intervenções de terceiros**, o entendimento majoritário, no sistema anterior, era de não ter cabimento na execução (salvo a assistência).

Considerando que o NCPC coloca as intervenções de terceiro na parte geral, agora seriam **cabíveis quaisquer intervenções no processo de execução** – especialmente o incidente de desconsideração da personalidade jurídica. Mas resta verificar como será a jurisprudência a respeito disso.

4.2.3. Responsabilidade patrimonial

Não se deve confundir *legitimidade com responsabilidade.*

A **responsabilidade patrimonial** ou **executiva** se refere ao *patrimônio que será invadido em virtude do processo de execução.*

É *possível* que haja coincidência entre as figuras, mas *não necessariamente o devedor é o responsável patrimonial.*

O **executado**:

✓ é legitimado passivo para a execução,

✓ pode ter seu patrimônio invadido,

✓ tem responsabilidade executiva

É a situação de **responsabilidade patrimonial primária**.

É o mais usual, em que o *próprio executado tenha responsabilidade patrimonial.* E isso se refere aos seus bens "presentes e futuros" (NCPC, art. 789) – enquanto não verificada a prescrição.

Mas também existe a **responsabilidade patrimonial secundária.** Nesse caso, desde que previsto em lei, *admite-se a sujeição de bens de terceiro à execução judicial* (principal artigo: NCPC, 790).

Cabe destacar que a responsabilidade executiva é uma situação de *sujeição que independe da vontade da parte*, mas sim *da lei*.

O texto legal tem a seguinte redação:

"**Art. 790**. São sujeitos à execução os bens:

I – do **sucessor a título singular**, tratando-se de execução fundada em *direito real ou obrigação reipersecutória*.

II – do **sócio**, nos termos da lei;

III – do **devedor**, ainda que *em poder de terceiros*;

IV – do **cônjuge ou companheiro**, nos casos em que *seus bens próprios* ou de sua meação *respondem pela dívida*.

V – *alienados ou gravados* com ônus real em **fraude à execução**;

VI – cuja *alienação ou gravação* com ônus real tenha sido *anulada em razão* do reconhecimento, em ação autônoma, de **fraude contra credores**;

VII – do responsável, nos casos de **desconsideração da personalidade jurídica**.

Por fim, cabe analisar a responsabilidade dos **herdeiros**. O tema é regulado no NCPC, art. 796:

"**Art. 796.** O espólio responde pelas dívidas do falecido; mas, feita a partilha, *cada herdeiro responde por elas na proporção da parte que na herança lhe coube*."

Assim, se o devedor contrai a dívida e falecer, a *responsabilidade executiva poderá recair sobre patrimônio do espólio*, se ainda houver inventário pendente. Mas **não se herda dívida** e não se fala em responsabilidade secundária dos herdeiros. Os herdeiros só pagam com base naquilo que eventualmente perceberam a título de sucessão.

4.2.4. Dos requisitos necessários para qualquer execução

Retomando o exposto anteriormente, são requisitos necessários para se realizar qualquer execução autônoma:

(i) inadimplemento / exigibilidade: *devedor não satisfaz a obrigação certa, líquida e exigível prevista no título executivo* (NCPC, art. 786);

(ii) título executivo extrajudicial: *documento que traduz uma obrigação e permite a propositura do processo de execução* (NCPC, art. 784).

Somente cabe o processo de execução autônomo quando *existirem ambos os requisitos*.

Além disso, a execução deve estar fundada em **título de obrigação líquida, certa e exigível** (NCPC, art. 783).

O processo de execução *busca a satisfação do crédito do exequente*. Mas essa satisfação deve respeitar o executado. Daí a legislação prever expressamente o **princípio da menor onerosidade** (*vide* NCPC, art. 805 e item 4.2.1.5 acima).

4.2.5. Do título executivo extrajudicial

Os títulos executivos extrajudiciais estão previstos no NCPC, art. 784:

(i) *títulos de crédito* (letra de câmbio, nota promissória, duplicata, debênture e cheque);

Contudo, não há total identidade entre títulos de crédito e executivo: existem títulos de crédito que não são títulos executivos e existem títulos executivos que não são títulos de crédito.

(ii) *escritura pública ou outro documento público assinado pelo devedor*;

(iii) *documento particular assinado pelo devedor e por 2 testemunhas* (um dos mais usuais no cotidiano forense);

(iv) *instrumento de transação* referendado pelo MP, Defensoria Pública, advocacia pública, advogado das partes ou conciliador / mediador credenciado por tribunal;

(v) os *contratos com garantia real* (hipoteca, penhor, anticrese) e *contratos garantidos com caução*

(vi) *contrato de seguro de vida em caso de morte*;

(vii) o *crédito decorrente da enfiteuse*, ou seja, *foro* (pensão anual paga ao senhorio – CC/1916, art. 678) e *laudêmio* (compensação dada ao senhorio quando da alienação do domínio útil do imóvel – CC/1916, art. 683);

(viii) o *crédito, documentalmente comprovado, decorrente de aluguel de imóvel*, e *acessórios* (taxas e despesas de condomínio);

Este inciso (que não prevê a necessidade de duas testemunhas, como no inc. II) permite a *execução de crédito de aluguel de imóvel não pago*, bem como de *encargos*, tais como IPTU, luz, condomínio – desde que comprovados documentalmente e com os acessórios previstos em contrato.

(ix) a *CDA* (certidão de dívida ativa), ou seja, os créditos tributários devidos à União, aos Estados, ao Distrito Federal e Territórios, e aos Municípios;

(x) o *crédito referente ao condomínio (contribuições ordinárias ou extraordinárias de condomínio edilício), previstas na respectiva convenção ou aprovada em assembleia, desde que documentalmente comprovada;*

Cabe destacar que, em relação ao *condomínio*, trata-se de inovação como título executivo, pois no sistema anterior isso demandava *processo de conhecimento do condomínio contra o condômino inadimplente* (e era uma das hipóteses de utilização do sumário).

(xi) a *certidão expedida por cartório extrajudicial (serventia notarial ou de registro), relativa a emolumentos e despesas devidas pelos atos cartoriais, conforme tabelas estabelecidas em lei.*

São também executivos outros títulos mencionados em leis esparsas (NCPC, art. 784, XII). Como exemplos:

✓ TAC – termo de ajustamento de conduta (Lei 7.347/1985, art. 5º, § 6º);

✓ decisão do TCU que determine pagamento de quantia (CF. art. 71, § 3º);

cédula de crédito bancário (CCB – Lei 10.931/2004, art. 28: "seja pela soma nela indicada, seja pelo saldo devedor demonstrado em planilha de cálculo, ou nos extratos da conta-corrente").

Como se percebe da leitura do rol acima, *os títulos executivos extrajudiciais são criados sem a participação do Poder Judiciário.*

A origem é a vontade das partes, desde que observados os requisitos previstos na legislação. Assim, uma confissão de dívida assinada somente pelo devedor, apesar de ser prova documental, não é título executivo. Já uma confissão de dívida assinada pelo devedor e por duas testemunhas é título executivo (NCPC, art. 784, III).

A legislação admite a **cumulação de execuções**. Ou seja, *é lícito ao exequente, sendo o mesmo executado, cumu-*

lar várias execuções, mesmo que em títulos diferentes, desde que o juiz seja competente e o procedimento seja o mesmo (NCPC, art. 780).

É conveniente destacar que a *sentença arbitral não é título executivo extrajudicial*, visto que não se encontra nos incisos do mencionado art. 784 (*vide* item 4.3.2 infra).

4.2.6. Das diversas espécies de execução

Conforme o **tipo de obrigação inadimplida**, a execução terá um *trâmite diferenciado*. Assim, não há uma única, mas sim *diversas espécies de execução*, sendo que cada uma dessas espécies terá um *procedimento próprio*.

Abaixo, indicamos as **espécies de execução previstas no CPC**, destacando como se *dá seu início*, visto que é exatamente neste momento da tramitação que se percebe a distinção entre elas. Além disso, há execuções previstas em leis extravagantes, como a execução fiscal (Lei 6.830/1980).

É certo que a espécie mais relevante é a execução de quantia certa (obrigação de pagar), em que o executado é citado para pagar, sob pena de penhora; por isso, esta modalidade de execução será tratada com maior atenção.

Mas, antes de analisar as diversas execuções, vejamos os pontos comuns a todas as execuções.

4.2.6.1. Dos requisitos de todas as execuções

Porém, o NCPC aponta alguns **requisitos que se referem a qualquer execução**.

A petição inicial deve ser **instruída** com (NCPC, art. 798, I):

(i) o *título executivo* extrajudicial;

(ii) o *demonstrativo do débito atualizado* até a data de propositura da ação (no caso de *execução por quantia certa*);

O **demonstrativo de débito** tem novos requisitos (NCPC, art. 798, parágrafo único): o *índice de correção monetária* adotado; a *taxa de juros* aplicada; os *termos inicial e final* de incidência do índice de correção monetária e da taxa de juros utilizados; a *periodicidade da capitalização* dos juros, se for o caso; a especificação de *desconto obrigatório* realizado.

(iii) a *prova* de que se verificou a *condição ou ocorreu o termo*, se for o caso;

(iv) a *prova*, se for o caso, de que *adimpliu a contraprestação* que lhe corresponde ou que lhe assegura o cumprimento.

No mais, a petição inicial deve **indicar** (NCPC, art. 798, II):

a) a *espécie de execução* de sua preferência, quando por mais de um modo puder ser realizada;

b) os *nomes completos do exequente e do executado* e seus *números de inscrição* no Cadastro de Pessoas Físicas ou no Cadastro Nacional da Pessoa Jurídica;

c) os *bens suscetíveis de penhora*, sempre que possível.

Deve ainda o exequente requerer a **intimação de terceiros** que possam ter *alguma relação com o bem penhorado* (NCPC, art. 799, que menciona o *credor hipotecário*, titular do usufruto, promitente comprador ou vendedor, superficiário, sociedade em caso de penhora de quota etc.). Ainda, se o exequente assim requerer, deverá a petição inicial trazer o pedido de **tutela de urgência** (NCPC, art. 799, VIII).

Existindo **falha na inicial** (incompleta ou sem documentos indispensáveis, como o demonstrativo de débito), o juiz determinará a *emenda*, no prazo de 15 dias, sob pena de indeferimento (NCPC, art. 801).

Se a inicial estiver em termos, o juiz determinará a **citação** (NCPC, art. 802), o que interrompe a prescrição (que retroage à data da propositura da ação – NCPC, art. 802, parágrafo único). Vale relembrar que a citação na execução poderá ser realizada pelo *correio*.

4.2.6.1.1. Da prescrição intercorrente

Inova o NCPC ao expressamente prever a **prescrição intercorrente** (o que antes era admitido pela jurisprudência, mas sem previsão legal).

Prevê o NCPC que a execução será *suspensa se o executivo não possuir bens penhoráveis* (NCPC, art. 921, III). Nesse caso, o processo ficará suspenso pelo prazo de 1, durante o qual se suspenderá a prescrição (art. 921, § 1º).

Após esse prazo, se ainda não existirem bens penhoráveis, o processo será arquivado (art. 921, § 2º). Se forem encontrados bens, haverá o desarquivamento (art. 921, § 3º). *Passado o prazo de 1 ano* sem manifestação do exequente, então **começa a correr o prazo da prescrição intercorrente** (art. 921, § 4º).

Ocorrido o prazo da prescrição, após oitiva das partes, o juiz poderá, mesmo de ofício, reconhecer a prescrição intercorrente e extinguir o processo (art. 921, § 5º e 924, V).

4.2.6.2. Da execução para entrega de coisa

Prevista no NCPC, art. 806 e ss., é utilizada diante do *inadimplemento de uma obrigação de entregar*, conforme previsto no título executivo extrajudicial. É também denominada de **tutela específica das obrigações**, exatamente porque se busca que o executado *cumpra especificamente a obrigação de entregar a que se comprometeu.*

O executado é citado para, dentro de 15 dias, *entregar a coisa. Cabe a fixação de multa diária* (*astreinte*) para o caso de não haver a entrega (NCPC, art. 806, § 1º). Ou seja, a forma de se compelir o executado a entregar a coisa é a *astreinte.*

Se a coisa já tiver sido alienada, será expedido mandado contra o terceiro adquirente, que somente será ouvido após o depósito da coisa (NCPC, art. 808).

4.2.6.3. Da execução de obrigação de fazer e de não fazer

Prevista no NCPC, art. 814 e ss., é utilizada diante do *inadimplemento de uma obrigação de fazer ou não fazer*, prevista em título executivo extrajudicial. É também denominada de **tutela específica das obrigações**, exatamente porque se busca que o executado *cumpra especificamente a obrigação de fazer a que se comprometeu.*

O executado é citado para *fazer ou não fazer algo*, no prazo que o juiz fixar, se não houver previsão no título (NCPC, art. 815).

O juiz, ao despachar a inicial, fixará **multa** por período de atraso e data a partir do qual será devida (NCPC, art. 814). Ou seja, a forma de se compelir o executado a fazer ou deixar de fazer algo é a *astreinte*. Se o título já tiver previsão do valor da multa, o juiz poderá reduzi-lo, se for excessivo (NCPC, art. 814, parágrafo único).

Se no prazo fixado o executado não satisfizer a obrigação, *poderá o exequente requerer* que (i) *seja a obrigação realizada por terceiro à custa do executado* ou (ii) converter a obrigação de fazer em *indenização* (NCPC, arts. 816 e 817). E isso nos próprios autos da execução, sem a necessidade de um novo processo.

Já ao executado cabe *cumprir a obrigação* ou apresentar *embargos à execução*, que não dependem de penhora (NCPC, art. 914).

4.2.6.4. Da execução contra a Fazenda Pública

Prevista no NCPC, art. 910, é utilizada diante do *inadimplemento de uma obrigação de pagar, em que o devedor é a Fazenda Pública* (União, Estados, Municípios e suas autarquias e fundações – ou seja, pessoas jurídicas de direito público).

Assim, entes estatais com personalidade jurídica de direito privado não se inserem no conceito. Portanto, *empresas públicas e sociedades de economia mista são executadas pelo regime geral*, possuindo patrimônio próprio e penhorável.

A execução poderá ser fundada em título executivo judicial ou extrajudicial. No sistema anterior, havia alguma dúvida quanto à possibilidade de execução de título extrajudicial contra a Fazenda, afastada pela Súmula 279 do STJ: "*É cabível execução por título extrajudicial contra a Fazenda Pública*".

Quanto ao título extrajudicial, há *apenas o art. 910*, cujo § 3º remete aos arts. 534 e 535 do NCPC (*vide* item *4.3.3.1* abaixo). Além disso, aplica-se o art. 100 da CF.

O ente estatal é citado para *apresentar embargos, no prazo de 30 dias* (art. 910, *caput*). Nos embargos, poderá a Fazenda apresentar **qualquer matéria de defesa**, que poderia ser alegada no processo de conhecimento (art. 910, § 2º). Assim, os embargos da Fazenda não apresentam distinção procedimental quanto aos embargos em geral (NCPC, art. 914 e ss.).

Não há penhora, já que *bens públicos são impenhoráveis* (NCPC, art. 833, I e CC, art. 100).

Não opostos embargos ou transitada em julgado a decisão que os rejeitar, o pagamento se dará mediante **precatório** (CF, art. 100), que *é a requisição de pagamento de dívida judicial que o Tribunal encaminha ao órgão estatal devedor*.

A depender da natureza do débito (se dívida alimentícia ou não – CF, art. 100, § 1º), este será ou não pago com preferência sobre os demais, destacando-se que as **obrigações ou requisições de pequeno valor** (OPV ou RPV) não se submetem ao regime dos precatórios.

Assim, os precatórios se classificam em:

1) Comuns: são expedidos por ordem própria e decorrem de verbas que não são diferenciadas.

2) De natureza alimentícia (CF, art. 100, § 1º): compreendem aqueles *decorrentes de salários, vencimentos, proventos, pensões e suas complementações, benefícios previdenciários e indenizações por morte ou por invalidez*, fundadas em responsabilidade civil, em virtude de sentença judicial transitada em julgado.

3) Alimentícios de pessoas idosas (60 anos ou mais) **ou que possuem doença grave** (CF, art. 100, § 2º): além de alimentícios tais quais os anteriores, há a característica específica do credor.

4) RPV ou OPV: nesse caso, o pagamento deve ser prontamente realizado pela Fazenda, *sem necessidade de precatório*.

4.2.6.5. Da execução de alimentos

Ainda que se trate de uma obrigação de pagar, há um procedimento próprio para a execução dos alimentos, considerando que o direito em questão é necessário à sobrevivência do credor.

Há distinção entre a execução de título extrajudicial (arts. 911 a 913) e o cumprimento de sentença de alimentos (art. 528 a 533).

Contudo, como há pontos em comuns, o assunto será tratado em conjunto, em tópico próprio (item *4.5.* abaixo.

4.2.7. Da execução de quantia certa

Esta é a espécie de execução mais utilizada no cotidiano forense, é a mais regulada pelo NCPC, suas regras aplicam-se de forma subsidiária às demais espécies de execução (especialmente no tocante à expropriação de bens) e, também, esta é a *mais pedida no Exame de Ordem*. Assim, será a execução analisada com mais vagar.

No CPC/1973 havia a *execução de quantia certa contra devedor solvente* (a que agora é analisada) e a *execução de quantia contra devedor insolvente* (a "falência civil"), que **não é regulada pelo NCPC**. O art. 1.052 do NCPC destaca que, até edição de lei específica, as execuções contra devedor insolvente *serão reguladas pelas regras do CPC/1973* (ou seja, não é todo o CPC/1973 que deixará de ser aplicado).

4.2.7.1. Petição inicial

Diante do *inadimplemento* e de um *título executivo extrajudicial que traga obrigação de pagar*, será utilizada a **execução por quantia certa** (NCPC, art. 829).

A petição inicial do processo de execução segue a lógica da inicial do processo de conhecimento, com os seguintes requisitos:

(i) endereçamento (NCPC, art. 319, I)

A **competência para ajuizar a execução** (NCPC, art. 781) é ampla, sendo possível a propositura no *foro do domicílio do executado, foro de eleição constante do título ou foro da situação dos bens* que serão penhorados.

(ii) qualificação das partes (NCPC, art. 319, II)

A **legitimidade para a execução** é apurada a partir da análise do título executivo extrajudicial;

(iii) demonstração do *inadimplemento / exigibilidade da obrigação* e da *existência de título* (NCPC, art. 319, III)

São **documentos essenciais** à propositura da execução o *título executivo* e o *demonstrativo de débito*;

(iv) valor da causa (NCPC, art. 319, V)

Nos termos do NCPC, art. 292, I, o valor da causa será a *quantia pleiteada na execução.*

Quando admitida a execução, é permitido ao credor **dar publicidade a respeito da existência da execução.** Para tanto, o exequente poderá obter *certidão*, com identificação das partes e valor da causa, "*para fins de averbação* no registro de imóveis, de veículos ou de outros bens sujeitos a penhora, arresto ou disponibilidade" (NCPC, art. 828). *Essa averbação não impede a alienação do bem, mas dá ciência a terceiros, os quais não poderão alegar desconhecimento a respeito da execução.*

Estando em termos a petição inicial, o juiz determinará a *citação do executado*, que poderá ser feita por correio.

Se o executado não for encontrado, será realizada nova diligência pelo oficial de justiça e, se o caso, haverá citação por hora certa ou por edital.

Há uma situação específica: se o *oficial de justiça não encontrar o executado*, mas *encontrar bens passíveis de penhora*, será possível a constrição de bens. Contudo, *não se trata de penhora*, que somente pode ser realizada após a citação (*vide* tópico abaixo).

Essa constrição é o **arresto executivo ou pré-penhora** (não confundir com a cautelar de arresto), previsto no art. 830 do NCPC: A jurisprudência admite que esse arresto seja feito por *meio eletrônico* (*on-line* – STJ, REsp 1.370.687-MG, Informativo 519 do STJ).

4.2.7.2. Penhora

No caso de execução de quantia, se não houver o pagamento do débito, haverá a **penhora**, que *é a constrição judicial de bem do executado, capaz de garantir o pagamento do débito exequendo.* Uma vez efetivada a penhora, a avaliação do bem será realizada pelo oficial de justiça (NCPC, art. 870).

O devedor responde pela execução com seus *bens presentes e futuros* (NCPC, art. 789). Ou seja, se durante a tramitação do processo o devedor adquirir algum bem, será possível a penhora.

Pode o exequente, já na inicial do processo de execução, *indicar os bens do executado que devem ser penhorados* (NCPC, art. 829, § 1º), que serão penhorados – salvo se outros forem *indicados pelo executado* e aceitos pelo juiz, diante da *demonstração de que a constrição será menos onerosa e não trará prejuízo ao exequente.*

Poderá o juiz determinar que o *executado indique quais são, onde estão e quanto valem os bens passíveis de penhora*, sob pena de ato atentatório à dignidade da justiça, que acarreta a imposição de multa (NCPC, art. 774, V).

Efetivada a penhora, será nomeado um **depositário** (e, como já exposto, não há mais a prisão do depositário infiel). E o *depositário só será o executado se o exequente concordar ou nos casos de difícil remoção do bem* (NCPC, art. 840, § 2º).

Se o oficial, *ao tentar citar o devedor, não encontrá-lo, mas encontrar bens penhoráveis* poderá **arrestar tais bens** (NCPC, art. 830). Não se trata de penhora, visto que esta somente pode ocorrer após a citação e se não houver o pagamento do débito. Uma vez efetivado o arresto e não encontrado o devedor, o credor deverá providenciar sua citação por edital. Após tal ato, *o arresto será convertido em penhora* (NCPC, art. 830, § 3º). Não se deve confundir esse arresto do processo executivo com o arresto cautelar, pois são figuras distintas.

Pode o exequente requerer a **penhora *on-line* de bens do executado** (NCPC, art. 854 e ss.). Porém, há inovações no procedimento.

Inicialmente, após requerimento do exequente, o juiz, *sem dar ciência ao executado*, determinará às instituições financeiras que *tornem indisponíveis ativos financeiros* do executado (NCPC, art. 854). O juiz deverá cancelar, em 24 horas, eventual *indisponibilidade excessiva* (NCPC, art. 854, § 1º).

Efetivada a indisponibilidade, o executado será intimado e terá prazo de 5 dias para comprovar que (§ 2º e 3º):

I – as quantias tornadas indisponíveis são impenhoráveis;

II – ainda remanesce indisponibilidade excessiva de ativos financeiros.

Somente *após essa manifestação* é que haverá **efetivamente a penhora**, e então a instituição financeira deverá transferir o montante penhorado para conta à disposição do juízo (§ 5º).

Assim, a penhora *on-line* somente ocorrerá **após a citação**; já o arresto executivo do art. 830 (inclusive *on-line*), ocorrerá **antes da citação** (REsp 1.370.687-MG, informativo 519 do STJ).

No mais, o NCPC ainda prevê expressamente a **penhora** de:

✓ *créditos* (art. 855);

✓ *quotas ou ações de sociedades* (art. 861 – inovação);

✓ *empresa*, outros *estabelecimentos e semoventes* (art. 862; inovação quanto aos semoventes);

✓ *percentual de faturamento* de empresa (art. 866);

✓ *frutos e rendimentos* de coisa móvel ou imóvel (art. 867 – o que era *usufruto* de bem móvel ou imóvel no sistema anterior).

4.2.7.2.1. Impenhorabilidades

O sistema brasileiro tem diversas **impenhorabilidades**, *situações nas quais, por força de lei, a penhora não é permitida, com o fim de proteger o executado e a sociedade.*

A Lei 8.009/1990 trata da *impenhorabilidade do bem de família*, apontando ser impenhorável o imóvel destinado à residência, bem como os móveis que o guarnecem (art. 1º e parágrafo único).

Mas há exceções à impenhorabilidade, previstas na própria lei. Dentre outras, merecem destaque as seguintes situações nas quais se admite a penhora (Lei 8.009/1990, art. 3º):

> "III – pelo credor de pensão alimentícia, resguardados os direitos, sobre o bem, do coproprietário que, com o devedor, integre união estável ou conjugal (inclusão da ressalva quanto ao cônjuge pela Lei 13.144/2015);
>
> IV – para cobrança de impostos, predial ou territorial, taxas e contribuições devidas em função do imóvel familiar;

VII – por obrigação decorrente de fiança concedida em contrato de locação."

Vale destacar que o inc. I do art. 3º da Lei 8.009/1990, que previa a possibilidade de penhora do bem de família em virtude de créditos de trabalhadores da própria residência, foi *revogado* pela LC 150/2015 (Lei do Trabalho Doméstico).

De seu turno, o NCPC trata do tema no art. 833, trazendo diversas impenhorabilidades:

(i) os *bens inalienáveis* e os declarados, por ato voluntário, não sujeitos à execução (exemplo dos *bens públicos*);

(ii) os *móveis*, pertences e utilidades domésticas que guarnecem a *residência do executado* – salvo os de *elevado valor* e os *supérfluos* (os não utilizados para as necessidades de um médio padrão de vida);

(iii) os *vestuários* e os *bens de uso pessoal* do executado – salvo se de *elevado valor*;

(iv) os *salários*, remunerações, aposentadorias e pensões de uma forma geral – *salvo* para pagamento de *pensão alimentícia* e quando o valor mensal percebido for **superior a 50 salários mínimos** (NCPC, art. 883, § 2º – inovação relevante que afasta o paradigma da total impenhorabilidade do salário);

(v) os *instrumentos* necessários ao *exercício da profissão* (livros, ferramentas etc. – salvo se tais bens tenham sido *objeto de financiamento e estejam vinculados em garantia* a negócio jurídico ou quando *respondam por dívida de natureza alimentar, trabalhista ou previdenciária* – § 3º);

(vi) o *seguro de vida*;

(vii) os *materiais necessários para obras em andamento*, salvo se essas forem penhoradas;

(viii) a *pequena propriedade rural*, desde que trabalhada pela família;

(ix) os *recursos públicos* recebidos por instituições privadas para aplicação compulsória em *educação, saúde ou assistência social*;

(x) *até o limite de 40 salários mínimos*, a quantia depositada em *caderneta de poupança* (para o STJ, qualquer aplicação e não só a poupança – REsp 1.230.060-PR, informativo 547 do STJ; incidindo as mesmas acima mencionadas em relação ao salário, visto acima);

(xi) os *recursos do fundo partidário*, recebidos por partido político;

(xii) os *créditos* oriundos de *alienação de unidades imobiliárias sob regime de incorporação*, vinculados à execução da obra.

4.2.7.3. Procedimento da execução por quantia certa contra devedor solvente

A finalidade desta espécie de execução é expropriar bens do executado para satisfazer o crédito do exequente.

Na sequência, é apresentado o procedimento desta modalidade de execução:

1) Inicial é instruída com: – título executivo extrajudicial (NCPC, art. 798, I, *a*); e – demonstrativo do débito atualizado (NCPC, art. 798, I, *b*).
2) Estando em termos a inicial, o juiz: – fixa, no despacho inicial, *honorários de 10%* sobre o valor da causa. Se houver o pagamento em 3 dias, os *honorários serão reduzidos à metade* (art. 827, § 1º). Se houver embargos protelatórios, honorários majorados para 20% (§ 2º); – determina a *citação do executado*, para *pagar o débito em 3 dias*, contados da citação. (NCPC, art. 829); – se não houver pagamento, haverá a *penhora e avaliação*, por oficial de justiça (NCPC, art. 870) – dos bens indicados pelo exequente; salvo se o executado indicar bens que configurem situação menos onerosa a ele e que não traga prejuízo ao exequente (NCPC, art. 829, § 1º e 2º). 2.1) Recebida a petição inicial executiva, poderá o exequente obter *certidão da execução* (identificadas as partes e valor da causa), para "averbação no registro de imóveis, de veículos ou de outros bens sujeitos a penhora, arresto ou indisponibilidade" (NCPC, art. 828). Quando isso for efetivado, deverá ser *comunicado ao juízo* (§ 1º). Se for realizada penhora no valor total da dívida, o exequente deverá providenciar, em 10 dias, o *cancelamento das averbações* dos bens não penhorados (§ 2º). Se o exequente assim não fizer, o *juiz fará de ofício* (§ 3º). No caso de averbação indevida ou não cancelada, caberá indenização por *perdas e danos* (§ 5º). 2.2) Além disso, cabe a inscrição do devedor em cadastro restritivo de crédito. A previsão está no art. 782 do NCPC. – § 3º. A requerimento da parte, o juiz *pode determinar a inclusão do nome do executado em cadastros de inadimplentes.* – § 4º A *inscrição será cancelada imediatamente se for efetuado o pagamento*, se for *garantida a execução* ou se a *execução for extinta* por qualquer outro motivo. Além disso, prevê o NCPC que o mesmo se aplica ao cumprimento de sentença definitivo de título judicial (NCPC, art. 782, § 5º).

3) Se o oficial de justiça não encontrar o executado: *arresto executivo* dos bens (art. 830) que, segundo jurisprudência do STJ, poderá ser *on-line*. A citação pode ser feita por *correio* (NCPC, art. 247). E há menção específica à *citação por hora certa e edital* (NCPC, art. 830, § 1º e 2º). O executado, *reconhecendo o crédito do exequente* e comprovando o *depósito de 30%* do valor devido, pode requerer o *parcelamento do restante em 6 vezes* (com juros e correção). Com isso, renuncia ao direito de embargar (NCPC, art. 916).
4) Após a citação, cabem embargos.
5) Não suspensa a execução ou rejeitados os embargos: tentativa de alienação do bem penhorado (NCPC, art. 875).
6) Prosseguindo a execução, haverá a tentativa de expropriação do bem penhorado, que poderá ocorrer de três maneiras, na seguinte ordem: **(i) adjudicação ao exequente**, *em que o próprio exequente receberá o bem como forma de pagamento*, pelo valor da avaliação (NCPC, art. 876); **(ii) alienação por iniciativa particular**, *em que o exequente tentará alienar o bem para quem não é parte no processo* (NCPC, art. 880); ou **(iii) leilão judicial eletrônico ou presencial,** *alienação realizada no bojo do processo judicial* (NCPC, art. 881).
7) A *primeira opção* é a *adjudicação* por parte do exequente, *pelo preço da avaliação*. Se não houver êxito nessa, passa-se às demais. Se, ao final, não houver êxito, há nova oportunidade para adjudicar, podendo ser requerida nova avaliação (NCPC, art. 878).
8) A *segunda opção* é a *alienação por iniciativa particular*, mediante *requerimento do exequente*, também pelo valor da avaliação, por conta própria ou corretor ou leiloeiro credenciados perante o Judiciário (NCPC, art.880).
9) Se não houver êxito nas hipóteses anteriores, haverá *leilão, preferencialmente presencial (NCPC, art. 882).* A definição do *preço mínimo do bem no leilão, condições de pagamento e garantia* serão definidas pelo *juiz* (NCPC, 885). Será **preço vil** (e, portanto, não poderá ser aceito) o preço inferior ao mínimo estipulado pelo juiz ou, não tendo sido fixado preço mínimo, o preço inferir a 50% do valor da avaliação (NCPC, art. 891, parágrafo único). Será publicado edital com todas as informações do bem, inclusive data do 1º e 2º leilões – o 2º para o caso de não haver interessados no 1º (NCPC, art. 886, V). Não podem oferecer lance algumas pessoas, dentre as quais o juiz e demais servidores na localidade onde servirem, leiloeiros e advogados (NCPC, art. 890). Portanto, o próprio *exequente pode oferecer lance.*
10) *Expropriado o bem* (seja pela adjudicação, alienação ou arrematação), é possível ao executado impugnar a expropriação, via ação autônoma (NCPC, art. 903, § 4º). Portanto, **deixam de existir os embargos de 2ª fase (embargos à arrematação/adjudicação)** e passa a ser cabível uma ação autônoma par desconstituir a expropriação, em que o arrematante será litisconsorte necessário.
11) Ao final, **extinção** da execução. *NCPC, art. 924. Extingue-se a execução quando:* *I – a petição inicial for indeferida;* *II – a obrigação for satisfeita;* *III – o executado obtiver, por qualquer outro meio, a extinção total da dívida;* *IV – o exequente renunciar ao crédito;* *V – ocorrer a prescrição intercorrente.*

4.2.8. Da defesa do executado: embargos

A defesa do executado, na execução de título executivo extrajudicial, dá-se via **embargos do devedor** ou **embargos à execução.**

Os embargos correspondem a um *processo de conhecimento*, com trâmite por um *procedimento especial* (NCPC, art. 914 e ss.). Na execução, em regra, não se discute defesa. Assim, a defesa é por petição inicial, em processo autônomo – distribuído por dependência.

Não há necessidade de **garantir o juízo** para embargar (NCPC, art. 914).

Matérias que podem ser alegadas nos embargos (NCPC, art. 917):

(i) *inexequibilidade do título* ou *inexigibilidade da obrigação*;
(ii) *penhora incorreta* ou *avaliação errônea*;
(iii) *excesso de execução* ou *cumulação indevida* de execuções;
(iv) *retenção por benfeitorias* necessárias ou úteis, nos casos de *entrega de coisa certa*;
(v) *incompetência absoluta ou relativa do juízo da execução;*
(vi) *qualquer matéria de defesa*, visto que **ainda não houve prévia manifestação do Poder Judiciário.**

Há **excesso de execução** quando (NCPC, art. 917, § 2º):

(i) o exequente pleiteia *quantia superior à do título*;
(ii) *recai sobre coisa diversa* daquela declarada no título;
(iii) *processa-se de modo diferente* do que foi determinado na sentença;
(iv) o exequente, *sem cumprir a prestação* que lhe corresponde, *exige o adimplemento da prestação do devedor*;
(v) *o exequente não prova que a condição se realizou.*

Caso se alegue **excesso de execução com base em quantia superior à devida**, o *embargante deverá indicar o valor que entende correto*, com demonstrativo de cálculo, *sob pena de rejeição liminar dos embargos ou não consideração desse argumento* (NCPC, art. 917, § 4º).

4.2.8.1. *Prazo para embargar*

O prazo para embargar é de *15 dias*, contado da *juntada aos autos do mandado de citação* da execução ou da juntada do AR (NCPC, arts. 915 e 231, I e II).

Diferentemente do que ocorre no processo de conhecimento:

✓ se houver *mais de um executado*, o prazo será contado *individualmente, salvo na hipótese de cônjuges* ou companheiros, quando o prazo será contado a partir da juntada do comprovante de citação do último (NCPC, art. 915, § 1º);

✓ ainda que existam litisconsortes com advogados distintos, *não haverá aplicação do prazo em dobro* do art. 229 do NCPC (NCPC, art. 915, § 3º).

Como já mencionado, no prazo para embargar pode o executado reconhecer que deve depositar 30% do valor devido e requerer o parcelamento do restante em 6 parcelas mensais (NCPC, art. 916).

4.2.8.2. *Efeito suspensivo nos embargos*

✓ Em regra, os embargos não terão efeito suspensivo; ou seja, mesmo quando apresentados os embargos, prossegue normalmente a execução (NCPC, art. 919).

✓ Contudo, poderá o juiz, a requerimento do embargante, conceder **efeito suspensivo aos embargos** quando (NCPC, art. 919, § 1º):

✓ presentes os requisitos para a *tutela provisória*;

✓ garantida a execução por penhora, depósito ou caução.

✓ Ou seja: os embargos não dependem de penhoras, mas o efeito suspensivo depende.

✓ No mais, ainda que concedido o efeito suspensivo, isso *não impedirá a penhora ou avaliação* dos bens (NCPC, art. 919, § 5º).

4.2.8.3. *Procedimento dos embargos à execução*

Trata-se de processo de conhecimento que tramita por procedimento especial (NCPC, art. 914 e ss.):

1) Citado, o executado pode (a) parcelar a dívida, (b) permanecer silente ou (c) embargar, em 15 dias.
2) **Inicial:** – **é distribuída** *por dependência* à execução e será *autuada em apartado* (NCPC, art. 914, § 1º); – será instruída com *cópias* das peças relevantes presentes na execução (NCPC, art. 914, § 1º); – *independe de penhora* (NCPC, art. 914). 2.1) O juiz **rejeitará liminarmente** os embargos quando (NCPC, art. 918): – intempestivos – no indeferimento ou improcedência liminar – se protelatórios (* ato atentatório à dignidade justiça)
3) *Em regra*, os embargos *não são recebidos no efeito suspensivo* (NCPC, art. 919). *3.1) Somente* será atribuído efeito suspensivo (com a suspensão de quaisquer atos executivos) se estiverem *presentes, ao mesmo tempo, os seguintes requisitos* (NCPC, art. 919, § 1º): **(i)** *garantia do juízo* (penhora, depósito ou caução); **(ii)** requisitos da tutela de urgência (*relevantes alegações* e perigo de dano). A concessão do efeito suspensivo *não impede a penhora* nem avaliação dos bens (NCPC, art. 919, § 5º).
3) Recebidos os embargos, réu nos embargos (embargado) poderá se *manifestar em 15 dias* (CPC, art. 920).
4) *Se necessário, haverá* **dilação probatória**. Caso contrário, julgamento antecipado do mérito (NCPC, art. 920, II)
5) *Decisão mediante* **sentença** da qual caberá apelação
Embargos protelatórios são penalizados com *multa por ato atentatório à dignidade da justiça* (NCPC, art. 918, parágrafo único).

4.2.9. *Da defesa de terceiro no processo de execução: embargos de terceiro*

Se há execução entre "A" e "B" e o executado entende que a penhora ou o valor são indevidos, a defesa se dá via embargos à execução, como visto acima.

Contudo, é possível que na execução entre "A" e "B" ocorra a penhora de bem de "C". Neste caso, a defesa se dá via **embargos de terceiro**.

4.2.9.1. *Cabimento*

Os **embargos de terceiro** são utilizados *quando há turbação ou esbulho por ato judicial* (penhora, depósito, arresto etc.) *de bem daquele que não é parte no processo*, seja processo de execução, de conhecimento ou cautelar.

Os embargos podem ser utilizados por quem tem *propriedade e posse* (senhor e possuidor) ou apenas por quem tem *posse* (possuidor).

Cabe também a *utilização pelo cônjuge* para defesa de sua *meação* (NCPC, art. 674, § 2º, I).

4.2.9.2. *Procedimento*

Trata-se de *processo de conhecimento* que tramita por *procedimento especial* (NCPC, art. 674 e ss.). Distribuídos por dependência, são autuados em apartado (NCPC, art. 676).

Quanto ao **prazo, não há um termo específico** (NCPC, art. 675):

✓ sendo constrição ocorrida **em** *processo de conhecimento*, **não há prazo** específico, sendo possível a oposição dos embargos *até o trânsito em julgado da sentença;*

✓ sendo constrição ocorrida em *processo de execução ou cumprimento de sentença*, até *5 dias* após a adjudicação, alienação ou arrematação, mas *antes da assinatura da respectiva carta.*

Será **réu nos embargos de terceiro** a *parte que pleiteou e/ ou que teve proveito com a constrição judicial (NCPC, art. 677, § 4º).* No tocante à **sucumbência**, assim preceitua a Súmula 303 do STJ: "Em embargos de terceiro, *quem deu causa à constrição indevida deve arcar com os honorários advocatícios*".

Deverá o embargante *provar a posse ou propriedade e a qualidade de terceiro*, juntando documentos e indicando testemunhas (NCPC, art. 677).

Se o juiz entender que está *provada a posse ou propriedade*, poderá *suspender as medidas constritivas sobre o bem litigioso* (NCPC, art. 678), podendo determinar a prestação de caução, salvo se a parte for economicamente hipossuficiente (NCPC, art. 678, parágrafo único).

O embargado poderá apresentar *contestação* no prazo de *15 dias*, a partir daí se seguirá o procedimento comum (NCPC, art. 679).

Ao final, o juiz proferirá sua sentença.

4.3. Cumprimento de sentença

4.3.1. *Dos requisitos necessários para o cumprimento de sentença*

Retomando o já explanado acima, são requisitos necessários para o cumprimento de sentença:

(i) inadimplemento / exigibilidade: *o não cumprimento espontâneo da obrigação fixada na sentença* (NCPC, art. 786);

(ii) título executivo judicial: *documento que traduz uma obrigação e permite o início da fase de cumprimento de sentença* (NCPC, art. 515).

Somente cabe o cumprimento de sentença quando *existirem ambos os requisitos.*

4.3.2. *Do título executivo judicial*

Os títulos executivos judiciais estão previstos no NCPC, art. 515:

(i) as *decisões proferidas no processo civil* (obrigação de pagar quantia, obrigação de fazer, não fazer, entregar coisa – destaque para a menção à **decisão** e não mais *sentença*, considerando a nova sistemática do NCPC, com a possibilidade de diversas decisões de mérito ao longo do procedimento);

(ii) a *decisão homologatória de autocomposição judicial;*

(iii) a *decisão homologatória de autocomposição extrajudicial de qualquer natureza;*

O inc. II e o inc. III são iguais? Não. No inc. II, há demanda na qual se formula pedido e, depois, há o acordo. No inc. III, não há demanda prévia, e as partes apenas celebram o acordo e o submetem à homologação do juiz (e o acordo pode, eventualmente, não passar pelo Judiciário e poderá ser título executivo extrajudicial).

(iv) o *formal e a certidão de partilha*, quanto aos participantes do processo de inventário (inventariante, herdeiros e sucessores);

(v) o *crédito do auxiliar da justiça (custas, emolumentos ou honorários aprovados por decisão judicial – isso era, no CPC/1973, título executivo extrajudicial);*

(vi) a *sentença penal condenatória transitada em julgado;*

(vii) a *sentença arbitral;*

(viii) a *sentença estrangeira homologada pelo STJ;*

(ix) a *decisão interlocutória estrangeira, após exequatur do STJ;*

Destaca-se que:

✓ como se percebe do inc. VII, a **sentença arbitral**, que é a *decisão proferida por um árbitro no bojo da arbitragem*, apesar de *não ter a intervenção do Judiciário* (se há arbitragem, não se manifesta o Judiciário) é considerada título judicial;

✓ a atividade do árbitro se restringe apenas à fase de conhecimento. Para a execução forçada (no caso, cumprimento de sentença), apenas o Estado pode ingressar no patrimônio do executado;

✓ nas hipóteses de decisões proferidas fora do Judiciário (sentença arbitral, penal ou estrangeira), *não houve prévia manifestação do juízo cível*, razão pela qual haverá necessidade de **citação do devedor** para o cumprimento de sentença – isso porque o processo de conhecimento foi realizado (i) perante árbitro, (ii) Judiciário estrangeiro ou (iii) Judiciário brasileiro no âmbito penal (NCPC, art. 515, § 1º);

✓ já em relação aos *demais casos*, como já houve um *processo perante o juízo cível*, haverá necessidade apenas de **intimação do devedor** para o cumprimento de sentença.

4.3.3. *Das diversas espécies de cumprimento de sentença*

Tal qual exposto em relação ao processo de execução, conforme o *tipo de obrigação prevista no título executivo judicial*, será *variável a forma do cumprimento de sentença.*

Conforme o NCPC:

✓ tratando-se de *obrigação de fazer, não fazer e entregar coisa*, deve ser observado o art. 536 e ss. (análogo à execução de título extrajudicial – *vide* itens 4.2.6.2 e 4.2.6.3);

✓ tratando-se de *obrigação de pagar alimentos*, deve ser observado o art. 538 e ss. (*vide* item 4.5 infra);

✓ tratando-se de *obrigação de pagar quantia pela Fazenda*, deve ser observado o art. 534 e s., que será analisado abaixo.

✓ tratando-se de *obrigação de pagar*, deve ser observado o art. 523 e ss., que será analisado abaixo.

4.3.3.1. *Do cumprimento de sentença de obrigação de pagar quantia pela Fazenda Pública*

Inova o NCPC ao prever e regular o procedimento do **cumprimento de sentença contra a Fazenda** (inclusive sendo *aplicável de forma subsidiária ao procedimento de execução* contra a Fazenda – item 4.2.6.4 supra). No sistema anterior, apenas havia a execução contra a Fazenda, mesmo em relação a título judicial.

Contudo, apesar de se aplicar o cumprimento de sentença, **não se aplica à Fazenda a multa** para o *não pagamento em 15 dias* (art. 534, § 2º).

O art. 534 do NCPC regula a petição que dá início ao cumprimento, que deverá trazer um **completo demonstrativo de débito**, que conterá: (i) o *nome completo* e o número de inscrição no Cadastro de Pessoas Físicas ou no Cadastro Nacional da Pessoa Jurídica do exequente; (ii) o índice de *correção monetária* adotado; (iii) os *juros* aplicados e as respectivas taxas; (iv) o *termo inicial e o termo final dos juros e da correção* monetária utilizados; (v) a *periodicidade da capitalização* dos juros, se for o caso; (vi) a especificação dos *eventuais descontos obrigatórios* realizados. Trata-se de demonstrativo igual ao que deve ser apresentado na execução e no cumprimento de sentença.

Se houver mais de um exequente, cada um deverá apresentar seu próprio demonstrativo (art. 534, § 1º).

Em relação à defesa pela Fazenda, o ente estatal será *intimado*, na pessoa do seu representante judicial, por carga, remessa ou meio eletrônico, para, querendo, **impugnar o cumprimento de sentença**, no prazo de *30 dias* (NCPC, art. 535).

Podem ser alegadas as seguintes matérias (NCPC, art. 535):

I – *falta ou nulidade da citação* se, na fase de conhecimento, o processo correu à *revelia*;

II – *ilegitimidade* de parte;

III – *inexequibilidade* do título ou *inexigibilidade* da obrigação;

IV – *excesso de execução* ou *cumulação indevida* de execuções;

V – *incompetência absoluta ou relativa* do juízo da execução;

VI – *qualquer causa modificativa ou extintiva da obrigação*, como pagamento, novação, compensação, transação ou prescrição, desde que *supervenientes ao trânsito em julgado da sentença.*

Existe **restrição para a matéria de defesa** a ser alegada considerando a *coisa julgada* que se formou no processo de conhecimento. Por isso, somente matéria posterior ao trânsito.

Se não houver impugnação ou for rejeitada a impugnação (NCPC, art. 535, § 3º):

I – expedir-se-á, por intermédio do presidente do tribunal, *precatório* em favor do exequente;

II – por ordem do juiz, dirigida à autoridade na pessoa de quem o ente público foi citado para o processo, o pagamento de *obrigação de pequeno valor* será realizado no *prazo de 2 meses* contado da entrega da requisição, mediante depósito na agência de banco oficial mais próxima da residência do exequente.

Se houver impugnação parcial, caberá execução da parte não impugnada (NCPC, art. 535, § 4º).

4.3.4. Do cumprimento de sentença para obrigação de pagar

4.3.4.1. Competência e natureza da execução

Como já exposto, a fase de cumprimento de sentença é a fase final do processo de conhecimento com pedido condenatório.

A **competência para a fase de cumprimento de sentença** é prevista no NCPC, art. 516:

(i) *tribunais*, nas causas de sua *competência originária*;

(ii) *juízo que processou a causa no primeiro grau.*

(iii) *juízo cível competente*, no caso de *sentença penal condenatória, arbitral ou estrangeira* (a rigor, o domicílio do executado)

Poderá o *exequente, em II e III, optar* pelo juízo do *local onde se encontram bens* sujeitos à expropriação OU pelo do *atual domicílio do executado* – casos em que o credor requererá a remessa dos autos ao novo juízo competente (NCPC, art. 516, parágrafo único).

Em relação à **natureza do cumprimento**, conforme a *estabilidade do título executivo*, é possível que o cumprimento de sentença seja provisório ou definitivo.

Utiliza-se o **cumprimento definitivo** quando se tratar de *decisão transitada em julgado ou não mais passível de impugnação, como a sentença arbitral.*

Já a **execução provisória** é utilizada quando (i) *a decisão ainda não transitou em julgado, e o recurso interposto não foi recebido no efeito suspensivo*; ou seja, somente é dotado de efeito devolutivo e (ii) na *tutela provisória.*

Nesse sentido, art. 520: *O cumprimento provisório da sentença impugnada por recurso desprovido de efeito suspensivo* será realizado da mesma forma que o cumprimento definitivo, sujeitando-se ao seguinte regime: (...)

E não se refere apenas à sentença, nos termos do art. 519: Aplicam-se as disposições relativas ao *cumprimento da sentença, provisório* ou definitivo, e à liquidação, no que couber, *às decisões que concederem tutela provisória.*

Como no cumprimento provisório há possibilidade de alteração da decisão exequenda, há *regras especiais* para seu prosseguimento (NCPC, art. 520):

(i) corre por *iniciativa e responsabilidade do exequente*, que se obriga, se a sentença for reformada, a *reparar os danos* que o executado haja sofrido;

(ii) exigência de *caução* para: a) levantamento de dinheiro, e b) atos que importem transferência de posse ou alienação de propriedade.

É possível que a **caução seja dispensada** (CPC, art. 521) desde que:

(i) o *crédito for alimentar, qualquer que seja sua origem*;

(ii) o exequente demonstrar *estado de necessidade*;

(iii) pender o agravo contra decisão de inadmissão do REsp ou RE com base em repetitivo (art. 1.042, II e III);

(iv) a decisão a ser provisoriamente cumprida estiver em consonância com firme decisão de tribunal (*súmula ou repetitivo*).

Como são situações distintas (não complementares), é de se concluir que os **requisitos não são cumulativos.**

Ainda que presente alguma das situações que dispensem a caução, ela poderá ser mantida, se sua dispensa puder resultar "manifesto risco de grave dano de difícil ou incerta reparação" (NCPC, art. 521, parágrafo único).

4.3.4.2. Penhora e expropriação de bens

No tocante à penhora (e impenhorabilidades) e à expropriação dos bens (adjudicação, alienação por iniciativa particular e hasta pública), *aplica-se integralmente ao cumprimento de sentença as regras previstas para o processo de execução* (cf. item 4.2.7.2 supra).

4.3.4.3. Procedimento da fase de cumprimento de sentença de pagar quantia

Da mesma forma que a execução de quantia é a mais frequente, também o *cumprimento de sentença para pagar quantia* é o mais usual no cotidiano forense, o mais regulado pelo NCPC e o mais pedido na OAB.

O procedimento está previsto no art. 523 e ss. do NCPC.

1) Proferida decisão condenatória e não havendo pagamento espontâneo pelo réu, o *autor requererá o início do cumprimento de sentença* (art. 523). 1.1) Esse requerimento deverá ser *instruído com completa memória do débito*, bem como já indicar bens (art. 524) – sendo possível requerer a penhora *on-line*.
2) Intimado o réu, se não houver *pagamento no prazo de 15 dias, incidirá multa e honorários*, no valor de 10% cada (art. 523, § 1º). 2.1) Na falta de pagamento, haverá *penhora e avaliação* de bens necessários à satisfação do débito (art. 523).
3) Poderá o executado apresentar *impugnação* (art. 525).
4) Se a impugnação não suspender o cumprimento de sentença ou, ao final, for rejeitada, ocorrerá a alienação do bem penhorado.
5) Expropriação de bens segue as regras da execução de título extrajudicial: – adjudicação pelo credor; – alienação por iniciativa particular; – leilão.
6) A seguir, a extinção da fase de cumprimento de sentença. Aplicação subsidiária: – destas regras para o cumprimento provisório (*Art. 527. Aplicam-se as disposições deste Capítulo ao cumprimento provisório da sentença, no que couber*); – das regras do processo de execução para o cumprimento de sentença (art. 513).

Uma questão que foi objeto de grande polêmica é **termo inicial do prazo de 15 dias para pagamento, sob pena de multa de 10%**: a partir da intimação do executado ou do trânsito em julgado da decisão? A lei anterior era omissa.

O *caput* do art. 523 do NCPC é claro: o início do prazo depende da intimação do executado (essa foi a posição a que chegou o STJ, no REsp 940.274/MS, *DJe* 31.05.2010).

Outra questão polêmica: cabe a regra do parcelamento da dívida na execução (NCPC, art. 916 ao cumprimento de sentença? No sistema anterior, a jurisprudência do STJ admitia (REsp 1.264.272-RJ, Informativo 497 do STJ). Contudo, o art. 916, § 7º foi expresso ao **vedar o parcelamento para o cumprimento de sentença**. Resta verificar se a legislação realmente será cumprida pela jurisprudência.

4.3.5. Da defesa do devedor no cumprimento de sentença

4.3.5.1. Da impugnação

A **impugnação** é a *defesa do executado prevista no NCPC para a fase de cumprimento de sentença.*

O **prazo** para impugnar é de 15 dias, contados a partir do término do prazo de 15 dias para pagamento voluntário (item acima).

A regra está prevista no art. 525 do NCPC:

Transcorrido *o prazo previsto no art. 523* sem o pagamento voluntário, *inicia-se o prazo de 15 (quinze) dias para que o executado* (...) apresente, nos próprios autos, sua *impugnação.*

Há **prazo em dobro** no caso de litisconsortes com advogados distintos (NCPC, art. 525, § 3º).

Inova o NCPC em relação ao prazo e, também, em relação à peça ser sempre nos **mesmos autos**, bem como quanto à **desnecessidade de penhora para impugnar** (NCPC, art. 525, *caput*).

Considerando que o cumprimento de sentença tem por *base um título executivo judicial* e, assim, *já houve prévia manifestação do Poder Judiciário*, há **restrição quanto à matéria** a ser alegada na impugnação. Não se pode discutir novamente o mérito (se a quantia a ser paga é ou não devida), pois aí haveria *violação à coisa julgada*.

Assim, **somente as seguintes matérias podem ser alegadas na impugnação** (NCPC, art. 525, § 1º):

(i) *falta ou nulidade da citação*, se na fase de conhecimento o processo correu à *revelia*;
(ii) *ilegitimidade* **de parte;**
(iii) *inexigibilidade do título* ou *inexigibilidade da obrigação*
(iv) *penhora incorreta* ou *avaliação errônea*;
(v) *excesso de execução* ou *cumulação indevida* de execuções (aqui se aplica tudo quanto foi *antes exposto* a respeito do tema nos embargos à execução; inclusive deverá o impugnante *declarar de imediato o valor que entende correto*, sob pena de rejeição liminar da impugnação – NCPC, art. 525, §§ 4 e 5º).
(vi) *incompetência absoluta ou relativa do juízo da execução;*
(vii) qualquer *causa impeditiva, modificativa ou extintiva da obrigação* (pagamento, compensação, transação etc.), desde que *superveniente à sentença* (porque se anterior à sentença, isso já está protegido pela coisa julgada).

Considera-se também **inexigível** o *título judicial fundado em lei declarada inconstitucional pelo STF, seja* em controle difuso ou concentrado (NCPC, art. 525, § 12), sendo que a decisão do STF deve ser anterior ao trânsito em julgado da decisão exequenda (§ 14) – se a decisão for posterior, deverá ser utilizada a rescisória, cujo prazo será contado a partir do trânsito em julgado da decisão do STF (§ 15).

4.3.5.1.1. Do procedimento da impugnação

O procedimento da impugnação é o seguinte:

1) Findo o prazo de 15 dias para pagar, o executado pode impugnar (NCPC, art. 525).
2) Somente algumas matérias podem ser *alegadas na impugnação* (NCPC, art. 525, § 1º). 2.1) Cabe rejeição liminar se impugnação (i) intempestiva ou (ii) no excesso de execução, não houver indicação do valor.
3) Em *regra*, a impugnação **não suspende** *o cumprimento de sentença* (NCPC, art. 525, § 6º). Contudo, poderá ser **concedido o efeito suspensivo**, desde que presentes, *ao mesmo tempo*: (i) *fundamentos* **da impugnação forem** *relevantes*; e (ii) prosseguimento do cumprimento possa causar ao executado *grave dano de difícil ou incerta reparação.*
4) A impugnação será autuada nos mesmos autos (NCPC, art. 525, *caput*).
5) Recebida a impugnação, deve ser aberta vista ao impugnado, para exercer o contraditório, no prazo de 15 dias (não há previsão legal nesse sentido)
6) *Se necessário*, **dilação probatória.**
7) Após instrução ou se esta desnecessária: *decisão do juiz*, **que poderá colocar fim ao cumprimento (se acolher integralmente a impugnação que entender nada ser devido) ou não (se rejeitada, total ou parcialmente, ou se for impugnação parcial – pois aí prossegue a fase de cumprimento).** 7.1.) Sendo assim, variável o recurso cabível, conforme a extinção do cumprimento ou não (apelação ou agravo de instrumento).

4.4. Da exceção de pré-executividade

Não há previsão no Código a respeito desta defesa – seja no anterior, seja no NCPC. Trata-se de criação jurisprudencial e doutrinária.

Em síntese, a **exceção de pré-executividade** (ou **objeção de executividade**) busca *permitir a defesa do devedor sem que haja a penhora*. No sistema anterior, sem penhora, não cabia a defesa do executado.

Cabe a exceção em situações nas quais *há grave vício no cumprimento de sentença, em relação à matéria a respeito da qual o juiz poderia se manifestar de ofício,* tais como:

✓ ausência de uma das *condições da ação*;

✓ ausência de *pressupostos processuais*;

✓ *prescrição.*

Só cabe a exceção se o *vício for flagrante* e for *desnecessária a dilação probatória.*

Porém, em 2006 para os embargos à execução e no NCPC para a impugnação, **a defesa do executado independe de penhora**. Assim, a rigor, não mais haveria interesse no uso da exceção de pré-executividade.

Contudo, se a defesa não foi utilizada (intempestiva) ou foi usada sem que determinado argumento tenha sido apresentado? Se o argumento for de ordem pública, cabe a sua alegação extemporânea?

Vejamos o que diz o NCPC (itálicos nossos). "Art. 803. É nula a execução se:

I – o título executivo extrajudicial não corresponder a obrigação certa, líquida e exigível;

II – o executado não for regularmente citado;

III – for instaurada antes de se verificar a condição ou de ocorrer o termo.

Parágrafo único. *A nulidade de que cuida este artigo* será pronunciada pelo juiz, de ofício ou a requerimento da parte, *independentemente de embargos à execução.*"

Ora, esse parágrafo aponta o uso de defesa sem embargos, por simples petição – ou seja, exatamente a ideia da exceção de pré-executividade. Assim, ainda que o NCPC não mencione seu nome, essa defesa segue sendo possível no novo sistema, para as situações graves da execução.

Além das 3 situações mencionadas no art. 803, cabe ainda a exceção para prescrição, desde que seja reconhecível de plano (STJ, REsp 915.503/PR, 4.ª T., j. 23.10.2007, *DJ* 26.11.2007).

4.5. Da execução e cumprimento de sentença de alimentos

Como antes exposto, existem diversos pontos em comum quanto à execução e cumprimento de alimentos. Por isso, o tema será tratado em conjunto, neste momento.

Inicialmente, haverá a análise dos institutos que se aplicam a ambos os tipos de títulos; após, haverá a análise procedimento separada.

4.5.1 Disposições comuns à execução e ao cumprimento.

O **crédito alimentar** é diferenciado, pois dele decorre a *sobrevivência do alimentando* (dever de prover do alimentante).

Por isso, há a consequência de **prisão civil** do devedor de alimentos, no caso de "inadimplemento voluntário e inescusável de obrigação alimentar" (CF, art. 5º, LXVII).

A respeito da **prisão**, indaga-se:

1) Em qual **regime** ocorre a prisão?

Art. 528 (...) § 4º A prisão será cumprida em *regime fechado*, devendo o preso ficar *separado dos presos comuns.*

2) A prisão **afasta o débito**?

Art. 528 (...) § 5º O *cumprimento da pena não exime o executado do pagamento* das prestações vencidas e vincendas.

3) Qual **período de débito** permite a prisão?

Foi inserido no NCPC o que já constava da Súmula 309 do STJ (prisão civil somente em relação às últimas três parcelas).

> **Art. 528** (...) § 7º O débito alimentar que *autoriza a prisão civil* do alimentante é o que compreende *até as 3 (três) prestações anteriores* ao ajuizamento da execução e *as que se vencerem no curso do processo.*

Portanto, somente é possível executar os **alimentos sob pena de prisão** em relação às *últimas 3 prestações mensais*. Quanto às *demais parcelas vencidas*, executa-se os **alimentos sob pena de penhora.**

E vale lembrar que, apesar da previsão constitucional de *prisão civil em duas hipóteses* (dívida alimentar e depositário infiel – CF, art. 5º, LXVII), o STF pacificou que **não cabe a prisão do depositário infiel** (Súmula Vinculante 25: É ilícita a prisão civil de depositário infiel, *qualquer que seja a modalidade do depósito*).

Inova o NCPC ao prever o **protesto** da decisão que fixa de alimentos:

> **Art. 528**, § 1º. Caso o executado, no prazo referido no *caput*, não efetue o pagamento, não prove que o efetuou ou não apresente justificativa da impossibilidade de efetuá-lo, *o juiz mandará protestar* o pronunciamento judicial, aplicando-se, no que couber, o disposto no art. 517.

Assim, antes mesmo da prisão civil, o juiz *determinará o protesto da decisão* que fixou os alimentos.

O NCPC já prevê o protesto de qualquer decisão (art. 517).

Porém, há distinções entre o protesto da decisão de alimentos e das demais:

(i) nas outras decisões condenatórias, há *necessidade de trânsito em julgado*;

(ii) nas demais decisões condenatórias, o protesto é feito *a requerimento da parte*; no caso dos alimentos, *é determinado de ofício pelo juiz.*

Outra novidade é a possibilidade de **desconto de até 50% dos vencimentos** do executado:

> **Art. 529**, § 3º Sem prejuízo do *pagamento dos alimentos vincendos*, o débito objeto de execução pode ser *descontado dos rendimentos ou rendas* do executado, *de forma parcelada*, nos termos do *caput* deste artigo, contanto que, *somado à parcela devida, não ultrapasse cinquenta por cento de seus ganhos líquidos*.

Assim, se um devedor de alimentos passa a receber salário, poderá haver, além do desconto em folha das parcelas mensais, um desconto adicional em relação às parcelas devidas.

Quanto ao **procedimento,** no NCPC há 4 possibilidades. A distinção se dá em relação ao **tipo de título** (*judicial ou extrajudicial*) e **tempo de débito** (*pretérito ou recente*):

4.5.2 Cumprimento de sentença de alimentos.

Tratando-se de título executivo judicial (sentença de alimentos), é possível que existam dois procedimentos:

(i) cumprimento de sentença, sob pena de prisão (arts. 528 a 533): para débitos recentes, *executado intimado pessoalmente para pagar, em 3 dias*;

(ii) cumprimento de sentença, sob pena de penhora (art. 528, § 8º): para débitos pretéritos, *executado intimado para pagar, em 15 dias, sob pena de multa de 10% (art. 523)*;

Em relação à **defesa no cumprimento de sentença:**

(i) sendo procedimento **sob pena de prisão**, o executado deverá pagar, provar que pagou ou apresentar *justificativa de alimentos*, apontando motivos que justifiquem o inadimplemento (NCPC, art. 528, § 1º). Porém, somente será aceita a justificativa de fato "que gere a impossibilidade absoluta de pagar justificará o inadimplemento" (§ 2º).

(ii) sendo procedimento **sob pena de penhora**, cabível será a *impugnação*, sem qualquer especificidade.

4.5.3 Execução de alimentos

Tratando-se de título executivo extrajudicial (escritura pública ou outro título extrajudicial de alimentos), também é possível que existam dois procedimentos:

(iii) execução de alimentos, fundada em título executivo extrajudicial, **sob pena de prisão**, para débitos recentes (arts. 911 e 912): *executado será citado para pagar, em 3 dias (art. 528)*;

(iv) execução de alimentos, fundada em título executivo extrajudicial, **sob pena de penhora**, para débitos pretéritos (art. 913): *executado será citado para pagar, em 3 dias (art. 829).*

Em relação à **defesa na execução** de alimentos:

✓ quanto ao exposto em (iii) acima (sendo o procedimento **sob pena de prisão**), cabível também a *justificativa de alimentos*, tal qual no cumprimento de sentença (art. 911, parágrafo único. Aplicam-se, no que couber, os §§ 2º a 7º do art. 528).

✓ quanto ao exposto em (iv) acima (sendo o procedimento **sob pena de penhora**): cabíveis os *embargos*, sem qualquer especificidade.

4.6. Outros conceitos relacionados ao processo de execução

Estes temas são usualmente pedidos no Exame da OAB.

4.6.1. Fraudes

Diante da *alienação de bens que poderiam ser objeto de penhora*, fala-se em fraudes:

a) fraude à execução: é a *ineficácia de alienação feita pelo devedor após a citação em processo – de conhecimento ou execução –, que possa levá-lo à insolvência* (NCPC, art. 792).

A Súmula 375 do STJ pacificou que: "O reconhecimento da fraude à execução depende do registro da penhora do bem alienado ou da prova de má-fé do terceiro adquirente".

Para ser reconhecida a fraude à execução, *não há necessidade de uma nova ação judicial;* o reconhecimento será requerido no bojo do processo que já tramita e no qual já houve a citação. Assim, se o réu, citado no processo judicial, alienar seus bens a ponto de ficar sem patrimônio, poderá ser reconhecida a fraude;

A hipótese mais frequente é a seguinte:

> "**Art. 792.** A alienação ou a oneração de bem é considerada fraude à execução:
>
> (...)
>
> IV – quando, *ao tempo da alienação* ou da oneração, *tramitava contra o devedor ação capaz de reduzi-lo à insolvência;*"

Mas não é a única hipótese

> "**Art. 792.** A alienação ou a oneração de bem é considerada fraude à execução:

I – quando sobre o bem pender *ação fundada em direito real* ou com pretensão reipersecutória, desde que a pendência do processo tenha sido *averbada* no respectivo registro público, se houver;

II – quando tiver sido *averbada, no registro do bem, a pendência do processo de execução*, na forma do art. 828;

III – quando tiver sido averbado, no registro do bem, *hipoteca judiciária* ou outro ato de constrição judicial originário do processo onde foi arguida a fraude;"

Como exemplo, uma demanda reivindicatória em que se pleiteia determinado imóvel. O réu aliena o imóvel durante a tramitação desse processo.

Se o resultado da demanda for:

1) extinção sem resolução de mérito – não há problema;

2) improcedência – não há problema

3) procedência – problema: autor tem direito à propriedade, mas o bem foi alienado. Nesse caso, pode-se falar em fraude, nos termos do inc. I do art. 792.

Além disso, o inc. V do art. 792 fala "nos demais casos expressos em lei". Um dos exemplos é a alienação após o incidente de desconsideração da personalidade jurídica (arts. 133 e 792, § 3º).

Traz o NCPC algumas **inovações** quanto à fraude à execução:

✓ afirma o Código, tal qual já reconhecia a doutrina, que a alienação em fraude é **ineficaz** quanto ao exequente (art. 792, § 1º);

✓ no caso de aquisição de bem *não sujeito a registro*, o **terceiro adquirente tem o ônus** de provar que adotou as cautelas necessárias para a aquisição do bem, mediante a *exibição das certidões pertinentes*, obtidas no domicílio do vendedor e no local onde se encontra o bem (§ 2º).

✓ **antes de declarar a fraude** à execução, o juiz deverá *intimar o terceiro adquirente*, que poderá se defender via *embargos de terceiro, no prazo de 15 dias* (§ 4º).

b) fraude contra credores: é a *alienação realizada pelo devedor, que o levará à insolvência, com finalidade de prejudicar o credor em eventual processo judicial* (CC, arts. 158 e ss.).

Ocorre *antes da citação em qualquer processo judicial*. Tem como **requisitos** o *eventum damni* (dano – reduzir o devedor à insolvência) e o *consilium fraudis* (fraude – prejudicar o credor).

Há necessidade de um processo judicial (*ação pauliana*), em que serão litisconsortes passivos quem alienou e quem adquiriu o bem.

Trata-se de demanda que tramita pelo procedimento comum ordinário, que necessita de prova dos dois requisitos para que seja reconhecida a fraude e o juiz determine que a situação volte ao *status quo ante* (ou seja, que o bem deixe a esfera do terceiro e volte à do alienante – para que seja possível, no processo oportuno, ser objeto de penhora).

Vale destacar que somente há legitimidade do credor quirografário (CC, art. 158) e somente é possível o ajuizamento por quem já era credor quando da alienação (CC, art. 158, § 2º).

4.6.2. *Remição e remissão*

Estas figuras podem acarretar a extinção da execução. Mas são distintas, o que, usualmente, acarreta dúvidas:

(i) remissão da dívida: *perdão da dívida pelo credor* (CC, art. 385), hipótese que acarreta a extinção da execução (NCPC, art. 924, IV);

(ii) remição da execução: *liberação total da execução em virtude do pagamento, antes da adjudicação, alienação ou arrematação* (NCPC, art. 826), hipótese que também acarreta a extinção da execução (NCPC, art. 924, II).

Perceba-se que a *remição depende do pagamento total da execução*. Assim, **não há remição envolvendo um bem específico**.

Se estiver para ser adjudicado ao credor *um determinado bem*, poderão pessoas ligadas ao devedor obter a liberação daquele bem específico.

Ou seja, *poderão adjudicar, nas mesmas condições do credor, o cônjuge, ascendente e descendente do executado*, bem como o credor com garantia real ou outros credores que tenham penhorado o bem (NCPC, art. 876, § 5º).

Havendo mais de um interessado, haverá licitação; para a mesma oferta, *a preferência será do cônjuge / companheiro, ascendente e descendente, nessa ordem* (NCPC, art. 876, § 6º).

5. RECURSOS E PROCESSOS NOS TRIBUNAIS

5.1. Teoria Geral dos Recursos

O tema recursos é um dos preferidos da OAB na 1ª fase, com grande incidência de perguntas. Com o NCPC, com diversas alterações, acredita-se que o tema sendo de elevado interesse da banca.

Inicialmente será apresentada uma visão geral dos recursos (ou seja, a teoria geral dos recursos) para, depois, tratar-se especificamente de cada um deles.

É importante ter a visão do todo, bem como dos recursos excluídos no NCPC, visto que as perguntas da banca podem tratar de vários recursos ao mesmo tempo (e mesmo de recursos do sistema anterior) – e não apenas de um aspecto específico de determinado recurso.

5.1.1. *Conceito*

Recurso, na linha da definição de Barbosa Moreira, é o "remédio voluntário e idôneo a ensejar, dentro do mesmo processo, a reforma, a invalidação, o esclarecimento ou a integração da decisão judicial impugnada".

A existência dos recursos decorre dos princípios processuais da ampla defesa, do contraditório e do duplo grau de jurisdição.

Pelo **princípio da taxatividade**, *somente a lei pode prever quais são os recursos* – que são os previstos no NCPC, art. 994.

Da soma do conceito de recurso e do princípio da taxatividade, é possível concluir que:

a) a remessa necessária não é recurso.

A **remessa necessária (reexame necessário no CPC/1973)** é a *situação na qual a sentença é contrária* *à Fazenda Pública (União, Estados, Municípios e suas autarquias e fundações) e, mesmo sem recurso, a decisão de 1º grau tem de ser confirmada pelo Tribunal* (NCPC, art. 496).

Só não haverá a remessa necessária se (NCPC, art. 496, §§ 3º e 4º):

(i) quando a *condenação ou proveito econômico for de valor certo e líquido inferior* a (a) 1.000 salários mínimos para a União, autarquias e fundações federais; (b) 500 salários mínimos para os Estados, o Distrito Federal, autarquias e fundações de direito público estaduais e os Municípios que forem capitais dos Estados; (c) 100 salários mínimos para todos os demais Municípios e autarquias e fundações de direito público municipais;

(ii) quando a *sentença estiver fundada* em (a) súmula de tribunal superior; (b) acórdão proferido pelo STF ou pelo STJ em julgamento de recursos repetitivos; (c) entendimento firmado em incidente de resolução de demandas repetitivas ou de assunção de competência; (d) entendimento coincidente com orientação vinculante firmada no âmbito administrativo do próprio ente público, consolidada em manifestação, parecer ou súmula administrativa.

b) ações de impugnação autônomas não são recursos.

As **ações de impugnação autônomas**, *apesar de impugnarem decisões judiciais, assim o fazem mediante a instauração de uma nova relação processual*, ou seja, *não se trata da mesma relação processual na qual a decisão foi proferida*.

Como exemplos, a *ação rescisória* (que busca desconstituir a coisa julgada – NCPC, art. 966), o mandado de segurança e o *habeas corpus* contra decisão judicial. Nessas três situações, há a instauração de uma nova relação processual;

c) pedido de reconsideração não é recurso.

O **pedido de reconsideração** é a *petição na qual a parte, uma vez que um pleito seu não foi atendido, busca a reconsideração por parte do juiz*. No cotidiano forense é utilizado com frequência pelos advogados, mas, como não está previsto no art. 994, não é recurso.

Assim, não modifica em nada o prazo para interposição do recurso cabível. Ou seja: se o juiz indeferir a tutela de urgência e a parte apresentar pedido de reconsideração, esta peça *não alterará* o prazo para interposição do agravo de instrumento.

5.1.1.1. Incidentes e ações previstas nos tribunais (NCPC)

Além disso, os seguintes *incidentes* e *ações* que tramitam nos tribunais e estão previstos no Livro III da Parte Geral do NCPC também não são recursos:

(i) incidente de **arguição de inconstitucionalidade** (NCPC, art. 948): considerando o sistema difuso-concreto brasileiro, qualquer juiz pode declarar a inconstitucionalidade de um diploma legal, incidentalmente no processo (como questão prejudicial).

Mas quando isso ocorrer no âmbito dos tribunais há necessidade de decisão da maioria dos membros do tribunal, em obediência à "cláusula de reserva de plenário" (CF, art. 97 e Súmula Vinculante 10).

(ii) conflito de competência (NCPC, art. 951): quando *dois ou mais juízes se considerarem competentes ou incompetentes para julgar uma mesma causa*, cabe o conflito de competência (*vide* item 1.2.7 acima).

O conflito será suscitado no Tribunal, e o relator determinará a manifestação dos juízos envolvidos. Se um juiz for o suscitante, poderá somente ser ouvido o suscitado (art. 954).

Pode o relator designar um dos juízes para decidir, em caráter provisório, as questões urgentes.

Se já houver jurisprudência dominante, cabe o julgamento do conflito de forma monocrática (art. 955, parágrafo único).

(iii) homologação de decisão estrangeira (NCPC, art. 960): a decisão estrangeira, para ingressar no sistema processual brasileiro, depende de *prévia homologação perante o STJ*. Isso porque é necessário verificar se a decisão estrangeira pode ser aqui aplicada, considerando as regras de competência internacional concorrente e exclusiva (*vide* item 1.2.4.1 acima), não se admitindo a homologação de decisão em caso de competência exclusiva do juiz brasileiro (NCPC, art. 964). Por isso, eventualmente cabe *decisão homologatória parcial* (NCPC, art. 961, § 2º).

Inova o NCPC ao prever que também a **decisão interlocutória estrangeira** pode ser homologada, via carga rogatória (NCPC, art. 960, § 1º) – inclusive a que concede medida de urgência (NCPC, art. 962). Também há previsão de homologação de **decisão arbitral estrangeira** (NCPC, art. 960, § 3º).

A decisão estrangeira de **divórcio consensual não precisa ser homologada no STJ**, cabendo a *qualquer juiz apreciar a validade da decisão estrangeira*, quando o tema por submetido perante o Judiciário brasileiro (NCPC, art. 961, §§ 5º e 6º).

São **requisitos** para a homologação da decisão estrangeira (NCPC, art. 963):

I – ser proferida por *autoridade competente*;

II – ser *precedida de citação regular*, ainda que verificada a revelia;

III – ser *eficaz no país em que foi proferida*;

IV – *não ofender a coisa julgada brasileira*;

V – estar acompanhada de *tradução oficial*, salvo disposição que a dispense prevista em tratado;

VI – não conter manifesta *ofensa à ordem pública*.

(iv) incidente de resolução de demandas repetitivas (IRDR – NCPC, art. 976): trata-se de uma das principais inovações do NCPC, busca a *racionalidade e igualdade na apreciação de processos de massa, em que se debata o mesmo tema repetitivo*. Assim, busca maior agilidade e rapidez em causas repetitivas.

O **IRDR será instaurado** quando houver, simultaneamente (NCPC, art. 976): I – efetiva *repetição de processos* que contenham *controvérsia sobre a mesma questão unicamente de direito*; II – *risco* de ofensa à *isonomia e à segurança jurídica*.

Não será cabível o IRDR quando um dos tribunais superiores (STF ou STJ), no âmbito de sua respectiva competência, *já tiver afetado recurso repetitivo* para definição de tese sobre questão de direito material ou processual repetitiva (NCPC, art. 976, § 4º).

Admitido o incidente, o relator (NCPC, art. 982):

I – *suspenderá os processos pendentes, individuais ou coletivos*, que tramitam no Estado ou na região, conforme o caso;

II – poderá *requisitar informações* a órgãos em cujo juízo tramita processo no qual se discute o objeto do incidente, que as prestarão em 15 dias;

III – intimará o *MP* para, querendo, manifestar-se em até 15 dias.

O relator *ouvirá partes e interessados*, que no prazo comum de 15 dias, poderão requerer juntada de documentos e diligências necessárias para a elucidação da questão de direito controvertida (NCPC, art. 983).

O julgamento, realizado perante o órgão previsto no regimento interno como responsável pela uniformização de jurisprudência do tribunal, deverá **ocorrer em até um ano** (NCPC, arts. 978 a 980). **Se não for julgado em até 1 ano**, *cessa a suspensão dos demais processos* – salvo se o relator decidir em sentido contrário (NCPC, art. 980, parágrafo único).

Julgado o incidente, a tese jurídica será aplicada (NCPC, art. 985):

I – a *todos os processos* individuais ou coletivos que versem sobre *idêntica questão de direito* e que tramitem *na área de jurisdição do tribunal*, inclusive àqueles que tramitem nos *juizados especiais* do respectivo Estado ou região;

II – aos *casos futuros que versem idêntica questão de direito* e que venham a tramitar no território de competência do tribunal, salvo hipótese de revisão.

Não observada a tese adotada no IRDR, além do recurso cabível, será possível o uso de *reclamação* (NCPC, art. 985, § 1º).

Do julgamento do mérito do incidente *caberá recurso extraordinário ou especial* (NCPC, art. 987), que será recebido no efeito suspensivo, sendo presumida a repercussão geral para o RE (NCPC, art. 987, § 1º). Da decisão do IRDR será admitido *recurso do amicus curiae* (NCPC, art. 138, § 3º).

Apreciado o **mérito do recurso por tribunal superior**, a tese jurídica adotada será *aplicada em todo o território nacional a todos os processos* individuais ou coletivos que versem sobre idêntica questão de direito (NCPC, art. 987, § 2º).

(v) incidente de assunção de competência (IAC – NCPC, art. 947): novidade no sistema, este incidente é cabível quando o julgamento de recurso, de remessa necessária ou de processo de competência originária envolver *relevante questão de direito, com grande repercussão social, sem repetição em múltiplos processos* (art. 947).

Ou seja, o órgão para fixação de jurisprudência do tribunal avocará o julgamento de determinado recurso, tal qual ocorre com o IRDR, mas sem se tratar de questão de massa. Vale pensar em uma situação que cause grande repercussão e que seria originariamente julgada por uma câmara ou turma, mas que se entenda conveniente já ser julgada por um órgão do tribunal composto por mais magistrados. Como exemplo, uma ação civil pública ambiental que envolva uma obra necessária para mitigar a falta de água; pela relevância, poderia ser submetido ao incidente de assunção.

O relator proporá, de ofício ou a requerimento, que seja o recurso, a remessa necessária ou o processo de competência originária julgado pelo órgão colegiado que o regimento indicar. Reconhecido o interesse público, o órgão colegiado apreciará o incidente e o acórdão proferido vinculará todos os juízes e órgãos fracionários (§ 3º). Aplica-se o IAC quando ocorrer *relevante questão de direito* a respeito da qual seja *conveniente a prevenção ou a composição de divergência* entre câmaras ou turmas do tribunal (§ 4º).

O debate que poderá surgir é se o IAC importaria na violação do juiz natural, pois poderia haver, desde logo, o julgamento por parte de um determinado órgão que já se sabe, de antemão, a composição (especialmente se for o órgão especial ou corte especial o responsável regimental pelo julgamento).

(vi) reclamação (NCPC, art. 988): trata-se de *ação*, não de recurso, que ganha relevo no âmbito do NCPC. Já é prevista em diversos outros diplomas, como a Lei 8.038/1990, art. 13 e ss. com a finalidade de preservar a autoridade de tribunal.

O NCPC, a reclamação é o meio cabível para (art. 988):

I – *preservar a competência* do tribunal;

II – garantir a *autoridade das decisões* do tribunal;

III – garantir a *observância de decisão do STF* em controle concentrado de constitucionalidade e súmula vinculante;

IV – garantir a *observância de acórdão proferido em julgamento de IRDR* ou em incidente de *assunção de competência*.

Ou seja, será **possível utilizar a reclamação**, para qualquer tribunal (intermediário ou superior):

a) se a *competência ou decisão* de tribunal não for observada;

b) se a decisão de *ADIN, ADC, ADPF, súmula vinculante, IRDR e IAC* não forem observadas;

c) se a decisão proferida em *RE ou REsp repetitivo não for observada (não há expressa menção aos repetitivos nos incisos do art. 988 do NCPC, mas pela interpretação sistemática assim se conclui).*

Por sua vez, **não será admitida a reclamação** (NCPC, art. 988, § 5º):

a) proposta *após o trânsito em julgado* da decisão reclamada (de modo que, além da reclamação, *deverá ser utilizado o recurso cabível*);

b) proposta para garantir a *observância de acórdão de recurso extraordinário com repercussão geral* reconhecida ou de acórdão proferido em *RE ou REsp repetitivos*, quando **não esgotadas as instâncias ordinárias**.

A restrição mencionada em b) foi **incluída pela Lei 13.256/2016**. *Assim, na redação original do NCPC, se um juiz de 1º grau não observasse o precedente fixado em repetitivo, já caberia apelação (para o Tribunal intermediário) e reclamação (para o STJ). Com a redação final,* **somente após a prolação do acórdão pelo tribunal** *é que será possível o uso da reclamação – em conjunto, portanto, com o RE ou REsp.*

Ao **despachar a reclamação**, o relator (NCPC, art. 989):

I – *requisitará informações* da autoridade a quem for imputada a prática do ato impugnado, que as prestará em 10 dias;

II – se necessário, *ordenará a suspensão do processo* ou do ato impugnado para evitar dano irreparável;

III – determinará a *citação do beneficiário da decisão impugnada*, que terá prazo de 15 dias para apresentar sua *contestação*.

Ao final, julgando **procedente a reclamação**, o tribunal *cassará a decisão exorbitante* de seu julgado ou *determinará medida adequada à solução da controvérsia* (NCPC, art. 992).

5.1.2. Finalidade dos recursos

Como já visto, o recurso impugna a decisão judicial e três são as possíveis finalidades de um recurso: invalidação, reforma e integração.

a) invalidação ou **anulação da decisão**: *caso a decisão impugnada não tenha observado a forma processual prevista para determinado ato, deverá ser anulada.* Portanto, a decisão será retirada do mundo jurídico e haverá a repetição do ato anulado pelo juiz de origem.

Assim, a decisão será viciada em virtude de um erro procedimental (*error in procedendo*), defeito de forma que macula a sua validade. O vício de forma ocorre porque uma norma de natureza processual não foi observada (como, por exemplo, a manifestação do MP quando uma das partes for menor).

b) reforma da decisão: *caso a decisão impugnada não tenha aplicado a correta solução para lide, deverá ser reformada.* Isto é, o Tribunal já proferirá uma decisão que substituirá a anterior.

Assim, a decisão será viciada não em relação à forma, mas sim quanto ao conteúdo, ao mérito, à lide, ou seja, houve um erro de julgamento (*error in judicando*). Em tal situação, o Tribunal reformará a decisão;

c) integração da decisão: *caso a decisão impugnada seja obscura, contraditória ou omissa cabem esclarecimentos ou complementos – ou seja, a integração da decisão.*

Neste caso, o próprio órgão prolator da decisão (e não um órgão superior) é que irá complementá-la. Os embargos de declaração são o recurso típico para a integração de uma decisão.

Além disso, o NCPC destaca também outra função dos recursos: a de **uniformização da jurisprudência**. Nesse sentido, os arts. 926 e 927 são relevantes para buscar uma *valorização e vinculação da jurisprudência aos precedentes*.

Nesse sentido, os tribunais deverão dar *publicidade aos seus precedentes*, organizando-os por questão jurídica decidida e divulgando-os, preferencialmente, na rede mundial de computadores (NCPC, art. 927, § 5º).

Os tribunais devem **uniformizar sua jurisprudência** e mantê-la *estável, íntegra e coerente* (NCPC, art. 926).

Para tanto, juízes e tribunais *observarão* (NCPC, art. 927):

I – as decisões do STF em *controle concentrado* de constitucionalidade;

II – os enunciados de *súmula vinculante*;

III – os acórdãos em *incidente de assunção de competência* ou de *resolução de demandas repetitivas* e em julgamento de *recursos extraordinário e especial repetitivos*;

IV – os enunciados das *súmulas do STF* em matéria constitucional e do *STJ* em matéria infraconstitucional; (ou seja, todas as súmulas, agora, deverão ser observadas)

V – a orientação do *plenário ou do órgão especial* aos quais estiverem vinculados.

Considera-se **julgamento de casos repetitivos**, que poderão enfrentar questões de direito *material ou processual*, a decisão proferida em (NCPC, art. 928:

I – incidente de resolução de demandas repetitivas (*IRDR*);

II – recursos *especial e extraordinário repetitivos*.

A **alteração de tese jurídica** adotada em enunciado de súmula ou em julgamento de casos repetitivos poderá ser *precedida de audiências públicas* e da participação de pessoas, órgãos ou entidades que possam contribuir para a rediscussão da tese (art. 927, § 2º). E, caso haja mudança da orientação jurisprudencial, os tribunais superiores poderão *modular os efeitos da alteração*, considerando razões de interesse social ou segurança jurídica (NCPC, art. 927, § 3º) – ou seja, mudar a jurisprudência, mas apenas a partir determinado momento. A mudança de jurisprudência observará a *necessidade de fundamentação adequada e específica*, considerando os princípios da segurança jurídica, da proteção da confiança e da isonomia (art. 927, § 4º).

5.1.3. Enumeração dos recursos existentes no processo civil brasileiro

São recursos no processo civil (NCPC, art. 994):

I – apelação (NCPC, art. 1.009);

II – agravo de instrumento (NCPC, art. 1.015);

III – agravo interno (NCPC, art. 1.021);

IV – embargos de declaração (NCPC, art. 1.022);

V – recurso ordinário constitucional (ROC – NCPC, art. 1.027, e CF, art. 102, II, e 105, II);

VI – recurso especial (REsp – NCPC, art. 1.029, e CF, art. 105, III);

VII – recurso extraordinário (RE – NCPC, art. 1.029, e CF, art. 102, III);

VIII – agravo em recurso especial ou extraordinário (NCPC, art. 1.042);

IX – embargos de divergência (NCPC, art. 1.043).

Além destes, há ainda a modalidade de **recurso adesivo** para alguns dos acima arrolados (NCPC, art. 997, § 1º):

✓ apelação adesiva;

✓ RE adesivo;

✓ REsp adesivo.

Por fim, é de se destacar que existem algumas distinções em relação ao JEC (*vide* último item deste capítulo 5).

5.1.4. *Cabimento de cada recurso*

Para cada espécie de decisão judicial a lei processual prevê um determinado recurso. E apenas um recurso. Este é **princípio da unirrecorribilidade ou unicidade**: *para cada decisão só cabe um tipo de recurso.*

Assim, não é possível, ao mesmo tempo, para uma mesma decisão e com a mesma finalidade, utilizar-se de apelação e agravo.

Para saber o cabimento de cada recurso, a regra mais fácil é analisar a natureza da decisão: *conforme a natureza da decisão impugnada, determina-se o recurso cabível.*

Para tanto, é necessário que se saiba quais são as possíveis decisões que o Poder Judiciário pode proferir. E isso é variável conforme o grau de jurisdição.

O sistema processual diferencia as decisões proferidas por um juiz de 1º grau das decisões proferidas no âmbito dos Tribunais intermediários – seja Tribunal de Justiça (TJ – Justiça Estadual), Tribunal Regional Federal (TRF – Justiça Federal) ou Tribunais Superiores (STJ e STF).

Em 1º grau de jurisdição, *três são as possíveis decisões de um juiz* (NCPC, art. 203):

a) sentença (§ 1º): *decisão que põe fim à fase de conhecimento em 1º grau de jurisdição, resolvendo o mérito* (NCPC, art. 487) *ou não* (NCPC, art. 485);

b) decisão interlocutória (§ 2º): *decisão que soluciona questão incidente, mas não põe fim ao processo – ou seja, que não é sentença*; e

c) despacho (§ 3º): *decisão que simplesmente dá andamento ao processo, sem ser dotada de efetivo caráter decisório por não resolver qualquer ponto controvertido – ou seja, o que não é sentença nem interlocutória.*

A partir da identificação das decisões, fica mais simples compreender o cabimento dos recursos:

✓ da *sentença* cabe *apelação* (NCPC, art. 1.009);

✓ da *decisão interlocutória*, cabe *agravo de instrumento* (NCPC, art. 1.015 – agravo retido deixa de existir);

✓ do *despacho* não cabe recurso, trata-se, portanto, de *decisão irrecorrível* (NCPC, art. 1.001).

Destaca se que esta apresentação é apenas uma visão geral, já que o estudo de cada recurso, individualmente, será feito adiante.

No âmbito dos Tribunais, *duas são as possíveis decisões de um desembargador (TJ ou TRF) ou Ministro (STJ ou STF):*

d) acórdão: *decisão colegiada, proferida por três ou mais julgadores* (NCPC, art. 204);

e) decisão monocrática: *decisão proferida por apenas um julgador (relator), possível em hipóteses específicas* (NCPC, art. 932, III, IV e V).

É certo que o relator poderá proferir decisões monocráticas sem efetiva carga decisória ("despacho"). Porém, a lei não traz essa previsão legal em relação aos atos proferidos nos Tribunais. Assim, a rigor técnico, temos apenas em decisão monocrática e acórdão no âmbito dos Tribunais.

Quando um recurso é distribuído ao Tribunal, é sorteado um **relator**, *julgador que será o responsável pela elaboração do relatório e, na sessão de julgamento, lerá aos demais julgadores o seu relatório e voto.* Assim, é a figura central no julgamento colegiado.

Deixa de existir o revisor, magistrado que, no sistema anterior, após o estudo do caso pelo relator, também analisava o processo. Assim, além do relator, em um tribunal intermediário, *outros dois magistrados também votarão*, mas sem acesso prévio aos autos (salvo pedido de vista): o **segundo** e o **terceiro** magistrados.

Na redação original do NCPC, seria possível o julgamento de recursos (e processos de competência originária) que não admitem sustentação oral por meio eletrônico, ou seja, de forma colegiada mas sem passar por sessão pública de julgamento. Porém, o dispositivo (art. 945) foi **revogado** pela Lei 13.256/2016.

Quando o recurso tiver *clara falha processual* ou quando a *matéria já estiver pacificada, poderá o relator julgar sem a participação dos pares*: esta é a **decisão monocrática**. 3 são os possíveis resultados do julgamento monocrático:

✓ **não conhecer** do recurso inadmissível, prejudicado ou que não tenha impugnado os fundamentos da decisão recorrida (NCPC, art. 932, III);

✓ **conhecer e negar provimento** ao recurso que for contrário à jurisprudência dominante (NCPC, art. 932, IV);

✓ **conhecer e dar provimento** ao recurso, após a possibilidade de contrarrazões, se a decisão recorrida for contrária a jurisprudência dominante (NCPC, art. 932, V).

Pela redação do art. 932, IV e V, *somente será possível o julgamento monocrático de mérito* se houver (i) *súmula* do STF, STF ou tribunal local (portanto, seja súmula vinculante do STF ou não); (ii) acórdão dos tribunais superiores em *RE ou REsp repetitivos* e (iii) decisão em incidente de resolução de demandas repetitivas ou incidente de assunção de competência (*IRDR ou IAC*). No sistema anterior, para o julgamento monocrático bastava *jurisprudência dominante*, a critério do relator. Assim, pelo texto legal, houve **diminuição da possibilidade de julgamento monocrático** – resta verificar como isso ocorrerá na prática (se será observada a redução ou se os tribunais irão alargar a interpretação do dispositivo).

Diferenciado um acórdão de uma decisão monocrática, novamente fica mais simples a compreensão dos recursos cabíveis:

(i) de *decisões monocráticas* cabe:

✓ *agravo interno* – no sistema anterior também conhecido por "legal" ou "regimental" (NCPC, art. 1.021);

✓ *agravo em recurso especial e em recurso extraordinário* (NCPC, art. 1.042, com cabimento restrito).

Lembrando que, no caso de decisão monocrática sem carga decisória ("despacho"), não haverá interesse recursal para impugnar essa decisão;

(ii) de *acórdãos* cabem *os demais recursos* (ou seja, que *não são cabíveis de decisão de 1º grau ou de monocrática)*:

✓ Recurso ordinário (ROC – NCPC, art. 1.027);

✓ Recurso especial (REsp – NCPC, art. 1.029);

✓ Recurso extraordinário (RE – NCPC, art. 1.029); e

✓ Embargos de divergência (NCPC, art. 1.043).

Reitera-se que aqui apenas se traz uma visão geral, já que o estudo de cada recurso, individualmente, será feito adiante.

Além disso, há recurso **cabível de qualquer ato judicial com carga decisória**: *embargos de declaração* (NCPC, art. 1.022 – obscuridade, omissão, contradição e erro material).

5.1.4.1. *Síntese do cabimento dos recursos no processo civil*

De modo a sintetizar o cabimento de cada um dos recursos, tal qual acima indicado, cabe apresentar um quadro:

Grau de jurisdição	**Decisão**	**Recurso cabível**
1º grau	Sentença	– Apelação
1º grau	Decisão interlocutória	– Agravo de instrumento
1º grau	Despacho	– Irrecorrível
2º grau ou grau Superior	Decisão monocrática	– Agravo interno – Agravo em REsp e em RE
2º grau ou grau Superior	Acórdão	– REsp – RE – ROC – Embargos de divergência
* Todos	* Qualquer uma com carga decisória (menos despacho)	* Embargos de declaração

Como é possível perceber, os *embargos de declaração* assumem uma *função distinta* no sistema recursal: como servem para *esclarecer* uma decisão, podem ser utilizados para *qualquer tipo delas*.

Mas não cabe de uma sentença, ao mesmo tempo, apelação e embargos de declaração. Inicialmente a parte deverá ingressar com embargos de declaração e, depois, se ainda houver necessidade, ingressará com a apelação. Trata-se do princípio da unirrecorribilidade, como já visto.

E o cabimento de cada recurso é bem especificado na legislação processual. Assim, salvo algumas poucas situações, não há dúvida a respeito de qual o recurso cabível. Daí não ser positivado, em nosso país, o **princípio da fungibilidade recursal** – que *é a possibilidade do recebimento de um recurso por outro, quando houver dúvida objetiva a respeito de qual é o recurso cabível para determinada situação*.

Reitere-se: tal princípio *não está previsto na lei* e somente é admitido pela jurisprudência em pouquíssimas situações, nas quais haja divergência a respeito do recurso cabível, na doutrina e na jurisprudência. Apesar de não positivar a fungibilidade como princípio, o NCPC prevê ao menos 3 situações de *recebimento de um recurso pelo outro* (sem, contudo, mencionar o termo fungibilidade): (i) embargos de declaração recebidos como agravo interno (art. 1.024, § 3º), (ii) recurso especial recebido como extraordinário (art. 1.032) e (iii) recurso extraordinário recebido como especial (art. 1.033).

Uma situação que ainda provoca erros no cotidiano forense e no exame da OAB – mas que *não* permite o uso da fungibilidade, já que pacificada na jurisprudência e na doutrina – é a *exclusão de um litisconsorte do processo*: se "A" ingressa em juízo em face de "B" e "C" e o juiz exclui "C" da relação processual, alegando ser ele parte ilegítima, qual a natureza da decisão? Sentença ou interlocutória? E qual o recurso cabível? Apelação ou agravo?

Conforme firme jurisprudência, como o processo prossegue entre "A" e "B", não houve extinção. Assim, é cabível o *agravo* (STJ, AgRg no REsp 1.204.587/MG, *DJe* 04.02.2011). Corroborando esse entendimento, o art. 1.015, VII, do NCPC destaca caber *agravo de instrumento* da decisão que *exclui litisconsorte*.

5.1.4.2. *Cabimento do recurso adesivo*

O recurso pode ser interposto na sua modalidade principal ou, quando cabível, na sua modalidade adesiva. Nos termos do art. 997, § 2º, II, do NCPC, cabe o recurso adesivo para a apelação, REsp e RE.

O **recurso principal** *é aquele interposto pela parte no prazo previsto, sem se preocupar com a conduta da parte contrária*. Não havendo o total acolhimento do que foi pleiteado (ou seja, sucumbência), *cada parte pode interpor seu recurso de forma independente*.

Já o **recurso adesivo** *é aquele interposto fora do prazo originalmente previsto; se "A" recorreu de forma principal, mas "B" não, este terá uma segunda chance: no prazo das contrarrazões poderá interpor recurso adesivo*. Só cabe em caso de *sucumbência recíproca* (ou seja, cada parte perdeu um pouco).

Para bem entender o recurso adesivo, é necessária a compreensão do **princípio da vedação da *reformatio in pejus***, ou seja, *vedação da reforma para pior em desfavor do recorrente, no âmbito de apenas um recurso por ele interposto*. Assim, em regra, o Tribunal não pode, ao apreciar o recurso interposto por "A" (sendo que "B" não recorreu), piorar sua situação. Assim, *se apenas uma das partes recorreu, sua situação ou é melhorada ou é mantida*. A vedação da *reformatio in pejus* decorre do princípio da inércia. Contudo, a jurisprudência afirma que, caso se trate de *matéria de ordem pública, será possível ao Tribunal analisar a questão*, sem que isso importe em *reformatio in pejus* (STJ, EDcl nos EDcl no REsp 998.935/DF, 3.ª T., *DJe* 04.03.2011).

Para ilustrar o exposto, vale um exemplo: "A" ingressa em juízo pleiteando indenização por danos materiais de R$ 10 mil. O juiz concede R$ 5 mil a título de danos. Podem autor e réu apelar de forma autônoma (porque ambos sucumbiram, ainda que parcialmente – NCPC, art. 997). Mas, se somente "A" apelar pleiteando a majoração da indenização, o Tribunal somente poderá manter em R$ 5 mil ou aumentar a condenação – nunca diminuir (*reformatio in pejus*). *Contudo*, se no prazo de resposta da apelação "B" apresentar *apelação adesiva* (em peça apartada à das contrarrazões – NCPC, art. 997, § 1º), *poderá o Tribunal também diminuir a indenização.*

É importante destacar que a admissibilidade do recurso adesivo vincula-se à do recurso principal. Ou seja: se o principal não for conhecido por intempestividade ou houver a desistência do recurso, também não será conhecido o recurso adesivo (NCPC, art. 997, § 2º, III).

5.1.5. Juízo de admissibilidade e juízo de mérito

O recurso pode ser objeto de duas análises: inicialmente, uma análise da *admissibilidade recursal* e, se esta for positiva, passa-se à análise do *mérito recursal*.

No **juízo de admissibilidade** *será verificado se estão presentes os requisitos formais para que o recurso seja analisado* (requisitos de admissibilidade, semelhante à verificação das condições da ação e pressupostos processuais em 1º grau).

Se tais requisitos estiverem *ausentes*, o recurso **não será conhecido** ou *não será admitido*.

Por outro lado, uma vez *presentes os requisitos*, então o recurso **será conhecido** ou *admitido*.

Somente se conhecido o recurso passa-se à próxima fase, que é o **juízo de mérito**, ou seja, *a efetiva análise da impugnação realizada pelo recorrente em seu recurso*.

No mérito recursal é que haverá a análise dos erros da decisão impugnada, isto é, do *error in procedendo* (erro no processamento) e/ou do *error in judicando* (erro no julgamento).

O resultado do juízo de mérito pode ser pelo **provimento** ou **não provimento** do recurso.

Em *síntese*: inicialmente há o *conhecimento* (admissão) do recurso para que depois seja analisado o mérito (objeto) recursal, com o *provimento* ou *não provimento*. Assim, a ausência dos pressupostos ou requisitos de admissibilidade leva ao *não conhecimento* ou à *não admissão* do recurso – e, se isso ocorrer, *não* se fala em provimento ou desprovimento.

5.1.5.1. Requisitos de admissibilidade recursal

Há grande divergência na doutrina a respeito da classificação dos requisitos de admissibilidade recursal – mas, pelo foco desta obra, não é viável a análise das diversas classificações. Uma das mais aceitas (e já perguntada em *provas da OAB elaboradas pela FGV*) é a divisão dos requisitos de admissibilidade em *intrínsecos e extrínsecos*. Assim, será esta a classificação aqui apresentada.

Os **requisitos intrínsecos** (ou **pressupostos intrínsecos**) *se referem à própria decisão impugnada*. Ou seja, são *verificados considerando-se conteúdo e forma de uma decisão judicial*. Há de se analisar a decisão judicial para apurar esses requisitos. Três são os requisitos intrínsecos: *cabimento, legitimidade recursal* e *interesse recursal*.

Por outro lado, os **requisitos extrínsecos** (ou **pressupostos extrínsecos**) *se referem a fatores externos à decisão judicial impugnada*. Assim, *para sua verificação, não se leva em conta a decisão em si*. Os requisitos extrínsecos são os seguintes: *tempestividade, preparo, regularidade formal* e *inexistência de fato impeditivo ao direito de recorrer*.

Do acima exposto, percebe-se que são sete os requisitos de admissibilidade. Na sequência, haverá a análise de cada um deles.

(i) cabimento: *o recurso interposto deverá ser aquele previsto na lei para a impugnação do tipo de decisão atacada*. É o que já foi exposto no item 5.1.4.1 acima.

Se for interposto agravo de uma sentença, o recurso não será conhecido por não ser o cabível.

Traçando um paralelo com as condições da ação, este requisito pode ser entendido como a *possibilidade jurídica* de interposição do recurso conforme a decisão.

(ii) legitimidade para recorrer: *o recurso somente poderá ser interposto por quem tem legitimidade recursal, ou seja, partes, MP e terceiro prejudicado* (NCPC, art. 996).

O MP pode recorrer seja na condição de parte, seja como fiscal da lei. O terceiro prejudicado, quando afetado por uma decisão, pode recorrer: trata-se de intervenção de terceiros na fase recursal.

Se o filho do autor ingressar com recurso para impugnar uma decisão, o recurso não será conhecido por ausência de legitimidade para recorrer.

Traçando um paralelo com as condições da ação, este requisito pode ser entendido como a *legitimidade de parte na esfera recursal*.

(iii) interesse em recorrer: *o recorrente só tem necessidade na interposição do recurso quando houver perdido (ou seja, quando houver sucumbência)*.

Há sucumbência ainda que a parte tenha decaído de mínima parte do pedido. Assim, se o autor pediu 100 e recebeu 99,99, há sucumbência e, portanto, interesse recursal.

Logo, se o pedido foi julgado totalmente improcedente e o réu recorrer, o recurso não será conhecido por falta de interesse recursal – já que não houve qualquer sucumbência de sua parte, salvo se não tiver ocorrido condenação dos honorários e custas em favor do réu (mas aí haverá sucumbência).

Traçando um paralelo com as condições da ação, este requisito pode ser entendido como o *interesse de agir na esfera recursal*.

(iv) tempestividade: *interposição do recurso no prazo fixado em lei*. Será considerado intempestivo o recurso interposto fora do prazo previsto na legislação processual.

Há situações em que o prazo recursal é em dobro:

✓ para o MP, Fazenda Pública e Defensoria (NCPC, arts. 180, 183 e 186);

✓ para os litisconsortes com advogados distintos (NCPC, art. 229).

Se houver interposição de agravo no prazo de 20 dias, o recurso não será conhecido pela intempestividade – salvo se estivermos diante de alguma das hipóteses acima indicadas.

Em regra, os recursos no NCPC terão **prazo de 15 dias**; como *exceção, os embargos de declaração*, cujo prazo é de 5 dias (NCPC, art. 1.003, § 5º).

Quanto ao recurso remetido pelo correio, será considerada como data de interposição a *data da postagem* (NCPC, art. 1.003, § 4º).

Compete ao *recorrente* demonstrar, no *ato da interposição do recurso*, a ocorrência de feriado local (NCPC, art. 1.003, § 6º).

É tempestivo o *recurso interposto antes da publicação da decisão* judicial impugnada (NCPC, art. 218, § 4º).

(v) preparo: *a interposição de alguns recursos depende do pagamento de custas e porte de remessa e retorno (custo do correio), sob pena de deserção.*

Em processo eletrônico, não há porte de remessa e retorno (NCPC, art. 1007, § 3º).

Se houver recolhimento *a menor*, cabe a complementação do preparo, no prazo de 5 dias; se mesmo após a concessão de prazo não houver o complemento, então o recurso será deserto (NCPC, art. 1.007, § 2º).

Se não houver *nenhum recolhimento*, haverá a possibilidade de pagamento do preparo e porte, *em dobro*, sob pena de não será conhecido pela deserção (inovação do NCPC, art. 1.007, § 4º). Contudo, nesse caso do pagamento em dobro, não será possível a complementação do preparo (NCPC, art. 1.007, § 5º).

Caso haja erro no preenchimento da guia de custas, não poderá se falar em deserção, devendo o relator intimar o recorrente para sanar o vício, em 5 dias (NCPC, art. 1.007, § 7º).

(vi) inexistência de fato impeditivo ao direito de recorrer: este requisito, diferentemente dos demais, é negativo – assim, *se houver algum fato impeditivo, o recurso não será conhecido.*

Existem três fatos impeditivos:

a) desistência: *uma vez interposto, pode a parte, a qualquer momento e sem a concordância da parte contrária, desistir do recurso* (NCPC, art. 998). Havendo a desistência, prevalecerá a decisão que foi impugnada pelo recurso que posteriormente foi objeto da desistência.

Contudo, a desistência não impede a análise da *questão que já tenha sido reconhecida para julgamento via REsp ou RE repetitivos* **(NCPC, art. 998, parágrafo único).**

b) renúncia: *antes da interposição do recurso, podem as partes (ou uma das partes) renunciar ao direto de recorrer, também sem a necessidade de concordância da parte contrária* (NCPC, art. 999).

A diferença entre a renúncia e a desistência é que, na primeira, ainda não houve a interposição do recurso; na segunda, isso já ocorreu.

c) aquiescência (concordância): *a concordância decorre de um ato incompatível com a vontade de recorrer* (NCPC, art. 1.000). Pode ser expressa ou tácita.

Se, ao ser prolatada uma sentença condenatória, o réu prontamente realizar o pagamento, isso significa concordância com a decisão. Assim, se posteriormente vier a ser interposto recurso, *não será conhecido pela aquiescência.*

Se, após a prolação de uma sentença, o autor apresentar petição afirmando que abre mão do direito de recorrer e, posteriormente, interpuser apelação, *o recurso não será conhecido pela renúncia.*

Se, após a prolação de uma sentença e interposição da apelação, a parte recorrente peticionar afirmando que não mais quer a análise do recurso, *este não será conhecido pela desistência.*

(vii) regularidade formal: *este é um requisito de admissibilidade que não se insere em nenhum dos outros antes expostos e que se refere a aspectos formais envolvendo os recursos.* Existem requisitos gerais, iguais para todos os recursos, bem como requisitos específicos, variando conforme os recursos.

Como exemplos de requisitos gerais, a apresentação do recurso em petição escrita, em português, assinada pelo advogado, além da existência de impugnação que tenha relação com a decisão recorrida. Como exemplo de requisitos específicos, a juntada das cópias necessárias para instruir o agravo de instrumento.

Assim, se um agravo de instrumento for interposto sem as peças necessárias, o recurso não será conhecido por falta de regularidade formal.

A regularidade formal diz respeito aos requisitos formais que não se inserem em nenhum dos outros requisitos de admissibilidade acima expostos.

No CPC/1973, *em regra, havia preclusão consumativa* quanto aos requisitos de admissibilidade: ou seja, se a parte interpusesse o recurso sem determinado requisito, em regra, não seria possível a correção da falha e o recurso não seria conhecido.

Há importante alteração nesse ponto no NCPC. Pelo art. 938, § 1º, **constatada a ocorrência de vício sanável**, inclusive que possa ser conhecido de ofício, o relator determinará a *correção da falha*, no próprio tribunal ou em 1º grau. O NCPC não explicita o que seria o *vício sanável*, mas uma interpretação sistemática e pautada no acesso à justiça leva à conclusão de que, considerando os 7 requisitos de admissibilidade acima expostos, somente a intempestividade e existência de fato impeditivo ao direito de recorrer não poderiam ser sanados.

5.1.6. *Efeitos da interposição dos recursos*

Uma vez interposto o recurso e recebido pelo magistrado, este indicará em quais *efeitos o recurso será recebido.*

Os *dois principais efeitos* são o devolutivo e o suspensivo. Mas parte da doutrina aponta a existência de outros requisitos – e aqui apresentaremos o que já foi objeto de pergunta em exames anteriores da OAB.

a) efeito suspensivo: *impede que a decisão judicial surta seus efeitos imediatamente.* Portanto, apesar da prolação de uma decisão judicial a favor de uma das partes, o efeito suspensivo impede que os efeitos de tal decisão sejam desde logo observados. Assim, se uma sentença condena o réu a pagar R$ 10 mil e há interposição da apelação, o efeito suspensivo impede a efetiva execução da quantia.

Como *regra*, os recursos **não possuem efeito suspensivo**, não impedindo a eficácia da decisão (NCPC, art. 995). Contudo, sempre será possível pleitear ao relator a atribuição de efeito suspensivo, se (i) houver risco de dano grave e (ii) ficar demonstrada a probabilidade de provimento do recurso (NCPC, art. 995, parágrafo único).

b) efeito devolutivo: *é a possibilidade de nova discussão da matéria impugnada por parte do Poder Judiciário* (a "devolução" não é ao mesmo juiz que prolatou a decisão recorrida, mas sim ao Judiciário).

Como se pode concluir, todos os recursos são dotados de efeito devolutivo.

A regra do efeito devolutivo é que o Tribunal somente irá apreciar o que foi objeto de apelação. Assim, se houve sentença condenando a pagar danos morais e materiais e o réu somente apela dos danos morais, usualmente o Tribunal somente apreciará a questão dos danos morais – até por força do princípio da vedação da *reformatio in pejus*, como já visto.

Contudo, tratando-se de matérias que o juiz pode conhecer *de ofício*, será possível a *atuação do Tribunal mesmo sem provocação da parte*. Como exemplo, as condições da ação. Portanto, na hipótese acima, mesmo que a apelação apenas trate dos danos morais, se o desembargador entender que alguma parte é legítima, poderá assim concluir, extinguindo o processo;

c) efeito translativo: como visto acima, a base do efeito devolutivo é o princípio dispositivo. O Tribunal só aprecia o que a parte impugnar no recurso. Porém, por vezes o Tribunal pode ir além (como no exemplo acima, exatamente por força de matérias que podem ser conhecidas de ofício pelo Tribunal).

Para alguns autores, como Nelson Nery Jr., esse seria o **efeito translativo** do recurso, ou seja, *a possibilidade de que o Tribunal aprecie algumas questões não apresentadas na impugnação da parte*;

d) efeito expansivo: o mesmo autor indicado no trecho anterior reconhece também a existência do **efeito expansivo** do recurso, o que significa dizer que, por vezes, *a apreciação do recurso pode acarretar uma decisão mais abrangente que seu próprio objeto*. Como exemplo, o fato de o recurso de um dos litisconsortes unitários, uma vez provido, aproveitar ao outro litisconsorte (NCPC, art. 1.005).

Tanto o *efeito translativo* como o *efeito expansivo* podem ser interpretados como *variações do efeito devolutivo*. Porém, como já exposto, por vezes o Exame da OAB menciona textualmente esses dois efeitos. Mas, no texto legal, não há menção a esses termos.

5.2. Recursos em espécie

5.2.1. Apelação

5.2.1.1. Cabimento

Cabe apelação de *sentença*, qualquer que seja o *procedimento*, seja *sentença definitiva* (mérito – NCPC, art. 487) ou *sentença terminativa* (sem resolução de mérito – NCPC, art. 485).

Portanto, só cabe de *decisão proferida por juiz de 1º grau*.

Da sentença proferida no JEC cabe recurso inominado (Lei 9.099/1995, art. 41).

5.2.1.2. Prazo/custas

O prazo para apelar é de *15 dias* (NCPC, art. 1.003, § 5º). Da mesma forma, é de 15 dias o prazo para responder ao recurso (contrarrazões de apelação – NCPC, art. 1.010, § 1º). *Há custas.*

5.2.1.3. Efeitos

Há, como em todos os recursos, efeito devolutivo.

Em regra, há o *efeito suspensivo* (NCPC, art. 1.012).

As *exceções*, nas quais não há o efeito suspensivo, estão previstas em lei – tanto no NCPC (art. 1.012, § 1º, incisos) como em legislação extravagante:

(i) sentença que homologa divisão ou demarcação;

(ii) sentença que condena a pagar alimentos;

(iii) sentença que extingue sem resolução de mérito ou julga improcedente os embargos à execução;

(iv) sentença que julga procedente o pedido de instituição de arbitragem;

(v) sentença que confirma, concede ou revoga a tutela provisória;

(vi) sentença que decreta a interdição;

(vii) sentenças previstas na Lei de Locação, como a que decreta o despejo (Lei 8.245/1991, art. 58, V).

Nesses casos, publicada a sentença, poderá a parte interesse pleitear o cumprimento provisório depois da publicação da sentença (NCPC, art. 1.012, § 2º), sendo que o apelante poderá formular eventual pedido de concessão de efeito suspensivo, diretamente no tribunal (§ 3º).

5.2.1.4. Processamento (interposição/julgamento)

A seguir será apresentada a tramitação de uma apelação, desde sua interposição em 1º grau até a conclusão do julgamento, no Tribunal. Vale esclarecer que o processamento da apelação é a base do processamento dos demais recursos.

5.2.1.4.1. Em 1º grau

A apelação é *interposta em 1º grau* (juízo *a quo*), em petição que deverá trazer (NCPC, art. 1.010) o nome e a qualificação das partes, exposição do fato e do direito, razões do pedido de reforma ou de decretação de nulidade (*error in judicando* e *error in procedendo*) e pedido de nova decisão.

O juiz intimará o apelado para apresentar contrarrazões e, se houver apelação adesiva, também intimará o apelante para as contrarrazões (NCPC, art. 1.010, §§ 1º e 2º).

Não haverá juízo de admissibilidade e o juiz remeterá o processo ao tribunal. Portanto, *não cabe o não conhecimento pelo juiz* de origem nem a indicação de *quais são os efeitos do recurso de apelação*.

Em regra, ao receber a apelação, *o juiz não pode reconsiderar a sentença*. Contudo, há *exceções:*

(i) tratando-se de *indeferimento da inicial* (NCPC, art. 331), ou seja, quando *houver grave vício processual na inicial, que sequer permita a emenda*;

(ii) tratando-se de qualquer extinção sem resolução de mérito (NCPC, art. 485, § 7º), portanto, a hipótese mencionada no item anterior (art. 485, I), também está inserida nesta previsão; e

(iii) tratando-se de *improcedência liminar* (NCPC, art. 332, § 3º), ou seja, quando *já houver jurisprudência pacífica contrária ao pedido do autor*.

Somente nestes casos, *poderá o juiz reconsiderar a sentença, determinando a citação do réu e o* normal prosseguimento da causa. *Caso não haja a reconsideração* por parte do juiz, os autos serão encaminhados ao Tribunal. Se ainda não tiver havido a citação do réu (sempre nos casos i e iii e às vezes no caso ii), apenas *após a citação do réu*, para apresentar contrarrazões do recurso, é que os autos irão ao Tribunal (NCPC, arts. 331, § 1º e 332, § 4º).

5.2.1.4.2. No Tribunal

Uma vez remetida a apelação ao Tribunal, será *distribuída a um relator* (desembargador que ficará responsável pela principal análise do recurso). Essa distribuição será realizada imediatamente (NCPC, art. 1.011) – ou seja, ainda que não venha a ser julgada desde logo, já se saberá quem é o relator responsável pela causa (CF, art. 93, XV).

Como já exposto, sendo a hipótese de vício processual ou de jurisprudência dominante (NCPC, art. 932), *poderá o relator decidir a apelação monocraticamente*, seja para não conhecer, seja para conhecer e dar ou negar provimento. Não sendo a hipótese de julgamento monocrático, *o relator elaborará relatório* e *voto*, para julgamento pelo órgão colegiado (NCPC, art. 1.011). Reitere-se que não mais há a necessidade de envio prévio para outro desembargador (o revisor, no sistema anterior).

Quando o recurso estiver em condições de julgamento (afirma o NCPC que será em 30 dias – art. 931), o relator enviará os autos, já com relatório, para a secretaria do tribunal. O presidente do órgão julgador designará *dia para julgamento*, devendo ser a pauta publicada no diário oficial, para ciência das partes e interessados (NCPC, art. 934). Deve haver prazo mínimo de 5 dias entre a publicação da pauta e a sessão de julgamento (NCPC, art. 935).

No dia da sessão de julgamento, a ordem será a seguinte (NCPC, art. 937):

✓ leitura do relatório pelo relator;

✓ se assim quiserem, sustentação oral dos advogados das partes (na apelação, ROC, REsp, RE, embargos de divergência, ação rescisória, MS, reclamação e agravo de instrumento interposto contra interlocutórias que versem sobre tutela provisória; portanto, **não cabe sustentação oral** no agravo interno, embargos de declaração e parte dos agravos de instrumento) – que poderá ser feita via videoconferência (§ 4º);

✓ leitura do voto do relator;

✓ voto do segundo e terceiro magistrados.

Se algum dos magistrados não estiver em condições de proferir o voto (dúvida quanto ao julgamento), poderá **pedir vista** – ou seja, *retirar de julgamento o recurso para estudo, retomando-o futuramente*.

Pelo Código, o prazo de vista é de 10 dias, após o qual o recurso será reincluído em pauta na sessão seguinte à data da inclusão (NCPC, art. 940). Poderá o relator pedir prorrogação de prazo por mais 10 dias (§ 1º). Passado esse prazo, *o presidente do órgão julgador requisitará o processo* para julgamento na próxima sessão. Se o magistrado que pediu vista ainda não se sentir habilitado a votar, o presidente convocará *substituto para proferir voto* (§ 2º). Resta verificar se, na prática forense, esse procedimento será observado ou se será ignorado nos tribunais (como ocorreu com qualquer outra tentativa de limitar prazo de vista).

Se houver voto vencido, deverá necessariamente ser declarado e considerado parte do acórdão, inclusive para fins de prequestionamento (NCPC, art. 941, § 3º). E, nesse caso, ainda que não mais existam embargos infringentes, deverá haver o prosseguimento do julgamento (NCPC, art. 942, *vide* item 5.2.10.2 infra).

Se o acórdão não for publicado no prazo de 30 dias contados da data da sessão do julgamento (e isso pode ocorrer com a demora na revisão e liberação do voto pelo relator), as notas taquigráficas do julgamento serão publicadas, independentemente de revisão, e substituirão o acórdão (NCPC, art. 944). Competira ao presidente do órgão julgador (turma, câmara, seção ou pleno / órgão especial) lavrar as "conclusões e a ementa" e mandar publicar o acórdão (NCPC, art. 944, parágrafo único).

O tribunal apreciará a matéria impugnada pela parte, na apelação (efeito devolutivo – NCPC, art. 1.013). Porém, poderá o tribunal julgar todas as questões suscitadas e discutidas no processo, ainda que não tenham sido solucionadas, *desde que relativas ao capítulo impugnado* (NCPC, art. 1.013, § 1º).

A **teoria da causa madura** é ampliada no Código. Ou seja, se o processo estiver em condições de imediato julgamento, o tribunal *deve decidir desde logo o mérito* quando (NCPC, art. 1.013, §§ 3º e 4º):

I – reformar *sentença sem resolução de mérito*;

II – decretar a *nulidade da sentença por não ser ela congruente* com os limites do pedido ou da causa de pedir (ou seja, decisão *extra ou ultra petita*);

III – constatar a *omissão no exame de um dos pedidos*, hipótese em que poderá julgá-lo (ou seja, decisão *infra petita*);

IV – decretar a *nulidade de sentença por falta de fundamentação* (portanto, se a sentença não observar a exaustiva fundamentação, a rigor, não haverá a volta ao 1º grau para nova fundamentação, mas sim o julgamento de mérito perito pelo tribunal).

V – se reformada *sentença que reconheça a decadência ou a prescrição*, o tribunal, se possível, *julgará desde logo o mérito*, sem determinar o retorno do processo ao juízo de primeiro grau.

Em relação à teoria da causa madura, a dúvida que se coloca é se essa previsão viola o princípio do duplo grau. A jurisprudência responde de forma negativa, sempre lembrando que (i) cabe recurso dessa decisão e (ii) que o princípio do duplo grau, em algumas situações, pode ser afastado.

5.2.1.5. Apelação adesiva

Conforme já exposto, cabe o recurso adesivo quando houver *sucumbência recíproca*. Assim, se a sentença for de parcial procedência, autor e réu poderão *apelar de forma autônoma*.

Mas, *se apenas uma das partes apelar de forma autônoma*, a outra pode, no prazo das contrarrazões, apresentar **apelação adesiva**. O objetivo da apelação adesiva é *tentar melhorar a situação do apelante adesivo* quando do julgamento pelo Tribunal (a qual somente poderia piorar no julgamento da apelação da outra parte, em virtude da vedação da *reformatio in pejus*).

A apelação adesiva apresenta *todos os requisitos de admissibilidade*, tal qual a apelação principal. A única distinção envolve o prazo de interposição: em vez de 15 dias contados da intimação da sentença, são 15 dias contados a partir da intimação para apresentação de contrarrazões à apelação da parte contrária – ou seja, no prazo para responder à apelação, poderá a parte interpor sua apelação adesiva.

Outra distinção entre a apelação adesiva e a autônoma diz respeito à admissibilidade. No caso de duas apelações autônomas, cada qual terá sua admissibilidade apreciada separadamente. Em outras palavras, se a apelação do autor for deserta, não será conhecida, se a apelação do réu tiver as custas recolhidas, será conhecida.

Já no caso da apelação adesiva, sua *admissibilidade dependerá da admissibilidade da apelação principal*. Ou seja, inicialmente há o juízo de admissibilidade da apelação principal e, somente se esta for conhecida, haverá o juízo de admissibilidade da apelação adesiva. É certo que, conforme a observância ou não dos requisitos de admissibilidade, *pode ser conhecida a principal e não conhecida a adesiva*.

Contudo, *o inverso não pode ocorrer*. Se por qualquer razão a *apelação principal não for conhecida, não será conhecida a apelação adesiva* (NCPC, art. 997, § 2º, III). Assim, se a apelação principal for deserta, a apelação adesiva não será conhecida – ainda que traga corretamente as custas. Outro exemplo: interpostas as apelações principal e adesiva, se o apelante principal desistir da sua apelação, nenhuma das duas apelações será processada.

5.2.2. Agravo de instrumento

No sistema anterior, além do instrumento, havia o retido, que ora deixa de existir (*vide* item 5.2.10.1 infra).

A respeito do cabimento de agravo no JEC (Lei 9.099/1995), consultar o último tópico deste capítulo.

5.2.2.1. Cabimento

Cabe agravo de instrumento de *decisão interlocutória* (NCPC, art. 203, § 2º), proferida por magistrado de 1º grau.

Contudo, inova o NCPC ao apresentar um **rol taxativo de hipóteses de cabimento** do agravo. Assim, somente caberá agravo de instrumento das decisões interlocutórias que versem sobre (NCPC, art. 1.015):

I – *tutelas provisórias*;

II – *mérito* do processo;

III – rejeição da alegação de *convenção de arbitragem*;

IV – *incidente de desconsideração da personalidade jurídica*;

V – rejeição do *pedido de gratuidade* da justiça ou acolhimento do pedido de sua revogação;

VI – *exibição ou posse de documento ou coisa*;

VII – *exclusão de litisconsorte*;

VIII – rejeição do pedido de *limitação do litisconsórcio*;

IX – admissão ou inadmissão de *intervenção de terceiros*;

X – concessão, modificação ou revogação do *efeito suspensivo aos embargos à execução*;

XI – *redistribuição do ônus da prova* nos termos do art. 373, § 1º;

XII – inciso vetado;

XIII – *outros casos* expressamente referidos em lei (como exemplos, a decisão que extingue apenas parte do processo e a decisão de julgamento antecipado parcial o mérito – respectivamente, NCPC, arts. 354, parágrafo único e 356, § 5º).

Também cabe AI contra decisões interlocutórias proferidas na *liquidação de sentença*, no *cumprimento de sentença*, na *execução* e no procedimento especial do *inventário* (NCPC, art. 1.015, parágrafo único).

Pelo NCPC, somente nessas hipóteses caberia o agravo de instrumento. Porém, existem **outras situações relevantes** (como a incompetência, especialmente a absoluta) que ficaram de fora do rol de cabimento do AI. Para esses casos, debate a doutrina *se cabível agravo de instrumento de forma ampliativa* (portanto, o rol não seria taxativo) ou se seria o uso de *mandado de segurança*. A jurisprudência definirá a questão.

5.2.2.2. Prazo/custas

O prazo para interposição do agravo de instrumento é de *15 dias* (NCPC, art. 1.003, § 5º). Da mesma forma, é de 15 dias o prazo para responder ao recurso (contraminuta ou contrarrazões de agravo de instrumento – NCPC, art. 1.019, II).

Há possibilidade de cobrança de custas e porte de retorno (NCPC, art. 1.017, § 1º), sendo que isso é regulamentado no âmbito de cada Tribunal (no âmbito da Justiça Federal, é cobrado em todas as regiões; na Justiça Estadual, a maioria dos Estados cobra). Para fins de OAB, a posição mais segura é entender pela *existência de custas de preparo*.

5.2.2.3. Efeitos

Há, como em todos os recursos, efeito devolutivo.

Em regra, não há o *efeito suspensivo*. Mas, poderá o relator, se presentes os requisitos, atribuir *efeito suspensivo ou antecipação de tutela recursal*. Apesar da omissão da lei (NCPC, art. 1.019, I) é de se entender que são os requisitos usuais da tutela provisória (boa fundamentação e perigo da demora).

Cabe o **efeito suspensivo** *se a decisão de 1º grau for positiva*, ou seja, se o juiz conceder a liminar pleiteada pelo autor, *o réu agrava de instrumento pleiteando a suspensão dos efeitos daquela decisão*.

Por sua vez, cabe a **antecipação de tutela recursal** *se a decisão de 1º grau for negativa*. Ou seja, se o juiz negar a liminar pleiteada pelo autor, *o autor agrava de instrumento pleiteando a concessão da antecipação de tutela recursal*. Seria o denominado "efeito suspensivo ativo", *terminologia não técnica*, que por vezes é utilizada no cotidiano forense e em Exames da OAB.

5.2.2.4. Processamento (interposição/julgamento)

O agravo de instrumento é interposto *diretamente no Tribunal*. Trata-se do *único* recurso interposto diretamente no juízo *ad quem* (NCPC, art. 1.016).

A petição do agravo deve trazer (NCPC, art. 1.016):

I – os nomes das *partes*;

II – a exposição do *fato e do direito*;

III – as *razões do pedido de reforma ou de invalidação* da decisão e o próprio *pedido*;

IV – o *nome e o endereço completo dos advogados* constantes do processo.

O agravante desde logo se dirige ao Tribunal. Assim, para que se saiba qual a discussão, o recurso deverá trazer *cópias do processo*. Exatamente essas cópias é que *formam o instrumento*, que dá nome ao recurso (ainda que os autos sejam eletrônicos).

Existem **cópias necessárias ou obrigatórias** e **cópias facultativas**. São as seguintes (CPC, art. 1.017):

I – *obrigatoriamente*, com cópias da *petição inicial*, da *contestação*, da *petição que ensejou a decisão agravada*, da própria *decisão agravada* (para que se saiba qual a decisão recorrida), da *certidão da respectiva intimação* ou outro documento oficial que comprove a *tempestividade* e das *procurações* outorgadas aos advogados do agravante e do agravado (para que se saiba se o advogado do agravante tem poderes e quem é o advogado do agravado que deverá ser intimado para responder ao agravo);

II – com *declaração de inexistência de qualquer dos documentos referidos no inciso I*, feita pelo advogado do agravante, sob pena de sua responsabilidade pessoal;

III – *facultativamente*, com *outras peças* que o agravante reputar úteis.

No sistema anterior, caso não fossem juntadas cópias necessárias, não era possível a correção do instrumento e o recurso não seria conhecido. No NCPC, **se faltar alguma cópia obrigatória** – ou existir outro vício sanável – o relator deverá intimar o agravante para que corrija o recurso (NCPC, arts. 932, parágrafo único e 1.017, § 3º).

O agravo é interposto diretamente no Tribunal, de modo que o juiz de origem não tem ciência da interposição do recurso. Por isso, **poderá** o agravante requerer a juntada, no juízo de origem, da petição do agravo interposto e da relação de documentos que o instruíram (NCPC, art. 1.018). Quando o juiz de 1º grau receber essa petição, poderá reconsiderar a decisão agravada (juízo de retratação), caso em que o agravo de instrumento será considerado prejudicado (NCPC, art. 1,018, § 1º).

Frise-se que a juntada do agravo na origem é uma **opção** do agravante, tratando-se de *processo eletrônico*.

Se os autos forem físicos, a juntada do agravo na origem é um **dever**, cabendo ao agravante providenciar a juntada do recurso na origem, *no prazo de 3 dias* (NCPC, art. 1.018, § 2º). Caso o agravante não cumpra essa providência, desde que *alegado e provado pelo agravado*, o recurso não será conhecido (NCPC, art. 1.018, § 3º). Assim, não poderá o agravo não ser conhecido pela falta da observância pelo relator, de ofício – isso *depende da provocação do agravado*. A lógica dessa previsão é que o agravado tem de ter ciência do agravo de instrumento perante o juízo de origem, não sendo obrigado a se locomover ao tribunal para ter ciência de qual o teor do recurso (ou seja, se o processo for eletrônico, não há essa necessidade – daí a distinção proposta pelo legislador entre autos físicos e eletrônicos).

O agravo de instrumento será distribuído a um relator, que poderá proceder da seguinte forma (NCPC, art. 1.019):

– **julgar de forma monocrática,** *não conhecendo ou conhecendo e negando provimento ao recurso* (NCPC, art. 932, III e IV) – se houver grave vício processual ou jurisprudência pacífica contra o agravante;

– conceder, liminarmente, **efeito suspensivo ou antecipação de tutela recursal**;

– intimar o agravado para apresentar resposta, em 15 dias;

– determinar a intimação do MP, para se manifestar em 15 dias.

Não há mais a previsão de pedir *informações ao juiz de origem* ou *conversão do agravo de instrumento em retido* (exatamente porque não mais existe o agravo retido).

Após a manifestação do agravado, poderá o relator: (i) julgar monocraticamente, para dar provimento ao recurso (NCPC, art. 932, V) ou (ii) elaborar voto para julgamento colegiado, pautando o recurso. Pelo Código, o agravo deve julgado em até 1 mês contado da intimação do agravado (NCPC, art. 1.020).

5.2.3. *Embargos de declaração*

5.2.3.1. *Cabimento*

Cabem **embargos de declaração** (NCPC, art. 1.022) de *qualquer pronunciamento judicial com caráter decisório* (sentença, decisão interlocutória, decisão monocrática e acórdão).

O recurso se presta a complementar uma decisão judicial que contenha *obscuridade, omissão, contradição ou erro material*.

Decisão **obscura** *é aquela que não é clara, que não permite a correta compreensão de seus termos*.

Decisão **omissa** *é aquela na qual o juiz não se manifesta a respeito de questão ou pedido que ele deveria se manifestar*.

Decisão **contraditória** *é aquela que apresenta em seu bojo duas afirmações inconciliáveis*.

Erro material é a *situação na qual haja alguma informação impertinente à lide em análise* (como o nome errado na parte)

Nestes casos, há vício na decisão, a qual precisa ser aclarada, complementada e esclarecida. E isso deve ser realizado *pelo próprio órgão que prolatou a decisão*.

O NCPC traz algumas situações que, por força de lei, já são consideradas como de **omissão** (NCPC, art. 1.022, parágrafo único):

I – deixe de se manifestar sobre *tese firmada em julgamento de casos repetitivos ou em incidente de assunção de competência* aplicável ao caso sob julgamento;

II – incorra em qualquer das *condutas descritas no art. 489, § 1º (fundamentação exaustiva da sentença)*.

5.2.3.2. Prazo/custas

Os embargos de declaração serão opostos em *5 dias* (NCPC, art. 1.023). Trata-se do único recurso cujo prazo não é de 15 dias. Caso existam litisconsortes com advogados distintos, há prazo em dobro (NCPC, art. 229 e 1.023, § 1º).

Se houver necessidade de contraditório nos embargos (*vide* item 5.2.3.4 abaixo), o prazo também será de 5 dias (NCPC, art. 1.023, § 2º).

Não há preparo (CPC, art. 1.023, parte final).

5.2.3.3. Efeitos

Há, como em todos os recursos, efeito devolutivo. E, neste caso, haverá a devolução não só ao Judiciário como *ao próprio órgão prolator* da decisão embargada.

Quanto ao *efeito suspensivo*, o NCPC afastou polêmica antes existente: não há efeito suspensivo (NCPC, art. 1.026).

✓ Além disso, opostos os declaratórios, haverá a *interrupção do prazo para interposição do outro recurso cabível* para impugnar a decisão, *para ambas as partes* (NCPC, art. 1.026). A interrupção do prazo significa que há novo prazo para recorrer, na íntegra.

✓ Logo, diante da prolação de uma sentença de parcial procedência, se o autor embarga de declaração no 5º dia do prazo, há a interrupção do prazo para apelar tanto do autor quanto do réu. Ou seja, quando da decisão dos embargos, haverá novo prazo de 15 dias para ambas as partes apelarem.

5.2.3.4. Processamento (interposição/julgamento)

Os embargos de declaração são *opostos perante o órgão prolator da decisão embargada* (juiz ou relator no âmbito dos Tribunais). O recurso será julgado exatamente por tal órgão (NCPC, art. 1.024, *caput* e § 1º), ou seja, tratando-se de embargos de declaração, *os juízos* a quo *e* ad quem *são o mesmo*.

Pelo NCPC, os embargos devem ser julgados pelo juiz em 5 dias (art. 1024) e devem ser apresentados em mesa pelo relator, na sessão subsequente (art. 1.024, § 1º).

Tratando-se de *declaratórios opostos de decisão monocrática*, os embargos deverão ser julgados *apenas pelo relator*, novamente de forma unipessoal. Contudo, caso se entenda que os embargos buscam reformar a decisão embargada, será possível ao relator *converter os declaratórios em agravo interno*, mas intimando previamente o recorrente para complementar as razões recursais (NCPC, art. 1.024, §§ 2º e 3º), para julgamento colegiado.

Não cabe a utilização, ao mesmo tempo, de embargos de declaração e de outro recurso. Portanto, diante de uma sentença, inicialmente a parte deve opor declaratórios para, somente após a decisão dos embargos, interpor a apelação. Assim é, pois (i) não se sabe se haverá ou não a modificação da sentença (o que pode alterar o interesse recursal); e (ii) por força do princípio da unirrecorribilidade recursal.

Portanto, em síntese, o processamento dos embargos de declaração será o seguinte:

✓ oposição pela parte recorrente;

✓ apreciação dos embargos pelo próprio órgão prolator da decisão embargada;

✓ com a publicação da decisão dos embargos, recomeça a correr o prazo recursal para ambas as partes.

A rigor, o objetivo dos embargos é esclarecer a decisão. Contudo, excepcionalmente, haverá efetivamente uma *mudança da decisão*. Nestes casos, fala-se em *efeitos infringentes* ou *modificativos* dos embargos de declaração. Nesse caso, deverá o embargado ser intimado para exercer o contraditório, no prazo de 5 dias (NCPC, art. 1.023, § 2º). Trata-se de inovação legislativa que acolhe a jurisprudência pacífica do STJ. Ou seja, havendo a *possibilidade de efeitos infringentes*, deverá ser exercido o contraditório, com a apresentação de *contrarrazões de embargos de declaração*, para garantir a igualdade entre as partes e evitar a prolação de decisão surpresa.

É possível que, diante de uma sentença, uma das partes apele e a outra embargue de declaração. Nesse caso, *se houver modificação da sentença pelos embargos*, a parte que apelou poderá *complementar ou alterar suas razões recursais*, nos limites da modificação da decisão, no prazo de 15 dias (NCPC, art. 1.024, § 4º). Contudo, se os embargos não forem providos e a sentença permanecer a mesma, *não haverá necessidade de ratificação da apelação, que será conhecida independentemente de qualquer motivo* (NCPC, art. 1.024, § 5º – dispositivo que afasta a Súmula 418 do STJ).

Outra possibilidade de utilização dos embargos é para fins de *prequestionamento* em relação aos recursos especial e extraordinário. Logo, se o acórdão é omisso no tocante aos dispositivos de lei apontados como violados, cabem declaratórios para que haja a manifestação do Tribunal nesse sentido. Inova o NCPC ao afirmar que a *simples oposição dos declaratórios já supre o requisito do prequestionamento*, ainda que os declaratórios sejam inadmitidos ou rejeitados (NCPC, art. 1.025).

Por fim, se o recurso for utilizado de forma protelatória, há previsão de multa de 2% sobre o valor da causa. No caso de reiteração de declaratórios protelatórios, a multa é majorada para 10% – e para a interposição de qualquer outro recurso há a necessidade de recolhimento da multa, salvo se o recorrente for a Fazenda ou beneficiário da justiça gratuita, que recolherão o valor ao final do processo (NCPC, art. 1.026, §§ 2º e 3º). Se já tiverem sido rejeitados e considerados protelatórios 2 declaratórios, não se admitirá novo recursos de embargos (NCPC, art. 1.026, § 4º).

5.2.4. Recurso ordinário (recurso ordinário constitucional)

5.2.4.1. Cabimento

O **recurso ordinário** tem um cabimento bem específico (NCPC, art. 1.027): é apenas cabível de acórdão denegatório de ação constitucional (mandado de segurança, *habeas corpus*, *habeas data*, mandado de injunção) originária de Tribunal.

Cabe, portanto, de *decisão não concessiva da ordem* de ações propostas diretamente nos Tribunais, e será julgado pelo STJ ou STF. Como tem previsão constitucional (CF, art. 102, II e 105, II), é também denominado de recurso ordinário constitucional. Caso a *decisão seja concessiva, não caberá ROC*, mas sim outro recurso para Tribunal Superior (REsp ou RE).

A hipótese mais comum de cabimento de ROC para o STJ é a de decisão denegatória de HC ou MS de competência originária do TJ ou TRF (CF, art. 105, II, *a* e *b*). Já a hipótese mais frequente de ROC para o STF ocorre no momento em que é denegado HC ou MS de competência originária dos Tribunais Superiores (CF, art. 102, II, *a*).

Há, ainda, *outra hipótese, pouco frequente, de cabimento de ROC* (NCPC, art. 1.027, II, *b*): causas em que forem partes, de um lado, Estado estrangeiro ou organismo internacional e, do outro, Município ou pessoa residente ou domiciliada no País. *Tais causas tramitam, em 1º grau, perante a Justiça Federal* (CF, art. 109, II) e o *ROC será julgado pelo STJ*. Assim, da sentença proferida nesse processo, caberá ROC, a ser julgado pelo STJ. E da interlocutória, caberá agravo de instrumento, igualmente julgado pelo STJ (NCPC, art. 1.027, § 1º). Ou seja, excepcionalmente, não haverá julgamento por Tribunal de 2º grau, mas somente pelo 1º grau da Justiça Federal e o recurso ordinário ou agravo, pelo STJ.

5.2.4.2. Prazo/custas

No âmbito cível, o prazo para interposição do recurso ordinário é de *15 dias* (NCPC, art. 1.003, § 5º). Da mesma forma, é de 15 dias o prazo para responder ao recurso (contrarrazões de recurso ordinário – NCPC, art. 1.028, § 2º).

Há necessidade de *custas* (STJ, RMS 29.228/SE, 2.ª T., j. 26.05.2009, *DJe* 04.06.2009).

Tratando de *recurso ordinário de decisão denegatória de HC* (ainda que interposto de hipótese de prisão civil, como no caso de alimentos não pagos), o prazo de interposição é de *5 dias* (Lei 8.038/1990, art. 30), não havendo custas de preparo.

5.2.4.3. Efeitos

Há, como em todos os recursos, efeito devolutivo.

Não há efeito suspensivo.

5.2.4.4. Processamento (interposição/julgamento)

A tramitação do ROC tem por modelo a *tramitação da apelação,* inclusive em relação à *teoria da causa madura* (NCPC, art. 1.027, § 2º).

O recurso ordinário será interposto na origem (NCPC, art. 1.028, § 2º) e, após as contrarrazões, será remetido para o Tribunal de destino (juízo *ad quem* – STJ ou STF), independentemente de juízo de admissibilidade (NCPC, art. 1.028, § 3º).

A competência para julgamento será:

✓ do *STJ*, no caso de acórdão denegatório *proferido nos TJs ou TRFs;*

✓ do *STF*, no caso de acórdão denegatório *proferido por Tribunais Superiores.*

O ROC garante o duplo grau de jurisdição de decisão denegatória de ações constitucionais.

Por fim, para afastar eventuais dúvidas, cabe esclarecer que, se um *mandado de segurança for impetrado em 1º grau* e for negado por sentença, *cabe apelação* a ser julgada pelo Tribunal de 2º grau. Mas, se a *competência originária desse mandado de segurança for de Tribunal de 2º grau, caberá recurso ordinário para o STJ.*

5.2.5. Agravos de 2º grau

De decisões monocráticas proferidas no âmbito dos Tribunais (por desembargadores ou Ministros), é cabível agravo, em duas modalidades: **agravo interno** e **agravo em recurso especial e em recurso extraordinário**. Cada um dos recursos será analisado de forma separada.

5.2.5.1. Agravo interno (regimental ou legal)

5.2.5.1.1. Cabimento

Cabe **agravo interno** *de decisão monocrática proferida por relator de recurso* (NCPC, art. 1.021). No sistema anterior, por ausência de nomenclatura específica, era também chamado de *agravo regimental ou agravo legal.* Com a opção legislativa de nominá-lo, a tendência é a *prevalência do nome agravo interno.*

Já se apontou que é possível ao relator, diante de erro processual ou jurisprudência pacífica, decidir monocraticamente o recurso (NCPC, art. 932, III a V – *vide* item 5.1.4 acima). Também é possível ao relator apreciar, de forma unipessoal, uma tutela de urgência. *Contra essas decisões monocráticas é que cabe o agravo interno.*

Com a interposição do agravo, provido ou não o recurso, *a decisão monocrática irá se transformar em decisão colegiada (acórdão).*

5.2.5.1.2. Prazo/custas

O prazo para interposição do agravo interno de *15 dias* (NCPC, art. 1.003, § 5º). Há contrarrazões (inovação do NCPC), a ser apresentada também em 15 dias (NCPC, art. 1.021, § 2º).

Não há custas na maioria dos Estados e no âmbito da Justiça Federal (mas, em alguns tribunais estaduais, há previsão de custas).

5.2.5.1.3. Efeitos

Há, como em todos os recursos, efeito devolutivo.

Não há o efeito suspensivo.

5.2.5.1.4. Processamento (interposição/julgamento)

A interposição do recurso é bem simples e segue o procedimento previsto no regimento interno dos Tribunais (NCPC, art. 1.021). *Não há necessidade de cópias* (instrumento) *ou qualquer outra formalidade.*

O recurso é interposto nos próprios autos (por isso *agravo interno*), *dirigido ao relator* que proferiu a decisão monocraticamente. Deverá o argumento *impugnar especificadamente os fundamentos da decisão agravada*, sob pena de não conhecimento do recurso (NCPC, art. 1.021, § 1º).

Deverá ser aberta vista ao agravo, para apresentar contrarrazões, no prazo de 15 dias (NCPC, art. 1.021, § 2º), sendo que no sistema anterior, não havia previsão (no Código ou nos regimentos internos dos tribunais) nesse sentido.

Se o *relator reconsiderar* (revogando a decisão monocrática), o recurso antes interposto volta a ter sua tramitação normal (NCPC, art. 1.021, § 2º). Assim, se uma apelação foi julgada monocraticamente e o relator reconsiderar, haverá o processamento normal da apelação para um julgamento colegiado.

Caso o relator não reconsidere, o recurso será *pautado, para julgamento colegiado e prolação de acórdão.*

Inova o NCPC, quanto ao agravo interno, para:

✓ *vedar que o relator, ao julgar o agravo interno, apenas se limite a reproduzir os fundamentos da decisão agravada* (NCPC, art. 1.021, § 3º)

✓ se o agravo interno for declarado *inadmissível ou improcedente em votação unânime*, **deverá** ser imposta multa, em decisão fundamentada, entre 1% e 5% do valor atualizado da causa; a interposição de qualquer outro recurso fica condicionado ao depósito prévio da multa – salvo para a Fazenda e beneficiário da justiça gratuita, que recolherão a multa ao final do processo (NCPC, art. 1.021, §§ 4º e 5º).

Logo, pelo NCPC, se for proferida decisão monocrática e a parte interpuser o agravo interno, para esgotar as vias ordinárias e poder, depois, valer-se do especial, já haverá multa e necessidade de seu recolhimento para ser possível o especial.

5.2.5.2. Agravo em recurso especial e em recurso extraordinário

5.2.5.2.1. Cabimento

O estudo do cabimento deste recurso demanda maior atenção. O sistema era um no âmbito do CPC/1973, houve profunda alteração no NCPC mas, ainda durante a *vacatio legis*, **houve** *nova alteração legislativa* **(Lei 13.256/2016) para que se voltasse ao que existia no CPC/1973.**

A modificação quanto a este recurso está ligada à admissibilidade do recurso especial e extraordinário. No âmbito do CPC/1973, a admissibilidade do REsp e RE era feita na origem (vide idem 5.2.6 a seguir). E, da decisão que não admitia esse recurso, cabia *agravo nos próprios autos, na tentativa de "destrancar" (ou "fazer subir") o recurso para tribunal superior.* **Na versão original do NCPC, a admissibilidade não mais era feita na origem (mas diretamente no Tribunal Superior), de modo que o agravo em recuso especial e em recurso extraordinário** tinha um cabimento bem mais restrito que antes, basicamente restrito às situações envolvendo recursos repetitivos (acerca do tema, vide item 5.2.8 abaixo). Mas, com a Lei 13.256/2016, a admissibilidade voltou para o Tribunal de origem, de modo que o agravo em **recurso especial e em recurso extraordinário se prestam a "destrancar" ou "fazer subir" para o tribunal superior o recuso não admitido**.

Ou seja, o cabimento do agravo em recurso especial e extraordinário (NCPC) **é o mesmo** do antigo agravo nos próprios autos (CPC/1973), com algumas modificações quanto ao seu trâmite.

Assim, caberá o agravo quando o tribunal de origem, por seu presidente ou vice-presidente, **inadmitir recurso extraordinário ou recurso especial**, *salvo* quando fundada na aplicação de entendimento firmado em regime de *repercussão geral ou em julgamento de recursos repetitivos* (NCPC, art. 1.042): Em relação à situação decidida com base em repetitivo, vide item 5.2.8 infra.

Também é utilizado no âmbito processual penal e no processo do trabalho (em relação ao recurso de revista).

No sistema processual anterior, no cotidiano forense, o nome mais comum para esse recurso era "agravo de decisão denegatória" – que não constava da lei. Assim, é possível que esse nome siga sendo usado no dia a dia e mesmo na OAB.

5.2.5.2.2. Prazo/custas

O prazo para interposição do agravo em REsp ou RE é de *15 dias* (NCPC, art. 1.003, § 5º). Da mesma forma, é de 15 dias o prazo para responder ao recurso (contraminuta ou contrarrazões de agravo – NCPC, art. 1.042, § 3º).

Não há custas (NCPC, art. 1.042, § 2º).

5.2.5.2.3. Efeitos

Há, como em todos os recursos, efeito devolutivo.

Não há o *efeito suspensivo*. Eventualmente, em casos de urgência, é possível a concessão de efeito suspensivo ao REsp e RE, mas não ao agravo.

5.2.5.2.4. Processamento (interposição/julgamento)

O agravo será *interposto no Tribunal de origem*, endereçado ao órgão responsável pelo processamento do recurso especial e extraordinário (presidência ou vice-presidência, conforme o regimento interno de cada tribunal) e que prolatou a decisão agravada (NCPC, art. 1.042, § 2º).

Não há necessidade de qualquer documento, porque se está recorrendo nos próprios autos, que já traz todas as peças do processo.

O agravado será intimado para apresentar resposta e – caso não haja retratação (ou seja, a admissibilidade que antes foi negativa passe a ser positiva) – *os autos serão remetidos ao Tribunal Superior*, para apreciação do agravo (NCPC, art. 1.042, § 4º). Se houver retratação, os autos serão remetidos para o Tribunal Superior, para apreciação do REsp ou RE (e não do agravo).

Se forem *dois recursos concomitantes (REsp e RE)* e ambos não forem admitidos, deverá o recorrente interpor **dois agravos** (NCPC, art. 1.042, § 6º). Nesse caso, os autos primeiro irão para o STJ (§ 7º) e, depois, se ainda for o caso de julgamento do agravo em RE, para o STF (§ 8º).

No Tribunal Superior, será possível o julgamento do agravo em conjunto com o próprio REsp e RE – hipótese em que será possível sustentação oral (NCPC, art. 1.042, § 5º).

Quanto ao julgamento do agravo, será observado tanto o CPC (que permite até mesmo o julgamento monocrático – art. 932, III, IV e V), bem como o regimento interno do STJ e do STF.

5.2.6. Recurso especial (REsp)

5.2.6.1. Cabimento

Cabe **recurso especial** *de acórdão que violar legislação infraconstitucional ou quando Tribunais diversos derem interpretação distinta a um mesmo dispositivo legal infraconstitucional* (CF, art. 105, III e NCPC, art. 1.029).

Destaca-se que é cabível o REsp pela **divergência externa** e não pela divergência interna, ou seja, deve-se apontar o *dissenso jurisprudencial em relação a outro Tribunal* e não no próprio Tribunal. Nesse sentido, caso se ingresse com o REsp de um julgado do TJSP, *não cabe apontar que o próprio TJSP tem posição divergente* ao do acórdão recorrido (Súmula 13 do STJ: A divergência entre julgados do mesmo tribunal não enseja recurso especial) – mas sim que a decisão do TJSP diverge da de qualquer outro Tribunal do país, inclusive o próprio STJ ou mesmo o TRF da 3ª Região (Tribunal Regional Federal situado em São Paulo).

Para o cabimento do REsp, o acórdão *não* deve admitir outros recursos, ou seja, *não cabe REsp de decisão monocrática* (será cabível o REsp após o agravo regimental). Portanto, só cabe REsp quando **esgotados os demais recursos**.

Na hipótese de o acórdão violar, ao mesmo tempo, dispositivo do NCPC e da CF, serão **cabíveis, simultaneamente, recurso especial e recurso extraordinário**. Porém, cada recurso irá atacar matérias distintas: *REsp, a violação à legislação infraconstitucional; RE, a violação à Constituição.*

Nesse caso de interposição conjunta, os autos serão *remetidos ao STJ*; se o relator do recurso especial considerar prejudicial o recurso extraordinário, em decisão irrecorrível sobrestará o julgamento e remeterá os autos ao STF. Se o *relator do recurso extraordinário*, em decisão irrecorrível, rejeitar a prejudicialidade, devolverá os autos ao STJ para o julgamento do recurso especial (NCPC, art. 1.031, §§ 2º e 3º).

5.2.6.2. Prazo/custas

O prazo para interposição do REsp é de *15 dias* (NCPC, art. 1.003, § 5º). Da mesma forma, é de 15 dias o prazo para responder ao recurso (contrarrazões de REsp – NCPC, art. 1.030).

Há *custas* (Lei 11.636/2007).

5.2.6.3. Outros requisitos de admissibilidade

Além dos requisitos de admissibilidade usualmente existentes, o REsp tem também outros requisitos. E isso se justifica porque se trata de um recurso cuja finalidade não é simplesmente rediscutir a causa (como ocorre, por exemplo, na apelação), mas discutir a *unidade da interpretação da legislação infraconstitucional.*

Assim, com o REsp o STJ busca *evitar a regionalização do direito*. Exatamente por isso **não se discute matéria fática** em tal recurso, mas apenas *matéria de direito* (Súmula 5 do STJ: A simples interpretação de cláusula contratual não enseja recurso especial; Súmula 7 do STJ: A pretensão de simples reexame de prova não enseja recurso especial).

Ou seja, não será conhecido REsp que discuta se determinado fato ocorreu ou não. Debate-se no REsp, *à luz de determinados fatos já fixados* no Tribunal de origem, *qual o direito aplicável.*

Apesar de não ser possível discutir fato, o REsp permite a **discussão de matéria de mérito ou processual**. Cabe, portanto, o recurso tanto por *violação ao CC* (ou CDC ou Lei de Locação etc.) como por *violação ao NCPC.*

Para que bem se delimite a discussão da matéria de direito, é também requisito do REsp o **prequestionamento**, que *é a apreciação do artigo de lei pelo Tribunal* a quo *durante o julgamento do acórdão recorrido*. Ou seja, é o debate, pelos julgadores de origem, dos dispositivos apontados como violados no REsp (Súmula 282 do STF: É inadmissível o recurso extraordinário, quando não ventilada, na decisão recorrida, a questão federal suscitada).

Assim, *se o Tribunal de origem não tiver se manifestado sobre determinado dispositivo legal apontado como violado no REsp, não terá ocorrido o prequestionamento.*

Para bem se entender a questão, vale mencionar um exemplo. Diante de uma sentença de improcedência, o autor recorre e, em sua apelação, destaca que houve a violação de determinado artigo do CC. *Na própria apelação, requer a expressa manifestação do Tribunal a respeito daquele dispositivo legal para fins de prequestionamento.* Se o Tribunal não se manifestar a respeito do dispositivo, não haverá prequestionamento. Nesse caso, *pode a parte se valer dos embargos de declaração*, apontando *omissão* no acórdão quanto à análise do dispositivo legal apontado como violado. E, como já antes visto, pelo NCPC, acolhido ou não os embargos de declaração, o **prequestionamento ficto** *estará realizado* (NCPC, art. 1.025). Fica, portanto, superada a posição do STJ pacificada no sistema anterior (Súmula 211 do STJ: Inadmissível recurso especial quanto à questão que, a despeito da oposição de embargos declaratórios, não foi apreciada pelo Tribunal *a quo*).

Em importante inovação, afirma o art. 1.029, § 3º que o STJ poderá "*desconsiderar vício formal de recurso tempestivo* ou determinar sua correção, desde que *não o repute grave*". Ou seja, é uma oportunidade que se dá para que o mérito recursal seja apreciado – resta verificar qual a amplitude que a jurisprudência dará à expressão **vício formal grave**.

5.2.6.4. Efeitos

Há, como em todos os recursos, efeito devolutivo.

Não há, em regra, o *efeito suspensivo.*

Contudo, é possível que se tente atribuir *efeito suspensivo ao REsp. A previsão está no* NCPC, art. 1.029, § 5º – dispositivo cuja redação original foi alterada pela Lei 13.256/2016). A petição requerendo o efeito suspensivo será dirigida:

I – ao *STJ*, no período compreendido entre a *publicação da decisão de admissão do recurso e sua distribuição*, ficando o relator designado para seu exame prevento para julgá-lo;

II – ao *relator no STJ*, se já distribuído o recurso;

III – ao presidente ou ao vice-presidente do *tribunal recorrido*, no período compreendido entre a *interposição do recurso e a publicação da decisão de admissão* do recurso, assim como no caso de o *recurso ter sido sobrestado*, por força de recurso repetitivo.

Tem-se, portanto, no que se refere à competência, basicamente a reprodução, no NCPC, daquilo que foi sedimentado na jurisprudência do STF, à luz do CPC/1973 (Súmula 634/STF: Não compete ao Supremo Tribunal Federal conceder medida cautelar para dar efeito suspensivo a recurso extraordinário que ainda não foi objeto de juízo de admissibilidade na origem. Súmula 635/STF: Cabe ao Presidente do Tribunal de origem decidir o pedido de medida cautelar em recurso extraordinário ainda pendente do seu juízo de admissibilidade).

5.2.6.5. Processamento (interposição/julgamento)

O REsp é interposto no *Tribunal de origem*, endereçado à presidência ou vice-presidência, conforme o regimento interno próprio de cada Tribunal (NCPC, art. 1.029). Deve a petição recursal indicar (i) exposição do *fato e do direito*, (ii) demonstração do *cabimento* e (iii) *razões do pedido* de reforma ou invalidação da decisão recorrida.

Tratando-se de REsp fundado em *dissídio jurisprudencial* (divergência em relação a julgado de outro Tribunal – CF, art. 105, III, *c*), obrigatoriamente terá de ser instruído com o *acórdão paradigma* (a decisão do outro Tribunal). A *divergência é comprovada* mediante certidão, cópia ou citação do repositório de jurisprudência oficial (inclusive em mídia eletrônica), ou ainda via *reprodução do julgado disponível na internet*, com indicação da fonte (art. 1.029, § 1º). Deverá o recorrente mencionar as *circunstâncias que identifiquem ou assemelhem os casos confrontados* (o chamado "**cotejo analítico**" entre o acórdão recorrido e paradigma).

Nesse REsp fundado em dissídio jurisprudencial, é muito comum o recurso não ser admitido ao argumento de "situações fáticas distintas" entre os acórdãos. Por causa disso, inicialmente foi incluído o § 2º ao art. 1.029 do NCPC ("Quando o recurso estiver fundado em dissídio jurisprudencial, é vedado ao tribunal inadmiti-lo com base em fundamento genérico de que as circunstâncias fáticas são diferentes, sem demonstrar a existência da distinção"). Contudo, com a Lei 13.256/2016, **esse parágrafo foi revogado**.

Interposto o REsp, a *parte contrária é intimada* para apresentar as contrarrazões, em 15 dias (NCPC, art. 1.030). Em tal peça é possível impugnar não só o mérito, mas também a admissibilidade do recurso. Com as razões e contrarrazões do REsp, o recurso estará pronto para sua admissibilidade.

Em relação à **admissibilidade do REsp**, há de se ter bastante atenção, pois a questão passou por *diversas alterações*:

(i) **no âmbito do CPC/1973, a admissibilidade do REsp e RE era feita na origem, ou seja, pela presidência do Tribunal intermediário;**

(ii) na versão original do NCPC (Lei 13.105/2015), a admissibilidade *não mais seria feita na origem*, **mas apenas e diretamente no STJ;**

(iii) com a **Lei 13.256/2016**, a admissibilidade *voltou para o Tribunal de origem*, sendo que, no caso de inadmissão do REsp, **cabível o agravo em recurso especial** para *tentar que o REsp seja admitido* (como exposto no item 5.2.5.2 acima).

Ao proceder à admissibilidade, existem **diversas possibilidades** ao desembargador que a realiza (inovações da Lei 13.256/2016), a saber (art. 1.030).

I – **negar seguimento** a recurso especial interposto contra acórdão que esteja em conformidade com entendimento do STJ, proferido com base em julgamento de *recursos repetitivos*;

II – **encaminhar o processo ao órgão julgador** (a turma ou câmara que proferiu o acórdão), para realização do *juízo de retratação*, se o acórdão recorrido divergir do entendimento do STJ proferido com base em julgamento de *recursos repetitivos* (ou seja, depois da prolação do acórdão, houve a decisão do repetitivo no STJ);

III – **sobrestar o recurso** que versar sobre *controvérsia de caráter repetitivo* ainda *não decidida* pelo STJ;

IV – **selecionar o recurso como representativo de controvérsia**, para que venha a ser *julgado como repetitivo* pelo STJ;

V – proceder à **admissibilidade do REsp**, e, no caso de **admissão,** *remeter o recurso ao STJ*, desde que: a) o recurso ainda *não tenha sido submetido* ao regime de *julgamento de recursos repetitivos*; b) o *recurso tenha sido selecionado como representativo da controvérsia*; ou c) o tribunal recorrido tenha *refutado o juízo de retratação.*

Dessas **decisões monocráticas** acima arroladas, é possível **recorrer** (art. 1.030, §§ 1º e 2º):

(i) tratando-se de **inadmissão** por ausência de requisito de admissibilidade (inciso V), cabe *agravo em recurso especial* (art. 1.042, já exposto no item 5.2.5.2);

(ii) tratando-se de decisão *relativa a recurso repetitivo* (**negar seguimento**, inciso I ou **sobrestar**, inciso III), cabe *agravo interno* (art. 1.021), a ser julgado perante o próprio tribunal de origem, sem que haja possibilidade – pela legislação – de se chegar ao tribunal superior.

Como se percebe, é um sistema complexo, com diversas possibilidades de julgamento e variação quanto aos recursos (e, pelo Código, somente recorríveis as decisões acima indicadas).

No mais, uma vez o REsp no STJ, se o ministro relator entender que o *recurso especial versa sobre questão constitucional*, concederá *prazo de 15 dias* para que o recorrente *demonstre a repercussão geral e se manifeste sobre a questão constitucional*; cumprida a diligência, o relator remeterá o recurso ao STF que, em juízo de admissibilidade, poderá devolvê-lo ao STJ (NCPC, art. 1.032). Ou seja, tem-se uma situação de conversão do recurso especial em recurso extraordinário (e existe também a previsão no sentido inverso – vide item 5.2.7.5 abaixo).

Não mais existe a figura do *REsp retido, que* existia no sistema anterior.

5.2.7. Recurso extraordinário (RE)

O RE apresenta uma série de similitudes em relação ao REsp. Assim, grande parte do que foi acima exposto também aqui se aplica.

5.2.7.1. Cabimento

Cabe **recurso extraordinário** de *acórdão que violar a Constituição* (CF, art. 102, III e NCPC, art. 1.029).

Há uma situação posterior à EC 45/2004 à qual se deve atentar: nos termos do art. 102, III, *d*, da CF, *cabe RE de acórdão que julgar válida* **lei local contestada em face de lei federal**. A tendência, diante dessa situação, seria afirmar que caberia o REsp (e era assim antes da EC 45/2004). Mas houve a alteração porque a *competência legislativa* (que disciplina a solução do problema) *é prevista na Constituição*.

Para o cabimento do RE, o acórdão não deve admitir outros recursos, ou seja, não cabe RE de acórdão que admita infringentes ou de decisão monocrática. Portanto, tal qual ocorre quanto ao REsp, só cabe RE quando **esgotados os demais recursos**.

Na hipótese de o acórdão violar, ao mesmo tempo, dispositivo do NCPC e da CF, serão **cabíveis, simultaneamente, recurso especial e recurso extraordinário**. Porém, cada recurso irá atacar matérias distintas: *REsp, a violação à legislação infraconstitucional; RE, a violação à Constituição*.

Nesse caso de interposição conjunta, os autos serão *remetidos ao STJ*; se o relator do recurso especial considerar prejudicial o recurso extraordinário, em decisão irrecorrível sobrestará o julgamento e remeterá os autos ao STF. Se o *relator do recurso extraordinário*, em decisão irrecorrível, rejeitar a prejudicialidade, devolverá os autos ao STJ para o julgamento do recurso especial (NCPC, art. 1.031, §§ 2º e 3º).

5.2.7.2. Prazo/custas

O prazo para interposição do RE é de *15 dias* (NCPC, art. 1.003, § 5º). Da mesma forma, é de 15 dias o prazo para responder ao recurso (contrarrazões de RE – NCPC, art. 1.030).

Há custas (tabela divulgada pelo STF).

5.2.7.3. Outros requisitos de admissibilidade

Tal qual o REsp, também o RE tem distinções quanto à admissibilidade. Assim, além dos requisitos de admissibilidade usualmente existentes, o RE tem também outros requisitos. E isso se justifica porque se trata de um recurso cuja finalidade não é simplesmente rediscutir a causa (como ocorre, por exemplo, na apelação), mas sim buscar o *respeito e a unidade na interpretação da Constituição*.

Ou seja, com o RE, busca o STF *zelar pela supremacia da Constituição*, por isso **não se discute matéria fática** em tal recurso, mas apenas *matéria de direito*. Mas o RE permite a **discussão de matéria de mérito ou processual**, isto é, cabe o recurso tanto por *violação a norma processual ou norma material contida na Constituição*.

Também há a necessidade de **prequestionamento**, nos moldes do já debatido quando se tratou do tema no REsp.

Igualmente ao já exposto para o REsp, o art. 1.029, § 3º prevê que o STF poderá "*desconsiderar vício formal de recurso tempestivo* ou determinar sua correção, desde que *não o repute grave*". Ou seja, é uma oportunidade que se dá para que o mérito recursal seja apreciado – resta verificar qual a amplitude que a jurisprudência dará à expressão "**vício formal grave**".

Por fim, a partir da EC 45/2004 (CF, art. 102, § 3º), há um novo requisito de admissibilidade específico para o RE: a **repercussão geral da questão constitucional**. Por esse requisito, *o STF somente conhecerá um RE que seja relevante não só para as partes, mas para a sociedade como um todo (ou seja, a existência de questões relevantes do ponto de vista econômico, político, social ou jurídico, que ultrapassem os interesses subjetivos da causa)*.

Isso significa que o STF não irá se manifestar a respeito de uma "briga de vizinhos". O tema está regulado, do ponto de vista infraconstitucional, no NCPC pelos arts. 1.035.

A **competência** para apreciar a existência da repercussão geral é *exclusiva do STF*. O recurso *não será conhecido se 2/3 (dois terços) dos Ministros do STF* (8 dos 11) entenderem pela *ausência da repercussão geral*. A decisão sobre a presença da repercussão é irrecorrível (NCPC, art. 1.035, *caput*).

O recorrente deverá demonstrar, em *preliminar do RE*, a existência da repercussão geral (NCPC, art. 1.035, § 2º).

A repercussão geral decorre de lei (ou seja, há *repercussão geral presumida*) se o acórdão recorrido (NCPC, art. 1.035, § 3º):

I – *contrariar súmula ou jurisprudência dominante* do STF;

II – tenha reconhecido a *inconstitucionalidade de tratado ou de lei federal*, nos termos do art. 97 da Constituição Federal.

Além dessas duas situações, na versão original do NCPC, havia ainda menção a repercussão geral presumida quando a decisão tivesse sido proferida "em *julgamento de casos repetitivos*" – mas esse inciso foi **revogado** por força da Lei 13.256/2016.

Reconhecida a repercussão geral, o relator determinará a *suspensão de todos os processos*, individuais ou coletivos, que tratem daquele tema, em todo o país (NCPC, art. 1.035, § 5º). Prevê o Código que o recurso que tiver a repercussão geral reconhecida deverá ser "julgado no **prazo de 1 ano**" (§ 9º). Contudo, se não ocorrer o julgamento do RE com repercussão geral em 1 ano, *não há qualquer consequência prevista na lei* (na versão original do NCPC, o § 10º previa que cessaria a suspensão dos processos passado esse prazo de 1 ano – porém, o dispositivo foi **revogado** pela Lei 13.256/2016).

Negada a repercussão geral, a presidência do tribunal intermediário *negará seguimento aos recursos extraordinários sobrestados na origem que versem sobre matéria idêntica* (art. 1.035, § 8º).

5.2.7.4. Efeitos

Há, como em todos os recursos, efeito devolutivo.

Não há, em regra, o *efeito suspensivo*.

Quanto à concessão de efeito suspensivo, a regra é a mesma do REsp: é possível que haja a atribuição de efeito suspensivo ao RE, sendo a competência variável (*vide* item 5.2.6.4 acima).

5.2.7.5. *Processamento (interposição/julgamento)*

O processamento do RE é igual ao do REsp (vide item 5.2.6.5 acima):

✓ interposto no *Tribunal de origem*, endereçado à Presidência (NCPC, art. 1.029);

✓ a parte contrária terá prazo de 15 dias para apresentar contrarrazões, podendo impugnar o mérito e a admissibilidade do RE (NCPC, art. 1.030);

✓ o NCPC inicialmente previa a admissibilidade apenas no destino, mas a Lei 13.256/2016 devolveu a admissibilidade à origem (vide, novamente, item 5.2.6.5).

Ao proceder à admissibilidade, existem **diversas possibilidades** ao desembargador que a realiza (inovações da Lei 13.256/2016), a saber (art. 1.030).

I – **negar seguimento** a RE que discuta questão à qual o *STF não tenha reconhecido a existência de repercussão geral* ou a RE interposto contra acórdão que esteja em *conformidade com entendimento do STF proferido no regime de repercussão geral* ou a RE interposto contra acórdão que esteja em conformidade com *entendimento do STF* proferido no julgamento de *recursos repetitivos*;

II – **encaminhar o processo ao órgão julgador** (a turma ou câmara que proferiu o acórdão), para realização do *juízo de retratação*, se o acórdão recorrido divergir do entendimento do STF proferido nos regimes de *repercussão geral ou de recursos repetitivos* (ou seja, depois da prolação do acórdão, houve a decisão do repetitivo no STJ);

III – **sobrestar o recurso** que versar sobre controvérsia de *caráter repetitivo* ainda não decidida pelo STF;

IV – **selecionar o recurso como representativo de controvérsia** constitucional, para *julgamento como repetitivo*;

V – proceder à **admissibilidade do RE**, e, no caso de **admissão,** *remeter o recurso ao STF*, desde que: a) o recurso ainda *não tenha sido submetido* ao regime de *repercussão geral* ou *de recursos repetitivos*; b) o *recurso tenha sido selecionado como representativo da controvérsia*; ou c) o tribunal recorrido tenha *refutado o juízo de retratação*.

Dessas **decisões monocráticas** acima arroladas, é possível **recorrer** (art. 1.030, §§ 1º e 2º):

(i) tratando-se de **inadmissão** por ausência de requisito de admissibilidade (inciso V), cabe *agravo em recurso especial* (art. 1.042, já exposto no item 5.2.5.2);

(ii) tratando-se de decisão *relativa a recurso repetitivo* (**negar seguimento**, inciso I ou **sobrestar**, inciso III), cabe *agravo interno* (art. 1.021), a ser julgado perante o próprio tribunal de origem, sem que haja possibilidade – pela legislação – de se chegar ao tribunal superior.

Como se percebe, é um sistema complexo, com diversas possibilidades de julgamento e variação quanto aos recursos (e, pelo Código, somente recorríveis as decisões acima indicadas).

No mais, uma vez o RE no STF, se o relator considerar como **reflexa a ofensa à Constituição** afirmada no recurso extraordinário, por pressupor a revisão da interpretação de lei federal ou de tratado, *o tribunal remeterá o recurso ao STJ para julgamento como recurso especial* (NCPC, art. 1.033). Trata-se da conversão do RE em REsp. Nesse caso, não há necessidade de se intimar o recorrente para emendar seu recurso (o que existe no caso de conversão do REsp para o RE – vide item 5.2.6.5 acima).

Deixou de existir o *RE retido*.

5.2.8. *REsp e RE repetitivos*

Considerando a *massificação das causas* e a necessidade de *segurança jurídica e isonomia*, foram buscadas alternativas para a racionalidade do sistema processual. Assim, em reforma do CPC/1973, surgiu o REsp repetitivo.

No NCPC, REsp e RE repetitivos são regulados da mesma forma.

Assim, **REsp repetitivo** e **RE repetitivo** (NCPC, arts. 1.036 a 1.041) se prestam a tutelar situações em que *houver multiplicidade de recursos com fundamento em idêntica questão de direito. Sendo este o caso, os recursos mais representativos serão* ***afetados para julgamento como repetitivo****, ficando os demais suspensos. A decisão a ser proferida pelo tribunal superior nesse recurso repetitivo servirá como base para os demais recursos que estavam suspensos.*

E, como já visto, essa decisão deverá ser **observada pelos demais magistrados** (NCPC art. 927, III); caso não seja, será possível a *utilização da reclamação* (NCPC, art. 988, II e § 5º, II).

De forma simplificada, a tramitação de um repetitivo observa a seguinte ordem:

(i) escolha dos recursos representativos (somente recursos com a presença de todos os requisitos de admissibilidade)

(ii) decisão de afetação, com suspensão de outros processos análogos (que discutam a mesma tese jurídica)

(iii) julgamento do repetitivo

(iv) aplicação e observância do procedente em relação aos demais processos que envolvam a mesma tese jurídica.

Se, dentre os **recursos sobrestados**, houver *algum que seja intempestivo,* o interessado pode requerer que esse recurso seja inadmitido. Diante disso, o recorrente será ouvido, em 5 dias e, a seguir, haverá decisão do presidente. Se a decisão não afastar a afetação, cabe o agravo interno, para o próprio tribunal (NCPC, art. 1.036, § 3º, com a redação da Lei 13.256/2016).

Feita a escolha dos recursos, o *relator, no tribunal superior*, (i) identificará qual a questão a ser submetida, (ii) sobrestará todos os processos que versem sobre a questão, em todo país (não só recursos, mas qualquer demanda, individual ou coletiva), (iii) poderá requisitar o envio, pelos tribunais, de um recurso representativo da controvérsia (ou, ele mesmo, escolher outros recursos, já existentes no Tribunal Superior, independentemente da escolha pelo tribunal de origem).

Prevê o Código que o recurso repetitivo deverá ser "julgado no **prazo de 1 ano**" (NCPC, art. 1.037, § 4º). Contudo, se não ocorrer o julgamento do repetitivo em 1 ano, *não há qualquer consequência prevista na lei* (na versão original do NCPC, o § 5º previa que cessaria a suspensão dos processos passado esse prazo de 1 ano – porém, o dispositivo foi **revogado** pela Lei 13.256/2016).

Após a **decisão de afetação**, o relator poderá (NCPC, art. 1.038):

I – *solicitar ou admitir amicus curiae*

II – designar *audiência pública*

III – requisitar *informações aos tribunais*

Em relação aos **processos sobrestados** (NCPC, art. 1.037, §§ 8º a 13):

a) haverá a *intimação das partes;*

b) as partes podem pedir *prosseguimento de seu recurso* com fundamento em *distinção*

c) se *indeferido esse pedido de afastar o sobrestamento*, caberá agravo de instrumento (se processo estiver em 1º grau) ou agravo interno (se o processo estiver no Tribunal).

Julgado o recurso repetitivo, ocorrerá o seguinte em relação aos recursos sobrestados (NCPC, arts. 1.039 a 1.041):

I – se o recurso sobrestado for REsp ou RE e estiver na origem: (a) inadmissão dos recursos (se a tese for contrária à fixada no repetitivo) ou reexame pela Câmara ou Turma (se a tese fixada for no sentido do pleiteado pelo recorrente);

II – se a causa for sobrestada antes desse momento processual, o juiz ou relator deverão *aplicar a tese definida*, sob pena de *reclamação;*

III – haverá, ainda, a *comunicação a órgãos, entes ou agências* com atribuição para *fiscalizar o cumprimento* da decisão proferida no repetitivo. Assim, por exemplo, se houver um repetitivo contra banco, o BACEN será oficiado para fiscalizar a obrigação imposta pela decisão judicial.

Por fim, o **julgamento do repetitivo ainda permite**:

(i) a *desistência nos sobrestados em 1º grau, sem concordância do réu* (só haverá isenção de custas e honorários se a desistência ocorrer antes da citação); e

(ii) autoriza *julgamento liminar de improcedência, dispensa remessa necessária* e permite o *julgamento monocrático pelo relator.*

5.2.9. Embargos de divergência

5.2.9.1. Cabimento

Os **embargos de divergência** são utilizados somente no âmbito do STJ e STF, após o julgamento do REsp ou do RE. Assim, *são cabíveis quando o acórdão proferido no julgamento do REsp/RE divergir do julgamento proferido por outro órgão colegiado do próprio Tribunal* (NCPC, art. 1.043).

Portanto, a finalidade é *pacificar internamente as divergências de entendimento.*

Assim, quando do julgamento de algum REsp, se o STJ já tiver julgado de alguma outra maneira a questão, por algum outro órgão interno do Tribunal, serão cabíveis os embargos de divergência. O mesmo se diga quando do julgamento de um RE pelo STF.

Na redação original do NCPC havia um aumento nas hipóteses de cabimento dos embargos de divergência, admitindo o recurso também no tocante à *admissibilidade do recurso* (e não só mérito) e também, nos processos de competência originária, de quaisquer julgados que divergissem do tribunal (ou seja, poderia haver divergência entre reclamação e REsp). Contudo, a **Lei 13.256/2016 revogou** essas duas inovações, que constavam dos incisos II e IV do art. 1.043.

Em síntese, o cabimento ficou da seguinte forma (NCPC, art. 1.043, I e III):

a) – em recurso extraordinário ou em recurso especial, *divergir do julgamento de qualquer outro órgão do mesmo tribunal*, sendo os acórdãos, embargado e paradigma, *de mérito;*

b) em recurso extraordinário ou em recurso especial, *divergir do julgamento de qualquer outro órgão do mesmo tribunal*, sendo um *acórdão de mérito* e *outro que não tenha conhecido do recurso*, embora tenha apreciado a controvérsia;

Cabe o recurso para discutir teses firmadas entre dois recursos, de órgão internos distintos – seja de matéria processual ou material (NCPC, art. 1.043, § 2º). Cabe ainda o recurso de julgado da *mesma turma*, se tiver havido *mudança na composição* (NCPC, art. 1.043, § 3º).

O recurso é previsto em um único artigo no NCPC, comparado com os demais recursos, não é muito frequente, seja no cotidiano forense ou no Exame da OAB – na maior parte das vezes, a Ordem coloca este recurso como uma resposta errada, para *confundir o candidato* em relação a outros recursos.

5.2.9.2. Prazo/custas

O prazo para interposição dos embargos de divergência é de *15 dias* (NCPC, art. 1.003, § 5º). Da mesma forma, é de 15 dias o prazo para responder ao recurso (contrarrazões de embargos de divergência) – o NCPC não prevê tal prazo, mas essa é a praxe nos regimentos internos e, ainda, é o prazo por força do princípio da isonomia entre os litigantes.

Há necessidade de *custas* (STJ, Lei 11.636/2007 e STF, RISTF, art. 57 e Tabela B de custas).

5.2.9.3. Efeitos

Há, como em todos os recursos, efeito devolutivo.

Não há efeito suspensivo, tal qual ocorre com o REsp e o RE.

Além disso, a interposição do recurso no STJ interrompe o prazo para interposição do RE, por qualquer das partes (NCPC, art. 1.044, § 1º).

5.2.9.4. Processamento (interposição/julgamento)

Os embargos de divergência são endereçados ao próprio relator do recurso. Após a vista à parte contrária para contrarrazões, haverá o julgamento.

O art. 1.044 do NCPC dispõe que o procedimento dos embargos de divergência seguirá o previsto nos regimentos internos dos Tribunais (RISTJ, arts. 266 e 267; RISTF, arts. 330 a 336).

5.2.10. Recursos que deixaram de existir no NCPC

Buscando simplificar o sistema, o NCPC extinguiu dois recursos que existiam no sistema anterior. Contudo, na verdade não se trata de uma extinção plena, mas sim uma transformação envolvendo os recursos.

Por essa razão, especialmente no início da vigência, vale visualizar o que foi extinto e qual a modificação realizada, pois isso pode ser objeto de questões por parte da OAB.

5.2.10.1. *Agravo retido*

No sistema do CPC/1973, ao lado do agravo de instrumento, havia também o agravo retido para impugnar decisões interlocutórias. No Código anterior, tratando-se de decisão interlocutória, *a regra era o cabimento do agravo retido*, pois somente cabia o agravo de instrumento em hipóteses de urgência.

E, se a parte não interpusesse o agravo retido, haveria preclusão quanto àquela decisão interlocutória. Por isso, o agravo retido era utilizado para *evitar a preclusão*.

No NCPC, **deixa de existir o agravo retido**. Assim, proferida uma decisão interlocutória não agravável de instrumento, se a parte não fizer nada, *não haverá preclusão*. Mas, após a prolação da sentença, *em preliminar de apelação ou de contrarrazões de apelação, a questão deverá ser impugnada – sob pena de preclusão* (ou seja, a preclusão dessa interlocutória não ocorrerá em 15 dias após sua publicação, mas somente após o prazo de apelação da sentença – por isso parte da doutrina fala em *preclusão elástica*).

A questão vem assim regulada no NCPC.

> **Art. 1.009**, § 1º As *questões resolvidas na fase de conhecimento, se a decisão a seu respeito não comportar agravo de instrumento*, não são cobertas pela preclusão e devem ser *suscitadas em preliminar de apelação*, eventualmente interposta contra a decisão final, *ou nas contrarrazões*.

5.2.10.2. *Embargos infringentes*

No sistema do CPC/1973, cabiam *embargos infringentes de acórdão não unânime que reformasse decisão de mérito, no bojo de apelação ou rescisória*. Ou seja, quando houvesse uma decisão "m.v." (maioria de votos, "2x1") seria possível a utilização dos infringentes.

Existiam muitas *divergências quanto ao cabimento dos embargos infringentes*, de modo que, em um primeiro momento de tramitação do Código, o recurso simplesmente deixou de existir. Mas, ao final da tramitação, a ideia de *voto vencido justificar novo julgamento voltou*. Não como recurso, mas como técnica de julgamento.

Assim, deixa de existir o recurso de embargos infringentes. Porém, se houver **voto vencido no momento do julgamento de apelação** (não de agravo), o *julgamento não termina*. Diante de um 2x1, serão convocados novos desembargadores, para que haja nova sessão de julgamento, com 5 desembargadores (os 3 que inicialmente votaram, mais 2 magistrados). Inclusive, se no órgão julgador houver número suficiente de magistrados, poderá o julgamento prosseguir a mesma sessão.

Portanto, mesmo sem vontade da parte, de ofício, haverá novo julgamento do recurso, inclusive com possibilidade de novas sustentações orais.

A inovação dessa técnica de julgamento vem assim prevista no NCPC:

> "**Art. 942.** Quando o *resultado da apelação for não unânime*, o julgamento terá *prosseguimento em sessão a ser designada com a presença de outros julgadores*, que serão convocados nos termos previamente definidos no regimento interno, em *número suficiente para garantir a possibilidade de inversão do resultado* inicial, assegurado às partes e a eventuais terceiros o *direito de sustentar oralmente suas razões* perante os novos julgadores.
>
> § 1º *Sendo possível, o prosseguimento do julgamento dar-se-á na mesma sessão*, colhendo-se os votos de outros julgadores que porventura componham o órgão colegiado."

5.3. Recursos nos Juizados Especiais

5.3.1. *Visão geral*

Até o tópico anterior houve a apresentação dos recursos previstos no NCPC. No âmbito dos Juizados Especiais, porém, existe sensível distinção no que diz respeito aos recursos – o que justifica, portanto, um tópico específico para enfrentar o tema.

Contudo, neste momento não se apresenta exatamente o que são os Juizados Especais (para tanto, conferir o item 3.9 supra, quando se tratou de procedimentos especiais).

De qualquer forma, apenas é necessário esclarecer que hoje existem três Juizados Especiais Cíveis, a saber:

✓ Juizado Especial Cível (causas cíveis entre particulares, até 40 salários mínimos – Lei 9.099/1995);

✓ Juizado Especial Federal (causas cíveis com ente federal como réu até 60 salários mínimos – Lei 10.259/2001); e

✓ Juizado Especial da Fazenda Pública (causas cíveis com entes estatais estaduais e municipais como réus, até 60 salários mínimos – Lei 12.153/2009).

Considerando o objetivo de *celeridade*, o sistema recursal dos Juizados é bem mais *simples* do que o previsto no NCPC. E há alguma distinção entre o JEC e os demais Juizados, como se verá a seguir.

5.3.2. *JEC (Lei 9.099/1995)*

Considerando a Lei 9.099/1995 e a Constituição, no JEC existem três recursos:

✓ recurso inominado;

✓ embargos de declaração; e

✓ recurso extraordinário.

A Lei 9.099/1995 prevê *recurso para impugnar a sentença*. Diante da ausência de nome, a doutrina e a jurisprudência passaram a denominá-lo de **recurso inominado** (art. 41), a ser interposto no *prazo de 10 dias* (art. 42), dependendo de *preparo* (art. 42, § 2º), em regra, *somente com efeito devolutivo* (art. 43).

Quanto ao *processamento* do recurso inominado, é *semelhante ao da apelação*. Após o recebimento, será aberta vista à parte contrária para *contrarrazões* e então o recurso será encaminhado ao **Colégio Recursal**, *órgão que é composto de juízes de 1º grau e que, de forma colegiada, decidirão o recurso*.

No mais, segundo entendimento majoritário, não cabe o recurso na modalidade adesiva, por falta de previsão legal.

Das decisões de 1º e 2º grau do Juizado cabem **embargos de declaração** (art. 48), no prazo de *5 dias* (art. 49).

O art. 1.064 do NCPC alterou o art. 48 da Lei 9.099/1995 para *deixar as hipóteses de cabimento dos declaratórios, no JEC, iguais às do Código de Processo* (antes dessa alteração, era possível também embargar no caso de *dúvida*).

Outra alteração promovida pelo NCPC (art. 1.065) foi apontar que, também no JEC, os embargos de declaração *interrompem o prazo para os outros recursos* (antes, a Lei 9.099/1995 previa a suspensão).

Portanto, as alterações que o NCPC fez na Lei 9.099/1995 foram para **igualar o regime dos embargos de declaração** no JEC e NCPC – o que é excelente, pois não se justificam as decisões antes existentes.

No JEC é admissível, também, o **recurso extraordinário**, *se o acórdão do Colégio Recursal violar a Constituição* (CF, art. 102, III) – com todos os requisitos e formas como já acima exposto.

Por outro lado, **não cabe no JEC**, por falta de previsão legal:

✓ *agravo ou qualquer recurso contra decisões interlocutórias*. Em alguns Estados, em casos de urgência, admite-se o agravo (como em São Paulo). Mas o entendimento que prevalece (e, portanto, o *mais seguro para a OAB* – também constante do FONAJE, Enunciado 15: "Nos Juizados Especiais não é cabível o recurso de agravo, exceto nas hipóteses dos artigos 544 e 557 do CPC") é pelo *não cabimento do agravo*, com a admissão, em situações excepcionais, do *mandado de segurança*; esse enunciado faz referência ao CPC/1973;

✓ *recurso especial*. Mesmo que uma decisão do Colégio Recursal viole legislação federal ou jurisprudência do STJ, não será cabível o REsp (neste sentido, Súmula 203 do STJ: "Não cabe recurso especial contra decisão proferida por órgão de segundo grau dos Juizados Especiais").

Contudo, diante de dificuldades que essa situação vem causando no cotidiano forense, *tem-se admitido a reclamação para o STJ*, de modo a impugnar decisões do Colégio Recursal em claro confronto com a jurisprudência do Tribunal (STF, EDcl no RE 571.572/BA, Tribunal Pleno, j. 26.08.2009, *DJe* 27.11.2009 e Resolução STJ 12/2009). Isso *até que se crie, no JEC, um incidente de uniformização de jurisprudência* (*vide* item abaixo). Não houve nenhuma alteração, nesse ponto, no NCPC.

5.3.3. JEF (Lei 10.259/2001) e JEFP (Lei 12.153/2009)

As leis que criaram o JEF e o JEFP, no tocante aos recursos, são muito semelhantes.

A base recursal é a mesma já prevista no JEC (*a Lei 9.099/1995 é aplicada de forma subsidiária*). Assim, tal qual acima exposto, *são cabíveis*:

✓ recurso inominado;

✓ embargos de declaração; e

✓ recurso extraordinário.

Mas, além disso, há a previsão de:

✓ **recurso de decisão interlocutória** (ou seja, **agravo** – apesar de a Lei não fazer menção a este nome), *desde que se trate de tutela de urgência* (Lei 10.259/2001, arts. 4º e 5º; e Lei 12.153/2009, arts. 3º e 4º);

✓ **incidente ou pedido de uniformização**, *a ser utilizado caso haja divergência entre os diversos Colégios Recursais ou entre estes e o STJ* (Lei 10.259/2001, art. 14; e Lei 12.153/2009, art. 18). Mas vale destacar que o incidente, apesar de impugnar acórdão de Colégio Recursal, *não tem natureza recursal*.

5.3.4. Interação entre NCPC e Juizados

Do exposto em relação aos Juizados, percebe-se que estamos diante de sistemas distintos (inclusive considerando a necessidade de uso da reclamação, conforme exposto no item 5.3.2 acima).

Porém, o NCPC, em alguns pontos, busca aproximar os 2 sistemas:

– **a tese firmada no IRDR** *também deverá ser observada perante os Juizados*, qualquer deles (NCPC, art. 985, I, parte final);

– aplica-se o **incidente de desconsideração da personalidade jurídica** *aos Juizados Especiais* (NCPC, art. 1.062).

Porém, não há previsão quanto à aplicação de diversos dispositivos do NCPC aos Juizados, o que será decidido paulatinamente pela jurisprudência. Como exemplo de dúvida, a *contagem de prazos em dias úteis*. Como não há previsão de como se conta prazo nos Juizados, a rigor, deveria ser aplicada a contagem de prazos somente em dias úteis, também nos Juizados (posição mais técnica, inclusive considerando a aplicação subsidiária do CPC ao sistema do Juizado – art. 27 da Lei 12.153/2009). Pelo outro lado, considerando a celeridade e informalidade que permeiam o Juizado, é possível que se sustente que não há a contagem de prazos em dias úteis.

6. REVOGAÇÕES E VIGÊNCIA

Para concluir, vale tecer alguns comentários a respeito de algumas previsões constantes das disposições finais e transitórias.

Ao entrar em vigor, as disposições do NCPC **se aplicarão desde logo aos processos pendentes**, observado o ato jurídico processual perfeito – ou seja, o que já foi realizado não terá de ser refeito (direito intertemporal).

Fica, portanto, **revogado o CPC/1973** (NCPC, art. 1.046).

Apesar da aplicação imediata do NCPC, as disposições relativas ao **rito sumário e procedimentos especiais revogados** *serão aplicadas* às ações propostas até o início da vigência do Novo Código, *desde que ainda não tenham sido sentenciadas* (NCPC, art. 1.046, § 1º).

Enquanto não editada lei específica, **as execuções contra devedor insolvente** (procedimento não previsto no NCPC) seguirão o *previsto no CPC/1973*, arts. 748 e ss. (que, portanto, apesar do Código revogado, seguirão eficaz).

O art. 1.072 traz a **revogação de inúmeros artigos de diversos diplomas legislativos**, com destaque para revogações no *Código Civil* (8 artigos, dentre os quais o art. 456), Lei 1.060/1950 – *Lei da Justiça Gratuita* (8 artigos), Lei 8.038/1990 – *Lei dos Recursos* (11 artigos) e Lei 5.478/1968 – *Lei de Alimentos* (3 artigos).

Em relação ao término da *vacatio legis* e efetivo **início da vigência do NCPC**, o art. 1.045 destaca que o Código entra em vigor "após decorrido *1 (um) ano da data de sua publicação oficial*". A sanção ocorreu em 16.03.2015, ao passo que a publicação no D.O.U. se deu em 17.03.2015. A partir daí, há *duas principais correntes* quanto à efetiva vigência, cada uma considerando forma diversa a contagem do "ano":

(i) dia 17.03.2016: publicação em 17.03.2015, 1 ano em 16.03.2016, entrando em vigor "no dia subsequente à sua consumação integral", ou seja, 17.03.2016;

(ii) dia 18.03.2016: publicação em 17.03.2015, 1 ano em 17.03.2016 (CC, art. 132, § 3º), entrando em vigor "no dia subsequente à sua consumação integral", ou seja, 18.03.2016.

15. Direito Penal

Cristiano Rodrigues

I – Parte Geral

1. PRINCÍPIOS FUNDAMENTAIS DE DIREITO PENAL

1.1. Princípio da legalidade ou reserva legal (art. 1º do CP e art. 5º, XXXIX, da CF)

Art. 1º Não há crime sem lei anterior que o defina. Não há pena sem prévia cominação legal.

A **função do princípio da legalidade:**

a) é proibir a retroatividade de uma lei penal incriminadora;

a.1) Princípio da irretroatividade: lei incriminadora não alcança fatos anteriores.

a.2) Princípio da retroatividade benéfica: toda lei penal mais benéfica para o agente deve alcançar os fatos anteriores a ela (art. 2º do CP).

Art. 2º Ninguém pode ser punido por fato que lei posterior deixa de considerar crime, cessando em virtude dela a execução e os efeitos penais da sentença condenatória.

Parágrafo único. A lei posterior, que de qualquer modo favorecer o agente, aplica-se aos fatos anteriores, ainda que decididos por sentença condenatória transitada em julgado.

Abolitio criminis: ocorre quando uma lei nova deixa de considerar crime algo que antes era assim tratado. As consequências da *abolitio criminis* são:

✓ Retroagir, afastando todos os efeitos penais da prática do fato, inclusive antecedentes e reincidência, se sobrepondo até ao trânsito em julgado condenatório.

✓ Não afetação dos efeitos cíveis da prática do fato (ex.: adultério – art. 240 do CP; sedução – art. 217 do CP; rapto consensual – art. 220 do CP);

b) Proibir o uso da analogia, costumes e princípios gerais de direito para incriminar;

Atenção

Em direito penal a analogia só poderá ser utilizada para beneficiar o sujeito (*analogia in bonam partem*), mas nunca para incriminar ou prejudicar (*analogia in malam partem*). Com isso, percebe-se que o rol incriminador de uma lei penal é fechado, taxativo e não pode ser ampliado para alcançar fatos semelhantes aos expressamente previstos (**princípio da taxatividade**).

c) Proibir incriminações vagas, abertas indeterminadas: a lei deve definir, determinar de forma exata e precisa aquilo que pretende incriminar (**princípio da determinação**).

1.2. Princípio da intervenção mínima (*ultima ratio*)

O direito penal deve intervir o mínimo possível nas relações sociais, somente se criando crimes quando realmente necessário para garantir a segurança jurídica.

A intervenção mínima dá origem a outros dois princípios:

a) **Princípio da subsidiariedade**: o direito penal é subsidiário em relação aos demais ramos do direito, sendo a última alternativa (*ultima ratio*) para a tutela de bens jurídicos.

b) **Princípio da fragmentariedade:** ao se incriminar uma conduta, deve-se fragmentar o bem jurídico a ser protegido para só punir criminalmente as formas de lesão efetivamente necessárias (ex.: dano culposo não é crime).

1.3. Princípio da humanidade ou dignidade da pessoa humana

O direito penal deve respeitar, acima de tudo, os direitos humanos fundamentais, e em hipótese alguma violar a dignidade da pessoa humana.

Consequência: proibir a aplicação e a execução de penas que ofendam direitos humanos fundamentais.

São modalidades de penas não admitidas em nosso ordenamento (art. 5º, XLVII, CF):

a) Pena de morte (salvo em caso de guerra declarada);

b) Penas cruéis;

c) Tortura;

d) Castigos corporais;

e) Trabalho forçado;

f) Banimento;

g) Prisão perpétua.

Na verdade, a grande aplicação prática desse princípio é estabelecer quais as penas proibidas em nosso ordenamento.

1.4. Princípio da pessoalidade ou intranscendência das penas (art. 5º, XLV, CF)

Nenhuma pena passará da pessoa do condenado, podendo a obrigação de reparar o dano e a decretação do perdimento de bens ser, nos termos da lei, estendidas aos sucessores e contra eles executadas, até o limite do valor do patrimônio transferido;

De acordo com esse princípio, a pena é pessoal e intransferível e jamais ultrapassa a pessoa do autor.

Atenção

A pena de multa como sanção pela prática de crime, embora seja dívida de valor inscrita na dívida ativa da Fazenda (art. 51 do CP), por ser pena, não se comunica aos herdeiros em caso de morte do autor, nem mesmo até o valor da herança, diante da intranscendência das penas.

Princípio da individualização das penas: trata-se de princípio ligado à intranscendência das penas, e afirma que as penas devem ser individualizadas tanto na sua aplicação quanto na sua execução, para atender as características pessoais, individuais de cada agente.

Atenção

Esse princípio fundamentou a declaração de inconstitucionalidade do regime integralmente fechado para crimes hediondos, dando origem, assim à Lei 11.464/2007, que estabeleceu parâmetros mais severos para a progressão em crimes hediondos (2/5 e 3/5 para reincidentes).

Dessa forma, crimes hediondos anteriores à lei terão progressão com base na regra geral da LEP (1/6), e posteriores à lei terão progressão com base nos novos parâmetros (2/5 e 3/5).

1.5. Princípio da culpabilidade ou da responsabilidade penal subjetiva

De acordo com esse princípio, **não há crime sem culpa** (*lato sensu*), sendo que essa **culpa** (responsabilidade pessoal) decorre da conduta praticada pelo agente através de:

a) dolo: intenção, finalidade, vontade.

b) culpa (sentido estrito): falta de cuidado.

Logo, como consequência desse princípio pode-se afirmar que **sem dolo e sem culpa não há crime,** e o fato será considerado **atípico.**

A partir do finalismo, a conduta humana passou a ser caracterizada pela finalidade do agente ao atuar; diferentemente do causalismo, que caracterizava o crime através do resultado causado.

Sendo assim, dolo e culpa passaram a fazer parte do verbo, caracterizando a conduta realizada pelo agente, e por isso o dolo passou a compor o próprio tipo penal, e é por isso que se pode dizer que **sem dolo e sem culpa o fato se torna atípico.**

Dolo / culpa = fato atípico.

1.6. Princípio da lesividade ou ofensividade

Para que haja crime, a conduta do agente deverá atingir, lesionar, afetar bem jurídico alheio de forma significante, relevante.

A **função da lesividade** é proibir incriminação de condutas que não ultrapassem o âmbito, a esfera do próprio agente (ex.: autolesão não configura crime).

Condutas autolesivas que acabem afetando um bem alheio paralelamente poderão gerar crime (ex.: tentativa de suicídio da mulher grávida = autoaborto – art. 124 do CP. Autolesão para recebimento de seguro = estelionato por fraude à seguradora – art. 171, § 2º, V, do CP).

1.6.1. Princípio da insignificância

É princípio decorrente da lesividade pelo qual lesões ínfimas, insignificantes, a um bem jurídico alheio devem ser desconsideradas para que o fato seja reconhecido como atípico, por ausência de tipicidade material.

De acordo com o STF:

Fato típico = Tipicidade formal + Tipicidade material
(artigo) (lesividade)

De acordo com o STF, lesões insignificantes a um bem alheio não produzem tipicidade material e, portanto, tornam o fato atípico.

Esse princípio vem tendo aplicação ampla em nossos tribunais. Porém, de acordo com o STF, não se aplica o princípio da insignificância nas seguintes hipóteses:

a) Crimes com violência ou grave ameaça à pessoa;

b) Tráfico de drogas (art. 33 da Lei 11.343/2006);

c) Falsificação de moeda (art. 289 do CP): quanto ao pequeno valor falsificado.

Em crimes de falsidade em geral, a falsificação grosseira gera fato atípico diante do crime impossível (art. 17 do CP), já que esse tipo de falsificação não será capaz de ofender a *fé pública*. Porém, nada impede que outro crime possa surgir da situação fática realizada (ex.: estelionato – art. 171 do CP).

Em crimes tributários (ex.: figuras da Lei 8.137/1990 e também descaminho – art. 334; apropriação indébita previdenciária – art. 168-A do CP), o STF vem adotando valor determinado para declarar insignificância, qual seja, para lesões até R$ 10.000,00, e com a mudança nos parâmetros da Lei de Execução Fiscal (Lei 10.522/2002), para R$ 20.000,00 (Portaria MF 75/2012). Há entendimento, ainda divergente, de que esse seria também o novo parâmetro para declarar a insignificância nos crimes tributários, embora o STJ ainda mantenha os R$ 10.000,00 como referência.

Já nos demais crimes não há valor certo, devendo-se, de acordo com o STF, ponderar diversos fatores como: a pequena lesividade, o reduzido grau de reprovabilidade do agente, a mínima ofensividade para a vítima, a repercussão social da conduta etc.

2. TEORIA DA NORMA

2.1. Espécies de norma penal

a) Lei penal incriminadora: estabelece um crime e prevê uma pena, estando prevista na parte especial do Código Penal e em leis penais extravagantes. (ex.: art. 121 do CP);

b) Lei penal não incriminadora:

b.1) Explicativa: não prevê crime nem estabelece pena, tendo cunho explicativo quando delimita um instituto, um conceito, estabelece um princípio etc.

b.2) Permissiva: leis penais de cunho permissivo ocorrem quando permitem, autorizam que em certas hipóteses o agente atue sem que o fato seja considerado crime. Ex.: legítima defesa (art. 25 do CP).

c) Lei penal em branco: é aquela que está incompleta e exige um complemento para que possa ser interpretada e aplicada. A lei penal em branco pode ser *homogênea ou imprópria* quando seu complemento se encontra em uma lei (sentido estrito) de mesma natureza e origem que a lei penal incriminadora em branco (art. 312, c/c o art. 327 do CP), ou ainda uma lei penal em branco *heterogênea ou própria*, quando seu complemento se encontra em outra categoria de norma diferente de lei (ex.: art. 33 da Lei 11.343/2006 complementada por Portaria da Anvisa).

d) Lei excepcional: (art. 3º do CP) é aquela criada para situações anormais excepcionais, de calamidade, e portanto irá vigorar enquanto durar a situação que lhe deu causa. Dessa forma seu prazo de vigência é *indeterminado*, porém condicionado, vinculado à situação anormal que lhe deu causa.

Essa categoria de lei possui *ultratividade gravosa*, ou seja, permanece produzindo efeitos, mesmo após seu término de vigência, para fatos praticados quando ainda estava em vigor.

e) Lei temporária (art. 3º do CP): é aquela criada para situações particulares, possuindo assim prazo de vigência *determinado*. Ou seja, irá vigorar por certo período de tempo, possuindo também *ultratividade gravosa* (ex.: Código Eleitoral).

2.2. Lei penal no tempo

Para determinar o momento de ocorrência de um crime (tempo do crime), o CP adotou a teoria da atividade (art. 4º), através da qual se considera praticado o crime no momento da realização da conduta, mesmo que outro seja o momento de ocorrência do resultado (ex.: se um *menor* atira em alguém e este morre 1 mês depois quando o agente já completou 18 anos, responderá como *menor* pelo ECA).

São princípios informadores da aplicação da Lei penal no tempo:

a) Irretroatividade;

b) Retroatividade benéfica (art. 2º do CP);

c) *Tempus regit actum* (atos são regidos pelas leis vigente a seu tempo).

2.3. Lei penal no espaço

Em direito penal material, funciona para delimitar o âmbito de aplicação da Lei penal brasileira a certos fatos de acordo com o local em que esses fatos ocorreram.

2.3.1. Lugar do crime (art. 6º do CP – teoria da ubiquidade)

Consideram-se lugar do crime tanto o local onde ocorre a prática da conduta quanto o local em que se produzir o resultado, permitindo assim aplicar a lei brasileira sempre que um crime "*tocar*" o território nacional; ou seja, sempre que a ação ou o resultado ocorram no Brasil, pode-se considerar que o crime ocorreu aqui.

2.3.2. Princípio da territorialidade (art. 5º do CP)

Aplica-se a lei penal brasileira a todos os fatos ocorridos (ação ou resultado) em território nacional, ou suas extensões, ressalvados tratados e convenções internacionais.

a) Considera-se extensão do território nacional: embarcações e aeronaves de direito público ou a serviço do governo brasileiro, onde quer que se encontrem, prevalecendo assim a aplicação da lei brasileira para crimes praticados em seu interior.

b) Embarcações ou aeronaves privadas particulares: serão extensão do território nacional quando estiverem em zona neutra (águas ou espaço aéreo internacional), e, quando se encontrarem em outro país, em suas águas ou em seu espaço aéreo, prevalecerá, via de regra, a lei desse país.

A chamada *extraterritorialidade* permite que em certas hipóteses se aplique a lei penal brasileira a fatos ocorridos no estrangeiro, de acordo com as hipóteses e algumas condições previstas no art. 7º do CP, dando origem assim a alguns princípios subsidiários como a Nacionalidade (art. 7º, inc. II, *b*), a Universalidade (art. 7º, inc. II, *a*) e a representação da bandeira (art. 7º, inc. II, *c*).

Art. 7º. Ficam sujeitos à lei brasileira, embora cometidos no estrangeiro:

I – os crimes:

a) contra a vida ou a liberdade do Presidente da República;

b) contra o patrimônio ou a fé pública da União, do Distrito Federal, de estado, de Território, de município, de empresa pública, sociedade de economia mista, autarquia ou fundação instituída pelo Poder Público;

c) contra a administração pública, por quem está a seu serviço;

d) de genocídio, quando o agente for brasileiro ou domiciliado no Brasil;

II – os crimes:

a) que, por tratado ou convenção, o Brasil se obrigou a reprimir;

b) praticados por brasileiro;

c) praticados em aeronaves ou embarcações brasileiras, mercantes ou de propriedade privada, quando em território estrangeiro e aí não sejam julgados.

§ 1º Nos casos do inciso I, o agente é punido segundo a lei brasileira, ainda que absolvido ou condenado no estrangeiro.

§ 2º Nos casos do inciso II, a aplicação da lei brasileira depende do concurso das seguintes condições:

a) entrar o agente no território nacional;

b) ser o fato punível também no país em que foi praticado;

c) estar o crime incluído entre aqueles pelos quais a lei brasileira autoriza a extradição;

d) não ter sido o agente absolvido no estrangeiro ou não ter aí cumprido a pena;

e) não ter sido o agente perdoado no estrangeiro ou, por outro motivo, não estar extinta a punibilidade, segundo a lei mais favorável.

§ 3º A lei brasileira aplica-se também ao crime cometido por estrangeiro contra brasileiro fora do Brasil, se, reunidas as condições previstas no parágrafo anterior:

a) não foi pedida ou foi negada a extradição;

b) houve requisição do Ministro da Justiça.

3. CLASSIFICAÇÃO DE CRIMES

3.1. Quanto ao sujeito ativo

a) Crime comum: é aquele que pode ser praticado por qualquer pessoa, não havendo restrições quanto ao sujeito ativo (ex.: art. 121 do CP);

b) Crime próprio: é aquele em que o tipo penal exige características específicas do sujeito ativo, ou seja, são crimes "próprios de determinada categoria de pessoas".

Atenção

De acordo com o art. 30 do CP, é possível imputar um crime próprio a quem não possua as características exigidas pelo tipo, quando este atuar como coautor ou partícipe, ou seja, em concurso de pessoas com quem possua as características exigidas pelo tipo. Isso ocorre pois as características próprias do sujeito ativo, exigidas pelo crime próprio, são elementares (elementos integrantes do *caput*) de caráter pessoal desse crime, devendo, de acordo com o art. 30 do CP, se comunicar a todos os participantes do fato, desde que sejam do seu conhecimento (Ex.: Homem pode responder por infanticídio do art. 123 CP se ajudar a mãe a matar o filho).

c) Crime de mão própria: é aquele em que o tipo penal exige que o sujeito ativo execute a conduta típica pessoalmente, individualmente, com "as próprias mãos", não admitindo assim, via de regra, coautoria ou autoria mediata, embora nada impeça que se fale em participação (ex.: art. 330 do CP).

3.2. Quanto ao momento de consumação

a) Crime instantâneo: são aqueles que se consumam, se completam de uma vez só em um único instante, ou seja, a consumação ocorre e nada mais acontece a partir daquele momento (ex.: arts. 121, 129 e 155 do CP);

b) Crime permanente: é aquele que se consuma em determinado momento, porém permanece em estado de consumação por certo período de tempo, ou seja, a consumação se prolonga pelo tempo (ex.: arts. 148 e 288 do CP).

Atenção

Não confundir *crime permanente* (classificação de crime) com *crime continuado* (art. 71 do CP), que não é classificação de crime, mas modalidade de concurso de vários crimes, ou seja, forma de se cometer crimes em continuidade.

b.1) Consequências do crime permanente:

✓ Se o autor pratica a conduta ainda menor de idade, mas completa 18 anos durante a permanência, deverá responder como **maior,** excepcionando a regra geral da teoria da atividade (art. 4º do CP).

✓ A prisão em flagrante poderá ocorrer a qualquer tempo durante a permanência.

✓ O prazo prescricional que, por regra, começa a correr na data da consumação, nos crimes permanentes só começa a ser contado a partir da data do término da permanência.

✓ De acordo com a Súmula 711 do STF, uma lei nova, mesmo que mais severa e posterior à prática da ação, aplica-se ao crime permanente, quando essa lei surgir durante a permanência.

3.3. Quanto à conduta (crime omissivos)

a) Omissivos próprios ou puros: trata-se da omissão por essência, quando a *própria lei prevê a omissão*, ou seja, há um verbo de não agir previsto na lei como proibido (não atuar, deixar de agir, deixar de fornecer). Dessa forma, ao prever que é crime se omitir, surge um *dever geral de agir* imposto a todos que se encontrem na situação narrada pelo tipo.

Ao prever a conduta omissiva como crime, esses crimes omissivos próprios *jamais irão poder imputar resultados* ao agente, que só responderá por ter se omitido, nunca sendo imputado por qualquer resultado concreto, como morte ou lesão.

Isso se dá pelo fato de que inércia não é capaz de causar nada e, portanto, quem se omitiu não pode responder por resultados naturalísticos surgidos no mundo fático.

Além disso, como, salvo disposição em contrário, as leis se destinam a todos, na omissão pura haverá um dever geral de agir imposto a qualquer pessoa, não havendo assim obrigação de enfrentar o perigo diante da situação (ex.: art. 135 do CP – omissão de socorro).

b) Omissivos impróprios ou impuros: na verdade, não se trata de classificação dada a um ou outro crime, mas tão somente de forma criada para imputar resultados previstos na lei através de ação (ex.: arts. 121, 129 e 163), a título de dolo ou culpa, a aqueles que possuírem um dever específico de evitar esses resultados e de enfrentar o perigo (garantidores – art. 13 do CP), caso venham a se omitir.

Os garantidores responderão, caso se omitam, dolosa ou culposamente pelos resultados produzidos na situação concreta.

São considerados garantidores de acordo com o art. 13, § 2º, do CP:

b.1) *quem por lei possua o dever de proteção cuidado ou vigilância*: essa alínea engloba ascendentes, descendentes, cônjuges e irmãos (todos mutuamente), tutores e curadores e, ainda, funcionários públicos com esses deveres específicos (médico, bombeiro e policial).

Atenção

O funcionário público só é garantidor, tendo a obrigação de enfrentar perigo e responder por resultados durante o efetivo exercício da sua função. Fora dele, é pessoa comum que pode responder apenas por omissão de socorro (art. 135 do CP).

b.2) *quem de outra forma se obrigou a evitar resultados*: essa alínea engloba os contratos privados (segurança particular, babá, professora, salva-vidas do clube), e ainda os acordos de vontade, mesmo que informais.

b.3) *quem com seu comportamento criar o risco de ocorrência do resultado*: nesse caso, qualquer pessoa que, dolosa ou culposamente, criar uma situação de risco pra terceiros deverá enfrentar o perigo para evitar esse resultado.

Omissivo próprio/puro	Omissivo impróprio/ impuro
Lei prevê uma *omissão*	**Lei prevê *ação***
Dever *geral* de agir	**Dever *especial* de agir (art. 13, § 2º – garantidores)**
***Não responde* pelos resultados**	***Responde* por resultados (arts. 121, 129 e 163 do CP). Através de dolo ou culpa**
***Não há* obrigação de enfrentar perigo Ex.: art. 135 do CP – omissão de socorro**	***Há* obrigação de enfrentar perigo**
	Também chamado de *comissivo por omissão* (cometidos pela omissão do garantidor)

4. RELAÇÃO DE CAUSALIDADE

É a relação de causa e efeito entre a conduta do agente e o resultado causado no mundo fático, sendo necessário que haja esse nexo de causalidade para que se possa atribuir um resultado concreto a alguém.

Porém, de acordo com a estrutura finalista da ação, adotada pelo CP, nada impede que haja crime na ausência

15. Direito Penal

do nexo de causalidade, como ocorre em certas hipóteses de tentativa, ou em certos crimes em que não há resultado concreto sequer previsto no tipo (ex.: omissão de socorro – art. 135 do CP).

O Código Penal, em seu art. 13, adotou a *teoria da equivalência das condições*, ou da *equivalência dos antecedentes*, também chamada de **"teoria da *conditio sine qua non*"**, para determinar o que é causa de certo resultado, e assim estabelecer se há ou não nexo de causalidade entre a conduta e o resultado típico produzido no mundo fático.

De acordo com a referida teoria (art. 13 do CP): Causa será toda condição essencial, necessária, sem a qual o resultado não se produziria da forma como se produziu. Sendo que, havendo vários fatores essenciais para um resultado se produzir, eles se equivalem, e todos serão vistos como causa de um resultado.

4.1. Método da eliminação hipotética

Para determinar se a conduta do agente é ou não *condição essencial para um resultado*, e portanto se é ou não causa, estipulando assim se esse resultado pode ser atribuído ao agente, utiliza-se o *método da eliminação hipotética*.

Elimina-se mentalmente, hipoteticamente, a conduta do agente, e caso o resultado mude, deixe de ocorrer da forma como aconteceu, a conduta eliminada será considerada causa e poderá ser atribuído ao agente o resultado produzido.

Porém, se ao eliminar a conduta do agente o resultado permanecer idêntico, esta não será causa e, portanto, não poderá ser atribuído o resultado ao agente, que só responderá pelos atos realizados (ex.: tentativa).

O art. 13, § 1º, do CP prevê como única **exceção ao método da eliminação hipotética** e à teoria da *conditio sine qua non* quando houver um fator, uma condição superveniente (posterior) à conduta do agente, e que *por si só*, tenha dado causa ao resultado, não havendo um desdobramento natural da conduta por ele realizada, e por isso, o sujeito só responderá por aquilo que fez, mas não pelo resultado ocorrido (ex.: agente dispara pra matar mas a vítima lesionada vem a morrer em decorrência de um incêndio no hospital ou de um acidente de ambulância – responde apenas pela *tentativa de homicídio*).

5. *ITER CRIMINIS*

5.1. Conceito

São as 4 etapas de realização do crime doloso:

1ª Cogitação: é pensar, imaginar, elaborar mentalmente a prática de algo. Sendo uma etapa psíquica que não afeta bem jurídico alheio, e diante do princípio da lesividade, é absolutamente impunível.

2ª Preparação ou atos preparatórios: é etapa concreta, no mundo fático, que visa propiciar, instrumentalizar a realização do crime. Porém, por não ultrapassar a esfera do próprio agente é, via de regra, impunível.

Atenção

Há exceções em que o legislador opta por criminalizar autonomamente atos que seriam de mera preparação impunível, fazendo que esses atos passem a configurar crimes de forma autônoma (ex.: arts. 288 e 291 do CP).

3ª Atos executórios ou execução: ocorrem quando o agente dá início à realização do crime, passando a interferir na esfera do bem jurídico alheio e permitindo a intervenção do direito penal pelo menos através da tentativa (art. 14, II e parágrafo único, do CP).

De acordo com a maioria da doutrina, nosso ordenamento adotou o *critério objetivo individual* para delimitar o início de execução, e possibilitar a intervenção penal, punindo o crime.

Para esse critério, os atos executórios começam no momento imediatamente anterior à concreta realização do verbo núcleo do tipo penal, quando o agente começa a se mover, manifestando seu plano criminoso (dolo), passando a interferir na esfera do bem jurídico alheio.

4ª Consumação: ocorre quando o crime está completo, quando o agente realiza tudo aquilo que o tipo penal proibiu, e isso pode ocorrer de 3 formas:

a) Com a concreta produção, **materialização** do resultado previsto no mundo fático (Crimes materiais. Ex.: art. 121 do CP – homicídio com o resultado morte);

b) Com a completa realização da **conduta formalmente** proibida, independentemente da produção do resultado previsto (*Crimes formais* – ex.: extorsão mediante sequestro; art. 159 do CP – não há necessidade de obter a vantagem do resgate);

c) Com a completa realização da **mera conduta** proibida, já que não há sequer previsão de resultados (*Crimes de mera conduta* – arts. 135 e 330 do CP).

5.2. Tentativa (art. 14, II, parágrafo único, do CP)

Ocorre quando o agente inicia a execução, mas não chega à consumação por *motivos alheios à sua vontade*, gerando assim um crime incompleto, que por isso terá sua pena diminuída de 1/3 a 2/3.

> **Art. 14.** Diz-se o crime:
>
> [...]
>
> II – tentado, quando, iniciada a execução, não se consuma por circunstâncias alheias à vontade do agente.
>
> **Parágrafo único.** Salvo disposição em contrário, pune-se a tentativa com a pena correspondente ao crime consumado, diminuída de um a dois terços.

Quanto a sua natureza jurídica, a tentativa é considerada uma norma de extensão, uma norma de adequação típica indireta por subordinação mediata, sendo uma causa de diminuição de pena.

5.2.1. *Espécies de tentativa*

Grupo 1:

a) Inacabada ou imperfeita: é aquela em que o agente inicia a execução e, por *motivos alheios* a sua vontade, não consegue completar os atos executórios, que ficam inacabados, ou seja, ainda havia atos a realizar e o crime não se consuma.

b) Acabada ou perfeita (crime falho): ocorre quando o agente completa todos os atos executórios, não havendo mais nada a realizar. Porém, por *motivos alheios* a sua vontade, não chega a consumação (ex.: dispara toda a munição da arma mas a vítima sobrevive).

Grupo 2:

c) Tentativa "branca" ou incruenta: é aquela que não gera qualquer lesão à vítima, ao bem jurídico, ou seja, não produz "*derramamento de sangue*" (ex.: atira para matar e erra o tiro).

d) Tentativa cruenta ou "vermelha": é aquela que produz resultado concreto na vítima, embora esse resultado não gere consumação (ex.: atira para matar e causa lesão corporal).

5.3. Desistência voluntária (art. 15 do CP)

> **Art. 15.** O agente que, voluntariamente, desiste de prosseguir na execução ou impede que o resultado se produza, só responde pelos atos já praticados.

Ocorre quando o agente inicia os atos executórios *e*, **durante sua realização, desiste de prosseguir e abandona a prática dos atos em curso.**

Dessa forma não há consumação e afasta-se a tentativa (*tentativa abandonada*), já que não há "*motivos alheios*", mas uma *escolha voluntária* de abandonar a execução, tornando o fato iniciado **atípico**. Porém, nada impede que ele possa responder por outros crimes que já tenham ocorrido.

A desistência voluntária e o arrependimento eficaz são chamados de "*ponte de ouro*" do direito penal, já que permitem ao agente voltar à legalidade depois de ter iniciado a realização de um crime. Ex.: o agente quebra a janela de um carro, e quando está subtraindo o rádio resolve parar e ir embora, já que achou que o modelo do rádio não valia a pena. Nesse caso, responde apenas pelo crime de dano (art. 163 do CP).

Para diferenciar, em um caso concreto, uma situação de *desistência voluntária* de uma *tentativa*, utiliza-se a famosa **Fórmula de Frank:** "Se posso prosseguir e não quero, haverá *desistência*, mas se quero prosseguir e não posso, haverá *tentativa*."

5.4. Arrependimento eficaz (art. 15 do CP)

Ocorre quando o agente inicia e completa todos os atos executórios, não havendo mais nada a realizar. Porém, por sua própria escolha, atua eficazmente e impede a consumação, evitando a produção do resultado.

Nesse caso, **afasta-se a tentativa** (não há motivos alheios) e o fato iniciado torna-se **atípico**, podendo se imputar ao agente apenas outros crimes que eventualmente tenham ocorrido. Ex.: o agente ministra veneno a seu desafeto e, após este ter tomado o veneno, resolve que não quer mais que ele morra e ministra um antídoto ou leva a vítima a um hospital onde esta é salva. Não responde pela tentativa de homicídio, podendo responder por eventuais lesões corporais que a vítima tenha sofrido.

Para diferenciar a *desistência voluntária* do *arrependimento eficaz* utiliza-se a seguinte frase:

Eu ***desisto*** apenas do que estou fazendo e me ***arrependo*** somente do que já fiz.

5.5. Arrependimento posterior (art. 16 do CP)

> **Art. 16.** Nos crimes cometidos sem violência ou grave ameaça à pessoa, reparado o dano ou restituída a coisa, até o recebimento da denúncia ou da queixa, por ato voluntário do agente, a pena será reduzida de um a dois terços.

É aquele *posterior à consumação*, quando o agente *repara o dano ou restitui a coisa*, para receber diminuição de pena de *um terço a dois terços* desde que preenchidos os seguintes requisitos:

a) Crime sem violência ou grave ameaça à pessoa;

b) A reparação deve ser feita até o recebimento da denúncia.

Embora haja divergência, entende-se que a reparação parcial não impossibilita a aplicação do arrependimento posterior, desde que seja razoável (mínimo de 50%), obviamente gerando uma diminuição menor que o máximo de 2/3, que será usado apenas para a reparação integral.

Obs.: Nos crimes tributários a reparação integral do prejuízo poderá ser feita a qualquer tempo, mesmo após o trânsito em julgado da sentença, e será causa de extinção da punibilidade.

5.6. Crime impossível (art. 17 do CP)

> **Art. 17.** Não se pune a tentativa quando, por ineficácia absoluta do meio ou por absoluta impropriedade do objeto, é impossível consumar-se o crime.

É aquele *impossível de consumar*, já que diante da situação concreta a lesão do bem jurídico tutelado naquele tipo específico é absolutamente impossível de ocorrer, embora o agente atue com dolo. Isso ocorre pois o meio utilizado para gerar o resultado é *absolutamente ineficaz* (ex.: matar com arma desmuniciada), ou ainda quando o objeto atingido é *absolutamente impróprio* de sofrer o resultado pretendido (ex.: matar o morto).

No *crime impossível* é impossível de se gerar resultado pretendido pelo agente, ou seja, diante da situação concreta a consumação jamais se produzirá, a lesão ao bem jurídico é impossível e o agente atua em situação conhecida como *tentativa inidônea, tentativa ineficaz ou tentativa imprópria* para gerar o resultado, e por isso essa "*tentativa*" terá como consequência tornar o **fato atípico.**

Atenção

De acordo com o STJ a tentativa de furto em lojas com sistema de segurança, vigilância e câmeras será punida normalmente, não gerando crime impossível, já que, por menor que seja, sempre existe uma chance de o crime se consumar.

Ainda de acordo com o STF, o flagrante preparado, também chamado de *delito de ensaio*, configura **crime impossível**, afastando a tentativa e tornando o fato atípico (Súmula 145 do STF).

6. TEORIA DO CRIME

<table>
<tr><th colspan="5">CRIME</th></tr>
<tr><th colspan="3">FATO TÍPICO</th><th>ILICITUDE</th><th>CULPABILIDADE (reprovabilidade)</th></tr>
<tr><td rowspan="2">Elemento objetivo</td><td colspan="2">Elemento subjetivo</td><td rowspan="2">Excludentes (art. 23):
– Estado de necessidade (art. 24)
– Legítima defesa (art. 25)
– Estrito cumprimento do dever legal
– Exercício regular do direito
– **Consentimento do ofendido (supralegal)</td><td rowspan="2">– Imputabilidade
– Potencial conhecimento da ilicitude
– Exigibilidade de conduta diversa</td></tr>
<tr><td>Geral (dolo)</td><td>Especial (especial fim de agir)</td></tr>
</table>

6.1. Fato típico ou tipicidade

Fato típico, em seu aspecto formal, é a descrição na lei da conduta humana proibida para qual se estabelece uma sanção. Nosso Código Penal, nas bases do finalismo, adotou a teoria *indiciária da ilicitude* (*ratio cognoscendi*), pela qual todo fato típico a princípio será também ilícito, salvo se estiver presente uma causa de justificação, ou seja, uma excludente de ilicitude, que afastará a ilicitude e o próprio crime, sem afetar, no entanto, a tipicidade do fato.

6.1.1. Elementos integrantes do fato típico doloso

6.1.1.1. Elementos objetivos

São aqueles concretamente previstos na norma, no próprio tipo. São eles:

a) Verbo, que traduz a conduta;

b) Elementos descritivos: são aqueles que descrevem algo de forma direta e imediata (ex.: alguém, coisa etc.);

c) Elementos normativos jurídicos e extrajurídicos: são aqueles que necessitam de conceitos, valorações para serem compreendidos (ex.: funcionário público, cheque, moléstia venérea etc.).

6.1.1.2. Elementos subjetivos – dolo e especial fim de agir

São aqueles que traduzem o que está na cabeça do sujeito ao agir, sua intenção, sua finalidade, seu fim específico para atuar. Dessa forma, o elemento subjetivo divide-se em: *geral*, ou seja, o **dolo** do agente ao atuar; e *especial*, o **especial fim de agir**, elemento subjetivo específico, que em alguns crimes (*delitos de intenção*) traduz uma finalidade específica do agente ao atuar, necessária para caracterizar esses crimes (ex.: "*para si ou para outrem*" no furto – art. 155 do CP; "*fim de obter vantagem*" na extorsão mediante sequestro – art. 159 do CP).

Elemento subjetivo geral: é o dolo, que caracteriza a conduta típica praticada; é a intenção, a finalidade do agente ao atuar. Esse dolo é chamado de *dolo natural*, *valorativamente neutro*, já que traduz a simples intenção do agente ao atuar, sem questionar o "*porquê ou para quê*" de sua ação.

São espécies de dolo:

a) Dolo direto de 1º grau: é o conceito puro de dolo; a intenção, finalidade e a *vontade* direcionada para a produção de um resultado (*teoria da vontade*).

b) Dolo direto de 2º grau: é aquele em que o agente possui a intenção, a finalidade de gerar determinado resultado, porém reconhece que outros resultados paralelos com *certeza* se produzirão; mesmo assim atua, e quanto a esses resultados responderá a título de dolo direto de 2º grau, com as penas somadas através do concurso formal imperfeito (art. 70, 2ª parte). Ex.: querendo matar um desafeto, explode uma bomba no avião.

c) Dolo geral: ocorre quando o agente pratica determinada conduta dolosa e, *acreditando ter alcançado o resultado* pretendido, realiza um segundo ato; porém, o resultado na verdade só ocorre em decorrência desse segundo ato. Sendo assim, o dolo da primeira ação será geral e abrangente para alcançar o segundo ato, e o agente *responderá por um único crime doloso consumado* (ex.: dispara para matar, *acha que a vítima está morta* e joga o corpo no rio, vindo esta a morrer afogada; ou o Caso Nardoni).

Obs.: Alguns autores tratam o dolo geral como sinônimo da chamada *aberratio causae*. Mas esta é diferente, e ocorre quando, por meio de uma única conduta, o agente gera o resultado pretendido; porém, por uma causa diferente da imaginada e desejada inicialmente (ex.: joga vítima de uma ponte para que morra afogada e esta morre de traumatismo craniano em pedra).

d) Dolo eventual: trata-se de modalidade *suis generis* de dolo, pois o agente *não possui a intenção* de gerar o resultado, mas age de acordo com os seguintes elementos:

d.1) *Previsão concreta do resultado*: o resultado deve ter passado concretamente na cabeça do autor; é diferente de previsibilidade, que é apenas a possibilidade de prever e caracteriza o crime culposo;

d.2) *Consentimento, indiferença* quanto à eventual produção do resultado (teoria do consentimento ou assentimento);

d.3) Age *aceitando, assumindo os riscos* de ocorrência dos resultados.

No dolo eventual, o agente responde pelo crime doloso normalmente; porém, como não há *vontade* de gerar resultado, só será imputado por aquilo que efetivamente causar, entendendo-se majoritariamente que *não há como falar em tentativa* caso o resultado previsto não ocorra.

Atenção

Crimes de trânsito, em sua maioria, serão culposos (arts. 302 e 303 do CTB), salvo nas hipóteses de "*pega ou racha*" e de *embriaguez* associada à lesão. Quanto a eles, de acordo com o STF, em muitos casos deve-se falar em dolo eventual.

6.1.2. *Tipo culposo*

É aquele que decorre da falta de cuidado do agente ao atuar, ou seja, da sua negligência, imprudência ou imperícia, gerando assim um resultado que lhe era previsível e que tenha a forma culposa expressamente prevista em lei (regra da excepcionalidade do crime culposo – Ex.: o crime de dano do art. 163 do CP não possui forma culposa).

6.1.2.1. *Elementos integrantes do tipo culposo*

a) Conduta (ação/omissão);

b) Resultado típico (previsto na forma culposa);

c) Nexo causal (vínculo entre a conduta e o resultado);

d) Falta de cuidado devido (imprudência, negligência e imperícia);

e) Previsibilidade do resultado (possibilidade de prever).

De acordo com a *teoria da imputação objetiva do resultado*, oriunda do direito penal alemão, e com base no chamado *princípio da confiança*, aquele que cumpre as regras impostas pela sociedade e pelo Estado para determinada atividade pode confiar que os outros também o farão e, ao atuar, independentemente da análise da situação específica, não age com falta de cuidado e não poderá responder pelo crime culposo (ex.: quem passa direto por sinal verde na madrugada e bate em outrem que avançava o sinal não responde pelo resultado, por mais que fosse previsível que alguém avançaria o sinal nesse horário).

6.1.2.2. *Espécies de culpa*

São espécies de culpa:

a) Culpa inconsciente ou culpa comum: é a regra geral para os crimes culposos em que o agente *não tem consciência*, não tem previsão do resultado e atua faltando com o cuidado devido (imprudência/negligência/imperícia), já que o resultado era apenas *previsível* (*previsibilidade*).

b) Culpa consciente: é aquela em que o agente *tem previsão concreta do resultado*, porém repudia a ocorrência desse resultado e só atua quando crê, sinceramente, em suas habilidades para agir sem que o resultado se produza. Entretanto, ao atuar, acaba causando o resultado típico, respondendo assim por ele a título de culpa (ex.: atirador de elite que atinge a vítima de sequestro ou caso do Ônibus 174 no Rio de Janeiro).

O ***crime preterdoloso*** é modalidade específica de tipo penal em que o agente tem dolo na sua conduta, mas acaba gerando um resultado que vai além desse dolo e é causado por culpa, devendo estar expressamente previsto em lei como a forma qualificada de certos crimes (ex.: lesão corporal seguida de morte – art. 129, § 3º, do CP).

6.2. Ilicitude ou antijuridicidade

6.2.1. *Conceito*

Ilicitude ou antijuridicidade é a relação de contrariedade entre determinado comportamento que caracterize um fato típico e o ordenamento jurídico, sendo o segundo elemento integrante do conceito de crime.

De acordo com a chamada teoria indiciária da ilicitude (*ratio cognoscendi*), adotada por nosso ordenamento, a tipicidade é o indicio da ilicitude de um fato e, portanto, todo fato típico será também ilícito, salvo se estiver presente uma causa de justificação, uma excludente da ilicitude.

Nosso Código Penal, em seu art. 23, prevê 4 causas de exclusão da ilicitude, quais sejam: o estado de necessidade, a legítima defesa, o estrito cumprimento do dever legal e o exercício regular de direito, havendo ainda o consentimento do ofendido, que, embora não esteja previsto em lei, é considerado causa supralegal de exclusão da ilicitude.

Havendo qualquer causa de exclusão da ilicitude, o fato deixa de ser considerado crime, pois a conduta típica realizada estará autorizada, permitida pelo próprio ordenamento jurídico, razão pela qual os artigos que preveem essas excludentes (ex.: arts. 24 e 25 do CP) são chamados de tipos permissivos.

Cada uma das causas de exclusão da ilicitude terá características específicas e necessárias para que sejam reconhecidas e elementos integrantes que formam seu conceito. Portanto, a seguir estudaremos cada uma delas separadamente.

6.2.2. *Excludentes de ilicitude (art. 23 do CP)*

<table>
<tr><td rowspan="5">Ilicitude</td><td rowspan="4">Excludentes (art. 23, CP)</td><td>Estado de necessidade (art. 24, CP)</td><td>Perigo:
a) Atual e inevitável
b) Não criado por vontade do sujeito
c) Bem próprio ou de terceiros</td></tr>
<tr><td>Legítima defesa (art. 25, CP)</td><td>Agressão:
a) Atual ou iminente
b) Injusta
c) Bem próprio ou de terceiro
d) Meios moderados</td></tr>
<tr><td colspan="2">Estrito cumprimento do dever legal (funcionário público)</td></tr>
<tr><td colspan="2">Exercício regular do direito (ex.: ofendículas)</td></tr>
<tr><td colspan="3">Consentimento do ofendido (causa supralegal)</td></tr>
</table>

6.2.2.1. *Estado de necessidade*

O estado de necessidade decorre de uma situação de **perigo** em que há a estrita necessidade de lesionar, sacrificar certo bem jurídico para preservar outro. Dessa forma, estará autorizada a lesão de determinado bem jurídico como única forma de garantir a preservação do outro, havendo assim um conflito entre bens jurídicos em jogo diante de uma situação de perigo.

Quanto à natureza jurídica do estado de necessidade, o Código Penal adotou a chamada *teoria unitária*, pela qual todo estado de necessidade será sempre causa de exclusão da ilicitude, e por isso chamado de estado de necessidade justificante, independente do bem jurídico a ser preservado e do bem a ser sacrificado na situação concreta.

A chamada teoria diferenciadora não foi adotada pelo nosso Código Penal, mas está prevista no Código Penal militar, diferenciando duas categorias ou espécies de estado de necessidade: o estado de necessidade justificante (excludente de ilicitude) e o estado de necessidade exculpante (excludente de culpabilidade), de acordo com a natureza dos bens preservado e sacrificado.

a) Elementos integrantes do estado de necessidade:

a.1) Perigo atual e inevitável: para que haja o estado de necessidade, a situação de perigo tem de estar presente, já ocorrendo, embora o dano possa ainda ser iminente, e a única forma de preservar o bem em perigo terá de ser a lesão, o sacrifício de um bem alheio, ou seja, não pode haver outra alternativa para essa preservação.

a.2) Não criação do perigo *por vontade do agente*: aquele que criar *dolosamente* a situação de perigo não poderá agir em estado de necessidade para preservar um bem desse perigo criado. Entretanto, nada impede que o agente atue em estado de necessidade quando criar a situação de perigo por *culpa*, ou seja, por falta de cuidado.

a.3) Bem próprio ou alheio: é possível agir em estado de necessidade quando o próprio bem está em jogo, em perigo, ou apenas para preservar um bem alheio, mesmo que não haja qualquer vínculo entre o agente e o terceiro titular do bem em perigo.

a.4) Inexigibilidade de sacrifício do bem: não haverá estado de necessidade quando for exigível que o agente tolere o sacrifício do bem ameaçado em vez de lesionar o outro bem, e isso ocorre quando há o confronto entre um bem disponível (ex.: patrimônio) a ser preservado e outro bem indisponível (ex.: vida) a ser sacrificado, não sendo autorizada assim a lesão do bem indisponível.

Porém, se mesmo assim o agente, nesse tipo de situação, optar por preservar o bem disponível, sacrificando o indisponível, responderá pelo crime, não havendo estado de necessidade. Porém, diante da anormalidade da situação (perigo etc.) sua pena deverá ser reduzida de 1/3 a 2/3 (art. 24, § 2º, CP).

b) Limitações e classificações de estado de necessidade:

De acordo com o **art. 24, § 1º, CP**, quem possui o dever legal de enfrentar o perigo não poderá alegar estado de necessidade; logo, esse dispositivo se refere aos *garantidores*, especificamente aos que têm *por lei* o dever de enfrentar o perigo (*art. 13, § 2º*, a), e que por isso não poderão alegar estado de necessidade (ex.: bombeiro).

A doutrina classifica ainda o *estado de necessidade em* **defensivo**, quando, para preservar o bem ameaçado, o agente precisar lesionar a própria fonte desse perigo (ex.: matar cachorro feroz), e *estado de necessidade* **agressivo ou ofensivo**, quando, para preservar seu bem do perigo, precisar lesionar um bem de terceiro inocente, cabendo nesse caso reparação cível do prejuízo (ex.: violar um domicílio para fugir do ataque de um cachorro feroz).

6.2.2.2. Legítima defesa

Ocorre quando o agente sofre uma injusta **agressão**, que seja atual ou iminente, a um bem jurídico próprio ou mesmo de terceiro, podendo atuar para repelir essa agressão e garantir a proteção do bem jurídico ameaçado, mas somente usando moderadamente os meios suficientes, disponíveis e necessários para isso.

a) Elementos integrantes da legítima defesa:

a.1) Agressão atual ou iminente: *agressão* é toda conduta humana voltada a lesionar bem jurídico alheio, e para caracterizar situação de legítima defesa deverá ser *atual*, ou seja, estar ocorrendo (já começou, mas ainda não terminou) ou *iminente*, aquela que está prestes a ocorrer, ou seja, que se dá no último momento antes da atualidade.

Sendo assim, podemos concluir que não há legítima defesa de agressões passadas, que já ocorreram, nem de agressões futuras, promessas de agressão.

Quando a agressão ainda for futura, mas a única forma do agente garantir a proteção de seu bem for se antecipar, haverá a chamada *legítima defesa antecipada*, que para a maioria não se enquadra na legítima defesa como excludente de ilicitude, mas configura causa supralegal (que não está na lei) de exclusão da culpabilidade.

Além disso, importante lembrar que o ataque de animal não gera agressão, mas tão somente perigo; logo, não gera legítima defesa, mas poderá dar origem a um estado de necessidade, salvo se o animal estiver sendo usado como instrumento, arma, por um ser humano, quando haverá agressão, e poderá se falar em legítima defesa.

a.2) Injusta agressão: é aquela que não esteja autorizada pelo ordenamento jurídico; logo, não há legítima defesa quando a agressão sofrida for praticada por alguém que esteja atuando em qualquer excludente de ilicitude.

Sendo assim, não há legítima defesa de uma conduta praticada por quem esteja em estado de necessidade, em estrito cumprimento de dever legal, em exercício regular de direito; e ainda não há legítima defesa de legítima defesa (*legítima defesa recíproca*).

Importante lembrar que nada impede a legítima defesa do ataque de um inimputável, já que este realiza uma agressão injusta (fato típico e ilícito) embora não tenha culpabilidade e não responda pelo crime.

a.3) Bem próprio ou de terceiro: haverá legítima defesa quando o próprio indivíduo sofre a agressão ou quando esta é contra terceiro, mesmo sem haver qualquer vínculo de quem atua defensivamente e esse terceiro.

a.4) Meio moderado: o agente deverá atuar utilizando apenas os meios estritamente necessários e suficientes para afastar a agressão, e ainda de acordo com o que estiver disponível para ele no momento. Na falta de moderação, quando o agente vai além do necessário para afastar a agressão, haverá o excesso, que será punido normalmente a título de dolo ou culpa (art. 23, parágrafo único, do CP).

Havendo excesso, o agente estará atuando de forma ilícita, permitindo assim que o agressor originário possa se defender desse excesso agindo em legítima defesa. Essa é chamada de *legítima defesa sucessiva*, pois sucede aquela em que o agente (agressor originário) se excedeu.

Em certos casos, quando o excesso for produto de extremo abalo psicológico do agente, e em razão da situação concreta não for possível exigir a moderação, fala-se em excesso exculpante, causa supralegal de exclusão de culpabilidade, e o agente não responderá pelo excesso.

Atenção

A *legítima defesa putativa* ou virtual não é excludente de ilicitude, já que na verdade não há situação de legítima defesa, embora o agente ache que está atuando em legítima defesa. Por isso, normalmente, trata-se de um erro a respeito da situação de agressão, que na verdade não existe, chamado erro de tipo permissivo (art. 20, § 1º, do CP), e que estudaremos no capítulo referente à teoria do erro.

6.2.2.3. Estrito cumprimento do dever legal

Age licitamente o *funcionário público* que atua cumprindo os deveres legais inerentes a sua função, desde que o faça de forma estrita, ou seja, dentro dos limites da sua função. Portanto, ao realizar um fato típico, este não será ilícito, logo, não haverá crime. Ex.: policial que efetua prisão cumprindo um mandado não responde pela privação da liberdade (art. 148 do CP).

De acordo com nosso ordenamento, é causa de exclusão da ilicitude, embora, de acordo com a famosa teoria da tipicidade conglobante (Zaffaroni), deva ser reconhecido como causa de exclusão da própria tipicidade penal.

Atenção

O *policial* que dispara sua arma contra meliante **não atua** *em estrito cumprimento de dever legal*, e somente poderá fazer isso se estiver atuando em legítima defesa própria ou de terceiros para repelir uma injusta agressão; do contrário responderá pelas lesões geradas.

6.2.2.4. Exercício regular de direito

Age licitamente todo aquele que exerce de forma regular e dentro dos limites um direito que lhe tenha sido outorgado pela lei. Nesse caso, mesmo que realize um fato típico, não responderá pelo crime, já que estará afastada a ilicitude da sua conduta. Ex.: exercício do poder familiar, lesões desportivas (dentro das regras), intervenções cirúrgicas e as ofendículas ou ofensáculos (meios de proteção da propriedade previamente colocados como: caco de vidro, arame farpado, cachorro etc.).

Atenção

A *cerca elétrica*, que é uma ofendícula, é vista por alguns doutrinadores como modalidade de *legítima defesa chamada de preordenada* (também excludente de ilicitude), pois possui funcionamento ativo capaz de afastar o agressor no momento em que este está atuando, embora haja quem prefira tratá-la, junto com as demais ofendículas, como hipótese de exercício regular de direito.

6.2.2.5. Consentimento do ofendido

É causa supralegal de exclusão da ilicitude, já que não possui previsão na lei, e ocorre quando o titular de um bem jurídico *disponível* autoriza previamente sua lesão, desde que o agente atue dentro dos limites do consentimento, afastando assim a ilicitude e consequentemente o crime (***atenção:*** não cabe em crimes contra a vida). Ex.: autorizar lesão ao patrimônio, tatuagem, *piercing*, sadomasoquismo.

6.3. Culpabilidade

6.3.1. Conceito

É a reprovabilidade pessoal da conduta típica e ilícita praticada, sendo elemento integrante do conceito de crime, funcionando como fundamento e pressuposto para a aplicação da pena.

O finalismo, adotado pelo nosso Código Penal, trabalha com a *teoria normativa pura da culpabilidade*, pela qual esta é formada por 3 elementos integrantes, de caráter normativo, que são cumulativos e necessários para que haja reprovação e crime. Importante lembrar que o *dolo*, elemento psicológico que traduz a intenção do sujeito, **não faz parte** da *culpabilidade*, sendo o elemento subjetivo do *tipo* penal.

6.3.2. Elementos integrantes da culpabilidade

<table>
<tr><td rowspan="7">Culpabilidade (reprovabilidade)</td><td rowspan="3">Imputabilidade (inimputabilidade)</td><td>a) Doença mental (art. 26 do CP)</td></tr>
<tr><td>b) Menoridade (art. 27 do CP)</td></tr>
<tr><td>c) Embriagues acidental completa (art. 28, II, do CP) – Teoria actio libera in causa (embriaguez voluntária)</td></tr>
<tr><td>Potencial conhecimento da ilicitude</td><td>Erro de proibição (art. 21 do CP)</td></tr>
<tr><td rowspan="2">Exigibilidade de conduta diversa (inexigibilidade de conduta diversa)</td><td>a) Coação moral irresistível (art. 22 do CP)</td></tr>
<tr><td>b) Obediência hierárquica (art. 22 do CP)</td></tr>
</table>

6.4. Imputabilidade

É a plena capacidade de entender o mundo e os fatos, e ainda de se autodeterminar de acordo com esse entendimento.

Atenção

Nosso ordenamento adotou o *sistema biopsicológico ou misto* para delimitação das hipóteses de inimputabilidade, que por isso podem se basear tanto em aspectos *biológicos*, patológicos, quanto em aspectos *psicológicos.*

6.4.1. Causas de inimputabilidade

a) Doença mental ou desenvolvimento mental incompleto (art. 26 do CP): Inclui os loucos, retardados, débeis mentais, maníacos e psicóticos, que não possuem culpabilidade, não cometem crime nem recebem pena. Porém, pela prática do fato típico e ilícito podem receber medidas de segurança (art. 96 do CP) tendo em vista sua periculosidade.

b) Menoridade (art. 27 do CP): É fundada na falta da plena capacidade de autodeterminação dos *menores de 18 anos*, sendo uma *presunção absoluta de incapacidade* fundada em aspectos orgânicos, biológicos, fazendo que o menor não cometa crime nem receba pena, embora, pela prática do fato típico e ilícito (ato infracional), possa receber medida socioeducativa (ECA).

c) Embriaguez acidental completa (art. 28, II, do CP)

c.1) Embriaguez: é a perturbação da capacidade psíquica, produto de qualquer droga, lícita ou ilícita.

c.2) Acidental: é aquela involuntária, não escolhida, produto de caso fortuito (não saber) ou força maior (coação), afastando a responsabilidade penal.

c.3) Completa: é sinônimo de plena, total, que afaste toda a capacidade de discernimento do agente.

Já a embriaguez voluntária, escolhida pelo agente, seja ela dolosa ou culposa, *não afasta a culpabilidade* nem a responsabilidade penal, e isso se dá devido à famosa **teoria da *actio libera in causa***, que tem como característica transferir a análise dos fatos (*conduta, dolo/culpa, imputabilidade*) para o momento prévio, aquele em que o agente livremente ingere a droga, possibilitando assim que responda por aquilo que fizer posteriormente em estado de inimputabilidade.

6.5. Potencial conhecimento da ilicitude

Para que haja reprovação, culpabilidade e crime é preciso que o agente conheça, ou tenha ao menos a possibilidade de conhecer, o caráter ilícito, proibido, daquilo que faz.

A ***falta de conhecimento da ilicitude*** dá origem ao **erro de proibição**, que poderá excluir a culpabilidade (erro inevitável), isentando de pena, ou reduzir a culpabilidade (erro evitável), também reduzindo a pena (1/6 a 1/3) (ex.: eutanásia; alguns crimes ambientais (*Lei 9.605/1998*).

Atenção

Não se confunde com o desconhecimento da lei, que é inescusável e não afasta a culpabilidade, podendo apenas gerar atenuação da pena (art. 65, II, do CP).

6.6. Exigibilidade de conduta diversa

Para que haja reprovação, culpabilidade e crime é preciso que seja possível exigir do agente um comportamento diferente daquele realizado, exigir uma conduta diversa diante do caso concreto, ser possível exigir que o sujeito não tivesse realizado o fato típico e Ilícito.

Sendo assim, as hipóteses de inexigibilidade de conduta diversa irão gerar exclusão da culpabilidade, e serão chamadas de *causas de exculpação*. São elas:

a) Coação moral irresistível (art. 22 do CP): é aquela que incide na moral, na psique do agente, fazendo que ele atue sem liberdade de escolha, com sua vontade viciada. Sendo assim, afasta-se a culpabilidade e o crime de quem sofre a coação, respondendo pelo fato apenas o autor da referida coação. Ex.: pai é coagido a subtrair dinheiro do banco onde trabalha enquanto seu filhos estão sob grave ameaça com arma de fogo por meliante. Responde pelo furto apenas o autor da coação.

Atenção

Não se confunde a *coação moral* com a *coação física irresistível*, que é excludente da própria tipicidade de quem a sofre, pois nela o movimento é forçado fisicamente, não existindo sequer conduta por parte do coagido, e nesse caso também responde pelo crime apenas o autor da coação.

b) Obediência hierárquica (art. 22 do CP): ocorre quando superior hierárquico, por *vínculo de direito público*, dá uma ordem *não manifestamente ilegal* ao seu subordinado e este, sem perceber a ilegalidade da ordem, a cumpre. Nesse caso, responde pelo crime somente o superior, autor da ordem. Ex.: capitão da polícia militar dá ordem para soldado conduzir certa pessoa a delegacia afirmando que há mandado de prisão expedido contra ela, quando na verdade não há nada contra essa pessoa. Responde pelo constrangimento ilegal (art. 146 do CP) e eventual abuso de autoridade apenas o superior autor da ordem.

Obs.: Há ainda as chamadas causas supralegais de exclusão da culpabilidade, que, embora não possuam previsão na lei, podem afastar a culpabilidade por inexigibilidade de conduta diversa, por exemplo, a legítima defesa antecipada, o excesso exculpante etc.

7. TEORIA DO ERRO

No que tange as espécies de erro, nosso ordenamento adotou, a partir da *teoria normativa pura da culpabilidade*, a vertente chamada *teoria limitada da culpabilidade*, através da qual há três erros essenciais que se relacionam com os elementos integrantes do conceito de crime, quais sejam: erro de tipo incriminador (art. 20 do CP), o erro de tipo permissivo (art. 20, § 1º, do CP) e o erro de proibição (art. 21 do CP).

Além disso, há também os chamados erros acidentais, que são relacionados a falhas no momento de realização da conduta típica. São eles: o erro sobre a pessoa (art. 20, § 3º, do CP), o erro de execução ou *aberratio ictus* (art. 73 do CP) e, ainda, o *aberratio criminis* (art. 74 do CP).

7.1. Grupo 1: erros essenciais

7.1.1. Erro de tipo incriminador (art. 20, caput, do CP)

> **Art. 20.** O erro sobre elemento constitutivo do tipo legal de crime exclui o dolo, mas permite a punição por crime culposo, se previsto em lei.

É aquele que incide nos elementos objetivos que compõem o tipo penal, ou seja, quando o agente se equivoca a respeito da situação fática que está realizando ao cometer o crime; logo, age acreditando estar fazendo outra coisa (Ex.: Transporta um pacote com cocaína pensando se tratar de farinha de trigo).

O *erro de tipo incriminador* irá **sempre afastar o dolo**, permitindo que o agente responda pela forma *culposa* se o *erro for evitável*, produto de falta de cuidado, ou, ainda, afastar também a *culpa* se o *erro for inevitável*, tornando o fato **atípico**.

Erro de tipo incriminador (art. 20, *caput*, do CP)	**Inevitável, invencível, escusável – dolo/ culpa** – Fato atípico
	Evitável, vencível, inescusável – dolo/ culpa – ***responde pelo crime culposo* (se houver)**

7.1.2. Erro de tipo permissivo (art. 20, § 1º, do CP)

> **Art. 20.** O erro sobre elemento constitutivo do tipo legal de crime exclui o dolo, mas permite a punição por crime culposo, se previsto em lei.

Descriminantes putativas

§ 1º É isento de pena quem, por erro plenamente justificado pelas circunstâncias, supõe situação de fato que, se existisse, tornaria a ação legítima. Não há isenção de pena quando o erro deriva de culpa e o fato é punível como crime culposo.

É aquele que incide sobre elementos integrantes de um tipo penal autorizador, permissivo, ou seja, uma excludente de ilicitude (ex.: agressão na legítima defesa), gerando a chamada **descriminante putativa**. É chamado por parte da doutrina nacional de *erro suis generis*.

Esse erro, de acordo com a **Teoria Limitada da Culpabilidade** adotada, terá a mesma consequência do erro de tipo comum, sempre afastar a responsabilidade por dolo, podendo punir a forma culposa do crime se o erro for evitável, produto de falta de cuidado, ou afastar também a culpa se o erro for inevitável, excluindo o crime e isentando o agente de pena.

Nas hipóteses de erro de tipo permissivo evitável, o agente responderá pela forma culposa do crime por meio da chamada *culpa imprópria*, já que nessa situação *há dolo na conduta* (o agente quer atingir o suposto agressor), mas esse dolo será afastado para punir "*impropriamente*" a forma culposa do crime.

Erro de tipo permissivo (art. 20, § 1º, do CP) – **Excludentes de Ilicitude** Ex.: **Legítima defesa putativa (agressão)**	**Inevitável, invencível, escusável – dolo/culpa** – *Isento de pena*
	Evitável, vencível, inescusável – dolo/culpa – responde pelo ***crime culposo*** **(se houver)** **Chama-se de** ***Culpa imprópria*** **(tem dolo).** Obs.: **pode gerar** ***Tentativa de crime "culposo"*.**

A **culpa imprópria** produto do erro de tipo permissivo é a única hipótese no direito penal em que se admite falar em *tentativa de crime "culposo"*.

Isso ocorre quando, acreditando estar agindo em *legítima defesa* (legítima defesa putativa), o agente, *com dolo de matar* o suposto agressor, erra o disparo e este sobrevive, havendo assim uma *tentativa de homicídio doloso*, mas *afastando-se o dolo* em razão do *erro de tipo permissivo*, e punindo, assim, a *tentativa de homicídio* na forma **culposa.**

7.1.3. *Erro de proibição (art. 21 do CP)*

Erro sobre a ilicitude do fato

Art. 21. O desconhecimento da lei é inescusável. O erro sobre a ilicitude do fato, se inevitável, isenta de pena; se evitável, poderá diminuí-la de um sexto a um terço.

Parágrafo único. Considera-se evitável o erro se o agente atua ou se omite sem a consciência da ilicitude do fato, quando lhe era possível, nas circunstâncias, ter ou atingir essa consciência.

Ocorre quando o agente não conhece o caráter ilícito, proibido do seu comportamento, ou seja, erra a respeito da proibição daquilo que faz, atua sem o conhecimento da ilicitude de seus atos.

O erro de proibição é separado ainda pela doutrina em *direto*, quando o agente acredita de forma direta que sua conduta simplesmente não está proibida, ou *indireto*, quando, para pensar que seu comportamento não é proibido, o agente acredita erroneamente que existe uma norma permitindo seu ato naquela situação (ex.: eutanásia – *erro de permissão*). Essa classificação não interfere em nada nas consequências do erro de proibição.

Como o potencial conhecimento da ilicitude é um elemento da culpabilidade, fundamental para o juízo de reprovação, as consequências do erro de proibição que incide nesse elemento serão: afastar a culpabilidade e o crime, isentando de pena (*erro inevitável*); ou ainda reduzir a pena de 1/6 a 1/3 (*erro evitável*).

Ex.: holandês que usa drogas no Brasil; eutanásia em familiar; filha pensa que pode ficar com as verbas previdenciárias da mãe após a morte desta; alguns crimes ambientais.

Erro de proibição **art. 21** Potencial **conhecimento da ilicitude (elemento da culpabilidade)**	**Inevitável, invencível, escusável – culpabilidade – isento de pena**
	Evitável, vencível, inescusável – **tem culpabilidade – diminui a pena – 1/6, – 1/3**

7.2. Grupo 2: erros acidentais

7.2.1. *Erro sobre a pessoa (art. 20, § 3º, do CP)*

Art. 20. O erro sobre elemento constitutivo do tipo legal de crime exclui o dolo, mas permite a punição por crime culposo, se previsto em lei.

Erro sobre a pessoa

§ 3º O erro quanto à pessoa contra a qual o crime é praticado não isenta de pena. Não se consideram, neste caso, as condições ou qualidades da vítima, senão as da pessoa contra quem o agente queria praticar o crime.

Trata-se de um erro quanto à identidade da vítima, um erro de valoração a respeito de quem é a vítima, e por isso podemos reconhecê-lo como o "*erro do irmão gêmeo*", já que o agente se confunde quanto a "quem é quem".

Nesses casos afastam-se todas as características da vítima lesionada, imputando-se ao agente o crime como se tivesse atingido a vítima contra quem pensava estar agindo (agravantes, atenuantes, causas de aumento ou diminuição de pena etc.).

Ex.: mãe que, querendo matar seu filho em estado puerperal, mata filho de outrem. Embora realize homicídio, responde por infanticídio.

7.2.2. *Erro de execução (aberratio ictus – art. 73 do CP)*

Art. 73. Quando, por acidente ou erro no uso dos meios de execução, o agente, ao invés de atingir a pessoa que pretendia ofender, atinge pessoa diversa, responde como se tivesse praticado o crime contra aquela, atendendo-se ao disposto no § 3º do art. 20 deste Código. No caso de ser também atingida a pessoa que o agente pretendia ofender, aplica-se a regra do art. 70 deste Código.

Trata-se de um erro fático, erro na realização da conduta, em que o agente erra o alvo visado, atingindo vítima diversa da pretendida, podendo ser reconhecido nos casos concretos como o "*erro da bala perdida*".

Nesses casos as consequências são as mesmas: ignoram-se as características da vítima efetivamente atingida, imputando-se o crime como se o agente tivesse atingido quem pretendia.

ERRO SOBRE (quem é...) A PESSOA	ERRO DE EXECUÇÃO/*ABERRATIO ICTUS*
Art. 20, § 3º, do CP **– erro de valoração** **– identidade da vítima** **– erro do "*irmão gêmeo*"**	**Art. 73 do CP** **– erro fático** **– erra o alvo** **– erro da "*bala perdida*"**
Em ambos responde como se tivesse acertado quem pretendia	

7.2.3. *Aberratio criminis (aberratio delicti – art. 74, do CP)*

Art. 74. Fora dos casos do artigo anterior, quando, por acidente ou erro na execução do crime, sobrevém resultado diverso do pretendido, o agente responde por culpa, se o fato é previsto como crime culposo; se ocorre também o resultado pretendido, aplica-se a regra do art. 70 deste Código.

Trata-se do erro quanto ao crime praticado, quanto ao bem jurídico lesionado, ou seja, o agente quer um dano ao patrimônio (art. 163 do CP), erra o alvo e atinge pessoa, causando culposamente a morte (art. 121 do CP) ou a lesão corporal (art. 129 do CP).

Esse erro terá como consequência afastar a tentativa de dano doloso praticada, imputando-se apenas a lesão corporal culposa ou o homicídio culposo produzido.

Se a situação for inversa, esse erro não terá aplicação, ou seja, se o agente visar pessoa, errar e acabar atingindo patrimônio, causando danos. Isso por que não há previsão de modalidade culposa do crime de dano (art. 163 do CP) e o agente responderá, então, somente pela tentativa do crime doloso praticado (lesão corporal ou homicídio).

Aberratio criminis	
erra	**acerta**
Coisa	**Pessoa**
Dano doloso	**Responde somente por lesão corporal ou homicídio (culpa)**
Tentativa de dano (afasta-se)	

No erro de execução (*aberratio ictus*) e no *aberratio criminis*, se o agente atingir o alvo visado e também outro, gerando dois resultados, aplicam-se as regras do concurso formal perfeito normalmente (art. 70, 1ª parte, do CP).

8. CONCURSO DE PESSOAS

8.1. Definição

Ocorre quando dois ou mais agentes, em *acordo de vontades*, com *liame subjetivo*, concorrem para a prática de determinado crime, que pode se dar na forma da coautoria ou da participação.

De acordo com o art. 29 do CP, nosso ordenamento adotou a **teoria monista temperada**, pela qual autor, coautor e partícipe respondem pelo mesmo crime, embora cada um tenha sua pena individualizada, calculada separadamente na medida de sua culpabilidade.

Há exceções à teoria monista previstas na parte especial do nosso Código Penal, por exemplo, no crime de aborto, em que a mãe realiza o aborto em si mesma ou autoriza que outrem realize o aborto nela: enquanto a mãe responderá pelo crime de autoaborto (art. 124 do CP), seu coautor, aquele que realizar a conduta de aborto, não responderá pelo mesmo crime, mas sim pelo crime de aborto com consentimento da gestante (art. 126 do CP).

8.2. Autoria

Há duas principais teorias para definir o conceito de autor nos crimes dolosos:

a) *Teoria restritiva*: autor é aquele que realiza o verbo núcleo do tipo penal; logo, todo aquele que colaborar com a prática do crime de qualquer outra forma será reconhecido como mero partícipe.

b) *Teoria do domínio do fato*: autor é aquele que possui o domínio final sobre os fatos, ou seja, que possui as "*rédeas da situação*", podendo modificar ou mesmo impedir a ocorrência do resultado, independentemente da realização ou não do verbo núcleo do tipo penal (STF – posição majoritária).

Logo, partícipe será todo aquele que colaborar com o fato principal do autor, porém de forma acessória e não essencial, sem domínio sobre os fatos.

8.2.1. *Espécies de autoria*

a) Autoria direta: ocorre quando o agente está diretamente vinculado à realização do crime, agindo com domínio do fato, podendo ser autor-executor (que realiza o verbo), ou autor intelectual que planeja, elabora etc. (ex.: mandante).

b) Autoria mediata ou indireta: é aquela em que determinado agente que tem o domínio do fato se utiliza de um terceiro *que não possui domínio dos fatos* para realizar a conduta. Nesse caso, responde pelo crime apenas aquele que está por trás, comandando a situação (autor mediato); e aquele que executa o verbo não será sequer visto como autor. Exemplos: coação moral irresistível; obediência hierárquica; erro determinado por terceiro (artigo 20, § 2º, do CP – responde pelo crime apenas o terceiro que determinou o erro); uso de inimputável para cometer crime.

8.3. Coautoria

Trata-se apenas de uma autoria conjunta, comum, em que cada um dos agentes, tendo domínio do fato, concorre para a prática do crime, desde que *interligados por um acordo de vontades* chamado liame subjetivo.

A coautoria pode se dar quando os coautores realizam pessoalmente e conjuntamente toda a conduta típica, ou ainda quando ocorre uma divisão de tarefas, em que cada um desempenha uma função essencial para a empreitada criminosa, possuindo assim o domínio sobre os fatos (*domínio funcional do fato*).

Independentemente da tarefa realizada por cada coautor, todos irão responder pelo mesmo crime, de acordo com a teoria monista adotada pelo CP (art. 29). Porém, cada um terá sua pena calculada individualmente e na medida de sua culpabilidade.

A maioria da doutrina admite falar em coautoria nos crimes culposos, já que nesses crimes pode haver um acordo de vontade para realização conjunta de uma conduta descuidada, imprudente, que venha a gerar um resultado típico culposo.

8.4. Autoria colateral

Ocorre quando dois ou mais agentes atuam ao mesmo tempo, realizando o mesmo fato em relação à mesma vítima, porém um não sabe da existência do outro, não havendo liame subjetivo, acordo de vontades e, portanto, não havendo concurso de pessoas, coautoria.

Logo, nas hipóteses de autoria colateral, não se aplica a teoria monista e cada um responde apenas por aquilo que tiver feito, pelos resultados que tenha gerado (ex.: dois agentes, um sem saber do outro, disparam arma de fogo contra desafeto. Um responderá pelo homicídio consumado e o outro pela tentativa de homicídio).

Quando, na autoria colateral, em que não há acordo de vontades, não for possível identificar qual dos agentes gerou o resultado, imputa-se a *tentativa para ambos*, diante do princípio da presunção de inocência e do *in dubio pro reo*, havendo, então, o que se chama de **autoria colateral incerta**.

8.5. Participação

É colaboração dolosa, mediante acordo de vontade (liame subjetivo), sem o domínio do fato e, por isso, de forma acessória ao fato principal do autor. Porém, de acordo com a Teoria Monista, o partícipe responderá pelo mesmo crime que o autor do fato.

Nosso ordenamento adotou a teoria da *acessoriedade limitada*, pela qual, para imputar o crime ao partícipe, a conduta principal do autor deverá ser típica e ilícita; logo, havendo exclusão de ilicitude na conduta do autor, afasta-se o crime também do partícipe. Ex.: aquele que emprestou a arma para um agente cometer homicídio, e este praticar a conduta em legítima defesa, também será beneficiado pela exclusão da ilicitude.

De acordo com a maioria da doutrina, não se admite participação em crime culposo, já que nesses crimes não há domínio do fato e todo aquele que de qualquer forma concorrer para a produção do resultado culposo será considerado autor do crime.

8.5.1. Formas de participação

Pode ser **participação moral** através do *induzimento* (criar a vontade na cabeça do autor) ou *instigação* (ampliar a vontade preexistente do autor quanto ao cometimento do crime), ou ainda o *auxílio moral* (dicas, conselhos), e **participação material** através do *auxílio material* (instrumentos, armas, local).

a) Participação de menor importância (art. 29, § 1º, do CP): causa de diminuição de pena aplicável apenas a hipóteses de participação, fazendo que, quando esta for de menor importância, o juiz possa reduzir a pena de 1/6 a 1/3, *não sendo cabível* para hipóteses de coautoria, já que quem é coautor tem sempre domínio dos fatos, e portanto não pode ser considerado de menor importância.

b) Cooperação dolosamente distinta (art. 29, § 2º): ocorre quando o participante (coautor ou o partícipe) quer colaborar para determinado crime, mas ocorre um desvio na conduta do autor que realiza um crime diferente, mais grave, sendo que esse crime não poderá ser imputado ao participante, que só responderá pelo crime para o qual quis colaborar, enquanto o autor responde por aquilo tudo que realizou (ex.: aquele que fornece um "pé de cabra" para alguém praticar um furto não responderá por um estupro praticado pelo autor no interior da residência, mas tão somente pela participação no furto).

Se nessas hipóteses o crime mais grave praticado pelo autor fosse previsível para o participante, este responderá, ainda assim, somente pelo crime para o qual quis colaborar; porém, sua pena poderá ser aumentada de até metade (ex.: quem empresta arma para um roubo não responderá pelo homicídio praticado durante o assalto, mas tão somente pelo roubo, porém com a pena aumentada, já que esse resultado mais grave era previsível).

9. CONCURSO DE CRIMES

9.1. Definição

Ocorre quando o agente realiza vários crimes idênticos ou diferentes por meio de várias condutas (concurso material ou crime continuado) ou por meio de uma só conduta (concurso formal); e, de acordo com a espécie de concurso de crime ocorrida, será definida a forma de aplicação da pena para os crimes praticados.

9.2. Espécies de concurso de crimes

a) Concurso material (art. 69 do CP)

Quando o agente realiza vários crimes idênticos (homogêneo) ou diferentes (heterogêneo) por meio de *várias condutas* independentes, não havendo necessidade de qualquer relação entre os crimes, as vítimas, motivação etc.

Nesse caso, aplica-se a pena de cada um dos crimes separadamente, somando-as (*sistema do cúmulo material*).

b) Concurso formal perfeito ou próprio (art. 70, 1ª parte, do CP)

Quando o agente, por meio de *uma só conduta*, gera vários crimes idênticos (homogêneo) ou diferentes (heterogêneo), possuindo unidade de desígnio, ou seja, um único objetivo, que pode ser um único dolo mas gerando vários resultados, ou mesmo uma única conduta descuidada (culpa).

Nesse caso, aplica-se a *pena de um só crime*, qual seja o mais grave, *aumentada* de 1/6 a 1/2 (*sistema da exasperação*).

Ex.: dispara para matar um desafeto, atinge o alvo, mas acaba acertando também um terceiro; avança um sinal de trânsito, bate o carro e acaba matando 2 pessoas.

c) Concurso formal imperfeito ou impróprio (art. 70, 2ª parte, do CP)

Quando, por meio de uma só ação, o agente gera vários crimes, porém com dolos independentes em relação a cada crime, ou seja, atua com desígnios autônomos.

Nesses casos aplica-se a pena de cada um dos crimes separadamente, *somando-as*, da mesma forma que ocorre no *concurso material* (*sistema do cúmulo material*).

Ex.: Explode uma bomba em um automóvel para matar 3 pessoas.

d) Crime continuado (art. 71 do CP)

Ocorre quando, por meio de várias condutas, o agente realiza inúmeros crimes, todos *de mesma espécie* (mesmo artigo – STF), todos realizados em circunstâncias de *tempo, lugar e modo de execução semelhantes*.

Nesse caso, evitando a aplicação no *concurso material*, por uma ficção jurídica, considera-se como se fosse um só crime realizado em continuidade, para se aplicar *uma só pena aumentada* de 1/6 a 2/3 (*sistema da exasperação*).

Ex.: A caixa de supermercado que retira quantia de dinheiro do caixa por vários dias, nos mesmos horários, onde trabalha. Responde por um único furto, com sua pena aumentada.

Quando, em situação de crime continuado, houver pluralidade de vítimas e, ainda, violência ou grave ameaça a pessoa nas condutas, além dos demais requisitos do crime continuado comum, ocorre o chamado *crime continuado específico*, e a pena poderá ser aumentada de até o *triplo* (art. 71, parágrafo único, do CP).

Ex.: *serial killer*, chacina, arrastão para roubos.

Atenção

✓ A Súmula 605 do STF perdeu aplicação e nada impede utilizar o crime continuado para crimes contra a vida, porém na chamada modalidade específica, em que o crime continuado irá gerar aumento de pena de até o triplo.

✓ De acordo com o **STF**, o intervalo máximo de tempo entre cada uma das condutas no crime continuado será de 30 dias. Acima disso afasta-se o crime continuado, aplicando-se o concurso material e a soma das penas.

✓ Em concurso formal perfeito (art. 70, 1ª parte) e no crime continuado, o valor da pena aumentada no caso concreto *jamais poderá exceder o equivalente à soma* das penas aplicadas de forma independente. Caso isso venha a ocorrer em um caso concreto, afasta-se o aumento, realizando-se a soma das penas dadas na questão (*concurso material benéfico – art. 70, parágrafo único, do CP*).

10. TEORIA DA PENA

10.1. Definição

Pena é toda sanção imposta pelo Estado, mediante a ação penal, a quem pratica uma infração penal, como **retribuição** ao ato ilícito praticado e com o **fim de evitar novos delitos**.

Pode consistir em *privação de liberdade, restrição de direitos* ou ainda numa *sanção pecuniária* (multa) imposta como decorrência da prática de uma **infração penal** (crime ou contravenção).

Pelo *princípio da humanidade* ou da dignidade da pessoa humana, **não haverá** pena de morte, penas cruéis, castigos corporais, trabalhos forçados, banimento nem sanções perpétuas (**art. 5º, XIX, CF**).

10.2. Funções da pena

Há inúmeras teorias delimitadoras das funções a serem desempenhadas pelas penas no ordenamento jurídico penal. Entre elas, podemos destacar as seguintes:

10.2.1. Teorias absolutas

A *pena* tem *função exclusivamente retributiva*, ou seja, de compensar o mal causado pelo crime, sendo apenas uma forma de castigo, uma reação à prática de uma infração penal. Portanto, *sua duração deve corresponder fundamentalmente à gravidade do delito.*

Nas *teorias absolutas*, a função da pena (*retributiva*) está completamente desvinculada de qualquer efeito social futuro, e a aplicação da pena decorre de uma necessidade ética e de justiça; por *ser a negação do delito, é a afirmação do direito.*

10.2.2. Teorias relativas

A pena se fundamenta exclusivamente na necessidade de *evitar a prática futura* de delitos, traduzindo assim apenas a *função de prevenção*, que pode ser:

a) Prevenção geral: Dirige-se *a toda a sociedade e aos possíveis e potenciais delinquentes*, visando assim evitar a futura prática de crimes. Essa *prevenção geral* pode ser:

a.1) *Negativa: prevenção por intimidação*, faz que potenciais criminosos não queiram cometer crimes, traduzindo um conceito de exemplaridade ("o crime não compensa").

a.2) *Positiva:* visa a demonstração da *inviolabilidade do direito* (*Claus Roxin*) ou ainda busca a fidelidade e o respeito às normas, e a afirmação da estabilidade do direito, cuja violação tem como consequência a sanção penal.

b) Prevenção especial: Atua *diretamente na pessoa do delinquente* pela aplicação e execução da pena, visando evitar que este volte a cometer crimes.

Essa *prevenção especial* pode ser:

b.1) *Negativa:* neutralização do indivíduo *através do cárcere*. Por tirar o indivíduo da sociedade, impossibilita que ele pratique novos crimes (*pena privativa de liberdade*).

b.2) *Positiva*: visa a ressocialização, ou seja, fazer que o condenado não volte a cometer novos crimes.

10.2.3. Teorias unitárias ou ecléticas

Unificam as teorias absolutas e relativas; portanto, conciliam a *retribuição* com os fins de *prevenção geral e especial.* Dotadas no Brasil (*art. 59 do CP*) de acordo com as 3 etapas pelas quais passa uma pena:

a) *Prevenção geral negativa*: na cominação abstrata da pena no tipo.

b) *Prevenção geral positiva e retribuição*: na aplicação da pena concreta através da dosimetria.

c) *Prevenção especial positiva e negativa*: na etapa de execução, cumprimento das penas.

10.3. Espécies de penas (art. 32 do CP)

10.3.1. Penas privativas de liberdade

Nosso ordenamento, por meio do Código Penal e da Lei de Execução Penal, adotou o sistema **penitenciário progressivo** (modelo inglês), em que o detento deve passar por regimes progressivamente menos severos de cumprimento da pena, desde que, em regra, cumpra pelo menos *1/6 da* pena no *regime em que se encontra* (*art. 112 da LEP*).

Na *segunda progressão*, ou seja, para passar do regime semiaberto para o aberto, deve-se incidir o percentual de 1/6 sobre o *saldo restante de pena* que falta cumprir e não sobre o valor inicial de pena (ex.: 12 anos: 1/6 (2 anos) = 10 anos; 1/6 (1 ano e 8 meses) = 8 anos e 4 meses).

Não podemos deixar de lembrar que, caso o indivíduo tenha sido condenado a penas superiores a **30 anos**, embora vá cumprir apenas *30 anos*, com base no art. *75 do Código Penal*, o valor da progressão incide sobre o *total de pena* aplicada, de acordo também com a **Súmula 715 do STF**.

Quanto aos **crimes hediondos**, após a declaração de inconstitucionalidade do regime integralmente fechado pelo STF (HC 82.959/2006), essa modalidade de crimes passou a *admitir progressão* de regimes, independentemente de quando o crime hediondo tenha ocorrido, antes ou depois do *habeas corpus*.

A progressão de regimes em crimes hediondos *não é obrigatória*, mas apenas *permitida*, e para que ocorra deverá atender aos requisitos normais para a progressão, por exemplo, bom comportamento e regular cumprimento da pena pelo condenado; conforme dissemos, mesmo em crimes hediondos praticados antes da declaração de inconstitucionalidade poderá haver progressão de regimes.

Quanto a esse tema, merece destaque a **Súmula Vinculante 26 do STF**, que diz:

Para efeito de progressão de regime no cumprimento de pena por crime hediondo, ou equiparado, o juízo da execução observará a inconstitucionalidade do art. 2º da Lei 8.072, de 25 de julho de 1990, sem prejuízo de avaliar se o condenado preenche ou não os requisitos objetivos e subjetivos do benefício, podendo determinar para tal fim, de modo fundamentado, a realização de exame criminológico.

Com a edição da *Lei 11.464/2007*, o regime de cumprimento de pena para os **crimes hediondos** passou a ser o *inicialmente fechado*. Porém, foram estabelecidos valores específicos para a progressão, quais sejam, de 2/5 **para criminosos primários** e de 3/5 **para os reincidentes** em quaisquer crimes dolosos.

Atualmente o STF vem firmando entendimento de que o regime inicialmente fechado para crimes hediondos não é obrigatório, sendo possível estipular um regime inicial menos severo (ex.: semiaberto) de acordo com a análise de cada situação concreta.

Outro detalhe importante quanto à progressão de regimes é que em **crimes contra administração pública** a *progressão* fica condicionada à *reparação do dano ou restituição da coisa*, obviamente se esta for possível (art. 33, § 4º, do CP).

Não se admite a chamada progressão *per saltum*, ou seja, por salto, em que o agente pularia do regime fechado direto para o aberto, sem passar pelo regime semiaberto (Súmula 491 do STJ).

10.3.1.1. Regimes de cumprimento de pena (art. 33 do CP)

Nosso ordenamento trabalha com três regimes de cumprimento de pena. São eles:

a) Fechado: a pena será cumprida em estabelecimento de segurança máxima ou média, como *penitenciária (art. 33, § 1º*, a, *do CP)*.

b) Semiaberto: a pena será cumprida em *colônia agrícola* ou estabelecimento similar (*art. 33, § 1º*, b, *do CP*).

c) Aberto: a pena será cumprida em *casa de albergado*, fundamentando-se esse regime no senso de disciplina do condenado, que como regra trabalha fora durante o dia e se recolhe à noite e nos dias de folga (*art. 33, § 1º*, c, *do CP*).

10.3.1.2. Modalidades de pena privativa de liberdade

Há duas grandes modalidades de pena privativa de liberdade previstas abstratamente nos tipos penais, de acordo com sua maior ou menor gravidade, são elas:

a) Reclusão: prevista para crimes mais graves. Admite os três regimes de cumprimento de pena, quais sejam, o fechado, semiaberto ou aberto;

b) Detenção: prevista para crimes menos graves. Não admite o regime fechado, mas somente o regime semiaberto e o regime aberto.

Atenção

✓ A única hipótese em que se admite uma detenção cumprida em regime fechado ocorre quando há a transferência do condenado que estava em regime semiaberto ou aberto para regime fechado, diante do descumprimento das regras dos regimes menos rigorosos (**regressão de regime**).

✓ Devemos lembrar ainda que, em um **concurso material** *(art. 69)*, cumpre-se primeiro a *reclusão* e depois a *detenção*, já que somente a reclusão admite que o agente inicie o cumprimento da pena em regime fechado.

10.3.1.3. Regime inicial de pena (art. 33, § 2º, do CP)

O juiz na sentença condenatória estabelecerá qual o regime inicial de cumprimento da pena privativa de liberdade a que o condenado deverá se submeter, de acordo com certos requisitos e características, o regime inicial deverá ser:

a) Regime fechado:

✓ Ao ***reincidente*** condenado à *reclusão*, independentemente da pena concreta aplicada.

✓ Ao condenado à *reclusão* cuja pena aplicada seja **superior** a *oito anos* (*art. 33, § 2º, a*).

✓ Para quaisquer *crimes hediondos* ou equiparados, ***independentemente*** do *valor da pena* aplicada **(Lei 11.464/2007)** – *há divergência* no **STF**.

Atenção

O **trabalho externo**, fora da penitenciária, será admitido no regime fechado, mas *excepcionalmente* e apenas em obras públicas (*art. 34, § 3º, do CP*).

b) Regime semiaberto:

Ao *não reincidente* condenado a penas superiores a 4 anos e inferiores ou iguais a 8 anos (*art. 33, § 2º*, b, *do CP*).

Atenção

É admissível aplicar o *regime semiaberto* para **reincidentes** condenados a **pena igual ou inferior a 4 anos**, se favoráveis as circunstâncias (**Súmula 269 do STJ**).

Na verdade, a Súmula 269 do STJ propõe um equilíbrio entre as regras que impõem *regime fechado* para qualquer hipótese de reincidência e *regime aberto* para penas iguais ou menores que 4 anos.

No regime *semiaberto*, o trabalho externo é admitido, assim como a frequência a cursos de instrução ou cursos de ensino formal. A frequência a estes cursos também deve ser considerada para efeitos de **remição** da pena, ou seja, para abater certo tempo da pena (**Súmula 341 do STJ**), com base nos arts. 126 e 127 da LEP.

De acordo com a maioria da doutrina e jurisprudência, no caso de haver uma pena de **detenção** e o agente ser **reincidente**, deve *prevalecer o regime semiaberto ou aberto*, já que penas de detenção são incompatíveis com regime inicial fechado (art. 33, *caput*).

c) **Regime aberto:**

✓ Ao *não reincidente* cuja pena seja igual ou inferior a 4 anos (*art. 33, § 2º, c, do CP*).

Diante da ausência de estabelecimentos adequados, quais sejam, as chamadas casas de albergado, o *regime aberto* poderá ser cumprido em **prisão domiciliar (STJ)**.

É fundamental lembrar que, como o *trabalho* é condição essencial para a concessão do *regime aberto*, **não irá gerar remição da pena**.

Porém, de acordo com a alteração do *art. 126 da LEP* feita pela **Lei 12.433/2011**, o estudo e a frequência a cursos de formação poderão gerar a remição até mesmo para presos em regime aberto ou em livramento condicional, que então poderão se beneficiar da redução da pena.

Atenção

✓ Na ***prisão simples*** (contravenções), o regime será o *semiaberto ou o aberto;*

✓ Em ***concurso de crimes***, **a** fixação do regime inicial será feita após e de acordo com a *unificação das penas*.

10.3.1.4. Regime especial

Não é modalidade autônoma de regime de pena, mas apenas uma forma diferenciada de executar a pena para **mulheres**, que irão cumpri-la em *estabelecimento próprio* e de acordo com direitos e deveres inerentes à sua condição pessoal (*art. 37 do CP*).

Toda *penitenciária feminina* deve ser dotada de seção para gestante, *berçários* (*art. 83, § 2º, da LEP*) e *creche* para o filho da presa que for desamparado (*art. 89 da LEP*).

10.3.1.5. Súmulas do STF referentes a penas privativas de liberdade

a) *Súmula 716*: admite-se a progressão e estipulação de regime menos severo que o fechado mesmo *antes do trânsito em julgado* da condenação.

Isso pode ocorrer quando o acusado fica preso após a sentença condenatória de primeira instância.

b) *Súmula 717*: a *progressão pode acontecer* mesmo quando o réu ainda estiver em prisão especial (processual) antes do trânsito em julgado.

c) *Súmula 718*: a opinião do magistrado sobre a gravidade em abstrato do crime *não pode motivar regime mais severo* do que o permitido pela pena aplicada.

d) *Súmula 719*: a imposição de regime mais severo do que a pena aplicada permite e exige motivação idônea do magistrado e, de acordo com a *Súmula 717* (*supra*), não basta a gravidade em abstrato do crime praticado para isso.

10.3.1.6. Aspectos relevantes no cumprimento de pena privativa de liberdade

10.3.1.6.1. Regressão de regime (art. 118 da LEP)

O preso poderá *regredir* para *regime mais severo* do qual se encontra quando:

a) praticar fato definido como *crime doloso* ou *falta grave* após o trânsito em julgado da sentença condenatória;

b) *sofrer condenação a crime anterior*, cuja pena, somada ao restante da pena em execução, torne incabível o regime menos rigoroso (art.*111 da LEP*).

10.3.1.6.2. Regime disciplinar diferenciado – RDD (art. 52 da LEP – Lei 10.792/2003)

Características:

a) Duração máxima de 360 dias, podendo ser repetido se houver nova falta grave;

b) Recolhimento em *cela individual;*

c) Visitas *semanais* de apenas 2 pessoas por 2 horas;

d) Saída da cela somente por *2 horas diárias* (banho de sol).

Há muitas críticas em relação a essa modalidade de regime de cumprimento de pena por atentar contra a dignidade da pessoa humana, sendo considerada inconstitucional por alguns. Porém, o STF não declarou a inconstitucionalidade do **RDD**, que continua a ser aplicado normalmente para certos casos mais graves.

10.3.1.7. Limite máximo de cumprimento

O limite máximo de cumprimento de pena admitido em nosso ordenamento é de **30 anos** (**art. 75 do CP**). Porém, caso haja outra condenação por fato posterior far-se-á *nova unificação*, desprezando o tempo já cumprido, para efeito de um novo limite máximo de 30 anos.

Por exemplo: condenado a 60 anos: a pena será unificada em 30 anos e se, após cumprir 10 anos, cometer outro crime e for condenado a mais 25 anos, deve-se somar o saldo restante (20 anos) com a nova pena (25 anos) e unificar o valor total (45 anos) para um novo limite de 30 anos, que serão aplicados independentemente dos outros 10 anos que já haviam sido cumpridos.

10.3.1.8. Trabalho prisional

É um *direito* (*art. 41 da LEP*) e também *dever* (*art. 31 da LEP*) do preso. É remunerado e faz jus a certos benefícios da previdência social. O efetivo trabalho gera a *remição da pena*, ou seja, o abatimento de tempo da pena perante o número de dias de trabalho realizado.

Remição: é a *abreviação da pena* através do trabalho prisional: para cada dia 3 dias de trabalho será abatido 1 dia da pena, porém **não** se aplica ao *regime aberto*, ao preso em *livramento condicional* nem em relação a *penas restritivas de direitos*.

A partir da **Lei 12.433/2011**, que alterou a **LEP**, estudo e frequência escolar passaram a ser admitidos para remição da pena na razão de a cada 12 horas, cumpridas em no mínimo 3 dias, abater-se 1 dia da pena.

No que tange à frequência a cursos e à atividade escolar, a nova redação da LEP passou a considerar também ser aplicável a **remição** para **regimes abertos** e para presos em **livramento condicional,** não havendo referência nesse sentido para o trabalho realizado em regime aberto (art. 126, § 6º, LEP).

O condenado que for punido por falta grave perde até 1/3 do tempo remido, começando a contagem a partir da data da infração disciplinar (art. 127 da LEP – Redação dada pela Lei 12.433/2011). Com isso a Súmula Vinculante 9 perdeu utilidade prática.

Ocorrendo acidente que impeça o preso de trabalhar, ele continua a fazer jus à remição (art. 126, § 4º, LEP).

Caso o Estado não forneça infraestrutura para o trabalho, há dois posicionamentos:

a) A remição seria um **direito do preso** e deve ser concedida mesmo *sem que ele esteja efetivamente trabalhando, se isso ocorre por culpa do Estado.* **(Minoritária)**

b) Sem o trabalho, o **preso não faz jus à remição**, pois ela é mera expectativa de direito, e o efetivo trabalho é necessário para se abater a pena. **(Majoritária)**

10.3.1.9. Detração (art. 42 do CP)

Impõe que seja *computado, na pena definitiva e na medida de segurança* (no prazo mínimo), o **tempo de prisão provisória** (processual) em que o agente esteve preso no Brasil ou no estrangeiro.

Havendo **absolvição** em processo que o agente ficou *preso provisoriamente*, há duas hipóteses:

a) É possível que haja a detração para a pena de outros crimes praticados *antes da absolvição*, quando ocorram processos simultâneos.

b) Não haverá detração se os *novos crimes ocorrerem depois da absolvição do fato* pelo qual o agente ficou *preso provisoriamente, pois não se pode gerar um* "crédito de pena" para fatos futuros.

10.3.1.10. Dosimetria das penas privativas de liberdade

O Código Penal adotou o **Sistema trifásico** *(Nelson Hungria) – art. 68 do CP.*

a) 1ª fase: fixação da *pena-base* entre o mínimo e o máximo previstos em lei para o crime, de acordo somente com as *circunstâncias judiciais* (*art. 59 do CP*).

Circunstâncias qualificadoras também devem ser avaliadas no momento de fixação da *pena base* (*1ª fase*), já que estabelecem na própria lei novos valores mínimos e máximos de *pena abstrata* (ex.: art. 121, § 2º, do CP – pena 12 a 30 anos).

b) 2ª fase: aplicação das *circunstâncias agravantes e atenuantes* de pena (*arts. 61, 62, 65 e 66 do CP*) para elevar ou reduzir a pena-base da primeira fase, não havendo valor certo para isso (STF/STJ entendem que deve ser de até 1/6), mas respeitando o mínimo e o máximo de pena previstos na lei para o crime.

c) 3ª fase: aplicação das *causas de aumento e de diminuição* de pena previstas nas Partes Geral e Especial do Código Penal, e podendo ultrapassar os limites mínimo e máximo de pena previstos na lei para o crime, pois essas causas possuem valor certo e determinado para aumentar ou diminuir a pena (por exemplo: +1/3 / -1/2 / dobro / triplo / etc.).

10.3.1.10.1. Principais circunstâncias agravantes e atenuantes

a) Reincidência (art. 61, I, do CP): principal circunstância agravante da pena, decorre da prática de **novo crime** pelo agente, depois de **transitada em julgado a sentença** que no país ou no estrangeiro o tenha condenado por *crime anterior* **(art. 63 do CP)**.

Há duas formas de reincidência:

✓ **Reincidência real:** prática de nova infração após cumprir total ou parcialmente a pena imposta.

✓ **Reincidência ficta:** prática de *novo crime* após o trânsito em julgado da sentença por *crime praticado anteriormente.*

Não haverá reincidência se, entre a *data do término do cumprimento da pena* ou de *sua extinção* (sursis *ou livramento condicional*) e o novo crime, se passarem *mais de* **5 anos (art. 64 do CP)**.

Será considerado *criminoso primário* aquele que for condenado pela primeira vez (nesse caso também não terá antecedentes), bem como aquele que *for condenado sem ser reincidente,* ou seja, praticar o novo crime após o prazo de 5 anos (*tecnicamente primário*), embora nesse caso possua maus antecedentes.

Atenção

Não se aplica a reincidência:

Contravenção + crime = não é reincidente **(art. 7º da LCP – Decreto-Lei 3.688/1941).**

Porém, de acordo com a Lei de Contravenções Penais e com o Código Penal (LCP), haverá reincidência nas seguintes hipóteses:

✓ crime + crime

✓ contravenção + contravenção

✓ crime + contravenção

De acordo com a **Súmula 241 STJ**, a *reincidência* não poderá ser considerada ao mesmo tempo *agravante* e *maus antecedentes* (*circunstância judicial* – **art. 59 do CP**).

Porém, é majoritário o entendimento de que nada impede que isso ocorra se houver mais de um crime com sentença transitada em julgado anterior, e o agente for considerado reincidente em relação a um e com maus antecedentes em relação ao outro (STF).

Por fim, é importante lembrar que não se considera, para efeitos de reincidência, a prática de crimes militares próprios e de crimes políticos (art. 64, II, do CP).

b) Atenuante da idade do autor (art. 65, I, do CP):

Essa é a principal circunstância atenuante e será aplicada:

✓ Se o agente é maior de *18 e menor de 21 anos na data da prática do crime* (menoridade relativa);

✓ Se o agente é maior de 70 anos na *data da sentença.*

Atenção

Essa circunstância atenuante não sofreu alterações com o novo Código Civil (2002), que passou a considerar plenamente capazes para atos da vida cível os maiores de 18 anos, nem pelo Estatuto do Idoso, quando este fala em 60 anos.

c) Agravantes no concurso de pessoas (art. 62 do CP):

Também irá se agravar o crime para o agente que atuar em concurso com outras pessoas, nas seguintes hipóteses:

✓ Quem *promove ou organiza* a cooperação no crime (autor intelectual);

✓ Quem *coage* (*resistível/irresistível*) ou *induz* (*partícipe*) outrem à prática de crime;

✓ Quem *instiga ou determina* alguém sujeito à sua autoridade ou *não punível* por *condição pessoal* para que cometa crime (*ex.: escusas absolutórias – art. 181 do CP – inimputáveis*);

✓ Quem *executa o crime* ou dele *participa mediante paga ou promessa de recompensa* (*somente quem recebe, pois quem paga entra no item referente a quem promove ou organiza*).

d) Atenuante genérica (art. 66 do CP):

O juiz poderá reduzir a pena sempre que considerar que há *circunstâncias relevantes para isso, mesmo que não haja nada previsto em lei.*

A importância da atenuante genérica é que o juiz terá discricionariedade para decidir se cabe reduzir a pena ou não em determinadas hipóteses, já que as atenuantes expressamente previstas em lei (art. 65 do CP) *são obrigatórias* e, sempre que presentes, deverão reduzir a pena.

Atualmente a atenuante genérica ou inominada (art. 66 do CP) pode ser vista como positivação e forma de se aplicar a instigante **teoria da coculpabilidade do Estado** (vide nossos: *Teorias da culpabilidade e teoria do erro*, Ed. Forense, e *Temas controvertidos de direito penal*, Ed. Método), pela qual o Estado deve assumir certa parcela de culpa em determinados crimes, quando cometidos devido a omissões desse próprio Estado, quanto a seus deveres constitucionais para com os cidadãos (ex.: aborto econômico; crimes praticados devido à situação de abandono e miséria absoluta).

10.3.2. *Penas restritivas de direitos*

São *penas substitutivas da privação da liberdade, e por isso autônomas* e não acessórias, sendo inadmissível sua cumulação com *penas privativas de liberdade.*

As penas restritivas de direitos não possuem, em regra, *previsão abstrata*; logo, o juiz primeiramente fixa a pena privativa de liberdade por meio da dosimetria concreta e *depois procede à conversão* em restritiva de direitos, se preenchidos certos requisitos.

A **Lei 9.714/1998** modificou o art. 43 do Código Penal e ampliou o rol de penas *restritivas de direitos*, alterando também as regras para sua aplicação.

As **penas restritivas de direitos** previstas em nosso ordenamento (art. 43 do CP) são:

a) prestação pecuniária;

b) prestação de serviços à comunidade ou a entidades públicas;

c) perda de bens e valores;

d) limitação de final de semana;

e) interdições temporárias de direitos.

Também são consideradas penas substitutivas da pena privativa de liberdade, e aplicadas da mesma forma que as penas restritivas de direitos:

a) multa substitutiva (art. 60, § 2º, do CP);

b) prestação de outra natureza (art. 45, § 2º, do CP).

10.3.2.1. *Hipóteses e requisitos para conversão da privação de liberdade em restrição de direitos (art. 44 do CP)*

a) Crimes culposos: qualquer que seja a pena (**art. 44, I, do CP**).

b) Crimes dolosos, desde que (requisitos cumulativos):

✓ Sem violência ou grave ameaça à pessoa;

✓ Com pena concreta de até 4 anos (**art. 44, I, do CP);**

✓ Não havendo *reincidência* em crimes dolosos (**art. 44, II, do CP);**

✓ *Crimes de menor potencial ofensivo* (pena máxima de até 2 anos – *Lei 9.099/1995*), mesmo que praticados com *violência ou grave ameaça* (ex.: lesão corporal leve, ameaça).

Atenção

✓ Importante lembrar que, embora a regra geral diga que, havendo reincidência em crime doloso, não se deve fazer a conversão, se a reincidência em crimes dolosos não for pelo mesmo crime (reincidência específica), o juiz poderá fazer a conversão (art. 44, § 3º, do CP).

✓ Para que haja a **conversão** *além dos requisitos objetivos* mencionados, será necessário que *culpabilidade, os antecedentes e a conduta social* sejam favoráveis à substituição (**art. 44, III, do CP**).

✓ *Prestação de serviços, interdição temporária* e *limitação de final de semana* possuem a mesma duração da pena privativa de liberdade concreta. Nas demais não há como fazer essa correlação (ex.: prestação pecuniária).

Por fim, resta lembrar que na condenação cuja pena privativa de liberdade for *igual ou inferior a um ano*, a substituição pode ser feita por multa ou por uma pena restritiva de direitos. Porém, se a condenação for a *pena superior a um ano e até quatro anos*, a pena privativa de liberdade poderá ser substituída por uma pena restritiva de direitos e multa, ou por duas penas restritivas de direitos (art. 44, § 2º, do CP).

10.3.2.2. *Conversão (reversão) da restritiva de direitos em privativa de liberdade (art. 44, § 4º, do CP)*

a) Obrigatória: descumprimento de restrição.

b) Facultativa: nova condenação à privativa de liberdade (art. 44, § 5º, do CP).

Havendo a conversão (reversão), será deduzido da privativa de liberdade o tempo de restrição de direitos já cumprido (art. 44, § 4º); e, na prestação de serviços à comunidade (art. 46 do CP), *cada hora* de serviço prestado equivale a *um dia de pena.*

10.3.3. *Pena de multta*

É *sanção penal* de *caráter pecuniário, patrimonial*, que consiste no pagamento ao *fundo penitenciário* de certa quantia fixada na sentença e calculada em *dias-multa* (art. 49 do CP).

Trata-se de verdadeira pena, sanção penal oriunda de crime, e por isso é pessoal e individualizada, *não ultrapassando a pessoa do autor* (**princípio da intranscendência e da individualização das penas**).

A pena de **multa não paga torna-se dívida de valor** e não pode ser convertida em pena privativa de liberdade (art. 51 do CP, c/c o art. 5º, LXVII, CF), inclusive em sede de *juizado especial* (revogado o art. 85 da Lei 9.099/1995).

A multa produto da prática de crime é uma pena e *não deve ter ideia de indenização*, como acontece com a multa administrativa ou fiscal, que tem feição reparadora e compensatória de dano.

10.3.3.1. *Critério de fixação da pena de multa (dias-multa)*

1ª etapa: estipula-se o número de *dias-multa* **entre 10 e 360 dias** e levam-se em conta somente a *gravidade do fato e a culpabilidade* do agente.

2ª etapa: determina-se o **valor da unidade dias-multa** de *1/30 do salário mínimo até 5 vezes o salário mínimo* (*art. 49, § 1º, do CP*) e leva-se em conta a *capacidade econômica do réu*;

3ª etapa: multiplica-se o **número de dias-multa pelo valor da unidade.** De acordo com a *situação econômica do réu (art. 60 do CP)*, o *valor da multa* pode ser aumentado de até o triplo se o juiz achar necessário, desde que já tenha sido estabelecido na segunda etapa o valor da unidade no máximo legal (*art. 60, § 1º, do CP*).

10.3.3.2. *Pagamento da pena de multa*

Deverá ser efetuado dentro de **dez dias** após o trânsito em julgado da sentença (*art. 50 do CP*). O valor pode ser parcelado a requerimento do condenado (*art. 50, § 1º, do CP*), e o *pagamento* pode ser *descontado mensalmente do salário* do condenado quando (*art. 50, § 2º, do CP*):

a) a multa for aplicada isoladamente;

b) a multa for aplicada cumulativamente com restrição de direitos;

c) for concedido *sursis.*

Atenção

✓ O desconto sobre o salário *não pode incidir* sobre recurso indispensável ao sustento do réu e sua família *(art. 50, § 2º, do CP).*

✓ **Súmula 693 do STF**: não cabe *habeas corpus* em condenação somente a pena de multa, ou em processo por crime cuja única pena prevista seja a multa.

10.3.3.3. *Multa substitutiva*

A multa pode **substituir a pena privativa de liberdade** *igual ou inferior a um ano (art. 44, § 2º, do CP)* desde que preenchidos os requisitos do *art. 44 do CP* (sem violência ou grave ameaça/culpabilidade, antecedentes favoráveis etc.).

Entende-se majoritariamente que, mesmo nesse caso (substitutiva), a multa não paga torna-se *dívida de valor*, **não podendo ser convertida** em pena privativa de liberdade ou em restritiva de direito.

Não podemos deixar de lembrar que *é possível haver* cumulação de multas entre uma *multa substitutiva* (até 1 ano) e a *multa cumulativamente* prevista no tipo (ex.: Furto – pena: 1 a 4 anos e multa – converte a pena em multa e aplica também a multa abstratamente prevista). Porém, a *cumulação de multas* **não é possível** se for em sede de *Lei Penal Extravagante* (**Súmula 171 do STJ**).

10.3.3.4. *Prescrição da pena de multa*

A prescrição da *pretensão executória* deve se dar em **dois anos** (*art. 114 do CP*), embora as **causas interruptivas e suspensivas** sejam regradas pela *Lei de Execução Fiscal e pelo CTN* (art. 51 do CP).

10.4. Medidas de Segurança

É *sanção penal* imposta aos **inimputáveis** como consequência jurídica de um fato típico e ilícito, fundada apenas na **periculosidade** do agente, diante da ausência de culpabilidade (reprovabilidade).

10.4.1. *Função da medida de segurança*

A medida de segurança não possui as *funções de* retribuição e de prevenção geral, devido à ausência de culpabilidade do agente *inimputável*; *logo, a* única *função* das medidas de segurança é a de **prevenção especial** de caráter negativo, ou seja, manter o indivíduo sob a tutela do Estado, evitando assim a futura realização de fatos definidos como crime diante de sua periculosidade.

10.4.2. *Pressupostos de aplicação*

a) Prática de um *fato típico e ilícito;*

b) *Inimputabilidade do agente*, podendo em certos casos substituir a pena aplicada aos *semi-imputáveis*, quando não for possível colocar esses indivíduos para cumprir pena devido a sua condição *(arts. 26, parágrafo único, e 98 do CP).*

c) Que a *periculosidade* do autor esteja comprovada.

Atenção

Para aplicação das medidas de segurança, o Código Penal adotou ***o sistema vicariante***, que **veda** a *aplicação sucessiva ou conjunta* de pena e medida de segurança.

No caso do *semi-imputável* (art. 26, parágrafo único, do CP) **ou** se aplica uma pena **ou** uma medida de segurança.

10.4.3. *Diferenças entre a pena e a medida de segurança*

As diferenças entre a pena e a medida de segurança são:

a) A pena é limitada pela gravidade do crime e se fundamenta na *culpabilidade* do agente, já a medida de segurança se fundamenta somente na *periculosidade* do sujeito ativo; sua duração independe da espécie ou gravidade do crime.

b) A pena possui as funções de *retribuição, prevenção geral e especial* (*art. 59 do CP*). Já a medida de segurança possui somente a função de *prevenção especial*.

c) A pena é aplicada apenas aos *imputáveis* e a medida de segurança, aos *inimputáveis* (*semi-imputáveis* podem receber uma ou outra).

d) A pena possui *prazo determinado*, já a medida de segurança *não possui prazo máximo de duração*, apenas *prazo mínimo* (1 a 3 anos).

e) A sentença que aplica a medida de segurança é *absolutória* (*absolvição imprópria*), já que inimputável não comete crime por ausência de culpabilidade, enquanto a sentença que aplica a pena tem natureza *condenatória*.

10.4.4. Espécies de medida de segurança (art. 96 do CP)

Internação em hospital de custódia ou de tratamento psiquiátrico (art. 96, I, do CP): é obrigatória aos *inimputáveis* que tenham praticado crime punido com reclusão (art. 97 do CP), e facultativa para crimes punidos com detenção.

Tratamento ambulatorial (art. 96, II, do CP): são cuidados médicos que não implicam em internação, sendo aplicado inicialmente apenas para crimes punidos com pena de detenção. Porém, em qualquer parte do tratamento, se achar necessário, o juiz **poderá** convertê-la em internação (art. 97, § 4º, do CP).

Duração:

✓ Prazo mínimo: de 1 a 3 anos, qualquer que seja o crime.

✓ Prazo máximo: é *indeterminado*, ou seja, até cessar a periculosidade.

Atenção

De acordo com o **STF**, vem prevalecendo o entendimento de que, para evitar a possibilidade de uma *sanção de caráter perpétuo*, o **prazo máximo** de duração deve ser o mesmo admitido para as penas, ou seja, **30 anos (art. 75 do CP).**

10.4.5. Suspensão e extinção da medida de segurança

Um exame de **cessação de periculosidade** deverá ser feito no fim do prazo mínimo estipulado, ou mesmo antes, *se for necessário*. Caso seja mantida a medida de segurança, o exame deverá ser feito *anualmente ou sempre que necessário ou requerido*, até que se constate a cessação da periculosidade.

Cessada a periculosidade, o juiz **suspenderá** a execução da medida de segurança por **1 ano,** e se o agente praticar qualquer *ato* (não precisa ser crime) que demonstre novamente sua periculosidade, a medida (*internação*) poderá ser *restabelecida*.

Após esse tempo de suspensão (1 ano), *sem que tenha havido demonstração de periculosidade*, a medida de segurança será **definitivamente extinta, revogada** *(art. 97, § 3º, do CP).*

10.5. Suspensão Condicional da Pena (*Sursis*)

O *sursis* é a *suspensão da execução de* pena privativa de liberdade de certa duração, por *prazo determinado*, uma vez impostas certas *condições e requisitos* ao condenado por crime doloso.

Trata-se de um direito público subjetivo do réu; logo, se presentes os pressupostos e requisitos, o juiz é obrigado a concedê-lo mesmo que de ofício.

10.5.1. Sistema de aplicação (belga-francês – CP)

A *suspensão condicional da pena* ocorrerá após a sentença condenatória, e a *sanção imposta*, se dentro dos limites estabelecidos em lei, ficará suspensa por certo tempo (**período de prova**), não havendo fiscalização específica, ostensiva, do poder público em relação às condições impostas ao condenado.

10.5.2. Requisitos para o sursis (art. 77 do CP)

O *sursis* será aplicado a penas privativas de liberdade (concretas) de **até dois anos,** ou de **até 4 anos** se o condenado for maior de 70 anos (*sursis etário*) ou por razões de doença (*sursis humanitário*).

Para concessão do benefício não pode ser cabível a substituição da pena privativa de liberdade por restritiva de direitos (art. 77, III, do CP), e o condenado não pode ser *reincidente em crime doloso* (dolo + dolo – art. 77, I, do CP).

Importante lembrar que, se a condenação anterior for à *pena de multa*, a reincidência, mesmo em crime doloso, não impede a concessão do *sursis* (art. 77, § 1º, do CP).

Além dos requisitos objetivos, é preciso que as *circunstâncias judiciais* (art. 59 do CP) sejam favoráveis à concessão do benefício (art. 77, II, do CP).

Atenção

a) Condenação por *crime militar* anterior não impede a concessão do *sursis*, pois não enseja *reincidência* (art. 64, II, do CP).

b) No *concurso de crimes*:

✓ no concurso material (art. 69 do CP) e no concurso formal imperfeito (art. 70, 2ª parte, CP) considera-se o valor da soma das penas aplicadas.

✓ no concurso formal perfeito (art. 70 do CP) e no crime continuado (art. 71 do CP) considera-se o valor da pena após o aumento.

10.5.3. Espécies de sursis

10.5.3.1. Sursis simples (art. 78, § 1º, do CP)

É a regra geral e tem como principais características o fato de submeter o condenado à observação durante a suspensão, e, *no primeiro ano do prazo*, à prestação de serviços à comunidade **(art. 46 do CP)**, ou submeter-se à limitação de final de semana **(art. 48 do CP).**

10.5.3.2. Sursis especial (art. 78, § 2º, do CP)

Modalidade específica que permite a substituição das condições do *art. 78, § 1º*, por outras menos rigorosas, desde que o condenado tenha reparado o dano, se possível, e que preencha todas as condições do art. 77 do CP.

Além disso, é preciso que sejam **amplamente favoráveis** as circunstâncias judiciais (art. 59 do CP).

São restrições específicas e mais favoráveis do *sursis* especial:

a) proibição de frequentar certos lugares;

b) proibição de se ausentar da comarca sem autorização do juiz;

c) comparecimento mensal a juízo para informar suas atividades.

10.5.3.3. Sursis etário (art. 77, § 2º, do CP)

Modalidade específica de *sursis*, aplicável para condenados com idade superior a 70 anos na época da condenação, cabível para penas privativas de liberdade de **até 4 anos**, diferentemente da regra geral, em que a pena é de dois anos.

10.5.3.4. Sursis humanitário (art. 77, § 2º, do CP)

Modalidade específica, assemelhada ao *sursis* etário, e que é aplicada quando **razões de saúde** demonstrem necessidade de concessão de um *sursis* diferenciado, também cabível para penas de **até 4 anos**.

10.5.4. Condições judiciais (art. 79 do CP)

São outras condições discricionariamente impostas pelo juiz de acordo com o fato praticado e a situação pessoal do condenado, aplicáveis a todas as espécies de *sursis* quando necessário (ex.: tratamento de desintoxicação/curso de instrução).

10.5.5. Período de prova

O período de prova é o lapso de tempo durante o qual o condenado fica obrigado a cumprir certas condições impostas, enquanto a execução de sua pena fica suspensa.

Pode ter as seguintes durações:

a) 2 a 4 anos no *sursis simples e no especial* (art. 77 do CP);

b) 4 a 6 anos no *sursis etário e no humanitário* (art. 77, § 2º, do CP);

c) 1 a 3 anos para a pena de *prisão simples* decorrente de *contravenção* (art. 11 da LCP).

10.5.6. Revogação do sursis

Tem como consequência o fato de que o condenado irá cumprir **integralmente** a pena aplicada que estava suspensa.

Perceba-se que o período de prova não é tempo de cumprimento de pena, razão pela qual, havendo qualquer espécie de revogação do *sursis*, o condenado deverá cumprir toda a pena que havia sido aplicada.

10.5.6.1. Revogação obrigatória (art. 81, I, II e III, do CP)

O juiz obrigatoriamente revogará o *sursis* se o agente for condenado por crime doloso no curso do *sursis*, não importando quando praticou crime, mas sim quando foi condenado.

Também será revogado obrigatoriamente o *sursis* se o condenado não efetuar a reparação do dano. Porém, essa consequência não se aplica à inadimplência da pena de multa.

Ainda será revogado o *sursis* se o condenado *não cumprir* a *condição específica* do art. 78, § 1º, do CP (prestação de serviços ou limitação de final de semana).

10.5.6.2. Revogação facultativa (art. 81, § 1º, do CP)

Cabe ao magistrado decidir se promove ou não a revogação do *sursis* quando o condenado descumprir *qualquer outra condição imposta* (que não seja a específica do *sursis* especial), ou ainda se o agente for condenado à pena privativa de liberdade ou restritiva de direitos por **crime culposo ou contravenção.**

Na *revogação facultativa*, o juiz poderá, *em vez de revogar o* sursis, prorrogar o período de prova até seu *valor máximo* (art. 81, § 3º, do CP).

10.5.7. Prorrogação do período de prova (art. 81, § 2º, do CP)

Será prorrogado o período de prova se o condenado estiver sendo processado por outro crime ou contravenção, até que saia a *sentença definitiva* dessa ação, pois, se ela for *condenatória,* revogará o *sursis.*

A prorrogação é *automática e obrigatória*, e com ela se poderá exceder o limite máximo de 4 anos de *sursis*. Porém, após o prazo máximo de duração permitido por lei para o período de prova, não permanecem as condições impostas pelo *sursis*.

10.5.8. Extinção do sursis e da pena (art. 82 do CP)

No término do período de prova, sem que tenha havido **revogação** do *sursis*, considera-se **extinta a punibilidade do fato**, e a própria sanção aplicada deixa de existir.

10.6. Livramento Condicional

Consiste na liberação do condenado após o *cumprimento de parte da pena* privativa de liberdade aplicada, preenchidos certos pressupostos e observadas certas condições impostas, que não implicam em privação da sua liberdade.

10.6.1. Requisitos para o livramento condicional

10.6.1.1. Objetivos

a) Que a pena *privativa de liberdade* aplicada seja igual ou superior a 2 anos (art. 83 do CP).

b) Cumprimento de parte da pena:

✓ 1/3 se o réu não é reincidente em crime doloso e possui bons antecedentes (art. 83, I, do CP);

✓ 1/2 se o réu é reincidente em crimes dolosos (art. 83, II, do CP);

✓ 2/3 para crimes hediondos e equiparados, desde que não seja reincidente nessas espécies de crime (art. 83 do CP);

c) Reparação do dano se for possível (art. 83, IV, do CP).

10.6.1.2. Subjetivos

São requisitos subjetivos:

a) Que o agente possua bom comportamento durante a execução da pena (art. 83, III, do CP).

b) O condenado deverá demonstrar aptidão para prover a própria subsistência através de trabalho honesto (art. 83, III, do CP).

Atenção

Se o crime doloso foi praticado mediante violência ou grave ameaça, é requisito específico que o juiz considere que condenado provavelmente não voltará a delinquir dessa forma (art. 83, parágrafo único, do CP).

Após a alteração do art. 112 da LEP e da não exigência do exame criminológico para progressão de regime, esse requisito é absurdo e inaplicável (**STF**).

10.6.2. Concessão do livramento condicional

O livramento condicional será concedido pelo juiz por sentença motivada e fundamentada mediante requerimento do condenado, cônjuge, ascendente ou descendente, ou por iniciativa do diretor do presídio.

10.6.3. Condições do livramento condicional

✓ **Obrigatórias (art. 132, § 1º, LEP):**

a) Obter ocupação lícita em prazo razoável;

b) Comunicar periodicamente ao juiz sua ocupação;

c) Não mudar da comarca sem pedir autorização judicial.

✓ **Facultativas (art. 132, § 2º, LEP):**

a) Não mudar de residência sem comunicar ao juízo;

b) Recolher-se à habitação em certa hora;

c) Não frequentar determinados lugares.

10.6.4. Revogação do livramento condicional

10.6.4.1. Obrigatória (art. 86 do CP)

A revogação será obrigatória se houver condenação *à pena privativa de liberdade* por crime praticado durante a vigência do benefício.

Nesse caso, deverá cumprir *integralmente o restante da pena e não será diminuído o tempo* em que esteve em liberdade. Deve-se ainda somar a pena aplicada ao novo crime, e não poderá requerer outro livramento condicional (art. 88 do CP; art. 142 da LEP).

Ex.: condenado a 6 anos, cumpre 2, sai em livramento e fica solto 1 ano, então comete novo crime. Logo, terá de cumprir os 4 anos + a nova pena.

Também será obrigatória a revogação se o sujeito for condenado à pena privativa de liberdade por outro crime praticado *antes de o benefício* ter sido concedido.

Nesse caso, o tempo passado em livramento *será computado como cumprimento da pena.* Soma-se a pena restante com a nova pena, e será possível requerer novo livramento condicional (art. 88 do CP; art. 141 da LEP).

Ex.: condenado a 6 anos, cumpre 2, sai em livramento e fica solto 1 ano, então é condenado a 5 anos por crime anterior à concessão do livramento condicional. Cumprirá 5 anos (nova condenação) + 3 anos que ainda faltavam cumprir.

10.6.4.2. Revogação facultativa (art. 87 do CP)

O juiz decide se revoga ou não o livramento quando o condenado deixa de cumprir as condições estabelecidas no livramento, ou se o agente for condenado à pena que não seja privativa de liberdade por crime praticado antes ou durante o livramento.

Nesse caso *não será contado o tempo* em que esteve solto e não será possível conceder o novo livramento (art. 142 da LEP).

10.6.4.3. Prorrogação do livramento condicional

Enquanto não sair a sentença definitiva em processo por crime praticado durante o livramento condicional, não poderá ser declarada extinta a pena, mesmo após o término de seu tempo (art. 89 do CP). Porém, não devem permanecer as condições após o decurso do prazo da pena.

Entretanto, se houver processo tramitando por crime praticado antes da concessão do livramento, não se prorroga o prazo, pois, ao se revogar o livramento, será descontado o prazo que esteve solto em livramento.

10.6.4.4. Extinção do livramento condicional e da pena

A pena será definitivamente **extinta** se no final do tempo total da condenação **não** tiver ocorrido *revogação do livramento condicional* (art. 90 do CP; art. 146 da LEP).

11. AÇÃO PENAL

11.1. Introdução

O Estado é o único detentor do poder de punir (*jus puniendi*), que será exercido exclusivamente por meio do processo, através da ação penal.

Na **ação penal**, o estado-juiz é chamado a aplicar o direito objetivo ao caso concreto (prestação jurisdicional), modo pelo qual se concretiza a acusação pela prática de um crime, instaurando-se o processo penal, invocando e possibilitando a aplicação da pena.

11.2. Espécies de ação penal

O critério para classificação das ações penais se relaciona fundamentalmente com quem poderá promovê-la; logo, a ação penal se divide em:

11.2.1. Ação penal pública

Via de regra, toda a ação será pública, salvo quando a lei expressamente declará-la privada, sendo por isso privativa do Ministério Público que será seu titular e encarregado de promovê-la através da *Denúncia.*

Há duas espécies de ação penal pública:

a) Incondicionada: Independe de qualquer manifestação de vontade por parte do ofendido para que se inicie, bastando que o Ministério Público tome conhecimento do fato para, por meio da *denúncia*, iniciar a ação.

b) Condicionada: Também movida pelo Ministério Público, porém é subordinada a uma representação por parte do ofendido ou, em certos casos, a uma requisição do ministro da Justiça, para que o MP possa oferecer a *denúncia.*

Atenção

A ação penal pública incondicionada é a regra geral, e para que a ação penal seja condicionada à representação do ofendido, ou requisição do Ministro da Justiça, esses requisitos deverão estar expressamente definidos em lei para os crimes aos quais se referem.

11.2.2. Ação penal pública incondicionada

Como dissemos, é a regra geral para as ações penais em nosso ordenamento, e sua peça inicial é a *denúncia*, que será proposta pelo Ministério Público, o titular dessa espécie de ação e que tem iniciativa independentemente de qualquer manifestação de vontade, representação ou discordância da vítima.

Qualquer pessoa poderá provocar a iniciativa do MP, prestando informações sobre o fato criminoso, e o MP poderá oferecer *denúncia* ou requerer arquivamento do inquérito policial, o que será deferido ou não pelo juiz.

A denúncia deverá ser oferecida em 5 (cinco) dias se o réu estiver preso, ou em 15 (quinze) dias se o réu estiver solto, devendo conter a exposição do fato criminoso, a qualificação do acusado, a classificação do crime e o rol de testemunhas.

São princípios inerentes à ação penal pública incondicionada:

a) Oficialidade: o MP sempre procede de ofício (por conta própria).

b) Indisponibilidade: o MP não pode dispor da ação penal, ou seja, uma vez intentada, não poderá desistir.

c) Obrigatoriedade: é dever do MP promover ação penal sempre que presentes os elementos que indiquem a ocorrência de crime.

d) Indivisibilidade: deve ser proposta contra todos que concorrem para a prática do crime, não podendo escolher contra quem será movida a ação.

e) Justa causa: devem-se avaliar todas as circunstâncias e características do fato para verificar se há razões e motivos suficientes para o Estado iniciar a persecução penal. A falta de justa causa para a propositura da ação é motivo que leva à rejeição da *denúncia* pelo juiz.

11.2.3. Ação penal pública condicionada

A atividade do Ministério Público estará subordinada à representação, manifestação de vontade do ofendido ou do ministro da Justiça (requisição) para que seja promovida através da denúncia.

Caso o ofendido não represente, não poderá haver denúncia, nem mesmo instauração do inquérito policial. Porém, uma vez feita a representação, o MP assume a titularidade da ação, sendo irrelevante a futura vontade contrária por parte do ofendido no que tange ao prosseguimento da ação penal (a **representação é irretratável** a partir do oferecimento da denúncia).

A representação deverá ser oferecida em **6 meses** (prazo decadencial) a partir do conhecimento pelo ofendido da prática do crime, e no caso do incapaz, o prazo começa a correr a partir do dia em que completa 18 anos, podendo o representante legal oferecer a representação mesmo antes que o ofendido complete 18 anos.

No caso de a vítima possuir entre 18 e 21 anos, a representação pode ser oferecida de forma concorrente tanto por ela quanto por seu representante legal.

Em certos casos, não poderá ser instaurado o inquérito nem oferecida denúncia caso não haja *requisição por parte do ministro da Justiça*. A conveniência da requisição é medida política e são raros os crimes que dependem dela (ex.: art. 141, I, c/c o art. 145 do CP – crimes contra a honra do Presidente da República).

A requisição não terá prazo decadencial e poderá ser apresentada enquanto não estiver extinta a punibilidade do crime. Porém, uma vez apresentada, será *irretratável* mesmo antes do oferecimento da denúncia pelo MP.

Atenção

Importante lembrar que a requisição do Ministro da Justiça, assim como a representação do ofendido, não condiciona ou obriga o Ministério Público a oferecer a *denúncia*.

11.2.4. Ação penal privada

Modalidade excepcional de ação penal pela qual a iniciativa cabe ao ofendido ou seu representante legal; assim, o MP não terá a titularidade dessa espécie de ação. Porém, não podemos esquecer que o poder de punir continua a ser exclusivamente do Estado.

Como se trata de modalidade excepcional, os casos de ação penal privada deverão estar necessariamente previstos e expressos em lei (ex.: crimes contra honra – art. 138, 139 e 140 do CP, salvo as restrições do art. 145 do CP).

Nos crimes de ação penal privada, se a vítima tiver entre 18 e 21 anos, a legitimidade para propor ação penal será concorrente entre ela e o representante legal, e o inquérito policial somente poderá ser instaurado com expresso requerimento do particular.

A peça inicial para o início da ação penal privada será a *queixa*, que deverá ser oferecida pela vítima (querelante) no prazo de **seis meses** (decadencial) a partir do conhecimento da autoria do crime, podendo, porém, ser aditada pelo Ministério Público, que, desempenhando sua função de fiscal da lei (*custos legis*), poderá intervir sempre no processo.

Seguem as espécies de ação penal privada:

a) Ação penal privada comum ou exclusivamente privada: pode ser intentada pelo ofendido ou seu representante legal; e, em caso de morte ou ausência do ofendido, o direito de queixa se transmite ao cônjuge, ao ascendente, descendente ou irmão.

b) Ação penal privada personalíssima: o exercício do direito de *queixa* compete única e exclusivamente ao ofendido, não podendo ninguém substituí-lo, ou seja: se o querelante morrer extingue-se a punibilidade e encerra-se a ação. (ex.: induzimento a erro essencial e ocultação de impedimento – art. 236, parágrafo único, do CP).

c) Ação penal privada subsidiária da pública (art. 100, § 3º, do CP): perante a inércia do Ministério Público *será admitida a ação penal privada em um crime de ação penal pública*, ou seja, o ofendido poderá apresentar *queixa*, que substituirá a *denúncia* se esta não for apresentada pelo MP dentro do prazo legal (5 ou 15 dias).

O prazo para essa *queixa* também será de seis meses, porém contados a partir do termo final do prazo para o oferecimento da denúncia pelo Ministério Público.

Atenção

O Ministério Público poderá intervir em todos os atos do processo e até mesmo, se achar conveniente, retomar a titularidade da ação penal como parte principal.

São princípios inerentes a ação penal privada:

a) **Oportunidade e conveniência:** é facultativo ao ofendido oferecer a queixa ou não, de acordo com seus interesses, com base no fato praticado.

b) **Disponibilidade:** o ofendido (querelante) poderá, após o oferecimento da queixa, dispor da ação penal, podendo, portanto, desistir a qualquer momento da ação penal proposta.

c) **Indivisibilidade:** a ação privada deve ser proposta diante de todos os autores e partícipes do fato; portanto, a queixa tem de ser oferecida contra todos que participaram do crime, evitando assim que se utilize o processo como forma de vingança privada.

12. PUNIBILIDADE

Punibilidade é a possibilidade jurídica de aplicar uma sanção penal a alguém, diante da prática de um fato *típico, ilícito e culpável*, não sendo portanto elemento integrante do conceito de crime.

12.1. Condições objetivas de punibilidade

Condições objetivas de punibilidade são hipóteses previstas em lei que *condicionam a aplicação da pena*, porém não integram o conceito de crime (fato típico, ilícito e culpável), embora muitas vezes apareçam previstas junto do próprio tipo penal. Podemos dizer que são condições *exteriores à conduta típica*, apenas condicionam a punição do crime.

O implemento da condição objetiva de punibilidade é irrelevante para a consumação *do crime*, que se dará independentemente de sua ocorrência, porém *sem a condição*, embora o crime esteja completo, *não será possível* aplicar a pena ao autor do fato.

São exemplos de condição objetiva de punibilidade:

a) O resultado morte, ou lesão corporal grave, no crime de induzimento, instigação ou auxílio ao suicídio (art. 122 do CP).

b) A sentença declaratória de falência nos crimes falimentares.

c) O prejuízo superveniente no crime de introdução ou abandono de animais em propriedade alheia (art. 164 do CP).

Atenção

a) Importante lembrar que não se confunde *condição objetiva de punibilidade* com as *condições de procedibilidade*, que são impedimentos ao início da ação penal, ou à sua continuação (*ex.*: representação/queixa).

b) Por possuírem caráter objetivo, ligado ao fato praticado, as condições objetivas de punibilidade *se comunicam a todos os participantes* (coautores/partícipes) do crime. Logo, se a condição não for implementada não haverá punição para o crime como um todo.

12.2. Escusas absolutórias

As *escusas absolutórias* são causas que fazem que não se aplique a pena a *certos agentes*, diante de determinado crime praticado, por expressa determinação legal.

Portanto, independentemente da prática de um fato típico, ilícito e culpável, **não** se aplicará a pena a determinados agentes por razões de conveniência e oportunidade, ou política criminal.

São *causas pessoais de isenção ou exclusão de pena* e, por serem pessoais, em relação a certos agentes, *não se comunicam aos demais participantes do crime* (coautores ou partícipes).

São exemplos de escusa absolutória:

a) *Imunidade penal absoluta* nos **crimes contra patrimônio não violentos**, praticados em prejuízo do *cônjuge, ascendente, descendente* (arts. 181 e 183 do CP), desde que a vítima não tenha 60 anos ou mais.

b) No *crime de favorecimento pessoal* (art. 348, § 2º, do CP), não se aplica a pena se este for praticado por *ascendente, descendente, cônjuges ou irmãos do procurado.*

Podemos apontar as seguintes diferenças entre as *escusas absolutórias* e as *condições objetivas de punibilidade*:

a) As *escusas absolutórias* estão previstas abstratamente como características que são certas e *anteriores à própria prática e consumação do crime*, enquanto as *condições de punibilidade* decorrem exatamente da sua prática e consumação, sendo, portanto, *posteriores ao fato e incertas.*

b) As *condições objetivas de punibilidade* são de *caráter objetivo*, ligadas ao fato e, portanto, *comunicam-se aos coautores e aos partícipes*. Já as *escusas absolutórias* são de caráter subjetivo, *ligadas a certos agentes e, por isso, não se comunicam* aos demais participantes do crime.

Atenção

Fórmula para identificação dos institutos:

a) ***Condições objetivas:*** *"só se pune quando, só se pune se..."*

b) ***Escusas absolutórias:*** *"não se pune quem..."*

12.3. Causas de extinção da punibilidade

São certas causas, certas hipóteses, em que se **extingue a punibilidade** do fato praticado, ou seja, afasta-se a possibilidade de aplicação da pena mesmo após a realização de uma conduta *típica, ilícita e culpável* (crime).

As causas de extinção da punibilidade ocasionam a perda pelo Estado do direito de punir (*jus puniendi*), fazendo que se deixe de aplicar uma pena, ou se interrompa definitivamente seu cumprimento.

As *causas de extinção da punibilidade* devem ser *declaradas de ofício pelo juiz* no momento em que forem reconhecidas e, portanto, não dependem de manifestação da parte para serem aplicadas.

12.3.1. Espécies de causas de extinção da punibilidade (art. 107 do CP)

12.3.1.1. Morte do agente

Se baseia no princípio da pessoalidade da pena, subsistindo os efeitos civis decorrentes do fato praticado; por ser de caráter subjetivo, não se comunica aos coautores e partícipes.

Deverá ser comprovada através de certidão de óbito, não se admitindo na esfera penal a presunção legal de morte.

Atenção

Se *posteriormente* ficar comprovada a falsidade da certidão de óbito, *não* se permite reabertura do processo (não cabe revisão criminal em prejuízo do réu).

Porém, há posicionamento **divergente** na doutrina e já há jurisprudência afirmando que a certidão falsa não poderia gerar efeitos no processo penal, permitindo assim que o processo seja reaberto **(STF)**

12.3.1.2. Anistia, graça e indulto

A ***anistia*** é ato *do Congresso Nacional*, preponderante para crimes políticos, não requerendo solicitação pelo indivíduo, e por isso possui *caráter impessoal e coletivo*, se referindo a fatos realizados e não a certos agentes específicos.

Se concedida antes do trânsito em julgado (*anistia própria)* da sentença extingue, todos os seus efeitos penais sem, no entanto, atingir o tipo penal abstratamente previsto (não gera *abolitio criminis*). Porém, a anistia também pode ser concedida após o trânsito em julgado (*anistia imprópria)*.

A anistia *não* pode ser recusada, salvo quando sua concessão for condicionada, ou seja, quando for exigido o preenchimento de uma condição para sua concessão.

A ***graça*** é *ato privativo do presidente da República* e deverá ser solicitada pelo condenado ou pelo Ministério Público (*art. 188 da LEP*) somente em casos excepcionais (por exemplo: doença terminal).

Possui *caráter individual*, personalíssimo, e não se comunica aos demais participantes do crime, sendo aplicada a crimes comuns e concedida após o trânsito em julgado da sentença.

Diferentemente da anistia, *não* afasta os outros efeitos penais da condenação (ex.: reincidência, antecedentes etc.).

Já o ***indulto*** é *ato privativo do presidente da República*, de caráter coletivo e espontâneo (independe de uma solicitação), *não* admite recusa, salvo se for condicionado, sendo concedido *após o* trânsito em julgado da sentença, e não afastando os demais efeitos penais ou extrapenais (Ex.: reincidência) da condenação.

Atenção

Crimes hediondos, tortura, tráfico ilícito de entorpecentes e terrorismo **não admitem** a *anistia, graça ou indulto.*

12.3.1.3. Abolitio criminis (art. 2º do CP)

Ocorre quando uma lei posterior *deixa de considerar crime* fato que antes era assim definido, *afastando todos os efeitos penais* da condenação, somente *subsistindo os efeitos cíveis da prática do fato.*

Por se tratar de *lei penal mais benéfica*, o *abolitio criminis* deverá retroagir para atingir todos os fatos anteriores, se sobrepondo até mesmo a uma sentença penal condenatória transitada em julgado.

Quando determinado artigo é revogado, mas a conduta típica migra para outro dispositivo legal, ocorre a chamada *abolitio criminis formal*, que, com base *no princípio da continuidade normativa típica*, **não irá gerar** extinção da punibilidade nem os demais efeitos retroativos da *abolitio criminis.*

12.3.1.4. Renúncia do direito de queixa (art. 104 do CP)

Antes de iniciada a ação penal privada, o ofendido pode manifestar sua vontade de *não* exercer o direito de queixa, tratando-se de ato unilateral do ofendido que irá obrigatoriamente atingir a todos os eventuais *coautores* ou partícipes do delito.

Pode ser:

a) Tácita: através da prática de um *ato incompatível* com a vontade de exercer o direito de queixa (ex.: convidar o autor do fato para ser padrinho de próprio filho);

b) Expressa: declaração assinada pelo ofendido ou seu representante legal, afirmando não mais querer exercer o direito de queixa.

Atenção

Poderá o menor, ao atingir a maioridade, exercer o direito renunciado por seu representante legal anteriormente.

12.3.1.5. Perdão do ofendido (art. 105 do CP)

Na *ação penal privada*, o querelante pode perdoar o querelado, impossibilitando o prosseguimento da ação.

Diferencia-se da *renúncia, pois* esta ocorre na *fase pré-processual* e o *perdão* ocorre *durante o processo* antes de a sentença transitar em julgado (art. 106, § 2º, do CP). Pode ser *expresso ou tácito* e deve ser aceito pelo querelado (o silêncio importará em aceitação).

Como possui caráter objetivo e é ligado ao fato praticado, comunica-se a todos os coautores e partícipes. Porém, o perdão de um dos querelantes não prejudica o direito dos demais ofendidos em prosseguir com a ação penal (art. 106, II, do CP).

12.3.1.6. Perdão judicial (art. 120 do CP)

Em função de certas circunstâncias, o juiz pode deixar de aplicar a pena, de acordo com *expressa previsão legal* (*ex.:* arts. 121, § 5º, e 129, § 8º, do CP). O perdão judicial é direito subjetivo do réu e, uma vez previsto na lei, quando concedido, independe de sua aceitação.

a) A sentença concessiva do perdão judicial terá natureza *declaratória* da extinção de punibilidade; logo, não subsiste qualquer efeito de condenação (Súmula 18 do STJ).

b) O perdão dado a um agente não se comunica aos coautores e partícipes.

12.3.1.7. Retratação

Instituto ligado apenas a certos crimes contra a honra (calúnia e difamação), e se caracteriza pelo ato de *desdizer*, ou seja, retirar o que foi dito. É *ato unilateral* do agente que independe de aceitação do ofendido (art. 143 do CP).

A retratação deverá ser feita *antes da decisão de 1ª instância*; porém, se for posterior, poderá apenas atenuar a pena.

12.3.1.8. Decadência (art. 103 do CP)

Caracteriza-se como a *perda do direito de ação* pelo decurso de tempo, qual seja, *6 meses* para oferecimento da queixa ou da representação, contados a partir da data em que a vítima toma conhecimento de quem foi o autor do fato.

Importante lembrar que prazo decadencial *não se interrompe ou suspende*, correndo ininterruptamente.

No caso de *ação penal privada subsidiária da pública*, o prazo começa a correr a *partir do término do prazo* para oferecimento da denúncia pelo MP, e, na hipótese de vítima menor e seu representante legal, os prazos correm de forma *independente* para cada um.

Atenção

No *crime continuado* (art. 71 do CP) o prazo é contado separadamente para cada crime praticado.

12.3.1.9. Perempção

É a perda do direito de ação pela inércia do querelante, após o início da ação penal privada, não se aplicando na ação penal privada subsidiária da pública, pois o Ministério Público pode retomá-la a qualquer momento.

A perempção ocorre quando, após o início da ação, o *querelante* deixa de promover o andamento por *30 dias seguidos* ou, ainda, ocorrendo a *morte do querelante*, ou sobrevindo sua incapacidade, se nenhum interessado comparecer em juízo no prazo de *60 dias* para dar andamento ao processo (ascendente, descendentes, cônjuge, irmão).

Importante lembrar que, se o querelante for *pessoa jurídica*, ocorrerá a perempção se esta se extinguir, e havendo pluralidade de querelantes só ocorre perempção em relação aquele que efetivamente abandonar a *ação penal privada*.

12.3.1.10. Prescrição

É a *perda do direito de punir* (*jus puniendi*) pela inércia do Estado, que não o exercitou dentro de certo lapso de tempo fixado previamente em lei. O tema será mais bem explorado a seguir.

12.4. Prescrição

Embora a prescrição tenha relação direta com o processo penal, é instituto de direito material, por isso se aplica a seus *prazos* a regra do *art. 10 do CP*, ou seja, computa-se na contagem o dia de início.

A prescrição é uma das *causas de extinção da punibilidade* previstas no *art. 107* do Código Penal. Impede a aplicação e a execução da pena e, sendo matéria de ordem pública, poderá ser *declarada de ofício* pelo juiz *a* qualquer momento durante o processo.

Entretanto, se a prescrição for apenas da execução da pena (*prescrição da pretensão executória*), subsistem todos os efeitos secundários da sentença condenatória, diferentemente da prescrição da aplicação da pena (*prescrição da pretensão punitiva*), em que não haverá sequer sentença condenatória.

Atenção

a) São consideradas *imprescritíveis* a *prática de racismo* (art. 5º, XLII, CF; Lei 7.716/1989) e a *ação de grupos armados* (civis ou militares) contra a ordem e o Estado democrático de direito (art. 5º, XLIV, CF; Lei 7.170/1983).

b) No concurso de crimes, os prazos prescricionais são calculados em relação à pena de *cada um dos crimes separadamente* (art. 119 do CP).

12.4.1. Espécies de prescrição

12.4.1.1. Prescrição da pretensão punitiva

Nessa espécie de prescrição, o Estado perde a possibilidade de aplicar a pena antes de a sentença condenatória transitar em julgado e, portanto, o réu *não sofre qualquer efeito condenatório,* permanecendo primário e com bons antecedentes.

A prescrição da pretensão punitiva toma por base a *pena máxima abstrata* prevista na lei, de acordo com a *tabela do art. 109 do CP*, da seguinte forma:

De acordo com a *pena máxima abstrata* prevista no tipo:

a) acima de 12 anos – prescreve em 20 anos;

b) acima de 8 anos até 12 anos – prescreve em 16 anos;

c) acima de 4 anos até 8 anos – prescreve em 12 anos;

d) acima de 2 anos até 4 anos – prescreve em 8 anos;

e) de 1 ano até 2 anos – prescreve em 4 anos;

f) menor que 1 ano – prescreve em 3 anos.

Não podemos esquecer que se reduzem os prazos prescricionais pela *metade* quando o agente, no tempo do crime, era menor de 21 anos, ou se na data da sentença era maior de 70 anos (art. 115 do CP).

A contagem do prazo de *prescrição da pretensão punitiva*, via de regra, se inicia na data da consumação do fato ou, na hipótese de tentativa, na data em que cessa a última prática do ato – art. 111 do CP (ex.: no envenenamento gradativo, a data é a do último ato) – e nos crimes permanentes se inicia a partir do término da permanência.

Atenção

Há entendimento afirmando que, *no que tange ao prazo prescricional, o CP adotou a teoria do resultado,* excepcionando a regra adotada pelo *Código Penal* quanto ao *tempo do crime*, qual seja, a *teoria da atividade* (art. 4º do CP).

Quanto aos prazos prescricionais em geral pode ocorrer:

a) Suspensão*:* computa-se o lapso anterior à *causa suspensiva* quando se reinicia a contagem de *prazo do* ponto onde parou;

b) Interrupção*: não* se computa o lapso anterior de tempo e reinicia-se a contagem de *prazo do início*, por inteiro, no final da causa interruptiva.

De acordo com o art. 117 do CP, são causas de interrupção da prescrição da pretensão punitiva:

a) Recebimento da *denúncia ou da queixa;*

b) Publicação da *sentença de pronúncia* no tribunal do júri.

Atenção

Súmula 191 do STJ: a pronúncia interrompe a prescrição ainda que o Tribunal do Júri desclassifique o crime.

c) Publicação (em cartório) da *sentença condenatória recorrível* (1ª instância) ou do acórdão recorrível (*Lei 11.596/2007*).

Atenção

✓ A sentença absolutória *não interrompe o prazo prescricional. Porém*, se a sentença absolutória for reformada pelo tribunal, interrompe-se o prazo, iniciando-se novamente do início a contagem, que só será interrompida novamente com o julgamento do recurso e trânsito em julgado (*prescrição superveniente ou intercorrente* – art. 110, § 1º, do CP).

✓ Reformada sentença condenatória pelo tribunal, mantém-se a interrupção ocorrida pela publicação da sentença de 1ª instância (*prescrição superveniente ou intercorrente* – art. 110, § 1º, do CP).

✓ A sentença concessiva do perdão judicial não interrompe a prescrição, pois possui natureza declaratória de extinção da punibilidade (Súmula 18 do STJ).

As *causas de interrupção* da prescrição comunicam-se a todos os coautores e partícipes do crime, exceto as hipóteses de início de cumprimento de pena e a reincidência, que se referem apenas a prescrição da pretensão executória (art. 117, § 1º, do CP).

São causas de suspensão da prescrição da pretensão punitiva (art. 116 do CP):

a) Enquanto não resolvida em outro processo questão de que dependa o *reconhecimento da existência de crime* (questão prejudicial).

Ex.: enquanto se discute no cível a *validade do primeiro casamento*, suspende-se o prazo prescricional do *crime de bigamia* (art. 235 do CP).

b) Enquanto o condenado *cumpre pena no estrangeiro* por outro crime. Porém, se estiver cumprindo *pena no Brasil*, NÃO se suspende o prazo.

c) Se o acusado, *citado por edital*, não comparecer ou não constituir advogado (art. 366 do CPP).

d) Se o Senado ou Câmara de Deputados impede que se processe um de seus membros até o *término do mandato*, fica suspenso o prazo a partir dessa data (obs.: *com a Emenda Constitucional 35/2001* não é preciso que haja autorização prévia para processar, mas pode haver a sustação do andamento da ação – art. 53, § 4º, CF).

e) Com a suspensão condicional do processo (art. 89, § 6º, da Lei 9.099/1995).

Há ainda certas espécies de prescrição da pretensão punitiva que possuem características diferentes, sendo vistas como espécies anômalas dessa categoria de prescrição, pois serão avaliadas e calculadas após a sentença condenatória de 1ª instância, ou após o trânsito em julgado e, por isso, diferentemente da regra geral, levam em conta a **pena concreta** aplicada ao crime (de acordo com a tabela do art. 109 do CP). São elas:

12.4.1.2. *Prescrição superveniente, intercorrente ou subsequente (art. 110, § 1º, do CP)*

É espécie de *prescrição da pretensão punitiva* regulada pela **pena concretamente** aplicada na sentença de 1ª instância. Seu prazo começa a correr a partir da publicação da sentença condenatória *(1ª instância)* e seu termo final será o trânsito em julgado da sentença para ambas as partes.

Podem ocorrer duas hipóteses:

a) Trânsito em julgado para a acusação

Prolatada a sentença, se a acusação não recorrer, mas apenas a defesa recorrer, poderá sobrevir a *prescrição intercorrente* entre a data da sentença e o julgamento definitivo do recurso.

b) Com o improvimento do recurso da acusação, ou com provimento que, ao modificar a pena, não altere o prazo prescricional.

Ex.: temos agente condenado a *3 meses* de pena, e o recurso da acusação só é julgado 3 anos e meio depois da sentença condenatória; se este for *improvido* ou *modificada a* pena, mas dentro do limite de até 1 ano (prescreve em 3 anos), o crime estará prescrito.

12.4.1.3. *Prescrição retroativa (art. 110, § 2º, do CP)*

Espécie de *prescrição da pretensão punitiva* que também *se regula pela pena concreta.* Seu *prazo é contado regressivamente*, ou seja, de trás para frente a partir da sentença condenatória definitiva (transitada em julgado).

Na verdade deve-se refazer a análise dos lapsos de tempo decorridos durante o processo, só que agora com base na pena concreta e definitivamente aplicada, entre a data da sentença transitada em julgado e o acordão condenatório de 2ª instância (se houver), e deste até a sentença condenatória de 1ª instância.

Em caso de sentença *absolutória* em 1ª instância e *condenatória* de 2ª instância, conta-se a prescrição retroativa do trânsito em julgado até a data do recebimento da denúncia direto.

E, por fim, conta-se ainda o prazo entre a *publicação da sentença condenatória* (1ª instância) e data do *recebimento da denúncia*, que será o último marco de contagem da prescrição retroativa.

Atenção:

✓ Com a *Lei 12.234/2010*, passou a não ser mais possível calcular a prescrição retroativa tomando por base o prazo entre a data do recebimento da denúncia e a data da prática do fato.

12.4.1.4. *Prescrição da pretensão executória (art. 110 do CP)*

É a prescrição da *execução da pena* que for aplicada concretamente, contada também nas bases da tabela do art. 109 do CP. Seu prazo começa a correr a partir do trânsito em julgado da sentença condenatória, ou do dia em que se interrompe a execução da pena (art. 112 do CP).

Havendo a interrupção do cumprimento da pena, começa a correr o prazo da prescrição da pretensão executória com base no *restante de pena* concreta que ainda falta cumprir, de acordo com a tabela do art. 109 do CP (art. 113 do CP).

Não podemos deixar de lembrar que os prazos para prescrição da pretensão executória aumentam de 1/3 se o condenado for reincidente (art. 110 do CP), e, de acordo com a Súmula 220 do STJ, não se aplica esse aumento para a *prescrição da pretensão punitiva.*

A contagem do prazo de prescrição da pretensão executória se inicia no trânsito em julgado da sentença condenatória ou da interrupção do cumprimento da pena, e se interrompe com o início ou continuação de cumprimento de pena, ou ainda pela reincidência (art. 117 do CP).

Não podemos esquecer que se suspende o prazo da prescrição da pretensão executória durante o período em que o indivíduo estiver preso por outro crime (art. 116, parágrafo único, do CP).

12.4.1.5. *Prescrição da pena de multa (art. 114 do CP)*

As penas de multa prescrevem em *dois anos*, quando a multa for a única pena cominada ou aplicada, ou no mesmo prazo da pena privativa de liberdade referente ao crime, quando a multa for *cumulativa ou alternativamente* cominada (art. 118 do CP).

Atenção

Em face do *art. 51* do Código Penal, há posicionamento *minoritário* de que a execução da multa deve prescrever em *5 anos*, pois torna-se dívida para com a *Fazenda Pública*.

12.4.1.6. *Prescrição pela pena ideal (prescrição em perspectiva)*

É a *prescrição da pretensão punitiva* feita com base na *pena concreta projetada* perante os autos do processo, quando diante disso se constatar que não haverá interesse de agir do Estado, já que, pela pena concreta máxima viável que poderia vir a ser aplicada, de acordo com os dados do processo, o fato já se encontrará prescrito.

Diante da alteração promovida pela Lei 12.234/2010, a prescrição em perspectiva ficou extremamente limitada, já que não mais é possível levar em conta, para sua análise, o tempo entre a data do fato e o recebimento da denúncia ou queixa.

Porém, acreditamos que nada impede seu reconhecimento no período que vai do recebimento da denúncia ou da queixa até a sentença de 1ª instância.

Sendo assim, tomando por base o futuro cálculo da *prescrição retroativa,* que irá ser avaliada no final do processo, pode-se constatar que *entre a data em que ocorreu o recebimento da denúncia* e o atual estágio do processo já se *ultrapassou o prazo prescricional* referente à pena concreta que será aplicada ao crime e, nesse caso, o crime já deverá ser *declarado prescrito,* evitando que se prossiga o processo sem necessidade.

Entretanto, em que pese a opinião de boa parte da doutrina nacional de que a *prescrição em perspectiva,* embora limitada, ainda é possível, a *Súmula 438 do STJ* **impede a aplicação** dessa modalidade de prescrição, sendo essa a posição mais adotada pelas bancas de exames e concursos públicos em geral.

Súmula 438 do STJ: É inadmissível a extinção da punibilidade pela prescrição da pretensão punitiva com fundamento em pena hipotética, independentemente da existência ou sorte do processo penal.

II – Parte Especial Principais Crimes em Espécie

1. DOS CRIMES CONTRA A VIDA

1.1. Homicídio

Homicídio simples (art. 121 do CP)

Tipo objetivo: matar alguém.

Pena: reclusão de 6 a 20 anos.

Bem jurídico: vida, bem indisponível (não admite consentimento do ofendido).

Sujeito ativo: qualquer pessoa (crime comum).

Sujeito passivo: qualquer pessoa (ser humano vivo). Somente a partir dos procedimentos de parto. Antes disso, será crime de aborto.

Tipo subjetivo: dolo de matar (*animus necandi* ou *occidendi*).

Consumação: com a efetiva morte de alguém (morte encefálica).

Trata-se de **crime material e a tentativa** é plenamente cabível.

Homicídio privilegiado (art. 121, § 1º, do CP – redução da pena de 1/6 a 1/3)

a) *Relevante valor social:* Interesse da coletividade.

b) *Relevante valor moral:* Princípios morais da sociedade. Ex.: eutanásia.

c) *Homicídio emocional* (*crime de ímpeto*):

1) Injusta provocação da vítima.

2) Domínio de violenta emoção: não basta influência da emoção, o agente deve estar dominado por ela.

3) Logo em seguida (imediatidade) entre a injusta provocação e a reação.

Atenção

É diferente da atenuante genérica "sob a **influência** de violenta emoção, provocada por ato injusto da vítima", em que a reação não precisa ser imediata e apenas atenua a pena (CP, art. 65, III, *c*).

Homicídio qualificado (art. 121, § 2º, do CP – pena: 12 a 30 anos)

I – mediante paga ou promessa de recompensa, ou por outro motivo torpe;

II – por motivo fútil;

III – com emprego de veneno, fogo, explosivo, asfixia, tortura ou outro meio insidioso ou cruel, ou de que possa resultar perigo comum;

IV – à traição, de emboscada, ou mediante dissimulação ou outro recurso que dificulte ou torne impossível a defesa do ofendido;

V – para assegurar a execução, a ocultação, a impunidade ou vantagem de outro crime: [...].

VI – contra a mulher por razões da condição de sexo feminino:(Incluído pela Lei 13.104/2015)

VII – contra autoridade ou agente descrito nos arts. 142 e 144 da Constituição Federal, integrantes do sistema prisional e da Força Nacional de Segurança Pública, no exercício da função ou em decorrência dela, ou contra seu cônjuge, companheiro ou parente consanguíneo até terceiro grau, em razão dessa condição: (Incluído pela Lei 13.142/2015)

Pena – reclusão, de doze a trinta anos.

§ 2º-A Considera-se que há razões de condição de sexo feminino quando o crime envolve: (Incluído pela Lei 13.104/2015)

I – violência doméstica e familiar; (Incluído pela Lei 13.104/2015)

II – menosprezo ou discriminação à condição de mulher. (Incluído pela Lei 13.104/2015)

I) Mediante paga ou promessa de recompensa ou outro motivo torpe

A doutrina costuma chamar essa hipótese de "homicídio mercenário", os famosos casos de "matador de aluguel", sendo que, a forma paga acontece através do recebimento anterior ao cometimento do crime, enquanto a qualificadora pela promessa de recompensa ocorre com a expectativa por parte do autor do recebimento da recompensa após praticar o delito.

II) Motivo fútil

Trata-se de um motivo irrelevante, insignificante, desproporcional em face de um ato de homicídio, há uma evidente desproporção entre crime e os motivos que levaram o agente a comete-lo, logo, a causa que ensejou a conduta do homicida não é motivo suficiente para que uma pessoa qualquer agisse assim. (**Ex.**: matar por conta de uma discussão no transito ou por causa de uma partida de futebol)

III) Meio insidioso ou cruel

Insidioso é o meio falso, desleal e oculto, que somente irá qualificar o crime se a vítima o desconhecer, como ocorre com o uso do veneno, que é equiparado ao meio insidioso, e que só qualifica o crime quando a vítima desconhece que está ingerindo o referido veneno, o mesmo valendo para qualquer substancia capaz de produzir a morte do agente.

Meio cruel é aquele que causa intenso e desnecessário sofrimento à vítima, seja de natureza física ou psíquica, é aquele desumano, doloroso, e por isso equiparado ao **emprego de fogo, de explosivo, de asfixia** (**Ex.**: estrangulamento, afogamento, gases etc.), **de tortura** (Ex.: formas que impõe intenso sofrimento físico ou mental), e até privação de alimentos e água, o impedimento ao sono.

IV) Traição, emboscada e dissimulação

A **traição** acontece quando o agente se aproveita da confiança nele depositada pela vítima para cometer o crime, pratica uma a agressão súbita e inesperada atingindo a vítima que está desprevenida. (**Ex.**: um amigo de infância)

Já na **emboscada** o agente espera a vítima às escondidas para atacar, ocorre através da espreita, de uma tocaia, é a ocultação do próprio desígnio, o esconderijo para atacar sem ser percebido.

A **dissimulação** ocorre com a ocultação da intenção hostil do autor para que a vítima seja atingida quando estiver desprevenida, é o disfarce por parte do autor do homicídio que esconde seu propósito criminoso.

V) Para assegurar a execução ou a impunidade de outro crime

Trata-se de circunstancia qualificadora em razão de conexão, ou seja, pela relação do homicídio com outro crime. (Ex.: mata o pai para poder estuprar a filha), sendo que a qualificadora será aplicada mesmo que o crime visado posteriormente acabe sendo apenas tentado, ou mesmo que o agente desista de prosseguir na execução do crime pretendido.

Também se qualifica o homicídio quando o agente **atua para assegurar a ocultação ou impunidade de outro crime,** ou seja, o agente mata a vítima para que um outro crime já praticado por ele fique impune ou desconhecido. (Ex.: matar a testemunha do crime praticado) e por fim quando o homicídio ocorre **para assegurar a vantagem de outro crime**, quando o agente mata alguém (coautor ou partícipe) para ficar com todo o produto de um outro crime. (Ex: dinheiro de um roubo)

VI) Contra mulher por razoes da condição de sexo feminino (Feminicídio)

A Lei 13.104/2015 incluiu mais uma modalidade de homicídio qualificado no § 2º do art. 121 do CP, o chamado **feminicídio**, ou seja, quando o crime de homicídio doloso for praticado contra a mulher por razões da condição de sexo feminino, fazendo assim com que nestes casos a pena do homicídio seja também de 12 (doze) a 30 (trinta) anos de reclusão.

Para delimitar o significado do conceito adotado foi inserido o **§ 2º-A ao art. 121 do CP**, uma verdadeira norma explicativa do termo "razões da condição de sexo feminino", esclarecendo assim que isto ocorrerá em duas hipóteses:

a) violência doméstica e familiar

b) menosprezo ou discriminação à condição de mulher

Por fim, a nova lei acrescentou ainda o **§ 7º ao art. 121 do CP** estabelecendo causas de aumento de pena para o crime de feminicídio em que a pena será aumentada de 1/3 até a metade se for praticado:

a) durante a gravidez ou nos 3 meses posteriores ao parto

b) contra pessoa menor de 14 anos, maior de 60 anos ou com deficiência

c) na presença de ascendente ou descendente da vítima.

E ainda alterou o **art. 1º da Lei 8.072/1990** (Lei de crimes hediondos) para incluir o feminicídio, como nova modalidade de homicídio qualificado, no rol dos crimes hediondos.

VII) Contra autoridade ou agente descrito nos arts. 142 e 144 da Constituição Federal

A Lei 13.104/2015 também incluiu mais uma modalidade de homicídio qualificado no § 2º do art. 121 do CP, qual seja, aquele praticado por agentes integrantes do sistema prisional e da Força Nacional de Segurança Pública, no exercício da função ou em decorrência dela, ou contra seu cônjuge, companheiro ou parente consanguíneo até terceiro grau, em razão dessa condição.

Esta previsão visa dar maior proteção a estes agentes que se relacionam diretamente com criminosos e que constantemente são alvo de ataques e ameaças, inclusive no que tange às suas famílias, fazendo assim com que nestes casos a pena do homicídio seja também de 12 (doze) a 30 (trinta) anos de reclusão, e possua natureza hedionda. **(Lei 8.072/1990 – art. 1º. inc. I)**

Atenção

É possível o *homicídio privilegiado-qualificado,* desde que as qualificadoras sejam de natureza objetiva (incs. III e IV). Não é crime hediondo.

Homicídio culposo (art. 121, § 3º, do CP)

a) Imprudência: é uma ação precipitada, descuidada.

b) Negligência: inatividade por ausência de precaução.

c) Imperícia: é a falta de capacidade para o exercício de arte ou profissão.

Atenção

O homicídio culposo na direção de veículo automotor será tratado pelo Código de Trânsito (art. 302 da Lei 9.503/1997).

Causas de aumento de pena (art. 121, § 4º – aumento de 1/3):

No homicídio culposo (§ 4º, 1ª parte)

a) Se o crime resulta de inobservância de regra técnica de profissão, arte ou ofício (para *imprudência* ou *negligência* do profissional, não se aplicando a *imperícia*, que é a *FALTA* de capacidade técnica).

b) Se o agente deixa de prestar imediato socorro à vítima.

c) Não procura diminuir as consequências do seu ato.

d) Foge para evitar prisão em flagrante.

No homicídio doloso (§ 4º, 2ª **parte)**

a) menor de 14 (quatorze).

b) maior de 60 (sessenta) anos.

Perdão judicial (art. 121, § 5º, do CP):

✓ Somente para *homicídio culposo.*

✓ O juiz poderá *deixar de aplicar a pena* se as consequências da infração atingirem o próprio agente de forma tão grave que a sanção penal se torne desnecessária.

✓ Natureza jurídica: a sentença é declaratória da extinção da punibilidade, não subsistindo qualquer efeito condenatório (Súmula 18 do STJ).

Causa especial de aumento de pena (art. 121, § 6º, do CP):

✓ § 6.º: a pena é aumentada de um terço até a metade se o crime for praticado por milícia privada, sob o pretexto de prestação de serviço de segurança, ou por grupo de extermínio (incluído pela Lei 12.720/2012).

Homicídio configura crime hediondo (art. 1º, I, da Lei 8.072/1990):

✓ O homicídio simples (art. 121, *caput*), quando praticado em atividade típica de grupo de extermínio.

✓ O homicídio qualificado (art. 121, § 2º, do CP) *será sempre crime hediondo.*

Atenção

(1) Homicídio e crime continuado: é possível a continuidade delitiva em crimes de homicídio (Súmula 605 do STF **não é mais aplicada**).

(2) Homicídio e latrocínio (art. 157, § 3º, do CP):

✓ No crime de latrocínio, a finalidade (dolo) do agente é a subtração da coisa, mas para isso acaba matando.

✓ A morte no latrocínio pode ser por dolo (direto ou eventual) ou por culpa (*crime preterdoloso*).

(3) Transmissão da Aids: para o STF não configura tentativa de homicídio a prática de relação sexual, sem preservativo, por pessoa portadora do vírus HIV (há divergência no STJ).

1.2. Induzimento, instigação ou auxílio a suicídio (art. 122 do CP)

Tipo objetivo:

a) induzir alguém a cometer suicídio (fazer surgir a vontade de cometer suicídio);

b) instigar alguém a cometer suicídio (reforçar ou estimular ideia preexistente);

c) prestar auxílio ao suicídio (ajudar a vítima).

Consumação: com o ato de induzir, instigar ou auxiliar (crime formal – há divergência para crime material).

Tentativa: não se admite. A lei exige a produção do resultado morte ou lesão corporal de natureza grave para punir o fato (condição objetiva de punibilidade).

Forma qualificada (parágrafo único – pena em dobro)

✓ Crime é praticado por motivo egoístico (por exemplo: receber herança).

✓ Se a vítima é menor (de 18 e maior de 14 anos).

✓ Tem diminuída sua capacidade de resistência.

Atenção

Se a vítima for menor de 14 anos haverá crime de homicídio por autoria mediata de quem levou a criança a cometer suicídio.

1.3. Infanticídio (art. 123 do CP)

Tipo objetivo: matar o próprio filho durante ou logo após o parto sob influência do estado puerperal.

Estado puerperal: conjunto de sintomas fisiológicos que se iniciam com o parto e que permanecem por algum tempo, gerando perturbações emocionais na mulher.

Sujeito ativo: é a mãe (*crime próprio*) sob influência do puerpério, mas pode haver concurso de pessoas, onde mesmo quem não possua a característica exigida pelo tipo responderá pelo infanticídio, de acordo com as regras do art. 30 do CP (ex.: amigo que fornece objeto usado para matar a criança responde pelo infanticídio).

Sujeito passivo: o filho nascente (durante o parto) ou neonato (logo após o parto).

Tipo subjetivo: dolo direto ou eventual de matar o próprio filho.

Consumação e tentativa: consuma-se com a morte do filho nascente. A tentativa é plenamente admissível.

Concurso de pessoas: é possível, pois a qualidade de mãe e o estado puerperal são elementares do crime, e de acordo com o art. 30 do CP, comunicam-se a todos os participantes do fato, o que permite que 3º responda por esse crime mesmo sem ser mãe, como partícipe ou coautor.

Modalidade culposa: não há, mas pode responder por homicídio culposo comum caso a morte ocorra por imprudência ou negligência produto do puerpério.

1.4. Aborto (Arts. 124, 125 e 126 do CP)

Tipo objetivo:

✓ **art. 124 do CP**: Aquele (coautor) que pratica aborto junto com a mãe (consentir que outrem lho provoque) responderá pelo art. 126 do CP, e a mãe pelo art. 124 do CP (exceção à teoria monista).

✓ **art. 125 do CP**: É o aborto provocado mediante violência, grave ameaça ou fraude. Aplica-se a pena do art. 125 do CP se a gestante não é maior de 14 (quatorze) anos, ou é alienada ou débil mental, ou se o consentimento é obtido mediante fraude, grave ameaça ou violência.

✓ **art. 126 do CP**: É o aborto com o consentimento, para quem pratica o aborto autorizado pela mãe.

Tipo subjetivo: dolo, vontade de interromper a gravidez:

✓ admite-se o dolo eventual;

✓ não há previsão da modalidade culposa.

Sujeitos ativos:

✓ no art. 124: a própria gestante;

✓ nos arts. 125 e 126: qualquer pessoa no aborto.

Sujeito passivo: o produto da concepção (ovo, embrião ou feto).

✓ após a nidação (14 dias depois da fecundação) e antes dos procedimentos de parto.

✓ no art. 125: feto e também a mãe.

Consumação: se consuma com a interrupção da gravidez e a destruição do produto da concepção.

Tentativa: é admissível.

Causas de aumento (art. 127 do CP)

✓ Arts. 125 e 126 CP: as penas são aumentadas de 1/3 se, do aborto ou dos meios empregados para provocá-lo, resultar lesão corporal de natureza grave; e são duplicadas se sobrevier a morte da gestante.

✓ Não se aplica a causa de aumento ao art. 124 (autoaborto).

1.5. Aborto autorizado ou legal (art. 128 do CP)

I – se não há outro meio de salvar a vida da gestante;

II – se a gravidez resulta de estupro e o aborto é precedido de consentimento da gestante ou, quando incapaz, de seu representante legal.

Natureza jurídica

✓ Inc. I: causa de exclusão da ilicitude (*estado de necessidade*).

✓ Inc. II: causa de exclusão da culpabilidade (*inexigibilidade de conduta diversa*).

Aborto eugênico ou eugenésico: ocorre quando não há viabilidade para vida extrauterina (não há previsão no Código Penal). A aplicação é divergente; o STF só admite nos casos de anencefalia.

2. DAS LESÕES CORPORAIS

2.1. Lesão corporal (art. 129 do CP)

Lesão corporal leve (art. 129, *caput*, do CP – pena: 3 meses a 1 ano).

Tipo objetivo: Ofender a integridade física ou a saúde de outrem.

Lesão corporal grave (art. 129, § 1º, do CP – pena: 1 a 5 anos) – resulta:

I – incapacidade para as ocupações habituais, por mais de 30 dias;

II – perigo de vida;

III – debilidade permanente de membro, sentido ou função;

IV – aceleração de parto (o agente deve conhecer a gravidez).

Lesão corporal gravíssima (art. 129, § 2º, do CP – pena: 2 a 8 anos) – se resulta:

I – incapacidade permanente para o trabalho;

II – enfermidade incurável;

III – perda ou inutilização de membro, sentido ou função;

IV – deformidade permanente;

V – aborto (a título de culpa).

Atenção

Os §§ 1º e 2º só se aplicam à lesão corporal dolosa.

Lesão corporal seguida de morte (art. 129, § 3º, do CP – pena: 4 a 12 anos)

✓ Crime preterintencional ou preterdoloso.

✓ Dolo em relação ao crime de lesão corporal e culpa no que se refere à morte.

✓ Se se quer a morte ou se assume o risco de produzi-la há homicídio doloso.

✓ Se o resultado for decorrente de caso fortuito, força maior ou imprevisível, não haverá culpa e não se pode responsabilizar o agente pela morte.

Tentativa: inadmissível (há **culpa** quanto ao resultado produzido).

Lesão corporal privilegiada (art. 129, § 4º, do CP – redução de 1/6 a 1/3)

✓ Motivo de relevante valor social ou moral.

✓ Sob o domínio de violenta emoção, logo em seguida a injusta provocação da vítima.

Substituição da pena (multa) na lesão corporal leve (art. 129, § 5º, do CP).

I – se ocorre qualquer das hipóteses do parágrafo anterior;

II – se as lesões são recíprocas.

Lesão corporal culposa (art. 129, § 6º, do CP – pena: 2 meses a 1 ano)

✓ **Não** há graduação da lesão culposa em leve, grave e gravíssima.

✓ Se a lesão ocorrer no *trânsito*: art. 303 da Lei 9.503/1997 (Código de Trânsito Brasileiro).

✓ *Ação penal* pública condicionada à representação (Lei 9.099/1995, art. 88).

✓ **Causa de aumento de pena (art. 129, § 7º, do CP):** aumenta-se a pena de 1/3 se ocorrer qualquer das hipóteses do art. 121, § 4º, do CP.

✓ **Perdão judicial (art. 129, § 8º, do CP):** aplica-se o disposto no art. 121, § 5º, do CP também a *lesão corporal culposa.*

Lesão corporal leve qualificada pela violência doméstica e familiar (art. 129, § 9º, do CP – pena 3 meses a 3 anos)

✓ *Lesões corporais leves* nos casos de violência doméstica, que não diz respeito somente à mulher, mas a qualquer pessoa da relação doméstica.

✓ Nessa hipótese, a pena será aumentada de um terço se o crime for cometido contra pessoa portadora de deficiência.

Lesão corporal grave ou seguida de morte majorada pela violência doméstica e familiar (art. 129, § 10, do CP – aumento em 1/3)

✓ Nos casos previstos nos §§ 1o a 3º do art. 129, se as circunstâncias são as indicadas no § 9o desse artigo, aumenta-se a pena em 1/3 (um terço).

Ação penal

✓ *Pública condicionada à representação* (lesão leve e lesão culposa – Lei 9.099/1995).

✓ Nos §§ 1º a 3º, a ação é *pública incondicionada.*

✓ Ação penal na hipótese do § 9º, no caso específico de incidir a Lei Maria da Penha, será pública condicionada à representação (STJ – Maj.).

Causas de aumento de pena específicas (art.129, §§ 11 e 12 CP)

✓ Nos casos previstos no § 9o desse artigo aumenta-se a pena de 1/3 se o crime for cometido por pessoa portadora de deficiência (física ou mental)

✓ Nos casos de lesão corporal praticado por agentes integrantes do sistema prisional e da Força Nacional de Segurança Pública, no exercício da função ou em decorrência dela, ou contra seu cônjuge, companheiro ou parente consanguíneo até terceiro grau, em razão dessa condição, a pena será aumentada de 1/3 a 2/3,

Nas modalidades gravíssima (art. 129, § 2º, CP) e seguida de morte (art.129, § 3º, CP) a lesão corporal passou a ser considerada como hediondo (Lei 8072/1990 – art. 1º, inc. I-A).

3. DA PERICILITAÇÃO DA VIDA E DA SAÚDE

3.1. Omissão de socorro (art. 135 do CP)

Tipo objetivo: deixar de prestar assistência, quando possível fazê-lo sem risco pessoal, à criança abandonada ou extraviada, ou à pessoa inválida ou ferida, ao desamparo ou em grave e iminente perigo; ou não pedir, nesses casos, o socorro da autoridade pública.

Classificação: crime omissivo próprio e de mera conduta.

Tentativa: não há tentativa.

Atenção

Fundamenta-se no dever geral de assistência e solidariedade, com atuação sem risco pessoal, ou, subsidiariamente, dever de chamar a autoridade competente.

Hipóteses:

✓ à criança abandonada ou extraviada;

✓ à pessoa inválida ou ferida;

✓ ao desamparo ou em grave e iminente perigo.

Aumento de pena (art. 135, parágrafo único, do CP):

✓ se resulta lesões corporais graves (1/2);

✓ se resulta morte (3x).

3.2. Condicionamento de atendimento médico-hospitalar emergencial (art. 135-A do CP)

Tipo objetivo: Exigir cheque-caução, nota promissória ou qualquer garantia, bem como o preenchimento prévio de formulários administrativos, como condição para o atendimento médico-hospitalar emergencial.

Pena: detenção, de 3 (três) meses a 1 (um) ano, e multa.

Causas de aumento de pena (art. 135-A, parágrafo único, do CP: (para modalidades preterdolosas:

✓ Se resulta lesão corporal de natureza grave (2x);

✓ Se resulta morte (3x).

Crime formal: o resultado material previsto (não atendimento, agravando as condições da vítima) não precisa ocorrer para o crime se consumar.

Crime próprio: tipo penal impõe características concretas dos agentes que poderão realizá-lo (as pessoas responsáveis por determinar ou não o atendimento médico de emergência no hospital).

Tentativa: não há tentativa, pois a conduta de exigir não pode ser fracionada (crime **unissubsistente**).

4. DOS CRIMES CONTRA A HONRA

4.1. Calúnia (art. 138 do CP)

Tipo objetivo: caluniar alguém, imputando-lhe falsamente fato definido como crime. Pode ser considerado um sinônimo de **"mentira** sobre a prática de crime".

Objeto jurídico: honra objetiva (reputação).

Sujeito ativo e sujeito passivo: qualquer pessoa (crime comum).

Art. 138, § 2º, do CP: é punível a calúnia contra os mortos.

Elemento objetivo: fato definido como crime (contravenção = difamação) e a imputação deve ser falsa.

Tipo subjetivo:

✓ dolo direto ou eventual;

✓ específico propósito de ofender a honra (elemento subjetivo especial);

✓ não configura o delito quando o agente possui apenas *animus narrandi, criticandi, defendendi, e jocandi (brincadeira).*

Consumação: terceira pessoa toma conhecimento.

Tentativa: é admissível na forma escrita.

Exceção da verdade: possibilidade de o agente provar que o fato é verdadeiro:

✓ Afasta o crime.

✓ Não se admite em alguns casos (art. 140, § 3º, do CP).

4.2. Difamação (art. 139 do CP)

Tipo objetivo: Difamar alguém, imputando-lhe fato ofensivo à sua reputação. Pode ser considerada um sinônimo de "**fofoca**".

Objeto jurídico: a honra objetiva.

Sujeito ativo e sujeito passivo: qualquer pessoa (crime comum).

Não é necessário que o fato ofensivo seja *falso*.

Consumação: quando terceiro toma conhecimento do fato ofensivo.

Tentativa: é admissível na forma escrita.

Exceção da verdade: somente se o ofendido é **funcionário público** e a ofensa é relativa ao exercício de suas funções.

4.3. Injúria (art. 140 do CP)

Tipo objetivo: injuriar alguém, ofendendo-lhe a dignidade ou o decoro. Pode ser considerada um sinônimo de "**xingamento**".

Objeto jurídico:

✓ é a honra subjetiva (sua própria dignidade e decoro);

✓ afeta o sentimento da pessoa em relação aos seus próprios atributos morais (dignidade), físicos e intelectuais (decoro).

Consumação: vítima toma conhecimento do conceito negativo.

✓ Não é necessário que a vítima se sinta ofendida (crime formal).

✓ Não se admite exceção da verdade.

Tentativa: é admissível principalmente na forma escrita, quando o agente redige mas a vítima não chega a ler o texto.

Perdão judicial (art. 140, § 1º, do CP):

a) o ofendido provocou diretamente a injúria;
b) no caso de retorsão imediata, que consista em outra injúria.

Injúria real (art. 140, § 2º, do CP – pena: 3 meses a 1 ano): é a injúria consiste em violência física ou vias de fato que se considerem aviltantes.

Injúria preconceituosa (art. 140, § 3º, do CP – pena: 1 a 3 anos): é a injúria consiste na utilização de elementos referentes a raça, cor, etnia, religião, origem ou a condição de pessoa idosa ou portadora de deficiência.

Atenção

Não confundir com crimes de preconceito de raça ou de cor (**racismo** – Lei 7.716/1989), que se caracterizam pela **segregação**, exclusão do agente por motivo racial.

4.4. Disposições gerais

Causas de aumento (art. 141 do CP – aumento de 1/3)

I – contra o Presidente da República, ou chefe de governo estrangeiro;
II – contra funcionário público, em razão de suas funções;
III – na presença de várias pessoas, ou por meio que facilite a divulgação;
IV – contra pessoa maior de 60 (sessenta) anos ou portadora de deficiência, exceto no caso de injúria.

Art. 141, parágrafo único, do CP (aumento em dobro): se o crime é cometido mediante paga ou promessa de recompensa.

Exclusão do crime (art. 142 do CP)

I – a ofensa irrogada em juízo, na discussão da causa, pela parte ou por seu procurador;
II – opinião desfavorável da crítica salvo quando inequívoca a intenção de injuriar ou difamar;
III – o conceito desfavorável emitido por funcionário público, em apreciação ou informação que preste no cumprimento de dever do ofício.

Incisos I e III: responde pela injúria ou pela difamação quem lhe dá publicidade.

Retratação (art. 143 do CP) – causa de isenção de pena: o querelado que antes da sentença se retrata (retira o que disse) cabalmente da *calúnia ou da difamação.*

A Lei 13.188/2015 inseriu o parágrafo único no art. 143 do CP para que nos casos em que o querelado tenha praticado a calúnia ou a difamação utilizando-se de meios de comunicação, a retratação dar-se-á, se assim desejar o ofendido, pelos mesmos meios em que se praticou a ofensa

Pedido de explicações (art. 144 do CP): medida prévia e facultativa que poderá impedir a ação penal.

Ação penal (art. 145 do CP): por regra, somente se procede mediante **queixa** (*ação penal privada*).

Exceções

1. *Ação penal pública condicionada à requisição do ministro da Justiça:* crimes cometidos contra o presidente da República ou contra chefe de governo estrangeiro (art. 141, I, do CP).

2. *Ação penal pública condicionada à representação do ofendido:* crimes cometidos contra funcionário público, em razão de suas funções (art. 141, II, do CP).

3. *Ação penal pública condicionada à representação do ofendido:* no caso de crime de injúria preconceituosa (art. 140, § 3º, do CP).

4. *Ação penal pública incondicionada:* na injúria real, se da violência resulta lesão corporal (art. 140, § 2º, do CP).

5. DOS CRIMES CONTRA A LIBERDADE INDIVIDUAL

5.1. Constrangimento ilegal (art. 146 do CP)

Tipo objetivo: constranger alguém, mediante violência ou grave ameaça, ou depois de lhe haver reduzido, por qualquer meio, a capacidade de resistência, a não fazer aquilo que a lei permite, ou a fazer o que ela não manda.

Pena: 3 meses a 1 ano.

Crime subsidiário: só aplicável para casos em que não incide o crime mais grave (ex.: art. 158).

✓ Se a pretensão for legítima ocorrerá o crime de exercício arbitrário das próprias razões (art. 345 do CP).

Consumação: quando a vítima se demonstra constrangida fazendo ou deixando de fazer algo.

Aumento de pena (art. 146, §§ 1º e 2º, do CP):

✓ aplicam-se aas penas cumulativamente e em dobro, quando, para a execução do crime, se reúnem mais de três pessoas, ou há emprego de armas;

✓ além das penas cominadas, aplicam-se as correspondentes à violência.

Exclui o crime (art. 146, § 3º, do CP):

✓ a intervenção médica ou cirúrgica, sem o consentimento do paciente justificada por iminente perigo de vida;

✓ a coação exercida para impedir suicídio.

5.2. Ameaça (art. 147 do CP)

Tipo objetivo: ameaçar alguém, por palavra, escrito ou gesto, ou qualquer outro meio simbólico, de causar-lhe mal injusto e grave.

Pena: 1 a 6 meses.

Meio de execução: por palavra, escrito ou gesto, ou qualquer outro meio simbólico, de causar-lhe mal injusto e grave.

Consumação: momento em que a vítima vem conhecer a ameaça (*crime formal*).

Tentativa: é admitida, porém, difícil (por exemplo: feita por escrito).

Ação penal (art. 147, parágrafo único, do CP): é *publica condicionada* e somente se procede mediante representação.

5.3. Sequestro e cárcere privado (art. 148 do CP)

Tipo objetivo: privar alguém de sua liberdade mediante:

✓ cárcere privado: privação da liberdade dentro de recinto fechado;

✓ sequestro: privação da liberdade fora de ambiente fechado.

Pena: 1 a 3 anos.

Consumação: com a efetiva privação por tempo relevante.

Crime permanente.

Tentativa: é admitida.

Forma qualificada

Art. 148, § 1º, do CP – pena: 2 a 5 anos

✓ Vítima ascendente, descendente, cônjuge e companheiro ou maior de 60 anos.

✓ Em hospital, casa de saúde ou clínica.

✓ Se dura mais de 15 dias.

✓ Contra menor de 18 anos.

✓ Fins libidinosos (antigo crime de rapto – art. 219).

Art. 148, ª 2º, do CP – pena: 2 a 8 anos

✓ Resulta grave sofrimento físico ou moral.

5.4. Redução à condição análoga à de escravo (art. 149 do CP)

Tipo objetivo: reduzir alguém à condição análoga a de escravo, praticando as seguintes condutas:

✓ submeter alguém a trabalhos forçados ou a jornada exaustiva, quer sujeitando-o a condições degradantes de trabalho;

✓ quer restringindo, por qualquer meio, sua locomoção em razão de dívida contraída com o empregador ou preposto;

✓ bem como cercear o uso de qualquer meio de transporte por parte do trabalhador, com o fim de retê-lo no local de trabalho;

✓ ou manter vigilância ostensiva no local de trabalho ou se apoderar de documentos ou objetos pessoais do trabalhador, com o fim de retê-lo no local de trabalho.

Atenção

Embora haja divergência pode-se considerar esse crime um tipo misto cumulativo, já que algumas condutas narradas no tipo, se praticadas sucessivamente contra determinada pessoa, poderão gerar vários crimes, que serão punidos em concurso, na forma do *crime continuado ou do concurso material*, dependendo das circunstâncias em que ocorram.

5.5. Violação de domicílio (art. 150 do CP)

Tipo objetivo: entrar (ação) ou permanecer (omissão), clandestina ou astuciosamente, ou contra a vontade expressa ou tácita de quem de direito, em casa alheia ou em suas dependências. Entrar em *casa desabitada* não configura o delito. Não há crime quando em hospedaria, taverna (bar) etc.

Consumação: com a entrada ou permanência (crime de mera conduta).

Classificação: *instantâneo* (entrar) ou *permanente* (permanecer).

Tentativa: majoritariamente não se admite por se considerar que as condutas são *unissubsistentes*. Porém, há entendimento que admite a tentativa somente na forma comissiva (entrar).

Forma qualificada (art. 150, § 1º, do CP – pena: 6 meses a 2 anos)

✓ Durante a noite ou em lugar ermo.

✓ Emprego de violência ou arma.

✓ 2 ou mais agentes.

Causa de aumento de pena (art. 150, § 2º, do CP – aumento de 1/3): Funcionário público fora dos casos legais.

Exclusão do crime (CF, art. 5º, XI): Não há crime quando o agente entrar *sem consentimento* do morador, em caso:

✓ de flagrante delito ou desastre;

✓ para prestar socorro;

✓ durante o dia, por determinação judicial.

6. DOS CRIMES CONTRA O PATRIMÔNIO

6.1. Furto

Furto simples (art. 155 do CP)

✓ **Tipo objetivo:** subtrair coisa alheia móvel.

✓ **Coisa:** aquilo que possui existência de natureza corpórea e que possua valor econômico.

Atenção

Subtração de cadáver pode configurar crime de furto quando este possuir valor patrimonial (ex: em necrotério de faculdade de medicina) ou apenas o crime de subtração de cadáver (art. 211 do CP).

Alheia: pertencente a outrem. Não configura *furto* a subtração de *coisa própria*, de *coisa abandonada ou coisa perdida* (art. 169, parágrafo único, II, do CP).

Móvel: passível de ser removida ou deslocada.

Tipo subjetivo: dolo, vontade de subtrair coisa alheia móvel.

O elemento subjetivo especial, chamado de *especial fim de agir*, será o **"para si ou para outrem"**, ou seja, o fim específico de assenhoreamento (*animus furandi*).

Atenção

Furto de uso: configura *fato* atípico, por ausência do elemento subjetivo especial.

Consumação: De acordo com a teoria majoritária (*amotio* ou *apprehensio*), se consuma o furto com a mera *inversão da posse*, não havendo a necessidade da *posse mansa e tranquila* do bem.

Tentativa: é plenamente possível, a conduta é plurissubsistente.

Causa de aumento de pena (art. 155, § 1º, do CP): se praticado durante o repouso noturno, aumenta-se a pena em 1/3.

Atenção

Majoritariamente entende-se que não se aplica essa causa de aumento se o furto for qualificado (art. 155, §§ 4º e 5º, do CP).

Furto privilegiado (art. 155, § 2º, do CP)

✓ criminoso é *primário* e é de *pequeno valor* a coisa furtada.

✓ nesse caso, o juiz poderá substituir a pena de reclusão pela de detenção ou diminuí-la (1/3 a 2/3), ou aplicar somente a pena de multa.

Furto privilegiado-qualificado: o **STF** e o **STJ** admitem:

✓ majoritariamente se admite aplicar a forma privilegiada com a diminuição da pena para os crimes de furto qualificados.

Furto qualificado (Art. 155, §§ 4º e 5º, do CP):

I – com destruição ou rompimento de obstáculo à subtração da coisa;

II – com abuso de confiança, ou mediante fraude, escalada ou destreza;

III – com emprego de chave falsa;

IV – mediante concurso de duas ou mais pessoas.

Atenção

Majoritariamente se aceita a aplicação do princípio da insignificância para os furtos qualificados de acordo com a análise do caso concreto (há divergências).

Art. 155, § 5º, do CP: ocorre quando a subtração de veículo automotor é feita e este é transportado para outro estado ou para o exterior.

6.2. Furto de coisa comum (art. 156 CP)

✓ **Tipo objetivo:** subtrair o condômino, coerdeiro ou sócio, para si ou para outrem, a quem legitimamente a detém, a coisa comum. Não é punível a subtração de coisa comum fungível, em que o valor subtraído não exceder a quota a que tem direito um dos agentes.

✓ **Ação penal:** será *pública condicionada a representação.*

6.3. Roubo – art. 157 do CP

Tipo objetivo: subtrair coisa móvel alheia, para si ou para outrem, mediante grave ameaça ou violência a pessoa, ou depois de havê-la por qualquer meio, reduzido à impossibilidade de resistência.

Tipo subjetivo: dolo + elemento subjetivo especial do tipo ("para si ou para outrem").

Atenção

Roubo de uso não configura crime de roubo, podendo-se imputar ao agente o constrangimento ilegal (art. 146 do CP) ou crimes decorrentes da violência.

Crime complexo: é a reunião dos tipos dos art. 155 (furto) + art. 146 (constrangimento ilegal).

Espécies de Roubo:

1) Roubo próprio (Art. 157, *caput*, do CP): Violência ou ameaça é anterior ou concomitante à subtração.

2) Roubo impróprio ou por aproximação (Art. 157, § 1º, do CP): Violência ou ameaça é posterior à subtração.

Violência ou grave ameaça pode ser:

✓ **Violência física** *(própria ou vis absoluta)* é agressão com ou sem lesão corporal.

✓ **Violência moral** (*vis compulsiva*) é a grave ameaça.

✓ **Violência imprópria**: redução por qualquer outro meio da capacidade de resistência (ex.: ingestão de drogas).

Roubo impróprio: existe sempre a presença do elemento subjetivo especial "a fim de assegurar a impunidade do crime ou detenção da coisa para si ou para terceiro".

Consumação: em regra, da mesma forma que no crime de furto (*Teoria da amotio*).

a) *Roubo próprio:* mediante violência (física, moral ou imprópria) quando subtrai a coisa.

b) *Roubo impróprio: logo depois* da subtração da coisa, quando emprega violência contra pessoa ou grave ameaça.

Tentativa

a) *Roubo próprio* é admissível.

b) *Roubo impróprio:* inadmissível (posição majoritária).

Roubo majorado ou circunstanciado (art. 157, § 2º, do CP – aumento de 1/3 a 1/2)

I – com emprego de arma;

II – concurso de duas ou mais pessoas;

III – vítima está em serviço de transporte de valores e o agente conhece isto;

IV – subtração de veículo automotor transportado para outro Estado ou exterior;

V – mantém a vítima em seu poder, restringindo sua liberdade.

Atenção

Arma: pode ser *própria* (arma de fogo, espada, lança) ou *imprópria* (faca de cozinha, martelo, picareta). Arma desmuniciada ou de brinquedo não gera aumento.

Quanto a restrição da liberdade:

a) por poucos instantes: não incide a majorante;

b) por tempo juridicamente relevante: incide a majorante;

c) por tempo relevante, sem relação com a execução ou garantia de fuga: não incide a majorante e haverá também o crime de sequestro (art. 148) em concurso com o de roubo.

Roubo qualificado (art. 157, § 3º, do CP)

a) se da violência resulta lesão corporal grave (§ 3º, 1ª parte). Apenas nas hipóteses do art. 129, §§ 1º e 2º, do CP.

b) se resulta morte (§ 3º, 2ª parte) – latrocínio. Morte pode decorrer de dolo ou culpa do agente ao atuar. Latrocínio é *crime hediondo* (art. 1º, II, da Lei 8.072/1990).

Consumação: consuma-se com a morte da vítima (STF, Súmula 610): "Há crime de latrocínio quando o homicídio se consuma, ainda que não realize o agente a subtração de bens da vítima."

6.4. Extorsão (art. 158 do CP)

Tipo objetivo: constranger alguém, mediante violência ou grave ameaça, e com o intuito de obter para si ou para outrem indevida vantagem econômica, a fazer, tolerar que se faça ou deixar fazer alguma coisa.

Pena: reclusão, de quatro a dez anos, e multa.

Extorsão simples (art. 158, *caput*, do CP)

✓ Extorsão e roubo (semelhança e distinção):

1) **na extorsão,** a vítima deve atuar concedendo a vantagem; no roubo, o agente vai subtrair a coisa;

2) **no roubo,** a subtração é no momento da violência ou grave ameaça; e na extorsão; o mal anunciado é futuro.

Consumação:

✓ *Súmula 96 do STJ*: "O crime de extorsão consuma-se independentemente da obtenção da vantagem indevida" (*crime formal*).

✓ Logo, basta a conduta de constranger alguém pela violência ou grave ameaça com o fim de obter a vantagem indevida.

Tentativa: possível de acordo com os meios utilizados para realizar o constrangimento.

Atenção

Se a vantagem for *devida*, há exercício arbitrário das próprias razões (art. 345 do CP).

Extorsão majorada (art. 158, § 1º, do CP – aumento de 1/3 a 1/2): por duas ou mais pessoas, ou com emprego de arma.

Extorsão qualificada (art. 158, § 2º, do \CP)

✓ extorsão mediante violência; aplica-se o art. 157, § 3º, do CP.

✓ qualificada pela morte: é crime hediondo (Lei 8.072, art. 1º, III).

Extorsão mediante restrição da liberdade da vítima (art. 158, § 3º, do CP – pena: 6 a 12 anos e multa)

✓ mediante a restrição da liberdade da vítima, como condição necessária para a obtenção da vantagem econômica (sequestro relâmpago).

✓ com lesão corporal grave ou morte, aplica-se o art. 159, §§ 2º e 3º, do CP.

6.5. Extorsão mediante sequestro (art. 159 do CP)

Tipo objetivo: sequestrar pessoa com o fim de obter, para si ou para outrem, qualquer vantagem, como condição ou preço do resgate.

Simples (art. 159, *caput*, do CP): Na verdade trata-se apenas de um sequestro (art. 148 do CP) com especial fim de agir.

Elemento subjetivo especial: obter, para si ou para outrem, qualquer vantagem, como condição ou preço do resgate.

É crime hediondo, independentemente do resultado morte (Lei 8.072/1990, art. 1º, inc. IV).

Consumação

✓ com a privação da liberdade da vítima por tempo relevante;

✓ independente do pagamento do resgate (crime formal).

Tentativa: é admitida.

Qualificadoras (art. 159, §§ 1º a 3º, do CP)

✓ dura mais de 24 (vinte e quatro) horas (§ 1º);

✓ vítima menor de 18 (dezoito) ou maior de 60 (sessenta) anos (§ 1º);

✓ o crime é cometido por bando ou quadrilha [associação criminosa] (§ 1º);

✓ se do fato resulta lesão corporal de natureza grave (§ 2º);

✓ se resulta a morte (§ 3º).

Delação premiada (art. 159, § 4º, do CP – redução de 1/3 a 2/3): se o crime for cometido em concurso e o concorrente denunciar (coautor ou partícipe), facilitando a libertação do sequestrado.

6.6. Dano (art. 163 do CP)

Tipo objetivo: destruir, inutilizar (tornar sem condições de uso) ou deteriorar (estragar) coisa alheia (móvel ou imóvel).

Consumação: destruição, deterioração ou inutilização (crime material).

Tentativa: é admissível quando não se produzir o resultado pretendido.

Forma qualificada:

✓ com violência à pessoa ou grave ameaça;

✓ com emprego de substância inflamável ou explosiva;

✓ contra o patrimônio da União, estado, município, empresa concessionária de serviços públicos ou sociedade de economia mista;

✓ por motivo egoístico ou com prejuízo considerável para a vítima.

Ação penal (art. 167 do CP): ação privada nos casos do art. 163, parágrafo único, inc. IV, e do art. 164 do CP (Introdução ou abandono de animais em propriedade alheia).

6.7. Apropriação indébita (art. 168 do CP)

Tipo objetivo: apropriar-se de coisa alheia móvel, de que tem a posse ou a detenção.

Sujeito ativo: o agente (possuidor ou detentor da coisa) que inverte o título da posse ou da detenção, passando a comportar-se como se fosse dono.

Atenção

A coisa "alheia" pode ser na parte do sócio, coerdeiro ou coproprietário.

Espécies de apropriação

a) *apropriação indébita propriamente dita:* o agente demonstra a inversão do título da posse, como no caso de venda do bem.

b) *negativa de restituição:* o agente apenas se recusa a devolver a coisa.

Sujeito ativo: é possuidor ou detentor da coisa.

Consumação: quando passa a comportar-se como dono (crime material).

Tentativa: é possível, porém difícil de ocorrer.

Tipo subjetivo: dolo (*animus rem sibi habendi*). A intenção de se apropriar deve existir após o agente ter a posse ou a detenção da coisa.

6.8. Apropriação indébita previdenciária (art. 168-A do CP)

Tipo objetivo: deixar de repassar (recolher) à previdência social as contribuições arrecadadas (recolhidas) dos contribuintes, no prazo e forma legal ou convencional. Deve ter havido arrecadação da contribuição dos contribuintes.

Nas mesmas penas incorre quem (art. 168-A, § 1º, do CP):

✓ **Inc. I:** deixa de recolher, no prazo legal, contribuição ou outra importância destinada à previdência social que tenha sido descontada de pagamento efetuado a segurados, a terceiros ou arrecadada do público.

✓ **Inc. II:** deixar de recolher contribuições devidas à previdência social que tenham integrado despesas contábeis ou custos relativos à venda de produtos ou à prestação de serviços.

✓ **Inc. III:** deixar de pagar benefício devido a segurado, quando as respectivas cotas ou valores já tiverem sido reembolsados à empresa pela previdência social.

Consumação e tentativa: são condutas omissivas (*crimes omissivos próprios*), logo se consumam com a mera realização das condutas.

Tentativa: não é cabível tentativa, pois não há fracionamento da conduta (*crimes unissubsistente*).

Extinção da punibilidade (art. 168-A, § 2º, CP): se antes do início da ação fiscal o agente, espontaneamente, declara e efetua o pagamento das contribuições ou valores.

Perdão judicial ou aplicação da pena de multa (art. 168-A, § 3º, do CP): se o agente for primário e de bons antecedentes, desde que:

I – tenha promovido, após o início da ação fiscal e antes de oferecida a denúncia, o pagamento da contribuição social previdenciária;

II – o valor das contribuições devidas, inclusive acessórios, seja igual ou inferior àquele estabelecido pela previdência social, administrativamente, como sendo mínimo para o ajuizamento de suas execuções fiscais.

6.9. Estelionato (art. 171 do CP)

Tipo objetivo: obter, para si ou para outrem, vantagem ilícita, em prejuízo alheio, induzindo ou mantendo alguém em erro, mediante artifício, ardil ou qualquer outro meio de fraude.

✓ *Fraude:* emprego de artifício (ex.: disfarce), ardil (ex.: conversa enganosa) ou qualquer outro meio fraudulento. A fraude deve se dar antes da obtenção da vantagem ilícita.

✓ *Vantagem ilícita:* vantagem não amparada pelo ordenamento jurídico. Se a vantagem for lícita: exercício arbitrário das próprias razões (art. 345 do CP).

Consumação: com o prejuízo alheio, obtenção da vantagem (*crime material*).

Tentativa: é admitida.

Diferenças para outros crimes:

✓ **Estelionato e apropriação indébita:** no estelionato, o agente possui o dolo *ab initio*, antes de auferir a vantagem.

✓ **Estelionato e furto mediante fraude:** no estelionato, a fraude é utilizada para que a vítima entregue a coisa ao agente. No furto, a fraude é para diminuir a vigilância sobre a coisa (subtração).

✓ **Estelionato e extorsão:** no estelionato, a vítima entrega voluntariamente a coisa. Na extorsão, a vítima faz ou deixa de fazer em razão da violência ou grave ameaça.

✓ **Falso (crime anterior) e estelionato (crime posterior):** Súmula 17 do STJ: O crime meio (falso) é absorvido pelo crime fim (estelionato) quando o falso foi o meio necessário para se obter o estelionato (consunção).

Atenção

✓ **"Cola eletrônica":** para o STF a simples "cola eletrônica" não configura estelionato, mas pode gerar o crime do art. 311-A CP.

✓ **Dia do "Pendura":** não gera estelionato, mas sim o crime do *art. 176 do CP.* Porém, configura fato atípico se os agentes possuírem recursos para efetuar o pagamento. **Divergência:** poderia ser estelionato – art. 171.

✓ **Forma privilegiada (art. 171, § 1º, do CP):** Quando o criminoso é primário e é de pequeno valor o prejuízo, aplica o art. 155, § 2º, do CP.

✓ **Formas especiais de estelionato:**

a) Disposição de coisa alheia como própria (art. 171, § 2º, inc. I): vende, permuta, dá em pagamento, em locação ou em garantia coisa alheia como própria.

b) Alienação ou oneração fraudulenta de coisa própria (art. 171, § 2º, inc. II): vende, permuta, dá em pagamento ou em garantia coisa própria inalienável, gravada de ônus ou litigiosa, ou imóvel que prometeu vender a terceiro, mediante pagamento em prestações, silenciando sobre qualquer dessas circunstâncias.

c) Defraudação de penhor (art. 171, § 2º, inc. III): defrauda, mediante alienação não consentida pelo credor ou por outro modo, quando tem a posse do objeto empenhado.

d) Fraude na entrega de coisa (art. 171, § 2º, inc. IV): defrauda substância, qualidade ou quantidade de coisa que deve entregar a alguém.

e) Fraude para recebimento de indenização ou valor de seguro (art. 171, § 2º, inc. V): destrói, total ou parcialmente, ou oculta coisa própria, ou lesa o próprio corpo ou a saúde, ou agrava as consequências da lesão ou doença, com o intuito de haver indenização ou valor de seguro.

f) Fraude no pagamento por meio de cheque (art. 171, § 2º, VI): emite cheque, sem suficiente provisão de fundos em poder do sacado, ou lhe frustra o pagamento.

Atenção

Haverá *estelionato simples* (art. 171, *caput*, do CP) através de emissão de cheque:

a) pagamento com cheque roubado;

b) emissão de cheque de conta cancelada;

c) emissão de cheque sem fundos com nome falso ou assinatura falsa;

d) emissão de cheque de conta aberta com características falsas do correntista.

Súmula 554 do STF: "O pagamento de cheque emitido sem provisão de fundos após o recebimento da denúncia não obsta ao prosseguimento da ação penal". *Contrario sensu, essa súmula define que o pagamento do cheque até o recebimento da denúncia impede que haja processo (extingue a punibilidade).*

Formas majoradas (art. 171, §§ 3º e 4º do CP)

Se o crime for cometido em detrimento de entidade de direito público ou de instituto de economia popular, assistência social ou beneficência, aumenta-se a pena de 1/3.

A **Lei 13.228/2015** (Estatuto do Idoso) inseriu o **§ 4º ao Art.171 do CP,** determinando que se aplica a pena em dobro se o crime for cometido contra idoso.

6.10. Receptação (art. 180 do CP)

Receptação (art. 180, 1ª parte)

Tipo objetivo (receptação própria): adquirir (ocorre a transferência de propriedade), receber (não ocorre transferência da propriedade), transportar (levar de um lugar para outro), conduzir (algum meio de locomoção) ou ocultar (esconder), em proveito próprio ou alheio, coisa que sabe ser produto de crime.

Sujeito ativo: qualquer pessoa (crime comum) desde que não seja coautor ou partícipe do crime anterior.

Sujeito passivo: é o proprietário da coisa do crime anterior.

Atenção

✓ Se a infração anterior for *contravenção* não haverá receptação.

✓ Crime anterior não precisa ser contra o patrimônio.

✓ Não há receptação de *bem imóvel* (STF).

✓ É admissível a receptação de receptação.

Receptação imprópria (art. 180, 2ª parte)

Tipo objetivo: influir para que terceiro de boa-fé a adquira, receba ou oculte.

✓ Caso o terceiro esteja de má-fé, este será punido pelo crime de receptação própria e o influenciador será seu partícipe.

Classificação: a receptação é um *crime acessório*, pois depende da prática de um crime anterior para existir. Porém, se a infração anterior for contravenção, não haverá receptação.

Receptação X favorecimento real (art. 349 CP): No crime de *favorecimento real*, o agente visa apenas beneficiar o *autor do crime anterior*, tornando seguro o proveito do crime, e não há a intenção de obter vantagem para a si próprio ou a outrem (3º diverso do autor do fato).

Receptação qualificada (art. 180, § 1º, do CP):

✓ **Objeto jurídico:** coisa que *deve saber ser produto de crime* no exercício de atividade comercial ou industrial.

Art. 180, § 2º, do CP: equipara-se à atividade comercial o comércio irregular ou clandestino.

Receptação culposa (art. 180, § 3º, do CP): coisa que, por sua natureza ou pela desproporção entre o valor e o preço, ou pela condição de quem oferece, deve presumir-se obtida por meio criminoso.

Autonomia da receptação (art. 180, § 4º, do CP): a receptação é punível, ainda que desconhecido ou isento de pena o autor do *crime* de que proveio a coisa.

Atenção

O termo "crime" utilizado aqui está em sentido lato, ou seja, se refere à conduta típica e à conduta ilícita realizadas pelo agente, mas que pela falta de culpabilidade não pode ser chamado de crime.

Perdão judicial e receptação privilegiada (art. 180, § 5º, do CP):

✓ Perdão judicial somente será aplicável na receptação culposa.

✓ Receptação dolosa: aplica-se o disposto no § 2º do art. 155 (forma privilegiada).

Receptação qualificada (art. 180, § 6º, do CP – pena em dobro): Bens e instalações do patrimônio da União, estado, município, empresa concessionária de serviços públicos ou sociedade de economia mista.

6.11 Disposições gerais (imunidades penais)

Escusas absolutórias (imunidade penal absoluta – art. 181 do CP)

É isento de pena quem comete qualquer dos crimes previstos neste título (Título II – Crimes contra o patrimônio), em prejuízo de:

✓ cônjuge;

✓ de ascendente;

✓ descendente.

Natureza jurídica: causa de exclusão da punibilidade.

É instituto de caráter pessoal e, portanto, *incomunicável* aos demais *participantes* (coautores ou partícipes).

Condição de procedibilidade (imunidade relativa – art. 182 do CP)

Ação penal será *pública condicionada à representação,* se qualquer dos crimes previstos nesse título for cometido em prejuízo de:

✓ cônjuge judicialmente separado;

✓ de irmão;

✓ de tio ou sobrinho, com quem o agente *coabita.*

Exclusão das imunidades (art. 183 do CP)

As imunidades penais *absolutas e relativas* anteriormente mencionadas **não** serão aplicadas:

I – se o crime é de roubo ou de extorsão, ou quando haja emprego de grave ameaça ou violência à pessoa;

II – ao estranho que participa do crime;

III – se o crime é praticado contra pessoa com idade igual ou superior a 60 anos.

7. DOS CRIMES CONTRA A DIGNIDADE SEXUAL

7.1. Estupro (art. 213 do CP)

Tipo objetivo: constranger alguém, mediante violência ou grave ameaça, a ter conjunção carnal ou a praticar ou permitir que com ele se pratique outro ato libidinoso.

Pena: reclusão, de 6 a 10 anos.

Atenção

O art. 214 (**atentado violento ao pudor**) foi revogado pela Lei 12.015/2009 e passou a compor o art. 213 (estupro). Houve a chamada *abolittio criminis formal,* ou princípio da continuidade normativo-típica.

Sujeito ativo e sujeito passivo: qualquer pessoa. O estupro passou a ser *crime comum* (antes era crime próprio).

Consumação: a conjunção carnal se dá com a introdução do pênis na vagina, mesmo que a introdução seja parcial. Na nova modalidade de estupro com ato libidinoso, basta qualquer ato libidinoso para consumação, não precisando haver penetração.

Tentativa: é possível, porém de difícil caracterização, atualmente, diante da reunião dos demais atos libidinosos no art. 213 do CP.

Formas qualificadas (preterdolosas): há dolo em relação ao estupro e culpa em relação à morte ou à lesão grave.

✓ Art. 213, § 1º, do CP (pena de 8 a 12 anos): lesão corporal de natureza grave ou se a vítima é menor de 18 (dezoito) ou maior de 14 (catorze) anos.

✓ Art. 213, § 2º, do CP (pena de 12 a 30 anos): se da conduta resulta morte.

Crime hediondo: o crime de estupro, mesmo na sua forma *simples*, e também na *qualificada*, é *crime hediondo*.

7.2. Violação sexual mediante fraude (art. 215 do CP)

Tipo objetivo: ter conjunção carnal ou praticar outro ato libidinoso com alguém, mediante fraude ou outro meio que impeça ou dificulte a livre manifestação de vontade da vítima.

Fraude: é qualquer meio capaz de ludibriar, enganar a vítima.

Meio que impeça ou dificulte a manifestação de vontade da vítima, por exemplo, no escuro, assumindo o lugar do marido da vítima.

7.3. Assédio sexual (art. 216-A do CP)

Tipo objetivo: constranger alguém com o intuito de obter vantagem ou favorecimento sexual, prevalecendo-se o agente da sua condição de superior hierárquico ou ascendência inerentes ao exercício de emprego, cargo ou função.

Sujeito ativo: superior hierárquico ou ascendência inerente ao exercício de emprego, cargo ou função (*crime próprio*).

Consumação: é *crime formal*, basta o constrangimento independente da obtenção da vantagem ou do favorecimento sexual.

Forma majorada (art. 216-A, § 2º, do CP - aumento de 1/3): se a vítima é menor de 18 anos.

7.4. Estupro de vulnerável (art. 217-A do CP)

Tipo objetivo: ter conjunção carnal ou praticar outro ato libidinoso com menor de 14 anos.

Pena: reclusão de 8 a 15 anos.

Art. 217-A, § 1º, do CP: incorre nas mesmas penas quem pratica as condutas narradas com pessoa considerada vulnerável.

Sujeito passivo: é o chamado **vulnerável:**

a) menor de 14 (catorze) anos;

b) alguém que por enfermidade ou deficiência mental, não tem o necessário discernimento para a prática do ato;

c) alguém que, por qualquer outra causa, não pode oferecer resistência.

Sujeito ativo: pode ser qualquer pessoa (crime comum).

Consumação: com a prática da conjunção carnal ou de outro ato libidinoso.

Tentativa: é admissível em qualquer modalidade do crime.

Formas qualificadas

✓ Art. 217-A, § 3º, do CP: se da conduta resulta lesão corporal de natureza grave (10 a 20 anos).

✓ Art. 217-A, § 4º, do CP: se da conduta resulta morte (12 a 30 anos).

Crime hediondo: será hediondo tanto na sua forma *simples* quanto na *qualificada.*

7.5. Corrupção de menores (art. 218 do CP)

Tipo objetivo: induzir alguém menor de 14 (catorze) anos a satisfazer a lascívia de outrem.

Atenção

✓ Este crime acabou virando uma espécie de lenocínio (art. 227 do CP), porém mais específico.

✓ Não mais caracteriza a corrupção de menor pela prática de ato libidinoso que atente contra a sua moral.

✓ Logo, a simples prática de ato sexual com pessoa *menor de 18 anos e maior de 14 anos não configura crime* (*fato atípico*).

Consumação: com a simples prática de qualquer ato de natureza sexual pelo menor (crime material – há divergência).

7.6. Satisfação de lascívia mediante presença de criança ou adolescente (art. 218-A do CP)

Tipo objetivo:

a) praticar, na presença de menor de 14 anos, conjunção carnal ou outro ato libidinoso, a fim de satisfazer lascívia própria ou de outrem;

b) induzir menor de 14 anos a presenciar conjunção carnal ou outro ato libidinoso, a fim de satisfazer lascívia própria ou de outrem.

Tipo subjetivo: dolo e também o especial fim de agir.

7.7. Favorecimento da prostituição ou de outra forma de exploração sexual de criança ou adolescente ou de vulnerável (art. 218-B do CP)

Tipo objetivo: submeter, induzir ou atrair à prostituição ou outra forma de exploração sexual alguém menor de 18 anos ou que, por enfermidade ou deficiência mental, não tem o necessário discernimento para a prática do ato, facilitá-la, impedir ou dificultar que a abandone.

Pena: reclusão, de 4 (quatro) a 10 (dez) anos.

✓ Trata-se de forma específica do crime de favorecimento a prostituição quando a vítima for menor de 18 anos ou inimputável.

7.8. Disposições gerais

Ação penal nos crime sexuais (art. 225 do CP): a natureza da *ação penal nos crimes sexuais* mudou e deixou de ser, via de regra, *ação penal privada*, passando a ser:

✓ Ação penal pública *condicionada à representação* (**regra**).

✓ Ação penal pública *incondicionada* se a vítima é menor de 18 (dezoito) anos ou pessoa vulnerável.

Atenção

Há divergência a respeito da aplicação, ou não, da *Súmula 608 do STF* após a nova lei. Para a referida súmula, no crime de estupro cometido com violência real, a ação penal deve ser *pública incondicionada.*

Nos parece que diante das alterações a respeito das espécies de ação penal propostas no texto da Lei 12.015/2009, que não convalidaram o entendimento sumulado, a *Súmula 608 não deve mais ser aplicada.*

Causas de aumento de pena (art. 226 do CP)

✓ a pena nos crimes sexuais é aumentada de quarta parte (1/4) se o crime é cometido com o concurso de 2 (duas) ou mais pessoas;

✓ será aumentada de metade (1/2) se o agente é ascendente, padrasto ou madrasta, tio, irmão, cônjuge, companheiro, tutor, curador, preceptor ou empregador da vítima, ou quem, por qualquer outro título, tem autoridade sobre ela.

Aumento de pena (art. 234-A do CP)

✓ a pena dos crimes sexuais é aumentada de metade (1/2) se do crime resultar gravidez;

✓ será aumentada de um sexto (1/6) até a metade (1/2) se o agente transmite à vítima doença sexualmente transmissível de que sabe ou deveria saber ser portador.

8. DOS CRIMES CONTRA A PAZ PÚBLICA

8.1. Incitação ao crime (art. 286 do CP)

Tipo objetivo: induzir ou instigar, em local público ou acessível ao público, a prática de crime. O ato de incitar pode ser por meio de palavra, escrito, gestos etc.

✓ A incitação deve ser dirigida a uma, ou a determinadas pessoas, não configurando crime o ato genérico e sem destinação específica.

✓ Além disso, outras pessoas, além do incitado, devem tomar conhecimento do fato, caso contrário a conduta configura mera participação em crime de outrem.

Tentativa: admitida na forma escrita.

Consumação: com a simples prática da conduta de incitar, não sendo preciso que o agente realize quaisquer dos atos incitados (*crime formal*). A incitação de uma contravenção não configura crime (*figura atípica*).

8.2. Apologia de crime ou criminoso (art. 287 do CP)

Tipo objetivo: fazer, publicamente, apologia de fato criminoso ou de autor de crime.

A conduta típica consiste elogiar ou enaltecer, em local público ou acessível ao público:

a) fato criminoso: fato previsto em algum tipo penal como crime. Se o fato é previsto como contravenção ou crime culposo, não configura crime.

b) autor de crime: trata-se de autor de um crime praticado antes da apologia. A defesa (elogio) não deve se referir aos atributos do autor, mas sim à sua conduta criminosa.

Tipo subjetivo: dolo de elogiar a *prática de crime determinado*, enaltecer a prática do crime.

Atenção

A mera manifestação de opinião a respeito de determinado tema, ou fato, não configura crime, diante do direito de liberdade de expressão previsto na Constituição Federal (por exemplo: Marcha da Maconha – STF – não configurou crime).

8.3. Associação criminosa (art. 288 do CP) – antigo "quadrilha ou bando" – alterado pela Lei 12.850/2013

Tipo objetivo: associarem-se 3 ou mais pessoas, para o fim específico de cometer crimes:

a) *concurso necessário de pelo menos 3 pessoas* (*delito de concurso necessário ou plurissubjetivo*):

✓ Não é necessário que eles se conheçam;

✓ Os inimputáveis são computados para o número de integrantes.

b) *finalidade específica voltada ao cometimento de crimes:*

✓ Não configura o crime se for para cometer contravenções penais ou crimes culposos;

✓ *Não* caracteriza crime a associação para o cometimento de apenas um único delito.

c) *estabilidade e permanência da associação:*

✓ A associação não pode ser momentânea, sendo necessária a estabilidade e a permanência.

Tipo subjetivo: dolo e especial fim de agir (*fim de praticar 2 ou mais crimes).*

Consumação: independe da realização do fim (crimes) visado (crime formal).

✓ Se ocorrer a prática de algum dos crimes haverá concurso de crimes.

Tentativa: não é admissível.

Forma majorada (art. 288, parágrafo único, do CP – aumento até 1/2)

✓ se a associação criminosa é armada.

✓ se a associação tem a participação de crianças ou adolescentes.

Associação qualificada: se os crimes visados forem hediondos, com prática da tortura ou terrorismo, aplica-se o art. 8º da Lei 8.072/1990 (3 a 6 anos de reclusão).

Associação para tráfico de drogas: incide o tipo específico (art. 35 da Lei 11.343/2006).

Delação premiada nos crimes hediondos: o participante e o associado que denunciar à autoridade o grupo, possibilitando seu desmantelamento, terá a pena reduzida de um a dois terços (parágrafo único do art. 8º da Lei 8.072/1990).

9. DOS CRIMES CONTRA FÉ PÚBLICA

9.1. Moeda falsa (art. 289 do CP)

Tipo objetivo:

✓ falsificar, fabricando-a ou alterando-a, moeda metálica ou papel-moeda de curso legal no país ou no estrangeiro.

✓ falsificação por alteração, moeda ou papel já existe, mas o agente aumenta o seu valor.

Crime impossível: falso grosseiro na absoluta impossibilidade de ser aceita a moeda.

✓ A utilização de papel-moeda grosseiramente falsificado configura crime de estelionato (Súmula 73 do STJ).

✓ É majoritário o entendimento (STF/STJ) de que não incide o princípio da insignificância em relação ao valor do prejuízo ou da falsificação.

Forma privilegiada (art. 289, § 2º, do CP– 6 meses a 2 anos): aquele que recebeu de boa-fé, como verdadeira, moeda falsa ou alterada, e a restitui à circulação, depois de conhecer a falsidade.

Forma qualificada (art. 289, § 3º, do CP – 3 a 15 anos):

✓ o funcionário público ou diretor, gerente, ou fiscal de banco de emissão.

✓ que fabrica, emite ou autoriza a fabricação ou emissão: de moeda com título ou peso inferior ao determinado em lei; de papel-moeda em quantidade superior à autorizada.

Art. 289, § 4º, do CP: Nas mesmas penas incorre quem desvia e faz circular moeda cuja circulação não estava ainda autorizada.

9.2. Crimes assimilados ao de moeda falsa (art. 290 do CP)

Tipo objetivo:

1. formar cédula, nota ou bilhete representativo de moeda com fragmentos de cédulas, notas ou bilhetes verdadeiros;
2. suprimir, em nota, cédula ou bilhete recolhidos, para o fim de restituí-los à circulação, sinal indicativo de sua inutilização;
3. restituir à circulação cédula, nota ou bilhete em tais condições, ou já recolhidos para o fim de inutilização.

Art. 290, parágrafo único, do CP: se o crime é cometido por funcionário que trabalha na repartição onde o dinheiro se achava recolhido, ou nela tem fácil ingresso, em razão do cargo.

Trata-se de modalidade anômala de qualificações, pois o artigo prevê apenas que a pena máxima será aumentada de 8 anos para 12 anos, sem alterar a pena mínima abstrata da forma simples (2 anos).

9.3. Petrechos para falsificação de moeda (art. 291 do CP)

Tipo objetivo: fabricar, adquirir, fornecer, a título oneroso ou gratuito, possuir ou guardar maquinismo, aparelho, instrumento ou qualquer objeto especialmente destinado à falsificação de moeda.

Consumação: basta que o agente possua adquira, fabrique etc. esses equipamentos, não sendo preciso sequer iniciar a falsificação.

Trata-se de exemplo de crime em que o legislador resolveu tipificar autonomamente uma conduta que caracterizaria mera preparação (*ato preparatório*) impunível para outro crime (art. 289 do CP), mas que por expressa previsão legal passou a ser crime.

9.4. Falsificação de documento público (art. 297 do CP) e falsificação de documento particular (art. 298 do CP)

Art. 297 do CP

Tipo objetivo: falsificar, no todo ou em parte, documento público, ou alterar documento público verdadeiro.

Art. 298 do CP

Tipo objetivo: falsificar, no todo ou em parte, documento particular ou alterar documento particular verdadeiro.

✓ Falsificação pode ser *total*, quando ocorre a confecção integral de documento inexistente, ou seja, o agente cria concretamente um documento que não existia; ou *parcial*, se ocorre a alteração, modificação de parte de um documento verdadeiro.

✓ A alteração de um documento ocorre com a modificação das letras ou números existentes, ou ainda com a substituição de fotografia ou imagem.

Elementos caracterizadores de um documento

1) Forma escrita: para que seja considerado um documento deve ser algo escrito, de tal forma que pinturas, imagens, gravações, desenhos, composições musicais não caracterizam documentos, mas poderão ser objeto material de outro crime (ex.: do crime de dano).

2) Autor determinado: todo documento deve ter a identificação de seu autor; logo, um escrito anônimo não deve ser considerado documento, e a identificação pode ser pelo nome, assinatura ou pelo pseudônimo.

3) Conteúdo: não há documento sem conteúdo, isto é, deve ter declaração de vontade ou exposição de fatos.

4) Relevância jurídica: um documento deve poder ser utilizado para gerar efeitos jurídicos, embora não seja preciso que o agente o utilize.

Espécies de documentos

(1) Documento público: é o elaborado por funcionário público competente no exercício de suas atribuições, com a observância das formalidades legais.

Art. 297, § 2º, do CP – documento público por equiparação: é aquele emanado por entidade paraestatal, o título ao portador ou transmissível por endosso, as ações de sociedade comercial, os livros mercantis e o testamento particular.

Atenção

O particular pode falsificar documento público, já que o tipo penal não exige que a falsificação seja praticada por funcionário público.

Art. 297, § 1º, do CP: Se o agente é funcionário público e comete o crime prevalecendo-se do cargo, aumenta-se a pena de 1/6.

Art. 297, § 3º, do CP: Responde pelas mesmas penas quem insere ou faz inserir:

1. na folha de pagamento ou em documento destinado a fazer prova perante a previdência social, informações de pessoa que não possua a qualidade de segurado obrigatório;
2. na Carteira de Trabalho e Previdência Social do empregado ou em documento que deva produzir efeito perante a previdência social, declaração falsa ou diversa da que deveria ter sido escrita;
3. em documento contábil ou em qualquer outro documento relacionado com as obrigações da empresa perante a previdência social, declaração falsa ou diversa da que deveria ter constado.

Art. 297, § 4º, do CP: Nas mesmas penas incorre quem omite, nos documentos mencionados no § 3º, nome do segurado e seus dados pessoais, a remuneração, a vigência do contrato de trabalho ou de prestação de serviços.

(2) Documento particular (art. 298 do CP): como a lei não define o conceito de documento público, devemos tirar por exclusão; logo, será aquele que não é público propriamente dito nem por equiparação legal.

Tipo subjetivo: dolo, consistente na vontade e consciência da falsificação.

✓ Não há especial fim de agir previsto, logo não se exige a intenção específica de usar o documento nem de causar prejuízo.

✓ Se a falsificação é para o cometimento de crimes eleitorais, devem ser observados os tipos de falso previstos no Código Eleitoral.

Consumação: quando o agente realiza a falsificação, não se exigindo o uso do documento (crime de mera conduta e crime de perigo).

Tentativa: é admissível.

Atenção

Se a falsificação for grosseira, não haverá crime e o fato será atípico (*crime impossível*), mas nada impede que o agente responda por outros crimes.

Súmula 17 do STJ: "Quando o falso se exaure no estelionato, sem mais potencialidade lesiva, é por este absorvido."

9.5. Falsidade ideológica (art. 299 do CP)

Tipo objetivo

✓ omitir, em documento público ou particular, declaração que dele devia constar (*crime omissivo próprio*);

✓ inserir ou fazer inserir (por terceiros) declaração falsa ou diversa da que devia ser escrita, com o fim de prejudicar direito (especial fim de agir);

✓ criar obrigação ou alterar a verdade sobre fato juridicamente relevante.

Pena:

✓ se o documento é público: 1 a 5 anos e multa;

✓ se o documento é particular: 1 a 3 anos e multa.

Diferença entre falsidade material e ideológica

Falsidade ideológica:

✓ o documento não possui vício em sua forma, ou seja, é formalmente perfeito (não envolve a forma do documento);

✓ seu *conteúdo é falso*, de modo que é provada pela apuração dos fatos.

Falsidade material:

✓ o documento possui *vício em sua forma* (rasuras, introdução de novos dizeres, supressão de palavras).

Tipo subjetivo: *dolo* (vontade de falsificar) e o *elemento subjetivo especial do tipo* (fim de prejudicar direito, criar obrigação ou alterar a verdade).

Consumação: com a simples conduta de falsificar, desde que o falso possua potencialidade do dano objetivado pelo agente (crime formal).

✓ Não se exige ocorrência de prejuízo.

Tentativa: é possível na forma *inserir* e *fazer inserir*.

Não é possível na forma *omitir* (*omissivo próprio*).

Causa de aumento de pena (art. 299, parágrafo único, do CP – aumento de 1/6)

✓ funcionário público comete o crime prevalecendo-se do cargo;

✓ se a falsificação ou alteração é de assentamento de registro civil.

9.6. Uso de documento falso (art. 304 do CP)

Tipo objetivo: fazer *uso* de qualquer dos papéis falsificados ou alterados a que se referem os arts. 297 a 302 do CP. *Fazer uso* significa apresentar o documento falso como se fosse verdadeiro, através do uso efetivo do documento quando este sai da esfera de disponibilidade do agente, com a possibilidade de outras pessoas tomarem conhecimento e da produção de efeitos.

Atenção

Se um indivíduo sofrer busca pessoal pela polícia, e for surpreendido portando carteira de identidade falsa, não haverá crime de uso de documento falso, pois não houve nenhuma ação concreta do sujeito ativo, podendo haver outro crime, como o de falsidade documental.

Esse é um exemplo de *crime remetido*, ou seja, aquele que se reporta a outros delitos que por isso passam a integrá-lo, já que o pressuposto fundamental do crime de uso é a existência de um crime de falso quanto a algum documento.

Consumação: trata-se de *crime formal*, por isso se consuma com o primeiro ato de utilização do documento, independentemente de obter a vantagem visada.

Tentativa: é inadmissível, pois não há como fracionar a conduta (conduta *unissubsistente*).

Atenção

Também não haverá crime se o documento for grosseiramente falsificado (**crime impossível**).

Em caso de falsificação de documento e uso pelo próprio autor do falso, há dois posicionamentos: *responde apenas pelo crime de falso*, sendo o uso do documento mero exaurimento (majoritário), ou *responde apenas pelo uso*, sendo o falso crime-meio para a prática do crime de uso, sendo absorvido, segundo princípio da consunção.

10. CRIMES PRATICADOS POR FUNCIONÁRIO PÚBLICO CONTRA A ADMINISTRAÇÃO EM GERAL

10.1. Peculato (art. 312 do CP)

Tipo objetivo: apropriar-se o funcionário público de dinheiro, valor ou qualquer outro bem móvel, público ou particular, de que tem a posse em razão do cargo, ou desviá-lo, em proveito próprio ou alheio.

Sujeito ativo: apenas o funcionário público que atua em razão do seu cargo ou função.

Peculato-apropriação (art. 312, *caput*, do CP): funcionário público apropria-se de dinheiro, valor ou qualquer outro bem móvel, público ou particular, de que tem a posse em razão do cargo; trata-se de um delito de apropriação indébita (art.168 do CP), com o sujeito ativo específico.

Peculato-desvio (art. 312, *caput*, parte final, do CP): funcionário público *desvia* dinheiro, valor ou qualquer outro bem móvel, público ou particular, de que tem a posse em razão do cargo, em proveito próprio ou alheio; se o desvio for em favor da própria administração, ocorre o crime de emprego irregular de verbas públicas (art. 315 do CP).

Peculato-furto (art. 312, § 1º, do CP – peculato impróprio): o funcionário subtrai ou concorre para subtração de dinheiro, valor ou bem; nessa modalidade, o funcionário não tem a posse e se vale da facilidade que lhe proporciona sua qualidade de funcionário para realizar a conduta. Necessário o nexo causal entre a facilidade e o crime.

Peculato culposo (art. 312, § 2º, do CP): funcionário concorre culposamente para o crime de outrem. Para existir o crime, depende da existência de outro crime, realizado por terceiro. Por exemplo: o furto de um bem público que estava sob a guarda do funcionário. Como depende de outra prática criminosa, o peculato culposo é chamado de crime parasitário.

Reparação do dano no peculato culposo (art. 312, § 3º, do CP):

✓ Se precede à sentença irrecorrível, extingue a punibilidade.

✓ Se é posterior à sentença irrecorrível, reduz de metade (1/2) a pena imposta.

✓ Sendo doloso o peculato, a reparação do dano poderá gerar *arrependimento posterior*, que diminui a pena de 1/3 a 2/3, desde que seja feita até o recebimento da denúncia (art. 16 do CP).

Atenção

O **peculato de uso,** assim como ocorre no crime de furto, **não configura o crime** pela ausência do *animus* de apropriação.

10.2. Peculato mediante erro de outrem (art. 313 do CP)

Tipo objetivo: ocorre quando o funcionário público que se apropria de dinheiro ou qualquer utilidade que, no exercício do cargo, recebeu por erro de outrem. Deve receber por erro espontâneo de outrem, ou seja, não induz a pessoa a erro. Se o funcionário induzir terceiro a erro, responderá pelo crime de estelionato (art. 171 do CP).

Tipo subjetivo: o dolo de apropriar é posterior ao recebimento do bem ou valor mediante o erro de terceiro.

10.3. Inserção de dados falsos em sistema de informações (art. 313-A do CP – Peculato eletrônico)

Tipo objetivo:

a) *inserir* dados falsos nos sistemas informatizados ou bancos de dados da administração pública;

b) *facilitar a inserção* de dados falsos nos sistemas informatizados ou bancos de dados da administração pública;

c) *alterar* indevidamente dados corretos nos sistemas informatizados ou bancos de dados da administração pública;

d) *excluir* indevidamente dados corretos nos sistemas informatizados ou bancos de dados da administração pública.

Tipo subjetivo: dolo (elemento subjetivo geral) e o *elemento subjetivo especial do tipo* ("com o fim de obter vantagem indevida para si ou para outrem, ou para causar dano").

Sujeito ativo: apenas o funcionário que esteja autorizado a inserir dados nos sistemas informatizados ou bancos de dados.

✓ Tipo *misto alternativo*, e por isso configurará apenas um delito quando ocorrer mais de uma conduta prevista realizada no mesmo contexto fático.

Consumação: com a inserção de dados falsos, ou com a alteração ou exclusão de dados corretos, sendo dispensável obter a vantagem indevida ou o dano (*crime formal*).

Tentativa: é possível, pois algumas condutas são plurissubsistentes.

10.4. Modificação ou alteração não autorizada de sistema de informações (art. 313–B do CP)

Tipo objetivo: modificar ou alterar, o funcionário, sistema de informações ou programa de informática sem autorização ou solicitação de autoridade competente.

Consumação: com a simples prática das condutas, não havendo qualquer fim específico desejado, e nenhum resultado concreto sequer previsto (crime de mera conduta).

Causa de aumento (art. 313-B, parágrafo único, do CP – aumento de 1/3 a 1/2): se da modificação ou alteração resulta dano para a administração pública ou para terceiros.

10.5. Concussão (art. 316, *caput*, do CP)

Tipo objetivo: *exigir* vantagem indevida, para si ou para outrem, direta ou indiretamente em razão da função, ainda que fora dela, ou antes de assumi-la; esse crime se caracteriza quando há ameaça de represálias, explícitas ou implícitas, incutindo temor à vítima.

15. Direito Penal

Tipo subjetivo: dolo além do elemento subjetivo especial do tipo ("para si ou para outrem").

Consumação: com a simples exigência da vantagem, não havendo a necessidade de produzir o resultado material (*crime formal*). O recebimento da vantagem indevida é mero exaurimento.

Tentativa: é admissível (p. ex.: por escrito).

10.6. Excesso de exação (art. 316, § 1º, do CP)

Tipo objetivo:

1. exigir tributo ou contribuição social que sabe ou deveria saber indevido;
2. empregar na cobrança do tributo, embora devido, meio vexatório ou gravoso, que a lei não autoriza.

Consumação: com a simples conduta, independente do recebimento do tributo (*crime formal*).

Tentativa: se admite quando a conduta puder ser fracionada (plurissubsistente), por exemplo: exigir por escrito.

Forma qualificada (art. 316, § 2º, do CP – pena: 2 a 12 anos)

✓ A forma qualificada ocorre após a prática do crime previsto no § 1º, ou seja, o exaurimento funciona como qualificadora, pois é preciso que o funcionário receba a vantagem para poder desviar o que recebeu.

✓ O funcionário recebe indevidamente para recolher aos cofres públicos, mas não recolhe, e desvia em proveito próprio ou de terceiro.

10.7. Corrupção passiva (art. 317 do CP)

Tipo objetivo: solicitar ou receber, *para si ou para outrem*, direta ou indiretamente, ainda que fora da função, ou antes de assumi-la, mas em razão dela, vantagem indevida, ou aceita promessa de tal vantagem.

a) *Solicitar*: significa pedir. A iniciativa é do funcionário, mas sem ameaças. O particular que der a vantagem indevida não pratica crime.

b) *Receber*: obter a vantagem. A iniciativa é do particular (*extraneus*) que "oferece para ...". Nesse caso, o funcionário responde pelo art. 317 e o particular, pelo crime de corrupção ativa (art. 333 do CP).

c) *Aceitar promessa*: concordar em receber. A iniciativa é do particular que oferece a vantagem por espontânea vontade. O funcionário responde pelo art. 317 do CP e o particular, pelo art. 333 do CP (*prometer vantagem para...*).

✓ **Atenção**

Pode haver corrupção ativa sem a corrupção passiva e vice-versa.

Consumação: o delito se consuma independentemente de o funcionário retardar ou deixar de praticar qualquer ato de ofício ou o praticar infringindo dever funcional (*crime formal*).

a) *solicitar*: no momento em que a solicitação chega ao terceiro;

b) *receber*: com o recebimento da vantagem;

c) *aceitar promessa*: consuma-se com a simples aceitação.

Tentativa:

a) *solicitar*: admite-se se o meio utilizado for o escrito;

b) *receber*: inadmissível;

c) *aceitar* promessa: admite-se (escrito).

Causa de aumento (art. 317, § 1º, do CP – aumento de 1/3):

✓ se o funcionário efetivamente retardar ou deixar de praticar ato de ofício, ou infringir dever funcional, em consequência da vantagem ou promessa, aumenta-se a pena de um terço;

✓ nesse caso, o exaurimento do crime que é formal, gera a sua forma qualificada.

Forma privilegiada (art. 317, § 2º, do CP – pena: 3 meses a 1 ano ou multa)

✓ se o funcionário apenas deixa de praticar ou retarda o ato de ofício, *cedendo a pedido ou influência de outrem*;

✓ o agente não visa receber nenhuma vantagem, mas apenas atender a pedidos.

10.8. Facilitação de contrabando ou descaminho (art. 318 do CP)

Tipo objetivo: funcionário público *facilita*, com infração de dever funcional, a prática de contrabando ou descaminho (art. 334-A e 334 do CP, respetivamente).

Sujeito ativo: somente o funcionário público, que possui como atribuição o dever de evitar o contrabando ou descaminho.

Elementos do tipo objetivo:

✓ *Contrabando*: importar ou exportar mercadoria proibida, ilícita.

✓ *Descaminho*: iludir, no todo ou em parte, o pagamento de direito ou imposto devido pela entrada, pela saída ou pelo consumo de mercadoria, lícita, permitida.

Consumação: independe da efetiva ocorrência do contrabando ou descaminho (*crime formal*). Quem pratica o contrabando ou descaminho responde pelos arts. 334-A e 334 do CP, respectivamente.

10.9. Prevaricação (arts. 319 e 319-A do CP)

Art. 319 do CP

Tipo objetivo: retardar ou deixar de praticar ato de ofício, ou *praticá-lo* contra disposição expressa de lei, para satisfazer interesse ou sentimento pessoal.

✓ A prevaricação possui natureza híbrida, sendo *crime comissivo por ação* (retardar/praticar) e crime *omissivo próprio* (deixar).

Consumação: quando o funcionário retarda, omite ou pratica o ato ilegal (*crime formal*).

Tentativa: admitida na conduta comissiva "praticar ou retardar ato ilegal". Inadmissível nas condutas omissivas de "deixar de praticar" e em certas hipóteses de "retardar" quando por omissão.

Tipo subjetivo: dolo é o elemento subjetivo especial do tipo (fim específico de *satisfazer interesse ou sentimento pessoal*).

Art. 319-A do CP

Tipo objetivo: deixar o diretor de penitenciária e/ou agente público de cumprir seu dever de vedar ao preso o acesso a aparelho telefônico, rádio ou similar, que permita a comunicação com outros presos ou com ambiente externo.

Sujeito ativo: somente o diretor de penitenciária e/ou agente público responsável.

Consumação: com a efetiva entrada do aparelho.

Atenção

O especial fim de agir só é exigido na prevaricação comum (art. 319 do CP), mas não na específica (art. 319-A, CP).

11. DOS CRIMES PRATICADOS POR PARTICULAR CONTRA A ADMINISTRAÇÃO EM GERAL

11.1. Usurpação de função pública (art. 328 do CP)

Tipo objetivo: assumir função pública de forma indevida.

Sujeito ativo: qualquer pessoa, inclusive o próprio funcionário (quando assumir função que não lhe compete).

Consumação: quando o agente realizar pelo menos um ato relativo à função.

Tentativa: é admissível quando o agente tenta realizar o ato usurpando a função e não consegue.

Tipo subjetivo: dolo, intenção, finalidade, vontade, não sendo necessário o especial fim de auferir vantagem.

Forma qualificada (art. 328, parágrafo único, do CP): se o agente vier a auferir vantagem a pena será de 2 a 5 anos, e multa.

11.2. Resistência (art. 329 do CP)

Tipo objetivo: opor-se à execução de ato legal mediante violência ou ameaça a funcionário público no exercício da função.

✓ A simples ofensa verbal pode caracterizar desacato (art. 331 do CP).

✓ A resistência meramente passiva, sem violência ou ameaça, não é crime.

✓ Se o sujeito resiste a *ato ilegal* não haverá resistência (fato atípico).

Consumação: com a prática da violência ou ameaça, independentemente de o agente conseguir impedir a execução do ato legal (*crime formal*).

Tentativa: se admite.

Forma qualificada (art. 329, § 1º, do CP – pena: 1 a 3 anos): se o ato, em razão da resistência, não se executa.

11.3. Desobediência (art. 330 do CP)

Tipo objetivo: desobedecer a ordem legal de funcionário público (no exercício da função).

✓ Pode ser *crime omissivo*, praticado pela inércia, pela não atuação do particular; ou comissivo, praticado por uma ação em desacordo com aquilo que lhe foi determinado, dependendo da natureza da ordem.

✓ A simples fuga sem violência não é considerada desobediência, por se tratar de manifestação do instinto de liberdade.

Sujeito ativo: qualquer pessoa, inclusive um funcionário público.

Consumação: no momento em que o agente não cumpre a ordem (**crime de mera conduta**).

Tentativa: é admitida na forma comissiva (ordem de não fazer).

11.4. Desacato (art. 331 do CP)

Tipo objetivo: desacatar (humilhar, ofender) funcionário público no exercício da função ou em razão dela (fora do exercício). O simples praguejar, esbravejar não configura crime.

Sujeito ativo: qualquer pessoa, inclusive outro funcionário público.

Tipo subjetivo: dolo, intenção além do especial fim de ofender funcionário público.

Consumação: com a prática da ofensa, independente de o funcionário se sentir ofendido (*crime formal*); o funcionário deve estar presente para ouvir a ofensa.

Tentativa: é possível, salvo se for oral, pois nesse caso será crime unissubsistente, incompatível com a tentativa.

Atenção

Se o agente não sabe que o indivíduo é funcionário público, ou a ofensa tem motivação exclusivamente pessoal, poderá configurar crime de injúria (art. 140 do CP), mas não de *desacato*, que pressupõe vínculo com a função pública.

11.5. Tráfico de influência (art. 332 do CP)

Tipo objetivo: solicitar, exigir, cobrar ou obter, para si ou para outrem, vantagem ou promessa de vantagem, a pretexto de influir em ato praticado por funcionário público no exercício da função.

Consumação:

✓ solicitar e exigir: com a prática da própria conduta, independente de qualquer resultado concreto (*crime formal*).

✓ obter: com a efetiva obtenção da vantagem pretendida (**crime material**).

Tentativa; é possível.

11.6. Corrupção ativa (art. 333 do CP)

Tipo objetivo: *oferecer* ou *prometer* vantagem indevida a funcionário público.

✓ A iniciativa deve ser do particular (**crime comum**), e o ato deve ser da competência do funcionário.

✓ A vantagem indevida (ilícita) pode ser *patrimonial, moral* ou qualquer outra forma.

✓ Se o funcionário receber ou aceitar a promessa, praticará o *crime de* **corrupção passiva** (art. 317 do CP).

Tipo subjetivo: dolo, intenção, além do especial fim de determinar a prática, omissão ou o retardamento de ato de ofício.

Consumação: com a simples oferta ou promessa de vantagem, independentemente de o funcionário aceitar a oferta ou promessa ou realizar algo (*crime formal*).

Tentativa: é admitida, principalmente na forma escrita.

Causa de aumento de pena (art. 333, parágrafo único – aumento de 1/3): se, em razão da vantagem ou promessa, o funcionário retarda ou omite ato de ofício, ou o pratica infringindo dever funcional.

11.7. Contrabando ou descaminho (art. 334-A e art. 334 do CP)

Tipo objetivo

✓ *Contrabando*: importar ou exportar **mercadoria proibida, ilícita**.

✓ *Descaminho*: iludir, no todo ou em parte, o pagamento de dire ou imposto devido pela entrada, pela saída ou pelo consumo de **mercadoria lícita**.

✓ A **pena** do crime de Descaminho é de 1 a 4 anos de reclusão (art.334 CP) e a pena do crime de contrabando (art. 334-A), considerado mais grave, é de 2 a 5 anos de reclusão.

Consumação:

a) alfândega: consuma-se no momento em que a mercadoria é liberada. Se não ocorre a liberação, haverá a *tentativa*;

b) local diverso da alfândega: consuma-se no momento em que a mercadoria entra ou sai de nosso território.

Tentativa): possível se, por motivos alheios à vontade do agente, a mercadoria não entrar ou sair de território.

Princípio da insignificância e descaminho:

✓ de acordo com posicionamento majoritário, aplica-se o princípio da insignificância se o valor sonegado não ultrapassa R$ 10.000,00 (dez mil reais), de acordo com o art. 20 da Lei 10.522/2002 (STF);

✓ em face da Portaria 75/2012 do Ministério da Fazenda, há entendimento (divergente) no sentido de que se deve considerar também para aplicar o princípio da insignificância aos crimes tributários novo valor de R$ 20.000,00 (vinte mil reais).

✓ o STF **não reconhece** a aplicação do mesmo critério para o **crime de *contrabando*** diante da origem ou aspecto ilícito do produto.

Figuras especiais do Descaminho (art. 334, § 1º, do CP – mesma pena)

a) pratica navegação de cabotagem, fora dos casos permitidos em lei;

b) pratica fato assimilado, em lei especial, a descaminho;

c) vende, expõe à venda, mantém em depósito ou, de qualquer forma, utiliza em proveito próprio ou alheio, no exercício de atividade comercial ou industrial, mercadoria de procedência estrangeira que introduziu clandestinamente no país ou importou fraudulentamente ou que sabe ser produto de introdução clandestina no território nacional ou de importação fraudulenta por parte de outrem;

d) adquire, recebe ou oculta, em proveito próprio ou alheio, no exercício de atividade comercial ou industrial, mercadoria de procedência estrangeira, desacompanhada de documentação legal, ou acompanhada de documentos que sabe serem falsos.

Figuras especiais do Contrabando (art. 334-A, § 1º, do CP – mesma pena)

Incorre na mesma pena quem:

a) pratica fato assimilado, em lei especial, a contrabando;

b) importa ou exporta clandestinamente mercadoria que dependa de registro, análise ou autorização de órgão público competente;

c) reinsere no território nacional mercadoria brasileira destinada à exportação;

d) vende, expõe à venda, mantém em depósito ou, de qualquer forma, utiliza em proveito próprio ou alheio, no exercício de atividade comercial ou industrial, mercadoria proibida pela lei brasileira;

e) adquire, recebe ou oculta, em proveito próprio ou alheio, no exercício de atividade comercial ou industrial, mercadoria proibida pela lei brasileira.

OBS: De acordo com o **§ 2º dos Arts. 334 e 334-A,** equipara-se às atividades comerciais, para os efeitos destes artigos, qualquer forma de comércio irregular ou clandestino de mercadorias estrangeiras, inclusive o exercido em residências

Forma qualificada do Descaminho e do contrabando (arts. 334, § 3º e 334-A, § 3º – pena em dobro):

Se o Descaminho ou o Contrabando forem praticados em transporte aéreo, marítimo ou fluvial, aplica-se a pena em dobro.

11.8. Denunciação caluniosa (art. 339 do CP)

Tipo objetivo: dar causa à instauração de investigação policial, de processo judicial, instauração de investigação administrativa, inquérito civil ou ação de improbidade administrativa contra alguém (deve ser pessoa determinada), imputando-lhe crime (*caput*) ou contravenção (art. 339, § 2º) de que o sabe inocente.

Consumação: é preciso que haja instauração "de investigação policial, de processo judicial, instauração de investigação administrativa, inquérito civil ou ação de improbidade administrativa". Para que haja crime, a falsidade irá recair sobre autoria (o crime existiu, mas é imputado a pessoa inocente) ou sobre a infração penal (que não ocorreu).

Tentativa: é admissível, quando o agente atua, mas não consegue dar causa ao inquérito, ao processo ou à ação administrativa.

Causa de aumento de pena (art. 339, § 1º, do CP – aumenta 1/6): se o agente se serve de anonimato ou de nome suposto.

Causa de diminuição de pena (art. 339, § 2º, do CP – diminui 1/2): se a imputação é de prática de contravenção.

Atenção

Denunciação caluniosa *x* calúnia

Embora em ambos os crimes haja imputação falsa de crime, na denunciação caluniosa o agente vai além, uma vez que dá causa à instauração de investigação policial, de processo judicial, instauração de investigação administrativa, inquérito civil ou ação de improbidade administrativa, lesando o bem jurídico "Administração da Justiça".

Já na calúnia (**crime contra a honra objetiva**) há apenas uma ofensa à imagem do agente perante a sociedade, sendo esse crime (crime-meio) absorvido pela denunciação caluniosa.

11.9. Comunicação falsa de crime ou de contravenção (art. 340 do CP)

Tipo objetivo: provocar a ação de autoridade, comunicando-lhe a ocorrência de crime ou de contravenção que sabe não se ter verificado.

Comunicação falsa de crime ou contravenção *x* denunciação caluniosa

a) Na comunicação falsa de crime ou contravenção, o comunicado é fictício e não há imputação de autoria a pessoa determinada.

b) Já na denunciação caluniosa (art. 339 do CP) ocorre uma imputação de crime específico a terceiro inocente.

Consumação: no momento em que a autoridade começa a agir; a autoridade pública pode ser judicial, policial ou administrativa. Ex.: oitiva de pessoas.

Arrependimento eficaz (art. 15 do CP): afasta-se a tipicidade do fato se o agente, após a comunicação falsa, mas antes da ação da autoridade, assume a falsidade de sua comunicação.

11.10. Autoacusação falsa (art. 341 do CP)

Tipo objetivo: acusar-se, perante a autoridade, de crime inexistente ou praticado por outrem. O agente assume a autoria, coautoria ou participação em *crime inexistente ou praticado por outrem*, diferentemente do crime de denunciação caluniosa (art. 339 do CP), em que o agente acusa terceiro inocente. Não há crime de autoacusação se o agente se atribui à prática de contravenção.

Consumação: no momento em que a autoridade toma conhecimento da acusação falsa.

Tentativa: é possível se a conduta for plurissubsistente e puder ser fracionada (por exemplo: por escrito).

11.11. Falso testemunho ou falsa perícia (art. 342 do CP)

Tipo objetivo: fazer afirmação falsa, ou negar ou calar a verdade como testemunha, perito, contador, tradutor ou intérprete em processo judicial, ou administrativo, inquérito policial, ou em juízo arbitral.

a) *fazer afirmação falsa*: o agente faz declaração diferente daquilo que sabe;

b) *negar a verdade*: o agente nega ter presenciado fato de que teve conhecimento. Ex.: testemunha presenciou o fato, mas afirma não ter visto nada;

c) *calar a verdade*: o agente se recusa a responder pergunta ou oculta fatos que sabe.

Para a caracterização da falsidade há duas teorias:

1ª) objetiva – a falsidade ocorre quando o relato é diverso dos fatos ocorridos.

2ª) subjetiva (majoritária) – a falsidade ocorre quando há contradição entre o fato presenciado pela testemunha e aquilo que ela relatou ou omitiu. Ou seja, mesmo que não seja verdadeiro aquilo que a testemunha afirmar, não quer dizer que esteja cometendo o crime de falso testemunho, pois o fato pode ser algo que o agente acredita ser verdade.

Atenção

Para que haja crime, a falsidade deve se referir a *fato juridicamente relevante*, ou seja, a fato que possa interferir na decisão, bastando assim a mera possibilidade de interferir (crime formal).

Quanto à necessidade do compromisso para que se caracterize o crime há duas posições:

(a) a testemunha, independentemente do compromisso, pode cometer o crime, simplesmente por não ter cumprido o dever de afirmar a verdade (*majoritária*);

(b) se a testemunha não estiver compromissada, não cometerá crime (minoritária).

Consumação: com o encerramento do depoimento, já que o agente pode retificar sua declaração até o final do depoimento.

✓ Na conduta de *falsa perícia, a consumação* ocorre com a entrega do laudo falso.

✓ Na conduta realizada pelo contador, *a consumação ocorre* com a entrega dos cálculos adulterados ou errados.

Tentativa: é possível quando a conduta for plurissubsistente (ex.: testemunho ser prestado por escrito).

Atenção

Embora haja decisão divergente no próprio STF, prevalece, no que tange ao concurso de agentes, ser possível apenas a participação, mas não a coautoria, já que se trata de um *crime de mão própria*.

Causa de aumento de pena (art. 342, § 1º, do CP – aumento de 1/6 a 1/3): as penas aumentam-se de um sexto a um terço se o crime é praticado mediante suborno ou se cometido com o fim de obter prova destinada a produzir efeito em processo penal, ou em processo civil em que for parte entidade da administração **pública** direta ou indireta.

Retratação (art. 342, § 2º, do CP – extinção da punibilidade): o fato deixa de ser punível se, antes da sentença, no processo em que ocorreu o ilícito, o agente se retrata ou declara a verdade.

11.12. Exercício arbitrário das próprias razões (arts. 345 e 346 do CP)

Art. 345 do CP

Tipo objetivo: fazer justiça pelas próprias mãos, para satisfazer pretensão, embora legítima, salvo quando a lei o permite.

✓ O fundamento desse crime é o fato de que compete ao Estado a solução dos conflitos de interesses, e as pessoas não estão autorizadas a fazer justiça pelas próprias mãos, salvo em algumas hipóteses.

✓ Esse crime pode ser executado por meio de violência, ameaça, fraude, subtração, entre outras, e, ocorrendo violência, o agente responderá também pelas penas correspondentes a ela.

✓ Ex.: "A" encontra o devedor "B" que está lhe devendo dinheiro, então agride o devedor para retirar a quantia em dinheiro da sua carteira. "A" responderá por exercício arbitrário das próprias razões e pelas lesões corporais praticadas.

✓ Uma pretensão será legítima quando estiver amparada pelo direito. Pode ser de natureza real, pessoal, de família etc.

Ex.: o locador invade a casa do locatário inadimplente e lhe retira à força, em vez de ajuizar a devida ação de despejo.

Ação penal (art. 345, parágrafo único, do CP)

a) Ação penal privada: se não há emprego de violência.

b) Ação penal pública incondicionada (regra geral): se há emprego de violência.

Art. 346 do CP

Tipo objetivo: tirar, suprimir, destruir ou danificar coisa própria, que se acha em poder de terceiro por determinação judicial ou convenção.

Consumação: com o efetivo dano ou supressão da coisa (*crime material*).

Tentativa: é plenamente possível quando o resultado pretendido na conduta não se realizar.

11.13. Favorecimento pessoal (art. 348 do CP)

Tipo objetivo: auxiliar autor de crime a subtrair-se à ação de autoridade pública.

✓ Não ocorre o crime de favorecimento se a conduta se referir a autor de contravenção penal.

✓ Para que ocorra o favorecimento, o auxílio deve ocorrer após a consumação do crime anterior. Logo, o agente não pode ter sido coautor ou partícipe do crime praticado pelo terceiro.

✓ Ex.: após a prática do crime, o agente recorre a um amigo que lhe dá abrigo por 3 dias até que a polícia pare de procurá-lo pela região.

Consumação: no momento da prestação do auxílio, independentemente da produção resultado, ou seja, do sucesso na ocultação do agente, sendo *admissível a tentativa.*

Forma privilegiada (art. 348, § 1º, do CP): Se o crime praticado pelo favorecido era menos grave, ou seja, punido com pena que não seja de reclusão (por exemplo: detenção/multa), a pena do favorecimento será de 15 dias a 3 meses e multa.

Isenção de pena (art. 348, § 2º, do CP): causa de isenção de pena: se quem presta o auxílio é ascendente, descendente, cônjuge ou irmão do criminoso, fica isento de pena. Trata-se de **escusa absolutória** que possui caráter pessoal, personalíssimo, e por isso não se comunica a outros participantes do favorecimento.

11.14. Favorecimento real (arts. 349 e 349-A do CP)

Art. 349 do CP

Tipo objetivo: prestar a criminoso, fora dos casos de coautoria ou de receptação, auxílio destinado a tornar seguro o proveito do crime. O auxílio deve ocorrer após a consumação do delito anterior, já que o agente não pode ter sido coautor ou partícipe do crime anterior.

Consumação: com o auxílio prestado, independentemente do resultado (crime formal).

Diferenças em relação a outros crimes:

1) *Favorecimento real e favorecimento pessoal:* no *favorecimento pessoal* o agente visa auxiliar o autor do crime anterior; já no *favorecimento real, ele pretende* tornar seguro o proveito do crime anterior.

2) *Favorecimento real e receptação:* na receptação (art. 180 do CP), o agente visa proveito próprio ou de terceiro (terceiro que não seja autor do crime anterior), e pretende uma vantagem econômica para si ou para outrem ao receptar o produto do crime praticado.

Art. 349-A do CP – Lei 12.012/2009

Tipo objetivo: ingressar, promover, intermediar, auxiliar ou facilitar a entrada de aparelho telefônico de comunicação móvel, de rádio ou similar, sem autorização legal, em estabelecimento prisional. De acordo com a *regra da especialidade*, o diretor de penitenciária e/ou agente público que deixa de cumprir seu dever de vedar ao preso o acesso a aparelho telefônico, de rádio ou similar, que permita a comunicação com outros presos ou com o ambiente externo, responde pelo crime do art. 319-A.

11.15. Patrocínio infiel (art. 355 do CP)

Tipo objetivo: trair, na qualidade de advogado ou procurador, o dever profissional, prejudicando interesse cujo patrocínio, em juízo, lhe é confiado.

São requisitos para que haja crime:

1. concretização de prejuízo de interesse material ou moral (consumação);
2. existência de mandato, independente de remuneração;
3. existência de uma causa judicial.

Sujeito ativo: somente o advogado ou estagiário que estejam com inscrição regular junto à OAB.

Consumação: com o efetivo prejuízo quanto a interesses do cliente (crime material).

Tentativa: plenamente possível, quando, por motivos alheios à vontade do procurador, não houver real prejuízo para o representado.

11.16. Patrocínio simultâneo ou tergiversação (art. 355, parágrafo único, do CP)

Tipo objetivo: pune-se o advogado ou procurador judicial que defende na mesma causa, simultânea ou sucessivamente, duas ou mais partes contrárias.

São considerados crime:

1. patrocínio simultâneo: defende na mesma causa, simultaneamente, partes contrárias;
2. patrocínio sucessivo: defende na mesma causa, sucessivamente, partes contrárias.

Consumação: com a simples conduta de patrocinar, independentemente de prejuízo material para a vítima (*crime formal*).

Tentativa: é possível mas de difícil ocorrência.

REFERÊNCIAS BIBLIOGRÁFICAS

BATISTA, Nilo. *Introdução crítica ao direito penal brasileiro.* 5ª ed. Rio de Janeiro: Revan, 1999.

BITENCOURT, Cezar Roberto. *Erro de tipo e erro de proibição.* 2ª ed. São Paulo: Saraiva, 2000.

______. *Manual de direito penal*, vols. 1-4. São Paulo: Saraiva.

15. Direito Penal

BRUNO, Aníbal. *Direito penal*. 3ª ed. Rio de Janeiro: Forense, 1967.

CAPEZ, Fernando. *Curso de direito penal*, vols.2-4. São Paulo: Saraiva.

CIRINO DOS SANTOS, Juarez. *A moderna teoria do fato punível*. Rio de Janeiro: Freitas Bastos, 2000.

_____. *Direito penal: Parte geral*. Rio de Janeiro: Lumen Juris, 2006.

CONDE, Francisco Muñoz. *Teoria geral do delito*. Trad. Juarez Tavares e Luiz Regis Prado. Porto Alegre: Fabris, 1988.

COSTA JR., Paulo José da. *Direito Penal: curso completo*. 8ª ed. São Paulo: Saraiva, 2000.

DOTTI, René Ariel. *Curso de direito penal: Parte geral*. 2ª reimp. Rio de Janeiro: Forense, 2002.

_____. *Direito penal: Parte geral*, vol. 1. São Paulo: Saraiva, 1999.

GARCIA, Basileu. *Instituições de direito penal*, vol. 2. 4ª ed. São Paulo: Max Limonad, 1973.

GRECO, Rogério. *Curso de direito penal*, vols. 2- 4. Rio de Janeiro: Impetus, 2006.

HUNGRIA, Nelson. *Comentários ao Código Penal*, vols. 5-9. 3ª ed. rev. e atual. Rio de Janeiro: Revista Forense, 1955.

JAKOBS, Günther. *Derecho penal, Parte general: Fundamentos y teoría de la imputación*. Madri: Marcial Pons, 1997.

JESCHECK, Hans-Heinrich. *Tratado de derecho penal: Parte general*, vols. 1 e 2. Trad. e acréscimos S. Mir Puig e F. Muñoz Conde. Barcelona: Bosch, 1981.

JESUS, Damásio E. de. *Direito penal*, vols. 2-4. São Paulo: Saraiva.

LISZT, Franz Von. *Tratado de direito penal*, t. 1 e 2. Trad. José Higino Duarte Pereira. Atual. e notas Ricardo Rodrigues Gama. Campinas: Russel, 2003.

MARQUES, José Frederico. *Tratado de direito penal*. Ed. atual. Campinas: Bookseller, 1997.

MASSON, Cleber. *Direito penal esquematizado: Parte especial*, vols. 2 e 3. 2ª ed. São Paulo: Gen-Metodo.

MAURACH, Reinhart. *Tratado de derecho penal*, vols. 1 e 2. Trad. Juan Córdoba Roda. Barcelona: Ariel, 1962.

MESTIERI, João. *Teoria elementar do direito criminal: Parte geral*. Rio de Janeiro: Ed. do Autor, 1990.

MEZGER, Edmund. *Tratado de derecho penal*, t. 1 e 2. Trad. José Arturo Rodriguez Muñoz. Madri: Revista de Derecho Privado, 1935.

MIRABETE, Julio Fabbrini. *Manual de direito penal*, vols. 2-4. São Paulo: Atlas, 2009.

NORONHA, Edgard Magalhães. *Direito penal*, vols. 1-4. 36ª ed. São Paulo: Saraiva, 2001.

PIERANGELI, José Henrique & ZAFFARONI, Eugenio Raúl. *Manual de direito penal brasileiro: Parte especial*. São Paulo: RT, 2010.

PRADO, Luiz Regis. *Curso de direito penal*. São Paulo: RT, 2011.

PUIG, Santiago Mir. *Derecho penal: Parte general*. 5ª ed. Barcelona: Reppertor, 1998.

REALE JR., Miguel. *Instituições de direito penal*. Rio de Janeiro: Forense, 2009.

RODRIGUES, Cristiano. *Direito penal por meio de questões: Parte Geral e Especial*. São Paulo: Gen-Método, 2010.

_____. *Temas controvertidos de direito penal*. 2ª ed. São Paulo: Gen-Método, 2010.

_____. *Teorias da culpabilidade e teoria do erro*. 3ª ed. Rio de Janeiro: Gen-Forense, 2010.

ROXIN, Claus. *Derecho penal: Parte general*, t. 1. Fundamentos. La estructura de la teoria del delito. Trad. e notas Diego Manuel Luzón Pena *et al.* Madri: Civitas, 2000.

TAVARES, Juarez. *As controvérsias em torno dos crimes omissivos*. Rio de Janeiro: Instituto Latino-Americano de Cooperação Penal, 1996.

_____. *Direito penal da negligência (uma contribuição à teoria do crime culposo)*. São Paulo: RT, 1985.

_____. *Teoria do injusto penal*. 2ª ed. rev. e ampl. Belo Horizonte: Del Rey, 2002.

_____. *Teorias do delito (variações e tendências)*. São Paulo: RT, 1980.

TOLEDO, Francisco de Assis. *Princípios básicos de direito penal*. 5ª ed. 8ª reimp. São Paulo: Saraiva, 2000.

WELZEL, Hans. *Derecho penal: Parte general*. Trad. Carlos Fontán Balestra. Buenos Aires: De Palma, 1956.

_____. *O novo sistema jurídico-penal (uma introdução à doutrina da ação finalista)*. Trad. e notas Luiz Regis Prado. São Paulo: RT, 2001.

WESSELS, Johannes. *Direito penal: Parte geral*. Trad. Juarez Tavares. Porto Alegre: Fabris, 1976.

16. Direito Processual Penal

Nestor Távora e Daniela Mendonça

1. INTRODUÇÃO AO PROCESSO PENAL

1.1. Conceito

O Direito Processual Penal pode ser compreendido como o conjunto de normas jurídicas que regulam os meios e os órgãos encarregados na solução das lides penais, por meio da aplicação do direito penal objetivo ao caso concreto.

1.2. Fontes

Fonte é o lugar de onde provêm as normas que informam o processo penal. Dividem-se em fontes materiais e fontes formais.

a) Fontes materiais: são as fontes que elaboram a norma. No Direito Processual Penal, a única fonte material é a União, já que compete a ela privativamente legislar sobre processo penal. É preciso lembrar contudo, que, excepcionalmente, os estados poderão legislar sobre questões específicas de processo penal, desde que autorizados pela União por lei complementar.

b) Fontes formais: são as fontes de exteriorização da norma. Podem ser imediatas ou mediatas.

b.1) **Fonte formal imediata**: a lei, na sua acepção ampla – Constituição Federal, legislação infraconstitucional, tratados, convenções e súmula vinculante.

b.2) **Fonte formal mediata**: costumes, princípios gerais do direito, analogia, doutrina e jurisprudência.

1.3. Princípios do Processo Penal

1.3.1. Princípio da presunção de inocência ou da não culpabilidade (art. 5º, LVII, da CF)

Significa que todo acusado é presumivelmente inocente até que seja declarado culpado por sentença penal condenatória transitada em julgado.

1.3.2. Princípio da imparcialidade do juiz

O juiz há de ser desinteressado na solução do problema. Se o juiz parcial que oficia no processo não se afastar voluntariamente, as partes poderão se valer das exceções de impedimento (art. 252 do CPP) ou suspeição (art. 254 do CPP).

1.3.3. Princípio da igualdade processual (art. 5º, caput, da CF)

O princípio da igualdade, também chamado de princípio da isonomia ou paridade de armas, assegura às partes tratamento igualitário na medida de suas igualdades, e desigual na medida de suas desigualdades.

1.3.4. Princípio do contraditório e da ampla defesa (art. 5º, LV, da CF)

O princípio do contraditório garante às partes o direito fundamental de participar no convencimento do juiz, manifestando suas razões e produzindo provas, enquanto a ampla defesa revela a faculdade do acusado de opor-se à pretensão do autor no curso do processo instaurado contra ele.

Atenção

Súmula 523 do STF: "no processo penal, a falta de defesa constitui nulidade absoluta, mas a sua deficiência só o anulará se houver prova de prejuízo ao réu".

1.3.5. Princípio da ação, demanda, iniciativa das partes ou ne procedat iudex ex officio

Significa que o juiz não poderá, por impulso próprio, iniciar a ação penal sem que haja a iniciativa do legitimado: o Ministério Público nas ações penais públicas, e o ofendido nas ações penais privadas.

1.3.6. Princípio da oficialidade

Por se tratar de atividade eminentemente pública, atribui-se a órgãos oficiais a apuração do fato delituoso.

1.3.7. Princípio da oficiosidade

Em regra, a autoridade policial e o Ministério Público agem de ofício. Esse princípio só é ressalvado nos casos de ação penal privada e ação penal pública condicionada, já que nessas duas situações se exige autorização do legítimo interessado para atuação das autoridades públicas.

1.3.8. Princípio da busca da verdade

No processo penal, a tarefa principal do juiz é buscar o esclarecimento dos fatos. Por essa razão, ele não pode se conformar apenas com as provas que as partes tenham produzido. É facultado ao juiz determinar de ofício diligências que considere necessárias para elucidação dos fatos.

1.3.9. Princípio da obrigatoriedade

Nos crimes de ação penal pública incondicionada ou condicionada (quando presentes a representação do ofendido ou a requisição do Ministro da Justiça), o delegado, ao tomar conhecimento da infração penal, tem obrigação de instaurar o inquérito policial, e o membro do Ministério Público, de ingressar com a ação penal assim que presentes os subsídios imprescindíveis para o processo criminal.

Esse princípio, contudo, não é aplicado aos crimes de ação penal privada. Nesse caso, vigora o princípio da oportunidade: cabe ao ofendido ou seu representante legal definir sobre a conveniência ou não de dar início à persecução penal.

1.3.10. Princípio da indisponibilidade

Uma vez instaurado o inquérito policial ou ajuizada a ação penal, a autoridade policial não poderá promover o arquivamento do inquérito policial, nem o Ministério Público poderá desistir da ação penal ou recurso que haja interposto.

Esse princípio também não é aplicado aos crimes de ação penal privada, já que nessa hipótese o ofendido ou seu representante legal poderão desistir da ação penal proposta por meio do perdão ou da perempção.

1.3.11. Princípio do impulso oficial

Uma vez iniciado, o processo penal deve ser impulsionado pelo juiz, independentemente da vontade das partes.

1.3.12. Princípio da motivação das decisões (art. 93, IX, da CF)

O princípio da motivação das decisões garante ao juiz liberdade para valorar a prova, desde que o faça de forma motivada.

1.3.13. Princípio da publicidade (arts. 5º, LX, XXXIII, e 93, IX, da CF)

Embora os atos processuais devam ser realizados publicamente, o ordenamento jurídico prevê hipóteses de sigilo, especialmente quando a intimidade ou o interesse social o exigirem, ou ainda quando a publicidade puder resultar escândalo, inconveniente grave ou perigo de perturbação da ordem.

1.3.14. Princípio do duplo grau de jurisdição

Esse princípio permite que a decisão da instância originariamente competente seja suscetível de reforma por um grau superior de jurisdição por via de recurso.

1.3.15. Princípio do juiz natural (art. 5º, XXXVII e LIII, da CF)

Esse princípio assegura o direito de ninguém ser processado nem sentenciado senão pelo juiz competente, e impede a criação de juízo ou tribunal de exceção, evitando assim a seleção de determinado magistrado para apreciação do caso após a ocorrência do fato.

1.3.16. Princípio do promotor natural

É vedado o "acusador de exceção" nomeado para caso específico, em desacordo com os critérios legais previamente fixados.

1.3.17. Princípio do **in dubio pro reo** *ou favor rei*

Havendo dúvida razoável, o juiz deverá decidir em favor do acusado.

1.3.18. Princípio da economia processual (art. 5º, LXXVIII, da CF)

Significa que "a todos, no âmbito judicial e administrativo, são assegurados a razoável duração do processo e os meios que garantam a celeridade de sua tramitação".

1.3.19. Princípio da oralidade

O princípio da oralidade assegura a produção dos atos processuais de forma verbal, sem prejuízo de serem reduzidos a termo.

1.3.20. Princípio da autoritariedade

As pessoas encarregadas pela persecução penal estatal são autoridades públicas.

1.3.21. Princípio da identidade física do juiz (art. 399, § 2º, do CPP)

O princípio da identidade física significa que "o juiz que presidiu a instrução deverá proferir a sentença".

1.3.22. Princípio do **nemo tenetur se detegere** *(art. 5º, LXIII, da CF)*

Esse princípio consagra o direito fundamental de ninguém ser obrigado a produzir provas contra si mesmo. Como decorrência lógica desse princípio, o acusado tem o direito de permanecer em silêncio ao ser interrogado, não traduzindo esse privilégio autoincriminação.

1.3.23. Princípio do **due process of law** *ou do devido processo legal (art. 5º, LIV e LV, da CF)*

Por esse princípio, ninguém será privado da liberdade ou de seus bens sem que haja um processo prévio que assegure o contraditório e a ampla defesa, com os meios e os recursos a ela inerentes.

1.4. Lei Processual Penal no Tempo (art. 2º do CPP)

"A lei processual penal aplicar-se-á desde logo, sem prejuízo da validade dos atos realizados sob a vigência da lei anterior." O legislador adotou o princípio do *tempus regit actum*. Isso equivale a dizer que, uma vez em vigor, a lei processual penal tem aplicação imediata, atingindo inclusive os processos que já estão em curso. Os atos já praticados sob a vigência da lei anterior continuam válidos e, com o aparecimento da nova lei, os atos futuros serão regidos com base no novo diploma legal.

1.5. Lei Processual Penal no Espaço (art. 1º do CPP)

O Código de Processo Penal adotou o princípio *locus regit actum*. Portanto, aplica-se a lei processual penal brasileira às infrações penais perpetradas dentro do território nacional.

A despeito da regra da territorialidade, o art. 1º do CPP traz exceções autorizando a incidência de outros diplomas legais:

> *Art. 1º. O processo penal reger-se-á, em todo território brasileiro, por este Código, ressalvados:*
>
> *I – os tratados, as convenções e as regras de direito internacional;*
>
> *II – as prerrogativas do Presidente da República, dos Ministros de Estado, nos crimes conexos com os do Presidente da República, e dos Ministros do Supremo Tribunal Federal, nos crimes de responsabilidade (Constituição Federal, arts. 86, 89, § 2º, e 100)* – a referência foi feita à CF/1937. A Constituição vigente trata da matéria nos arts. 50, § 2º, 52, I, parágrafo único, 85, 86, § 1º, II, e 102, I, *b*;
>
> *III – os processos de competência da Justiça Militar;*
>
> *IV – os processos da competência do tribunal especial (Constituição Federal, art. 122, n. 17)* – a referência foi feita à CF/1937;
>
> *V – os processos por crime de imprensa* (inciso prejudicado em razão do STF, por meio da ADPF 130-7, ter declarado a Lei 5.250/1967, que regulava sobre crimes de imprensa, não recepcionada pela CF).

1.6. Sistemas Processuais

a) Sistema inquisitivo: reúne na mesma pessoa as funções de acusar, defender e julgar. Nesse sistema, o processo é sigiloso, escrito, não há contraditório ou ampla defesa e a confissão é a rainha das provas.

b) Sistema acusatório: foi o sistema eleito pelo Brasil. Caracteriza-se pela distribuição das funções de acusar, defender e julgar a órgãos distintos. Nesse sistema estão consagrados direitos fundamentais que asseguram o devido processo legal.

c) Sistema misto: esse sistema, que une os dois anteriores, é marcado pela divisão do processo em duas fases. Na primeira, de caráter inquisitivo, procede-se uma instrução preparatória; e na segunda, procede-se ao julgamento do réu com todas as garantias do sistema acusatório.

2. INQUÉRITO POLICIAL

2.1. Conceito e Natureza Jurídica

Inquérito policial é o conjunto de diligências realizadas pela polícia investigativa para apuração da infração penal e sua autoria, a fim de que o titular da ação penal possa ingressar em juízo.

Em relação a sua natureza jurídica, o inquérito é dotado de *natureza administrativa*, na medida em que se trata de uma fase preparatória ao processo penal, presidida pela Polícia Judiciária, órgão vinculado ao Poder Executivo.

2.2. Características

a) Discricionariedade

Significa que, no curso da investigação criminal, o delegado não está obrigado a deferir diligências requeridas pelo indiciado, pela vítima ou por seu representante legal.

Todavia, vale registrar que importante exceção a essa regra tem guarida no próprio Código de Processo Penal. Embora não haja hierarquia entre juiz, membro do Ministério Público ou autoridade policial, se as diligências forem requisitadas pelos dois primeiros (juiz ou Ministério Público), o delegado está compelido a realizar, por expressa imposição legal.

b) Procedimento escrito

As peças do inquérito policial devem ser produzidas por escrito e rubricadas pela autoridade policial. Os atos produzidos oralmente deverão ser reduzidos a termo.

c) Sigiloso

Apesar de o ordenamento jurídico prever que o sigilo do inquérito é necessário à elucidação do fato criminoso, esse sigilo não pode ser visto de forma absoluta: o caráter sigiloso do inquérito não pode ser estendido ao juiz do caso, ao membro do Ministério Público que nele atua nem ao advogado (mesmo sem procuração).

Nesse sentido, Súmula Vinculante 14: "é direito do defensor, no interesse do representado, ter acesso amplo aos elementos de prova que, já documentados em procedimento investigatório realizado por órgão com competência de polícia judiciária, digam respeito ao exercício do direito de defesa".

Observe que o Supremo Tribunal Federal só garante ao advogado o acesso aos elementos de informação que já tenham sido *formalmente incorporados* aos autos do inquérito policial, não abrangendo diligências sigilosas em curso, sob pena, evidentemente, de frustrá-las.

Mais recentemente, a Lei 13.245/016 imprimiu nova redação ao inc. XIV do art. 7° do Estatuto da OAB, assim dispondo como prerrogativa do advogado:

"examinar, em qualquer instituição responsável por conduzir investigação, mesmo sem procuração, autos de flagrante e de investigações de qualquer natureza, findos ou em andamento, ainda que conclusos à autoridade, podendo copiar peças e tomar apontamentos, em meio físico ou digital".

Percebemos que:

I – o direito de acesso não se limita ao inquérito policial, abrangendo qualquer procedimento investigativo;

II – o advogado poderá tomar apontamentos, assim como promover cópias, físicas ou digitais;

III – mais uma vez, o acesso independe de procuração. Entretanto, sendo decretado oficialmente o sigilo, o acesso continua preservado, mas a procuração será necessária (art. 7°, § 10, Lei 8.906/1994).

IV – no caso em exame, "a autoridade competente poderá delimitar o acesso do advogado aos elementos de prova relacionados a diligências em andamento e ainda não documentados nos autos, quando houver risco de comprometimento da eficiência, da eficácia ou da finalidade das diligências" (§ 11, art. 7°, Lei 8.906/1994).

V – "a inobservância aos direitos estabelecidos no inciso XIV, o fornecimento incompleto de autos ou o fornecimento de autos em que houve a retirada de peças já incluídas no caderno investigativo implicará responsabilização criminal e funcional por abuso de autoridade do responsável que impedir o acesso do advogado com o intuito de prejudicar o exercício da defesa, sem prejuízo do direito subjetivo do advogado de requerer acesso aos autos ao juiz competente" (§ 12, art. 7°, Lei 8.906/1994).

d) Oficialidade

A investigação só pode ser realizada por autoridade e agentes integrantes dos quadros públicos.

e) Oficiosidade

Ressalvados os casos de crime de ação penal pública condicionada e de ação penal privada, o inquérito policial deve ser instaurado de ofício sempre que autoridade policial tiver ciência da prática de uma infração penal.

f) Indisponibilidade

Uma vez instaurado o inquérito policial, o delegado não poderá em nenhuma hipótese promover seu arquivamento. O arquivamento só pode ser determinado pelo juiz, a requerimento do Ministério Público.

g) Inquisitivo, inquisitório ou inquisitorial

Trata-se o inquérito policial de procedimento inquisitivo, visto que não se desenvolve sob crivo do contraditório ou da ampla defesa. Como não há acusação formal, não há exercício do direito de defesa: o investigado não produz provas e a presença de advogado, nessa fase pré-processual, é puramente facultativa.

Mesmo com histórico inquisitivo, a Lei 13.245/016 inseriu o inciso XXI ao Estatuto da OAB, conferindo ao advogado a seguinte prerrogativa:

"assistir a seus clientes investigados durante a apuração de infrações, sob pena de nulidade absoluta do respectivo interrogatório ou depoimento e, subsequentemente, de todos os elementos investigatórios e probatórios dele decorrentes ou derivados, direta ou indiretamente, podendo, inclusive, no curso da respectiva apuração":

✓ apresentar razões e quesitos;

Percebe-se que a prerrogativa do advogado abrange a assistência ao suspeito ou ao indiciado. A negativa de acesso ao ato é fato gerador de nulidade absoluta, estendendo-se aos atos decorrentes do ato viciado (princípio da consequencialidade). Ademais, o advogado, no exercício das suas funções, poderá apresentar "razões" e formular "quesitos", enriquecendo a atividade defensiva.

h) Dispensabilidade

O inquérito, como peça meramente informativa, não é imprescindível para a propositura da ação penal.

2.3. Atribuição

A atribuição para presidir o inquérito policial, em regra, é conferida aos delegados de polícia de carreira. Essa atribuição é fixada, de modo geral, de acordo com o lugar onde se consumou a infração (*ratione loci*).

2.4. Prazo para Conclusão do Inquérito

HIPÓTESE	PRAZO PARA CONCLUSÃO DO INQUÉRITO POLICIAL	
	Indiciado preso	**Indiciado solto**
Regra Geral - CPP	10 dias	30 dias
Polícia Federal	15 dias (+15)	30 dias
Crimes contra a Economia Popular	10 dias	10 dias
Lei antitóxicos	30 dias (+30)	90 dias (+90)
Inquéritos militares	20 dias	40 dias (+20)

2.5. Valor Probatório

O inquérito policial tem valor probatório *relativo*. Por isso, o juiz não pode se valer exclusivamente dos elementos informativos colhidos na investigação para proferir sentença penal condenatória, ressalvadas as provas *cautelares*, *não repetíveis* e *antecipadas*.

2.6. Vícios

Como o inquérito policial é dispensável, eventuais irregularidades ocorridas nele podem gerar a ineficácia do ato, mas não atingem a ação penal e não levam à nulidade processual. Se uma prisão em flagrante for ilegal, por exemplo, ela deverá ser relaxada, mas não acarretará a nulidade do futuro processo que vier a ser instaurado.

2.7. *Notitia Criminis*

Notitia criminis (notícia do crime) é a forma como a autoridade policial toma conhecimento de uma infração penal.

Existem três espécies de *notitia criminis*:

a) *Notitia criminis* de cognição direta ou imediata: ocorre quando a autoridade policial toma conhecimento direto da infração penal por meio de suas atividades rotineiras ou por meio de comunicação informal (ex: denúncia anônima).

b) *Notitia criminis* de cognição indireta ou mediata: ocorre quando a autoridade policial toma conhecimento da infração penal através de terceiros, a exemplo do juiz, do Ministério Público, da vítima ou seu representante legal ou do Ministro da Justiça.

c) *Notitia criminis* de cognição coercitiva: ocorre quando a autoridade policial toma conhecimento da infração mediante a apresentação do infrator preso em flagrante.

2.8. *Delatio Criminis*

Qualquer pessoa do povo que tiver conhecimento da existência de infração penal em que caiba *ação pública incondicionada* poderá, verbalmente ou por escrito, comunicá-la à autoridade policial, e esta, verificada a procedência das informações, mandará instaurar o inquérito policial.

2.9. Peças Inaugurais do Inquérito Policial

(1) **Portaria**: nos crimes de ação penal pública incondicionada. A autoridade policial está compelida a instaurar o inquérito policial *ex officio* sempre que tomar conhecimento direto do fato por meio de suas atividades rotineiras, delação feita por qualquer do povo (*delatio criminis*), denúncia anônima ou qualquer outro meio de comunicação informal.

(2) **Requisição do juiz ou do Ministério Público**: nos crimes de ação penal pública incondicionada e condicionada, quando seguida da representação do ofendido ou requisição do Ministro da Justiça.

(3) **Requerimento do ofendido ou de seu representante legal**: nos crimes de ação penal privada.

(4) **Representação do ofendido ou de seu representante legal**: nos crimes de ação penal pública condicionada à representação.

(5) **Requisição do Ministro da Justiça**: nos crimes de ação penal pública condicionada à requisição.

(6) **Auto de prisão em flagrante**: qualquer espécie de infração penal. Mas, nos casos dos crimes de ação penal pública condicionada e privada, a instauração está condicionada a prévia manifestação de vontade da vítima ou de quem a legalmente represente.

2.10. Incomunicabilidade

O art. 21 do CPP permite que o juiz determine a incomunicabilidade do preso por três dias, mediante requerimento do Ministério Público ou da autoridade policial.

Parte dos doutrinadores acredita que o referido dispositivo foi revogado pelo atual texto constitucional, posto que, se na vigência do Estado de Defesa, quando são abolidas várias garantias individuais, a Constituição Federal veda a incomunicabilidade do preso (art. 136, § 3º, IV), por bom senso, em período de normalidade democrática, quando os direitos e garantias fundamentais devem ser inteiramente considerados, não há pretexto aceitável para manter a incomunicabilidade do preso.

A despeito da discussão sobre a validade desse artigo, é uníssono na doutrina que está assegurado o contato do investigado preso com seu advogado, nos termos do art. 7º, III, do Estatuto da OAB (Lei 8.906/1994).

2.11. Diligências

Ao tomar conhecimento da ocorrência de um fato delituoso, a autoridade policial deverá:

I – dirigir-se ao local, providenciando para que não se alterem o estado e conservação das coisas, até a chegada dos peritos criminais;

II – apreender os objetos que tiverem relação com o fato, após liberados pelos peritos criminais;

III – colher todas as provas que servirem para o esclarecimento do fato e suas circunstâncias;

IV – ouvir o ofendido;

V – ouvir o indiciado;

VI – proceder a reconhecimento de pessoas e coisas e a acareações;

VII – determinar, se for caso, que se proceda ao exame de corpo de delito e a quaisquer outras perícias;

VIII – ordenar a identificação do indiciado pelo processo datiloscópico, se possível, e fazer juntar aos autos sua folha de antecedentes;

IX – averiguar a vida pregressa do indiciado, sob o ponto de vista individual, familiar e social, sua condição econômica, sua atitude e estado de ânimo antes e depois do crime e durante ele, e quaisquer outros elementos que contribuírem para a apreciação do seu temperamento e caráter;

X – reprodução simulada dos fatos.

2.12. Indiciamento

É o ato por meio do qual se atribui a determinada pessoa a autoria de uma infração penal. Com essa declaração, o mero suspeito passa a ser o provável autor do fato.

2.13. Encerramento

O inquérito policial é encerrado por meio de relatório. Na peça, é vedado ao delegado esboçar qualquer juízo de valor, já que apenas o titular da ação penal detém a *opinio delicti*.

Encerradas as investigações, os autos do inquérito são remetidos ao juiz competente e, a partir daí, tudo dependerá se o crime é de ação penal pública ou privada.

2.13.1. Crimes de ação penal pública

O magistrado deve abrir vistas ao Ministério Público, que poderá:

a) oferecer a denúncia;

b) requisitar novas diligências imprescindíveis; ou

c) requerer o arquivamento do inquérito policial.

2.13.1.1. Arquivamento

Procedimento do arquivamento

O arquivamento só pode ser autorizado pelo juiz, a requerimento do Ministério Público. Se o juiz discordar do pedido de arquivamento, remeterá o inquérito ao Procurador-Geral de Justiça para deliberação. Se o Chefe do Ministério Público entender que a razão assiste ao juiz, poderá ele mesmo oferecer a denúncia ou designar outro membro do Ministério Público. O Procurador-Geral só não pode designar o mesmo promotor que pediu o arquivamento do inquérito, sob pena de violar o princípio da independência funcional. Se, por outro lado, o Procurador-Geral de Justiça entender que a razão assiste ao promotor e persista no pedido arquivamento, devolverá os autos do inquérito ou as peças de informação, impondo ao magistrado a homologação do pedido (art. 28 do CPP).

Atenção

Súmula 524 do STF: "Arquivado o inquérito policial, por despacho do juiz, a requerimento do promotor de justiça, não pode a ação ser iniciada sem novas provas."

Ação penal privada subsidiária da pública

Arquivado o inquérito policial por decisão judicial, a pedido do Ministério Público, não cabe a ação penal privada subsidiária da pública.

2.14. Termo Circunstanciado de Ocorrência

No âmbito dos Juizados Especiais Criminais, o inquérito policial foi substituído pelo termo circunstanciado de ocorrência, peça sumária desprovida de qualquer rigor formal.

3. AÇÃO PENAL

3.1. Conceito

Ação penal é o direito público subjetivo de ingressar em juízo e pleitear ao Estado-Juiz a aplicação do direito penal objetivo ao caso concreto.

3.2. Características

A ação penal é um direito:

a) Autônomo: porque não se confunde com o direito material;

b) Abstrato: porque independe do resultado final do processo;

c) Público: porque a atividade jurisdicional provocada é de natureza pública;

d) Subjetivo: porque a acusação pode exigir do Estado-Juiz a prestação jurisdicional; e

e) Instrumental: porque é o caminho adequado para a efetivação do direito material.

3.3. Condições da Ação

As condições da ação dividem-se em: genéricas e específicas.

3.3.1. Condições genéricas

a) Possibilidade jurídica do pedido;

b) Interesse de agir;

c) Legitimidade *ad causam*; e

d) Justa causa.

3.3.2. Condições específicas da ação ou condições específicas de procedibilidade

São condições exigidas apenas em determinadas ações penais para que sejam validamente exercidas. Os exemplos mais comuns em provas do Exame da Ordem são: a representação do ofendido ou do seu representante legal; a requisição do Ministro da Justiça; e o ingresso do agente em território nacional, no caso de crime praticado fora do nosso país.

3.4. Espécies de Ação Penal

As ações penais dividem-se em duas espécies: *ação penal pública* e *ação penal privada*. A primeira, promovida pelo Ministério público, pode ser *incondicionada* ou *condicionada*. A segunda, por sua vez, promovida pelo ofendido ou seu representante legal, é classificada em *exclusivas*, *personalíssimas* ou *subsidiárias da pública*.

3.4.1. Ação penal pública

3.4.1.1. Ação penal pública incondicionada

3.4.1.1.1. Conceito e titularidade

A ação penal pública incondicionada é aquela inaugurada por meio de *denúncia* para apurar infrações que afetem o interesse geral da sociedade. É de iniciativa exclusiva do Ministério Público e independe da vontade da vítima ou de quem quer que seja.

3.4.1.1.2. Princípios

a) Princípio da obrigatoriedade: sempre que preenchidos os requisitos legais mínimos, o Ministério Público está compelido a dar início à ação penal. Atualmente, esse princípio só é abrandado pelo instituto da transação penal (proposta de aplicação imediata de pena restritiva de direitos ou multa) nas infrações de menor potencial ofensivo. Essa exceção é batizada pela doutrina de princípio da obrigatoriedade regrada ou princípio da oportunidade mitigada.

b) Princípio da indisponibilidade: uma vez inaugurada a ação penal, o representante do Ministério Público não pode dela desistir. Esse princípio também sofre mitigação pela Lei 9.099/1995, ao conceder ao Ministério Público a possibilidade de propor a suspensão condicional do processo quando a infração tiver pena mínima igual ou inferior a um ano.

c) Princípio da oficialidade: atribui-se a órgão oficial (o Ministério Público) a promoção da ação penal pública.

d) Princípio da autoritariedade: o órgão encarregado da persecução penal em juízo (o Ministério Público) é autoridade pública.

e) Princípio da oficiosidade: ressalvada a ação penal pública condicionada, o Ministério Público dever atuar de ofício.

f) Princípio da divisibilidade: não está o Ministério Público obrigado a denunciar todos os indiciados ao mesmo tempo, podendo propor a ação penal contra aqueles em relação aos quais haja elementos de informação suficientes e, quanto aos demais, determinar o prosseguimento das investigações para angariar novos elementos para o oferecimento de nova denúncia ou o aditamento da primeira.

g) Princípio da intranscendência: a ação penal só pode ser ajuizada contra aquele a quem se atribui o fato delituoso.

3.4.1.2. Ação penal pública condicionada

3.4.1.2.1. Conceito e titularidade

Embora essa espécie de ação também seja inaugurada por meio de denúncia e o Ministério Público seja o titular exclusivo dessa espécie de ação, o exercício do ato depende de prévia manifestação de vontade do ofendido ou do Ministro da Justiça. Ela subdivide-se em *ação penal pública condicionada à representação do ofendido* e *ação penal pública condicionada à requisição do Ministro da Justiça*.

3.4.1.2.2. Ação penal pública condicionada à representação

a) Conceito: "representação é a manifestação de vontade do ofendido ou de quem legalmente o represente no sentido de autorizar o desencadeamento da persecução penal em juízo" (Capez, 2007, p. 123).

b) Natureza jurídica: trata-se de condição específica de procedibilidade.

c) Destinatários: a representação pode ser dirigida indistintamente ao juiz, ao Ministério Público ou à autoridade policial.

d) Forma: a representação prescinde qualquer rigor formal; pode ser apresentada de forma escrita ou oral.

e) Prazo: o prazo para o oferecimento da representação, em regra, é de 6 meses, contados do dia em que a vítima toma conhecimento de quem foi o autor da infração penal. Trata-se de um prazo decadencial, contado na forma do art. 10 do CP, isto é, incluindo-se o dia do começo e excluindo-se o dia do vencimento. Esse prazo não é passível de interrupção, suspensão ou prorrogação. Se o ofendido ou seu representante legal não exercer o direito de representação dentro desse prazo legal, opera-se a decadência e, por consequência, a extinção da punibilidade do agente.

f) Representante legal: se o ofendido for *menor de 18 anos ou mentalmente enfermo*, o direito de representação deve ser exercido por seu representante legal.

g) Sucessão processual: em caso de *morte ou ausência declarada* do ofendido por decisão judicial, o direito de representação passa ao cônjuge ou companheiro, ascendente, descendente ou irmão (ordem preferencial e taxativa).

h) Não vinculação: a representação não é sinônimo de ordem e, por essa razão, não obriga o Ministério Público oferecer denúncia.

i) Eficácia objetiva: mesmo que a vítima mencione na representação apenas parte dos envolvidos, nada impede que o Ministério Público ofereça denúncia também contra os demais.

j) Irretratabilidade: enquanto não *oferecida* a inicial acusatória, a vítima pode retratar-se da representação (abdicar da vontade de ver punido o autor do fato) e impedir o início da persecução penal. A Lei Maria da Penha, por outro lado, só admite a retratação da representação perante o juiz, em audiência especialmente designada para tal finalidade, antes do *recebimento* da denúncia e ouvido o Ministério Público.

3.4.1.2.3. Ação penal pública condicionada à requisição do Ministro da Justiça

a) Conceito: a requisição é a manifestação de vontade do Ministro da Justiça, de caráter político, no sentido de autorizar o desencadeamento da persecução penal em juízo. São poucas as hipóteses em que se exige a autorização do Ministro da Justiça para se dar início à persecução criminal, a exemplo dos crimes contra a honra cometidos contra o Presidente da República ou chefe de governo estrangeiro (art. 141, I, c/c o art. 145, parágrafo único, ambos do CP) e crimes cometidos por estrangeiros contra brasileiros fora do Brasil (art. 7º, § 3º, *b*, do CP).

b) Natureza jurídica: trata-se de condição específica de procedibilidade.

c) Destinatário: o destinatário da requisição é o Ministério Público.

d) Prazo: o Código de Processo Penal não fixou prazo decadencial para o oferecimento da requisição.

e) Não vinculação: a requisição, assim como a representação, não é sinônimo de imposição, por isso não obriga o Ministério Público oferecer a denúncia.

f) Eficácia objetiva: mesmo que o Ministro da Justiça mencione na requisição apenas parte dos envolvidos, nada impede que o Ministério Público ofereça denúncia também contra os demais.

g) Irretratabilidade: o tema sem dúvida é controverso, mas a posição que tem se destacado em provas não acolhe a retratação da requisição, por ausência de previsão legal e, por se tratar de ato político, deve ser tomada com ponderação e serenidade.

3.4.2. Ação penal privada

3.4.2.1. Conceito e titularidade

É aquela inaugurada por meio de queixa-crime em que o legislador concedeu ao próprio ofendido a legitimidade para o exercício do direito de ação penal. Nessa espécie de ação, o autor da demanda é chamado de querelante e o suposto autor do fato, de querelado.

A partir dos 18 anos, o ofendido é o titular exclusivo do direito de queixa. Se for menor de idade ou mentalmente enfermo, o direito de queixa passa para o seu representante legal. Já em caso de morte ou ausência declarada da vítima, o direito de queixa poderá ser exercido pelo cônjuge (ou companheiro), ascendente, descendente ou irmão (ordem preferencial e taxativa).

3.4.2.2. Princípios

a) Princípio da oportunidade ou conveniência: o ofendido tem a faculdade de decidir se ingressa ou não com a ação penal. Se a vítima optar por não propor a ação penal, basta deixar correr o prazo decadencial sem oferecer a queixa-crime ou renunciar a seu direito de queixa.

a.1) **Decadência**: a vítima ou seu representante legal dispõem de 6 meses para exercer o direito de queixa, contados a partir do dia que souber quem é o autor da infração. Sendo um prazo decadencial, não está sujeito a suspensão, interrupção ou prorrogação e é computado nos termos do art. 10 do CP, ou seja, incluindo-se o dia do começo e excluindo-se o dia final. Se o ofendido não oferecer a queixa-crime dentro desse lapso prazal, opera-se a decadência, desaguando por consequência na extinção da punibilidade do infrator.

a.2) **Renúncia**: ocorre quando a vítima revela o desejo de *não exercer* o seu direito de queixa.

✓ A renúncia pode ser *expressa* ou *tácita*.

✓ O direito de queixa só pode ser renunciado *antes* do ajuizamento da ação.

✓ Trata-se de *ato unilateral*, pois independe de aceitação do suposto autor do fato.

✓ A renúncia ao direito de queixa em relação a um dos infratores, a todos se estenderá.

✓ A renúncia não importa em desistência do direito de indenização dos danos causados pelo crime, salvo nas infrações de menor potencial ofensivo.

✓ A renúncia qualifica-se como causa de extintiva da punibilidade.

b) Princípio da disponibilidade: significa que o querelante poderá desistir de ação penal que haja proposto. Para tanto, foram conferidos ao querelante dois caminhos para desistir: o perdão ou a perempção.

b.1) **Perdão**: ocorre quando a vítima revela o desejo de *não mais prosseguir* com a ação penal.

✓ O perdão pode ser *expresso* ou *tácito*.

✓ Diferentemente da renúncia, o perdão é ato *bilateral* e, portanto, depende de aceitação do querelado.

✓ O perdão pode ser concedido dentro dos autos (*processual*) ou fora dele (*extraprocessual*).

✓ A aceitação do perdão fora do processo constará de declaração assinada pelo querelado, por seu representante legal ou procurador com poderes especiais.

✓ Concedido mediante declaração expressa nos autos, o querelado será intimado a dizer, dentro de três dias, se o aceita, devendo ao mesmo tempo ser cientificado de que seu silêncio importará em acatamento.

✓ O perdão concedido a um dos querelados aproveitará a todos. Mas, caso um deles não aceite, o processo prosseguirá em relação àquele que recusou.

✓ O perdão pode ser concedido a qualquer tempo *depois* de iniciada a ação penal até o *trânsito em julgado da sentença penal condenatória*.

✓ Assim como a renúncia, o perdão viabiliza a extinção da punibilidade.

b.2) **Perempção**: é a perda do direito de prosseguir na ação penal privada em decorrência da inércia do querelante, e também constitui uma causa extintiva da punibilidade. Considera-se perempta a ação:

I – quando, iniciada esta, o querelante deixar de promover o andamento do processo durante 30 dias seguidos;

II – quando, falecendo o querelante, ou sobrevindo sua incapacidade, não comparecer em juízo, para prosseguir no processo, dentro do prazo de 60 dias, o cônjuge (ou companheiro), ascendente, descendente ou irmão – Cadi.

III – quando o querelante deixar de comparecer, sem motivo justificado, a qualquer ato do processo a que deva estar presente, ou deixar de formular o pedido de condenação nas alegações finais;

IV – quando, sendo o querelante pessoa jurídica, esta se extinguir sem deixar sucessor.

c) Princípio da indivisibilidade: "a queixa contra qualquer dos autores do crime obrigará ao processo de todos". O ofendido não pode escolher quem vai processar: ou ele processa todos ou não processa ninguém; e o Ministério Público, como *custos legis*, velará pela indivisibilidade.

d) Princípio da intranscendência: a ação penal só pode ser ajuizada contra aquele a quem se atribui o fato delituoso.

3.4.2.3. *Espécies de ação penal privada*

a) Ação penal exclusivamente privada ou propriamente dita

Essa espécie de ação penal privada constitui a regra do nosso ordenamento jurídico. Pode ser ajuizada pela vítima, se maior de idade; por seu representante legal, se o ofendido for menor de 18 anos ou mentalmente enfermo; e no caso de morte ou declaração de ausência da vítima por decisão judicial, pelo cônjuge, ascendente, descendente ou irmão.

b) Ação penal privada personalíssima

Nessa espécie de ação, a titularidade é atribuída exclusivamente ao ofendido; somente ele poderá exercer o direito de ação. O exercício dessa ação fica vedado até mesmo para o representante legal ou os sucessores.

Há apenas um caso de ação penal privada personalíssima no nosso ordenamento jurídico: o crime de induzimento a erro essencial e ocultação de impedimento ao casamento (art. 236 do CP).

c) Ação penal privada subsidiária da pública

Prevista no art. 5º, LIX, da CF, tem cabimento diante da inércia do Ministério Público que deixa de promover a ação penal pública dentro do prazo legal.

Observe que essa espécie de ação só tem espaço diante da desídia do órgão ministerial; essa espécie de ação jamais terá espaço diante de um pedido de diligências ou arquivamento do inquérito policial.

Caberá ao *parquet*, na ação penal privada subsidiária da pública:

✓ aditar a queixa-subsidiária, repudiá-la ou oferecer denúncia substitutiva;

✓ intervir em todos os termos do processo;

✓ fornecer elementos de prova;

✓ interpor recurso; e

✓ a todo tempo, no caso de negligência do querelante, retomar a ação penal como parte principal.

3.5. Ação Penal nos Crimes Contra a Honra Praticados por Funcionários Públicos no Exercício da Função

Súmula 714 do STF: nos crimes contra a honra praticados contra funcionário público no exercício da função (*propter officium*), admite-se a *legitimidade concorrente*, tanto do ofendido para promover a ação penal privada quanto do Ministério Público para oferecimento da ação penal pública condicionada à representação.

3.6. Ação Penal nos Crimes Contra a Dignidade Sexual

Nos termos do atual art. 225 do CP, os delitos sexuais são apurados: em regra, mediante ação penal pública condicionada à representação, mas tornam-se secundariamente crimes de ação penal pública incondicionada quando: (1) a vítima for menor de 18 anos; ou (2) estiver em situação de vulnerabilidade. São vulneráveis as vítimas menores de 14 anos; as que, por enfermidade ou deficiência mental, não têm o necessário discernimento para a prática do ato; e as que, por qualquer outra causa, não possam oferecer resistência.

3.7. Peça Acusatória

3.7.1. *Requisitos*

A denúncia ou queixa deverá conter (art. 41 do CPP):

a) a exposição do fato criminoso, com todas as suas circunstâncias;

b) a qualificação do acusado ou esclarecimentos pelos quais se possa identificá-lo;

c) a classificação do crime; e

d) quando necessário, o rol das testemunhas.

3.7.2. *Prazos para oferecimento da denúncia*

Em regra, o prazo para oferecimento da denúncia, estando o réu preso, será de 5 dias, contados da data em que o órgão do Ministério Público receber os autos do inquérito policial, e de 15 dias, se o réu estiver solto ou afiançado.

3.7.3. *Prazos para oferecimento da queixa*

Em regra, a queixa-crime deve ser ajuizada no prazo de 6 meses, contados do dia em que o ofendido vier a saber quem é o autor do crime. Por se tratar de prazo decadencial, não é passível de interrupção, prorrogação ou suspensão e é computado na forma do art. 10 do CP, ou seja, incluindo-se o dia do começo e excluindo-se o dia final. A perda do prazo para o oferecimento da queixa, como se sabe, ocasiona a extinção da punibilidade.

3.4. Aditamento da Queixa

"A queixa, ainda quando a ação penal for privativa do ofendido, poderá ser aditada pelo Ministério Público, na condição de *custos legis*, a quem caberá intervir em todos os termos subsequentes do processo." "O prazo para aditamento da queixa é de 3 dias, contado da data em que o órgão ministerial receber os autos, e, se este não se pronunciar dentro do tríduo, entender-se-á que não tem o que aditar" (art. 45, *caput*, e 46, § 2º, do CPP).

4. AÇÃO CIVIL *EX DELICTO*

4.1. Considerações Preambulares

Conforme disposição expressa do Código Civil, "aquele que, por ação ou omissão voluntária, negligência ou imprudência, violar direito e causar dano a outrem, ainda que exclusivamente moral, comete ato ilícito" (art. 186) e, por consequência, fica obrigado a reparar os prejuízos causados. Partindo da premissa de que a infração penal caracteriza-se como ato ilícito, toda e qualquer condenação torna certa a obrigação do réu de reparar o dano gerado pela infração penal.

4.2. Sentença Condenatória *vs* Obrigação de Indenizar

Uma vez condenado definitivamente, o acusado depara-se com a obrigação de reparar o dano provocado pela infração penal. Na sentença penal condenatória, o juiz fixará valor mínimo para reparação dos danos causados pela infração, sem prejuízo da liquidação da sentença para a apuração do dano efetivamente sofrido.

Como a sentença penal condenatória transitada em julgado funciona como título executivo judicial na esfera civil, o ofendido dispõe aqui de duas opções: (1) promover a execução da sentença penal no juízo civil para pagamento do valor arbitrado pelo juiz criminal; ou (2) abdicar do valor mínimo arbitrado pelo juiz criminal e proceder à liquidação da sentença condenatória no juízo civil para apuração do dano efetivamente sofrido.

O ofendido, todavia, não está obrigado a esperar o deslinde penal para só então levá-la à execução no juízo civil. A responsabilidade civil independe da criminal e, por essa razão, nada impede que a vítima ajuíze desde logo ação ordinária de indenização de danos contra o autor do crime ou seu responsável civil.

Poderão promover a execução da sentença condenatória no juízo cível, para o efeito da reparação do dano, o ofendido, seu representante legal ou seus herdeiros. Quando o titular do direito à reparação do dano, contudo, for *pobre*, a execução da sentença condenatória ou a ação civil ficarão a encargo do Ministério Público.

4.3. Sentença Absolutória *vs* Obrigação de Indenizar

O sistema abraçado pelo Brasil reconhece a independência entre as esferas cíveis e criminais. Por isso, a sentença absolutória, em regra, não vincula o juízo civil. Essa modalidade de sentença só torna inviável a ação civil *ex delicto*, basicamente, em duas situações (arts. 65 e 66 do CPP):

a) quando reconhecida, categoricamente, a *inexistência material do fato* ou provado de que *o réu não concorreu para a infração penal*;

b) quando o ato tiver sido praticado em *legitima defesa, estado de necessidade, estrito cumprimento de dever legal ou no exercício regular de direito.*

Não impedirão a propositura da ação civil:

✓ O despacho de arquivamento do inquérito ou das peças de informação;

✓ A decisão que julgar extinta a punibilidade;

✓ A sentença absolutória que decidir que o fato imputado não constitui crime.

4.4. Prescrição

O prazo prescricional para a ação civil *ex delicto* (executória ou cognitiva) é de 3 anos, e não será computado enquanto não transitar em julgado a sentença penal condenatória.

5. JURISDIÇÃO E COMPETÊNCIA

5.1. Jurisdição

5.1.1. Conceito

Jurisdição é o poder-dever conferido ao Estado-Juiz de aplicar o direito ao caso concreto para solução pacífica dos conflitos que surgem na vida em sociedade.

5.1.2. Características

a) Substitutividade: incumbe ao Estado, na substituição das partes, compor litígios e resolver conflitos. O exercício da autotutela, exceto nas hipóteses legalmente admitidas (prisão em flagrante, legítima defesa e estado de necessidade), tornou-se ilícito penal.

b) Inércia: significa que o órgão julgador depende da provocação das partes para a prestação da tutela jurisdicional.

c) Imutabilidade: após o trânsito em julgado, os atos jurisdicionais não podem ser revistos nem alterados. Essa imutabilidade só é ressalvada no processo penal pela revisão criminal *pro reo*, ou pelo *habeas corpus* para arguição de defeito processual que ocasione nulidade absoluta.

d) Alvo de atuação do direito: a atividade jurisdicional tem por escopo justapor o direito ao caso concreto, restaurando a convivência social.

e) Lide: na concepção clássica de Carnelutti, corresponde ao conflito de interesses qualificado pela pretensão resistida (Carnelutti, 2000, p. 93). Observe, contudo, que no processo penal a lide nem sempre se fará presente. A situação litigiosa é interrompida, por exemplo, com um pedido de absolvição formulado pela acusação.

5.1.3. Princípios

a) Investidura: a jurisdição só pode ser desempenhada por quem está devidamente investido na função de magistrado.

b) Indeclinabilidade: o juiz não pode abnegar-se da atribuição de julgar os fatos que lhe forem apresentados.

c) Indelegabilidade: é vedado ao magistrado transferir sua jurisdição a qualquer outro órgão, mesmo que do Poder Judiciário.

d) Inevitabilidade ou irrecusabilidade: a prestação jurisdicional impõe-se independentemente da vontade das partes.

e) Inafastabilidade: previsto no art. 5º, XXXV, da CF significa que nenhuma ameaça ou lesão a direito escapa da apreciação do Poder Judiciário.

f) Juiz natural: consagrado no art. 5º, XXXVII e LIII, esse princípio constitucional emprega dupla finalidade: (1) ninguém ser processado ou julgado por órgão jurisdicional instituído *post factum*; e (2) a impossibilidade de alteração discricionária das competências, sempre estabelecidas por lei de forma abstrata e predeterminadas.

g) Correlação: o fato imputado ao réu na peça acusatória deve guardar inteira correspondência com a responsabilidade penal reconhecida na sentença. O juiz, portanto, não pode julgar *cintra*, *extra* ou *ultra petita*, desvinculando-se do exatos termos da inicial acusatória.

5.2. Competência

5.2.1. Conceito e espécies

Nenhum juiz é dotado de jurisdição absoluta, isso porque o poder jurisdicional só pode ser exercido dentro do âmbito de atuação do magistrado que estiver encarregado de apreciação daquela determinada relação jurídica processual. A partir daí, nasce a noção de competência. Entende-se por competência a delimitação da jurisdição.

A competência, em matéria criminal, é fixada levando-se em consideração, essencialmente, três critérios:

a) Critério em razão da matéria (*ratione materiae*);

b) Critério em razão da pessoa (*ratione personae*); e

c) Critério em razão do lugar (*ratione loci*).

5.2.1.1. Ratione materiae

Fixa a competência levando em consideração a natureza da infração. Esse critério nos revela qual jurisdição está afeta à questão material: se é a jurisdição comum (estadual ou federal) ou a jurisdição especial (militar ou eleitoral).

a) Justiça comum estadual

Trata-se de competência residual e, por isso mesmo, determinada por exclusão. Assim, compete a justiça comum estadual as causas que não forem da alçada da justiça comum federal nem especial.

b) Justiça comum federal

A competência da justiça federal está expressamente definida nos arts. 108 e 109 da CF. As causas afetas aos Tribunais Regionais Federais (art. 108) não ficarão alocadas nesse tópico porque é irrelevante a matéria discutida para sua identificação, de modo que, neste momento, ficaremos restringidos à competência da justiça federal de primeiro grau (art. 109).

Compete aos juízes federais processar e julgar:

b.1) *os crimes políticos*;

b.2) *as infrações penais praticadas em detrimento de bens, serviços ou interesse da União ou de suas entidades autárquicas ou empresas públicas, excluídas as contravenções e ressalvada a competência da Justiça Militar e da Justiça Eleitoral*;

b.3) *os crimes previstos em tratado ou convenção internacional, quando, iniciada a execução no país, o resultado tenha ou devesse ter ocorrido no estrangeiro, ou reciprocamente*;

b.4) *as causas relativas a direitos humanos a que se refere o § 5º deste artigo*;

b.5) *os crimes contra a organização do trabalho e, nos casos determinados por lei, contra o sistema financeiro e a ordem econômico-financeira*;

b.6) os habeas corpus, *em matéria criminal de sua competência ou quando o constrangimento provier de autoridade cujos atos não estejam diretamente sujeitos a outra jurisdição*;

b.7) *os crimes cometidos a bordo de navios ou aeronaves, ressalvada a competência da Justiça Militar*;

b.8) *os crimes de ingresso ou permanência irregular de estrangeiro*;

b.9) *a disputa sobre direitos indígenas*.

c) Justiça especializada militar

Compete à justiça especializada militar processar e julgar crimes militares estatuídos nos arts. 9º e 10 do Código Penal Militar. Exceção a esse regramento subsiste nos *crimes dolosos contra a vida de civis*, que, mesmo praticados por militares, permanecem na alçada da justiça comum no tribunal do júri.

d) Justiça especializada eleitoral

Concentrada fundamentalmente na Carta Política, nos arts. 118 a 121, dedica-se ao processo e julgamento de crimes eleitorais. A maior parte dos tipos penais eleitorais está tipificada no Código Eleitoral (Lei 4.737/1965), mas leis extravagantes também disciplinam a matéria, a exemplo das Leis 6.091/1974, 6.996/1982, 7.021/1982, 9.504/1997 e LC 64/1990.

5.2.1.2. Ratione personae

Fixa a competência levando em consideração a relevância da função desempenhada por determinadas autoridades. Pessoas que exercem cargos de elevada importância no Estado gozam de foro por prerrogativa de função (também chamado de foro especial) e, por isso, não são julgadas por órgãos comuns, mas por órgãos superiores, de instância mais elevada.

Em relação ao foro por prerrogativa de função por crimes comuns, a competência originária dos principais Tribunais do país está assim distribuída nas normas constitucionais:

Supremo Tribunal Federal:

✓ Presidente;

✓ Vice-Presidente;

✓ Ministros de Estado;

✓ Membros do Congresso Nacional: deputados federais, senadores;

✓ Membros dos Tribunais Superiores: STF, STJ, TST, TSE, STM;

✓ Procurador-Geral da República;

✓ Comandantes das Forças Armadas;

✓ Membros do Tribunal de Contas da União;

✓ Chefes de missão diplomática permanente.

✓ Advogado-Geral da União;

✓ Presidente do Banco Central;

✓ Controlador-Geral da União;

✓ Chefe da Casa Civil;

Superior Tribunal de Justiça:

✓ Governadores;

✓ Membros dos TJ, TRF, TRE, e TRT;

✓ Membros dos Tribunais de Contas dos estados, Distrito Federal e municípios;

✓ Membros do Ministério Público da União que atuam perante Tribunais.

Tribunal de Justiça:

✓ Prefeitos;

✓ Juízes de Direito, ressalvados apenas os crimes eleitorais, caso em que o julgamento caberá ao Tribunal Regional Eleitoral.

✓ Membros do Ministério Público Estadual, ressalvados apenas os crimes eleitorais, caso em que o julgamento caberá ao Tribunal Regional Eleitoral;

✓ Deputados estaduais.

Tribunal Regional Federal:

✓ Prefeitos (súmula 702 do STF);

✓ Deputados estaduais (súmula 702 do STF);

✓ Juízes Federais, Juízes do Trabalho, Juízes Militares da União, ressalvados apenas os crimes eleitorais, caso em que o julgamento caberá ao Tribunal Regional Eleitoral;

✓ Membros do MP da União que atuam em 1º grau, ressalvados apenas os crimes eleitorais, caso em que o julgamento caberá ao Tribunal Regional Eleitoral.

Atenção

Seja qual for o local em que as autoridades com privilégio no Tribunal de Justiça ou no Tribunal Regional Federal tenham cometido o crime, o órgão jurisdicional competente para julgá-los será sempre o Tribunal do lugar onde exercem suas atividades.

5.2.1.2.1. Prerrogativa funcional dos prefeitos

"A competência do Tribunal de Justiça para julgar prefeitos restringe-se aos crimes de competência da justiça comum estadual; nos demais casos, a competência originária caberá ao respectivo tribunal de segundo grau" (Súmula 702 do STF). Assim, se os prefeitos municipais praticarem crimes da órbita da justiça estadual, estão sujeitos ao julgamento no Tribunal de Justiça; mas na hipótese de crime federal o prefeito será julgado perante o Tribunal Regional Federal; e, tratando-se de crime eleitoral, o processo ficará afeto ao Tribunal Eleitoral da respectiva região. O Supremo já teve até oportunidade de esclarecer que a Súmula 702 é aplicável, por simetria, aos deputados estaduais.

5.2.1.2.2. Prerrogativa de função e manutenção do cargo ou mandato

A **atual posição do Supremo Tribunal Federal** é no sentido de que, encerrado o cargo ou mandato, não há mais falar em foro por prerrogativa de função.

5.2.1.2.3. Prerrogativa X tribunal do júri

Em matéria de competência criminal, o entendimento jurisprudencial dos Tribunais Superiores é no sentido de que o foro por prerrogativa de função, quando estabelecido na Constituição Federal, prevalece mesmo diante da competência do Tribunal do Júri. Por outro lado, se estabelecida essa imunidade processual exclusivamente na Constituição estadual, o autor do crime doloso contra a vida deve ser processado no tribunal do júri, já que nenhuma norma inferior é capaz de limitar ou sobrepor a Lei Maior (Súmula 721 do STF).

5.2.1.3. Ratione loci

Fixa a competência levando em consideração o lugar da infração ou o domicílio ou residência do réu. Existem três teorias a respeito do local do crime:

a) Teoria do resultado: por essa teoria, a competência é fixada pelo lugar em se consumar a infração. Essa foi a teoria adotada pelo Código de Processo Penal (art. 70).

b) Teoria da atividade: a competência, aqui, é determinada pelo lugar em que foi praticada a ação ou omissão. Essa teoria é adotada excepcionalmente nos casos de *tentativa*, nos *atos infracionais*, nas *infrações de menor potencial ofensivo* e, para o STJ, nos crimes de *homicídio* pela facilidade proporcionada na colheita probatória.

c) Teoria da ubiquidade / mista / eclética: a competência, nesse caso, é estabelecida tanto pelo lugar da ação ou omissão quanto pelo lugar em que se produziu ou deveria produzir o resultado. Essa teoria só é aplicada nos *crimes a distância*, em que os atos executórios são iniciados em determinado país mas o resultado só é alcançado em outro.

5.2.1.3.1. Foro subsidiário ou supletivo

"Não sendo conhecido o lugar da infração, a competência regular-se-á pelo domicílio ou residência do réu" (art. 72 do CPP).

A despeito dessa regra, o legislador trouxe um *foro de eleição* para o Código de Processo Penal: nas ações penais privadas exclusivas ou personalíssimas, "o querelante poderá preferir o foro de domicílio ou da residência do réu, ainda quando conhecido o lugar da infração" (art. 73 do CPP).

5.2.1.3.2. Crimes praticados a bordo de navios ou aeronaves

Viagens nacionais: se a viagem se iniciar e se encerrar dentro do território nacional, o juízo competente será o local onde primeiro a aeronave pousar ou o navio atracar após o fato delituoso.

Viagens internacionais: se a viagem se iniciar no Brasil e terminar em solo estrangeiro, o juízo competente será o do local de partida. Se a viagem, entretanto, se iniciar no estrangeiro e se encerrar no território brasileiro, o foro competente será o do local de chegada.

5.2.1.3.3. Crimes praticados no exterior

Quando os crimes cometidos no exterior ficam sujeitos à lei penal brasileira, o juízo competente será o da Capital do estado onde houver por último houver residido o acusado e, no caso deste nunca ter residido no Brasil, ficará sujeito a jurisdição da Capital da República.

5.2.3. Prevenção

Fixa-se "a competência por prevenção toda vez que, concorrendo dois ou mais juízes igualmente competentes ou com jurisdição cumulativa, um deles tiver antecedido aos outros na prática de algum ato do processo ou de medida a este relativa, ainda que anterior ao oferecimento da denúncia ou da queixa" (art. 83 do CPP).

A competência será fixada pela prevenção:

a) quando incerto o limite territorial entre duas ou mais comarcas e a infração for praticada na divisa entre elas;

b) quando, tratando-se de crime continuado ou permanente, for praticado no território de duas ou mais jurisdição;

c) quando o réu tiver mais de uma residência ou não tiver residência e for ignorado o seu paradeiro.

d) quando, havendo conexão entre duas ou mais infrações, não se alcançar a solução pelas regras contidas no art. 78, II, *a* e *b*.

5.2.4. Competência absoluta x competência relativa

Competência absoluta	Competência relativa
A distribuição da competência é gerida preponderantemente pelo *interesse público*.	A distribuição da competência sobreleva-se pelo *interesse das partes*.
A competência absoluta é *improrrogável* e não pode ser modificada pelas partes, sob pena de *nulidade absoluta*.	A competência relativa é *prorrogável*. No máximo, se alegada no momento oportuno e comprovado o prejuízo, pode gerar *nulidade relativa*.

A incompetência absoluta pode ser declarada de ofício.	Nos termos da Súmula 33 do STJ, a "incompetência relativa não pode ser declarada de ofício". "Cabe à defesa opor a respectiva exceção, no prazo legal, sob pena de preclusão, prorrogando-se a competência firmada" (STJ, HC 31032/DF).
Adéqua-se ao caráter absoluto as competências em razão da matéria e em razão da pessoa.	Ajusta-se ao caráter relativo as competências em razão do lugar, por distribuição e prevenção.

5.2.5. Conexão e continência

Instituídas nos art. 76 e 77 do CPP, a conexão e a continência permitem a atração perante um mesmo órgão jurisdicional de infrações ou infratores que poderiam ser julgados separadamente.

5.2.5.1. Conexão

Conexão é nexo estabelecido entre duas ou mais infrações, indicando a reunião delas no mesmo processo, a fim de que sejam julgadas perante um único órgão jurisdicional.

A conexão pode ser:

a) **Intersubjetiva**: ocorre quando duas ou mais infrações conexas são praticadas por duas ou mais pessoas. A conexão intersubjetiva pode ser por:

a.1) **Simultaneidade**: ocorre quando duas ou mais infrações são praticadas ao mesmo tempo, por várias pessoas reunidas, sem identidade de propósitos. Exemplo: torcedores que, sem prévio ajuste, destroem estádio de futebol.

a.2) **Concursal ou por concurso** ocorre quando duas ou mais infrações são praticadas por várias pessoas em concurso (portanto, previamente ajustadas), embora diversos o tempo e o lugar. Exemplo: uma grande quadrilha se organiza para a prática de infrações em comarcas distintas e, no final, reparte o lucro.

a.3) **Reciprocidade**: ocorre quando duas ou mais infrações são praticadas por várias pessoas umas contra as outras. Exemplo: lesões corporais recíprocas envolvendo indivíduos rivais.

b) **Objetiva, material ou lógica**: ocorre quando um infração é praticada para facilitar ou ocultar outra ou para garantir impunidade ou vantagem. Exemplo: o agente mata o segurança para *facilitar* o sequestro do empresário.

c) **Instrumental ou probatória**: ocorre quando a prova de uma infração interfere na prova de outra infração. O exemplo mais comum envolve crime de furto e receptação – a prova do crime de furto implicando categoricamente na responsabilização do agente receptador.

5.2.5.2. Continência

Continência é o nexo que liga vários infratores a uma única infração ou que une várias infrações provenientes de uma única conduta, acarretando a reunião delas no mesmo processo, para serem apreciadas perante um único órgão jurisdicional.

A continência pode ser por:

a) **Cumulação subjetiva**: ocorre quando duas ou mais pessoas concorrem para a prática da mesma infração penal. Exemplo: crime de roubo perpetrado por vários agentes, com unidade de propósitos.

b) **Cumulação objetiva**: ocorre quando a prática de uma única conduta é capaz de provocar a realização de duas ou mais infrações. Trata-se de hipótese de continência, perante o concurso formal de crimes. Exemplo: o agente, por erro na execução, atinge a pessoa visada e outra não desejada (*aberratio ictus*).

6. INCIDENTES PROCESSUAIS

6.1. Introdução

Incidentes processuais são questões ou procedimentos secundários que devem ser resolvidos antes da solução da causa principal. Dividem-se em *questões prejudiciais* e *procedimentos incidentes*.

As questões prejudiciais são aquelas ligadas ao direito material que exigem solução antes do julgamento do mérito do processo criminal. Elas interferem apenas na *tipicidade* da conduta para a existência da infração. Já os procedimentos incidentes são aqueles que tramitam ao lado do processo principal, que exigem solução pelo próprio juiz criminal antes da apreciação do mérito da causa. Os procedimentos incidentes previstos no Código de Processo Penal são:

a) Exceções;

b) Incompatibilidades e impedimentos;

c) Conflitos de jurisdição;

d) Restituição de coisa apreendida;

e) Medidas assecuratórias;

f) Incidente de falsidade; e

g) Incidente de insanidade mental.

6.2. Questões Prejudiciais

6.2.1. Prejudiciais homogêneas e heterogêneas

As questões prejudiciais homogêneas são aquelas que pertencem ao mesmo ramo do direito da questão principal e, portanto, devem ser resolvidas no próprio juízo criminal. Exemplo: se no curso da ação penal privada por crime de calúnia for oposta a exceção da verdade pelo querelado, antes de proferir a sentença o juiz deverá analisar a procedência ou não da exceção, já que, a depender do resultado, a conduta será considerada típica ou atípica pelo magistrado.

Já as questões prejudiciais heterogêneas dizem respeito a ramos diversos do direito, devendo ser julgadas em esferas distintas. Exemplo: se, processado por crime de bigamia, o acusado alegar a nulidade do primeiro matrimônio, impõe-se a suspensão do processo da esfera criminal até a decisão definitiva no juízo civil acerca da legalidade do primeiro casamento.

6.2.2. Prejudiciais obrigatórias e facultativas

As questões prejudiciais obrigatórias são aquelas que impõem necessariamente a suspensão do processo-crime, pois devem ser decididas antes do pronunciamento do juiz criminal quanto ao mérito da causa. As questões prejudiciais facultativas, por outro lado, permitem que o juízo criminal pondere acerca da suspensão ou não do feito, enquanto aguarda solução da questão na outra esfera judicial.

6.2.2.1. *Prejudiciais obrigatórias*

✓ Reguladas no art. 92 do CPP, as questões prejudiciais obrigatórias tratam do *estado civil* das pessoas, tais como matrimônio, filiação e idade.

✓ São consideradas questões prejudiciais *absolutas* porque obrigam a suspensão do processo criminal até que o juízo do ramo diverso resolva definitivamente a questão.

✓ A suspensão torna-se obrigatória, ainda que não haja demanda instaurada na esfera competente. Se o acusado retardar o ajuizamento ou o andamento da demanda para solução da questão, tratando-se de ação penal pública, "o Ministério Público, quando necessário, promoverá a ação civil ou prosseguirá na que tiver sido iniciada, com a citação dos interessados" (art. 92, parágrafo único, do CPP).

✓ A decisão que determina a suspensão do processo é impugnável por recurso em sentido estrito, mas o indeferimento do pedido de suspensão não desafia nenhum recurso.

6.2.2.2. *Prejudiciais facultativas*

✓ Aventadas no art. 93 do CPP, as questões prejudiciais facultativas são aquelas atinentes à matéria diversa do estado civil das pessoas, tais como posse, propriedade, tributo ou relação trabalhista.

✓ São consideradas questões prejudiciais *relativas*, porque a suspensão do processo criminal não é obrigatória, ficando dentro do sensato critério do juiz suspendê-lo ou não.

✓ Tratando-se de crime de ação pública e suspenso o processo, incumbirá ao Ministério Público intervir imediatamente na causa cível, para o fim de promover-lhe o rápido andamento.

✓ A decisão que determina a suspensão do processo desafia recurso em sentido estrito, mas a que denega torna-se irrecorrível.

6.3. Procedimentos Incidentes

6.3.1. *Exceções*

São *defesas indiretas* apresentadas por qualquer das partes e resolvidas no próprio juízo criminal, com o escopo de procrastinar o trâmite processual ou pôr fim no processo, porque processualmente impossível o prosseguimento da ação. Aquele que promove a exceção é tecnicamente chamado de *excipiente* e contra quem se argui é denominado *excepto*.

As exceções podem ser classificadas como *dilatórias* ou *peremptórias*: as primeiras postergam a decisão do mérito da causa até que seja resolvida uma questão processual, enquanto as segundas extinguem, pondo termo ao processo definitivamente.

De acordo com art. 95 do CPP podem ser opostas as seguintes exceções:

a) suspeição;
b) incompetência de juízo;
c) ilegitimidade de parte;
d) coisa julgada; e
e) litispendência;

6.3.1.1. *Exceção de suspeição*

Trata-se de defesa indireta, de natureza dilatória, arguida pela parte interessada contra a *parcialidade* do julgador, quando há um vínculo entre ele e uma das partes do feito ou entre ele e o assunto discutido no processo.

As causas de suspeição estão elencadas no art. 254 do CPP.

Art. 254. O juiz dar-se-á por suspeito e, se não o fizer, poderá ser recusado por qualquer das partes:

I – se for amigo íntimo ou inimigo capital de qualquer deles;

II – se ele, seu cônjuge, ascendente ou descendente estiver respondendo a processo por fato análogo, sobre cujo caráter criminoso haja controvérsia;

III – se ele, seu cônjuge, ou parente, consanguíneo, ou afim, até o terceiro grau, inclusive, sustentar demanda ou responder a processo que tenha de ser julgado por qualquer das partes;

IV – se tiver aconselhado qualquer das partes;

V – se for credor ou devedor, tutor ou curador, de qualquer das partes;

VI – se for sócio, acionista ou administrador de sociedade interessada no processo.

"A arguição de suspeição precederá a qualquer outra, salvo quando fundada em motivo superveniente" (art. 96 do CPP).

Interposta a petição:

a) se o juiz reconhecer a suspeição, ordenará a remessa dos autos a seu substituto legal.

b) se o juiz não aceitar a suspeição, mandará autuar em apartado a petição, dará sua resposta dentro de 3 dias e em seguida determinará que sejam os autos da exceção remetidos dentro de 24 horas ao tribunal a que competir o julgamento para dirimir a controvérsia.

Se o tribunal julgar procedente a exceção, os autos serão encaminhados ao substituto legal e serão declarados nulos os atos do processo principal.

Admite-se a oposição de exceção de suspeição, não somente contra magistrados de qualquer instância, mas também perante membros do Ministério Público, jurados e auxiliares da justiça em geral. Se a exceção tiver por objeto membro do Ministério Público, o juiz decidirá depois de ouvi-lo. Se a exceção recair sobre peritos, intérpretes e servidores do Poder Judiciário, o juiz deve decidir de plano.

Quanto à autoridade policial, embora ela não esteja sujeita a oposição de suspeição nos atos do inquérito, por força do art. 107 do CPP, deverá declarar-se suspeita, quando ocorrer motivo legal.

6.3.1.2. *Exceção de incompetência*

Também conhecida como *declinatoria fori*, a exceção de incompetência é defesa indireta, de natureza dilatória, movida sempre que houver afronta a uma norma determinadora da fixação da competência.

A exceção deve ser apresentada junto ao juiz da causa e autuada em apartado. Após ouvir a parte *ex adversa*, o juiz decidirá.

Se a exceção for julgada procedente, haverá remessa dos autos ao juiz competente e a anulação de todos os atos do processo. Tratando-se de incompetência relativa, os atos decisórios são anulados, mas os atos instrutórios serão aproveitados.

Atenção

Se a incompetência relativa (no processo penal, apenas a incompetência territorial é relativa), não for arguida no prazo de defesa, haverá preclusão. Todavia, pode ser reconhecida de ofício pelo juiz, em que pese o entendimento do STJ em sentido contrário (Súmula 33 do STJ).

6.3.1.3. Exceção de ilegitimidade

Trata-se de defesa indireta capaz de impugnar a titularidade do direito de ação ou a capacidade do seu exercício, ora pretendendo extinguir, ora pretendendo retardar o andamento da ação.

A ilegitimidade pode ser *ad causam* ou *ad processum*. A primeira é condição da ação e nasce quando a parte que promove a ação penal não tem titularidade para a causa. Já a ilegitimidade *ad processum* advém de vício na representação.

A exceção de ilegitimidade pode ser arguida a qualquer tempo e, após a oitiva da parte contrária, o juiz decidirá.

A exceção de ilegitimidade *ad causam* tem natureza peremptória e, portanto, uma vez reconhecida, implicará em nulidade do processo *ab initio*. Já a exceção de ilegitimidade *ad processum* tem natureza dilatória e, portanto, a nulidade poderá ser a todo tempo sanada, mediante ratificação dos atos processuais já praticados.

6.3.1.4. Exceção de coisa julgada

Também chamada *exceptio rei judicatae*, trata-se de defesa indireta, de natureza peremptória, oponível sempre que se verificar identidade de elementos entre uma demanda proposta e outra já decidida por sentença transitada em julgado.

Arguida a exceção da coisa julgada, o juiz determina sua autuação em apartado, ouve a parte contrária e profere a decisão.

6.3.1.5. Exceção de litispendência

Trata-se de defesa indireta, de natureza peremptória, cabível quando estiverem tramitando, ao mesmo tempo, duas ações penais com a mesma causa de pedir e a mesma parte ré. Como ninguém pode ser processado mais de uma vez pelo mesmo fato delituoso (*ne bis in idem*), a exceção de litispendência vem impedir a coexistência de duas ações repetidas.

A litispendência é um vício que não convalesce e, por essa razão, pode ser suscitada a qualquer tempo. Uma vez oposta a exceção perante o juiz da causa, ela será autuada em apartado e o juiz decidirá o incidente logo após a oitiva da parte contrária.

6.3.2. Impedimentos

As hipóteses de impedimento estão enumeradas nos art. 252 e 253 do CPP.

> *Art. 252. O juiz não poderá exercer jurisdição no processo em que:*
>
> *I – tiver funcionado seu cônjuge ou parente, consanguíneo ou afim, em linha reta ou colateral até o terceiro grau, inclusive, como defensor ou advogado, órgão do Ministério Público, autoridade policial, auxiliar da justiça ou perito;*
>
> *II – ele próprio houver desempenhado qualquer dessas funções ou servido como testemunha;*
>
> *III – tiver funcionado como juiz de outra instância, pronunciando-se, de fato ou de direito, sobre a questão;*
>
> *IV – ele próprio ou seu cônjuge ou parente, consanguíneo ou afim em linha reta ou colateral até o terceiro grau, inclusive, for parte ou diretamente interessado no feito.*
>
> *Art. 253. Nos juízos coletivos, não poderão servir no mesmo processo os juízes que forem entre si parentes, consanguíneos ou afins, em linha reta ou colateral até o terceiro grau, inclusive.*

Aplica-se ao impedimento o mesmo procedimento prescrito a exceção de suspeição. Note que, embora tenham o mesmo procedimento, o impedimento e a suspeição não se confundem. Na suspeição ocorre um *vínculo subjetivo* do juiz com uma das partes (*v.g.*, relação de amizade ou inimizade) ou com o objeto discutido no processo (*v.g.*, o juiz respondeu ou responde a processo por fato análogo). Já no impedimento há um *vínculo objetivo* entre o magistrado e o processo (*v.g.*, o juiz já autuou no processo, ainda que em outra função).

6.3.3. Conflitos de competência

Nasce o conflito de competência quando dois ou mais juízes entendem ser competentes (conflito positivo) ou incompetentes (conflito negativo) para apreciação do mesmo fato delituoso, ou ainda quando surgir entre elas controvérsia sobre unidade de juízos, junção ou separação de processos.

O conflito de competência tem previsão constitucional e a matéria está regulada nos seguintes termos:

a) Supremo Tribunal Federal: cabe-lhe processar e julgar "conflitos de competência entre o Superior Tribunal de Justiça e quaisquer Tribunais, entre Tribunais Superiores, ou entre estes e qualquer outro Tribunal" (art. 102, I, *o*, da CF).

b) Superior Tribunal de Justiça: cabe-lhe processar e julgar "conflitos de competência entre quaisquer tribunais, ressalvado, o disposto no art. 102, I, *o*, bem como entre Tribunal e juízes a ele não vinculados e entre juízes vinculados a Tribunais diversos" (art. 105, I, *d*, da CF).

c) Tribunal de Justiça dos Estados: cabe-lhe processar e julgar conflitos de competência entre juízes estaduais vinculados a este Tribunal.

d) Tribunal Regional Federal: cabe-lhe processar e julgar conflitos de competência entre juízes federais vinculados a este Tribunal (art. 108, I, *e*, da CF).

Distribuído o conflito, se for positivo, o relator pode determinar a suspensão do processo. Expedida ou não a ordem de suspensão ou sendo caso de conflito negativo, o relator requisitará informações às autoridades em conflito, remetendo-lhes cópia do requerimento ou representação. As informações deverão ser prestadas no prazo abalizado pelo relator. Após o recebimento das informações e depois de ouvido o Ministério Público, por meio do Procurador-Geral, o conflito será decidido na primeira sessão, salvo se a instrução depender de diligência. Proferida a decisão, as cópias necessárias serão encaminhadas às autoridades em conflito para execução da medida.

6.3.4. *Restituição de coisa apreendida*

Esse incidente permite a restituição de coisas que foram apreendidas durante a persecução criminal para elucidação da infração penal. Nos termos do art. 118 do CPP, "antes de transitar em julgado a sentença final, as coisas apreendidas não poderão ser restituídas enquanto interessarem ao processo".

A restituição poderá ser ordenada pela autoridade policial ou o juiz, desde que não exista dúvida quanto ao direito do reclamante. Se existir dúvida, o pedido de restituição deverá ser autuado em apartado, o requerente deverá apresentar as provas da sua propriedade em 5 dias e apenas ao juiz caberá proferir a decisão.

O incidente também será autuado em apartado e somente o juiz poderá resolver a questão se as coisas forem apreendidas em poder de terceiro de boa-fé, que será intimado para alegar e provar o seu direito em 5 dias, prazo igual e sucessivo ao do reclamante, tendo, um e outro, 2 dias para arrazoar. Essa hipótese justifica-se pela possibilidade de litígio entre a vítima, o acusado ou seus familiares com o terceiro que tenha adquirido a coisa de boa-fé.

Estando convencido acerca do pedido do reclamante, o juiz determinará a restituição da coisa apreendida. Caso contrário, havendo dúvida quanto ao direito alegado, o juiz remeterá as partes para o juízo cível e determinará o depósito das coisas em mãos de um depositário ou do próprio terceiro que as detinha, se for pessoa idônea.

6.3.5. *Medidas assecuratórias*

a) Sequestro;

b) Hipoteca legal; e

c) Arresto.

6.3.5.1. *Sequestro*

Trata-se de medida assecuratória que visa à indisponibilidade de *bens móveis ou imóveis adquiridos pelo investigado ou pelo réu com os proventos extraídos pela infração*, ainda que os bens já tenham sido transferidos a terceiros.

Para a decretação do sequestro, basta a existência de *indícios veementes* da proveniência ilícita dos bens. O sequestro poderá ser decretado pelo juiz em qualquer fase do processo ou mesmo antes de iniciada a ação penal.

Essa medida é passível de impugnação por meio de embargos de terceiros, e dois casos podem ocorrer:

a) Se o sequestro incidiu sobre bem imóvel do indiciado ou do acusado, os embargos deverão ser opostos, e o único argumento de defesa é não terem sido os bens adquiridos com os proventos da infração.

b) Se o sequestro incidiu sobre bem de terceiro de boa-fé adquirido de forma onerosa, os embargos deverão ser propostos, e o que resta a defesa é alegar que ignorava a origem ilícita do bem.

O sequestro será levantado e, consequentemente, perderá a sua eficácia:

a) Se a ação penal não for intentada no prazo de 60 dias, contados da data em que ficar concluída a diligência;

b) Se o terceiro, a quem tiverem sido transferidos os bens, prestar caução que assegure eventual indenização à vítima; e

c) Se for julgada extinta a punibilidade ou absolvido o réu, por sentença transitada em julgado.

Transitada em julgado a sentença penal condenatória, serão julgados os embargos. A procedência, obviamente, libera o bem, e a improcedência acarreta a avaliação e a venda judicial em leilão público.

6.3.5.2. *Hipoteca legal*

Trata-se de direito real de garantia que incide sobre bens *imóveis lícitos* do próprio réu e tem por finalidade evitar ele se desfaça do seu patrimônio antes de ressarcir o ofendido pela prática da infração penal.

O requerimento dessa medida só é possível ser formulado na fase judicial e desde que haja certeza da infração e indícios suficientes da autoria.

Interposta a medida em autos apartados e preenchidos os requisitos, o juiz nomeará um perito que procederá a reavaliação do valor da responsabilidade civil e dos imóveis indicados na petição.

Apresentado o laudo, as partes poderão se manifestar no prazo de 2 dias e, em seguida, o juiz decidirá sobre a medida. Se procedente, o magistrado determinará a inscrição da hipoteca no Registro Imobiliário, dentro do limite necessário à garantia da responsabilidade.

Concluída essa etapa, o procedimento ficará suspenso até o trânsito em julgado da sentença penal no processo principal. Se proferida uma sentença absolutória ou julgada extinta a punibilidade, a hipoteca deverá ser cancelada. Se proferida uma sentença condenatória, aguarda-se a iniciativa dos interessados ou do Ministério Público para satisfação do prejuízo.

6.3.5.3. *Arresto*

Considerando a morosidade do procedimento de especialização dos bens em hipoteca e a possibilidade de o réu se desfazer desses bens ainda no curso desse procedimento, o legislador trouxe para o ordenamento jurídico o arresto prévio, também chamado de preventivo, cuja finalidade é tornar inalienáveis os bens do réu, garantindo a eficácia da hipoteca legal.

Decretado o arresto preventivo, a medida será inscrita no Registro Imobiliário, tornando insuscetível a alienação dos bens arrestados. Se, todavia, realizado o arresto preventivo, não for promovido o processo de hipoteca legal no prazo máximo de 15 dias, o arresto deverá ser revogado.

Já a outra possibilidade de arresto guarda intensa semelhança com a hipoteca legal, recaindo, todavia, sobre *bens móveis de origem lícita de propriedade do próprio réu*. Assim, na falta de bens imóveis suficientes para assegurar a indenização da vítima, o arresto poderá ser manejado nos mesmos moldes da hipoteca legal.

6.3.6. *Incidente de falsidade*

Trata-se de procedimento cuja finalidade é a constatação da autenticidade de um documento. A importância desse procedimento é imensurável, já que um documento falso pode levar o juiz a cometer um erro no julgamento, com graves prejuízos para a parte e para a Administração da Justiça.

Instaurado o incidente de falsidade, o magistrado mandará autuar em apartado a impugnação e, em seguida, ouvirá a parte contrária, que no prazo de 48 horas oferecerá resposta. Na sequência, o juiz facultará às partes a produção de provas no prazo de 3 dias e, finda a fase probatória, os autos retornam para o magistrado para julgamento ou novas diligências.

Se o juiz reconhecer a falsidade, determinará o desentranhamento do documento e o remeterá para o Ministério Público, para que o órgão ministerial tome as providências necessárias para a responsabilização criminal dos envolvidos.

6.3.7. Incidente de insanidade mental

O incidente de insanidade é instaurado sempre que houver dúvida acerca da integridade mental do autor da infração penal e pode ser instaurado de ofício ou a requerimento do Ministério Público, do defensor, do curador, do ascendente, descendente, irmão ou cônjuge do indiciado ou acusado.

Autuado o incidente de insanidade mental, o juiz baixará portaria, nomeará um curador e, se a ação penal já tiver sido iniciada, determinará a suspensão do processo principal, podendo realizar, contudo, atos processuais durante o período de suspensão que eventualmente possam ser prejudicados pelo adiamento.

Logo em seguida, as partes serão intimadas para apresentar quesitos e o indiciado ou o réu será submetido ao exame médico-legal. O exame psiquiátrico deverá ser concluído no prazo de 45 dias, salvo se os peritos demonstrarem a necessidade de maior prazo, caso em que o juiz poderá prorrogá-lo.

O agente *preso* deverá ser submetido a exame psiquiátrico no hospital de custódia e tratamento e, se *solto*, o exame deverá ser realizado no local indicado pelos peritos, podendo ser em qualquer lugar, inclusive no próprio hospital psiquiátrico.

O incidente de insanidade mental tramitará em autos apartados, mas só depois da apresentação do laudo médico o incidente será apenso ao processo principal.

Se os peritos concluírem que o agente era inimputável ou semi-imputável no tempo da ação ou omissão, o processo principal retomará seu curso normal na presença do curador. Se os peritos concluírem que o agente adquiriu a doença mental após a prática da infração penal, o processo principal ficará suspenso até que o agente se restabeleça, quando, então, o processo retomará sua marcha normal, assegurado ao agente a faculdade de reinquirir as testemunhas que tiverem prestado depoimento sem a sua presença.

Por sua vez, se a insanidade mental sobrevier no curso da execução da pena e a doença se mostrar de caráter permanente, o juiz providenciará logo a conversão da pena privativa de liberdade em medida de segurança; em sentido oposto, se for apenas de caráter transitório, o condenado será submetido ao hospital de custódia por tempo suficiente para seu tratamento, sem a conversão.

7. PROVAS

7.1. Conceito, Finalidade e Destinatário da Prova

Prova é o conjunto de elementos produzidos pelas partes ou determinados pelo juiz sobre atos, fatos ou circunstâncias (Avena, 2009, p. 372). A finalidade da prova é a obtenção do convencimento do julgador e, por essa razão, o destinatário direto da prova é o próprio magistrado, que formará o seu convencimento com base nos elementos trazidos aos autos.

7.2. Objeto da Prova X Objeto de Prova

a) Objeto *da* prova: são fatos relevantes que exigem comprovação e que influenciam na responsabilidade penal do agente.

b) Objeto *de* prova: são fatos que prescindem de qualquer comprovação.

Nesse prisma, resta-nos enfrentar quais os fatos que não precisam ser alcançados pela atividade probatória:

✓ **Direito nacional**: em regra, o direito nacional não precisa ser provado; afinal, o juiz conhece a lei (*iura novit curia*). Não obstante o direito nacional não precise ser provado, os direitos estrangeiro, estadual, municipal e consuetudinário dependem de prova quanto a sua existência, vigência e eficácia.

✓ **Fatos notórios ou verdade sabida**: "são aqueles de domínio de parcela significativa da população informada" (Távora; Alencar, 2010, p. 347). A título de exemplo, o Chefe do Poder Executivo é condição notória que não depende de prova.

✓ **Fatos axiomáticos ou intuitivos**: são fatos evidentes que "decorrem da própria intuição, gerando grau de certeza irrefutável". São aqueles fatos que se autodemonstram. A putrefação do cadáver, por exemplo, dispensa a prova da morte; afinal, a decomposição do corpo deriva inequivocamente da extinção da vida (Avena, 2009, p. 373).

✓ **Fatos inúteis**: são aqueles não têm importância para a persecução penal.

✓ **Presunções legais absolutas (*juris et de jure*)**: é uma conclusão positivada na lei como demonstração da verdade e que não admite prova em contrário. Exemplo: a acusação não pode imputar a menor de 18 anos a prática de um crime, porque a própria lei presume sua inimputabilidade de forma absoluta.

Atenção

Por força do princípio da presunção de inocência, *fatos incontroversos*, que são aqueles alegados por uma parte e reconhecidos pela outra, dependem de provas no Direito Processual Penal.

7.3. Classificação

As provas classificam-se essencialmente por três elementos: o objeto, o valor e o sujeito.

a) Quanto ao objeto:

✓ **Prova direta**: é aquela que demonstra a existência do fato e que, portanto, confirma o fato principal. Exemplo: a testemunha que presenciou o homicídio.

✓ **Prova indireta**: é aquela que nega a existência do fato, demonstrando que ele não ocorreu. Exemplo: o álibi.

✓ **Quanto ao valor**:

✓ **Prova plena**: é aquela capaz de influenciar decisivamente na formação do convencimento do julgador. É a prova que permite o juízo de certeza. Exemplos: a prova pericial, a prova documental, a prova testemunhal etc.

✓ **Prova não plena ou indiciária**: trata-se de prova circunstancial de menor valor persuasivo que não pode servir de arrimo principal da decisão. Exemplo: os indícios.

c) Quanto ao sujeito:

✓ **Prova pessoal**: é aquela que deriva da atividade de alguém. Exemplos: o interrogatório, o depoimento, o laudo pericial etc.

✓ **Prova real**: é aquela que decorre da observação ou da existência nos autos da coisa em si. Exemplo: os instrumentos utilizados na prática da infração penal.

7.4. Meios de Prova

Meios de prova são "os instrumentos pessoais ou materiais aptos a trazer ao processo a convicção da existência ou inexistência de um fato" (Greco Filho, 1998, p. 199). Ou seja, "é tudo aquilo que pode ser utilizado, direta ou indiretamente, para demonstrar o que se alega no processo" (Távora; Alencar, 2010, p. 349).

O Código de Processo Penal especifica vários meios de prova para elucidação do fato criminoso. As provas disciplinadas pela legislação são denominadas *provas nominadas*. A enumeração, entretanto, não é taxativa. Diante do princípio da busca da verdade, outros meios de prova são admitidos, desde que compatíveis com o direito de defesa e à dignidade da pessoa humana – a essas provas não previstas na legislação dá-se o nome de *provas inominadas*.

Assim, a busca da verdade impede, ao menos em princípio, que se cogite qualquer restrição à liberdade probatória, sob pena de frustrar o interesse estatal na justa aplicação da lei penal.

7.5. Provas Inadmissíveis

Embora as partes possam se utilizar de qualquer meio de prova para influenciar no convencimento do julgador, essa liberdade probatória não pode ser vista de forma absoluta. O Estado deve restringir a utilização de determinados meios de prova em defesa a direitos e garantias fundamentais, como a liberdade e a intimidade. É por essa razão que algumas provas são inadmissíveis no Direito Processual Penal brasileiro.

Do gênero *prova proibida*, a doutrina distingue duas espécies: as *provas ilícitas* e as *provas ilegítimas*.

Em linhas gerais, a doutrina costuma conceituar provas ilícitas como aquelas obtidas mediante violação a norma de direito material ou princípios constitucionais penais. Exemplos: prova obtida mediante violação de domicílio; interceptação telefônica sem autorização judicial; confissão mediante tortura etc.

Por seu turno, as provas ilegítimas são aquelas obtidas mediante violação a norma de direito processual, ou seja, aquelas colhidas sem observância das formalidades processuais previstas na lei adjetiva. Exemplos: perícia realizado por apenas um perito não oficial; a exibição, no plenário do tribunal do júri, de documento do qual não se tenha dado ciência às parte contrária etc.

Atenção

A despeito dessa classificação doutrinária, o legislador reformista do Código de Processo Penal, em 2008, não contemplou a distinção entre provas ilícitas e provas ilegítimas.

Na atual disposição do Código de Processo Penal, "são inadmissíveis, devendo ser desentranhadas do processo, as provas ilícitas, assim entendidas as obtidas em violação a *normas constitucionais ou legais*" (art. 157).

Se a prova é inadmissível, o juiz não poderá se basear nela para fundamentar um decreto condenatório e, portanto, a prova deverá ser desentranhada do processo e, uma vez preclusa a decisão, deverá ser inutilizada, facultado às partes acompanhar o incidente.

7.6. Teoria do Fruto da Árvore Envenenada (*Fruits of the Poisonous Tree*)

Trata-se de teoria de procedência norte-americana e significa que a prova ilícita (o tronco) tem o poder de contaminar as provas delas decorrentes (os frutos). *Provas ilícitas por derivação* são aquelas que, embora aparentemente lícitas, decorrem direta ou indiretamente de prova ilícita, restando, portanto, contaminadas.

Para ilustrar, tomemos como exemplo uma confissão mediante tortura que deu ensejo a uma busca e apreensão da arma da infração penal. Observe que, embora a busca e apreensão seja uma prova formalmente perfeita, ela deve ser considerada uma prova ilícita por derivação, porque guarda relação com a confissão mediante tortura.

Atualmente as provas ilícitas por derivação têm guarida no art. 157, § 1º, do Código de Processo Penal e comportam quatro cláusulas de exclusão:

a) Teoria da fonte independente: por essa teoria, se a prova provém de uma fonte autônoma e, portanto, não guarda nenhuma relação de dependência com outra prova, deve ser considerada uma prova lícita (art. 157, §§ 1º e 2º, do CPP). Exemplo: não se pode considerar o depoimento de uma testemunha descoberta mediante uma interceptação telefônica sem autorização do juiz como prova ilícita por derivação se, antes da interceptação, essa testemunha foi mencionada por outras testemunhas durante a investigação.

b) Teoria da descoberta inevitável: se a prova ilícita por derivação, de qualquer forma, chegaria aos autos, independente da prova ilícita originária, ela deve ser considerada uma prova válida. O exemplo mais prosaico da literatura leva em consideração uma confissão mediante tortura que levou à localização do cadáver. Todavia, policiais e duzentos moradores voluntários já estavam fazendo varredura no local para localização do corpo, que seria inevitavelmente localizado.

c) Teoria da atenuação do nexo causal: essa teoria permite a utilização de uma prova ilícita por derivação quando um acontecimento posterior afasta o vício. O nexo entre a prova ilícita e a prova derivada é tão tênue ou superficial que acaba não havendo contaminação. Exemplo: durante uma prisão ilegal, o suspeito confessa a prática da infração penal. Superada a fase investigativa, durante a instrução processual, o acusado, na presença do seu defensor, confessa o crime, ratificando o depoimento anterior. Observe que a confissão judicial expurga a ilegalidade da confissão realizada durante a fase investigativa, validando a prova (Nucci, 2009, p. 406).

d) Teoria da boa-fé: essa teoria exige dos agentes da persecução penal atitudes pautadas na boa-fé e nos deveres jurídicos que dela emanam. Assim, se o agente atuou de forma ilegal, mas a atuação se deu de boa-fé, não haverá razão para exclusão da prova. Exemplo: a polícia, no cumprimento de mandado de busca e apreensão domiciliar de animais silvestres mantidos irregularmente em cativeiro, acaba apreendendo também computadores que poderiam revelar um esquema de sonegação fiscal (Távora; Alencar, 2010, p. 358).

7.7. Princípio da Proporcionalidade, Razoabilidade ou do Sopesamento

Apesar da proibição da prova ilícita, a doutrina e jurisprudência majoritárias admitem prova ilícita em favor do réu, com base no princípio da proporcionalidade, quando essa é a única forma de absolvê-lo ou provar fato importante a sua defesa.

Observe que a prova ilícita só pode ser admitida em favor do réu. O Supremo Tribunal Federal não admite prova ilícita em favor da sociedade, mesmo que seja a única prova lastreada nos autos capaz de conduzir a condenação do acusado.

7.8. Prova Emprestada

Prova emprestada é aquela produzida em um processo e transferida documentalmente para outro processo, ou seja, é aquela que sofre migração processual para auxiliar um processo diferente do qual foi produzida. Para que seja possível o empréstimo da prova, é necessário que sejam preenchidos os seguintes requisitos:

a) identidade de partes;

b) identidade de fato probando; e

c) no momento da produção da prova emprestada, o contraditório deve ser respeitado e os requisitos formais de produção devem ser atendidos.

7.9. Ônus da Prova

Nos termos do art. 156 do CPP, a prova da alegação incumbirá a quem fizer. Diante dessa regra, discute-se qual o ônus da prova da acusação e da defesa no processo penal.

Para a doutrina majoritária, incumbe a acusação provar:

a) Existência de fato típico;

b) Autoria ou participação no delito;

c) Nexo de causalidade;

d) Elemento subjetivo do tipo (dolo ou culpa); e

e) Circunstâncias que exasperem a pena.

Já para a defesa incumbe demonstrar a presença de:

a) Causa excludente da ilicitude;

b) Causa excludente da culpabilidade;

c) Causa extintiva da punibilidade; e

d) Circunstâncias que mitiguem a pena.

Atenção

Não se exige da defesa prova peremptória de suas alegações. Basta que a defesa produza um estado de dúvida na mente do julgador para se justificar a absolvição do réu, com base no art. 386, VI, do CPP, diante do princípio do *in dubio pro reo*.

7.10. Iniciativa Probatória do Juiz

É facultado ao juiz de ofício:

a) "ordenar, mesmo antes de iniciada a ação penal, a produção antecipada de provas consideradas urgentes e relevantes, observando a necessidade, adequação e proporcionalidade da medida" (art. 156, I, do CPP); e

b) "determinar, no curso da instrução, ou antes de proferir sentença, a realização de diligências para dirimir dúvida sobre ponto relevante" (art. 156, II, do CPP).

Mesmo com as referidas previsões legais, atualmente se discute muito sobre a (in)constitucionalidade da produção de provas *ex officio* pelo juiz, considerando ofensa ao modelo acusatório adotado pela Constituição Federal (art. 129, I). A interpretação literal do dispositivo parece transmudar o papel do julgador para a função de investigador ou acusador. Entendemos, todavia, que a atividade probatória do magistrado é decorrência natural do princípio da busca da verdade, compatível com o sistema acusatório, desde que seja desenvolvida em caráter *suplementar* e não ponha em risco a imparcialidade do julgador.

7.11. Sistemas de Apreciação da Prova

a) Sistema da certeza moral do juiz ou da íntima convicção: por esse sistema, o juiz é livre para decidir sem precisar trazer as razões de sua convicção. O juiz julga sem fundamentar. Esse sistema, claro, não foi adotado pelo Brasil, mas existem resquícios dele no nosso ordenamento jurídico na 2ª fase do tribunal do júri, quando os jurados votam sigilosamente sem fundamentar sua decisão.

b) Sistema da certeza moral do legislador, das regras legais ou da prova tarifada: nesse sistema as provas têm seu valor prefixado na lei, criando uma hierarquia entre elas e suprimindo do julgador uma liberdade apreciativa da prova. Esse sistema também não foi adotado pelo Brasil, mas da mesma forma há resquícios dele no nosso ordenamento jurídico no art. 158 do CPP, ao exigir, nos crimes que deixam vestígios, que a materialidade seja provada através da realização do exame de corpo de delito, não servindo a confissão para suprir eventual omissão. Observe que nesse artigo o legislador colocou a prova pericial em situação de superioridade em detrimento da confissão.

c) Sistema do livre convencimento motivado ou persuasão racional: esse é o sistema adotado pelo Brasil e, por essa regra, o juiz é livre para decidir e apreciar as provas que lhe são apresentadas, desde que o faça de forma motivada (art. 93, IX, CF, c/c o art. 155 do CPP).

7.12. Provas em Espécie

7.12.1. Exames Periciais

7.12.1.1. Considerações gerais

Perícia é um meio de prova em que pessoas qualificadas tecnicamente analisam fatos juridicamente relevantes à causa para elaboração de um laudo. Em outros termos, é um exame que exige conhecimentos técnicos e científicos para provar fato ou circunstância relevante a persecução penal.

As perícias devem ser realizadas por ***um perito oficial*** e portador de diploma de curso superior, mas, na ausência de perito oficial, o Código de Processo Penal permite que a perícia seja realizada por ***dois*** *peritos não oficiais*, desde que sejam pessoas idôneas, portadoras de diploma de curso superior, preferencialmente com habilitação técnica relacionada à natureza do exame.

O trabalho do perito se consolida com a elaboração de um laudo no prazo de 10 dias, prorrogáveis a requerimento do perito, por deliberação do magistrado.

Para auxiliar as partes nas questões técnicas, elas poderão indicar *assistente técnico*, que é o perito de confiança das partes para acompanhar, avaliar e discutir tecnicamente os trabalhos periciais. A atuação do assistente só ocorre na fase processual, após a elaboração do laudo pelo perito do magistrado.

Tratando-se de perícia complexa, que envolva mais de uma área de conhecimento especializado, o juiz poderá nomear mais de um perito oficial e as partes podem indicar mais de um assistente técnico.

Se surgirem divergências entre os peritos, eles podem elaborar laudos individuais ou um único laudo registrando os motivos da divergência, e o juiz nomeará um terceiro perito para solucionar a dissensão. Se a divergência persistir, o juiz pode determinar a realização de uma nova perícia, com peritos diversos.

Elaborado o laudo pericial, haverá apreciação por parte do juiz, mas ele não estará adstrito às conclusões do perito, podendo aceitá-lo ou rejeitá-lo, já que o juiz é livre para decidir, desde que o faça de forma motivada.

7.12.1.2. Exame de corpo de delito

Corpo de delito são os vestígios deixados pela infração penal que permitem a demonstração da materialidade do crime.

Nos crimes que deixam vestígios, a materialidade deve ser provada através de exame de corpo de delito direto ou indireto. Exame de corpo de delito *direto* é aquele em que os peritos têm a sua disposição o próprio corpo de delito para analisar (exemplo: pessoa, vítima de lesão corporal, se dirige até a polícia técnica para análise dos hematomas e feridas). Já o exame de corpo de delito *indireto* é aquele em que os peritos se valem apenas de meios acessórios para elaborar o laudo pericial (exemplos: filmagens, prontuário médico etc.).

Se não for possível a realização do exame de corpo de delito direito ou indireto, a materialidade pode ser demonstrada através de prova testemunhal, mas jamais pela confissão, por expressa proibição legal.

Impõe-se esclarecer ainda que a ausência de exame pericial provoca nulidade absoluta do processo, nos termos do art. 564, III, *b*, do CPP, com a ressalva da possibilidade de utilização das testemunhas para suprir a eventual ausência dessa prova.

7.12.1.3. Outras perícias

a) Autópsia ou necropsia

É o exame realizado no cadáver para identificação da *causa mortis*. Em regra, o exame abarca tanto a análise interna quanto externa do cadáver. Mas, quando a morte violenta não se subsume a nenhum tipo penal (exemplo: suicida que atuou sozinho) ou quando pelas lesões externas é capaz de se precisar a *causa mortis*, o exame cadavérico interno torna-se dispensável.

b) Exumação

Exumar é o ato de desenterrar o cadáver para suprir a ausência da necropsia ou complementá-la, podendo ser determinada tanto pela autoridade policial quanto pela autoridade judiciária.

A exumação deve ser conduzida pelo delegado, e o administrador do cemitério será convocado a indicar o local em que está localizado o cadáver. Se houver dúvida quanto à identidade do corpo exumado, ele deve ser devidamente identificado e a autoridade pode se valer de todos os recursos à sua disposição para alcançar a identificação, inclusive o exame de DNA.

c) Exame complementar de lesão corporal

Se o primeiro exame pericial não foi capaz de precisar a real gravidade da lesão corporal, deve ser realizado um exame complementar de lesões corporais para agregar valor ao laudo inicial.

O Código de Processo Penal também impõe a realização desse exame quando a lesão corporal grave impossibilitar o desempenho das ocupações habituais por mais de 30 dias. Trata-se de norma cogente e, por essa razão, completado esse prazo, se o exame complementar não for realizado ou for realizado a destempo, deverá haver uma desclassificação para a lesão de natureza leve.

Lembre-se todavia que, como medida subsidiária, se o exame complementar não for realizado, a prova testemunhal pode suprir essa omissão.

d) Perícia em caso de incêndio

Em caso de incêndio, a perícia verificará a causa e o lugar em que houver começado o fogo, o perigo que dele tiver resultado para a vida ou para o patrimônio alheio, a extensão e o valor do dano e as demais circunstâncias que interessarem à elucidação do fato.

e) Perícia laboratorial

A complexidade de alguns casos exigem estudos laboratoriais para identificação da natureza de substâncias, propriedade de objetos, material genético e técnicas de engenharia.

Nas perícias de laboratório, os peritos guardarão material suficiente para a eventualidade de nova perícia, e sempre que conveniente os laudos serão ilustrados com provas fotográficas ou microfotográficas, desenhos ou esquemas.

f) Exame grafotécnico ou caligráfico

É o exame realizado para identificar a autoria de determinada caligrafia através da comparação de letras.

Nesse exame devem ser observados os seguintes protocolos:

✓ Para a comparação poderão servir quaisquer documentos que a pessoa reconhecer ou já tiverem sido reconhecido judicialmente como de seu punho ou sobre cuja autenticidade não houver dúvida;

✓ Quando necessário para a realização do exame, a autoridade pode requisitar os documentos que existirem em arquivos ou estabelecimentos públicos; e

✓ Quando não houver escritos para a comparação ou forem insuficientes os exibidos, a autoridade mandará que a pessoa escreva o que lhe for ditado.

Diante do princípio *nemo tenetur se detegere,* o acusado "não pode ser compelido a fornecer padrões gráficos do próprio punho, para os exames periciais, cabendo apenas ser intimado para fazê-lo a seu alvedrio. É que a comparação gráfica configura ato de caráter essencialmente probatório, (...) capaz de levar à caracterização de sua culpa" (STF, HC 77135/SP).

g) Perícia nos instrumentos da infração

É o exame realizado nos instrumentos utilizados na empreitada criminosa para avaliar sua natureza e eficiência no resultado lesivo. Se o meio empregado for absolutamente incapaz, caracteriza-se crime impossível e, se relativamente incapaz, restará configurada a tentativa.

h) Perícia nos casos de arrombamento, escalada ou destruição de obstáculo

Essa perícia tem importância na caracterização do furto qualificado, em que a destruição, o rompimento de obstáculo e a escalada propiciam a exasperação da pena, nos termos do art. 155, § 4º, I e II, do CP.

Nos crimes cometidos com destruição, rompimento de obstáculo ou por meio de escalada, os peritos, além de descrever os vestígios, indicarão com que instrumentos, por quais meios e em que época presumem ter sido o fato praticado.

7.12.2. Interrogatório

7.12.2.1. Considerações gerais

É o ato por meio do qual o juiz ouve o acusado sobre a imputação que lhe é feita, trazendo a sua versão sobre os fatos.

No Código de Processo Penal, o interrogatório é tratado como meio de prova, mas a doutrina majoritária considera a natureza híbrida do interrogatório, tratando-o, ao mesmo tempo, como meio de prova e de defesa. É meio de prova porque influencia no convencimento do julgador, e é meio de defesa porque o acusado traz sua versão sobre os fatos ou pode invocar seu direito de permanecer calado.

O interrogatório é ato processual indispensável no processo. Se o réu, intimado, não comparecer ao interrogatório, o juiz poderá determinar sua condução coercitiva, já que a ausência de interrogatório viola a garantia constitucional da ampla defesa, gerando nulidade absoluta no processo.

O legislador determina que o depoimento do réu preso seja colhido em sala própria, no estabelecimento em que estiver recolhido, desde que estejam garantidas a segurança do juiz, do membro do Ministério Público e dos auxiliares, bem como a presença do defensor e a publicidade do ato. Se não for possível o interrogatório no estabelecimento prisional, o réu preso deverá ser conduzido até o fórum para a colheita do seu interrogatório.

Antes de iniciar o interrogatório, o juiz garantirá ao réu o direito de entrevista prévia e reservada com seu defensor. Nesse ato a presença de advogado é obrigatória, sob pena de nulidade absoluta. Na ausência de advogado, o juiz deverá nomear um defensor *ad hoc.*

Superada essa etapa, o acusado será devidamente qualificado, cientificado do inteiro teor da acusação e informado sobre seu direito de permanecer calado. Seu silêncio não importará em confissão e não poderá ser interpretado em prejuízo da defesa.

Em seguida, o juiz vai desmembrar o interrogatório em duas partes: a primeira sobre a pessoa do acusado e a segunda sobre os fatos.

Na primeira parte o interrogando será perguntado sobre sua residência, meios de vida ou profissão, oportunidades sociais, lugar onde exerce sua atividade, vida pregressa, se foi preso ou processado alguma vez e, em caso afirmativo, qual o juízo do processo, se houve suspensão condicional ou condenação, qual a pena imposta, se a cumpriu e outros dados familiares e sociais.

Na segunda parte será perguntado sobre se é verdadeira a acusação que lhe é feita; não sendo verdadeira a acusação, se tem algum motivo particular a quem atribuí-la, se conhece a pessoa ou pessoas a quem deva ser imputada a prática do crime, quem são e se esteve com elas antes ou depois da prática da infração; onde estava no tempo em que foi cometida a infração e se teve notícia do crime; sobre as provas já apuradas; se conhece as vítimas e testemunhas e se tem o que alegar contra elas; se conhece o instrumento com que foi praticada a infração; e todos os demais fatos e pormenores que conduzam à elucidação dos antecedentes e circunstâncias da infração.

Se o interrogando negar a acusação, no todo ou em parte, poderá prestar esclarecimentos e indicar provas. Se confessar a autoria, será perguntado sobre os motivos e circunstâncias do fato e se outras pessoas concorreram para a infração.

Após proceder ao interrogatório, o juiz indagará as partes se restou algum fato para ser esclarecido e, em seguida, elas poderão formular as perguntas que entenderem pertinentes e relevantes.

No interrogatório do mudo, do surdo ou do surdo-mudo há uma forma especial: ao surdo serão apresentadas por escrito as perguntas, que ele responderá oralmente; ao mudo as perguntas serão feitas oralmente, respondendo-as ele por escrito; ao surdo-mudo as perguntas serão formuladas por escrito e do mesmo modo ele dará as respostas.

Caso o interrogando não saiba ler ou escrever, intervirá no ato como intérprete pessoa habilitada a entendê-lo. Quando o interrogando não falar a língua nacional, o interrogatório será feito por meio de intérprete. Se o interrogado não souber escrever, não puder ou não quiser assinar, tal fato será consignado no termo.

Por fim, vale lembrar que, havendo mais de um acusado, eles serão interrogados separadamente e a todo tempo o juiz poderá proceder a novo interrogatório de ofício ou a pedido fundamentado de qualquer das partes.

7.12.2.2. Videoconferência, videointerrogatório ou interrogatório on-line

Excepcionalmente, o juiz, por *decisão fundamentada*, de ofício ou a requerimento das partes, poderá realizar o interrogatório do réu preso por sistema de videoconferência ou outro recurso tecnológico de transmissão de sons e imagens em tempo real, desde que a medida seja necessária para atender a uma das seguintes finalidades:

a) Prevenir risco à segurança pública, quando exista fundada suspeita de que o preso integre organização criminosa ou de que, por outra razão, possa fugir durante o deslocamento;

b) Viabilizar a participação do réu no referido ato processual, quando haja relevante dificuldade para seu comparecimento em juízo, por enfermidade ou outra circunstância pessoal;

c) Impedir a influência do réu no ânimo de testemunha ou da vítima, desde que não seja possível colher o depoimento destas por videoconferência;

d) Responder a gravíssima questão de ordem pública.

No interrogatório por videoconferência deve ficar garantido ao preso, ao defensor que esteja no presídio e ao advogado presente na sala de audiência do fórum o acesso a canais telefônicos reservados para comunicação.

7.12.3. Prova testemunhal

7.12.3.1. Considerações gerais

Testemunha é qualquer pessoa desinteressada que teve conhecimento dos fatos por meio das suas impressões sensoriais. Observe que a partir desse conceito podemos concluir que qualquer pessoa pode ser testemunha, mesmo um menor de idade ou um deficiente mental.

Primeiramente, a testemunha será compromissada a dizer a verdade com relação aos fatos que lhe forem questionados e declarará seu nome, sua idade, seu estado e sua residência, sua profissão, lugar onde exerce sua atividade, se é parente de alguma das partes e relatará o que souber, explicando sempre as razões de sua ciência ou as circunstâncias pelas quais se possa avaliar sua credibilidade. Se ocorrer dúvida sobre a identidade da testemunha, o juiz tomará as providências para saná-la, podendo, entretanto, tomar-lhe o depoimento desde logo.

Antes de iniciado o depoimento, as partes poderão:

a) Contraditar a testemunha: contraditar significa impugnar a testemunha qualificada, provocando a dispensa do compromisso (art. 208 do CPP) ou o afastamento da testemunha impedida de depor (art. 207 do CPP); ou

b) Arguir circunstâncias ou defeitos que a tornem suspeita de parcialidade ou indigna de fé: a arguição funciona apenas como meio de questionar a imparcialidade, a fim de que o juiz valore, com o devido cuidado, a declaração prestada. A arguição não impede o depoimento nem a tomada do compromisso, mas alerta o magistrado no momento da valoração da prova.

O depoimento deve ser prestado oralmente, não sendo permitido à testemunha trazê-lo por escrito; no máximo, a consulta de breves apontamentos. Embora o testemunho, em regra, assuma a forma oral, o Código de Processo Penal flexibilizou essa regra em duas situações: a) o Presidente e o Vice-Presidente da República, os presidentes do Senado Federal, da Câmara dos Deputados e do Supremo Tribunal Federal poderão optar pela prestação de depoimento por escrito, caso em que as perguntas, formuladas pelas partes e deferidas pelo juiz, lhes serão transmitidas por ofício; e b) no caso de pessoa portadora de surdez e mudez, as perguntas serão formuladas por escrito e do mesmo modo serão dadas as respostas.

O juiz não permitirá que a testemunha manifeste suas apreciações pessoais, salvo quando inseparáveis da narrativa do fato. Em uma expressão mais simples: testemunha depõe sobre fatos, não emite opiniões.

Cada testemunha deve ser ouvida separadamente, de modo que uma não ouça o depoimento da outra. Antes do início da audiência e durante sua realização, serão reservados espaços separados para a garantia da incomunicabilidade delas.

Finda a inquirição pelo magistrado, as partes poderão formular indagações. As perguntas devem ser formuladas diretamente pelas partes. O sistema presidencialista, em que as perguntas são feitas por intermédio do magistrado, está superado. A parte arrolante interpela primeiro sua testemunha (*direct examination*) e somente depois abre-se a possibilidade para a parte contrária (*cross examination*).

O depoimento da testemunha será reduzido a termo, assinado por ela, pelo juiz e pelas partes. Na redação do depoimento, o juiz deverá cingir-se, tanto quanto possível, às expressões usadas pelas testemunhas, reproduzindo fielmente suas frases. Se a testemunha não souber ou não puder assinar, pedirá a alguém que o faça por ela, depois de lido na presença de ambos.

Se o juiz verificar que a presença do réu pode causar humilhação, temor ou sério constrangimento à testemunha ou ao ofendido, fará a inquirição da testemunha por videoconferência, e somente na impossibilidade dessa forma determinará a retirada do réu, prosseguindo na inquirição, com a presença do seu defensor.

7.12.3.2. Deveres das testemunhas

a) A testemunha tem o dever de comparecer ao fórum no dia e no horário indicados no mandado de intimação, sob pena de condução coercitiva e responsabilização por crime de desobediência (art. 330 do CP).

Exceções:

✓ As pessoas impossibilitadas de comparecer para depor por enfermidade ou por velhice serão inquiridas onde estiverem;

✓ O Presidente e o Vice-Presidente da República, os senadores e deputados federais, os ministros de Estado, os governadores de estados e Territórios, os secretários de Estado, os prefeitos do Distrito Federal e dos municípios, os deputados das Assembleias Legislativas Estaduais, os membros do Poder Judiciário, os ministros e juízes dos Tribunais de Contas da União, dos estados, do Distrito Federal serão inquiridos em local, dia e hora previamente ajustados entre eles e o juiz;

✓ A testemunha que morar fora da jurisdição do juiz será inquirida pelo juiz do lugar de sua residência através de carta precatória. A expedição da precatória não suspenderá a instrução criminal e, findo o prazo marcado, o juiz poderá julgar a causa; mas a todo tempo a precatória, uma vez devolvida, será juntada aos autos;

b) A testemunha tem o dever de prestar o compromisso de dizer a verdade.

Exceções:

✓ Doentes e deficientes mentais;

✓ Menores de 14 anos; e

✓ Parentes próximos a que se refere o art. 206 CPP.

c) A testemunha tem o dever de dizer a verdade sobre o que souber e o que lhe for perguntado. Se a testemunha omite ou falseia a verdade, incorre nas penas do crime de falso testemunho (art. 342 do CP).

d) A testemunha não poderá eximir-se da obrigação de depor.

Exceções:

✓ Poderão recusar-se a depor o ascendente ou descendente, o afim em linha reta, o cônjuge, ainda que desquitado, o irmão e o pai, a mãe ou o filho adotivo do acusado, salvo quando não for possível, por outro modo, obter-se ou integrar-se a prova do fato e de suas circunstâncias;

✓ São proibidas de depor as pessoas que, em razão de função, ministério, ofício ou profissão, devam guardar segredo, salvo se, desobrigadas pela parte interessada, quiserem dar seu testemunho;

✓ O advogado pode recusar-se a depor como testemunha em processo no qual funcionou ou deva funcionar ou sobre fato relacionado com pessoa de quem seja ou foi advogado, mesmo quando autorizado ou solicitado pelo constituinte, bem como sobre fato que constitua sigilo profissional;

✓ Os deputados e senadores não serão obrigados a testemunhar sobre informações recebidas ou prestadas em razão do exercício do mandato, nem sobre as pessoas que lhes confiaram ou deles receberam informações.

e) A testemunha tem o deve de comunicar ao juiz, dentro de 1 ano, qualquer mudança de residência.

7.12.3.3. Classificação da prova testemunhal

a) Testemunha numerária: é aquela arrolada pela parte de acordo com o número máximo legal e que são compromissadas;

Número máximo	
Procedimento ordinário	8 testemunhas
Procedimento sumário	5 testemunhas
Procedimento sumaríssimo	3 testemunhas
Plenário no Tribunal do Júri	5 testemunhas

b) Testemunha extranumerária: é aquela ouvidas por iniciativa do juiz;

c) Testemunha referida: é aquela citada no depoimento de outra testemunha;

d) Testemunha informante: é aquela que não presta compromisso de dizer a verdade;

e) Testemunha própria: é aquela ouvida sobre o *thema probandum*, ou seja, acerca do fato delituoso;

f) Testemunha imprópria, instrumentária ou fedatária: é aquela que presta depoimento sobre fato da persecução penal. Exemplo: na lavratura do auto de prisão em flagrante, se não existirem testemunhas do fato serão utilizadas testemunhas de apresentação do preso à autoridade policial;

g) Testemunha direta: é aquela que depõe sobre fato que presenciou;

h) Testemunha indireta ou auricular: é aquela que depõe sobre fato que ouviu dizer;

i) Testemunha da coroa: é o agente infiltrado que obtém informações sobre determinado crime. Essa espécie de testemunha tem previsão na Lei de Drogas e na Lei de Organizações Criminosas.

8. PRISÕES

8.1. Conceito e Espécies

"Prisão é o cerceamento da liberdade de locomoção; é encarceramento" (Távora; Alencar, 2009, p. 499).

Existem duas espécies de prisão: a prisão-pena e a prisão sem pena.

a) Prisão-pena: é aquela que advém com o trânsito em julgado de sentença penal condenatória. É uma prisão satisfativa, porque visa satisfazer uma pretensão punitiva.

b) Prisão sem pena: também chamada de prisão cautelar, prisão provisória ou prisão processual, é aquela que ocorre antes do trânsito em julgado da sentença final e tem o objetivo de tornar útil o resultado final da persecução penal. Atualmente, existem três espécies de prisão cautelar: a prisão temporária, a prisão preventiva e a prisão em flagrante.

Naturalmente, o objeto de estudo do Direito Processual Penal são as prisões cautelares, que serão analisadas neste capítulo.

8.2. Medidas Cautelares Alternativas

O sistema atual é o multicautelar; portanto, o juiz, antes de decretar uma prisão, deve verificar se são cabíveis medidas cautelares diversas da prisão. A custódia é a *extrema ratio da ultima ratio* e, como última medida do direito penal, deve ser a última opção do magistrado.

As medidas cautelares alternativas estão elencadas no art. 319 do CPP e podem ser aplicadas isolada ou cumulativamente. São elas:

a) Comparecimento periódico em juízo, no prazo e nas condições fixadas pelo juiz, para informar e justificar atividades;

b) Proibição de acesso ou frequência a determinados lugares quando, por circunstâncias relacionadas ao fato, deva o indiciado ou acusado permanecer distante desses locais para evitar o risco de novas infrações;

c) Proibição de manter contato com pessoa determinada quando, por circunstâncias relacionadas ao fato, deva o indiciado ou acusado dela permanecer distante;

d) Proibição de ausentar-se da comarca quando a permanência seja conveniente ou necessária para a investigação ou instrução;

e) Recolhimento domiciliar no período noturno e nos dias de folga quando o investigado ou acusado tenha residência e trabalho fixos;

f) Suspensão do exercício de função pública ou de atividade de natureza econômica ou financeira quando houver justo receio de sua utilização para a prática de infrações penais;

g) Internação provisória do acusado nas hipóteses de crimes praticados com violência ou grave ameaça, quando os peritos concluírem ser inimputável ou semi-imputável (art. 26 do Código Penal) e houver risco de reiteração;

h) Fiança, nas infrações que a admitem, para assegurar o comparecimento a atos do processo, evitar a obstrução do seu andamento ou em caso de resistência injustificada à ordem judicial; e

i) Monitoração eletrônica.

Para que o juiz decrete as medidas cautelares alternativas, é necessário que estejam presentes dois *requisitos* exigidos na imposição de qualquer medida restritiva:

a) *Necessidade* para aplicação da lei penal, para a investigação ou a instrução criminal; e

b) *Adequação* da medida à gravidade do crime, circunstâncias do fato e condições pessoais do indiciado ou acusado.

Na fase judicial as medidas são decretadas pelo juiz de ofício ou a requerimento das partes. Mas no curso da investigação criminal, para o juiz decretar essas medidas, depende de prévia provocação do delegado ou do órgão ministerial.

Em caso de descumprimento de qualquer das obrigações impostas, o juiz, de ofício ou a requerimento das partes, poderá substituir a medida, impor outra em cumulação ou, em último caso, decretar a prisão preventiva.

Além disso, as medidas cautelares alternativas são movidas pela cláusula *rebus sic stantibus*, isto é, se a situação das coisas se alterar, revelando que a medida não é mais necessária ou adequada, o juiz deverá revogá-la ou substituí-la e, se sobrevierem novas razões, o juiz deverá decretá-la novamente.

8.3. Prisão em Flagrante

8.3.1. Previsão legal

A prisão em flagrante está tratada nos arts. 301 a 310 do CPP.

8.3.2. Espécies

a) Flagrante próprio/propriamente dito/real/verdadeiro/perfeito: ocorre quando o agente é *surpreendido* cometendo a infração ou quando acaba de cometê-la.

b) Flagrante impróprio/irreal/quase-flagrante/imperfeito: ocorre quando o agente é *perseguido*, logo após o fato, pela autoridade, pelo ofendido ou por qualquer pessoa, em situação que faça presumir ser autor da infração penal. Entende-se que o perseguidor vai à perseguição do perseguido, quando: i) tendo-o avistado, for perseguindo-o sem interrupção, embora depois o tenha perdido de vista; ou ii) sabendo, por indícios ou informações fidedignas, que o perseguido tenha passado, há pouco tempo, em tal ou qual direção, pelo lugar em que o procure, for no seu encalço.

c) Flagrante presumido/ficto/assimilado: ocorre quando o agente é *encontrado*, logo depois do fato, com instrumentos, armas, objetos ou papéis que façam presumir ser ele o autor da infração.

d) Flagrante obrigatório/compulsório: a autoridade policial e seus agentes *deverão* realizar a prisão em flagrante, estando no estrito cumprimento de um dever legal.

e) Flagrante facultativo: qualquer do povo *poderá* realizar uma prisão em flagrante, estando no exercício regular de um direito.

f) Flagrante esperado: ocorre quando a autoridade policial ou seus agentes, sabendo por fontes confiáveis que será praticada uma infração penal, aguarda os atos executórios ou a própria consumação para realizar a prisão em flagrante.

g) Flagrante preparado/provocado/delito de ensaio/delito de experiência/delito putativo por obra do agente provocador: ocorre quando o agente é induzido a praticar uma infração penal para ser preso em flagrante. Trata-se de *crime impossível*, porque inviável a sua consumação e, portanto, o flagrante é inválido. Ao mesmo tempo que o agente provocador induz a prática da infração penal, age em sentido oposto para evitar o resultado. Tome-se como exemplo o policial que, fingindo ser usuário, convence o suposto traficante a vender-lhe droga ilícita, prendendo-o no ato de venda. Se o traficante não tinha a droga e foi providenciá-la, o flagrante é preparado porque o traficante não cometeria o crime se não fosse provocado pelo agente policial.

Atenção

A distinção entre flagrante esperado e provocado reside no modo de atuação da polícia: no primeiro a polícia não intervém no *iter criminis*, isto é, não instiga em nenhum momento o agente a praticar o crime. Já no flagrante provocado, ao contrário, o agente só comete a infração porque a polícia o induz a praticá-lo.

h) Flagrante prorrogado/retardado/postergado/diferido/ação controlada: essa espécie de flagrante permite o retardamento da intervenção policial, mesmo diante de uma situação de flagrância. Há uma flexibilização na obrigatoriedade da atuação imediata da polícia, na expectativa de colher um maior número de provas. Exemplo: "policiais que acompanham a subtração de veículo que será utilizado para transportar carregamento de armas, deixando de prender em flagrante pelo crime meio (furto), para autuá-los pelo crime fim (tráfico de armas). A toda evidência, o que ocorre na espécie é a escolha mais oportuna da infração que vai motivar o flagrante" (Távora; Alencar, 2010, p. 518). Essa espécie de flagrante só tem respaldo na Lei de Drogas e na Lei de Organizações Criminosas.

i) **Flagrante forjado**: é aquele arranjado para incriminar pessoa inocente e, portanto, trata-se de flagrante ilegal. O agente forjador é o verdadeiro infrator e deve responder por crime de denunciação caluniosa ou, sendo agente público, por crime de abuso de autoridade.

j) Flagrante por apresentação: aquele que se apresenta espontaneamente, confessando a prática da infração penal, não está sujeito à prisão em flagrante, porque tecnicamente não está em situação de flagrância, mas nada impede que o juiz decrete sua prisão preventiva se presente um dos requisitos legais.

8.3.3. Flagrante no crime permanente

Crime permanente é aquele crime cuja consumação se prolonga no tempo (exemplos: sequestro, cárcere privado, extorsão mediante sequestro, tráfico de drogas, ocultação de cadáver). Entende-se o agente em flagrante delito enquanto não cessar a permanência.

8.3.4. Flagrante em crime formal

Crime formal é aquele que descreve uma conduta e prevê um resultado naturalístico, mas o resultado naturalístico é dispensável para a consumação. O crime se consuma com a conduta; o resultado é mero exaurimento do crime que influencia na fixação da pena. No crime formal a prisão em flagrante deve-se dar no momento da conduta, que é o momento da consumação do delito.

8.3.5. Flagrante em infrações de menor potencial ofensivo

Infrações de menor potencial ofensivo são todas as contravenções penais e os crimes a que a lei comine pena máxima não superior a 2 anos, cumulada ou não com multa.

Não se imporá prisão em flagrante nem se exigirá fiança ao autor do fato que, após a lavratura do termo, for imediatamente encaminhado ao juizado ou assumir o compromisso de a ele comparecer.

8.3.6. Procedimento e formalidades

Apresentado o preso à autoridade policial, será lavrado o auto de prisão em flagrante.

Inicialmente, o delegado deverá ouvir o condutor e colher desde logo sua assinatura, entregando a este cópia do termo e recibo de entrega do preso. O recibo de entrega é um documento que comprova que o condutor entregou o preso ao delegado e que a partir daquele momento ele está sob a tutela do Estado.

Em seguida, o delegado procederá à oitiva das testemunhas. A falta de testemunhas da infração não impedirá a lavratura do auto de prisão em flagrante; mas nesse caso, com o condutor, deverão assiná-lo pelo menos duas pessoas que hajam testemunhado a apresentação do preso à autoridade.

Por último, a autoridade policial ouvirá o preso sobre a imputação que lhe é feita, colhendo sua respectiva assinatura. Quando o preso se recusar a assinar, não souber ou não puder fazê-lo, o auto de prisão em flagrante será assinado por duas testemunhas que tenham ouvido a leitura do auto de prisão em flagrante na presença do preso.

A prisão de qualquer pessoa e o local onde se encontre serão comunicados imediatamente ao juiz competente, ao Ministério Público e à família do preso ou à pessoa por ele indicada. Em até 24 horas após a realização da prisão, será encaminhado ao juiz competente o auto de prisão em flagrante e, caso o autuado não informe o nome de seu advogado, cópia integral será entregue à Defensoria Pública.

No mesmo prazo, será entregue ao preso, mediante recibo, a *nota de culpa*, assinada pela autoridade policial, com o motivo da prisão, o nome do condutor e os das testemunhas.

Ao receber o auto de prisão em flagrante, o juiz terá três opções:

I – relaxar a prisão ilegal; ou

II – converter a prisão em flagrante em preventiva, quando presentes os requisitos constantes do art. 312 do CPP, e se revelarem inadequadas ou insuficientes as medidas cautelares diversas da prisão; ou

III – conceder liberdade provisória, com ou sem fiança.

8.4. Prisão Preventiva

8.4.1. Previsão legal

A prisão preventiva está disciplina nos arts. 311 a 316 do CPP.

8.4.2. Legitimidade

A prisão preventiva é atribuição exclusiva do Poder Judiciário. Durante a fase investigativa, o juiz não pode decretar a prisão preventiva de ofício, dependendo de representação da autoridade policial ou requerimento das partes. Entretanto, se já houver ação penal ajuizada, a preventiva pode ser decretada a requerimento do Ministério Público, do querelante, do assistente de acusação ou de ofício pelo próprio magistrado.

8.4.3. Pressupostos (fumus commissi delicti)

Os pressupostos da prisão preventiva traduzem a probabilidade de a pessoa ter praticado a infração penal e estão representados no binômio:

a) Prova da existência do crime; e

b) Indícios suficientes da autoria.

8.4.4. Fundamentos (periculum libertatis)

Além dos pressupostos, para o juiz decretar uma prisão preventiva é preciso que estejam presentes fatores que representem o perigo da liberdade do agente, ou seja, fatores de risco que justifiquem a medida. São eles:

a) Garantia da ordem pública: a expressão "ordem pública" é ambígua, gerando controvérsias tanto do ponto de vista doutrinário quanto do ponto de vista jurisprudencial. Mas tem prevalecido o entendimento que cabe prisão preventiva com base nesse fundamento para evitar que o preso volte a delinquir se estiver em liberdade.

b) Garantia da ordem econômica: esse fundamento foi inserido pela Lei 8.884/1994 e visa evitar a reiteração da prática criminosa que afete a ordem econômica.

c) Conveniência da instrução criminal: cabe prisão preventiva com alicerce nesse fundamento para impedir que o agente, em liberdade, destrua provas.

d) Assegurar a aplicação da lei penal: comporta prisão preventiva com arrimo nessa hipótese sempre que existir risco do agente fugir do distrito da culpa, evitando a aplicação da lei penal.

Além dessas hipóteses elencadas no Código de Processo Penal, há uma quinta hipótese prevista na Lei 7.492/1986 que rege os crimes contra o sistema financeiro nacional. A prisão preventiva do acusado da prática de crime previsto nessa lei poderá ser decretada em razão da *magnitude da lesão causada pela infração*.

8.4.5. Cabimento

É admitida a decretação da prisão preventiva:

a) Nos crimes dolosos punidos com pena privativa de liberdade máxima *superior a 4 anos*;

b) Quando o acusado, condenado por crime doloso, comete outro crime doloso na condição de reincidente;

c) Se o crime envolver violência doméstica e familiar contra a mulher, criança, adolescente, idoso, enfermo ou deficiente, para garantir a execução das medidas protetivas de urgência; e

d) Quando houver dúvida sobre a identidade civil da pessoa ou quando esta não fornecer elementos suficientes para esclarecê-la, devendo o preso ser colocado imediatamente em liberdade após a identificação, salvo se outra hipótese recomendar a manutenção da medida.

Como se vê, a prisão preventiva não é admitida nem nos crimes culposos nem nas contravenções penais.

8.4.6. *Prazo*

O prazo da prisão preventiva é indeterminado. Essa prisão é movida pela clausula *rebus sic stantibus*, ou seja, se a situação das coisas se alterarem, revelando que a medida não é mais necessária, o juiz deverá revogá-la e, se sobrevierem razões que a justifiquem, o juiz deverá de novo decretá-la.

8.4.7. *Prisão preventiva x causas excludente da ilicitude*

A prisão preventiva não será decretada se o juiz verificar pelas provas constantes dos autos ter o agente praticado o fato acobertado por uma das excludentes da ilicitude: legítima defesa, estado de necessidade, estrito cumprimento de dever legal ou exercício regular do direito.

8.5. Prisão Temporária

8.5.1. *Previsão legal*

A prisão temporária está regulada na Lei 7.960/1989.

8.5.2. *Legitimidade*

A prisão temporária só pode ser decretada pelo juiz, a requerimento do Ministério Público ou por representação da autoridade policial. Não pode o magistrado decretar essa custódia sem provocação dos legitimados, *sendo-lhe vedada a prorrogação ex officio.*

8.5.3. *Hipóteses de cabimento*

Nos termos do art. 1º da Lei 7.960/1989, caberá prisão temporária:

I – Quando imprescindível para as investigações do inquérito policial (*periculum in mora*);

II – Quando o indicado não tiver residência fixa ou não fornecer elementos necessários ao esclarecimento de sua identidade (*periculum in mora);*

III – Quando houver fundadas razões de autoria ou participação do indiciado nos seguintes crimes (*fumus commissi delicti*):

a) homicídio doloso;

b) sequestro ou cárcere privado;

c) roubo;

d) extorsão;

e) extorsão mediante sequestro;

f) estupro;

g) atentado violento ao pudor – revogado;

h) rapto violento – revogado;

i) epidemia com resultado de morte;

j) envenenamento de água potável ou substância alimentícia ou medicinal qualificado pela morte;

l) quadrilha ou bando (atualmente é designado de associação criminosa);

m) genocídio;

n) tráfico de drogas;

o) crimes contra o sistema financeiro.

Atenção

De acordo com a doutrina majoritária, para a decretação da prisão temporária, o inciso III deve estar combinado com o inciso I ou com o inciso II.

8.5.4. *Prazo*

A prisão temporária só é cabível na fase investigativa e é a única prisão que tem prazo predefinido em lei.

Em regra, o prazo da prisão temporária é de 5 dias, prorrogável por igual período, em caso de extrema e comprovada necessidade. Entretanto, tratando-se de crime hediondo ou equiparado, o prazo da temporária passa a ser de 30 dias, prorrogáveis por mais 30.

Atenção

O prazo da prisão temporária é regido pelas regras de direito material. Assim, computa-se o dia de início e exclui-se o dia de vencimento, nos termos do art. 10 do CP.

8.5.5. *Formalidades*

Diante do requerimento do Ministério Público ou representação da autoridade policial, o juiz dispõe de 24 horas para decidir sobre essa medida. Na hipótese de representação da autoridade policial, o juiz, antes de decidir, deverá ouvir o órgão ministerial.

Decretada a prisão temporária, o mandado de prisão deverá ser expedido em duas vias, uma das quais será entregue ao indiciado e servirá como nota de culpa. Efetuada a prisão, a autoridade policial informará o preso sobre seus direitos fundamentais elencados na Constituição Federal.

Durante o período da prisão temporária, o juiz poderá, de ofício ou a requerimento do Ministério Público e do advogado, determinar que o preso lhe seja apresentado, solicitar informações e esclarecimentos da autoridade policial e submetê-lo a exame de corpo de delito.

Decorrido o prazo da prisão temporária, o preso deverá ser posto imediatamente em liberdade, salvo se já tiver sido decretada sua prisão preventiva.

Por exigência legal, os presos temporários deverão permanecer, obrigatoriamente, separados dos demais detentos.

8.6. Prisão Domiciliar

Consiste no recolhimento do indiciado ou acusado em sua residência, só podendo dela ausentar-se com autorização judicial. O Código de Processo Penal permite que a prisão preventiva seja substituída pela prisão domiciliar quando o agente for:

a) Maior de 80 anos;

b) Extremamente debilitado por motivo de doença grave;

c) Imprescindível aos cuidados especiais de pessoa menor de 6 anos de idade ou com deficiência; ou

d) Gestante a partir do 7º mês de gravidez ou sendo esta de alto risco.

8.7. Prisão Especial

O Código de Processo Penal confere a algumas pessoas o direito de ser recolhidas em quartéis ou prisão especial enquanto estiverem presas *provisoriamente*. A prisão especial consiste apenas no recolhimento em local diverso da prisão comum ou em cela distinta dos demais presos, caso não haja local específico para os presos especiais. Os demais direitos e deveres do preso especial serão os mesmos do preso comum.

Nos termos do art. 295 do CPP, têm direito a prisão especial:

a) Os ministros de Estado;

b) Os governadores ou interventores de estados ou Territórios, o prefeito do Distrito Federal, seus respectivos secretários, os prefeitos municipais, os vereadores e os chefes de Polícia;

c) Os membros do Parlamento Nacional, do Conselho de Economia Nacional e das Assembleias Legislativas dos estados;

d) Os cidadãos inscritos no "Livro de Mérito";

e) Os oficiais das Forças Armadas e os militares dos estados, do Distrito Federal e dos Territórios;

f) Os magistrados;

g) Os diplomados por qualquer das faculdades superiores da República;

h) Os ministros de confissão religiosa;

i) Os ministros do Tribunal de Contas;

j) Os cidadãos que já tiverem exercido efetivamente a função de jurado, salvo quando excluídos da lista por motivo de incapacidade para o exercício daquela função;

l) Os delegados de polícia e os guardas-civis dos estados e Territórios, ativos e inativos.

Algumas figuras, nesse rol, são inconciliáveis com a atual ordem constitucional, como é o caso dos interventores, que não existem mais.

Os inferiores e praças de pré, onde for possível, serão recolhidos à prisão, em estabelecimentos militares, de acordo com os respectivos regulamentos.

No caso de advogados, defensores públicos, jornalistas, membros do Ministério Público e do Judiciário, a prisão provisória deverá ser efetivada em sala de Estado-Maior. Trata-se de uma sala (e não cela ou cadeia), sem grades ou portas trancadas instalada no Comando das Forças Armadas ou outra instituição militar.

Já o preso que, no tempo do fato, era funcionário da Administração da Justiça Criminal goza do privilégio do recolhimento em separado mesmo depois do trânsito em julgado da sentença condenatória, por expressa disposição legal.

8.8. Prisão em Perseguição

Se, para evitar a prisão, uma pessoa empreender fuga e, sendo perseguida, passar ao território de outro município ou comarca, o executor poderá efetuar sua prisão no lugar onde a alcançar. Em seguida, o preso será imediatamente apresentado à autoridade local, que, após a lavratura do auto de prisão em flagrante, providenciará a remoção do preso para a comarca competente para apreciar o fato delituoso.

8.9. Uso das Algemas

O Código de Processo Penal dispõe que não é permitido o emprego de força, salvo a indispensável no caso de resistência ou de tentativa de fuga do preso. Mas o legislador nunca disciplinou sobre o uso das algemas no nosso ordenamento jurídico, criando grandes divergências.

Atenção

Para evitar dúvidas acerca do tema, o Supremo Tribunal Federal editou a Súmula Vinculante 11, com o seguinte teor: "Só é lícito o uso de algemas em caso de resistência e de fundado receio de fuga ou de perigo à integridade física própria ou alheia, por parte do preso ou de terceiros, justificada a excepcionalidade por escrito, sob pena de responsabilidade disciplinar civil e penal do agente ou da autoridade e de nulidade da prisão ou do ato processual a que se refere, sem prejuízo da responsabilidade civil do Estado."

9. PROCEDIMENTO

9.1. Considerações Gerais

O procedimento, em matéria criminal, pode ser comum ou especial.

O *procedimento especial* é "todo aquele previsto no Código de Processo Penal ou em leis especiais para as hipóteses legais específicas, incorporando regras próprias de tramitação processual visando à apuração dos crimes que constituem o objeto de sua disciplina" (Avena, 2009, p. 639). Exemplos: procedimento do Tribunal do Júri, da Lei de Drogas, dos crimes contra a honra etc.

Já o *procedimento comum* é "o rito padrão ditado pelo Código de Processo Penal para ser aplicado residualmente, ou seja, na apuração de crimes para os quais não haja procedimento especial previsto em lei" (Avena, 2009, p. 639).

O procedimento comum pode ser ordinário, sumário ou sumaríssimo:

a) O *procedimento ordinário* é utilizado para apurar infrações cuja sanção máxima cominada seja *igual ou superior a 4 anos* de pena privativa de liberdade;

b) O *procedimento sumário* é utilizado para apurar infrações cuja sanção máxima cominada seja *inferior a 4 anos* de pena privativa de liberdade;

c) O *procedimento sumaríssimo* é utilizado para apurar infrações penais de menor potencial ofensivo. Consideram-se infrações penais de menor potencial ofensivo as *contravenções penais* e os crimes a que a lei comine pena máxima *não superior a 2 anos*, cumulada ou não com multa.

9.2. Procedimento Comum Ordinário

Praticada uma infração penal, em regra, deve ser instaurado um inquérito policial para apuração da infração penal e sua autoria. Encerrado o inquérito, os autos deverão ser remetidos para o juiz; se o crime for de ação penal pública, o magistrado deverá abrir vistas para o Ministério Público para, se for o caso, oferecer a denúncia; se o crime for de ação penal privada, aguarda-se a iniciativa da vítima, por meio de seu advogado, para oferecer a queixa-crime.

Nos termos do art. 41 do CPP a denúncia ou queixa deverão conter:

a) a exposição do fato criminoso, com todas as suas circunstâncias;

b) a qualificação do acusado ou esclarecimentos pelos quais se possa identificá-lo;

c) a classificação do crime; e

d) quando necessário, o rol das testemunhas.

Oferecida a inicial acusatória, os autos irão conclusos para o magistrado analisar se é caso de rejeição liminar ou recebimento da petição inicial.

A denúncia ou queixa será rejeitada quando:

a) For manifestamente inepta;

b) Faltar pressuposto processual ou condição para o exercício da ação penal; ou

c) Faltar justa causa para o exercício da ação penal.

Se o juiz não rejeitar liminarmente a inicial, recebê-la-á e ordenará a citação do acusado para responder à acusação, por escrito, no prazo de 10 dias.

Na resposta, o acusado poderá arguir preliminares e alegar tudo o que interesse à sua defesa, oferecer documentos e justificações, especificar as provas que pretende produzir e arrolar testemunhas, qualificando-as e requerendo sua intimação, quando necessário.

A resposta à acusação é peça obrigatória, sob pena de nulidade absoluta, por violação aos princípios constitucionais do contraditório, da ampla defesa e do devido processo legal. Se a resposta não for apresentada dentro do prazo legal, o juiz deverá nomear um defensor dativo para apresentar a resposta à acusação, devolvendo-lhe o prazo 10 dias.

Após a resposta à acusação, os autos retornam conclusos para o magistrado para que ele possa analisar se é caso de julgamento antecipado da demanda criminal, absolvendo sumariamente o acusado quando:

a) Existir manifesta causa excludente da ilicitude do fato;

b) Existir manifesta causa excludente da culpabilidade do agente, salvo inimputabilidade;

c) Verificar que o fato narrado evidentemente não constitui crime; ou

d) Estiver extinta a punibilidade do agente.

Se o juiz não reconhecer que está presente qualquer hipótese de absolvição sumária, designará dia e hora para a audiência, ordenando a intimação do acusado, de seu defensor, do Ministério Público e, se for o caso, do querelante e do assistente.

A audiência de instrução e julgamento deve ser realizada no prazo máximo de 60 dias. As provas deverão ser produzidas numa só audiência, podendo o juiz indeferir as consideradas irrelevantes, impertinentes ou protelatórias.

Na audiência, as provas deverão ser colhidas na seguinte ordem:

a) Tomada de declarações do ofendido;

b) Inquirição das testemunhas arroladas pela acusação e pela defesa, nessa ordem. Na instrução poderão ser inquiridas até 8 testemunhas arroladas pela acusação e 8 pela defesa. Nesse número não se compreendem as testemunhas que não prestem compromisso de dizer a verdade e as testemunhas referidas;

c) Esclarecimentos dos peritos. As partes poderão requerer ainda a oitiva do perito em audiência para responder os quesitos ou esclarecer a prova, desde que o mandado de intimação e os quesitos sejam encaminhados ao perito com antecedência mínima de 10 dias;

d) Acareações;

e) Reconhecimento de pessoas e coisas;

f) Interrogatório do acusado.

Produzidas as provas, no final da audiência o Ministério Público, o querelante e o assistente e, a seguir, o acusado poderão requerer diligências cuja necessidade se origine de circunstâncias ou fatos apurados na instrução.

Se não houver requerimento de diligências ou havendo o requerimento, mas sendo indeferido, o juiz concederá às partes a oportunidade para apresentarem as alegações finais na forma oral. Para tanto, o juiz concederá primeiro para acusação e depois para a defesa um prazo de 20 minutos, prorrogáveis por mais 10. Havendo mais de um acusado, o tempo previsto para a defesa de cada um será individual. Havendo assistente de acusação, esse se manifestará em 10 minutos logo após o Ministério Público, prorrogando-se por igual período o tempo de manifestação da defesa. Em seguida, o juiz proferirá a sentença em audiência.

Por outro lado, se houver requerimento de diligência e sendo deferido ou considerados a complexidade do caso ou o número excessivo de acusados, o juiz concederá às partes sucessivamente o prazo de 5 dias para a apresentação de memoriais e, nesse caso, o juiz disporá de 10 dias para proferir a sentença.

Diante do princípio da identidade física do juiz, o magistrado que presidiu a instrução deverá proferir a sentença.

9.3. Procedimento Comum Sumário

O procedimento sumário se assemelha muito com o procedimento ordinário, distinguindo-se por poucas peculiaridades:

Procedimento ordinário	Procedimento sumário
Utilizado para apurar infrações cuja sanção máxima cominada seja *igual ou superior a 4 anos* de pena privativa de liberdade.	Utilizado para apurar infrações cuja sanção máxima cominada seja *inferior a 4 anos* de pena privativa de liberdade.
As partes poderão arrolar até no máximo *8 testemunhas.*	As partes poderão arrolar até no máximo *5 testemunhas.*
A audiência de instrução e julgamento deve ser realizada no prazo máximo de *60 dias.*	A audiência de instrução e julgamento deve ser realizada no prazo máximo de *30 dias.*
Finda a instrução probatória, é facultado às partes requerem *diligências.*	Não existe essa previsão legal para esse procedimento.

O juiz, primeiro, ouve as testemunhas da acusação e depois da defesa, e só é possível a inversão dessa ordem se houver concordância da defesa.	Se uma testemunha da acusação for faltosa, a testemunha da defesa que comparecer será inquirida, independentemente da suspensão da audiência. Portanto, nesse procedimento, diferentemente do procedimento ordinário, é possível inversão da ordem, independentemente de aquiescência da defesa.

9.4. Procedimento Comum Sumaríssimo

O rito sumaríssimo é regulado pela Lei 9.099/1995 e aplicado nos Juizados Especiais Criminais para apurar infrações de menor potencial ofensivo. Consideram-se infrações penais de menor potencial ofensivo as contravenções penais e os crimes a que a lei comine pena máxima não superior a 2 anos, cumulada ou não com multa.

O procedimento sumaríssimo não será aplicado, porém, independentemente da pena prevista, nos crimes militares, nos crimes praticados mediante violência doméstica ou familiar contra a mulher e quando a causa for complexa ou houver necessidade de citação por edital (se o acusado não for encontrado para ser citado pessoalmente, o juiz encaminhará as peças existentes ao juízo comum para adoção do procedimento sumário).

O processo perante o Juizado Especial Criminal orienta-se pelos critérios da oralidade, informalidade, economia processual e celeridade, objetivando, sempre que possível, a reparação dos danos sofridos pela vítima e a aplicação de pena não privativa de liberdade.

Esse rito é composto por três fases bem definidas:

a) Fase preliminar

Ao tomar conhecimento da ocorrência de infração de menor potencial ofensivo, o delegado deverá lavrar um termo circunstanciado de ocorrência e, em caso de prisão em flagrante, deverá: a) encaminhar o autor do fato ao Juizado Especial Criminal; ou b) se não for possível encaminhá-lo imediatamente ao Juizado, tomar o compromisso de comparecer. Se uma dessas opções for adotada, a prisão em flagrante não será imposta.

b) Audiência preliminar

Na audiência preliminar, o Juiz esclarecerá sobre a possibilidade da *composição dos danos e da aceitação da proposta de aplicação imediata de pena não privativa de liberdade.*

A composição civil é um acordo realizado entre o autor do fato e a vítima. Se o crime for de ação penal pública incondicionada, a composição civil não interfere no andamento do processo. Mas, tratando-se de crime de ação penal pública condicionada ou ação penal privada, o acordo homologado acarreta a renúncia ao direito de queixa ou representação. A composição dos danos civis, homologada pelo juiz mediante sentença irrecorrível, terá eficácia de título executivo judicial e poderá ser executada no juízo civil.

Por outro lado, não obtida a composição dos danos civis, será dada imediatamente ao ofendido a oportunidade de exercer o direito de representação verbal, que será reduzida a termo. O não oferecimento da representação na audiência preliminar não implica decadência do direito, que poderá ser exercido no prazo de 6 meses.

Havendo representação ou tratando-se de crime de ação penal pública incondicionada, não sendo caso de arquivamento, o Ministério Público poderá propor a transação penal, que é a proposta de aplicação imediata de pena restritiva de direitos ou multas. Nas hipóteses de ser a pena de multa a única aplicável, o juiz poderá, até, reduzi-la até a metade.

Não se admitirá a proposta se ficar comprovado:

✓ Ter sido o autor da infração condenado, pela prática de crime, à pena privativa de liberdade, por sentença definitiva;

✓ Ter sido o agente beneficiado anteriormente, no prazo de cinco anos, pela aplicação de pena restritiva de direito ou multa;

✓ Não indicarem os antecedentes, a conduta social e a personalidade do agente, bem como os motivos e as circunstâncias, ser necessária e suficiente a adoção da medida.

Aceita a proposta pelo autor da infração, o juiz aplicará a pena restritiva de direitos ou multa, que não importará em reincidência, sendo registrada apenas para impedir novamente o mesmo benefício no prazo de cinco anos.

Não tendo ocorrido a extinção de punibilidade pela composição civil ou a transação penal, o Ministério Público terá oportunidade de oferecer a denúncia e, no caso de ação penal de iniciativa privada, o ofendido poderá oferecer a queixa-crime.

Oferecida a denúncia ou queixa, será reduzida a termo, entregando-se cópia ao acusado, que com ela ficará citado e imediatamente cientificado da designação de dia e hora para a audiência de instrução e julgamento, da qual também tomarão ciência o Ministério Público, o ofendido, o responsável civil e seus advogados.

c) Audiência de instrução

Aberta a audiência, será dada a palavra ao defensor para responder à acusação e, em seguida, o juiz decidirá se recebe ou não a inicial acusatória.

Da decisão que rejeitar a denúncia ou queixa caberá apelação no prazo de 10 dias, que será julgada por uma turma recursal, composta de três juízes em exercício no primeiro grau de jurisdição.

Nessa audiência, o Ministério Público, depois de oferecer a denúncia, poderá propor a suspensão condicional do processo, nos crimes cuja pena mínima cominada seja *igual ou inferior a 1 ano*, submetendo o acusado a um período de prova de 2 a 4 anos. A suspensão condicional do processo não é um instituto exclusivo do rito sumaríssimo; ele pode ser aplicado a qualquer procedimento, desde que o crime possua pena mínima de 1 ano e o acusado não tenha sido processado ou condenado por outro crime.

Aceita a proposta pelo acusado e seu defensor, na presença do juiz, este, recebendo a denúncia, poderá suspender o processo, submetendo o acusado a período de prova, sob as seguintes condições: a) reparação do dano, salvo impossibilidade de fazê-lo; b) proibição de frequentar determinados lugares; c) proibição de ausentar-se da comarca onde reside, sem autorização do magistrado; e d) comparecimento pessoal e obrigatório em juízo, mensalmente, para informar e justificar suas atividades. O juiz poderá especificar, ainda, outras condições, desde que adequadas ao fato e à situação pessoal do acusado.

A suspensão será revogada se, no curso do prazo, o beneficiário vier a ser processado por outro crime; não efetuar, sem motivo justificado, a reparação do dano; vier a ser processado por contravenção ou descumprir qualquer outra condição imposta. Expirado o prazo sem revogação, o juiz declarará extinta a punibilidade do agente.

Se não for proposta a suspensão condicional do processo ou o acusado não aceitá-la, a instrução tramitará regularmente.

Se o juiz decidir pelo recebimento da inicial acusatória, serão ouvidas a vítima e as testemunhas de acusação e defesa e em seguida o acusado, passando imediatamente aos debates orais e à prolação da sentença.

9.5. Procedimento especial do tribunal do júri

O Tribunal do Júri é o órgão popular competente para julgar os crimes dolosos contra a vida: homicídio, aborto, infanticídio e auxílio, instigação e induzimento ao suicídio.

9.5.1. Princípios

O art. 5º, XXXVIII, da CF indica os princípios reitores do tribunal do júri:

a) Plenitude de defesa

Permite que sejam utilizados não somente argumentos técnicos, mas também extrajurídicos como os argumentos de natureza sentimental, social e até mesmo de política criminal para influenciar no convencimento dos jurados.

b) Sigilo das votações

Por força da garantia constitucional do sigilo das votações é vedado alguém saber o voto dos jurados. Para tanto, as votações devem ocorrer em uma sala especial, na presença apenas do juiz presidente, dos jurados, do membro do Ministério Público, do advogado e dos auxiliares da justiça. Na falta de sala especial, o juiz presidente deverá determinar que o público se retire, permanecendo somente essas pessoas mencionadas. Ademais, como forma de garantir o sigilo das votações, o juiz deverá estar atento para não divulgar uma decisão unânime suspendendo a divulgação dos votos quando o quesito já estiver definido por mais de três votos no mesmo sentido.

c) Soberania dos veredictos

Significa que, no *mérito*, a decisão dos jurados não pode ser modificada pelo juiz togado ou pelo tribunal que venha a apreciar o recurso. Isso não significa que a decisão dos jurados seja irrecorrível. O princípio da soberania dos veredictos impede que o Tribunal decida especificamente sobre a pretensão punitiva (mérito), mas não impede que, havendo recurso, o órgão *ad quem* casse a decisão e determine que o acusado seja submetido a um novo julgamento perante o júri popular (art. 593, III, *d*, do CPP).

d) Competência para o julgamento de crimes dolosos contra a vida

Compete ao tribunal do júri processar e julgar os crimes dolosos contra a vida, tentados ou consumados. Trata-se de cláusula pétrea que não pode ser afastada nem mesmo por emenda constitucional (art. 60, § 4º, IV, da CF). Além dos crimes dolosos contra a vida, compete ao tribunal do júri julgar os crimes conexos a eles, exceto os crimes militares ou eleitorais, caso em que se impõe a separação dos processos. Vale lembrar que o genocídio não é considerado um crime contra a vida, pois tutela grupo nacional, ético, racial ou religioso e, por essa razão, deve ser julgado perante o juiz singular. No mesmo sentido, o latrocínio não é considerado crime contra a vida, mas sim contra o patrimônio e, portanto, também é apreciado perante o juiz singular, e não pelo tribunal do júri (Súmula 603 do STF).

9.5.2. Fases do Tribunal do Júri

O procedimento do tribunal do júri é bifásico, isto é, escalonado, por ser estruturado em duas fases distintas: (I) a primeira fase, denominada *iudicium accusationis*, juízo de admissibilidade, sumário da culpa ou juízo de acusação; e (II) a segunda fase, chamada *iudicium causae* ou juízo de mérito. Enquanto a primeira fase se inicia com a denúncia e desenvolve-se perante o juiz singular (sumariante), a segunda fase é iniciada com os preparativos para o plenário do tribunal do júri para que os fatos sejam apreciados pelos jurados, sob a presidência do juiz togado.

9.5.2.1. Iudicium accusationis

Essa fase tem início com a peça acusatória (denúncia ou queixa-subsidiária), na qual poderão ser arroladas até oito testemunhas. Oferecida a inicial, os autos irão conclusos para o magistrado para analisar se é caso de rejeição liminar ou recebimento da petição.

Se o juiz não rejeitar liminarmente a inicial, recebê-la-á e ordenará a citação do acusado para responder à acusação, por escrito, no prazo de 10 dias. Esse prazo deve ser contado a partir do efetivo cumprimento do mandado ou do comparecimento em juízo do réu ou de seu defensor quando inválida a citação ou realizada esta por edital. Observe, portanto, que esse prazo não é contado a partir da juntada do mandado aos autos, mas do cumprimento da diligência. Na resposta, o acusado poderá arguir preliminares e alegar tudo que interesse à sua defesa, oferecer documentos e justificações, especificar as provas pretendidas e arrolar testemunhas, até o máximo de oito, qualificando-as e requerendo sua intimação, quando necessário.

Conforme esclarecido anteriormente, a resposta à acusação é peça obrigatória, sob pena de nulidade absoluta, por violação aos princípios constitucionais do contraditório, da ampla defesa e do devido processo legal. Não apresentada a resposta no prazo legal, o juiz nomeará defensor para oferecê-la em até dez dias, concedendo-lhe vista dos autos.

Apresentada a defesa, o juiz ouvirá o Ministério Público ou o querelante sobre preliminares e documentos, em cinco dias. Em seguida, o juiz designará audiência de instrução, para que sejam inquiridas testemunhas, e determinará a realização de diligências requeridas pelas partes.

Na audiência de instrução, proceder-se-á à tomada de declarações do ofendido, se possível, à inquirição das testemunhas arroladas pela acusação e pela defesa, nesta ordem, bem como aos esclarecimentos dos peritos, às acareações e ao reconhecimento de pessoas e coisas, interrogando-se, em seguida, o acusado e procedendo-se os debates orais. Para tanto, primeiro, o juiz concede a palavra para a acusação e depois para a defesa pelo prazo de vinte minutos, cada, prorrogáveis por mais dez. Caso haja mais de um acusado, o tempo previsto para a acusação e a defesa de cada um deles deverá ser computado individualmente. A manifestação do assistente de acusação terá lugar após a do Ministério Público, concedendo-lhe dez minutos. Nesse caso, será prorrogado por igual período o tempo de manifestação da defesa, em respeito à paridade de armas.

Encerrados os debates, o juiz proferirá sua decisão imediatamente em audiência, ou a fará em dez dias. Encerrada a instrução probatória, o juiz poderá: (I) pronunciar o réu; (II) impronunciá-lo; (III) absolvê-lo sumariamente; ou (IV) desclassificar a infração dolosa contra a vida.

(I) Pronúncia

O juiz pronuncia o acusado quando estiver convencido da materialidade do fato e da existência de indícios suficientes de autoria ou de participação, dando início à segunda fase do tribunal do júri.

A pronúncia tem natureza de decisão interlocutória mista não terminativa. É interlocutória porque não decide o mérito da causa; é mista porque encerra uma fase do procedimento; e é não terminativa porque não encerra o processo.

Como qualquer decisão, ela deve ser fundamentada, mas o juiz deve tomar cuidado para não incidir na eloquência acusatória. O juiz deve fundamentar, apreciando as provas, mas sem tecer valorações subjetivas em prol de uma parte ou de outra para não se exceder e antecipar o juízo de condenação.

Na decisão de pronúncia, o juiz não aprecia circunstâncias judiciais, atenuantes ou agravantes, tampouco privilégio, porque é matéria que diz respeito à individualização da pena. Já as qualificadoras e as causas de aumento de pena específicas são enfrentadas por ocasião da pronúncia, porquanto compõem o próprio tipo base. As teses de defesa também são enfrentadas na pronúncia, no entanto, o juiz deve esclarecer que a dúvida sobre a incidência da tese não autoriza seu acolhimento imediato, razão pela qual deve ser assegurado o julgamento do réu pelo júri popular.

Ocorrendo erro de tipificação dos fatos narrados na inicial acusatória, o magistrado deverá corrigi-lo no momento da pronúncia, dando o enquadramento adequado por meio da *emendatio libelli*. Já se os fatos revelados na instrução da primeira fase forem distintos dos narrados na denúncia, como a descoberta de qualificadora não contemplada na narração da inicial, deve o magistrado, antes de proferir a pronúncia, abrir vistas ao Ministério Público para que adite a inicial, e, na sequência, oportunizar que a defesa se manifeste, em até três dias, podendo indicar três testemunhas para combater os fatos novos, aplicando-se, portanto, o instituto da *mutatio libelli*.

Prolatada a pronúncia, devem ser dela intimados pessoalmente o acusado, o defensor nomeado e o Ministério Público e, por publicação, o defensor constituído, o querelante e o assistente de acusação. O acusado solto que não for encontrado deve ser intimado por edital. Por derradeiro, vale registrar que na pronúncia deve o magistrado decidir se o réu enfrentará a segunda fase de julgamento preso preventivamente ou em liberdade. Se o crime for afiançável, o juiz arbitrará o valor da fiança para a concessão ou manutenção da liberdade provisória.

(II) Impronúncia

O juiz impronuncia o acusado quando não se convencer da materialidade do fato ou da existência de indícios suficientes de autoria ou de participação. Com essa decisão, o juiz encerra o *judicium accustionis* sem inaugurar a segunda fase do tribunal do júri.

Trata-se de decisão interlocutória mista terminativa. É decisão interlocutória porque não julga a pretensão punitiva, para dizer se o acusado é culpado ou inocente; é mista porque põe fim a uma fase procedimental; e é terminativa porque acarreta a extinção do processo antes do final do procedimento.

A decisão de impronúncia só faz coisa julgada formal, já que não impede o ajuizamento de uma nova ação penal na hipótese de surgirem novas provas, antes que ocorra a extinção da punibilidade.

(III) Absolvição sumária

O juiz absolverá desde logo o réu, quando: (I) provada a inexistência do fato, provado não ser ele autor ou partícipe; (II) o fato não constituir infração penal (atipicidade); (III) quando restar demonstrada causa de isenção de pena ou exclusão do crime (ou seja, quando a infração for praticada sob o amparo de causa excludente da ilicitude ou da culpabilidade, exceto a inimputabilidade). A absolvição sumária julga o mérito da ação penal de maneira antecipada, encerrando a primeira fase do rito escalonado do júri, sem dar seguimento à segunda fase. Havendo crimes conexos, o juiz que absolver sumariamente o acusado pelo crime doloso contra a vida deve determinar a extração de cópias dos autos, remetendo-as ao juízo competente.

(IV) Desclassificação

Se o juiz sumariante concluir que o fato narrado na peça acusatória não diz respeito a crime doloso contra a vida, deverá proceder a desclassificação da imputação e remeter os autos ao juiz que o seja. Remetidos os autos do processo ao outro juiz, o acusado preso ficará à disposição dele.

9.5.2.2. Iudicium causae

Preclusa a decisão de pronúncia, ao receber os autos, o presidente do tribunal do júri determinará a intimação do órgão do Ministério Público ou do querelante, no caso de queixa, e do defensor, para, no prazo de cinco dias, apresentarem rol de testemunhas que irão depor em plenário, até o máximo de cinco, oportunidade em que poderão juntar documentos e requerer diligência.

Deliberando sobre os requerimentos de provas a serem produzidas ou exibidas no plenário do júri, e adotadas as providências devidas, o juiz presidente: (I) ordenará as diligências necessárias para sanar qualquer nulidade ou esclarecer fato que interesse ao julgamento da causa; e (II) fará relatório sucinto do processo, determinando sua inclusão em pauta da reunião do tribunal do júri.

a) Desaforamento

Se o interesse da ordem pública o reclamar ou houver dúvida sobre a imparcialidade do júri ou sobre a segurança pessoal do acusado, o Tribunal, a requerimento do Ministério Público, do assistente, do querelante, do acusado ou mediante representação do juiz competente, poderá determinar o desaforamento do julgamento para outra comarca da mesma região, onde não existam esses motivos, preferindo-se as mais próximas. O desaforamento também poderá ser determinado, em razão do comprovado excesso de serviço, se o julgamento não puder ser realizado no prazo de seis meses, contado do trânsito em julgado da decisão de pronúncia. Para a contagem desse prazo, não se computará o tempo de adiamentos, diligências ou incidentes de interesse da defesa.

O desaforamento, via de regra, só pode ocorrer após a preclusão da pronúncia do acusado. Na pendência de recurso contra a decisão de pronúncia ou quando efetivado o julgamento, não se admitirá o pedido de desaforamento, salvo, nesta última hipótese, quanto a fato ocorrido durante ou após a realização de julgamento anulado.

O pedido de desaforamento é apreciado pelo Tribunal e terá preferência de julgamento na Câmara ou Turma competente. Sendo relevantes os motivos alegados, o relator poderá determinar, fundamentadamente, a suspensão do julgamento pelo júri e será ouvido o juiz presidente, quando a medida não tiver sido por ele solicitada.

b) Alistamento dos jurados

Antes da organização da pauta, do sorteio e da convocação dos jurados para a reunião periódica ou extraordinária, será elaborada a listagem geral de jurados, com a indicação das respectivas profissões. Essa lista deve ser anualmente completada. O juiz presidente requisitará às autoridades locais, associações de classe e de bairro, entidades associativas e culturais, instituições de ensino em geral, universidades, sindicatos, repartições públicas e outros núcleos comunitários a indicação de pessoas que reúnam as condições para exercer a função de jurado.

Anualmente, serão alistados pelo presidente do tribunal do júri de oitocentos a um mil e quinhentos jurados nas comarcas de mais de um milhão de habitantes, de trezentos a setecentos nas comarcas de mais de cem mil habitantes e de oitenta a quatrocentos nas comarcas de menor população. O número de jurados poderá ser ampliado nas comarcas onde houver necessidade, bem como pode ser organizada lista de suplentes, depositadas as cédulas em urna especial.

A lista geral dos jurados deve ser publicada pela imprensa até o dia dez de outubro de cada ano e divulgada em editais afixados à porta do tribunal do júri, podendo ser alterada, de ofício ou mediante reclamação de qualquer do povo ao juiz presidente até o dia dez de novembro, data de sua publicação definitiva.

c) Organização da pauta

Conforme se deduz, a organização da pauta do júri pressupõe o alistamento dos jurados em uma lista geral. Salvo motivo relevante que autorize alteração na ordem dos julgamentos, terão preferência: (I) os acusados presos; (II) dentre os acusados presos, aqueles que estiverem há mais tempo na prisão; e (III) em igualdade de condições, os precedentemente pronunciados.

Antes do dia designado para o primeiro julgamento da reunião periódica, será afixada na porta do edifício do tribunal do júri a lista dos processos a serem julgados, obedecida essa ordem. O assistente somente será admitido se tiver requerido sua habilitação até cinco dias antes da data da sessão na qual pretenda atuar. Estando o processo em ordem, o juiz presidente mandará intimar as partes, o ofendido, se for possível, as testemunhas e os peritos, quando houver requerimento, para a sessão de instrução e julgamento.

d) Sorteio e convocação dos jurados

Em seguida à organização da pauta, o juiz presidente determinará a intimação do Ministério Público, da Ordem dos Advogados do Brasil e da Defensoria Pública para acompanharem, em dia e hora designados, o sorteio dos jurados que atuarão na reunião periódica. Esse sorteio é presidido pelo juiz e será feito a portas abertas, cabendo-lhe retirar as cédulas até completar o número de vinte e cinco jurados para a reunião periódica ou extraordinária. O sorteio será realizado entre o décimo quinto e o décimo dias úteis antecedentes à instalação da reunião. A audiência de sorteio não será adiada pelo não comparecimento das partes. O jurado não sorteado poderá ter o seu nome novamente incluído para as reuniões futuras e os jurados sorteados serão convocados pelo correio ou por qualquer outro meio hábil para comparecer no dia e hora designados para a reunião, sob as penas da lei. Serão afixados na porta do edifício do tribunal do júri a relação dos jurados convocados, os nomes do acusado e dos procuradores das partes, além do dia, hora e local das sessões de instrução e julgamento.

e) Função de jurado

O serviço do júri é obrigatório e o alistamento compreenderá apenas os cidadãos maiores de 18 anos de notória idoneidade. Nenhum cidadão será excluído dos trabalhos do júri ou deixará de ser alistado em razão de cor ou etnia, raça, credo, sexo, profissão, classe social ou econômica, origem ou grau de instrução. A recusa injustificada ao serviço do júri acarretará multa no valor de um a dez salários mínimos, a critério do juiz, de acordo com a condição econômica do jurado. Também será imposta multa ao jurado que, sem causa legítima, deixar de comparecer no dia marcado para a sessão ou se retirar antes de ser dispensado pelo presidente, no valor de um a dez salários mínimos de acordo com a sua condição econômica.

Não obstante, em razão do cargo, função pública, mandato eletivo ou por situações particulares justificáveis, são isentas do serviço do júri: (I) o Presidente da República e os Ministros de Estado; (II) os Governadores e seus respectivos secretários; (III) os membros do Congresso Nacional, das Assembleias Legislativas e das Câmaras Distrital e Municipais; (IV) os Prefeitos Municipais; (V) os Magistrados e membros do Ministério Público e da Defensoria Pública; (VI) os servidores do Poder Judiciário, do Ministério Público e da Defensoria Pública; (VII) as autoridades e os servidores da polícia e da segurança pública; (VIII) os militares em serviço ativo; (IX) os cidadãos maiores de 70 anos que requeiram sua dispensa; e (X) aqueles que o requererem, demonstrando justo impedimento.

A recusa do serviço do júri, quando fundada em convicção religiosa, filosófica ou política, importará no dever de prestar serviço alternativo, de caráter administrativo, assistencial, filantrópico ou mesmo produtivo, no Poder Judiciário, na Defensoria Pública, no Ministério Público ou em entidade conveniada para esses fins, sob pena de suspensão dos direitos políticos.

Nenhum desconto será feito nos vencimentos ou salário do jurado sorteado que comparecer à sessão do júri e eles, no exercício da função ou a pretexto de exercê-la, será responsável criminalmente nos mesmos termos em que o são os juízes togados.

f) Sessões do tribunal do júri

Antes de declarar instalados os trabalhos, cabe ao juiz presidente verificar a presença das partes, das testemunhas e dos jurados.

Se o Ministério Público não comparecer, o juiz presidente adiará o julgamento para a data mais próxima. Se a ausência não for justificada, o fato será imediatamente comunicado ao Procurador-Geral de Justiça com a data designada para a nova sessão.

Se a falta, sem escusa legítima, for do advogado do acusado, e se outro não for por constituído, o juiz também designará outra data para nova sessão e o fato deverá ser imediatamente comunicado ao presidente da seccional da Ordem dos Advogados do Brasil. Não havendo escusa legítima, o julgamento será adiado somente uma vez, devendo o acusado ser julgado quando chamado novamente. Nesse caso, o juiz intimará a Defensoria Pública para o novo julgamento, que será adiado para o primeiro dia desimpedido, observado o prazo mínimo de dez dias.

Se a ausência for do acusado solto, do assistente de acusação ou do advogado do querelante, que tiverem sido regularmente intimados, o julgamento não será adiado pelo não comparecimento deles. Por outro lado, como a presença de acusado preso é obrigatória, se ele não for conduzido, o julgamento deverá ser adiado para o primeiro dia desimpedido, salvo se houver pedido de dispensa de comparecimento subscrito por ele e seu defensor.

Já em relação às testemunhas, para que a falta delas ao plenário seja capaz de adiar o julgamento, a parte deve arrolá-la no momento adequado, com a menção de seu caráter de imprescindibilidade. Nessa hipótese, sua ausência pode determinar sua condução coercitiva ou o adiamento da sessão, caso não seja possível encontrá-la no dia do julgamento.

Depois de verificada a presença das partes e das testemunhas o juiz verificará se a urna contém a cédula com dos vinte e cinco jurados, determinando que o escrivão proceda a chamada deles. Para que o juiz declare instalados os trabalhos, há necessidade da presença de pelo menos quinze jurados. Caso não haja a presença desse número mínimo, o juiz deverá proceder ao sorteio de tantos suplentes quantos necessários, e designará nova data para a sessão do júri.

g) Formação do conselho de sentença

Comparecendo as partes, as testemunhas e o número mínimo de jurados, será realizado o sorteio que formará o conselho de sentença.

Antes do sorteio, o juiz deve advertir os jurados acerca dos impedimentos, suspeições e incompatibilidades previstas nos arts. 448 e 449 do CPP. Também se aplicará aos jurados o disposto sobre os impedimentos, a suspeição e as incompatibilidades dos juízes togados.

São impedidos de servir no mesmo conselho: (I) marido e mulher; (II) ascendente e descendente; (III) sogro e genro ou nora; (IV) irmãos e cunhados, durante o cunhadio; (V) tio e sobrinho; (VI) padrasto, madrasta ou enteado. O mesmo impedimento ocorrerá em relação às pessoas que mantenham união estável reconhecida como entidade familiar. Dos impedidos entre si por parentesco ou relação de convivência, servirá o que houver sido sorteado em primeiro lugar. Também não poderá servir o jurado que: (I) tiver funcionado em julgamento anterior do mesmo processo, independentemente da causa determinante do julgamento posterior; (II) no caso do concurso de pessoas, houver integrado o conselho de sentença que julgou o outro acusado; e (III) tiver manifestado prévia disposição para condenar ou absolver o acusado.

O mesmo conselho de sentença poderá conhecer mais de um processo, no mesmo dia, se as partes assim aceitarem, hipótese em que seus integrantes deverão prestar novo compromisso.

h) Atos instrutórios

Formado o conselho de sentença e prestado o compromisso pelos jurados, abre-se lugar para a instrução plenária quando, então, o juiz presidente tomará as declarações do ofendido e das testemunhas arroladas pela acusação e defesa. Na sequência, as partes e os jurados poderão requerer acareações, reconhecimento de pessoas e coisas, esclarecimento dos peritos, a leitura de peças que se refiram, exclusivamente, às provas colhidas por carta precatória e às provas cautelares, antecipadas ou não repetíveis e, por último, o acusado deverá ser interrogado, se estiver presente na sessão de julgamento.

Quem pergunta primeiro no plenário do júri é o juiz presidente e, somente depois, as partes poderão formular perguntas ao ofendido, testemunhas ou acusado para que esclareça algum ponto de suas declarações, devendo fazê-lo diretamente, sem intermédio do juiz presidente. Já as reperguntas dos jurados, necessariamente, deve passar pelo presidente do tribunal do júri para evitar que as perguntas por eles formuladas induzam a resposta ou, equivocadamente, revelem seu voto.

i) Debates e poderes do juiz

Finda a instrução probatória, são iniciadas as sustentações orais. O tempo destinado à acusação e à defesa será de uma hora e meia para cada. Após, poderá haver réplica da acusação e a defesa poderá apresentar tréplica, pelo lapso de uma hora, cada parte. Havendo mais de um acusador ou mais de um defensor, eles combinarão entre si a distribuição do tempo, que, na falta de acordo, será dividido pelo juiz presidente, de forma a não exceder o tempo. Por outro lado, havendo mais de um acusado, o tempo para a acusação e a defesa será acrescido de uma hora e elevado ao dobro o da réplica e da tréplica. Naturalmente, se não houver réplica do acusador, não será oportunizada tréplica à defesa.

O assistente se manifesta oralmente depois do Ministério Público e, caso se trate de ação penal de iniciativa privada, falará primeiro o querelante e, em seguida, o Ministério Público, salvo se o órgão ministerial houver retomado a titularidade da ação penal.

Durante os debates, as partes não poderão, sob pena de nulidade, fazer referências: (I) à decisão de pronúncia, às decisões posteriores que julgaram admissível a acusação ou à determinação do uso de algemas como argumento de autoridade que beneficiem ou prejudiquem o acusado; e (II) ao silêncio do acusado ou à ausência de interrogatório por falta de requerimento, em seu prejuízo. Durante o julgamento não será permitida a leitura de documento ou a exibição de objeto que não tiver sido juntado aos autos com a antecedência mínima de três dias úteis, dada a devida ciência à parte contrária.

O magistrado tem o poder de polícia necessário para mandar retirar as pessoas inconvenientes e também deverá disciplinar os apartes (intervenções de um orador na fala do outro), de modo a acrescentar o tempo da parte que teve sua sustentação interrompida.

Encerrados os debates, o juiz indagará se os jurados estão aptos a julgar os fatos. Em caso afirmativo, os quesitos serão lidos em plenário, com explicação dos respectivos significados.

j) Formulação dos quesitos e votação

Os quesitos serão redigidos em proposições afirmativas, simples e distintas, de modo que cada um deles possa ser respondido com suficiente clareza e necessária precisão. Na sua elaboração, o presidente levará em conta os termos da pronúncia ou das decisões posteriores que julgaram admissível a acusação, do interrogatório e das alegações das partes.

Para cada acusado (em hipótese de coautoria e participação), há um questionário específico. Havendo mais de um crime, para cada um deles haverá uma série de quesitos. A elaboração dos quesitos, em caso de mais de um crime, começará pela do crime contra a vida, já que é pressuposto da competência dos jurados.

Os quesitos serão formulados na seguinte ordem: (I) a materialidade do fato; (II) a autoria ou participação; (III) se o acusado deve ser absolvido; (IV) se existe causa de diminuição de pena alegada pela defesa; (V) se existe circunstância qualificadora ou causa de aumento de pena reconhecidas na pronúncia ou em decisões posteriores que julgaram admissível a acusação.

A resposta negativa de mais de três jurados, a qualquer dos quesitos referidos nos incisos I (materialidade do fato) e II (autoria ou participação), encerra a votação e implica a absolvição do acusado. Por outro lado, respondidos afirmativamente por mais de três jurados os quesitos relativos aos incisos I e II, será formulado quesito com a seguinte redação: "O jurado absolve o acusado?", pergunta esta que abrange todas as teses de defesa.

Uma vez que os jurados decidam pela condenação, o julgamento prossegue, devendo ser formulados quesitos sobre: (I) causa de diminuição de pena alegada pela defesa; e (II) circunstância qualificadora ou causa de aumento de pena, reconhecidas na pronúncia ou em decisões posteriores que julgaram admissível a acusação.

Se sustentada a desclassificação da infração para outra de competência do juiz singular, será formulado quesito a respeito, para ser respondido após o segundo ou terceiro quesito, conforme o caso. Também, se sustentada a tese de ocorrência do crime na sua forma tentada ou havendo divergência sobre a tipificação do delito, sendo este da competência do tribunal do júri, o juiz formulará quesito acerca destas questões, para ser respondido após o segundo quesito.

Não há mais espaço para indagações sobre circunstâncias agravantes ou atenuantes, sendo a apreciação da incidência destas de competência do juiz presidente por se tratar preponderantemente de matéria de direito.

Encerrada a votação do crime doloso contra a vida, será iniciada a sequência da votação dos crimes conexos. O juiz presidente deve cuidar para que seja mantido o sigilo da votação e evitar contradição que comprometa a validade do julgamento.

k) Sentença e ata da sessão

Em caso de condenação, o juiz (I) fixará a pena-base; (II) considerará as circunstâncias agravantes ou atenuantes alegadas nos debates; (III) imporá os aumentos ou diminuições da pena, em atenção às causas admitidas pelo júri; (IV) observará as demais disposições do art. 387 do CPP; (VI) mandará o acusado recolher-se ou recomendá-lo-á à prisão em que se encontra, se presentes os requisitos da prisão preventiva; e (VII) estabelecerá os efeitos genéricos e específicos da condenação. Em caso de absolvição, (I) mandará colocar em liberdade o acusado se por outro motivo não estiver preso; (II) revogará as medidas restritivas provisoriamente decretadas; (III) imporá, se for o caso, a medida de segurança cabível.

Se houver desclassificação de infração para outra de competência do juiz singular, ao presidente do Tribunal do Júri caberá proferir sentença em seguida. Quando o delito resultante da nova tipificação for considerado pela lei como infração penal de menor potencial ofensivo, o juiz deverá aplicar os institutos despenalizadores previsto na Lei 9.099/1995.

A sentença será lida em plenário pelo presidente antes de encerrada a sessão de instrução e julgamento, saindo as partes já intimadas da decisão. Todas as ocorrências da sessão deverão ser registradas em ata. A parte deve registrar os seus protestos de imediato na ata, para que reitere em eventual apelação.

10. RECURSOS

10.1. Teoria Geral dos Recursos

10.1.1. Conceito

O recurso é o instrumento processual voluntário destinado à impugnação das decisões, a fim de reformar, anular, integrar ou esclarecer determinada decisão.

Importante registrar que a interposição de um recurso não faz surgir uma nova relação jurídico-processual; há apenas um desdobramento da relação anterior, perante o mesmo órgão jurisdicional ou perante órgão de hierarquia superior.

10.1.2. Princípios recursais

a) Princípio da voluntariedade

O recurso decorre da manifestação de vontade da parte que almeja ver determinada decisão reformada ou anulada. Embora a voluntariedade constitua a regra geral dos recursos, ela é excepcionada em caso de recurso de ofício, também chamado de reexame necessário ou duplo grau de jurisdição obrigatório. Nesse caso, mesmo que não haja recurso voluntário das partes, o juiz que proferiu a decisão deverá remetê-la ao tribunal para reapreciação da matéria.

Cabe recurso de ofício:

✓ Da sentença que conceder *habeas corpus*;

✓ Da decisão que conceder reabilitação criminal;

✓ Da decisão que arquiva inquérito ou absolve o acusado nos processos que apuram crime contra a economia popular ou saúde pública; e

✓ Da sentença que conceder mandado de segurança.

b) Princípio da taxatividade

Para que a parte possa rebelar-se contra determinada decisão, há de se verificar se existe recurso capaz de impugnar a decisão. Em outras palavras, só existem recursos expressamente previstos em lei e, portanto, o Direito Processual Penal brasileiro não admite o chamado recurso inominado.

c) Princípio da unicidade, unirrecorribilidade ou da singularidade recursal

Em regra, as decisões judiciais só podem ser impugnadas por meio de um único recurso. Em uma interpretação *a contrario sensu*, a parte não pode manejar mais de um recurso para impugnar uma mesma decisão.

Mas o princípio da unirrecorribilidade comporta uma exceção importante: quando uma decisão ofende simultaneamente a Constituição Federal e a legislação federal infraconstitucional, deverá haver interposição concomitante de recurso extraordinário para o Supremo Tribunal Federal e recurso especial para o Superior Tribunal de Justiça.

d) Princípio da fungibilidade

O princípio da fungibilidade permite que um recurso errado seja conhecido como certo, desde que não haja erro grosseiro ou má-fé da parte que interpôs.

A má-fé é presumida quando o recurso errado for interposto fora do prazo previsto para o recurso certo. Assim, se tecnicamente uma decisão seria impugnável por carta testemunhável no prazo máximo de 48 horas, mas a parte interpôs um recurso em sentido estrito no 5º e último dia do prazo, o recurso não deve ser admitido, porquanto intempestivo.

Quando o juiz reconhecer a impropriedade do recurso interposto, deverá mandar processá-lo de acordo com o rito do recurso que seria cabível.

e) Princípio da vedação da *reformatio in pejus*

Significa que, havendo recurso exclusivo da defesa, o órgão competente para julgar o recurso não pode piorar a situação do réu.

Esse princípio é subdividido em dois: princípio da vedação da *reformatio in pejus* direta e indireta.

✓ Vedação da *reformatio in pejus* direta: proíbe o agravamento da situação do réu pelo tribunal, quando apenas a defesa recorreu para *reformar* a decisão. Exemplo: o réu foi condenado a pena de 5 anos de reclusão e apenas a defesa recorreu pugnando a absolvição ou a redução da pena. Quando o tribunal for analisar o recurso, não poderá agravar a pena, por exemplo, de 5 para 6 anos de reclusão, porque estaria piorando a situação do réu.

✓ Vedação da *reformatio in pejus* indireta: proíbe o agravamento da situação do réu por nova sentença proferida em decorrência da *anulação* de uma decisão anterior, provocada por recurso exclusivo da defesa. Exemplo: o réu foi condenado a pena de 5 anos de reclusão e apenas a defesa recorreu alegando nulidade processual. Se o tribunal der provimento ao recurso da defesa, anulará o ato processual para que ele seja refeito, e o juiz proferirá uma nova decisão. Nessa nova decisão o juiz não poderá elevar a pena, por exemplo, de 5 para 6 anos de reclusão, porque também estaria agravando a situação do réu.

O princípio da *reformatio in pejus*, entretanto, não é aplicado aos jurados no âmbito do tribunal do júri. Anulado o julgamento do tribunal do júri, mesmo que por recurso exclusivo da defesa, os jurados podem agravar a situação do réu, diante do princípio da soberania nos veredictos. Exemplo: vamos imaginar que o Ministério Público tenha ofertado denúncia, imputando duas qualificadoras ao réu. No primeiro julgamento, os jurados reconheceram apenas uma delas. A defesa recorreu alegando nulidade processual. Se o tribunal der provimento ao recurso da defesa, anulará o julgamento e determinará que o réu seja submetido a novo julgamento, e agora nada impede que os jurados reconheçam as duas qualificadoras, piorando a situação do réu.

f) Princípio da convolação

O princípio da convolação permite que um recurso manejado *corretamente* seja convolado em outro em virtude de se revelar mais útil ao recorrente. Exemplo: a defesa impetrou uma ordem de *habeas corpus* perante o Tribunal de Justiça para fazer cessar o constrangimento ordenado por um juiz estadual de 1º grau, mas o Tribunal de Justiça negou a ordem de *habeas corpus*. Diante disso, a defesa tem duas opções: ou ela maneja um recurso ordinário constitucional ou impetra uma ordem de *habeas corpus* perante o Superior Tribunal de Justiça. Se a defesa interpuser o recurso ordinário constitucional de forma intempestiva, o Superior Tribunal de Justiça pode conhecer o recurso ordinário constitucional como se fosse um *habeas corpus*.

10.1.3. Impedimentos

Alguns institutos impedem o conhecimento ou o processamento dos recursos. São eles: a renúncia, a desistência e a deserção.

A renúncia ocorre quando a parte manifesta seu desejo de não recorrer e, havendo divergência entre o defensor e o acusado, deve prevalecer a vontade daquele que cobiça recorrer, já que o recurso da defesa não pode piorar a situação do réu.

Já a desistência ocorre quando a parte já interpôs o recurso, mas manifesta sua vontade de não mais persistir no seu prosseguimento. Vale lembrar que, diante do princípio da indisponibilidade, o Ministério Público não poderá desistir de recurso que haja interposto.

Por fim, a deserção ocorre quando, na ação pena privada, a vítima deixa de pagar as custas recursais. Antigamente, o ordenamento jurídico também considerava deserta a apelação quando o réu preso fugia para evitar a aplicação da lei penal. Mas essa hipótese foi afastada pela jurisprudência e depois revogada pela Lei 12.403/2011.

10.1.4. *Efeitos recursais*

Os recursos são dotados de 4 efeitos: devolutivo, suspensivo, regressivo e extensivo.

a) Efeito devolutivo: devolve a matéria recorrida para se reapreciada pelo Tribunal.

b) Efeito suspensivo: esse efeito suspende a eficácia da decisão judicial, não podendo ser executada de imediato. Em uma expressão mais simples, o réu não será recolhido a prisão para fins de cumprimento de pena enquanto pendente o julgamento do recurso. Isso não significa que o réu não possa aguardar o julgamento do recurso preso. Lógico que a prisão é viável, mas só se tiver um caráter cautelar (prisão preventiva).

c) Efeito regressivo: também chamado de iterativo, reiterativo ou diferido, esse efeito permite que o juiz que proferiu a decisão se retrate e modifique-a. Os únicos recursos dotados desse efeito são o recurso em sentido estrito, o agravo em execução e a carta testemunhável.

d) Efeito extensivo: significa que a decisão do recurso interposto por um dos réus, se fundado em motivos que não sejam de caráter exclusivamente pessoal, aproveitará aos outros.

10.2. Recursos em Espécie

10.2.1. *Apelação*

10.2.1.1. *Cabimento*

Cabe apelação para impugnar:

a) Sentenças de condenação e absolvição;

b) Decisões definitivas, ou com força de definitivas, quando não for cabível recurso em sentido estrito;

c) Decisões do tribunal do júri:

✓ De impronúncia ou absolvição sumária;

✓ Quando ocorrer nulidade posterior à pronúncia;

✓ Quando a sentença do juiz-presidente for contrária à lei expressa ou à decisão dos jurados;

✓ Quando houver erro ou injustiça no tocante à aplicação da pena ou da medida de segurança; ou

✓ Quando a decisão dos jurados for manifestamente contrária à prova dos autos.

Se a sentença do juiz-presidente for contrária à lei expressa ou divergir das respostas dos jurados, o tribunal *ad quem* fará a devida retificação. No mesmo sentido, se a apelação for interposta por erro ou injustiça e o tribunal der provimento ao recurso, haverá a retificação da pena ou da medida de segurança.

Por outro lado, se a apelação alegar que a decisão dos jurados é manifestamente contrária à prova dos autos e o tribunal se convencer dessa alegação, o réu será submetido a novo julgamento, mas como limite do direito de recorrer; não se admite nova apelação pelo mesmo motivo.

10.2.1.2. *Interposição e prazo*

A apelação pode ser interposta por petição ou a termo nos autos. Quanto à forma, a apelação pode ser plena (impugnando toda a matéria debatida) ou limitada (transferindo ao tribunal apenas parte da matéria atacada – *tantum devolutum quantum appellatum*). Essa delimitação deve ser feita no momento da interposição. Se não for feita a delimitação da matéria, subentende-se que a parte apelou de todo o julgado. Essa regra, todavia, não se aplica ao tribunal do júri, porque nesse caso a delimitação deve ser feita nas razões recursais. É o que assevera a Súmula 713 do STF: "o efeito devolutivo da apelação contra decisões do júri é adstrito aos fundamentos da sua interposição".

O prazo para o ingresso do apelo é de apenas 5 dias, mas, depois de interposta a petição, o recorrente ainda disporá de 8 dias para apresentar as razões recursais, salvo nos processos de contravenções penais, em que o prazo será de 3 dias.

Já nos processos de julgamento de infrações de menor potencial ofensivo, a apelação deve ser interposta no prazo de 10 dias e a petição, obrigatoriamente, já deve vir acompanhada das razões recursais.

Quanto ao assistente de acusação, o prazo varia de acordo com a prévia habilitação. Se o ofendido já estiver devidamente habilitado como assistente, o prazo para ele interpor a apelação é de 5 dias. Por outro lado, se o assistente ainda não estiver habilitado nos autos, o prazo para interposição da apelação é de 15 dias, nos termos do art. 598, parágrafo único do CPP.

10.2.1.3. *Processamento*

Recebida a apelação pelo órgão de primeiro grau, serão atribuídos à apelação, em regra, os efeitos devolutivo e suspensivo, salvo quando a sentença fundamentar em sentido contrário.

O apelante poderá optar que suas razões sejam apresentadas em segunda instância. Mas, na maioria das vezes, é o juiz de primeiro grau quem recebe as razões recusais.

Se a apelação estiver desacompanhada das razões recursais, o juiz abrirá prazo para que o apelante arrazoe o apelo. Em sentido oposto, se a apelação já estiver acompanhada das razões recursais, o juiz intimará o apelado para oferecer contrarrazões no prazo de 8 dias (regra geral) ou de 3 dias (se o processo for de contravenção penal).

Encerrados os prazos para oferecimento de razões e contrarrazões, com ou sem elas, os autos serão remetidos ao juízo *ad quem*, no prazo de 5 dias.

10.2.1.4. *Julgamento*

A competência para o julgamento da apelação recai sobre câmaras dos tribunais de justiça e turmas dos tribunais regionais federais. Ao chegarem ao tribunal, os autos serão distribuídos a um relator, e se a apelação ainda não estiver acompanhada das razões e contrarrazões, o relator deverá tomar as providências para seu processamento.

No tribunal, antes de ser designada a data do julgamento, o Ministério Público dará seu parecer e o relator poderá requisitar diligências antes do julgamento do apelo.

Em seguida, o relator pedirá dia para julgamento, solicitando inclusão do processo na pauta. Designada a data, as partes devem ser intimadas e no dia do julgamento, inicialmente, os membros votarão sobre o conhecimento ou não do recurso. Se a maioria decidir pelo não conhecimento, encerra-se o julgamento, mas se a apelação for conhecida, passa-se à análise da matéria de mérito.

Se houver empate de votos no julgamento da apelação, e o presidente do tribunal, câmara ou turma não tiver tomado parte na votação, ele proferirá o voto de desempate; caso contrário, prevalecerá a decisão mais favorável ao réu.

10.2.2. Recurso em sentido estrito

10.2.2.1. Cabimento

Cabe recurso em sentido estrito da decisão:

a) Que *não receber* a denúncia ou a queixa;

Os motivos de rejeição da inicial acusatória estão elencados no art. 395 do CPP. São eles a inépcia, a falta de pressuposto processual ou condição da ação ou a falta de justa causa para o exercício da ação penal.

Na legislação existe uma exceção importante: no âmbito dos juizados especiais criminais, a rejeição da denúncia ou queixa desafia recurso de apelação e não recurso em sentido estrito, por força do art. 82 da Lei 9.099/1995.

Além disso, vale consignar que não há previsão de recurso no Código de Processo Penal capaz de atacar a decisão que *recebe* a inicial acusatória; no máximo a parte poderá impugnar essa decisão pela via do *habeas corpus* para fins de trancamento da ação, quando não houver justa causa para a deflagração da ação penal.

b) Que concluir pela incompetência do juízo;

c) Que julgar procedentes as exceções, salvo a de suspeição;

d) Que pronunciar o réu;

e) Que conceder, negar, arbitrar, cassar ou julgar inidônea a fiança, indeferir requerimento de prisão preventiva ou revogá-la, conceder liberdade provisória ou relaxar a prisão em flagrante;

f) Que julgar quebrada a fiança ou perdido o seu valor;

g) Que decretar a prescrição ou julgar, por outro modo, extinta a punibilidade;

h) Que indeferir o pedido de reconhecimento da prescrição ou de outra causa extintiva da punibilidade;

i) Que conceder ou negar a ordem de *habeas corpus*;

j) Que anular o processo da instrução criminal, no todo ou em parte;

l) Que denegar a apelação ou a julgar deserta;

m) Que ordenar a suspensão do processo, em virtude de questão prejudicial;

n) Que decidir o incidente de falsidade.

Importante salientar que algumas hipóteses de cabimento do recurso em sentido estrito, elencadas no art. 581 do CPP, foram tacitamente revogadas dela Lei de Execução Penal, porquanto são decisões proferidas em incidentes no processo de execução e, portanto, desafiam agravo em execução.

Assim, não é cabível mais recurso em sentido estrito, mas agravo em execução, contra decisão que:

✓ Conceder, negar ou revogar a suspensão condicional da pena (art. 581, XI, do CPP);

✓ Conceder, negar ou revogar livramento condicional (art. 581, XII, do CPP);

✓ Decidir sobre a unificação das penas (art. 581, XVII, do CPP);

✓ Decretar medida de segurança, depois de transitar a sentença em julgado (art. 581, XIX, do CPP);

✓ Impuser medida de segurança por transgressão de outra (art. 581, XX, do CPP);

✓ Revogar medida de segurança (art. 581, XXII, do CPP); e

✓ Deixar de revogar a medida de segurança, nos casos em que a lei admita a revogação (art. 581, XXIII, do CPP).

O último inciso do art. 581 do CPP, que prevê conversão da pena de multa em detenção ou em prisão simples, foi revogado pelo art. 51 do CP. Atualmente, a pena de multa é tratada como dívida de valor e, portanto, não poderá mais ser convertida em pena privativa de liberdade.

Por fim, vale registrar que, embora seja uma questão controvertida, sustentamos a revogação do inciso XIV do art. 581 do CPP, que prevê recurso em sentido estrito contra decisão que incluir ou excluir jurado na lista geral. É que, atualmente, é cabível reclamação por qualquer do povo ao presidente do tribunal do júri, até o dia 10 de novembro, data da publicação da lista definitiva.

10.2.2.2. Interposição e prazo

O recurso em sentido estrito pode ser interposto por petição ou a termo nos autos e, de modo geral, o prazo para a interposição desse recurso é de 5 dias.

Excepcionalmente, o Código de Processo Penal permite a interposição do recurso em sentido estrito no prazo de 20 dias contra decisão que incluir ou excluir jurado da lista geral. Mas, como visto anteriormente, sustentamos a inaplicabilidade de recurso em sentido estrito neste caso.

10.2.2.3. Processamento

Interposto o recurso em sentido estrito, as partes serão notificadas (primeiro o recorrente e depois o recorrido) para apresentação das razões e contrarrazões, cada qual no prazo de 2 dias. O recorrente só será notificado quando não houver oferecido as razões no mesmo ato em que recorreu.

Apresentadas ou não as razões, os autos retornarão ao magistrado para o juízo de retratação e, caso ele não se retrate, os autos serão remetidos ao tribunal para julgamento do recurso.

10.2.2.4. Julgamento

A competência para o julgamento do recurso em sentido estrito é das câmaras dos tribunais de justiça e turmas dos tribunais regionais federais.

Os autos do recurso em sentido estrito serão distribuídos a um relator, seguindo-se imediatamente com vista ao órgão ministerial para oferecer parecer sobre a admissibilidade e mérito da impugnação. Com o retorno do processo ao relator, este pedirá dia para julgamento e inclusão do processo na pauta.

Inicialmente, os membros votarão sobre o conhecimento ou não do recurso. Se a maioria decidir pelo não conhecimento, encerra-se o julgamento do recurso. Se for conhecido, passa-se à análise da matéria de mérito. No recurso em sentido estrito as decisões do tribunal também são tomadas por maioria. Depois de julgado o recurso em sentido estrito, os autos deverão ser devolvidos ao juiz *a quo* dentro de 5 dias.

17. Direito do Trabalho Individual e Coletivo

Hermes Cramacon

Parte I
Direito Individual do Trabalho

1. INTRODUÇÃO

1.1. Evolução histórica

Para compreendermos corretamente o direito do trabalho, é importante saber a origem da palavra "trabalho".

A expressão se origina do termo latim *tripalium*, instrumento de tortura utilizado na antiga Roma, sendo formado por três estacas (paus) cravadas no chão na forma de uma pirâmide, no qual eram torturados os escravos.

Traduzindo para nosso vernáculo, "trabalhar", do latim *tripaliare*, possuía naquela época conotação de tortura e, consequentemente, de escravidão, sentido diverso do que a expressão sugere nos dias de hoje.

Na maioria das sociedades da Idade Antiga predominava a escravidão, quando o trabalhador (escravo) não era considerado sujeito de direito. Nessa fase histórica, o escravo era tido como uma coisa, um objeto, e nessa condição ele era negociado. Seu trabalho era exaustivo e não remunerado e todo o lucro desse labor pertencia ao seu proprietário.

Após a decadência do Império Romano, predominou na Europa, durante a Idade Média, o feudalismo. Esse modo de organização era caracterizado pelo poder centralizado nas mãos dos senhores feudais, cuja economia era baseada na agricultura e pecuária, com utilização do trabalho dos servos, camponeses que cuidavam da agropecuária dos feudos e, em troca, recebiam o direito a um pedaço de terra para morar e estariam protegidos dos bárbaros.

A servidão consistia em um labor em que o trabalhador (servo) não detinha a condição de escravo, mas na realidade não dispunha de sua liberdade.

Ainda na Idade Média, a partir do século XII, surgiram as corporações de ofício, constituídas por mestres, jornaleiros e aprendizes, como eram chamados.

Com o surgimento e desenvolvimento das primeiras cidades, aumentou a demanda por produtos agrícolas, o que elevou os preços das mercadorias e permitiu aos servos a compra de suas próprias terras e o consequente desligamento das ordens dos senhores feudais.

Já no século XVIII, com a descoberta da máquina a vapor como fonte de energia, substituindo a força do homem, deu-se início à Revolução Industrial.

A máquina a vapor, multiplicando a força de trabalho, substituía a força humana, em média, em 20 homens, o que implicou redução de mão de obra.

Nesse período, os trabalhadores viviam em condições terríveis. Muitos deles tinham um cortiço como moradia e eram submetidos a jornadas de trabalho que chegavam até a 80 horas por semana. As crianças e as mulheres também eram submetidas a esse trabalho exaustivo e, absurdamente, recebiam valores inferiores àqueles pagos aos homens.

Nessa linha, os trabalhadores se uniram, surgindo, assim, os primeiros sindicatos, que reivindicavam melhorias nas condições de trabalho e salariais.

1.1.1. Evolução histórica no Brasil

Com a Revolução de 1930, que culminou no golpe de Estado chamado de "golpe de 1930", pondo fim à República Velha, iniciou-se a Era Vargas. Getúlio Vargas instituiu políticas de modernização do País, criando, inclusive, o Ministério do Trabalho. Foi Vargas, também, quem instituiu a Lei da Sindicalização.

Vargas pretendia, com isso, ganhar o apoio popular, por isso houve durante seu primeiro governo (1930-1945) grandes avanços na legislação trabalhista dos quais o maior foi o estabelecimento da CLT – Consolidação das Leis do Trabalho e, ainda, a criação do salário mínimo.

1.2. Natureza jurídica

A divisão tradicional do direito supõe: um ramo voltado à organização do Estado, chamado de Direito Público, e o Direito Privado, que se refere à regulação dos interesses dos particulares.

Embora possamos observar no Direito do Trabalho diversas normas de caráter cogente, não podemos afirmar que esse ramo do direito seja considerado parte do Direito Público, na medida em que não regula os interesses do Estado. O que existe é uma intervenção do Estado.

Pensamos que o Direito do Trabalho é um ramo do Direito Privado, pois regula a relação dos particulares envolvidos, tendo como foco central o contrato de trabalho.

1.3. Autonomia

Para saber se uma área de estudo é uma ciência, é necessária a presença de alguns requisitos como: extensão de matéria, doutrinas, princípios específicos e método próprio.

É nítida a autonomia do Direito do Trabalho, na medida em que é bastante amplo, originando institutos e princípios próprios.

Diversos são os princípios específicos do Direito do Trabalho. Ademais, há institutos capazes de demonstrar a autonomia dessa área em relação a outros ramos do direito, os quais representam fontes especiais do Direito do Trabalho. Destacam-se entre eles a convenção coletiva de trabalho e a sentença normativa, institutos que não poderiam ser incluídos em qualquer outro ramo do Direito, tampouco explicados por outra doutrina que não a trabalhista.

1.4. Fontes do Direito do Trabalho

As fontes do direito podem ser classificadas como: fontes materiais e fontes formais.

1.4.1. Fontes materiais

É o momento pré-jurídico da norma, ou seja, a norma ainda não positivada. Representa a pressão exercida pelos trabalhadores contra o Estado buscando melhores condições de trabalho. As fontes materiais referem-se aos fatores sociais, econômicos, históricos, políticos e, ainda, filosóficos, que originam o direito, influenciando na criação da norma jurídica.

1.4.2. Fontes formais

Correspondem à norma jurídica já constituída, já positivada. Em outras palavras, representam a exteriorização dessas normas, ou seja, é a norma materializada.

As fontes formais, por sua vez, subdividem-se em:

1.4.2.1. Fontes formais heterônomas

Decorrem da atividade normativa do Estado. Caracterizam-se pela participação de um agente externo (Estado) na elaboração da norma jurídica. São exemplos: a Constituição Federal, a CLT, leis, sentença normativa, tratados internacionais ratificados pelo Brasil.

1.4.2.1.1. Sentença normativa

Não sendo os conflitos coletivos solucionados por meio da negociação coletiva e recusada a arbitragem, serão eles submetidos à Justiça do Trabalho por meio dos dissídios coletivos.

A sentença normativa consiste na decisão proferida nos dissídios coletivos, estabelecendo normas e condições de trabalho aplicáveis aos envolvidos na lide por meio do poder normativo da Justiça do Trabalho.

Com relação à vigência da sentença normativa, imperiosa a leitura do Precedente Normativo 120 da SDC do TST:

> PRECEDENTE NORMATIVO 120 DA SDC DO TST – SENTENÇA NORMATIVA. DURAÇÃO. POSSIBILIDADE E LIMITES
>
> A sentença normativa vigora desde seu termo inicial até que sentença normativa, convenção coletiva de trabalho ou acordo coletivo de trabalho superveniente produza sua revogação, expressa ou tácita, respeitado, porém, o prazo máximo legal de quatro anos de vigência.

1.4.2.1.2. Sentença arbitral

Os conflitos coletivos poderão ser resolvidos por meio da arbitragem, nos termos do art. 114, §§ 1º e 2º, da CF/1988.

Nas lições de Gustavo Felipe Barbosa Garcia (em *Curso de Direito do Trabalho*, 6ª ed., Rio de Janeiro, Forense, 2012, p. 64): "a arbitragem é forma de solução de conflitos, no caso, heterônoma, pois um terceiro (árbitro) é quem decidirá o litígio, por meio da sentença arbitral. É estabelecida por meio da convenção de arbitragem que engloba a cláusula compromissória e o compromisso arbitral (art. 3º da Lei 9.307/1996)."

Como se sabe, o Direito Individual do Trabalho é pautado pelo princípio da irrenunciabilidade. Assim, vigora na doutrina e jurisprudência entendimento de que a arbitragem está restrita ao Direito Coletivo do Trabalho, sendo incompatível com o Direito Individual, tendo em vista que, nos termos do art. 1º da Lei 9.307/1996, o instituto está restrito a direitos patrimoniais disponíveis.

1.4.2.1.3. Leis

Deverão ser consideradas fontes formais heterônomas do Direito do Trabalho as leis em sentido amplo.

Assim, são consideradas fontes: a Consolidação das Leis do Trabalho – CLT (Decreto-lei 5.452/1943); leis esparsas, como a Lei 605/1949, que cuida do Repouso Semanal Remunerado; a Lei 5.889/1973, que cuida do trabalho rural, entre outras.

1.4.2.1.4. Atos do Poder Executivo

A legislação trabalhista possui disposições provenientes de atos do Poder Executivo. Nesse sentido, importante fazer referência aos decretos que regulamentam leis relacionadas ao Direito do Trabalho. Como exemplo, podemos citar o Decreto 27.048/1949, que regulamenta a Lei 605/1949.

Além disso, o Ministério do Trabalho e Emprego também poderá regulamentar questões trabalhistas, como faz, por exemplo, na Instrução Normativa 15, de 14 de julho de 2010, que estabelece procedimentos para assistência do empregado na rescisão do contrato, no âmbito do Ministério do Trabalho e Emprego.

1.4.2.2. Fontes formais autônomas

Ao contrário das fontes heterônomas, essas se caracterizam por serem formadas com a participação imediata dos próprios destinatários da norma jurídica. Aqui, eles participam diretamente no processo de sua elaboração sem a interferência do agente externo (Estado). São exemplos: a convenção coletiva e o acordo coletivo de trabalho.

1.4.2.2.1. Convenção coletiva

É o acordo de caráter normativo entre um ou mais sindicatos de empregados e de empregadores, de modo a definir as condições de trabalho que serão observadas em relação a todos os trabalhadores dessas categorias.

1.4.2.2.2. Acordo coletivo

É o pacto entre uma ou mais empresas com o sindicato da categoria profissional, em que são estabelecidas condições de trabalho aplicáveis às empresas envolvidas.

A convenção e o acordo coletivo serão estudados na Parte II, item 3.4.2, ao qual remetemos o leitor.

1.4.3. *Fontes supletivas*

É certo que a legislação não consegue observar todas as situações sociais, o que leva à existência de lacunas na ordem jurídica.

De outro lado, nos termos do art. 126 do CPC[1], não pode o juiz se eximir de sentenciar ou despachar alegando lacuna ou obscuridade da lei. Nessa linha, continua o citado dispositivo ensinando que não havendo normais legais deverá o juiz recorrer à analogia, aos costumes e aos princípios gerais do direito. A Lei de Introdução às Normas do Direito Brasileiro, no art. 4º, traz ensinamento no mesmo sentido, devendo o juiz atender aos fins sociais a que a lei se dirige e às exigências do bem comum, em conformidade com o art. 5º do mesmo diploma legal.

A legislação trabalhista traz a integração das normas no art. 8º da CLT que dispõe que, na falta de disposição legal ou contratual, o operador do direito deverá se socorrer da da jurisprudência, da analogia, da equidade, dos princípios, dos usos e costumes e do direito comparado.

1.4.3.1. *Analogia*

É a aplicação de uma lei existente para exata hipótese a um caso semelhante. Consiste, em outras palavras, em aplicar a um caso não previsto de modo direto por uma norma jurídica uma norma prevista para uma hipótese semelhante àquela.

Assim, não havendo lei específica para um caso concreto, a primeira medida a ser tomada é verificar a existência de outra lei prevista para um caso semelhante.

1.4.3.2. *Jurisprudência*

Muito se discute acerca da classificação da jurisprudência como fonte de direito.

A expressão "jurisprudência" se origina do termo latim *iurisprudentia*, direito dos escritos dos *iuris* prudentes, conhecedores do direito. Na época clássica romana, as respostas dadas por estes conhecedores do direito eram consideradas como leis.

Jurisprudência consiste no conjunto de reiteradas decisões dos tribunais sobre certa matéria.

Não pode ser considerada como fonte do direito, pois, em regra, não é tida como de observância obrigatória, pois apenas demonstra o caminho predominante em que os tribunais entendem aplicar a lei, suprindo, inclusive, eventuais lacunas.

Podemos lembrar algumas exceções: a primeira delas vem disposta no § 2º do art. 102 da CF quando menciona que "as decisões definitivas de mérito, proferidas pelo Supremo Tribunal Federal, nas ações diretas de inconstitucionalidade e nas ações declaratórias de constitucionalidade produzirão eficácia contra todos e efeito vinculante, relativamente aos demais órgãos do Poder Judiciário e à administração pública direta e indireta, nas esferas federal, estadual e municipal".

Outra exceção traz o art. 103-A da CF que ensina que "o Supremo Tribunal Federal poderá, de ofício ou por provocação, mediante decisão de dois terços de seus membros, após reiteradas decisões sobre matéria constitucional, aprovar Súmula que, a partir de sua publicação na imprensa oficial, terá efeito vinculante em relação aos demais órgãos do Poder Judiciário e à administração pública direta e indireta, nas esferas federal, estadual e municipal, bem como proceder à sua revisão ou cancelamento, na forma estabelecida em lei".

Já a Lei 9.868/1999, que dispõe sobre o processo e julgamento da ADI e ADC, estabelece no parágrafo único do art. 28 que "a declaração de constitucionalidade ou de inconstitucionalidade, inclusive interpretação conforme a Constituição e a declaração parcial de inconstitucionalidade sem redução de texto, têm eficácia contra todos e efeito vinculante em relação aos órgãos do Poder Judiciário e à Administração Pública federal, estadual e municipal".

O Tribunal Superior do Trabalho manifesta seu entendimento por meio das Súmulas e orientações jurisprudenciais (OJs), que orientam os operadores do Direito do Trabalho, embora não possuam força vinculante.

1.4.3.3. *Princípios gerais de direito*

Nas lições de Miguel Reale (em *Lições preliminares de Direito*, 27ª ed. São Paulo, Saraiva, 1996, p. 300): "são enunciações normativas de valor genérico, que condicionam e orientam a compreensão do ordenamento jurídico em sua aplicação e integração ou mesmo para a elaboração de novas normas."

São, portanto, verdadeiros alicerces de um ordenamento jurídico.

1.4.3.4. *Equidade*

Forma de integração da norma jurídica a um caso específico em que são observados os critérios de justiça e igualdade.

Pela equidade, a regra é interpretada para um caso específico, deixando a norma mais justa àquele determinado caso.

1.4.3.5. *Costumes*

Os costumes são regras sociais que resultam da prática reiterada, generalizada e prolongada de um certo comportamento, que resulta em uma convicção de obrigatoriedade, de acordo com a cultura específica de cada sociedade.

São comportamentos reiterados por um longo espaço de tempo, por toda uma sociedade, transformando esse comportamento em norma jurídica.

1.4.3.6. *Direito comparado*

Objetiva o conhecimento dos ordenamentos jurídicos de outros países com base em estudos comparados de seus sistemas.

Como o próprio nome diz, é feito um estudo comparado entre os diversos sistemas jurídicos para a interpretação de determinada norma.

1.5. Princípios trabalhistas

Na definição de Mauricio Godinho Delgado (em *Curso de Direito do Trabalho*, 8ª ed., São Paulo, LTr, 2009, p. 171):

1. Art. 140 do CPC/2015.

"*são proposições fundamentais que se formam na consciência das pessoas e grupos sociais, a partir de certa realidade, e que, após formadas, direcionam-se à compreensão, reprodução ou recriação dessa realidade*".

São 5 os princípios norteadores do Direito do Trabalho:

1.5.1. Princípio protetor

Tem por escopo atribuir uma proteção maior ao empregado, parte hipossuficiente da relação jurídica laboral. Em outras palavras, visa a atenuar a desigualdade existente entre as partes do contrato de trabalho.

O princípio protetor incorpora outros 3 subprincípios:

1.5.1.1. In dubio pro operario

Por meio desse princípio, uma norma jurídica que admita diversas interpretações deverá ser interpretada da maneira que mais favorecer o empregado, ou seja, havendo dúvida quanto à interpretação da norma, deverá ser interpretada de maneira mais vantajosa para o trabalhador.

Impende destacar que não é admitida a aplicação de tal princípio no campo processual. Tal princípio não possui incidência no campo probatório, devendo ser aplicadas nesse caso as regras atinentes ao ônus da prova, em conformidade com o art. 333 do Código de Processo Civil[2] e art. 818 da CLT.

1.5.1.2. Aplicação da norma mais favorável

Havendo diversas normas válidas incidentes sobre a mesma relação jurídica de emprego, deve ser aplicada aquela mais benéfica ao trabalhador, independentemente da sua posição na hierarquia das leis.

Existem critérios para, de fato, verificar-se qual é a norma mais favorável.

A primeira delas é a teoria da *acumulação*, em que as diversas disposições contidas em diferentes instrumentos normativos devem ser comparadas individualmente, escolhendo, sempre, as mais favoráveis, aplicando, assim, diferentes disposições de diversas normas, como se fosse formada uma terceira norma, apenas com as disposições benéficas.

A segunda é a teoria do *conglobamento*, que estabelece que os instrumentos normativos devem ser comparados em seu todo, aplicando-se aquele que, no conjunto, for mais benéfico ao empregado.

A última delas é a teoria do *conglobamento mitigado*, que busca a norma mais benéfica através da comparação das diversas regras sobre cada instituto ou matéria, aplicando aquela em que o instituto for mais benéfico ao empregado.

Assim, nosso ordenamento jurídico acolheu a teoria do conglobamento mitigado, como se vê no art. 3º, II, da Lei 7.064/1982, que dispõe sobre a situação de trabalhadores brasileiros contratados ou transferidos para prestar serviços no exterior:

> **Art. 3º.** A empresa responsável pelo contrato de trabalho do empregado transferido assegurar-lhe-á, independentemente da observância da legislação do local da execução dos serviços:
>
> I – (...)
>
> II – a aplicação da legislação brasileira de proteção ao trabalho, naquilo que não for incompatível com o disposto nesta lei, quando mais favorável do que a legislação territorial, no conjunto de normas em relação a cada matéria.

1.5.1.3. Condição mais benéfica

Consagra a aplicação da teoria do direito adquirido. Tal princípio informa ao operador do direito que as vantagens adquiridas não podem ser retiradas, tampouco modificadas para pior.

A CLT traz o princípio da condição mais benéfica em seu art. 468, que assim dispõe: "Nos contratos individuais de trabalho só é lícita a alteração das respectivas condições por mútuo consentimento, e ainda assim desde que não resultem, direta ou indiretamente, prejuízos ao empregado, sob pena de nulidade da cláusula infringente desta garantia."

Assim, as condições mais vantajosas estabelecidas no contrato de trabalho irão prevalecer na hipótese de edição de norma superveniente menos favorável ao empregado.

O TST por meio da Súmula 51, item I, trouxe em seu bojo a aplicação do citado princípio, no qual entendeu que "as cláusulas regulamentares que revoguem ou alterem vantagens deferidas anteriormente, só atingirão os trabalhadores admitidos após a revogação ou alteração do regulamento".

1.5.2. Princípio da irrenunciabilidade

Os direitos trabalhistas são irrenunciáveis. As normas trabalhistas, em geral, possuem caráter imperioso ou cogente, na medida em que são normas de ordem pública e, por sua vez, não podem ser modificadas pelo empregador.

Esse princípio informa ao operador do direito que não se admite, em tese, que o empregado renuncie, abrindo mão dos direitos assegurados por lei.

Porém, como todo princípio, esse também não é absoluto, na medida em que pode haver renúncia desses direitos em determinados casos.

O primeiro critério utilizado é quanto à origem do direito. Por meio desse critério, se o direito estiver previsto na lei, ele será indisponível. No entanto, se estiver previsto em trato consensual, ele será renunciável, desde que não haja proibição legal, prejuízo para o trabalhador, em conformidade com o art. 468 da CLT, e vício de consentimento (arts. 138 a 165 do Código Civil).

O segundo critério é o temporal, ou seja, o momento em que será realizada a renúncia. Desta forma, durante a celebração do contrato de trabalho, não se admite qualquer tipo de renúncia; na vigência do contrato de trabalho será admitida renúncia se houver previsão legal para tanto; já após a cessação do contrato de trabalho é admitida com menor restrição.

1.5.3. Princípio da continuidade da relação de emprego

Tem por objetivo preservar o contrato de trabalho, presumindo a contratação por prazo indeterminado, sendo a exceção o contrato com prazo determinado.

2. Art. 373 do CPC/2015.

Nessa linha, nos termos do art. 448 da CLT, qualquer mudança na propriedade ou na estrutura jurídica da empresa não afetará os contratos de trabalho dos respectivos empregados. Da mesma forma, qualquer alteração na estrutura jurídica da empresa não afetará os direitos adquiridos por seus empregados (art. 10 da CLT).

O TST faz menção ao princípio em comento na Súmula 212 que ensina: "O ônus de provar o término do contrato de trabalho, quando negados a prestação de serviço e o despedimento, é do empregador, pois o princípio da continuidade da relação de emprego constitui presunção favorável ao empregado."

1.5.4. Princípio da primazia da realidade sobre a forma

Por meio desse princípio, deve prevalecer a efetiva realidade dos fatos e não eventual forma construída em desacordo com a verdade. Havendo desacordo entre o que na verdade acontece com o que consta dos documentos, deverá prevalecer a realidade dos fatos. Isso porque vigora no Direito do Trabalho o chamado "contrato-realidade", no qual se ignora a disposição contratual para se examinar o que ocorre efetivamente.

1.5.5. Princípio da intangibilidade salarial

O princípio da intangibilidade salarial vem estampado no art. 462 da CLT, que determina a proibição ao empregador de efetuar descontos no salário do empregado, o qual deve receber seu salário de forma integral. Apenas será permitido o desconto se resultar de adiantamento, de dispositivos de lei (Lei 10.820/2003) ou de contrato coletivo.

Para mais considerações sobre esse princípio, remetemos o leitor ao item 7.8.4. em que é estudado o tema salário e remuneração.

1.6. Programa de Proteção ao Emprego – PPE

Introduzido em nosso sistema jurídico por meio da Medida Provisória 680/2015, convertida posteriormente na Lei 13.189/2015, o Programa de Proteção ao Emprego (PPE) foi criado com o fim de desestimular demissões em empresas que se encontram, temporariamente, em dificuldades financeiras. Objetiva, também, favorecer a recuperação econômico-financeira das empresas, sustentar a demanda durante momentos de crise, facilitando a recuperação da economia e, ainda, estimular a produtividade do trabalho.

Nos termos do parágrafo único, do art. 1º da Lei 13.189/2015 o PPE consiste em ação para auxiliar os trabalhadores na preservação de seu emprego e ter por objetivo:

I – possibilitar a preservação dos empregos em momentos de retração da atividade econômica;

II – favorecer a recuperação econômico - financeira das empresas;

III – sustentar a demanda agregada durante momentos de adversidade, para facilitar a recuperação da economia;

IV – estimular a produtividade do trabalho por meio do aumento da duração do vínculo empregatício; e

V – fomentar a negociação coletiva e aperfeiçoar as relações de emprego

Poderão aderir ao PPE as empresas de todos os setores em situação de dificuldade econômico-financeira que celebrarem acordo coletivo de trabalho específico de redução de jornada e de salário.

De acordo com o § 1º do art. 2º da citada lei, a adesão ao PPE pode ser feita até 31 de dezembro de 2016, e o prazo máximo de permanência no programa é de 24 (vinte e quatro) meses, respeitada a data de extinção do programa, o que deverá ocorrer em 31 de dezembro de 2017, art. 11 da Lei 13.189/2015 As empresas que demonstrarem a observância a cota de pessoas portadoras de necessidades especiais terão prioridade na adesão do programa.

Em conformidade com o art. 3º da Lei 13.189/2015 para aderir ao programa a empresa deverá observar os seguintes requisitos:

a) celebrar e apresentar acordo coletivo de trabalho específico;

b) apresentar solicitação de adesão ao PPE junto ao Ministério do Trabalho e Emprego;

c) apresentar a relação dos empregados abrangidos, especificando o salário individual;

d) ter registro no Cadastro Nacional da Pessoa Jurídica - CNPJ há, no mínimo, 2 (dois) anos;

e) comprovar a regularidade fiscal, previdenciária e relativa ao Fundo de Garantia do Tempo de Serviço - FGTS; e

f) comprovar a situação de dificuldade econômico-financeira, fundamentada no Indicador Líquido de Empregos – ILE, considerando-se nesta situação a empresa cujo ILE for igual ou inferior a 1% (um por cento), apurado com base nas informações disponíveis no Cadastro Geral de Empregados e Desempregados – CAGED, sendo que o ILE consiste no percentual representado pela diferença entre admissões e demissões acumulada nos doze meses anteriores ao da solicitação de adesão ao PPE dividida pelo número de empregados no mês anterior ao início desse período.

Uma vez aderindo ao programa a empresa poderá reduzir, temporariamente, em até trinta por cento, a jornada de trabalho de seus empregados, com redução proporcional do salário. De outro lado, o Governo Federal, usando recursos do FAT, garantirá aos empregados que tiverem seu salário reduzido compensação pecuniária equivalente a 50% do valor da redução salarial, limitado a 65% do valor da parcela máxima do seguro-desemprego.

Durante o período de adesão, é proibida a realização de horas extraordinárias pelos empregados abrangidos pelo PPE.

A empresa que aderir ao PPE fica proibida de dispensar arbitrariamente ou sem justa causa os empregados que tiverem sua jornada de trabalho temporariamente reduzida enquanto vigorar a adesão ao PPE.

Após o seu término, durante o prazo equivalente a 1/3 (um terço) do período de adesão, o empregado terá garantia no emprego, ou seja, não poderá ser demitido, salvo por justa causa. Em outras palavras, o empregado que aderiu ao PPE por um período de 6 meses, após o término de vigência da PPE terá garantia do emprego (estabilidade provisória) por 2 meses.

A empresa ainda ficará proibida de contratar empregado para executar, total ou parcialmente, as mesmas atividades exercidas por empregado abrangido pelo programa, salvo em se tratando de:

a) reposição;

b) aproveitamento de concluinte de curso de aprendizagem na empresa, nos termos do art. 429 da CLT.

Nessas hipóteses em que se admite a contratação o empregado contratado deverá ser abrangido pelo acordo coletivo de trabalho específico de adesão ao PPE.

2. DIREITO INTERNACIONAL DO TRABALHO

O Direito Internacional do Trabalho é um ramo do Direito Internacional Público.

No que se refere à relação entre o Direito Internacional e o Direito interno de cada Estado, duas teorias se destacam: a teoria monista e a teoria dualista.

No Brasil prevalece a teoria monista, onde "o Direito Internacional e Direito Interno integram uma mesma unidade de ordem jurídica" (Gustavo Felipe Barbosa Garcia, em *Curso de Direito do Trabalho*, 6ª ed., Rio de Janeiro, Forense, 2012, p. 122).

Para que as normas jurídicas internacionais integrem nosso sistema jurídico, é necessário que passem por um processo de aprovação.

Nessa linha dispõe o art. 84, VIII, da CF:

Art. 84. Compete privativamente ao Presidente da República:

(...)

VIII – celebrar tratados, convenções e atos internacionais, sujeitos a referendo do Congresso Nacional;

A celebração é composta de 3 fases:

a) fase de negociação: nessa fase são discutidas as disposições da norma a ser firmada;

b) fase deliberatória: nessa fase discute-se o conteúdo que irá integrar a norma internacional;

c) fase de assinatura: é nessa fase que se materializa a celebração da norma na esfera internacional.

Porém, é necessário, ainda, a aprovação pelo Congresso Nacional.

Assim, o Congresso Nacional poderá, por meio de Decreto Legislativo, aprovar ou rejeitar a norma internacional celebrada. Uma vez aprovada, deverá ser realizada a ratificação do ato, por meio de seu depósito no órgão internacional.

Após sua celebração, aprovação e ratificação a norma será promulgada pelo Presidente da República, por meio de Decreto presidencial.

3. CONTRATO DE TRABALHO

3.1. Relação de emprego e relação de trabalho

É comum a utilização das expressões "relação de emprego" e "contrato de trabalho" para se referir ao vínculo empregatício existente entre empregado e empregador. Trata-se, pois, do contrato individual de trabalho.

Relação de trabalho possui caráter genérico, referindo-se a toda modalidade de contratação de trabalho humano. Todas as relações jurídicas caracterizadas por terem sua prestação essencial centrada em uma obrigação de fazer consubstanciada em labor humano, em troca de um valor pecuniário ou não pecuniário, consistem em uma relação de trabalho.

Abarca, portanto, a relação de emprego e as demais relações de trabalho como a relação do autônomo, do eventual, do avulso, do temporário, do estagiário etc.

Já a relação de emprego é uma espécie de relação de trabalho, firmada por meio de contrato de trabalho que, por sua vez, é composto pela reunião dos elementos fático-jurídicos dispostos nos arts. 2º e 3º da CLT. O correto seria, então, ser chamado de contrato de emprego e não de contrato de trabalho.

Para diferenciarmos as relações de trabalho das relações de emprego, devemos levar em conta o elemento **subordinação**, ou seja, o vínculo de dependência existente entre os contratantes. Assim, é correto afirmar que a relação de emprego seria uma espécie de relação de trabalho, diferenciada das demais em vista da presença do elemento **subordinação**.

3.2. Conceito

O art. 442 da CLT ensina que contrato de trabalho *é o acordo tácito ou expresso correspondente à relação de emprego*. Em outras palavras, é o negócio jurídico em que o empregado compromete-se a prestar serviços de forma pessoal, subordinada e não eventual ao empregador, mediante o pagamento de uma contraprestação.

3.3. Características

Podemos citar como características do contrato de trabalho:

3.3.1. Contrato de direito privado

Como dissemos, embora possamos observar no Direito do Trabalho diversas normas de caráter cogente, não podemos afirmar que esse ramo do direito possa classificar-se como de Direito Público, na medida em que não regula os interesses do Estado.

O que existe é uma intervenção do Estado, estando as partes livres para estipular as cláusulas, desde que respeitem as normas de proteção existentes na Constituição Federal e na CLT.

3.3.2. Intuitu personae em relação ao empregado

A prestação de serviço deve ser pessoal, sendo vedada a substituição do empregado, salvo concordância do empregador.

3.3.3. Consensual

Surge da vontade das próprias partes, resultante de um acordo de vontades.

3.3.4. Sinalagmático

Gera deveres e obrigações entre cada uma das partes. O empregado tem a obrigação de prestar o serviço para o qual foi contratado; dever de obediência ao poder de direção do empregador e o direito de receber sua remuneração. O empregador tem a obrigação de pagar o salário ajustado e o direito de exigir o serviço prestado.

3.3.5. *Sucessivo ou continuado*

A relação apresenta continuidade no tempo. O contrato pressupõe a continuidade da prestação de serviço, não se tratando de obrigação instantânea; a obrigação de fazer não se esgota em uma única prestação.

3.3.6. *Oneroso*

Não se trata de trabalho gratuito. O contrato implica o pagamento de uma remuneração como contraprestação do serviço realizado.

3.4. Requisitos

A partir do conceito explicitado, podemos extrair os requisitos do contrato de trabalho, ou melhor, os requisitos caracterizadores da relação de emprego, quais sejam:

3.4.1. *Pessoa física*

O empregado é sempre uma pessoa física ou natural.

3.4.2. *Pessoalidade*

O empregado deve prestar pessoalmente os serviços, não podendo fazer-se substituir por outra pessoa. O trabalho deve ser exercido pelo próprio trabalhador, em razão de suas qualificações profissionais e pessoais, por isso diz-se que o contrato de trabalho é "*intuitu personae*" ou personalíssimo.

3.4.3. *Não eventualidade ou habitualidade*

O empregado presta serviços de maneira contínua, não eventual. O trabalho deve ser contínuo.

Ao falarmos de habitualidade, devemos ter em mente a expectativa de que ambas as partes possuem na prestação laboral, ou seja, o trabalhador sabe que deve ir todos os dias ao trabalho e, de outro lado, o empregador aguarda todos os dias seu empregado para o desempenho das atividades laborais.

3.4.4. *Subordinação*

O empregado é um trabalhador cuja atividade é exercida sob dependência de outrem, para quem sua atividade é dirigida: o empregador.

O empregado presta serviço subordinado, pois deve acolher o poder de direção do empregador no modo de realização do labor.

A dependência ou subordinação é decorrente do contrato de trabalho, por isso é chamada de "subordinação jurídica".

O trabalho é, desta forma, dirigido pelo empregador, que exerce o poder diretivo.

3.4.5. *Onerosidade*

O trabalho é exercido almejando o recebimento de salário. Em outras palavras, podemos dizer que, ao firmar o contrato de trabalho, o empregado objetiva o recebimento dessa contraprestação pelo serviço que presta.

Caso os serviços sejam executados gratuitamente, não restará configurada a relação de emprego. É o que ocorre, por exemplo, com os serviços religiosos, voluntários, comunitários, filantrópicos etc.

3.4.6. *Período de experiência na atividade contratada*

O art. 442-A, inserido na CLT com o advento da Lei 11.644/2008, impôs ao empregador um limite temporal para contratação de empregados.

Pelo novel dispositivo legal, o empregador não poderá exigir, no ato da contratação, mais de 6 (seis) meses de prática do candidato para a atividade, ou seja, não poderá o empregador exigir dos pretensos empregados período de experiência superior a 6 (seis) meses para aquela determinada função.

Dispõe o art. 442-A da CLT:

> "Para fins de contratação, o empregador não exigirá do candidato a emprego comprovação de experiência prévia por tempo superior a 6 (seis) meses no mesmo tipo de atividade".

É importante ressaltar que a limitação vale para todos os cargos e categorias profissionais, inclusive para cargos de chefia, gerentes, e, ainda, para contratação com a Administração Pública, quando regidos pela CLT.

Por não fazer qualquer tipo de limitação em relação à atividade a ser contratada, a norma não comporta interpretação restritiva. Deve, contudo, ser interpretada ampliativamente, pois representa uma norma de caráter genérico que deve ser aplicada a toda espécie de contratação.

Como dito, essa imposição afetará, também, a contratação com a Administração Pública quando adotar o regime jurídico celetista para contratação (arts. 37, II, e 173, § 1º, II, da CF). Desta forma, ao abrir um concurso público e adotar o regime jurídico celetista para contratação, a Administração Pública deverá obedecer à nova imposição legal, não podendo lançar no edital do concurso exigência superior a 6 meses para a função.

Por último, vale lembrar que essa limitação em nada se confunde com o prazo de 90 dias estabelecido para o contrato de experiência contido no art. 445, parágrafo único, da CLT. A limitação em estudo representa um elemento pré-contratual, ao passo que o contrato de experiência é um contrato de trabalho formalizado e com prazo determinado.

3.4.7. *Exclusividade*

Apenas para melhor elucidar os requisitos do contrato de trabalho, é importante lembrar que a exclusividade na prestação não é uma exigência legal.

Desta forma, legitimamente, nada impede que alguém possua mais de um emprego, desde que haja compatibilidade de horários.

3.5. Elementos do contrato de trabalho

O contrato de trabalho é o "acordo, tácito ou expresso, correspondente à relação de emprego".

Para ser válido deverá observar os elementos de validade do negócio jurídico, previstos no art. 104 do Código Civil, quais sejam: agente capaz, objeto lícito, vontade sem vícios, forma prescrita ou não proibida por lei.

3.5.1. Forma

A lei trabalhista não prescreve, em regra, forma especial, podendo ser pactuado de forma verbal, inclusive tácita. É correto afirmar, portanto, que, em regra, o contrato de trabalho não é contrato do tipo solene, tendo em vista que a lei trabalhista não exige nenhuma forma especial para sua validade. Apenas em alguns contratos especiais exige-se forma prescrita, como, por exemplo, o contrato de aprendiz, entre outros.

3.5.2. Agente capaz

É importante frisar que a Constituição Federal, em seu art. 7º, XXXIII, proíbe o trabalho noturno, perigoso e insalubre aos menores de 18 anos e de qualquer trabalho aos menores de 16 anos, salvo na condição de aprendiz, a partir dos 14 anos.

Na esfera trabalhista, a capacidade poderia ser dividida da seguinte maneira:

3.5.2.1. Absolutamente incapazes

Seriam os menores de 14 anos, na medida em que é vedado a eles qualquer tipo de atividade.

3.5.2.2. Relativamente incapazes

Aqueles com idades entre 14 e 18 anos. Em conformidade com o art. 7º, XXXIII, da CF, o trabalho é proibido para idades entre 16 e 18 anos no horário noturno e em condições perigosas ou insalubres e, em qualquer atividade, aos menores de 16 anos, salvo como aprendiz a partir dos 14 anos de idade.

3.5.2.3. Capazes

As pessoas com idade igual ou superior a superior a 18 anos de idade.

3.5.2.4 Trabalho do índio

Nos termos do art. 4º, parágrafo único, do Código Civil: "a capacidade dos índios será regulada por legislação própria."

A legislação que regula a situação jurídica dos índios é a Lei 6.001/1973 (Estatuto do Índio). O seu art. 8º dispõe:

> **Art. 8º** São nulos os atos praticados entre o índio não integrado e qualquer pessoa estranha à comunidade indígena quando não tenha havido assistência do órgão tutelar competente.

Todavia, dispõe o parágrafo único do mesmo dispositivo que essa regra não se aplica ao índio que revele consciência e conhecimento do ato praticado, desde que não lhe seja prejudicial, e da extensão dos seus efeitos.

Com relação à capacidade, é importante destacar o art. 4º da Lei 6.001/1973:

> **Art. 4º.** Os índios são considerados:
>
> I – Isolados – Quando vivem em grupos desconhecidos ou de que se possuem poucos e vagos informes através de contatos eventuais com elementos da comunhão nacional;
>
> II – Em vias de integração – Quando, em contato intermitente ou permanente com grupos estranhos, conservam menor ou maior parte das condições de sua vida nativa, mas aceitam algumas práticas e modos de existência comuns aos demais setores da comunhão nacional, da qual vão necessitando cada vez mais para o próprio sustento;
>
> III – Integrados – Quando incorporados à comunhão nacional e reconhecidos no pleno exercício dos direitos civis, ainda que conservem usos, costumes e tradições característicos da sua cultura.

Nessa linha, ensina o art. 15 da mesma lei que o contrato de trabalho firmado com o índio considerado isolado é nulo de pleno direito.

Já com o indígena em processo de integração, o trabalho dependerá de prévia aprovação do órgão de proteção do ao índio, a FUNAI (Fundação Nacional do Índio), instituída pela Lei 5.371/1967.

Desta forma, podemos entender a capacidade para o trabalho do índio da seguinte forma:

a) capacidade plena: aos índios integrados à sociedade;

b) capacidade relativa: índios em processo de integração, cujo trabalho dependerá da aprovação da FUNAI;

c) incapacidade: são incapazes os índios isolados.

Importante ressaltar que nos casos de contrato de trabalho celebrado com indígena isolado ou em processo de integração, sem a aprovação do órgão competente, todos os direitos trabalhistas lhe serão assegurados.

3.5.3. Objeto

Com relação ao objeto, cumpre distinguir o trabalho ilícito do trabalho proibido.

Trabalho proibido é aquele que, por motivos vários, a lei impede que seja exercido por determinadas pessoas ou em determinadas circunstâncias, como, por exemplo, o trabalho do menor em condições insalubres (art. 405, I, da CLT). Nessa hipótese, o trabalhador poderá reclamar o que lhe é devido pelos serviços prestados, ainda que o contrato seja nulo. Desta forma, caso um menor seja admitido como empregado, desfeito o contrato sem culpa sua, terá todos os direitos que a lei assegura a quem presta trabalho subordinado e em função do tempo de serviço.

Por outro lado, trabalho ilícito é aquele não permitido porque seu objeto consiste na prestação de atividades criminosas e/ou contravencionais. Nele não se cogita vínculo de emprego, pois o respectivo negócio jurídico é destituído de validade, conforme dispõe o art. 104, II, do Código Civil. Se a nulidade decorre da ilicitude do objeto do contratado, o trabalhador já não poderá reclamar o pagamento dos serviços prestados.

Assim, se uma pessoa presta serviços a outrem, mas o objeto da prestação é ilícito, como, por exemplo, o jogo do bicho, não haverá relação de emprego.

A respeito do trabalho ilícito, a SDI 1 do TST editou a Orientação Jurisprudencial 199, que assim dispõe:

OJ-SDI1-199 – JOGO DO BICHO. CONTRATO DE TRABALHO. NULIDADE. OBJETO ILÍCITO

É nulo o contrato de trabalho celebrado para o desempenho de atividade inerente à prática do jogo do bicho, ante a ilicitude de seu objeto, o que subtrai o requisito de validade para a formação do ato jurídico.

Será considerado nulo o contrato de trabalho nos mesmos casos de nulidade do ato jurídico em geral, ou quando concluído com o objetivo de desvirtuar, impedir ou fraudar as normas de proteção ao trabalho, em conformidade com o art. 9.º da CLT.

3.6. Contratação pela administração pública

Nos termos do art. 37, II, da CF a investidura em cargo ou emprego público depende, em regra, de aprovação prévia em concurso público de provas ou de provas e títulos, de acordo com a natureza e a complexidade do cargo ou emprego.

Desta forma, para que o contrato seja considerado lícito, deverá seguir a obrigatoriedade de concurso público, inclusive as sociedades de economia mista e as empresas públicas.

Nessa linha, entende o TST, através da Súmula 363, que após a Constituição Federal de 1988 a contratação de servidor público, sem prévia aprovação em concurso público, encontra óbice no art. 37, II e § 2º, sendo o contrato considerado nulo. Nesse caso, somente será garantido ao obreiro o direito ao pagamento da contraprestação pactuada, em relação ao número de horas trabalhadas, respeitado o valor da hora do salário mínimo, e dos valores referentes aos depósitos do FGTS.

Importante lembrar o entendimento consubstanciado na Súmula 430 do TST:

SÚMULA 430 – ADMINISTRAÇÃO PÚBLICA INDIRETA. CONTRATAÇÃO. AUSÊNCIA DE CONCURSO PÚBLICO. NULIDADE. ULTERIOR PRIVATIZAÇÃO. CONVALIDAÇÃO. INSUBSISTÊNCIA DO VÍCIO.

Convalidam-se os efeitos do contrato de trabalho que, considerado nulo por ausência de concurso público, quando celebrado originalmente com ente da Administração Pública Indireta, continua a existir após a sua privatização.

3.7. Contrato de trabalho por equipe

O contrato de equipe não pode ser confundido com o contrato coletivo de trabalho, que é regulado pelo Direito Coletivo do Trabalho.

O contrato de equipe é constatado pela reunião de diversos contratos individuais de trabalho, mantidos em conjunto, mas cada um deles considerados autonomamente.

Esses diversos contratos de trabalho estão ligados entre si em decorrência da própria forma de prestação de serviços, existência de objeto comum e identidade de empregador.

Como exemplo, podemos imaginar a contratação de uma banda musical ou orquestras.

3.8. Duração dos contratos de trabalho

Em função do princípio da continuidade da relação de emprego, os contratos de trabalho são, em regra, por prazo indeterminado. Assim, presume-se (presunção relativa – *juris tantum*) que o contrato de trabalho tenha sido pactuado por prazo indeterminado, regra do sistema trabalhista brasileiro.

Excepcionalmente são admitidos, pela legislação, os contratos a termo ou por prazo determinado. Nesses contratos as partes já sabem previamente qual será a data de seu início e término, ou seja, o contrato é celebrado por certo lapso temporal. Este tipo de contrato somente poderá ser pactuado nos casos permitidos pela legislação em vigor.

Três modalidades de contratos a termo estão dispostos na própria CLT, em seu art. 443 e parágrafos, enquanto os demais estão previstos em legislações esparsas.

3.8.1. Contratos por prazo determinado da CLT

Para hipóteses de serviços cuja natureza ou transitoriedade justifique a predeterminação do prazo, para atividades empresarias de caráter transitório e por contrato de experiência, a CLT admite que o contrato de trabalho seja pactuado por prazo certo.

3.8.1.1. Serviços cuja natureza ou transitoriedade justifiquem a predeterminação do prazo

A CLT admite em seu art. 443, § 2º, "*a*", a contratação com prazo determinado em se tratando de serviço cuja natureza ou transitoriedade justifiquem a predeterminação do prazo.

Essa hipótese ocorrerá quando o serviço possuir caráter transitório, ou seja, é levada em consideração a natureza ou a periodicidade do serviço prestado, como, por exemplo, a contratação de um empregado para atender a um aumento transitório na produção de ovos de chocolate, no período de Páscoa.

3.8.1.2. Atividades empresariais de caráter transitório

Nas atividades empresariais de caráter transitório, diferentemente da hipótese estudada anteriormente, a própria atividade da empresa possui caráter transitório. Podemos citar como exemplo um restaurante que funciona apenas em certas épocas do ano, como no Natal ou Ano Novo.

Em ambas as hipóteses, o contrato não poderá exceder o período de 2 (dois) anos, admitindo-se apenas uma única prorrogação, desde que obedecido esse prazo máximo, ou seja, mesmo prorrogado o contrato não poderá exceder 2 (dois) anos.

3.8.1.3. Contrato de experiência

Disciplinado no art. 443, § 2º, "c", da CLT, é uma modalidade do contrato por prazo determinado, no qual as partes irão se testar mutuamente, ou seja, o empregador verificará se o empregado tem aptidão para exercer a função para a qual foi contratado e o empregado irá verificar se o empregador cumpre com suas obrigações em dia, se é tratado com civilidade etc.

O contrato de experiência não poderá exceder 90 dias e, também, só poderá ser prorrogado uma única vez, sempre observado o prazo máximo de sua duração.

É importante ressaltar a regra disposta no art. 452 da CLT que ensina ser necessário, entre uma contratação e outra, a observância de um período mínimo de 6 meses, sob pena de ser considerado contrato por prazo indeterminado.

O próprio art. 452, em sua parte final, traz exceção a essa regra. Assim, o empregador poderá contratar novamente com prazo determinado, mesmo antes do prazo de 6 meses:

a) caso a expiração do primeiro contrato tenha dependido da execução de serviços especializados: são hipóteses em que o profissional contratado exerce um serviço especializado, por exemplo, o profissional que montará um equipamento na empresa; permite-se a celebração de um novo contrato a prazo para a montagem de um novo maquinário;

b) caso a expiração do primeiro contrato ocorra pela realização de certos acontecimentos: ocorre com o trabalhador contratado para trabalhar em períodos de aumento de serviços, como no Natal, carnaval, férias, entre outros. Cessando esses acontecimentos, poderá haver nova contratação mesmo antes do período de 6 meses.

3.8.2. Rescisão nos contratos por prazo determinado

Os contratos com prazo determinado poderão se extinguir pelo seu termo ou, antecipadamente, por vontade de qualquer das partes.

Na primeira hipótese, o contrato se encerrará com o advento do seu termo. Porém, extinto antecipadamente o contrato de trabalho por vontade do empregador, nos termos do art. 479 da CLT, será este obrigado a pagar indenização correspondente à metade da remuneração a que teria direito até o termo do contrato. Caso seja o empregado que, sem justa causa, queira rescindir o contrato antes do prazo ajustado, será obrigado a indenizar o empregador dos prejuízos que desse fato lhe resultarem – art. 480 da CLT. Nesse caso, a indenização paga pelo empregado não poderá ser mais alta do que ele teria direito em iguais condições.

No entanto, é permitido às partes instituírem uma cláusula que cuide da hipótese de rescisão antecipada do contrato por prazo determinado pactuado. Nesses termos, convencionada a *cláusula assecuratória do direito recíproco de rescisão* e exercido tal direito por qualquer das partes, serão aplicados os princípios que regem a rescisão dos contratos por prazo indeterminado, em conformidade com o art. 481 da CLT, inclusive com a incidência de aviso-prévio.

É importante ressaltar que a regra contida no art. 479 da CLT não é aplicável aos contratos com prazo determinado disciplinados pela Lei 9.601/1998 por expressa vedação da art. 1º, § 1º, I, da Lei 9.601/1998.

3.8.3 Contrato de trabalho temporário

Regulado pela Lei 6.019/1974, é aquele prestado por pessoa física para atender à necessidade transitória de substituição de pessoal regular e permanente ou ao acréscimo extraordinário de serviços da empresa. Consiste em uma das principais hipóteses de terceirização permitidas em nosso sistema jurídico, nos termos da súmula 331, I, do TST.

A contratação de um temporário ocorre por meio da chamada **empresa de trabalho temporário**. Nesse caso, configura-se uma relação triangular, na qual o trabalhador mantém relação jurídica com a empresa de trabalho temporário, que o coloca à disposição da empresa tomadora de serviços.

Havendo contratação fora das hipóteses em que é admitida, formar-se-á o vínculo diretamente com a empresa tomadora de serviços. Nessa hipótese, há responsabilidade solidária entre a empresa de trabalho temporário e a tomadora de serviços com relação aos créditos trabalhistas.

Vale lembrar que não é admitida a contratação de temporários no âmbito rural, devendo a empresa de trabalho temporário ser, necessariamente, urbana, em conformidade com o art. 4º da Lei 6.019/1974.

De acordo com a redação do art. 10 da Lei 6.019/1974 o contrato de trabalho do temporário não poderá exceder 3 (três) meses, salvo autorização conferida pelo órgão local do Ministério do Trabalho e Previdência Social, segundo instruções a serem baixadas pelo Departamento Nacional de Mão de Obra.

Assim, temos que, em regra, o contrato de trabalho do temporário deverá ser de 3 meses. Porém, poderá o Ministério do Trabalho e Emprego editar normas que autorize contratos de trabalho temporário com prazos superiores.

Atualmente a situação é tratada através da Portaria 789/2014 do Ministério do Trabalho e Emprego, que em seu art. 2º determina que na hipótese de substituição transitória de pessoal regular e permanente, o contrato poderá ser pactuado por mais de três meses com relação a um mesmo empregado, nas seguintes hipóteses: *a)* quando ocorrerem circunstâncias, já conhecidas na data da sua celebração, que justifiquem a contratação de trabalhador temporário por período superior a três meses; *b)* quando houver motivo que justifique a prorrogação de contrato de trabalho temporário, que exceda o prazo total de três meses de duração. Parágrafo único. Observadas as condições estabelecidas neste artigo, a duração do contrato de trabalho temporário, incluídas as prorrogações, não pode ultrapassar um período total de nove meses.

No entanto, determina o parágrafo único do mesmo dispositivo que observadas as condições estabelecidas neste artigo, a duração do contrato de trabalho temporário, incluídas as prorrogações, não poderá ultrapassar um período total de nove meses.

Já para a hipótese de contratos temporários celebrados para atender acréscimo extraordinário de serviços, o contrato será de 3 meses, podendo além desse prazo previsto no art. 10 da Lei 6.019/1974, haver prorrogação do contrato de trabalho temporário por até três meses, desde que perdure o motivo justificador da contratação, nos termos do art. 3º da Portaria 789/2014.

Ensina ainda a referida Portaria que a solicitação de autorização para prorrogação de contrato de trabalho temporário deverá ser feita até cinco dias antes do termo final inicialmente previsto.

Vale ressaltar que não depende de autorização do órgão regional do MTE a prorrogação de contrato de trabalho temporário, quando, somada à duração inicial do contrato, este não exceder a três meses.

3.8.4. Contrato por prazo determinado da Lei 9.601/1998

Diferentemente da modalidade prevista na CLT, em que a contratação deve ocorrer para serviços cuja natureza ou transitoriedade justifique a predeterminação do prazo ou para atividades empresariais de caráter transitório, a lei em comento admite a contratação do obreiro para quaisquer atividades na empresa.

A lei, no entanto, condiciona a contratação à prévia negociação coletiva, com a respectiva assinatura de acordo ou convenção coletiva.

No respectivo instrumento – acordo coletivo ou convenção coletiva, as partes estabelecerão indenização para as hipóteses de rescisão antecipada do contrato, seja por iniciativa do empregador seja por iniciativa do empregado, tendo em vista que, nos termos do art. 1º, I, da lei, a indenização estipulada nos arts. 479 e 480 da CLT não é aplicável aos obreiros contratados pela Lei 9.601/1998. Desta forma, o acordo coletivo ou a convenção coletiva estabelecerá a indenização por rescisão antecipada do contrato, não se aplicando, portanto, a multa de 40% sobre os depósitos do FGTS, bem como o aviso-prévio.

No instrumento coletivo ficarão estabelecidas, também, as multas pelo descumprimento das cláusulas nele estabelecidas.

Nos termos do art. 1º, § 4º, da Lei 9.601/1998, à gestante, ao dirigente sindical, ainda que suplente, ao empregado eleito para cargo de direção de comissões internas de prevenção de acidentes, ao empregado acidentado, nos termos do art. 118 da Lei 8.213/1991, são garantidas as estabilidades provisórias, durante a vigência do contrato por prazo determinado, que não poderá ser rescindido antes do prazo estipulado pelas partes.

A contratação deverá, ainda, representar um acréscimo no número de empregados da empresa, tudo em conformidade com o art. 1º, *caput*, da Lei 9.601/1998 que dispõe: "As convenções e os acordos coletivos de trabalho poderão instituir contrato de trabalho por prazo determinado, de que trata o art. 443 da Consolidação das Leis do Trabalho – CLT, independentemente das condições estabelecidas em seu § 2º, em qualquer atividade desenvolvida pela empresa ou estabelecimento, para admissões que representem acréscimo no número de empregados."

O prazo máximo de sua duração é de 2 (dois) anos, sendo permitidas inúmeras prorrogações, desde que obedecido o prazo máximo de duração.

É importante saber que a regra contida no art. 451 consolidado, que ensina que o contrato de trabalho por prazo determinado que, tácita ou expressamente, for prorrogado mais de uma vez passará a vigorar sem determinação de prazo, não é aplicável a essa espécie de contratação com base no § 2º do art. 1º da Lei 9.601/1998.

3.8.5. Contrato do trabalhador rural por pequeno prazo

Trata-se de um contrato por prazo determinado que somente poderá ser firmado por pessoa física, não sendo admitida a contratação por pessoa jurídica, em razão da própria redação do art. 14-A da Lei 5.889/1973.

O prazo da contratação é regulado pelo § 1º do art. 14-A, o qual prescreve que a contratação não poderá exceder, dentro do período de 1 (um) ano, 2 (dois) meses e, caso não seja respeitado esse prazo, será automaticamente convertido em contrato por prazo indeterminado.

O dispositivo em estudo nos mostra, também, que é permitida a prorrogação do contrato de trabalho rural por pequeno prazo, por quantas vezes se mostrar necessário, desde que obedeça ao prazo máximo de 2 meses, dentro do período de 1 ano, sob pena de se tornar contrato por prazo indeterminado.

Em razão do princípio da isonomia, são assegurados ao trabalhador contratado por pequeno prazo todos os direitos assegurados ao emprego rural comum.

A inclusão do trabalhador rural contratado nessa modalidade na Guia de Recolhimento do Fundo de Garantia do Tempo de Serviço e Informações à Previdência Social – GFIP é obrigatória por parte do empregador.

3.9. Contrato de empreitada

Disciplinada nos arts. 610 a 626 do CC, a empreitada pode ser definida, conforme as lições de Maria Helena Diniz (em *Código Civil Anotado*, 8ª ed., São Paulo, Saraiva, 2002, p. 397) como o "contrato pelo qual um dos contraentes (empreiteiro) se obriga, sem subordinação ou dependência, a realizar, pessoalmente ou por meio de terceiro, certa obra para o outro (dono da obra ou comitente), com material próprio ou por este fornecido, mediante remuneração determinada ou proporcional ao trabalho executado".

Portanto, a empreitada objetiva a entrega de uma obra mediante o pagamento de um preço.

Nota-se que nos contratos de empreitada não está presente o elemento subordinação, mas sim a autonomia.

O empreiteiro é um profissional que vende seus serviços para outras pessoas, fornecendo a mão de obra e os materiais ou tão somente a mão de obra. Assim, verifica-se que o empreiteiro, para o desenvolvimento de suas atividades, possui uma equipe de trabalhadores, que são seus empregados.

Portanto, entre o empreiteiro e seus empregados, temos diversos contratos de trabalho, ao passo que, no contrato entre o empreiteiro e o dono da obra, temos um contrato de empreitada, nos moldes da lei civil.

3.9.1. Subempreitada

Ocorrerá a subempreitada sempre que o empreiteiro principal efetuar a contratação de outros empreiteiros (subempreiteiros) para o cumprimento de suas obrigações contratuais.

Ao contratar um subempreiteiro, o empreiteiro principal, além dos riscos quanto à realização da obra, assume as obrigações trabalhistas, em conformidade com o art. 455 da CLT:

Art. 455. Nos contratos de subempreitada responderá o subempreiteiro pelas obrigações derivadas do contrato de trabalho que celebrar, cabendo, todavia, aos empregados, o direito de reclamação contra o empreiteiro principal pelo inadimplemento daquelas obrigações por parte do primeiro.

Desta forma, caso não adimplidas as obrigações trabalhistas pelo subempreiteiro, os empregados poderão reclamar do empreiteiro principal o cumprimento delas.

3.9.1.1. Responsabilidade do dono da obra

A responsabilidade pelo pagamento das obrigações trabalhistas não pode recair sobre o dono da obra. Não pode o dono da obra ser responsabilizado pelas obrigações trabalhistas do empreiteiro e subempreiteiro.

Nesse sentido o TST se pronunciou por meio da Orientação Jurisprudencial 191 da SDI 1 do TST:

> ORIENTAÇÃO JURISPRUDENCIAL 191 DA SDI 1 DO TST – CONTRATO DE EMPREITADA. DONO DA OBRA DE CONSTRUÇÃO CIVIL. RESPONSABILIDADE
>
> Diante da inexistência de previsão legal específica, o contrato de empreitada de construção civil entre o dono da obra e o empreiteiro não enseja responsabilidade solidária ou subsidiária nas obrigações trabalhistas contraídas pelo empreiteiro, salvo sendo o dono da obra uma empresa construtora ou incorporadora.

4. EFEITOS RELACIONADOS AO CONTRATO DE TRABALHO

Como vimos o contrato de trabalho é do tipo sinalagmático, ou seja, gera direitos e obrigações para ambas as partes. O contrato de trabalho é, portanto, um negócio jurídico cujos efeitos podem ser classificados como próprios e subsidiários.

4.1. Efeitos próprios do contrato de trabalho

Os efeitos próprios do contrato de trabalho decorrem de sua natureza e objeto. Assim, podemos dizer que o contrato de trabalho deve ser executado de acordo com a **boa-fé**, tanto por parte do empregado como por parte do empregador. Daí decorre o dever de colaboração das partes, em que têm a obrigação de dar à outra todo o suporte necessário para permitir a execução de boa-fé do contrato.

4.1.1. Obrigações do empregado e empregador

A principal obrigação do empregado é a prestação de seus serviços ao empregador com fidelidade, diligência e assiduidade.

Já para o empregador a principal obrigação consiste no pagamento do salário como contraprestação pelos serviços prestados pelo obreiro. Existe, ainda, a obrigação de dar trabalho ao empregado e possibilitar a execução normal dos serviços, proporcionando os meios necessários, inclusive com observância das normas de segurança e medicina do trabalho, por meio de fornecimento de EPIs (Equipamentos de Proteção Individual).

O empregador também possui o dever de anotação do contrato de trabalho na CTPS do obreiro, concessão de férias e intervalos para repouso e alimentação.

Outrossim, traduz como efeito próprio do contrato de trabalho o dever de respeito a dignidade e personalidade moral do empregado, devendo abster-se de praticar atos que causem dano moral que firam a dignidade do obreiro.

4.2. Efeitos subsidiários do contrato de trabalho

Esses efeitos não possuem relação direta com o contrato de trabalho, não decorrem do objeto central de obrigações estipuladas em contrato, mas por serem decorrentes dele, ou seja, por terem surgido em função do contrato de trabalho, se submetem à sua estrutura jurídica.

Nesse contexto, se destacam como efeitos subsidiários do contrato de trabalho os direitos intelectuais devidos ao empregado em razão de invenção ou de realização de obra intelectuais, bem como indenizações por danos morais ou patrimoniais, praticados pelo empregador ou seus prepostos, em decorrência do pacto laboral.

4.2.1. Direitos intelectuais

São proveitos jurídicos que decorrem da criação intelectual do empregado, através de produção literária, artística ou até mesmo científica, ou ainda, por invenção.

Os direitos da propriedade industrial são regulados pelo art. 5º, XXIX, da CF, Lei 9.279/1996 e Decreto 2.553/1998.

Os direitos da propriedade industrial são assegurados em função de uma invenção ou de um modelo de utilidade. A invenção consiste em uma criação originária, a criação de algo que antes não existia. Já o modelo de utilidade, consiste no aperfeiçoamento de algo já existente.

Nessa linha, sempre que a invenção ou modelo de utilidade forem decorrentes do objeto central do contrato de trabalho, ou seja, se resultarem dos serviços para os quais o empregado foi contratado, pertencerão ao empregador, nos termos do art. 88 da Lei 9.279/1996, podendo o empregador conceder ao empregado participação nos ganhos resultantes, mediante negociação, nos termos do art. 89 da citada lei.

No entanto, em conformidade com o art. 90 da Lei 9.279/1996 se a invenção ou o modelo de utilidade forem desenvolvidos pelo empregado, fora do objeto central do pacto laboral, ou seja, desde que desvinculado do contrato de trabalho sem a utilização de recursos, meios, dados, materiais, instalações ou equipamentos do empregador, pertencerão exclusivamente à ele, empregado.

Já a propriedade de invenção ou de modelo de utilidade será comum, em partes iguais, quando resultar da contribuição pessoal do empregado e de recursos, dados, meios, materiais, instalações ou equipamentos do empregador, ressalvada expressa disposição contratual em contrário, é o que dispõe o art. 91 da Lei 9.279/1996.

4.2.2. Dano moral e dano material

Nas lições de Maria Helena Diniz (em *Curso de Direito Civil brasileiro: responsabilidade civil*, 9ª ed., São Paulo, Saraiva, 1995, p. 48), "dano é o prejuízo causado à pessoa, ou seja, lesão a bem ou interesse jurídico, podendo ser de ordem material ou moral".

O dano material implica lesão aos bens materiais da pessoa. Compreende os danos emergentes e os lucros cessantes

Já o dano moral afeta os direitos da pessoa humana, ou seja, os direitos da personalidade, violando a honra, a fama, a intimidade etc. O dano material, por outro lado, relaciona-se com a lesão aos direitos de ordem patrimonial.

Nos domínios do Direito do Trabalho, o dano moral trabalhista é aquele oriundo da relação de trabalho, ou seja, ocorrido no âmbito laboral.

O direito à indenização por danos morais e materiais decorrentes da relação de trabalho que o ofendido possui encontra amparo constitucional na proteção aos valores sociais do trabalho, art. 1º, IV, da CF, dignidade da pessoa humana, disposta no art. 5º, *caput*, da CF; proibição de qualquer forma de discriminação, art. 3º, IV e art. 7º, XXX, XXXI e XXXII, da CF; direito de resposta proporcional ao agravo, além de indenização por dano material, moral e à imagem, art. 5º, V, da CF, inviolabilidade da intimidade, da vida privada, da honra e da imagem das pessoas, assegurado o direito a indenização pelo dano material e moral decorrente de sua violação, art. 5º, X, da CF; proteção da saúde e da integridade física do trabalhador, assegurado o direito a indenização quando o empregador incorrer em dolo ou culpa, art. 7º XXII e XXVIII, da CF.

No plano infraconstitucional o Código Civil pátrio cuida do cumprimento do texto constitucional nos arts. 186 e 927, que assim dispõem:

> **Art. 186.** Aquele que, por ação ou omissão voluntária, negligência ou imprudência, violar direito e causar dano a outrem, ainda que exclusivamente moral, comete ato ilícito.
>
> **Art. 927.** Aquele que, por ato ilícito (arts. 186 e 187), causar dano a outrem, fica obrigado a repará-lo.
>
> **Parágrafo único.** Haverá obrigação de reparar o dano, independentemente de culpa, nos casos especificados em lei, ou quando a atividade normalmente desenvolvida pelo autor do dano implicar, por sua natureza, risco para os direitos de outrem.

4.2.2.1. *Prática de ato discriminatório*

A prática de ato discriminatório, qualquer que seja sua natureza, impõe ao empregador o dever de indenizar o empregado.

Como vimos, a discriminação por motivo de sexo, idade cor, estado civil e deficiência física ou mental é expressamente proibida pela Constituição Federal em seu art. 7º, incisos XXX e, XXXI.

Contudo, nos termos do art. 1º da Lei 9.029/1995 fica proibida a adoção de qualquer prática discriminatória e limitativa para efeito de acesso a relação de emprego, ou sua manutenção, por motivo de sexo, origem, raça, cor, estado civil, situação familiar ou idade, ressalvadas, neste caso, as hipóteses de proteção ao menor previstas no inciso XXXIII do art. 7º da Constituição Federal.

Havendo a prática de ato discriminatório por parte do empregador ou seus prepostos, além da indenização por dano moral assegurado ao empregado e sanções penais cabíveis, nos termos do art. 2º da lei em debate, o empregador poderá sofrer multa administrativa de dez vezes o valor do maior salário pago pelo empregador, elevado em 50% em caso de reincidência e a proibição de obter empréstimo ou financiamento junto a instituições financeiras oficiais, é o que determina o art. 3º da Lei 9.029/1995.

Havendo o rompimento da relação de trabalho por ato discriminatório, além do direito à reparação pelo dano moral, é facultado ao empregado optar entre:

I – a readmissão com ressarcimento integral de todo o período de afastamento, mediante pagamento das remunerações devidas, corrigidas monetariamente, acrescidas dos juros legais ou;

II – a percepção, em dobro, da remuneração do período de afastamento, corrigida monetariamente e acrescida dos juros legais.

Importante lembrar que a dispensa do empregado portador do vírus HIV ou de outra doença grave que capaz de gerar estigma ou preconceito é presumida discriminatória, assegurando ao empregado o direito à reintegração no emprego. É o que dispõe a súmula 443 do TST:

> SÚMULA 443 TST – DISPENSA DISCRIMINATÓRIA. PRESUNÇÃO. EMPREGADO PORTADOR DE DOENÇA GRAVE. ESTIGMA OU PRECONCEITO. DIREITO À REINTEGRAÇÃO
>
> Presume-se discriminatória a despedida de empregado portador do vírus HIV ou de outra doença grave que suscite estigma ou preconceito. Inválido o ato, o empregado tem direito à reintegração no emprego.

4.2.2.2. *Ofensa à intimidade*

A ofensa à dignidade está inserida no âmbito de proteção da dignidade da pessoa humana, art. 5º, *caput*, da CF, devendo ser assegurado, também, no seu ambiente de trabalho. Sua preservação deve ser respeitada antes mesmo da celebração do contrato de trabalho, ou seja, na fase pré-contratual, fase de seleção do empregado, como por exemplo, a exigência de exames médicos, psicotécnicos etc. A exigência fora do razoável, poderá ferir o direito à intimidade do obreiro.

O uso de câmeras de vigilância e escutas está cada vez mais comum no âmbito das relações de trabalho. Todavia, o uso excessivo do poder de fiscalização por parte do empregador pode representar ofensa à intimidade do empregado.

A utilização desses equipamentos é proibida em banheiros e refeitórios, sendo permitido seu uso nas demais áreas da empresa, desde que o empregado tenha conhecimento e não seja realizada de maneira ostensiva.

O monitoramento de correspondências, ainda que eletrônicas (email), encontra proteção no art. 5º, XII, da CF, que assim dispõe:

> **Art. 5º. (...)**
>
> XII – é inviolável o sigilo da correspondência e das comunicações telegráficas, de dados e das comunicações telefônicas, salvo, no último caso, por ordem judicial, nas hipóteses e na forma que a lei estabelecer para fins de investigação criminal ou instrução processual penal;

Esse monitoramento poderá ser realizado desde que o empregado seja avisado que o empregador passará a adotar tal conduta e, ainda, seja realizada no email fornecido pela empresa a ser utilizado para questões de trabalho. Os emails pessoas do empregado não poderão ser monitorados pelo empregador, sob pena de ser violado seu direito à intimidade e sigilo das correspondências.

A revista em pertences do empregado somente será admitida se for realizada na presença dele e desde que não seja realizada de maneira invasiva e violenta. A revista corporal, bem como a revista íntima, não são aceitas, tendo em vista agredirem a dignidade do trabalhador.

4.2.3. Responsabilidade indenizatória

Para que se possa atribuir responsabilidade ao empregador, mister se faz a presença de 3 requisitos;

a) Dano: o dano deve ser moral ou material

b) Nexo causal: ligação entre a conduta praticada pelo empregador ou seus prepostos e o dano sofrido e apontado pelo empregado;

c) Culpa: a conduta deve ter sido cometida por ação ou omissão do empregador ou seus prepostos mediante culpa, ou seja, por negligência, imprudência ou imperícia do empregador ou seus prepostos.

Trata-se, portanto, de responsabilidade subjetiva do empregador causada aos seus empregados.

No entanto, no que diz respeito à responsabilidade do empregador por acidente do trabalho, devemos nos utilizar da teoria da objetivação da responsabilidade civil, defendida por Maurício Godinho Delgado em *Curso de Direito do Trabalho, 9ª edição*, "tratando-se de atividade empresarial, ou de dinâmica laborativa (independentemente da atividade da empresa), fixadoras de riscos para os trabalhadores envolvidos, desponta a exceção ressaltada pelo parágrafo único do art. 927 do CCB/2002, tornando objetiva a responsabilidade empresarial por danos acidentários (responsabilidade em face do risco).

Portanto, a responsabilidade objetiva do empregador se mostra exceção à regra, devendo ser aplicada especificamente nos casos de acidente do trabalho, somente se a empresa desenvolver atividade que implique, por sua natureza, riscos para os trabalhadores envolvidos. Nos demais casos, será aplicado a regra geral, ou seja, a responsabilidade subjetiva, que dependerá da comprovação de culpa do empregador ou seus prepostos.

4.3. Danos morais para pessoas jurídicas

Embora a tradicional definição de dano moral como a lesão aos direitos da pessoa humana, nossa jurisprudência entende que as pessoas jurídicas também poderão sofrer danos morais. Isso porque o art. 52 do Código Civil determina ser aplicável às pessoas jurídicas, no que couber, a proteção dos direitos da personalidade. Nesse sentido é a Súmula 227 do STJ:

SÚMULA 227 STJ – A pessoa jurídica pode sofrer dano moral.

Por fim, com relação à atualização monetária e juros de mora referente aos danos morais, importante lembrar o entendimento disposto na Súmula 439 do TST:

SÚMULA 439 TST – DANOS MORAIS. JUROS DE MORA E ATUALIZAÇÃO MONETÁRIA. TERMO INICIAL.

Nas condenações por dano moral, a atualização monetária é devida a partir da data da decisão de arbitramento ou de alteração do valor. Os juros incidem desde o ajuizamento da ação, nos termos do art. 883 da CLT.

5. ASSÉDIO MORAL

O assédio moral se caracteriza por condutas reiteradas de violência psicológica capazes de causar desequilíbrio emocional e doenças de ordem psíquicas ou até mesmo físicas.

No assédio moral, o trabalhador é exposto a situações constrangedoras, repetitivas e prolongadas durante seu labor no exercício de suas funções.

A intolerância contínua, o exagero de ordens e cobranças desproporcionais em relação a um empregado podem configurar o assédio moral.

Mauricio Godinho Delgado (em *Curso de Direito do Trabalho*, 8ª ed., São Paulo, LTr, 2009, p. 1122) ensina: "registre-se que, entre os dispositivos que podem incidir sobre o denominado assédio moral do empregador sobre o empregado (alíneas *a*, *b*, *d*, e *e f* do art. 483 da CLT), este é, certamente, de maneira geral, o mais apropriado".

Contudo, além da hipótese mais comum, que é o assédio moral por parte do empregador, também chamado de assédio moral vertical descendente, poderá ocorrer também o assédio por parte do "colega" de trabalho que ocupa a mesma posição hierárquica, conhecido como assédio moral horizontal ou, ainda, por grupo de empregados em posição hierarquicamente inferior, chamado de assédio moral vertical ascendente.

O assédio moral praticado pelo empregador é capaz de gerar indenização por danos morais.

6. SUJEITOS DA RELAÇÃO DE EMPREGO

6.1. Empregado

O conceito de empregado vem disciplinado no art. 3º da CLT, que ensina: "considera-se empregado toda pessoa física que prestar serviços de natureza não eventual a empregador, sob a dependência deste e mediante salário".

Desta forma, é considerado empregado todo trabalhador que prestar serviços a um empregador.

Os requisitos já foram devidamente estudados quando tratamos do contrato de trabalho e de toda forma serão aqui aplicáveis.

6.1.1. Espécies de empregados

Podemos destacar algumas espécies de empregados, ou modalidades especiais de empregados:

6.1.1.1. Empregados domésticos

A Lei 5.859/1972 que cuidava do empregado doméstico foi revogada expressamente pela Lei Complementar 150/2015, nos termos do seu art. 46.

A Constituição Federal prevê os direitos assegurados ao empregado doméstico no parágrafo único do art. 7º, alterado pela Emenda Constitucional 72, de 02.04.2013.

A redação dada ao parágrafo único do art. 7º da CF pela Emenda Constitucional 72/2013 assim dispõe:

> "**Art. 7º** ...
>
> **Parágrafo único.** São assegurados à categoria dos trabalhadores domésticos os direitos previstos nos incisos IV, VI, VII, VIII, X, XIII, XV, XVI, XVII, XVIII, XIX, XXI, XXII, XXIV, XXVI, XXX, XXXI e XXXIII e, atendidas as condições estabelecidas em lei e observada a simplificação do cumprimento das obrigações tributárias, principais e acessórias, decorrentes da relação de trabalho e suas peculiaridades, os previstos nos incisos I, II, III, IX, XII, XXV e XXVIII, bem como a sua integração à previdência social."

Criada com o intuito de equiparar os direitos dos empregados domésticos, a citada Emenda acrescentou direitos antes garantidos somente aos empregados urbanos e rurais, tais como: indenização em caso de dispensa imotivada; seguro desemprego; FGTS obrigatório; garantia de salário, nunca inferior ao mínimo, para os que percebem remuneração variável; adicional noturno; proteção do salário, sendo crime a retenção dolosa de pagamento; salário-família; jornada de trabalho de 8 horas por dia e 44 por semana; direito a hora extra; observância de norma de higiene, saúde e segurança no trabalho; auxílio creche e pré-escola para os filhos e dependentes até os 5 anos de idade; seguro contra acidente de trabalho; proibição de discriminação em relação à pessoa com deficiência; proibição do trabalho noturno, perigoso ou insalubre aos menores de 16 anos.

No entanto, por expressa determinação do texto constitucional, alguns direitos dependiam de regulamentação e outros seriam de aplicação imediata.

Assim, em 02.06.2015 após mais de dois anos de debates no Congresso Nacional, foi publicada a Lei Complementar 150/2015 que além de regulamentar os direitos assegurados ao empregado doméstico, trouxe uma série de novos direitos, revogando, como dito, a Lei 5.859/1972.

A LC 150/2015 conceitua em seu art. 1º o empregado doméstico como sendo aquele que presta serviços de forma contínua, subordinada, onerosa e pessoal e de finalidade não lucrativa à pessoa ou à família, no âmbito residencial destas, por mais de 2 (dois) dias por semana.

A grande novidade trazida no conceito acaba com uma grande discussão jurisprudencial e doutrinária, considerando o que seria o requisito da "não eventualidade" ou "habitualidade" aquele prestado por mais de dois dias na semana. Portanto, para ser considerado empregado doméstico, deverá o empregado trabalhar, no mínimo, 3 dias por semana. Ficam excluídos os trabalhadores eventuais, que vão à residência da pessoa ou família uma ou duas vezes por semana.

A LC 150/2015 determina, também, a proibição da contratação do empregado doméstico menor de 18 anos, seguindo a orientação prevista na Convenção 182 da OIT.

6.1.1.1.2. Contrato de empregado doméstico com prazo determinado

A LC 150/2015 prevê em seu art. 4º a figura do contrato com prazo determinado para o empregado doméstico.

Por meio do citado dispositivo admite-se o contrato por prazo certo do empregado doméstico em 3 hipóteses, a saber:

a) contrato de experiência: será utilizado para que as partes se testem mutuamente antes de firmarem um contrato com prazo indeterminado.

O contrato de experiência não poderá exceder 90 (noventa) dias. Permite-se que seja prorrogado uma única vez, desde que a soma dos dois períodos não ultrapasse 90 (noventa) dias.

Caso o contrato de experiência não seja prorrogado após o decurso de seu prazo previamente estabelecido ou caso ultrapasse o período de 90 (noventa) dias, havendo a continuidade do serviço, o contratato passará a vigorar por prazo indeterminado.

b) para atender necessidades familiares de natureza transitória: será utilizado sempre que por necessidade transitória a pessoa ou família necessitar de um empregado doméstico. Imaginemos a hipótese de que pessoa uma família sofre procedimento cirúrgico e, por consequência, necessitará de repouso por período de 1 ano. Nesse caso, a família poderá fazer uso do contrato com prazo certo.

c) para substituição temporária de empregado doméstico com contrato de trabalho interrompido ou suspenso: caso o contrato do empregado doméstico com a pessoa ou família esteja interrompido, como por exemplo: licença-maternidade, férias etc. ou suspenso, como suspensão disciplinar, licença remunerada etc., o empregador poderá contratar outro empregado doméstico por prazo determinado.

Nessas duas últimas hipóteses, a duração do contrato de trabalho é limitada ao término do evento que motivou a contratação, obedecido o limite máximo de 2 (dois) anos. Embora a lei não seja expressa quanto à possibilidade de prorrogação nessas modalidades de contrato com prazo certo, deve ser aplicada, por força do art. 19 da LC 150/2015, a regra disposta no texto consolidado que permite a esse tipo de contrato uma única prorrogação dentro do limite máximo de 2 anos determinado em lei, arts. 445 e 451 da CLT.

6.1.1.1.3. Rescisão antecipada nos contratos com prazo determinado

Disciplinada no art. 6º da LC 150/2015, a norma ensina que durante a vigência dos contratos com prazo determinado, o empregador que, sem justo motivo, despedir o empregado ficará obrigado a pagar-lhe, a título de indenização, metade da remuneração a que teria direito até o termo do contrato.

No entanto, caso seja o empregado quem queira se desligar antes do término do prazo determinado estipulado, ficará ele obrigado a indenizar seu empregador dos prejuízos que desse fato lhe resultarem. Nessa hipótese a indenização não poderá exceder aquela a que teria direito o empregado em idênticas condições, art. 7º LC 150/2015.

Nos contratos com prazo determinado não poderá ser exigido o aviso-prévio, nos termos do art. 8º da lei.

No entanto, por força do art. 19 da L 150/2015 sustentamos a aplicabilidade da cláusula assecuratória do direito recíproco de rescisão ou cláusula de rescisão antecipada, disposta no art. 481 da CLT. Nesse caso, havendo interesse em qualquer das partes em extinguir o contrato de trabalho antecipadamente, aplicam-se as regras que regem a rescisão dos contratos por prazo indeterminado.

6.1.1.1.4. Jornada de trabalho

A jornada de trabalho do empregado doméstico está regulada no art. 2º e não poderá exceder 8 (oito) horas diárias e 44 (quarenta e quatro) semanais, devendo a hora extraordinária ser remunerada em, no mínimo, 50% (cinquenta por cento) superior ao valor da hora normal, devendo o empregador proceder o registro do horário de trabalho do empregado doméstico por qualquer meio manual, mecânico ou eletrônico, desde que idôneo, independente do número de empregados.

Permite-se o regime de compensação por acordo individual de trabalho escrito entre o empregado e empregador, hipótese em que será dispensado o pagamento de horas extraordinárias, desde que o excesso de horas trabalhadas em um dia for compensado em outro.

Havendo estipulação do acordo será devido o pagamento das 40 horas mensais excedentes ao horário normal de trabalho, como horas extraordinárias, ou seja, com acréscimo de 50%. O saldo das horas que excederem as 40 primeiras horas mensais será compensado em no máximo 1 ano. Como exemplo, imaginemos que um empregado doméstico laborou 60 horas extras no mês; as primeiras 40 horas deverão ser remuneradas como horas extraordinárias e as demais, compensadas no período máximo de 1 ano.

O art. 2º, § 5º, II, da lei permite que das primeiras 40 horas extras mensais sejam deduzidas, sem o pagamento, as horas não trabalhadas em razão da redução da duração normal de trabalho ou de dia útil não trabalhado, durante o mês.

Assim, se um empregado laborou 60 horas extras no mês, das 40 primeiras horas, serão deduzidas, sem o pagamento, as horas que ele deixou de trabalhar, no mês, em razão de redução de sua jornada normal de trabalho ou de dia que deveria trabalhar e não trabalhou, optando por descanso naquele dia.

A lei possibilita, ainda, em seu art. 10 estabelecer jornada de trabalho de 12 (doze) horas seguidas por 36 (trinta e seis) horas ininterruptas de descanso.

É prevista a figura do regime de trabalho de tempo parcial, entendida como aquela cuja duração não exceda 25 (vinte e cinco) horas semanais. Porém, diferente do que estabelece a CLT em seu art. 59, § 4º em que é vedada a prestação de horas extras para o empregado que labore nesse regime, a duração normal do trabalho do empregado doméstico nesse mesmo regime poderá ser acrescida de horas suplementares, em número não excedente a 1 (uma) hora diária, mediante acordo escrito entre empregador e empregado, com limite máximo de 6 horas por dia.

A nova lei deixa claro em seu art. 16 que é devido ao empregado doméstico descanso nos dias de feriados, estabelecendo também que o repouso semanal remunerado dos empregados domésticos deve ser, preferencialmente, aos domingos. Se, excepcionalmente, o empregado doméstico trabalhou nos domingos ou feriados, o trabalho deverá ser compensado. Caso não haja compensação, a remuneração do domingo e/ou feriado deverá ser paga em dobro, sem prejuízo da remuneração do repouso semanal, em conformidade com o art. 2º, § 8º, da LC 150/2015.

6.1.1.1.5. Trabalho noturno

Acompanhando a previsão celetista, a LC 150/2015 nos termos do art. 14 considera noturno, o trabalho executado entre as 22 horas de um dia e as 5 horas do dia seguinte, devendo ser aplicada a regra da hora fictamente reduzida de 52 (cinquenta e dois) minutos e 30 (trinta) segundos.

A remuneração do trabalho noturno terá acréscimo de, no mínimo, 20% (vinte por cento) sobre o valor da hora diurna. No entanto, em se tratando de empregado contratado para trabalhar exclusivamente no período noturno, o acréscimo será calculado sobre o salário anotado na Carteira de Trabalho e Previdência Social.

Para o labor executado em horários mistos, entendidos como aqueles que abrangem períodos diurnos e noturnos, as regras do trabalho noturno aplicam-se somente às horas de trabalho noturno.

6.1.1.1.6. Empregado doméstico em viagem

Em seu art. 11 a LC 150/2015 trata da figura do empregado doméstico em viagem. Para esse tipo de atividade a lei impõe a obrigatoriedade de acordo escrito entre as partes prevendo o acompanhamento do empregador pelo empregado em viagens.

Nessa modalidade de labor serão consideradas efetivas, ou seja, tempo à disposição do empregador, somente as horas efetivamente trabalhadas no período de viagens. Horas extraordinárias poderão ser compensadas em outro dia, respeitando as regras do acordo de compensação dispostas nos §§ 4º, 5º e 6º do art. 2º acima estudado.

De acordo com a lei, as horas de trabalho prestado em viagens deverão ser remuneradas em no mínimo, 25% superior ao valor do salário-hora normal. Existindo acordo escrito entre as partes, essa remuneração extraordinária poderá ser convertida em acréscimo no banco de horas, a ser utilizado a critério do empregado.

No caso de acompanhamento de viagem, as despesas com alimentação, além do transporte e hospedagem, ficarão por conta do patrão. Isso porque o art. 18, parte final, determina que o empregador doméstico não poderá efetuar descontos no salário do empregado por despesas com transporte, hospedagem e alimentação.

6.1.1.1.7. Intervalos para descanso

Os intervalos, o tempo de repouso, as horas não trabalhadas, os feriados e os domingos livres em que o empregado que mora no local de trabalho nele permaneça não serão computados como horário de trabalho.

Nos termos do art. 13 da LC 150/2015 é obrigatória a concessão de intervalo para repouso ou alimentação pelo período de, no mínimo, 1 (uma) hora e, no máximo, 2 (duas) horas, admitindo-se, mediante prévio acordo escrito entre empregador e empregado, sua redução a 30 (trinta) minutos.

Note que para que seja considerada lícita a redução do intervalo, basta o acordo escrito entre o empregado e empregador.

Aqui se nota tratamento diferenciado do empregado doméstico em relação aos empregados urbanos em geral, isso porque essa matéria constitui medida de higiene, saúde e segurança do trabalho, como o próprio TST sustenta, reconhecendo, inclusive, ser inválida a redução do intervalo intrajornada firmada por acordo ou convenção coletiva, nos termos de sua Súmula 437, item II.

Assim, uma vez reconhecido no texto constitucional disposto no art. 7º, parágrafo único, o direito do empregado doméstico à redução dos riscos inerentes ao trabalho, por meio de normas de saúde, higiene e segurança, previsto no inciso XXII do mesmo dispositivo constitucional, não poderia o legislador permitir tal redução.

Caso o empregado resida na casa o intervalo intrajornada poderá ser desmembrado em 2 períodos, desde que cada um tenha o mínimo de 1 hora, até o limite de 4 horas por dia.

A lei prevê também o período de intervalo interjornada, ou seja, o intervalo para descanso entre um dia e outro de trabalho. Nessa linha estabelece o art. 15 da LC 150/2015 que entre 2 (duas) jornadas de trabalho deve haver período mínimo de 11 (onze) horas consecutivas para descanso.

6.1.1.1.8. Férias

Nos termos do art. 17 da LC 150/2015 após cada período de 12 (doze) meses de trabalho prestado à mesma pessoa ou família, o empregado doméstico terá direito a férias anuais remuneradas de 30 (trinta) dias, com acréscimo de, pelo menos, um terço do salário normal.

A critério do empregador, esse período poderá ser fracionado em dois períodos, sendo que 1 deles deverá ser de, no mínimo, 14 dias corridos.

Desde que requerido até 30 (trinta) dias antes do término do período aquisitivo, é facultado ao empregado doméstico converter um terço do período de férias a que tiver direito em abono pecuniário, no valor da remuneração que lhe seria devida. Trata-se de um direito potestativo do empregado doméstico que se requerido no prazo legal, o empregador não poderá recusar.

Em se tratando de empregado em regime de tempo parcial, nos termos do § 3º do art. 3º da LC 150/2015 o período de férias será da seguinte proporção:

I – 18 (dezoito) dias, para a duração do trabalho semanal superior a 22 (vinte e duas) horas, até 25 (vinte e cinco) horas;

II – 16 (dezesseis) dias, para a duração do trabalho semanal superior a 20 (vinte) horas, até 22 (vinte e duas) horas;

III – 14 (quatorze) dias, para a duração do trabalho semanal superior a 15 (quinze) horas, até 20 (vinte) horas;

IV – 12 (doze) dias, para a duração do trabalho semanal superior a 10 (dez) horas, até 15 (quinze) horas;

V – 10 (dez) dias, para a duração do trabalho semanal superior a 5 (cinco) horas, até 10 (dez) horas;

VI – 8 (oito) dias, para a duração do trabalho semanal igual ou inferior a 5 (cinco) horas.

Embora a LC 150/2015 não disponha sobre a possibilidade de conversão de um terço de suas férias em abono pecuniário, entendemos que nessa modalidade de trabalho não será possível o fracionamento das férias, aplicando-se o art. 143, § 3º, da CLT, por força do art. 19 da LC 150/2015.

6.1.1.1.9. Aplicação subsidiária da CLT aos empregados domésticos

Nos termos do art. 7º, *a*, da CLT os preceitos dispostos no texto consolidado não são aplicáveis aos empregados domésticos, que eram regulados pela Lei 5.859/1972, com as alterações trazidas pela Lei 11.324/2006, revogadas pela LC 150/2015.

No entanto, a própria LC 150/2015 determina em seu art. 19 que: "*Observadas as peculiaridades do trabalho doméstico, a ele também se aplicam as Leis 605, de 05.01.1949, 4.090, de 13.07.1962, 4.749, de 12.08.1965, e 7.418, de 16.12.1985, e, subsidiariamente, a Consolidação das Leis do Trabalho (CLT), aprovada pelo Decreto-Lei 5.452, de 01.05.1943.*" (grifou-se).

Portanto, diante da regra disposta no novel dispositivo legal, ao empregado doméstico aplicam-se as regras dispostas na LC 150/2015 e, ainda, nas Leis 605/1949 _(lei que regula o repouso semanal remunerado e o pagamento de salário nos dias feriados civis e religiosos) e na Lei 7.418/1985 (Lei do Vale-Transporte). No entanto, havendo omissão nesses diplomas legais a CLT funcionará como fonte subsidiária, mas sempre observando as particularidades do trabalho doméstico.

6.1.1.1.10. Descontos no salário do empregado doméstico

O princípio da intangibilidade salarial ensina que o empregado deve receber seu salário de forma integral, ou seja, não poderá o empregador efetuar descontos no salário desse trabalhador.

Pois bem, esse princípio foi consagrado na atual redação do art. 18 da LC 150/2015, de modo que não é permitido ao empregador doméstico efetuar descontos no salário do empregado por fornecimento de alimentação, vestuário, higiene ou moradia. O dispositivo legal continua vedando, também, o desconto por despesas com transporte, hospedagem e alimentação em caso de acompanhamento em viagem, como acima estudado. Oportuno lembrar que referidas parcelas não possuem natureza salarial, art. 18, § 3º, LC 150/2015.

Desta forma, o empregador não poderá descontar de seu caseiro, por exemplo, valores referentes a sua alimentação ou descontar valores cobrados a título de estadia pelo fato de dormirem na residência, na medida em que os gastos com o negócio são sempre do empregador, e não do empregado.

Porém, se a despesa com moradia se referir à residência diversa àquela em que ele empregado presta serviços e se houver consentimento expresso das partes, o empregador poderá descontar do empregado esses valores, é o que dispõe o § 2º do art. 18 da lei.

Vale dizer que caso o empregador forneça moradia ao empregado doméstico na própria residência ou em morada anexa, de qualquer natureza, não irá gerar para empregado qualquer direito de posse ou de propriedade sobre aquela moradia.

Além da hipótese acima tratada, o § 1º do art. 18 prevê situações em que são permitidos descontos no salário do doméstico.

Ensina a lei que mediante acordo escrito entre às partes é permitido o desconto no salário do empregado doméstico para sua inclusão em planos de assistência médico-hospitalar e odontológica; de seguro e de previdência privada e, ainda, em se tratando de adiantamento de salário, sendo que o total dos descontos não poderá ultrapassar 20% (vinte por cento) do salário.

6.1.1.1.11. Vale-transporte

Como se sabe o vale-transporte é um direito dos empregados, inclusive do empregado doméstico, nos termos do art. 1º, II, do Decreto 95.247/1987.

Assim, a Lei 7.418/1985 que institui o Vale-Transporte, em seu art. 4º impõe ao empregador a obrigação de adquirir os vales-transporte necessários ao deslocamento do empregado. Nesse mesmo sentido, o art. 5º do Decreto 95.247/1987 veda ao empregador substituir o Vale-Transporte por antecipação em dinheiro ou qualquer outra forma de pagamento.

Todavia, tendo em vista a peculiar relação entre o empregado e o empregador doméstico, o parágrafo único do art. 19 da LC 150/2015 é expresso ao permitir que o empregador substitua a seu critério, a obrigação que possui de adquirir os vales-transporte necessários aos deslocamentos do empregado, pelo concessão desses valores diretamente ao empregado.

Dispõe o parágrafo único do art. 19:

> "A obrigação prevista no art. 4º da Lei 7.418, de 16.12.1985, poderá ser substituída, a critério do empregador, pela concessão, mediante recibo, dos valores para a aquisição das passagens necessárias ao custeio das despesas decorrentes do deslocamento residência-trabalho e vice-versa."

Em outras palavras, o empregador doméstico poderá pagar o vale-transporte em dinheiro para o empregado. Assim, ao invés de comprar o vale-transporte e entregar para o empregado doméstico, poderá lhe repassar, mediante recibo, esse valores, se desincumbindo da obrigação imposta pelo art. 4º da Lei 7.418/1985.

Assim, ao empregador doméstico não se aplica a regra imposta aos demais tipos de empregadores, esculpida no o art. 5º do Decreto 95.247/1987.

6.1.1.1.12. FGTS para o empregado doméstico

Dispõe o art. 21 da LC 150/2015:

> É devida a inclusão do empregado doméstico no Fundo de Garantia do Tempo de Serviço (FGTS), na forma do regulamento a ser editado pelo Conselho Curador e pelo agente operador do FGTS, no âmbito de suas competências, conforme disposto nos arts. 5º e 7º da Lei 8.036, de 11.05.1990, inclusive no que tange aos aspectos técnicos de depósitos, saques, devolução de valores e emissão de extratos, entre outros determinados na forma da lei.

Referido dispositivo legal determina que o Conselho Curador do FGTS edite resolução regulamentando a inclusão do empregado doméstico no FGTS.

Desta forma, considerando a necessidade de garantir o direito ao FGTS dos empregados domésticos no âmbito de seus contratos de trabalho, em 25.09.2015 foi publicada a Resolução 780 do Conselho Curador do Fundo de Garantia do Tempo de Serviço.

Por meio da Resolução 780/2015 do Conselho Curador do FGTS o empregado doméstico terá direito ao FGTS, obrigatoriamente, somente a partir de 01.10.2015. Portanto, ainda que o contrato de trabalho do empregado doméstico esteja em vigor na data de publicação da LC 150/2015, a inclusão do empregado doméstico no sistema do FGTS apenas se tornou obrigatória a partir dessa data.

A inclusão do empregado doméstico no FGTS deverá ser solicitado pelo empregador, mediante requerimento com informações dos eventos que envolvem a atividade profissional.

De acordo com a Resolução 780/2015 do Conselho Curador do FGTS, cabe ao Agente Operador do FGTS, que é a Caixa Econômica Federal, regulamentar as disposições complementares, de modo a viabilizar o depósito, os saques, a devolução de valores e a emissão de extratos, inclusive no que tange às relações de trabalho existentes a partir de março de 2000, data que o FGTS passou a ser facultativo, mediante requerimento do empregador, de acordo com o art. 1º do Decreto 3.361/2000. Atualmente, a definição dos procedimentos operacionais é feita pela Caixa Econômica Federal (CEF), agente operador do Fundo, por meio das Circulares 694 de 25 de setembro de 2015 e 696 de 27 de outubro de 2015.

Para o FGTS, a alíquota será de 8%, com o recolhimento de um percentual mensal de 3,2% (três inteiros e dois décimos por cento) sobre a remuneração devida, no mês anterior, a cada empregado, destinada ao pagamento da indenização compensatória da perda do emprego, sem justa causa ou por culpa do empregador.

Assim, caso o empregado doméstico seja demitido imotivadamente ou se a rescisão se der por culpa do empregador, os valores serão levantados pelo empregado doméstico como indenização por despedida arbitrária ou sem justa causa.

Contudo, ocorrendo a dispensa por justa causa do empregado doméstico ou se ele pedir demissão no emprego, bem como por término do contrato de trabalho por prazo determinado, aposentadoria e falecimento do empregado doméstico, esses valores depositados serão movimentados pelo empregador.

No entanto, havendo culpa recíproca metade desses valores será movimentada pelo empregado, enquanto a outra metade será movimentada pelo empregador.

Os valores de 3,2% destinados a indenização compensatória da perda do emprego serão depositados na conta vinculada do empregado, em variação distinta daquela em que se encontrarem os valores oriundos dos depósitos mensais de 8% e somente poderão ser movimentados por ocasião da rescisão contratual.

6.1.1.1.13. Aviso-prévio

À relação entre o empregador e empregado doméstico serão aplicadas as regras como para todos os demais empregados em geral, inclusive a regra do aviso-prévio proporcional previsto na Lei 12.506/2011, de acordo com os arts. 23 e 24 da LC 150/2015.

6.1.1.1.14. Estabilidade provisória/garantia de emprego

O art. 25, parágrafo único, da LC 150/2015 assegura garantia no emprego para a empregada doméstica gestante desde a confirmação do estado de gravidez até 5 meses após o parto, direito previsto na alínea "b" do inciso II do art. 10 do Ato das Disposições Constitucionais Transitórias.

A lei é expressa ao assegurar à empregada doméstica gestante a garantia de emprego durante o curso do contrato de trabalho, ainda que durante o prazo do aviso-prévio trabalhado ou indenizado.

Há de se ressaltar que pela própria redação do parágrafo único do art. 25, a garantia de emprego aqui debatida deverá ser assegurada tanto para os contratos com prazo indeterminado como para os contratos com prazo determinado, dispostos no art. 4º da própria lei.

Nesse mesmo sentido sustenta o TST em sua Súmula 244, item III:

III – A empregada gestante tem direito à estabilidade provisória prevista no art. 10, inciso II, alínea "b", do Ato das Disposições Constitucionais Transitórias, mesmo na hipótese de admissão mediante contrato por tempo determinado.

6.1.1.1.15. Rescisão do contrato de trabalho

Regulamentando o direito assegurado ao empregado doméstico esculpido no art. 7º, I, da CF, que disciplina a multa por despedida arbitrária ou sem justa causa, a LC 150/2015 determina que o empregador doméstico deposite a importância de 3,2% sobre a remuneração devida, no mês anterior, ao empregado, que se destinará ao pagamento da indenização compensatória em caso de perda do emprego, sem justa causa ou por culpa do empregador.

Assim, caso o empregado venha a ser demitido sem justa causa ou se o término do contrato se deu por justa causa do empregador (art. 27, parágrafo único, LC 150/2015) o empregado irá levantar essa importância a título de indenização compensatória.

No entanto, se o empregado doméstico for demitido por justa causa, se pedir demissão, término do contrato de trabalho por prazo determinado, de aposentadoria e de falecimento do empregado doméstico, os valores previstos no *caput* serão movimentados pelo empregador.

Havendo término do contrato por culpa recíproca, cada um ficará com uma metade, ou seja, metade de todo valor depositado ficará com o empregado e a outra metade com o empregador.

Por essa razão não se aplica ao empregado doméstico a multa de 40% sobre os depósitos de FGTS, disposta nos §§ 1º a 3º do art. 18 da Lei 8.036/1990.

6.1.1.1.16. Justa causa do empregado doméstico

As hipóteses de justa causa do empregado domésticos estão dispostas no art. 27 da LC 150/2015, que assim dispõe:

Art. 27. Considera-se justa causa para os efeitos desta Lei:

I – submissão a maus tratos de idoso, de enfermo, de pessoa com deficiência ou de criança sob cuidado direto ou indireto do empregado;

II – prática de ato de improbidade;

III – incontinência de conduta ou mau procedimento;

IV – condenação criminal do empregado transitada em julgado, caso não tenha havido suspensão da execução da pena;

V – desídia no desempenho das respectivas funções;

VI – embriaguez habitual ou em serviço;

VII – (Vetado);

VIII – ato de indisciplina ou de insubordinação;

IX – abandono de emprego, assim considerada a ausência injustificada ao serviço por, pelo menos, 30 (trinta) dias corridos;

X – ato lesivo à honra ou à boa fama ou ofensas físicas praticadas em serviço contra qualquer pessoa, salvo em caso de legítima defesa, própria ou de outrem;

XI – ato lesivo à honra ou à boa fama ou ofensas físicas praticadas contra o empregador doméstico ou sua família, salvo em caso de legítima defesa, própria ou de outrem;

XII – prática constante de jogos de azar.

A lei traz um novo rol de situações que ensejam a dispensa por justa causa do empregado doméstico. Trata-se de um rol taxativo, dispensando, portanto, a aplicação do art. 482 da CLT.

6.1.1.1.17. Justa causa do empregador doméstico – Rescisão indireta

O empregado doméstico poderá dar por rescindido o contrato por culpa de seu empregador, nos termos do art. 27, parágrafo único da LC 150/2015, nas seguintes hipóteses:

I – o empregador exigir serviços superiores às forças do empregado doméstico, defesos por lei, contrários aos bons costumes ou alheios ao contrato;

II – o empregado doméstico for tratado pelo empregador ou por sua família com rigor excessivo ou de forma degradante;

III – o empregado doméstico correr perigo manifesto de mal considerável;

IV – o empregador não cumprir as obrigações do contrato;

V – o empregador ou sua família praticar, contra o empregado doméstico ou pessoas de sua família, ato lesivo à honra e à boa fama;

VI – o empregador ou sua família ofender o empregado doméstico ou sua família fisicamente, salvo em caso de legítima defesa, própria ou de outrem;

VII – o empregador praticar qualquer das formas de violência doméstica ou familiar contra mulheres de que trata o art. 5º da Lei 11.340, de 07.08.2006.

Assim como nas hipóteses de justa causa do empregado acima estudadas, a lei traz um novo rol de situações que ensejam o reconhecimento da justa causa do empregador doméstico. Trata-se de um rol taxativo, dispensando, portanto, a aplicação do art. 483 da CLT.

6.1.1.1.18. Seguro desemprego

Nos termos do art. 26 da LC 150/2015 o empregado doméstico que for dispensado sem justa causa fará jus ao benefício do seguro-desemprego no valor de 1 (um) salário mínimo, por período máximo de 3 (três) meses, de forma contínua ou alternada.

Por outro lado, o benefício será cancelado, nos termos do § 2º do art. 26:

I – pela recusa, por parte do trabalhador desempregado, de outro emprego condizente com sua qualificação registrada ou declarada e com sua remuneração anterior;

II – por comprovação de falsidade na prestação das informações necessárias à habilitação;

III – por comprovação de fraude visando à percepção indevida do benefício do seguro-desemprego; ou

IV – por morte do segurado.

6.1.1.1.19. Fiscalização do Trabalho

O cumprimento de todas as normas dispostas na LC 150/2015 serão fiscalizadas pelo Auditor-Fiscal do Trabalho.

Na prática, o empregador doméstico receberá o Auditor-Fiscal do Trabalho em sua residência e o acompanhará para que seja feita a fiscalização.

Assim dispõe o art. 44 da LC 150/2015 que deu nova redação ao art. 11-A da Lei 10.593/2002,

> **Art. 11-A.** A verificação, pelo Auditor-Fiscal do Trabalho, do cumprimento das normas que regem o trabalho do empregado doméstico, no âmbito do domicílio do empregador, dependerá de agendamento e de entendimento prévios entre a fiscalização e o empregador.
>
> § 1º A fiscalização deverá ter natureza prioritariamente orientadora.
>
> § 2º Será observado o critério de dupla visita para lavratura de auto de infração, salvo quando for constatada infração por falta de anotação na Carteira de Trabalho e Previdência Social ou, ainda, na ocorrência de reincidência, fraude, resistência ou embaraço à fiscalização.
>
> § 3º Durante a inspeção do trabalho referida no *caput*, o Auditor-Fiscal do Trabalho far-se-á acompanhar pelo empregador ou por alguém de sua família por este designado.

6.1.1.2. Empregado rural

As relações de emprego rural são reguladas pela Lei 5.889/1973 e Decreto 73.626/1974.

Dispõe o art. 2º da Lei 5.889/1973 que empregado rural é toda pessoa física que, em propriedade rural ou prédio rústico, presta serviços de natureza não eventual a empregador rural, sob a dependência deste e mediante salário. É, portanto, aquele que presta serviços nas atividades da agricultura ou da pecuária a um empregador rural, em propriedade rural ou prédio rústico, entendido como sendo aquele prédio situado em zona urbana, mas dedicado à atividade rural.

Nos termos do art. 3º da Lei 5.889/1973 considera-se empregador, rural a pessoa física ou jurídica, proprietário ou não, que explore atividade agroeconômica, em caráter permanente ou temporário, diretamente ou através de prepostos e com auxílio de empregados.

Por sua vez, atividade agroeconômica é a atividade agrícola, pastoril ou pecuária que não se destina, exclusivamente, ao consumo de seus proprietários.

Dispõe o § 1º do mesmo dispositivo legal que inclui-se na atividade econômica, além da exploração industrial em estabelecimento agrário não compreendido na CLT, a exploração do turismo rural suplementar à exploração agroeconômica.

Equipara-se ao empregador rural, a pessoa física ou jurídica que, habitualmente, em caráter profissional, e por conta de terceiros, execute serviços de natureza agrária, mediante utilização do trabalho de outrem.

Desta forma, podemos dizer que é a natureza da atividade econômica desenvolvida no estabelecimento agrário que determinará se a empresa é rural ou urbana. Não é a natureza do trabalho prestado pelo empregado que definirá a sua categoria como rural ou urbano, mas sim a atividade do empregador.

Assim, se um estabelecimento é destinado à exploração agrícola ou pecuária, o trabalhador é considerado rural, mas se as atividades são comerciais ou industriais e não agroeconômica, o trabalhador será considerado urbano. Como exemplo, podemos citar o caso de uma fazenda de cultivo de cana de açúcar que possui uma usina de açúcar. Nesse caso, os trabalhadores que prestam serviços na usina não são rurais, pois a atividade é tipicamente industrial.

Embora como critério geral para a caracterização do empregado como rural seja estabelecido de acordo com a categoria do empregador, como se vê na súmula 196 do STF: *"Ainda que exerça atividade rural, o empregado de empresa industrial ou comercial é classificado de acordo com a categoria do empregador"*, entende o TST que em relação aos empregados que trabalham em empresas de reflorestamento que, tecnicamente sejam consideradas empresas urbanas, os seus empregados serão considerados rurícolas, em conformidade com o entendimento consubstanciado na OJ 38 da SDI 1, que assim dispõe:

> OJ 38 SDI 1 do TST – Trabalhador rural. Rurícola. Empresa de reflorestamento. Prescrição do rurícola. Lei 5.889/1973, art. 10. Dec. 73.626/74, art. 2º, § 4º.
>
> O empregado que trabalha em empresa de reflorestamento, cuja atividade está diretamente ligada ao manuseio da terra e de matéria -prima, é rurícola e não industriário, nos termos do Dec. 73.626, de 12/02/74, art. 2º, § 4º, pouco importando que o fruto de seu trabalho seja destinado à indústria. Assim, aplica-se a prescrição própria dos rurícolas aos direitos desses empregados.

Assim, para que se possa caracterizar a relação de emprego rural é necessário:Que o trabalho seja desenvolvido para empregador rural;

Que o trabalho seja desenvolvido em propriedade rural ou prédio rústico.

Por força do art. 7º, *caput*, da CF, seus direitos foram totalmente equiparados aos direitos dos trabalhadores urbanos. Além disso, o Decreto 73.626/74 indica expressamente em seu art. 4º quais os dispositivos legais da CLT e de outras leis extravagante que são aplicáveis ao empregado rural.

Podemos apontar algumas especificidades em relação ao empregado rural:

I-) Trabalho noturno

Devemos diferenciar o trabalho exercido nas atividades de agricultura e o desenvolvido na pecuária.

Na lavoura, o período noturno é aquele desenvolvido entre 21 horas de um dia até às 5 horas do dia seguinte, ao passo que na pecuária será o período compreendido entre as 20 horas de um dia até 4 horas do dia seguinte, nos termos do art. 7º da Lei 5.889/1973.

É importante mencionar que no âmbito rural, seja na agricultura, seja na pecuária, não se aplica a regra da "hora fictamente reduzida".

Outra peculiaridade consiste no adicional devido aos trabalhadores que exercem suas atividades no período noturno. Esse adicional difere, também, para os empregados dos âmbitos urbano e rural.

O trabalho noturno exercido no âmbito urbano é de 20%, ao passo que no âmbito rural, por não terem os obreiros a jornada reduzida, seu adicional será de 25%.

II-) Trabalho extraordinário

Determina o art. 7º do Decreto 73.626/1974 que a duração normal do trabalho poderá ser acrescida de horas suplementares, em número não excedente de 2 (duas), mediante acordo escrito entre o empregador e o empregado ou mediante contrato coletivo de trabalho.

III-) Intervalos para descanso

O art. 5º, *1ª parte*, da Lei 5.889/1973 e o art. 5º do Decreto 73.626/1974 regulam o intervalo intrajornada do empregado rural e determina que em qualquer trabalho contínuo com duração superior a 6 (seis) horas, deverá ser concedido um intervalo para repouso ou alimentação observados os usos e costumes da região. Assim, como para os empregados urbanos o período destinado ao repouso e alimentação não será computando na duração do trabalho

O meso art. 5º, *parte final*, bem como o art. 6º do Decreto 73.626/1974 regulam o intervalo interjornada ao dispor que entre duas jornadas de trabalho haverá um período mínimo de onze horas consecutivas para descanso.

O trabalho intermitente é aquele que, por sua natureza, seja normalmente executado em duas ou mais etapas diárias distintas, desde que haja interrupção do trabalho de, no mínimo, 5 (cinco) horas, entre uma e outra parte da execução da tarefa.

Os intervalos entre uma e outra parte da execução da tarefa diária não serão computados, como de efetivo exercício, devendo essa característica ser expressamente ressalvada na CTPS do empregado.

IV-) Descontos no salário

As hipóteses que permitem descontos no salário do obreiro estão previstas no art. 9º da Lei 5.889/1973 e art. 16 do Decreto 73.626/1974, são elas:

a) até o limite de 20% (vinte por cento) pela ocupação da morada.

Sempre que mais de um empregado residir na mesma morada, o desconto será dividido proporcionalmente ao número de empregados. É vedada, em qualquer hipótese, a moradia coletiva de famílias;

b) até o limite de 25% (vinte por cento) pelo fornecimento de alimentação sadia e farta, atendidos os preços vigentes na região;

c) adiantamentos em dinheiro.

Importante notar que, nos termos da parte final do art. 9º estudado, os percentuais dos descontos efetuados no salário do obreiro deverão ser calculados sobre o salário mínimo. Essas deduções deverão ser previamente autorizadas, sem o que serão nulas de pleno direito, art. 9º, § 1º, da Lei 5.889/73.

V-) Redução da jornada de trabalho no aviso-prévio

Caso o empregador promova a rescisão do pacto laboral, durante o período de aviso prévio o empregado rural terá direito a um dia por semana, sem prejuízo do salário integral, para que possa buscar um novo lugar no mercado de trabalho, é o que determina o art. 15 da Lei 5.889/1973.

VI-) Fornecimento de escola

Nos termos do art. 16 da Lei 5.889/1973 toda propriedade rural, que mantenha a seu serviço ou trabalhando em seus limites mais de 50 famílias de trabalhadores, é obrigada a possuir e conservar em funcionamento escola primária, inteiramente gratuita, para os filhos destes, com tantas classes quantos sejam os filhos destes, com tantas classes quantos sejam os grupos de 40 crianças em idade escolar.

A matrícula da população em idade escolar será obrigatória, sem qualquer outra exigência, além da certidão de nascimento, para cuja obtenção o empregador proporcionará todas as facilidades aos responsáveis pelas crianças.

VII-) Contrato de safra. O contrato de safra é um tipo de contrato por prazo determinado e pode ser entendido como aquele cuja duração dependa de variações estacionais das atividades agrárias, assim entendidas as tarefas normalmente executadas no período compreendido entre o preparo do solo para o cultivo e a colheita.

Caso o contrato de trabalho seja rescindido normalmente, poderá o safrista levantar os depósitos efetuados na conta do FGTS do empregado. Isso porque, a CF/1988 assegurou igualdade de direitos entre os empregados urbanos e rurais, inclusive os safristas. Desta forma, a multa disciplinada no art. 14 da Lei 5.889/1973 e art. 20 do Decreto 73.626/1974 não foi recepcionada pela atual Constituição Federal.

Todavia, ocorrendo dispensa sem justa causa do safrista, antes do término do prazo contratual, o empregador ficará obrigado a pagar ao empregado, à título de indenização compensatória, multa de 40% sobre o saldo existente na conta de FGTS do empregado, sem prejuízo da multa do art. 479 da CLT. No entanto, caso o empregado, sem justo motivo, queira se desligar antes do término do contrato deverá indenizar o empregador dos prejuízos que desse fato lhe resultarem, nos termos do art. 480 da CLT, caso em que a indenização não poderá exceder àquela a que teria direito o empregado em idênticas condições.

VIII-) Contrato de trabalho rural por pequeno prazo

Remetemos o leitor ao item 3.8.5.

6.1.1.3. Empregado em domicílio

Empregado em domicílio é aquele que trabalha na sua própria residência. Nessa linha, o art. 83 da CLT define o trabalho em domicílio como aquele executado na habitação do empregado ou em oficina de família, por conta de empregador que o remunere, sendo garantido o salário mínimo.

Importante frisar que o art. 6º da CLT, com a nova redação dada pela Lei 12.551/2011, leciona que não se distingue entre o trabalho realizado no estabelecimento do empregador, o executado no domicílio do empregado e o realizado a distância, desde que estejam caracterizados os pressupostos da relação de emprego. Os requisitos da relação de emprego já foram estudados, mas apenas para recordar, vale dizer que são eles: subordinação jurídica, onerosidade, pessoa física, pessoalidade, habitualidade e alteridade.

Visando a atender, portanto, o trabalho em domicílio, o parágrafo único do art. 6º consolidado equipara os meios telemáticos e informatizados de comando, controle e supervisão, para fins de subordinação jurídica, aos meios pessoais e diretos de comando, controle e supervisão do trabalho alheio.

Desta forma, o período em que o empregado permanecer em sua residência recebendo ordens emanadas de seus superiores hierárquicos representará, nos termos do art. 4º da CLT, tempo à disposição do empregador, devendo ser computado na jornada de trabalho do empregado.

6.1.1.4. Empregado aprendiz

O art. 428 da CLT define o contrato de aprendizagem como sendo um contrato de trabalho especial, ajustado por escrito e por prazo determinado, em que o empregador se compromete a assegurar ao maior de 14 (quatorze) e menor de 24 (vinte e quatro) anos, inscrito em programa de aprendizagem, formação técnico-profissional metódica, compatível com o seu desenvolvimento físico, moral e psicológico, e o aprendiz, a executar com zelo e diligência as tarefas necessárias a essa formação.

Aprendiz é, portanto, o empregado maior de 14 anos e o menor de 24 anos que celebra contrato de aprendizagem.

É importante mencionar que o limite de idade máxima estabelecido de 24 anos não se aplica a aprendizes portadores de deficiência, nos termos do § 5º do art. 428 consolidado.

O contrato de aprendizagem não poderá ser estipulado por prazo superior a 2 (dois) anos, exceto quando se tratar de aprendiz portador de deficiência.

A contratação do aprendiz poderá ser efetivada pela empresa na qual se realizará a aprendizagem ou por entidades sem fins lucrativos que tenham por objetivo a assistência ao adolescente e à educação profissional, registradas no Conselho Municipal dos Direitos da Criança e do Adolescente.

O aprendiz é, portanto, um empregado, pois possui vínculo de emprego com a empresa contratante. No entanto, é importante ressaltar que a contratação efetivada através de entidades sem fins lucrativos que objetivam a assistência ao adolescente e à educação profissional não gera vínculo de emprego entre o aprendiz e a empresa tomadora dos serviços.

A validade do contrato de aprendizagem está condicionada à anotação na carteira de trabalho, matrícula e frequência do aprendiz na escola, caso o aprendiz não tenha concluído o ensino médio, e inscrição em programa de aprendizagem desenvolvido sob orientação de entidade qualificada em formação técnico-profissional metódica.

Para os aprendizes que não tenham concluído o ensino médio, a matrícula e a frequência em escola serão obrigatórias. No entanto, caso não haja na localidade oferta de ensino médio, a contratação do aprendiz poderá ocorrer sem a frequência à escola, mas desde que ele já tenha concluído o ensino fundamental.

A duração do trabalho do aprendiz não poderá exceder 6 (seis) horas diárias, sendo vedadas a prorrogação e a compensação de jornada.

O contrato de aprendizagem será extinto no seu termo ou quando o aprendiz completar 24 anos, ressalvada a proposição quanto ao portador de necessidades especiais.

Porém, poderá cessar de forma antecipada havendo desempenho insuficiente ou inadaptação do aprendiz, falta disciplinar grave, ausência injustificada à escola que provoque perda do ano letivo ou, ainda, a pedido do aprendiz.

Vale dizer que nas hipóteses de cessação antecipada do contrato, não serão aplicadas as indenizações previstas nos arts. 479 e 480 da CLT.

Por último, nos termos do art. 429 da CLT os estabelecimentos de qualquer natureza são obrigados a empregar e matricular nos cursos dos Serviços Nacionais de Aprendizagem número de aprendizes equivalente a 5% (cinco por cento), no mínimo, e 15% (quinze por cento), no máximo, dos trabalhadores existentes em cada estabelecimento, cujas funções demandem formação profissional.

A Lei 12.594/2012 incluiu o § 2º no citado dispositivo, determinando que os estabelecimentos deverão ofertar vagas de aprendizes a adolescentes usuários do Sistema Nacional de Atendimento Socioeducativo (Sinase) nas condições a serem dispostas em instrumentos de cooperação celebrados entre os estabelecimentos e os gestores dos Sistemas de Atendimento Socioeducativo locais.

6.1.1.5. Diretor de sociedade

Considera-se diretor empregado aquele que, participando ou não do risco do empreendimento, seja contratado ou promovido para cargo de direção, mantendo as características inerentes à relação de emprego.

6.1.1.6. Empregado público

Os empregados públicos ocupam empregos públicos, subordinados às normas da CLT, e são contratados por prazo indeterminado para exercício de funções na administração direta, autárquica e fundacional. Trata-se do servidor público regido pela CLT.

É aquele que ocupa emprego público criado por lei, em decorrência de aprovação em concurso público. Possui vínculo de emprego, sendo regido pela CLT, podendo atuar na Administração Direta, autarquias, fundações e associações públicas, empresas públicas e sociedade de economia mista.

Os empregados públicos, assim como os servidores estatutários, em regra, somente poderão ser admitidos ao serviço público por meio de concurso público, de acordo com redação do art. 37, II, da CF. Em algumas situações, como a prevista no art. 198, §§ 4º e 5º, da CF, é permitida a contratação sem concurso, por meio de um processo seletivo público.

6.1.1.7. Mãe social

As instituições sem finalidade lucrativa, ou de utilidade pública de assistência ao menor abandonado, e que funcionem pelo sistema de casas-lares, poderão contratar mães sociais visando a propiciar ao menor as condições familiares ideais ao seu desenvolvimento e reintegração social.

Desta forma, em conformidade com o art. 2º da Lei 7.644/1987, é considerada mãe social aquela que, dedicando-se à assistência ao menor abandonado, exerça o encargo em nível social, dentro do sistema de casas-lares. Casa-lar é a unidade residencial sob responsabilidade de mãe social, que poderá abrigar até 10 (dez) menores.

A mãe social é, portanto, empregada da instituição de assistência ao menor abandonado e tem como atribuições: propiciar o surgimento de condições próprias de uma família, orientando e assistindo os menores colocados sob seus cuidados, devendo, igualmente, administrar o lar, realizando e organizando as tarefas a ele pertinentes e dedicar-se, com exclusividade, aos menores e à casa-lar que lhes forem confiados.

A mãe social deverá, ainda, residir, juntamente com os menores que lhe forem confiados, na casa-lar que lhe for destinada.

À mãe social são assegurados os seguintes direitos: anotação na carteira de trabalho, remuneração não inferior ao salário mínimo, repouso semanal remunerado de 24 horas consecutivas, apoio técnico, administrativo e financeiro no desempenho de suas funções, férias remuneradas de 30 dias, benefícios e serviços previdenciários, inclusive em caso de acidente do trabalho, na qualidade de segurada obrigatória, 13º salário e FGTS ou indenização, nos termos da legislação pertinente.

Uma vez extinto o contrato de trabalho, deverá a mãe social retirar-se da casa-lar que ocupava, cabendo à entidade empregadora providenciar a imediata substituição.

6.1.1.8. Motorista profissional empregado

O motorista profissional empregado está regulado nos arts. 235-A a 235-G da CLT com a redação dada pela Lei 13.103/2015.

Nos termos do art. 235-A da CLT, as disposições trazidas pela Lei 13.103/2015 serão aplicadas somente ao motorista profissional, considerado como o motorista profissional empregado de transporte rodoviário coletivo de passageiros e de transporte rodoviário de cargas, não se estendendo a demais motoristas.

A lei traz algumas particularidades à profissão de motorista profissional ao proporcionar jornada de trabalho especial e regular os tempos de repouso a eles destinados.

Traço marcante da legislação é a jornada de trabalho do motorista empregado que não tem horário fixo de início, de final ou de intervalos, salvo previsão contratual nesse sentido.

No entanto, a jornada de trabalho não poderá ultrapassar 8 (oito) horas por dia, admitindo-se a sua prorrogação por até 2 (duas) horas extraordinárias ou, mediante previsão em convenção ou acordo coletivo, por até 4 (quatro) horas extraordinárias. As horas extras, caso não sejam compensadas, serão pagas com remuneração superior em, no mínimo, 50% ao valor da hora normal.

Mediante convenção ou acordo coletivo poderá ser estabelecida jornada especial de 12 (doze) horas de trabalho por 36 (trinta e seis) horas de descanso para o trabalho do motorista profissional empregado em regime de compensação.

Ao motorista profissional empregado será assegurado um intervalo mínimo de 1 (uma) hora para refeição, podendo esse período coincidir com o tempo de parada obrigatória na condução do veículo estabelecido pelo art. 67-C e seus parágrafos do Código de Trânsito Brasileiro, exceto quando se tratar do motorista profissional enquadrado no § 5º do art. 71 da CLT.

A lei determina ainda que dentro do período de 24 (vinte e quatro) horas, deverão ser asseguradas 11 (onze) horas de descanso, sendo facultados o seu fracionamento e a coincidência com os períodos de parada obrigatória na condução do veículo estabelecido pelo Código de Trânsito Brasileiro, como vimos acima, garantidos o mínimo de 8 (oito) horas ininterruptas no primeiro período e o gozo do remanescente dentro das 16 (dezesseis) horas seguintes ao fim do primeiro período de descando.

Nas viagens de longa distância, assim consideradas aquelas em que o motorista profissional empregado permanece fora da base da empresa, matriz ou filial e de sua residência por mais de 24 (vinte e quatro) horas, o repouso diário pode ser feito no veículo ou em alojamento do empregador, do contratante do transporte, do embarcador ou do destinatário ou em outro local que ofereça condições adequadas.

Com relação às viagens de longa distância com duração superior a 7 (sete) dias, nos termos do art. 235-D da CLT o repouso semanal será de 24 (vinte e quatro) horas por semana ou fração trabalhada, sem prejuízo do intervalo de repouso diário de 11 (onze) horas, totalizando 35 (trinta e cinco) horas, usufruído no retorno do motorista à base (matriz ou filial) ou ao seu domicílio, salvo se a empresa oferecer condições adequadas para o efetivo gozo do referido repouso. É permitido o fracionamento do repouso semanal em 2 (dois) períodos, sendo um destes de, no mínimo, 30 (trinta) horas ininterruptas, a serem cumpridos na mesma semana e em continuidade a um período de repouso diário, que deverão ser usufruídos no retorno da viagem.

As horas em que o motorista profissional empregado ficar aguardando carga ou descarga do veículo nas dependências do embarcador ou do destinatário bem como o período gasto com a fiscalização da mercadoria transportada em barreiras fiscais ou alfandegárias, são consideradas tempo de espera e não serão computados como jornada de trabalho e nem como horas extraordinárias. No entanto, essas horas serão indenizadas em 30% (trinta por cento) do salário-hora normal e em hipótese alguma poderá prejudicar o direito ao recebimento do salário diário do motorista.

Se esse período de espera for superior a 2 (duas) horas ininterruptas para a hipótese em que o motorista empregado deva permanecer junto ao veículo, caso o local ofereça condições adequadas para o repouso, o tempo será considerado como de repouso para os fins do intervalo de descanso acima estudado.

O motorista empregado, em viagem de longa distância, que ficar com o veículo parado após o cumprimento da jornada normal ou das horas extraordinárias fica dispensado do serviço, exceto se for expressamente autorizada a sua permanência junto ao veículo pelo empregador. Nesse caso, o tempo será considerado como de espera.

Nos casos em que o empregador adotar 2 (dois) motoristas trabalhando no mesmo veículo, o tempo de repouso poderá ser feito com o veículo em movimento, assegurado o repouso mínimo de 6 (seis) horas consecutivas fora do veículo em alojamento externo ou, se na cabine leito, com o veículo estacionado, a cada 72 (setenta e duas) horas.

Em situações excepcionais, devidamente justificadas e anotadas, a jornada de trabalho de 8 horas por dia, acrescida das horas 2 (duas) horas suplementares, poderá ser elevada pelo tempo necessário até o veículo chegar a um local seguro ou ao seu destino, desde que não se comprometa a segurança rodoviária.

Para o transporte de cargas vivas, perecíveis e especiais em longa distância ou em território estrangeiro poderão ser aplicadas regras conforme a especificidade da operação de transporte realizada, cujas condições de trabalho serão fixadas em convenção ou acordo coletivo.

Em se tratando de transporte de passageiros, determina o art. 235-E da CLT:

> **Art. 235-E.** Para o transporte de passageiros, serão observados os seguintes dispositivos:
>
> I – é facultado o fracionamento do intervalo de condução do veículo previsto na Lei 9.503, de 23.09.1997 – Código de Trânsito Brasileiro, em períodos de no mínimo 5 (cinco) minutos;
>
> II – será assegurado ao motorista intervalo mínimo de 1 (uma) hora para refeição, podendo ser fracionado em 2 (dois) períodos e coincidir com o tempo de parada obrigatória na condução do veículo estabelecido pela Lei 9.503, de 23.09.1997 – Código de Trânsito Brasileiro, exceto quando se tratar do motorista profissional enquadrado no § 5º do art. 71 desta Consolidação;
>
> III – nos casos em que o empregador adotar 2 (dois) motoristas no curso da mesma viagem, o descanso poderá ser feito com o veículo em movimento, respeitando-se os horários de jornada de trabalho, assegurado, após 72 (setenta e duas) horas, o repouso em alojamento externo ou, se em poltrona correspondente ao serviço de leito, com o veículo estacionado.

6.1.2. Modalidades especiais de trabalhadores

Relação de trabalho corresponde a qualquer modalidade de contratação do trabalho humano, ou, em outras palavras, como ensina Renato Saraiva (em *Curso de Direito Processual do Trabalho*, 4ª ed., São Paulo, Método, 2007, p. 68): "relação de trabalho corresponde a qualquer vínculo jurídico por meio da qual uma pessoa natural executa obra ou serviços para outrem, mediante pagamento".

Podemos afirmar, portanto, que toda relação de emprego é uma relação de trabalho, mas nem toda relação de trabalho é uma relação de emprego, pois, como vimos, esta é uma espécie do gênero relação de trabalho.

Vejamos as espécies mais comuns de relação de trabalho:

6.1.2.1. Trabalhador autônomo

Nas lições de Sergio Pinto Martins (em *Direito do Trabalho*, 5ª ed., São Paulo, Malheiros, 1998, p. 127) trabalhador autônomo é aquele que "irá trabalhar por contra própria".

Difere-se do empregado, pois não há subordinação. O trabalhador autônomo desenvolve suas atividades com autonomia, atuando por conta própria, assumindo ele próprio o risco das atividades.

Dispõe o art. 12, V, *h*, da Lei 8.212/1991, que trabalhador autônomo é a pessoa física que exerce por conta própria atividade econômica de natureza urbana, com fins lucrativos ou não.

Essa definição é imprecisa ao mencionar que o autônomo é apenas quem exerce atividade de natureza urbana, pois profissões como a de engenheiro agrônomo, ou veterinário, podem ser exercidas no âmbito rural.

6.1.2.2. Trabalhador eventual

É o trabalhador admitido numa empresa para determinado evento. Em outras palavras, é o trabalho realizado de maneira eventual, de curta duração, cujos serviços não coincidem com os fins normais da empresa.

O trabalhador eventual carece de um dos elementos necessários para a caracterização da relação de empregado, qual seja, a "não eventualidade", ou seja, o elemento "continuidade" não se encontra presente nesse tipo de contrato.

O trabalhador eventual é vulgarmente chamado de "bico" ou "*freelancer*", laborando de maneira precária, na medida em que não se encontra presente o elemento habitualidade.

O trabalhador eventual realiza apenas serviços esporádicos, distintos dos fins da empresa, não demonstrando qualquer habitualidade. Como exemplo podemos citar o pintor que faz reparos no muro de uma empresa.

6.1.2.3. Trabalhador avulso – Portuário

Pela redação do art. 12, VI, da Lei 8.212/1991, trabalhador avulso é entendido como quem presta, a diversas empresas, sem vínculo empregatício, serviços de natureza urbana ou rural definidos no regulamento.

O trabalho avulso encontra-se disciplinado na Lei 12.815/2013, mais especificamente nos arts. 32 a 44, sendo 3 os sujeitos envolvidos nessa relação: a) Órgão Gestor de Mão de Obra (OGMO): órgão gestor que concentra a administração do trabalho portuário; b) operador portuário: empresa que explora as atividades portuárias; e, por último, c) trabalhador portuário: são os próprios trabalhadores, aqueles que exercem as atividades de carga e descarga de navios.

Cumpre destacar que não há poder de direção do OGMO sobre o avulso, nem subordinação deste com aquele. No trabalho avulso não há subordinação, razão pela qual o avulso presta serviços sem vínculo de emprego, nem com o OGMO, muito menos com as empresas para as quais presta serviços.

O OGMO apenas reúne a mão de obra e paga os prestadores de serviço, de acordo com o valor recebido das empresas, que será dividido proporcionalmente entre os trabalhadores.

O OGMO não responde por prejuízos causados pelos trabalhadores portuários avulsos aos tomadores dos seus serviços ou a terceiros.

Porém, responde, solidariamente com os operadores portuários, pela remuneração devida ao trabalhador portuário avulso e pelas indenizações decorrentes de acidente de trabalho.

Não é preciso que o trabalhador avulso seja sindicalizado. O que importa é que haja a intermediação obrigatória do sindicato na colocação do trabalhador na prestação de serviços às empresas, que procuram a agremiação buscando trabalhadores.

Podem ser destacadas as seguintes características do avulso: a) a liberdade na prestação de serviços, pois não tem vínculo com o OGMO, tampouco com as empresas tomadoras de serviço; b) podem prestar serviços a mais de uma empresa; c) o OGMO é quem faz a intermediação da mão de obra, manejando os trabalhadores de acordo com a necessidade dos serviços, cobrando um determinado valor pelos préstimos, incluindo direitos trabalhistas e encargos previdenciários e fiscais, e dividindo proporcionalmente entre as pessoas que participam do labor.

Nos termos do art. 7.º, XXXIV, a Constituição Federal assegurou igualdade de direitos entre o trabalhador avulso e aquele que mantém vínculo de emprego permanente.

6.1.2.4. Trabalhador avulso – Não portuário

O trabalho avulso não portuário é regulado pela Lei 12.023/2009 como sendo aquele executado na movimentação de mercadorias em geral, em áreas urbanas ou rurais sem vínculo empregatício, mediante intermediação obrigatória do sindicato da categoria, por meio de Acordo ou Convenção Coletiva de Trabalho.

Nos termos do art. 2º da Lei 12.023/2009 consideram-se atividades da movimentação de mercadorias em geral:

> I – cargas e descargas de mercadorias a granel e ensacados, costura, pesagem, embalagem, enlonamento, ensaque, arrasto, posicionamento, acomodação, reordenamento, reparação da carga, amostragem, arrumação, remoção, classificação, empilhamento, transporte com empilhadeiras, paletização, ova e desova de vagões, carga e descarga em feiras livres e abastecimento de lenha em secadores e caldeiras;
>
> II – operações de equipamentos de carga e descarga;
>
> III – pré-limpeza e limpeza em locais necessários à viabilidade das operações ou à sua continuidade.

Como vimos, a intermediação do sindicato de classe será obrigatória, por meio de Acordo ou Convenção Coletiva de Trabalho, nos termos do art. 1º da Lei 12.023/2009. Assim, como ocorre no trabalho avulso portuário, em que existe uma relação triangular, qual seja: Empresa - OGMO - Trabalhador Avulso Portuário, para o avulso não portuário a relação triangular se estabelece: Empresa – Sindicato – Trabalhador Avulso.

Nessa linha, o art. 4º da Lei 12.023/2009 impõe ao sindicato a obrigação de elaborar a escala de trabalho, bem como as folhas de pagamento dos trabalhadores avulsos, que deverá indicar tomador do serviço e os trabalhadores que participaram da operação.

A lei ensina ainda que são deveres do sindicato intermediador.

> **Art. 5º** São deveres do sindicato intermediador:
>
> I – divulgar amplamente as escalas de trabalho dos avulsos, com a observância do rodízio entre os trabalhadores;
>
> II – proporcionar equilíbrio na distribuição das equipes e funções, visando à remuneração em igualdade de condições de trabalho para todos e a efetiva participação dos trabalhadores não sindicalizados;
>
> III – repassar aos respectivos beneficiários, no prazo máximo de 72 (setenta e duas) horas úteis, contadas a partir do seu arrecadamento, os valores devidos e pagos pelos tomadores do serviço, relativos à remuneração do trabalhador avulso;
>
> IV – exibir para os tomadores da mão de obra avulsa e para as fiscalizações competentes os documentos que comprovem o efetivo pagamento das remunerações devidas aos trabalhadores avulsos;
>
> V – zelar pela observância das normas de segurança, higiene e saúde no trabalho;
>
> VI – firmar Acordo ou Convenção Coletiva de Trabalho para normatização das condições de trabalho.

Vale dizer que o não repasse dos valores devidos e pagos a título de remuneração do trabalhador avulso, no prazo de 72 horas, acarretará na responsabilidade pessoal e solidária dos dirigentes da entidade sindical.

Nessa linha dispõe o art. 8º da Lei 12.023/2009:

> **Art. 8º** As empresas tomadoras do trabalho avulso respondem solidariamente pela efetiva remuneração do trabalho contratado e são responsáveis pelo recolhimento dos encargos fiscais e sociais, bem como das contribuições ou de outras importâncias devidas à Seguridade Social, no limite do uso que fizerem do trabalho avulso intermediado pelo sindicato.

A lei impõe ao tomador dos serviços, no prazo de 72 horas úteis, contadas a partir do encerramento do trabalho requisitado, o dever de pagar ao sindicato os valores devidos pelos serviços prestados ou dias trabalhados, acrescidos dos percentuais relativos a repouso remunerado, 13º salário e férias acrescidas de 1/3 (um terço), para viabilizar o pagamento do trabalhador avulso, bem como os percentuais referentes aos adicionais extraordinários e noturnos. Compete, ainda, ao tomador de serviços recolher os valores devidos ao FGTS, acrescido dos percentuais relativos ao 13º salário, férias, encargos fiscais, sociais e previdenciários.

6.1.2.5. Estagiário

Regulado pela Lei 11.788/2008, o estágio é considerado um ato educativo escolar supervisionado, desenvolvido no ambiente de trabalho, que visa à preparação para o trabalho produtivo de educandos que estejam frequentando o ensino regular em instituições de educação superior, de educação profissional, de ensino médio, da educação especial e dos anos finais do ensino fundamental, na modalidade profissional da educação de jovens e adultos.

Uma vez observados certos requisitos impostos pela lei, o estágio não criará vínculo empregatício de qualquer natureza.

A Lei 11.788/2008 exige, em seu art. 3º, que o estagiário seja matriculado e frequente regularmente um curso de educação superior, de educação profissional, de ensino médio, da educação especial e nos anos finais do ensino fundamental, na modalidade profissional da educação de jovens e adultos, atestado pela instituição de ensino; seja celebrado termo de compromisso entre o estagiário, a parte concedente do estágio e a instituição de ensino; e compatibilidade entre as atividades desenvolvidas no estágio e aquelas previstas no termo de compromisso.

O descumprimento de qualquer dos requisitos ou de qualquer outra obrigação contida no termo de compromisso caracteriza vínculo de emprego do educando com a parte concedente do estágio para todos os fins da legislação trabalhista e previdenciária.

O recebimento de bolsa ou de outra forma de contraprestação, bem como do auxílio-transporte, será obrigatório na hipótese de estágio não compulsório. Já para o estágio obrigatório, será uma faculdade das partes, podendo ser acordado o recebimento de bolsa ou outra forma de contraprestação.

A jornada de atividade do estágio deverá ser compatível com as atividades escolares e será definida de comum acordo entre a instituição de ensino, a parte concedente e o estagiário ou seu representante legal e não poderá ultrapassar:

a) 4 (quatro) horas diárias e 20 (vinte) horas semanais, para estudantes de educação especial e dos anos finais do ensino fundamental, na modalidade profissional de educação de jovens e adultos;
b) 6 (seis) horas diárias e 30 (trinta) horas semanais, no caso de estudantes do ensino superior, da educação profissional de nível médio e do ensino médio regular.

No que concerne aos cursos que alternam teoria e prática, nos períodos em que não estão programadas aulas presenciais, a jornada poderá ser de até 40 (quarenta) horas semanais, desde que isso esteja previsto no projeto pedagógico do curso e da instituição de ensino.

O prazo de duração do contrato de estágio vem esculpido no art. 11 da citada lei, que registra que o contrato não poderá exceder 2 (dois) anos, exceto quando se tratar de estagiário portador de deficiência.

Novidade inserida pela Lei 11.788/2008 foi o direito relativo às férias, tratada pela lei como *recesso*. Assim, hoje é assegurado ao estagiário período de recesso de 30 (trinta) dias, a ser gozado preferencialmente durante suas férias escolares, sempre que o estágio tenha duração igual ou superior a 1 (um) ano. Aos contratos de estágio com duração inferior a um ano, os dias de recesso deverão ser concedidos proporcionalmente. Vale dizer que por tal período não ser considerado como férias propriamente ditas, mas sim um período de recesso, o estagiário não fará jus ao recebimento do terço constitucional.

Vale frisar que referido período de recesso deverá ser remunerado quando o estagiário receber bolsa ou outra forma de contraprestação.

Por último, ainda com relação ao estagiário, a Seção de Dissídios Individuais 1 do TST editou a orientação jurisprudencial 366 que entendeu ser impossível o reconhecimento do vínculo empregatício com a Administração Pública direta ou indireta pela ausência de concurso público, ainda que desvirtuada a finalidade do estágio: "Ainda que desvirtuada a finalidade do contrato de estágio celebrado na vigência da Constituição Federal de 1988, é inviável o reconhecimento do vínculo empregatício com ente da Administração Pública direta ou indireta, por força do art. 37, II, da CF/1988, bem como o deferimento de indenização pecuniária, exceto em relação às parcelas previstas na Súmula 363 do TST, se requeridas."

6.2. Empregador

O conceito pode ser extraído da redação do art. 2º da CLT: empregador é a pessoa física ou jurídica "que, assumindo os riscos da atividade econômica, admite, assalaria e dirige a prestação pessoal de serviços". É, portanto, aquele que admite trabalhadores como empregados.

Cabe destacar que, nos termos do § 1º do art. 2º da CLT, são equiparados a empregador os profissionais liberais, as instituições de beneficência, as associações recreativas ou outras instituições sem fins lucrativos que admitirem trabalhadores como empregados.

6.2.1. Grupo de empresas

Considera-se um grupo de empresas sempre que uma ou mais empresas estiverem sob a direção, controle ou administração de outra, constituindo grupo comercial, industrial ou de qualquer outra atividade econômica. É a teoria do empregador único, na qual a empresa principal e cada uma das subordinadas serão solidariamente responsáveis, para os efeitos da relação de emprego, nos exatos termos do art. 2º, § 2º, da CLT.

Para que o grupo se caracterize, deverá haver uma relação de coordenação entre as diversas empresas sem que necessariamente exista uma em posição predominante.

Vale lembrar que a prestação de serviços a mais de uma empresa do mesmo grupo econômico, durante a mesma jornada de trabalho, não caracteriza a coexistência de mais de um contrato de trabalho, salvo ajuste em contrário, em conformidade com a Súmula 129 do TST.

Havendo aquisição de uma empresa pertencente ao mesmo grupo econômico, nos termos da Orientação Jurisprudencial 411 da SDI 1 do TST, o sucessor não responde solidariamente por débitos trabalhistas de empresa não adquirida, integrante do mesmo grupo econômico da empresa sucedida, quando, à época, a empresa devedora direta era solvente ou idônea economicamente, ressalvada a hipótese de má-fé ou fraude na sucessão.

6.2.2. *Consórcio de empregadores*

Consórcio de empregadores é o conjunto de pessoas físicas ou jurídicas que desejam repartir mão de obra comum por meio de um ajuste contratual entre elas, não configurando sociedade. Nada mais é que um "concurso de empregadores".

José Augusto Rodrigues Pinto (em *Curso de Direito Individual do Trabalho*, 5ª ed., São Paulo, LTr, 2003, p. 603) define o consórcio de empregadores como sendo "um ajuste de vontades de empregadores pessoas físicas ou jurídicas, objetivando a admissão e utilização em comum de empregados para execução de serviços no interesse e sob subordinação individualizados das respectivas empresas individuais ou coletivas".

Entre os exemplos mais comuns podemos mencionar: vigia de rua contratado por vários moradores; vigia de carros de uma determinada rua comercial em que há várias lojas; a doméstica que a cada dia da semana atende a um morador diferente de um condomínio residencial.

6.2.3. *Sucessão de empregadores*

Sucessão de empregadores ocorre com a transferência da titularidade do negócio pelo titular primário, chamado de sucedido, a um novo titular, chamado sucessor, que se tornará responsável por todos os direitos e dívidas do negócio existentes até então.

A mudança pode ocorrer na propriedade da empresa, como vimos, podendo ocorrer também na alteração de sua estrutura jurídica, que é a modificação em sua forma ou modo de constituir-se.

Assim, na aquisição ocorre uma alteração na propriedade por meio da alienação da empresa para outro empresário. Já a alteração na estrutura jurídica ocorre quando há mudanças na forma de a empresa constituir-se. Como exemplo de alteração na estrutura jurídica da empresa, podemos citar a transformação, que é a operação pela qual uma sociedade passa de uma espécie para outra, como por exemplo: de sociedade limitada para sociedade anônima.

Cabe ressaltar que, de acordo com os arts. 10 e 448 da CLT, qualquer alteração na estrutura jurídica da empresa não afetará os direitos adquiridos por seus empregados e não afetará os contratos de trabalho dos respectivos empregados.

A legislação trabalhista, na defesa dos contratos de trabalho e visando à garantia do empregado, estabelece o princípio da continuidade do vínculo jurídico trabalhista, declarando que a alteração na estrutura jurídica e a sucessão de empresas em nada o afetarão. O atual proprietário responderá pelos créditos dos empregados e ex-empregados, pois estes se vinculam à empresa, não aos seus titulares.

Importante lembrar, ainda, que havendo sucessão de empregadores que estejam em liquidação extrajudicial, o sucessor responde pela obrigação do sucedido, não podendo se beneficiar de qualquer privilégio a este destinado, sendo devida, também, a incidência de juros de mora em relação aos débitos trabalhistas da empresa que está em liquidação extrajudicial. Nessa linha, cabe transcrever a Orientação Jurisprudencial 408 da SDI 1 do TST.

> OJ-SDI1-408 JUROS DE MORA. EMPRESA EM LIQUIDAÇÃO EXTRAJUDICIAL. SUCESSÃO TRABALHISTA.
>
> É devida a incidência de juros de mora em relação aos débitos trabalhistas de empresa em liquidação extrajudicial sucedida nos moldes dos arts. 10 e 448 da CLT. O sucessor responde pela obrigação do sucedido, não se beneficiando de qualquer privilégio a este destinado.

Por último, tema de grande relevância é a hipótese de sucessão na aquisição de empresas pertencentes ao mesmo grupo econômico. Nessa linha, cabe transcrever a Orientação Jurisprudencial 411 da SDI 1 do TST, publicada em 26.10.2010.

> ORIENTAÇÃO JURISPRUDENCIAL 411 DA SDI 1 DO TST – SUCESSÃO TRABALHISTA. AQUISIÇÃO DE EMPRESA PERTENCENTE A GRUPO ECONÔMICO. RESPONSABILIDADE SOLIDÁRIA DO SUCESSOR POR DÉBITOS TRABALHISTAS DE EMPRESA NÃO ADQUIRIDA. INEXISTÊNCIA.
>
> O sucessor não responde solidariamente por débitos trabalhistas de empresa não adquirida, integrante do mesmo grupo econômico da empresa sucedida, quando, à época, a empresa devedora direta era solvente ou idônea economicamente, ressalvada a hipótese de má-fé ou fraude na sucessão.

6.2.4. *Serviços notariais e de registro*

A delegação do serviço notarial e de registro depende de prévia aprovação em concurso público, nos termos do art. 236, § 3º, da CF/1988:

> **Art. 236.** Os serviços notariais e de registro são exercidos em caráter privado, por delegação do Poder Público.
>
> (...)
>
> § 3º O ingresso na atividade notarial e de registro depende de concurso público de provas e títulos, não se permitindo que qualquer serventia fique vaga, sem abertura de concurso de provimento ou de remoção, por mais de seis meses.

Com a aprovação em concurso público, a respectiva serventia é transferida ao novo titular que, nos termos do art. 21 da Lei 8.935/1994 (Lei dos Cartórios), será responsável por montar a estrutura necessária à prestação dos serviços.

Nessa linha, ensinam os arts. 20 e 21 da citada lei que, para o desempenho de suas funções, cabe ao tabelião ou oficial de registro contratar escreventes e auxiliares como empregados, com remuneração livremente ajustada e sob o regime da legislação trabalhista.

Importante notar que a relação de trabalho se estabelece diretamente entre o notário ou o registrador e seus respectivos prepostos.

A regra insculpida no art. 236 da CF/1988 ensina que os serviços notariais e de registro são exercidos em caráter privado, por delegação do Poder Público. De acordo com o texto constitucional, o Estado não é o empregador. O empregador é o titular da serventia, que é quem detém a responsabilidade de contratar, assalariar e dirigir a prestação laboral, sendo, portanto, equiparado a empregador (art. 2º, § 2º, da CLT).

Em outras palavras, podemos concluir que a imputação de responsabilidade pelos créditos trabalhistas à serventia e não ao tabelião encontra vedação no próprio art. 236 da CF/1988, na medida em que o tabelião aprovado em concurso é quem possui legitimidade para contratar sob o regime trabalhista.

6.2.4.1. Sucessão trabalhista nos serviços notariais e de registro

Como ensina a doutrina e a jurisprudência, para a caracterização da sucessão trabalhista (arts. 10 e 448 da CLT) são exigidos dois requisitos, quais sejam: a) transferência da unidade econômico-jurídica; e b) a continuidade na prestação laboral.

Nesse contexto, devemos lembrar que a extinção da delegação implicará a interrupção da concessão do serviço notarial e de registro, dissolvendo-se, assim, o vínculo do ex-titular com a administração. Em um segundo momento, há a criação de novo vínculo com a posse do novo delegado aprovado em concurso público.

Nesse ponto, importante a disposição do art. 39, § 2º, da Lei 8.935/1994:

> § 2º. Extinta a delegação a notário ou a oficial de registro, a autoridade competente declarará vago o respectivo serviço, designará o substituto mais antigo para responder pelo expediente e abrirá concurso.

Essa regra nos ajuda a lembrar que o delegado aprovado em concurso público não recebe a delegação por transmissão do anterior titular, de forma derivada, mas sim diretamente do Estado, de forma originária, afastando a responsabilidade por obrigações pretéritas.

Também não poderia ser diferente. Imputar as obrigações pretéritas ao novo delegado implicaria a inviabilidade dos concursos para delegação de serviços notariais e de registro.

Portanto, podemos concluir que a exigência de concurso público feita pelo art. 236 da CF/1988 aponta que o titular que ingressa na atividade recebe a delegação de forma originária pelo Estado; outrossim, o titular não recebe o patrimônio do antigo empregador, não ocorrendo, destarte, o fenômeno da sucessão trabalhista e, por consequência, nenhum crédito ou débito lhe é transferido.

6.2.5. Poder diretivo do empregador

Poder diretivo ou poder de direção consiste na capacidade que o empregador possui de organizar, controlar e disciplinar a prestação dos serviços por parte do empregado, que assim o faz, de forma subordinada.

O poder diretivo é limitado, devendo ser exercido dentro das balizas previstas em lei, resguardando, sempre, os direitos e garantias dos empregados.

O poder diretivo pode ser estudado sob 3 aspectos:

a) Poder de organização: é o empregador quem deve organizar seu empreendimento, distribuindo os empregados em suas respectivas funções, local de trabalho, horários de entrada e saída etc.;

b) Poder de controle: é o empregador quem deve gerenciar, fiscalizar a atividade laboral de seus empregados, para que sejam cumpridas as regras impostas pelo próprio empregador e pelo sistema jurídico, como, por exemplo, a obediência ao horário de trabalho (art. 74 da CLT) e o uso dos Equipamentos de Proteção Individual – EPIs;

c) Poder disciplinar: tendo em vista que o empregador tem o poder de organizar e controlar o trabalho desenvolvido por seus empregados, caberá a ele a aplicação das penalidades ao empregado que não observar as regras de organização impostas.

Embora a CLT preveja expressamente somente 2 (duas) espécies de punições a serem impostas ao empregado, na verdade 3 (três) são as espécies:

a) advertência: não prevista expressamente na CLT, é um aviso, que poderá ser verbal ou escrito, ao empregado para que ele tome conhecimento de seu comportamento inadequado e das implicações que poderão lhe causar;

b) suspensão: limitada a 30 (trinta) dias consecutivos, nos termos do art. 474 da CLT, tem como objetivo resgatar o comportamento do empregado que cometeu uma falta;

c) dispensa por justa causa: é considerada a punição mais severa, pois acarreta na extinção do contrato de trabalho e ocorrerá nas hipóteses previstas no art. 482 da CLT.

Não se exige que as punições sejam aplicadas de forma gradual, ou seja, em primeiro lugar a advertência; em segundo a suspensão e por último a justa causa. A punição imposta deverá ser proporcional à falta cometida pelo empregado, podendo inclusive ser aplicada, de plano, a dispensa por justa causa.

Importante lembrar que, em regra, não se admite a multa como punição do empregado, na medida em que contraria o princípio da intangibilidade salarial disposto no art. 462 da CLT.

No entanto, a Lei 9.615/1998 autoriza em seu art. 48, inciso III, a punição do atleta profissional com aplicação de multa.

6.2.5.1. Verificação de e-mail do empregado

Com estudamos, muito se discute se a verificação de *e-mail* do empregado estaria contida no poder de controle do empregador.

O *e-mail* particular do empregado está plenamente acobertado pela garantia constitucional de proibição de violação do sigilo das comunicações e de dados (art. 5º, XII, da CF).

Porém, a grande discussão gira em torno do *e-mail* corporativo, aquele disponibilizado pelo empregador ao empregado como ferramenta de trabalho, ou seja, para o desempenho das atividades laborais.

Prevalece na jurisprudência que não excede o poder de controle o empregador que obtém acesso do *e-mail* corporativo de seu empregado, pois possui a prerrogativa de zelar pelo correto uso de todos os meios proporcionados a todos os funcionários. Poderá o empregador monitorar e rastrear a atividade do empregado em seu ambiente de trabalho, ainda que virtual, como ocorre com os *e-mails*, tanto do ponto de vista formal como material, relacionado ao conteúdo da mensagem eletrônica enviada.

Podemos concluir, portanto, que não há violação à intimidade do obreiro prevista no art. 5º, XII, da CF a fiscalização de *e-mail* corporativo, que poderá, inclusive, ser objeto de prova pelo empregador para comprovar a justa causa do obreiro.

Sobre o tema, o TST se pronunciou no julgamento do processo TST-AIRR-1640/2003-051-01-40.0 de 15/10/2008:

> AGRAVO DE INSTRUMENTO EM RECURSO DE REVISTA – *E-MAIL* CORPORATIVO – ACESSO PELO EMPREGADOR SEM A ANUÊNCIA DO EMPREGADO – PROVA ILÍCITA – NÃO CARACTERIZADA. Consoante entendimento consolidado neste Tribunal, o *e-mail* corporativo ostenta a natureza jurídica de ferramenta de trabalho, fornecida pelo empregador ao seu empregado, motivo pelo qual deve o obreiro utilizá-lo de maneira adequada, visando à obtenção da maior eficiência nos serviços que desempenha. Dessa forma, não viola os arts. 5º, X e XII, da Carta Magna a utilização, pelo empregador, do conteúdo do mencionado instrumento de trabalho, uma vez que cabe àquele que suporta os riscos da atividade produtiva zelar pelo correto uso dos meios que proporciona aos seus subordinados para o desempenho de suas funções. Não se há de cogitar, pois, em ofensa ao direito de intimidade do reclamante.

6.2.5.2. *Revistas íntimas*

O art. 373-A, VI, da CLT veda a revista íntima nas empregadas e funcionárias. O texto consolidado traz regra de proteção do trabalho da mulher, que, por força do art. 5º, I, da CF, pode ser aplicado perfeitamente aos empregados do sexo masculino.

A revista íntima que se refere o dispositivo celetista em comento é aquela que viole a intimidade, a vida privada, a honra e a imagem do empregado, em conformidade com o art. 5º, X, da CF.

Desta forma, embora existam posições contrárias em atenção aos direitos da dignidade da pessoa humana, previsto no art. 1º da CF, é vedada toda e qualquer revista pessoal em qualquer circunstância, na medida em que o empregador pode se valer de outros meios para a proteção de seus bens, como, por exemplo, o uso de câmeras em locais comuns.

Sobre o tema, imperioso destacar a seguinte decisão do TST no julgamento do processo RR – 324500-05.2008.5.09.0195:

> "...
>
> DANO MORAL. REVISTA ÍNTIMA.
>
> Esta Corte Superior tem se posicionado no sentido de que a revista visual de pertences dos empregados, feita de forma impessoal e indiscriminada, é inerente aos poderes de direção e de fiscalização do empregador e, por isso, não constitui ato ilícito. No presente caso, contudo, o quadro fático delineado no acórdão regional evidencia a existência de abuso de direito no procedimento de revista adotado pela ré. Consequentemente, ficou demonstrado o dano moral que teria atingido a autora, e o consequente sofrimento psíquico advinda do contato físico. Assim, ficou comprovado o ato ilícito praticado pelo reclamado. Por outro lado, o Tribunal Regional, ao fixar o valor da indenização em R$ 15.000,00 a título de danos morais, levou em consideração o dano sofrido, a condição da autora, o fim pedagógico e a capacidade econômica do reclamado. Tem-se, portanto, que foram observados os princípios da proporcionalidade e da razoabilidade insertos no art. 944 do Código Civil, o qual vincula a indenização à extensão do dano. Recurso de revista de que não se conhece." (RR – 324500-05.2008.5.09.0195, Relator Ministro: Pedro Paulo Manus, Data de Julgamento: 14/11/2012, 7ª Turma, Data de Publicação: 19/11/2012)

6.2.5.3. *Terceirização*

Terceirização pode ser entendida como a transferência de determinadas atividades da empresa, que serão exercidas por empresas distintas e especializadas.

Assim, uma determinada empresa (empresa tomadora de serviços) delega parte de suas atividades, que serão exercidas por outra empresa (empresa prestadora de serviços) que deverá colocar um trabalhador à disposição da empresa tomadora de serviços para o exercício da atividade contratada.

Nota-se, desta forma, que na terceirização existe uma relação trilateral ou triangular, ou seja, empregado, empregador e "cliente". Vejamos: entre a empresa prestadora de serviços (EPS) e o trabalhador existe uma relação de emprego propriamente dita. Entre a EPS e a empresa tomadora de serviços existe uma relação de natureza civil, que tem como objeto a prestação de serviços. Por último, entre a tomadora de serviços e o trabalhador não há uma típica relação de trabalho, na medida em que é empregado vinculado à EPS, mas sim uma mera relação jurídica, pois seu labor é executado na empresa tomadora de serviços.

6.2.5.3.1. Terceirização lícita

A terceirização é permitida em alguns casos. Vejamos:

6.2.5.3.1.1. *Trabalho temporário*

A Súmula 331, item I, do TST entende ser lícita a contratação por empresa de trabalho temporário disciplinada pela Lei 6.019/1974.

Contudo, a lei em questão admite a contratação por empresa de trabalho temporário em restritas hipóteses, quais sejam: para atender à necessidade transitória de substituição de pessoal regular e permanente ou ao acréscimo extraordinário de serviços da empresa.

Nessas restritas hipóteses e dentro dos limites temporais desse tipo de contrato, admite-se a terceirização não apenas na atividade-meio, mas também nas atividades-fim da empresa.

6.2.5.3.1.2. *Serviços de vigilância e limpeza*

A Súmula 331, item III, do TST entende ser lícita a contratação de serviços de vigilância, disciplinada pela Lei 7.102/1983, assim como e de conservação e limpeza, não formando vínculo de emprego com o tomador de serviços.

6.2.5.3.1.3. *Atividade-meio*

A terceirização poderá ocorrer nas atividades da empresa definidas como atividade-meio, entendida como aquela que não constitui o objeto principal da empresa, desde que inexistente a subordinação e a pessoalidade. Não poderá, portanto, haver terceirização de atividade-fim da empresa, definida como o objeto principal da empresa, em regra descrito no respectivo contrato social, sob pena de ser declarada ilícita ou fraudulenta, salvo, como vimos, em se tratando de trabalho temporário, previsto na Lei 6.019/1974.

Ainda que seja contratada para o exercício de atividade-meio da empresa, não podem estar presentes os requisitos da pessoalidade e subordinação.

Como sabemos, a pessoalidade indica que os trabalhos devem ser prestados pelo trabalhador, sem que haja substituições.

Na terceirização lícita, ao tomador de serviços pouco importa a pessoa que estará prestando o serviço, tendo em vista que a empresa tomadora contrata o serviço e não o trabalhador.

Desta forma, para que a terceirização seja considerada lícita, não poderá o tomador de serviços exigir a presença de um determinado trabalhador. Caso haja essa exigência restará ilícita a terceirização, reconhecendo-se o vínculo trabalhista entre o empregado e a tomadora de serviços.

Com relação à subordinação sabemos que a prestação dos serviços é dirigida pelo empregador, que exerce o poder de direção.

Na terceirização lícita não pode haver subordinação pela tomadora de serviços, sob pena de se reconhecer sua ilicitude. O poder disciplinar deverá ser exercido por seu empregador, ou seja, a empresa prestadora de serviços. É ela, também, quem deverá fiscalizar, controlar e organizar as atividades do empregado e não a tomadora de serviços.

Importante lembrar que esses poderes não podem ser exercidos pela empresa tomadora de serviços, sob pena de se reconhecer o vínculo de emprego entre o trabalhador e a tomadora de serviços, com fundamento no art. 9º da CLT.

6.2.5.3.2. Terceirização ilícita

Celebrada fora das hipóteses permitidas, será declarada a nulidade da terceirização, nos moldes do art. 9º da CLT.

Declarada a nulidade da terceirização, será reconhecido o vínculo de emprego diretamente com o tomador de serviços. Nesse sentido, ensina a Súmula 331, I, do TST: "A contratação de trabalhadores por empresa interposta é ilegal, formando-se o vínculo diretamente com o tomador dos serviços, salvo no caso de trabalho temporário (Lei 6.019, de 03.01.1974)".

Desta forma, celebrada a terceirização e considerada ilícita ou fraudulenta, deverá o magistrado reconhecer o vínculo de emprego com a tomadora de serviços, sendo-lhe aplicada, nesse caso, a responsabilidade solidária quanto às verbas decorrentes do contrato de trabalho inadimplidas pela empresa prestadora de serviços.

6.2.5.3.3. Responsabilidade

Na terceirização a responsabilidade pelas obrigações trabalhistas pode ser solidária ou subsidiária.

A responsabilidade será **subsidiária** nos casos de terceirização **lícita**, ou seja, nos casos em que a terceirização é permitida – item 6.2.5.3.1. Naqueles casos, a responsabilidade surge tão somente com o inadimplemento do devedor principal.

Por outro lado, em se tratando de terceirização **ilícita** a responsabilidade será **solidária**, tendo em vista que a contratação por meio de empresa interposta é ilegal e não produz qualquer efeito, nos moldes do art. 9º da CLT.

6.2.5.3.4. Terceirização na Administração Pública

É admitida a terceirização de atividade ou serviço pela Administração Pública. Nesse caso, tem-se a figura do contrato administrativo, firmado com a empresa prestadora de serviços que, em regra, é precedido de licitação.

A CF exige do empregado público prévia aprovação em concurso público nos termos do art. 37, II e § 2º, da CF. Por essa razão não é possível o reconhecimento do vínculo empregatício entre as partes.

No entanto, a Súmula 331, item V, do TST impõe à Administração Pública obrigação de indenizar ao atribuí-la a responsabilidade subsidiária. Assim, havendo o inadimplemento das obrigações trabalhistas por parte do empregador, a responsabilidade será da Administração Pública.

No entanto, diferente do que ocorre para a iniciativa privada onde basta o mero inadimplemento das obrigações por parte da empresa prestadora de serviços – devedor principal – em se tratando de Administração Pública, é necessário que se comprove culpa na observância das normas dispostas na Lei 8.666/1993.

Como se sabe, cabe ao ente da Administração o poder de fiscalização. Trata-se de uma prerrogativa do Poder Público de fazer acompanhar a fiel execução do contrato celebrado. Assim, não cumprida essa obrigação surge a obrigação de indenizar.

Desta forma, havendo o inadimplemento por parte da empresa prestadora de serviços e comprovada conduta culposa no cumprimento das obrigações da Lei 8.666/1993, surge a responsabilidade subsidiária da Administração Pública no pagamento das obrigações trabalhistas do empregado.

> SÚMULA 331 TST – CONTRATO DE PRESTAÇÃO DE SERVIÇOS. LEGALIDADE.
>
> (...)
>
> V – Os entes integrantes da Administração Pública direta e indireta respondem subsidiariamente, nas mesmas condições do item IV, caso evidenciada a sua conduta culposa no cumprimento das obrigações da Lei 8.666, de 21.06.1993, especialmente na fiscalização do cumprimento das obrigações contratuais e legais da prestadora de serviço como empregadora. A aludida responsabilidade não decorre de mero inadimplemento das obrigações trabalhistas assumidas pela empresa regularmente contratada.
>
> VI – A responsabilidade subsidiária do tomador de serviços abrange todas as verbas decorrentes da condenação referentes ao período da prestação laboral.

7. REMUNERAÇÃO E SALÁRIO

7.1. Remuneração

Segundo a redação do art. 457 da CLT, remuneração consiste na somatória da contraprestação paga diretamente pelo empregador, seja em pecúnia, seja em utilidades, com a quantia recebida pelo obreiro de terceiros a título de gorjeta.

Assim, compreende-se na remuneração do empregado, para todos os efeitos legais, além do salário devido e pago diretamente pelo empregador, como contraprestação do serviço, as gorjetas que receber. Em outras palavras, remuneração é salário + gorjeta.

Remuneração é, portanto, gênero que engloba as espécies: salário e gorjetas.

7.2. Salário

É contraprestação paga diretamente pelo empregador ao empregado pelos serviços prestados, seja em dinheiro, seja em utilidades, por exemplo: habitação, alimentação e vestuário, nos termos do art. 458, *caput,* e seu § 2º, da CLT.

O salário é formado pela somatória do salário básico (soma do salário em dinheiro com o salário *in natura*) acrescido do sobressalário (complementos do salário básico que irão integrar o salário do trabalhador, como adicional noturno, adicional de insalubridade etc.), de acordo com o art. 457, § 1º, da CLT.

Qualquer que seja a modalidade do trabalho, o pagamento do salário não deve ser estipulado por período superior a 1 (um) mês, salvo no que concerne a comissões, percentagens e gratificações. Quando o pagamento houver sido estipulado por mês, deverá ser efetuado, o mais tardar, até o quinto dia útil do mês subsequente ao vencido.

O atraso no pagamento do salário, chamado mora salarial, implica a rescisão indireta do contrato de trabalho, por descumprimento contratual, nos termos do art. 483, *d*, da CLT.

Sobre mora salarial é importante trazer o posicionamento contido na Súmula 13 do TST: "O só pagamento dos salários atrasados em audiência não ilide a mora capaz de determinar a rescisão do contrato de trabalho."

7.3. Salário *in natura*

O salário *in natura*, também conhecido como salário-utilidade, é conceituado como sendo toda parcela, bem ou vantagem fornecida pelo empregador como gratificação pelo trabalho desenvolvido ou pelo cargo ocupado.

Para ser reconhecido como tal, dois requisitos devem ser levados em consideração. O primeiro deles ensina que a utilidade deve ser habitual; e o outro informa que essa utilidade seja fornecida de forma gratuita.

Assim, não sendo habitual e gratuito o fornecimento da utilidade ao empregado, restará prejudicada sua caracterização como parte integrante do salário, ou seja, sendo a utilidade fornecida de forma eventual e/ou onerosa ao empregado, não poderá ser considerada como salário-utilidade.

Para determinar se uma prestação será ou não considerada como salário *in natura,* devemos avaliar se a prestação é cedida como um benefício "**pelo**" trabalho ou se cedida "**para**" a prestação do labor. Assim, se a prestação for concedida ao obreiro pelo trabalho exercido, essa parcela deverá ser considerada como salário *in natura*. No entanto, sendo a prestação concedida para a realização do trabalho, ela não integrará o salário do obreiro.

Nesse sentido é a Súmula 367 do TST, que no item I leciona: "a habitação, a energia elétrica e veículo fornecidos pelo empregador ao empregado, quando indispensáveis para a realização do trabalho, não têm natureza salarial, ainda que, no caso de veículo, seja ele utilizado pelo empregado também em atividades particulares."

Desta forma, em conformidade com o § 2º do art. 458 da CLT, não se consideram como salário, desde que compreendidas a todos os empregados, as seguintes utilidades:

a) vestuários, equipamentos e outros acessórios fornecidos aos empregados e utilizados no local de trabalho para a prestação do serviço;

b) educação, em estabelecimento de ensino próprio ou de terceiros, compreendendo os valores relativos a matrícula, mensalidade, anuidade, livros e material didático;

c) transporte destinado ao deslocamento para o trabalho e retorno, em percurso servido ou não por transporte público;

d) assistência médica, hospitalar e odontológica, prestada diretamente ou mediante seguro-saúde;

e) seguros de vida e de acidentes pessoais;

f) previdência privada;

g) o valor correspondente ao vale-cultura.

Em nenhum caso será permitido o pagamento com bebidas alcoólicas ou drogas nocivas. O cigarro não se considera salário-utilidade em face de sua nocividade à saúde (Súmula 367, II, do TST).

Também não se incorporam ao salário a alimentação fornecida de acordo com o programa alimentação do trabalhador e o vale-alimentação.

Convém ressaltar que o pagamento de cesta básica, se estiver em norma coletiva, não poderá ser considerado como salário. No entanto, caso seu fornecimento seja espontâneo por parte do empregador, passará a ter natureza salarial.

Não obstante, é importante destacar que, nos termos da Súmula 241 do TST, o vale para refeição, fornecido por força do contrato de trabalho, tem caráter salarial, integrando a remuneração do empregado para todos os efeitos legais.

7.4. Gorjeta

As gorjetas, previstas no art. 457, § 3º, da CLT, correspondem à importância paga por terceiros ao empregado, que pode ser de forma espontânea ou cobrada pela empresa. Em outras palavras, é a importância dada ou cobrada do cliente pela empresa, a qualquer título e destinada à distribuição aos empregados, por exemplo: os 10% sobre a conta de um restaurante, bem como importância dada espontaneamente pelo cliente ao empregado (as "caixinhas").

As gorjetas, cobradas pelo empregador na nota de serviço ou oferecidas espontaneamente pelos clientes, nos termos da Súmula 354 do TST, integram a remuneração do empregado, mas não servem de base de cálculo para as parcelas de aviso-prévio, adicional noturno, horas extras e repouso semanal remunerado.

7.5. Parcelas salariais

O art. 457, § 1º, da CLT ensina que integram o salário não só a importância fixa estipulada, como também as comissões, percentagens, gratificações ajustadas, diárias para viagens e abonos pagos pelo empregador.

Essas parcelas salariais correspondem ao que chamamos de "sobressalário", que são complementos do salário básico que integrarão a remuneração do trabalhador.

7.5.1. Comissões e percentagens

As comissões não podem ser confundidas com as percentagens. A comissão é um valor determinado e fixo, ao passo que percentagem é uma parte da venda repassada ao empregado, não possuindo um valor certo.

Àquele empregado que recebe salário variável será assegurado o salário mínimo.

Vale lembrar que em conformidade com a Súmula 27 do TST é devida a remuneração do repouso semanal e dos dias feriados ao empregado comissionista, ainda que pracista.

Com relação aos bancários, é necessário lembrar o posicionamento do TST consubstanciado na Súmula 93 que diz integrar a remuneração do bancário a vantagem pecuniária por ele auferida na colocação ou na venda de papéis ou valores mobiliários de empresas pertencentes ao mesmo grupo econômico, se exercida essa atividade no horário e no local de trabalho e com o consentimento, tácito ou expresso, do banco empregador.

No caso de cessar o contrato de trabalho, as comissões devem ser pagas ao empregado, ou seja, a cessação do contrato não retira do empregado o direito ao recebimento das comissões.

O pagamento de comissões e percentagens só é exigível depois de ultimada a transação a que se referem.

7.5.2. Gratificações

É o pagamento de um valor realizado pelo empregador ao empregado, como forma de prêmio ou incentivo.

As gratificações ajustadas no contrato de trabalho integrarão o salário, em conformidade com o art. 457, § 1º, da CLT. Podem ainda ser previstas em convenções e acordos coletivos ou por livre arbítrio do empregador.

Nos termos da Súmula 372, item I, do TST, percebida a gratificação de função por dez ou mais anos pelo empregado, se o empregador, sem justo motivo, revertê-lo a seu cargo efetivo, não poderá retirar-lhe a gratificação, tendo em vista o princípio da estabilidade financeira e, uma vez mantido o empregado no exercício da função comissionada, não pode o empregador reduzir o valor da gratificação (Súmula 372, II, do TST).

Com relação ao empregado bancário, o adicional por tempo de serviço integra o cálculo da gratificação paga aos gerentes, prevista no art. 224, § 2º, da CLT, de acordo com a Súmula 240 do TST. Ainda com relação ao bancário, a gratificação por tempo de serviço integra o cálculo das horas extras (Súmula 226 do TST).

É importante ressaltar o posicionamento do STF consubstanciado na Súmula Vinculante 15, de 25.06.2009, que ensina: "o cálculo de gratificações e outras vantagens do servidor público não incide sobre o abono utilizado para se atingir o salário mínimo".

Por último, deve-se frisar que a parcela de participação nos lucros ou resultados, habitualmente paga, nos termos do art. 3º da Lei 10.101/2000, não possui natureza salarial, não integrando a remuneração do empregado.

7.5.3. Gratificação natalina

Com previsão no art. 7º, VIII, da CF e instituída pela Lei 4.090/1962, a gratificação natalina, mais conhecida como 13º salário, é compulsória e equivale a um mês da remuneração do empregado quando este tenha completado 12 (doze) meses de serviços ou proporcional aos meses de trabalho quando incompletos 12 (doze) meses, com base na remuneração do empregado, no mês de dezembro de cada ano.

O pagamento da primeira parcela ou, em outras palavras, o adiantamento do 13º salário, deverá ser feito entre fevereiro e novembro de cada ano e o valor corresponderá à metade do salário percebido no mês anterior, devendo o empregador efetuá-lo de uma só vez.

Contudo, o empregador não estará obrigado a pagar o adiantamento, no mesmo mês, a todos os seus empregados.

7.5.4. Quebra de caixa

Quebra de caixa é a verba destinada a cobrir os riscos assumidos pelo empregado que lida com manuseio constante de numerário.

É um adicional pago ao trabalhador que exerce controle sobre ativos do empregador, na medida em que, caso haja alguma diferença a menos no caixa, o empregado deverá prestar conta da quantia. Exemplo de trabalhador que recebe este adicional são os caixas de banco.

O TST, através da Súmula 247, entendeu que a parcela paga aos bancários sob a denominação quebra de caixa possui natureza salarial, integrando o salário do prestador dos serviços para todos os efeitos legais.

7.6. Salário complessivo

Salário complessivo é a forma de ajustar um só salário, globalizando todas as outras parcelas variáveis, ou seja, nada mais é do que o salário pago globalmente, sem especificação, no recibo, do que está sendo pago. Esta prática é ilegal, sendo o ato tido como nulo, nos termos do art. 9º da CLT, visto que o obreiro tem direito de saber a quantia que está recebendo e a que título ela está sendo remunerada.

É juridicamente impraticável, conforme entendimento cristalizado na Súmula 91 do TST, que entende ser nula cláusula contratual que fixa determinada importância ou porcentagem para atender englobadamente vários direitos legais ou contratuais do trabalhador.

7.7. Gueltas

As gueltas podem ser conceituadas como gratificações ou prêmios oferecidos por terceiros aos empregados pela promoção do produto ou marca.

As gueltas são incentivos pagos pelo fornecedor, produtor ou distribuidor ao empregado de um terceiro, com o intuito de promover as vendas de seus produtos.

O oferecimento das gueltas ocorre muito em farmácias na venda de medicamentos quando o farmacêutico sugere determinado medicamento em vez de outro, ou ainda em algumas lojas quando ofertam vantagens a um determinado cartão de crédito.

O TST pacificou o entendimento no sentido de que as gueltas assemelham-se às gorjetas, pois englobam valores pagos por terceiros durante o exercício da relação de emprego, na medida em que, enquanto as gorjetas compreendem a retribuição pela prestação de um serviço de boa qualidade, as gueltas são retribuições pagas pela indicação de determinado produto e, portanto, integram a remuneração do empregado, não servindo de base de cálculo para as parcelas de aviso-prévio, adicional noturno, horas extras e repouso semanal remunerado, incidindo reflexos na gratificação natalina, férias, depósitos de FGTS e contribuição previdenciária.

Desta forma, por possuírem a mesma natureza jurídica, é aplicável por analogia o entendimento consubstanciado na Súmula 354 do TST.

7.8. Normas de proteção do salário

O art. 7º, X, da CF informa que são direitos dos trabalhadores urbanos e rurais, além de outros que visem à melhoria de sua condição social, a proteção do salário na forma da lei, constituindo crime sua retenção dolosa.

Na legislação infraconstitucional, em diversos dispositivos encontramos regras que visam à proteção do salário do obreiro, seja em face do próprio empregador, seja em face dos credores do empregado ou, ainda, em um plano mais profundo, proteção em face dos credores do empregador.

7.8.1. Proteção contra o empregador

A proteção do salário em face do empregador encontra-se prevista no art. 464 da CLT, que dispõe que o pagamento do salário deverá ser efetuado contrarrecibo, assinado pelo empregado. Em se tratando de empregado analfabeto, a assinatura se dará mediante sua impressão digital, ou, não sendo esta possível, a seu rogo, ou seja, a seu mando, por alguém que faça por ele, desde que devidamente habilitado.

7.8.2. Proteção contra credores do empregado

O art. 649, IV, do CPC[3], prevê como proteção do salário em face dos credores do empregado a regra da impenhorabilidade.

Dispõe o inciso IV do art. 649 do CPC[4] que são absolutamente impenhoráveis "os vencimentos, subsídios, soldos, salários, remunerações, proventos de aposentadoria, pensões, pecúlios e montepios; as quantias recebidas por liberalidade de terceiro e destinadas ao sustento do devedor e sua família, os ganhos de trabalhador autônomo e os honorários de profissional liberal".

Nessa linha, é matéria pacífica na doutrina e na jurisprudência a impenhorabilidade dos rendimentos decorrentes do trabalho assalariado, exceto em se tratando de não pagamento de prestação alimentícia.

7.8.3. Proteção contra credores do empregador

Como proteção em face dos credores do empregador, podemos destacar as regras contidas na Lei 11.101/2005 e, dentre elas, a regra de que os créditos trabalhistas devidos aos trabalhadores que, mesmo após a decretação da falência da empresa, continuarem a trabalhar nela, serão considerados extraconcursais e deverão ser pagos com precedência de qualquer outro crédito.

7.8.4. Princípio da irredutibilidade salarial

Em regra, o salário é irredutível, não sendo permitida sua redução. No entanto, o legislador constituinte permitiu que em determinadas situações o salário possa ser reduzido, mediante negociação coletiva. É o que dispõe o art. 7º, VI, da CF.

Essa ideia é reforçada pelo art. 468 CLT, que proíbe, sob pena de nulidade, qualquer alteração que cause prejuízo ao trabalhador.

7.8.5. Intangibilidade salarial

Disposta no art. 462 da CLT, ensina que não poderá haver desconto no salário do obreiro. O obreiro deve receber seu salário de forma integral, sendo proibido ao empregador efetuar descontos no salário de seu empregado, salvo se resultar de adiantamento, de dispositivos de lei (Lei 10.820/2003) ou de contrato coletivo.

Não obstante, o TST, através da Súmula 342, entendeu ser lícito o desconto no salário do obreiro desde que haja autorização expressa por escrito e espontânea por parte do empregado.

Sendo assim, podemos dizer que, como regra, o salário é intangível, intocável, não podendo haver quaisquer descontos, sendo permitidos apenas aqueles decorrentes de: contribuições previdenciárias; contribuições sindicais; imposto de renda; desconto para prestação alimentícia; desconto para pagamento de pena criminal pecuniária; pagamento de custas judiciais; pagamento de prestações do Sistema Financeiro de Habitação; retenção de saldo salarial por falta de aviso-prévio do empregado; faltas injustificadas; empréstimos, até 30%; desconto de antecipações salariais.

A Lei 10.820/2003, de acordo com a redação dada pela Lei 13.172/2015 os empregados regidos pela CLT, poderão autorizar, de forma irrevogável e irretratável, o desconto em folha de pagamento ou na sua remuneração disponível dos valores referentes ao pagamento de empréstimos, financiamentos, cartões de crédito e operações de arrendamento mercantil concedidos por instituições financeiras e sociedades de arrendamento mercantil, quando previsto nos respectivos contratos.

3. Art. 833, IV, do CPC/2015.
4. Art. 833, IV, do CPC/2015.

O § 1º do citado dispositivo legal determina que esse desconto também poderá incidir sobre verbas rescisórias devidas pelo empregador, se assim previsto no respectivo contrato de empréstimo, financiamento, cartão de crédito ou arrendamento mercantil, até o limite de 35% (trinta e cinco por cento), sendo 5% (cinco por cento) destinados exclusivamente para:

I – a amortização de despesas contraídas por meio de cartão de crédito; ou

II – a utilização com a finalidade de saque por meio do cartão de crédito.

Por último, vale dizer que os danos causados pelo empregado, de forma dolosa, poderão ser descontados do salário. No entanto, em caso de culpa, o desconto será permitido desde que haja o consentimento do empregado.

7.8.6. Pagamento em moeda corrente

O salário deverá ser pago em moeda corrente do País, em conformidade com o art. 463, *caput*, da CLT. Uma vez realizado de maneira diversa, será considerado como não feito.

No entanto, admite-se que o empregador realize o pagamento por meio de cheque ou por depósito em conta-corrente aberta para esse fim. Porém, o empregador deverá assegurar ao empregado tempo hábil para desconto imediato do cheque; transporte, caso seja necessário sua utilização para o deslocamento até o estabelecimento bancário, de modo que possa se utilizar da quantia em conformidade com os arts. 145, 459, § 1º, e 465, todos da CLT.

O pagamento do salário deverá ser efetuado contrarrecibo, assinado pelo empregado e, em se tratando de analfabeto, mediante sua impressão digital, ou, não sendo esta possível, a seu rogo.

Para o pagamento realizado por depósito bancário, terá força de recibo o comprovante de depósito em conta bancária, aberta para esse fim em nome do empregado.

7.9. Equiparação salarial

Sendo idêntica a função, a todo trabalho de igual valor, prestado ao mesmo empregador, na mesma localidade, corresponderá igual salário. Esta é a expressão do art. 461 da CLT, que tem como fundamento o inciso XXX do art. 7º da CF, o qual proíbe a diferença de salários, de exercício de funções e de critério de admissão, por motivo de sexo, idade, cor ou estado civil.

Para se pleitear a equiparação salarial, mister se faz o preenchimento de alguns requisitos, a saber:

7.9.1. Trabalho de igual valor

É aquele desenvolvido com a mesma produtividade e perfeição técnica entre trabalhadores cuja diferença no tempo de serviço na mesma "função" não seja superior a 2 anos. Para efeitos de equiparação conta-se o tempo de serviço na função e não no emprego, entendimento cristalizado na Súmula 6, item II, do TST.

7.9.2. Mesmo empregador

O pedido de equiparação é possível desde que os empregados, paradigma e paragonado, laborem para o mesmo empregador.

Apesar de vozes contrárias, prevalece na jurisprudência ser possível o pedido de equiparação salarial para empregados de empresas pertencentes ao mesmo grupo econômico. Esse entendimento é baseado na tese de empregador único e na Súmula 129 do TST.

Convém ressaltar que a teor da Súmula 6, item IV, do TST é desnecessário que, ao tempo da reclamação trabalhista, ambos trabalhadores, paradigma e paragonado, estejam trabalhando na mesma empresa, desde que o pedido se relacione com a situação pretérita.

7.9.3. Identidade de funções

A equiparação salarial só é possível se o empregado e o paradigma exercerem a mesma função, desempenhando as mesmas tarefas, não importando se os cargos possuem, ou não, a mesma denominação.

Ignora-se a disposição contratual para examinar-se a realidade dos fatos, pouco importando o cargo existente no contrato pactuado, levando-se em consideração as tarefas exercidas pelos obreiros.

7.9.4. Mesma localidade

De acordo com a orientação do TST consubstanciada no item X da Súmula 6, devemos compreender o termo "mesma localidade" contido no art. 461 da CLT como sendo o mesmo município, ou municípios distintos que, comprovadamente, pertençam à mesma região metropolitana.

7.9.5. Inexistência de quadro de carreira

Outro requisito para a equiparação salarial é a inexistência de quadro de carreira em uma empresa. Isso porque determina o art. 461, § 2º, da CLT que, quando o empregador tiver pessoal organizado em quadro de carreira, não será possível a equiparação salarial. Isso porque nesses casos as promoções deverão obedecer aos critérios de antiguidade e merecimento de forma alternada.

O TST firmou entendimento na OJ 418 da SDI 1 ao consignar que não há impedimento à equiparação salarial pela existência de plano de carreira e salários que preveja critério de promoção apenas por merecimento ou antiguidade, pois não atende o requisito de alternância previsto no art. 461, § 2º, da CLT.

No entanto, o TST firmou entendimento consubstanciado na Súmula 6, item I, no sentido de que esse quadro de carreira apenas terá validade se homologado pelo Ministério do Trabalho, salvo em se tratando das entidades de direito público da administração direta, autárquica e fundacional, hipótese em que não haverá a exigência da homologação, visto que aprovado por ato administrativo da autoridade competente.

7.9.6. Ônus da prova

Estabelece o art. 818 da CLT que a prova incumbe a quem fizer a alegação. Assim, ao empregado cabe provar o exercício da mesma função que o paradigma.

Já ao empregador, com fulcro no art. 333, II, do CPC[5] e na Súmula 6, item VIII, do TST, cabe o ônus da prova do

5. Art. 373, I, do CPC/2015.

fato impeditivo, modificativo ou extintivo da equiparação salarial. Assim, caso queira o empregador impedir o direito à equiparação salarial do empregado, deverá juntar, por exemplo, quadro de carreira nos termos acima expostos.

7.9.7. Equiparação para o trabalho intelectual

É possível a equiparação salarial do trabalho intelectual desde que atendidos os requisitos elencados no art. 461 consolidado.

O TST, porém, firmou entendimento que a avaliação para efeitos da equiparação poderá ser feita com base na perfeição técnica, adotando critérios objetivos.

7.9.8 Equiparação salarial no serviço público

A equiparação salarial no serviço público é vedada, tendo em vista a proibição disposta no art. 37, XIII, da CF.

O STF se pronunciou por meio da Súmula 339 no sentido de que não cabe ao poder judiciário, que não tem função legislativa, aumentar vencimentos de servidores públicos sob fundamento de isonomia.

No entanto, tendo em vista a regra disposta no art. 173, § 1º, II, da CF que obriga as sociedades de economia mista a sujeição ao regime jurídico próprio das empresas privadas, portanto celetistas, vale destacar Súmula 455 do TST, que assim dispõe:

> SÚMULA 455 TST. EQUIPARAÇÃO SALARIAL. SOCIEDADE DE ECONOMIA MISTA. ART. 37, XIII, DA CF/1988. POSSIBILIDADE. À sociedade de economia mista não se aplica a vedação à equiparação prevista no art. 37, XIII, da CF/1988, pois, ao admitir empregados sob o regime da CLT, equipara-se a empregador privado, conforme disposto no art. 173, § 1º, II, da CF/1988.

7.9.9 Majoração salarial por decisão judicial

O empregado que teve seu salário majorado por decisão judicial pode ser indicado como paradigma para fins de equiparação, observadas as disposições do TST na Súmula 6 item VI, com a redação dada de acordo com a Resolução 198/2015, que assim ensina:

> SÚMULA 6 TST
>
> VI – Presentes os pressupostos do art. 461 da CLT, é irrelevante a circunstância de que o desnível salarial tenha origem em decisão judicial que beneficiou o paradigma, exceto: a) se decorrente de vantagem pessoal ou de tese jurídica superada pela jurisprudência de Corte Superior; b) na hipótese de equiparação salarial em cadeia, suscitada em defesa, se o empregador produzir prova do alegado fato modificativo, impeditivo ou extintivo do direito à equiparação salarial em relação ao paradigma remoto, considerada irrelevante, para esse efeito, a existência de diferença de tempo de serviço na função superior a dois anos entre o reclamante e os empregados paradigmas componentes da cadeia equiparatória, à exceção do paradigma imediato.

7.10. Salário-família

Previsto no art. 7º, XII, da CF, o salário-família é pago em razão do dependente do trabalhador de baixa renda. O salário família está previsto na Lei 8.213/1991, arts. 65 a 70 e no Decreto 3.048/1999, nos arts. 81 a 92.

Embora possua denominação de salário, não possui natureza salarial e/ou remuneratória, na medida em que constitui um benefício previdenciário, devido mensalmente ao empregado segurado, ao trabalhador avulso e, de acordo com a atual redação dada ao parágrafo único do art. 7º, da CF, pela EC 72/2013, ao empregado doméstico (arts. 65 e 68 da Lei 8.213/1991, com redação dada pela LC 150/2015) conforme a proporção do número de filhos ou equiparados.

Para a concessão do salário-família, a Previdência Social não exige tempo mínimo de contribuição.

Nos termos do art. 88 do Decreto 3.048/1999 o direito ao salário-família cessa automaticamente:

> I – por morte do filho ou equiparado, a contar do mês seguinte ao do óbito;
>
> II – quando o filho ou equiparado completar quatorze anos de idade, salvo se inválido, a contar do mês seguinte ao da data do aniversário;
>
> III – pela recuperação da capacidade do filho ou equiparado inválido, a contar do mês seguinte ao da cessação da incapacidade; ou
>
> IV – pelo desemprego do segurado.

Para a concessão do salário-família, a Previdência Social não exige tempo mínimo de contribuição e será devido, nos termos do art. 82 do Decreto 3.048/1999:

> I – ao empregado, pela empresa, com o respectivo salário, e ao trabalhador avulso, pelo sindicato ou órgão gestor de mão de obra, mediante convênio;
>
> II – ao empregado e trabalhador avulso aposentados por invalidez ou em gozo de auxílio-doença, pelo Instituto Nacional do Seguro Social, juntamente com o benefício;
>
> III – ao trabalhador rural aposentado por idade aos sessenta anos, se do sexo masculino, ou cinquenta e cinco anos, se do sexo feminino, pelo Instituto Nacional do Seguro Social, juntamente com a aposentadoria; e
>
> IV – aos demais empregados e trabalhadores avulsos aposentados aos sessenta e cinco anos de idade, se do sexo masculino, ou sessenta anos, se do sexo feminino, pelo Instituto Nacional do Seguro Social, juntamente com a aposentadoria.

Importante lembrar que os desempregados não têm direito ao benefício em debate.

7.11. Salário-educação

A contribuição social do salário-educação está prevista no art. 212, § 5º, da CF e regulamentada pelas Leis 9.424/1996, 9.766/1998 (regulamentada pelo Decreto 6.003/2006) e 11.457/2007.

Nos termos do art. 15 da Lei 9.424/1996: "*O salário-educação previsto no art. 212, § 5º, da CF e devido pelas empresas, na forma em que vier a ser disposto em regulamento, é calculado com base na alíquota de 2,5% (dois e meio por cento) sobre o total de remunerações pagas ou creditadas, a qualquer título, aos segurados empregados, assim definidos no art. 12, inciso I, da Lei 8.212, de 24.07.1991.*"

Vale dizer que o salário-educação não possui caráter remuneratório na relação de emprego e não se vincula, para nenhum efeito, ao salário ou à remuneração percebida pelos empregados das empresas contribuintes.

Estão isentas do recolhimento da contribuição social do Salário-Educação, nos termos do § 1º do art. 1º da Lei 9.766/1998:

> I – a União, os Estados, o Distrito Federal e os Municípios, bem como suas respectivas autarquias e fundações;
>
> II – as instituições públicas de ensino de qualquer grau;
>
> III – as escolas comunitárias, confessionais ou filantrópicas, devidamente registradas e reconhecidas pelo competente órgão de educação, e que atendam ao disposto no inc. II do art. 55 da Lei 8.212, de 24.07.1991;
>
> IV – as organizações de fins culturais que, para este fim, vierem a ser definidas em regulamento;
>
> V – as organizações hospitalares e de assistência social, desde que atendam, cumulativamente, aos requisitos estabelecidos nos incs. I a V do art. 55 da Lei 8.212/1991.

7.12. Salário do menor e do aprendiz

Nos termos do art. 7º, XXX, da CF, é proibida a diferença de salários, de exercício de funções e de critério de admissão por motivo de sexo, idade, cor ou estado civil.

Assim, ao trabalho do menor corresponde igual salário ao dos demais trabalhadores.

Ademais, o salário mínimo é garantia constitucional assegurada para todos trabalhadores, nos termos do inc. IV do art. 7º da CF.

Com relação ao menor aprendiz o art. 428, § 2º, da CLT ao menor aprendiz, salvo condição mais favorável, será garantido o salário mínimo hora.

Ao menor, nos termos do art. 439 da CLT é lícito firmar recibo pelo pagamento dos salários. Porém, em se tratando de rescisão do contrato de trabalho, é vedado ao menor de 18 (dezoito) anos dar, sem assistência dos seus responsáveis legais, quitação ao empregador pelo recebimento da indenização que lhe for devida.

8. DURAÇÃO DO TRABALHO

8.1. Jornada de Trabalho

A palavra "jornada" provém do termo italiano *giorno*, que traduzido para nosso vernáculo significa "dia", trazendo a ideia de "dia de trabalho".

A jornada de trabalho vem disciplinada no art. 7º, incisos XIII e XIV, da CF, e nos arts. 57 a 75 do diploma consolidado, sendo entendida, nos termos do art. 4.º, *caput*, da CLT, como o lapso temporal em que o empregado está à disposição do empregador, executando ou não o seu labor.

Para o ilustre Ministro Mauricio Godinho Delgado (em *Curso de Direito do Trabalho*, 8ª ed., São Paulo, LTr, 2009, p. 774) jornada de trabalho seria "o lapso temporal diário em que o empregado se coloca à disposição do empregador em virtude do respectivo contrato. É, desse modo, a medida principal do tempo diário de disponibilidade do obreiro em face de seu empregador como resultado do cumprimento do contrato de trabalho que os vincula".

Assim, tempo de serviço efetivo deve ser entendido como o lapso de tempo em que o empregado está à disposição do empregador, aguardando ou cumprindo ordens.

Nessa linha, importante ressaltar o período de sobreaviso, que consiste no período computado como tempo à disposição do empregador, em que o empregado, mesmo fora do local de trabalho, fica aguardando ordens.

A respeito do período de sobreaviso o TST editou a Súmula 428 que assim dispõe:

> Súmula 428 TST.
>
> I – O uso de instrumentos telemáticos ou informatizados fornecidos pela empresa ao empregado, por si só, não caracteriza o regime de sobreaviso.
>
> II – Considera-se em sobreaviso o empregado que, à distância e submetido a controle patronal por instrumentos telemáticos ou informatizados, permanecer em regime de plantão ou equivalente, aguardando a qualquer momento o chamado para o serviço durante o período de descanso.

Nesse período o empregado fica previamente avisado que a qualquer momento pode ser chamado para algum trabalho, como ocorre, por exemplo, com os eletricistas.

Vale dizer que a Lei 12.551/2011, que deu nova redação ao art. 6º da CLT, não distingue o trabalho realizado no estabelecimento do empregador, o executado no domicílio do empregado e o realizado à distância, desde que estejam caracterizados os pressupostos da relação de emprego.

A referida lei acrescentou o parágrafo único ao art. 6º consolidado, equiparando os meios telemáticos e informatizados de comando, controle e supervisão, para fins de subordinação jurídica, aos meios pessoais e diretos de comando, controle e supervisão do trabalho alheio.

Por esse motivo o TST modificou o entendimento cristalizado na Súmula 428 para instruir que o uso de instrumentos telemáticos ou informatizados fornecidos pela empresa ao empregado, por si só, não caracteriza regime de sobreaviso.

Sobre o tema, importante citar a Súmula 429 editada pelo TST que considera tempo à disposição do empregador o período de deslocamento entre a portaria e o local de trabalho, desde que supere o limite de 10 (dez) minutos diários, disposto no art. 58, § 1º, CLT.

E, ainda, a Súmula 449 do TST:

> **SÚMULA 449 TST – MINUTOS QUE ANTECEDEM E SUCEDEM A JORNADA DE TRABALHO. LEI 10.243, DE 19.06.2001. NORMA COLETIVA. FLEXIBILIZAÇÃO. IMPOSSIBILIDADE.**
>
> A partir da vigência da Lei 10.243, de 19.06.2001, que acrescentou o § 1º ao art. 58 da CLT, não mais prevalece cláusula prevista em convenção ou acordo coletivo que elastece o limite de 5 minutos que antecedem e sucedem a jornada de trabalho para fins de apuração das horas extras.

A duração do trabalho não será superior a 8 horas diárias, observado o limite de 44 horas semanais, facultando a compensação de horários e a redução da jornada, mediante acordo ou convenção coletiva, em conformidade com o art. 7º, XIII, da CF.

A CLT traz regra nesse mesmo sentido, em que aponta que a duração normal do trabalho não poderá exceder 8 (oito) horas diárias, desde que não seja fixado expressamente outro limite.

O objetivo dessa limitação é a proteção da saúde do trabalhador, evitando acidentes do trabalho e doenças ocupacionais pelo longo exercício do labor. São normas de ordem pública e, portanto, irrenunciáveis pelas partes.

Vale lembrar que nos termos do art. 58, § 1º, da CLT, não serão descontadas nem computadas na jornada de trabalho as variações de horário no registro de ponto não excedentes de cinco minutos, observado o limite máximo de dez minutos diários.

Nesse sentido, ensina a Súmula 366 do TST:

SÚMULA 366 TST – CARTÃO DE PONTO. REGISTRO. HORAS EXTRAS. MINUTOS QUE ANTECEDEM E SUCEDEM A JORNADA DE TRABALHO

Não serão descontadas nem computadas como jornada extraordinária as variações de horário do registro de ponto não excedentes de cinco minutos, observado o limite máximo de dez minutos diários. Se ultrapassado esse limite, será considerada como extra a totalidade do tempo que exceder a jornada normal, pois configurado tempo à disposição do empregador, não importando as atividades desenvolvidas pelo empregado ao longo do tempo residual (troca de uniforme, lanche, higiene pessoal etc.).

8.2. Classificações da Jornada de Trabalho

A jornada de trabalho pode ser classificada em:

8.2.1. Ordinária

É o limite máximo imposto pela norma constitucional. Em outras palavras, é a jornada comum de trabalho para os obreiros. A Constituição Federal em seu art. 7º, XIII, c/c o art. 58 da CLT, fixou como limite a jornada de oito horas diárias e 44 horas semanais.

É possível ainda fixação mais benéfica ao trabalhador, seja por lei, seja por convenções coletivas, que podemos chamar de limites especiais, como por exemplo: advogados e turnos ininterruptos de revezamento (art. 7º, XIV, da CF).

8.2.2. Extraordinária

São as horas laboradas acima do limite legal convencional, ou seja, as horas que extrapolam a jornada ordinária de trabalho.

8.2.3. Diurna

Nas atividades urbanas, é considerada jornada diurna aquela desempenhada das 5 horas até às 22 horas.

8.2.4. Noturna

No âmbito urbano, compreende-se aquele labor desempenhado entre as 22 horas de um dia e 5 horas do dia seguinte. Para o trabalhador urbano há a chamada "hora fictamente reduzida" em que a hora possui, fictamente, 52 minutos e 30 segundos e não 60 minutos.

É oportuno enfatizar que o direito à hora reduzida de 52 minutos e 30 segundos aplica-se ao vigia noturno, em conformidade com a Súmula 65 do TST.

Nos termos da LC 150/2015 a hora fictamente reduzida também será aplicada ao empregado doméstico, nos termos do art. 14, § 1º.

Vale destacar, ainda, que o trabalho noturno dos empregados nas atividades de exploração, perfuração, produção e refinação do petróleo, industrialização do xisto, indústria petroquímica e transporte de petróleo e seus derivados, por meio de dutos, é regulado pela Lei 5.811/1972, não se aplicando, ainda, a hora reduzida de 52 minutos e 30 segundos prevista no art. 73, § 1º, da CLT, nos termos da Súmula 112 do TST.

Já no âmbito rural, como estudado no item 6.1.1.2devemos diferenciar o trabalho exercido nas atividades de agricultura e o desenvolvido na pecuária.

Na lavoura, o período noturno é aquele desenvolvido entre 21 horas de um dia até às 5 horas do dia seguinte, ao passo que na pecuária será o período compreendido entre as 20 horas de um dia até 4 horas do dia seguinte, nos termos do art. 7º da Lei 5.889/1973.

É importante mencionar que no âmbito rural, seja na agricultura, seja na pecuária, não se aplica a regra da "hora fictamente reduzida".

Outra peculiaridade consiste no adicional devido aos trabalhadores que exercem suas atividades no período noturno. Esse adicional difere, também, para os empregados dos âmbitos urbano e rural.

O trabalho noturno exercido no âmbito urbano é de 20%, ao passo que no âmbito rural, por não terem os obreiros a jornada reduzida, seu adicional será de 25%.

8.3. Jornadas de trabalhos especiais

Ao lado da duração normal de trabalho estabelecida no art. 7º, XIII, da CF de 8 horas ao dia, 44 horas na semana e 220 horas no mês, existem jornadas de trabalho com caráter especial, regidos por parâmetros distintos.

8.3.1. Jornadas superiores

Existem poucas jornadas especiais criadas por lei que extrapolam o modelo padrão de 8 horas diárias criado para as atividades laborais no País.

Certas categorias profissionais, em face das peculiaridades do setor, tendem a se submeter à fixação de lapsos temporais diários, sem detrimento do limite semanal, mais amplos.

Como exemplos de categorias que possuem jornadas eventualmente superiores ao limite constitucional diário de 8 horas por dia temos: os aeronautas, os ferroviários, entre outros.

8.3.2. Jornadas inferiores

Entretanto, para determinadas categorias existem jornadas de trabalho inferiores ao limite constitucional estabelecido no citado art. 7º, XIII, da CF.

Representam, portanto, jornadas mais favoráveis em relação ao padrão estabelecido pelo constituinte originário.

Como exemplos de jornadas inferiores ao modelo constitucional temos: os empregados em minas no subsolo (art. 293 da CLT); telegrafistas e telefonistas, nos termos do art. 227 da CLT; a jornada variável para os operadores cinematográficos, nos termos do art. 234 e suas alíneas; entre outros.

8.3.3. Bancários

Ensina o art. 224 da CLT que a duração normal do trabalho dos empregados em bancos será de seis horas contínuas, com exceção dos sábados, perfazendo um total de 30 horas semanais.

Poderá haver prorrogação da jornada do bancário até oito horas diárias, não podendo exceder 40 horas semanais.

Vale destacar que, nos termos da Súmula 113 do TST, o sábado é considerado dia útil não trabalhado e não dia de repouso remunerado.

Os empregados de estabelecimento de crédito pertencentes a categorias profissionais diferenciadas não são considerados bancários, não podendo se beneficiar do regime legal relativo aos bancários. Nesse sentido importante mencionar a decisão proferida no RR 104/2006-006-05-00, em que o TST firmou orientação no sentido de que os profissionais liberais (engenheiros, arquitetos etc.) equiparam-se aos membros de categoria diferenciada, uma vez que exercem atividades reguladas em estatuto profissional próprio. Assim, não se lhes aplicam as disposições dos arts 224 e seguintes da CLT.

Também, os empregados de empresas distribuidoras e corretoras de títulos e valores mobiliários não têm direito à jornada especial dos bancários, nos termos da Súmula 119 do TST.

O vigilante, contratado diretamente por banco ou por intermédio de empresas especializadas, não é bancário, é o que ensina a súmula 257 do TST.

No entanto, é considerado bancário o empregado de empresa de processamento de dados que presta serviço a banco integrante do mesmo grupo econômico, exceto quando a empresa de processamento de dados presta serviços a banco e a empresas não bancárias do mesmo grupo econômico ou a terceiros, em conformidade com a Súmula 239 do TST.Conforme art. 224, § 2º, da CLT, os bancários que exercem funções de direção, gerência, fiscalização, chefia e equivalentes, ou que desempenhem outros cargos de confiança, desde que recebam gratificação não inferior a 1/3 (um terço) do salário do cargo efetivo, não estão abrangidos pela jornada especial de trabalho de 6 horas, fixada no *caput* do citado dispositivo legal.

Nos termos da Súmula 287 do TST a jornada de trabalho do empregado de banco gerente de agência é regida pelo art. 224, § 2º, da CLT, ou seja, possuem jornada de trabalho de 8 horas por dia. Quanto ao gerente-geral de agência bancária, presume-se o exercício de encargo de gestão, aplicando-se-lhe o art. 62, II, da CLT, ou seja, não há controle de jornada de trabalho, podendo laborar mais que 8 horas por dia, desde que receba remuneração pelo menos 40% superior ao do cargo efetivo.

O bancário que exerce a função de confiança a que se refere o § 2º do art. 224 da CLT e que recebe gratificação já tem remuneradas as duas horas extraordinárias excedentes de seis.

No entanto, serão devidas as 7ª e 8ª horas, como extras, no período em que se verificar o pagamento a menor da gratificação de 1/3, no teor da Súmula 102, III, do TST.

O bancário sujeito à regra do art. 224, § 2º, da CLT cumpre jornada de trabalho de 8 (oito) horas, sendo extraordinárias as trabalhadas além da oitava.

Os cargos a que alude o § 2º do art. 224 da CLT são considerados "cargos de confiança especial" e decorrem da natureza da atividade do trabalhador.

O caixa bancário, ainda que caixa executivo, não exerce cargo de confiança. Se perceber gratificação igual ou superior a um terço do salário do posto efetivo, essa remunera apenas a maior responsabilidade do cargo e não as duas horas extraordinárias além da sexta.

Vale lembrar que o advogado empregado de banco, pelo simples exercício da advocacia, não exerce cargo de confiança, não se enquadrando, portanto, na hipótese do § 2º do art. 224 da CLT.

Os bancários não enquadrados na hipótese mencionada, mesmo que recebam gratificação de função, não poderão ter as horas extras compensadas com o valor daquela vantagem, nos termos da Súmula 109 do TST.

Desta forma, a exceção que traz o art. 224, § 2º, da CLT, que sujeita o bancário a oito horas diárias de trabalho, abrange todos os cargos que pressupõem atividades de coordenação, supervisão ou fiscalização, não exigindo a lei poderes de mando e direção, como aqueles dispostos no art. 62 consolidado.

8.3.4. Digitadores

A CLT é omissa a respeito da atividade de digitador. Entretanto, a jurisprudência tem considerado aplicável, extensivamente, a regra do art. 72 consolidado que determina a observância de intervalos remunerados de 10 minutos a cada 90 minutos laborados em serviços permanentes de mecanografia, o qual não é deduzido da duração normal do trabalho. Nessa linha, o TST concretizou esse entendimento através da Súmula 346.

Com isso, temos que a enumeração do art. 72 da CLT é meramente exemplificativa e não taxativa, permitindo, portanto, o descanso de 10 minutos a cada 90 trabalhados, desde que trabalhe como digitador de forma permanente e não intercalada.

8.3.5. Empresas de telefonia e operadores de telemarketing

Nos termos do art. 227 da CLT, "nas empresas que explorem o serviço de telefonia, telegrafia submarina ou subfluvial, de radiotelegrafia ou de radiotelefonia, fica estabelecida para os respectivos operadores a duração máxima de seis horas contínuas de trabalho por dia ou 36 (trinta e seis) horas semanais."

Portanto, de acordo com o dispositivo legal em debate, a jornada de trabalho especial estabelecida seria aplicada apenas a telefonistas que *operassem mesa de transmissão com ramais, não fazendo uso do telefone comum para atender e fazer as ligações exigidas no exercício de sua função.*

No entanto, operadores de telemarketing, profissionais que laboram com sistema direto de vendas por telefone, ingressavam com reclamações trabalhistas reivindicando a aplicação analógica da jornada de trabalho especial prevista no art. 227 consolidado.

Em setembro de 2002 foi editada a OJ 273 da SDI 1 do TST nos seguintes termos:

> OJ-273 da SDI1 do TST – "TELEMARKETING". OPERADORES. ART. 227 DA CLT. INAPLICÁVEL
>
> A jornada reduzida de que trata o art. 227 da CLT não é aplicável, por analogia, ao operador de televendas, que não exerce suas atividades exclusivamente como telefonista, pois, naquela função, não opera mesa de transmissão, fazendo uso apenas dos telefones comuns para atender e fazer as ligações exigidas no exercício da função.

O entendimento disposto na orientação jurisprudencial em questão vigorou por quase 10 (dez) anos, até que em maio de 2011, por meio da Resolução 175/2011, a OJ 273 SDI 1 TST foi ***cancelada****, sendo certo que atualmente é possível a aplicação analógica do art. 227 da CLT aos operadores de telemarketing.*

8.3.6. Advogado empregado

Advogado empregado é aquele profissional que atua com a devida anotação em CTPS e com os demais requisitos caracterizadores da relação de emprego, nos termos dos arts. 2º e 3º da CLT.

Nos termos do art. 20 da Lei 8.906/1994 (Estatuto da Advocacia e a Ordem dos Advogados do Brasil), *a* jornada de trabalho do advogado empregado, no exercício da profissão, não poderá exceder a duração diária de 4 (quatro) horas contínuas e a de 20 (vinte) horas semanais, salvo acordo ou convenção coletiva ou em caso de dedicação exclusiva.

Nota-se, portanto, que o legislador abre 3 exceções com relação à jornada de trabalho do advogado empregado, quais sejam: acordo coletivo, convenção coletiva de trabalho e o caso de dedicação exclusiva.

De acordo com o art. 12 do Regulamento Geral do Estatuto da Advocacia e da OAB, considera-se de dedicação exclusiva o regime de trabalho que for expressamente previsto em contrato individual de trabalho.

Nessa linha, em caso de dedicação exclusiva, em que o advogado não pode atuar em nome de outra pessoa, a jornada de trabalho será de 8 (oito) horas por dia e não de 4 (quatro) horas como previsto no art. 20 do EAOAB.

Dispõe o art. 12 do Regulamento Geral do Estatuto da Advocacia e da OAB:

> **Art. 12.** Para os fins do art. 20 da Lei 8.906/1994, considera-se de dedicação exclusiva o regime de trabalho que for expressamente previsto em contrato individual de trabalho.
>
> **Parágrafo único.** Em caso de dedicação exclusiva, serão remuneradas como extraordinárias as horas trabalhadas que excederem a jornada normal de oito horas diárias.

Por isso se afirma que a dedicação exclusiva deve ser expressamente prevista no contrato de trabalho do advogado, sob pena de ser considerada a jornada de trabalho especial prevista no EAOAB.

Havendo prestação de serviço extraordinário, as horas trabalhadas excedidas serão remuneradas por um adicional não inferior a 100% sobre o valor da hora normal, mesmo havendo contrato escrito.

Por fim, o trabalho noturno do advogado empregado é aquele realizado no período das 20 horas de um dia até as 5 horas do dia seguinte, devendo ser acrescidas do adicional de 25% (vinte e cinco por cento).

Sobre o tema, importante se faz a leitura da OJ 403 da SDI 1 do TST:

> OJ 403 da SDI 1 do TST – ADVOGADO EMPREGADO. CONTRATAÇÃO ANTERIOR A LEI 8.906, DE 04.07.1994. JORNADA DE TRABALHO MANTIDA COM O ADVENTO DA LEI. DEDICAÇÃO EXCLUSIVA. CARACTERIZAÇÃO.
>
> O advogado empregado contratado para jornada de 40 horas semanais, antes da edição da Lei 8.906, de 04.07.1994, está sujeito ao regime de dedicação exclusiva disposto no art. 20 da referida lei, pelo que não tem direito à jornada de 20 horas semanais ou 4 diárias.

8.4. Turnos ininterruptos de revezamento

Previsto no inciso XIV do artigo 7º da Constituição Federal, o regime de revezamento é aquele em que os trabalhadores se sucedem na empresa, pressupõe trabalho e horários com sucessivas modificações, de modo que o empregado labore ora no período noturno, ora no diurno, ora no vespertino. Nesse sentido o TST cristalizou seu entendimento na Orientação Jurisprudencial 360 da SDI 1: "*faz jus à jornada especial prevista no art. 7º, XIV, da CF/1988 o trabalhador que exerce suas atividades em sistema de alternância de turnos, ainda que em dois turnos de trabalho, que compreendam, no todo ou em parte, o horário diurno e o noturno, pois submetido à alternância de horário prejudicial à saúde, sendo irrelevante que a atividade da empresa se desenvolva de forma ininterrupta*".

O turno ininterrupto de revezamento se caracterizará quando os empregados prestarem serviços em horários de trabalho alternados em turnos de revezamento, ou seja, alternando seu horário nos períodos da manhã, tarde e/ou noite, de forma contínua para o empregador.

Para os empregados que laborem em turnos de revezamento, em decorrência da prejudicialidade à saúde do trabalhador, a Constituição Federal fixou no citado art. 7º, XIV, limite diário de 6 horas, salvo negociação coletiva.

No entanto, a jurisprudência tem se posicionado no sentido de, havendo negociação coletiva, poder existir jornada superior a 6 horas, limitada a 8 horas diárias. Nesse caso, os empregados submetidos aos turnos ininterruptos de revezamento não terão direito ao pagamento da 7ª e 8ª horas como extras, em conformidade com a Súmula 423 do TST.

É importante lembrar que o Ministério do Trabalho e Emprego (MTE) expediu a Portaria 412, de setembro de 2007, que em seu art. 1º considera ilícita a alteração da jornada e do horário de trabalho dos empregados que trabalhem em regime de turnos ininterruptos de revezamento, salvo mediante convenção ou acordo coletivo de trabalho.

No entanto, há que se ressaltar o entendimento cristalizado na OJ 420 da SDI 1, segundo o qual se mostra inválido o instrumento normativo que, regularizando situações pretéritas, estabelece jornada de oito horas para o trabalho em turnos ininterruptos de revezamento.

No que tange à jornada de trabalho noturna do trabalho em turno ininterruptos de revezamento, convém destacar a orientação jurisprudencial 395 da SDI 1 do TST.

> ORIENTAÇÃO JURISPRUDENCIAL 395 DA SDI 1 DO TST – TURNO ININTERRUPTO DE REVEZAMENTO. HORA NOTURNA REDUZIDA. INCIDÊNCIA.
>
> O trabalho em regime de turnos ininterruptos de revezamento não retira o direito à hora noturna reduzida, não havendo incompatibilidade entre as disposições contidas nos arts. 73, § 1º, da CLT e 7º, XIV, da Constituição Federal.

8.5. Trabalho em regime de tempo parcial

Previsto no art. 58-A da CLT, o regime de tempo parcial é aquele cuja duração não exceda 25 horas semanais.

Para os trabalhadores contratados nesse regime de trabalho, o salário pago será proporcional àquele pago aos empregados que cumpram, na mesma função, tempo integral, em conformidade com o art. 58-A, § 1º, da CLT.

Nessa linha é a jurisprudência do TST, consubstanciada na Orientação Jurisprudencial 358 da SDI 1, na qual havendo contratação para cumprimento de jornada reduzida, inferior à revisão constitucional de oito horas diárias ou quarenta e quatro semanais, é lícito o pagamento do piso salarial ou do salário mínimo proporcional ao tempo trabalhado.

Nos moldes do art. 59, § 4º, consolidado, para os empregados contratados sob o regime de tempo parcial é vedada a prestação de horas extraordinárias, pois atentam contra a própria natureza do instituto.

O período de férias do empregado contratado em regime de tempo parcial também é diferenciado e dependerá da jornada de trabalho exercida, nos moldes do art. 130-A da CLT.

Os empregados contratados por esse regime também não poderão converter um terço de suas férias em abono pecuniário, em conformidade com o art. 143, § 3º, da CLT.

Sobre regime de tempo parcial para o empregado doméstico, remetemos o leitor ao capítulo que trata desse tipo de empregado.

8.6. Horas *in itinere*

É o período de deslocamento gasto pelo empregado de sua residência até o local de trabalho e vice-versa em transporte fornecido pelo empregador.

Assim dispõe o art. 58, § 2º, da CLT: "O tempo despendido pelo empregado até o local de trabalho e para o seu retorno, por qualquer meio de transporte, não será computado na jornada de trabalho, salvo quando, tratando-se de local de difícil acesso ou não servido por transporte público, o empregador fornecer a condução."

Em regra esse período não é computado na jornada de trabalho. Porém, caso o empregador forneça o transporte e o local de trabalho for de difícil acesso ou não servido por transporte público, esse período será computado na jornada de trabalho do obreiro. Somente com a reunião desses dois elementos é que se poderá falar em horas *in itinere*.

No que diz respeito ao local não servido por transporte público, vale dizer que a incompatibilidade entre os horários de início e término da jornada do empregado e os do transporte público regular é circunstância que também gera o direito às horas *in itinere*.

Entretanto, a mera insuficiência de transporte público não enseja o pagamento de horas *in itinere*. Isso porque, se o transporte é insuficiente significa dizer que ele existe, não havendo, deste modo, direito às horas *in itinere*.

Diferente não poderia ser, pois impor o pagamento das horas *in itinere* àquele empregador que fornece transporte para seus empregados, em trajeto coberto por transporte público insuficiente, seguramente faria com que ele retirasse o transporte oferecido, na medida em que o art. 58, § 2º, da CLT aponta apenas para o local não servido por transporte público.

Por fim, vale lembrar que havendo transporte público regular em parte do trajeto percorrido em condução da empresa, as horas *in itinere* remuneradas irão se limitar ao trecho não alcançado pelo transporte público.

Sobre o tema, remetemos o leitor ao estudo da Súmula 90 do TST:

> SÚMULA 90 TST – HORAS "IN ITINERE". TEMPO DE SERVIÇO
>
> I – O tempo despendido pelo empregado, em condução fornecida pelo empregador, até o local de trabalho de difícil acesso, ou não servido por transporte público regular, e para o seu retorno é computável na jornada de trabalho.
>
> II – A incompatibilidade entre os horários de início e término da jornada do empregado e os do transporte público regular é circunstância que também gera o direito às horas "in itinere".
>
> III – A mera insuficiência de transporte público não enseja o pagamento de horas "in itinere".
>
> IV – Se houver transporte público regular em parte do trajeto percorrido em condução da empresa, as horas "in itinere" remuneradas limitam-se ao trecho não alcançado pelo transporte público.
>
> V – Considerando que as horas "in itinere" são computáveis na jornada de trabalho, o tempo que extrapola a jornada legal é considerado como extraordinário e sobre ele deve incidir o adicional respectivo.

8.7. Prorrogação da jornada do trabalho

A Constituição Federal estabelece o limite da jornada de trabalho. Assim, qualquer trabalho realizado acima desse limite implicará a prorrogação da jornada de trabalho.

Em 4 casos a CLT admite a prorrogação da jornada de trabalho:

8.7.1. Acordo de prorrogação de horas

Nos termos do art. 59 da CLT, a duração normal do trabalho poderá ser acrescida de horas suplementares, em número não excedente de 2 (duas). Contudo, esse ajuste deverá ser formalizado por acordo escrito, compreendendo o acordo coletivo, a convenção coletiva e o acordo individual. Nesse caso, o limite de horas extraordinárias a serem prestadas é de até 2 horas por dia, ou seja, a jornada de trabalho não poderá ser superior a 10 horas diárias.

Sempre que houver a prestação de serviços extraordinários, será devido um adicional por hora extraordinária de no mínimo 50% sobre a hora normal.

Vale dizer que nos termos do art. 20, § 2º, da Lei 8.906/1994, o adicional de horas extras do advogado é de 100%.

É importante ressaltar que, nos termos do art. 60 da CLT, para as atividades insalubres quaisquer prorrogações só poderão ser acordadas mediante licença prévia do Ministério do Trabalho.

Uma vez fixada em contrato de trabalho uma jornada inferior ao limite máximo legal, essa será lei entre as partes e qualquer trabalho que exceder esse limite será computado como horas extraordinárias.

O TST solidificou entendimento na Súmula 291, com a nova redação dada pela Resolução 174/2011, certificando que as horas extraordinárias prestadas habitualmente durante 1 ano, no mínimo, assegura ao empregado o direito à indenização correspondente ao valor de 1 (um) mês das horas suprimidas, total ou parcialmente, para cada ano ou fração igual ou superior a seis meses de prestação de serviço acima da jornada normal. O cálculo deverá observar a média das horas suplementares nos últimos 12 (doze) meses anteriores à mudança, multiplicada pelo valor da hora extra do dia da supressão.

Para os trabalhadores menores de 18 anos a prorrogação poderá ocorrer, independente de acréscimo salarial, ou seja, sem o pagamento de horas extras, somente por acordo ou convenção coletiva, devendo compensar em outro dia, não podendo ultrapassar as 44 horas semanais impostas pela Constituição Federal.

Além disso, permitir-se-á a prorrogação do dia de trabalho do menor, com acréscimo de 50% da hora normal, em até 12 horas, por motivo de força maior, desde que o trabalho do menor seja imprescindível ao funcionamento do estabelecimento, conforme art. 413, II, da CLT.

8.7.2. Acordo de compensação de jornadas

Previsto no art. 59, § 2º, da CLT, nada mais é que a compensação do excesso de *horas* trabalhadas em um dia, com a correspondente diminuição em outro dia. Em outras palavras, o trabalhador labora mais em alguns dias para descansar em outro.

Dispõe o art. 59, § 2 º, da CLT:

> **Art. 59.** (...)
>
> § 2º. Poderá ser dispensado o acréscimo de salário se, por força de acordo ou convenção coletiva de trabalho, o excesso de horas em um dia for compensado pela correspondente diminuição em outro dia, de maneira que não exceda, no período máximo de um ano, à soma das jornadas semanais de trabalho previstas, nem seja ultrapassado o limite máximo de dez horas diárias.

O acordo de compensação deve ser ajustado por acordo individual escrito, acordo coletivo ou convenção coletiva, a teor da Súmula 85, I, do TST.

O acordo individual para compensação de horas somente será válido caso não haja norma coletiva em sentido contrário proibindo tal compensação.

Em maio de 2011, o Tribunal Superior do Trabalho conferiu nova redação à Súmula 85, passando a diferenciar o sistema de "compensação de horas" do sistema chamado de "banco de horas", que eram utilizados de forma análoga.

Como vimos, a compensação de jornada consiste no sistema onde as horas extras trabalhadas em um dia poderão ser compensadas com a correspondente diminuição em outro dia. Desta mesma forma ocorre com o banco de horas.

Porém, no item V da Súmula 85 o TST faz distinção entre o sistema de compensação e o sistema de banco de horas.

A jornada de trabalho que utiliza o regime de "compensação de horas" não se confunde com a jornada de trabalho utilizada no instituto "banco de horas". A instauração do regime de compensação de horas é mais flexível que a do banco de horas, motivo pelo qual não se faz necessário a formalização de acordo ou convenção coletiva, bastando o mero ajuste entre empregado e empregador.

Por outro lado, o regime de compensação anual previsto pelo art. 59 da CLT – banco de horas, somente pode ser pactuado pelos instrumentos de negociação coletiva, na medida em que a CF não permite que acordo individual pactue medida desfavorável à saúde e segurança do trabalhador.

Desta forma, podemos entender como "sistema de compensação" aquele voltado para horas extras que serão compensadas em curtos períodos: semana ou mês. Em outras palavras, pequenos lapsos que não são capazes de prejudicar a saúde do trabalhador. Nesse caso, o pacto poderá ser celebrado por acordo individual escrito.

Já o regime de "banco de horas" será utilizado para horas extras que serão compensadas em longos períodos, ou seja, em um ano.

A grande diferença reside, portanto, na forma de pactuação. O sistema de compensação, por ser mais flexível, poderá ser pactuado por acordo individual escrito, acordo coletivo ou convenção coletiva, nos termos da Súmula 85, I, TST. Já o sistema "banco de horas" poderá ser pactuado apenas por negociação coletiva, em conformidade com o item V da Súmula 85 do TST.

Vale lembrar que nas atividades consideradas como insalubres, em conformidade com a Súmula 349 do TST, a validade de acordo coletivo ou convenção coletiva de compensação de jornada de trabalho em atividade insalubre prescindia, ou seja, dispensava a inspeção prévia da autoridade competente em matéria de higiene do trabalho, o Ministério do Trabalho.

Ocorre que a Súmula 349 foi cancelada em maio de 2011, em decorrência da Resolução 174/2011 do TST, não podendo mais tratar como dispensável a inspeção prévia do Ministério do Trabalho para que seja pactuado o regime de compensação de horas em atividades insalubres.

Desta forma, há de ser obedecida a regra disposta no art. 60 da CLT, sendo necessária a licença prévia das autoridades competentes em matéria de higiene do trabalho para que seja pactuado o sistema de compensação em atividades insalubres.

Celebrado o acordo de compensação de jornada e havendo a respectiva prorrogação, não haverá pagamento de horas extraordinárias, pois essas horas serão abatidas em outro dia como descanso para o obreiro.

Cabe destacar que, havendo prestação de horas extras habituais, o acordo de compensação de jornada restará descaracterizado, em conformidade com o entendimento consubstanciado na Súmula 85, item IV, do TST. Nesta hipótese, as horas que ultrapassarem a jornada semanal normal deverão ser pagas como horas extraordinárias e, quanto àquelas destinadas à compensação, deverá ser pago a mais apenas o adicional por trabalho extraordinário.

Importante destacar, ainda, que, por meio da Orientação Jurisprudencial 323 da SDI 1, o TST admite o sistema de compensação de jornada conhecida como "jornada de trabalho espanhola", na qual o trabalhador alterna sua jornada de trabalho laborando uma semana com 40 horas semanais e outra com 48 horas.

Entende-se que essa forma, a jornada espanhola, não viola os arts. 59, § 2º, da CLT e 7º, XIII, da CF/1988, desde que seu ajuste se dê mediante acordo ou convenção coletiva de trabalho.

A compensação deverá ser feita num período de até 1 (um) ano respeitando a soma das jornadas semanais do trabalho nesse período.

Caso não sejam observados os requisitos formais, como, por exemplo, a necessidade do acordo ser escrito, o empregado não terá direito ao pagamento das horas extraordinárias trabalhadas, mas apenas fará jus ao adicional de horas extras, nos termos da Súmula 85, III, do TST. Isso porque, na hipótese, o empregado compensou as horas que ultrapassaram a jornada normal de trabalho, observando o limite semanal. Por essa razão, essas horas já se encontram devidamente remuneradas, sendo devido somente o respectivo adicional.

No entanto, sobrevindo a rescisão contratual e ainda existindo horas a serem compensadas, deverá o empregador pagá-las como horas extraordinárias.

8.7.3. Prorrogação por necessidade imperiosa

A prorrogação da jornada de trabalho poderá decorrer de necessidade imperiosa. Prevista no art. 61 da CLT, a necessidade imperiosa é gênero do qual são espécies: serviços inadiáveis e motivo de força maior. Nesses casos, como não é possível prever a necessidade de prorrogação da jornada de trabalho, não será necessário a pactuação de acordo individual, acordo coletivo ou convenção coletiva.

8.7.3.1. Serviços inadiáveis

São aqueles que devem ser terminados na mesma jornada de trabalho, pois, se assim não for, o empregador sofrerá grandes prejuízos. Como exemplo podemos citar o trabalho em jornada suplementar na construção civil onde se constrói uma laje, atividade que não pode ser paralisada sob pena de se perder o concreto já feito.

Nesses casos o trabalho não poderá extrapolar 12 horas, ou seja, 8 horas da jornada comum e mais 4 horas de prorrogação, devendo, necessariamente, haver comunicação do fato ao Ministério do Trabalho e Emprego no prazo de 10 dias, em consonância com o art. 61, § 1º, da CLT.

Para os serviços inadiáveis, não é necessário que seja feito acordo individual escrito, acordo coletivo ou convenção coletiva, justamente por sua natureza, ou seja, não há como prever tal situação.

8.7.3.2. Força maior

Nos termos do art. 501, *caput*, da CLT, entende-se por força maior todo acontecimento inevitável, em relação à vontade do empregador, e para a realização do qual este não concorreu, direta ou indiretamente.

Como exemplo, podemos citar o trabalho em um resgate de acidente aéreo ou desmoronamento de prédios.

Para esses casos, a norma não fixou limite para prestação de horas extraordinárias, portanto, a prorrogação ocorrerá sem limites de horas, ou seja, a jornada será prorrogada pelo número de horas que se mostrar necessário, sempre remunerada com adicional de no mínimo 50%.

8.7.4. Recuperação de tempo por não realização do trabalho

Nesse caso o trabalho é impossibilitado por causas acidentais ou de força maior, permanecendo a empresa paralisada em razão desses incidentes.

Ocorrendo tais acontecimentos, a empresa pode exigir a reposição desse tempo perdido, mediante prévia concordância da Delegacia Regional do Trabalho. Como exemplo, podemos lembrar as catástrofes ocorridas no Estado de Santa Catarina.

Justamente por ser um fato imprevisto, não se exige que seja feita por acordo individual, acordo coletivo e convenção coletiva.

Porém, a prorrogação poderá ocorrer apenas pelo número de dias indispensáveis para a recuperação do trabalho perdido, não podendo exceder em 45 dias por ano e no máximo 2 horas por dia.

8.8. Empregados excluídos do controle de jornada do trabalho

No art. 62, a CLT traz um rol em que determinados empregados são excluídos do capítulo referente à duração do trabalho. Podemos dizer, portanto, que esses empregados não farão jus à proteção existente no capítulo de duração do trabalho constante na CLT e, por consequência, não terão direito ao recebimento de horas extraordinárias.

Desse modo, os empregados que exercem atividade externa incompatível com a fixação de horário de trabalho, assim como os gerentes, diretores ou chefes de departamento, desde que essa condição seja anotada na CTPS e no Livro de Registro de Empregados, não estão abrangidos pelas regras da duração do trabalho.

É importante enfatizar que esses empregados estão excluídos não apenas das horas extraordinárias, mas sim de todo o capítulo da duração do trabalho, inclusive adicional noturno, intervalos para descanso, entre outros.

Contudo, para que se configure o cargo de confiança, o empregado deve possuir subordinados e receber, além de seu salário efetivo, uma gratificação pela função de no mínimo 40%. Deve, ainda, possuir poderes de mando, ou seja, para tomar decisões importantes, poderes de direção da empresa. São os chamados poderes de direção interno, como admitir e demitir empregados, impor penalidades etc.; e os poderes de direção externa, como compras ou vendas em nome do empregador.

8.9. Intervalos para descanso

É o período destinado ao repouso e à alimentação do empregado, não sendo computado na duração do trabalho.

A todo trabalho corresponde um descanso, que visa a garantir a reposição das energias psicofísicas do trabalhador.

Existem intervalos para descanso dentro de um dia de trabalho, os chamados *intervalos intrajornada*; há aquele entre uma jornada e outra, o chamado *intervalo interjornada*; há também o descanso após uma semana, ou seja, o descanso semanal remunerado (DSR); e, por último, o repouso anual, que são as férias.

8.9.1. Intervalo intrajornada

São intervalos intrajornada aqueles que ocorrem dentro da mesma jornada de trabalho e tem como objetivos a alimentação e o descanso do empregado. Importante lembrar que os intervalos de descanso não serão computados na duração do trabalho, consoante disposição do art. 71, § 2º, da CLT.

Nas atividades cuja jornada de trabalho não ultrapassar 4 (quatro) horas, não há previsão legal para o intervalo para refeição e descanso. Já para os trabalhadores cuja duração do trabalho é superior a 4 (quatro) horas e inferior a 6 (seis) horas, o obreiro terá um intervalo para repouso e alimentação de 15 minutos, em conformidade com o art. 71, § 1º, da CLT.

Por último, para os trabalhadores que cumprem jornada de trabalho superior a 6 horas, o descanso será de no mínimo 1 (uma) e no máximo 2 (duas) horas, de acordo com o art. 71 da CLT.

Em conformidade com o art. 71 da CLT, admite-se a fixação do intervalo superior a 2 (duas) horas, desde que precedido de negociação coletiva.

Por outro lado, a duração do intervalo somente poderá ser reduzida por ato do Ministro do Trabalho, após consulta à Secretaria de Segurança e Saúde do Trabalhador, uma vez verificado que o estabelecimento atende às exigências legais concernentes à organização de refeitórios e que seus empregados não estão cumprindo jornada prorrogada.

Vale lembrar que os intervalos concedidos pelo empregador na jornada de trabalho que não estão previstos em lei representam tempo à disposição da empresa. Logo, devem ser remunerados como serviço extraordinário, se acrescidos ao final da jornada, conforme entendimento cristalizado na Súmula 118 do TST.

Com relação ao trabalhador rural, determina o art. 5º da Lei 5.889/1973:

> **Art. 5º** Em qualquer trabalho contínuo de duração superior a seis horas, será obrigatória a concessão de um intervalo para repouso ou alimentação observados os usos e costumes da região, não se computando este intervalo na duração do trabalho. Entre duas jornadas de trabalho haverá um período mínimo de onze horas consecutivas para descanso.

De acordo com o dispositivo em questão, caso existam usos e costumes na região quanto à concessão do intervalo, esses deverão ser observados. No entanto, caso não haja na região usos e costumes, por força do 5º, §§ 1º e 2º, do Decreto 73.626/1974 e do art. 1º da Lei 5.889/1973, deverá ser aplicada a regra disposta no art. 71 do texto consolidado.

A não concessão ou a concessão parcial desse intervalo acarretará o pagamento integral do período. Nessa linha, importante a leitura da Súmula 437, item I, do TST:

> SÚMULA 437 TST – INTERVALO INTRAJORNADA PARA REPOUSO E ALIMENTAÇÃO. APLICAÇÃO DO ART. 71 DA CLT
>
> I – Após a edição da Lei 8.923/1994, a não concessão ou a concessão parcial do intervalo intrajornada mínimo, para repouso e alimentação, a empregados urbanos e **rurais**, implica o pagamento total do período correspondente, e não apenas daquele suprimido, com acréscimo de, no mínimo, 50% sobre o valor da remuneração da hora normal de trabalho (art. 71 da CLT), sem prejuízo do cômputo da efetiva jornada de labor para efeito de remuneração. (grifou-se)

8.9.1.1. Ausência do gozo de intervalo

Caso o empregador não conceda o período destinado a descanso e alimentação ao empregado, fazendo com que esse não desfrute do intervalo intrajornada, ou seja, caso o trabalhador não pare para descansar, o empregador ficará obrigado a remunerar o período correspondente com um acréscimo de 50% do valor da remuneração, em conformidade com o que dispõe o § 4º do art. 71 da CLT:

> § 4º – Quando o intervalo para repouso e alimentação, previsto neste artigo, não for concedido pelo empregador, este ficará obrigado a remunerar o período correspondente com um acréscimo de no mínimo 50% (cinquenta por cento) sobre o valor da remuneração da hora normal de trabalho.

Nesse sentido, a Súmula 437, item I, do TST já estudada, ensina que a não concessão total ou parcial do intervalo intrajornada mínimo, para repouso e alimentação, implica o pagamento total do período correspondente, com acréscimo de, no mínimo, 50% sobre o valor da remuneração da hora normal de trabalho.

Com relação ao intervalo intrajornada previsto em norma coletiva, é imperioso consignar que, de acordo com o item II da Súmula 437 do TST, é inválida cláusula de acordo ou convenção coletiva de trabalho que contemple a supressão ou redução do intervalo intrajornada, visto que este intervalo constitui medida de higiene, saúde e segurança do trabalho.

Assim, o trabalhador que não gozou do intervalo para descanso e alimentação ou teve suprimida parte de seu intervalo, será remunerado com o pagamento integral do intervalo e não apenas com o valor correspondente ao período suprimido.

Por fim, de acordo com o entendimento solidificado na Súmula 437, item III, do TST, essa parcela possui natureza salarial, repercutindo, assim, no cálculo de outras parcelas salariais.

8.9.2. Intervalos especiais

Em regra, os descansos não são computados na jornada de trabalho do obreiro, nos termos do art. 71, § 2º, da CLT. Existem, porém, descansos computáveis na jornada de trabalho e devidos aos empregados que trabalhem em condições especiais, visando a compensar o trabalho mais penoso e prevenir doenças profissionais. São alguns exemplos:

8.9.2.1. *Mecanografia*

Disposto no art. 72 da CLT, trata dos serviços de mecanografia, ou seja, realizados com a ajuda de máquinas de escrever, podendo, ainda, referir-se aos trabalhos de cálculo industrial ou comercial com a ajuda de máquinas contábeis.

Essa orientação foi estendida, também, aos digitadores, a teor da Súmula 346 do TST. Para todos eles, a cada 90 minutos de trabalho o obreiro deve receber um intervalo de 10 minutos de descanso.

8.9.2.2. *Câmeras frigoríficas*

A regra prevista no art. 253 da CLT ensina que o trabalhador submetido a atividades que envolvam o deslocamento em ambientes com variação de temperatura significativa faz jus a um intervalo de vinte minutos a cada uma hora e quarenta minutos de atividade contínua, computado como tempo de trabalho efetivo.

Nesse sentido, dispõe a Súmula 438 do TST:

> SÚMULA 438 TST – INTERVALO PARA RECUPERAÇÃO TÉRMICA DO EMPREGADO. AMBIENTE ARTIFICIALMENTE FRIO. HORAS EXTRAS. ART. 253 DA CLT. APLICAÇÃO ANALÓGICA.
>
> O empregado submetido a trabalho contínuo em ambiente artificialmente frio, nos termos do parágrafo único do art. 253 da CLT, ainda que não labore em câmara frigorífica, tem direito ao intervalo intrajornada previsto no *caput* do art. 253 da CLT.

8.9.2.3. *Minas de subsolo*

O disposto no art. 298 da CLT assinala ser devido ao trabalho exercido em minas de subsolo, a cada 3 horas de trabalho, um intervalo de 15 minutos para descanso, que será computado como de trabalho efetivo.

8.9.2.4. *Amamentação do próprio filho*

A regra prevista no art. 396 da CLT ensina que a mulher terá direito a 2 (dois) descansos especiais de 30 minutos cada um até que o filho complete 6 meses de idade, não podendo esse período de descanso ser deduzido de sua jornada de trabalho.

8.9.3. Intervalo interjornadas

É o intervalo que ocorre entre uma e outra jornada de trabalho. Desta forma, em conformidade com o art. 66 da CLT, entre o final de um dia de trabalho e o início de outro, o empregado deverá ter um descanso mínimo de 11 (onze) horas.

Vale lembrar que, nos termos do art. 229 da CLT, para os empregados que estão sujeitos a horários variáveis, fica estabelecida a duração máxima de 7 (sete) horas diárias de trabalho e 17 (dezessete) horas de folga, deduzindo-se deste tempo 20 (vinte) minutos para descanso, de cada um dos empregados, sempre que se verificar um esforço contínuo de mais de 3 (três) horas.

No que diz respeito aos operadores cinematográficos e seus ajudantes, naqueles estabelecimentos que funcionam normalmente no horário noturno, será facultado, mediante acordo ou contrato coletivo de trabalho e com um acréscimo de 25% sobre o salário da hora normal, executar o trabalho em sessões diurnas extraordinárias e, cumulativamente, nas noturnas, desde que isso se verifique até 3 (três) vezes por semana e entre as sessões diurnas e as noturnas haja o intervalo de 1 (uma) hora, no mínimo, de descanso. Em seguida a cada período de trabalho haverá um intervalo de repouso no mínimo de 12 (doze) horas.

Existem outros intervalos interjornadas especiais previstos para algumas profissões, como, por exemplo, telefonia e telegrafia, cujo intervalo é de 17 horas para horários variáveis; cabineiro e ferroviário (art. 245 da CLT), cujo intervalo é de 14 horas; jornalistas, que, nos termos do art. 308 da CLT, possuem intervalo de 10 horas.

O desrespeito ao intervalo mínimo interjornadas acarreta, por analogia, os mesmos efeitos previstos no § 4º do art. 71 da CLT e na Súmula 110 do TST, devendo-se pagar a integralidade das horas que foram subtraídas do intervalo, acrescidas do respectivo adicional.

Assim, a não concessão do intervalo interjornadas de 11 horas na sua integralidade, acarretará ao empregador o pagamento de horas extraordinárias com acréscimo de 50%.

8.10. Descanso semanal remunerado

O repouso semanal remunerado é regulado pela Lei 605/1949 e regulamentado pelo Decreto 27.048/1949 e pode ser entendido como uma hipótese de interrupção do contrato de trabalho.

Nesses termos, será assegurado a todo empregado um descanso semanal de 24 (vinte e quatro) horas consecutivas, o qual, salvo motivo de conveniência pública ou necessidade imperiosa do serviço, deverá coincidir com o domingo, no todo ou em parte.

Em regra, o descanso semanal é obrigatório, porém sua remuneração dependerá do cumprimento da jornada semanal integral realizada pelo obreiro.

Desta forma, caso o empregado não cumpra jornada semanal integral, perderá tão somente a respectiva remuneração, mas nunca o direito ao repouso.

Nessa linha, nos termos da Súmula 15 do TST, a justificação da ausência do empregado motivada por doença, para a remuneração do repouso semanal, deverá observar a seguinte ordem preferencial dos atestados médicos: o médico da empresa ou seu convênio e, em seguida, os médicos do sindicato ou de entidades públicas.

Vale destacar que, nos termos do parágrafo único do art. 6º da Lei 10.101/2000, o repouso semanal remunerado nas atividades de comércio em geral deverá coincidir, pelo menos uma vez no período máximo de três semanas, com o domingo, respeitadas as demais normas de proteção ao trabalho e outras a serem estipuladas em negociação coletiva.

O repouso semanal deverá ser concedido ao obreiro dentro da semana de trabalho. A concessão após esse período, ou seja, a concessão no oitavo dia, constitui violação ao repouso semanal, devendo ser pago em dobro. Nesse sentido a SDI 1 do Tribunal Superior do Trabalho editou a Orientação Jurisprudencial 410, *in verbis*:

> ORIENTAÇÃO JURISPRUDENCIAL 410 DA SDI 1 DO TST – REPOUSO SEMANAL REMUNERADO. CONCESSÃO APÓS O SÉTIMO DIA CONSECUTIVO DE TRABALHO. ART. 7º, XV, DA CF. VIOLAÇÃO.
>
> Viola o art. 7º, XV, da CF a concessão de repouso semanal remunerado após o sétimo dia consecutivo de trabalho, importando no seu pagamento em dobro.

8.11. Férias

As férias correspondem a um direito irrenunciável assegurado a todos os trabalhadores urbanos e rurais previsto no art. 7º, XVII, da CF. A legislação infraconstitucional cuida da matéria nos arts. 129 e seguintes da CLT.

Assim, todos os trabalhadores, urbanos e rurais; servidores públicos (art. 39, § 3º, da CF); membros das forças armadas (art. 142, § 3º, VIII, da CF); e empregados domésticos (art. 7º, parágrafo único, da CF e art. 17 da LC 150/2015), têm direito ao gozo de um período de férias anualmente, sem prejuízo de sua remuneração.

Para todos os efeitos, nos termos do art. 130, § 2º, da CLT, o período das férias será computado como tempo de serviço.

Podemos dizer que são características das férias: a *anualidade*, pois as férias são devidas após 1 (um) ano contado da data de contratação; a *remunerabilidade*, pois as férias são remuneradas com acréscimo de um terço (art. 7º, XVII, da CF); a *continuidade*, pois, em regra, devem ser contínuas, sem interrupção; a *irrenunciabilidade*, pois não podem ser renunciadas pelo trabalhador; e, por último, a *proporcionalidade*, pois depende da assiduidade do obreiro, nos termos do art. 130 e incisos da CLT.

As férias correspondem ao descanso anual, porém, para o obreiro fazer jus a elas deve cumprir o que a doutrina chama de "período aquisitivo", ou seja, período de 12 meses de trabalho contado da data de sua contratação.

Em outras palavras, após cada período de 12 meses de vigência do contrato de trabalho, o empregado terá direito a férias.

Vale lembrar a posição consolidada na Súmula 261 do TST, que entende que o empregado que pede demissão antes de completado o primeiro período aquisitivo faz jus a férias proporcionais.

O período de duração das férias está definido no art. 130 consolidado e irá depender do número de faltas injustificadas que cada empregado teve no período aquisitivo.

É importante notar que, em se tratando de trabalhador que labore em regime de tempo parcial, regime de trabalho cuja duração não ultrapasse 25 horas por semana, o período de aquisição não irá depender da frequência do empregado, mas sim de sua jornada de trabalho, em conformidade com o art. 130-A da CLT.

Cumprido o período aquisitivo por parte do empregado, inicia-se para o empregador o período concessivo, ou seja, a obrigação de conceder as férias, que corresponderá aos 12 meses subsequentes à data em que o empregado tiver adquirido o direito.

As férias serão concedidas por ato do empregador, devendo, em regra, ser cedidas em um só período, admitindo-se seu fracionamento somente em casos excepcionais, hipóteses que serão concedidas em 2 (dois) períodos, um dos quais não poderá ser inferior a 10 (dez) dias corridos.

Aos menores de 18 (dezoito) anos e aos maiores de 50 (cinquenta) anos de idade, as férias serão sempre concedidas de uma só vez, não podendo haver o fracionamento.

O período de concessão das férias será escolhido, exclusivamente, pelo empregador, nos moldes do art. 136 da CLT. A concessão deverá ser feita por escrito e noticiada ao empregado (que dessa notificação dará recibo), com antecedência de, no mínimo, 30 dias (art. 135 da CLT), para que possa esquematizar e preparar suas férias.

Porém, os membros de uma família que trabalharem no mesmo estabelecimento ou empresa terão direito a gozar férias no mesmo período, se assim o desejarem e se disto não resultar prejuízo para o serviço.

Da mesma forma, o empregado estudante, menor de 18 (dezoito) anos, terá direito a fazer coincidir suas férias com as férias escolares.

As férias deverão ser anotadas na Carteira de Trabalho do empregado, conforme art. 133, § 1º, da CLT combinado com o art. 135, §§ 1º e 2º, da CLT.

Reza o art. 133 da CLT que perderá o direito a férias o trabalhador que: deixar o emprego e não for readmitido dentro de 60 dias subsequentes à sua saída; permanecer em gozo de licença, com percepção de salários, por mais de 30 (trinta) dias; deixar de trabalhar, com percepção do salário, por mais de 30 (trinta) dias, em virtude de paralisação parcial ou total dos serviços da empresa; ficar afastado do serviço, durante o período aquisitivo, decorrente da concessão pelo INSS de auxílio-doença, previdenciário ou acidentário, ultrapassando 6 meses, sejam eles contínuos ou descontínuos. Nesses casos, ao retornar ao serviço, inicia-se nova contagem do período aquisitivo.

Por fim, vale dizer que, durante as férias, o empregado não poderá prestar serviços a outro empregador, salvo se estiver obrigado a fazê-lo em virtude de contrato de trabalho regularmente mantido com aquele, nos termos do art. 138 da CLT.

8.11.1. Férias coletivas

O art. 139 da CLT prevê as férias coletivas ao dispor que: "Poderão ser concedidas férias coletivas a todos os empregados de uma empresa ou de determinados estabelecimentos ou setores da empresa".

Desta forma, as férias coletivas podem ser concedidas para toda a empresa ou apenas para uma parte dela.

Os empregados contratados há menos de 12 (doze) meses gozarão, na oportunidade, de férias proporcionais, iniciando-se, então, novo período aquisitivo.

As férias poderão ser gozadas em 2 períodos anuais, desde que nenhum deles seja inferior a 10 dias corridos. Para tanto, o empregador deverá comunicar ao órgão local do Ministério do Trabalho e Emprego, com a antecedência mínima de 15 dias, as datas de início e fim das férias, informando quais os estabelecimentos ou setores participarão das férias coletivas. Nesse mesmo prazo, o empregador deverá encaminhar cópia da comunicação aos Sindicatos representativos da respectiva categoria profissional, providenciando a afixação de aviso nos locais de trabalho.

Em se tratando de férias coletivas, o abono de férias deverá ser objeto de acordo coletivo entre o empregador e o sindicato representativo da respectiva categoria profissional, independentemente do requerimento individual do empregado.

8.11.2. Remuneração e abono de férias

8.11.2.1. Remuneração das férias

O empregado receberá, durante as férias, a remuneração que lhe for devida na data da sua concessão, acrescida do terço constitucional (art. 7º, XVII, da CF).

Para os trabalhadores cujo salário seja pago por hora com jornadas variáveis, apurar-se-á a média do período aquisitivo, aplicando-se o valor do salário na data da concessão das férias. Em se tratando de salário pago por tarefa, tomar-se-á por base a média da produção no período aquisitivo do direito a férias, aplicando-se o valor da remuneração da tarefa na data da concessão das férias.

Por último, para o salário pago por percentagem, comissão ou viagem, apurar-se-á a média percebida pelo empregado nos 12 (doze) meses que precederem à concessão das férias.

8.11.2.2. Abono de férias

O art. 143 da CLT permite que o empregado converta 1/3 (um terço) do período de férias a que tiver direito em abono pecuniário, no valor da remuneração que lhe seria devida nos dias correspondentes. Contudo, a conversão total de férias em pagamento em dinheiro é proibida.

Para poder exercer esse direito, o trabalhador deverá requerer tal prerrogativa, nos 15 dias anteriores ao término do período aquisitivo, nos termos do § 1º do art. 143 da CLT.

Vale esclarecer que a percepção do abono é uma opção do empregado, que uma vez requerido independe da concordância do empregador, pois representa um direito potestativo do empregado.

O pagamento da remuneração das férias e, se for o caso, o do abono serão efetuados até 2 (dois) dias antes do início do período de férias.

Sempre que as férias forem concedidas após o período concessivo, o empregador deverá pagar em dobro a respectiva remuneração.

Todo tempo de férias deve ser gozado dentro do período concessivo. Caso o empregado goze parte dás férias após esse período, esses dias deverão ser remunerados em dobro, nos termos da Súmula 81 do TST. Mesmo que o empregador tenha concedido as férias dentro do período concessivo, mas caso não efetue o pagamento da remuneração das férias e seu abono dentro do prazo legal de 2 (dois) dias, deverá pagar em dobro a respectiva remuneração das férias.

Nesse sentido, o Tribunal Superior do Trabalho editou entendimento consubstanciado na Súmula 450 do TST:

> **SÚMULA 450 TST – FÉRIAS. GOZO NA ÉPOCA PRÓPRIA. PAGAMENTO FORA DO PRAZO. DOBRA DEVIDA. ARTS. 137 E 145 DA CLT.**
>
> É devido o pagamento em dobro da remuneração de férias, incluído o terço constitucional, com base no art. 137 da CLT, quando, ainda que gozadas na época própria, o empregador tenha descumprido o prazo previsto no art. 145 do mesmo diploma legal.

Por último, é importante lembrar que os empregados que trabalhem sob o regime de tempo parcial não poderão converter as férias em abono pecuniário por expressa vedação contida no art. 143, § 3º, da CLT.

8.11.2.3. Concessão das férias após período concessivo

Nos termos do art. 134 da CLT, o empregador deverá conceder as férias nos 12 meses subsequentes à aquisição do direito pelo empregado.

Caso o empregador não obedeça ao prazo estipulado pelo legislador, nos termos do art. 137 da CLT, deverá pagar em dobro a respectiva remuneração das férias, inclusive acrescido do 1/3 constitucional (art. 7º, XVII, da CF).

Importante lembrar que ainda que o trabalhador receba a respectiva remuneração, mas não usufrua do período de descanso, as férias deverão ser concedidas e pagas com a dobra em debate, que possui natureza jurídica de verba indenizatória (art. 28, § 9º, alínea "d", da Lei 8.212/1991).

Poderá ocorrer, também, a concessão de parte do período das férias fora do período concessivo. Imagine o seguinte exemplo: período concessivo que se encerra no dia 30 de maio. Sendo o período de 30 dias de férias concedido no dia 20 de maio e encerrado no dia 18 de junho, temos que entre os dias 20 e 30 de maio, ou seja, os 11 primeiros dias, estão dentro do período concessivo. Os demais dias, portanto, deverão ser pagos em dobro, em conformidade com a Súmula 81 do TST, que assim dispõe:

> SÚMULA 81 TST – FÉRIAS
>
> Os dias de férias gozados após o período legal de concessão deverão ser remunerados em dobro.

9. ALTERAÇÃO DO CONTRATO DE TRABALHO

9.1. Alteração do contrato de trabalho

O princípio da inalterabilidade contratual prejudicial ao obreiro está consagrado no art. 468 da CLT, que assim dispõe: "só é lícita a alteração das respectivas condições por mútuo consentimento e, ainda assim, desde que não resultem, direta ou indiretamente, prejuízos ao empregado, sob pena de nulidade da cláusula infringente dessa garantia".

É o empregador que dirige a prestação do labor de seus empregados, ou seja, o empregado é subordinado juridicamente ao empregador, podendo ser punido caso cometa falta, ficando sujeito às penas de advertência, de suspensão ou, ainda, de dispensa por justa causa.

No Direito do Trabalho, há a necessidade específica de que a alteração seja benéfica, em razão da hipossuficiência do empregado, pois, como se sabe, as partes no contrato de trabalho não estão em igualdade.

Nessa linha, não pode o empregado hipossuficiente suportar os riscos do negócio, na medida em que é uma característica do contrato de trabalho a alteridade, segundo a qual o empregador adquire a força de trabalho e a utiliza como um dos fatores de produção, não podendo repassar os riscos de sua atividade para o obreiro.

Pois bem. A Constituição Federal determina em seu art. 7º, VI a irredutibilidade de salários, salvo negociação coletiva. Consiste, portanto, na possibilidade de obter a redução dos salários, via tutela sindical (negociação coletiva).

Nesse sentido, dispõe o art. 503 da CLT: "É lícita, em caso de força maior ou prejuízos devidamente comprovados, a redução geral dos salários dos empregados da empresa, proporcionalmente aos salários de cada um, não podendo, entretanto, ser superior a 25%, respeitado, em qualquer caso, o salário mínimo da região".

E continua no parágrafo único: "Cessados os efeitos decorrentes do motivo de força maior, é garantido o restabelecimento dos salários reduzidos".

Convém esclarecer que o mandamento do art. 503 da CLT deve ser interpretado em conjunto com o art. 7º, VI, da CF, autorizando, assim, a redução do salário por motivo de força maior, por negociação coletiva.

9.1.1. Jus resistente – direito de resistência do empregado

O direito de resistência do empregado consiste no direito que este possui de não acatar algum tipo de alteração que seja ilícita.

Desta forma, poderá o empregado se opor a modificações que lhe causem prejuízos ou sejam ilegais, pleiteando inclusive a rescisão indireta do contrato de trabalho, nos moldes do art. 483 da CLT.

9.1.2. Jus variandi do empregador

Consiste no direito do empregador variar a prestação de serviços, ou seja, o poder de realizar modificações no contrato de trabalho.

Dessa forma, o empregador tem o poder de manejar a forma como quer a prestação dos serviços.

Esse poder de modificação não é ilimitado, já que encontra limite na própria lei. Assim, as alterações podem ser realizadas livremente em aspectos nos quais a lei não preveja proibição.

Em alguns casos, a lei permite que o empregador realize pequenas modificações no contrato de trabalho que não venham a alterar significativamente o pacto laboral e desde que não importem em prejuízo ao trabalhador. Como exemplo citamos o empregado de confiança que pode retornar, por determinação do empregador, ao exercício do cargo que ocupara anteriormente ao exercício do cargo de confiança. A própria CLT não considera tal alteração unilateral, conforme disposição literal do parágrafo único do art. 468 consolidado.

Sempre que o empregador exorbitar, surge para o empregado o direito de resistência.

9.1.3. Transferência de empregados

A transferência do empregado decorre do *jus variandi* do empregador.

O art. 469 da CLT ensina:

> **Art. 469.** Ao empregador é vedado transferir o empregado, sem a sua anuência, para localidade diversa da que resultar do contrato, não se considerando transferência a que não acarretar necessariamente a mudança do seu domicílio.
>
> § 1º Não estão compreendidos na proibição deste artigo: os empregados que exerçam cargo de confiança e aqueles cujos contratos tenham como condição, implícita ou explícita, a transferência, quando esta decorra de real necessidade de serviço.
>
> § 2º É lícita a transferência quando ocorrer extinção do estabelecimento em que trabalhar o empregado.
>
> § 3º Em caso de necessidade de serviço o empregador poderá transferir o empregado para localidade diversa da que resultar do contrato, não obstante as restrições do artigo anterior, mas, nesse caso, ficará obrigado a um pagamento suplementar, nunca inferior a 25% (vinte e cinco por cento) dos salários que o empregado percebia naquela localidade, enquanto durar essa situação.

A mudança proibida pelo citado dispositivo legal é aquela que determina a mudança do domicílio do trabalhador, ou seja, a mudança do local de trabalho deve modificar o local físico da residência do obreiro. Assim, a transferência do empregado de um estabelecimento para outro pode ser feita, desde que não seja necessária a mudança de seu domicílio.

Por outro lado, seja na transferência provisória, seja na definitiva, o empregador deverá pagar as despesas dessa transferência, na medida em que representam gastos por parte do obreiro.

Desta maneira, o trabalhador transferido para local mais distante da empresa, ainda que essa transferência não acarrete mudança de seu domicílio, fará jus ao recebimento das despesas incursas com a transferência.

O Colendo TST, por meio do enunciado da Súmula 29, ensina: "Empregado transferido, por ato unilateral do empregador, para local mais distante de sua residência, tem direito a suplemento salarial correspondente ao acréscimo da despesa de transporte".

Embora o TST tenha se utilizado da expressão "suplemento salarial", essa complementação não possui natureza salarial, mas sim de reembolso de despesas.

Verifica-se, destarte, que nas transferências que importem a mudança de residência do obreiro deverá haver sua anuência, pois naquelas que não importarem na mudança de seu domicílio o empregador fará uso de seu *jus variandi*, não havendo necessidade da anuência do empregado; mas sempre deve pagar as despesas decorrentes da transferência.

A CLT elenca hipóteses em que a transferência pode ocorrer de forma unilateral pelo empregador, ou seja, sem o consentimento do obreiro. São elas:

a) empregados que exerçam cargos de confiança, isto é, aqueles que exerçam amplos poderes de mando, de modo a representarem a empresa nos atos de sua administração;

b) empregados cujos contratos contenham cláusulas expressas prevendo essa possibilidade;

c) nos casos em que a transferência decorra da própria natureza do serviço para o qual o empregado foi contratado, por exemplo: o viajante, inspetor etc.

Nesses casos deverá haver a real necessidade dos serviços prestados por esses trabalhadores, sob pena de ser taxada de abusiva.

Nesse sentido é a Súmula 43 do TST: "Presume-se abusiva a transferência de que trata o § 1º do art. 469 da CLT, sem comprovação da necessidade do serviço".

A transferência é permitida ainda:

d) ocorrendo a extinção do estabelecimento;

e) por necessidade de serviço, desde que a transferência seja provisória, devendo a empresa, nesse caso, pagar ao empregado um adicional, nunca inferior a 25% do salário percebido na localidade da qual foi transferido, enquanto durar essa situação.

No entanto, caso a alteração não seja feita nos ditames dos parágrafos do art. 469 consolidado, caberá ao empregado prejudicado requerer medida liminar, nos termos do art. 659, IX, da CLT, para tornar sem efeito a transferência por ventura realizada.

9.1.4. *Transferência definitiva e provisória*

A princípio, para mensurar se a transferência é definitiva ou provisória, utilizamos o critério temporal, ou seja, o tempo de duração da transferência.

Porém, esse não pode ser o único parâmetro. Devemos utilizar o critério circunstancial, ou seja, analisar as circunstâncias que envolvem a atitude do empregado com intenção de se enraizar naquela determinada localidade, como, por exemplo, a matrícula dos filhos na escola, sua associação em um clube na cidade, entre outras.

São as lições de ilustre professor Mauricio Godinho Delgado (em *Curso de Direito do Trabalho*, 8ª ed., São Paulo, LTr, 2009, p. 963).

> "O melhor critério – por transparente e objetivo – parece-nos aquele que contrapõe a noção de provisoriedade à de definitividade: *definitiva* é aquela alteração que se estabilizou plenamente no contrato, de modo que sua causa, conteúdo e validade não podem mais ser sequer questionados e aferidos; em contraponto, provisória é aquela mudança ainda precária na história do contrato, uma vez que sua causa, conteúdo e validade podem ser questionados e aferidos. Assim, definitiva será a modificação circunstancial que se tenha produzido já no período prescrito do contrato, ao passo que *provisória* será aquela transferência que tenha ocorrido no período contratual não prescrito. Efetivando-se a remoção no período imprescrito, será, desse modo, considerada provisória para fins do art. 469, § 3º, da CLT."

Cabe ressaltar que o adicional de transferência de 25% descrito no § 3º do art. 469 da CLT somente será devido na transferência provisória, visto que o empregado está fora do seu local de trabalho, necessitando, portanto, de uma compensação.

Esse adicional não se incorpora ao salário do empregado e pode ser suprimido com o término da transferência, ou seja, com o retorno ao local da contratação.

Convém ainda destacar que a transferência provisória depende da real necessidade do trabalho daquele determinado obreiro, de modo que o trabalho deste não possa ser realizado por outro trabalhador naquela localidade.

A transferência realizada fora das hipóteses previstas nos parágrafos do art. 469 consolidado será tida como abusiva, possibilitando ao empregado o provimento liminar para não ser transferido, de acordo com o art. 659, IX, da CLT.

9.2. Suspensão e interrupção do contrato de trabalho

A suspensão, também chamada por alguns doutrinadores de suspensão total, e a interrupção, conhecida também como suspensão parcial, representam fatos que determinam que temporariamente o contrato de trabalho pare de produzir seus efeitos.

Na suspensão, o contrato de trabalho para de produzir efeitos de forma bilateral, ou seja, não produz efeitos para o empregado tampouco para o empregador. Desta forma, ambos contratantes têm contraprestações suspensas, ou seja, o trabalhador não necessita trabalhar e o empregador não tem o dever de efetuar o pagamento de salários.

Já na interrupção ocorre a não produção dos efeitos de forma unilateral. Assim, na interrupção somente o trabalhador para de trabalhar, devendo o empregador continuar a pagar os salários do obreiro.

9.2.1. *Suspensão do contrato de trabalho*

Na suspensão do contrato de trabalho, as obrigações contratuais são suspensas por ambos os contratantes, ou seja, empregado e empregador. Assim, o trabalhador não presta serviços ao empregador que, em contrapartida, não pagará a esse obreiro seu salário.

O ilustre professor Mauricio Godinho Delgado (em *Curso de Direito do Trabalho*, 8ª ed., São Paulo, LTr, 2009, p. 971) ensina a suspensão contratual como sendo "a sustação temporária dos principais efeitos do contrato de trabalho no tocante às partes, em virtude de um fato juridicamente relevante, sem ruptura, contudo, do vínculo contratual formado. É a sustação ampliada e recíproca dos efeitos contratuais, preservado, porém, o vínculo entre as partes".

Deixando de existir o motivo que determinou a suspensão do contrato, é assegurado ao empregado o retorno ao cargo que exercia na empresa anteriormente, sendo que lhe serão garantidas todas as vantagens que, durante sua ausência, tenham sido atribuídas à categoria à qual pertence.

Desta forma, nos termos do art. 471 da CLT, se durante a suspensão do contrato surgirem novas vantagens à categoria do empregado, decorrentes de lei, acordo coletivo ou convenção coletiva, sentença normativa ou até mesmo por espontaneidade do empregador, o empregado será beneficiado, da mesma forma, a partir do dia em que, cessada a causa do afastamento, retornar ao serviço.

Podemos destacar as seguintes hipóteses de suspensão do contrato de trabalho:

a) acidente de trabalho ou doença, a partir do 16º dia, tendo em vista que o trabalhador percebe o benefício do auxílio-doença, que é pago pela Previdência Social (art. 59 da Lei 8.213/1991);

b) período de suspensão disciplinar, que não poderá ser superior a 30 (trinta) dias, sob pena de ficar reconhecida dispensa sem justa causa (art. 474 da CLT);

c) aposentadoria por invalidez, nos termos do art. 475 da CLT;

Sobre a aposentadoria por invalidez o TST entende que, estando o contrato de trabalho suspenso em razão do citado benefício, a empresa não poderá retirar do empregado o plano de saúde ou assistência médica. É o que ensina a Súmula 440 do TST.

> SÚMULA 440 TST – AUXÍLIO-DOENÇA ACIDENTÁRIO. APOSENTADORIA POR INVALIDEZ. SUSPENSÃO DO CONTRATO DE TRABALHO. RECONHECIMENTO DO DIREITO À MANUTENÇÃO DE PLANO DE SAÚDE OU DE ASSISTÊNCIA MÉDICA.
>
> Assegura-se o direito à manutenção de plano de saúde ou de assistência médica oferecido pela empresa ao empregado, não obstante suspenso o contrato de trabalho em virtude de auxílio-doença acidentário ou de aposentadoria por invalidez.

d) greve, enquanto direito assegurado a todos os trabalhadores que se encontra previsto no art. 9º da CF, sendo regulado pela Lei 7.783/1989. Dispõe o art. 7º da referida Lei que a greve é hipótese de suspensão de contrato de trabalho.

Poderá, no entanto, ser considerada como interrupção do contrato de trabalho, caso haja negociação coletiva, ou até mesmo sentença normativa, na qual se pactue que os dias de paralisação serão remunerados;

e) ausência para exercício de cargo público (exemplo: para cargo político eletivo), nos termos do art. 472 consolidado;

f) faltas injustificadas, entre outras.

9.2.2. *Interrupção do contrato de trabalho*

Na interrupção do contrato de trabalho, o empregado suspende a prestação de serviços, mas continua recebendo a remuneração pelo empregador.

Há uma simples interrupção na prestação de serviços pelo empregado, prevalecendo, para o empregador, a obrigatoriedade de pagar os salários, no todo ou em parte.

Assim, embora não trabalhe, ou seja, não preste serviços, o empregado continuará recebendo sua remuneração, contando-se esse período como tempo de serviço.

Podemos destacar as seguintes hipóteses de interrupção do contrato de trabalho:

a) acidente de trabalho ou doença até o 15º dia, tendo em vista que o pagamento dos primeiros 15 (quinze) dias de ausência é de responsabilidade do empregador, em conformidade com o art. 60, § 3º, da Lei 8.213/1991;

b) licença-maternidade, que se encontra prevista no art. 7º, XVIII, da CF, c/c o art. 71 da Lei 8.213/1991, pelo período de 120 dias.

Nos termos da Lei 11.770/2008, esse período poderá ser prorrogado por mais 60 (sessenta dias) caso o empregador, pessoa jurídica, resolva aderir ao programa Empresa Cidadã, desde que a empregada a requeira até o final do primeiro mês após o parto, e a prorrogação seja concedida imediatamente após a fruição da licença-maternidade.

Vale dizer que a prorrogação será garantida, na mesma proporção, também à empregada que adotar ou obtiver guarda judicial para fins de adoção de criança, de acordo com a redação do art. 392-A da CLT.

É importante notar que a mãe que adotasse ou obtivesse a guarda judicial possuía licença-maternidade proporcional à idade da criança, em conformidade com os §§ 1º a 3º do art. 392-A da CLT.

Porém, com a edição da Lei 12.010 de 03.08.2009, foram revogados expressamente os referidos parágrafos.

c) ausências legais, nas hipóteses do art. 473 da CLT;

d) férias, que estão previstas no art. 7º, XVII, da CF e arts. 129 a 153 da CLT;

e) qualquer espécie de licença remunerada;

f) licença-paternidade, prevista no art. 7º, XIX, da CF, c/c o art. 10, II, § 1º do ADCT, pelo período de 5 dias;

g) licença remunerada em caso de aborto não criminoso, hipótese em que a empregada terá direito a duas semanas de descanso, em conformidade com o art. 395 da CLT;

h) descanso semanal remunerado, previsto no art. 7º, XV, da CF;

i) feriados, disciplinados no art. 1º da Lei 605/1949;

j) encargos públicos específicos, como por exemplo: testemunha e atuação como mesário em eleições são ausências consideradas como de serviço efetivo, devendo ser pagos os salários correspondentes;

k) *lockout*, que consiste na paralisação das atividades, por iniciativa do empregador, com o objetivo de frustrar negociação ou dificultar o atendimento das reivindicações dos empregados.

Caso isso ocorra, os trabalhadores terão direito à percepção dos salários durante o período da paralisação (art. 17, parágrafo único, da Lei 7.783/1989), caracterizando-se, portanto, como forma de interrupção do contrato de trabalho.

Vale lembrar que em todas as hipóteses de interrupção do contrato de trabalho, como as supramencionadas, serão devidos os respectivos salários, sendo computadas, também, como tempo de serviço efetivo.

9.3. Suspensão e interrupção nos contratos por prazo determinado

É importante lembrar que tanto a suspensão quanto a interrupção não afetam a fluência do contrato com prazo determinado, tendo em vista que as partes já conhecem de antemão a data de término do contrato.

Os contratos a termo não se prorrogam caso ocorra suspensão ou interrupção. Por esse motivo, apenas se as partes acordarem é que esses períodos não serão computados como tempo de afastamento do empregado para a contagem do prazo para o término do ajuste, em conformidade com o § 2º do art. 472 da CLT.

Desta forma, caso não seja acordado entre as partes, os períodos irão ser computados como de efetivo serviço.

9.4. Prazo para o retorno

Em regra, o empregado deve retornar ao emprego imediatamente, ou seja, assim que terminar o motivo deve voltar ao trabalho.

Caso o empregado não retorne ao trabalho, terá faltas injustificadas ao serviço. Desta forma, caso as faltas ultrapassem 30 dias haverá presunção de abandono de emprego, nos termos da Súmula 32 do TST, que dispõe: "Presume-se o abandono de emprego se o trabalhador não retornar ao serviço no prazo de 30 (trinta) dias após a cessação do benefício previdenciário nem justificar o motivo de não o fazer".

Em se tratando de afastamento por serviço militar, nos termos do art. 472, § 1º, da CLT, o empregado é obrigado a notificar que tem intenção de retornar ao trabalho no cargo que exercia, no prazo de 30 dias contados da baixa do serviço militar. Caso o empregado assim não proceda, o contrato restará extinto.

Quanto ao serviço militar temos, ainda, o art. 132 da CLT: "o tempo de trabalho anterior à apresentação do empregado para serviço militar obrigatório será computado no período aquisitivo, desde que ele compareça ao estabelecimento dentro de 90 (noventa) dias da data em que se verificar a respectiva baixa".

Assim, se o empregado retornar ao serviço no prazo de 90 dias, o período anterior é computável para a aquisição do período de férias.

9.5. Dispensa do empregado durante a suspensão e interrupção do contrato de trabalho

Muito se discute acerca da possibilidade ou não da dispensa do empregado durante a suspensão ou mesmo durante a interrupção do contrato de trabalho.

Nota-se que na suspensão do contrato de trabalho os principais efeitos do contrato, contagem do período como tempo de serviço e remuneração são suspensos, não sendo devidos. Na interrupção do contrato há a suspensão da prestação de serviços, porém o empregado continua recebendo a remuneração pelo empregador.

Nessas duas hipóteses, ou seja, estando o contrato de trabalho suspenso ou interrompido, o trabalhador está na condição de "afastado" e, consequentemente, não poderá ser demitido sem justa causa. Ressalta-se que, tendo o empregado cometido justa causa (art. 482 da CLT), será permitida sua demissão.

Tanto a figura da suspensão como a figura da interrupção contratual, ao produzirem efeitos no contrato de trabalho, inviabilizam a extinção do contrato por vontade do empregador. Nota-se que o pedido de demissão do empregado durante a suspensão e interrupção do contrato de trabalho é admitido em razão da liberdade de trabalho insculpida no art. 5º, XIII, da CF.

Fundamentando seu posicionamento no art. 471 da CLT, ensina Gustavo Felipe Barbosa Garcia (em *Curso de Direito do Trabalho*, 2ª ed., São Paulo, Método, 2008, p. 514): "como a lei assegura todas as vantagens que, na ausência do empregado, tenham sido atribuídas à categoria, 'por ocasião de sua volta', é porque esse retorno, após a alta médica, não pode ser obstado pelo empregador, vedando a prática de ato que impeça a aplicação desta norma de ordem pública trabalhista (art. 9º da CLT)".

Assim, caso o empregador efetue a dispensa do empregado durante o período de suspensão ou interrupção contratual, tal dispensa será considerada nula de pleno direito. A decisão que declarar a nulidade do ato de dispensa terá efeitos retroativos, considerando o contrato de trabalho vigente, o que resultará na reintegração do empregado.

10. EXTINÇÃO DO CONTRATO DE TRABALHO

Uma vez estudada a formação e o desenvolvimento do contrato de trabalho, é imprescindível estudar sua extinção.

10.1. Extinção do contrato de trabalho por prazo indeterminado

O diploma consolidado utiliza o termo rescisão do contrato de trabalho para abarcar todas as modalidades de terminação do contrato de trabalho.

10.1.1. Resilição

Ocorrerá resilição do contrato de trabalho sempre que uma ou ambas as partes resolvam, sem justo motivo, romper o pacto laboral.

10.1.1.1. Dispensa sem justa causa

A primeira forma de resilição do contrato é a dispensa sem justa causa do empregado, que ocorre quando o vínculo empregatício é rompido imotivadamente pelo empregador.

Nesse caso, o empregado fará jus aos seguintes direitos: aviso-prévio; saldo de salário; férias proporcionais, simples ou em dobro, mais 1/3 (um terço); 13º salário; multa de 40% e levantamento do FGTS; e seguro-desemprego.

10.1.1.2. Pedido de demissão do empregado

Consiste no pedido de rompimento do contrato de trabalho pelo próprio empregado.

Ao fazer o pedido de demissão, surge para o obreiro o dever de prestar o aviso-prévio para seu empregador; a falta de aviso-prévio por parte do empregado dá ao empregador o direito de descontar os salários correspondentes ao prazo respectivo, em conformidade com o art. 487, § 2º, da CLT.

Ao fazer o pedido de demissão o empregado fará jus aos seguintes direitos: saldo de salário; férias proporcionais, simples ou em dobro, acrescido do terço constitucional; e 13º salário. Os demais direitos, quais sejam, aviso-prévio; multa de 40% e levantamento do FGTS; e seguro-desemprego não serão devidos, tendo em vista que o próprio obreiro é quem rompeu o pacto laboral.

10.1.1.3. Programa de Incentivo à Demissão Voluntária

A última forma de resilição do contrato de trabalho é o distrato que consiste na terminação do contrato empregatício por vontade de ambas as partes, ou seja, por mútuo acordo entre os contratantes.

Ocorre que, em razão dos princípios trabalhistas que visam a proteger o trabalhador, parte hipossuficiente na relação de trabalho, devem ser assegurados aos trabalhadores todos os direitos, como se a terminação do contrato tivesse ocorrido, imotivadamente, por vontade do empregador.

Nesse contexto surge o Programa de Incentivo à Demissão Voluntária – PIDV, modalidade de término do contrato de trabalho convencionado entre as partes, classificada como um tipo de transação extrajudicial, pois não é feito com a presença do Estado-Juiz.

Sobre o instituto em comento, tema de maior relevância reside na eficácia liberatória dos citados programas de incentivo. Isso porque as normas do Direito do Trabalho são normas indisponíveis, que não podem ser modificadas pelo empregador. Ademais, o Direito do Trabalho se norteia pelos princípios da proteção e da irrenunciabilidade dos direitos.

Os programas de incentivo à demissão voluntária não são aptos a extinguirem todos os direitos havidos no contrato de trabalho extinto, mas somente em relação às parcelas constantes no recibo. Esse entendimento encontra-se cristalizado na Orientação Jurisprudencial 270 da SDI 1 do TST.

> ORIENTAÇÃO JURISPRUDENCIAL 270 DA SDI 1 DO TST – PROGRAMA DE INCENTIVO À DEMISSÃO VOLUNTÁRIA. TRANSAÇÃO EXTRAJUDICIAL. PARCELAS ORIUNDAS DO EXTINTO CONTRATO DE TRABALHO. EFEITOS.
>
> A transação extrajudicial que importa rescisão do contrato de trabalho ante a adesão do empregado a plano de demissão voluntária implica quitação exclusivamente das parcelas e valores constantes do recibo.

O valor pago como incentivo à demissão possui natureza jurídica de *indenização,* na medida em que é pago como forma de consolar a perda do emprego, nos termos da Orientação Jurisprudencial 207 da SDI 1 do TST.

Por último, é importante lembrar que não é possível compensar a indenização paga pela adesão ao PIDV com créditos trabalhistas reconhecidos em juízo, na medida em que possuem naturezas distintas. Nesse sentido é a Orientação Jurisprudencial 356 da SDI 1 do TST.

10.1.2. Resolução

Ocorrerá a resolução do contrato de trabalho sempre que uma ou ambas as partes praticarem uma falta.

Assim, a resolução do contrato está relacionada com a inexecução do contrato, ou seja, a um ato faltoso.

Desta forma, podemos ter a resolução do pacto laboral por dispensa por justa causa do empregado, por rescisão indireta ou, ainda, por culpa recíproca.

10.1.2.1. Dispensa por justa causa

A dispensa por justa causa ocorrerá sempre que o empregado cometer falta considerada como grave. Ocorrendo falta considerada grave, poderá o empregador dispensar seu empregado por justa causa, nas hipóteses previstas no art. 482 da CLT.

A falta grave deve ser provada pelo empregador, devendo constar de forma expressa na carta de despedida o motivo pelo qual o contrato de trabalho está sendo extinto.

Configurada a justa causa, o empregado fará jus apenas ao saldo de salário e férias não gozadas com o terço constitucional.

São causas de justa causa do empregado:

a) *Ato de improbidade:* a improbidade revela mau caráter, maldade, desonestidade, má-fé, que cause prejuízo ou até risco à integridade do patrimônio do empregador, como, por exemplo, furto ou roubo de bens da empresa;

b) *Incontinência de conduta:* comportamento desregrado ligado à vida sexual do obreiro, comportamento este que traz perturbações ao ambiente de trabalho, como, por exemplo, visitas a *sites* pornográficos na *internet*;

c) *Mau procedimento:* comportamento incorreto ligado aos demais atos que não podem ser enquadrados em nenhuma das demais alíneas do art. 482 da CLT, configurando-se, portanto, uma atitude irregular do empregado;

d) *Negociação habitual:* tem como pressupostos a ausência de autorização do empregador, a concorrência à empresa ou prejuízo ao serviço e à habitualidade.

e) *Condenação criminal:* somente se caracteriza quando a sentença já tiver transitado em julgado, ou, ainda, quando esta não tenha concedido a suspensão da execução da pena (*sursis*). Se o empregado tem possibilidade de dar continuidade ao emprego, não pode haver a dispensa por falta grave;

f) *Desídia no desempenho das respectivas funções:* hipótese em que o empregado deixa de prestar o serviço com zelo, interesse, empenho, passando a laborar com negligência;

g) *Embriaguez habitual ou em serviço:* decorrente de álcool ou drogas. Desmembra-se em duas situações: o empregado embriaga-se de maneira contumaz fora do serviço, transportando consequências para o local de trabalho; ou mesmo que a embriaguez não seja habitual, quando ela é realizada em serviço, nesses casos restarão configuradas faltas graves;

h) *Violação de segredo da empresa:* trata-se da violação do dever de fidelidade do empregado para com o empregador;

i) *Ato de indisciplina ou de insubordinação:* a indisciplina consiste no descumprimento de ordens gerais de serviço. A insubordinação, por sua vez, consiste no descumprimento de ordens pessoais de serviço;

j) *Abandono de emprego:* configura-se por faltas reiteradas ao serviço sem justo motivo e sem a autorização do empregador. Cabe ressaltar que de acordo com a Súmula 32 do TST: "presume-se o abandono de emprego se o trabalhador não retornar ao serviço no prazo de 30 (trinta) dias após a cessação do benefício previdenciário nem justificar o motivo de não o fazer".

k) *Ato lesivo da honra ou da boa fama, ou ofensas físicas, contra qualquer pessoa:* é o ato em que o empregado atinge ou fere a honra de outros empregados ou de terceiros, salvo quando o fizer em legítima defesa;

l) *Ato lesivo da honra ou da boa fama, ou ofensas físicas, contra empregador e superior hierárquico:* é a mesma hipótese da situação acima, porém, aqui a ofensa é dirigida ao empregador ou seu superior hierárquico;

m) *Prática constante de jogos de azar:* é necessária a prática habitual, não importando se o jogo é a dinheiro ou não. Deve-se destacar que, para se configurar justa causa, a prática de jogos de azar deve interferir no ambiente de trabalho, não a configurando se a prática de jogos for realizada fora do ambiente de trabalho.

Havendo a demissão por justa causa do empregado, ele fará jus aos seguintes direitos: saldo de salário; férias simples e vencidas + 1/3 constitucional, 13º salário integral e depósitos de FGTS de 8% sobre o salário.

Não há pagamento de férias proporcionais, nos termos da Súmula 171 do TST, tampouco o pagamento de 13º salário proporcional, em conformidade com o art. 3º da Lei 4.090/1962.

10.1.2.2. Rescisão indireta

Encontra-se disciplinada no art. 483 da CLT. É a justa causa do empregador.

São casos de rescisão indireta do contrato de trabalho:

a) Quando forem exigidos esforços superiores às forças do empregado;

b) Quando forem exigidos serviços proibidos pela lei, ou seja, não pode o empregador exigir que o empregado opere de forma ilícita;

c) Atitudes contrárias aos bons costumes, como, por exemplo, exigir que uma recepcionista use roupas com decotes;

d) Serviços alheios ao contrato (em regra, o empregado só faz aquilo para o que foi contratado);

e) Tratamento com rigor excessivo, é o que chamamos de assédio moral, ou seja, uma perseguição ao empregado;

f) Correr perigo de mal considerável, ou seja, o empregador pode colocar o empregado em situações de riscos;

g) Não cumprir o empregador as obrigações do contrato de trabalho. Vale lembrar que, de acordo com a corrente majoritária, a rescisão indireta por atraso no pagamento de salário ou o não pagamento só ocorrerá após 03 meses de atraso;

h) Praticar o empregador ou seus prepostos atos lesivos da honra e boa fama. São atos lesivos do empregador que podem ser não só contra o empregado, mas contra sua família;

i) O empregador ou seus prepostos ofenderem fisicamente o empregado;

j) Empregador que reduzir o trabalho que é remunerado por peça ou tarefa.

Nesses casos serão devidas ao obreiro as verbas que teria direito caso fosse dispensado imotivadamente, ou seja, saldo de salário; férias proporcionais, simples ou em dobro, mais 1/3 (um terço); 13º salário; multa de 40% e levantamento do FGTS; e seguro-desemprego. E, ainda, o aviso-prévio, nos termos do art. 487, § 4º, da CLT.

10.1.2.3. Rescisão específica para o menor

Nos termos do art. 407 da CLT, verificado pela autoridade competente que o trabalho executado pelo menor é prejudicial à sua saúde, ao seu desenvolvimento físico ou à sua moralidade, poderá ela obrigá-lo a abandonar o serviço, devendo a respectiva empresa, quando for o caso, proporcionar ao menor todas as facilidades para mudar de funções.

É importante lembrar, ainda, que se a empresa não tomar as medidas possíveis e recomendadas pela autoridade competente para que o menor mude de função, configurar-se-á a rescisão do contrato de trabalho, na forma do art. 483 da CLT.

Ao menor é lícito firmar recibo pelo pagamento dos salários. Porém, em se tratando de rescisão do contrato de trabalho, é vedado ao menor de 18 (dezoito) anos dar, sem assistência dos seus responsáveis legais, quitação ao empregador pelo recebimento da indenização que lhe for devida.

10.1.2.4. Culpa recíproca

Dispõe o art. 484 consolidado que, havendo culpa recíproca no ato que determinou a rescisão do contrato de trabalho, o Tribunal do Trabalho reduzirá a indenização, que seria devida ao trabalhador em caso de culpa exclusiva do empregador, pela metade.

Por essa modalidade, todas as verbas serão pagas como se fosse uma hipótese de rescisão por culpa do empregador, porém pela metade, com exceção do saldo de salário, que será integral. Nesse sentido é o entendimento consubstanciado na Súmula 14 do TST.

> SÚMULA 14 TST – CULPA RECÍPROCA
> Reconhecida a culpa recíproca na rescisão do contrato de trabalho (art. 484 da CLT), o empregado tem direito a 50% (cinquenta por cento) do valor do aviso-prévio, do décimo terceiro salário e das férias proporcionais.

Nesse tipo de extinção, algumas parcelas são pagas na integralidade e outras pela metade, ou seja, 50%. Assim, as verbas rescisórias ficariam da seguinte maneira: saldo de salário (integral), aviso-prévio (50%), 13º salário integral, 13º salário proporcional (50%), férias simples ou vencidas + adicional de 1/3(integral), férias proporcionais + adicional de 1/3 (50%), depósitos de FGTS de 8% sobre o salário (integral), multa de 40% sobre os depósitos do FGTS será pela metade, ou seja, 20%, liberação das guias para levantamento do FGTS.

10.1.3. Factum principis

Consiste em uma modalidade de extinção do contrato de trabalho por ato da autoridade pública, federal, estadual ou municipal, inclusive de autarquias, que, por via administrativa ou legislativa, impossibilita a continuação da atividade da empresa temporária ou definitivamente. Em outras palavras, é um ato do governo que torna impossível a execução do contrato de trabalho.

O *factum principis* é extraído do art. 486 da CLT.

> **Art. 486.** No caso de paralisação temporária ou definitiva do trabalho, motivada por ato de autoridade municipal, estadual ou federal, ou pela promulgação de lei ou resolução

que impossibilite a continuação da atividade, prevalecerá o pagamento da indenização, que ficará a cargo do governo responsável.

10.2. Extinção dos contratos a termo

Os contratos a termo ou com prazo determinado podem se encerrar no seu tempo ajustado ou de forma antecipada.

10.2.1. Extinção do contrato a termo no prazo estipulado

Encerra-se com o advento do termo.

As verbas rescisórias devidas na extinção de um contrato por prazo determinado são: saldo de salários, 13º salário vencido e proporcional, férias vencidas e proporcionais, acrescidas do terço constitucional, saque do FGTS referente ao período contratual, guia do seguro-desemprego.

10.2.2. Extinção antecipada do contrato a termo

Ocorre por um motivo que não o advento do termo. Pode ocorrer por vontade do empregador ou por vontade do próprio empregado.

Sendo antecipada a dispensa do obreiro por vontade do *empregador*, serão devidas as mesmas verbas especificadas acima, ou seja: saldo de salários, 13º salário vencido e proporcional, férias vencidas e proporcionais, acrescidas do terço constitucional, saque do FGTS referente ao período contratual e guia do seguro-desemprego. Nessa hipótese, porém, o empregador deverá pagar a título de indenização o valor correspondente à metade da remuneração que o trabalhador teria direito até o final do contrato, nos termos do art. 479 da CLT, acrescida, ainda, da indenização de 40% do FGTS.

Caso a terminação antecipada seja solicitada pelo *empregado*, ou seja, pedido de demissão do empregado antes do término do contrato, ele fará jus ao recebimento de: saldo de salários, 13º vencido e proporcional, férias vencidas e proporcionais, acrescidas do terço constitucional, conforme entendimento contido da Súmula 171 do TST. Nesse caso, por ter sido o próprio empregado quem colocou fim ao contrato de trabalho, não será possível o levantamento do FGTS.

Porém, como deu causa ao término do contrato, o empregado será obrigado a indenizar seu empregador pelos prejuízos que sofreu, em conformidade com o art. 480 da CLT, que dispõe: "Havendo termo estipulado, o empregado não se poderá desligar do contrato, sem justa causa, sob pena de ser obrigado a indenizar o empregador dos prejuízos que desse fato lhe resultarem".

Nesse caso, a indenização paga pelo empregado não poderá ser superior à que ele teria direito em iguais condições.

Admite-se que as partes instituam uma cláusula que trate da hipótese de rescisão antecipada do contrato por prazo determinado. Nessa linha, convencionada a chamada *cláusula assecuratória do direito recíproco de rescisão* e exercido tal direito por qualquer das partes, serão aplicados os princípios que regem a rescisão dos contratos por prazo indeterminado, em conformidade com o art. 481 da CLT, sendo devido, inclusive, o aviso-prévio.

É importante ressaltar que a regra contida no art. 479 da CLT não é aplicável aos contratos com prazo determinado disciplinados pela Lei 9.601/1998 por expressa vedação de seu art. 1º, § 1º, I.

10.3. Formalidades para a extinção do contrato de trabalho

As formalidades para a extinção do contrato de trabalho estão dispostas nos arts. 477 e seguintes da CLT, de importante leitura, que assim dispõe:

> "**Art. 477.** É assegurado a todo empregado, não existindo prazo estipulado para a terminação do respectivo contrato, e quando não haja ele dado motivo para cessação das relações de trabalho, o direto de haver do empregador uma indenização, paga na base da maior remuneração que tenha percebido na mesma empresa.
>
> § 1º O pedido de demissão ou recibo de quitação de rescisão, do contrato de trabalho, firmado por empregado com mais de 1 (um) ano de serviço, só será válido quando feito com a assistência do respectivo Sindicato ou perante a autoridade do Ministério do Trabalho e Previdência Social.
>
> § 2º O instrumento de rescisão ou recibo de quitação, qualquer que seja a causa ou forma de dissolução do contrato, deve ter especificada a natureza de cada parcela paga ao empregado e discriminado o seu valor, sendo válida a quitação, apenas, relativamente às mesmas parcelas.
>
> § 3º Quando não existir na localidade nenhum dos órgãos previstos neste artigo, a assistência será prestada pelo Representante do Ministério Público ou, onde houver, pelo Defensor Público e, na falta ou impedimento deste, pelo Juiz de Paz.
>
> § 4º O pagamento a que fizer jus o empregado será efetuado no ato da homologação da rescisão do contrato de trabalho, em dinheiro ou em cheque visado, conforme acordem as partes, salvo se o empregado for analfabeto, quando o pagamento somente poderá ser feito em dinheiro.
>
> § 5º Qualquer compensação no pagamento de que trata o parágrafo anterior não poderá exceder o equivalente a um mês de remuneração do empregado.
>
> § 6º O pagamento das parcelas constantes do instrumento de rescisão ou recibo de quitação deverá ser efetuado nos seguintes prazos:
>
> a) até o primeiro dia útil imediato ao término do contrato; ou
>
> b) até o décimo dia, contado da data da notificação da demissão, quando da ausência do aviso-prévio, indenização do mesmo ou dispensa de seu cumprimento.
>
> § 7º O ato da assistência na rescisão contratual (§§ 1º e 2º) será sem ônus para o trabalhador e empregador.
>
> § 8º A inobservância do disposto no § 6º deste artigo sujeitará o infrator à multa de 160 BTN, por trabalhador, bem assim ao pagamento da multa a favor do empregado, em valor equivalente ao seu salário, devidamente corrigido pelo índice de variação do BTN, salvo quando, comprovadamente, o trabalhador der causa à *mora*.

O *caput* do art. 477 trata de uma antiga indenização. Hoje, a relação empregatícia é protegida apenas pela indenização compensatória, disciplinada no art. 7º, I, da CF.

O § 1º do art. 477 traz em seu bojo um grande divisor de período. Assim, caso o contrato tenha durado menos de um ano não será necessária a homologação com assistência do sindicato, mas, se o contrato tiver mais de 1 (um) ano, deve haver a assistência.

É importante notar que o dispositivo em apreço não traz a regra para extinção do contrato de trabalho, pois não é necessária a homologação para vê-lo extinto. É o ajuste final, ou seja, o pagamento das verbas rescisórias que apenas ocorrerá, nos casos de empregados com mais de 1 (um) ano de serviços prestados, se tiver assistência do sindicato. Logo, a assistência existe apenas para quitação, não constitui requisito para validar o fim do contrato de trabalho.

No entanto, em conformidade com o art. 500 da CLT, o pedido de demissão do empregado estável só será válido quando feito com a assistência do respectivo Sindicato e, se não houver um, perante autoridade local competente do Ministério do Trabalho e Previdência Social ou da Justiça do Trabalho.

Nesse caso, o pedido de demissão do estável decenal somente será válido com a assistência do sindicato, constituindo, nesse caso, requisito de validade do ato, requisito solene para a extinção do contrato.

Qualquer que seja o tipo de extinção do contrato deve estar especificada a natureza de cada parcela paga e discriminado seu respectivo valor.

O TST, por meio da Súmula 330, entende que a quitação passada pelo empregado, com assistência da entidade sindical de sua categoria, ao empregador, com observância dos requisitos exigidos nos parágrafos do art. 477 da CLT, tem eficácia liberatória apenas em relação às parcelas expressamente consignadas no recibo, salvo se oposta ressalva expressa e especificada ao valor dado à parcela ou parcelas impugnadas.

A quitação não abrange, ainda, parcelas não consignadas no recibo de quitação e, consequentemente, seus reflexos em outras parcelas, ainda que estas constem desse recibo.

Quanto a direitos que deveriam ter sido satisfeitos durante a vigência do contrato de trabalho, a quitação é válida em relação ao período expressamente consignado no recibo de quitação.

Não se aceita, desta forma, o pagamento complessivo. Deve haver discriminação quanto às parcelas e aos valores. A quitação se dá pela parcela e não pelo valor. Assim, por exemplo: aviso-prévio pago, não se discute mais.

A homologação deve ser feita preferencialmente nos sindicatos, mas a lei não coloca ordem, Sindicato ou Ministério do Trabalho. A assistência será prestada pelo Ministério Público ou Defensor Público ou juiz de paz.

O pagamento das verbas deverá ser realizado no ato da homologação. O pagamento poderá ser feito em dinheiro, cheque visado ou depósito em conta-corrente.

Caso o empregado seja analfabeto, o pagamento deve ser feito em dinheiro ou por meio de depósito em conta-corrente.

Poderá ocorrer pedido de compensação desde que as dívidas sejam da mesma natureza, ou seja, natureza trabalhista, até o limite de uma remuneração do empregado.

O prazo para pagamento das verbas rescisórias é até o primeiro dia útil imediato ao término do contrato sempre que o aviso-prévio for trabalhado ou término de contrato a termo.

Poderá ocorrer até o 10º dia contado da data da notificação da demissão, como, por exemplo, nas dispensas por justa causa.

O § 8º do art. 477 da CLT impõe o pagamento de duas multas: a primeira delas é a multa administrativa, imposta pelo auditor fiscal do trabalho que reverte ao governo; a segunda que é revertida ao empregado, salvo quando este der causa à mora, paga no valor do salário base apenas.

Caso seja o empregado que cause a mora, o empregador não poderá ser responsabilizado.

Nesse caso, para que o empregador não incorra em mora, poderá ele se utilizar da ação de consignação em pagamento.

É importante lembrar que, de acordo com a cancelada Orientação Jurisprudencial 351 da SDI 1 do TST, caso esteja *sub judice* a questão do vínculo de emprego, entendia-se que a multa do art. 477, § 8º, da CLT não era devida. No entanto, com o cancelamento dessa orientação pelo TST, a multa em questão não incidirá, de plano, o que permite ao juiz do trabalho decidir a questão de acordo com o conjunto probatório dos autos.

Outrossim, vale lembrar que, conforme entendimento consubstanciado na Súmula 388, o TST ensina que a massa falida não se sujeita à penalidade do art. 467 e nem à multa do § 8º do art. 477, ambos da CLT.

Por último, é importante trazer o ensinamento consubstanciado na Orientação Jurisprudencial 238 da SDI 1 do TST: "Submete-se à multa do artigo 477 da CLT a pessoa jurídica de direito público que não observa o prazo para pagamento das verbas rescisórias, pois nivela-se a qualquer particular, em direitos e obrigações, despojando-se do *jus imperii* ao celebrar um contrato de emprego".

10.4. Indenização por frutos recebidos por posse de má-fé do empregador – art. 1.216 do Código Civil

Nos termos do art. 1.216 do Código Civil aquele que se apossar indevidamente de um bem deverá responder pelos "frutos" colhidos no período. Em poucas palavras essa é a teoria dos frutos recebidos por posse de má-fé.

Dispõe o art. 1.216 do Código Civil:

> **Art. 1.216.** O possuidor de má-fé responde por todos os frutos colhidos e percebidos, bem como pelos que, por culpa sua, deixou de perceber, desde o momento em que se constituiu de má-fé; tem direito às despesas da produção e custeio.

Na Justiça do Trabalho esse pedido é muito comum, principalmente em ações contra instituições bancárias, em que o reclamante pleiteia além das verbas rescisórias, o recebimento de indenização por ter o banco se apossado das verbas trabalhistas não pagas nos prazos estabelecidos em lei e ter auferido lucros ao utilizar o valor do inadimplemento para lucrar com empréstimos e outros produtos disponibilizados aos seus clientes. Em outras palavras, os advogados dos empregados argumentavam que, ao não pagar as verbas trabalhistas, o empregador estaria se beneficiando desse dinheiro, buscando rendimentos.

No entanto, o TST editou a Súmula 445 entendendo que em caso de inadimplemento das verbas trabalhistas é indevida a indenização por frutos recebidos prevista no art. 1.216 do Código Civil, por ser matéria própria aos direitos das coisas (direitos reais) que não se mostra compatível com o Direito do Trabalho, nos termos do art. 8º da CLT, cujo contrato de trabalho possui cunho obrigacional.

> SÚMULA 445 TST – INADIMPLEMENTO DE VERBAS TRABALHISTAS. FRUTOS. POSSE DE MÁ-FÉ. ART. 1.216 DO CÓDIGO CIVIL. INAPLICABILIDADE AO DIREITO DO TRABALHO. A indenização por frutos percebidos pela posse de má-fé, prevista no art. 1.216 do Código Civil, por tratar-se de regra afeta a direitos reais, mostra-se incompatível com o Direito do Trabalho, não sendo devida no caso de inadimplemento de verbas trabalhistas.

10.5. Força maior no Direito do Trabalho

Nos termos do art. 501 da CLT "entende-se como força maior todo acontecimento inevitável, em relação à vontade do empregador, e para a realização do qual este não concorreu, direta ou indiretamente".

Força maior é, portanto, o acontecimento inevitável, evento que decorre na própria natureza, como por exemplo, catástrofes naturais tais como: tornados, enchentes, terremotos etc. Devemos entender como fato inevitável todo aquele cujo acontecimento não ocorreu por vontade do empregador, que nos termos do dispositivo legal em debate, não tem participação direta ou indireta.

A participação do empregador não pode ser direta nem indireta, tanto é que nos termos do § 1º do art. 501 da CLT a imprevidência do empregador, ou seja, o descuido, a falta de precaução por parte do empregador, exclui a razão de força maior. Entende-se que deveria o empregador tomar as devidas precauções a fim de evitar o acontecimento.

Nessa linha, importante lembrar que acontecimentos como problemas financeiros da empresa provenientes de políticas econômicas, não são conhecidos como força maior. Tais atos decorrem do risco da atividade do empregador (princípio da alteridade).

Vale lembrar, ainda, a redação do § 2º do art. 501 da CLT:

> "§ 2º À ocorrência do motivo de força maior que não afetar substancialmente, nem for suscetível de afetar, em tais condições, a situação econômica e financeira da empresa não se aplicam as restrições desta Lei referentes ao disposto neste Capítulo."

Dispõe o art. 502 da CLT:

> *"Ocorrendo motivo de força maior que determine a extinção da empresa, ou de um dos estabelecimentos em que trabalhe o empregado, é assegurada a este, quando despedido, uma indenização na forma seguinte:*
>
> *I – sendo estável, nos termos dos arts. 477 e 478;*
>
> *II – não tendo direito à estabilidade, metade da que seria devida em caso de rescisão sem justa causa;*
>
> *III – havendo contrato por prazo determinado, aquela a que se refere o art. 479 desta Lei, reduzida igualmente à metade."*

A estabilidade a que se referem os incisos I e II do dispositivo legal em questão é a estabilidade decenal. Assim, esses incisos tratam da indenização por tempo de serviço devida aos empregados não optantes pelo sistema do FGTS antes da promulgação da atual Constituição Federal que tornou obrigatório o sistema de FGTS. Nesse sentido ensina o art. 14 da Lei 8.036/1990:

> **Art. 14.** Fica ressalvado o direito adquirido dos trabalhadores que, à data da promulgação da Constituição Federal de 1988, já tinham o direito à estabilidade no emprego nos termos do Capítulo V do Título IV da CLT.

Assim, nos termos do art. 504 da CLT se comprovada a falsa alegação do motivo de força maior, aos empregados estáveis é garantida a reintegração ao emprego, e aos não estáveis, não optantes pelo sistema do FGTS, o complemento da indenização já percebida, assegurado a ambos o pagamento da remuneração atrasada.

No entanto, para os empregados disciplinados pelo atual sistema do FGTS, na hipótese de cessação do contrato de trabalho por motivo de força maior, o § 2º do art. 18 da Lei 8.036/1990 determina:

> **Art. 18.** Ocorrendo rescisão do contrato de trabalho, por parte do empregador, ficará este obrigado a depositar na conta vinculada do trabalhador no FGTS os valores relativos aos depósitos referentes ao mês da rescisão e ao imediatamente anterior, que ainda não houver sido recolhido, sem prejuízo das cominações legais.
>
> § 1º Na hipótese de despedida pelo empregador sem justa causa, depositará este, na conta vinculada do trabalhador no FGTS, importância igual a quarenta por cento do montante de todos os depósitos realizados na conta vinculada durante a vigência do contrato de trabalho, atualizados monetariamente e acrescidos dos respectivos juros.
>
> *§ 2º Quando ocorrer despedida por culpa recíproca ou força maior, reconhecida pela Justiça do Trabalho, o percentual de que trata o § 1º será de 20 (vinte) por cento.*
>
> § 3º As importâncias de que trata este artigo deverão constar da documentação comprobatória do recolhimento dos valores devidos a título de rescisão do contrato de trabalho, observado o disposto no art. 477 da CLT, eximindo o empregador, exclusivamente, quanto aos valores discriminados.

Por último, vale dizer que o art. 503 da CLT ensina ser lícita, em caso de força maior ou prejuízos devidamente comprovados, a redução geral dos salários dos empregados, respeitado, em qualquer caso, o salário mínimo, não podendo, entretanto, ser superior a 25% (vinte e cinco por cento).

No entanto, a referida norma deverá ser interpretada de acordo com a regra constitucional disposta no art. 7º, VI, da CF que permite a redução dos salários por meio de acordo coletivo ou convenção coletiva. Assim, ocorrendo motivo de força maior, por meio de convenção coletiva ou acordo coletivo, será possível a redução salarial, não superior a 25% (vinte e cinco por cento).

Vale dizer, ainda, que cessados os efeitos decorrentes do motivo de força maior, é garantido o restabelecimento dos salários reduzidos.

10.6. Aviso-prévio

Consiste em uma comunicação que uma parte faz à outra, de que pretende extinguir o pacto laboral. Em outras palavras, é a comunicação de uma parte a outra da intenção de estabelecer um termo final ao contrato de trabalho.

O aviso-prévio é devido por ambas as partes. A simples comunicação não extingue o contrato de trabalho, que não ocorre de imediato, somente após o término do aviso-prévio.

Em regra, é utilizado para os contratos com prazo indeterminado, podendo, porém, ser utilizado nos contratos com prazo determinado, caso tenham as partes ajustado a "cláusula assecuratória do direito recíproco da rescisão", prevista no art. 481 da CLT, hipótese em que serão aplicadas as regras dos contratos com prazo indeterminado, sendo devido, portanto, o aviso-prévio.

O aviso-prévio visa a evitar a surpresa na ruptura do contrato de trabalho, possibilitando ao empregador a reposição de um empregado para o cargo vago e ao empregado sua nova inserção no mercado, ou seja, para que as partes possam se adequar ao término do contrato de trabalho.

A CF estabelece no art. 7º, XXI, como direito dos trabalhadores urbanos e rurais, aviso-prévio proporcional ao tempo de serviço, sendo no mínimo de trinta dias, nos termos da lei.

Sempre que o empregador manifestar o desejo de romper o contrato de trabalho, o empregado terá direito e poderá optar entre a redução de sua jornada de trabalho em duas horas diárias ou pela não prestação de serviços por sete dias corridos, a teor do art. 488 da CLT.

Vale lembrar que são 7 (sete) dias corridos, podendo ser no começo, no meio ou ao final do mês de aviso-prévio.

Em se tratando de empregado rural, caso o empregador conceda o aviso-prévio, nos moldes do art. 15 da Lei 5.889/1973, o empregado terá direito a faltar um dia por semana, sem prejuízo de seu salário.

Importante lembrar o entendimento consubstanciado na Súmula 230 do TST, que considera ilegal substituir o período que se reduz da jornada de trabalho, no aviso-prévio, pelo pagamento das horas correspondentes, tendo em vista que esse lapso tem como objetivo assegurar ao obreiro tempo suficiente para buscar um novo emprego. Havendo a substituição do período por horas extras, considera-se não dado o aviso-prévio, devendo o empregador pagar o período correspondente.

Outro ponto que merece destaque é o fato de que o registro da candidatura do empregado a cargo de dirigente sindical durante o período de aviso-prévio não lhe assegura a estabilidade no emprego, em razão de ser inaplicável a regra contida no § 3º do art. 543 da CLT, a teor da Súmula 369, item V, do TST.

Como visto, a parte que quiser por fim ao contrato de trabalho deverá conceder à outra parte o aviso-prévio. Portanto, o aviso-prévio deverá ser concedido por ambas as partes.

A falta do aviso-prévio por parte do empregado dá ao empregador o direito de descontar os salários correspondentes ao respectivo período nos termos do art. 487, § 2º, da CLT. A compensação é automática, descontada diretamente na fonte.

No entanto, se a falta do aviso-prévio for do empregador, terá o empregado o direito aos salários referentes ao prazo do aviso-prévio, também chamado de "aviso-prévio indenizado". Nesse caso, há a projeção do período de aviso-prévio no contrato de trabalho, sendo esse período computado como tempo de serviço para todos os fins.

Convém ressaltar que havendo a projeção do período de aviso-prévio no contrato de trabalho, a data de saída a ser anotada na CTPS deve corresponder à do término do prazo do aviso-prévio, ainda que indenizado e/ou proporcional, em conformidade com a Orientação Jurisprudencial 82 da SDI do TST.

Ademais, importante lembrar que o valor das horas extraordinárias habituais integra o aviso-prévio indenizado, nos termos do art. 487, § 5º, da CLT.

O direito ao aviso-prévio é irrenunciável por parte do empregado. Nessa linha, cabe trazer à baila o entendimento contido na Súmula 276 do TST, que dispõe: "o direito ao aviso-prévio é irrenunciável pelo empregado. O pedido de dispensa de cumprimento não exime o empregador de pagar o respectivo valor, salvo comprovação de haver o prestador dos serviços obtido novo emprego".

A Súmula em questão ensina ser possível a renúncia do aviso-prévio pelo empregado, e do pagamento do seu respectivo valor, caso o empregador comprove que o empregado obteve novo emprego. Isso se dá pela própria razão de ser do aviso-prévio que, quando concedido ao empregado, consiste exatamente em proporcionar a este, no curso do aviso, a possibilidade de encontrar um novo emprego. Desta forma, caso o empregador comprove a obtenção de novo emprego, o empregado não fará jus ao recebimento do respectivo período.

Em se tratando de aviso-prévio concedido pelo empregado, o empregador poderá renunciar o respectivo período, persistindo, porém, o dever de indenizar.

Caso o empregador opte pela dispensa no cumprimento do aviso-prévio, ou quando da ausência do respectivo período, ou ainda da indenização do mesmo, o pagamento das parcelas constantes no instrumento de rescisão ou recibo de quitação deverá ser efetuado até o décimo dia, contado da data da notificação da demissão ou dispensa de seu cumprimento. No entanto, se o aviso-prévio for cumprido, ou seja, caso o empregador não dispense o empregado do cumprimento do respectivo período, as verbas rescisórias deverão ser quitadas até o 1º dia útil imediato, em conformidade com o art. 477, § 6º, alíneas "a" e "b", da CLT.

Importante lembrar que o pagamento relativo ao período de aviso-prévio, trabalhado ou indenizado, está sujeito à contribuição para o FGTS, nos termos da Súmula 305 do TST.

No entanto, para fins de cálculo da multa de 40% sobre os depósitos do FGTS, o valor do aviso-prévio indenizado não poderá ser considerado, em conformidade com o item II da Orientação Jurisprudencial 42 da SDI 1 do TST.

Por fim, como se sabe, o art. 9º da Lei 6.708/1979 criou uma indenização adicional visando a impedir a dispensa do empregado nos 30 (trinta) dias que antecedem a data-base dos trabalhadores.

Nesse caso, o aviso-prévio poderá ser utilizado no cômputo do trintídio. Assim, concedido o aviso-prévio e findando-se nos 30 (trinta) dias que antecedem sua data-base, o empregado fará jus à indenização prevista na lei 6.708/1979.

10.6.1. Reconsideração do aviso-prévio

É possível a reconsideração do aviso-prévio. Isso porque, dado o aviso-prévio, a rescisão torna-se efetiva depois de expirado o respectivo prazo. Isso possibilita à parte notificante reconsiderar o ato, antes de seu termo. Porém, é facultado à outra parte aceitar ou não o pedido de reconsideração, ou seja, deve haver o consentimento da parte notificada do aviso-prévio.

Sendo aceita a reconsideração ou continuando a prestação de serviços depois de expirado o prazo, ou seja, reconsideração tácita, o contrato continuará a vigorar, como se o aviso-prévio não tivesse sido dado.

Importante ressaltar que no curso do aviso pode ocorrer falta grave, seja pelo empregado, seja pelo empregador, passando a ser uma rescisão por justa causa do empregado ou por rescisão indireta, justa causa do empregador.

Por fim, vale lembrar o disposto na Súmula 73 do TST: "A ocorrência de justa causa, salvo a de abandono de emprego, no decurso do prazo do aviso-prévio dado pelo empregador, retira do empregado qualquer direito às verbas rescisórias de natureza indenizatória".

10.6.2. Aviso-prévio proporcional – Lei 12.506/2011

Com o advento da Constituição da República de 1988 foi inserido no rol dos direitos de todos os trabalhadores urbanos e rurais o aviso-prévio proporcional ao tempo de serviço, sendo de no mínimo 30 (trinta) dias.

Temos, portanto, que o inciso I do art. 487 da CLT que institui aviso-prévio de 8 (oito) dias não foi recepcionado pela atual Constituição Federal.

O dispositivo constitucional em apreço traz uma norma de eficácia limitada, na medida em que o constituinte originário estabeleceu o período mínimo de 30 (trinta dias) de aviso-prévio, norma de aplicabilidade imediata e deixou para o constituinte derivado a regulamentação de sua proporcionalidade, ao usar a expressão "nos termos da lei".

Com a publicação da Lei 12.506, de 11.11.2011, que entrou em vigor no dia 13.10.2011, o aviso-prévio proporcional foi devidamente regulado.

A Lei 12.506/2011 ensina que o aviso-prévio será concedido na proporção de 30 dias aos empregados que contem até 1 (um) ano de serviço na mesma empresa.

De acordo com a Nota Técnica 184/2012 do MTE, do dia 07.05.2012, configurada relação de emprego superior a um ano na mesma empresa, sobre esse período serão acrescidos 3 (três) dias por ano de serviço prestado na mesma empresa, até o máximo de 60 dias, perfazendo um total de até 90 dias.

Após diversas conversações, a Secretaria de Relações do Trabalho MTE, modificando entendimento anterior disposto na Circular 10 de 2011, apresentou a seguinte tabela:

TEMPO DE SERVIÇO ANOS COMPLETOS	**PERÍODO DE AVISO-PRÉVIO**
ATÉ 1 ANO (**1 ano incompleto**)	30 DIAS
1 ANO	33 DIAS
2 ANOS	36 DIAS
3 ANOS	39 DIAS
4 ANOS	42 DIAS
5 ANOS	45 DIAS
6 ANOS	48 DIAS
7 ANOS	51 DIAS
8 ANOS	54 DIAS
9 ANOS	57 DIAS
10 ANOS	60 DIAS
11 ANOS	63 DIAS
12 ANOS	66 DIAS
13 ANOS	69 DIAS
14 ANOS	72 DIAS
15 ANOS	75 DIAS
16 ANOS	78 DIAS
17 ANOS	81 DIAS
18 ANOS	84 DIAS
19 ANOS	87 DIAS
20 ANOS	90 DIAS

10.6.2.1. Direito intertemporal

Após a publicação da Lei 12.506/2011, muitas dúvidas começaram a surgir acerca da aplicação da nova regra aos contratos de trabalho.

Diante da situação e com o intuito de dirimir algumas dessas dúvidas, o Ministério do Trabalho e Emprego (MET) expediu em 07.05.2012 a Nota Técnica 184.

Nessa linha, o MTE entende que a nova regulamentação do aviso-prévio servirá somente para os avisos-prévios concedidos após o dia 13.10.2011, data em que a lei entrou em vigor.

Nesse sentido, em setembro de 2012 o TST editou a Súmula 441, que assim dispõe:

> SÚMULA 441 TST – AVISO-PRÉVIO. PROPORCIONALIDADE.
>
> O direito ao aviso-prévio proporcional ao tempo de serviço somente é assegurado nas rescisões de contrato de trabalho ocorridas a partir da publicação da Lei 12.506, em 13.10.2011.

Assim, a Lei 12.506/2011 não retroagirá em favor dos contratos extintos antes de sua publicação, na medida em que aqueles contratos foram resolvidos sob a regra do aviso-prévio de 30 dias, estando estas rescisões acobertadas pelo ato jurídico perfeito, nos termos do art. 5º, XXXVI, da CF.

Desta forma, a Lei 12.506/2011 alcança somente as novas relações de emprego e os contratos de trabalho em curso quando da sua entrada em vigor em 13.10.2011. Todavia, aos contratos extintos antes dessa data não serão aplicadas as regras do aviso-prévio proporcional.

10.6.2.2. Abrangência da aplicação do aviso-prévio proporcional

Outro tema que vem despertando diversos debates é a abrangência da aplicação das novas regras do aviso-prévio, ou seja, se a norma em questão deve ser aplicada para os empregadores e todos os empregados.

Note que ainda não existem posições jurisprudenciais acerca dessa abrangência. No entanto, o Ministério do Trabalho e Emprego – MTE, por meio da Nota Técnica 184/2012, sustenta que a nova norma é de aplicação restrita aos empregados.

Nessa linha, não poderá o empregador exigir do seu empregado o cumprimento de aviso-prévio proporcional. Esse entendimento se baseia no art. 7º da CF que assegura o direito de aviso-prévio ali previsto a todos os trabalhadores urbanos, rurais e domésticos.

11. ESTABILIDADE ABSOLUTA E ESTABILIDADE PROVISÓRIA/GARANTIA DE EMPREGO

11.1. Estabilidade absoluta e estabilidade provisória

A estabilidade é uma das garantias fundamentais conferidas ao trabalhador, origina-se do princípio trabalhista da "continuidade da relação de emprego" e do "princípio da proteção". A estabilidade impossibilita a dispensa arbitrária ou abusiva.

O termo "estabilidade" é comumente utilizado pela doutrina e jurisprudência para abarcar o que poderíamos chamar de estabilidade absoluta e estabilidade provisória, esta última também denominada de "garantia de emprego".

No Direito do Trabalho, temos como estabilidade absoluta apenas a hipótese da estabilidade decenal. Os demais tipos constituem verdadeiras estabilidades provisórias, ou, em outras palavras, garantias de emprego, que serão estudadas adiante.

Esses tipos de "estabilidades" não podem ser confundidos com aquela estabilidade insculpida no art. 41 da CF/1988, garantida aos servidores públicos nomeados para cargo de provimento efetivo em virtude de concurso público, nos termos do art. 37, II, da CF.

De acordo com o texto constitucional, é requisito para a aquisição da estabilidade no serviço público, além do cumprimento do estágio probatório de 3 (três) anos, ser o funcionário investido em cargo público de provimento efetivo.

Assim, pela nova redação conferida ao art. 41 da CF pela EC 19/1998, os empregados públicos estariam excluídos da regra, ou seja, não seriam detentores da estabilidade ali garantida, na medida em que são investidos em emprego e não em cargo.

Todavia, o TST firmou entendimento cristalizado na Súmula 390 item I garantindo ao servidor público celetista da *administração direta, autárquica ou fundacional* a estabilidade prevista no art. 41 da CF/1988.

Já as *empresas públicas* e *sociedades de economia mista*, embora seus empregados (empregados públicos) necessitem da realização de concurso público para a investidura no emprego, não são detentores da estabilidade prevista no art. 41 da CF/1988. Isso porque, por força do art. 173, § 1º, II, da CF/1988, as empresas públicas e as sociedades de economia mista se submetem ao regime jurídico próprio das empresas privadas, sujeitando-se, portanto, às regras celetistas.

Dessa forma, os empregados de empresas públicas e sociedades de economia mista não são detentores da estabilidade disposta no art. 41 da Carta Magna, podendo, se for o caso, ser detentores das hipóteses de estabilidades provisórias garantidas aos trabalhadores em geral.

Superada essa problemática, surge a questão sobre a necessidade de motivação do ato de demissão dos empregados públicos. A jurisprudência do Tribunal Superior do Trabalho pacificou-se no sentido de que não se estende aos empregados de empresa pública e de sociedade de economia mista a garantia de dispensa necessariamente motivada ou mediante procedimento administrativo, por força da aplicação do art. 173, § 1º, II, da CF/1988.

Contudo, à Empresa Brasileira de Correios e Telégrafos ECT são assegurados os privilégios inerentes à Fazenda Pública, pois, em virtude de seu serviço postal prestado em caráter de exclusividade, entendeu a mais alta Corte Trabalhista que os atos administrativos da ECT deveriam se vincular aos princípios que regem a Administração Pública Direta, inclusive quanto à motivação da despedida de seus empregados. Assim, a Subseção de Dissídios Individuais 1 do TST editou a Orientação Jurisprudencial 247, que dispõe:

> ORIENTAÇÃO JURISPRUDENCIAL 247 DA SDI 1 TST – SERVIDOR PÚBLICO. CELETISTA CONCURSADO. DESPEDIDA IMOTIVADA. EMPRESA PÚBLICA OU SOCIEDADE DE ECONOMIA MISTA. POSSIBILIDADE.
>
> I – A despedida de empregados de empresa pública e de sociedade de economia mista, mesmo admitidos por concurso público, independe de ato motivado para sua validade;
> II – A validade do ato de despedida do empregado da Empresa Brasileira de Correios e Telégrafos (ECT) está condicionada à motivação, por gozar a empresa do mesmo tratamento destinado à Fazenda Pública em relação à imunidade tributária e à execução por precatório, além das prerrogativas de foro, prazos e custas processuais

11.1.1. Estabilidade decenal

O art. 492 da CLT dispõe que, após 10 anos na mesma empresa, o empregado não poderá ser despedido senão por motivo de falta grave, devidamente apurada por meio de reclamação trabalhista que se denomina "inquérito judicial para apuração de falta grave", nos termos do art. 853 da CLT, que deverá ser proposta pelo empregador no prazo decadencial de 30 dias contados da suspensão do empregado.

Com o advento da Lei 5.107/1966, foi instituído o regime do Fundo de Garantia do Tempo de Serviço (FGTS), que estabeleceu a opção do empregado entre esse regime jurídico e o da estabilidade prevista no art. 492 consolidado.

Contudo, promulgada a Constituição da República, em 05.10.1988, modificou-se o sistema, eliminando a possibilidade de opção entre a estabilidade e fundo de garantia, consoante ao seu art. 7º, I e II.

Nessa linha, ensina o ilustre professor Arnaldo Süssekind (em *Curso de Direito do Trabalho*, Rio de Janeiro, Renovar, 2002, p. 386): "Revogado está, portanto o art. 492 da CLT, que previa a aquisição do direito de estabilidade no emprego após 10 anos de serviço na mesma empresa. É evidente, porém, que os empregados que adquiriram a estabilidade preservam esse direito. Neste sentido definiu-se o legislador (art. 12 da Lei 7.839 de 12.10.1989)".

Assim, pode-se afirmar que a estabilidade prevista no art. 492 da CLT foi abolida, ressalvando-se o direito adquirido.

11.2. Estabilidade provisória

Nas lições de Gustavo Felipe Barbosa Garcia (em *Curso de Direito do Trabalho*, 2ª ed., São Paulo, Método, 2008, p. 613), estabilidade pode ser conceituada como "o direito do empregado de permanecer no emprego, restringindo o direito do empregador de dispensá-lo sem justa causa ou de forma arbitrária, só autorizando a cessação contratual em caso de falta grave, força maior, força maior que determine a extinção da empresa, ou cessação das atividades da empresa". Em outras palavras podemos dizer que a estabilidade é o direito do obreiro continuar em seu trabalho, mesmo que contra a vontade de seu empregador.

Passamos a analisar as principais estabilidades:

11.2.1. Dirigente sindical

Nos termos do art. 8º, VIII, da CF/1988 e do § 3º do art. 543 da CLT, é vedada a dispensa do empregado sindicalizado, a partir do registro de sua candidatura a cargo de direção ou representação sindical até um ano após o final de seu mandato, caso seja eleito, salvo se cometer falta grave.

Desta forma, possui garantia de emprego a partir do registro de sua candidatura a cargo de dirigente sindical e, se eleito, ainda como suplente, até 1 (um) ano após o fim do mandato, salvo se cometer falta grave, devidamente apurada por inquérito judicial para apuração de falta grave.

No que se refere ao registro da candidatura, o § 5º do art. 543 da CLT determina que, no prazo de 24 (vinte e quatro) horas, a entidade sindical comunique por escrito a empresa sobre o dia e a hora do registro da candidatura do seu empregado.

Ocorre que, em setembro de 2012, o TST conferiu nova redação ao item I da Súmula 369, assegurando a estabilidade provisória ao empregado dirigente sindical, ainda que a comunicação do registro da candidatura ou da eleição e da posse seja realizada fora do prazo previsto no art. 543, § 5º, da CLT, desde que a ciência ao empregador, por qualquer meio, ocorra na vigência do contrato de trabalho.

Insta ressaltar que o empregado dirigente sindical não poderá ser impedido de prestar suas funções, nem poderá ser transferido para local ou cargo que lhe dificulte ou torne impossível o desempenho de suas atribuições sindicais.

Apenas para melhor elucidação sobre o tema, é importante lembrar que a estabilidade prevista no art. 8º, VIII, da CF/1988 é garantida, exclusivamente, aos dirigentes sindicais que exerçam ou ocupem cargos de direção nos sindicatos, submetidos a processo eletivo, não se estendendo, por via de consequência, ao delegado sindical.

Isso porque o § 4º do art. 543 consolidado prescreve que se considera cargo de direção ou de representação sindical aquele cujo exercício ou indicação decorre de eleição prevista em lei. Por outro lado, o **art. 523** do mesmo diploma legal prevê a figura do delegado sindical, estabelecendo que os delegados sindicais serão designados pela diretoria dentre os associados enraizados no território da correspondente delegacia. Assim, como os delegados sindicais não são eleitos, mas sim indicados pela diretoria da entidade, não fará jus à garantia de emprego estabelecida no art. 8º, VIII, da CF/1988 e do § 3º do art. 543 da CLT. Nesse sentido é a jurisprudência consolidada na Orientação Jurisprudencial 369 da SDI 1 do TST.

Por último, vale lembrar que o membro de conselho fiscal de sindicato não tem direito à estabilidade prevista nos arts. 543, § 3º, da CLT e 8º, VIII, da CF/1988, pois não atua na defesa de direitos da categoria profissional, tendo sua competência limitada à fiscalização da gestão financeira do sindicato, em conformidade com o art. 522, § 2º, da CLT e Orientação Jurisprudencial 365 da SDI 1 do TST.

11.2.2. Representantes dos empregados na CIPA

Estabelece a CF/1988 no art. 10, inciso II, "a", do Ato das Disposições Constitucionais Transitórias que até que seja promulgada Lei Complementar a que se refere o art. 7º, I, da Constituição Federal, fica vedada a dispensa arbitrária ou sem justa causa do empregado eleito para cargo de direção de Comissões Internas de Prevenção de Acidentes, desde o registro da sua candidatura até um ano após o final de seu mandato.

A legislação infraconstitucional, art. 165 da CLT, dispõe que: "os titulares da representação dos empregados nas CIPA(s) não poderão sofrer despedida arbitrária, entendendo-se como tal a que não se fundar em motivo técnico, econômico ou financeiro".

É importante ressaltar que o TST, por meio da Súmula 339, item I, entende que essa estabilidade é estendida ao suplente ao ensinar que: "O suplente da CIPA goza da garantia de emprego prevista no art. 10, II, "a", do ADCT a partir da promulgação da Constituição Federal de 1988".

11.2.3. Empregada gestante

A garantia de emprego da empregada gestante vem disciplinada no art. 10, inciso II, "b", do Ato das Disposições Constitucionais Transitórias. Esse direito é assegurado a toda empregada gestante, inclusive a empregada doméstica, desde a confirmação da gravidez até 5 meses após o parto.

É imperioso observar que o desconhecimento do estado gravídico por parte do empregador não afasta o direito a estabilidade, teoria acolhida pelo TST na Súmula 244, item I.

Tema que sempre envolveu grande discussão na doutrina foi a garantia de emprego em se tratando de contrato de experiência, tendo em vista que nessa modalidade de contrato as partes já sabem de antemão a data de início e término do referido contrato. Assim, o TST havia consolidado entendimento através do item III da Súmula 244 entendendo que não teria direito à estabilidade provisória na hipótese de admissão mediante contrato de experiência, tendo em vista que, nessa situação, a extinção da relação de emprego, em face do término do prazo, não constitui dispensa arbitrária ou sem justa causa.

Todavia, em setembro de 2012, o TST reviu seu entendimento e deu nova redação ao item III da Súmula 244, para assegurar o direito à estabilidade provisória prevista no art. 10, II, "b", do ADCT, mesmo na hipótese de admissão mediante contrato por tempo determinado.

Note que de acordo com o novo entendimento do TST é assegurada a estabilidade em contratação por prazo determinado e não apenas na hipótese de contrato de experiência.

Desta forma, objetivando uma maior segurança para a mãe e para o nascituro, é assegurada a estabilidade provisória para a empregada gestante, desde a confirmação da gravidez até 5 meses após o parto, ainda que contratada mediante qualquer modalidade de contrato por prazo determinado.

Por último, importante a transcrição da OJ 30 da SDC do TST:

> ORIENTAÇÃO JURISPRUDENCIAL – 30 SDC ESTABILIDADE DA GESTANTE. RENÚNCIA OU TRANSAÇÃO DE DIREITOS CONSTITUCIONAIS. IMPOSSIBILIDADE
>
> Nos termos do art. 10, II, "b", do ADCT, a proteção à maternidade foi erigida à hierarquia constitucional, pois retirou do âmbito do direito potestativo do empregador a possibilidade de despedir arbitrariamente a empregada em estado gravídico. Portanto, a teor do artigo 9º da CLT, torna-se nula de pleno direito a cláusula que estabelece a possibilidade de renúncia ou transação, pela gestante, das garantias referentes à manutenção do emprego e salário.

Majorando a garantia de emprego disposta no art. 10, II, *a*, do ADCT, a Lei 12.812/2013, de 16.05.2013 acrescentou o art. 391-A no texto consolidado, assegurando à gestante a manutenção no emprego ainda que a confirmação da gravidez se dê no curso do aviso-prévio, seja ele trabalhado ou indenizado, como se observa pela redação no referido dispositivo legal.

> "**Art. 391-A.** A confirmação do estado de gravidez advindo no curso do contrato de trabalho, ainda que durante o prazo do aviso prévio trabalhado ou indenizado, garante à empregada gestante a estabilidade provisória prevista na alínea *b* do inciso II do art. 10 do Ato das Disposições Constitucionais Transitórias."

No dia 26.06.2014, foi publicada a Lei Complementar 146, que estende a estabilidade provisória prevista na alínea *b* do inciso II do art. 10 do ADCT à trabalhadora gestante, nos casos de morte desta, a quem detiver a guarda de seu filho. Assim dispõe o art. 1º da citada lei complementar:

> **Art. 1º** O direito prescrito na alínea *b* do inciso II do art. 10 do Ato das Disposições Constitucionais Transitórias, nos casos em que ocorrer o falecimento da genitora, será assegurado a quem detiver a guarda do seu filho.

A lei determina que a estabilidade da gestante falecida alcançará quem detiver a guarda de seu filho. Observa-se, portanto, que a principal finalidade da lei é dar maior efetividade ao direito constitucionalmente previsto, garantindo uma maior proteção ao nascituro, principal sujeito a quem a garantia de emprego realmente visa proteger.

11.2.4. Empregado acidentado – acidente de trabalho

A Lei 8.213/1991, em seu art. 118, assegura estabilidade no emprego ao trabalhador que sofrer acidente de trabalho pelo prazo mínimo de doze meses após o afastamento pela Previdência Social. A estabilidade se estende aos casos de acidente ocorrido no trajeto entre a residência e o trabalho e do trabalho à residência do obreiro e, ainda, de doença profissional ou do trabalho.

Desta forma, o segurado que sofreu acidente do trabalho tem garantido, pelo prazo mínimo de 12 meses, a manutenção de seu contrato de trabalho após a cessação do auxílio-doença acidentário, independentemente da percepção de auxílio-acidente.

Para a aquisição da estabilidade decorrente de acidente de trabalho ou doença profissional, a Lei prevê dois requisitos básicos: a ocorrência de acidente de trabalho ou doença laboral e a percepção do auxílio-doença acidentário, entendimento consubstanciado no item II da Súmula 378 do TST.

Em setembro de 2012, o TST inseriu o item III à Súmula 378 do TST firmando posicionamento no sentido de que, ainda que se trate de contrato com prazo determinado, qualquer que seja sua modalidade, será assegurada a garantia de emprego ao empregado acidentado que preencha os requisitos do item II da Súmula em debate. Dispõe o item III da Súmula 378 do TST:

> SÚMULA 378 TST
>
> (...)
>
> III – O empregado submetido a contrato de trabalho por tempo determinado goza da garantia provisória de emprego, decorrente de acidente de trabalho, prevista no art. 118 da Lei 8.213/1991.

11.2.5. Comissão de Conciliação Prévia

O art. 625-B, § 1º, da CLT dispõe ser vedada a dispensa dos representantes dos empregados na Comissão de Conciliação Prévia, titulares e suplentes, desde o registro da candidatura e, se eleitos, até um ano após o fim do mandato, salvo se cometerem falta grave.

11.2.6. Empregados membros do conselho curador do FGTS

Aos membros efetivos do Conselho Curador do FGTS e aos seus suplentes, enquanto representantes dos trabalhadores, é assegurada a estabilidade no emprego, desde a nomeação até um ano após o término do mandato, somente podendo ser demitidos por motivos de falta grave, regularmente comprovada, nos termos do art. 3º, § 9º, da Lei 8.036/1990.

11.2.7. Empregados membros do Conselho Nacional de Previdência Social

Preceitua a Lei 8.213/1991, art. 3º, § 7º, que "aos membros do CNPS, enquanto representantes dos trabalhadores em atividade, titulares e suplentes, é assegurada a estabilidade no emprego, da nomeação até um ano após o término do mandato de representação, somente podendo ser demitidos por motivo de falta grave, regularmente comprovada através de processo judicial".

11.2.8. Empregados eleitos diretores de sociedades cooperativas

A Lei 5.764/1971, que trata da política nacional de cooperativismo, estabeleceu no seu art. 55 que os empregados de empresas que sejam eleitos diretores de sociedades cooperativas por eles mesmos criadas gozarão das garantias asseguradas aos dirigentes sindicais.

É importante lembrar que a lei trata apenas dos "diretores de sociedades cooperativas" e não de seus suplentes.

A legislação prevê a estabilidade provisória/garantia de emprego nas situações abaixo listadas através das seguintes normas jurídicas:

Situações	Norma Jurídica
Dirigente Sindical	Art. 8º, VIII, da CF/1988 e art. 543, § 3º, da CLT.
CIPA e suplente	Art. 10, II, alínea "a" do Ato das Disposições Constitucionais Transitórias (ADCT) da CF/1988 e art. 165 da CLT. e Súmula 339, I, TST.
Gestante	Art. 10, II, alínea "b" do Ato das Disposições Constitucionais Transitórias (ADCT) da CF/1988.
Acidente de trabalho	Art. 118 da Lei 8.213/1991
Comissão de Conciliação Prévia	Art. 625-B, § 1º, da CLT.
Membro do conselho curador do FGTS	Art. 3º, § 9º, da Lei 8.036/1990.
Empregados membros do Conselho Nacional de Previdência Social	Art. 3º, § 7º, da Lei 8.213/1991.
Diretores de sociedade cooperativa	Art. 55 da Lei 5.764/1971.

11.3. Garantia de emprego para o empregado portador do vírus HIV ou de outra doença grave

Há muito tempo se discute na jurisprudência a respeito da garantia de emprego no emprego do portador do vírus HIV.

AIDS é a sigla em inglês para definir *Acquired Immunodeficiency Syndrome* (ou Síndrome da Imunodeficiência Adquirida). No Brasil, não há legislação instituindo a estabilidade no emprego para o portador do vírus HIV.

Essa lacuna levou diversos Tribunais a decidirem de diferentes maneiras sobre o tema. Nessa linha, algumas decisões negavam a estabilidade no emprego sob o argumento de que nosso ordenamento jurídico é omisso com relação à estabilidade do portador do HIV.

No entanto, outras decisões assinalavam que, mesmo não havendo preceito legal garantindo a estabilidade ao empregado portador do vírus HIV, ao Estado-Juiz, nos termos do art. 8º da CLT, compete valer-se dos princípios gerais do direito, da analogia e dos costumes para solucionar os conflitos.

Esse segundo posicionamento culminou na edição da Súmula 443 do TST, que reconhece a presunção de dispensa discriminatória do portador do vírus HIV ou de outra doença grave. Dispõe a referida Súmula:

> SÚMULA 443 DO TST – DISPENSA DISCRIMINATÓRIA. PRESUNÇÃO. EMPREGADO PORTADOR DE DOENÇA GRAVE. ESTIGMA OU PRECONCEITO. DIREITO À REINTEGRAÇÃO.
>
> Presume-se discriminatória a despedida de empregado portador do vírus HIV ou de outra doença grave que suscite estigma ou preconceito. Inválido o ato, o empregado tem direito à reintegração no emprego.

O entendimento sumulado, portanto, é no sentido de ser discriminatória a demissão imotivada do portador de HIV. Isso porque se presume que a despedida ocorreu pelo fato de o empregado ser portador do vírus ou outra doença grave.

Vale dizer que, de acordo com a corrente majoritária, é irrelevante o conhecimento da doença por parte da empresa. Essa teoria aplica, analogicamente, a regra para a estabilidade da gestante disposta na Súmula 244, item I, do TST.

Desta forma, o empregado portador do vírus HIV ou de outra doença grave somente poderá ser demitido por justa causa, nas hipóteses do art. 482 da CLT.

A CF/1988 tem como base a dignidade da pessoa humana consagrada em seu art. 1º, III. Já no capítulo referente aos direitos sociais, em seu art. 6º, assegura o direito ao trabalho, proibindo em paralelo qualquer tipo de discriminação, nos termos do art. 5º, *caput*, da CF/1988 que assim dispõe:

> "**Art. 5º** Todos são iguais perante a lei, sem distinção de qualquer natureza, garantindo-se aos brasileiros e aos estrangeiros residentes no país, a inviolabilidade do direito à vida, à liberdade, à igualdade, à segurança e à propriedade."

Ademais, a Lei 9.029/1995, que coíbe toda forma de discriminação, reza em seu art. 4º ser direito do empregado:

> **Art. 4º** O rompimento da relação de trabalho por ato discriminatório, nos moldes desta Lei, além do direito à reparação pelo dano moral, faculta ao empregado optar entre:
>
> I – a reintegração com ressarcimento integral de todo o período de afastamento, mediante pagamento das remunerações devidas, corrigidas monetariamente, acrescidas dos juros legais;
>
> II – a percepção, em dobro, da remuneração do período de afastamento, corrigida monetariamente e acrescida dos juros legais.

Assim, podemos concluir que é assegurada a garantia no emprego ao portador do vírus HIV ou de outra doença grave, na medida em que se presume discriminatória sua demissão imotivada, podendo ser demitido somente na ocorrência de justa causa, nas hipóteses do art. 482 da CLT.

Ocorrendo a dispensa imotivada além da indenização por danos morais, é assegurada sua reintegração ao emprego com o ressarcimento integral de todo o período que esteve afastado ou a percepção em dobro do respectivo período.

Por fim, vale dizer que a Lei 12.984, de 03.06.2014 define o crime de discriminação dos portadores do vírus da imunodeficiência humana (HIV) e doentes de AIDS.

De acordo com o art. 1º, III, da citada lei, constitui crime punível com reclusão, de 1 (um) a 4 (quatro) anos, e multa, exonerar ou demitir de seu cargo ou emprego o portador do HIV ou o doente de AIDS. Na mesma pena incorre aquele que negar emprego ou trabalho ao portador do HIV e o doente de AIDS, em razão da sua condição de portador ou de doente, art. 1º, II, da Lei 12.984/2014.

11.4. Reintegração ou indenização substitutiva

Como se sabe, os empregados que possuem a garantia de emprego não podem ser demitidos, salvo por falta grave e em algumas situações sua demissão deve ser precedida por inquérito judicial para apuração de falta grave.

Porém, caso o empregador venha a demitir esse empregado sem justo motivo, poderá o empregado pleitear, liminarmente, sua reintegração ao emprego, desde que o período estabilitário não tenha se exaurido.

Ocorre que, muitas vezes o pedido liminar é indeferido e o mérito do pedido de reintegração acaba sendo apreciado depois de exaurido o período de estabilidade do empregado.

Nesse caso, a reintegração se mostra inviável, sendo possível a remuneração desse período como forma de indenização. Nessa hipótese, o empregador arcará, portanto, com o pagamento dos salários e demais verbas rescisórias além da remuneração do período de estabilidade não gozado, ou seja, o período compreendido entre a data de despedida e o final do período de estabilidade.

Essa conversão vem determinada no art. 496 da CLT, que assim dispõe:

> **Art. 496.** Quando a reintegração do empregado estável for desaconselhável, dado o grau de incompatibilidade resultante do dissídio, especialmente quando for o empregador pessoa física, o tribunal do trabalho poderá converter aquela obrigação em indenização devida nos termos do artigo seguinte.

Nesse sentido, o TST editou a Súmula 396:

> SÚMULA 396 TST – ESTABILIDADE PROVISÓRIA. PEDIDO DE REINTEGRAÇÃO. CONCESSÃO DO SALÁRIO RELATIVO AO PERÍODO DE ESTABILIDADE JÁ EXAURIDO. INEXISTÊNCIA DE JULGAMENTO "EXTRA PETITA".
>
> I – Exaurido o período de estabilidade, são devidos ao empregado apenas os salários do período compreendido entre a data da despedida e o final do período de estabilidade, não lhe sendo assegurada a reintegração no emprego.
>
> II – Não há nulidade por julgamento "extra petita" da decisão que deferir salário quando o pedido for de reintegração, dados os termos do art. 496 da CLT.

12. NORMAS DE PROTEÇÃO AO TRABALHO

12.1. Proteção ao trabalho da mulher

A Constituição Federal, em seu art. 7º, XX, confere a proteção ao mercado de trabalho da mulher ao ordená-la, mediante incentivos específicos, nos termos da lei.

A legislação consolidada, no art. 373-A, impõe limitações ao empregador que visam a corrigir o acesso da mulher ao mercado de trabalho. São elas:

a) publicar ou fazer publicar anúncio de emprego no qual haja referência ao sexo, à idade, à cor ou situação familiar, salvo quando a natureza da atividade a ser exercida, pública e notoriamente, assim o exigir;

b) recusar emprego, promoção ou motivar a dispensa do trabalho em razão de sexo, idade, cor, situação familiar ou estado de gravidez, salvo quando a natureza da atividade seja notória e publicamente incompatível;

c) considerar o sexo, a idade, a cor ou situação familiar como variável determinante para fins de remuneração, formação profissional e oportunidades de ascensão profissional;

d) exigir atestado ou exame, de qualquer natureza, para comprovação de esterilidade ou gravidez, na admissão ou permanência no emprego;

e) impedir o acesso ou adotar critérios subjetivos para deferimento de inscrição ou aprovação em concursos, em empresas privadas, em razão de sexo, idade, cor, situação familiar ou estado de gravidez;

f) proceder o empregador ou preposto a revistas íntimas nas empregadas ou funcionárias.

As disposições atinentes ao trabalho noturno seguirão as normas aplicáveis a todo trabalhador, inclusive o adicional de 20% e a hora fictamente reduzida.

Já com relação aos períodos de descanso, temos identidade dos intervalos para todos os tipos de trabalhadores, com exceção de um intervalo especial para hipóteses de prorrogação da jornada de trabalho da mulher, previsto no art. 384 da CLT: "em caso de prorrogação do horário normal, será obrigatório um descanso de 15 (quinze) minutos no mínimo, antes do início do período extraordinário do trabalho".

A CLT traz ainda regras atinentes ao local de trabalho da mulher, determinando que toda empresa é obrigada a:

a) prover os estabelecimentos de medidas concernentes à higienização dos métodos e locais de trabalho, tais como ventilação e iluminação e outros que se fizerem necessários à segurança e ao conforto das mulheres,

b) a instalar bebedouros, lavatórios, aparelhos sanitários; dispor de cadeiras ou bancos, em número suficiente, que permitam às mulheres trabalhar sem grande esgotamento físico;

c) instalar vestiários com armários individuais privativos das mulheres, exceto os estabelecimentos comerciais, escritórios, bancos e atividades afins, em que não seja exigida a troca de roupa e outros, admitindo-se como suficientes as gavetas ou escaninhos, onde possam as empregadas guardar seus pertences.

Os estabelecimentos em que trabalharem pelo menos 30 (trinta) mulheres com mais de 16 (dezesseis) anos de idade deverão possuir local apropriado onde seja permitido às empregadas guardar sob vigilância e assistência os seus filhos no período da amamentação.

Essa exigência poderá ser suprida por meio de creches distritais mantidas, diretamente ou mediante convênios, com outras entidades públicas ou privadas, pelas próprias empresas, em regime comunitário, ou a cargo do SESI, do SESC, da LBA ou de entidades sindicais.

O art. 390 consolidado veda ao empregador utilizar a mulher em serviço que demande o emprego de força muscular superior a 20 (vinte) quilos para o trabalho contínuo, ou 25 (vinte e cinco) quilos para o trabalho ocasional.

O legislador garante à mulher, para amamentar o próprio filho até que este complete 6 (seis) meses de idade, durante a jornada de trabalho, 2 (dois) descansos especiais de meia hora cada um.

Entretanto, caso a saúde do filho exija, o período de 6 (seis) meses poderá ser dilatado, a critério da autoridade competente.

12.1.1. Licença-maternidade

Prevista no art. 7º, XVIII, da CF, art. 392 da CLT e art. 71 da Lei 8.213/1991, também chamada de licença gestante a licença maternidade é um benefício de caráter previdenciário que consiste em conceder, à mulher que deu à luz uma licença remunerada de 120 dias, que pode ser prorrogada por mais 60 dias, nos termos do art. 1º da Lei 11.770/2008.

A licença maternidade não se confunde com a estabilidade provisória prevista no art. 10, II, *a*, do ADCT, benefício que impede a dispensa imotivada por parte do empregador. A prorrogação será garantida à empregada da pessoa jurídica que aderir ao programa Empresa Cidadã, desde que a empregada a requeira até o final do primeiro mês após o parto, e concedida imediatamente após a fruição da licença-maternidade.

Em conformidade com o § 2º do art. 1º da Lei 11.770/2008, a prorrogação será garantida na mesma proporção também à empregada que adotar ou obtiver guarda judicial para fins de adoção de criança.

Pois bem: à empregada que adotar ou obtiver guarda judicial para fins de adoção de criança será concedida licença-maternidade nos termos do art. 392-A da CLT, nova redação dada pela Lei 12.873 de 24.10.2013.

A Lei 12.873/2013 acrescentou o § 5º ao art. 392-A da CLT ensinando que a adoção ou guarda judicial conjunta ensejará a concessão de licença-maternidade a apenas um dos adotantes ou guardiães empregado ou empregada.

A lei inseriu ao diploma consolidado o art. 392-B, assegurando ao cônjuge ou companheiro empregado, em caso de morte da genitora, o gozo de licença por todo o período da licença-maternidade ou pelo tempo restante a que teria direito a mãe, exceto no caso de falecimento do filho ou de seu abandono.

Por último, nos termos do art. 392-C da CLT, de acordo com a redação dada pela Lei 12.873/2013, as regras dispostas nos arts. 392-A e 392-B serão aplicadas ao empregado que adotar ou obtiver guarda judicial para fins de adoção.

Ocorre que a Lei 12.010, de 03.08.2009, que entrou em vigor em 01.11.2009, revogou expressamente, em seu art. 8º, períodos de licença-maternidade que levavam em conta a idade da criança adotada. Portanto, após a vigência da lei em comento, a mãe que adotar ou que obtiver a guarda judicial, independente da idade da criança, terá a licença-maternidade de 120 (cento e vinte) dias, prorrogáveis por mais 60 (sessenta dias).

A empregada deverá notificar o seu empregador da data do início do afastamento do emprego, que poderá ocorrer entre o 28º dia antes do parto e ocorrência deste, nos termos do art. 392, § 1º, da CLT.

12.2. Proteção ao trabalho do menor

O art. 402 da CLT considera menor o trabalhador de quatorze até dezoito anos.

O art. 7º, XXXIII, da CF proíbe o trabalho noturno, perigoso ou insalubre a menores de dezoito e de qualquer trabalho a menores de dezesseis anos, salvo na condição de aprendiz, a partir de quatorze anos.

A capacidade, nos domínios do Direito do Trabalho, poderia ser classificada da seguinte maneira:

a) absolutamente incapazes: até 14 anos de idade, pois não podem trabalhar;

b) relativamente incapazes: dos 14 aos 18 incompletos, pois podem laborar nas hipóteses descritas em lei;

c) plenamente capazes: trabalhadores com idade igual ou superior a 18 anos.

O art. 405 da CLT ensina que ao menor não será permitido o trabalho em locais e serviços perigosos ou insalubres e, também, em locais ou serviços prejudiciais à sua moralidade.

Será considerado prejudicial à moralidade do menor o trabalho:

a) prestado de qualquer modo em teatros de revista, cinemas, boates, cassinos, cabarés, *dancings* e estabelecimentos análogos;

b) em empresas circenses, em funções de acrobata, saltimbanco, ginasta e outras semelhantes;

c) de produção, composição, entrega ou venda de escritos, impressos, cartazes, desenhos, gravuras, pinturas, emblemas, imagens e quaisquer outros objetos que possam, a juízo da autoridade competente, prejudicar sua formação moral;

d) consistente na venda, a varejo, de bebidas alcoólicas.

O trabalho em empresas circenses ou aqueles prestados em teatro, cinemas e similares, poderá ser autorizado pelo Juiz da Vara da Infância e Juventude.

Por outro lado, verificado que o trabalho executado pelo menor é prejudicial à sua saúde, ao seu desenvolvimento físico ou a sua moralidade, o Juiz poderá obrigá-lo a abandonar o serviço, devendo a respectiva empresa, quando for o caso, proporcionar ao menor todas as facilidades para mudar de funções. Caso a empresa assim não proceda, o contrato de trabalho estará extinto na forma do art. 483 da CLT.

Ao menor é lícito firmar recibo pelo pagamento dos salários. Tratando-se, porém, de rescisão do contrato de trabalho, é vedado ao menor de 18 (dezoito) anos dar, sem assistência dos seus responsáveis legais, quitação ao empregador pelo recebimento da indenização que lhe for devida.

Embora ao menor de 18 (dezoito) anos seja vedado o trabalho noturno, a duração do trabalho do menor é como a dos trabalhadores em geral, podendo, porém, prorrogar sua jornada de trabalho, nos termos do art. 413 da CLT, apenas em dois casos:

a) por até mais 2 (duas) horas, independentemente de acréscimo salarial, mediante convenção ou acordo coletivo, desde que o excesso de horas em um dia seja compensado pela diminuição em outro, de modo a ser observado o limite máximo de 44 (quarenta e quatro) horas semanais ou outro inferior legalmente fixado;

b) por motivo de força maior, até o máximo de 12 (doze) horas, com acréscimo salarial de, pelo menos, 50% sobre a hora normal e desde que o trabalho do menor seja imprescindível ao funcionamento do estabelecimento.

Aos menores, assim como às mulheres, em caso de prorrogação do horário normal, será obrigatório um descanso de 15 (quinze) minutos no mínimo, antes do início do período extraordinário do trabalho.

Por fim, vale dizer que, nos termos do art. 440 da CLT, contra os menores de 18 (dezoito) anos não corre nenhum prazo de prescrição.

12.2.1. Aprendizes

Contrato de aprendizagem é o contrato de trabalho especial, ajustado por escrito e por prazo determinado, em que o empregador se compromete a assegurar ao maior de 14 (quatorze) e menor de 24 (vinte e quatro) anos inscrito em programa de aprendizagem formação técnico-profissional metódica compatível com o seu desenvolvimento físico, moral e psicológico, e o aprendiz, a executar com zelo e diligência as tarefas necessárias a essa formação.

Importa frisar que a idade máxima prevista não se aplica a aprendizes portadores de deficiência, em conformidade com o art. 428, § 5º, da CLT.

A validade do contrato de aprendizagem pressupõe anotação na Carteira de Trabalho e Previdência Social, matrícula e frequência do aprendiz na escola, caso não haja concluído o ensino médio, e inscrição em programa de aprendizagem desenvolvido sob orientação de entidade qualificada em formação técnico-profissional metódica.

O contrato de aprendizagem não poderá ser estipulado por mais de 2 (dois) anos, exceto quando se tratar de aprendiz portador de necessidades especiais, hipótese em que não se aplica esse limite.

A duração do trabalho do aprendiz não excederá de seis horas diárias, sendo vedadas a prorrogação e a compensação de jornada.

O limite previsto poderá ser de até oito horas diárias para os aprendizes que já tiverem completado o ensino fundamental se nelas forem computadas as horas destinadas à aprendizagem teórica.

Nos termos do art. 433 da CLT, o contrato de aprendizagem extinguir-se-á no seu termo ou quando o aprendiz completar 24 (vinte e quatro) anos, salvo em se tratando de aprendiz portador de necessidades especiais, ou ainda antecipadamente nas seguintes hipóteses:

a) desempenho insuficiente ou inadaptação do aprendiz;

b) falta disciplinar grave;

c) ausência injustificada à escola que implique perda do ano letivo; ou

d) a pedido do aprendiz.

12.3. Segurança e medicina do trabalho

Leciona o art. 7º, XXII, da CF que é um direito dos trabalhadores urbanos e rurais a redução dos riscos inerentes ao trabalho, por meio de normas de saúde, higiene e segurança.

A legislação infraconstitucional determina que nenhum estabelecimento poderá iniciar suas atividades sem prévia inspeção e aprovação das respectivas instalações pela autoridade regional competente em matéria de segurança e medicina do trabalho.

Uma vez constatado por laudo técnico do serviço competente algum tipo de grave e iminente risco para o trabalhador, o delegado regional do trabalho poderá interditar estabelecimento, setor de serviço, máquina ou equipamento, ou, ainda, embargar uma obra que esteja em andamento.

Considera-se grave e iminente risco toda condição ambiental de trabalho que possa causar acidente do trabalho ou doença profissional com lesão grave à integridade física do trabalhador.

A interdição importará na paralisação total ou parcial do estabelecimento, setor de serviço, máquina ou equipamento, ao passo que o embargo importará na paralisação total ou parcial da obra.

O delegado regional deverá, nesse caso, indicar as providências que deverão ser adotadas para prevenção de infortúnios de trabalho. Uma vez cumpridas as exigências, será realizado novo laudo técnico, podendo o delegado regional do trabalho retirar o embargo ou a interdição.

Vale lembrar que durante a paralisação dos serviços, em decorrência da interdição ou embargo, os empregados deverão receber seus salários como se estivessem em efetivo exercício do labor.

12.3.1. Comissão Interna de Prevenção de Acidentes – CIPA

Ao teor do disposto no art. 162 da CLT, as empresas estão obrigadas a manter serviços especializados em segurança e em medicina do trabalho.

Por essa razão será obrigatória a constituição de Comissão Interna de Prevenção de Acidentes (CIPA) nos estabelecimentos ou locais de obra nelas especificadas.

A CIPA é composta de representantes da empresa e dos empregados e tem como fim prevenir acidentes de trabalho dentro da empresa.

O mandato dos membros eleitos da CIPA terá a duração de 1 (um) ano, sendo permitida uma reeleição.

Os titulares da representação dos empregados nas CIPAs não poderão sofrer despedida arbitrária, entendendo-se como tal a que não se fundar em motivo disciplinar, técnico, econômico ou financeiro.

O art. 10, II, "a", do ADCT veda a dispensa arbitrária ou sem justa causa do empregado eleito para cargo de direção de comissões internas de prevenção de acidentes, desde o registro de sua candidatura até um ano após o final de seu mandato.

Entretanto, o TST através da Súmula 339 garante também aos suplentes o direito à estabilidade.

Dispõe a Súmula 339 do TST:

SÚMULA 339 TST – CIPA. SUPLENTE. GARANTIA DE EMPREGO. CF/1988

I – O suplente da CIPA goza da garantia de emprego prevista no art. 10, II, "a", do ADCT a partir da promulgação da Constituição Federal de 1988.

II – A estabilidade provisória do cipeiro não constitui vantagem pessoal, mas garantia para as atividades dos membros da CIPA, que somente tem razão de ser quando em atividade a empresa. Extinto o estabelecimento, não se verifica a despedida arbitrária, sendo impossível a reintegração e indevida a indenização do período estabilitário.

12.3.2. Equipamentos de proteção individual

A empresa é obrigada a fornecer aos empregados, gratuitamente, equipamento de proteção individual adequado ao risco e em perfeito estado de conservação e funcionamento sempre que as medidas de ordem geral não ofereçam completa proteção contra os riscos de acidentes e danos à saúde dos empregados.

Pois bem: considera-se Equipamento de Proteção Individual – EPI todo dispositivo de uso individual destinado a proteger a integridade física do trabalhador.

Desta forma, a empresa é obrigada a fornecer aos empregados, gratuitamente, EPI adequado ao risco e em perfeito estado de conservação e funcionamento nas seguintes circunstâncias:

a) sempre que as medidas de proteção coletiva forem tecnicamente inviáveis ou não oferecerem completa proteção contra os riscos de acidentes do trabalho e/ou de doenças profissionais e do trabalho;

b) enquanto as medidas de proteção coletiva estiverem sendo implantadas;

c) para atender a situações de emergência.

Cumpre destacar que ao empregador são impostas algumas obrigações em relação ao cumprimento das normas de segurança e medicina do trabalho.

Assim, compete ao empregador:

a) cumprir e fazer cumprir as disposições legais e regulamentares sobre segurança e medicina do trabalho;

b) elaborar ordens de serviço sobre segurança e medicina do trabalho, dando ciência aos empregados, com os seguintes objetivos:

I. prevenir atos inseguros no desempenho do trabalho;

II. divulgar as obrigações e proibições que os empregados devam conhecer e cumprir;

III. dar conhecimento aos empregados de que serão passíveis de punição pelo descumprimento das ordens de serviço expedidas;

IV. determinar os procedimentos que deverão ser adotados em caso de acidente do trabalho e doenças profissionais ou do trabalho;

V. adotar medidas determinadas pelo Ministério do Trabalho;

VI. adotar medidas para eliminar ou neutralizar a insalubridade e as condições inseguras de trabalho.

De outro lado, estão as obrigações impostas ao empregado, quais sejam:

a) cumprir as disposições legais e regulamentares sobre segurança e medicina do trabalho, inclusive as ordens de serviço expedidas pelo empregador;

b) usar o EPI fornecido pelo empregador;

c) submeter-se aos exames médicos previstos;

d) colaborar com a empresa na aplicação das Normas Regulamentadoras.

Por último, constitui ato faltoso do empregado a recusa injustificada à observância das instruções expedidas pelo empregador ou ao uso dos equipamentos de proteção individual fornecidos pela empresa.

12.3.3. Atividades insalubres

Pela redação do art. 189 da CLT, são consideradas atividades ou operações insalubres aquelas que, por sua natureza, condições ou métodos de trabalho, exponham os empregados a agentes nocivos à saúde acima dos limites de tolerância fixados em razão da natureza e da intensidade do agente e do tempo de exposição aos seus efeitos.

Importa ressaltar que para fazer jus ao adicional de insalubridade não é necessário que o labor exponha os empregados de forma contínua a agentes nocivos. Isso porque a Súmula 47 do TST estabelece que o caráter intermitente do trabalho executado em condições insalubres não afasta o direito de recebimento do respectivo adicional.

Nas atividades insalubres, quaisquer prorrogações só poderão ser acordadas mediante licença prévia do Ministério do Trabalho, que procederá aos exames do local de trabalho, métodos e dos processos de trabalho.

O quadro das atividades e operações insalubres será aprovado pelo Ministério do Trabalho, que deverá adotar normas sobre os critérios de caracterização da insalubridade, os limites de tolerância aos agentes agressivos, meios de proteção e o tempo máximo de exposição do empregado a esses agentes.

Nesse sentido o TST editou, em maio de 2014, a Súmula 448 que assim dispõe:

SÚMULA 448 TST – ATIVIDADE INSALUBRE. CARACTERIZAÇÃO. PREVISÃO NA NORMA REGULAMENTADORA N. 15 DA PORTARIA DO MINISTÉRIO DO TRABALHO N. 3.214/1978. INSTALAÇÕES SANITÁRIAS.

I – Não basta a constatação da insalubridade por meio de laudo pericial para que o empregado tenha direito ao respectivo adicional, sendo necessária a classificação da atividade insalubre na relação oficial elaborada pelo Ministério do Trabalho.

II – A higienização de instalações sanitárias de uso público ou coletivo de grande circulação, e a respectiva coleta de lixo, por não se equiparar à limpeza em residências e escritórios, enseja o pagamento de adicional de insalubridade em grau máximo, incidindo o disposto no Anexo 14 da NR-15 da Portaria do MTE n. 3.214/1978 quanto à coleta e industrialização de lixo urbano.

Vale dizer que de acordo com o item I da Orientação Jurisprudencial 173 da SDI 1 do TST, nas atividades a céu aberto por sujeição à radiação solar é indevido o adicional de insalubridade ao trabalhador, tendo em vista a ausência de previsão legal.

Todavia, em setembro de 2012, o TST acrescentou o item II à Orientação Jurisprudencial 173 da SDI 1, assegurando direito à percepção ao adicional de insalubridade ao empregado que exercer atividade exposto ao calor acima dos limites de tolerância, inclusive em ambiente externo com carga solar, nas condições previstas no Anexo 3 da NR 15 da Portaria 3.214/1978 do MTE.

Pois bem: determina o art. 192 da CLT que o exercício de trabalho em condições de insalubridade assegura ao trabalhador a percepção de um adicional, incidente sobre o salário mínimo, equivalente a: 40% para insalubridade de grau máximo, 20% para insalubridade de grau médio e 10% para insalubridade de grau mínimo.

No caso de incidência de mais de um fator de insalubridade, será apenas considerado o de grau mais elevado, para efeito de acréscimo salarial, sendo vedada a percepção cumulativa.

A eliminação ou neutralização da insalubridade determinará a cessação do pagamento do adicional respectivo.

A eliminação ou neutralização da insalubridade deverá ocorrer:

a) com a adoção de medidas de ordem geral que conservem o ambiente de trabalho dentro dos limites de tolerância;

b) com a utilização de equipamento de proteção individual que diminuam a intensidade do agente agressivo a limites de tolerância.

Nessa linha, porém, o TST editou a Súmula 289 entendendo que o simples fornecimento do aparelho de proteção pelo empregador não o exime do pagamento do adicional de insalubridade. Cabe-lhe tomar as medidas que conduzam à diminuição ou eliminação da nocividade, entre as quais as relativas ao uso efetivo do equipamento pelo empregado.

Para que referido adicional deixe de ser devido, é necessário que a insalubridade seja eliminada ou reduzida aos níveis de tolerância indicados na Norma Regulamentadora 15 da Portaria 3.214/1978 do Ministério do Trabalho e Emprego.

Desta forma, eliminada a insalubridade do ambiente de trabalho, o pagamento do referido adicional desaparece. Nesse sentido é a Súmula 80 do TST: "A eliminação da insalubridade mediante fornecimento de aparelhos protetores aprovados pelo órgão competente do Poder Executivo exclui a percepção do respectivo adicional".

O referido art. 192 da CLT dispõe que o adicional de insalubridade será calculado com base no salário mínimo.

Porém, a CF/1988, em seu art. 7º, IV, veda a vinculação do salário mínimo para qualquer fim. Assim, não poderia servir de base para o cálculo do adicional de insalubridade.

Desta forma, o STF editou a Súmula vinculante 4, que dispõe: "salvo nos casos previstos na Constituição, o salário mínimo não pode ser usado como indexador de base de cálculo de vantagem de servidor público ou de empregado, nem ser substituído por decisão judicial".

Por esse motivo, o TST modificou a redação da Súmula 228, que passou a dispor: "A partir de 09.05.2008, data da publicação da Súmula Vinculante 4 do Supremo Tribunal Federal, o adicional de insalubridade será calculado sobre o salário básico, salvo critério mais vantajoso fixado em instrumento coletivo".

O adicional passou a ser calculado tendo como base o salário básico sem os acréscimos de outros adicionais, ou seja, aplicação analógica do adicional de periculosidade.

Como não existe lei mandando aplicar o adicional de insalubridade com base no salário básico, a Confederação Nacional das Indústrias propôs Reclamação ao STF contra a nova redação conferida à Súmula 228 do TST.

O então Presidente do STF, Ministro Gilmar Mendes, em decisão liminar, determinou a suspensão da Súmula 228 do TST na parte em que permite a utilização do salário básico para calcular o adicional de insalubridade, o que motivou em setembro de 2012 que o TST fizesse uma ressalva na Súmula 228, registrando a suspensão provisória de sua eficácia por decisão liminar do Supremo Tribunal Federal.

Nessa linha, o STF entendeu que, enquanto não exista nova lei determinando uma base de cálculo para o adicional de insalubridade, deve ser utilizado como base o salário mínimo, ainda que contrarie a Súmula vinculante 4 na medida em que o empregado não deve ficar sem receber o aludido adicional.

12.3.4. Atividades perigosas

Leciona o art. 193 da CLT, com a nova redação dada pela Lei 12.740/2012, que são consideradas atividades ou operações perigosas, na forma da regulamentação aprovada pelo Ministério do Trabalho e Emprego, aquelas que, por sua natureza ou métodos de trabalho, impliquem risco acentuado em virtude de exposição permanente do trabalhador a:

a) inflamáveis, explosivos ou energia elétrica e

b) roubos ou outras espécies de violência física nas atividades profissionais de segurança pessoal ou patrimonial.

A citada lei ao redefinir os critérios para caracterização das atividades ou operações perigosas e inserir como atividades perigosas aquelas que expõem os trabalhadores a roubos ou outras espécies de violência física, conferiu direito ao adicional de periculosidade para esses profissionais.

A fim de especificar as funções que teriam exposição permanente do trabalhador na atividade de segurança pessoal ou patrimonial o MTE publicou a NR 16 que em seu anexo 3 ensina que são considerados profissionais de segurança pessoal ou patrimonial os trabalhadores que atendam a uma das seguintes condições:

a) empregados das empresas prestadoras de serviço nas atividades de segurança privada ou que integrem serviço orgânico de segurança privada, devidamente registradas e autorizadas pelo Ministério da Justiça, conforme Lei 7.102/1983 e suas alterações posteriores.

b) empregados que exercem a atividade de segurança patrimonial ou pessoal em instalações metroviárias, ferroviárias, portuárias, rodoviárias, aeroportuárias e de bens públicos, contratados diretamente pela administração pública direta ou indireta.

De acordo com a citada NR 16 são consideradas perigosas as seguintes atividades:

ATIVIDADES OU OPERAÇÕES	DESCRIÇÃO
Vigilância patrimonial	Segurança patrimonial e/ou pessoal na preservação do patrimônio em estabelecimentos públicos ou privados e da incolumidade física de pessoas.
Segurança de eventos	Segurança patrimonial e/ou pessoal em espaços públicos ou privados, de uso comum do povo.
Segurança nos transportes coletivos	Segurança patrimonial e/ou pessoal nos transportes coletivos e em suas respectivas instalações.
Segurança ambiental e florestal	Segurança patrimonial e/ou pessoal em áreas de conservação de fauna, flora natural e de reflorestamento.
Transporte de valores	Segurança na execução do serviço de transporte de valores.
Escolta armada	Segurança no acompanhamento de qualquer tipo de carga ou de valores.
Segurança pessoal	Acompanhamento e proteção da integridade física de pessoa ou de grupos.
Supervisão/fiscalização operacional	Supervisão e/ou fiscalização direta dos locais de trabalho para acompanhamento e orientação dos vigilantes.
Telemonitoramento/telecontrole	Execução de controle e/ou monitoramento de locais, através de sistemas eletrônicos de segurança.

Ademais, importante salientar que o art. 195 exige que a classificação e a caracterização da periculosidade sejam feitas através de perícia a cargo de Médico do Trabalho ou Engenheiro do Trabalho, registrados no Ministério do Trabalho. E, ainda, determina o art. 196 da CLT que os efeitos pecuniários decorrentes do trabalho nessa condição somente serão devidos a contar da data da inclusão da respectiva atividade nos quadros aprovados pelo Ministério do Trabalho.

Por último, vale dizer que de acordo com a Portaria MTE 595, de 07.05.2015, não são consideradas perigosas, para efeito deste anexo, as atividades desenvolvidas em áreas que utilizam equipamentos móveis de Raios X para diagnóstico médico.

12.3.4.1. Trabalho com motocicletas

Em 20.06.2014 foi publicada a Lei 12.997/2014, chamada "lei dos motoboys" que reconhece como atividades perigosas as atividades de trabalhador em motocicleta.

A lei inseriu o § 4º ao art. 193 da CLT para garantir a esses profissionais que utilizam a moto para trabalhar com o transporte de passageiros e mercadorias, como os motoboys, mototaxistas, motofretistas e de serviço comunitário de rua, o direito ao adicional de periculosidade de 30% sobre seus salários, descontados os acréscimos resultantes de gratificações, prêmios ou participações nos lucros da empresa. A lei se mostra necessária na medida em que se trata de uma categoria que enfrenta o trânsito e todos os perigos que daí advêm, ficando constantemente expostos a acidentes de trânsito.

A partir da publicação da lei, assim como para os trabalhos que impliquem contato permanente com inflamáveis ou explosivos em condições de risco acentuado ou roubos ou outras espécies de violência física nas atividades profissionais de segurança pessoal ou patrimonial, os motoboys, mototaxistas, motofrentistas e de serviço comunitário de rua possuem o direito ao adicional de periculosidade.

Portanto, as atividades laborais com utilização de motocicleta ou motoneta no deslocamento de trabalhador em vias públicas são consideradas perigosas.

No entanto, de acordo com o Anexo 5 da NR 16 do MTE algumas atividades NÃO são consideradas perigosas para efeitos da lei. São elas:

a) a utilização de motocicleta ou motoneta exclusivamente no percurso da residência para o local de trabalho ou deste para aquela;

b) as atividades em veículos que não necessitem de emplacamento ou que não exijam carteira nacional de habilitação para conduzi-los;

c) as atividades em motocicleta ou motoneta em locais privados.

d) as atividades com uso de motocicleta ou motoneta de forma eventual, assim considerado o fortuito, ou o que, sendo habitual, dá-se por tempo extremamente reduzido.

12.3.4.2. Adicional de periculosidade

O trabalho em condições de periculosidade garante ao empregado um adicional de 30% sobre o salário sem os acréscimos resultantes de gratificações, prêmios ou participações nos lucros da empresa.

Nesse sentido é a Súmula 191 do TST: "O adicional de periculosidade incide apenas sobre o salário básico e não sobre este acrescido de outros adicionais (...)".

A Súmula em destaque traz em sua parte final uma exceção à regra do cálculo do referido adicional. Por meio dessa Súmula, os empregados dos setores de energia elétrica terão seu adicional de periculosidade calculado sobre a soma de todas as parcelas salariais.

Assim, continua a Súmula 191 do TST: "(...) Em relação aos eletricitários, o cálculo do adicional de periculosidade deverá ser efetuado sobre a totalidade das parcelas de natureza salarial".

No mesmo sentido a Orientação Jurisprudencial 279 da SDI 1 do TST ensina que o adicional de periculosidade dos eletricitários deverá ser calculado sobre o conjunto de parcelas de natureza salarial.

Embora até a presente data o TST não tenha cancelado a Súmula 191 e OJ 279 da SDI 1, entendemos que em decorrência da Lei 12.740/2012 que em seu art. 3º revoga expressamente a Lei 7.369/1985 o entendimento sumulado em relação aos eletricitários deverá deixar de ser aplicado.

Vale lembrar que os empregados que operam em bomba de gasolina têm direito ao adicional de periculosidade, nos termos da Súmula 39 do TST.

Para o recebimento do adicional de periculosidade não é necessária a exposição do trabalhador de maneira contínua ou permanente, na medida em que aludido adicional é devido pelo risco à vida do trabalhador.

Nesse sentido, consolidando esse entendimento, são as Súmulas 361 e 364, ambas do TST:

> SÚMULA 361 TST – ADICIONAL DE PERICULOSIDADE. ELETRICITÁRIOS. EXPOSIÇÃO INTERMITENTE
>
> O trabalho exercido em condições perigosas, embora de forma intermitente, dá direito ao empregado a receber o adicional de periculosidade de forma integral, porque a Lei 7.369, de 20.09.1985, não estabeleceu nenhuma proporcionalidade em relação ao seu pagamento.

> SÚMULA 364 TST – ADICIONAL DE PERICULOSIDADE. EXPOSIÇÃO EVENTUAL, PERMANENTE E INTERMITENTE
>
> Tem direito ao adicional de periculosidade o empregado exposto permanentemente ou que, de forma intermitente, sujeita-se a condições de risco. Indevido, apenas, quando o contato dá-se de forma eventual, assim considerado o fortuito, ou o que, sendo habitual, dá-se por tempo extremamente reduzido.

Importante ressaltar que o item II da Súmula 364 em debate, antes de 31.05.2011, permitia a fixação do adicional de periculosidade em patamar inferior ao mínimo legal de 30% proporcionalmente ao tempo de exposição ao risco, desde que compactuado por acordo ou convenção coletiva.

O item II da Súmula 364 do TST foi revisto e cancelado, não sendo possível, portanto, a fixação de adicional abaixo do mínimo legal estipulado no art. 193 da CLT.

Por fim, impende destacar que o direito do empregado ao adicional de insalubridade ou de periculosidade cessará com a eliminação do risco à sua saúde ou integridade física (art. 194 da CLT).

Ainda sobre o tema, é importante destacar o posicionamento consubstanciado na Súmula 453 do TST no sentido de que o pagamento de adicional de periculosidade efetuado por mera liberalidade da empresa, ainda que de forma proporcional ao tempo de exposição ao risco ou em percentual inferior ao máximo legalmente previsto, dispensa a realização da prova técnica exigida pelo art. 195 da CLT, pois torna incontroversa a existência do trabalho em condições perigosas.

12.3.5. Cumulação dos adicionais de insalubridade e periculosidade

O art. 193, § 2º, da CLT determina que o empregado poderá optar pelo adicional de insalubridade que porventura lhe seja devido.

De acordo com a citada regra o trabalhador que laborar em condições perigosas e insalubres deverá optar pelo adicional mais benéfico.

Contudo, o art. 7º, XXIII, CF determina ser devido adicional de remuneração para as atividades penosas, insalubres ou perigosas, na forma da lei.

Note que o dispositivo constitucional confere de forma ampla os adicionais, não fazendo qualquer restrição quanto à sua percepção ou quanto à cumulação ou não.

Nessa linha, a jurisprudência do TST entende que a norma consolidada disposta no art. 193, § 2º, da CLT não foi recepcionada pela atual Constituição Federal.

De acordo com a decisão proferida no julgamento do Recurso de Revista 1072-72.2011.5.02.0384 a cumulação dos adicionais não significa seu pagamento em dobro, mas sim a indenização pelo trabalho desenvolvido em atividade perigosa e insalubre simultaneamente. Isso porque a insalubridade diz respeito à proteção da saúde do empregado no ambiente de trabalho, é insidiosa e lenta nos seus resultados. Já a periculosidade traduz a satisfação de perigo iminente capaz de tirar a vida do trabalhador, sendo este o bem que se visa proteger. O risco provocado pela periculosidade é de impacto e instantâneo, quando se consuma. Por esse motivo, a insalubridade é dirigida à saúde do empregado e a periculosidade à sua integridade física ou à própria vida do empregado.

Desta forma, os adicionais são cumuláveis, sob a condição de que o trabalho seja prestado de acordo com os pressupostos de cada um deles.

Ademais, a regra disposta na CLT não pode prevalecer frente às Convenções 148 e 155 da OIT (Organização Internacional do Trabalho), que assim determinam:

Convenção 148 OIT – art. 8º, tópico 3. "Os critérios e limites de exposição deverão ser fixados, completados e revisados a intervalos regulares, de conformidade com os novos conhecimentos e dados nacionais e internacionais, e tendo em conta, na medida do possível, qualquer aumento dos riscos profissionais resultante da exposição simultânea a vários fatores nocivos no local de trabalho".

Convenção 155 OIT – art. 11, b. "...deverão ser levados em consideração os riscos para a saúde decorrentes da exploração simultâneas a diversas substâncias ou agentes.

Essas convenções, uma vez ratificadas pelo Brasil, devem integrar a legislação interna, passando a ter poder vinculante. A orientação devidamente ratificada pelo País, ingressa em nosso ordenamento jurídico com *status* de norma supralegal, ou seja, está abaixo da Constituição Federal e acima das leis ordinárias.

As normas internacionais incorporadas ao nosso sistema passaram a permitir a hipótese de cumulação dos adicionais em face da exposição simultânea a vários fatores nocivos.

Sendo diferentes os fatores de risco à saúde e à vida, cada um dos adicionais de periculosidade e insalubridade objetiva compensar o trabalhador pela exposição individualizada a cada um deles e, caso ocorra simultaneamente, a regra internacional permite que sejam considerados, também de modo cumulativo.

Por esses motivos podemos concluir pela não recepção do art. 193, § 2º, da CLT, sendo possível a cumulação dos adicionais de insalubridade e periculosidade, desde que o trabalho seja prestado em ambiente insalubres e perigoso, simultaneamente.

13. FUNDO DE GARANTIA DO TEMPO DE SERVIÇO – FGTS

13.1. Conceito

O Fundo de Garantia do Tempo de Serviço – FGTS – é um direito dos empregados urbanos e rurais e, de acordo com a EC 72/2013, também dos empregados domésticos, que tem como finalidade constituir um fundo de depósitos em pecúnia, com valores designados a garantir indenização pelo tempo de serviço prestado ao empregador.

Nas lições de Maurício Godinho Delgado (*Curso de Direito do Trabalho*, 8ª edição, Ed. LTr, São Paulo, p. 1165) *consiste em recolhimentos pecuniários mensais, em conta bancária vinculada em nome do trabalhador, conforme parâmetro de cálculo estipulado legalmente, podendo ser sacado pelo obreiro em situações tipificadas pela ordem jurídica, sem prejuízo de acréscimo percentual condicionado ao tipo de rescisão de seu contrato laborativo, formando, porém, o conjunto global e indiferenciado de depósitos um fundo social de destinação legalmente especificada.*

De acordo com o art. 2º da Lei 8.036/1990 o FGTS é constituído pelos saldos das contas vinculadas a que se refere à lei e outros recursos a ele incorporados, devendo ser aplicados com atualização monetária e juros, de modo a assegurar a cobertura de suas obrigações.

O FGTS foi criado pela Lei 5.107 de 13.09.1966. Inicialmente era um sistema opcional ao empregado. Com a promulgação da lei, o empregado regido pela CLT poderia optar pelo regime do FGTS ou pela indenização por tempo de serviço prevista nos arts. 477, 478, 496 e 498 da CLT.

Assim, caso o empregado optasse pelo sistema de FGTS faria jus aos depósitos, como garantia por tempo de serviço, não podendo mais adquirir os direitos à indenização e à estabilidade decenal prevista no art. 492 consolidado.

Com a CF/1988, o FGTS passou a ser previsto como direito de todos os trabalhadores urbanos, rurais, conforme art. 7º, III, inclusive aos empregados domésticos, nos termos do parágrafo único do mesmo dispositivo. Atualmente o FGTS é regulado pela Lei 8.036/1990.

13.2. Natureza jurídica

A natureza jurídica do FGTS é tema de grande controvérsia na doutrina. Prevalece, porém, na doutrina e na jurisprudência que a contribuição do FGTS não possui natureza jurídica tributária, mas sim de contribuição social, especial, de natureza trabalhista.

Nesse sentido ensina a Súmula 353 do STJ: "As disposições do Código Tributário Nacional não se aplicam às contribuições para o FGTS".

Inclusive os prazos prescricionais aplicáveis ao FGTS não são aqueles dispostos no Código Tributário Nacional, como se observa pela redação das Súmulas 362 do TST, redação dada pela Resolução 198/2015.

13.3. Obrigação dos depósitos

Nos termos do art. 15 da Lei 8.036/1990 todos os *empregadores* estão obrigados a depositar, até o dia 07 de cada mês, em conta bancária vinculada, a importância correspondente a 8% da remuneração paga ou devida, no mês anterior, a cada *trabalhador*, incluídas na remuneração as gorjetas que receber como também as comissões, percentagens, gratificações ajustadas, diárias para viagens, abonos pagos pelo empregador, além do salário *in natura* e gratificação de natalina (13º salário) e o valor da compensação pecuniária a ser paga no âmbito do Programa de Proteção ao Emprego – PPE.

Para o contrato de aprendiz as alíquotas serão reduzidas para 2% nos termos do art. 15, § 7º, da Lei 8.036/1990.

Caso o empregador não efetue o depósito no prazo estipulado por lei, nos termos do art. 22 da Lei 8.036/1990, responderá pela incidência da TR (taxa referencial) sobre a importância devida, acrescida de juros de mora de 0,5% ao mês.

Nos termos do art. 15, § 1º da citada lei "*entende-se por empregador a pessoa física ou a pessoa jurídica de direito privado ou de direito público, da administração pública direta, indireta ou fundacional de qualquer dos Poderes, da União, dos Estados, do Distrito Federal e dos Municípios, que admitir trabalhadores a seu serviço, bem assim aquele que, regido por legislação especial, encontrar-se nessa condição ou figurar como fornecedor ou tomador de mão de obra, independente da responsabilidade solidária e/ou subsidiária a que eventualmente venha obrigar-se*".

De outro lado, "*considera-se trabalhador toda pessoa física que prestar serviços a empregador, a locador ou tomador de mão de obra, excluídos os eventuais, os autônomos e os servidores públicos civis e militares sujeitos a regime jurídico próprio*", nos termos do § 2º do art. 15 da Lei 8.036/1990.

Com relação aos empregados domésticos, a EC 72/2013 tornou obrigatórios os depósitos fundiários, em conformidade com a nova redação dada ao parágrafo único do art. 7º da CF.

Atualmente, A Resolução 780 do Conselho Curador do Fundo de Garantia do Tempo de Serviço e as circulares 694 e 696 da Caixa Econômica Federal, regulam o recolhimento do FGTS para o empregado doméstico. Para melhor elucidação sobre o tema, remetemos o leitor ao item 6.1.1.1.12.

Pois bem, o empregador deverá efetuar depósito referente a 8% da remuneração devida no mês anterior, nos termos do art. 15 da Lei 8.036/1990. A Instrução Normativa 99/2012 do MTE em seu art. 8º explica a incidência do FGTS sobre as seguintes verbas de natureza remuneratória:

I – o salário-base, inclusive as prestações in natura;

II – as horas extras;

III – os adicionais de insalubridade, periculosidade e do trabalho noturno;

IV – o adicional por tempo de serviço;

V – o adicional por transferência de localidade de trabalho;

VI – o salário-família, no que exceder o valor legal obrigatório;

VII – o abono ou gratificação de férias, desde que excedente a vinte dias do salário, concedido em virtude de cláusula contratual, de regulamento da empresa, ou de convenção ou acordo coletivo;

VIII – o valor de um terço do abono constitucional das férias;

IX – as comissões;

X – as diárias para viagem, pelo seu valor global, quando excederem a cinquenta por cento da remuneração do empregado, desde que não haja prestação de contas do montante gasto;

XI – as etapas, no caso dos marítimos;

XII – as gorjetas;

XIII – a gratificação de natal, seu valor proporcional e sua parcela incidente sobre o aviso-prévio indenizado, inclusive na extinção de contrato a prazo certo e de safra, e a gratificação periódica contratual, pelo seu duodécimo;

XIV – as gratificações ajustadas, expressa ou tacitamente, tais como de produtividade, de balanço, de função ou por exercício de cargo de confiança;

XV – as retiradas de diretores não empregados, quando haja deliberação da empresa, garantindo-lhes os direitos decorrentes do contrato de trabalho;

XVI – o valor a título de licença-prêmio;

XVII – o valor pelo repouso semanal remunerado;

XVIII – o valor pelos domingos e feriados civis e religiosos trabalhados, bem como o valor relativo à dobra em razão de feriados trabalhados, não compensados;

XIX – o valor a título de aviso-prévio, trabalhado ou indenizado;

XX – o valor a título de quebra de caixa.

XXI – o valor do tempo de reserva, nos termos do § 6º do art. 235-E da CLT.

Parágrafo único. As contribuições mencionadas no art. 5º também incidirão sobre:

I – o valor contratual mensal da remuneração do empregado afastado na forma do art. 6º desta IN, inclusive sobre a parte variável, calculada segundo os critérios previstos na CLT e na legislação esparsa, atualizada sempre que ocorrer aumento geral na empresa ou para a categoria;

II – o valor da remuneração paga pela entidade de classe ao empregado licenciado para desempenho de mandato sindical, idêntico ao que perceberia caso não licenciado, inclusive com as variações salariais ocorridas durante o licenciamento, obrigatoriamente informadas pelo empregador à respectiva entidade.

III – o salário contratual e o adicional de transferência devido ao empregado contratado no Brasil transferido para prestar serviço no exterior;

IV – a remuneração percebida pelo empregado ao passar a exercer cargo de diretoria, gerência ou outro cargo de confiança imediata do empregador, salvo se a do cargo efetivo for maior;

V – remuneração paga a empregado estrangeiro, em atividade no Brasil, independentemente do local em que for realizado o pagamento.

Analisadas as hipóteses de incidência para o cálculo do FGTS, cabe destacar as parcelas que não possuem natureza remuneratória.

Nos termos do art. 15, § 6º, da Lei 8.036/1990, não se incluem na remuneração, para os fins desta Lei, as parcelas elencadas no § 9º do art. 28 da Lei 8.212/1991.

A Instrução Normativa 99/2012 do MTE ensina em seu art. 9º que não integram a remuneração as seguintes parcelas:

I – participação do empregado nos lucros ou resultados da empresa, quando paga ou creditada de acordo com a Lei n. 10.101, de 19 de dezembro de 2000;

II – abono correspondente à conversão de um terço das férias em pecúnia e seu respectivo adicional constitucional;

III – abono ou gratificação de férias, concedido em virtude de contrato de trabalho, de regulamento da empresa, de convenção ou acordo coletivo de trabalho, cujo valor não exceda a vinte dias do salário;

IV – o valor correspondente ao pagamento da dobra da remuneração de férias concedidas após o prazo legal;

V – importâncias recebidas a título de férias indenizadas e o respectivo adicional constitucional;

VI – indenização por tempo de serviço anterior a 05.10.1988, de empregado não optante pelo FGTS;

VII – indenização relativa à dispensa de empregado no período de trinta dias que antecede sua data-base, de acordo com o disposto no art. 9º da Lei 7.238, de 29.10.1984;

VIII – indenização por despedida sem justa causa do empregado nos contratos com termo estipulado de que trata o art. 479 da CLT, bem como na indenização prevista na alínea *f* do art. 12 da Lei 6.019, de 03.01.1974;

IX – indenização do tempo de serviço do safrista, quando do término normal do contrato de que trata o art. 14 da Lei 5.889, de 08.06.1973;

X – indenização recebida a título de incentivo à demissão;

XI – indenização de quarenta por cento sobre o montante de todos os depósitos de FGTS realizados na conta vinculada do trabalhador.

XII – indenização relativa à licença-prêmio;

XIII – ajuda de custo, em parcela única, recebida exclusivamente em decorrência de mudança de localidade de trabalho do empregado, na forma do art. 470 da CLT;

XIV – ajuda de custo, em caso de transferência permanente, e o adicional mensal, em caso de transferência provisória, recebidos pelo aeronauta nos termos da Lei 5.929, de 30.10.1973;

XV – diárias para viagem, desde que não excedam a cinquenta por cento da remuneração mensal percebida pelo empregado;

XVI – valor da bolsa de aprendizagem, garantida ao adolescente até quatorze anos de idade, de acordo com o disposto no art. 64 da Lei 8.069, de 13.07.1990, vigente até 15.12.1998, em face da promulgação da Emenda Constitucional 20;

XVII – valor da bolsa ou outra forma de contraprestação, quando paga ao estagiário nos termos da Lei 11.788, de 25.09.2008;

XVIII – cotas do salário-família e demais benefícios pagos pela Previdência Social, nos termos e limites legais, salvo o salário-maternidade e o auxílio doença decorrente de acidente do trabalho;

XIX – parcela *in natura* recebida de acordo com o Programa de Alimentação do Trabalhador – PAT, instituído pela Lei 6.321, de 14.04.1976;

XX – vale-transporte, nos termos e limites legais, bem como transporte fornecido pelo empregador para deslocamento ao trabalho e retorno, em percurso servido ou não por transporte público;

XXI – valor da multa paga ao trabalhador em decorrência do atraso na quitação das parcelas rescisórias;

XXII – importâncias recebidas a título de ganhos eventuais e abonos expressamente desvinculados do salário por força de lei;

XXIII – abono do Programa de Integração Social – PIS e do Programa de Assistência ao Servidor Público – PASEP;

XXIV – valores correspondentes a transporte, alimentação e habitação fornecidos pelo empregador ao empregado contratado para trabalhar em localidade distante de sua residência, em canteiro de obras ou local que, por força da atividade, exija deslocamento e estada, observadas as normas de proteção estabelecidas pelo MTE;

XXV – importância paga ao empregado a título de complementação ao valor do auxílio-doença, desde que este direito seja extensivo à totalidade dos empregados da empresa;

XXVI – parcelas destinadas à assistência ao empregado da agroindústria canavieira, de que trata o art. 36 da Lei 4.870, de 01.12.1965;

XXVII – valor das contribuições efetivamente pagas pelo empregador a título de previdência privada;

XXVIII – valor relativo à assistência médica, hospitalar e odontológica, prestada diretamente pelo empregador ou mediante seguro-saúde;

XXIX – valor correspondente a vestuários, equipamentos e outros acessórios fornecidos ao empregado e utilizados no local de trabalho para prestação dos serviços;

XXX – ressarcimento de despesas pelo uso de veículo do empregado, quando devidamente comprovadas;

XXXI – valor relativo à concessão de educação, em estabelecimento de ensino do empregador ou de terceiros, compreendendo valores relativos a matrícula, mensalidade, anuidade, livros e material didático;

XXXII – valores recebidos em decorrência da cessão de direitos autorais;

XXXIII – auxílio-creche pago em conformidade com a legislação trabalhista, para ressarcimento de despesas devidamente comprovadas com crianças de até 6 (seis) anos de idade;

XXXIV – auxílio-babá, limitado ao salário mínimo, pago em conformidade com a legislação trabalhista e condicionado a comprovação do registro na Carteira de Trabalho e Previdência Social – CTPS, para ressarcimento de despesas de remuneração e contribuição previdenciária de empregado que cuide de crianças de até 6 (seis) anos de idade;

XXXV – valor das contribuições efetivamente pagas pelo empregador a título de prêmio de seguro de vida e de acidentes pessoais; e

XXXVI – o valor do tempo de espera, nos termos do § 9º do art. 235-C da CLT.

13.4. Saque do FGTS

Nos termos do art. 20 da Lei 8.036/1990, permite-se a movimentação da conta do FGTS, nas seguintes hipóteses:

> I – despedida sem justa causa, inclusive a indireta, de culpa recíproca e de força maior;
>
> II – extinção total da empresa, fechamento de quaisquer de seus estabelecimentos, filiais ou agências, supressão de parte de suas atividades, declaração de nulidade do contrato de trabalho nas condições do art. 19-A, ou ainda falecimento do empregador individual sempre que qualquer dessas ocorrências implique rescisão de contrato de trabalho, comprovada por declaração escrita da empresa, suprida, quando for o caso, por decisão judicial transitada em julgado;

Nessas situações entende a doutrina que a retirada a que o obreiro pode efetuar corresponde aos depósitos efetuados no último contrato de trabalho.

> III – aposentadoria concedida pela Previdência Social;
>
> IV – falecimento do trabalhador, sendo o saldo pago a seus dependentes, para esse fim habilitados perante a Previdência Social, segundo o critério adotado para a concessão de pensões por morte. Na falta de dependentes, farão jus ao recebimento do saldo da conta vinculada os seus sucessores previstos na lei civil, indicados em alvará judicial, expedido a requerimento do interessado, independente de inventário ou arrolamento;
>
> V – pagamento de parte das prestações decorrentes de financiamento habitacional concedido no âmbito do Sistema Financeiro da Habitação (SFH), desde que:
>
> a) o mutuário conte com o mínimo de 3 (três) anos de trabalho sob o regime do FGTS, na mesma empresa ou em empresas diferentes;
>
> b) o valor bloqueado seja utilizado, no mínimo, durante o prazo de 12 (doze) meses;
>
> c) o valor do abatimento atinja, no máximo, 80 (oitenta) por cento do montante da prestação;
>
> VI – liquidação ou amortização extraordinária do saldo devedor de financiamento imobiliário, observadas as condições estabelecidas pelo Conselho Curador, dentre elas a de que o financiamento seja concedido no âmbito do SFH e haja interstício mínimo de 2 (dois) anos para cada movimentação;
>
> VII – pagamento total ou parcial do preço de aquisição de moradia própria, ou lote urbanizado de interesse social não construído, observadas as seguintes condições:
>
> a) o mutuário deverá contar com o mínimo de 3 (três) anos de trabalho sob o regime do FGTS, na mesma empresa ou empresas diferentes;
>
> b) seja a operação financiável nas condições vigentes para o SFH;

Vale dizer que, nos termos do § 3º do art. 20 da Lei, o direito de adquirir moradia com recursos do FGTS, pelo trabalhador, só poderá ser exercido para um único imóvel.

VIII – quando o trabalhador permanecer três anos ininterruptos, a partir de 01.06.1990, fora do regime do FGTS, podendo o saque, neste caso, ser efetuado a partir do mês de aniversário do titular da conta.

IX – extinção normal do contrato a termo, inclusive o dos trabalhadores temporários regidos pela Lei 6.019, de 03.01.1974;

X – suspensão total do trabalho avulso por período igual ou superior a 90 (noventa) dias, comprovada por declaração do sindicato representativo da categoria profissional.

XI – quando o trabalhador ou qualquer de seus dependentes for acometido de neoplasia maligna.

XII – aplicação em quotas de Fundos Mútuos de Privatização, regidos pela Lei 6.385, de 07.12.1976, permitida a utilização máxima de 50 % (cinquenta por cento) do saldo existente e disponível em sua conta vinculada do Fundo de Garantia do Tempo de Serviço, na data em que exercer a opção.

XIII – quando o trabalhador ou qualquer de seus dependentes for portador do vírus HIV;

IV – quando o trabalhador ou qualquer de seus dependentes estiver em estágio terminal, em razão de doença grave, nos termos do regulamento;

XV – quando o trabalhador tiver idade igual ou superior a setenta anos.

XVI – necessidade pessoal, cuja urgência e gravidade decorra de desastre natural, conforme disposto em regulamento, observadas as seguintes condições:

a) o trabalhador deverá ser residente em áreas comprovadamente atingidas de Município ou do Distrito Federal em situação de emergência ou em estado de calamidade pública, formalmente reconhecidos pelo Governo Federal;

b) a solicitação de movimentação da conta vinculada será admitida até 90 (noventa) dias após a publicação do ato de reconhecimento, pelo Governo Federal, da situação de emergência ou de estado de calamidade pública;

c) o valor máximo do saque da conta vinculada será definido na forma do regulamento.

XVII – integralização de cotas do FI-FGTS, respeitado o disposto na alínea *i* do inciso XIII do art. 5º desta Lei, permitida a utilização máxima de 30% (trinta por cento) do saldo existente e disponível na data em que exercer a opção; *e*

XVIII – quando o trabalhador com deficiência, por prescrição, necessite adquirir órtese ou prótese para promoção de acessibilidade e de inclusão social.

Importante ressaltar que a mudança do regime celetista para o estatutário não possibilita o levantamento do FGTS, pois não há rescisão do vínculo, tampouco determinação da lei nesse sentido.

SÚMULA 382 TST – MUDANÇA DE REGIME CELETISTA PARA ESTATUTÁRIO. EXTINÇÃO DO CONTRATO. PRESCRIÇÃO BIENAL

A transferência do regime jurídico de celetista para estatutário implica extinção do contrato de trabalho, fluindo o prazo da prescrição bienal a partir da mudança de regime.

Assim, ainda que a mudança do regime celetista para o estatutário implique na extinção do contrato de trabalho, não significa dizer que é permitida a movimentação da conta do FGTS, pois a lei não autoriza a movimentação nessa hipótese.

13.5. Prescrição do FGTS

Muito se discutiu acerca do prazo prescricional do FGTS, tendo em vista sua própria natureza jurídica.

Por muito tempo o STJ, de acordo com sua Súmula 210 e o próprio TST aplicaram a regra de prescrição trintenária.

O fundamento para o prazo diferenciado de prescrição estaria na própria Lei 8.036/1990 que em seu art. 23, § 5º, dispõe:

> § 5º O processo de fiscalização, de autuação e de imposição de multas reger-se-á pelo disposto no Título VII da CLT, respeitado o privilégio do FGTS à prescrição trintenária.

Adotava-se, portanto, a prescrição trintenária. Para se efetivar a cobrança de direitos relacionados ao FGTS, deverá ser observado o prazo de prescrição bienal, contados da extinção do contrato de trabalho. Assim, após a extinção do contrato de trabalho, o obreiro interessado terá o prazo prescricional de 2 (dois) anos para ingressar com a competente reclamação, podendo pleitear os 30 anos anteriores à propositura da ação.

Todavia, o Plenário do Supremo Tribunal Federal atualizou sua jurisprudência para modificar de 30 anos para 5 anos o prazo de prescrição aplicável à cobrança de valores não depositados no FGTS. A decisão majoritária foi tomada no julgamento do Recurso Extraordinário com Agravo (ARE) 709212, com repercussão geral reconhecida. Ao analisar o caso, o Supremo declarou a inconstitucionalidade das normas que previam a prescrição trintenária.

O Ministro Gilmar Mendes, relator do RE, explicou que o artigo 7º, inciso III, da Constituição Federal prevê expressamente o FGTS como um direito dos trabalhadores urbanos e rurais e destacou que o prazo de cinco anos aplicável aos créditos resultantes das relações de trabalho está previsto no inciso XXIX do mesmo dispositivo. Assim, se a Constituição regula a matéria, não poderia a lei ordinária tratar o tema de outra forma.

O relator propôs a modulação dos efeitos da decisão. Assim, para aqueles casos cujo termo inicial da prescrição – ou seja, a ausência de depósito no FGTS – ocorra após a data do julgamento, aplica-se, desde logo, o prazo de cinco anos. Por outro lado, para os casos em que o prazo prescricional já esteja em curso, aplica-se o que ocorrer primeiro: 30 anos, contados do termo inicial, ou cinco anos, a partir deste julgamento.

Seguindo essa orientação, em junho de 2015 o TST conferiu nova redação a Súmula 362, assim determinando:

SÚMULA 362 TST – FGTS. PRESCRIÇÃO.

I – Para os casos em que a ciência da lesão ocorreu a partir de 13.11.2014, é quinquenal a prescrição do direito de reclamar contra o não recolhimento de contribuição para o FGTS, observado o prazo de dois anos após o término do contrato;

II – Para os casos em que o prazo prescricional já estava em curso em 13.11.2014, aplica-se o prazo prescricional que se consumar primeiro: trinta anos, contados do termo inicial, ou cinco anos, a partir de 13.11.2014 (STF-ARE-709212/DF).

Assim, caso a ciência da lesão, ou seja, o não recolhimento do FGTS ocorreu após 13.11.2014, data do julgamento do Recurso Extraordinário com agravo pelo STF, a prescrição é quinquenal. Nesse caso, o empregado deverá obedecer ao prazo de prescrição bienal para ingressar com a ação em até 2 anos após a extinção do contrato de trabalho, podendo pleitear os 5 anos pretéritos ao ajuizamento da ação.

Todavia, se em 13.11.2014 a lesão já havia ocorrido, ou seja, se já tiver se iniciada a contagem do prazo prescricional, deverá ser aplicado o prazo prescricional que se consumar primeiro: trinta anos, contados do termo inicial, ou cinco anos, a partir de 13.11.2014.

Parte II
Direito Coletivo do Trabalho

1. ASPECTOS GERAIS E PRINCÍPIOS

1.1. Conceito

É o ramo do direito do trabalho capaz de regular a organização sindical, a negociação coletiva bem como os instrumentos normativos decorrentes dessa negociação, a representação dos trabalhadores na empresa e, ainda, o direito de greve. Nas lições de Mauricio Godinho Delgado (em *Curso de Direito do Trabalho*, 8ª ed., São Paulo, LTr, 2009, p. 1179-1180) o direito coletivo do trabalho pode ser conceituado como o "complexo de institutos, princípios e regras jurídicas que regulam as relações laborais de empregados e empregadores e outros grupos jurídicos normativamente especificados, considerada sua ação coletiva, realizado autonomamente ou através das respectivas entidades sindicais".

1.2. Natureza jurídica

A autonomia do direito coletivo do trabalho é tema polêmico.

Pequena parte da doutrina sustenta que esse ramo do direito possui autonomia científica. Para essa corrente de pensamento esse ramo do direito possui sujeito, objeto e relação jurídica diversos do direito individual do trabalho.

Para essa doutrina, o sujeito do direito coletivo do trabalho é a categoria, enquanto no direito individual o sujeito é o trabalhador; o objeto do direito coletivo consiste na satisfação do direito do trabalhador, não como pessoa, mas sim como integrante da categoria, ao passo que no direito individual o objeto é a satisfação do trabalhador como pessoa individual; e, por último, a relação jurídica do direito individual cria relação de cunho contratual, no direito coletivo a relação jurídica estabelece condições com mais vantagens do que aquelas incorporadas ao contrato de trabalho.

Contudo, o entendimento que prevalece afirma que o direito coletivo do trabalho não possui autonomia, haja vista a identidade legislativa, na medida em que o corpo normativo do direito coletivo é o mesmo do restante do direito do trabalho; existência de identidade doutrinária; presença de identidade jurisdicional, na medida em que é o judiciário trabalhista que cuida das relações coletivas, não existindo um ramo próprio, entre outros aspectos.

1.3. Evolução histórica

Como visto, no capítulo 1 de direito individual do trabalho, no século XVIII, com a Revolução Industrial na Inglaterra, as máquinas foram ganhando mais espaço nas fábricas, tomando, assim, o lugar de muitos operários.

Nesse momento, surgiram duas classes sociais: o capitalista, que é o proprietário dos meios de produção; e o proletário, proprietário apenas de sua força de trabalho, que recebia salários cada vez mais baixos, trabalhando em uma jornada que chegava até a 16 horas.

A par dessa situação, os proletariados perceberam a necessidade de se associarem para, juntos, buscarem melhores condições de trabalho, surgindo com isso os primeiros sindicatos.

A organização dos operários inicialmente era definida como crime, resultando em penas severas, inclusive a morte. Posteriormente, as reuniões e associações passaram a ser toleradas, sendo, finalmente, um direito garantido por lei.

O sindicalismo nasceu na Inglaterra em 1720, onde os trabalhadores se organizaram em associações para reivindicar melhores salários e condições de trabalho.

Na França, apenas em 1884 foi reconhecida a liberdade de associação. Já na Alemanha somente a partir de 1919 a Constituição daquele país passou a reconhecer a liberdade de organização sindical. Foi a primeira constituição de um país a garantir este direito.

Já em 1948, a Declaração Universal dos Direitos Humanos trouxe em seu conteúdo a garantia da livre participação sindical. No mesmo ano, a Organização Internacional do Trabalho (OIT) estabeleceu, através da Convenção 87, linhas gerais sobre o direito de livre sindicalização. No entanto, é importante destacar que esta Convenção Internacional ainda não foi ratificada pelo Brasil, apesar da participação brasileira em sua elaboração.

Desta forma, o direito coletivo do trabalho está enraizado no próprio direito do trabalho.

1.4. Princípios

1.4.1. Princípio da liberdade associativa e sindical

Por meio desse princípio se postula a prerrogativa do obreiro em associar-se e, consequentemente, sindicalizar-se.

A liberdade associativa visa a proteger qualquer reunião estável e pacífica, seja qual for seu segmento social ou temas causadores dessa reunião.

A liberdade sindical, por sua vez, abrange a liberdade de criação dos sindicatos e sua extinção. Abrange, também, a livre vinculação a um sindicato bem como a livre desfiliação de seus quadros.

A Constituição Federal trata sobre o assunto no art. 5º, XX, que ensina: "ninguém poderá ser compelido a associar-se ou a permanecer associado".

A liberdade sindical encontra-se regulada na Convenção 87 da Organização Internacional do Trabalho – OIT de 1948, norma internacional não ratificada pelo Brasil.

1.4.2. Princípio da autonomia sindical

Para Maurício Godinho Delgado (em *Curso de Direito do Trabalho*, 8ª ed., São Paulo, LTr, 2009, p. 1204), o "princípio sustenta a garantia de autogestão às organizações associativas e sindicato dos trabalhadores, sem interferências empresariais ou do Estado. Trata-se ele, portanto, da livre estruturação interna do sindicato, sua livre atuação externa, sua sustentação econômico-financeira e sua desvinculação de controles administrativos estatais ou em face do empregador".

O sindicato possui, então, livre estruturação interna, detém autonomia funcional e não há controles administrativos estatais, tampouco por parte dos empresários.

A CF/1988 eliminou o controle político-administrativo do Estado sobre a estrutura dos sindicatos, seja com relação à sua criação, seja quanto à sua gestão, nos termos do seu art. 8º, I.

A Constituição Federal foi além, aumentando as prerrogativas da atuação dos sindicatos em questões judiciais e administrativas, em conformidade com o art. 8º, III, em que "ao sindicato cabe a defesa dos direitos e interesses coletivos ou individuais da categoria, inclusive em questões judiciais ou administrativas"; nas negociações coletivas (art. 8º, VI) onde "é obrigatória a participação dos sindicatos nas negociações coletivas de trabalho" e art. 7º, XXVI, que estabelece o "reconhecimento das convenções e acordos coletivos de trabalho"; e com relação ao direito de greve, previsto no art. 9º da CF, segundo o qual "é assegurado o direito de greve, competindo aos trabalhadores decidir sobre a oportunidade de exercê-lo e sobre os interesses que devam por meio dele defender".

1.4.3. Princípio da adequação setorial negociada

Refere-se aos limites que as normas decorrentes de negociação coletiva devem observar.

Por esse princípio, as normas autônomas construídas para incidirem sobre certo "grupo profissional" podem prevalecer sobre as normas imperativas estatais existentes. Em outras palavras, os instrumentos coletivos podem estabelecer condições mais benéficas aos trabalhadores em conformidade com o princípio da norma mais favorável contido no art. 7º, *caput*, da CF.

1.4.4. Princípio da criatividade jurídica da negociação coletiva

Traz a ideia de que a negociação coletiva e seus instrumentos (contrato coletivo, acordo coletivo, convenção coletiva) podem criar normas jurídicas, desde que não contrariem a norma estatal.

1.4.5. Princípio da lealdade e transparência na negociação coletiva

Objetiva a lealdade e o livre acesso a informações, ou seja, lisura e transparência na conduta negocial. Em outras palavras, deve ser inferida na simples ideia de lealdade e boa-fé.

2. ORGANIZAÇÃO SINDICAL

2.1. Evolução do sindicalismo no Brasil

Após a abolição da escravatura e a proclamação da República, imigrantes da Europa que possuíam uma experiência de trabalho assalariado, já com direitos trabalhistas, chegaram ao Brasil e encontraram uma sociedade atrasada com relação aos direitos e, ainda, com práticas escravocratas. Esses trabalhadores, então, começaram a se organizar, formando o que viriam a ser os sindicatos.

O movimento sindical mais forte ocorreu em São Paulo, onde os imigrantes que integravam a massa de trabalhadores das fábricas e indústrias desencadearam uma onda de revolta, que foi contida por uma violenta repressão policial. No Rio de Janeiro, porém, o movimento estava calcado em causas mais imediatas como a melhoria de salários e a diminuição do horário de trabalho.

A expressão "sindicato" passou a ser utilizada a partir de 1903, com o Decreto Legislativo 979 e, posteriormente, com o Decreto Legislativo 1637 de 1907, nasceu, no Brasil, a primeira fase do Sindicalismo.

Em 1930, o Governo Federal cria o Ministério do Trabalho e em 1931, por meio de decreto, que regulamentou a sindicalização das classes patronais e operárias, criaram-se, então, as Juntas de Conciliação e Julgamento. Com a promulgação da Constituição de 1988, nascem a liberdade e unicidade sindical.

As organizações sindicais passaram a ter caráter paraestatal, sendo instituído o imposto sindical, e nesse momento histórico a greve ficou proibida. Somente em 1955 o movimento sindical brasileiro voltou a se expandir.

A Constituição Federal de 1988 disciplinou a organização sindical da forma mais democrática nos artigos 8º a 11, desvinculando-a do Estado. Nasceram, assim, a autonomia coletiva privada e a liberdade sindical.

2.2. Sistema sindical

A Constituição Federal brasileira, em seu art. 8º, *caput*, consagra o princípio da liberdade sindical, alicerce da organização sindical no Brasil.

O sistema sindical brasileiro adota o princípio da "unicidade sindical", consagrada no art. 8º, II, da CF, que ensina ser livre a associação profissional ou sindical, sendo, porém, vedada a criação de mais de uma organização sindical, em qualquer grau, representativa de categoria profissional ou econômica, na mesma base territorial, que será definida pelos trabalhadores ou empregadores interessados, não podendo ser inferior à área de um município.

Institui que cabe ao sindicato a defesa dos direitos e interesses coletivos ou individuais da categoria, inclusive em questões judiciais ou administrativas.

A Assembleia Geral fixará a contribuição que, em se tratando de categoria profissional, será descontada em folha para custeio do sistema confederativo da representação sindical respectiva, independentemente da contribuição prevista em lei.

Na legislação infraconstitucional, a organização é disciplinada nos arts. 511 a 610 da CLT.

O art. 511 consolidado ensina ser lícita a associação para fins de estudo, defesa e coordenação dos seus interesses econômicos ou profissionais de todos os que, como empregadores, empregados, agentes ou trabalhadores autônomos ou profissionais liberais exerçam, respectivamente, a mesma atividade ou profissão ou atividades ou profissões similares ou conexas. Essa associação mencionada no referido dispositivo legal é o que chamamos de sindicato, como se vê pela redação do art. 512 da CLT.

2.2.1. Classificação das categorias

O sistema sindical é organizado em categorias e deve ser entendido, nas lições de Gustavo Felipe Barbosa Garcia (em *Curso de Direito do Trabalho*, 2ª ed., São Paulo, Método, 2008, p. 1068), como "o conjunto de pessoas com interesses profissionais ou econômicos em comum, decorrentes de identidade de condições ligadas ao trabalho ou atividade econômica desempenhada".

Categoria econômica consiste na solidariedade de interesses econômicos daqueles que explorem atividades idênticas, similares ou conexas. É, portanto, a categoria dos empregadores. Já categoria profissional é aquela que possui semelhança de condições de vida oriunda da profissão ou trabalho em comum, em situação de emprego na mesma atividade econômica ou em atividades econômicas similares ou conexas; em outras palavras, é a categoria dos empregados.

Existe, também, a chamada categoria profissional diferenciada, que deve ser entendida como aquela formada pelos empregados que exerçam profissões ou funções diferenciadas por força de estatuto profissional especial ou em consequência de condições de vida singulares.

Sobre as categorias profissionais diferenciadas é importante lembrar os ensinamentos contidos na Orientação Jurisprudencial 36 da SDC do TST:

> ORIENTAÇÃO JURISPRUDENCIAL 36 DA SDC DO TST – EMPREGADOS DE EMPRESA DE PROCESSAMENTO DE DADOS. RECONHECIMENTO COMO CATEGORIA DIFERENCIADA. IMPOSSIBILIDADE.
>
> É por lei e não por decisão judicial, que as categorias diferenciadas são reconhecidas como tais. De outra parte, no que tange aos profissionais da informática, o trabalho que desempenham sofre alterações, de acordo com a atividade econômica exercida pelo empregador.

2.3. Entidades Sindicais

São três as entidades sindicais, a saber: sindicatos, federações e confederações.

2.3.1. Sindicatos

São entidades associativas que representam os grupos coletivos, tanto laborais, quanto patronais. Nas lições de Alice Monteiro de Barros (em *Curso de Direito do Trabalho*, 3ª ed., São Paulo, LTr, 2007, p. 1207), sindicato é definido como uma "forma de associação profissional devidamente reconhecida pelo Estado como representante legal da categoria".

Cabe ao sindicato defender os direitos e interesses coletivos ou individuais da categoria, inclusive em questões judiciais ou administrativas. Também são prerrogativas dos sindicatos: celebrar contratos coletivos de trabalho; colaborar com o Estado, como órgãos técnicos e consultivos, no estudo e solução dos problemas que se relacionam com a respectiva categoria ou profissão liberal; e, ainda, impor contribuições a todos aqueles que participam das categorias econômicas ou profissionais ou das profissões liberais representadas.

2.3.1.1. Natureza jurídica

O sindicato é uma pessoa jurídica de direito privado e possui formato de associação.

Este entendimento, inclusive confirmado na III Jornada de Direito Civil realizado pelo Conselho da Justiça Federal, levou à edição do Enunciado 142 ("Os partidos políticos, os sindicatos e as associações religiosas possuem natureza associativa, aplicando-se lhes o Código Civil") e do Enunciado 144 ("A relação das pessoas jurídicas de direito privado, constante do art. 44, incs. I a V, do Código Civil, não é exaustiva").

Vale ressaltar que no atual sistema sindical não é permitida a interferência do Estado, em função do princípio da liberdade sindical.

2.3.1.2. Personalidade jurídica

O sindicato adquire sua personalidade jurídica com o registro no Ministério do Trabalho e Emprego, em conformidade com a Súmula 677 do STF, que assim dispõe: "Até que lei venha a dispor a respeito, incumbe ao Ministério do Trabalho proceder ao registro das entidades sindicais e zelar pela observância do princípio da unicidade".

Porém, é necessário, também, que o sindicato proceda ao registro no cartório de registro civil das pessoas jurídicas, em conformidade com o Código Civil pátrio.

Desta forma, a partir da vigência da CF/1988, as entidades sindicais tornam-se pessoas jurídicas, desde sua inscrição e registro no Cartório de Registro Civil das Pessoas Jurídicas, não conferindo personalidade jurídica, ou qualquer consequência jurídica, o simples arquivamento de seus atos constitutivos no Ministério do Trabalho e Emprego.

Porém, a comprovação da legitimidade *ad processum* da entidade sindical se faz por seu registro no órgão competente do Ministério do Trabalho, mesmo após a promulgação da Constituição Federal de 1988. É o que dispõe a Orientação Jurisprudencial 15 da SDC do TST.

2.3.1.3. Estrutura dos sindicatos

Os sindicatos são compostos por três órgãos, a saber:

2.3.1.3.1. Assembleia geral

É o órgão competente para eleger, dentre os associados, o representante da categoria.

É a assembleia geral que toma e aprova as contas e julga os atos da diretoria quanto a penalidades impostas aos associados.

À assembleia geral compete, também, deliberar sobre os dissídios do trabalho e eleger os diretores e membros do conselho fiscal.

2.3.1.3.2. Diretoria

Órgão composto de, no mínimo, três e, no máximo, sete membros, dentre os quais será eleito o presidente do sindicato pela assembleia geral.

2.3.1.3.3. Conselho fiscal

O conselho fiscal é o órgão competente para supervisionar a gestão financeira do sindicato, composto por três membros, eleitos pela assembleia geral.

2.3.2. Federações

São entidades de grau superior organizadas nos Estados, formadas por número não inferior a cinco sindicatos, representando a maioria absoluta de um grupo de atividades ou profissões idênticas, similares ou conexas, em conformidade com o art. 534 da CLT.

São como órgãos internos das federações:

2.3.2.1. Diretoria

A diretoria é formada por, no mínimo, três diretores, não havendo limite máximo de membros.

2.3.2.2. Conselho de representantes

Órgão composto pelas delegações dos sindicatos ou federações filiadas, constituída cada uma por dois membros, com mandato de três anos.

2.3.2.3. Conselho fiscal

Órgão composto por três membros com competência para fiscalizar a gestão financeira das federações.

2.3.3. Confederações

As confederações são entidades sindicais de grau superior de âmbito nacional, formadas, nos termos do art. 535 da CLT, por no mínimo três federações, tendo sua sede em Brasília.

Nos termos do art. 538 da CLT a administração das federações e confederações é realizada pela: a) Diretoria composta por, no mínimo, três membros; b) Conselho de Representantes e c) Conselho Fiscal.

2.3.4. Estabilidade sindical

A CF/1988, em seu art. 8º, VIII, bem como o art. 543, § 3º, da CLT, ensinam que é vedada a dispensa sem justa causa do empregado sindicalizado a partir do registro de sua candidatura a cargo de direção ou representação sindical e, se eleito, ainda que suplente, até um ano após o mandato, salvo se cometer falta grave.

A falta grave necessitará ser apurada mediante a instauração de inquérito judicial para apuração de falta grave, nos termos do art. 853 e seguintes da CLT.

Nesse sentido é a Súmula 379 do TST: "O dirigente sindical somente poderá ser dispensado por falta grave mediante a apuração em inquérito judicial, inteligência dos arts. 494 e 543, § 3º, da CLT".

Para que o empregado adquira a estabilidade é indispensável que a entidade sindical comunique o empregador, na forma do § 5º do art. 543 da CLT, por escrito, no prazo de 24 (vinte e quatro) horas, o dia e a hora do registro da candidatura do seu empregado e, em igual prazo, sua eleição e posse.

Vale dizer que o registro da candidatura a cargo de dirigente sindical durante o período de aviso-prévio, ainda que indenizado, não lhe assegura a estabilidade, em conformidade com a Súmula 369, V, do TST.

O art. 522 da CLT estabelece que a administração do sindicato será exercida por uma diretoria constituída no máximo de sete e no mínimo de três membros e de um conselho fiscal composto de três membros, eleitos esses órgãos pela assembleia geral.

Desta forma, os 7 (sete) dirigentes sindicais, bem como seus suplentes, farão jus à estabilidade prevista no citado dispositivo. Nesse sentido o TST firmou entendimento cristalizado na Súmula 369, item II, de acordo com a redação dada pela Resolução 174/2011 do mesmo tribunal.

No entanto, a estabilidade em questão não será assegurada aos membros do conselho fiscal, na medida em que exercem fiscalização financeira do sindicato, não exercendo função de representação da categoria.

Com relação ao empregado de categoria diferenciada, apenas desfrutará da estabilidade caso exerça na empresa atividade pertinente à categoria profissional do sindicato para o qual foi eleito dirigente.

Por último, importa ressaltar que, havendo extinção da atividade empresarial no âmbito da base territorial do sindicato, não há razão para subsistir a estabilidade.

2.3.5. Centrais sindicais

Devem ser entendidas como entidades associativas de direito privado compostas por organizações sindicais de trabalhadores. São entidades de representação geral dos trabalhadores, constituídas em âmbito nacional e possuem natureza jurídica de direito privado, sendo associações civis.

Nas lições de Gustavo Felipe Barbosa Garcia (em *Curso de Direito do Trabalho*, 2ª ed., São Paulo, Método, 2008, p. 1104), "são órgãos de cúpula, intercategoriais, de âmbito nacional, coordenando os demais órgãos, sem integrar o sistema sindical confederativo regulado na Constituição Federal".

As centrais sindicais têm como atribuições coordenar a representação dos trabalhadores por meio das organizações sindicais a elas filiadas e também participar de negociações em fóruns, colegiados de órgãos públicos e demais espaços de diálogo social que possuam composição tripartite, nos quais estejam em discussão assuntos de interesse geral dos trabalhadores.

Detalhe importante no que diz respeito às centrais sindicais é que mesmo com a edição da Lei 11.648/2008, que reconheceu formalmente as centrais sindicais, elas não fazem parte do sistema sindical brasileiro.

As centrais sindicais não integram o sistema confederativo previsto na Constituição Federal, tampouco na CLT, que se baseia na unicidade de representação em todos os níveis.

São consideradas associações civis, legalmente constituídas, nos termos do que estabelece o art. 5º, incisos XVII e XXI, da CF.

Na condição de associações civis que são, as centrais sindicais não têm legitimidade jurídica para "decretar greves, celebrar convenções ou acordos coletivos de trabalho, instituir juízo arbitral ou representar categoria de trabalhadores em dissídio coletivo da competência da Justiça do Trabalho", nas lições de Arnaldo Süssekind (em *Direito Constitucional do Trabalho*, 2ª ed. ampliada e atualizada, Rio de Janeiro/São Paulo, Renovar, 2001, p.389).

É importante ressaltar, desta forma, que, não sendo as Centrais Sindicais uma associação de natureza sindical, mas sim de natureza civil, não faz jus seu dirigente à estabilidade sindical prevista no art. 8º, VIII, da CF.

2.4. Modelos sindicais

2.4.1. *Unicidade sindical*

Modelo baseado em reconhecer um único sindicato como representante de cada grupo profissional.

Consagrado na CF/1988 em seu art. 8º, II, significa dizer que não pode haver criação de mais de uma organização sindical, em qualquer grau, de uma mesma categoria profissional ou econômica na mesma base territorial, que deve ser, no mínimo, igual ao território de um Município.

2.4.2. *Unidade sindical*

Não se confunde unidade sindical com a já estudada unicidade sindical.

De acordo com essa modalidade, um único sindicato representa a categoria. Essa determinação não decorre de lei, mas sim de decisão tomada pelos próprios interessados.

Por não ser imposta por lei, é plenamente compatível com o princípio da liberdade sindical, sendo compatível, também, com a Convenção 87 da Organização Internacional do Trabalho – OIT.

2.4.3. *Pluralismo sindical*

Modelo de organização por meio do qual os próprios trabalhadores escolhem a forma de representação de modo flexível e através de uma escolha política.

Nesse modelo, não adotado pelo Brasil, existe mais de um ente sindical representando a mesma categoria, na mesma base territorial.

Está em perfeita harmonia com o princípio da liberdade sindical, na medida em que autoriza os interessados a se unirem e organizarem entes sindicais, independentemente da existência de outro sindicato.

2.5. Sistema de custeio

O custeio dos sindicatos é formado por quatro sistemas, denominados: contribuição legal, contribuição assistencial, contribuição confederativa e contribuição voluntária.

2.5.1. *Contribuição sindical*

De natureza compulsória, a contribuição sindical possui natureza jurídica de imposto, ou seja, seu pagamento é obrigatório por todo trabalhador.

Disciplinada nos arts. 578 a 610 da CLT, é devida por todos os membros de uma categoria econômica ou profissional, independentemente de filiação.

De acordo com o art. 580 consolidado, a contribuição sindical corresponde, para os empregados, à remuneração de um dia de trabalho; para os agentes ou trabalhadores autônomos e para os profissionais liberais, numa importância correspondente a 30% do maior valor de referência fixado pelo Poder Executivo vigente à época em que é devida a contribuição sindical. Já a patronal corresponde a uma importância proporcional ao capital social da empresa, mediante a aplicação de alíquotas baseada em uma tabela progressiva.

2.5.2. *Contribuição confederativa*

Objetiva custear o sistema confederativo como um todo, ou seja, tanto a categoria profissional como a categoria econômica e encontra-se prevista no inciso IV do art. 8º da Constituição Federal: "a assembleia geral fixará a contribuição que, em se tratando de categoria profissional, será descontada em folha, para custeio do sistema confederativo da representação sindical respectiva, independentemente da contribuição prevista em lei".

Essa contribuição é devida somente aos associados, posição firmada pelo STF por meio da Súmula 666 que ensina: "a contribuição confederativa de que trata o art. 8º, IV, da Constituição, só é exigível dos filiados ao sindicato respectivo".

Nessa mesma linha, a Seção de Dissídios Coletivos do TST editou a Orientação Jurisprudencial 17, que dispõe:

> ORIENTAÇÃO JURISPRUDENCIAL 17 DA SDC – CONTRIBUIÇÕES PARA ENTIDADES SINDICAIS. INCONSTITUCIONALIDADE DE SUA EXTENSÃO A NÃO ASSOCIADOS.
>
> As cláusulas coletivas que estabeleçam contribuição em favor de entidade sindical, a qualquer título, obrigando trabalhadores não sindicalizados, são ofensivas ao direito de livre associação e sindicalização, constitucionalmente assegurado, e, portanto, nulas, sendo passíveis de devolução, por via própria, os respectivos valores eventualmente descontados.

2.5.3. *Contribuição assistencial*

Prevista no art. 513, alínea *e*, da CLT, consiste em uma contribuição dada em favor do sindicato, em razão dos custos decorrentes da negociação coletiva. Na maioria das vezes essa contribuição é fixada em negociação coletiva.

Como a contribuição é confederativa, ela somente pode ser cobrada dos associados, posição adotada pelo TST no Precedente Normativo 119.

> Precedente Normativo 119
>
> "Contribuições Sindicais – Inobservância de preceitos Constitucionais. A Constituição da República, em seus arts. 5º, XX e 8º, V, assegura o direito de livre associação e sindicalização. É ofensiva a essa modalidade de liberdade cláusula constante de acordo, convenção coletiva ou sentença normativa estabelecendo contribuição em favor de entidade sindical a título de taxa para custeio do sistema confederativo, assistencial, revigoramento ou fortalecimento sindical e outras da mesma espécie, obrigando trabalhadores não sindicalizados. Sendo nulas as estipulações que inobservem tal restrição, tornam-se passíveis de devolução os valores irregularmente descontados."

2.5.4. *Contribuição voluntária*

A contribuição voluntária também é chamada de "mensalidade sindical". Ela está prevista no estatuto da entidade sindical, sendo devida somente pelos filiados do sindicato.

2.6. Substituição Processual dos Sindicatos

A norma contida no inciso III do art. 8º da CF confere aos sindicatos legitimidade ativa e passiva para representar os trabalhadores integrantes da categoria profissional em processos judiciais e administrativos.

O citado dispositivo constitucional assegura a substituição processual geral e irrestrita aos sindicatos e não mera representação processual.

Tratada no art. 12 do CPC[6], podemos dizer que na representação o representante age em nome do representado, ou seja, atua em nome alheio, na defesa de um interesse alheio.

Vale dizer que o representante não é parte do processo, a parte no processo é o representado.

Na substituição processual, a lei autoriza que alguém vá a juízo defender em nome próprio interesses alheios. Nesta, o substituto processual age em nome próprio, ou seja, é a parte no processo, porém atua na defesa de interesses dos substituídos.

A substituição pelo sindicato abrange todos os membros da categoria, indistintamente, sejam eles filiados ou não ao respectivo sindicato.

A substituição não é ilimitada, sendo aplicável apenas nas hipóteses em que a lei expressamente autorizar.

Desse modo, e nos termos da legislação em vigor, os sindicatos têm legitimidade para representar seus integrantes, como substituto processual, nas seguintes questões:

a) ação de cumprimento de sentença normativa ou de acordo homologado em processo de dissídio coletivo, nos termos do art. 872, parágrafo único, da CLT;

b) procedimento administrativo para aferição de insalubridade ou periculosidade em estabelecimento ou local de trabalho, conforme art. 195, § 1º, da CLT;

c) ação de cobrança dos adicionais de insalubridade ou periculosidade, nos moldes do art. 195, § 2º, da CLT. Nesse sentido é a Orientação Jurisprudencial 121 da SDI 1 do TST, que dispõe: "O sindicato tem legitimidade para atuar na qualidade de substituto processual para pleitear diferença de adicional de insalubridade".

Ademais, poderá ser substituto processual em:

d) ação objetivando a efetivação dos depósitos relativos ao FGTS (art. 25 da Lei 8.036/1990).

Além dessas prerrogativas processuais, há de se frisar que somente o sindicato possui legitimidade para participar das negociações que objetivam a celebração de acordo ou convenção coletiva de trabalho, afastando, assim, a possibilidade de participação de qualquer outro ente em tais negociações.

No entanto, nos termos da Orientação Jurisprudencial 19 da SDC do TST, para a instauração de instância contra empresas sua legitimidade está condicionada à prévia autorização dos trabalhadores da suscitada diretamente envolvidos no conflito.

Vale lembrar que, para ser reconhecida como tal, a entidade sindical deve proceder ao registro no cartório de registro civil das pessoas jurídicas e, ainda, no Ministério do Trabalho. Nessa linha a Seção de Dissídios Coletivos do TST decidiu:

> ORIENTAÇÃO JURISPRUDENCIAL 15 DA SDC DO TST – SINDICATO. LEGITIMIDADE "AD PROCESSUM". IMPRESCINDIBILIDADE DO REGISTRO NO MINISTÉRIO DO TRABALHO.
>
> A comprovação da legitimidade "ad processum" da entidade sindical se faz por seu registro no órgão competente do Ministério do Trabalho, mesmo após a promulgação da Constituição Federal de 1988.

Por último, importante ressaltar que, ocorrendo substituição processual pelo sindicato, serão devidos honorários do advogado, nos termos da Súmula 219, item III, do TST. O raciocínio utilizado pelo Tribunal Superior segue a linha das causas em que o sindicato presta assistência judiciária gratuita ao empregado, nos termos do art. 14 da Lei 5.584/1970.

Dispõe a Súmula 219, item III, do TST:

> SÚMULA 219 TST – HONORÁRIOS ADVOCATÍCIOS. HIPÓTESE DE CABIMENTO
>
> (...)
>
> III – São devidos os honorários advocatícios nas causas em que o ente sindical figure como substituto processual e nas lides que não derivem da relação de emprego.

3. CONFLITOS COLETIVOS DE TRABALHO

3.1. Conceito

São conflitos nos quais estão em disputa interesses abstratos de uma categoria ou grupo. Em outras palavras, quando o interesse de determinada categoria profissional se opõe à resistência da categoria econômica, surgem os conflitos coletivos de trabalho.

Os dissídios coletivos objetivam atender interesses abstratos de sujeitos indetermináveis que pertençam ou venham a pertencer a alguma categoria.

O traço marcante do dissídio coletivo é a indeterminação de sujeitos que pertencem ou pertencerão a alguma categoria, cujos interesses abstratos estão em conflito.

Os conflitos coletivos de trabalho não podem ser confundidos com os dissídios individuais plúrimos.

Isso porque, nos dissídios plúrimos, os trabalhadores figuram no polo ativo da demanda em litisconsórcio, defendendo interesses concretos de cada um deles.

3.1.1. *Competência*

Nos dissídios coletivos, a competência é originária dos Tribunais, ou seja, esses conflitos se iniciam em um Tribunal Regional do Trabalho – TRT ou no Tribunal Superior do Trabalho – TST e nunca nas varas do trabalho, como ocorre nos dissídios individuais, inclusive nos plúrimos.

A competência será dos Tribunais Regionais do Trabalho, nos termos do art. 678 da CLT: ao Pleno, quando

6. Art. 75 do CPC/2015.

divididos em Turmas, ou, onde houver, à Seção Especializada em dissídios coletivos, quando a base territorial do sindicato limitar-se a um Estado; ou a competência será do Tribunal Superior do Trabalho, caso a base territorial do sindicato exceda a jurisdição dos Tribunais Regionais do Trabalho, ou seja, caso abranja mais de um Estado, em conformidade com o art. 702, I, alínea "b", da CLT.

3.1.2. Processamento

Havendo convenção, acordo ou sentença normativa em vigor, o dissídio coletivo deverá ser instaurado dentro dos 60 dias anteriores ao respectivo termo final para que o novo instrumento possa ter vigência no dia imediato a esse termo.

Em dissídios coletivos não há contestação nem, tampouco, há que se falar em revelia, tendo em vista não haver pedido, mas sim propostas de criação de novas normas.

Recebida e protocolada a petição do dissídio, o Presidente do Tribunal designará a audiência de conciliação, dentro do prazo de 10 dias, determinando a notificação dos dissidentes.

Na audiência marcada, comparecendo ambas as partes, o Presidente do Tribunal as convidará para se pronunciarem sobre as bases da conciliação. Caso não sejam aceitas as bases propostas, o Presidente submeterá aos interessados a solução que lhe pareça capaz de resolver o dissídio.

Havendo acordo, o Presidente o submeterá à homologação do Tribunal na primeira sessão.

Não havendo acordo, ou não comparecendo ambas as partes ou uma delas, o Presidente submeterá o processo a julgamento, depois de realizadas as diligências que entender necessárias.

3.2. Classificação

Os conflitos coletivos de trabalho podem ser classificados em: conflitos coletivos de natureza econômica e conflitos coletivos de natureza jurídica.

3.2.1. Conflitos coletivos de natureza econômica

Para a instituição de normas e condições de trabalho, como, por exemplo, reajustes salariais, jornadas de trabalho, dentre outras, voltadas à observância nos contratos individuais de trabalho.

3.2.2. Conflitos coletivos de natureza jurídica

Objetivam interpretar disposição normativa específica da categoria. Têm por finalidade tornar possível a aplicação de norma já existente através da interpretação. Portanto, possui natureza declaratória e não constitutiva.

A interpretação não pode se operar sobre fato genérico, mas sim sobre fato concreto, a teor da Orientação Jurisprudencial 7 da SDC do TST que assim dispõe: "Dissídio Coletivo. Natureza jurídica. Interpretação de norma de caráter genérico. Inviabilidade. Não se presta o dissídio coletivo de natureza jurídica à interpretação de normas de caráter genérico, a teor do disposto no art. 313, II, do RITST".

Assim, vale dizer que, nos termos da Orientação Jurisprudencial 9 da SDC do TST, "o dissídio coletivo não é meio próprio para o sindicato vir a obter o reconhecimento de que a categoria que representa é diferenciada, pois esta matéria – enquadramento sindical – envolve a interpretação de norma genérica, notadamente do art. 577 da CLT".

O atual art. 114 da CF, com a redação dada pela Emenda Constitucional 45/2004, estabelece que no dissídio de natureza jurídica a tentativa de negociação coletiva não é condição da ação ou pressuposto processual para a instauração do dissídio.

Podem os dissídios coletivos ainda ser classificados como:

3.2.3. Originário

Será aplicado quando inexistentes ou em vigor normas e condições especiais de trabalho, decretadas em sentença normativa.

3.2.4. De revisão

São dissídios destinados a reavaliar normas e condições coletivas de trabalho preexistentes que se tornaram injustas ou ineficazes pela modificação das circunstâncias que as ditaram.

3.2.5. De declaração

Os dissídios de declaração são realizados em razão da paralisação do trabalho decorrente de greve.

Importa ressaltar que o acordo judicial homologado no processo de dissídio coletivo, abrangendo a totalidade ou parte das pretensões, tem força de decisão irrecorrível para as partes.

3.3. Formas de Solução

Os conflitos coletivos podem se resolver de diversos modos.

3.3.1. Autodefesa

Nessa modalidade, as próprias partes procedem à defesa de seus interesses, como, por exemplo, a greve e o *lockout*.

A greve, que será estudada no item 4, adiante, é um direito de todo trabalhador consagrado no art. 9º da CF e regulado pela Lei 7.783/1989.

Já o *lockout* é proibido no Brasil, nos termos do art. 17 da Lei 7.783/1989, que dispõe: "Fica vedada a paralisação das atividades, por iniciativa do empregador, com o objetivo de frustrar negociação ou dificultar o atendimento de reivindicações dos respectivos empregados (*lockout*)".

3.3.2. Autocomposição

Por essa modalidade a solução do conflito é realizada pelas próprias partes, sem a interferência de qualquer agente externo.

Em outras palavras, é um procedimento em que os próprios interessados resolvem suas controvérsias, como, por exemplo, a convenção coletiva e os acordos coletivos de trabalho.

A autocomposição se subdivide em:

3.3.2.1. Unilateral

Ocorre na hipótese de renúncia de parte da pretensão ou pelo reconhecimento da pretensão da parte adversa.

3.3.2.2. Bilateral

Nesse caso ocorrem concessões recíprocas, com natureza de transação.

3.3.3. Heterocomposição

A solução do conflito se dá pela interferência de um terceiro estranho à lide, geralmente um órgão do Estado, independente de aceitação das partes integrantes da controvérsia.

A heterocomposição pode ocorrer de dois modos, a saber:

3.3.3.1. Arbitragem

Prevista na Constituição Federal no art. 114, §§ 1º e 2º, na Lei 7.783/1989 em seu art. 3º, *caput*, na Lei 10.101/2000 no art. 4º, inciso II, e regulada pela Lei 9.307/1996, consiste em uma forma alternativa de resolver conflitos por meio da qual as partes estabelecem no contrato que, em vez de procurar o Poder Judiciário, irão utilizar o juízo arbitral para a solução da controvérsia.

Nessa linha, o art. 114, § 1º, da CF estabelece que, frustrada a negociação coletiva, poderão as partes eleger árbitro.

A convenção de arbitragem pode ser pactuada por compromisso arbitral ou por cláusula compromissória, sendo que o árbitro é um terceiro escolhido pelas próprias partes, que poderão determinar o procedimento a ser adotado, bem como o prazo para a conclusão da arbitragem.

Uma vez submetido à arbitragem, o processo torna-se sigiloso, característica que apenas pode ser quebrada pelas partes.

A convenção de arbitragem não viola o livre acesso ao Poder Judiciário (art. 5º, XXXV, da CF), na medida em que a escolha fica a cargo das próprias partes.

O procedimento arbitral apenas poderá ser realizado para causas que tratarem sobre direitos patrimoniais disponíveis, razão pela qual não é admitida em dissídios individuais trabalhistas, sendo admitida, somente, em se tratando de dissídio coletivo de trabalho.

3.3.3.2. Jurisdição

Etimologicamente, a palavra "jurisdição" provém do termo latim *iurisdictio*, o qual significa "dizer o direito".

Nessa modalidade, para a solução do conflito, constata-se a interferência de um agente externo, o Estado. O órgão do Estado que faz a intermediação para o conflito de interesses é o Juiz do Trabalho, sendo possível, em se tratando de dissídios coletivos de natureza econômica, a incidência do poder normativo da Justiça do Trabalho, que será estudado em seguida

Nessa linha, estabelece o art. 114, § 2º, da CF:

> **Art. 114.** (...)
>
> § 2º Recusando-se qualquer das partes à negociação coletiva ou à arbitragem, é facultado às mesmas, de comum acordo, ajuizar dissídio coletivo de natureza econômica, podendo a Justiça do Trabalho decidir o conflito, respeitadas as disposições mínimas legais de proteção ao trabalho, bem como as convencionadas anteriormente.

Em primeiro lugar, é importante ressaltar que a exigência do dispositivo em comento se dá apenas para o dissídio coletivo de natureza econômica, não sendo requisito para o ajuizamento do dissídio coletivo de natureza jurídica.

Pois bem. Conforme a redação do art. 114, § 2º, da CF, o dissídio coletivo de natureza econômica somente poderá ser ajuizado uma vez que não for obtida a solução do conflito pela negociação coletiva ou se as partes se recusarem a realizar a arbitragem.

Desse modo, é uma condição da ação específica do dissídio coletivo a recusa à negociação prévia ou à arbitragem, sem as quais não existirá interesse processual para o ajuizamento do dissídio.

O dispositivo em questão traz, ainda, como exigência o "comum acordo". Exige-se, portanto, o consenso entre as partes envolvidas no conflito para a instauração do dissídio.

Por último, importante destacar que nos termos da OJ 22 da SDC do TST, "é necessária a correspondência entre as atividades exercidas pelos setores profissional e econômico, a fim de legitimar os envolvidos no conflito a ser solucionado pela via do dissídio coletivo".

3.3.3.2.1. Poder normativo da Justiça do Trabalho

O poder normativo consiste na competência legal dos Tribunais trabalhistas de criarem novas normas jurídicas nas decisões que proferem em dissídios coletivos. Nas lições de Renato Saraiva (em *Curso de Direito Processual do Trabalho*, 4ª ed., São Paulo, Método, 2007, p. 823), o poder normativo da Justiça do Trabalho

> consiste na competência constitucionalmente assegurada aos Tribunais laborais de solucionar os conflitos coletivos de trabalho, estabelecendo, por meio da denominada sentença normativa, normas gerais e abstratas de conduta, de observância obrigatória para as categorias profissionais e econômicas abrangidas pela decisão, repercutindo nas relações individuais de trabalho.

No julgamento dos dissídios coletivos, os tribunais resolvem o conflito com regras aplicáveis às relações de trabalho em geral das entidades envolvidas mediante o uso de normas legais já existentes, como ocorre nos dissídios coletivos de revisão, ou da criação de novas normas, como no dissídio coletivo de natureza econômica. Portanto, quando os Tribunais decidem sobre as disputas coletivas de trabalho estão autorizados, por lei, a exercer função tipicamente legislativa. Contudo, esse poder não é ilimitado.

Tem como limite as normas mínimas de proteção do trabalho já existentes, ou seja, o poder normativo encontra limites na própria lei, somente podendo atuar no vazio deixado pela norma, não sendo lícito, entretanto, sobrepor-se ou contrariar a legislação em vigor.

Desta maneira, as normas contidas na legislação trabalhista e aquelas normas já convencionadas e em vigor deverão ser observadas, não podendo o poder normativo afrontar tais disposições de forma a prejudicar os trabalhadores.

3.3.4. Sentença normativa

A decisão proferida pelos Tribunais Regionais do Trabalho ou pelo Tribunal Superior do Trabalho no julgamento dos dissídios coletivos leva o nome de sentença normativa.

Tem esse nome porque possui cláusulas normativas que estabelecem benefícios individuais para os trabalhadores, como, por exemplo, reajuste de salário, entre outros.

As sentenças normativas, além de possuírem cláusulas normativas, podem também estabelecer cláusulas obrigacionais estipulando direitos e deveres recíprocos, como, por exemplo, um adicional maior do que aquele estabelecido por lei.

Insta ressaltar que, em se tratando de dissídio coletivo de natureza econômica, a sentença normativa terá natureza constitutiva, ao passo que se o dissídio for de natureza jurídica a sentença possuirá natureza declaratória.

3.3.4.1. Vigência

O início da vigência da sentença normativa pode ocorrer em 3 momentos:

a) a partir da data de sua publicação na imprensa oficial, quando ajuizado após o prazo de 60 dias estabelecido no art. 616, § 3º, da CLT;

b) a partir do dia do termo final da vigência do acordo coletivo, convenção coletiva ou sentença normativa, quando ajuizado dentro desse mesmo prazo de 60 dias;

c) a partir da data do ajuizamento, caso não haja acordo coletivo, convenção coletiva ou sentença normativa em vigor.

O prazo máximo para a vigência da sentença normativa é de 4 anos, a teor do art. 868, parágrafo único, da CLT e não pode ser confundido com o prazo máximo de 2 anos para a vigência do acordo ou convenção coletiva.

3.3.5. Ação de cumprimento

A sentença normativa, quando não cumprida, não deve ser executada como acontece com as decisões proferidas em dissídio individual, isso porque não possui natureza condenatória, como vimos.

Esta decisão submete-se ao que chamamos de ação de cumprimento, como ensina o art. 872 da CLT:

> **Art. 872.** Celebrado o acordo, ou transitada em julgado a decisão, seguir-se-á o seu cumprimento, sob as penas estabelecidas neste Título.
>
> Parágrafo único. Quando os empregadores deixarem de satisfazer o pagamento de salários, na conformidade da decisão proferida, poderão os empregados ou seus sindicatos, independentes de outorga de poderes de seus associados, juntando certidão de tal decisão, apresentar reclamação à Junta ou Juízo competente, observado o processo previsto no Capítulo II deste Título, sendo vedado, porém, questionar sobre a matéria de fato e de direito já apreciada na decisão.

A ação de cumprimento é uma ação de conhecimento de cunho condenatório, proposta pelo sindicato, como substituto processual, ou pelos próprios trabalhadores perante a vara do trabalho, em conformidade com o art. 651 da CLT, sendo vedado, porém, questionar sobre a matéria de fato e de direito já apreciada na decisão.

É importante lembrar que o prazo prescricional para seu ajuizamento é de 2 anos (art. 7º, XXIX, da CF/1988) e, embora seja dispensável o trânsito em julgado da sentença normativa para a propositura da ação de cumprimento, o prazo prescricional será contado a partir de seu trânsito em julgado, em conformidade com a Súmula 350 do TST: "Prescrição. Termo inicial. Ação de Cumprimento. Sentença Normativa – O prazo de prescrição com relação à ação de cumprimento de decisão normativa flui apenas da data de seu trânsito em julgado".

3.4. Negociação coletiva

Nas lições de Alice Monteiro de Barros (em *Curso de Direito do Trabalho*, 3ª ed., São Paulo, LTr, 2007, p. 1224), a negociação coletiva consiste em "uma modalidade de autocomposição de conflitos advinda do entendimento entre os interlocutores sociais". Em outras palavras, é uma modalidade de autocomposição de conflitos assim como a conciliação.

Nessa linha, para a instituição de convenções e acordos coletivos é exercida a autonomia coletiva dos particulares, através do poder normativo, o que possibilita a solução dos conflitos coletivos pelas próprias partes envolvidas.

A prática de negociação coletiva gera a contratação coletiva de trabalho e os interessados fixam normas que regulam as suas relações jurídicas.

A contratação coletiva de trabalho ou o contrato coletivo de trabalho são formados pelas convenções coletivas de trabalho e acordos coletivos de trabalho, em conformidade com o art. 7º, XXVI, da CF/1988.

3.4.1. Convenção coletiva

Disciplinada no art. 611, *caput*, da CLT, "é o acordo de caráter normativo, pelo qual dois ou mais Sindicatos representativos de categorias econômicas e profissionais estipulam condições de trabalho, aplicáveis no âmbito das respectivas representações, às relações individuais de trabalho". Em outras palavras, é o acordo de caráter normativo, entre um ou mais sindicatos de empregados e de empregadores, de modo a definir as condições de trabalho que serão observadas em relação a todos os trabalhadores dessas empresas.

3.4.2. Acordo coletivo

Encontra-se previsto no art. 611, § 1º, da CLT, que leciona:

> É facultado aos Sindicatos representativos de categorias profissionais celebrar Acordos Coletivos com uma ou mais empresas da correspondente categoria econômica, que estipulem condições de trabalho, aplicáveis no âmbito da empresa ou das acordantes respectivas relações de trabalho.

É, portanto, o pacto entre uma ou mais empresas com o sindicato da categoria profissional, em que são estabelecidas condições de trabalho aplicáveis às empresas envolvidas.

Desta forma, a principal diferença entre convenção coletiva de trabalho e acordo coletivo de trabalho reside no fato de que na primeira temos a presença de ambos os sindicatos, ou seja, sindicatos dos empregados (categoria profissional) e dos sindicatos dos empregadores (categoria econômica), ao passo que no segundo temos de um lado o sindicato dos trabalhadores e de outro lado a empresa, sem estar representada pelo sindicato.

Assim sendo, é obrigatória a presença dos sindicatos dos trabalhadores nas negociações coletivas para se pactuar acordo coletivo.

Cabe lembrar a regra contida no art. 617, § 1º, da CLT que cuida da hipótese do sindicato da categoria profissional que, no prazo de 8 dias, não avoca a direção dos entendimentos entre os interessados para a concretização do acordo coletivo de trabalho.

Nessa hipótese, poderão os interessados dar conhecimento do fato à Federação a que estiver vinculado o sindicato e, na sua ausência, deverão comunicar à Confederação, para que no mesmo prazo assuma a direção dos entendimentos.

Se, ainda assim, nenhuma entidade assumir o encargo ou se ultrapassado esse prazo, poderão os interessados prosseguir diretamente na negociação coletiva até o final.

3.4.3. Cláusulas

As cláusulas contidas nos acordos e convenções coletivas de trabalho podem ser classificadas como:

3.4.3.1. Cláusulas obrigacionais

São aquelas que estabelecem direitos e obrigações a serem cumpridas pelas partes pactuantes, como, por exemplo, uma cláusula que prevê o pagamento de uma multa pelo descumprimento do acordo ou da convenção coletiva.

3.4.3.2. Cláusulas normativas

São aquelas que estabelecem condições de trabalho capazes de refletir nos contratos individuais da categoria envolvida, como, por exemplo, uma cláusula que confira um aumento salarial para aquela determinada categoria profissional.

3.4.4. Condições de validade e vigência

O art. 613 da CLT traz um rol com as matérias que devem constar obrigatoriamente nas convenções e acordos coletivos, vejamos:

> **Art. 613.** As Convenções e os Acordos deverão conter obrigatoriamente:
>
> I – Designação dos Sindicatos convenentes ou dos Sindicatos e empresas acordantes;
>
> II – Prazo de vigência;
>
> III – Categorias ou classes de trabalhadores abrangidas pelos respectivos dispositivos;
>
> IV – Condições ajustadas para reger as relações individuais de trabalho durante sua vigência;
>
> V – Normas para a conciliação das divergências sugeridas entre os convenentes por motivos da aplicação de seus dispositivos;
>
> VI – Disposições sobre o processo de sua prorrogação e de revisão total ou parcial de seus dispositivos;
>
> VII – Direitos e deveres dos empregados e empresas;
>
> VIII – Penalidades para os Sindicatos convenentes, os empregados e as empresas em caso de violação de seus dispositivos.

É importante destacar que o parágrafo único do mencionado dispositivo legal estabelece que as convenções e os acordos coletivos de trabalho serão celebrados por escrito, sem emendas nem rasuras, em tantas vias quantos forem os Sindicatos convenentes ou as empresas acordantes, além de outra destinada a registro.

Nos termos do art. 614, § 3º, da CLT, a convenção coletiva e o acordo coletivo terão prazo máximo de validade de dois anos e, nos termos do art. 614, § 1º, da CLT, as convenções e os acordos entrarão em vigor 3 (três) dias após a data da entrega destes no órgão referido neste artigo.

É importante ressaltar, ainda, o recente entendimento do Colendo Tribunal Superior do Trabalho consubstanciado na Súmula 277, que assim dispõe:

> SÚMULA 277 TST – CONVENÇÃO COLETIVA DE TRABALHO OU ACORDO COLETIVO DE TRABALHO. EFICÁCIA. ULTRATIVIDADE.
>
> As cláusulas normativas dos acordos coletivos ou convenções coletivas integram os contratos individuais de trabalho e somente poderão ser modificadas ou suprimidas mediante negociação coletiva de trabalho.

Para que seja válida, a norma coletiva terá que ser precedida de Assembleia Geral convocada para esse fim, de acordo com as determinações de seus respectivos Estatutos. Em primeira convocação, deverão comparecer e votar 2/3 (dois terços) dos associados da entidade, em se tratando de convenção. Em se tratando de acordo, 2/3 (dois terços) dos interessados. Na segunda convocação, deverá comparecer 1/3 (um terço) dos membros.

O *quorum* de comparecimento e votação será de 1/8 (um oitavo) dos associados em segunda convocação nas entidades sindicais que tenham mais de 5.000 associados.

3.4.5. Negociação coletiva na administração pública

Em regra, o servidor público tem direito a sindicalização, mas não pode negociar por acordo ou convenção coletiva de trabalho, em razão do princípio da legalidade que norteia a Administração Pública direta e indireta de qualquer dos Poderes da União, dos Estados, do Distrito Federal e dos Municípios, em conformidade com o art. 37 da CF.

Contudo, para as empresas públicas e sociedades de economia mista, há a possibilidade da utilização de acordos e convenções coletivas, na medida em que estas entidades seguem o regime das empresas privadas.

No entanto, em se tratando de pessoa jurídica de Direito Público que mantenha em seus quadros empregados, será admitido o ajuizamento de dissídio coletivo unicamente para apreciação de cláusulas de natureza social, cuja repercussão econômica independa de prévia dotação orçamentária. Portanto, não será possível dissídio para análise das cláusulas que contenham reivindicações referentes ao rol de vedações constantes no art. 169 da CF.

Dessa forma, o TST conferiu nova redação à Orientação Jurisprudencial 5 da SDC:

DISSÍDIO COLETIVO. PESSOA JURÍDICA DE DIREITO PÚBLICO. POSSIBILIDADE JURÍDICA. CLÁUSULA DE NATUREZA SOCIAL. Em face de pessoa jurídica de direito público que mantenha empregados, cabe dissídio coletivo exclusivamente para apreciação de cláusulas de natureza social. Inteligência da Convenção 151 da Organização Internacional do Trabalho, ratificada pelo Decreto Legislativo 206/2010.

4. GREVE

4.1. Conceito

Greve consiste na suspensão coletiva temporária, total ou parcial, da prestação pessoal de serviços a empregador.

A palavra tem origem no termo francês *grève*, utilizado com o mesmo sentido, oriundo da *Place de Grève*, em Paris, na margem do Rio Sena, local utilizado antigamente como palco de reuniões de desempregados e operários insatisfeitos com as condições de trabalho da época.

A greve é um direito fundamental assegurado a todo trabalhador, disciplinado pelo artigo 9º da Constituição Federal, que assim dispõe:

> **Art. 9º.** É assegurado o direito de greve, competindo aos trabalhadores decidir sobre a oportunidade de exercê-lo e sobre os interesses que devam por meio dele defender.
>
> § 1º A lei definirá os serviços ou atividades essenciais e disporá sobre o atendimento das necessidades inadiáveis da comunidade.
>
> § 2º Os abusos cometidos sujeitam os responsáveis às penas da lei.

O direito de greve dos trabalhadores do setor privado é regulamentado pela Lei 7.783/1989.

Para ser considerada greve, a suspensão do trabalho deve ser realizada pelo grupo de empregados de forma coletiva e nunca de forma individual. A suspensão deve, ainda, ser temporária e não de forma definitiva, caso em que poderia ser configurado abandono de emprego.

É importante ressaltar, outrossim, que essa paralisação não poderá ser violenta, ou seja, é vedada a violência a pessoas e bens.

4.1.1. Natureza jurídica

Funda-se no princípio da liberdade de trabalho. Possui natureza jurídica de um direito ou uma liberdade; quanto aos seus efeitos sobre o contrato de trabalho, a greve é considerada, como regra, suspensão do contrato de trabalho. Porém, nada obsta que no instrumento de negociação seja considerada como forma de interrupção do contrato de trabalho, mas jamais será uma forma de extinção do contrato.

4.2. As greves no Brasil

Quanto à evolução legislativa do direito de greve, destaca-se o Código Penal de 1890 que proibia a greve.

As Constituições de 1891 e 1934 não dispunham sobre o direito de greve. Já a Constituição de 1937 considerava a greve como recurso antissocial e nocivo ao trabalho.

Em 1946, a Constituição muda a orientação da norma anterior e reconhece o direito de greve; entre 1967 e 1969 é concedido o direito de greve aos trabalhadores, com exceção dos serviços públicos e atividades essenciais.

Por fim, a Constituição Federal de 1988 assegura o direito de greve, devendo os trabalhadores decidir sobre os interesses que irão defender e a oportunidade de fazê-lo.

As greves foram proibidas no Brasil no período militar (1964-1985), chamados Anos de Chumbo. Ainda assim, nesse período, houve paralisações famosas como a ocorrida em Contagem, Estado de Minas Gerais, e em Osasco, região de São Paulo, em 1968, bem como as greves ocorridas na região do ABC de São Paulo, no final da década de 1970.

4.3. Classificação

Pode ser classificada como:

4.3.1. Quanto à licitude

a) lícita: quando atendidas as determinações legais;

b) ilícitas: quando não são atendidas as determinações impostas pela lei.

4.3.2. Quanto aos limites

a) abusiva: quando são cometidos abusos, excedendo as determinações legais. Nos termos do art. 14 da Lei 7.783/1989 (Lei de Greve), "constitui abuso do direito de greve a inobservância das normas contidas na presente Lei, bem como a manutenção da paralisação após a celebração de acordo, convenção ou decisão da Justiça do Trabalho";

b) não abusivas: aquela exercida dentro das previsões legais, sem excessos.

4.3.3. Quanto à extensão

a) global: aquela que alcança todos os empregados da categoria profissional;

b) parcial: envolve apenas algumas empresas da categoria ou setores da empresa.

É importante lembrar que a chamada "greve de zelo", popularmente conhecida como "operação tartaruga", não pode ser considerada greve na acepção jurídica do termo, na medida em que não há paralisação dos serviços.

4.4. Legitimidade

Por se tratar de um direito de natureza coletiva, a legitimação para iniciação da greve é do sindicato dos trabalhadores.

Na ausência do sindicato, a legitimidade será da federação e na ausência desta última a legitimidade será da confederação. Persistindo a ausência, é admitida comissão de negociação pelos próprios trabalhadores. Essa comissão representará os interesses dos trabalhadores nas negociações ou na própria Justiça do Trabalho.

O titular desse direito, porém, é o trabalhador. Recai nele o ônus de decidir sobre a oportunidade de exercer tal direito. Aliás, são os trabalhadores que decidem sobre a conveniência e sobre os interesses a serem defendidos no processo de greve.

4.5. Limitações

O direito à greve não constitui um direito absoluto, podendo sofrer limitações. Essas limitações ao seu exercício devem ser observadas e consistem em disposições constitucionais que visam a garantir a segurança e a ordem pública, bem como a defender interesses da coletividade.

Nessa linha, o direito de greve, como direito constitucional que é, necessita conviver com outros direitos e garantias constitucionais, como o direito à vida, liberdade, segurança e propriedade, assegurados no art. 5º, *caput*, da CF.

É importante lembrar que pela determinação contida no art. 142, § 3º, IV, da CF aos militares são proibidas a sindicalização e a greve.

4.6. Processamento

A primeira fase pode ser tida como preparatória. Para a deflagração da greve é obrigatória prévia tentativa de negociação, tendo em vista que a lei somente autoriza o início da paralisação quando frustrada a autocomposição. Nesse sentido, o TST entendeu na Orientação Jurisprudencial 11 da SDC que "é abusiva a greve levada a efeito sem que as partes hajam tentado, direta e pacificamente, solucionar o conflito que lhe constitui o objeto".

Não havendo êxito na negociação coletiva é facultado às partes solucionar o conflito por meio da arbitragem.

Ultrapassadas essas fases, a Assembleia Geral será convocada a fim de se definir as reivindicações a serem feitas pela categoria.

A última etapa consiste no aviso prévio de greve, não sendo lícita a greve surpresa, na medida em que o empregador tem o direito de saber, de forma antecipada, sobre a futura paralisação.

Nesse sentido, o art. 3º, parágrafo único, da Lei 7.783/1989 estabelece que para a deflagração da greve em serviços ou atividades em geral, ou não essenciais, as entidades sindicais ou os trabalhadores são obrigados a comunicar a decisão à população com antecedência mínima de 48 (quarenta e oito) horas.

Já para a greve em serviços ou atividades essenciais, as entidades sindicais de empregadores ou os empregadores ficam obrigados, conforme o caso, a comunicar à população com antecedência mínima de 72 (setenta e duas) horas a operacionalização dos serviços mínimos.

4.6.1. *Definição de serviços e atividades essenciais*

São considerados serviços e atividades essenciais:

a) tratamento e abastecimento de água, produção e distribuição de energia elétrica, gás e combustíveis;

b) assistência médica e hospitalar;

c) distribuição e comercialização de medicamentos e alimentos;

d) funerários;

e) transporte coletivo;

f) captação e tratamento de esgoto e lixo;

g) telecomunicações;

h) guarda, uso e controle de substâncias radioativas, equipamentos e materiais nucleares;

i) processamento de dados ligados a serviços essenciais;

j) controle de tráfego aéreo;

k) compensação bancária.

É importante ressaltar que, nos serviços ou atividades essenciais, os sindicatos, os empregadores e os trabalhadores ficarão obrigados, de comum acordo, a garantir, durante a greve, a prestação dos serviços indispensáveis ao atendimento das necessidades inadiáveis da comunidade.

Necessidades inadiáveis da comunidade são aquelas que, uma vez não atendidas, colocarão em perigo iminente a sobrevivência, a saúde ou a segurança da população.

Caso não seja observada a citada regra, caberá ao Poder Público assegurar a prestação dos serviços indispensáveis.

Nesse sentido decidiu o Colendo Tribunal Superior do Trabalho através da Orientação Jurisprudencial 38 da SDC: "É abusiva a greve que se realiza em setores que a lei define como sendo essenciais à comunidade, se não é assegurado o atendimento básico das necessidades inadiáveis dos usuários do serviço, na forma prevista na Lei 7.783/1989".

4.7. Efeitos no contrato de trabalho

De acordo com o art. 7º da Lei 7.783/1989, temos que, observadas as condições previstas na lei, a participação em greve suspende o contrato de trabalho, devendo as relações obrigacionais, durante o período, ser regidas pelo acordo, convenção, laudo arbitral ou decisão da Justiça do Trabalho.

Durante a greve é vedada a rescisão de contrato de trabalho, bem como a contratação de trabalhadores para substituição daqueles que aderiram à greve.

No entanto, o empregador poderá, quando não houver acordo e enquanto perdurar a greve, contratar diretamente os serviços necessários para assegurar a realização daqueles cuja paralisação resulte em prejuízo irreparável, pela deterioração irreversível de bens, máquinas e equipamentos, bem como a manutenção daqueles essenciais à retomada das atividades da empresa quando da cessação do movimento grevista, ou ainda, em caso de abuso do direito de greve.

Sobre o tema é importante trazer a disposição da Orientação Jurisprudencial 10 da SDC do TST:

> ORIENTAÇÃO JURISPRUDENCIAL 10 DA SDC DO TST – GREVE ABUSIVA NÃO GERA EFEITOS.
>
> É incompatível com a declaração de abusividade de movimento grevista o estabelecimento de quaisquer vantagens ou garantias a seus partícipes, que assumiram os riscos inerentes à utilização do instrumento de pressão máximo.

4.8. Direitos e deveres dos grevistas

Frustrada a negociação ou verificada a impossibilidade de recursos na via arbitral, é facultada a cessação coletiva do trabalho.

A entidade patronal correspondente ou os empregadores diretamente interessados serão notificados, com antecedência mínima de 48 horas ou 72 horas, a depender do caso, acerca da paralisação.

É direito dos grevistas a utilização de meios pacíficos visando a aliciar os demais trabalhadores a aderirem ao movimento grevista. É permitida, também, a arrecadação de fundos e a livre divulgação do movimento. De outro lado, é dever dos grevistas não proibir o acesso ao trabalho daqueles que assim quiserem, por se tratar de um direito facultativo de cada trabalhador. Também não podem causar ameaça ou dano a propriedade ou pessoa.

4.9. Vedações

É vedado às empresas adotar meios para constranger o empregado ao comparecimento ao trabalho durante o período de greve, bem como aqueles capazes de frustrar a divulgação do movimento.

Em nenhuma hipótese os meios adotados por empregados e empregadores poderão violar ou constranger os direitos e garantias fundamentais de outrem.

4.10. Greve no serviço público

Nos serviços públicos, o direito à greve foi regulado no art. 37, VII, da CF.

Quanto à interpretação deste dispositivo, surgem dois posicionamentos: o primeiro sustenta que o dispositivo mencionado é norma de eficácia limitada, tendo em vista que o exercício do direito de greve pelos servidores públicos depende de lei específica e, enquanto essa lei não for editada, a greve não será permitida no serviço público.

Já o segundo entendimento sustenta que a Constituição Federal autoriza a greve dos servidores públicos na medida em que eliminou a proibição contida na Constituição anterior, sendo este dispositivo de eficácia contida.

A questão foi levada ao Supremo Tribunal Federal (STF) e foi julgada por meio de dois Mandados de Injunção (MIs 670 e 712) impetrados pelo Sindicato dos Servidores Policiais Civis do Espírito Santo (Sindipol) e pelo Sindicato dos Trabalhadores do Poder Judiciário do Estado do Pará (Sinjep), que alegavam omissão do Congresso Nacional por não elaborar, no tempo hábil, lei para regulamentar o direito de greve dos servidores públicos.

Os Ministros decidiram que dispositivos da Lei de Greve (Lei 7.783/1989), que regem o exercício de greve dos trabalhadores da iniciativa privada, também valem para as greves do serviço público.

Em outras palavras, enquanto o Congresso Nacional não regulamentar o dispositivo constitucional que garante o direito de greve do funcionalismo público (art. 37, VII, da CF), será aplicada a Lei 7.783/1989, que regulamenta a greve para o setor privado, guardadas as diferenças entre o serviço público e o privado.

Segundo o voto do Ministro Relator, a Lei 7.783/1989 "não se presta, sem determinados acréscimos, bem assim algumas reduções do seu texto, a regular o exercício do direito de greve pelos servidores públicos". Veja bem, os artigos 10 e 11 da Lei, que definem os serviços e atividades essenciais, não se aplicariam porque todo o serviço público é atividade essencial. Assim, no serviço público, a greve somente será possível se assegurada a prestação dos serviços indispensáveis.

Desta forma, será considerada lícita greve de servidor público desde que não prejudique os serviços prestados ao público em geral.

4.11. Instauração do dissídio de greve

A Justiça do Trabalho, por iniciativa de qualquer das partes ou do Ministério Público do Trabalho, decidirá sobre a procedência, total ou parcial, ou improcedência das reivindicações, cumprindo ao Tribunal publicar, de imediato, o competente acórdão.

A iniciativa é, portanto, de qualquer das partes envolvidas na negociação.

Por outro lado, o art. 114, § 2º, da CF exige o consenso entre as partes para o ajuizamento do dissídio coletivo.

O dissídio de greve contém algumas peculiaridades em relação ao dissídio coletivo de natureza econômica e por isso não pode com ele ser confundido.

No dissídio de greve notam-se aspectos tanto de cunho declaratório, quando decide sobre abusividade ou não de um movimento grevista, como econômico, ao decidir sobre novas condições de trabalho, com incidência do poder normativo.

Além disso, é no dissídio de greve que são reguladas, nos termos do art. 7º da Lei 7.783/1989, as relações obrigacionais do período. O dissídio de greve, portanto, não pode ser confundido com o dissídio de natureza econômica.

Por essa razão, embora não seja pacífico, entende-se que para a instauração do dissídio de greve não se exige o "comum acordo", ou seja, não há necessidade do consenso entre as partes, vigorando a possibilidade de instauração do dissídio coletivo em caso de greve por iniciativa de qualquer das partes ou do Ministério Público do Trabalho.

Outra interpretação não poderia vingar, até porque comumente quando se tem greve os ânimos se encontram à flor da pele o que dificulta, ou torna quase impossível, o consenso entre as partes.

Assim, em se tratando de dissídio de greve, a instauração é feita pelo Ministério Público do Trabalho, não se exigindo o comum acordo das partes, em conformidade com o art. 114, § 3º, da CF.

A legitimidade do Ministério Público do Trabalho, nesse caso, restringe-se aos casos de greve em atividade essencial e com possibilidade de lesão ao interesse público.

Os dissídios coletivos de greve são de competência originária do Tribunal Regional do Trabalho ou do Tribunal Superior do Trabalho, em conformidade com o art. 2º, I, alínea "a", da Lei 7.701/1988.

Cabe ressaltar que a greve pode originar ações não apenas no campo trabalhista, mas também na esfera cível, como, por exemplo, uma ação de responsabilidade civil aforada por um terceiro que sofreu prejuízos por um ato culposo praticado por um grevista. Essa ação será de competência da Justiça do Trabalho, em conformidade com o art. 114, inciso II, da CF. Porém, deverá ser aforada na vara do trabalho e não nos Tribunais Regionais do Trabalho, que possuem competência originária apenas para dissídios coletivos.

4.12. *Lockout*

É a recusa por parte da entidade patronal em ceder aos trabalhadores os instrumentos de trabalho necessários para a sua atividade.

Nas lições de Gustavo Felipe Barbosa Garcia (em *Curso de Direito do Trabalho*, 2ª ed., São Paulo, Método, 2008, p. 1068), *lockout* "significa a paralisação das atividades por iniciativa do empregador, com o objetivo de frustrar a negociação ou dificultar o atendimento de reivindicações dos respectivos empregados".

O *lockout* é pratica expressamente proibida na ordem jurídica brasileira no art. 17 da Lei de Greve (Lei 7.783/1989), que assim dispõe: "Fica vedada a paralisação das atividades, por iniciativa do empregador, com o objetivo de frustrar a negociação ou dificultar o atendimento de reivindicações dos respectivos empregados (*lockout*)".

A CLT regulamenta a realização do *lockout* em seu artigo 722, estabelecendo penalidades para os empregadores que, individual ou coletivamente, suspenderem os trabalhos dos seus estabelecimentos, sem prévia autorização do Tribunal competente, ou que violarem, ou se recusarem a cumprir decisão proferida em dissídio coletivo.

4.12.1. Lockin

É o contrário do *lockout*. Em outras palavras, é o impedimento para que os trabalhadores deixem o espaço físico do trabalho, ou seja, impedimento para que os obreiros saiam do seu local de trabalho. Constitui a uma prática criminosa de privação de liberdade, passível de impetração de *habeas corpus* perante a Justiça do Trabalho.

18. Direito Processual do Trabalho

Hermes Cramacon

1. CARACTERÍSTICAS DO PROCESSO DO TRABALHO

1.1. Conflito trabalhista

A vida em sociedade causa inúmeros conflitos, que podem ser tidos como a falta de entendimento entre duas ou mais partes, choque ou enfrentamento. Esses conflitos são de diversas ordens e, para nosso estudo, interessam os conflitos trabalhistas.

Os conflitos trabalhistas podem surgir tanto na esfera individual como na coletiva. Na esfera individual há o conflito entre empregado e empregador ou prestador e tomador de serviços, chamado de dissídio individual. Já na esfera coletiva há o dissídio coletivo, ação em que os sindicatos defendem os interesses dos grupos ou categorias econômicas visando à criação e interpretação de normas que irão incidir no âmbito destas categorias.

Os dissídios coletivos podem ser:

a) jurídico ou de interpretação

Objetivam declarar o alcance de determinado dispositivo legal, convencional ou regulamentar.

b) econômico

Objetivam a criação de novos direitos, exercendo a Justiça do Trabalho o chamado "poder normativo".

Vale lembrar que apenas nos dissídios coletivos de natureza econômica é que a Justiça do Trabalho exerce o poder normativo, não existindo tal espaço nos conflitos coletivos jurídicos ou de interpretação.

Os dissídios coletivos de natureza econômica podem ser:

a) originários: quando não há norma coletiva anterior, seja ela acordo, convenção ou sentença normativa;

b) de revisão: objetivam alterar cláusulas já fixadas pelo Poder Judiciário em sentenças normativas;

c) de declaração sobre paralisação do trabalho: decorrente de greve dos trabalhadores.

1.2. Poder normativo

Pode ser entendido como a competência assegurada pela Constituição aos Tribunais do Trabalho para solução dos conflitos coletivos, estabelecendo, através da denominada sentença normativa, normas gerais e abstratas de observância obrigatória para as categorias envolvidas no dissídio, repercutindo nas relações individuais de trabalho.

É importante lembrar que esse poder não é ilimitado, encontrando limite na própria lei.

1.3. Formas de solução dos conflitos

1.3.1. Autotutela

É o meio de solução em que uma das partes, com utilização de força, impõe sua vontade sobre a vontade da outra parte.

No Direito Civil é admitida no caso de legítima defesa da posse (art. 1.210, § 1º, do Código Civil). No Código Penal temos o estado de necessidade e a legítima defesa, institutos previstos nos arts. 24 e 25, respectivamente.

Na esfera trabalhista, como exemplo de autotutela, temos a greve, regulada pela Lei 7.783/1989 e, ainda, o poder de resistência do empregado em relação às alterações lesivas, em conformidade com os arts. 468 e 483 da CLT.

1.3.2. Autocomposição

Modalidade de solução dos conflitos pelas próprias partes interessadas sem a intervenção de um terceiro. São exemplos: a negociação coletiva ou o acordo coletivo.

1.3.3. Heterocomposição

A solução dos conflitos é realizada pelo ingresso de um agente externo, ou seja, um terceiro, que não possui interesse no litígio. Essa decisão será imposta às partes de forma coercitiva, como, por exemplo, toda decisão judicial.

1.3.4. Mediação e conciliação

A mediação é forma de solução do conflito em que o *mediador* se coloca entre as partes, procurando aproximá-las para que cheguem a uma solução consensual do litígio, sem interferir na decisão das partes envolvidas.

Já a conciliação consiste na forma de solução do conflito, com ingresso do *conciliador* que irá aproximar as partes buscando a solução da lide mediante concessões recíprocas, inclusive sugerindo-lhes possibilidades de acordo.

1.4. Princípios

Nas lições de Celso Antonio Bandeira de Mello (em *Curso de Direito Administrativo*. 8. ed. São Paulo: Malheiros, 1996. p. 545), "princípio é o mandamento nuclear de um sistema, verdadeiro alicerce dele, disposição fundamental que se irradia sobre diferentes normas, compondo-lhes o espírito e servindo de critério para sua exata compreensão e inteligência, exatamente por definir a lógica e a racionalidade do sistema normativo no que lhe confere a tônica e lhe dá sentido harmônico."

Os princípios possuem o que a doutrina costuma chamar de "tríplice função", ou seja, função inspiradora para o legislador; função interpretativa; e por último a função integradora da norma, suprindo as omissões e lacunas do ordenamento jurídico.

1.4.1. Princípios específicos do processo do trabalho

O direito processual do trabalho se sujeita aos princípios constitucionais do processo, como, por exemplo: o princípio do devido processo legal, previsto no art. 5º, LIV, e o princípio do contraditório e ampla defesa, previstos no art. 5º, LV, ambos da CF e, ainda, os princípios do direito processual civil.

Alguns princípios, porém, são específicos do direito processual do trabalho, dentre os quais podemos destacar:

1.4.1.1. *Princípio protecionista*

Não se trata do princípio da proteção estudado no direito material do trabalho, mas sim a prestação analisada sob o ponto de vista processual, evidenciando normas que objetivam proteger o trabalhador assegurando prerrogativas processuais devido à hipossuficiência que possui.

Como exemplos do princípio da proteção, podemos destacar a gratuidade de justiça e a assistência judiciária, que são destinadas apenas aos trabalhadores, e o impulso oficial nas execuções trabalhistas, em conformidade com o art. 878 da CLT, quando o juiz do trabalho *ex officio* impulsionará o processo de execução.

1.4.1.2. *Princípio conciliatório*

Previsto no art. 764 da CLT de forma explícita, ensina que tanto os dissídios individuais como os dissídios coletivos estão sujeitos à conciliação.

A CLT determina que, obrigatoriamente, sob pena de nulidade, a conciliação seja tentada pelo juiz do trabalho em dois momentos: na audiência, antes da apresentação da resposta pela reclamada (art. 846 consolidado) e após a eventual apresentação de razões finais, conforme art. 850 da CLT.

É importante lembrar que, ao homologar o acordo, o magistrado deve estar atento à observância das normas de proteção ao trabalhador, sendo permitida sua recusa à homologação quando não observadas tais normas protetivas, em conformidade com a súmula 418 do TST.

Uma vez celebrado o acordo, será lavrado o termo de conciliação, que é considerado título executivo judicial, nos termos do art. 831, parágrafo único, da CLT.

Essa decisão transita em julgado imediatamente para as partes, não ensejando, portanto, a interposição de recurso por estas. Porém, a lei admite a interposição de recurso ordinário pelo INSS apenas com relação às contribuições devidas.

A referida homologação apenas poderá ser impugnada pelas partes mediante o ajuizamento de uma ação rescisória, em conformidade com a súmula 259 do TST.

1.4.1.3. *Princípio dispositivo*

Previsto no art. 2º do CPC[1] é conhecido, também, como princípio da inércia da jurisdição, e ensina que o juiz somente prestará a tutela jurisdicional quando a parte ou o interessado a requerer.

O processo se inicia com a iniciativa da parte e se desenvolve por impulso oficial, conforme art. 262 do CPC.[2]

1.4.1.4. *Princípio da oralidade*

Consiste na realização dos atos processuais pelas partes e pelo juiz na audiência, de forma verbal. Como exemplo, podemos citar o art. 847 da CLT, o qual ensina que após a leitura da petição inicial a parte terá prazo de 20 minutos para contestar.

1.4.1.5. *Princípio da identidade física do juiz*

Este princípio leciona que o juiz que colhe a prova é o juiz que deverá proferir a sentença. Tal princípio não era aplicado na Justiça do Trabalho, pois a jurisdição em primeiro grau era exercida pelas Juntas de Conciliação e Julgamento, as quais eram formadas por um juiz togado e por dois juízes classistas temporários, ficando, portanto, impossibilitada a aplicação desse princípio.

Com o advento da Emenda Constitucional 24/1999, extinguiram-se os juízes classistas e foram criadas as Varas do Trabalho, passando a jurisdição de primeiro grau a ser exercida por juiz do trabalho, monocraticamente, não existindo razão, portanto, para que o princípio não fosse aplicado.

Desse modo, durante anos vigorou o entendimento cristalizado na Súmula 136 do TST que entendia não ser aplicável tal princípio na seara trabalhista, até que em setembro de 2012 o TST cancelou a mencionada súmula, passando a admitir a aplicação do princípio da identidade física do juiz aos processos trabalhistas.

Vale lembrar, no entanto, a disposição da Súmula 222 do STF:

> SÚMULA 222 – STF – O PRINCÍPIO DA IDENTIDADE FÍSICA DO JUIZ NÃO É APLICÁVEL ÀS JUNTAS DE CONCILIAÇÃO E JULGAMENTO DA JUSTIÇA DO TRABALHO.

Entendemos que não há razão para a manutenção da súmula da Suprema Corte. Isso porque, em decorrência da EC 24/1999 foi extinta a representação da classe por juízes classistas, ou seja, um juiz representando os empregados e o outro, os empregadores. Portanto, não há razão para a não aplicação do princípio da identidade física do juiz aos processos trabalhistas, tendo em vista que atualmente a Vara do Trabalho é composta apenas por um juiz togado, o juiz do trabalho.

1.4.1.6. *Princípio da irrecorribilidade imediata das decisões interlocutórias*

O conceito de decisão interlocutória encontra disposto no art. 162, § 2º, do CPC[3], como sendo o ato pelo qual o juiz, no curso do processo, resolve questão incidente.

Nos domínios do processo do trabalho, este princípio ensina que, em regra, as decisões interlocutórias não ensejam, de imediato, a interposição de qualquer recurso, permitindo a apreciação do seu merecimento em recurso de decisão definitiva, nos termos do art. 893, § 1º, da CLT.

No entanto, a regra da irrecorribilidade imediata das decisões interlocutórias possui exceções previstas no art. 799, § 2º, da CLT e, também, na Súmula 214 do TST:

1. (art. 2º do CPC/2015)
2. (art. 2º do CPC/2015)
3. Nos termos do art. 203, § 2º, do CPC/2015 decisão interlocutória é todo pronunciamento judicial de natureza decisória que não seja sentença, cujo conceito está descrito no § 1º do art. 203 do CPC/2015.

SÚMULA 214 – DECISÃO INTERLOCUTÓRIA. IRRECORRIBILIDADE

Na Justiça do Trabalho, nos termos do art. 893, § 1º, da CLT, as decisões interlocutórias não ensejam recurso imediato, salvo nas hipóteses de decisão:
a) de Tribunal Regional do Trabalho contrária à Súmula ou Orientação Jurisprudencial do Tribunal Superior do Trabalho;
b) suscetível de impugnação mediante recurso para o mesmo Tribunal;
c) que acolhe exceção de incompetência territorial, com a remessa dos autos para Tribunal Regional distinta daquela a que se vincula o juízo excepcionado, consoante ao disposto no art. 799, § 2º, da CLT.

1.4.1.7. Princípio do jus postulandi da parte

Previsto no art. 791 da CLT, estabelece que as partes, empregado e empregador, poderão reclamar e acompanhar pessoalmente, perante a Justiça do Trabalho, sem a presença de advogado, suas reclamações trabalhistas do início ao final do processo.

Como o dispositivo em comento não estabelece qualquer limite ao *jus postulandi,* na medida em que o texto é expresso ("perante a Justiça do Trabalho"), parte significativa da doutrina entende que o limite seria a própria Justiça do Trabalho, ou seja, reclamante e reclamado poderiam fazer uso do *jus postulandi* até o Tribunal Superior do Trabalho, inclusive em grau de recurso de revista.

No entanto, uma segunda corrente, que podemos chamar do *jus postulandi* mitigado, ensina que esse princípio possui como limite a segunda instância trabalhista, ou seja, as partes podem fazer uso somente até os Tribunais Regionais do Trabalho, não se admitindo a interposição de recurso de natureza extraordinária.

Por muito tempo prevaleceu a aplicação da primeira corrente até que, em abril de 2010, o Tribunal Superior do Trabalho editou a súmula 425, pondo fim à problemática e estabelecendo que o *jus postulandi* das partes é limitado às Varas do Trabalho e aos Tribunais Regionais do Trabalho, não alcançando a ação cautelar, ainda que proposta em primeira instância, a ação rescisória, o mandado de segurança, bem como os recursos de competência do Tribunal Superior do Trabalho.

SÚMULA 425 TST – *JUS POSTULANDI* NA JUSTIÇA DO TRABALHO. ALCANCE.

O *jus postulandi* das partes, estabelecido no art. 791 da CLT, limita-se às Varas do Trabalho e aos Tribunais Regionais do Trabalho, não alcançando a ação rescisória, a ação cautelar, o mandado de segurança e os recursos de competência do Tribunal Superior do Trabalho.

2. ORGANIZAÇÃO DA JUSTIÇA DO TRABALHO

2.1. Estrutura do Judiciário trabalhista

O Judiciário trabalhista possui 3 graus de jurisdição. De acordo com o art. 111 da CF, são órgãos da Justiça do Trabalho:

a) Tribunal Superior do Trabalho;

b) Tribunais Regionais do Trabalho;

c) Juízes do Trabalho.

2.1.1. Tribunal Superior do Trabalho

O Tribunal Superior do Trabalho – TST – é o órgão máximo da Justiça do Trabalho, possui sede em Brasília e tem jurisdição em todo o território nacional.

O TST é composto por 27 (vinte e sete) ministros escolhidos dentre brasileiros com mais de 35 anos de idade e menos de 65 anos, nomeados pelo Presidente da República, após aprovação por maioria absoluta pelo Senado Federal.

Deverá, ainda, ser observado o quinto constitucional em relação aos membros do Ministério Público do Trabalho e da Ordem dos Advogados do Brasil. Assim, um quinto dos membros do TST deverá ser composto por advogados com mais de 10 anos de efetiva atividade profissional, com notório saber jurídico e reputação ilibada e membros do MPT, com mais de 10 anos de efetivo exercício.

Serão indicados em lista sêxtupla pelos órgãos de representação de suas classes. Recebidas as indicações o Tribunal formará uma lista tríplice, que será enviada ao Poder Executivo.

Os demais membros serão juízes de Tribunais Regionais do Trabalho, oriundos da carreira da magistratura, indicada pelo próprio Tribunal Superior do Trabalho.

O TST pode funcionar em sua plenitude ou dividido em Órgão Especial, Seções e Subseções Especializadas e Turmas.

Assim, de acordo com o art. 59 de seu Regimento Interno (Resolução Administrativa 1.295/2008), são órgãos do Tribunal Superior do Trabalho: o Tribunal Pleno, o Órgão Especial, a Seção Especializada em Dissídios Coletivos, a Seção Especializada em Dissídios Individuais, que é dividida em duas subseções, e as Turmas.

É importante lembrar também que são órgãos que funcionam junto ao Tribunal Superior do Trabalho a Escola Nacional de Formação e Aperfeiçoamento de Magistrados do Trabalho – ENAMAT, que dentre outras funções irá regulamentar os concursos oficiais para ingresso e promoção na carreira, e o Conselho Superior da Justiça do Trabalho – CSJT, que irá exercer a supervisão administrativa, orçamentária, financeira e patrimonial da Justiça do Trabalho de 1º e 2º graus.

2.1.2. Tribunais Regionais do Trabalho

Compostos de no mínimo 7 (sete) juízes, que serão recrutados, preferencialmente, na região a que forem vinculados, com idade superior a 30 anos e inferior a 65 anos, sendo nomeados pelo Presidente da República, nos termos do art. 115 CF.

Nos TRTs também deverá ser obedecida a regra do quinto constitucional, ou seja, um quinto dos membros do Tribunal deverá ser formado entre advogados e membros do Ministério Público do Trabalho. Os demais serão juízes do trabalho que serão, de forma alternada, promovidos por antiguidade e merecimento.

Vale lembrar que os Tribunais Regionais do Trabalho instalarão a justiça itinerante, com a realização de audiências e demais funções de atividade jurisdicional, nos limites territoriais da respectiva jurisdição. Além disso, poderão funcionar descentralizadamente, constituindo câmaras regionais a fim de assegurar o pleno acesso do jurisdicionado à justiça em todas as fases do processo.

A competência territorial atribuída aos TRTs é regulada pelo art. 677 da CLT e determinada pela regra indicada no art. 651 e seus parágrafos. No entanto, em se tratando de dissídio coletivo, a competência é determinada pelo local onde o dissídio ocorrer.

Aos Tribunais Regionais, quando divididos em Turmas, compete, como determina o art. 678 consolidado:

"I – ao Tribunal Pleno, especialmente:

a) processar, conciliar e julgar originariamente os dissídios coletivos;

b) processar e julgar originariamente:

1) as revisões de sentenças normativas;

2) a extensão das decisões proferidas em dissídios coletivos;

3) os mandados de segurança;

4) as impugnações à investidura de vogais e seus suplentes nas Juntas de Conciliação e Julgamento;

c) processar e julgar em última instância:

1) os recursos das multas impostas pelas Turmas;

2) as ações rescisórias das decisões das Juntas de Conciliação e Julgamento, dos juízes de direito investidos na jurisdição trabalhista, das Turmas e de seus próprios acórdãos;

3) os conflitos de jurisdição entre as suas Turmas, os juízes de direito investidos na jurisdição trabalhista, as Juntas de Conciliação e Julgamento, ou entre aqueles e estas;

d) julgar em única ou última instâncias:

1) os processos e os recursos de natureza administrativa atinentes aos seus serviços auxiliares e respectivos servidores;

2) as reclamações contra atos administrativos de seu presidente ou de qualquer de seus membros, assim como dos juízes de primeira instância e de seus funcionários.

II – às Turmas:

a) julgar os recursos ordinários previstos no art. 895, alínea I;

b) julgar os agravos de petição e de instrumento, estes de decisões denegatórias de recursos de sua alçada;

c) impor multas e demais penalidades relativas e atos de sua competência jurisdicional, e julgar os recursos interpostos das decisões das Juntas dos juízes de direito que as impuserem.

Parágrafo único. Das decisões das Turmas não caberá recurso para o Tribunal Pleno, exceto no caso do item I, alínea "c", inciso 1, deste artigo."

No entanto, quando não forem divididos em Turmas, incumbirá aos Tribunais Regionais, por seu órgão pleno, o julgamento das matérias retromencionadas, com exceção dos recursos das multas impostas pelas Turmas, nos termos do art. 679 da CLT.

2.1.3. Juízes do Trabalho

Em função de extinção das Juntas de Conciliação e Julgamento pela Emenda Constitucional 24/1999, a primeira instância da jurisdição trabalhista passou a ser exercida por um juiz singular, o Juiz do Trabalho, que exerce suas funções nas varas do trabalho.

Nas localidades onde não haja vara do trabalho, a matéria trabalhista será de competência do Juiz de Direito, com o respectivo recurso dirigido ao Tribunal Regional do Trabalho daquela determinada região (art. 112 da CF). Instalada Vara do Trabalho na localidade, a competência do Juiz de Direito cessa, inclusive para as execuções de sentença que proferir, nos termos da súmula 10 do STJ.

2.2. Jurisdição e competência

Para de fato compreendermos o que vem a ser "competência" é necessário que se façam algumas considerações sobre o termo "jurisdição".

O termo "jurisdição" emana do latim *iuris dictio* que traduzido para nosso vernáculo significa: "dizer o direito".

Na sociedade moderna, esse poder de dizer o direito foi atribuído ao Estado, em substituição aos particulares. Desta forma, havendo um conflito, não poderá o particular resolvê-lo por vontade própria, deverá se socorrer ao Estado para que este, através de um órgão oficial, o resolva. O órgão do Estado incumbido dessa tarefa é o Juiz. A jurisdição é, portanto, una e indivisível.

A jurisdição é, antes de tudo, expressão de poder do Estado. É, portanto, a função/poder do Estado de, quando provocado, dar uma solução impositiva e definitiva aos conflitos aplicando a lei ao caso concreto. Assim, uma vez provocado, as partes se submetem à solução imposta pelo Estado-Juiz.

Para que o Estado possa cumprir essa função de "dizer o direito" (função jurisdicional), de maneira plena, satisfatória e razoável aos jurisdicionados, são estabelecidas regras, ou seja, o Estado viabiliza instrumentos para que se alcance a atividade jurisdicional. O instrumento que viabiliza esse direito é o *processo*, instrumento capaz de conferir a garantia de que o Poder Estatal será exercido democraticamente.

Desta forma, a jurisdição objetiva a aplicação do direito material ao caso concreto, que será aplicado por meio do instrumento denominado *processo*.

O processo possui duas facetas. A primeira é de ordem subjetiva, na medida em que o processo estabelece uma relação jurídica entre as partes e o Estado. Estabelece, em outras palavras, uma relação jurídica trilateral, ou seja, uma relação entre as partes e o Estado e outra existente apenas entre as partes.

A segunda é de ordem objetiva, que consiste nos atos a serem praticados no processo. É, portanto, a maneira pela qual os atos processuais irão se desenvolver; é o que chamamos de *procedimento*. O procedimento indicará quais atos serão praticados e de que forma serão praticados, visando a atingir seu objetivo final.

Ao Estado cabe, assim, a função de "dizer o direito". Para que possa cumprir essa função de forma plena, satisfatória e razoável, ele se utiliza de alguns critérios. Dentre eles, estão as regras de competência absoluta e relativa.

Nesse prisma, tendo em mente a relação jurídica existente entre as partes e o Estado, sempre que algum critério utilizado for dirigido ou de interesse do Estado, como as regras de competência material, em razão da pessoa e a competência funcional, iremos dizer que são regras de competência absoluta, ao passo que sempre que esse critério for dirigido ou de interesse das partes, como, por exemplo, a competência territorial, iremos dizer que são critérios de competência relativa.

Por este motivo, as regras de competência absoluta poderão ser reconhecidas *ex officio* pelo Juiz. Já as regras de competência relativa necessitam sempre de manifestação da parte para que o Juiz possa se pronunciar a respeito.

2.3. Competência material da Justiça do Trabalho

Para que a atividade judicial seja prestada de uma maneira mais eficaz e justa, a competência foi dividida por matérias.

A competência material da Justiça do Trabalho vem disciplinada no art. 114 da CF/1988, de acordo com a redação dada pela Emenda Constitucional 45/04, que aumentou de forma considerável a competência material da Justiça do Trabalho.

2.3.1. Controvérsias oriundas e decorrentes da relação de trabalho

Sem dúvida, a maior inovação trazida pela Emenda Constitucional 45/2004 foi a ampliação da competência da Justiça do Trabalho, que passou a apreciar todas as lides oriundas da relação de trabalho e não apenas aquelas decorrentes de relações de emprego. Relação de emprego, como se sabe, configura-se apenas quando presentes os requisitos dos arts. 2º e 3º da CLT.

Já relação de trabalho pressupõe trabalho exercido por conta alheia, na qual o trabalhador coloca sua força de trabalho em proveito de outra pessoa, seja esta física ou jurídica. Em outras palavras, podemos dizer que relação de trabalho é qualquer vínculo jurídico no qual uma pessoa física presta serviços para outra pessoa, física ou jurídica, mediante uma contraprestação.

Assim, é possível asseverar que relação de trabalho é gênero do qual é uma espécie a relação de emprego. Por isso, toda relação de emprego corresponde a uma relação de trabalho, mas nem toda relação de trabalho corresponde a uma relação de emprego.

É importante destacar que, no que diz respeito às ações acidentárias, aquelas decorrentes de acidente do trabalho, que possuem natureza previdenciária, são de competência da justiça comum estadual, que detém competência para processar e julgar ações acidentárias propostas pelo empregado em face do INSS, em conformidade com o art. 109, I, da CF e art. 643, § 2º, da CLT.

Nesse contexto, é importante destacar que se inscreve na competência material da Justiça do Trabalho a lide entre empregado e empregador tendo por objeto indenização pelo não fornecimento das guias do seguro-desemprego, nos termos da súmula 389, I, do TST.

Por último, vale ressaltar que, nos termos da súmula 300 do TST, pertence à competência material da Justiça do Trabalho as ações ajuizadas por empregados em face de empregadores relativas ao cadastramento no Programa de Integração Social (PIS).

2.3.2. Servidores da administração pública

Ao ampliar a competência material da Justiça do Trabalho, foi atribuída, também, a competência para os dissídios envolvendo a administração pública direta e indireta da União, Estados, DF e Municípios.

No entanto, o art. 114, I, da CF foi objeto de uma ADI – Ação Direta de Inconstitucionalidade, processo nº 3395-6, ajuizada pela Associação dos Juízes Federais do Brasil, em que foi concedida liminar, suspendendo "*ad referendum*, toda e qualquer interpretação dada ao inciso I do art. 114 da CF, na redação dada pela EC 45/2004, que inclua, na competência da Justiça do Trabalho, a (...) apreciação (...) de causas que (...) sejam instauradas entre o Poder Público e seus servidores, a ele vinculados por típica relação de ordem estatutária ou de caráter jurídico-administrativo". A medida liminar foi referendada pelo Plenário do STF em 05 de abril de 2006.

Desta forma, a Justiça do Trabalho não é competente para processar e julgar as ações envolvendo servidores da administração pública, sendo competente a justiça comum estadual ou federal, a depender do tipo de servidor. Nessa linha são as súmulas 137 e 218 do STJ.

Convém lembrar que naqueles casos em que a relação não for tipicamente estatutária, ou seja, quando a relação for regida pela CLT, como é o caso dos empregados públicos, a competência será da Justiça do Trabalho.

Vale lembrar ainda que a Orientação Jurisprudencial 205 da SDI 1 do TST, que admitia a competência material da Justiça do Trabalho para dirimir dissídio individual entre trabalhador e ente público se houvesse controvérsia acerca do vínculo empregatício, foi cancelada pela resolução 156/2009 do TST, sendo essa questão atualmente de competência da justiça comum estadual ou federal, conforme o caso, na medida em que esses trabalhadores não estão sob o regime da CLT.

As sociedades de economia mista e as empresas públicas, por serem pessoas jurídicas de direito privado, submetem-se ao regime próprio das empresas privadas, sendo regidas, portanto, pela CLT.

2.3.3. Ações que envolvem o exercício do direito de greve

A greve é um direito constitucional assegurado aos trabalhadores e encontra-se previsto no art. 9º, da CF, e regulado pela Lei 7.783/1989. O exercício abusivo desse direito sujeita os responsáveis às penas impostas pela lei que o regula.

Ao inserir na competência da Justiça do Trabalho as ações que envolvam o direito de greve, o legislador atribuiu à Justiça do Trabalho a competência para todas aquelas ações que se relacionam direta ou indiretamente com o direito de greve.

Assim, as ações inibitórias que visam a assegurar o exercício do direito de greve, as ações possessórias para proteger o patrimônio do empregador, as ações de reparação de danos, quer pelo empregado, quer pelo empregador ou, ainda, contra terceiros são de competência da Justiça do Trabalho.

Dispõe a Súmula 189 do TST:

SÚMULA 189 TST – GREVE. COMPETÊNCIA DA JUSTIÇA DO TRABALHO. ABUSIVIDADE. A Justiça do Trabalho é competente para declarar a abusividade, ou não, da greve.

Com relação às ações possessórias em decorrência do direito de greve, é importante trazer o entendimento da Suprema Corte ao editar a Súmula Vinculante 23, garantindo à Justiça do Trabalho a competência para processar e julgar as ações possessórias ajuizadas em decorrência do exercício do direito de greve pelos trabalhadores da iniciativa privada.

2.3.4. Ações sobre representação sindical

O inciso III do art. 114 da CF/1988 confere competência para a Justiça do Trabalho processar e julgar as ações sobre representação sindical, entre sindicatos, entre sindicatos e trabalhadores, e entre sindicatos e empregadores.

O termo "sindicato" contido no dispositivo constitucional citado deve ser interpretado de forma ampla a abranger todas as entidades sindicais de grau superior, como as federações (art. 534 da CLT) e confederações (art. 535 da CLT).

Pelo dispositivo em apreço, as lides entre sindicatos que disputam base territorial serão de competência da Justiça do Trabalho.

Em outras palavras, temos que o inciso III do art. 114 da CF abrange todas as ações que envolvam matéria sindical no âmbito trabalhista.

Desta forma, ensina Mauro Schiavi (em **Curso de Direito Processual do Trabalho**. 2. ed. São Paulo: LTr, 2009. p. 196) que os dissídios que envolvem sindicatos podem ser classificados em:

a) coletivos: que envolvem os dissídios coletivos;
b) intersindicais não coletivos: que envolvem conflitos entre sindicatos;
c) intrassindicais: que envolvem questões internas do sindicato;
d) dissídios sobre contribuições sindicais.

Nesse sentido é o Enunciado 24 da ANAMATRA:

ENUNCIADO 24. Competência da Justiça do Trabalho. Conflitos inter e intrassindicais. Os conflitos inter e intrassindicais, inclusive os que envolvam sindicatos de servidores públicos (estatutários e empregados públicos), são da competência da Justiça do Trabalho.

2.3.5. Mandado de segurança, habeas corpus e habeas data

2.3.5.1. Mandado de segurança

O mandado de segurança está disposto no art. 5º, LXIX, da CF/1988 e regulado pela Lei 12.016/2009 e pode ser classificado como uma ação constitucional de natureza mandamental destinada a proteger direito líquido e certo contra ato de autoridade, praticado com ilegalidade ou abuso de poder.

Será admitido sob a óptica do art. 114, IV, da CF/1988 sempre que o ato impugnado estiver relacionado com a jurisdição trabalhista.

A competência para o mandado de segurança é fixada em razão da matéria, ou seja, o ato taxado de ilegal ou abusivo deve estar submetido à jurisdição trabalhista.

A competência funcional para o mandado de segurança irá depender da autoridade tida como coatora. Assim, será de competência da vara do trabalho o mandado de segurança impetrado contra ato de auditor fiscal; do TRT quando o ato taxado de ilegal ou abusivo for do juiz do trabalho, diretor e demais funcionários, juízes de direito investidos na jurisdição trabalhista (art. 112 da CF/1988), juízes e funcionários do TRT; e, por último, do TST quando o ato for praticado pelo Presidente do TST ou outro Ministro.

2.3.5.2. Habeas corpus

Remédio constitucional de natureza mandamental de rito especial, que objetiva evitar ou cessar violência ou ameaça ao direito de ir e vir, em razão de ilegalidade ou abuso de poder.

Dispõe o art. 5º, LXVIII, da CF: "conceder-se-á *habeas-corpus* sempre que alguém sofrer ou se achar ameaçado de sofrer violência ou coação em sua liberdade de locomoção, por ilegalidade ou abuso de poder."

Com o advento da Emenda Constitucional 45/2004, a Justiça do Trabalho possui competência para apreciar *habeas corpus* com relação àquelas matérias sujeitas a sua apreciação.

Desta forma, sempre que o ato taxado de abusivo e ilegal envolver matéria sujeita à jurisdição trabalhista, a Justiça do Trabalho será competente para apreciar o pedido de *habeas corpus*.

A competência para apreciação do pedido de *habeas corpus* será das varas do trabalho quando for impetrado contra ato de particular, como, por exemplo, no caso em que o empregador impede que seus funcionários saiam da empresa para participar do movimento paredista.

A competência será dos TRTs quando o HC for impetrado contra ato de juiz da vara do trabalho. Será competência do TST quando o *habeas corpus* for impetrado em face dos TRTs.

Por último, quando o *habeas corpus* for impetrado em face de atos dos Ministros do TST, a competência para apreciação será do STF, em conformidade com o art. 102, I, "i", da CF.

Como exemplo de hipótese de cabimento de *habeas corpus* na justiça do trabalho podemos citar, na fase de execução da sentença, a prisão de um depositário infiel determinada por um juiz do trabalho.

No entanto, tendo em vista a edição da súmula vinculante 25, que ensina ser ilícita a prisão do depositário infiel, será difícil sua aplicação do *habeas corpus* na esfera laboral.

Vale trazer à baila o entendimento cristalizado na nova redação dada a Orientação Jurisprudencial 143 da SDI 2 do TST.

ORIENTAÇÃO JURISPRUDENCIAL 143 SDI 2 TST – *HABEAS CORPUS*. PENHORA SOBRE COISA FUTURA E INCERTA. PRISÃO. DEPOSITÁRIO INFIEL.

Não se caracteriza a condição de depositário infiel quando a penhora recair sobre coisa futura e incerta, circunstância que, por si só, inviabiliza a materialização do depósito no momento da constituição do paciente em depositário, autorizando-se a concessão de "habeas corpus" diante da prisão ou ameaça de prisão que sofra.

Ainda sobre *habeas corpus* e depositário infiel, a SDI 2 se pronunciou:

ORIENTAÇÃO JURISPRUDENCIAL 89 SDI 2 TST – *HABEAS CORPUS*. DEPOSITÁRIO. TERMO DE DEPÓSITO NÃO ASSINADO PELO PACIENTE. NECESSIDADE DE ACEITAÇÃO DO ENCARGO. IMPOSSIBILIDADE DE PRISÃO CIVIL.

A investidura no encargo de depositário depende da aceitação do nomeado que deve assinar termo de compromisso no auto de penhora, sem o que, é inadmissível a restrição de seu direito de liberdade.

Deve-se ressaltar que por não ter o inciso LXVIII do art. 5° da CF/1988 exigido que o constrangimento seja exercido por agente do poder público, admite-se o uso de *habeas corpus* contra ato particular, como o caso do empregador que não permite que seus empregados saiam da empresa para aderirem ao movimento paredista.

2.3.5.3. Habeas data

Dispõe o art. 5°, LXXII, da CF:

LXXII – conceder-se-á *habeas-data*:

a) para assegurar o conhecimento de informações relativas à pessoa do impetrante, constantes de registros ou bancos de dados de entidades governamentais ou de caráter público;

b) para a retificação de dados, quando não se prefira fazê-lo por processo sigiloso, judicial ou administrativo.

Trata-se de uma ação mandamental que tem como objetivo garantir ao interessado, pessoa física ou jurídica ou ente despersonalizado, o exercício do direito fundamental de livre acesso a dados pessoais constantes em registro ou em banco de dados. Além do livre acesso aos registros ou banco de dados, esse remédio pode objetivar, também, a retificação desses registros ou, ainda, sua complementação.

O procedimento do *habeas data* encontra-se previsto na Lei 9.507/1997 que, em seu art. 2°, traz uma condição especial para seu cabimento, qual seja, a prévia postulação administrativa.

Art. 2°. O requerimento será apresentado ao órgão ou entidade depositária do registro ou banco de dados e será deferido ou indeferido no prazo de quarenta e oito horas.

Desta forma, o pedido de *habeas data* só se justifica depois de feito e rejeitado o requerimento na forma do art. 2° supracitado.

A petição inicial deverá preencher os requisitos dos arts. 282 a 285 do CPC [4] e será apresentada em duas vias, devendo os documentos que a instruírem ser reproduzidos por cópia na segunda via.

Importante lembrar que, nos termos do parágrafo único do art. 8° da Lei 9.507/1997, a petição inicial deverá ser instruída com prova:

Parágrafo único. (...)

I – da recusa ao acesso às informações ou do decurso de mais de dez dias sem decisão;

II – da recusa em fazer-se a retificação ou do decurso de mais de quinze dias, sem decisão; ou

III – da recusa em fazer-se a anotação a que se refere o § 2° do art. 4° ou do decurso de mais de quinze dias sem decisão.

Poderá figurar no polo ativo qualquer pessoa física ou jurídica e, ainda, os entes despersonalizados que possuam capacidade processual como, por exemplo, a massa falida, condomínio, entre outros. Por outro lado, no polo passivo da ação poderão figurar os órgãos da administração pública direta e indireta, bem como as instituições, entidades ou pessoas jurídicas de direito privado que prestem serviços para o público ou de interesse público, desde que sejam depositárias de dados.

Como exemplo de impetração de *habeas data* na Justiça do Trabalho, o ilustre Professor Carlos Henrique Bezerra Leite ensina (em **Curso de Direito Processual do Trabalho**. 7. ed. São Paulo: LTr, 2009. p. 1070) "Outra hipótese reside na possibilidade de impetração de *habeas data* pelo empregador em face do órgão de fiscalização da relação de trabalho que esteja se negando a fornecer informações sobre o processo administrativo em que ele esteja sofrendo penalidade administrativa."

2.3.6. Conflitos de competência entre órgãos de jurisdição trabalhista

Ensina o art. 114, V, da CF/1988 que compete à Justiça do Trabalho processar e julgar os conflitos de competência entre órgãos com jurisdição trabalhista, ressalvado o disposto no art. 102, I, "o", que confere ao STF o julgamento dos conflitos de competência entre o Superior Tribunal de Justiça e quaisquer tribunais, entre Tribunais Superiores, ou entre estes e qualquer outro tribunal.

Ocorre o conflito de competência quando dois órgãos judiciais se dizem competentes, denominado conflito positivo de competência; ou quando dois órgãos judiciais se dizem incompetentes, denominado conflito negativo de competência; ou, ainda, quando entre dois juízes surge controvérsia sobre a reunião ou separação de processos, nos termos do art. 804 da CLT e 115 do CPC.[5]

Desta forma, em conformidade com o art. 803 da CLT, os conflitos de jurisdição podem ocorrer entre:

a) Varas do trabalho e juízes de direito investidos na jurisdição trabalhista;

b) Tribunais Regionais do Trabalho;

c) Juízos e tribunais do trabalho e órgãos da justiça ordinária;

d) Câmaras do Tribunal Superior do Trabalho

Serão resolvidos pelo TRT quando for suscitado conflito de competência entre varas do trabalho da mesma região, ou entre varas do trabalho e juiz de direito investido na jurisdição trabalhista na mesma região, os termos do art. 808 da CLT.

Sobre o tema, o STJ editou a súmula 180 que ensina: "na lide trabalhista, compete ao Tribunal Regional do Trabalho dirimir conflito de competência verificado, na

4. Arts. 319 a 334 do CPC/2015

5. Art. 66 do CPC/2015.

respectiva região, entre juiz estadual e junta de conciliação e julgamento."

Serão resolvidos pelo TST sempre que for suscitado o conflito entre TRTs ou entre Varas do Trabalho e Juízes de Direito investidos na jurisdição trabalhista sujeitos à jurisdição de TRTs diferentes.

Sobre o tema, o STJ editou a súmula 236 em que ensina não ser de competência daquele Tribunal os conflitos de competência envolvendo juízes do trabalho vinculados a TRTs diversos.

Os conflitos serão resolvidos pelo STJ quando suscitado entre Vara de Trabalho e Juiz de Direito não investido na jurisdição trabalhista, em conformidade com o art. 105, I, "d", da CF.

Por último serão resolvidos pelo STF os conflitos suscitados entre o TST e órgãos de outro ramo do judiciário, nos termos do art. 102, I, "o", da CF.

É importante lembrar as lições trazidas na súmula 420 do TST, que assim dispõe:

SÚMULA 420 DO TST – COMPETÊNCIA FUNCIONAL. CONFLITO NEGATIVO. TRT E VARA DO TRABALHO DE IDÊNTICA REGIÃO. NÃO CONFIGURAÇÃO.

Não se configura conflito de competência entre Tribunal Regional do Trabalho e Vara do Trabalho a ele vinculada.

2.3.7. Ações de indenização por dano moral ou patrimonial

A Carta Maior confere competência à Justiça do Trabalho para processar e julgar ações de indenização por dano moral ou patrimonial decorrentes da relação de trabalho.

Assim, toda e qualquer ação de dano moral ou patrimonial, quando decorrentes da relação de trabalho, proposta pelo empregado em face do empregador, será de competência da Justiça do Trabalho.

Muito se discutiu acerca da competência para aquelas ações que estavam em andamento quando da promulgação da EC 45/04, até que o Supremo Tribunal Federal editou a súmula vinculante 22, que assim dispõe:

SÚMULA VINCULANTE 22 STF – A Justiça do Trabalho é competente para processar e julgar as ações de indenização por danos morais e patrimoniais decorrentes de acidente de trabalho propostas por empregado contra empregador, inclusive aquelas que ainda não possuíam sentença de mérito em primeiro grau quando da promulgação da emenda constitucional nº 45/04.

Contudo, as ações acidentárias, ou seja, lides previdenciárias derivadas de acidente do trabalho propostas pelo trabalhador em face do INSS, serão de competência da justiça comum estadual e nunca da Justiça do Trabalho, conforme exceção prevista no art. 109, I, da CF.

Vale esclarecer que caso seja o acidente de trabalho causado por negligência do empregador responsável pelo cumprimento das normas de segurança e saúde do trabalho, poderá o INSS ajuizar ação regressiva em face desse empregador, devendo esta ação de regresso ser proposta na justiça federal.

Apenas as ações propostas pelo trabalhador em face do empregador serão de competência da Justiça do Trabalho.

Ainda será de competência da Justiça do Trabalho a ação de reparação de danos morais, ainda que proposta pelos dependentes ou sucessores do obreiro falecido.

É o que a chamamos de danos morais por ricochete ou reflexo, entendido como aquele que além de atingir a própria vítima, atinge também outras pessoas por conta de laços afetivos que possui com o ofendido, como por exemplo o caso do dano moral sofrido pelo filho diante da morte de seus genitores e vice-versa.

Nas lições de Sebastião Geraldo de Oliveira, Desembargador do TRT da 3ª Região, em julgado daquela Corte Trabalhista ((TRT 3ºR. 2ª T., RO 1019-2007-042-03-00-3, Rel. Des. Sebastião Geraldo de Oliveira. DJEMG 29.07.2009), *in verbis*:

"Dano moral indireto, reflexo ou, em ricochete, é aquele que, sem decorrer direta e imediatamente de certo fato danoso, com este guarda um vínculo de necessariedade, de modo manter o nexo de causalidade entre a conduta ilícita e o prejuízo. Ainda que sejam distintos os direitos da vítima imediata e da vítima mediata, a causa indireta do prejuízo está intensamente associada à causa direta, tornando perfeitamente viável a pretensão indenizatória."

Desta forma, não apenas a vítima direta ou imediata fará jus à reparação de danos morais, mas também a vítima indireta ou mediata, pessoas que, por via reflexa, sofreram os efeitos do dano.

Nesse sentido, ensina a Súmula 392 do TST:

SÚMULA 392 TST – DANO MORAL E MATERIAL. RELAÇÃO DE TRABALHO. COMPETÊNCIA DA JUSTIÇA DO TRABALHO

Nos termos do art. 114, inc. VI, da Constituição da República, a Justiça do Trabalho é competente para processar e julgar ações de indenização por dano moral e material, decorrentes da relação de trabalho, inclusive as oriundas de acidente de trabalho e doenças a ele equiparadas, ainda que propostas pelos dependentes ou sucessores do trabalhador falecido.

Por último, é importante asseverar que os danos morais dispostos no texto constitucional dizem respeito aos danos pré e pós-contratuais, sendo todas as ações de competência da Justiça do Trabalho.

2.3.8. Ações relativas às penalidades administrativas impostas aos empregadores pelos órgãos de fiscalização das relações de trabalho

Trata-se de ações propostas por empregadores que objetivam anular sanções administrativas impostas pelo Ministério do Trabalho e Emprego.

Trata-se, portanto, de uma inovação trazida pela Emenda Constitucional 45/2004, haja vista que essas ações eram de competência da justiça federal.

2.3.9. Execução das contribuições sociais de ofício

Trata-se das contribuições do empregador, incidentes sobre a folha de salários e demais rendimentos do trabalho pagos ou creditados, a qualquer título, à pessoa física que lhe preste serviço, mesmo sem vínculo empregatício, bem como da contribuição devida pelo trabalhador e pelos demais segurados da previdência social.

Serão executadas tais contribuições em decorrência das sentenças que o juiz proferir.

Sobre o tema, o Supremo Tribunal Federal editou a Súmula Vinculante 53, que assim dispõe:

> Súmula Vinculante 53. A competência da Justiça do Trabalho prevista no art. 114, VIII, da Constituição Federal alcança a execução de ofício das contribuições previdenciárias relativas ao objeto da condenação constante das sentenças que proferir e acordos por ela homologados.

Vale destacar a Súmula 454 do TST, que assim dispõe:

> SÚMULA 454 TST – COMPETÊNCIA DA JUSTIÇA DO TRABALHO. EXECUÇÃO DE OFÍCIO. CONTRIBUIÇÃO SOCIAL REFERENTE AO SEGURO DE ACIDENTE DE TRABALHO (SAT). ARTS. 114, VIII, E 195, I, "A", DA CONSTITUIÇÃO DA REPÚBLICA.

Compete à Justiça do Trabalho a execução, de ofício, da contribuição referente ao Seguro de Acidente de Trabalho (SAT), que tem natureza de contribuição para a seguridade social (arts. 114, VIII, e 195, I, "a", da CF), pois se destina ao financiamento de benefícios relativos à incapacidade do empregado decorrente de infortúnio no trabalho (arts. 11 e 22 da Lei 8.212/1991).

2.4. Competência em razão da função

Diz respeito à distribuição das atribuições aos diferentes órgãos do Poder Judiciário. A competência funcional ou hierárquica trabalhista, como também é chamada, regula a competência dos órgãos de 1º, 2º e 3º graus dentro da Justiça do Trabalho.

Desta forma, em conformidade com o art. 111 da CF, é correto dizer que a competência funcional será dividida entre os órgãos que compõem a Justiça do Trabalho, quais sejam: as Varas do Trabalho, Tribunais Regionais do Trabalho – TRTs e o Tribunal Superior do Trabalho – TST.

A competência funcional diz respeito, portanto, às atribuições confiadas a cada órgão do Poder Judiciário, especificamente, para nosso estudo, dentro da Justiça do Trabalho.

A análise da competência em razão da função será realizada após avaliação da competência material. Assim, em primeiro plano, deve ser realizado um exame acerca da competência material e somente após este exame é que teremos de analisar a competência funcional dos órgãos do Poder Judiciário.

Importante ressaltar que a competência em razão da função é absoluta, podendo ser conhecida *ex officio* pelo juiz, ou seja, sem necessidade de provocação da parte.

A competência funcional se divide em:

2.4.1. Competência funcional originária

É aquela que conhece da causa em primeiro plano. Via de regra a competência originária pertence à Vara do Trabalho (1º grau de jurisdição) nos termos do art. 652 da CLT, salvo regra expressa em sentido contrário, como, por exemplo, a ação rescisória, que se inicia no TRT, nos termos do art. 678, I, "c", item 2, da CLT; ou no TST, em conformidade com os arts. 70, I, "d" e 71, III, "a", ambos do regimento interno do TST.

A competência funcional originária dos TRTs, quando divididos em turmas, vem disposta nos arts. 678 e 680 da CLT. Quando os TRTs não forem divididos em turmas, dispõe o art. 679 da CLT que os Tribunais Regionais apreciarão as matérias contidas no art. 678 da CLT, com exceção dos recursos das multas impostas pelas Turmas bem como os conflitos de jurisdição entre Turmas, na medida em que não as possuem.

Por último, a competência funcional do TST vem disposta na Lei 7.701/1998. O art. 4º estabelece a competência funcional do Tribunal Pleno; a seção especializada em dissídios individuais – SDI tem sua competência estabelecida no art. 3º da Lei 7.701/1998; a seção especializada em dissídios coletivos, nos termos do art. 2º da citada lei; e, por último, a competência funcional das Turmas do TST vem disposta no art. 5º da Lei 7.701/1998.

2.4.2. Competência funcional recursal

É a competência para prática de determinados atos em grau de recurso.

2.4.3. Competência funcional executória

Diz respeito à competência para realização da execução, seja judicial, seja extrajudicial (arts. 877 e 877-A da CLT).

2.5. Competência territorial da Justiça do Trabalho

Competência territorial ou competência do foro (*ratione loci*), como também é chamada, diz respeito ao limite territorial de cada órgão da Justiça do Trabalho.

Na Justiça do Trabalho a competência territorial vem disciplinada no art. 651 da CLT, que dispõe:

> Art. 651. A competência das Juntas de Conciliação e Julgamento é determinada pela localidade onde o empregado, reclamante ou reclamado, prestar serviços ao empregador, ainda que tenha sido contratado noutro local ou no estrangeiro.

Pela determinação do dispositivo supracitado, a competência é determinada pela localidade da última prestação de serviço pelo obreiro, ainda que tenha sido contratado em outro lugar.

Vale ressaltar que a regra do domicílio do réu disposta no processo civil não é aplicável ao processo do trabalho.

Portanto, o *caput* do art. 651 traz a regra geral para fixação de competência. Todavia, os parágrafos trazem as exceções à regra.

Estabelece o § 3º do citado dispositivo que é assegurado ao empregado apresentar reclamação trabalhista no foro da celebração do contrato ou no foro da prestação dos serviços, em se tratando de empregador que promova suas atividades fora do local da celebração do contrato de trabalho, como, por exemplo, empresas de atividades teatrais. Assim, se um empregado é contratado em determinado lugar para prestar serviço em outra localidade, eventual reclamação trabalhista poderá ser ajuizada no local da contratação ou da prestação dos serviços.

Outra exceção à regra de competência é a hipótese do viajante comercial. Nos termos do § 1º do dispositivo, o empregado deverá propor a reclamação na vara da localidade onde a empresa possuir agência ou filial e a esta esteja ele subordinado. Não existindo filial ou agência, poderá o empregado optar por onde possuir domicílio ou na localidade mais próxima.

A última exceção contida no art. 651 consolidado vem estabelecida em seu § 2º, que trata das lides de empregados brasileiros em agência ou filial situada no estrangeiro, desde que possuam sede, filial ou representante no Brasil. Nesse caso, a competência será da Justiça do Trabalho brasileira, caso não haja convenção internacional em sentido contrário.

Importante notar que para esses conflitos ocorridos no exterior será aplicada a regra do direito processual brasileiro, na medida em que a demanda tramitará perante a Justiça do Trabalho brasileira. No entanto, com relação ao direito material, por meio da súmula 207, o TST havia firmado posicionamento no sentido da aplicação da lei do local da execução do contrato de trabalho, ou seja, seria aplicada a legislação do país onde o trabalho foi prestado.

No entanto, a súmula 207 do TST foi cancelada, prevalecendo o entendimento que, de acordo com o art. 3º, inciso II, da Lei 7.064/1982, deverá ser aplicada a legislação mais favorável ao trabalhador. O posicionamento atual adotou a teoria do *conglobamento mitigado*.

2.6. Foro de eleição

Previsto no art. 111 do CPC[6], é aquele em que os contratantes escolhem livremente, de antemão, o foro onde serão dirimidos eventuais conflitos decorrentes do negócio jurídico avençado.

No processo de trabalho, as regras de competência são de ordem pública e, dessa forma, não podem ser derrogadas pelas partes.

Referida incompatibilidade decorre da hipossuficiência econômica do trabalhador, haja vista que a regra do art. 651 e seus parágrafos tem por objetivo facilitar o acesso do trabalhador ao judiciário.

2.7. Modificação da competência

A competência absoluta (em razão da matéria, em razão da pessoa e em razão da função) não pode ser modificada, nem por circunstâncias processuais, tampouco por vontade das partes.

Já a competência relativa (competência territorial) poderá sofrer modificações, seja por circunstâncias processuais e nas hipóteses em que a lei autoriza, nos termos do art. 102 do CPC[7].

A modificação de competência poderá ocorrer por:

2.7.1. Prorrogação

Dispõe o art. 114 do CPC:[8]

> **Art. 114.** Prorrogar-se-á a competência se dela o juiz não declinar na forma do parágrafo único do art. 112 desta Lei ou o réu não opuser exceção declinatória nos casos e prazos legais.

A incompetência em razão do território deve ser alegada pela parte no prazo de resposta (defesa), sob pena de prorrogar-se a competência. Em outras palavras, a incompetência territorial se convalidará caso a parte interessada não oponha exceção de incompetência no prazo legal.

Desta forma, ocorrendo a prorrogação da competência de um juiz do trabalho territorialmente incompetente, este se tornará competente para apreciação daquela demanda.

2.7.2. Conexão

Disciplinada no art. 103 do CPC,[9] a conexão ocorre quando forem comuns a causa de pedir ou o pedido de duas ou mais ações.

São elementos da ação: as partes, a causa de pedir (fundamentos) e o objeto (pedido). Pois bem. Haverá conexão entre as ações quando tiverem o mesmo pedido ou os mesmos fundamentos. Basta um destes elementos e não a cumulação deles. Ressalta-se que não haverá conexão se forem comuns as partes.

Caso as ações conexas estejam transitando perante juízos com mesma competência, será considerada prevento nos domínios do processo de trabalho aquele em que a reclamação tenha sido protocolada em primeiro lugar, não se aplicando a parte final da regra disposta no art. 106 do CPC.[10]

2.7.3. Continência

Ensina o art. 104 do CPC[11] que haverá continência sempre que houver identidade entre as partes e a causa de pedir (fundamento), mas o objeto (pedido) de uma for mais amplo do que o da outra.

Diferentemente da conexão, na qual há necessidade de identidade de um dos elementos da ação (causa de pedir ou pedido), na continência se faz necessário a cumulação de dois elementos: as partes e causa de pedir, devendo, contudo, o pedido de um ser mais abrangente do que o outro.

Como exemplo, podemos citar o pedido de uma ação que vise à anulação de uma cláusula contratual e de outra, com as mesmas partes e causa de pedir, que busque a anulação de todo o contrato.

6. Art. 63 do CPC/2015.
7. Art. 54 do CPC/2015.
8. Art. 65 do CPC/2015: Prorrogar-se-á a competência relativa se o réu não alegar a incompetência em preliminar de contestação.
9. Art. 55 do CPC/2015.
10. Art. 59 do CPC/2015.
11. Art. 56 do CPC/2015.

3. ATOS, TERMOS, PRAZOS E NULIDADES PROCESSUAIS

3.1. Considerações

O processo pode ser conceituado, em poucas palavras, como sendo um conjunto de atos coordenados que objetivam a busca da tutela jurisdicional.

Nos termos do art. 162 do CPC,[12] os atos do Juiz consistirão em: despachos, decisões interlocutórias e sentenças. Nessa linha é importante lembrar que a assinatura dos juízes em todos os graus de jurisdição poderá ser feita eletronicamente.

3.1.1. Despacho

Utilizava-se o termo "despacho de mero expediente", termo muito criticado pela doutrina. Em 2006, com a publicação da Lei 11.276, a expressão "mero expediente" foi retirada do art. 504 do CPC.[13] utilizando-se atualmente a expressão "despacho". Os despachos são atos desprovidos de conteúdo decisório, como, por exemplo, a remessa dos autos ao contador.

3.1.2. Decisões interlocutórias

A decisão interlocutória é conceituada como sendo o ato pelo qual, no curso do processo, o Juiz resolve questão incidente. As decisões interlocutórias são dotadas de conteúdo decisório. Vale lembrar que, nos termos do art. 893, § 1º, da CLT, na Justiça do Trabalho as decisões interlocutórias são irrecorríveis de imediato. As exceções à regra da irrecorribilidade imediata das decisões interlocutórias encontram-se na súmula 214 do TST:

> Na Justiça do Trabalho, nos termos do art. 893, § 1º, da CLT, as decisões interlocutórias não ensejam recurso imediato, salvo nas hipóteses de decisão:
>
> a) de Tribunal Regional do Trabalho contrária à Súmula ou Orientação Jurisprudencial do Tribunal Superior do Trabalho;
>
> b) suscetível de impugnação mediante recurso para o mesmo Tribunal;
>
> c) que acolhe exceção de incompetência territorial, com a remessa dos autos para Tribunal Regional distinto daquele a que se vincula o juízo excepcionado, consoante o disposto no art. 799, § 2º, da CLT.

3.1.3. Sentença

Nos termos do art. 162, § 1º, do CPC[14], sentença é o ato do juiz que implica algumas das situações previstas nos arts. 267 ou 269 do CPC, ou seja, ato do juiz que extingue o processo sem ou com resolução de mérito.

As decisões proferidas pelo Juiz do Trabalho, nos termos do art. 832 da CLT, deverão conter o nome das partes, o resumo do pedido e da defesa, a apreciação das provas, os fundamentos da decisão e a conclusão. A sentença que concluir pela procedência do pedido determinará o prazo e as condições para o seu cumprimento.

3.2. Realização dos atos processuais

De acordo com o art. 770 da CLT, em regra, os atos processuais serão públicos, salvo quando o contrário determinar o interesse social, e deverão ser realizados nos dias úteis das 6 (seis) às 20 (vinte) horas. Vale ressaltar que a penhora poderá ser realizada aos domingos ou feriados mediante autorização expressa do Juiz do Trabalho.

3.2.1. Ato processual via fac-símile

Instituído pela Lei 9.800/1999, os atos processuais que necessitam ser feitos por petição escrita poderão ser realizados via fac-símile.

Reza o art. 2º da citada lei que a utilização de sistema não prejudica o cumprimento dos prazos, devendo os originais ser entregues em juízo, necessariamente, até 5 (cinco) dias da data do término do prazo estipulado para o ato. Já os atos praticados via fac-símile que não possuem prazo deverão ser entregues a via original dentro do prazo de 5 (cinco) dias contados da data recepção do material enviado.

A lei ensina, ainda, que aquele que fizer uso de sistema de transmissão torna-se responsável pela qualidade e fidelidade do material transmitido e por sua entrega ao órgão judiciário.

Sobre o tema, é importante destacar a súmula 387 do TST:

> SÚMULA 387 TST. RECURSO. FAC-SÍMILE. LEI Nº 9.800/1999)
>
> I – A Lei 9.800, de 26.05.1999, é aplicável somente a recursos interpostos após o início de sua vigência.
>
> II – A contagem do quinquídio para apresentação dos originais de recurso interposto por intermédio de fac-símile começa a fluir do dia subsequente ao término do prazo recursal, nos termos do art. 2º da Lei 9.800, de 26.05.1999, e não do dia seguinte à interposição do recurso, se esta se deu antes do termo final do prazo.
>
> III – Não se tratando a juntada dos originais de ato que dependa de notificação, pois a parte, ao interpor o recurso, já tem ciência de seu ônus processual, não se aplica a regra do art. 184 do CPC quanto ao "dies a quo", podendo coincidir com sábado, domingo ou feriado.
>
> IV – A autorização para utilização do fac-símile, constante do art. 1º da Lei 9.800, de 26.05.1999, somente alcança as hipóteses em que o documento é dirigido diretamente ao órgão jurisdicional, não se aplicando à transmissão ocorrida entre particulares.

3.3. Prazos processuais

Os prazos processuais contam-se a partir da data em que for feita pessoalmente, ou recebida, a notificação. Nos termos da súmula 16 do TST, presume-se recebida a notificação 48 (quarenta e oito) horas depois de sua postagem. O seu não recebimento ou a entrega após o decurso desse prazo constitui ônus de prova do destinatário. Em se tratando de edital, inicia-se na respectiva data.

Porém, é importante ter em mente que os prazos serão contabilizados excluindo o dia do começo e incluindo o dia do vencimento.

12. Art. 203 do CPC/2015
13. Art. 1.001 do CPC/2015
14. O conceito de sentença está disposto no art. 203, § 1º, do CPC/2015 como sendo o pronunciamento por meio do qual o juiz, com fundamento nos arts. 485 e 487, põe fim à fase cognitiva do procedimento comum, bem como extingue a execução.

Nos termos do art. 775 da CLT os prazos processuais são contínuos e irrelevantes, podendo, entretanto, ser prorrogados pelo tempo estritamente necessário pelo Juiz ou Tribunal, ou em virtude de força maior, devidamente comprovada nos autos.

Vale lembrar, ainda, que os prazos que se vencerem em sábado, domingo ou dia feriado terminarão no primeiro dia útil seguinte, nos termos do art. 775, parágrafo único, da CLT.

Quando a intimação tiver lugar na sexta-feira, ou a publicação com efeito de intimação for feita nesse dia, o prazo judicial será contado da segunda-feira imediata, inclusive, salvo se não houver expediente, caso em que fluirá no dia útil que se seguir.

Intimada ou notificada a parte no sábado, o início do prazo se dará no primeiro dia útil imediato e a contagem, no subsequente, é o que determina a Súmula 262, I, do TST.

A mesma súmula adverte, ainda, em seu item II que:

> SÚMULA 262 TST.
>
> [...]
>
> II. O recesso forense e as férias coletivas dos Ministros do Tribunal Superior do Trabalho suspendem os prazos recursais.

3.4. Nulidades processuais

Dispõe o art. 154 do CPC[15] que os atos e termos processuais não dependem de forma determinada, salvo quando a lei expressamente a exigir, tendo como válidos os atos que, realizados de outro modo, alcancem sua finalidade essencial.

Nos domínios do processo do trabalho, a nulidade somente será declarada quando resultar dos atos que causem manifesto prejuízo às partes litigantes.

A nulidade do ato se dá quando lhe falta algum requisito que a lei ordena como necessário e pode ser classificado como: nulidade absoluta e nulidade relativa.

3.4.1. Nulidade absoluta

A nulidade absoluta ocorre sempre que o ato violar normas de ordem pública, ou seja, normas de interesse público, como, por exemplo, as regras de competência material e funcional. A nulidade absoluta poderá ser decretada *ex officio* pelo magistrado ou a requerimento da parte.

Importante lembrar a regra estabelecida no art. 795, § 1º, da CLT que determina que o magistrado declare *ex officio* a nulidade fundada em incompetência de foro. A incompetência de foro a que o dispositivo legal se refere é a competência material, que é absoluta, e não a competência territorial disposta no art. 651 da CLT, que é relativa.

Nesse caso, havendo a declaração da nulidade absoluta, serão considerados nulos os atos decisórios.

3.4.2. Nulidade relativa

Haverá nulidade relativa sempre que o ato violar normas de interesse privado e somente serão declaradas mediante provocação das partes, as quais deverão argui-las à primeira vez em que tiverem de falar em audiência ou nos autos, nos termos do art. 795 da CLT.

Importante ressaltar que não será pronunciada a nulidade do ato quando for possível repeti-lo ou mesmo suprir sua falta. Da mesma forma, não será declarada a nulidade do ato quando arguida por quem lhe tiver dado causa.

3.5. Audiência trabalhista

Na Justiça do Trabalho, as audiências serão públicas e deverão ser realizadas em dias úteis previamente fixados, entre 8 (oito) e 18 (dezoito) horas, e não poderão ultrapassar 5 (cinco) horas seguidas, salvo quando houver matéria urgente. Caso seja necessário, o magistrado poderá, ainda, realizar audiências extraordinárias.

O reclamante e o reclamado comparecerão à audiência acompanhados das suas testemunhas, apresentando, também, as demais provas.

No horário designado, o Juiz abrirá a audiência, convocando as partes, testemunhas e demais pessoas que devam comparecer. Caso o Juiz não compareça até 15 (quinze) minutos após o horário marcado, os presentes poderão retirar-se, devendo o ocorrido constar do livro de registro das audiências.

Na audiência deverão estar presentes o reclamante e o reclamado, independentemente do comparecimento de seus representantes, salvo nos casos de reclamações plúrimas ou ações de cumprimento, quando os empregados poderão fazer-se representar pelo Sindicato de sua categoria.

O empregador poderá fazer-se substituir pelo gerente ou qualquer outro preposto que tenha conhecimento do fato, cujas declarações obrigarão o proponente.

Nos termos da súmula 377 do TST, exceto quanto à reclamação de empregado doméstico, ou contra micro ou pequeno empresário, o preposto deve ser necessariamente empregado do reclamado.

Como dito, na audiência deverão estar presentes ambas as partes. Nessa linha, é importante lembrar que o não comparecimento do reclamante à audiência importa o arquivamento da reclamação, art. 844 da CLT. Porém, se por doença ou qualquer outro motivo poderoso, devidamente comprovado, o reclamante não puder comparecer pessoalmente, poderá fazer-se representar por outro empregado que pertença à mesma profissão ou pelo seu sindicato. A presença de outro empregado ou do sindicato objetiva, exclusivamente, o não arquivamento da reclamação.

Já o não comparecimento do reclamado, em conformidade com a parte final do art. 844 da CLT, importa revelia, além de confissão quanto à matéria de fato.

Pela redação do citado dispositivo legal poderíamos acreditar que a presença da parte reclamada (o próprio empresário, gerente ou preposto) é necessária/obrigatória, sendo que sua ausência implicaria em revelia e confissão fática. Isso ocorreria independente da presença do advogado, até mesmo porque sua figura é dispensável em razão do *jus postulandi* da parte.

A imprecisão do dispositivo legal em questão levou o TRT da 2ª região, São Paulo a publicar em em 22 de maio de 2015 a sua primeira tese jurídica prevalecente, que assim dispõe:

15. Art. 188 do CPC/2015.

TESE JURÍDICA PREVALECENTE Nº 01

Ausência da parte reclamada em audiência. Consequência processual. Confissão.

A presença de advogado munido de procuração revela *animus* de defesa que afasta a revelia. A ausência da parte reclamada à audiência na qual deveria apresentar defesa resulta apenas na sua confissão.

Todavia, o TST adota posição contrária, como se observa em sua súmula 122, que assim dispõe:

SÚMULA 122 TST – a reclamada, ausente à audiência em que deveria apresentar defesa, é revel, ainda que presente seu advogado munido de procuração, podendo ser ilidida a revelia mediante a apresentação de atestado médico, que deverá declarar, expressamente, a impossibilidade de locomoção do empregador ou do seu preposto no dia da audiência".

3.6. Despesas processuais

Nos dissídios individuais, ainda que propostos perante a Justiça Estadual no exercício da jurisdição trabalhista (art. 112 da CF), as custas relativas ao processo de conhecimento sempre serão no importe de 2% (dois por cento) e serão calculadas da seguinte maneira:

a) Em caso de acordo ou condenação, as custas serão calculadas sobre o respectivo valor. Vale lembrar que, sempre que houver acordo, o pagamento das custas caberá em partes iguais aos litigantes se outra forma não for convencionada;

b) caso o processo seja extinto sem julgamento do mérito ou julgado totalmente improcedente, as custas serão calculadas sobre o valor da causa;

c) Nas ações declaratórias e constitutivas, também serão calculadas sobre o valor da causa;

d) Para as ações que o valor da condenação for indeterminado, deverá o magistrado fixar um valor.

As custas serão pagas pelo vencido após o trânsito em julgado da decisão. No caso de recurso, serão pagas e comprovado o recolhimento dentro do prazo recursal, em conformidade com a súmula 245 do TST.

Nesse ponto cumpre destacar a Súmula 25 do TST, de acordo com a resolução 198/2015:

SÚMULA 25 TST – CUSTAS PROCESSUAIS. INVERSÃO DO ÔNUS DA SUCUMBÊNCIA.

I – A parte vencedora na primeira instância, se vencida na segunda, está obrigada, independentemente de intimação, a pagar as custas fixadas na sentença originária, das quais ficara isenta a parte então vencida;

II – No caso de inversão do ônus da sucumbência em segundo grau, sem acréscimo ou atualização do valor das custas e se estas já foram devidamente recolhidas, descabe um novo pagamento pela parte vencida, ao recorrer. Deverá ao final, se sucumbente, reembolsar a quantia;

III – Não caracteriza deserção a hipótese em que, acrescido o valor da condenação, não houve fixação ou cálculo do valor devido a título de custas e tampouco intimação da parte para o preparo do recurso, devendo ser as custas pagas ao final;

IV – O reembolso das custas à parte vencedora faz-se necessário mesmo na hipótese em que a parte vencida for pessoa isenta do seu pagamento, nos termos do art. 790-A, parágrafo único, da CLT.

No que diz respeito aos dissídios coletivos, o pagamento das custas será no importe de 2% calculados sobre o valor arbitrado pelo Juiz na decisão. Porém, reza o § 4º do art. 789 da CLT que nos dissídios coletivos as partes vencidas responderão solidariamente pelo pagamento das custas.

Por último, cabe ressaltar que no processo de execução as custas serão sempre de responsabilidade do executado e pagas ao final do processo.

3.6.1. Isenção

Nos termos do art. 790-A da CLT, além dos beneficiários da justiça gratuita – Lei 1.060/1950 – são isentos do pagamento de custas a União, os Estados, o Distrito Federal, os Municípios e respectivas autarquias e fundações públicas federais, estaduais ou municipais que não explorem atividade econômica e o Ministério Público do Trabalho.

É importante destacar que as isenções acima citadas não alcançam as entidades fiscalizadoras do exercício profissional, como, por exemplo, a OAB, CREA, entre outras.

A responsabilidade pelo pagamento dos honorários periciais é da parte sucumbente na pretensão objeto da perícia, salvo se beneficiária de justiça gratuita.

4. PARTES E PROCURADORES

4.1. Aspectos gerais

São 3 os elementos capazes de identificar uma ação. Assim, podemos dizer que duas ações são idênticas quando possuírem os mesmos elementos. São eles:

a) partes: sujeito ativo e sujeito passivo;

b) causa de pedir: corresponde aos fundamentos de fato – causa de pedir próxima – e aos fundamentos de direito – causa de pedir remota;

c) pedido: que consiste no provimento jurisdicional pretendido.

Podemos dizer que é parte no processo aquele que requer a tutela jurisdicional e, também, aquele contra quem a tutela é impetrada. São, portanto, exequente e executado, no processo de execução; embargante e embargado, em processos de embargos à execução e embargos de terceiro; impetrante e impetrado, em mandados de segurança; reconvinte e reconvindo, em reconvenção; e, nos domínios do processo do trabalho, reclamante e reclamado, nas reclamações trabalhistas.

4.2. Capacidade

Cumpre, primeiramente, salientar que capacidade processual não se confunde com capacidade de ser parte, tampouco com capacidade postulatória.

Capacidade de ser parte nada mais é do que a capacidade de direito, ou seja, é a aptidão para figurar como parte em um dos polos da relação processual e está disciplinada nos arts. 1º e 2º do CC. Desta forma, todas as pessoas físicas e jurídicas e alguns entes despersonalizados possuem capacidade de ser parte.

Já a capacidade processual é a aptidão para agir em juízo. Assim, toda pessoa que se acha no exercício dos seus direitos tem capacidade para estar em juízo, conforme reza o art. 7º do CPC.[16]

Destarte, uma vez verificada a capacidade de ser parte, deve-se analisar se aquele sujeito é capaz de praticar os atos processuais sozinho, sem o acompanhamento de outras pessoas, ou se necessitarão de assistência ou representação, conforme o caso.

Nos domínios do processo do trabalho, a capacidade de estar em juízo sem assistência ou representação acontece, em conformidade com o art. 792 da CLT, aos 18 anos de idade.

Já a capacidade postulatória ou *jus postulandi* consiste na capacidade para prática de atos processuais em juízo que, em regra, pertence ao advogado devidamente inscrito na OAB e aos membros do Ministério Público.

Há, no entanto, casos em que não é exigida a capacidade postulatória para agir em juízo, como, por exemplo, nos juizados especiais cíveis, em que se dispensa a capacidade postulatória para o ajuizamento das ações cujo valor não exceda a 20 salários mínimos (art. 9º da Lei 9.099/1995). Outrossim, também dispensa-se a capacidade postulatória para a impetração de *habeas corpus* e, ainda, para propositura de reclamação trabalhista.

4.2.1. *Jus postulandi*

O *jus postulandi* encontra-se disciplinado no art. 791 da CLT, que ensina que empregados e os empregadores poderão reclamar pessoalmente perante a Justiça do Trabalho e acompanhar as suas reclamações até o final.

Dessa forma, temos que, no âmbito da Justiça do Trabalho, empregados e empregadores poderão, sem a presença de advogado, reclamar e acompanhar suas ações até o final, ou seja, poderão reclamar em juízo e interpor recurso pessoalmente. Em outras palavras, poderão atuar sem a presença de advogado em todas as instâncias trabalhistas.

Porém, para a interposição de recurso extraordinário para o STF deverá a parte fazê-lo por intermédio de um advogado, sob pena de não conhecimento do recurso.

A aplicação do *jus postulandi* já foi polêmica. Isso porque parte da doutrina entendia que a presença do advogado é dispensável somente na primeira e segunda instância trabalhista, excluindo a possibilidade de a própria parte apresentar recurso de revista, em face de sua natureza extraordinária.

Entretanto, como já exposto, em abril de 2010, o Tribunal Superior do Trabalho editou a súmula 425, estabelecendo que o *jus postulandi* das partes é limitado às Varas do Trabalho e aos Tribunais Regionais do Trabalho, não alcançando a ação cautelar, ainda que proposta em primeira instância, a ação rescisória e o mandado de segurança, bem como os recursos de competência do Tribunal Superior do Trabalho.

4.3. Sucessão das partes

Sucessão das partes (ou sucessão processual) nada mais é que a substituição da parte do processo em decorrência da alteração de titularidade do direito material discutido em juízo. Como exemplo, podemos citar o caso de morte de uma das partes, hipótese em que haverá sua substituição pelo espólio ou pelos sucessores, nos termos do art. 43 do CPC,[17] devendo ser observada, igualmente, a regra disposta no art. 265, I, do CPC[18].

A sucessão processual não pode ser confundida com a substituição processual, também chamada de legitimidade extraordinária, que será estudada no item 4.8, a qual é conceituada como o fenômeno processual pelo qual alguém, autorizado por lei, atua em juízo como parte, em nome próprio, na defesa de interesse alheio.

Nos domínios do processo do trabalho, ocorrendo a morte do empregado, os dependentes poderão assumir o polo ativo.

Nesse sentido, dispõe o art. 1º da Lei 6.858/1980:

> **Art. 1º.** Os valores devidos pelos empregadores aos empregados e os montantes das contas individuais do Fundo de Garantia do Tempo de Serviço e do Fundo de Participação PIS-PASEP, não recebidos em vida pelos respectivos titulares, serão pagos, em quotas iguais, aos dependentes habilitados perante a Previdência Social ou na forma da legislação específica dos servidores civis e militares, e, na sua falta, aos sucessores previstos na lei civil, indicados em alvará judicial, independentemente de inventário ou arrolamento.
>
> § 1º. As quotas atribuídas a menores ficarão depositadas em caderneta de poupança, rendendo juros e correção monetária, e só serão disponíveis após o menor completar 18 (dezoito) anos, salvo autorização do juiz para aquisição de imóvel destinado à residência do menor e de sua família ou para dispêndio necessário à subsistência e educação do menor.
>
> § 2º. Inexistindo dependentes ou sucessores, os valores de que trata este artigo reverterão em favor, respectivamente, do Fundo de Previdência e Assistência Social, do Fundo de Garantia do Tempo de Serviço ou do Fundo de Participação PIS-PASEP, conforme se tratar de quantias devidas pelo empregador ou de contas de FGTS e do Fundo PIS PASEP.

4.4. Representação processual

É a possibilidade de atuar no processo em nome de outrem. Consiste, portanto, na possibilidade de uma pessoa demandar em juízo em nome alheio, defendendo interesse alheio.

Logo, o representante age em nome do representado, defendendo interesse do próprio representado, não agindo na qualidade de parte.

A representação pode ser legal, nas hipóteses em que a lei indica o representante, como no art. 12, I e II, do CPC,[19] ou pode ser convencional ou voluntária, que é feita por vontade da parte, como nas hipóteses do art. 12, VI, primeira parte.[20]

A CLT, por sua vez, ensina que é facultado ao empregador fazer-se substituir pelo gerente ou qualquer outro preposto que tenha conhecimento do fato.

Contudo, o TST consolidou entendimento consubstanciado na súmula 377, com a nova redação dada pela resolução

16. Art. 70 do CPC/2015.
17. Art. 110 do CPC/2015.
18. Art. 313, §§ 1º e 2º, do CPC/2015.
19. Art. 75, I, II e III, do CPC/2015.
20. Art. 75, VIII, do CPC/2015.

146 de 2008, na qual ensina que, "exceto quanto à reclamação de empregado doméstico, ou contra micro ou pequeno empresário, o preposto deve ser necessariamente empregado do reclamado. Inteligência do art. 843, § 1º, da CLT e do art. 54 da Lei Complementar 123, de 14 de dezembro de 2006."

Já o empregado que esteja doente ou não possa comparecer à audiência por qualquer outro motivo poderoso ou relevante poderá ser representado por outro empregado da mesma profissão ou pelo sindicato, que comparecerá à audiência informando o justo motivo para o não comparecimento do reclamante, com o fito de evitar o arquivamento do processo, nos termos do art. 843, § 2º, da CLT.

Com relação ao empregador doméstico, poderá este ser representado por qualquer pessoa da família.

4.5. Mandato

Como visto, na Justiça do Trabalho as partes são dotadas de capacidade postulatória e poderão fazer uso do *jus postulandi* nos exatos termos do art. 791 da CLT e da súmula 425 do TST.

Porém, nada impede que as partes constituam procuradores mediante instrumento de mandato, ou seja, a procuração *ad judicia*, por meio da qual a parte lhe outorga os poderes.

Com relação ao mandato outorgado por pessoa jurídica, a Súmula 456 do TST dispõe:

> SÚMULA 456 TST – REPRESENTAÇÃO. PESSOA JURÍDICA. PROCURAÇÃO. INVALIDADE. IDENTIFICAÇÃO DO OUTORGANTE E DE SEU REPRESENTANTE.
>
> É inválido o instrumento de mandato firmado em nome de pessoa jurídica que não contenha, pelo menos, o nome do outorgante e do signatário da procuração, pois estes dados constituem elementos que os individualizam.

Nos termos do art. 37 do CPC,[21] a representação em juízo é feita por meio do instrumento de mandato.

A súmula 395, I, do TST ensina ser válido o instrumento de mandato com prazo determinado que contém cláusula estabelecendo a prevalência dos poderes para atuar até o final da demanda.

O outorgante poderá fixar prazo para a juntada do instrumento de mandato e, nesse caso, diante da existência dessa previsão, o instrumento de mandato só tem validade se anexado ao processo dentro do prazo estabelecido.

O outorgado poderá substabelecer os poderes conferidos pelo outorgante, ou seja, transmitir os poderes para outros advogados. Assim, são válidos os atos praticados pelo substabelecido, ainda que não haja, no mandato, poderes expressos para substabelecer, nos termos da súmula 395, III, do TST.

Nesse sentido, é importante destacar que se configura a irregularidade de representação se o substabelecimento é anterior à outorga passada ao substabelecente.

Havendo mais de um advogado representando o empregado, poderão estes advogados requerer que as comunicações sejam feitas em nome de um determinado advogado. Nessa hipótese, o TST por meio da súmula 427, entende ser nula a comunicação em nome de outro profissional constituído nos autos.

Há de se ressaltar que é necessário que haja prejuízo à parte, sob pena de não ser reconhecida a nulidade do ato.

É importante lembrar que é inadmissível, em instância recursal, o oferecimento tardio de procuração, nos termos do art. 37 do CPC,[22] ainda que mediante protesto por posterior juntada, já que a interposição de recurso não pode ser reputada ato urgente. Da mesma forma, é inadmissível na fase recursal a regularização da representação processual, na forma do art. 13 do CPC,[23] cuja aplicação se restringe ao Juízo de 1º grau.

Todavia, na Justiça do Trabalho admite-se o mandato tácito ou *apud acta*, ou seja, mandato constituído na própria ata de audiência.

Desse modo dispõe o art. 791, § 3º, da CLT:

> **Art. 791** (...)
>
> § 3º A constituição de procurador com poderes para o foro em geral poderá ser efetivada, mediante simples registro em ata de audiência, a requerimento verbal do advogado interessado, com anuência da parte representada.

Importante ressaltar, contudo, que nos termos da Orientação Jurisprudencial 200 da SDI 1 do TST, é inválido o substabelecimento de advogado investido de mandato tácito.

Com relação à Fazenda Pública, ensina a Súmula 436 do TST:

> SÚMULA 436 DO TST – REPRESENTAÇÃO PROCESSUAL. PROCURADOR DA UNIÃO, ESTADOS, MUNICÍPIOS E DISTRITO FEDERAL, SUAS AUTARQUIAS E FUNDAÇÕES PÚBLICAS. JUNTADA DE INSTRUMENTO DE MANDATO.
>
> I – A União, Estados, Municípios e Distrito Federal, suas autarquias e fundações públicas, quando representadas em juízo, ativa e passivamente, por seus procuradores, estão dispensadas da juntada de instrumento de mandato e de comprovação do ato de nomeação.
>
> II – Para os efeitos do item anterior, é essencial que o signatário ao menos declare-se exercente do cargo de procurador, não bastando a indicação do número de inscrição na Ordem dos Advogados do Brasil.

4.6. Assistência judiciária e justiça gratuita

Nos termos do art. 5º, LXXIV, da CF, "o Estado prestará assistência jurídica integral e gratuita aos que comprovarem insuficiência de recursos."

A concessão da assistência judiciária gratuita vem regulada pela Lei 1.060/1950[24]. No entanto, o art. 14 da Lei 5.584/1970 ensina que a assistência judiciária a que se refere a Lei 1.060/1950 será prestada pelo sindicato da classe ao trabalhador, ainda que não seja associado.

Determina o § 1º do citado art. 14 que a "assistência é devida a todo aquele que perceber salário igual ou inferior ao

21. Art. 104 e § 1º, do CPC/2015.
22. Art. 104 do CPC/2015.
23. Art. 76, *caput* e § 1º, do CPC/2015.
24 Vide arts. 98 a 102 do CPC/2015.

dobro do mínimo legal, ficando assegurado igual benefício ao trabalhador de maior salário, uma vez provado que sua situação econômica não lhe permite demandar, sem prejuízo do sustento próprio ou da família."

A assistência judiciária não se confunde com a justiça gratuita. Isso porque a primeira compreende, além dos préstimos de um advogado, os benefícios da justiça gratuita. Assim, é possível que um empregado não goze da assistência judiciária prestada pelo sindicato da classe, mas preencha os requisitos dispostos no art. 790, § 3º, da CLT e seja beneficiário da justiça gratuita.

Dispõe o art. 790, § 3º, da CLT:

> "**Art. 790.**
> § 3º É facultado aos juízes, órgãos julgadores e presidentes dos tribunais do trabalho de qualquer instância conceder, a requerimento ou de ofício, o benefício da justiça gratuita, inclusive quanto a traslados e instrumentos, àqueles que perceberem salário igual ou inferior ao dobro do mínimo legal, ou declararem, sob as penas da lei, que não estão em condições de pagar as custas do processo sem prejuízo do sustento próprio ou de sua família."

Sendo concedida a assistência judiciária, o trabalhador gozará dos benefícios do art. 3º da Lei 1.060/1950, que determina:[25]

> "**Art. 3º.** A assistência judiciária compreende as seguintes isenções:
>
> I – das taxas judiciárias e dos selos;
>
> II – dos emolumentos e custas devidos aos Juízes, órgãos do Ministério Público e serventuários da justiça;
>
> III – das despesas com as publicações indispensáveis no jornal encarregado da divulgação dos atos oficiais;
>
> IV – das indenizações devidas às testemunhas que, quando empregados, receberão do empregador salário integral, como se em serviço estivessem, ressalvado o direito regressivo contra o poder público federal, no Distrito Federal e nos Territórios; ou contra o poder público estadual, nos Estados;
>
> V – dos honorários de advogado e peritos;
>
> VI – das despesas com a realização do exame de código genético – DNA que for requisitado pela autoridade judiciária nas ações de investigação de paternidade ou maternidade;
>
> VII – dos depósitos previstos em lei para interposição de recurso, ajuizamento de ação e demais atos processuais inerentes ao exercício da ampla defesa e do contraditório.
>
> **Parágrafo único.** A publicação de edital em jornal encarregado da divulgação de atos oficiais, na forma do inciso III, dispensa a publicação em outro jornal.

4.6.1. *Assistência judiciária gratuita para pessoa jurídica*

Uma vez mais, lembremos que o art. 5º, LXXIV, da CF dispõe que: "o Estado prestará assistência jurídica integral e gratuita aos que comprovarem insuficiência de recursos."

Como vimos, no plano infraconstitucional, o art. 2º da Lei 1.060/1950 estabelece que serão beneficiários da assistência judiciária os nacionais ou estrangeiros residentes no País que necessitarem recorrer à Justiça penal, civil, militar ou do trabalho, considerando-se necessitado todo aquele cuja situação econômica não lhe permita pagar as custas do processo e os honorários de advogado, sem prejuízo do sustento próprio ou da família (art. 2º, parágrafo único da citada lei).[26]

O texto constitucional, ao assegurar a assistência jurídica integral e gratuita, não distinguiu entre pessoas físicas ou jurídicas, conferindo tal garantia a todos aqueles que *"comprovarem insuficiência de recursos". Isso porque, nos termos do art. 5º, caput, da Magna Carta, todos são iguais perante a lei.*

Por isso, a assistência judiciária também poderá ser concedida à pessoa jurídica. No entanto, devemos distinguir as pessoas jurídicas **sem** fins lucrativos e as pessoas jurídicas **com** fins lucrativos.

A pessoa jurídica sem fins lucrativos faz jus aos benefícios da assistência judiciária na seara trabalhista e o procedimento para o pedido se equipara ao da pessoa física (empregado), para quem basta a simples informação na petição de que não está em condições de pagar as custas do processo e os honorários de advogado, sem prejuízo próprio ou de sua família, nos termos do art. 4º da Lei 1.060/1950.[27]

*Já para as pessoas jurídicas com fins lucrativos, dif*erentemente de como ocorre com o empregado (pessoa física), ou seja, mediante simples pedido formulado na petição, ela deverá comprovar que não possui meios suficientes de arcar com os custos de um processo, sem prejudicar a sua própria manutenção.

A comprovação de miserabilidade jurídica poderá ser feita por meio de documentos, como, por exemplo, balanços contábeis e imposto e renda, que comprovem a efetiva situação precária.

Sobre a possibilidade de concessão do benefício da justiça gratuita às pessoas jurídicas, o STJ decidiu na súmula 481:

> Faz jus ao benefício da justiça gratuita a pessoa jurídica *com* ou *sem* fins lucrativos que demonstrar sua impossibilidade de arcar com os encargos processuais.

Quanto ao momento para ser feito o pedido da justiça gratuita, importante a redação da Orientação Jurisprudencial 269 da SDI 1 do TST:

> **ORIENTAÇÃO JURISPRUDENCIAL 269 SDI 1 do TST: JUSTIÇA GRATUITA. REQUERIMENTO DE ISENÇÃO DE DESPESAS PROCESSUAIS. MOMENTO OPORTUNO.**
> O benefício da justiça gratuita pode ser requerido em qualquer tempo ou grau de jurisdição, desde que, na fase recursal, seja o requerimento formulado no prazo alusivo ao recurso.

25 O art. 3º da Lei 1.060/1950 foi revogado expressamente pelo art. 1.072, III, do CPC/2015, que cuida da gratuidade de justiça nos arts. 98 a 102.

26 O art. 2º da Lei 1.060/1950 foi revogado expressamente pelo art. 1.072, III, do CPC/2015, que cuida da gratuidade de justiça nos arts. 98 a 102.

27 O art. 4º da Lei 1.060/1950 foi revogado expressamente pelo art. 1.072, III, do CPC/2015. O CPC/2015 prevê expressamente a possibilidade de gratuidade de justiça para as pessoas naturais e jurídicas no *caput* do art. 98.

4.7. Litisconsórcio

Nas lições de Marcus Vinicius Rios Gonçalves (**Novo Curso de Direito Processual Civil**. 6. ed., vol.1. São Paulo: Saraiva, 2009. p. 145), é "um fenômeno que ocorre quando duas ou mais pessoas figuram como autoras ou rés no processo. Se forem autoras, o litisconsórcio será ativo; se rés, passivo; se ambas, bilateral ou misto."

Nos domínios do processo do trabalho, o art. 842 da CLT assim dispõe:

> **Art. 842.** Sendo várias as reclamações e havendo identidade de matéria, poderão ser acumuladas num só processo, se se tratar de empregados da mesma empresa ou estabelecimento.

O dispositivo em apreço trata da reclamação trabalhista plúrima, ou seja, uma hipótese de litisconsórcio ativo.

Com relação ao litisconsórcio passivo, podemos citar como exemplo as demandas em que figuram como rés a empresa fornecedora de mão de obra e a tomadora de serviços. Veja a súmula 331, item IV, do TST.

Nos termos do art. 48 do CPC[28], *salvo disposição em contrário*, os litisconsortes serão considerados, em suas relações com a parte adversa, como litigantes distintos; os atos e as omissões de um não prejudicarão nem beneficiarão os outros.

Com isso, o art. 191 do CPC[29] determina que aos litisconsortes que possuírem procuradores distintos os prazos serão contados em dobro para contestar, para recorrer e, de modo geral, para falar nos autos.

No entanto, por meio da OJ 310 da SDI 1, o TST se pronunciou para a inaplicabilidade do art. 191 do CPC ao processo do trabalho, por ser com ele incompatível. Dispõe a citada OJ:

> **ORIENTAÇÃO JURISPRUDENCIAL 310 da SDI do TST – LITISCONSORTES. PROCURADORES DISTINTOS. PRAZO EM DOBRO. ART. 191 DO CPC. INAPLICÁVEL AO PROCESSO DO TRABALHO**
>
> A regra contida no art. 191 do CPC é inaplicável ao processo do trabalho, em decorrência da sua incompatibilidade com o princípio da celeridade inerente ao processo trabalhista.

4.8. Substituição processual

Substituição processual ou legitimidade extraordinária pode ser conceituada como sendo o fenômeno processual pelo qual alguém, autorizado por lei, atua em juízo como parte, em nome próprio, na defesa de interesse alheio.

Nessa linha, dispõe o art. 6º do CPC:[30] "ninguém poderá pleitear, em nome próprio, direito alheio, salvo quando autorizado por lei."

Esse ponto é fundamental para distinguir a substituição da representação processual. Isso porque, na representação, o representante não é parte, mas apenas a representa; ao passo, que na substituição processual, o substituto é parte no processo, seja na qualidade de autor, seja na qualidade de réu.

A CF/1988 estabelece, no art. 8º, III, que compete ao sindicato a defesa dos direitos e interesses coletivos ou individuais da categoria, inclusive em questões judiciais ou administrativas.

Essa legitimação extraordinária é irrestrita para que o sindicato atue em nome próprio na tutela de interesses da classe operária que defende.

Vale ressaltar o entendimento cristalizado na OJ 121 da SDI 1 do TST, que ensina: "o sindicato tem legitimidade para atuar na qualidade de substituto processual para pleitear diferença de adicional de insalubridade".

Por último, importante lembrar o entendimento disposto a primeira parte do item III da súmula 219 do TST, que determina o pagamento de honorários advocatícios nas causas em que o ente sindical figure como substituto processual.

4.9. Honorários advocatícios

Como estudado, na Justiça do Trabalho admite-se o *jus postulandi* da parte, previsto no art. 791 da CLT, não necessitando que a parte esteja representada por um advogado para que possa ingressar com uma ação na Justiça do Trabalho.

Por esse motivo, em regra, na Justiça do Trabalho não são devidos honorários advocatícios. Excepcionalmente admite-se a condenação da parte sucumbente ao pagamento da verba honorária devida ao advogado.

Dispõe a súmula 219 do TST, redação dada pela resolução 197/2015:

> SÚMULA 219 TST – HONORÁRIOS ADVOCATÍCIOS. HIPÓTESE DE CABIMENTO.
>
> I – Na Justiça do Trabalho, a condenação ao pagamento de honorários advocatícios, nunca superiores a 15% (quinze por cento), não decorre pura e simplesmente da sucumbência, devendo a parte, concomitantemente: a) estar assistida por sindicato da categoria profissional; b) comprovar a percepção de salário inferior ao dobro do salário mínimo ou encontrar-se em situação econômica que não lhe permita demandar sem prejuízo do próprio sustento ou da respectiva família. (art. 14, § 1º, da Lei 5.584/1970).
>
> II – É cabível a condenação ao pagamento de honorários advocatícios em ação rescisória no processo trabalhista.
>
> III – São devidos os honorários advocatícios nas causas em que o ente sindical figure como substituto processual e nas lides que não derivem da relação de emprego.

Assim, em 4 situações os honorários advocatícios serão devidos, a saber:

a) *ações que versam sobre relação de emprego*

Em regra, os honorários advocatícios na Justiça do Trabalho não decorrem da mera sucumbência. Segundo o posicionamento do TST, para que sejam devidos os honorários advocatícios é necessário que o empregado esteja representado por advogado do sindicato de sua categoria e,

28. Art. 117 do CPC/2015 modificou significadamente a disposição legal antiga para determinar: "Os litisconsortes serão considerados, em suas relações com a parte adversa, como litigantes distintos, **exceto no litisconsórcio unitário**, caso em que os atos e as omissões de um não prejudicarão os outros, **mas os poderão beneficiar**"

29. Art. 229 do CPC/2015 que assim dispõe: Os litisconsortes que tiverem diferentes procuradores, **de escritórios de advocacia distintos**, terão prazos contados em dobro **para todas as suas manifestações, em qualquer juízo ou tribunal, independentemente de requerimento**."

30. Art. 18 do CPC/2015.

percebendo até dois salários mínimos, demonstre que sua situação econômica não lhe permite demandar sem prejuízo do sustento próprio ou da família. Desta forma, deverá o empregado estar assistido por advogado e ser beneficiário da justiça gratuita. Nessa hipótese os honorários advocatícios nunca serão superiores a 15% do valor da condenação e serão devidos ao sindicato profissional e não ao advogado.

b) ação rescisória

De acordo com o item II da Súmula 219 do TST no processo do trabalho será cabível a condenação de honorários advocatícios em ação rescisória.

Como sabemos, de acordo com o entendimento consubstanciado na súmula 425 do TST o *jus postulandi* da parte não alcança a ação rescisória, devendo, portanto, as partes contratarem advogados para que defendam seus interesses.

Desta forma, tendo em vista a necessidade de advogado para a propositura e acompanhamento da ação rescisória se faz necessária a condenação em honorários advocatícios.

c) *causas em que o ente sindical figure como substituto processual*

Como estudado no item anterior, o substituto processual ou o legitimado extraordinariamente, autorizado por lei, atua em juízo como parte, em nome próprio, na defesa de interesse alheio.

Nos termos do art. 8º, III, da CF compete ao sindicato a defesa dos direitos e interesses coletivos ou individuais da categoria, inclusive em questões judiciais ou administrativas.

Assim, sempre que o sindicato figurar como substituto processual, como é o caso das ações de cumprimento, haverá condenação em honorários advocatícios.

d) lides que não derivem da relação de emprego

Lides que não derivem da relação de emprego são as lides decorrentes da relação de trabalho.

Ao entender que são devidos os honorários advocatícios nas lides que não derivem da relação de emprego, o TST acabou por determinar que os honorários advocatícios serão devidos nas ações que tratam das demais espécies de trabalho, com exceção da relação de emprego. Nas lides decorrentes de relação de trabalho, portanto, seriam devidos honorários advocatícios.

Assim, seriam devidos honorários advocatícios nas ações de trabalhadores avulsos, estagiários etc., por exemplo.

Sobre esse último tópico importante trazer a determinação descrita na Instrução Normativa 27/2005 do TST em seu art. 5º, que assim dispõe:

> **Art. 5º.** Exceto nas lides decorrentes da relação de emprego, os honorários advocatícios são devidos pela mera sucumbência.

5. DISSÍDIO INDIVIDUAL

5.1. Reclamação verbal ou escrita

Nos termos do art. 840 da CLT, a reclamação trabalhista poderá ser verbal ou escrita.

5.1.1. Reclamação verbal

Na reclamação trabalhista verbal (art. 840, § 2º, da CLT), o reclamante procura o próprio Tribunal Regional do Trabalho de sua região (Vara do Trabalho) e expõe seus motivos ao servidor. Uma vez verificada a possibilidade de ingresso na Justiça do Trabalho, a reclamação trabalhista deverá ser distribuída antes mesmo de sua redução a termo, em conformidade com o art. 93, XV, da CF e art. 786 da CLT.

Distribuída a reclamação verbal, o reclamante deverá, salvo motivo de força maior, apresentar-se, no prazo de 5 (cinco) dias, ao cartório ou à secretaria, para reduzi-la a termo, sob a pena de perder, pelo prazo de 6 meses, o direito de reclamar perante a Justiça do Trabalho, o que, nos termos do art. 731 da CLT, a doutrina costuma chamar de perempção provisória.

Reduzida a termo, o escrivão ou secretário, dentro de 48 horas, remeterá a segunda via do termo ao réu, notificando-o ao para comparecer à audiência.

Vale lembrar que, de acordo com o entendimento disposto no art. 841, *caput*, parte final, da CLT, entre a data do recebimento da notificação pela reclamada e a data designada para a audiência deverá ser obedecido o prazo mínimo de 5 (cinco) dias, sob pena de nulidade. Em se tratando de Fazenda Pública, esse prazo deverá ser contado em quádruplo, ou seja, entre a data do recebimento da notificação e a data da audiência deverá ser observado um lapso temporal de 20 (vinte) dias, nos termos do art. 1º, II, do Decreto-Lei 779/1969.

Nessa linha, presume-se recebida a notificação 48 (quarenta e oito) horas depois de sua postagem. O seu não recebimento ou a entrega após o decurso desse prazo constitui ônus de prova do destinatário, em conformidade com a súmula 16 do TST.

5.1.2. Reclamação escrita

A reclamação trabalhista escrita, em atendimento ao disposto no art. 840, § 1º, da CLT, deverá conter a designação do juiz da vara do trabalho, ou do juiz de direito (art. 112 da CF) a quem for dirigida, a qualificação do reclamante e do reclamado, uma breve exposição dos fatos de que resulte a desavença, o pedido, a data e a assinatura do reclamante ou de seu representante.

A reclamação escrita deverá ser formulada em duas vias e desde logo acompanhada dos documentos em que se fundar.

Assim como a reclamação verbal, o escrivão ou secretário, dentro de 48 horas, remeterá a segunda via da petição ao réu, notificando-o para comparecimento à audiência, que deverá ser marcada obedecendo ao prazo mínimo de 5 (cinco) dias, observada a regra do art. 1º, II, do Decreto-Lei 779/1969 para a Fazenda Pública.

5.2. Comissão de Conciliação Prévia

Estabelece o art. 625-D da CLT que qualquer demanda de natureza trabalhista será submetida à Comissão de Conciliação Prévia – CCP – se, na localidade da prestação de serviços, houver sido instituída a Comissão no âmbito da empresa ou do sindicato da categoria.

As Comissões de Conciliação Prévia não integram a estrutura da Justiça do Trabalho, que se encontra esculpida no art. 111 da CF, estudado no capítulo 2.

O dispositivo legal em questão estabelece, portanto, que qualquer reclamação trabalhista deve ser submetida à CCP antes de ser ajuizada, quando, na localidade da prestação de serviços, houver sido instituída tal comissão no âmbito da empresa ou do sindicato da categoria.

Ocorre que o art. 625-D da CLT foi objeto de duas Ações Diretas de Inconstitucionalidade – ADIs. A primeira delas, ADI 2139, ajuizada pelo PCdoB, PSB, PT e PDT; e a segunda, ADI 2160, ajuizada pela Confederação Nacional dos Trabalhadores no Comércio – CNTC.

A Suprema Corte decidiu por maioria de votos que as ações trabalhistas podem ser submetidas ao judiciário trabalhista mesmo antes de se submeter a questão à Comissão de Conciliação Prévia – CCP. Para os ministros da Suprema Corte, a decisão preserva o direito universal dos cidadãos de acesso à Justiça.

Desta forma, de acordo com a interpretação conferida ao dispositivo em questão pela Suprema Corte, a submissão de conflitos à Comissão de Conciliação Prévia não constitui condição da ação para o ajuizamento da reclamação trabalhista, não sendo possível a extinção do processo sem resolução do mérito em caso de ausência de tentativa de conciliação perante a CCP.

Qualquer interessado poderá apresentar seu pedido à Comissão, que uma vez provocada terá prazo de 10 (dez) dias para a realização da sessão de tentativa de conciliação. Não havendo realização da sessão de conciliação no aludido prazo, deverá ser entregue ao empregado declaração de tentativa de conciliação frustrada. Vale lembrar que o não comparecimento da parte na sessão de conciliação não implica revelia.

Submetida a demanda à Comissão de Conciliação Prévia e não prosperando a conciliação, deverá ser fornecida ao empregado e ao empregador declaração da tentativa conciliatória frustrada com a descrição de seu objeto, que deverá ser juntada à eventual reclamação trabalhista.

No entanto, caso seja aceita a conciliação, deverá ser lavrado termo que será assinado pelo empregado, pelo empregador ou seu proposto e pelos membros da Comissão. O termo de conciliação é título executivo extrajudicial e terá eficácia liberatória geral, exceto quanto às parcelas expressamente ressalvadas.

A partir da provocação da Comissão de Conciliação Prévia, independentemente da realização da sessão de conciliação, o prazo prescricional será suspenso e recomeçará a fluir a partir da tentativa frustrada de conciliação ou, se for o caso, do esgotamento do prazo de dez dias, quando lhe será entregue a declaração de conciliação frustrada.

5.3. Petição inicial trabalhista

Como já estudado, nos termos do art. 840, § 1º, da CLT, a reclamação trabalhista escrita deverá conter a designação do juiz da vara do trabalho, ou do juiz de direito, nas hipóteses do art. 112 da CF, a quem for dirigida, a qualificação completa do reclamante, conforme art. 282 e seus incisos do CPC[31], acrescido do nome da mãe e número da CTPS do reclamante, além de uma breve exposição dos fatos dos quais resultaram a desavença, os fundamentos legais, o pedido, a data e a assinatura do reclamante ou de seu representante.

Vale destacar que a indicação do valor da causa na reclamação trabalhista é obrigatória para que se defina a qual procedimento a demanda será submetida. Para as causas cujo valor não exceda 40 salários mínimos, será observado o rito sumaríssimo previsto nos art. 852-A a 852-I da CLT; uma vez ultrapassado esse valor, ou seja, para causas cujo valor exceda 40 salários mínimos, deverá ser observado o procedimento ordinário.

5.3.1. Aditamento da petição inicial

Aditamento da petição inicial, previsto no art. 294 do CPC[32], consiste na modificação do pedido ou da causa de pedir solicitada pelo reclamante antes da citação, independente de autorização da parte contrária.

A CLT é omissa em relação à possibilidade de aditamento da petição inicial, permitindo-se a aplicação subsidiária do diploma processual civil, em conformidade com o art. 769 da CLT.

Desta forma, nos domínios do direito processual do trabalho, admite-se que o aditamento da petição inicial seja feito até a audiência, antes da apresentação de resposta do réu.

Assim, uma vez realizado o aditamento da petição inicial, o juiz do trabalho designará nova audiência para que o réu possa contestar o novo pedido.

Vale lembrar que, apresentada resposta pelo réu, não será possível o aditamento, salvo com o consentimento daquele, em conformidade com o art. 264 do CPC.[33]

5.3.2. Emenda da petição inicial

Consiste na alteração ou correção da petição inicial, exigida pelo juiz quando este verificar que ela não preenche os requisitos exigidos pela lei processual ou que contém defeitos e irregularidades capazes de atrapalhar o apreciação do mérito da causa.

Dispõe o art. 284 do CPC:[34]

> **Art. 284.** Verificando o juiz que a petição inicial não preenche os requisitos exigidos nos arts. 282 e 283, ou que apresenta defeitos e irregularidades capazes de dificultar o julgamento de mérito, determinará que o autor a emende, ou a complete, no prazo de 10 (dez) dias.

Desta forma, sempre que a petição inicial contiver lacunas, imperfeições ou omissões, e esses problemas puderem ser sanados, o juiz deverá permitir que a parte complete o pedido no prazo de 10 dias. Somente depois disso, se a parte não cumprir a exigência imposta pelo magistrado, é que este

31. Arts. 319 e 320 do CPC/2015.

32. Art. 329, I, do CPC/2015.

33. Art. 329, II, do CPC/2015.

34. Art. 321 do CPC/2015 que assim dispõe: "O juiz, ao verificar que a petição inicial não preenche os requisitos dos arts. 319 e 320 ou que apresenta defeitos e irregularidades capazes de dificultar o julgamento de mérito, determinará que o autor, no prazo de 15 (quinze) dias, a emende ou a complete, indicando com precisão o que deve ser corrigido ou completado."

indeferirá a petição inicial, de acordo com o parágrafo único do mesmo dispositivo legal.

Nessa linha, o TST cristalizou o entendimento consubstanciado na súmula 263, que ensina que, com exceção das hipóteses previstas no art. 295 do CPC[35], o indeferimento da petição inicial, por encontrar-se desacompanhada de documento indispensável à propositura da ação ou não preencher outro requisito legal, somente é cabível se, depois de intimada para suprir a irregularidade em 10 dias, a parte não o fizer.

Tal regra não está contida na CLT, devendo ser aplicado o CPC de forma subsidiária ao processo do trabalho, em conformidade com o art. 769 da CLT.

Vale lembrar que no procedimento sumaríssimo, em decorrência da disposição contida no art. 852-B, I, da CLT, não é permitida a emenda da petição inicial trabalhista.

5.3.3. *Recurso em face do indeferimento liminar da petição inicial*

A decisão que indefere a petição inicial possui natureza terminativa, na medida em que extingue o processo sem resolução do mérito. Por essa razão, tal decisão desafia a interposição de recurso ordinário, nos termos do art. 895 da CLT.

Nessa linha, entendemos aplicável a regra disciplinada disposta no art. 296/1973 do CPC, que faculta ao juiz no prazo de 48 horas, reformar a sua decisão no caso de interposição de recurso pela parte.

Desta forma, uma vez indeferida a petição inicial, poderá o autor interpor recurso ordinário no prazo de 8 dias, facultando a retratação do juiz acerca dessa decisão, deferindo o recebimento da petição inicial dando regular andamento ao processo.

5.4. Audiência trabalhista

Como no processo do trabalho não há o despacho de recebimento da petição inicial da reclamação trabalhista por parte do juiz do trabalho, uma vez distribuída a petição inicial o Diretor da Vara ou mesmo a distribuição eletrônica, designará a data da audiência, notificando as partes dessa data, bem como das consequências do não comparecimento em audiência e, ainda, sobre o comparecimento das testemunhas.

Sob pena de nulidade, entre a data do recebimento da notificação e a data designada para a audiência deverá ser respeitado um prazo mínimo de 5 dias, para que a reclamada possa preparar sua resposta/defesa e contatar as testemunhas que pretende levar em audiência, nos termos do art. 841 da CLT.

As audiências deverão ocorrer entre as 8 e 18 horas e não poderão ultrapassar 5 horas seguidas, salvo quando houver matéria urgente, em conformidade com o art. 813 da CLT.

À hora marcada, o juiz declarará aberta a audiência, sendo feita pelo secretário ou escrivão a chamada das partes, testemunhas e demais pessoas que devam comparecer.

Se, até 15 (quinze) minutos após a hora marcada, o juiz ou presidente não houver comparecido, os presentes poderão retirar-se, devendo o ocorrido constar do livro de registro das audiências. Importante notar que essa tolerância é dada para os casos em que o juiz deixa de comparecer à audiência, não se aplicando para casos de atrasos na pauta de audiência do juiz.

Na data designada para a audiência Na audiência deverão estar presentes o reclamante e o reclamado, independentemente do comparecimento de seus advogados, salvo nos casos de Reclamatórias Plúrimas ou Ações de Cumprimento, quando os empregados poderão fazer-se representar pelo Sindicato de sua categoria.

É facultado ao empregador fazer-se substituir pelo gerente, ou qualquer outro preposto que tenha conhecimento do fato, e cujas declarações obrigarão o proponente. Exceto quanto à reclamação de empregado doméstico, ou contra micro ou pequeno empresário, o preposto deve ser necessariamente empregado do reclamado, em conformidade com a Súmula 377 do TST.

O não comparecimento do reclamante à audiência importará no arquivamento da reclamação trabalhista, possibilitando o ajuizamento de nova reclamação. Contudo, caso dê causa a novo arquivamento seguido por não comparecimento em audiência, sofrerá os efeitos da perempção provisória disposta no art. 732 da CLT, no qual perderá por 6 meses o direito de propor nova ação. Ultrapassado esse período e respeitado o prazo de prescrição, poderá ingressar com nova reclamação trabalhista.

Se por doença ou qualquer outro motivo poderoso, devidamente comprovado, não for possível ao empregado comparecer pessoalmente, poderá fazer-se representar por outro empregado que pertença à mesma profissão, ou pelo seu sindicato. Nessa hipótese, o empregado da mesma profissão ou sindicato, terão apenas o papel de evitar o arquivamento da reclamação e não para realizar a audiência em si.

O não comparecimento da reclamada importará na revelia, além de confissão quanto à matéria de fato.

Aberta a audiência, o juiz proporá a conciliação. Trata-se de proposta obrigatória, cuja ausência poderá ocasionar na nulidade do processo, art. 846 da CLT.

Celebrado o acordo, será lavrado o termo de conciliação que possui natureza de título executivo judicial. A decisão que homologa o acordo não poderá ser objeto de recurso pelas partes, tendo em vista que transita em julgado imediatamente. Apenas o INSS poderá apresentar recurso para impugnar as contribuições sociais devidas. No entanto, se for o caso, poderão as partes ingressar com ação rescisória, em conformidade com a Súmula 259 do TST.

Caso não haja acordo o juiz abrirá prazo de 20 minutos para que a reclamada apresente sua resposta.

Em seguida, o reclamante poderá se manifestar em réplica acerca da reposta da reclamada no prazo assinalado pelo juiz.

Posteriormente, serão ouvidas as partes e testemunhas. Terminada a instrução, poderão as partes aduzir razões finais, em prazo não excedente de 10 (dez) minutos para cada

35. Art. 330 do CPC/2015.

uma. Em seguida, o juiz ou presidente renovará a proposta de conciliação, e não se realizando esta, será proferida a decisão.

5.5. Respostas[36]

Nos termos do art. 841 da CLT, após recebida e protocolada a reclamação, uma segunda via da petição será enviada ao réu, que, no mesmo ato, será notificado para comparecer à audiência.

Aberta a audiência e com a recusa das partes em fazer acordo, o juiz abrirá prazo de 20 minutos para que o réu apresente sua resposta.

São 3 as formas de resposta do réu: contestação, exceção – que poderá ser de impedimento, suspeição ou de incompetência relativa – e, por último, reconvenção.[37]

5.5.1. Contestação

É o principal meio de defesa, pelo qual o réu/reclamado exerce seu direito constitucional ao contraditório.

A contestação está prevista no art. 847 da CLT e no art. 300 e seguintes do CPC,[38] aplicados de forma subsidiária ao processo do trabalho por força do art. 769 da CLT.

Na contestação deverá ser alegada toda a matéria de defesa, expondo as razões de fato e de direito com que o direito do autor é impugnado.

O art. 300 traz em seu bojo os princípios norteadores da contestação, quais sejam: princípio da impugnação especificada e o princípio da eventualidade.

O princípio da impugnação especificada estabelece que o reclamado deve impugnar todos os pedidos formulados pelo reclamante sob pena de serem tidos como incontroversos. Em outras palavras, este princípio impede que seja apresentada impugnação genérica, regra que não é aplicável em se tratando de advogado dativo, curador especial e ao órgão do Ministério Público (art. 302, parágrafo único, do CPC)[39].

Nos domínios do processo do trabalho, aqueles pedidos que não forem impugnados pelo reclamado, ou seja, a parte incontroversa das verbas rescisórias, deverá ser paga na própria audiência, sob pena de ser acrescida uma multa de 50%, nos termos do art. 467 da CLT.

Vale dizer que, em se tratando da União, dos Estados, do Distrito Federal, dos Municípios e autarquias e fundações públicas, essa multa não será devida.

Já o princípio da eventualidade determina que todos os meios de defesa sejam apresentados em uma única oportunidade, possibilitando ao magistrado que, caso não aceite uma delas, reconheça as demais.

Podemos dizer que o reclamado deverá, nesse momento, apresentar todas as suas teses de defesa, mesmo que elas sejam contrárias entre si, pois, caso o juiz não acate uma, poderá acatar a outra. Caso o reclamado não atue dessa maneira, sofrerá os efeitos da preclusão.

A compensação apenas poderá ser alegada como matéria de defesa, ou seja, na contestação, em conformidade com o art. 767 da CLT e súmula 48 do TST, não podendo exceder o equivalente a um mês de remuneração do empregado (art. 477, § 5º, da CLT), estando restrita a dívidas de natureza trabalhista, entendimento cristalizado na súmula 18 do TST.

É importante lembrar que valores excedentes ao mês da remuneração do empregado poderão ser requeridos em reconvenção.

Na contestação, compete ao réu, antes de discutir o mérito da ação, apresentar defesa processual, ou seja, alegar os vícios processuais, matérias contidas no art. 301 do CPC,[40] que são chamadas de "preliminares ao mérito."

As preliminares ao mérito são defesas processuais, modalidade de defesa indireta, pois atingem questões que não estão intimamente ligadas ao mérito da causa. São vícios processuais que, uma vez constatados, acarretam a extinção do processo sem resolução do mérito (art. 267 do CPC[41]).

Não se confundem com as prejudiciais ou defesas indiretas de mérito, como a prescrição e decadência, as quais impedem o exame do mérito da causa e, uma vez acatadas pelo juiz, acarretam extinção do processo com resolução do mérito, nos termos do art. 269, IV, do CPC.[42]

5.5.1.1. Prescrição

A prescrição encontra-se disciplinada no art. 7º, XXIX, da CF:

> **Art. 7º.** (...)
>
> XXIX – ação, quanto aos créditos resultantes das relações de trabalho, com prazo prescricional de cinco anos para os trabalhadores urbanos e rurais, até o limite de dois anos após a extinção do contrato de trabalho.

No âmbito trabalhista, duas regras de prescrição devem ser observadas. A prescrição bienal refere-se ao direito de o trabalhador postular seus direitos após a extinção do contrato de trabalho. O reclamante deverá obedecer à prescrição bienal, ou seja, deverá ingressar com reclamação trabalhista no prazo de 2 (dois) anos contados do término do contrato de trabalho.

Já a prescrição quinquenal se refere às lesões a direitos ocorridas durante a vigência do contrato. Nessa linha, uma vez extinto o contrato de trabalho, o obreiro terá prazo de 2 (dois) anos para pleitear seus direitos na Justiça do Trabalho. Todavia, poderá reclamar os 5 (cinco) anos que antecedem à propositura da reclamação trabalhista.

Com relação à prescrição do FGTS, de acordo com a nova redação dada à Súmula 362 do TST temos as seguintes hipóteses. Caso a ciência da lesão, ou seja, o não recolhimento do FGTS ocorreu após 13 de novembro de 2014, data do julgamento do Recurso Extraordinário com agravo pelo STF (STF-ARE-709212/DF), a prescrição é quinquenal. Nesse caso, o empregado deverá obedecer ao prazo de

36. Leia os comentários acerca da resposta simplificada item 9.1.3.
37. Art. 343 do CPC/2015.
38. Arts. 336 e seguintes do CPC/2015.
39. Art. 341, parágrafo único, do CPC/2015.
40. Art. 337 do CPC/2015.
41. Art. 485 do CPC/2015.
42. Art. 487 do CPC/2015.

prescrição bienal para ingressar com a ação em até 2 anos após a extinção do contrato de trabalho, podendo pleitear os 5 anos pretéritos ao ajuizamento da ação.

Todavia, se em 13 de novembro de 2014 a lesão já havia ocorrido, ou seja, se já tiver se iniciada a contagem do prazo prescricional, deverá ser aplicado o prazo prescricional que se consumar primeiro: trinta anos, contados do termo inicial, ou cinco anos, a partir de 13.11.2014.

SÚMULA 362 TST – FGTS. PRESCRIÇÃO

I – Para os casos em que a ciência da lesão ocorreu a partir de 13.11.2014, é quinquenal a prescrição do direito de reclamar contra o não recolhimento de contribuição para o FGTS, observado o prazo de dois anos após o término do contrato;

II – Para os casos em que o prazo prescricional já estava em curso em 13.11.2014, aplica-se o prazo prescricional que se consumar primeiro: trinta anos, contados do termo inicial, ou cinco anos, a partir de 13.11.2014 (STF-ARE-709212/DF).

5.5.2. Exceções

Prevista no art. 799 da CLT e art. 304 do CPC,[43] constitui espécie de defesa que tem como fim atacar a parcialidade do juiz ou a competência do juízo a ele vinculado para processar e julgar a lide.

Desta forma, poderão ser apresentadas pelo reclamado exceção de impedimento, exceção de suspeição e exceção de incompetência territorial.

Vale destacar que a incompetência absoluta deverá ser alegada como preliminar de contestação (art. 301, II, do CPC).[44]

Por não existir previsão na norma consolidada, será aplicável o direito processual civil de forma subsidiária.

Nessa linha, dispõe o art. 299 do CPC,[45] parte final, que a exceção deverá ser processada em autos apensos ao principal, ou seja, em autos apartados.

Entretanto, na Justiça do Trabalho, os Tribunais Regionais do Trabalho admitem, em razão do princípio da informalidade do processo trabalhista, que ela seja apresentada no bojo da contestação como matéria preliminar.

5.5.2.1. Exceção de incompetência territorial

A exceção de incompetência territorial é uma modalidade de defesa processual que visa ao reconhecimento da incompetência relativa de um juízo em razão da localidade onde a reclamação foi proposta.

Como se sabe, a competência territorial da Justiça do Trabalho, em regra, dá-se pelo local da última prestação de serviços realizada pelo trabalhador, disciplinada no art. 651, *caput*, da CLT, com as exceções trazidas em seus parágrafos.

Constitui, portanto, uma hipótese de incompetência relativa, não podendo ser conhecida de ofício pelo magistrado. Necessita, assim, da manifestação do réu. Caso este não se pronuncie no prazo de defesa, ocorrerá o fenômeno processual da prorrogação de competência, tornando-se competente o juízo que inicialmente era incompetente.

Apresentada a exceção de incompetência, será aberto prazo ao exceto para em 24 horas se manifestar; na primeira audiência seguinte será proferida sentença pelo juiz.

Acolhida a exceção de incompetência territorial, os autos serão remetidos para o juízo competente, sendo tal decisão recorrível via recurso ordinário, em conformidade com o art. 799, § 2º, da CLT e entendimento sumulado pelo TST em sua súmula 214, item "c".

Caso seja rejeitada o processo seguirá seu curso normal, não podendo a decisão que rejeitou ser objeto de impugnação por meio de recurso, tendo em vista a regra disposta no art. 893, § 1º, da CLT.

5.5.2.2. Exceção de suspeição e impedimento

As exceções de suspeição e impedimento são os meios processuais para atacar a parcialidade do juiz, que tem como finalidade assegurar que o processo seja apreciado por um juiz imparcial.

O impedimento diz respeito à perda de imparcialidade do juiz quando o fato gerador da imparcialidade se dá por critérios objetivos, ou seja, critérios que possam ser demonstrados de forma direta, com a apresentação de documento, como, por exemplo, parentesco por consanguinidade.

Já a suspeição do juiz diz respeito à perda de imparcialidade quando sua causa geradora possui natureza subjetiva, ou seja, necessita de um elemento interno para que possa ser aferida; não pode ser aferida objetivamente por meio de documentos, pois necessita ser interpretada e valorada, como, por exemplo, o caso de amizade íntima.

As hipóteses de impedimento e suspeição estão disciplinadas no art. 801 da CLT, que traz um rol exemplificativo, devendo ser aplicadas, outrossim, as hipóteses previstas nos arts. 134 e 135 do CPC.[46]

Vale dizer que os institutos são diferentes e não podem ser confundidos, pois há pontos que não podem ser esquecidos. A suspeição poderá ser alegada pelas partes por meio da exceção e deve ser apresentada no momento oportuno, sob pena de preclusão. Já no impedimento, o juiz poderá se manifestar de ofício, não estando a matéria sujeita à preclusão.

Nota-se que nas exceções de impedimento e suspeição o próprio juiz é o polo passivo do incidente processual e não a parte contrária.

Oferecida a exceção, o juiz poderá tomar dois caminhos: pode o magistrado reconhecer a causa de

43. O art. 337, II, do prevê que a exceção de incompetência relativa poderá ser alegada em preliminar de contestação. As exceções de impedimento e suspeição estão previstas nos arts. 146 e 147 do CPC/2015.
44. Art. 337, II, do CPC/2015. Novo dispositivo legal no CPC/2015, tendo em vista a nova sistemática de apresentação de exceção de incompetência relativa, art. 337, II, do CPC/2015 e impedimento e suspeição prevista nos arts. 146 e 147 do CPC/2015.
45. Não há referência ao dispositivo legal no CPC/2015, tendo em vista a nova sistemática de apresentação de exceção de incompetência relativa, art. 337, II, do CPC/2015 e impedimento e suspeição prevista nos arts. 146 e 147 do CPC/2015.
46. Arts. 144 e 145 do CPC/2015.

impedimento ou a suspeição, hipótese em que ordenará a remessa dos autos ao seu substituto legal ou, não se dando por suspeito ou impedido, no prazo de 10 dias, dará as suas razões, acompanhadas de documentos e de rol de testemunhas, se houver, ordenando a remessa dos autos ao tribunal.

5.5.3. Reconvenção

Modalidade de resposta do réu que equivale a um ataque e não a uma defesa. Trata-se de uma ação, sendo esta sua natureza jurídica, proposta pelo réu, chamado de reconvinte, em face do autor, chamado de reconvindo.

Nessa modalidade de resposta, o réu não busca defender-se, mas sim atacar, ou seja, formular uma pretensão contra o autor da ação principal.

Deve ser apresentada na própria audiência em peça distinta da contestação[47] e para ser admitida deve preencher os seguintes requisitos:

a) o juízo da causa principal deve ser competente para apreciar, além da ação principal, a própria reconvenção, nos termos do art. 109 do CPC;[48]

b) deve haver compatibilidade entre os procedimentos aplicáveis à ação principal e à reconvenção (art. 292, § 1º, III, do CPC[49]);

c) pendência da ação principal;

d) deve haver conexão entre as ações, ou seja, quando lhes for comum o objeto ou a causa de pedir (art. 103 do CPC[50]).

5.6. Provas

Nos domínios do processo do trabalho, todos os meios de prova serão admitidos, tais como: depoimento pessoal, interrogatório, confissão, prova testemunhal, documentos, perícia e, ainda, a prova emprestada.

Pela regra, em conformidade com o art. 818 da CLT, o ônus de provar o alegado incumbe à parte que o fizer.

Pela deficiência do assunto na norma consolidada, iremos aplicar ao processo do trabalho os preceitos do direito processual civil, contidos nos art. 333 do CPC,[51] o qual ensina que a prova incumbe ao autor, quanto ao fato constitutivo do seu direito, e ao réu, quanto à existência de fato impeditivo, modificativo ou extintivo do direito do autor.

Com relação às provas, é importante destacar a novidade inserida pela Lei 11.925/2009, que alterou o art. 830 da CLT, determinando que o documento em cópia simples oferecido como prova poderá ser declarado autêntico pelo próprio advogado, sob sua responsabilidade pessoal.

A apresentação de cópia autenticada ou até mesmo o próprio documento original somente deverá ser apresentada se a cópia simples for impugnada pela parte adversa.

Alguns entendimentos emitidos pelo Tribunal Superior do Trabalho a respeito do ônus da prova merecem destaque:

> **Súmula 6, VIII, do TST:** É do empregador o ônus da prova do fato impeditivo, modificativo ou extintivo da equiparação salarial.
>
> **Súmula 16 do TST:** Presume-se recebida a notificação 48 (quarenta e oito) horas depois de sua postagem. O seu não recebimento ou a entrega após o decurso desse prazo constitui ônus de prova do destinatário.
>
> **Súmula 212 do TST:** O ônus de provar o término do contrato de trabalho, quando negados a prestação de serviço e o despedimento, é do empregador, pois o princípio da continuidade da relação de emprego constitui presunção favorável ao empregado.
>
> **Súmula 338 do TST:** I – É ônus do empregador que conta com mais de 10 (dez) empregados o registro da jornada de trabalho na forma do art. 74, § 2º, da CLT. A não apresentação injustificada dos controles de frequência gera presunção relativa de veracidade da jornada de trabalho, a qual pode ser elidida por prova em contrário.
>
> II – A presunção de veracidade da jornada de trabalho, ainda que prevista em instrumento normativo, pode ser elidida por prova em contrário.
>
> III – Os cartões de ponto que demonstram horários de entrada e saída uniformes são inválidos como meio de prova, invertendo-se o ônus da prova, relativo às horas extras, que passa a ser do empregador, prevalecendo a jornada da inicial se dele não se desincumbir.

Importante ressaltar que a Orientação Jurisprudencial 215 da SDI 1 do TST, que entendia pertencer ao empregado o ônus de comprovar que satisfaz os requisitos indispensáveis à obtenção do vale-transporte, **foi cancelada em maio de 2011**. Referido cancelamento faz com que o ônus probatório passe ao empregador. Isso porque o vale-transporte é um benefício e por essa razão se presume que o empregado não o recusa ou renuncia. Desta forma, caberá à reclamada comprovar que o empregado não faz jus ao benefício.

5.6.1. Depoimento das partes e testemunhas

As partes e testemunhas serão inquiridas pelo Juiz, podendo ser reinquiridas, por seu intermédio, a requerimento das partes, seus representantes ou advogados.

O depoimento da parte e/ou testemunha surda-muda, ou de mudo que não saiba escrever e, ainda, aqueles que não souberem falar a língua nacional, será feito por meio de intérprete nomeado pelo Juiz. Nesses casos, as despesas correrão por conta da parte à qual interessar o depoimento.

Nos termos da súmula 74 do TST, importante lembrar que se aplica a "pena" de confissão – confissão ficta – à parte que, expressamente intimada com a cominação, deixa de comparecer à audiência em prosseguimento na qual deveria depor.

No entanto, a prova pré-constituída nos autos pode ser levada em conta para confronto com a confissão ficta, não implicando cerceamento de defesa o indeferimento de

47. De acordo com a nova disposição trazida pelo CPC/2015 no seu art. 343 a reconvenção não será apresentada em peça distinta, mas sim na própria contestação, regra esta que deverá ser aplicada ao processo do trabalho, por força do art. 769 da CLT.
48. Não há referência no CPC/2015, tendo em vista a sua forma de apresentação pelas regras do CPC/2015, art. 343 e §§.
49. Art. 327, § 1º, III, do CPC/2015.
50. Art. 55 do CPC/2015
51. Art. 373 do CPC/2015.

provas posteriores. Na reclamação trabalhista submetida ao procedimento ordinário, cada uma das partes não poderá indicar mais de 3 (três) testemunhas, que comparecerão à audiência independentemente de notificação ou intimação. Aquelas que não comparecerem sem motivo justificado serão intimadas de ofício pelo Juiz ou a requerimento da parte, ficando sujeitas a condução coercitiva, além do pagamento de multa. É importante lembrar que em se tratando de litisconsórcio ativo o número de testemunhas será limitado a 3 (três) no total, pois não é permitido que cada litisconsorte indique 3 (três) testemunhas.

Deverá o magistrado adotar providências de modo que o depoimento de uma testemunha não seja ouvido pelas demais que tenham de depor no processo.

Vale frisar que, em conformidade com a súmula 357 do TST, não é suspeita a testemunha pelo simples fato de estar litigando ou de ter litigado contra o mesmo empregador.

Cabe lembrar, ainda, que, nos termos do art. 829 da CLT, a testemunha que for parente até o terceiro grau civil, amigo íntimo ou inimigo de qualquer das partes, será ouvida como informante, não prestando o compromisso legal de dizer a verdade.

5.6.2. Perícia

Havendo pedidos que necessitem de prova técnica, deverá o Juiz designar perito, fixando prazo para entrega do laudo.

Nesse momento, vale dizer que a exigência de depósito prévio para custeio dos honorários periciais é ilegal, dada a incompatibilidade com os ditames do processo trabalhista. Havendo tal exigência, nos termos da Orientação Jurisprudencial 98 da SDI 2 do TST, admite-se a impetração de mandado de segurança visando à realização da perícia, independentemente do depósito.

É permitido a cada uma das partes a indicação de um assistente, que poderá ser indagado pelo Juiz e que deverá apresentar o laudo no mesmo prazo assinado para o perito, sob pena de ser desentranhado dos autos.

Ainda sobre perícia, importante destacar a Orientação Jurisprudencial 278 da SDI 1 do TST:

> OJ-SDI1-278 ADICIONAL DE INSALUBRIDADE. PERÍCIA. LOCAL DE TRABALHO DESATIVADO.
>
> A realização de perícia é obrigatória para a verificação de insalubridade. Quando não for possível sua realização, como em caso de fechamento da empresa, poderá o julgador utilizar-se de outros meios de prova.

Por último, vale destacar que a União é responsável pelo pagamento dos honorários de perito quando a parte sucumbente no objeto da perícia for beneficiária da assistência judiciária gratuita, nos termos da Súmula 457 do TST.

5.7. Procedimentos sumário e sumaríssimo

Existem dois tipos de ritos concisos ou sucintos na Justiça do Trabalho. O primeiro deles é rito sumário ou rito de alçada, como também é chamado, que se encontra previsto no art. 2º, §§ 3º e 4º da Lei 5.584/1970. O segundo é denominado de sumaríssimo, previsto nos arts. 852-A a 852-I da CLT, inseridos por força da Lei 9.957/2000.

5.7.1. Rito sumário

Disciplinado no art. 2º, §§ 3º e 4º, da Lei 5.584/1970, objetiva maior celeridade e maior efetividade para as demandas cujo valor da causa não ultrapasse dois salários mínimos.

Essas causas se submeterão ao procedimento ordinário com ampla produção de provas. Contudo, não se submeterão às modalidades de recursos trabalhistas.

> **Art. 2º.** Nos dissídios individuais, proposta a conciliação, e não havendo acordo, o Presidente, da Junta ou o Juiz, antes de passar à instrução da causa, fixar-lhe-á o valor para a determinação da alçada, se este for indeterminado no pedido.
>
> (...)
>
> § 3º. Quando o valor fixado para a causa, na forma deste artigo, não exceder de 2 (duas) vezes o salário mínimo vigente na sede do Juízo, será dispensável o resumo dos depoimentos, devendo constar da Ata a conclusão da Junta quanto à matéria de fato.
>
> § 4º. Salvo se versarem sobre matéria constitucional, nenhum recurso caberá das sentenças proferidas nos dissídios da alçada a que se refere o parágrafo anterior, considerado, para esse fim, o valor do salário mínimo à data do ajuizamento da ação.

No procedimento sumário, portanto, não há a possibilidade de interposição de recursos, salvo se tratar de matéria constitucional, hipótese em que será cabível a interposição de recurso extraordinário para o STF, nos termos do art. 102 da CF.

Sintetizando, a reclamação trabalhista que seguir o rito sumário obedecerá aos trâmites do procedimento ordinário, diferenciando-se apenas na fase recursal.

5.7.1.1. Derrogação/revogação do procedimento sumário

Muito se discute na doutrina sobre a revogação do procedimento sumário pelo procedimento sumaríssimo instituído pela Lei 9.957/2000.

Isso porque parte da doutrina, como o Professor Renato Saraiva (**Curso de Direito Processual do Trabalho**. 4. ed. São Paulo: Método, 2007. p. 417), sustenta que a Lei 9.957/2000 teria revogado o procedimento sumário, disposto na Lei 5.584/1970, por se tratar de uma lei mais nova e cuidar de matéria processual trabalhista.

É certo que o procedimento sumário trata de ações cujo valor não exceda 2 (dois) salários mínimos. Já o procedimento sumaríssimo traz em seu bojo ações cujo valor não exceda 40 (quarenta) salários mínimos. É claro que nas causas de até 40 (quarenta) salários mínimos estão compreendidas as ações de até 2 (dois) salários mínimos e por este motivo houve a revogação.

Nesse sentido, o TST editou a Instrução Normativa 27, a qual, em seu art. 1º, ensina que, excetuando aquelas causas de procedimento especial, como ação rescisória e mandado de segurança, as causas na Justiça do Trabalho tramitarão pelo rito ordinário ou sumaríssimo.

> **Art. 1º** As ações ajuizadas na Justiça do Trabalho tramitarão pelo rito ordinário ou sumaríssimo, conforme previsto na Consolidação das Leis do Trabalho, excepcionando-se, apenas, as que, por disciplina legal expressa, estejam sujeitas a rito especial, tais como o mandado de segurança, *habeas corpus, habeas data*, ação rescisória, ação cautelar e ação de consignação em pagamento.

Desta forma, de acordo com a instrução expedida pelo Colendo TST, entendemos estarem derrogados os dispositivos contidos na Lei 5.584/1970 que cuidam do procedimento sumário na Justiça do Trabalho.

5.7.2. *Rito sumaríssimo*

Instituído pela Lei 9.957/2000, que inseriu os arts. 852-A a 852-I na CLT, o procedimento sumaríssimo é previsto para as demandas cujo valor da causa não exceda a 40 (quarenta) salários mínimos na data da propositura da ação. Objetiva, por meio de um rito processual mais célere e mais simples, conferir maior efetividade na atividade jurisdicional do Estado.

Vale dizer que nas ações plúrimas, entendidas como aquelas em que há diversos reclamantes em litisconsórcio, o valor total da causa, do pedido de todos reclamantes, não poderá exceder a 40 (quarenta) salários mínimos.

Independentemente de sua complexidade, todas as demandas trabalhistas poderão ser submetidas a tal procedimento. Todavia, assim como as ações coletivas, o art. 852-A, *caput*, e seu parágrafo único, da CLT, ensina que não estão abrangidas pelo rito sumaríssimo as demandas em que for parte a administração pública direta, autárquica e fundacional.

Nas reclamações submetidas ao procedimento sumaríssimo, o pedido deverá ser certo e determinado, necessitando, ainda, a indicação do valor correspondente.

O reclamante deverá indicar o nome correto da reclamada, bem como seu correto endereço, na medida em que é vedada a citação por edital. Caso o reclamante não atenda tais exigências, o processo será arquivado, com o consequente pagamento de custas calculadas sobre o valor da causa, não sendo permitida a emenda da petição inicial.

Mesmo indicando o endereço correto da parte adversa, pode ser que esta venha a se ausentar, furtando-se a receber a notificação, hipótese em que é permitido ao juiz do trabalho que converta o rito sumaríssimo para o rito ordinário, em que se admite a citação editalícia.

A audiência da reclamação submetida ao procedimento sumaríssimo deverá ocorrer no prazo máximo de 15 (quinze) dias contados do ajuizamento da ação, em conformidade com o art. 852-B, III, da CLT.

Outra peculiaridade do procedimento sumaríssimo é a que diz respeito ao número de testemunhas que cada parte poderá levar a juízo. Enquanto no procedimento ordinário permite-se que cada parte traga 3 testemunhas, no procedimento sumaríssimo esse número é diminuído para 2 testemunhas para cada parte, que comparecerão independente de intimação (art. 852-H, § 2º, da CLT). Vale lembrar que, em se tratando de litisconsórcio, o número máximo de testemunhas não é para cada litisconsorte, mas sim para cada parte, ou seja, autor e réu.

Nas sentenças proferidas no procedimento sumaríssimo é dispensável o relatório, devendo, entretanto, mencionar os elementos de convicção do juízo, com resumo dos fatos relevantes ocorridos em audiência.

Convém destacar que nas causas sujeitas ao procedimento sumaríssimo é admitida a prova pericial, também chamada de prova técnica, quando o fato o exigir ou for legalmente imposta, como, por exemplo, nas ações em que se discute adicional de insalubridade ou periculosidade. Nesse caso, o Juiz ficará incumbido de fixar o prazo, o objeto da perícia e nomear o perito, nos termos do art. 852-H, § 4º, da CLT. Poderão as partes indicar peritos assistentes, nos termos do art. 826 da CLT e da súmula 341 do TST.

> SÚMULA 341 TST – HONORÁRIOS DO ASSISTENTE TÉCNICO. A indicação do perito assistente é faculdade da parte, a qual deve responder pelos respectivos honorários, ainda que vencedora no objeto da perícia.

Por último, reza o § 9º do art. 896 da CLT que nas causas sujeitas ao procedimento sumaríssimo, somente será admitido recurso de revista por contrariedade a súmula de jurisprudência uniforme do Tribunal Superior do Trabalho ou a súmula vinculante do Supremo Tribunal Federal e por violação direta da Constituição Federal.

6. RECURSOS

6.1. Conceito

Para Moacyr Amaral Santos (*Primeiras Linhas de Direito Processual Civil*. 24. ed. São Paulo: Saraiva, 2010. p. 84), recurso é *"o poder de provocar o reexame de uma decisão, pela mesma autoridade judiciária, ou por outra hierarquicamente superior, visando a obter a sua reforma ou modificação"*.

6.2. Peculiaridades dos recursos trabalhistas

6.2.1. *Irrecorribilidade imediata das decisões interlocutórias*

Disciplinada no art. 893, § 1º, da CLT, a regra ensina que as decisões interlocutórias, entendidas como o ato pelo qual o juiz, no curso do processo, resolve questão incidente (art. 162, § 2º, do CPC[52]), não admitem a interposição de recurso imediato, devendo a parte impugná-las somente em recursos da decisão definitiva. Por essa regra, uma questão incidente decidida em audiência não poderá ser atacada, devendo a parte aguardar a prolação da sentença para, no recurso ordinário interposto contra a sentença, impugnar, também, a decisão interlocutória.

6.2.2. *Efeito devolutivo*

Os recursos no processo do trabalho são dotados unicamente, em regra, do efeito devolutivo. Por meio dessa regra

52. Art. 203, § 2º, do CPC/2015 que conceitua decisão interlocutória como todo pronunciamento judicial de natureza decisória que não seja sentença.

a matéria é submetida a julgamento pelo órgão destinatário do recurso, sendo apreciadas apenas questões debatidas no processo e que constam das razões recursais mediante pedido de nova decisão. É o significado da a expressão *tantum devolutum quantum appellatum.*

Os recursos na Justiça do Trabalho, em regra, não admitem o efeito suspensivo como no processo comum, devendo a parte, caso queira a obtenção desse efeito, ajuizar ação cautelar incidental, em conformidade com a súmula 414, I, do TST.

6.2.3. Uniformidade do prazo recursal

Determina o art. 6º da Lei 5.584/1970 que o prazo para interpor e contra-arrazoar qualquer recurso trabalhista é de oito dias. Não obstante, alguns recursos possuem prazos diferenciados, como os embargos de declaração, que serão interpostos no prazo de cinco dias (conforme determina o art. 897-A da CLT); o recurso extraordinário para o STF, cujo prazo legal é de 15 dias; e nos dissídios de alçada temos o pedido de revisão, cujo prazo é de 48 horas.

É importante enfatizar que a regra estabelecida no art. 191 do CPC,[53] que estabelece o prazo recursal em dobro nos casos em que os litisconsortes possuem advogados distintos, não é aplicável no âmbito processual trabalhista, conforme estabelece a OJ 310 da SDI-I do TST, por sua incompatibilidade com a celeridade buscada no processo do trabalho:

> Orientação Jurisprudencial 310 da SDI 1 do TST – Litisconsortes. Procuradores distintos. Prazo em dobro. Art. 191 do CPC. Inaplicável ao processo do trabalho.
>
> A regra contida no art. 191 do CPC é inaplicável ao processo do trabalho, em decorrência da sua incompatibilidade com o princípio da celeridade inerente ao processo trabalhista.

As pessoas jurídicas de direito público possuem prazo em dobro para recorrer, mas não para contra-arrazoar. Contudo, essa prerrogativa não é aplicável às empresas públicas e sociedades de economia mista, pois possuem personalidade jurídica de direito privado.

Conforme determina o art. 188 do CPC,[54] aplicado subsidiariamente ao processo do trabalho por força do art. 769 da CLT, o Ministério Público do Trabalho também possui prazo em dobro para recorrer.

6.3. Efeitos dos recursos

6.3.1. Efeito devolutivo

Estabelece o art. 899 da CLT que os recursos trabalhistas serão dotados, em regra, de efeito meramente devolutivo, sendo possível a execução provisória até a penhora.

Por meio do efeito devolutivo, a matéria impugnada pelo recorrente será reexaminada pelo órgão superior hierárquico. O efeito devolutivo devolve o exame da questão impugnada ao órgão superior.

Trata-se do brocardo latino *tantum devolutum quantum appellatum.* Em outras palavras, o Tribunal Regional deverá restringir-se ao que foi objeto no recurso interposto. É o próprio recorrente que delimitará a matéria que o órgão superior examinará no recurso.

Consiste, portanto, em devolver ao grau superior de jurisdição a análise do caso concreto.

Não obstante, o art. 9º da Lei 7.701/1988 e a Lei 10.192/2001, em seu art. 14, admitem que o Presidente do TST conceda efeito suspensivo ao recurso ordinário interposto em face de sentença normativa prolatada pelo TRT, pelo prazo improrrogável de 120 dias, contados da publicação, salvo se o recurso for julgado antes do término do prazo.

6.3.2. Efeito devolutivo em profundidade

Como se sabe, com o efeito devolutivo do recurso ordinário o Tribunal Regional deverá restringir-se ao que foi objeto no recurso ordinário.

O efeito devolutivo em profundidade, que se extrai do § 1º do art. 515 do CPC[55], transfere ao Tribunal Regional, além da análise dos pedidos formulados no recurso, a análise de todos os fundamentos relacionados à matéria impugnada.

Sobre o tema é importante destacar a súmula 393 do Tribunal Superior do Trabalho, com redação dada pela Resolução 169/2010:

> SÚMULA 393 – RECURSO ORDINÁRIO. EFEITO DEVOLUTIVO EM PROFUNDIDADE. ART. 515, § 1º, DO CPC
>
> O efeito devolutivo em profundidade do recurso ordinário, que se extrai do § 1º do art. 515 do CPC, transfere ao Tribunal a apreciação dos fundamentos da inicial ou da defesa, não examinados pela sentença, ainda que não renovados em contrarrazões. Não se aplica, todavia, ao caso de pedido não apreciado na sentença, salvo a hipótese contida no § 3º do art. 515 do CPC.

6.3.3. Efeito suspensivo

O efeito suspensivo impede a produção imediata dos efeitos da decisão. Em outras palavras, podemos dizer que, uma vez interposto o recurso, dotado desse efeito, a execução da sentença ficará suspensa.

Recebido um recurso no efeito suspensivo, a decisão impugnada não poderá ser executada, devendo a parte interessada aguardar o julgamento do recurso pela instância superior.

Nos domínios do processo do trabalho, poderá ser atribuído efeito suspensivo às decisões das Turmas dos Tribunais do Trabalho no julgamento de processos coletivos, em conformidade com o art. 9º da Lei 7.701/1988.

Não obstante, em regra, os recursos trabalhistas possuem unicamente o efeito devolutivo, permitindo a execução provisória até a penhora, ou seja, não se admite o efeito suspensivo.

53. Art. 229 do CPC/2015 que assim dispõe: "Os litisconsortes que tiverem diferentes procuradores, **de escritórios de advocacia distintos**, terão prazos contados em dobro **para todas as suas manifestações, em qualquer juízo ou tribunal, independentemente de requerimento**".

54. Art. 180 do CPC/2015. O prazo em dobro para a Fazenda Pública está disciplinada no art. 183 do CPC/2015 e para a Defensoria Pública, art. 186 do CPC/2015.

55. Art. 1.013, § 1º, do CPC/2015

Caso a parte pretenda a obtenção de efeito suspensivo, deverá ajuizar ação cautelar incidental, como ensina a parte final da súmula 414, I, do TST.

6.3.4. Efeito translativo

Como vimos, o efeito devolutivo impede que o juízo profira julgamento além, aquém, ou fora do pedido formulado nas razões recursais.

No entanto, o sistema autoriza o juízo a decidir questões que não foram suscitadas nas razões recursais. São as matérias de ordem pública, que devem ser conhecidas de ofício pelo juiz.

Assim, o efeito translativo consiste na capacidade que o tribunal possui de avaliar matérias que não tenham sido objeto do recurso, por se tratar de matéria de ordem pública.

6.3.5. Efeito substitutivo

O efeito substitutivo dos recursos consiste na substituição da decisão recorrida pela decisão proferida em sede recursal. O efeito substitutivo faz com que a decisão do juízo *ad quem* substitua a decisão recorrida, nos termos do art. 512 do CPC.[56]

Assim, caso o recurso seja, ao menos, conhecido, independentemente de ser dado ou não provimento, opera-se o efeito substitutivo do recurso.

Dessa forma, havendo reforma da decisão de 1º grau, valerá o acórdão; caso não haja reforma, valerá a confirmação da sentença.

6.3.6. Efeito extensivo

O efeito extensivo ou expansivo se dá nos casos em que do julgamento do recurso se enseja decisão mais abrangente do que o reexame da matéria impugnada, que é o mérito do recurso. Terá aplicação na hipótese de litisconsórcio unitário, quando a decisão judicial deve ser uniforme para todos os litisconsortes, em conformidade com o art. 509 do CPC.[57]

6.3.7. Efeito regressivo

É aquele que possibilita a retratação ou reconsideração da decisão impugnada pelo mesmo juízo prolator da decisão. Esse efeito possui incidência no agravo de instrumento e no agravo regimental.

6.4. Juízo de admissibilidade e pressupostos recursais

A admissibilidade da matéria impugnada no recurso está condicionada ao preenchimento de determinados pressupostos, conhecidos como requisitos de admissibilidade. Tais pressupostos dizem respeito tanto ao próprio recurso em si, conhecidos como pressupostos objetivos ou extrínsecos, e àqueles pressupostos ligados ao sujeito recorrente, os pressupostos subjetivos ou intrínsecos.

O não atendimento a esses pressupostos ensejará a inadmissibilidade ou não conhecimento do recurso, prejudicando a análise do seu mérito, ou seja, a análise da matéria impugnada.

Esse exame de admissibilidade será realizado em dois momentos distintos: perante o juízo *a quo*, quando da interposição do recurso e na chegada das contrarrazões recursais, e, num segundo momento, perante o juízo *ad quem*, realizado pelo Desembargador relator, quando o recurso for remetido para instância superior.

6.4.1. Pressupostos subjetivos ou intrínsecos

Dizem respeito à pessoa recorrente. São eles: legitimidade, capacidade e interesse.

6.4.1.1. Legitimidade

Em conformidade com o estabelecido no art. 499 do CPC,[58] o recurso pode ser apresentado pela parte vencida, qualquer terceiro prejudicado e, ainda, pelo Ministério Público naqueles processos em que figurar como parte ou em que atuar como fiscal da lei (*custos legis*), nos termos do art. 83, VI, da Lei Complementar 75/1993.

6.4.1.2. Capacidade

Não basta a parte ter legitimidade, é necessário que no momento da interposição do recurso ela seja plenamente capaz, isto é, deve encontrar-se no pleno exercício de suas capacidades mentais, observados os arts. 3º, 4º e 5º do Código Civil.

6.4.1.3. Interesse

Para se qualificar o interesse recursal, a parte deve demonstrar que o recurso é útil e necessário, sob pena de não ser conhecido. O interesse não significa mera sucumbência, mas sim o binômio necessidade e utilidade.

Suponha-se que em uma reclamação trabalhista o reclamado conteste o pedido alegando prescrição (matéria que extingue o processo com resolução do mérito e que impede que o reclamante ingresse com nova reclamação trabalhista), o juiz do trabalho extinga o processo por qualquer das hipóteses previstas no art. 267 do CPC[59], ou seja, sem resolução do mérito (o que permite ao reclamante o ajuizamento de nova reclamação trabalhista). Nesse caso, mesmo não sendo perdedor da reclamação, há interesse recursal objetivando uma decisão de mérito, o que impedirá a propositura de nova ação.

6.4.2. Pressupostos objetivos ou extrínsecos

Os pressupostos objetivos ou extrínsecos dizem respeito a aspectos dos recursos em si. São eles: representação, recorribilidade do ato, adequação, tempestividade e preparo.

6.4.2.1. Representação

Na Justiça do Trabalho admite-se o *jus postulandi*, nos termos do art. 791 da CLT, sendo facultado às partes a contratação de advogados. Nessa linha, estando as partes assistidas

56. Art. 1.008 do CPC/2015.
57. Art. 1.005 do CPC/2015.
58. Art. 996 do CPC/2015.
59. Art. 485 do CPC/2015.

por advogados, deverá este estar regularmente representado através de instrumento de mandato (procuração).

Na Justiça do Trabalho admite-se o mandato tácito, constituído por meio da procuração *apud acta,* que é aquela constituída na própria ata da audiência.

Sobre o tema, vale transcrever a súmula 164 do TST que assim dispõe:

SÚMULA 164 TST – PROCURAÇÃO – JUNTADA

O não cumprimento das determinações dos §§ 1º e 2º do art. 5º da Lei nº 8.906, de 04.07.1994 e do art. 37, parágrafo único, do Código de Processo Civil importa o não conhecimento de recurso, por inexistente, exceto na hipótese de mandato tácito.

Além disso, os tribunais não admitem o recurso apócrifo, ou seja, aquele que não possui assinatura. Todavia, será conhecido se houver a assinatura do representante na peça de interposição ou nas razões do recurso, em conformidade com a Orientação Jurisprudencial 120 da SDI 1 do TST.

E, ainda:

SÚMULA 383 TST – MANDATO. ARTS. 13[60] E 37[61] DO CPC. FASE RECURSAL. INAPLICABILIDADE

I – É inadmissível, em instância recursal, o oferecimento tardio de procuração, nos termos do art. 37 do CPC, ainda que mediante protesto por posterior juntada, já que a interposição de recurso não pode ser reputada ato urgente.

II – Inadmissível na fase recursal a regularização da representação processual, na forma do art. 13 do CPC, cuja aplicação se restringe ao Juízo de 1º grau.

6.4.2.2. *Recorribilidade do ato*

O ato deve ser recorrível. Os atos do juiz, nos termos dos arts. 162 e 163 do CPC,[62] compreendem: despachos, decisões interlocutórias e sentenças, compreendidos, nessas últimas, os acórdãos.

Os despachos são irrecorríveis dada sua natureza. Já as decisões interlocutórias, nos domínios do processo do trabalho, salvo as exceções previstas na súmula 214 do TST, são irrecorríveis de imediato. Portanto, salvo as exceções que admitem recurso contra decisão interlocutória, os atos recorríveis na Justiça do Trabalho são sentenças e acórdãos.

Dessa forma, não sendo o ato judicial passível de impugnação via recursal, este não será conhecido por ausência desse pressuposto.

6.4.2.3. *Adequação*

Não basta que o ato seja recorrível, o recurso utilizado deve estar em conformidade com a decisão, ou seja, para cada ato processual há um recurso adequado e próprio para atacá-lo.

No entanto, existe a possibilidade de o órgão julgador conhecer de um recurso inadequadamente interposto por outro previsto em lei. Trata-se do princípio da fungibilidade que será aplicado desde que vislumbrados 3 requisitos: a) inexistência de erro grosseiro; b) dúvida na doutrina ou jurisprudência quanto ao recurso apto a reformar certa decisão judicial; c) o recurso erroneamente interposto deve obedecer ao prazo do recurso adequado.

6.4.2.4. *Tempestividade*

O recurso deve ser interposto no prazo legal, sob pena de não ser conhecido por intempestividade. Vale lembrar que, em regra, os recursos trabalhistas possuem prazo unificado de 8 (oito) dias, salvo os embargos de declaração cujo prazo é de 5 (cinco), recurso extraordinário para o STF, com prazo de 15 (quinze) dias, e o pedido de revisão do valor da causa, existente nos dissídios de alçada, com prazo de 48 horas.

A Lei 11.419/2006, que dispõe sobre a informatização do processo judicial, no seu art. 3º admite a interposição de recurso por meio eletrônico. Nos termos da lei, será considerado tempestivo o recurso enviado até as 24 horas do último dia do prazo.

O próprio TST por meio da súmula 434 chegou a sustentar que o recurso interposto antes da publicação do acórdão seria considerado extemporâneo e, portanto, não seria conhecido.

Contudo, por meio da resolução 198/2015 o TST cancelou a súmula 434 passando a admitir, inclusive sob o fundamento da ampla defesa, a interposição de recurso antes mesmo de aberto o prazo recursal.

Nessa linha o STF já havia proferido decisão em processo criminal em julgamento dos embargos de declaração no *Habeas Corpus* 101.132 – Maranhão, entendeu que o recurso interposto antes da publicação da sentença deve ser considerado tempestivo.

6.4.2.5. *Preparo*

Para o preenchimento desse pressuposto, exige-se que o recorrente recolha as custas e o depósito recursal, sob pena do recurso ser considerado deserto.

6.4.2.5.1. Custas

As custas correspondem ao pagamento das despesas com porte de remessa e retorno dos autos e as despesas postais e serão pagas pelo vencido após o trânsito em julgado da decisão.

Deverão ser recolhidas nas instituições financeiras integrantes da Rede Arrecadadora de Receitas Federais, bastando, conforme entendimento do TST, que seja utilizada a guia correta (DARF) e o código correto para cada caso.

Nessa linha, ensina o § 1º do art. 789 da CLT que, no caso de recurso, as custas serão pagas e comprovado o recolhimento dentro do prazo recursal.

As custas serão pagas pelo recorrente, seja o empregado, seja o empregador. Para o *empregador*, caso queira interpor recurso deverá pagar as custas processuais nos casos de sentença de total procedência ou de procedência em parte.

Vale lembrar que os benefícios da justiça gratuita podem ser concedidos às pessoas jurídicas, desde que comprovem a situação de miserabilidade, o que pode ser feito por meio de seus balanços contábeis. Concedidos os benefícios da justiça

60. Art. 76 do CPC/2015.
61. Art. 104 do CPC/2015.
62. Arts. 203 e 204 do CPC/2015.

gratuita pelo Juiz do Trabalho, a empresa estará isenta do pagamento das custas.

Já o *empregado* apenas pagará as custas nos casos de total improcedência da ação ou se o processo for extinto sem resolução do mérito. O empregado estará isento do pagamento das custas caso tenha os benefícios da justiça gratuita, que poderão ser deferidos pelo Juiz do Trabalho, desde que requeridos pelo reclamante.

Além dos beneficiários de justiça gratuita, são isentos do pagamento de custas a União, os Estados, o Distrito Federal, os Municípios, as respectivas autarquias e fundações públicas federais, estaduais ou municipais que não explorem atividade econômica e o Ministério Público do Trabalho.

Vale ressaltar, todavia, que essa isenção não alcança as entidades fiscalizadoras do exercício profissional (por exemplo, OAB, CREA) e, inclusive, as empresas em liquidação extrajudicial, orientação que consta na parte final da súmula 86 do TST.

Os privilégios e isenções não abrangem, ainda, as sociedades de economia mista e as empresas públicas, em conformidade com o art. 173, § 2º, da CF e súmula 170 do TST.

O TST consubstanciou entendimento na súmula 86 no sentido de que não ocorre deserção de recurso da massa falida por falta de pagamento de custas ou de depósito do valor da condenação.

As custas serão calculadas à base de 2% (dois por cento), da seguinte forma:

a) em processos em que houver acordo ou condenação, sobre esse valor;

b) para ações extintas sem apreciação do mérito ou de total improcedência, sobre o valor da causa;

c) em sentenças de procedência em ações declaratórias ou constitutivas, sobre o valor da causa;

d) sentenças com valores indeterminados, sobre o valor que o juiz fixar na sentença.

6.4.2.5.2. Depósito recursal

O depósito recursal é regulado pela Instrução Normativa 3 do TST, que interpreta o art. 8º da Lei 8.542/1992.

O depósito recursal não possui natureza jurídica de taxa de recurso, mas sim de garantia do juízo recursal, que pressupõe decisão condenatória ou executória de obrigação de pagamento em pecúnia, com valor líquido ou arbitrado. Consequentemente, o depósito recursal apenas será devido pelo empregador que queira interpor recurso.

Verifica-se, portanto, que dada sua natureza jurídica somente é exigido quando houver condenação em dinheiro, em conformidade com a súmula 161 do TST. Desta maneira, dada a natureza constitutiva ou declaratória do dissídio coletivo, não se exige o depósito recursal nesse tipo de ação.

O depósito recursal deve ser efetuado na conta vinculada do FGTS do empregado, em conformidade com o art. 899, § 4º, da CLT, e comprovado seu recolhimento no prazo alusivo ao recurso, nos termos da súmula 245 do TST.

É importante frisar que uma vez depositado o valor total da condenação, nenhum depósito será exigido nos recursos das decisões posteriores, salvo se o valor da condenação vier a ser ampliado.

Havendo acréscimo ou redução da condenação em grau de recurso, o juízo prolator da decisão arbitrará novo valor à condenação, quer para a exigibilidade de depósito ou complementação do valor já depositado, para o caso de novo recurso, quer para liberação do valor excedente decorrente da nova decisão.

A Instrução Normativa 3 do TST dispõe em seu item V que: "nos termos do § 3º do art. 40 (da Lei 8.177/1991), não é exigido depósito para recurso ordinário interposto, eis que a regra aludida atribui apenas valor ao recurso, com efeitos limitados, portanto, ao das custas processuais." (destaque nosso)

Sobre depósito recursal é imprescindível a leitura da súmula 128 do TST.

SÚMULA 128 TST – DEPÓSITO RECURSAL.

I – É ônus da parte recorrente efetuar o depósito legal, integralmente, em relação a cada novo recurso interposto, sob pena de deserção. Atingido o valor da condenação, nenhum depósito mais é exigido para qualquer recurso.

II – Garantido o juízo, na fase executória, a exigência de depósito para recorrer de qualquer decisão viola os incisos II e LV do art. 5º da CF/1988. Havendo, porém, elevação do valor do débito, exige-se a complementação da garantia do juízo.

III – Havendo condenação solidária de duas ou mais empresas, o depósito recursal efetuado por uma delas aproveita as demais, quando a empresa que efetuou o depósito não pleiteia sua exclusão da lide.

Em que pese a redação dada pela Lei Complementar 132/2009, que inseriu o inciso VII, ao art. 3º da Lei 1.060/1950, a pessoa jurídica que for beneficiária da assistência judiciária gratuita deverá efetuar o depósito recursal.

Dispõe o art. 3º da Lei 1.060/1950:[63]

Art. 3º. A assistência judiciária compreende as seguintes isenções:

I – das taxas judiciárias e dos selos;

[...]

VII – dos depósitos previstos em lei para interposição de recurso, ajuizamento de ação e demais atos processuais inerentes ao exercício da ampla defesa e do contraditório.

De acordo com o art. 3º da Lei 1.060/1950, a justiça gratuita compreende as taxas judiciárias e outras despesas processuais, além de depósitos previstos em lei, matéria tratada também nos arts. 790-A e 790-B da CLT e no art. 14 da Lei 5.584/1970.

Ocorre que, de acordo com o entendimento do TST o depósito recursal não é considerado taxa judiciária, na medida em que possui natureza jurídica de garantia da execução, o que afasta a aplicação dos benefícios da Lei 1.060/1950 ao depósito recursal.

63 O art. 3º da Lei 1.060/1950 foi revogado expressamente pelo art. 1.072, III, do CPC/2015, que cuida da gratuidade de justiça nos arts. 98 a 102. As isenções compreendidas pela gratuidade de justiça estão dispostas no § 1º do art. 98 do CPC/2015.

Assim, tratando-se de empregador, o benefício da assistência judiciária não alcança o depósito recursal, visto que não ostenta natureza de taxa ou emolumento judicial, mas sim de garantia do juízo.

6.5. Recursos em espécie

6.5.1. *Embargos de declaração*

Previstos no art. 897-A da CLT e nos arts. 535 e seguintes do CPC[64], aplicados subsidiariamente, são cabíveis, no prazo de 5 (cinco) dias, para impugnar sentenças ou acórdãos quando for verificada a ocorrência de omissão, contradição ou obscuridade.

Os erros materiais, entendidos como aqueles que podem ser percebidos facilmente, por qualquer pessoa, sem a necessidade de interpretação de qualquer conceito, poderão ser corrigidos de ofício ou a requerimento de qualquer das partes, que o farão por meio de embargos de declaração.

Vale frisar que os embargos de declaração não estão sujeitos ao juízo de admissibilidade recursal, sendo essa uma das razões pelas quais se discute sua natureza jurídica. A doutrina dominante sustenta possuir natureza de recurso.

Além de serem opostos contra sentenças ou acórdãos omissos, contraditórios e obscuros, hipóteses em que será requerido o esclarecimento ou complementação do julgado, admite-se a oposição de embargos de declaração para a obtenção de efeito modificativo do julgado, em casos de omissão, contradição ou, ainda, manifesto equívoco no exame dos pressupostos de admissibilidade dos recursos, admitindo-se, ainda, os embargos de declaração para fins de prequestionamento para os recursos de revista, embargos no TST e recurso extraordinário.

6.5.1.1. Efeito interruptivo

A oposição de embargos de declaração interrompe o prazo para a propositura de outros recursos para ambas as partes, em conformidade com o art. 538 do CPC.[65]

Vale destacar que apenas quando conhecidos os embargos de declaração interrompem o prazo recursal. Nessa linha, dispõe o parágrafo único do art. 538 do CPC[66] que, quando manifestamente protelatórios os embargos de declaração, o juiz ou o tribunal, declarando que o são, condenará o embargante a pagar ao embargado multa não excedente de 1% (um por cento) sobre o valor da causa. Na reiteração de embargos protelatórios, a multa é elevada até 10% (dez por cento), ficando condicionada a interposição de qualquer outro recurso ao depósito do valor respectivo.[67]

6.5.1.2. Efeito modificativo

O efeito modificativo ou efeito infringente, como também é chamado, consiste no pedido de procedência dos embargos que acarretará não apenas a complementação ou o aclaramento da decisão, mas também, e principalmente, a reforma do ato judicial embargado.

É importante destacar que, em regra, não há a oposição de "contrarrazões" ou "manifestação" aos embargos de declaração. Porém, determina o art. 897-A, § 2º, da CLT que eventual efeito modificativo dos embargos de declaração somente poderá ocorrer em virtude da correção de vício na decisão embargada e intimação da parte contrária que deverá ser ouvida no prazo de 5 (cinco) dias, sob pena de nulidade.

Nesse sentido, dispõe o item I da Orientação Jurisprudencial 142 da SDI 1 do TST:

> ORIENTAÇÃO JURISPRUDENCIAL 142 SDI 1 TST – EMBARGOS DE DECLARAÇÃO. EFEITO MODIFICATIVO. VISTA À PARTE CONTRÁRIA.
>
> I – É passível de nulidade decisão que acolhe embargos de declaração com efeito modificativo sem que seja concedida oportunidade de manifestação prévia à parte contrária.
>
> II – Em decorrência do efeito devolutivo amplo conferido ao recurso ordinário, o item I não se aplica às hipóteses em que não se concede vista à parte contrária para se manifestar sobre os embargos de declaração opostos contra sentença.

Em que pese a determinação da atual redação do § 2º do art. 897-A da CLT, importante destacar que de acordo com o item II da OJ 142 da SDI 1 do TST, não há necessidade de manifestação da parte contrária quando se tratar de embargos de declaração opostos contra sentença, em razão do efeito devolutivo amplo próprio do recurso ordinário, havendo necessidade de intimação da parte contrária para manifestação, somente quando se tratar de embargos de declaração opostos contra acórdão.

6.5.1.3. Embargos de declaração com fins de prequestionamento

O prequestionamento é um pressuposto recursal específico dos recursos de natureza extraordinária, ou seja, aqueles recursos que não se prestam para o exame de matérias fáticas, mas apenas para questões de direito, como no caso do recurso de revista, embargos no TST e recurso extraordinário para o STF.

Prequestionamento é a efetiva apreciação de uma matéria pelo órgão julgador. Nos termos da súmula 297, item I, do TST, diz-se prequestionada a matéria ou questão quando na decisão impugnada haja sido adotada, explicitamente, tese a respeito.

Nessa linha, admite-se a oposição de embargos de declaração para prequestionamento de matéria não apreciada na decisão, objetivando-se futura interposição de recurso de natureza extraordinária.

Sobre o tema, cabe trazer a súmula 98 do STJ:

> SÚMULA 98 STJ – Embargos de declaração manifestados com notório propósito de prequestionamento não tem caráter protelatório.

A respeito do prequestionamento para os recursos de natureza extraordinária, é importante destacar o entendi-

64. Art. 1.022 do CPC/2015.

65. Art. 1.026 do CPC/2015.

66. Art. 1.026, § 2º, do CPC/2015, que modificou a multa não excedente de 1% (um por cento) sobre o valor da causa, para não excedente de 2% (dois por cento) do valor da causa.

67. Art. 1.026, § 3º, do CPC/2015.

mento consubstanciado na Orientação Jurisprudencial 62 da SDI 1 do TST, que diz ser necessário o prequestionamento como pressuposto de admissibilidade em recurso de natureza extraordinária, ainda que se trate de incompetência absoluta.

Contudo, havendo tese explícita sobre a matéria, na decisão recorrida, é desnecessário que contenha nela referência expressa do dispositivo legal para ter-se como prequestionado. É o que dispõe a Orientação Jurisprudencial 118 da SDI 1 do TST.

6.5.1.4. Embargos de declaração por manifesto equívoco no exame dos pressupostos extrínsecos do recurso

Como se sabe, os recursos passam, em regra, por dois juízos de admissibilidade. O primeiro exercido pelo juiz que proferiu a decisão (juízo *a quo*), e o segundo exercido pelo juízo a quem o recurso é dirigido (juízo *ad quem*).

Não obstante sejam feitos esses dois juízos de admissibilidade para os recursos, pode ocorrer de um recurso ser recebido após os exames de admissibilidade e, ao ser levado a julgamento pela turma, não ser conhecido. Em outras palavras, pode o Tribunal em decisão colegiada não conhecer de um recurso.

Nessa linha, caso o Tribunal profira decisão (acórdão) não conhecendo do recurso por manifesto equívoco no exame de seus pressupostos extrínsecos (recorribilidade do ato, representação, adequação, tempestividade e preparo), ela será impugnável via embargos de declaração.

Imagine a seguinte hipótese: em uma reclamação trabalhista foi indeferido o processamento de um recurso ordinário interposto pelo reclamante, o que motivou a interposição de recurso de agravo de instrumento. Todavia, o último dia do prazo para a interposição do referido agravo de instrumento coincidiu com o dia 25 de janeiro, feriado municipal na cidade de São Paulo, devidamente demonstrado no recurso (veja súmula 385 do TST), de modo que o agravo de instrumento somente foi apresentado no dia seguinte, ou seja, 26 de janeiro. Depois de ultrapassados os juízos de admissibilidade, a Turma do Tribunal Regional proferiu decisão, não se recordando, por lapso, da existência do feriado municipal no dia 25 de janeiro, que considerou o agravo de instrumento intempestivo e dele não conheceu.

Nesse caso, o recurso cabível é o recurso de embargos de declaração, com pedido de efeito modificativo, nos termos do art. 897-A, da CLT, pelo manifesto equívoco do julgado no exame dos pressupostos extrínsecos do recurso de agravo de instrumento.

6.5.2. Recurso ordinário

Previsto no art. 895 da CLT, o recurso ordinário é cabível não somente de sentenças, sendo possível, também, sua interposição contra acórdãos proferidos pelos TRTs em sua competência originária, tanto nos dissídios individuais, em ação rescisória, por exemplo, como nos dissídios coletivos.

De acordo com a redação do art. 895 consolidado, o recurso ordinário é cabível das decisões definitivas (processos extintos com resolução do mérito) e decisões terminativas (extintos sem a resolução do mérito). Assim, havendo indeferimento da petição inicial pela ausência das condições da ação será possível a interposição de recurso ordinário.

Como se sabe, as decisões interlocutórias são irrecorríveis de imediato, em conformidade com o art. 893, § 1º, da CLT.

Todavia, as decisões interlocutórias terminativas de feito admitem interposição de recurso ordinário. É o que ocorre na decisão do juiz que declara a incompetência absoluta da Justiça do Trabalho e determina a remessa dos autos à Justiça Comum, em conformidade com o art. 799, § 2º, da CLT. Outra hipótese de interposição de recurso ordinário em face de uma decisão interlocutória encontra-se prevista na súmula 214, item "c", do TST, que se refere à decisão que acolhe exceção de incompetência territorial, com a remessa dos autos para Tribunal Regional distinto daquele a que se vincula o juízo excepcionado.

Com relação ao recurso ordinário interposto nas reclamações que tramitam sob o procedimento sumaríssimo, vale lembrar que uma vez recebido no Tribunal ele deverá ser imediatamente distribuído, devendo o relator liberá-lo no prazo máximo de 10 (dez) dias e a secretaria do Tribunal ou Turma deverá colocá-lo imediatamente na pauta para julgamento, sem revisor.

O membro do Ministério Público do Trabalho presente à sessão de julgamento, se entender necessário, promoverá parecer oral com registro na certidão de julgamento.

Como visto, no âmbito processual trabalhista os recursos não possuem, como regra, o efeito suspensivo, pois são dotados unicamente de efeito devolutivo. No entanto, o TST admite, por meio da súmula 414, I, parte final, o ajuizamento de ação cautelar incidental para a obtenção do efeito suspensivo.

> SÚMULA 414 TST – MANDADO DE SEGURANÇA. ANTECIPAÇÃO DE TUTELA (OU LIMINAR) CONCEDIDA ANTES OU NA SENTENÇA
>
> I – A antecipação da tutela concedida na sentença não comporta impugnação pela via do mandado de segurança, por ser impugnável mediante recurso ordinário. **A ação cautelar é o meio próprio para se obter efeito suspensivo a recurso. (grifo nosso)**

6.5.2.1. Processamento

O recurso será elaborado por meio de duas peças. A primeira delas é a peça de interposição do recurso, que será endereçada ao juízo que proferiu a decisão, ou seja, ao juízo *a quo*, qualificando o recorrente, indicando o endereço do seu procurador, manifestando o interesse em recorrer, requerendo o envio do recurso ao tribunal competente e demonstrando o pagamento das custas e depósito recursal, quando necessários; a segunda peça consiste nas razões recursais, que serão dirigidas ao juízo hierarquicamente superior àquele que proferiu a decisão, o juízo *ad quem*.

Interposto o recurso no juízo *a quo*, promoverá este o 1º juízo de admissibilidade, examinando a presença de todos os pressupostos recursais. Feito o exame e constatada a inobservância de um dos pressupostos recursais, será negado seguimento ao recurso, hipótese em que poderá ser interposto agravo de instrumento. Conhecido o recurso, deverá o juiz conceder prazo para apresentação de contrarrazões ao recurso ordinário. Recebida as contrarrazões, o juízo *a quo* poderá proceder outro exame de admissibilidade do recurso, podendo, inclusive, reconsiderar a decisão que o admitiu e dele não conhecendo.

Mantida a decisão, os autos serão remetidos ao Tribunal superior, o juízo *ad quem*. Lá, após parecer do Ministério Público do Trabalho quando necessário, o recurso será distribuído a um juiz relator que fará o 2º juízo de admissibilidade, podendo conhecer ou não do recurso. Após a vista do juiz relator, o recurso será enviado ao juiz revisor e, em seguida, será colocado em pauta para julgamento.

No julgamento, após a leitura do relatório os advogados do recorrente e do recorrido poderão efetuar sustentação oral. Após a sustentação oral o recurso será submetido a julgamento, votando o relator, o revisor e os demais juízes.

Nas causas sujeitas ao procedimento sumaríssimo, o processo será imediatamente distribuído ao juiz relator, sem revisor, podendo o Ministério Público do Trabalho, caso entenda pertinente, emitir parecer oral na própria audiência de julgamento. Após a leitura do relatório os advogados poderão realizar sustentação oral e em seguida será realizado o julgamento.

6.5.3. Agravo de instrumento

Previsto no art. 897, "b", da CLT, o agravo de instrumento é cabível, no prazo de 8 (oito) dias, para impugnar os despachos proferidos pelo juízo *a quo* no 1º juízo de admissibilidade recursal que negarem seguimento a recursos. Assim, cabe agravo de instrumento em face de decisões que negarem seguimento a recurso ordinário, recurso de revista, recurso adesivo, agravo de petição, recurso extraordinário e, inclusive, ao próprio agravo de instrumento, no 1º juízo de admissibilidade.

No entanto, negado seguimento ao recurso de embargos no TST, não será cabível agravo de instrumento, mas sim agravo regimental.

O agravo de instrumento será processado em autos apartados e deverá ser interposto perante o juízo que não conheceu do recurso, admitindo-se o juízo de retração. Assim, interposto o agravo de instrumento, o juiz poderá reconsiderar a decisão agravada, conhecendo do recurso principal, remetendo-o à instância superior para sua apreciação.

Sendo mantida a decisão, o juiz deverá intimar o agravado para apresentação das contrarrazões ao agravo de instrumento e ao recurso principal, nos termos do art. 897, § 6º, da CLT.

A Lei 12.275, de 29 de junho de 2010, trouxe uma novidade nas regras de interposição do agravo de instrumento na esfera trabalhista.

A Lei em questão incluiu o § 7º no art. 899 da CLT, criando a necessidade de depósito recursal para a interposição de agravo de instrumento, restrito ao Judiciário Trabalhista, o que exclui, por óbvio, o agravo de instrumento em recurso extraordinário, que tem disciplina própria, conforme arts. 544 e 545, ambos do CPC[68], e arts. 321 a 329 do Regimento Interno do Supremo Tribunal Federal.

Desta forma, por meio do novo dispositivo legal, no ato de interposição do agravo de instrumento, a parte agravante deverá efetuar o depósito recursal, que corresponderá a 50% (cinquenta por cento) do valor do depósito do recurso ao qual se pretende destrancar.

No entanto, o § 8º do mesmo dispositivo, de acordo com a redação dada pela Lei 13.015/2014 quando o agravo de instrumento tiver a finalidade de destrancar recurso de revista que se insurge contra decisão que contraria a jurisprudência uniforme do TST, consubstanciada nas suas súmulas ou em orientação jurisprudencial, não haverá obrigatoriedade de se efetuar o depósito suprarreferido.

O agravo de instrumento será julgado pelo Tribunal que seria competente para conhecer do recurso trancado, em conformidade com o art. 897, § 4º, da CLT. Portanto, primeiramente o Tribunal apreciará o agravo de instrumento e, entendendo por seu provimento, passará a julgar o recurso principal.

6.5.3.1. Processamento

Diferente do processo civil, em que o agravo de instrumento é interposto diretamente no Tribunal, nos domínios do processo do trabalho deverá ser interposto no juízo *a quo*, na medida em que se admite a retratação do juízo.

As partes, agravante e agravado, deverão instruir a petição do agravo de instrumento e suas contrarrazões com as peças necessárias para o julgamento de ambos os recursos.

Nos exatos termos do art. 897, § 5º, da CLT, sob pena de não conhecimento, as partes promoverão a formação do instrumento do agravo de modo a possibilitar, caso provido, o imediato julgamento do recurso denegado, instruindo a petição de interposição obrigatoriamente com cópias da decisão agravada, da certidão da respectiva intimação, das procurações outorgadas aos advogados do agravante e do agravado, da petição inicial, da contestação, da decisão originária, da comprovação do depósito recursal e do recolhimento das custas, e facultativamente, com aquelas peças que entenderem necessárias para o julgamento do apelo.

O agravo de instrumento possui efeito devolutivo, limitando-se a matéria que será analisada pelo juízo *ad quem* à validade ou não da decisão denegatória do recurso. Desta forma, somente se o agravo de instrumento for provido poderá o Tribunal examinar o recurso que foi trancado.

Todavia, por não possuir efeito suspensivo, o meio adequado para obtenção desse efeito é a ação cautelar incidental proposta perante o órgão competente para julgar o recurso, desde que demonstrado o *fumus boni iuris* e o *periculum in mora*.

6.5.4. Agravo de petição

Previsto no art. 897, "a", da CLT, o agravo de petição é o recurso cabível, no prazo de 8 (oito) dias, em face das

68. Art. 1.042 do CPC/2015.

decisões do Juiz do Trabalho proferidas na fase de execução de sentença. Desta forma, não existe agravo de petição na fase de conhecimento.

Embora o texto da lei não especifique qual tipo de decisão poderá ser impugnável, a doutrina dominante sustenta que somente decisões definitivas (art. 269 do CPC[69]) ou terminativas de feito (art. 267 do CPC[70]) podem ser impugnadas via agravo de petição. Essa doutrina se baseia no princípio da irrecorribilidade imediata das decisões interlocutórias, que não admite a imediata interposição de recurso contra essas decisões.

No entanto, admite-se a interposição de agravo de petição contra decisão interlocutória, desde que terminativa de feito. Admitir-se o agravo de petição contra qualquer decisão interlocutória, apenas por ter sido proferida na fase de execução de sentença, afrontaria o princípio da irrecorribilidade imediata das decisões interlocutórias, disciplinada no art. 893, § 1º, da CLT, que tem como finalidade garantir maior celeridade processual. Desta forma, as decisões interlocutórias, que não sejam terminativas de feito, estão sujeitas ao apelo no momento processual adequado por meio dos embargos à execução.

6.5.4.1. Delimitação de matérias e valores

O art. 897, § 1º, da CLT traz em seu bojo um requisito especial de admissibilidade do agravo de petição. Trata-se da delimitação de matérias e valores.

Dispõe o art. 897, § 1º, da CLT:

> **Art. 897** (...)
>
> § 1º – O agravo de petição só será recebido quando o agravante delimitar, justificadamente, as matérias e os valores impugnados, permitida a execução imediata da parte remanescente até o final, nos próprios autos ou por carta de sentença.

Desse modo, para que o recurso seja admitido, deverá o agravante delimitar as matérias impugnadas e os valores controversos, a fim de que se proceda a execução definitiva da parte não impugnada.

Nesse sentido, vale trazer à baila o entendimento cristalizado na súmula 416 do TST:

> SÚMULA 416 TST – MANDADO DE SEGURANÇA. EXECUÇÃO. LEI Nº 8.432/1992. ART. 897, § 1º, DA CLT. CABIMENTO
>
> Devendo o agravo de petição delimitar justificadamente a matéria e os valores objeto de discordância, não fere direito líquido e certo o prosseguimento da execução quanto aos tópicos e valores não especificados no agravo.

6.5.4.2. Processamento

Deverá ser interposto no prazo de 8 (oito) dias na vara do trabalho em que estiver tramitando a execução. O recurso consiste na peça de interposição, bem como as razões recursais, não se esquecendo da delimitação de matérias e valores.

Para a interposição não há o requisito do preparo, na medida em que as custas serão pagas apenas ao final do processo, nos termos do art. 789-A, IV, da CLT. Já o depósito recursal somente será exigido caso a execução não esteja devidamente garantida.

Nesse sentido é a súmula 128, II, do TST:

> SÚMULA 128 TST (...)
>
> II – Garantido o juízo, na fase executória, a exigência de depósito para recorrer de qualquer decisão viola os incisos II e LV do art. 5º da CF/1988. Havendo, porém, elevação do valor do débito, exige-se a complementação da garantia do juízo.

6.5.5. Agravo regimental

O agravo regimental encontra-se previsto no art. 709, § 1º, da CLT, na Lei 7.701/1988 e, ainda, nos regimentos internos dos Tribunais Regionais e do Tribunal Superior do Trabalho.

O agravo regimental é cabível em face das decisões monocráticas dos juízes relatores dos Tribunais Regionais ou do Tribunal Superior do Trabalho que negarem seguimento a recursos no 2º juízo de admissibilidade. Admite-se, outrossim, nos termos do art. 894, § 4º, da CLT, redação dada pela Lei 13.015/2014, a interposição do agravo regimental em face da decisão denegatória dos embargos. E, por último, como ensina Renato Saraiva (*Curso de Direito Processual do Trabalho*. 4. ed. São Paulo: Método, 2007. p. 492), admite-se o agravo regimental para o "reexame pelo tribunal das decisões monocráticas proferidas por seus próprios juízes (...)"

O prazo para interposição do agravo regimental varia de acordo com o regimento interno de cada Tribunal, que, de modo geral, fixam o prazo de cinco dias para sua interposição. No TST, de acordo com o art. 235 de seu regimento interno, o prazo é de 8 dias para a interposição do agravo regimental para o Tribunal Pleno.

O TST admite, em observância ao princípio da fungibilidade, o recebimento de recurso ordinário como agravo regimental, como ensina a Orientação jurisprudencial 69 da SDI 2 do TST.

> ORIENTAÇÃO JURISPRUDENCIAL 69 SDI 2 TST – FUNGIBILIDADE RECURSAL. INDEFERIMENTO LIMINAR DE AÇÃO RESCISÓRIA OU MANDADO DE SEGURANÇA. RECURSO PARA O TST. RECEBIMENTO COMO AGRAVO REGIMENTAL E DEVOLUÇÃO DOS AUTOS AO TRT.
>
> Recurso ordinário interposto contra despacho monocrático indeferitório da petição inicial de ação rescisória ou de mandado de segurança pode, pelo princípio de fungibilidade recursal, ser recebido como agravo regimental. Hipótese de não conhecimento do recurso pelo TST e devolução dos autos ao TRT, para que aprecie o apelo como agravo regimental.

Todavia, o TST entende não ser aplicável o princípio da fungibilidade em se tratando de agravo inominado ou agravo regimental contra decisão proferida por órgão colegiado, em razão do erro grosseiro na interposição do recurso inadequado.

Assim, dispõe a orientação jurisprudencial 412 da SDI 1 do TST:

69. Art. 487 do CPC/2015.
70. Art. 485 do CPC/2015.

ORIENTAÇÃO JURISPRUDENCIAL 412 da SDI 1 do TST – AGRAVO INOMINADO OU AGRAVO REGIMENTAL. INTERPOSIÇÃO EM FACE DE DECISÃO COLEGIADA. NÃO CABIMENTO. ERRO GROSSEIRO. INAPLICABILIDADE DO PRINCÍPIO DA FUNGIBILIDADE RECURSAL.

É incabível agravo inominado (art. 557, §1º, do CPC[71]) ou agravo regimental (art. 235 do RITST) contra decisão proferida por Órgão colegiado. Tais recursos destinam-se, exclusivamente, a impugnar decisão monocrática nas hipóteses expressamente previstas. Inaplicável, no caso, o princípio da fungibilidade ante a configuração de erro grosseiro.

6.5.5.1. *Processamento*

O agravo regimental deverá ser interposto perante o Desembargador ou Ministro relator que prolatou a decisão, devendo o agravante requerer sua reconsideração ou, sucessivamente, o encaminhamento ao órgão competente para a apreciação do agravo, qual seja, a Turma ou o Pleno do Tribunal, a depender do respectivo regimento interno, não havendo oportunidade para apresentação de contrarrazões, tampouco sustentação oral.

Caso não haja disposição no regimento interno do tribunal sobre a necessidade da formação do instrumento, não há necessidade do agravante trazer cópias dos autos principais para tanto, como ocorre no agravo de instrumento. Nesse sentido a SDI 1 do TST editou a Orientação Jurisprudencial 132, *in verbis*:

ORIENTAÇÃO JURISPRUDENCIAL 132 SDI 1 TST – AGRAVO REGIMENTAL. PEÇAS ESSENCIAIS NOS AUTOS PRINCIPAIS.

Inexistindo lei que exija a tramitação do agravo regimental em autos apartados, tampouco previsão no Regimento Interno do Regional, não pode o agravante ver-se apenado por não haver colacionado cópia de peças dos autos principais, quando o agravo regimental deveria fazer parte dele.

Vale ressaltar que o agravo regimental não está sujeito ao recolhimento de custas e depósito recursal, não havendo, portanto, o pressuposto extrínseco do preparo.

Em caso de agravo regimental com caráter procrastinatório, casos em que o recurso se mostra manifestamente inadmissível ou infundado, aplica-se a multa entre 1% e 10% do valor corrigido da causa, ficando a interposição de qualquer outro recurso condicionada ao depósito do respectivo valor, conforme art. 557, § 2º, do CPC[72].

6.5.6. *Recurso de revista*

Previsto no art. 896 da CLT, é um recurso de natureza extraordinária que visa a atacar decisões proferidas pelos TRTs em dissídios individuais em grau de recurso ordinário. Tem como objetivo uniformizar a interpretação jurisprudencial dos Tribunais acerca da legislação constitucional, federal e estadual e, ainda, a aplicabilidade de determinados instrumentos normativos como acordo coletivo, convenção coletiva, sentença normativa e regulamento de empresa.

Deverá ser interposto no prazo de 8 (oito) dias, dirigido ao Presidente do Tribunal recorrido, estando sujeito ao pagamento de custas e depósito recursal.

Por possuir natureza extraordinária, o recurso de revista não admite o reexame de matéria fática e probatória, em conformidade com a Súmula 126 do TST.

SÚMULA 126 TST – RECURSO. CABIMENTO.

Incabível o recurso de revista ou de embargos (arts. 896 e 894, "b", da CLT) para reexame de fatos e provas.

6.5.6.1. *Requisitos especiais*

Ao interpor o recurso de revista, além dos pressupostos gerais de admissibilidade dos recursos, exige-se, ainda, que o recorrente demonstre o preenchimento de mais dois pressupostos especiais, quais sejam, a transcendência e o prequestionamento.

Para que a questão esteja devidamente *prequestionada*, exige-se que a matéria já tenha sido objeto de debates no acórdão guerreado. É importante lembrar que, de acordo com a Súmula 98 do STJ, admitem-se os embargos de declaração exclusivamente com fins de prequestionamento.

Nos termos da Súmula 297 do TST, diz-se prequestionada a matéria ou questão quando na decisão impugnada tiver sido adotada, explicitamente, tese a respeito.

Já *transcendência* nos remete a repercussão, ou seja, a questão debatida no recurso deverá ter repercussão nos aspectos econômicos, jurídicos, políticos e social.

Ao lado dos pressupostos gerais de admissibilidade dos recursos, sem o preenchimento desses dois pressupostos específicos o recurso não será conhecido.

A Lei 13.015/2014 que trouxe nova sistemática para o processamento de recursos no TST introduziu o art. 896, § 1º-A na CLT que determina ser ônus da parte, sob pena de não conhecimento do recurso:

I – indicar o trecho da decisão recorrida que consubstancia o prequestionamento da controvérsia objeto do recurso de revista;

II – indicar, de forma explícita e fundamentada, contrariedade a dispositivo de lei, súmula ou orientação jurisprudencial do Tribunal Superior do Trabalho que conflite com a decisão regional;

III – expor as razões do pedido de reforma, impugnando todos os fundamentos jurídicos da decisão recorrida, inclusive mediante demonstração analítica de cada dispositivo de lei, da Constituição Federal, de súmula ou orientação jurisprudencial cuja contrariedade aponte.

Nesse ponto é de suma importância a observância da Súmula 337 do TST, que impõe critérios para a comprovação da divergência justificadora do recurso. Desta forma, é necessário que o recorrente:

I) junte certidão ou cópia autenticada do acórdão paradigma ou cite a fonte oficial ou o repositório autorizado em que foi publicado; e

II) transcreva, nas razões recursais, as ementas e/ou trechos dos acórdãos trazidos à configuração do dissídio, demonstrando o conflito de teses que justifique o conhecimento do recurso, ainda que os acórdãos já se encontrem nos autos ou venham a ser juntados com o recurso.

71. Art. 932, III e IV, do CPC/2015.
72. Art. Art. 1.021, §§ 4º e 5º, do CPC/2015.

Vale dizer, ainda, que, nos termos da Súmula 337 do TST, a mera indicação da data de publicação, em fonte oficial, de aresto paradigma é inválida para comprovação de divergência jurisprudencial.

Todavia, esclarece o item IV da referida súmula que é válida para a comprovação da divergência jurisprudencial justificadora do recurso a indicação de aresto extraído de repositório oficial na internet, desde que o recorrente: a) transcreva o trecho divergente; b) aponte o sítio de onde foi extraído; e c) decline o número do processo, o órgão prolator do acórdão e a data da respectiva publicação no Diário Eletrônico da Justiça do Trabalho.

6.5.6.2. Hipóteses de cabimento

O cabimento do recurso de revista merece ser estudado com maior enfoque. Isso porque as hipóteses de cabimento do recurso em estudo variam de acordo com o procedimento adotado.

6.5.6.2.1. Procedimento ordinário

No procedimento comum/ordinário, o recurso de revista é cabível nas hipóteses trazidas nas alíneas do art. 896 consolidado, que assim dispõem:

> **Art. 896.** Cabe Recurso de Revista para Turma do Tribunal Superior do Trabalho das decisões proferidas em grau de recurso ordinário, em dissídio individual, pelos Tribunais Regionais do Trabalho, quando:
>
> *a) derem ao mesmo dispositivo de lei federal interpretação diversa da que lhe houver dado outro Tribunal Regional do Trabalho, no seu Pleno ou Turma, ou a Seção de Dissídios Individuais do Tribunal Superior do Trabalho, ou contrariarem súmula de jurisprudência uniforme dessa Corte ou súmula vinculante do Supremo Tribunal Federal;*
>
> *b)* derem ao mesmo dispositivo de lei estadual, Convenção Coletiva de Trabalho, Acordo Coletivo, sentença normativa ou regulamento empresarial de observância obrigatória em área territorial que exceda a jurisdição do Tribunal Regional prolator da decisão recorrida, interpretação divergente, na forma da alínea a;
>
> *c)* proferidas com violação literal de disposição de lei federal ou afronta direta e literal à Constituição Federal.

Assim, de acordo com o art. 896 da CLT no procedimento ordinário é cabível o recurso de revista nas seguintes hipóteses:

a) Divergência na interpretação de lei federal ou contrariedade à súmula vinculante do STF, súmula ou OJ do TST

De acordo com a disposição da alínea "a" do citado art. 896 do diploma consolidado podemos extrair duas hipóteses de cabimento, são elas:

I.) Divergência na interpretação de lei federal

A divergência capaz de ensejar o cabimento do recurso de revista deve ser oriunda dos órgãos da Justiça do Trabalho.

Assim, caberá recurso de revista com fulcro na primeira parte da alínea "a" do art. 896 da CLT sempre que o acórdão guerreado interpretar uma lei federal de forma diversa à interpretação dada ao mesmo dispositivo de lei federal por súmula de outro Tribunal Regional do Trabalho ou pela Seção de Dissídios Individuais do TST.

Vale frisar que a interpretação jurisprudencial deve estar relacionada com o mesmo dispositivo de lei federal, o que a doutrina costuma chamar de divergência específica. Nesse sentido é a Súmula 296 do TST:

> SÚMULA 296 TST – RECURSO. DIVERGÊNCIA JURISPRUDENCIAL. ESPECIFICIDADE.
>
> I – A divergência jurisprudencial ensejadora da admissibilidade, do prosseguimento e do conhecimento do recurso há de ser específica, revelando a existência de teses diversas na interpretação de um mesmo dispositivo legal, embora idênticos os fatos que as ensejaram.

A divergência que dá ensejo à interposição do recurso de revista deve ser atual, ou seja, aquela que não for ultrapassada por súmula ou superada por iterativa e notória jurisprudência do TST. Nessa linha é a Súmula 333 do TST, que assim dispõe:

> SÚMULA 333 TST – RECURSOS DE REVISTA. CONHECIMENTO.
>
> Não ensejam recurso de revista decisões superadas por iterativa, notória e atual jurisprudência do Tribunal Superior do Trabalho.

II.) Contrariedade entre súmula ou Orientação jurisprudencial do TST ou entre súmula vinculante do STF;

A 2ª parte da alínea "a" do art. 896 da CLT prevê ainda a hipótese de recurso de revista por contrariedade entre súmula ou Orientação jurisprudencial do TST ou ainda entre súmula vinculante do STF.

Nessa hipótese, a interposição do recurso de revista se justifica tendo em vista que o acórdão recorrido contraria uma súmula ou orientação jurisprudencial do TST ou, ainda, se o acórdão recorrido contrariar uma súmula vinculante do STF.

Em que pese não constar expressamente do dispositivo legal em comento a possibilidade de cabimento de recurso de revista por contrariedade a orientação jurisprudencial, é possível entender que ele é cabível, pela própria redação do art. 896, § 1º-A, II, da CLT que determina que a parte deverá indicar, de forma explícita e fundamentada, contrariedade a dispositivo de lei, súmula ou orientação jurisprudencial do Tribunal Superior do Trabalho que conflite com a decisão regional, sob pena de não conhecimento do recurso.

b) Divergência na interpretação de lei estadual, convenção coletiva, sentença normativa ou regulamento de empresa

A alínea "b" do art. 896 da CLT prevê a hipótese que a divergência que dá ensejo ao recurso de revista ocorre na interpretação de lei estadual, convenção coletiva, sentença normativa ou regulamento de empresa.

Desta forma, caso o acórdão interprete uma dessas espécies normativas de forma diversa à interpretação dada ao mesmo dispositivo por outro Tribunal Regional do Trabalho, pela SDI, por meio de suas orientações jurisprudenciais ou por súmulas do TST, caberá o recurso de revista com fulcro na alínea "b".

6.5.6.2.1.1. Divergência jurisprudencial

Com a entrada em vigor da Lei 13.015/2014, a Justiça do Trabalho passa a ter nova sistemática recursal, cujas alterações mais significativas residem nos critérios de admissibilidade do recurso de revista.

De acordo com a regra antiga, para que um recurso de revista subisse ao TST, bastava a existência de decisões divergentes entre turmas de Tribunais Regionais distintos.

De acordo com a atual legislação o TST não analisará o recurso caso note divergência interna no Tribunal.

Assim, ao constatar, de ofício ou mediante provocação de qualquer das partes ou do Ministério Público do Trabalho, a existência de decisões atuais e conflitantes no âmbito do mesmo Tribunal Regional do Trabalho sobre o tema objeto de recurso de revista, o Tribunal Superior do Trabalho determinará, por decisão irrecorrível, o retorno dos autos ao Tribunal de origem, a fim de que proceda à uniformização da jurisprudência.

Após o Tribunal de origem editar súmula ou tese jurídica prevalecente somente elas servirão como paradigma para viabilizar o conhecimento do recurso de revista, por divergência, desde que não sejam conflitantes com súmula ou orientação jurisprudencial do Tribunal Superior do Trabalho.

Vale lembrar que a divergência apta a ensejar o recurso de revista deve ser atual, não se considerando como tal a ultrapassada por súmula do Tribunal Superior do Trabalho ou do Supremo Tribunal Federal, ou superada por iterativa e notória jurisprudência do Tribunal Superior do Trabalho, nos termos do § 7º do art. 896 da CLT.

Nessa mesma linha é a Súmula 333 do TST, que assim dispõe:

> SÚMULA 333 TST – RECURSOS DE REVISTA. CONHECIMENTO.
> Não ensejam recurso de revista decisões superadas por iterativa, notória e atual jurisprudência do Tribunal Superior do Trabalho.

Portanto, com a nova sistemática, se um recurso vier de um TRT que não tenha tese jurídica prevalecente ou que tenha sumulado sua jurisprudência, o relator poderá determinar a baixa dos autos para que o Tribunal de origem edite a súmula ou tese jurídica prevalecente. Caso a tese sumulada continue a ser antagônica, a parte poderá interpor novo recurso de revista. Caso contrário, o recurso de revista não subirá para o TST.

Desta forma, uma vez consolidada a jurisprudência de cada TRT, o TST passará a aceitar somente os recursos de revista em que as súmulas regionais ou tese jurídica prevalecente forem contrárias entre si, com uma delas se contraponto ao entendimento do TST sobre a matéria.

Para a comprovação da divergência justificadora do recurso, determina o § 8º do art. 896 da CLT que, compete ao recorrente o ônus de produzir prova da divergência jurisprudencial, mediante certidão, cópia ou citação do repositório de jurisprudência, oficial ou credenciado, inclusive em mídia eletrônica, em que houver sido publicada a decisão divergente, ou ainda pela reprodução de julgado disponível na internet, com indicação da respectiva fonte, mencionando, em qualquer caso, as circunstâncias que identifiquem ou assemelhem os casos confrontados.

Nesse mesmo sentido, como já estudamos, é a Súmula 337 do TST que ensina ser necessário que o recorrente:

a) junte certidão ou cópia autenticada do acórdão paradigma ou cite a fonte oficial ou o repositório autorizado em que foi publicado e

b) transcreva, nas razões recursais, as ementas e/ou trechos dos acórdãos trazidos à configuração do dissídio, demonstrando o conflito de teses que justifique o conhecimento do recurso, ainda que os acórdãos já se encontrem nos autos ou venham a ser juntados com o recurso.

A citada súmula ensina, ainda, que a mera indicação da data de publicação, em fonte oficial, de aresto paradigma é inválida para comprovação de divergência jurisprudencial.

Todavia, esclarece o item IV da referida súmula que é válida para a comprovação da divergência jurisprudencial justificadora do recurso a indicação de aresto extraído de repositório oficial na internet, desde que o recorrente transcreva o trecho divergente; aponte o sítio (*site da internet*) de onde foi extraído e decline o número do processo, o órgão prolator do acórdão e a data da respectiva publicação no Diário Eletrônico da Justiça do Trabalho.

IV.) *Violação de literal dispositivo de lei federal ou da Constituição Federal*

Nessa hipótese, prevista na alínea c do art. 896 da CLT, o acórdão guerreado viola diretamente dispositivo de lei federal ou da CF. Portanto, a decisão recorrida deve tratar da matéria explicitamente, surgindo assim a necessidade do prequestionamento.

Nota-se que nessa hipótese não há divergência jurisprudencial, mas sim afronta direta à lei federal ou à Constituição Federal.

Em se tratando de recurso de revista por violação de lei federal ou da Constituição Federal, a indicação do dispositivo constitucional ou infraconstitucional tido como violado deverá ser indicado expressamente no recurso, sob pena de não ser conhecido, nos termos do art. 896, § 1º-A, da CLT.

Nesse mesmo sentido, dispõe a Súmula 221 do TST:

> SÚMULA 221 DO TST – RECURSO DE REVISTA. VIOLAÇÃO DE LEI. INDICAÇÃO DE PRECEITO.
> A admissibilidade de recurso de revista por violação tem como pressuposto a indicação expressa do dispositivo de lei ou da Constituição tido como violado.

Nessa linha, vale destacar a disposição da Orientação Jurisprudencial 257 da SDI 1 do TST:

> ORIENTAÇÃO JURISPRUDENCIAL 257 SDI 1 do TST – RECURSO DE REVISTA. FUNDAMENTAÇÃO. VIOLAÇÃO DE LEI. VOCÁBULO VIOLAÇÃO. DESNECESSIDADE
> A invocação expressa no recurso de revista dos preceitos legais ou constitucionais tidos como violados não significa exigir da parte a utilização das expressões "contrariar", "ferir", "violar" etc.

Por último, ensina a Súmula 459 do TST:

> SÚMULA 459 TST – RECURSO DE REVISTA. NULIDADE POR NEGATIVA DE PRESTAÇÃO JURISDICIONAL.
> O conhecimento do recurso de revista, quanto à preliminar de nulidade por negativa de prestação jurisdicional, supõe

indicação de violação do art. 832 da CLT, do art. 458 do CPC[73] ou do art. 93, IX, da CF/1988.

6.5.6.2.2. Procedimento sumaríssimo

De acordo com o § 9º do art. 896 da CLT, nas causas sujeitas ao procedimento sumaríssimo, somente será admitido recurso de revista por contrariedade a súmula de jurisprudência uniforme do Tribunal Superior do Trabalho ou a súmula vinculante do Supremo Tribunal Federal e por violação direta da Constituição Federal.

Nota-se, portanto, que, em se tratando de procedimento sumaríssimo, o recurso de revista é admitido por violação da Constituição Federal, súmula vinculante do STF e por contrariedade à súmula do TST, mas não por contrariedade à Orientação Jurisprudencial, em conformidade com o entendimento consubstanciado na Súmula 442 do TST, que assim dispõe:

SÚMULA 442 TST – PROCEDIMENTO SUMARÍSSIMO. RECURSO DE REVISTA FUNDAMENTADO EM CONTRARIEDADE A ORIENTAÇÃO JURISPRUDENCIAL. INADMISSIBILIDADE. ART. 896, § 6º, DA CLT, ACRESCENTADO PELA LEI 9.957, DE 12.01.2000

Nas causas sujeitas ao procedimento sumaríssimo, a admissibilidade de recurso de revista está limitada à demonstração de violação direta a dispositivo da Constituição Federal ou contrariedade a Súmula do Tribunal Superior do Trabalho, não se admitindo o recurso por contrariedade a Orientação Jurisprudencial deste Tribunal (Livro II, Título II, Capítulo III, do RITST), ante a ausência de previsão no art. 896, § 6º, da CLT.

OBS: as hipóteses de recurso de revista no procedimento sumaríssimo eram previstas no § 6º do art. 896 da CLT, como indicado na súmula em estudo. Após a edição da Lei 13.015/2014 as hipóteses passaram a estar previstas no § 9º do art. 896 consolidado.

6.5.6.2.3. Recurso de revista em execução

A Lei 13.015/2014 que conferiu nova sistemática para os recursos trabalhistas, em especial ao recurso de revista, inovou sobre esse recurso na fase executória.

De acordo com a antiga legislação, nos termos do § 2º do art. 896 da CLT o cabimento do recurso de revista na fase de execução se limitava as hipóteses de ofensa direta e literal de norma da Constituição Federal.

No entanto, a atual legislação inovou estabelecendo no art. 896 da CLT, §10 a possibilidade de recurso de revista nas execuções fiscais, sempre que o acórdão recorrido violar lei federal ou por divergência jurisprudencial e ainda por ofensa à Constituição Federal.

Notamos aqui um tratamento diferenciado em relação à Fazenda Pública. Isso porque, quando o autor da ação for a Fazenda Pública, poderá o executado recorrer de revista com fundamento em simples divergência jurisprudencial, violação de lei federal ou à Constituição Federal. No entanto, no mesmo contexto, sempre que o exequente e executado forem empregado e empregador, o recurso de revista terá seu cabimento restringido nos termos do § 2º do art. 896 da CLT, ou seja, por ofensa à Constituição Federal.

O mesmo §10 do art. 896 permite, ainda a interposição de recurso de revista nas controvérsias da fase de execução que envolvam a Certidão Negativa de Débitos Trabalhistas (CNDT), criada pela Lei 12.440, de 7 de julho de 2011, tratada no art. 642-A da CLT.

Importante lembrar a CNDT é um documento, obrigatório para participação em licitações públicas. Ela também é uma importante ferramenta nas negociações imobiliárias, pois registra possíveis penhoras de imóveis por dívida trabalhista de pessoas físicas ou jurídicas.

Portanto, a atual legislação não retirou a possibilidade de recurso de revista na fase de execução de sentença em quaisquer processos, sempre que a decisão ofender a CF, mas elasteceu as hipóteses de cabimento, permitindo a interposição do recurso de revista, nas seguintes hipóteses:

a) execuções simples: caberá recurso de revista das decisões que ofenderem a Constituição Federal, nos termos do § 2º do art. 896 da CLT;

b) execuções fiscais: por violação a lei federal, por divergência jurisprudencial e por ofensa à Constituição Federal;

c) nas controvérsias da fase de execução que envolvam a Certidão Negativa de Débitos Trabalhistas (CNDT): por violação a lei federal, por divergência jurisprudencial e por ofensa à Constituição Federal.

Desta forma, a súmula 266 do TST continua em pleno vigor:

SÚMULA 266 DO TST – RECURSO DE REVISTA. ADMISSIBILIDADE. EXECUÇÃO DE SENTENÇA.

A admissibilidade do recurso de revista interposto de acórdão proferido em agravo de petição, na liquidação de sentença ou em processo incidente na execução, inclusive os embargos de terceiro, depende de demonstração inequívoca de violência direta à Constituição Federal.

6.5.6.2.4. Recurso repetitivo ou julgamento por amostragem

Previsto nos arts. 896-B e 896-C da CLT, introduzidos pela Lei 13.015/2014, o legislador confere ao TST a possibilidade de julgamento de recursos repetitivos, ou seja, recursos que tratam de matérias idênticas, que se fundam em idêntica questão de direito.

Os parâmetros procedimentais para dar efetividade ao referido instituto estão disciplinados no ato normativo 491 do TST e Instrução Normativa 38 do TST.

Dispõe o art. 896-C da CLT:

"Quando houver multiplicidade de recursos de revista fundados em idêntica questão de direito, a questão poderá ser afetada à Seção Especializada em Dissídios Individuais ou ao Tribunal Pleno, por decisão da maioria simples de seus membros, mediante requerimento de um dos Ministros que compõem a Seção Especializada, considerando a relevância da matéria ou a existência de entendimentos divergentes entre os Ministros dessa Seção ou das Turmas do Tribunal."

73. Art. 489 do CPC/2015.

Quando houver diversos processos discutindo a mesma questão de direito o TST poderá fazer um julgamento único que irá valer para os demais processos.

Portanto, nos termos do art. 2º da Instrução Normativa 38 para haver julgamento por recursos repetitivos ou por amostragem, como também é comumente conhecido, são necessários dois requisitos;

a) multiplicidade de recursos sobre a matéria;

b) identidade de matéria de direito. Nunca matéria de fato, em razão da natureza jurídica extraordinária do recurso.

6.5.6.2.5. Processamento

Para melhor compreendermos o processamento do recurso repetitivo é importante lembrarmos dos órgãos que compõem o TST, bem como suas competências.

Pois bem, o TST é composto por 8 turmas que têm competência de julgar recurso de revista, bem como os agravos de instrumentos que visam destrancá-lo, além de outras. Também compõe o TST as Seções de Dissídios individuais 1 com competência para julgar recursos oriundos das varas do trabalho e a Seção de Dissídios individuais 2 competente para julgar os recursos oriundos dos Tribunais em caso de competência originária de dissídios individuais e ainda a Seção de Dissídios Coletivos, competentes para apreciação de recursos em dissídios coletivos. Temos ainda o órgão especial e o órgão pleno. A competência de cada órgão vem disciplinada no Regimento Interno do TST, resolução administrativa 1.295/2008, arts. 67 a 72.

O recurso de revista repetitivo, por ter uma extensão mais ampla, pois um número muito maior de jurisdicionados serão atingidos pela decisão, é de competência da SDI 1 do TST e não de uma das Turmas, como os recursos de revista em geral. Porém se a SDI entender que o tema é de extrema importância, extrema relevância social, poderá delegar o julgamento ao Órgão Pleno do TST, decisão tomada por maioria simples.

Somente poderão ser afetados recursos representativos da controvérsia que sejam admissíveis e que contenham abrangente argumentação e discussão a respeito da questão a ser decidida.

Nos termos do art. 2º da Instrução Normativa 38 do TST, a proposta de afetação deverá ser feita pelo relator de uma das turmas que poderá considerar determinada matéria repetitiva, comunicando ao Presidente da turma, que encaminhará ao Presidente da SDI-1. Ato seguinte, o Presidente da SDI, após solicitar recursos da mesma matéria às outras turmas do TST, submeterá a proposta de recurso repetitivo ao colegiado no prazo máximo de 30 dias de seu recebimento.

A partir daí, duas situações poderão ocorrer. Acolhida a proposta, por maioria simples, o colegiado também decidirá se a questão será analisada pela própria SDI-1 ou se será decidida pelo Tribunal Pleno, inciso I do § 3º, do art. 2º da Instrução Normativa 38 Nesse caso, o processo será distribuído a um Ministro Relator e a um Revisor do órgão jurisdicional correspondente, ou seja, SDI-1 ou Tribunal Pleno para sua tramitação nos termos do artigo 896-C da CLT.

Porém, sendo rejeitada a proposta, os autos serão devolvidos à Turma respectiva, para que o julgamento do recurso de revista prossiga regularmente, art. 2º, § 3º, IV, da Instrução Normativa 38 TST.

O Presidente da SDI I que afetar processo para julgamento sob o rito dos recursos repetitivos deverá expedir comunicação aos demais Presidentes de Turma, que poderão afetar outros processos sobre a questão para julgamento conjunto, a fim de conferir ao órgão julgador visão global da questão.

Selecionados os recursos, o relator, na Subseção Especializada em Dissídios Individuais ou no Tribunal Pleno, constatada a presença do pressuposto do caput do art. 896-C da CLT, proferirá decisão de afetação, sempre fundamentada, na qual:

I – identificará com precisão a questão a ser submetida a julgamento;

II – poderá determinar a suspensão dos recursos de revista ou de embargos de que trata o § 5º do artigo 896-C da CLT;

III – poderá solicitar aos Tribunais Regionais do Trabalho informações a respeito da controvérsia, a serem prestadas no prazo de 15 (quinze) dias, e requisitar aos Presidentes ou Vice-Presidentes dos Tribunais Regionais do Trabalho a remessa de até dois recursos de revista representativos da controvérsia;

IV – concederá o prazo de 15 (quinze) dias para a manifestação escrita das pessoas, órgãos ou entidades interessados na controvérsia, que poderão ser admitidos como *amici curiae*.[74]

V – informará aos demais Ministros sobre a decisão de afetação;

VI – poderá conceder vista ao Ministério Público e às partes, nos termos e para os efeitos do § 9º do artigo 896-C da CLT.

Pois bem, uma vez proferida a decisão de afetação, O Presidente do Tribunal Superior do Trabalho oficiará os Presidentes dos Tribunais Regionais do Trabalho, com cópia da decisão de afetação, para que suspendam os recursos de revista interpostos em casos idênticos aos afetados como recursos repetitivos e ainda não encaminhados a este Tribunal, bem como os recursos ordinários interpostos contra as sentenças proferidas em casos idênticos aos afetados como recursos repetitivos, até o pronunciamento definitivo do Tribunal Superior do Trabalho.

Como vimos, em conformidade com a Instrução Normativa 38, o Presidente do TST deverá comunicar o Presidente de todos TRTs para que suspendam o julgamento dos recursos de revista que ainda não subiram. Todavia, determinará também a suspensão do julgamento de recursos ordinários sobre a matéria afetada e que não foram julgados, e ainda, determinará aos Juízes das Varas do Trabalho que suspendam o julgamento das ações em trâmite, que contenham essa matéria, de acordo com o disposto no art. 6º da IN 38 TST, até o pronunciamento definitivo do Tribunal Superior do Trabalho sobre a matéria.

A suspensão dos recursos e ações, acima estudada poderá ocorrer pelo período máximo de 1 (um) ano, art.

74 *Amici curiae:* expressão plural de *amicus curiae* (Amigo da Corte).

11 da IN 38 TST, razão pela qual o recurso repetitivo tem prioridade de julgamento no TST, art. 896-C, § 10, da CLT. Na hipótese de não ocorrer o julgamento no prazo de um ano a contar da publicação da decisão de afetação, cessam automaticamente, em todo o território nacional, a afetação e a suspensão dos processos, que retomarão seu curso normal.

As partes deverão ser intimadas da decisão de suspensão de seu processo, a ser proferida pelo respectivo Relator, art. 9º IN 38 TST.

Uma vez intimada, qualquer das partes poderá requerer o prosseguimento de seu processo caso demonstre distinção entre a questão a ser decidida no seu processo e aquela a ser julgada no recurso afetado, com as exigências dispostas no § 2º do art. 9º da IN 38 TST Obedecendo ao princípio do contraditório, a parte adversa deverá ser ouvida sobre o requerimento, no prazo de 5 (cinco) dias. Reconhecida a distinção dos casos, será dado prosseguimento normal ao processo, em conformidade com o § 4º do mesmo dispositivo legal.

A decisão que for proferida pelo TST no julgamento desses processos valerá para todos os processos com matéria idêntica.

E, assim, determina o § 11 do art. 896-C da CLT:

> *§ 11. Publicado o acórdão do Tribunal Superior do Trabalho, os recursos de revista sobrestados na origem:*
>
> *I – terão seguimento denegado na hipótese de o acórdão recorrido coincidir com a orientação a respeito da matéria no Tribunal Superior do Trabalho; ou*
>
> *II – serão novamente examinados pelo Tribunal de origem na hipótese de o acórdão recorrido divergir da orientação do Tribunal Superior do Trabalho a respeito da matéria.*

Portanto, publicado o acórdão paradigma pelo TST, no caso de o acórdão recorrido coincidir com sua orientação, o Presidente ou Vice-Presidente do Tribunal de origem, a depender do regimento interno, negará seguimento aos recursos de revista sobrestados na origem.

No entanto, na hipótese de o acórdão recorrido contrariar a orientação do Tribunal Superior, o TRT que proferiu esse acórdão objeto do recurso, na origem, reexaminará a causa de competência originária ou o recurso anteriormente julgado, conforme o caso.

Aqueles processos suspensos em primeiro e segundo graus de jurisdição retomarão o curso para julgamento e aplicação da tese firmada pelo Tribunal Superior.

Ocorre que, a decisão proferida pelo TST no julgamento dos recursos repetitivos não possui caráter vinculante. Assim, poderá o Tribunal de origem não acatar o posicionamento firmado pelo TST e manter sua decisão, fundamentando-a.

Para fundamentar a decisão de manutenção do entendimento, o órgão que proferiu o acórdão recorrido demonstrará fundamentadamente a existência de distinção, por se tratar de caso particularizado por hipótese fática distinta ou ainda por questão jurídica não examinada, a impor solução jurídica diversa, em conformidade com o art. 15 da IN 38 TST.

Mantido o acórdão divergente pelo Tribunal de origem, o recurso de revista será remetido ao TST, após novo exame de sua admissibilidade pelo Presidente ou Vice-Presidente do Tribunal Regional.

Por outro lado, caso o TRT realize o juízo de retratação, alterando o acórdão divergente, se for o caso, decidirá as demais questões ainda não decididas, que surgiram em decorrência da alteração do acórdão.

Alterado o acórdão divergente na forma acima estudada e o recurso de revista versar sobre outras questões, caberá ao Presidente do Tribunal Regional, independentemente de ratificação do recurso ou juízo de admissibilidade, determinar a remessa do recurso ao Tribunal Superior do Trabalho para julgamento dessas outras questões.

6.5.7. Embargos no TST

O recurso de embargos no TST é, na verdade, gênero do qual são espécies os embargos infringentes e os embargos de divergência, de acordo com a redação do art. 894 da CLT dada pela Lei 11.496/2007.

O antigo art. 894 da CLT, com redação dada pela Lei 7.701/1988, previa 3 (três) modalidades de embargos no TST: embargos de divergência, embargos infringentes e os embargos de nulidade.

A Lei 11.496/2007, portanto, retirou do sistema recursal os embargos de nulidade utilizados para atacar decisões do TST que violassem preceito de lei federal ou da CF, hipóteses que já haviam sido impugnadas por meio de recurso de revista (art. 896, "c", da CLT), o que não justificava sua permanência no sistema recursal.

Dispõe o art. 894 da CLT:

> **Art. 894.** No Tribunal Superior do Trabalho cabem embargos, no prazo de 8 (oito) dias:
>
> I – de decisão não unânime de julgamento que:
>
> a) conciliar, julgar ou homologar conciliação em dissídios coletivos que excedam a competência territorial dos Tribunais Regionais do Trabalho e estender ou rever as sentenças normativas do Tribunal Superior do Trabalho, nos casos previstos em lei;
>
> II – das decisões das Turmas que divergirem entre si ou das decisões proferidas pela Seção de Dissídios Individuais, ou contrárias a súmula ou orientação jurisprudencial do Tribunal Superior do Trabalho ou súmula vinculante do Supremo Tribunal Federal.

6.5.7.1. Embargos infringentes

Cabem embargos infringentes das decisões não unânimes proferidas pela seção especializada em dissídios coletivos, no prazo de 8 (oito) dias, contados da publicação do acórdão, nos processos de dissídios coletivos de competência originária do Tribunal.

Os *embargos infringentes* possuem natureza ordinária, podendo ser apreciadas matérias fáticas e jurídicas.

Vale destacar que os embargos infringentes não serão cabíveis caso a decisão guerreada estiver em consonância com precedentes jurisprudenciais ou súmula do TST.

Contra o despacho do Presidente do Tribunal que denegar seguimento aos embargos infringentes caberá a interposição de agravo regimental, no prazo de 8 (oito) dias, para o Órgão Especial, Seções Especializadas ou Turmas, observada a competência dos respectivos órgãos, em conformidade com o Regimento Interno do TST.

Em conformidade com o art. 70, II, "c", do Regimento Interno do TST, os embargos infringentes serão julgados pela Seção Especializada em Dissídios Coletivos (SDC) do TST.

6.5.7.2. Embargos de divergência

Cabem embargos, por divergência jurisprudencial, das decisões entre as Turmas do Tribunal Superior do Trabalho, em dissídios individuais, no prazo de 8 (oito) dias, contados de sua publicação.

Os *embargos de divergência*, que objetivam a uniformização da jurisprudência interna do TST, que julga os recursos nos dissídios individuais, possuem natureza extraordinária, não se sujeitando, portanto, à apreciação de matéria fática, nas linhas da súmula 126 do TST, necessitando, ainda, que a matéria esteja prequestionada.

Desta forma, serão cabíveis embargos de divergência em 4 situações:

a) das decisões das Turmas do Tribunal Superior do Trabalho que divergirem entre si;

b) se houver divergência entre decisões de uma Turma e a Seção Especializada em Dissídios Individuais;

c) se houver divergência entre uma Turma do Tribunal Superior do Trabalho e súmula ou orientação jurisprudencial do próprio Tribunal Superior do Trabalho;

d) se houver divergência entre uma Turma do Tribunal Superior do Trabalho e súmula vinculante do STF.

Para o conhecimento do recurso, a lei exige que a divergência apta a ensejá-lo deve ser atual, não se considerando tal a ultrapassada por súmula do Tribunal Superior do Trabalho ou do Supremo Tribunal Federal, ou superada por iterativa e notória jurisprudência do Tribunal Superior do Trabalho.

A atual legislação prevê, ainda, em seu art. 894, § 3º, CLT que o Ministro Relator denegará seguimento aos embargos:

a) se a decisão recorrida estiver em consonância com súmula da jurisprudência do Tribunal Superior do Trabalho ou do Supremo Tribunal Federal, ou com iterativa, notória e atual jurisprudência do Tribunal Superior do Trabalho, cumprindo-lhe indicá-la e;

b) nas hipóteses de intempestividade, deserção, irregularidade de representação ou de ausência de qualquer outro pressuposto extrínseco de admissibilidade.

Dessa decisão do Ministro Relator que denegar seguimento aos embargos caberá agravo, no prazo de 8 (oito) dias, é o que determina o § 4º do art. 894 da CLT.

Importante a leitura da nova redação da Súmula 353 do TST:

> EMBARGOS. AGRAVO. CABIMENTO. Não cabem embargos para a Seção de Dissídios Individuais de decisão de Turma proferida em agravo, salvo:
>
> a) da decisão que não conhece de agravo de instrumento ou de agravo pela ausência de pressupostos extrínsecos;
>
> b) da decisão que nega provimento a agravo contra decisão monocrática do Relator, em que se proclamou a ausência de pressupostos extrínsecos de agravo de instrumento;
>
> c) para revisão dos pressupostos extrínsecos de admissibilidade do recurso de revista, cuja ausência haja sido declarada originariamente pela Turma no julgamento do agravo;
>
> d) para impugnar o conhecimento de agravo de instrumento;
>
> e) para impugnar a imposição de multas previstas no art. 538, parágrafo único, do CPC[75], ou no art. 557, § 2º, do CPC[76];
>
> *f) contra decisão de Turma proferida em agravo em recurso de revista, nos termos do art. 894, II, da CLT.*

6.5.7.2.1. Embargos de divergência no procedimento sumaríssimo

Nas causas submetidas ao procedimento sumaríssimo é possível a interposição de embargos no TST na hipótese de divergências entre Turmas do TST fundada em interpretações diversas acerca da aplicação de mesmo dispositivo constitucional ou de matéria sumulada, nos termos da Súmula 458 do TST.

> SÚMULA 458 TST – EMBARGOS. PROCEDIMENTO SUMARÍSSIMO. CONHECIMENTO. RECURSO INTERPOSTO APÓS VIGÊNCIA DA LEI Nº 11.496, DE 22.06.2007, QUE CONFERIU NOVA REDAÇÃO AO ART. 894, DA CLT.
>
> Em causas sujeitas ao procedimento sumaríssimo, em que pese a limitação imposta no art. 896, § 6º, da CLT à interposição de recurso de revista, admitem-se os embargos interpostos na vigência da Lei 11.496, de 22.06.2007, que conferiu nova redação ao art. 894 da CLT, quando demonstrada a divergência jurisprudencial entre Turmas do TST, fundada em interpretações diversas acerca da aplicação de mesmo dispositivo constitucional ou de matéria sumulada.
>
> *OBS: as hipóteses de recurso de revista no procedimento sumaríssimo eram previstas no § 6º do art. 896 da CLT, como indicado na súmula em estudo. Após a edição da Lei 13.015/2014 as hipóteses passaram a estar previstas no § 9º do art. 896 consolidado.*

6.5.7.3. Processamento dos embargos no TST

Em qualquer uma das modalidades, os embargos deverão ser opostos no prazo de 8 (oito) dias.

Em se tratando de embargos infringentes, serão esses dirigidos ao Presidente do Tribunal Superior do Trabalho, devendo requerer o encaminhamento das razões recursais à Seção Especializada em Dissídios Coletivos.

Já os embargos de divergência deverão ser interpostos para o Presidente da Turma do TST que julgou o recurso, em petição acompanhada das razões recursais, que serão encaminhadas à Subseção 1 da Seção Especializada em Dissídios Individuais do Tribunal Superior do Trabalho, em conformidade com o art. 71, II, do Regimento Interno do TST.

É imprescindível que o recorrente demonstre em seus embargos a divergência jurisprudencial existente entre as turmas do TST.

75. Art. 1.026, § 2º, do CPC/2015.
76. Art. 1.021, §§ 4º e 5º, do CPC/2015.

Sobre os embargos apresentados antes da edição da Lei 11.496/2007, vale destacar a OJs Transitórias 78 e 79 da SDI do TST:

> OJ-SDI1T-78 EMBARGOS À SDI CONTRA DECISÃO EM RECURSO DE REVISTA NÃO CONHECIDO QUANTO AOS PRESSUPOSTOS INTRÍNSECOS. RECURSO INTERPOSTO ANTES DA VIGÊNCIA DA LEI 11.496, DE 22.06.2007, QUE CONFERIU NOVA REDAÇÃO AO ART. 894 DA CLT. NECESSÁRIA A INDICAÇÃO EXPRESSA DE OFENSA AO ART. 896 DA CLT.
>
> Para a admissibilidade e conhecimento de embargos, interpostos antes da vigência da Lei 11.496/2007, contra decisão mediante a qual não foi conhecido o recurso de revista pela análise dos pressupostos intrínsecos, necessário que a parte embargante aponte expressamente a violação ao art. 896 da CLT.
>
> OJ-SDI1T-79 EMBARGOS. RECURSO INTERPOSTO ANTES DA VIGÊN-CIA DA LEI 11.496, DE 22.06.2007, QUE CONFERIU NOVA REDAÇÃO AO ART. 894 DA CLT. REVISTA NÃO CONHECIDA POR MÁ APLICAÇÃO DE SÚMULA OU DE ORIENTAÇÃO JURISPRUDENCI-AL. EXAME DO MÉRITO PELA SDI
>
> A SDI, ao conhecer dos embargos, interpostos antes da vigência da Lei 11.496/2007, por violação do art. 896 – por má aplicação de súmula ou de orientação jurisprudencial pela Turma –, julgará desde logo o mérito, caso conclua que a revista merecia conhecimento e que a matéria de fundo se encontra pacificada neste Tribunal.

Por último, cabe destacar que o recurso de embargos no TST está sujeito ao pagamento de custas e depósito recursal.

6.5.7.4. Embargos com repercussão social

Dispõe o art. 20 da Instrução Normativa 38 do TST que quando o julgamento dos embargos à SDI-1 envolver relevante questão de direito, com grande repercussão social, sem repetição em múltiplos processos mas a respeito da qual seja conveniente a prevenção ou a composição de divergência entre as turmas ou os demais órgãos fracionários do Tribunal Superior do Trabalho, poderá a SDI-1, por iniciativa de um de seus membros e após a aprovação da maioria de seus integrantes, afetar o seu julgamento ao Tribunal Pleno.

Para o processamento desse incidente serão aplicadas as normas referentes ao julgamento do recurso de revista repetitivo, acima estudadas.

6.5.8. Recurso extraordinário

O recurso extraordinário está previsto no art. 102, III, da CF, que assim dispõe:

> **Art. 102.** Compete ao Supremo Tribunal Federal, precipuamente, a guarda da Constituição, cabendo-lhe: (...)
>
> III – julgar, mediante recurso extraordinário, as causas decididas em única ou última instância, quando a decisão recorrida:
>
> a) contrariar dispositivo desta Constituição;
>
> b) declarar a inconstitucionalidade de tratado ou lei federal;
>
> c) julgar válida lei ou ato de governo local contestado em face desta Constituição;
>
> d) julgar válida lei local contestada em face de lei federal.

No processo do trabalho, somente se admitirá o recurso extraordinário de decisões do TST em grau de embargos ou de sentenças da vara do trabalho em procedimento sumário (Lei 5.584/1970), desde que as decisões violem literalmente norma da Constituição Federal.

Tem essa determinação por objetivo o interesse público e não os interesses das partes que estão em litígio, pois visa a assegurar o primado da CF e a unidade de interpretação do direito material e processual em todo o território nacional.

O STF já firmou posicionamento no sentido de que somente as decisões que contrariarem a CF são impugnáveis via recurso extraordinário. Nesse sentido é a súmula 505 do Pretório Excelso:

> SÚMULA 505 STF – Salvo quando contrariarem a Constituição, não cabe recurso para o Supremo Tribunal Federal, de quaisquer decisões da Justiça do Trabalho, inclusive dos Presidentes de seus Tribunais.

Por possuir natureza extraordinária, não se admite a interposição de recurso extraordinário para o simples reexame de provas, nos termos da súmula 279 do STF.

6.5.8.1. Processamento

Deverá ser interposto no prazo de 15 (quinze) dias perante o juízo que proferiu a decisão. Desse modo, serão dirigidos ao Presidente do TST os recursos interpostos em grau de embargos e endereçados para o juiz da vara do trabalho nas hipóteses de recurso interposto no dissídio de alçada previsto na Lei 5.584/1970. As razões recursais serão dirigidas ao Supremo Tribunal Federal.

Convém destacar que nesse momento processual não se admite o *jus postulandi* da parte (art. 791 da CLT), que se esgota no TRT, nos termos da súmula 425 do TST.

O recurso extraordinário se submete a dois juízos de admissibilidade. O primeiro será exercido pelo Presidente do Tribunal ou juiz da vara do trabalho (juízo *a quo)*, que poderá admitir ou negar seguimento ao recurso. Sendo negado seguimento ao recurso, poderá a parte interessada interpor agravo de instrumento visando ao seu destrancamento. O segundo juízo de admissibilidade é exercido pelo próprio STF (juízo *ad quem)*. Nesse momento processual, caso seja negado seguimento ao recurso, por decisão monocrática proferida pelo relator, o recurso adequado será o agravo regimental.

No exame de admissibilidade, além dos pressupostos genéricos, o recorrente deve observar, ainda, os seguintes pressupostos específicos:

a) existência de uma causa: deve haver uma questão submetida à decisão judicial;

b) decisão de única ou última instância: no sentido de que não é cabível nenhum outro recurso, desde que trate de matéria constitucional.

Decisões de última instância são aquelas proferidas pelo TST por meio de suas seções especializadas ou órgão especial. Já as decisões de única instância são aquelas proferidas pelo TST em casos de sua competência originária que não forem passíveis de embargos. Também são decisões de única instância aquelas proferidas nos dissídios de alçada

(Lei 5.584/1970), admitindo, portanto, a interposição de recurso extraordinário.

O recurso extraordinário exige que a matéria esteja prequestionada, que pode ser entendida como sendo aquela matéria que foi amplamente debatida no processo. Dessa forma, deve existir no acórdão impugnado tese explícita acerca da questão debatida, sob pena de não ficar configurado o prequestionamento, possibilitando à parte, nesse caso, a oposição de embargos de declaração para esse fim.

O recorrente deve, por último, demonstrar repercussão geral das questões constitucionais discutidas no processo. Significa dizer que a decisão deve conter em seu bojo relevância geral, ou seja, por meio desse requisito a Suprema Corte passará a analisar decisões que não se limitem aos interesses dos litigantes, transcendendo-os, repercutindo naqueles da coletividade de um modo geral.

Os arts. 543-A e 543-B,[77] inseridos no CPC por força da Lei 11.418/2006, regulamentam a questão da repercussão geral no recurso extraordinário.

Por fim, vale dizer que o recurso extraordinário será recebido apenas no efeito devolutivo, permitindo-se a execução provisória da sentença até o julgamento dos embargos à execução.

6.5.8.2. Repercussão geral

Aos recursos extraordinários interpostos perante o Tribunal Superior do Trabalho será aplicado o procedimento previsto no art. 543-B do CPC,[78] que trata da causa de repercussão geral, cabendo ao Presidente do Tribunal Superior do Trabalho selecionar um ou mais recursos representativos da controvérsia e encaminhá-los ao Supremo Tribunal Federal, sobrestando os demais até o pronunciamento definitivo da Corte, na forma do § 1º do art. 543-B do CPC.

A repercussão geral deve ser demonstrada preliminarmente no recurso extraordinário e constitui uma condição de admissibilidade. Assim, como no recurso de revista deverá tratar de questões relevantes do ponto de vista jurídico, econômico, social e político, que ultrapassarem os interesses das partes.

O Presidente do Tribunal Superior do Trabalho poderá oficiar os Tribunais Regionais do Trabalho e os Presidentes das Turmas e da Seção Especializada do Tribunal para que suspendam os processos idênticos aos selecionados como recursos representativos da controvérsia e encaminhados ao Supremo Tribunal Federal, até o seu pronunciamento definitivo.

A não aceitação do recurso por falta de repercussão geral depende da decisão de 2/3 dos membros do Supremo Tribunal.

Importante dizer que nos termos do § 16 do art. 896-C da CLT, a decisão firmada em recurso repetitivo não será aplicada aos casos em que se demonstrar que a situação de fato ou de direito é distinta das presentes no processo julgado sob o rito dos recursos repetitivos.

Por último, caberá revisão da decisão firmada em julgamento de recursos repetitivos quando se alterar a situação econômica, social ou jurídica, caso em que será respeitada a segurança jurídica das relações firmadas sob a égide da decisão anterior, podendo o Tribunal Superior do Trabalho modular os efeitos da decisão que a tenha alterado.

6.5.8.3. Recurso repetitivo

Nos termos do art. 19 da Instrução Normativa 38 do TST aos recursos extraordinários interpostos perante o Tribunal Superior do Trabalho será aplicado o procedimento previsto no Código de Processo Civil para o julgamento dos recursos extraordinários repetitivos, cabendo ao Presidente do Tribunal Superior do Trabalho selecionar um ou mais recursos representativos da controvérsia e encaminhá-los ao Supremo Tribunal Federal, sobrestando os demais até o pronunciamento definitivo da Corte.

6.5.9. Recurso adesivo

Não há previsão do recurso adesivo na CLT, sendo aplicado subsidiariamente o art. 500 do CPC,[79] por força do art. 769 da CLT.

O recurso adesivo será cabível das decisões de procedência parcial, ou seja, quando houver sucumbência recíproca.

O recurso adesivo deverá ser interposto perante a autoridade competente para admitir o recurso principal, no mesmo prazo das contrarrazões ao recurso, e ficará vinculado ao recebimento daquele.

É importante lembrar que o recurso adesivo não será conhecido se houver desistência do recurso principal, ou se for ele declarado inadmissível ou deserto. Assim, caso o recurso principal não seja aceito, o recurso adesivo também não será.

O TST, por meio da súmula 283, entendeu que o recurso adesivo é compatível com o processo do trabalho e cabe, no prazo de 8 (oito) dias, nas hipóteses de interposição de recurso ordinário, de agravo de petição, de revista e de embargos, sendo desnecessário que a matéria nele veiculada esteja relacionada com a do recurso interposto pela parte contrária.

Por último, vale dizer que, em conformidade com o art. 500, parágrafo único, do CPC,[80] o recurso adesivo se sujeita ao recolhimento de custas e depósito recursal, se for o caso.

6.5.10. Reexame necessário

No direito processual do trabalho, o instituto do reexame necessário não segue, em princípio, as regras do CPC, mas sim o Decreto-lei 779/1969, o qual ensina em seu art. 1º, V, ser "privilégio" da União, dos Estados, do Distrito Federal, dos Municípios e das autarquias ou fundações de direito público federais, estaduais ou municipais que não explorem atividade econômica, "o recurso ordinário *ex officio* das decisões que lhe sejam total ou parcialmente contrárias". Note que o dispositivo legal em debate trata, somente, do

77. Arts. 1.035 e 1.036 do CPC/2015.
78. Art. 1.036 do CPC/2015.
79. Art. 997 do CPC/2015.
80. Art. 997, § 2º, do CPC/2015.

recurso ordinário *ex officio*, não abrangendo, portanto, o recurso de revista e outros.

Dessa forma, as pessoas jurídicas de direito público interno, em qualquer processo onde seja proferida sentença, ainda que em parte, contrária aos seus interesses, estarão amparadas pelo recurso ordinário *ex officio*,

Importante assinalar que não apenas as *sentenças* desfavoráveis às pessoas indicadas no art. 1º do Decreto-Lei 779/1969, mas também os *acórdãos* proferidos em ações ajuizadas originariamente nos Tribunais, que seriam impugnados via recurso ordinário (art. 895, II, da CLT), estarão sujeitos ao reexame necessário.

Muito se discute sobre a natureza recursal do reexame necessário, mas, de qualquer forma, é imperioso lembrar que tal instituto não comporta apresentação de contrarrazões, tampouco de recurso adesivo.

Outro ponto que merece destaque é o entendimento que o TST solidificou na orientação jurisprudencial 334 da SDI 1, consignando que, nos casos em que o ente público não tenha interposto recurso ordinário voluntário, não poderá interpor recurso de revista contra a decisão do Tribunal que manter ou confirmar a sentença.

A exceção seria apenas no caso da decisão do Tribunal agravar a condenação do ente público, pois nessa hipótese haveria interesse recursal.

Dispõe a orientação jurisprudencial 334 da SDI 1 do TST:

> ORIENTAÇÃO JURISPRUDENCIAL 334 da SDI 1 do TST – REMESSA "EX OFFICIO". RECURSO DE REVISTA. INEXISTÊNCIA DE RECURSO ORDINÁRIO VOLUNTÁRIO DE ENTE PÚBLICO. INCABÍVEL
>
> Incabível recurso de revista de ente público que não interpôs recurso ordinário voluntário da decisão de primeira instância, ressalvada a hipótese de ter sido agravada, na segunda instância, a condenação imposta.

A respeito do tema, cabe destacar a súmula 303 do TST:

> SÚMULA 303 TST – FAZENDA PÚBLICA. DUPLO GRAU DE JURISDIÇÃO
>
> I – Em dissídio individual, está sujeita ao duplo grau de jurisdição, mesmo na vigência da CF/1988, decisão contrária à Fazenda Pública, salvo:
>
> a) quando a condenação não ultrapassar o valor correspondente a 60 (sessenta) salários mínimos;
>
> b) quando a decisão estiver em consonância com decisão plenária do Supremo Tribunal Federal ou com súmula ou orientação jurisprudencial do Tribunal Superior do Trabalho.
>
> II – Em ação rescisória, a decisão proferida pelo juízo de primeiro grau está sujeita ao duplo grau de jurisdição obrigatório quando desfavorável ao ente público, exceto nas hipóteses das alíneas "a" e "b" do inciso anterior.
>
> III – Em mandado de segurança, somente cabe remessa "ex officio" se, na relação processual, figurar pessoa jurídica de direito público como parte prejudicada pela concessão da ordem. Tal situação não ocorre na hipótese de figurar no feito como impetrante e terceiro interessado pessoa de direito privado, ressalvada a hipótese de matéria administrativa.

7. EXECUÇÃO

7.1. Introdução

As sentenças na esfera laboral estão sujeitas a fase de execução, diferentemente do processo comum em que se tem a fase de cumprimento da sentença.

Na fase de conhecimento, nas lacunas da norma consolidada, aplicamos o Código de Processo Civil, em conformidade com o art. 769 da CLT. Na fase de execução a aplicação é diversa. Isso porque, em primeiro plano, devemos aplicar a CLT; havendo omissão da norma consolidada aplica-se a Lei 5.584/1970; persistindo a omissão, aplicaremos a lei de execução fiscal (Lei 6.830/1980); sendo esta também omissa, aplicar-se-á por último o CPC.

A fase de execução é composta por 3 (três) partes: a fase de quantificação, a fase de constrição e a fase de expropriação.

A fase de quantificação consiste em fixar o montante da obrigação devida pelo devedor ao credor. Em outras palavras, significa tornar líquido o *quantum* a ser executado.

A fase de constrição indica que, tornado líquido o *quantum* devido, o devedor será intimado para satisfazer a obrigação no prazo de 48 (quarenta e oito) horas. Vencido esse prazo, o devedor está sujeito a ter seus bens penhorados. Serão penhorados tantos bens quanto bastarem para a garantia da obrigação.

Por último temos a fase da expropriação, que visa à alienação dos bens penhorados por meio da praça ou leilão, para a satisfação do crédito do exequente.

7.2. Legitimidade

7.2.1. Legitimidade ativa

A legitimidade ativa vem disposta no art. 878 da CLT, segundo o qual o juiz do trabalho poderá, de ofício, dar início à execução trabalhista de um trabalhador. Poderá também ser promovido por qualquer interessado, ou seja, os legitimados elencados no art. 567 do CPC.[81] Por fim, o Ministério Público do Trabalho possui legitimidade nas causas em que atuou como parte no processo de conhecimento.

7.2.2. Legitimidade passiva

Poderá figurar no polo passivo da execução tanto empregador, o que é mais comum, como empregado, por exemplo, nas hipóteses em que este causou dano ao seu empregador.

Podem figurar como sujeito passivo na execução o espólio, herdeiros e sucessores, fiador, o novo devedor que assumiu a dívida, desde que com consentimento do credor, e o responsável tributário.

7.2.3. Desconsideração da personalidade jurídica

A teoria da desconsideração da personalidade jurídica, também conhecida como teoria da penetração, é utilizada no processo do trabalho por aplicação subsidiária, permitida em razão da norma esculpida nos arts. 8º e 769 da CLT e, ainda, pelo princípio da alteridade.

81. Art. 778, § 1º, do CPC/2015.

O direito laboral não possui norma específica permitindo a aplicação da teoria da desconsideração da personalidade jurídica. Porém, o parágrafo único do art. 8º da CLT autoriza a aplicação subsidiária das normas do direito comum desde que haja ausência de norma específica e compatibilidade com os princípios trabalhistas.

Nesse sentido, o TST vem aplicando a desconsideração da personalidade jurídica com apoio no art. 28, § 5º, do Código de Defesa do Consumidor, segundo o qual a personalidade jurídica poderá ser desconsiderada sempre que for, de alguma forma, obstáculo ao ressarcimento de prejuízos causados aos consumidores.

Afirma-se que por ser a personalidade jurídica uma criação da lei concedida pelo Estado, que tem como objetivo a realização de um fim, nada mais lógico do que conferir ao Estado, por meio do órgão jurisdicional, a capacidade de verificar se esse direito está sendo utilizado de forma adequada e, não estando, atingir os responsáveis. Assim, a teoria deve ser utilizada para impedir a fraude ou abuso por meio da personalidade jurídica.

Dessa forma, a teoria da desconsideração da personalidade jurídica é aplicada de forma ampla quando for apurada a insuficiência do patrimônio da empresa para honrar as dívidas contraídas, independentemente de fraude ou simulação, ou seja, basta a insolvência da empresa para que o Estado-juiz autorize a execução dos bens dos sócios considerados individualmente de forma solidária e ilimitada até o pagamento integral dos créditos trabalhistas.

7.3. Títulos executivos

O processo do trabalho admite os seguintes títulos executivos:

7.3.1. Títulos executivos judiciais

a) sentenças ou acórdãos condenatórios transitados em julgado ou que tenham sido impugnados com recurso no efeito devolutivo;
b) decisões que homologam acordo entre as partes.

Cabe destacar que nos termos do art. 884, § 5º, da CLT é considerado inexigível o título judicial fundado em Lei ou ato normativo declarados inconstitucionais pelo Supremo Tribunal Federal ou em aplicação ou interpretação tidas por incompatíveis com a Constituição Federal.

7.3.2. Títulos executivos extrajudiciais

Os títulos executivos extrajudiciais são:

a) os termos de compromisso de ajuste de conduta com conteúdo obrigacional firmados perante o MPT;
b) os termos de conciliação celebrados perante a Comissão de Conciliação Prévia;
c) certidões da dívida ativa, decorrentes das multas aplicadas pelo MTE, de acordo com a redação do art. 114, VII, CF

7.4. Liquidação de sentença

Sendo a sentença ilíquida, deve ser realizada sua prévia liquidação, que, nos termos do art. 879, poderá ser feita por cálculos, por arbitramento e por artigos.

7.4.1. Liquidação por cálculos

A liquidação por cálculos será utilizada quando a determinação do valor da condenação depender de cálculos meramente aritméticos, ou seja, quando todos os elementos necessários para se chegar no valor devido já estiverem nos autos.

A liquidação por cálculos se iniciará com petição do credor, que a instruirá com a respectiva memória de cálculos devidamente atualizados dos valores que julgar devidos.

Nessa fase calculam-se, também, a correção monetária e os juros, esses últimos devidos a partir do ajuizamento da ação no importe de 1% ao mês, ou 12% ao ano, ainda que omisso o pedido na reclamação trabalhista ou na sentença, nos termos da súmula 211 do TST.

7.4.2. Liquidação por arbitramento

A liquidação será feita por arbitramento se determinado pela sentença, se convencionado pelas partes ou caso a natureza do objeto exigir, nos termos do art. 475-C do CPC.[82]

Nessa modalidade de liquidação, as partes ou o próprio juiz designará um árbitro para que mensure os valores dos direitos assegurados ao exequente na sentença judicial.

De acordo com o art. 879, § 6º, da CLT, tratando-se de cálculos de liquidação complexos, o juiz poderá nomear perito para a elaboração e fixará, depois da conclusão do trabalho, o valor dos respectivos honorários com observância dos critérios de razoabilidade e proporcionalidade.

7.4.3. Liquidação por artigos

Prevista no art. 475-E do CPC[83], será realizada a liquidação por artigos sempre que houver a necessidade de provar fatos novos que servirão de base para apuração do valor devido ao credor.

Vale ressaltar que nessa modalidade de liquidação não é permitida a iniciativa do juiz *ex officio*.

Um exemplo clássico de liquidação por artigos é o caso da sentença que, embora reconheça o pedido de horas extras, não as quantifica.

Nesse caso, o exequente deverá apresentar uma petição inicial alegando os fatos a serem provados, sendo a parte contrária intimada para responder o pedido e posteriormente proferida uma sentença.

Nota-se que com a liquidação por artigos se inicia um novo processo, que será submetido ao procedimento ordinário, contando, inclusive, com a produção de provas.

7.5. Impugnação à sentença de liquidação

Elaborada a conta e tornada líquida, o Juiz *poderá* abrir às partes prazo sucessivo de 10 (dez) dias para impugnação fundamentada com a indicação dos itens e valores objeto da discordância, sob pena de preclusão.

Convém lembrar que esse prazo de 10 (dez) dias para impugnar a conta de liquidação não é obrigatório para as

82. Art. 509, I, do CPC/2015.
83. Art. 509, II, do CPC/2015, que passou a denominar a liquidação por artigos em "liquidação pelo procedimento comum".

partes. Porém, a intimação do INSS é um dever por parte do juízo, conforme determina o art. 879, § 3º, da CLT.

Caso o juiz não abra às partes prazo para impugnação nos termos do dispositivo acima citado, a parte interessada apenas poderá impugnar a conta homologada na ocasião dos embargos à execução, art. 884, § 3º, da CLT.

Desta forma, nesse momento processual surge ao Juiz do Trabalho dois caminhos a serem trilhados. O primeiro deles consiste em, homologados os cálculos, abrir prazo sucessivo de 10 (dez) dias para que as partes apresentem impugnação, sob pena de preclusão. O outro caminho que o magistrado poderá adotar é a expedição do mandado de citação, penhora e avaliação, permitindo a apresentação de impugnação apenas na ocasião dos embargos à execução.

Vale dizer que a sentença de liquidação, para a doutrina dominante, possui natureza jurídica de decisão interlocutória, não ensejando a interposição de recursos, em face da previsão legal do art. 893, § 1º, da CLT, e tampouco permite o ajuizamento de ação rescisória.

7.6. Execução contra devedor solvente

A execução contra devedor solvente tem por objetivo expropriar bens do devedor, a fim de satisfazer o direito do credor.

Inicia-se com a expedição do mandado de citação, nos termos do art. 880 da CLT. Na fase de execução de sentença, diferentemente de como ocorre na fase de conhecimento, a citação deve ser pessoal, ou seja, deve ser realizada na pessoa do executado. Não basta a mera notificação (que pode ser entregue a qualquer funcionário da empresa), como ocorre na fase de conhecimento.

O executado será citado para no prazo de 48 (quarenta e oito) horas pagar a quantia devida. Não encontrado por duas vezes, far-se-á a citação por edital.

Nesse ponto, muito se discute sobre a possibilidade de aplicação do art. 475-J do CPC,[84] que prevê uma multa de 10% caso o devedor não efetue o pagamento da condenação no prazo legal.

Por muito tempo o TRT da 3ª Região, Minas Gerais, considerava aplicável a referida multa, chegando a editar a súmula 30, cancelada em 17/07/2015, entendo, portanto, ser aplicável ao processo do trabalho. No mesmo sentido o TRT da 2ª Região por meio da súmula 31.

Entendem os Tribunais que o processo do trabalho possui norma específica para a execução de título, não havendo omissão do texto consolidado, tampouco compatibilidade com os princípios trabalhistas.

Caso o executado não pague a importância reclamada, poderá garantir a execução mediante depósito do valor, devidamente atualizado e acrescido das despesas processuais, ou, ainda, nomear bens à penhora, desde que observada a ordem preferencial estabelecida no art. 655 do CPC.[85]

Caso o devedor não pague, não nomeie bens ou não deposite o valor executado em juízo, garantindo-o, serão penhorados seus bens tantos quanto bastarem para a garantia da execução.

7.7. Execução de título executivo extrajudicial

No processo de conhecimento, ao ter reconhecido seu crédito e tornado líquido, deverá o credor promover a execução do julgado, nos termos dos arts. 880 e seguintes da CLT, denominada execução judicial.

Por outro lado, admite-se na seara trabalhista, em algumas hipóteses, que o credor promova a cobrança do seu crédito imediatamente, ou seja, sem a necessidade de um processo de conhecimento. Nesses casos, o credor poderá promover a execução de título executivo extrajudicial, que pressupõe processo autônomo, com citação do devedor para cumprimento da obrigação.

Parte da doutrina sustenta que as hipóteses previstas no art. 876 da CLT são meramente exemplificativas, pois não poderia o legislador excluir da competência da Justiça do Trabalho títulos legitimamente conhecidos pelo legislador no âmbito do Direito Civil, como o cheque, por exemplo. Nessa linha, para aqueles que advogam essa ideia, como a legislação trabalhista autoriza o pagamento de salários e verbas rescisórias através de cheques, que muitas vezes são devolvidos sem fundos, poderia o trabalhador, nesse caso, executar o título na Justiça do Trabalho.

No entanto, convém ressaltar que prevalece na doutrina e jurisprudência que mesmo os cheques dados como pagamento de salários não poderão ser executados na Justiça do Trabalho, tendo em vista a natureza abstrata do título, dado que é desvinculado de sua origem.

Outra corrente doutrinária, adotada pela maior parte da jurisprudência e doutrina – chamada corrente restritiva – sustenta que na Justiça do Trabalho as hipóteses de execução de título executivo extrajudicial ficarão restritas a: a) termos de ajustamento de conduta firmados perante o Ministério Público do Trabalho; b) os termos de conciliação firmados perante a comissão de conciliação prévia, nos termos do art. 876 da CLT; e c) Certidões da Dívida Ativa, decorrentes das multas aplicadas pelo MTE, de acordo com a redação do art. 114, VII, CF.

7.7.1. Processamento

Cabe destacar que, nos termos do art. 889 da CLT, aos trâmites e incidentes do processo da execução são aplicáveis, naquilo em que não violarem os princípios processuais trabalhistas, os preceitos que regem o processo de execução fiscal disposto na Lei 6.830/1980. O Código de Processo Civil será aplicado apenas na omissão da Lei de executivos fiscais.

A competência territorial será determinada de acordo com a regra estabelecida no art. 877-A da CLT, ou seja, pelo juiz que teria competência para o processo de conhecimento relativo à matéria.

Desta forma, nos termos do art. 6º da Lei 6.830/1980, a petição inicial deverá ser instruída com o título executivo extrajudicial, devendo indicar o Juiz a quem é dirigida, o

84. Art. 523 do CPC/2015. Assim como o art. 475-J do CPC/1973 não é aplicável ao processo do trabalho, o art. 523 do CPC/2015 também não será aplicável.
85. Art. 835 do CPC/2015.

pedido e, por último, o requerimento de citação do devedor, para, no prazo de 5 (cinco) dias, pagar a dívida ou garanti-la, sob pena de penhora.

Feita a citação, o devedor poderá adotar 4 condutas: a) efetuar o pagamento do valor executado; b) depositar em juízo o valor, informando que irá apresentar embargos à execução; c) oferecer bens à penhora para garantia do juízo e apresentar embargos; d) não efetuar o pagamento, nem garantir a dívida, hipótese em que se procederá à penhora.

Nas execuções de título executivo extrajudicial, o executado poderá alegar como matérias de defesa: nulidade da execução, por não ser executivo o título apresentado; penhora incorreta ou avaliação errônea; excesso de execução ou cumulação indevida de execuções; retenção por benfeitorias necessárias ou úteis, nos casos de título para entrega de coisa certa; ou qualquer matéria que lhe seria lícito deduzir como defesa em processo de conhecimento.

7.8. Penhora

Por não existirem normas expressas no texto consolidado, serão aplicadas as regras pertinentes ao processo civil.

A penhora deverá obedecer à regra de nomeação imposta no art. 655 do CPC[86], podendo a parte impugnar aquela que não obedecer a essa ordem, nos exatos termos do art. 656, I, do CPC[87].

Realizada a penhora, o exequente deverá ser intimado para manifestar sua concordância ou não com relação ao bem oferecido à penhora pelo próprio devedor ou penhorado por determinação judicial. A não aceitação deverá ser fundamentada.

7.8.1. Bens impenhoráveis

Nos termos do art. 649 do CPC,[88] são considerados absolutamente impenhoráveis:

a) os bens inalienáveis e os declarados, por ato voluntário, não sujeitos à execução;

b) os móveis, pertences e utilidades domésticas que guarnecem a residência do executado, salvo os de elevado valor ou que ultrapassem as necessidades comuns correspondentes a um médio padrão de vida;

c) os vestuários, bem como os pertences de uso pessoal do executado, salvo se de elevado valor;

d) os vencimentos, subsídios, soldos, salários, remunerações, proventos de aposentadoria, pensões, pecúlios e montepios; as quantias recebidas por liberalidade de terceiro e destinadas ao sustento do devedor e sua família, os ganhos de trabalhador autônomo e os honorários de profissional liberal;

e) os livros, as máquinas, as ferramentas, os utensílios, os instrumentos ou outros bens móveis necessários ou úteis ao exercício de qualquer profissão;

f) o seguro de vida;

g) os materiais necessários para obras em andamento, salvo se essas forem penhoradas;

h) a pequena propriedade rural, assim definida em lei, desde que trabalhada pela família;

i) os recursos públicos recebidos por instituições privadas para aplicação compulsória em educação, saúde ou assistência social;

j) até o limite de 40 (quarenta) salários mínimos, a quantia depositada em caderneta de poupança;

l) os recursos públicos do fundo partidário recebidos, nos termos da lei, por partido político.

Embora não estejam elencados no rol do art. 649 do CPC, os bens públicos também são considerados absolutamente impenhoráveis.

Também são considerados impenhoráveis os bens de família previstos na Lei 8.009/1990.

No entanto, não serão considerados como bens de família: os veículos de transporte, as obras de arte e os adornos suntuosos. Isso porque esses bens são considerados como bens de ostentação, desnecessários para a sobrevivência da pessoa.

Dispõe o art. 650 do CPC[89] que, na falta de outros bens, os frutos e rendimentos dos bens inalienáveis, salvo se destinados à satisfação de prestação alimentícia, poderão ser penhorados.

7.9. Execução contra Fazenda Pública

A execução contra a Fazenda Pública possui diversas peculiaridades e por isso não é processada da mesma forma que a execução contra as pessoas físicas ou jurídicas de direito privado.

Isso porque os bens da Fazenda Pública são impenhoráveis. Daí decorre que a Fazenda Pública não é intimada para garantir o juízo, mas sim para apresentar embargos à execução.

No termo "Fazenda Pública" devemos lembrar que estão compreendidos: a União, Estados, Distrito Federal, Municípios, autarquias e as fundações públicas. As sociedades de economia mista e as empresas públicas estão excluídas do conceito de Fazenda Pública.

Como vimos, os bens da Fazenda Pública são impenhoráveis. Assim, transitada em julgado a sentença condenatória, não haverá citação para pagamento ou garantia à execução, mas sim para oferecimento dos embargos nos termos do art. 730 do CPC.[90]

Com relação ao prazo para oferecimento dos embargos, existe grande controvérsia, por parte da doutrina. O ilustre Professor Carlos Henrique Bezerra Leite *(Curso de Direito Processual do Trabalho.* 7. ed. São Paulo: LTr, 2009*)*, sustenta que: "A elevação do prazo para oferecimento da ação de embargos à execução em favor da Fazenda Pública revela-se, a nosso ver, flagrantemente inconstitucional, na medida em que estabelece um privilégio – que não se confunde com prerrogativa – sem qualquer razoabilidade. Vale dizer, o per-

86. Art. 835 do CPC/2015.
87. Art. 848, I, do CPC/2015.
88. Art. 833 do CPC/2015.
89. Art. 834 do CPC/2015.
90. O cumprimento de sentença (título executivo judicial) contra a Fazenda Pública será feito nos moldes dos arts. 534 e 535 do CPC/2015. Em se tratando de execução de título extrajudicial contra a Fazenda Pública, a execução será processada nos moldes do art. 910 do CPC/2015

ceptivo em causa estabelece odioso e injustificável *discrimen* em prol dos entes públicos em detrimento dos seus credores, o que afronta o princípio da igualdade consagrado no art. 5º, *caput*, da CF.".

Dispõe o art. 1º-B da Lei 9.494/1997, *in verbis*:

> **Art. 1º-B.** O prazo a que se refere o *caput* dos arts. 730 do Código de Processo Civil, e 884 da Consolidação das Leis do Trabalho, aprovada pelo Decreto-Lei nº 5.452, de 1º de maio de 1943, passa a ser de trinta dias.

Em decisões proferidas nos RR 1201.1996.020.04.00-8 e RR 70.1992.011.04.00-7 o TST entendeu pela inconstitucionalidade do dispositivo em comento, sustentando que o favor processual concedido carece de urgência política, não se revelando proporcional.

No entanto, no julgamento da ADC nº 11 o STF, em decisão liminar, determinou a suspensão de todos os processos que discutam a constitucionalidade do dispositivo em questão, rejeitando a posição adotada pelo TST, prevalecendo o prazo de 30 dias.[91]

O art. 741 do CPC[92] traz o rol das matérias que poderão ser alegadas nos embargos à execução, *in verbis*:

> **Art. 741.** Na execução contra a Fazenda Pública, os embargos só poderão versar sobre:
>
> I – falta ou nulidade da citação, se o processo correu à revelia;
>
> II – inexigibilidade do título;
>
> III – ilegitimidade das partes;
>
> IV – cumulação indevida de execuções;
>
> V – excesso de execução;
>
> VI – qualquer causa impeditiva, modificativa ou extintiva da obrigação, como pagamento, novação, compensação, transação ou prescrição, desde que superveniente à sentença;
>
> VII – incompetência do juízo da execução, bem como suspeição ou impedimento do juiz.
>
> **Parágrafo único.** Para efeito do disposto no inciso II do caput deste artigo, considera-se também inexigível o título judicial fundado em lei ou ato normativo declarados inconstitucionais pelo Supremo Tribunal Federal, ou fundado em aplicação ou interpretação da lei ou ato normativo tidas pelo Supremo Tribunal Federal como incompatíveis com a Constituição Federal.

7.9.1. Precatório

Proferida a sentença na fase de conhecimento e exaurido o prazo recursal, duas regras deverão ser observadas, nos termos do art. 730 do CPC:[93]

a) o juiz irá requisitar a expedição do precatório para pagamento por intermédio do Presidente do tribunal;

b) o pagamento será realizado na ordem de apresentação do precatório, art. 100 CF.

No entanto, caso o ente público apresente embargos à execução, o juiz notificará o exequente para impugná-los no prazo de 5 dias[94]. Encerrada a instrução dos embargos, o juiz proferirá a sentença que, ainda que seja desfavorável, no todo ou em parte, ao ente público, não haverá que se falar em recurso de ofício (reexame necessário), tendo em vista que essa é uma prerrogativa do processo de conhecimento. A sentença que julgar os embargos à execução desafia a interposição de agravo de petição que, por se tratar de Fazenda Pública, terá o prazo em dobro, em razão da norma esculpida no art. 1º do Decreto-Lei 779/1969.

Ultrapassada essa fase, transitada em julgado a decisão, o juiz irá requisitar, por intermédio do Presidente do tribunal, à autoridade competente o pagamento do valor da dívida fixada na sentença.

Essa requisição é feita por meio do precatório, que, nas lições de Renato Saraiva (*Curso de Direito Processual do Trabalho*. 4. ed. São Paulo: Método, 2007. p. 625), "consiste na requisição, feita pelo Poder Judiciário ao Poder Executivo respectivo, de numerário suficiente para arcar com as condenações impostas à Fazenda Pública mediante sentença judicial a qual não caiba mais recurso."

A CF/1988 trata dos precatórios no art. 100 e seus parágrafos:

> **Art. 100.** Os pagamentos devidos pelas Fazendas Públicas Federal, Estaduais, Distrital e Municipais, em virtude de sentença judiciária, far-se-ão exclusivamente na ordem cronológica de apresentação dos precatórios e à conta dos créditos respectivos, proibida a designação de casos ou de pessoas nas dotações orçamentárias e nos créditos adicionais abertos para este fim.
>
> § 1º Os débitos de natureza alimentícia compreendem aqueles decorrentes de salários, vencimentos, proventos, pensões e suas complementações, benefícios previdenciários e indenizações por morte ou por invalidez, fundadas em responsabilidade civil, em virtude de sentença judicial transitada em julgado, e serão pagos com preferência sobre todos os demais débitos, exceto sobre aqueles referidos no § 2º deste artigo.
>
> § 2º Os débitos de natureza alimentícia cujos titulares tenham 60 (sessenta) anos de idade ou mais na data de expedição do precatório, ou sejam portadores de doença grave, definidos na forma da lei, serão pagos com preferência sobre todos os demais débitos, até o valor equivalente ao triplo do fixado em lei para os fins do disposto no § 3º deste artigo, admitido o fracionamento para essa finalidade, sendo que o restante será pago na ordem cronológica de apresentação do precatório.
>
> § 3º O disposto no caput deste artigo relativamente à expedição de precatórios não se aplica aos pagamentos de obrigações definidas em leis como de pequeno valor que

91. O CPC/2015 colocou fim na discussão doutrinária acerca do prazo, determinando no art. 910 o prazo de 30 dias.

92. Art. 535 do CPC/2015.

93. Art. 910, § 1º, do CPC/2015.

94. Sobre o cumprimento de sentença contra a Fazenda Pública veja os arts. 534 e 535 e seguintes do CPC/2015. Pela nova sistemática processual civil, após apresentação da impugnação pela Fazenda Pública, o juiz deliberará sobre seu conteúdo, podendo rejeitar ou aceitar as arguições. Essa decisão não será objeto de recurso na Justiça do Trabalho, por força do art. 893, §1º, da CLT. Rejeitada ou aceita, ainda que parcialmente a impugnação, o cumprimento de sentença prosseguirá sobre o valor determinado pelo juiz. Há também o processo de execução de título executivo extrajudicial contra a Fazenda Pública, que será feito nos moldes dos art. 910 e §§ do CPC/2015, observando-se, outrossim, os arts. 914 a 920 do CPC/2015.

as Fazendas referidas devam fazer em virtude de sentença judicial transitada em julgado.

§ 4º Para os fins do disposto no § 3º, poderão ser fixados, por leis próprias, valores distintos às entidades de direito público, segundo as diferentes capacidades econômicas, sendo o mínimo igual ao valor do maior benefício do regime geral de previdência social.

§ 5º É obrigatória a inclusão, no orçamento das entidades de direito público, de verba necessária ao pagamento de seus débitos, oriundos de sentenças transitadas em julgado, constantes de precatórios judiciários apresentados até 1º de julho, fazendo-se o pagamento até o final do exercício seguinte, quando terão seus valores atualizados monetariamente.

§ 6º As dotações orçamentárias e os créditos abertos serão consignados diretamente ao Poder Judiciário, cabendo ao Presidente do Tribunal que proferir a decisão exequenda determinar o pagamento integral e autorizar, a requerimento do credor e exclusivamente para os casos de preterimento de seu direito de precedência ou de não alocação orçamentária do valor necessário à satisfação do seu débito, o sequestro da quantia respectiva.

§ 7º O Presidente do Tribunal competente que, por ato comissivo ou omissivo, retardar ou tentar frustrar a liquidação regular de precatórios incorrerá em crime de responsabilidade e responderá, também, perante o Conselho Nacional de Justiça.

§ 8º É vedada a expedição de precatórios complementares ou suplementares de valor pago, bem como o fracionamento, repartição ou quebra do valor da execução para fins de enquadramento de parcela do total ao que dispõe o § 3º deste artigo.

§ 9º No momento da expedição dos precatórios, independentemente de regulamentação, deles deverá ser abatido, a título de compensação, valor correspondente aos débitos líquidos e certos, inscritos ou não em dívida ativa e constituídos contra o credor original pela Fazenda Pública devedora, incluídas parcelas vincendas de parcelamentos, ressalvados aqueles cuja execução esteja suspensa em virtude de contestação administrativa ou judicial.

§ 10. Antes da expedição dos precatórios, o Tribunal solicitará à Fazenda Pública devedora, para resposta em até 30 (trinta) dias, sob pena de perda do direito de abatimento, informação sobre os débitos que preencham as condições estabelecidas no § 9º, para os fins nele previstos.

§ 11. É facultada ao credor, conforme estabelecido em lei da entidade federativa devedora, a entrega de créditos em precatórios para compra de imóveis públicos do respectivo ente federado.

§ 12. A partir da promulgação desta Emenda Constitucional, a atualização de valores de requisitórios, após sua expedição, até o efetivo pagamento, independentemente de sua natureza, será feita pelo índice oficial de remuneração básica da caderneta de poupança, e, para fins de compensação da mora, incidirão juros simples no mesmo percentual de juros incidentes sobre a caderneta de poupança, ficando excluída a incidência de juros compensatórios.

§ 13. O credor poderá ceder, total ou parcialmente, seus créditos em precatórios a terceiros, independentemente da concordância do devedor, não se aplicando ao cessionário o disposto nos §§ 2º e 3º.

§ 14. A cessão de precatórios somente produzirá efeitos após comunicação, por meio de petição protocolizada, ao tribunal de origem e à entidade devedora.

§ 15. Sem prejuízo do disposto neste artigo, lei complementar a esta Constituição Federal poderá estabelecer regime especial para pagamento de crédito de precatórios de Estados, Distrito Federal e Municípios, dispondo sobre vinculações à receita corrente líquida e forma e prazo de liquidação.

§ 16. A seu critério exclusivo e na forma de lei, a União poderá assumir débitos, oriundos de precatórios, de Estados, Distrito Federal e Municípios, refinanciando-os diretamente.

*OBS: no julgamento das ADIs 4357, 4425, 4400 e 4372 o STF declarou a inconstitucionalidade de alguns parágrafos do dispositivo supracitado. Indicamos ao leitor o estudo das decisões das ADIs indicadas no *site* do Supremo Tribunal.

Assim, os pagamentos serão feitos em ordem cronológica de apresentação dos precatórios. Feito o precatório, o juiz da vara remeterá ao Presidente do Tribunal Regional onde será autuado e receberá um número.

Após o exame das regularidades formais, o Presidente do TRT expedirá o precatório ao ente público para que seja providenciada a inclusão no orçamento de numerário suficientes para pagamento. Importante lembrar que os precatórios apresentados até o dia 1º de julho serão relacionados para pagamento dentro no exercício financeiro seguinte, sendo os valores atualizados monetariamente.

Havendo descumprimento da ordem cronológica, poderá a parte fazer o pedido de sequestro da quantia. Nessa linha, destaca-se a orientação jurisprudencial 13 do Tribunal Pleno do TST:

> ORIENTAÇÃO JURISPRUDENCIAL 13 DO TRIBUNAL PLENO – PRECATÓRIO. QUEBRA DA ORDEM DE PRECEDÊNCIA. NÃO DEMONSTRAÇÃO DA POSIÇÃO DO EXEQUENTE NA ORDEM CRONOLÓGICA. SEQUESTRO INDEVIDO
>
> É indevido o sequestro de verbas públicas quando o exequente/requerente não se encontra em primeiro lugar na lista de ordem cronológica para pagamento de precatórios ou quando não demonstrada essa condição.

7.9.2. *Débitos de pequeno valor*

Em se tratando de créditos de pequeno valor, o juiz poderá requisitar o pagamento diretamente à autoridade citada no processo de execução, ou seja, sem a necessidade de expedição de precatório, conforme art. 100, § 3º, da CF.

Nos termos do art. 87 do ADCT, serão considerados créditos de pequeno valor os seguintes:

> **Art. 87.** Para efeito do que dispõem o § 3º do art. 100 da Constituição Federal e o art. 78 deste Ato das Disposições Constitucionais Transitórias serão considerados de pequeno valor, até que se dê a publicação oficial das respectivas leis definidoras pelos entes da Federação, observado o disposto no § 4º do art. 100 da Constituição Federal, os débitos ou obrigações consignados em precatório judiciário, que tenham valor igual ou inferior a:
>
> I – quarenta salários mínimos, perante a Fazenda dos Estados e do Distrito Federal;
>
> II – trinta salários mínimos, perante a Fazenda dos Municípios.

Embora o art. 87 do ADCT não faça referência aos créditos de pequeno valor da União, o art. 17, § 1º, da Lei

10.259/2001 estabelece como de pequeno valor a dívida que não ultrapassar 60 salários mínimos.

Assim, teríamos a seguinte tabela:

a) União: 60 salários mínimos;

b) Estados e Distrito Federal: 40 salários mínimos;

c) Municípios: 30 salários mínimos.

Importante lembrar que as dívidas de pequeno valor, não submetidas ao regime dos precatórios, deverão ser pagas no prazo de 60 dias contados do ato de requisição da autoridade judicial, com fulcro no art. 17 da Lei 10.259/2001, aplicada analogicamente aos débitos dos Estados, Distrito Federal e Municípios. Não sendo atendida a requisição, o juiz deve determinar o sequestro do valor suficiente ao cumprimento da decisão, nos termos do art. 17, § 2º, da Lei 10.259/2001.

Por fim, importante destacar a Orientação Jurisprudencial 9 do Pleno do TST:

> ORIENTAÇÃO JURISPRUDENCIAL 9 DO TRIBUNAL PLENO – PRECATÓRIO. PEQUENO VALOR. INDIVIDUALIZAÇÃO DO CRÉDITO APURADO. RECLAMAÇÃO TRABALHISTA PLÚRIMA. EXECUÇÃO DIRETA CONTRA A FAZENDA PÚBLICA. POSSIBILIDADE
>
> Tratando-se de reclamações trabalhistas plúrimas, a aferição do que vem a ser obrigação de pequeno valor, para efeito de dispensa de formação de precatório e aplicação do disposto no § 3º do art. 100 da CF/1988, deve ser realizada considerando-se os créditos de cada reclamante.

7.10. Embargos à execução

Os embargos à execução possuem natureza de ação de cognição incidental em que o executado/ réu requer a extinção total ou parcial da execução, atacando o próprio conteúdo do título.

7.10.1. Matérias arguíveis

As matérias arguíveis por meio dos embargos à execução estão elencadas no art. 884, § 1º, da CLT.

Contudo, esse rol não é exaustivo, aplicando-se subsidiariamente as matérias elencadas no art. 475-L do CPC[95] e, ainda, aquelas matérias apontadas no art. 745 do CPC.[96]

7.10.2. Processamento

Os embargos à execução devem ser opostos no prazo de 5 (cinco) dias, contados da ciência da formalização da penhora. Assim, é condição *sine qua non* para a apresentação dos embargos à execução a prévia garantia do juízo, exceção feita à Fazenda Pública.

Os embargos à execução serão processados nos mesmos autos da execução, sendo recebidos com efeito suspensivo, nas lições de Renato Saraiva (**Curso de Direito Processual do Trabalho**. 4. ed. São Paulo: Método, 2007. p. 587). Assim, uma vez apresentados, a execução será imediatamente suspensa até o julgamento dos embargos.

No entanto, para o Professor Carlos Henrique Bezerra Leite (**Curso de Direito Processual do Trabalho**. 7. ed. São Paulo: LTr, 2009. p. 831 e 832) ensina: "Em linha de princípio, o recebimento da impugnação por simples despacho não implica a suspensão do processo. Para que o juiz possa emprestar efeito suspensivo à impugnação apresentada pelo devedor é preciso que o magistrado, valendo-se do seu poder geral de cautela, profira decisão interlocutória, fundamentando a existência de *fumus boni iuris* e *periculum in mora*."

Para essa corrente doutrinária, poderá o juiz, a requerimento do embargante, atribuir efeito suspensivo aos embargos quando, sendo relevantes seus fundamentos, o prosseguimento da execução manifestamente possa causar ao executado grave dano de difícil ou incerta reparação, e desde que a execução já esteja garantida por penhora, depósito ou caução suficientes.

Por fim, vale ressaltar que nos termos do art. 739 do CPC[97], os embargos à execução poderão ser liminarmente indeferidos quando intempestivos, quando inepta sua petição (art. 295 do CPC[98]), ou, ainda, quando manifestamente protelatórios.

7.11. Exceção de pré-executividade

Embora não esteja prevista em nosso ordenamento jurídico, admite-se na Justiça do Trabalho para questões processuais e para matérias que visem a invalidar o título executivo.

Deverá ser proposta entre a data da citação e antes da penhora, portanto não necessita da garantia do juízo. Sua propositura não suspende, tampouco interrompe, o prazo para oferecimento de bens à penhora pelo executado.

Sendo a execução rejeitada pelo juiz, não caberá recurso algum, por ser uma decisão interlocutória, podendo a matéria ser rediscutida em sede de embargos à execução. No entanto, se for acolhida a exceção, total ou parcialmente, a decisão será terminativa de feito, desafiando a interposição de agravo de petição.

7.12. Embargos de terceiro

Os embargos de terceiro encontram-se previstos nos arts. 1.046 a 1.054 do CPC.[99]

Podem ser opostos tanto no processo de conhecimento, antes do trânsito em julgado da sentença ou acórdão, como no processo de execução, até 5 (cinco) dias após a lavratura do termo de penhora com a assinatura do termo de compromisso. Sendo opostos, a execução será suspensa.

Os embargos de terceiros deverão ser distribuídos por dependência ao juízo do processo que originou o ato de constrição e por ele será apreciado.

Com relação aos embargos de terceiros realizados via carta precatória, poderão ser oferecidos tanto no juízo

95. Art. 525 do CPC/2015.
96. Art. 917 do CPC/2015.
97. Art. 918 do CPC/2015, deu nova redação ao inciso II, sendo retirado o termo "quando inepta a petição (art. 295 CPC/1973)" para fazer constar: "nos casos de indeferimento da petição inicial e de improcedência liminar do pedido."
98. Esta 2ª hipótese de indeferimento foi modificada pelo CPC/2015 nos termos do comentário anterior.
99. Arts. 674 a 681 do CPC/2015.

deprecante como no juízo deprecado, mas a competência para julgá-los é do juízo deprecante, salvo se versarem, unicamente, sobre vícios ou irregularidades da penhora, avaliação ou alienação dos bens, praticados pelo juízo deprecado, em que a competência será deste último, nos termos da súmula 419 do TST.

A decisão proferida nos embargos de terceiro poderá ser impugnada via agravo de petição nos termos do art. 897, "a", da CLT.

7.13. Atos de encerramento da execução

Devidamente julgados os embargos à execução, o procedimento executório seguirá para a arrematação dos bens eventualmente penhorados.

Assim, em observância ao princípio da publicidade, há necessidade de publicação do edital de praça e leilão, em jornal da localidade, com antecedência mínima de 20 (vinte) dias, devendo o devedor ser intimado, nos termos do art. 888da CLT.

A arrematação é a venda do bem penhorado realizada pelo Estado através da praça ou leilão àquele que oferecer maior lance, não se admitindo a venda por preço vil, entendido como aquele de valor desprezível, que não guarda sintonia com o valor constante no edital.

O arrematante deverá garantir seu lance com o sinal de 20% do valor do bem no prazo de 24 horas da arrematação, sob pena de perder esse valor em favor da execução.

Uma vez arrematado os bens penhorados e sendo suficientes para o pagamento da dívida, os valores serão repassados para o credor com o consequente encerramento da execução trabalhista.

8. AÇÕES ESPECIAIS

8.1. Ação rescisória

Disciplinada no art. 836 da CLT, com aplicação subsidiária dos arts. 485 e seguintes do CPC,[100] a ação rescisória é uma ação que objetiva o desfazimento dos efeitos de sentença já transitada em julgado, tendo em vista a existência de vícios. Possui natureza de ação desconstitutiva ou constitutiva negativa.

O art. 836 da CLT, com a redação dada pela Lei 11.495/2007, determina que o autor da ação rescisória realize depósito prévio de 20% (vinte por cento) do valor da causa, salvo prova de sua miserabilidade.

8.1.1. Requisitos

Para a propositura da ação rescisória dois requisitos são necessários:

8.1.1.1. Sentença de mérito

Somente a sentença de mérito pode ser objeto de ação rescisória, tendo em vista que apenas esta produz a coisa julgada material. Desta forma, as sentenças terminativas não poderão ser atacadas por essa via, na medida em que não produzem coisa julgada material. Nesse sentido é a Orientação Jurisprudencial 134 da SDI 2 do TST.

Também não poderão ser objeto de ação rescisória as sentenças normativas, em conformidade com a súmula 397 do TST.

8.1.1.2. Trânsito em julgado da decisão

A decisão deve ter transitado em julgado, ou seja, não poderá haver a possibilidade do manejo de recursos.

8.1.2. Hipóteses de cabimento

As hipóteses de cabimento estão elencadas de maneira exaustiva no art. 485 do CPC.[101]

> **Art. 485.** A sentença de mérito, transitada em julgado, pode ser rescindida quando:
>
> I – se verificar que foi dada por prevaricação, concussão ou corrupção do juiz;
>
> II – proferida por juiz impedido ou absolutamente incompetente;
>
> III – resultar de dolo da parte vencedora em detrimento da parte vencida, ou de colusão entre as partes, a fim de fraudar a lei;
>
> IV – ofender a coisa julgada;
>
> V – violar literal disposição de lei;
>
> VI – se fundar em prova, cuja falsidade tenha sido apurada em processo criminal ou seja provada na própria ação rescisória;
>
> VII – depois da sentença, o autor obtiver documento novo, cuja existência ignorava, ou de que não pôde fazer uso, capaz, por si só, de lhe assegurar pronunciamento favorável;
>
> VIII – houver fundamento para invalidar confissão, desistência ou transação, em que se baseou a sentença;
>
> IX – fundada em erro de fato, resultante de atos ou de documentos da causa.

É importante frisar que o rol disposto no art. 485 é exaustivo, ou seja, trata-se de rol *numerus clausus*.

Nos domínios do processo do trabalho, o termo de conciliação previsto no parágrafo único do art. 831 da CLT somente poderá ser impugnado por ação rescisória, nos termos da súmula 259 do TST.

8.1.3. Competência

A competência funcional para o processamento da ação rescisória é do TRT quando a decisão rescindenda for de Juiz do Trabalho ou de acórdão do próprio Tribunal Regional do Trabalho.

A competência, todavia, será do TST para o processamento da ação rescisória quando a decisão rescindenda for do próprio TST.

8.1.4. Prazo

De acordo com o art. 495 do CPC,[102] o direito de propor ação rescisória se extingue em 2 (dois) anos, contados do trânsito em julgado da decisão. Trata-se de prazo decaden-

100. Arts. 966 a 975 do CPC/2015.

101. Art. 966 do CPC/2015.

102. Art. 975 do CPC/2015.

cial. Sobre a contagem do prazo para a ação rescisória é importante a leitura da súmula 100 do TST.

Vale dizer que o relator mandará citar o réu, assinando-lhe prazo nunca inferior a 15 (quinze) dias nem superior a 30 (trinta), para responder aos termos da ação, art. 491 CPC.[103]

8.1.5. Recurso

Para as *ações rescisórias julgadas originariamente pelos Tribunais Regionais do Trabalho*, o recurso cabível é o recurso ordinário, com fundamento no art. 895, II, da CLT, no prazo de 8 (oito) dias, que será apreciado pelo Tribunal Superior do Trabalho.

Nesse sentido vale transcrever a súmula 158 do TST.

SÚMULA 158 TST – AÇÃO RESCISÓRIA

Da decisão de Tribunal Regional do Trabalho, em ação rescisória, é cabível recurso ordinário para o Tribunal Superior do Trabalho, em face da organização judiciária trabalhista.

Convém notar que o depósito recursal para o recurso ordinário somente será devido quando o pedido for julgado procedente e seja imposta condenação em pecúnia.

Nessa linha, em conformidade com a Instrução Normativa 3 do TST, que regulamenta o depósito recursal, julgada procedente a ação rescisória e imposta condenação em pecúnia, será exigido um único depósito recursal, até o limite da condenação, ou o novo valor corrigido, sendo dispensado novo depósito para os recursos subsequentes, salvo o depósito do agravo de instrumento, previsto no art. 899, § 7º, da CLT.

Já nas *ações rescisórias julgadas originariamente pelo Tribunal Superior do Trabalho* poderá haver a interposição de recurso de embargos de divergência, no prazo de 8 (oito) dias, nos termos do art. 894, II, da CLT. Caso não seja possível a interposição de embargos de divergência, poderá, eventualmente, interpor recurso extraordinário, no prazo de 15 (quinze) dias, para o Supremo Tribunal Federal, nos termos do art. 102, III, da CF.

Por último, importante trazer o posicionamento do TST consubstanciado no item II da súmula 219 do TST, com a redação dada pela resolução 174/2011:

SÚMULA 219. HONORÁRIOS ADVOCATÍCIOS. HIPÓTESE DE CABIMENTO.

I – (...)

II – É cabível a condenação ao pagamento de honorários advocatícios em ação rescisória no processo trabalhista.

(...)

8.2. Mandado de segurança

Disciplinado pela Lei 12.016/2009, trata-se de um remédio constitucional posto à disposição de toda pessoa física ou jurídica, ou mesmo órgão da administração pública com capacidade processual.

Conforme o art. 1º da Lei 12.016/2009, o mandado de segurança será concedido para proteger direito líquido e certo, não amparado por *habeas corpus* ou *habeas data*, sempre que, ilegalmente ou com abuso de poder, qualquer pessoa física ou jurídica sofrer violação ou houver justo receio de sofrê-la por parte de autoridade, seja de que categoria for e sejam quais forem as funções que exerça.

8.2.1. Competência

A competência será a da Justiça do Trabalho (art. 114, IV, da CF) quando o ato taxado de ilegal for proferido por autoridades da Justiça do Trabalho.

Com relação à competência funcional para o processamento do mandado de segurança, ela poderá ser do juiz do trabalho (1ª instância), do TRT (2ª instância) e, ainda, do TST (3ª instância).

Assim, serão da competência do juiz do trabalho os mandados de segurança impetrados contra ato praticado por autoridade fiscalizadora das relações de trabalho.

A competência funcional será do TRT sempre que a autoridade coatora for o Juiz da Vara do Trabalho, diretor da secretaria ou os demais funcionários, juiz de direito, nas hipóteses do art. 112 da CF, e, ainda, contra ato de juízes e funcionários do próprio TRT.

Por último, os mandados de segurança contra atos do Presidente do Tribunal Superior ou por qualquer dos Ministros serão da competência do TST.

8.2.2. Hipóteses de cabimento e não cabimento

8.2.2.1. Hipóteses de cabimento

Para a impetração do mandado de segurança é necessário que a parte demonstre, de plano, o direito líquido e certo violado e a ilegalidade ou abuso de poder praticados pela autoridade pública.

O mandado de segurança não admite a produção de provas, na medida em que os fatos devem ser provados de imediato, mediante prova documental. Isso significa que o direito líquido e certo é condição da ação para a impetração do mandado de segurança.

O ato taxado de ilegal deve ser de autoridade pública, entendida como tal os agentes da administração direta e indireta, assim como os membros e servidores do Poder Legislativo e Judiciário.

Vale lembrar as figuras equiparadas dispostas no § 1º do art. 1º da Lei 12.016/2009

(...)

"§ 1º Equiparam-se às autoridades, para os efeitos desta Lei, os representantes ou órgãos de partidos políticos e os administradores de entidades autárquicas, bem como os dirigentes de pessoas jurídicas ou as pessoas naturais no exercício de atribuições do poder público, somente no que disser respeito a essas atribuições."

Podemos apontar como principais hipóteses de cabimento de mandado de segurança na Justiça do Trabalho as seguintes:

a) deferimento de medida liminar em ação de reintegração e transferência ilegal (art. 659, IX e X, da CLT);

103. Art. 970 do CPC/2015.

b) deferimento de tutela antecipada (art. 273 do CPC[104]);

c) não admissão de agravo de instrumento no primeiro juízo de admissibilidade.

8.2.2.2. Hipóteses de não cabimento

O mandado de segurança não será concedido caso caiba recurso administrativo com efeito suspensivo, independentemente de caução. A lei exige o esgotamento da esfera administrativa como condição para o mandado de segurança.

Da mesma forma, não caberá mandado de segurança contra decisões judiciais contra as quais caiba recurso com efeito suspensivo.

Vale lembrar o entendimento disposto na Súmula 33 do TST que assim dispõe:

> MANDADO DE SEGURANÇA. DECISÃO JUDICIAL TRANSITADA EM JULGADO
>
> Não cabe mandado de segurança de decisão judicial transitada em julgado.

Nos termos da súmula 418 do TST, convém destacar que a concessão de liminar ou a homologação de acordo constituem faculdade do juiz, inexistindo direito líquido e certo tutelável pela via do mandado de segurança.

Por último, não será possível a impetração de mandado de segurança de decisão judicial transitada em julgado, por ser impugnável via ação rescisória, em conformidade com a súmula 33 do TST e súmula 268 do STF.

Sobre o tema, importante se faz a leitura da súmula 414 do TST.

> SÚMULA 414 MANDADO DE SEGURANÇA. ANTECIPAÇÃO DE TUTELA (OU LIMINAR) CONCEDIDA ANTES OU NA SENTENÇA
>
> I – A antecipação da tutela concedida na sentença não comporta impugnação pela via do mandado de segurança, por ser impugnável mediante recurso ordinário. A ação cautelar é o meio próprio para se obter efeito suspensivo a recurso.
>
> II – No caso da tutela antecipada (ou liminar) ser concedida antes da sentença, cabe a impetração do mandado de segurança, em face da inexistência de recurso próprio.
>
> III – A superveniência da sentença, nos autos originários, faz perder o objeto do mandado de segurança que impugnava a concessão da tutela antecipada (ou liminar).

8.2.3. Processamento

O direito de requerer mandado de segurança extinguir-se-á decorridos 120 (cento e vinte) dias, contados da ciência, pelo interessado, do ato impugnado taxado de ilegal ou abusivo (art. 23 da Lei 12.016/2009). Trata-se de prazo decadencial.

A petição inicial, que deverá preencher os requisitos estabelecidos pela lei processual, será apresentada em duas vias, com os documentos que instruírem a primeira reproduzidos na segunda, e indicará, além da autoridade coatora, a pessoa jurídica que esta integra, à qual se acha vinculada ou da qual exerce atribuições.

A inicial, que poderá conter pedido de liminar, será desde logo indeferida quando não for o caso de mandado de segurança (art. 10 da Lei 12.016/2009) ou lhe faltar algum dos requisitos legais ou quando decorrido o prazo legal para a impetração.

Concedida ou não a medida liminar, caberá agravo regimental, caso a impetração tenha ocorrido nos Tribunais.

Por meio da OJ 140 da SDI 2, com redação de maio de 2004, ou seja, pretérita à EC 45 que ocorreu em dezembro de 2004, o TST firmou entendimento de que é incabível mandado de segurança contra decisão que defere ou indefere liminar em outro mandado de segurança.

No entanto, de acordo com a EC 45/2004, o Juiz da vara do trabalho passou a ter competência para processar e julgar mandado de segurança. Nesse caso a decisão que deferir ou indeferir a liminar, por possuir cunho interlocutório, não desafia a interposição de recurso, podendo ser atacada via mandado de segurança. Nesse sentido são as lições de Carlos Henrique Bezerra Leite (**Curso de Direito Processual do Trabalho**. 7. ed. São Paulo: LTr, 2009. p. 1019).

A autoridade coatora será notificada, a fim de que, no prazo de 10 (dez) dias, preste as informações necessárias sobre o ato taxado de ilegal.

Expirado o prazo de 10 (dez) dias para prestação de informações, será ouvido o membro do Ministério Público do Trabalho e, em seguida, será colocado em julgamento.

Da sentença, denegando ou concedendo a segurança, caberá recurso ordinário para a instância superior.

8.3. Ação de consignação em pagamento

A ação de consignação em pagamento é a medida processual na qual o devedor demanda contra o credor objetivando o pagamento e o consequente reconhecimento judicial do adimplemento da obrigação.

Por não possuir previsão legal na CLT, aplica-se o direito processual civil, nos termos dos arts. 890 e seguintes do CPC.[105]

8.3.1. Hipóteses de cabimento

A ação de consignação em pagamento será cabível nas hipóteses previstas no art. 335 do Código Civil.

Nos domínios do processo do trabalho, as hipóteses mais comuns de ação de consignação em pagamento são:

a) Dispensa com ou sem justa causa: hipótese em que o empregador encontra resistência do empregado em receber as verbas rescisórias;

b) Morte ou ausência do empregado: hipótese em que o empregador se vê na dúvida de quem são os legítimos herdeiros que deverão receber as verbas rescisórias do seu ex-empregado;

c) Empregado que se recusa a receber ou dar quitação: hipótese em que o empregado se recusa a receber de seu empregador determinados valores.

Poderão propor a ação o devedor, que poderá ser tanto o empregado como o empregador, ou o terceiro interessado no pagamento da dívida.

104. O CPC/2015 trata das tutelas provisórias nos arts. 294 a 311 e as separa em 3 espécies: tutela antecipada, tutela cautelar e tutela de evidência.

105. Arts. 539 a 549 do CPC/2015.

8.3.2. Consignação judicial e extrajudicial

O CPC,[106] aplicado subsidiariamente por força do art. 769 consolidado, disciplina duas modalidades de consignação em pagamento. A consignação extrajudicial e a consignação judicial.

8.3.2.1. Consignação em pagamento extrajudicial

Instituída pela Lei 8.951/1994, a consignação extrajudicial encontra-se disciplinada nos parágrafos do art. 890 do CPC.

Nas lições de Renato Saraiva (**Curso de Direito Processual do Trabalho**. 4. ed. São Paulo: Método, 2007. p. 781), a consignação extrajudicial "*consiste na realização do depósito da quantia devida, pelo devedor ou terceiro, em estabelecimento bancário oficial, nada obstando que o depósito seja realizado em bancos particulares, quando, na localidade onde deva ser adimplida a obrigação, não existam bancos oficiais (Banco do Brasil, CEF etc.)*".

Em outras palavras, trata-se de uma espécie de depósito bancário que envolve determinado valor em dinheiro para que o devedor se livre do vínculo jurídico existente entre ele e o credor da obrigação.

A utilização da consignação extrajudicial não é obrigatória. Trata-se de um modo alternativo para solução de conflitos, podendo a parte, caso assim queira, ingressar com a ação de consignação judicial, antes mesmo da consignação extrajudicial.

8.3.2.1.1. Processamento da consignação extrajudicial

O credor ou o terceiro deverá se dirigir até um estabelecimento bancário oficial, ou na sua falta em bancos particulares, e solicitar a abertura de uma conta específica para consignação do pagamento em nome do credor. Uma vez efetuado o depósito da importância entendida devida, será o credor cientificado, por meio de carta com aviso de recebimento, do referido depósito com o valor devidamente discriminado e corrigido monetariamente.

Nessa notificação será dado um prazo de 10 (dez) dias para sua manifestação. Nesse momento surgem ao credor 4 alternativas: a) levantar o depósito realizado, o que importará na aceitação do pagamento e a consequente extinção da obrigação; b) deixar transcorrer *in albis* o prazo para resposta, o que implicará a aceitação tácita do pagamento, com a consequente extinção da obrigação; c) responder por escrito recusando o levantamento do valor, hipótese em que o valor depositado ficará à disposição do devedor; ou d) realizar o levantamento do valor depositado e simultaneamente responder por escrito que o pagamento não é integral, mediante documento entregue à instituição depositária.

É importante chamar a atenção, porém, para o fato de que a consignação extrajudicial sofre por parte da doutrina e jurisprudência trabalhista uma enorme resistência em relação à sua aplicação na esfera laboral.

Isso porque os trabalhadores poderiam ter afetados seus direitos, na medida em que a eficácia liberatória concedida pelo § 2º do art. 890 é incompatível com o processo do trabalho.

Ademais, nos casos de empregados com mais de um ano de trabalho, a homologação da rescisão necessita da intervenção do sindicato, nos termos do art. 477, § 1º, da CLT, o que prejudicaria a via da consignação extrajudicial.

8.3.2.2. Consignação judicial

É a medida processual pela qual o autor/consignante requer que seja conhecido por sentença judicial o adimplemento de uma obrigação existente entre este e o réu/consignado.

8.3.2.2.1. Processamento

A ação de consignação deverá ser proposta observando-se a regra disposta no art. 651 da CLT, ou seja, local da última prestação de serviços, não se aplicando a norma contida no art. 891 do CPC[107].

Na petição inicial, o autor/consignante deverá requerer o depósito da quantia ou da coisa e realizá-lo no prazo de 5 (cinco) dias, contados do deferimento da medida. Não realizando o depósito nesse período, o processo será extinto sem resolução do mérito. Recomenda-se que, ao pedir o depósito da quantia, o consignante requeira que esse seja feito na conta vinculada do FGTS do obreiro.

Deverá o consignante especificar, de forma líquida e certa, cada parcela consignada na ação.

Uma vez realizado o depósito, o Juiz do Trabalho designará audiência notificando o consignado para levantar a quantia depositada ou oferecer resposta, nos termos do art. 893, II, do CPC[108].

Caso o consignado levante a importância depositada, estará reconhecendo a procedência do pedido do consignante, extinguindo-se o processo com resolução do mérito (art. 269, II, do CPC[109]).

Não concordando com os valores depositados, o consignado apresentará qualquer modalidade de resposta: reconvenção, exceção ou contestação. Na contestação, sua resposta ficará restrita às matérias descritas no art. 896 do CPC.[110]

8.4. Inquérito judicial para apuração de falta grave

Previsto nos arts. 853 a 855 da CLT, o inquérito judicial para apuração de falta grave é uma ação ajuizada pelo empregador, objetivando a resolução do contrato de trabalho de seu empregado, que não pode ser despedido arbitrariamente por ser detentor de estabilidade, por cometimento de falta grave.

Determina o art. 494 da CLT que o empregado estável que cometer falta grave poderá ser suspenso de suas atividades, mas a dispensa apenas será válida após o processa-

106. Art. 539 do CPC/2015.

107. Art. 540 do CPC/2015.

108. Art. 542, II, do CPC/2015.

109. Art. 487, III, *a*, do CPC/2015.

110. Art. 544 do CPC/2015.

mento do inquérito judicial que apurará a prática daquela pelo empregado.

8.4.1. *Hipóteses de cabimento*

O inquérito judicial para apuração de falta grave se mostra necessário apenas nos seguintes casos de estabilidade provisória:

a) Dirigente sindical, nos termos do art. 8º, VIII, da CF e art. 543, § 3º, da CLT;

b) Empregados eleitos membros de comissão de conciliação prévia, nos termos do art. 625-B, § 1º, da CLT;

c) Empregados membros do Conselho Nacional de Previdência Social - CNPS, nos termos do art. 3º, § 7º, da Lei 8.213/1991;

d) Empregados eleitos diretores de sociedades cooperativas, nos termos do art. 55 da Lei 5.764/1971.

Cabe lembrar que os casos de falta grave estão elencados no art. 482 da CLT, quais sejam: ato de improbidade; incontinência de conduta ou mau procedimento; desídia no desempenho das respectivas funções; embriaguez habitual ou em serviço; violação de segredo da empresa; ato de indisciplina ou de insubordinação; e abandono de emprego, dentre outras condutas.

Pela própria redação do art. 494 da CLT, a suspensão do empregado acusado de falta grave é faculdade do empregador. Por esta razão, o inquérito deverá ser proposto no prazo decadencial de 30 (trinta) dias, contados da data da suspensão ou do cometimento da falta grave.

Determina o art. 495 da CLT que, se não for reconhecida a existência de falta grave, o empregador será obrigado a reintegrar o empregado no serviço e a pagar-lhe os salários a que teria direito no período da suspensão. Todavia, comprovada a prática da falta grave pelo empregado, o contrato será considerado rompido desde a data da suspensão do empregado.

No entanto, sendo desaconselhável a reintegração do empregado, devido à incompatibilidade entre os litigantes, poderá o juiz converter a reintegração em indenização dobrada em favor do empregado, nos termos dos arts. 496 e 497 da CLT.

O inquérito para apuração de falta grave deverá ser proposto perante a Vara do Trabalho ou Juiz de Direito, nas hipóteses do art. 112 da CF, podendo a parte indicar até 6 (seis) testemunhas.

8.5. Ação cautelar[111]

A ação cautelar é o procedimento judicial que visa a prevenir, conservar, defender ou assegurar a eficácia de um direito.

A ação cautelar pressupõe a existência de outro processo, denominado de ação principal. Assim, as cautelares podem ser preparatórias, quando intentadas antes da propositura da ação principal, ou incidentais, quando requeridas depois de ajuizada a ação principal.

Proposta a ação cautelar preparatória, deverá o autor no prazo de 30 (trinta) dias[112], contados da data da efetivação da medida cautelar, propor a ação principal, sob pena de perda da eficácia da medida, nos termos do art. 808, I, do CPC.[113]

As medidas cautelares serão requeridas ao juiz da causa e, quando preparatórias, ao juiz competente para conhecer da ação principal.

A petição inicial deverá seguir o disposto no art. 801 do CPC.[114]

8.5.1. *Requisitos específicos*

Além do preenchimento das condições da ação, a ação cautelar exige a presença de *fumus boni iuris,* que consiste na probabilidade da existência do direito alegado, e do *periculum in mora,* ou seja, que a demora na prestação jurisdicional possa causar ao autor danos irreparáveis ou de difícil reparação.

8.5.2. *Medidas cautelares específicas*

Podemos citar as principais ações cautelares: arresto, sequestro, busca e apreensão, exibição e produção antecipada de provas.

8.5.2.1. Arresto

A medida cautelar de arresto consiste na apreensão judicial de bens do devedor, capazes de garantir o pagamento da dívida líquida e certa, devidamente demonstrada.

De acordo com o art. 813 do CPC,[115] será possível o pedido de arresto:

a) quando o devedor sem domicílio certo intenta ausentar-se ou alienar os bens que possui, ou deixa de pagar a obrigação no prazo estipulado;

b) quando o devedor que tem domicílio se ausenta ou tenta ausentar-se furtivamente;

c) quando o devedor que tem domicílio, caindo em insolvência, aliena ou tenta alienar bens que possui; contrai ou tenta contrair dívidas extraordinárias; põe ou tenta pôr os seus bens em nome de terceiros; ou comete outro qualquer artifício fraudulento, a fim de frustrar a execução ou lesar credores;

d) quando o devedor, que possui bens de raiz, intenta aliená-los, hipotecá-los ou dá-los em anticrese, sem ficar com algum ou alguns, livres e desembargados, equivalentes às dívidas.

Nota-se que é essencial para a procedência do pedido de arresto que o credor demonstre a liquidez e certeza do débito.

111. O CPC/2015 retirou o processo cautelar autônomo, inserindo a tutela cautelar como espécie de tutela de urgência, que é tratada, especificamente, em seus 300 a 302 e 305 a 310. Sobre o tema "tutelas provisórias" veja os arts. 294 e 311 do CPC/2015. Pelo sistema do CPC/2015 não há necessidade de um processo autônomo, devendo ser feito em petição simples de forma incidental no curso de um processo que já esteja em curso ou de forma preparatória ou antecedente, hipótese que seguirá as disposições contidas nos arts. 305 a 310 do CPC/2015.

112. Art. 308 do CPC/2015.

113. Art. 309, I, CPC/2015.

114. Art. 305 do CPC/2015.

115. Art. 301 do CPC/2015 não trata do procedimento dessa modalidade de cautelar, somente dispõe que a tutela de urgência de natureza cautelar poderá ser efetivada mediante arresto.

Nos domínios do processo do trabalho, o Juiz do Trabalho não exigirá caução, em face da hipossuficiência do trabalhador e a consequente incompatibilidade com as normas processuais trabalhistas.

8.5.2.2. Sequestro

No arresto, estudado acima, como a execução está ligada a uma quantia, ou seja, um valor, não se objetiva a busca de um determinado bem, mas sim de quaisquer bens que garantam a dívida. Diferentemente, o sequestro presta-se à preservação de determinados e específicos bens, sobre os quais incidam o litígio e que estejam em risco.

Nessa linha, estabelece o art. 822 do CPC:[116]

Art. 822. O juiz, a requerimento da parte, pode decretar o sequestro:

I – de bens móveis, semoventes ou imóveis, quando lhes for disputada a propriedade ou a posse, havendo fundado receio de rixas ou danificações;

II – dos frutos e rendimentos do imóvel reivindicando, se o réu, depois de condenado por sentença ainda sujeita a recurso, os dissipar. (...)

8.5.2.4. Exibição

A exibição está disciplinada nos arts. 844 e seguintes do CPC[117], devendo ser movida quando o autor tiver como interesse preservar determinado documento ou coisa para que se o utilize como prova em uma futura reclamação.

Para que se justifique o pedido de exibição, deverá o autor demonstrar o interesse jurídico na exibição do documento ou coisa, sob pena de ser a ação extinta sem resolução do mérito, com fulcro no art. 267, VI, do CPC.

8.5.2.5. Produção antecipada de provas

Disposta nos arts. 846 e seguintes do CPC,[118] a ação cautelar de antecipação de provas objetiva assegurar a prova a ser produzida antes ou no curso da ação principal.

Nessa linha, nos termos do art. 847 do CPC:

Art. 847. Far-se-á o interrogatório da parte ou a inquirição das testemunhas antes da propositura da ação, ou na pendência desta, mas antes da audiência de instrução:

I – se tiver de ausentar-se;

II – se, por motivo de idade ou de moléstia grave, houver justo receio de que ao tempo da prova já não exista, ou esteja impossibilitada de depor.

116. Art. 301 do CPC/2015 não trata do procedimento dessa modalidade de cautelar, somente dispõe que a tutela de urgência de natureza cautelar poderá ser efetivada mediante sequestro.

117. Pela nova sistemática trazida pelo art. 381 do CPC/2015 a exibição deverá ser buscada como forma de produção antecipada de provas.

118. De acordo com as novas disposições trazidas pelo CPC/2015 a produção de provas deixou de ser um processo cautelar autônomo para passar a ser um pedido admitido nas hipóteses trazidas pelo art. 381 e incisos, não seguindo as regras atinentes as tutelas de urgência de natureza cautelar.

Desta forma, existem duas hipóteses para que a prova seja antecipada. A primeira delas e mais comum consiste na possibilidade de perda da produção da prova. Imaginemos uma testemunha que esteja em seu leito de morte e necessite ser ouvida. Nesse caso, a oitiva antecipada dessa testemunha se justifica.

Outra hipótese ocorre quando o ajuizamento da ação principal depender da produção da prova. Imagine a situação em que o trabalhador necessite ajuizar uma reclamação trabalhista com pedido de adicional de insalubridade em uma empresa que esteja prestes a mudar-se de endereço. Nessa hipótese, a prova pericial deverá ser antecipada para que o trabalhador possa ingressar com reclamação trabalhista nesse sentido.

Cabe lembrar que a produção antecipada de provas poderá ser requerida de forma incidental ou preparatória.

Na petição inicial, o autor deverá justificar a necessidade de antecipação de provas, indicando as razões de perigo ou os motivos pelos quais a medida é necessária para a instrução da futura reclamação.

8.6. Ação de cumprimento

Disposta no art. 872 da CLT, a ação de cumprimento é o meio processual que visa ao cumprimento das normas estabelecidas em sentença normativa, convenção ou acordo coletivo.

Como sabemos, acordo coletivo de trabalho é o pacto entre uma ou mais empresas com o sindicato da categoria profissional, em que são estabelecidas condições de trabalho, aplicáveis às empresas envolvidas. Convenção coletiva de trabalho é o acordo de caráter normativo, entre um ou mais sindicatos de empregados e de empregadores, de modo a definir condições de trabalho que deverão ser observadas em relação a todos os trabalhadores dessas categorias. Ambos possuem prazo máximo de duração de 2 (dois) anos.

Desta forma, não sendo observadas as condições de trabalho estabelecidas no instrumento, surge o interesse na propositura da ação de cumprimento.

Sentença normativa é a decisão proferida em dissídio coletivo que estabelece normas gerais e abstratas de conduta, de observância obrigatória para as categorias profissionais e econômicas abrangidas pela decisão (poder normativo da Justiça do Trabalho). Não possui conteúdo condenatório, uma vez que apenas estabelece direitos a serem concedidos que, caso não cumpridos, serão pleiteados via ação de cumprimento, nos termos do art. 872 da CLT.

A ação de cumprimento poderá ser proposta pelos próprios trabalhadores, hipótese em que é denominada ação individual de cumprimento (simples ou plúrima). Poderá, também, ser proposta pelo sindicato da categoria profissional, como substituto processual, quando é denominada ação coletiva de cumprimento.

Embora o texto consolidado do art. 872 estabeleça que para a propositura da ação de cumprimento é necessário o trânsito em julgado da decisão, a súmula 246 do TST ensina ser este dispensável para a propositura da ação.

A competência para processar e julgar a ação de cumprimento pertence às Varas do Trabalho, nos termos do art. 872, parágrafo único, da CLT e deverá ser distribuída no local da prestação dos serviços, em conformidade com o art. 651 da CLT.

A petição inicial deverá ser instruída com cópia da sentença normativa ou, em se tratando de ação de cumprimento de cláusulas de convenção ou acordo coletivo, com os respectivos instrumentos, sob pena de indeferimento da petição inicial.

8.7. Ação monitória

Criada pela Lei 9.079/1995, que inseriu os arts. 1.102-A, 1.102-B e 1.102-C[119] ao Código de Processo Civil, a ação monitória é admitida no processo do trabalho por força do art. 769 da CLT.

Dispõe o art. 1.102-A do CPC:[120] "A ação monitória compete a quem pretender, com base em prova escrita sem eficácia de título executivo, pagamento de soma em dinheiro, entrega de coisa fungível ou de determinado bem móvel."

A competência material da ação monitória da Justiça do Trabalho será fixada caso o documento escrito emitido seja decorrente da relação de trabalho, nos termos do art. 114 da CF. Com relação à competência territorial, deve ser observada a regra do art. 651 da CLT, ou seja, o local da prestação de serviços.

Podemos citar como exemplo de ação monitória na Justiça do Trabalho a hipótese do termo de acordo extrajudicial firmado entre empregado e empregador. O acordo extrajudicial não está inserido no rol dos títulos executivos previstos no art. 876 da CLT e por essa razão não pode ser executado na Justiça do Trabalho. Assim, por não possuir eficácia executiva, o cumprimento do termo de acordo extrajudicial poderá ser exigido via ação monitória.

A ação monitória constitui uma via processual mais célere, que tem como objetivo antecipar a formação do título exequendo e agilizar a prestação jurisdicional, posta à disposição do credor que detém prova escrita, porém sem eficácia de título executivo. Contudo, é uma faculdade do credor que, não obstante preenchidos os requisitos do art. 1.102-aA do CPC,[121] poderá optar pelo procedimento comum, propondo uma reclamação trabalhista.

8.7.1. Processamento

A ação monitória deverá ser proposta na Vara do Trabalho ou perante o Juiz de Direito, nas hipóteses do art. 112 da CF.

O autor deverá instruir a petição inicial observando as regras do art. 840, § 1º, da CLT e arts. 282[122] e 1.102-a do CPC,[123] devendo obrigatoriamente juntar o título que não tem ou perdeu a eficácia executiva.

Apresentada a inicial, o Juiz do Trabalho poderá determinar ou não a expedição do mandado monitório. Caso o Juiz indefira de plano a petição inicial, caberá recurso ordinário, com base no art. 895, I, da CLT, no prazo de 8 (oito) dias.

Caso o Juiz opte pela expedição do mandado, registrará um prazo de 15 (quinze) dias para seu cumprimento, ou seja, pagamento do valor reclamado, entrega da coisa fungível ou do determinado bem.

Caso o réu satisfaça a obrigação, nos termos do art. 1.102-cC, § 1º, do CPC,[124] ficará isento dos pagamentos de custas processuais e honorários advocatícios. Nesse caso, o processo será extinto com resolução do mérito.

Por outro lado, poderá o réu, sem prévia garantia do juízo, apresentar embargos monitórios que suspenderão a eficácia do mandado judicial. Nesse caso, deverá o Juiz do Trabalho designar audiência de conciliação e julgamento, em obediência ao princípio conciliatório.

Sendo rejeitados os embargos monitórios ou se não forem apresentados, o Juiz do Trabalho proferirá sentença, reconhecendo a executoriedade do título.

9. REFLEXOS DO NOVO CÓDIGO DE PROCESSO CIVIL AO PROCESSO DO TRABALHO

Após 5 anos de trâmite, o PL 166/2010, de iniciativa do Senado Federal, foi sancionado em 16/03/2015, sendo publicada a Lei 13.105/2015, instituindo o Novo Código de Processo Civil, com *vacatio legis* de um ano a contar da data de sua publicação.

São 3 os principais objetivos do CPC/2015:

a) efetividade processual;
b) simplificação do processo e
c) melhoria na organicidade e coesão do sistema.

Podemos dizer que no CPC/2015 traz maior sintonia entre ele e o texto constitucional, até mesmo porque nosso Código de Processo Civil datava de 1973 e princípios que foram trazidos pela Constituição Federal de 1988 não eram tratados. Portanto, o CPC/2015 busca maior proximidade com a Constituição Federal, como por exemplo, a duração razoável do processo.

Como sabemos a CLT prevê em seu art. 769 que o processo comum será fonte subsidiária do processo do trabalho, devendo ser aplicado na omissão do texto consolidado, desde que haja compatibilidade com os princípios que informam o processo do trabalho. Ademais, não podemos deixar de lado a Lei 5.584/1970 que dispõe sobre normas de Direito Processual do Trabalho e disciplina a concessão e prestação de assistência judiciária na Justiça do Trabalho.

Assim, se faz importante traçar algumas considerações a respeito dos principais reflexos do CPC/2015 ao processo do trabalho. Iremos tratar de 5 temas que julgamos relevantes

119. Arts. 700 e seguintes do CPC/2015.
120. Art. 700, *caput* e I, II e III do CPC/2015.
121. Art. 700 do CPC/2015.
122. Art. 319 do CPC/2015.
123. Art. 700 do CPC/2015.
124. Art. 701, § 1º, do CPC/2015.

9.1. Principais temas de relevância para o Processo do Trabalho

9.1.1. Aplicação subsidiária e supletiva do CPC ao Processo do Trabalho

Como sabemos, a CLT e a Lei 5.584/1970 possuem regras que regulam o processo trabalhista.

Nessa linha, o art. 15 do CPC/2015 dispõe:

> **Art. 15.** Na ausência de normas que regulem processos eleitorais, trabalhistas ou administrativos, as disposições deste Código lhes serão aplicadas supletiva e subsidiariamente.

Referido dispositivo legal ensina, portanto, que o direito processual civil será fonte supletiva e subsidiária do processo trabalhista, na sua ausência de normas.

Cumpre diferenciar a aplicação supletiva e aplicação subsidiária. A primeira visa complementação da norma quando diante de regras especiais e incompletas. Temos aqui uma omissão parcial da norma. Já a aplicação subsidiária visa preencher uma lacuna, um espaço vazio na norma. Há, portanto uma omissão total da norma sobre determinada regra.

Todavia, para que se possa aplicar a regra supletiva ou subsidiariamente deverá existir compatibilidade entre os institutos, em conformidade com o art. 769 da CLT.

Não podemos dizer que o CPC/2015, que cuida de regras gerais de processo, mais especificadamente seu art. 15, revogou os arts. 769 e 889 da CLT, que são normas especiais de Direito Processual do Trabalho, na medida em que pelo princípio da especialidade das normas, a lei nova de caráter geral não revoga a anterior especial, devendo incidir a norma específica, nos termos do art. 2º, § 2º, da Lei de Introdução às normas do Direito Brasileiro.

Sabemos que a CLT sempre priorizou, entre outros, a celeridade processual, objetivo este que representa um dos principais do CPC/2015, visando efetivar o princípio constitucional da duração razoável do processo.

Portanto, sempre que a regra trazida pelo CPC/2015 para sanar a omissão total ou parcial das normas de direito processual do trabalho for compatível com os princípios e peculiaridades que regulam o processo do trabalho, será aplicável ao processo trabalhista.

Como exemplo, podemos citar a hipótese de pagamento de honorários advocatícios. Como sabemos a CLT não prevê o pagamento de honorários advocatícios e a Lei 5.584/1970 em seu art. 14, § 1º prevê a condenação ao pagamento de honorários advocatícios, nunca superiores a 15% (quinze por cento), devendo a parte, concomitantemente: a) estar assistida por sindicato da categoria profissional; b) comprovar a percepção de salário inferior ao dobro do salário mínimo ou encontrar-se em situação econômica que não lhe permita demandar sem prejuízo do próprio sustento ou da respectiva família.

Com a entrada em vigor do CPC/2015 poder-se-ia indagar sobre a possibilidade de aplicação ou não dos arts. 85 e seguintes do CPC/2015 que prevê o pagamento de honorários advocatícios. Certamente não poderíamos aplicar a norma do novo diploma processual, pois embora haja omissão no texto consolidado, a regra do direito comum não é compatível com o princípio do *jus postulandi* da Justiça do Trabalho.

Certamente esse é um dos temas tratados pelo CPC/2015 que trará grande discussão/debates na doutrina e jurisprudência

9.1.2. Prazos processuais

Nos termos do art. 219 do CPC/2015 na contagem de prazo em dias, estabelecido por lei ou pelo juiz, computar-se-ão somente os dias úteis.

A regra em questão sempre foi uma exigência da classe dos advogados que eram absolutamente prejudicados com a contagem de prazo estabelecida pelo CPC/1973. Isso porque os prazos eram computados em dias corridos. Assim, imaginemos um prazo de 5 dias para embargos de declaração cuja decisão foi publicada numa quinta-feira. O prazo se iniciaria na sexta-feira e se encerraria na terça-feira, prejudicando assim o trabalho do advogado que se viria privado de seus dias de descanso como os demais trabalhadores em geral e não terá prazo razoável para elaboração do recurso.

A CLT prevê em seu art. 775 a regra para o início e fim da contagem dos prazos. Assim, nos termos do citado dispositivo legal os prazos contam-se com exclusão do dia do começo e inclusão do dia do vencimento, e são contínuos e irreleváveis, podendo, entretanto, ser prorrogados pelo tempo estritamente necessário pelo juiz ou tribunal, ou em virtude de força maior, devidamente comprovada.

Por meio dessa regra se a intimação for feita numa segunda-feira, o prazo se inicia na terça-feira. No entanto, se a parte for intimada na sexta-feira, como o primeiro dia da contagem seria no sábado, por não ser considerado dia útil, a contagem se inicia na segunda-feira. Porém, se a notificação via postal ocorrer no sábado, ignora-se esse dia, fazendo com que a ciência do ato seja considerada como feita na segunda-feira e o início da contagem do prazo apenas na terça-feira.

Assim, como a CLT contém previsão expressa acerca da contagem de prazos processuais, dispostas em seu art. 775, a regra disposta no art. 219 do CPC/2015 não deverá ser aplicada ao processo do trabalho.

9.1.2.1. Prazos em dobro para Ministério Público e Fazenda Pública

A regra disposta no art. 180 do CPC/2015 trata do prazo diferenciado para o Ministério Público. Dispõe o art. 180 CPC/2015:

> **Art. 180.** O Ministério Público gozará de prazo em dobro para manifestar-se nos autos, que terá início a partir de sua intimação pessoal, nos termos do art. 183, § 1º.

O CPC/1973 cuidava do prazo diferenciado no art. 188, fixando o prazo em quádruplo para contestar e dobro para recorrer. Já a regra prevista no art. 180 CPC/2015 prevê somente o prazo em dobro, mas o prevê não apenas para contestar ou recorrer, mas também para qualquer manifestação nos autos.

Desta forma, a regra deverá ser aplicada ao processo trabalhista para o Ministério Público que gozará de prazo em dobro para manifestar-se nos autos de modo geral, inclusive para contestar, recorrer e até mesmo contra arrazoar, que se iniciará com sua intimação pessoal. Caiu, portanto, a regra de prazo em dobro para recorrer e prazo em quádruplo para contestar.

Todavia, com relação à Fazenda Pública, nos domínios do processo do trabalho temos que considerar o Decreto Lei 779/1969 que dispõe sobre a aplicação de normas processuais trabalhistas à Fazenda Pública e determina em seu art. 1º, II e III, o prazo em quádruplo para a audiência inaugural em que deverá apresentar resposta/defesa e em dobro para recorrer, respectivamente.

Assim, resta claro que na seara trabalhista teremos a aplicabilidade desses dispositivos legais, restando dúvida acerca da aplicabilidade ou não do dispositivo no que diz respeito ao prazo em dobro para todas as manifestações nos autos, conforme art. 183 do CPC/2015.

Dispõe o art. 183 do CPC/2015:

> **Art. 183.** A União, os Estados, o Distrito Federal, os Municípios e suas respectivas autarquias e fundações de direito público gozarão de prazo em dobro para todas as suas manifestações processuais, cuja contagem terá início a partir da intimação pessoal.

Diante da situação certamente duas correntes de interpretação surgirão. Aquela que defenderá a inaplicabilidade do art. 183 do CPC/2015, na medida em que serão aplicadas as normas do Decreto Lei 779/1969 sem a complementação do CPC/2015; e uma segunda corrente pugnando pela complementação da norma trabalhista pelo CPC/2015, em função da disposição contida no art. 15 do CPC/2015 que determina a aplicação subsidiária e supletiva.

Entendemos que, nesse caso, devemos aplicar primeiramente o Decreto Lei 779/1969 e de forma supletiva e subsidiária o CPC/2015, possuindo a Fazenda Pública prazo em quádruplo para contestar e dobro para recorrer, bem como para as demais manifestações nos autos.

A lei processual civil prevê, ainda, no art. 186 CPC/2015 que a Defensoria Pública gozará de prazo em dobro para todas as suas manifestações processuais.

9.1.3. Defesa simplificada da Reclamada

A forma de defesa simplificada tratada pelo CPC/2015 está intimamente ligada com seu fim que é a simplificação dos atos processuais, o que culminará na efetividade da prestação jurisdicional.

Como sabemos, são formas de resposta da reclamada: contestação, exceção de incompetência territorial e a reconvenção. As partes podem, ainda, apresentar exceção de suspeição e exceção de impedimento. O CPC/1973 determinava que cada uma delas fossem apresentadas em peças separadas. No processo trabalhista, em razão do princípio da informalidade, admitia-se a exceção de incompetência territorial no bojo da contestação.

Pela nova regra processual, as exceções de impedimento e suspeição, nos termos do art. 146 do CPC/2015 deverão ser apresentadas no prazo de 15 (quinze) dias, a contar do conhecimento do fato. A nova regra permite que elas sejam apresentadas em petição específica dirigida ao juiz do processo, devendo a parte indicar o fundamento da recusa, instruindo a peça com documentos e com rol de testemunhas.

De acordo com o CPC/2015 a contestação se tornou a única modalidade de defesa do réu. A contestação será apresentada na forma dos arts. 335 a 342 do CPC/2015. O art. 337 traz o rol de matérias que podem ser apresentadas como preliminar, destacando-se no rol, de acordo com o inciso II, a possibilidade de, além da incompetência absoluta, ser tratada como preliminar em contestação a incompetência relativa, ou seja, incompetência territorial.

No art. 343 do CPC/2015 temos a possibilidade de apresentação da reconvenção na própria contestação. Assim, a reconvenção será proposta no corpo da contestação, sem a necessidade de peça autônoma. Isso gerará discussão acerca de sua natureza jurídica, podendo ser interpretada como ação ou como defesa. Importante saber se a natureza jurídica da reconvenção é de ação ou defesa, pois isso poderá gerar repercussões como por exemplo a necessidade ou não de se atribuir valor à causa.

De toda forma, o CPC/2015 simplificou a forma de apresentação de defesa do réu, contribuindo para um processo mais célere e consequentemente mais efetivo, razão pela qual deverá ser aplicada ao processo do trabalho, com exceção da regra disposta no art. 340 CPC/2015 que permite a apresentação da exceção de incompetência no domicílio do réu. Isso porque no processo trabalhista as respostas devem ser apresentadas em audiência.

9.1.4. Incidente de desconsideração da personalidade jurídica

É sabido que o patrimônio dos sócios da pessoa jurídica não se confunde com o patrimônio da empresa. No entanto, aplicando a desconsideração da personalidade jurídica os sócios passam a responder pelas dívidas da empresa.

Ela está prevista em nosso ordenamento jurídico em diversos diplomas legais, como no art. 28 do Código de Defesa do Consumidor e art. 50 do Código Civil. Também temos a previsão legal no art. 34 da Lei 12.529/2011 e art. 4º da Lei 9.605/1998.

Referidos dispositivos legais nos mostram a aplicação de duas teorias:

a) *Teoria subjetiva:* adotada pelo Código Civil, essa teoria ensina que para que os bens dos sócios possam ser atingidos, é necessária a comprovação de fraude, abuso de direito ou confusão patrimonial;

b) *Teoria objetiva:* para essa teoria, adotada pelo Código de Defesa do Consumidor, basta a insolvência da empresa, ou seja, basta a constatação de inexistência de bens da empresa suficientes para o cumprimento de suas obrigações.

No Novo CPC o incidente de desconsideração da personalidade jurídica está previsto nos arts. 133 e seguintes.

É importante destacar que o CPC/2015 não trouxe as hipóteses em que se admite a desconsideração, ele apenas cuidou de apontar o processamento desse incidente.

Por não tratar das hipóteses em que a desconsideração poderá ser aplicada, o CPC/2015 remete às legislações acima tratadas, em conformidade com o art. 133, § 1º.

No processo do trabalho é aplicada a teoria objetiva da desconsideração da personalidade jurídica, com fulcro no art. 28 do CDC, baseando-se no princípio protetor do trabalhador, atribuindo responsabilidade aos sócios pelas dívidas da pessoa jurídica, na medida em que foram eles os beneficiários dos lucros auferidos pela empresa, fruto do trabalho dos seus empregados.

Para considerarmos a aplicação do incidente de desconsideração da personalidade jurídica disciplinado pelo CPC/2015 é imperioso lembrar que ele somente poderá ser aplicado ao processo do trabalho desde que haja omissão no texto consolidado e compatibilidade com os princípios do processo do trabalho.

Considerando que na fase de execução no processo trabalhista, nos termos do art. 889 da CLT temos que na omissão da CLT a lei dos executivos fiscais (Lei 6.830/1980) servirá como fonte subsidiária, podemos dizer que o incidente do CPC/2015 não terá aplicação no processo do trabalho. Isso porque, o art. 4º, § 3º, da Lei 6.830/80 nos ensina que a execução poderá ser dirigida contra o sócio, bastando que os bens do devedor, ou seja, da empresa, não sejam suficientes para satisfação do débito.

Portanto, tendo em vista o princípio protetor do direito do trabalho, que pode inclusive ser aplicado no campo processual, a aplicação da teoria objetiva da desconsideração da personalidade jurídica baseada no art. 28 do CDC e, ainda, a regra esculpida no art. 4º, § 3º, da Lei 6.830/1980, não há motivo para que a desconsideração da personalidade jurídica da empresa necessite de requerimento da parte ou do Ministério Público, razão pela qual acreditamos que o incidente de desconsideração previsto no Novo CPC não deva ser aplicado ao processo do trabalho.

9.1.5. Impacto do CPC/2015 nos recursos trabalhistas

9.1.5.1. Juízo único de admissibilidade

Ensina o art. 1.010, § 3º, do CPC/2015 que na apelação, após a apresentação de contrarrazões os autos serão remetidos ao tribunal pelo juiz, independentemente de juízo de admissibilidade. Contudo, ao tratar dos recursos especial e extraordinário o art. 1.030 CPC/2015, de acordo com a redação dada pela Lei 13.256/2016, ensina que não haverá a regra do juízo único de admissibilidade, devendo o Tribunal recorrido efetuar o juízo de admissibilidade antes de remeter os autos ao STJ ou STF.

A regra, portanto, põe fim ao duplo juízo de admissibilidade ao recurso de apelação, fazendo com que o recurso interposto suba ao Tribunal independente de exame de admissibilidade.

Como sabemos no processo do trabalho sempre que um recurso tem negado seu seguimento no 1º juízo de admissibilidade a parte interessada poderá interpor agravo de instrumento visando destrancar o recurso.

Ao indagarmos sobre a aplicação da nova regra existente no processo civil ao processo do trabalho, mais uma vez, duas correntes de interpretação surgirão. Para a corrente que admitirá a aplicação da norma, poderemos dizer que o agravo de instrumento foi abolido do sistema recursal trabalhista, tendo em vista sua própria natureza. Já para a corrente que pugnará pela não aplicação da norma, teremos que o sistema recursal trabalhista é diferenciado do processo recursal comum, tendo em vista que possui regras específicas sobre a interposição, recebimento ou denegação e, ainda, provimento ou não provimento, como é o caso do recurso de revista, art. 896, § 1º, da CLT, com a redação dada pela Lei 13.015/2014, por exemplo.

Podemos ter, ainda, uma corrente intermediária de interpretação advogando a tese de que a regra do juízo único de admissibilidade poderá ser aplicada somente para o processamento do recurso ordinário e agravo de petição, não podendo ser aplicada ao recurso de revista, na medida em que não há omissão no texto consolidado sobre o recebimento ou não do recurso pelo tribunal e origem.

Ainda sobre a admissibilidade dos recursos, determina o parágrafo único do art. 932 do CPC/2015 que antes de considerar inadmissível o recurso, o relator (levando em conta que o único exame de admissibilidade é feito pelo relator, no Tribunal *ad quem*) concederá o prazo de 5 (cinco) dias ao recorrente para que seja sanado vício ou complementada a documentação exigível.

Assim, excetuando a hipótese de intempestividade, antes de não conhecer de um recurso por ausência de algum de seus pressupostos/requisitos, deverá o juiz determinar que a parte interessada sane o vício, no prazo de 5 dias, para dar regular seguimento ao processamento do recurso. Somente se a parte não atender ao comando judicial para "emendar" seu recurso é que o juiz poderá determinar o não conhecimento do recurso.

Tendo em vista a compatibilidade da norma processual civil com o processo do trabalho, a disciplina estabelecida no parágrafo único do art. 932 do CPC/2015 deve ser aplicável na seara trabalhista.

9.1.5.2. Recurso extemporâneo

Embora a matéria não esteja disciplinada na CLT, por muito tempo o TST adotou a tese de que o recurso interposto antes de iniciado o prazo seria considerado extemporâneo e, portanto, não poderia ser admitido, ou seja, teria seu seguimento negado, culminando na edição da súmula 434 do TST, cancelada em junho de 2015 por meio da Resolução 198/2015.

De qualquer forma, o CPC/2015 disciplina a situação em debate, determinando no art. 218, § 4º que será considerado tempestivo o ato praticado antes do termo inicial do prazo.

Desta forma, face a omissão do texto celetista, a aplicação dessa regra disposta no CPC/2015 deverá ter aplicação no processo do trabalho.

9.1.5.3. Preparo

Na Justiça do Trabalho o preparo consiste no recolhimento do depósito recursal, bem como o pagamento das custas processuais. O não recolhimento implicará no não conhecimento do recurso por deserção.

Nos domínios do processo do trabalho, o preparo deverá ser feito dentro do prazo recursal, art. 789, § 1º, da CLT, observando a disposição da súmula 245 do TST.

O TST por meio da OJ 140 da SDI 1 firmou entendimento dizendo ocorrer deserção do recurso pelo recolhimento insuficiente das custas e do depósito recursal, ainda que a diferença em relação ao "quantum" devido seja ínfima, referente a centavos.

Todavia, o CPC/2015 traz regramento diferenciado que deverá ser aplicado na Justiça do Trabalho, ainda que a natureza do preparo processual civil seja diferente do processual trabalhista. De acordo com seu art. 1.007, § 2º, o CPC/2015 determina que a insuficiência no valor do preparo, inclusive porte de remessa e de retorno, implicará deserção se o recorrente, intimado na pessoa de seu advogado, não vier a supri-lo no prazo de 5 (cinco) dias.

Assim, de acordo com citado dispositivo legal, caso a parte não efetue o preparo no prazo legal, deverá o Tribunal, na pessoa do juiz relator, intimar a parte na pessoa de seu advogado para que efetue o recolhimento da diferença restante, no prazo de 5 dias. Somente se a parte descumprir a ordem judicial é que lhe será aplicada a deserção.

O CPC/2015 vai além e no § 4º do mesmo dispositivo legal prevê a hipótese do recorrente que deixa de efetuar o pagamento do preparo. Esta hipótese não pode ser confundida com a prevista no § 2º que pressupõe o recolhimento insuficiente; nessa hipótese o recorrente deixa de efetuar o preparo. Assim, determina o § 4º do art. 1.007 do CPC/2015 que o recorrente será intimado, na pessoa de seu advogado, para realizar o recolhimento do preparo em dobro, sob pena de deserção. Nessa hipótese, caso haja insuficiência do valor depositado em dobro, não será possível a aplicação da regra disposta no § 2º acima estudado, nos termos do art. 1.007, § 5º, CPC/2015.

Desta forma, face a omissão parcial da CLT sobre o tema, o CPC/2015 deverá ser aplicado de forma supletiva e subsidiariamente, nos termos do art. 15 CPC/2015.

9.1.6. Princípio do contraditório – Vedação da "decisão surpresa"

De acordo com o CPC/2015 o juiz não pode decidir, em grau algum de jurisdição, com base em fundamento a respeito do qual não se tenha dado às partes oportunidade de se manifestar, ainda que se trate de matéria sobre a qual deva decidir de ofício, é o que reza o art. 10 do CPC/2015.

Com isso o legislador buscou colocar fim nas decisões surpresas, ou seja, sem oitiva da parte adversa, o que acarretava o cerceamento de defesa, por ofensa ao princípio do contraditório. Assim, o juiz não proferirá decisão contra uma das partes sem que ela seja previamente ouvida.

Desta forma, o juiz deve sempre zelar pela observância do contraditório, razão pela qual não poderá deixar de ouvir a parte contrária em nenhum caso, exceto nas hipóteses tratadas no parágrafo único do art. 9º do CPC/2015, que assim dispõe:

> **Art. 9º** Não se proferirá decisão contra uma das partes sem que ela seja previamente ouvida.
>
> **Parágrafo único.** O disposto no *caput* não se aplica:
>
> I – à tutela provisória de urgência;
>
> II – às hipóteses de tutela da evidência previstas no art. 311, incisos II e III;
>
> III – à decisão prevista no art. 701.

TUDO em UM

PARA

OAB

QUESTÕES COMENTADAS

1. Ética Profissional[1] – Novo CED

Arthur Trigueiros

1. ATIVIDADES DE ADVOCACIA

(VI EXAME DE ORDEM UNIFICADO – FGV) Caio, próspero comerciante, contrata, para prestação de serviços profissionais de advocacia, Mévio, que se apresenta como advogado. O cliente outorga a devida procuração com poderes gerais para o foro. Usando o referido instrumento, ocorre a propositura de ação judicial em face de Trácio. Na contestação, o advogado do réu alega vício na representação, uma vez que Mévio não possui registro na OAB, consoante certidão que apresenta nos autos judiciais. Diante de tal circunstância, é correto afirmar que

(A) os atos praticados pelo suposto advogado não ofendem qualquer dispositivo legal.
(B) verificada a ausência de inscrição profissional, deverá ser outorgado prazo para sua regularização.
(C) os atos praticados por Mévio são nulos, pois foram praticados por pessoa não inscrita na OAB.
(D) a declaração de nulidade dos atos processuais esgota o rol de atos sancionatórios.

COMENTÁRIO

De fato, de acordo com o art. 4º, parágrafo único, do EAOAB, são nulos os atos praticados por pessoa não inscrita nos quadros da OAB. Correta, portanto, a alternativa "C".

Assim, incorretas, por evidente, as alternativas "A" e "B", pois atos praticados por quem não possua registro na OAB são inválidos, não sendo possível que se outorgue prazo para a regularização da ausência de inscrição.

Por fim, incorreta a alternativa "D", pois, além da nulidade dos atos processuais, que é sanção processual, Caio poderá, ainda, sofrer sanção penal por exercício ilegal da profissão (art. 47 da LCP).

(VI EXAME DE ORDEM UNIFICADO – FGV) A empresa Consumidor Ltda., composta por contadores, despachantes, arquitetos e engenheiros, divulga, semanalmente, sua agenda de defesa judicial dos direitos dos consumidores, não possuindo advogados nos seus quadros. Notificada pelo órgão seccional da OAB, alega que as atividades de consultoria jurídica não seriam privativas dos advogados. Diante desse quadro, à luz das normas estatutárias, é correto afirmar que é atividade privativa da advocacia

(A) a postulação nos Juizados Especiais.
(B) a consultoria e assessoria jurídicas.
(C) a impetração de *habeas corpus*.
(D) a divulgação conjunta da advocacia com outras atividades.

COMENTÁRIO

A alternativa "B" está correta nos termos do art. 1º, II, do EAOAB.

A alternativa "A" está incorreta, pois a postulação nos Juizados Especiais, embora conste no art. 1º, I, do EAOAB como atividade privativa de advocacia, com o advento da Lei 9.099/1995 (art. 9º), deixou de ser atividade que exija, indistintamente, a participação do advogado. Deve o candidato recordar-se que nas causas de até 20 (vinte) salários-mínimos, no âmbito estadual, em 1ª instância, a participação do advogado é dispensável. Em outras palavras, as partes (autor e réu) não precisarão constituir advogado, em primeiro grau de jurisdição, nas causas com referido valor de alçada.

A alternativa "C" está incorreta (art. 1º, § 1º, do EAOAB).

A alternativa "D" está incorreta, pois não é dado ao advogado divulgar a advocacia em conjunto com outras atividades, sob pena de haver risco de captação de clientela ou mercantilização da profissão, o que é vedado pelo art. 39 do CED.

(VII EXAME DE ORDEM UNIFICADO – FGV) A multiplicidade de opções para atuação do advogado desenvolveu o ramo da Advocacia Pública. Assim, à luz das normas do Regulamento Geral do Estatuto da Advocacia e da OAB, nela podem ser integrados o(a), exceto:

(A) Advogado-Geral da União.
(B) Defensor Público.
(C) Advogado (Procurador) de Autarquia.
(D) Advogado de Sociedade de Economia Mista.

COMENTÁRIO

Conforme dispõe o art. 9º do Regulamento Geral (e, também, o art. 3º, § 1º, do EAOAB), exercem a advocacia pública os integrantes da Advocacia-Geral da União, da Defensoria Pública e das Procuradorias e Consultorias Jurídicas dos Estados, do Distrito Federal, dos Municípios, das autarquias e das fundações públicas, estando obrigados à inscrição na OAB, para o exercício de suas atividades. Portanto, apenas a alternativa "D" contém advogado que não integra a denominada "advocacia pública".

No âmbito da administração pública indireta, os advogados de autarquias e fundações públicas serão considerados advogados públicos. Porém, assim não serão considerados os advogados de sociedades de economia, visto não estarem contemplados pelo já citado art. 9º do Regulamento Geral. Não é demais frisar que as sociedades de economia mista, embora integrem a administração pública indireta, são pessoas jurídicas de direito privado.

(VII EXAME DE ORDEM UNIFICADO – FGV) Esculápio, advogado, deseja comprovar o exercício da atividade advocatícia, pois inscreveu-se em processo seletivo para contratação por empresa de grande porte, sendo esse um dos documentos essenciais para o certame. Diante do narrado, à luz das normas do Regulamento Geral do Estatuto da Advocacia e da OAB, o efetivo exercício da advocacia é comprovado pela participação anual mínima em

(A) seis petições iniciais civis.
(B) três participações em audiências.
(C) quatro peças defensivas gerais.
(D) cinco atos privativos de advogado.

COMENTÁRIO

De acordo com o art. 5º do Regulamento Geral, considera-se efetivo exercício da atividade de advocacia a participação anual mínima em *cinco atos privativos* previstos no art. 1º do Estatuto, em causas ou questões distintas. Perceba o candidato que 5 (cinco) atos privativos de advogado não compreendem, necessariamente, 5 (cinco) causas (leia-se: postulações judiciais), abarcando toda e qualquer atividade privativa de advocacia (postulação judicial, assessoria, consultoria e direção jurídica e vistos em atos constitutivos de pessoas jurídicas). A alternativa correta é a "D".

Assim, as alternativas "A", "B" e "C" são incorretas, visto que trazem quantidade ou espécies de atos que não se amoldam ao precitado art. 5.º do Regulamento.

(VII EXAME DE ORDEM UNIFICADO – FGV) Tício é advogado prestando serviços à Junta Comercial do Estado Y. Exerce a atividade concomitantemente em escritório próprio, onde atua em causas civis e empresariais. Um dos seus clientes postula o seu visto em atos constitutivos de pessoa jurídica que pretende criar. Diante do narrado, à luz das normas do Regulamento Geral do Estatuto da Advocacia e da OAB, assinale a alternativa correta:

(A) Sendo um cliente do escritório, é inerente à atividade da advocacia o visto em atos constitutivos de pessoa jurídica.
(B) Ao prestar serviços para Junta Comercial, surge impedimento previsto no Regulamento Geral.
(C) A análise do conteúdo dos atos constitutivos pode ser realizada pelo advogado tanto no escritório quanto na Junta Comercial.
(D) A atuação na Junta Comercial gera impedimento para ações judiciais, mas não para vistos em atos constitutivos.

COMENTÁRIO

De acordo com o art. 2º, *caput*, do Regulamento Geral, o visto do advogado em atos constitutivos de pessoas jurídicas é providência indispensável ao registro e

---

1. O presente capítulo encontra-se atualizado de acordo com o Novo Código de Ética e Disciplina (Resolução 2/2015 do Conselho Federal da OAB) e Novo CPC.

arquivamento nos órgãos competentes, devendo resultar da efetiva constatação, pelo profissional que os examinar, de que os respectivos instrumentos preenchem as exigências legais pertinentes. No entanto, por evidente, estarão impedidos de exercer o referido ato de advocacia (visar ato constitutivo de pessoa jurídica) os advogados que prestem serviços a órgãos ou entidades da Administração Pública direta ou indireta, da unidade federativa a que se vincule a Junta Comercial, ou a quaisquer repartições administrativas competentes para o mencionado registro (art. 2º, parágrafo único, do Regulamento Geral). Em outras palavras, se um advogado prestar serviços na Junta Comercial de determinado Estado, não poderá, evidentemente, visar atos constitutivos de futuras sociedades empresariais com necessidade de registro perante aquela mesma Junta.

Observe-se que o impedimento ficará restrito à atuação do advogado perante a Junta Comercial em que presta serviços, mas não perante outras Juntas Comerciais de outros Estados, ou mesmo para a postulação judicial. Como visto, o impedimento será restrito àquela Junta Comercial em que preste serviços.

A alternativa correta é a "B", estando as demais incorretas pelo fato de Tício ter impedimento específico para visar atos constitutivos de pessoas jurídicas que devam ser levados a registro na Junta Comercial do Estado Y, visto que presta serviços para referido órgão.

(VII EXAME DE ORDEM UNIFICADO – FGV) Mévio é advogado, especializado em causas cíveis, exercendo a profissão por longos anos, tendo sobressaído na defesa dos seus clientes e percebendo, como remuneração, os seus honorários. Sendo figura conhecida no município, onde exerce a profissão e possui domicílio, é convidado a ministrar palestra em estabelecimentos de ensino, divulgando a atuação do advogado e sua posição na sociedade. Um dos aspectos abordados está relacionado à atividade do advogado como indispensável à administração da justiça. Nesses limites, consoante as normas estatutárias, é correto afirmar que

(A) o advogado exerce função pública.
(B) exerce ministério privado, exercendo função social.
(C) atua na defesa de interesses patrimoniais privados, com função pública.
(D) no seu ministério privado, deixa de exercer função social.

COMENTÁRIO

A alternativa "B" é a correta nos termos do art. 2º, § 1º, do EAOAB.

A alternativa"A" é incorreta, pois, tecnicamente, o advogado não exerce *função pública*, mas, sim, *múnus público* (art. 2º, § 2º, do EAOAB).

A alternativa "C" é incorreta, pois, como visto, o advogado, mesmo na sua atividade privada, tem relevante função social, não atuando apenas na defesa de interesses patrimoniais privados.

A alternativa "D" é incorreta, eis que, ainda que na sua atividade privada (ministério privado), o advogado exerce função social.

(VIII EXAME DE ORDEM UNIFICADO – FGV) Paulo, bacharel em Direito, exerceu relevantes cargos no Poder Executivo das três esferas de Governo, adquirindo profundo conhecimento sobre as atividades internas da Administração Pública. Após aposentar-se, sem requerer inscrição nos quadros da OAB, estabelece serviço de consultoria jurídica, tendo angariado vários clientes desde o período da inauguração da sua atividade.

De acordo com o narrado e observadas as normas estatutárias, assinale a afirmativa correta.

(A) Dentre as atividades privativas do advogado incluem-se a postulação judicial e a assessoria jurídica, mas não a consultoria.
(B) O bacharel em Direito aposentado não tem vedado qualquer prática de atividade jurídica, mesmo não inscrito nos quadros da OAB.
(C) O advogado atua na atividade judicial pugnando pela defesa dos interesses dos seus clientes e na consultoria jurídica
(D) As atividades privativas do advogado incluem a assessoria jurídica, a direção jurídica e a atuação nos Juizados Especiais.

COMENTÁRIO

A alternativa"C" é correta, pois, de fato, o advogado poderá, além da postulação judicial (art. 1º, I, do EAOAB), exercer, também, a atividade de consultoria jurídica, assim como a assessoria e direção jurídicas (art. 1º, II, do EAOAB) e o visto em atos constitutivos de pessoas jurídicas (art. 1º, § 2º, do EAOAB e art. 2º, *caput*, do Regulamento Geral).

A alternativa"A" é incorreta, pois são atividades privativas de advocacia, dentre outras, a assessoria, *consultoria* e direção jurídicas (art. 1º, II, do EAOAB).

A alternativa"B" é incorreta, pois o bacharel em Direito, não inscrito no quadro de advogados, obviamente, não pode praticar atos privativos de advocacia, que exige, à evidência, a respectiva (e necessária) inscrição (art. 3º, *caput*, do EAOAB).

A alternativa"D" é incorreta, pois a postulação perante os Juizados Especiais, embora conste no art. 1º, I, do EAOAB, como atividade privativa de advocacia, deixou de ser atividade exclusiva dos advogados com o advento da Lei 9.099/1995 (art. 9º), que passou a exigir a intervenção do advogado, em 1ª instância, apenas nas causas cujo valor supere 20 (vinte) salários mínimos.

(X EXAME DE ORDEM UNIFICADO – FGV) O advogado Mário pertence aos quadros da sociedade de economia mista controlada pelo Estado W, na qual chefia o Departamento Jurídico. Não existe óbice para a prestação de serviços de advocacia privada, o que ocorre no escritório que possui no centro da capital do Estado, em horário diverso do expediente na empresa. Um dos seus clientes realiza contrato para que Mário aponha o seu visto em ato constitutivo de pessoa jurídica, em Junta Comercial cuja sede está localizada na capital do Estado W. Observado tal relato, consoante as normas do Regulamento Geral do Estatuto da Advocacia e da OAB, assinale a afirmativa correta.

(A) As circunstâncias indicam que não existe óbice para a aposição do visto nos referidos atos.
(B) O fato de chefiar Departamento Jurídico de empresa, seja de que natureza for, constitui elemento impeditivo da aposição do visto.
(C) O exercício da advocacia no local da sede da Junta Comercial é impeditivo para a aposição do visto.
(D) A atuação em sociedade de economia mista estadual impede a aposição do visto contratado.

COMENTÁRIO

A alternativa "D" é correta. Nos termos do art. 2º, parágrafo único, do Regulamento Geral, são impedidos de apor visto em atos constitutivos de pessoas jurídicas os advogados que prestem serviços a órgãos ou entidades da Administração Pública direta ou *indireta* (neste caso, autarquias, fundações, empresas públicas e *sociedades de economia mista*), da unidade federativa a que se vincule a Junta Comercial, ou a quaisquer repartições administrativas competentes para o mencionado registro.

A alternativa "A" é incorreta. Como será visto no comentário à alternativa "D", há impedimento para o exercício da atividade em comento (aposição de visto em ato constitutivo de pessoa jurídica) em determinadas situações, tal como a narrada no enunciado.

A alternativa"B" é incorreta. Se Mário chefiasse departamento jurídico de empresa privada, não haveria impedimento algum. No enunciado, como o advogado chefia departamento jurídico de sociedade de economia mista no Estado W, como será melhor analisado mais à frente, ficará impossibilitado de visar atos constitutivos de pessoas jurídicas cujo registro deva ocorrer no Estado W.

A alternativa"C" é incorreta. O mero exercício da advocacia no local da sede da Junta Comercial não constitui impedimento para a aposição de visto em ato constitutivo. Referido impedimento, como se verá no comentário à alternativa seguinte, surge em razão da atividade desempenhada por Mário (chefiar departamento jurídico de sociedade de economia mista, que é ente da administração pública indireta).

(IX EXAME DE ORDEM UNIFICADO – FGV) O advogado Carlos é Presidente da empresa XYZ, com sede no Município Q. Em determinada data, a empresa é notificada para apresentar defesa em processo trabalhista ajuizado por antigo empregado da empresa. No dia da audiência designada, Carlos apresenta-se como preposto, vez que dirigente da empresa e advogado, por possuir habilitação profissional regular. Observados tais fatos, de acordo com as normas do Regulamento Geral do Estatuto da Advocacia e da OAB, assinale a afirmativa correta.

(A) Por economia processual admite-se a atuação do advogado como preposto e advogado no mesmo processo.
(B) Essa é uma situação excepcional que permite a atuação do advogado como preposto da empresa e seu representante judicial.
(C) É vedada a atuação como preposto e como advogado da empresa ao mesmo tempo.
(D) Não havendo oposição da parte adversa, pode ocorrer a atuação do advogado nas duas funções: preposto e representante judicial.

COMENTÁRIO

A alternativa "C" é correta. Como será visto no comentário às alternativas anteriores, não pode um advogado "acumular" duas funções, simultaneamente, no mesmo processo. Assim, por exemplo, se Carlos comparecer a uma audiência trabalhista, na condição de preposto (representante) da empresa reclamada, não poderá, a despeito de ser advogado, atuar nessa condição no processo.

As alternativas "A", "B" e "D" são incorretas. Nos termos do art. 3º do Regulamento Geral, é defeso (vedado, proibido) ao advogado funcionar, simultaneamente, no mesmo processo, como preposto e patrono do empregador ou cliente, regra repetida no art. 25 do Código de Ética e Disciplina.

(IX EXAME DE ORDEM UNIFICADO– FGV) Laura, advogada na área empresarial, após concluir o mestrado em renomada instituição de ensino superior, é convidada para integrar a equipe de assessoria jurídica da empresa K S/A. No dia da entrevista final, é inquirida pelo Gerente Jurídico da empresa, bacharel em Direito, sem inscrição na Ordem dos Advogados do Brasil, apesar de o mesmo ter logrado êxito no Exame de Ordem. Observado tal relato, consoante as normas do Regulamento Geral do Estatuto da Advocacia e da OAB, assinale a afirmativa correta.

(A) O bacharel em Direito pode exercer as funções de Gerência Jurídica mesmo que não tenha os requisitos para ingresso na Ordem dos Advogados.

(B) A função de Gerente Jurídico é privativa de advogados com regular inscrição nos quadros da Ordem dos Advogados.

(C) O bacharel em Direito, caso preencha os requisitos legais, inclusive aprovação em Exame de Ordem, pode exercer funções de Gerente Jurídico antes da inscrição na Ordem dos Advogados.

(D) A função de Gerente Jurídico, como é de confiança da empresa, pode ser exercida por quem não tem formação na área.

COMENTÁRIO

A alternativa "B" é correta. De fato, nos termos do art. 1º, II, do Estatuto da OAB, a direção jurídica é tarefa privativa de advogado, com regular inscrição nos quadros da OAB.

A alternativa "A" é incorreta. Prestar assessoria, consultoria e direção jurídica, em empresa pública ou privada, é atividade privativa de advocacia (art. 1º, II, do Estatuto da OAB). Assim, se um bacharel em Direito, sem inscrição na OAB, a despeito de ter sido aprovado em Exame de Ordem, exercer a função de direção jurídica em uma empresa, estará exercendo ilegalmente a profissão (art. 4º, *caput*, do Regulamento Geral), fato caracterizador de contravenção penal, diga-se de passagem (art. 47 da LCP).

A alternativa "C" é incorreta. Não é demais destacar que o exercício de atividades privativas de advocacia (art. 1º do Estatuto da OAB) e a própria denominação "advogado", são exclusivos dos inscritos na Ordem dos Advogados do Brasil, consoante dispõe o art. 3º do Estatuto da OAB.

A alternativa "D" é incorreta, ainda mais se considerada a afirmação de que um gerente jurídico, por ser função de confiança, pode ser pessoa não formada em Direito. A própria inscrição na OAB exige o bacharelado no curso de Direito (art. 8º, II, do Estatuto da OAB).

(XI EXAME DE ORDEM UNIFICADO– FGV) Christiana, advogada recém-formada, está em dúvida quanto ao seu futuro profissional, porque, embora possua habilidade para a advocacia privada, teme a natural instabilidade da profissão. Por força dessas circunstâncias, pretende obter um emprego ou cargo público que lhe permita o exercício concomitante da profissão que abraçou. Por força disso, necessita, diante dos requisitos usualmente exigidos, comprovar sua efetiva atividade na advocacia.

Diante desse contexto, de acordo com as normas do Regulamento Geral do Estatuto da Advocacia e da OAB, assinale a afirmativa correta.

(A) O efetivo exercício da advocacia comprova-se pela atuação em um processo por ano, desde que o advogado subscreva uma peça privativa de advogado.

(B) O efetivo exercício da advocacia exige a atuação anual mínima em cinco causas distintas, que devem ser comprovadas por cópia autenticada de atos privativos.

(C) A atividade efetiva da advocacia, como representante judicial ou extrajudicial, cinge-se a dois atos por ano.

(D) O advogado deve comprovar, anualmente, a atuação em atos privativos, mediante declaração do Juiz onde atue, de três atos judiciais.

COMENTÁRIO

A alternativa "B" está correta, de acordo com a banca examinadora. O art. 5º do Regulamento Geral considera efetivo exercício da advocacia a participação anual mínima em *cinco atos privativos* previstos no art. 1º do Estatuto da OAB, em causas ou questões distintas. Perceba que a assertiva assinalada como correta pela FGV foi aquela contida na alternativa "B". No entanto, entendemos haver impropriedade técnica cometida pela examinadora, visto que o conceito de "efetivo exercício da advocacia" não se resume à atuação anual mínima em "*cinco causas*", mas, como afiançado pelo já citado art. 5º do Regulamento Geral, "*cinco atos privativos previstos no art. 1º do Estatuto*". A expressão "causa" corresponde a "postulação judicial", que diz respeito a um dos atos privativos de advocacia (art. 1º, I, do EAOAB). Não é correto afirmar que se considera efetivo exercício da advocacia apenas a atuação anual mínima em *cinco causas distintas* (leia-se: postulações judiciais em feitos distintos). Se, por exemplo, um advogado, em determinado ano, atuar em três causas (processos judiciais) e elaborar dois pareceres (consultoria jurídica), terá exercido efetivamente a advocacia (3 postulações judiciais = art. 1º, I, EAOAB; 2 pareceres = art. 1º, II, EAOAB), visto que, somados, corresponderão a *cinco atos privativos* de advocacia.

As alternativas "A", "C" e "D" estão incorretas. O efetivo exercício da advocacia vem definido no art. 5º do Regulamento Geral;

(XVI EXAME DE ORDEM UNIFICADO – FGV) Bernardo é bacharel em Direito, mas não está inscrito nos quadros da Ordem dos Advogados do Brasil, apesar de aprovado no Exame de Ordem. Não obstante, tem atuação na área de advocacia, realizando consultorias e assessorias jurídicas. A partir da hipótese apresentada, nos termos do Regulamento Geral da Ordem dos Advogados do Brasil, assinale a afirmativa correta.

(A) Tal conduta é permitida, por ter o bacharel logrado aprovação no Exame de Ordem.

(B) Tal conduta é proibida, por ser equiparada à captação de clientela.

(C) Tal conduta é permitida mediante autorização do Presidente da Seccional da Ordem dos Advogados do Brasil.

(D) Tal conduta é proibida, tendo em vista a ausência de inscrição na Ordem dos Advogados do Brasil.

COMENTÁRIO

A alternativa "D" está correta. O bacharel em Direito, ainda que aprovado no Exame de Ordem, enquanto não tiver obtido sua regular inscrição, com o preenchimento de todos os requisitos do art. 8º do Estatuto da OAB, não poderá praticar os atos privativos de advocacia (art. 1º do EAOAB), dentre eles, as tarefas de assessoria e consultoria jurídicas (art. 1º, II, do EAOAB e art. 4º, *caput*, do Regulamento Geral). Assim, a única alternativa correta é a D, estando as demais em descompasso com os preceitos normativos citados.

(XVII EXAME DE ORDEM UNIFICADO – FGV) Os atos e contratos constitutivos de pessoas jurídicas, para sua admissão em registro, em não se tratando de empresas de pequeno porte e de microempresas, consoante o Estatuto da Advocacia, devem

(A) apresentar os dados do contador responsável.

(B) permitir a participação de outros profissionais liberais.

(C) conter o visto do advogado.

(D) indicar o advogado que representará a sociedade.

COMENTÁRIO

Nos termos do art. 1º, § 2º, do EAOAB, "os atos e contratos constitutivos de pessoas jurídicas, sob pena de nulidade, só podem ser admitidos a registro, nos órgãos competentes, quando visados por advogados". Assim, vamos à análise das alternativas.

A alternativa "C" está correta. Os atos e contratos constitutivos de pessoas jurídicas, para que sejam admitidos a registro no órgão competente, deverão ter o visto (leia-se: a assinatura) do advogado, à exceção das microempresas e empresas de pequeno porte, cuja legislação de regência não exige o requisito em questão (visto do advogado) para o registro de seus respectivos atos constitutivos.

A alternativa "A" está incorreta, pois não é requisito para o registro de atos e contratos constitutivos de pessoas jurídicas a apresentação dos dados do contador responsável, inexistindo previsão legal nesse sentido.

A alternativa "B" está incorreta, pois o Estatuto da Advocacia (EAOAB) não prevê que os atos e contratos constitutivos de pessoas jurídicas permitam a participação de outros profissionais liberais.

A alternativa "D" está incorreta, pois o EAOAB nada fala a respeito da indicação de advogado que represente a sociedade que será constituída.

2. MANDATO

(V EXAME DE ORDEM UNIFICADO – FGV) Crésio é procurado por cliente que já possui advogado constituído nos autos. Prontamente recusa a atuação até que seu cliente apresente a quitação dos honorários acordados e proceda à revogação dos poderes que foram conferidos para o exercício do mandato. Após cumpridas essas formalidades, comprovadas documentalmente, Crésio apresenta sua procuração nos autos e requer o prosseguimento do processo. À luz das normas aplicáveis, é correto afirmar que

(A) a revogação do mandato exime o cliente do pagamento de honorários acordados.

(B) permite-se o ingresso do advogado no processo mesmo que atuando outro, sem sua ciência.

(C) a verba de sucumbência deixa de ser devida após a revogação do mandato pelo cliente.

(D) o advogado deve, antes de assumir mandato, procurar a ciência e autorização do antecessor.

COMENTÁRIO

A alternativa "D" está correta. Nos termos do art. 14 do CED traz a regra segundo a qual o advogado não deverá aceitar procuração se o cliente já tiver patrono constituído. No entanto, poderá fazê-lo se der prévio conhecimento ao advogado constituído, salvo se houver urgência.

A alternativa "A" está incorreta, visto que a revogação do mandato, considerada uma de suas causas de extinção (ao lado da renúncia e do substabelecimento sem reserva de poderes), conforme preconiza o art. 17 do Código de Ética e Disciplina (CED), não desobriga o cliente do pagamento das verbas honorárias contratadas, assim como não retira o direito do advogado de receber o quanto lhe seja devido em eventual verba honorária de sucumbência, calculada proporcionalmente, em face do serviço efetivamente prestado;

A alternativa "B" está incorreta, pois, de acordo com o art. 14 do CED, o advogado não deve aceitar procuração de quem já tenha patrono constituído, sem prévio conhecimento deste, salvo por motivo plenamente justificável ou para adoção de medidas judiciais urgentes e inadiáveis;

A alternativa "C" está incorreta, visto que, mesmo após a extinção do mandato pela sua revogação pelo cliente, o advogado continua a ter o direito de eventual verba honorária de sucumbência, que será calculada proporcionalmente (art. 17 do CED);

(IX EXAME DE ORDEM UNIFICADO – FGV) A advogada Ana estava constituída nos autos de determinada ação penal. Em determinado momento, seu cliente passou a descumprir o contrato de honorários firmado. Ana notificou seu cliente de sua decisão de renunciar à causa. Passados cinco dias, contados da notificação da renúncia, foi publicada decisão abrindo prazo para o oferecimento de determinada petição pelo acusado.

A partir da situação sugerida, assinale a alternativa que indica o procedimento que Ana deverá adotar.

(A) Ana deve elaborar e apresentar a petição, uma vez que em ações penais, no âmbito das quais estão em risco a liberdade do acusado, o advogado que renuncia à causa deve aguardar que outro o substitua.

(B) Ana deve elaborar e apresentar a petição, pois continua a representar o mandante durante os 10 (dez) dias seguintes à notificação da renúncia.

(C) Ana não está obrigada a elaborar e apresentar a petição, pois avisou seu cliente, com antecedência razoável, de que renunciaria à causa.

(D) Ana não está obrigada a elaborar e apresentar a petição, pois em caso de inadimplemento de honorários advocatícios, o advogado fica desobrigado de atuar na causa imediatamente após a comunicação da renúncia.

COMENTÁRIO

A alternativa "B" está correta. De fato, como visto, a renúncia ao mandato, pelo advogado, não lhe permite "sair do processo" imediatamente. Os referidos arts. 5º, § 3º, do Estatuto e 16 do CED, preveem que nos dez dias subsequentes à notificação da renúncia, o advogado continuará a representar o (ex)cliente, salvo se substituído antes do término de aludido prazo.

A alternativa "A" está incorreta. A renúncia ao mandato, pouco importando o tipo de ação que esteja sob a responsabilidade do advogado (cível ou criminal), carreará a este o dever de permanecer representando o (ex)cliente pelo prazo de dez dias, contados da notificação da renúncia, salvo se novo advogado for constituído nesse interregno (art. 5º, § 3º, do Estatuto da OAB e art. 16 do CED).

A alternativa "C" está incorreta. Como a intimação no processo-crime ocorreu cinco dias após a notificação da renúncia, a advogada Ana tem o dever de apresentar a petição, sob pena, inclusive, de caracterizar-se o abandono da causa, que é infração ética (art. 34, XI, do Estatuto da OAB).

A alternativa "D" está incorreta. Pouco importa o motivo da renúncia. O advogado renunciante tem o dever de permanecer representando o (ex)cliente pelo prazo de dez dias após a notificação da renúncia, salvo se novo advogado for constituído nesse período (art. 5º, § 3º, do Estatuto e art. 16 do CED).

(IX EXAME DE ORDEM UNIFICADO – FGV) Um advogado é contatado por cliente, que está em viagem ao exterior sem data de regresso, para representá-lo em processo de natureza cível em curso. O advogado, diante da urgência da atuação, requer o ingresso nos autos, postulando pela apresentação posterior do instrumento de mandato no prazo estatutário.

Quanto ao referido prazo, assinale a afirmativa correta.

(A) Corresponde a trinta dias prorrogáveis indefinidamente.

(B) É fixado pelo Juiz de acordo com a complexidade do processo.

(C) É de quinze dias, prorrogáveis por igual período.

(D) Será fixado de acordo com o procedimento adotado no processo.

COMENTÁRIO

A alternativa "C" está correta, nos exatos termos do art. 5º, § 1º, do Estatuto da OAB.

A alternativa "A" está incorreta. A atuação do advogado, em juízo, exige que faça a prova do mandato (art. 5º, *caput*, do Estatuto da OAB). Porém, em caso de urgência, o advogado poderá postular, momentaneamente, sem a procuração, devendo, contudo, juntá-la aos autos no prazo de 15 dias, prorrogável por igual período. Aqui, chamamos a atenção do candidato: a soma do prazo (15 + 15) resultaria em 30 dias. Contudo, como adverte o art. 5º, § 1º, do Estatuto da OAB, a prorrogação é admitida uma única vez, e pelo prazo de apenas 15 dias.

A alternativa "B" está incorreta. O prazo para a juntada de procuração pelo advogado, caso não a apresente no momento do ato postulatório considerado urgente, é fixado pela lei (art. 5º, *caput*, do Estatuto), e não pelo juiz.

A alternativa "D" está incorreta. O procedimento (rito) processual em nada interfere no prazo para a juntada da procuração pelo advogado que tenha atuado sem exibi-lo desde logo. Como visto, em caso de urgência, disporá o advogado de 15 dias, prorrogáveis por outros 15.

(XI EXAME DE ORDEM UNIFICADO – FGV) Cláudio, advogado com vasta experiência profissional, é contratado pela sociedade LK Ltda. para gerenciar a carteira de devedores duvidosos, propondo acordos e, em último caso, as devidas ações judiciais. Após um ano de sucesso na empreitada, Cláudio postula aumento nos seus honorários, o que vem a ser recusado pelos representantes legais da sociedade. Insatisfeito com o desenrolar dos fatos, Cláudio comunica que irá renunciar aos mandatos que lhe foram conferidos, notificando pessoalmente os representantes legais da sociedade que apuseram o seu ciente no ato de comunicação. Dez dias após, a sociedade contratou novos advogados, que assumiram os processos em curso.

Observado tal relato, baseado nas normas do Regulamento Geral do Estatuto da Advocacia e da OAB, assinale a afirmativa correta.

(A) A comunicação da renúncia do mandato não pode ser pessoal, para evitar conflitos com o cliente.

(B) A renúncia ao mandato deve ser comunicada ao cliente, preferencialmente mediante carta com aviso de recepção.

(C) O advogado deve comunicar a renúncia ao mandato diretamente ao Juízo da causa, que deverá intimar a parte.

(D) O advogado não tem o dever de comunicar à parte a renúncia ao mandato judicial ou extrajudicial.

COMENTÁRIO

A alternativa "B" está correta. De fato, nos termos do art. 6º do Regulamento Geral, o advogado deverá comunicar o cliente acerca da renúncia, preferencialmente, por carta com aviso de recepção (AR), e, a seguir, ao juízo. Em suma: comunica-se o cliente, primeiramente (de preferência, repita-se, por carta com AR), e, a seguir, o juízo (obviamente por petição). Perceba que o Regulamento Geral recomenda a comunicação da renúncia por carta com AR, mas, em nenhum momento, veda outras formas (por exemplo, por telegrama, ou por notificação extrajudicial via cartório).

A alternativa "A" está incorreta. Não há qualquer disposição no Regulamento Geral que vede ao advogado comunicar a renúncia ao mandato pessoalmente.

A alternativa "C" está incorreta. Como se vê no art. 6º do Regulamento Geral, a renúncia ao mandato impõe ao advogado que comunique diretamente seu cliente, e, a seguir, ao juízo.

A alternativa "D" está incorreta, nos termos do já referido art. 6º do Regulamento Geral, que exige que o advogado comunique seu ato (renúncia ao mandato) ao constituinte.

(XII EXAME DE ORDEM UNIFICADO – FGV) Saulo é advogado de Paula em determinada ação de natureza cível. Após os trâmites necessários, a postulação vem a ser julgada improcedente. Em decorrência de julgamento de recurso, a decisão foi mantida. Saulo comunicou o resultado à sua cliente que, tendo tomado ciência, manteve-se silente. Houve o trânsito em julgado da decisão.

Sob a perspectiva do Código de Ética e Disciplina da Advocacia, assinale a afirmativa correta.

(A) Após o trânsito em julgado, o mandato conferido ao advogado continua a ser cumprido.

(B) O mandato conferido ao advogado não cessa mesmo depois de concluída a causa.

(C) O resultado infrutífero da causa é considerado como quebra do mandato.

(D) O final da causa presume o cumprimento do mandato conferido ao advogado.

COMENTÁRIO

A alternativa "D" está correta. Nos termos do art. 13 do Código de Ética e Disciplina (CED), concluída a causa ou arquivado o processo, presume-se extinto e cumprido o mandato.

A alternativa "A" está incorreta. No caso relatado no enunciado, Saulo advogou para Paula em ação cível, com desfecho desfavorável à parte assistida, sem, contudo, interposição de recurso, tendo havido o trânsito em julgado. Ora, após o trânsito, não há mais razões para que o advogado continue a ter que observar o mandato anteriormente pactuado com sua cliente, especialmente em razão da improcedência;

A alternativa "B" está incorreta, pois o art. 13 do CED preconiza haver presunção da cessação do mandato com a conclusão da causa ou arquivamento do processo;

A alternativa "C" está incorreta, pois o rompimento do mandato não se dá pelo resultado infrutífero da causa, mas, sim, pela renúncia advinda do advogado (art. 5º, § 3º, do Estatuto da OAB), pela revogação oriunda do cliente (art. 17 do CED) ou pelo substabelecimento sem reserva de poderes (art. 26, § 1º, do CED), bem como pela conclusão da causa ou arquivamento do processo, havendo, neste caso, presunção de cumprimento e cessação do mandato (art. 13 do CED);

(XIII EXAME DE ORDEM UNIFICADO – FGV) O advogado Carlos pretende substabelecer os poderes que lhe foram conferidos pelo seu cliente Eduardo, sem reserva de poderes, pois pretende realizar uma longa viagem, sem saber a data do retorno, não pretendendo manter compromissos profissionais.

Nos termos das normas do Código de Ética, tal ato deve

(A) prescindir do conhecimento do cliente por ser ato privativo.

(B) ser comunicado ao cliente de modo inequívoco.

(C) ser realizado por tempo determinado.

(D) implicar na devolução dos honorários pagos antecipadamente pelo cliente.

COMENTÁRIO

Nos termos do art. 26, §1º, do Código de Ética e Disciplina (CED), em caso de substabelecimento sem reserva de poderes, o advogado substabelecente deverá dar prévio e inequívoco conhecimento de tal ato ao cliente. Afinal, haverá a extinção do mandato, razão mais do que suficiente a impor ao advogado que cientifique previamente, e de modo inequívoco, o cliente. Assim, de plano, está incorreta a alternativa "A", pois, como dito, o substabelecimento sem reserva de poderes não pode prescindir do conhecimento do cliente. Logo, correta está a alternativa "B".

No tocante à alternativa "C", trata-se de assertiva incorreta, pois o substebelecimento sem reserva de poderes é causa de extinção do mandato, haja vista que o advogado "originário" (substabelecente) irá transferir completamente os poderes que lhe foram outorgado pelo cliente a outro advogado (substabelecido). Não se trata, portanto, de ato que gere efeitos apenas por tempo determinado.

Finalmente, o substabelecimento sem reserva de poderes não implica na devolução dos honorários pagos antecipadamente pelo cliente. A extinção do mandato não acarreta o efeito previsto na alternativa "D".

(XVI EXAME DE ORDEM UNIFICADO – FGV) João é advogado da sociedade empresária X Ltda., atuando em diversas causas do interesse da companhia. Ocorre que o controle da sociedade foi alienado para uma sociedade estrangeira, que resolveu contratar novos profissionais em várias áreas, inclusive a jurídica. Por força dessa circunstância, rompeu-se a avença entre o advogado e o seu cliente. Assim, João renunciou ao mandato em todos os processos, comunicando formalmente o ato à cliente. Após a renúncia, houve novo contrato com renomado escritório de advocacia, que, em todos os processos, apresentou o instrumento de mandato antes do término do prazo legal à retirada do advogado anterior. Na renúncia focalizada no enunciado, consoante o Estatuto da Advocacia, deve o advogado

(A) afastar-se imediatamente após a substituição por outro advogado.

(B) funcionar como parecerista no processo pela continuidade da representação.

(C) atuar em conjunto com o advogado sucessor por quinze dias.

(D) aguardar dez dias para verificar a atuação dos seus sucessores.

COMENTÁRIO

A renúncia ao mandato impõe ao advogado o dever de comunicar seu cliente de tal ato, bem como o de prosseguir na sua representação pelo prazo de dez dias, salvo se, nesse período, for substituído por outro advogado (art. 5º, § 3º, do Estatuto da OAB). No caso relatado no enunciado, após a renúncia feita por João, novo contrato foi entabulado com renomado escritório de advocacia, tendo havido a juntada de procuração antes do término dos dez dias. Assim, o advogado renunciante, diante da constituição de novo(s) advogado(s), não mais poderá atuar nas causas, devendo-se afastar imediatamente. Correta, pois, a alternativa "A", estando as demais erradas, posto que em desacordo com o Estatuto da OAB.

(XVIII EXAME DE ORDEM UNIFICADO – FGV) Paulo é contratado por Pedro para promover ação com pedido condenatório em face de Alexandre, por danos causados ao animal de sua propriedade. Em decorrência do processo, houve condenação do réu ao pagamento de indenização ao autor, fixados honorários de sucumbência correspondentes a dez por cento do apurado em cumprimento de sentença. O réu ofertou apelação contra a sentença proferida na fase cognitiva. Ainda pendente o julgamento do recurso, Pedro decide revogar o mandato judicial conferido a Paulo, desobrigando-se de pagar os honorários contratualmente ajustados. Nos termos do Código de Ética da OAB, a revogação do mandato judicial, por vontade de Pedro,

(A) não o desobriga do pagamento das verbas honorárias contratadas.

(B) desobriga-o do pagamento das verbas honorárias contratadas.

(C) desobriga-o do pagamento das verbas honorárias contratadas e da verba sucumbencial.

(D) não o desobriga do pagamento das verbas honorárias sucumbenciais, mas o desobriga das verbas contratadas.

COMENTÁRIO

Nos termos do art. 17 do CED, a revogação do mandato judicial por vontade do cliente não o desobriga do pagamento das verbas honorárias contratadas, bem como não retira o direito do advogado de receber o quanto lhe seja devido em eventual verba honorária de sucumbência, calculada proporcionalmente em face do serviço efetivamente prestado. Correta, portanto, a alternativa **"A"**, estando as demais em descompasso com o quanto dita o Código de Ética.

Assim, de acordo com o enunciado, Paulo teve o mandato que lhe fora outorgado por Pedro revogado, por vontade deste, enquanto o processo estava em grau de recurso. Tal fato – revogação do mandato -, como visto, não tem o condão de isentar o cliente do pagamento dos honorários contratualmente ajustados, assim como não afastará eventuais honorários sucumbenciais, que serão recebidos pelo causídico proporcionalmente aos serviços que efetivamente prestou.

(XVIII EXAME DE ORDEM UNIFICADO – FGV) Determinada causa em que se discutia a guarda de dois menores estava confiada ao advogado Álvaro, que trabalhava sozinho em seu escritório. Aproveitando o período de recesso forense e considerando que não teria prazos a cumprir ou atos processuais designados durante esse período, Álvaro realizou viagem para visitar a família no interior do estado. Alguns dias depois de sua partida, ainda durante o período de recesso, instalou-se situação que demandaria a tomada de medidas urgentes no âmbito da mencionada ação de guarda. O cliente de Álvaro, considerando que seu advogado se encontrava fora da cidade, procurou outro advogado, Paulo, para que a medida judicial necessária fosse tomada, recorrendo-se ao plantão judiciário. Paulo não conseguiu falar com Álvaro para avisar que atuaria na causa em que este último estava constituído, mas aceitou procuração do cliente assim mesmo e tomou a providência cabível.

Poderia Paulo ter atuado na causa sem o conhecimento e a anuência de Álvaro?

(A) Paulo poderia ter atuado naquela causa apenas para tomar a medida urgente cabível.

(B) Paulo poderia ter atuado na causa, ainda que não houvesse providência urgente a tomar, uma vez que o advogado constituído estava viajando.

(C) Paulo não poderia ter atuado na causa, pois o advogado não pode aceitar procuração de quem já tenha patrono constituído, sem prévio conhecimento deste, ainda que haja necessidade da tomada de medidas urgentes.

(D) Paulo não poderia ter atuado na causa, pois os prazos estavam suspensos durante o recesso.

COMENTÁRIO

Nos termos do art. 14 do CED, o advogado não deve aceitar procuração de quem já tenha patrono constituído, sem prévio conhecimento deste, salvo por motivo plenamente justificável ou para adoção de medidas judiciais urgentes e inadiáveis.

A banca examinadora, em virtude do precitado dispositivo normativo, assinalou como correta a alternativa **"A"**.

Do texto do referido diploma normativo emergem uma regra e duas exceções. A regra: não deve o advogado aceitar procuração de quem já tenha patrono constituído (em simples palavras: um advogado não pode aceitar "assumir uma causa" quando outro colega já estiver atuando em prol da parte). As exceções: i) admite-se que um advogado aceite procuração de quem já tenha patrono constituído por motivo plenamente justificável;ii) admite-se que um advogado aceite procuração de quem já tenha patrono constituído para adoção e medidas judiciais urgentes e inadiáveis. Portanto, havendo MOTIVO PLENAMENTE JUSTIFICÁVEL ou para ADOÇÃO DE MEDIDAS JUDICIAIS URGENTES E INADIÁVEIS, é lícito ao advogado aceitar procuração mesmo quando outro colega já estivesse atuando nos autos, ainda que sem prévio conhecimento deste. No caso relatado no enunciado da questão, afirmou-se que o advogado Álvaro, durante o recesso forense, viajou. Seu cliente, parte em ação de guarda de menores, em referido período, necessitou da intervenção de um advogado em virtude de situação que demandaria a tomada de medidas urgentes em aludido processo, o que foi feito por outro advogado (Paulo), que não conseguiu falar com seu colega que assumiria a causa para a tomada das medidas judiciais cabíveis (decerto em virtude de sua ausência da cidade). A banca examinadora assinalou como correta a alternativa "A" (*Paulo poderia ter atuado naquela causa apenas para tomar a medida urgente cabível).* Ainda que não se possa afirmar que a assertiva sob enfoque esteja completamente ERRADA, visto que, no contexto apresentado no enunciado, a assunção da causa por Paulo seria possível, à vista da necessidade da adoção de "medidas judiciais urgentes e inadiáveis" (uma das exceções anteriormente destacadas), o fato é que a expressão "apenas" contida na alternativa vai de encontro ao precitado art. 14 do CED, que, como visto, autoriza que outro advogado aceite procuração de quem já tenha patrono constituído, sem prévio conhecimento deste, quando houver MOTIVO PLENAMENTE JUSTIFICÁVEL ou para ADOÇÃO DE MEDIDAS JUDICIAIS URGENTES E INADIÁVEIS. Na narrativa da questão, embora se tenha afirmado que "medidas urgentes" precisariam ser tomadas no processo de guarda, o que admitiria que o advogado Paulo aceitasse procuração do cliente de Álvaro, que já estava constituído nos autos, é certo que a ausência dele da cidade, e a impossibilidade de contato do novo causídico constituído pela parte, ainda que não houvesse urgência, seriam suficientes a caracterizar o "motivo plenamente justificável" de que trata o art. 14 do CED. Portanto, seria de se aceitar como correta a alternativa "B" (*Paulo poderia ter atuado na causa, ainda que não houvesse providência urgente a tomar, uma vez que o advogado constituído estava viajando*). No contexto da questão, a viagem do advogado, e a impossibilidade de Paulo contatá-lo, seriam um MOTIVO PLENAMENTE JUSTIFICÁVEL (lembre-se: uma das exceções previstas no art. 14 do CED) para a intervenção deste último nos autos da ação de guarda. Havendo, portanto, uma expressão contida na alternativa "A" que contraria o texto do CED, e diante de todo o exposto no tocante à alternativa "B", a questão mereceria ter sido anulada.

3. ESTÁGIO PROFISSIONAL

(IV EXAME DE ORDEM UNIFICADO – FGV) Juvenal, estagiário regularmente inscrito nos Quadros da OAB, em processo no qual se encontra indicado como tal, retira do cartório os autos do processo, deixando de devolvê-los no prazo legal. Regularmente intimado, mantém a sua inércia. Em termos disciplinares, é correto afirmar que

(A) o estagiário não sofre sanções disciplinares.

(B) não há diferença na atuação do estagiário e do advogado para efeito de sanções disciplinares.

(C) no caso em tela, não haverá qualquer sanção nem ao advogado nem ao estagiário.

(D) o advogado responsável pelo estagiário é o destinatário das sanções nesse caso.

COMENTÁRIO

A questão é polêmica e deveria ter sido anulada pela banca examinadora. Com efeito, o enunciado é bastante claro ao mencionar que Juvenal, estagiário, retirou os autos do processo do Cartório Judicial, deixando de restituí-los mesmo após ser regularmente intimado para tanto. Nos termos do art. 29, § 1º, I, do Regulamento Geral da OAB, é lícito ao estagiário retirar e devolver autos de processos judiciais, porém, sob a responsabilidade do advogado. Assim, certamente baseando-se em referido dispositivo, a banca optou por indicar como correta a alternativa "D". Porém, na docência de Paulo Lôbo, eminente jurista na área da ética profissional do advogado, tratando da responsabilidade do advogado pelo extravio ou retenção abusiva de autos, infração geradora de suspensão dos quadros da OAB (art. 34, XXII, do EAOAB – Lei 8.906/1994), menciona ser ela "principal e solidária" (*Comentários ao Estatuto da Advocacia e da OAB*, 4ª edição, Ed. Saraiva, p. 42), donde se extrai que o estagiário que houver efetuado a carga dos autos também será responsabilizado. Portanto, em nosso entendimento, nenhuma alternativa é correta. No entanto, a questão em comento não foi anulada!

(VI EXAME DE ORDEM UNIFICADO – FGV) Nos termos das normas do Regulamento Geral do Estatuto da Advocacia e da OAB, o estagiário poderá isoladamente realizar o seguinte ato:

(A) atuar em audiências nos Juizados Especiais representando os clientes do escritório.

(B) obter com os Chefes de Secretarias certidões de peças de processos em curso.

(C) sustentar oralmente os recursos nos tribunais, quando cabível a defesa oral.

(D) assinar petições iniciais ou contestações quando incluído no instrumento de mandato.

COMENTÁRIO

De acordo com o art. 29 do Regulamento Geral, com destaque para os §§ 1º e 2º, poderá o estagiário, isoladamente, praticar os seguintes atos: a) carga e descarga de processos; b) *obter certidões de peças ou autos de processos em curso*; c) elaborar petição de juntada e; d) realizar atos extrajudiciais, desde que autorizado ou munido de substabelecimento do advogado. Assim, correta a alternativa "B".

As demais alternativas contêm atividades que não podem ser realizadas isoladamente pelo estagiário, mas, sim, por advogado. Até é possível que um estagiário assine petições iniciais, contestações ou recursos, desde que em conjunto e sob a supervisão e responsabilidade do advogado (art. 3º, § 2º, do EAOAB)

(VII EXAME DE ORDEM UNIFICADO – FGV) Nos termos das normas do Regulamento Geral do Estatuto da Advocacia e da OAB, o Estágio Profissional de Advocacia é requisito para inscrição no quadro de estagiários da OAB, sendo correto afirmar:

(A) É ministrado pela Seccional da OAB sem intervenção de entidade de ensino superior.

(B) Pode ser ofertado por instituição de ensino superior em convênio com a OAB.

(C) Deve ter carga horária mínima de 360 horas distribuídas em dois anos de atividade.

(D) Pode ocorrer a complementação de carga horária em escritórios sem credenciamento junto à OAB.

COMENTÁRIO

A alternativa "B" está correta, conforme dispõe o art. 27, § 1º, do Regulamento Geral;

A alternativa "A" está incorreta, pois o estágio profissional contará, por evidente, com a intervenção da entidade de ensino superior. Afinal, o objetivo do estágio é a aprendizagem prático-profissional;

A alternativa "C" está incorreta, pois a carga horária mínima do estágio profissional será de 300 (trezentas) horas, distribuídas e dois ou mais anos, conforme prevê o art. 27, § 1º, do Regulamento Geral;

A alternativa "D" está incorreta, pois o estágio profissional, quando realizado fora da instituição de ensino superior, deverá ser realizado em local (escritório ou entidades) que mantenha convênio com a OAB, conforme prevê o art. 30 do Regulamento Geral.

(IX EXAME DE ORDEM UNIFICADO – FGV) Marcio é estagiário de Direito regularmente inscrito na Ordem dos Advogados do Brasil e atua sob supervisão da advogada Helena. Atuando em determinado processo, a advogada substabelece ao estagiário os poderes que lhe foram conferidos pelo cliente.

A respeito do caso apresentado, consoante as normas do Regulamento Geral do Estatuto da Advocacia e da OAB, assinale a afirmativa correta.

(A) O estagiário poderá retirar os autos do cartório conjuntamente com a advogada.

(B) Os atos do estagiário ocorrem sob a supervisão e responsabilidade da advogada.

(C) As petições apresentadas no processo terão a subscrição conjunta da advogada inclusive de juntada de documentos.

(D) O estagiário poderá realizar audiências judiciais autonomamente sem a presença da advogada.

COMENTÁRIO

A alternativa "B" está correta. Como regra, o estagiário somente poderá atuar em conjunto e sob a supervisão do advogado (art. 29, *caput*, e § 1º, do Regulamento Geral). Mesmo para aqueles atos que o estagiário poderá realizar isoladamente (art. 29, § 1º, I, II e III, do Regulamento Geral), a responsabilidade por eles continua a ser do advogado.

A alternativa "A" está incorreta, pois o estagiário poderá retirar autos de cartório (realizar carga, portanto), independentemente de atuação conjunta com advogado, consoante de extrai do art. 29, § 1º, I, do Regulamento Geral. Evidente, porém, que, para tanto, disponha o estagiário de procuração ou substabelecimento do advogado responsável pela condução do processo.

A alternativa "C" está incorreta. Uma das atividades que o estagiário pode praticar isoladamente é, exatamente, a subscrição de petições de juntada de documentos a processos judiciais ou administrativos, conforme autoriza o art. 29, § 1º, III, do Regulamento Geral.

A alternativa "D" está incorreta, pois não se inserem dentre as atividades que o estagiário possa realizar isoladamente (art. 29, § 1º, I, II e III, do Regulamento Geral), o acompanhamento de audiências judiciais, representando o cliente.

(XI EXAME DE ORDEM UNIFICADO – FGV) Ferrari é aluno destacado no curso de Direito, tendo, no decorrer dos anos, conseguido vários títulos universitários, dentre eles, medalhas e certificados. Indicado para representar a Universidade em que estudou, foi premiado em evento internacional sobre arbitragem. A repercussão desse fato aumentou seu prestígio e, por isso, recebeu numerosos convites para trabalhar em diversos escritórios de advocacia. Aceito o convite de um deles, passou a redigir minutas de contratos, sempre com supervisão de um advogado. Após um ano de estágio, conquistou a confiança dos advogados do seu setor e passou a ter autonomia cada vez maior. Diante dessas circunstâncias, passou a chancelar contratos sem a interferência de advogado.

Nos termos do Estatuto da Advocacia, o estagiário deve atuar

(A) autonomamente, após um ano de estágio.
(B) conjuntamente com um advogado, em todos os atos da advocacia.
(C) autonomamente, em alguns atos permitidos pelo advogado.
(D) vinculado ao advogado em atos judiciais, mas não em atos contratuais.

COMENTÁRIO

Nos termos do art. 3º, § 2º, do Estatuto da OAB, o estagiário de advocacia, regularmente inscrito, pode praticar os atos previstos no art. 1º, na forma do Regulamento Geral (art. 29), em conjunto com advogado e sob responsabilidade deste. A questão não deixou claro quais os contratos chancelados pelo estagiário, sem a atuação conjunta do advogado. Parece que a intenção da banca foi tratar dos atos constitutivos de pessoas jurídicas, cujo visto (chancela) é atividade privativa de advocacia (art. 1º, § 2º, do EAOAB e art. 2º do Regulamento Geral). Porém, ainda que assim não seja, um estagiário de um escritório não poderia, sozinho, chancelar qualquer tipo de contrato elaborado para cliente, visto que tal tarefa não se encontra dentro daquelas em que se admite a atuação isolada (art. 29, § 1º, do Regulamento Geral – I – retirar e devolver autos em cartório, assinando a respectiva carga; II – obter junto aos escrivães e chefes de secretarias certidões de peças ou autos de processos em curso ou findos; III – assinar petições de juntada de documentos a processos judiciais ou administrativos).

Assim, de plano, vê-se que as alternativas "A", "C" e "D" são incorretas, uma vez que o estagiário, como regra, não poderá atuar autonomamente, salvo nos casos expressamente permitidos pelo Regulamento Geral. Logo, a regra é que estagiário somente poderá atuar em conjunto e sob a responsabilidade de um advogado.

Logo, correta apenas a alternativa **"B"**, nos termos do já citado art. 3º, § 2º, do EAOAB.

(XII EXAME DE ORDEM UNIFICADO – FGV) Ângelo, comandante das Forças Especiais do Estado "B", é curioso em relação às normas jurídicas, cuja aplicação acompanha na seara castrense, já tendo atuado em órgãos julgadores na sua esfera de atuação. Mantendo a sua atividade militar, obtém autorização especial para realizar curso de Direito, no turno da noite, em universidade pública, à qual teve acesso pelo processo seletivo regular de provas.

Ângelo consegue obter avaliação favorável em todas as disciplinas até alcançar o período em que o estágio é permitido. Ele pleiteia sua inscrição no quadro de estagiários da OAB e que o mesmo seja realizado na Justiça Militar.

Com base no caso narrado, nos termos do Estatuto da Advocacia, assinale a afirmativa correta.

(A) O estágio é permitido, desde que ocorra perante a Justiça Militar especializada.
(B) O estágio é permitido, mas, por tratar-se de função incompatível, é vedada a inscrição na OAB.
(C) O estágio poderá ocorrer, mediante autorização especial da Força Armada respectiva.
(D) O estágio possui uma categoria especial que limita a atuação em determinados processos.

COMENTÁRIO

Preliminarmente, antes de iniciarmos os comentários a cada uma das alternativas, faz-se preciso um breve histórico. Assim, temos que o estágio profissional, nos termos do art. 9º, I, do Estatuto da OAB (EAOAB), exigirá que o futuro estagiário preencha os requisitos mencionados nos incisos I, III, V, VI e VII do art. 8º, do mesmo diploma legal, quais sejam: I – ter capacidade civil (art. 8º, I, EAOAB); II – título de eleitor e quitação militar, se brasileiro (art. 8º, III, EAOAB); III – não exercer atividade incompatível com a advocacia (art. 8º, V, EAOAB); IV – ter idoneidade moral (art. 8º, VI, EAOAB) e; V – prestar compromisso perante o Conselho Seccional (art. 8º, VII, EAOAB).

Considerando que no enunciado em análise temos que Ângelo é *militar na ativa*, tal atividade o torna *incompatível com o exercício da advocacia*, nos termos do art. 28, VI, do Estatuto da OAB, fato suficiente a obstar sua inscrição como estagiário, visto que não preenche o requisito do art. 8º, V, EAOAB (não exercer atividade incompatível com a advocacia). Assim, vamos às alternativas:

A alternativa "B" está correta, pois muito embora Angelo não possa obter a inscrição na OAB como estagiário, pelas razões já alinhadas, o art. 9º, § 3º, do EAOAB, autoriza que o aluno de curso jurídico que exerça atividade incompatível com a advocacia possa frequentar o estágio ministrado pela respectiva instituição de ensino superior, para fins de aprendizagem, vedada, repita-se, a inscrição na OAB.

As alternativas "A" e "C" estão incorretas, pois se Angelo exerce atividade incompatível, não poderá obter a inscrição na OAB no quadro de estagiários, não havendo qualquer exceção, tal como a proposta nas assertivas (estágio na Justiça Militar ou com autorização da Força Armada respectiva).

A alternativa "D" está incorreta, pois, com base nos fatos relatados no enunciado, como dito, Angelo não poderá sequer obter a inscrição na OAB, não se falando em restrição à atuação em determinados tipos de processo, tal como sugere a assertiva.

(XIV EXAME DE ORDEM UNIFICADO – FGV) Matheus é estagiário vinculado ao escritório Renato e Associados. No exercício da sua atividade, por ordem do advogado supervisor, o estagiário acompanha o cliente diretor da sociedade Tamoaí S/A. Por motivos alheios à vontade do estagiário, que se disse inocente de qualquer deslize, o diretor veio a se desentender com Matheus, e, por força desse evento, o escritório resolve renunciar ao mandato conferido pela pessoa jurídica. Nos termos do Estatuto da Advocacia, sobre o caso descrito, assinale a afirmativa correta.

(A) O advogado pode afastar-se do processo em que atua sem comunicação ao cliente.
(B) A renúncia deve ser notificada ao cliente pelos advogados mandatários.
(C) A renúncia aos poderes conferidos no mandato dependerá do cliente do escritório.
(D) A renúncia ao mandato, sem respeitar o prazo legal, implica abandono da causa.

COMENTÁRIO

A alternativa "B" está correta, nos termos do já referido art. 5º, § 3º, do EAOAB.

A alternativa "A" está incorreta, pois em caso de renúncia, que é forma de extinção do mandato, o advogado deverá notificar o cliente, nos termos do art. 5º, § 3º, do Estatuto da OAB (EAOAB).

A alternativa "C" está incorreta, pois a renúncia é forma de extinção do mandato que parte do advogado, vale dizer, é direito seu fazê-lo. Trata-se, em nosso entendimento, de ato unilateral, ou seja, que independe de aceitação do cliente. Contudo, como visto, será de rigor que o advogado renunciante (mandatário) comunique tal decisão sua ao mandante (cliente).

A alternativa "D" está incorreta, de acordo com a banca examinadora. Contudo, parece-nos correta a assertiva em tela, visto que, de fato, a renúncia ao mandato, sem respeitar o prazo legal, implica abandono da causa. Basta conjugar o art. 5º, § 3º, do EAOAB (o advogado que renunciar ao mandato continuará, *durante os dez dias seguintes à notificação da renúncia*, a representar o mandante, salvo se for substituído antes do término desse prazo) com o art. 16 do CED (a renúncia ao patrocínio deve ser feita sem menção do motivo que a determinou, fazendo cessar a responsabilidade profissional pelo acompanhamento da causa, uma vez decorrido o prazo previsto em lei – EAOAB, art. 5º, § 3º) e o art. 34, XI, do EAOAB (constitui infração disciplinar *abandonar a causa* sem justo motivo ou *antes de decorridos dez dias da comunicação da renúncia*). Portanto, entendemos correta, também, a assertiva "D".

(XVIII EXAME DE ORDEM UNIFICADO – FGV) Fernanda, estudante do 8º período de Direito, requereu inscrição junto à Seccional da OAB do estado onde reside. A inscrição foi indeferida, em razão de Fernanda ser serventuária do Tribunal de Justiça do estado. Fernanda recorreu da decisão, alegando que preenche todos os requisitos exigidos em lei para a inscrição de estagiário e que o exercício de cargo incompatível com a advocacia não impede a inscrição do estudante de Direito como estagiário.

Merece ser revista a decisão que indeferiu a inscrição de estagiário de Fernanda?

(A) Sim, pois Fernanda exerce cargo incompatível com a advocacia e não com a realização de estágio.

(B) Não, pois as incompatibilidades previstas em lei para o exercício da advocacia também devem ser observadas quando do requerimento de inscrição de estagiário.

(C) Sim, pois o cargo de serventuário do Tribunal de Justiça não é incompatível com a advocacia, menos ainda com a realização de estágio.

(D) Não, pois apenas estudantes do último período do curso de Direito podem requerer inscrição como estagiários.

COMENTÁRIO

De acordo com o art. 9º, I, do EAOAB, para inscrição como estagiário é necessário preencher os requisitos do art. 8º, I (capacidade civil), III (título de eleitor e quitação do serviço militar), V (não exercer atividade incompatível), VI (ter idoneidade moral) e VII (prestar compromisso perante o Conselho Seccional competente).

Sendo Fernanda serventuária do Tribunal de Justiça do estado em que solicitou a inscrição na OAB, seu ingresso como estagiária seria, de fato, vedado, eis que exerce atividade incompatível com a advocacia, nos termos do art. 28, IV, do EAOAB (cargos ou funções vinculados direta ou indiretamente ao Poder Judiciário).

Perceba o leitor que as incompatibilidades para o exercício da advocacia também afetam a pretensão do candidato ao estágio profissional da advocacia, razão pela qual estão incorretas as alternativas "A" e "C", estando correta a alternativa "B".

Também incorreta a alternativa "D", pois pode postular a inscrição como estagiário o estudante que estiver cursando os últimos anos de Direito (leia-se: para os cursos de cinco anos, a partir do quarto ano ou sétimo semestre/período).

4. DIREITOS DO ADVOGADO

(EXAME DE ORDEM UNIFICADO 2010.2 – FGV) Joel é experiente advogado, inscrito há muitos anos nos quadros da OAB. Em atividade profissional, comparece à sessão de tribunal com o fito de sustentar, oralmente, recurso apresentado em prol de determinado cliente. Iniciada a sessão de julgamento, após a leitura do relatório, pelo magistrado designado para tal função no processo, dirige-se à tribuna e, regularmente, apresenta sua defesa oral. No curso do julgamento há menção, pelo Relator de data e fls. constantes dos autos processuais que se revelam incorretas. No concernente ao tema, à luz das normas estatutárias, o advogado

(A) deve aguardar o final do julgamento, com a proclamação do resultado, para apresentar questão de ordem.

(B) poderá usar a palavra, pela ordem, para esclarecer questão de fato, que influencie o julgamento.

(C) não possui instrumento hábil para interromper o julgamento.

(D) após o final do julgamento deverá, mediante nova sustentação oral, indicar os erros cometidos.

COMENTÁRIO

O art. 7º, X, da Lei 8.906/1994 dispõe que é direito do advogado "usar da palavra, pela ordem, em qualquer juízo ou tribunal, mediante intervenção sumária, para esclarecer equívoco ou dúvida surgida em relação a fatos, documentos ou afirmações que influam no julgamento, bem como para replicar acusação ou censura que lhe forem feitas" (g.n.). Assim, está correta a alternativa "B".

A alternativa "A" está incorreta, pois não precisará aguardar o final do julgamento para usar da palavra e esclarecer os equívocos cometidos. Caso o faça, já será tarde!

A alternativa "C" é incorreta, visto que o advogado dispõe, sim, de um instrumento hábil a interromper o julgamento: a palavra (art. 7.º, X, do Estatuto). Bastará que o faça – ou seja, solicite a palavra –, mas de maneira breve (intervenção sumária, nos termos da lei).

A alternativa "D" é incorreta, pois inviável que se postule nova sustentação oral, ainda mais após o julgamento pelo tribunal.

(EXAME DE ORDEM UNIFICADO 2010.2 – FGV) Francisco, advogado, dirige-se, com seu cliente, para participar de audiência em questão cível, designada para a colheita de provas e depoimento pessoal. O ato fora designado para iniciar às 13 horas.

Como é de praxe, adentraram o recinto forense com meia hora de antecedência, sendo comunicados pelo Oficial de Justiça que a pauta de audiências continha dez eventos e que a primeira havia iniciado às dez horas, já caracterizado um atraso de uma hora, desde a audiência inaugural.

A autoridade judicial encontrava-se presente no foro desde as nove horas da manhã, para despachos em geral, tendo iniciado a primeira audiência no horário aprazado. Após duas horas de atraso, Francisco informou, por escrito, ao Chefe do Cartório Judicial, que, diante do ocorrido, ele e seu cliente estariam se retirando do recinto.

Diante do narrado, à luz das normas estatutárias

(A) qualquer atraso superior a uma hora justifica a retirada do recinto, pelo advogado.

(B) o advogado deveria, no caso narrado, peticionar ao Magistrado e retirar-se do recinto.

(C) o atraso que justifica a retirada do advogado está condicionado à ausência da autoridade judicial no evento.

(D) meros atrasos da autoridade judicial não permitem a retirada do advogado do recinto.

COMENTÁRIO

A alternativa "C" está correta, pois somente à *ausência* do juiz autoriza a retirada do advogado, após o prazo mencionado e mediante a comunicação protocolada em juízo.

A alternativa "A" está incorreta; segundo o art. 7º, XX, da Lei 8.906/1994, é direito do advogado "retirar-se do recinto onde se encontre aguardando pregão para ato judicial, após trinta minutos do horário designado e ao qual ainda não tenha comparecido a autoridade que deva presidir a ele, mediante comunicação protocolizada em juízo" (g.n.); assim, não é qualquer atraso que justifica a retirada do recinto, pelo advogado; deve-se tratar de atraso de mais de *30 minutos*, concernente à situação de *não comparecimento do juiz*, e não de atraso nas audiências.

A alternativa "B" está incorreta, pois, como se viu, o advogado não deveria ter se retirado.

A alternativa "D" está incorreta, pois caso o atraso do juiz seja *superior a 30 minutos*, concernente à situação de não comparecimento do juiz, cabe a retirada do advogado do recinto.

Importante registrar que, em se tratando de audiência trabalhista, a ausência do magistrado poderá dar azo à retirada do advogado, desde que seja superior a 15 minutos – e não 30! –, nos termos do art. 815, parágrafo único, da CLT.

(EXAME DE ORDEM UNIFICADO 2010.2 – FGV) João Vítor e Ana Beatriz, ambos advogados, contraem núpcias, mantendo o estado de casados por longos anos. Paralelamente, também mantêm sociedade em escritório de advocacia. Por motivos vários, passam a ter seguidas altercações, com acusações mútuas de descumprimento dos deveres conjugais. Ana Beatriz, revoltada com as acusações desfechadas por João Vítor, requer que a OAB promova sessão de desagravo, uma vez que sua honra foi atingida por seu marido, em discussões conjugais. À luz das normas estatutárias,

(A) nenhum ato poderá ser realizado pela OAB, tendo em vista que as ofensas não ocorreram no exercício da profissão de advogado.

(B) o ato de desagravo depende somente da qualidade de advogado do ofendido.

(C) sendo o ofensor advogado, o desagravo é permitido pelo estatuto.

(D) o desagravo poderá ocorrer privadamente.

COMENTÁRIO

A alternativa "A" está correta, pois, segundo o art. 7º, § 5º, da Lei 8.906/1994, o desagravo só pode ser promovido em caso de ofensa a inscrito na OAB, *no exercício da profissão ou de cargo* ou função de órgão da OAB. Assim, se as ofensas, embora realizadas entre advogados, ocorreram no âmbito familiar, sem qualquer relação com a atividade profissional, é inadmissível que se realize desagravo público. Brincadeiras à parte, em briga de advogados "marido e mulher", a "OAB não mete a colher"!

A alternativa "B" está incorreta, pois ofendido deve se tratar de inscrito na OAB, podendo ter sido ofendido no exercício da profissão de advogado ou no exercício de um cargo ou função na OAB; ademais, deve ter ocorrido uma ofensa.

A alternativa "C" está incorreta, pois o estatuto não traz essa previsão. Ao contrário, somente se o ofendido (e não o ofensor!) for advogado é que caberá o desagravo público, e, repita-se, desde que a ofensa diga respeito ao exercício profissional ou tenha como alvo cargo ou função exercida pelo profissional na OAB.

A alternativa "D" está incorreta, pois o desagravo é *público* (art. 7º, § 5º, da Lei 8.906/1994 e art. 18 do Regulamento da OAB).

(EXAME DE ORDEM UNIFICADO 2010.2 – FGV) Renato, advogado em início de carreira, é contactado para defender os interesses de Rodrigo que está detido em cadeia pública. Dirige-se ao local onde seu cliente está retido e busca informações sobre sua situação, recebendo como resposta do servidor público que estava de plantão que os autos do inquérito estariam conclusos com a autoridade policial e, por isso, indisponíveis para consulta e que deveria o advogado retornar quando a autoridade tivesse liberado os autos para realização de diligências. À luz das normas aplicáveis,

(A) o advogado, diante do seu dever de urbanidade, deve aguardar os atos cabíveis da autoridade policial.

(B) o acesso aos autos, no caso, depende de procuração e de prévia autorização da autoridade policial.

(C) no caso de réu preso, somente com autorização do juiz pode o advogado acessar os autos do inquérito policial.

(D) o acesso aos autos de inquérito policial é direito do advogado, mesmo sem procuração ou conclusos à autoridade policial.

COMENTÁRIO

O art. 7º, XIV, da Lei 8.906/1994, com a redação que lhe foi dada pela Lei 13.245/2016, dispõe que é direito do advogado "examinar, em qualquer instituição responsável por conduzir investigação, mesmo sem procuração, autos de flagrante e de investigações de qualquer natureza, findos ou em andamento, ainda que conclusos à autoridade, podendo copiar peças e tomar apontamentos, em meio físico ou digital". Tal prerrogativa é corroborada pela Súmula vinculante 14. No tocante à procuração, esta somente será necessária se os autos estiverem sujeitos a sigilo, conforme prevê o art. 7º, § 10, do EAOAB. Assim, está correta a alternativa "D".

As alternativas "A", "B" e "C" estão incorretas, visto que o advogado poderá exercer sua prerrogativa independentemente da vontade da autoridade policial, pouco importando o *status* prisional de seu cliente para que possa ter vista dos autos de inquérito.

(EXAME DE ORDEM UNIFICADO 2010.3 – FGV) O advogado Ademar é surpreendido por mandado de busca e apreensão dos documentos guardados no seu escritório, de forma indiscriminada. Após pesquisa, verifica que existe processo investigando um dos seus clientes e a ele mesmo. Apesar disso, os documentos de toda a sua clientela foram apreendidos. Diante do narrado, é correto afirmar que

(A) a proteção ao escritório do advogado não se inclui na hipótese versada.

(B) houve excesso na apreensão de todos os documentos da clientela do advogado.

(C) a inviolabilidade do escritório de advocacia é absoluta.

(D) a prática é correta, em função de a investigação atingir o advogado.

COMENTÁRIO

A alternativa "B" está correta, pois, para que referida diligência (busca e apreensão) seja efetivada, mister a observância da regra-matriz que rege o tema, qual seja, a de ser garantida a *inviolabilidade do escritório ou local de trabalho do advogado*, bem como de seus *instrumentos de trabalho*, de sua correspondência escrita, eletrônica, telefônica e telemática, desde que relativas ao exercício da advocacia (art. 7º, II, do EAOAB), admitindo-se, no entanto, a "quebra da inviolabilidade" desde que presentes os requisitos constantes dos §§ 6º e 7º do EAOAB.

A alternativa "A" está incorreta, pois a busca e apreensão nos escritórios de advocacia vem disciplinada no art. 7º, II e §§ 6º e 7º, do Estatuto da OAB (EAOAB – Lei 8.906/1994), que lhes garante não apenas a inviolabilidade do escritório, *excetuadas as hipóteses autorizadoras previstas nos dispositivos citados*, mas também dos instrumentos de trabalho e de suas correspondências.

A alternativa "C" está incorreta, pois, como visto nos comentários à alternativa anterior, a inviolabilidade do escritório *não é absoluta*, sendo admitida, repita-se, desde que preenchidos os requisitos legais (art. 7°, II e §§ 6º e 7º, do EAOAB).

A alternativa "D" está incorreta, visto que a mera existência de investigação contra o advogado não é fundamento suficiente à "quebra" da inviolabilidade de seu escritório e a apreensão indiscriminada de documentos, ferindo, por evidente, o direito à intimidade dos clientes (art. 7º, II, e §§ 6º e 7º, do EAOAB).

(EXAME DE ORDEM UNIFICADO 2010.3 – FGV) O magistrado Mévio, de larga experiência forense, buscando organizar o serviço do seu cartório, edita Portaria disciplinando o horário de atendimento das partes e dos advogados não coincidente com o horário forense. Os processos passam a ser distribuídos, por numeração, com a responsabilização individual de determinados servidores. Estabeleceu-se que os autos de final 0 a 3 teriam atendimento ao público, aí incluídos advogados, das 11h às 13h, e daí sucessivamente. Com tal organização, obteve o cumprimento de todas as metas estabelecidas pela Corregedoria do Tribunal. À luz da legislação estatutária, assinale a alternativa correta quanto a essa atitude.

(A) A Administração dos órgãos do Poder Judiciário é autônoma, podendo ocorrer ato do magistrado impondo restrições ao advogado.

(B) O ato normativo do magistrado colide frontalmente com o direito dos advogados de serem atendidos a qualquer momento pelo Magistrado e servidores públicos.

(C) As metas de produção determinadas pelos órgãos de controle do Poder Judiciário justificam a restrição dos direitos dos advogados de acesso aos autos e aos agentes públicos.

(D) O princípio da eficiência sobrepõe-se aos interesses das partes e dos advogados, seguindo moderna tendência da Administração Pública.

COMENTÁRIO

A alternativa "B" está correta, pois, tal como visto na alternativa anterior, o ato normativo editado pelo magistrado colide com *direitos do advogado* expressamente previstos no já citado art. 7º do EAOAB, quais sejam, o de *ingressar livremente* nas salas e dependências de audiências, *cartórios, ofícios de justiça, sem prévio agendamento,* bem como de dirigir-se diretamente aos magistrados nas salas e gabinetes de trabalho, *independentemente de horário previamente marcado* ou outra condição, observando-se a ordem de chegada (art. 7º, VI, "b" e "c" e VIII, do EAOAB).

A alternativa "A" está incorreta, visto que a Portaria baixada pelo magistrado Mévio, disciplinadora do horário de atendimento das partes e dos advogados pelo seu cartório judicial, conflita diretamente com o disposto no art. 7º, VI, alíneas "b" e "c", e VIII, todos do Estatuto da OAB (EAOAB – Lei 8.906/1994).

A alternativa "C" está incorreta, visto que, à luz do regramento legal, nenhuma meta de produção do Judiciário pode justificar a restrição de prerrogativas legalmente estabelecidas aos advogados.

A alternativa "D" está incorreta, visto que o princípio constitucional da eficiência (art. 37 da CF/1988) da Administração Pública não pode ser tomado em sua acepção leiga como razão para o cerceamento dos direitos dos advogados.

(IV EXAME DE ORDEM UNIFICADO – FGV) Túlio, advogado, é surpreendido ao praticar crime inafiançável, sendo preso em flagrante pela autoridade policial. A OAB é comunicada, e, por meio de membro da Comissão de Prerrogativas, acorre advogado ao local onde estão sendo realizados os trâmites procedimentais. Nos termos das normas estatutárias, é correto afirmar que

(A) a prisão do advogado que demanda a intervenção da OAB é a originária do exercício profissional.

(B) o fato de a prisão atingir advogado indica a presença do representante da OAB.

(C) a prisão preventiva é aquela que está circunscrita na atuação da OAB.

(D) só a prisão determinada pelo juiz é que permite a participação dos representantes da OAB.

COMENTÁRIO

A alternativa "A" está correta. A prerrogativa referente à presença de representante da OAB ao ato de lavratura do auto de prisão em flagrante está diretamente ligada ao exercício profissional. Assim, somente por motivo ligado à advocacia é que o advogado terá o direito de ver um membro da OAB assistir ao ato policial (art. 7º, IV, do Estatuto da OAB – EAOAB – Lei 8.906/1994). Caso contrário, estaríamos diante de privilégio infundado.

A alternativa "B" está incorreta. Como visto, somente por motivo ligado ao exercício profissional é que a prerrogativa em questão deverá ser observada.

A alternativa "C" está incorreta. A prerrogativa prevista no EAOAB diz respeito apenas à prisão em flagrante, não se estendendo à prisão preventiva (art. 7º, IV, do EAOAB).

A alternativa "D" está incorreta. Ao contrário, a prisão realizada pela autoridade policial é que permite e determina a presença física de um representante da OAB, e não aquela decretada judicialmente (prisão preventiva ou prisão temporária).

(IV EXAME DE ORDEM UNIFICADO – FGV) Hércules, advogado recém-formado, é procurado por familiares de uma pessoa que descobriu, por vias transversas, estar sendo investigada em processo sigiloso, mas não tem ciência do objeto da investigação. Sem portar instrumento de procuração, dirige-se ao órgão investigador competente para obter informações, identificando-se como advogado do investigado. A autoridade competente, em decisão escrita, indefere o postulado, por estar ausente o instrumento do mandato e, ainda, ser a investigação sigilosa. Diante dessas circunstâncias, à luz da legislação aplicável, é correto afirmar que

(A) o acesso a processo sigiloso é possível aos advogados somente quando requeiram a prática de ato.

(B) o acesso dos advogados dos interessados a processos sigilosos romperia com a proteção que eles mereceriam.

(C) mesmo sem urgência, a atuação do advogado poderia ocorrer, sem mandato, em processo sigiloso.

(D) o processo sigiloso é acessível a advogado portando instrumento de mandato.

COMENTÁRIO

A alternativa "D" está correta (art. 7º, XIII e XIV, do EAOAB).

A alternativa "A" está incorreta. De acordo com o art. 7º, XIII, do Estatuto da OAB (EAOAB – Lei 8.906/1994), é direito do advogado examinar, em qualquer órgão dos Poderes Judiciário e Legislativo, ou da Administração Pública em geral, autos de processos findos ou em andamento, mesmo sem procuração, quando não estejam sujeitos a sigilo, assegurada a obtenção de cópias, podendo tomar apontamentos. Portanto, mesmo que os advogados não requeiram a prática de qualquer ato, lhes assiste o direito de simplesmente consultar/examinar autos de processos findos ou em andamento. Também, o art. 7º, XIV, com a redação que lhe foi dada pela Lei 13.245/2016, preconiza ser direito do advogado "examinar, em qualquer instituição responsável por conduzir investigação, mesmo sem procuração, autos de flagrante e de investigações de qualquer natureza, findos ou em andamento, ainda que conclusos à autoridade, podendo copiar peças e tomar apontamentos, em meio físico ou digital". E o §10, do referido dispositivo do EAOAB, prevê que o acesso aos autos da investigação, quando sujeitos a sigilo, exigirá que o advogado apresente procuração.

A alternativa "B" está incorreta. Tal como já vimos, é direito do advogado acessar autos de processos findos ou em andamento, mesmo sem procuração, desde que não estejam sujeitos a sigilo, bem como o de examinar autos de flagrante e de investigações de qualquer natureza, que, quando sigilosas, exigirão que o advogado apresente procuração para examiná-las.

A alternativa "C" está incorreta. Como visto, o art. 7º, XIII e XIV, e §10, do EAOAB, permite o acesso do advogado a autos de processos administrativos ou judiciais, bem como o de investigações de qualquer natureza, mesmo sem procuração, desde que não estejam acobertados pelo sigilo. Caso contrário, apenas com procuração da parte interessada é que o advogado poderá examinar os autos.

(V EXAME DE ORDEM UNIFICADO – FGV) Tício é advogado regularmente inscrito nos quadros da OAB e conhecido pela energia e vivacidade com que defende a pretensão dos seus clientes. Atuando em defesa de um dos seus clientes, exalta-se em audiência, mas mantém, apesar disso, a cortesia com o magistrado presidente do ato e com o advogado da parte contrária. Mesmo assim, sofreu representação perante o órgão disciplinar da OAB. Em relação a tais fatos, é correto afirmar que

(A) no processo judicial, os atos do advogado constituem múnus privado.

(B) a defesa do cliente deve ser pautada pelo dirigente da audiência, o magistrado.

(C) a atuação de Tício desborda os limites normais do exercício da advocacia.

(D) inexistindo atividade injuriosa, os atos do advogado são imunes ao controle disciplinar.

COMENTÁRIO

A alternativa "D" está correta. Nos termos do art. 2º, § 3º, do EAOAB, o advogado é inviolável por seus atos e manifestações, nos limites legais. Referidos limites estão previstos no art. 7º, § 2º, também do EAOAB, segundo o qual o advogado tem imunidade profissional, não constituindo injúria ou difamação puníveis qualquer manifestação de sua parte, no exercício de sua atividade, em juízo ou fora dele, sem prejuízo das sanções disciplinares perante a OAB, pelos excessos que cometer. Ressalte-se que a imunidade referente ao desacato foi declarada inconstitucional pelo STF no julgamento da ADIn n. 1.127-8.

A alternativa "A" está incorreta, visto que os atos praticados pelo advogado nos processos judiciais constituem um múnus público, consoante dispõe o art. 2º, § 2º, do Estatuto da OAB (Lei 8.906/1994 – EAOAB). Em outras palavras, a atuação do advogado é tão relevante para a correta administração da justiça que configura verdadeiro "encargo público" (múnus público), muito embora não seja considerado um agente estatal.

A alternativa "B" está incorreta, pois a defesa do cliente, por evidente, compete ao advogado, a quem incumbirá traçar as estratégias técnico-jurídicas para tal mister.

A alternativa "C" está incorreta, pois a mera exaltação do advogado na defesa de seu cliente, desde que não falte com o seu dever de urbanidade (tratamento respeitoso) para com os colegas e autoridades, consoante determina o art. 27 do Código de Ética e Disciplina (CED), não caracteriza infração disciplinar.

(V EXAME DE ORDEM UNIFICADO – FGV) No julgamento da ação envolvendo Manoel e Joaquim, o relator do processo assacou diversas acusações contra os representantes judiciais das partes, inclusive relacionadas à litigância de má-fé. Os advogados requereram a palavra, que foi indeferida, sendo retirados do recinto por servidores do Tribunal. Requereram, então, as medidas próprias à OAB. Com base nesse cenário, à luz das regras estatutárias, é correto afirmar que

(A) é situação típica de desagravo pela atuação profissional dos advogados.

(B) esses litígios devem ser resolvidos no âmbito do processo judicial.

(C) inexistem medidas administrativas a realizar no âmbito da OAB.

(D) a separação entre a atividade do juiz e a do advogado bloqueia a atividade da OAB.

COMENTÁRIO

A alternativa "A" está correta, pois usar da palavra, pela ordem, em qualquer juízo ou tribunal, mediante intervenção sumária, para esclarecer equívoco ou dúvida surgida em relação a fatos, documentos ou afirmações que influam no julgamento, bem como para replicar acusação ou censura que lhe forem feitas, é prerrogativa dos advogados, consoante art. 7º, X, do Estatuto da OAB (Lei 8.906/1994 – EAOAB). Destarte, havendo violação às prerrogativas dos advogados, caberá a promoção de desagravo público, nos moldes do art. 7º, XVII e § 5º, do EAOAB, que consistirá na realização de uma sessão pública solene, cujo fim último é repudiar o ato cerceador de prerrogativas profissionais dos advogados.

A alternativa "B" está incorreta, pois a violação a uma prerrogativa profissional, sem prejuízo de poder ser solucionada processualmente, é fato gerador de realização de desagravo público pela OAB (art. 7º, XVII e § 5º, do EAOAB e arts. 18 e 19 do Regulamento Geral).

A alternativa "C" está incorreta, pois, como visto, a violação a prerrogativas dos advogados dá margem a medidas administrativas realizadas no âmbito da OAB (sessão de desagravo público).

A alternativa "D" está incorreta, pelas mesmas razões já citadas anteriormente.

(V EXAME DE ORDEM UNIFICADO – FGV) Conceição promove ação possessória em face de vários réus que ocuparam imóvel sem construção, de sua propriedade, em área urbana. Houve a designação de audiência de conciliação, com a presença dos réus e dos seus advogados. Na audiência, visando organizar o ato, o magistrado proibiu que os advogados se mantivessem de pé, bem como saíssem do local durante a sua realização.

Com base no que dispõe o Estatuto da Advocacia e as leis regentes, é correto afirmar que

(A) caso o advogado necessite retirar-se do local, deve postular licença à autoridade.

(B) o advogado pode permanecer sentado ou de pé nos recintos do Poder Judiciário.

(C) pode permanecer de pé, caso autorizado pela autoridade competente.

(D) o advogado deve permanecer sentado na sala de audiências até o final do ato.

COMENTÁRIO

De acordo com o art. 7º, VII, do Estatuto da OAB (Lei 8.906/1994 – EAOAB), é direito do advogado permanecer sentado ou em pé nas salas de sessões dos tribunais, nas salas e dependências de audiências, secretarias, cartórios, ofícios de justiça, serviços notariais e de registro, delegacias, em qualquer edifício ou recinto em que funcione repartição judicial ou outro serviço público, em qualquer assembleia ou reunião de que participe ou possa participar o seu cliente, podendo retirar-se de quaisquer locais anteriormente indicados independentemente de licença. Em suma, poderá o advogado permanecer sentado ou em pé em todos os locais referidos, não se podendo exigir o contrário. Correta, pois, a alternativa "B".

(V EXAME DE ORDEM UNIFICADO – FGV) A Administração Pública, por meio de determinado órgão, promove processo administrativo de natureza disciplinar em face do servidor público Francisco. O servidor contrata o advogado Sócrates para defendê-lo. Munido do instrumento de mandato, Sócrates requer vista dos autos do processo administrativo e posteriores intimações. O requerimento foi indeferido pela desnecessidade de advogado atuar no referido processo.

Com base no relatado acima, à luz das normas estatutárias, é correto afirmar que

(A) o direito de vista é aplicável ao processo administrativo.
(B) o advogado não tem direito de atuar em processo administrativo.
(C) nos processos disciplinares, a regra é a da presença do advogado.
(D) a atuação do advogado é obrigatória nos processos administrativos.

COMENTÁRIO

A alternativa "A" está correta, pois corresponde a um direito do advogado, previsto no art. 7º, XV, do Estatuto da OAB, como veremos nos comentários à alternativa "B".

A alternativa "B" está incorreta. Primeiramente, é direito do advogado, nos termos do art. 7º, XV, do Estatuto da OAB (Lei 8.906/1994 – EAOAB), ter vista dos processos judiciais ou administrativos de qualquer natureza, em cartório ou na repartição competente, ou retirá-los pelos prazos legais. Outrossim, o fato de um processo administrativo de natureza disciplinar eventualmente dispensar a defesa por advogado não induz pensar em negativa ao direito de o acusado ser defendido por um.

As alternativas "C" e "D" estão incorretas, pois, de acordo com a Súmula vinculante n. 5, a falta de defesa técnica por advogado no processo administrativo disciplinar não ofende a Constituição. Contudo, é certo, havendo previsão infraconstitucional da necessidade de defesa técnica em processo administrativo disciplinar, deverá haver a participação do advogado, sob pena de nulidade por ofensa ao devido processo legal (art. 5º, LIV, da CF/1988).

(V EXAME DE ORDEM UNIFICADO – FGV) Manoel, empresário, promove ação de separação judicial litigiosa em face de Maria, sua esposa, alegando graves violações aos deveres do casamento, entre as quais abandono material e moral das duas filhas do casal. Anexa documento comprovando que sua esposa deixara as menores em casa para comparecer a festas em locais distantes, o que lhes causou riscos à saúde física e mental. Apesar de as normas sobre o tema determinarem o sigilo, o processo tramita como se fosse público. O advogado do autor comunica o fato ao juiz que preside o processo e ao escrivão que chefia o cartório judicial. Baldados foram os seus esforços. Em relação ao caso acima, à luz das normas estatutárias, é correto afirmar que

(A) não pode reclamar para outra autoridade, já tendo apresentado a primeira ao juiz da causa.
(B) a publicidade do processo constitui mera irregularidade, infensa a medidas de qualquer naipe.
(C) o advogado atuou corretamente ao reclamar do descumprimento de lei.
(D) a reclamação deve ser escrita.

COMENTÁRIO

Nos termos do art. 7º, XI, do Estatuto da OAB (Lei 8.906/1994 – EAOAB), configura prerrogativa do advogado reclamar, verbalmente ou por escrito, perante qualquer juízo, tribunal ou autoridade, contra a inobservância de preceito de lei, regulamento ou regimento. Portanto, tendo havido a inobservância de preceito legal (*in casu*, da restrição à publicidade, ainda mais em matéria de direito de família, em que a intimidade das partes envolvidas justifica a decretação de segredo de justiça), agiu corretamente o advogado em apresentar reclamação, que pode ser escrita ou verbal, ao juiz competente. Correta, pois, a alternativa "C".

(V EXAME DE ORDEM UNIFICADO – FGV) A empresa Frios e Gelados S.A. promove ação de responsabilidade civil em face da empresa Calor e Chaud Ltda. No curso do processo, surge decisão judicial, atacada por recurso apresentado pelo representante judicial da empresa autora, o advogado Lúcio. Tal recurso não tem previsão legal de sustentação oral. Apesar disso, o advogado comparece à sessão de julgamento e requer ao tribunal o tempo necessário para a sustentação referida.

Nos termos das normas estatutárias, é correto afirmar que

(A) a sustentação oral dependerá do relator do recurso.
(B) o direito à sustentação oral será por trinta minutos.
(C) é direito do advogado a sustentação oral em todos os recursos.
(D) o direito à sustentação oral está vinculado à sua previsibilidade recursal.

COMENTÁRIO

A alternativa "D" está correta. De fato, a sustentação oral vincula-se à previsão normativa de tal ato de defesa. Em outras palavras, havendo previsão legal ou nos regimentos internos dos tribunais, será deferida ao advogado a sustentação oral. Em suma: advogado somente poderá fazer sustentação oral em recursos se tal medida for prevista.

As alternativas "A", "B" e "C" estão incorretas, pois o STF, no julgamento da ADIn 1.105-7, declarou inconstitucional o art. 7º, IX, do Estatuto da OAB (Lei 8.906/1994 – EAOAB), que previa a prerrogativa dos advogados de sustentarem oralmente as razões de qualquer recurso perante o Judiciário e Administração Pública, após o voto do relator, pelo prazo de quinze minutos, salvo se outro maior fosse concedido. Assim, não é prerrogativa do advogado fazer sustentação oral em todo e qualquer recurso.

(V EXAME DE ORDEM UNIFICADO – FGV) Na Secretaria Municipal de Fazenda, tramita procedimento administrativo relacionado à imposição do IPTU em determinada área urbana. O proprietário do imóvel contrata o advogado Juliano para solucionar a questão. Portando mandato extrajudicial, o advogado dirige-se ao local e, em face dos seus conhecimentos pessoais, obtém o ingresso no recinto da secretaria e recebe as informações pertinentes, apresentando, por petição, os esclarecimentos necessários. Em um dos dias em que atuava profissionalmente, viu-se interpelado por um dos chefes de seção, que questionou sua permanência no local, proibida por atos regulamentares. Diante disso, é correto afirmar que

(A) as características especiais dos órgãos fazendários limitam os direitos dos advogados.
(B) o ingresso em quaisquer recintos de repartições públicas, no exercício da profissão, é direito dos advogados.
(C) o advogado não pode ter acesso a procedimentos administrativos, salvo com autorização da autoridade competente.
(D) a questão em tela está vinculada à proteção do sigilo profissional.

COMENTÁRIO

A alternativa "B" está correta, conforme art. 7º, VI, alínea "c", do EAOAB.

A alternativa "A" está incorreta, pois, de acordo com o art. 7º, VI, alínea "c", do Estatuto da OAB (Lei 8.906/1994 – EAOAB), é direito do advogado ingressar em qualquer edifício ou recinto em que funcione repartição judicial ou outro serviço público no qual deva praticar ato ou colher prova ou informação útil ao exercício da atividade profissional, dentro do expediente ou fora dele, e ser atendido, desde que se ache presente qualquer servidor ou empregado. Portanto, nenhum ato regulamentar (ex.: portarias, comunicados, ordens de serviço etc.) poderia cercear uma prerrogativa profissional legalmente instituída.

A alternativa "C" está incorreta, pois é direito do advogado ter acesso a procedimentos administrativos ou judiciais de qualquer natureza, conforme prevê o art. 7º, XV, do EAOAB.

A alternativa "D" está incorreta, pois o sigilo em processos judiciais ou administrativos constitui óbice ao acesso por advogados sem procuração. Contudo, sendo esta apresentada, referido óbice terá fim.

(VI EXAME DE ORDEM UNIFICADO – FGV) Mévio, advogado de longa data, pretendendo despachar uma petição em processo judicial em curso perante a Comarca Y, é surpreendido com aviso afixado na porta do cartório de que o magistrado somente receberia para despacho petições que reputasse urgentes, devendo o advogado dirigir-se ao assessor principal do juiz para uma prévia triagem quanto ao assunto em debate. À luz das normas estatutárias, é correto afirmar que

(A) a organização do serviço cartorário é da competência do juiz, que pode estabelecer padrões de atendimento aos advogados.
(B) a triagem realizada por assessor do juiz permite melhor eficiência no desempenho da atividade judicial e não colide com as normas estatutárias.
(C) o advogado tem direito de dirigir-se diretamente ao magistrado no seu gabinete para despachar petições sem prévio agendamento.
(D) a duração razoável do processo é princípio que permite a triagem dos atos dos advogados e o exercício dos seus direitos estatutários.

COMENTÁRIO

A alternativa "C" é a correta. De fato, de acordo com o art. 7º, VIII, do EAOAB, é direito do advogado dirigir-se diretamente aos magistrados em suas salas e gabinetes de trabalho, independentemente de prévio agendamento, devendo respeitar apenas a ordem de chegada.

A alternativa "A" é incorreta. Nada obstante a organização do serviço cartorário seja do juiz titular de determinada Vara, é certo que o estabelecimento de "padrões de atendimento aos advogados" não poderá ser invocado como fundamento para que sejam cerceadas prerrogativas profissionais.

A alternativa "B" é, também, incorreta. O advogado tem o direito de dirigir-se diretamente ao magistrado, sendo por este atendido, e não passar por "triagem prévia" realizada por assessor. Aqui, vale uma consideração: a função jurisdicional é indelegável, cabendo ao juiz apreciar petições dos advogados, não se admitindo uma "terceirização da Justiça".

Por fim, a alternativa "D" é incorreta, pois a duração razoável do processo não pode ser princípio que reduza ou afaste as prerrogativas dos advogados.

(VI EXAME DE ORDEM UNIFICADO – FGV) Semprônia, advogada há longos anos, é contratada para representar os interesses de Esculápio, que está preso à disposição da Justiça criminal. Ao procurar contatar seu cliente, verifica que ele está em penitenciária, considerado incomunicável, por determinação de normas regulamentares do sistema. Apesar disso, requer o acesso ao seu cliente, que foi indeferido. Consoante as normas legais e estatutárias, é correto afirmar que

(A) a atuação do advogado deve estar submetida aos regulamentos penitenciários, para a sua própria segurança.

(B) os estabelecimentos penitenciários civis devem organizar as visitas dos advogados por ordem de chegada.

(C) o advogado, quando for contatar o seu cliente em prisão, deve ser acompanhado por representante da OAB.

(D) é ilegal vedar a presença do advogado no contato com seu cliente, ainda que considerado incomunicável.

COMENTÁRIO

A alternativa "D" está correta. De fato, o art. 7º, III, do EAOAB, garante ao advogado o direito de comunicar-se pessoal e reservadamente com seus clientes, ainda que presos em estabelecimentos civis ou militares, independentemente de procuração. A prerrogativa em comento é possível de ser exercida mesmo se o cliente for considerado incomunicável. Registre-se, por oportuno, que a doutrina e jurisprudência processuais penais informam que o art. 21 do CPP, que trata da incomunicabilidade do preso, não foi recepcionado pela CF/1988. Afinal, nem mesmo durante estado de defesa admite-se a incomunicabilidade (art. 136, § 3º, IV, da CF/1988).

A alternativa "A" é incorreta, pois as regras estabelecidas em regulamentos penitenciários, à evidência, não podem cercear prerrogativas profissionais dos advogados.

A alternativa "B" é, igualmente, incorreta. Imaginar que o direito de um advogado entrevistar-se com seu cliente preso em estabelecimentos civis ou militares está condicionado à "ordem de chegada" é querer que referidos profissionais "madruguem" e "acampem" defronte presídios e penitenciárias, o que, obviamente, seria absurdo!

A alternativa "C" é incorreta (e esdrúxula!). Já pensou um advogado sendo acompanhado por outro advogado para "visitar" seu cliente preso? Qual a razão disso?

(VI EXAME DE ORDEM UNIFICADO – FGV) Caio ajuíza ação em face da empresa Toupeira e Lontra S.A. buscando a devolução de numerário por ter recebido produto com defeito oculto. O pedido é julgado improcedente por ausência de provas. Houve recurso de apelação. No início do julgamento, o relator apresentou críticas à atuação do advogado do recorrente, que não teria instruído o processo adequadamente. Presente no julgamento, o advogado pediu a palavra, que lhe foi negada, por já ter apresentado sua sustentação oral. Com base no relato acima, de acordo com as normas estatutárias, é correto afirmar que

(A) a sustentação oral esgota a atividade do advogado no julgamento.

(B) só esclarecimentos de situação de fato serão admitidos no caso.

(C) somente em momento posterior poderá o advogado tomar providências.

(D) é assegurado ao advogado o direito de usar a palavra para replicar a acusação feita contra ele, ainda que já proferida sua sustentação oral.

COMENTÁRIO

As alternativas "A", "B" e "C" são incorretas, visto que, poderá o advogado fazer valer sua prerrogativa de usar da palavra, ainda que já tenha sido feita a sustentação oral no julgamento de recurso por ele interposto.

A alternativa "D" está correta. De fato, o art. 7º, X, do EAOAB, prevê a prerrogativa do advogado de fazer uso da palavra, pela ordem, em qualquer juízo ou tribunal, mediante intervenção sumária, para esclarecer fatos relevantes para o julgamento da causa, ou, ainda, para replicar censura ou acusação que lhe sejam dirigidas. Assim, não somente situação fática a ser esclarecida gerará a possibilidade de o advogado fazer uso da palavra durante a sessão de julgamento, mas, como visto, também para replicar acusações ou censuras que lhe sejam dirigidas, o que torna incorreta, pois, a alternativa "B".

Ainda, incorreta a alternativa "A", pois, como visto, a possibilidade de o advogado fazer uso da palavra não se resume à sustentação oral na sessão de julgamento do recurso, mas a qualquer momento em que circunstâncias fáticas devam ser esclarecidas, posto que poderão influenciar o deslinde da causa, bem como em razão de acusações ou censuras dirigidas ao causídico.

Também incorreta a alternativa "C", pois, se o advogado esperar momento posterior ao encerramento da sessão de julgamento para replicar as acusações, sua prerrogativa terá se esvaído.

(VI EXAME DE ORDEM UNIFICADO – FGV) O advogado Mévio casou-se com a médica Esculápia, vindo a ter cinco filhos. No curso do casamento, Esculápia veio a concluir o curso de Bacharel em Direito, obtendo aprovação no Exame de Ordem e vindo a obter o seu registro profissional, atuando, concomitantemente com sua profissão de médica, como advogada em vários processos. Em determinado momento, veio a desentender-se com seu marido, gerando diversos processos civis e criminais. Quanto à assistência da OAB nesse caso, à luz das normas do Regulamento Geral do Estatuto da Advocacia e da OAB, é correto afirmar que a assistência

(A) ocorrerá pela qualidade dos litigantes, ambos advogados.

(B) é assegurada nos processos vinculados ao exercício da profissão.

(C) poderá ocorrer em qualquer processo, autorizada pelo Conselho Seccional.

(D) é inerente à condição de advogado, mas com autorização do Presidente da Seccional.

COMENTÁRIO

De fato, sem prejuízo da atuação de seu defensor, contará o advogado com a assistência de representante da OAB nos inquéritos policiais ou nas ações penais em que figurar como indiciado, acusado ou ofendido, sempre que o fato a ele imputado *decorrer do exercício da profissão ou a este vincular-se* (art. 16 do Regulamento Geral). Logo, a mera qualidade de advogado envolvido em processo criminal ou inquérito policial não demandará a intervenção da OAB nos autos. A alternativa correta é a "B".

(VI EXAME DE ORDEM UNIFICADO – FGV) Morgano, advogado recém-formado e inscrito na OAB, com aprovação no Exame de Ordem logo após a colação de grau, é contratado para defender cliente em audiência de instrução e julgamento. No recinto forense, depara-se com um tablado onde estão alocados a mesa ocupada pelo juiz e ao seu lado o representante do Ministério Público. Curioso pela situação e ainda inexperiente, questiona se tal arquitetura é comum nos demais recintos e a razão de o advogado estar em plano inferior aos demais agentes do processo. Como resposta, recebe a informação de que a disposição física foi estabelecida em respeito à hierarquia entre magistrados e membros do Ministério Público, que devem permanecer em posição superior à dos advogados das partes. Diante do narrado, à luz das normas estatutárias, é correto afirmar que

(A) a hierarquia é inerente à atividade desenvolvida pelos advogados, que atuam de forma parcial em defesa dos seus clientes.

(B) como dirigente do processo, o magistrado subordina a atuação dos advogados como forma de disciplina da audiência.

(C) os membros do Ministério Público nos atos processuais são hierarquicamente superiores aos advogados.

(D) advogados, membros do Ministério Público e magistrados não têm relação de hierarquia entre si.

COMENTÁRIO

A alternativa "D" está correta, pois corresponde ao disposto no art. 6º do EAOAB.

A alternativa "A" está incorreta, pois o advogado, mesmo no seu ministério privado, exerce função social, não sendo verdade que atue de forma parcial em defesa de seus clientes. Mesmo postulando a pretensão do cliente, o advogado deve pautar-se pela boa-fé;

A alternativa "B" está incorreta, pois o magistrado, ainda que seja o "presidente do processo judicial", não dispõe de "poder hierárquico" com relação aos advogados. Cada qual (juiz e advogado) desempenhará seu relevante papel na busca da prestação jurisdicional e da administração da justiça;

A alternativa "C" está incorreta, pois, conforme dispõe o art. 6º do EAOAB, não existe hierarquia ou subordinação entre juízes, membros do Ministério Público e advogados;

(VI EXAME DE ORDEM UNIFICADO – FGV) Terêncio é convocado, a altas horas da noite, para assistir cliente que se encontra recolhido preso em delegacia de polícia, tendo comparecido ao local para ter ciência das acusações existentes e contatar o seu cliente. Ao adentrar o recinto, encontra presentes dois agentes policiais de plantão, estando os demais em diligências para o esclarecimento de crimes ocorridos durante o dia. Os agentes informam que somente poderia ocorrer o contato com o cliente quando o delegado retornasse de uma das diligências, o que estaria na iminência de ocorrer. No concernente ao tema, à luz das normas aplicáveis, é correto afirmar que

(A) deve o advogado aguardar pacientemente o retorno da autoridade policial ao recinto da delegacia.

(B) o advogado pode contatar o seu cliente independentemente da presença do delegado.

(C) o contato do advogado fora do horário normal depende de assistência da OAB.

(D) nesses casos, tendo em vista a segurança pública, somente com autorização judicial pode ocorrer o ato.

COMENTÁRIO

A alternativa "B" está correta, conforme dispõe o art. 7º, III e VI, "b", do EAOAB.

A alternativa "A" está incorreta, pois o advogado tem direito de comunicar-se pessoal e reservadamente com seu cliente que se encontre preso em qualquer repartição civil ou militar (art. 7º, III, do EAOAB), bem como o de ingressar livremente em delegacias e prisões, independente da presença de seus titulares (art. 7º, VI, "b", do EAOAB).

A alternativa "C" está incorreta, pois o advogado terá direito de ingressar em repartições públicas em geral, incluídas as delegacias e prisões, mesmo fora do horário normal de expediente, independentemente de qualquer assistência da OAB.

A alternativa "D" está incorreta, seja pela falta de previsão legal, seja pelo fato de o exercício da prerrogativa profissional em comento (direito de ingresso de advogado em delegacias) não se subordinar a qualquer condição.

(VI EXAME DE ORDEM UNIFICADO – FGV) Maurício, advogado recém-formado, ciente das suas prerrogativas, pretende apresentar requerimento de certidão ao escrivão que chefia o Cartório Judicial de determinada comarca, havendo situação de urgência. Como a localização física do Chefe do Cartório é distante do balcão de atendimento ao público, o advogado precisa entrar no recinto em que ele está. Seu ingresso, contudo, não é permitido. Com base nas normas estatutárias, é correto afirmar que

(A) o requerimento deve ser apresentado no balcão, vedado o ingresso do advogado no recinto cartorário.

(B) o ingresso poderá ocorrer mediante autorização do escrivão.

(C) deve haver participação do representante da OAB nesse ingresso.

(D) o livre acesso ao recinto, no caso, é direito do advogado.

COMENTÁRIO

A alternativa "D" está correta (art. 7º, VI, "b", do EAOAB).

A alternativa "A" está incorreta. O art. 7º, VI, "b", do EAOAB, dispõe ser direito do advogado ingressar livremente em diversos recintos, dentre eles, os cartórios e ofícios de justiça, independentemente da presença de seus titulares.

A alternativa "B" está incorreta. É absolutamente desnecessária qualquer autorização para que o advogado ingresse em repartições públicas em geral, sob pena de restar frustrada sua prerrogativa profissional.

A alternativa "C" está incorreta, seja por falta de previsão legal, seja pela desnecessidade de um advogado, para ingressar em um ofício judicial, necessitar da participação de representante da OAB.

(VII EXAME DE ORDEM UNIFICADO – FGV) Tício, advogado militante há longos anos, tem entrevero com o Juiz da Comarca W que, em altos brados, afirma que o causídico é praticante de chicanas e atos de má-fé processual, sendo conhecido como exímio procrastinador da atividade processual, obstando o bom desenvolvimento da Justiça. À luz das normas do Regulamento Geral do Estatuto da Advocacia e da OAB, é correto afirmar:

(A) Tais atos permitem o agravo do advogado se houver requerimento pessoal ao Presidente da Seccional.

(B) Havendo requerimento de qualquer pessoa poderá ocorrer o desagravo após decisão do Relator do processo.

(C) O desagravo é público e promovido pelo Conselho competente podendo ocorrer de ofício.

(D) Caso constatado que a ofensa é decorrente do exercício da profissão poderá ocorrer o arquivamento sumário.

COMENTÁRIO

A alternativa "C" está correta, pois está conforme o disposto no art. 18 do Regulamento Geral

A alternativa "A" está incorreta, pois, nos termos do art. 7º, XVII e § 5º, do EAOAB, caso um advogado seja ofendido em razão de sua profissão ou do exercício de cargo ou função na OAB, deverá ser promovida a competente sessão pública de desagravo, a fim de ser repudiada a ofensa dirigida ao causídico. Nos termos do art. 18 do Regulamento Geral, o desagravo poderá ser promovido de *ofício*, a *pedido* do advogado ou ofendido ou a *pedido* de qualquer pessoa.

A alternativa "B" está incorreta, pois, uma vez formulado o requerimento de desagravo público, caberá ao Relator do processo deflagrado na OAB oferecer parecer que, se acolhido, aí sim, gerará a designação de sessão específica para tal fim (art. 18, § 4º, do Regulamento Geral).

A alternativa "D" está incorreta, pois, de acordo com o art. 18, § 2º, do Regulamento Geral, será caso de arquivamento, por proposta do Relator do processo, caso seja constatado que a ofensa não diz respeito ao exercício profissional (ou seja, quando tiver conotação de ofensa meramente pessoal, e não profissional).

(VII EXAME DE ORDEM UNIFICADO – FGV) O escritório Alpha, Beta e Gama Advogados Associados, especializado em advocacia criminal, foi alvo de medida cautelar de busca em apreensão, determinada por juiz criminal, no âmbito de ação penal em que diversos clientes do escritório figuravam como acusados. O magistrado fundamentou a decisão de deferimento da medida de busca e apreensão apontando a gravidade dos crimes atribuídos pelo Ministério Público aos acusados, clientes do escritório em questão, bem como a impossibilidade de obtenção, por outros meios, de prova dos crimes por eles praticados. Considerando o que dispõem as normas aplicáveis à hipótese, assinale a alternativa correta:

(A) A inviolabilidade de escritórios de advocacia é absoluta, sendo ilegal e inconstitucional, em qualquer hipótese, a realização de medida de busca e apreensão em seu interior.

(B) A inviolabilidade de escritórios de advocacia é relativa, podendo-se determinar medida de busca e apreensão em seu interior quando houver certeza de que serão encontradas provas do crime praticado pelo cliente do advogado que ali trabalhe.

(C) A inviolabilidade de escritórios de advocacia é relativa, podendo-se determinar medida de busca e apreensão em seu interior quando houver indícios de autoria e materialidade da prática de crime por parte de advogado que ali trabalhe, sendo, no entanto vedada a utilização de documentos pertencentes a clientes do advogado investigado, quando os mesmos não estejam, por sua vez, sob formal investigação.

(D) A inviolabilidade de escritórios de advocacia é relativa, podendo-se determinar medida de busca e apreensão em seu interior quando houver indícios de autoria e materialidade da prática de crime por parte de advogado que ali trabalhe. Neste caso, a garantia da inviolabilidade resta absolutamente afastada, não havendo limites para a realização da medida.

COMENTÁRIO

A alternativa "C" está correta. De fato, embora a regra seja a da inviolabilidade do escritório de advocacia, consoante dispõe o art. 7º, II, do EAOAB, é certo que referida inviolabilidade é relativa, sendo perfeitamente possível a busca e apreensão nos escritórios de advocacia quando tal medida for necessária para a apuração da autoria e materialidade da prática de crime cometido pelo advogado. Em regra, na busca e apreensão, não poderão ser utilizados documentos, objetos e mídias pertencentes a clientes do advogado, salvo se estes forem coautores ou partícipes daquele na prática do mesmo crime que ensejou a medida cautelar (*vide* art. 7º, § 7º, do EAOAB).

A alternativa "A" está incorreta, pois como se verá nos comentários às demais alternativas, a inviolabilidade do escritório de advocacia é relativa, vale dizer, comporta exceções.

A alternativa "B" está incorreta, pois, a despeito de ser possível a decretação de medida cautelar de busca e apreensão em escritório de advocacia, consoante permite o art. 7º, II e §§ 6º e 7º, do EAOAB, não se exigirá, para tanto, certeza de que serão encontradas provas do crime praticado pelo advogado, bastando *indícios* de autoria e materialidade delitivas.

A alternativa "D" está incorreta, pois a busca e apreensão, embora constitua instrumento que "relativiza" a inviolabilidade do escritório de advocacia, é medida que encontra limites impostos pela própria lei (art. 7º, II, e §§ 6º e 7º, do EAOAB), tais como os próprios requisitos de admissibilidade: indícios de autoria e materialidade delitivas, mandado de busca e apreensão específico e pormenorizado, necessidade de presença de representante da OAB etc.

(VII EXAME DE ORDEM UNIFICADO – FGV) Aparecida, advogada da autora no âmbito de determinada ação indenizatória, bastante irritada com o conteúdo de sentença que julgou improcedente o pedido formulado, apresenta recurso de apelação em cujas razões afirma que o magistrado é burro e ignora as leis aplicáveis ao caso em exame. Disse ainda que tal sentença não poderia ter outra explicação, senão o fato de o magistrado ter recebido vantagem pecuniária da outra parte. A respeito da conduta de Aparecida, é correto afirmar:

(A) Aparecida não praticou crime nem conduta antiética, pois fez tais afirmações no exercício da profissão, devendo atuar sem receio de desagradar ao magistrado.

(B) Aparecida praticou o crime de injúria, ao afirmar que o magistrado é burro e ignora as leis aplicáveis ao caso e o de calúnia, quando afirmou que o magistrado prolatara a sentença em questão por ter recebido dinheiro da outra parte. Além disso, por todas as ofensas irrogadas, violou dispositivo do Código de Ética e Disciplina da OAB, que impõe ao advogado o dever de urbanidade.

(C) Aparecida violou apenas dispositivo do Código de Ética e Disciplina da OAB, por desrespeitar o dever de urbanidade, mas não praticou crime, uma vez que tem imunidade profissional, não constituindo injúria, difamação ou calúnia puníveis qualquer manifestação de sua parte, no exercício de sua atividade, em juízo ou fora dele.

(D) Aparecida violou dispositivo do Código de Ética e Disciplina da OAB, por desrespeitar o dever de urbanidade e praticou o crime de calúnia ao afirmar que o magistrado prolatara a sentença em questão por ter recebido dinheiro da outra parte. Não praticou crime quando afirmou que o magistrado é burro e ignora as leis aplicáveis ao caso, pois tem imunidade profissional, não constituindo injúria punível qualquer manifestação de sua parte, no exercício de sua atividade, em juízo ou fora dele.

COMENTÁRIO

De acordo com o art. 7º, § 2º, do EAOAB, o advogado, no exercício profissional, em juízo ou fora dele, goza de imunidade profissional, sendo certo que *qualquer* manifestação sua (repita-se: desde que relativa ao exercício da profissão!) não constituirá injúria ou difamação puníveis. Porém, eventuais excessos serão passíveis de punição no âmbito disciplinar, consoante prevê referido dispositivo legal. No caso relatado no enunciado, a advogada Aparecida, ao xingar de "burro", teria cometido, em tese, o crime de injúria (art. 140 do CP). Ainda, ao afirmar que o magistrado recebera vantagem pecuniária para prolatar aquela sentença, teria, também, incidido no crime de calúnia (art. 138 do CP). Lembre-se que a imunidade profissional do advogado abarca apenas dois crimes: injúria e difamação. Portanto, Aparecida, embora imune ao crime de injúria, não o é com relação à calúnia (*falsa imputação, a terceiro, de fato definido como crime*), por esta devendo responder. Todavia, ainda que a advogada seja inviolável no tocante à injúria, é certo que xingar um juiz de "burro" viola dever ético de urbanidade, vale dizer, dever de tratamento respeitoso (art. 27, *caput*, do CED). Portanto, Aparecida deverá responder criminalmente por calúnia e disciplinarmente pelo excesso cometido em relação ao magistrado. Correta, por todos os fundamentos trazidos, a alternativa "D".

Assim, à luz dos comentários ora trazidos, percebemos que a alternativa "A" é incorreta, pois, como visto, a advogada cometera, sim, conduta antiética (violação do dever de urbanidade), bem como o crime de calúnia.

A alternativa "B" é incorreta, já que o advogado, como visto, é imune ao crime de injúria, desde que cometido em manifestação decorrente do exercício profissional.

A alternativa "C" também é incorreta, visto que os advogados não são imunes à calúnia, ainda que cometidas em razão da profissão.

(IX EXAME DE ORDEM UNIFICADO – FGV) José, advogado recém-formado, é contratado para defender os interesses de Cláudio que fora preso em flagrante, por crime afiançável, estando pendente o valor da fiança. Dirigindo-se ao local onde seu cliente está detido, apresenta-se à autoridade estatal competente e requer entrevista pessoal com Cláudio. A autoridade afirma que somente poderá autorizar o seu ingresso mediante a apresentação do instrumento de mandato.

Nos termos do Estatuto da Advocacia, o advogado, nesse caso, deve

(A) assentar que pode entrevistar-se com seu cliente mesmo sem procuração.

(B) contatar a família para que apresente o instrumento de procuração.

(C) aguardar a fixação da fiança para entrevistar-se com seu cliente em liberdade.

(D) aduzir que nesses casos tem prazo para apresentação de procuração.

COMENTÁRIO

A alternativa "A" está correta. Nos termos do art. 7º, III, do Estatuto da OAB, é direito do advogado comunicar-se pessoal e reservadamente com seu cliente preso, em estabelecimentos civis ou militares, independentemente de procuração, ainda que considerado incomunicável.

A alternativa "B" está incorreta. Como visto, o art. 7º, III, do Estatuto, dispensa a exibição de procuração para que um advogado tenha acesso ao seu cliente preso.

A alternativa "C" está incorreta, pois, seja afiançável, seja inafiançável o crime pelo qual o cliente tenha sido preso em flagrante ou seja causa de qualquer outra espécie de prisão cautelar, o direito de o advogado com ele comunicar-se é prerrogativa conferida pelo já citado art. 7º, III, do Estatuto da OAB.

A alternativa "D" está incorreta. A procuração – ou a falta dela – não constitui requisito para o exercício de prerrogativa profissional atinente à comunicação de causídico com seu cliente preso.

(X EXAME DE ORDEM UNIFICADO – FGV) João, advogado regularmente inscrito nos quadros da Ordem dos Advogados do Brasil, veio a ser indiciado por força de investigação proposta em face de um dos seus inúmeros clientes, não tendo o causídico participado de qualquer ato ilícito, mas apenas como advogado. Veio a saber que seu nome fora incluído por força de exercício considerado exacerbado de sua atividade advocatícia. Contratou advogado para a sua defesa no inquérito criminal e postulou assistência à Ordem dos Advogados do Brasil por entender feridas suas prerrogativas profissionais.

Observado tal relato, consoante as normas do Regulamento Geral do Estatuto da Advocacia e da OAB, assinale a afirmativa correta.

(A) Ao contratar advogado para a defesa da sua pretensão não mais cabe à Ordem dos Advogados interferir no processo para salvaguardar eventuais prerrogativas feridas.

(B) A atuação da Ordem dos Advogados na defesa das prerrogativas profissionais implicará a assistência de representante da instituição, mesmo com defensor constituído.

(C) A assistência da Ordem dos Advogados está restrita a processos judiciais ou administrativos, mas não a inquéritos.

(D) A postulação de assistência deve ser examinada pelo Conselho Federal da Ordem dos Advogados que pode autorizar ou não essa atividade.

COMENTÁRIO

A alternativa"B" está correta. Nos termos do art. 16 do Regulamento Geral, sem prejuízo da atuação de seu defensor, contará o advogado com a assistência de representante da OAB nos inquéritos policiais ou nas ações penais em que figurar como indiciado, acusado ou ofendido, sempre que o fato a ele imputado decorrer do exercício da profissão ou a este vincular-se.

A alternativa "A" está incorreta. Veremos ainda nos comentários a esta questão que a OAB deverá interferir em inquéritos e processos em que o advogado figure como indiciado, acusado ou mesmo vítima, desde que os fatos digam respeito à atuação profissional, ainda que o advogado tenha constituído defensor.

A alternativa "C" está incorreta, pois, como visto, o art. 16 do Regulamento Geral permite a interferência da OAB não apenas nas ações penais em que figure como acusado ou ofendido um advogado, mas, também, nos inquéritos policiais, desde que os fatos apurados digam respeito ao exercício profissional.

A alternativa "D" está incorreta, pois o Regulamento Geral não diz caber ao Conselho Federal a análise sobre pedido de intervenção da OAB em inquéritos policiais ou ações penais em que figurem advogados como indiciados, réus ou ofendidos.

(X EXAME DE ORDEM UNIFICADO – FGV) A advogada Maria solicitou, no cartório de determinada vara cível, ter vista e extrair cópias dos autos de processo não sujeito a sigilo. O serventuário a quem foi feita a solicitação afirmou que Maria não havia juntado procuração aos autos do processo em questão e, em razão disso, apenas poderia ter vista dos autos e que lhe seria vedada a extração de cópias.

A partir do caso apresentado, assinale a afirmativa correta.

(A) O serventuário não agiu corretamente. Mesmo não estando constituída nos autos do processo, Maria pode ter vista e obter cópias dos autos do processo, já que o mesmo não está sujeito a sigilo.

(B) O serventuário agiu corretamente. O advogado não constituído nos autos de determinado processo apenas pode ter vista dos mesmos em balcão, mas não pode retirá-los de cartório para extração de cópias.

(C) O serventuário não agiu corretamente. Tendo em vista que Maria não estava constituída nos autos e que não poderia retirá-los de cartório para a extração de cópias, o serventuário deveria ter providenciado pessoalmente as cópias de que Maria necessitava.

(D) O serventuário não agiu corretamente. Tendo em vista que Maria não estava constituída nos autos do processo, não poderia sequer ter vista dos mesmos.

COMENTÁRIO

A alternativa "A" está correta. Nos termos do art. 7º, XIII, do Estatuto da OAB, é direito do advogado examinar, em qualquer órgão dos Poderes Judiciário e Legislativo, ou da Administração Pública em geral, autos de processos findos ou em andamento, *mesmo sem procuração*, quando não estejam sujeitos a sigilo, assegurada a obtenção de cópias, podendo tomar apontamentos. Assim, agiu incorretamente o serventuário, pois o fato de a advogada não ter procuração não constitui obstáculo para que ela tenha vista e obtenha cópias dos autos. Porém, caso o processo fosse sigiloso, somente com procuração poderia ter vista e carga dos autos;

A alternativa "B" está incorreta. Como visto, o art. 7º, XIII, do Estatuto, garante ao advogado, mesmo sem procuração (salvo se os autos tramitarem em sigilo!), o direito de examinar (ter vista) e obter cópias dos autos;

A alternativa "C" está incorreta, pois a advogada Maria, mesmo sem estar constituída nos autos (leia-se: ter procuração outorgada pelo cliente), teria o direito de examiná-los e obter as respectivas cópias diretamente, vale dizer, independentemente de qualquer atividade do serventuário;

A alternativa "D" está incorreta. A falta de procuração não constitui óbice ao advogado para ter vista e obter cópias dos autos de processos que tramitem em quaisquer dos Poderes (Executivo, Legislativo e Judiciário), salvo se sujeitos a sigilo. Neste caso, somente com procuração o advogado terá vista e poderá obter cópias dos autos.

(X EXAME DE ORDEM UNIFICADO – FGV) Um jovem advogado inicia sua carreira em seu estado natal, angariando clientes em decorrência das suas raras habilidades de negociador. Com o curso do tempo, sua fama de bom profissional se espraia e, em razão disso, surgem convites para atuar em outros estados da federação. Ao contatar um cliente no Estado Y, distante mais de mil quilômetros do seu estado natal, é surpreendido pelas autoridades de Y, com determinação restritiva ao seu exercício profissional, por não ser advogado do local.

A partir do exposto, nos termos do Estatuto da Advocacia, assinale a afirmativa correta.

(A) O advogado deve restringir o exercício profissional ao local em que obteve sua inscrição.

(B) O advogado deve solicitar autorização a cada processo em que atuar fora do local de inscrição.

(C) O advogado deve realizar Exame de Ordem em cada estado em que for atuar.

(D) O advogado pode exercer sua profissão em todo o território nacional.

COMENTÁRIO

A alternativa "D" está correta. De fato, a inscrição do advogado na OAB (pouco importando em qualquer Estado/Conselho Seccional), o qualifica a advogar em todo o território nacional (art. 7º, I, do Estatuto da OAB). Porém, frisamos uma vez mais, tal direito não é irrestrito, pois o art. 10, § 2º, do Estatuto, e art. 26 do Regulamento Geral exigem a inscrição suplementar em caso de habitualidade do exercício da advocacia em outros Estados que não o de inscrição principal do advogado.

A alternativa "A" está incorreta. A inscrição do advogado em qualquer Estado (leia-se: Conselho Seccional) o permite advogar não somente naquele território, mas, também, em todo o Brasil (art. 7º, I, do Estatuto da OAB). Porém, caso passe a advogar com habitualidade em outros Estados que não aquele em que mantém inscrição principal (art. 10, *caput*, do Estatuto), deverá, de fato, providenciar sua inscrição suplementar (art. 10, § 2º, do Estatuto e art. 26 do Regulamento Geral).

A alternativa "B" está incorreta, pois, como dito, a inscrição do advogado em qualquer Estado da federação o habilita a advogar em todo o território nacional, não se exigindo autorização para cada processo em que atuar fora do local de inscrição. Porém, sempre é necessário que se atente à eventual necessidade de promoção de inscrição suplementar.

A alternativa "C" está incorreta. Não constitui exigência legal para a inscrição suplementar ou para o exercício da advocacia fora do local de inscrição principal ser o advogado compelido a prestar Exame de Ordem, que, lembre-se, é, atualmente, unificado.

(X EXAME DE ORDEM UNIFICADO – FGV) O advogado Francisco é conhecido por sua rara habilidade no setor de contratos empresariais, experto nas chamadas cláusulas venenosas que dificultam a quebra imotivada de avenças. No exercício regular da sua profissão de advogado, apresenta-se, munido dos devidos poderes, em assembleia de sociedade anônima, cujo controlador é seu cliente. O presidente da assembleia não acolhe a sua presença, aduzindo falta de autorização legal.

Nos termos do Estatuto da Advocacia, é direito do advogado

(A) ingressar em assembleia, representando seu cliente, mesmo não munido de mandato.

(B) representar seu cliente com procuração outorgada com poderes gerais.

(C) atuar em assembleia a que seu cliente possa comparecer, munido de poderes especiais.

(D) atuar excepcionalmente com autorização do presidente da assembleia, que supre o mandato.

COMENTÁRIO

Nos termos do art. 7º, VI, "d", do Estatuto da OAB, é direito do advogado ingressar livremente em qualquer assembleia ou reunião de que participe ou possa participar o seu cliente, ou perante a qual este deve comparecer, desde *que munido de poderes especiais*. Assim, o advogado Francisco pode, sim, comparecer à assembleia de sociedade anônima, cujo controlador é seu cliente, ainda que este lá não esteja, desde que munido de procuração com poderes especiais. O mandato (com poderes especiais), como se vê, é indispensável para que o advogado possa ingressar, livremente, em assembleias e reuniões em que estejam ou pudessem estar seus clientes. Correta, portanto, a alternativa "C". As demais alternativas ("A", "B" e "D") estão incorretas pelo fato de não conterem a exigência de que Francisco estivesse munido de procuração com poderes especiais.

(XI EXAME DE ORDEM UNIFICADO – FGV) Úrsula, advogada com larga experiência profissional, necessita atualizar o seu arquivo de causas. Assim, requer o desarquivamento de determinados autos processuais de processo findo de um cliente, que tramitou sob sigilo, mas de época anterior à sua atuação. Ao dirigir-se ao cartório judicial, é surpreendida pela exigência de procuração com poderes especiais para retirar os autos.

Nos termos do Estatuto da Advocacia, é direito do advogado retirar autos de processos findos

(A) com procuração, inseridos poderes gerais, pelo prazo de cinco dias.

(B) com procuração, com poderes especiais, pelo prazo de quinze dias.

(C) sem procuração, com autorização do escrivão do cartório, pelo prazo de dez dias.

(D) sem procuração, pelo prazo de dez dias.

COMENTÁRIO

A alternativa correta é a "D". Nos exatos termos do art. 7º, XVI, do Estatuto da OAB, é direito do advogado retirar autos de processos findos, mesmo sem procuração, pelo prazo de dez dias. Ainda que o processo que Úrsula pretendia fazer carga tenha tramitado em sigilo, tal não seria motivo para não conseguir exercer sua prerrogativa. Todavia, caso o processo tivesse tramitado sob segredo de justiça, aí sim não teria o direito de retirá-los do cartório (salvo, é claro, se tivesse procuração do cliente). É o que decorre do art. 7º, § 1º, "1", do EAOAB.

(XI EXAME DE ORDEM UNIFICADO – FGV) Walter é advogado com atuação no Estado W e foi surpreendido pela acusação de participar de evento criminoso, tendo sido decretada sua prisão cautelar, por ordem judicial.

Com relação ao caso relatado, nos termos do Estatuto da Advocacia, assinale a afirmativa correta.

(A) O advogado deve ser apresentado ao Presidente da Seccional da OAB ou ao seu representante.

(B) O advogado ficará preso em sala de Estado-Maior ou equivalente até o final do processo.

(C) O advogado ficará restrito à sua residência, em prisão domiciliar, até reunião da seccional da OAB.

(D) O advogado sofrerá punição disciplinar pelo fato de estar respondendo a processo criminal.

COMENTÁRIO

A alternativa "B" está correta, de acordo com a banca examinadora. O art. 7º, V, do EAOAB, garante que o advogado, antes do trânsito em julgado, fique recolhido preso senão em Sala de Estado-Maior, com comodidades condignas, ou, à sua falta, em prisão domiciliar. Não concordamos com a expressão "ou equivalente" contida na assertiva. Repare que o enunciado pede ao candidato que responda com base nos termos do Estatuto da OAB. E o Estatuto, como visto, garante ao advogado a permanência em Sala de Estado-Maior, ou, à falta dela, em prisão domiciliar. Em outras palavras, não havendo Sala de Estado-Maior, a alternativa legalmente prevista é a prisão domiciliar, e não "salas equivalentes". Errou, tecnicamente, a banca examinadora, especialmente pelo fato de ter exigido do candidato que assinalasse alternativa "*nos termos do Estatuto da Advocacia*". Repetimos: o Estatuto não fala em "Sala equivalente". E o que seria "Sala equivalente"? Admitir como correta a assertiva é fazer letra morta a prerrogativa em comento.

A alternativa "A" está incorreta, pois o Estatuto da OAB, em momento algum prevê que ao advogado que tenha contra si decretada prisão cautelar (flagrante, temporária ou preventiva), seja apresentado ao Presidente do Conselho Seccional ou a qualquer representante deste órgão. O que há em referido diploma legal é que, em caso de prisão em flagrante decorrente do exercício profissional, um representante da OAB acompanhe a lavratura do respectivo auto (art. 7º, IV). A presença do representante da instituição somente ocorrerá em caso de prisão em flagrante, mas, não, nos demais casos de prisões cautelares (temporária e preventiva) decretadas por autoridade judiciária.

A alternativa "C" está incorreta. Como visto no comentário antecedente, o advogado ficará recolhido preso em Sala de Estado-Maior, e, somente à falta dela, em prisão domiciliar (art. 7º, V, EAOAB).

A alternativa "D" está incorreta. O só fato de responder a processo criminal não enseja qualquer punição disciplinar. Basta verificar o rol do art. 34 do Estatuto da OAB, que trata das infrações disciplinares. No entanto, advertirmos que se um advogado praticar crime infamante (art. 34, XXVIII, EAOAB), poderá sofrer pena de exclusão (art. 38 do EAOAB), mas após regular processo disciplinar.

(XII EXAME DE ORDEM UNIFICADO – FGV) Sobre o *desagravo público*, assinale a afirmativa correta.

(A) O advogado poderá ser desagravado quando ofendido no exercício da profissão ou em razão dela, desde que faça o requerimento em petição dirigida ao Presidente do Conselho Seccional no prazo de seis meses, contados a partir da data da realização da ofensa.
(B) O desagravo público depende de concordância do advogado ofendido.
(C) O advogado não pode dispensar o desagravo público quando o Conselho Seccional decidir promovê-lo.
(D) O advogado tem direito a ser desagravado, mesmo que a ofensa por ele sofrida não guarde relação com o exercício da profissão ou de cargo ou função na OAB.

COMENTÁRIO

A alternativa "C" está correta, estando de acordo com o que dispõe o precitado art. 18, § 7º, do Regulamento Geral;

A alternativa "A" está incorreta, pois o desagravo público é prerrogativa do advogado, nos termos do art. 7º, XVII, do Estatuto da OAB, podendo ser realizado de ofício pelo Conselho competente, ou a pedido do advogado ofendido ou de qualquer pessoa (art. 18, *caput*, do Regulamento Geral). Portanto, não é verdadeira a afirmação de que o advogado será desagravo desde que faça requerimento nesse sentido, tal como menciona a assertiva em tela;

A alternativa "B" está incorreta, eis que o desagravo público, por ser instrumento de defesa dos direitos e prerrogativas da advocacia, não depende sequer de concordância do ofendido, que não poderá dispensá-lo, devendo ser promovido a critério do Conselho (art. 18, § 7º, do Regulamento Geral);

A alternativa "D" está incorreta, já que o desagravo público somente será realizado quando a ofensa dirigida ao advogado guardar relação com o exercício da profissão ou de cargo ou função que tenha na OAB (art. 18, *caput*, do Regulamento Geral). Portanto, ofensas de caráter estritamente pessoal não deverão ser apuradas pela OAB, cabendo ao relator propor o arquivamento do pedido (art. 18, § 2º, do Regulamento Geral).

(XIII EXAME DE ORDEM UNIFICADO – FGV) Agnaldo é advogado na área de Direito de Empresas, tendo como uma de suas clientes a sociedade Cobradora Eficiente Ltda., que consegue realizar os seus atos de cobrança com rara eficiência. Por força de sua atividade, a sociedade é convidada a participar de reunião com a Associação dos Consumidores Unidos e envia o seu advogado para dialogar com a referida instituição.

Consoante o Estatuto da Advocacia, deve o advogado comparecer

(A) à reunião com seu cliente, responsável pela empresa.
(B) desacompanhado, com procuração com poderes *ad juditia*.
(C) à reunião, com mandato outorgado com poderes especiais.
(D) ao local sem a presença do cliente e sem mandato.

COMENTÁRIO

A alternativa "C" está correta, nos exatos termos do art. 7º, VI, "d", do EAOAB. Assim, é direito do advogado ingressar livremente em qualquer assembleia ou reunião de que participe ou possa participar o cliente (ou seja, ainda que este esteja ausente!), desde que munido de poderes especiais. Portanto, o ingresso do advogado nesse tipo de lugar (assembleias/reuniões) somente é possível, ainda que desacompanhado do cliente, desde que disponha de procuração que lhe tenha sido outorgada. Porém, referida procuração não pode ser "comum", mas, sim, com poderes especiais (para comparecer/representar o cliente).

As alternativas "A", "B" e "D" estão incorretas. É que um advogado poderá comparecer a uma reunião ou assembleia, ainda que desacompanhado de seu cliente, nelas representando-o, desde que munido de procuração com poderes especiais.

(XIII EXAME DE ORDEM UNIFICADO – FGV) Abel, por força de suas atividades como advogado, comparece à audiência designada para ocorrer às 13 horas. Aguarda algum tempo, mas não recebe qualquer notícia do início dos trabalhos forenses.

Nesse caso, consoante o Estatuto da Advocacia, protocolizando comunicação em juízo, pode retirar-se do recinto passados

(A) vinte minutos do horário designado.
(B) trinta minutos do horário designado.
(C) quarenta minutos do horário designado.
(D) cinquenta minutos do horário designado.

COMENTÁRIO

A alternativa "B" está correta. Nos termos do art. 7º, XX, do EAOAB, é direito do advogado retirar-se do recinto onde se encontre aguardando pregão para ato judicial, após trinta minutos do horário designado e ao qual não tenha comparecido a autoridade que deveria presidir a ele, mediante comunicação protocolizada em juízo.

A alternativa "A", "C" e "D" estão incorretas, pois o prazo que o advogado deverá aguardar, até que possa exercer sua prerrogativa, é de trinta minutos.

(XIV EXAME DE ORDEM UNIFICADO – FGV) O estagiário Marcos trabalha em determinado escritório de advocacia e participou ativamente da elaboração de determinada peça processual que estava para ser analisada pelo magistrado da Vara em que o processo tramitava, assinando, ao final, a petição, em conjunto com alguns advogados do escritório. Como conhecia muito bem a causa, resolveu falar com o magistrado com o objetivo de ressaltar, de viva voz, alguns detalhes relevantes. Quando o magistrado percebeu que estava recebendo o estagiário do escritório, e não um dos advogados que atuava na causa, informou ao estagiário que não poderia tratar com ele sobre o processo, solicitando que os advogados viessem em seu lugar, se entendessem necessário. Marcos, muito aborrecido, afirmou que faria uma representação contra o magistrado, por entender que suas prerrogativas profissionais foram violadas. A respeito da conduta de Marcos, assinale a opção correta.

(A) Marcos teve sua prerrogativa profissional violada, pois é direito do advogado e do estagiário inscrito na OAB dirigir-se diretamente ao magistrado nas salas e gabinetes de trabalho, independentemente de horário previamente marcado, observando-se a ordem de chegada.
(B) Marcos não teve sua prerrogativa profissional violada, pois apenas deve dirigir-se diretamente ao magistrado quando os advogados que atuam na causa estiverem impossibilitados de fazê-lo, sendo a atuação do estagiário subsidiária em relação à atuação do advogado.
(C) Marcos não teve sua prerrogativa profissional violada, pois apenas o advogado tem direito de dirigir-se diretamente ao magistrado nas salas e gabinetes de trabalho, independentemente de horário previamente marcado, observando-se a ordem de chegada. Ao contrário, Marcos praticou ato excedente à sua habilitação e, em razão disso, ficará impedido, posteriormente, de obter sua inscrição definitiva como advogado.
(D) Marcos não teve sua prerrogativa profissional violada, pois apenas o advogado tem direito de dirigir-se diretamente ao magistrado nas salas e gabinetes de trabalho, independentemente de horário previamente marcado, observando-se a ordem de chegada. Ao contrário, Marcos praticou ato excedente à sua habilitação e deve ser punido com pena de censura.

COMENTÁRIO

A alternativa "D" está correta. De fato, como visto, o estagiário não goza da prerrogativa de que trata o art. 7º, VIII, do EAOAB. Ao contrário, ao demonstrar ao juiz que tinha amplo conhecimento da causa, inclusive trazendo argumentos e fazendo ponderações relevantes sobre a causa, praticou ato excedente de sua habilitação, incorrendo no art. 34, XXIX, do EAOAB (infração disciplinar, passível de censura).

A alternativa "A" está incorreta, pois o direito de dirigir-se diretamente aos magistrados, nas salas e gabinetes de trabalho, independentemente de prévio agendamento, observada a ordem de chegada, pertence ao advogado (art. 7º, VIII, do EAOAB). Embora, na praxe forense, estagiários se dirijam diretamente a juízes, geralmente para despacho de petições, não se pode afirmar que tal prática "costumeira" constitua uma prerrogativa. O rol do art. 7º do EAOAB é destinado aos advogados, não aos estagiários.

A alternativa "B" está incorreta, pois a atuação do estagiário não pode, salvo nas hipóteses do art. 29, §§ 1º e 2º, do Regulamento Geral, ser isolada. Em outras palavras, a regra é a de que o estagiário somente poderá atuar em conjunto com o advogado nas atividades consideradas privativas de advocacia (art. 29, *caput*, do Regulamento Geral e art. 3º, § 2º, do EAOAB). Despachar uma petição, nos moldes delineados no enunciado, e argumentar tecnicamente sobre o que se discute nos autos, em nosso entendimento, caracteriza ato de postulação judicial (art. 1º, I, do EAOAB), que, como sabido, é atividade privativa de advogado.

A alternativa "C" está incorreta, pois a conduta praticada pelo estagiário não lhe acarretará, por falta de previsão legal, a consequência indicada na alternativa, qual seja, a de ficar impossibilitado de obter, futuramente, sua inscrição definitiva como advogado.

A alternativa "D" está correta. De fato, como visto, o estagiário não goza da prerrogativa de que trata o art. 7º, VIII, do EAOAB. Ao contrário, ao demonstrar ao juiz que tinha amplo conhecimento da causa, inclusive trazendo argumentos e fazendo ponderações relevantes sobre a causa, praticou ato excedente de sua habilitação, incorrendo no art. 34, XXIX, do EAOAB (infração disciplinar, passível de censura).

(XIV EXAME DE ORDEM UNIFICADO – FGV) Às 15h15, o advogado Armando aguardava, no corredor do fórum, o início de uma audiência criminal designada para as 14h30. A primeira audiência do dia havia sido iniciada no horário correto, às 13h30, e a audiência da qual Armando participaria era a segunda da pauta daquela data. Armando é avisado por um serventuário de que a primeira audiência havia sido interrompida por uma hora para que o acusado, que não se sentira bem, recebesse atendimento médico, e que, por tal motivo, todas as demais audiências do dia seriam iniciadas com atraso. Mesmo assim, Armando informa ao serventuário que não iria aguardar mais, afirmando que, de acordo com o EAOAB, tem direito, após trinta minutos do horário designado, a se retirar do recinto onde se encontre aguardando pregão para ato judicial. A partir do caso apresentado, assinale a opção correta.

(A) Armando poderia se retirar do recinto, pois o advogado tem o direito de não aguardar por mais de trinta minutos para a realização de ato judicial.

(B) Armando não poderia se retirar do recinto, pois a autoridade que presidiria o ato judicial do qual Armando participaria estava presente.

(C) Armando não poderia se retirar do recinto, pois a prerrogativa por ele invocada não é válida para audiências criminais.

(D) Armando poderia se retirar do recinto, pois não deu causa ao atraso da audiência.

COMENTÁRIO

A alternativa "B" está correta. A questão é muito boa e pode induzir a erro o candidato. É que o direito de retirada do advogado do local em que deva ser realizado o ato judicial (ex.: audiência) somente poderá ser exercido se o juiz que deva presidi-lo estiver ausente por, pelo menos, trinta minutos (art. 7º, XX, do EAOAB). No caso relatado no enunciado, o magistrado encontra-se presente, mas a audiência anterior foi suspensa em razão do mal estar do acusado que a ela compareceu. Trata-se de verdadeiro "atraso de pauta", que muito ocorre no dia a dia forense. E, nesse caso, como o juiz está presente, mas as audiências estão atrasadas, o advogado não poderá se socorrer do precitado art. 7º, XX, do EAOAB.

A alternativa "A" está incorreta, pois o advogado somente poderá se valer da prerrogativa do art. 7º, XX, do EAOAB, se o juiz estiver ausente do local em que deva presidir o ato.

A alternativa "C" está incorreta, pois a prerrogativa prevista no art. 7º, XX, do EAOAB, não faz distinção do tipo de audiência. Contudo, destacamos que, pelo princípio da especialidade, se se tratasse de uma audiência trabalhista, aplicar-se-ia o disposto no art. 815, parágrafo único, da CLT (bastam quinze minutos de ausência do magistrado para que o advogado possa se retirar do local).

A alternativa "D" está incorreta. Pouco importa, para o exercício da prerrogativa em questão, ter o advogado dado ou não causa ao atraso da audiência. Imprescindível, como visto, que o juiz esteja ausente para que o causídico se valha do seu direito de retirada.

(XIV EXAME DE ORDEM UNIFICADO – FGV) O advogado Antônio de Souza encontra-se preso cautelarmente, em cela comum, por força de decreto de prisão preventiva proferido no âmbito de ação penal a que responde por suposta prática de reiteradas fraudes contra a Previdência. O advogado de Antônio requereu ao magistrado que decretou a prisão a transferência de seu cliente para sala de estado-maior. Como não havia sala de estado-maior disponível na localidade, o magistrado determinou que Antônio deveria permanecer em prisão domiciliar até que houvesse sala de estado-maior disponível. Sobre a decisão do magistrado, assinale a opção correta.

(A) O magistrado decidiu corretamente, pois, de acordo com o EAOAB, é direito do advogado não ser recolhido preso, antes de sentença transitada em julgado, senão em sala de Estado-maior e, na sua falta, em prisão domiciliar.

(B) O magistrado não decidiu corretamente, pois o advogado, assim como qualquer outro cidadão que tenha concluído curso superior, tem direito a ser recolhido preso em prisão especial, mas não em sala de estado-maior, que apenas é garantida a magistrados e membros do Ministério Público.

(C) O magistrado decidiu corretamente, devendo o advogado permanecer em prisão domiciliar, mesmo havendo sala de Estado Maior, após eventual trânsito em julgado de sua condenação.

(D) O magistrado não decidiu corretamente, pois o advogado apenas tem direito a não ser recolhido preso, antes de sentença transitada em julgado, em sala de estado-maior e, na sua falta, em prisão domiciliar, quando o crime que lhe esteja sendo imputado decorra do exercício regular da profissão de advogado.

COMENTÁRIO

A alternativa "A" está correta. De fato, é direito do advogado, antes do trânsito em julgado, ficar recolhido preso em sala de Estado-Maior, com acomodações e comodidades condignas, ou, à falta dela, em prisão domiciliar (art. 7º, V, do EAOAB).

A alternativa "B" está incorreta, pois, como dito, é prerrogativa do advogado permanecer preso cautelarmente (ou seja, antes do trânsito em julgado) senão em sala de Estado-Maior, ou, à falta, em prisão domiciliar.

A alternativa "C" está incorreta. O advogado somente permanecerá preso cautelarmente em prisão domiciliar se, na localidade, não houver sala de Estado-maior (art. 7º, V, do EAOAB).

A alternativa "D" está incorreta. Essa é uma excelente pegadinha da banca examinadora! O direito de o advogado ficar preso cautelarmente em sala de Estado-maior, ou, à falta, em prisão domiciliar, não se vincula ao tipo de crime por ele praticado, vale dizer, se relativo ou não ao exercício da profissão. Assim, terá direito ao "benefício" ora debatido advogado acusado de estupro, tráfico de drogas, homicídio ou qualquer outro tipo de crime, ainda que não guarde qualquer relação com o exercício regular da profissão.

(XIV EXAME DE ORDEM UNIFICADO – FGV) A advogada Ana integrou o departamento jurídico da empresa XYZ Ltda. e, portanto, participava de reuniões internas, com sócios e diretores, e externas, com clientes e fornecedores, tendo acesso a todos os documentos da sociedade, inclusive aos de natureza contábil, conhecendo assim, diversos fatos e informações relevantes sobre a empresa. Alguns anos após ter deixado os quadros da XYZ Ltda., Ana recebeu intimação para comparecer a determinada audiência e a prestar depoimento, como testemunha arrolada pela defesa, no âmbito de ação penal em que um dos sócios da empresa figurava como acusado do crime de sonegação fiscal. Ao comparecer à audiência, Ana afirmou que não prestaria depoimento sobre os fatos dos quais tomou conhecimento enquanto integrava o jurídico da XYZ Ltda. O magistrado que presidia o ato ressaltou que seu depoimento havia sido solicitado pelo próprio sócio da empresa, que a estaria, portanto, desobrigando do dever de guardar sigilo. Sobre a questão apresentada, observadas as regras do Estatuto da OAB e do Código de Ética e Disciplina da OAB, assinale a opção correta.

(A) Ana terá o dever de depor, pois o bem jurídico administração da justiça é mais relevante do que o bem jurídico inviolabilidade dos segredos.

(B) Ana terá o dever de depor, pois foi desobrigada por seu ex-cliente do dever de guardar sigilo sobre os fatos de que tomou conhecimento quando atuou como advogada da XYZ Ltda.

(C) Ana terá o dever de depor, pois não integra mais o departamento jurídico da empresa XYZ Ltda., tendo cessado, portanto, seu dever de guardar sigilo.

(D) Ana não terá o dever de depor, pois o advogado tem o direito de se recusar a depor, como testemunha, sobre fato relacionado à pessoa de quem foi ou seja advogado, mesmo quando solicitado pelo cliente.

COMENTÁRIO

A alternativa "D" está correta, nos moldes previstos nos comentários posteriores, que se baseiam no art. 7º, XIX, do EAOAB e art. 38 do CED.

A alternativa "A" está incorreta, pois, nos termos do art. 7º, XIX, do Estatuto da OAB (EAOAB), é direito do advogado recusar-se a depor como testemunha em processo no qual funcionou ou deva funcionar, ou sobre fato relacionado com pessoa de quem seja ou foi advogado, mesmo quando autorizado ou solicitado pelo constituinte, bem como sobre fato que constitua sigilo profissional. Assim, nada obstante a advogada tenha sido intimada a prestar depoimento, é sua prerrogativa recusar-se a depor.

A alternativa "B" está incorreta, pois, como visto no comentário à alternativa antecedente, o fato de o ex-cliente solicitar o depoimento não a desobriga de recusar-se a prestá-lo. Ainda,nos termos do art. 38 do CED, o advogado não é obrigado a depor, em processo ou procedimento judicial, administrativo ou arbitral, sobre fatos a cujo respeito deva guardar sigilo profissional.

A alternativa "C" está incorreta, pois o fato de Ana não mais integrar o departamento jurídico da empresa XYZ não a desobriga de observar seus deveres éticos, dentre eles, o de sigilo profissional. Afinal, todos os fatos de que tinha ciência em razão de sua atuação profissional estão abrangidos, como dito, pelo sigilo, não podendo ser revelados mesmo em caso de o cliente (ou ex-cliente) solicitar ou autorizar o depoimento.

(XVI EXAME DE ORDEM UNIFICADO – FGV) Ao decretar segredo de Justiça nos autos de determinada investigação policial, o magistrado alertou o Delegado de Polícia de que, aos advogados ali constituídos, deveria ser facultado o acesso à integralidade dos elementos de prova já documentados nos autos, ressaltando, no entanto, expressa e reservadamente, que ninguém, nem mesmo advogado constituído por meio de instrumento de procuração, poderia ter acesso à medida cautelar de interceptação telefônica em andamento.

Sobre a advertência do magistrado, assinale a afirmativa correta.

(A) A advertência é ilegal, pois é direito do advogado, apresentando procuração do investigado, ter vista da integralidade de procedimentos de qualquer natureza.

(B) A advertência é ilegal, pois é direito do advogado ter vista de procedimentos de qualquer natureza, independentemente da apresentação de procuração.

(C) A advertência é lícita, pois, em se tratando de procedimento sob segredo de Justiça, é permitido ao advogado, munido de procuração do investigado, o acesso aos elementos de prova já documentados nos autos, mas não a medidas cautelares ainda em andamento.

(D) A advertência é lícita, pois nem mesmo advogados munidos de procuração podem ter acesso a autos de procedimentos sob segredo de Justiça.

COMENTÁRIO

Nos termos do art. 7º, XIV, do Estatuto da OAB, com a redação que lhe foi dada pela Lei 13.245/2016, é direito do advogado "examinar, em qualquer instituição responsável por conduzir investigação, mesmo sem procuração, autos de flagrante e de investigações de qualquer natureza, findos ou em andamento, ainda que conclusos à autoridade, podendo copiar peças e tomar apontamentos, em meio físico ou digital". Assim, a regra é a desnecessidade da procuração. Contudo, se no inquérito tiver sido decretado segredo de justiça (ex.: nos crimes contra a dignidade sexual, o art. 234-B, do CP, impõe o segredo de justiça), o advogado somente terá acesso aos autos se tiver procuração, tal como adverte o precitado art. 7º, em seu § 10. Uma vez exibido o instrumento de mandato, terá acesso amplo aos elementos de prova. Contudo, nos termos da Súmula vinculante 14, o defensor somente poderá consultar os elementos de prova já documentados nos autos (ou seja, já colhidos e reduzidos a termo), o que exclui, por óbvio, as diligências futuras e aquelas que corram em apartado, tal como ocorre com os autos da interceptação telefônica, que somente serão anexados ao IP ao final. O enunciado de aludida súmula vinculante foi incorporado, na prática, ao Estatuto da OAB, que teve incluído em seu art. 7º, pela já citada Lei 13.245/2016, o §11, que dispõe que "no caso previsto no inciso XIV, a autoridade competente poderá delimitar o acesso do advogado aos elementos de prova relacionados a diligências em andamento e ainda não documentados nos autos, quando houver risco de comprometimento da eficiência, da eficácia ou da finalidade das diligências". Assim, com base no caso relatado no enunciado, vamos às alternativas.

A alternativa "C" está correta, pois em procedimento investigatório em que seja decretado segredo de justiça, seu acesso por advogado será permitido desde que munido de procuração, podendo consultar apenas os elementos de prova já documentados nos autos, consoante o art. 7º, XIV e §§ 10 e 11, do EAOAB.

As alternativas "A" e "B" estão incorretas, pois a advertência feita pelo magistrado é lícita, já que decretado o segredo de justiça no inquérito policial, razão por que a procuração deveria ser exigida, bem como no tocante à interceptação telefônica, na esteira da precitada Súmula vinculante 14 e art. 7º, §11, do Estatuto.

Por fim, a alternativa D está incorreta, pois, como visto, o advogado, desde que munido de procuração, terá acesso aos autos de procedimentos sob segredo de justiça.

(XVI EXAME DE ORDEM UNIFICADO – FGV) O advogado Antônio participava do julgamento de recurso de apelação por ele interposto. Ao proferir seu voto, o Relator acusou o advogado Antônio de ter atuado de forma antiética e de ter tentado induzir os julgadores a erro. Em seguida, com o objetivo de se defender das acusações que lhe haviam sido dirigidas, Antônio solicitou usar da palavra, pela ordem, por mais cinco minutos, pleito que veio a ser indeferido pelo Presidente do órgão julgador.

A respeito do direito de Antônio usar a palavra novamente, assinale a afirmativa correta.

(A) Não é permitido o uso da palavra por advogado em julgamentos de recursos de apelação.

(B) É direito do advogado usar da palavra, pela ordem, mediante intervenção sumária, para replicar acusação ou censura que lhe forem feitas.

(C) É direito do advogado intervir, a qualquer tempo e por qualquer motivo, durante o julgamento de processos em que esteja constituído.

(D) O uso da palavra, pela ordem, mediante intervenção sumária, somente é permitido para o esclarecimento de questões fáticas.

COMENTÁRIO

Nos termos do art. 7º, X, do Estatuto da OAB, é direito do advogado usar da palavra, pela ordem, em qualquer juízo ou tribunal, mediante intervenção sumária, para esclarecer equívoco ou dúvida surgida em relação a fatos, documentos ou afirmações que influam no julgamento, *bem como para replicar acusação ou censura que lhe forem feitas*. Analisemos, pois, as alternativas.

A alternativa "B" está correta, nos exatos termos do art. 7º, X, do EAOAB.

A alternativa "A" está incorreta, podendo o advogado valer-se da prerrogativa em comento durante o julgamento de qualquer tipo de recurso ou processo.

A alternativa "C" está incorreta, pois o advogado, embora possa fazer uso da palavra a qualquer momento, deverá fazê-lo mediante intervenção sumária, e não por qualquer motivo, mas, sim, para esclarecer equívocos ou dúvidas relativas a aspectos fáticos ou documentais, ou diante de afirmações capazes de influir no julgamento, ou para replicar acusação ou censura que lhe tenham sido dirigidas.

A alternativa "D" está incorreta, pois, como visto no comentário à alternativa antecedente, o advogado poderá fazer uso da prerrogativa em comento para esclarecimento de fatos, documentos ou afirmações que influam no julgamento, ou para rebater acusação ou censura que lhe tenham sido desfechadas.

(XVI EXAME DE ORDEM UNIFICADO – FGV) Isabella, advogada atuante na área pública, é procurada por cliente que deseja contratá-la e que informa a existência de processo já terminado, no qual foram debatidos fatos que poderiam interessar à nova causa. Antes de realizar o contrato de prestação de serviços, dirige-se ao Juízo competente e requer vista dos autos findos, não anexando instrumento de mandato. Nesse caso, consoante o Estatuto da Advocacia, a advogada pode

(A) ter vista dos autos somente no balcão do cartório.

(B) ter vista dos autos no local onde se arquivam os autos.

(C) retirar os autos de cartório por dez dias.

(D) retirar os autos, se anexar instrumento de mandato.

COMENTÁRIO

Nos termos do art. 7º, XVI, do Estatuto da OAB, é direito do advogado retirar autos de processos findos, mesmo sem procuração, pelo prazo de dez dias. Correta, assim, a alternativa "C", estando as demais em descompasso com a prescrição legal.

(XVII EXAME DE ORDEM UNIFICADO – FGV) Gisella é advogada recém-aprovada no Exame de Ordem e herda diversas causas de um colega de classe que resolveu trilhar outros caminhos, deixando numerosos processos para acompanhamento nos Juízos de primeiro grau. Ao acompanhar uma sessão de julgamento na Câmara Cível do Tribunal W, tem necessidade de apresentar, antes de iniciar o julgamento, alegações escritas aos integrantes do órgão julgador, que somente foram completadas no dia da sessão. Aguardando o início dos trabalhos, assim que os julgadores se apresentaram para o julgamento, a jovem advogada dirigiu-se a eles no sentido de entregar as alegações escritas, sendo admoestada quanto à sua presença no interior da sala de julgamento, na parte reservada aos magistrados. Nos termos do Estatuto da Advocacia, o ingresso dos advogados nas salas de sessões

(A) está restrito ao espaço da plateia.

(B) depende de autorização do Presidente da Câmara.

(C) é livre inclusive na parte reservada aos magistrados.

(D) depende de concordância dos julgadores.

COMENTÁRIO

Nos termos do art. 7º, VI, "a", do EAOAB, é direito do advogado ingressar livremente nas salas de sessões dos tribunais, mesmo além dos cancelos que separam a parte reservada aos magistrados. Assim, vamos às alternativas.

A alternativa "C" está correta, nos exatos termos do art. 7º, VI, "a", do EAOAB.

A alternativa "A" está incorreta, pois o advogado, nas sessões de julgamento dos tribunais, tem acesso não somente ao espaço destinado à plateia, mas, também, àquele reservado aos magistrados.

A alternativa "B" está incorreta. O exercício do direito previsto no art. 7º, VI, "a", do EAOAB, não depende de autorização de quem quer que seja.

A alternativa "D" está incorreta, pois, como visto, o acesso do advogado às sessões dos tribunais, mesmo além dos cancelos que separam a parte reservada aos magistrados, não depende da concordância dos julgadores. Trata-se, é bom destacar, de prerrogativa profissional.

(XVII EXAME DE ORDEM UNIFICADO – FGV) A advogada Maria foi presa em flagrante por furto cometido no interior de uma loja de departamentos. Na Delegacia, teve a assistência de advogado por ela constituído. O auto de prisão foi lavrado sem a presença de representante da Ordem dos Advogados do Brasil, fato que levou o advogado de Maria a arguir sua nulidade. Sobre a hipótese, assinale a afirmativa correta.

(A) O auto de prisão em flagrante não é nulo, pois só é obrigatória a presença de representante da OAB quando a prisão decorre de motivo ligado ao exercício da advocacia.

(B) O auto de prisão em flagrante não é nulo, pois a presença de representante da OAB é facultativa em qualquer caso, podendo sempre ser suprida pela presença de advogado indicado pelo preso.

(C) O auto de prisão em flagrante é nulo, pois advogados não podem ser presos por crimes afiançáveis.

(D) O auto de prisão em flagrante é nulo, pois a presença de representante da OAB em caso de prisão em flagrante de advogado é sempre obrigatória.

COMENTÁRIO

Nos termos do art. 7º, IV e § 3º, do EAOAB, é direito do advogado ter a presença de representante da OAB, quando preso em flagrante, por motivo ligado ao exercício da advocacia, para a lavratura do respectivo auto, sob pena de nulidade. E a prisão em flagrante, quando relacionada ao exercício da profissão, somente será admissível em se tratando de crime inafiançável. No caso narrado no enunciado, Maria foi presa em flagrante por furto cometido no interior de uma loja de departamentos, portanto, sem guardar qualquer relação com o exercício da profissão. Dessa forma, não terá o direito de ter a presença de representante da OAB durante a lavratura do auto de prisão em flagrante, que não é nulo. Frise-se: a prerrogativa em tela pressupõe, necessariamente, que a prisão em flagrante do advogado ocorra por motivo ligado ao exercício da profissão, quando, somente nessa circunstância, um representante da OAB deverá se fazer presente para acompanhar a lavratura do auto.

Correta é a alternativa "A", por todos os esclarecimentos que já fizemos.

As alternativas "C" e "D" são incorretas.

Quanto à alternativa "B", incorreta, não é verdadeira a afirmação de que a presença de representante da OAB para a lavratura do auto de prisão em flagrante seja facultativa em qualquer caso. Vimos que se se tratar de flagrante delito por motivo ligado à profissão, a presença de representante da entidade deverá ocorrer, sob pena de nulidade, ainda que contasse o advogado com um defensor constituído.

(XVII EXAME DE ORDEM UNIFICADO – FGV) Leôncio é estagiário de escritório especializado na área cível e testemunha o descumprimento de norma legal por funcionário público, imediatamente comunicando a situação ao seu advogado supervisor. Ambos dirigem-se ao órgão diretor administrativo competente e reclamam pelo descumprimento de lei, o que foi reduzido a termo. A referida reclamação veio a ser sumariamente arquivada por não ter sido feita na forma escrita. Nos termos do Estatuto da Advocacia, reclamações por descumprimento de lei

(A) devem ser necessariamente escritas.

(B) devem ser formuladas pela OAB, exclusivamente.

(C) podem ser verbais.

(D) são de atribuição privativa de Conselheiro da OAB.

COMENTÁRIO

Nos termos do art. 7º, XI, do EAOAB, é direito do advogado reclamar, verbalmente ou por escrito, perante qualquer juízo, tribunal ou autoridade, contra a inobservância de preceito de lei, regulamento ou regimento. Portanto, no caso apresentado no enunciado, Leôncio, estagiário, e seu advogado supervisor, ao constatarem o descumprimento de norma legal por funcionário público, poderiam, nos moldes do referido dispositivo legal, reclamar de forma verbal ou escrita. Correta, portanto, a alternativa "C".

(XVIII EXAME DE ORDEM UNIFICADO – FGV) Os advogados criminalistas X e Y atuavam em diversas ações penais e inquéritos em favor de um grupo de pessoas acusadas de pertencer a determinada organização criminosa, supostamente destinada ao tráfico de drogas. Ao perceber que não havia outros meios disponíveis para a obtenção de provas contra os investigados, o juiz, no âmbito de um dos inquéritos instaurados para investigar o grupo, atendendo à representação da autoridade policial e considerando manifestação favorável do Ministério Público, determinou o afastamento do sigilo telefônico dos advogados constituídos nos autos dos aludidos procedimentos, embora não houvesse indícios da prática de crimes por estes últimos. As conversas entre os investigados e seus advogados, bem como aquelas havidas entre os advogados X e Y, foram posteriormente usadas para fundamentar a denúncia oferecida contra seus clientes. Considerando-se a hipótese apresentada, assinale a afirmativa correta.

(A) A prova é lícita, pois não havia outro meio disponível para a obtenção de provas.

(B) A prova é lícita, pois tratava-se de investigação de prática de crime cometido no âmbito de organização criminosa.

(C) Considerando que não havia outro meio disponível para a obtenção de provas, bem como que se tratava de investigação de prática de crime cometido no âmbito de organização criminosa, é ilícita a prova obtida a partir dos diálogos havidos entre os advogados e seus clientes. É, no entanto, lícita a prova obtida a partir dos diálogos havidos entre os advogados X e Y.

(D) A prova é ilícita, uma vez que as comunicações telefônicas do advogado são invioláveis quando disserem respeito ao exercício da profissão, bem como se não houver indícios da prática de crime pelo advogado.

COMENTÁRIO

Nos termos do art. 7º, II, do EAOAB, são direitos do advogado a inviolabilidade de seu escritório ou local de trabalho, bem como de seus instrumentos de trabalho, de sua correspondência escrita, eletrônica, telefônica e telemática, desde que relativas ao exercício da advocacia. Ainda, o §6º, do precitado dispositivo legal, determina que a quebra da inviolabilidade de que trata o inciso II, do mesmo art. 7º do EAOAB, será possível desde que presentes indícios de autoria e materialidade da prática de crime por parte do advogado.

Ora, no enunciado apresentado pela banca examinadora, ficou claro que os advogados criminalistas X e Y não eram alvo da investigação, instaurada em desfavor de seus clientes, cujas conversas foram interceptadas, bem como interceptadas foram conversas entre os próprios advogados, utilizadas para fundamentar posterior denúncia oferecida pelo Ministério Público.

Afora as questões de índole penal e processual penal, é certo que, do ponto de vista da legislação de ética profissional, com destaque para o referido art. 7º. II e §6º, do EAOAB, as comunicações havidas entre clientes e advogados, no exercício da profissão, são invioláveis, salvo se os próprios causídicos estiverem sendo investigados por suposta prática de infrações penais. Como, na espécie, afirmou-se que os profissionais não tinham qualquer envolvimento nas práticas criminosas perpetradas por seus clientes, a quebra da inviolabilidade de suas comunicações feriu de morte a prerrogativa em comento. Ilícita, portanto, as provas que embasaram o início da ação penal. Correta, pois, a alternativa "D".

(XVIII EXAME DE ORDEM UNIFICADO – FGV) A advogada Ana retirou de cartório os autos de determinado processo de conhecimento em que representava a parte ré, para apresentar contestação. Protocolou a petição tempestivamente, mas deixou de devolver os autos em seguida por esquecimento, só o fazendo após ficar pouco mais de um mês com os autos em seu poder. Ao perceber que Ana não devolvera os autos imediatamente após cumprir o prazo, o magistrado exarou despacho pelo qual a advogada foi proibida de retirar novamente os autos do cartório em carga, até o final do processo.

Nos termos do Estatuto da Advocacia, deve-se assentar quanto à sanção disciplinar que

(A) não se aplica porque Ana não chegou a ser intimada a devolver os autos.

(B) não se aplica porque Ana ficou menos de três meses com os autos em seu poder.

(C) aplica-se porque Ana reteve abusivamente os autos em seu poder.

(D) aplica-se porque Ana não poderia ter retirado os autos de cartório para cumprir o prazo assinalado para contestação.

COMENTÁRIO

Nos termos do art. 7º, XV, do EAOAB, é direito do advogado ter vista dos processos judiciais ou administrativos de qualquer natureza, em cartório ou na repartição competente, ou retirá-los pelos prazos legais. Contudo, referida prerrogativa será afastada – no tocante à retirada dos autos -, até o encerramento do processo, se o advogado houver deixado de devolvê-los no prazo legal, e só o fizer depois de intimado (art. 7º, §1º, "c", do EAOAB).

No caso relatado no enunciado, a advogada Ana sequer chegou a ser intimada a restituir os autos ao cartório, tendo o magistrado, diretamente, exarado despacho proibindo-a de retirar os autos novamente em carga até o fim do processo.

Assim, inaplicável seria a sanção imposta pelo EAOAB, qual seja, a de se vedar nova carga dos autos, eis que tal somente será aplicada se a devolução dos autos ocorrer após intimação. Como visto, a advogada Ana, embora não tenha devolvido os autos do processo, por esquecimento, fê-lo antes de ser intimada a tanto. Logo, inaplicável o disposto no art. 7º, §1º, "c", do EAOAB.

Analisando-se conjugadamente o referido dispositivo legal com a infração disciplinar constante no art. 34, XXII, do EAOAB (retenção abusiva ou extravio de autos), chega-se à conclusão de que o advogado somente incorrerá em infração ética caso não restitua os autos após ser intimado a tanto. Correta, pois, a alternativa "A", estando as demais em descompasso com o que dispõe o Estatuto da OAB.

(XVIII EXAME DE ORDEM UNIFICADO – FGV) Alice, advogada, em audiência judicial, dirigiu a palavra de maneira ríspida a certa testemunha e ao magistrado, tendo este entendido que houve a prática dos crimes de injúria e desacato, respectivamente. Por isso, o juiz determinou a extração de cópias da ata e remessa à Promotoria de Justiça com atribuição para investigação penal da comarca.

Considerando a situação narrada, a disciplina do Estatuto da OAB e o entendimento do Supremo Tribunal Federal, sobre as manifestações de Alice, proferidas no exercício de sua atividade profissional, é correto afirmar que

(A) podem configurar injúria e desacato puníveis, pois o Supremo Tribunal Federal declarou inconstitucional a imunidade profissional prevista no Art. 7º, § 2º, do Estatuto da OAB, já que a Constituição Federal consagra a incolumidade da honra e imagem.

(B) não podem constituir injúria ou desacato puníveis. Isso porque o advogado tem imunidade profissional, nos termos do Art. 7º, § 2º, do Estatuto da OAB, cuja integral constitucionalidade foi declarada pelo Supremo Tribunal Federal.

(C) não podem constituir injúria, mas podem configurar desacato punível. Isso porque o advogado tem imunidade profissional, nos termos do Art. 7º, § 2º, do Estatuto da OAB, mas esta, de acordo com o Supremo Tribunal Federal, não compreende o desacato, sob pena de conflitar com a autoridade do magistrado na condução da atividade jurisdicional.

(D) não podem constituir injúria ou desacato puníveis, mas podem caracterizar crime de desobediência. Isso porque o advogado tem imunidade profissional, nos termos do Art. 7º, § 2º, do Estatuto da OAB, cuja constitucionalidade foi declarada pelo Supremo Tribunal Federal, com a ressalva ao delito de desobediência, a fim de não conflitar com a autoridade do magistrado na condução da atividade jurisdicional.

COMENTÁRIO

O art. 7º, § 2º, do EAOAB, em sua redação original, dispunha que o advogado tem imunidade profissional, não constituindo injúria, difamação ou desacato puníveis qualquer manifestação de sua parte, no exercício de sua atividade, em juízo ou fora dele, sem prejuízo das sanções disciplinares perante a OAB, pelos excessos que cometer.

Ocorre que o STF, no julgamento da ADI 1.127-8, declarou a inconstitucionalidade de parte do referido dispositivo (*ou desacato*). Assim, o que a Suprema Corte assentou foi o entendimento de que o advogado, embora imune aos crimes de injúria e difamação, quando praticados no exercício de sua atividade, responderá criminalmente por desacato, já que, assim não fosse, haveria patente falta de isonomia entre autoridades e os advogados.

A alternativa "C" está correta, já que a advogada Alice, embora seja imune a eventual injúria praticada contra a testemunha, não o será, conforme julgamento realizado pelo STF na ADI 1.127-8, quanto ao desacato perpetrado contra o magistrado.

A alternativa "A" está incorreta, eis que, como dito, o STF declarou apenas parcialmente a inconstitucionalidade da imunidade profissional do advogado, mantida no tocante aos crimes de injúria e difamação.

Incorreta, também, a alternativa "B", pois o STF declarou, como já ressaltado, a inconstitucionalidade de parte da redação do art. 7º, §2º, do EAOAB.

Finalmente, incorreta a alternativa "D", haja vista que o art. 7º, §2º, do EAOAB, não trata do crime de desobediência, mas, sim, de crimes contra a honra (injúria e difamação), alcançados pela imunidade profissional, e de um crime contra a administração pública (desacato), afastado, pelo STF, da abrangência da prerrogativa profissional dos advogados.

5. INSCRIÇÃO NA OAB

(EXAME DE ORDEM UNIFICADO 2010.2 – FGV) Fábio, advogado com mais de dez anos de efetiva atividade, obtém a indicação da OAB para concorrer pelo quinto constitucional à vaga reservada no âmbito de Tribunal de Justiça. No curso do processo também obtém a indicação do Tribunal e vem a ser nomeado pelo Governador do Estado, ingressando nos quadros do Poder Judiciário. Diante disso, à luz das normas estatutárias ocorrerá:

(A) o cancelamento da inscrição como advogado.

(B) a suspensão até que cesse a incompatibilidade.

(C) o licenciamento do profissional.

(D) a passagem para a reserva do quadro de advogados.

COMENTÁRIO

Nos termos do art. 12, II, da Lei 8.906/1994, *licencia-se* o profissional que "passar a exercer, em caráter temporário, atividade incompatível com o exercício da advocacia". No caso, Fábio não ficará afastado temporariamente, mas por um bom tempo. Assim, o caso não se enquadra na hipótese da alternativa "c", que trata do licenciamento do profissional. Na hipótese, como a advocacia é *incompatível* com a condição de membro do Poder Judiciário (art. 28, II, da Lei 8.906/1994), e tal condição se dará com caráter duradouro, Fábio deverá pedir o cancelamento da sua inscrição como advogado, nos termos do art. 11, IV, da Lei 8.906/1994, de modo que a alternativa "A" é a correta.

(IV EXAME DE ORDEM UNIFICADO – FGV) Semprônio reside no Estado W, onde mantém o seu escritório de advocacia, mas requer sua inscrição principal no Estado K, onde, em alguns anos, pretende estabelecer domicílio. No concernente ao tema, à luz das normas estatutárias, é correto afirmar que

(A) na dúvida entre domicílios, prevalece o da sede principal do exercício da advocacia.

(B) a inscrição principal está subordinada ao domicílio profissional do advogado.

(C) o Conselho Federal pode autorizar a inscrição principal fora da sede do escritório do advogado.

(D) o advogado pode eleger qualquer seccional para inscrição principal ao seu arbítrio.

COMENTÁRIO

A alternativa "B" está correta. De fato, a inscrição principal do advogado deve ser feita no Conselho Seccional em cujo território pretende estabelecer o seu domicílio profissional (art. 10 do Estatuto da OAB – EAOAB – Lei 8.906/1994), assim entendido como a sede principal da atividade da advocacia (art. 10, § 1º, do EAOAB),

A alternativa "A" está incorreta, pois, de acordo com o art. 10, § 1º, do Estatuto da OAB (EAOAB – Lei 8.906/1994), considera-se domicílio profissional a sede principal da atividade de advocacia, prevalecendo, na dúvida, o domicílio da pessoa física do advogado (e não o da sede principal do exercício da advocacia, como mencionado na alternativa).

A alternativa "C" está incorreta, pois contraria o disposto no art. 10 do EAOAB).

A alternativa "D" está incorreta, posto que em desconformidade com o previsto no art. 10 do EAOAB).

(V EXAME DE ORDEM UNIFICADO – FGV) Alcides, advogado de longa data, resolve realizar concurso para o Ministério Público, vindo a ser aprovado em primeiro lugar. Após os trâmites legais, é designada data para a sua posse, circunstância que acarreta seu requerimento para suspender sua inscrição nos quadros da OAB, o que vem a ser indeferido. No caso em comento, em relação a Alcides, configura-se situação de

(A) incompatibilidade, podendo atuar, como advogado, em determinadas situações.
(B) cancelamento da inscrição por assunção de cargo incompatível.
(C) suspeição enquanto permanecer no cargo.
(D) suspensão da inscrição até a aposentadoria do membro do Ministério Público.

COMENTÁRIO

A alternativa "B" está correta. De fato, o exercício de cargo no Ministério Público é causa geradora de incompatibilidade em caráter definitivo, fato suficiente a ensejar o cancelamento da inscrição do advogado, nos termos do art. 11, IV, do Estatuto da OAB (Lei 8.906/1994 – EAOAB). Deve o candidato recordar que ser membro do Ministério Público configura causa de incompatibilidade (proibição total para advogar), nos termos do art. 28, II, do EAOAB. A licença (e não suspensão, que é espécie de pena pela prática de infração ética, prevista no art. 37 do EAOAB) da inscrição somente seria viável se se tratasse de incompatibilidade em caráter temporário, nos termos do art. 12, II, do EAOAB, o que, evidentemente, não é o caso de um advogado que tome posse para o exercício de cargo no Ministério Público.

(VI EXAME DE ORDEM UNIFICADO – FGV) Terêncio, após intensa atividade advocatícia, é acometido por mal de origem psiquiátrica, mas diagnosticado como passível de cura após tratamento prolongado. Não podendo exercer os atos da vida civil, apresenta requerimento à OAB. No concernente ao tema, à luz das normas aplicáveis, é correto afirmar que é caso de

(A) cancelamento da inscrição como advogado.
(B) impedimento ao exercício profissional, mantida a inscrição na OAB.
(C) licença do exercício da atividade profissional.
(D) penalidade de exclusão por doença.

COMENTÁRIO

A alternativa correta é a "C". De fato, a doença mental curável, consoante dispõe o art. 12, III, do EAOAB, é causa de licenciamento do advogado. Somente seria caso de cancelamento se se tratasse de doença mental incurável, caso em que o advogado teria perdido um dos requisitos para a inscrição, qual seja, a capacidade civil (art. 8º, I, do EAOAB).

(VI EXAME DE ORDEM UNIFICADO – FGV) O Bacharel em Direito, após aprovação no Exame de Ordem, deve apresentar cópia do diploma. Caso ele não tenha sido expedido, segundo as normas do Regulamento Geral do Estatuto da Advocacia e da OAB,

(A) ocorrerá a inscrição provisória como advogado.
(B) não poderá ocorrer a inscrição até expedido o diploma.
(C) pode apresentar certidão de conclusão com histórico escolar.
(D) deve obter permissão especial do Conselho Seccional.

COMENTÁRIO

A alternativa "C" está correta. De fato, caso um bacharel em Direito, após aprovado em Exame de Ordem, requeira sua inscrição na OAB, precisará, dentre outros requisitos, apresentar diploma ou certidão de conclusão do curso (art. 8º, II, do EAOAB; art. 23 do Regulamento Geral).

(VIII EXAME DE ORDEM UNIFICADO – FGV) Pedro, advogado regularmente inscrito nos quadros da OAB, após regular processo administrativo disciplinar, é apenado com a sanção de exclusão por ter sido condenado pela prática de crimes contra o patrimônio, tendo a decisão judicial transitada em julgado. Após cumprir a pena e tendo sido a mesma julgada extinta pelo Juízo competente, apresenta requerimento de retorno à OAB. Nos termos do Estatuto, deve o requerente

(A) apresentar a documentação prevista para inscrição inaugural no quadro de advogados, além de submeter-se a novo Exame de Ordem.
(B) requerer a restauração da sua inscrição anterior com os documentos previstos para a inscrição inaugural, sem submissão a novo Exame de Ordem.
(C) indicar provas para a inscrição nos quadros da OAB que comprovem a sua capacidade civil apta a permitir o retorno, e os documentos para inscrição inaugural.
(D) comprovar a sua reabilitação e apresentar os documentos relacionados à idoneidade moral.

COMENTÁRIO

A alternativa "D" está correta (art. 11, § 3º, do EAOAB). Temos uma crítica ao gabarito. A alternativa "D" é a "menos errada". Porém, é certo que o retorno de advogado com inscrição cancelada em razão de pena de exclusão, a despeito de exigir prévia reabilitação, inclusive criminal (art. 41, parágrafo único, do EAOAB), não exige "prova documental" de idoneidade moral. De fato, a idoneidade moral é requisito necessário à inscrição na OAB (art. 8º, VI, do EAOAB). No entanto, trata-se de um requisito "presumido", que independe de prova. Ainda que se esteja diante de exclusão oriunda da prática de crime infamante, com a reabilitação judicial, resgata-se a idoneidade (art. 8º, § 4º, do EAOAB).

A alternativa "A" está incorreta, pois o advogado que tiver sua inscrição na OAB cancelada em virtude de sofrer pena de exclusão, para retornar à instituição, embora deva submeter-se a prévia reabilitação (art. 11, § 3º, do EAOAB), não terá que prestar novo Exame de Ordem.

A alternativa "B" está incorreta, pois, como visto na alternativa anterior, o retorno à OAB, em caso de exclusão, exige pedido de reabilitação, não bastando mero pedido de restauração da inscrição anterior. Aliás, após o cancelamento da inscrição, não se restaura a inscrição (leia-se: número) anterior!.

A alternativa "C" está incorreta, pois o retorno de advogado excluído da OAB exige não apenas os requisitos necessários à inscrição inaugural (art. 8º da EAOAB), mas, também, a reabilitação (art. 11, § 3º, do EAOAB).

(IX EXAME DE ORDEM UNIFICADO – FGV) José da Silva, advogado renomado, é acometido por doença mental considerada pela unanimidade dos médicos como incurável, perdendo suas faculdades de discernimento e sendo considerado absolutamente incapaz por sentença judicial.

Nos termos das regras estatutárias, sua inscrição como advogado será

(A) suspensa até laudo médico sobre a doença portada.
(B) cancelada diante da incurabilidade da doença.
(C) extinta por decisão de junta médica convocada para tal fim.
(D) suspensa temporariamente para avaliação pelo Conselho Seccional.

COMENTÁRIO

A alternativa "B" está correta. De fato, se um advogado for acometido por doença mental considerada incurável, tornar-se-á incapaz para os atos da vida civil, perdendo, assim, o primeiro requisito para a obtenção de inscrição na OAB (art. 8º, I, do Estatuto da OAB). Assim, nos termos do art. 11, V, do Estatuto da OAB, será cancelada a inscrição do advogado que perder qualquer dos requisitos para a inscrição. Logo, José da Silva terá sua inscrição cancelada. É bom que o candidato fique atento ao seguinte: se a doença mental que acometer um advogado for considerada curável, será caso de licenciamento do profissional (afastamento temporário), nos termos do art. 12, III, do Estatuto da OAB. Não se confunde o *licenciamento* com a *suspensão* do advogado, considerada *pena* pela prática de infração ética (art. 37 do Estatuto da OAB).

(IX EXAME DE ORDEM UNIFICADO – FGV) Sávio, aluno regularmente matriculado em Escola de Direito, obtém a sua graduação e, logo a seguir, aprovação no Exame de Ordem. Por força de movimento grevista na sua instituição, o diploma não pode ser expedido.

A respeito da inscrição no quadro de advogados, consoante as normas do Regulamento Geral do Estatuto da Advocacia e da OAB, assinale a afirmativa correta.

(A) O diploma é essencial para a inscrição nos quadros da Ordem dos Advogados.
(B) O bacharel, diante do impedimento de apresentar o diploma, deve apresentar declaração de autoridade certificando a conclusão do curso.
(C) A Ordem, diante do movimento grevista comprovado, poderá acolher declaração de próprio punho do requerente afirmando ter obtido grau.
(D) O bacharel em Direito deve apresentar certidão de conclusão de curso e histórico escolar autenticado.

COMENTÁRIO

A alternativa "A" está incorreta, pois o bacharelado em Direito, nada obstante constitua, de fato, requisito para a obtenção da inscrição nos quadros da OAB, poderá ser comprovado por duas formas: i) diploma ou; ii) certidão de graduação em Direito (art. 8.º, II, do Estatuto da OAB). Assim, caso o candidato não apresente o diploma, a alternativa será a aludida certidão de conclusão do curso, acompanhada do respectivo histórico escolar autenticado (art. 23 do Regulamento Geral).

A alternativa "B" está incorreta. Como visto, dois são os documentos comprobatórios do bacharelado em Direito (diploma ou certidão – e não declaração! – de graduação no curso), nos termos do já citado art. 8.º, II, do Estatuto da OAB.

A alternativa "C" está incorreta. A declaração unilateral de graduação, pelo candidato, obviamente não demonstra ser ele formado em Direito. Trata-se de requisito que deve ser comprovado documentalmente à OAB (lembre-se: por diploma ou certidão de conclusão do curso).

A alternativa "D" está correta, pois, nos termos do art. 23 do Regulamento Geral, não dispondo o candidato de diploma, poderá apresentar a certidão de graduação em Direito (também conhecida como certidão de colação de grau), devidamente acompanhada de histórico escolar autenticado.

(IX EXAME DE ORDEM UNIFICADO – FGV) João, após aprovação em Exame de Ordem, apresenta os documentos exigidos para inscrição nos quadros da Ordem dos Advogados do Brasil. Após sua regular inscrição, a instituição universitária que João informou ter cursado, comunicou à OAB que não havia, nos seus registros, qualquer referência a ele. Em razão disso, foi instaurado processo administrativo para apurar se o advogado havia efetivamente colado grau. Após o devido processo legal, ficou confirmado que João, efetivamente, não lograra êxito no curso de Direito. Diante dessa narrativa, à luz da legislação aplicável aos advogados, assinale a afirmativa correta.

(A) O advogado será apenado com a suspensão do exercício das atividades até apresentar certidão de colação de grau.
(B) O advogado será advertido e não poderá exercer a profissão até regularizar sua situação.
(C) O advogado terá cancelada sua inscrição na Ordem dos Advogados do Brasil.
(D) O advogado não será apenado porque o curso do tempo convalidou os seus atos sendo considerado rábula.

COMENTÁRIO

A alternativa "C" está correta. De fato, nos termos do art. 11, V, do Estatuto da OAB, cancela-se a inscrição do advogado que não preencher quaisquer dos requisitos para obtê-la (rol do art. 8º do Estatuto da OAB). Ora, entre referidos requisitos consta o diploma ou certidão de graduação em Direito (art. 8º, II). Logo, não preenchendo o advogado os requisitos legais, sua inscrição deverá ser cancelada. Ademais disso, sua conduta (obter a inscrição sem o preenchimento dos requisitos legais) caracteriza infração ética punida com exclusão (art. 34, XXVI, do Estatuto da OAB), conforme determina o art. 38 do Estatuto.

A alternativa "A" está incorreta. Não consta no art. 37 do Estatuto da OAB, que trata da pena de suspensão da atividade profissional, hipótese que se amolde ao enunciado. Em outras palavras, o fato de João ter obtido inscrição na OAB sem ser, de fato, bacharel em Direito, constitui infração ética passível de exclusão, como será visto mais à frente.

A alternativa "B" está incorreta, pois a mera advertência ao advogado não faria cessar a irregularidade, qual seja, a de se permitir o exercício da atividade profissional a despeito de não preencher requisito legalmente imposto, qual seja, o bacharelado em Direito (art. 8º, II, do Estatuto da OAB).

A alternativa "D" está incorreta. A assertiva é absurda. É claro que o tempo não pode convalidar tamanha ilegalidade (inscrição na OAB obtida com prova falsa).

(IX EXAME DE ORDEM UNIFICADO – FGV) Sílvio, aluno regularmente matriculado em Escola de Direito, obtém a sua graduação e, logo a seguir, aprovação no Exame de Ordem. Por força de movimento grevista na sua instituição, o diploma não pode ser expedido.

A respeito da inscrição no quadro de advogados, consoante as normas do Regulamento Geral do Estatuto da Advocacia e da OAB, assinale a afirmativa correta.

(A) O diploma é essencial para a inscrição nos quadros da Ordem dos Advogados.
(B) O bacharel, diante do impedimento de apresentar o diploma, deve apresentar declaração de autoridade certificando a conclusão do curso.
(C) A Ordem, diante do movimento grevista comprovado, poderá acolher declaração de próprio punho do requerente afirmando ter obtido grau.
(D) O bacharel em Direito deve apresentar certidão de conclusão de curso e histórico escolar autenticado.

COMENTÁRIO

A alternativa "D" está correta, nos termos do art. 23 do Regulamento Geral. Não dispondo o candidato do diploma, a alternativa será a apresentação da certidão de graduação em Direito (também conhecida como certidão de colação de grau), acompanhada de histórico escolar autenticado.

A alternativa "A" está incorreta. O bacharelado em Direito constitui, de fato, requisito para a obtenção da inscrição nos quadros da OAB. Todavia, o documento comprobatório de referido requisito pode ser o diploma ou a certidão de graduação em Direito (art. 8º, II, do Estatuto da OAB). Todavia, caso o candidato não apresente o diploma, a alternativa será a aludida certidão de conclusão do curso, acompanhada do respectivo histórico escolar autenticado (art. 23 do Regulamento Geral).

A alternativa "B" está incorreta. Como visto, dois são os documentos comprobatórios do bacharelado em Direito (diploma ou certidão – e não declaração! – de graduação no curso), nos termos do já citado art. 8º, II, do Estatuto da OAB.

A alternativa "C" está incorreta. A declaração unilateral de graduação, pelo candidato, obviamente não demonstra ser ele formado em Direito. Trata-se de requisito que deve ser comprovado documentalmente à OAB (lembre-se: por diploma ou certidão de conclusão do curso).

(IX EXAME DE ORDEM UNIFICADO – FGV) Marcio, advogado com inscrição regular, passou a exercer atividade incompatível com a advocacia e, por força disso, teve sua inscrição cancelada. Após sua aposentadoria no cargo que gerava a incompatibilidade requereu o seu retorno aos quadros da OAB. Assinale a alternativa que indica o requisito exigido pelo Estatuto para a inscrição nesse caso.

(A) Diploma de graduação em Direito.
(B) Certificado de reservista.
(C) Compromisso perante o Conselho.
(D) Titulo de eleitor.

COMENTÁRIO

A alternativa "C" está correta. Em caso de novo pedido de inscrição, o candidato (ex-advogado) deverá, novamente, prestar compromisso perante o Conselho Seccional, consoante determina o art. 11, § 2º, c.c. art. 8º, VII, do Estatuto da OAB.

A alternativa "A" está incorreta. Para o retorno de (ex)advogado à OAB, que teve sua inscrição cancelada por assunção de atividade incompatível em caráter definitivo (art. 11, IV, do Estatuto da OAB), bastará o preenchimento, nos termos do art. 11, § 2º, do Estatuto da OAB, dos requisitos previstos no art. 8º, I (capacidade civil), V (não exercer atividade incompatível), VI (ter idoneidade moral) e VII (prestar compromisso perante o Conselho competente), do mesmo diploma legal. O diploma ou a certidão de graduação em Direito serão exigidos apenas no primeiro pedido de inscrição (art. 8º, II, do Estatuto da OAB).

A alternativa "B" está incorreta. A quitação militar será exigida apenas dos candidatos homens, se brasileiros, no momento do requerimento da inscrição inaugural (art. 8º, III, do Estatuto). Em caso de reinscrição (retorno após cancelamento da inscrição "original"), não será exigida novamente o documento (quitação militar).

A alternativa "D" está incorreta, pois, conforme indicado nos comentários à alternativa "A", o advogado que teve sua inscrição cancelada e que ingressa com pedido de nova inscrição deverá comprovar os requisitos descritos nos incisos I, V, VI e VII do art. 8º da Lei 8.906/1994, dentre os quais não está previsto o título de eleitor.

(XVII EXAME DE ORDEM UNIFICADO – FGV) Patrícia foi aprovada em concurso público e tomou posse como Procuradora do Município em que reside. Como não pretendia mais exercer a advocacia privada, mas apenas atuar como Procuradora do Município, pediu o cancelamento de sua inscrição na OAB. A partir da hipótese apresentada, assinale a afirmativa correta.

(A) Patrícia não agiu corretamente, pois os advogados públicos estão obrigados à inscrição na OAB para o exercício de suas atividades.
(B) Patrícia não agiu corretamente, pois deveria ter requerido apenas o licenciamento do exercício da advocacia e não o cancelamento de sua inscrição.
(C) Patrícia poderia ter pedido o licenciamento do exercício da advocacia, mas nada a impede de pedir o cancelamento de sua inscrição, caso não deseje mais exercer a advocacia privada.
(D) Patrícia agiu corretamente, pois, uma vez que os advogados públicos não podem exercer a advocacia privada, estão obrigados a requerer o cancelamento de suas inscrições.

COMENTÁRIO

A alternativa "A" está correta. Um procurador municipal, nos termos do art. 3º, § 1º, do EAOAB, ao lado dos integrantes da Advocacia-Geral da União, da Procuradoria da Fazenda Nacional, da Defensoria Pública e das Procuradorias e Consultorias Jurídicas dos Estados, DF, das autarquias e fundações públicas, é considerado advogado público, sujeitando-se, portanto, às regras contidas no Estatuto da OAB, Código de Ética e Regulamento Geral. Portanto, o fato de Patrícia, aprovada em concurso para determinada procuradoria municipal, não mais pretender exercer a advocacia privada, não a exime de prosseguir com sua inscrição na OAB. É que, repita-se, todos os integrantes da advocacia pública devem ter inscrição nos quadros da entidade.

As alternativas "B e C" estão incorretas. A aprovação em concurso para procurador municipal não é causa de licenciamento da advocacia, não se enquadrando a situação em qualquer das hipóteses do art. 12 do EAOAB, nem de cancelamento (art. 11 do EAOAB). Como dito, os integrantes da advocacia pública estão submetidos às normas previstas no EAOAB, assim como no CED e Regulamento Geral. São, portanto, advogados, e para que possam exercer a advocacia, ainda que nos limites do cargo que assumirem, precisarão manter suas inscrições na OAB. Em caso de cancelamento ou licenciamento (arts. 11 e 12 do EAOAB, respectivamente), não poderiam praticar quaisquer atos privativos de advocacia, o que iria inviabilizar o exercício de suas funções públicas.

A alternativa "D" está incorreta. Primeiramente, não é verdadeira a afirmação de que os advogados públicos sejam proibidos de exercer a advocacia privada. Diversos Estados admitem, por exemplo que os Procuradores estaduais exerçam a advocacia privada, o mesmo ocorrendo no âmbito dos Municípios. De outro lado, como já afirmado anteriormente, os advogados públicos sujeitam-se às regras do Estatuto da OAB, que vincula o exercício da atividade de advocacia à inscrição na OAB (art. 3º, *caput*, do EAOAB).

6. SOCIEDADE DE ADVOGADOS

(EXAME DE ORDEM UNIFICADO 2010.2 – FGV) Michel, Philippe e Lígia, bacharéis em Direito recém-formados e colegas de bancos universitários, comprometem-se a empreender a atividade advocatícia de forma conjunta logo após a aprovação no Exame de Ordem. Para gáudio dos bacharéis, todos são aprovados no certame e obtém sua inscrição no Quadro de Advogados da OAB. Assim, alugam sala compatível em local próximo ao prédio do Fórum do município onde pretendem exercer sua nobre função. De início, as causas são individuais, por indicação de amigos e parentes. Logo, no entanto, diante do sucesso profissional alcançado, são contactados por sociedades empresárias ansiosas pela prestação de serviços profissionais advocatícios de qualidade. Uma exigência, no entanto, é realizada: a prestação deve ocorrer por meio de sociedade de advogados. No concernente ao tema, à luz das normas aplicáveis

(A) a sociedade de advogados é de natureza empresarial.

(B) os advogados sócios da sociedade de advogados respondem limitadamente por danos causados aos clientes.

(C) o registro da sociedade de advogados é realizado no Conselho Seccional da OAB onde a mesma mantiver sede.

(D) não é possível associação com advogados, sem vínculo de emprego, para participação nos resultados.

COMENTÁRIO

A alternativa "C" está correta, pois "a sociedade de advogados e a sociedade unipessoal de advocacia adquirem personalidade jurídica com o registro aprovado dos seus atos constitutivos no Conselho Seccional da OAB em cuja base territorial tiver sede" (art. 15, § 1º, da Lei 8.906/1994, com a redação que lhe foi conferida pela Lei 13.247/2016).

A alternativa "A" está incorreta, pois o art. 15, *caput*, da Lei 8.906/1994, com a nova redação que lhe foi dada pela precitada Lei 13.247/2016, estabelece que os advogados podem reunir-se em sociedade simples de prestação de serviços de advocacia ou constituir sociedade unipessoal de advocacia. Portanto, a sociedade de advogados não tem natureza empresarial, mas, como dito, trata-se de uma sociedade simples.

A alternativa "B" está incorreta, pois, além da sociedade, o sócio e o titular de sociedade individual de advocacia respondem subsidiária e *ilimitadamente* pelos danos causados aos clientes (art. 17 da Lei 8.906/1994, com a redação que lhe foi dada pela Lei 13.247/2016).

A alternativa "D" está incorreta, pois "a sociedade de advogados pode associar-se com advogados, sem vínculo de emprego, para participação nos resultados" (g.n.) (art. 39 do Regulamento da OAB).

(IV EXAME DE ORDEM UNIFICADO – FGV) Os advogados Pedro e João desejam estabelecer sociedade de advogados com o fito de regularizar o controle dos seus fluxos de honorários e otimizar despesas. Estabelecem contrato e requerem o seu registro no órgão competente. À luz da legislação aplicável aos advogados, é correto afirmar que

(A) o Código de Ética não se aplica individualmente aos profissionais que compõem sociedade de advogados.

(B) é possível a participação de advogados em sociedades sediadas em áreas territoriais de seccionais diversas.

(C) a procuração é sempre coletiva quando atuante sociedade de advogados.

(D) podem existir sociedades mistas de advogados e contadores.

COMENTÁRIO

A alternativa "B" está correta. De fato, admite-se que um advogado, sócio de uma sociedade, integre outras sociedades de advogados, desde que sediadas em outras bases territoriais (leia-se: outros Estados – Conselhos Seccionais), consoante art. 15, § 4º, do EAOAB.

A alternativa "A" está incorreta. A sociedade de advogados, obviamente, é composta por advogados regularmente inscritos na OAB, os quais, à evidência, submetem-se às regras deontológicas (regras éticas), inclusive, e principalmente, aquelas previstas no Código de Ética e Disciplina. Ressalte-se que a própria sociedade de advogados, bem como a sociedade unipessoal de advocacia, submetem-se ao Código de Ética, consoante determina o art. 15, § 2º, do Estatuto da OAB (EAOAB – Lei 8.906/1994).

A alternativa "C" está incorreta, pois a procuração deve ser outorgada individualmente aos advogados, e não de forma coletiva (art. 15, § 3º, do EAOAB).

A alternativa "D" está incorreta. É absolutamente vedado que uma sociedade de advogados (coletiva ou unipessoal) apresente como objeto social qualquer atividade diversa das privativas de advocacia (art. 16, caput, do EAOAB).

(VI EXAME DE ORDEM UNIFICADO – FGV) No concernente à Sociedade de Advogados, é correto afirmar, à luz do Estatuto e do Código de Ética e Disciplina da OAB, que

(A) pode se organizar de forma mercantil, com registro na Junta Comercial.

(B) está vinculada às regras de ética e disciplina dos advogados.

(C) seus sócios estão imunes ao controle disciplinar da OAB.

(D) seus componentes podem, isoladamente, representar clientes com interesses conflitantes.

COMENTÁRIO

A alternativa "B" está correta, conforme disposto no art. 15, § 2º, do EAOAB;

A alternativa "A" está incorreta (art. 16, *caput*, e § 3º, do EAOAB). Importa anotar que a sociedade de advogados tem natureza de sociedade simples (quando dois ou mais advogados se reunirem), ou de sociedade unipessoal de advocacia (art. 15, *caput*, do EAOAB).

A alternativa "C" está incorreta (art. 40 do Regulamento Geral), pois os sócios da sociedade de advogados submetem-se, por evidente, ao controle disciplinar da OAB.

A alternativa "D" está incorreta (art. 19 do CED e art. 15, § 6º, do EAOAB), pois é vedado que sócios da mesma sociedade de advogados patrocinem clientes com interesses conflitantes. Afinal, além de antiético, tal proceder poderia violar o necessário sigilo profissional que rege a relação cliente-advogado.

(VII EXAME DE ORDEM UNIFICADO– FGV) Lara é sócia de determinada sociedade de advogados com sede no Rio de Janeiro e filial em São Paulo. Foi convidada a integrar, cumulativamente e também como sócia, os quadros de outra sociedade de advogados, esta com sede em São Paulo e sem filiais. Aceitou o convite e rapidamente providenciou sua inscrição suplementar na OAB/SP, tendo em vista que passaria a exercer habitualmente a profissão nesse estado.

(A) Lara agiu corretamente, pois, considerando-se que passaria a atuar em mais do que cinco causas por ano em São Paulo, era necessário que promovesse sua inscrição suplementar nesse estado.

(B) Lara não agiu corretamente, pois é vedado ao advogado integrar mais de uma sociedade de advogados com sede ou filial na mesma área territorial do respectivo Conselho Seccional.

(C) Lara não agiu corretamente, pois é vedado ao advogado integrar mais de uma sociedade de advogados dentro do território nacional.

(D) Lara agiu corretamente e sequer era necessário que promovesse sua inscrição suplementar, pois passaria a exercer a profissão em São Paulo na qualidade de sócia e não de advogada empregada da sociedade em questão.

COMENTÁRIO

De acordo com o art. 15, § 4º, do EAOAB, nenhum advogado poderá integrar mais de uma sociedade de advogados, constituir mais de uma sociedade unipessoal de advocacia, ou integrar, simultaneamente, uma sociedade de advogados e uma sociedade unipessoal de advocacia, com sede ou filial na mesma base territorial (leia-se: mesmo Conselho Seccional). Logo, agiu incorretamente a advogada Lara, visto que, sendo sócia de sociedade com sede no Rio de Janeiro e filial em São Paulo, não poderia ter aceitado o convite para integrar outra sociedade de advogados com sede em São Paulo. Frise-se: advogado não poderá integrar mais de uma sociedade por Conselho Seccional, seja sede, seja filial! Logo, correta a alternativa "B".

Quanto às demais alternativas (A, C e D), deve o leitor recordar-se que o "fato gerador" da inscrição suplementar é a habitualidade da advocacia em outros

Conselhos Seccionais que não o de inscrição principal do advogado. Referida habitualidade somente se caracteriza com o acompanhamento/patrocínio e mais de 5 (cinco) causas por ano, assim entendidas as intervenções judiciais (art. 10, § 2º, do EAOAB e art. 26 do Regulamento Geral). No entanto, especificamente no tocante às sociedades de advogados, em caso de constituição de filial, os sócios, inclusive o titular de sociedade unipessoal de advocacia, obrigam-se à inscrição suplementar "automaticamente", ou seja, independentemente do número de causas que venham a acompanhar no Conselho Seccional respectivo (art. 15, § 5º, do EAOAB).

(IX EXAME DE ORDEM UNIFICADO – FGV) O advogado João, regularmente contratado para defender os interesses de José em Juízo, realiza a defesa regular em primeiro grau, mas não apresenta recurso de apelação contra sentença que julgou improcedente o pedido, mesmo havendo sólida fundamentação para modificar o decidido. O prejuízo causado ao cliente foi de R$ 10.000,00, parcialmente coberto por seguro realizado pela sociedade de advogados integrada por João.

Consoante as regras estatutárias, os prejuízos causados ao cliente acarretam a responsabilidade pessoal do sócio advogado de forma

(A) limitada à responsabilidade decorrente de contrato de seguro.
(B) ilimitada, mas subsidiária em relação à sociedade.
(C) limitada e principal, sendo a da sociedade subsidiária.
(D) ilimitada e vinculada ao resultado do processo disciplinar instaurado.

COMENTÁRIO

A alternativa "B" está correta, Nos termos do art. 17 do Estatuto da OAB, reforçado pelo art. 40 do Regulamento Geral, pelos danos causados dolosa ou culposamente a terceiros por sócios ou associados, a responsabilidade civil recairá apenas subsidiariamente às pessoas físicas, respondendo, em primeiro lugar, a pessoa jurídica (sociedade de advogados ou sociedade unipessoal de advocacia). Todavia, a despeito de os sócios ou titulares de sociedades unipessoais responderem *subsidiariamente*, caso seus patrimônios pessoais sejam atingidos por insuficiência patrimonial da pessoa jurídica (ou seja, da sociedade de advogados a que pertencerem), tal ocorrerá de forma *ilimitada*. Assim, pouco importará a sua participação no capital social da sociedade.

(XI EXAME DE ORDEM UNIFICADO – FGV) Os advogados Roberto e Alfredo, integrantes da sociedade Roberto & Alfredo Advogados Associados, há muito atuavam em causas trabalhistas em favor da sociedade empresária "X". A certa altura, o advogado Armando ingressou na sociedade de advogados. Armando, no entanto, já representava os interesses de ex-empregado da sociedade empresária "X". Em razão disso, Armando não foi constituído para atuar nas causas do escritório envolvendo a sociedade empresária "X", continuando, assim, a atuar em favor do ex-empregado. Por outro lado, Roberto e Alfredo não foram constituídos para advogar pelo ex-empregado.

A partir do caso apresentado, assinale a afirmativa correta.

(A) Roberto, Alfredo e Armando agiram correta e eticamente, pois dividiram os clientes, de forma que nenhum deles advogasse, ao mesmo tempo, para clientes com interesses opostos.
(B) Roberto, Alfredo e Armando não agiram corretamente, pois, em causas trabalhistas, os advogados de partes com interesses opostos não podem ter qualquer tipo de relação profissional ou pessoal.
(C) Roberto, Alfredo e Armando não agiram correta e eticamente, pois os advogados sócios de uma mesma sociedade profissional não podem representar, em juízo, clientes com interesses opostos.
(D) Roberto, Alfredo e Armando não poderiam ter constituído a sociedade em questão, ainda que Armando deixasse de atuar na causa em favor do ex-empregado.

COMENTÁRIO

A alternativa "C" está correta. Nos exatos termos do art. 15, § 6º, do EAOAB, os *advogados sócios de uma mesma sociedade profissional não podem representar em juízo clientes de interesses opostos.* Ainda, o art. 19 do Código de Ética e Disciplina (CED), em reforço, adverte que *os advogados integrantes da mesma sociedade profissional, ou reunidos em caráter permanente para cooperação recíproca, não podem representar, em juízo ou fora dele, clientes com interesses opostos*;

A alternativa "A" está incorreta, de acordo com o comentário à alternativa "C". O fato de Roberto, Alfredo e Armando integrarem a mesma sociedade de advogados lhes impõe a observância de alguns preceitos éticos, dentre eles, o de jamais atuarem em causas em que seus clientes sejam litigantes uns contra os outros;

A alternativa "B" está incorreta. Não apenas nas causas trabalhistas veda-se que advogados das partes litigantes tenham relação profissional (ex.: escritório em comum ou sociedade). Como veremos a seguir, há restrição geral para que advogados que integrem a mesma sociedade ou escritório patrocinem pretensões de clientes com interesses conflitantes;

A alternativa "D" está incorreta. Se o sócio Armando deixasse de representar um ex-empregado da empresa "X", cliente da sociedade que passou a integrar, não mais existiriam os obstáculos previstos nos já citados arts. 15, § 6º do Estatuto e 19 do CED.

(XII EXAME DE ORDEM UNIFICADO – FGV) O escritório Hércules Advogados Associados foi fundado no início do século XX, tendo destacada atuação em várias áreas do Direito. O sócio-fundador faleceu no limiar do século XXI e os sócios remanescentes manifestaram o desejo de manter o nome do advogado falecido na razão social da sociedade.

A partir da hipótese sugerida, nos termos do Regulamento Geral da Ordem dos Advogados do Brasil, assinale a afirmativa correta.

(A) Falecendo o advogado sócio, determina-se a sua exclusão dos registros da sociedade incluindo a razão social do escritório.
(B) Permite-se a manutenção do sócio-fundador nos registros do escritório, mediante autorização especial do plenário da Seccional.
(C) Havendo previsão no ato constitutivo da sociedade de advogados, pode permanecer o nome do sócio falecido na razão social.
(D) Existindo acordo entre o escritório de advocacia, os clientes e a Seccional da Ordem dos Advogados do Brasil, é permitida a manutenção do nome do sócio falecido.

COMENTÁRIO

A alternativa "C" está correta, nos termos do já citado art. 16, § 1º, do EAOAB. Isto porque a razão social de uma sociedade de advogados, em caso de falecimento do sócio-fundador que lhe emprestava o nome, poderá ser mantida inalterada desde que tal possibilidade esteja expressamente prevista no seu ato constitutivo.

As alternativas "A e D" estão incorretas, visto que em caso de falecimento do advogado sócio, nada obstante, por razões óbvias, não mais possa figurar no corpo societário, poderá ter seu nome mantido na razão social da sociedade, desde que essa possibilidade esteja prevista no ato constitutivo (art. 16, § 1º, do EAOAB).

A alternativa "B" está incorreta, pois inexiste base legal ou em qualquer outro diploma normativo que autorize a permanência de sócio-fundador de sociedade de advogados nos registros do escritório mesmo após seu falecimento. Como pessoa morta poderia continuar a figurar como sócia da sociedade? Assim, absolutamente descabida a assertiva.

(XV EXAME DE ORDEM UNIFICADO – FGV) Os advogados X de Souza, Y dos Santos e Z de Andrade requereram o registro de sociedade de advogados denominada Souza, Santos e Andrade Sociedade de Advogados. Tempos depois, X de Souza vem a falecer, mas os demais sócios decidem manter na sociedade o nome do advogado falecido.

Sobre a hipótese, assinale a afirmativa correta.

(A) É possível manter o nome do sócio falecido, desde que prevista tal possibilidade no ato constitutivo da sociedade.
(B) É possível manter o nome do sócio falecido, independentemente de previsão no ato constitutivo da sociedade.
(C) É absolutamente vedada a manutenção do nome do sócio falecido na razão social da sociedade.
(D) É possível manter, pelo prazo máximo de seis meses, o nome do sócio falecido.

COMENTÁRIO

Nos exatos termos do art. 16, § 1º, do Estatuto da OAB, a razão social da sociedade de advogados deve ter, obrigatoriamente, o nome de, pelo menos, um advogado responsável pela sociedade, podendo permanecer o de sócio falecido, desde que prevista tal possibilidade no ato constitutivo. Correta, pois, a alternativa "A", estando as demais em dissonância com aquilo que preconiza o EAOAB.

(XVIII EXAME DE ORDEM UNIFICADO – FGV) Os advogados Márcio, Bruno e Jorge, inscritos nas Seccionais do Paraná e de Santa Catarina da Ordem dos Advogados resolveram constituir determinada sociedade civil de advogados, para atuação na área tributária. A sede da sociedade estava localizada em Curitiba. Como os três sócios estavam inscritos na Seccional de Santa Catarina, eles requereram o registro da sociedade também nessa Seccional. Márcio, por outro lado, já fazendo parte da sociedade com Bruno e Jorge, requereu, juntamente com seu irmão, igualmente advogado, o registro de outra sociedade de advogados também na Seccional do Paraná, esta com especialização na área tributária. As sociedades não são filiais.

Sobre a hipótese descrita é correto afirmar que a sociedade de advogados de Márcio, Bruno e Jorge

(A) não poderá ser registrada na seccional de Santa Catarina, pois apenas tem sede na Seccional do Paraná. Márcio não poderá requerer inscrição em outra sociedade de advogados no Paraná.

(B) não poderá ser registrada na seccional de Santa Catarina, pois apenas tem sede na Seccional do Paraná. Márcio poderá requerer inscrição em outra sociedade de advogados no Paraná.

(C) poderá ser registrada na seccional de Santa Catarina, pois os três advogados que dela fazem parte estão inscritos na Seccional em questão. Márcio não poderá requerer inscrição em outra sociedade de advogados no Paraná.

(D) poderá ser registrada na seccional de Santa Catarina, pois os três advogados que dela fazem parte estão inscritos na Seccional em questão. Márcio poderá requerer inscrição em outra sociedade de advogados no Paraná.

COMENTÁRIO

A questão em tela foi alvo de severas críticas por professores de diversos cursos preparatórios para o Exame de Ordem, dentre os quais me incluo.

De início, alguns detalhes merecem destaque no enunciado, já contemplando nossas impressões: i) Márcio, Bruno e Jorge são advogados inscritos nas Seccionais do Paraná e de Santa Catarina; ii) os três advogados decidiram constituir sociedade civil (leia-se: sociedade simples, à luz do Código Civil) de advogados, com sede em Curitiba; iii) como todos eram inscritos, também, na Seccional de Santa Catarina, requereram o registro da sociedade de advogados em referido Conselho Seccional (o enunciado não mencionou se se trata de filial da sociedade já constituída no Conselho Seccional do Paraná, ou se se trata de nova sociedade de advogados, embora com o mesmo corpo societário); iv) Márcio, juntamente com seu irmão, também advogado, requereu o registro de outra sociedade de advogados no Paraná; v) afirma-se que as sociedades não são filiais.

Com base na narrativa contida no enunciado, a banca examinadora assinalou como correta a alternativa "A" (*não poderá ser registrada na seccional de Santa Catarina, pois apenas tem sede na Seccional do Paraná. Márcio não poderá requerer inscrição em outra sociedade de advogados no Paraná).*

Contudo, Não se pode concordar, *data venia*, com a assertiva indicada, pelos motivos a seguir. Primeiramente, não é verdadeira a afirmação inicial de que os advogados Márcio, Bruno e Jorge não poderiam registrar na seccional de Santa Catarina uma sociedade de advogados. Conforme enuncia o art. 15, §1º, do Estatuto da OAB, a sociedade de advogados e a sociedade unipessoal de advocacia adquirem personalidade jurídica com o registro aprovado dos seus atos constitutivos no Conselho Seccional da OAB em cuja base territorial tiver sede.

No caso relatado, os advogados decidiram registrar sociedade em Curitiba (portanto, seccional do Paraná). Também resolveram constituir sociedade em Santa Catarina (não há menção se se trata de filial, mas tudo leva a crer que sim!). Na parte final da questão, afirma-se que as sociedades não são filiais. Mas quais sociedades: aquelas constituídas por Márcio, Bruno e Jorge ou por Mário e seu irmão?

A redação do enunciado é confusa, o que, por si só, já deveria ensejar a anulação! No mais, entendendo-se que a sociedade que Márcio, Bruno e Jorge constituíram em Santa Catarina era uma filial, nenhum problema haveria. Tal é autorizado pelo art. 15, §4º, do Estatuto da OAB (nenhum advogado pode integrar mais de uma sociedade de advogados, constituir mais de uma sociedade unipessoal de advocacia, ou integrar, simultaneamente, uma sociedade de advogados e uma sociedade unipessoal de advocacia, com sede ou filial na mesma área territorial do respectivo Conselho Seccional). Assim, incorreta a primeira parte da alternativa "A".

Pelo exposto, a alternativa adequada e que deveria ter sido assinalada pela banca examinadora é a "C" (*poderá ser registrada na seccional de Santa Catarina, pois os três advogados que dela fazem parte estão inscritos na Seccional em questão. Márcio não poderá requerer inscrição em outra sociedade de advogados no Paraná).* Frise-se que, em qualquer caso, Márcio, por já integrar sociedade de advogados no Paraná (juntamente com Bruno e Jorge), não poderia integrar outra sociedade na mesma seccional, consoante dispõe o já referido art. 15, §4º, do Estatuto. A questão, por tudo o que se argumentou, deveria ter sido anulada, visto que, além de ter redação confusa, apontou alternativa errada como correta, mormente se considerada que a sociedade que seria constituída em Santa Catarina seria uma filial daquela com sede no Paraná, o que seria perfeitamente admissível.

(XVIII EXAME DE ORDEM UNIFICADO – FGV) Gabriela é sócia de uma sociedade de advogados, tendo, no exercício de suas atividades profissionais, representado judicialmente Júlia. Entretanto, Gabriela, agindo com culpa, deixou de praticar ato imprescindível à defesa de Júlia em processo judicial, acarretando-lhe danos materiais e morais. Em uma eventual demanda proposta por Júlia, a fim de ver ressarcidos os danos sofridos, deve-se considerar que

(A) Gabriela e a sociedade de advogados não podem ser responsabilizadas civilmente pelos danos, pois, no exercício profissional, o advogado apenas responde pelos atos que pratica mediante dolo, compreendido por meio do binômio consciência e vontade.

(B) a sociedade de advogados não pode ser responsabilizada civilmente pelos atos ou omissões praticados pessoalmente por Gabriela. Assim, apenas a advogada responderá pela sua omissão decorrente de culpa, no âmbito da responsabilidade civil e disciplinar.

(C Gabriela e a sociedade de advogados responderão civilmente pela omissão decorrente de culpa, sem prejuízo da responsabilidade disciplinar da advogada, cuidando-se de hipótese de responsabilidade civil solidária entre ambas.

(D) Gabriela e a sociedade de advogados podem ser responsabilizadas civilmente pela omissão decorrente de culpa. A responsabilidade civil de Gabriela será subsidiária à da sociedade e ilimitada pelos danos causados, sem prejuízo de sua responsabilidade disciplinar.

COMENTÁRIO

Nos termos do art. 17 do EAOAB, corroborado pelo art. 40 do Regulamento Geral, além da sociedade, o sócio e o titular de sociedade individual de advocacia respondem subsidiária e ilimitadamente pelos danos causados aos clientes por ação ou omissão no exercício da advocacia, sem prejuízo da responsabilidade disciplinar em que possam incorrer.

No enunciado ficou claro que a advogada Gabriela, sócia de uma sociedade de advogados, agindo com culpa no exercício da profissão, deixou de praticar ato imprescindível à defesa de Júlia em um processo judicial, daí advindo danos materiais e morais à cliente.

Correta a alternativa "D", eis que, de fato, tanto a sociedade, quanto os sócios, responderão pelos danos causados aos clientes, sendo certo que a responsabilidade civil dos advogados que integrem a sociedade é subsidiária a esta, embora ilimitada, sem prejuízo de responsabilização disciplinar.

No tocante à alternativa "A", temos que se trata de assertiva incorreta, eis que não somente os atos dolosos praticados pelo advogado, no exercício profissional, ensejam a responsabilização civil dele e da sociedade de advogados a que faça parte. Nos termos do precitado art. 40 do Regulamento Geral, os advogados sócios e os associados respondem subsidiária e ilimitadamente pelos danos causados diretamente ao cliente, nas hipóteses de dolo ou culpa e por ação ou omissão, no exercício dos atos privativos de advocacia, sem prejuízo da responsabilidade disciplinar em que possam incorrer.

Incorreta, também, a alternativa "B", eis que à sociedade de advogados imputar-se-á a responsabilidade civil pelos atos praticados pelos seus sócios. Destaque-se que, nesse caso, a responsabilidade da sociedade será principal, aos sócios existindo apenas responsabilidade subsidiária, embora ilimitada.

A alternativa "C" é igualmente incorreta, pois os sócios não respondem solidariamente com a sociedade, mas, sim, subsidiariamente, conforme se vê expressamente nos arts. 17 do EAOAB e 40 do Regulamento Geral.

(XVIII EXAME DE ORDEM UNIFICADO – FGV) O banco Dólar é réu em diversos processos de natureza consumerista, todos com idênticos fundamentos de Direito, pulverizados pelo território nacional. Considerando a grande quantidade de feitos e sua abrangência territorial, a instituição financeira decidiu contratar a sociedade de advogados X para sua defesa em juízo, pois esta possui filial em diversos estados da Federação. Diante da consulta formulada pelo banco, alguns advogados, sócios integrantes da filial situada no Rio Grande do Sul, realizaram mapeamento dos processos em trâmite em face da pessoa jurídica. Assim, observaram que esta mesma filial já atua em um dos processos em favor do autor da demanda.

Tendo em vista tal situação, assinale a opção correta.

(A) Os advogados deverão recusar, por meio de qualquer sócio do escritório ou filial, a atuação da sociedade de advogados na defesa do banco, pois os advogados sócios de uma mesma sociedade profissional não podem representar em juízo clientes de interesses opostos.

(B) Os advogados deverão identificar quem são os sócios do escritório que atuam na causa, pois estes não poderão realizar a defesa técnica do banco em quaisquer dos processos em trâmite, sendo autorizada, porém, a atuação dos demais sócios da sociedade de advogados, de qualquer filial.

1. Ética Profissional – Novo CED

(C) Os advogados deverão recusar a defesa do banco pela filial da sociedade de advogados no Rio Grande do Sul e indicar as outras filiais para atuação nos feitos, pois todos os sócios da filial ficam impedidos de representar em juízo a instituição financeira, em razão de já haver atuação em favor de cliente com interesses opostos.

(D) Os advogados deverão informar ao banco que há atuação de advogados daquela filial em um dos processos em favor do autor da demanda, a fim de que a instituição financeira decida se deseja, efetivamente, que a sua defesa técnica seja realizada pela sociedade de advogados, garantindo, assim, o consentimento informado do cliente.

COMENTÁRIO

Nos exatos termos do art. 19 do CED, os advogados integrantes da mesma sociedade profissional, ou reunidos em caráter permanente para cooperação recíproca, não podem representar, em juízo ou fora dele, clientes com interesses opostos.

No caso apresentado, considerando que o banco Dólar, réu em processo judicial, contratou profissionais de sociedade de advogados, com filiais em todo o Brasil, que identificaram que atuam em favor do autor da ação, será impossível que patrocinem a defesa da instituição financeira. Pouco importa o local em que o processo judicial tramita. Se uma das filiais da sociedade de advogados contratada pelo banco constatou que o autor da ação é seu cliente em um dos processos movidos contra referida instituição, os advogados deverão recusar, por meio de qualquer sócio ou filial, a atuação da sociedade de advogados em prol do banco, conforme preconiza o referido art. 19 do CED.

Pelo exposto, correta a alternativa "A", estando as demais em descompasso com o quanto disposto no Código de Ética.

7. ADVOGADO EMPREGADO

(VI EXAME DE ORDEM UNIFICADO – FGV) Mévio é advogado empregado de empresa de grande porte atuando como diretor jurídico e tendo vários colegas vinculados à sua direção. Instado por um dos diretores, escala um dos seus advogados para atuar em processo judicial litigioso, no interesse de uma das filhas do referido diretor. À luz das normas estatutárias, é correto afirmar que

(A) a defesa dos interesses dos familiares dos dirigentes da empresa está insita na atuação profissional do advogado empregado.

(B) a atuação do advogado empregado nesses casos pode ocorrer voluntariamente, sem relação com o seu emprego.

(C) a relação de emprego retira do advogado sua independência profissional, pois deve defender os interesses do patrão.

(D) em casos de dedicação exclusiva, a jornada de trabalho máxima do advogado será de quatro horas diárias e de vinte horas semanais.

COMENTÁRIO

A alternativa "B" está correta (art. 18, parágrafo único, do EAOAB). O fato de o advogado ser empregado não lhe imporá o dever contratual de atuar em causas de interesse pessoal dos dirigentes da empresa (empregador). Atividades estranhas ao contrato de trabalho até poderão ser prestadas pelo advogado empregado, mas "fora" da relação laboral, devendo ser contratado para a prestação do serviço e receber para tanto.

A alternativa "A" está incorreta, pois "O advogado empregado *não* está obrigado à prestação de serviços profissionais de interesse pessoal dos empregadores, fora da relação de emprego" (art. 18, parágrafo único, do EAOAB).

A alternativa "C" está incorreta, pois contraria o art. 18, parágrafo único, do EAOAB.

A alternativa "D" está incorreta, visto que não condiz com o art. 12, parágrafo único, do Regulamento Geral, que assim dispõe: "Em caso de dedicação exclusiva, serão remuneradas como extraordinárias as horas trabalhadas que excederem a jornada normal de *oito horas* diárias".

8. HONORÁRIOS ADVOCATÍCIOS

(EXAME DE ORDEM UNIFICADO 2010.2 – FGV) Eduardo, advogado, é contratado para defender os interesses de Otávio, próspero fazendeiro, em diversas ações, de natureza civil, empresarial, criminal, bem como em processos administrativos que tramitam em numerosos órgãos públicos.

Antes de realizar os atos próprios da profissão, apresenta ao cliente os termos de contrato de honorários, que divide em valores fixos, acrescidos dos decorrentes da eventual sucumbência existente nos processos judiciais. À luz das normas aplicáveis,

(A) os honorários sucumbenciais e os contratados são naturalmente excludentes, devendo o profissional optar por um deles.

(B) os honorários contratuais devem ser sempre em valor fixo.

(C) os honorários de sucumbência podem, ao alvedrio das partes, sofrer desconto dos honorários pactuados contratualmente.

(D) os honorários sucumbenciais acrescidos dos honorários contratuais podem superar o benefício econômico obtido pelo cliente.

COMENTÁRIO

A alternativa "C" está correta, cabendo às partes (cliente e advogado) disporem da forma que bem entenderem. Afinal, de acordo com o STF (ADI 1194), os honorários têm natureza disponível.

A alternativa "A" está incorreta, pois, segundo o art. 22, *caput*, da Lei 8.906/1994, a prestação do serviço assegura ao advogado direito aos honorários convencionados, aos fixados por arbitramento judicial e aos de sucumbência; ademais, os honorários fixados em sentença pertencem ao advogado, que pode executá-los autonomamente (art. 23 da Lei 8.906/1994). Ademais, não é verdadeira a firmação de que os honorários sucumbenciais excluem os contratuais, ou vice-versa, haja vista que são espécies distintas de honorários, pagos, inclusive, por pessoas distintas. Os contratuais são pagos, obviamente, pelo cliente (contratante), ao passo que os sucumbenciais são pagos pela parte vencida no processo. Aliás, segundo o CED, "os honorários da sucumbência e os honorários contratuais, pertencendo ao advogado que houver atuado na causa, poderão ser por ele executados, assistindo-lhe direito autônomo para promover a execução do capítulo da sentença que os estabelecer ou para postular, quando for o caso, a expedição de precatório ou requisição de pequeno valor em seu favor (art. 51) "; assim, é possível que o contrato de honorários determine que o advogado fique com os dois honorários (contratual e de sucumbência) ou que se combine algum tipo de compensação.

A alternativa "B" está incorreta, pois não existe, nos arts. 22 a 26 do EAOAB, nem nos arts. 48 a 54 do CED, obrigação nesse sentido.

A alternativa "D" está incorreta, pois, segundo o art. 50, *caput*, do CED, "na hipótese da adoção de cláusula *quota litis*, os honorários devem ser necessariamente representados por pecúnia e, quando acrescidos dos de honorários da sucumbência, não podem ser superiores às vantagens advindas a favor do cliente" (g.n.).

(EXAME DE ORDEM UNIFICADO 2010.3 – FGV) Homero, advogado especializado em Direito Público, após longos anos, obtém sentença favorável contra a Fazenda Pública Estadual. Requer a execução especial e apresenta, após o decurso normal do processo, requerimento de expedição de precatório, estabelecendo a separação do principal, direcionado ao seu cliente, dos honorários de sucumbência e postulando o desconto no principal de vinte por cento a título de honorários contratuais, cujo contrato anexa aos autos. O pedido é deferido pelo Juiz, mas há recurso do Ministério Público, que não concorda com tal desconto. De acordo com as normas estatutárias aplicáveis, é correto afirmar que

(A) os honorários devidos no processo judicial se resumem aos sucumbenciais, vedado o desconto de quaisquer outros valores a esse título.

(B) os honorários advocatícios, que gozam de autonomia, quer sucumbenciais, quer contratuais, devem ser cobrados em via própria diretamente ao cliente.

(C) é possível o pagamento de honorários advocatícios contratuais no processo em que houve condenação, havendo precatório, desde que o contrato seja escrito.

(D) seja o contrato escrito ou verbal, pode o advogado requerer o pagamento dos seus honorários contratuais mediante desconto no valor da condenação.

COMENTÁRIO

A alternativa "A" é incorreta, pois, conforme veremos nos comentários às alternativas a seguir, admite-se que o advogado pleiteie o desconto do valor correspondente aos honorários contratualmente fixados por escrito de montante a ser recebido por seu cliente.

A alternativa "B" é incorreta, pois, no bojo de um processo judicial, poderá o advogado receber os *honorários contratuais*, mediante juntada do contrato *escrito* aos autos (art. 22 do EAOAB), bem assim *os honorários sucumbenciais*, que devem ser pagos pelo vencido – e não pelo cliente! – ao advogado do vencedor (art. 23 do EAOAB). Portanto, não se exigirá uma "via própria", podendo os honorários ser alcançados no próprio processo.

A alternativa "C" é correta, pois, de acordo com o art. 22, § 4.º, do EAOAB, é perfeitamente possível que o advogado Homero pleiteie em juízo a reserva do montante capaz de quitar os honorários contratualmente avençados, deduzindo-se o valor diretamente do numerário pertencente ao seu cliente (inclusive de eventual precatório oriundo de condenação final da Fazenda Pública). Trata-se de excelente mecanismo "anticalote" de que dispõe o advogado, não ficando à mercê do cliente que, após receber, por exemplo, indenização judicialmente fixada, poderia inadimplir e deixar de pagar os honorários contratualmente fixados com seu advogado.

A alternativa "D" é incorreta, pois, conforme preconiza o já citado art. 22, § 4.º, do EAOAB (Lei 8.906/1994), "se o advogado fizer juntar aos autos o seu *contrato de honorários* antes de expedir-se o mandado de levantamento ou precatório, o juiz deve determinar que lhe sejam pagos diretamente, por dedução da quantia a ser recebida pelo constituinte, salvo se este provar que já os pagou" (g.n.). Assim, se o contrato for verbal, será inviável a aplicação do dispositivo legal transcrito.

(IV EXAME DE ORDEM UNIFICADO – FGV) A prescrição para a cobrança de honorários advocatícios tem como termo inicial, consoante as normas estatutárias,

(A) o dia do primeiro ato extrajudicial.

(B) o início do contrato de prestação de serviços.

(C) a data da revogação do mandato.

(D) a sentença que julga procedente o pedido em favor do cliente do advogado.

COMENTÁRIO

A alternativa "C" está correta. De fato, a partir da revogação do mandato, a relação cliente-advogado está extinta, cabendo ao advogado, a partir de então, intentar com demanda no prazo máximo de cinco anos (art. 25, V, do EAOAB).

A alternativa "A" está incorreta. De acordo com o art. 25 do Estatuto da OAB (EAOAB – Lei 8.906/1994), a prescrição da ação de cobrança de honorários advocatícios é de cinco anos, contados: I – do vencimento do contrato, se houver; II – do trânsito em julgado da decisão que os fixar; III – da ultimação do serviço extrajudicial; IV – da desistência ou transação; e V – da renúncia ou revogação do mandato. Portanto, o termo inicial não poderá ser o dia do primeiro ato extrajudicial, mas sim de sua ultimação (término).

A alternativa "B" está incorreta, pois, consoante art. 25, I, do EAOAB, o prazo de prescrição começará a fluir a partir do vencimento do contrato, se houver, e não do início da prestação dos serviços.

A alternativa "D" está incorreta. Apenas com o trânsito em julgado da decisão que houver fixado os honorários (ex.: honorários sucumbenciais ou honorários por arbitramento) é que terá início a prescrição quinquenal (art. 25, II, do EAOAB).

(VI EXAME DE ORDEM UNIFICADO – FGV) No caso de arbitramento judicial de honorários, pela ausência de estipulação ou acordo em relação a eles, é correto afirmar, à luz das regras estatutárias, que

(A) os valores serão livremente arbitrados pelo juiz, sem parâmetros, devendo o advogado percebê-los.

(B) a fixação dos honorários levará em conta o valor econômico da questão.

(C) a tabela organizada pela OAB não é relevante para essa forma de fixação.

(D) havendo acordo escrito, poderá ocorrer o arbitramento judicial de honorários.

COMENTÁRIO

A alternativa "B" está correta, de acordo com o art. 22, § 2º, do EAOAB.

A alternativa "A" está incorreta, pois o juiz, quando do arbitramento de honorários ao advogado, decorrente da ausência de estipulação ou acordo com o cliente, irá pautar-se pelas tabelas editadas pelos Conselhos Seccionais (art. 22, § 2º, do EAOAB).

A alternativa "C" está incorreta, pois, como dito, a tabela de honorários editada por cada Conselho Seccional servirá como parâmetro ao magistrado quando do arbitramento dos honorários advocatícios.

A alternativa "D" está incorreta, pois, havendo acordo escrito, o advogado não necessitará de arbitramento de seus honorários pelo magistrado. Afinal, o contrato escrito de honorários constitui título executivo, passível, portanto, de execução (art. 24 do EAOAB).

(VI EXAME DE ORDEM UNIFICADO – FGV) Esculápio realiza contrato escrito de honorários com Terêncio, no valor de R$ 20.000,00. Consoante as normas estatutárias aplicáveis à espécie, é correto afirmar que

(A) esse documento não se reveste passível de futura execução, como título executivo.

(B) a ausência de pagamento do valor pactuado leva ao arbitramento judicial dos honorários.

(C) o contrato escrito é título executivo, podendo o advogado ingressar com ação de execução dos seus honorários.

(D) esse crédito não possui privilégio em eventual insolvência do cliente.

COMENTÁRIO

A alternativa "C" está correta, corresponde à previsão contida no art. 24, *caput*, do EAOAB;

A alternativa "A" está incorreta, pois o contrato escrito de honorários é título executivo (art. 24, *caput*, do EAOAB);

A alternativa "B" está incorreta, pois, havendo contrato escrito, que, como visto, é considerado título executivo, caberá ao advogado credor promover a competente ação de execução, não sendo necessário o arbitramento judicial dos honorários, que somente ocorrerá quando não houver acordo (art. 22, § 2º, do EAOAB);

A alternativa "D" está correta, pois os honorários advocatícios são considerados créditos privilegiados em caso de concurso de credores (ex.: falência e insolvência civil).

(VII EXAME DE ORDEM UNIFICADO – FGV) O advogado João apresentou petição em determinada Vara Cível, pela qual fazia juntar o contrato de honorários celebrado com seu cliente para aquela causa, bem como requeria a expedição de mandado de pagamento em seu nome, a fim de receber seus honorários diretamente, por dedução da quantia a ser recebida por seu constituinte. Sobre a hipótese e à luz do que dispõe o Estatuto da Advocacia e da OAB, assinale a alternativa correta:

(A) O advogado tem direito à expedição de mandado de pagamento em seu nome, para que receba diretamente seus honorários, por dedução da quantia a ser recebida pelo constituinte, devendo, para tanto, fazer juntar aos autos o contrato de honorários.

(B) O advogado tem direito à expedição de mandado de pagamento em seu nome, para que receba diretamente seus honorários, por dedução da quantia a ser recebida pelo constituinte, devendo, para tanto, fazer juntar aos autos o contrato de honorários, bem como declaração expressa de seu constituinte anuindo com a realização do pagamento diretamente ao advogado.

(C) O advogado não tem direito à expedição de mandado de pagamento em seu nome, para que receba diretamente seus honorários, por dedução da quantia a ser recebida pelo constituinte, mas o magistrado pode assim determinar, caso entenda conveniente.

(D) O advogado não tem direito, em hipótese alguma, à expedição de mandado de pagamento em seu nome, para que receba diretamente seus honorários, por dedução da quantia a ser recebida pelo constituinte. Mandados de pagamento, incluindo-se aqueles referentes aos honorários do advogado, são sempre expedidos em nome da parte.

COMENTÁRIO

A alternativa "A" está correta. De acordo com o art. 22, § 4º, do EAOAB, se o advogado fizer juntar aos autos o seu contrato de honorários antes de expedir-se o mandado de levantamento ou precatório, o juiz deve determinar que lhe sejam pagos diretamente, por dedução da quantia a ser recebida pelo constituinte, salvo se este provar que já os pagou. Trata-se de excelente "favor legal" pela existência de um contrato escrito de honorários, qual seja, a de dedução do montante correspondente ao valor a ser percebido pelo advogado da quantia a ser levantada pelo cliente. Vale frisar que tal possibilidade (dedução dos honorários da quantia a ser recebida pelo cliente) decorre diretamente da lei, não sendo necessária qualquer autorização do cliente (tal como referido na parte final da alternativa B). Caberá ao juiz, com a juntada aos autos judiciais do contrato de honorários, expedir mandado de levantamento diretamente em nome do advogado, no montante correspondente aos honorários contratados. O valor restante, por óbvio, será levantado pelo cliente.

(VIII EXAME DE ORDEM UNIFICADO– FGV) João é contratado para propor ação de cobrança pela sociedade M e P Ltda., em face da sociedade C e L Ltda., sendo o valor da causa, correspondente ao débito, de R$ 200.000,00 (duzentos mil reais). Após iniciada a ação, mas antes do ato citatório, a sociedade autora vem a desistir da mesma. Houve contrato de honorários subscrito pelas partes aventando que, nesse caso, seriam devidos honorários fixos de R$ 10.000,00 (dez mil reais). A sociedade notificada regularmente não pagou os honorários contratuais.

Nesse caso, o prazo para a prescrição da ação de cobrança de honorários passa a contar da data

(A) do trânsito em julgado da decisão judicial.

(B) da desistência judicial formulada.

(C) do término do mandato judicial.

(D) da ultimação do serviço judicial.

COMENTÁRIO

A alternativa "B"está correta (art. 25, IV, do EAOAB).

A alternativa "A"está incorreta, pois o trânsito em julgado de decisão judicial somente constituirá termo inicial do prazo prescricional à cobrança de honorários quando os tiver fixado (art. 25, II, do EAOAB). No problema proposto, a decisão judicial não fixou os honorários, mas, simplesmente, homologou o pedido de desistência da ação.

A alternativa "C"está incorreta, pois, no caso relatado no enunciado da questão, o termo inicial da prescrição à cobrança dos honorários é a própria desistência judicial (art. 25, II, do EAOAB), e não o término do mandato em razão, por exemplo, de renúncia ou revogação (art. 25, V, do EAOAB).

A alternativa "D"está incorreta, pois o advogado foi contratado para promover ação judicial (e não serviços extrajudiciais).

(VIII EXAME DE ORDEM UNIFICADO – FGV) João postulou, por meio de representação de advogado, ação condenatória em face da sociedade Cacos e Cacos Ltda., obtendo sentença favorável, condenando a ré ao pagamento da quantia de R$ 100.000,00 (cem mil reais), acrescida de R$ 15.000,00 (quinze mil reais) de honorários advocatícios. Após o trânsito em julgado da decisão judicial, João e seu advogado Pedro são cientificados de que a sociedade está falida, devendo os seus créditos sofrer procedimento de habilitação.

Nesse caso, a natureza dos créditos correspondentes a honorários advocatícios, nos termos do Estatuto, é considerada como

(A) quirografária.
(B) real.
(C) privilegiada.
(D) natural.

COMENTÁRIO

A alternativa "C" está correta. De fato, o crédito correspondente a honorários advocatícios, conforme dispõe o art. 24, *caput*, do EAOAB, é considerado privilegiado no caso de concurso de credores (ex.: falência ou insolvência). Importante destacar, porém, que a jurisprudência do STJ (REsp 1.152.218/RS, de relatoria do Ministro Luis Felipe Salomão) consolidou o entendimento que os créditos resultantes de honorários advocatícios têm natureza alimentar e equiparam-se aos trabalhistas para efeito de habilitação em falência. Confira-se abaixo a ementa do referido julgado: "DIREITO PROCESSUAL CIVIL E EMPRESARIAL. RECURSO ESPECIAL REPRESENTATIVO DE CONTROVÉRSIA. ART. 543-C DO CPC [Art. 1.036 do CPC/2015]. HONORÁRIOS ADVOCATÍCIOS. FALÊNCIA. HABILITAÇÃO. CRÉDITO DE NATUREZA ALIMENTAR. ART. 24 DA LEI 8.906/1994. EQUIPARAÇÃO A CRÉDITO TRABALHISTA". Assim, o crédito decorrente de honorários advocatícios, quando habilitado na falência, gozará de privilégio especial.

(IX EXAME DE ORDEM UNIFICADO – FGV) Um advogado é contratado por um empresário para atuar em causas na área empresarial, formalizando contrato escrito e emitindo fatura para pagamento dos honorários ajustados. A partir de determinado momento o empresário passou a não pagar os honorários ajustados. Consoante as regras do Código de Ética, o advogado para buscar o recebimento dos honorários pactuados, deverá

(A) emitir duplicatas decorrentes da fatura apresentada.
(B) levar o contrato de honorários a protesto.
(C) emitir debêntures em decorrência do contrato firmado.
(D) cobrar os valores por meio de ação judicial.

COMENTÁRIO

A alternativa "D" está correta. De acordo com o art. 52 do Código de Ética, o crédito por honorários advocatícios, seja do advogado autônomo, seja de sociedade de advogados, não autoriza o saque de duplicatas ou qualquer outro título de crédito de natureza mercantil, podendo, apenas, ser emitida fatura, quando o cliente assim pretender, com fundamento no contrato de prestação de serviços, a qual, porém, não poderá ser levada a protesto. Pode, todavia, ser levado a protesto o cheque ou a nota promissória emitido pelo cliente em favor do advogado, depois de frustrada a tentativa de recebimento amigável (art. 52, parágrafo único, do CED). Assim, a única alternativa que resta ao advogado que ser vir diante de inadimplência do cliente no tocante aos honorários, é a cobrança dos respectivos valores por meio de ação judicial. Se houver contrato escrito, que tem eficácia executiva (art. 24, *caput*, do Estatuto da OAB), poderá o advogado promover a execução de referido título. Caso não o tenha, deverá promover ação objetivando o arbitramento judicial dos honorários (art. 22, § 2º, do Estatuto da OAB), não podendo ser inferiores ao mínimo estipulado nas tabelas editadas pelos Conselhos Seccionais.

(X EXAME DE ORDEM UNIFICADO – FGV) Nos termos do Estatuto da Advocacia existe a previsão de pagamento de honorários advocatícios. Assinale a afirmativa que indica como deve ocorrer o pagamento, quando não houver estipulação em contrário.

(A) Metade no início e o restante parcelado em duas vezes.
(B) Um terço no início, um terço até a decisão de primeira instância e um terço ao final.
(C) Dez por cento no início, vinte por cento na sentença e o restante após o trânsito em julgado.
(D) Cinquenta por cento no início, trinta por cento até decisão de primeiro grau e o restante após o recurso, se existir.

COMENTÁRIO

A alternativa "B" está correta. Nos exatos termos do art. 22, § 3º, do Estatuto da OAB, salvo estipulação em contrário, um terço dos honorários é devido no início do serviço, outro terço até a decisão de primeira instância e o restante no final. Portanto: 1/3, 1/3 e 1/3!

(XI EXAME DE ORDEM UNIFICADO – FGV) O advogado Mário celebrou contrato de honorários com seu cliente, para atuar em reclamação trabalhista. No contrato restou estabelecido que, em caso de êxito, ele receberia, a título de honorários contratuais, o valor de 60% do que fosse recebido pelo cliente, que havia sido dispensado pelo empregador e encontra-se em situação econômica desfavorável.

A respeito do caso apresentado, assinale a afirmativa correta.

(A) Mário não cometeu infração disciplinar, uma vez que tendo celebrado contrato de honorários, ele pode cobrar de seu cliente o valor que entender compatível com o trabalho desenvolvido.
(B) Mário não cometeu infração disciplinar, pois causas trabalhistas são muito complexas, justificando-se, assim, a cobrança de honorários elevados.
(C) Mário violou dispositivo do Código de Ética e Disciplina da OAB, segundo o qual os honorários profissionais devem ser fixados com moderação.
(D) Mário violou dispositivo do Código de Ética e Disciplina da OAB, que veda a cobrança de honorários profissionais com base em percentual do valor a ser recebido pela parte.

COMENTÁRIO

A alternativa "C" está correta. Como visto, o advogado, na cobrança de seus honorários, deve pautar-se pela moderação (art. 49 do CED). O percentual cobrado pelo advogado, como visto, não é moderado, já que receberia valor superior àquele percebido pelo cliente. Aqui, o advogado seria verdadeiro "sócio majoritário" na causa, o que não se poderia admitir. Deve-se ponderar, ainda, que a forma de honorários com pacto ou cláusula *quota litis* (cláusula de sucesso), segundo a qual o advogado somente receberá os honorários em caso de êxito na demanda, não admite que os ganhos do profissional superem aqueles alcançados pelo cliente (art. 50 do CED).

As alternativas "A e B" estão incorretas. Não é verdade que um advogado, a despeito de entabular com seu cliente contrato de honorários, possa cobrar o valor que entender compatível com seu trabalho. É que o art. 49 do Código de Ética e Disciplina (CED) consagra o "princípio da moderação", ou seja, os honorários devem ser fixados com moderação. E, no caso relatado no enunciado, a cobrança de 60% (sessenta por cento) de todo o proveito econômico da causa, evidentemente, se afigura imoderada.

A alternativa "D" está incorreta. O CED, no art. 50, admite a adoção de cláusula *quota litis*, que corresponderá a um percentual que o advogado fará jus do proveito econômico da causa para o seu cliente. Assim, não há vedação de estipulação dos honorários em percentual a ser recebido pela parte, desde que haja moderação (art. 49 do CED), e que o montante percebido pelo causídico não supere os ganhos do cliente.

(XI EXAME DE ORDEM UNIFICADO – FGV) Deise, advogada renomada, com longos anos de experiência na profissão, obtém sentença condenatória favorável contra o município "X". Após o trânsito em julgado, inicia a execução, apurando vultoso valor a receber para o seu cliente, bem como honorários advocatícios de sucumbência correspondente a dez por cento do principal. Além disso, a ilustre advogada possui contrato de honorários escrito, fixando outros dez por cento em decorrência do resultado final do processo, a título de honorários de êxito. No entanto, para manter cordial a sua relação com o cliente, não apresenta o contrato em Juízo, esperando o cumprimento espontâneo do mesmo, o que não veio a ocorrer. Assim, antes do pagamento do precatório, mas tendo sido o mesmo expedido, requer a advogada o bloqueio do valor correspondente ao seu contrato de honorários.

Observado tal relato, segundo as regras do Estatuto da Advocacia, assinale a afirmativa correta.

(A) O destaque correspondente aos honorários advocatícios definidos em contrato escrito pode ocorrer a qualquer momento antes do pagamento do precatório.

(B) O advogado, ocorrendo a existência de honorários advocatícios contratuais fixados por escrito, deve requerer o seu pagamento com a dedução do valor devido ao cliente antes da expedição do precatório.

(C) O pagamento dos honorários contratuais fixados em documento escrito deve ser realizado pelo cliente ou em ação judicial sem que possa ocorrer desconto no valor do precatório expedido em favor do cliente.

(D) O Juiz fazendário da condenação, em se tratando de acerto privado, não possui competência para definir se tal valor é ou não devido, sendo inviável o desconto no valor do precatório.

COMENTÁRIO

A alternativa "B" está correta, nos termos do art. 22, § 4º, do EAOAB.

A alternativa "A" está incorreta. O art. 22, § 4º, do EAOAB, prevê que se o advogado fizer juntar aos autos o seu contrato de honorários *antes de expedir-se o mandado de levantamento ou precatório*, o juiz deve determinar que lhe sejam pagos diretamente, por dedução da quantia a ser recebida pelo constituinte, salvo se este provar que já os pagou. Portanto, não é correto afirmar que a dedução dos honorários advocatícios definidos em contrato escrito pode ocorrer "a qualquer momento" antes do pagamento do precatório, mas, sim, até sua expedição.

A alternativa "C" está incorreta. O Estatuto da OAB permite que o advogado que tenha avençado seus honorários em contrato escrito o junte aos autos, a fim de que se proceda à dedução do montante respectivo do valor que esteja à disposição do cliente (art. 22, § 4º, EAOAB). Trata-se de um excelente mecanismo contra a futura – e eventual – inadimplência. Assim, o advogado terá a garantia de que receberá os valores ajustados com o cliente.

A alternativa "D" está incorreta. A possibilidade de dedução do valor dos honorários advocatícios contratualmente fixados, na forma já referida nos comentários às alternativas antecedentes, decorre de lei (leia-se: do Estatuto da OAB, art. 22, § 4º), razão pela qual o Juiz fazendário terá, sim, competência para proceder ao desconto no valor do precatório devido ao cliente.

(XII EXAME DE ORDEM UNIFICADO – FGV) Eugênio é advogado contratado pela empresa Ônibus e Ônibus Ltda. Na empresa ele é responsável pelas defesas em ações que pleiteiam o reconhecimento da responsabilidade civil da sua cliente e dos seus prepostos. O contrato de honorários venceu em 2010 e não foi renovado. Em dificuldades financeiras, a empresa não pagou os honorários devidos.

O termo inicial para a contagem do prazo para a prescrição da pretensão de cobrança dos honorários advocatícios, observado o disposto no Estatuto da Advocacia, ocorre a partir da

(A) última tentativa de conciliação.

(B) data fixada pelo Juiz.

(C) última prestação de serviço.

(D) data do vencimento do contrato.

COMENTÁRIO

A alternativa "D" está correta. De acordo com o art. 25 do Estatuto da OAB (EAOAB), prescreve em cinco anos a ação de cobrança de honorários, contado o prazo: I – do vencimento do contrato, se houver; II – do trânsito em julgado da decisão que os fixar; III – da ultimação do serviço extrajudicial; IV – da desistência ou transação; V – da renúncia ou revogação do mandato. Assim, com base no enunciado proposto, temos que o termo inicial para a contagem do prazo prescricional para a propositura de ação de cobrança dos honorários é o *vencimento do contrato* havido entre o advogado Eugênio e a empresa Ônibus e Ônibus Ltda, que ocorreu em 2010.

As alternativas "A, B e C" estão incorretas, pois não se enquadram em quaisquer dos termos iniciais de contagem da prescrição da cobrança de honorários definidos no art. 25 do EAOAB.

(XIII EXAME DE ORDEM UNIFICADO – FGV) Maria, após vários anos de tramitação de ação indenizatória em que figurava como autora, decidiu substituir José, advogado que até então atuava na causa, por João, amigo da família, que não cobraria honorários de nenhuma espécie de Maria. Ao final da ação, quando Maria finalmente recebeu os valores que lhe eram devidos, a título de indenização, foi procurada por José, que desejava receber honorários pelos serviços advocatícios prestados até o momento em que foi substituído.

Sobre a hipótese sugerida, assinale a afirmativa correta.

(A) José tem direito a receber a integralidade dos honorários contratuais e de sucumbência, como se tivesse atuado na causa até o final, uma vez que foi substituído por vontade da cliente e não sua.

(B) José não tem direito a receber honorários, porque não atuou na causa até o seu fim.

(C) José tem direito a receber honorários contratuais, mas não tem direito a receber honorários de sucumbência.

(D) José tem direito a receber honorários contratuais, bem como honorários de sucumbência, calculados proporcionalmente, em face do serviço efetivamente prestado.

COMENTÁRIO

A alternativa "D" está correta. Nos termos do art. 17 do CED, a revogação do mandato judicial por vontade do cliente não o desobriga do pagamento das verbas honorárias contratadas, assim como não retira o direito do advogado de receber o quanto lhe seja devido em eventual verba honorária de sucumbência, calculada proporcionalmente, em face do serviço prestado.

A alternativa "A", "B" e "C" estão incorretas, pois o fato de o cliente revogar o mandato conferido por Maria a José, substituído por outro colega, não induz pensar que o "antigo causídico" nada receberá de honorários, sejam os convencionados, sejam os eventuais honorários sucumbenciais. Tal será melhor visto no comentário a seguir;

(XIII EXAME DE ORDEM UNIFICADO – FGV) Sobre o prazo para ajuizamento de ação de cobrança de honorários de advogado, assinale a opção correta.

(A) Prescreve em dois anos a ação de cobrança de honorários de advogado, contando-se o prazo do vencimento do contrato, se houver.

(B) Prescreve em cinco anos a ação de cobrança de honorários de advogado, contando-se o prazo do trânsito em julgado da decisão que os fixar.

(C) Prescreve em dois anos a ação de cobrança de honorários de advogado, contando-se o prazo da ultimação do serviço extrajudicial.

(D) Prescreve em cinco anos a ação de cobrança de honorários de advogado, contando-se o prazo da decisão que os fixar, independentemente do seu trânsito em julgado.

COMENTÁRIO

A alternativa "B" está correta. De fato, prescreve em cinco anos a ação de cobrança de honorários de advogado, contando-se o prazo (termo inicial) do vencimento do contrato, se houver (inc. I do art. 25 do EAOAB), do trânsito em julgado da decisão que os fixar (inc. II do art. 25 do EAOAB), da ultimação do serviço extrajudicial (inc. III do art. 25 do EAOAB), da desistência ou transação (inc. IV do art. 25 do EAOAB) ou da renúncia ou revogação do mandato (inc. V do art. 25 do EAOAB).

As alternativas "A" e "C" estão incorretas, de plano. É que a prescrição da pretensão à cobrança de honorários, nos termos do art. 25 do EAOAB, ocorre no prazo de cinco anos.

A alternativa D" está incorreta. Como visto, somente a partir do trânsito em julgado da decisão que fixar os honorários (ex.: honorários sucumbenciais) é que começará a fluir o prazo prescricional.

(XV EXAME DE ORDEM UNIFICADO – FGV) O advogado Caio atuava representando os interesses do autor em determinada ação indenizatória há alguns anos. Antes da prolação da sentença, substabeleceu, com reserva, os poderes que lhe haviam sido outorgados pelo cliente, ao advogado Tício. Ao final, o pedido foi julgado procedente e o cliente de Caio e Tício recebeu a indenização pleiteada, mas não repassou aos advogados os honorários de êxito contratados, estipulados em 30%. Caio, para evitar desgaste, preferiu não cobrar judicialmente os valores devidos pelo cliente. Tício, não concordando com a opção de Caio, decidiu, à revelia deste último, ingressar com a ação cabível, valendo-se, para tanto, do contrato de honorários celebrado entre Caio e o cliente.

A partir do caso apresentado, assinale a afirmativa correta.

(A) Tício pode ajuizar tal ação, pois, embora não tivesse celebrado o contrato com o cliente, recebeu poderes de Caio para atuar na causa.

(B) Tício pode ajuizar tal ação, pois ingressou na causa antes da prolação da sentença, sendo, assim, igualmente responsável pelo êxito.

(C) Tício não pode ajuizar tal ação porque, como Caio e Tício não requereram o destaque dos honorários contratuais, ele não tem mais direito a recebê-los.

(D) Tício não pode ajuizar tal ação porque o advogado substabelecido com reserva de poderes não pode cobrar honorários sem a intervenção daquele que lhe conferiu o substabelecimento.

COMENTÁRIO

Nos termos do art. 26 do Estatuto da OAB, o advogado substabelecido, com reserva de poderes, não pode cobrar honorários sem a intervenção daquele que lhe conferiu o substabelecimento. Correta, portanto, a alternativa "D". A regra em comento tem total razão de ser: em caso de substabelecimento com reserva de poderes, o advogado substabelecido não tem qualquer relação contratual com o cliente, razão pela qual somente poderá cobrar os honorários com a intervenção do substabelecente – este sim, o advogado "originário" da causa.

As alternativas "A" e "B" estão erradas, e pela mesma razão: o advogado substabelecido, ainda que tenha recebido poderes do substabelecente para atuar na causa, não poderá, sozinho, cobrar os honorários do cliente, haja vista o teor do precitado art. 26 do EAOAB.

Também está incorreta a alternativa "C", pois a possibilidade de recebimento dos honorários contratuais independe de se ter solicitado ao juiz, nos termos do art. 22, § 4º, do EAOAB, a reserva do numerário correspondente ao valor constante no contrato.

(XVII EXAME DE ORDEM UNIFICADO – FGV) Laura formou-se em prestigiada Faculdade de Direito, mas sua prática advocatícia foi limitada, o que a impediu de ter experiência maior no trato com os clientes. Realizou seus primeiros processos para amigos e parentes, cobrando módicas quantias referentes a honorários advocatícios. Ao receber a cliente Telma, próspera empresária, e aceitar defender os seus interesses judicialmente, fica em dúvida quanto aos termos de cobrança inicial dos honorários pactuados. Em razão disso, consulta o advogado Luciano, que lhe informa, segundo os termos do Estatuto da Advocacia, que salvo estipulação em contrário,

(A) metade dos honorários é devida no início do serviço.

(B) um quinto dos honorários é devido ao início do processo judicial.

(C) a integralidade dos honorários é devida até a decisão de primeira instância.

(D) um terço dos honorários é devido no início do serviço.

COMENTÁRIO

Nos termos do art. 22, § 3º, do EAOAB, salvo estipulação em contrário, um terço dos honorários é devido no início do serviço, outro terço até a decisão de primeira instância e o restante no final. Para fins de memorização: 1/3, 1/3 e 1/3! Correta a alternativa "D".

9. INCOMPATIBILIDADES E IMPEDIMENTOS

(EXAME DE ORDEM UNIFICADO 2010.3 – FGV) Xisto, advogado, é convidado a ocupar o prestigiado cargo de Procurador-Geral de um município, cargo de confiança do Prefeito Municipal passível de exoneração *ad nutum*. O cargo é privativo de advogado. No entanto, ao assumir o referido cargo, ocorrerá o (a)

(A) cancelamento da sua inscrição.

(B) suspensão do exercício da atividade advocatícia.

(C) anotação de impedimento.

(D) exercício limitado da advocacia.

COMENTÁRIO

A alternativa "D" está correta, pois, de acordo com o art. 29 do EAOAB, "*os Procuradores Gerais, Advogados Gerais, Defensores Gerais e dirigentes de órgãos jurídicos da Administração Pública direta, indireta e fundacional* são exclusivamente legitimados para o exercício da advocacia vinculada à função que exerçam, *durante o período da investidura.*" (g.n.). Não se trata aqui de incompatibilidade (proibição total para advogar – art. 28 do EAOAB) ou de impedimento (proibição parcial para advogar – art. 30 do EAOAB), mas de *exercício limitado da advocacia.*

A alternativa "A" está incorreta, pois as hipóteses de cancelamento da inscrição do advogado vêm previstas no art. 11 do Estatuto da OAB (EAOAB – Lei 8.906/1994), dentre elas a de o advogado passar a *exercer função incompatível em caráter definitivo*, o que não é o caso de Xisto.

A alternativa "B" está incorreta, visto que Xisto, na qualidade de Procurador-Geral do Município, deverá *obrigatoriamente estar inscrito nos quadros da OAB*, tratando-se de *advogado público*, nos termos do art. 3º, § 1º, do EAOAB e art. 9º do Regulamento Geral.

A alternativa "C" está incorreta, visto que o exercício da advocacia pública, composta pelos integrantes da *Advocacia-Geral da União*, da *Procuradoria da Fazenda Nacional*, da *Defensoria Pública* e das *Procuradorias e Consultorias Jurídicas* dos Estados, do Distrito Federal, dos Municípios e das respectivas entidades de administração indireta e fundacional, por evidente, não enseja o reconhecimento de qualquer das hipóteses de impedimento descritas no art. 28 do EAOAB.

(IV EXAME DE ORDEM UNIFICADO – FGV) Caio, professor vinculado à Universidade Federal, ministrando aulas no curso de Direito, resolve atuar, em causa própria, pleiteando benefícios tributários em face da União Federal. Nos termos do Estatuto, é correto afirmar que

(A) o docente em cursos de Direito não pode exercer a advocacia, sendo circunstância de incompatibilidade.

(B) enquanto durar o exercício do magistério, a inscrição na OAB permanecerá suspensa.

(C) é situação peculiar que permite o exercício da advocacia mesmo contra entidade vinculada.

(D) a situação caracteriza impedimento, uma vez que há vínculo da Universidade com a União Federal.

COMENTÁRIO

A alternativa "C" está correta, embora os servidores públicos sejam impedidos de exercer a advocacia contra a Fazenda Pública que os remunere ou a qual seja vinculada a entidade empregadora (art. 30, I, do EAOAB), com relação aos docentes de cursos jurídicos (desde que estejamos falando em instituições públicas de ensino), o EAOAB não impõe referidas vedações, tratando-se, de fato, de situação peculiar que permite o exercício da advocacia mesmo contra a entidade pública a que se vincular a instituição de ensino (art. 30, parágrafo único, do EAOAB).

A alternativa "A" está incorreta, pois os docentes em cursos de Direito, desde que em faculdades públicas (geralmente autarquias), sequer sofrem as consequências dos impedimentos (não exercer a advocacia contra a Fazenda Pública que o remunere ou a qual se vincule sua entidade empregadora – art. 30, I, do EAOAB – Lei 8.906/1994), aos quais não se submetem por força do art. 30, parágrafo único, do EAOAB.

A alternativa "B" está incorreta, pois, como visto, os professores de cursos jurídicos em instituições públicas de ensino não sofrerão óbices ao exercício da advocacia (art. 30, parágrafo único, do EAOAB).

A alternativa "D" está incorreta. Como visto no comentário à alternativa "C", o art. 30, parágrafo único, do EAOAB, afasta o impedimento previsto no inciso I, do mesmo dispositivo legal, no tocante aos docentes de cursos jurídicos. Portanto, embora Caio seja professor vinculado a Universidade Federal, não sofrerá impedimento (proibição parcial de advogar contra a Fazenda Pública a que se vincule a instituição de ensino em que é funcionário).

(IV EXAME DE ORDEM UNIFICADO – FGV) Caio é eleito Senador da República e escolhido para compor a mesa do referido órgão legislativo. Como advogado regularmente inscrito nos quadros da OAB, pretende atuar em causa própria e realiza consulta nesse sentido à OAB. Quanto ao tema em foco, de acordo com as regras estatutárias, é correto afirmar que a atuação de Caio

(A) poderá ocorrer, nessa situação, mediante autorização especial.

(B) não é possível, sendo o caso de incompatibilidade mesmo em causa própria.

(C) é possível, pois a função exercida caracteriza mero impedimento.

(D) em causa própria constitui uma exceção aplicável ao caso.

COMENTÁRIO

A alternativa "B" está correta, já que de acordo com o art. 28, I, parte final, do EAOAB.

A alternativa "A" está incorreta, pois Caio, Senador, ao passar a compor a mesa do referido órgão legislativo, tornar-se-á incompatível (art. 28, I, parte final, do EAOAB – Lei 8.906/1994), não sendo possível qualquer autorização para que possa desempenhar as atividades privativas de advocacia.

A alternativa "C" está incorreta, pois se Caio simplesmente fosse Senador, de fato a função exercitada caracterizaria mero impedimento (art. 30, II, do EAOAB). Porém, sendo membro da Mesa do Senado Federal, como dito, será incompatível com a advocacia, não podendo postular nem mesmo em causa própria, sob pena de nulidade (art. 4º, parágrafo único, do EAOAB).

A alternativa "D" está incorreta, pois, como dito, a incompatibilidade permanece mesmo em se tratando de postulação em causa própria (art. 28, *caput*, do EAOAB).

(VIII EXAME DE ORDEM UNIFICADO – FGV) Além de advogado, João é professor da Universidade pública "M", com natureza de autarquia, onde exerce as funções de coordenador acadêmico da graduação do Curso de Direito. Diante do prestígio acumulado, o seu escritório de advocacia vem a ter renome, atuando em diversas causas nas comarcas de influência da universidade.

Essas circunstâncias indicam que o cargo ocupado pelo advogado seria um caso

(A) abrangido pelas normas que criam regras de incompatibilidade para administradores públicos.

(B) não previsto, vez que a atuação como dirigente de entidade pública é irrelevante para o sistema de incompatibilidades.

(C) excepcionado diante da característica que o vincularia ao magistério jurídico.

(D) incluído no rol de incompatibilidades por não permitir que o advogado exerça cargo administrativo nas universidades públicas.

COMENTÁRIO

A alternativa "C" está correta. De fato, de acordo com o art. 28, § 2º, do EAOAB, não são abrangidos pela incompatibilidade tratada no inciso III, do mesmo dispositivo legal (ocupantes de cargos ou funções de direção na Administração Pública direta ou indireta) aqueles que ocupem cargo ou função de administração acadêmica vinculada ao magistério jurídico (leia-se: Coordenadores ou Diretores de Faculdades públicas de Direito!). É exatamente o caso de João, professor e Coordenador do Curso de Direito da Universidade pública "M".

(VIII EXAME DE ORDEM UNIFICADO – FGV) Osvaldo é vereador do município "K" e ocupa cargo vinculado à Mesa da Câmara de Vereadores. Necessitando propor ação cominatória em face do seu vizinho Marcos, e sendo advogado, apresenta-se em Juízo postulando em causa própria.

Nos termos das normas estatutárias, assinale a afirmativa correta.

(A) A função de membro do Poder Legislativo impede o advogado de atuar, mesmo em causa própria.

(B) A eleição para a Mesa Diretora do Poder Legislativo impede o advogado de atuar, gerando uma incompatibilidade.

(C) O mandato de vereador não se inclui dentre as situações de incompatibilidade, ocupe ou não cargo na Mesa Diretora.

(D) As incompatibilidades dos membros do Poder Legislativo estão circunscritas aos integrantes do Senado e da Câmara dos Deputados Federal.

COMENTÁRIO

A alternativa "B" está correta. De fato, de acordo com o art. 28, I, do EAOAB, os parlamentares ocupantes das Mesas do Poder Legislativo são considerados incompatíveis com a advocacia, sendo totalmente proibidos de advogar mesmo em causa própria (art. 28, *caput*, do EAOAB).

A alternativa "A" está incorreta, pois o fato de um advogado ser parlamentar não o torna impedido para advogar em causa própria, mas, sim, contra ou a favor do Poder Público em todos os níveis (art. 30, II, do EAOAB). A incompatibilidade somente surgirá se o parlamentar passar a ocupar a Mesa de sua Casa Legislativa (art. 28, I, do EAOAB).

A alternativa "C" está incorreta, pois se o vereador fizer parte da mesa diretora, haverá incompatibilidade (art. 28, I, do EAOAB).

A alternativa "D" está incorreta, pois as incompatibilidades dos membros do Poder Legislativo, quando ocupantes das Mesas de suas respectivas Casas Legislativas, abrangem todos os parlamentares (deputados federais e estaduais, senadores e vereadores).

(VIII EXAME DE ORDEM UNIFICADO – FGV) José, general de brigada, entusiasmado com a opção do seu filho pelo curso de Direito, resolve acompanhá-lo nos estudos. Presta exame vestibular e matricula-se em outra instituição de ensino, também no curso de Direito. Ambos alcançam o período letivo em que há necessidade de realizar o estágio forense. José, desejando acompanhar seu filho nas atividades forenses nas horas de folga, vez que continua na ativa, agora como General de Divisão, requer o seu ingresso no quadro de estagiários da OAB.

A partir do caso apresentado, assinale a afirmativa correta.

(A) Militar não pode, enquanto permanecer na ativa, inscrever-se no quadro de advogados, mas se permite a ele a inscrição no quadro de estagiários.

(B) Militar não pode, enquanto na ativa, obter inscrição no quadro de advogados nem no quadro de estagiários.

(C) Militar da ativa pode atuar na Justiça Militar especializada, porque se inscreve no quadro especial de estagiários.

(D) Militar de alta patente pode obter inscrição tanto no quadro de estagiários como no de advogados, mediante permissão especial do Presidente da OAB.

COMENTÁRIO

A alternativa "B" está correta (arts. 8º, V, 28, VI e 9º, I, todos do EAOAB).

A alternativa "A" está incorreta, pois a pessoa considerada incompatível, tal como ocorre com os militares na ativa (art. 28, VI, do EAOAB), não poderá inscrever-se tanto no quadro de advogados (art. 8º, V, do EAOAB), quanto no de estagiários (art. 9º, I, do EAOAB).

A alternativa "C" está incorreta (art. 9º, I, do EAOAB).

A alternativa "D" está incorreta (arts. 8º, V, 28, VI e 9º, I, todos do EAOAB).

(VIII EXAME DE ORDEM UNIFICADO – FGV) João, advogado inscrito há muitos anos na OAB, decide candidatar-se, pelo quinto constitucional, ao cargo de Juiz do Tribunal Regional Federal. Em razão dessa iniciativa, é submetido a exame curricular e sabatina perante o Conselho Federal da OAB. Após longo processo avaliatório, vem a ser escolhido para integrar a lista sêxtupla a ser remetida ao Tribunal Regional Federal.

Diante dessa narrativa, à luz da legislação aplicável aos advogados, assinale a afirmativa correta.

(A) O advogado, ao ser incluído em lista sêxtupla para integrar os quadros de tribunal, deve requerer licença para tratamento de questões particulares.

(B) O advogado que integra lista sêxtupla ou tríplice para ingresso pelo quinto constitucional pode continuar exercendo livremente suas atividades.

(C) O advogado que integra lista sêxtupla ou tríplice passa a ser considerado incompatibilizado para o exercício da advocacia.

(D) O advogado que pretende ingressar na magistratura pelo quinto constitucional passa a ser considerado impedido ao compor lista sêxtupla.

COMENTÁRIO

A alternativa "B" está correta. De acordo com o art. 28, II, do EAOAB, considera-se incompatível para o exercício da advocacia, sendo totalmente proibido de advogar até mesmo em causa própria, o advogado que passar a compor o Poder Judiciário como seu membro. É o caso, por exemplo, do advogado escolhido para ocupar vaga de Tribunal pelo quinto constitucional. Perceba, porém, o candidato, que a incompatibilidade, por evidente, somente se concretiza com a posse no cargo de Desembargador do Tribunal, e não com a simples menção de seu nome em lista sêxtupla promovida pelo Conselho Federal da OAB. Logo, se João simplesmente integrar referida lista, poderá continuar exercendo normalmente a advocacia. Frise-se que a incompatibilidade de que trata o já citado art. 28, II, do EAOAB, decorre da posse no cargo. Integrar a lista sêxtupla traduz mera expectativa de eventual escolha para a vaga do quinto constitucional. Não haverá, na espécie, qualquer exigência de licença, ou caracterização de incompatibilidade ou impedimento (alternativas A, C e D).

(IX EXAME DE ORDEM UNIFICADO – FGV) Paulo, advogado inscrito na seccional de seu Estado há 10 anos, toma posse no cargo de Auditor-Fiscal da Receita Federal do Brasil.

Considerando a hipótese de Paulo continuar a exercer a função de advogado, assinale a afirmativa correta.

(A) Paulo não poderá continuar a exercer a função de advogado, tendo em vista que passou a exercer função incompatível com a advocacia.

(B) Paulo poderá continuar a exercer a advocacia, desde que não advogue contra a União, que o remunera.

(C) Paulo poderá continuar a exercer a advocacia, desde que não atue em causas envolvendo matéria tributária.

(D) Paulo poderá continuar a exercer a advocacia, não havendo qualquer tipo de impedimento.

COMENTÁRIO

A alternativa "A" está correta. De fato, um advogado que toma posse no cargo de Auditor-Fiscal da Receita Federal do Brasil, por passar a ter competência para fiscalização, arrecadação ou lançamento de tributos, torna-se incompatível para o exercício da advocacia (art. 28, VII, do Estatuto da OAB), sendo o caso de cancelamento de sua inscrição (art. 11, IV, do Estatuto).

A alternativa "B" está incorreta. Paulo, ao tomar posse no cargo de Auditor-Fiscal, como visto, passará a exercer atividade incompatível com a advocacia, sendo totalmente proibido de advogar, mesmo em causa própria (art. 28, *caput*, do Estatuto). Tal situação não se confunde com o art. 30, I, do Estatuto, que trata do impedimento (proibição parcial) de servidores públicos em geral (ou seja, que não exerçam as atividades previstas no art. 28 do Estatuto), advogarem contra a Fazenda Pública que os remunere ou à qual seja vinculada a entidade empregadora.

A alternativa "C" está incorreta. Como visto, a assunção do cargo de Auditor-Fiscal pelo advogado Paulo o tornou incompatível com a advocacia. Ou seja, a partir de então, será totalmente proibido de advogar, inclusive em causa própria.

A alternativa "D" está incorreta. Paulo, nos termos do art. 28, VII, do Estatuto, passará a ocupar cargo incompatível com a advocacia, sendo totalmente proibido de exercê-la.

(XII EXAME DE ORDEM UNIFICADO – FGV) Joel é Conselheiro do Tribunal de Contas do Município J, sendo proprietário de diversos imóveis. Em um deles, por força de contrato de locação residencial, verifica a falta de pagamentos dos alugueres devidos. O Conselheiro é Bacharel em Direito, tendo exercido a advocacia por vários anos na área imobiliária.

Nesse caso, nos termos do Estatuto da Advocacia, o Conselheiro

(A) poderia atuar como advogado em causa própria.

(B) deverá contratar advogado para a causa diante da situação de incompatibilidade.

(C) poderia advogar; recomenda-se, contudo, a contratação de advogado.

(D) está com a sua inscrição como advogado suspensa.

COMENTÁRIO

A alternativa "B" está correta, pois, sendo Joel integrante do Tribunal de Contas de determinado município, é considerado incompatível com a advocacia (art. 28, II, EAOAB), sendo totalmente proibido de advogar, até mesmo em causa própria. Por tal razão, não poderá ajuizar ação em face do locatário inadimplente, devendo contratar advogado para tanto.

A alternativa "A" está incorreta, pois sendo Joel um Conselheiro do Tribunal de Contas do Município J, não poderá exercer a advocacia, nem mesmo em causa própria. Isto porque, nos termos do art. 28, II, do Estatuto da OAB (EAOAB), são incompatíveis com a advocacia, e, portanto, totalmente proibidos de advogar, inclusive em causa própria, os membros dos Tribunais e Conselhos de Contas.

A alternativa "C" está incorreta, pois, como já afirmado anteriormente, Joel é incompatível com a advocacia (art. 28, II, EAOAB), não podendo exercer a advocacia.

A alternativa "D" está incorreta, pois o fato de Joel ser Conselheiro do Tribunal de Contas municipal não é causa de "suspensão", que é expressão a ser tomada tecnicamente, tratando-se de penalidade por infração disciplinar (art. 37 do EAOAB). Também não se trata de hipótese de licenciamento – art. 12 do EAOAB.

(XIII EXAME DE ORDEM UNIFICADO – FGV) Juarez da Silva, advogado, professor adjunto de Direito Administrativo em determinada Universidade Federal, foi procurado, na qualidade de advogado, por um grupo de funcionários públicos federais que desejavam ajuizar determinada ação contra a União.

Pode Juarez aceitar a causa, advogando contra a União?

(A) Não. Juarez não pode aceitar a causa, pois está impedido de exercer a advocacia contra a Fazenda Pública que o remunera.

(B) Sim. Juarez poderá aceitar a causa, pois o impedimento de exercício da advocacia contra a Fazenda Pública que remunera os advogados que são servidores públicos não inclui a hipótese de docentes de cursos jurídicos.

(C) Sim. Juarez poderá aceitar a causa, pois não há nenhum tipo de impedimento para o exercício da advocacia por servidores públicos.

(D) Não. Juarez não poderá aceitar a causa, pois exerce o cargo de professor universitário, que é incompatível com o exercício da advocacia.

COMENTÁRIO

A alternativa "B" está correta, tal como explicitado no comentário posterior, que se funda, repita-se, no art. 30, parágrafo único, do EAOAB.

A alternativa "A" está incorreta. Embora Juarez da Silva possa ser considerado um funcionário público, já que é professor em Universidade Federal, a ele não se aplica o disposto no art. 30, I, do EAOAB (impedimento de exercer a advocacia contra a Fazenda Pública que o remunere ou a qual esteja vinculada a entidade empregadora). É que aos docentes de cursos jurídicos públicos aplica-se o art. 30, parágrafo único, do EAOAB, que, em suma, os autoriza a demandar mesmo contra a Fazenda Pública a que se vincule a universidade em que trabalhe.

A alternativa "C" está incorreta. Embora Juarez não esteja abrangido pelo impedimento de que trata o art. 30, I, do EAOAB, a assertiva é incorreta ao referir que "não há nenhum tipo de impedimento para o exercício da advocacia por servidores públicos". Há, sim, impedimento de o servidor público advogar contra a Fazenda Pública que o remunere ou a que esteja vinculada a entidade empregadora. Contudo, esse impedimento, por expressa disposição legal (art. 30, parágrafo único, do EAOAB), apenas não alcança os docentes de cursos jurídicos.

A alternativa "D" está incorreta, pois o cargo de professor universitário não se enquadra em qualquer das hipóteses de incompatibilidade previstas no art. 28 do EAOAB. Ainda que se tratasse de Diretor ou Coordenador da Faculdade pública de Direito, não seria alcançado pela incompatibilidade do art. 28, III, do EAOAB, por força da parte final do § 2º, do mesmo dispositivo.

(XIV EXAME DE ORDEM UNIFICADO – FGV) Cláudia, advogada, inicialmente transitou pelo direito privado, com assunção de causas individuais e coletivas. Ao ser contratada por uma associação civil, deparou com questões mais pertinentes ao direito público e, por força disso, realizou novos estudos e contatou colegas mais experientes na matéria. Ao aprofundar suas relações jurídicas, também iniciou participação política na defesa de temas essenciais à cidadania. Por força disso, Cláudia foi eleita prefeita do município X em eleição bastante disputada, tendo vencido seu oponente, o também advogado Pradel, por apenas cem votos. Eleita e empossada, motivada pelo sentido conciliatório, convidou seu antigo oponente para ocupar cargo em comissão na Secretaria Municipal de Fazenda. A partir da hipótese apresentada, observadas as regras do Estatuto da OAB, assinale a opção correta.

(A) A prefeita exerce função incompatível com a advocacia.

(B) O secretário municipal pode atuar em ações contra o município.

(C) A prefeita deve pedir autorização para exercer a advocacia.

(D) O secretário municipal pode atuar em pleitos contra o Estado federado.

COMENTÁRIO

A alternativa "A" está correta. De fato, considera-se atividade incompatível com a advocacia, gerando, portanto, proibição total para advogar, mesmo em causa própria, ocupar carga de Chefe do Poder Executivo (art. 28, I, do EAOAB). Assim, a partir da posse, Cláudia tornou-se incompatível, não mais podendo exercer a advocacia (até que desocupe definitivamente o cargo eletivo).

A alternativa "B" está incorreta. O secretário municipal, segundo entendemos, ocupa cargo de direção na Administração Pública, razão pela qual é, também, incompatível com a advocacia (art. 28, III, do EAOAB), não podendo exercê-la em hipótese alguma.

A alternativa "C" está incorreta, pois as incompatibilidades, como visto, geram proibição total para advogar (art. 28 do EAOAB), não sendo admissível autorização para fazê-lo.

A alternativa "D" está incorreta, pelas mesmas razões apresentadas no comentário à alternativa B. É que o secretário municipal exerce cargo incompatível com a advocacia (art. 28, III, do EAOAB), sendo totalmente proibido de advogar. Não se confunde com a situação descrita no art. 30, I, do EAOAB (servidores públicos), que trata do impedimento (proibição parcial de advogar – apenas contra a Fazenda Pública que os remunere ou a qual se vincule a entidade empregadora). É que o secretário municipal não é um "servidor público comum", ocupando cargo de direção na Administração Pública. Daí enquadrar-se, como dito, no art. 28, III, do EAOAB, e não no art. 30, I, do EAOAB.

(XV EXAME DE ORDEM UNIFICADO – FGV) Abelardo é magistrado vinculado ao Tribunal de Justiça do Estado K e requer licença para tratamento de questões particulares, pelo prazo de três anos, o que foi deferido. Como, antes de assumir o referido cargo, era advogado regularmente inscrito nos quadros da OAB, requer o seu reingresso, comprovando o afastamento das funções judicantes.

Nos termos do Estatuto da Advocacia, assinale a afirmativa correta.

(A) A incompatibilidade com a advocacia persiste mesmo após aposentadoria do cargo efetivo.

(B) O afastamento temporário do cargo que gera a incompatibilidade permite inscrição provisória.

(C) A incompatibilidade permanece mesmo que ocorra o afastamento temporário do cargo.

(D) O afastamento do cargo incompatível permite a inscrição após um período de três anos.

COMENTÁRIO

A alternativa "C" está correta. Abelardo, magistrado, licenciado para tratamento de assuntos particulares, durante o prazo da licença, continuará incompatível (proibido totalmente de advogar – art. 28, § 1º, do EAOAB).

A alternativa "A" está incorreta, pois a incompatibilidade (proibição total para advogar – vide art. 28 do EAOAB) não persiste se o agente se aposentar do cargo que inviabilizava o exercício profissional. Por exemplo, se um juiz – incompatível por força do art. 28, II, do EAOAB – aposentar-se, poderá exercer a advocacia.

A alternativa "B" está incorreta, pois o afastamento temporário do cargo gerador da incompatibilidade, nos termos do art. 28, § 1.º, do EAOAB, não altera a situação da pessoa: persiste a incompatibilidade! Assim, por exemplo, se um juiz afastar-se do cargo para tratamento de saúde, tal afastamento – que é temporário – não fará com que ele possa, nesse período, advogar. É que, repita-se, a incompatibilidade permanece ainda que a pessoa esteja temporariamente afastada do cargo ou função.

A alternativa "D" está incorreta. É que o afastamento temporário do cargo incompatível – não importa o prazo desse afastamento, desde que temporário! – não permite o exercício da advocacia.

(XVII EXAME DE ORDEM UNIFICADO – FGV) Deise é uma próspera advogada e passou a buscar novos desafios, sendo eleita Deputada Estadual. Por força de suas raras habilidades políticas, foi eleita integrante da Mesa Diretora da Assembleia Legislativa do Estado Z. Ao ocupar esse honroso cargo procurou conciliar sua atividade parlamentar com o exercício da advocacia, sendo seu escritório agora administrado pela filha. Nos termos do Estatuto da Advocacia, assinale a afirmativa correta.

(A) A atividade parlamentar de Deise é incompatível com o exercício da advocacia.
(B) A participação de Deise na Mesa Diretora a torna incompatível com o exercício da advocacia.
(C) A função de Deise como integrante da Mesa Diretora do Parlamento Estadual é conciliável com o exercício da advocacia.
(D) A atividade parlamentar de Deise na Mesa Diretora pode ser conciliada com o exercício da advocacia em prol dos necessitados.

COMENTÁRIO

A alternativa "B" está correta. Nos termos do art. 28, I, do EAOAB, são incompatíveis com a advocacia os membros das Mesas do Poder Legislativos, e seus substitutos legais. Considerando que as incompatibilidades geram proibição total para o exercício da advocacia (art. 27 do EAOAB), Deise, ao se tornar integrante da Mesa Diretora da Assembleia Legislativa do Estado Z, como dito, tornou-se incompatível, não mais podendo exercer a advocacia. Correta, portanto, a alternativa B, estando as demais em descompasso com os aludidos arts. 27 e 28, I, do EAOAB.

10. DEVERES ÉTICOS

(EXAME DE ORDEM UNIFICADO 2010.3 – FGV) Terência, jovem advogada, conhecida pela energia com que defende os seus clientes, obtém sucesso em ação indenizatória, com proveito econômico correspondente a R$ 3.000.000,00 (três milhões de reais). Buscando adequação dos seus honorários, marca reunião com seu cliente, e este exige detalhada prestação de contas, o que é negado pela advogada. Nesse momento, há amplo desentendimento. O valor da indenização fora levantado pela advogada e depositado em caderneta de poupança, no aguardo do desfecho da discussão sobre os valores que deveriam ser repassados. Terência não apresentou as contas ao cliente nem direta, nem judicialmente. Analisando-se a solução para o caso concreto acima, é correto afirmar que

(A) enquanto o cliente não apresentar postulação judicial, a prestação de contas é inexigível.
(B) o advogado, exercendo mandato, não necessita prestar contas.
(C) a prestação de contas é um dos deveres do advogado.
(D) essa questão é dirimida pelo juiz da causa em que ocorreu a condenação.

COMENTÁRIO

A alternativa "C" está correta, pois, como já visto nas alternativas anteriores, a conclusão ou desistência da causa, tenha havido, ou não, extinção do mandato, obriga o advogado a devolver ao cliente bens, valores e documentos que lhe hajam sido confiados e ainda estejam em seu poder, bem como a prestar-lhe contas, pormenorizadamente, sem prejuízo de esclarecimentos complementares que se mostrem pertinentes e necessários (art. 12 do CED). Outrossim, como já ressaltado anteriormente, configura infração disciplinar a *recusa injustificada de prestação de contas ao cliente pelo advogado* (art. 34, XXI, do EAOAB).

A alternativa "A" está incorreta, pois, em simples palavras, é dever do advogado *prestar ao cliente as contas* das quantias recebidas em nome dele, conforme estabelece o art. 12 do Código de Ética e Disciplina (CED), o que poderá ser solicitado a qualquer tempo, independentemente de postulação judicial.

A alternativa "B" está incorreta, pois, como visto na alternativa anterior, é *direito do cliente* e *dever do advogado* prestar contas ao cliente, tão logo seja solicitado (art. 12 do CED), sob pena de se configurar infração disciplinar (art. 34, XXI, da Lei 8.906/1994 – EAOAB).

A alternativa "D" está incorreta, pois a prestação de contas não cabe ao magistrado sentenciante, mas, como afirmado diversas vezes, pelo advogado da parte (art. 12 do CED e art. 34, XXI, do EAOAB).

(IX EXAME DE ORDEM UNIFICADO – FGV) O Conselho Nacional de Justiça tem, invariavelmente, patrocinado semanas de conciliação buscando resolver o grave problema de demora da prestação jurisdicional, que se reflete na existência de inúmeros processos sem solução. Esse movimento de cunho nacional tem angariado a atuação de magistrados e membros do Ministério Público. Sobre o tema conciliação, o Código de Ética e Disciplina da OAB dispõe como dever do advogado

(A) realizá-la eventualmente, caso seja do interesse do cliente.
(B) descartá-la, por não ser inerente à atividade advocatícia.
(C) estimular a conciliação entre os litigantes.
(D) determinar sempre a instauração de litígios.

COMENTÁRIO

A alternativa correta é a "C". Nos termos do art. 2º, parágrafo único, VI, do Código de Ética e Disciplina, é dever do advogado, dentre outros, *estimular, a qualquer tempo, a conciliação e a mediação entre os litigantes, prevenindo, sempre que possível, a instauração de litígios.*

(IX EXAME DE ORDEM UNIFICADO – FGV) João é assessor jurídico da empresa "Z" Ltda., onde exerce suas funções com proficiência. Em determinado momento, é consultado por inúmeros colegas de trabalho que pretendem ingressar com ação judicial para postular o reconhecimento de direitos em face da empresa empregadora. A pretensão dos seus colegas também beneficiaria o advogado. Nos termos do Código de Ética e Disciplina da OAB, João deve

(A) recusar o patrocínio da causa.
(B) aceitar, sem qualquer reserva pessoal.
(C) renunciar ao direito para patrocinar a causa.
(D) indicar os clientes para escritório de amigos, com participação.

COMENTÁRIO

A alternativa "A" está correta. Nos termos do art. 4º, *caput*, e parágrafo único, do Código de Ética e Disciplina, o advogado, ainda que vinculado ao cliente ou constituinte, mediante relação empregatícia ou por contrato de prestação permanente de serviços, ou como integrante de departamento jurídico, ou de órgão de assessoria jurídica, público ou privado, deve zelar pela sua liberdade e independência, legítima a recusa, pelo advogado, do patrocínio de causa e de manifestação, no âmbito consultivo, de pretensão concernente a direito que também lhe seja aplicável ou contrarie orientação que tenha manifestado anteriormente. Ora, sendo João assessor jurídico da empresa "Z" Ltda., deverá recusar o patrocínio da pretensão de seus colegas de trabalho, seja pelo fato de ser empregado de referida entidade, bem como em razão de os interesses deles também lhe serem aplicáveis.

(IX EXAME DE ORDEM UNIFICADO – FGV) O advogado José da Silva defronta-se com uma situação em que surge dúvida quanto à sua atuação ética. Consultando a legislação de regência, não vislumbra solução para sua dúvida. Nesse caso, não havendo previsão no Código de Ética e Disciplina da OAB, deve o advogado formular consulta ao

(A) Conselho Seccional.
(B) Tribunal de Ética e Disciplina.
(C) Presidente da Instituição.
(D) Tribunal Pleno.

COMENTÁRIO

Nos termos do art. 71, II, do Código de Ética e Disciplina, compete aos Tribunais de Ética e Disciplina (TED´s) responder a consultas formuladas, em tese, sobre matéria ético-disciplinar.

(X EXAME DE ORDEM UNIFICADO – FGV) João, além de advogado, é próspero fazendeiro no Estado W. Após fiscalização regular, é comunicado que seus trabalhadores estão em situação irregular, análoga à de escravidão.

Nos termos do Código de Ética, o advogado deve

(A) ignorar a comunicação porque são separadas as atividades de advogado e fazendeiro.
(B) deixar de prestar concurso a atos que atentem contra a dignidade da pessoa humana.
(C) atuar como advogado na defesa da situação considerada irregular, ignorando as acusações.
(D) defender sua atuação como fazendeiro que obedece a regras peculiares e costumeiras.

COMENTÁRIO

A alternativa "B" está correta. Nos termos do art. 2º, parágrafo único, VIII, "c", do Código de Ética e Disciplina, é dever do advogado abster-se de emprestar concurso (leia-se: auxiliar) aos que atentem contra a ética, a moral, a honestidade e a *dignidade da pessoa humana*. Ora, tomando conhecimento de que trabalhadores de sua fazenda estão em situação irregular, análoga à de escravidão, é dever de João fazer cessar referida situação, deixando de auxiliar ou de concorrer para a prática de atos atentatórios à dignidade da pessoa humana. O fato de o advogado ser, também, fazendeiro, não induz pensar que seus atos devam ser pautados por esta ou aquela atividade. Um advogado deve, sempre, ter conduta reta e ética.

(X EXAME DE ORDEM UNIFICADO – FGV) Lara, advogada, é chefe do departamento jurídico da empresa Nós e Nós, que é especializada na produção de cordas. O departamento que ela coordena possui cerca de cem advogados. Dez deles resolvem propor ação judicial para reclamar direitos que são comuns a todos, inclusive à advogada chefe do departamento.

Nos termos do Código de Ética, a advogada chefe do departamento deve

(A) assumir a defesa da empresa, por força da relação de trabalho.
(B) comunicar o fato à empresa e escusar-se de realizar a defesa.
(C) indicar advogado da sua equipe para realizar a defesa.
(D) renunciar ao cargo por impossibilidade de exercício do mesmo.

COMENTÁRIO

Nos termos do art. 4º, *caput*, do Código de Ética e Disciplina, "o advogado, ainda que vinculado ao cliente ou constituinte, mediante relação empregatícia ou por contrato de prestação permanente de serviços, ou como integrante de departamento jurídico, ou de órgão de assessoria jurídica, público ou privado, deve zelar pela sua liberdade e independência". Por tais razões, é legítima a recusa, pelo advogado, do patrocínio de causa e de manifestação, no âmbito consultivo, de pretensão concernente a direito que também lhe seja aplicável ou contrarie orientação que tenha manifestado anteriormente (art. 4º, parágrafo único, do CED). Logo, Lara poderia recusar a defesa da própria empresa em que é empregada, visto que a pretensão de seus colegas também lhe aproveitaria (alternativa A). Caso fosse obrigada, pela relação de emprego, a defender a empresa, seria colocada em situação absolutamente desconfortável, especialmente por ser obrigada a formular defesa violadora de sua liberdade e independência. Afinal, como defender o empregador diante de demanda cuja pretensão também lhe aproveitaria? Se assim ocorresse, Lara iria aviltar sua própria liberdade e consciência. Portanto, a conduta correta da advogada é a de comunicar a empresa sobre o fato e recusar-se a defendê-la, baseando-se no já citado art. 4º, parágrafo único, do CED (alternativa B). Sequer poderia ser indicado outro advogado da equipe de Lara, pois, conforme afirma o enunciado, a ação judicial proposta por dez dos cem advogados do departamento jurídico da empresa retrata pretensão por direitos aplicáveis a todos. Assim, nem Lara, nem qualquer outro advogado, poderá ser obrigado a assumir a defesa da empresa (alternativa C). O fato de a advogada recusar-se ao patrocínio da defesa da empresa não induz pensar devesse ela "renunciar ao cargo". Simplesmente, em razão desse "conflito", deveria, naquele caso concreto, comunicar a empresa de que não poderia formular a defesa, valendo-se, para tanto, do CED. Correta a alternativa "B".

(XI EXAME DE ORDEM UNIFICADO – FGV) José é advogado de João em processo judicial que este promove contra Matheus. Encantado com as sucessivas campanhas de conciliação, busca obter o apoio do réu para um acordo, sem consultar previamente o patrono da parte contrária, Valter.

Nos termos do Código de Ética, deve o advogado

(A) buscar a conciliação a qualquer preço por ser um objetivo da moderna Jurisdição.
(B) abster-se de entender-se diretamente com a parte adversa que tenha patrono constituído, sem o assentimento deste.
(C) entender-se com as partes na presença de autoridade sem necessidade de comunicação ao *ex adverso*.
(D) participar de campanhas de conciliação e, caso infrutíferas, tentar o acordo extrajudicial diretamente com a parte contrária.

COMENTÁRIO

A alternativa "B" está correta. Nos exatos termos do art. 2º, parágrafo único, VIII, alínea "d", do Código de Ética, deve o advogado abster-se de entender-se diretamente com a parte adversa que tenha patrono constituído, sem o assentimento deste. Logo, José, advogado de João, ao manter contato direto com o réu para um acordo, sem consultar previamente o advogado da parte adversa, violou referido dispositivo ético.

(XII EXAME DE ORDEM UNIFICADO – FGV) Fernanda, advogada regularmente inscrita nos quadros da OAB, atua, individualmente, sem sócios, em seu escritório situado no centro da cidade "Z", onde recebe os seus clientes para atividades de assessoria e consultoria, atuando também no contencioso cível, administrativo e trabalhista.

Em visita de cortesia, recebe sua prima Giselda que, estudando Economia, tem acesso a várias pessoas de prestigio social, econômico e financeiro, em razão da sua atividade como assessora da diretoria de associação empresarial. Por força desses vínculos, sua prima começa a indicar clientes para a advogada, que amplia o seu escritório e passa a realizar parcerias com outros colegas, diante do aumento das causas a defender. Não existe qualquer acordo financeiro entre a advogada e a economista.

Com base na situação descrita, nos termos do Estatuto da Advocacia, assinale a afirmativa correta.

(A) Constitui atividade infracional disciplinar receber clientes de pessoa com relação de parentesco e prestígio social.
(B) Constitui atividade corriqueira, não infracional, o relacionamento social com parentes ou não.
(C) Constitui atividade ilícita por valer-se de parentes para obtenção de clientela, mesmo gratuitamente.
(D) Constitui atividade vedada, uma vez que a clientela deve ser formada espontaneamente pelo advogado.

COMENTÁRIO

A banca examinadora (FGV) assinalou como correta a alternativa "B", concluindo que a situação relatada no enunciado é corriqueira, não infracional. Todavia, à época em que a questão foi formulada, divulgamos nas redes sociais, em nosso entendimento, o desacerto da conclusão indicada como adequada na prova. Assim, entendemos que a advogada Fernanda, prima de Giselda, ao passar a recepcionar e conseguir clientes indicados rotineiramente por sua parente e, em razão disso, de acordo com a própria questão, "*amplia seu escritório e passa a realizar parcerias com outros colegas, diante do aumento das causas a defender*", incorreu na infração descrita no art. 34, IV, do Estatuto da OAB (EAOAB), qual seja, a de "*angariar ou captar causas, com ou sem a intervenção de terceiros*". Por esse motivo, acreditamos que a resposta assinalada como correta pela FGV não coaduna com o texto legal. Afinal, da forma como consta no enunciado, Giselda tornou-se uma "indicadora profissional e habitual de clientela" à advogada Fernanda, que, com a intervenção de sua prima, passou a captar causas, conduta considerada infracional. Assim, embora não estejam perfeitas do ponto de vista técnico, as alternativas "A", "C" e "D", por indicarem ter havido prática de atividade vedada, ilícita ou infracional pela advogada, estão mais consentâneas com o art. 34, IV, do EAOAB. Porém, como não se pode admitir pergunta com mais de uma alternativa correta, a solução mais justa seria a anulação da questão, o que inocorreu, infelizmente.

(XIII EXAME DE ORDEM UNIFICADO – FGV) Valdir representa os interesses de André em ação de divórcio em que estão em discussão diversas questões relevantes, inclusive de cunho financeiro, como, por exemplo, o pensionamento e a partilha de bens. Irritado com as exigências de sua ex-esposa, André revela a Valdir que pretende contratar alguém para assassiná-la.

Deve Valdir comunicar o segredo revelado por seu cliente às autoridades competentes?

(A) Valdir não pode revelar o segredo que lhe foi confiado por André, pois o advogado deve sempre guardar sigilo sobre o que saiba em razão do seu ofício.
(B) Valdir poderia revelar o segredo que lhe foi confiado por André, mas apenas no caso de ser intimado como testemunha em ação penal eventualmente deflagrada para a apuração do homicídio que viesse a ser efetivamente praticado.
(C) Valdir pode revelar o segredo que lhe foi confiado por André, em razão de estar a vida da ex-esposa deste último em risco.
(D) Valdir não pode revelar o segredo que lhe foi confiado por André, mas tem obrigação legal de impedir que o homicídio seja praticado, sob pena de se tornar partícipe do crime.

COMENTÁRIO

A alternativa "C" está correta. Como dito, embora o segredo seja a regra, o advogado poderá rompê-lo nos casos previstos no art. 37 do CED, que consagra, segundo entendemos, a excepcionalidade do rompimento do sigilo profissional, que cederá em face de circunstâncias excepcionais que configurem justa causa, como nos casos de grave ameaça ao direito à vida e à honra ou que envolvam defesa própria. No caso relatado, o advogado Valdir, diante de grave ameaça à vida da ex-esposa de André, poderá comunicar o segredo às autoridades, valendo-se, para tanto, do precitado art. 37 do CED.

A alternativa "A" está incorreta. Embora o segredo, no tocante às confidências que o cliente faz ao advogado, seja a regra (art. 35 do CED), é certo que não se trata de cláusula absoluta. Em situações extremas, poderá o advogar romper com o seu dever de sigilo, como será melhor visto a seguir.

A alternativa "B" está incorreta, pois, como é sabido e ressabido, o art. 7º, XIX, do EAOAB, bem como o art. 38 do CED, permitem ao advogado que se recuse a depor como testemunha em processo que envolva cliente ou ex-cliente. Porém, no caso relatado no enunciado, veremos que Valdir poderá revelar o segredo que lhe foi confidenciado por André.

A alternativa "D" está incorreta, seja pelo fato de Valdir poder revelar o segredo que lhe foi confiado por André, seja em razão de não ter, sob a ótica da omissão penalmente relevante (art. 13, § 2º, do CP), o dever jurídico de agir para impedir o homicídio. Afinal, o advogado não tem, seja por imposição legal ou contratual, o dever jurídico de agir para impedir a morte da ex-esposa de seu cliente. Logo, não poderia ser considerado partícipe, ainda que a morte ocorresse e ele não tivesse levado ao conhecimento das autoridades a revelação que lhe foi feita pelo cliente.

(XIV EXAME DE ORDEM UNIFICADO – FGV) Mara é advogada atuante, tendo especialização na área cível. Procurada por um cliente da área empresarial, ela aceita o mandato. Ocorre que seu cliente possui, em sua empresa, um departamento jurídico com numerosos advogados e um gerente. Por indicação deles, o cliente determina que Mara inclua, no mandato que lhe foi conferido, os advogados da empresa, para atuação conjunta. Com base no caso apresentado, observadas as regras do Estatuto da OAB e do Código de Ética e Disciplina da OAB, assinale a opção correta.

(A) A advogada deve aceitar a imposição do cliente por ser inerente ao mandato.
(B) A advogada deve aceitar a indicação de um advogado para atuar conjuntamente no processo.
(C) A advogada deve acolher o comando, por ser natural na vida forense a colaboração.
(D) A advogada não é obrigada a aceitar a imposição de seu cliente no caso.

COMENTÁRIO

A alternativa "D" está correta. Nos termos do art. 24 do Código de Ética e Disciplina,"o advogado não se sujeita à imposição do cliente que pretenda ver com ele atuando outros advogados, nem fica na contingência de aceitar a indicação de outro profissional para com ele trabalhar no processo". Trata-se de regra extremamente salutar, visto que são características inerentes à advocacia a isenção técnica e a independência profissional (art. 18 do Estatuto da OAB), mantidas mesmo diante de eventual relação de emprego. Assim, a advogada Mara não pode ser compelida pelo cliente que lhe outorgou o mandato a atuar conjuntamente com outros advogados do departamento jurídico da empresa.

(XIV EXAME DE ORDEM UNIFICADO – FGV) Andrea e Luciano trocam missivas intermitentes, cujo conteúdo diz respeito a processo judicial em que a primeira é autora, e o segundo, seu advogado. A parte contrária, ciente da troca de informações entre eles, requer ao Juízo que esses documentos sejam anexados aos autos do processo em que litigam. Sob a perspectiva do Código de Ética e Disciplina da Advocacia, as comunicações epistolares trocadas entre advogado e cliente

(A) constituem documentos públicos a servirem como prova em Juízo.
(B) são presumidas confidenciais, não podendo ser reveladas a terceiros.
(C) podem ser publicizadas, de acordo com a prudência do advogado.
(D) devem ser mantidas em sigilo até o perecimento do advogado.

COMENTÁRIO

A alternativa "B" está correta. Como dito, as comunicações de qualquer natureza entre cliente e advogado, tais como as missivas (cartas) trocadas entre eles, são presumidas confidenciais, não podendo ser reveladas a terceiros (art. 36, § 1º, do CED). Contudo, é bom que se diga que, à luz do art. 27, caput, do "antigo" CED, as confidências feitas ao advogado pelo cliente poderiam ser utilizadas nos limites da necessidade da defesa, desde que autorizado pelo constituinte. Embora referida disposição não tenha sido repetida no Novo CED, entendemos que continua sendo possível o uso de correspondências, pelo advogado, inclusive com sua juntada nos autos do processo, que lhe tenham sido dirigidas pelo cliente, desde que nos limites, repita-se, da necessidade da defesa, e desde que o cliente autorize. Essa situação é muito diferente daquela expressa no enunciado, no qual quem pediu a apresentação das cartas foi a parte contrária;

A alternativa "A" está incorreta, pois as comunicações epistolares (por cartas/correspondências) feitas ao advogado pelo cliente, assim como, de maneira geral, as comunicações de qualquer natureza entre cliente e advogado, presumem-se confidenciais, nos termos do art. 36, § 1º, do Código de Ética e Disciplina (CED). Logo, não constituem documentos públicos, os quais, como o próprio nome sugere, são aqueles que ganham contornos de ampla publicidade, tais como as escrituras públicas;

A alternativa "C" está incorreta, pois as cartas enviadas pelo cliente ao advogado, como visto, somente poderão ser por este utilizadas nos limites da necessidade da defesa, e desde que o constituinte autorize. Portanto, não se trata de decisão unilateral do advogado (dar publicidade às comunicações epistolares com seu cliente);

A alternativa "D" está incorreta, pois, como visto, as missivas (cartas) trocadas entre cliente-advogado podem ser anexadas aos autos do processo, desde que observado o disposto no já referido art. 27 do antigo CED, cujo conteúdo entendemos ser passível de aplicação mesmo diante do Novo CED, que não previu regra nesse sentido. É que se o próprio cliente anuir com a apresentação, em juízo, de correspondências que tenha enviado ao seu advogado, nenhuma violação ao sigilo profissional será realizada pelo causídico.

(XV EXAME DE ORDEM UNIFICADO – FGV) Fred, jovem advogado, é contratado para prestar serviços na empresa BBO Ltda., que possui uma assessoria jurídica composta por cinco profissionais do Direito, orientados por uma gerência jurídica. Após cinco meses de intensa atividade, é concitado a formular parecer sobre determinado tema jurídico de interesse da empresa, tarefa que realiza, sendo seu entendimento subscrito pela gerência.

Após dez meses do referido evento, o tema é reapresentado por um dos diretores da empresa, que, em viagem realizada para outro estado, havia consultado um outro advogado.

Diante dos novos argumentos, o gerente determina que Fred, o advogado parecerista, mesmo sem ter mudado de opinião, apresente petição inicial em confronto com o entendimento anteriormente preconizado.

No caso, nos termos do Código de Ética da Advocacia, o advogado

(A) deve submeter-se à determinação da gerência jurídica.
(B) deve apresentar seu parecer ao conjunto de advogados para decisão.
(C) pode recusar-se a propor a ação diante do parecer anterior.
(D) pode opor-se e postular assessoria da OAB.

COMENTÁRIO

Nos termos do art. 4º, parágrafo único, do Código de Ética e Disciplina, é legítima a recusa, pelo advogado, do patrocínio de pretensão concernente a direito que também lhe seja aplicável, ou *contrarie orientação que tenha manifestado anteriormente.* Portanto, Fred poderá recusar-se a elaborar petição inicial que contrarie sua anterior manifestação, apresentada em parecer. Correta, portanto, a alternativa "C", estando as demais em confronto com o quanto dita o Código de Ética.

(XV EXAME DE ORDEM UNIFICADO – FGV) Bernardo recebe comunicação do seu cliente Eduardo de que este havia desistido da causa que apresentara anteriormente, por motivo de viagem a trabalho, no exterior, em decorrência de transferência e promoção na sua empresa. Houve elaboração da petição inicial, contrato de prestação de serviços e recebimento adiantado de custas e honorários advocatícios.

Nesse caso, nos termos do Código de Ética da Advocacia, deve o advogado

(A) devolver os honorários antecipados sem abater os custos do escritório.
(B) prestar contas ao cliente de forma pormenorizada.
(C) arquivar os documentos no escritório como forma de garantia.
(D) realizar contrato vinculando o cliente ao escritório.

COMENTÁRIO

A alternativa "B" está correta. Nos termos do art. 12 do Código de Ética e Disciplina, a conclusão ou desistência da causa, tenha havido, ou não, extinção do mandato, obriga o advogado a devolver ao cliente bens, valores e documentos que lhe hajam sido confiados e ainda estejam em seu poder, bem como a prestar-lhe contas, pormenorizadamente, sem prejuízo de esclarecimentos complementares que se mostrem pertinentes e necessários.

A alternativa "A" está incorreta, pois tendo o advogado iniciado a prestação dos serviços, com a elaboração de petição inicial, fará jus, pelo menos, aos custos que tiverem existido até então.

A alternativa "C" está incorreta, pois, com a desistência da causa, o referido art. 12 do CED determina a devolução dos documentos ao cliente.

A alternativa "D" está incorreta, visto que não há qualquer dispositivo do CED que imponha, em caso de desistência da causa, a entabulação de contrato vinculando o cliente ao escritório. Ao contrário: se o advogado, em razão da desistência da causa, não mais for atuar em nome do cliente, a relação contratual terá fim.

(XVII EXAME DE ORDEM UNIFICADO – FGV) O advogado Nelson, após estabelecer seu escritório em local estratégico nas proximidades dos prédios que abrigam os órgãos judiciários representantes de todas as esferas da Justiça, resolve publicar anúncio em que, além dos seus títulos acadêmicos, expõe a sua vasta experiência profissional, indicando os vários cargos governamentais ocupados, inclusive o de Ministro de prestigiada área social. Nos termos do Código de Ética da Advocacia, assinale a afirmativa correta.

(A) O anúncio está adequado aos termos do Código, pois indica os títulos acadêmicos e a experiência profissional.
(B) O anúncio está adequado aos termos do Código, por não conter adjetivações ou referências elogiosas ao profissional.
(C) O anúncio colide com as normas do Código, pois a referência a títulos acadêmicos é vedada por indicar a possibilidade de captação de clientela.
(D) O anúncio colide com as normas do Código, que proíbem a referência a cargos públicos capazes de gerar captação de clientela.

COMENTÁRIO

Nos termos do art. 44, § 1º, do CED, o anúncio do advogado poderá fazer referência a títulos acadêmicos e especialidades em que atue. Todavia, nos termos do § 2º do referido dispositivo, o anúncio do advogado não deve mencionar qualquer emprego, cargo ou função ocupados no presente ou passado, salvo o de professor universitário. A intenção aqui é clara: impedir a captação de clientela. Assim, no caso relatado no enunciado, Nelson, no anúncio de seu escritório, além dos títulos acadêmicos – cuja menção, como visto, é possível! –, indicou os vários cargos governamentais que já ocupou, inclusive o de Ministro. Tais referências são vedadas, estando correta, portanto, a alternativa "D". As demais, pelo que já explicitamos, estão corretas.

11. SIGILO PROFISSIONAL

(EXAME DE ORDEM UNIFICADO 2010.3 – FGV) Tertúlio, advogado, testemunha a ocorrência de um acidente de trânsito sem vítimas, envolvendo quatro veículos automotores. Seus dados e sua qualificação profissional constam nos registros do evento. Posteriormente, em ação de responsabilidade civil, o advogado Tertúlio é arrolado como testemunha por uma das partes. No dia designado para o seu depoimento, alega que estaria impossibilitado de realizar o ato porque uma das pessoas envolvidas poderia contratá-lo como profissional, embora, naquele momento, nenhuma delas tivesse manifestado qualquer intenção nesse sentido. A respeito do tema, é correto dizer que

(A) o depoimento do advogado, no caso, é facultativo.
(B) somente poderia prestar depoimento após a intervenção de todas as partes no processo.
(C) o advogado é suspeito para prestar depoimento no caso em tela.
(D) a possibilidade decorre da ausência de efetiva atuação profissional.

COMENTÁRIO

A alternativa "D" está correta, pois, como visto na alternativa "A", o advogado tem o dever de recusar a prestar depoimento, na qualidade de testemunha, sobre fatos que conheça em razão de seu ofício (art. 7º, XIX, do EAOAB e art. 38 do CED), inclusive sob pena de responder por infração disciplinar (art. 34, VII, do EAOAB).

A alternativa "A" está incorreta, pois constitui direito do advogado o de recusar-se a depor como testemunha *em processo no qual funcionou ou deva funcionar*, ou sobre fato relacionado com pessoa de quem *seja ou foi advogado* (art. 7º, XIX, do EAOAB – Lei 8.906/1994), devendo, assim, resguardar o sigilo profissional sobre o que saiba *em razão de seu ofício* (art. 38 do CED – Código de Ética e Disciplina), inexistindo facultatividade no cumprimento do dever em comento.

A alternativa "B" está incorreta, pelas mesmas razões expostas na alternativa anterior.

A alternativa "C" está incorreta, visto inexistir qualquer previsão legal no sentido de tornar o advogado suspeito de depor como testemunha em processo no qual não patrocine a causa para qualquer das partes.

(IV EXAME DE ORDEM UNIFICADO – FGV) O advogado Walter recebe correspondência eletrônica relatando fatos que o seu cliente apresentou como importantes para constar em processo judicial a ser iniciado. Expressamente, em outra mensagem também eletrônica, autorizou a utilização das informações nas peças judiciais. Proposta a ação, os fatos foram publicizados, vindo o cliente a se arrepender da autorização dada. Com isso, busca reverter a situação por ele criada. Diante da informação de que, uma vez nos autos processuais, não poderia haver retirada das petições apresentadas, ameaça o profissional com futura representação disciplinar. O cliente não negou ter autorizado a utilização das informações.

Diante de tal quadro, é correto afirmar que:

(A) mesmo com autorização, fatos considerados confidenciais na relação cliente-advogado não podem ser divulgados judicialmente.
(B) as confidências epistolares são protegidas pela imunidade absoluta quanto à sua publicidade.
(C) essa divulgação depende de autorização judicial.
*(D) ao advogado é permitida a divulgação de confidências, com autorização do cliente.

COMENTÁRIO

A alternativa "A" é incorreta, pois, à época em que formulada a questão, vigorava o "antigo" Código de Ética e Disciplina, que, de acordo com o art. 27, autorizava que os advogados revelassem confidências que lhes tivessem sido feitas pelos clientes, desde que por eles autorizados, e nos limites das necessidades da defesa. Nada obstante referida regra não tenha sido repetida às claras no Novo CED, o fato é que no seu art. 36, §1º, há referência no sentido de que se presumem confidenciais as comunicações de qualquer natureza entre advogado e cliente. Repita-se: "presumem-se confidenciais". Caso o cliente autorize o advogado a revelá-las, parece-nos que inexistirá problemas em trazê-las ao conhecimento, por exemplo, do juiz que estiver analisando o processo judicial em que aquele seja parte.

A alternativa "B" é, também, incorreta, pois, como visto, desde que exista a autorização do cliente, será possível a revelação de confidências, pelo advogado, em um processo, inclusive aquelas oriundas de cartas (epístolas). Era o que previa, frise-se uma vez mais, o art. 27 do antigo CED, de todo compatível com o precitado art. 36, §1º, do Novo CED.

A alternativa "C" é incorreta, pois a divulgação das confidências dependerá, apenas, de autorização do cliente, e não da autoridade judiciária (art. 27 do antigo CED, cujas prescrições podem ser inferidas pela leitura do art. 36, §1º, do Novo CED).

Por fim, correta a alternativa "D". Como dito anteriormente, à época em que formulada a questão vigia o art. 27 do antigo CED, que permitia que o advogado revelasse confidências que o cliente lhe tivesse feito, desde que com a autorização deste, e nos limites da necessidade da defesa.

(V EXAME DE ORDEM UNIFICADO – FGV) O advogado Antônio é convocado para prestar depoimento como testemunha em ação em que um dos seus clientes é parte. Inquirido pelo magistrado, passa a tecer considerações sobre fatos apresentados pelo seu cliente durante as consultas profissionais, mesmo sobre estratégias que havia sugerido para a defesa do seu cliente. Não omitiu quaisquer informações. Posteriormente à audiência, foi notificado da abertura de processo disciplinar pelo depoimento prestado.

Em relação ao caso acima, com base nas normas estatutárias, é correto afirmar que

(A) no caso em tela, houve justa causa, capaz de permitir a revelação de dados sigilosos.
(B) o sigilo profissional é uma faculdade do advogado.
(C) inquirido pelo magistrado, o advogado não pode se escusar de depor e prestar informações.
(D) a quebra do sigilo profissional, ainda que judicialmente, como no caso, é infração disciplinar.

COMENTÁRIO

A alternativa "D" está correta. De fato, a quebra do sigilo profissional é considerada infração disciplinar, nos termos do art. 34, VII, do EAOAB, passível de punição (pena de censura).

A alternativa "A" está incorreta, pois, de acordo com o art. 7º, XIX, do Estatuto da OAB (Lei 8.906/1994 – EAOAB), é prerrogativa do advogado recusar-se a depor como testemunha em processo no qual funcionou ou deva funcionar, ou sobre fato relacionado com pessoa de quem seja ou foi advogado, mesmo quando autorizado ou solicitado pelo constituinte, bem como sobre fato que constitua sigilo profissional. Outrossim, o art. 38 do Código de Ética e Disciplina (CED), em reforço, dispõe que o advogado não é obrigado a depor, em processo ou procedimento judicial, administrativo ou arbitral, sobre fatos a cujo respeito deva guardar sigilo profissional. Este, porém, poderá ser rompido em face de circunstâncias excepcionais que configurem justa causa, como nos casos de grave ameaça ao direito à vida e à honra ou que envolvam defesa própria (art. 37 do CED).

A alternativa "B" está incorreta, pois, como visto, o sigilo profissional não é faculdade, mas um dever do advogado (e, também, uma prerrogativa).

A alternativa "C" está incorreta, visto que a própria lei (Estatuto da OAB) prevê ao advogado poder recusar-se a prestar depoimento na qualidade de testemunha (art. 7º, XIX, do EAOAB; art. 38 do CED).

(VI EXAME DE ORDEM UNIFICADO – FGV) Mévio, advogado, é procurado por Eulâmpia, que realiza consulta sobre determinado tema jurídico. Alguns meses depois, o advogado recebe uma intimação para prestar depoimento como testemunha em processo no qual Eulâmpia é ré, pelos fatos relatados por ela em consulta profissional. No concernente ao tema, à luz das normas estatutárias, é correto afirmar que

(A) o advogado deve comparecer ao ato e prestar depoimento como testemunha dos fatos.

(B) é caso de recusa justificada ao depoimento por ter tido o advogado ciência dos fatos em virtude do exercício da profissão.

(C) a simples consulta jurídica não é privativa de advogado, equiparada a mero aconselhamento protocolar.

(D) o advogado poderá prestar o depoimento, mesmo contra sua vontade, desde que autorizado pelo cliente.

COMENTÁRIO

A alternativa correta é a "B". De fato, nos termos do art. 7º, XIX, do EAOAB, bem como diante do disposto no art. 38 do CED, o advogado arrolado como testemunha em processo no qual funcione ou devesse funcionar, ou sobre fato relacionado com pessoa de quem seja ou foi advogado, *mesmo quando autorizado ou solicitado pelo constituinte*, deverá recusar-se a depor como testemunha, sob pena de infringir seu dever de sigilo profissional.

(IX EXAME DE ORDEM UNIFICADO – FGV) Mério advogou, por muitos anos, para a empresa "X", especializada no ramo de cosméticos. Por problemas pessoais, afastou-se da advocacia empresarial por um período de dois anos. No retorno, passou a representar os interesses da empresa "Y", também do ramo de cosméticos, e concorrente direta da empresa para quem anteriormente prestara serviços. Quando da prestação de seus serviços à empresa "X", Mério atuou em vários contratos em que constavam informações submetidas a segredo industrial, a que teve acesso exclusivamente em decorrência da sua atuação como advogado. Observado tal relato, em consonância com as normas do Código de Ética da Advocacia, assinale a afirmativa correta.

(A) Os segredos advindos da prática profissional, após determinado período de recesso, podem ser livremente utilizados pelo advogado.

(B) O advogado, ao atuar contra antigos clientes, não pode lançar mão de informações reservadas que lhe tenham sido confiadas.

(C) O advogado não pode ser contratado por concorrentes de antigos clientes, pois o impedimento de com eles contratar não tem prazo.

(D) O advogado, diante do conflito de interesses entre o antigo e o novo cliente, deve renunciar ao mandato.

COMENTÁRIO

A alternativa "B" está correta. Nos termos do art. 21 do Código de Ética e Disciplina, o advogado, ao postular em nome e terceiros, contra ex-clientes ou ex-empregador, judicial e extrajudicialmente, deve resguardar o sigilo profissional.

A alternativa "A" está incorreta. O Código de Ética e Disciplina, em seus arts. 35 a 38, trata do sigilo profissional do advogado, não dispondo sobre "período de validade" de referido dever ético. Portanto, não é verdade que segredos advindos da prática profissional possam ser revelados pelo advogado após determinado recesso. Ao contrário, o sigilo, para o causídico, será eterno. Seu desrespeito caracteriza infração disciplinar (art. 34, VII, do Estatuto da OAB).

A alternativa "C" está incorreta. A despeito de inexistir previsão legal expressa, vigora a chamada "abstenção bienal", criada pela própria OAB. Assim, um advogado não poderá, pelo período de dois anos, atuar, em nome de terceiros, contra ex-cliente ou ex-empregador. Superado o biênio, poderá fazê-lo, mas, sempre, resguardando o sigilo profissional.

A alternativa "D" está incorreta. Como visto, o advogado poderá atuar contra seu ex-cliente (desde que respeitada a abstenção bienal), mas sem poder utilizar os segredos ou informações privilegiadas de que tivesse conhecimento em razão de sua atividade profissional.

(IX EXAME DE ORDEM UNIFICADO – FGV) O advogado Antônio foi intimado a comparecer em Juízo para depor como testemunha a respeito de determinados fatos envolvendo um ex-cliente, a respeito dos quais tomou conhecimento em razão de seu ofício, em reuniões com o cliente em questão. Antônio recusou-se a depor, mesmo após ter sido autorizado por seu ex-cliente a fazê-lo.

A respeito da hipótese sugerida, assinale a afirmativa correta.

(A) Antônio não agiu corretamente. Ele está obrigado a depor, já que foi desobrigado por seu ex-cliente do dever de guardar sigilo.

(B) Antônio não agiu corretamente. Ele está obrigado a depor, já que o dever de guardar sigilo cede diante da decisão judicial que determinou sua intimação.

(C) Antônio agiu corretamente. O advogado tem o direito de recusar-se a depor como testemunha sobre fato relacionado com pessoa de quem seja ou foi advogado, mesmo quando autorizado ou solicitado pelo constituinte.

(D) Antônio não agiu corretamente. Ele está obrigado a depor, pois não é mais advogado do ex-cliente em questão.

COMENTÁRIO

A alternativa "C" está correta, nos termos do art. 7º, XIX, do Estatuto, bem como do art. 38 do Código de Ética.

A alternativa "A" está incorreta. Nos termos do art. 7º, XIX, do Estatuto da OAB, é direito do advogado recusar-se a depor como testemunha em processo em que figure cliente ou ex-cliente, ainda que desobrigado.

A alternativa "B" está incorreta. A intimação judicial que determinou o comparecimento do advogado à audiência não constitui motivo ou justificativa para que se rompa o dever ético de resguardo do sigilo profissional (art. 7º, XIX, do Estatuto; art. 38 do Código de Ética e Disciplina).

A alternativa "D" está incorreta. Pouco importa se a parte envolvida no processo é cliente ou ex-cliente. O advogado, ao mesmo tempo, tem a prerrogativa de recusar-se a depor como testemunha (art. 7º, XIX, do Estatuto), bem como o dever ético de resguardar o sigilo profissional (art. 38 do Código de Ética e Disciplina).

(XVI EXAME DE ORDEM UNIFICADO – FGV) Epitácio é defendido pelo advogado Anderson em processo relacionado à dissolução de sua sociedade conjugal. Posteriormente, Epitácio vem a se envolver em processo de natureza societária e contrata novo advogado especialista na matéria. Designada audiência para a oitiva de testemunhas, a defesa de Epitácio arrola como testemunha o advogado Anderson, diante do seu conhecimento de fatos decorrentes do litígio de família, obtidos exclusivamente diante do seu exercício profissional e relevantes para o desfecho do litígio empresarial. Consoante o Estatuto da Advocacia, o advogado deve

(A) atuar como testemunha em qualquer situação.

(B) depor, porém sem revelar fatos ligados ao sigilo profissional.

(C) resguardar-se e requerer autorização escrita do cliente.

(D) buscar suprimento judicial para depor em Juízo.

COMENTÁRIO

Nos termos do art. 7º, XIX, do Estatuto da OAB, é direito do advogado recusar-se a depor como testemunha em processo no qual funcionou ou deva funcionar, ou sobre fato relacionado com pessoa de quem seja ou foi advogado, mesmo quando autorizado ou solicitado pelo constituinte, bem como sobre fato que constitua sigilo profissional. Assim, no caso relatado no enunciado, como o advogado Anderson atuou em processo a favor de Epitácio, tendo tomado conhecimento, então, de fatos que interessam ao "novo processo", não poderia depor. Assim, vamos às alternativas!

A alternativa "B" está correta, conforme assinalado pela banca examinadora. Contudo, entendemos imperfeita a conclusão a que chegou a FGV, pois no enunciado ficou claro que o processo em que o advogado Anderson atuou como patrono, tomou conhecimento de fatos que interessavam ao "novo processo" em que fora arrolado a pedido do ex-cliente. Não poderia, nessa situação, depor, visto que haveria risco de violação ao sigilo profissional. Caberia ao advogado, simplesmente, ao comparecer à audiência, apresentar a recusa, nos termos do art. 7º, XIX, do EAOAB e art. 38 do CED.

A alternativa "A" está incorreta, pois o EAOAB impõe limites à atuação do advogado como testemunha, podendo recusar-se a depor em casos em que o sigilo profissional ficará em xeque.

A alternativa "C" está incorreta, pois nos casos referidos nos precitados dispositivos normativos, ainda que haja autorização do cliente, o advogado ficará impedido de prestar depoimento.

A alternativa "D" está incorreta, pois inexiste previsão legal que autorize o advogado a depor por meio de suprimento judicial.

12. INFRAÇÕES E SANÇÕES DISCIPLINARES

(EXAME DE ORDEM UNIFICADO 2010.2 – FGV) Caio, advogado, inscrito na OAB-SP, após aprovação em concorrido Exame de Ordem, atua em diversos ramos do Direito. Um dos seus clientes possui causa em curso perante a Comarca de Tombos/MG, tendo o profissional comparecido à sede do Juízo para praticar ato em prol do seu constituinte. Estando no local, foi surpreendido por designação do Juiz Titular da Comarca para representar Tício, pessoa de parcos recursos financeiros, diante da ausência de Defensor Público designado para prestar serviços no local, por falta de efetivo suficiente de profissionais. Não tendo argumentos para recusar o encargo, Caio participou do ato. Diante desse quadro

(A) o ato deveria ter sido adiado diante da exclusividade da atuação da Defensoria Pública.

(B) o advogado deveria ter recusado o encargo, mesmo sem justificativa plausível.

(C) a recusa nesses casos poderá ocorrer, com justo motivo.

(D) a recusa poderia ocorrer diante da ausência de sanção disciplinar.

COMENTÁRIO

Nos termos do art. 34, XII, da Lei 8.906/1994, constitui infração disciplinar "recusar-se a prestar, sem justo motivo, assistência jurídica, quando nomeado em virtude de impossibilidade da Defensoria Pública" (g.n.). Assim, se houver justo motivo, é possível a recusa, nos termos da alternativa "C", que está correta, portanto.

(EXAME DE ORDEM UNIFICADO 2010.2 – FGV) Dentre as sanções cabíveis no processo disciplinar realizado pela OAB no concernente aos advogados estão a censura, a suspensão, a exclusão e a multa. Dentre as circunstâncias atenuantes para a aplicação do ato sancionatório, encontra-se, consoante o Estatuto,

(A) exercício assíduo e proficiente em mandato realizado na OAB.

(B) ser reincidente em faltas da mesma natureza.

(C) prestação de serviços à advocacia, mesmo irrelevantes.

(D) ter sido o ato cometido contra outro integrante de carreira jurídica.

COMENTÁRIO

A alternativa "A" está correta, pois o "exercício assíduo e proficiente de mandato ou cargo em qualquer órgão da OAB" é circunstância atenuante (art. 40, III, da Lei 8.906/1994).

A alternativa "B" está incorreta, pois a reincidência em faltas é circunstância não prevista como atenuante no art. 40 da Lei 8.906/1994. Ao contrário, trata-se, ainda que sem previsão expressa, de circunstância agravante.

A alternativa "C" está incorreta, pois somente a prestação de serviços *relevantes* à advocacia ou à causa pública é circunstância atenuante (art. 40, IV, da Lei 8.906/1994).

A alternativa "D" está incorreta, pois o cometimento de ato contra outro integrante da carreira jurídica é circunstância não prevista como atenuante no art. 40 da Lei 8.906/1994.

(EXAME DE ORDEM UNIFICADO 2010.3 – FGV) Heitor, advogado regularmente inscrito na OAB, é surpreendido com a notícia de que seu *ex adverso* havia sido suspenso em processo disciplinar regular, mas que não havia devolvido os documentos oficiais nem comunicado a punição ao juiz dirigente do processo. Em relação à atuação de profissional suspenso das atividades, à luz do Estatuto, é correto afirmar que

(A) gera a exclusão da OAB.

(B) viola o sigilo profissional.

(C) caracteriza infração disciplinar.

(D) constitui mera irregularidade.

COMENTÁRIO

A alternativa "C" está correta, pois, ao profissional suspenso de suas atividades aplicar-se-á o disposto no art. 42 do Estatuto da OAB (EAOAB – Lei 8.906/1994), vale dizer, ficará *impedido de exercer o mandato*, o que, em caso de descumprimento, ensejará o reconhecimento da *infração disciplinar* tipificada no art. 34, I, do EAOAB.

A alternativa "A" está incorreta, visto que as hipóteses de exclusão do advogado estão expressamente previstas no art. 34, XXVI a XXVIII, do Estatuto da OAB (EAOAB – Lei 8.906/1994).

A alternativa "B" está incorreta, pois o fato de um advogado suspenso em processo disciplinar prosseguir no exercício da advocacia não significa que esteja violando sigilo profissional.

A alternativa "D" está incorreta, pois, o prosseguimento, pelo advogado, do exercício do mandato, mesmo após ter sido suspenso ou excluído da OAB, mais do que irregularidade, constitui *infração disciplinar*, punível, diga-se de passagem, com a pena de *censura*, consoante determina o art. 36, I, do EAOAB.

(EXAME DE ORDEM UNIFICADO 2010.3 – FGV) Marcelo promove ação de procedimento ordinário em face de Paus e Cupins Ltda. com o fito de compelir a ré à prestação de determinado fato, diante de contrato anteriormente estabelecido pelas partes e descumprido pela ré. Houve regular citação, com a apresentação de defesa, tendo o processo permanecido paralisado por oito anos por inércia das partes. Dez anos após a paralisação, o réu ingressa no processo requerendo a declaração de prescrição intercorrente, que é declarada, não tendo havido recurso do autor. Após consultas processuais, o autor descobre a real situação do processo e apresenta representação disciplinar à OAB contra o seu advogado. Nos termos da legislação estatutária e do Código de Ética, é correto afirmar que

(A) está perfeitamente caracterizado o abandono da causa.

(B) os atos referidos se esgotam no processo judicial.

(C) a inércia das partes não pode atingir os advogados, como no enunciado.

(D) o advogado não pode ser sancionado pela demora do processo, mesmo que tenha sido inerte.

COMENTÁRIO

A alternativa "A" está correta, visto que, de acordo com o Código de Ética e Disciplina (CED), o advogado não deve deixar ao abandono ou ao desamparo as causas sob seu patrocínio, sendo recomendável que, em face de dificuldades insuperáveis ou inércia do cliente quanto a providências que lhe tenham sido solicitadas, renuncie ao mandato (art. 15 do CED). Ora, se o processo ficou paralisado por mais de dez anos, tudo indica que o advogado do autor deixou de dar o regular andamento ao feito, *abandonando a causa*, o que ensejou o reconhecimento da prescrição intercorrente alegada pelo réu e reconhecida pelo juízo. Embora tenha sido nesse sentido o gabarito fornecido pela OAB, é certo que o enunciado da questão é incompleto, deixando margem para dúvidas sobre de quem foi a inércia (se das partes ou do advogado).

A alternativa "B" está incorreta, pois o abandono da causa configura *infração disciplinar*, passível de punição com a pena de *censura* (arts. 34, XII e 36, I, ambos do EAOAB – Lei 8.906/1994).

A alternativa "C" está incorreta, visto que, pelo entendimento da OAB (banca examinadora), a inércia foi do advogado, caracterizando *abandono da causa*. Contudo, como dito, o enunciado não deixa claro se a inércia foi das partes, assim consideradas em sua acepção técnica (autor e réu) ou se das partes representadas por seus advogados, que são os que detêm capacidade postulatória.

A alternativa "D" está incorreta, pois a inércia do advogado, como dito, pode caracterizar abandono da causa (art. 15 do CED e arts. 34, XII e 36, I, do EAOAB).

(IV EXAME DE ORDEM UNIFICADO – FGV) Mévio aceita defender um cliente. Após ampla pesquisa, verifica que a legislação ordinária não acolhe a pretensão dele. Elabora, pois, a tese de que a legislação que não permite o acolhimento da pretensão do seu constituído padeceria do vício de inconstitucionalidade e recomenda que não haja o cumprimento da referida norma. À luz das normas estatutárias, é correto afirmar que

(A) ao pleitear contra expressa disposição de lei no caso referido, presume-se a má-fé.

(B) mesmo sendo a lei eivada de vício, não seria possível presumir boa-fé.

(C) se caracteriza a hipótese de postulação com má-fé contra literal disposição de lei.

(D) a situação é permitida, diante do possível vício alegado pelo advogado.

COMENTÁRIO

A alternativa "D" está correta. De fato, configurará infração ética a conduta do advogado de patrocinar pretensão contra literal disposição de lei, presumindo-se a boa-fé quando fundamentado na inconstitucionalidade, na injustiça da lei ou em pronunciamento judicial anterior (art. 34, VI, do EAOAB – Lei 8.906/1994).

A alternativa "A" está incorreta, visto que nem sempre pleitear contra expressa disposição legal gerará a presunção de má-fé do advogado, conforme se verá nos comentários à alternativa D.

A alternativa " B" está incorreta, pois se uma lei for eivada de vício (inconstitucionalidade, por exemplo), não se poderá presumir a má-fé do advogado.

A alternativa "C" está incorreta, pois, como dito, nem sempre advogar contra o texto expresso da lei caracterizará postulação de má-fé.

(IV EXAME DE ORDEM UNIFICADO – FGV) Esculápio, advogado, inscrito, há longos anos, na OAB, após aprovação em Exame de Ordem, é surpreendido com a notícia de que o advogado Sófocles, que atua no seu escritório em algumas causas, fora entrevistado por jornalista profissional, tendo afirmado ser usuário habitual de drogas. A entrevista foi divulgada amplamente. Após conversas reservadas entre os advogados, os termos da entrevista são confirmados, bem como o vício portado. Não há acordo quanto a eventual tratamento de saúde, afirmando o advogado Sófocles que continuaria a praticar os atos referidos. Diante dessa narrativa, à luz da legislação aplicável aos advogados, é correto afirmar que

(A) o advogado pode ser excluído dos quadros da OAB.
(B) no caso em tela, há sanção disciplinar aplicável.
(C) a sanção disciplinar se aplica ao eventual uso de drogas.
(D) não há penalidade prevista, uma vez que se trata de questão circunscrita à Saúde Pública.

COMENTÁRIO

A alternativa "B" está correta. A toxicomania (uso de drogas) ou embriaguez, desde que habituais, configuram conduta incompatível com a advocacia (art. 34, XXV, e parágrafo único, alínea "c", do Estatuto da OAB – EAOAB – Lei 8.906/1994), sendo o caso de aplicação da pena de suspensão ao advogado (art. 37, I, do EAOAB).

A alternativa "A" está incorreta. As hipóteses de exclusão vêm taxativamente previstas no art. 34, XXVI a XXVIII, do Estatuto da OAB (fazer falsa prova de qualquer dos requisitos exigidos para a inscrição nos quadros da OAB; tornar-se moralmente inidôneo; prática de crime infamante), nelas não se inserindo a conduta do advogado de fazer uso habitual de drogas, que caracteriza infração disciplinar passível de suspensão (art. 34, XXV e parágrafo único, do Estatuto).

A alternativa "C" está incorreta. Como ressaltado na alternativa anterior, apenas o uso habitual de drogas é que é capaz de caracterizar conduta incompatível com a advocacia. O uso eventual de substâncias entorpecentes, como relata a alternativa, não é passível de sanção disciplinar.

A alternativa "D" está incorreta. Como visto, a toxicomania habitual, embora, de fato, configure problema de saúde pública, ingressa na esfera ético-disciplinar como conduta incompatível com a advocacia.

(V EXAME DE ORDEM UNIFICADO – FGV) Ademir, formado em Jornalismo e Direito e exercendo ambas as profissões, publica, em seu espaço jornalístico, alegações forenses por ele apresentadas em juízo. Instado por outros profissionais do Direito a também apresentar os trabalhos dos colegas, Ademir alega que o espaço é exclusivamente dedicado à divulgação dos seus próprios trabalhos forenses.

Com base no relatado, à luz das normas estatutárias, é correto afirmar que a divulgação promovida por Ademir é

(A) justificada pelo interesse jornalístico dos trabalhos forenses.
(B) punível, por caracterizar infração disciplinar.
(C) é equiparada a ato educacional permitido.
(D) perfeitamente justificável, por ser pertinente a outra profissão.

COMENTÁRIO

A alternativa "B" está correta. De acordo com o art. 34, XIII, do Estatuto da OAB (Lei 8.906/1994 – EAOAB), constitui infração disciplinar fazer publicar na imprensa, desnecessária e habitualmente, alegações forenses ou relativas a causas pendentes. Assim, não é dado ao advogado publicar, sem qualquer motivo, ainda mais habitualmente, seus arrazoados forenses, sob pena de tal prática configurar uma autopromoção indevida, em violação às regras éticas acerca da publicidade na advocacia (arts. 39 a 47 do Código de Ética e Disciplina – CED). A publicidade do advogado deve pautar-se por três grandes critérios: discrição, sobriedade e informação (art. 39 do CED). A aparição do advogado em meios de comunicação deve ter finalidade educacional, ilustrativa e informativa (art. 43 do CED), não podendo ter característica de autopromoção (e, consequentemente, gerando captação de clientela). O fato de o advogado também ser jornalista não o habilita a utilizar sua outra profissão para fazer publicidade imoderada do exercício da advocacia.

(VI EXAME DE ORDEM UNIFICADO – FGV) Esculápio, advogado militante, fica comovido com a dificuldade de Astrolábio, bacharel em Direito, em lograr aprovação no Exame de Ordem. Com o intuito de auxiliá-lo, aceita subscrever petições realizadas pelo referido graduado em Direito, bem como permitir que ele receba os seus clientes no seu escritório, como se advogado fosse, não percebendo Esculápio qualquer vantagem pecuniária por isso. Consoante as normas estatutárias, é correto afirmar que

(A) Esculápio está cometendo infração disciplinar por manter sociedade profissional fora dos limites legais.
(B) Esculápio estaria praticando a conduta de facilitação do exercício da profissão aos não inscritos.
(C) havendo motivo de força maior, o advogado pode propiciar acesso profissional aos não inscritos.
(D) o advogado estaria apenas angariando causas para o seu escritório de advocacia.

COMENTÁRIO

A alternativa "B" está correta. De fato, a conduta do advogado de facilitar a pessoa não inscrita na OAB o exercício da advocacia amolda-se ao disposto no art. 34, I, do EAOAB. Trata-se de infração ética punível com a pena de censura (art. 36, I, do EAOAB).

(VI EXAME DE ORDEM UNIFICADO – FGV) Mévio, advogado recém-formado com dificuldades de iniciar sua atividade profissional, propõe a colegas de bairro e de escola a participação percentual nos honorários dos clientes que receber para consultas ou que pretendam ajuizar ações judiciais. Consoante as normas aplicáveis, assinale a alternativa correta em relação à conduta de Mévio.

(A) Caracteriza agenciamento de causas com participação dos honorários.
(B) É possível, desde que conste em contrato escrito entre as partes.
(C) O agenciamento de clientela é admitido em situações peculiares como essa.
(D) Desde que os serviços advocatícios sejam prestados por Mévio, inexiste infração disciplinar.

COMENTÁRIO

A alternativa "A" está correta (art. 34, III, do EAOAB).

As alternativas "B", "C" e "D" estão incorretas, pois constitui infração ética o fato de um advogado se valer de terceiros para a captação de clientela e/ou o agenciamento de causas (art. 34, III e IV, do EAOAB).

(VI EXAME DE ORDEM UNIFICADO – FGV) Raul, advogado, é acusado, em processo disciplinar, de ter perdido prazos em diversos processos, de ter atuado contra os interesses dos seus clientes e de ter um número exagerado de indeferimento de petições iniciais, por ineptas, desconexas, com representações sucessivas à OAB. Em relação a tais circunstâncias, à luz das normas estatutárias, é correto afirmar que as condutas imputadas a Raul

(A) não caracterizam infração disciplinar.
(B) são consideradas desvios processuais exclusivamente.
(C) demandam atuação da OAB no sentido educativo.
(D) caracterizam inépcia da atuação profissional.

COMENTÁRIO

A alternativa "D" está correta. De fato, configura inépcia profissional a prática de erros reiterados pelo advogado (art. 34, XXIV, do EAOAB). Referidos erros podem ser tanto de vernáculo (português), quanto jurídicos. Impor-se-á ao advogado inepto a pena de suspensão, que variará de 30 (trinta) dias a 12 (doze) meses, condicionado o seu término até que preste novas provas de habilitação (art. 37, §3º, do EAOAB).

(VII EXAME DE ORDEM UNIFICADO – FGV) Determinado advogado, valendo-se dos poderes para receber, que lhe foram outorgados pelo autor de certa demanda, promove o levantamento da quantia depositada pelo réu e não presta contas ao seu cliente, apropriando-se dos valores recebidos. Por tal infração disciplinar, qual a sanção prevista no Estatuto da Advocacia e da OAB?

(A) Censura, com possibilidade de conversão em advertência, caso o advogado infrator preste contas ao seu cliente antes do fim do processo disciplinar instaurado na OAB.
(B) Suspensão pelo prazo de 30 (trinta) dias a 12 (doze) meses, perdurando a suspensão até que o advogado satisfaça integralmente a dívida.
(C) Suspensão pelo prazo máximo de 30 (trinta) dias.
(D) Exclusão.

COMENTÁRIO

A alternativa "B" está correta. De fato, sempre que um advogado apropriar-se de valores recebidos para repasse ao seu cliente, deixando de cumprir com o seu dever de prestação de contas, incorrerá na infração disciplinar prevista no art. 34, XXI, do EAOAB (*recusar-se, injustificadamente, a prestar contas ao cliente de quantias recebidas dele ou de terceiros por conta dele*). Referida infração, nos termos do art. 37, I, do EAOAB, é punível com a pena de suspensão, que durará de 30 (trinta) dias a 12 (doze) meses, podendo, porém, ser prorrogada, até que o advogado infrator satisfaça sua dívida com o cliente, corrigida monetariamente (art. 37, § 2º, do EAOAB).

(VIII EXAME DE ORDEM UNIFICADO – FGV) O advogado Rubem, em causa em que patrocina os interesses da sociedade Só Fácil Ltda., cita fatos delituosos, por escrito, contra a honra do réu, sem autorização do seu cliente. Dias depois, é surpreendido com ação criminal em virtude dos fatos apresentados no processo judicial.

A descrição acima amolda-se à seguinte infração disciplinar:

(A) locupletar-se, por qualquer forma, à custa do cliente ou da parte adversa, por si ou interposta pessoa.
(B) incidir em erros reiterados que evidenciem inépcia profissional.
(C) prestar concurso a cliente ou a terceiro para realização de ato contrário à lei ou destinado a fraudá-la.
(D) fazer, em nome do constituinte, sem autorização escrita deste, imputação a terceiro de fato definido como crime.

COMENTÁRIO

A alternativa "D" está correta. De fato, incorrerá na infração ética descrita no art. 34, XV, do EAOAB, o advogado que, sem autorização de seu constituinte, imputar a terceiro fato definido como crime. Frise-se que referida conduta caracteriza, inclusive, o crime de calúnia (art. 138 do CP). Apenas para a melhor informação do candidato, a infração ética em comento acarretará ao advogado a pena de censura (art. 36, I, do EAOAB).

(VIII EXAME DE ORDEM UNIFICADO – FGV) O advogado "X", regularmente constituído pelo seu cliente "Z", retira os autos de cartório para realizar peça defensiva dos interesses do seu cliente. Os autos permanecem no escritório profissional de "X". Um incêndio no prédio em que se localiza o escritório destruiu numerosos documentos, inclusive os autos referidos. Com base no ocorrido, "X" comunica o fato ao Juízo e ao seu cliente.

Diante dessa narrativa, à luz da legislação aplicável aos advogados, assinale a afirmativa correta.

(A) O extravio de autos é caracterizado como infração, com pena de suspensão.
(B) O advogado deverá receber pena de advertência, por não prever o incêndio.
(C) O extravio de autos deve ser doloso ou culposo, para ser punível disciplinarmente.
(D) O extravio de autos seria punível, caso fosse recebido em confiança.

COMENTÁRIO

A alternativa "C" está correta, pois, à evidência, o extravio dos autos pelo advogado "X" ocorreu por "força maior" (evento inesperado – incêndio), vale dizer, sem que tenha agido dolosa ou culposamente, motivo pelo qual não deverá ser suspenso.

A alternativa "A" está incorreta, pois, muito embora, de fato, o extravio de autos constitua infração ética punida com a pena de suspensão (art. 34, XXII c/c art. 37, I, ambos do EAOAB), é certo que a parte final do enunciado da questão é claro ao dizer que "diante dessa narrativa", ou seja, de um extravio de autos decorrente de incêndio no prédio em que se localizava o escritório de advocacia. Ora, o extravio dos autos só deve gerar a pena de suspensão se praticado dolosa ou culposamente pelo advogado.

A alternativa "B" está incorreta, pois a advertência somente é cabível em substituição à pena de censura, e desde que exista circunstância atenuante em prol do advogado (art. 36, parágrafo único, do EAOAB).

A alternativa "D" está incorreta, pois o extravio de autos recebidos em confiança ou com vista somente gerará a pena de suspensão se o advogado agir com dolo ou culpa, o que não se verificou no enunciado da questão.

(IX EXAME DE ORDEM UNIFICADO – FGV) O advogado Cândido, conhecido pelas soluções criativas para resolver os problemas dos seus clientes, aduz, como tese defensiva, em ação de despejo por falta de pagamento, que a norma que autoriza tal desocupação forçada seria inconstitucional, pois caberia ao Estado fornecer habitação gratuita ou a preços módicos aos necessitados e, em caso de impossibilidade financeira, custear a moradia, pagando ao locador os valores devidos, a título de aluguel social. Essa defesa foi considerada como contrária à disposição de lei que determina, como consequência do não pagamento dos aluguéres, o despejo por falta de pagamento. Em razão disso, foi proferida sentença determinando a desocupação do imóvel e condenando o cliente do advogado Cândido ao pagamento dos alugueres devidos, bem como as demais verbas decorrentes da sucumbência. Além disso, determinou o magistrado a expedição de ofício à Ordem dos Advogados do Brasil para abertura de processo disciplinar. Consoante as regras do Estatuto da Advocacia, assinale a afirmativa correta.

(A) O fato de advogar contra literal disposição de lei sem exceções, não constitui infração disciplinar.
(B) A alegação de inconstitucionalidade descaracteriza a infração disciplinar invocada.
(C) A infração disciplinar não está prevista no sistema por caracterizar delito de hermenêutica.
(D) A referida infração somente pode ser considerada quando causar prejuízo ao cliente o que n«o foi o caso.

COMENTÁRIO

A alternativa "B" está correta. Nos termos do art. 34, VI, do Estatuto da OAB, considera-se infração ético-disciplinar o fato de advogar contra literal disposição de lei, presumindo-se, porém, a boa-fé quando fundamentado na inconstitucionalidade, na injustiça da lei ou em pronunciamento judicial anterior. Assim, em simples palavras, o advogado que atuar contra literal disposição de lei (que se presume constitucional e legítima) incorrerá em infração disciplinar. No entanto, se a tese arguida pelo causídico, a despeito de ser frontalmente contrária à lei, tiver como fundamento a inconstitucionalidade, a injustiça da norma ou a jurisprudência, presumir-se-á sua boa-fé, inexistindo, aqui, infração ética.

A alternativa "A" está incorreta. Como se verá no comentário a seguir, a atuação do advogado contra a literal disposição de lei constitui infração disciplinar, admitindo, porém, algumas exceções.

A alternativa "C" está incorreta. Como visto no comentário anterior, constitui infração disciplinar advogar contra a literalidade de disposição legal (salvo quando fundada em inconstitucionalidade, injustiça da lei ou pronunciamento judicial anterior).

A alternativa "D" está incorreta. O art. 34, VI, do Estatuto da OAB, não exige a causação de prejuízo ao cliente como condição para a caracterização de infração disciplinar quando o advogado atuar contra literal disposição da lei.

(X EXAME DE ORDEM UNIFICADO – FGV) O advogado João, que também é formado em Comunicação Social, atua nas duas profissões, possuindo uma coluna onde apresenta noticias jurídicas, com informações sobre atividades policiais, forenses ou vinculadas ao Ministério Público. Semanalmente inclui, nos seus comentários, alguns em forma de poesia, suas alegações forenses e os resultados dos processos sob sua responsabilidade, divulgando, com isso, seu trabalho como advogado.

À luz das normas estatutárias, assinale a afirmativa correta.

(A) A divulgação de notícias, como aventado no enunciado, constitui um direito do advogado em dar publicidade aos seus processos
(B) Nos termos das regras que caracterizam as infrações disciplinares está delineada a de publicação desnecessária e habitual de alegações forenses ou causas pendentes.
(C) Diante das novas mídias que também atingem a advocacia, o advogado pode utilizar-se dos meios ofertados para a divulgação de seu trabalho.
(D) A situação caracteriza o chamado desvio da função de advogado, com o prejuízo à imagem dos clientes pela divulgação.

COMENTÁRIO

A alternativa "B" está correta. De fato, nos termos do art. 34, XIII, do Estatuto da OAB, constitui infração disciplinar fazer publicar na imprensa, desnecessária e habitualmente, alegações forenses ou relativas a causas pendentes.

A alternativa "A" está incorreta. O Estatuto da OAB, em momento algum, autoriza o advogado a divulgar notícias de seus arrazoados forenses e os resultados dos processos sob sua responsabilidade.

A alternativa "C" está incorreta. Ainda que se admita a publicidade na advocacia (arts. 39 a 47 do CED), esta deve sempre ser discreta e moderada, de caráter informativo, não se admitindo que o advogado divulgue lista de clientes e demandas (art. 42, IV, do CED).

A alternativa "D" está incorreta. O Estatuto da OAB não trata do "desvio de função de advogado". É, sim, possível, que um advogado também atue na área da comunicação social, mas desde que não desborde para a prática de infrações éticas, tal como a publicidade irregular (art. 34, XIII, do Estatuto).

(X EXAME DE ORDEM UNIFICADO – FGV) O advogado Mário, para ilustrar a tese que desenvolvia, fez inserir, em petição por ele apresentada, citação de julgado inexistente. Inseriu, ainda, citação doutrinária, cujo teor foi completamente deturpado.

A respeito da hipótese, assinale a afirmativa correta.

(A) Mário não cometeu infração disciplinar, pois o advogado,amparado no princípio da ampla defesa, deve ter liberdade para defender os interesses de seus clientes da forma que achar conveniente.

(B) Mário cometeu infração disciplinar punível com pena de censura, nos termos do EAOAB, e violou dispositivo do Código de Ética e Disciplina da OAB.

(C) Mário cometeu infração disciplinar punível com pena de exclusão, nos termos do EAOAB, e violou dispositivo do Código de Ética e Disciplina da OAB.

(D) Mário não cometeu infração disciplinar prevista no EAOAB, tendo apenas violado dispositivo do Código de Ética e Disciplina da OAB.

COMENTÁRIO

A alternativa "B" está correta. O art. 34, XIV, do Estatuto da OAB, diz ser infração disciplinar deturpar o teor de dispositivo de lei, de citação doutrinária, bem como de depoimentos, documentos e alegações da parte contrária, para confundir o adversário ou iludir o juiz da causa. Para referida infração disciplinar, Mário deverá ser punido com censura (art. 36, I, do Estatuto). Frise-se que a conduta do advogado de deturpar dispositivo legal e jurisprudencial colide com seu dever ético de atuar com honestidade e decoro (art. 2º, parágrafo único, II, do CED).

A alternativa "A" está incorreta. Mesmo que o candidato desconhecesse a existência de infração ética específica para o caso, deveria, no mínimo, desconfiar a irregularidade de um advogado fazer citação de julgado inexistente em peça processual, bem como deturpar citação doutrinária, causas, sem dúvida, de infração disciplinar.

A alternativa "C" está incorreta, pois a conduta de Mário não se amolda às infrações éticas passíveis de exclusão (arts. 34, XXVI a XXVIII, e 38 do Estatuto). Como visto, sua conduta amolda-se a infração disciplinar passível de censura.

A alternativa "D" está incorreta, pois a conduta de Mário amolda-se à infração disciplinar descrita no art. 34, XIV, do Estatuto da OAB.

(XII EXAME DE ORDEM UNIFICADO – FGV) O advogado João foi contratado por José para atuar em determinada ação indenizatória. Ao ter vista dos autos em cartório, percebeu que José já estava representado por outro advogado na causa. Mesmo assim, considerando que já havia celebrado contrato com José, mas sem contatar o advogado que se encontrava até então constituído, apresentou petição requerendo juntada da procuração pela qual José lhe outorgara poderes para atuar na causa, bem como a retirada dos autos em carga, para que pudesse examiná-los com profundidade em seu escritório.

Com base no caso apresentado, assinale a afirmativa correta.

(A) O advogado João não cometeu infração disciplinar, pois apenas requereu a juntada de procuração e realizou carga dos autos do processo, sem apresentar petição com conteúdo relevante para o deslinde da controvérsia.

(B) O advogado João cometeu infração disciplinar, não por ter requerido a juntada de procuração nos autos, mas sim por ter realizado carga dos autos do processo em que já havia advogado constituído.

(C) O advogado João não cometeu infração disciplinar, pois, ao requerer a juntada da procuração nos autos, já havia celebrado contrato com José.

(D) O advogado João cometeu infração disciplinar prevista no Código de Ética e Disciplina da OAB, pois não pode aceitar procuração de quem já tenha patrono constituído, sem prévio conhecimento do mesmo.

COMENTÁRIO

A alternativa "D" está correta, pois, nos termos do art. 14 do Código de Ética e Disciplina (CED), o advogado não deve aceitar procuração de quem já tenha patrono constituído, sem prévio conhecimento deste, salvo por motivo plenamente justificável ou para adoção de medidas judiciais urgentes e inadiáveis. No caso trazido no enunciado, ficou claro que João, ciente do fato de José já ter advogado constituído nos autos, insistiu em prosseguir com o mandato, inclusive peticionando e requerendo a juntada de procuração. Destarte, nos termos do art. 36, II, do Estatuto da OAB (EAOAB), João cometeu infração disciplinar punível com censura, visto que violou preceito do Código de Ética e Disciplina, qual seja, o já citado art. 14 de referido diploma normativo.

As alternativas "A e C" estão incorretas, pois o advogado João, ciente de que José tinha advogado constituído nos autos no momento em que deles teve vista em cartório, ainda assim optou por ingressar no feito, peticionando pela juntada de procuração outorgada pelo cliente. Assim, até por bom senso, o candidato-leitor deveria, pelo menos, desconfiar, que a postura do advogado fora antiética.

A alternativa "B" está incorreta, visto que o advogado cometera infração disciplinar não pelo só fato de ter realizado carga dos autos, mas, sim, por haver ingressado em processo com outro advogado já constituído, conforme será melhor explicado no comentário à próxima alternativa.

(XVII EXAME DE ORDEM UNIFICADO – FGV) O advogado Márcio, sócio de determinado escritório de advocacia, contratou novos advogados para a sociedade e substabeleceu, com reserva em favor dos novos contratados, os poderes que lhe haviam sido outorgados por diversos clientes. O mandato possuía poderes para substabelecer. Um dos clientes do escritório, quando percebeu que havia novos advogados trabalhando na causa, os quais não eram por ele conhecidos, não apenas resolveu contratar outro escritório para atuar em sua demanda como ofereceu representação disciplinar contra Márcio, afirmando que o advogado não agira com lealdade e honestidade. A esse respeito, assinale a afirmativa correta.

(A) A representação oferecida não deve ser enquadrada como infração disciplinar, pois apenas o substabelecimento do mandato sem reserva de poderes deve ser comunicado previamente ao cliente.

(B) A representação oferecida não deve ser enquadrada como infração disciplinar, pois o substabelecimento do mandato, com ou sem reserva de poderes, é ato pessoal do advogado da causa.

(C) A representação oferecida deve ser enquadrada como infração disciplinar, pois o substabelecimento do mandato, com ou sem reserva de poderes, deve ser comunicado previamente ao cliente.

(D) A representação oferecida deve ser enquadrada como infração disciplinar, pois o advogado deve avisar previamente ao cliente acerca de todas as petições que apresentará nos autos do processo, inclusive sobre as de juntada de substabelecimentos.

COMENTÁRIO

Nos termos do art. 26, § 1º, do CED, "o substabelecimento do mandato sem reservas de poderes exige o prévio e inequívoco conhecimento do cliente", diferentemente do substabelecimento com reserva de poderes, que é ato pessoal do advogado. Assim, no caso do enunciado, Márcio substabeleceu com reserva de poderes aos novos advogados da sociedade, razão por que não cometeu qualquer infração disciplinar. Destaque-se, ainda, que no mandato havia poderes para substabelecer, ou seja, no corpo da procuração havia aquilo que se chama de "cláusula de substabelecimento", concluindo-se que o cliente tinha ciência de que poderia ocorrer a transferência (substabelecimento). Vamos às alternativas!

A alternativa "A" está correta. Como visto, no substabelecimento com reserva de poderes, não há exigência no CED que o cliente tenha prévio e inequívoco conhecimento, diversamente do que ocorre com o substabelecimento sem reserva de poderes, que, inclusive, é causa de extinção do mandato, motivo pelo qual o cliente deve ter prévio e inequívoco conhecimento de tal ato;

A alternativa "B" e "C" estão incorretas. Apenas o substabelecimento com reserva de poderes é ato pessoal do advogado, não havendo exigência de que se dê ao cliente prévio e inequívoco conhecimento, o que se faz necessário apenas no substabelecimento sem reserva de poderes;

A alternativa "D" está incorreta, por falta de previsão legal.

(XIV EXAME DE ORDEM UNIFICADO – FGV) Ao requerer sua inscrição nos quadros da OAB, Maria assinou e apresentou declaração em que afirmava não exercer cargo incompatível com a advocacia. No entanto, exercia ela ainda o cargo de Oficial de Justiça no Tribunal de Justiça do seu Estado. Pouco tempo depois, já bem sucedida como advogada, pediu exoneração do referido cargo. No entanto, um desafeto seu, tendo descoberto que Maria, ao ingressar nos quadros da OAB, ainda exercia o cargo de Oficial de Justiça, comunicou o fato à entidade, que abriu processo disciplinar para apuração da conduta de Maria, tendo ela sido punida por ter feito falsa prova de um dos requisitos para a inscrição na OAB. De acordo com o EAOAB, assinale a opção que indica a penalidade que deve ser aplicada a Maria.

(A) Maria não deve ser punida porque, ao tempo em que os fatos foram levados ao conhecimento da OAB, ela já não mais exercia cargo incompatível com a advocacia.

(B) Maria não deve ser punida porque o cargo de Oficial de Justiça não é incompatível com o exercício da advocacia, não tendo Maria, portanto, feito prova falsa de requisito para inscrição na OAB.

(C) Maria deve ser punida com a pena de suspensão, pelo prazo de trinta dias.

(D) Maria deve ser punida com a pena de exclusão dos quadros da OAB.

COMENTÁRIO

A alternativa "D" está correta. De fato, como Maria somente obteve a inscrição na OAB fazendo uma falsa prova de um dos requisitos para a inscrição, qual seja, o de não exercer atividade incompatível com a advocacia (art. 8º, V, do EAOAB), deverá ser punida com exclusão (art. 38 c.c. art. 34, XXVI, do EAOAB).

A alternativa "A" está incorreta, pois Maria, à época em que requereu sua inscrição nos quadros da OAB como advogada, já exercia atividade incompatível (Oficial de Justiça), nos termos do art. 28, IV, do EAOAB. Assim, somente obteve referida inscrição fazendo falsa prova de um dos requisitos exigidos para tanto (art. 8º, V, do EAOAB), qual seja, o de não exercer atividade incompatível com a advocacia. Logo, deverá, sim, ser punida.

A alternativa "B" está incorreta, pois o cargo de Oficial de Justiça é incompatível (gera proibição total) com a advocacia, nos termos do art. 28, IV, do EAOAB.

A alternativa "C" está incorreta, pois a conduta praticada por Maria não se amolda às hipóteses de suspensão (art. 37 c.c. art. 34, XVII a XXV, do EAOAB).

(XV EXAME DE ORDEM UNIFICADO – FGV) Antônio recebe Paulo, um antigo cliente do escritório de advocacia onde presta serviços. Após a entrevista, o preenchimento de relatório com os dados pessoais do cliente e a requisição dos documentos necessários, Antônio realiza a análise final dois dias depois da entrevista com o cliente e verifica que existe norma legal que contraria, expressamente, a pretensão apresentada.

Sobre o caso, observadas as regras do Estatuto da OAB, assinale a afirmativa correta.

(A) O advogado pode postular contra texto expresso de lei.
(B) O advogado deve aconselhar o cliente a procurar o Ministério Público para propor ação contra a lei.
(C) O advogado pode se opor à norma expressa, aduzindo a sua inconstitucionalidade.
(D) O advogado deve indicar ao cliente a desistência da ação, por não portar solução para o problema.

COMENTÁRIO

Nos termos do art. 34, VI, do Estatuto da OAB, constitui infração disciplinar advogar contra literal disposição de lei, presumindo-se a boa-fé quando fundamentado na inconstitucionalidade, na injustiça da lei ou em pronunciamento judicial anterior. Em outras palavras, não é lícito ao advogado propor ações que contrariem literalmente a disposição de uma lei, pois, como sabemos, há uma presunção de que as leis sejam legítimas e constitucionais. Contudo, não haverá má-fé do advogado que atuar contra literal disposição de lei em três casos: 1º – se alegar a sua inconstitucionalidade; 2º – se alegar sua injustiça; ou 3º – se se basear em pronunciamento judicial anterior (jurisprudência, por exemplo). Assim, vamos às alternativas.

A alternativa "C" está correta, estando em consonância com o precitado art. 34, VI, do EAOAB.

A alternativa "A" está incorreta, pois vimos que poderá o advogado Antônio, após constatar que uma norma legal contraria a pretensão apresentada por seu cliente, postular contra o texto expresso da lei, desde que invoque uma das três situações anteriormente descritas (inconstitucionalidade, injustiça ou pronunciamento judicial anterior).

A alternativa "B" está incorreta, pois o Estatuto da OAB permite ao advogado atuar na defesa de determinada pretensão mesmo quando haja lei em sentido contrário, desde que, repita-se, seja invocada sua inconstitucionalidade, injustiça ou existência de pronunciamento judicial anterior.

A alternativa "D" está incorreta, pois o advogado, mesmo tendo constatado que a pretensão do cliente esbarra em texto legal, poderá prosseguir com a causa, desde que se valha de uma das três situações em que haverá boa-fé em postulação contra literal disposição de lei.

(XVI EXAME DE ORDEM UNIFICADO – FGV) O advogado Felício é contatado pelo seu cliente Paulo que pretende promover ação de responsabilidade civil em face de Rosa, por danos causados à sua honra e ao seu patrimônio material. Nas tratativas, o cliente cientifica o advogado que presenciara diversos atos criminosos praticados por Rosa e por seus familiares Marta e Fábio. Contratado para realizar os seus serviços profissionais, apresenta diversas ações contra o réu Rosa em que descreve seus crimes e os praticados por Marta e Fábio, seus filhos. A petição é subscrita somente pelo advogado e a procuração tem os poderes gerais para o foro. Nos termos do Estatuto da Advocacia,

(A) é inerente à atividade postulatória a menção a crimes praticados pelas partes ou terceiros.
(B) é decorrente do processo a indicação dos fatos essenciais ao deslinde da causa, inclusive os criminosos, que somente demandam ciência do advogado.
(C) é essencial a autorização escrita para imputação a terceiro de fato definido como crime.
(D) é possível a descrição de fatos criminosos atribuídos a partes ou a terceiros por autorização verbal.

COMENTÁRIO

Nos termos do art. 34, XV, do Estatuto da OAB, constitui infração disciplinar o fato de o advogado fazer, em nome do constituinte, *sem autorização escrita deste*, imputação a terceiro de fato definido como crime. Assim, vamos às alternativas.

A alternativa " C" está correta, sendo imprescindível a autorização escrita do cliente para que o advogado impute a alguém um fato definido como crime. Lembre-se que a falsa imputação de fato definido como crime caracteriza calúnia (art. 138, CP).

A alternativa "A" está incorreta, pois não é verdade ser inerente à atividade postulatória a menção a crimes cometidos pelas partes ou terceiros. Como se diz usualmente, "cada caso é um caso". A menção a crimes praticados por partes ou terceiros poderá ser relevante, e até necessária como linha de defesa dos interesses da parte, mas sempre à luz do caso concreto.

A alternativa "B" está incorreta, pois, como visto, a indicação de fatos criminosos pelo advogado, que "fala" em nome do cliente, será possível desde que este concorde, e por escrito.

A alternativa "D" está incorreta, pois, como visto, a autorização deve ser por escrito.

(XVI EXAME DE ORDEM UNIFICADO – FGV) Ao final de audiência de instrução e julgamento realizada em determinada vara criminal, o juiz solicita que o advogado não deixe o recinto, bem como que ele atue em outras duas audiências que ali seriam realizadas em seguida. O advogado recusa-se a participar das outras duas audiências mencionadas, até mesmo por haver Defensor Público disponível. Com base no caso exposto, assinale a afirmativa correta.

(A) O advogado não cometeu infração ética, porque apenas resta configurada infração disciplinar na recusa do advogado a prestar assistência jurídica quando há impossibilidade da Defensoria Pública.
(B) O advogado cometeu infração ética, porque ele já estava na sala de audiências.
(C) O advogado não cometeu infração ética, porque é vedado ao advogado participar de duas audiências sucessivas.
(D) O advogado cometeu infração ética, porque ele tem o dever de contribuir para a boa administração da justiça.

COMENTÁRIO

Nos termos do art. 34, XII, do Estatuto da OAB, constitui infração disciplinar o fato de o advogado recusar-se a prestar, sem justo motivo, assistência jurídica, quando nomeado em virtude de impossibilidade da Defensoria Pública. Baseando-se no dispositivo citado, passemos às alternativas.

A alternativa " A" está correta, pois, no caso relatado no enunciado, havia defensor público disponível, razão suficiente a motivar a recusa do advogado em atuar nas audiências.

A alternativa "B" está incorreta, pois o fato de um advogado encontrar-se na sala de audiências não constitui motivo para que seja obrigado a atuar nas audiências subsequentes em prol das partes, ainda mais, repita-se, quando houver Defensoria Pública no local.

A alternativa "C" está incorreta, por falta de previsão legal. Não há qualquer proibição em um advogado participar de audiências sucessivas.

A alternativa "D" está incorreta. Nada obstante o advogado seja figura indispensável à administração da justiça (art. 133, CF), não incorrerá em ilícito disciplinar quando se recusar a patrocinar causas quando, na Comarca, houver Defensoria Pública.

(XVI EXAME DE ORDEM UNIFICADO – FGV) Pedro, em determinado momento, recebeu uma proposta de Antônio, colega de colégio, que se propôs a agenciar a indicação de novos clientes, mediante pagamento de comissão, a ser retirada dos honorários cobrados aos clientes, nos moldes da prática desenvolvida entre vendedores da área comercial. Com base no caso relatado, observadas as regras do Estatuto da OAB, assinale a afirmativa correta.

(A) O advogado pode aceitar a sugestão, tendo em vista a moderna visão mercantil da profissão.
(B) Caso a Seccional da OAB autorize, registrando avença escrita entre o advogado e o agenciador, é possível.
(C) Sendo publicizada a relação entre o advogado e o agenciador, está preenchido o requisito legal.
(D) Há vedação quanto ao agenciamento de clientela, sem exceções.

COMENTÁRIO

Nos termos do art. 34, incisos III e IV, do Estatuto da OAB, constitui infração disciplinar o fato de o advogado valer-se de agenciador de causas, mediante participação nos honorários a receber, bem como angariar ou captar causas, com ou sem a intervenção de terceiros. Portanto, correta a alternativa "D", sendo vedado o agenciamento de clientela, seja mediante pagamento de parte dos honorários, seja valendo-se de terceiros para a angariação ou captação de causas.

(XVII EXAME DE ORDEM UNIFICADO – FGV) O advogado F recebe do seu cliente WW determinada soma em dinheiro para aplicação em instrumentos necessários à exploração de jogo não autorizado por lei. Nos termos do Estatuto da Advocacia, a infração disciplinar

(A) decorre somente se o advogado exige o valor para aplicação ilícita.
(B) surge diante do recebimento para aplicação ilícita.
(C) inocorre, pois se trata de mero ilícito moral.
(D) é descaracterizada por ausência de previsão legal.

COMENTÁRIO

Nos termos do art. 34, XVIII, do EAOAB, constitui infração disciplinar solicitar ou receber de constituinte qualquer importância para aplicação ilícita ou desonesta. No caso relatado no enunciado, o advogado receber de seu cliente determinada quantia em dinheiro para aplicação em instrumentos necessários à exploração de jogo não autorizado por lei, portanto, para aplicação ilícita. Correta, portanto, a alternativa "B". Apenas por curiosidade, referida infração disciplinar enseja a aplicação da pena de suspensão (art. 37, I, do EAOAB).

13. PROCESSO DISCIPLINAR

(EXAME DE ORDEM UNIFICADO 2010.3 – FGV) O advogado Rodrigo é surpreendido com notificação do Conselho de Ética da OAB para esclarecer determinados fatos que foram comunicados ao órgão mediante denúncia anônima. Apresenta sua defesa e, desde logo, postula a extinção do processo, que não poderia ser instaurado por ter sido a denúncia anônima. Em tal hipótese, à luz das normas do Código de Ética, é correto afirmar que

(A) é instaurado exclusivamente por representação do interessado.
(B) há necessidade de identificação do representante.
(C) não pode ocorrer a instauração, de ofício, do processo disciplinar.
(D) se admite a instauração do processo disciplinar por denúncia anônima.

COMENTÁRIO

A alternativa "B" está correta, pois, conforme determina o Código de Ética e Disciplina da OAB (CED), especificamente em seu art. 55, §§ 1º e 2º,, é vedada expressamente, como fonte idônea à instauração de processo disciplinar, a *denúncia anônima* (também chamada de *apócrifa*).

A alternativa "A" está incorreta, pois, de acordo com o art. 55 do CED e art. 72 do Estatuto da OAB (EAOAB – Lei 8.906/1994), o processo disciplinar *instaura-se de ofício ou mediante representação* de qualquer autoridade ou pessoa interessada.

A alternativa "C" está incorreta, na medida em que, como visto na alternativa "A", o processo disciplinar inicia-se *de ofício* ou *mediante representação* (art. 72 do EAOAB e 55, *caput*, do CED).

A alternativa "D" está incorreta, pelas mesmas razões referidas na alternativa "B" (art. 55, § 2º, do CED).

(V EXAME DE ORDEM UNIFICADO – FGV) José foi condenado criminalmente, com sentença transitada em julgado, e, paralelamente, punido também em processo disciplinar perante a OAB em função dos mesmos atos que resultaram naquela condenação criminal. Nos termos das normas estatutárias, é correto afirmar que

(A) a reabilitação administrativa é pressuposto da criminal.
(B) é pressuposto da reabilitação à OAB o deferimento da criminal.
(C) ambas as reabilitações podem tramitar paralelamente.
(D) a reabilitação administrativa independe da criminal.

COMENTÁRIO

A alternativa "B" está correta. Nos termos do art. 41, parágrafo único, do Estatuto da OAB (Lei 8.906/1994 – EAOAB), quando a sanção disciplinar resultar da prática de crime, o pedido de reabilitação (art. 69 do CED) depende também da correspondente reabilitação criminal. Assim, ao que se vê, a reabilitação perante a OAB, apenas em caso de sanção disciplinar que resulte da prática de crime (ex.: crime infamante – art. 34, XXVIII, do EAOAB), exige a prévia reabilitação criminal.

(VI EXAME DE ORDEM UNIFICADO – FGV) Após recebida representação disciplinar sem fundamentos, cabe ao relator designado pelo presidente do Conselho Seccional da OAB, à luz das normas aplicáveis,

(A) arquivar o processo ato contínuo.
(B) propor ao presidente o arquivamento do processo.
(C) designar data para a defesa oral pelo advogado.
(D) julgar improcedente a representação.

COMENTÁRIO

A alternativa "B" está correta (art. 58, § 3º, do Código de Ética e art. 120, § 1º, do Regulamento Geral).

A alternativa "A" está incorreta, pois o relator do processo disciplinar não poderá, diretamente, arquivar o processo disciplinar destituído de fundamentos, mas, sim, propor o arquivamento ao Presidente da Subseção ou do Conselho Seccional competente (art. 120, § 1º, do Regulamento Geral).

A alternativa "C" está incorreta, pois não se compreende nas competências do relator de processo disciplinar designar data para a defesa oral pelo advogado. Em verdade, o advogado será notificado para apresentar defesa prévia, por escrito (art. 59, *caput*, do Código de Ética).

A alternativa "D" está incorreta, pois não é competência do relator do processo disciplinar julgá-lo, mas, apenas, instruí-lo, emitindo parecer preliminar quando do fim da instrução (art. 120, § 1º, do Regulamento Geral; art. 59, § 7º, do Código de Ética e art. 73, *caput*, do EAOAB).

(IX EXAME DE ORDEM UNIFICADO – FGV) Caio é advogado que atua em três estados da federação, possuindo uma inscrição principal e duas suplementares, tendo em vista o número elevado de causas que possui. Em decorrência de conflitos ocorridos em função dos processos em que atua, foram instaurados três processos disciplinares, um em cada seccional onde atua. De acordo com as normas do Estatuto da Advocacia, a competência para julgamento desses processos cabe ao

(A) Conselho Federal da Ordem dos Advogados do Brasil.
(B) Conselho Seccional em que o advogado possui inscrição principal.
(C) Conselho Seccional de cada infração disciplinar.
(D) Conselho Nacional de Justiça.

COMENTÁRIO

A alternativa "C" está correta. Considerando que o enunciado deixou claro que Caio teve contra si instaurados três processos disciplinares, um em cada seccional onde atua, a competência para julgá-los será, nos termos do já citado art. 70, *caput*, do Estatuto da OAB, do Conselho Seccional em cuja base territorial tenha ocorrido a infração disciplinar (portanto, local de cada infração). Assim, exemplificando, se Caio cometer uma infração ética no Estado do Paraná, outra em Santa Catarina e a última no Rio Grande do Sul, cada um dos Conselhos Seccionais instaurará e julgará os respectivos processos.

A alternativa "A" está incorreta. Em matéria de competência para julgar processos disciplinares, o Conselho Federal somente o será quando a falta (infração ética) for praticada perante ele (art. 70, *caput*, do Estatuto da OAB), ou quando o infrator for Presidente de Conselho Seccional ou membro do próprio Conselho Federal (art. 58, § 5º, do CED).

A alternativa "B" está incorreta. Como se verá no comentário a seguir, a competência para o julgamento de processo disciplinar não se prende ao local, necessariamente, em que o advogado tenha inscrição (principal ou suplementar). O critério básico é o do "lugar da infração".

A alternativa "D" está incorreta, pois não é competência do CNJ.

(XI EXAME DE ORDEM UNIFICADO – FGV) O advogado Caio solicitou vista de autos de processo disciplinar instaurado na OAB contra seu desafeto, o advogado Tício. Caio justificou seu pedido afirmando que juntaria as informações contidas no processo disciplinar em questão às de um determinado processo judicial no qual ambos atuaram, visando, com isso, demonstrar que Tício costumava ter comportamento aético.

Com relação à hipótese sugerida, assinale a afirmativa correta.

(A) Caio não poderá ter acesso aos autos do processo disciplinar instaurado contra Tício, porque demonstrou que juntaria as informações nele contidas às de um processo judicial em que ambos atuavam, prejudicando, assim, a boa administração da justiça.
(B) Caio não poderá ter acesso aos autos do processo disciplinar instaurado contra Tício, uma vez que os processos disciplinares instaurados na OAB contra advogados tramitam em sigilo, até o seu término, só tendo acesso às suas informações as partes, seus defensores e a autoridade judiciária competente.
(C) Caio poderá ter acesso aos autos do processo disciplinar instaurado contra Tício, desde que assine termo pelo qual se compromete a não divulgar a terceiros as informações nele contidas.

(D) Caio poderá ter acesso irrestrito aos autos do processo disciplinar instaurado contra Tício, uma vez que processos disciplinares instaurados na OAB contra advogados não tramitam em sigilo.

COMENTÁRIO

A alternativa "B" está correta. De fato, nos exatos termos do art. 72, § 2º, do EAOAB, o processo disciplinar tramita em sigilo, até o seu término, só tendo acesso às suas informações as partes, seus defensores e a autoridade judiciária competente. Logo, se Caio não for parte no processo ético-disciplinar, não conseguirá ter acesso aos autos.

A alternativa "A" está incorreta, não pelo fato de o advogado Caio haver afirmado que juntaria as informações obtidas no processo disciplinar a um processo judicial, mas, sim, pelo fato de aquele tramitar em sigilo (art. 72, § 2º, do EAOAB), como será melhor visto na próxima alternativa.

As alternativas " C e D" estão incorretas, pois, como visto, salvo as partes, seus procuradores e a autoridade judiciária competente, o processo disciplinar tramitará em sigilo. Em outras palavras, à exceção das pessoas previstas no já referido art. 72, § 2º, do EAOAB, ninguém mais terá acesso ao processo disciplinar em trâmite (leia-se: antes do trânsito em julgado).

(XV EXAME DE ORDEM UNIFICADO – FGV) O advogado João, inscrito na Seccional do estado X, cometeu grave infração ética ao atuar em determinada causa no estado Y. Assinale a opção que indica o Conselho Seccional com poder de punir disciplinarmente o advogado infrator.

(A) Apenas o Conselho Seccional do estado X terá poder para punir João disciplinarmente.

(B) Apenas o Conselho Seccional do estado Y terá poder para punir João disciplinarmente.

(C) Apenas o Conselho Federal terá poder para punir João disciplinarmente.

(D) Os Conselhos Seccionais dos estados X e Y terão poderes concorrentes para punir João disciplinarmente.

COMENTÁRIO

Nos termos do art. 70, *caput*, do Estatuto da OAB, o poder de punir disciplinarmente os inscritos na OAB compete exclusivamente ao Conselho Seccional em cuja base territorial tenha ocorrido a infração, salvo se a falta for cometida perante o Conselho Federal. Portanto, cabe ao Conselho Seccional do lugar da infração, e não o do lugar em que o advogado é inscrito, puni-lo disciplinarmente pelo cometimento de infrações disciplinares. Assim, sendo João inscrito na Seccional X, mas tendo cometido a infração ética no estado Y, competente para a punição será o Conselho Seccional deste último. Correta, portanto, a alternativa "B".

(XV EXAME DE ORDEM UNIFICADO – FGV) Sobre a prescrição da pretensão punitiva das infrações disciplinares, assinale a afirmativa correta.

(A) A pretensão punitiva quanto às infrações disciplinares prescreve em cinco anos, contados da data da constatação oficial do fato, interrompendo-se pela instauração de processo disciplinar ou pela notificação válida do representado.

(B) A pretensão punitiva das infrações disciplinares prescreve em três anos, contados da data da constatação oficial do fato, interrompendo-se pela instauração de processo disciplinar ou pela notificação válida do representado.

(C) A pretensão punitiva das infrações disciplinares é imprescritível.

(D) A pretensão punitiva das infrações disciplinares prescreve em cinco anos, contados da data da constatação oficial do fato, não havendo previsão legal de marco interruptivo de tal prazo prescricional.

COMENTÁRIO

A alternativa "A" está correta a assertiva, estando em consonância com o art. 43, *caput*, e § 2º, I, do EAOAB, conforme será melhor explicitado nos comentários às demais alternativas.

As alternativas "B" e "C" estão incorretas. Nos termos do art. 43, *caput*, do EAOAB, a pretensão à punibilidade das infrações disciplinares prescreve em cinco anos, contados da data da constatação oficial do fato.

A alternativa "D" está incorreta. Nos termos do § 2º, do referido dispositivo legal, haverá a interrupção do prazo prescricional (ou seja, seu reinício) com a instauração do processo disciplinar ou pela notificação válida feita diretamente ao representado (inc. I), bem como pela decisão condenatória recorrível de qualquer órgão julgador da OAB (inc. II).

(XVIII EXAME DE ORDEM UNIFICADO – FGV) O Presidente de determinada Seccional da OAB recebeu representação contra advogado que nela era inscrito por meio de missiva anônima, que narrava grave infração disciplinar. Considerando a via eleita para a apresentação da representação, foi determinado o arquivamento do expediente, sem instauração de processo disciplinar. Pouco tempo depois, foi publicada matéria jornalística sobre investigação realizada pela Polícia Federal que tinha como objeto a mesma infração disciplinar que havia sido narrada na missiva anônima e indicando o nome do investigado naquele procedimento inquisitorial. Com base na reportagem, foi determinada, pelo Presidente da Seccional, a instauração de processo disciplinar.

Sobre o procedimento adotado pelo Presidente da Seccional em questão, assinale a afirmativa correta.

(A) Deveria ter instaurado processo disciplinar quando recebeu a missiva anônima.

(B) Não poderia ter instaurado processo disciplinar em nenhuma das oportunidades.

(C) Deveria ter instaurado processo disciplinar em qualquer uma das oportunidades.

(D) Poderia ter instaurado processo disciplinar a partir da publicação da matéria jornalística.

COMENTÁRIO

Nos termos do art. 72, *caput*, do EAOAB, o processo disciplinar instaura-se de ofício ou mediante representação de qualquer autoridade ou pessoa interessada. Por sua vez, corroborando o dispositivo legal citado, o art. 55, §2º, do CED, além de reiterar as duas formas de instauração do processo disciplinar (de ofício ou mediante representação), afirma não ser considerada como fonte idônea, para fins de instauração de ofício, a denúncia anônima.

Correta a alternativa "D", pois, a publicação da matéria jornalística dando conta das investigações perpetradas pela Polícia Federal acerca da infração disciplinar cometida por advogado, pode embasar, perfeitamente, a deflagração do competente processo disciplinar. Neste caso, repita-se, estaremos diante de instauração de ofício.

Assim, incorretas as alternativas "A" e "C", pois representação anônima não é meio adequado de instauração de processo ético-disciplinar.

Quanto à alternativa "B", temos que se trata de assertiva incorreta, haja vista que, a despeito de o processo disciplinar não poder ser instaurado por missiva (carta) anônima, o mesmo não se pode dizer com relação à reportagem jornalística, que serviu de base (fonte idônea) à instauração, de ofício, pelo Presidente do Conselho Seccional.

14. ORGANIZAÇÃO DA OAB

(IV EXAME DE ORDEM UNIFICADO – FGV) Em termos de processo disciplinar perante a OAB, é correto dizer que, havendo representação contra presidente de seccional, o órgão competente será o

(A) Conselho Federal da OAB.

(B) Conselho Federal da OAB, quando houver impedimento de dois terços do Conselho Seccional de origem para o julgamento.

(C) Conselho Seccional que for escolhido pelo Conselho Federal da OAB, por maioria absoluta.

(D) próprio Conselho Seccional, impedido o presidente.

COMENTÁRIO

A alternativa "A" está correta, visto que a representação contra presidente de Conselho Seccional, ou mesmo Conselheiro Federal, determinará a competência do Conselho Federal da OAB (art. 58, § 5º, do CED), não se aplicando a regra geral segundo a qual competirá ao Conselho Seccional em cuja base territorial ocorrer a infração o poder (e dever) de punir o infrator (art. 70, *caput*, do EAOAB);

As alternativas "B", "C" e "D" estão incorretas, pois, como dito, competirá sempre ao Conselho Federal da OAB processar e julgar infração ético-disciplinar praticada por Presidentes de Conselhos Seccionais e membros do próprio Conselho Federal (art. 58, § 5º, do CED).

(VI EXAME DE ORDEM UNIFICADO– FGV) Entre as competências do Tribunal de Ética e Disciplina da OAB, **NÃO** se inclui, à luz das normas aplicáveis do Estatuto da Advocacia e do Código de Ética,

(A) instaurar de ofício processo sobre ato que considere em tese infração à norma de ética profissional.

(B) mediar pendências entre advogados, bem como conciliar questões sobre partilha de honorários.

(C) responder a consultas "em tese", aconselhando e orientando sobre ética profissional.

(D) elaborar seu orçamento financeiro a ser submetido ao Conselho Seccional.

COMENTÁRIO

A alternativa "D" está incorreta, devendo ser assinalada, pois não se encontra dentro das competências do Tribunal de Ética e Disciplina elaborar seu orçamento financeiro.

A alternativa "A" está correta (art. 71, I e III, do CED).

A alternativa "B" está correta (art. 71, VI, "a", do CED).

A alternativa "C" está correta (art. 71, II, do CED).

(VII EXAME DE ORDEM UNIFICADO – FGV) Nos termos do Regulamento Geral do Estatuto da Advocacia e da OAB quanto à aquisição de patrimônio pela Ordem dos Advogados do Brasil, revela-se correto afirmar que

(A) a alienação de bens é ato privativo do Presidente da Seccional da OAB.

(B) a aquisição de bens depende de aprovação da Diretoria da OAB.

(C) a oneração de bens é ato do Presidente do Conselho Federal.

(D) a disposição sobre os bens móveis é atribuição do Presidente da Seccional.

COMENTÁRIO

A alternativa "B" está correta. De acordo com o art. 48 do Regulamento Geral, a *alienação* ou *oneração* de *bens imóveis* depende de aprovação do Conselho Federal ou do Conselho Seccional, competindo à Diretoria do órgão decidir pela *aquisição* de qualquer bem e *dispor* sobre os bens móveis. Frise-se que se a alienação ou oneração de bens imóveis ocorrer no âmbito do Conselho Federal, tais medidas dependerão de autorização da maioria das delegações, ao passo que no âmbito dos Conselhos Seccionais, dependerão de autorização da maioria dos membros efetivos.

(VIII EXAME DE ORDEM UNIFICADO – FGV) As alternativas a seguir apresentam algumas das competências do Conselho Federal da Ordem dos Advogados do Brasil, **à exceção de uma**. Assinale-a.

(A) Representar, em juízo ou fora dele, os interesses coletivos dos advogados.

(B) Velar pela dignidade, independência, prerrogativas e valorização da advocacia.

(C) Representar, sem exclusividade, os advogados brasileiros nos órgãos e eventos internacionais da advocacia.

(D) Editar e alterar o Regulamento Geral, o Código de Ética e Disciplina, e os Provimentos que julgar necessários.

COMENTÁRIO

A alternativa a ser assinalada é a "C" que está incorreta (art. 54, IV, do EAOAB), pois o Conselho Federal da OAB representa, *com exclusividade*, os advogados brasileiros nos órgãos e eventos internacionais da advocacia.

A alternativa "A" está correta (art. 54, II, do EAOAB).

A alternativa "B" está correta (art. 54, III, do EAOAB).

A alternativa "D" está correta (art. 54, V, do EAOAB). Para a alteração do Regulamento Geral e do Código de Ética, ou de Provimentos, o Conselho Federal precisará de votos favoráveis de 2/3 (dois terços) das delegações, conforme prevê o art. 78, *caput*, do Regulamento Geral.

(IX EXAME DE ORDEM UNIFICADO – FGV) Assinale a afirmativa que indica como ocorrerá, em havendo necessidade, a criação de novos Conselhos Seccionais, de acordo com as normas do Regulamento Geral do Estatuto da Advocacia e da OAB.

(A) Por meio de Lei aprovada pelo Congresso Nacional.

(B) Por meio de Medida Provisória Federal.

(C) Por Provimento do Conselho Federal.

(D) Por meio de Resolução do Conselho Federal

COMENTÁRIO

A alternativa "D" está correta. Nos termos do art. 46 do Regulamento Geral, havendo necessidade da criação de novos Conselhos Seccionais (órgãos estaduais da OAB), tal se fará por meio de Resolução do Conselho Federal.

(IX EXAME DE ORDEM UNIFICADO– FGV) O cargo de Presidente da Caixa dos Advogados é dos mais relevantes para a OAB. Um advogado eleito para tal cargo, não tendo como concluir o seu mandato, de acordo com as normas do Regulamento Geral do Estatuto da Advocacia e da OAB, deve prestar contas

(A) ao presidente do Conselho Federal titular.

(B) ao secretário do Conselho Seccional em exercício.

(C) ao coordenador do Conselho Fiscal ou Deliberativo.

(D) ao presidente da Caixa dos Advogados sucessor.

COMENTÁRIO

A alternativa "D" está correta. Nos exatos termos do art. 59 do Regulamento Geral, deixando o cargo, por qualquer motivo, no curso do mandato, os Presidentes do Conselho Federal, do Conselho Seccional, da Caixa de Assistência e da Subseção apresentam, de forma sucinta, relatório e contas ao seu sucessor.

(IX EXAME DE ORDEM UNIFICADO – FGV) A respeito do voto e da participação na eleição para o Conselho Seccional da Ordem dos Advogados do Brasil, de acordo com as normas do Regulamento Geral do Estatuto da Advocacia e da OAB, assinale a afirmativa correta.

(A) É voluntário o voto, podendo candidatar-se o advogado com mais de cinco anos de atividade.

(B) É obrigatório o voto, podendo inscrever-se, para ocupar cargos no Conselho, qualquer advogado independente do tempo de exercício.

(C) É voluntário o voto, sendo a eleição direta e secreta, escolhendo os membros do Conselho Seccional e Federal.

(D) É obrigatório o voto, podendo o advogado com inscrição suplementar há mais de cinco anos ser candidato na seccional.

COMENTÁRIO

A alternativa "D" está correta. De fato, o voto é obrigatório, sob pena de a ausência injustificada às eleições gerar multa de 20% da anuidade ao advogado (art. 134, *caput*, do Regulamento Geral). A respeito das condições de elegibilidade, temos as seguintes, conforme dispõe o art. 131-A do Regulamento Geral: i) ser o candidato advogado inscrito na Seccional, *com inscrição principal ou suplementar*, em efetivo exercício há mais de 05 (cinco) anos; ii) estar em dia com as anuidades na data de protocolo do pedido de registro de candidatura, considerando-se regulares aqueles que parcelaram seus débitos e estão adimplentes com a quitação das parcelas.

A alternativa "A" está incorreta. O voto, nas eleições da OAB, é obrigatório, nos termos do art. 128, *caput*, do Regulamento Geral. Ainda, apenas podem candidatar-se os advogados que, conforme preconiza o art. 131, § 2º, "f", exerçam efetivamente a profissão, há mais de cinco anos, excluído o período de estagiário, sendo facultado à Comissão Eleitoral exigir a devida comprovação.

A alternativa "B" está incorreta. Como visto no comentário anterior, é condição de elegibilidade a cargo na OAB exercer efetivamente a profissão há mais de cinco anos (arts. 131, § 2º, "f", e 131-A, *caput*, do Regulamento Geral).

A alternativa "C" está incorreta. O voto, também afirmamos, é obrigatório (art. 128, *caput*, do Regulamento Geral). Outrossim, as eleições à Diretoria do Conselho Federal não são diretas, vale dizer, não haverá votação por todos os advogados, mas, apenas, pelo colégio eleitoral integrado pelos Conselheiros Federais eleitos no ano anterior (art. 137-A, § 1º, do Regulamento Geral).

(XII EXAME DE ORDEM UNIFICADO – FGV) Sobre as competências dos Conselhos Seccionais da OAB, assinale a afirmativa correta.

(A) Ajuizar, após deliberação, ação direta de inconstitucionalidade de leis estaduais em face da Constituição Estadual e ação direta de inconstitucionalidade de leis federais em face da Constituição Federal.

(B) Ajuizar, após deliberação, mandado de segurança coletivo em defesa de seus inscritos, independentemente de autorização pessoal dos interessados.

(C) Ajuizar, independentemente de deliberação, ações de indenização contra todos aqueles que ofenderem seus inscritos, em razão do exercício da profissão.

(D) Ajuizar, após deliberação, mandado de injunção, em face da Constituição Estadual ou em face da Constituição Federal.

COMENTÁRIO

A alternativa "B" está correta, estando de acordo com o art. 105, V, "c", do Regulamento Geral. Trata-se, de fato, de competência dos Conselhos Seccionais o ajuizamento, após deliberação, de mandado de segurança coletivo em defesa de seus inscritos, não se exigindo autorização dos interessados.

A alternativa "A" está incorreta, pois, obviamente, um Conselho Seccional, que é órgão estadual da OAB, jamais poderia ter competência para propor ação direta de inconstitucionalidade de *leis federais* em face da *Constituição federal*, competência esta conferida constitucionalmente ao Conselho Federal (art. 103, VII, da CF). Todavia, compete ao Conselho Seccional ajuizar ação direta de inconstitucionalidade de *leis estaduais* em face da *Constituição Estadual* (art. 105, V, "a", do Regulamento Geral).

A alternativa "C" está incorreta, pois inexiste base normativa para que um Conselho Seccional ajuíze ação indenizatória contra pessoas que ofendam seus inscritos, em razão do exercício da profissão. Tratar-se-ia de hipótese de substituição processual (legitimação extraordinária), sem base legal.

A alternativa "D" está incorreta a alternativa D, pois um Conselho Seccional somente pode propor mandado de injunção, após deliberação, em face da Constituição Estadual ou da Lei Orgânica do Distrito Federal, e não em face da Constituição Federal, caso em que a competência seria, evidentemente, do Conselho Federal (órgão federal da OAB).

(XIII EXAME DE ORDEM UNIFICADO – FGV) A respeito da competência do Conselho Federal da OAB, assinale a opção ***incorreta***.

(A) Compete ao Conselho Federal da OAB representar, em juízo ou fora dele, os interesses coletivos ou individuais dos advogados.
(B) Compete ao Conselho Federal da OAB editar seu regimento interno e o regimento interno das Seccionais da OAB.
(C) Compete ao Conselho Federal da OAB julgar, em grau de recurso, as questões decididas pelos Conselhos Seccionais, nos casos previstos no EAOAB e no regulamento geral.
(D) Compete ao Conselho Federal da OAB velar pela dignidade, independência, prerrogativas e valorização da advocacia.

COMENTÁRIO

A alternativa "B" está incorreta, devendo ser assinalada. Obviamente, editar o regimento interno das Seccionais da OAB compete à própria Seccional, nos termos do art. 58, I, do EAOAB.

A alternativa "A" está correta (art. 54, II, do EAOAB).

A alternativa "C" está correta (art. 54, IX, do EAOAB).

A alternativa "D" está correta (art. 54, III, do EAOAB).

(XIII EXAME DE ORDEM UNIFICADO – FGV) Maria da Silva, advogada, apresenta requerimento ao Presidente da Seccional da OAB tendo o seu pleito sido indeferido. Nos termos do Estatuto da Advocacia, cabe recurso ao

(A) Conselho Seccional da OAB.
(B) Conselho Federal da OAB.
(C) Presidente do Conselho Federal da OAB.
(D) Presidente do Tribunal de Ética da OAB.

COMENTÁRIO

A alternativa "A" está correta. Nos termos do art. 58, III, do EAOAB, compete privativamente ao Conselho Seccional julgar, em grau de recurso, as questões decididas por seu Presidente, por sua diretoria, pelo Tribunal de Ética e Disciplina, pelas diretorias das Subseções e da Caixa de Assistência dos Advogados;

As alternativas "B", "C" e "D" estão incorretas, pois, por expressa disposição legal, a competência para julgar recurso contra decisão do Presidente do Conselho Seccional é do próprio Conselho Seccional. A "pegadinha" reside exatamente aqui: o Conselho Seccional julgando recurso de decisão tomada pelo próprio Presidente! Geralmente pensamos que a "instância superior" é que deve julgar decisões da inferior. Contudo, ao Conselho Federal cabe julgar, em grau de recurso, as questões decididas pelos Conselhos Seccionais (art. 54, IX, do EAOAB), mas não as decisões dos Presidentes de referidos Conselhos. Cuidado!!!

(XV EXAME DE ORDEM UNIFICADO – FGV) Messias é advogado com mais de trinta anos de atuação profissional e deseja colaborar para o aperfeiçoamento da advocacia. O Presidente da Seccional onde possui inscrição principal sugere que ele participe da política associativa e lance sua candidatura a Conselheiro Federal.

Observadas as regras do Estatuto da OAB, assinale a afirmativa correta.

(A) A eleição de Conselheiro Federal da OAB é indireta e secreta.
(B) O Conselheiro Federal da OAB integra uma das chapas concorrentes para as eleições seccionais.
(C) A indicação para o Conselheiro Federal é realizada pelo Colégio de Presidentes da OAB.
(D) O Conselheiro Federal é indicado livremente pelas Seccionais da OAB

COMENTÁRIO

A alternativa "B" está correta, estando de acordo com o precitado art. 64, § 1º, do EAOAB. Confira-se: "*a chapa para o Conselho Seccional deve ser composta dos candidatos ao Conselho e à sua Diretoria e, ainda, à delegação ao Conselho Federal e à Diretoria da Caixa de Assistência dos Advogados para eleição conjunta.*".

A alternativa "A" está incorreta, pois a eleição de Conselheiro Federal da OAB é direta, cabendo à chapa do Conselho Seccional contemplar os nomes de cada um dos conselheiros federais, que integrarão a delegação, composta de 3 Conselheiros Federais (art. 64, § 1º, do Estatuto da OAB).

As alternativas "C" e "D" estão incorretas. A indicação para o Conselho Federal ocorrerá na própria chapa para o Conselho Seccional.

(XVI EXAME DE ORDEM UNIFICADO – FGV) Compete ao Conselho Seccional ajuizar, após deliberação,

(A) ação direta de inconstitucionalidade em face de leis ou atos normativos federais.
(B) queixa-crime contra quem tenha ofendido os advogados inscritos na respectiva Seccional.
(C) mandado de segurança individual em favor dos advogados inscritos na respectiva Seccional, independentemente de vinculação com o exercício da profissão.
(D) mandado de segurança coletivo, em defesa de seus inscritos, independentemente de autorização pessoal dos interessados.

COMENTÁRIO

A alternativa "D" está correta. Nos termos do art. 105, V, "c", do Regulamento Geral, compete ao Conselho Seccional, além do previsto nos arts. 57 e 58 do Estatuto, ajuizar, após deliberação, mandado de segurança coletivo, em defesa de seus inscritos, independentemente de autorização pessoal dos interessados.

A alternativa "A" está incorreta, pois compete ao Conselho Seccional ajuizar, após deliberação, ação direta de inconstitucionalidade de leis ou atos normativos *estaduais e municipais*, em face da Constituição Estadual ou da Lei Orgânica do Distrito Federal (art. 105, V, "a", do Regulamento Geral).

A alternativa "B" está incorreta, por falta de previsão legal. Ressalte-se que a queixa-crime é a petição inicial que deflagra a ação nos crimes de ação penal privada. A OAB, ou um órgão seu, não teria legitimidade ativa para iniciar a ação penal, cabendo à vítima, ou seu representante legal, fazê-lo.

A alternativa "C" está incorreta, pois ao Conselho Seccional compete ajuizar, após deliberação, mandado de segurança coletivo em defesa de seus inscritos, independentemente de autorização pessoal dos interessados (art. 105, V, "c", do Regulamento Geral).

15. PUBLICIDADE NA ADVOCACIA

(EXAME DE ORDEM UNIFICADO 2010.2 – FGV) Mauro, advogado com larga experiência profissional, resolve contratar com emissora de televisão, um novo programa, incluído na grade normal de horários da empresa, cujo titulo é "o Advogado na TV", com o fito de proporcionar informações sobre a carreira, os seus percalços, suas angústias, alegrias e comprovar a possibilidade de sucesso profissional. No curso do programa, inclui referência às causas ganhas, bem como àquelas ainda em curso e que podem ter repercussão no meio jurídico, todas essas vinculadas ao seu escritório de advocacia.

Consoante as normas aplicáveis, é correto afirmar que:

(A) a participação em programa televisivo está vedada aos advogados.
(B) a publicidade, como narrada, é compatível com as normas do Código de Ética.
(C) o advogado, no caso, deveria se limitar ao aspecto educacional e instrutivo da atividade profissional.
(D) programas televisivos são franqueados aos advogados, inclusive para realizar propaganda dos seus escritórios.

COMENTÁRIO

A alternativa "C" está correta, pois, nos termos do art. 43, o advogado deve se limitar aos aspectos ilustrativo, educacional e instrutivo da atividade profissional.

A alternativa "A" está incorreta, pois os advogados podem eventualmente participar de programa de televisão ou de rádio, de entrevista na imprensa, de reportagem televisionada ou de qualquer outro meio, para manifestação profissional, devendo visar a objetivos exclusivamente ilustrativos, educacionais e instrutivos, sem propósito de promoção pessoal ou profissional, vedados pronunciamentos sobre métodos de trabalho usados por seus colegas de profissão (art. 43 do CED).

A alternativa "B" está incorreta, pois quando convidado para manifestação pública, por qualquer modo e forma, visando ao esclarecimento de tema jurídico de interesse geral, deve o advogado evitar insinuações com o sentido de promoção pessoal ou profissional (art. 43, parágrafo único, do CED).

A alternativa "D" está incorreta, nos termos do já citado art. 43, *caput* e parágrafo único, do CED.

(VI EXAME DE ORDEM UNIFICADO – FGV) Daniel, advogado, resolve divulgar seus trabalhos contratando empresa de propaganda e marketing. Esta lhe apresenta um plano de ação, que inclui a contratação de jovens, homens e mulheres, para a distribuição de prospectos de propaganda do escritório, coloridos, indicando as especialidades de atuação e apresentando determinados temas que seriam considerados acessíveis à multidão de interessados. O projeto é realizado. Em relação a tal projeto, consoante as normas aplicáveis aos advogados, é correto afirmar que

(A) a moderna advocacia assume características empresariais e permite publicidade como a apresentada.

(B) atividades moderadas como as sugeridas são admissíveis.

(C) desde que autorizada pela OAB, a propaganda pode ser realizada.

(D) existem restrições éticas à propaganda da advocacia, entre as quais as referidas no texto.

COMENTÁRIO

A alternativa "A" está incorreta, pois a atividade da advocacia não pode ter qualquer conotação mercantil (art. 5º do CED).

A alternativa "B" está incorreta, pois na publicidade informada no enunciado da questão, não há nada de moderação. Ao contrário, a distribuição de prospectos de propaganda do escritório (panfletos), constando as áreas de atuação do advogado e os temas dos serviços oferecidos, viola o disposto no art. 40, VI, do CED.

A alternativa "C" está incorreta, pois a OAB jamais autorizaria – ou teria poderes para tanto – publicidade imoderada como a narrada no enunciado, sob pena de ofensa ao art. 39 do CED.

A alternativa "D" está correta. A propaganda na advocacia deve ser discreta, *sóbria* e informativa (art. 39 do CED).

(VIII EXAME DE ORDEM UNIFICADO- FGV) O advogado "Y", recém-formado, diante da dificuldade em conseguir clientes, passa a distribuir panfletos em locais próximos aos fóruns da cidade onde reside, oferecendo seus serviços profissionais. Nos panfletos distribuídos por "Y" constam informações acerca da sua especialização técnico-científica, localização e telefones do seu escritório. Por outro lado, "Y" instalou placa na porta de seu escritório, na qual fez constar os valores cobrados por seus serviços profissionais, fixados, aliás, em patamares inferiores àqueles estipulados pela tabela de honorários da OAB.

Quanto à conduta de "Y", assinale a afirmativa incorreta.

(A) "Y" incorre em infração disciplinar, consistente na captação irregular de causas, ao distribuir panfletos ao público oferecendo seus serviços como advogado.

(B) "Y" viola dispositivo do Código de Ética e Disciplina da OAB, ao fixar honorários em valores inferiores aos estipulados na tabela de honorários da OAB.

(C) "Y" pode distribuir panfletos ao público, oferecendo seus serviços profissionais, desde que neles não conste sua especialização técnico-científica.

(D) "Y" viola dispositivo do Código de Ética e Disciplina da OAB, ao fazer constar de sua placa referências aos valores cobrados por seus serviços profissionais.

COMENTÁRIO

Incorreta, apenas a alternativa "C", devendo esta ser assinalada, uma vez que o advogado, em sua publicidade, deve ser discreto e sóbrio, primando pela finalidade informativa, não podendo oferecer seus serviços mediante distribuição irrestrita de panfletos. Tal medida, nitidamente, é imoderada, com alta capacidade de captação de clientela.

As alternativas "A", "B" e "D" estão corretas, visto que, de fato, é vedada a distribuição de panfletos ao público oferecendo serviços advocatícios, pois isso é forma de captação de clientela (art. 40, VI, do CED), bem como a menção a valores de honorários para a prestação de serviços, o que não é autorizado pelo CED nos anúncios feitos pelos advogados, ainda mais em valores inferiores aos estipulados nas tabelas de honorários, o que caracterizaria, inclusive, infração disciplinar (art. 48, § 6º, do CED).

(XII EXAME DE ORDEM UNIFICADO – FGV) Isabela é advogada prestigiada, tendo organizado, com o correr dos anos, um escritório de advocacia especializado em Direito Ambiental, com vários advogados associados. Por sugestão de um deles, edita um atualizado boletim de notícias, com informações jurisprudenciais, doutrinárias, legais e internacionais sobre o tema, considerado uma publicação de altíssima qualidade, que é distribuído somente aos profissionais do escritório. Sabedor da publicação, Eusébio, jovem estudante de Direito, que busca direcionar seus estudos para a área ambiental, solicita acesso ao referido boletim.

Nos termos do Código de Ética da Advocacia, o boletim de notícias

(A) deve circular restritivamente entre os profissionais do escritório.

(B) pode ser enviado a qualquer pessoa como forma de propaganda.

(C) pode ser remetido a quem o requerer.

(D) é considerado como publicidade abusiva e vedado ao advogado.

COMENTÁRIO

A alternativa "C" está correta, estando em consonância com o art. 45 do CED, que não exige o prévio requerimento do envio do boletim. Porém, obviamente, se alguém requerer o envio, e desde que se certifique que se trate de cliente ou pessoa interessada do meio jurídico, não haverá qualquer irregularidade.

A alternativa "A" está incorreta. Nos termos do art. 45, do Código de Ética e Disciplina (CED), são admissíveis como formas de publicidade o patrocínio de eventos ou publicações de caráter científico ou cultural, assim como a divulgação de boletins, por meio físico ou eletrônico, sobre matéria cultural de interesse dos advogados, desde que sua circulação fique adstrita a clientes e a interessados do meio jurídico.. Assim, o boletim de notícias distribuído por Isabela poderá circular não apenas entre os profissionais do escritório, mas, nos termos do dispositivo normativo citado, também, entre clientes ou outras pessoas interessadas do meio jurídico.

A alternativa "B" está incorreta, pois a publicidade na advocacia, regida pelos arts. 39 a 47 do CED, é limitada pelos princípios da discrição e sobriedade, além da finalidade informativa, não sendo viável o encaminhamento de boletim informativo como forma de propaganda do escritório. Como visto, os boletins podem ser enviados a colegas, clientes e, de maneira geral, a interessados do meio jurídico.

A alternativa "D" está incorreta, eis que o boletim de notícias não constitui publicidade abusiva da advocacia, desde que observados os parâmetros éticos ditados pelo CED.

2. FILOSOFIA

Alessandro Sanchez

1. HERMENÊUTICA E INTERPRETAÇÃO

(X EXAME DE ORDEM UNIFICADO – FGV) A hermenêutica aplicada ao direito formula diversos modos de interpretação das leis. A interpretação que leva em consideração principalmente os objetivos para os quais um diploma legal foi criado é chamada de

(A) interpretação restritiva, por levar em conta apenas os objetivos da lei, ignorando sua estrutura gramatical.

(B) interpretação extensiva, por aumentar o conteúdo de significado das sentenças com seus objetivos historicamente determinados.

(C) interpretação autêntica, pois apenas as finalidades da lei podem dar autenticidade à interpretação.

(D) interpretação teleológica, pois o sentido da lei deve ser considerado à luz de seus objetivos.

COMENTÁRIO

A questão versa sobre os métodos clássicos de interpretação, que a seguir comentaremos:

A alternativa "D" está perfeita, pois, como a própria análise da expressão "telos", que significa "fins", aqui o que se busca é a interpretação de acordo com os fins a que a lei se dirige.

A alternativa "A" está errada, pois a interpretação restritiva não é aquela que leva em consideração os objetivos da lei ou que ignora a estrutura gramatical, mas sim a que interpreta a lei diminuindo o seu alcance. A alternativa "B" também se apresenta incorreta, pois a interpretação extensiva é aquela em que a lei confere um alcance maior do que o legislador pretendia e não o que poderia se relacionar ao texto do enunciado, que menciona a ampliação do conteúdo de significado das sentenças com seus objetivos historicamente determinados.

A alternativa "C" está errada, porque a interpretação autêntica não é a que versa sobre a finalidade da lei, mas sim a interpretação dada pelo legislador primário, por isso, autêntica.

(XII EXAME DE ORDEM UNIFICADO – FGV) Considere a seguinte afirmação de Herbert L. A. Hart: "*Seja qual for o processo escolhido, precedente ou legislação, para a comunicação de padrões de comportamentos, estes, não obstante a facilidade com que atuam sobre a grande massa de casos correntes, revelar-se-ão como indeterminados em certo ponto em que a sua aplicação esteja em questão.*" (HART, Herbert. *O Conceito de Direito*. Lisboa: Calouste Gulbenkian, 1986, p. 141)

Hart admite um grau de indeterminação nos padrões de comportamento previstos na legislação e nos precedentes judiciais. A respeito, assinale a afirmativa correta.

(A) Trata-se do fenômeno chamado na doutrina jurídica de lacuna material do direito, em que o jurista não consegue dar uma resposta com base no próprio direito positivo para uma situação juridicamente relevante.

(B) Trata-se da textura aberta do direito, expressa por meio de regras gerais de conduta, que deve ganhar um sentido específico dado pela autoridade competente, à luz do caso concreto.

(C) Trata-se da incompletude do ordenamento jurídico que, por isso mesmo, deve recorrer aos princípios gerais do direito, a fim de promover uma integração do direito positivo.

(D) Trata-se do fenômeno denominado de anomia social pelos sociólogos do direito, em que existe um vácuo de normas jurídicas e a impossibilidade real de regulação de conflitos juridicamente relevantes.

COMENTÁRIO

A alternativa "B" está correta, pois a textura aberta do direito quer explicar uma indeterminação da linguagem presente nas afirmações que se relacionam com as regras gerais de conduta, como seria o caso de uma proibição de cães no parque, quando um sujeito se apresenta com um urso na coleira. A indeterminação do texto nos convida a uma interpretação que leve tal hipótese em consideração.

A alternativa "A" está errada, pois não estamos diante da discussão da completude do ordenamento jurídico e a hipótese de integração, mas sim da análise da linguagem do direito e o fenômeno da textura aberta do direito.

A alternativa "C" está incorreta, pois mais uma vez tenta traduzir o fenômeno da incompletude do direito e as hipóteses de integração e não estamos diante desse caso.

A alternativa "D" se apresenta errada, pois leva a denominação anomia social que não se relaciona a doutrina de Hart, mas talvez em Durkheim.

(XIII EXAME DE ORDEM UNIFICADO – FGV) Segundo Chaïm Perelman, ao tratar da argumentação jurídica na obra Lógica Jurídica, a decisão judicial aceitável deve satisfazer três auditórios para os quais ela se destina. Assinale a alternativa que indica corretamente os auditórios.

(A) A opinião pública, o parlamento e as cortes superiores.

(B) As partes em litígio, os profissionais do direito e a opinião pública.

(C) As partes em litígio, o parlamento e as cortes superiores.

(D) As cortes superiores, os organismos internacionais e os profissionais do direito.

COMENTÁRIO

A alternativa "B" está correta, exatamente de acordo com a obra Lógica Jurídica em Perelman, traduzindo em seu bojo os três auditórios a que acredita a decisão deve satisfazer.

A alternativa "A" está incorreta, pois o enunciado pede objetivamente os três auditórios para Chaim Perelman que em sua obra não cita o parlamento como um dos auditórios a que a decisão deve satisfazer.

A alternativa "C" está incorreta já que as cortes superiores e o parlamento não são citados em sua obra com o objetivo do enunciado, assim como é o caso da alternativa

"D" que também se apresenta incorreta já que as cortes superiores e os organismos internacionais também não são citados.

(XVII EXAME DE ORDEM UNIFICADO – FGV) Hans Kelsen, ao abordar o tema da interpretação jurídica no seu livro Teoria Pura do Direito, fala em ato de vontade e ato de conhecimento. Em relação à aplicação do Direito por um órgão jurídico, assinale a afirmativa correta da interpretação.

(A) Prevalece como ato de conhecimento, pois o Direito é atividade científica e, assim, capaz de prover precisão técnica no âmbito de sua aplicação por agentes competentes.

(B) Predomina como puro ato de conhecimento, em que o agente escolhe, conforme seu arbítrio, qualquer norma que entenda como válida e capaz de regular o caso concreto.

(C) A interpretação cognoscitiva combina-se a um ato de vontade em que o órgão aplicador efetua uma escolha entre as possibilidades reveladas por meio da mesma interpretação cognoscitiva.

(D) A interpretação gramatical prevalece como sendo a única capaz de revelar o conhecimento apropriado da *mens legis*.

COMENTÁRIO

A alternativa "C" está correta, representando o pensamento de Hans Kelsen, pois o conhecimento combina-se a um ato de vontade em relação às escolhas que são reveladas pelo mesmo conhecimento.

A alternativa "A" está incorreta, pois Hans Kelsen cita a combinação do ato de vontade e o conhecimento.

A alternativa "B" está incorreta já que o autor não cita a predominância do conhecimento, mas a combinação entre o conhecimento e a vontade.

A alternativa "D" está incorreta, pois Kelsen jamais citou a interpretação gramatical como única fonte apropriada para revelar o conhecimento que demonstra atividade logicamente mais complexa.

(XVIII EXAME DE ORDEM UNIFICADO – FGV) "A solução do conflito aparente de normas dá-se, na hipótese, mediante a incidência do critério da especialidade, segundo o qual prevalece a norma específica sobre a geral."

É conhecida a distinção no âmbito da Teoria do Direito entre antinomias aparentes (ou antinomias solúveis) e antinomias reais (ou antinomias insolúveis).

Para o jusfilósofo Norberto Bobbio, uma antinomia real se caracteriza quando estamos diante

(A) de duas normas colidentes que pertencem a ordenamentos jurídicos diferentes.

(B) de normas que colidem entre si, porém essa colisão é solúvel mediante a aplicação do critério cronológico, do critério hierárquico ou do critério de especialidade.

(C) de normas colidentes e o intérprete é abandonado a si mesmo pela falta de um critério ou pela impossibilidade de solução do conflito entre os critérios existentes.

(D) de duas ou mais normas que colidem entre si e que possuem diferentes âmbitos de validade temporal, espacial, pessoal ou material.

COMENTÁRIO

A alternativa "C" está correta, pois Norberto Bobbio define as antinomias reais como as que não podem ser solucionadas por critérios simplórios como a aplicação dos critérios hierárquico, especialidade e cronológico.

A alternativa "A" está incorreta, pois em sua obra "Teoria do Ordenamento Jurídico" onde discute as antinomias legais, entende que um ordenamento se conceitua como espaço geográfico determinado por fronteiras geográficas e culturais de soberania legal, jamais estabelecendo um sistema para solução de problemas em ordenamentos jurídicos distintos.

A alternativa "B" está incorreta, pois de acordo com Bobbio antinomia jurídica constitui o conflito entre duas normas incompatíveis, pertencentes ao mesmo ordenamento e tendo o mesmo âmbito de validade seja no tempo, espaço ou hierarquia, aliás, tais antinomias de simples solução, são classificadas como solúveis, como no texto da alternativa que comenta os critérios de solução.

A alternativa "D" está incorreta, pois mais uma vez a alternativa aponta situações solucionáveis por antinomias aparentes e não reais, onde aplicamos os critérios hierárquico, cronológico e de especialidade, a título de exemplo.

(XVIII EXAME DE ORDEM UNIFICADO – FGV) Segundo o jusfilósofo alemão Karl Larenz, os textos jurídicos são problematizáveis porque estão redigidos em linguagem corrente ou em linguagem especializada, mas que, de todo modo, contêm expressões que apresentam uma margem de variabilidade de significação. Nesse sentido, assinale a opção que exprime o pensamento desse autor acerca da ideia de interpretação da lei.

(A) Deve-se aceitar que os textos jurídicos apenas carecem de interpretação quando surgem particularmente como obscuros, pouco claros ou contraditórios.

(B) Interpretar um texto significa alcançar o único sentido possível de uma norma conforme a intenção que a ela foi dada pelo legislador.

(C) Os textos jurídicos, em princípio, são suscetíveis e carecem de interpretação porque toda linguagem é passível de adequação a cada situação.

(D) A interpretação dada por uma autoridade judicial a uma lei é uma conclusão logicamente vinculante que, por isso mesmo, deve ser repetida sempre que a mesma lei for aplicada.

COMENTÁRIO

A alternativa "C" está correta refletindo o pensamento de Karl Larenz no sentido de que os textos têm uma gama de significações possíveis e que o intérprete precisa decidir a significação e fundamentar as suas razões, adequando a linguagem a cada situação.

A alternativa "A" está incorreta, pois a ideia de Interpretação apenas na falta de clareza ou obscuridade não representa o pensamento de Karl Larenz que traz outra espécie de crítica, principalmente a que se relaciona às inúmeras significações que um mesmo texto pode trazer.

A alternativa "B" está incorreta, já que a alternativa vai de encontro com o pensamento do autor que tem ideia diametralmente oposta, onde compreende o texto com variados sentidos.

A alternativa "D" está incorreta, pois a vinculação à uma interpretação dada por autoridade judicial não faz parte do pensamento crítico do autor a respeito do tema da interpretação.

2. MORAL E DIREITO

(X EXAME DE ORDEM UNIFICADO – FGV) "Manter os próprios compromissos não constitui dever de virtude, mas dever de direito, a cujo cumprimento pode-se ser forçado. Mas prossegue sendo uma ação virtuosa (uma demonstração de virtude) fazê-lo mesmo quando nenhuma coerção possa ser aplicada. A doutrina do direito e a doutrina da virtude não são, consequentemente, distinguidas tanto por seus diferentes deveres, como pela diferença em sua legislação, a qual relaciona um motivo ou outro com a lei". Pelo trecho acima podemos inferir que Kant estabelece uma relação entre o direito e a moral. A esse respeito, assinale a afirmativa correta.

(A) O direito e a moral são idênticos, tanto na forma como no conteúdo prescritivo. Assim, toda ação contrária à moralidade das normas jurídicas é também uma violação da ordem jurídica.

(B) A conduta moral refere-se à vontade interna do sujeito, enquanto o direito é imposto por uma ação exterior e se concretiza no seu cumprimento, ainda que as razões da obediência do sujeito não sejam morais.

(C) A coerção, tanto no direito quanto na moral, é um elemento determinante. É na possibilidade de impor-se pela força, independentemente da vontade, que o direito e a moral regulam a liberdade.

(D) Direito e moral são absolutamente distintos. Consequentemente, cumprir a lei, ainda que espontaneamente, não é demonstração de virtude moral.

COMENTÁRIO

A alternativa "B" está correta, pois o pensamento Kantiano esboça a Moral como a vontade interna do sujeito, sendo o direito imposto por uma ação exterior que está relacionada à coercitividade, o que demonstra a possibilidade de as razões de seu cumprimento não serem exclusivamente morais.

A alternativa "A" não reflete o pensamento de Kant, muito embora a alternativa tenha pinçado uma parte do texto do autor na tentativa de confundir o candidato a oferecer essa resposta, sem deixar claro se o texto deve ou não ser levado em consideração ao alcance da resposta.

Portanto, a alternativa "A" está incorreta, pois, para o autor comentado, a conduta moral se apresenta com distinções em sua obra objetivadas acerca das distinções para com o direito.

A alternativa "C" está errada, pois a coerção na moral não é elemento determinante, e sim a vontade interna do sujeito.

A alternativa "D" também deve ser eliminada, já que é extremada ao dizer que o cumprimento da lei não tem representatividade moral.

(XII EXAME DE ORDEM UNIFICADO – FGV) O utilitarismo é uma filosofia moderna que conquistou muitos adeptos nos séculos XIX e XX, inclusive no pensamento jurídico. As principais características do utilitarismo são:

(A) convencionalismo, consequencialismo e antifundacionalismo.

(B) consequencialismo, transcendentalismo e fundacionalismo.

(C) convencionalismo, materialismo e fatalismo.

(D) mecanicismo, fatalismo e antifundacionalismo.

COMENTÁRIO

A alternativa "A" está correta, pois o convencionalismo traz ideia que se funda em uma doutrina pautada pelo contrato, aquilo que se convenciona, e, portanto, da natureza humana. O consequencialismo está relacionado a utilidade e a busca do bem-estar, se posicionando como o ponto central da doutrina utilitarista. Finalmente, o antifundacionalismo se relaciona ao fato de que estamos diante da busca do bem-estar e essa é a finalidade e tal doutrina não nos dá acesso a verdade a partir de bases sólidas.

A alternativa "B" está errada, pois aponta o fundacionalismo, o que nos faria compreender o apontar de bases sólidas para doutrina subjetivista, portanto, incorreta.

A alternativa "C" está errada, pois retrata duas características não integrantes do utilitarismo, quais sejam, o materialismo e fatalismo.

A alternativa "D" está errada, pois sequer cita o consequencialismo que é o ponto central da doutrina, para trazer outras hipóteses que não representam a corrente debatida, seja em Bentham ou Mill, portanto, afasta-se o mecanicismo e o fatalismo.

(XIV EXAME DE ORDEM UNIFICADO – FGV) O filósofo inglês Jeremy Bentham, em seu livro Uma introdução aos princípios da moral e da legislação, defendeu o princípio da utilidade como fundamento para a Moral e para o Direito. Para esse autor, o princípio da utilidade é aquele que

(A) estabelece que a moral e a lei devem ser obedecidas porque são úteis à coexistência humana na vida em sociedade.

(B) aprova ou desaprova qualquer ação, segundo a tendência que tem a aumentar ou diminuir a felicidade das pessoas cujos interesses estão em jogo.

(C) demonstra que o direito natural é superior ao direito positivo, pois, ao longo do tempo, revelou-se mais útil à tarefa de regular a convivência humana.

(D) afirma que a liberdade humana é o bem maior a ser protegido tanto pela moral quanto pelo direito, pois são a liberdade de pensamento e a ação que permitem às pessoas tornarem algo útil.

COMENTÁRIO

A alternativa "B" está correta, pois tal premissa deveria ser aplicada pelo Estado na construção de suas leis conforme as somas dos interesses políticos da sociedade, conforme a tendência em aumentar ou diminuir a felicidade das pessoas.

A alternativa "A" está incorreta, já que Jeremy Bentham buscava no princípio da utilidade a demonstração de que a lei deveria ser criada com base na produção de felicidade, defendendo esse critério para se alcançar determinado resultado positivo, mas sem defender que tal aplicação seria essencial para a coexistência humana em sociedade.

A alternativa "C" está incorreta, pois Bentham não citava o direito natural como fonte exclusiva para se atingir melhores resultados na construção da lei.

A alternativa "D" está incorreta, não reflete o pensamento de Bentham na obra citada, ainda que a liberdade humana pudesse trazer o bem-estar citado pelo autor na aprovação das ações e até na construção das leis.

(XV EXAME DE ORDEM UNIFICADO – FGV) Na Doutrina do Direito, Kant busca um conceito puramente racional e que possa explicar o direito independentemente da configuração específica de cada legislação. Mais precisamente, seria o direito entendido como expressão de uma razão pura prática, capaz de orientar a faculdade de agir de qualquer ser racional. Assinale a opção que contém, segundo Kant, essa lei universal do direito.

(A) Age de tal maneira que uses a humanidade, tanto na tua pessoa como na pessoa de qualquer outro, sempre e simultaneamente como fim, e nunca como meio.

(B) Age exteriormente, de modo que o livre uso de teu arbítrio possa se conciliar com a liberdade de todos, segundo uma lei universal.

(C) Age como se a máxima de tua ação se devesse tornar, pela tua vontade, lei universal da natureza.

(D) Age de forma que conserves sempre a tua liberdade, ainda que tenhas de resistir à liberdade alheia.

COMENTÁRIO

A alternativa "C" está correta por indicar, segundo o autor, o que temos que fazer para que a nossa vontade seja moralmente boa.

A alternativa "A" está incorreta, pois Kant, ao relatar as relações, jamais se utiliza de expressão, nem sequer próxima, de usar o ser humano como fim, mas com sentido que se relaciona com a forma de tratamento.

A alternativa "B" está incorreta, por não representar a lei universal do direito segundo o autor, que tem o sentido de traduzir ação moralmente boa, tendo essa outra premissa.

A alternativa "D" está incorreta, pois a resistência à liberdade alheia não se relaciona à busca que faz o enunciado apresentado que não coloca tal base como lei universal do direito.

(XV EXAME DE ORDEM UNIFICADO – FGV) Ao explicar as características fundamentais da Escola da Exegese, o jusfilósofo italiano Norberto Bobbio afirma que tal Escola foi marcada por uma concepção rigidamente estatal de direito. Como consequência disso, temos o princípio da onipotência do legislador. Segundo Bobbio, a Escola da Exegese nos leva a concluir que

(A) a lei não deve ser interpretada segundo a razão e os critérios valorativos daquele que deve aplicá-la, mas, ao contrário, este deve submeter-se completamente à razão expressa na própria lei.

(B) o legislador é onipotente porque é representante democraticamente eleito pela população, e esse processo representativo deve basear-se sempre no direito consuetudinário, porque este expressa o verdadeiro espírito do povo.

(C) uma vez promulgada a lei pelo legislador, o estado-juiz competente para interpretá-la buscando aproximar a letra da lei dos valores sociais e das demandas populares legítimas.

(D) a única força jurídica legitimamente superior ao legislador é o direito natural; portanto, o legislador é soberano para tomar suas decisões, desde que não violem os princípios do direito natural.

COMENTÁRIO

A alternativa "A" está correta, representando o pensamento do autor Norberto Bobbio, de ideal positivista para quem a lei não deve ser interpretada por critérios valorativos mas à razão expressa na própria lei.

A alternativa "B" está incorreta, pois o direito consuetudinário não é base de apoio para a sua doutrina.

A alternativa "C" está incorreta, já que o pensamento do autor, positivista, é contrário à interpretação sociológica, pois afronta a segurança jurídica.

A alternativa "D" está incorreta, por representar um pensamento jusnaturalista, diametralmente oposto ao pensamento do autor citado.

(XVI EXAME DE ORDEM UNIFICADO – FGV) Rudolf Von Ihering, em A Luta pelo Direito, afirma que "O fim do direito é a paz, o meio de atingi-lo, a luta". Assinale a afirmativa que melhor expressa o pensamento desse autor.

(A) O Direito de uma sociedade é a expressão dos conflitos sociais desta sociedade, e ele resulta de uma luta de pessoas e grupos pelos seus próprios direitos subjetivos. Por isso, o Direito é uma força viva e não uma ideia.

(B) O Direito é o produto do espírito do povo – volksgeist – que é passado de geração em geração. Por isso, quando se fala em Direito, é preciso sempre olhar para a história e as lutas sociais. O Direito Romano é a melhor expressão desse processo.

(C) O Direito é parte da infraestrutura da sociedade e resulta de um processo de luta de classes, em que a classe dominante o usa para manter o controle sobre os dominados.

(D) O Direito resulta da ação institucional do Estado, e no parlamento são travadas as lutas políticas que definem os direitos subjetivos de uma sociedade.

COMENTÁRIO

A alternativa "A" está correta, pois representa o exato pensamento de Ihering, em A Luta pelo Direito ao citar o direito como uma força viva e não uma ideia.

A alternativa "B" está incorreta, pois o autor jamais citou o Direito como produto do espírito do povo, mas sim, como a expressão dos conflitos sociais e lutas de pessoas e grupos pelos seus próprios direitos subjetivos.

A alternativa "C" está incorreta, pois o pensamento de que o direito resulta dos interesses da classe dominante não é a essência de sua doutrina que busca demonstrar a mutação do direito como expressão dos conflitos sociais.

A alternativa "D" está incorreta, pois o seu raciocínio embora de oposição ao jusnaturalismo, não leva a bandeira do Positivismo Jurídico, mas sim da Evolução Histórica do Direito.

3. JUSTIÇA

(IX EXAME DE ORDEM UNIFICADO – FGV) Considere a seguinte afirmação de Aristóteles: "Temos pois definido o justo e o injusto. Após distingui-los assim um do outro, é evidente que a ação justa é intermediária entre o agir injustamente e o ser vítima da injustiça; pois um deles é ter demais e o outro é ter demasiado pouco." (Aristóteles. Ética a Nicômaco. Coleção Os Pensadores. São Paulo: Abril Cultural, 1973, p. 329.) De efeito, é correto concluir que para Aristóteles a justiça deve sempre ser entendida como

(A) produto da legalidade, pois o homem probo é o homem justo.

(B) espécie de meio-termo.

(C) relação de igualdade aritmética.

(D) ação natural imutável.

COMENTÁRIO

A questão em voga busca esboçar o pensamento de Aristóteles e, a seguir, os nossos comentários:

A alternativa "B" está correta, porque a Justiça, como todas as virtudes, conta com o meio-termo, assim, a Justiça é medida entre o cometer injustiça e o ser vítima de injustiça, sendo essas duas condutas extremadas para que a justiça esteja no meio do caminho das hipóteses apresentadas.

A alternativa "A" está incorreta, pois, para Aristóteles, a Justiça como virtude não se trata de produto da legalidade, pois não se retrata na coercitividade decorrente das leis humanas.

A alternativa "C" está errada, mas confundiu uma série de examinandos, pois Aristóteles entende que, na aplicação da justiça particular, os desiguais devem ser tratados desigualmente na medida de suas desigualdades, em palavras de Rui Barbosa inspiradas na doutrina de Aristóteles e o que se entende por Justiça Distributiva.

A Alternativa "D" também está errada, pois associa a justiça a uma ação natural imutável, ao contrário de sua doutrina, que a relativiza no tempo.

(XIII EXAME DE ORDEM UNIFICADO – FGV) Em seu livro Levando os Direitos a Sério, Ronald Dworkin cita o caso Riggs contra Palmer, em que um jovem matou o próprio avô para ficar com a herança. O Tribunal de Nova Iorque (em 1889) julga o caso considerando que a legislação do local e da época não previa o homicídio como causa de exclusão da sucessão. Para solucionar o caso, o Tribunal aplica o princípio, não legislado, do direito que diz que ninguém pode se beneficiar de sua própria iniquidade ou ilicitude. Assim, o assassino não recebeu sua herança. Com esse exemplo podemos concluir que a jusfilosofia de Ronald Dworkin, dentre outras coisas, pretende

(A) revelar que a responsabilidade sobre o maior ou menor grau de justiça de um ordenamento jurídico é responsabilidade exclusiva do legislador que deve se esforçar por produzir leis justas.

(B) mostrar como as cortes podem ser ativistas quando decidem com base em princípios e não com base na lei e que decidir assim fere o estado de direito.

(C) defender que regras e princípios são normas jurídicas que possuem as mesmas características e, por isso, ambos podem ser aplicados livremente pelos tribunais.

(D) argumentar que regras e princípios são normas com características distintas e em certos casos os princípios poderão justificar de forma mais razoável a decisão judicial, pois a tornam também moralmente aceitável.

COMENTÁRIO

A alternativa "D" está correta, pois exatamente como na assertiva, o autor defende a aplicação dos princípios em alguns casos difíceis, em favor do moralmente aceitável.

A alternativa "A" está incorreta por apresentar um argumento positivista em sua essência, o que se afasta do pensamento de Ronald Dworkin.

A alternativa "B" está incorreta, pois na obra "Levando os Direitos a Sério", o autor não pretende trazer crítica ao Poder Judiciário, inclusive trazendo argumentos no sentido da razoabilidade na interpretação da decisão judicial para apresentar argumentos em favor da aplicação dos princípios gerais de direito.

A alternativa "C" está incorreta pois Dworkin não tem a pretensão de colocar princípios e normas na mesma hierarquia.

(XIV EXAME DE ORDEM UNIFICADO – FGV) O jusfilósofo alemão Gustav Radbruch, após a II Guerra Mundial, escreve, como circular dirigida aos seus alunos de Heidelberg, seu texto "Cinco Minutos de Filosofia do Direito", na qual afirma: "Esta concepção da lei e sua validade, a que chamamos Positivismo, foi a que deixou sem defesa o povo e os juristas contra as leis mais arbitrárias, mais cruéis e mais criminosas." De acordo com a fórmula de Radbruch,

(A) embora as leis injustas sejam válidas e devam ser obedecidas, as leis extremamente injustas perderão a validade e o próprio caráter de jurídicas, sendo, portanto, dispensada sua obediência.

(B) apenas a lei justa pode ser considerada jurídica, pois a lei injusta não será direito.

(C) o direito é o mínimo ético de uma sociedade, de forma que qualquer lei injusta não será direito.

(D) o direito natural é uma concepção superior ao positivismo jurídico; por isso, a justiça deve sempre prevalecer sobre a segurança.

COMENTÁRIO

A alternativa "A" está correta, pois Radbruch apresenta fórmula que, em regra, traz o Direito Positivo para a sua preferencial aplicação, de modo que apenas as leis insuportáveis e extremamente injustas perderão o caráter de válidas e até o caráter de jurídicas.

A alternativa "B" está incorreta, pois para o autor a lei injusta é também considerada jurídica, sendo que na afirmativa anterior, que está correta, se verifica que apenas as leis extremamente injustas perderão o caráter de jurídicas.

A alternativa "C" está incorreta, pois a teoria do mínimo ético não é de autoria do autor citado.

A alternativa "D" está incorreta, já que o autor não é retratado como jusnaturalista.

(XVI EXAME DE ORDEM UNIFICADO – FGV) O Art. 126 do CPC afirma que o juiz não se exime de sentenciar ou despachar alegando lacuna ou obscuridade da lei. A questão das lacunas também é recorrente no âmbito dos estudos da Filosofia e da Teoria Geral do Direito. O jusfilósofo Norberto Bobbio, no livro Teoria do Ordenamento Jurídico apresenta um estudo sobre essa questão. O autor denomina por lacuna ideológica a falta de uma norma

(A) legitimamente produzida pelo legislador democrático.

(B) justa, que enseje uma solução satisfatória ao caso concreto.

(C) que atenda às convicções ideológicas pessoais do juiz.

(D) costumeira, que tenha surgido de práticas sociais inspiradas nos valores vigentes.

COMENTÁRIO

A alternativa "A" está incorreta, pois o autor denomina a lacuna ideológica como a falta de norma justa e não norma legítima em vista de ausência de democracia, o que traduz as razões para a assertiva "B" esteja exatamente de acordo com o texto do autor, devendo ser marcado, por estar correta.

A alternativa "C" está incorreta, já que o autor defende a lei não abre espaço para as interpretações judiciais, muito menos, as pessoais.

A alternativa "D" está incorreta, pois os costumes não têm o prestígio superior ao Direito Positivado segundo Norberto Bobbio.

(XVII EXAME DE ORDEM UNIFICADO – FGV) "Mister é não olvidar que a compreensão do direito como 'fato histórico-cultural' implica o conhecimento de que estamos perante uma realidade essencialmente dialética, isto é, que não é concebível senão como 'processus', cujos elementos ou momentos constitutivos são fato, valor e norma (...)" (Miguel Reale, in Teoria Tridimensional do Direito) Assinale a opção que corretamente explica a natureza da dialética de complementaridade que, segundo Miguel Reale, caracteriza a Teoria Tridimensional do Direito.

(A) A relação entre os polos opostos que são o fato, a norma e o valor, produz uma síntese conclusiva entre tais polos.

(B) A implicação dos opostos na medida em que se desoculta e se revela a aparência da contradição, sem que, com esse desocultamento, os termos cessem de ser contrários.

(C) A síntese conclusiva que se estabelece entre diferentes termos, conforme o modelo hegeliano de tese, antítese e síntese.

(D) A estrutura estática que resulta da lógica de subsunção entre os três termos que constituem a experiência jurídica: fato, norma e valor.

COMENTÁRIO

A alternativa "B" está correta, pois em sua teoria tridimensional do direito, o autor explica a implicação dos opostos na medida que se desoculta e se revela a aparência da contradição, mas que, tal desocultamento não faça com os opostos deixem de ser contrários.

A alternativa "A" está incorreta, pois a implicação dos opostos não produz uma síntese conclusiva, mas a aparência da contradição.

A alternativa "C" está incorreta, por não representar o pensamento de Reale, nem muito menos demonstra a conformidade de sua compreensão do direito como 'fato histórico-cultural" com o pensamento Hegeliano.

A alternativa "D" está incorreta, pois os termos apresentados não possuem estrutura estática no pensamento Realiano.

4. RACIONALISMO

(IX EXAME DE ORDEM UNIFICADO – FGV) Boa parte da doutrina jusfilosófica contemporânea associa a ideia de Direito ao conceito de razão prática ou sabedoria prática. Assinale a alternativa que apresenta o conceito correto de razão prática.

(A) Uma forma de conhecimento científico (episteme) capaz de distinguir entre o verdadeiro e o falso.

(B) Uma técnica (techne) capaz de produzir resultados universalmente corretos e desejados.

(C) A manifestação de uma opinião (doxa) qualificada ou ponto de vista específico de um agente diante de um tema específico.

(D) A capacidade de bem deliberar (phronesis) a respeito de bens ou questões humanas.

COMENTÁRIO

A alternativa "D" se apresenta correta, pois faz menção à capacidade de bem deliberar a respeito de bens ou questões humanas, o que se retira da doutrina inspiradora da questão, mas uma vez em Kant.

A alternativa "A" está errada, pois, no conceito de Razão Prática, não há que se falar em pensamento variante entre verdadeiro e falso, questão que pertine ao pensamento científico, que na doutrina que se exige são dissociadas.

A alternativa "B" também se apresenta errada, pois tal estudo admite relativizações, bastante distinto do que afirma a alternativa em comento quando cita a técnica, capaz de produzir resultados universalmente corretos e desejados.

A alternativa "C" está errada, porque apresenta mero ponto de vista de um agente diante de tema específico, enquanto a alternativa correta deve se relacionar à vontade.

3. Direito Constitucional

Nathalia Masson

1. TEORIA DA CONSTITUIÇÃO

(XVII EXAME DE ORDEM UNIFICADO – FGV) Dois advogados, com grande experiência profissional e com a justa preocupação de se manterem atualizados, concluem que algumas ideias vêm influenciando mais profundamente a percepção dos operadores do direito a respeito da ordem jurídica. Um deles lembra que a Constituição brasileira vem funcionando como verdadeiro "filtro", de forma a influenciar todas as normas do ordenamento pátrio com os seus valores. O segundo, concordando, adiciona que o crescente reconhecimento da natureza normativo-jurídica dos princípios pelos tribunais, especialmente pelo Supremo Tribunal Federal, tem aproximado as concepções de direito e justiça (buscada no diálogo racional) e oferecido um papel de maior destaque aos magistrados.

As posições apresentadas pelos advogados mantêm relação com uma concepção teórico-jurídica que, no Brasil e em outros países, vem sendo denominada de

(A) neoconstitucionalismo.
(B) positivismo-normativista.
(C) neopositivismo.
(D) jusnaturalismo.

COMENTÁRIO

A assertiva "A" está correta. A questão refere-se expressamente ao neoconstitucionalismo. Conforme a doutrina, busca-se a eficácia da Constituição, deixando o texto de ter um caráter meramente retórico e passando a ser efetivo, especialmente diante da expectativa de concretização dos direitos fundamentais.

Em suma: o neoconstitucionalismo ou novo direito constitucional, identifica um conjunto amplo de transformações ocorridas no Estado e no direito constitucional, em meio às quais podem ser assinalados, (i) como marco histórico, a formação do Estado constitucional de direito, cuja consolidação se deu ao longo das décadas finais do século XX; (ii) como marco filosófico, o pós-positivismo, com a centralidade dos direitos fundamentais e a reaproximação entre Direito e ética; e (iii) como marco teórico, o conjunto de mudanças que incluem a força normativa da Constituição, a expansão da jurisdição constitucional e o desenvolvimento de uma nova dogmática da interpretação constitucional. Desse conjunto de fenômenos resultou um processo extenso e profundo de constitucionalização do Direito.

A ideia de constitucionalização do Direito aqui explorada está associada a um efeito expansivo das normas constitucionais, cujo conteúdo material e axiológico se irradia, com força normativa, por todo o sistema jurídico. Os valores, os fins públicos e os comportamentos contemplados nos princípios e regras da Constituição passam a condicionar a validade e o sentido de todas as normas do direito infraconstitucional.

(XVII EXAME DE ORDEM UNIFICADO – FGV) A discussão a respeito das funções executiva, legislativa e judiciária parece se acirrar em torno dos limites do seu exercício pelos três tradicionais Poderes. Nesse sentido, sobre a estrutura adotada pela Constituição brasileira de 1988, assinale a afirmativa correta.

(A) O exercício da função legislativa é uma atribuição concedida exclusivamente ao Poder Legislativo, como decorrência natural de ser considerado o Poder que mais claramente representa o regime democrático.
(B) O exercício da função jurisdicional é atribuição privativa do Poder Judiciário, embora se possa dizer que o Poder Executivo, no uso do seu poder disciplinar, também faça uso da função jurisdicional.
(C) O exercício de funções administrativas, judiciárias e legislativas deve respeitar a mais estrita divisão de funções, não existindo possibilidade de que um Poder venha a exercer, atipicamente, funções afetas a outro Poder.
(D) A produção de efeitos pelas normas elaboradas pelos Poderes Legislativo e Executivo pode ser limitada pela atuação do Poder Judiciário, no âmbito de sua atuação típica de controlar a constitucionalidade ou a legalidade das normas do sistema.

COMENTÁRIO

Os Estados contemporâneos não mais se coadunam com a inflexibilidade da separação de Poderes típica do século XVIII e XIX, segundo a qual cada Poder exerceria uma única função típica, ínsita à sua natureza, agindo de modo autônomo e dissociado dos demais órgãos estatais. Essa rigidez absoluta, que historicamente impulsionou a construção da teoria da separação dos poderes, visava combater a concentração de poderes no monarca, limitando-o através da contenção.

Tendo isso em conta, a tripartição de Poderes no sistema jurídico pátrio é, hodiernamente, consagrada por normatividade constitucional (art. 2º, CF/1988), devendo ser lida de forma mais elástica, pois, como se sabe, o poder constituinte originário outorgou a cada um dos órgãos estatais competências que se traduzem em funções tradicionais (típicas ou predominantes) e atípicas (secundárias).

Nesse sentido, correta é a alternativa 'D'. Na letra 'A' o erro encontra-se no não reconhecimento de que a função legislativa é uma atribuição concedida com primazia, mas não exclusividade, ao Poder Legislativo (para ilustrar: o Presidente da República também legisla, editando medidas provisórias ou leis delegadas). A função jurisdicional não é exclusiva do Poder Judiciário, razão pela qual a alternativa 'B' é falsa (para ilustrar: o Senado Federal julga o Presidente da República pelos crimes de responsabilidade). A alternativa 'C' é incorreta na medida em que não reconhece o exercício das funções atípicas pelos Poderes.

2. DIREITOS E GARANTIAS INDIVIDUAIS

(EXAME DE ORDEM UNIFICADO 2010.3 – FGV) A Constituição garante a plena liberdade de associação para fins lícitos, vedada a de caráter paramilitar (art. 5º, XVII). A respeito desse direito fundamental, é correto afirmar que a criação de uma associação

(A) depende de autorização do poder público e pode ter suas atividades suspensas por decisão administrativa.
(B) não depende de autorização do poder público, mas pode ter suas atividades suspensas por decisão administrativa.
(C) depende de autorização do poder público, mas só pode ter suas atividades suspensas por decisão judicial transitada em julgado.
(D) não depende de autorização do poder público, mas só pode ter suas atividades suspensas por decisão judicial.

COMENTÁRIO

A criação de associações independe de autorização estatal, e só pode ter suas atividades suspensas por decisão judicial (art. 5º, XVIII e XIX, da CF/1988). Nesse sentido, a alternativa correta é aquela constante da letra "D".

(IV EXAME DE ORDEM UNIFICADO – FGV) Determinado congressista é flagrado afirmando em entrevista pública que não se relaciona com pessoas de etnia diversa da sua e não permite que, no seu prédio residencial, onde atua como síndico, pessoas de etnia negra frequentem as áreas comuns, os elevadores sociais e a piscina do condomínio. Ciente desses atos, a ONG TudoAfro relaciona as pessoas prejudicadas e concita a representação para fins criminais com o intuito de coibir os atos descritos. À luz das normas constitucionais e dos direitos humanos, é correto afirmar que

(A) o prazo de prescrição incidente sobre o crime de racismo é de vinte anos.
(B) o crime de racismo não está sujeito a prazo extintivo de prescrição.
(C) o crime de racismo é afiançável, sendo o valor fixado por decisão judicial.
(D) nos casos de crime de racismo, a pena cominada é de detenção.

COMENTÁRIO

A alternativa constitucionalmente adequada é a da letra "B". Conforme dispõe o art. 5º, XLII, da CF/1988, a prática do racismo constitui crime inafiançável e imprescritível, sujeito à pena de reclusão, nos termos da lei.

(VI EXAME DE ORDEM UNIFICADO – FGV) A Constituição assegura, entre os direitos e garantias individuais, a inviolabilidade do domicílio, afirmando que "a casa é asilo inviolável do indivíduo, ninguém nela podendo penetrar sem o consentimento do morador" (art. 5º, XI, CRFB). A esse respeito, assinale a alternativa correta.

(A) O conceito de "casa" é abrangente e inclui quarto de hotel.
(B) O conceito de casa é abrangente, mas não inclui escritório de advocacia.
(C) A prisão em flagrante durante o dia é um limite a essa garantia, mas apenas quando houver mandado judicial.
(D) A prisão em quarto de hotel obedecendo a mandado judicial pode se dar no período noturno.

COMENTÁRIO

A assertiva "A" é a correta, afinal, para fins da proteção jurídica a que se refere o art. 5º, XI, da CF/1988, o conceito normativo de "casa" revela-se significativamente abrangente, estendendo-se a qualquer aposento de habitação coletiva, desde que ocupado (CP, art. 150, § 4º, II) – o que compreende os quartos de hotel.

Segundo a doutrina e a jurisprudência pacífica do STF, o conceito de "casa" abrange, também, o local onde alguém exerce profissão ou atividade (CP, art. 150, § 4º, III), compreendendo, portanto, os escritórios profissionais, inclusive os de advocacia (área interna não acessível ao público). Por isso as alternativas "B" e "D" são falsas.

O erro da letra "C" decorre do fato de a prisão em flagrante poder ocorrer em qualquer hora do dia e sem necessidade de mandado judicial.

(XI EXAME DE ORDEM UNIFICADO – FGV) Acerca da disciplina constitucional do direito à educação, assinale a afirmativa correta.

(A) Os municípios atuarão prioritariamente na prestação do ensino fundamental e médio.
(B) Na prestação do ensino fundamental, além da utilização obrigatória da língua portuguesa, é assegurada às comunidades indígenas a utilização de suas línguas maternas.
(C) É permitido às universidades admitir professores estrangeiros, na forma da lei, mas é expressamente vedada a admissão de técnicos e de pesquisadores estrangeiros.
(D) O ensino é livre à iniciativa privada, independente de autorização e da avaliação de sua qualidade pelo Poder Público.

COMENTÁRIO

A alternativa "A" está equivocada, visto que, conforme o art. 211, § 2º, da CF/1988, os Municípios atuarão prioritariamente no ensino fundamental e na educação infantil.

Quanto à assertiva inscrita na letra "B", é verdadeira, pois, nos termos do art. 210, § 2º, o ensino fundamental regular será ministrado em língua portuguesa, assegurada às comunidades indígenas também a utilização de suas línguas maternas e processos próprios de aprendizagem.

O equívoco da alternativa "C" encontra-se no fato de que é facultado às universidades admitir professores, técnicos e cientistas estrangeiros, na forma da lei, de acordo com o art. 207, § 1º, da CF/1988.

Por fim, está incorreto o que se depreende da leitura da alternativa "D", pois, nos termos do art. 209, I e II, da CF/1988, o ensino é livre à iniciativa privada, atendidas as seguintes condições: cumprimento das normas gerais da educação nacional; e autorização e avaliação de qualidade pelo Poder Público.

(XII EXAME DE ORDEM UNIFICADO – FGV) A Constituição declara que todos podem reunir-se em local aberto ao público. Algumas condições para que as reuniões se realizem são apresentadas nas alternativas a seguir, à *exceção de uma*. Assinale-a.

(A) Os participantes não portem armas.
(B) A reunião seja autorizada pela autoridade competente.
(C) A reunião não frustre outra reunião anteriormente convocada para o mesmo local.
(D) Os participantes reúnam-se pacificamente.

COMENTÁRIO

Nos termos do art. 5º, XVI, da CF/1988, todos podem reunir-se pacificamente, sem armas, em locais abertos ao público, independentemente de autorização, desde que não frustrem outra reunião anteriormente convocada para o mesmo local, sendo apenas exigido prévio aviso à autoridade competente. Nesse sentido, a assertiva a ser assinalada é a letra "B", visto que não se exige autorização da autoridade competente, mas apenas aviso prévio.

(XII EXAME DE ORDEM UNIFICADO – FGV) Ana Beatriz procura um escritório de advocacia, informando que a Universidade Pública do Estado XYZ instituiu, mediante decreto do Governador, uma taxa da matrícula no valor de R$ 100,00 (cem) reais, para estudantes que possuam renda familiar superior a 10 (dez) salários mínimos, com a finalidade de utilizar esse recurso para subsidiar a moradia de alunos de baixa renda, procedentes de Municípios distantes. Diante da indagação de Ana Beatriz sobre a constitucionalidade da cobrança, assinale a afirmativa correta.

(A) A cobrança é constitucional, pois se trata de uma política pública de redução das desigualdades.
(B) A cobrança é constitucional em razão do princípio da autonomia universitária, previsto na Constituição da República.
(C) A cobrança é inconstitucional, uma vez que a taxa de matrícula deveria ser instituída por lei.
(D) A cobrança é inconstitucional, uma vez que viola o imperativo de gratuidade do ensino público em estabelecimentos oficiais.

COMENTÁRIO

A assertiva correta é a constante na alternativa "D". De acordo com a Súmula Vinculante 12, editada pelo STF, a cobrança de taxa de matrícula nas universidades públicas viola o disposto no art. 206, IV, da CF/1988, que prevê a gratuidade do ensino público em estabelecimentos oficiais.

(XIV EXAME DE ORDEM UNIFICADO – FGV) A Sra. Maria da Silva é participante ativa da AMA-X (Associação de Moradores e Amigos do bairro X). Todos os dias, no fim da tarde, a Sra. Maria da Silva e um grupo de associados reuniam-se na praça da cidade, distribuindo material sobre os problemas do bairro. A associação convocava os moradores para esses encontros por meio da rádio da cidade e comunicava, previamente, o local e a hora das reuniões às autoridades competentes.

Certa tarde, um grupo da Associação de Moradores do bairro Y ocupou o local que os participantes da AMA-X habitualmente utilizavam. O grupo do bairro Y não havia avisado, previamente, a autoridade competente sobre o evento, organizado em espaço público.

A Sra. Maria da Silva, indignada com a utilização do mesmo espaço, e tendo sido frustrada a reunião de seu grupo, solicitou aos policiais militares, presentes no local, que tomassem as medidas necessárias para permitir a realização do encontro da AMA-X.

Em relação à liberdade de associação e manifestação, assinale a afirmativa correta.

(A) A AMA-X deve buscar novo local de manifestação, tendo em vista que o local de reunião é público e que a associação do bairro Y possui os mesmos direitos de reunião e manifestação.
(B) A associação do bairro Y deve buscar novo local de manifestação, pois não tem o direito de frustrar reunião anteriormente convocada para o mesmo local, já que houve prévio aviso à autoridade competente sobre o uso do espaço público pela AMA-X.
(C) A AMA-X deve dividir o espaço com a associação do bairro Y, tendo em vista que o local de reunião é público e que o direito à livre manifestação de ideias é garantido.
(D) A associação do bairro Y poderá ser dissolvida por ato da autoridade pública municipal em razão de não ter comunicado previamente à Prefeitura a realização de suas reuniões em espaço público.

COMENTÁRIO

A única alternativa ajustada com o texto constitucional é a da letra "B", que preceitua, nos termos do art. 5º, XVI, CF/1988: "Todos podem reunir-se pacificamente, sem armas, em locais abertos ao público, independentemente de autorização, desde que não frustrem outra reunião anteriormente convocada para o mesmo local, sendo apenas exigido prévio aviso à autoridade competente".

(XIV EXAME DE ORDEM UNIFICADO – FGV) Deise pretende ter acesso a informações pertinentes à atividade estatal que estão em poder de específico órgão público, aduzindo que todos os dados de interesse coletivo ou geral devem ser públicos.

Nos termos da Constituição Federal, o direito de acesso às informações estatais

(A) é absoluto, em decorrência da publicidade dos atos.
(B) tem, como limite, o sigilo imprescindível à segurança do Estado.
(C) depende de autorização excepcional do Executivo.
(D) está limitado aos dados constantes nos sítios de informações estatais.

COMENTÁRIO

Nos termos do art. 5º, XXXIII, CF/1988, todos têm direito a receber dos órgãos públicos informações de seu interesse particular, ou de interesse coletivo ou geral, que serão prestadas no prazo da lei, sob pena de responsabilidade, ressalvadas aquelas cujo sigilo seja imprescindível à segurança da sociedade e do Estado. Por essa razão, a alternativa "B" está correta.

(XV EXAME DE ORDEM UNIFICADO – FGV) Pedro promoveu ação em face da União Federal e seu pedido foi julgado procedente, com efeitos patrimoniais vencidos e vincendos, não havendo mais recurso a ser interposto. Posteriormente, o Congresso Nacional aprovou lei, que foi sancionada, extinguindo o direito reconhecido a Pedro. Após a publicação da referida lei, a Administração Pública federal notificou Pedro para devolver os valores recebidos, comunicando que não mais ocorreriam os pagamentos futuros, em decorrência da norma em foco.

Nos termos da Constituição Federal, assinale a opção correta

(A) A lei não pode retroagir, porque a situação versa sobre direitos indisponíveis de Pedro

(B) A lei não pode retroagir para prejudicar a coisa julgada formada em favor de Pedro.

(C) A lei pode retroagir, pois não há direito adquirido de Pedro diante de nova legislação.

(D) A lei pode retroagir, porque não há ato jurídico perfeito em favor de Pedro diante de pagamentos pendentes.

COMENTÁRIO

Conforme preceitua o art. 5, XXXVI, CF/1988, a lei não prejudicará o direito adquirido, o ato jurídico perfeito e a coisa julgada. Nesse sentido, a alternativa correta é a constante da letra "B".

(XVI EXAME DE ORDEM UNIFICADO – FGV) O diretor de RH de uma multinacional da área de telecomunicações, em reunião corporativa, afirmou que o mundo globalizado vem produzindo grandes inovações, exigindo o reconhecimento de novas profissões desconhecidas até então. Feitas essas considerações, solicitou à diretoria que alterasse o quadro de cargos e funções da empresa, incluindo as seguintes profissões: gestor de mídias sociais, gerente de *marketing* digital e desenvolvedor de aplicativos móveis. O presidente da sociedade empresária, posicionando-se contra o pedido formulado, alegou que o exercício de qualquer atividade laborativa pressupõe a sua devida regulamentação em lei, o que ainda não havia ocorrido em relação às referidas profissões.

Com base na teoria da eficácia das normas é correto afirmar que o presidente da sociedade empresária

(A) argumentou em harmonia com a ordem constitucional, pois o dispositivo da Constituição Federal que afirma ser livre o exercício de qualquer trabalho, ofício ou profissão, atendidas as qualificações profissionais que a lei estabelecer, possui eficácia limitada, exigindo regulamentação legal para que possa produzir efeitos.

(B) apresentou argumentos contrários à ordem constitucional, pois o dispositivo da Constituição Federal que afirma ser livre o exercício de qualquer trabalho, ofício ou profissão, atendidas as qualificações profissionais que a lei estabelecer, possui eficácia contida, de modo que, inexistindo lei que regulamente o exercício da atividade profissional, é livre o seu exercício.

(C) apresentou argumentos contrários à ordem constitucional, pois o dispositivo da Constituição Federal que afirma ser livre o exercício de qualquer trabalho, ofício ou profissão, atendidas as qualificações profissionais que a lei estabelecer, possui eficácia plena, já que a liberdade do exercício profissional não pode ser restringida, mas apenas ampliada.

(D) argumentou em harmonia com a ordem constitucional, pois o dispositivo da Constituição Federal que afirma ser livre o exercício de qualquer trabalho, ofício ou profissão, atendidas as qualificações profissionais que a lei estabelecer, não possui nenhuma eficácia, devendo ser objeto de mandado de injunção para a sua devida regulamentação.

COMENTÁRIO

A assertiva "B" está correta. Nosso texto constitucional garante a liberdade no exercício de qualquer trabalho, ofício ou profissão, independentemente da edição de lei (a regra é a liberdade profissional, nos termos do art. 5º, XIII). A Constituição condiciona essa liberdade, no entanto, ao atendimento das qualificações profissionais que eventualmente uma lei federal (art. 22, XVI) estabelecer. Nesse sentido, estamos diante de uma norma constitucional de eficácia contida, pois o direito é plenamente exercitável, até que seja editada a lei regulamentadora, trazendo requisitos ao exercício daquela profissão.

(XVIII EXAME DE ORDEM UNIFICADO – FGV) Um grupo autodenominado "Sangue Puro" passou a se organizar sob a forma de associação. No seu estatuto, é possível identificar claros propósitos de incitação à violência contra indivíduos pertencentes a determinadas minorias sociais. Diversas organizações não governamentais voltadas à defesa dos direitos humanos, bem como o Ministério Público, ajuizaram medidas judiciais solicitando a sua imediata dissolução. Segundo a Constituição Federal, a respeito da hipótese formulada, assinale a afirmativa correta.

(A) A associação não poderá sofrer qualquer intervenção do Poder Judiciário, pois é vedada a interferência estatal no funcionamento das associações.

(B) Caso o pedido de dissolução seja acolhido, a associação poderá ser compulsoriamente dissolvida, independentemente do trânsito em julgado da sentença judicial.

(C) A associação poderá ter suas atividades imediatamente suspensas por decisão judicial, independentemente do seu trânsito em julgado.

(D) Apenas se justificaria a intervenção estatal se caracterizada a natureza paramilitar da associação em comento.

COMENTÁRIO

A alternativa constitucionalmente adequada é a da letra "C". Conforme dispõe o art. 5.º, XIX, da CF/1988, as associações só poderão ser compulsoriamente dissolvidas ou ter suas atividades suspensas por decisão judicial, exigindo-se, no primeiro caso, o trânsito em julgado.

(XVIII EXAME DE ORDEM UNIFICADO – FGV) Luiz é proprietário de uma grande fazenda localizada na zona rural do Estado X. Lá, cultiva café de excelente qualidade – e com grande produtividade – para fins de exportação. Porém, uma fiscalização realizada por agentes do Ministério do Trabalho e do Emprego constatou a exploração de mão de obra escrava. Independentemente das sanções previstas em lei, caso tal prática seja devidamente comprovada, de forma definitiva, pelos órgãos jurisdicionais competentes, a Constituição Federal dispõe que

(A) a propriedade deve ser objeto de desapropriação, respeitado o direito à justa e prévia indenização a que faz jus o proprietário.

(B) a propriedade deve ser objeto de expropriação, sem qualquer indenização, e, no caso em tela, destinada à reforma agrária.

(C) o direito de propriedade de Luiz deve ser respeitado, tendo em vista serem as terras em comento produtivas.

(D) o direito da propriedade de Luiz deve ser respeitado, pois a expropriação é instituto cabível somente nos casos de cultura ilegal de plantas psicotrópicas.

COMENTÁRIO

A alternativa constitucionalmente adequada é a da letra "B". Conforme dispõe o art. 243 da CF/1988 (com a redação dada pela EC 81/2014), as propriedades rurais e urbanas de qualquer região do País onde forem localizadas culturas ilegais de plantas psicotrópicas ou a exploração de trabalho escravo na forma da lei serão expropriadas e destinadas à reforma agrária e a programas de habitação popular, sem qualquer indenização ao proprietário e sem prejuízo de outras sanções previstas em lei, observado, no que couber, o disposto no art. 5º, CF/1988.

3. AÇÕES CONSTITUCIONAIS

(V EXAME DE ORDEM UNIFICADO – FGV) O *habeas data* não pode ser impetrado em favor de terceiro PORQUE visa tutelar direito à informação relativa à pessoa do impetrante. A respeito do enunciado acima é correto afirmar que

(A) ambas as afirmativas são verdadeiras, e a primeira justifica a segunda.

(B) a primeira afirmativa é verdadeira, e a segunda é falsa.

(C) a primeira afirmativa é falsa, e a segunda é verdadeira.

(D) ambas as afirmativas são falsas.

COMENTÁRIO

A assertiva correta é aquela que consta da alternativa "A", pois o *habeas data* é uma ação destinada a assegurar o conhecimento (ou a retificação ou anotação) de informações relativas à pessoa do impetrante, não podendo ser impetrado por terceiros, em razão do caráter personalíssimo da ação, conforme dispõe o art. 5º, LXXII, da CF/1988.

(VII EXAME DE ORDEM UNIFICADO – FGV) O mandado de segurança coletivo NÃO pode ser impetrado por

(A) organização sindical.

(B) partido político com representação no Congresso Nacional.

(C) entidade de classe de âmbito nacional.

(D) associações paramilitares.

COMENTÁRIO

Nos termos do art. 5º, LXX, da CF/1988, o mandado de segurança coletivo não poderá ser impetrado por associações paramilitares, mas tão somente por: a) partido político com representação no Congresso Nacional; b) organização sindical, entidade de classe ou associação legalmente constituída e em funcionamento há pelo menos um ano, em defesa dos interesses de seus membros ou associados. Nesse sentido, a assertiva "D" é a alternativa que deve ser assinalada.

(IX EXAME DE ORDEM UNIFICADO – FGV) A respeito da ação de *habeas corpus*, assinale a afirmativa incorreta.

(A) Pode ser impetrado por estrangeiro residente no país.

(B) É cabível contra punição disciplinar militar imposta por autoridade incompetente.

(C) Não é meio hábil para controle concreto de constitucionalidade.

(D) A Constituição assegura a gratuidade para seu ajuizamento.

COMENTÁRIO

A questão trata do *habeas corpus*, ação constitucional prevista no art. 5º, LXVIII, da CF/1988, que visa fazer cessar a ameaça ou coação à liberdade de ir, vir e permanecer do indivíduo.

As alternativas "A" e "B" estão corretas, haja vista referida ação poder ser impetrada por qualquer pessoa (inclusive estrangeiro que resida ou esteja em trânsito no Brasil) que sofra (ou se ache ameaçada de sofrer) violência ou coação em sua liberdade de locomoção, podendo inclusive ser manejada para impugnar punição disciplinar militar imposta por autoridade incompetente – conforme entendimento proferido pelo STF no julgamento do RE 338-840/RS.

Quanto à assertiva "C", é a alternativa incorreta, devendo ser assinalada. Isso porque o controle difuso (concreto), realizado por qualquer juiz ou tribunal, pode ser manejado por meio de variadas ações, nelas incluído o HC, no qual a causa de pedir pode ser a inconstitucionalidade de uma lei.

Por fim, está correto o que se depreende da leitura da alternativa "D", pois o art. 5º, LXXVII, da CF/1988 prevê a gratuidade do *habeas corpus*.

(X EXAME DE ORDEM UNIFICADO – FGV) Em relação aos remédios constitucionais, assinale a afirmativa correta.

(A) O *habeas data* pode ser impetrado ainda que não haja negativa administrativa em relação ao acesso a informações pessoais.

(B) A ação popular pode ser impetrada por pessoa jurídica.

(C) O particular pode figurar no polo passivo da ação de *habeas corpus*.

(D) O mandado de segurança somente pode ser impetrado quando as questões jurídicas forem incontroversas.

COMENTÁRIO

Correta está a alternativa "C". O sujeito passivo do HC é aquele que pratica a ilegalidade ou a coação ao direito de locomoção do paciente, sendo normalmente uma autoridade. Todavia, em alguns raros casos, o HC poderá ser impetrado também contra atos de particulares, em face de indiscutível ilegalidade. Como exemplo, podemos citar as relações médico-hospitalares, quando se condiciona a liberação do paciente ao implemento da fatura do hospital.

Quanto à alternativa "A", está incorreta, visto que a negativa administrativa do acesso à informação é um requisito indispensável à propositura do *habeas data*, de acordo com o art. 8º da Lei 9.507/1997 e a Súmula 2 do STJ.

Em relação à alternativa "B", destaca-se que somente o cidadão é parte legítima para propor ação popular, conforme preceitua o art. 5º, LXXIII, da CF/1988.

Para finalizar, vale apresentar o fundamento que torna equivocada a alternativa "D": a controvérsia sobre matéria de direito não impede concessão de mandado de segurança, de acordo com a Súmula 625 do STF.

(XI EXAME DE ORDEM UNIFICADO – FGV) No que concerne à reclamação constitucional, assinale a afirmativa correta.

(A) A reclamação pode ser utilizada como sucedâneo de recurso, segundo a jurisprudência pacífica do Supremo Tribunal Federal.

(B) A Súmula do Supremo Tribunal Federal despida de eficácia vinculante é paradigma apto a dar ensejo ao conhecimento da reclamação.

(C) A reclamação é cabível, ainda que já tenha ocorrido o trânsito em julgado do ato judicial que se alega tenha desrespeitado decisão do Supremo Tribunal Federal.

(D) A reclamação pode ser utilizada tanto para a preservação da competência do Supremo Tribunal Federal quanto do Superior Tribunal de Justiça.

COMENTÁRIO

A única alternativa adequada é a da letra "D", que preceitua, nos termos dos arts. 102, I, "l", e 105, I, "f", ambos da CF/1988, que a reclamação pode ser utilizada tanto para a preservação da competência do Supremo Tribunal Federal quanto do Superior Tribunal de Justiça.

Conforme entendimento pacífico do STF, proferido na Reclamação 6.327-AgR, a reclamação não é sucedâneo ou substitutivo de recurso próprio para conferir eficácia à jurisdição invocada nos autos de recursos interpostos da decisão de mérito e da decisão em execução provisória. Nesse sentido, a alternativa "A" está incorreta.

No que se refere à letra "B", conforme entendimento do STF, não cabe reclamação constitucional para questionar violação à súmula do STF destituída de efeito vinculante (Rcl. 3.284-AgR, Rel. Min. Ayres Britto). Por outro lado, nos termos do art. 103-A, § 3º, da CF/1988, cabe reclamação contra sentença ou ato administrativo que desrespeita súmula vinculante ou que a aplica indevidamente.

Para finalizar, temos a alternativa da letra "C", que está equivocada. Conforme preceitua a Súmula 734 do STF, não cabe reclamação quando já houver transitado em julgado o ato judicial que se alega tenha desrespeitado decisão do STF.

(XI EXAME DE ORDEM UNIFICADO – FGV) Em atenção às recentes manifestações populares, fora noticiado na TV que determinados deputados estaduais de dado Estado da Federação estavam utilizando a verba do orçamento destinada à saúde para proveito próprio. Marcos, cidadão brasileiro, insatisfeito com a notícia e de posse de documentação que denota indícios de lesão ao patrimônio de seu Estado, ajuíza Ação Popular no Juízo competente em face dos aludidos deputados e do Estado. Em atenção ao disciplinado na Lei 4.717/1965, que trata da Ação Popular, assinale a alternativa incorreta.

(A) Marta, cidadã brasileira, residente e domiciliada no mesmo Estado, pode habilitar-se como litisconsorte de Marcos.

(B) Na mesma linha da ação de Mandado de Segurança, o direito de ajuizá-la decai em 5 (cinco) anos.

(C) O Estado, a juízo de seu representante legal, em se afigurando útil ao interesse público, poderá atuar ao lado de Marcos na condução da ação.

(D) Sendo julgada improcedente a ação movida por Marcos, poderá este recorrer, além do Ministério Público e qualquer outro cidadão.

COMENTÁRIO

Incorreta está a alternativa "B". Segundo o art. 21 da Lei 4.717/1965, o direito de ajuizar a ação popular prescreve em 5 (cinco) anos.

Quanto à alternativa "A", está correta, visto que o art. 6º, § 5º, da Lei 4.717/1965 garante que é facultado a qualquer cidadão habilitar-se como litisconsorte ou assistente do autor da ação popular.

Em relação à alternativa "C", destaca-se que o art. 6º, § 3º, da Lei 4.717/1965 prevê que a pessoa jurídica de direito público ou de direito privado, cujo ato seja objeto de impugnação, poderá abster-se de contestar o pedido, ou poderá atuar ao lado do autor, desde que isso se afigure útil ao interesse público, a juízo do respectivo representante legal ou dirigente. Nesse sentido, a letra "C" está correta.

Para finalizar, vale apresentar o fundamento que torna verdadeira a alternativa "D": de acordo com o art. 19, § 2º, da Lei 4.717/1965, das sentenças e decisões proferidas contra o autor da ação e suscetíveis de recurso, poderá recorrer qualquer cidadão e também o Ministério Público.

(XII EXAME DE ORDEM UNIFICADO – FGV) Nos termos da Constituição Federal, assinale a alternativa que apresenta competência(s) do Superior Tribunal de Justiça.

(A) Processar e julgar, originariamente, os mandados de segurança contra ato do Comandante da Marinha.

(B) Julgar as ações contra o Conselho Nacional do Ministério Público.

(C) Julgar e processar, originariamente, litígio entre Estado estrangeiro ou organismo internacional e a União, os Estados, o Distrito Federal ou os Territórios.

(D) Julgar, mediante recurso, as causas decididas em única ou última instância, quando a decisão recorrida julgar válida lei local contestada em face de lei federal.

COMENTÁRIO

A alternativa correta é aquela constante da letra "A". Compete ao Superior Tribunal de Justiça processar e julgar, originariamente, os mandados de segurança contra ato do Comandante da Marinha, conforme previsão do art. 105, I, "b", da CF/1988.

Em relação às demais assertivas ("B", "C" e "D"), temos competências do Supremo Tribunal Federal, inscritas no art. 102, I, "r" e "e", e no art. 102, III, "d", da CF/1988.

(XIII EXAME DE ORDEM UNIFICADO – FGV) A ação de *habeas data*, como instrumento de proteção de dimensão do direito de personalidade, destina-se a garantir o acesso de uma pessoa a informações sobre ela que façam parte de arquivos ou banco de dados de entidades governamentais ou públicas, bem como a garantir a correção de dados incorretos.

A partir do fragmento acima, assinale a opção correta.

(A) Conceder-se-á *habeas data* para assegurar o conhecimento de informações relativas à pessoa do impetrante ou de parente deste até o segundo grau, constantes de registro ou banco de dados de entidades governamentais ou privadas.

(B) Além dos requisitos previstos no Código de Processo Civil para petição inicial, a ação de *habeas data* deverá vir instruída com prova da recusa ao acesso às informações ou o simples decurso de dez dias sem decisão.

(C) Do despacho de indeferimento da inicial de *habeas data* por falta de algum requisito legal para o ajuizamento caberá agravo de instrumento.

(D) A ação de *habeas data* terá prioridade sobre todos os atos judiciais, com exceção ao *habeas corpus* e ao mandado de segurança.

COMENTÁRIO

A alternativa "A" está incorreta, visto que, conforme o art. 5º, LXXII, CF/1988, conceder-se-á *habeas data*: *(a)* para assegurar o conhecimento de informações relativas à pessoa do impetrante, constantes de registros ou bancos de dados de entidades governamentais ou de caráter público; *(b)* para a retificação de dados, quando não se prefira fazê-lo por processo sigiloso, judicial ou administrativo. Nesse sentido, o HD somente tutela o direito de conhecer ou corrigir informações relativas à pessoa do impetrante (informações pessoais).

No que se refere à alternativa "B", está incorreta. De acordo com o art. 8º, *caput* e parágrafo único, da Lei 9.507/1997, a petição inicial, que deverá preencher os requisitos postos no Código de Processo Civil, será apresentada em duas vias, e os documentos que instruírem a primeira serão reproduzidos por cópia na segunda. A petição inicial deverá ser instruída com prova: I) da recusa ao acesso às informações ou do decurso de mais de dez dias sem decisão; II) da recusa em fazer-se a retificação ou do decurso de mais de quinze dias, sem decisão; ou III) da recusa em fazer-se a anotação a que se refere o § 2º do art. 4º ou do decurso de mais de quinze dias sem decisão.

Quanto à letra "C", está equivocada, pois, conforme o art. 10, da Lei 9.507/1997, do despacho de indeferimento caberá recurso de apelação.

Por último, temos a alternativa "D", na qual é feita a correta afirmação de que os processos de *habeas data* terão prioridade sobre todos os atos judiciais, exceto *habeas corpus* e mandado de segurança (art. 19, da Lei 9.507/1997).

(XIV EXAME DE ORDEM UNIFICADO – FGV) Isabella promove ação popular em face do Município X, por entender que determinados gastos realizados estariam causando graves prejuízos ao patrimônio público. O pedido veio a ser julgado improcedente, por total carência de provas. Inconformada, Isabella apresenta a mesma ação com fundamento em novos elementos, e, mais uma vez, o pedido vem a ser julgado improcedente por carência de provas.

Nos termos da Constituição Federal e da legislação de regência, assinale a opção correta.

(A) Sendo o pedido julgado improcedente, haverá condenação em honorários advocatícios.

(B) A improcedência por ausência de provas caracteriza a má-fé do autor popular.

(C) A reiteração na propositura da mesma ação acarreta o pagamento de custas pelo autor popular.

(D) As custas serão devidas se declarada, expressamente, a má-fé do autor popular.

COMENTÁRIO

A única alternativa que está de acordo com o texto constitucional é a letra "D", que preceitua, nos termos do art. 5º, LXXIII, CF/1988: "qualquer cidadão é parte legítima para propor ação popular que vise a anular ato lesivo ao patrimônio público ou de entidade de que o Estado participe, à moralidade administrativa, ao meio ambiente e ao patrimônio histórico e cultural, ficando o autor, salvo comprovada má-fé, isento de custas judiciais e do ônus da sucumbência".

(XVI EXAME DE ORDEM UNIFICADO – FGV) J.G., empresário do ramo imobiliário, surpreendeu tomar conhecimento de que seu nome constava de um banco de dados de caráter público como inadimplente de uma dívida no valor de R$ 500.000,00 (quinhentos mil reais). Embora reconheça a existência da dívida, entende que o não pagamento encontra justificativa no fato de o valor a que foi condenado em primeira instância ainda estar sob discussão em grau recursal. Com o objetivo de fazer com que essa informação complementar passe a constar juntamente com a informação principal a respeito da existência do débito, consulta um advogado, que sugere a impetração de um *habeas data*.

Sobre a resposta à consulta, assinale a afirmativa correta

(A) O *habeas data* não é o meio adequado, já que a ordem jurídica não prevê a possibilidade de sua utilização para complementar dados, mas apenas para garantir o direito de acessá-los ou retificá-los.

(B) Deveria ser impetrado, em vez de *habeas data*, mandado de segurança, ação constitucional adequada para os casos em que se faça necessária a proteção de direito líquido e certo, não amparado por *habeas corpus* ou *habeas data*.

(C) Deve ser impetrado *habeas data*, pois, embora o texto constitucional não contemple a hipótese específica do caso concreto, a lei ordinária o faz, de modo a ampliar o âmbito de incidência do *habeas data* como ação constitucional.

(D) O *habeas data* não deve ser impetrado, pois a lei ordinária não pode ampliar uma garantia fundamental prevista no texto constitucional, já que tal configuraria violação ao regime de imutabilidade que acompanha os direitos e as garantias fundamentais.

COMENTÁRIO

Correta está a alternativa "C". Conforme preceitua o art. 7º, III, da Lei 9.507/1997 (que regulamenta o remédio), conceder-se-á *habeas data* para a anotação nos assentamentos do interessado, de contestação ou explicação sobre dado verdadeiro mas justificável e que esteja sob pendência judicial ou amigável. Com efeito, essa hipótese de cabimento não consta da Constituição (art. 5º, LXXII), mas foi inserida na legislação regulamentadora e é considerada, pela nossa Corte Suprema, constitucional.

4. DIREITO DE NACIONALIDADE

(EXAME DE ORDEM UNIFICADO 2010.3 – FGV) Pierre de Oliveira nasceu na França, filho de pai brasileiro (que à época se encontrava em viagem privada de estudos) e mãe francesa. Viveu até os 25 anos em Paris, onde se formou em análise de sistemas e se pós-graduou em segurança de rede. Em 2007, Pierre foi convidado por uma universidade brasileira para fazer parte de um projeto de pesquisa destinado a desenvolver um sistema de segurança para uso de instituições financeiras. Embora viajasse com frequência para a França, Pierre passou a residir no Brasil, optando, em 2008, pela nacionalidade brasileira. No início de 2010, uma investigação conjunta entre as polícias brasileira e francesa descobriu que Pierre fez parte, no passado, de uma quadrilha internacional de hackers. Detido em São Paulo, ele confessou que, entre 2004 e 2005, quando ainda vivia em Paris, invadiu mais de uma vez a rede de um grande banco francês, desviando recursos para contas localizadas em paraísos fiscais.

Com relação ao caso hipotético acima, é correto afirmar que

(A) se a França assim requerer, Pierre poderá ser extraditado, pois cometeu crime comum sujeito à jurisdição francesa antes de optar pela nacionalidade brasileira.

(B) a critério do Ministério da Justiça, Pierre poderá ser expulso do território nacional pelo crime cometido no exterior antes do processo de aquisição da nacionalidade, a menos que tenha filho brasileiro que, comprovadamente, esteja sob sua guarda e dele dependa economicamente.

(C) Pierre poderá ser deportado para a França, a menos que peça asilo político.

(D) Pierre não poderá ser extraditado, expulso ou deportado em qualquer hipótese.

COMENTÁRIO

Inicialmente, é importante destacar que Pierre é brasileiro nato, por força do art. 12, I, "c", 2.ª parte, da CF/1988. Para adquirir nossa nacionalidade primária (ou originária), Pierre cumpriu os requisitos constitucionalmente exigidos no dispositivo mencionado: é filho de pai brasileiro (critério sanguíneo), veio residir em território nacional (critério residencial) e fez a opção confirmativa (perante a Justiça Federal, art. 109, X, da CF/1988).

Assim, por ser possuidor da nacionalidade brasileira primária, Pierre não pode ser extraditado, em hipótese alguma. Também não serão cabíveis os institutos da expulsão ou deportação, inaplicáveis para brasileiros. Nesse sentido, a assertiva "D" é verdadeira.

Vale ressaltar que, se fosse brasileiro naturalizado, Pierre poderia ser extraditado, nos termos do art. 5º, LI: em caso de crime comum, praticado antes da naturalização.

(V EXAME DE ORDEM UNIFICADO – FGV) No que tange ao direito de nacionalidade, assinale a alternativa correta.

(A) O brasileiro nato não pode perder a nacionalidade.

(B) O filho de pais alemães que estão no Brasil a serviço de empresa privada alemã será brasileiro nato caso venha a nascer no Brasil.

(C) O brasileiro naturalizado pode ser extraditado pela prática de crime comum após a naturalização.

(D) O brasileiro nato somente poderá ser extraditado no caso de envolvimento com o tráfico de entorpecentes.

COMENTÁRIO

As alternativas "C" e "D" tratam da extradição, tema já explicado na questão anterior. Assim, em rápida síntese: a letra "C" está errada, pois o crime deveria ter sido cometido antes da naturalização para ensejar a extradição; a letra "D" é falsa, porque o brasileiro nato não pode ser extraditado em nenhuma situação.

Quanto à letra "A", é um equívoco pensar que o brasileiro nato não possa perder a nacionalidade. Pode sim, desde que adquira outra nacionalidade, fora dos casos constitucionalmente previstos no art. 12, § 4º, II, da CF/1988. Assim, o brasileiro nato e o naturalizado podem perder sua nacionalidade se adquirirem outra, salvo se houver o reconhecimento de nacionalidade originária pela lei estrangeira ou imposição de naturalização, pela norma estrangeira, ao brasileiro residente em estado estrangeiro, como condição para permanência em seu território ou para o exercício de direitos civis.

A resposta é, pois, a inserida na alternativa "B", afinal, a criança aqui nascida, filha de pais alemães que estão no Brasil a serviço de empresa privada alemã, será brasileira nata – por aplicação do critério territorial constante do art. 12, I, "a", da CF/1988. Vale lembrar que esse critério traduz a regra geral do direito brasileiro quanto à aquisição de nacionalidade primária: é nato quem nasce em território nacional. Esse critério só não se aplica quando um dos pais (ou ambos) está em território nacional a serviço do país de origem. Como, no caso trazido pela banca, os pais alemães não estão na República Federativa do Brasil a serviço da Alemanha, mas sim a serviço de uma empresa privada, o que impede o afastamento do critério territorial.

(VI EXAME DE ORDEM UNIFICADO – FGV) João, residente no Brasil há cinco anos, é acusado em outro país de ter cometido crime político. Nesse caso, o Brasil

(A) pode conceder a extradição se João for estrangeiro.

(B) pode conceder a extradição se João for brasileiro naturalizado e tiver cometido o crime antes da naturalização.

(C) não pode conceder a extradição, independentemente da nacionalidade de João.

(D) não pode conceder a extradição apenas se João for brasileiro nato.

COMENTÁRIO

A assertiva correta é a "C". Independentemente da nacionalidade de João, não será concedida sua extradição em razão de o crime ser político.

Essa conclusão decorre da leitura combinada dos incisos LI e LII do art. 5º da CF/1988, pois:

– Se João for nato, ele não pode ser extraditado em nenhuma hipótese;

– Se for naturalizado, só pode ser extraditado se o crime cometido antes da naturalização for comum, e não político, como narrou a questão (vale lembrar que o naturalizado também pode ser extraditado em razão de comprovado envolvimento com o tráfico ilícito de substâncias entorpecentes);

– Se for estrangeiro, a Constituição Federal veda a extradição por crime político ou de opinião.

(VII EXAME DE ORDEM UNIFICADO – FGV) A Constituição de 1988 proíbe qualquer discriminação, por lei, entre brasileiros natos e naturalizados, exceto os casos previstos pelo próprio texto constitucional. Nesse sentido, é correto afirmar que somente brasileiro nato pode exercer cargo de

(A) Ministro do STF ou do STJ.

(B) Diplomata.

(C) Ministro da Justiça.

(D) Senador.

COMENTÁRIO

De fato, o texto constitucional proíbe, no art. 12, § 2º, que lei estabeleça qualquer tratamento diferenciado entre brasileiros natos e naturalizados. No entanto, o texto constitucional os diferencia em algumas situações:

1) quanto aos cargos: no art. 12, § 3º, temos a enunciação dos cargos que são privativos de brasileiros natos;

2) quanto à extradição: o art. 5º, LI, traz a regra de que brasileiro nato não poderá ser extraditado em nenhuma situação, enquanto o naturalizado pode ser extraditado em dois casos, a saber: a) crime comum cometido antes da naturalização; b) comprovado envolvimento em tráfico ilícito de substâncias entorpecentes e droga afins, a qualquer tempo;

3) quanto às funções: nos termos do art. 89, VII, serão seis os cidadãos brasileiros natos a compor o Conselho da República – órgão consultivo do Presidente da República;

4) quanto à propriedade: em conformidade com o art. 222, a propriedade de empresa jornalística e de radiodifusão sonora e de sons e imagens é privativa de brasileiros natos ou naturalizados há mais de dez anos.

Isso posto, vê-se que a questão trata da primeira das diferenças, àquela referente aos cargos. A resposta é a letra "B", pois diplomatas devem ser brasileiros natos. O erro na letra "A" refere-se aos Ministros do STJ (que podem ser brasileiros naturalizados), já que os Ministros do STF de fato precisam ser natos. Quanto à letra "C", vale lembrar que somente o Ministro de Estado da Defesa precisa ser nato, sendo que os demais Ministros de Estado podem ser naturalizados. Por fim, temos a alternativa inserida na letra "D": errada também, pois Senadores da República podem ser brasileiros naturalizados – vale lembrar, todavia, que o Presidente do Senado Federal, por força da combinação do art. 80 com o art. 12, § 3º, precisa ser nato.

A resposta correta é a assertiva "B": são privativos de brasileiro nato os cargos de Presidente e Vice-Presidente da República, de Presidente da Câmara dos Deputados, de Presidente do Senado Federal, de Ministro do Supremo Tribunal Federal, da carreira diplomática, de oficial das Forças Armadas e Ministro de Estado da Defesa (art. 12, § 3º, I a VII, da CF/1988).

(XV EXAME DE ORDEM UNIFICADO – FGV) A CRFB/1988 identifica as hipóteses de caracterização da nacionalidade para brasileiros natos e os brasileiros naturalizados.

Com base no previsto na Constituição, assinale a alternativa que indica um caso constitucionalmente válido de naturalização requerida para obtenção de nacionalidade brasileira.

(A) Juan, cidadão espanhol, casado com Beatriz, brasileira, ambos residentes em Barcelona.

(B) Anderson, cidadão português, domiciliado no Brasil há 36 dias.

(C) Louis, cidadão francês, domiciliado em Brasília há 14 anos, que está em liberdade condicional, após condenação pelo crime de exploração sexual de vulnerável.

(D) Maria, 45 anos, cidadã russa, residente e domiciliada no Brasil desde seus 25 anos de idade, processada criminalmente por injúria, mas absolvida por sentença transitada em julgado.

COMENTÁRIO

A assertiva correta é a constante na alternativa "D". Isso porque os estrangeiros de qualquer nacionalidade, residentes na República Federativa do Brasil há mais de quinze anos ininterruptos e sem condenação penal, podem adquirir a nacionalidade brasileira. É a chamada naturalização extraordinária, inserida no art. 12, II, 'b', CF/1988. Maria cumpre o requisito temporal, não possui condenação penal, já que foi absolvida, e apresentou o requerimento. Cumpriu, pois, os três requisitos previstos no texto constitucional.

(XVI EXAME DE ORDEM UNIFICADO – FGV) Alessandro Bilancia, italiano, com 55 anos de idade, ao completar 15 anos de residência ininterrupta no Brasil, decide assumir a nacionalidade "*brasileira*", naturalizando-se. Trata-se de renomado professor, cuja elevada densidade intelectual e capacidade de liderança são muito bem vistas por um dos maiores partidos políticos brasileiros. Na certeza de que Alessandro poderá fortalecer os quadros do governo caso o partido em questão seja vencedor nas eleições presidenciais, a cúpula partidária já ventila a possibilidade de contar com o auxílio do referido professor na complexa tarefa de governar o País.

Analise as situações abaixo e assinale a única possibilidade idealizada pela cúpula partidária que encontra respaldo na Constituição Federal.

(A) Alessandro Bilancia, graças ao seu reconhecido saber jurídico e à sua ilibada reputação, poderá ser indicado para compor o quadro de ministros do Supremo Tribunal Federal.

(B) Alessandro Bilancia, na hipótese de concorrer ao cargo de deputado federal e ser eleito, poderá ser indicado para exercer a Presidência da Câmara dos Deputados.

(C) Alessandro Bilancia, na hipótese de concorrer ao cargo de senador e ser eleito, pode ser o líder do partido na Casa, embora não possa presidir o Senado Federal.

(D) Alessandro Bilancia, dada a sua ampla e sólida condição intelectual, pode ser nomeado para assumir qualquer ministério do governo.

Comentário

A assertiva "A" está incorreta. Alessandro é brasileiro naturalizado e, por força do art. 12, § 3º, IV, CF/1988, não poderá ocupar o cargo de Ministro do Supremo Tribunal Federal (que é privativo de brasileiro nato).

Como Alessandro é brasileiro naturalizado, poderá concorrer ao cargo de Deputado Federal, todavia, jamais poderá ocupar a presidência da Câmara dos Deputados, já que este cargo é privativo de brasileiro nato (art. 12, § 3º, II e III, CF/1988). Por esse motivo a alternativa "B" está equivocada.

Quanto à alternativa "C", é a correta. Afinal, apesar de Alessandro poder ocupar o cargo de Senador e até mesmo liderar o partido na Casa, por ser brasileiro naturalizado ele jamais poderá ocupar a presidência do Senado Federal.

Por fim, a assertiva "D" está incorreta, pois Alessandro não pode ser nomeado para o cargo de Ministro de Estado da Defesa, visto que este é privativo de brasileiro nato (conforme art. 12, § 3º, VII, CF/1988). Vale lembrar que os demais Ministros de Estado podem ser brasileiros natos ou naturalizados (art. 87, CF/1988).

5. DIREITOS POLÍTICOS

(EXAME DE ORDEM UNIFICADO 2010.3 – FGV) De acordo com a Constituição da República, são inalistáveis e inelegíveis

(A) somente os analfabetos e os conscritos.

(B) os estrangeiros, os analfabetos e os conscritos.

(C) somente os estrangeiros e os analfabetos.

(D) somente os estrangeiros e os conscritos.

COMENTÁRIO

Inalistáveis são aqueles que não podem se alistar como eleitores, ou seja, os que não exercem a capacidade eleitoral ativa; nos termos do art. 14, § 2º, da CF/1988, são inalistáveis os estrangeiros e os conscritos. Noutro giro, inelegível é aquele que não pode se eleger, vale dizer, que não exerce a capacidade eleitoral passiva.

Todo inalistável é, por óbvio, inelegível, haja vista ser a alistabilidade uma das condições inafastáveis à elegibilidade. Em outras palavras: não pode ser candidato quem antes não é eleitor.

A questão pede a identificação da assertiva que traz, simultaneamente, inalistáveis e inelegíveis. Como os analfabetos são alistáveis, isto é, podem se alistar facultativamente como eleitores, exercendo o direito ao voto (art. 14, § 1º, II, "a", da CF/1988), qualquer alternativa que os traga é falsa. Portanto, analfabetos são alistáveis, apesar de inelegíveis (não podem se candidatar a nada), razão pela qual as alternativas "A", "B" e "C" estão equivocadas.

A resposta correta é a letra "D", pois estrangeiros e conscritos não se alistam como eleitores (art. 14, § 2º, da CF/1988), logo, tampouco podem se eleger para qualquer cargo (inelegibilidade absoluta, conforme art. 14, § 4º, da CF/1988).

(IV EXAME DE ORDEM UNIFICADO – FGV) Os direitos políticos não podem ser cassados. Podem, no entanto, sofrer perda ou suspensão à luz das normas constitucionais pelo seguinte fundamento:

(A) cancelamento de naturalização por decisão administrativa.

(B) improbidade administrativa.

(C) condenação cível sem trânsito em julgado.

(D) incapacidade civil relativa, declarada judicialmente.

COMENTÁRIO

A alternativa correta é aquela posta na letra "B". Conforme o art. 15, I a V, da CF/1988, o cancelamento da naturalização deve ser feito por sentença transitada em julgado (a letra "A" é falsa); a condenação que gera suspensão dos direitos políticos é a criminal transitada em julgado (a letra "C" está errada); a incapacidade civil que gera suspensão dos direitos políticos é a absoluta (a letra "D" é incorreta).

(VI EXAME DE ORDEM UNIFICADO – FGV) Assinale a alternativa que relacione corretamente o cargo político e o sistema eleitoral adotado.

(A) Governador: sistema proporcional de dois turnos.

(B) Prefeito: sistema majoritário de maioria simples para municípios com menos de 200 mil eleitores.

(C) Congressista: sistema proporcional.

(D) Vereador: sistema distrital.

COMENTÁRIO

Sistemas eleitorais são mecanismos que transformam votos em mandatos.

Os Governadores de Estado e do Distrito Federal e seus respectivos vices, Presidente da República e seu vice, Prefeitos e vices de Municípios com mais de 200 mil eleitores, são eleitos pelo sistema eleitoral majoritário absoluto; portanto, a letra "A" é falsa.

Prefeitos de Municípios com até 200 mil eleitores são eleitos pelo sistema majoritário puro (também conhecido como majoritário simples ou de maioria simples). Assim, a alternativa "B" é a resposta correta.

O equívoco na letra "C" está em afirmar genericamente que congressistas são eleitos pelo sistema proporcional. De fato, os Deputados Federais são eleitos por esse sistema (art. 45 da CF/1988), mas os Senadores são eleitos pelo sistema majoritário puro ou simples (art. 46 da CF/1988).

Os Vereadores (assim como os Deputados Federais, Estaduais e Distritais) são eleitos pelo sistema proporcional. Por isso, a letra "D" não foi assinalada como resposta.

(VI EXAME DE ORDEM UNIFICADO – FGV) A respeito dos direitos políticos, assinale a alternativa correta.

(A) O cancelamento de naturalização por decisão do Ministério da Justiça é caso de perda de direitos políticos.

(B) A condenação criminal transitada em julgado, enquanto durarem seus efeitos, é caso de cassação de direitos políticos.

(C) A improbidade administrativa é caso de suspensão de direitos políticos.

(D) A incapacidade civil relativa é caso de perda de direitos políticos.

COMENTÁRIO

A perda e a suspensão dos direitos políticos são hipóteses de privação que afetam a capacidade eleitoral passiva e ativa e estão previstas no art. 15 da CF/1988.

Nesta questão, temos erro na assertiva "A", pois o cancelamento da naturalização (caso de perda de direitos políticos) não pode se dar por decisão do Ministério da Justiça, pois depende de sentença judicial definitiva.

Na letra "B", o equívoco está em apontar a condenação criminal transitada em julgado, enquanto durarem seus efeitos, como caso de cassação de direitos políticos. É hipótese de suspensão – sendo importante destacar que a cassação dos direitos políticos, consistente na retirada arbitrária dos direitos, por meio de perseguições ideológicas, tão típicas dos períodos de hiato constitucional (antidemocráticos), é vedada pela atual Constituição.

A incapacidade civil relativa não é caso de perda nem suspensão dos direitos políticos; somente a incapacidade civil absoluta é que irá gerar a suspensão dos direitos políticos, o que torna a letra "D" errada.

O gabarito está, portanto, na letra "C", pois, de fato, a improbidade administrativa é caso de suspensão de direitos políticos (art. 15, V, da CF/1988).

(IX EXAME DE ORDEM UNIFICADO – FGV) José da Silva, prefeito do Município "X", integrante do Estado "Y", possui familiares que pretendem concorrer a cargos elegíveis nas próximas eleições. Sobre essa situação, assinale a afirmativa correta.

(A) José da Silva Junior, filho de José da Silva, que terá 18 anos completos na época da eleição, poderá se candidatar ao cargo de deputado estadual de "Y", desde que José da Silva tenha se desincompatibilizado seis meses antes do pleito.

(B) Maria da Silva, esposa de José da Silva, vereadora do município "X", só poderá concorrer novamente ao cargo de vereadora, se José da Silva se desincompatibilizar seis meses antes do pleito.

(C) José da Silva poderá concorrer ao cargo de governador do estado "Z", não sendo necessário que renuncie ao mandato até seis meses antes do pleito.

(D) Pedro Costa, sobrinho de José da Silva, poderá concorrer ao cargo de Vereador do Município "X" mesmo que José da Silva não tenha se desincompatibilizado seis meses antes do pleito.

COMENTÁRIO

A inelegibilidade prevista no art. 14, § 7º, da CF/1988 é conhecida como inelegibilidade reflexa, pois incide sobre terceiros; alcança (é "refletida" em) indivíduos em razão do parentesco, da afinidade ou da condição de cônjuge que possuem frente a um chefe do Poder Executivo. Vale destacar que referida inelegibilidade somente se aplica ao cônjuge (ou companheiro) e aos parentes do titular do cargo de chefe do Poder Executivo, e não aos parentes ou cônjuges de titulares de qualquer outro cargo eletivo.

A questão traz José da Silva como o Prefeito do Município "X", integrante do Estado "Y", por isso trata da inelegibilidade reflexa que a condição de José (Prefeito) vai gerar no cônjuge e nos parentes até segundo grau. O questionamento refere-se à possibilidade de alguns de seus parentes se candidatarem a cargos eletivos:

3. Direito Constitucional

– seu filho, José da Silva Junior, não poderá se candidatar ao cargo de deputado estadual, mas não por conta da incidência da inelegibilidade reflexa do § 7º. Esta não incide, pois a circunscrição do pai, Prefeito, é o território do Município e o filho pretende se candidatar a cargo não abrangido por essa circunscrição. José da Silva Junior não poderá se candidatar ao cargo de deputado estadual, porque só possui 18 anos e a idade mínima para exercer o referido cargo é 21 anos de idade (art. 14, § 3º, VI, "c", da CF/1988);

– Maria da Silva pode se candidatar à reeleição ao cargo de vereadora, pela autorização constante da parte final do art. 14, § 7º, da CF/1988;

– para se candidatar a outro cargo, José da Silva deverá renunciar ao mandato até seis meses antes do pleito; é a chamada desincompatibilização do art. 14, § 6º, da CF/1988;

– Pedro Costa, sobrinho de José da Silva, poderá se candidatar por ser parente consanguíneo de terceiro grau de José da Silva, afinal, a inelegibilidade reflexa só se aplica aos parentes consanguíneos até o segundo grau.

Em conclusão, a assertiva correta está na alternativa "D".

(X EXAME DE ORDEM UNIFICADO – FGV) Apesar da existência de vários partidos políticos por força de questões regionais, conjunturais e do vínculo da fidelidade partidária, é comum a cada ano o surgimento de novas agremiações no cenário nacional. Quanto ao funcionamento dos partidos políticos, à luz das normas constitucionais, assinale a afirmativa correta.

(A) Podem receber recursos financeiros de governo estrangeiro.

(B) Devem prestar as contas partidárias perante Conselho Especial.

(C) Podem ter caráter regional, representando pelo menos duas regiões.

(D) Têm acesso gratuito ao rádio e à televisão nos limites legais.

COMENTÁRIO

Os partidos políticos desempenham importante papel na democracia pátria, pois são instrumentos que permitem aos indivíduos a possibilidade de se expressarem nos acontecimentos políticos nacionais e atuarem na vida política estatal. São indispensáveis no regime representativo, pois é por meio deles que se organiza a vontade popular.

O art. 17 da CF/1988 traz o regramento básico que orienta a criação e o funcionamento dos partidos. Assim, o inciso I do referido artigo veda partidos regionais, pois as agremiações devem ter caráter nacional (o que demonstra o erro da assertiva posta na letra "C"); o inciso II proíbe o recebimento de recursos financeiros de entidade ou governo estrangeiros ou de subordinação a estes (o que torna falsa a alternativa "B"); e o inciso III determina a prestação de contas à Justiça Eleitoral (o que justifica não assinalarmos a opção "A").

A opção correta nesta questão é aquela constante da letra "D", pois o art. 17, § 3º, da CF/1988 preceitua que os partidos políticos têm direito a recursos do fundo partidário e acesso gratuito ao rádio e à televisão, na forma da lei.

(XII EXAME DE ORDEM UNIFICADO – FGV) João, 29 anos de idade, brasileiro naturalizado desde 1992, decidiu se candidatar, nas eleições de 2010, ao cargo de Deputado Federal, em determinado ente federativo. Eleito, e após ter tomado posse, foi escolhido para Presidir a Câmara dos Deputados. Com base na hipótese acima, assinale a afirmativa correta.

(A) João não poderia ter-se candidatado ao cargo de Deputado Federal, uma vez que esse é um cargo privativo de brasileiro nato.

(B) João não poderia ser Deputado Federal, mas poderia ingressar na carreira diplomática em que não é exigido o requisito de ser brasileiro nato.

(C) João poderia ter-se candidatado ao cargo de Deputado Federal, bem como ser eleito, entretanto, não poderia ter sido escolhido Presidente da Câmara dos Deputados, eis que esse cargo deve ser exercido por brasileiro nato.

(D) João não poderia ter-se candidatado ao cargo de Deputado Federal, mas poderia ter se candidatado ao cargo de Senador da República, mesmo sendo brasileiro naturalizado.

COMENTÁRIO

Nos termos do art. 12, § 3º, II, da CF/1988, somente o cargo de Presidente da Câmara dos Deputados (e não o cargo de Deputado Federal) é privativo de brasileiro nato. Desse modo, como João é brasileiro naturalizado, ele poderia ter se candidatado e sido eleito ao cargo de Deputado Federal, mas não poderia ter sido escolhido Presidente da Câmara dos Deputados. Nesse sentido, a letra "C" é a alternativa que deve ser assinalada.

Vale lembrar que Senadores da República também podem ser brasileiros naturalizados, mas o Presidente do Senado Federal deve ser nato (art. 12, § 3º, III, da CF/1988).

(XIII EXAME DE ORDEM UNIFICADO – FGV) No que concerne às condições de elegibilidade para o cargo de prefeito previstas na CRFB/1988, assinale a opção correta.

(A) José, ex-prefeito, que renunciou ao cargo 120 dias antes da eleição poderá candidatar-se à reeleição ao cargo de prefeito.

(B) João, brasileiro, solteiro, 22 anos, poderá candidatar-se, pela primeira vez, ao cargo de prefeito.

(C) Marcos, brasileiro, 35 anos e analfabeto, poderá candidatar-se ao cargo de prefeito.

(D) Luís, capitão do exército com 5 anos de serviço, mas que não pretende e nem irá afastar-se das atividades militares, poderá candidatar-se ao cargo de prefeito.

COMENTÁRIO

A assertiva que deve ser assinalada é a constante da letra "B". O texto constitucional estabelece que a idade mínima para se candidatar ao cargo de Prefeito é de vinte e um anos (art. 14, § 3º, VI, *c*, CF/1988).

No que se refere à alternativa "C", temos um texto incorreto, afinal, de acordo com o art. 14, § 4º, CF/1988, são inelegíveis os inalistáveis e os analfabetos.

Quanto à letra "D", está equivocada, pois, conforme o art. 14, § 8º, CF/1988, Luís deverá se afastar da atividade militar para se candidatar, pois conta com menos de 10 anos de serviço.

A alternativa "A" está incorreta. Inicialmente porque para os chefes do Poder Executivo se reelegerem para um único período subsequente não há necessidade de se desincompatibilizarem. Todavia, se quiserem se desincompatibilizar, deverão respeitar o prazo do art. 14, § 6º, CF/1988, que é de seis meses antes da eleição.

6. CONTROLE DE CONSTITUCIONALIDADE

(EXAME DE ORDEM UNIFICADO 2010.2 – FGV) A obrigatoriedade ou necessidade de deliberação plenária dos tribunais, no sistema de controle de constitucionalidade brasileiro, significa que:

(A) somente pelo voto da maioria absoluta de seus membros ou dos membros do respectivo órgão especial poderão os tribunais declarar a inconstitucionalidade de lei ou ato normativo do Poder Público.

(B) a parte legitimamente interessada pode recorrer ao respectivo Tribunal Pleno das decisões dos órgãos fracionários dos Tribunais Federais ou Estaduais que, em decisão definitiva, tenha declarado a inconstitucionalidade de lei ou ato normativo.

(C) somente nas sessões plenárias de julgamento dos Tribunais Superiores é que a matéria relativa a eventual inconstitucionalidade da lei ou ato normativo pode ser decidida.

(D) a competência do Supremo Tribunal Federal para processar e julgar toda e qualquer ação que pretenda invalidar lei ou ato normativo do Poder Público pode ser delegada a qualquer tribunal, condicionada a delegação a que a decisão seja proferida por este órgão jurisdicional delegado em sessão plenária.

COMENTÁRIO

Conforme preceitua a alternativa "A", a cláusula de reserva de plenário determina que somente pelo voto da maioria absoluta de seus membros ou dos membros do respectivo órgão especial poderão os tribunais declarar a inconstitucionalidade de lei ou ato normativo do Poder Público (art. 97 da CF/1988). Desse modo, quando um processo no controle difuso chegar a um tribunal, não poderão os órgãos fracionários (turmas, câmaras) declarar a inconstitucionalidade da lei ou do ato normativo, devendo enviar esse incidente de inconstitucionalidade para o plenário (ou órgão especial, se houver) julgar. Importante frisar que a cláusula de reserva de plenário foi mitigada quando a Lei 9.756/1998 introduziu o parágrafo único ao art. 481 do CPC Sobre o tema, também se deve atentar para o disposto na Súmula Vinculante 10 do STF.

(EXAME DE ORDEM UNIFICADO 2010.2 – FGV) Declarando o Supremo Tribunal Federal, incidentalmente, a inconstitucionalidade de lei ou ato normativo federal em face da Constituição do Brasil, caberá

(A) **ao** Procurador-Geral da República, como chefe do Ministério Público da União, expedir atos para o cumprimento da decisão pelos membros do Ministério Público Federal e dos Estados.

(B) ao Presidente da República editar decreto para tornar inválida a lei no âmbito da administração pública.

(C) ao Senado Federal suspender a execução da lei, total ou parcialmente, conforme o caso, desde que a decisão do Supremo Tribunal Federal seja definitiva.

(D) ao Advogado-Geral da União interpor o recurso cabível para impedir que a União seja compelida a cumprir a referida decisão.

COMENTÁRIO

A assertiva correta é a constante na alternativa "C". Quando o Supremo Tribunal Federal declara definitivamente a inconstitucionalidade de uma lei ou um ato normativo de modo incidental (isto é, no controle difuso), sua decisão deve ser comunicada ao Senado Federal. Esse órgão legislativo poderá, quando e se quiser, editar uma resolução e suspender a execução, no todo ou em parte, da lei declarada inconstitucional pelo STF, conforme preceitua o art. 52, X, da CF/1988.

Importante destacar duas coisas:

1) o STF está obrigado a comunicar ao SF sua decisão de inconstitucionalidade (art. 178 do RISTF); por outro lado, o SF não está obrigado a atuar, podendo editar ou não a resolução;

2) a decisão de inconstitucionalidade proferida pelo STF no controle difuso possui efeitos meramente *inter partes*; somente se o Senado Federal editar a resolução suspendendo a execução da lei é que os efeitos se tornarão *erga omnes* (a resolução senatorial possuirá eficácia contra todos).

(EXAME DE ORDEM UNIFICADO 2010.3 – FGV) O Governador de um Estado membro da Federação pretende se insurgir contra lei de seu Estado editada em 1984 que vincula a remuneração de servidores públicos estaduais ao salário mínimo. Os fundamentos de índole material a serem invocados são a ofensa ao princípio federativo e a vedação constitucional de vinculação do salário mínimo para qualquer fim.

A ação constitucional a ser ajuizada pelo Governador do Estado perante o Supremo Tribunal Federal, cuja decisão terá eficácia contra todos e efeito vinculante relativamente aos demais órgãos do Poder Público, é a(o)

(A) ação direta de inconstitucionalidade.
(B) mandado de injunção.
(C) arguição de descumprimento de preceito fundamental.
(D) mandado de segurança coletivo.

COMENTÁRIO

As assertivas das letras "B" e "D" podem ser descartadas de prontidão: a questão pede a indicação de ação que possua eficácia contra todos e efeito vinculante, o que somente as ações do controle concentrado alcançam na decisão de mérito (ver art. 102, § 2º, da CF/1988).

Como a ADI não pode ser utilizada (afinal a lei, apesar de ser estadual, é pré-constitucional), é correta a utilização da ADPF, que pode ser manejada para avaliar normas anteriores à CF/1988, concluindo pela recepção ou não do diploma em análise.

Como fundamento, temos o art. 4º, § 1º, da Lei 9.882/1999, que preceitua ser a ADPF uma ação de natureza subsidiária, isto é, que somente poderá ser utilizada quando não houver nenhum outro meio eficaz de sanar a lesividade, vale dizer, quando não couber nem a ADI nem a ADC. Como essas duas últimas ações não permitem a avaliação de normas pré-constitucionais, deve-se recorrer à ADPF. Por fim, ainda temos o art. 1º, parágrafo único, I, da Lei 9.882/1999, que expressamente preceitua ser cabível ADPF quando for relevante o fundamento da controvérsia constitucional sobre lei ou ato normativo federal, estadual ou municipal, incluídos os anteriores à Constituição. Correta a assertiva "C".

(IV EXAME DE ORDEM UNIFICADO – FGV) Em relação ao controle de constitucionalidade em face da Constituição Estadual, assinale a alternativa correta.

(A) Não é possível o controle de constitucionalidade no plano estadual, no modo concentrado, se a norma constitucional estadual tomada como parâmetro reproduzir idêntico conteúdo de norma constitucional federal.
(B) A decisão do Tribunal de Justiça que declara a inconstitucionalidade de lei local em face da Constituição Estadual é irrecorrível, ressalvada a oposição de embargos declaratórios.
(C) Compete aos Estados a instituição de representação de inconstitucionalidade de leis ou atos normativos estaduais ou municipais em face da Constituição Estadual, reconhecida a legitimação para agir aos mesmos órgãos e entidades legitimados a propositura de ação direta de inconstitucionalidade.
(D) Não ofende a Constituição da República norma de Constituição Estadual que atribui legitimidade para a propositura de representação de inconstitucionalidade aos Deputados Estaduais e ao Procurador-Geral do Estado.

COMENTÁRIO

Nos termos do art. 125, § 2º, da CF/1988, compete aos Estados-membros a instituição de representação de inconstitucionalidade (ADI estadual) de leis e demais atos normativos estaduais ou municipais em face da Constituição Estadual, sendo o julgamento de competência do TJ respectivo. Sobre esse controle concentrado em âmbito estadual, alguns itens precisam ser destacados:

1) todas as normas da Constituição estadual, mesmo as de repetição obrigatória da Constituição Federal, são parâmetro para a realização do controle. Exatamente essa conclusão torna a alternativa "A" inadequada;

2) sempre que a norma da Constituição Estadual eleita como parâmetro para a realização do controle for de reprodução obrigatória da Constituição Federal, além dos embargos de declaração apresentados ao próprio TJ (para sanar eventual omissão, obscuridade ou contrariedade), caberá Recurso Extraordinário ao STF (Rcl. 383 do STF), para que a Corte Suprema avalie a correção da interpretação do dispositivo constitucional (constante do documento constitucional estadual e da Constituição Federal) que o TJ fez. Não por outra razão a assertiva posta na letra "B" está errada;

3) a Constituição Federal não aponta os legitimados à propositura da representação de inconstitucionalidade, somente veda a atribuição da legitimação para agir a apenas um único órgão. Desse modo, as Constituições estaduais estão livres para definir o rol de legitimados ao ajuizamento das ações do controle concentrado em âmbito estadual, não havendo necessidade de respeitarem estritamente o rol que foi construído no art. 103 da CF/1988, pois referido dispositivo não é norma de repetição obrigatória. Podem os textos constitucionais, inclusive, ampliar os legitimados alcançando autoridades ou entidades que não encontram paralelo no texto federal. Assim, a alternativa "C" mostra-se equivocada, enquanto a assertiva inscrita na letra "D" é a correta, afinal, de acordo com o STF, não ofende a Constituição da República norma de Constituição Estadual que atribui legitimidade para a propositura de ADI estadual aos Deputados Estaduais, ao Procurador-Geral do Estado e a outras autoridades não inseridas no art. 103 da CF/1988 (RE 148.283; RE 261.677).

(IV EXAME DE ORDEM UNIFICADO – FGV) As alternativas a seguir apontam diferenças entre a ADI e a ADC, À EXCEÇÃO DE UMA. Assinale-a.

(A) Objeto da ação.
(B) Manifestação do Advogado-Geral da União.
(C) Rol de legitimados para a propositura da ação.
(D) Exigência de controvérsia judicial relevante.

COMENTÁRIO

A letra "C" é alternativa correta, afinal, os legitimados para propor a ADI e a ADC são os mesmos. Aliás, vale frisar que todas as quatro ações do controle concentrado abstrato (ADI, ADC, ADO e ADPF) possuem exatamente o mesmo rol de legitimados: os do art. 103 da CF/1988.

Nas demais alternativas temos erros: na letra "A" porque o objeto das duas ações não é idêntico. Ambos estão previstos no art. 102, I, "a", da CF/1988, mas o objeto da ADC é mais restrito, qual seja, leis ou outros atos normativos federais (desde que pós-constitucionais), enquanto o objeto da ADI é mais amplo, abrangendo não só as leis e os demais atos normativos federais pós-constitucionais, mas também as leis e os atos normativos pós-constitucionais estaduais e distritais (quando o Distrito Federal estiver exercendo competência legislativa estadual – ver art. 32, § 1º, da CF/1988 e Súmula 642 do STF). A assertiva "B" não pode ser a resposta, haja vista o AGU somente atuar nas ações de inconstitucionalidade (art. 103, § 3º, da CF/1988), não participando da ADC (já que não há norma que necessite de defesa nessa ação que pretende declarar, com presunção absoluta, a constitucionalidade da norma objeto). Quanto à alternativa "D", a controvérsia judicial relevante é requisito previsto somente para a admissibilidade da ADC, conforme o art. 14, III, da Lei 9.868/1999.

(VI EXAME DE ORDEM UNIFICADO – FGV) NÃO pode ser objeto de ação direta de inconstitucionalidade

(A) decreto que promulga tratado.
(B) decreto legislativo que aprova tratado.
(C) resolução.
(D) súmula vinculante.

COMENTÁRIO

Súmulas vinculantes não podem ser objeto do controle de constitucionalidade (logo, não são objetos válidos de ADI), porque a própria Constituição já prevê procedimento específico para sua revisão e eventual cancelamento (ver art. 103-A da CF/1988). Assim, a alternativa "D" é a resposta da questão. Quanto aos demais atos listados nas outras alternativas, todos podem ser apreciados pelo STF em sede de ADI.

(VI EXAME DE ORDEM UNIFICADO – FGV) Suponha que o STF, no exame de um caso concreto (controle difuso), tenha reconhecido a incompatibilidade entre uma lei em vigor desde 1987 e a Constituição de 1988. Nesse caso, é correto afirmar que

(A) após reiteradas decisões no mesmo sentido, o STF poderá editar súmula vinculante.

3. Direito Constitucional

(B) o STF deverá encaminhar a decisão ao Senado.

(C) os órgãos fracionários dos tribunais, a partir de então, ficam dispensados de encaminhar a questão ao pleno.

(D) a eficácia da decisão é *erga omnes*.

COMENTÁRIO

No controle difuso, realizado incidentalmente, todos os juízes e tribunais são competentes para julgar, inclusive o STF. As decisões proferidas no âmbito dessa via de controle são válidas para as partes que compõem a relação jurídica processual (efeito *inter partes*), independentemente de qual seja o órgão julgador. Por isso, a assertiva "D" está equivocada: mesmo que a decisão seja prolatada pelo STF, a produção de efeitos se manterá adstrita às partes.

Vale recordar que referidos efeitos *inter partes* podem ser ampliados no controle difuso a fim de valerem para todos (isto é, *erga omnes*), desde que haja a participação do Senado Federal (art. 52, X, da CF/1988). Essa participação senatorial exige que o STF (no controle difuso, em decisão definitiva) tenha declarado a norma inconstitucional. Como na questão proposta a Corte declarou a não recepção da norma pré-constitucional (de 1987), não há que se falar em comunicação ao Senado Federal, o que justifica o erro da assertiva posta na letra "B".

Quanto à cláusula de reserva de plenário (art. 97 da CF/1988), abordada na assertiva "C", vale lembrar que sua utilização só é necessária quando o tribunal vai declarar a inconstitucionalidade da lei. Isso significa que a cláusula não é utilizada quando, na análise da norma, o Tribunal conclui pela não recepção do diploma pré-constitucional. Assim, como a questão abordava um juízo de não recepção de lei anterior à norma constitucional parâmetro, a cláusula já não devia ser observada mesmo antes da decisão do STF, já que os órgãos fracionários dos tribunais podem declarar sozinhos a não recepção desse tipo de lei, sem necessidade de arguir qualquer incidente no pleno do tribunal sobre o tema. Conclusão: a assertiva "C" está errada.

Por fim, está correto o que se depreende da leitura da alternativa "A", pois a EC 45/2004 introduziu no texto constitucional (art. 103-A da CF/1988) o instituto da súmula vinculante, de competência exclusiva do STF, que pode, de ofício ou por provocação, mediante decisão de dois terços dos seus membros, após reiteradas decisões sobre matéria constitucional, aprovar súmula que, a partir de sua publicação na imprensa oficial, terá efeito vinculante em relação aos demais órgãos do Poder Judiciário e à administração pública direta e indireta, nas esferas federal, estadual e municipal, bem como proceder à sua revisão ou cancelamento, na forma estabelecida em lei.

(VII EXAME DE ORDEM UNIFICADO – FGV) De acordo com entendimento consolidado do STF e da doutrina, qual, dentre os órgãos e entidades listados abaixo, NÃO precisa demonstrar pertinência temática como condição para ajuizar Ação Direta de Inconstitucionalidade?

(A) Mesa de Assembleia Legislativa ou Câmara Legislativa (DF).

(B) Conselho Federal da OAB.

(C) Entidade de Classe de âmbito nacional.

(D) Confederação Sindical.

COMENTÁRIO

A jurisprudência do STF dividiu os legitimados do art. 103 da CF/1988 em dois grupos: os universais e os especiais. Os primeiros (também chamados de neutros, elencados nos incisos I, II, III, VI, VII e VIII) não precisam demonstrar o interesse de agir, pois ele pode ser presumido em razão da função desempenhada pelo legitimado no ordenamento. Já para os especiais (também intitulados interessados, que estão inscritos nos incisos IV, V e IX), a Corte erigiu o vínculo de pertinência temática a requisito qualificador da própria legitimidade ativa *ad causam* do autor. Assim, as ações ajuizadas por confederações sindicais, por entidades de classe de âmbito nacional, por Mesas das Assembleias Legislativas estaduais ou da Câmara Legislativa do Distrito Federal e, finalmente, por Governadores dos Estados-membros e do Distrito Federal somente serão conhecidas se houver a demonstração da pertinência temática, isto é, do vínculo subjetivo que demonstra o interesse do autor em impugnar aquela norma. A questão exigia a identificação de legitimado que não demonstre o requisito, isto é, que seja universal: a resposta está na letra "B".

(VIII EXAME DE ORDEM UNIFICADO – FGV) Lei estadual de iniciativa do Deputado "X" previu a criação de 300 cargos de fiscal de rendas e determinou o seu preenchimento no mesmo ano, sem indicar a previsão da receita necessária para fazer frente a tal despesa. Realizado o concurso público e depois da posse e exercício dos 100 primeiros aprovados, o Governador ajuíza ação direta de inconstitucionalidade perante o Supremo Tribunal Federal, arguindo a invalidade do diploma legal, por vício de iniciativa e por não indicar a fonte de receita necessária. Considerando as normas existentes a respeito do controle de constitucionalidade, assinale a alternativa que indica o correto posicionamento do STF.

(A) Não terá alternativa senão declarar a inconstitucionalidade da lei, por vício de iniciativa, com efeitos *ex tunc*, e julgar de plano inválido o concurso público, determinando a exoneração de todos os fiscais aprovados e a anulação dos atos por eles praticados.

(B) Não poderá acatar os argumentos da ação direta, uma vez que o Governador foi quem autorizou a realização do concurso e deu posse aos candidatos, de modo que a ação proposta por ele mesmo viola a segurança jurídica, denotando conduta contraditória.

(C) Deverá realizar uma ponderação de princípios e poderá, ao final, decidir pela constitucionalidade da lei e pela sua manutenção no ordenamento jurídico, apesar da afronta à Constituição, caso em que julgará improcedente a ação.

(D) Poderá, ao declarar a inconstitucionalidade, e pelo voto de dois terços dos ministros, restringir os efeitos da decisão ou decidir que ela só tenha eficácia a partir de seu trânsito em julgado ou de outro momento que venha a ser fixado, preservando os atos já praticados pelos fiscais.

COMENTÁRIO

Referida lei é claramente inconstitucional em razão do vício de iniciativa que possui: a matéria somente poderia ter sido objeto de projeto de lei apresentado pelo Governador. Isso porque o tema está inscrito no art. 61, § 1º, II, "a", da CF/1988, logo, é de iniciativa privativa do Presidente da República na esfera federal e dos demais chefes do executivo nas outras esferas federativas (princípio da simetria).

Essa inconstitucionalidade, todavia, não precisa necessariamente (como afirma a letra "A") ser declarada com eficácia retroativa, haja vista a existência de interesse social excepcional e, ainda, razões de segurança jurídica, que exigem que o STF determine a manipulação temporal de efeitos, a fim de preservar os atos já praticados (de boa-fé) pelos fiscais aprovados.

Destarte, o STF deve declarar a inconstitucionalidade da norma (porque existe um vício formal, de iniciativa), mas pode decidir, por maioria de dois terços de seus membros, que os efeitos da decisão só tenham eficácia a partir de seu trânsito em julgado ou de outro momento que venha a ser fixado pela Corte. Portanto, e nos termos do art. 27 da Lei 9.868/1999, a resposta é a prevista na alternativa "D".

(IX EXAME DE ORDEM UNIFICADO – FGV) João ingressa com ação individual buscando a repetição de indébito tributário, tendo como causa de pedir a inconstitucionalidade da Lei Federal "X", que criou o tributo. Sobre a demanda, assinale a afirmativa correta.

(A) João não possui legitimidade para ingressar com a demanda, questionando a constitucionalidade da Lei Federal "X", atribuída exclusivamente às pessoas e entidades previstas no art. 103 da Constituição.

(B) Caso a questão seja levada ao Supremo Tribunal Federal, em sede de recurso extraordinário, e este declarar a inconstitucionalidade da Lei Federal "X" pela maioria absoluta dos seus membros, a decisão terá eficácia contra todos e efeitos vinculantes.

(C) O órgão colegiado, em sede de apelação, não pode declarar a inconstitucionalidade da norma, devendo submeter a questão ao Pleno do Tribunal ou ao órgão especial (quando houver), salvo se já houver prévio pronunciamento deste ou do plenário do STF sobre a sua inconstitucionalidade.

(D) O juiz de primeiro grau não detém competência para a declaração de inconstitucionalidade de lei ou ato normativo, mas somente o Tribunal de segundo grau e desde que haja prévio pronunciamento do plenário do Supremo Tribunal Federal sobre a questão.

COMENTÁRIO

Em rápida síntese, pode-se afirmar que, no controle de constitucionalidade exercido na via difusa, qualquer juiz ou tribunal integrante do Poder Judiciário é competente para julgar a constitucionalidade de uma norma, sendo que a arguição dessa inconstitucionalidade pode ser apresentada por qualquer pessoa, por meio de uma ação qualquer.

Desse modo, percebe-se que as alternativas "A" e "D" estão equivocadas. A primeira por deslegitimar João, que pode sim ingressar com a demanda, afinal somente no controle concentrado de constitucionalidade é que o rol de autores fica restrito à previsão do art. 103 da CF/1988. A segunda, por afirmar que o juiz de primeiro grau não detém competência para declarar a inconstitucionalidade da norma, o que é falso diante da possibilidade de qualquer órgão do Poder Judiciário (dotado de função jurisdicional) atuar na via difusa.

Quanto à assertiva disposta na letra "B", o equívoco está na previsão dos efeitos da decisão prolatada em controle difuso, por meio do julgamento do recurso extraordinário: os efeitos não serão *erga omnes* e vinculantes, como sugere a alternativa, mas sim *inter partes*, já que a decisão foi prolatada no controle difuso.

Por fim, a alternativa adequada, e que deve ser assinalada, é a da letra "C", pois de fato o órgão fracionário, em sede de apelação, não pode declarar a inconstitucionalidade da norma, devendo submeter a questão ao Pleno do Tribunal ou ao órgão especial (se este houver), em respeito à cláusula de reserva de plenário inscrita no art. 97 da CF/1988. Vale lembrar que essa cláusula (que proíbe que a declaração de inconstitucionalidade em um tribunal seja prolatada por um órgão fracionário – turma ou câmara) já foi mitigada pelo art. 949, parágrafo único, do novo CPC, que prevê a inaplicabilidade dessa exigência quando já houver prévio pronunciamento do plenário (ou órgão especial) do tribunal ou do plenário do STF sobre a questão.

(X EXAME DE ORDEM UNIFICADO - FGV) Ajuizada uma Ação Direta de Inconstitucionalidade (ADI) requerendo expressamente que se declare inconstitucional o Art. 2º da Lei X, o Supremo Tribunal Federal (STF), ao apreciar o pedido, apenas declarou inconstitucional uma interpretação possível da norma impugnada, sem declarar sua invalidade, e determinou que sua decisão só acarretasse efeitos a partir do seu trânsito em julgado. Com base na situação acima, assinale a afirmativa correta.

(A) O STF como órgão do Poder Judiciário, por força do princípio da correlação, não poderia julgar de forma distinta daquela requerida pela parte autora.

(B) O STF, no controle abstrato de constitucionalidade, não está adstrito ao pedido formulado na inicial, podendo, inclusive, fazer uma interpretação conforme a Constituição, a despeito de expresso requerimento pela declaração de invalidade da norma.

(C) A modulação dos efeitos das decisões do STF em Ação Direta de Inconstitucionalidade (ADI) é possível, desde que com a aprovação da maioria absoluta dos seus membros.

(D) O STF não pode fixar os efeitos da decisão a partir do seu trânsito em julgado, pois, em conformidade com o princípio da supremacia da Constituição, a pecha da inconstitucionalidade contamina a lei desde a sua gênese.

COMENTÁRIO

As alternativas "C" e "D" estão equivocadas, haja vista a modulação temporal de efeitos ser (excepcionalmente) possível no controle concentrado de constitucionalidade, desde que preenchidos os requisitos do art. 27 da Lei 9.868/1999, a saber:

1) a declaração de inconstitucionalidade;

2) a manifestação à maioria de dois terços dos membros da Corte (isto é, de oito Ministros);

3) a existência de razões de segurança jurídica ou de excepcional interesse social que justifiquem a não aplicação da regra geral, consistente na retroatividade da decisão.

Quanto à assertiva inscrita na letra "A", é falsa, em razão de não serem absolutos nem o princípio do pedido nem o da correlação, o que autoriza a Corte a ampliar os efeitos da declaração de inconstitucionalidade (para alcançar normas não impugnadas na inicial), bem como fazer uma interpretação conforme a Constituição, a despeito de expresso requerimento na inicial pela declaração de invalidade da norma. Desse modo, a assertiva correta é a constante na letra "B".

(XI EXAME DE ORDEM UNIFICADO - FGV) A Ação Direta de Inconstitucionalidade, a Ação Declaratória de Constitucionalidade e a Ação Direta de Inconstitucionalidade por Omissão estão regulamentadas no âmbito infraconstitucional pela Lei 9.868/1999, que dispõe sobre o processo e julgamento destas ações perante o Supremo Tribunal Federal. Tomando por base o constante na referida lei, assinale a alternativa incorreta.

(A) Podem propor a Ação Direta de Inconstitucionalidade por Omissão os mesmos legitimados para propositura da Ação Direta de Inconstitucionalidade e da Ação Declaratória de Constitucionalidade.

(B) Cabe no âmbito da Ação Declaratória de Constitucionalidade a concessão de medida cautelar.

(C) As decisões proferidas em Ação Direta de Inconstitucionalidade e em Ação Declaratória de Constitucionalidade possuem o chamado efeito dúplice.

(D) Enquanto a Ação Direta de Inconstitucionalidade e a Ação Declaratória de Constitucionalidade não admitem desistência, a Ação Direta de Inconstitucionalidade por Omissão admite a desistência a qualquer tempo.

COMENTÁRIO

Incorreta é a alternativa "D". De acordo com o art. 12-D da Lei 9.868/1999, a ação direta de inconstitucionalidade por omissão não admite a desistência, assim como as demais ações do controle concentrado de constitucionalidade também não a admitem (ADI – art. 5º da Lei 9.868/1999, ADC – art. 16 da Lei 9.868/1999).

Quanto à alternativa "A", está correta, visto que os legitimados para a propositura da ADO são os mesmos legitimados que podem propor a ADI e a ADC (e também a ADPF), de acordo com o art. 12-A da Lei 9.868/1999. Em síntese, os legitimados do art. 103 da CF/1988 podem propor todas as quatro ações do controle concentrado abstrato.

Em relação à alternativa "B", destaca-se que é perfeitamente possível a concessão de medida cautelar em ADC, conforme previsão expressa do art. 21 da já mencionada lei regulamentadora.

Para finalizar, vale apresentar o fundamento que torna verdadeira a alternativa "C": conforme preceitua o art. 24 da Lei 9.868/1999, a ADC e a ADI são ações dúplices (ou de natureza ambivalente), afinal, proclamada a constitucionalidade, julgar-se-á improcedente a ação direta ou procedente eventual ação declaratória; e, proclamada a inconstitucionalidade, julgar-se-á procedente a ação direta ou improcedente eventual ação declaratória.

(XII EXAME DE ORDEM UNIFICADO - FGV) Acerca do controle de constitucionalidade, assinale alternativa *INCORRETA*.

(A) É impossível o esclarecimento de matéria de fato em sede de Ação Direta de Inconstitucionalidade.

(B) A União Nacional dos Estudantes não tem legitimidade para propor Ação Direta de Inconstitucionalidade.

(C) Não se admite a desistência após a propositura da Ação Declaratória de Constitucionalidade.

(D) Os efeitos da decisão que afirma a inconstitucionalidade da norma em sede de Ação Direta de Inconstitucionalidade, em regra, são *ex tunc*

COMENTÁRIO

A assertiva incorreta é a constante na alternativa "A", pois, conforme o art. 9º, § 1º, da Lei 9.868/1999, em caso de necessidade de esclarecimento de matéria ou circunstância de fato ou de notória insuficiência das informações existentes nos autos, poderá o relator requisitar informações adicionais, designar perito ou comissão de peritos para que emita parecer sobre a questão, ou fixar data para, em audiência pública, ouvir depoimentos de pessoas com experiência e autoridade na matéria.

A alternativa "B" está correta, pois realmente a União Nacional dos Estudantes (UNE) não tem legitimidade para propor ADI, já que não é entidade de classe – conforme entendimento do STF proferido na ADI 894/DF, Rel. Min. Néri da Silveira.

Quanto à alternativa "C", de fato não se admite a desistência após a propositura da ADC, conforme preceitua o art. 16 da Lei 9.868/1999. Isso porque no controle concentrado de constitucionalidade desenvolve-se um processo objetivo, sem partes em sentido material, o que torna o legitimado ativo um provocador da jurisdição, sem qualquer disponibilidade sobre a ação proposta.

No que se refere à alternativa "D", diga-se que é uma assertiva correta, visto que, de acordo com o art. 27 da Lei 9.868/1999, a decisão que afirma a inconstitucionalidade da norma em sede de Ação Direta de Inconstitucionalidade possui, em regra, efeitos retroativos, isto é, *ex tunc*. Isso significa que a decisão que prolata a inconstitucionalidade da norma a atinge, via de regra, desde a data de sua edição – se a norma é considerada inconstitucional, é porque a ofensa à Constituição está presente desde a criação da norma.

Por fim, ressalte-se que, excepcionalmente, por razões de segurança jurídica ou considerável interesse social, a norma poderá ter sua inconstitucionalidade declarada com efeitos não retroativos (isto é, *ex nunc*), desde que se pronunciem nesse sentido ao menos oito Ministros do STF. É a chamada modulação temporal de efeitos.

(XIII EXAME DE ORDEM UNIFICADO - FGV) A arguição de descumprimento de preceito fundamental (ADPF), regulada pela Lei 9.882/1999, tem por objeto evitar ou reparar lesão a preceito fundamental, resultante de ato do Poder Público.

Com base no legalmente disposto sobre a ADPF, assinale a opção correta.

(A) Face à extraordinariedade da ADPF, a decisão de indeferimento liminar da petição inicial é irrecorrível.

(B) De acordo com a Lei 9.882/1999, vige o princípio da subsidiariedade quanto ao cabimento da ADPF.

(C) A decisão proferida em ADPF produzirá somente efeitos *erga omnes* e *ex tunc*.

(D) O prefeito de qualquer município pode propor ADPF contra lei local perante o STF.

COMENTÁRIO

A arguição de descumprimento de preceito fundamental, instituída pelo art. 102, § 1º, CF/1988, e regulamentada pela Lei 9.882/1999, tem seu objeto regido pelo princípio da subsidiariedade, conforme estabelece o art. 4º, § 1º, da lei regulamentadora. Nesse sentido, a letra "B" está correta. Segundo este princípio a ADPF só poderá ser validamente manejada quando na hipótese não for possível utilizar a ADI ou a ADC.

As demais alternativas são equivocadas, vejamos o porquê: (i) letra "A": a decisão que indefere liminarmente a petição inicial é recorrível por agravo conforme o art. 4º, § 2º, Lei 9.882/1999;

(ii) letra "C": a decisão proferida em sede de ADPF produzirá efeitos vinculantes e, ademais, poderá ter seus efeitos temporais modulados conforme preceitua o art. 11, Lei 9.882/1999;

(iii) letra "D": Prefeitos municipais não são legitimados para ajuizar ADPF perante o Supremo Tribunal Federal, afinal, nos termos do art. 2º da Lei 9.882/1999, os legitimados à propositura de ADPF no STF são os mesmos legitimados à propositura de ADI (enunciados no art. 103, CF/1988).

(XIV EXAME DE ORDEM UNIFICADO – FGV) No que tange às disposições legais regulamentadoras da ação direta de inconstitucionalidade, da ação direta de inconstitucionalidade por omissão e da ação declaratória de constitucionalidade, assinale a opção correta.

(A) A medida cautelar em ação direta de inconstitucionalidade por omissão poderá consistir na suspensão de procedimentos administrativos.

(B) O ajuizamento de ação direta de inconstitucionalidade e de ação direta de inconstitucionalidade por omissão não admite desistência. Em razão da presunção de constitucionalidade do ordenamento jurídico, a legislação específica da ação declaratória de constitucionalidade admite desistência.

(C) Existindo norma federal objeto, ao mesmo tempo, de ação declaratória de constitucionalidade e de ação direta de inconstitucionalidade, em homenagem ao caráter ambivalente destas ações, será uma delas extinta sem resolução do mérito por litispendência e a outra terá julgamento de mérito.

(D) Da decisão proferida na ação declaratória de constitucionalidade caberá, tão somente, a oposição de embargos de declaração e o ajuizamento posterior de ação rescisória.

COMENTÁRIO

A assertiva correta é a constante na alternativa "A". Isso porque a medida cautelar concedida em ADO poderá consistir na suspensão de procedimentos administrativos, conforme prevê o art. 12-F da Lei 9.868/1999.

As demais alternativas estão equivocadas, vejamos o porquê:

– na letra "B" o equívoco deriva da circunstância de também a ADC não admitir desistência (todas as ações do controle concentrado se desenvolvem em processos nitidamente objetivos, nos quais a desistência é inadmissível);

– por seu turno, a letra "C" está equivocada pois o caso narrado enseja o julgamento conjunto da ADI e da ADC, já que estas possuem o mesmo objeto;

– por fim, a alternativa "D" é incorreta, vez que a ADC não pode ser objeto de ação rescisória (aliás, não se admite ação rescisória contra decisão definitiva de mérito prolatada pelo STF em nenhuma das ações do controle concentrado).

(XVI EXAME DE ORDEM UNIFICADO – FGV) Medida Provisória Z, embora tendo causado polêmica na data de sua edição, foi convertida, em julho de 2014, na Lei Y. Inconformado com o posicionamento do Congresso Nacional, o principal partido de oposição, no mês seguinte, ajuizou Ação Direta de Inconstitucionalidade (ADI) atacando vários dispositivos normativos da referida Lei. Todavia, no início do mês de fevereiro de 2015, o Presidente da República promulgou a Lei X, revogando integralmente a Lei Y, momento em que esta última deixou de produzir os seus efeitos concretos.

Nesse caso, segundo entendimento cristalizado no âmbito do Supremo Tribunal Federal,

(A) deverá a ADI seguir a sua regular tramitação, de modo que se possam discutir os efeitos produzidos no intervalo de tempo entre a promulgação e a revogação da Lei Y.

(B) deverá a ADI seguir a sua regular tramitação, de modo que se possam discutir os efeitos produzidos no tempo entre a edição da Medida Provisória Z e a revogação da Lei Y.

(C) deverá ser reconhecido que a ADI perdeu o seu objeto, daí resultando a sua extinção, independentemente de terem ocorrido, ou não, efeitos residuais concretos.

(D) em razão da separação de poderes, deverá ser reconhecida a impossibilidade de o Supremo Tribunal Federal avaliar as matérias debatidas, sob a ótica política, pelo Poder Legislativo.

Comentário

Correta está a alternativa "C". A ação direta não se presta para a avaliação de normas já revogadas perante a Constituição Federal. No caso narrado pela questão, a perda do objeto se deu no curso da ação direta, o que certamente enseja sua prejudicialidade.

Quanto às alternativas "A e "B", ambas estão incorretas. A ação direta será considerada prejudicada, pois houve a perda superveniente do seu objeto em virtude da revogação da Lei Y. Os efeitos produzidos no intervalo de tempo entre a promulgação e a revogação da Lei Y (bem como os efeitos produzidos no intervalo de tempo entre a edição da medida provisória Z e a revogação da Lei Y), podem ser discutidos pelos interessados no controle difuso.

Para finalizar, vale apresentar o fundamento que torna equivocada a alternativa "D": o Supremo Tribunal Federal poderá verificar a constitucionalidade das matérias debatidas via controle de constitucionalidade.

(XVII EXAME DE ORDEM UNIFICADO – FGV) Determinado Tribunal de Justiça vem tendo dificuldades para harmonizar os procedimentos de suas câmaras, órgãos fracionários, em relação à análise, em caráter incidental, da inconstitucionalidade de certas normas como pressuposto para o enfrentamento do mérito propriamente dito. A Presidência do referido Tribunal manifestou preocupação com o fato de o procedimento adotado por três dos órgãos fracionários estar conflitando com aquele tido como correto pela ordem constitucional brasileira.

Apenas uma das câmaras adotou procedimento referendado pelo sistema jurídico-constitucional brasileiro. Assinale a opção que o apresenta.

(A) A 1ª Câmara, ao reformar a decisão de 1º grau em sede recursal, reconheceu, incidentalmente, a inconstitucionalidade da norma que dava suporte ao direito pleiteado, entendendo que, se o sistema jurídico reconhece essa possibilidade ao juízo monocrático, por razões lógicas, deve estendê-la aos órgãos recursais.

(B) A 2ª Câmara, ao analisar o recurso interposto, reconheceu, incidentalmente, a inconstitucionalidade da norma que concedia suporte ao direito pleiteado, fundamentando-se em cristalizada jurisprudência do Superior Tribunal de Justiça sobre o tema.

(C) A 3ª Câmara, ao analisar o recurso interposto, reconheceu, incidentalmente, a inconstitucionalidade da norma que concedia suporte ao direito pleiteado, fundamentando-se em pronunciamentos anteriores do Órgão Especial do próprio Tribunal.

(D) A 4ª Câmara, embora não tenha declarado a inconstitucionalidade da norma que conferia suporte ao direito pleiteado, solucionou a questão de mérito afastando a aplicação da referida norma, apesar de estarem presentes os seus pressupostos de incidência.

COMENTÁRIO

A assertiva "C" é a resposta correta. Nos Tribunais, o processo de controle de constitucionalidade deverá observar a denominada "cláusula de reserva de plenário", contida no art. 97, CF/1988, que determina que somente pelo voto da maioria absoluta de seus membros, ou dos membros do órgão especial (órgão que somente pode ser constituído em Tribunais que possuam mais de 25 julgadores, conforme art. 93, XI, CF/1988), é que a inconstitucionalidade da lei ou ato normativo poderá ser declarada. Se o plenário ou órgão especial do Tribunal ou plenário do STF já tiver decidido o incidente de inconstitucionalidade, não será mais necessário que os órgãos fracionários, nos casos subsequentes, submetam a mesma questão ao pleno ou ao órgão especial, conforme determina o CPC. Nesse sentido, somente a 3ª Câmara adotou procedimento referendado pelo sistema jurídico-constitucional brasileiro.

(XVIII EXAME DE ORDEM UNIFICADO – FGV) Muitos Estados ocidentais, a partir do processo revolucionário franco-americano do final do século XVIII, atribuíram aos juízes a função de interpretar a Constituição, daí surgindo a denominada jurisdição constitucional. A respeito do controle de constitucionalidade exercido por esse tipo de estrutura orgânica, assinale a afirmativa correta.

(A) A supremacia da Constituição e a hierarquia das fontes normativas destacam-se entre os pressupostos do controle de constitucionalidade.

(B) A denominada mutação constitucional é uma modalidade de controle de constitucionalidade realizado pela jurisdição constitucional.

(C) O controle concentrado de constitucionalidade consiste na análise da compatibilidade de qualquer norma infraconstitucional com a Constituição.

(D) O controle de constitucionalidade de qualquer decreto regulamentar deve ser realizado pela via difusa.

COMENTÁRIO

Correta está a alternativa "A". A inequívoca hierarquia normativa entre as normas constitucionais e as demais, justifica a realização do controle de constitucionalidade. Afinal, se a Carta Constitucional encontra-se em posição diferenciada no ordenamento (diga-se, superior), todas as demais normas lhe devem estrita observância e irrestrita obediência e precisam estar afinadas, em absoluto, com os seus preceitos, de modo que qualquer dissintonia seja detectada e solucionada em favor da Constituição.

Quanto à alternativa "B", está incorreta, visto que a mutação constitucional é um mecanismo informal de mudança da Constituição, que não origina quaisquer alterações no texto constitucional, que permanece íntegro. Na mutação, a intepretação que se faz do dispositivo sofre uma releitura, permitindo uma oxigenação e atualização da Constituição sem que tenha havido qualquer mudança formal em seu texto.

Em relação à alternativa "C", destaca-se que não é qualquer norma infraconstitucional que pode ser avaliada perante a Constituição no controle concentrado.

Para finalizar, vale apresentar o fundamento que torna equivocada a alternativa "D": quando o decreto tem perfil regulamentar (art. 84, IV, CF/1988) o controle por ele sofrido é de legalidade (ADPF 169, Rel. Min. Ricardo Lewandowski).

(XVIII EXAME DE ORDEM UNIFICADO – FGV) A Lei Z, elaborada recentemente pelo Poder Legislativo do Município M, foi promulgada e passou a produzir seus efeitos regulares após a Câmara Municipal ter derrubado o veto aposto pelo Prefeito. A peculiaridade é que o conteúdo da lei é praticamente idêntico ao de outras leis que foram editadas em milhares de outros Municípios, o que lhe atribui inegável relevância. Inconformado com a derrubada do veto, o Prefeito do Município M, partindo da premissa de que a Lei Z possui diversas normas violadoras da ordem constitucional federal, pretende que sua inconstitucionalidade seja submetida à apreciação do Supremo Tribunal Federal. A partir das informações acima, assinale a opção que se encontra em consonância com o sistema de controle de constitucionalidade adotado no Brasil.

(A) O Prefeito do Município M, como agente legitimado pela Constituição Federal, está habilitado a propor arguição de descumprimento de preceito fundamental questionando a constitucionalidade dos dispositivos que entende violadores da ordem constitucional federal.

(B) A temática pode ser objeto de ação direta de inconstitucionalidade ou de arguição de descumprimento de preceito fundamental, se proposta por qualquer um dos legitimados pelo Art. 103 da Constituição Federal.

(C) A Lei Z não poderá ser objeto de ação, pela via concentrada, perante o Supremo Tribunal Federal, já que, de acordo com o sistema de controle de constitucionalidade adotado no Brasil, atos normativos municipais só podem ser objeto de controle, caso se utilize como paradigma de confronto a Constituição Federal, pela via difusa.

(D) Os dispositivos normativos da Lei Z, sem desconsiderar a possibilidade de ser realizado o controle incidental pela via difusa, podem ser objeto de controle por via de arguição de descumprimento de preceito fundamental, se proposta por qualquer um dos legitimados pelo Art. 103 da Constituição Federal.

COMENTÁRIO

Correta é a alternativa "D". De acordo com o art. 1º, parágrafo único da Lei 9.882/1999, caberá arguição de descumprimento de preceito fundamental quando for relevante o fundamento da controvérsia constitucional sobre lei ou ato normativo federal, estadual ou municipal, incluídos os anteriores à Constituição. Esse dispositivo, associado ao art. 4, § 1º, da mesma lei (que traz o princípio da subsidiariedade), nos mostra que em razão de a lei municipal não poder ter sua constitucionalidade discutida em sede de ADI (art. 102, I, 'a', CF), a ADPF, por inexistir outro meio capaz de sanar a lesividade, poderá ser utilizada.

Quanto à alternativa "A", está incorreta, visto que os legitimados para a propositura da ADPF perante STF são os mesmos legitimados que podem propor a ADI e a ADC (e também a ADO), de acordo com o art. 2º, I da Lei 9.882/1999. Em síntese, os legitimados do art. 103 da CF/1988 podem propor todas as quatro ações do controle concentrado abstrato e, dentre eles, não se encontra o Prefeito Municipal.

Em relação à alternativa "B", destaca-se que lei municipal não pode ser objeto de ação direta de inconstitucionalidade. Conforme preceitua o art. 102, I, *a*, CF/1988, a ação direta de inconstitucionalidade poderá ter como objeto lei ou ato normativo federal ou estadual.

Para finalizar, vale apresentar o fundamento que torna falsa a alternativa "C": é perfeitamente possível lei municipal ser objeto de ADPF, pela via concentrada, perante o Supremo Tribunal Federal, conforme preceitua o art. 1º, parágrafo único da Lei 9.882/1999.

7. ORGANIZAÇÃO DO ESTADO

(EXAME DE ORDEM UNIFICADO 2010.2 – FGV) Um determinado Estado-membro editou lei estabelecendo disciplina uniforme para a data de vencimento das mensalidades das instituições de ensino sediadas no seu território. Examinada a questão à luz da partilha de competência entre os entes federativos, é correto afirmar que:

(A) mensalidade escolar versa sobre direito obrigacional, portanto, de natureza contratual, logo cabe à União legislar sobre o assunto.

(B) a matéria legislada tem por objeto prestação de serviço educacional, devendo ser considerada como de interesse típico municipal.

(C) por versar o conteúdo da lei sobre educação, a competência do Estado-membro é concorrente com a da União.

(D) somente competirá aos Estados-membros legislar sobre o assunto quando se tratar de mensalidades cobradas por instituições particulares de Ensino Médio.

COMENTÁRIO

Em conformidade com a jurisprudência do STF, a fixação da data de vencimento de mensalidades escolares é tema de direito contratual, logo, é assunto abrangido pelo direito civil e, nos termos do art. 22, I, da CF/1988, compete à União legislar privativamente sobre direito civil. Nesse sentido, conclui-se que a única alternativa que está em consonância com o entendimento jurisprudencial do STF é a da letra "A" (ver ADI 1.007/PE).

(IV EXAME DE ORDEM UNIFICADO – FGV) A respeito da distribuição de competências adotada pela Constituição brasileira, assinale a alternativa correta.

(A) A competência para legislar sobre direito urbanístico é privativa dos Municípios, pois é matéria de interesse local.

(B) A competência para legislar sobre defesa dos recursos naturais é privativa da União, pois é matéria de interesse nacional.

(C) A competência material da União pode ser delegada aos Estados, por lei complementar.

(D) À União compete legislar sobre direito processual e normas gerais de procedimentos.

COMENTÁRIO

A alternativa correta é a que está na letra "D", visto que, de fato, compete à União legislar sobre direito processual (competência privativa) e legislar sobre normas gerais de procedimentos em matéria processual (competência concorrente), de acordo com o que determinam os arts. 22, I, e 24, XI, ambos da CF/1988.

As demais alternativas estão incorretas, vejamos o porquê:

Nas letras "A" e "B" temos matérias cuja competência para legislar é concorrente entre a União, os Estados e o Distrito Federal, conforme dispõe o art. 24, I e VI, da CF/1988;

Por último, na alternativa "C", é feita equivocadamente a afirmação de que pode a União delegar sua competência material aos Estados por lei complementar. A competência material da União está prevista no art. 21 da CF/1988, e trata-se de competência exclusiva e indelegável. Vale lembrar que a União pode delegar as matérias que são de sua competência legislativa privativa (art. 22 da CF/1988) para os Estados-membros e para o Distrito Federal.

(V EXAME DE ORDEM UNIFICADO – FGV) Os Estados são autônomos e compõem a Federação com a União, os Municípios e o Distrito Federal. À luz das normas constitucionais, quanto aos Estados, é correto afirmar que

(A) podem incorporar-se entre si mediante aprovação em referendo.

(B) a subdivisão não pode gerar a formação de novos territórios.

(C) o desmembramento deve ser precedido de autorização por lei ordinária.

(D) se requer lei complementar federal aprovando a criação de novos entes estaduais.

COMENTÁRIO

O vínculo que une as entidades políticas autônomas da federação (União, Estados, Distrito Federal e Municípios) é indissolúvel, o que significa que qualquer tentativa separatista de um dos entes será repreendida imediatamente por meio do processo interventivo.

Há, todavia, a possibilidade de a arquitetura interna da federação ser alterada, com a criação de novos Estados ou Municípios, desmembramento dos já existentes ou mesmo fusão entre eles. Referidas possibilidades estão reguladas no art. 18, §§ 3º e 4º, da CF/1988.

No que se refere a esse processo, vale comentar que:

3. Direito Constitucional

– a incorporação, a subdivisão ou o desmembramento de Estados exige, de início, aprovação da população diretamente interessada, por meio de plebiscito. Assim, o referendo citado na letra "A" torna a alternativa equivocada;

– a incorporação de Estados entre si, sua subdivisão ou desmembramento visam formar novos Estados ou Territórios Federais. Por isso a letra "B" é falsa;

– o desmembramento (assim como a eventual fusão ou incorporação) deve ser precedido de autorização por lei complementar editada pelo Congresso Nacional, e não lei ordinária, como a assertiva "C" mencionou.

Em conclusão, a alternativa "D" é a resposta, pois realmente é exigida a lei complementar federal para que haja a incorporação, a subdivisão ou o desmembramento de Estados.

(V EXAME DE ORDEM UNIFICADO – FGV) Lei estadual que regulamenta o serviço de mototáxi é

(A) constitucional porque se trata de competência legislativa reservada aos Estados.

(B) constitucional porque se trata de competência legislativa remanescente dos Estados.

(C) inconstitucional porque se trata de competência legislativa dos Municípios.

(D) inconstitucional porque se trata de competência legislativa privativa da União.

COMENTÁRIO

A alternativa correta é a letra "D". Conforme entendimento firmado em nossa Corte Suprema, a regulamentação do serviço de mototáxi é matéria que envolve direito do trabalho e organização do sistema nacional de emprego e condições para o exercício de profissões, cuja competência legislativa é privativa da União (ver art. 22, I e XVI, da CF/1988). Nos termos da decisão: "É inconstitucional a lei distrital ou estadual que disponha sobre condições do exercício ou criação de profissão, sobretudo quando esta diga à segurança de trânsito" (ADI 3.610/DF).

(VII EXAME DE ORDEM UNIFICADO – FGV) O Governador do Estado K, preocupado com o resultado da balança comercial do seu Estado, conhecido pelo setor exportador, pretende regular a importação de bens de determinados países, apresentando, nesse sentido, projeto de lei à Assembleia Legislativa. Em termos de competência legislativa, esse tema é, nos termos da Constituição Federal,

(A) dos Estados

(B) da União.

(C) do Distrito Federal

(D) dos Municípios.

COMENTÁRIO

A alternativa "B" é a correta, de acordo com o que prevê o art. 22, I e VIII, da CF/1988. Conforme o texto constitucional determina, compete à União legislar sobre direito comercial e sobre comércio exterior.

(VIII EXAME DE ORDEM UNIFICADO – FGV) Sabendo-se que o Município integra a Federação, assinale a afirmativa correta, à luz das normas constitucionais.

(A) O município será regido por Lei Orgânica própria, votada pela Assembleia Estadual.

(B) A organização municipal conterá previsão de eleições para mandato de cinco anos, sem reeleição.

(C) Um projeto de lei de iniciativa popular, baseado em interesse local, depende de, pelo menos, cinco por cento do eleitorado.

(D) O limite máximo de dez vereadores deverá ser observado para localidades com até 15.000 (quinze mil) habitantes.

COMENTÁRIO

Os Municípios foram alçados, pela Constituição Federal de 1988, à condição de entes federados, o que significa que são detentores de autonomia, isto é, que possuem a capacidade de auto-organização, autogoverno e autoadministração. Sua autoadministração é efetivada pela edição de seu principal documento legislativo, a saber, a Lei Orgânica Municipal. Esta, conforme o art. 29, *caput*, da CF/1988, é votada e aprovada por dois terços dos membros da Câmara Municipal. Assim, a assertiva "A", ao afirmar que a Lei Orgânica seria editada pela Assembleia Legislativa estadual, é equivocada.

No que se refere às eleições para a chefia do Executivo municipal, temos que as regras gerais previstas em âmbito federal são aplicáveis às demais esferas. Destarte, o mandato do chefe do executivo será de quatro anos, permitindo-se uma única reeleição para mandato imediatamente subsequente, conforme dispõem os arts. 14, § 5º, e 29, I, ambos da CF/1988. Por essa razão a alternativa "B" é falsa.

Quanto ao número de membros na Câmara Municipal, a EC 58/2009 estabeleceu novas regras baseadas na proporcionalidade, vale dizer, o número de vereadores será mais alto quanto mais habitantes possuir o Município. Na dicção do art. 29, IV, da CF/1988, para a composição das Câmaras Municipais será observado o limite máximo de nove Vereadores (e não dez, como determina a assertiva da letra "D" – que é, pois, falsa) nos Municípios de até 15 mil habitantes.

A resposta, portanto, está na alternativa "C". De fato, há iniciativa popular para apresentação de projetos de lei em âmbito municipal e, nos termos do art. 29, XIII, da CF/1988, a iniciativa popular de projetos de lei de interesse específico do Município, da cidade ou de bairros, se efetivará por meio da manifestação de, pelo menos, cinco por cento do eleitorado.

(IX EXAME DE ORDEM UNIFICADO – FGV) O Estado W, governado por dirigente progressista, pretende realizar uma ampla reforma agrária no seu território para melhor dividir a terra, incluindo diversos desempregados na vida produtiva, apresentando, ainda, amplo programa de financiamento das atividades agrícolas. Com essa proposta política, resolve apresentar projeto de lei, criando formas de desapropriação e inovando nos procedimentos, dando característica sumária e permitindo o ingresso nos imóveis sem pagar indenização. Quanto ao tema em foco, legislação sobre desapropriação, nos termos da Constituição Federal, assinale a afirmativa correta.

(A) Trata-se de competência privativa da União.

(B) Trata-se de competência da União em comum com os Estados.

(C) Trata-se de competência privativa dos Estados.

(D) Trata-se de competência dos Estados em comum com os Municípios.

COMENTÁRIO

Nos termos do art. 22, II, da CF/1988, compete privativamente à União legislar sobre desapropriação. Nesse sentido, a alternativa correta é a letra "A".

(IX EXAME DE ORDEM UNIFICADO – FGV) O Estado "X" possui Lei Ordinária, que dispõe sobre regras de trânsito e transporte. Determina essa lei a instalação de cinto de segurança em veículos de transporte coletivo de passageiros, impondo penalidades em caso de descumprimento. Inconformado com este diploma legal, o Governador do Estado deseja propor ação direta de inconstitucionalidade. Neste caso, assinale a afirmativa correta.

(A) A ação não poderá ser ajuizada pelo Governador sem prévia autorização da Assembleia Legislativa do Estado X, já que se trata de ação contra lei do próprio Estado.

(B) O Governador não poderá propor a ADI, como pretende, pois a lei não possui vício de inconstitucionalidade.

(C) A lei é inconstitucional, pois viola a competência privativa da União para legislar sobre trânsito.

(D) Não haveria vício de inconstitucionalidade, caso a lei estadual tivesse *status* de lei complementar, ao invés de lei ordinária.

COMENTÁRIO

A letra "C" é a alternativa correta, afinal, conforme dispõe o art. 22, XI, da CF/1988, compete à União legislar sobre trânsito e transporte. O Supremo Tribunal Federal, no julgamento da ADI 874/BA, entendeu que lei estadual que dispõe sobre a obrigatoriedade de instalação de cinto de segurança em transporte coletivo invade a competência legislativa da União, sendo, portanto, inconstitucional (segundo a doutrina, há inconstitucionalidade formal orgânica).

No que se refere à alternativa "A", está equivocada, pois, em conformidade com o que dispõe o art. 103, V, da CF/1988, o Governador é um dos legitimados ativos para o ajuizamento da ação direta de inconstitucionalidade. No entanto, para propor a referida ação, o Governador não precisa de prévia autorização da Assembleia Legislativa, basta que demonstre a pertinência temática, por ser um legitimado especial.

As demais alternativas ("B" e "D") são falsas, afinal: (1) a lei possui vício formal orgânico, visto que compete à União legislar sobre trânsito e transporte (art. 22, XI, da CF/1988); (2) e mesmo que a lei tivesse *status* de lei complementar, o vício persistiria, pois compete à União legislar sobre a referida matéria.

(IX EXAME UNIFICADO – IPATINGA-MG) As competências municipais são fixadas na Constituição Federal. À luz das normas constitucionais, é incorreto afirmar que o município é competente para

(A) legislar sobre assuntos de interesse local.

(B) criar distritos, observada a legislação estadual.

(C) prestar, sob regime de concessão, serviços públicos locais.

(D) legislar sobre Imposto de Renda retido na Fonte.

COMENTÁRIO

As assertivas "A", "B" e "C" contemplam matérias que são de competência municipal. Nos termos do que determina o art. 30, I, IV e V, da CF/1988, compete aos Municípios: I) legislar sobre assuntos de interesse local; II) criar, organizar e suprimir distritos, observada a legislação estadual; III) organizar e prestar, diretamente ou sob regime de concessão ou permissão, os serviços públicos de interesse local, incluído o de transporte coletivo, que tem caráter essencial.

Quanto à assertiva da letra "D", esta se refere à matéria (direito tributário), que é de competência concorrente entre a União, os Estados e o Distrito Federal (ver art. 24, I, da CF/1988). É, portanto, a resposta que deve ser assinalada.

(X EXAME DE ORDEM UNIFICADO – FGV) Na ausência de lei federal estabelecendo normas gerais sobre proteção de ecossistemas ameaçados, determinado estado da Federação editou, no passado, a sua própria lei sobre o assunto, estabelecendo desde princípios e valores a serem observados até regras específicas sobre a exploração econômica de tais áreas. Criou, ainda, fiscalização efetiva em seu território e multou empresas e produtores que desrespeitaram a lei. Anos depois, a União edita lei contendo normas gerais sobre o tema e muitas de suas disposições conflitavam com a anterior lei estadual. Com relação a este caso, assinale a afirmativa correta.

(A) A União não poderia legislar, uma vez que o assunto é matéria de interesse local, não havendo justificativa para lei nacional sobre o tema. Houve invasão de competência privativa dos estados.

(B) No campo das competências legislativas concorrentes, a União deve legislar sobre normas gerais e o estado pode editar normas suplementares, mas enquanto inexistir lei federal, a competência do estado é plena. A superveniência de lei geral nacional suspende a eficácia das disposições contrárias da lei dos estados.

(C) A lei aplicável, no caso concreto, será aquela que estabelecer padrões mais restritivos, em atenção à proteção do meio ambiente, não importando se tal norma é a federal ou se a editada pelos estados-membros.

(D) O estado não poderia ter estabelecido normas próprias na ausência de lei nacional com disposições gerais que definissem marcos a serem seguidos pelos estados. Em consequência, são nulas todas as multas aplicadas anteriormente à publicação da lei editada pela União.

COMENTÁRIO

A assertiva "B" é a única em consonância com o disposto no art. 24, §§ 1º a 4º, da CF/1988. Por se tratar de competência concorrente, a União deve legislar sobre normas gerais e os Estados podem editar normas suplementares. Todavia, enquanto a União não editar normas gerais, os Estados exercerão a competência legislativa plena.

Importante destacar que a competência da União para legislar sobre normas gerais não exclui a competência suplementar dos Estados, e, havendo superveniência de lei federal sobre normas gerais, esta suspenderá a eficácia da lei estadual, no que lhe for contrário.

Por fim, com base no que preceitua os parágrafos do art. 24 da CF/1988, as demais assertivas ("A", "C" e "D") estão equivocadas.

(XII EXAME DE ORDEM UNIFICADO – FGV) A Constituição da República de 1988 adotou elementos de federalismo cooperativo e de federalismo dual na repartição de competências entre os entes federados, distribuindo competências exclusivas, privativas, comuns e concorrentes. Assim sendo, a respeito da organização do Estado estabelecida na Constituição, assinale a afirmativa correta.

(A) É competência comum da União, dos Estados, do Distrito Federal e dos Municípios proteger o meio ambiente e combater a poluição em qualquer de suas formas, competindo à lei complementar fixar normas de cooperação entre os entes.

(B) É vedado aos Estados criar códigos tributários próprios, uma vez que compete privativamente à União legislar sobre direito financeiro e tributário.

(C) É vedado à União decretar intervenção federal em Município localizado em território federal quando este não tiver aplicado o mínimo exigido de sua receita na manutenção e desenvolvimento do ensino.

(D) Em relação às competências legislativas concorrentes da União e dos Estados, havendo norma federal e estadual divergentes, deve prevalecer a norma federal, que serve de fundamento de validade à norma estadual.

COMENTÁRIO

A assertiva correta é aquela que consta da alternativa "A", pois está em conformidade com o art. 23, VI e parágrafo único, da CF/1988.

O equívoco da alternativa "B" encontra-se no fato de que compete à União, aos Estados e ao Distrito Federal legislar concorrentemente sobre direito tributário e financeiro, de acordo com o art. 24, I, da CF/1988.

Quanto à assertiva inscrita na letra "C", é falsa, visto que, nos termos do art. 35, III, da CF/1988, a União poderá intervir nos Municípios localizados em Território Federal quando não tiver sido aplicado o mínimo exigido da receita municipal na manutenção e desenvolvimento do ensino.

Por fim, está incorreto o que se depreende da leitura da alternativa "D", pois a lei estadual (como qualquer outra lei) tem na Constituição Federal (e não na lei federal) seu pressuposto de validade. Vale a leitura do art. 24 da CF/1988 (especialmente os parágrafos) para melhor entendimento sobre o tema "competências legislativas concorrentes".

(XIII EXAME DE ORDEM UNIFICADO – FGV) José é cidadão do município W, onde está localizado o distrito de B. Após consultas informais, José verifica o desejo da população distrital de obter a emancipação do distrito em relação ao município de origem.

De acordo com as normas constitucionais federais, dentre outros requisitos para legitimar a criação de um novo Município, são indispensáveis:

(A) lei estadual e referendo.

(B) lei municipal e plebiscito.

(C) lei municipal e referendo.

(D) lei estadual e plebiscito.

COMENTÁRIO

Nada obstante o vínculo entre as entidades federadas ser indissolúvel, o que significa que inexiste para os entes federados o direito à secessão, a arquitetura interna da Federação pode ser modificada. Conforme determinação dos §§ 3º e 4º do art. 18, CF/1988, novos Estados e novos Municípios podem ser constituídos.

No caso de novos Municípios temos como requisitos a edição de uma lei complementar federal regulamentando todo o processo (que até o presente momento ainda não foi confeccionada, a apresentação de estudos de viabilidade municipal, a consulta publicitária à população do Município e a edição de lei estadual.

Deste modo, somente a letra "D" pode ser assinalada, pois traz dois dos requisitos mencionados na Constitucional para que haja a criação legítima de um novo Município.

(XIV EXAME DE ORDEM UNIFICADO – FGV) O instituto da intervenção é de extrema excepcionalidade, razão pela qual restam minuciosamente delineadas as hipóteses na CRFB/1988.

Assinale a opção que contempla, à luz da CRFB/1988, hipótese correta de intervenção.

(A) O Estado X, sob o pretexto de celeridade e efetividade, vem realizando somente contratações diretas, sem a aplicação da Lei Federal de Licitações e Contratos Administrativos – Lei 8.666/1993. Nessa situação, poderá a União intervir no Estado X para prover a execução de lei federal.

(B) O Município Y, localizado no Estado Z, não vem destinando nos últimos seis meses o mínimo exigido da receita municipal na manutenção das escolas públicas municipais, sob o fundamento de que a iniciativa privada realiza melhor ensino. Nesta hipótese, tanto a União quanto o Estado Z, à luz da CRFB/1988, poderão intervir no Município Y para garantir a aplicação do mínimo exigido da receita municipal na aludida manutenção.

(C) Nos casos de desobediência à ordem ou decisão judiciária, a decretação de intervenção independe de requisição judicial.

(D) O Município Z, em razão de problemas orçamentários, em 2013, decidiu, excepcionalmente, pela primeira vez na sua história, não realizar o pagamento da sua dívida fundada. À luz da CRFB/1988, poderá o Estado W, onde está localizado o referido Município, intervir no ente menor para garantir o pagamento da dívida fundada.

COMENTÁRIO

A assertiva que deve ser assinalada é a constante da letra "A". De acordo com o art. 34, VI, CF/1988, a União poderá intervir nos Estados para prover a execução de lei federal, ordem ou decisão judicial.

No que se refere à alternativa "B", temos um texto incorreto, afinal, nos Municípios localizados em Estados-membros a União não pode intervir de forma alguma, nem mesmo em situação de omissão do Estado, haja vista não ser o ente federado imediatamente superior.

A alternativa "C" está incorreta, visto que a decretação da intervenção dependerá, no caso de desobediência a ordem ou decisão judiciária, de requisição do Supremo Tribunal Federal, do Superior Tribunal de Justiça ou do Tribunal Superior Eleitoral (art. 36, II, CF/1988).

Quanto à letra "D", está equivocada, pois, conforme o art. 35, I, CF/1988, o Estado não intervirá em seus Municípios, nem a União nos Municípios localizados em Território Federal, exceto quando deixar de ser paga, sem motivo de força maior, por dois anos consecutivos, a dívida fundada.

(XV EXAME DE ORDEM UNIFICADO – FGV) No município de São José dos Cavaleiros, 87% dos atendimentos médicos nas emergências hospitalares são decorrências de acidentes automobilísticos ocasionados pelo consumo de bebidas alcoólicas. Uma vereadora do município, Sra. X, ciente das estatísticas expostas, apresenta projeto de lei propondo que os cidadãos proprietários de veículos automotores, residentes no município, municiem seus veículos com equipamento que impeça a partida do carro no caso de o condutor ter consumido álcool. A Câmara Municipal, por voto de 2/3 dos vereadores, aprova a lei. Esta legislação deve ser considerada

(A) constitucional, por tratar de proteção de direito fundamental.
(B) inconstitucional, por tratar de matéria de competência privativa da União.
(C) inconstitucional, por vício formal relacionado ao quórum mínimo para votação.
(D) constitucional, por tratar de assunto de interesse local e ter sido aprovada por processo legislativo idôneo.

COMENTÁRIO

A alternativa correta é a letra "B". A lei municipal viola a competência privativa da União para legislar sobre trânsito e transporte (art. 22, XI, CF/1988 e ADI 3.897, Rel. Min. Gilmar Mendes).

(XVI EXAME DE ORDEM UNIFICADO – FGV) Determinado Governador de Estado, inconformado com decisões proferidas pelo Poder Judiciário local, que determinaram o fechamento de diversos estabelecimentos comprovadamente envolvidos com ilícitos, decidiu que os órgãos estaduais a ele subordinados não cumpririam as decisões judiciais. Alegou que os negócios desenvolvidos nesses estabelecimentos, mesmo sendo ilícitos, geravam empregos e aumentavam a arrecadação do Estado, e que o não cumprimento das ordens emanadas do Poder Judiciário se justificava em razão da repercussão econômica que o seu cumprimento teria.

Das opções a seguir, assinale a que se mostra consentânea com a Constituição Federal.

(A) O Presidente da República, após a requisição do Supremo Tribunal Federal, decretará a intervenção federal, dispensado, nesse caso, o controle pelo Congresso Nacional.
(B) O Governador de Estado, tendo por base a inafastável autonomia concedida aos Estados em uma organização federativa, está juridicamente autorizado a adotar o indicado posicionamento.
(C) O Presidente da República poderá decretar a intervenção federal, se provocado pelo Procurador-Geral da República e com autorização prévia do Congresso Nacional, que exercerá um controle político.
(D) O Supremo Tribunal Federal, prescindindo de qualquer atuação por parte do Presidente da República, determinará, ele próprio, a intervenção federal, que será posteriormente apreciada pelo Congresso Nacional.

COMENTÁRIO

Correta está a alternativa "A". Conforme preceitua o art. 34, IV e 36, II, CF/1988, em caso de descumprimento de decisão judicial o pedido de requisição de intervenção federal será determinado pelo Supremo Tribunal Federal ao Presidente da República e, por força do art. 36, § 3º, CF/1988, não haverá necessidade de manifestação pelo Congresso Nacional.

(XVII EXAME DE ORDEM UNIFICADO – FGV) Determinado Estado da Federação vivencia sérios problemas de segurança pública, sendo frequentes as fugas dos presos transportados para participar de atos processuais realizados no âmbito do Poder Judiciário. Para remediar essa situação, foi editada uma lei estadual estabelecendo a possibilidade de utilização do sistema de videoconferência no âmbito do Estado.

Diante de tal quadro, assinale a afirmativa que se ajusta à ordem constitucional.

(A) A lei estadual é constitucional, pois a matéria se insere na competência local dos Estados-membros, versando sobre assunto de interesse local.
(B) A lei estadual é inconstitucional, pois afrontou a competência privativa da União de legislar sobre Direito Processual Penal.
(C) A lei estadual é constitucional, pois a matéria se insere no âmbito da competência delegada da União, versando sobre direito processual.
(D) A lei estadual é inconstitucional, pois comando normativo dessa natureza, por força do princípio da simetria, deveria estar previsto na Constituição Estadual.

COMENTÁRIO

Em conformidade com a jurisprudência do STF, não compete ao Estado-membro, sob pena de usurpação de atribuições que lhe são juridicamente estranhas, legislar sobre a regulação de interrogatórios judiciais do réu mediante sistema de videoconferência, por tratar-se de questão constitucionalmente submetida à esfera de privativa competência da União. Nos termos do art. 22, I, da CF/1988, compete à União legislar privativamente sobre direito penal e processual penal. Nesse sentido, conclui-se que a única alternativa que está em consonância com o entendimento jurisprudencial do STF é a da letra "B" (ver HC 91.758, Rel. Min. Celso de Mello).

(XVIII EXAME DE ORDEM UNIFICADO – FGV) A parte da população do Estado V situada ao sul do seu território, insatisfeita com a pouca atenção que vem recebendo dos últimos governos, organiza-se e dá início a uma campanha para promover a criação de um novo Estado-membro da República Federativa do Brasil – o Estado N, que passaria a ocupar o território situado na parte sul do Estado V. O tema desperta muita discussão em todo o Estado, sendo que alguns argumentos favoráveis e outros contrários ao desmembramento começam a ganhar publicidade na mídia. Reconhecido constitucionalista analisa os argumentos listados a seguir e afirma que apenas um deles pode ser referendado pelo sistema jurídico-constitucional brasileiro. Assinale-o.

(A) O desmembramento não poderia ocorrer, pois uma das características fundamentais do Estado Federal é a impossibilidade de ocorrência do chamado direito de secessão.
(B) O desmembramento poderá ocorrer, contanto que haja aprovação, por via plebiscitária, exclusivamente por parte da população que atualmente habita o território que formaria o Estado N.
(C) Além de aprovação pela população interessada, o desmembramento também pressupõe a edição de lei complementar pelo Congresso Nacional com esse objeto.
(D) Além de manifestação da população interessada, o sistema constitucional brasileiro exige que o desmembramento dos Estados seja precedido de divulgação de estudos de viabilidade.

COMENTÁRIO

Nos termos do art. 18, § 3º, da CF/1988, os Estados podem incorporar-se entre si, subdividir-se ou desmembrar-se para se anexarem a outros, ou formarem novos Estados ou Territórios Federais, mediante aprovação da população diretamente interessada, através de plebiscito, e do Congresso Nacional, por lei complementar. Nesse sentido, a assertiva a ser assinalada é a letra "C". Vejamos os equívocos das demais:

– letra 'a': de fato, nas federações inexiste o chamado direito de secessão. Entretanto, nada impede que a arquitetura interna da federação seja modificada, por meio da criação ou desmembramento de Estados e Municípios.

– letra 'b': de acordo com o que decidiu o STF na ADI 2650, de relatoria do Min. Dias Toffoli, em caso de desmembramento de Estado, a população a ser consultada é tanto a da área a ser desmembrada quanto a da área remanescente.

– letra 'd': os estudos de viabilidade só precisam ser divulgados em se tratando de desmembramento, fusão ou criação de novos Municípios, nos termos do art. 18, § 4º, CF.

(XVIII EXAME DE ORDEM UNIFICADO – FGV) A Assembleia Legislativa do Estado M, ao constatar a ausência de normas gerais sobre matéria em que a União, os Estados e o Distrito Federal possuem competência legislativa concorrente, resolve tomar providências no sentido de legislar sobre o tema, preenchendo os vazios normativos decorrentes dessa lacuna. Assim, dois anos após a Lei E/2013 ter sido promulgada pelo Estado M, o Congresso Nacional promulga a Lei F/2015, estabelecendo normas gerais sobre a matéria. Sobre esse caso, assinale a afirmativa correta.

(A) A Lei E/2013 foi devidamente revogada pela Lei F/2015, posto não ser admissível, no caso, que norma estadual pudesse preservar a sua eficácia diante da promulgação de norma federal a respeito da mesma temática.

(B) A Lei E/2013 perde a sua eficácia somente naquilo que contrariar as normas gerais introduzidas pela Lei F/2015, mantendo eficácia a parte que, compatível com a Lei F/2015, seja suplementar a ela.

(C) A Lei F/2015 não poderá viger no território do Estado M, já que a edição anterior da Lei E/2013, veiculando normas específicas, afasta a eficácia das normas gerais editadas pela União em momento posterior.

(D) A competência legislativa concorrente, por ser uma espécie de competência comum entre todos os entes federativos, pode ser usada indistintamente por qualquer deles, prevalecendo, no caso de conflito, a lei posterior, editada pelo Estado ou pela União.

COMENTÁRIO

A assertiva correta é aquela que consta da alternativa "B", pois a superveniência de lei federal sobre normas gerais suspende (e não revoga!) a eficácia da lei estadual, no que lhe for contrário, conforme dispõe o art. 24, § 4º, da CF/1988.

8. DA ADMINISTRAÇÃO PÚBLICA

(EXAME DE ORDEM UNIFICADO 2010.3 – FGV) A respeito da disciplina constitucional da Administração Pública, é correto afirmar que

(A) as funções de confiança e os cargos em comissão se destinam apenas às atribuições de direção, chefia e assessoramento.

(B) os atos de improbidade administrativa importarão a cassação de direitos políticos, a perda da função pública, a indisponibilidade de bens e o ressarcimento ao erário, na forma e gradação previstas em lei, sem prejuízo da ação penal cabível.

(C) a vinculação de espécies remuneratórias no serviço público é vedada, mas admite-se a equiparação salarial entre carreiras públicas.

(D) o direito de greve é assegurado ao servidor público civil, devendo ser exercido nos termos e nos limites definidos em lei complementar.

COMENTÁRIO

A única alternativa que está em consonância com o texto constitucional é a letra "A", que preceitua, nos termos do art. 37, V, da CF/1988, que as funções de confiança e os cargos em comissão se destinam apenas às atribuições de direção, chefia e assessoramento.

Conforme preceitua o art. 37, § 4º, da CF/1988, os atos de improbidade administrativa importarão a suspensão dos direitos políticos, a perda da função pública, a indisponibilidade dos bens e o ressarcimento ao erário, na forma e gradação previstas em lei, sem prejuízo da ação penal cabível. Nesse sentido, a afirmativa "B" é falsa, pois o texto constitucional veda expressamente a cassação dos direitos políticos (art. 15, *caput*, da CF/1988).

O erro da letra "C" decorre do fato de ser vedada a vinculação ou equiparação de quaisquer espécies remuneratórias para o efeito de remuneração de pessoal do serviço público (art. 37, XIII, da CF/1988).

Por fim, a assertiva "D" é falsa, pois o direito de greve, após a edição da EC 19/1998, será exercido nos termos e limites definidos em lei específica, e não em lei complementar (art. 37, VII, da CF/1988).

9. PODER LEGISLATIVO

(II EXAME UNIFICADO) O Congresso Nacional e suas respectivas Casas se reúnem anualmente para a atividade legislativa. Com relação ao sistema constitucional brasileiro, assinale a alternativa correta.

(A) Legislatura: o período compreendido entre 2 de fevereiro a 17 de julho e 1º de agosto a 22 de dezembro.

(B) Sessão legislativa: os quatro anos equivalentes ao mandato dos parlamentares.

(C) Sessão conjunta: a reunião da Câmara dos Deputados e do Senado Federal destinada, por exemplo, a conhecer do veto presidencial e sobre ele deliberar.

(D) Sessão extraordinária: a que ocorre por convocação ou do Presidente do Senado Federal ou do Presidente da Câmara dos Deputados ou do Presidente da República e mesmo por requerimento da maioria dos membros de ambas as Casas para, excepcionalmente, inaugurar a sessão legislativa e eleger as respectivas mesas diretoras.

COMENTÁRIO

Os conceitos de "legislatura" e "sessão legislativa" estão invertidos nas alternativas "A" e "B", o que as torna incorretas. Isso porque legislatura é o período de quatro anos, equivalente ao mandato de Deputados Federais (vale lembrar que os Senadores da República são eleitos para cumprir mandato de oito anos, ou seja, duas legislaturas). Por seu turno, sessão legislativa é o período anual de trabalho do Congresso Nacional, compreendido entre 2 de fevereiro a 17 de julho e 1º de agosto a 22 de dezembro.

A alternativa "D" trata da sessão extraordinária (art. 57, §§ 6º a 8º, da CF/1988), que é aquela que ocorre durante o recesso parlamentar. Referida convocação extraordinária do Congresso Nacional far-se-á pelo Presidente do Senado Federal (nos casos de decretação de estado de defesa ou de intervenção federal, de pedido de autorização para a decretação de estado de sítio e para o compromisso e a posse do Presidente e do Vice-Presidente da República); ou pelo Presidente da República, pelos Presidentes da Câmara dos Deputados e do Senado Federal ou a requerimento da maioria dos membros de ambas as Casas, nos casos de urgência ou interesse público relevante (sendo que nessas hipóteses deve haver aprovação da maioria absoluta de cada uma das Casas do Congresso Nacional).

Portanto, para inaugurar a sessão legislativa e eleger as respectivas mesas diretoras, não se faz necessária a convocação de sessão extraordinária, pois referidos atos são praticados em sessão preparatória (prevista no art. 57, § 4º, da CF/1988), o que torna a alternativa "D" incorreta.

Temos, ainda, a previsão, no art. 57, § 3º, da CF/1988, da sessão conjunta que reúne Deputados Federais e Senadores para conhecer do veto e sobre ele deliberar, como preceitua a alternativa "C" (a assertiva correta).

Vale destacar, por último, que a reunião em sessão conjunta também ocorrerá para a inauguração da sessão legislativa, a elaboração do regimento comum e a regulação da criação de serviços comuns às duas Casas e recebimento do compromisso do Presidente e do Vice-Presidente da República.

(EXAME DE ORDEM UNIFICADO 2010.3 – FGV) O controle externo financeiro da União e das entidades da administração federal direta e indireta é atribuição do Congresso Nacional, que o exerce com o auxílio do Tribunal de Contas da União. É competência do Tribunal de Contas da União

(A) apreciar as contas prestadas anualmente pelo Presidente da República, mediante a emissão de parecer prévio, que só deixará de prevalecer por decisão de dois terços dos membros do Congresso Nacional.

(B) sustar contratos administrativos em que seja identificado superfaturamento ou ilegalidade e promover a respectiva ação visando ao ressarcimento do dano causado ao erário.

(C) aplicar aos responsáveis por ilegalidade de despesa ou irregularidade de contas multa sancionatória, em decisão dotada de eficácia de título executivo judicial.

(D) fiscalizar a aplicação de quaisquer recursos repassados pela União, mediante convênio, ajuste ou outros instrumentos congêneres, a Estado, ao Distrito Federal ou a Município.

COMENTÁRIO

A única alternativa ajustada com o texto constitucional é a da letra "D", que preceitua, nos termos do art. 71, VI, da CF/1988, que o controle externo, a cargo do Congresso Nacional, será exercido com o auxílio do Tribunal de Contas da União, ao qual compete fiscalizar a aplicação de quaisquer recursos repassados pela União mediante convênio, acordo, ajuste ou outros instrumentos congêneres, a Estado, ao Distrito Federal ou a Município.

Conforme determina o inciso VIII do art. 71, compete ao TCU aplicar aos responsáveis, em caso de ilegalidade de despesa ou irregularidade de contas, as sanções previstas em lei, que estabelecerá, entre outras cominações, multa proporcional ao dano causado ao erário. Mas, ao contrário do que determina a assertiva da letra "C", as decisões do Tribunal de que resulte imputação de débito ou multa terão eficácia de título executivo extrajudicial (art. 515, XII, do novo CPC).

No que se refere à alternativa "B", o ato de sustação será adotado diretamente pelo Congresso Nacional, que solicitará, de imediato, ao Poder Executivo as medidas cabíveis (conforme preceitua o art. 71, § 1º, da CF/1988) e representar ao Poder competente sobre irregularidades ou abusos apurados (art. 71, XI, da CF/1988), não sendo cabível ao TCU promover a respectiva ação visando ao ressarcimento do dano causado ao erário.

Para finalizar, temos a alternativa "A", que está equivocada. Realmente compete ao TCU (art. 71, I, da CF/1988) apreciar as contas prestadas anualmente pelo Presidente da República, mediante parecer prévio que deverá ser elaborado em 60 dias a contar de seu recebimento. Não há, todavia, qualquer previsão constitucional que determine que as contas do Presidente da República possam ser rejeitadas por dois terços dos membros do Congresso Nacional.

(IV EXAME DE ORDEM UNIFICADO – FGV) Considere a hipótese de Deputado Federal que cometeu crime (comum) após a diplomação. Nesse caso, é correto afirmar que

(A) o Congresso Nacional pode sustar o andamento da ação penal.

(B) a Câmara dos Deputados pode sustar o andamento da ação penal.

3. Direito Constitucional

(C) o STF só pode receber a denúncia após a licença da Câmara dos Deputados.

(D) o STF só pode receber a denúncia após a licença do Congresso Nacional.

COMENTÁRIO

Desde a edição da EC 35/2001, que modificou a redação do art. 53, §§ 3º a 5º, da CF/1988, a prévia licença da Casa Legislativa (Câmara dos Deputados ou Senado Federal) deixou de ser condição indispensável para o STF receber a denúncia contra o parlamentar federal. Atualmente, pois, inexiste a necessidade de a Casa Legislativa dar sua autorização para o STF iniciar a persecução penal contra o Deputado Federal ou o Senador: a Corte recebe a denúncia independentemente de prévia concordância da Casa. Por isso, as alternativas "C" e "D" estão claramente erradas, já que há muitos anos não mais existe referida licença.

A imunidade formal relativa ao processo que o parlamentar possui hoje se refere à possibilidade de sustação da ação penal contra o parlamentar pela Casa Legislativa respectiva. Note-se, no entanto, que a suspensão da ação penal contra o parlamentar somente é possível quando: 1) o crime houver sido cometido após a diplomação; 2) a Casa for provocada por um partido político nela representado (não existe sustação de ofício) e 3) a Casa decidir em até 45 dias a contar da provocação dirigida à mesa diretora. Por essa razão, a alternativa "B" está correta.

(IX EXAME DE ORDEM UNIFICADO – FGV) O Congresso Nacional aprova tratados internacionais por meio de:

(A) Decreto.

(B) Resolução.

(C) Decreto-lei.

(D) Decreto Legislativo.

COMENTÁRIO

Nos termos do art. 49, I, da CF/1988, a aprovação de tratados internacionais é competência exclusiva do Congresso Nacional, sendo que tal competência materializa-se por meio da edição de Decreto Legislativo. Vale lembrar que referido decreto legislativo pode ser objeto de ação direta, no controle concentrado de constitucionalidade. Por essa razão, a alternativa "D" está correta.

(XII EXAME DE ORDEM UNIFICADO – FGV) O Deputado Federal "Y" foi objeto de extensa investigação, e diversas reportagens jornalísticas indicaram sua participação em fraudes contra a previdência social. Além disso, inquéritos da polícia chegaram a fortes indícios de diversas práticas criminosas por uma quadrilha por ele liderada. O Ministério Público ofereceu denúncia contra sete acusados, incluindo o parlamentar. Com relação ao caso apresentado, assinale a afirmativa correta.

(A) Os deputados federais não podem ser presos em hipótese alguma, pois são invioláveis, na forma prevista na Constituição da República.

(B) O processo criminal contra o deputado federal deverá tramitar perante o Superior Tribunal de Justiça e tem procedimento especial previsto em lei.

(C) O tribunal competente, recebida denúncia contra o deputado federal por crime ocorrido após a diplomação, dará ciência à Câmara dos Deputados, que poderá sustar o andamento da ação por iniciativa de partido político nela representado e pelo voto da maioria de seus membros, até a decisão final.

(D) Os membros do Congresso Nacional, desde a expedição do diploma, não poderão ser processados criminalmente sem prévia licença de sua Casa; não sendo concedida a licença, ficará suspensa a prescrição, até o fim do mandato.

COMENTÁRIO

A única alternativa que está de acordo com o texto constitucional é a letra "C", que preceitua, nos termos do art. 53, § 3º, da CF/1988, que, recebida a denúncia contra o Senador ou Deputado, por crime ocorrido após a diplomação, o Supremo Tribunal Federal dará ciência à Casa respectiva, que, por iniciativa de partido político nela representado e pelo voto da maioria de seus membros, poderá, até a decisão final, sustar o andamento da ação. Essa alternativa referencia a imunidade formal relativa ao processo que os parlamentares federais possuem.

No que se refere à alternativa "A", temos um texto incorreto (art. 53, § 2º, da CF/1988), afinal, Deputados Federais poderão ser presos em flagrante pela prática de crime inafiançável. Além dessa previsão constitucional, o STF (Inq. 510) também autoriza a prisão dos parlamentares federais em razão do trânsito em julgado da sentença condenatória definitiva.

A alternativa "B" está incorreta, visto que os Deputados Federais e Senadores, desde a expedição do diploma, serão submetidos a julgamento perante o Supremo Tribunal Federal (art. 53, § 1º, da CF/1988).

Quanto à letra "D", está equivocada, pois, com a publicação da EC 35/2001, Deputados e Senadores podem vir a ser processados criminalmente independentemente de prévia autorização da Casa à qual o parlamentar esteja vinculado.

(XV EXAME DE ORDEM UNIFICADO – FGV) O senador "X" ausentou-se das atividades do Senado Federal para tratar de assunto de interesse particular por cento e cinquenta dias ininterruptos e, diante desse fato, enfrenta representação para a perda do seu mandato, por não ter comparecido à terça parte das sessões ordinárias da Casa, que foram realizadas no período em que esteve ausente.

Nessa hipótese, assinale a afirmativa correta.

(A) A perda do mandato do referido senador será decidida pelo Senado Federal, por maioria absoluta, mediante provocação da respectiva mesa ou de partido político representado no Congresso Nacional, assegurada a ampla defesa.

(B) Não poderá o referido parlamentar perder o mandato, já que o afastamento não ultrapassou cento e oitenta dias dentro da mesma sessão legislativa

(C) A perda do mandato do referido senador poderá ser declarada pela Mesa da Casa Legislativa de ofício ou mediante provocação de qualquer dos seus membros, ou de partido político representado no Congresso Nacional, assegurada a ampla defesa.

(D) Caso o referido senador venha a renunciar após submetido ao processo que vise ou possa levar à perda do seu mandato, haverá o arquivamento do processo pela perda do seu objeto.

COMENTÁRIO

Conforme o art. 55, III, CF/1988, perderá o mandato o Deputado ou Senador que deixar de comparecer, em cada sessão legislativa, à terça parte das sessões ordinárias da Casa a que pertencer, salvo licença ou missão por esta autorizada. Nessa hipótese a perda será declarada pela Mesa da Casa respectiva, de ofício ou mediante provocação de qualquer de seus membros, ou de partido político representado no Congresso Nacional, assegurada ampla defesa (art. 55, § 3º, CF/88). Nesse sentido, a assertiva "C" que deve ser assinalada.

(XVI EXAME DE ORDEM UNIFICADO – FGV) Caio da Silva, Senador da República pelo Estado "Z", no decorrer do recesso parlamentar, viaja de férias com a família para um *resort* situado no Estado "X", a fim de descansar. Todavia, em meio aos hóspedes que ali se encontravam, deparou-se com Tício dos Santos, um ferrenho adversário político, com quem acabou por travar áspera discussão em torno de temas políticos já discutidos anteriormente no Senado. Caio da Silva, durante a discussão, atribuiu ao seu adversário a responsabilidade pela prática de fatos definidos como crimes, além de injuriá-lo com vários adjetivos ofensivos. Tício dos Santos, inconformado com as agressões públicas a ele desferidas, decidiu ajuizar queixa-crime em face de Caio da Silva.

Tendo em vista as particularidades da narrativa acima e considerando o que dispõe a Constituição Federal, assinale a afirmativa correta

(A) Caio da Silva, por estar fora do espaço físico do Congresso Nacional, não é alcançado pela garantia da imunidade material, respondendo pelos crimes contra a honra que praticou.

(B) Caio da Silva, mesmo fora do espaço físico do Congresso Nacional, é alcançado pela garantia da imunidade material, tendo em vista que as ofensas proferidas estão relacionadas ao exercício da atividade parlamentar.

(C) Caio da Silva não está coberto pela garantia da imunidade material, tendo em vista que as ofensas foram proferidas em um momento de recesso parlamentar, o que afasta qualquer relação com a atividade de Senador.

(D) Caio da Silva não está coberto pela garantia da imunidade material, visto que, durante o recesso parlamentar, sequer estava no território do Estado que representa na condição de Senador.

COMENTÁRIO

Nos termos do art. 53, *caput*, CF/1988, os Deputados Federais e Senadores são invioláveis, civil e penalmente, por quaisquer de suas opiniões, palavras e votos. Em se tratando de ofensa irrogada em plenário, presume-se a imunidade, não cabendo indagar acerca do conteúdo das ofensas proferidas ou mesmo da conexão com o mandato. Noutro giro, como a imunidade material acompanha o parlamentar extramuros, isto é, também ampara condutas praticadas fora do recinto parlamentar, é preciso destacar que nestes casos deve haver inequívoca confirmação de que o ato está relacionado com a função parlamentar para a imunidade incidir. No caso em tela, a conduta de Caio foi considerada pelo examinador como relacionada ao exercício parlamentar, razão pela qual a imunidade incidiu e, portanto, ele não pode ser responsabilizado.

(XVII EXAME DE ORDEM UNIFICADO – FGV) Ocorreu um grande escândalo de desvio de verbas públicas na administração pública federal, o que ensejou a instauração de uma Comissão Parlamentar de Inquérito (CPI), requerida pelos deputados federais de oposição. Surpreendentemente, os oponentes da CPI conseguem que o inexperiente deputado M seja alçado à condição de Presidente da Comissão. Por não possuir formação jurídica e desconhecer o trâmite das atividades parlamentares, o referido Presidente, sem consultar os assessores jurídicos da Casa, toma uma série de iniciativas, expedindo ofícios e requisitando informações a diversos órgãos. Posteriormente, veio à tona que apenas uma de suas providências prescindiria de efetivo mandado judicial. Assinale a opção que indica a única providência que o deputado M poderia ter tomado, prescindindo de ordem judicial.

(A) Determinação de prisão preventiva de pessoas por condutas que, embora sem flagrância, configuram crime e há comprovado risco de que voltem a ser praticadas.

(B) Autorização, ao setor de inteligência da Polícia Judiciária, para que realize a interceptação das comunicações telefônicas ("escuta") de prováveis envolvidos.

(C) Quebra de sigilo fiscal dos servidores públicos que, sem aparente motivo, apresentaram público e notório aumento do seu padrão de consumo.

(D) Busca e apreensão de documentos nas residências de sete pessoas supostamente envolvidas no esquema de desvio de verba.

COMENTÁRIO

As assertivas "A", "B" e "D" estão incorretas, visto que é vedado as CPIs: (i) decretar a prisão, salvo em situação de flagrante delito; (ii) determinar a quebra do sigilo das comunicações telefônicas (interceptação telefônica); e (iii) determinar a medida de busca e apreensão domiciliar. Vale a leitura do art. 5°, incisos, XI, XII e LXI, CF/1988.

No que se refere à alternativa "C", é a correta. Conforme entendimento do Supremo Tribunal Federal, as CPIs podem determinar, por autoridade própria, a quebra dos sigilos bancário, fiscal e de dados, inclusive os telefônicos.

10. PROCESSO LEGISLATIVO

(EXAME DE ORDEM UNIFICADO 2010.2 – FGV) Sabe-se a polêmica ainda existente na doutrina constitucionalista pátria no que se refere à eventual hierarquia da Lei Complementar sobre a Lei Ordinária. Todavia, há diferenças entre essas duas espécies normativas que podem até gerar vícios de inconstitucionalidade caso não respeitadas durante o processo legislativo. A partir do fragmento acima, assinale a afirmativa incorreta.

(A) A Lei Complementar exige aprovação por maioria absoluta, enquanto a lei ordinária é aprovada por maioria simples dos membros presentes à sessão, desde que presente a maioria absoluta dos membros de cada Casa ou de suas Comissões.

(B) As matérias que devem ser regradas por Lei Complementar encontram-se taxativamente indicadas no texto constitucional e, desde que não seja assunto específico de normatização por decreto legislativo ou resolução, o regramento de todo o resíduo competirá à lei ordinária.

(C) As matérias reservadas à Lei Complementar não serão objeto de delegação do Congresso ao Presidente da República.

(D) A discussão e votação dos projetos de lei ordinária devem, obrigatoriamente, ter início na Câmara dos Deputados.

COMENTÁRIO

A discussão e a votação dos projetos de lei (ordinária ou complementar) não terão início, obrigatoriamente, na Câmara dos Deputados. Essa Casa Legislativa é, em regra, a Casa iniciadora, responsável pela deliberação principal, enquanto o Senado Federal atua, em regra, como Casa revisora (veja o art. 64, *caput*, e o art. 61, § 2°, ambos da CF/1988). No entanto, quando o projeto de lei é apresentado por Senador ou por comissão do Senado Federal, a Câmara dos Deputados atua como Casa revisora, pois o próprio Senado será a Casa iniciadora. Conclui-se, pois, que a Câmara dos Deputados é usualmente a Casa Legislativa iniciadora, mas não obrigatoriamente fará essa deliberação principal. Assim, a assertiva incorreta, que deveria ser assinalada, é a que consta da letra "D".

As demais alternativas estão corretas, vejamos o porquê:

Na letra "A" temos a definição das maiorias para aprovação de leis; enquanto a de lei complementar é absoluta (art. 69 da CF/1988), a de lei ordinária é simples (art. 47 da CF/1988). A alternativa menciona, ainda, dois pontos importantes: (1) que a maioria simples significa a maioria dos presentes, desde que esteja presente na sessão a maioria dos membros, isto é, desde que haja quórum; (2) que os projetos de lei ordinária podem ser votados também nas comissões, por autorização do art. 58, § 2°, I, da CF/1988;

Na letra "B" temos a correta informação de que a lei complementar possui matéria taxativa, previamente delimitada no texto constitucional, enquanto a lei ordinária só pode ser utilizada de modo residual, vale dizer, quando a Constituição Federal não exigir expressamente lei complementar, resolução ou decreto legislativo para disciplinar o assunto.

Por último, temos a alternativa "C", na qual é feita a correta afirmação de que a matéria de lei complementar não pode ser objeto de lei delegada (art. 68, § 1°, da CF/1988).

(EXAME DE ORDEM UNIFICADO 2010.2 – FGV) Sobre o instrumento jurídico denominado Medida Provisória que não é lei, mas tem força de lei, assinale a afirmativa correta.

(A) A sua eficácia dura sessenta dias contados da publicação, podendo a medida ser prorrogada apenas duas vezes, ambas por igual período.

(B) Se a Medida Provisória perder eficácia por decurso de prazo ou, em caráter expresso, for rejeitada pelo Congresso Nacional, vedada será sua reedição na mesma sessão legislativa.

(C) A não apreciação pela Câmara dos Deputados e, após, pelo Senado Federal, no prazo de 45 dias contados da publicação, tem como consequência apenas o sobrestamento da deliberação dos projetos de emenda à Constituição.

(D) A edição de Medida Provisória torna prejudicado o projeto de lei que disciplina o mesmo assunto e que, a par de já aprovado pelo Congresso Nacional, está pendente de sanção ou veto do Presidente da República.

COMENTÁRIO

Se a medida provisória for rejeitada (expressa ou tacitamente), não poderá ser reeditada pelo Presidente da República na mesma sessão legislativa, mas somente a partir de uma próxima (art. 62, § 10, da CF/1988). Vale recordar que, de acordo com o art. 57, a sessão legislativa se inicia em 2 de fevereiro e vai até o dia 17 de julho, recomeçando em 1° de agosto e sendo finalizada em 22 de dezembro. Por isso, a resposta correta é a constante da letra "B". Vejamos os equívocos das demais alternativas:

A letra "A" está equivocada, pois a eficácia da MP é de 60 dias, prorrogáveis, nos termos do art. 62, § 7°, da CF/1988, uma única vez por igual período;

A assertiva "C" é incorreta, por força do art. 62, § 6°, da CF/1988, que determina o sobrestamento de todas as demais deliberações legislativas da Casa em que a medida estiver tramitando, como consequência do esgotamento do prazo ideal de votação, que é de 45 dias;

O erro da letra "D" consiste no fato de a medida provisória não poder tratar de tema que seja objeto de projeto de lei votado e aprovado pelas duas Casas do Congresso Nacional, e pendente de sanção ou veto presidencial. Portanto, se o assunto já foi disciplinado em projeto de lei já votado e aprovado no Poder Legislativo e que aguarda unicamente a sanção ou veto presidencial, pode-se dizer que esse assunto não poderá ser objeto de medida provisória (tem-se um limite material expresso à utilização dessa espécie normativa; art. 62, § 1°, IV, da CF/1988).

(EXAME DE ORDEM UNIFICADO 2010.3 – FGV) Projeto de lei estadual de iniciativa parlamentar concede aumento de remuneração a servidores públicos estaduais da área da saúde e vem a ser convertido em lei após a sanção do Governador do Estado.

A referida lei é

(A) compatível com a Constituição da República, desde que a Constituição do Estado-membro não reserve à Chefia do Poder Executivo a iniciativa de leis que disponham sobre aumento de remuneração de servidores públicos estaduais.

(B) constitucional, em que pese o vício de iniciativa, pois a sanção do Governador do Estado ao projeto de lei teve o condão de sanar o defeito de iniciativa.

(C) inconstitucional, uma vez que os projetos de lei de iniciativa dos Deputados Estaduais não se submetem à sanção do Governador do Estado, sob pena de ofensa à separação de poderes.

(D) inconstitucional, uma vez que são de iniciativa privativa do Governador do Estado as leis que disponham sobre aumento de remuneração de servidores públicos da administração direta e autárquica estadual.

COMENTÁRIO

A Constituição Federal reserva, no art. 61, § 1°, alguns assuntos à iniciativa privativa do Presidente da República, de forma a submeter a regulamentação de referidos temas à sua dependência única e exclusiva, não sendo possível, de nenhuma maneira, que o projeto seja apresentado por iniciativa de alguma outra autoridade ou órgão. Vale frisar que, em homenagem ao princípio da simetria, o artigo mencionado é de repetição obrigatória nas demais esferas federativas.

Assim, as assertivas "A" e "B" estão incorretas, pois o tema listado no enunciado é de competência privativa do Governador do Estado-membro, por força do art. 61, § 1º, II, "a", da CF/1988, e nem mesmo a sanção do projeto de lei é capaz de convalidar o vício de inconstitucionalidade resultante da usurpação do poder de iniciativa. Segundo entendimento pacificado na doutrina e na jurisprudência do STF, a ulterior aquiescência do chefe do Poder Executivo, mediante sanção do projeto de lei, ainda quando dele seja a prerrogativa usurpada, não tem o condão de sanar o vício da inconstitucionalidade (a Súmula 5/STF é, atualmente, insubsistente).

Quanto à assertiva da letra "C", pode-se dizer que, por força do princípio da simetria, os projetos de lei estaduais (apresentados por qualquer autoridade) se submetem à sanção do Governador do Estado.

Em conclusão, correta está a alternativa "D". De fato, a lei é inconstitucional, pois foi apresentada por quem não possuía competência para deflagrar o processo legislativo na hipótese.

(EXAME DE ORDEM UNIFICADO 2010.3 – FGV) Assinale a alternativa que contemple matéria para cuja disciplina é vedada a edição de medida provisória.

(A) Instituição ou majoração de impostos.
(B) Abertura de crédito extraordinário, ainda que para atendimento a despesas imprevisíveis e urgentes.
(C) Normas gerais de licitações e contratos administrativos.
(D) Partidos políticos e direito eleitoral.

COMENTÁRIO

A alternativa correta é a letra "D", visto que é vedada expressamente pela Constituição de 1988 a edição de Medida Provisória sobre matéria relativa a partidos políticos e direito eleitoral (art. 62, § 1º, I, da CF/1988).

As assertivas "A", "B" e "C" estão incorretas, pois referidas matérias podem ser reguladas pela espécie normativa, já que não há qualquer vedação no texto constitucional.

(EXAME DE ORDEM UNIFICADO 2010.3 – FGV) A Constituição da República de 1988 reclama lei complementar para dispor sobre

(A) o estatuto jurídico das empresas públicas e sociedades de economia mista.
(B) as formas de participação do usuário na administração pública.
(C) finanças públicas.
(D) contratação por tempo determinado na administração pública.

COMENTÁRIO

"Lei complementar" é espécie normativa primária, inscrita no art. 59, II, da CF/1988, possuidora de matéria reservada ou taxativa. Isso significa que será utilizada toda vez que a Constituição Federal expressamente determinar que a regulamentação será feita por meio da edição dessa espécie normativa.

Na questão em análise, a assertiva "C" traz tema para o qual o texto constitucional exige referida espécie normativa, sendo, pois, a alternativa correta (conforme o art. 163, I, da CF/1988: Lei complementar disporá sobre: I – finanças públicas). Nos demais casos (alternativas "A", "B" e "D"), o documento constitucional não exige regulamentação por lei complementar, sendo cabível a edição de lei ordinária, conforme os dispositivos listados abaixo comprovam:

Letra "A": conforme o art. 173, § 1º, da CF/1988: "A lei estabelecerá o estatuto jurídico da empresa pública, da sociedade de economia mista e de suas subsidiárias que explorem atividade econômica de produção ou comercialização de bens ou de prestação de serviços";

Letra "B": nos termos do art. 37, § 3º, da CF/1988: "A lei disciplinará as formas de participação do usuário na administração pública direta e indireta";

Letra "D": de acordo com o art. 37, IX, da CF/1988: "A lei estabelecerá os casos de contratação por tempo determinado para atender a necessidade temporária de excepcional interesse público".

(V EXAME DE ORDEM UNIFICADO – FGV) A iniciativa popular é uma das formas de exercício da soberania previstas na Constituição da República. O projeto de lei resultante de iniciativa popular deve

(A) ser dirigido à Mesa do Congresso Nacional.
(B) ser subscrito por, no mínimo, 2% do eleitorado nacional.
(C) ser subscrito por eleitores de cinco Estados da Federação.
(D) dispor sobre matéria de lei ordinária.

COMENTÁRIO

A alternativa correta é a letra "C". Conforme prevê o art. 61, § 2º, da CF/1988, a iniciativa popular pode ser exercida pela apresentação à Câmara dos Deputados de projeto de lei subscrito por, no mínimo, um por cento do eleitorado nacional, distribuído pelo menos por cinco Estados, com não menos de três décimos por cento dos eleitores de cada um deles.

Vale informar que a severidade das exigências constitucionais para a apresentação de projetos de lei ordinária ou complementar de iniciativa popular dificulta sobremaneira o manejo do mecanismo e traz, como resultado, as poucas leis decorrentes da utilização desse mecanismo de deflagração do processo legislativo.

(VII EXAME DE ORDEM UNIFICADO – FGV) As Emendas Constitucionais possuem um peculiar sistema de iniciativa. Assim, revela-se correto afirmar que poderá surgir projeto dessa espécie normativa por proposta de:

(A) mais de dois terços das Assembleias Legislativas das unidades da Federação, sendo que, em cada uma delas, deve ocorrer a unanimidade de votos.
(B) mais de um terço das Assembleias Legislativas das unidades da Federação, sendo que, em cada uma delas, deve ocorrer a maioria simples de votos.
(C) mais da metade das Assembleias Legislativas das unidades da Federação, sendo que, em cada uma delas, deve ocorrer a maioria relativa de votos.
(D) mais de um terço das Assembleias Legislativas das unidades da Federação, sendo que, em cada uma delas, deve ocorrer a unanimidade de votos.

COMENTÁRIO

A alternativa "C" é a correta, nos termos do art. 60, I, II e III, da CF/1988. Conforme o texto constitucional preceitua, são legitimados a apresentar uma proposta de emenda, apenas: I – um terço, no mínimo, dos membros da Câmara dos Deputados ou do Senado Federal; II – o Presidente da República; III – mais da metade das Assembleias Legislativas das unidades da Federação, manifestando-se, cada uma delas, pela maioria relativa de seus membros.

(VIII EXAME DE ORDEM UNIFICADO – FGV) A Assembleia Legislativa do Estado "M", verificando que o Estado jamais regulamentou a aposentadoria especial dos servidores públicos cujas atividades sejam exercidas sob condições especiais que prejudiquem a saúde ou a integridade física (art. 40, § 4º, III da Constituição da República), edita lei complementar, de iniciativa do deputado "X", que determina a aplicação dos mesmos critérios aplicados aos trabalhadores da iniciativa privada (previstos na Lei 8.213/1991). O Governador do Estado sanciona a lei, que é publicada dias depois. Sobre o caso concreto apresentado, assinale a afirmativa correta.

(A) Há vício de iniciativa, devendo a regulamentação do regime dos servidores públicos ser estabelecida em lei de iniciativa do Chefe do Poder Executivo – no caso, o Governador do Estado.
(B) Ainda que houvesse vício de iniciativa, a sanção pelo Governador do Estado supre tal vício, uma vez que se considera que a autoridade originalmente atribuída do poder de iniciativa ratificou as disposições da lei.
(C) Não há vício de iniciativa, pois as matérias com reserva de iniciativa são somente aquelas que devem ser tratadas por meio de lei ordinária; as leis complementares, pela exigência de *quorum* qualificado, podem ser encaminhadas pelo Poder Executivo ou pelo Legislativo.
(D) Somente existe vício de iniciativa se não tiver havido tempo razoável para o Poder Executivo encaminhar à Assembleia Legislativa o projeto de lei. Diante da inércia do Governador por diversos anos, pode a Assembleia suprir a mora, elaborando o projeto.

COMENTÁRIO

A iniciativa de lei que regulamenta a aposentadoria dos servidores públicos é privativa do Presidente da República, em âmbito federal e, pelo princípio da simetria, em âmbito estadual é privativa do Governador de Estado. É o disposto no art. 61, § 1º, II, "c", da CF/1988 que torna a alternativa "A" correta.

Sobre a sanção do chefe do Executivo ao projeto de lei, vale lembrar que ela não convalida o vício de inconstitucionalidade resultante da usurpação do poder de iniciativa, por isso o item "B" está errado.

Por fim, a letra "D" é falsa, uma vez que não pode o Poder Legislativo fixar prazo para que o detentor da iniciativa reservada apresente projeto de lei sobre a respectiva matéria, afinal, receber da Constituição a iniciativa privativa é obter, implicitamente, o poder de decisão sobre o momento adequado para exercer a prerrogativa constitucional.

(VIII EXAME DE ORDEM UNIFICADO – FGV) O Presidente da República encaminhou ao Senado Federal projeto de Lei Ordinária para provimento de cargos de servidores da União. Após os debates, o projeto foi aprovado pelo plenário do Senado Federal e, em seguida, encaminhado para a Câmara dos Deputados que, em apenas um turno de discussão e votação, o aprovou e o enviou ao Presidente da República, que o sancionou. Sobre o fato acima, assinale a afirmativa correta.

(A) A lei é inconstitucional, pois a iniciativa de projetos de lei para provimento de cargos de servidores da União é da Câmara dos Deputados.

(B) A discussão e a votação do projeto deveriam ter se iniciado na Câmara dos Deputados, havendo, por isso, vício no processo legislativo.

(C) A ocorrência de dois turnos de discussão e votação do projeto de lei ordinária, pressuposta no adequado processo legislativo, não ocorreu no caso narrado.

(D) A lei é constitucional, pois o processo legislativo foi hígido.

COMENTÁRIO

A regra no processo legislativo é a Câmara dos Deputados funcionar como Casa iniciadora, responsável pela deliberação principal, enquanto o Senado Federal atua como Casa revisora, realizando a deliberação revisional (ver art. 64 da CF/1988). Essa regra só é afastada quando o projeto de lei é apresentado por Senador ou comissão do Senado, situação em que o próprio Senado será a Casa Iniciadora – restando à Câmara a deliberação revisional.

Não por outra razão, a resposta está na letra "B", pois, se o projeto de lei foi apresentado pelo Presidente da República, a Casa Iniciadora deveria ter sido a Câmara dos Deputados, e não o Senado.

As demais alternativas são falsas, afinal: (1) a lei não é constitucional – como afirmou a alternativa "D"; (2) o projeto de lei ordinária é discutido e votado em apenas um turno, conforme preceitua o art. 65 da CF/1988; (3) a iniciativa de projetos de lei para provimento de cargos de servidores da União é do Presidente da República, de acordo com o que informa o art. 61, § 1º, II, "c", da CF/1988.

(X EXAME DE ORDEM UNIFICADO – FGV) Preocupado com a concorrência de eletrodomésticos produzidos na China e com o saldo da balança comercial, o Presidente da República, no dia 1º de abril, editou medida provisória determinando o aumento da alíquota do imposto sobre produtos industrializados (IPI) para os produtos provenientes daquele país. Entretanto, passados 30 (trinta dias), o Congresso Nacional rejeitou a medida provisória, não a convertendo em lei. Com base no caso acima, assinale a afirmativa correta.

(A) A medida provisória terá eficácia por mais 30 (trinta) dias, perfazendo o total de 60 (sessenta) dias.

(B) A medida provisória terá eficácia por mais 30 (trinta) dias, período no qual poderá haver nova tentativa de conversão em lei.

(C) A medida provisória perderá sua eficácia, cabendo ao Presidente da República, caso haja interesse, reeditá-la imediatamente.

(D) A medida provisória perderá sua eficácia, devendo o Congresso Nacional disciplinar, por decreto legislativo, as relações jurídicas dela decorrentes.

COMENTÁRIO

As medidas provisórias foram instituídas pelo documento constitucional de 1988 como espécies normativas primárias, com força de lei, podendo ser utilizadas pelo Presidente da República, em situações de relevância e urgência, para regulamentar situações não vedadas pela Constituição (ver art. 62, § 1º; art. 25, § 2º; e art. 246, todos da CF/1988).

Quando editadas, referidas medidas vigoram por 60 dias, prorrogáveis, uma única vez por igual período, por mais sessenta dias. Em havendo rejeição (expressa ou tácita da medida), deverá o Congresso Nacional, nos termos do art. 62, §§ 3º e 11, da CF/1988, disciplinar, por decreto legislativo, as relações jurídicas dela decorrentes.

No caso em tela, como o Congresso Nacional rejeitou expressamente a medida provisória, ela perdeu sua eficácia e a regulamentação das relações jurídicas dela decorrentes deverá ser feita pelo Congresso, no prazo de 60 dias, por meio da edição de um decreto legislativo. É, pois, correta a letra "D".

(X EXAME DE ORDEM UNIFICADO – FGV) A Constituição brasileira não pode ser emendada

(A) na implantação do estado de emergência e durante a intervenção da União nos Estados.

(B) na vigência do estado de sítio e na implantação do estado de emergência.

(C) quando em estado de sítio e durante a intervenção da União nos Municípios.

(D) na vigência de estado de defesa, de estado de sítio e de intervenção federal.

COMENTÁRIO

A fim de preservar a autonomia e a livre manifestação do Poder Derivado Reformador, nossa Constituição veda (no art. 60, § 1º, da CF/1988) que haja qualquer alteração formal do texto constitucional no curso de circunstâncias consideradas anormais e excepcionais. Assim, a alternativa correta é aquela que consta da letra "D", pois nossa Constituição Federal não poderá ser emendada na vigência de intervenção federal, de estado de defesa ou de estado de sítio.

(XIV EXAME DE ORDEM UNIFICADO – FGV) Maria da Silva, deputada federal integrante do partido Alfa, vem a ter projeto de sua iniciativa aprovado, com apoio de outros partidos políticos. Para sua surpresa, o texto do seu projeto veio a ser vetado na integralidade por decisão do Presidente da República. Após tomar ciência do veto presidencial, a deputada, com o intuito de derrubá-lo, procura as lideranças dos partidos que apoiaram seu projeto.

Nos termos da Constituição Federal, assinale a opção que apresenta o procedimento correto.

(A) Vetado o projeto de lei, ocorrerá o seu arquivamento.

(B) Após o veto, a matéria somente poderá ser reapreciada no ano subsequente.

(C) O veto poderá ser rejeitado, o que acarretará o envio do projeto para promulgação pelo Presidente da República.

(D) A apreciação do veto deverá ocorrer, em separado, por cada Casa Legislativa, podendo ser rejeitado pela maioria absoluta de cada uma delas.

COMENTÁRIO

Nos termos da Constituição Federal de 1988, o veto não é definitivo, podendo ser rejeitado pelo voto da maioria absoluta dos Deputados e Senadores, em sessão conjunta e aberta (art. 66, §§ 4º e 6º, CF/1988). Destarte, a alternativa "A" é incorreta, pois, vetado o projeto de lei, não teremos o seu arquivamento definitivo.

Quanto à letra "B", é incorreta, em virtude do art. 67, CF/1988, que preceitua: "A matéria constante de projeto de lei rejeitado somente poderá constituir objeto de novo projeto, na mesma sessão legislativa, mediante proposta da maioria absoluta dos membros de qualquer das Casas do Congresso Nacional".

Por seu turno, a alternativa apresentada na letra "D" também é falsa, afinal, a sessão de apreciação do veto é conjunta, conforme preceituam os artigos 57, § 3º, IV e 66, § 4º, CF/1988.

Finalmente, a letra "C" é a alternativa correta. Se o veto for derrubado (isto é, rejeitado), haverá o envio da lei para a promulgação por parte do Presidente da República (art. 66, §§ 5º e 7º, CF/1988).

(XV EXAME DE ORDEM UNIFICADO – FGV) O Presidente da República edita Medida Provisória que dispõe sobre a injeção extraordinária de verbas para o Fundo de Financiamento Estudantil (FIES). O tema, porém, já havia sido objeto de projeto de lei anteriormente aprovado pelo Congresso Nacional e remetido ao próprio Presidente da República para sanção.

Nessa linha, observado o regramento estabelecido pela Constituição Federal, assinale a afirmativa correta.

(A) É vedada a edição da Medida Provisória, pois a matéria já havia sido disciplinada em projeto de lei aprovado pelo Congresso Nacional e pendente de sanção ou veto pelo Presidente da República.

(B) A Medida Provisória narrada na questão não poderia ser editada, visto que é vedado pela Constituição Federal dispor sobre matéria orçamentária por meio dessa espécie legislativa.

(C) A Medida Provisória é juridicamente viável, mas, se não for apreciada em até sessenta dias contados da sua publicação, entrará em regime de urgência, subsequentemente, em cada uma das Casas, ficando sobrestadas todas as demais deliberações legislativas da Casa em que estiver tramitando, até que se ultime a votação.

(D) A Medida Provisória é juridicamente viável e prorrogar-se-á por duas vezes, por igual período, a sua vigência se, no prazo de 45 dias contados de sua publicação, não tiver a sua votação encerrada nas duas Casas do Congresso Nacional.

COMENTÁRIO

Correta está a alternativa "A". Conforme dispõe o art. 62, § 1º, IV, CF/1988, é vedada a edição de medidas provisórias sobre matéria já disciplinada em projeto de lei aprovado pelo Congresso Nacional e pendente de sanção ou veto do Presidente da República.

Quanto a alternativa "B", é falsa em razão do que prevê o art. 62, § 1º, I, *d*, CF/1988: é vedada a edição de medidas provisórias sobre matéria relativa a planos plurianuais, diretrizes orçamentárias, orçamento e créditos adicionais e suplementares, ressalvado o previsto no art. 167, § 3º.

A assertiva "C" é falsa em razão da previsão do art. 62, § 6º, CF/1988: se a medida provisória não for apreciada em até quarenta e cinco dias contados de sua publicação, entrará em regime de urgência, subsequentemente, em cada uma das Casas do Congresso Nacional, ficando sobrestadas, até que se ultime a votação, todas as demais deliberações legislativas da Casa em que estiver tramitando.

Por fim, a letra "D" é falsa em virtude do art. 62, § 7º, CF/1988: prorrogar-se-á uma única vez por igual período a vigência de medida provisória que, no prazo de sessenta dias, contado de sua publicação, não tiver a sua votação encerrada nas duas Casas do Congresso Nacional.

(XVI EXAME DE ORDEM UNIFICADO – FGV) Determinado projeto de lei aprovado pela Câmara dos Deputados foi devidamente encaminhado ao Senado Federal. Na Casa revisora, o texto foi aprovado com pequena modificação, sendo suprimida certa expressão sem, contudo, alterar o sentido normativo do texto aprovado na Câmara. Assim, o projeto foi enviado ao Presidente da República, que promoveu a sua sanção, dando origem à Lei "L".

Neste caso, segundo a jurisprudência do Supremo Tribunal Federal,

(A) não houve irregularidade no processo legislativo, porque não há necessidade de reapreciação, pela Câmara dos Deputados, do projeto de lei que tenha expressão suprimida pelo Senado Federal, quando o sentido normativo da redação remanescente não foi alterado.

(B) não houve irregularidade no processo legislativo, porque é função precípua da Casa revisora estabelecer as mudanças que lhe parecerem adequadas, sendo desnecessário o retorno à Casa iniciadora, mesmo nas situações em que a alteração modifique o sentido normativo inicial.

(C) houve irregularidade no processo legislativo, pois qualquer alteração realizada, pela Casa revisora, no texto do projeto de lei implica a necessária devolução à Casa iniciadora, a fim de que aprecie tal alteração.

(D) houve irregularidade no processo legislativo, mas, por tratar-se de problema de natureza *interna corporis* do Congresso Nacional, somente uma ADI proposta pela Mesa da Câmara dos Deputados teria o condão de suscitar a inconstitucionalidade da Lei "L".

COMENTÁRIO

A assertiva "A" está correta. As emendas produzidas pela Casa revisora não serão avaliadas pela Casa iniciadora quando não modificarem o sentido ou o alcance da proposição jurídica. Assim, meras alterações redacionais não obrigam o reenvio do projeto de lei à Casa Iniciadora. Frise-se, contudo, que se a Casa revisora elaborar emendas que modifiquem de modo substancial a proposição, estas deverão ser avaliadas pela Casa iniciadora.

(XVII EXAME DE ORDEM UNIFICADO – FGV) Pedro, reconhecido advogado na área do direito público, é contratado para produzir um parecer sobre situação que envolve o pacto federativo entre Estados brasileiros. Ao estudar mais detidamente a questão, conclui que, para atingir seu objetivo, é necessário analisar o alcance das chamadas cláusulas pétreas.

Com base na ordem constitucional brasileira vigente, assinale, dentre as opções abaixo, a única que expressa uma premissa correta sobre o tema e que pode ser usada pelo referido advogado no desenvolvimento de seu parecer.

(A) As cláusulas pétreas podem ser invocadas para sustentar a existência de normas constitucionais superiores em face de normas constitucionais inferiores, o que possibilita a existência de normas constitucionais inconstitucionais.

(B) Norma introduzida por emenda à constituição se integra plenamente ao texto constitucional, não podendo, portanto, ser submetida a controle de constitucionalidade, ainda que sob alegação de violação à cláusula pétrea.

(C) Mudanças propostas por constituinte derivado reformador estão sujeitas ao controle de constitucionalidade, sendo que as normas ali propostas não podem afrontar cláusulas pétreas estabelecidas na Constituição da República.

(D) Os direitos e as garantias individuais considerados como cláusulas pétreas estão localizados exclusivamente nos dispositivos do Art. 5º, de modo que é inconstitucional atribuir essa qualidade (cláusula pétrea) a normas fundadas em outros dispositivos constitucionais.

COMENTÁRIO

A alternativa "A" está equivocada, visto que não há hierarquia normativa entre as normas constitucionais; todas possuem o mesmo *status*, a mesma dignidade normativa, independentemente de qual seja seu conteúdo.

Sobre as emendas constitucionais, vale recordar a imprescindibilidade de elas observarem, com rigor, o regramento posto pelo art. 60, CF/1988. Se esta observância não for efetivada, as emendas poderão ser desafiadas em sede de controle de constitucionalidade. Nesse sentido, é incorreta a afirmativa constante da alternativa "B" e correta a afirmativa constante da alternativa "C".

Os direitos e garantias individuais podem ser identificados em outras passagens da Constituição – para exemplificar lembremos do art. 16 (princípio da anterioridade eleitoral), que segundo o STF é uma garantia individual do eleitor; e do art. 150, III, *b* (princípio da anterioridade tributária, que segundo o STF é uma garantia individual do contribuinte. Nesse sentido, é incorreta a afirmativa constante da alternativa "D".

11. PODER EXECUTIVO

(EXAME DE ORDEM UNIFICADO 2010.2 – FGV) Em relação aos Ministros de Estado, a Constituição do Brasil estabelece que:

(A) como delegatários do Presidente da República, podem, desde que autorizados, extinguir cargos públicos.

(B) podem expedir instruções para a execução de leis e editarem medidas provisórias.

(C) somente os brasileiros natos poderão exercer a função.

(D) respondem, qualquer que seja a infração cometida, perante o Superior Tribunal de Justiça.

COMENTÁRIO

Correta está a alternativa "A", pois realmente compete ao Presidente da República delegar a atribuição mencionada no inciso XXV, primeira parte do art. 87 da CF (extinção de cargos públicos), aos Ministros de Estado.

Quanto à alternativa "B", diga-se que os Ministros de Estado de fato podem expedir instruções para a execução das leis (art. 87, parágrafo único, II, da CF/1988), porém não podem editar medida provisória, visto que se trata de competência privativa e não delegável do Presidente da República (ver arts. 62 e 84, XXVI, ambos da CF/1988).

No que se refere à nacionalidade dos Ministros de Estado, eles podem ser brasileiros natos ou naturalizados. Somente o cargo de Ministro de Estado da Defesa deve ser necessariamente preenchido por brasileiro nato (é um dos cargos privativos de natos que o art. 12, § 3º, VII, da CF/1988 enuncia). Assim, vê-se que a alternativa "C" está incorreta.

Para finalizar, vale apresentar o fundamento que torna falsa a alternativa "D": Ministros de Estado são processados e julgados no STF tanto nas infrações penais comuns quanto nos crimes de responsabilidade (art. 102, I, "c", da CF/1988). No entanto, quando se tratar de crimes de responsabilidade conexos com os de responsabilidade do Presidente ou do Vice-Presidente da República, a competência para processar e julgar será do Senado Federal (art. 52, I, da CF/1988).

(IV EXAME DE ORDEM UNIFICADO – FGV) A respeito do regime de responsabilidade do Presidente da República, assinale a alternativa correta.

(A) Compete ao Congresso Nacional processar e julgar o Presidente da República nos crimes de responsabilidade.

(B) Só se admite acusação contra o Presidente da República por três quintos da Câmara dos Deputados.

(C) O ato do Presidente da República que atenta contra o livre exercício do Poder Legislativo, do Poder Judiciário, do Ministério Público e dos Poderes constitucionais das unidades da Federação é considerado crime de responsabilidade.

(D) O Presidente ficará suspenso de suas funções nos crimes de responsabilidade somente após a condenação pelo órgão competente.

COMENTÁRIO

A competência para processar e julgar o Presidente da República, nos crimes de responsabilidade, é do Senado Federal (nos termos do art. 52, I, da CF/1988), e não do Congresso Nacional, como afirma equivocadamente o item "A".

Esse processo e julgamento (tal qual aquele pela prática de crime comum no STF) somente será realizado se, antes, a Câmara dos Deputados autorizar por dois terços de seus membros, e não por três quintos destes, como informa erroneamente a alternativa "B".

Nos termos do art. 86, § 1º, I e II, da CF/1988, o Presidente ficará suspenso de suas funções nos crimes de responsabilidade, tão logo seja instaurado o processo no Senado Federal. Portanto, com a condenação, o Presidente perderá o cargo, do qual já estava afastado por suspensão desde o início do processo. Por todo o exposto, a letra "D" é falsa.

Por fim, está correto o que se diz na letra "C", pois de fato o ato do Presidente da República que atenta contra o livre exercício do Poder Legislativo, do Poder Judiciário, do Ministério Público e dos Poderes constitucionais das unidades da Federação é considerado crime de responsabilidade, conforme dicção do art. 85 da CF/1988.

(V EXAME DE ORDEM UNIFICADO – FGV) No processo de impedimento do Presidente da República, ocorre a necessidade de preenchimento de alguns requisitos. Com base nas normas constitucionais, é correto afirmar que

(A) a Câmara autoriza a instauração do processo pelo voto da maioria absoluta dos seus membros.

(B) o julgamento ocorre pelo Senado Federal, cuja decisão deverá ocorrer pela maioria simples.

(C) condenado o Presidente, cumprirá sua pena privativa de liberdade em regime semiaberto.

(D) no julgamento ocorrido no Senado, funcionará como Presidente o do Supremo Tribunal Federal.

COMENTÁRIO

A autorização da Câmara por dois terços de seus membros é necessária tanto para que o Presidente da República seja submetido a julgamento perante o Supremo Tribunal Federal, nas infrações penais comuns, quanto para que seja julgado perante o Senado Federal, nos crimes de responsabilidade (art. 51, I, da CF/1988). Por essa razão, pode-se dizer que a alternativa "A" é falsa.

Quanto ao crime de responsabilidade, é válido informar que o julgamento se dá no Senado Federal (mas a presidência da sessão de julgamento é do Presidente do STF; por isso a letra "D" é a resposta!); sendo que eventual condenação somente poderá ser proferida por dois terços dos membros do órgão legislativo (art. 52, parágrafo único, da CF/1988, que torna o item "B" da questão equivocado).

No mais, também é importante frisar que o crime de responsabilidade constitui mera infração político-administrativa, cujas condutas estão previstas (não exaustivamente) no art. 85 da CF/1988 e são apenadas com a perda do cargo e a inabilitação por oito anos para o exercício de funções públicas (sendo que essas duas penas não guardam entre si a relação de principal e acessória, sendo ambas penas autônomas). Não por outra razão, a assertiva posta na letra "C" está equivocada.

(VII EXAME DE ORDEM UNIFICADO – FGV) Em caso de vacância dos cargos de Presidente da República e Vice-Presidente da República no penúltimo ano de mandato,

(A) o Presidente da Câmara dos Deputados assume definitivamente o cargo.

(B) o Presidente do Senado Federal assume definitivamente o cargo.

(C) far-se-á nova eleição direta.

(D) far-se-á eleição indireta, pelo Congresso Nacional.

COMENTÁRIO

Em caso de dupla vacância na chefia do Poder Executivo, ou seja, de vacância dos cargos de Presidente e de Vice-Presidente, realizar-se-ão novas eleições. Se os dois cargos ficarem vagos nos dois primeiros anos do período presidencial, essa nova eleição será direta, isto é, os cidadãos elegerão o novo Presidente e o novo Vice, em até 90 dias (ver art. 81, *caput*, da CF/1988).

Noutro giro, se os dois cargos ficarem vagos nos dois últimos anos do período presidencial, a nova eleição será indireta, realizada pelo Congresso Nacional em até 30 dias, por força da determinação do art. 81, § 1º, da CF/1988.

Em qualquer dos casos, os eleitos nessas novas eleições (diretas ou indiretas) realizadas no curso do mandato somente cumprirão o tempo que resta do governo de seus antecessores (mandato-tampão).

Vale destacar, ainda, dois pontos relevantes:

1) a norma constante do art. 81, § 1º, da CF/1988, que prevê eleição indireta em âmbito nacional para o caso de dupla vacância nos dois últimos anos do mandato presidencial, não é de observância obrigatória em âmbito estadual ou municipal, segundo o STF. Isso significa que, se os cargos de Governador e Vice ou Prefeito e Vice ficarem vagos nos dois últimos anos de governo, as novas eleições serão diretas ou indiretas, a depender da opção da respectiva Constituição estadual ou da Lei Orgânica Municipal;

2) a convocação da linha de substituição constante no art. 80 da CF/1988 é válida para substituições, ou seja, assunção temporária do cargo de Presidente da República. Assim, o Presidente da Câmara dos Deputados (assim como o Presidente do Senado Federal e o Presidente do STF) jamais assumirá em definitivo a vaga de Presidência da República.

Em conclusão, a alternativa "D" traz a resposta correta.

(VIII EXAME DE ORDEM UNIFICADO – FGV) A competência para processar e julgar originariamente Governador de Estado por crime comum é do

(A) Supremo Tribunal Federal.

(B) Superior Tribunal de Justiça.

(C) Órgão Especial do Tribunal de Justiça.

(D) Juízo Criminal da capital onde se situa o Tribunal de Justiça do Estado respectivo.

COMENTÁRIO

Em caso de cometimento de crime comum por parte do Governador, a competência para o julgamento será do STJ, conforme preceitua o art. 105, I, "a", da CF/1988. Vale lembrar que Governadores também podem praticar crimes de responsabilidade (infrações político-administrativas), caso em que o julgamento será de competência de um tribunal especial, composto por desembargadores e deputados estaduais, sob a presidência do Presidente do Tribunal de Justiça (ver Lei 1.079/1950). Em conclusão, a alternativa "B" traz a resposta correta.

(XIII EXAME DE ORDEM UNIFICADO – FGV) Imagine a hipótese na qual o avião presidencial sofre um acidente, vindo a vitimar o Presidente da República e seu Vice, após a conclusão do terceiro ano de mandato. A partir da hipótese apresentada, assinale a afirmativa correta.

(A) O Presidente do Senado Federal assume o cargo e completa o mandato.

(B) O Presidente da Câmara dos Deputados assume o cargo e convoca eleições que realizar-se-ão noventa dias depois de abertas as vagas.

(C) O Presidente do Congresso Nacional assume o cargo e completa o mandato.

(D) O Presidente da Câmara dos Deputados assume o cargo e convoca eleições que serão realizadas trinta dias após a abertura das vagas, pelo Congresso Nacional, na forma da lei.

COMENTÁRIO

Na hipótese de os cargos de Presidente e Vice-Presidente da República ficarem vagos nos dois últimos anos do período presidencial teremos, nos termos do art. 81, § 1º, CF/1988, novas eleições indiretas (que serão realizadas, em até trinta dias após a abertura das vagas, pelo Congresso Nacional).

(XIII EXAME DE ORDEM UNIFICADO – FGV) O Presidente da República possui uma série de competências privativas, que lhe são atribuídas diretamente pela Constituição. Admite-se que algumas delas possam ser delegadas ao Ministro de Estado da pasta relacionada ao tema. Dentre as competências delegáveis, inclui-se.

(A) editar medidas provisórias com força de lei, nos termos do artigo 62 da Constituição.

(B) nomear, observado o disposto no artigo 73, os Ministros do Tribunal de Contas da União.

(C) prover e extinguir os cargos públicos federais, na forma da lei.

(D) iniciar o processo legislativo, na forma e nos casos previstos na Constituição.

COMENTÁRIO

Em relação as atribuições do Presidente da República, de acordo com o que preceitua o parágrafo único do art. 84, CF/1988, somente são delegáveis (ao AGU, ao PGR e aos Ministros de Estado) as atividades previstas nos incisos VI, XII e XXV 1ª parte, a saber: VI) dispor, mediante decreto, sobre a organização e funcionamento da administração federal, quando não implicar aumento de despesa nem criação ou extinção de órgãos públicos; e efetuar a extinção de funções ou cargos públicos, quando vagos; XII) conceder indulto e comutar penas, com audiência, se necessário, dos órgãos instituídos em lei; XXV) 1ª parte – prover os cargos públicos federais, na forma da lei. Nesse sentido, a letra "C" é a alternativa correta.

(XIV EXAME DE ORDEM UNIFICADO – FGV) O estado de defesa e o estado de sítio são tidos como legalidades extraordinárias, verdadeiras excepcionalidades que possibilitam inclusive a suspensão de determinadas garantias constitucionais. As hipóteses de incidência e o procedimento são exaustivamente tratados pela CRFB/1988.

Com base na previsão constitucional dos referidos institutos, assinale a opção correta.

(A) O estado de defesa e o estado de sítio podem ser decretados pelo Presidente da República, bastando a oitiva prévia do Conselho da República, do Conselho de Defesa Nacional e do Procurador-

-Geral da República.

(B) No estado de defesa, a oitiva do Congresso Nacional é posterior à sua decretação. Por sua vez, no estado de sítio, o Congresso Nacional deve ser ouvido previamente à decretação.

(C) Poderá o Presidente da República, à luz da CRFB/1988, decretar estado de defesa em resposta a agressão armada de país vizinho.

(D) Em sendo hipótese de estado de sítio, o Congresso Nacional deverá ser fechado até o término das medidas coercitivas, para sua salvaguarda.

COMENTÁRIO

A letra "A" está incorreta. De acordo com o art. 136, CF/1988, o Presidente da República poderá, ouvidos o Conselho da República e o Conselho de Defesa Nacional, decretar estado de defesa, sendo desnecessário obter autorização prévia do Congresso Nacional. Entretanto, para decretar estado de sítio o Presidente da República deverá ouvir o Conselho da República e o Conselho de Defesa Nacional e solicitar ao Congresso Nacional autorização prévia para a decretação, nos moldes do que estabelece o art. 137, da CF/1988.

A alternativa "B" está correta. Segundo o art. 136, § 4º, CF/88, decretado o estado de defesa ou sua prorrogação, o Presidente da República, dentro de vinte e quatro horas, submeterá o ato com a respectiva justificação ao Congresso Nacional, que decidirá por maioria absoluta. Nesse sentido, no estado de defesa, a oitiva do Congresso Nacional (ou seja, o controle político) é posterior à sua decretação. No que tange ao estado de sítio, conforme o art. 137, CF/1988, o Congresso Nacional deve ser ouvido previamente à decretação.

A assertiva "C" é incorreta. Conforme o art. 137, II, CF/1988, em casos de declaração de estado de guerra ou resposta a agressão armada estrangeira deverá ser decretado estado de sítio e não estado de defesa.

Por fim, a assertiva "D" é falsa, pois, conforme o art. 138, § 3º, o Congresso Nacional permanecerá em funcionamento até o término das medidas coercitivas.

(XV EXAME DE ORDEM UNIFICADO – FGV) O Presidente da República, à luz da CRFB/1988, dispõe de dois órgãos de cúpula para consulta em determinados assuntos. Assinale a opção que elenca corretamente esses órgãos e suas atribuições constitucionalmente definidas.

(A) Ao Conselho de Defesa Nacional compete opinar sobre a decretação do estado de defesa, do estado de sítio e da intervenção federal. Ao Conselho Nacional de Justiça compete o controle da atuação administrativa e financeira do Poder Judiciário, do Poder Legislativo e do Poder Executivo.

(B) Ao Conselho de Defesa Nacional compete opinar sobre as questões relevantes para a estabilidade das instituições democráticas. Ao Conselho da República compete opinar sobre as hipóteses de declaração de guerra e de celebração de paz.

(C) Ao Conselho Nacional de Justiça compete o controle da atuação administrativa e financeira do Poder Judiciário, do Poder Legislativo e do Poder Executivo. Ao Conselho da República compete opinar sobre as hipóteses de declaração de guerra e de celebração de paz

(D) Ao Conselho de Defesa Nacional compete opinar sobre as hipóteses de declaração de guerra e de celebração de paz. Ao Conselho da República compete pronunciar-se sobre intervenção federal, estado de defesa e estado de sítio

COMENTÁRIO

De acordo com o art. 90, CF/1988, compete ao Conselho da República pronunciar-se sobre: I) intervenção federal, estado de defesa e estado de sítio; II) as questões relevantes para a estabilidade das instituições democráticas.

Ao Conselho de Defesa Nacional, nos termos do art. 91, § 1º, CF/1988, compete: I) opinar nas hipóteses de declaração de guerra e de celebração da paz, nos termos desta Constituição; II) opinar sobre a decretação do estado de defesa, do estado de sítio e da intervenção federal; III) propor os critérios e condições de utilização de áreas indispensáveis à segurança do território nacional e opinar sobre seu efetivo uso, especialmente na faixa de fronteira e nas relacionadas com a preservação e a exploração dos recursos naturais de qualquer tipo; IV) estudar, propor e acompanhar o desenvolvimento de iniciativas necessárias a garantir a independência nacional e a defesa do Estado democrático.

Para finalizar, vale informar que Conselho Nacional de Justiça é órgão do Poder Judiciário e não órgão de consulta do Presidente da República. Nesse sentido, correta é a alternativa D.

(XVII EXAME DE ORDEM UNIFICADO – FGV) Um representante da sociedade civil, apresentando indícios de que o Presidente da República teria ultrapassado os gastos autorizados pela lei orçamentária e, portanto, cometido crime de responsabilidade, denuncia o Chefe do Poder Executivo Federal à Câmara dos Deputados. Protocolizada a denúncia na Câmara, foram observados os trâmites legais e regimentais de modo que o Plenário pudesse ou não autorizar a instauração de processo contra o Presidente da República. Do total de 513 deputados da Câmara, apenas 400 estiveram presentes à sessão, sendo que 260 votaram a favor da instauração do processo.

Diante desse fato,

(A) o processo será enviado ao Senado Federal para que este, sob a presidência do Presidente do STF, proceda ao julgamento do Presidente da República.

(B) o processo será enviado ao Supremo Tribunal Federal, a fim de que a Corte Maior proceda ao julgamento do Presidente da República.

(C) o processo deverá ser arquivado, tendo em vista o fato de a decisão da Câmara dos Deputados não ter contado com a manifestação favorável de dois terços dos seus membros.

(D) dá-se o *impeachment* do Presidente da República, que perde o cargo e fica inabilitado para o exercício de outra função pública por oito anos.

COMENTÁRIO

Correta está a alternativa "C". Conforme preceitua o art. 51, I, CF/1988, compete privativamente à Câmara dos Deputados autorizar, por dois terços de seus membros, a instauração de processo contra o Presidente da República. Nesse sentido, o processo deverá ser arquivado, visto que a decisão da Câmara dos Deputados não alcançou a manifestação favorável de dois terços dos seus membros. Vale lembrar que como na Câmara existem 513 deputados federais, 2/3 dos votos representa o número de 342 deputados.

(XVIII EXAME DE ORDEM UNIFICADO – FGV) Ao proferir um discurso em sua cidade natal, José, deputado federal pelo Estado E, afirma, de forma contundente, que um país democrático tem por regra inviolável escolher o chefe do Poder Executivo por meio de eleições diretas. Complementa sua fala afirmando que o Brasil poderia ser considerado um país democrático, já que a Constituição Cidadã de 1988 não prevê eleição de Presidente pela via indireta. Segundo a Constituição da República, o deputado está

(A) equivocado, pois há previsão de eleição indireta somente na eventualidade de vacância do cargo de Presidente da República nos últimos seis meses do seu mandato.

(B) correto, pois, sendo o voto direto cláusula pétrea prevista na Constituição, não pode haver situação constitucional que possibilite o uso do voto indireto.

(C) equivocado, pois há previsão de eleição indireta no caso de vacância dos cargos de Presidente e Vice-presidente da República nos últimos dois anos do mandato.

(D) correto, pois não há previsão de eleição indireta em caso de vacância, já que o cargo de Presidente da República viria a ser ocupado pelo Presidente da Câmara dos Deputados.

COMENTÁRIO

A assertiva correta é aquela que consta da alternativa "C", pois ocorrendo a vacância nos últimos dois anos do período presidencial, a eleição para ambos os cargos será feita trinta dias depois de aberta a última vaga, pelo Congresso Nacional. Teremos, pois, uma eleição indireta (art. 81, § 1º, CF/1988).

12. PODER JUDICIÁRIO

(EXAME DE ORDEM UNIFICADO 2010.2 – FGV) 0Em relação à inovação da ordem constitucional que instituiu a nominada Súmula Vinculante, é correto afirmar que:

(A) somente os Tribunais Superiores podem editá-la.

(B) podem ser canceladas, mas vedada a mera revisão.

(C) a proposta para edição da Súmula pode ser provocada pelos legitimados para a propositura da ação direta de inconstitucionalidade.

(D) desde que haja reiteradas decisões sobre matéria constitucional, o Supremo Tribunal Federal poderá, de ofício ou por provocação, aprovar a Súmula mediante decisão da maioria absoluta de seus membros.

COMENTÁRIO

A edição, a revisão e o cancelamento das súmulas vinculantes são prerrogativas exclusivas do Supremo Tribunal Federal, conforme preceitua o art. 103-A da CF/1988. Desse modo, tanto a alternativa "A" quanto a "B" são incorretas. A primeira, por estender a faculdade de edição de referidas súmulas aos Tribunais Superiores, o que atualmente não encontra amparo no texto constitucional, que somente prevê a competência para o STF. A segunda alternativa reconhece como possível o cancelamento de uma súmula vinculante (cujo teor se tornou obsoleto ou inadequado), mas peca ao afirmar que a revisão da súmula não é possível (nos termos do art. 103-A da CF/1988, o STF tanto pode rever quanto cancelar o enunciado imperfeito).

Quanto à assertiva posta na letra "D", o erro está na maioria necessária para a aprovação das súmulas vinculantes. Não é a maioria absoluta dos membros do STF (seis Ministros) suficiente para a edição: é necessária a aquiescência de, ao menos, dois terços dos membros (isto é, oito Ministros).

A resposta, então, está na letra "C", que traduz a previsão do art. 103-A, § 2º, da CF/1988.

(EXAME DE ORDEM UNIFICADO 2010.2 – FGV) A respeito do Conselho Nacional de Justiça é correto afirmar que:

(A) é órgão integrante do Poder Judiciário com competência administrativa e jurisdicional.

(B) pode rever, de ofício ou mediante provocação, os processos disciplinares de juízes e membros de Tribunais julgados há menos de um ano.

(C) seus atos sujeitam-se ao controle do Supremo Tribunal Federal e do Superior Tribunal de Justiça.

(D) a presidência é exercida pelo Ministro do Supremo Tribunal Federal que o integra e que exerce o direito de voto em todas as deliberações submetidas àquele órgão.

COMENTÁRIO

O CNJ é órgão que integra o Poder Judiciário (art. 92, I-A, da CF/1988), no entanto é desprovido de competências jurisdicionais. Nesse sentido, a alternativa "A" está incorreta. Seus atos, que efetivam o controle da atuação administrativa e financeira do Poder, bem como verificam o cumprimento dos deveres funcionais por parte dos juízes, se sujeitam a controle realizado pelo Supremo Tribunal Federal, nos termos do art. 102, I, "r", da CF/1988 – o que torna a letra "C" falsa.

Quanto à presidência do Conselho, de acordo com a nova redação dada ao § 1º do art. 103-B da CF/1988 pela EC 61/2009, temos que "o CNJ é presidido pelo Presidente do Supremo Tribunal Federal e, na sua ausência e impedimento, pelo Vice-Presidente do Supremo Tribunal Federal".

Em conclusão, nossa resposta está na letra "B", pois é a tradução da afirmativa constante no art. 103-B, § 4º, V, da CF/1988.

(EXAME DE ORDEM UNIFICADO 2010.3 – FGV) Leia com atenção a afirmação a seguir, que apresenta uma INCORREÇÃO.

O Conselho Nacional de Justiça (CNJ) tem competência, entre outras, para rever, de ofício ou mediante provocação, os processos disciplinares de juízes e membros de tribunais (se tiverem sido julgados há menos de um ano), zelar pela observância dos princípios que regem a administração pública e julgar os magistrados em caso de crime de abuso de autoridade.

Assinale a alternativa em que se indique o ERRO na afirmação acima.

(A) O CNJ, sendo órgão do Poder Judiciário, atua apenas mediante provocação, não podendo atuar de ofício.

(B) Não cabe ao CNJ, órgão que integra o Poder Judiciário, zelar por princípios relativos à Administração Pública.

(C) O CNJ não pode julgar magistrados por crime de abuso de autoridade.

(D) O CNJ pode rever processos disciplinares de juízes julgados a qualquer tempo.

COMENTÁRIO

O Conselho Nacional de Justiça é órgão integrante do Poder Judiciário (art. 92, I-A, da CF/1988), introduzido pela EC 45/2004, que possui por tarefa controlar a atuação administrativa e financeira do Poder, bem como verificar o cumprimento dos deveres funcionais por parte dos magistrados. Segundo o STF, sua criação foi constitucional, não sendo referido conselho um órgão externo de controle do Poder Judiciário, mas sim interno (isto é, do próprio Poder).

Sobre a composição do CNJ, bem como suas principais funções, vale verificar o disposto no art. 103-B da CF/1988.

É o § 4º, em seu inciso II, do mencionado artigo que sustenta estar equivocada a afirmação da letra "A", afinal o conselho pode atuar de ofício ou por provocação. O mesmo dispositivo demonstra que a assertiva posta na letra "B" é falsa, pois compete ao CNJ zelar pela observância do art. 37 da CF/1988, que traz os princípios centrais da Administração Pública.

O erro da letra "D" decorre do fato de o CNJ poder rever, de ofício ou mediante provocação, os processos disciplinares de juízes e membros de tribunais julgados há menos de um ano, tão somente (art. 103-B, § 4º, V, da CF/1988).

Por fim, a assertiva "C" é verdadeira, pois o CNJ não tem competência para julgar magistrados em casos de crimes de abuso de autoridade, devendo representar ao Ministério Público, conforme o art. 103-B, § 4º, IV, da CF/1988.

(EXAME DE ORDEM UNIFICADO 2010.3 – FGV) Um juiz federal proferiu uma sentença em processo relativo a crime político e outra sentença em processo movido por Estado estrangeiro contra pessoa residente no Brasil. Os recursos interpostos contra essas duas sentenças serão julgados pelo

(A) STF, no primeiro caso, e pelo TRF, no segundo caso.

(B) TRF em ambos os casos.

(C) STF, no primeiro caso, e pelo STJ, no segundo caso.

(D) TRF, no primeiro caso, e pelo STF, no segundo caso.

COMENTÁRIO

Compete ao Supremo Tribunal Federal julgar, em recurso ordinário, o crime político (art. 102, II, "b", da CF/1988), e ao Superior Tribunal de Justiça julgar, em recurso ordinário, as causas em que forem partes Estado estrangeiro ou organismo internacional, de um lado, e, do outro, Município ou pessoa residente ou domiciliada no País (art. 105, II, "c", da CF/1988). Em conclusão, a alternativa "C" traz a resposta correta.

(IV EXAME DE ORDEM UNIFICADO – FGV) A respeito da garantia constitucional do acesso ao Poder Judiciário, assinale a alternativa correta.

(A) De acordo com posição consolidada do Supremo Tribunal Federal, não ofende a garantia de acesso ao Poder Judiciário a exigência de depósito prévio como requisito de admissibilidade de ação judicial na qual se pretenda discutir a exigibilidade de crédito tributário.

(B) É assegurado a todos, mediante pagamento de taxas, o direito de petição aos Poderes Públicos em defesa de direitos ou contra ilegalidade ou abuso de poder.

(C) O Poder Judiciário admitirá ações relativas à disciplina e às competições desportivas paralelamente às ações movidas nas instâncias da justiça desportiva.

(D) A todos, no âmbito judicial e administrativo, são assegurados a razoável duração do processo e os meios que garantam a celeridade de sua tramitação.

COMENTÁRIO

A alternativa "A" está equivocada, visto que vai de encontro à Súmula Vinculante 28, que afirma ser inconstitucional a exigência de depósito prévio como requisito de admissibilidade de ação judicial na qual se pretenda discutir a exigibilidade de crédito tributário.

O equívoco da alternativa "B" encontra-se no fato de que a todos é assegurado, independentemente do pagamento de taxas, o direito de petição aos Poderes Públicos em defesa de direitos ou contra ilegalidade ou abuso de poder, conforme previsão do art. 5º, XXXIV, da CF/1988.

Quanto à assertiva inscrita na letra "C", é falsa, visto que o Poder Judiciário só admitirá ações relativas à disciplina e às competições desportivas após esgotarem-se as instâncias da justiça desportiva, regulada em lei, de acordo com o disposto no art. 217, § 1º, da CF/1988.

Por fim, está correto o que se depreende da leitura da alternativa "D", pois, nos termos do art. 5º, LXXVIII, da CF/1988 – inserido no texto constitucional pela EC 45/2004 –, a todos, no âmbito judicial e administrativo, são assegurados a razoável duração do processo e os meios que garantam a celeridade de sua tramitação.

(V EXAME DE ORDEM UNIFICADO – FGV) Se Governador de Estado desejar se insurgir contra súmula vinculante que, a seu juízo, foi formulada com enunciado normativo que extrapolou os limites dos precedentes que a originaram, poderá, dentro dos instrumentos processuais constitucionais existentes,

(A) ajuizar ADI contra a súmula vinculante.

(B) ajuizar ADPF contra a súmula vinculante.

(C) interpor reclamação contra a súmula vinculante.

(D) requerer o cancelamento da súmula vinculante.

COMENTÁRIO

O art. 103-A da CF/1988, introduzido no texto constitucional pela EC 45/2004, prevê a possibilidade de o STF editar (rever ou cancelar) súmulas vinculantes, isto é, orientações jurisprudenciais de observância obrigatória para os demais órgãos do Poder Judiciário, bem como para a Administração Pública, direta e indireta, nas esferas federal, estadual e municipal.

A Corte, portanto, por maioria de dois terços de seus membros, após reiteradas decisões sobre a matéria constitucional, poderá editar (rever ou cancelar) a súmula vinculante, o que pode ser feito de ofício ou por provocação. No primeiro caso, a proposta de edição (revisão ou cancelamento) é feita por um dos onze Ministros da Corte. Na segunda hipótese, a Corte é provocada por um dos legitimados do art. 103 da CF/1988, ou seja, por aqueles que podem ajuizar as ações do controle concentrado de constitucionalidade. Além deles, previstos como agentes provocadores do STF no art. 103-A, § 2º, da CF/1988, também temos os legitimados listados no art. 3º da Lei 11.417/2006.

A questão informa que o Governador de Estado deseja se insurgir contra súmula vinculante que, a seu sentir, foi formulada inadequadamente, pois seu enunciado normativo extrapolou os limites dos precedentes que a originaram. Como o Governador é um dos legitimados à propositura da ADI (compõe o rol do art. 103, no inciso V), ele pode provocar o STF a cancelar o enunciado da súmula, razão pela qual a assertiva correta é a da letra "D".

As alternativas "A" e "B" devem ser desconsideradas, pois o erro nelas constante é crasso: súmulas vinculantes não podem ser objeto do controle de constitucionalidade. Isso porque o texto constitucional já prevê para elas um procedimento específico de revisão e cancelamento.

Quanto à alternativa inscrita na letra "C", o erro é um pouco mais sofisticado. De fato, a reclamação é um instrumento de defesa à correta aplicação das súmulas vinculantes, mas seu cabimento (como prevê o art. 103-A, § 3º, da CF/1988) só se justifica quando há uma sentença judicial ou um ato administrativo que desrespeita (não aplicando, ou aplicando indevidamente) a súmula vinculante. Na hipótese narrada na questão não temos nenhuma sentença que deixa de aplicar a súmula quando ela era devida, nem mesmo um ato administrativo que aplique a súmula em situação errada: daí por que não ser o caso de se falar em cabimento da reclamação.

(VII EXAME DE ORDEM UNIFICADO – FGV) Esculápio da Silva, advogado, candidata-se à vaga destinada ao Quinto Constitucional no Tribunal de Justiça do Estado W, logrando obter aprovação, é nomeado pelo Governador do Estado. Um ano após, candidata-se à vaga surgida pela aposentadoria de Desembargador estadual no Superior Tribunal de Justiça, vindo a ser escolhido. Diante de tal enunciado, revela-se correto afirmar:

(A) No Superior Tribunal de Justiça existem vagas destinadas a Desembargador oriundo dos Tribunais de Justiça, desde que magistrados de carreira.

(B) A divisão de vagas no Superior Tribunal de Justiça permite o ingresso através de três origens: Desembargadores estaduais, Juízes dos Tribunais Regionais Federais e Advogados.

(C) O Advogado oriundo do Quinto Constitucional nos Tribunais de Justiça concorre como magistrado para ocupar vagas no Superior Tribunal de Justiça.

(D) O ocupante do Quinto Constitucional poderá concorrer à vaga existente no Superior Tribunal de Justiça na vaga destinada aos advogados.

COMENTÁRIO

Conforme prevê o art. 94 da CF/1988, um quinto dos lugares dos Tribunais Regionais Federais, dos Tribunais dos Estados, e do Distrito Federal e Territórios será composto de membros do Ministério Público, com mais de dez anos de carreira, e de advogados de notório saber jurídico e de reputação ilibada, com mais de dez anos de efetiva atividade profissional, indicados em lista sêxtupla pelos órgãos de representação das respectivas classes.

De acordo com o art. 104, parágrafo único, I, da CF/1988, o Superior Tribunal de Justiça é composto, também, por um terço dentre desembargadores dos Tribunais de Justiça. Estes podem ser magistrados de carreira ou podem ter ingressado no Tribunal de Justiça pelo quinto constitucional. O fato de o desembargador ter ingressado pelo quinto constitucional no Tribunal de Justiça não o impede de concorrer às vagas no Superior Tribunal de Justiça.

Conforme entendimento do STF, a vedação aos magistrados egressos da Advocacia ou do Ministério Público de se candidatarem às vagas no Superior Tribunal de Justiça configura tratamento desigual de pessoas em identidade de situações e criaria desembargadores e juízes de duas categorias. Assim, a alternativa "C" é a resposta da questão, estando equivocadas as alternativas "A" e "D".

No que se refere à alternativa "B", está equivocada, pois, em conformidade com o que está descrito no art. 104, parágrafo único, da CF/1988, o Superior Tribunal de Justiça é composto por um terço dentre juízes dos Tribunais Regionais Federais e um terço dentre desembargadores dos Tribunais de Justiça, indicados em lista tríplice elaborada pelo próprio Tribunal; um terço, em partes iguais, dentre advogados e membros do Ministério Público Federal, Estadual, do Distrito Federal e Territórios, alternadamente, indicados na forma do art. 94.

(VIII EXAME DE ORDEM UNIFICADO – FGV) No intuito de garantir o regular exercício da prestação jurisdicional, a Constituição da República conferiu aos magistrados algumas prerrogativas. A respeito dessas prerrogativas, assinale a afirmativa correta.

(A) A inamovibilidade pode ser excepcionada no caso de relevante interesse público e desde que a remoção seja aprovada pela maioria absoluta do tribunal ou do CNJ.

(B) A irredutibilidade de subsídios consiste na impossibilidade de redução do poder aquisitivo do subsídio do magistrado e não somente do seu valor nominal.

(C) O magistrado, apesar da vitaliciedade, pode perder o cargo por decisão administrativa da maioria absoluta do tribunal ou do CNJ.

(D) A aposentadoria dos magistrados seguirá regime jurídico diverso daquele aplicável aos servidores públicos em geral.

COMENTÁRIO

No intuito de garantir o livre desempenho da magistratura, evitando que os juízes sofram pressões externas que, evidentemente, comprometeriam o correto exercício de suas funções, o art. 95 da CF/1988 estabelece garantias de independência aos magistrados, tema da questão proposta pela banca.

De todas as assertivas, a única que está em consonância com o texto constitucional é a da letra "A", que afirma, nos termos do art. 95 da CF/1988, que a inamovibilidade pode ser excepcionada no caso de relevante interesse público e desde que a remoção seja aprovada pela maioria absoluta do tribunal ou do CNJ.

A garantia da irredutibilidade de subsídio dos magistrados está prevista no art. 95, III, da CF/1988, e se refere, tão somente, ao valor nominal do vencimento, e não ao valor real, o que significa dizer que os valores percebidos pelos juízes não estão a salvo de corrosão por eventual inflação. Nesse sentido, é incorreta a afirmativa constante da alternativa "B".

No que se refere à alternativa "C", está equivocada, pois, após alcançar a vitaliciedade, o magistrado só perderá o cargo por decisão judicial transitada em julgado, de acordo com o art. 95, I, da CF/1988.

Por fim, a assertiva "D" também é falsa, visto que a Constituição Federal, em seu art. 93, VI, determina que a aposentadoria dos magistrados segue o mesmo regime jurídico previdenciário assegurado aos servidores públicos em geral, constante do art. 40 da CF/1988.

(VIII EXAME DE ORDEM UNIFICADO – FGV) Pode o Presidente da República editar medida provisória contrária à súmula vinculante editada pelo STF?

(A) Não, pois o STF é o guardião da Constituição.

(B) Não, pois a súmula vincula todos os Poderes (Executivo, Legislativo e Judiciário).

(C) Sim, pois a súmula vincula a Administração Pública, mas não o chefe do Poder Executivo.

(D) Sim, pois o Presidente da República estaria, nesse caso, exercendo função legislativa.

COMENTÁRIO

Uma das mais interessantes questões formuladas pela FGV desde que a banca assumiu a organização do Exame da OAB trata do tema súmulas vinculantes.

É sabido que as súmulas vinculantes possuem efeito vinculante, o que as torna de observância obrigatória. Todavia, será que o alcance subjetivo de referido efeito significa que todos os Poderes da República, no exercício de quaisquer de suas funções, estão obrigados a aplicá-la?

A resposta só pode ser negativa. Primeiramente, o texto constitucional (art. 103-A) informa que a vinculação atinge os demais órgãos do Poder Judiciário – o que exclui a vinculação da própria Corte às súmulas vinculantes por ela mesmo editadas, afinal o STF pode rever os enunciados ou até mesmo cancelá-los. Quanto aos Poderes Executivo e Legislativo, a vinculação existe, claro. No entanto, para evitar o detestável fenômeno da fossilização da Constituição, a vinculação não os atinge quando estão no exercício de atividade legislativa, isto é, efetivando a função de produção normativa.

Por essa razão, a assertiva correta está posta na letra "D", pois, de fato, é possível ao Presidente da República editar uma Medida Provisória cujo teor contraria uma súmula vinculante, pois está, o chefe do Executivo, no exercício de função (atípica) legislativa. Do mesmo modo (e pelos mesmos motivos), poderia o Poder Legislativo editar uma lei contrariando o teor da súmula vinculante.

(X EXAME DE ORDEM UNIFICADO – FGV) Compete ao STF processar e julgar originariamente os litígios listados a seguir, à exceção de um. Assinale-o.

(A) Entre Estado estrangeiro e Estado membro da federação.

(B) Entre Estado estrangeiro e município.

(C) Entre organismo internacional e a União.

(D) Entre organismo internacional e Estado membro da federação.

COMENTÁRIO

Compete à Justiça Federal julgar os litígios entre Estado estrangeiro e Município, por força do disposto no art. 109, II, da CF/1988. Assim, a resposta encontra-se na alternativa "B".

Em relação às demais assertivas ("A", "C" e "D"), temos competências do Supremo Tribunal Federal, inscritas no art. 102, I, "e", da CF/1988, que dispõe ser competência da Corte Suprema processar e julgar, originariamente, o litígio entre Estado estrangeiro ou organismo internacional e a União, o Estado, o Distrito Federal ou o Território Federal.

(XI EXAME DE ORDEM UNIFICADO – FGV) Após reiteradas decisões sobre determinada matéria, o Supremo Tribunal Federal (STF) aprovou enunciado de Súmula Vinculante determinando que "é inconstitucional lei ou ato normativo estadual ou distrital que disponha sobre sistemas de consórcios e sorteios, inclusive bingos e loterias". O Estado X, contudo, não concordando com a posição do Supremo Tribunal Federal (STF), edita lei dispondo exatamente sobre os sistemas de consórcios e sorteios em seu território. A partir da situação apresentada, assinale a afirmativa correta.

(A) O Supremo Tribunal Federal (STF) poderá, de ofício, declarar a inconstitucionalidade da norma estadual produzida em desconformidade com a Súmula.

(B) Qualquer cidadão poderá propor a revisão ou o cancelamento de súmula vinculante que, nesse caso, será declarada mediante a decisão de dois terços dos membros do Supremo Tribunal Federal (STF).

(C) É cabível reclamação perante o Supremo Tribunal Federal (STF) para questionar a validade da lei do Estado X que dispõe sobre os sistemas de consórcios e sorteios em seu território.

(D) A súmula possui efeitos vinculantes em relação aos órgãos do Poder Judiciário e à Administração Pública direta e indireta, nas esferas federal, estadual e municipal, mas não vincula o Poder Legislativo na sua atividade legiferante.

COMENTÁRIO

A assertiva "D" é a resposta correta, afinal, os poderes Executivo e Legislativo ficam vinculados pela súmula, salvo quando estiverem no exercício da produção normativa, isto é, desempenhando atividade legislativa, o que visa evitar o inconcebível fenômeno da fossilização da Constituição. É possível, portanto, ao Poder Legislativo editar lei sobre tema já objeto de súmula vinculante, reavivando a discussão sobre um tema que parecia já sepultado pela edição da súmula.

O erro da letra "A" decorre do fato de que o Supremo Tribunal Federal não pode agir de ofício para declarar a inconstitucionalidade de lei, pois deve ser provocado por um dos legitimados à propositura da ADI (art. 103 da CF/1988).

Quanto à alternativa "B", está incorreta, visto que somente os legitimados previstos no art. 103-A, § 2º, da CF/1988 e no art. 3º da Lei 11.417/2006 podem provocar o STF a editar, revisar ou cancelar enunciado de súmula vinculante.

Por fim, está incorreto o que se depreende da leitura da alternativa "C", pois não cabe reclamação constitucional para o fim de questionar a validade de lei ou outro ato normativo. O meio adequado para se questionar a validade da lei é a propositura de uma ADI. A reclamação deve ser manejada no STF, em se tratando de súmula vinculante, quando há uma sentença judicial ou um ato administrativo que a contraria ou que indevidamente a aplica (art. 103-A, § 3º, da CF/1988).

(XIII EXAME DE ORDEM UNIFICADO – FGV) Ângela, segurada da Previdência Social, residente e domiciliada na comarca X, pretende ajuizar uma demanda contra o Instituto Nacional do Seguro Social (INSS), pleiteando uma revisão de seus benefícios previdenciários. A comarca X possui vara única da Justiça estadual, mas não é sede de vara federal. Contudo, a comarca vizinha Y é sede de vara da justiça federal, com competência sobre as comarcas X, Y e Z.

Considerando a situação exposta, assinale a afirmativa correta.

(A) A ação poderá ser ajuizada na Justiça estadual, perante a vara única da comarca X, cabendo eventual recurso ao Tribunal Regional Federal na área de jurisdição do juiz de primeiro grau.

(B) A ação deverá ser ajuizada na Vara Federal da comarca vizinha Y, que é sede de vara federal com jurisdição sobre a comarca X.

(C) A ação poderá ser ajuizada na Justiça estadual, perante a vara única da comarca X, cabendo eventual recurso ao Tribunal de Justiça do Estado.

(D) A ação deverá ser proposta diretamente no Tribunal Regional Federal que abrange o estado onde se localiza a comarca X, em razão da matéria ser competência originária desse Tribunal.

COMENTÁRIO

Correta está a alternativa "A", pois, conforme preceitua o art. 109, §§ 3º e 4º, CF/1988, serão processadas e julgadas na justiça estadual, no foro do domicílio dos segurados ou beneficiários, as causas em que forem parte instituição de previdência social e segurado, sempre que a comarca não seja sede de vara do juízo federal, e, se verificada essa condição, a lei poderá permitir que outras causas sejam também processadas e julgadas pela justiça estadual. Nessa hipótese, o recurso cabível será sempre para o Tribunal Regional Federal na área de jurisdição do juiz de primeiro grau.

(XV EXAME DE ORDEM UNIFICADO – FGV) O Supremo Tribunal Federal editou súmula com efeito vinculante. Pedro, advogado, deseja pleitear o cancelamento da referida súmula. Nos termos da Constituição Federal, considerando a legitimação para propor aprovação ou cancelamento de súmula junto ao Supremo Tribunal Federal, Pedro poderá provocar o seguinte legitimado:

(A) o interessado que tenha tido a repercussão geral de seu recurso extraordinário reconhecida pelo STF.

(B) a seccional da Ordem dos Advogados do Brasil de qualquer estado da Federação.

(C) a Mesa de Câmara dos Vereadores de município que tenha interesse direto na súmula.

(D) o Partido Político com representação no Congresso Nacional.

COMENTÁRIO

Nos termos do art. 103-A, § 2º, CF/1988, podem provocar o STF a editar, rever ou cancelar enunciado de súmula vinculante os mesmos legitimados à propositura de ação direta de inconstitucionalidade (que estão listados no art. 103, CF/1988). Nesse sentido, somente a alternativa "D" é correta pois o partido político representado no Congresso Nacional é um dos legitimados (art. 103, VIII, CF/1988). Os demais, mencionados nas "A", "B" e "C", não são legitimados.

13. FUNÇÕES ESSENCIAIS À JUSTIÇA

(VI EXAME DE ORDEM UNIFICADO – FGV) A respeito dos Procuradores-Gerais de Justiça nos Estados e no Distrito Federal, é INCORRETO afirmar que

(A) podem ser destituídos pela Assembleia Legislativa (nos Estados) e pela Câmara Legislativa (no Distrito Federal).

(B) podem ser reconduzidos somente uma vez.

(C) devem ser integrantes da carreira e exercem o cargo por mandato de dois anos.

(D) são nomeados pelo Governador (nos Estados) e pelo Presidente da República (no Distrito Federal).

COMENTÁRIO

Em conformidade com o que dispõe o art. 128, § 3º, da CF/1988, as alternativas "B", "C" e "D" estão corretas, visto que os Ministérios Públicos dos Estados e o do Distrito Federal e Territórios formarão lista tríplice dentre integrantes da carreira, na forma da lei respectiva, para escolha de seu Procurador-Geral, que será nomeado pelo Chefe do Poder Executivo, para mandato de dois anos, permitida uma recondução.

Quanto à letra "A", está equivocada, pois os Procuradores-Gerais nos Estados e no Distrito Federal e Territórios poderão ser destituídos por deliberação da maioria absoluta do Poder Legislativo, na forma da lei complementar respectiva, de acordo com o art. 128, § 4º, da CF/1988. No caso, todavia, do Procurador-Geral do DF, a destituição do PGJ antes do final do mandato será efetivada por deliberação da maioria absoluta do Senado, e não pela maioria absoluta da Câmara Legislativa do DF (ver art. 156, § 2º, da LC 75/1993).

14. ORDEM SOCIAL

(IX EXAME DE ORDEM UNIFICADO – FGV) Com relação às diretrizes e normas constitucionais referentes à prestação da saúde, assinale a afirmativa correta.

(A) É permitida a destinação de recursos públicos para auxílios ou subvenções às instituições privadas com fins lucrativos.

(B) Ao sistema único de saúde compete, dentre outras atribuições, colaborar na proteção do meio ambiente, nele compreendido o do trabalho.

(C) É admitida a participação indireta de empresas ou capitais estrangeiros na assistência à saúde no País, independentemente de previsão legal.

(D) As instituições privadas poderão participar de forma complementar do sistema único de saúde, segundo diretrizes deste, mediante contrato de direito privado, vedada qualquer preferência ou distinção entre elas.

COMENTÁRIO

A única alternativa que está de acordo com o texto constitucional é a letra "B", que preceitua, nos termos do art. 200, VIII, da CF/1988, que ao sistema único de saúde compete, além de outras atribuições, colaborar na proteção do meio ambiente, nele compreendido o do trabalho.

A assertiva inscrita na letra "A" é falsa em razão de ser vedada a destinação de recursos públicos para auxílios ou subvenções às instituições privadas com fins lucrativos, conforme preceitua o art. 199, § 2º, da CF/1988.

No que se refere à alternativa "C", está equivocada, pois é vedada a participação direta ou indireta de empresas ou capitais estrangeiros na assistência à saúde no País, salvo nos casos previstos em lei, de acordo com o disposto no art. 199, § 3º, da CF/1988.

Em conclusão, a alternativa "D" também está equivocada, pois, nos termos do art. 199, 1º, da CF/1988, as instituições privadas poderão participar de forma complementar do sistema único de saúde, segundo diretrizes deste, mediante contrato de direito público ou convênio, tendo preferência as entidades filantrópicas e as sem fins lucrativos.

4. Direitos Humanos

*Fabiano Melo e Renan Flumian**

1. TEORIA GERAL E DOCUMENTOS HISTÓRICOS

(XI Exame de Ordem Unificado – FGV) *"Ninguém poderá ser detido, preso ou despojado dos seus bens, costumes e liberdades, senão em virtude de julgamento de seus pares, segundo as leis do país."*

O texto transcrito é um trecho da Magna Carta, proclamada na Inglaterra, no ano de 1215. Esse importante documento é apontado como um marco na afirmação histórica dos direitos humanos, dentre outras razões, porque

(A) consolida os direitos civis e políticos e os econômicos e sociais.

(B) é origem daquilo que na modernidade ficou conhecido como devido processo legal.

(C) representa um marco jurídico político que estabeleceu uma nova ordem social na Inglaterra, tendo sido respeitada por todos os governos seguintes.

(D) institui e oficializa o direito ao habeas corpus.

COMENTÁRIO

Dentre as assertivas existentes, a única que faz correta menção à importância destacada da Magna Carta é a B. O século XII marcou o início de uma onda de centralização de poder, tanto em nível civil como eclesiástico. É importante ter em mente tal consideração, pois ela é o motivador da assinatura da Magna Carta. À título histórico, cabe lembrar que já em 1188 havia sido feita a declaração das cortes de Leão, na Espanha. Depois dessa declaração, os senhores feudais espanhóis continuaram se manifestando, mediante declarações e petições, contra a instalação do poder real soberano. A Magna Carta é um documento de 1215 que limitou o poder dos monarcas da Inglaterra, impedindo o exercício do poder absoluto. Ela resultou de desentendimentos entre o rei João I (conhecido como "João Sem Terra"), o papa e os barões ingleses acerca das prerrogativas do soberano. Essas discordâncias tinham raízes diversas. A contenda com os barões foi motivada pelo aumento das exações fiscais, constituídas para financiar campanhas bélicas, pois o rei João Sem Terra acabara de perder a Normandia – que era sua por herança dinástica – para o rei francês Filipe Augusto. A desavença com o papa surgiu de seu apoio às pretensões territoriais do imperador Óton IV, seu sobrinho, em prejuízo do papado. Ademais, o rei João I recusara a escolha papal de Stephen Langton como cardeal de Canterbury, o que lhe rendeu a excomunhão, operada pelo papa Inocêncio III. A Magna Carta só foi assinada pelo rei quando a revolta armada dos barões atingiu Londres, sendo sua assinatura condição para o cessar-fogo. Todavia, ela foi reafirmada solenemente (pois tinha vigência determinada de três meses) em 1216, 1217 e 1225, quando se tornou direito permanente. Como curiosidade, cabe apontar que algumas de suas disposições se encontram em vigor ainda nos dias de hoje. Sua forma foi de promessa unilateral, por parte do monarca, de conceder certos privilégios aos barões, mas é possível entendê-la como uma convenção firmada entre os barões e o rei. Além disso, segundo os termos do documento, o rei deveria renunciar a certos direitos e respeitar determinados procedimentos legais (apontado, pela historiologia jurídica, como a origem do devido processo legal), bem como reconhecer que sua vontade estaria sujeita à lei. Considera-se a Magna Carta o primeiro capítulo de um longo processo histórico que levaria ao surgimento do constitucionalismo[1] e da democracia moderna. Em síntese, o documento é uma limitação institucional dos poderes reais.

(X Exame de Ordem Unificado – FGV) Sobre o sistema global de proteção dos Direitos Humanos, assinale a afirmativa correta.

(A) O Direito Humanitário, a Organização Internacional do Trabalho e a Liga das Nações são considerados os principais precedentes do processo de internacionalização dos direitos humanos, uma vez que rompem com o conceito de soberania, já que admitem intervenções nos países em prol da proteção dos direitos humanos.

(B) A Declaração Universal dos Direitos Humanos juntamente com a adoção do Pacto Internacional dos Direitos Civis e Políticos formam a Carta Internacional dos Direitos Humanos, podendo um Estado adotar ou não os seus postulados.

(C) O sistema global restringe-se à Carta Internacional dos Direitos Humanos. Outros tratados multilaterais sobre Direitos Humanos, que se referem a violações específicas de direitos, tais como Convenção Internacional contra a Tortura, são facultativos e, consequentemente, não são considerados como parte do sistema global.

(D) O sistema global é composto por mecanismos não convencionais de proteção dos direitos humanos. Tais mecanismos são aqueles criados por convenções específicas de Direitos Humanos, de adoção facultativa para os Estados.

COMENTÁRIO

A alternativa A está correta. A ideia de soberania absoluta encontra-se há muito superada. Assim, o Estado que violar direitos humanos poderá ser responsabilizado perante a comunidade internacional, como, por exemplo, por intermédio de cortes regionais (ex.: Corte Interamericana de Direitos Humanos) ou de comitês internacionais (ex.: Comitê dos Direitos Humanos criado pelo Pacto Internacional dos Direitos Civis e Políticos). Por essa lógica, o indivíduo que tiver sua dignidade violada e não conseguir a efetiva tutela poderá dirigir-se (direta ou indiretamente), quando previsto, a cortes e comitês internacionais para buscar sua devida proteção. Sobre a responsabilização de Estado, é importante dizer que o artigo 28 da Convenção Americana de Direitos Humanos estabelece a cláusula federal, que em seu ponto 2 determina: "No tocante às disposições relativas às matérias que correspondem à competência das entidades componentes da federação, o governo nacional deve tomar imediatamente as medidas pertinentes, em conformidade com sua Constituição e com suas leis, a fim de que as autoridades competentes das referidas entidades possam adotar as disposições cabíveis para o cumprimento desta Convenção". Ademais, sempre é o governo central que responderá perante a comunidade internacional, pois é o representante do Estado como um todo, o único detentor de personalidade jurídica internacional. Em outras palavras, a Federação de Estados ou Estado Federal é a união permanente de dois ou mais estados, dos quais cada um conserva apenas a autonomia interna, pois a soberania externa é exercida por um órgão central, normalmente denominado *governo federal*. O Brasil é Estado Federal desde a Constituição Federal de 1891. Por fim, pode-se afirmar que a divisão de autonomias em relação às competências internas não interfere na responsabilização internacional. E o dirigente político que conduzir o país à prática de crimes contra a humanidade também poderá ser julgado e condenado pelo Tribunal Penal Internacional (TPI). Sobre esse processo de mitigação da soberania, é imprescindível apontar o papel do Tribunal de Nuremberg[2], pois com a instalação desse tribunal *ad hoc* ficou demonstrada a necessária flexibilização da noção de soberania para bem proteger os direitos humanos. Por outro lado, ficou comprovado o reconhecimento de direitos do indivíduo pelo direito internacional. Antes do Tribunal de Nuremberg, podemos citar o Direito Humanitário, a Liga das Nações e a Organização Internacional do Trabalho como exemplos de limitação, oriundas da comunidade internacional, que os Estados sofreram em sua inabalável soberania. É importante destacar o caráter *complementar* e *subsidiário* dos sistemas internacionais, porque estes apenas serão acionados caso o sistema jurídico nacional tenha sido incapaz ou não tenha demonstrado interesse em julgar o caso. Sob outro aspecto, não se configuraria vilipêndio à soberania, pois, na maioria dos casos, o Estado, com suporte no *princípio da autodeterminação dos povos*, aquiesceu à competência de cortes e comitês internacionais. Isto é, com supedâneo em sua soberania escolheu fazer parte de certo sistema de proteção internacional, e qualquer determinação ou punição que provier desse sistema já é aceita de antemão pelo Estado;

* O autor **Fabiano Melo** comentou as questões do XVIII Exame de Ordem Unificado, e o autor **Renan Flumian** comentou as demais questões.

1. O constitucionalismo pode ser conceituado como o movimento político, social e jurídico cujo objetivo é limitar o poder do Estado por meio de uma Constituição. Já o neoconstitucionalismo surge depois da Segunda Guerra Mundial e tem por objetivo principal conferir maior efetividade aos comandos constitucionais, notadamente os direitos fundamentais.

2. O Tribunal de Nuremberg foi instituído para julgar os crimes de guerra e contra a humanidade perpetrados durante a Segunda Guerra Mundial pelos líderes nazistas (o julgamento começou em 20 de novembro de 1945). Idealizado pelos Aliados (sobretudo EUA, URSS, Reino Unido e França), escalou o Chefe da Justiça americana, Robert Jackson, para ser seu coordenador. Cabe lembrar que a experiência de Nuremberg marca a primeira vez em que crimes de guerra foram julgados por um tribunal internacional. Uma crítica que se faz ao Tribunal é que se trata de uma "justiça dos vencedores".

A alternativa B está incorreta. A denominada Carta Internacional de Direitos Humanos ou *International Bill of Rights* é constituída pela Declaração Universal dos Direitos Humanos em conjunto com os dois Pactos Internacionais – sobre Direitos Civis e Políticos e sobre Direitos Econômicos, Sociais e Culturais

A alternativa C está incorreta, pois os tratados que se referem à violações específicas também fazem parte do sistema global de proteção (específica) dos direitos humanos. E são considerados específicos por protegerem indivíduos determinados, e não todos os seres humanos. Nas palavras de Norberto Bobbio, é o processo de *especificação* dos sujeitos titulares de direitos[3].

A alternativa D está incorreta. Os mecanismos criados por convenções específicas de Direitos Humanos são convencionais. Pode-se apontar que o Conselho de Direitos Humanos se insere no sistema global[4] de proteção dos direitos humanos como um mecanismo não convencional, destoando dos mecanismos convencionais de proteção instituídos pelas Convenções da ONU. A fonte material do sistema não convencional são as resoluções elaboradas pelos órgãos da ONU (notadamente o Conselho de Direitos Humanos, a Assembleia Geral e o Conselho Econômico e Social).

(V EXAME DE ORDEM UNIFICADO – FGV) A respeito da internacionalização dos direitos humanos, assinale a alternativa correta.

(A) A limitação do poder, quando previsto na Constituição, garante por si só o respeito aos direitos humanos.

(B) A internacionalização dos direitos humanos impõe que o Estado, e não o indivíduo, seja sujeito de direitos internacional.

(C) A criação de normas de proteção internacional no âmbito dos direitos humanos possibilita a responsabilização do Estado quando as normas nacionais forem omissas.

(D) Já antes do fim da II Guerra Mundial ocorreu a internacionalização dos direitos humanos, com a limitação dos poderes do Estado a fim de garantir o respeito integral aos direitos fundamentais da pessoa humana.

COMENTÁRIO

A alternativa C está correta. O Estado que violar direitos humanos poderá ser responsabilizado perante a comunidade internacional, como, por exemplo, por intermédio de cortes regionais (ex: Corte Interamericana de Direitos Humanos) ou de comitês internacionais (ex: Comitê dos Direitos Humanos criado pelo Pacto Internacional dos Direitos Civis e Políticos). Dentro desta lógica, caso o Estado-Membro tenha assinado e ratificado o Protocolo Facultativo dos Tratados ou Convenções a que fazem parte, o indivíduo que tiver sua dignidade violada e não conseguir a efetiva tutela, poderá buscar (direta ou indiretamente) cortes e comitês internacionais para buscar sua devida proteção. Ademais, o dirigente político que conduzir o país à prática de crimes contra a humanidade também poderá ser julgado e condenado pelo Tribunal Penal Internacional (TPI). É importante apontar o caráter **complementar e subsidiário** dos sistemas internacionais. Isso porque estes apenas serão acionados caso o sistema jurídico nacional tenha sido incapaz ou não tenha demonstrado interesse em julgar o caso.

A alternativa A está incorreta. Para a doutrina internacional os Estados têm uma tripla obrigação para com todos os direitos humanos: de proteger (*toprotect*), de respeitar (*torespect*) e de realizar (*tofulfill*). Pelo dito, podemos afirmar que somente a limitação do poder não vai garantir a satisfatória implementação dos direitos humanos. Cabe frisar que a limitação do poder insere-se na primeira geração de direitos, que engloba os direitos ditos individuais. Por exemplo, na Convenção Internacional sobre a Eliminação de todas as formas de Discriminação Racial, os Estados-partes têm a obrigação de implementar políticas públicas que assegurem efetivamente a progressiva eliminação da discriminação racial. Percebe-se que o ideal de igualdade não vai ser atingido somente por meio de políticas repressivas que proíbam a discriminação. É necessária uma comunhão da proibição da discriminação (igualdade formal) com políticas promocionais temporárias (igualdade material). Por fim, deve-se lembrar que os direitos humanos possuem como características a indivisibilidade e a interdependência, dentre outras. A indivisibilidade se traduz na ideia de que todos os direitos humanos se retroalimentam e se complementam, assim é infrutífero buscar a proteção e a promoção de apenas uma parcela deles. E a interdependência se traduz na ideia de que cada direito depende dos outros para ser substancialmente realizado;

A alternativa B está incorreta. É interessante apontar a peculiaridade dos tratados internacionais de direitos humanos, pois diferentemente dos tradicionais que visam compor os interesses dos Estados, aqueles buscam garantir o exercício de direitos por indivíduos. Cabe lembrar que o processo recente de internacionalização dos direitos humanos está ligado ao reconhecimento da pessoa humana como sujeito de direito internacional.

A alternativa D está incorreta. Questão é altamente polêmica, pois é indiscutível que o Direito Humanitário, a Liga das Nações e a OIT foram considerados por muitos a primeira limitação internacional que os Estados sofreram na sua soberania. No caso do Direito Humanitário, logo, na hipótese de conflito armado, por exemplo, os Estados teriam de respeitar certas regras que visam proteger as vítimas civis e os militares fora de combate. Assim, teve-se início o processo de internacionalização dos direitos humanos. Todavia, a questão é expressa em afirmar que o processo de internacionalização da proteção dos direitos humanos ocorreu antes da II Guerra Mundial, e isso não é verdade, pois, por mais que esse processo tem raízes históricas anteriores à segunda grande guerra, o seu processo só ocorre (leia-se efetiva) após o citado conflito. Foi assim que abalados pelas barbáries deflagradas nas duas Grandes Guerras e ensejosos de construir um mundo sob novos alicerces ideológicos, os dirigentes das nações que emergiram como potências no período pós-guerra, liderados por URSS e Estados Unidos, estabeleceram na Conferência de Yalta, na Ucrânia, em 1945, as bases de uma futura "paz", para isso definiram as áreas de influência das potências e acertaram a criação de uma organização multilateral que promovesse negociações sobre conflitos internacionais, com o objetivo de evitar guerras, construir a paz e a democracia, além de fortalecer os direitos humanos. Teve aí sua origem a Organização das Nações Unidas. A ONU é uma organização internacional que tem por objetivo facilitar a cooperação em matéria de direito internacional, segurança internacional, desenvolvimento econômico, progresso social, direitos humanos e a realização da paz mundial. Por isso, diz-se que é uma organização internacional de vocação universal. Sua lei básica é a Carta das Nações Unidas, elaborada em São Francisco de 25 de abril a 26 de junho de 1945. Esta Carta tem como anexo o Estatuto da Corte Internacional de Justiça. Percebe-se que uma das preocupações da ONU é a proteção dos direitos humanos mediante a cooperação internacional. A Carta das Nações Unidas é o exemplo mais emblemático do processo de internacionalização dos direitos humanos ocorridos no pós-guerra. Aliás é importante lembrar que este processo recente de internacionalização dos direitos humanos é fruto da ressaca moral da humanidade ocasionada pelo excesso de violações de direitos humanos perpetradas pelo nazifascismo.

2. GERAÇÕES DOS DIREITOS HUMANOS

(XII EXAME DE ORDEM UNIFICADO – FGV) O processo histórico de afirmação dos direitos humanos foi inscrito em importantes documentos, tais como a Declaração Universal dos Direitos do Homem e do Cidadão de 1789 ou mesmo a Constituição Mexicana de 1917. Desse processo é possível inferir que os Direitos Humanos são constituídos por, ao menos, duas dimensões interdependentes e indivisíveis.

São elas:

(A) Direitos Naturais e Direitos Positivos.

(B) Direitos Civis e Direitos Políticos.

(C) Direitos Civis e Políticos e Direitos Econômicos e Sociais.

(D) Direito Público e Direito Privado.

COMENTÁRIO

A alternativa correta é a "C". Apenas as assertivas "B" e "C" cuidam das chamadas dimensões (gestações ou gerações) dos direitos humanos. Mas a assertiva "B" traz apenas os direitos pertencentes à primeira dimensão (direitos individuais), em razão disso está incorreta. Já a "C" traz exemplos das duas primeiras dimensões de direitos humanos. A segunda geração trata dos direitos sociais, culturais e econômicos. A titularidade desses direitos é atribuída à coletividade, por isso são conhecidos como direitos coletivos. Tal análise perde um pouco de seu sentido quando o enfoque recai sobre países ditos novos, como o Brasil e a Austrália, pois a maioria dos tipos de direitos humanos foram reconhecidos, logo disciplinados, de uma só vez em suas respectivas Constituições. Mas quando a análise leva em conta os países europeus, por exemplo, entende-se muito bem que o reconhecimento dos direitos humanos é um processo que perpassa vários séculos. Assim, os direitos civis apareceram no século XVIII para garantir a liberdade do indivíduo perante o Estado (opressor). Essa maior liberdade permitiu uma atuação mais ativa por parte das pessoas, o que eclodiu no reconhecimento dos direitos políticos no século XIX, ou seja, esse direito, antes exclusivo de poucos, foi estendido para grande parcela da população masculina, incluindo os trabalhadores. E o exercício desses direitos políticos, sobretudo pela classe trabalhadora, permitiu a constituição dos direitos sociais no século XX (MARSHALL, Thomas. *Cidadania, classe social e status.* Rio de Janeiro: Zahar, 1967. p. 57 a 114).

3. BOBBIO, Norberto. **A era dos direitos.** Rio de Janeiro: Elsevier, 2004. Mais detidamente: "Essa especificação ocorreu com relação seja ao gênero, seja às várias fases da vida, seja à diferença entre estado normal e estados excepcionais na existência humana. Com relação ao gênero, foram cada vez mais reconhecidas as diferenças específicas entre a mulher e o homem. Com relação às várias fases da vida, foram-se progressivamente diferenciando os direitos da infância e da velhice, por um lado, e os do homem adulto, por outro. Com relação aos estados normais e excepcionais, fez-se valer a exigência de reconhecer direitos especiais aos doentes, aos deficientes, aos doentes mentais etc." (p. 59).
4. Também denominado Sistema das Nações Unidas.

3. CARACTERÍSTICAS DOS DIREITOS HUMANOS

(XIII EXAME DE ORDEM UNIFICADO – FGV) A Companhia Energética de Minas Gerais (Cemig) foi responsabilizada por fiscais do Ministério do Trabalho e Emprego (MTE) e pelo Ministério Público do Trabalho (MPT) pela submissão de 179 trabalhadores a condições análogas às de escravos, em Belo Horizonte. Esse fato gravíssimo comprova, na prática, violação de um princípio crucial acerca dos Direitos Humanos.

Assinale a opção que expressa esse princípio.

(A) O princípio do relativismo cultural determina que o trabalho forçado seja combatido apenas nos países onde a legislação defina tal conduta como ilícita.

(B) O princípio da razoabilidade, pois não é razoável que pessoas sejam submetidas ao trabalho na condição análoga à de escravo.

(C) O princípio do direito humanitário, pois o trabalho na condição análoga à de escravo é desumano.

(D) O princípio da indivisibilidade dos direitos humanos, pois o trabalho na condição análoga à de escravo viola a um só tempo os direitos civis e políticos e os direitos econômicos e sociais.

COMENTÁRIO

A alternativa D está correta, pois, certamente, ao reduzir alguém a condições análogas às de escravos, essa pessoa perderia o gozo de todos os seus direitos fundamentais. E quanto mais um tipo de direito humano (ex.: direito econômico) é desrespeitado e violado, os outros são enfraquecidos. Isso porque a indivisibilidade é uma característica central dos direitos humanos. Cabe lembrar que um escravo nem possui o básico direito de ir e vir conforme seu próprio interesse.

A alternativa A está incorreta. Condições ideias de trabalho são requisitos objetivos que têm a ver com a segurança e saúde dos trabalhadores. O princípio do relativismo cultural não incide aqui. Até porque para defender sua incidência seria necessário provar que em certos países, em função de um contexto cultural específico, certas pessoas estão fadadas a ser escravas. Além do que cabe dizer que a proibição de tortura faz parte do *jus cogens*;

A alternativa B está incorreta. Não é uma questão de ser razoável ou não, mas sim de ser indiscutivelmente proibido (ler o comentário anterior);

A alternativa C está incorreta. O Direito Humanitário é composto de princípios e regras – positivadas ou costumeiras – que têm como função, por questões humanitárias, **limitar os efeitos do conflito armado**. Mais especificamente, o Direito Humanitário protege as pessoas que não participam ou não mais participam das hostilidades e restringe os meios e os métodos de guerra. Tal conceito permite-nos encará-lo como Direito Internacional dos Conflitos Armados ou Direito da Guerra. Pelo âmbito de aplicação do Direito Humanitário, podemos apontar essa assertiva como incorreta;

A alternativa D está correta, pois, certamente, ao reduzir alguém a condições análogas às de escravos, essa pessoa perderia o gozo de todos os seus direitos fundamentais. E quanto mais um tipo de direito humano (ex.: direito econômico) é desrespeitado e violado, os outros são enfraquecidos. Isso porque a indivisibilidade é uma característica central dos direitos humanos. Cabe lembrar que um escravo nem possui o básico direito de ir e vir conforme seu próprio interesse.

(XI EXAME DE ORDEM UNIFICADO – FGV) Em 11 de abril de 2011 passou a vigorar na França uma lei que proíbe o uso, nos espaços públicos, da burca e do niqab, véus que cobrem totalmente os rostos das mulheres e que, para algumas correntes da cultura muçulmana, são de uso obrigatório. Essa situação se insere no polêmico debate acerca da universalidade ou da relatividade cultural dos direitos humanos. Em relação a esse debate, assinale a afirmativa correta.

(A) Os defensores do relativismo cultural são a favor da lei uma vez que ela, ao proibir o uso da burca e do niqab, permite a livre manifestação de todas as religiões.

(B) Os defensores da universalidade dos direitos humanos são a favor da lei com o argumento de que todas as culturas devem preservar a igualdade entre os sexos e a burca e o niqab são instrumentos de opressão da mulher.

(C) Os defensores do relativismo cultural são contra a lei porque ela viola o princípio básico de que os direitos humanos se aplicam igualmente a todas as culturas.

(D) Os defensores da universalidade dos direitos humanos são contra a lei, alegando que ela viola o direito à liberdade religiosa.

COMENTÁRIO

A alternativa correta é a "B". Primeiro ponto e por uma questão de lógica, os defensores da universalidade dos direitos humanos são a favor da lei (o que elimina a assertiva D) e os defensores do relativismo cultural são contra a lei (o que elimina a assertiva A). A discussão que envolve os relativistas e os universalistas é muito antiga e está longe de um consenso ideal. No ocidente, a visão da universalidade é a que vigora em sua grande maioria e deverá ser adotada na OAB e em concursos em geral. Nessa toada, pode-se afirmar que a Declaração Universal dos Direitos Humanos de 1948 foi fator fundamental para o processo de universalização da noção de direitos humanos. Muito importante foi seu papel, pois antes disso a proteção dos direitos humanos era relegada a cada Estado, que, com suporte em sua intocável soberania, tinha autonomia absoluta para determinar e executar as políticas relacionadas à proteção da dignidade da pessoa humana. Todavia, obras de horror, como o nazifascismo, demonstraram que a proteção do ser humano não pode ficar somente nas "mãos de governos" ou de "governantes". Assim, um dos grandes objetivos perseguidos com a criação da ONU foi buscar a proteção dos direitos humanos em nível universal. Grande passo foi dado nesse sentido com a promulgação da Declaração Universal dos Direitos Humanos. Assim, "o direito a ter direitos" de Hannah Arendt passaria a ter tutela internacional. As críticas referentes à leitura de *universalização* por *ocidentalização* não procedem, porque os direitos humanos transcendem às criações culturais no sentido lato (religião, tradição, organização política etc.) por serem adstritos à condição humana. Destarte, particularidades regionais e nacionais devem ser levadas em conta, mas nunca impedir a proteção mínima dos direitos humanos, até porque estes fazem parte do *jus cogens*. Assim, o universalismo derrota o relativismo. Importante lembrar que o *jus cogens* (normas cogentes de direito internacional) é calcado no reconhecimento da existência de direitos e de obrigações naturais, independentemente da existência de algum tratado internacional. O *jus cogens* seria como um qualificador de regras consideradas basilares para a ordenação e a viabilidade da comunidade internacional. Portanto, a compreensão da existência de uma comunidade internacional e de interesses que advêm dela (sobretudo para sua existência – como, por exemplo, na proteção internacional do meio ambiente), e não somente de Estados em sua individualidade, deu suporte para o aparecimento do *jus cogens*. Mas é oportuno apresentar a teoria da hermenêutica diatópica arquitetada pelo Professor português Boaventura de Souza Santos. Em seu artigo intitulado "Para uma concepção intercultural dos direitos humanos", Boaventura tenta apontar as condições que permitem conferir aos direitos humanos tanto um escopo global como uma legitimidade local, para, assim, fundar uma política progressista de direitos humanos. Em outras palavras, busca construir uma proposta para superação do debate sobre universalismo e relativismo cultural. Importante ter em mente a profunda ligação que o autor estabelece entre ambiente cultural e conceituação dos direitos humanos. Assim, Boaventura pondera que os direitos humanos podem ser produzidos e interpretados dentro do paradigma da globalização hegemônica ou da globalização contra-hegemônica. Sem esconder sua preferência pelo último enfoque, o pensador português assim diz: "A minha tese é que, enquanto forem concebidos como direitos humanos universais em abstracto, os direitos humanos tenderão a operar como localismo globalizado e, portanto, como uma forma de globalização hegemônica. Para poderem operar como forma de cosmopolitismo insurgente, como globalização contra-hegemônica, os direitos humanos têm de ser reconceptualizados como interculturais[5]". Para entender o funcionamento da hermenêutica diatópica, a qual permitirá o diálogo intercultural, cabe ter por base o conceito de *topoi*. De forma geral, os *topoi* são os lugares comuns retóricos mais abrangentes de determinada cultura. Funcionam como premissas de argumentação, logo, não podem ser discutidas, devido sua evidência. Na prática, a hermenêutica diatópica assim funcionaria: "A hermenêutica diatópica baseia-se na ideia de que os *topoi* de uma dada cultura, por mais fortes que sejam, são tão incompletos quanto a própria cultura a que pertencem. Tal incompletude não é visível a partir do interior dessa cultura, uma vez que a aspiração à totalidade induz a que se tome a parte pelo todo. O objectivo da hermenêutica diatópica não é, porém, atingir a completude – um objectivo inatingível – mas, pelo contrário, ampliar ao máximo a consciência de incompletude mútua através de um diálogo que se desenrola, por assim dizer, com um pé numa cultura e outro, noutra. Nisto reside o seu carácter dia-tópico[6]". Mediante a aplicação da hermenêutica diatópica seria possível a aproximação do *topos* dos direitos humanos da cultural ocidental com o *topos* do dharma da cultura hindu e com o *topos* da uma da cultura islâmica. E o resultado seria, nas palavras do autor, a formatação de uma concepção híbrida da dignidade humana, ou seja, uma concepção mestiça dos direitos humanos. Esse processo desaguaria numa alternativa à teoria geral de aplicação pretensamente universal, a qual não é mais do que uma versão peculiar de universalismo que concebe como particularismo tudo o que não coincide com ele. Por todo o dito, percebe-se que a hermenêutica diatópica exige uma produção de conhecimento coletiva, participativa, interativa, intersubjetiva e reticular.

(IV EXAME DE ORDEM UNIFICADO – FGV) Com relação aos chamados "direitos econômicos, sociais e culturais", é correto afirmar que

(A) formam, juntamente com os direitos civis e políticos, um conjunto indivisível de direitos fundamentais, entre os quais não há qualquer relação hierárquica.

5. **Revista Contexto Internacional**, vol. 23, n 1º, 2001, pág. 14.
6. **Revista Contexto Internacional**, vol. 23, n 1º, 2001, pág. 21.

(B) são previstos, no âmbito do sistema interamericano, no texto original da Convenção Americana sobre Direitos Humanos (Pacto de San José da Costa Rica).

(C) incluem o direito à participação no processo eleitoral, à educação, à alimentação e à previdência social.

(D) são direitos humanos de segunda geração, o que significa que não são juridicamente exigíveis, diferentemente do que ocorre com os direitos civis e políticos.

COMENTÁRIO

A alternativa A está correta. Todos os direitos humanos se retroalimentam e se complementam, assim, é infrutífero buscar a proteção de apenas uma parcela deles. Veja-se o exemplo do direito à vida, núcleo dos direitos humanos. Este compreende o direito do ser humano de não ter sua vida ceifada (atuação estatal negativa), como também o direito de ter acesso aos meios necessários para conseguir a sua subsistência e uma vida digna (atuação estatal positiva). Percebe-se a interação dos direitos pessoais com os direitos sociais, econômicos e culturais para garantir a substancial implementação do direito à vida. Ademais, o princípio da complementaridade solidária dos direitos humanos de qualquer espécie foi proclamado solenemente pela Conferência Mundial de Direitos Humanos, realizada em Viena em 1993. Importante transcrever trecho da Declaração de Viena que bem sintetiza as características dos direitos humanos de um modo geral: "Todos os direitos humanos são universais, indivisíveis, interdependentes e inter-relacionados. A comunidade internacional deve tratar os direitos humanos de forma global, justa e equitativa, em pé de igualdade e com a mesma ênfase. Embora particularidades nacionais e regionais devam ser levadas em consideração, assim como diversos contextos históricos, culturais e religiosos, é dever dos Estados promover e proteger todos os direitos humanos e liberdades fundamentais, sejam quais forem seus sistemas políticos, econômicos e culturais".

A alternativa B está correta. Isto porque foi o protocolo adicional à Convenção Americana de Direitos Humanos (Protocolo de San Salvador) que definiu o conteúdo dos direitos econômicos, sociais e culturais no âmbito do sistema interamericano de proteção dos direitos humanos. Entretanto, os direitos econômicos, sociais e culturais já estavam previstos no art. 26 da Convenção Americana de Direitos Humanos ou Pacto de San José da Costa Rica. Portanto, resta claro que os direitos econômicos, sociais e culturais estão previstos (mas não definidos) no texto original da Convenção Americana de Direitos Humanos (Pacto de San José da Costa Rica). Percebe-se que a redação da assertiva "b" refere-se simplesmente à previsão dos direitos econômicos, sociais e culturais, destarte, nós consideramos esta assertiva como correta também. O gabarito oficial indicou somente a assertiva "A" como correta.

A alternativa C está incorreta. O direito à participação no processo eleitoral é um exemplo típico de direito político e não econômico, social e cultural. Os direitos políticos encontram-se disciplinados no art. 21 da Declaração Universal dos Direitos Humanos.

A alternativa D está incorreta. Todos os direitos humanos são juridicamente exigíveis, pois, conforme dito na assertiva "A", são indivisíveis, interdependentes e inter-relacionados. Importante lembrar que os direitos humanos de segunda geração referem-se aos direitos econômicos, sociais e culturais. A titularidade destes direitos é atribuída à coletividade, destarte, são conhecidos como direitos coletivos. O seu fundamento é a ideia de igualdade e o grande motivador do aparecimento destes direitos foi o movimento antiliberal, notadamente após a Primeira Guerra Mundial. A URSS teve papel central neste movimento, pois defendia a perspectiva social dos direitos humanos. E tal linha foi consagrada no Pacto Internacional de Direitos Econômicos, Sociais e Culturais. Cabe destacar que esses direitos apareceram em primeiro lugar na Constituição Mexicana de 1917 e na Constituição da Alemanha de 1919 ("Constituição de Weimar"). Em que pese nossa afirmação no tocante à justiciabilidade dos direitos econômicos, sociais e culturais, cabe explicar como ela se dá no sistema interamericano. A Corte Interamericana tem competência para interpretar e aplicar o Protocolo Adicional à Convenção Americana de Direitos Humanos (Protocolo de San Salvador) somente em relação ao art. 8, ponto 1, alínea a (direitos sindicais dos trabalhadores) e o art. 13 (direito à educação). Tudo em conformidade com o art. 19, ponto 6, do mencionado Protocolo, o qual determina que são esses os únicos direitos passíveis de serem acionados perante à Corte (justiciabilidade), entre um amplo conjunto de direitos econômicos, sociais e culturais de que trata esse protocolo. Entretanto, o que se percebe no campo prático é uma jurisprudência criativa que permite uma implementação indireta dos direitos econômicos, sociais e culturais. Uma das grandes contribuições para essa substancial evolução foi a construção jurisprudencial de um conceito amplo ou *lato sensu* do direito de acesso à justiça (art. 25 da Convenção Americana), o que permite o acionamento da Corte para proteção de todos os direitos humanos, inclusive os econômicos, sociais e culturais. Cabe destacar também a construção jurisprudencial da Corte que qualificou de *jus cogens* os princípios da equidade e da não discriminação, os quais são, logicamente, aplicados em relação a todos direitos humanos. E, por fim, o estabelecimento, pela Corte, de um conceito amplo do direito à vida, o qual exige a proteção e a implementação dos direitos econômicos, sociais e culturais para sua satisfatória efetivação. O gabarito oficial aponta a alternativa A como correta, mas entendemos que as alternativas A e B estão corretas.

4. SISTEMA GLOBAL DE PROTEÇÃO DOS DIREITOS HUMANOS

4.1. DECLARAÇÃO UNIVERSAL DOS DIREITOS HUMANOS

(FGV – 2013) Com relação à Declaração Universal dos Direitos Humanos, adotada e proclamada pela Assembleia Geral das Nações Unidas, em 1948, analise as afirmativas a seguir.

I. Ninguém será submetido à tortura nem a tratamento ou castigo cruel, desumano ou degradante, salvo quando suspeito de ter cometido crime hediondo.

II. Toda pessoa tem direito, sem qualquer distinção, a igual proteção da lei, exceto quando suspeito de envolvimento em atos lesivos à ordem pública.

III. Toda pessoa acusada de ato delituoso tem o direito de ser presumida inocente, até que sua culpabilidade venha a ser provada de acordo com a lei.

Assinale:

(A) se somente a afirmativa I estiver correta.

(B) se somente a afirmativa II estiver correta.

(C) se somente a afirmativa III estiver correta.

(D) se somente as afirmativas I e II estiverem corretas.

(E) se somente as afirmativas II e III estiverem corretas.

COMENTÁRIO

A alternativa a ser assinalada é a C. O item I está incorreto, pois o artigo V da Declaração não traz a exceção disposta no item I da presente questão; o II está incorreto, pois o artigo VII da Declaração não traz a exceção disposta no item II da presente questão; o III está correto (artigo XI, ponto 1, da Declaração Universal dos Direitos Humanos).

4.2. PACTOS INTERNACIONAIS – SOBRE DIREITOS CIVIS E POLÍTICOS E SOBRE DIREITOS ECONÔMICOS, SOCIAIS E CULTURAIS

(VI EXAME DE ORDEM UNIFICADO – FGV) O Pacto Internacional dos Direitos Econômicos, Sociais e Culturais e o Pacto Internacional dos Direitos Civis e Políticos preveem em seu texto mecanismos de proteção, efetivação e monitoramento dos Direitos Humanos consagrados em seus respectivos textos. É correto afirmar que, em ambos os pactos, encontra-se o seguinte mecanismo:

(A) envio de relatórios sobre medidas adotadas e progressos alcançados.

(B) acusação de regresso de proteção dos direitos, que poderá ser protocolada por qualquer Estado-parte, inclusive o próprio analisado.

(C) sistemática de petições, que deverão ser elaboradas e protocoladas por um Estado-parte diferente daquele que está sendo acusado.

(D) envio de relatórios sobre medidas adotadas e progressos alcançados, que deverão ser elaborados e protocolados por um Estado-parte diferente daquele que está sendo analisado.

COMENTÁRIO

A alternativa correta é a A. O Pacto Internacional dos Direitos Civis e Políticos, também conhecido simplesmente como "Pacto Civil", foi adotado em 1966 pela Resolução 2.200 A (XXI) da Assembleia Geral das Nações Unidas, mas, devido à grande resistência que sofreu, somente adquiriu as ratificações necessárias para entrar em vigor no ano de 1976. Seu grande objetivo é tornar obrigatório, vinculante e expandir os direitos civis e políticos elencados na Declaração Universal dos Direitos Humanos. É um exemplo de *hard law*, e foi ratificado pelo Brasil em 24 de janeiro de 1992. O Pacto Internacional dos Direitos Civis e Políticos impôs ao Estados-membros sua imediata aplicação (autoaplicabilidade), diferentemente do Pacto Internacional dos Direitos Econômicos, Sociais e Culturais que determinou sua aplicação progressiva. Conforme determina seu art. 40, os Estados que aderirem ao Pacto comprometem-se a *submeter relatórios* sobre as medidas legais e administrativas por eles adotadas para tornar efetivos os direitos reconhecidos no Pacto e sobre o progresso alcançado no gozo desses direitos. O Pacto apresenta também um sistema, opcional, de *comunicações interestatais* ou *actio popularis*. Por este sistema um estado-parte pode denunciar o outro que incorrer em violações dos direitos humanos. Mas, para ter validade, os dois estados, denunciante e denunciado, devem ter expressamente declarado a competência do Comitê de Direitos Humanos para processar tais denúncias. E o processamento

4. Direitos Humanos

das comunicações interestatais deverá seguir o rito descrito no art. 41 do Pacto Internacional de Direitos Civis e Políticos, que assim determina: "as comunicações recebidas em virtude do presente Artigo estarão sujeitas ao procedimento que se segue: a) se um Estado-Parte do presente Pacto considerar que outro Estado-Parte não vem cumprindo as disposições da presente Convenção poderá, mediante comunicação escrita, levar a questão ao conhecimento deste Estado-Parte. Dentro de um prazo de três meses, a contar da data do recebimento da comunicação, o Estado destinatário fornecerá ao Estado que enviou a comunicação explicações ou quaisquer outras declarações por escrito que esclareçam a questão, as quais deverão fazer referência, até onde seja possível e pertinente, aos procedimentos, nacionais e aos recursos jurídicos adotados, em trâmite ou disponíveis sobre a questão; b) se, dentro de um prazo de seis meses, a contar da data do recebimento da comunicação original pelo Estado destinatário, a questão não estiver dirimida satisfatoriamente para ambos os Estados-Partes interessados, tanto um como o outro terão o direito de submetê-lo ao comitê, mediante notificação endereçada ao Comitê ou outro Estado interessado; c) o comitê tratará de todas as questões que se lhe submetam em virtude do presente Artigo somente após ter-se assegurado de que todos os recursos jurídicos internos disponíveis tenham sido utilizados e esgotados, em consonância com os princípios do Direito internacional geralmente reconhecido. Não se aplicará esta regra quando a aplicação dos mencionados recursos se prolongar injustificadamente; d) o comitê realizará reuniões confidenciais quando estiver examinando as comunicações previstas no presente Artigo; e) sem prejuízo das disposições da alínea "c', o Comitê colocará seus bons ofícios à disposição dos Estados-Partes interessados no intuito de se alcançar uma solução amistosa para a questão, baseada no respeito aos direitos humanos e a liberdades fundamentais reconhecidos no presente Pacto. f) em todas as questões que se lhe submetem em virtude do presente artigo, o Comitê poderá solicitar aos Estados-Partes interessados, a que se faz referência na alínea b), que lhe forneçam quaisquer informação pertinentes; g) os estados-partes interessados, a que se faz referência na alínea "b", terão o direito de fazer-se representar quando as questões forem examinadas no Comitê e de apresentar suas observações verbalmente e/ou por escrito; h) o Comitê, dentro dos doze meses seguintes à data de recebimento da notificação mencionada na b), apresentará relatório em que: i) se houver sido alcançada uma solução nos termos da alínea e), o comitê restringir-se-á, em seu relatório, a uma breve exposição dos fatos e da solução alcançada; ii) se não houver sido alcançada solução alguma nos termos alínea "e", o comitê restringir-se-á, em seu relatório, a uma breve exposição dos fatos; serão anexados ao relatório o texto das observações escritas e as atas das observações orais apresentadas pelos Estados-Partes interessados". O Comitê de Direitos Humanos, conforme determina o art. 28 do Pacto, é o órgão criado com o objetivo de controlar a aplicação, pelos estados-partes, das disposições deste instrumento. Essa fiscalização é denominada de controle de convencionalidade internacional[7]. Deve-se destacar que o citado controle pode ser exercido até em face das Constituições nacionais[8], podendo gerar as chamadas normas constitucionais inconvencionais[9]. Isto é, engloba todos os atos estatais, inclusive as omissões. Em termos práticos, o Comitê vai analisar a conformidade dos atos estatais em relação às obrigações internacionais assumidas no momento da ratificação do Pacto Internacional dos Direitos Civis e Políticos. Por sua vez, o Pacto Internacional dos Direitos Econômicos, Sociais e Culturais também foi aprovado em 1966 pela Assembleia Geral das Nações Unidas, mas devido à grande resistência que sofreu, somente adquiriu as ratificações necessárias para entrar em vigor no ano de 1976. E também tem como grande objetivo tornar obrigatório, vinculante e expandir os direitos econômicos, sociais e culturais elencados na Declaração Universal dos Direitos Humanos. É um exemplo de *hard law*. Como vimos, o Pacto Internacional dos Direitos Econômicos, Sociais e Culturais determinou uma aplicação progressiva de seus preceitos partindo de um mínimo essencial. Isso porque grande parte dos Estados não teriam os meios materiais necessários para garantir a máxima efetivação dos direitos econômicos, sociais e culturais de suas populações. E esta progressividade na implementação dos direitos do Pacto cria, como consequência, o *princípio ou cláusula da proibição/vedação do retrocesso social ou da evolução reacionária*[10]. Isto é, os Estados somente podem avançar na implementação dos direitos do Pacto, e nunca recuar (leia-se: eliminar direitos já garantidos ou diminuir a proteção conferida por eles)[11]. Num sentido amplo, essa vedação se estende aos novos tratados de direitos humanos, assim, não vai ser possível a diminuição protetiva e a restrição para o gozo dos direitos humanos por meio da edição de um novo tratado. Fica nítido o caráter vinculativo do *princípio ou cláusula da proibição/vedação do retrocesso social ou da evolução reacionária*. No que tange à sistemática de controle sobre a aplicação, pelos estados-partes, das disposições do Pacto Internacional dos Direitos Econômicos, Sociais e Culturais, foi adotado apenas o envio de relatórios pelos estados-partes. Tais relatórios deverão ser encaminhados para o Secretário-Geral, que os encaminhará ao Conselho Econômico e Social. E para efetuar a análise dos relatórios e assim proceder ao controle de convencionalidade internacional, o Conselho Econômico e Social criou o Comitê sobre Direitos Econômicos, Sociais e Culturais.

4.2.1. SEGUNDO PROTOCOLO ADICIONAL AO PACTO DOS DIREITOS CIVIS E POLÍTICOS COM VISTA À ABOLIÇÃO DA PENA DE MORTE

(XV EXAME DE ORDEM UNIFICADO – FGV) Em atos de violência que provocam grande comoção social, é comum que setores da mídia, parte da opinião pública e algumas personalidades políticas reclamem por mudanças na ordem jurídica, a fim de que seja implantada a pena de morte como sanção penal.

Em relação à pena de morte, segundo o Protocolo Adicional ao Pacto dos Direitos Civis e Políticos, devidamente ratificado pelo Brasil, assinale a afirmativa correta.

(A) É permitida apenas nos casos mais graves de extrema violência contra a pessoa, desde que respeitado o devido processo legal.

(B) É proibida em qualquer hipótese, pois o direito à vida é inerente à pessoa humana e tal direito deve ser respeitado e protegido pela lei.

(C) É permitida apenas para os países que já haviam adotado a pena de morte antes de ratificarem o Protocolo, desde que reservada para os crimes mais graves e que a sentença tenha sido proferida pelo Tribunal competente.

(D) É proibida de forma geral, admitindo, como exceção, apenas para o caso de infração penal grave de natureza militar e cometida em tempo de guerra, desde que o Estado-Parte tenha formulado tal reserva no ato da ratificação do Protocolo.

COMENTÁRIO

A alternativa correta é a D. O Segundo **Protocolo Facultativo ao Pacto Internacional dos Direitos Civis e Políticos com Vista à Abolição da Pena de Morte**, adotado pela ONU em 15 de dezembro de 1989, tem por fundamento a

7. Há ainda o controle de convencionalidade nacional, que venha a ser o exame de compatibilidade do ordenamento interno às normas internacionais feito pelos Tribunais internos" (Ramos, André de Carvalho. **Teoria Geral dos Direitos Humanos na Ordem Internacional**, pág. 250. Editora Saraiva, 2. ed., 2012).
8. *Vide* o caso A Última Tentação de Cristo Vs. Chile – Corte Interamericana de Direitos Humanos.
9. "(...) também é possível admitir que existam normas constitucionais inconvencionais, por violarem direitos humanos provenientes de tratados, direitos estes que (justamente por terem *status* constitucional) também pertencem ao bloco das cláusulas pétreas. Seria o caso daquelas normas da Constituição alocadas à margem do bloco de constitucionalidade, ou seja, que não integrem o núcleo intangível constitucional que estão a violar normas de tratados de direitos humanos (as quais, por serem normas de "direitos humanos", já detêm primazia sobre quaisquer outras, por pertencerem ao chamado "bloco de constitucionalidade"). (Mazzuoli, Valerio de Oliveira. **O Controle Jurisdicional da Convencionalidade das Leis**, págs. 149/150. Editora RT, 2. ed., 2011.).
10. Ou ainda a vedação da contrarrevolução social nas palavras de José Gomes Canotilho (**Direito Constitucional e Teoria da Constituição**, 7. edição, Almedina, Coimbra, Portugal, 2003). Outro termo utilizado para conceituar tal regra é *efeito cliquet*. Lembrando que *cliquet* é uma expressão utilizada por alpinistas e significa a impossibilidade do alpinista retroceder em seu percurso, ou seja, o mesmo deve continuar subindo e nunca descer.
11. Deve-se asseverar que essa regra deve ser aplicada como garantia para a efetividade de todos os tipos de direitos humanos e não somente em relação aos direitos econômicos, sociais e culturais. Cabe aqui reproduzir o importante art. 29 da Convenção Americana dos Direitos Humanos que corrobora tal colocação: "Nenhuma disposição da presente Convenção pode ser interpretada no sentido de:
a) permitir a qualquer dos Estados-partes, grupo ou indivíduo, suprimir o gozo e o exercício dos direitos e liberdades reconhecidos na Convenção ou limitá-los em maior medida do que a nela prevista;
b) limitar o gozo e exercício de qualquer direito ou liberdade que possam ser reconhecidos em virtude de leis de qualquer dos Estados-partes ou em virtude de Convenções em que seja parte um dos referidos Estados;
c) excluir outros direitos e garantias que são inerentes ao ser humano ou que decorrem da forma democrática representativa de governo;
d) excluir ou limitar o efeito que possam produzir a Declaração Americana dos Direitos e Deveres do Homem e outros atos internacionais da mesma natureza"
No mesmo sentido é o conhecido voto em separado do Juiz Piza-Escalante, no Parecer Consultivo 04/84 da Corte Interamericana de Direitos Humanos, que defende a aplicação do princípio da proibição do retrocesso também para os direitos civis e políticos.

consciência de que a abolição da pena de morte contribui para a promoção da dignidade humana e para o desenvolvimento progressivo dos direitos do homem. Ademais, devem-se considerar todas as medidas de abolição da pena de morte como um progresso no gozo do direito à vida.

Não é admitida qualquer reserva ao Protocolo, ou seja, a pena de morte é proibida, de forma geral, pelo Protocolo. Porém, é possível formular uma única reserva que possibilitaria a pena de morte numa dada situação. Trata-se da reserva formulada no momento da ratificação ou adesão do Protocolo prevendo a aplicação da pena de morte em tempo de guerra, em virtude de condenação por infração penal de natureza militar de gravidade extrema, desde que cometida em tempo de guerra (artigo 2º do Protocolo).

5. SISTEMA GLOBAL DE PROTEÇÃO ESPECÍFICA DOS DIREITOS HUMANOS

5.1. Convenção Sobre os Direitos da Criança

(VIII EXAME DE ORDEM UNIFICADO – FGV) A Convenção sobre os Direitos da Criança estabelece que os Estados-partes reconheçam a importância da função exercida pelos órgãos de comunicação social, devendo assegurar o acesso da criança à informação. Do mesmo modo o Estatuto da Criança e do Adolescente assegura que a informação é um direito da criança e do adolescente.

Acerca da política de informação envolvendo menores, assinale a afirmativa correta.

(A) No que concerne às Medidas Específicas de Proteção, é incabível, qualquer que seja o estágio de compreensão da criança, prestar-lhe informações sobre os motivos que determinam a intervenção, o que será informado apenas aos pais e responsáveis.

(B) Deve haver o encorajamento dos órgãos de comunicação social a levar em conta as necessidades linguísticas das crianças indígenas ou que pertençam a um grupo minoritário.

(C) Os proprietários das lojas que explorem a locação de fitas de programação respondem pela falta de informação no invólucro sobre a natureza da obra e faixa etária a que se destinam, isentando os funcionários e gerentes.

(D) A criança tem direito à liberdade de expressão, que compreende, inclusive, liberdade de procurar, receber e expandir informações e ideias, sem restrições, de forma oral ou por qualquer outro meio à escolha da criança.

COMENTÁRIO

A alternativa B está correta, pois reflete a redação do art. 17, *d*, da Convenção sobre os Direitos da Criança.

A alternativa A está incorreta, pois contraria a redação do art. 100, par. único, XI do Estatuto da Criança e Adolescente (ECA): "obrigatoriedade da informação: a criança e o adolescente, respeitado seu estágio de desenvolvimento e capacidade de compreensão, seus pais ou responsável devem ser informados dos seus direitos, dos motivos que determinaram a intervenção e da forma como esta se processa".

A alternativa C está incorreta, pois contraria o disposto no art. 77 do ECA: "Os proprietários, diretores, gerentes e funcionários de empresas que explorem a venda ou aluguel de fitas de programação em vídeo cuidarão para que não haja venda ou locação em desacordo com a classificação atribuída pelo órgão competente".

A alternativa D está incorreta, pois existem restrições ao direito da criança à liberdade de expressão. Essas restrições estão no art. 17, ponto 2, da Convenção sobre os Direitos da Criança: Art. 17. 1. A criança terá direito à liberdade de expressão. Esse direito incluirá a liberdade de procurar, receber e divulgar informações e ideias de todo tipo, independentemente de fronteiras, de forma oral, escrita ou impressa, por meio das artes ou por qualquer outro meio escolhido pela criança. 2. O exercício de tal direito poderá estar sujeito a determinadas restrições, que serão unicamente as previstas pela lei e consideradas necessárias: a) para o respeito dos direitos ou da reputação dos demais, ou b) para a proteção da segurança nacional ou da ordem pública, ou para proteger a saúde e a moral públicas.

5.2. Convenção Sobre a Eliminação de Todas as Formas de Discriminação Contra a Mulher

(VI EXAME DE ORDEM UNIFICADO – FGV) A respeito da Convenção sobre Eliminação de Todas as Formas de Discriminação contra a Mulher, ratificada pelo Brasil, assinale a alternativa correta.

(A) Uma vez que a Convenção tem como objetivo proteger um grupo específico, não pode ser considerada como um documento de proteção internacional dos direitos humanos.

(B) A Convenção possui um protocolo facultativo, que permite a apresentação de denúncias sobre violação dos direitos por ela consagrados.

(C) A Convenção permite que o Estado-parte adote, de forma definitiva, ações afirmativas para garantir a igualdade entre gêneros.

(D) A Convenção traz em seu texto um mecanismo de proteção dos direitos que consagra, por meio de petições sobre violações, que podem ser protocoladas por qualquer Estado-parte.

COMENTÁRIO

A alternativa B está correta. A Convenção, adotada pela ONU em 18 de dezembro de 1979 e promulgada no Brasil em 13 de setembro de 2002 pelo Decreto 4.377[12], tem por fundamento a consciência de que a discriminação contra a mulher viola os princípios da igualdade de direitos e do respeito da dignidade humana, dificulta a participação da mulher, nas mesmas condições que o homem, na vida política, social, econômica e cultural de seu país, constitui um obstáculo ao aumento do bem-estar da sociedade e da família e dificulta o pleno desenvolvimento das potencialidades da mulher para prestar serviço a seu país e à humanidade. Os Estados-partes, atualmente 187, têm a obrigação de progressivamente eliminar a discriminação e promover a igualdade de gênero. Assim, consoante visto na Convenção Internacional sobre a Eliminação de todas as formas de Discriminação Racial, os Estados, além de proibir a discriminação, podem adotar medidas promocionais temporárias para acelerar o processo de obtenção do ideal de igualdade de gênero. E para monitorar o cumprimento, pelos Estados-partes, das obrigações constantes na Convenção, foi criado o Comitê sobre a Eliminação da Discriminação contra a Mulher. Este será responsável para receber os relatórios confeccionados pelos Estados-partes (note-se que os relatórios governamentais costumam ser acompanhados de relatórios independentes e complementares feitos por organizações não governamentais, as ONG´s, os quais, não raras as vezes, refletem muito mais a realidade de um Estado-membro do que os relatórios governamentais). As petições individuais e a possibilidade de realizar investigações *in loco* só foram possibilitadas, como mecanismos de controle e fiscalização (controle de convencionalidade internacional), com a adoção do Protocolo Facultativo à Convenção Internacional sobre a Eliminação de todas as formas de Discriminação contra a Mulher. A decisão do Comitê não tem força vinculante, mas será publicada no relatório anual, o qual é encaminhado para a Assembleia Geral da ONU.

A alternativa A está incorreta. Pois é sim um documento de proteção internacional dos direitos humanos. A convenção citada é um exemplo do processo alcunhado, por Norberto Bobbio, de *especificação dos sujeitos titulares de direitos*. Percebeu-se que a proteção geral destinada a todas as pessoas não era suficiente para garantir uma vida digna a certos grupos sociais vulneráveis. Em razão disso, inúmeros documentos internacionais e leis internas (ex.: Estatuto do Idoso) foram confeccionados para tutelar de forma efetiva a dignidade destas pessoas.

A alternativa C está incorreta, pois, como dito no comentário anterior, os Estados, além de proibir a discriminação, podem adotar medidas promocionais temporárias para acelerar o processo de obtenção do ideal de igualdade de gênero.

A alternativa D está incorreta. Reler o comentário sobre a assertiva "B". Ademais, quando o Estado assina e ratifica um Protocolo Facultativo, as petições individuais podem ser manejadas por qualquer pessoa ou grupo de pessoas, ou qualquer entidade não governamental. Isto é, os Estados não podem se utilizar desse instrumento.

5.3. Convenção para a Prevenção e Repressão do Crime de Genocídio

(IX EXAME DE ORDEM UNIFICADO – FGV) A Resolução 96 (I), de 11 de dezembro de 1946, da Assembleia Geral da Organização das Nações Unidas declarou que o genocídio é um crime contra o Direito Internacional.

Nesse passo, a Convenção para a Prevenção e Repressão do Crime de Genocídio afirmou que

(A) as partes contratantes da Convenção confirmam que o genocídio configura crime contra o Direito Internacional, exceto se cometido em tempo de guerra.

(B) o genocídio é entendido como o assassinato de membros de um grupo nacional, étnico, racial ou religioso, com a intenção de destruí-lo no todo, não se entendendo como tal, dano grave à saúde do grupo.

(C) os atos tentados ou consumados, bem como a cumplicidade para cometer genocídio, serão punidos, mas a incitação ao cometimento de genocídio, ainda que direta e pública, não será punida.

(D) a transferência forçada de menores de um grupo religioso para outro grupo religioso, cometida com a intenção de destruir aquele, considera-se genocídio.

12. Que também revoga o Decreto 89.460, de 20 de março de 1984.

COMENTÁRIO

A alternativa correta é a D. A Convenção sobre a Prevenção e Repressão do Crime de Genocídio – a primeira Convenção após a criação da ONU e da Declaração Universal dos Direitos do Homem – adotada pela Resolução 260 A (III) da Assembleia Geral das Nações Unidas, em 9 de dezembro de 1948, definiu no art. 2º que *crime de genocídio é a conduta criminosa que tenha a intenção de destruir, no todo ou em parte, um grupo nacional, étnico, religioso ou racial.* Tal definição foi reproduzida no art. 6º do Estatuto de Roma. O próprio art. 2º indica os tipos de crime considerados genocídio (também reproduzidos pelo art. 6º do Estatuto de Roma): a) assassinato de membros do grupo; b) atentado grave à integridade física e mental de membros do grupo; c) submissão deliberada do grupo a condições de existência que acarretarão sua destruição física, total ou parcial; d) medidas destinadas a impedir os nascimentos no seio do grupo; e e) transferência forçada das crianças do grupo para outro grupo. O art. 3º dispõe que, além do genocídio, serão punidas as demais condutas: a) o acordo com vista a cometer genocídio; b) o incitamento, direto e público, ao genocídio; c) a tentativa de genocídio; e d) a cumplicidade no genocídio.

5.4. CONVENÇÃO INTERNACIONAL PARA A PROTEÇÃO DE TODAS AS PESSOAS CONTRA O DESAPARECIMENTO FORÇADO

(XV EXAME DE ORDEM UNIFICADO – FGV) Em julho de 2013, o ajudante de pedreiro "X", após ter sido detido por policiais militares e conduzido da porta de sua casa em direção à delegacia, desapareceu. Há um amplo debate em torno do caso e, dentre outros aspectos, discute-se se seria esse caso uma hipótese de desaparecimento forçado.

Sabendo que o Brasil ratificou, em 2010, a Convenção Internacional Para a Proteção de Todas as Pessoas Contra o Desaparecimento Forçado, assinale a afirmativa correta.

(A) Entende-se por desaparecimento forçado a privação da liberdade promovida por particulares no exercício de uma coação irresistível, seguida da recusa em reconhecer a privação de liberdade ou do encobrimento do destino ou do paradeiro da pessoa desaparecida, colocando-a, assim, fora do âmbito de proteção da lei.

(B) Entende-se por desaparecimento forçado a prisão, a detenção, o sequestro ou qualquer outra forma de privação de liberdade por agentes do Estado ou por pessoas ou grupos de pessoas agindo com a autorização, o apoio ou o consentimento do Estado, seguida da recusa em reconhecer a privação de liberdade ou do encobrimento do destino ou do paradeiro da pessoa desaparecida, colocando-a, assim, fora do âmbito de proteção da lei.

(C) Entende-se por desaparecimento forçado a prisão, a detenção, o sequestro ou qualquer outra forma de privação de liberdade por agentes do Estado ou por pessoas ou grupos de pessoas agindo com a autorização, o apoio ou o consentimento do Estado, colocando-a, assim, fora do âmbito de proteção da lei.

(D) Entende-se por desaparecimento forçado o sequestro de um cidadão praticado por agentes das forças armadas do Estado, seguido da recusa em reconhecer a privação de liberdade ou do encobrimento do destino ou do paradeiro da pessoa desaparecida, colocando-a, assim, fora do âmbito de proteção da lei.

COMENTÁRIO

A alternativa correta é a B. O artigo 2º da Convenção assim define o "desaparecimento forçado": a prisão, a detenção, o sequestro ou qualquer outra forma de privação de liberdade que seja perpetrada por agentes do Estado ou por pessoas ou grupos de pessoas agindo com a autorização, apoio ou aquiescência do Estado, e a subsequente recusa em admitir a privação de liberdade ou a ocultação do destino ou do paradeiro da pessoa desaparecida, privando-a assim da proteção da lei.

5.5. CONVENÇÃO INTERNACIONAL SOBRE A PROTEÇÃO DOS DIREITOS DE TODOS OS TRABALHADORES MIGRANTES E DOS MEMBROS DAS SUAS FAMÍLIAS

(XVI EXAME DE ORDEM UNIFICADO – FGV) Em setembro de 2014, na cidade de São Paulo, foi inaugurado o Centro de Referência e Acolhida para Imigrantes (CRAI), que é o primeiro do país e tem como objetivo oferecer a estrutura de uma casa de passagem e auxiliar os imigrantes na adaptação à vida na capital paulista, além de dar condições para a autonomia de tais imigrantes. Do ponto de vista dos Direitos Humanos, essa situação é regulada pela Convenção Internacional sobre a Proteção dos Direitos de Todos os Trabalhadores Migrantes e dos Membros das suas Famílias, adotada pela ONU em dezembro de 1990 e em vigor desde julho de 2003. Em relação ao posicionamento do Estado brasileiro perante essa Convenção, assinale a afirmativa correta.

(A) A Convenção não foi ratificada pelo Brasil e, por isso, suas normas não produzem efeito jurídico em território brasileiro.

(B) A Convenção foi ratificada pelo Brasil e, por isso, suas normas podem ser juridicamente exigidas.

(C) A Convenção foi ratificada pelo Brasil, mas não foi regulamentada. Por isso, suas normas possuem efeito contido no território brasileiro.

(D) A Convenção não foi ratificada pelo Brasil, mas suas normas produzem pleno efeito jurídico, uma vez que as normas de Direitos Humanos não dependem de ratificação para vigorar em território brasileiro.

COMENTÁRIO

A alternativa correta é a A. A Convenção Internacional sobre a Proteção dos Direitos de Todos os Trabalhadores Migrantes e dos Membros das Suas Famílias, adotada pela ONU, por meio da Resolução 45/158 da Assembleia Geral, em 18 de dezembro de 1990 e **não** ratificada pelo Brasil, tem por fundamento a importância e a extensão do fenômeno da migração, que envolve milhares de pessoas e afeta um grande número de Estados na comunidade internacional, como também o efeito das migrações de trabalhadores nos Estados e nas populações interessadas. Tem por objetivo estabelecer normas que possam contribuir para a harmonização das condutas dos Estados mediante a aceitação de princípios fundamentais relativos ao tratamento dos trabalhadores migrantes e dos membros das suas famílias, pessoas que frequentemente se encontram em situação de vulnerabilidade.

O tema, de certo modo, já tinha sido abordado no seio da Organização Internacional do Trabalho (OIT). A Convenção 97/1949 da OIT (ratificada pelo Brasil em 18 de junho de 1965) tratou de forma geral sobre os trabalhadores migrantes e a Convenção 143/1975 da OIT (não ratificada pelo Brasil) tratou das migrações em condições abusivas e da promoção da igualdade de oportunidades e de tratamento para os trabalhadores migrantes. No seio da ONU, antes dessa Convenção, o tema apareceu algumas vezes em resoluções do Conselho Econômico e Social e da Assembleia Geral, como também dentro de relatórios.

Por fim, a Convenção, no seu art. 2º, determina que trabalhador migrante é a pessoa que vai exercer, exerce ou exerceu uma atividade remunerada num Estado de que não é nacional.

5.6. Tribunal Penal Internacional

(XIII EXAME DE ORDEM UNIFICADO – FGV) O sistema global de Direitos Humanos foi pensado para proteger as vítimas de violações ou ameaças de violações dos direitos humanos. Daí os variados mecanismos que buscam proteção ou reparações em face de diferentes violências.

Contudo, dentro do sistema global há um tratado internacional que instituiu um órgão de caráter permanente e independente voltado especificamente para o julgamento e a punição de indivíduos agressores e não diretamente para a proteção das vítimas.

Assinale a opção que indica esse órgão.

(A) Corte Internacional de Justiça – Corte de Haia – instituída pela Carta das Nações Unidas.

(B) Conselho de Segurança da ONU, instituído pela Carta das Nações Unidas.

(C) Tribunal Penal Internacional, instituído pelo Estatuto de Roma.

(D) Corte Europeia dos Direitos dos Homens, instituída pela Convenção Europeia dos Direitos do Homem.

COMENTÁRIO

A alternativa C está correta. O Tribunal Penal Internacional (TPI) foi constituído na Conferência de Roma, em 17 de julho de 1998, na qual se aprovou o Estatuto de Roma (tratado que não admite a apresentação de reservas), que só entrou em vigor internacionalmente em 1º de julho de 2002 e passou a vigorar, para o Brasil, no dia 25 de setembro de 2002. Com a criação do TPI, tem-se um tribunal permanente para julgar **indivíduos** acusados da prática de crimes de genocídio, de crimes de guerra, de crimes de agressão e de crimes contra a humanidade. Deve-se apontar que indivíduos diz respeito a quaisquer indivíduos, independentemente de exercerem funções governamentais ou cargos públicos (artigo 27 do Estatuto de Roma), desde que, à data da alegada prática do crime, tenham completado 18 anos de idade.

A alternativa A está incorreta. A Corte de Haia, principal órgão judicial da ONU, não julga indivíduos, mas apenas Estados, sejam ou não membros da ONU. Em relação à competência *ratione materiae*, a Corte pode analisar todas as questões levadas até ela, como também todos os assuntos previstos na Carta da ONU ou em tratados e convenções em vigor (artigo 36, ponto 1, do Estatuto da CIJ).

A alternativa B está incorreta. O Conselho de Segurança (CS) também não julga indivíduos. Cabe destacar que o CS é o maior responsável pela manutenção da paz e da segurança internacionais.

A alternativa D está incorreta. A Corte Europeia faz parte do sistema regional (europeu) de proteção dos direitos humanos.

6. SISTEMA REGIONAL DE PROTEÇÃO DOS DIREITOS HUMANOS – SISTEMA INTERAMERICANO

6.1. Convenção americana de direitos humanos ou pacto de são josé da costa rica

(XVIII EXAME DE ORDEM UNIFICADO – FGV) Em relação ao direito de liberdade de pensamento e expressão, a Convenção Americana sobre os Direitos Humanos, devidamente ratificada pelo Estado brasileiro, adotou o seguinte posicionamento:

(A) vedou a censura prévia, mas admite que a lei o faça em relação aos espetáculos públicos apenas como forma de regular o acesso a eles, tendo em vista a proteção moral da infância e da adolescência.

(B) vedou a censura prévia em geral, mas admite que ela ocorra expressamente nos casos de propaganda política eleitoral, tendo em vista a proteção da ordem pública e da segurança nacional.

(C) admitiu a censura prévia em geral, tendo em vista a proteção da saúde e da moral públicas, mas a veda expressamente nos casos de propaganda eleitoral, a fim de assegurar a livre manifestação das ideias políticas.

(D) admitiu a censura prévia como forma de assegurar o respeito aos direitos e à reputação das demais pessoas.

COMENTÁRIO

A questão versa sobre Convenção Americana sobre os Direitos Humanos, também conhecida como Pacto de São José da Costa Rica. O conteúdo da Convenção Americana são os direitos civis e políticos. Para a resposta à questão, é necessário conhecer os contornos do art. 13 da Convenção Americana, que discorre sobre a *liberdade de pensamento e expressão*, a saber: "1. Toda pessoa tem o direito à liberdade de pensamento e de expressão. Esse direito inclui a liberdade de procurar, receber e difundir informações e ideias de qualquer natureza, sem considerações de fronteiras, verbalmente ou por escrito, ou em forma impressa ou artística, ou por qualquer meio de sua escolha.2. O exercício do direito previsto no inciso precedente não pode estar sujeito à censura prévia, mas a responsabilidades ulteriores, que devem ser expressamente previstas em lei e que se façam necessárias para assegurar:a) o respeito dos direitos e da reputação das demais pessoas;b) a proteção da segurança nacional, da ordem pública, ou da saúde ou da moral públicas (...) 4. A lei pode submeter os espetáculos públicos a censura prévia, com o objetivo exclusivo de regular o acesso a eles, para proteção moral da infância e da adolescência, sem prejuízo do disposto no inciso 2".

A alternativa "A" é a *correta*, consoante o art. 13.4, da Convenção Americana, que dispõe que a lei pode submeter os espetáculos públicos a censura prévia, com o objetivo exclusivo de regular o acesso a eles, para proteção moral da infância e da adolescência.

A alternativa "B" está incorreta. Essa hipótese não encontra previsão na Convenção Americana.

A alternativa "C" está incorreta. Essa hipótese não encontra previsão na Convenção Americana.

A alternativa "D" está incorreta. Ao contrário da assertiva, a Convenção Americana não admite a censura prévia.

(XVIII EXAME DE ORDEM UNIFICADO – FGV) No Caso Damião Ximenes (primeiro caso do Brasil na Corte Interamericana de Direitos Humanos), o Brasil foi condenado a investigar e sancionar os responsáveis pela morte de Damião Ximenes, a desenvolver um programa de formação e capacitação para as pessoas vinculadas ao atendimento de saúde mental e a reparação pecuniária da família. Damião Ximenes foi morto, sob tortura, em uma clínica psiquiátrica particular na cidade de Sobral, no Ceará. A condenação recaiu sobre a Federação (União) e não sobre o estado do Ceará ou sobre o município de Sobral, embora ambos tenham algum tipo de responsabilidade sobre o funcionamento da clínica.

A responsabilização do governo federal (e não do estadual ou do municipal) aconteceu porque

(A) estado e município não possuem capacidade jurídica para responder pela violação de direitos humanos praticados por seus agentes.

(B) o Brasil é um estado federativo e, nesses casos, cabe ao governo nacional cumprir todas as disposições da Convenção Americana sobre Direitos Humanos, relacionadas com as matérias sobre as quais exerce competência legislativa e judicial.

(C) o falecimento de Damião Ximenes aconteceu em uma clínica particular e cabe ao SUS, que é federal, a regulamentação e supervisão do funcionamento de todas as casas de saúde.

(D) a Corte Interamericana de Direitos Humanos possui jurisdição internacional e para que a condenação recaísse sobre um estado ou um município seria necessária a homologação da decisão da Corte pelo Tribunal de Justiça do Ceará.

COMENTÁRIO

A resposta para a questão em comento é o art. 28 da Convenção Americana de Direitos Humanos (Pacto de São José da Costa Rica), que versa sobre a *cláusula federal*, a saber: "1. Quando se tratar de um Estado-parte constituído como Estado federal, o governo nacional do aludido Estado-parte cumprirá todas as disposições da presente Convenção, relacionadas com as matérias sobre as quais exerce competência legislativa e judicial.2. No tocante às disposições relativas às matérias que correspondem à competência das entidades componentes da federação, o governo nacional deve tomar imediatamente as medidas pertinentes, em conformidade com sua Constituição e com suas leis, a fim de que as autoridades competentes das referidas entidades possam adotar as disposições cabíveis para o cumprimento desta Convenção". Isto é, como o Brasil é uma Federação, cabe à União a responsabilidade no âmbito internacional.

A alternativa "B" é a correta. Conforme o art. 28 da Convenção Americana sobre os Direitos Humanos, que prevê a cláusula federal, aplicável ao Brasil, cabe à União responder pela responsabilidade pelo descumprimento das disposições do tratado em questão junto à Corte Interamericana sobre Direitos Humanos.

A alternativa "A" está incorreta. No caso, não se trata de perquirir sobre a capacidade jurídica dos estados e municípios para responder pela violação de direitos humanos praticados por seus agentes – que genericamente possuem –, mas sim a responsabilidade de um Estado federal em face da Convenção Americana sobre Direitos Humanos. Assim, a responsabilidade é da União, nos termos do art. 28 da Convenção Americana.

A alternativa "C" está incorreta. A questão do SUS não tem nenhuma pertinência para o deslinde da questão, até mesmo porque o SUS é um sistema descentralizado, que atribui responsabilidades a todos os entes federativos.

A alternativa "D" está incorreta. Não é necessário a homologação de uma sentença da Corte Interamericana de Direitos Humanos. Isso porque foi proferida por um tribunal internacional que o Brasil reconhece a sua jurisdição e, como tal, não precisa ser homologada. Somente as sentenças estrangeiras (de outros países) estão sujeitas a homologação pelo Superior Tribunal de Justiça(STJ). A previsão de um Tribunal de Justiça estadual, o do Ceará, ademais, não encontra qualquer previsão legal.

(IX EXAME DE ORDEM UNIFICADO – FGV) O propósito dos movimentos internacionais de proteção aos Direitos Humanos é a busca pela valorização e proteção dos direitos do ser humano, formado pelos elementos físicos e psíquicos, de personalidade e morais.

Sobre as disposições do Pacto de São José da Costa Rica em relação ao "direito à integridade pessoal" e à "proibição da escravidão e da servidão", assinale a afirmativa correta.

(A) Ninguém pode ser constrangido a executar trabalho obrigatório, mas o serviço militar, nos termos do Pacto de São José da Costa Rica, não constitui constrangimento à execução de trabalho forçado ou obrigatório.

(B) Os indivíduos processados e os condenados, em regra, não necessitam ficar separados, e os primeiros devem ser submetidos a tratamento adequado à condição de pessoa não condenada.

(C) Os menores, quando puderem ser processados, devem ser separados de adultos, mas não deve haver distinção entre adultos, não merecendo ficar separados os processados ou condenados.

(D) A pena privativa de liberdade não pode ser acompanhada de trabalho forçado para cumprimento de pena, vedado em qualquer de suas formas, por afetar a dignidade do recluso.

COMENTÁRIO

A alternativa A está correta, pois em consonância com os ditames do art. 6º, pontos 2 e 3, *b*, do Pacto de São José da Costa Rica.

A alternativa B está incorreta, pois os indivíduos processados e condenados, em regra, devem ficar separados (art. 5º, ponto 4, do Pacto).

A alternativa C está incorreta. De fato, os menores devem ser separados dos adultos quando puderem ser processados (art. 5º, ponto 5, do Pacto). Entretanto, e conforme já dito no comentário anterior, os indivíduos adultos processados e condenados, em regra, devem ficar separados.

4. Direitos Humanos

A alternativa D está incorreta. A redação do art. 6º, ponto 2, do Pacto: "Ninguém deve ser constrangido a executar trabalho forçado ou obrigatório. Nos países em que se prescreve, para certos delitos, pena privativa de liberdade acompanhada de trabalhos forçados, esta disposição não pode ser interpretada no sentido de proibir o cumprimento da dita pena, imposta por um juiz ou tribunal competente. O trabalho forçado não deve afetar a dignidade, nem a capacidade física e intelectual do recluso."

(VI EXAME DE ORDEM UNIFICADO – FGV) Assinale a alternativa correta sobre a questão do respeito ao direito à vida segundo o Pacto de São José da Costa Rica e a CRFB.

(A) A CRFB não prevê em seus artigos a pena de morte. Sendo assim, está em conformidade com o Pacto de São José da Costa Rica e não poderá incluir disposições nesse sentido em seu texto constitucional.

(B) O Pacto de São José da Costa Rica, em respeito à soberania estatal, dispõe que o Estado-membro poderá adotar a pena de morte. Logo, o Estado-parte poderá estender a pena de morte a delitos aos quais não se aplique atualmente.

(C) O país poderá adotar a pena de morte, mas essa só poderá ser imposta pelos delitos mais graves, em cumprimento de sentença final de tribunal competente e em conformidade com a lei que estabeleça tal pena, promulgada antes de haver o delito sido cometido.

(D) O Pacto de São José da Costa Rica, em respeito à soberania estatal e ao fato de ser o Poder Constituinte originário dos países inicial, autônomo e incondicionado, dispõe que o Estado-membro poderá adotar a pena de morte. Logo, o Estado-parte que já adotou a pena capital em algum momento de sua história poderá criar novas legislações sobre o tema, mesmo que atualmente tenha abolido sua aplicação. Mas ela só poderá ser imposta pelos delitos mais graves, em cumprimento de sentença final de tribunal competente e em conformidade com a lei que estabeleça tal pena, promulgada antes de haver o delito sido cometido.

COMENTÁRIO

A alternativa A está incorreta. Em relação ao tema pena de morte, cabe esclarecer que esta é admitida no Brasil, desde que cumpridas certas condições (art. 5º, XLVII, *a*, c/c art. 84, XIX, ambos da CF). As condições são as seguintes: a) existência de guerra declarada em virtude de agressão externa e b) a prática, por brasileiro ou estrangeiro, do crime de alta traição (disciplinado no Código Penal Militar – CPM). Logo, em tempos de paz não é possível a aplicação da pena capital no Brasil, encontrando-se também abolida para todos os crimes não militares. A título de curiosidade, o CPM disciplina que a execução da pena capital será por fuzilamento.

A alternativa B está incorreta. O art. 4º, ponto 2, do Pacto de São José da Costa Rica assim da dispõe: "Nos países que não houverem abolido a pena de morte, esta só poderá ser imposta pelos delitos mais graves, em cumprimento de sentença final de tribunal competente e em conformidade com a lei que estabeleça tal pena, promulgada antes de haver o delito sido cometido. Tampouco se estenderá sua aplicação a delitos aos quais não se aplique atualmente". E o ponto 3 do mesmo artigo sacramenta: "Não se pode restabelecer a pena de morte nos Estados que a hajam abolido".

A alternativa C está correta. Reler o comentário sobre a assertiva anterior.

A alternativa D está incorreta. Reler comentário sobre a assertiva "B".

(VI EXAME DE ORDEM UNIFICADO – FGV) A Convenção Interamericana de Direitos Humanos dispõe que toda pessoa tem direito à vida, que deve ser protegida por lei, e que ninguém dela poderá ser privado arbitrariamente. A respeito da pena de morte, o documento afirma que

(A) é inadmissível a aplicação da pena de morte em qualquer circunstância, já que o direito à vida deve ser protegido por lei desde a concepção.

(B) não se pode aplicar pena de morte aos delitos políticos, exceto se forem conexos a delitos comuns sujeitos a tal pena.

(C) a pena de morte não pode ser imposta àquele que, no momento da perpetração do delito, for menor de dezoito anos, nem aplicada à mulher em estado gestacional.

(D) não se admite que Estados promulguem pena de morte, exceto se já a tiverem aplicado e a tenham abolido, hipótese em que a tal pena poderá ser restabelecida.

COMENTÁRIO

Cabe transcrever o art. 4º da Convenção Interamericana de Direitos Humanos que cuida de uma forma abrangente do direito à vida: "Artigo 4º – Direito à vida. 1. Toda pessoa tem o direito de que se respeite sua vida. Esse direito deve ser protegido pela lei e, em geral, desde o momento da concepção. Ninguém pode ser privado da vida arbitrariamente; 2. Nos países que não houverem abolido a pena de morte, esta só poderá ser imposta pelos delitos mais graves, em cumprimento de sentença final de tribunal competente e em conformidade com a lei que estabeleça tal pena, promulgada antes de haver o delito sido cometido. Tampouco se estenderá sua aplicação a delitos aos quais não se aplique atualmente; 3. Não se pode restabelecer a pena de morte nos Estados que a hajam abolido; 4. Em nenhum caso pode a pena de morte ser aplicada a delitos políticos, nem a delitos comuns conexos com delitos políticos; 5. Não se deve impor a pena de morte a pessoa que, no momento da perpetração do delito, for menor de dezoito anos, ou maior de setenta, nem aplicá-la a mulher em estado de gravidez; 6. Toda pessoa condenada à morte tem direito a solicitar anistia, indulto ou comutação da pena, os quais podem ser concedidos em todos os casos. Não se pode executar a pena de morte enquanto o pedido estiver pendente de decisão ante a autoridade competente. A alternativa correta é a C.

6.2. Comissão interamericana de direitos humanos

(XVII EXAME DE ORDEM UNIFICADO– FGV) A Comissão Interamericana de Direitos Humanos é competente para examinar comunicações encaminhadas por indivíduos ou grupos de indivíduos que contenham denúncia de violação de direitos previstos na Convenção Americana de Direitos Humanos, violação essa que tenha sido cometida por um Estado-parte. Após receber a denúncia e considerá-la admissível, a Comissão deverá requerer mais informações e buscar uma solução amistosa. Em não ocorrendo tal solução, enviará um informe ao Estado, concedendo-lhe três meses para cumprir suas exigências. Caso o Estado não atenda às exigências deliberadas pela Comissão, esta poderá

(A) encaminhar o caso para deliberação pela Assembleia Geral da OEA.

(B) proceder ao desligamento do Estado violador da Organização dos Estados Americanos.

(C) enviar o caso à Corte Interamericana de Justiça ou à Corte Internacional de Haia, desde que escolha apenas uma das duas Cortes para evitar litispendência no sistema internacional de proteção dos Direitos Humanos.

(D) elaborar um segundo informe ao Estado ou enviar o caso à Corte Interamericana de Justiça.

COMENTÁRIO

De posse da acusação, a Comissão assim agirá:

a) declarada a admissibilidade, a Comissão buscará uma solução amistosa entre o indivíduo denunciante e o Estado violador;

b) se não se chegar a uma solução, e dentro do prazo que for fixado pelo Estatuto da Comissão, esta redigirá um relatório no qual exporá os fatos e suas conclusões;

c) o relatório será encaminhado aos Estados interessados, aos quais não será facultado publicá-lo;

d) ao encaminhar o relatório, a Comissão pode formular as proposições e as recomendações que julgar adequadas;

e) se, no prazo de três meses a partir da remessa aos Estados interessados do relatório da Comissão, o assunto não tiver sido solucionado ou submetido à decisão da Corte pela Comissão (chamada remessa automática) ou pelo Estado interessado, aceitando sua competência, a Comissão poderá emitir, pelo voto da maioria absoluta de seus membros, sua opinião e conclusões sobre a questão submetida à sua consideração;

f) a Comissão fará as recomendações pertinentes e fixará um prazo dentro do qual o Estado deve tomar as medidas que lhe competir para remediar a situação examinada;

g) transcorrido o prazo fixado, a Comissão decidirá, pelo voto da maioria absoluta de seus membros, se o Estado tomou ou não as medidas adequadas e se publica ou não seu relatório.

Importante aclarar que na Opinião Consultiva 13/1993, a Corte asseverou que os artigos 50 e 51 da Convenção contemplam relatórios separados, cujo conteúdo pode ser similar, mas o primeiro não pode ser publicado. Já o segundo pode ser, desde que haja prévia decisão da Comissão, por maioria absoluta de votos, depois de transcorrido o prazo que foi conferido ao Estado para tomar as medidas adequadas.

E vale frisar que o envio à Corte apenas será permitido se o Estado violador tiver aquiescido de forma expressa e inequívoca em relação à competência da Corte Interamericana de Direitos Humanos para solucionar os casos de violação dos direitos humanos insculpidos na Convenção e em outros tratados do sistema americano de proteção. A alternativa correta é a D.

(XII EXAME DE ORDEM UNIFICADO – FGV) Um advogado é procurado por um grupo de familiares que narraram a ocorrência de tortura e tratamento degradante num presídio estadual. Após constatar a denúncia *in loco*,

4. Direitos Humanos

o advogado levou a situação ao conhecimento das autoridades administrativas competentes que, entretanto, não deram a atenção devida ao caso. Em razão disso, o advogado admitiu recorrer à Comissão Interamericana de Direitos Humanos.

A respeito do caso narrado, assinale a afirmativa correta.

(A) A Comissão apenas receberá a denúncia se ficar comprovado prévio esgotamento dos recursos internos.

(B) A competência para a análise desse caso não é da Comissão Interamericana de Direitos Humanos e, sim, da Corte Interamericana de Direitos Humanos.

(C) A Comissão é competente para receber a denúncia, mas apenas por meio de petições individualizadas, a fim de proferir decisões mediante o devido processo legal.

(D) Por se tratar de caso grave e urgente, a Comissão pode receber a denúncia e expedir medida cautelar para obrigar o Estado a fazer cessar a violação ocorrente no presídio.

COMENTÁRIO

A alternativa D está correta, apesar da redação estar mal elaborada. É importante destacar que a Comissão não pode obrigar um Estado a tomar certa posição, pois trata-se de um órgão administrativo. O que a Comissão pode fazer é entrar em contato com o Estado denunciado, por iniciativa própria (*exofficio*) ou depois de receber uma denúncia, para que este adote, com urgência, medidas cautelares de natureza individual ou coletiva antes da análise do mérito da denúncia, desde que verificado risco de dano irreparável à vítima ou às vítimas. Ora, pelo dito percebe-se que é o próprio Estado que adota as medidas cautelares não a Comissão como é possível inferir em função da estranha redação da assertiva "D". De qualquer forma, é a assertiva a ser assinalada por exclusão.

A alternativa A está incorreta, porque para a Comissão receber a denúncia é necessário o cumprimento de outros requisitos, como, por exemplo, inexistência de litispendência internacional, ausência de coisa julgada internacional e o respeito ao prazo de seis meses para apresentar a petição, contado a partir da data em que o presumido prejudicado em seus direitos tenha sido notificado da decisão definitiva exarada no sistema protetivo nacional.

A alternativa B está incorreta. A Corte Interamericana não recebe petições individuais. Portanto, a competência é sim da Comissão.

A alternativa C está incorreta. A Comissão também tem competência para receber comunicações interestatais.

(XI EXAME DE ORDEM UNIFICADO – FGV) Após interpor uma denúncia por violação de direitos humanos contra um Estado-membro da Organização dos Estados Americanos, o cidadão "X" espera que, dentre outras possibilidades, a Comissão Interamericana de Direitos Humanos recomende

(A) o pagamento de indenização por danos materiais e morais ao cidadão "X", mas não poderá recomendar a introdução de mudanças em seu ordenamento jurídico.

(B) a suspensão imediata dos atos que causam violação de direitos humanos, mas não poderá exigir que "X" receba indenização pecuniária pelos danos sofridos.

(C) a introdução de mudanças no ordenamento jurídico, podendo cumular tal ato com outras medidas, tais como a reparação dos danos sofridos por "X".

(D) a investigação e a punição dos responsáveis pela violação, mas não poderá tentar uma solução amistosa com o Estado, uma vez que protocolada a denúncia, ela deverá ser investigada e, caso comprovada, a punição será necessariamente imposta pela Comissão.

COMENTÁRIO

A alternativa C está correta. Um aspecto importante da competência da Comissão é a possibilidade de receber petições do indivíduo "lesionado", de terceiras pessoas ou de organizações não governamentais legalmente reconhecidas em um ou mais Estados-membros da OEA que representem o indivíduo lesionado[13]. Entrementes, essa competência só poderá ser exercida se o Estado violador tiver aderido à Convenção Americana de Direitos Humanos. Percebe-se que não é necessária a expressa aceitação da competência da Comissão para receber petições, bastando que o Estado tenha aderido à Convenção. A Comissão também tem competência para receber comunicações interestatais. Conforme já visto no sistema global de proteção, nesse mecanismo um Estado-parte pode denunciar o outro que incorrer em violação dos direitos humanos. Mas, para a denúncia ter validade, os dois Estados, denunciante e denunciado, devem ter expressamente declarado a competência da Comissão Interamericana de Direitos Humanos para tanto. Figuram aqui os mesmos requisitos de admissibilidade verificados quando da análise do procedimento de apresentação de petições individuais e de comunicações interestatais no sistema global de proteção. Ou seja, só são aceitas as petições ou as comunicações que comprovarem a inexistência de litispendência internacional, ausência de coisa julgada internacional e o esgotamento de todos os recursos internos disponíveis[14]. Ademais, o artigo 46 da Convenção Americana de Direitos Humanos exige que a petição ou a comunicação seja apresentada dentro do prazo de seis meses, a partir da data em que o presumido prejudicado em seus direitos tenha sido notificado da decisão definitiva exarada no sistema protetivo nacional e a petição a ser interposta deve conter o nome, a nacionalidade, a profissão, o domicílio e a assinatura da pessoa ou pessoas ou do representante legal da entidade que submeter a petição. Importante destacar que não é necessária a manifestação expressa de concordância da vítima ou vítimas da alegada violação aos direitos humanos. O sistema americano impõe a mesma ideia de ressalva existente no sistema global. As regras de esgotamento de todos os recursos administrativos e judiciais internos disponíveis e do prazo de seis meses para a apresentação da petição ou comunicação não serão aplicadas quando o indivíduo for privado de seu direito de ação pela jurisdição doméstica, ou lhe forem ceifadas as garantias do devido processo legal, ou, ainda, se os processos internos forem excessivamente demorados. E o ônus da prova da existência de um recurso acessível e suficiente recai sobre o Estado demandado. De posse da acusação, a Comissão assim agirá: a) buscará uma solução amistosa entre o indivíduo denunciante e o Estado violador; b) se não se chegar a uma solução, e dentro do prazo que for fixado pelo Estatuto da Comissão, esta redigirá um relatório no qual exporá os fatos e suas conclusões; c) o relatório será encaminhado aos Estados interessados, aos quais não será facultado publicá-lo; d) ao encaminhar o relatório, a Comissão pode formular as proposições e as recomendações que julgar adequadas; e) se, no prazo de três meses a partir da remessa aos Estados interessados do relatório da Comissão, o assunto não tiver sido solucionado ou submetido à decisão da Corte pela Comissão (chamada remessa automática) ou pelo Estado interessado, aceitando sua competência, a Comissão poderá emitir, pelo voto da maioria absoluta de seus membros, sua opinião e conclusões sobre a questão submetida à sua consideração; f) a Comissão fará as recomendações pertinentes e fixará um prazo dentro do qual o Estado deve tomar as medidas que lhe competir para remediar a situação examinada; g) transcorrido o prazo fixado, a Comissão decidirá, pelo voto da maioria absoluta de seus membros, se o Estado tomou ou não as medidas adequadas e se publica ou não seu relatório. Importante aclarar que na Opinião Consultiva 13/1993, a Corte asseverou que os arts. 50 e 51 da Convenção contemplam relatórios separados, cujo conteúdo pode ser similar, mas o primeiro não pode ser publicado. Já o segundo pode ser, desde que haja prévia decisão da Comissão por maioria absoluta de votos depois de transcorrido o prazo que foi conferido ao Estado para tomar as medidas adequadas. Vale frisar que o envio à Corte apenas será permitido se o Estado violador tiver aquiescido de forma expressa e inequívoca em relação à competência da Corte Interamericana de Direitos Humanos para solucionar os casos de violação dos direitos humanos insculpidos na Convenção e em outros tratados do sistema americano de proteção. Por fim, a Comissão, por iniciativa própria (*exofficio*) ou depois de receber uma denúncia, poderá entrar em contato com o Estado denunciado para que este adote, com urgência, medidas cautelares de natureza individual ou coletiva antes da análise do mérito da denúncia, desde que verificado risco de dano irreparável à vítima ou às vítimas. Dentro dessa ótica, poderá também solicitar que a Corte adote medidas provisórias mesmo antes da análise do mérito do caso, desde que o caráter de urgência e de gravidade as justifique.

A alternativa A está incorreta, pois a Comissão pode sim recomendar alterações na legislação interna do país infrator.

A alternativa B está incorreta, pois a Comissão pode exigir que o indivíduo vilipendiado receba indenização pecuniária pelos danos sofridos.

A alternativa D está incorreta. Reler o comentário sobre a assertiva anterior.

(X EXAME DE ORDEM UNIFICADO – FGV) Sobre as denúncias e o sistema de responsabilização por violação de Direitos Humanos, perante a Comissão Interamericana de Direitos Humanos, assinale a afirmativa correta.

13. Como exemplo pode-se citar o conhecido caso Maria da Penha.

14. Cabe apontar, consoante jurisprudência da Corte Interamericana, que o Estado-parte tem direito de renunciar a regra do prévio esgotamento dos recursos internos. Na decisão de 13 novembro de 1981 (caso Viviana Gallardo e outras), a Corte Interamericana, invocando precedente da Corte Europeia de Direitos Humanos (De Wilde, Oomsand Versyp Cases – "Vagrancy" Cases), apontou que segundo os princípios do Direito Internacional geralmente reconhecidos e a prática internacional, a regra que exige o prévio esgotamento dos recursos internos foi concebida no interesse do Estado, pois busca dispensa-lo de responder perante um órgão internacional por atos a ele imputado, antes de ter a oportunidade de resolve-los com seus próprios instrumentos. Essa regra é considerada como meio de defesa e como tal, renunciável, ainda que de modo tácito. Essa renúncia, uma vez anunciada, é irrevogável.

(A) A Comissão poderá responsabilizar tanto o Estado como as pessoas naturais e jurídicas, de direito público ou privado, que cometeram a violação, solidariamente.

(B) A Comissão não possui competência para responsabilizar a pessoas naturais, podendo apenas determinar a responsabilidade das pessoas jurídicas, de direito público ou privado, que cometeram a violação.

(C) A Comissão poderá responsabilizar tanto o Estado como as pessoas naturais e jurídicas, de direito público ou privado, que cometeram a violação. Neste caso a responsabilidade do Estado será subsidiária.

(D) A Comissão não possui competência para atribuir responsabilidades individuais, podendo apenas determinara responsabilidade internacional de um Estado-membro da OEA.

COMENTÁRIO

A alternativa D está correta (ler comentário sobre a assertiva A).

A alternativa A está incorreta, pois a Comissão apenas poderá responsabilizar o Estado (pessoa jurídica de direito público) parte do sistema interamericano de proteção dos direitos humanos.

A alternativa B está incorreta, pois pessoas jurídicas de direito privado não podem ter sua responsabilidade determinada pela Comissão.

A alternativa C está incorreta. Reler os comentários anteriores.

(IX EXAME DE ORDEM UNIFICADO – FGV) Considere como se fosse verdadeira a seguinte narrativa: foi constatado este ano que na Penitenciária Anhanguera os presos estão sofrendo diversas formas de maus tratos – incluindo violência física. Você foi procurado por um grupo de familiares que lhe disse ter boas razões para achar que medidas judiciais no Brasil podem ser inócuas no prazo desejado e, por isso, consultaram-no sobre a possibilidade de submeter o caso à Comissão Interamericana de Direitos Humanos (CIDH).

Considerando as regras de funcionamento desta Comissão, você deve informá-los de que

(A) a CIDH não é competente para receber esta denúncia uma vez que a violação de normas jurídicas, tal qual a Convenção Interamericana para Prevenir e Punir a Tortura (ratificada pelo Brasil em 1989), deve ser julgada diretamente pela Corte Interamericana de Justiça.

(B) a CIDH pode receber a denúncia mas apenas se forem feitas petições individualizadas, relatando a violação sofrida por cada uma das vítimas e relacionando-as com os direitos previstos na Convenção Americana.

(C) a CIDH pode receber a denúncia e, se considerar que há situação de gravidade e urgência, pode instaurar de ofício um procedimento no qual pode solicitar que um estado adote medidas cautelares de natureza coletiva para evitar danos irreparáveis às pessoas.

(D) a CIDH pode receber a denúncia e, se considerar que há situação de gravidade e urgência, pode encaminhar diretamente o caso à Corte Interamericana de Justiça que poderá ordenar a medida provisória que julgar necessária à cessação da violação.

COMENTÁRIO

Um aspecto importante da competência da Comissão Interamericana (CIDH) é a possibilidade de receber petições do indivíduo "lesionado", de terceiras pessoas ou de organizações não governamentais legalmente reconhecidas em um ou mais Estados-membros da OEA que representem o indivíduo lesionado[15]. Entrementes, essa competência só poderá ser exercida se o Estado violador tiver aderido à Convenção Americana de Direitos Humanos. Percebe-se que não é necessária a expressa aceitação da competência da Comissão para receber petições, bastando que o Estado tenha aderido à Convenção. E por iniciativa própria (*exofficio*) ou depois de receber uma denúncia, a Comissão poderá entrar em contato com o Estado denunciado para que este adote, com urgência, medidas cautelares de natureza individual ou coletiva antes da análise do mérito da denúncia, desde que verificado risco de dano irreparável à vítima ou às vítimas. Dentro dessa ótica, poderá também solicitar que a Corte adote medidas provisórias mesmo antes da análise do mérito do caso, desde que o caráter de urgência e de gravidade as justifiquem. A alternativa C está correta.

(VII EXAME DE ORDEM UNIFICADO – FGV) Joana, funcionária de um hospital, decide adotar um recém-nascido. Porém seu pedido de licença-maternidade é negado, por falta de previsão legal. Inconformada Joana ingressa na Justiça Trabalhista, onde recebe decisões favoráveis à luz dos princípios constitucionais, inclusive do Tribunal Superior do Trabalho. Porém, em última análise do caso, o Supremo Tribunal Federal decide pela denegação do pedido de licença maternidade, operando-se o trânsito em julgado da decisão. Segundo o Sistema Interamericano de Direitos Humanos, qual será a alternativa correta:

(A) Como a questão já transitou em julgado no Poder Judiciário do país acusado, Joana terá sua petição inadmitida pela falta de cumprimento do requisito previsto na Convenção Americana de Direitos Humanos.

(B) Como a proteção da família não está garantida pelo Pacto de São José da Costa Rica, Joana terá sua petição inadmitida pela falta de cumprimento do requisito previsto na Convenção Americana de Direitos Humanos.

(C) Joana poderá ter sua petição admitida pela Comissão Interamericana de Direitos Humanos, que poderá continuar a analisar o mérito do assunto mesmo que o Brasil tenha alterado a legislação sobre o tema após a decisão do caso de Joana pelo STF, passando a beneficiar mães adotivas, em face da impossibilidade de retroatividade da norma para atingir coisa julgada.

(D) Joana não poderá ter sua petição admitida, em razão de ser requisito indispensável que estivesse representada por um Estado-membro da Organização dos Estados Americanos, para apresentar à Comissão Interamericana de Direitos Humanos a petição que contém denúncia ou queixa de violação da Convenção Americana de Direitos Humanos por um outro Estado-parte do qual é nacional.

COMENTÁRIO

A alternativa C está correta. Reler o comentário sobre a assertiva "A" e ler o art. 5º, XXXVI, da CF.

A alternativa A está incorreta, pois é o contrário, ou seja, o trânsito em julgado no país acusado é um dos requisitos de admissibilidade da petição. Assim, só serão aceitas as petições que comprovarem a inexistência de litispendência internacional e o esgotamento de todos os recursos judiciais e administrativos internos disponíveis (leia-se: trânsito em julgado). Ademais, o art. 46 da Convenção Americana de Direitos Humanos também exige que a petição seja apresentada dentro do prazo de seis meses, a partir da data em que o presumido prejudicado em seus direitos tenha sido notificado da decisão definitiva exarada no sistema protetivo nacional.

A alternativa B está incorreta, pois o art. 17 do Pacto de São José da Costa Rica cuida da *proteção da família*;

A alternativa D está incorreta, pois o indivíduo pode apresentar petições à Comissão Interamericana de Direitos Humanos. Já a Corte Interamericana de Direitos Humanos só pode ser acionada pelos Estados-partes ou pela Comissão; o indivíduo, conforme art. 61 da Convenção, fica proibido de apresentar petição à Corte.

(VII EXAME DE ORDEM UNIFICADO – FGV) A população do Quilombo da Cachoeira e da Pedreira é surpreendida com o lançamento do "Centro de Lançamento de Foguetes da Cachoeira e da Pedreira" e pelo consequente processo de desapropriação do local de moradia das populações tradicionais. Os quilombolas procuram o Governo Federal, que se recusa em conferir os títulos de propriedade definitiva para a comunidade. Segundo o Sistema Interamericano de Direitos Humanos, é correto afirmar:

(A) Como a questão versa sobre propriedade privada, questão não abordada pelo Pacto de São José da Costa Rica, a população do Quilombo da Cachoeira e da Pedreira terá sua petição inadmitida pela falta de cumprimento do requisito previsto na Convenção Americana de Direitos Humanos.

(B) Como o caso em tela versa sobre o direito do Estado sobre o seu território, a Soberania do Estado prevalece, e a população do Quilombo da Cachoeira e da Pedreira terá sua petição inadmitida pela falta de cumprimento do requisito previsto na Convenção Americana de Direitos Humanos.

(C) Como o caso versa sobre discriminação racial, a população do Quilombo da Cachoeira e da Pedreira deverá estar representada por uma entidade não governamental que seja reconhecida em um ou mais Estados-membros da Organização dos Estados Americanos, e que inclua em suas finalidades institucionais o combate ao racismo, para apresentar à Comissão Interamericana de Direitos Humanos a petição que contém denúncia ou queixa de violação da Convenção Americana de Direitos Humanos por um Estado-parte.

15. Como exemplo pode-se citar o conhecido caso Maria da Penha.

(D) Como a questão versa, também, sobre a proteção da família, a população do Quilombo da Cachoeira e da Pedreira poderá protocolar, diretamente por seus indivíduos ou representada por uma entidade não governamental que seja reconhecida em um ou mais Estados-membros da Organização dos Estados Americanos, a petição que contém denúncia ou queixa de violação da Convenção Americana de Direitos Humanos por um Estado-parte à Comissão Interamericana de Direitos Humanos.

COMENTÁRIO

A alternativa D está correta. A questão gira em torno da proteção da família, pois é necessário espaço físico para o ideal desenvolvimento das relações familiares. E a Comissão tem competência para receber petições do indivíduo "lesionado", de terceiras pessoas ou de organizações não governamentais legalmente reconhecidas em um ou mais Estados-membros da OEA que representem o indivíduo lesionado. Entretanto, essa competência só poderá ser exercida se o estado violador aderiu à Convenção Americana de Direitos Humanos. Percebe-se que não é necessária a expressa aceitação da competência da Comissão para receber petições, bastando que o Estado tenha aderido à Convenção. E só serão aceitas as petições ou as comunicações que comprovarem a inexistência de litispendência internacional e o esgotamento de todos os recursos internos disponíveis. Ademais, o art. 46 da Convenção Americana de Direitos Humanos também exige que a petição ou a comunicação seja apresentada dentro do prazo de seis meses, a partir da data em que o presumido prejudicado em seus direitos tenha sido notificado da decisão definitiva exarada no sistema protetivo nacional. E o sistema americano impõe a mesma ideia de ressalva existente no sistema global. As regras de esgotamento de todos os recursos internos disponíveis e a do prazo de seis meses para a apresentação da petição ou comunicação não serão aplicadas quando o indivíduo for privado de seu direito de ação pela jurisdição doméstica, ou lhe forem ceifadas as garantias do devido processo legal ou, ainda, se os processos internos forem excessivamente demorados.

A alternativa A está incorreta. A questão não versa propriamente sobre propriedade privada, mas está incorreta porque o Pacto de São José da Costa Rica cuida do *direito à propriedade privada* no seu art. 21.

A alternativa B está incorreta. O caso gira em torno do direito da população quilombola às suas terras ancestrais e não do direito do Estado sobre seu território.

A alternativa C está incorreta. Pelos elementos do enunciado não é possível afirmar que a questão trata de discriminação racial.

6.3. corte interamericana de direitos humanos

(XIV EXAME DE ORDEM UNIFICADO – FGV) Na hipótese de inadimplência do Estado brasileiro, condenado ao pagamento de quantia certa pela Corte Interamericana de Direitos Humanos, deverá o interessado

(A) executá-la perante a Justiça Federal pelo processo interno vigente para a execução de sentenças contra o Estado.

(B) pedir que os autos do processo sejam encaminhados ao Conselho de Segurança da ONU para a imposição de sanções internacionais.

(C) reivindicar pelo processo vigente no país, porque as sentenças proferidas pela Corte Interamericana de Direitos Humanos são desprovidas de executoriedade.

(D) postular perante a Corte a intimação do Estado brasileiro para efetuar o pagamento em vinte e quatro horas ou nomear bens à penhora.

COMENTÁRIO

A alternativa A está correta. O cumprimento da sentença da Corte se dá geralmente de maneira voluntária pelos Estados. Caso isso não ocorra, por exemplo, no Brasil, o cumprimento se dará mediante execução da sentença, como título executivo judicial, perante a justiça federal, consoante disposto no art. 109, I, da CF. Mas deve-se saber que os Estados-partes da Convenção se comprometem a cumprir a decisão da Corte em todo caso em que forem parte (artigo 68 da Convenção Americana de Direitos Humanos). Ademais, caso o Estado levante óbices jurídicos para viabilizar a execução da sentença em conformidade com o processo interno vigente, estará incorrendo em violação adicional da CADH (art. 2º), por não adotar providências no sentido de adequar o seu direito interno às obrigações internacionalmente assumidas.

(XI EXAME DE ORDEM UNIFICADO – FGV) Diante de uma sentença desfavorável não unânime da Corte Interamericana de Direitos Humanos, que lhe condenou ao pagamento de determinada quantia em dinheiro, pretende a República Federativa do Brasil insurgir-se contra a mesma. A partir da hipótese sugerida, assinale a afirmativa correta.

(A) A sentença da Corte pode ser modificada mediante recurso de embargos infringentes, diante da falta de unanimidade da decisão a ser hostilizada.

(B) A sentença da Corte somente pode ser modificada por intermédio de uma ação rescisória.

(C) A sentença da Corte é definitiva e inapelável.

(D) A sentença da Corte pode ser modificada graças a um recurso de apelação.

COMENTÁRIO

A alternativa C está correta. Em relação à sentença da Corte Interamericana, cabe informar que ela será sempre fundamentada, definitiva e inapelável (arts. 66 e 67 da Convenção Americana de Direitos Humanos), todavia, em caso de divergência sobre o sentido ou alcance da sentença, a Corte interpretá-la-á, à pedido de qualquer das partes[16], desde que o pedido seja apresentado dentro de 90 dias a partir da data da *notificação* da sentença. Ainda é possível apontar que a Corte admitiu, em casos excepcionais, o recurso de revisão contra sentenças que colocam fim ao processo, com o propósito de evitar que a coisa julgada mantenha uma situação de evidente injustiça, devido ao descobrimento de um fato que, se houvesse sido conhecido no momento da confecção da sentença, teria o condão de alterar seu resultado, o que demonstraria a existência de um vício substancial na sentença[17].

(IX EXAME DE ORDEM UNIFICADO – FGV) Sobre a execução da sentença proferida pela Corte Interamericana de Direitos Humanos, assinale a afirmativa correta.

(A) A Corte, findo o processo, profere uma sentença fundamentada, passível de recurso de revisão e de embargos de declaração. Somente após o trânsito em julgado da decisão o Estado estará obrigado a cumprir a decisão da Corte.

(B) O Estado signatário, em respeito ao princípio da soberania, não está obrigado a cumprir as decisões da Corte em todo caso em que for parte, mas somente nos casos em que houver solução amistosa sobre a denúncia.

(C) O Estado condenado, em razão de situações internas como a ocorrência de catástrofes ambientais, poderá requerer dilação do prazo para o cumprimento da sentença proferida pela Corte em até um ano, contados a partir do término dos eventos.

(D) A Assembleia Geral da OEA, na hipótese de inexecução dos julgados, indicará, em relatório anual, de maneira especial e com as recomendações pertinentes, os casos em que um Estado não tenha dado cumprimento a suas sentenças.

COMENTÁRIO

A alternativa D está correta. A assertiva não está bem construída e pode suscitar dúvidas, mas é correto apontar o seguinte: a principal função da Comissão Interamericana é promover o respeito aos direitos humanos no continente americano. Destarte, tem competência para enviar recomendações aos Estados-partes da Convenção Americana de Direitos Humanos ou até mesmo para os Estados-membros da OEA. Em sua competência inserem-se também a possibilidade de realizar estudos, solicitar informações aos Estados no que tange à implementação dos direitos humanos insculpidos na Convenção e confeccionar um relatório anual[18] para ser submetido à Assembleia Geral da OEA. À parte do relatório anual,

16. Funciona como os embargos de declaração.
17. Caso Genie Lacayo, Solicitação de Revisão da sentença de 29 de janeiro de 1997 (Resolução de 13 de setembro de 1997, item 10).
18. Segue a redação do art. 59, ponto 1, do Regulamento da Comissão Interamericana de Direitos Humanos: "O Relatório Anual à Assembleia Geral da Organização incluirá o seguinte: a) uma análise da situação dos direitos humanos no Hemisfério, acompanhada das recomendações aos Estados e aos órgãos da Organização sobre as medidas necessárias para fortalecer o respeito aos direitos humanos; b) um breve relato referente à origem, às bases jurídicas, à estrutura e aos fins da Comissão, bem como ao estado da Convenção Americana e dos demais instrumentos aplicáveis; c) informação sucinta dos mandatos conferidos e recomendações formuladas à Comissão pela Assembleia Geral e pelos outros órgãos competentes, bem como da execução de tais mandatos e recomendações; d) uma lista das sessões realizadas no período abrangido pelo relatório e de outras atividades desenvolvidas pela Comissão em cumprimento de seus fins, objetivos e mandatos; e) uma súmula das atividades de cooperação da Comissão com outros órgãos da Organização, bem como com organismos regionais ou mundiais da mesma natureza, e dos resultados alcançados em suas atividades; f) os relatórios sobre petições e casos individuais cuja publicação haja sido aprovada pela Comissão, e uma relação das medidas cautelares concedidas e estendidas e das atividades desenvolvidas perante a Corte Interamericana; g) uma exposição sobre o progresso alcançado na consecução dos objetivos estabelecidos na Declaração Americana dos Direitos e Deveres do Homem e na Convenção Ameri-

a Comissão pode confeccionar relatórios especiais ou gerais sobre a situação dos direitos humanos nos Estados-membros sempre que considerar necessário (art. 59, ponto 1, *h*, do Regulamento da Comissão Interamericana de Direitos Humanos). Cabe lembrar que as recomendações e os relatórios (tanto o anual e o alicerçado em alguma acusação[19]) da Comissão não têm poder vinculante, isto é, não vinculam os Estados destinatários. Portanto, a Comissão elabora o relatório anual e envia para a Assembleia Geral. Outro ponto confuso da assertiva é o fato de suscitar que a Assembleia Geral confecciona sentenças, o que não é verdade, pois o único órgão do Sistema Interamericano de proteção dos direitos humanos que pode emitir alguma sentença é a Corte Interamericana. Parece-nos que o examinador quis dizer sentenças *oriundas do sistema interamericano*. Apesar da falta de tecnicismo na elaboração dessa assertiva, pode-se indicá-la como correta pela ideia apresentada no seu conjunto.

A alternativa A está incorreta. A sentença da Corte Interamericana será sempre fundamentada, definitiva e **inapelável** (arts. 66 e 67 da Convenção Americana de Direitos Humanos), todavia, em caso de divergência sobre o sentido ou alcance da sentença, a Corte interpretá-la-á, à pedido de qualquer das partes (funciona como os embargos de declaração), desde que o pedido seja apresentado dentro de 90 dias a partir da data da *notificação* da sentença. Ainda é possível apontar que a Corte admitiu, **em casos excepcionais**, o recurso de revisão contra sentenças que colocam fim ao processo, com o propósito de evitar que a coisa julgada mantenha uma situação de evidente injustiça, devido à descoberta de um fato que se houvesse sido conhecido no momento da confecção da sentença teria o condão de alterar seu resultado, o que demonstraria a existência de um vício substancial na sentença[20].

A alternativa B está incorreta. O cumprimento da sentença da Corte se dá geralmente de maneira voluntária pelos Estados. Caso isso não ocorra, por exemplo, no Brasil, o cumprimento se dará mediante execução da sentença, como título executivo judicial, perante a justiça federal, consoante disposto no art. 109, I, da CF. Mas deve-se saber que os Estados-partes da Convenção se comprometem a cumprir a decisão da Corte em todo caso em que forem parte (art. 68 da Convenção Americana de Direitos Humanos). Ademais, caso o Estado levante óbices jurídicos para viabilizar a execução da sentença em conformidade com o processo interno vigente, estará incorrendo em violação adicional da CADH (art. 2º), por não adotar providências no sentido de adequar o seu direito interno às obrigações internacionalmente assumidas.

A alternativa C está incorreta, pois não existe previsão nesse sentido no ordenamento jurídico internacional. Oportuno aqui a releitura do comentário sobre a assertiva anterior.

(IX EXAME DE ORDEM UNIFICADO – FGV) Após obter sentença favorável perante a Corte Interamericana de Direitos Humanos, que condenou a República Federativa do Brasil ao pagamento de determinada quantia em dinheiro, deverá o interessado, em caso de inércia da sucumbente em adimplir o comando condenatório voluntariamente, adotar o seguinte procedimento:

(A) Requerer perante a Corte a intimação da executada para efetuar o pagamento em vinte e quatro horas ou nomear bens à penhora.

(B) Solicitar o encaminhamento dos autos do processo ao Conselho de Segurança da ONU para a imposição de sanções internacionais.

(C) Aceitar que as sentenças proferidas pela Corte Interamericana de Direitos Humanos são desprovidas de executoriedade.

(D) Executar a sentença perante a Justiça Federal pelo processo interno vigente para a execução de sentenças contra o Estado.

COMENTÁRIO

A alternativa D está correta. O cumprimento da sentença da Corte Interamericana se dá geralmente de maneira voluntária pelos Estados. Caso isso não ocorra, por exemplo, no Brasil, o cumprimento se dará mediante execução da sentença, como título executivo judicial, perante a justiça federal, consoante disposto no art. 109, I, da CF. Mas deve-se saber que os Estados-partes da Convenção se comprometem a cumprir a decisão da Corte em todo caso em que forem parte (art. 68 da Convenção Americana de Direitos Humanos). Ademais, caso o Estado levante óbices jurídicos para viabilizar a execução da sentença em conformidade com o processo interno vigente, estará incorrendo em violação adicional da CADH (art. 2º), por não adotar providências no sentido de adequar o seu direito interno às obrigações internacionalmente assumidas.

(IX EXAME DE ORDEM UNIFICADO – FGV) O Pacto de São José da Costa Rica prevê que os Estados signatários devem cumprir com as decisões emanadas pela

Corte Interamericana de Direitos Humanos. Uma das hipóteses de condenação consiste no pagamento, pelo Estado, de indenização compensatória à vítima da violação de direitos humanos.

Assinale a afirmativa que indica o procedimento a ser adotado, caso o Estado brasileiro não cumpra espontaneamente a sentença internacional que o obriga a pagar a indenização.

(A) Como é considerada título executivo judicial, poderá ser executada perante o Superior Tribunal de Justiça, uma vez que goza de *status* internacional.

(B) Como é considerada título executivo judicial, poderá ser executada perante a Vara Federal competente territorialmente.

(C) A Corte Interamericana, em razão do princípio da soberania, obrigará o Estado brasileiro a cumprir a sentença, sendo necessária a propositura de processo de execução, autônomo, pela parte interessada na Corte.

(D) A Corte Interamericana, em razão do princípio da soberania, não poderá obrigar o Brasil a cumprir a sentença, mas o descumprimento poderá fundamentar uma advertência da Assembleia Geral da Organização das Nações Unidas, pelo descumprimento da Convenção Americana de Direitos Humanos.

COMENTÁRIO

A alternativa correta é a B. Se no exercício de sua competência contenciosa ficar comprovada a violação de direitos humanos da(s) vítima(s), a Corte determinará a adoção, pelo Estado agressor, de medidas que façam cessar a violação e restaurar o direito vilipendiado (*restitutio in integrum*), além de poder condenar o Estado agressor ao pagamento de indenização (tendo por base o plano material e o imaterial) à(s) vítima(s). A obrigação de reparar, que se regulamenta em todos os aspectos (alcance, natureza, modalidades e determinação dos beneficiários) pelo direito internacional, não pode ser modificada ou descumprida pelo Estado obrigado, mediante a invocação de disposições de seu direito interno. O cumprimento da sentença da Corte se dá geralmente de maneira voluntária pelos Estados. Caso isso não ocorra, por exemplo, no Brasil, o cumprimento se dará mediante execução da sentença, como título executivo judicial, perante a justiça federal, consoante disposto no art. 109, I, da CF. Mas deve-se saber que os Estados-partes da Convenção se comprometem a cumprir a decisão da Corte em todo caso em que forem parte (art. 68 da Convenção Americana de Direitos Humanos).

(VI EXAME DE ORDEM UNIFICADO – FGV) O Protocolo de San Salvador é complementar à Convenção Americana sobre Direitos Humanos em Matéria de Direitos Econômicos, Sociais e Culturais. Assim, o direito de petição ao Sistema Interamericano de Direitos Humanos é estendido pelo Protocolo de San Salvador aos casos de violação

(A) ao direito de livre associação sindical.

(B) ao direito de vedação ao trabalho escravo.

(C) à proibição do tráfico internacional de pessoas.

(D) ao direito à moradia digna.

COMENTÁRIO

A alternativa correta é a A. A Corte Interamericana tem competência para interpretar e aplicar o Protocolo Adicional à Convenção Americana de Direitos Humanos (Protocolo de San Salvador) somente em relação ao art. 8, ponto 1, alínea *a* (direitos sindicais dos trabalhadores) e o art. 13 (direito à educação). Tudo em conformidade com o art. 19, ponto 6, do mencionado Protocolo, o qual determina que são esses os únicos direitos passíveis de serem acionados perante à Corte (justiciabilidade), entre um amplo conjunto de direitos econômicos, sociais e culturais de que trata esse protocolo. Entretanto, o que se percebe no campo prático é uma jurisprudência criativa que permite uma implementação indireta dos direitos econômicos, sociais e culturais. Uma das grandes contribuições para essa substancial evolução foi a construção jurisprudencial de um conceito amplo ou *lato sensu* do direito de acesso à justiça[21] (art. 25 da Convenção Americana), o

cana sobre Direitos Humanos e nos demais instrumentos aplicáveis; h) os relatórios gerais ou especiais que a Comissão considerar necessários sobre a situação dos direitos humanos nos Estados-membros e, se pertinente, os relatórios de seguimento, destacando-se nos mesmos os progressos alcançados e as dificuldades que houverem surgido para uma efetiva observância dos direitos humanos; i) qualquer outra informação, observação ou recomendação que a Comissão considerar conveniente submeter à Assembleia Geral e qualquer nova atividade ou projeto que implique despesa adicional".

19. A acusação é feita mediante petição individual ou comunicação interestatal.
20. Caso Genie Lacayo, Solicitação de Revisão da sentença de 29 de janeiro de 1997 (Resolução de 13 de setembro de 1997, item 10).
21. Nesse sentido, cabe transcrever o ponto 1 da Resolução 2656/11 da OEA: "Afirmar que o acesso à justiça, como direito humano fundamental, é, ao mesmo tempo, o meio que possibilita que se restabeleça o exercício dos direitos que tenham sido ignorados ou violados".

que permite o acionamento da Corte para proteção de todos os direitos humanos, inclusive os econômicos, sociais e culturais. Cabe destacar também a construção jurisprudencial da Corte que qualificou de *jus cogens* os princípios da equidade e da não discriminação, os quais são, logicamente, aplicados em relação a todos direitos humanos. E, por fim, o estabelecimento, pela Corte, de um conceito amplo do direito à vida, o qual exige a proteção e a implementação dos direitos econômicos, sociais e culturais para sua satisfatória efetivação.

7. SISTEMA AMERICANO DE PROTEÇÃO ESPECÍFICA DOS DIREITOS HUMANOS

7.1. CONVENÇÃO INTERAMERICANA PARA PREVENIR E PUNIR A TORTURA

(IX EXAME DE ORDEM UNIFICADO – FGV) Com relação à Convenção Interamericana para Prevenir e Punir a Tortura, ratificada pelo Brasil em 20 de julho de 1989, assinale a afirmativa correta.

(A) Os funcionários públicos que ordenem a execução da tortura ou a cometam diretamente são responsáveis pelo delito de tortura, exceto se houverem agido por ordens superiores, o que eximirá o agente da responsabilidade penal correspondente.

(B) O Estado-Parte somente tomará as medidas necessárias para conceder a extradição, em conformidade com sua legislação e suas obrigações internacionais, de pessoa condenada pela prática de delito de tortura, não bastando a acusação pela prática do delito.

(C) As declarações obtidas por meio de tortura não podem ser admitidas como prova em processo, salvo em processo instaurado contra a pessoa acusada de havê-las obtido mediante atos de tortura e unicamente como prova de que, por esse meio, o acusado obteve tal declaração.

(D) Esgotado o procedimento jurídico interno do Estado e os recursos que este prevê para a investigação sobre caso de tortura, o processo deverá ser submetido a instâncias internacionais, mesmo que o Estado não tenha aceitado tal competência.

COMENTÁRIO

A Convenção Interamericana para Prevenir e Punir a Tortura, adotada em 9 de dezembro de 1985, em Cartagena, na Colômbia, e promulgada no Brasil em 9 de dezembro de 1989 pelo Decreto 98.386, tem por fundamento a consciência de que todo ato de tortura ou outros tratamentos ou penas cruéis, desumanos ou degradantes constituem uma ofensa à dignidade humana. Os Estados-partes têm obrigação de proibir a tortura, esta não podendo ser praticada nem mesmo em circunstâncias excepcionais. Por tortura entende-se todo ato pelo qual são infligidos intencionalmente a uma pessoa penas ou sofrimentos físicos ou mentais, com fins de investigação criminal, como meio de intimidação, como castigo pessoal, como medida preventiva, como pena ou com qualquer outro fim. Entende-se também como tortura a aplicação em uma pessoa de métodos tendentes a anular a personalidade da vítima ou a diminuir sua capacidade física ou mental, embora não causem dor física ou angústia psíquica (art. 2º da Convenção). E consoante o art. 3º, *a* e *b*, da Convenção, apenas os funcionários ou empregados públicos, ou ainda os particulares, desde que instigados pelos dois primeiros, podem ser sujeitos ativos do crime de tortura. É muito importante a ressalva do art. 4º: "O fato de haver agido por ordens superiores não eximirá da responsabilidade penal correspondente". Igualmente ao previsto na Convenção da ONU contra a Tortura e outros Tratamentos ou Penas Cruéis, Desumanos ou Degradantes, os Estados-partes se obrigam a punir os torturadores, independentemente do país em que a tortura tenha sido realizada e da nacionalidade do torturador. Percebe-se que a Convenção Interamericana também estabeleceu jurisdição compulsória e universal para julgar os acusados de tortura. A compulsoriedade da jurisdição determina que os Estados-partes devem punir os torturadores, independentemente do local onde o crime foi cometido e da nacionalidade do torturador e da vítima. E a universalidade da jurisdição determina que os Estados-partes processem ou extraditem o suspeito da prática de tortura, independentemente da existência de tratado prévio de extradição. Para monitorar o cumprimento das obrigações constantes na Convenção, a Comissão Interamericana de Direitos Humanos recebe relatórios confeccionados pelos Estados-partes, os quais auxiliam a confecção do relatório anual da Comissão.

A alternativa C está correta, pois reproduz integralmente o texto do art. 10 da Convenção Interamericana para Prevenir e Punir a Tortura.

A alternativa A está incorreta. Conforme destacado no texto inicial, o fato de haver agido por ordens superiores não eximirá da responsabilidade penal correspondente.

A alternativa B está incorreta, porque a Convenção Interamericana estabeleceu jurisdição compulsória e universal para julgar os acusados de tortura.

A alternativa D está incorreta, pois é necessária a prévia aceitação do Estado. Ou seja, os Estados, com base em sua soberania, escolhem fazer parte do sistema internacional de proteção dos direitos humanos.

8. DIREITOS HUMANOS NO BRASIL

8.1. Histórico das constituições

(V EXAME DE ORDEM UNIFICADO – FGV) As Constituições brasileiras se mostraram com avanços e retrocessos em relação aos direitos humanos. A esse respeito assinale a alternativa correta.

(A) A Constituição de 1934 se revelou retrógrada ao ignorar normas de proteção social ao trabalhador.

(B) A Constituição de 1969, mesmo incorporando as medidas dos Atos Institucionais, se revelou mais atenta aos direitos humanos que a Constituição de 1967.

(C) A Constituição de 1946 apresentou diversos retrocessos em relação aos direitos humanos, principalmente no tocante aos direitos sociais.

(D) A Constituição de 1967 consolidou arbitrariedades decretadas nos Atos Institucionais, caracterizando diversos retrocessos em relação aos direitos humanos.

COMENTÁRIO

A alternativa D está correta. As mudanças nas instituições do Brasil foram iniciadas com os Atos Institucionais levados a cabo pelo Regime Militar, que completou o ciclo de mudanças com a aprovação da Constituição da República Federativa do Brasil de 1967, lembrando que o Congresso Nacional foi reconvocado, pois estava fechado devido às inúmeras cassações de parlamentares, para aprovar o novo texto constitucional. A Constituição de 1967 absorveu a legislação que tinha ampliado os poderes do Executivo, principalmente no tocante à segurança pública. Por todo o dito, fica patente que a Constituição de 1967 representou grande retrocesso em relação aos direitos humanos.

A alternativa A está incorreta. A Constituição de 1934 sofreu grande influência da Constituição alemã de Weimar e passou a tratar de temas antes relegados, como a ordem social e econômica, a família, a educação e a cultura. Cuidou dos assuntos trabalhistas ao determinar a proibição de diferença de salário para um mesmo trabalho por motivo de idade, sexo, nacionalidade ou estado civil, a regulamentação dos trabalhos dos menores e das mulheres, a instituição do salário mínimo, do descanso semanal, das férias remuneradas e da indenização na despedida sem justa causa. Tome de exemplo o art. 113, ponto 34, da Constituição da República dos Estados Unidos do Brasil de 1934 que assim dispõe: "A todos cabe o direito de prover à própria subsistência e à de sua família, mediante trabalho honesto. O Poder Público deve amparar, na forma da lei, os que estejam em indigência". Percebe-se que a Constituição de 1934 **não** ignorou a proteção social do trabalhador;

A alternativa B está incorreta. Em dezembro de 1968 o Congresso Nacional foi fechado pelo AI-5, baixado pelo então Presidente Costa e Silva. O AI-5 suspendeu a Constituição de 1967, concedeu ainda mais poderes para o Executivo e, ao contrário dos atos anteriores, não tinha vigência definida – dando início à fase mais dura da repressão. A emenda constitucional 17/1969, que passou a ser chamada de Constituição de 1969, foi outorgada pelo general Emílio Garrastazu Médici e incorporou o AI-5;

A alternativa C está incorreta. Depois de terminada a ditadura do Estado Novo, Dutra foi eleito Presidente em 1945 e no ano seguinte a nova Constituição foi promulgada. A Constituição dos Estados Unidos do Brasil de 1946 é nitidamente de roupagem liberal-democrática, assim, afasta-se da Constituição anterior, de 1937, apesar de manter algumas similaridades com essa. Em relação à ordem social, a Constituição de 1946 manteve, de certa forma, os benefícios mínimos assegurados na Constituição de 1934. Cabe destacar que foi a Constituição de 1946 que conferiu, no plano dos direitos políticos, a igualdade entre homens e mulheres. Por todo o dito, fica claro que a Constituição de 1946 **não** representou um retrocesso em relação aos direitos humanos, pelo contrário, significou um avanço em certas áreas;

8.2. Constituição cidadã de 1998

(XVIII EXAME DE ORDEM UNIFICADO – FGV) O STJ decidiu, no dia 10/12/2014, que uma causa relativa à violação de Direitos Humanos deve passar da Justiça Estadual para a Justiça Federal, configurando o chamado Incidente de Deslocamento de Competência. A causa trata do desaparecimento de três moradores de rua e da suspeita de tortura contra um quarto indivíduo. Desde a promulgação da Emenda 45, em 2004, essa é a terceira vez que o STJ admite o Incidente de Deslocamento de Competência.

De acordo com o que está expressamente previsto na Constituição Federal, a finalidade desse Incidente é o de

(A) garantir o direito de acesso à Justiça.

(B) assegurar o cumprimento de obrigações decorrentes de tratados internacionais de Direitos Humanos dos quais o Brasil seja parte.

4. Direitos Humanos

(C) combater a morosidade de órgãos da Administração Pública e do Poder Judiciário.

(D) combater a corrupção em entes públicos dos Estados e do Distrito Federal.

COMENTÁRIO

O *incidente de deslocamento de competência (IDC)* surgiu com promulgação da EC 45, de 2004, que inseriu o § 5º no art. 109, da CF/1988, a saber: "Nas hipóteses de grave violação de direitos humanos, o Procurador-Geral da República, com a finalidade de assegurar o cumprimento de obrigações decorrentes de tratados internacionais de direitos humanos dos quais o Brasil seja parte, poderá suscitar, perante o Superior Tribunal de Justiça, em qualquer fase do inquérito ou processo, incidente de deslocamento de competência para a Justiça Federal". Como se vê na redação em comento, a *finalidade* do instituto é de assegurar o cumprimento de obrigações decorrentes de tratados internacionais de direitos humanos dos quais o Brasil seja parte.

A alternativa "B" é a correta. Com efeito, como se viu nos comentários preliminares, a finalidade do ICD é assegurar o cumprimento de obrigações decorrentes de tratados internacionais de Direitos Humanos dos quais o Brasil seja parte.

A alternativa "A" está incorreta. A finalidade do IDC não é o acesso à justiça.

A alternativa "C" está incorreta. A finalidade do IDC não é combater a morosidade de órgãos da Administração Pública e do Poder Judiciário.

A alternativa "D" está incorreta. A finalidade do IDC não é combater a corrupção em entes públicos dos Estados e do Distrito Federal.

(XII EXAME DE ORDEM UNIFICADO – FGV) Segundo informações do Comitê para a Proteção dos Jornalistas (CPJ), no Brasil, nos últimos 20 anos, 70% dos casos de assassinatos a jornalistas ficaram impunes. O CPJ contabilizou 23 assassinatos entre 1992 e 2012, sendo que quatro ocorreram de janeiro a abril de 2012. Desse total, quatorze não foram punidos.

Diante desse quadro, sindicatos de jornalistas de vários estados brasileiros propuseram à Secretaria de Direitos Humanos do Governo Federal a federalização da investigação desses crimes, porque, segundo esses sindicatos, tais crimes caracterizam graves violações de Direitos Humanos. Para que a investigação e o julgamento de tais violações sejam federalizados é necessário que fique demonstrado que se trata de grave violação de Direitos Humanos afirmados em Tratados internacionais, dos quais o Brasil seja parte e pode, por isso mesmo, responder diante de instâncias internacionais. Além disso, é preciso que

(A) os familiares das vítimas entrem com o pedido de incidente de deslocamento de competência perante o STJ que deve julgá-lo favoravelmente.

(B) os familiares das vítimas entrem com um mandado de segurança perante o STF que deve julgá-lo favoravelmente.

(C) as autoridades locais entrem com o pedido de incidente de deslocamento de competência perante o STJ que deve julgá-lo favoravelmente.

(D) o Procurador Geral da República entre com o pedido de incidente de deslocamento de competência perante o STJ que deve julgá-lo favoravelmente.

COMENTÁRIO

A assertiva correta, conforme o disposto no § 5º do art. 109 da CF, é a "D". Segue a redação do parágrafo citado: "Nas hipóteses de grave violação de direitos humanos, o Procurador-Geral da República, com a finalidade de assegurar o cumprimento de obrigações decorrentes de tratados internacionais de direitos humanos dos quais o Brasil seja parte, poderá suscitar, perante o Superior Tribunal de Justiça, em qualquer fase do inquérito ou processo, incidente de deslocamento de competência para a Justiça Federal".

(X EXAME DE ORDEM UNIFICADO – FGV) A Assembleia Constituinte de 1988 reservou texto expresso para elevar os Direitos Humanos ao patamar de princípio fundamental não só no território nacional, como também nas relações internacionais. Além de valorizar a independência do país no cenário internacional, consagrou a proteção dos interesses do ser humano. Considerando o texto constitucional do Estado-parte e a Convenção Americana de Direitos Humanos, as afirmativas a seguir estão corretas, **à exceção de uma**. Assinale-a.

(A) Proibição de propaganda a favor da guerra e repúdio ao terrorismo e ao racismo.

(B) Proteção judicial mesmo quando a violação de direitos fundamentais for cometida por pessoa atuando em função oficial.

(C) Direito de retificação ou de resposta, que eximirão das outras responsabilidades legais.

(D) Concessão de asilo político em delitos políticos ou comuns, conexos com delitos políticos.

COMENTÁRIO

Fruto da redemocratização, a Constituição Federal (CF) de 1988 torna a dignidade da pessoa humana um dos fundamentos da República Federativa do Brasil (art. 1º, III, da CF). Outros fundamentos que reforçam o *status* dos direitos humanos no Brasil são a cidadania, os valores sociais do trabalho e o pluralismo político (respectivamente art. 1º, incisos II, IV e V, da CF). O parágrafo único do art. 1º da CF aponta que o regime de governo, no Brasil, será uma democracia, pois todo o poder emana do povo (soberania popular) e este poderá exercê-lo indiretamente, por meio de seus representantes, ou diretamente. Os mecanismos de democracia direta encontram-se listados no art. 14, I, II e III, da CF (plebiscito, referendo e iniciativa popular). "Ademais, a Constituição de 1988 conferiu significado ímpar ao direito de acesso à justiça e criou mecanismos especiais de controle da omissão legislativa (ação direta por omissão e mandado de injunção), destinados a colmatar eventuais lacunas na realização de direitos, especialmente na formulação de políticas públicas destinadas a atender às determinações constitucionais.[22]" Um dos objetivos fundamentais do Brasil, segundo a CF, é a promoção do bem de todos, sem preconceitos de origem, raça, sexo, cor, idade e quaisquer outras formas de discriminação (art. 3º, IV). Outro objetivo que posiciona nuclearmente os direitos humanos no Brasil é o que determina a erradicação da pobreza e da marginalização e a redução das desigualdades sociais e regionais (art. 3º, III). E, ainda, o Brasil tem por objetivo a construção de uma sociedade livre, justa, solidária (art. 3º, I) e desenvolvida economicamente (art. 3º, II). O outro fator que sacramenta a nuclearidade dos direitos humanos no Brasil é o que dispõe o art. 4º, II, da CF. Ou seja, as relações internacionais do Brasil serão regidas, entre outros, pelo *princípio da prevalência dos direitos humanos*. Outros incisos do art. 4º da CF que corroboram a dita nuclearidade dos direitos humanos são: a) repúdio ao terrorismo e ao racismo (inciso VIII); b) cooperação entre os povos para o progresso da humanidade (inciso IX); e c) concessão de asilo político (inciso X). Ora, além dos direitos humanos fundamentarem a existência da República brasileira, são vetores para o estabelecimento da política nacional e externa. Ademais, podem-se considerar os direitos humanos até como limitadores do poder constituinte originário: "É fora de dúvida que o poder constituinte é um fato político, uma força material e social, que não está subordinado ao Direito positivo preexistente. Não se trata, porém, de um poder ilimitado ou incondicionado. Pelo contrário, seu exercício e sua obra são pautados tanto pela realidade fática como pelo Direito, âmbito no qual a dogmática pós-positivista situa os valores civilizatórios, os direitos humanos e a justiça[23]". Outro ponto de destaque é a inclusão dos direitos da pessoa humana na lista dos princípios sensíveis da Constituição (art. 34, VII, *b*, da CF), os quais autorizam, diante de suas violações, a medida extrema da intervenção[24]. Isso significa que, se um estado federado incidir em grave violação dos direitos humanos e nada fizer para mudar essa situação lamentável, a União intervirá[25] nessa unidade federada para restabelecer o respeito integral dos direitos da pessoa humana. O STF já se pronunciou sobre um pedido de intervenção federal que teve por base a grave violação dos direitos da pessoa humana (art. 34, VII, *b*, da CF). Foi a IF 114-5/MT, ocasião em que o STF sublinhou que a gravidade do fato por si só (violação dos direitos da pessoa humana) não é motivo suficiente para intervenção federal. É necessária a cabal demonstração de que o Estado não pode dar uma resposta efetiva ao fato grave ocorrido, ou seja, somente será possível a intervenção federal nesses casos se o Estado não possuir uma estrutura mínima que lhe permita responder ao fato danoso – na maioria dos casos, estrutura para movimentar efetivamente a persecução penal[26]. Cabe também mencionar a obrigação, prepon-

22. MENDES, *op. cit.*, p. 681. Também: "A Constituição de 1988 é a primeira Carta brasileira a consagrar o direito fundamental de proteção à saúde. Textos constitucionais anteriores possuíam apenas disposições esparsas sobre a questão, como a Constituição de 1824, que fazia referência à proteção de socorros públicos (art. 179, XXXI)" (p. 685).
23. BARROSO, *op. cit.*, p. 110.
24. "A intervenção federal pelo inciso VII do art. 34 busca resguardar a observância dos chamados princípios constitucionais sensíveis. Esses princípios visam assegurar uma unidade de princípios organizativos tidos como indispensáveis para a identidade jurídica da federação, não obstante a autonomia dos Estados-membros para se auto-organizarem" (MENDES, *op. cit.*, p. 835).
25. O STF entende que a intervenção é medida extrema e, para ser decretada, precisa observar a proporcionalidade (IF 2.915/SP, rel. min. Marco Aurélio).
26. Cabe aqui transcrever a ementa da IF 114-5/MT, rel. min. Néri da Silveira:
"Intervenção Federal.
2. Representação do Procurador-Geral da República pleiteando intervenção federal no Estado de Mato Grosso para assegurar a observância dos 'direitos da pessoa humana', em face de fato criminoso praticado

derantemente atribuída ao Legislativo brasileiro, que o inciso XLI do art. 5º da CF criou: "a lei punirá qualquer discriminação atentatória dos direitos e liberdades fundamentais". O destaque indicado até aqui pelas previsões constitucionais analisadas, ganhou corpo com a inclusão do § 5º ao art. 109 da CF pela EC 45 de 2004. Segue a redação legal do mencionado parágrafo: "Nas hipóteses de grave violação de direitos humanos, o Procurador-Geral da República, com a finalidade de assegurar o cumprimento de obrigações decorrentes de tratados internacionais de direitos humanos dos quais o Brasil seja parte, poderá suscitar, perante o Superior Tribunal de Justiça, em qualquer fase do inquérito ou processo, incidente de deslocamento de competência para a Justiça Federal". Trata-se da denominada *federalização* dos crimes contra os direitos humanos, e um caso conhecido é o IDC 2-DF/STJ de relatoria da ministra Laurita Vaz, pois o caso tinha como pano de fundo a atuação de um grupo de extermínio e o incidente de deslocamento de competência foi parcialmente acolhido[27]. É importante asseverar, com base na jurisprudência do STJ, que o incidente de deslocamento só será provido se ficar comprovado que a Justiça Estadual constitui verdadeira barreira ao cumprimento dos compromissos internacionais de proteção dos direitos humanos assumidos pelo Brasil. Dito de outra forma e agora com ênfase na razão de ser do instituto, deve-se ter consciência de que um caso de grave violação dos direitos humanos previstos em tratados internacionais em que o Brasil seja parte, embora ocorrido no âmbito de um estado-membro da federação, é capaz de ensejar no cenário internacional a responsabilidade do Estado brasileiro, de modo que o deslocamento de competência para a órbita federal, em casos como esse, dá a oportunidade, no plano interno, para o órgão de Justiça da União examinar e decidir a questão, antes de arcar com o pesado ônus dessa violação. Para corroborar a importância de tudo o que foi dito, é mister asseverar que é regra básica da hermenêutica jurídica aquela que determina que a aplicação da lei deverá levar em conta os valores constitucionais que irradiam sobre todo o ordenamento jurídico. Vimos que os direitos humanos ocupam lugar central na CF (logo, direitos fundamentais), destarte, toda interpretação e aplicação de alguma norma do ordenamento jurídico brasileiro devem ser balizadas pela dignidade da pessoa humana. Assim, a interpretação que violar a dignidade da pessoa humana não é válida, ou melhor, é inconstitucional.

A alternativa a ser assinalada é a C (incorreta). O art. 5º, V, da CF assim estatui: "é assegurado o direito de resposta, proporcional ao agravo, além da indenização por dano material, moral ou à imagem". Ademais, o art. 14, ponto 2, da Convenção dispõe no mesmo sentido: "Em nenhum caso a retificação ou a resposta eximirão das outras responsabilidades legais em que se houver incorrido";

A alternativa A está correta. O art. 4º, VIII, da CF prevê expressamente o repúdio ao racismo e ao terrorismo. E o art. 13, ponto 5, da Convenção Americana de Direitos Humanos assim dispõe: "A lei deve proibir toda propaganda a favor da guerra, bem como toda apologia ao ódio nacional, racial ou religioso que constitua incitamento à discriminação, à hostilidade, ao crime ou à violência";

A alternativa B está correta. O art. 25, ponto 1, da Convenção Americana de Direitos Humanos assim dispõe: "Toda pessoa tem direito a um recurso simples

com extrema crueldade a indicar a inexistência de 'condição mínima', no Estado, 'para assegurar o respeito ao primordial direito da pessoa humana, que é o direito à vida'. Fato ocorrido em Matupá, localidade distante cerca de 700 km de Cuiabá.
3. Constituição, arts. 34, VII, letra *b*, e 36, III.
4. Representação que merece conhecida, por seu fundamento: alegação de inobservância pelo Estado-membro do princípio constitucional sensível previsto no art. 34, VII, alínea *b*, da Constituição de 1988, quanto aos 'direitos da pessoa humana'. Legitimidade ativa do Procurador-Geral da República (Constituição, art. 36, III).
5. Hipótese em que estão em causa 'direitos da pessoa humana', em sua compreensão mais ampla, revelando-se impotentes as autoridades policiais locais para manter a segurança de três presos que acabaram subtraídos de sua proteção, por populares revoltados pelo crime que lhes era imputado, sendo mortos com requintes de crueldade.
6. Intervenção Federal e restrição à autonomia do Estado-membro. Princípio federativo. Excepcionalidade da medida interventiva.
7. No caso concreto, o Estado de Mato Grosso, segundo as informações, está procedendo à apuração do crime. Instaurou-se, de imediato, inquérito policial, cujos autos foram encaminhados à autoridade judiciária estadual competente que os devolveu, a pedido do Delegado de Polícia, para o prosseguimento das diligências e averiguações.
8. Embora a extrema gravidade dos fatos e o repúdio que sempre merecem atos de violência e crueldade, não se trata, porém, de situação concreta que, por si só, possa configurar causa bastante a decretar-se intervenção federal no Estado, tendo em conta, também, as providências já adotadas pelas autoridades locais para a apuração do ilícito.
9. Hipótese em que não é, por igual, de determinar-se intervenha a Polícia Federal, na apuração dos fatos, em substituição à Polícia Civil de Mato Grosso. Autonomia do Estado-membro na organização dos serviços de justiça e segurança, de sua competência (Constituição, arts. 25, § 1º; 125 e 144, § 4º).
10. Representação conhecida mas julgada improcedente".

27. IDC 2-DF, rel. min. Laurita Vaz, julgado em 27/10/2010. (Inform. STJ 453)

e rápido ou a qualquer outro recurso efetivo, perante os juízes ou tribunais competentes, que a proteja contra atos que violem seus direitos fundamentais reconhecidos pela Constituição, pela lei ou pela presente Convenção, mesmo quando tal violação seja cometida por pessoas que estejam atuando no exercício de suas funções oficiais";

A alternativa D está correta, pois a assertiva está em consonância com o disposto no art. 4º, X, da CF e no art. 22, ponto 7, da Convenção Americana de Direitos Humanos.

(V EXAME DE ORDEM UNIFICADO – FGV) No âmbito dos direitos humanos, a respeito do Incidente de Deslocamento de Competência, instituído pela Emenda Constitucional 45, assinale a alternativa correta.

(A) Pelo incidente de deslocamento de competência, a Justiça Federal só julgaria os casos relativos aos direitos humanos após o Brasil ser responsabilizado internacionalmente.

(B) O incidente de deslocamento de competência se efetiva contrariamente ao princípio do federalismo cooperativo por não obedecer à hierarquia de competência para julgamento dos crimes comuns, mesmo no âmbito de ferimento aos direitos humanos.

(C) Para assegurar o cumprimento de obrigações decorrentes de tratados internacionais de direitos humanos de que o Brasil seja parte, o Procurador-Geral da República pode suscitar, perante o Superior Tribunal de Justiça, incidente de deslocamento de competência para a Justiça Federal, nas hipóteses de graves violações aos direitos humanos.

(D) O incidente de deslocamento de competência, embora garanta o cumprimento de obrigações do Estado brasileiro em relação aos tratados internacionais de direitos humanos, não está relacionado com a razoável duração do processo para a consecução da finalidade de efetiva proteção dos direitos humanos.

COMENTÁRIO

A assertiva "C" é a correta porque transcreve a redação do § 5º do art. 109 da Constituição Brasileira. O art. 109, § 5º, da CF assim dispõe: "Nas hipóteses de grave violação de direitos humanos, o Procurador-Geral da República, com a finalidade de assegurar o cumprimento de obrigações decorrentes de tratados internacionais de direitos humanos dos quais o Brasil seja parte, poderá suscitar, perante o Superior Tribunal de Justiça, em qualquer fase do inquérito ou processo, incidente de deslocamento de competência para a Justiça Federal".

8.3. Direitos Fundamentais – Artigo 5º da CF

(IV EXAME DE ORDEM UNIFICADO – FGV) Determinado congressista é flagrado afirmando em entrevista pública que não se relaciona com pessoas de etnia diversa da sua e não permite que, no seu prédio residencial, onde atua como síndico, pessoas de etnia negra frequentem as áreas comuns, os elevadores sociais e a piscina do condomínio. Ciente desses atos, a ONG TudoAfro relaciona as pessoas prejudicadas e concita a representação para fins criminais com o intuito de coibir os atos descritos. À luz das normas constitucionais e dos direitos humanos, é correto afirmar que

(A) o prazo de prescrição incidente sobre o crime de racismo é de vinte anos.

(B) o crime de racismo não está sujeito a prazo extintivo de prescrição.

(C) o crime de racismo é afiançável, sendo o valor fixado por decisão judicial.

(D) nos casos de crime de racismo, a pena cominada é de detenção.

COMENTÁRIO

A alternativa correta é a B.

Alternativas A e B: segundo o art. 5º, XLII, da CF, o crime de racismo é **imprescritível.**

Alternativa C: segundo o art. 5º, XLII, da CF, o crime de racismo é inafiançável.

Alternativa D: segundo o art. 5º, XLII, da CF, o crime de racismo está sujeito à pena de reclusão e não de detenção.

8.4. Incorporação de tratados no direito brasileiro

(OAB/Exame Unificado – 2014.1) Considere a seguinte informação jurisprudencial: "*Súmula Vinculante 25 do STF: É ilícita a prisão civil de depositário infiel, qualquer que seja a modalidade do depósito.*" Os debates no STF que levaram à alteração de sua própria jurisprudência e à adoção da Súmula acima consagraram a prevalência do Pacto de São José da Costa Rica e de sua proibição de prisão civil (Artigo 7º, item 7, do Pacto).

Assinale a opção que contém a tese majoritária que fundamentou a decisão do STF.

(A) A natureza supraconstitucional das Convenções de Direitos Humanos já que estas são universais e possuem força vinculante.
(B) A natureza constitucional das Convenções de Direitos Humanos que no Brasil decorre do Artigo 5º, § 2º, da Constituição de 1988.
(C) A natureza supralegal das Convenções de Direitos Humanos que faz com que elas sejam hierarquicamente superiores ao código civil e ao de processo civil.
(D) A natureza de lei ordinária das Convenções de Direitos Humanos, considerando que lei posterior revoga lei anterior.

COMENTÁRIO

A alternativa correta é a C. Em 3 de dezembro de 2008, o Ministro Gilmar Mendes, no RE 466.343-SP, defendeu a tese da supralegalidade de tais tratados, ou seja, superior às normas infraconstitucionais e inferior às normas constitucionais. O voto do Ministro Gilmar Mendes foi acompanhado pela maioria (posição atual do STF). Portanto, todo tratado de direitos humanos que for internalizado sem observar o procedimento estabelecido no art. 5º, § 3º, da CF, tem *status* de norma supralegal.

(IV EXAME DE ORDEM UNIFICADO – FGV) Em 2010, o Congresso Nacional aprovou por Decreto Legislativo a Convenção Internacional sobre os Direitos das Pessoas com Deficiência. Essa convenção já foi aprovada na forma do artigo 5º, § 3º, da Constituição, sendo sua hierarquia normativa de

(A) emenda constitucional.
(B) *status* supralegal.
(C) lei complementar.
(D) lei federal ordinária.

COMENTÁRIO

A alternativa correta é a A. No Brasil, os tratados só terão validade interna após terem sido aprovados pelo Congresso Nacional e ratificados e promulgados pelo Presidente da República, lembrando que a promulgação é efetuada mediante decreto presidencial. Depois de incorporado internamente, o tratado é equiparado hierarquicamente à norma infraconstitucional. Todavia, com a edição da Emenda Constitucional 45, os **tratados de direitos humanos** que forem aprovados, em cada Casa do Congresso Nacional, em dois turnos, por três quintos dos votos dos respectivos membros, serão equivalentes às emendas constitucionais – consoante determina o artigo 5º, §3º, da CF. Ou seja, tais tratados terão hierarquia constitucional. A Convenção sobre os Direitos das Pessoas com Deficiência foi adotada pela ONU em 13 de dezembro de 2006 e ratificada (consoante determina o art. 5º, § 3º, da CF) pelo Brasil em 25 de agosto de 2009, e tem por fundamento a consciência de que a deficiência é um conceito em evolução, e que a deficiência resulta da interação entre pessoas com deficiência, e que as barreiras devidas às atitudes e ao ambiente impedem a plena e efetiva participação dessas pessoas na sociedade em igualdade de oportunidades com as demais pessoas. Ademais, a discriminação contra qualquer pessoa, por motivo de deficiência, configura violação da dignidade e do valor inerentes ao ser humano.

8.5. Legislação nacional protetiva

8.5.1. *Quilombolas*

(XIV EXAME DE ORDEM UNIFICADO – FGV) Em 2014, em pelo menos 24 Estados do Brasil, estavam cadastradas mais de 3.500 comunidades quilombolas. As comunidades quilombolas são grupos étnico-raciais, segundo critérios de autoatribuição, com trajetória histórica própria, dotados de relações territoriais específicas e com ancestralidade negra relacionada com a resistência à opressão histórica sofrida. O constituinte brasileiro reconheceu a identidade dos quilombolas e, especificamente, seu direito fundamental à

(A) expressão cultural e artística.
(B) educação em escolas próprias.
(C) prática religiosa e litúrgica conforme suas tradições.
(D) propriedade definitiva das terras que estejam ocupando.

COMENTÁRIO

A alternativa correta é a D. O direito fundamental dos quilombolas, reconhecido expressamente pelo constituinte, foi o de propriedade definitiva das terras que estejam ocupando (art. 68 do ADCT).

8.5.2. *COMISSÃO NACIONAL DA VERDADE*

(XIV EXAME DE ORDEM UNIFICADO – FGV) A história recente da república brasileira conta com capítulos autoritários e violentos. Para restituir o direito à memória e cessar a violência do silêncio e da desinformação, o Estado brasileiro aprovou a Lei 12.528/2011 que instituiu, no âmbito da Casa Civil da Presidência da República, a Comissão Nacional da Verdade, como forma de realizar, no Brasil, a Justiça de Transição. Assinale a opção que apresenta o objetivo dessa Comissão.

(A) Investigar as atividades praticadas por grupos de oposição ao governo, no período de 1946 até 1988, para apurar as responsabilidades civis e criminais de seus militantes em eventuais atos ilegais.
(B) Promover uma avaliação e revisão da anistia no Brasil para, ao final, propor uma PEC que modifique e adeque o Art. 8º, dos Atos das Disposições Constitucionais Transitórias, que trata, justamente, da anistia.
(C) Examinar e esclarecer as graves violações de direitos humanos praticadas entre 1946 e 1988, a fim de efetivar o direito à memória e à verdade histórica, bem como promover a reconciliação nacional.
(D) Examinar e esclarecer ocorrência de crimes praticados entre 1946 e 1988 que não tenham sido resolvidos à época, a fim de efetivar o direito à memória e à verdade histórica, bem como promover a reconciliação nacional.

COMENTÁRIO

A única assertiva com conteúdo correto, em função da delimitação dada pela pergunta, é a "C". Isso porque essa assertiva reproduziu o disposto no art. 1º da Lei 12.528/2011.

8.5.3. *Pessoa Portadora de Deficiência ou com Mobilidade Reduzida*

(VIII EXAME DE ORDEM UNIFICADO – FGV) A Declaração Universal dos Direitos Humanos idealizou a figura do "ser humano livre", caso fossem atendidos os elementos que criassem condições que permitissem que os indivíduos usufruíssem de direitos econômicos, sociais e culturais, além dos civis e políticos. No Brasil, a Lei 10.098/2003 criou mecanismos para a promoção da acessibilidade das pessoas portadoras de deficiência ou com mobilidade reduzida.

A respeito de tais disposições legais, as afirmativas a seguir estão corretas, à exceção de uma. Assinale-a.

(A) A pessoa portadora de deficiência ou com mobilidade reduzida é aquela que em caráter permanentemente, não temporário, tenha limitada sua capacidade de relacionar-se com o meio e de utilizá-lo.
(B) O Programa Nacional de Acessibilidade dispõe de dotação orçamentária específica a fim de tratar de medidas de acessibilidade das pessoas portadoras de deficiência ou com mobilidade reduzida.
(C) O Programa Nacional de Acessibilidade foi instituído no âmbito da Secretaria de Estado de Direitos Humanos do Ministério da Justiça.
(D) Os edifícios de uso público, em que seja obrigatória a instalação de elevadores, devem atender ao requisito de percurso acessível que una a edificação à via pública, exigindo-se o mesmo de edifícios de uso privado.

COMENTÁRIO

A alternativa A está incorreta, devendo ser assinalada, pois o art. 2, III, da Lei 10.098/00 assim define pessoa portadora de deficiência ou com mobilidade reduzida: a que temporária ou permanentemente tem limitada sua capacidade de relacionar-se com o meio e de utilizá-lo.

A alternativa B está correta, pois reflete o art. 22 da Lei 10.098/2000.

A alternativa C está correta (*vide* art. 22 da Lei 10.098/2000).

A alternativa D está correta, pois em conformidade com a redação do art. 13 da Lei 10.098/00.

8.5.4. *Direito Indigenista*

(VIII EXAME DE ORDEM UNIFICADO – FGV) O Pacto de São José da Costa Rica estabelece que todas as pessoas são iguais perante a Lei, não se admitindo qualquer discriminação, sendo assegurada a proteção legal. No que tange ao direito indigenista, segundo a norma brasileira, assinale a afirmativa correta.

(A) As terras tradicionalmente ocupadas pelos índios destinam-se a sua posse permanente, cabendo-lhes o usufruto exclusivo das riquezas do solo, dos rios e dos lagos, irrelevante o interesse público da União, sendo nulos e não produzindo efeitos jurídicos os atos que tenham por objeto a ocupação, o domínio e a posse das terras.

(B) Os índios e as comunidades indígenas ainda não integrados à comunhão nacional ficam sujeitos ao regime tutelar, mas qualquer índio poderá requerer ao juiz competente a sua liberação do regime tutelar, mesmo que não conheça a língua portuguesa.

(C) O Ministério Público Federal, com exclusão de qualquer outro órgão público ou privado, deve promover a plena assistência ao índio e a defesa judicial ou extrajudicial dos direitos dos silvícolas e das comunidades indígenas.

(D) Os atos praticados entre um índio não integrado e qualquer pessoa estranha à comunidade indígena, quando não tenha havido assistência do órgão tutelar competente, são nulos, salvo se o índio revelar consciência e conhecimento do ato praticado, desde que não lhe seja prejudicial, diante da extensão dos seus efeitos.

COMENTÁRIO

A alternativa D está correta, pois reflete o disposto no art. 8º, *caput* e parágrafo único, do Estatuto do Índio.

A alternativa A está incorreta, pois existe ressalva em relação ao relevante interesse público da União (art. 231, §§ 2º e 6º, da CF).

A alternativa B está incorreta, pois contraria o disposto nos arts. 7º e 9º do Estatuto do Índio (Lei 6.001/73). Os requisitos para obter a liberação do regime tutelar são: a) idade mínima de 21 anos; b) conhecimento da língua portuguesa; c) habilitação para o exercício de atividade útil, na comunhão nacional; d) razoável compreensão dos usos e costumes da comunhão nacional.

A alternativa C está incorreta, pois contraria o disposto no art. 37 do Estatuto do Índio.

8.5.5. *Idosos*

(VII EXAME DE ORDEM UNIFICADO – FGV) O IBGE estima que nos próximos trinta anos a previsão é de que os idosos ultrapassem cinquenta milhões de pessoas, o que corresponderá a 28% da população brasileira. Os Direitos Humanos inerentes à população idosa no Brasil são amplamente reconhecidos. A Constituição Federal estabelece que a família, o Estado e toda a sociedade devem amparar pessoas idosas, defendendo sua dignidade e bem-estar. Em 1994 foi criado o Conselho Nacional do Idoso, por meio da Lei 8.842 e, atualmente, o Estatuto do Idoso (Lei 10.741/2003) contempla políticas diversas de proteção aos maiores de sessenta anos e estabelece, ainda, que os idosos

(A) têm direito a alimentos, mas a obrigação alimentar é subsidiária e não cabe ao idoso optar por quem os prestará, devendo obedecer à ordem estabelecida na lei civil.

(B) devem contar com direito à prioridade, nisso consistindo, inclusive, prioridade no recebimento da restituição do imposto de renda.

(C) podem ser admitidos em qualquer trabalho ou emprego, vedada, em qualquer hipótese, discriminação e fixação de limite máximo de idade.

(D) maiores de sessenta e cinco anos têm direito à gratuidade dos transportes coletivos públicos urbanos, mesmo os serviços seletivos e especiais, quando prestados paralelamente aos serviços regulares.

COMENTÁRIO

A alternativa B está correta, pois em consonância com o art. 3º, parágrafo único, IX, do Estatuto do Idoso.

A alternativa A está incorreta, pois em contradição com o art. 12 do Estatuto do Idoso ("A obrigação alimentar é solidária, podendo o idoso optar entre os prestadores").

A alternativa C está incorreta. A assertiva traz a regra geral, mas existem exceções e por isso o alegado está errado. O art. 27 do Estatuto do Idoso assim dispõe: "Na admissão do idoso em qualquer trabalho ou emprego, é vedada a discriminação e a fixação de limite máximo de idade, inclusive para concursos, ressalvados os casos em que a natureza do cargo o exigir".

A alternativa D está incorreta, pois em contradição com o art. 39 do Estatuto do Idoso ("Aos maiores de 65 anos fica assegurada a gratuidade dos transportes coletivos públicos urbanos e semiurbanos, exceto nos serviços seletivos e especiais, quando prestados paralelamente aos serviços regulares").

8.5.6. *Presos*

(XVI EXAME DE ORDEM UNIFICADO – FGV) Como é sabido, o Pacto Internacional dos Direitos Civis e Políticos estabelece em seu Art. 25 que todo cidadão terá o direito e a possibilidade de votar e de ser eleito em eleições periódicas, autênticas, realizadas por sufrágio universal e igualitário e por voto secreto, que garantam a manifestação da vontade dos eleitores. Segundo informação da Agência Brasil (Empresa Brasileira de Comunicação), o Brasil possuía, em 2014, cerca de 230 mil presos provisórios. Em relação a tais presos, assinale a afirmativa correta.

(A) A despeito do Pacto supramencionado, eles não possuem direito ao voto, por estarem em situação de encarceramento, o que enseja perda da condição de cidadão.

(B) Tais presos provisórios têm direito ao voto apenas se manifestarem expressamente o interesse em votar e forem previamente cadastrados pelo TRE.

(C) Todos aqueles que estão privados de liberdade por ato legal do Estado perdem seus direitos políticos, não podendo, portanto, votar e nem se candidatar.

(D) Presos provisórios têm o direito de votar em seções eleitorais especiais devidamente instaladas em estabelecimentos penais e em unidades de internação de adolescentes.

COMENTÁRIO

A alternativa correta é a D. O art. 1º da Resolução do TSE 23.219/2010 assim dispõe:

"Os Juízes Eleitorais, sob a coordenação dos Tribunais Regionais Eleitorais, criarão seções eleitorais especiais em estabelecimentos penais e em unidades de internação de adolescentes, a fim de que os presos provisórios e os adolescentes internados tenham assegurado o direito de voto, observadas as normas eleitorais e as normas específicas constantes desta resolução".

(VI EXAME DE ORDEM UNIFICADO – FGV) Numa perspectiva dos direitos humanos, acerca dos direitos e deveres dos presos, é correto afirmar que

(A) o preso conserva todos os direitos não atingidos pela perda da liberdade. Assim, afigura-se ofensa à dignidade do preso, bem como desrespeito à lei, impedir a visita da esposa ou companheira àquele que se encontra preso.

(B) a concessão de benefícios é vedada aos presos, pois eles possuem o dever geral de obediência pessoal às normas de execução penal.

(C) o trabalho do preso possui natureza de dever social e é remunerado, sendo certo que tal contraprestação não poderá ser inferior ao salário mínimo.

(D) a possibilidade de o preso manter relações com o mundo exterior, por meio de correspondência e leitura, é recompensa que se confere pelo bom comportamento daquele que se encontra cumprindo pena privativa de liberdade.

COMENTÁRIO

A alternativa A está correta, pois, de fato, o preso conserva todos os direitos não atingidos pela perda da liberdade. A justificação sobre o direito de visita poderia ser construída de várias formas, mas tal exercício não é necessário porque a legislação brasileira conta com previsão expressa desse direito – art. 41, X, da Lei de Execuções Penais – LEP. Ademais, interessante transcrever o trecho do Informativo 640 do STF que nos interessa: "*Habeas corpus" e direito de detento a visitas – 1.* É cabível *habeas corpus* para apreciar toda e qualquer medida que possa, em tese, acarretar constrangimento à liberdade de locomoção ou, ainda, agravar as restrições a esse direito. Esse foi o entendimento da 2ª Turma ao deferir *habeas corpus* para assegurar a detento em estabelecimento prisional o direito de receber visitas de seus filhos e enteados. Na espécie, o juízo das execuções criminais decidira que o condenado não teria jus à visitação, visto que a prisão seria local impróprio aos infantes, o que poderia trazer-lhes prejuízos na formação psíquica. A defesa, então, impetrara *habeas corpus* no STJ, que o indeferira liminarmente, ao fundamento de que a pretensão não se compatibilizava com a modalidade eleita, uma vez que não ofendido o direito de locomoção do ora paciente. De início, rememorou-se que a jurisprudência hodierna da Corte estabelece sérias ressalvas ao cabimento do *writ*, no sentido de que supõe violação, de forma mais direta, ao menos em exame superficial, à liberdade de ir e vir dos cidadãos. Afirmou-se que essa orientação, entretanto, não inviabilizaria, por completo, o processo de ampliação progressiva que essa garantia pudesse vir a desempenhar no sistema jurídico brasileiro, sobretudo para conferir força normativa mais robusta à Constituição. À respeito, ponderou-se que o Supremo tem alargado o campo de abrangência dessa ação constitucional, como no caso de impetrações contra instauração de inquérito criminal para tomada de depoimento, indiciamento de determinada pessoa, recebimento de denúncia, sentença de pronúncia no âmbito do processo do Júri e decisão condenatória, dentre outras. Enfatizou-se que a Constituição teria o princípio da humanidade como norte e asseguraria aos presidiários o respeito à integridade física e moral (CF, art. 5º: "*XLIX –* **é assegurado aos presos o respeito à integridade física e moral**" e Pacto de São José da Costa Rica: "*Art. 5º Direito à Integridade Social 1. Toda pessoa tem o direito de que se respeite sua integridade física, psíquica e moral. 2. Ninguém deve ser submetido a torturas, nem a penas ou tratos cruéis, desumanos ou degradantes. Toda pessoa privada da liberdade deve ser tratada com respeito devido à dignidade inerente ao ser humano*"). Preconizou-se, por conseguinte, que não se poderia tratar a pena com objetivo de retaliação, mas de ressocialização. HC 107701/RS, rel. Min. Gilmar Mendes, 13.9.2011. (HC-107701). *"Habeas corpus" e direito de detento a visitas – 2.* Aludiu-se que a visitação seria desdobramento do direito de ir e vir, na medida em que seu empece agravaria a situação do apenado. Isso porque só haveria direito de visitas porque a liberdade do paciente estava tolhida. Ponderou-se que, segundo a própria teleologia da segregação criminal, eventuais erros estatais ao promovê-la poderiam e deveriam ser sanados pela via do *habeas corpus*, sob pena de não se alcançar a harmônica reintegração à comunidade daqueles que sofrem a ação do magistério punitivo do Estado. Nesse contexto, salientaram-se como escopos para o tratamento dos condenados, enquanto perdurar a sanção: a) inspirar-lhes a vontade de viver conforme a lei; b) incutir-lhes o respeito por si mesmos; e c) desenvolver-lhes o senso de responsabilidade (Regras Mínimas para o Tratamento de Prisioneiros da Organização das Nações Unidas, 65). Igualmente, destacou-se que seria direito do custodiado receber visitas do cônjuge, da companheira, de parentes e de amigos (LEP: "*Art. 41 – Constituem direitos do preso: ... X – visita do cônjuge, da companheira, de parentes e amigos em dias determinados*" e Resolução 14 do Conselho Nacional de Política Criminal e Penitenciária: "*Art. 33. O preso estará autorizado a comunicar-se periodicamente, sob vigilância, com sua família, parentes, amigos ou instituições idôneas, por correspondência ou por meio de visitas*"). Logo, consignou-se que não caberia negativa desse direito nem mesmo aos enteados, porquanto, à despeito de não terem comprovado seu vínculo com o paciente, tampouco a estabilidade da relação com a genitora, inserir-se-iam naquela última categoria. Sublinhou-se que poderia haver denegação motivada de visita pelo diretor do estabelecimento, o que não ocorrera no caso (LEP, art. 41, parágrafo único: "*Os direitos previstos nos incisos V, X e XV poderão ser suspensos ou restringidos mediante ato motivado do diretor do estabelecimento*"). Ademais, explicitou-se que o notório desajuste do sistema carcerário nacional não poderia justificar o óbice à visita de menores. Esclareceu-se, pois, que caberia ao Poder Público o dever de propiciar meios para que o apenado pudesse receber, inclusive, seus filhos e enteados, em ambiente minimamente aceitável e preparado, de modo a não colocar em risco a integridade física e psíquica dos visitantes. Assim, concluiu-se que o *habeas corpus* seria o meio apto a tutelar todo o plexo de relações ligadas à execução penal, até porque outro instrumento não seria identicamente expedito. HC 107701/RS, rel. Min. Gilmar Mendes, 13.9.2011. (HC-107701).

A alternativa B está incorreta, pois existem inúmeros benefícios na legislação pátria direcionados aos presos que ostentam, por exemplo, bom comportamento carcerário. Reler o comentário anterior.

A alternativa C está incorreta, pois o art. 29 da LEP assim dispõe: "O trabalho do preso será remunerado, mediante prévia tabela, não podendo ser inferior a 3/4 (três quartos) do salário mínimo".

A alternativa D está incorreta, pois se trata de um direito do preso (art. 41, XV, da LEP), e não recompensa.

8.5.7. *Mecanismo nacional de prevenção e combate à tortura*

(XV EXAME DE ORDEM UNIFICADO – FGV) Como forma de evitar a ocorrência de violação de Direitos Humanos em estabelecimentos prisionais, o Brasil ratificou, em 2007, o Protocolo Facultativo à Convenção contra a tortura e outros tratamentos ou penas cruéis, desumanos ou degradantes. Tal protocolo estabelece que cada Estado-Parte deverá designar ou manter, em nível doméstico, um ou mais mecanismos preventivos nacionais. Por meio da Lei 12.847/2013, o Brasil pretendeu atender à exigência do Protocolo, ao criar o Mecanismo Nacional de Prevenção e Combate à Tortura.

Quanto ao meio proposto tanto pelo Protocolo quanto pela Lei para alcançar a finalidade almejada, assinale a afirmativa correta.

(A) Sistema de visitas regulares de seus membros.
(B) Mutirões judiciais.
(C) Medidas legislativas de parlamentares que integrem o Mecanismo.
(D) Criação e fortalecimento de defensorias públicas.

COMENTÁRIO

A única assertiva que traz um meio proposto tanto pelo Protocolo como pela Lei 12.847/2013 é a "A". A redação do art. 1º do Protocolo é a seguinte: "O objetivo do presente Protocolo é estabelecer um sistema de visitas regulares efetuadas por órgãos nacionais e internacionais independentes a lugares onde pessoas são privadas de sua liberdade, com a intenção de prevenir a tortura e outros tratamentos ou penas cruéis, desumanos ou degradantes". Já a lei estatui no seu artigo 9º, I, que compete ao Mecanismo Nacional de Prevenção e Combate à Tortura "planejar, realizar e monitorar visitas periódicas e regulares a pessoas privadas de liberdade em todas as unidades da Federação, para verificar as condições de fato e de direito a que se encontram submetidas".

8.6. Programa Nacional de Direitos Humanos – PNDH

(XIV EXAME DE ORDEM UNIFICADO – FGV) Em maio de 1996, o Brasil instituiu seu primeiro Programa Nacional de Direitos Humanos (PNDH 1). Na Introdução do PNDH 2, adotado em maio de 2002, vem escrito o seguinte:

"Entre as principais medidas legislativas que resultaram de proposições do PNDH figuram... a transferência da justiça militar para a justiça comum dos crimes dolosos contra a vida praticados por policiais militares (Lei 9.299/1996), que permitiu o indiciamento e o julgamento de policiais militares em casos de múltiplas e graves violações como os do Carandiru, Corumbiara e Eldorado dos Carajás; a tipificação do crime de tortura (Lei 9.455/1997), que constituiu marco referencial para o combate a essa prática criminosa no Brasil; e a construção da proposta de reforma do Poder Judiciário, na qual se inclui, entre outras medidas destinadas a agilizar o processamento dos responsáveis por violações, a chamada 'federalização' dos crimes de direitos humanos."

Em relação ao último ponto descrito, é correto dizer que a federalização contra os crimes de direitos humanos pode ocorrer apenas no seguinte caso:

(A) havendo indício de violação de direitos humanos previstos na legislação nacional ou nos tratados internacionais.
(B) havendo grave violação de direitos humanos previstos nos tratados internacionais de direitos humanos dos quais o Brasil seja parte.
(C) havendo violação das leis protetivas dos direitos humanos, tais quais as leis citadas na Introdução do PNDH 2.
(D) havendo grave violação dos direitos humanos previstos na Constituição Federal.

COMENTÁRIO

O § 5º do art. 109 da CF assim dispõe: "Nas hipóteses de **grave violação de direitos humanos**, o Procurador-Geral da República, com a finalidade de assegurar o cumprimento de **obrigações decorrentes de tratados internacionais de direitos humanos dos quais o Brasil seja parte**, poderá suscitar, perante o Superior Tribunal de Justiça, em qualquer fase do inquérito ou processo, incidente de deslocamento de competência para a Justiça Federal". Pela redação acima disposta percebe-se que a assertiva correta é a "B". Sobre o tema é importante asseverar, com base na jurisprudência do STJ, que o incidente de deslocamento só será provido se ficar comprovado que a justiça estadual constitui verdadeira barreira ao cumprimento dos compromissos internacionais de proteção dos direitos humanos assumidos pelo Brasil. Dito de outra forma e agora com ênfase na razão de ser do instituto, deve-se ter consciência de que um caso de grave violação dos direitos humanos previstos em tratados internacionais em que o Brasil seja parte, embora ocorrido no âmbito de um estado-membro da federação, é capaz de ensejar no cenário internacional a responsabilidade do Estado brasileiro, de modo que o deslocamento de competência para a órbita federal, em casos como esse, dá a oportunidade, no plano interno, para o órgão de Justiça da União examinar e decidir a questão, antes de arcar com o pesado ônus dessa violação. No IDC 1-PA/STJ, a linha jurisprudencial acima disposta foi inicialmente construída e no voto do relator desse julgamento ficou fixado a necessidade de se observar os princípios da proporcionalidade e da razoabilidade quando da efetivação do deslocamento.

8.7. Conselho Nacional dos Direitos Humanos – CNDH

(XVII EXAME DE ORDEM UNIFICADO– FGV) A Lei 12.986/2014 transformou o antigo Conselho de Defesa dos Direitos da Pessoa Humana – CDDPH – em Conselho Nacional dos Direitos Humanos – CNDH. A respeito da finalidade desse Conselho, de acordo com a lei mencionada, assinale a afirmativa correta.

(A) Deve apresentar as demandas brasileiras relativas aos direitos humanos junto aos organismos internacionais e multilaterais de proteção dos Direitos Humanos.

(B) Deve representar o Estado brasileiro em todas as notificações que este venha a receber em função de procedimentos, como parte da Comissão Interamericana de Direitos Humanos, ou de processos movidos contra o Brasil na Corte Interamericana de Direitos Humanos.

(C) Deve elaborar um projeto nacional de Educação para os Direitos Humanos.

(D) Deve promover e defender os direitos humanos mediante ações preventivas, protetivas, reparadoras e sancionadoras das condutas e situações de ameaça ou da violação desses direitos.

COMENTÁRIO

A assertiva "D" é a correta porque reproduz a redação do artigo 2º da Lei 12.986/2014. Essa lei transformou o Conselho de Defesa dos Direitos da Pessoa Humana – CDDPH – em Conselho Nacional dos Direitos Humanos. O Conselho é um órgão colegiado[28] com representantes de setores representativos ligados aos Direitos Humanos e com importância fundamental na promoção e defesa desses no País.

(XVI EXAME DE ORDEM UNIFICADO – FGV) A Lei 12.986, de 2 de junho de 2014, transformou o antigo Conselho de Defesa dos Direitos da Pessoa Humana em Conselho Nacional dos Direitos Humanos – CNDH. Esse Conselho poderá solicitar credenciamento junto à Organização das Nações Unidas (ONU) para ser reconhecido como Instituição Nacional de Direitos Humanos. Para isso, é necessário que atenda aos Princípios de Paris, que foram sugeridos durante o Encontro Internacional das Instituições Nacionais de Direitos do Homem, em 1991, e adotados pela Assembleia Geral das Nações Unidas, em 1993. De acordo com os Princípios de Paris, as Instituições Nacionais de Direitos Humanos devem atender a cinco características. Assinale a afirmativa que as indica.

(A) 1) Autonomia para monitorar qualquer violação de Direitos Humanos; 2) Autoridade para assessorar o Executivo, o Legislativo e qualquer outra instância sobre temas relacionados aos Direitos Humanos; 3) Capacidade de se relacionar com instituições regionais e internacionais; 4) Legitimidade para educar e informar sobre Direitos Humanos; e 5) Competência para atuar em temas jurídicos (quase judicial).

(B) 1) Autonomia orçamentária; 2) Eleição direta de seus membros; 3) Autoridade para negociar com lideranças do setor público e do setor privado; 4) Jurisdição administrativa em matéria de Direitos Humanos; e 5) Competência para denunciar estados-partes que não cumpram as convenções de que são parte.

(C) 1) Legitimidade legiferante e poder de veto em legislação relativa aos Direitos Humanos; 2) Competência deliberativa sobre a alocação de recursos públicos em programas e projetos de Direitos Humanos; 3) Capacidade de responder em juízo em casos de litígio que envolvam os Direitos Humanos; 4) Expertise para realizar pesquisas em Direitos Humanos; e 5) Autoridade para definir currículos escolares em matérias relativas aos Direitos Humanos.

(D) 1) Indivisibilidade; 2) Universalidade; 3) Complementaridade; 4) Imprescritibilidade; e 5) Irrenunciabilidade dos Direitos Humanos.

COMENTÁRIO

A assertiva correta com base nos Princípios de Paris é a "A".

9. DIREITO DOS REFUGIADOS

(XVII EXAME DE ORDEM UNIFICADO– FGV) Segundo dados do CONARE (Comitê Nacional para os Refugiados), o Brasil possuía, no fim de 2014, 6.492 refugiados de 80 nacionalidades. Como é sabido, o Brasil ratificou a Convenção das Nações Unidas sobre o Estatuto dos Refugiados, assim como promulgou a Lei 9.474/1997, que define os mecanismos para a implementação dessa Convenção. Assinale a opção que, conforme a lei mencionada, define a condição jurídica do refugiado no Brasil.

(A) Possui os direitos e deveres dos estrangeiros no Brasil, bem como direito a cédula de identidade comprobatória de sua condição jurídica, carteira de trabalho e documento de viagem.

(B) Está sujeito aos deveres dos estrangeiros no Brasil e tem direito a documento de viagem para deixar o país quando for de sua vontade.

(C) Sendo acolhido como refugiado, tem todos os direitos previstos no seu país de origem, mas deve acatar os deveres impostos a todos os brasileiros. Também tem direito à cédula de identidade.

(D) Possui os direitos e deveres dos estrangeiros no Brasil, bem como direito a cédula de identidade comprobatória de sua condição jurídica, carteira de trabalho, documento de viagem e título de eleitor.

COMENTÁRIO

A única assertiva que descreve corretamente a condição jurídica do refugiado no Brasil é "A" (vide art. 6º da Lei 9.474/1997). O Direito dos Refugiados é composto de princípios e regras - positivadas ou costumeiras - que têm como função proteger e auxiliar o indivíduo considerado refugiado. Refugiado é (i) o indivíduo que, perseguido devido à sua raça, religião, nacionalidade, opinião política ou por sua ligação com certo grupo social, se encontra fora de seu país de nacionalidade e não pode ou não quer, por temor, regressar ao seu país; (ii) ou o apátrida que, perseguido devido à sua raça, religião, nacionalidade, opinião política ou por sua ligação com certo grupo social, se encontra fora do país onde teve sua última residência habitual e não pode ou não quer, por temor, regressar a tal país. Ainda, é possível considerar refugiado (iii) todo aquele que é vítima de grave e generalizada violação de direitos humanos[29]. O último item trata da chamada "definição ampla de refugiado". E diferentemente do instituto asilo, não exige a atualidade da perseguição (urgência).

28. Seus integrantes estão elencados no art. 3º da Lei 12.986/2014.

29. A definição de refugiado está em consonância com a legislação nacional (artigo 1º da Lei 9.474/1997). Previsto também na Convenção da Organização da Unidade Africana e na Declaração de Cartagena.

5. Direito Internacional

Renan Flumian

Direito Internacional Público

1. TEORIA E FUNDAMENTOS

(IV EXAME DE ORDEM UNIFICADO – FGV) Com relação à chamada "norma imperativa de Direito Internacional geral", ou *jus cogens*, é correto afirmar que é a norma

(A) de direito humanitário, expressamente reconhecida pela Corte Internacional de Justiça, aplicável a todo e qualquer Estado em situação de conflito.

(B) prevista no corpo de um tratado que tenha sido ratificado por todos os signatários, segundo o direito interno de cada um.

(C) aprovada pela Assembleia Geral das Nações Unidas e aplicável a todos os Estados membros, salvo os que apresentarem reserva expressa.

(D) reconhecida pela comunidade internacional como aplicável a todos os Estados, da qual nenhuma derrogação é permitida.

COMENTÁRIO

A alternativa D está correta. O art. 53 da Convenção de Viena sobre o Direito dos Tratados dispõe que uma norma imperativa de Direito Internacional geral é uma norma aceita e reconhecida pela comunidade internacional dos Estados como um todo, como norma da qual nenhuma derrogação é permitida e que só pode ser modificada por norma ulterior de Direito Internacional geral da mesma natureza. Em última medida, o *jus cogens* seria como um qualificador de regras consideradas basilares para a ordenação e a viabilidade da comunidade internacional.

A alternativa A está incorreta. O Direito Humanitário é composto de princípios e regras – positivadas ou costumeiras – que têm como função, por questões humanitárias, limitar os efeitos do conflito armado. Mais especificamente, o Direito Humanitário protege as pessoas que não participam ou não mais participam das hostilidades e restringe os meios e os métodos de guerra. Tal conceito permite-nos encará-lo como Direito Internacional dos Conflitos Armados ou Direito da Guerra. É considerado por muitos a primeira limitação internacional que os Estados sofreram na sua soberania[1], pois, na hipótese de conflito armado, estes teriam de respeitar certas regras que visam proteger as vítimas civis e os militares fora de combate. Assim, teve-se início o processo de internacionalização dos direitos humanos. O Direito Internacional Humanitário é principalmente fruto das quatro Convenções de Genebra de 1949 (em 1949 foram revistas as três Convenções anteriores – 1864, 1906 e 1929 – e criada uma quarta, relativa à proteção dos civis em período de guerra) e seus Protocolos Adicionais, os quais formam o conjunto de leis para reger os conflitos armados e buscar limitar seus efeitos (Direito de Genebra). A proteção recai sobre as pessoas que não participam diretamente dos conflitos (civis, profissionais da saúde e de socorro) e os que não mais participam das hostilidades (soldados feridos, doentes, náufragos e prisioneiros de guerra). As Convenções e seus Protocolos apelam para que sejam tomadas medidas para evitar ou para encerrar todas as violações. Eles contêm regras rigorosas para lidar com as chamadas "violações graves", devendo seus responsáveis serem julgados ou extraditados, independentemente de sua nacionalidade. A outra parte das regras do Direito Internacional Humanitário provém do Direito de Haia (Convenções de Haia de 1899 e de 1907), as quais regulam especificamente o meio e os métodos utilizados na guerra, ou, em outras palavras, a condução das hostilidades pelos beligerantes e as Regras de Nova Iorque[2], que cuidam da proteção dos direitos humanos em período de conflito armado. Pode-se apontar ainda o Tribunal Penal Internacional como um dos destaques na tutela do Direito Internacional Humanitário;

A alternativa B está incorreta. A condição de *jus cogens* que uma norma pode ter não é determinada necessariamente por um tratado, mas sim pelo reconhecimento da norma pela comunidade internacional como um todo, isto é, sua existência tem por fundamento razões objetivas, as quais se encontram situadas acima do caráter volitivo dos Estados. Por questão lógica, nada impede que uma norma *jus cogens* também faça parte de um tratado, mas, como dito, não é necessariamente o tratado que lhe vai conferir tal natureza;

A alternativa C está incorreta. Consoante dito na assertiva "B", a norma imperativa de Direito internacional geral é determinada por razões objetivas, as quais se encontram situadas acima do caráter volitivo dos Estados;

2. ESTADO – SOBERANIA E TERRITÓRIO

(VII EXAME DE ORDEM UNIFICADO – FGV) Após assaltar uma embarcação turística a 5 milhas náuticas da costa do Maranhão, um bando de piratas consegue fugir com joias e dinheiro em duas embarcações leves motorizadas. Comunicadas rapidamente do ocorrido, duas lanchas da Marinha que patrulhavam a área perseguiram e alcançaram uma das embarcações a 10 milhas náuticas das linhas de base a partir das quais se mede o mar territorial. A segunda embarcação, no entanto, só foi alcançada a 14 milhas náuticas das linhas de base. Ao final, todos os assaltantes foram presos e, já em terra, entregues à Polícia Federal. Com base no caso hipotético acima, é correto afirmar que

(A) a prisão da primeira embarcação é legal, mas não a da segunda, pois a jurisdição brasileira se esgota nos limites de seu mar territorial, que é de 12 milhas náuticas contadas das linhas de base.

(B) as duas prisões são ilegais, pois a competência para reprimir crimes em águas jurisdicionais brasileiras pertence exclusivamente à Divisão de Polícia Aérea, Marítima e de Fronteira do Departamento de Polícia Federal.

(C) as duas prisões são legais, pois a primeira embarcação foi interceptada dentro dos limites do mar territorial e a segunda dentro dos limites da zona contígua, onde os Estados podem tomar medidas para reprimir as infrações às leis de seu território.

(D) a primeira prisão é ilegal, pois ocorreu em mar territorial, área de competência exclusiva da Polícia Federal, e a segunda prisão é legal, pois ocorreu em zona contígua, onde a competência para reprimir qualquer ato que afete a segurança nacional passa a ser da Marinha.

COMENTÁRIO

A assertiva correta é a "C". O mar territorial é a parte do mar compreendida entre a linha de base e o limite de 12 milhas marítimas na direção do mar aberto. Cabe sublinhar que os baixios a descoberto que se encontrem, parcialmente, a uma distância do continente que não exceda a largura do mar territorial podem ser utilizados como parâmetro para medir a largura do mar territorial (art. 13, ponto 1, da Convenção das Nações Unidas sobre Direito do Mar). No âmbito do mar territorial, o Estado exerce soberania com algumas limitações. Essa soberania alcança não apenas as águas, mas também o leito do mar, seu respectivo subsolo e o espaço aéreo sobrejacente. Como adendo, sublinho que a doutrina é uniforme em defender que não existem limitações à soberania referente ao espaço atmosférico acima do mar territorial. A soberania sobre o mar territorial é mitigada pelo direito de passagem inocente, reconhecido em favor dos navios de qualquer Estado. Mas deve-se atentar que esse direito deve ser exercido de maneira contínua, rápida e ordeira, sob pena de configurar ato ilícito. Já os submarinos devem navegar na superfície e com o pavilhão arvorado. Ainda, tal soberania pode ser limitada em função da proteção ambiental. Por exercer soberania sobre o mar territorial, o Estado costeiro poderá exercer poder de polícia, para proceder à fiscalização aduaneira e sanitária, como também à regulamentação dos portos e do trânsito[3] pelas águas territoriais, inclusive tomar medidas para reprimir as infrações às leis de seu território. E a zona contígua trata-se de uma segunda faixa, a qual é adjacente ao mar territorial, e, em princípio, também de 12 milhas de largura. No âmbito da zona contígua, o Estado costeiro também exerce soberania e, destarte, poderá exercer seu poder de polícia e, assim, proceder à fiscalização no que concerne à alfândega, à imigração, à saúde e, ainda, à regulamentação dos portos e do trânsito pelas águas territoriais, como também tomar medidas para reprimir as infrações às leis de seu território.

1. A Liga das Nações e a Organização Internacional do Trabalho são os outros exemplos dessa primeira limitação, oriunda da comunidade internacional, que os Estados sofreram em sua inabalável soberania.
2. Resolução 2.444 (XXIII) adotada em 1968 pela Assembleia Geral das Nações Unidas.
3. A passagem de trânsito também se aplica às aeronaves.

2.1. Imunidades

(XII EXAME DE ORDEM UNIFICADO – FGV) Um agente diplomático comete um crime de homicídio no Estado acreditado. A respeito desse caso, assinale a afirmativa correta.

(A) Será julgado no Estado acreditado, pois deve cumprir as leis desse Estado.

(B) Poderá ser julgado pelo Estado acreditado desde que o agente renuncie a imunidade de jurisdição.

(C) Em nenhuma circunstância pode ser julgado pelo Estado acreditado.

(D) Poderá ser julgado pelo Estado acreditado, desde que o Estado acreditante renuncie expressamente à imunidade de jurisdição.

COMENTÁRIO

No plano internacional, os Estados em si possuem imunidades, assim como os agentes estatais, tanto do corpo diplomático como do consular. As imunidades diplomáticas e consulares têm por finalidade garantir o eficaz desempenho das funções das missões diplomáticas, em seu caráter de representantes dos Estados. Cabe esclarecer que os membros do quadro diplomático de carreira apenas gozam das citadas imunidades em razão do cargo que exercem. Percebe-se que o Estado estrangeiro *per si* é detentor de tais imunidades e seus agentes, como apontado, somente possuem imunidade por representá-lo. Desta forma, podemos falar de imunidades aplicadas diretamente ao Estado estrangeiro

A alternativa D está correta (ler o comentário sobre a assertiva "C").

A alternativa A está incorreta, pois os membros do quadro diplomático de carreira gozam de ampla imunidade de jurisdição penal (como civil e administrativo também).

A alternativa B está incorreta. Em caso algum o próprio beneficiário da imunidade (agente) pode renunciar.

A alternativa C está incorreta, pois o agente pode ser julgado desde que o Estado acreditante (o que envia o agente diplomático ou consular) renuncie às imunidades de índole penal, civil e administrativa de que gozam seus representantes diplomáticos e consulares (32 da Convenção da Convenção de Viena de 1961).

(V EXAME DE ORDEM UNIFICADO – FGV) A embaixada de um estado estrangeiro localizada no Brasil contratou um empregado brasileiro para os serviços gerais. No final do ano, não pagou o 13º salário, por entender que, em seu país, este não era devido. O empregado, insatisfeito, recorreu à Justiça do Trabalho. A ação foi julgada procedente, mas a embaixada não cumpriu a sentença. Por isso, o reclamante solicitou a penhora de um carro da embaixada.

Com base no relatado acima, o Juiz do Trabalho decidiu

(A) deferir a penhora, pois o Estado estrangeiro não goza de nenhuma imunidade quando se tratar de ações trabalhistas.

(B) deferir a penhora, pois a Constituição atribui competência à justiça brasileira para ações de execução contra Estados estrangeiros.

(C) extinguir o feito sem julgamento do mérito por entender que o Estado estrangeiro tem imunidade de jurisdição.

(D) indeferir a penhora, pois o Estado estrangeiro, no que diz respeito à execução, possui imunidade, e seus bens são invioláveis.

COMENTÁRIO

No plano internacional, os Estados em si possuem imunidades e também os agentes estatais, tanto do corpo diplomático como do consular. A regra de imunidade jurisdicional do Estado, enquanto pessoa jurídica de direito externo, existe há muito tempo no plano internacional e se consubstancia na não possibilidade do Estado figurar como parte perante tribunal estrangeiro contra sua vontade (*par in parem non habet judicium*). Mais tarde, tal regra foi corroborada pelo princípio da igualdade soberana dos Estados. No entanto, essa outrora absoluta imunidade vem sendo reconfigurada. A título de exemplo, aponta-se a Convenção Europeia sobre a Imunidade dos Estados, concluída em Basileia e em vigor desde 1976, que exclui do âmbito da imunidade do Estado as ações decorrentes de contratos celebrados e exequendos *in loco*. Dispositivo semelhante aparece no *StateImmunityAct*, que se editou na Grã-Bretanha em 1978. Também se pode apontar a Convenção sobre as Imunidades dos Estados e seus Bens, adotada pela ONU, que tem por linha-base a exclusão do âmbito de imunidade estatal as atividades de notável caráter econômico. No Brasil, por exemplo, o STF decidiu no julgamento da ACI 9.696 em 1989 que Estado estrangeiro não tem imunidade em causa de natureza trabalhista, entendida como ato de gestão. Ou seja, todo ato de gestão que envolva relação civil, comercial ou trabalhista não se encontra abrangido pela imunidade de jurisdição estatal. Assim, a imunidade recai apenas sobre os atos de império, mas pode ser afastada mediante concordância do Estado por ela beneficiado. Percebe-se que a imunidade jurisdicional do Estado estrangeiro passou de um costume internacional absoluto a matéria a ser regulada internamente por cada Estado. Em geral, pode-se dizer que a imunidade jurisdicional estatal não mais incidirá nos processos provenientes de relação jurídica entre o Estado estrangeiro e o meio local – mais exatamente os particulares locais (atos de gestão ou *iusgestionis*). Todavia, os Estados possuem imunidade de execução, o que significa que não poderá ser decretada a execução forçada – como a penhora, o sequestro, o arresto e o embargo – contra os bens de um Estado estrangeiro. Essa imunidade é considerada absoluta por parcela da doutrina[4], mas pode ser renunciada pelo próprio Estado (*vide* RE-AgR 222.368/PE, STF) ou relativizada quando a execução for de bens não afetos aos serviços diplomáticos e consulares do Estado estrangeiro – por exemplo, recursos financeiros vinculados a atividades empresariais disponíveis em contas bancárias (*vide* SBDI-2 ROMS nº 282/2003-000-10-00-1). Caso este não possua bens estranhos à sua representação diplomática nos limites da jurisdição brasileira, deve ser expedida carta rogatória, acompanhada de gestões diplomáticas, para se proceder à cobrança do crédito. Por fim, são também fisicamente invioláveis os locais da missão diplomática com todos os bens ali situados, assim como os locais residenciais utilizados pelo quadro diplomático e pelo quadro administrativo e técnico. Por todo o dito, podemos afirmar que a assertiva "D" é a correta.

2.2. Exclusão do Estrangeiro e Vistos

2.2.1. Deportação, Expulsão e extradição

(XV EXAME DE ORDEM UNIFICADO – FGV) Violento torcedor estrangeiro, integrante de torcida organizada e arrolado como impedido de entrar em estádios de futebol durante a Copa do Mundo, por figurar na lista da Interpol, após ter ingressado irregularmente em território nacional e ser capturado dentro de um dos estádios, tem a sua deportação promovida, por não se retirar voluntariamente.

Sobre o caso apresentado, assinale a afirmativa correta.

(A) Nunca mais poderá o torcedor estrangeiro deportado reingressar no território nacional.

(B) O torcedor estrangeiro deportado só poderá reingressar no território nacional se ressarcir o Tesouro Nacional, com correção monetária, das despesas com a sua deportação e efetuar, se for o caso, o pagamento da multa devida à época, também corrigida.

(C) O torcedor estrangeiro deportado só poderá reingressar no território nacional após o transcurso do lapso prescricional quinquenal para ressarcimento do Tesouro Nacional.

(D) O torcedor estrangeiro deportado poderá retornar se comprovadamente não tiver condições de arcar com o pagamento da quantia devida, sem prejuízo de sua própria subsistência.

COMENTÁRIO

A alternativa B está correta. O deportado só poderá reingressar no território nacional se ressarcir o Tesouro Nacional, com correção monetária, das despesas com sua deportação e efetuar, se for o caso, o pagamento da multa devida à época, também corrigida (art. 64 do Estatuto do Estrangeiro).

A alternativa A está incorreta. A deportação é a saída compulsória, do território nacional, do estrangeiro que ingressou irregularmente ou cuja presença tenha se tornado irregular. A medida não é exatamente punitiva nem deixa sequelas. Seu procedimento é simples. O estrangeiro é notificado para sair do Brasil e, caso não obedeça, pode ser decretada, pelo juiz federal, sua prisão com a finalidade de ulterior deportação.

As alternativas C e D estão incorretas. Reler o comentário sobre a assertiva "B".

(XIV EXAME DE ORDEM UNIFICADO – FGV) A respeito da condição jurídica do estrangeiro, disciplinada pela Lei n. 6.815/1980, assinale a afirmativa correta.

(A) Nos casos de entrada ou estada irregular de estrangeiro, se este não se retirar voluntariamente do território nacional no prazo fixado em Regulamento, será promovida a sua expulsão.

(B) Quando mais de um Estado requerer a extradição da mesma pessoa pelo mesmo fato, terá preferência o pedido daquele em cujo território a infração foi cometida.

(C) A República Federativa do Brasil não extradita os seus nacionais, salvo em caso de reciprocidade.

(D) Conceder-se-á extradição mesmo quando o fato constituir crime político e o extraditando houver de responder, no Estado requerente, perante tribunal ou juízo de exceção.

4. Para parte da doutrina, a imunidade de execução foi relativizada na medida em que **bens de uso comercial sem função pública** podem ser objeto de penhora. É a visão, por exemplo, de Antenor Madruga.

COMENTÁRIO

A alternativa B está correta, pois de fato existe a citada preferência (art. 79 do Estatuto do Estrangeiro).

A alternativa A está incorreta. O caso narrado na assertiva torna o estrangeiro passível de deportação. A deportação é a saída compulsória, do território nacional, do estrangeiro que ingressou irregularmente ou cuja presença tenha se tornado irregular – quase sempre por expiração do prazo de permanência ou por exercício de atividade não permitida, como trabalho remunerado no caso do turista.

A alternativa C está incorreta. O art. 5º, LI, da CF assim determina: "nenhum brasileiro será extraditado, salvo o naturalizado, em caso de crime comum, praticado antes da naturalização, ou de comprovado envolvimento em tráfico ilícito de entorpecentes e drogas afins, na forma da lei". Portanto, percebe-se que o brasileiro naturalizado poderá sim ser extraditado e não necessariamente dependerá de declaração de reciprocidade, pois a extradição pode ser regulada por um tratado.

A alternativa D está incorreta. A extradição não é permitida quando relacionada à prática de crimes políticos, de imprensa, religiosos e militares (art. 77, VII, do Estatuto do Estrangeiro). Ademais, também não será concedida quando o extraditando houver de responder, no Estado requerente, perante tribunal ou juízo de exceção (art. 77, VIII, do Estatuto do Estrangeiro).

(XIII EXAME DE ORDEM UNIFICADO – FGV) A respeito da extradição e/ou expulsão de estrangeiro do Brasil, assinale a afirmativa correta.

(A) É passível de extradição o estrangeiro que, de qualquer forma, atentar contra a segurança nacional, a ordem pública ou social, a tranquilidade ou a moralidade pública e a economia popular, ou cujo procedimento o torne nocivo à conveniência e aos interesses nacionais.

(B) É passível de extradição o estrangeiro que praticar fraude a fim de obter a sua entrada ou permanência no Brasil.

(C) Caberá exclusivamente ao Presidente da República resolver sobre a conveniência e a oportunidade de expulsão do estrangeiro ou de sua revogação.

(D) A expulsão do estrangeiro não poderá efetivar-se se houver processo ou ocorrido condenação.

COMENTÁRIO

A alternativa C está correta (art. 66 do Estatuto do Estrangeiro).

A alternativa A está incorreta. A assertiva cuida de situações que possibilitariam a expulsão do estrangeiro e não a extradição.

A alternativa B está incorreta, pois nesse caso o estrangeiro poderá ser deportado.

A alternativa D está incorreta. O art. 67 do Estatuto do Estrangeiro assim dispõe: "Desde que conveniente ao interesse nacional, a expulsão do estrangeiro poderá efetivar-se, ainda que haja processo ou tenha ocorrido condenação". Tal regra foi utilizada recentemente pelo STF, na Ext. 1133/República da Argentina,[5] diante da impossibilidade de extraditar estrangeiro que responde a processo penal no Brasil pela prática do crime de furto.

(IX EXAME DE ORDEM UNIFICADO – FGV) Após ter entrado irregularmente em território nacional, um estrangeiro tem a sua deportação promovida, por não se retirar voluntariamente. Assinale a afirmativa que indica o procedimento a ser adotado por esse estrangeiro, caso pretenda reingressar em território nacional.

(A) O estrangeiro deportado nunca mais poderá reingressar no território nacional.

(B) O deportado só poderá reingressar no território nacional se ressarcir o Tesouro Nacional, com correção monetária, das despesas com a sua deportação e efetuar, se for o caso, o pagamento da multa devida à época, também corrigida.

(C) O deportado só poderá reingressar no território nacional após o transcurso do lapso prescricional quinquenal para a cobrança da quantia devida.

(D) O deportado poderá retornar se comprovadamente não tiver condições de arcar com o pagamento da quantia devida, sem prejuízo de sua própria subsistência.

COMENTÁRIO

A deportação é a saída compulsória, do território nacional, do estrangeiro que ingressou irregularmente ou cuja presença tenha se tornado irregular – quase sempre por expiração do prazo de permanência ou por exercício de atividade não permitida, como trabalho remunerado no caso do turista. A medida não é exatamente punitiva nem deixa sequelas. Seu procedimento é simples. O estrangeiro é notificado para sair do Brasil e, caso não obedeça, pode ser decretada, pelo juiz federal, sua prisão com a finalidade de ulterior deportação. De suma importância sobre o instituto é a impossibilidade de proceder *à* deportação se isso implicar extradição inadmitida pela lei brasileira (art. 63 do Estatuto do Estrangeiro). Portanto, a deportação não é permitida quando relacionada à prática de crimes políticos, de imprensa, religiosos e militares. A deportação não deve ser confundida com o impedimento à entrada de estrangeiro, que ocorre quando não forem cumpridas as exigências necessárias para o ingresso. Por fim, o deportado só poderá reingressar no território nacional se ressarcir o Tesouro Nacional, com correção monetária, das despesas com sua deportação e efetuar, se for o caso, o pagamento da multa devida à época, também corrigida (art. 64 do Estatuto do Estrangeiro). A alternativa correta é a B.

(VIII EXAME DE ORDEM UNIFICADO – FGV) Jean Pierre, cidadão estrangeiro, foi preso em flagrante em razão de suposta prática de crime de falsificação de passaporte com o objetivo de viabilizar sua permanência no Brasil.

Diante dessa situação hipotética, assinale a afirmativa correta.

(A) A fraude para obter a entrada e permanência no território brasileiro constitui motivo suficiente para a expulsão do estrangeiro, cabendo, exclusivamente, ao Presidente da República, de forma discricionária, resolver sobre a conveniência e oportunidade da sua retirada compulsória do País.

(B) O ilícito deverá ser apurado no âmbito do Ministério da Relações Exteriores, tornando desnecessária a instauração de processo administrativo ou inquérito para fins de apuração dos fatos que ensejam a expulsão.

(C) O mérito do ato de expulsão é analisado mediante juízo de conveniência e oportunidade (discricionariedade), sendo descabido o ajuizamento de ação judicial para impugnar suposta lesão ou ameaça de lesão a direito, devendo, nesse caso, o juiz rejeitar a petição inicial por impossibilidade jurídica do pedido.

(D) A fraude para obter entrada e permanência no território brasileiro não é motivo para fundamentar ato de expulsão de estrangeiro.

COMENTÁRIO

A expulsão é a saída compulsória, do território nacional, do estrangeiro que constituir perigo ou ameaça à ordem pública. Podem-se citar tais atos como os motivos mais frequentes de expulsão: tráfico de entorpecentes, falsificação e uso de documento público, furto e roubo etc. A medida deixa sequelas e pode ser considerada como punitiva. Antes de tudo, deve-se dizer que, diferentemente de outras constituições brasileiras (por exemplo, a de 1946), a Constituição de 1988 não adota norma a respeito do tema, que é disciplinado pela Lei n.º 6.815/1980 (Estatuto do Estrangeiro). Tal lei, no art. 65, dispõe que "é passível de expulsão o estrangeiro que, de qualquer forma, atentar contra a segurança nacional, a ordem política ou social, a tranquilidade ou moralidade pública e a economia popular, ou cujo procedimento o torne nocivo à conveniência e aos interesses nacionais". O parágrafo único do mesmo artigo prevê outros casos em que a expulsão do estrangeiro pode ocorrer: "a) praticar fraude a fim de obter a sua entrada ou permanência no Brasil; b) havendo entrado no território nacional com infração à lei, dele não se retirar no prazo que lhe for determinado para fazê-lo, não sendo aconselhável a deportação; c) entregar-se à vadiagem ou à mendicância; ou d) desrespeitar proibição especialmente prevista em lei para estrangeiro". Por outro lado, o art. 75, II, da Lei n.º 6.815/1980 dispõe que não se procederá à expulsão "quando o estrangeiro tiver: a)cônjuge brasileiro do qual não esteja divorciado ou separado, de fato ou de direito, e desde que o casamento tenha sido celebrado há mais de 5 (cinco) anos; ou b) filho brasileiro que, comprovadamente, esteja sob sua guarda e dele dependa economicamente". Tratam-se das chamadas *condições de inexpulsabilidade*. Em relação à segunda situação, deve-se asseverar que o STF possui orientação consolidada no sentido de que o nascimento de filho brasileiro após a prática da infração penal não caracteriza óbice à expulsão (*vide* Informativo 554 do STF[6]). Todavia, essa outrora posição consolidada parece ser flexibilizada em função do afeto enquanto valor constitucional central. Hodiernamente, especialmente pelo defendido no HC 114901/DF[7], sublinha-se o dever constitucional do Estado de proteger a unidade e de preservar a integridade das entidades familiares, além da necessidade de proteção integral e efetiva à criança e ao adolescente nascidos no Brasil. Logo, a posição apontada, outrora indiscutível, começa a ser relativizada, conforme verificado em excerto do citado *habeas corpus*: "constando dos autos que o nascimento do mencionado filho do paciente ocorreu após o fato crimi-

5. Rel. min. Gilmar Mendes, 9.8.2011 (Inform. STF 635).

6. No mesmo sentido, o art. 75, § 1º, do Estatuto do Estrangeiro assim dispõe: "não constituem impedimento à expulsão a adoção ou o reconhecimento de filho brasileiro supervenientes ao fato que o motivar".

7. Rel. Min. Gilmar Mendes, 9.8.2011 (Inform. STF 635).

noso e não havendo comprovação de que o menor dependa economicamente do pai e de que tenham eles convivência sócio-afetiva, a jurisprudência desta Corte, ainda que mais flexível com o propósito de beneficiar a prole brasileira, não ampara a pretensão de impedir a efetiva expulsão do estrangeiro, condenado por tráfico de drogas" (grifo nosso) Na prática, o estrangeiro depois de notificado de sua expulsão deve-se retirar do Brasil, do contrário poderá receber pena, geralmente de prisão, e somente após seu cumprimento vai ser enviado ao seu país, o qual não poderá negar sua entrada. É importante apontar que a pena também será imposta ao estrangeiro que, depois de sair, retornar ao Brasil sem que a expulsão tenha sido revogada, caso em que incorre no crime tipificado no art. 338 do CP ("Reingressar no território nacional o estrangeiro que dele foi expulso"). O procedimento é complexo, pois necessário se faz a realização de um inquérito[8] no âmbito do Ministério da Justiça, no qual se assegura ao estrangeiro o direito de defesa (contraditório). Após, o Presidente da República decidirá sobre a expulsão, devendo materializá-la por meio de decreto (art. 66 do Estatuto do Estrangeiro). E da decisão do Presidente da república cabe pedido de reconsideração no prazo de 10 dias, a contar da publicação do decreto de expulsão, no Diário Oficial da União (art. 72 do Estatuto do Estrangeiro). Não caberá pedido de reconsideração em certos casos, são eles: nos casos de infração contra a segurança nacional, a ordem política ou social e a economia popular, assim como nos casos de comércio, posse ou facilitação de uso indevido de substância entorpecente ou que determine dependência física ou psíquica, ou de desrespeito à proibição especialmente prevista em lei para estrangeiro (arts. 71 e 72 da Lei nº 6.815/1980). Por sua importância, cabe apontarmos o art. 67 do Estatuto do Estrangeiro: "Desde que conveniente ao interesse nacional, a expulsão do estrangeiro poderá efetivar-se, ainda que haja processo ou tenha ocorrido condenação". Tal regra foi utilizada recentemente pelo STF, quando na Ext 1133/República da Argentina[9] utilizou essa regra diante da impossibilidade de extraditar estrangeiro que responde a processo-penal no Brasil pela prática do crime de furto. Por fim, deve-se apontar que a regra no ordenamento jurídico brasileiro é que não há contraditório em procedimento investigatório, como, por exemplo, o inquérito policial. Todavia, como acabamos de ver, o procedimento de expulsão de estrangeiro do território nacional é uma exceção à regra geral (em companhia do procedimento para se apurar falta disciplinar), pois permite a defesa do estrangeiro. A alternativa correta é a A.

(EXAME DE ORDEM UNIFICADO 2010.3 – FGV) Pierre de Oliveira nasceu na França, filho de pai brasileiro (que à época se encontrava em viagem privada de estudos) e mãe francesa. Viveu até os 25 anos em Paris, onde se formou em análise de sistemas e se pós-graduou em segurança de rede. Em 2007, Pierre foi convidado por uma universidade brasileira para fazer parte de um projeto de pesquisa destinado a desenvolver um sistema de segurança para uso de instituições financeiras. Embora viajasse com frequência para a França, Pierre passou a residir no Brasil, optando, em 2008, pela nacionalidade brasileira. No início de 2010, uma investigação conjunta entre as polícias brasileira e francesa descobriu que Pierre fez parte, no passado, de uma quadrilha internacional de *hackers*. Detido em São Paulo, ele confessou que, entre 2004 e 2005, quando ainda vivia em Paris, invadiu mais de uma vez a rede de um grande banco francês, desviando recursos para contas localizadas em paraísos fiscais. Com relação ao caso hipotético acima, é correto afirmar que

(A) Pierre não poderá ser extraditado, expulso ou deportado em qualquer hipótese.

(B) Pierre poderá ser deportado para a França, a menos que peça asilo político.

(C) a critério do Ministério da Justiça, Pierre poderá ser expulso do território nacional pelo crime cometido no exterior antes do processo de aquisição da nacionalidade, a menos que tenha filho brasileiro que, comprovadamente, esteja sob sua guarda e dele dependa economicamente.

(D) se a França assim requerer, Pierre poderá ser extraditado, pois cometeu crime comum sujeito à jurisdição francesa antes de optar pela nacionalidade brasileira.

8. "Art. 71 do Estatuto do Estrangeiro: "Nos casos de infração contra a segurança nacional, a ordem política ou social e a economia popular, assim como nos casos de comércio, posse ou facilitação de uso indevido de substância entorpecente ou que determine dependência física ou psíquica, ou de desrespeito à proibição especialmente prevista em lei para estrangeiro, **o inquérito será sumário e não excederá o prazo de quinze dias**, dentro do qual fica assegurado ao expulsando o direito de defesa".
9. Rel. Min. Gilmar Mendes, 9.8.2011 (Inform. STF 635).

COMENTÁRIO

A alternativa A está correta, pois Pierre é brasileiro nato, consoante dispõe o art.12, *c*, da CF, e, desta forma, não poderá ser extraditado (art. 5º, LI, da CF). Já os institutos da expulsão e da deportação cuidam da exclusão do estrangeiro. A deportação é aplicada normalmente no caso de estrangeiro que aqui se encontre após uma entrada irregular, ou cuja estada tenha-se tornado irregular. A medida não é exatamente punitiva, nem deixa sequelas. Por seu turno, os pressupostos da expulsão são mais graves, e sua consequência é a impossibilidade de retorno do expulso ao país. No entanto, a expulsão pressupõe um inquérito a ser realizado no âmbito do Ministério da Justiça e uma decisão final do Presidente da República, a qual será materializada por meio de decreto.

A alternativa B está incorreta, pois Pierre não poderá ser deportado (*vide* comentário sobre a assertiva anterior) e nem pedir asilo político. Vale ponderar que asilo político é o acolhimento de estrangeiro perseguido por causa de dissidência política, de delitos de opinião ou por crimes que, relacionados com a segurança do Estado, não configuram quebra de direito penal comum..

A alternativa C está incorreta (*vide* comentário sobre a assertiva "A").

A alternativa D está Incorreta (*vide* comentário sobre a assertiva "A").

2.2.2. Vistos

(VIII EXAME DE ORDEM UNIFICADO – FGV) A respeito da autorização de trabalho a estrangeiro com vínculo empregatício no Brasil, assinale a afirmativa correta.

(A) Trata-se de ato administrativo de competência do Ministério do Trabalho, para efeito de requerimento de visto permanente e/ou temporário, a estrangeiros que desejem trabalhar no Brasil.

(B) O empregador deve se comprometer com o treinamento profissional, mas não é necessário haver correlação entre a atividade que o estrangeiro exercerá e sua qualificação/experiência anterior.

(C) O empregador que pretender importar mão de obra deverá manter pelo menos metade das vagas da empresa ocupadas por brasileiros, que também devem responder por, pelo menos, metade da folha de salários.

(D) Trata-se de ato administrativo de competência do Ministério da Educação, que dispensa a autorização para o estrangeiro que haja concluído curso de pós-graduação *stricto sensu* no Brasil ou tiver seu diploma estrangeiro revalidado.

COMENTÁRIO

A alternativa A está correta, pois em consonância com o art. 1º da Resolução Normativa nº 80/2008 do Ministério do Trabalho e Emprego – Conselho Nacional de Imigração. Cabe lembrar, que atos administrativos são declarações do Estado (ou de quem lhe faça as vezes), no exercício de prerrogativas públicas, destinada a cumprir direta e concretamente a lei.

A alternativa B está incorreta, pois é necessária a citada correlação (art. 2º da Resolução Normativa nº 80/2008 do Ministério do Trabalho e Emprego – Conselho Nacional de Imigração).

A alternativa C está incorreta, pois não existe tal previsão no ordenamento jurídico pátrio.

A alternativa D está incorreta. Reler o comentário sobre a assertiva "A".

(IV EXAME DE ORDEM UNIFICADO – FGV) Roberta Caballero, de nacionalidade argentina, está no Brasil desde 2008, como correspondente estrangeira do jornal "El Diário", sediado em Buenos Aires. Roberta possui visto temporário, válido por quatro anos. Em 2011, pouco antes do vencimento do visto, Roberta recebe um convite do editor de um jornal brasileiro, sediado em São Paulo, para ali trabalhar na condição de repórter, sob sua supervisão, mediante contrato de trabalho. Para continuar em situação regular, é correto afirmar que Roberta

(A) deverá transformar seu visto temporário VI (correspondente estrangeiro) em visto temporário V (mão de obra estrangeira) e requerer autorização de trabalho a estrangeiro com vínculo empregatício.

(B) não poderá aceitar o emprego, pois a Constituição Federal, em seu artigo 222, veda a atuação de repórteres estrangeiros em qualquer meio de comunicação social.

(C) deverá apenas renovar, a cada quatro anos, o visto temporário VI (correspondente estrangeiro), pois pessoas de nacionalidade de países do Mercosul não precisam de autorização de trabalho.

(D) deverá renovar, a cada quatro anos, o visto temporário VI (correspondente estrangeiro) e requerer autorização de trabalho a estrangeiro com vínculo empregatício.

COMENTÁRIO

A alternativa A está correta. Para ingressar no Brasil[10], o estrangeiro deverá ser portador de documento de viagem reconhecido pelo governo brasileiro, de Certificado Internacional de Imunização, quando exigido, e de visto de entrada concedido por missões diplomáticas, repartições consulares de carreira, vice-consulados e, quando autorizados pela Secretaria de Estado das Relações Exteriores (SERE), pelos consulados honorários. As solicitações de visto devem ser feitas no exterior, diretamente às repartições consulares. Já os casos de dispensa de visto são indicados no Quadro de Regime de Vistos e geralmente ocorrem por força de acordo firmado com base na reciprocidade. Porém, com a promulgaçãoda Lei nº 12.968/14 tornou-se possível a dispensa da exigência do visto de turista, negócios e de artista/desportista em caso de reciprocidade, por simples comunicação diplomática e sem a necessidade de acordo internacional. Assim, evita-se o demorado trâmite da aprovação congressual (art. 49, I da CF) de um acordo internacional, cujo conteúdo era fruto de simples reciprocidade de tratamento. As solicitações de visto devem ser feitas no exterior, diretamente às Repartições Consulares. Os vistos de entrada são classificados, em função da natureza da viagem e da estada no Brasil, em: a) visto diplomático – VIDIP; b) visto oficial – VISOF; c) visto de cortesia – VICOR; d) visto de turista – VITUR; e) visto de trânsito – VITRA; f) visto temporário – VITEM; e g) visto permanente – VIPER. E os vistos temporários (VITEM) subdividem-se, em função da atividade a ser desempenhada no País, em: a) VITEM I – para missões culturais, de pesquisa ou estudos, e de assistência social, quando não contempladas pelo VITEM V; b) VITEM II – em viagem de negócios, assistência técnica e adoções; c) VITEM III – para artistas e desportistas; d) VITEM IV – para estudantes e bolsistas de instituições de ensino brasileiras, inclusive as de formação religiosa; e) VITEM V – para profissionais sob regime de contrato com empresa no Brasil ou com órgão do Governo; f) VITEM VI – para correspondentes de meios de comunicação estrangeiros; e g) VITEM VII – para ministros de confissão religiosa, membros de instituto de vida consagrada ou ordem religiosa, que viagem ao Brasil como missionários. Das considerações exteriorizadas sobre o regime de vistos pode-se apontar a assertiva "a" como correta, pois, para Roberta permanecer em situação regular, no Brasil, deverá transformar seu visto temporário VI (correspondente estrangeiro) em visto temporário V (mão de obra estrangeira);

A alternativa B está incorreta. O art. 222 da CF dispõe que: "A propriedade de empresa jornalística e de radiodifusão sonora e de sons e imagens é privativa de brasileiros natos ou naturalizados há mais de dez anos, ou de pessoas jurídicas constituídas sob as leis brasileiras e que tenham sede no País". Ou seja, a limitação incide sobre a propriedade de empresa jornalística e de radiofusão e não sobre o exercício da profissão de repórter, por estrangeiro, no Brasil;

A alternativa C está incorreta, pois ainda não existe tal previsão no seio do Mercosul. Assim, as pessoas de nacionalidade dos países do Mercosul também precisam do visto de trabalho;

A alternativa D está incorreta. Consoante o dito no comentário sobre a assertiva "A", os vistos temporários são conferidos conforme a atividade a ser desempenhada no País, portanto, uma vez que a atividade a ser exercida é modificada, necessário se faz a alteração da modalidade de visto para a manutenção da situação de regularidade.

3. ORGANIZAÇÕES INTERNACIONAIS

3.1. Organização das Nações Unidas

(IX EXAME DE ORDEM UNIFICADO – FGV) Com base na Carta das Nações Unidas, assinale a afirmativa correta.

(A) A Assembleia Geral pode expulsar um Estado membro que tenha persistentemente violado os princípios da Carta das Nações Unidas, ouvido o Conselho de Segurança.

(B) Os principais órgãos das Nações Unidas são a Assembleia Geral, o Conselho de Segurança, a Organização Mundial do Comércio e a Corte Internacional de Justiça.

(C) As principais atribuições do Conselho de Segurança são a manutenção da paz internacional e a liberalização dos fluxos internacionais de comércio.

(D) Um Estado não pode se tornar membro da Corte Internacional de Justiça sem antes se tornar membro nas Nações Unidas.

COMENTÁRIO

A alternativa A está correta. A ONU reúne quase a totalidade dos Estados existentes hoje no planeta. Entre estes, existem os membros originários e os eleitos. Estes últimos são admitidos pela Assembleia Geral mediante recomendação do Conselho de Segurança. E só podem ser admitidos os Estados "amantes da paz" que aceitarem as obrigações impostas pela Carta e forem aceitos como capazes de cumprir tais obrigações. Os membros podem ser suspensos quando o Conselho de Segurança instalar uma ação preventiva ou coercitiva contra eles, como também expulsos quando violarem insistentemente os princípios da Carta. A expulsão é processada pela Assembleia Geral mediante recomendação do Conselho de Segurança (artigo 6º da Carta das Nações Unidas);

A alternativa B está incorreta, pois a OMC (Organização Mundial do Comércio) não é um órgão das Nações Unidas. Pode-se citar ainda outros órgãos da ONU, como o Secretariado e o Conselho Econômico e Social;

A alternativa C está incorreta. O Conselho de Segurança é o maior responsável pela manutenção da paz e da segurança internacionais. Por sua vez, a OMC é uma organização para liberalização do comércio, um fórum para que os governos negociem acordos comerciais e um lugar para que os governos resolvam suas diferenças comerciais;

A alternativa D está incorreta. A Corte só pode receber postulações de Estados, sejam ou não membros da ONU (art. 34, ponto 1, do Estatuto da CIJ). Não é técnico afirmar que um Estado possa ser parte da Corte Internacional de Justiça, mas sim sobre a possibilidade de postular demandas perante à Corte.

4. SER HUMANO

4.1. Nacionalidade

(X EXAME DE ORDEM UNIFICADO – FGV) Rafael é brasileiro naturalizado e casado com Letícia, de nacionalidade italiana. Rafael foi transferido pela empresa onde trabalha para a filial na Argentina, estabelecendo-se com sua esposa em Córdoba. Em 02/03/2009, lá nasceu Valentina, filha do casal, que foi registrada na repartição consular do Brasil.

De acordo com as normas constitucionais vigentes, assinale a afirmativa correta.

(A) Valentina não pode ser considerada brasileira nata, em virtude de a nacionalidade brasileira de seu pai ter sido adquirida de modo derivado e pelo fato de sua mãe ser estrangeira.

(B) Valentina é brasileira nata, pelo simples fato de seu pai, brasileiro, se ter deslocado por motivo de trabalho, em nada influenciando o modo como Rafael adquiriu a nacionalidade.

(C) Valentina somente será brasileira nata se vier a residir no Brasil e fizer a opção pela nacionalidade brasileira após atingir a maioridade.

(D) Valentina é brasileira nata, não constituindo óbice o fato de seu pai ser brasileiro naturalizado e sua mãe, estrangeira.

COMENTÁRIO

A nacionalidade será originária ou primária quando provier do nascimento – logo, involuntária –, e adquirida ou secundária quando resultar de alteração de nacionalidade por meio da naturalização ou em virtude de casamento – logo, voluntária. A nacionalidade originária pode ser a do Estado de nascimento (*jus soli*) ou a de seus pais (*jus sanguinis*). No Brasil, o critério adotado para determinar quem é brasileiro nato é o *jus soli*, todavia, existem exceções que utilizam o critério *jus sanguinis* (artigo 12, I, b e c, da CF), logo, pode-se afirmar que o Brasil usa um critério misto para a fixação da nacionalidade. Segundo o inciso I do artigo 12 da CF, são brasileiros natos: a) os nascidos em território brasileiro, embora de pais estrangeiros, desde que estes não estejam a serviço de seu país; b) os nascidos no estrangeiro, de pai ou mãe brasileiros, desde que qualquer deles esteja a serviço do Brasil; e c)os nascidos no estrangeiro, de pai ou mãe brasileiros, desvinculados do serviço público, desde que sejam registrados em repartição brasileira competente ou venham a residir no território nacional e optem, a qualquer tempo, depois de atingida a maioridade, pela nacionalidade brasileira. Deve-se comentar que a terceira hipótese exposta acima foi disciplinada pela EC nº 54/2007, que ainda criou o art. 95 do ADCT: "Os nascidos no estrangeiro entre 7 de junho de 1994 e a data da promulgação desta Emenda Constitucional, filhos de pai brasileiro ou mãe brasileira, poderão ser registrados em repartição diplomática ou consular brasileira competente ou em ofício de registro, se vierem a residir na República Federativa do Brasil". A alternativa correta é a D.

5. MECANISMOS DE SOLUÇÃO PACÍFICA DE CONTROVÉRSIAS INTERNACIONAIS

(XVI EXAME DE ORDEM UNIFICADO – FGV) O litígio que envolve Estados e organizações internacionais, podendo ser de natureza econômica, política ou meramente jurídica, é conceituado como controvérsia internacional. Acerca dos meios diplomáticos para soluções pacíficas de controvérsias internacionais, assinale a afirmativa correta.

(A) A negociação é um mecanismo que conta com o envolvimento de um terceiro, cuja função é propor uma solução pacífica para o conflito entre as partes.

10. A entrada no território nacional far-se-á somente pelos locais onde houver fiscalização dos órgãos competentes dos Ministérios da Saúde, da Justiça e da Fazenda (art. 22 do Estatuto do Estrangeiro).

(B) Os bons ofícios caracterizam-se pela oferta espontânea de um terceiro que colabora com a solução de controvérsias, podendo ser um Estado, um organismo internacional ou uma autoridade.

(C) A mediação caracteriza-se pelo envolvimento de um terceiro, que somente pode ser pessoa natural.

(D) A conciliação é muito semelhante à mediação. Entretanto, caracteriza-se pela possibilidade de atuar como mediador pessoa natural, Estado ou organismo internacional.

COMENTÁRIO

A alternativa A está incorreta. Trata-se de método de solução de controvérsias amistosa que envolve negociação programada entre os adversários, sem a presença de terceiros. *As consultas não ocorrem de maneira* improvisada, mas por estarem previamente programadas.

A alternativa B está correta. Trata-se de método de solução de controvérsias amistosa que envolve negociação entre os adversários, facilitada pela ação instrumental de um terceiro interessado. *Instrumental porque este terceiro interessado, o prestador de bons ofícios, não propõe solução para a controvérsia, apenas a facilita mediante a aproximação das partes.* Fundamental saber que o prestador de bons ofícios pode ser um estado, uma organização internacional ou até mesmo uma pessoa, desde que reúna prestígio e reputação, e depende da aquiescência dos contendores para atuar, sob pena de caracterizar intromissão indevida nos assuntos de outros estados. Por fim, deve-se frisar que a prestação de bons ofícios se enquadra nas atribuições do Secretário-Geral da ONU. Um exemplo conhecido foi a oferta de bons ofícios do Secretário-Geral da ONU na crise dos mísseis em Cuba, em 1962.

A alternativa C está incorreta. Trata-se de método de solução de controvérsias amistosa que envolve negociação entre os adversários, facilitada pela ação decisiva de um terceiro interessado (não necessariamente pessoa natural). Decisiva porque o terceiro interessado propõe solução para a controvérsia. A escolha do mediador é geralmente feita em conjunto e por concordância dos adversários, mas não é sempre facultativa, podendo ser determinada por um tribunal ou mesmo imposta pelo Direito de determinado Estado. O mediador recolhe informações sobre a disputa e os argumentos de cada parte para ao final confeccionar uma solução, a qual não obriga as partes.

A alternativa D está incorreta. Trata-se de método de solução de controvérsias amistosa que envolve negociação entre os adversários, facilitada pela ação decisiva de um terceiro interessado. A conciliação é uma mistura de inquérito e mediação, pois engloba uma etapa de esclarecimento de fatos e outra de apresentação de solução para a controvérsia. Outra diferença com a mediação é o seu caráter mais formal. A conciliação toma corpo com a constituição da comissão de conciliadores, geralmente formada por três ou cinco pessoas, dentre as quais figuram representantes dos estados em conflito e elementos neutros. A Comissão estabelecerá as regras que orientaram o procedimento de conciliação. Percebe-se que seu exercício é coletivo, ou seja, não existe conciliador singular e as deliberações geralmente ocorrem por maioria. O relatório da comissão de conciliadores não é de todo obrigatório para as partes, mas existe certa expectativa sobre a sua aceitação. Por fim, é de suma importância apontar o Anexo Único da Convenção de Viena sobre Direito dos Tratados, isto porque este traz a figura da conciliação obrigatória. Tal previsão já aparece em inúmeros tratados internacionais.

(XI EXAME DE ORDEM UNIFICADO – FGV) A respeito dos mecanismos de solução pacífica de controvérsias no sistema internacional, assinale a afirmativa correta.

(A) O Tribunal Permanente de Revisão do MERCOSUL tem como base jurídica o Protocolo de Olivos e tem como competência resolver litígios dentro do sistema regional de integração, proferir pareceres consultivos e editar medidas excepcionais e de urgência.

(B) Os Estados possuem capacidade postulatória para solicitar pareceres consultivos perante a Corte Internacional de Justiça (CIJ).

(C) A Organização Mundial do Comércio (OMC) não abre à possibilidade de participação de atores privados no contencioso, como *amicicuriae*.

(D) Apenas os Estados que fazem parte da ONU e ratificaram o Estatuto da Corte Internacional de Justiça (CIJ) podem apresentar seus contenciosos à mesma.

COMENTÁRIO

As Convenções da Haia de 1899 e 1907 regularam a solução de controvérsias entre Estados e marcaram o início de uma fase do direito internacional marcada pela institucionalização dos mecanismos de solução pacífica de disputas internacionais. Esta fase se consolidou com a criação do Tribunal Permanente de Justiça Internacional em 1921 e se intensificou no pós Segunda Guerra Mundial. A partir de então, pode-se identificar inúmeros mecanismos de solução pacífica de controvérsias internacionais, tais como: meios diplomáticos e políticos, arbitragem, cortes judiciárias de âmbito regional e universal etc. Outra classificação é aquela que separa a solução pacífica em *amistosa* (meios diplomáticos, políticos e jurídicos) e *não amistosa* (meios coercitivos). Antes de adentrarmos ao estudo de cada modalidade de solução pacífica de disputas internacionais, é fundamental buscarmos uma definição de *controvérsia internacional*. Desde a decisão do TPJI no caso Mavromatis, pode-se afirmar que controvérsia internacional é um desacordo, entre dois sujeitos de direito, sobre uma questão de fato ou de direito. A controvérsia internacional tem origem no desacordo entre dois ou mais estados, um estado e uma organização internacional ou duas organizações internacionais. Diante deste quadro, uma definição útil de controvérsia internacional pode ser essa: desacordo, entre dois sujeitos de direito, sobre uma questão de fato ou de direito que seja regulada pelo direito internacional público. Por fim, é importante comentar a importância da solução pacífica de conflitos internacionais no sistema onusiano. A solução pacífica de controvérsias internacionais figura como um dos propósitos da ONU (art. 1º da Carta da ONU). Neste sentido importante conhecer a redação do art. 33, § 1º, da Carta da ONU: "As partes em uma controvérsia, que possa vir a constituir uma ameaça à paz e à segurança internacionais, procurarão, antes de tudo, chegar a uma solução por negociação, inquérito, mediação, conciliação, arbitragem, solução judicial, recurso a entidades ou acordos regionais, ou a qualquer outro meio pacífico à sua escolha".

A alternativa A está correta. O Protocolo de Olivos[11] reorganizou o sistema de solução de controvérsias do Mercosul. Sua maior inovação foi a criação de um Tribunal Permanente de Revisão, o qual é encarregado de julgar, em grau de recurso, as decisões proferidas pelos tribunais arbitrais *ad hoc*, isto é, foi instituído o duplo grau de jurisdição para solução de controvérsias no Mercosul. Lembrando que o recurso é limitado a questões de direito tratadas na controvérsia e às interpretações jurídicas desenvolvidas no laudo do Tribunal Arbitral *Ad Hoc* (art. 17, ponto 2, do Protocolo de Olivos). A título de sistematização, quando surgir alguma contenda envolvendo os países do bloco, o primeiro passo é aplicar as negociações diretas. Com o fracasso destas, passa-se ao Tribunal Arbitral *Ad Hoc*, que funciona como primeira instância. Lembramos que, antes de as partes submeterem o caso ao Tribunal Arbitral *Ad Hoc*, podem escolher (ou seja, é facultativa) a etapa intermediária, que toma corpo com o envio da contenda para o Grupo Mercado Comum, que promoverá estudos sobre a disputa e formulará recomendações não cogentes. Depois, com a provocação das partes, exerce-se o duplo grau de jurisdição mediante a análise da decisão do Tribunal Arbitral Ad Hoc pelo Tribunal Permanente de Revisão. Entretanto, pode-se passar diretamente das negociações diretas malsucedidas para o Tribunal Permanente de Revisão. Nesse último caso, o tribunal vai julgar a demanda de forma definitiva. Assim, o procedimento compreende duas etapas: a fase diplomática e a jurisdicional. A primeira poderá começar por iniciativa dos Estados ou dos particulares, já a segunda somente toma curso por iniciativa dos Estados. E o Tribunal Permanente de Revisão é composto de cinco árbitros e tem sede permanente em Assunção, no Paraguai. Cada Estado-membro envia um titular e um suplente por um período de dois anos, renovável por no máximo dois períodos consecutivos. Já o quinto árbitro é designado por um período de três anos não renovável e escolhido, por unanimidade ou por critério definido por unanimidade, numa lista de oito nomes. Esse árbitro tem que ter a nacionalidade de algum dos Estados-membros. Diante de controvérsia entre dois Estados-partes, o tribunal funcionará com três árbitros, sendo dois destes nacionais dos Estados em litígio e o terceiro, que será o presidente, designado por sorteio, organizado pelo diretor da Secretaria Administrativa, entre os outros árbitros do tribunal. Se a controvérsia envolver três ou mais Estados, o tribunal funcionará com todos os seus cinco membros. Entre suas funções, podem-se destacar: a) rever as decisões dos tribunais arbitrais *ad hoc* do Mercosul (os laudos emitidos *ex aequo et bono*não são suscetíveis de revisão); b) decidir como instância única quando as partes assim decidirem; e c) pronunciar-se como instância única consultiva[12]. Por fim, os laudos do Tribunal *Ad Hoc* ou os do Tribunal Permanente de Revisão, conforme o caso, deverão ser cumpridos no prazo que os respectivos tribunais estabelecerem. Se não for estabelecido um prazo, os laudos deverão ser cumpridos no prazo de 30 dias seguintes à data de sua notificação. Se um Estado-parte na controvérsia não cumprir total ou parcialmente o laudo do Tribunal Arbitral, a outra parte terá a faculdade, dentro do prazo de um ano, contado a partir do dia seguinte ao término do prazo de 30 dias ou de outro que o tribunal estabelecer, de iniciar a aplicação

---

11. O art. 1º do Protocolo de Olivos cuida do âmbito de aplicação do Protocolo: "As controvérsias que surjam entre os Estados-partes sobre a interpretação, a aplicação ou o não cumprimento do Tratado de Assunção, do Protocolo de Ouro Preto, dos protocolos e acordos celebrados no marco do Tratado de Assunção, das Decisões do Conselho do Mercado Comum, das Resoluções do Grupo Mercado Comum e das Diretrizes da Comissão de Comércio do Mercosul serão submetidas aos procedimentos estabelecidos no presente Protocolo".

12. A Emenda Regimental nº 48 do STF disciplinou o acesso dos magistrados brasileiros, e também das partes nos processos, às opiniões consultivas do Tribunal Permanente de Revisão, que funcionam como pareceres sobre casos concretos e situações específicas em causas que envolvem direito internacional do bloco.

de medidas compensatórias temporárias, como a suspensão de concessões ou outras obrigações equivalentes, com vistas a obter o cumprimento do laudo;

A alternativa B está incorreta. O artigo 96 da Carta da ONU prevê uma função consultiva para a Corte. Assim, qualquer organização internacional intergovernamental – especialmente os órgãos das Nações Unidas – pode requerer parecer consultivo à Corte. Percebe-se que os Estados-membros não podem solicitar, diretamente, parecer consultivo à CIJ;

A alternativa C está incorreta. O sistema de solução de controvérsias da OMC tem a função de dirimir as disputas comerciais entre os Estados-membros e é basicamente dividido em cinco fases: consultas, painéis, apelação, implementação e retaliação. Cabe dizer que o sistema é fruto das normas, procedimentos e práticas elaborados desde o surgimento do GATT em 1947[13]. O sistema de solução de controvérsias tem uma grande limitação *ratione personae*, pois apenas os Estados podem iniciar uma disputa na OMC, nunca os atores privados;

A alternativa D está incorreta. A Corte só pode receber postulações de Estados, sejam ou não membros da ONU (art. 34, ponto 1, do Estatuto da CIJ).

6. DIREITO COMUNITÁRIO

6.1. Mercosul

(XVI EXAME DE ORDEM UNIFICADO – FGV) O MERCOSUL é um organismo internacional que visa à integração econômica de países que se localizam geograficamente no eixo conhecido como Cone Sul, nos termos do Tratado de Assunção (1991) e do Protocolo de Ouro Preto (1994). Sobre o sistema de solução de controvérsias do MERCOSUL, assinale a afirmativa correta.

(A) O MERCOSUL não possui um sistema próprio de solução de controvérsias, adotando, nos termos do Tratado de Assunção, o sistema estabelecido no Anexo II do Tratado de Marrakesh para a Organização Mundial do Comércio.

(B) Provisoriamente estabelecido no Protocolo de Brasília (1993), o sistema de solução de controvérsias do MERCOSUL encontra-se, atualmente, normatizado pelo Protocolo de Ouro Preto (1994), que estabeleceu a estrutura orgânica definitiva do bloco.

(C) O sistema de solução de controvérsias do MERCOSUL, atualmente normatizado nos termos do Protocolo de Olivos (2002), estabeleceu como instância final judicante o Tribunal Permanente de Revisão.

(D) O sistema de soluções de controvérsias do MERCOSUL somente foi normatizado pelo Protocolo de Las Lerias (1996), que estabeleceu os procedimentos de cooperação e assistência jurisdicional em matéria civil, comercial, trabalhista e administrativa.

COMENTÁRIO

A alternativa correta é a C. O Protocolo de Olivos[14] reorganizou o sistema de solução de controvérsias do Mercosul. Sua maior inovação foi a criação de um Tribunal Permanente de Revisão, o qual é encarregado de julgar, em grau de recurso, as decisões proferidas pelos tribunais arbitrais *ad hoc*, isto é, foi instituído o duplo grau de jurisdição para solução de controvérsias no Mercosul. Lembrando que o recurso é limitado a questões de direito tratadas na controvérsia e às interpretações jurídicas desenvolvidas no laudo do Tribunal Arbitral *Ad Hoc* (art. 17, ponto 2, do Protocolo de Olivos).

A título de sistematização, quando surgir alguma contenda envolvendo os países do bloco, o primeiro passo é aplicar as negociações diretas. Com o fracasso destas, passa-se ao Tribunal Arbitral *Ad Hoc* – funciona como primeira instância. Lembrando que, antes de as partes submeterem o caso ao Tribunal Arbitral *Ad Hoc*, podem escolher (ou seja, é facultativa) a etapa intermediária, que toma corpo com o envio da contenda para o Grupo Mercado Comum, que promoverá estudos sobre a disputa e formulará recomendações não cogentes. Depois, com a provocação das partes, exerce-se o duplo grau de jurisdição mediante a análise da decisão do Tribunal Arbitral *Ad Hoc* pelo Tribunal Permanente de Revisão. Entretanto, pode-se passar diretamente das negociações diretas malsucedidas para o Tribunal Permanente de Revisão. Nesse último caso, o tribunal vai julgar a demanda de forma definitiva.

13. Cabe recordar que o sistema de solução de controvérsias do antigo Gatt possuía apenas uma etapa de painéis, de cujas decisões não cabia recurso.
14. O art. 1º, ponto 1, do Protocolo de Olivos cuida do âmbito de aplicação do Protocolo: "As controvérsias que surjam entre os Estados-Partes sobre a interpretação, a aplicação ou o não cumprimento do Tratado de Assunção, do Protocolo de Ouro Preto, dos protocolos e acordos celebrados no marco do Tratado de Assunção, das Decisões do Conselho do Mercado Comum, das Resoluções do Grupo Mercado Comum e das Diretrizes da Comissão de Comércio do Mercosul serão submetidas aos procedimentos estabelecidos no presente Protocolo".

Assim, o procedimento compreende duas etapas: a fase diplomática e a jurisdicional. A primeira poderá começar por iniciativa dos Estados ou dos particulares, já a segunda somente toma curso por iniciativa dos Estados.[15]

7. QUESTÕES COMBINADAS E OUTROS TEMAS DE DIREITO INTERNACIONAL PÚBLICO

(EXAME DE ORDEM UNIFICADO 2010.3 – FGV) A Conferência de Bretton Woods (1944), realizada no ocaso da Segunda Guerra Mundial, é considerada um marco na história do Direito Internacional no século XX porque

(A) inaugurou uma nova etapa na cooperação política internacional ao extinguir a Liga das Nações e transferir a Corte Internacional de Justiça para a estrutura da então recém-criada Organização das Nações Unidas – ONU.

(B) criou o Tribunal de Nuremberg, corte *ad hoc* responsável pelo julgamento dos principais comandantes nazistas e seus colaboradores diretos pelos crimes de guerra cometidos durante a Segunda Guerra Mundial.

(C) estabeleceu as bases do sistema econômico e financeiro internacional, por meio da criação do Banco Mundial – BIRD, do Fundo Monetário Internacional – FMI e do Acordo Geral de Tarifas Aduaneiras e Comércio – GATT.

(D) criou o sistema internacional de proteção aos direitos humanos, a partir da adoção da Declaração Universal dos Direitos Humanos, do Pacto Internacional de Direitos Civis e Políticos e do Pacto Internacional de Direitos Econômicos, Sociais e Culturais.

COMENTÁRIO

A alternativa C está correta. A Conferência de Bretton Woods estabeleceu as regras para as relações comerciais e financeiras entre os países mais industrializados do mundo. Definiu um vasto sistema de regras, instituições e procedimentos para regular a política econômica internacional, dentro do qual foram criados o Banco Mundial – BIRD –, o Fundo Monetário Internacional – FMI – e o Acordo Geral de Tarifas Aduaneiras e Comércio – GATT.

A alternativa A está incorreta. A Liga das Nações foi uma organização internacional criada pelas potências vencedoras da Primeira Guerra Mundial, quando da confecção do Tratado de Versalhes. Tinha por objetivo assegurar a paz mundial. Mas, tendo fracassado em manter a paz no mundo, foi dissolvida por volta de 1942. Porém, em 18 de abril de 1946, o organismo passou as responsabilidades à recém-criada Organização das Nações Unidas – ONU. A ONU é uma organização internacional que tem por objetivo facilitar a cooperação em matéria de direito internacional, segurança internacional, desenvolvimento econômico, progresso social, direitos humanos e a realização da paz mundial. Por isso, diz-se que é uma organização internacional de vocação universal.Sua lei básica é a Carta das Nações Unidas, elaborada em São Francisco, de 25 de abril a 26 de junho de 1945. Esta Carta tem como anexo o Estatuto da Corte Internacional de Justiça. Conforme se depreende do conceito, os propósitos da ONU são: a) manter a paz e a segurança internacionais; b) desenvolver relações amistosas entre as nações; c) realizar a cooperação internacional para resolver os problemas mundiais de caráter econômico, social, cultural e humanitário, promovendo o respeito aos direitos humanos e às liberdades fundamentais; e d) ser um centro destinado a harmonizar a ação dos povos para a consecução desses objetivos comuns. E os princípios são: a) da igualdade soberana de todos seus membros; b) da boa fé no cumprimento dos compromissos da Carta; c) da solução de controvérsias por meios pacíficos; d) da proibição de recorrer à ameaça ou ao emprego da força contra outros Estados; e) da assistência às Nações Unidas; f) da não intervenção em assuntos essencialmente nacionais.

A alternativa B está incorreta. O Tribunal de Nuremberg foi criado, em Londres, por meio de um acordo confeccionado pelos britânicos, franceses, americanos e soviéticos. O Tribunal de Nuremberg foi um marco para o Direito Internacional

15. O sistema de solução de controvérsias do Mercosul refere-se aos Estados-Partes (art. 1º, ponto 1, do Protocolo de Olivos). É interessante lembrar, entretanto, que é possível a formulação de reclamação por particulares em razão da sanção ou aplicação, por qualquer dos Estados-Partes, de medidas legais ou administrativas de efeito restritivo, discriminatórias ou de concorrência desleal, em violação do Tratado de Assunção, do Protocolo de Ouro Preto, dos protocolos e acordos celebrados no marco do Tratado de Assunção, das Decisões do Conselho do Mercado Comum, das Resoluções do Grupo Mercado Comum e das Diretrizes da Comissão de Comércio do Mercosul (art. 39 do Protocolo de Olivos). E os particulares afetados formalizarão as reclamações ante a Seção Nacional do Grupo Mercado Comum do Estado-Parte onde tenham sua residência habitual ou a sede de seus negócios (art. 40 do Protocolo de Olivos).

Penal, especialmente no que tange à inclusão do indivíduo no cenário internacional, responsabilizando-o diretamente por seus atos contra os direitos humanos.

A alternativa D está incorreta. A Declaração Universal dos Direitos Humanos foi aprovada pela Resolução n. 217 A (III) da Assembleia Geral da ONU, em 10 de dezembro de 1948, por 48 votos a zero e oito abstenções. E em conjunto com os dois Pactos Internacionais, sobre Direitos Civis e Políticos e sobre Direitos Econômicos, Sociais e Culturais, constituem a "Carta Internacional de Direitos Humanos". A Declaração é fruto de um consenso sobre valores de cunho universal a serem seguidos pelos Estados. E também do reconhecimento do indivíduo como sujeito direto do direito internacional. É importante esclarecer que a Declaração é um exemplo de *soft law*, isto porque ela não prevê mecanismos constritivos para a implementação dos direitos previstos. Por outro lado, quando o documento legal prevê mecanismos constritivos para a implementação dos seus direitos, estaremos diante de um exemplo de *hard law*. Revisitando o direito a ter direitos de Hannah Arendt, segundo a Declaração, a condição de "pessoa humana" é requisito único e exclusivo para ser titular de direitos. Com isso corrobora-se o caráter universal dos direitos humanos, isto é, todo indivíduo é cidadão do mundo e, desta forma, detentor de direitos que salvaguardam sua dignidade. No seu bojo encontram-se direitos civis e políticos (arts. 3º a 21) e direitos econômicos, sociais e culturais (arts. 22 a 28). É importante apontar que a Declaração Universal dos Direitos do Homem não tem força legal (funcionaria como uma *recomendação*), mas sim material e acima de tudo inderrogável por fazer parte do *jus cogens*. Entretanto, consoante ao que estudamos, pode-se até advogar que a Declaração, por ter definido o conteúdo dos direitos humanos insculpidos na Carta das Nações Unidas, tem força legal vinculante. Isto porque os Estados membros da ONU se comprometeram a promover e proteger os direitos humanos. De qualquer modo, chega-se à afirmação de que a Declaração Universal dos Direitos Humanos gera obrigações aos Estados, isto é, tem força obrigatória (por ser legal ou por fazer parte do *jus cogens*).

Direito Internacional Privado

1. REGRAS DE CONEXÃO DA LEI DE INTRODUÇÃO ÀS NORMAS DO DIREITO BRASILEIRO

1.1. Art. 7º da LINDB

(XVIII EXAME DE ORDEM UNIFICADO – FGV) Ricardo, brasileiro naturalizado, mora na cidade do Rio de Janeiro há 9 (nove) anos. Em visita a parentes italianos, conhece Giulia, residente em Roma, com quem passa a ter um relacionamento amoroso. Após 3 (três) anos de namoro a distância, ficam noivos e celebram matrimônio em território italiano. De comum acordo, o casal estabelece seu primeiro domicílio em São Paulo, onde ambos possuem oportunidades de trabalho. À luz das regras de Direito Internacional Privado, veiculadas na Lei de Introdução às Normas do Direito Brasileiro (LINDB), não havendo pacto antenupcial, assinale a opção que indica a legislação que irá reger o regime de bens entre os cônjuges.

(A) Aplicável a Lei italiana, haja vista que nenhum dos cônjuges é brasileiro nato.

(B) Aplicável a Lei italiana, em razão do local em que foi realizado o casamento.

(C) Aplicável a Lei brasileira, em razão do domicílio do cônjuge varão.

(D) Aplicável a Lei brasileira, porque aqui constituído o primeiro domicílio do casal.

COMENTÁRIO

A legislação aplicável no caso apresentado é a brasileira porque aqui foi constituído o primeiro domicílio do casal. Dito isso, a assertiva "D" deve ser assinalada como correta.

Caso o domicílio dos nubentes for diverso, aplicar-se-á, ao regime de bens, a lei do país do primeiro domicílio conjugal (regra de conexão subsidiária). Do contrário, aplica-se a lei do país do domicílio conjugal atual.

Primeiro domicílio conjugal não é necessariamente o do país em que foi realizado o casamento, pois os nubentes podem contratar matrimônio em um país e estabelecer-se em outro. Importante asseverar, com base na jurisprudência do STJ, que em ação de divórcio e partilha de bens de brasileiros, casados e residentes no Brasil, a autoridade judiciária brasileira tem competência para, reconhecendo o direito à meação e a existência de bens situados no exterior, fazer incluir seus valores na partilha[16].

(V EXAME DE ORDEM UNIFICADO – FGV) Em janeiro de 2003, Martin e Clarisse Green, cidadãos britânicos domiciliados no Rio de Janeiro, casam-se no Consulado-Geral britânico, localizado na Praia do Flamengo. Em meados de 2010, decidem se divorciar. Na ausência de um pacto antenupcial, Clarisse requer, em petição à Vara de Família do Rio de Janeiro, metade dos bens adquiridos pelo casal desde a celebração do matrimônio, alegando que o regime legal vigente no Brasil é o da comunhão parcial de bens. Martin, no entanto, contesta a pretensão de Clarisse, argumentando que o casamento foi realizado no consulado britânico e que, portanto, deve ser aplicado o regime legal de bens vigente no Reino Unido, que lhe é mais favorável.

Com base no caso hipotético acima e nos termos da Lei de Introdução às Normas do Direito Brasileiro, assinale a alternativa correta.

(A) O regime de bens obedecerá à *lex domicilli* dos cônjuges quanto aos bens móveis e à *lex rei sitae* (ou seja, a lei do lugar onde estão) quanto aos bens imóveis, se houver.

(B) O juiz brasileiro não poderá conhecer e julgar a lide, pois o casamento não foi realizado perante a autoridade competente.

(C) Clarisse tem razão em sua demanda, pois o regime de bens é regido pela *lexdomicilli* dos nubentes e, ao tempo do casamento, ambos eram domiciliados no Brasil.

(D) Martin tem razão em sua contestação, pois o regime de bens se rege pela lei do local da celebração (*lex loci celebrationis*), e o casamento foi celebrado no consulado britânico.

COMENTÁRIO

O art. 7º, *caput*, da Lei de Introdução às Normas do Direito Brasileiro (a antiga LICC) define que a lei do domicílio ou *lex domicilii* da pessoa é que vai determinar as regras sobre o começo e o fim da personalidade, o nome, a capacidade e os direitos de família. E o § 1º do art. 7º da Lei de Introdução às Normas do Direito Brasileiro traz a regra de conexão *lex loci celebrationis*, isto é, o casamento é regido, no que tange às suas formalidades, pela lei do local de sua celebração. Mas o § 2º do art. 7º da Lei de Introdução às Normas do Direito Brasileiro traz uma exceção à regra de conexão *lex loci celebrationis*, pois determina que os nubentes estrangeiros podem no Brasil casar com base na sua lei da nacionalidade, desde que perante autoridades diplomáticas ou consulares do país de ambos os nubentes. Desta forma, o § 2º do art. 7º consagra indiretamente a lei da nacionalidade dos nubentes como regra de conexão. Assim, o casamento é regido, no que tange às suas formalidades, pela lei da nacionalidade dos nubentes, mas o regime de bens continua sendo regulado pela lei do domicílio dos nubentes, consoante determina o art. 7º, *caput*, da Lei de Introdução às Normas do Direito Brasileiro. Por todo o dito, podemos afirmar que a assertiva "C" é a correta. Ademais, o consulado britânico faz parte do território brasileiro, pois os consulados apenas gozam de certas imunidades no território estrangeiro e nunca poderão ser consideradas como "territórios internacionais".

1.2. Art. 9º da LINDB

(XVII EXAME DE ORDEM UNIFICADO – FGV) A sociedade empresária brasileira do ramo de comunicação, *Personalidades*, celebrou contrato internacional de prestação de serviços de informática, no Brasil, com a sociedade empresária uruguaia *Sacramento*. O contrato foi celebrado em Caracas, capital venezuelana, tendo sido estabelecido

16. A regra do art. 7º, § 4º, e do art. 9º, ambos da LINDB, conduzem à aplicação da legislação brasileira, estando diretamente voltadas ao direito material vigente para a definição da boa partilha dos bens entre os divorciantes. Para o cumprimento desse mister, impõe-se ao magistrado, antes de tudo, a atenção ao direito material, que não excepciona bens existentes fora do Brasil, sejam eles móveis ou imóveis. Se fosse diferente, para dificultar o reconhecimento de direito ao consorte ou vilipendiar o que disposto na lei brasileira atinente ao regime de bens, bastaria que os bens de raiz e outros de relevante valor fossem adquiridos fora das fronteiras nacionais, inviabilizando-se a aplicação da norma a determinar a distribuição equânime do patrimônio adquirido na constância da união. A exegese não afronta o art. 89 do CPC {art. 23 do NCPC}, pois esse dispositivo legal disciplina a competência internacional exclusiva do Poder Judiciário brasileiro para dispor acerca de bens imóveis situados no Brasil e para proceder a inventário e partilha de bens (móveis e imóveis) situados no Brasil. Dele se extrai que a decisão estrangeira que viesse a dispor sobre bens imóveis ou móveis (estes em sede de inventário e partilha) mostrar-se-ia ineficaz no Brasil. O reconhecimento de direitos e obrigações relativos ao casamento, com apoio em normas de direito material a ordenar a divisão igualitária entre os cônjuges do patrimônio adquirido na constância da união, não exige que os bens móveis e imóveis existentes fora do Brasil sejam alcançados, pela Justiça Brasileira, a um dos contendores, demanda apenas a consideração dos seus valores para fins da propalada equalização – REsp 1.410.958-RS, rel. Min. Paulo de Tarso Sanseverino, julgado em 22.04.2014 (Inform. STJ 544).

pelas partes, como foro de eleição, Montevidéu. Diante da situação exposta, à luz das regras do Direito Internacional Privado veiculadas na Lei de Introdução às Normas do Direito Brasileiro (LINDB) e no Código de Processo Civil, assinale a afirmativa correta.

(A) No tocante à regência das obrigações previstas no contrato, aplica-se a legislação uruguaia, já que Montevidéu foi eleito o foro competente para se dirimir eventual controvérsia.

(B) Para qualificar e reger as obrigações do presente contrato, aplicar-se-á a lei venezuelana.

(C) Como a execução da obrigação avençada entre as partes se dará no Brasil, aplica-se, obrigatoriamente, no tocante ao cumprimento do contrato, a legislação brasileira.

(D) A Lei de Introdução às Normas do Direito Brasileiro veda expressamente o foro de eleição, razão pela qual é nula *ipse jure* a cláusula estabelecida pelas partes nesse sentido.

COMENTÁRIO

A alternativa A está incorreta, pois o art. 9º da LINDB estatui que é a lei do local em que as obrigações foram constituídas que vai regulá-las. Trata-se da regra de conexão *locus regit actum* sobre a qualificação e a regulação das obrigações (leia-se: seus aspectos extrínsecos). Logo, a lei aplicável é a venezuelana.

A alternativa B está correta. Reler o comentário sobre a assertiva anterior.

A alternativa C está incorreta. Existe a possibilidade de aplicação da lei brasileira nestes termos, mas não existe obrigatoriedade. A regra do art. 9º, *caput*, tem por pressuposto que o local onde a obrigação foi constituída também será a sede da relação jurídica. Isso porque o DIPr tem por prática aplicar a lei do país-sede da relação jurídica, o que permite aplicar a lei do local onde a relação jurídica está produzindo efeitos. Dito isso, pode-se afirmar que o juiz brasileiro poderá aplicar a lei nacional (*lexfori*), sem afrontar o art. 9º, quando um contrato constituído no estrangeiro for executado majoritariamente no Brasil. E um exemplo comum desse caso é a aplicação da *lex loci executionis* aos contratos de trabalho celebrados no exterior, mas com a execução das atividades laborais tomando corpo inteiramente em solo brasileiro.

A alternativa D está incorreta, pois não existe essa vedação expressa.

(VI EXAME DE ORDEM UNIFICADO – FGV) Uma sociedade brasileira, sediada no Rio de Janeiro, resolveu contratar uma sociedade americana, sediada em Nova York, para realizar um estudo que lhe permitisse expandir suas atividades no exterior, para poder vender seus produtos no mercado americano. Depois de várias negociações, o representante da sociedade americana veio ao Brasil, e o contrato de prestação de serviços foi assinado no Rio de Janeiro. Não há no contrato uma cláusula de lei aplicável, mas alguns princípios do UNIDROIT foram incorporados ao texto final. Por esse contrato, o estudo deveria ser entregue em seis meses. No entanto, apesar da intensa troca de informações, passados 10 meses, o contrato não foi cumprido. A sociedade brasileira ajuizou uma ação no Brasil, invocando a cláusula penal do contrato, que previa um desconto de 10% no preço total do serviço por cada mês de atraso. A sociedade americana, na sua contestação, alegou que a cláusula era inválida segundo o direito americano.

Conforme a Lei de Introdução às Normas do Direito Brasileiro, qual é a lei material que o juiz deverá aplicar para solucionar a causa?

(A) A lei brasileira, pois o contrato foi firmado no Brasil.

(B) A lei americana, pois o réu é domiciliado nos Estados Unidos.

(C) Os princípios do UNIDROIT, porque muitas cláusulas foram inspiradas nessa legislação.

(D) A *Lex Mercatoria*, porque o que rege o contrato internacional é a prática internacional.

COMENTÁRIO

A alternativa correta é a A. O art. 9º da LINDB traz a regra de conexão *locus regit actum* no que tange à qualificação e à regulação das obrigações (leia-se seus aspectos extrínsecos). Ou seja, é a lei do local em que as obrigações foram constituídas que vai regulá-las. É importante apontar que as obrigações surgem dos contratos, dos delitos e dos quase-delitos (crimes praticados com culpa – negligência, imprudência e imperícia). Mas em função do comércio internacional, os contratos adquirem grande destaque nas discussões do Direito Internacional Privado.

(EXAME DE ORDEM UNIFICADO 2010.3 – FGV) Em junho de 2009, uma construtora brasileira assina, na Cidade do Cabo, África do Sul, contrato de empreitada com uma empresa local, tendo por objeto a duplicação de um trecho da rodovia que liga a Cidade do Cabo à capital do país, Pretória. As contratantes elegem o foro da comarca de São Paulo para dirimir eventuais dúvidas. Um ano depois, as partes se desentendem quanto aos critérios técnicos de medição das obras e não conseguem chegar a uma solução amigável. A construtora brasileira decide, então, ajuizar, na justiça paulista, uma ação rescisória com o objetivo de colocar termo ao contrato. Com relação ao caso hipotético acima, é correto afirmar que

(A) o juiz brasileiro poderá conhecer e julgar a lide, mas deverá se basear na legislação brasileira, pois em litígios envolvendo brasileiros e estrangeiros aplica-se a *lex fori*.

(B) o juiz brasileiro poderá conhecer e julgar a lide, mas deverá basear sua decisão na legislação brasileira, pois um juiz brasileiro não pode ser obrigado a aplicar leis estrangeiras.

(C) o juiz brasileiro poderá conhecer e julgar a lide, mas deverá basear sua decisão na legislação sul-africana, pois os contratos se regem pela lei do local de sua assinatura.

(D) o Poder Judiciário brasileiro não é competente para conhecer e julgar a lide, pois o foro para dirimir questões em matéria contratual é necessariamente o do local onde o contrato é assinado.

COMENTÁRIO

A alternativa C está correta. A assertiva reproduz corretamente o art. 9º, *caput*, da Lei de Introdução às Normas do Direito Brasileiro;

A alternativa A está incorreta. A *lex fori* não é aplicada em tais casos. A questão descreve situação de incidência da *locus regit actum*, ou seja, aplica-se a lei do país onde as obrigações foram constituídas (art. 9º, *caput*, da Lei de Introdução às Normas do Direito Brasileiro). É importante apontar que as obrigações surgem dos contratos, dos delitos e dos quase delitos (crimes praticados com culpa – negligência, imprudência e imperícia). Mas, em função do comércio internacional, os contratos adquirem grande destaque nas discussões do DIPr. A regra do art. 9º, *caput*, tem por pressuposto que o local onde a obrigação foi constituída também será a sede da relação jurídica. Isso porque o DIPr tem por prática aplicar a lei do país-sede da relação jurídica, o que permite aplicar a lei do local onde a relação jurídica está produzindo efeitos. Dito isso, pode-se afirmar que o juiz brasileiro poderá aplicar a lei nacional (*lex fori*), sem afrontar o art. 9º, quando um contrato constituído no estrangeiro for executado majoritariamente no Brasil. E um exemplo comum desse caso é a aplicação da *lex loci executionis* aos contratos de trabalho celebrados no exterior, mas com a execução das atividades laborais tomando corpo inteiramente em solo brasileiro. Por fim, deve-se dizer que o art. 9º da Lei de Introdução funciona como um limitador da autonomia da vontade, na medida em que determina que as obrigações serão reguladas pela lei do país onde forem constituídas. Ora, em tal quadro as partes não podem escolher a lei aplicável ao contrato constituído. Todavia, se a lei do país onde a obrigação foi constituída permitir a autonomia da vontade sobre a escolha da lei incidente ao contrato, permitida estará a escolha da lei aplicável pelas partes, sendo limitada apenas pela ordem pública do país sede da execução do contrato;

A alternativa B está incorreta. Com a aplicação da regra de conexão é possível determinar o direito material que vai regular o caso com elemento de estraneidade. E este direito indicado pela norma indireta do DIPr pode ser tanto o nacional como o estrangeiro. Ou seja, em determinadas situações o juiz brasileiro terá que aplicar o direito estrangeiro;

A alternativa D está incorreta. Como dito no comentário sobre a assertiva "A", a regra do art. 9º, *caput*, tem por pressuposto que o local onde a obrigação foi constituída também será a sede da relação jurídica. Isso porque o DIPr tem por prática aplicar a lei do país sede da relação jurídica – prática que permite aplicar a lei do local onde a relação jurídica está produzindo efeitos. Dito isso, pode-se afirmar que o juiz brasileiro poderá aplicar a lei nacional (*lex fori*), sem afrontar o art. 9º, quando um contrato constituído no estrangeiro for executado majoritariamente no Brasil. Ademais, quando se tratar de contratos entre ausentes (leia-se contratantes residentes em países diversos) aplica-se a lei do país onde residir o proponente – art. 9º, §2º, da Lei de Introdução às Normas do Direito Brasileiro. É necessário recordar que o art. 9º, *caput*, é aplicado aos contratos internacionais entre presentes e determina que é a lei do local em que as obrigações foram constituídas que vai regulá-las.

1.3. Art. 10 da LINDB

(XV EXAME DE ORDEM UNIFICADO – FGV) Túlio, brasileiro, é casado com Alexia, de nacionalidade sueca, estando o casal domiciliado no Brasil. Durante um cruzeiro marítimo, na Grécia, ela, após a ceia, veio a falecer em razão de uma intoxicação alimentar. Alexia, quando ainda era noiva de Túlio, havia realizado um testamento em Lisboa, dispondo sobre os seus bens, entre eles, três apartamentos situados no Rio de Janeiro.

À luz das regras de Direito Internacional Privado, assinale a afirmativa correta.

(A) Se houver discussão acerca da validade do testamento, no que diz respeito à observância das formalidades, deverá ser aplicada a legislação brasileira, pois Alexia encontrava-se domiciliada no Brasil.

(B) Se houver discussão acerca da validade do testamento, no que diz respeito à observância das formalidades, deverá ser aplicada a legislação portuguesa, local em que foi realizado o ato de disposição da última vontade de Alexia.

(C) A autoridade judiciária brasileira não é competente para proceder ao inventário e à partilha de bens, porquanto Alexia faleceu na Grécia, e não no Brasil.

(D) Se houver discussão acerca do regime sucessório, deverá ser aplicada a legislação sueca, em razão da nacionalidade do de *cujus*.

COMENTÁRIO

A alternativa A está incorreta. Os aspectos extrínsecos do testamento teriam como regra de conexão o *locus regit actum* (lei do local onde o negócio jurídico tenha se constituído). Como exemplos de aspectos extrínsecos, podem-se apontar o respeito à forma legal e se o ato foi lavrado pela autoridade competente. Portanto, a lei a ser aplicada é a portuguesa.

A alternativa B está correta. Reler o comentário sobre a assertiva anterior.

A alternativa C está incorreta. O art. 89, inc. II, do CPC traz uma hipótese de competência exclusiva do juiz brasileiro: proceder a inventário e partilha de bens, situados no Brasil, de titularidade de casal estrangeiro que tenha se divorciado no estrangeiro. Essa previsão foi alargada no Novo CPC. A redação do inciso II do art. 23 do NCPC é a seguinte: "Compete à autoridade judiciária brasileira, com exclusão de qualquer outra – em matéria de sucessão hereditária, proceder à confirmação de testamento particular e ao inventário e à partilha de bens situados no Brasil, ainda que o autor da herança seja de nacionalidade estrangeira ou tenha domicílio fora do território nacional.

A alternativa D está incorreta. O art. 10 da LINDB traz como regra de conexão a lei do país de último domicílio do defunto ou do desaparecido (*lex domicilii* do defunto ou do desaparecido) no que tange à regulação da sucessão por morte ou por ausência, qualquer que seja a natureza e a situação dos bens. Portanto, a lei a ser aplicada é a brasileira.

(IX EXAME DE ORDEM UNIFICADO – FGV) José, de nacionalidade brasileira, era casado com Maria, de nacionalidade sueca, encontrando-se o casal domiciliado no Brasil. Durante a viagem de "lua de mel", na França, Maria, após o jantar, veio a falecer, em razão de uma intoxicação alimentar. Maria, quando ainda era noiva de José, havia realizado testamento em Londres, dispondo sobre os seus bens, entre eles dois imóveis situados no Rio de Janeiro.

À luz das regras de Direito Internacional Privado, assinale a afirmativa correta.

(A) Se houver discussão acerca da validade do testamento, no que diz respeito à observância das formalidades, deverá ser aplicada a legislação brasileira, pois Maria encontrava-se domiciliada no Brasil.

(B) Se houver discussão acerca da validade do testamento, no que diz respeito à observância das formalidades, deverá ser aplicada a legislação inglesa, local em que foi realizado o ato de disposição de última vontade de Maria.

(C) A autoridade judiciária brasileira não é competente para proceder ao inventário e à partilha de bens, porquanto Maria faleceu na França, e não no Brasil.

(D) Se houver discussão acerca do regime sucessório, deverá ser aplicada a legislação sueca, em razão da nacionalidade do de *cujus*.

COMENTÁRIO

A alternativa B está correta.

As alternativas A e B tratam da regra de conexão *lex domicilii* do defunto ou do desaparecido (art. 10 da LINDB) diz respeito aos aspectos intrínsecos do testamento, como, por exemplo, o conteúdo das disposições de última vontade, sua admissibilidade e os efeitos dela decorrentes. Por outro lado, os aspectos extrínsecos do testamento teriam como regra de conexão o *locus regit actum* (lei do local onde o negócio jurídico tenha se constituído, no presente caso, Londres). Como exemplos de aspectos extrínsecos podem-se apontar o respeito à forma legal e a obrigatoriedade do ato ser lavrado pela autoridade competente. Por todo o dito, pode-se apontar a assertiva "B" como correta;

A alternativa C está incorreta. O juiz brasileiro terá competência exclusiva para conhecer das ações relativas a imóveis situados no Brasil. Essa competência exclusiva significa que nenhuma outra jurisdição poderá conhecer de ação que envolva bem imóvel situado no Brasil. Assim, por exemplo, sentença estrangeira sobre bem imóvel situado no Brasil nunca será reconhecida no Brasil, isto é, nunca irradiará efeitos em território nacional. A regra *forum rei sitae* aparece no art. 12, § 1º, da Lei de Introdução e no art. 89, I, do CPC (art. 23, I, no NCPC). O art. 89, inciso II (art. 23, II, no NCPC), traz outra hipótese de competência exclusiva: ao juiz brasileiro compete proceder a inventário e partilha de bens, situados no Brasil, de titularidade de casal estrangeiro que tenha se divorciado no estrangeiro;

A alternativa D está incorreta. O art. 10 da LINDB traz como regra de conexão a lei do país de último domicílio do defunto ou do desaparecido (*lex domicilii* do defunto ou do desaparecido) no que tange à regulação da sucessão por morte ou por ausência, qualquer que sejam a natureza e a situação dos bens. A regra da nacionalidade não é adotada.

(VI EXAME DE ORDEM UNIFICADO – FGV) Arnaldo Butti, cidadão brasileiro, falece em Roma, Itália, local onde residia e tinha domicílio. Em seu testamento, firmado em sua residência poucos dias antes de sua morte, Butti, que não tinha herdeiros naturais, deixou um imóvel localizado na Avenida Atlântica, na cidade do Rio de Janeiro, para Júlia, neta de sua enfermeira, que vive no Brasil. Inconformada com a partilha, Fernanda, brasileira, sobrinha-neta do falecido, que há dois anos vivia de favor no referido imóvel, questiona no Judiciário brasileiro a validade do testamento. Alega, em síntese, que, embora obedecesse a todas as formalidades previstas na lei italiana, o ato não seguiu todas as formalidades preconizadas pela lei brasileira.

Com base na hipótese acima aventada, assinale a alternativa correta.

(A) Fernanda tem razão em seu questionamento, pois a sucessão testamentária de imóvel localizado no Brasil rege-se, inclusive quanto à forma, pela lei do local onde a coisa se situa (lex rei sitae).

(B) Fernanda tem razão em questionar a validade do testamento, pois a Lei de Introdução às Normas do Direito Brasileiro veda a partilha de bens imóveis situados no Brasil por ato testamentário firmado no exterior.

(C) Fernanda não tem razão em questionar a validade do testamento, pois o ato testamentário se rege, quanto à forma, pela lei do local onde foi celebrado (locusregitactum).

(D) O questionamento de Fernanda não será apreciado, pois a Justiça brasileira não possui competência para conhecer e julgar o mérito de ações que versem sobre atos testamentários realizados no exterior.

COMENTÁRIO

A alternativa C está correta. A regra de conexão *lex domicilii* do defunto ou do desaparecido (art. 10 da LINDB) diz respeito aos aspectos intrínsecos do testamento, como, por exemplo, o conteúdo das disposições de última vontade, sua admissibilidade e os efeitos dela decorrentes. Por outro lado, os aspectos extrínsecos do testamento teriam como regra de conexão a *locus regit actum* (lei do local onde o negócio jurídico tenha se constituído – art. 9º da LINDB). Como exemplos de aspectos extrínsecos podem-se apontar o respeito à forma legal e a verificação se o ato foi lavrado pela autoridade competente. Assim, o testamento, na questão em tela, é perfeitamente válido.

1.4. Questões combinadas

(X EXAME DE ORDEM UNIFICADO – FGV) A respeito dos elementos de conexão no Brasil, assinale a afirmativa correta.

(A) A lei da nacionalidade da pessoa determina as regras sobre o começo e o fim da personalidade.

(B) A *Lex loci executionis* é aplicável aos contratos de trabalho, os quais, ainda que tenham sido celebrados no exterior, são regidos pela norma do local da execução das atividades laborais.

(C) A norma do país em que é domiciliada a vítima aplica-se aos casos de responsabilidade por ato ilícito extracontratual.

(D) O elemento de conexão *Lex loci executionis* ou Lex loci *solutionis* é o critério aplicável, como regra geral, para qualificar e reger as obrigações.

COMENTÁRIO

A alternativa B está correta. O art. 9º da LINDB assim estatui: "Para qualificar e reger as obrigações, aplicar-se-á a lei do país em que se constituírem." Trata-se da regra de conexão *locus regit actum* sobre a qualificação e a regulação das obrigações (leia-se seus aspectos extrínsecos). Ou seja, é a lei do local em que as obrigações foram constituídas que vai regulá-las. É importante apontar que as obrigações surgem dos contratos, dos delitos e dos quase delitos (crimes praticados com culpa – negligência, imprudência e imperícia). Mas, em função do comércio internacional, os contratos adquirem grande destaque nas discussões do Direito Internacional Privado. A regra do art. 9º, *caput*, tem por pressuposto que o local onde a obrigação foi constituída também será a sede da relação jurídica. Isso porque o Direito Internacional Privado tem por prática aplicar a lei do país-sede da relação jurídica, o que permite aplicar a lei do local onde a relação jurídica está produzindo efeitos. Dito isso, pode-se afirmar que o juiz brasileiro poderá aplicar a lei nacional (*lex fori*), sem afrontar o art. 9º, quando um contrato constituído no estrangeiro for executado majoritariamente no Brasil (é o caso descrito na assertiva ora comentada).

A alternativa A está incorreta. O art. 7º da LINDB assim dispõe: "A lei do país em que domiciliada a pessoa determina as regras sobre o começo e o fim da personalidade, o nome, a capacidade e os direitos de família." A regra de conexão antiga era a da nacionalidade. Assim, aplicava-se ao estatuto pessoal a lei da nacionalidade do interessado. Esse critério era muito criticado, pois não resolvia o problema dos apátridas e fazia com que um estrangeiro havia muito tempo residente aqui continuasse a ter seu estatuto pessoal determinado pelas leis de sua nacionalidade. O critério atual gira em torno do domicílio da pessoa, ou seja, a regra de conexão é a *lex domicilii*. Assim, a lei do domicílio da pessoa determina as regras sobre o começo e o fim da personalidade, o nome, a capacidade e os direitos de família. A configuração do domicílio só é regulada pela Convenção Interamericana sobre Domicílio das Pessoas Físicas no Direito Internacional Privado. Em que pese a Convenção não estar ratificada no Brasil, nada impede que o juiz brasileiro a utilize como uma fonte de *soft law*. O art. 2º da Convenção dispõe que o domicílio será determinado em tais circunstâncias e ordem: a) pelo lugar da residência habitual; b) pelo lugar do centro principal de seus negócios; c) na ausência dessas circunstâncias, considerar-se-á como domicílio o lugar da simples residência; d) em sua falta, se não houver simples residência, o lugar onde se encontrar. No art. 6º, a Convenção determina: "quando uma pessoa tiver domicílio em dois Estados-partes, será considerada domiciliada naquele em que tiver a simples residência e, se tiver em ambos, preferir-se-á o lugar onde se encontrar".

A alternativa C está incorreta, pois não existe normativa nesse sentido.

A alternativa D está incorreta, pois o critério aplicado para qualificar e reger as obrigações é o da lei do país em que se constituírem (art. 9º da LINDB).

(VI EXAME DE ORDEM UNIFICADO – FGV) Tício, espanhol, era casado com Tácita, brasileira. Os cônjuges eram domiciliados no Brasil. Tício possuía uma filha adotiva espanhola, cujo nome é Mévia, e que residia com o pai. Em razão de um grave acidente na Argentina, Tício faleceu. O de cujus era proprietário de dois bens imóveis em Barcelona e um bem imóvel no Rio de Janeiro. Diante da situação exposta, à luz das regras de Direito Internacional Privado veiculadas na Lei de Introdução às Normas do Direito Brasileiro (LINDB) e do Código de Processo Civil Brasileiro (CPC), assinale a assertiva correta.

(A) Ainda que a lei espanhola não conceda direitos sucessórios à filha adotiva, poderá ela habilitar-se na ação de inventário ajuizada pelo cônjuge supérstite, no Brasil, regendo-se a sucessão pela lei brasileira, que não faz qualquer distinção entre filhos naturais e adotivos.

(B) A capacidade de suceder da filha é regulada pela legislação espanhola.

(C) A ação de inventário e partilha de todos os bens é de competência exclusiva do Poder Judiciário Brasileiro, já que o de cujus era domiciliado no Brasil.

(D) Se o de cujus houvesse deixado bens imóveis somente na Espanha, a sucessão seria regida pela lei espanhola.

COMENTÁRIO

A alternativa A está correta. O art. 10 da LINDB traz como regra de conexão a lei do país de último domicílio do defunto ou do desaparecido (*lex domicilii* do defunto ou do desaparecido) no que tange à regulação da sucessão por morte ou por ausência, qualquer que seja a natureza e a situação dos bens. Resta clara a concepção unitarista da sucessão, tal qual adotada nos países de tradição jurídica romano-germânica. O contraponto seria a concepção pluralista da sucessão, a qual é adotada nos países de tradição jurídica *common law*. A título explicativo, a pluralidade sucessória prega que cada bem, individualmente considerado, deve ser regulado pela lei de sua localização (*lex rei sitae*). A regra de conexão *lexdomicilii*do defunto ou do desaparecido diz respeito aos aspectos intrínsecos do testamento, como, por exemplo, o conteúdo das disposições de última vontade, sua admissibilidade e os efeitos dela decorrentes. Por outro lado, os aspectos extrínsecos do testamento teriam como regra de conexão a *locus regit actum*(lei do local onde o negócio jurídico tenha se constituído). Como exemplo de aspectos extrínsecos podem-se apontar o respeito à forma legal e se o ato foi lavrado pela autoridade competente. No presente caso tanto os aspectos intrínsecos quanto os extrínsecos serão regulados pela lei brasileira, assim a sucessão abre-se no lugar do ultimo domicílio do falecido (art. 1.785 do CC). Por fim, cabe confirmar que, de fato, a legislação brasileira não faz qualquer distinção entre filhos naturais e adotivos (art. 227, § 6º, da CF);

A alternativa B está incorreta, pois a filha tem domicílio no Brasil e a capacidade para suceder é regulada pela lei do domicílio do herdeiro ou do legatário (*lex domicilii*do herdeiro ou do legatário). Percebe-se que é a lei do último domicílio do *de cujus* que definirá quem é herdeiro ou não. Após a definição dos herdeiros, cabe verificar a capacidade para suceder de cada um e tal verificação é balizada pela lei do domicílio do herdeiro;

A alternativa C está incorreta. O juiz brasileiro terá competência exclusiva para conhecer das ações relativas a imóveis situados no Brasil. Esta competência exclusiva significa que nenhuma outra jurisdição poderá conhecer de ação que envolva bem imóvel situado no Brasil. Assim, por exemplo, sentença estrangeira sobre bem imóvel situado no Brasil nunca será reconhecida no Brasil, isto é, nunca irradiará efeitos em território nacional. A regra *forum rei sitae* aparece no art. 12, § 1º, da LINDB e no art. 89, I, do CPC. E o art. 89, no seu inciso II, traz outra hipótese de competência exclusiva. Ao juiz brasileiro compete proceder a inventário e partilha de bens, situados no Brasil, de titularidade de casal estrangeiro;

A alternativa D está incorreta. Reler o comentário sobre a assertiva "A".

No Novo Código de Processo Civil:

O juiz brasileiro terá competência exclusiva para conhecer das ações relativas a imóveis situados no Brasil. Essa competência exclusiva significa que nenhuma outra jurisdição poderá conhecer de ação que envolva bem imóvel situado no Brasil. Assim, por exemplo, sentença estrangeira sobre bem imóvel situado no Brasil nunca será reconhecida no Brasil, isto é, nunca irradiará efeitos em território nacional. A regra *forum rei sitae* aparece no art. 12, § 1º, da LINDB e no art. 89, I, do CPC – art. 23, I, no NCPC.

O art. 89, inc. II, do CPC traz outra hipótese de competência exclusiva: ao juiz brasileiro compete proceder a inventário e partilha de bens, situados no Brasil, de titularidade de casal estrangeiro que tenha se divorciado no estrangeiro. Essa previsão foi alargada no Novo CPC. A redação do inciso II do artigo 23 do NCPC é a seguinte: "em matéria de sucessão hereditária, proceder à confirmação de testamento particular e ao inventário e à partilha de bens situados no Brasil, ainda que o autor da herança seja de nacionalidade estrangeira ou tenha domicílio fora do território nacional".

O Novo CPC ainda disciplina uma outra hipótese configuradora de competência exclusiva do juiz brasileiro. O inciso III do artigo 23 do NCPC dispõe que compete à autoridade judiciária brasileira, com exclusão de qualquer outra, em divórcio, separação judicial ou dissolução de união estável, proceder à partilha de bens situados no Brasil, ainda que o titular seja de nacionalidade estrangeira ou tenha domicílio fora do território nacional.

Por fim, o Novo CPC de maneira expressa definiu que não será homologada a decisão estrangeira na hipótese de competência exclusiva da autoridade judiciária brasileira (art. 964 do NCPC).

(VI EXAME DE ORDEM UNIFICADO – FGV) A sociedade empresária do ramo de comunicações A Notícia Brasileira, com sede no Brasil, celebrou contrato internacional de prestação de serviços de informática com a sociedade empresária Santiago Info, com sede em Santiago. O contrato foi celebrado em Buenos Aires, capital argentina, tendo sido estabelecido como foro de eleição pelas partes Santiago, se porventura houver a necessidade de resolução de litígio entre as partes.

Diante da situação exposta, à luz das regras de Direito Internacional Privado veiculadas na Lei de Introdução às Normas do Direito Brasileiro (LINDB) e no estatuto processual civil pátrio (Código de Processo Civil – CPC), assinale a alternativa correta.

(A) No tocante à regência das obrigações previstas no contrato, aplica-se a legislação chilena, já que Santiago foi eleito o foro competente para se dirimir eventual controvérsia.

(B) Nos contratos internacionais, a lei que rege a capacidade das partes pode ser diversa da que rege o contrato. É o que se verifica no caso exposto acima.

(C) Como a execução da obrigação avençada entre as partes se dará no Brasil, aplica-se, obrigatoriamente, no tocante ao cumprimento do contrato, a legislação brasileira.

(D) A Lei de Introdução às Normas do Direito Brasileiro veda expressamente o foro de eleição, razão pela qual é nula *ipso jure* a cláusula estabelecida pelas partes nesse sentido.

COMENTÁRIO

A alternativa B está correta. Como visto no comentário anterior, a lei que rege os contratos é aquela do local onde tais foram constituídos. Por sua vez, a lei que rege a capacidade das partes é a *lex domicilii* (art. 7º da LINDB). Assim, a lei do domicílio da pessoa vai determinar as regras sobre o começo e o fim da personalidade, o nome, a capacidade e os direitos de família. O caso narrado na presente questão se amolda ao afirmado na assertiva, pois a legislação argentina vai reger o contrato e a brasileira vai reger a capacidade da empresa brasileira.

A alternativa A está incorreta, pois é a lei do local em que as obrigações foram constituídas que vai regulá-las. Logo aplica-se a legislação argentina (art. 9º da LINDB). Santiago foi apenas o foro de eleição estabelecido pelas partes.

A alternativa C está incorreta, pois não é obrigatória a aplicação da legislação brasileira. A regra do art. 9º, *caput*, da LINDB tem por pressuposto que o local onde a obrigação foi constituída também será a sede da relação jurídica. Isso porque o Direito Internacional Privado tem por prática aplicar a lei do país sede da relação jurídica – prática que permite aplicar a lei do local onde a relação jurídica está produzindo efeitos. Dito isso, pode-se afirmar que o juiz brasileiro poderá aplicar a lei nacional (*lex fori*), sem afrontar o art. 9º, quando um contrato constituído no estrangeiro for executado majoritariamente no Brasil.

A alternativa D está incorreta, pois a LINDB não veda expressamente o foro de eleição.

2. COMPETÊNCIA INTERNACIONAL

(VII EXAME DE ORDEM UNIFICADO – FGV) Um jato privado, pertencente a uma empresa norte-americana, se envolve em um incidente que resulta na queda de uma aeronave comercial brasileira em território brasileiro, provocando dezenas de mortes. A família de uma das vítimas brasileiras inicia uma ação no Brasil contra a empresa norte-americana, pedindo danos materiais e morais. A empresa norte-americana alega que a competência para julgar o caso é da justiça americana. Segundo o direito brasileiro, o juiz brasileiro

(A) tem competência concorrente porque o acidente ocorreu em território brasileiro.
(B) não tem competência concorrente porque o réu é empresa estrangeira que não opera no Brasil.
(C) não tem competência, absoluta ou relativa, e deverá remeter o caso, por carta rogatória, à justiça americana.
(D) tem competência concorrente porque a vítima tinha nacionalidade brasileira.

COMENTÁRIO

A alternativa A está correta. Uma das hipóteses de competência concorrente é a regulada pelo art. 88, III, do CPC (art. 21 do NCPC), que dispõe acerca da competência concorrente sobre ação originada de fato ocorrido ou de ato praticado no Brasil. As outras hipóteses são: ação ajuizada contra réu domiciliado no Brasil e obrigações, contratuais ou extracontratuais, que devam ser cumpridas no Brasil;

As alternativas B e C estão incorretas. Reler o comentário sobre a assertiva anterior;

A alternativa D está incorreta. Conforme dito no comentário sobre a assertiva "A", uma das hipóteses de competência concorrente é ação ajuizada contra réu domiciliado no Brasil e não de nacionalidade brasileira.

(EXAME DE ORDEM UNIFICADO 2010.2 – FGV) Um contrato internacional entre um exportador brasileiro de laranjas e o comprador americano, previu que em caso de litígio fosse utilizada a arbitragem, realizada pela Câmara de Comércio Internacional. O exportador brasileiro fez a remessa das laranjas, mas estas não atingiram a qualidade estabelecida no contrato. O comprador entrou com uma ação no Brasil para discutir o cumprimento do contrato. O Juiz decidiu:

(A) extinguir o feito sem julgamento de mérito, em face da cláusula arbitral.
(B) deferir o pedido, na forma requerida.
(C) indeferir o pedido porque o local do cumprimento do contrato é nos Estados Unidos.
(D) deferir o pedido, em razão da competência concorrente da justiça brasileira.

COMENTÁRIO

A arbitragem está regulada no Brasil pela Lei n. 9307/1996, que no seu art. 3º assim dispõe: "As partes interessadas podem submeter a solução de seus litígios ao juízo arbitral mediante convenção de arbitragem, assim entendida a cláusula compromissória e o compromisso arbitral". Portanto, a convenção de arbitragem impede o conhecimento da causa pelo Judiciário, constituindo o que a doutrina denominou de *pressuposto processual negativo (*art. 267, VII, do CPC). A alternativa correta é a A.

No Novo Código de Processo Civil:

O Novo Código de Processo Civil (CPC), Lei 13.015/2015, traz previsão equivalente ao art. 267, VII, do antigo CPC. Segue a redação do art. 485, *caput* e VII, do NCPC: "O juiz não resolverá o mérito quando: VII – acolher a alegação de existência de convenção de arbitragem ou quando o juízo arbitral reconhecer sua competência".

(EXAME DE ORDEM UNIFICADO 2010.2 – FGV) Jogador de futebol de um importante time espanhol e titular da seleção brasileira é filmado por um celular em uma casa noturna na Espanha, em avançado Estado de embriaguez. O vídeo é veiculado na internet e tem grande repercussão no Brasil. Temeroso de ser cortado da seleção brasileira, o jogador ajuíza uma ação no Brasil contra o portal de vídeos, cuja sede é na Califórnia, Estados Unidos. O juiz brasileiro

(A) não é competente, porque o réu é pessoa jurídica estrangeira.
(B) terá competência porque os danos à imagem ocorreram no Brasil.
(C) deverá remeter o caso, por carta rogatória, à justiça norte-americana.
(D) terá competência porque o autor tem nacionalidade brasileira.

COMENTÁRIO

Uma das hipóteses de competência concorrente ou relativa é aquela da ação ajuizada contra réu domiciliado no Brasil. O princípio informador dessa regra é o *actio sequitor forum rei*. Em outras palavras, a competência do juiz nacional é determinada pelo critério domiciliar, não importando a condição de estrangeiro do réu. Ademais, reputa-se domiciliada no Brasil a pessoa jurídica estrangeira que aqui tiver agência, filial ou sucursal (art. 88, parágrafo único, do CPC – art. 21, parágrafo único, do NCPC). Como o critério eleito para definir a competência é o domiciliar, cabe ao juiz bem definir domicílio. Em tal tarefa, lançará mão dos arts. 70 e 71 do CC. A regra do art. 71 do CC é de grande utilidade nos casos com elemento estrangeiro, pois a alegação de que o réu possui outra(s) residência(s), além da estabelecida no Brasil, não elidirá a competência do juiz nacional, pois qualquer uma delas poderá ser considerada seu domicílio. Cabe também esclarecer que "é também domicílio da pessoa natural, quanto às relações concernentes à profissão, o lugar onde esta é exercida" (art. 72 do CC). O art. 75 é utilizado para determinar o domicílio das pessoas jurídicas. A regra geral é que tenham domicílio no local em que funcionarem as respectivas diretorias e administrações, salvo a eleição de domicílio especial na forma do estatuto ou atos constitutivos (art. 75, IV, do CC). Mesmo que a administração tiver sede no estrangeiro, será considerado domicílio, da pessoa jurídica, o local de seu estabelecimento no Brasil. Outra hipótese de competência concorrente é a que cuida de obrigações, contratuais ou extracontratuais, que devam ser cumpridas no Brasil. Percebe-se que essa regra prescinde do critério domiciliar. Nesse sentido, o STJ decidiu que é vedado às partes dispor (ex.: cláusula de eleição de foro) sobre a competência concorrente de juiz brasileiro por força das normas fundadas na soberania nacional, não suscetíveis à vontade dos interessados[17]. Um exemplo ordinário é o caso de um contrato internacional que estipule sua execução no Brasil. Tal situação torna o juiz brasileiro competente, mas, ao mesmo tempo, não torna incompetente, por exemplo, o juiz do país onde a obrigação foi constituída. A última hipótese é a regulada pelo art. 88, III, do CPC, que dispõe acerca da competência concorrente sobre ação originada de fato ocorrido ou de ato praticado no Brasil. A alternativa correta é a B.

No Novo Código de Processo Civil:

O art. 88 do CPC, que traz três hipóteses de competência concorrente ou relativa da jurisdição brasileira, é repetido quase que em sua integralidade pelo art. 21 do NCPC. Apenas a última hipótese (art. 88, III, do CPC – art. 21, III, no NCPC) sofreu pequena alteração e passou a ter a seguinte redação: "o fundamento seja fato ocorrido ou ato praticado no Brasil".

3. COOPERAÇÃO JUDICIÁRIA INTERNACIONAL

(XVIII EXAME DE ORDEM UNIFICADO – FGV) Uma carta rogatória foi encaminhada, nos termos da Convenção Interamericana sobre Cartas Rogatórias, para citação de pessoa física domiciliada em São Paulo, para responder a processo de divórcio nos Estados Unidos. A esse respeito, assinale a opção correta.

(A) Não será necessário obter *exequatur* em função do tratado multilateral ratificado por ambos os países.
(B) O STJ deverá conceder o *exequatur*, cabendo à justiça estadual cumprir a ordem de citação.
(C) A concessão de *exequatur* caberá ao STJ e seu posterior cumprimento à justiça federal.
(D) A concessão de *exequatur* e seu posterior cumprimento caberão à autoridade central indicada na Convenção Interamericana sobre Cartas Rogatórias.

COMENTÁRIO

A carta rogatória é meio processual adequado para a realização de diligências fora da jurisdição de um determinado Estado, compreendendo tanto os atos ordinatórios (ex.: citação, notificação judicial, cientificação, intimação etc.) como os instrutórios (ex.: coleta de provas). No Brasil, a competência para conceder *exequatur* às cartas rogatórias é do STJ[18]. Anteriormente era competência do STF, mas desde a edição da EC 45/2004 essa competência passou para o STJ

17. *Vide* REsp 804.306-SP/STJ, rel. min. Nancy Andrighi.
18. A competência do STJ é apenas para processar as cartas rogatórias passivas, isto é, aquelas oriundas de juízos ou tribunais estrangeiros.

5. Direito Internacional

(art. 105, I, *i*, da CF/1988).

E o procedimento[19] das cartas rogatórias é o seguinte, como regra geral: *a)* recebimento pelo presidente do STJ; *b)* após a concessão de *exequatur*[20], a carta rogatória é remetida para o juiz federal competente cumpri-la;[21] *c)* após o cumprimento, o juiz tem o prazo de dez dias para devolvê-la ao presidente do STJ, o qual a encaminhará ao Ministério da Justiça ou Ministério das Relações Exteriores, que retornará a carta rogatória ao juiz rogante. O procedimento apresentado é de jurisdição contenciosa e, assim sendo, as partes devem ter acesso às garantias do devido processo legal.

Após breve introdução, cabe apontar a assertiva "C" como correta porque a primeira parte do art. 10 da Convenção Interamericana sobre Cartas Rogatórias, adotada no âmbito da OEA e ratificada pelo Brasil em 1995, estatui que "A tramitação das cartas rogatórias far-se-á de acordo com as leis e normas processuais do Estado requerido". Ou seja, é o direito interno de cada país que vai definir a competência e a tramitação das cartas rogatórias recebidas. Entretanto, a carta rogatória poderá ter tramitação especial desde que solicitado pela autoridade judiciária rogante e não seja contrária à legislação do Estado requerido (segunda parte do art. 10).

4. QUESTÕES COMBINADAS E OUTROS TEMAS DE DIREITO INTERNACIONAL PRIVADO

(XIII EXAME DE ORDEM UNIFICADO – FGV) Sobre o sistema de regulação de investimentos e fluxo de capital estrangeiro no atual ordenamento jurídico da República Federativa do Brasil, assinale a afirmativa ***incorreta***.

(A) É vedada a participação de capital estrangeiro nas empresas jornalísticas e de radiodifusão sonora e de sons e imagens, uma vez que sua propriedade é privativa de brasileiros natos.

(B) É vedada a participação direta ou indireta de empresas ou capitais estrangeiros na assistência à saúde no país, salvo nos casos previstos em lei.

(C) O sistema financeiro nacional será regulado por leis complementares que disporão, inclusive, sobre a participação do capital estrangeiro nas instituições que o integram.

(D) Os investimentos de capital estrangeiro, o incentivo aos reinvestimentos e a regulação à remessa de lucros serão disciplinados em lei, tendo por base o interesse nacional.

COMENTÁRIO

A alternativa A está incorreta, devendo ser assinalada. A redação do art. 2º da Lei 10.610/2002 é a seguinte: "A participação de estrangeiros ou de brasileiros naturalizados há menos de dez anos no capital social de empresas jornalísticas e de radiodifusão não poderá exceder a trinta por cento do capital total e do capital votante dessas empresas e somente se dará de forma indireta, por intermédio de pessoa jurídica constituída sob as leis brasileiras e que tenha sede no País".

A alternativa B está correta (art. 199, § 3º, da CF).

A alternativa C está correta (art. 192 da CF).

A alternativa D está correta (art. 172 da CF).

(XII EXAME DE ORDEM UNIFICADO – FGV) A sociedade empresária Airplane Ltda., fabricante de aeronaves, sediada na China, celebrou contrato internacional de compra e venda com a sociedade empresária Voe Rápido Ltda, com sede na Argentina. O contrato foi celebrado no Japão, em razão de uma feira promocional que ali se realizava. Conforme estipulado no contrato, as aeronaves deveriam ser entregues pela Airplane Ltda., na cidade do Rio de Janeiro, no dia 1º de abril de 2011, onde a sociedade Voe Rápido Ltda. possui uma filial e realiza a atividade empresarial de transporte de passageiros.

Diante da situação exposta, à luz das regras de Direito Internacional Privado veiculadas na Lei de Introdução às Normas do Direito Brasileiro (LINDB) e no estatuto processual civil brasileiro (Código de Processo Civil – CPC), assinale a afirmativa ***INCORRETA***.

(A) Não sendo as aeronaves entregues no prazo avençado, o Poder Judiciário brasileiro é competente para julgar eventual demanda em que a credora postule o cumprimento do contrato.

(B) No tocante à regência das obrigações, aplica-se, no caso vertente, a legislação japonesa.

(C) O Poder Judiciário Brasileiro não é competente para julgar eventual ação por inadimplemento contratual, pois o contrato não foi constituído no Brasil.

(D) O juiz, não conhecendo a lei estrangeira, poderá exigir de quem a invoca prova do texto e da vigência.

COMENTÁRIO

A alternativa C está incorreta, devendo ser assinalada (reler o comentário sobre a assertiva "A").

A alternativa A está correta. Uma hipótese de competência concorrente é a que cuida de obrigações, contratuais ou extracontratuais, que devam ser cumpridas no Brasil (art. 88, II, do CPC). Nesse sentido, o STJ decidiu que é vedado às partes dispor (ex.: cláusula de eleição de foro) sobre a competência concorrente de juiz brasileiro por força das normas fundadas na soberania nacional, não suscetíveis à vontade dos interessados.[22] Um exemplo ordinário é o caso de um contrato internacional que estipule sua execução no Brasil. Tal situação torna o juiz brasileiro competente, mas, ao mesmo tempo, não torna incompetente, por exemplo, o juiz do país onde a obrigação foi constituída.

A alternativa B está correta. É a lei do local em que as obrigações foram constituídas que vai regulá-las (*locusregitactum* – art. 9º, *caput*, da LINDB).

A alternativa D está correta (art. 14 da LINDB).

No Novo Código de Processo Civil:

Uma das hipóteses de competência concorrente é aquela da ação ajuizada contra réu domiciliado no Brasil. O princípio informador dessa regra é o *actio sequitor forum rei*. Em outras palavras, a competência do juiz nacional é determinada pelo critério domiciliar, não importando a condição de estrangeiro do réu. Ademais, reputa-se domiciliada no Brasil a pessoa jurídica estrangeira que aqui tiver agência, filial ou sucursal (art. 88, parágrafo único, do CPC – art. 21, parágrafo único, do NCPC).

Outra hipótese de competência concorrente é a que cuida de obrigações, contratuais ou extracontratuais, que devam ser cumpridas no Brasil. Percebe-se que essa regra prescinde do critério domiciliar. Nesse sentido, o STJ decidiu que é vedado às partes dispor (ex.: cláusula de eleição de foro) sobre a competência concorrente de juiz brasileiro por força das normas fundadas na soberania nacional, não suscetíveis à vontade dos interessados. [23]

Um exemplo ordinário é o caso de um contrato internacional que estipule sua execução no Brasil. Tal situação torna o juiz brasileiro competente, mas, ao mesmo tempo, não torna incompetente, por exemplo, o juiz do país onde a obrigação foi constituída.

A terceira hipótese é a regulada pelo art. 88, III, do CPC[24], que dispõe acerca da competência concorrente sobre ação originada de fato ocorrido ou de ato praticado no Brasil.

O art. 22 do NCPC expressamente atribui como parte da competência concorrente ou relativa da autoridade judiciária brasileira julgar ações de alimentos quando (i) o credor tiver domicílio ou residência no Brasil ou (ii) o réu mantiver vínculos no Brasil, tais como posse ou propriedade de bens, recebimento de renda ou obtenção de benefícios econômicos. O juiz brasileiro ainda é relativamente competente para julgar as seguintes ações: decorrentes de relações de consumo, quando o consumidor tiver domicílio ou residência no Brasil (inciso II do art. 22); e em que as partes, expressa ou tacitamente, se submeteram à jurisdição nacional (inciso III do art. 22).

19. O procedimento sofreu algumas alterações no NCPC, especialmente ditadas pelo art. 26. Cabe antecipar como grande inovação a criação da figura da "autoridade central", que geralmente existe nos tratados multilaterais criados para reger com maior efetividade a cooperação judiciária internacional entre países parceiros.
20. Necessário destacar que, conforme a Resolução 9/2005 do STJ, cabe agravo regimental da decisão do Presidente do STJ que concede *exequatur*.
21. Art. 109, X, da CF/1988: "Aos juízes federais compete processar e julgar: (...) X – os crimes de ingresso ou permanência irregular de estrangeiro, a execução de carta rogatória, após o 'exequatur', e de sentença estrangeira, após a homologação, as causas referentes à nacionalidade, inclusive a respectiva opção, e à naturalização".
22. *Vide* REsp 804.306-SP/STJ, rel. min. Nancy Andrighi.
23. *Vide* STJ, REsp 804.306/SP, 3ª T., j. 19.08.2008, rel. Min. Nancy Andrighi, *DJe* 03.09.2008.
24. O art. 88 do CPC, que traz três hipóteses de competência concorrente ou relativa da jurisdição brasileira, é repetido quase que em sua integralidade pelo art. 21 do NCPC. Apenas a última hipótese (art. 88, III, do CPC – art. 21, III, no NCPC) sofreu pequena alteração e passou a ter a seguinte redação: "o fundamento seja fato ocorrido ou ato praticado no Brasil".

6. Direito Tributário

Alessandro Spilborghs

1. COMPETÊNCIA TRIBUTÁRIA

(XVIII EXAME DE ORDEM UNIFICADO – FGV) A União instituiu determinado tributo federal e conferiu a uma autarquia as tarefas de fiscalizá-lo e arrecadá-lo. Tendo em vista a situação narrada, assinale a opção correta.

(A) A capacidade tributária ativa (realizar atos de fiscalização e arrecadação) é delegável.

(B) Trata-se de caso de delegação da competência tributária da União.

(C) Não é possível que a União revogue, a qualquer tempo e por ato unilateral, a atribuição que conferiu a tal autarquia.

(D) Em eventual discussão judicial proposta por um contribuinte do tributo, a autarquia não terá prazo em dobro para recorrer.

COMENTÁRIO

A letra A está correta. As atribuições de fiscalizar e arrecadar tributos corresponde à capacidade tributária ativa e o fato de delegá-las não ofende a competência tributária atribuída aos entes federados.

A letra B está incorreta, porque a competência tributária é indelegável. Trata-se de caso de delegação de capacidade tributária ativa.

A letra C está incorreta – art. 7º, §2º, CTN.

A letra D está incorreta – o art. 188 do CPC/1973 (correspondente ao art. 183 do CPC/2015) estabelece que a União possui prazo em dobro para recorrer e, portanto este privilégio se estenderá à pessoa jurídica de direito público que receber a delegação da capacidade tributária ativa, nos termos do art. 7º, §1º do CTN.

(XV EXAME DE ORDEM UNIFICADO – FGV) O Art. 146, III, *a*, da Constituição Federal estabelece que lei complementar deve trazer a definição dos fatos geradores, da base de cálculo e dos contribuintes dos impostos previstos na Constituição.

Caso não exista lei complementar prevendo tais definições relativamente aos impostos estaduais, os estados

(A) não podem instituir e cobrar seus impostos, sob pena de violação do Art. 146 da Constituição.

(B) podem instituir e cobrar seus impostos, desde que celebrem convênio para estabelecer normas gerais.

(C) podem instituir e cobrar seus impostos, pois possuem competência legislativa plena até que a lei complementar venha a ser editada.

(D) podem instituir e cobrar seus impostos, desde que seja publicada Medida Provisória autorizando.

COMENTÁRIO

A letra C está correta. A denominada competência legislativa plena prevista no art. 24, § 3º da Constituição Federal é exercida pelos Estados na hipótese de inexistir a lei complementar constitucionalmente exigida sobre um determinado assunto. Exemplifica essa situação as legislações estaduais sobre os fatos geradores, bases de cálculos e contribuintes do IPVA, uma vez que não há a lei complementar pertinente.

(XIII EXAME DE ORDEM UNIFICADO – FGV) Determinado Estado, localizado na Região Norte do país, instituiu, mediante lei específica, a contribuição para o custeio do serviço de iluminação pública. Nessa linha, com base na competência tributária prevista nas normas constitucionais em vigor, tal contribuição instituída pelo respectivo estado membro da Federação é

(A) constitucional, sendo possível sua cobrança com base nas regras constitucionais em vigor.

(B) inconstitucional, por ser o referido tributo de competência tributária da União Federal.

(C) inconstitucional, por ser o referido tributo de competência do Distrito Federal e dos Municípios.

(D) inconstitucional, visto que somente lei complementar poderá instituir o referido tributo.

COMENTÁRIO

A letra C está correta. Conhecida como COSIP ou CIP, a contribuição para o custeio do serviço de iluminação pública é tributo outorgado à competência dos Municípios e do Distrito Federal, conforme art. 149-A, CF. Desta forma nenhum outro ente federado, mesmo que por lei, tem autorização para exigir esse tipo de contribuição.

(XI EXAME DE ORDEM UNIFICADO – FGV) Assinale a alternativa que indica os impostos cujas alíquotas podem ser majoradas por ato do Poder Executivo, observados os parâmetros legais.

(A) Imposto de Renda (IR), Imposto sobre Operações Financeiras (IOF) e Imposto sobre a Propriedade Territorial Rural (ITR).

(B) Imposto sobre a Importação (II), Imposto sobre a Exportação (IE) e Imposto sobre Grandes Fortunas (IGF).

(C) Imposto de Renda (IR) Imposto sobre a Propriedade Territorial Rural (ITR) e Imposto sobre Grandes Fortunas (IGF).

(D) Imposto sobre Produtos Industrializados (IPI), Imposto sobre Operações Financeiras (IOF) e Imposto sobre a Importação (II).

comentário

A letra D está correta. Os únicos impostos que podem ter suas alíquotas alteradas por ato do Poder Executivo, segundo o art. 153, § 1º, CF são: o imposto de importação, o imposto de exportação, o imposto sobre produtos industrializados e o imposto sobre operações financeiras.

(IX EXAME DE ORDEM UNIFICADO – FGV) Determinado Município, mediante edição do Decreto n. "X", publicado em 12.11.2011, estabeleceu isenção do IPTU outorgada pessoalmente aos contribuintes com comprovada deficiência física, cujos requisitos para gozo do benefício fiscal estariam previstos no respectivo Decreto Municipal. Com base no caso apresentado, assinale a afirmativa correta.

(A) O decreto conforma-se com a ordem jurídica tributária em vigor.

(B) O decreto é inconstitucional, visto ferir o princípio da isonomia.

(C) O decreto é inconstitucional, eis que somente a lei poderia criar esta isenção.

(D) O decreto é ilegal, pois a isenção não foi atribuída por lei complementar.

COMENTÁRIO

A letra C está correta. Benefícios fiscais como a isenção só podem ser concedidos ou revogados por lei específica do ente federado que pretende instituir (art. 150, § 6º, CF). Desta feita, se um decreto for utilizado no lugar da lei, então certamente tal instituição será considerada inconstitucional por ofender o princípio da legalidade.

(VI EXAME DE ORDEM UNIFICADO – FGV) A competência tributária não se confunde com a capacidade tributária ativa. Aquela se traduz na aptidão para instituir tributos, enquanto esta é o exercício da competência, ou seja, a aptidão para cobrar tributos. Nesse sentido, é correto afirmar que

(A) compete à União, aos Estados, ao Distrito Federal e aos Municípios instituir impostos, taxas, contribuições de melhoria, assim como as contribuições para o custeio do serviço de iluminação pública.

(B) em virtude do princípio federativo, que, entre outras consequências, delimita entre os entes políticos o poder de tributar, ao Distrito Federal compete apenas instituir espécies tributárias próprias dos Estados-membros da federação.

(C) a União pode instituir, via lei ordinária, impostos além dos previstos na Constituição, mediante dois requisitos: que eles sejam não cumulativos e que não tenham fato gerador próprio dos impostos já previstos constitucionalmente.

(D) em Território Federal, os impostos estaduais são de competência da União. Caso o Território não seja dividido em Municípios, cumulativamente, os impostos municipais também são de competência da União.

COMENTÁRIO

A alternativa D está correta. A União também possui competência cumulativa que poderá ser exercida na hipótese de haver no País territórios federais, quando a União poderá cobrar os impostos estaduais e se tal território não estiver sequer subdividido em Municípios, então a União também poderá exigir os impostos municipais.

A alternativa A está incorreta. Todos os entes federados possuem competência tributária para instituir impostos, taxas e contribuições de melhoria, contudo a contribuição para custear o serviço de iluminação pública foi outorgada apenas aos Municípios e ao Distrito Federal (art. 149-A, CF).

A alternativa B está incorreta. O Distrito Federal acumula a competência que foi atribuída aos Estados e aos Municípios, conforme exposto no art. 147 da CF.

A alternativa C está incorreta. O grande equívoco na afirmação está na possibilidade de instituir novos impostos por lei ordinária, quando a Constituição Federal exige para tanto lei complementar (art. 154, I).

2. PRINCÍPIOS TRIBUTÁRIOS

(XIV EXAME DE ORDEM UNIFICADO – FGV) Visando a proteger a indústria de tecnologia da informação, o governo federal baixou medida, mediante decreto, em que majora de 15% para 20% a alíquota do Imposto sobre a Importação de Produtos Estrangeiros para monitores de vídeo procedentes do exterior, limites esses que foram previstos em lei. A respeito da modificação de alíquota do Imposto de Importação, assinale a afirmativa correta.

(A) Deve observar a reserva de lei complementar.
(B) Deve ser promovida por lei ordinária.
(C) Deve observar o princípio da irretroatividade.
(D) Deve observar o princípio da anterioridade.

COMENTÁRIO

A letra C está correta. O imposto sobre a importação é usualmente reconhecido por se mostrar como exceção aos princípios da legalidade (suas alíquotas podem ser alteradas por decreto, desde que dentro dos limites legais), bem como ao da anterioridade (uma vez majorado poderá ser exigido sem a necessidade de se aguardar pelo exercício financeiro seguinte, nem mesmo o prazo mínimo de 90 dias). Contudo o imposto em nenhum momento foi indicado como exceção à irretroatividade, uma vez que as mudanças nas alíquotas só poderão alcançar os fatos geradores que acontecerem a partir da publicação do decreto que estabeleceu a nova alíquota e 20%.

(XII EXAME DE ORDEM UNIFICADO – FGV) A respeito dos Princípios Tributários Expressos e Implícitos, à luz da Constituição da República de 1988, assinale a opção incorreta.

(A) É vedado à União instituir isenções de tributos de competência dos Estados, do Distrito Federal e dos Municípios.
(B) O princípio da irretroatividade veda a cobrança de tributos em relação a fatos geradores ocorridos antes do início da vigência da lei que os houver instituído ou aumentado.
(C) É vedado aos Estados, ao Distrito Federal e aos Municípios estabelecer diferença tributária entre bens e serviços, de qualquer natureza, em razão de sua procedência ou destino.
(D) Pelo princípio da anterioridade, para que os tributos possam ser cobrados a cada exercício, é necessária a prévia autorização na lei orçamentária.

COMENTÁRIO

Importante notar que a questão exige apontar a alternativa incorreta. Passemos às considerações:

Alternativa "D": afirmação incorreta. O princípio da anterioridade trata a respeito dos efeitos da lei que instituiu ou majorou um tributo e não deve ser confundido com o antigo princípio da anualidade, segundo o qual era necessária prévia autorização orçamentária para a exigência do tributo.

A alternativa A está correta. Trata-se do princípio da vedação às isenções heterônomas previsto no art. 151, III, CF.

A alternativa B está correta. Trata-se da redação exposta pelo art. 150, III, a, CF.

A alternativa C está correta. Temos aqui retratado o princípio da não diferenciação tributária estampado no art. 152 da CF.

(X EXAME DE ORDEM UNIFICADO – FGV) Suponha que determinada Medida Provisória editada pela Presidenta da República, em 29.09.2012, estabeleça, entre outras providências, o aumento para as diversas faixas de alíquotas previstas na legislação aplicável ao imposto de renda das pessoas físicas. Nesse caso, com base no sistema tributário nacional, tal Medida Provisória

(A) não violaria o princípio da legalidade e produzirá efeitos a partir da data de sua publicação.
(B) violaria o princípio da legalidade, por ser incompatível com o processo legislativo previsto na Constituição Federal/1988.
(C) não violaria o princípio da legalidade e produzirá efeitos a partir de 90 (noventa) dias contados a partir da data de sua publicação.
(D) não violaria o princípio da legalidade e só produzirá efeitos a partir do primeiro dia do exercício financeiro subsequente à data de sua conversão em lei.

COMENTÁRIO

A letra D está correta. Após o advento da EC 32/2001 passou a ser regulada a aplicação das medidas provisórias em matéria tributária (art. 62, § 2º, CF), sendo certo que o tributo instituído ou majorado através deste veículo normativo só poderá ser cobrado, via de regra, no exercício financeiro seguinte à data da conversão da medida provisória em lei.

(VII EXAME DE ORDEM UNIFICADO – FGV) A Lei X, promulgada em 20 de outubro de 2008, determinou a majoração do ISS. Já a Lei Y, promulgada em 16 de novembro de 2009, reduziu o ICMS de serviços de telecomunicação. Por fim, o Decreto Z, de 8 de dezembro de 2007, elevou o IOF para compras no exterior. Diante dessas hipóteses, é correto afirmar que:

(A) o ISS poderá ser cobrado somente quando decorridos 90 dias da publicação da Lei X, ao passo que os novos valores do ICMS e do IOF poderão ser cobrados a partir da publicação dos diplomas legais que os implementaram.
(B) todos os impostos mencionados no enunciado somente poderão ser cobrados no exercício financeiro seguinte à publicação do diploma legal que os alterou por força do princípio da anterioridade.
(C) na hipótese do enunciado, tanto o ISS como o ICMS estão sujeitos ao princípio da anterioridade nonagesimal, considerada garantia individual do contribuinte cuja violação causa o vício da inconstitucionalidade.
(D) o IOF, imposto de cunho nitidamente extrafiscal, em relação ao princípio da anterioridade, está sujeito apenas à anterioridade nonagesimal, o que significa que bastam 90 dias da publicação do decreto que alterou sua alíquota para que possa ser cobrado.

COMENTÁRIO

A letra A está correta. O ISS poderá ser cobrado somente quando decorridos 90 dias da publicação da Lei X. Isso porque, tal imposto deve respeitar o princípio da anterioridade nonagesimal, ao passo que os novos valores do ICMS e do IOF poderão ser cobrados a partir da publicação dos diplomas legais que os implementaram. Como o ICMS foi reduzido sobre os serviços de telecomunicação, ou seja, beneficiou o contribuinte, poderá ser cobrado a partir da publicação desta lei, assim como IOF que é exceção aos princípios da anterioridade anual e nonagesimal.

(IV EXAME DE ORDEM UNIFICADO – FGV) A redação da Súmula Vinculante 28 ("É inconstitucional a exigência de depósito prévio como requisito de admissibilidade de ação judicial na qual se pretenda discutir a exigibilidade do crédito tributário") tem por escopo impedir a adoção de que princípio jurídico?

(A) Contraditório e ampla defesa.
(B) *Venire Contra Factum Proprium.*
(C) *Solve et Repete.*
(D) Exceção de contrato não cumprido.

COMENTÁRIO

Entre os princípios apresentados aquele que se coaduna com o registrado no enunciado é o do "solve et repete" descrito pela alternativa "C". A redação da súmula vinculante 28 tem por escopo impedir a adoção do princípio "solve et repete" que significa "pague e depois reclame" e pode ser observado na exigência de depósito prévio.

A alternativa "A" está incorreta porque o objetivo da súmula vinculante 28 é justamente permitir o contraditório e a ampla defesa e não impedir tal princípio.

A alternativa "B" está incorreta também, porque "venire contra factum proprium" significa a vedação do comportamento contraditório e, portanto, não se coaduna com o preceituado pela súmula em comento.

A alternativa "D" também encontra-se incorreta, porque o princípio de exceção de contrato não cumprido não se aplica no direito tributário.

(EXAME DE ORDEM UNIFICADO 2010.3 – FGV) Visando fomentar a indústria brasileira, uma nova lei, publicada em 18.02.2010, majorou a alíquota do Imposto sobre Produtos Industrializados (IPI), bem como majorou a alíquota do Imposto sobre Exportação (IE).

A partir de que data a nova alíquota poderá ser exigida para o IPI e para o IE?

(A) Imediatamente para ambos.

(B) No exercício financeiro seguinte para ambos.

(C) 90 dias após a publicação da lei para o IPI e imediatamente para o IE.

(D) 90 dias após o exercício financeiro seguinte para o IPI e no exercício financeiro seguinte para o IE.

COMENTÁRIO

A letra C está correta. A nova alíquota poderá ser exigida a partir de 90 dias após a publicação da lei para o IPI e imediatamente para o IE. A fundamentação pode ser encontrada no art. 150, inciso III, alíneas "b" e "c" e §1° da CF. Trata-se de respeitar a anterioridade nonagesimal para o IPI e de exceção às anterioridades anual e nonagesimal para o IE.

(EXAME DE ORDEM UNIFICADO 2010.2 – FGV) Considere a seguinte situação hipotética: lei federal fixou alíquotas aplicáveis ao ITR e estabeleceu que a alíquota relativa aos imóveis rurais situados no Rio de Janeiro seria de 5% e a relativa aos demais Estados do Sudeste de 7%. Tal enunciado normativo viola o princípio constitucional

(A) da uniformidade geográfica da tributação.

(B) da legalidade tributária.

(C) da liberdade de tráfego.

(D) da não diferenciação tributária entre a procedência e o destino do produto.

COMENTÁRIO

A alternativa correta é a A. O exposto no enunciado da questão viola o princípio constitucional da uniformidade geográfica da tributação, segundo o qual é vedado à União instituir tributo que não seja uniforme em todo o território nacional, consoante preceitua o artigo 151, inciso I, da Constituição Federal. Ressalta-se que o princípio deve ser observado apenas pela União (os demais entes políticos, Estados, Distrito Federal e Municípios não devem obediência ao artigo supracitado), posto que a União é o único ente federado que em virtude de sua competência territorial tem condições de cobrar tributos em todo o País. Quanto ao princípio da legalidade, este não foi violado, porque a fixação de alíquotas ocorreu por lei federal e os princípios da liberdade de tráfego e da não diferenciação tributária não possuem relação com o enunciado.

(EXAME DE ORDEM UNIFICADO 2010.2 – FGV) Caso determinado município venha a atualizar o valor monetário da base de cálculo do IPTU, tal hipótese

(A) deve vir regulada por lei.

(B) deve vir regulada por lei complementar.

(C) enquadra-se como majoração de tributo.

(D) poderá ser disciplinada mediante decreto.

COMENTÁRIO

A letra D está correta. A atualização do valor monetário da base de cálculo do IPTU poderá ser disciplinada mediante decreto, nos termos do art. 97, §2° do CTN. Assim, não se pode confundir a majoração de um tributo (que deve ser feita por lei), com a atualização da base de cálculo (que não constitui propriamente majoração).

3. IMUNIDADES

(XI EXAME DE ORDEM UNIFICADO – FGV) Determinada editora de livros, revistas e outras publicações foi autuada pela fiscalização de certo Estado, onde mantém a sede da sua indústria gráfica, pela falta de recolhimento de ICMS incidente sobre álbum de figurinhas. Nessa linha, à luz do entendimento do STF sobre a matéria em pauta, tal cobrança é

(A) inconstitucional, por força da aplicação da isenção tributária.

(B) inconstitucional, por força da aplicação da imunidade tributária.

(C) constitucional, por força da inaplicabilidade da imunidade tributária.

(D) inconstitucional, por estar o referido tributo adstrito à competência tributária da União Federal.

COMENTÁRIO

A alternativa correta é a B. Conforme jurisprudência pacificada no Supremo Tribunal Federal o álbum de figurinhas está igualmente protegido pela imunidade de imprensa, conforme disposição do art. 150, VI, d, CF.

EMENTA: Álbum de figurinha. Imunidade tributária. art. 150, VI, "d", da Constituição Federal. Precedentes da Suprema Corte. 1. Os álbuns de figurinhas e os respectivos cromos adesivos estão alcançados pela imunidade tributária prevista no artigo 150, VI, "d", da Constituição Federal. 2. Recurso extraordinário desprovido.

(RE 179893, rel. Min. Menezes Direito, Primeira Turma, julgado em 15.04.2008, DJe29.05.2008).

(X EXAME DE ORDEM UNIFICADO – FGV) Uma autarquia federal, proprietária de veículos automotores adquiridos recentemente, foi surpreendida com a cobrança de IPVA pelo Estado responsável pelos respectivos licenciamentos, não obstante vincular a utilização desses veículos às suas finalidades essenciais. Com base na hipótese sugerida, assinale a afirmativa correta.

(A) A cobrança é constitucional, por se tratar de fato gerador do IPVA.

(B) A cobrança é constitucional, por se aplicar o princípio da capacidade contributiva.

(C) A cobrança é inconstitucional, por se tratar de isenção fiscal.

(D) A cobrança é inconstitucional, por tratar de hipótese de imunidade tributária.

COMENTÁRIO

A letra D está correta. A exigência por parte do Estado é inconstitucional por ofender a disposição do art. 150, § 2°, CF, segundo o qual a imunidade recíproca é extensiva às autarquias e fundações públicas em relação ao patrimônio, rendas ou serviços relacionados as suas finalidades essenciais.

(IX EXAME DE ORDEM UNIFICADO – FGV) O procurador do município Gama decide contestar judicialmente a cobrança do ICMS discriminada na fatura da conta de luz do imóvel onde funciona a sede da prefeitura, alegando a condição de ente político para livrar-se da exação. A demanda da municipalidade deverá ser:

(A) acolhida, em razão da imunidade recíproca, que impede que os entes da federação instituam impostos sobre bens e serviços uns dos outros.

(B) rejeitada, pois na situação apresentada o município se apresenta na condição de contribuinte de direito do ICMS.

(C) acolhida, pois a empresa concessionária prestadora do serviço de fornecimento de energia não tem competência para cobrar ICMS.

(D) rejeitada, pois o município não goza de imunidade com relação a imposto que incide apenas indiretamente sobre seus bens e serviços.

COMENTÁRIO

A letra D está correta. A demanda da municipalidade deverá ser rejeitada, pois o município não goza de imunidade com relação a imposto que incide apenas indiretamente sobre seus bens e serviços. Isso porque, a imunidade abrange os entes políticos em relação aos tributos dos quais sejam contribuintes e não responsáveis tributários ou contribuintes de fato. No caso, o Município se afigura como um contribuinte de fato e, portanto, não integra a relação jurídico-tributária (não possui legitimidade ativa). E a concessionária de energia elétrica, esta sim, figura como contribuinte de direito (possui relação pessoal e direta com o fato gerador).

(EXAME DE ORDEM UNIFICADO 2010.3 – FGV) A imunidade recíproca impede que

(A) a União cobre Imposto de Renda sobre os juros das aplicações financeiras dos Estados e dos Municípios.

(B) o Município cobre a taxa de licenciamento de obra da União.

(C) o Estado cobre contribuição de melhoria em relação a bem do Município valorizado em decorrência e obra pública.

(D) o Estado cobre tarifa de água consumida em imóvel da União.

COMENTÁRIO

A letra A está correta. A imunidade recíproca impede a cobrança apenas de impostos, consoante dispõe o art. 150, VI, "a", CF, motivo pelo qual as alternativas que mencionam "taxa de licenciamento", "contribuição de melhoria" e "tarifa de água" são inverídicas. Logo, a única que pode ser anotada como correta é a da letra "A".

(EXAME DE ORDEM UNIFICADO 2010.2 – FGV) A Cia. De Limpeza do Município de Trás os Montes, empresa pública municipal, vendeu um imóvel de sua titularidade situado na rua Dois, da quadra 23, localizado no n.º 06. Neste caso, o novo proprietário

(A) não paga o imposto de transmissão de bens imóveis, em função de ser bem público.

(B) fica isento do imposto predial e territorial urbano, ante a imunidade do patrimônio público.

(C) paga o IPTU, mas não paga o ITBI, uma vez que, nesta última hipótese, quem transmite a propriedade do bem é empresa pública.

(D) fica obrigado a pagar todos os tributos que recaiam sobre o bem.

COMENTÁRIO

A letra D está correta. O novo proprietário fica obrigado a pagar todos os tributos que recaiam sobre o bem, nos termos do que dispõe o art. 130 do CTN: "Os créditos tributários relativos a impostos cujo fato gerador seja a propriedade, o domínio útil ou a posse de bens imóveis, e bem assim os relativos a taxas pela prestação de serviços referentes a tais bens, ou a contribuições de melhoria, sub-rogam-se na pessoa dos respectivos adquirentes, salvo quando conste do título a prova de sua quitação". Portanto a alternativa correta é a letra "D".

As demais alternativas estão incorretas, porque não há que se falar em imunidade recíproca de empresas públicas quando houver exploração de atividade econômica regida pelas normas aplicáveis a empreendimentos privados (art. 150, §3º, CF).

4. DEFINIÇÃO DE TRIBUTO E ESPÉCIES TRIBUTÁRIAS

(XVII EXAME DE ORDEM UNIFICADO – FGV) Em 17/07/2014, o Tribunal de Justiça do Estado X da Federação instituiu, por meio de Provimento da Corregedoria Geral da Justiça, as custas judiciais e os emolumentos cartorários vigentes a partir da data da publicação. Sobre a hipótese, assinale a afirmativa correta.

(A) As custas judiciais e os emolumentos cartorários têm natureza jurídica de preço público e, portanto, não estão sujeitos às limitações constitucionais ao poder de tributar.

(B) As custas judiciais e os emolumentos cartorários têm natureza jurídica de taxa de serviço. Sendo assim, o provimento da Corregedoria Geral viola os princípios da legalidade, da anterioridade de exercício e nonagesimal.

(C) As custas judiciais e os emolumentos cartorários têm natureza jurídica de contribuição social. Sendo assim, o provimento da Corregedoria Geral viola os princípios da legalidade, da anterioridade de exercício e nonagesimal.

(D) As custas judiciais e os emolumentos cartorários têm natureza jurídica de taxa de poder de polícia. Sendo assim, o provimento da Corregedoria Geral viola os princípios da legalidade e da anterioridade de exercício.

COMENTÁRIO

A letra B está correta. O Supremo Tribunal Federal (ADI 3028/2010) tem entendido que as custas judiciais e os emolumentos cartorários têm natureza tributária e enquadram-se na espécie taxa. Diante deste posicionamento certo é que tais cobranças sujeitam-se aos princípios constitucionais tributários, tais como, o da legalidade e o da anterioridade (seja a anual, seja a nonagesimal). Ademais vale lembrar que destinar o produto da sua arrecadação à atividade jurisdicional não viola a restrição estabelecida pelo art. 167, IV, CF, a qual refere-se, tão somente a impostos. Ao contrário, o produto arrecadado deve destinar-se ao aperfeiçoamento da jurisdição, conforme disposto no art. 98, § 2º da CF.

(XIII EXAME DE ORDEM UNIFICADO – FGV) Segundo o entendimento do STF, a taxa cobrada exclusivamente em razão dos serviços públicos de coleta, remoção e tratamento ou destinação de lixo ou resíduos provenientes de imóveis, é

(A) constitucional, por não violar o conceito constitucional de taxa.

(B) inconstitucional, por violar o conceito constitucional de taxa.

(C) constitucional, por não violar o conceito constitucional de taxa, mas ilegal por violar a definição de taxa contida no Código Tributário Nacional.

(D) inconstitucional, por violar o conceito constitucional de taxa, além de ilegal, por violar a definição de taxa contida no Código Tributário Nacional.

COMENTÁRIO

A letra A está correta. Taxas são tributos cobrados para remunerar serviços públicos específicos e divisíveis. Existe súmula vinculante (SV nº 21) que define o entendimento jurisprudencial no sentido de receber o serviço de coleta, remoção e tratamento ou destinação e lixo ou resíduos provenientes de imóveis como um serviço dotado justamente destes requisitos indicados pela Constituição Federal (art. 145, II). Portanto a denominada taxa do lixo é reconhecidamente constitucional.

(IX EXAME DE ORDEM UNIFICADO – FGV) Acerca dos serviços considerados como serviços públicos *uti singuli*, assinale a afirmativa correta.

(A) Serviços em que não é possível identificar os usuários e, da mesma forma, não é possível a identificação da parcela do serviço utilizada por cada beneficiário.

(B) Serviços singulares e essenciais prestados pela Administração Pública direta e indireta.

(C) Serviços em que é possível a identificação do usuário e da parcela do serviço utilizada por cada beneficiário.

(D) Serviços que somente são prestados pela Administração Pública direta do Estado.

COMENTÁRIO

A letra C está correta. Serviço público *uti singuli* é aquele que o Código Tributário Nacional identifica como específico e divisível e, portanto, sujeito a ser remunerado mediante a cobrança de uma taxa, uma vez que é possível identificar o contribuinte, bem como quantificar o serviço realizado. Alternativa correta é a letra "C".

(VIII EXAME DE ORDEM UNIFICADO – FGV) O imposto cuja alíquota é invariável e se aplica sobre base de cálculo variável, é classificado como

(A) progressivo.

(B) proporcional.

(C) indireto.

(D) pessoal.

COMENTÁRIO

A letra B está correta. Quando a alíquota é fixa, porém o recolhimento do tributo aumenta ou diminui em virtude do montante da base de cálculo temos uma cobrança proporcional. Não se confunde com cobrança progressiva, pois nessa a alíquota varia conforme a variação da base de cálculo. Também não há relação nenhuma com imposto indireto (quando há transferência do encargo financeiro), muito menos com impostos pessoais (quando o tributo está relacionado à alguma característica do contribuinte).

(VII EXAME DE ORDEM UNIFICADO – FGV) No que se refere aos empréstimos compulsórios, NÃO é correto afirmar que:

(A) são restituíveis.

(B) podem ser instituídos por medida provisória, desde que haja relevância e urgência.

(C) a competência para sua instituição é exclusiva da União Federal.

(D) podem ser instituídos em caso de guerra externa ou sua iminência e, neste caso, não respeitam o princípio da anterioridade.

COMENTÁRIO

A letra B está correta. Os empréstimos compulsórios são tributos exclusivamente federais que podem ser cobrados em razão de calamidade pública, guerra externa ou sua iminência (sem observar as regras da anterioridade), como também em razão de investimento público (quando é necessário observar as duas regras da anterioridade). Contudo, por se tratar de um tributo dependente de lei complementar é inadmissível que seja instituído por medida provisória, conforme art. 62, § 1º, III, CF.

5. LEGISLAÇÃO TRIBUTÁRIA – FONTES

(XIII EXAME DE ORDEM UNIFICADO – FGV) José recebeu auto de infração pelo inadimplemento de determinado tributo instituído por lei ordinária. José contesta a exigência fiscal sob o argumento, correto, de que o tributo em questão deveria ter sido instituído por lei complementar.

A partir da hipótese apresentada, assinale a opção que indica o tributo exigido no referido auto de infração.

(A) Contribuição de Interesse de Categoria Profissional.

(B) Contribuição de Melhoria.

(C) Contribuição de Intervenção no Domínio Econômico.

(D) Empréstimo Compulsório.

COMENTÁRIO

O enunciado trouxe uma redação diferenciada para se avaliar o conhecimento acerca dos tributos sujeitos à lei complementar. São eles: empréstimos compulsórios, imposto sobre grandes fortunas, impostos residuais e contribuições sociais residuais. Todos os demais tributos dependem apenas de lei ordinária. Assim, a única alternativa correta para a questão é a letra D.

(IX EXAME DE ORDEM UNIFICADO – FGV) Com relação à anistia, segundo o Código Tributário Nacional, assinale a afirmativa correta.

(A) Abrange as infrações cometidas anteriormente e posteriormente à vigência da lei que a institui, desde que o contribuinte comprove os requisitos para sua obtenção.

(B) Pode ser concedida sob condição do pagamento de tributo no prazo fixado pela lei que a conceder, ou cuja fixação seja atribuída pela mesma lei à autoridade administrativa.

(C) Só pode ser concedida limitadamente à determinada região do território da entidade tributante, em função de condições a ela peculiares.

(D) Abrange os atos praticados com dolo, fraude ou simulação pelo contribuinte, desde que este venha a confessá-los.

COMENTÁRIO

A anistia pode ser concedida sob condição do pagamento de tributo no prazo fixado pela lei que a conceder, ou cuja fixação seja atribuída pela mesma lei à autoridade administrativa (alternativa B). Trata-se de uma das modalidades de exclusão do crédito tributário.

A alternativa "A" está incorreta, porque a anistia abrange exclusivamente as infrações cometidas anteriormente à vigência da lei que a concede (art. 180, CTN) e não "anteriormente e posteriormente).

A alternativa "C" está incorreta, porque a isenção pode ser concedida em caráter geral e limitadamente (art. 181, CTN) e não apenas concedida limitadamente.

E a alternativa "D" também está incorreta, porque abrange o conceito contrário do que preceitua o art. 180, I, do CTN.

(IX EXAME DE ORDEM UNIFICADO – FGV) Determinada lei prevê que certo grupo de eletrodomésticos não ficará sujeito à tributação do IPI, durante o exercício financeiro seguinte. O benefício fiscal em questão configura

(A) imunidade.

(B) remissão.

(C) isenção.

(D) anistia.

COMENTÁRIO

A letra C está correta. Quando cabe à lei afastar a incidência de um tributo por um determinado período identificamos no caso uma isenção por prazo certo, ilustrada pelo art. 178 do CTN. Não se trata de imunidade, pois o veículo introdutor seria a Constituição Federal, bem como não se trata de remissão, nem anistia, pois ambas representam modalidades de perdão fiscal.

(IX EXAME DE ORDEM UNIFICADO – FGV) Orlando, advogado de uma empresa pública federal há quase 10 anos, resolve prestar concurso público para Fiscal de ISS de um município. Caso seja aprovado, Orlando deverá adotar o seguinte procedimento:

(A) Poderá cumular o emprego com o cargo na administração municipal e tal cumulação não estará sujeita ao limite remuneratório constitucional.

(B) Poderá cumular o emprego com o cargo na administração municipal, mas tal cumulação estará sujeita ao limite remuneratório constitucional.

(C) Não poderá cumular o emprego e o cargo, uma vez que tal cumulação somente seria permitida caso houvesse compatibilidade de horários.

(D) Não poderá cumular o emprego e o cargo, mesmo em se tratando de um ente federal e de um município.

COMENTÁRIO

A alternativa correta seria a letra "D". Orlando não poderá cumular o emprego e o cargo, mesmo em se tratando de um ente federal e de um município, nos termos do art. 37, incisos XVI e XVII da CF.

Embora essa questão traga em seu enunciado um imposto (ISS) o tema aqui cobrado não é de direito tributário, mas sim de direito constitucional.

(IV EXAME DE ORDEM UNIFICADO – FGV) Determinada Lei Municipal, publicada em 17.01.2011, fixou o aumento das multas e alíquotas relativo aos fatos jurídicos tributáveis e ilícitos pertinentes ao ISS daquele ente federativo. Considerando que determinado contribuinte tenha sido autuado pela autoridade administrativa local em 23.12.2010, em razão de falta de pagamento do ISS dos meses de Abril de 2010 a Novembro de 2010, assinale a alternativa correta a respeito de como se procederia a aplicação da legislação tributária para a situação em tela.

(A) seriam aplicadas as alíquotas e multas nos valores previstos de acordo com a nova lei.

(B) seriam mantidas as alíquotas e multas nos valores previstos na data do fato gerador.

(C) seriam aplicáveis as alíquotas previstas na lei nova e as multas seriam aplicadas nos valores previstos na data do fato gerador.

(D) seriam mantidas as alíquotas nos valores previstos na data do fato gerador e as multas seriam aplicadas nos valores previstos de acordo com a lei nova.

COMENTÁRIO

A letra correta é a B. A aplicação da legislação tributária para a situação em tela deveria ser feita da seguinte forma: manter as alíquotas e multas nos valores previstos na data do fato gerador, razão pela qual a alternativa correta seria a letra "B". Isso porque, a legislação tributária deve ser aplicada aos fatos geradores futuros e pendentes, conforme preceitua o art. 105 do CTN e no caso, a nova lei que fixou o aumento das multas e alíquotas relativo aos fatos jurídicos tributáveis e ilícitos pertinentes ao ISS foi publicada em 17.01.2011, ou seja, em data posterior a ocorrência do fato gerador em abril e novembro de 2010, não podendo ser aplicado o princípio da irretroatividade.

(V EXAME DE ORDEM UNIFICADO – FGV) No exercício de 1995, um contribuinte deixou de recolher determinado tributo. Na ocasião, a lei impunha a multa moratória de 30% do valor do débito. Em 1997 houve alteração legislativa que reduziu a multa moratória para 20%. O contribuinte recebeu, em 1998, notificação para pagamento do débito, acrescido da multa moratória de 30%.

A exigência está:

(A) errada, pois aplica-se retroativamente a lei que defina penalidade menos severa ao contribuinte.

(B) correta, pois o princípio da irretroatividade veda a aplicação retroagente da lei tributária.

(C) errada, pois a aplicação retroativa da lei é regra geral no Direito Tributário.

(D) correta, pois aplica-se a lei vigente à época da ocorrência do fato gerador.

COMENTÁRIO

A letra correta é a A. O art. 106, inciso II, alínea "c" do CTN dispõe que "A lei tributária aplica-se a ato ou fato pretérito: tratando-se de ato não definitivamente julgado: quando lhe comine penalidade menos severa que a prevista na lei vigente ao tempo de sua prática". Assim, embora em 1995, época em que o contribuinte não recolheu o tributo, a multa moratória estipulada era de 30% do valor do débito, a exigência está errada, pois em 1997, houve alteração legislativa que reduziu a multa moratória para 20% e, neste caso, aplica-se retroativamente a lei que defina penalidade menos severa ao contribuinte.

(EXAME DE ORDEM UNIFICADO 2010.3 – FGV) Conforme a Constituição Federal, o veículo legislativo adequado para dispor sobre conflitos de competência entre os entes políticos em matéria tributária é a

(A) medida provisória.

(B) lei complementar.

(C) emenda constitucional.

(D) lei ordinária.

COMENTÁRIO

A letra B está correta. Cumpre à Constituição Federal determinar os temas que deverão ser veiculados por lei complementar. Em matéria tributária o principal dispositivo responsável por arrolar tais temas é o art. 146 e nele observamos que a disposição sobre conflitos de competência só pode ser regulado por lei complementar.

(EXAME DE ORDEM UNIFICADO 2010.2 – FGV) O emprego da analogia, em matéria tributária, resultará na

(A) majoração de tributo.

(B) instituição de tributo.
(C) exclusão do crédito tributário.
(D) impossibilidade de exigência de tributo não previsto em lei.

COMENTÁRIO

A letra D está correta. A analogia é a primeira modalidade de integração da legislação tributária, porém por expressa determinação legal, não poderá repercutir a cobrança de tributo não previsto em lei (art. 108, § 1º, CTN).

(EXAME DE ORDEM UNIFICADO 2010.2 – FGV) De acordo com o Código Tributário Nacional, aplica-se retroativamente a lei tributária na hipótese de:

(A) analogia, quando esta favorecer o contribuinte.
(B) extinção do tributo, ainda não definitivamente constituído.
(C) graduação quanto à natureza de tributo aplicável, desde que não seja hipótese de crime.
(D) ato não definitivamente julgado, quando a lei nova lhe comine penalidade menos severa que a prevista na lei vigente ao tempo de sua prática.

COMENTÁRIO

A letra D está correta. O texto do art. 106 do CTN apresenta dois casos em que a lei poderá retroagir: na hipótese de lei expressamente interpretativa e também no caso de atos não definitivamente julgados, quando a nova lei estabelece penalidade mais branda que aquela que existia quando da prática do fato gerador.

(EXAME DE ORDEM UNIFICADO 2010.2 – FGV) Em Direito Tributário, cumpre à lei ordinária:

(A) estabelecer a cominação ou dispensa de penalidades para as ações ou omissões contrárias a seus dispositivos.
(B) estabelecer a forma e as condições como isenções, incentivos e benefícios fiscais serão concedidos em matéria de ISS.
(C) Estabelecer normas gerais em matéria tributária, especialmente sobre adequado tratamento tributário ao ato cooperativo praticado pelas sociedades cooperativas.
(D) estabelecer normas gerais em matéria tributária, especialmente sobre a definição de tratamento diferenciado e favorecido para as microempresas e empresas de pequeno porte.

COMENTÁRIO

Entre todas as alternativas apresentadas a única que oferece temas que não dependem de lei complementar é a alternativa "A", conforme exposto no art. 97 do CTN. Todas as demais ilustram temas dependentes de lei complementar, como no caso da alternativa "B" (art. 156, § 3º, III, CF), no caso da alternativa "C" (art. 146, III, c, CF) e também no caso da alternativa "D" (art. 146, III, d, CF).

6. VIGÊNCIA, APLICAÇÃO, INTERPRETAÇÃO E INTEGRAÇÃO

(XVIII EXAME DE ORDEM UNIFICADO – FGV) Antônio, prestador de serviço de manutenção e reparo de instrumentos musicais, sujeito à incidência do Imposto Sobre Serviços (ISS), deixou de recolher o tributo incidente sobre fato gerador consumado em janeiro de 2013 (quando a alíquota do ISS era de 5% sobre o total auferido pelos serviços prestados e a multa pelo inadimplemento do tributo era de 25% sobre o ISS devido e não recolhido). Em 30 de agosto de 2013, o Município credor aprovou lei que: (A) reduziu para 2% a alíquota do ISS sobre a atividade de manutenção e reparo de instrumentos musicais; e (B) reduziu a multa pelo inadimplemento do imposto incidente nessa mesma atividade, que passou a ser de 10% sobre o ISS devido e não recolhido. Em fevereiro de 2014, o Município X promoveu o lançamento do imposto, exigindo do contribuinte o montante de R$ 25.000,00 – sendo R$ 20.000,00 de imposto (5% sobre R$ 400.000,00, valor dos serviços prestados) e R$ 5.000,00 a título de multa pela falta de pagamento (25% do imposto devido). Sobre a hipótese apresentada, assinale a afirmativa correta.

(A) O lançamento está correto em relação ao imposto e à multa.
(B) O lançamento está incorreto tanto em relação ao imposto (que deveria observar a nova alíquota de 2%) quanto em relação à multa (que deveria ser de 10% sobre o ISS devido e não recolhido).
(C) O lançamento está correto em relação à multa, mas incorreto em relação ao imposto (que deveria observar a nova alíquota de 2%).
(D) O lançamento está correto em relação ao imposto, mas incorreto em relação à multa (que deveria ser de 10% sobre o ISS devido e não recolhido).

COMENTÁRIO

A letra D está correta. A regra geral preceitua que é vedado à União, aos Estados, ao Distrito Federal e aos Municípios cobrar tributos em relação a fatos geradores ocorridos antes do início da vigência da lei que os houver instituído ou aumentado, conforme previsto no art. 150, III, "a" da CF, razão pela qual o lançamento em relação ao ISS está correto, porém incorreto em relação à multa aplicada pela falta de pagamento. Isso porque, o art. 106, II, "c" do CTN traz uma exceção estabelecendo que deve ser aplicada a lei mais benéfica em matéria de infração, ou seja, deveria ter sido aplicada a multa de 10% e não de 25%.

7. FATO GERADOR E OBRIGAÇÃO TRIBUTÁRIA

(XII EXAME DE ORDEM UNIFICADO – FGV) Em procedimento de fiscalização, a Secretaria da Receita Federal do Brasil identificou lucro não declarado por três sociedades empresárias, que o obtiveram em conluio, fruto do tráfico de entorpecentes.

Sobre a hipótese sugerida, assinale a afirmativa correta.

(A) O imposto sobre a renda é devido face ao princípio da interpretação objetiva do fato gerador, também conhecido como o princípio do pecunia *non olet*.
(B) Não caberá tributação e, sim, confisco da respectiva renda.
(C) Não caberá tributo, uma vez que tributo não é sanção de ato ilícito.
(D) Caberá aplicação de multa fiscal pela não declaração de lucro, ficando afastada a incidência do tributo, sem prejuízo da punição na esfera penal.

COMENTÁRIO

A letra A está correta. De acordo com o art. 118, I do CTN a definição legal do fato gerador independe da validade jurídica dos atos efetivamente praticados pelos contribuintes, o que é usualmente identificado como reflexo do princípio do *pecunia non olet*, de modo que o imposto sobre as rendas auferidas será normalmente cobrado.

(V EXAME DE ORDEM UNIFICADO – FGV) A obrigação tributária principal tem por objeto

(A) a escrituração de livros contábeis
(B) o pagamento de tributo ou penalidade pecuniária
(C) a inscrição da pessoa jurídica junto ao Cadastro Nacional de Pessoa Jurídica – CNPJ
(D) a prestação de informações tributárias perante a autoridade fiscal competente.

COMENTÁRIO

A letra B está correta. A obrigação tributária principal deve consistir numa prestação de dar a qual é ilustrada por dar o pagamento em dinheiro. Assim, qualquer pagamento realizado (seja de tributo, seja de multa) equivalerá a uma obrigação principal.

8. LANÇAMENTO E CRÉDITO TRIBUTÁRIO

(XI EXAME DE ORDEM UNIFICADO – FGV) A remuneração que os Municípios pagam a seus servidores está sujeita à incidência do Imposto sobre a Renda retido na fonte (IR-Fonte). Assinale a alternativa que indica o ente público ao qual pertence o produto da arrecadação do IR-Fonte nesse caso específico.

(A) Ao Município que efetua o pagamento da remuneração.
(B) À União.
(C) Ao Estado em que está situado o Município que efetua o pagamento da remuneração.
(D) Metade à União e metade ao Município que efetua o pagamento da remuneração.

COMENTÁRIO

A letra A está correta. Segundo o art. 158, I da Constituição Federal o produto da arrecadação do imposto de renda incidente na fonte permanece em sua integralidade com o Município que promoveu sua retenção. Acaso a retenção seja indevida, caberá ao Município realizar a devolução, conforme posição consolidada pelo Superior Tribunal de Justiça (súmula 447).

(VIII EXAME DE ORDEM UNIFICADO – FGV) O Sr. Afrânio dos Santos, administrador da empresa "X", que atua no ramo industrial, percebeu ter efetuado pagamento do IPI maior que o efetivamente devido, ao longo de certo período. Com base no cenário acima, para fins de aconselhar o administrador acerca da possibilidade de obtenção da restituição do montante recolhido a maior, assinale a afirmativa correta.

(A) Não é possível a restituição, pois o pagamento foi espontâneo, incidindo a máxima "quem paga mal paga duas vezes".
(B) Não é possível a restituição, pois, embora pago indevidamente, não cabe restituição de tributo indireto.
(C) Cabe apenas pedido administrativo de restituição, em razão do pagamento indevido.
(D) Cabe pedido judicial de repetição de indébito, desde que a empresa comprove ter assumido o referido encargo, sem tê-lo transferido a terceiro.

COMENTÁRIO

A letra D está correta. A restituição do pagamento indevido pode ser requerida administrativa ou judicialmente. Tratando-se de tributo indireto (como no caso do IPI) reconheceu há tempos o Supremo Tribunal Federal a possibilidade de devolução, desde que o contribuinte de direito (aquele que praticou o fato gerador) comprove que não repassou ao contribuinte de fato (aquele quem arcou com o ônus) o encargo financeiro (súmula 546 do STF).

(VII EXAME DE ORDEM UNIFICADO – FGV) A expiração do prazo legal para lançamento de um tributo, sem que a autoridade administrativa fiscal competente o tenha constituído, caracteriza hipótese de

(A) remissão.
(B) prescrição.
(C) decadência.
(D) transação.

COMENTÁRIO

A letra C está correta. O Fisco possui um prazo de 5 anos para constituir o crédito tributário através do lançamento, o qual é denominado como lapso decadencial. Não se confunde com prescrição a partir do momento que esta constitui no prazo quinquenal para o ajuizamento da execução fiscal.

(VI EXAME DE ORDEM UNIFICADO – FGV) A empresa ABC ingressou com medida judicial destinada a questionar a incidência da contribuição social sobre o lucro. Em sede de exame liminar, o juiz concedeu a medida liminar para que a empresa não recolhesse a contribuição. Durante a vigência da medida judicial, a Receita Federal iniciou procedimento de fiscalização visando à cobrança da contribuição social sobre o lucro não recolhida naquele período. Com base no relatado acima, assinale a alternativa correta.

(A) A Receita Federal não pode lavrar auto de infração, em virtude da liminar concedida na medida judicial em questão.
(B) A Receita Federal pode lavrar auto de infração, mas somente com a exigibilidade suspensa para prevenir a decadência.
(C) A empresa ABC, diante da abertura do procedimento de fiscalização, pode solicitar ao juiz nova medida liminar, a fim de que determine o encerramento de tal procedimento.
(D) A Receita Federal pode lavrar auto de infração, já que a medida liminar possui caráter provisório.

COMENTÁRIO

A letra B está correta. A concessão de medida liminar suspende a exigibilidade do crédito tributário e impede a continuidade dos atos de cobrança como a inscrição em dívida ativa ou mesmo o ajuizamento da execução fiscal. Contudo, ainda que suspensa a exigibilidade o lançamento pode e deve ser efetuado sob pena de perecimento do direito (decadência). Assim a melhor alternativa para responder o questionamento é a afirmação da letra "B".

(EXAME DE ORDEM UNIFICADO 2010.3 – FGV) Segundo o Código Tributário Nacional, remissão é

(A) uma modalidade de extinção dos créditos tributários e consiste na liberação da dívida por parte do credor, respaldada em lei autorizativa.
(B) a perda do direito de constituir o crédito tributário pelo decurso do prazo.
(C) uma modalidade de exclusão dos créditos tributários com a liberação das penalidades aplicadas ao sujeito passivo, respaldada em lei autorizativa.
(D) uma modalidade de extinção dos créditos tributários em razão da compensação de créditos entre o sujeito ativo e o sujeito passivo, respaldada em lei autorizativa.

COMENTÁRIO

A letra A está correta. Remissão consiste no perdão legal da dívida, instituto esse que livra o contribuinte do pagamento de qualquer valor por ele devido, seja a título de tributo ou de penalidade pecuniária. Representa, portanto, modalidade de extinção do crédito tributário conforme art. 156 do CTN.

9. SUJEIÇÃO PASSIVA, RESPONSABILIDADE, CAPACIDADE E DOMICÍLIO

(XVII EXAME DE ORDEM UNIFICADO – FGV) A União ajuizou execução fiscal em face da pessoa jurídica XYZ Ltda., devedora de tributos federais. No curso da execução fiscal, a falência da pessoa jurídica foi decretada. Após requerimento da União, deferido pelo Juízo, Francisco, sócio da pessoa jurídica XYZ Ltda., é incluído no polo passivo da execução fiscal, em razão da decretação de falência. Sobre a hipótese, é possível afirmar que

(A) a decretação de falência autoriza o redirecionamento da execução fiscal para Francisco, por ser considerada hipótese de infração à lei, que enseja responsabilidade tributária.
(B) o fato de Francisco ser sócio da XYZ Ltda. acarreta, por si só, responsabilidade pessoal pelos créditos correspondentes a obrigações tributárias da pessoa jurídica.
(C) Francisco não poderia ser incluído no polo passivo, ainda que fosse administrador da XYZ Ltda. e tivesse encerrado ilegalmente as atividades da pessoa jurídica.
(D) Francisco não poderia, unicamente em razão da decretação de falência de XYZ Ltda., ser incluído no polo passivo da execução fiscal.

COMENTÁRIO

A letra D está correta. A jurisprudência do Superior Tribunal de Justiça (AgRg no REsp 1273450/SP) é cediça no sentido de reafirmar que o redirecionamento da execução fiscal em face do sócio administrador só deve ocorrer em razão de infração à lei, excesso de poder ou ofensa ao contrato social ou estatutos da empresa. Nesse sentido devemos lembrar que a quebra da empresa, por si só, não enseja a responsabilidade do sócio.

(XII EXAME DE ORDEM UNIFICADO – FGV) Pedro adquire imóvel de João, que o alugava anteriormente a uma sociedade empresária. Sobre esse imóvel estavam pendentes de pagamento os seguintes tributos: o IPTU, a Contribuição de Melhoria, a Taxa de Coleta Domiciliar de Lixo e a Taxa de Inspeção Sanitária devida pelo exercício do poder de polícia, em função da atividade ali desenvolvida.

Com relação à responsabilidade tributária, assinale a afirmativa correta.

(A) Pedro só se torna responsável tributário do IPTU, da Taxa de Coleta Domiciliar de Lixo e da Contribuição de Melhoria, permanecendo João como sujeito passivo da Taxa de Inspeção Sanitária.
(B) Pedro só se torna responsável tributário do IPTU e da Taxa de Coleta Domiciliar de Lixo, permanecendo João como sujeito passivo da Taxa de Inspeção Sanitária e da Contribuição de Melhoria.
(C) Pedro é o responsável tributário de todos os tributos, devido à sucessão imobiliária.
(D) João continua sendo o sujeito passivo de todos os tributos, muito embora o imóvel tenha sido adquirido por Pedro.

COMENTÁRIO

A responsabilidade do adquirente do imóvel apenas abrange os tributos sobre o bem incidentes. Isso significa afirmar que em relação às taxas, o adquirente só responde pelas de serviço que incidem sobre o bem e não pelas de polícia que estão relacionadas à atividade empresarial que era desenvolvida no imóvel. Assim, a alternativa correta é a da letra "A".

(X EXAME DE ORDEM UNIFICADO – FGV) Três irmãos são donos de um imóvel, em proporções iguais. Em relação ao IPTU, cada irmão

(A) só pode ser cobrado pelo fisco na razão de 33,33% do imposto.
(B) é devedor solidário em relação ao todo do imposto.
(C) é devedor na razão de 33,3% do imposto e responsável subsidiário pelo restante.
(D) não pode ser cobrado judicialmente pela parte de outro irmão que tenha recursos para pagá-la.

COMENTÁRIO

A letra B está correta. Por se tratar de devedores que têm interesse comum sobre um mesmo bem há, nesse caso, solidariedade entre eles. Assim, a dívida poderá ser integralmente cobrada de qualquer um deles, sendo inaplicável o benefício de ordem em atenção ao art. 124 do CTN.

(VII EXAME DE ORDEM UNIFICADO – FGV) Determinada pessoa física adquire de outra um estabelecimento comercial e segue na exploração de suas atividades, cessando ao vendedor toda a atividade empresarial. Nesse caso, em relação aos tributos devidos pelo estabelecimento comercial até a data da aquisição do referido negócio jurídico, o novo adquirente responde

(A) pela metade dos tributos.
(B) subsidiariamente pela integralidade dos tributos.
(C) integralmente por todos os tributos.
(D) solidariamente, com o antigo proprietário, por todos os tributos.

COMENTÁRIO

A letra C está correta. Quando o adquirente de uma pessoa jurídica de direito privado adquire de outra, fundo de comércio ou estabelecimento comercial, industrial ou profissional e permanece com a mesma atividade, responderá integralmente pelos tributos devidos até a data do ato na hipótese de o alienante encerrar suas atividades imediatamente após a realização do negócio.

(IV EXAME DE ORDEM UNIFICADO – FGV) A Empresa ABC Ltda. Foi incorporada pela Empresa XYZ Ltda., em 15/06/2011, sendo que os sócios da empresa incorporada se aposentaram 7 (sete) dias após a data da realização do negócio jurídico. Em 30/06/2011, a Fiscalização da Secretaria da Receita Federal apurou crédito tributário, anterior à data da incorporação, resultante do não recolhimento de IRPJ, CSLL, entre outros tributos devidos da responsabilidade da Empresa ABC Ltda.

Pelo exposto, o crédito tributário deverá ser cobrado

(A) da Empresa ABC Ltda.
(B) solidariamente da Empresa ABC Ltda. E da Empresa XYZ Ltda.
(C) dos sócios da Empresa ABC Ltda.
(D) da Empresa XYZ Ltda.

COMENTÁRIO

A letra D está correta. Em operações societárias como cisão, fusão ou incorporação, as empresas delas resultantes respondem integralmente pelas dívidas tributárias das pessoas jurídicas cindidas, fusionadas ou incorporadas e existentes até a data do ato.

Portanto, de acordo com o enunciado a Empresa XYZ é responsável pelos tributos devidos pela Empresa ABC até a data de 15.06.2011.

(EXAME DE ORDEM UNIFICADO 2010.3 – FGV) Na denúncia espontânea, o sujeito passivo tem direito à exclusão

(A) da multa e dos juros.
(B) da multa e da correção monetária.
(C) apenas dos juros.
(D) apenas da multa.

COMENTÁRIO

A letra D está correta. O Código Tributário Nacional (art. 138) é taxativo ao afastar, mediante a denúncia espontânea, tão somente as penalidades pecuniárias, sob a condição de o contribuinte pagar o tributo, acrescido de juros e correção monetária.

(EXAME DE ORDEM UNIFICADO 2010.3 – FGV) Determinada pessoa, havendo arrematado imóvel em leilão judicial ocorrido em processo de execução fiscal para a cobrança de Imposto Predial Urbano, vem a sofrer a exigência pelo saldo devedor da execução não coberto pelo preço da arrematação.

Essa exigência é

(A) legal, pois o arrematante é sucessor do executado em relação ao imóvel, e em sua pessoa fiscal ficam sub-rogados os créditos dos tributos incidentes sobre o mesmo imóvel.
(B) ilegal, pois o crédito do exequente se sub-roga sobre o preço da arrematação, exonerando o arrematante quanto ao saldo devedor.
(C) legal, pois o valor pago pelo arrematante não foi suficiente para a cobertura da execução.
(D) legal, pois a arrematação não pode causar prejuízo ao Fisco.

COMENTÁRIO

A letra B está correta. O adquirente de bem imóvel é pessoalmente responsável pelos tributos sobre ele incidentes, ressalvadas duas situações: quando da arrematação do bem em leilão judicial (ainda que o montante da arrematação seja inferior ao valor da dívida), bem como quando conste do título a prova da quitação.

Desta feita, a cobrança que acontece no enunciado é ilegal, ofendendo a disposição do art. 130, parágrafo único do CTN.

(EXAME DE ORDEM UNIFICADO 2010.2 – FGV) Mauro Ricardo decidiu não pagar o imposto de renda do último ano, pois sua esposa Ana, servidora pública, sofreu acidente de carro e foi declarada absolutamente incapaz, em virtude de traumatismo craniano gravíssimo. Ocorre que a Receita Federal efetuou o lançamento e notificou Mauro, nos termos da lei, acerca do crédito tributário em aberto. Quando Mauro recebeu a notificação, ele se dirigiu à Receita e confessou a infração, prontificando-se a pagar, de imediato, o tributo devido, sem multa ou juros de mora. A partir do exposto acima, assinale a afirmativa correta.

(A) A confissão de Mauro tem o condão de excluir a sua responsabilidade, sem a imposição de qualquer penalidade. Entretanto, ele deve pagar o tributo devido acrescido dos juros de mora.
(B) Mauro somente se apresentou à Receita após a notificação, o que exclui qualquer benefício oriundo da denúncia espontânea, devendo ele recolher o tributo devido, a penalidade imposta e os juros de mora.
(C) A incapacidade civil de Ana tem reflexo direto na sua capacidade tributária, o que significa dizer que, após a sentença judicial de interdição, Ana perdeu, igualmente, a sua capacidade tributária, estando livre de quaisquer obrigações perante o fisco.
(D) Caso Mauro tivesse procedido com mera culpa, ou seja, se a sonegação tivesse ocorrido por mero esquecimento, ele poderia pagar somente o tributo e os juros de mora, excluindo o pagamento de multa.

COMENTÁRIO

A letra B está correta. No caso descrito Mauro Ricardo se dirigiu à Receita Federal tão somente após ter recebido a notificação o que exclui os efeitos do instituto da denúncia espontânea, uma vez que de acordo com o art. 138, parágrafo único do CTN só resta afasta a penalidade pecuniária desde que o interessado apresente-se antes do início do procedimento fiscalizatório.

Ademais, vale lembrar que para o Código Tributário Nacional a capacidade civil do devedor não obsta a capacidade tributária passiva (art. 126), sendo certo que o imposto de renda é devido, independentemente de sua esposa Ana ter sido declarada absolutamente incapaz.

(EXAME DE ORDEM UNIFICADO 2010.2 – FGV) Pizza Aqui Ltda., empresa do ramo dos restaurantes, adquiriu o estabelecimento empresarial Pizza Já Ltda., continuando a exploração deste estabelecimento, porém sob razão social diferente – Pizza Aqui Ltda. Neste caso, é correto afirmar que:

(A) a Pizza Aqui responde solidariamente pelos tributos devidos pela Pizza Já, até a data do ato de aquisição do estabelecimento empresarial, se a Pizza Já cessar a exploração da atividade.
(B) caso a Pizza Já prossiga na exploração da mesma atividade dentro de 6 (seis) meses contados da data de alienação, a Pizza Aqui responde subsidiariamente pelos tributos devidos pela Pizza Já Ltda. Até a data do ato de aquisição do estabelecimento.
(C) caso a Pizza Já mude de ramo de comércio dentro de 6 (seis) meses contados da data de alienação, então a Pizza Aqui será integralmente responsável pelos tributos devidos pela Pizza Já até a data do ato de aquisição desta.
(D) caso o negócio jurídico não fosse a aquisição, mas a incorporação da Pizza Já pela Pizza Aqui, esta última estaria isenta de qualquer responsabilidade referente aos tributos devidos pela Pizza Já até a data da incorporação.

COMENTÁRIO

A letra B está correta. A responsabilidade tributária nas operações de alienação de um estabelecimento empresarial é do adquirente, o qual responde subsidiariamente com o alienante quando este prosseguir na exploração ou iniciar dentro de 6 meses a contar da alienação, nova atividade no mesmo ou em outro ramo de comércio, indústria ou profissão.

Já o adquirente que continuar a respectiva atividade responderá integralmente pelas dívidas na hipótese de o alienante encerrar a exploração da atividade, comércio ou indústria.

Assim, a única alternativa que traz afirmação conforme o art. 133 e incisos do Código Tributário Nacional é a de letra "B".

10. SUSPENSÃO, EXTINÇÃO E EXCLUSÃO DO CRÉDITO

(XVII EXAME DE ORDEM UNIFICADO – FGV) A pessoa jurídica X foi contemplada com isenção do Imposto sobre a Propriedade Predial e Territorial Urbana (IPTU) do imóvel utilizado para suas atividades comerciais. A referida isenção foi concedida pelo prazo de 5 (cinco) anos e sob a condição de que o imóvel seja utilizado para a produção de artesanato regional. Com base no caso apresentado, sobre a referida isenção assinale a opção correta.

(A) Poderá ser suprimida por lei, a qualquer tempo, ainda que o contribuinte atenda à condição de utilizar o imóvel para a produção de artesanato regional.
(B) Não poderá ser suprimida no prazo de 5 (cinco) anos, caso o contribuinte cumpra a condição de utilizar o imóvel para a produção de artesanato regional.
(C) Não poderá ser suprimida no prazo de 5 (cinco) anos, ainda que o contribuinte utilize o imóvel para a realização de atividades comerciais diversas da produção de artesanato regional.
(D) Poderá ser suprimida por decreto, a qualquer tempo, ainda que o contribuinte cumpra a condição de utilizar o imóvel para a produção de artesanato regional.

COMENTÁRIO

A letra B está correta. A questão contempla o instituto da isenção onerosa (conhecida também como isenção condicional), ou seja, aquele benefício que é concedido sob prazo e certo e determinadas condições (art. 178, CTN). Diante desse cenário, enquanto o interessado mantiver atendidos os requisitos exigidos, o gozo da isenção está assegurado pelo prazo previsto em lei, sendo impossível sua revogação (Súmula 544 do STF).

(XVI EXAME DE ORDEM UNIFICADO – FGV) A União concedeu isenção, pelo prazo de cinco anos, da Contribuição para o Financiamento da Seguridade Social (COFINS) para as indústrias de veículos automotores terrestres que cumprissem determinadas condições. Sobre a isenção tributária, é possível afirmar que

(A) as indústrias de aviação podem requerer a fruição do benefício, pois a norma que concede isenção deve ser interpretada extensivamente.
(B) a União poderá, a qualquer tempo, revogar ou modificar a isenção concedida.
(C) a isenção da COFINS pode ser concedida mediante decreto, desde que a norma seja específica.
(D) as indústrias de veículos automotores terrestres não estão dispensadas do cumprimento das obrigações acessórias, pois elas são independentes da existência da obrigação principal.

COMENTÁRIO

A letra D está correta. Acerca do instituto da isenção vale lembrar 3 características triviais: primeiro, o benefício só pode ser concedido ou revogado por lei (inadmitindo sua fixação ou retirada por decreto, por exemplo). Segundo, sua interpretação deve ser literal o que significa afirmar que o benefício só gera efeitos sobre as pessoas, bens ou rendas que a lei gramaticalmente determinar (inadmitindo interpretação extensiva, por exemplo). Terceiro, embora os beneficiados pela isenção fiquem dispensados do pagamento do tributo, permanecem, por outro lado, sujeitos ao cumprimento das obrigações acessórias, ainda que decorrentes da obrigação principal dispensada.

(XVI EXAME DE ORDEM UNIFICADO – FGV) Determinado contribuinte verificou a existência de débitos vencidos de Imposto sobre a Propriedade Predial e Territorial Urbana (IPTU) e da taxa de coleta de lixo com o Município M. Os dois tributos são relativos ao ano-calendário de 2012 e se referem ao imóvel onde reside. O contribuinte pagou ao Município M montante insuficiente para a quitação de ambos os tributos.

Diante de tais débitos, a autoridade administrativa municipal que recebeu o pagamento

(A) determinará, primeiramente, a imputação do pagamento à taxa e, posteriormente, ao imposto.
(B) determinará o pagamento na ordem decrescente dos prazos prescricionais.
(C) determinará o pagamento na ordem crescente dos montantes.
(D) determinará, primeiramente, a imputação do pagamento ao imposto e, posteriormente, à taxa.

COMENTÁRIO

A letra A está correta. Quando um contribuinte é devedor de dois ou mais tributos para o mesmo ente federado cujos débitos encontram-se vencidos o credor poderá imputar uma ordem de pagamento, observando-se os critérios relacionados pelo Código Tributário Nacional (art. 163, CTN). Assim, primeiro serão quitados os débitos em que o devedor é contribuinte e a seguir aqueles em que ele figura como responsável. Superada essa etapa são quitados os débitos decorrentes de contribuição de melhoria, após as taxas e por fim os impostos. Então pagam-se os débitos cujo prazo prescricional encontre-se mais estreito e o último critério para se estabelecer qual débito deve ser quitado é o montante da dívida: primeiro o de maior valor e depois o de menor valor.

(XV EXAME DE ORDEM UNIFICADO – FGV) O Fisco do estado "X" lavrou auto de infração contra a pessoa jurídica "Y" para cobrar ICMS sobre a remessa de mercadorias entre a matriz e a filial dessa empresa, ambas localizadas no referido estado. A empresa "Y" impetrou, então, mandado de segurança objetivando ver reconhecido seu direito líquido e certo ao não recolhimento do ICMS naquela operação. Pleiteou também medida liminar.

Assinale a opção que pode, validamente, ser objeto do pedido de liminar formulado pela pessoa jurídica Y.

(A) Extinção do crédito tributário.
(B) Exclusão de crédito tributário.
(C) Constituição do crédito tributário.
(D) Suspensão da exigibilidade do crédito tributário.

COMENTÁRIO

A letra D está correta. A medida liminar requerida em mandado de segurança ou mesmo em outras ações judiciais compreende uma modalidade de suspensão da exigibilidade do crédito tributário, capaz, inclusive, de assegurar a obtenção de certidão positiva com efeitos de negativa.

(XV EXAME DE ORDEM UNIFICADO – FGV) Um empresário consulta um escritório de advocacia sobre a possibilidade de a sociedade da qual é administrador participar de uma licitação, sendo certo que, para tal, terá que apresentar uma certidão demonstrando a inexistência de débitos fiscais com o governo federal. Ele informa que a sociedade foi autuada pelo não recolhimento do Imposto sobre a Renda e Proventos de Qualquer Natureza (IR), e a defesa administrativa, apresentada no prazo, ainda não foi apreciada pelo órgão competente.

Considerando apenas os dados apresentados, é correto afirmar que a sociedade

(A) não poderá participar da licitação, pela existência de crédito tributário vencido e não pago.
(B) poderá participar da licitação, pois o crédito tributário está com a exigibilidade suspensa.
(C) poderá participar da licitação somente após a defesa administrativa ser analisada.
(D) somente poderá participar da licitação se depositar o valor do crédito tributário.

COMENTÁRIO

A letra B está correta. De acordo com a legislação tributária em vigor tem os mesmos efeitos de uma certidão negativa a certidão positiva com efeitos de negativa (art. 206 do CTN). Para tanto, é suficiente que o crédito tributário esteja com sua exigibilidade suspensa o que no enunciado aconteceu a partir do momento em que a defesa administrativa foi tempestivamente apresentada. Logo, até que aconteça a decisão administrativa irreformável, restarão os interesses do contribuinte assegurados, podendo, inclusive, participar da licitação.

(XIV EXAME DE ORDEM UNIFICADO – FGV) Lei municipal que dispõe sobre o Imposto sobre a Propriedade Predial e Territorial Urbana – IPTU – estabelece a solidariedade entre os proprietários de um mesmo imóvel. Os efeitos da solidariedade estão listados nas opções a seguir, à exceção de uma. Assinale-a.

(A) A interrupção da decadência, em favor ou contra um dos obrigados, favorece ou prejudica os demais.
(B) A interrupção da prescrição, em favor ou contra um dos obrigados, favorece ou prejudica aos demais.
(C) O pagamento efetuado por um dos obrigados aproveita os demais.
(D) A isenção ou remissão de crédito exonera todos os obrigados, salvo se outorgada pessoalmente a um deles, subsistindo, nesse caso, a solidariedade quanto aos demais pelo saldo.

COMENTÁRIO

A letra A está correta. A solidariedade, nos termos do Código Tributário Nacional, é estabelecida por lei ou quando houver interesse comum entre os devedores. No art. 125 o Código Tributário Nacional estabelece os efeitos da solidariedade: i. o pagamento de um exonera os demais; ii. a isenção ou a remissão exonera a todos, salvo quando pessoal e; iii. a interrupção da prescrição beneficia ou prejudica a todos. Desta feita, relembrando os efeitos previstos na legislação certo é que a única alternativa que não se coaduna com o ordenamento jurídico em vigor é a letra "A", pois dispõe de decadência quando o correto seria prescrição.

11. IMPOSTOS E CONTRIBUIÇÕES EM ESPÉCIE

(XVIII EXAME DE ORDEM UNIFICADO – FGV) A Presidência da República, por meio do Decreto 123, de 1º de janeiro de 2015, aprovou novas alíquotas para o Imposto sobre Produtos Industrializados (IPI), dentro das balizas fiadas na lei tributária, a saber:

Cigarro – alíquota de 100%

Vestuário – alíquota de 10%

Macarrão – alíquota zero

Sobre a hipótese, é possível afirmar que

(A) o referido decreto é inconstitucional, uma vez que viola o princípio da legalidade.

(B) o referido decreto é inconstitucional, uma vez que viola o princípio do não confisco.

(C) as alíquotas são diferenciadas em razão da progressividade do IPI.

(D) as alíquotas são diferenciadas em razão do princípio da seletividade do IPI.

COMENTÁRIO

A letra D está correta. O IPI é um imposto que deverá ser seletivo em razão da essencialidade do produto (art. 153, §3º, I, CF). Assim, sobre a hipótese, a carga tributária será elevada ou reduzida em razão da essencialidade do produto. Como se pode perceber no problema, considerou-se alíquota zero para produto de consumo básico como o macarrão e alíquota de 100% para produto supérfluo, como o cigarro.

(XVIII EXAME DE ORDEM UNIFICADO – FGV) Prefeito de um determinado município resolveu conceder isenção de IPTU, por 10 (dez) anos, a proprietários de imóveis que sejam portadores de deficiência e que realizem investimento nas condições de acessibilidade de suas propriedades. Com base na situação apresentada, assinale a afirmativa correta.

(A) É possível que o município institua a isenção por meio de decreto.

(B) Tal isenção constitui caso de suspensão da exigibilidade daqueles créditos tributários.

(C) Somente por meio de lei específica municipal pode ser concedida isenção de IPTU.

(D) A isenção concedida em função de determinadas condições, como é o caso, pode ser revogada a qualquer tempo.

COMENTÁRIO

A letra C está correta (art. 150, § 6º, CF).

A letra A está incorreta – a isenção deve ser concedida por lei específica (art. 150, §6º, CF). Não existe nenhuma possibilidade de isenções serem concedidas, nem mesmo revogadas por outro veículo que não seja a lei.

A letra B está incorreta – constitui modalidade de exclusão do crédito tributário (art. 175, I, CTN), assim como a anistia.

A letra D está incorreta – a isenção onerosa não pode ser revogada a qualquer tempo (art. 178, CTN). Importante recordar que nessa modalidade de isenção o beneficiado goza de direito adquirido enquanto mantiver atendidas as condições estabelecidas em lei.

(XIV EXAME DE ORDEM UNIFICADO – FGV) Empresa X, constituída em 1980, entrou com ação na Justiça Federal impugnando a cobrança da Contribuição Sobre o Lucro – CSLL, alegando que, apesar de prevista no Art. 195, I, *c*, da Constituição Federal, trata-se de um tributo que tem o lucro como fato gerador. Dessa forma, haveria um *bis in idem* em relação ao Imposto Sobre a Renda das Pessoas Jurídicas (Art. 153, III da CRFB), o que é vedado pelo próprio texto constitucional. A partir do caso narrado e considerando a jurisprudência dominante do Supremo Tribunal Federal, assinale a afirmativa correta.

(A) A empresa tem razão porque os dois tributos têm o lucro como fato gerador, o que é vedado pela Constituição Federal.

(B) A empresa, por ter sido constituída anteriormente à Constituição Federal de 1988 tem direito adquirido a não pagar a CSLL.

(C) A empresa não tem razão, porque ambos os tributos estão previstos na CRFB.

(D) A empresa tem razão, pela clara violação à vedação ao confisco prevista no Art. 150, IV, da CRFB.

COMENTÁRIO

A rigor o *bis in idem* é permitido desde que previsto na Constituição Federal, como por exemplo nas operações de importação nas quais a União exige o Imposto de Importação e o Imposto sobre Produtos Industrializados. Não devemos confundir o bis in idem com a bitributação, essa sim com exigência vedada. Na bitributação há dois entes federados cobrando tributos idênticos sobre um mesmo fato gerador, como seria o caso de a União cobrar o ITR e o Município exigir o IPTU sobre um mesmo imóvel. Logo, a alternativa correta é a letra C.

(XII EXAME DE ORDEM UNIFICADO – FGV) Em relação ao imposto sobre a propriedade de veículos automotores – IPVA –, assinale a única opção **incompatível** com o previsto na Constituição Federal.

(A) Poderão ser estabelecidas alíquotas diferenciadas do IPVA em função da procedência do veículo, se nacional ou estrangeira.

(B) O IPVA é um imposto de competência dos Estados e do Distrito Federal.

(C) Poderão ser estabelecidas alíquotas diferenciadas do IPVA em função do tipo e da utilização do veículo.

(D) Pertence aos municípios parte do produto da arrecadação do IPVA relativamente aos veículos automotores licenciados em seus territórios.

COMENTÁRIO

Adotando-se como base tão somente o texto da Constituição Federal a única alternativa que não acompanha suas diretrizes é a alternativa da letra "A", uma vez que o art. 155, § 6º estabelece para o IPVA a possibilidade de suas alíquotas serem diferenciadas (e não propriamente progressivas) em razão da utilização e tipo o veículo. Contudo com base em nova orientação adotada pelo Supremo Tribunal Federal, atualmente até mesmo impostos reais podem adotar alíquotas progressivas.

Ementa: recurso extraordinário. Constitucional. Tributário. Lei estadual: progressividade de alíquota de imposto sobre transmissão *causa mortis* e doação de bens e direitos. Constitucionalidade. Art. 145, § 1º, da constituição da república. Princípio da igualdade material tributária. Observância da capacidade contributiva. Recurso extraordinário provido.

(RE 562045, rel. Min. Ricardo Lewandowski, rel. p/ acórdão: Min. Cármén Lúcia, tribunal pleno, julgado em 06.02.2013).

(XI EXAME DE ORDEM UNIFICADO – FGV) Com relação ao Imposto sobre a Propriedade de Veículos Automotores IPVA, assinale a afirmativa correta.

(A) É instituído pela União e repartido com o Estado em que tenha sido licenciado o veículo.

(B) É instituído pelo Estado e repartido com o Município em que tenha sido licenciado o veículo.

(C) É instituído pelo Estado em que tenha sido licenciado o veículo, que ficará com a integralidade do produto da arrecadação.

(D) É instituído pelo Município em que tenha sido licenciado o veículo, que ficará com a integralidade do produto da arrecadação.

COMENTÁRIO

A letra B está correta. O IPVA é imposto outorgado à competência dos Estados e Distrito Federal e 50% do produto de sua arrecadação será repartido com os Municípios de acordo com o local onde os veículos foram licenciados (art. 158, II, CF).

(X EXAME DE ORDEM UNIFICADO – FGV) A União criou um novo imposto não previsto na CRFB mediante lei complementar sobre a propriedade de veículos de duas rodas não motorizados, que adota fato gerador e base de cálculo diferente dos demais discriminados na Constituição. Nessa situação, a União terá feito uso de competência

(A) comum.

(B) residual.

(C) cumulativa.

(D) extraordinária.

COMENTÁRIO

A letra B está correta. O enunciado exige o conhecimento da chamada competência residual, a qual é exclusiva da União e a possibilita instituir novos impostos (e até mesmo novas contribuições – art. 195, § 4º, CF) desde que cumpridos 3 requisitos: instituição por lei complementar; impostos não cumulativos e vedação à utilização de fato gerador ou base de cálculo idênticos aos de outros impostos já existentes.

(IX EXAME DE ORDEM UNIFICADO – FGV) Concessionária de veículos se insurge contra aumento da alíquota do IPI sobre automóveis nacionais e, antes mesmo da ocorrência do lançamento do tributo em questão, ajuíza ação declaratória e efetua o depósito judicial do montante do valor tributado que considera devido. Após cinco anos e oito meses, ocorre o trânsito em julgado da decisão judicial proferida em favor da Fazenda Pública, a qual entende como devido o IPI integral. Considerando que a Fazenda Pública não adotou qualquer providência quanto ao lançamento do imposto devido durante o trâmite da ação judicial, tem-se que:

(A) o IPI é devido e coincide com o valor depositado.
(B) o IPI é devido no valor cobrado pela Fazenda Pública.
(C) o IPI não é devido, uma vez que ocorreu a prescrição.
(D) o IPI não é devido, em razão da decadência.

COMENTÁRIO

Questão anulada. O fato de a Fazenda Pública não ter adotado nenhuma providência em relação ao lançamento e a decisão pertinente à cobrança do tributo só ter acontecido após 5 anos após a publicação do aumento do tributo, pode-se afirmar que o IPI não será devido em razão da decadência.

(IX EXAME DE ORDEM UNIFICADO – FGV) Acerca do Imposto sobre Produtos Industrializados, de competência da União, assinale a afirmativa que contempla duas de suas características.

(A) É imposto ordinário e caracterizado pela seletividade.
(B) É imposto real e caracterizado por ser direto.
(C) É imposto monofásico e qualificado como indireto.
(D) É imposto interno e lançado por declaração.

COMENTÁRIO

O IPI é um dos impostos mais exigidos historicamente no Exame de Ordem e sempre merece atenção especial:

Alternativa "A" é a correta, pois o imposto integra a denominada competência ordinária ou privativa da União e um dos princípios que o norteia é o da seletividade.

Alternativa "B" incorreta, pois muito embora possa ser caracterizado como um imposto real ele é um imposto indireto.

Alternativa "C" incorreta, pois sua incidência é plurifásica, ou seja, o IPI incidente em cada etapa que ocorra nova circulação de produto industrializado.

Alternativa "D" também incorreta, pois sua cobrança sujeita-se à sistemática do lançamento por homologação.

(VIII EXAME DE ORDEM UNIFICADO – FGV) Mário inscreveu-se no programa de incentivo à aposentadoria mediante indenização, promovido pela empresa em que trabalha. A respeito do caso proposto, assinale a afirmativa correta.

(A) Mário pagará imposto de renda, já que o valor recebido tem natureza salarial.
(B) Mário não pagará imposto de renda, já que se trata de verba especial.
(C) Mario não pagará imposto de renda, já que o valor recebido tem caráter indenizatório.
(D) Mário pagará imposto de renda, em homenagem ao princípio da isonomia.

COMENTÁRIO

A letra C está correta. De acordo com a jurisprudência consolidada pelo Superior Tribunal de Justiça não incide imposto de renda sobre verbas decorrentes do ingresso nos programas de aposentadoria voluntária ou demissão voluntária (súmula 215), pois são consideradas como verbas de natureza indenizatória.

(VIII EXAME DE ORDEM UNIFICADO – FGV) A respeito dos impostos, assinale a afirmativa correta.

(A) O Imposto de Transmissão *Causa Mortis* e Doação (ITCMD) de quaisquer bens e direitos terá suas alíquotas máximas fixadas pelos Estados competentes para a sua instituição.
(B) As alíquotas máximas e mínimas do Imposto sobre Serviços de Qualquer Natureza (ISS) deverão ser fixados por lei complementar nacional.
(C) O Imposto sobre Operações relativas à Circulação de Mercadorias e Prestação de Serviços de Transporte Interestadual e Intermunicipal e de Comunicação (ICMS) incidirá sobre as operações que destinem mercadorias e serviços ao exterior.
(D) A União Federal deverá instituir, mediante lei complementar, na iminência ou no caso de guerra externa, impostos extraordinários, compreendidos ou não em sua competência tributária, os quais serão suprimidos, gradativamente, cessadas as causas de sua criação.

COMENTÁRIO

A alternativa B está correta: cumpriu à LC 116/2003 atender à disposição constitucional que exigiu à legislação complementar a fixação das alíquotas máxima e mínima do ISS.

A alternativa A está incorreta: as alíquotas máximas do ITCMD devem ser fixadas por resolução do Senado Federal.

A alternativa C está incorreta: o ICMS não incide sobre mercadorias destinadas ao exterior, configurando verdadeira hipótese de imunidade fixada pelo art. 155, § 2º, X, a, CF.

A alternativa D está incorreta: O imposto extraordinário de guerra embora tributo de competência federal deverá ser instituído por lei ordinária.

(V EXAME DE ORDEM UNIFICADO – FGV) A respeito do ICMS, é correto afirmar que:

(A) sendo de competência tributária do Estado Membro, somente a legislação estadual pode excluir da incidência do imposto, nas exportações para o exterior, serviços e produtos determinados.
(B) é não cumulativo, significando que, em qualquer hipótese, deverá ser assegurado o crédito para compensação com o montante devido nas operações ou prestações seguintes.
(C) tem as suas alíquotas estabelecidas pelo Senado Federal, aplicáveis às operações e prestações internas, interestaduais e de exportação.
(D) incide sobre prestação de serviços de transporte interestadual e intermunicipal e de comunicação, assim como sobre o valor total da operação, quando as mercadorias forem fornecidas com serviços não compreendidos na competência impositiva municipal.

COMENTÁRIO

A alternativa D está correta, pois conforme a legislação em vigor o ICMS também incide sobre serviços não sujeitos ao ISS e acompanhados de mercadorias, sendo certo que terá como base de cálculo o valor total da operação.

A alternativa A está incorreta porque atualmente cumpre à Constituição Federal excluir sua incidência sobre bens ou produtos destinados ao exterior.

A alternativa B está incorreta, pois embora trata-se de um imposto não cumulativo, não é em toda e qualquer situação que está assegurada ao contribuinte a compensação do imposto (art. 155, § 2º, II, CF).

A alternativa C está incorreta, pois a competência do Senado Federal restringe-se em fixar suas alíquotas apenas para as operações interestaduais e de exportação.

(IV EXAME DE ORDEM UNIFICADO – FGV) O Imposto sobre Operações Relativas à Circulação de Mercadorias e sobre a Prestação de Serviços de Transporte Interestadual e Intermunicipal e de Comunicação tem seus princípios delineados na Constituição, que é complementada pela Lei Complementar 87/1996, com as alterações posteriores.

A respeito desse imposto é correto afirmar que

(A) ele incide sobre operações que destinem a outros Estados petróleo, inclusive lubrificantes, combustíveis líquidos e gasosos dele derivados, e energia elétrica, assim como nas prestações de serviço de radiodifusão sonora e de sons e imagens de recepção livre e gratuita.
(B) é autorizada a sua cobrança sobre bens importados do exterior por pessoa física que tenha intuito de comercializá-los, mas é vedada a sua incidência quando esses bens, importados do exterior, são destinados ao consumo próprio da pessoa natural.
(C) suas alíquotas aplicáveis às operações e prestações interestaduais e de exportação são estabelecidas por meio de resolução do Senado Federal, por iniciativa do seu Presidente ou de um terço dos Senadores da casa, com aprovação dada pela maioria absoluta de seus membros.

(D) ele tem função precipuamente fiscal, podendo ser seletivo em função da essencialidade, incide sobre o valor agregado, em obediência ao princípio da não cumulatividade, mas não incide sobre o ouro, quando definido em lei como ativo financeiro.

COMENTÁRIO

A alternativa D está correta. O ICMS destaca-se pelo seu alto poder arrecadatório (fiscalidade), mesmo diante da obediência que deve ter perante o princípio da não cumulatividade e, de fato, não incide sobre o ouro, desde que definido como ativo financeiro ou instrumento cambial (caso em que haverá a incidência do IOF).

A alternativa A está incorreta. O ICMS não incide sobre operações interestaduais que envolvam combustíveis derivados de petróleo ou energia elétrica. Da mesma maneira não há a incidência do ICMS sobre prestações de serviço de radiodifusão sonora e de sons e imagens de recepção livre e gratuita. Em todos esses casos existe imunidade tributária prevista pelo art. 155, § 2º, X, CF.

A alternativa B está incorreta. Após o advento da EC 33/01 a Constituição passou a prever a cobrança do ICMS na importação de bens ou mercadorias, independentemente do fim para o qual se destinam (se para comércio ou para consumo próprio).

A alternativa C está incorreta. Trata-se de uma redação praticamente idêntica ao disposto no art. 155, § 2º, IV, CF, exceto pelo fato de que a iniciativa da resolução do Senado Federal é do Presidente da República e não do Presidente do Senado.

(EXAME DE ORDEM UNIFICADO 2010.3 – FGV) Nos autos de uma ação de divórcio, os ex-cônjuges, casados em regime de comunhão total de bens, dividiram o patrimônio total existente da seguinte maneira: o imóvel situado no Município X, no valor de R$ 50.000,00, pertencerá ao ex-marido, enquanto o imóvel situado no Município Y, no valor de R$ 30.000,00, pertencerá à ex-esposa. Assinale a alternativa correta quanto à tributação incidente nessa partilha.

(A) O tributo a ser recolhido será o ITCMD, de competência do Estado, e incidirá sobre a base de cálculo no valor de R$ 10.000,00.

(B) O tributo a ser recolhido será o ITBI, sobre ambos os imóveis, cada qual para o município de localização do bem.

(C) O tributo a ser recolhido será o ITBI, de competência do Município, e incidirá sobre a base de cálculo no valor de R$ 10.000,00.

(D) Não há tributo a ser recolhido, pois, como o regime de casamento era o da comunhão total de bens, não há transferência de bens, mas simples repartição do patrimônio comum de cada ex-cônjuge.

COMENTÁRIO

A letra A está correta. Para se diferenciar o ITBI e o ITCMD sobre a transmissão de bens imóveis é fundamental verificar se a mesma ocorre de forma onerosa (quando haverá a incidência do ITBI) ou não onerosa (quando haverá a incidência do ITCMD). No enunciado há a mera partilha de bens, sem qualquer menção a contrato oneroso, logo, o imposto que deve incidir é o ITCMD. A base de cálculo será o montante que ultrapassa a meação do cônjuge. A meação é de R$ 40.000 (metade do patrimônio total existente) e, portanto, a base de cálculo será a diferença entre o imóvel de R$ 50.000,00 e o direito assegurado pela meação (R$ 40.000,00), portanto, R$ 10.000,00.

(EXAME DE ORDEM UNIFICADO 2010.3 – FGV) Uma construtora com sede no Município do Rio de Janeiro constrói um edifício sob regime de empreitada na cidade de Nova Iguaçu, onde não possui estabelecimento.

A competência para a imposição do Imposto Municipal Sobre Serviços (ISS) caberá à municipalidade

(A) do Rio de Janeiro, porque é o município onde a construtora tem a sua sede social.

(B) de Nova Iguaçu, porque é o local onde foi construído o edifício.

(C) do Rio de Janeiro, porque construção civil não é prestação de serviços.

(D) do Rio de Janeiro, porque a construtora não tem estabelecimento em Nova Iguaçu e, em razão do princípio da territorialidade, não pode ser exigido o tributo sobre contribuintes estabelecidos fora do território de cada Ente Federado.

COMENTÁRIO

A letra B está correta. Desde o Dec.-lei 406/1968, bem como atualmente, conforme a LC 116/03, o Município competente para arrecadar o ISS sobre a construção civil será aquele local da realização da obra, ou seja, Nova Iguaçu.

(EXAME DE ORDEM UNIFICADO 2010.2 – FGV) Semprônio dos Santos é proprietário de um sítio de recreio, local destinado ao lazer, na área de expansão urbana, na região serrana de Paraíso do Alto. A área é dotada de rede de abastecimento de água, rede de iluminação pública e esgotamento mantidas pelo município, embora não existam próximos quer escola, quer hospitais públicos.

Neste caso Semprônio deve pagar o seguinte imposto:

(A) o IPTU, por ser área de expansão urbana, dotada de melhoramentos.

(B) o ITR, por ser sítio de recreio, não inserido em área urbana.

(C) o IPTU, por ser sítio, explorado para fins empresariais.

(D) o ITR, por não haver escola ou hospital próximos a menos de 3 km do imóvel.

COMENTÁRIO

A letra A está correta. Por regra o IPTU é cobrado sobre imóveis localizados em área urbanas, sendo certo que sua definição depende primeiro de lei municipal e também da presença de pelo menos 2 melhoramentos urbanos dentro de uma lista fixada pelo art. 32 do Código Tributário Nacional. Embora bastasse essas informações para afirmar pela incidência do IPTU no caso em tela, vale lembrar que na hipótese de imóveis localizados em área de expansão urbana a lei municipal poderá também considerá-las como áreas urbanas, assegurando a cobrança do imposto.

12. GARANTIAS E PRIVILÉGIOS DO CRÉDITO

(XVI EXAME DE ORDEM UNIFICADO – FGV) Uma obrigação tributária referente ao Imposto sobre Circulação de Mercadorias e Serviços (ICMS) teve seu fato gerador ocorrido em 12 de junho de 2012. O débito foi objeto de lançamento em 21 de janeiro de 2014. A inscrição em dívida ativa ocorreu em 02 de junho de 2014. A execução fiscal foi ajuizada em 21 de outubro de 2014 e, em 02 de março de 2015, o juiz proferiu despacho citatório nos autos da execução fiscal.

Considerando que o contribuinte devedor alienou todos os seus bens sem reservar montante suficiente para o pagamento do tributo devido, assinale a opção que indica o marco temporal, segundo o CTN, caracterizador da fraude à execução fiscal, em termos de data de alienação.

(A) 21 de janeiro de 2014

(B) 02 de junho de 2014

(C) 02 de março de 2015

(D) 21 de outubro de 2014

COMENTÁRIO

A letra B está correta. Presume-se como fraude à execução fiscal a alienação de bens ou a oneração de rendas que ocorram após a inscrição do débito em dívida ativa, quando não reservados bens ou valores suficientes para sua quitação. Sendo assim, entre todas as datas apresentadas é fundamental identificar em que momento aconteceu a inscrição, pois só a partir daí é que se pode considerar como uma tentativa de fraude à execução fiscal. No enunciado isso aconteceu em 02 de junho de 2014, portanto a alternativa correta é a letra "B".

(XIV EXAME DE ORDEM UNIFICADO – FGV) Presume-se fraudulenta a alienação ou oneração de bens ou rendas por sujeito passivo em débito para com a Fazenda Pública

(A) por crédito tributário ainda não inscrito em dívida ativa, desde que não tenham sido reservados pelo devedor bens ou rendas suficientes ao total pagamento da dívida.

(B) por crédito tributário regularmente inscrito em dívida ativa, desde que não tenham sido reservados pelo devedor bens ou rendas suficientes ao total pagamento da dívida inscrita.

(C) por crédito tributário regularmente inscrito em dívida ativa, mesmo que tenham sido reservados pelo devedor bens ou rendas suficientes ao total pagamento da dívida inscrita.

(D) por crédito tributário ainda não inscrito em dívida ativa, objeto de impugnação administrativa oferecida pelo contribuinte.

COMENTÁRIO

A letra B está correta. O capítulo pertinente a garantias e privilégios do crédito tributário sofreu importantes alterações no ano de 2005 com o advento da LC 118. Entre as mudanças destaca-se a nova redação do art. 185 do CTN ao estabelecer que a presunção de fraude à execução deverá ser observada a partir da data da inscrição em dívida ativa, desde que o devedor não possua bens ou rendas suficientes para garantir o pagamento do crédito tributário.

(IX EXAME DE ORDEM UNIFICADO – FGV) Um contribuinte, ao impetrar mandado de segurança contra ato praticado por determinada autoridade coatora, obteve medida liminar deferida pelo competente Juízo no sentido de autorizá-lo a se abster do pagamento de determinado tributo, com base em suposta inconstitucionalidade da lei instituidora da respectiva exação combatida. Nesse caso, de acordo com as regras contidas no Código Tributário Nacional, a hipótese é de

(A) suspensão do crédito tributário.
(B) extinção do crédito tributário.
(C) exclusão do crédito tributário.
(D) preferência do crédito tributário.

COMENTÁRIO

A letra A está correta. Medidas liminares concedidas em Mandado de Segurança ou outras ações judiciais asseguram a suspensão da exigibilidade do crédito tributário, nos termos do art. 151 do CTN.

(VI EXAME DE ORDEM UNIFICADO – FGV) Fulano de Araújo, proprietário de um único imóvel em que reside com sua esposa, no Município do Rio de Janeiro, é réu em ação de execução fiscal promovida pela Fazenda Pública Municipal por falta de pagamento do IPTU. Tendo em vista as disposições gerais contidas no Código Tributário Nacional acerca do crédito tributário, assinale a alternativa correta.

(A) O imóvel residencial próprio do casal é impenhorável, não devendo responder por qualquer tipo de dívida.
(B) Os bens e rendas do sujeito passivo respondem pelo pagamento de todo crédito de natureza tributária, sem comportar exceções.
(C) Bens gravados por ônus real ou por cláusulas de inalienabilidade não podem ser alcançados para saldar dívidas tributárias.
(D) A impenhorabilidade do bem de família não é oponível em face da cobrança do Imposto Predial Territorial Urbano.

COMENTÁRIO

A letra D está correta. A legislação em vigor determina que a totalidade dos bens e rendas, inclusive os gravados dos clausulas de impenhorabilidade ou inalienabilidade, de um devedor responde pelas dívidas tributárias. Entretanto são exceções a essa regra aqueles bens considerados por lei como absolutamente impenhoráveis, como é o caso do bem de família, nos termos da Lei 8.009/1990. Por outro lado, essa exceção não pode ser oposta à Fazenda Pública se o contribuinte está justamente devendo algum tributo incidente sobre seu bem de família, tal qual um imposto, taxa ou contribuição de melhoria.

(EXAME DE ORDEM UNIFICADO 2010.2 – FGV) Delta Ltda. Teve sua falência decretada em 11.01.2010. Delta possuía um imóvel hipotecado ao Banco Júnior S/A, em garantia de dívida no valor de R$ 1.000.000,00. O imóvel está avaliado em R$ 1.200.000,00.

A Fazenda Pública Estadual tem créditos a receber de Delta Ltda. Relacionados ao ICMS não pago de vendas ocorridas em 03.01.2008.

Com base no exposto acima, assinale a afirmativa correta.

(A) A Fazenda tem direito de preferência sobre o credor com garantia real, em virtude de seus privilégios.
(B) A Fazenda não pode executar o bem, em função de ter havido a quebra da empresa, prevalecendo o crédito com garantia real.
(C) A Fazenda tem direito de preferência uma vez que a dívida tributária é anterior à hipoteca.
(D) A Fazenda respeitará a preferência do credor hipotecário, nos limites do valor do crédito garantido pela hipoteca.

COMENTÁRIO

A letra D está correta. O crédito tributário prefere a qualquer outro, seja qual for sua natureza ou tempo de constituição. Porém, na falência, o crédito tributário não prefere aos extraconcursais, às importâncias passíveis de restituição, nem mesmo aos créditos com garantia real, no limite do valor do bem gravado (art. 186, parágrafo único, CTN).

Sendo assim, para o caso apresentado pelo enunciado, deverá a Fazenda Pública Estadual aguardar o pagamento a ser realizado ao Banco Júnior S/A em razão da hipoteca (garantia real), respeitando o limite de R$ 1.000.000,00.

13. DÍVIDA ATIVA, INSCRIÇÃO, CERTIDÕES

(XVII EXAME DE ORDEM UNIFICADO – FGV) Após ser intimada da lavratura de um auto de infração visando à cobrança da Contribuição para o Financiamento da Seguridade Social (COFINS) dos últimos cinco anos, a pessoa jurídica XYZ Participações Ltda. verificou que o tributo não era devido e ofereceu impugnação ao auto de infração. Como irá participar de uma licitação, a pessoa jurídica em questão irá precisar de certidão de regularidade fiscal – no caso, Certidão Positiva de Débito com Efeito de Negativa (CPD-EN). Na hipótese, considerando que o contribuinte não possui outros débitos, assinale a afirmativa correta.

(A) A impugnação ao auto de infração exclui o crédito tributário, sendo possível a emissão da CPD-EN.
(B) A impugnação ao auto de infração, sem o pagamento do crédito, impede a emissão da CPD-EN.
(C) A pessoa jurídica XYZ Participações Ltda. somente terá direito à CPD-EN caso realize o depósito do montante integral.
(D) A impugnação ao auto de infração suspende a exigibilidade do crédito, sendo possível a emissão da CPD-EN.

COMENTÁRIO

A letra D está correta. Para se obter uma certidão positiva com efeitos de negativa o interessado deverá buscar algum dos caminhos indicados pelo art. 206 do CTN. Entre eles está a suspensão da exigibilidade do crédito tributário, a qual pode ocorrer, entre outros, através do oferecimento tempestivo de uma impugnação administrativa (art. 151, III, CTN).

(IX EXAME DE ORDEM UNIFICADO – FGV) De acordo com as regras contidas no Código Tributário Nacional, considera-se fraude à execução fiscal:

(A) a alienação dos direitos reais do patrimônio do devedor, efetivada a qualquer tempo, para terceiro de má-fé;
(B) a alienação do patrimônio do devedor, feita após ciência inequívoca da regular inscrição do crédito da Fazenda contra si constituído;
(C) a aquisição de má-fé por terceiro, de parte do patrimônio do devedor, refletindo tal situação presunção absoluta de fraude;
(D) a alienação de qualquer parcela do patrimônio do devedor, mesmo que feita a terceiro de boa-fé, após notificação do lançamento fiscal.

COMENTÁRIO

A letra B está correta. Considera-se presunção de fraude à execução fiscal quando a partir da inscrição em dívida ativa o devedor aliene bens ou onere rendas e não reserve bens ou rendas suficientes para a liquidação da dívida (art. 185, CTN). Segundo a jurisprudência é inaplicável, em matéria tributária, a orientação da súmula 375 do STJ que exige a prova de má-fé do terceiro adquirente.

(VI EXAME DE ORDEM UNIFICADO – FGV) Determinado contribuinte, devedor de tributo, obtém o seu parcelamento e vem efetuando o pagamento conforme deferido. Apesar disso, sofre processo de execução fiscal para a cobrança do referido tributo. Nos embargos de devedor, o contribuinte poderá alegar

(A) a carência da execução fiscal, em face da novação da dívida, que teria perdido a sua natureza tributária pelo seu parcelamento.
(B) a improcedência da execução fiscal, por iliquidez do título exequendo, pelo fato de que parte da dívida já foi paga.
(C) o reconhecimento do direito apenas parcial à execução fiscal, por parte do Fisco, em face da existência de saldo devedor do parcelamento.
(D) a carência da execução fiscal em face da suspensão da exigibilidade do crédito tributário.

COMENTÁRIO

A letra D está correta. Quando suspensa a exigibilidade do crédito tributário através de qualquer uma das modalidades descritas no art. 151 do CTN, o Fisco está impedido de continuar com os atos de cobrança, entre eles ajuizar a execução fiscal, de modo que sem observar o posicionamento jurisprudencial, a execução fiscal deverá ser extinta em vista da inexigibilidade do crédito (enquanto o contribuinte permanecer pagando o parcelamento).

(IV EXAME DE ORDEM UNIFICADO – FGV) José dos Anjos ajuíza ação anulatória de débito fiscal após realizar depósito do montante integral do crédito que busca a anulação. Nesse sentido, é correto afirmar que

(A) caso o contribuinte saia vencido, caberá à Fazenda promover execução fiscal para fins de receber o crédito que lhe é devido.
(B) o depósito prévio do montante integral é requisito de admissibilidade da ação ajuizada por José dos Anjos.
(C) o depósito prévio do montante integral produz os efeitos de impedir a propositura da execução fiscal, bem como evita a fluência dos juros e a imposição de multa.

(D) o depósito do montante objeto de discussão judicial poderá ser levantado caso José dos Santos tenha seu pedido julgado procedente perante o juízo de primeiro grau.

COMENTÁRIO

A alternativa "C" coaduna-se com a legislação em vigor a partir do momento que o depósito no montante integral ao suspender a exigibilidade do crédito tributário acaba, por seu turno, também impedindo a continuidade dos atos de cobrança, como a inscrição em dívida ativa e a execução fiscal. E, ainda, segundo o § 4º do art. 9º da Lei 6.830/1980, esse depósito é capaz de cessar a responsabilidade pela atualização monetária e juros de mora. Alternativa correta.

A alternativa "A" está errada, pois uma vez que foi realizado o depósito integral, caso o contribuinte saia vencido na demanda, o valor depositado será convertido em renda a favor do ente federado, dispensando-se, assim, o ajuizamento da execução fiscal.

A alternativa "B" também está errada, pois o depósito no montante integral é uma faculdade que o contribuinte possui para suspender a exigibilidade do crédito tributário, não representando um pressuposto de admissibilidade da ação anulatória (súmula vinculante 28).

Por fim, a alternativa "D" comete um deslize ao afirmar que o depósito poderia ser levantado pelo autor da ação logo na primeira decisão a ele favorável (juízo de primeiro grau). Incorreta a afirmação, pois o levantamento só poderá acontecer com a decisão favorável transitada em julgado.

14. AÇÕES TRIBUTÁRIAS

(XVI EXAME DE ORDEM UNIFICADO – FGV) Em 2007, a pessoa jurídica Y recebeu notificação para pagamento de débitos de Imposto sobre a Propriedade Predial e Territorial Urbana (IPTU). Em 2014, diante da constatação de que a contribuinte não havia apresentado qualquer impugnação e nem realizado o pagamento, o Município X ajuizou execução fiscal para a cobrança destes créditos. Considerando os fatos narrados e as disposições da Lei 6.830/1980, o juiz, ao analisar a inicial da execução fiscal proposta pelo Fisco,

(A) poderá, de ofício, reconhecer e decretar a prescrição somente depois de ouvida a Fazenda Pública.
(B) poderá, de ofício, reconhecer e decretar a prescrição somente depois de ouvida a Fazenda Pública e a contribuinte.
(C) poderá decretar a prescrição de ofício, independentemente da prévia oitiva da Fazenda Pública.
(D) só poderá decretar a prescrição se esta vier a ser suscitada pela contribuinte.

COMENTÁRIO

Muito embora a questão traga uma redação não tão clara a respeito do tema que pretendeu avaliar, observe que a avaliação, aqui, gira em torno da prescrição (art. 174 do CTN) e da prescrição intercorrente (art. 40 da Lei 6.830/1980). Como esta última só tem seu início quando na execução fiscal instaurada não são localizados os bens do devedor e findo o prazo de suspensão do processo por 1 ano (súmula 314 do STJ), dados esses que não são informados na questão, então, por exclusão, devemos buscar as regras pertinentes à prescrição descrita na Lei 5.172/1966 (CTN). Assim, diferentemente do que ocorre na prescrição intercorrente (Lei 6.830/1980), a prescrição do Código Tributário Nacional não exige como pressuposta a oitiva preliminar da Fazenda Pública para sua decretação, logo, a alternativa correta é a da letra "C".

(XIII EXAME DE ORDEM UNIFICADO – FGV) A pessoa jurídica XYZ Participações S.A., ao verificar que havia recolhido a maior o Imposto sobre a Renda de Pessoas Jurídicas – IRPJ – dos últimos dois anos, peticionou administrativamente, requerendo a repetição do indébito. No entanto, a Receita Federal do Brasil negou o pedido administrativo. Sobre a hipótese, assinale a afirmativa correta.

(A) O prazo para o contribuinte ajuizar ação anulatória é de 2 (dois) anos, a contar da data da decisão administrativa que indeferiu o pedido de repetição.
(B) O direito de pleitear a restituição extingue-se com o decurso do prazo de 10 (dez) anos, contados do pagamento espontâneo de tributo a maior.
(C) Para que o contribuinte assegure seu direito à restituição do indébito tributário, é necessário o prévio protesto.
(D) O contribuinte somente poderá receber o indébito reconhecido por ação ordinária por meio de precatório, não sendo possível o recebimento via compensação tributária.

COMENTÁRIO

A letra A está correta. Trata a questão de uma situação específica na qual o contribuinte já requereu administrativamente o pedido de devolução dos valores pagos indevidamente. Na hipótese de o pedido administrativo ser negado e segundo a disposição do art. 169 do CTN, cabe ingressar, dentro do prazo de 2 anos, com uma ação anulatória que visa desconstituir a decisão negativa da restituição do tributo.

15. SIMPLES NACIONAL – MICROEMPRESAS E EMPRESAS DE PEQUENO PORTE

(XV EXAME DE ORDEM UNIFICADO – FGV) Em dezembro de 2006, foi publicada a Lei Complementar123, que instituiu o Estatuto Nacional da Microempresa e da Empresa de Pequeno Porte, e criou novo regime de tributação simplificada, abrangendo, além dos impostos e contribuições federais, o Imposto sobre Operações Relativas à Circulação de Mercadorias e sobre Prestações de Serviços de Transporte Interestadual e Intermunicipal e de Comunicação (ICMS), bem como o Imposto sobre Serviços de Qualquer Natureza (ISS).

Sobre a hipótese, assinale a afirmativa correta.

(A) A referida lei é inconstitucional, pois é vedada à União instituir benefício fiscal de tributo de competência dos Estados, do Distrito Federal e dos Municípios.
(B) O regime de tributação simplificada é obrigatório a todos os contribuintes que cumpram os requisitos previstos na referida lei complementar.
(C) A referida lei é inconstitucional, no que se refere ao ICMS, pois institui benefício fiscal do imposto sem a competente autorização por meio de convênio do Conselho Nacional de Política Fazendária – CONFAZ.
(D) Segundo a Constituição Federal, a fiscalização do cumprimento das obrigações principais e acessórias do regime único de arrecadação poderá ser compartilhada pelos entes da Federação.

COMENTÁRIO

A letra D está correta. A LC 123/2006, em atenção ao disposto no art. 146, III, d e parágrafo único da Constituição Federal, estabeleceu o regime simplificado de arrecadação conhecido como Simples Nacional ou, mais coloquialmente, o Super Simples. Através deste regime que é facultativo aos contribuintes, a arrecadação, a fiscalização e a cobrança dos tributos neste sistema indicados poderão ser compartilhadas pelos entes federados, adotado um cadastro nacional único de contribuintes.

7. Direito Administrativo

Wander Garcia

1. PRINCÍPIOS ADMINISTRATIVOS

(XVII EXAME DE ORDEM UNIFICADO – FGV) O Estado X publicou edital de concurso público de provas e títulos para o cargo de analista administrativo. O edital prevê a realização de uma primeira fase, com questões objetivas, e de uma segunda fase com questões discursivas, e que os 100 (cem) candidatos mais bem classificados na primeira fase avançariam para a realização da segunda fase. No entanto, após a divulgação dos resultados da primeira fase, é publicado um edital complementar estabelecendo que os 200 (duzentos) candidatos mais bem classificados avançariam à segunda fase e prevendo uma nova forma de composição da pontuação global. Nesse caso,

(A) a alteração não é válida, por ofensa ao princípio da impessoalidade, advindo da adoção de novos critérios de pontuação e da ampliação do número de candidatos na segunda fase.
(B) a alteração é válida, pois a aprovação de mais candidatos na primeira fase não gera prejuízo aos candidatos e ainda permite que mais interessados realizem a prova de segunda fase.
(C) a alteração não é válida, porque o edital de um concurso público não pode conter cláusulas ambíguas.
(D) a alteração é válida, pois foi observada a exigência de provimento dos cargos mediante concurso público de provas e títulos.

COMENTÁRIO

A letra A está correta, pois, de fato, viola-se o princípio da impessoalidade no caso, devendo ser anulado o edital complementar; assim, evita-se que a medida tenha sido tomada, por exemplo, para beneficiar amigos de autoridade, que tenham ficado entre a posição número 100 e a posição número 200, garantindo-se a impessoalidade necessária na Administração e também o princípio da moralidade (art. 37, *caput*, da CF);

As letras B e D estão incorretas, pois há violação aos princípios da impessoalidade e da moralidade, como seu viu; aliás, o caso é tão absurdo que viola também o princípio da igualdade, já que algumas pessoas podem ter desistido de participar do certame por saberem que somente os cem primeiros seriam chamados para a segunda fase, ao passo que se soubessem que seria chamado o dobro de pessoas quem sabe teriam participado do concurso público;

A letra C está incorreta, pois, a invalidade decorre da violação aos princípios da impessoalidade, da moralidade e da igualdade, e não da suposta ambiguidade, vez que nenhuma das cláusulas é ambíguas (duvidosas ou que geram margem a mais de uma interpretação), já que são cláusulas claras e cristalinas (100 ou 200 pessoas).

(IX EXAME DE ORDEM UNIFICADO – FGV) De acordo com o art. 2º, inciso XIII, da Lei n. 9.784/1998, a Administração deve buscar a interpretação da norma que melhor garanta o atendimento do fim público a que se dirige, vedada a aplicação retroativa da nova interpretação.

Assinale a alternativa que indica o princípio consagrado por esse dispositivo, em sua parte final.

(A) Legalidade.
(B) Eficiência.
(C) Moralidade.
(D) Segurança das relações jurídicas.

COMENTÁRIO

A letra D está correta, pois, a vedação da aplicação retroativa de nova interpretação diz respeito ao princípio de segurança das relações jurídicas, até porque não haveria segurança jurídica aos administrados se a Administração interpretasse a lei de um modo "X" para um determinado caso concreto, tomando uma determinada decisão na sequência e, um tempo depois, mudasse a interpretação e consequentemente reapreciasse questão já decidida, aplicando a nova forma de interpretar uma dada norma e prejudicando um particular.

2. PODERES ADMINISTRATIVOS

Para resolver as questões deste item, vale citar as definições de cada poder administrativo apresentadas por Hely Lopes Meirelles, definições estas muito utilizadas em concursos públicos. Confira:

a) **poder vinculado** – "é aquele que o Direito Positivo – a lei – confere à Administração Pública para a prática de ato de sua competência, determinando os elementos e requisitos necessários à sua formalização"; **b) poder discricionário** – "é o que o Direito concede à Administração, de modo explícito, para a prática de atos administrativos com liberdade na escolha de sua conveniência, oportunidade e conteúdo"; **c) poder hierárquico** – "é o de que dispõe o Executivo para distribuir e escalonar as funções de seus órgãos, ordenar e rever a atuação de seus agentes, estabelecendo a relação de subordinação entre os servidores do seu quadro de pessoal"; **d) poder disciplinar** – "é a faculdade de punir internamente as infrações funcionais dos servidores e demais pessoas sujeitas à disciplina dos órgãos e serviços da Administração"; **e) poder regulamentar** – "é a faculdade de que dispõem os Chefes de Executivo (Presidente da República, Governadores e Prefeitos) de explicar a lei para sua correta execução, ou de expedir decretos autônomos sobre matéria de sua competência ainda não disciplinada por lei"; **f) poder de polícia** – "é a faculdade de que dispõe a Administração Pública para condicionar e restringir o uso e gozo de bens, atividades e direitos individuais, em benefício da coletividade ou do próprio Estado". (**Direito Administrativo Brasileiro**, 26. ed., São Paulo: Malheiros, p. 109 a 123)

(XVI EXAME DE ORDEM UNIFICADO – FGV) Determinado município resolve aumentar a eficiência na aplicação das multas de trânsito. Após procedimento licitatório, contrata a sociedade empresária Cobra Tudo para instalar câmeras do tipo "*radar*", que fotografam infrações de trânsito, bem como para disponibilizar agentes de trânsito para orientar os cidadãos e aplicar multas. A mesma sociedade empresária ainda ficará encarregada de criar um Conselho de Apreciação das multas, com o objetivo de analisar todas as infrações e julgar os recursos administrativos. Sobre o caso apresentado, assinale a afirmativa correta.

(A) É possível a contratação de equipamentos eletrônicos de fiscalização, mas o poder decisório não pode ser transferido à empresa.
(B) Não é cabível a terceirização de qualquer dessas atividades, por se tratar de atividade-fim da Administração.
(C) A contratação é, a princípio, legal, mas somente permanecerá válida se o município comprovar que a terceirização aumentou a eficiência da atividade.
(D) Não é possível delegar a instalação e gestão de câmeras do tipo "*radar*" à empresa contratada, mas é possível delegar a criação e gestão do Conselho de Apreciação de multas.

COMENTÁRIO

A letra A está correta, pois, no caso em tela tem-se a expressão do chamado "poder de polícia" ou "polícia administrativa"; esse poder só pode ser exercido por autoridade pública (autoridade estatal) e não por particulares; estes só podem contribuir com atividades materiais (instalação e operação de radares, por exemplo), mas não com atividades volitivas (aplicação de multas), já que estas só podem ser subscritas por autoridade pública;

A letra B está incorreta, pois cabe a terceirização das atividades meramente materiais, como são as atividades de instalação e operação dos radares; somente a parte do Conselho de Multas e da aplicação da multa em si é que não pode ser passada ao particular no caso narrado pela questão;

A letra C está incorreta, pois não é possível passar as atividade de conselho de multas e aplicação de multas aos particulares, por ser atividade própria de autoridade pública;

A letra D está incorreta, pois é justamente o contrário, ou seja, atividades de instalação e gestão podem ser passadas para o particular (são atividades meramente materiais) e as demais não, por serem privativas de autoridade pública.

(XIV EXAME DE ORDEM UNIFICADO – FGV) A Secretaria de Defesa do Meio Ambiente do Estado X lavrou auto de infração, cominando multa no valor de R$ 15.000,00 (quinze mil reais) à empresa Explora, em razão da instalação de uma saída de esgoto clandestina em uma lagoa naquele Estado. A empresa não impugnou o auto de infração lavrado e não pagou a multa aplicada. Considerando o exposto, assinale a afirmativa correta.

(A) A aplicação de penalidade representa exercício do poder disciplinar e autoriza a apreensão de bens para a quitação da dívida, em razão da executoriedade do ato.
(B) A aplicação de penalidade representa exercício do poder de polícia e autoriza a apreensão de bens para a quitação da dívida, em razão da executoriedade do ato.
(C) A aplicação de penalidade representa exercício do poder disciplinar, mas não autoriza a apreensão de bens para a quitação da dívida.
(D) A aplicação de penalidade representa exercício do poder de polícia, mas não autoriza a apreensão de bens para a quitação da dívida.

COMENTÁRIO

A letra D está correta, pois, trata-se de poder de polícia e é vedada a apreensão de bens como meio coercitivo para cobrança de multas.

As letras A e C estão incorretas, pois a aplicação de penalidades representa o exercício do *poder de polícia*, e não do *poder disciplinar*, valendo lembrar que o poder de polícia se dirige à coletividade em geral, condicionando as pessoas ao cumprimento da lei, ao passo que o poder disciplinar se dirige às pessoas que têm específico vínculo com o estado (e não à coletividade em geral), como são os agentes públicos, sujeitos a processos disciplinares nos quais o poder disciplinar atuará;

A letra B está incorreta, pois a Súmula STF n. 323 dispõe que "é inadmissível a apreensão de mercadorias como meio coercitivo para pagamento de tributos", interpretação que se estende à coerção para pagamento de multas;

(XIII EXAME DE ORDEM UNIFICADO – FGV) José da Silva é o chefe do Departamento de Pessoal de uma Secretaria de Estado. Recentemente, José da Silva avocou a análise de determinada matéria, constante de processo administrativo inicialmente distribuído a João de Souza, seu subordinado, ao perceber que a questão era por demais complexa e não vinha sendo tratada com prioridade por aquele servidor. Ao assim agir, José da Silva fez uso

(A) do poder hierárquico.
(B) do poder disciplinar.
(C) do poder discricionário.
(D) da teoria dos motivos determinantes.

COMENTÁRIO

A letra A está correta, pois, segundo o art. 15 da Lei 9.784/1999, "Será permitida, em caráter excepcional e por motivos relevantes devidamente justificados, a avocação temporária de competência atribuída a órgão hierarquicamente inferior" (g.n.). Dessa forma, tem-se uma expressão do poder hierárquico.

(XI EXAME DE ORDEM UNIFICADO – FGV) Atendendo a uma série de denúncias feitas por particulares, a Delegacia de Defesa do Consumidor (DECON) deflagra uma operação, visando a apurar as condições dos alimentos fornecidos em restaurantes da região central da capital. Logo na primeira inspeção, os fiscais constataram que o estoque de um restaurante tinha produtos com a validade vencida. Na inspeção das instalações da cozinha, apuraram que o espaço não tinha condições sanitárias mínimas para o manejo de alimentos e o preparo de refeições. Os produtos vencidos foram apreendidos e o estabelecimento foi interditado, sem qualquer decisão prévia do Poder Judiciário.

Assinale a alternativa que indica o atributo do poder de polícia que justifica as medidas tomadas pela DECON.

(A) Coercibilidade.
(B) Inexigibilidade.
(C) Autoexecutoriedade.
(D) Discricionariedade.

COMENTÁRIO

As letra A e C estão corretas. Trata-se de questão imprecisa. As alternativas que tratam da "inexigibilidade" e da "discricionariedade" podem ser descartadas com tranquilidade, pois não guardam relação com o enunciado. Este está a perguntar qual atributo se tem quando o Poder Público toma medidas de ordem material (no caso, apreensão de bens) sem prévia decisão do Judiciário. Em nossa opinião, tanto a alternativa que trata da *coercibilidade*, como a que trata da *autoexecutoriedade* poderiam ser assinaladas, pois estão presentes no enunciado. A coercibilidade diz respeito ao poder de a Administração usar a força para que sua decisão seja obedecida, o que é típico em apreensões e interdições. Há quem chame a coercibilidade de executoriedade e até de autoexecutoriedade. Já a expressão autoexecutoridade também é utilizada para indicar aquele atributo que permite a Administração atuar em alguns casos mesmo sem prévia decisão do Judiciário. Como o enunciado da questão acabou focando nesse ponto (atuação da Administração "sem qualquer decisão prévia do Poder Judiciário") a questão talvez pudesse ser acertada por exclusão. De qualquer forma, acreditamos que essa questão está bastante imprecisa e merecia anulação.

(X EXAME DE ORDEM UNIFICADO – FGV) Oscar é titular da propriedade de um terreno adjacente a uma creche particular. Aproveitando a expansão econômica da localidade, decidiu construir em seu terreno um grande galpão. Oscar iniciou as obras, sem solicitar à prefeitura do município "X" a necessária licença para construir, usando material de baixa qualidade. Ainda durante a construção, a diretora da creche notou que a estrutura não apresentava solidez e corria o risco de desabar sobre as crianças. Ao tomar conhecimento do fato, a prefeitura do município "X" inspecionou o imóvel e constatou a gravidade da situação.

Após a devida notificação de Oscar, a estrutura foi demolida.

Assinale a afirmativa que indica o instituto do direito administrativo que autoriza a atitude do município "X".

(A) Tombamento.
(B) Poder de polícia.
(C) Ocupação temporária.
(D) Desapropriação.

COMENTÁRIO

A letra B está correta, pois, a medida tomada se deu no âmbito do poder de polícia, ou seja, no poder de condicionar a liberdade e a propriedade aos interesses coletivos, no caso, ao interesse coletivo de que uma construção sem licença e com risco de ruína não prossiga;

A letra A está incorreta, pois o tombamento é declaração de que um bem tem especial valor de natureza histórica ou cultural para fins de proteção, o que não é o caso do bem narrado no enunciado, consistente em construção de um imóvel qualquer, sem licença e com material de baixa qualidade;

A letra C está incorreta, pois a ocupação temporária consiste no direito de uso do Poder Público sobre um bem particular não edificado, de forma transitória, remunerada ou gratuita, com o objetivo de executar obras, serviços ou atividades públicas (art. 36 do Dec.-lei 3.365/1941), o que não é o caso narrado no enunciado;

A letra D está incorreta, pois na desapropriação o particular perde a propriedade para o Poder Público, o que não é o caso narrado no enunciado.

(II EXAME DE ORDEM UNIFICADO – FGV) A doutrina costuma afirmar que certas prerrogativas postas à Administração encerram verdadeiros poderes, que são irrenunciáveis e devem ser exercidos sempre que o interesse público clamar. Por tal razão são chamados poder-dever. A esse respeito é correto afirmar que:

(A) o poder regulamentar é amplo, e permite, sem controvérsias, a edição de regulamentos autônomos e executórios.
(B) o poder disciplinar importa à administração o dever de apurar infrações e aplicar penalidades, mesmo não havendo legislação prévia.
(C) o poder de polícia se coloca discricionário, conferindo ao administrador ilimitada margem de opções quanto à sanção a ser, eventualmente, aplicada.
(D) o poder hierárquico é inerente à ideia de verticalização administrativa, e revela as possibilidades de controlar atividades, delegar competência, avocar competências delegáveis e invalidar atos, dentre outros.

COMENTÁRIO

A letra D está correta, pois, o poder hierárquico, de fato, é vertical (ou seja, exerce-se de um órgão superior para um órgão subordinado) e possibilita o controle das atividades do subordinado, bem como a delegação de competências, a avocação e a invalidação de atos.

A letra A está incorreta, pois o poder regulamentar consiste no poder de explicar a lei, com vistas à sua fiel execução; assim, como regra, tal poder não permite a edição de decretos autônomos de lei (*decretos autônomos*), mas tão somente a edição de decretos de execução de lei (*decretos executórios*); apenas em situações excepcionais (art. 84, VI, da CF) é que é cabível decreto autônomo de lei; assim, está incorreto dizer que o poder regulamentar é *amplo* e admite, *sem controvérsias*, a edição de regulamentos *autônomos*;

A letra B está incorreta, pois esse poder implica no dever de apurar infrações e aplicar penalidades apenas no âmbito das relações internas da Administração (ex: demissão de um agente público), não sendo tão amplo como a alternativa faz parecer, devendo-se lembrar de que a aplicação externa de penalidades (ex: uma multa de trânsito) caracteriza outro poder, o poder de polícia; não bastasse, a alternativa também incorre em erro ao dizer que esse poder pode ser exercido mesmo não havendo legislação prévia, pois, de acordo com o princípio da legalidade, a Administração só pode agir se houver lei prévia autorizando ou determinando a sua atuação;

A letra C está incorreta, pois o poder de polícia pode ser tanto vinculado como discricionário, a depender de a lei conferir ou não margem de liberdade para o agente público; não bastasse, quando há discricionariedade, esta não confere ilimitada margem de opção para o agente, pois discricionariedade não é arbitrariedade, mas *margem* de liberdade;

(II EXAME DE ORDEM UNIFICADO – FGV) O poder de polícia, conferindo a possibilidade de o Estado limitar o exercício da liberdade ou das faculdades de proprietário, em prol do interesse público

(A) gera a possibilidade de cobrança, como contrapartida, de preço público.
(B) se instrumentaliza sempre por meio de alvará de autorização.
(C) afasta a razoabilidade, para atingir os seus objetivos maiores, em prol da predominância do interesse público.
(D) deve ser exercido nos limites da lei, gerando a possibilidade de cobrança de taxa.

COMENTÁRIO

A letra D está correta, pois o poder de polícia deve atuar nos limites da lei, em virtude do princípio da legalidade, e, conforme já escrito, dá ensejo à cobrança de taxa (art. 145, II, da CF).

A letra A está incorreta, pois, segundo o art. 145, II, da CF, o exercício do poder de polícia dá ensejo à cobrança de *taxa*, e não de *preço público*;

A letra B está incorreta, pois o poder de polícia pode resultar em alvará de autorização ou em alvará de licença; no primeiro caso, quando a Administração atua com discricionariedade (ex: alvará de porte de arma); no segundo, quando a Administração atua com vinculação (ex: alvará de construção de uma casa);

A letra C está incorreta, pois a razoabilidade é princípio da Administração Pública (art. 2º, *caput*, da Lei 9.784/1999), e, como tal, não pode ser afastada;

3. ATO ADMINISTRATIVO

3.1. Conceitos, requisitos e atributos

Para resolver as questões sobre os requisitos e atributos do ato administrativo, vale a pena trazer alguns elementos doutrinários. Confira:

Requisitos do ato administrativo (são requisitos para que o ato seja **válido**)

- **Competência**: *é a atribuição legal de cargos, órgãos e entidades.* São vícios de competência os seguintes: a1) usurpação de função: alguém se faz passar por agente público sem o ser, ocasião em que o ato será inexistente; a2) excesso de poder: alguém que é agente público acaba por exceder os limites de sua competência (ex.: fiscal do sossego que multa um bar que visita por falta de higiene); o excesso de poder torna nulo ato, salvo em caso de incompetência relativa, em que o ato é considerado anulável; a3) função de fato: exercida por agente que está irregularmente investido em cargo público, apesar de a situação ter aparência de legalidade; nesse caso, os praticados serão considerados válidos, se houver boa-fé.
- **Objeto**: *é o conteúdo do ato, aquilo que o ato dispõe, decide, enuncia, opina ou modifica na ordem jurídica.* O objeto deve ser lícito, possível e determinável, sob pena de nulidade. Ex.: o objeto de um alvará para construir é a *licença*.
- **Forma**: *são as formalidades necessárias para a seriedade do ato.* A seriedade do ato impõe a) respeito à forma propriamente dita; b) motivação.
- **Motivo**: *fundamento de fato e de direito que autoriza a expedição do ato.* Ex.: o motivo da interdição de estabelecimento consiste no fato de este não ter licença (motivo de fato) e de a lei proibir o funcionamento sem licença (motivo de direito). Pela *Teoria dos Motivos Determinantes, o motivo invocado para a prática do ato condiciona sua validade.* Provando-se que o motivo é inexistente, falso ou mal qualificado, o ato será considerado nulo.
- **Finalidade**: *é o bem jurídico objetivado pelo ato.* Ex.: proteger a paz pública, a salubridade, a ordem pública. Cada ato administrativo tem uma finalidade. **Desvio de poder (ou de finalidade)**: *ocorre quando um agente exerce uma competência que possuía, mas para alcançar finalidade diversa daquela para a qual foi criada.* Não confunda o *excesso de poder* (vício de sujeito) com o *desvio de poder* (vício de finalidade), espécies do *gênero abuso de autoridade.*

Atributos do ato administrativo (são as qualidades, as prerrogativas dos atos)

- **Presunção de legitimidade** *é a qualidade do ato pela qual este se presume verdadeiro e legal até prova em contrário*; ex.: uma multa aplicada pelo Fisco presume-se verdadeira quanto aos fatos narrados para a sua aplicação e se presume legal quanto ao *direito aplicado*, a pessoa tida como infratora e o valor aplicado.
- **Imperatividade** *é a qualidade do ato pela qual este pode se impor a terceiros, independentemente de sua concordância*; ex.: uma notificação da fiscalização municipal para que alguém limpe um terreno ainda não objeto de construção, que esteja cheio de mato.
- **Exigibilidade** *é a qualidade do ato pela qual, imposta a obrigação, esta pode ser exigida mediante coação indireta*; ex.: no exemplo anterior, não sendo atendida a notificação, cabe a aplicação de uma multa pela fiscalização, sendo a multa uma forma de *coação indireta*.
- **Autoexecutoriedade** *é a qualidade pela qual, imposta e exigida a obrigação, esta pode ser implementada mediante coação direta, ou seja, mediante o uso da coação material, da força*; ex.: no exemplo anterior, já tendo sido aplicada a multa, mais uma vez sem êxito, pode a fiscalização municipal ingressar à força no terreno particular, fazer a limpeza e mandar a conta, o que se traduz numa *coação direta*. A autoexecutoriedade não é a regra. Ela existe quando a lei expressamente autorizar ou quando não houver tempo hábil para requerer a apreciação jurisdicional.

Obs. 1: a expressão autoexecutoriedade também é usada no sentido da qualidade do ato que enseja sua imediata e direta execução pela própria Administração, independentemente de ordem judicial.

Obs. 2: repare que esses atributos não existem normalmente no direito privado; um particular não pode, unilateralmente, valer-se desses atributos; há exceções, em que o particular tem algum desses poderes; mas essas exceções, por serem exceções, confirmam a regra de que os atos administrativos se diferenciam dos atos privados pela ausência nestes, como regra, dos atributos acima mencionados.

(XII EXAME DE ORDEM UNIFICADO – FGV) O Estado X concedeu a Fulano autorização para a prática de determinada atividade. Posteriormente, é editada lei vedando a realização daquela atividade. Diante do exposto, e considerando as formas de extinção dos atos administrativos, assinale a afirmativa correta.

(A) Deve ser declarada a nulidade do ato em questão.
(B) Deve ser declarada a caducidade do ato em questão.
(C) O ato em questão deve ser cassado.
(D) O ato em questão deve ser revogado.

COMENTÁRIO

A letra B está correta, pois, os casos de ilegalidade superveniente à edição do ato dizem respeito ao instituto da caducidade ou decaimento (ex: o particular tem permissão para circular com transporte coletivo por van e uma lei posterior elimina esse tipo de transporte coletivo; nesse caso, tem-se caducidade);

A letra A está incorreta, pois a anulação (ou declaração de nulidade) recai sobre ato que já nasceu ilegal, que não é o caso da questão;

A letra C está incorreta, pois a cassação recai sobre atos administrativos válidos na origem e que continuam válidos, mas que determinam, para que continuem beneficiando particulares, que o particular cumpra certos requisitos para dele continuar gozando; nesses casos, quando o particular descumpre esses requisitos, o ato administrativo respectivo deve ser cassado (ex: imagine que o particular tenha direito a uma permissão de serviço público mediante o pagamento de retribuições e outras obrigações e que venha a não mais pagar a retribuição e a não mais cumprir as obrigações; nesse caso terá o ato administrativo de permissão que o beneficia devidamente cassado pela Administração);

A letra D está incorreta, pois a revogação recai sobre ato que se tornou, por fato novo, inconveniente ou inoportuno no caso concreto, mas ainda permitido pela lei, o que não se dá no caso narrado no enunciado da questão.

(IX EXAME DE ORDEM UNIFICADO – FGV) Autarquia competente para a fiscalização de estabelecimentos comerciais que vendam gêneros alimentícios verifica que o maior supermercado do município estava com o funcionamento irregular, bem como vendia produtos com o prazo de validade vencido. Além de todas as outras sanções cabíveis na espécie, a Autarquia aplicou multa ao estabelecimento. Com o objetivo de assegurar que a multa fosse paga, a Autarquia apreendeu produtos (dentro do prazo de validade) cujo valor somasse exatamente o valor da multa, e que tivessem proveito para a autarquia, como água mineral, café e açúcar.

Com base na situação descrita, assinale a afirmativa correta.

(A) A apreensão de bens com o objetivo de quitação de multa regularmente aplicada pela fiscalização é manifestação da autoexecutoriedade do poder de polícia, sendo legitimamente exercida pela Autarquia.

(B) Não é cabível a apreensão de bens, neste caso, pois ela somente seria viável se a Administração tivesse feito pesquisa e constatado que os preços correspondem à média de mercado.

(C) A Administração goza da prerrogativa da autoexecutoriedade, mas a cobrança das multas aplicadas não pode se dar de maneira forçada, *manu militari*, devendo ser feita por meio de processo judicial, caso não ocorra o pagamento administrativamente.

(D) A apreensão de bens para quitação de multa pode se dar sobre produtos cuja validade está vencida ou, como no caso, sobre produtos bons para consumo, e não pode ser questionada por se inserir no mérito do ato administrativo.

COMENTÁRIO

A letra C está correta, pois, apesar da Administração poder executar as leis sem ter de buscar o Judiciário, a cobrança de multas de maneira forçada só pode se dar no âmbito de um processo judicial.

As letras A, B e D estão incorretas, pois, segundo a Súmula STF n. 323, "é inadmissível a apreensão de mercadorias como meio coercitivo para pagamento de tributos";

3.2. Classificação e espécies de ato administrativo

Antes de verificarmos as questões deste item, vale trazer um resumo das principais espécies de atos administrativos.

Espécies de atos administrativos segundo Hely Lopes Meirelles:

- **Atos normativos** *são aqueles que contêm comando geral da Administração Pública, com o objetivo de executar a lei*. Exs.: regulamentos (da alçada do chefe do Executivo), instruções normativas (da alçada dos Ministros de Estado), regimentos, resoluções etc.
- **Atos ordinatórios** *são aqueles que disciplinam o funcionamento da Administração e a conduta funcional de seus agentes*. Ex.: instruções (são escritas e gerais, destinadas a determinado serviço público), circulares (escritas e de caráter uniforme, direcionadas a determinados servidores), avisos, portarias (expedidas por chefes de órgãos – trazem determinações gerais ou especiais aos subordinados, designam alguns servidores, instauram sindicâncias e processos administrativos etc.), ordens de serviço (determinações especiais ao responsável pelo ato), ofícios (destinados às comunicações escritas entre autoridades) e despacho (contêm decisões administrativas).
- **Atos negociais** *são declarações de vontade coincidentes com a pretensão do particular*. Ex.: licença, autorização e protocolo administrativo.
- **Atos enunciativos** *são aqueles que apenas atestam, enunciam situações existentes*. Não há prescrição de conduta por parte da Administração. Ex.: certidões, atestados, apostilas e pareceres.
- **Atos punitivos** *são as sanções aplicadas pela Administração aos servidores públicos e aos particulares*. Ex.: advertência, suspensão e demissão; multa de trânsito.

Confira mais classificações dos atos administrativos:

- **Quanto à liberdade de atuação do agente**

Ato vinculado *é aquele em que a lei tipifica objetiva e claramente a situação em que o agente deve agir e o único comportamento que poderá tomar*. Tanto a situação em que o agente deve agir, como o comportamento que vai tomar são únicos e estão clara e objetivamente definidos na lei, de forma a inexistir qualquer margem de liberdade ou apreciação subjetiva por parte do agente público. Exs.: licença para construir e concessão de aposentadoria.

Ato discricionário *é aquele em que a lei confere margem de liberdade para avaliação da situação em que o agente deve agir ou para escolha do melhor comportamento a ser tomado*. Seja na situação em que o agente deve agir, seja no comportamento que vai tomar, o agente público terá uma margem de liberdade na escolha do que mais atende ao interesse público. Neste ponto fala-se em mérito administrativo, ou seja, na valoração dos motivos e escolha do comportamento a ser tomado pelo agente.

Vale dizer, o agente público fará apreciação subjetiva, agindo segundo o que entender mais conveniente e oportuno ao interesse público. Reconhece-se a discricionariedade, por exemplo, quando a regra que traz a competência do agente traz conceitos fluídos, como *bem comum*, *moralidade*, *ordem pública* etc. Ou ainda quando a lei não traz um motivo que enseja a prática do ato, como, por exemplo, a que permite nomeação para cargo em comissão, de livre provimento e exoneração. Também se está diante de ato discricionário quando há mais de uma opção para o agente quanto ao momento de atuar, à forma do ato (ex.: verbal, gestual ou escrita), sua finalidade ou conteúdo (ex: advertência, multa ou apreensão).

A discricionariedade sofre alguns temperamentos. Em primeiro lugar é bom lembrar que todo ato discricionário é parcialmente regrado ou vinculado. A competência, por exemplo, é sempre vinculada (Hely Lopes Meirelles entende que *competência*, *forma* e *finalidade* são sempre vinculadas, conforme vimos). Ademais, só há discricionariedade nas situações marginais, nas zonas cinzentas. Assim, se algo for patente, como quando, por exemplo, uma dada conduta fira veementemente a moralidade pública (ex: pessoas fazendo sexo no meio de uma rua), o agente, em que pese estar diante de um conceito fluído, deverá agir reconhecendo a existência de uma situação de imoralidade. Deve-se deixar claro, portanto, que a situação concreta diminui o espectro da discricionariedade (a margem de liberdade) conferida ao agente.

Assim, o Judiciário até pode apreciar um ato discricionário, mas apenas quanto aos aspectos de legalidade, razoabilidade e moralidade, não sendo possível a revisão dos critérios adotados pelo administrador (mérito administrativo), se tirados de dentro da margem de liberdade a ele conferida pelo sistema normativo.

- **Quanto às prerrogativas da administração**

Atos de império são os *praticados no gozo de prerrogativas de autoridade*. Ex.: interdição de um estabelecimento.

Atos de gestão são os *praticados sem uso de prerrogativas públicas, em igualdade com o particular, na administração de bens e serviços*. Ex.: contrato de compra e venda ou de locação de um bem imóvel.

Atos de expediente *são os destinados a dar andamentos aos processos e papéis que tramitam pelas repartições, preparando-os para decisão de mérito a ser proferida pela autoridade*. Ex: remessa dos autos à autoridade para julgá-lo.

A distinção entre ato de gestão e de império está em desuso, pois era feita para excluir a responsabilidade do Estado pela prática de atos de império, de soberania. Melhor é distingui-los em atos regidos pelo direito público e pelo direito privado.

- **Quanto aos destinatários**

Atos individuais *são os dirigidos a destinatários certos, criando-lhes situação jurídica particular*. Ex: decreto de desapropriação, nomeação, exoneração, licença, autorização, tombamento.

Atos gerais *são os dirigidos a todas as pessoas que se encontram na mesma situação, tendo finalidade normativa*.

São diferenças entre um e outro as seguintes:

- só ato individual pode ser impugnado individualmente; atos normativos, só por ADIN ou após providência concreta.
- ato normativo prevalece sobre o ato individual
- ato normativo é revogável em qualquer situação; ato individual deve respeitar direito adquirido.
- ato normativo não pode ser impugnado administrativamente, mas só após providência concreta; ato individual pode ser impugnado desde que praticado.

- **Quanto à formação da vontade**

Atos simples: *decorrem de um órgão, seja ele singular ou colegiado*. Ex.: nomeação feita pelo Prefeito; deliberação de um conselho ou de uma comissão.

Atos complexos: *decorrem de dois ou mais órgãos, em que as vontades se fundem para formar um único ato.* Ex.: decreto do Presidente, com referendo de Ministros.

Atos compostos: *decorrem de dois ou mais órgãos, em que vontade de um é instrumental à vontade de outro, que edita o ato principal.* Aqui existem dois atos pelo menos: um principal e um acessório.

Exs: nomeação do Procurador Geral da República, que depende de prévia aprovação pelo Senado; e atos que dependem de aprovação ou homologação. Não se deve confundir *atos compostos* com *atos de um procedimento*, vez que este é composto de vários atos acessórios, com vistas à produção de um ato principal, a decisão.

- **Quanto aos efeitos**

Ato constitutivo *é aquele em que a Administração cria, modifica ou extingue direito ou situação jurídica do administrado.* Ex: permissão, penalidade, revogação e autorização.

Ato declaratório *é aquele em que a Administração reconhece um direito que já existia.* Ex: admissão, licença, homologação, isenção e anulação.

Ato enunciativo *é aquele em que a Administração apenas atesta dada situação de fato ou de direito.* Não produz efeitos jurídicos diretos. São juízos de conhecimento ou de opinião. Ex: certidões, atestados, informações e pareceres.

- **Quanto à situação de terceiros**

Atos internos são *aqueles que produzem efeitos apenas no interior da Administração.* Ex.: pareceres, informações.

Atos externos *são aqueles que produzem efeitos sobre terceiros.* Nesse caso, dependerão de publicidade para terem eficácia. Ex.: admissão, licença.

- **Quanto à estrutura.**

Atos concretos *são aqueles que dispõem para uma única situação, para um caso concreto.* Ex.: exoneração de um agente público.

Atos abstratos *são aqueles que dispõem para reiteradas e infinitas situações, de forma abstrata.* Ex.: regulamento.

Confira **outros atos administrativos, em espécie**:

- **Quanto ao conteúdo:** a) **autorização**: *ato unilateral, discricionário e precário pelo qual se faculta ao particular, em proveito deste, o uso privativo de bem público ou o desempenho de uma atividade, os quais, sem esse consentimento, seriam legalmente proibidos.* Exs.: autorização de uso de praça para festa beneficente; autorização para porte de arma; b) **licença**: *ato administrativo unilateral e vinculado pelo qual a Administração faculta àquele que preencha requisitos legais o exercício de uma atividade.* Ex.: licença para construir; c) **admissão**: *ato unilateral e vinculado pelo qual se reconhece ao particular que preencha requisitos legais o direito de receber serviço público.* Ex.: aluno de escola; paciente em hospital; programa de assistência social; d) **permissão**: *ato administrativo unilateral, discricionário e precário, pelo qual a Administração faculta ao particular a execução de serviço público ou a utilização privativa de bem público, mediante licitação.* Exs.: permissão para perueiro; permissão para uma banca de jornal. Vale lembrar que, por ser precária, pode ser revogada a qualquer momento, sem direito à indenização; e) **concessão**: *ato bilateral e não precário, pelo qual a Administração faculta ao particular a execução de serviço público ou a utilização privativa de bem público, mediante licitação.* Ex.: concessão para empresa de ônibus efetuar transporte remunerado de passageiros. Quanto aos bens públicos, há também a *concessão de direito real de uso*, oponível até ao poder concedente, e a *cessão de uso*, em que se transfere o uso para entes ou órgãos públicos; f) **aprovação**: *ato de controle discricionário.* Vê-se a conveniência do ato controlado. Ex.: aprovação pelo Senado de indicação para Ministro do STF; g) **homologação**: *ato de controle vinculado.* Ex.: homologação de licitação ou de concurso público; h) **parecer**: *ato pelo qual órgãos consultivos da Administração emitem opinião técnica sobre assunto de sua competência.* Podem ser das seguintes espécies: *facultativo* (parecer solicitado se a autoridade quiser); *obrigatório* (autoridade é obrigada a solicitar o parecer, mas não a acatá-lo) e *vinculante* (a autoridade é obrigada a solicitar o parecer e a acatar o seu conteúdo; ex.: parecer médico). Quando um parecer tem o poder de *decidir* um caso, ou seja, quando o parecer é, na verdade, uma decisão, a autoridade que emite esse parecer responde por eventual ilegalidade do ato (ex.: parecer jurídico sobre edital de licitação e minutas de contratos, convênios e ajustes – art. 38, parágrafo único, da Lei 8.666/1993).
- **Quanto à forma:** a) **decreto**: *é a forma de que se revestem os atos individuais ou gerais, emanados do Chefe do Poder Executivo.* Exs.: nomeação e exoneração (atos individuais); regulamentos (atos gerais que têm por objeto proporcionar a fiel execução da lei – art. 84, IV, da CF); b) **resolução e portaria**: *são as formas de que se revestem os atos, gerais ou individuais, emanados de autoridades que não sejam o Chefe do Executivo*; c) **alvará**: *forma pela qual a Administração confere licença ou autorização para a prática de ato ou exercício de atividade sujeita ao poderes de polícia do Estado.* Exs.: alvará de construção (instrumento da licença); alvará de porte de arma (instrumento da autorização).

(IX EXAME DE ORDEM UNIFICADO – FGV) Determinada área de proteção ambiental, situada em encosta de morro, vinha sendo ocupada, há muitos anos, sem qualquer ato de autorização pelo Poder Público, por alguns particulares, que lá construíram suas residências. José, que desde jovem sofre de problemas respiratórios, agravados pela poluição dos grandes centros urbanos, postula, junto à Administração, licença para construir sua casa nessa área protegida, cercada de verde, na esperança de uma melhor qualidade de vida. A licença não é concedida.

Sobre o caso concreto, assinale a afirmativa correta.

(A) A administração não pode ter comportamentos contraditórios, devendo conceder a licença a José, em nome da segurança jurídica e da confiança legítima, uma vez que há anos tolera ocupação na mesma área por outros particulares.

(B) Ainda que não caiba falar em proibição de comportamento contraditório, o caso apresenta uma ponderação de valores, devendo ser priorizada a proteção a condições dignas de vida em detrimento da proteção ambiental.

(C) O indeferimento por parte do Poder Público foi correto, considerando que a mera tolerância de condutas ilegais por parte da Administração não assegura que outro particular, invocando a isonomia, cometa as mesmas ilegalidades.

(D) Os particulares que já tiverem construído suas casas na encosta protegida possuem direito subjetivo à obtenção de licença para a legalização de suas construções, já que a inação da Administração gerou legítima expectativa de habitação na localidade.

COMENTÁRIO

A letra C está correta, pois, conforme mencionado no comentário às demais alternativas, a omissão da Administração na fiscalização de outros particulares não justifica que aquela, diante de um pedido ilegal feito por outro particular, haja de forma contrária à lei, vez que o princípio da legalidade não convive com esse tipo de situação.

As letras A, B e D estão incorretas, pois o fato de a Administração estar se omitindo em relação à fiscalização de outros particulares não justifica que essa própria Administração, diante de um pedido ilegal feito por outro particular, haja de forma contrária à lei; o princípio da legalidade não convive com esse tipo de situação; o correto é a Administração indeferir o pedido do interessado e tomar medidas em relação aos outros particulares, cabendo representação ao Ministério Público caso a Administração continue se omitindo; vale mencionar que há ilegalidades, como a mencionada no enunciado da questão, que são permanentes, renovando-se a cada dia, não havendo que se falar em segurança jurídica, mormente em situação grave como é a de lesão a bens ambientais, cuja pretensão de reparação ambiental vem, inclusive, sendo considerada imprescritível pela jurisprudência.

(VI EXAME DE ORDEM UNIFICADO – FGV) A autorização de uso de bem público por particular caracteriza-se como ato administrativo

(A) discricionário e bilateral, ensejando indenização ao particular no caso de revogação pela administração.

(B) unilateral, discricionário e precário, para atender interesse predominantemente particular.

(C) bilateral e vinculado, efetivado mediante a celebração de um contrato com a administração pública, de forma a atender interesse eminentemente público.

(D) discricionário e unilateral, empregado para atender a interesse predominantemente público, formalizado após a realização de licitação.

COMENTÁRIO

A letra B está correta, pois, traz elementos adequados do conceito de autorização, que pode ser definida como o *ato unilateral, discricionário e precário, para atender interesse predominante particular, que faculta a este o uso de bem público*;

A letra A está incorreta, pois a autorização é ato *unilateral*, e não *bilateral*; além disso, a autorização é ato *precário*, que, assim, não enseja indenização em caso de revogação pela administração;

A letra C está incorreta, pois a autorização é ato *unilateral* (e não bilateral) e *discricionário* (e não vinculado); ademais, por não se ato bilateral, não é um contrato;

A letra D está incorreta, pois a autorização, diferentemente da permissão e da concessão, visa atender a interesse predominantemente *privado* e *não* requer licitação.

(VI EXAME DE ORDEM UNIFICADO – FGV) A decisão tomada por uma das Câmaras do Conselho de Contribuintes de determinada Administração Estadual é considerada ato

(A) composto, pois resulta da manifestação de mais de um agente público.

(B) complexo, pois depende da manifestação de aprovação, com o relator, de outros agentes.

(C) qualificado, pois importa na constituição da vontade da Administração quanto a matéria específica.

(D) simples, pois resulta da manifestação de vontade de um órgão dotado de personalidade administrativa.

COMENTÁRIO

O Conselho de Contribuintes, apesar de ser um órgão colegiado (composto por mais de um agente público), é um órgão só. Portanto, por envolver um órgão só, não é ato *composto*, nem ato *complexo*. Trata-se de um ato *simples*.

3.3. Discricionariedade e vinculação

(II EXAME DE ORDEM UNIFICADO – FGV) No âmbito do Poder discricionário da Administração Pública, não se admite que o agente público administrativo exerça o Poder discricionário

(A) quando estiver diante de conceitos legais e jurídicos parcialmente indeterminados, que se tornam determinados à luz do caso concreto e à luz das circunstâncias de fato.

(B) quando estiver diante de conceitos legais e jurídicos técnico científicos, sendo, neste caso, limitado às escolhas técnicas, por óbvio possíveis.

(C) quando estiver diante de conceitos valorativos estabelecidos pela lei, que dependem de concretização pelas escolhas do agente, considerados o momento histórico e social.

(D) em situações em que a redação da Lei se encontra insatisfatória ou ultrapassada.

COMENTÁRIO

A letra D está correta. A examinadora considerou correta esta alternativa, entendendo que, mesmo que a lei esteja ultrapassada, o agente público deve aplicá-la; no entanto, entendemos que a alternativa está incorreta, pois, nessas situações, o agente público deverá fazer a interpretação da lei visando aplicá-la segundo as exigências do bem comum (art. 5º da Lei de Introdução às normas do Direito Brasileiro – LINDB), conceito esse (de "bem comum") vago e que gera discricionariedade; além disso, caso o agente público esteja diante de lacunas *axiológica* ou *ontológica* (lacunas típicas das situações de norma injusta e norma ultrapassada), este deverá integrar a lei, nos termos do art. 4º da LINDB, sendo certo que, nos dois casos, o agente atuará com discricionariedade, pois a utilização da analogia, dos costumes e dos princípios gerais do direito envolve apreciação de elementos de ordem subjetiva, não se tratando de competência matemática, vinculada.

A letra A está incorreta. A examinadora considerou incorreta esta alternativa, entendendo que, mesmo nesse caso, poder-se-ia falar em discricionariedade, por haver conceito legal parcialmente indeterminado; todavia, em nossa opinião, essa alternativa está correta, pois a discricionariedade "é a margem de liberdade que *remanescer* ao agente público depois de verificados os aspectos de legalidade e os *contornos do caso concreto*"; na situação narrada, o colorido do caso concreto retirou totalmente a margem de liberdade do agente público, de modo que não haverá discricionariedade no caso; por exemplo, um Prefeito tem margem de liberdade para decidir se vai ou não investir no combate à dengue, pois há outras prioridades de saúde pública igualmente relevantes; todavia, caso haja uma epidemia de grandes proporções na cidade, essa circunstância *fática* retira a discricionariedade do Prefeito em investir ou não no combate à dengue, determinando que o Chefe do Executivo haja nesse sentido; Celso Antônio Bandeira de Mello assevera que "haverá casos em que pessoas sensatas, equilibradas, normais, serão todas concordes em que só um dado ato – e não outro – atenderia à finalidade da lei invocada; ou, então, assentirão apenas em que, de todo modo, determinado ato, com certeza objetiva, não a atenderia. Segue-se que, em hipóteses deste jaez, se a Administração agir de maneira diversa, evidentemente terá descumprido a finalidade legal. Por isso não lhe aproveitará invocar a norma atributiva da discrição, pois, consoante se disse, a discrição na regra de Direito é condição necessária, mas não suficiente para configurá-la quando da prática do ato. A discricionariedade do ato só existe in concreto, ou seja, perante o quadro da realidade fática com suas feições polifacéticas, pois foi em função disto que a lei se compôs de maneira a obrigá-la" (*Curso de Direito Administrativo*, 24. ed., p. 424);

A letra B está incorreta, pois os conceitos técnicos enunciados na lei podem ter conteúdo vago e fluído, podendo o agente público estar diante de discricionariedade;

A letra C está incorreta, pois *conceitos valorativos*, por definição, são vagos e fluídos (ex: conceito de moralidade administrativa), ensejando, então, discricionariedade;

3.4. Extinção do ato administrativo

Segue resumo acerca das formas de extinção dos atos administrativos

- **Cumprimento de seus efeitos:** como exemplo, temos a autorização da Prefeitura para que seja feita uma festa na praça de uma cidade. Este ato administrativo se extingue no momento em que a festa termina, uma vez que seus efeitos foram cumpridos.
- **Desaparecimento do sujeito ou do objeto sobre o qual recai o ato:** morte de um servidor público, por exemplo.
- **Contraposição:** *extinção de um ato administrativo pela prática de outro antagônico em relação ao primeiro.* Ex.: com o ato de exoneração do servidor público, o ato de nomeação fica automaticamente extinto.
- **Renúncia:** extinção do ato por vontade do beneficiário deste.
- **Cassação:** *extinção de um ato que beneficia um particular por este não ter cumprido os deveres para dele continuar gozando.* Não se confunde com a revogação – que é a extinção do ato por não ser mais conveniente ao interesse público. Também difere da anulação – que é a extinção do ato por ser nulo. Como exemplo desse tipo de extinção tem-se a permissão para banca de jornal se instalar numa praça, cassada porque seu dono não paga o preço público devido; ou a autorização de porte de arma de fogo, cassada porque o beneficiário é detido ou abordado em estado de embriaguez ou sob efeito de entorpecentes (art. 10, § 2º, do Estatuto do Desarmamento – Lei 10.826/2003).
- **Caducidade.** *Extinção de um ato porque a lei não mais o permite.* Trata-se de extinção por invalidade ou ilegalidade *superveniente*. Exs.: autorização para condutor de perua praticar sua atividade que se torna caduca por conta de lei posterior não mais permitir tal transporte na cidade; autorizações de porte de arma que caducaram 90 dias após a publicação do Estatuto do Desarmamento, conforme reza seu art. 29.
- **Revogação.** *Extinção de um ato administrativo legal ou de seus efeitos por outro ato administrativo, efetuada somente pela Administração, dada a existência de fato novo que o torne inconveniente ou inoportuno, respeitando-se os efeitos precedentes* (efeito "ex nunc"). Ex.: permissão para a mesma banca de jornal se instalar numa praça, revogada por estar atrapalhando o trânsito de pedestres, dado o aumento populacional, não havendo mais conveniência na sua manutenção.

  O **sujeito ativo da revogação** é a *Administração Pública*, por meio da autoridade administrativa competente para o ato, podendo ser seu superior hierárquico. O Poder Judiciário nunca poderá revogar um ato administrativo, já que se limita a apreciar aspectos de legalidade (o que gera a anulação), e não de conveniência, salvo se tratar de um ato administrativo da Administração Pública dele, como na hipótese em que um provimento do próprio Tribunal é revogado.

  Quanto ao tema **objeto da revogação,** tem-se que este recai sobre o ato administrativo ou relação jurídica deste decorrente, salientando-se que o ato administrativo deve ser válido, pois, caso seja inválido, estaremos diante de hipótese que enseja anulação.

Importante ressaltar que não é possível *revogar* um ato administrativo já extinto, dada a falta de utilidade em tal proceder, diferente do que se dá com a *anulação* de um ato extinto, que, por envolver a retroação de seus efeitos (a invalidação tem efeitos "ex tunc"), é útil e, portanto, possível.

O **fundamento da revogação** é a *mesma regra de competência que habilitou o administrador à prática do ato que está sendo revogado*, devendo-se lembrar que só há que se falar em revogação nas hipóteses de ato discricionário.

Já o **motivo da revogação** é a *inconveniência ou inoportunidade* da manutenção do ato ou da relação jurídica gerada por este. Isto é, o administrador público faz apreciação ulterior e conclui pela necessidade da revogação do ato para atender ao interesse público.

Quanto aos **efeitos da revogação**, esta suprime o ato ou seus efeitos, mas respeita os efeitos que já transcorreram. Trata-se, portanto, de eficácia "ex nunc".

Há **limites ao poder de revogar.** São atos irrevogáveis os seguintes atos: os que a lei assim declarar; os atos já exauridos, ou seja, que cumpriram seus efeitos; os atos vinculados, já que não se fala em conveniência ou oportunidade neste tipo de ato, em que o agente só tem uma opção; os meros ou puros atos administrativos (exs.: certidão, voto dentro de uma comissão de servidores); os atos de controle; os atos complexos (praticados por mais de um órgão em conjunto); e atos que geram direitos adquiridos. Os atos gerais ou regulamentares são, por sua natureza, revogáveis a qualquer tempo e em quaisquer circunstâncias, respeitando-se os efeitos produzidos.

- **Anulação (invalidação):** *extinção do ato administrativo ou de seus efeitos por outro ato administrativo ou por decisão judicial, por motivo de ilegalidade, com efeito retroativo* ("ex tunc"). Ex.: anulação da permissão para instalação de banca de jornal em bem público por ter sido conferida sem licitação.

O **sujeito ativo da invalidação** pode ser tanto o *administrador público* como o *juiz*. A Administração Pública poderá invalidar de ofício ou a requerimento do interessado. O Poder Judiciário, por sua vez, só poderá invalidar por provocação ou no bojo de uma lide. A possibilidade de o Poder Judiciário anular atos administrativos decorre do fato de estarmos num Estado de Direito (art. 1º, CF), em que a lei deve ser obedecida por todos, e também por conta do princípio da inafastabilidade da jurisdição ("a lei não poderá excluir da apreciação do Poder Judiciário lesão ou ameaça de lesão a direito" – art. 5º, XXXV) e da previsão constitucional do mandado de segurança, do "habeas data" e da ação popular.

O **objeto da invalidação** é o ato administrativo inválido ou os efeitos de tal ato (relação jurídica).

Seu **fundamento** é o dever de obediência ao princípio da legalidade. Não se pode conviver com a ilegalidade. Portanto, o ato nulo deve ser invalidado.

O **motivo da invalidação** é a *ilegalidade* do ato e da eventual relação jurídica por ele gerada. Hely Lopes Meirelles diz que o *motivo da anulação* é a *ilegalidade ou ilegitimidade* do ato, diferente do *motivo da revogação*, que é a inconveniência ou inoportunidade.

Quanto ao **prazo** para se efetivar a invalidação, o art. 54 da Lei 9.784/1999 dispõe *"O direito da Administração de anular os atos administrativos de que decorram efeitos favoráveis para os destinatários decai em 5 (cinco) anos, contados da data em que foram praticados, salvo comprovada má-fé"*. Perceba-se que tal disposição só vale para atos administrativos em geral de que decorram efeitos favoráveis ao agente (ex.: permissão, licença) e que tal decadência só aproveita ao particular se este estiver de boa-fé. A regra do art. 54 contém ainda os seguintes parágrafos: § 1º: *"No caso de efeitos patrimoniais contínuos, o prazo de decadência contar-se-á da percepção do primeiro pagamento"*; § 2º: *"Considera-se exercício do direito de anular qualquer medida de autoridade administrativa que importe impugnação à validade do ato"*.

No que concerne aos **efeitos da invalidação,** como o ato nulo já nasce com a sanção de nulidade, a declaração se dá retroativamente, ou seja, com efeito "ex tunc". Invalidam-se as consequências passadas, presentes e futuras do ato. Do ato ilegal não nascem direitos. A anulação importa no desfazimento do vínculo e no retorno das partes ao estado anterior. Tal regra é atenuada em face dos terceiros de boa-fé. Assim, a anulação de uma nomeação de um agente público surte efeitos em relação a este (que é parte da relação jurídica anulada), mas não em relação aos terceiros que sofreram consequências dos atos por este praticados, desde que tais atos respeitem a lei quanto aos demais aspectos.

(XVII EXAME DE ORDEM UNIFICADO – FGV) Manoel da Silva é comerciante, proprietário de uma padaria e confeitaria de grande movimento na cidade ABCD. A fim de oferecer ao público um serviço diferenciado, Manoel formulou pedido administrativo de autorização de uso de bem público (calçada), para a colocação de mesas e cadeiras. Com a autorização concedida pelo Município, Manoel comprou mobiliário de alto padrão para colocá-lo na calçada, em frente ao seu estabelecimento. Uma semana depois, entretanto, a Prefeitura revogou a autorização, sem apresentar fundamentação. A respeito do ato da prefeitura, que revogou a autorização, assinale a afirmativa correta.

(A) Por se tratar de ato administrativo discricionário, a autorização e sua revogação não podem ser investigadas na via judicial.
(B) A despeito de se tratar de ato administrativo discricionário, é admissível o controle judicial do ato.
(C) A autorização de uso de bem público é ato vinculado, de modo que, uma vez preenchidos os pressupostos, não poderia ser negado ao particular o direito ao seu uso, por meio da revogação do ato.
(D) A autorização de uso de bem público é ato discricionário, mas, uma vez deferido o uso ao particular, passa-se a estar diante de ato vinculado, que não admite revogação.

COMENTÁRIO

A letra B está correta, pois, como mencionado, os atos discricionários podem ser objeto de controle do Judiciário quanto aos seus aspectos de legalidade, razoabilidade e moralidade;

A letra A está incorreta, pois os atos discricionários podem sim ser objeto de controle jurisdicional, que se dá quanto aos aspectos de legalidade, razoabilidade e moralidade do ato administrativo;

As letras C e D estão incorretas, pois a autorização de uso de bem público é ato *discricionário* (portanto, não vinculado) e *precário* (portanto, passível de revogação a qualquer tempo).

(IV EXAME DE ORDEM UNIFICADO – FGV) A revogação representa uma das formas de extinção de um ato administrativo. Quanto a esse instituto, é correto afirmar que

(A) pode se dar em relação aos atos vinculados ou discricionários, produzindo ora efeito *ex tunc*, ora efeito *ex nunc*.
(B) pode se dar tanto em relação a atos viciados de ilegalidade ou não, desde que praticados dentro de uma competência discricionária.
(C) produz efeitos retroativos, retirando o ato do mundo, de forma a nunca ter existido.
(D) apenas pode se dar em relação aos atos válidos, praticados dentro de uma competência discricionária, produzindo efeitos *ex nunc*.

COMENTÁRIO

A letra D está correta, pois, a revogação incide sobre atos válidos (= a não ilegais) e discricionários, e tem efeito *ex nunc*.

A letra A está incorreta, pois a revogação só incide sobre atos discricionários, não atingindo atos vinculados; ademais, a revogação tem sempre efeito *ex nunc*, e não *ex tunc*;

A letra B está incorreta, pois quando um ato é viciado de ilegalidade, deve-se anular, e não revogar o ato; ou seja, a anulação é prejudicial em relação à revogação; se couber a primeira, não se fala na segunda;

A letra C está incorreta, pois a revogação tem efeito *ex nunc*, ou seja, não retroativo, ao contrário da anulação, que tem efeito *ex tunc*, ou seja, retroativo;

(IV EXAME DE ORDEM UNIFICADO – FGV) Em âmbito federal, o direito de a Administração Pública anular atos administrativos eivados de vício de ilegalidade, dos quais decorram efeitos favoráveis para destinatários de boa-fé

(A) decai em 5 (cinco) anos, contados da data em que praticado o ato.
(B) não se submete a prazo prescricional.
(C) prescreve em 10 (dez) anos, contados da data em que praticado o ato.

7. Direito Administrativo

(D) não se submete a prazo decadencial.

COMENTÁRIO

A letra A está correta, pois, de fato, o art. 54, *caput*, da Lei 9.784/1999 dispõe que o prazo decadencial para anular atos que beneficiam alguém de boa-fé é de 5 anos, contados da data em que praticado o ato. Apesar se a alternativa "a" ser a "mais correta", a afirmativa está incompleta, pois, no caso de atos com efeitos patrimoniais contínuos, o prazo decadencial contar-se-á da percepção do primeiro pagamento (art. 54, § 1º, da Lei 9.784/1999).

(III EXAME DE ORDEM UNIFICADO – FGV) O prefeito de um determinado município resolve, por decreto municipal, alterar unilateralmente as vias de transporte de ônibus municipais, modificando o que estava previsto nos contratos de concessão pública de transportes municipais válidos por vinte anos. O objetivo do prefeito foi favorecer duas empresas concessionárias específicas, com que mantém ligações políticas e familiares, ao lhes conceder os trajetos e linhas mais rentáveis. As demais três empresas concessionárias que também exploram os serviços de transporte de ônibus no município por meio de contratos de concessão sentem-se prejudicadas. Na qualidade de advogado dessas últimas três empresas, qual deve ser a providência tomada?

(A) Ingressar com ação judicial, com pedido para que os benefícios concedidos às duas primeiras empresas também sejam extensivos às três empresas clientes.

(B) Ingressar com ação judicial, com pedido de indenização em face do Município pelos prejuízos de ordem financeira causados.

(C) Nenhuma medida merece ser tomada na hipótese, tendo em vista que um dos poderes conferidos à Administração Pública nos contratos de concessão é a modificação unilateral das suas cláusulas.

(D) Ingressar com ação judicial, com pedido de liminar para que o Poder Judiciário exerça o controle do ato administrativo expedido pelo prefeito e decrete a sua nulidade ou suspensão imediata, já que eivado de vício e nulidade, por configurar ato fraudulento e atentatório aos princípios que regem a Administração Pública.

COMENTÁRIO

A letra A está correta, pois, numa concessão de serviço público há dois elementos marcantes, quais sejam: a) cláusulas regulamentares, consistentes no regulamento do serviço (ex: linhas dos ônibus, horário de prestação de serviço etc.); b) cláusulas contratuais, consistentes nos valores que serão recebidos pelas empresas concessionárias de serviço público. A Administração Pública não pode alterar o equilíbrio das cláusulas contratuais. Porém, pode alterar as cláusulas regulamentares, pois estas devem ser alteradas de acordo com as exigências do interesse público. O problema é que o enunciado da questão revela que as alterações feitas tiveram motivação diversa das exigências do interesse público. As alterações foram feitas com o intuito de favorecer empresas concessionárias específicas. Assim sendo, violaram, no mínimo, os princípios da legalidade, da moralidade e da impessoalidade, tratando-se de alterações nulas. Diante de atos ilegais, é cabível, tão somente, o pedido judicial de anulação de tais atos, pedido esse que deve ser acompanhado de requerimento de liminar, para a suspensão imediata dos efeitos do ato impugnado.

4. ORGANIZAÇÃO DA ADMINISTRAÇÃO PÚBLICA

4.1. Conceitos básicos em matéria de organização administrativa

Segue um resumo sobre a parte introdutória do tema Organização da Administração Pública:

O objetivo deste tópico é efetuar uma série de distinções, de grande valia para o estudo sistematizado do tema. A primeira delas tratará da relação entre pessoa jurídica e órgãos estatais.

Pessoas jurídicas estatais *são entidades integrantes da estrutura do Estado e dotadas de personalidade jurídica*, ou seja, de aptidão genérica para contrair direitos e obrigações.

Órgãos públicos *são centros de competência integrantes das pessoas estatais instituídos para o desempenho das funções públicas por meio de agentes públicos*. São, portanto, parte do corpo (pessoa jurídica). Cada órgão é investido de determinada competência, dividida entre seus cargos. Apesar de não terem personalidade jurídica, têm prerrogativas funcionais, o que admite até que interponham mandado de segurança, quando violadas. Tal capacidade processual, todavia, só têm os órgãos independentes e os autônomos. Todo ato de um órgão é imputado diretamente à pessoa jurídica da qual é integrante, assim como todo ato de agente público é imputado diretamente ao órgão à qual pertence (trata-se da chamada "teoria do órgão", que se contrapõe à teoria da representação ou do mandato, conforme se verá no capítulo seguinte). Deve-se ressaltar, todavia, que a representação legal da entidade é atribuição de determinados agentes, como o Chefe do Poder Executivo e os Procuradores. Confiram-se algumas classificações dos órgãos públicos, segundo o magistério de Hely Lopes Meirelles:

Quanto à **posição**, podem ser órgãos *independentes* (originários da Constituição e representativos dos Poderes do Estado: Legislativo, Executivo e Judiciário – aqui estão todas as corporações legislativas, chefias de executivo e tribunais, e juízos singulares); *autônomos* (estão na cúpula da Administração, logo abaixo dos órgãos independentes, tendo autonomia administrativa, financeira e técnica, segundo as diretrizes dos órgãos a eles superiores – cá estão os Ministérios, as Secretarias Estaduais e Municipais, a AGU etc.), *superiores* (detêm poder de direção quanto aos assuntos de sua competência, mas sem autonomia administrativa e financeira – ex.: gabinetes, procuradorias judiciais, departamentos, divisões etc.) e *subalternos* (são os que se acham na base da hierarquia entre órgãos, tendo reduzido poder decisório, com atribuições de mera execução – ex.: portarias, seções de expediente):

Quanto à **estrutura**, podem ser *simples* ou *unitários* (constituídos por um só centro de competência) e *compostos* (reúnem outros órgãos menores com atividades-fim idênticas ou atividades auxiliares – ex: Ministério da Saúde).

Quanto à **atuação funcional**, podem ser *singulares* ou *unipessoais* (atuam por um único agente – ex: Presidência da República) e *colegiados* ou *pluripessoais* (atuam por manifestação conjunta da vontade de seus membros – ex: corporações legislativas, tribunais e comissões).

Outra distinção relevante para o estudo da estrutura da Administração Pública é a que se faz entre desconcentração e descentralização. Confira-se.

Desconcentração *é a distribuição interna de atividades administrativas, de competências*. Ocorre de órgão para órgão da entidade Ex.: competência no âmbito da Prefeitura, que poderia estar totalmente concentrada no órgão Prefeito Municipal, mas que é distribuída internamente aos Secretários de Saúde, Educação etc.

Descentralização *é a distribuição externa de atividades administrativas, que passam a ser exercidas por pessoa ou pessoas distintas do Estado*. Dá-se de pessoa jurídica para pessoa jurídica como técnica de especialização. Ex.: criação de autarquia para titularizar e executar um dado serviço público, antes de titularidade do ente político que a criou.

Na descentralização **por serviço** a lei atribui ou autoriza que outra pessoa detenha a *titularidade* e a execução do serviço. Depende de lei. Fala-se também em *outorga* do serviço.

Na descentralização **por colaboração** o contrato ou ato unilateral atribui a outra pessoa a *execução* do serviço. Aqui o particular pode colaborar, recebendo a execução do serviço, e não a titularidade. Fala-se também em *delegação* do serviço e o caráter é transitório.

É importante também saber a seguinte distinção.

Administração direta *compreende os órgãos integrados no âmbito direto das pessoas políticas (União, Estados, Distrito Federal e Municípios).*

Administração indireta *compreende as pessoas jurídicas criadas pelo Estado para titularizar e exercer atividades públicas (autarquias e fundações públicas) e para agir na atividade econômica quando necessário (empresas públicas e sociedades de economia Mista).*

Outra classificação relevante para o estudo do tema em questão é a que segue.

As **pessoas jurídicas de direito público** *são os entes políticos e as pessoas jurídicas criadas por estes para exercerem típica atividade administrativa, o que impõe tenham, de um lado, prerrogativas de direito público, e, de outro, restrições de direito público, próprias de* *quem gere coisa pública*1. Além dos entes políticos (União, Estados, Distrito Federal e Municípios), são pessoas jurídicas de direito público as *autarquias, fundações públicas, agências reguladoras* e *associações públicas* (consórcios públicos de direito público).

As **pessoas jurídicas de direito privado estatais** *são aquelas criadas pelos entes políticos para exercer atividade econômica, devendo ter os mesmos direitos e restrições das demais pessoas jurídicas privadas, em que pese terem algumas restrições adicionais, pelo fato de terem sido criadas pelo Estado*. São pessoas jurídicas de direito privado estatais as *empresas públicas*, as *sociedades de economia mista*, as *fundações privadas criadas pelo Estado* e os *consórcios públicos de direito privado*.

Também é necessário conhecer a seguinte distinção.

Hierarquia *consiste no poder que um órgão superior tem sobre outro inferior, que lhe confere, dentre outras prerrogativas, uma ampla possibilidade de fiscalização dos atos do órgão subordinado.*

Controle (tutela ou supervisão ministerial) *consiste no poder de fiscalização que a pessoa jurídica política tem sobre a pessoa jurídica que criou, que lhe confere tão somente a possibilidade de submeter a segunda ao cumprimento de seus objetivos globais, nos termos do que dispuser a lei*. Ex: a União não pode anular um ato administrativo de concessão de aposentadoria por parte do INSS (autarquia por ela criada), por não haver hierarquia; mas pode impedir que o INSS passe a comercializar títulos de capitalização, por exemplo, por haver nítido desvio dos objetivos globais para os quais fora criada a autarquia. Aqui não se fala em subordinação, mas em vinculação administrativa.

Por fim, há entidades que, apesar de **não fazerem** parte da Administração Pública Direta e Indireta, colaboram com a Administração Pública e são estudadas no Direito Administrativo. Tais entidades são denominadas *entes de cooperação* ou *entidades paraestatais*. São entidades que não têm fins lucrativos e que colaboram com o Estado em atividades não exclusivas deste. São exemplos de paraestatais as seguintes: a) *entidades do Sistema S* (SESI, SENAI, SENAC etc. – ligadas a categorias profissionais, cobram contribuições parafiscais para o custeio de suas atividades); b) *organizações sociais* (celebram *contrato de gestão* com a Administração); c) *organizações da sociedade civil de interesse público* – OSCIPs (celebram *termo de parceria* com a Administração).

(XV EXAME DE ORDEM UNIFICADO – FGV) No Estado X, foi constituída autarquia para a gestão do regime próprio de previdência dos servidores estaduais. A lei de constituição da entidade prevê a possibilidade de apresentação de recurso em face das decisões da autarquia, a ser dirigido à Secretaria de Administração do Estado (órgão a qual a autarquia está vinculada).

Sobre a situação descrita, assinale a opção correta.

(A) Não é possível a criação de autarquia para a gestão da previdência dos servidores, uma vez que se trata de atividade típica da Administração Pública.

(B) Não cabe recurso hierárquico impróprio em face das decisões da autarquia, uma vez que ela goza de autonomia técnica, administrativa e financeira.

(C) A previsão de recurso dirigido à Secretaria de Administração do Estado (órgão ao qual a autarquia está vinculada) configura exemplo de recurso hierárquico próprio.

(D) São válidas tanto a constituição da autarquia para a gestão do regime previdenciário quanto a previsão de cabimento do recurso ao órgão ao qual a autarquia está vinculada.

COMENTÁRIO

A letra D está correta, pois, conforme mencionado, prevendo a lei tal possibilidade de recurso a ser julgado pela pessoa política que criou a pessoa jurídica que toma a decisão, o recurso em questão é legítimo, salientando outrossim que a lei que cria uma pessoa jurídica define os limites do *controle* ou *tutela* do ente criador, podendo assim criar a figura desse recurso hierárquico impróprio.

A letra A está incorreta, pois as autarquias são pessoas jurídicas de direito público criadas justamente para fazer atividades típicas da Administração;

A letra B está incorreta, pois em a lei prevendo essa possibilidade (de recurso, que é chamado de recurso hierárquico impróprio pois é apreciado por pessoa jurídica diversa da pessoa jurídica que pratica os atos, não havendo *hierarquia* entre elas, mas *controle* ou *tutela*), o recurso em questão é legítimo; vale lembrar que a lei que cria uma pessoa jurídica por um dado ente político tem o poder de definir os limites do *controle* ou *tutela* desse ente político em relação à pessoa jurídica que ele cria, podendo inclusive criar a figura desse recurso hierárquico impróprio;

A letra C está incorreta, pois o recurso hierárquico próprio é aquele julgado por *órgão* superior *hierarquicamente* ao órgão que decidiu, *internamente* à mesma pessoa jurídica; no caso em tela, tem-se um recurso que é julgado por uma *pessoa jurídica* (e não um órgão) que *controla* (e não tem hierarquia) outra pessoa jurídica, *externamente* então à pessoa jurídica que pratica o ato objeto de recurso;

(XIII EXAME DE ORDEM UNIFICADO – FGV) A União celebrou protocolo de intenções com o Estado A e os Municípios X, Y e Z do Estado B, todos em regiões de fronteira, para a constituição de um consórcio público na área de segurança pública. Considerando a disciplina legislativa acerca dos consórcios públicos, assinale a afirmativa correta.

(A) O consórcio público pode adquirir personalidade jurídica de direito público, constituindo-se em uma associação pública.

(B) O consórcio público representa uma comunhão de esforços, não adquirindo personalidade jurídica própria.

(C) A União não pode constituir consórcio do qual façam parte Municípios não integrantes de Estado não conveniado.

(D) O consórcio público adquire personalidade jurídica com a celebração do protocolo de intenções.

COMENTÁRIO

A letra A está correta, nos termos do art. 6º, I, da Lei 11.107/2005;

A letra B está incorreta, pois o consórcio público é uma pessoa jurídica, de maneira que tem personalidade jurídica (art. 6º, *caput*, da Lei 11.107/2005);

A letra C está incorreta, pois a União pode sim participar de consórcios públicos em que também façam parte todos os Estados cujos territórios estejam situados os Municípios consorciados (art. 1º, § 2º, da Lei 11.107/2005); aliás, a União só pode fazer parte de um consórcio público com municípios caso o Estado respectivo também faça parte do consórcio;

A letra D está incorreta, pois a personalidade é adquirida, no caso de consórcio público de direito público, com a vigência das leis que ratificam o protocolo de intenções, e, no caso de consórcio público de direito privado, mediante o atendimento dos requisitos da legislação civil (art. 6º, I e II, da Lei 11.107/2005).

(VIII EXAME DE ORDEM UNIFICADO – FGV) Quanto às pessoas jurídicas que compõem a Administração Indireta, assinale a afirmativa correta.

(A) As autarquias são pessoas jurídicas de direito público, criadas por lei.

(B) As autarquias são pessoas jurídicas de direito privado, autorizadas por lei.

(C) As empresas públicas são pessoas jurídicas de direito público, criadas por lei.

(D) As empresas públicas são pessoas jurídicas de direito privado, criadas para o exercício de atividades típicas do Estado.

COMENTÁRIO

A letra A está correta, pois, as autarquias são pessoas jurídicas de direito público – já que são criadas para executar atividades típicas do Estado (art. 5º, I, do Dec.-lei 200/1967) –, cuja criação é feita *diretamente* pela lei (art. 37, XIX, da CF);

A letra B está incorreta, pois as autarquias são pessoas jurídicas de direito *público* e sua criação é feita *diretamente* pela lei (art. 37, XIX, da CF);

A letra C está incorreta, pois as empresas públicas são pessoas jurídicas de direito privado (art. 5º, II, do Dec.-lei 200/1967), e sua criação é *autorizada* por lei (art. 37, XIX, da CF);

A letra D está incorreta, pois as autarquias é que são criadas para o exercício de atividades típicas do Estado (art. 5º, I, do Dec.-lei 200/1967); as empresas públicas são criadas para explorar atividade econômica ou para meramente executar serviços públicos.

(VI EXAME DE ORDEM UNIFICADO – FGV) Quatro municípios celebram um consórcio público para desenvolverem um projeto comum para o tratamento industrial de lixo coletado em suas respectivas áreas, criando uma pessoa jurídica para gerenciar as atividades do consórcio. À luz da legislação aplicável, assinale a alternativa correta.

1. *Vide* art. 41 do CC. O parágrafo único deste artigo faz referência às *pessoas de direito público com estrutura de direito privado*, que serão regidas, no que couber, pelas normas do CC. A referência é quanto às fundações públicas, aplicando-se as normas do CC apenas quando não contrariarem os preceitos de direito público.

(A) Como se trata de atividade tipicamente estatal, essa pessoa jurídica administrativa deverá ser obrigatoriamente uma autarquia, criada por lei oriunda do maior município celebrante do pacto.

(B) O ordenamento jurídico brasileiro admite, no caso, tanto a criação de uma pessoa jurídica de direito público (a chamada associação pública) quanto de direito privado.

(C) O ordenamento jurídico brasileiro não admite a criação de uma entidade desse tipo, pois as pessoas jurídicas integrantes da Administração Indireta são apenas as indicadas no art. 5º do Decreto-Lei 200/67.

(D) A pessoa jurídica oriunda de um consórcio público não poderá ser, em hipótese alguma, uma pessoa jurídica de direito privado, pois isso não é admitido pela legislação aplicável.

COMENTÁRIO

A letra B está correta, pois, a gestão associada de serviços públicos pode se dar tanto na criação de uma pessoa jurídica para uma atividade típica de estado (ex.: entidade que fará a regulação e a fiscalização do serviço público), como na criação de uma pessoa jurídica para uma atividade que o particular poderia prestar (ex.: entidade que fará a mera execução do serviço público); no primeiro caso temos um consórcio público de direito público (associação pública), ao passo que no segundo caso, um consórcio público de direito privado, conforme previsão no art. 1º, § 1º, da Lei 11.107/2005;

A letra A está incorreta, pois a associação de vários entes políticos para a criação de uma pessoa jurídica para a gestão associada de atividades típicas de Estado impõe a criação da pessoa jurídica denominada consórcio público de direito público ou associação pública, e não de uma autarquia tradicional (art. 241 da CF e art. 1º, da Lei 11.107/2005);

A letra C está incorreta, pois há uma lei inteira tratando da criação de pessoas jurídicas para a gestão associada de serviços públicos (Lei 11.107/2005 – Lei de Consórcios Públicos);

A letra D está incorreta, nos termos do art. 1º, § 1º, da Lei 11.107/2005).

(V EXAME DE ORDEM UNIFICADO – FGV) A estruturação da Administração traz a presença, necessária, de centros de competências denominados Órgãos Públicos ou, simplesmente, Órgãos. Quanto a estes, é correto afirmar que

(A) possuem personalidade jurídica própria, respondendo diretamente por seus atos.

(B) não possuem cargos, apenas funções, e estas são criadas por atos normativos do ocupante do respectivo órgão.

(C) não possuem cargos nem funções.

(D) suas atuações são imputadas às pessoas jurídicas a que pertencem.

COMENTÁRIO

A letra D está correta, pois, de acordo com a Teoria do Órgão, os atos praticados por um órgão ou um agente público são imputados diretamente à pessoa jurídica à qual estes pertencem; assim, quando um Ministério (órgão) celebra um convênio, na verdade é a União (pessoa jurídica) que está celebrando o convênio, já que os atos de seus órgãos são imputados diretamente à pessoa jurídica correspondente.

A letra A está incorreta, pois órgãos públicos não têm personalidade jurídica, já que são centros de competência interno às pessoas jurídicas; estas sim têm personalidade jurídica;

As letras B e C estão incorretas, pois, no interior dos órgãos, há cargos e funções públicas, sendo que estas devem ser criadas por lei, em virtude do princípio da legalidade;

(IV EXAME DE ORDEM UNIFICADO – FGV) A Lei 11.107, de 6 de abril de 2005, dispõe sobre normas gerais para a União, os Estados, o Distrito Federal e os Municípios contratarem consórcios públicos para a realização de objetivos de interesse comum. A respeito do regime jurídico aplicável a tais consórcios públicos, assinale a alternativa correta.

(A) A União somente participará de consórcios públicos em que também façam parte todos os Estados em cujos territórios estejam situados os Municípios consorciados.

(B) É vedada a celebração de contrato de consórcio público para a prestação de serviços cujo período seja inferior a 5 (cinco) anos.

(C) É vedada a celebração de contrato de consórcio público cujo valor seja inferior a R$ 20.000.000,00 (vinte milhões) de reais.

(D) Os consórcios públicos na área de saúde, em razão do regime de gestão associada, são dispensados de obedecer aos princípios que regulam o Sistema Único de Saúde.

COMENTÁRIO

As alternativas "B" e "C" são totalmente impertinentes ao instituto dos consórcios públicos. Elas guardam relação com outro instituto, a parceria público-privada (Lei 11.079/2004), e foram inseridas para confundir o examinando. A alternativa "A" está correta, pois traz a exata redação do art. 1º, § 2º, da Lei 11.107/2005. E a alternativa "D" está incorreta, pois o art. 1º, § 3º, da Lei 11.107/2005 estabelece justamente o contrário, ou seja, "os consórcios públicos, na área de saúde, deverão obedecer aos princípios, diretrizes e normas que regulam o Sistema Único de Saúde – SUS".

(III EXAME DE ORDEM UNIFICADO – FGV) É correto afirmar que a desconcentração administrativa ocorre quando um ente político

(A) autoriza a criação, por lei e por prazo indeterminado, de uma nova pessoa jurídica de direito privado para auxiliar a administração pública.

(B) contrata, mediante concessão de serviço público, por prazo determinado, uma pessoa jurídica de direito público ou privado para desempenhar uma atividade típica da administração pública.

(C) cria, por lei específica, uma nova pessoa jurídica de direito público para auxiliar a administração pública direta.

(D) cria, mediante lei, órgãos internos em sua própria estrutura para organizar a gestão administrativa.

COMENTÁRIO

A letra D está correta, pois, a desconcentração é a distribuição *interna* de competências no âmbito de uma pessoa jurídica, ou seja, é a distribuição de competência de um *órgão* para um *órgão*. Já a descentralização é a distribuição *externa* de competência, ou seja, é a distribuição de competência de uma *pessoa jurídica* para outra *pessoa jurídica*.

As alternativas "A", "B" e "C" estão incorretas, pois a distribuição de competências ou atribuições para uma *pessoa jurídica* revela descentralização, e não desconcentração, ao passo que a alternativa "D", está correta, pois a criação de um *órgão* revela desconcentração, valendo lembrar que os órgãos devem ser criados por lei, em virtude do princípio da legalidade.

4.2. Administração indireta – pessoas jurídicas de direito público

(XVIII EXAME DE ORDEM UNIFICADO – FGV) O Estado XYZ pretende criar uma nova universidade estadual sob a forma de fundação pública. Considerando que é intenção do Estado atribuir personalidade jurídica de direito público a tal fundação, assinale a afirmativa correta.

(A) Tal fundação há de ser criada com o registro de seus atos constitutivos, após a edição de lei ordinária autorizando sua instituição.

(B) Tal fundação há de ser criada por lei ordinária específica.

(C) Não é possível a criação de uma fundação pública com personalidade jurídica de direito público.

(D) Tal fundação há de ser criada por lei complementar específica.

COMENTÁRIO

A letra B está correta, pois as fundações de direito público nada mais são dos que autarquias e estas são criadas diretamente pela lei, devendo tratar-se de *lei específica*; diferente se dá em relação às fundações estatais de direito privado, que são autorizadas pela lei e devem ter seus atos constitutivos devidamente registrados para que a sua criação se efetive; vide o art. 37, XIX, da CF.

A letra A está incorreta, pois as fundações de direito público nada mais são dos que autarquias e estas são criadas diretamente pela lei; diferente se dá em relação às fundações estatais de direito privado, que são autorizadas pela lei e devem ter seus atos constitutivos devidamente registrados para que se efetive a sua criação; vide o art. 37, XIX, da CF.

A letra C está incorreta, pois, a depender de a fundação ser criada para atuar em atividades típicas do Estado ou não, ter-se-á fundação estatal de direito público ou fundação estatal de direito privado, respectivamente;

A letra D está incorreta, pois as fundações de direito público nada mais são dos que autarquias e estas são criadas diretamente pela lei, devendo-se tratar de lei ordinária específica; diferente se dá em relação às fundações estatais de direito privado, que são autorizadas pela lei e devem ter seus atos constitutivos devidamente registrados para que se efetive a sua criação, sendo que nestas últimas é que se fala em lei complementar, mas apenas porque a CF impõe que lei complementar defina as áreas de atuação das fundações estatais de direito privado; vide o art. 37, XIX, da CF.

(XVII EXAME DE ORDEM UNIFICADO – FGV) O Governador do Estado Y criticou, por meio da imprensa, o Diretor-Presidente da Agência Reguladora de Serviços Delegados de Transportes do Estado, autarquia estadual criada pela Lei nº 1.234, alegando que aquela entidade, ao aplicar multas às empresas concessionárias por supostas falhas na prestação do serviço, "*não estimula o empresário a investir no Estado*". Ainda, por essa razão, o Governador ameaçou, também pela imprensa, substituir o Diretor-Presidente da agência antes de expirado o prazo do mandato daquele dirigente. Considerando o exposto, assinale a afirmativa correta.

(A) A adoção do mandato fixo para os dirigentes de agências reguladoras contribui para a necessária autonomia da entidade, impedindo a livre exoneração pelo chefe do Poder Executivo.

(B) A agência reguladora, como órgão da Administração Direta, submete-se ao poder disciplinar do chefe do Poder Executivo estadual.

(C) A agência reguladora possui personalidade jurídica própria, mas está sujeita, obrigatoriamente, ao poder hierárquico do chefe do Poder Executivo.

(D) Ainda que os dirigentes da agência reguladora exerçam mandato fixo, pode o chefe do Poder Executivo exonera-los, por razões políticas não ligadas ao interesse público, caso discorde das decisões tomadas pela entidade.

COMENTÁRIO

A letra A está correta, pois, de fato, uma das diferenças entre uma agência reguladora (autarquia especial) e uma autarquia tradicional é justamente o fato de que os dirigentes da primeira têm mandato fixo e não podem, assim, ser desligados por mera vontade do Chefe Executivo, o que certamente confere maior autonomia à entidade para tomar as decisões sem influência política;

As letras B e C estão incorretas, pois uma agência reguladora não é um "órgão", mas sim uma "pessoa jurídica"; ademais, e assim sendo, não está sujeita a poder "hierárquico", mas sim ao "controle" ou "tutela", que um tipo de poder mais restrito em relação ao poder que tem um superior hierárquico;

A letra D está incorreta, pois, conforme mencionado, numa agência reguladora os dirigentes têm mandato fixo e não podem ser desligados por mera vontade do Chefe Executivo, o que evita assim que decisões sejam tomadas por critérios estritamente políticos.

(II EXAME DE ORDEM UNIFICADO – FGV) No Direito Público brasileiro, o grau de autonomia das Agências Reguladoras é definido por uma independência

(A) administrativa total e absoluta, uma vez que a Constituição da República de 1988 não lhes exige qualquer liame, submissão ou controle administrativo dos órgãos de cúpula do Poder Executivo.

(B) administrativa mitigada, uma vez que a própria lei que cria cada uma das Agências Reguladoras define e regulamenta as relações de submissão e controle, fundado no poder de supervisão dos Ministérios a que cada uma se encontra vinculada, em razão da matéria, e na superintendência atribuída ao chefe do Poder Executivo, como chefe superior da Administração Pública.

(C) legislativa total e absoluta, visto que gozam de poder normativo regulamentar, não se sujeitando assim às leis emanadas pelos respectivos Poderes legislativos de cada ente da federação brasileira.

(D) política decisória, pois não estão obrigadas a seguir as decisões de políticas públicas adotadas pelos Poderes do Estado (executivo e legislativo).

COMENTÁRIO

A letra B está correta, pois, a independência administrativa das agências reguladoras é mitigada; como se viu, quem escolhe seus dirigentes não é a própria agência; e os seus dirigentes, apesar de terem mandado fixo, podem ser desligados pelo ente político que tiver criado a agência, caso cometam infração disciplinar, o que também demonstra que a independência administrativa das agências é *mitigada*;

A letra A está incorreta, pois, apesar das agências terem maior autonomia que as autarquias tradicionais (por conta do mandato fixo de seus dirigentes e do poder normativo que elas detêm), não é possível falar em *independência administrativa total*, pois os dirigentes das agências reguladoras são nomeados pelo Chefe do Executivo (com aprovação pelo Senado Federal – art. 5º da Lei 9.986/2000), ensejando certa submissão, e, apesar de os dirigentes terem mandato fixo, estão sujeitos à processo administrativo disciplinar (art. 9º da Lei 9.986/2000), caso cometam alguma falta disciplinar, processo este que pode resultar no seu desligamento, o que também demonstra certa submissão;

A letra C está incorreta, pois as agências sequer têm competência legislativa, quanto mais independência legislativa total e absoluta; o poder normativo exercido por essas exigências deve ser exercido *nos limites* da lei, e não passando por cima desta;

A letra D está incorreta, pois as agências reguladoras devem atuar em consonância com as políticas públicas adotadas pelos Poderes Executivo e Legislativo; *vide*, por exemplo, a Lei da Aneel, pela qual esta agência "tem por finalidade regular e fiscalizar a produção, transmissão, distribuição e comercialização de energia elétrica, *em conformidade com as políticas e diretrizes do governo federal*" (art. 2º da Lei 9.427/1996).

4.3. Administração indireta – pessoas jurídicas de direito privado estatais

(XVII EXAME DE ORDEM UNIFICADO – FGV) Após autorização em lei, o Estado X constituiu empresa pública para atuação no setor bancário e creditício. Por não possuir, ainda, quadro de pessoal, foi iniciado concurso público com vistas à seleção de 150 empregados, entre economistas, administradores e advogados. A respeito da situação descrita, assinale a afirmativa correta.

(A) Não é possível a constituição de empresa pública para exploração direta de atividade econômica pelo Estado.

(B) A lei que autorizou a instituição da empresa pública é, obrigatoriamente, uma lei complementar, por exigência do texto constitucional.

(C) Após a Constituição de 1988, cabe às empresas públicas a prestação de serviços públicos e às sociedades de economia mista cabe a exploração de atividade econômica.

(D) A empresa pública que explora atividade econômica sujeita-se ao regime trabalhista próprio das empresas privadas, o que não afasta a exigência de concurso público.

COMENTÁRIO

A letra D está correta, pois, de fato, as empresas públicas têm um regime de direito privado, ou seja, seguem as normas típicas do direito privado, como em matéria tributária, por exemplo; todavia, por serem entidades criadas pelo estado, obedecem a certos condicionamentos públicos, o que lhes obriga a promoverem licitação e concursos públicos no seu dia a dia.

A letra A está incorreta, pois é possível sim a constituição de empresa pública para exploração direta de atividade econômica pelo Estado, lembrando, todavia, que essa constituição requer que haja motivo de relevante interesse coletivo ou de segurança nacional (art. 173, *caput*, da CF);

A letra B está incorreta, pois o art. 37, XIX, da CF não exige lei complementar para a instituição dessas empresas, bastando que se trate de uma lei (ordinária) específica;

A letra C está incorreta, pois tanto uma (empresa pública) como outra (sociedade de economia mista) podem tanto explorar atividade econômica como prestar serviços públicos;

(XII EXAME DE ORDEM UNIFICADO – FGV) O Estado ABCD, com vistas à interiorização e ao incremento das atividades econômicas, constituiu empresa pública para implantar distritos industriais, elaborar planos de ocupação e auxiliar empresas interessadas na aquisição dessas áreas. Considerando que esse objeto significa a exploração de atividade econômica pelo Estado, assinale a afirmativa correta.

(A) Não é possível a exploração de atividade econômica por pessoa jurídica integrante da Administração direta ou indireta.

(B) As pessoas jurídicas integrantes da Administração indireta não podem explorar atividade econômica.

(C) Dentre as figuras da Administração Pública indireta, apenas a autarquia pode desempenhar atividade econômica, na qualidade de agência reguladora.

(D) A constituição de empresa pública para exercer atividade econômica é permitida quando necessária ao atendimento de relevante interesse coletivo.

COMENTÁRIO

A letra D está correta, nos termos do art. 173, *caput*, da CF.

A letra A está incorreta, pois é admitido que o estado explore diretamente atividade econômica, ainda que somente em caso de relevante interesse coletivo ou imperativo de segurança nacional (art. 173, *caput*, da CF);

A letra B está incorreta, pois são justamente algumas das pessoas da Administração Indireta (as empresas públicas e as sociedades de economia mista) que poderão explorar atividade econômica (art. 173, § 1º, da CF);

A letra C está incorreta, pois apenas as empresas públicas e as sociedades de economia mista é que podem explorar atividade econômica (art. 173, § 1º, da CF), sendo que as autarquias, por serem pessoas de direito público, são criadas para executar atividades típicas de Estado, e não para explorar atividades econômicas;

(VIII EXAME DE ORDEM UNIFICADO – FGV) Atento à crescente especulação imobiliária, e ciente do sucesso econômico obtido pelas construtoras do País com a construção de imóveis destinados ao público de alta renda, o Estado "X" decide ingressar nesse lucrativo mercado. Assim, edita uma lei autorizando a criação de uma empresa pública e, no mesmo ano, promove a inscrição dos seus atos constitutivos no registro das pessoas jurídicas.

Assinale a alternativa que apresenta a alegação que as construtoras privadas, incomodadas pela concorrência de uma empresa pública, poderiam apresentar.

(A) A nulidade da constituição daquela pessoa jurídica, uma vez que as pessoas jurídicas estatais só podem ser criadas por lei específica.
(B) O objeto social daquela empresa só poderia ser atribuído a uma sociedade de economia mista e não a uma empresa pública.
(C) Os pressupostos de segurança nacional ou de relevante interesse coletivo na exploração daquela atividade econômica não estão presentes.
(D) A criação da empresa pública não poderia ter ocorrido no mesmo ano em que foi editada a lei autorizativa.

COMENTÁRIO

A letra C está correta, nos termos do art. 173, *caput*, da CF;

A letra A está incorreta, pois, caso fosse possível constituir uma empresa pública na hipótese, esta deveria ser constituída exatamente na forma mencionada na assertiva, ou seja, mediante autorização legislativa (art. 37, XIX, da CF), com posterior inscrição dos atos constitutivos no registro público competente (por exemplo, na Junta Comercial);

A letra B está incorreta, pois esse objeto social, em tese, poderia ser atribuído a uma empresa estatal ou a uma sociedade de economia mista, pois qualquer uma delas pode explorar uma atividade econômica; escrevemos "em tese", pois, no caso concreto, não se tem imperativo de segurança nacional, nem relevante interesse coletivo (art. 173, *caput*, da CF), únicas situações em que o Estado pode explorar diretamente atividade econômica;

A letra D está incorreta, pois não existe essa limitação na lei.

(VIII EXAME DE ORDEM UNIFICADO – FGV) O Presidente da República, considerando necessária a realização de diversas obras de infraestrutura, decide pela criação de uma nova Sociedade de Economia Federal e envia projeto de lei para o Congresso Nacional. Após a sua regular tramitação, o Congresso aprova a criação da Companhia "X". Considerando a situação apresentada, assinale a afirmativa correta.

(A) A Companhia "X" poderá editar os decretos de utilidade pública das áreas que necessitam ser desapropriadas para consecução do objeto que justificou sua criação.
(B) A Companhia "X" está sujeita à licitação e à contratação de obras, serviços, compras e alienações, observados os princípios da administração.
(C) A Companhia "X" será necessariamente uma sociedade de propósito específico (SPE) e a maioria do capital social deverá sempre pertencer à União.
(D) A Companhia "X" possui foro privilegiado e eventuais demandas judiciais correrão perante a Justiça Federal.

COMENTÁRIO

A letra B está correta, pois, segundo o art. 173, § 1º, III, da CF, as empresas estatais exploradoras de atividade econômica estão sujeitas à licitação e contratação de obras, serviços, compras e alienações, observados os princípios da Administração Pública;

A letra A está incorreta, a desapropriação tem duas fases, a declaratória e a executória; na fase declaratória o Poder Público manifesta sua intenção de adquirir determinado bem; normalmente, essa declaração se dá por meio de um decreto expropriatório; na fase executória, posterior à fase declaratória, busca-se um acordo com o proprietário do bem, ou, na impossibilidade, ingressa-se com ação de desapropriação; a primeira fase só pode ser iniciada por entes políticos e outros entes público autorizados pela lei, como é o caso da agência reguladora ANEEL; já a segunda fase pode ser feita por pessoas de direito público e por concessionárias de serviço público autorizadas por lei ou por contrato; diante do exposto, fica claro que a sociedade de economia mista "Companhia X" não tem competência para a declaração de utilidade pública do bem, de modo que a alternativa é incorreta;

A letra C está incorreta, pois o Dec.-lei 200/1967, que regulamenta a questão, não exige que se trate de uma sociedade de propósito específico (SPE); esse tipo de sociedade é utilizada quando se cria uma empresa para fazer um empreendimento só (como no caso das parcerias público-privadas); no caso em tela, o enunciado deixa claro que se trata uma empresa criada para DIVERSAS obras de infraestrutura, e não para um empreendimento só;

A letra D está incorreta, pois, segundo o art. 109, I, da CF, apenas as ações judiciais de interesse da União, de suas entidades autárquicas e de suas empresas públicas têm como foro a Justiça Federal; porém, as ações judiciais de interesse das sociedades de economia mista federais não têm esse mesmo foro, sendo a Justiça Estadual a competente para as ações de interesse dessas últimas empresas.

(VII EXAME DE ORDEM UNIFICADO – FGV) Em relação às entidades que compõem a administração indireta, assinale a alternativa correta.

(A) Para a criação de autarquias, é necessária a edição de uma lei autorizativa e posterior registro de seus atos constitutivos no respectivo registro como condição de sua existência.
(B) Para criação de uma empresa pública, é necessária a edição de uma lei específica sem a exigência de registro de seus atos constitutivos no respectivo registro por se tratar de uma pessoa jurídica de direito público.
(C) Para criação de uma sociedade de economia mista, é necessária a edição de uma lei autorizativa e registro de seus atos constitutivos no respectivo registro por se tratar de uma pessoa jurídica de direito privado.
(D) Por serem pessoas jurídicas, todas necessitam ter seus respectivos atos constitutivos registrados no respectivo registro como condição de sua existência.

COMENTÁRIO

A letra C está correta, nos termos do art. 37, XIX, da CF;

A letra A está incorreta, pois a autarquia é criada diretamente por lei específica, não sendo necessário o arquivamento de outros atos constitutivos no registro público competente para que uma autarquia passe a existir (*vide* o texto do art. 37, XIX, da CF);

A letra B está incorreta, pois é necessária a edição de uma lei específica AUTORIZANDO a criação da empresa pública, com posterior registro dos atos constitutivos no respectivo registro público, para que a pessoa jurídica passe a existir (art. 37, XIX, da CF); há de se lembrar, também, que empresa pública não é pessoa jurídica de direito público, mas pessoa jurídica de direito privado prestadora de serviço público;

A letra D está incorreta, pois a autarquia é criada diretamente pela lei, não sendo necessário o registro de seus atos constitutivos em algum registro público como condição de sua existência.

4.4. Terceiro Setor

(XIV EXAME DE ORDEM UNIFICADO – FGV) Numerosos professores, em recente reunião da categoria, queixaram-se da falta de interesse dos alunos pela cultura nacional. O Sindicato dos Professores de Colégios Particulares do Município X apresentou, então, um plano para ampliar o acesso à cultura dos alunos com idade entre 10 e 18 anos, obter a qualificação de "Organização da Sociedade Civil de Interesse Público" (OSCIP) e celebrar um termo de parceria com a União, a fim de unir esforços no sentido de promover a cultura nacional. Considerando a proposta apresentada e a disciplina existente sobre o tema, assinale a afirmativa correta.

(A) O sindicato não pode se qualificar como Organização da Sociedade Civil de Interesse Público, uma vez que tal qualificação, de origem doutrinária, não tem amparo legal.
(B) O sindicato não pode se qualificar como OSCIP, em virtude de vedação expressa da lei federal sobre o tema.
(C) O sindicato pode se qualificar como OSCIP, uma vez que é uma entidade sem fins lucrativos e o objetivo pretendido é a promoção da cultura nacional.
(D) O sindicato pode se qualificar como OSCIP, mas deve celebrar um contrato de gestão e não um termo de parceria com o poder público.

COMENTÁRIO

A letra B está correta, nos termos do art. 2º, II, da Lei 9.790/1999;

A letra A está incorreta, pois as OSCIPs são regulamentadas pela Lei 9.790/1999;

As letras C e D estão incorretas, pois há previsão expressa na lei proibindo que um sindicato se qualifique como OSCIP (art. 2º, II, da Lei 9.790/1999).

(XI EXAME DE ORDEM UNIFICADO – FGV) Determinada entidade de formação profissional, integrante dos chamados Serviços Sociais Autônomos (também conhecidos como "Sistema S"), foi, recentemente, questionada sobre a realização de uma compra sem prévia licitação. Assinale a alternativa que indica a razão do questionamento.

(A) Tais entidades, vinculadas aos chamados serviços sociais autônomos, integram a Administração Pública.

(B) Tais entidades, apesar de não integrarem a Administração Pública, são dotadas de personalidade jurídica de direito público.

(C) Tais entidades desempenham, por concessão, serviço público de interesse coletivo.

(D) Tais entidades são custeadas, em parte, com contribuições compulsórias cobradas sobre a folha de salários.

COMENTÁRIO

A letra D está correta, pois, o fato de tais entidades serem custeadas, em parte, com contribuições compulsórias (contribuições parafiscais), ou seja, com tributos (que são próprios do Estado), faz com que haja uma reclamo no sentido de que esse dinheiro seja gasto com respeito aos princípios da Administração Pública, já que, em última análise, trata-se de dinheiro público; porém, apesar de tais entidades estarem obrigadas a usarem o direito respeitando a isonomia, a moralidade e a economicidade (o que reclama que se faça, por exemplo, pesquisas de preço), não há lei determinando que elas promovam licitação pública, na forma prevista para a Administração (Lei 8.666/1993); de qualquer maneira, a única alternativa da questão que pode levar a um questionamento sobre o dever de as entidades do Sistema "S" terem de fazerem licitação é a "d", ainda que saibamos que a jurisprudência não impõe licitação a essas entidades.

A letra A está incorreta, pois tais entidades não integram a Administração Direta e Indireta; são entidades não estatais, que, por colaborarem com o Estado, recebem o nome de paraestatais;

A letra B está incorreta, pois são pessoas jurídicas de direito *privado* não estatais;

A letra C está incorreta, pois tais entidades não recebem concessões de serviço público, atuando em atividades de *utilidade pública* que não requerem concessão estatal para tanto, como na área de lazer, educação, dentre outras;

(IV EXAME DE ORDEM UNIFICADO – FGV) A qualificação como Organizações da Sociedade Civil de Interesse Público (OSCIPs) de pessoas jurídicas de direito privado, sem fins lucrativos, cujos objetivos sociais e normas estatutárias atendam aos requisitos previstos na respectiva lei é ato

(A) complexo, uma vez que somente se aperfeiçoa com a instituição do Termo de Parceria.

(B) composto, subordinando-se à homologação da Chefia do Poder Executivo.

(C) discricionário, uma vez que depende de avaliação administrativa quanto à sua conveniência e oportunidade.

(D) vinculado ao cumprimento dos requisitos estabelecidos em lei.

COMENTÁRIO

A alternativa "D" está correta, pois traz o texto do art. 1º, § 2º, da Lei 9.790/1999 ("a outorga da qualificação prevista neste artigo é ato vinculado ao cumprimento dos requisitos instituídos por esta Lei").

5. SERVIDORES PÚBLICOS

5.1. Espécies de agentes públicos

(III EXAME DE ORDEM UNIFICADO – FGV) São considerados agentes públicos todas as pessoas físicas incumbidas, sob remuneração ou não, definitiva ou transitoriamente, do exercício de função ou atividade pública. Assim, é correto afirmar que os notários e registradores são

(A) delegatários de serviços públicos aprovados em concurso público.

(B) agentes públicos ocupantes de cargo efetivo e se aposentam aos 70 (setenta) anos de idade.

(C) agentes públicos vitalícios, ocupantes de cargo efetivo, e não se aposentam compulsoriamente.

(D) os notários e registradores são delegatários de serviços públicos, investidos em cargos efetivos após aprovação em concurso.

COMENTÁRIO

A letra A está correta, nos termos do art. 3º e 14, I, da Lei 8.935/1994 e do art. 236, *caput* e § 3º, da CF;

A letra B está incorreta, pois, como os serviços notariais e de registro são exercidos em caráter privado, não são aplicadas as regras relativas aos servidores públicos em sentido estrito, tais como teto remuneratório e aposentadoria compulsória; tal entendimento é pacífico, hoje, no STF;

As letras C e D estão incorretas, pois não são ocupantes de cargos efetivos, mas delegatários de serviço público.

5.2. Espécies de vínculos (cargo, emprego em função)

5.3. Provimento

(XIV EXAME DE ORDEM UNIFICADO – FGV) Manolo, servidor público federal, obteve a concessão de aposentadoria por invalidez após ter sido atestado, por junta médica oficial, o surgimento de doença que o impossibilitava de desenvolver atividades laborativas. Passados dois anos, entretanto, Manolo voltou a ter boas condições de saúde, podendo voltar a trabalhar, o que foi comprovado por junta médica oficial. Nesse caso, o retorno do servidor às atividades laborativas na Administração, no mesmo cargo anteriormente ocupado, configura exemplo de

(A) reintegração.

(B) reversão.

(C) aproveitamento.

(D) readaptação.

COMENTÁRIO

A letra B está correta, pois, o retorno do aposentado por invalidez por não mais persistirem os motivos da aposentadoria configura o instituto da reversão (art. 25, I, da Lei 8.112/1990).

(XII EXAME DE ORDEM UNIFICADO – FGV) Cláudio, servidor público federal estável, foi demitido por suposta prática de ato de insubordinação grave em serviço. Diante da inexistência de regular processo administrativo disciplinar, Cláudio conseguiu judicialmente a anulação da demissão e a reinvestidura no cargo anteriormente ocupado. Ocorre que tal cargo já estava ocupado por João, que também é servidor público estável. Considerando o caso concreto, assinale a afirmativa correta.

(A) Sendo Cláudio reinvestido, o ato configura reintegração. Caso João ocupasse outro cargo originariamente, seria reconduzido a ele, com direito à indenização.

(B) Sendo Cláudio reinvestido, o ato configura reversão. Caso João ocupasse outro cargo originariamente, seria reconduzido a ele, com direito à indenização.

(C) Cláudio obteve em juízo sua reintegração. João será reconduzido ao cargo de origem, sem indenização, ou será aproveitado em outro cargo ou posto em disponibilidade.

(D) Cláudio obteve em juízo sua reversão. João será reconduzido ao cargo de origem, sem indenização, ou será aproveitado em outro cargo ou posto em disponibilidade.

COMENTÁRIO

A letra C está correta. Essa questão é regulada no próprio texto constitucional, que assim dispõe: "Invalidada por sentença judicial a demissão do servidor estável, será ele reintegrado, e o eventual ocupante da vaga, se estável, reconduzido ao cargo de origem, sem direito a indenização, aproveitado em outro cargo ou posto em disponibilidade com remuneração proporcional ao tempo de serviço" (art. 41, § 2º, da CF). Assim, João, por ser estável, será reconduzido ao cargo de origem, sem direito a indenização, ou será aproveitado em outro cargo ou, ainda, posto em disponibilidade.

(VI EXAME DE ORDEM UNIFICADO – FGV) Luiz Fernando, servidor público estável pertencente aos quadros de uma fundação pública federal, inconformado com a pena de demissão que lhe foi aplicada, ajuizou ação judicial visando à invalidação da decisão administrativa que determinou a perda do seu cargo público. A decisão judicial acolheu a pretensão de Luiz Fernando e invalidou a penalidade disciplinar de demissão. Diante da situação hipotética narrada, Luiz Fernando deverá ser

(A) reintegrado ao cargo anteriormente ocupado, ou no resultante de sua transformação, com ressarcimento de todas as vantagens.

(B) aproveitado no cargo anteriormente ocupado ou em outro cargo de vencimentos e responsabilidades compatíveis com o anterior, sem ressarcimento das vantagens pecuniárias.

(C) readaptado em cargo de atribuições e responsabilidades compatíveis, com ressarcimento de todas as vantagens.

(D) reconduzido ao cargo anteriormente ocupado ou em outro de vencimentos e responsabilidades compatíveis com o anterior, com ressarcimento de todas as vantagens pecuniárias.

COMENTÁRIO

A letra A está correta. Tratando-se do instituto da reintegração, previsto no art. 28 da Lei 8.112/1990;

A letra B está incorreta, pois o aproveitamento se dá em relação àquele que estava em disponibilidade (art. 30 da Lei 8.112/1990), e não em relação àquele que fora demitido ilegalmente;

A letra C está incorreta, pois a readaptação se dá em relação àquele que passa a sofrer limitação física ou mental incompatível com o cargo que vem ocupando (art. 24 da Lei 8.112/1990), e não em relação àquele que fora demitido ilegalmente;

A letra D está incorreta, pois a recondução se dá em relação àquele servidor estável que fora inabilitado em estágio probatório relativo a outro cargo ou que tenha sido desalojado de seu cargo por reintegração do anterior ocupante (art. 29 da Lei 8.112/1990), e não em relação àquele que fora demitido ilegalmente.

5.4. Vacância

(X EXAME DE ORDEM UNIFICADO – FGV) As alternativas a seguir apresentam condições que geram *vacância de cargo público*, **à exceção de uma**. Assinale-a.

(A) Falecimento.
(B) Promoção.
(C) Aposentadoria.
(D) Licença para trato de interesse particular.

COMENTÁRIO

A letra D está correta, pois o falecimento, a promoção e a aposentadoria geram vacância de cargo público, nos termos do art. 33, III, VII e IX, da Lei 8.112/1990, diferentemente da licença para trato de interesse particular, que não está prevista como hipótese de vacância e nem poderia, pois o servidor estará ausente de suas funções apenas temporariamente (art. 91 da Lei 8.112/1990).

5.5. Acessibilidade e concurso público

(XV EXAME DE ORDEM UNIFICADO – FGV) Em determinado estado da Federação, o Estatuto dos Servidores Públicos, lei ordinária estadual, prevê a realização de concurso interno para a promoção de servidores de nível médio aos cargos de nível superior, desde que preencham todos os requisitos para investidura no cargo, inclusive a obtenção do bacharelado.

A partir da situação descrita e tomando como base os requisitos constitucionais para acesso aos cargos públicos, assinale a afirmativa correta.

(A) A previsão é inválida, pois só poderia ter sido veiculada por lei complementar.
(B) A previsão é válida, pois a disciplina dos servidores públicos compete à legislação de cada ente da Federação.
(C) A previsão é inválida, por ofensa à Constituição da República.
(D) A previsão é válida, desde que encontre previsão na Constituição do estado.

COMENTÁRIO

A letra C está correta, pois a Constituição Federal exige, para o provimento em de qualquer cargo público efetivo, concurso público acessível a todos os brasileiros que preencherem os requisitos legais e aos estrangeiros, na forma da lei; assim, qualquer um que preencha os requisitos legais (detalhe: os requisitos precisam sempre estar em lei) pode participar do concurso público, não sendo possível restringir a participação a apenas servidores internos que tenham interesse no novo cargo; nesse sentido há inclusive a Súmula Vinculante STF n. 43, que assim dispõe: "É inconstitucional toda modalidade de provimento que propicie ao servidor investir-se, sem prévia aprovação em concurso público destinado ao seu provimento, em cargo que não integra a carreira na qual anteriormente investido"; lei complementar ou legislação local admitindo essa possibilidade não podem ferir a Constituição Federal e a Súmula mencionada.

(V EXAME DE ORDEM UNIFICADO – FGV) O art. 37, II, da Constituição da República Federativa do Brasil de 1988, condiciona a investidura em cargo ou emprego público à prévia aprovação em concurso público de provas ou de provas e títulos, ressalvadas as nomeações para os cargos em comissão. Em relação a concurso público, segundo a atual jurisprudência dos tribunais superiores, é correto afirmar que

(A) o prazo de validade dos concursos públicos poderá ser de até dois anos prorrogáveis uma única vez por qualquer prazo não superior a dois anos, iniciando-se a partir de sua homologação.
(B) os candidatos aprovados em concurso público de provas ou de provas e títulos devem comprovar a habilitação exigida no edital no momento de sua nomeação.
(C) os candidatos aprovados em concurso público de provas ou de provas e títulos e classificados dentro do limite de vagas oferecidas no edital possuem direito subjetivo a nomeação dentro do prazo de validade do concurso.
(D) os candidatos aprovados em concurso público de provas ou de provas e títulos e classificados entre o número de vagas oferecidas no edital possuem expectativa de direito à nomeação.

COMENTÁRIO

A letra C está correta, pois o STF e o STJ vêm entendo que o aprovado em concurso público tem direito à nomeação (e não mera expectativa de direito), no limite das vagas previstas no edital (exs.: STF, RExtr. 227.480, DJ 21.08.2009; STJ, RMS 21.323, DJ 21.06.2010).

A letra A está incorreta, pois a prorrogação do prazo de validade do concurso deve se dar pelo mesmo período de validade deste, e não por qualquer período (art. 37, III, da CF); assim, se o edital prevê que o concurso terá validade de 6 meses, sua prorrogação poderá acontecer apenas 1 vez, por igual período, ou seja, por mais 6 meses;

A letra B está incorreta, pois a habilitação exigida no edital pode ser exigida na posse e não na data da inscrição para o concurso ou da nomeação (Súmula 266 do STJ).

A letra D está incorreta, pois, como se viu, o aprovado tem direito à nomeação entre o número de vagas oferecidas no edital, e não mera expectativa de direito.

(II EXAME DE ORDEM UNIFICADO – FGV) Determinada Administração Pública realiza concurso para preenchimento de cargos de detetive, categoria I. Ao final do certame, procede à nomeação e posse de 400 (quatrocentos) aprovados. Os 20 (vinte) primeiros classificados são desviados de suas funções e passam a exercer as atividades de delegado. Com o transcurso de 4 (quatro) anos, estes 20 (vinte) agentes postulam a efetivação no cargo. A partir do fragmento acima, assinale a alternativa correta.

(A) Os referidos agentes têm razão, pois investidos irregularmente, estão exercendo as suas atividades há mais de 4 (quatro) anos, a consolidar a situação.
(B) É inconstitucional toda modalidade de provimento que propicie ao servidor investir-se, sem prévia aprovação em concurso público destinado ao seu provimento, em cargo que não integra a carreira na qual anteriormente foi investido.
(C) Não têm ainda o direito, pois dependem do transcurso do prazo de 15 (quinze) anos para que possam ser tidos como delegados, por usucapião.
(D) É inconstitucional esta modalidade de provimento do cargo, pois afronta o princípio do concurso público, porém não podem ter alterado os ganhos vencimentais, sedimentado pelos anos, pelo princípio da irredutibilidade.

COMENTÁRIO

A letra B está correta, pois, de acordo com a Súmula 685 do STF, "é inconstitucional toda modalidade de provimento que propicie ao servidor investir-se, sem prévia aprovação em concurso público destinado ao seu provimento, em cargo que não integra a carreira na qual anteriormente investido".

5.6. Acumulação remunerada

(OAB/EXAME UNIFICADO – 2012.3.B) Orlando, advogado de uma empresa pública federal há quase 10 anos, resolve prestar concurso público para Fiscal de ISS de um município. Caso seja aprovado, Orlando deverá adotar o seguinte procedimento:

(A) Poderá cumular o emprego com o cargo na administração municipal e tal cumulação não estará sujeita ao limite remuneratório constitucional.
(B) Poderá cumular o emprego com o cargo na administração municipal, mas tal cumulação estará sujeita ao limite remuneratório constitucional.
(C) Não poderá cumular o emprego e o cargo, uma vez que tal cumulação somente seria permitida caso houvesse compatibilidade de horários.
(D) Não poderá cumular o emprego e o cargo, mesmo em se tratando de um ente federal e de um município.

COMENTÁRIO

A letra D está correta, pois a acumulação em tela não está contemplada nas hipóteses previstas no art. 37, XVI, da CF.

A letra A está incorreta, pois o caso não está em qualquer das hipóteses que ensejam acumulação remunerada de cargos, empregos e funções (art. 37, XVI, da CF); ademais, ainda que houvesse essa possibilidade, é obrigatória a observância do teto remuneratório previsto no art. 37, XI, da CF, conforme o *caput* do inciso XVI do art. 37 da CF;

A letra B está incorreta, pois a acumulação em tela não está contemplada no art. 37, XVI, da CF;

A letra C está incorreta, pois a acumulação em tela não está contemplada nas hipóteses previstas no art. 37, XVI, da CF, independentemente de haver ou não compatibilidade de horários;

5.7. ResponsabilidadeS e deveres do servidor

(X EXAME DE ORDEM UNIFICADO – FGV) Um servidor público foi acusado de corrupção passiva e peculato. Respondeu a processo criminal e foi absolvido por ausência de provas. Diante dessa situação, assinale a afirmativa correta.

(A) A Administração Pública, no caso, permanece livre para punir o funcionário, desde que verifique haver desvios na conduta funcional do servidor.

(B) A decisão de absolvição do servidor sempre vincula a Administração Pública, que não poderá punir o seu funcionário.

(C) A auto tutela administrativa permite desconsiderar decisões judiciais contrárias à lei ou às provas dos autos, sendo possível a aplicação de sanções administrativas com cópias extraídas do processo criminal.

(D) As decisões da justiça, que punem o servidor por qualquer crime, vinculam o Poder Público, embora as decisões de absolvição nunca impeçam o poder punitivo da Administração.

COMENTÁRIO

A letra A está correta, pois a absolvição criminal por falta de provas não importa em qualquer efeito em relação à esfera administrativa, diferentemente das absolvições criminais por negativa de autoria ou inexistência material do fato que se comunicam àquela esfera (art. 126 da Lei 8.112/1990);

A letra B está incorreta, pois absolvições por falta de prova não afastam a punição administrativa (art. 126 da Lei 8.112/1990);

A letra C está incorreta, pois os processos administrativos devem observar o devido processo legal, incluindo o contraditório, ampla defesa e as demais normas previstas na lei (art. 5º, LIV e LV, da CF);

A letra D está incorreta, pois as absolvições criminais por negativa de autoria ou inexistência material do fato se comunicam àquela esfera (art. 126 da Lei 8.112/1990).

(III EXAME DE ORDEM UNIFICADO – FGV) Determinado servidor público foi acusado de ter recebido vantagens indevidas valendo-se de seu cargo público, sendo denunciado à justiça criminal e instaurado, no âmbito administrativo, processo administrativo disciplinar por ter infringindo seu estatuto funcional pela mesma conduta. Ocorre que o servidor foi absolvido pelo Poder Judiciário em razão de ter ficado provada a inexistência do ato ilícito que lhe fora atribuído. Nessa situação, é correto afirmar que

(A) em nenhuma hipótese a decisão penal surtirá efeito na esfera administrativa, mesmo que a conduta praticada pelo servidor seja prevista como ilícito penal e ilícito administrativo.

(B) a punição na instância administrativa nunca poderá ser anulada, caso tenha sido aplicada.

(C) haverá repercussão no âmbito do processo administrativo disciplinar, não podendo a administração pública punir o servidor pelo fato decidido na esfera penal.

(D) a decisão absolutória não influirá na decisão administrativa do processo administrativo disciplinar, por serem independentes.

COMENTÁRIO

A letra C está correta, pois as esferas cível, administrativa e penal são independentes (art. 125 da Lei 8.112/1990). Porém, a responsabilidade administrativa do servidor será afastada no caso de absolvição criminal que *negue a existência do fato* ou *sua autoria*. Repare que a lei admite que a esfera penal vincula a esfera administrativa apenas em dois casos de absolvição, quais sejam, inexistência do fato (o juiz absolve dizendo que o fato não ocorreu) ou negativa de autoria (o juiz absolve dizendo que o fato ocorreu, mas o réu não foi o seu autor). Já quando o juiz simplesmente absolve por falta de provas, tal absolvição criminal não repercutirá em nada na esfera administrativa. Nesse sentido, a alternativa "c" está correta, pois o enunciado asseverou que o juiz criminal absolveu o servidor por inexistência do "ato", aplicando-se, assim, o disposto no art. 126 da Lei 8.112/1990.

5.8. Direitos, vantagens e sistema remuneratório

(XI EXAME DE ORDEM UNIFICADO – FGV) Um empregado público de uma sociedade de economia mista ajuizou uma ação para garantir o recebimento de valores acima do teto remuneratório constitucional, que tem como limite máximo os subsídios pagos aos Ministros do STF.

Nesse caso, é correto afirmar que

(A) o empregado tem direito a receber acima do teto, pois somente a administração pública direta está sujeita à referida limitação.

(B) o empregado não tem direito a receber acima do teto, pois toda a administração direta e indireta está sujeita à referida limitação.

(C) o empregado tem direito a receber acima do teto, pois somente a administração pública direta e as autarquias estão sujeitas à referida limitação.

(D) o empregado pode receber acima do teto, caso a sociedade de economia mista não receba recursos de nenhum ente federativo para despesas de pessoal ou de custeio em geral.

COMENTÁRIO

A letra D está correta, pois a remuneração de todo em qualquer ocupante de cargo, função e emprego público na Administração Direta e Indireta (o que inclui as sociedades de economia mista) deve respeitar o teto constitucional (art. 37, XI, da CF). Porém, em se tratando de empresa estatal (empresa pública ou sociedade de economia mista) que não receba recursos de entes federativos para despesas de pessoal ou de custeio em geral (ex.: Banco do Brasil, Petrobras), a própria Constituição abre exceção e permite que seus empregados ganhem acima do teto constitucional (art. 37, § 9º).

5.9. Sistema Previdenciário

(VI EXAME DE ORDEM UNIFICADO – FGV) Joana D´Arc, beneficiária de pensão por morte deixada por ex-fiscal de rendas, falecido em 05.01.1999, ajuizou ação ordinária em face da União, alegando que determinado aumento remuneratório genérico concedido aos fiscais de renda em atividade não lhe teria sido repassado. Assim, isso teria violado a regra constitucional da paridade remuneratória entre ativos, inativos e pensionistas. Acerca de tal alegação, é correto afirmar que é manifestamente

(A) procedente, pois, embora a regra da paridade remuneratória entre ativos, inativos e pensionistas tenha sido revogada pela EC 41/2003, a pensão por morte rege-se pela lei vigente à época do óbito, quando ainda vigia tal regra.

(B) improcedente, pois, nos termos do verbete 339 da Súmula de Jurisprudência do STF, não cabe ao Poder Judiciário, que não tem função legislativa, aumentar vencimentos de servidores públicos sob fundamento de isonomia.

(C) improcedente, pois a regra da paridade remuneratória entre ativos, inativos e pensionistas foi revogada pela EC 41/2003, sendo absolutamente irrelevante o fato de o ex-servidor ter falecido antes da edição da referida emenda.

(D) procedente, pois a CRFB garante o reajustamento da pensão por morte dos benefícios para preservar-lhes, em caráter permanente, o valor real, conforme critérios estabelecidos em lei.

COMENTÁRIO

A letra A está correta, pois antes da EC 41/2003, havia regra constitucional dispondo que "os proventos de aposentadoria e as pensões serão revistos na mesma proporção e na mesma data, sempre que se modificar a remuneração dos servidores em atividade, sendo também estendidos aos aposentados e aos pensionistas quaisquer benefícios ou vantagens posteriormente concedidos aos servidores em atividade (...)". Essa regra foi revogada pela EC 41/2003, de modo que a regra da paridade remuneratória entre ativos, inativos e pensionistas não existe mais. Porém, titulares de benefícios concedidos antes da revogação dessa regra não se submetem ao fim da paridade. Assim, Joana D'Arc tem direito à continuidade da paridade, já que seu benefício se iniciou em 1999, bem antes da emenda constitucional referida (de 2003). Dessa forma, apenas a alternativa "a" está correta.

5.10. Infração disciplinar e processo administrativo

(XVIII EXAME DE ORDEM UNIFICADO – FGV) Marcos Paulo é servidor público federal há mais de 5 (cinco) anos e, durante todo esse tempo, nunca sofreu qualquer sanção administrativa, apesar de serem frequentes suas faltas e seus atrasos ao serviço. No último mês, entretanto, as constantes ausências chamaram a atenção de seu chefe, que, ao buscar a ficha de frequência do servidor, descobriu que Marcos Paulo faltara mais de 90 (noventa) dias no último ano. A respeito do caso apresentado, assinale a afirmativa correta.

(A) Marcos Paulo, servidor público estável, só pode ser demitido após decisão judicial transitada em julgado.

(B) Marcos Paulo, servidor público estável, pode ser demitido pela sua inassiduidade após decisão em processo administrativo em que lhe seja assegurada ampla defesa.

(C) Marcos Paulo, servidor público estável que nunca sofrera qualquer punição na esfera administrativa, não pode ser demitido em razão de sua inassiduidade.

(D) Marcos Paulo, servidor público estável, não pode ser demitido em razão de sua inassiduidade, pois esta somente autoriza a aplicação das sanções de advertência e suspensão.

COMENTÁRIO

A letra B está correta; de acordo com o art. 132, III, da Lei 8.112/1990 cabe demissão em caso de inassiduidade habitual, que se configura quando o servidor falta ao serviço, sem causa justificada, por 60 dias ou mais, interpoladamente, durante o período de 12 meses (art. 139 da Lei 8.112/1990), independentemente de decisão judicial transitada em julgado; foi o que aconteceu no caso, valendo lembrar que um servidor estável só pode ser demitido administrativamente mediante processo disciplinar em que lhe seja assegurada a ampla defesa (art. 41, § 1º, II, da CF).

As alternativas A, C e D estão incorretas; de acordo com o art. 132, III, da Lei 8.112/1990 cabe demissão em caso de inassiduidade habitual, que se configura quando o servidor falta ao serviço, sem causa justificada, por 60 dias ou mais, interpoladamente, durante o período de 12 meses (art. 139 da Lei 8.112/1990), independentemente de decisão judicial transitada em julgado.

(XVII EXAME DE ORDEM UNIFICADO – FGV) Fernando, servidor público de uma autarquia federal há nove anos, foi acusado de participar de um esquema para favorecer determinada empresa em uma dispensa de licitação, razão pela qual foi instaurado processo administrativo disciplinar, que resultou na aplicação da penalidade de demissão. Sobre a situação apresentada, considerando que Fernando é ocupante de cargo efetivo, por investidura após prévia aprovação em concurso, assinale a afirmativa correta.

(A) Fernando não pode ser demitido do serviço público federal, uma vez que é servidor público estável.

(B) Fernando somente pode ser demitido mediante sentença judicial transitada em julgado, uma vez que a vitaliciedade é garantida aos servidores públicos.

(C) É possível a aplicação de penalidade de demissão a Fernando, servidor estável, mediante processo administrativo em que lhe seja assegurada ampla defesa.

(D) A aplicação de penalidade de demissão ao servidor público que pratica ato de improbidade independe de processo administrativo ou de sentença judicial.

COMENTÁRIO

A letra C está correta, nos termos do art. 41, § 1º, II, da CF;

A letra A está incorreta, pois é garantia de permanência no cargo que tem exceções, permitindo o desligamento do servidor por decisão judicial transitada em julgado, por processo administrativo com ampla defesa (que é o processo necessário para demitir alguém por infração disciplinar) ou em caso de avaliação insuficiente de desempenho (art. 41, § 1º, da CF);

A letra B está incorreta, pois a vitaliciedade, que dá a garantia de perda do cargo apenas por meio de sentença transitada em julgado só existe em relação a magistrados e membros do Ministério Público e Tribunal de Contas; quanto ao servidor ocupante de cargo efetivo, a garantia é só de estabilidade, que admite desligamento do cargo também em função de processo administrativo com ampla defesa e avaliação insatisfatória de desempeno;

A letra D está incorreta, pois a aplicação da penalidade de demissão (por infração disciplinar) requer processo administrativo com ampla defesa e da penalidade de perda do cargo (por condenação criminal ou por condenação por improbidade administrativa) impõe sentença judicial transitada em julgado.

(XVI EXAME DE ORDEM UNIFICADO – FGV) Carlos, servidor público federal, utilizou dois servidores do departamento que chefia para o pagamento de contas em agência bancária e para outras atividades particulares. Por essa razão, foi aberto processo administrativo disciplinar, que culminou na aplicação de penalidade de suspensão de 5 (cinco) dias. Sobre o caso apresentado, assinale a afirmativa correta.

(A) Carlos procedeu de forma desidiosa e, por essa razão, a penalidade aplicável seria a de advertência, não a de suspensão.

(B) A infração praticada por Carlos dá ensejo à penalidade de demissão, razão pela qual se torna insubsistente a penalidade aplicada.

(C) Caso haja conveniência para o serviço, a penalidade de suspensão poderá ser convertida em multa, ficando o servidor obrigado a permanecer em serviço.

(D) A penalidade aplicada a Carlos terá seu registro cancelado após 3 (três) anos de efetivo exercício, caso ele não cometa, nesse período, nova infração disciplinar.

COMENTÁRIO

A letra B está correta, pois o art. 117, XVI, da Lei 8.112/1990 estabelece que ao servidor é proibido "utilizar pessoal ou recursos materiais da repartição em serviços ou atividades particulares" (g.n.); em seguida, o art. 132, XIII, da mesma lei dispõe que a penalidade de *demissão* será aplicada quando houver transgressão aos incisos IX a XVI do art. 117; assim, o caso em tela enseja a aplicação da penalidade de *demissão* e não de *suspensão*, lembrando que a penalidade de suspensão é aplicável nos casos de reincidência de faltas punidas com advertência, nos casos de violação de outras proibições que não tipifiquem infração sujeita a penalidade de demissão e nos casos em que o servidor injustificadamente recusar-se a ser submetido a inspeção médica (art. 130 da Lei 8.112/1990).

A letra A está incorreta, pois cabe demissão nos termos do art. 117, XVI, c/c 132, XIII, ambos da Lei 8.112/1990;

A letra C está incorreta, primeiro por que o caso é de demissão, e não de suspensão (art. 117, XVI c/c 132, XIII, ambos da Lei 8.112/1990);

A letra D está incorreta, pois o instituto do cancelamento está previsto para as penalidades de advertência e de suspensão (art. 131 da Lei 8.112/1990), e não para o caso de demissão, que é a penalidade aplicável no caso concreto.

6. IMPROBIDADE ADMINISTRATIVA

(XVIII EXAME DE ORDEM UNIFICADO – FGV) O Ministério Público do Estado W ajuizou ação de improbidade administrativa contra um ex-governador, com fundamento no Art. 9º da Lei 8.429/1992 (ato de improbidade administrativa que importe enriquecimento ilícito), mesmo passados quase 3 (três) anos do término do mandato e 6 (seis) anos desde a suposta prática do ato de improbidade que lhe é atribuída. Nesse caso,

(A) o ex-governador está sujeito, dentre outras sanções, à perda dos bens ou valores acrescidos ilicitamente ao patrimônio, ao ressarcimento integral do dano e à suspensão dos direitos políticos pelo período de oito a dez anos.

(B) a ação de improbidade está fadada ao insucesso, tendo em vista que não podem ser réus de tal demanda aqueles que já não ocupam mandato eletivo e nem cargo, emprego ou função na Administração.

(C) a ação de improbidade está fadada ao insucesso, tendo em vista que já transcorreram mais de 3 (três) anos desde o término do exercício do mandato eletivo.

(D) é imprescritível a ação de improbidade destinada à aplicação das sanções previstas na Lei 8.429/1992, e, por essa razão, o ex-governador pode sofrer as cominações legais, mesmo após o término do seu mandato.

COMENTÁRIO

A letra A está correta; quanto ao prazo para a ação destinada a levar efeito as sanções pela prática de ato de improbidade, o art. 23, I, da Lei 8.429/1992 estabelece que, em se tratando de agente público detentor de mandato (como é o caso do governador), esse prazo é de 5 anos e é contado após o término do exercício do mandato; no caso em tela, como o término do mandato só se deu há apenas 3 anos, é possível ingressar com a ação em questão; quanto às sanções aplicáveis pela prática de ato de improbidade na modalidade prevista no art. 9º da Lei 8.429/1992, todas as que estão mencionadas na alternativa estão previstas no art. 12, I, da Lei 8.429/1992, aplicável quando se pratica improbidade nessa modalidade.

As letras B e C estão incorretas, pois no caso a ação poderá ser ajuizada até 5 anos após o término do mandato do ex-governador (art. 23, I, da Lei 8.429/1992).

A letra D está incorreta, pois apenas a pretensão de ressarcimento ao erário é imprescritível, ao passo que as demais sanções seguem a regra de prescrição previstas no art. 23 da Lei 8.429/1992.

(XIV EXAME DE ORDEM UNIFICADO – FGV) Caio, chefe de gabinete do prefeito do município X, ocupante exclusivamente de cargo em comissão, conhecendo os planos concretos da prefeitura para levar asfaltamento, saneamento e outras intervenções urbanísticas a um bairro mais distante, revela a alguns construtores tal fato, levando-os a adquirir numerosos terrenos naquela localidade antes que ocorresse sua valorização imobiliária. Caio recusa, expressamente, todos os presentes enviados pelos construtores. Sobre a situação hipotética descrita acima, assinale a opção correta.

(A) O ato de improbidade pode estar configurado com a mera comunicação, antes da divulgação oficial, da medida a ser adotada pela prefeitura, que valorizará determinados imóveis, ainda que não tenha havido qualquer vantagem para Caio.

(B) A configuração da improbidade administrativa depende, sempre, da existência de enriquecimento ilícito por parte de Caio ou de lesão ao erário, requisitos ausentes no caso concreto.

(C) Caio, caso venha a ser condenado criminalmente pela prática das condutas acima descritas, não poderá responder por improbidade administrativa, sob pena de haver *bis in idem*.

(D) Caio não responde por ato de improbidade, por não ser servidor de carreira; responde, todavia, por crime de responsabilidade, na qualidade de agente político, ocupante de cargo em comissão.

COMENTÁRIO

A letra A está correta, pois nos termos do art. 11, III, da Lei 8.429/1992, pelo qual constitui improbidade administrativa que atenta contra princípios da Administração "revelar fato ou circunstância de que tem ciência em razão das atribuições e que deva permanecer em segredo";

A letra B está incorreta, pois há uma modalidade de improbidade administrativa que se configura independentemente de enriquecimento ilícito ou prejuízo ao erário, que é a improbidade que atenta contra princípios da Administração (art. 11 da Lei 8.429/1992);

A letra C está incorreta, pois as sanções pela prática de improbidade são independentes das sanções penais pela prática de crime pelo mesmo fato (art. 12, *caput*, da Lei 8.429/1992);

A letra D está incorreta, pois o ocupante de cargo de chefe de gabinete não é considerado agente político (como é o detentor de mandato de prefeito ou de vereador, por exemplo); além disso, mesmo que fosse um agente político, somente os agentes políticos que respondem por crime de responsabilidade (excetuado o Prefeito) é que estão livres de sofrerem ação de improbidade administrativa, o que não é o caso do detentor de cargo em comissão de chefe de gabinete; por fim, o conceito de agente público da Lei de Improbidade é amplo e abrange quem ocupa cargo transitoriamente na Administração (art. 2º da Lei 8.429/1992).

(XIII EXAME DE ORDEM UNIFICADO – FGV) Após conclusão de licitação do tipo menor preço, conduzida por uma autarquia federal para a contratação de serviços de limpeza predial, sagrou-se vencedora a sociedade "LYMPA", que ofereceu a melhor proposta. O dirigente da autarquia, entretanto, deixou de adjudicar o objeto à sociedade vencedora e contratou com outra sociedade, pertencente ao seu genro, para realizar o serviço por um preço mais baixo do que o oferecido pela sociedade vencedora. O Ministério Público ajuizou ação de improbidade contra o dirigente da autarquia. A partir do caso apresentado, assinale a afirmativa correta.

(A) A improbidade administrativa não está configurada, uma vez que não restou configurado enriquecimento do agente público.

(B) O resultado da ação de improbidade dependerá da apuração financeira de eventual prejuízo aos cofres do ente público.

(C) A propositura da ação de improbidade é admissível, ainda que não haja prejuízo ao erário e nem enriquecimento do agente público.

(D) A ação de improbidade somente é aceita em relação aos atos expressamente tipificados na Lei nº 8.429/1992, o que não atinge a contratação direta sem licitação.

COMENTÁRIO

A letra C está correta, nos termos do mencionado no comentário às alternativas "A" e "B", sendo que, no caso, há violação aos princípios da honestidade, imparcialidade e legalidade, nos termos do art. 11, *caput*, da Lei 8.429/1992;

As letras A e B estão incorretas, pois há uma modalidade de improbidade administrativa que se configura independentemente de enriquecimento ilícito ou prejuízo ao erário, que é a improbidade que atenta contra princípios da Administração (art. 11 da Lei 8.429/1992);

A letra D está incorreta, pois a casuística prevista nos incisos dos arts. 9º a 11 da Lei 8.429/1992 não está em rol exaustivo, mas sim em rol exemplificativo, de maneira que, havendo enriquecimento ilícito, prejuízo ao erário ou violação a princípios que se enquadrem nos conceitos mais amplos do *caput* dos artigos mencionados, e desde que haja dolo no caso dos arts. 9º e 11, e culpa no caso do art. 10, ter-se-á ato de improbidade, mesmo que não se verifique incidência de qualquer dos tipos elencados nos incisos desses dispositivos.

(V EXAME DE ORDEM UNIFICADO – FGV) No que tange à chamada ação de improbidade administrativa, assinale a definição correta segundo a doutrina do Direito Administrativo.

(A) Trata-se de ação meramente administrativa, uma vez que a Lei 8.429/1992 prevê apenas sanções de caráter administrativo.

(B) Não se trata de uma ação judicial e sim de uma ação administrativa, com a previsão legal (Lei 8.429/1992) de sanções penais e administrativas.

(C) Trata-se de ação de natureza civil e penal, uma vez que a Lei 8.429/1992 prevê sanções de ambas as naturezas.

(D) Trata-se de ação civil, muito embora as sanções previstas pela Lei 8.429/1992 ultrapassem o âmbito da simples ação de ressarcimento e importem em penalidades de natureza penal e administrativa.

COMENTÁRIO

A letra D está correta, pois, como se viu, a ação de improbidade é de natureza civil, apesar de as sanções previstas na Lei 8.429/1992 não se limitarem ao ressarcimento do dano, havendo, também, outras sanções, de natureza administrativa, política e, para alguns, até de natureza penal. A Examinadora revelou que entende ser de natureza penal sanções como suspensão dos direitos políticos, multa e perda do cargo, já que tais sanções aparecem na lei penal. Ora, parece-nos que tais sanções têm natureza política ou administrativa, sendo a sanção penal por excelência a pena de prisão, que não está prevista na Lei 8.429/1992. De qualquer forma, a alternativa "d" é "menos errada" das alternativas previstas na questão, daí porque deveria ter sido assinalada.

As letras A e B estão incorretas, pois ação de improbidade administrativa é uma ação judicial, promovida pelo Ministério Público ou pela pessoa jurídica lesada pelo ato ímprobo (art. 17, *caput*, da Lei 8.429/1992); tal ação prevê sanções não só de natureza *administrativa* (perda do cargo e proibição de contratar com o Poder Público), como também de natureza *civil* (ressarcimento do erário, perda de bens ou valores e multa civil) e *política* (suspensão dos direitos políticos).

A letra C está incorreta, pois é pacífico que se trata de ação de natureza civil ou de natureza não penal; assim, a ação de improbidade administrativa não é promovida em Vara Criminal, mas em Vara Cível ou Vara da Fazenda Pública;

7. INTERVENÇÃO NA PROPRIEDADE E NO DOMÍNIO ECONÔMICO

7.1. Desapropriação

(XVII EXAME DE ORDEM UNIFICADO – FGV) O Município W, durante a construção de avenida importante, ligando a região residencial ao centro comercial da cidade, verifica a necessidade de ampliação da área a ser construída, mediante a incorporação de terrenos contíguos à área já desapropriada, a fim de permitir o prosseguimento das obras. Assim, expede novo decreto de desapropriação, declarando a utilidade pública dos imóveis indicados, adjacentes ao plano da pista. Diante deste caso, assinale a opção correta.

(A) É válida a desapropriação, pelo Município W, de imóveis a serem demolidos para a construção da obra pública, mas não a dos terrenos contíguos à obra.

(B) Não é válida a desapropriação, durante a realização da obra, pelo Município W, de novos imóveis, qualquer que seja a finalidade.

(C) É válida, no curso da obra, a desapropriação, pelo Município W, de novos imóveis em área contígua necessária ao desenvolvimento da obra.

(D) Em relação às áreas contíguas à obra, a única forma de intervenção estatal da qual pode se valer o Município W é a ocupação temporária.

COMENTÁRIO

A letra C está correta, pois, no caso em tela incide o instituto da desapropriação por zona, que consiste na desapropriação de área maior do que a necessária à realização de obra ou serviço, para abranger zona contígua a ela, tendo em vista reservá-la para futuras necessidades de ampliação da intervenção estatal no local (que é o caso do enunciado da questão) ou para revendê-la, se extraordinária valorização for decorrência da desapropriação a ser efetuada. A declaração de utilidade pública deve compreender essas áreas adicionais (art. 4º do Decreto-lei 3.365/1941). Assim, são válidas as desapropriações tanto das áreas que serão utilizadas neste momento, como das áreas que serão utilizadas no futuro.

(XIII EXAME DE ORDEM UNIFICADO – FGV) Acerca da *desapropriação*, assinale a afirmativa correta.

(A) Na desapropriação por interesse social, o expropriante tem o prazo de cinco anos, contados da edição do decreto, para iniciar as providências de aproveitamento do bem expropriado.

(B) Na desapropriação por interesse social, em regra, não se exige o requisito da indenização prévia, justa e em dinheiro.

(C) O município pode desapropriar um imóvel por interesse social, mediante indenização prévia, justa e em dinheiro.

(D) A desapropriação para fins de reforma agrária da propriedade que não esteja cumprindo a sua função social não será indenizada.

COMENTÁRIO

A letra C está correta, pois, não há impedimento legal nesse sentido; no entanto, no caso de desapropriação-sanção por interesse social em imóvel rural, a competência é apenas da União (art. 184, *caput*, da CF);

A letra A está incorreta, pois o prazo, no caso, é de 2 anos (art. 3º da Lei 4.132/1961);

A letra B está incorreta, pois esse requisito somente não há de ser cumprido na desapropriação-sanção para reforma agrária ou descumprimento da função social da propriedade urbana, casos em que o pagamento será feito por meio de títulos públicos, e no caso de expropriação do bem por conta de uso de imóvel para plantação de psicotrópicos ou com exploração de trabalho escravo (art. 243 da CF, com nova redação dada pela EC 81/2014);

A letra D está incorreta, pois haverá indenização por meio de títulos da dívida agrária em relação à terra nua e por meio de dinheiro em relação às benfeitorias úteis e necessárias (art. 184, caput e § 1º, da CF).

(XII EXAME DE ORDEM UNIFICADO – FGV) O Município de Barra Alta realizou a desapropriação de grande parcela do imóvel de Manoel Silva e deixou uma parcela inaproveitável para o proprietário. No caso descrito, o proprietário obterá êxito se pleitear

(A) a reintegração de posse de todo o imóvel em função da má-fé do Município.

(B) o direito de extensão da desapropriação em relação à área inaproveitável.

(C) a anulação da desapropriação em relação à parcela do imóvel suficiente para tornar a área restante economicamente aproveitável.

(D) a anulação integral da desapropriação, pois a mesma foi ilegal.

COMENTÁRIO

A letra B está correta, pois incide, no caso, o direito de extensão, que consiste na faculdade do expropriado de exigir que na desapropriação se inclua a parte restante do bem que se tornou inútil ou de difícil utilização. Deve ser exercido quando da realização do acordo administrativo ou no bojo da ação de desapropriação, sob pena de se considerar que houve renúncia. Assim, não há que se falar em pedido, por parte do proprietário do bem, de reintegração de posse ou anulação da desapropriação, mas em pedido para exercício do direito de extensão em relação à área inaproveitável.

(OAB/EXAME UNIFICADO – 2012.3.B) Acerca do Instituto da Desapropriação, assinale a afirmativa correta.

(A) A desapropriação do espaço aéreo ou do subsolo só se tornará necessária, quando de sua utilização resultar prejuízo patrimonial do proprietário do solo.

(B) Em casos de urgência, é possível a imissão provisória do expropriante na posse dos bens, não sendo exigível o seu registro junto ao registro de imóveis competente, muito menos o depósito de valores.

(C) Os concessionários de serviços públicos e os estabelecimentos de caráter público ou que exerçam funções delegadas de poder público poderão promover desapropriações, por decreto do Presidente da República.

(D) Os bens expropriados, incorporados à Fazenda Pública, podem ser objeto de reivindicação, desde que fundada em nulidade do processo de desapropriação.

COMENTÁRIO

A letra A está correta, nos termos do art. 2º, § 1º, do Dec.-lei 3.365/1941;

A letra B está incorreta, pois a imissão provisória na posse será, sim, registrada no registro de imóveis competente (art. 15, § 4º, do Dec.-lei 3.365/1941) e depende, sim, de depósito de quantia arbitrada pelo juiz logo no começo do processo (art. 15, *caput*, do Dec.-lei 3.365/1941);

A letra C está incorreta, pois só poderão promover desapropriações mediante autorização expressa em lei ou contrato (art. 3º do Dec.-lei 3.365/1941), não sendo suficiente, assim, um Decreto do Presidente da República;

A letra D está incorreta, pois o art. 35 do Dec.-lei 3.365/1941 é expresso ao dispor que os bens expropriados, uma vez incorporados à Fazenda Pública, não podem ser objeto de reivindicação.

(IX EXAME DE ORDEM UNIFICADO – FGV) A desapropriação é um procedimento administrativo que possui duas fases: a primeira, denominada declaratória e a segunda, denominada executória.

Quanto à *fase declaratória*, assinale a afirmativa correta.

(A) Acarreta a aquisição da propriedade pela Administração, gerando o dever de justa indenização ao expropriado.

(B) Importa no início do prazo para a ocorrência da caducidade do ato declaratório e gera, para a Administração, o direito de penetrar no bem objeto da desapropriação.

(C) Implica a geração de efeitos, com o titular mantendo o direito de propriedade plena, não tendo a Administração direitos ou deveres.

(D) Gera o direito à imissão provisória na posse e o impedimento à desistência da desapropriação.

COMENTÁRIO

A letra B está correta, nos termos dos arts. 7º e 10, do Dec.-lei 3.365/1941;

A letra A está incorreta, pois, nessa fase, a Administração apenas afirma a *intenção* de adquirir o bem, expedindo o chamado Decreto Expropriatório, em que identifica o bem que deseja desapropriar e informa qual será a destinação deste; a Administração somente adquirirá a propriedade do bem caso conclua a segunda fase do procedimento (fase executória), celebrando acordo com o particular ou ingressando com ação de desapropriação e efetuando o pagamento integral do valor fixado em juízo;

A letra C está incorreta, pois a Administração passa a ter, por exemplo, o direito de penetrar no imóvel (art. 7º do Dec.-lei 3.365/1941;

A letra D está incorreta, pois nessa primeira fase, como se viu, há apenas a declaração de vontade da intenção de desapropriar o bem; aliás, mesmo que se inicie a segunda fase, ingressando com ação de desapropriação, a imissão provisória na posse não é automática, dependendo de declaração de urgência pela Administração e de depósito de valor fixado pelo juízo por onde correr a ação (art. 15, *caput* e § 1º, do Dec.-lei 3.365/1941); quanto à desistência da desapropriação, pode ser feita mesmo que a Administração já tenha se imitido na posse do bem, mas nunca após a Administração já ter feito o pagamento integral da indenização fixada definitivamente em juízo.

(VIII EXAME DE ORDEM UNIFICADO – FGV) A União, após regular licitação, realiza concessão de determinado serviço público a uma sociedade privada. Entretanto, para a efetiva prestação do serviço, é necessário realizar algumas desapropriações. A respeito desse caso concreto, assinale a afirmativa correta.

(A) A sociedade concessionária poderá promover desapropriações mediante autorização expressa, constante de lei ou contrato.

(B) As desapropriações necessárias somente poderão ser realizadas pela União, já que a concessionária é pessoa jurídica de direito privado.

(C) O ingresso de autoridades administrativas nos bens desapropriados, declarada a utilidade pública, somente será lícito após a obtenção de autorização judicial.

(D) Os bens pertencentes ao(s) Município(s) inserido(s) na área de prestação do serviço não poderão ser desapropriados, mesmo que haja autorização legislativa.

COMENTÁRIO

A letra A está correta, nos termos do art. 3º do Dec.-lei 3.365/1941;

A letra B está incorreta, nos termos do já citado art. 3º do Dec.-lei 3.365/1941;

A letra C está incorreta, pois um dos efeitos da declaração de utilidade pública é justamente a autorização legal para as autoridades administrativas penetrarem nos prédios compreendidos na declaração, podendo recorrer, em caso de oposição, ao auxílio de força policial (art. 7º do Dec.-lei 3.365/41);

A letra D está incorreta, pois bens municipais podem ser desapropriados pelos Estados e pela União, desde que haja autorização do legislativo do ente expropriante (art. 2º, § 2º, do Dec.-lei 3.365/1941).

(VII EXAME DE ORDEM UNIFICADO – FGV) A empresa pública federal X, que atua no setor de pesquisas petroquímicas, necessita ampliar sua estrutura, para a construção de dois galpões industriais. Para tanto, decide incorporar terrenos contíguos a sua atual unidade de processamento, mediante regular processo de desapropriação. A própria empresa pública declara aqueles terrenos como de utilidade pública e inicia as tratativas com os proprietários dos terrenos – que, entretanto, não aceitam o preço oferecido por aquela entidade. Nesse caso,

(A) se o expropriante alegar urgência e depositar a quantia arbitrada de conformidade com a lei, terá direito a imitir-se provisoriamente na posse dos terrenos.

(B) a desapropriação não poderá consumar-se, tendo em vista que não houve concordância dos titulares dos terrenos.

(C) a desapropriação demandará a propositura de uma ação judicial e, por não haver concordância dos proprietários, a contestação poderá versar sobre qualquer matéria.

(D) os proprietários poderão opor-se à desapropriação, ao fundamento de que a empresa pública não é competente para declarar um bem como de utilidade pública.

COMENTÁRIO

A letra D está correta, pois a desapropriação tem duas fases, a declaratória e a executória. Na fase declaratória, o Poder Público manifesta sua intenção de adquirir determinado bem. Normalmente, essa declaração se dá por meio de um decreto expropriatório. Em seguida, na fase executória, posterior à fase declaratória, busca-se um acordo com o proprietário do bem, ou, na impossibilidade, ingressa-se com ação de desapropriação. A primeira fase só pode ser iniciada por entes políticos e outros entes público autorizados pela lei, como é o caso da agência reguladora ANEEL. Já a segunda fase pode ser feita por pessoas de direito público e por concessionárias de serviço público, autorizadas por lei ou por contrato. Diante do exposto fica claro que a empresa pública X não tem competência para a declaração de utilidade pública do bem (primeira fase), de modo que apenas a alternativa "d" está correta.

(II EXAME DE ORDEM UNIFICADO – FGV) Nas hipóteses de desapropriação, em regra geral, os requisitos constitucionais a serem observados pela Administração Pública são os seguintes:

(A) comprovação da necessidade ou utilidade pública ou de interesse social; pagamento de indenização prévia ao ato de imissão na posse pelo Poder Público, e que seja justa e em dinheiro; e observância de ato administrativo, sem contraditório por parte do proprietário.

(B) comprovação da necessidade ou utilidade pública ou de interesse social; pagamento de indenização prévia ao ato de imissão na posse pelo Poder Público, e que seja justa e em dinheiro; e observância de procedimento administrativo, com respeito ao contraditório e ampla defesa por parte do proprietário.

(C) comprovação da necessidade ou utilidade pública ou de interesse social; pagamento de indenização prévia ao ato de imissão na posse pelo Poder Público, e que seja justa e em títulos da dívida pública ou quaisquer outros títulos públicos, negociáveis no mercado financeiro; e observância de procedimento administrativo, com respeito ao contraditório e ampla defesa por parte do proprietário.

(D) comprovação da necessidade ou utilidade pública ou de interesse social; pagamento de indenização, posteriormente ao ato de imissão na posse pelo Poder Público, e que seja justa e em dinheiro; e observância de procedimento administrativo, com respeito ao contraditório e ampla defesa por parte do proprietário.

COMENTÁRIO

A letra "B" está correta, pois, como regra, a Constituição exige o seguinte para a desapropriação: I) comprovação de *necessidade ou utilidade pública* ou de *interesse social* (art. 5º, XXIV, da CF); II) pagamento de *indenização prévia* ao ato de imissão na posse pelo Poder Público (art. 5º, XXIV, da CF); III) indenização *justa* e em *dinheiro* (art. 5º, XXIV, da CF); IV) observância de *procedimento administrativo* com respeito ao *contraditório e ampla defesa* por parte do proprietário; repare que o início do art. 5º, XXIV, da CF exige "procedimento" e o art. 5º, LV, da CF exige que todo procedimento administrativo respeite o contraditório e a ampla defesa.

7.2. Servidão administrativa

(X EXAME DE ORDEM UNIFICADO – FGV) A fim de permitir o escoamento da produção até uma refinaria, uma empresa pública federal, que explora a prospecção de petróleo em um campo terrestre, inicia a construção de um oleoduto. O único caminho possível para essa construção atravessa a propriedade rural de Josenildo que, em razão do oleoduto, teve que diminuir o espaço de plantio de mamão e, com isso, viu sua renda mensal cair pela metade.

Assinale a afirmativa que indica a instrução correta que um advogado deve passar a Josenildo.

(A) Não há óbice à constituição da servidão administrativa no caso, mas cabe indenização pelos danos decorrentes dessa forma de intervenção na propriedade.

(B) A servidão administrativa é ilegal e Josenildo pode desconstituí-la, pois o instituto só tem aplicação em relação aos bens públicos.

(C) A servidão administrativa é ilegal, pois o nosso ordenamento veda a intervenção do Estado sobre propriedades produtivas.

(D) Não há óbice à constituição da servidão administrativa e não há de se falar em qualquer indenização.

COMENTÁRIO

A letra A está correta, pois a servidão é o ônus real de uso imposto pela Administração a um bem particular, com objetivo de assegurar a realização de obras e serviços públicos, assegurada indenização ao particular, salvo se não houver prejuízo; no caso em tela tem-se justamente uma situação em que se quer utilizar parte da propriedade de alguém, causando prejuízo econômico (pela redução do plantio de mamão), caracterizando-se, assim, o instituto da servidão administrativa;

A letra B está incorreta, pois a servidão recai, normalmente, em bem privado, cabendo também em bem público, desde que respeitada a hierarquia de interesses prevista no art. 2º, § 2º, do Dec.-lei 3.365/1941;

A letra C está incorreta, pois não há tal vedação na ordem jurídica; desde que a Administração pague a devida indenização, se houver dano, e atue conforme a lei, não há qualquer vedação à intervenção do Estado sobre propriedades produtivas;

A letra D está incorreta, pois, havendo prejuízo econômico (e no caso há, pela redução do plantio de mamão), cabe indenização.

(III EXAME DE ORDEM UNIFICADO – FGV) Com relação à intervenção do Estado na propriedade, assinale a alternativa correta.

(A) A limitação administrativa é uma forma de intervenção restritiva do Estado na propriedade que consubstancia obrigações de caráter específico e individualizados a proprietários determinados, sem afetar o caráter absoluto do direito de propriedade.

(B) A requisição administrativa é uma forma de intervenção supressiva do Estado na propriedade que somente recai em bens imóveis, sendo o Estado obrigado a indenizar eventuais prejuízos, se houver dano.

(C) O tombamento é uma forma de intervenção do Estado na propriedade privada que possui como característica a conservação dos aspectos históricos, artísticos, paisagísticos e culturais dos bens imóveis, excepcionando-se os bens móveis.

(D) A servidão administrativa é uma forma de intervenção restritiva do Estado na propriedade que afeta as faculdades de uso e gozo sobre o bem objeto da intervenção, em razão de um interesse público.

COMENTÁRIO

A letra D está correta, pois a servidão administrativa (ônus real imposto pela Administração em bens particulares, em favor de serviços públicos ou obras públicas) é forma de intervenção *restritiva* da propriedade (diferente da desapropriação, que é forma *supressiva* da propriedade), que não retira a propriedade de seu dono, mas tão somente afeta as faculdades de uso e gozo sobre o bem objeto da intervenção (ex.: servidão de aqueduto, pela qual os donos de terrenos particulares são obrigados a suportar a passagem de aqueduto, por exemplo, nos fundos de seu imóvel).

A letra A está incorreta, pois a limitação administrativa é uma imposição de caráter *geral* e gratuito, que delimita o direito das pessoas; tratando-se de imposição de caráter geral, a limitação administrativa atinge pessoas *indeterminadas*, e não proprietários determinados;

A letra B está incorreta, pois a requisição administrativa consiste na utilização *temporária*, pela Administração, de bens ou serviços particulares, em caso de iminente perigo público, mediante indenização posterior, em caso de dano (ex.: requisição das instalações de um clube esportivo para abrigar pessoas afetadas por uma grande enchente); assim, é incorreto dizer que a requisição é forma *supressiva* da propriedade, pois, nela, a Administração faz o *uso temporário* da propriedade ou dos serviços de alguém; também é incorreto dizer que recai apenas sobre bens *imóveis*, pois também pode recair sobre bens móveis e sobre serviços;

A letra C está incorreta, pois o tombamento pode atingir bens imóveis e *móveis*, e não só bens imóveis; aliás, o tombamento pode até atingir bens imateriais; por exemplo, já houve tombamento da "capoeira", do "samba carioca", do "frevo" e até do "pão de queijo";

7.3. Tombamento

(VII EXAME DE ORDEM UNIFICADO – FGV) O Município Y promove o tombamento de um antigo bonde, já desativado, pertencente a um colecionador particular. Nesse caso,

(A) o proprietário pode insurgir-se contra o ato do tombamento, uma vez que se trata de um bem móvel.

(B) o proprietário fica impedido de alienar o bem, mas pode propor ação visando a compelir o Município a desapropriar o bem, mediante remuneração.

(C) o proprietário poderá alienar livremente o bem tombado, desde que o adquirente se comprometa a conservá-lo, de conformidade com o ato de tombamento.

(D) o proprietário do bem, mesmo diante do tombamento promovido pelo Município, poderá gravá-lo com o penhor.

COMENTÁRIO

A letra D está correta, nos termos do art. 22, § 3º, do Dec.-lei 25/1937.

A letra A está incorreta, pois o tombamento pode recair tanto sobre bem imóvel, como sobre bem móvel (art. 1º, *caput*, do Dec.-lei 25/1937);

A letra B está incorreta, pois o tombamento não tem como efeito proibir o proprietário de alienar o bem; a única restrição que o proprietário tem é garantir o direito de preferência do Poder Público na aquisição de bens tombados (art. 22, *caput*, do Dec-lei 25/1937); vale ressaltar, todavia, que quando um bem tombado é público, aí sim esse bem é inalienável (art. 11 do Dec.-lei 25/1937);

A letra C está incorreta, pois a alienação é possível, mas não é livre, já que deve respeitar o direito de preferência do Poder Público;

(II EXAME DE ORDEM UNIFICADO – FGV) Acerca do tombamento, como uma das formas de o Estado intervir na propriedade privada, os proprietários passam a ter obrigações negativas que estão relacionadas nas alternativas a seguir, à exceção de uma. Assinale-a.

(A) Os proprietários são obrigados a colocar os seus imóveis tombados à disposição da Administração Pública para que possam ser utilizados como repartições públicas, quando da necessidade imperiosa de utilização, a fim de suprir a prestação de serviços pelo Estado de forma eficiente.

(B) Os proprietários são obrigados a suportar a fiscalização dos órgãos administrativos competentes.

(C) Os proprietários não podem destruir, demolir ou mutilar o bem imóvel e somente poderão restaurá-lo, repará-lo ou pintá-lo após a obtenção de autorização especial do órgão administrativo competente.

(D) Os proprietários não podem alienar os bens, ressalvada a possibilidade de transferência para uma entidade pública.

COMENTÁRIO

A letra A está incorreta, devendo ser marcada pelo examinando, pois não existe no Dec.-lei 25/1937 (Lei Geral de Tombamento) a obrigação trazida na afirmativa;

A letra B está correta, pois, tombado um bem, a Administração Pública fiscalizará constantemente se o proprietário vem cumprindo os deveres oriundos do tombamento, como o dever de conservar a coisa e de não alterá-la sem autorização especial; trata-se da vigilância permanente a que se refere o art. 20 do Dec.-lei 25/1937;

A letra C está correta, nos termos do disposto no art. 17 do Dec.-lei 25/1937;

A letra D foi considerada correta pela examinadora, que considerou a assertiva uma obrigação negativa do proprietário do bem tombado, prevista em lei; todavia, trata-se de assertiva *incorreta*, pois não existe essa obrigação negativa no Dec.-lei 25/1937; esta lei não impede que o proprietário aliene um bem tombado, mas apenas determina que este, caso queira alienar a coisa, dê ao Poder Público o direito de preferência na aquisição (art. 22 do Dec.-lei 25/1937); caso o Poder Público não exerça esse direito de preferência, o particular poderá, tranquilamente, alienar o bem a terceiro.

7.4. INFRAÇÃO À ORDEM ECONÔMICA

(XIV EXAME DE ORDEM UNIFICADO – FGV) Cinco empresas que, somadas, dominam 90% (noventa por cento) da produção metalúrgica nacional acordam, secretamente, a redução da oferta de bens por elas produzidos, a fim de elevar o preço dos seus produtos. A partir da hipótese apresentada, assinale a opção correta.

(A) A garantia da livre concorrência no texto constitucional impede a intervenção do Estado nessa hipótese.

(B) A atuação das empresas configura infração da ordem econômica, sujeitando-as à intervenção do Estado.

(C) A situação de domínio do mercado resulta de processo natural fundado na maior eficiência em relação aos demais competidores, não caracterizando, portanto, qualquer infração.

(D) A intervenção do Estado na ordem econômica somente será permitida quando necessária aos imperativos da segurança nacional ou a relevante interesse coletivo.

COMENTÁRIO

A letra B está correta, pois a chamada "Lei de Defesa da Concorrência" (Lei 12.529/2011) permite a intervenção do Estado para a repressão às infrações contra a ordem econômica, como é o caso da conduta narrada no enunciado da questão (art. 36, § 3º I, "b", e VIII, da Lei 12.529/2011);

As letras A e C estão incorretas, pois a Constituição Federal estabelece que o Estado atuará como agente normativo, regulador e fiscalizador da ordem econômica (art. 174, *caput*, da CF);

A letra D está incorreta, pois essa regra diz respeito apenas aos casos em que o Estado pode explorar diretamente atividade econômica, por meio da criação de uma empresa estatal (art. 173, *caput*, da CF).

8. BENS PÚBLICOS

8.1. Conceito e Classificação dos bens públicos

(XVI EXAME DE ORDEM UNIFICADO – FGV) O prédio que abrigava a Biblioteca Pública do Município de Molhadinho foi parcialmente destruído em um incêndio, que arruinou quase metade do acervo e prejudicou gravemente a estrutura do prédio. Os livros restantes já foram transferidos para uma nova sede. O Prefeito de Molhadinho pretende alienar o prédio antigo, ainda cheio de entulho e escombros.

Sobre o caso descrito, assinale a afirmativa correta.

(A) Não é possível, no ordenamento jurídico atual, a alienação de bens públicos.

(B) O antigo prédio da biblioteca, bem público de uso especial, somente pode ser alienado após ato formal de desafetação.

(C) É possível a alienação do antigo prédio da biblioteca, por se tratar de bem público dominical.

(D) Por se tratar de um prédio com livre acesso do público em geral, trata-se de bem público de uso comum, insuscetível de alienação.

COMENTÁRIO

A letra C está correta, pois o prédio da antiga biblioteca, com a desafetação, passa a ser um bem dominical e, portanto, alienável (art. 101 do Código Civil);

A letra A está incorreta, pois os bens públicos podem ser alienados, preenchidos os requisitos legais (arts. 100 e 101 do Código Civil, combinados com o art. 17 da Lei 8.666/1993);

A letra B está incorreta, , pois o prédio da biblioteca, enquanto estava funcionando normalmente estava afetado (destinado) e, portanto, era um bem de uso comum do povo; no momento em que os livros são transferidos para outra sede, a desafetação (retirada da destinação) do prédio antigo se dá automaticamente e o prédio da sede nova passar a ter a afetação que tinha o prédio antigo, passando a ser um bem de uso especial; a desafetação, salvo quando a afetação tiver se dado por meio de lei, não precisa de lei para acontecer, podendo ocorrer por decreto, por ato administrativo designando outro local para a sede ou outros tipos de atos legítimos e até mesmo pode se dar por fato da natureza, como quando um bem deixa de existir por algum evento natural;

A letra D está incorreta,, pois, segundo o Código Civil, os bens públicos destinados a serviço ou estabelecimento público são bens de uso comum do povo (art. 99, II, do Código Civil), que é justamente o caso de uma biblioteca.

(V EXAME DE ORDEM UNIFICADO – FGV) De acordo com o critério da titularidade, consideram-se públicos os bens do domínio nacional pertencentes

(A) às entidades da Administração Pública Direta, às autarquias e às empresas públicas.

(B) às entidades da Administração Pública Direta e Indireta.

(C) às pessoas jurídicas de direito público interno.

(D) às pessoas jurídicas de direito público interno e às pessoas jurídicas de direito privado prestadoras de serviços públicos.

COMENTÁRIO

A letra C está correta. Os bens públicos são aqueles pertencentes às pessoas jurídicas de direito público interno, nos termos do art. 98 do CC. Assim, a alternativa "A" está incorreta, pois as empresas públicas não são pessoas jurídicas de direito público, mas pessoas jurídicas de direito privado. A alternativa "B" está incorreta, pois, na Administração Indireta, há tanto pessoas jurídicas de direito público, como pessoas jurídicas de direito privado, sendo que estas não têm bens públicos. A alternativa "C" está correta, pois retrata o disposto no art. 98 do CC. A alternativa "D" está incorreta, pois os bens das pessoas jurídicas de direito privado concessionárias de serviço público são, como regra, bens privados. Apenas os bens que estiverem afetados ao serviço público poderão ser considerados públicos.

8.2. Regime jurídicos dos bens públicos (características dos bens públicos)

(IX EXAME DE ORDEM UNIFICADO – FGV) O Presidente de uma empresa pública estadual, ao assumir a gestão da entidade e realizar uma auditoria no seu patrimônio imobiliário, decide alienar um imóvel que se localiza em região extremamente valorizada. Além da demonstração do interesse público que a justifique, a alienação do referido imóvel depende de

(A) avaliação prévia e autorização legislativa.

(B) autorização do Poder Executivo e registro no Tribunal de Contas do Estado.

(C) avaliação prévia e licitação na modalidade concorrência.

(D) autorização legislativa e licitação na modalidade leilão.

COMENTÁRIO

A letra C está correta, nos termos do art. 17, I, da Lei 8.666/1993.

As letras A e D estão incorretas, pois a autorização legislativa só é obrigatória para a alienação de imóveis dos "órgãos da administração direta, entidades autárquicas e fundacionais" (art. 17, I, da Lei 8.666/1993), o que não é o caso de uma empresa pública estadual;

A letra B está incorreta, pois não há essa exigência no art. 17, *caput* e I, da Lei 8.666/1993);

(VII EXAME DE ORDEM UNIFICADO – FGV) Sobre os bens públicos é correto afirmar que

(A) os bens de uso especial são passíveis de usucapião.

(B) os bens de uso comum são passíveis de usucapião.

(C) os bens de empresas públicas que desenvolvem atividades econômicas que não estejam afetados a prestação de serviços públicos são passíveis de usucapião.

(D) nenhum bem que pertença à pessoa jurídica integrante da administração pública indireta é passível de usucapião.

COMENTÁRIO

A letra C está correta, pois os bens das pessoas jurídicas de direito privado estatais, desde que não afetados a um serviço público, são bens públicos (art. 98 do Código Civil);

As letra A e B estão incorretas, pois nenhum bem público é passível de usucapião (arts. 183, § 3º, e 191, parágrafo único, da CF; art. 102 do Código Civil);

A letra D está incorreta, pois os bens de qualquer pessoa jurídica de direito público são bens públicos (art. 98 do Código Civil), e, na administração indireta, há também pessoas jurídicas de direito público, como as autarquias e as agências reguladoras.

9. RESPONSABILIDADE DO ESTADO

(VIII EXAME DE ORDEM UNIFICADO – FGV) Sílvio, servidor público, durante uma diligência com carro oficial do Estado X para o qual trabalha, se envolve em acidente de trânsito, por sua culpa, atingindo o carro de João. Considerando a situação acima e a **evolução do entendimento sobre o tema**, assinale a afirmativa correta.

(A) João deverá demandar Sílvio ou o Estado X, à sua escolha, porém, caso opte por demandar Sílvio, terá que comprovar a sua culpa, ao passo que o Estado responde independentemente dela.

(B) João poderá demandar Sílvio ou o Estado X, à sua escolha, porém, caso opte por demandar Sílvio, presumir-se-á sua culpa, ao passo que o Estado responde independentemente dela.

(C) João poderá demandar apenas o Estado X, já que Sílvio estava em serviço quando da colisão e, por isso, a responsabilidade objetiva é do Estado, que terá direito de regresso contra Sílvio, em caso de culpa.

(D) João terá que demandar Sílvio e o Estado X, já que este último só responde caso comprovada a culpa de Sílvio, que, no entanto, será presumida por ser ele servidor do Estado (responsabilidade objetiva).

COMENTÁRIO

A letra C está correta, conforme entendimento jurisprudencial trazido no comentário às demais alternativas da questão; o STF entende que a norma prevista no art. 37, § 6º, da CF, que trata da responsabilidade objetiva do Estado, com direito de regresso em face do agente público que agir com culpa ou dolo, é norma que protege o agente público de ações promovidas diretamente pelo particular; assim, este deve acionar apenas o Estado, podendo o segundo, quando for o caso, atuar regressivamente em face do agente público causador do dano.

As letras A, B e D estão incorretas, pois a jurisprudência atual do STF é no sentido de que não se pode acionar diretamente o agente público (RE 327.904, rel. Min. Carlos Brito, j. em 15.08.2006 – Informativo 436); a vítima deve acionar única e exclusivamente o Estado X e este, provando a culpa ou o dolo do agente público, poderá atuar regressivamente contra este;

(VI EXAME DE ORDEM UNIFICADO – FGV) Tício, servidor público pertencente aos quadros de uma autarquia federal, está respondendo a processo administrativo disciplinar por fato que também foi objeto de apuração em processo criminal, já concluído com sentença absolutória de negativa de autoria transitada em julgado. Considerando a situação hipotética narrada, o processo administrativo disciplinar

(A) deverá prosseguir regularmente, uma vez que as instâncias penal e administrativa são independentes.

(B) deverá prosseguir regularmente, uma vez que a sentença absolutória proferida na instância penal apenas vincularia a instância administrativa em caso de negativa da existência do fato.

(C) ficará prejudicado, uma vez que a responsabilidade administrativa somente pode configurar efeito secundário da responsabilidade penal.

(D) ficará prejudicado, uma vez que a responsabilidade administrativa é afastada no caso de absolvição criminal que negue a autoria do fato.

COMENTÁRIO

A letra D está correta, pois as sanções civis, penais e administrativas poderão cumular-se, sendo independentes entre si (art. 125 da Lei 8.112/1990). Porém, a responsabilidade administrativa do servidor será afastada no caso de absolvição criminal que negue a existência do fato ou sua autoria (art. 126 da Lei 8.112/1990). Assim, como Tício foi absolvido na esfera criminal por "negativa de autoria", essa decisão produzirá efeitos na esfera administrativa, prejudicando o processo administrativo disciplinar, nos termos da alternativa "d".

(VI EXAME DE ORDEM UNIFICADO – FGV) Ambulância do Corpo de Bombeiros envolveu-se em acidente de trânsito com automóvel dirigido por particular, que trafegava na mão contrária de direção. No acidente, o motorista do automóvel sofreu grave lesão, comprometendo a mobilidade de um dos membros superiores. Nesse caso, é correto afirmar que

(A) existe responsabilidade objetiva do Estado em decorrência da prática de ato ilícito, pois há nexo causal entre o dano sofrido pelo particular e a conduta do agente público.

(B) não haverá o dever de indenizar se ficar configurada a culpa exclusiva da vítima, que dirigia na contramão, excluindo a responsabilidade do Estado.

(C) não se cogita de responsabilidade objetiva do Estado porque não houve a chamada culpa ou falha do serviço. E, de todo modo, a indenização do particular, se cabível, ficaria restrita aos danos materiais, pois o Estado não responde por danos morais.

(D) está plenamente caracterizada a responsabilidade civil do Estado, que se fundamenta na teoria do risco integral.

COMENTÁRIO

A letra B está correta. O caso em tela revela "culpa exclusiva" do particular. Esse tipo de situação afasta a responsabilidade objetiva do estado, já que se trata de uma excludente de responsabilidade estatal. Assim, ficam afastadas as alternativas "a" e "d". A alternativa "c" também está incorreta, pois, em matéria de responsabilidade objetiva do estado (condutas comissivas), não se verifica a "culpa ou a falha do serviço". Ademais, o Estado responde não só por danos materiais, respondendo também por danos morais e estéticos. Quanto à alternativa "B", é a única correta, por reconhecer a excludente da responsabilidade estatal.

(V EXAME DE ORDEM UNIFICADO – FGV) Tendo o agente público atuado nesta qualidade e dado causa a dano a terceiro, por dolo ou culpa, vindo a administração a ser condenada, terá esta o direito de regresso. A respeito da ação regressiva, é correto afirmar que

(A) em regra deve ser exercida, sob pena de afronta ao princípio da indisponibilidade.
(B) o prazo prescricional será o mesmo constante da esfera penal para o tipo criminal correspondente.
(C) a prescrição será decenal, com base na regra geral da legislação civil.
(D) o prazo prescricional tem início a contar do fato que gerou a ação indenizatória contra a Administração.

COMENTÁRIO

A letra A está correta, pois se o agente público atuou com culpa ou dolo, e a Administração foi condenada a ressarcir o particular, é imperativo que esta acione aquele em ação regressiva, sob pena de violação ao princípio da indisponibilidade do interesse público. Vale salientar que, para ser mais precisa, a alternativa nem deveria ter se iniciado com a expressão "em regra", já que a Administração é obrigada ingressar com ação de regresso no caso.

As letras B e C estão incorretas, pois o prazo prescricional é o previsto para a Administração acionar particulares para ressarcimento, no caso, de 3 anos (art. 206, § 3º, V, do CC);

A letra D está incorreta, , pois o prazo prescricional se inicia do momento em que a Administração tiver desembolsado a indenização em favor da vítima, ou seja, o termo *a quo* é a data "do concreto e efetivo pagamento, pelo Estado, do valor a que foi condenado" (STJ, REsp. 328.391/DF).

(IV EXAME DE ORDEM UNIFICADO – FGV) Antônio, vítima em acidente automobilístico, foi atendido em hospital da rede pública do Município de Mar Azul e, por imperícia do médico que o assistiu, teve amputado um terço de sua perna direita. Nessa situação hipotética, respondem pelo dano causado a Antônio

(A) o Município de Mar Azul e o médico, solidária e objetivamente.
(B) o Município de Mar Azul, objetivamente, e o médico, regressivamente, em caso de dolo ou culpa.
(C) o Município de Mar Azul, objetivamente, e o médico, solidária e subjetivamente.
(D) o Município de Mar Azul, objetivamente, e o médico, subsidiariamente.

COMENTÁRIO

A letra B está correta, pois, como é de conhecimento geral, a responsabilidade estatal é objetiva, de modo que o Município responde objetivamente. Já a responsabilidade do agente público depende de culpa ou dolo de sua parte, devendo o Estado ingressar com ação de regresso contra o agente público que assim agir (art. 37, § 6º, da CF).

(III EXAME DE ORDEM UNIFICADO – FGV) Um policial militar, de nome Norberto, no dia de folga, quando estava na frente da sua casa, de bermuda e sem camisa, discute com um transeunte e acaba desferindo tiros de uma arma antiga, que seu avô lhe dera. Com base no relatado acima, é correto afirmar que o Estado

(A) será responsabilizado, com base na teoria do risco integral.
(B) será responsabilizado, pois Norberto é agente público pertencente a seus quadros.
(C) não será responsabilizado, pois Norberto, apesar de ser agente público, não atuou nessa qualidade; sua conduta não pode, pois, ser imputada ao Ente Público.
(D) somente será responsabilizado de forma subsidiária, ou seja, caso Norberto não tenha condições financeiras.

COMENTÁRIO

A letra C está correta, pois, de acordo com o art. 37, § 6º, da CF, as pessoas jurídicas de direito público só respondem por atos de seus agentes públicos quando estes causam dano a alguém enquanto atuam na qualidade de agente público. Um exemplo é o caso de um policial em serviço, que, ao perseguir um suspeito, mesmo sem necessidade, resolver atirar para matá-lo. Nossos tribunais, em alguns casos, também entendem que poderá haver responsabilidade estatal quando um policial, mesmo em horário de folga, usa arma da corporação para cometer um ato ilícito. No entanto, caso um policial, em horário de folga, tratando de questão não afeta ao seu serviço e utilizando arma que não é da corporação, acaba vindo a matar alguém, não se vem reconhecendo a responsabilidade do Estado, sob o argumento de que o agente público não estava atuando na qualidade de agente público quando empreendeu o ato lesivo.

10. LICITAÇÕES E CONTRATOS

10.1. Licitação

10.1.1. Princípios, objetivos e sujeitos à licitação

(VI EXAME DE ORDEM UNIFICADO – FGV) A licitação tem como um de seus princípios específicos o do julgamento objetivo, que significa

(A) a vedação de cláusulas ou condições que comprometam a ideia de proposta mais vantajosa à Administração.
(B) a vedação ao sigilo das propostas, de forma a permitir a todos, antes do início da licitação, o conhecimento objetivo das ofertas dos licitantes.
(C) ser vedada a utilização, no julgamento das propostas, de elemento, critério ou fator sigiloso, secreto, subjetivo ou reservado.
(D) ser impositivo o julgamento célere e oral das propostas, a acarretar a imediata contratação do licitante vencedor.

COMENTÁRIO

A letra C está correta, nos termos do art. 44 da Lei 8.666/1993;

A letra A está incorreta, pois essa vedação decorre do princípio da indisponibilidade do interesse público, sendo certo que um dos objetivos da licitação é justamente "a seleção da proposta mais vantajosa para a administração" (art. 3º da Lei 8.666/1993);

A letra B está incorreta, pois essa questão tem a ver com o princípio da publicidade, que, nesse ponto específico, sofre exceção, para o fim de impor o sigilo do conteúdo das propostas, até a respectiva abertura (art. 3º, § 3º, da Lei 8.666/1993);

A letra D está incorreta, pois essa questão tem a ver com o princípio da eficiência, e não com o princípio do julgamento objetivo; de qualquer forma, é bom ressaltar que a imposição de julgamento célere e oral das propostas não está prevista na Lei 8.666/1993.

10.1.2. Contratação direta

(XVIII EXAME DE ORDEM UNIFICADO – FGV) Após celebrar contrato de gestão com uma organização social, a União pretende celebrar, com a mesma organização, contrato de prestação de serviços para a realização de atividades contempladas no contrato de gestão. Com base na hipótese apresentada, assinale a afirmativa correta.

(A) É obrigatória a realização de licitação para a celebração do contrato de prestação de serviços.
(B) É dispensável a realização de licitação para a celebração do contrato de prestação de serviços.
(C) É inexigível a realização de licitação para a celebração do contrato de prestação de serviços.
(D) Não é possível celebrar contrato de prestação de serviços com entidade qualificada como organização social.

COMENTÁRIO

A letra B está correta (art. 24, XXIV, da Lei 8.666/1993)

As letras A e D estão incorretas, pois, de acordo com o art. 24, XXIV, da Lei 8.666/1993, é dispensável a licitação "para a celebração de contratos de prestação de serviços com as organizações sociais, qualificadas no âmbito das respectivas esferas de governo, para atividades contempladas no contrato de gestão".

A letra C está incorreta, pois o caso é de licitação *dispensável* (art. 24, XXIV, da Lei 8.666/1993), e não de licitação *inexigível* (art. 25 da Lei 8.666/1993).

(XV EXAME DE ORDEM UNIFICADO – FGV) A Agência Reguladora de Serviços Públicos Estaduais, autarquia do Estado ABC, identificou um imóvel, no centro da cidade XYZ (capital do Estado) capaz de receber as instalações de sua nova sede. O proprietário do imóvel, quando procurado, demonstrou interesse na sua alienação pelo preço de avaliação da Administração Pública.

Considerando a disciplina legislativa a respeito do tema, assinale a opção correta.

(A) É possível a compra de bem imóvel pela Administração, dispensada a licitação no caso de as necessidades de instalação e localização condicionarem a sua escolha.

(B) Não é possível a celebração de contrato de compra e venda, pois a única forma de aquisição de bem imóvel pelo Estado é a desapropriação.

(C) É possível a compra de bem imóvel pela Administração, mas tal aquisição deve ser, obrigatoriamente, precedida de licitação, na modalidade de concorrência.

(D) É possível a compra de bem imóvel pela Administração, mas tal aquisição deve ser, obrigatoriamente, precedida de licitação, na modalidade de leilão.

COMENTÁRIO

A letra A está correta, nos termos do art. 24, X, da Lei 8.666/1993, pelo qual é dispensável a licitação "para a compra ou locação de imóvel destinado ao atendimento das finalidades precípuas da administração, cujas necessidades de instalação e localização condicionem a sua escolha, desde que o preço seja compatível com o valor de mercado, segundo avaliação prévia";

A letra B está incorreta, pois a Administração também pode adquirir bens imóveis por outros meios, tais como a compra e venda (que é o caso mencionado e previsto no art. 24, X, da Lei 8.666/1993), a permuta e até a aquisição por adjudicação do bem em processo judicial em que o Poder Público é credor do executado;

As letras C e D estão incorretas, pois o caso em tela é de compra com dispensa de licitação (art. 24, X, da Lei 8.666/1993).

(XV EXAME DE ORDEM UNIFICADO – FGV) Diante das chuvas torrenciais que destruíram o telhado do prédio de uma Secretaria de Estado, o administrador entende presentes as condições para a dispensa de licitação com fundamento no Art. 24, IV, da Lei nº 8.666/1993 (contratação direta quando caracterizada urgência de atendimento de situação que possa ocasionar prejuízo ou comprometer a segurança de pessoas, obras, serviços, equipamentos e outros bens, públicos ou particulares).

Submete, então, à Assessoria Jurídica a indagação sobre a possibilidade de contratação de empresa de construção civil de renome nacional para a reconstrução da estrutura afetada do edifício.

Sobre as hipóteses de contratação direta, assinale a afirmativa correta.

(A) As hipóteses de dispensa e inexigibilidade de licitação não exigem justificativa de preço, porque são casos em que a própria legislação entende inconveniente ou inviável a competição pelas melhores condições de contratação.

(B) A dispensa de licitação, assim como a de inexigibilidade, não prescinde de justificativa de preço, uma vez que a autorização legal para não licitar não significa possibilidade de contratação por preços superiores aos praticados no mercado.

(C) Apenas as hipóteses de dispensa de licitação (e não as situações de inexigibilidade) exigem justificativa de preço até porque a inexigibilidade significa que somente uma pessoa pode ser contratada, o que afasta possibilidade de discussão quanto ao preço.

(D) A dispensa de licitação não exige justificativa de preço, pois a própria lei prevê, taxativamente, que não se faça licitação nas hipóteses elencadas; na inexigibilidade, a justificativa de preço é inafastável, diante do caráter exemplificativo do Art. 25 da Lei.

COMENTÁRIO

A letra B está correta, nos termos do art. 26, III, da Lei 8.666/93.

As letras A, C e D estão incorretas, pois, apesar de a lei não exigir licitação nessas hipóteses (arts. 24 e 25 da Lei 8.666/1993), a mesma lei impõe que no processo administrativo que será aberto para a contratação direta (sem licitação), tanto por dispensa como inexigibilidade, é necessário apresentar documentação com a "justificativa do preço" que se pagará na contratação respectiva (art. 26, III, da Lei 8.666/93);

(X EXAME DE ORDEM UNIFICADO – FGV) Nenhuma proposta foi apresentada na licitação promovida por uma autarquia federal para a aquisição de softwares de processamento de dados. Com relação a esse caso, assinale a afirmativa correta.

(A) Um novo procedimento licitatório deve ser realizado no prazo de até 180 dias do término do procedimento anterior.

(B) A hipótese é de licitação dispensada, ainda que ela possa ser repetida sem prejuízo para a Administração.

(C) A hipótese é de inexigibilidade de licitação, desde que a contratação se faça no prazo de até 180 dias do término do procedimento anterior.

(D) A contratação direta é admitida, se a licitação não puder ser repetida sem prejuízo para a Administração.

COMENTÁRIO

A letra D está correta, nos termos do art. 24, V, da Lei 8.666/1993.

As Letra A e C estão incorretas, pois não há, na Lei 8.666/1993, quaisquer disposições nos sentidos mencionados;

A letra B está incorreta, pois o caso é de dispensa de licitação, que depende de esta não poder ser repetida sem prejuízo para a Administração (art. 24, V, da Lei 8.666/1993), além de serem mantidas todas as condições preestabelecidas;

(OAB/EXAME UNIFICADO – 2009.3) Assinale a opção correta quanto às hipóteses legais de dispensa de licitação.

(A) Configura hipótese de dispensa de licitação a aquisição, pela União, Estados, DF e Municípios, de determinados produtos, com a finalidade de normalizar o abastecimento.

(B) Constitui hipótese de dispensa de licitação a contratação de profissional de qualquer setor artístico, desde que consagrado pela crítica especializada ou pela opinião pública.

(C) É possível a contratação direta nas hipóteses de licitação deserta e de licitação fracassada.

(D) Admite-se dispensa de licitação na contratação de remanescente de obra, serviço ou fornecimento, em decorrência de rescisão contratual, uma vez atendida a ordem de classificação da licitação anterior e aceitas as mesmas condições oferecidas pelo licitante vencedor.

COMENTÁRIO

A letra D está correta, nos termos do art. 24, XI, da Lei 8.666/1993.

A letra A está incorreta, pois tal dispensa só existe em favor da União (art. 24, VI, da Lei 8.666/1993);

A letra B está incorreta, pois essa é uma hipótese de inexigibilidade (art. 25, III, da Lei 8.666/1993), e não de dispensa de licitação;

A letra C está incorreta, uma vez que a contratação direta só é admitida na hipótese de *licitação deserta*, em que não apareceram interessados (art. 24, V, da Lei 8.666/1993), mas não na hipótese de *licitação fracassada*, em que apareceram interessados, mas todos foram inabilitados ou desclassificados (art. 48, § 3º, da Lei 8.666/1993);

10.1.3. Modalidades de licitação

(XII EXAME DE ORDEM UNIFICADO – FGV) A Administração Pública estadual pretende realizar uma licitação em modalidade não prevista na legislação federal. Nesse caso, é correto afirmar que

(A) a intenção é viável, pois o Estado tem ampla competência para legislar sobre licitações.

(B) a intenção somente é viável caso seja realizada a combinação de modalidades de licitação já previstas na Lei n. 8.666/93.

(C) a intenção não é viável por expressa vedação da Lei n. 8.666/1993.

(D) a intenção é viável por expressa autorização da Lei n. 8.666/1993.

COMENTÁRIO

A letra C está correta, nos termos do art. 22, § 8º, da Lei 8.666/1993;

A letra A está incorreta, pois essa questão é norma geral de licitação, que é de competência da União (art. 22, XXVII, da CF);

A letra B está incorreta, pois o art. 22, § 8º, da Lei 8.666/1993 proíbe a criação de outras modalidades de licitação ou a combinação das modalidades previstas na lei;

A letra D está incorreta, pois, como se viu, há proibição expressa nesse sentido, no art. 22, § 8º, da Lei 8.666/1993.

(XI EXAME DE ORDEM UNIFICADO – FGV) Em um pregão presencial promovido pela União, foram abertas as propostas de preço, constatando-se que o licitante "M" ofereceu preço de R$ 10.000,00; "N", o preço de R$ 10.001,00; "O" ofertou R$ 10.150,00; "P", o preço de R$ 10.500,00; "Q" apresentou proposta de R$ 10.999,99 e "R", por fim, ofereceu R$ 12.000,00.

Diante da hipótese sugerida, assinale a afirmativa correta.

(A) Devem ser classificados para a fase de lances verbais os licitantes "M", "N", "O", "P" e "Q", uma vez que ofereceram a proposta mais baixa e as propostas com preço até dez por cento superiores àquela.

(B) Para a fase de lances verbais, somente devem ser classificados os licitantes "M", "N", "O" e "P", uma vez que ofereceram a proposta mais baixa e as três outras melhores propostas.

(C) Todos os licitantes devem ser classificados para a próxima fase, uma vez que restringir a participação de algum deles significaria ofensa ao caráter competitivo da licitação.

(D) A Administração deve realizar média de todos os preços ofertados e poderão participar da fase seguinte os licitantes com propostas inferiores a esta média e aqueles que aceitarem reduzir seu preço para este limite.

COMENTÁRIO

A letra A está correta, pois o art. 4º, VIII, da Lei 10.520/2002 estabelece que o autor da oferta de valor mais baixo (no caso, "M"), mais os autores de ofertas com preços até 10% superiores à oferta mais baixa (no caso, "N", "O", "P" e "Q") poderão fazer novos lances verbais e sucessivos, até a proclamação do vencedor;

A letra B está incorreta, nos termos do comentário à alternativa "a"; vale lembrar que essa questão de chamar ao menos 3 propostas para a fase de lances verbais só se coloca quando não houver ao menos 3 ofertas distintas nas condições mencionadas no art. 4º, VIII, da Lei 10.520/2002; um exemplo seria a situação em que "M" oferece proposta de R$ 10 mil e todas as demais oferecem proposta superior a R$ 11 mil, hipótese em que, para termos ao menos três propostas diferentes na fase de lances verbais, seriam convocadas para essa fase as empresas detentoras das duas melhores ofertas após o primeiro colocado (art. 4º, IX, da Lei 10.520/2002);

As letras C e D estão incorretas, nos termos dos comentários as alternativas anteriores e nos termos do art. 4º, VIII, da Lei 10.520/2002.

(OAB/EXAME UNIFICADO – 2012.3.B) O Estado Y resolve realizar licitação, com fundamento na Lei Federal n. 8.666/1993, para a contratação de obra de engenharia para a construção de um hospital. Consultada a procuradoria, ela indica que a modalidade que deverá ser adotada é a de tomada de preços.

Com base no caso acima, assinale a afirmativa correta.

(A) Se a modalidade deve ser tomada de preços, pode-se presumir que a obra foi orçada em até um milhão e quinhentos mil reais, porém nada obsta que se opte por utilizar as modalidades concorrência ou convite, pois ambas são modalidades mais amplas de licitação que a tomada de preços.

(B) É possível desmembrar a referida obra em duas ou mais e realizar as licitações na modalidade de convite, mesmo que, com isso, viesse a perder a economia de escala decorrente da sua realização integrada.

(C) Na tomada de preços qualquer interessado que, na fase inicial de habilitação preliminar, comprovar possuir os requisitos mínimos de qualificação exigidos no edital para execução de seu objeto, poderá dela participar.

(D) Na modalidade tomada de preços, o Estado somente receberá propostas dos licitantes que estejam devidamente cadastrados, permitindo-se, porém, o cadastramento até o terceiro dia anterior à data do recebimento das propostas, observada a necessária qualificação.

COMENTÁRIO

A letra D está correta, nos termos do art. 22, § 2º, da Lei 8.666/1993.

A letra A está incorreta, pois a concorrência é modalidade de licitação mais abrangente que a tomada de preços, já que se aplica a contratações de obras e serviços de engenharia de valor superior a R$ 1.500.000,00 (art. 23, I, *c*, da Lei 8.666/1993), ao passo que o convite para essas contratações tem por limite R$ 150.000,00 (art. 23, I, *a*, da Lei 8.666/1993); assim, uma interpretação teleológica da norma já permitiria dizer que quando couber convite, a Administração poderá utilizar tomada de preços e, em qualquer caso, a concorrência; porém, para que não houvesse dúvida disso o art. 23, § 4º, da Lei 8.666/1993 é expresso nesse sentido;

A letra B está incorreta, pois isso seria fraude à lei (com o objetivo de fazer licitação mais simples para casos mais relevantes), havendo vedação expressa na lei (art. 23, § 5º, da Lei 8.666/1993);

A letra C está incorreta, pois na tomada de preços o interessado deve estar previamente cadastrado antes do que corresponderia à fase de habilitação preliminar (art. 22, § 2º, da Lei 8.666/1993);

10.1.4. Anulação e revogação da licitação

(XIII EXAME DE ORDEM UNIFICADO – FGV) A União licitou, mediante concorrência, uma obra de engenharia para construir um hospital público. Depois de realizadas todas as etapas previstas na Lei n. 8.666/93, sagrou-se vencedora a Companhia X. No entanto, antes de se outorgar o contrato para a Companhia X, a Administração Pública resolveu revogar a licitação. Acerca do tema, assinale a afirmativa correta.

(A) A Administração Pública pode revogar a licitação, por qualquer motivo, principalmente por ilegalidade, não havendo direito subjetivo da Companhia X ao contrato.

(B) A revogação depende da constatação de ilegalidade no curso do procedimento e, nesse caso, não pode ser decretada em prejuízo da Companhia X, que já se sagrou vencedora.

(C) A revogação, fundada na conveniência e na oportunidade da Administração Pública, deverá sempre ser motivada e baseada em fato superveniente ao início da licitação.

(D) Quando a Administração lança um edital e a ele se vincula, somente será possível a anulação do certame em caso de ilegalidade, sendo-lhe vedado, pois, revogar a licitação.

COMENTÁRIO

A letra C está correta, nos termos do art. 49, *caput*, da Lei 8.666/1993;

As letras A e B estão incorretas, pois o único motivo que autoriza a revogação de uma licitação é a superveniência de um fato novo que torne inconveniente ou inoportuna a contratação que derivará da licitação; a ilegalidade de um certame dá ensejo à anulação e não à revogação;

A letra D está incorreta, pois o art. 49, *caput*, da Lei 8.666/1993 admite expressamente a revogação da licitação.

(III EXAME DE ORDEM UNIFICADO – FGV) Sendo o contrato administrativo nulo, é correto afirmar que

(A) seu reconhecimento não exonera a Administração do dever de indenizar o contratado de boa-fé, por tudo o que este houver executado e por outros prejuízos comprovados.

(B) a declaração de nulidade não opera retroativamente, obrigando o contratado a indenizar a Administração pelos danos por esta sofridos.

(C) a declaração não opera retroativamente, respeitando o direito adquirido ao término do contrato, caso tenha o contratado iniciado sua execução.

(D) que essa nulidade só produzirá efeitos se o contrato for de valor superior a 100 (cem) salários-mínimos, caso o contratado tenha iniciado a sua execução.

COMENTÁRIO

A letra A está correta, pois reproduz o texto do art. 59, parágrafo único, da Lei 8.666/1993;

As letras B e C estão incorretas, pois a declaração de nulidade opera retroativamente sim (art. 59, *caput*, da Lei 8.666/1993); ademais, quem tem que indenizar alguém é a Administração (pelos serviços que foram prestados e outros prejuízos comprovados), e não o contratado de boa-fé;

A letra D está incorreta, pois o art. 59 da Lei 8.666/1993, que regulamenta a questão, não faz essa distinção.

(III EXAME DE ORDEM UNIFICADO – FGV) A revogação da licitação pressupõe

(A) mero juízo de conveniência e oportunidade da Administração, podendo se dar a qualquer tempo.

(B) razões de interesse público decorrentes de fato superveniente, devidamente comprovado, pertinente e suficiente para justificar essa conduta.

(C) mero juízo de conveniência e oportunidade da Administração, podendo ocorrer até antes da assinatura do contrato.

(D) prévia, integral e justa indenização, podendo, por isso, se dar por qualquer motivo e a qualquer tempo.

COMENTÁRIO

A letra B está correta, nos termos do comentário à alternativa "C";

As letras A e C estão incorretas, pois a revogação de um ato só pode ocorrer se, após a expedição deste, ocorrer um *fato novo* que justifique, diante de *razões de interesse público*, a sua retirada do mundo jurídico; assim, não basta "mero juízo de conveniência"; ademais, não é possível revogar um ato a qualquer tempo, pois, caso o ato já tenha sido extinto por outro motivo (ex.: por cumprimento dos seus efeitos), não há mais que se falar em retirada do ato do mundo jurídico;

A letra D está incorreta, pois a Administração, apesar de ter de respeitar os requisitos previstos no art. 49 da Lei 8.666/1993, não tem o dever de providenciar prévia, integral e justa indenização.

10.2. Contrato administrativo

10.2.1. Cláusulas exorbitantes e temas gerais

(XVIII EXAME DE ORDEM UNIFICADO – FGV) O Município C está elaborando edital de licitação para a contratação de serviço de limpeza predial. A respeito do prazo de duração desse contrato, assinale a afirmativa correta.

(A) O prazo de duração do contrato está adstrito à vigência do respectivo crédito orçamentário, sem possibilidade de prorrogação.

7. Direito Administrativo

(B) O contrato de prestação de serviços pode ser celebrado pelo prazo de até 48 meses.

(C) O contrato pode ser celebrado por prazo indeterminado, mantendo-se vigente enquanto não houver melhor preço do que o da proposta vencedora da licitação.

(D) O contrato poderá ter a sua duração prorrogada por iguais e sucessivos períodos com vistas à obtenção de preços e condições mais vantajosas para a administração, limitada a sessenta meses.

COMENTÁRIO

A letra D está correta, pois, em se tratando de contrato relativo à prestação de serviços a serem executados de forma contínua, que é o caso do contrato de limpeza predial, é possível a prorrogação de sua duração por iguais e sucessivos períodos, limitada a 60 meses (art. 57, *caput* e II, da Lei 8.666/1993).

As letras A, B e C estão incorretas; de fato, a regra é que os contratos tenham duração limitada à vigência do respectivo crédito orçamentário; porém, em se tratando de contrato relativo à prestação de serviços a serem executados de forma contínua, que é o caso do contrato de limpeza predial, é possível a prorrogação de sua duração por iguais e sucessivos períodos, limitada a 60 meses (art. 57, *caput* e II, da Lei 8.666/1993).

(II EXAME DE ORDEM UNIFICADO – FGV) Uma das características dos contratos administrativos é a "instabilidade" quanto ao seu objeto que decorre.

(A) do poder conferido à Administração Pública de alterar, unilateralmente, algumas cláusulas do contrato, no curso de sua execução, na forma do artigo 58, inciso I da Lei n. 8.666/93, a fim de adequar o objeto do contrato às finalidades de interesse público, respeitados os direitos do contratado.

(B) da possibilidade do contratado (particular) alterar, unilateralmente, a qualquer tempo, algumas cláusulas do contrato, no curso de sua execução, de forma a atender aos seus próprios interesses em face das prerrogativas da Administração Pública.

(C) do poder conferido à Administração Pública de alterar, unilateralmente, algumas cláusulas do contrato, no curso de sua execução, na forma do art. 58, inciso I da Lei n. 8.666/1993, a fim de adequar o objeto do contrato aos interesses do contratado (particular) em face das prerrogativas da Administração Pública.

(D) de não haver qualquer possibilidade de alteração do objeto do contrato administrativo, quer pela Administração Pública, quer pelo contratado (particular), tendo em vista o princípio da vinculação ao edital licitatório, do qual o contrato e seu objeto fazem parte integrante; e o princípio da juridicidade, do qual aquele primeiro decorre.

COMENTÁRIO

A alternativa "A" está correta, pois os arts. 58, I, e 65, I, da Lei 8.666/1993 autorizam que a Administração, unilateralmente, "para melhor adequação às finalidades de interesse público", modifique o contrato, "respeitados os direitos do contratado". Assim, caso a Administração contrate a compra de 1.000 carteiras escolares e, logo em seguida à assinatura do contrato, verifique que será necessária a entrega de mais 200 carteiras, o contratado, de um lado, terá o dever de aceitar essa alteração contratual, para atender ao interesse público, e, de outro lado, terá direito ao reequilíbrio econômico-financeiro, recebendo quantia adicional referentes às carteiras a mais que terá de entregar. Assim, ficam descartadas as seguintes alternativas: "B", pois não é o *contratado* que tem o direito de alterar unilateralmente o contrato, e sim a *contratante* (a Administração); "C", pois o poder da Administração não tem por finalidade atender ao interesse do *particular*, mas atender ao *interesse público;* e "D", pois, como se viu dos dispositivos citados, a própria Lei 8.666/93 traz uma exceção ao princípio da vinculação ao edital, permitindo a alteração contratual referida na alternativa "a".

10.2.2. Formalização e cláusulas necessárias

(VI EXAME DE ORDEM UNIFICADO – FGV) Quanto às garantias dos contratos administrativos, é correto afirmar que

(A) a escolha do tipo de garantia se fará, sempre, com base na indisponibilidade do interesse público, pela Administração.

(B) para serem exigidas do contratado, devem ser previstas no instrumento convocatório.

(C) é admissível todo e qualquer tipo de garantia admitida pelo direito privado, à escolha da Administração.

(D) é admissível todo e qualquer tipo de garantia admitida em direito, sendo irrelevante a previsão no instrumento convocatório.

COMENTÁRIO

A letra B está correta, pois, pois a garantia só pode ser exigida se prevista no instrumento convocatório (art. 56, *caput*, da Lei 8.666/1993);

A letra A está incorreta, pois a escolha da garantia, quando esta for exigida, compete ao contratado, e não à Administração; o contratado poderá escolher a garantia dentro das opções previstas no art. 56, § 1º, da Lei 8.666/1993;

A letra C está incorreta, pois o particular deve escolher a garantia dentro das opções previstas no art. 56, § 1º, da Lei 8.666/1993);

A letra D está incorreta, pois a exigência de garantia deve estar no instrumento convocatório e não se admite qualquer garantia, mas apenas as previstas no art. 56, § 1º, da Lei 8.666/1993.

10.2.3. Alterações contratuais

(XI EXAME DE ORDEM UNIFICADO – FGV) Determinada construtora sagra-se vencedora numa licitação para a reforma do hall de acesso de uma autarquia estadual. O contrato foi assinado no dia 30 de abril, com duração até 30 de outubro daquele mesmo ano.

Iniciada a execução do contrato, a Administração constata a necessidade de alteração no projeto original, a fim de incluir uma rampa de acesso para deficientes físicos.

Com base na hipótese sugerida, assinale a afirmativa correta.

(A) A alteração do projeto, pela Administração, autoriza a recomposição do equilíbrio econômico-financeiro, mas não a prorrogação do prazo de entrega da obra.

(B) A alteração do projeto, pela Administração, autoriza a recomposição do equilíbrio econômico-financeiro e também a prorrogação do prazo de entrega da obra.

(C) Os concorrentes que perderam a licitação podem questionar a validade da alteração, exigindo a realização de novo procedimento licitatório para a totalidade da obra.

(D) Os concorrentes que perderam a licitação podem questionar a validade da alteração, exigindo a realização de novo procedimento licitatório para a construção da rampa de acesso para deficientes físicos.

COMENTÁRIO

A letra B está correta, pois a Administração Pública pode alterar qualitativa e quantitativamente os contratos administrativos, nos termos do art. 65, I, da Lei 8.666/1993, respeitando as disposições legais a respeito. A medida tomada (inclusão de rampa de acesso para deficientes) pode se enquadrar, de acordo com as características do contrato no caso concreto, tanto na alínea *a* como na alínea *b* do inciso I do art. 65 da Lei 8.666/1993. Assim, ficam afastadas as alternativas "c" e "d". Outro ponto é que, havendo alteração unilateral do contrato que aumente os encargos do contratado (o que aconteceu no caso narrado no enunciado), a Administração deverá restabelecer, por aditamento, o equilíbrio econômico-financeiro inicial (art. 65, § 6º, da Lei 8.666/1993). Por fim, de rigor lembrar que a lei admite prorrogação do prazo de entrega quando há alteração do projeto ou especificações, pela Administração (art. 57, § 1º, I, da Lei 8.666/93), o que afasta a alternativa "a" e impõe seja assinalada a alternativa "B".

11. SERVIÇO PÚBLICO, CONCESSÃO E PPP

11.1. Serviço público

(IX EXAME DE ORDEM UNIFICADO – FGV) Acerca dos serviços considerados como serviços públicos *uti singuli*, assinale a afirmativa correta.

(A) Serviços em que não é possível identificar os usuários e, da mesma forma, não é possível a identificação da parcela do serviço utilizada por cada beneficiário.

(B) Serviços singulares e essenciais prestados pela Administração Pública direta e indireta.

(C) Serviços em que é possível a identificação do usuário e da parcela do serviço utilizada por cada beneficiário.

(D) Serviços que somente são prestados pela Administração Pública direta do Estado.

COMENTÁRIO

A letra C está correta, pois traz a exata definição de serviços *uti singuli*; um exemplo são os serviços de telefonia e energia elétrica;

A letra A está incorreta, pois essa definição é de serviços *uti universi*; serviços *uti singuli* são aqueles em que é possível identificar o usuário e a parcela do serviço utilizada por cada beneficiário;

A letra B está incorreta, pois serviços *uti singuli* são aqueles em que é possível identificar o usuário e a parcela do serviço utilizada por cada beneficiário, seja o serviço essencial ou não;

A letra D está incorreta, pois tais serviços (*uti singuli*) podem ser prestados também pela Administração Pública indireta e até por particulares concessionários de serviço público, como é o caso do serviço de telefonia.

(VI EXAME DE ORDEM UNIFICADO – FGV) São princípios próprios ou específicos dos serviços públicos, previstos na Lei 8.987/1995,

(A) moralidade, publicidade e legalidade.
(B) especificidade, publicidade e moralidade.
(C) continuidade, atualidade e cortesia.
(D) atratividade, mutualismo e comutatividade.

COMENTÁRIO

A letra C está correta, pois os princípios próprios dos serviços públicos, previstos no art. 6º, § 1º, da Lei 8.987/1995, são os seguintes: regularidade, continuidade, eficiência, segurança, atualidade, generalidade, cortesia e modicidade das tarifas.

11.2. Concessão de serviço público

(XVIII EXAME DE ORDEM UNIFICADO – FGV) Após dezenas de reclamações dos usuários do serviço de transporte metroviário, o Estado Y determinou a abertura de processo administrativo para verificar a prestação inadequada e ineficiente do serviço por parte da empresa concessionária. Caso se demonstre a inadimplência, como deverá proceder o poder público concedente?

(A) Declarar, por decreto, a caducidade da concessão.
(B) Declarar, por decreto, a encampação do serviço.
(C) Declarar, por decreto, após lei autorizativa, a revogação da concessão.
(D) Declarar, por lei, a anulação do contrato de concessão.

A letra A está correta; de acordo com o art. 38, § 2º, da Lei 8.987/1995, em caso de verificação de inadimplência por parte da empresa concessionária de serviço público, a concessão será extinta por meio do instituto da "caducidade", mediante regular processo administrativo com ampla defesa, operando-se ao final tal declaração por meio de decreto do poder concedente (art. 38, § 4º, da Lei 8.987/1995).

A letra B está incorreta, pois a encampação é a extinção da concessão por motivo de interesse público (art. 37 da Lei 8.987/1995), e não por motivo de inadimplência do concessionário; C: incorreta, pois a revogação é a extinção de um ato administrativo (e não de uma concessão) por motivo de interesse público, ao passo que em caso de inadimplência do concessionário tem-se hipótese de extinção da concessão pela declaração de caducidade.

A letra D está incorreta, pois a anulação é forma de extinção de uma concessão de serviço público por motivo de ilegalidade nos atos que levaram à outorga dessa concessão, ao passo que em caso de inadimplência do concessionário tem-se hipótese de extinção da concessão pela declaração de caducidade.

(XVI EXAME DE ORDEM UNIFICADO – FGV) O Estado X, após regular processo licitatório, celebrou contrato de concessão de serviço público de transporte intermunicipal de passageiros, por ônibus regular, com a sociedade empresária "F", vencedora do certame, com prazo de 10 (dez) anos. Entretanto, apenas 5 (cinco) anos depois da assinatura do contrato, o Estado publicou edital de licitação para a concessão de serviço de transporte de passageiros, por ônibus do tipo executivo, para o mesmo trecho. Diante do exposto, assinale a afirmativa correta.

(A) A sociedade empresária "F" pode impedir a realização da nova licitação, uma vez que a lei atribui caráter de exclusividade à outorga da concessão de serviços públicos.
(B) A outorga de concessão ou permissão não terá caráter de exclusividade, salvo no caso de inviabilidade técnica ou econômica devidamente justificada.
(C) A lei atribui caráter de exclusividade à concessão de serviços públicos, mas a violação ao comando legal somente confere à sociedade empresária "F" direito à indenização por perdas e danos.
(D) A lei veda a atribuição do caráter de exclusividade à outorga de concessão, o que afasta qualquer pretensão por parte da concessionária, salvo o direito à rescisão unilateral do contrato pela concessionária, mediante notificação extrajudicial.

COMENTÁRIO

A letra B está correta, nos termos do art. 16 da Lei 8.987/1995;

As letras A e C estão incorretas, pois o caso em questão traz dois tipos de serviços diferentes (de transporte intermunicipal comum e de transporte por ônibus do tipo executivo), devendo cada empresa concessionária atuar em seu ramo de serviço; ademais, segundo o art. 16 da Lei 8.987/1995, a outorga de concessão ou permissão não terá caráter de exclusividade, salvo o caso de inviabilidade técnica ou econômica justificada, o que não acontece no caso em tela;

A letra D está incorreta, pois, como se viu, a lei dispõe que não haverá exclusividade e no caso em tela cada concessionária atuará num tipo de serviço diferente, não havendo qualquer justificativa para a rescisão unilateral mencionada.

(XVI EXAME DE ORDEM UNIFICADO – FGV) Após fortes chuvas, devido ao enorme volume de água, parte de uma rodovia federal sofreu rachaduras e cedeu, tornando necessária a interdição da pista e o desvio do fluxo de tráfego até a conclusão das obras de reparo. A exploração da rodovia havia sido concedida, mediante licitação, à sociedade empresária "*Traffega*", e esta não foi capaz de lidar com a situação, razão pela qual foi decretada a intervenção na concessão. Sobre a hipótese apresentada, assinale a afirmativa correta.

(A) A intervenção somente pode ser decretada após a conclusão de processo administrativo em que seja assegurada a ampla defesa.
(B) A administração do serviço será devolvida à concessionária, cessada a intervenção, se não for extinta a concessão.
(C) A intervenção decorre da supremacia do interesse público sobre o privado e dispensa a instauração de processo administrativo.
(D) A intervenção é causa obrigatória de extinção da concessão e assunção do serviço pelo poder concedente.

COMENTÁRIO

A letra B está correta, nos termos do art. 34 da Lei 8.987/1995;

A letra A está incorreta, pois a intervenção na concessão, que será determinada por decreto do poder concedente, dar-se-á imediatamente, diferindo-se a ampla defesa para o momento seguinte, ocasião em que se terá 30 dias para instaurar um processo administrativo para comprovar as causas determinantes da medida e apurar responsabilidades, devolvendo-se o serviço ao concessionário e pagando-se indenização a ele, caso comprovado que ela não observou os ditames legais (art. 33, *caput* e § 1º, da Lei 8.987/1995);

A letra C está incorreta, pois é necessário instaurar processo administrativo para comprovar as causas determinantes da medida e apurar responsabilidades, assegurado o direito de ampla defesa, sendo que, "se ficar comprovado que a intervenção não observou os pressupostos legais e regulamentares será declarada sua nulidade, devendo o serviço ser imediatamente devolvido à concessionária, sem prejuízo de seu direito à indenização", valendo informar que o procedimento administrativo em questão "deverá ser concluído no prazo de até cento e oitenta dias, sob pena de considerar-se inválida a intervenção" (art. 33 da Lei 8.987/1995);

A letra D está incorreta, pois a intervenção não está prevista na lei como motivo suficiente para a extinção da concessão (art. 35 da Lei 8.987/1996), lembrando-se que, "cessada a intervenção, se não for extinta a concessão, a administração do serviço será devolvida à concessionária, precedida de prestação de contas pelo interventor, que responderá pelos atos praticados durante a sua gestão" (art. 34 da Lei 8.987/1995).

(XIV EXAME DE ORDEM UNIFICADO – FGV) Caso o Estado delegue a reforma, manutenção e operação de uma rodovia estadual à iniciativa privada, com a previsão de que a amortização dos investimentos e a remuneração do particular decorram apenas da tarifa cobrada dos usuários do serviço, estaremos diante de uma

(A) concessão de obra pública.
(B) concessão administrativa.
(C) concessão patrocinada.
(D) concessão de serviço público precedida da execução de obra pública.

COMENTÁRIO

A letra D está correta, nos termos do art. 2º, III, da Lei 8.987/1995.

As letras A, B e C estão incorretas, pois o instituto correto é a *concessão de serviço público precedida da execução de obra pública* (art. 2º, III, da Lei 8.987/1995); também não se trata de concessão patrocinada, pois nesta, além das tarifas cobradas do usuário, há contraprestação pecuniária do parceiro público (art. 2º, § 1º, da Lei 11.079/2004);

(XIII EXAME DE ORDEM UNIFICADO – FGV) O Estado X publicou edital de concorrência para a concessão de uma linha de transporte aquaviário interligando os municípios A e B, situados em seu território, por meio do Rio Azulão. Sobre o tema da concessão de serviços públicos, e considerando os dados acima narrados, assinale a afirmativa correta.

(A) A outorga de concessão de serviço público, em regra, se dá em caráter de exclusividade.

(B) O edital de licitação pode prever a utilização de receitas alternativas, provenientes da exploração de placas publicitárias, com vistas a favorecer a modicidade das tarifas.

(C) Não se admite a inserção, no contrato, de cláusula que preveja a arbitragem para a resolução de conflitos.

(D) Na licitação para a concessão de serviços públicos, não se admite a inversão da ordem das fases de habilitação e julgamento.

COMENTÁRIO

A letra B está correta, nos termos do art. 18, VI. c/c com art. 11, *caput*, ambos da Lei 8.987/1995;

A letra A está incorreta, pois, de acordo com o art. 16 da Lei 8.987/1995, a outorga de concessão ou permissão não terá caráter de exclusividade, exceto no caso de inviabilidade técnica ou econômica justificada no ato a que se refere o art. 5º da lei;

A letra C está incorreta, pois "o contrato de concessão poderá prever o emprego de mecanismos privados para resolução de disputas decorrentes ou relacionadas ao contrato, inclusive a arbitragem, a ser realizada no Brasil e em língua portuguesa, nos termos da Lei n. 9.307, de 23 de setembro de 1996" (art. 23-A da Lei 8.987/1995);

A letra D está incorreta, pois o art. 18-A da Lei 8.987/1995 admite que o edital preveja a inversão de fases mencionada.

(VIII EXAME DE ORDEM UNIFICADO – FGV) Uma concessionária de serviço público, em virtude de sua completa inadequação na prestação do serviço, não consegue executar o contrato. Nesse caso, segundo a Lei n. 8.987/1995, poderá ser declarada, a critério do poder concedente, a extinção do contrato por

(A) caducidade.

(B) encampação.

(C) anulação.

(D) revogação.

COMENTÁRIO

A letra A está correta, pois a extinção da concessão por motivo de culpa do concessionário tem o nome de caducidade; as hipóteses de caducidade estão previstas no art. 38, § 1º, da Lei 8.987/1995, sendo que o inciso I trata da configuração da caducidade por "inadequação da prestação do serviço";

A letra B está incorreta, pois a encampação (ou resgate) é a extinção da concessão por motivo de interesse público (art. 37 da Lei 8.987/1995), e não por culpa do concessionário;

A letra C está incorreta, pois a anulação é a extinção da concessão por motivo de ilegalidade, e não por culpa do concessionário;

A letra D está incorreta, pois a revogação é a extinção de ATOS administrativos (e não de CONCESSÕES de serviço público) por motivo de interesse público.

(IV EXAME DE ORDEM UNIFICADO – FGV) Ao tomar conhecimento de que o serviço público de transporte aquaviário concedido estava sendo prestado de forma inadequada, causando gravíssimos transtornos aos usuários, o ente público, na qualidade de poder concedente, instaurou regular processo administrativo de verificação da inadimplência da concessionária, assegurando-lhe o contraditório e a ampla defesa. Ao final do processo administrativo, restou efetivamente comprovada a inadimplência, e o poder concedente deseja extinguir a concessão por inexecução contratual. Qual é a modalidade de extinção da concessão a ser observada no caso narrado?

(A) Anulação.

(B) Caducidade.

(C) Rescisão.

(D) Encampação.

COMENTÁRIO

A letra B está correta, pois o instituto que se aplica ao caso concreto é o da *caducidade*, que é a extinção da concessão por inadimplência do concessionário (art. 38 da Lei 8.987/1995), justamente o que fez a concessionária no caso concreto. A anulação não se aplica, pois é a extinção da concessão por *ilegalidade*. A rescisão é terminologia empregada, na concessão de serviço público, para a extinção desta por culpa do poder concedente, a pedido da concessionária. E a encampação também não se aplica ao caso narrado, pois é a extinção da concessão por motivo de interesse público. Porém, é bom que fique claro que a questão está mal formulada. Isso porque o enunciado narra conduta do poder concedente insuficiente para decretar a caducidade. Segundo a Lei 8.987/95, o poder concedente, quando tomar conhecimento de que o serviço público está sendo prestado de forma inadequada, deve, em primeiro lugar (antes de instaurar processo administrativo de inadimplência!), comunicar à concessionária detalhadamente os descumprimentos contratuais, dando-lhe prazo para corrigir as falhas e transgressões apontadas e para o enquadramento, nos termos contratuais (art. 38, § 3º, da Lei 8.987/1995). Assim, a situação narrada no enunciado não permitia, ainda, a o decreto de caducidade.

(II EXAME DE ORDEM UNIFICADO – FGV) Uma determinada empresa concessionária transfere o seu controle acionário para uma outra empresa privada, sem notificar, previamente, o Poder concedente, parte no contrato de concessão. Assinale a alternativa que indique a medida que o Poder concedente poderá tomar, se não restarem atendidas as mesmas exigências técnicas, de idoneidade financeira e regularidade jurídica por esta nova empresa.

(A) Poderá o Poder concedente declarar a caducidade da concessão, tendo em vista o caráter *intuitu personae* do contrato de concessão.

(B) Poderá retomar o serviço, por motivo de interesse público, através da encampação, autorizada por lei específica, após prévio pagamento da indenização.

(C) Poderá o Poder concedente anular o contrato de concessão, através de decisão administrativa, uma vez que a transferência acionária da empresa concessionária sem a notificação prévia ao Poder concedente gera irregularidade, insusceptível de convalidação.

(D) Nada poderá fazer o Poder concedente, uma vez que a empresa concessionária, apesar da alteração societária, não desnatura o caráter *intuitu personae* do contrato de concessão.

COMENTÁRIO

A letra A está correta, pois segundo o art. 27 da Lei 8.987/1995, "a transferência de concessão ou do controle societário da concessionária sem prévia anuência do poder concedente implicará a caducidade da concessão"; de fato, a extinção da concessão por *inexecução de obrigações* por parte do concessionário tem o nome de *caducidade*, conforme se verifica do art. 38 da Lei 8.987/1995, e, no caso narrado na alternativa, há inexecução de obrigação ("solicitar prévia anuência do poder concedente"), de modo que a extinção da concessão no caso só poderia ter o nome de caducidade, daí o porquê da redação do art. 27 citado;

A letra B está incorreta, pois a encampação, que é a extinção da concessão por motivo de interesse público (art. 37 da Lei 8.987/1995), só se aplica quando não for o caso de extinção da concessão por outro motivo; assim, se há ilegalidade na concessão, deve-se anulá-la; se há inexecução de obrigações pelo concessionário, deve-se extinguir a concessão por caducidade; e se a concessão estiver livre de ilegalidades e o concessionário estiver cumprindo seus deveres, mas não mais existir interesse público na manutenção da concessão, esta deve ser extinta pela encampação; no caso, como havia descumprimento de obrigações pela concessionária, de rigor a extinção da concessão pela caducidade, como se viu;

A letra C está incorreta, pois a anulação de uma concessão só deve ser promovida quando esta já tiver sido iniciada com ilegalidade (por ex., sem licitação prévia), o que não ocorre no caso;

A letra D está incorreta, pois o art. 27 da Lei 8.987/1995 deixa claro que mesmo a simples transferência do controle acionário da concessionária sem a anuência do poder concedente implicará a caducidade da concessão.

11.3. Parceria público-privada (PPP)

(IX EXAME DE ORDEM UNIFICADO – FGV) Um estado da Federação, em processo de recuperação econômica, pretende restaurar o seu antigo Parque de Esportes, uma enorme área que concentra estádio de futebol, ginásio de esportes coletivos e parque aquático. Não dispondo de recursos para custear a totalidade da obra e nem tendo expertise para promover uma boa gestão do espaço, o Estado pretende firmar um contrato de parceria público-privada, nos moldes da Lei 11.079/2004.

Sobre o instituto da Parceria Público-Privada, assinale a afirmativa correta.

(A) As parcerias público-privadas têm natureza de convênio, e não de contrato, uma vez que o ente público e o ente particular conjugam esforços na realização de uma atividade de interesse público.

(B) As parcerias público-privadas preveem que o ente público executará uma parcela do serviço ou obra, nunca inferior a 50%, e o particular o restante do serviço ou obra.

(C) As parcerias público-privadas não podem ter por objeto, exclusivamente, a execução de obra pública de restauração do Parque de Esportes.

(D) As parcerias público-privadas remuneram o ente particular integralmente com o valor das tarifas cobradas dos usuários do serviço, sendo vedado ao ente público o custeio direto das atividades desenvolvidas pelo particular.

COMENTÁRIO

A letra C está correta, nos termos do art. 2º, § 4º, III, da Lei 11.079/2004;

A letra A está incorreta, pois a natureza é de contrato; num convênio os interesses são comuns, não havendo obrigações recíprocas, podendo qualquer dos partícipes denunciar o ajuste a qualquer tempo; no contrato, as obrigações são recíprocas e o vínculo firme, não podendo qualquer das partes se evadir do contrato e de suas obrigações antes de cumprir com seus deveres ou sem que haja fundamento contratual ou legal para tanto;

A letra B está incorreta, pois a divisão de tarefas é outra; o parceiro privado entra com obrigações de fazer (construir, administrar etc.) e o parceiro público entra com dinheiro (art. 2º, § 3º, da Lei 11.079/2004), ainda que este seja desembolsado só ao final ou quando o empreendimento estiver em operação;

A letra D está incorreta, pois é justamente o contrário, ou seja, quando houver cobrança de tarifas só se tem parceria público-privada quando houver, adicionalmente à tarifa cobrada dos usuários, contraprestação pecuniária do parceiro público ao parceiro privado (art. 2º, § 3º, da Lei 11.079/2004).

(VI EXAME DE ORDEM UNIFICADO – FGV) Em determinado contrato de concessão de serviços públicos patrocinada, foi acordado entre as partes que o poder concedente assumiria os riscos decorrentes de fato do príncipe e o concessionário aqueles que decorressem de caso fortuito ou força maior. De acordo com a legislação acerca da matéria, é possível afirmar que tal estipulação contratual é

(A) nula, pois o contrato não pode atribuir ao concessionário a responsabilidade por fatos imprevisíveis, cujos efeitos não era possível evitar ou prever. Assim, não havendo culpa, não é possível a atribuição, por contrato, de tal responsabilidade.

(B) nula, pois em toda e qualquer concessão de serviço público, todos os riscos inerentes ao negócio são de responsabilidade do concessionário. Assim, a atribuição de responsabilidade ao concedente pelos riscos decorrentes de fato do príncipe viola a legislação acerca da matéria.

(C) válida, pois a lei de parcerias público-privadas atribui ao contrato autonomia para definir a repartição de riscos entre as partes, inclusive os referentes a caso fortuito, força maior, fato do príncipe e álea econômica extraordinária.

(D) válida, pois inerente ao princípio da autonomia contratual, que apenas veicula hipótese de repartição objetiva de riscos entre o Poder Público e o concessionário e que se encontra previsto na legislação pátria desde o advento da Lei 8.666/93.

COMENTÁRIO

A letra C está correta, pois uma das diretrizes da parceria público-privada é justamente a "repartição objetiva dos riscos entre as partes" (art. 4º, VI, da Lei 11.079/2004). As cláusulas contratuais dessa parceria, devem, assim, prever "a repartição de riscos entre as partes, inclusive os referentes a caso fortuito, fato do príncipe e álea econômica extraordinária" (art. 5º, III, da Lei 11.079/2004). Tal novidade, que veio com a edição da Lei de PPP, não estava prevista na Lei 8.666/1993. Assim, a estipulação mencionada no enunciado é válida, afastando-se as alternativas "a" e "b". A alternativa "d" está incorreta, pois essa repartição de riscos não estava prevista na Lei 8.666/93. E a alternativa "c" está correta por descrever adequadamente a validade dessa estipulação contratual.

(IV EXAME DE ORDEM UNIFICADO – FGV) O contrato de prestação de serviços de que a Administração Pública seja a usuária direta ou indireta, ainda que envolva a execução de obra ou fornecimento e instalação de bens, denomina-se concessão

(A) patrocinada.

(B) de uso de bem público.

(C) administrativa.

(D) comum.

COMENTÁRIO

A letra C está correta, pois, de acordo com o art. 2º, § 2º, da Lei 11.079/2004, é concessão administrativa "o contrato de prestação de serviços de que a Administração Pública seja usuária direta ou indireta, ainda que envolva a execução de obra ou o fornecimento e instalação de bens". A alternativa "c" é, portanto, a "mais correta". No entanto, para que tal contrato seja mesmo uma parceria público-privada do tipo concessão administrativo, fazia-se necessário que o conceito deixasse claro que tal prestação de serviço não tenha valor inferior a R$ 20 milhões, não tenha período inferior a 5 anos e não tenha como objeto único o fornecimento de mão de obra, o fornecimento e instalação de equipamentos ou a execução de obra pública (art. 2º, § 4º, da Lei 11.079/2004).

12. CONTROLE DA ADMINISTRAÇÃO

(XVI EXAME DE ORDEM UNIFICADO – FGV) O Estado X está ampliando a sua rede de esgotamento sanitário. Para tanto, celebrou contrato de obra com a empresa "Enge-X-Sane", no valor de R$ 50.000.000,00 (cinquenta milhões de reais). A fim de permitir a conclusão das obras, com a extensão da rede de esgotamento a quatro comunidades carentes, o Estado celebrou termo aditivo com a referida empresa, no valor de R$ 10.000.000,00 (dez milhões de reais), custeados com recursos transferidos pela União, mediante convênio, elevando, assim, o valor total do contrato para R$ 60.000.000,00 (sessenta milhões de reais).

Considerando que foram formuladas denúncias de sobrepreço ao Tribunal de Contas da União, assinale a afirmativa correta.

(A) O Tribunal de Contas da União não tem competência para apurar eventual irregularidade, uma vez que se trata de obra pública estadual, devendo o interessado formular denúncia ao Tribunal de Contas do Estado.

(B) O Tribunal de Contas da União não tem competência para apurar eventual irregularidade, mas pode, de ofício, remeter os elementos da denúncia para o Tribunal de Contas do Estado.

(C) O Tribunal de Contas da União é competente para fiscalizar a obra e pode determinar, diante de irregularidades, a imediata sustação da execução do contrato impugnado.

(D) O Tribunal de Contas da União é competente para fiscalizar a obra e pode indicar prazo para que o órgão ou a entidade adote as providências necessárias ao exato cumprimento da lei, se verificada ilegalidade.

COMENTÁRIO

A letra D está correta, pois segundo o parágrafo único do art. 70 da CF, "Prestará contas qualquer pessoa física ou jurídica, pública ou privada, que utilize, arrecade, guarde, gerencie ou administre dinheiros, bens e valores públicos ou pelos quais a União responda, ou que, em nome desta, assuma obrigações de natureza pecuniária". Ademais, o art. 71, VI, da CF dispõe que compete ao Tribunal de Contas da União, "fiscalizar a aplicação de quaisquer recursos repassados pela União mediante convênio, acordo, ajuste ou outros instrumentos congêneres, a Estado, ao Distrito Federal ou a Município". Não bastasse o art. 71, IX, da CF faculta ao Tribunal de Contas da União "assinar prazo para que o órgão ou entidade adote as providências necessárias ao exato cumprimento da lei, se verificada ilegalidade". Assim, não só cabe ao TCU fiscalizar o contrato (pois há recursos federais envolvidos), como também cabe determinar providências ao exato cumprimento da lei em caso de ilegalidade.

A letra A está incorreta, pois havendo recurso federal o TCU tem competência (art. 71, VI, da CF);

A letra B está incorreta, pois essa competência existe nos termos do art. 71, IX, da CF;

A letra C está incorreta, pois a sustação de *contratos* administrativos (não de meros *atos* administrativos) só pode ser feita pelo Legislativo (art. 71, § 1º, da CF);

(XV EXAME DE ORDEM UNIFICADO – FGV) A ONG "Festivus", uma associação de caráter assistencial, qualificada como Organização da Sociedade Civil de Interesse Público (OSCIP), celebrou Termo de Parceria com a União e dela recebeu R$ 150.000,00 (cento e cinquenta mil reais) para execução de atividades de interesse público. Uma revista de circulação nacional, entretanto, divulgou denúncias de desvio de recursos e de utilização da associação como forma de fraude.

Com base na hipótese apresentada, considerando a disciplina constitucional e legal, assinale a afirmativa correta.

(A) O Tribunal de Contas da União não tem competência para apurar eventual irregularidade, uma vez que se trata de pessoa jurídica de direito privado, não integrante da Administração Pública.

(B) O Tribunal de Contas da União tem competência para apurar eventual irregularidade praticada pela OSCIP, por se tratar de pessoa jurídica integrante da administração indireta federal.

(C) O Tribunal de Contas da União tem competência para apurar eventual irregularidade praticada pela OSCIP, por se tratar de recursos públicos federais.

(D) O controle exercido sobre a utilização dos recursos repassados à OSCIP é realizado apenas pela própria Administração e pelo Ministério Público Federal.

COMENTÁRIO

A letra C está correta, pois segundo o parágrafo único do art. 70 da CF, "Prestará contas qualquer pessoa física ou jurídica, pública ou privada, que utilize, arrecade, guarde, gerencie ou administre dinheiros, bens e valores públicos ou pelos quais a União responda, ou que, em nome desta, assuma obrigações de natureza pecuniária". Ademais, o art. 71, II, da CF dispõe que compete ao Tribunal de Contas da União, julgar as contas dos responsáveis por dinheiros, bens e valores advindos da Administração Pública. Nesse sentido, como a OSCIP recebeu dinheiro público para aplicá-lo em atividade de interesse público, esse dinheiro permanece público até a sua aplicação e, havendo desvio ou fraude no seu uso, caberá ao Tribunal de Contas apurar as irregularidades respectivas.

(IX EXAME DE ORDEM UNIFICADO – FGV) As contas do Prefeito do Município X não foram aprovadas pelo Tribunal de Contas do Estado. Dentre outras irregularidades, apurou-se o superfaturamento em obras públicas.

Sobre o controle exercido pelas Cortes de Contas, assinale a afirmativa correta.

(A) O parecer desfavorável emitido pelo Tribunal de Contas do Estado pode ser superado por decisão de dois terços dos membros da Câmara Municipal.
(B) A atuação do Tribunal de Contas configura exemplo de controle interno dos atos da Administração Pública.
(C) A atuação do Tribunal de Contas do estado somente será possível até que haja a criação de um Tribunal de Contas do Município, por lei complementar de iniciativa do Prefeito.
(D) As contas do Prefeito estarão sujeitas à atuação do Tribunal de Contas somente se houver previsão na Lei Orgânica do Município.

COMENTÁRIO

A letra A está correta, nos termos do art. 31, § 2º, da CF;

A letra B está incorreta, pois se trata de controle externo (art. 71, *caput*, da CF); controle interno é aquele feito no interior e sob responsabilidade do próprio Poder controlado (art. 74 da CF);

A letra C está incorreta, pois a CF estabelece que o controle externo dos Municípios será exercido com o auxílio dos Tribunais de Contas dos Estados, ressalvando apenas os Tribunais de Contas Municipais que já existiam quando de sua entrada em vigor (art. 31, § 1º, da CF), no caso, o de São Paulo e o do Rio de Janeiro, sendo vedada a criação de novos Tribunais, Conselhos ou Órgãos de Contas Municipais (art. 31, § 4º, da CF);

A letra D está incorreta, pois tais contas do Prefeito devem ser prestadas anualmente por este ao Tribunal de Contas competente (art. 31, § 2º, da CF).

(VIII EXAME DE ORDEM UNIFICADO – FGV) Com a finalidade de minimizar as consequências dos problemas de trânsito na cidade "X", o Prefeito estabeleceu, por meio de decreto de natureza genérica e abstrata, restrições à circulação de veículos na região central, proibindo a circulação de veículos e as operações de carga e descarga no período compreendido entre 6h e 22h, de segunda a sexta-feira, em dias úteis, na área de abrangência especificada. Face a esse fato, a Associação Empresarial do ramo de transporte de mercadorias procura um advogado para orientá-la na proteção de seus interesses. Com base na hipótese apresentada, assinale a alternativa que indica a linha de atuação mais apropriada proposta pelo advogado.

(A) Impetração de mandado de segurança contra o Decreto, ao argumento de que faltaria ao Município competência normativa para estabelecer a referida restrição.
(B) Ajuizamento de ação de conhecimento com pedido de antecipação dos efeitos da tutela jurisdicional com a finalidade de suspender os efeitos do Decreto, ao argumento de vício de razoabilidade/proporcionalidade.
(C) Impetração de mandado de segurança contra o Decreto, ao argumento de vício de razoabilidade/proporcionalidade.
(D) Ajuizamento de ação de conhecimento com pedido de antecipação dos efeitos da tutela jurisdicional com a finalidade de suspender os efeitos do Decreto, ao argumento de que faltaria ao Município competência normativa para estabelecer a referida restrição.

COMENTÁRIO

A letra B está correta, pois, quanto ao mérito, a restrição, de fato, é desproporcional, ferindo os princípios citados, pois não é razoável restringir a circulação de veículos por período tão extenso dos dias úteis; quanto ao pedido formulado, está correto, pois, não se tratando de ação de controle de constitucionalidade, não se poderia a ação de conhecimento comum atacar diretamente o decreto, para afastá-lo da ordem jurídica, mas é perfeitamente possível pedir a suspensão dos EFEITOS do decreto para os associados da Associação Comercial; vale salientar que esse tipo de pedido (que não ataca o Decreto em si, mas os seus efeitos) caberia tanto em ação pelo rito ordinário (trazida na alternativa), como em mandado de segurança; assim, a alternativa "b" está correta, devendo ser assinalada;

As letras A e D estão incorretas, pois, tratando-se de assunto de interesse local, o Município tem competência para estabelecer a referida restrição (art. 30, I, da CF);

A letra C está incorreta, pois não cabe mandado de segurança contra um decreto de natureza genérica e abstrata; nesse caso incide a restrição prevista em súmula do STF, pela qual não cabe mandado de segurança contra lei em tese (Súmula STF nº 266).

(VI EXAME DE ORDEM UNIFICADO – FGV) Durante competição esportiva (campeonato estadual de futebol), o clube "A" foi punido com a perda de um ponto em virtude de episódios de preconceito por parte de sua torcida. Com essa decisão de primeira instância da justiça desportiva, o clube "B" foi declarado campeão naquele ano. O clube "A" apresentou recurso contra a decisão de primeira instância. Antes mesmo do julgamento desse recurso, distribuiu ação ordinária perante a Justiça Estadual com o objetivo de reaver o ponto que lhe fora retirado pela Justiça arbitral. Diante de tal situação, é correto afirmar que

(A) como o direito brasileiro adotou o sistema de jurisdição una, tendo o Poder Judiciário o monopólio da apreciação, com força de coisa julgada, de lesão ou ameaça a direito, é cabível a apreciação judicial dessa matéria a qualquer tempo.
(B) as decisões da Justiça Desportiva são inquestionáveis na via judicial, uma vez que vige, no direito brasileiro, sistema pelo qual o Poder Judiciário somente pode decidir matérias para as quais não exista tribunal administrativo específico.
(C) como regra, o ordenamento vigente adota o Princípio da Inafastabilidade da Jurisdição (art. 5º, XXXV, da CRFB); todavia, as decisões da Justiça Desportiva consubstanciam exceção a essa regra, já que são insindicáveis na via judicial.
(D) o Poder Judiciário pode rever decisões proferidas pela Justiça Desportiva; ainda assim, exige-se, anteriormente ao ajuizamento da ação cabível, o esgotamento da instância administrativa, por se tratar de exceção prevista na Constituição.

COMENTÁRIO

A letra D está correta, pois a Constituição Federal estabelece a autonomia das entidades desportivas (art. 217, *caput*). Decorrente disso, o § 1º do art. 217 da CF estabelece que o "Poder Judiciário só admitirá ações relativas à disciplina e às competições desportivas após esgotarem-se as instâncias da justiça desportiva, regulada em lei". Assim, a alternativa "a" está incorreta, pois não se pode buscar o Judiciário a qualquer tempo, sendo necessário que se esgote as instâncias da justiça desportiva antes. As alternativas "b" e "c" estão incorretas, pois, esgotadas as instâncias da justiça desportiva, é possível sim buscar o Judiciário. A alternativa "d" está correta, nos termos do já citado § 1º do art. 217 da CF.

13. PROCESSO ADMINISTRATIVO

(XII EXAME DE ORDEM UNIFICADO – FGV) João é parte em processo administrativo federal regulado pela Lei n. 9.784/1999, no qual foi proferida decisão que rejeitou sua pretensão. João pretende recorrer dessa decisão. Acerca do caso apresentado, e observando o disposto na lei citada, assinale a afirmativa correta.

(A) O recurso de João deverá ser dirigido diretamente à autoridade hierarquicamente superior à autoridade que proferiu a decisão.
(B) O prazo para interposição de recurso administrativo, salvo disposição legal específica, é de trinta dias, contado a partir da ciência ou da divulgação oficial da decisão recorrida.
(C) A interposição de recurso administrativo depende do oferecimento de caução, salvo expressa dispensa legal.
(D) O não conhecimento do recurso não impedirá a Administração de rever de ofício o ato ilegal, desde que não ocorrida a preclusão administrativa.

COMENTÁRIO

A letra D está correta, nos termos do art. 63, § 2º, da Lei 9.784/1999.

A letra A está incorreta, pois o recurso deverá ser dirigido à autoridade que proferiu a decisão, a qual, se não reconsiderar no prazo de 5 dias, o encaminhará à autoridade superior (art. 56, § 1º, da Lei 9.784/1999);

A letra B está incorreta, pois o prazo para recorrer, salvo disposição específica, é de 10 dias (e não de 30 dias), contado a partir da ciência ou divulgação oficial da decisão recorrida (art. 59, *caput*, da Lei 9.784/1999);

7. Direito Administrativo

A letra C está incorreta, pois, salvo exigência legal, a interposição de recurso administrativo não depende de caução (art. 56, § 2º, da Lei 9.784/1999); D: correta (art. 63, § 2º, da Lei 9.784/1999).

(II EXAME DE ORDEM UNIFICADO – FGV) Em determinado procedimento administrativo disciplinar, a Administração federal impôs, ao servidor, a pena de advertência, tendo em vista a comprovação de ato de improbidade. Inconformado, o servidor recorre, vindo a Administração, após lhe conferir o direito de manifestação, a lhe impor a pena de demissão, nos termos da Lei 8.112/1990 e da Lei 9.784/1998.

Com base no fragmento acima, é correto afirmar que a Administração Federal

(A) agiu em desrespeito aos princípios da eficiência e da instrumentalidade, autorizativos da reforma em prejuízo do recorrente, desde que não imponha pena grave.
(B) agiu em respeito aos princípios da legalidade e autotutela, autorizativos da reforma em prejuízo do recorrente.
(C) não observou o princípio da dignidade da pessoa humana, trazendo equivocada reforma em prejuízo do recorrente.
(D) não observou o princípio do devido processo legal, trazendo equivocada reforma em prejuízo do recorrente.

COMENTÁRIO

A letra B está correta. A Lei 8.112/1990 é silente quanto à possibilidade de *reformatio in pejus* (reforma em prejuízo do recorrente), de modo que se aplica a Lei 9.784/1999 (Lei de Processo Administrativo Federal), que tem aplicação subsidiária aos processos administrativos específicos, como é o caso do processo administrativo da Lei 8.112/1990 (art. 69 da Lei 9.784/1999). O art. 64 da Lei 9.784/1999 admite que, em sede de recurso, o órgão competente para conhecê-lo possa "confirmar, modificar, anular ou revogar, total ou parcialmente, a decisão recorrida, se a matéria for de sua competência". Ou seja, a lei admite que o órgão recursal *modifique* a decisão recorrida, mesmo fora dos limites do recurso. Isso se dá em função dos princípios da *legalidade* e da *autotutela*. Todavia, quando ocorre *reforma em prejuízo do recorrente*, tal reforma *depende* do cumprimento da *formalidade* prevista no parágrafo único do art. 64, qual seja, o recorrente "deverá ser cientificado para que formule suas alegações antes da decisão". Assim, considerando que o enunciado da questão deixa claro que foi conferido ao recorrente o direito de manifestação, está correta a alternativa "b", que afirmou ter a Administração agido com respeito aos princípios da legalidade e da autotutela, autorizativos da reforma em prejuízo do recorrente. Por fim, vale salientar que está correta a decisão que alterou a pena para *demissão*, pois, cometido ato de improbidade, a Lei 8.112/1990, estabelece a demissão como sanção cabível (art. 132, IV).

8. Direito Ambiental

Fabiano Melo

1. COMPETÊNCIAS EM MATÉRIA AMBIENTAL

(EXAME DE ORDEM UNIFICADO 2010.2 – FGV) Considerando a repartição de competências ambientais estabelecida na Constituição Federal, assinale a alternativa correta.

(A) Deverá ser editada lei ordinária com as normas para a cooperação entre a União e os Estados, o Distrito Federal e os Municípios para o exercício da competência comum de defesa do meio ambiente.

(B) A exigência de apresentação, no processo de licenciamento ambiental, de certidão da Prefeitura Municipal sobre a conformidade do empreendimento com a legislação de uso e ocupação do solo decorre da competência do município para o planejamento e controle do uso, do parcelamento e da ocupação do solo urbano.

(C) Legislar sobre proteção do meio ambiente e controle da poluição é de competência concorrente da União, dos Estados, do Distrito Federal e dos Municípios, com fundamento no artigo 24 da Constituição Federal.

(D) A competência executiva em matéria ambiental não alcança a aplicação de sanções administrativas por infração à legislação de meio ambiente.

COMENTÁRIO

A alternativa "B"é a assertiva correta. Conforme o art. 30, VIII, compete aos Municípios promover, no que couber, adequado ordenamento territorial, mediante planejamento e controle do uso, do parcelamento e da ocupação do solo urbano. Além disso, é necessária a apresentação, no licenciamento ambiental, de certidão da Prefeitura Municipal sobre a conformidade do empreendimento com a legislação de uso e ocupação do solo, tudo conforme o § 1.º do art. 10 da Resolução CONAMA 237/1997.

A alternativa "A" está incorreta porque, segundo o parágrafo único do art. 23 da CF, devem ser editadas leis complementares – e não lei ordinária – com as normas para a cooperação entre a União e os Estados, o Distrito Federal e os Municípios para o exercício da competência comum de defesa do meio ambiente. Aliás, a primeira das leis complementares foi editada: a LC 140/2011.

A alternativa "C" está incorreta.Legislar sobre proteção do meio ambiente e controle da poluição é de competência concorrente da União, dos Estados e do Distrito Federal, com fundamento no art. 24 da Constituição Federal. O erro da assertiva foi consignar os Municípios, que não estão elencados no art. 24 da CF.

A alternativa "D" está incorreta. Ora, por evidente que a competência executiva alcança a aplicação de sanções administrativas por infrações ao meio ambiente.

(IX EXAME DE ORDEM UNIFICADO – FGV) A Lei Complementar 140 de 2011 fixou normas para a cooperação entre os entes da federação nas ações administrativas decorrentes do exercício da competência comum relativas ao meio ambiente. Sobre esse tema, assinale a afirmativa correta.

(A) Compete à União aprovar o manejo e a supressão de vegetação, de florestas e formações sucessoras em Áreas de Preservação Ambientais – APAs.

(B) Compete aos Estados e ao Distrito Federal controlar a introdução no País de espécies exóticas potencialmente invasoras que possam ameaçar os ecossistemas, *habitats* e espécies nativas.

(C) Compete aos municípios gerir o patrimônio genético e o acesso ao conhecimento tradicional associado, respeitadas as atribuições setoriais.

(D) Compete à União aprovar a liberação de exemplares de espécie exótica da fauna e da flora em ecossistemas naturais frágeis ou protegidos.

COMENTÁRIO

A alternativa "D", que é a correta, ao transcrever o art. 7.º, XVIII, da LC 140/2011, *in verbis:* "Art. 7.º São ações administrativas da União: (...) XVIII – aprovar a liberação de exemplares de espécie exótica da fauna e da flora em ecossistemas naturais frágeis ou protegidos".

A alternativa "A" está incorreta porque não compete somente à União aprovar o manejo e a supressão de vegetação, de florestas e formações sucessoras em Áreas de Preservação Ambientais – APAs. Os estados-membros, o DF e os municípios igualmente podem aprovar o manejo e a supressão em APAs (art. 12, parágrafo único, da LC 140/2011).

A alternativa "B" igualmente incorreta. Com efeito, controlar a introdução no País de espécies exóticas potencialmente invasoras que possam ameaçar os ecossistemas, *habitats* e espécies nativas compete somente à União – e não aos Estados –, tudo ao teor do art. 7.º da LC 140/2011.

Quanto à alternativa "C", gerir o patrimônio genético e o acesso ao conhecimento tradicional associado compete à União, conforme a LC 140/2011: "Art. 7º São ações administrativas da União:(...) XXIII – gerir o patrimônio genético e o acesso ao conhecimento tradicional associado, respeitadas as atribuições setoriais".

(XI EXAME DE ORDEM UNIFICADO – FGV) Técnicos do IBAMA, autarquia federal, verificaram que determinada unidade industrial, licenciada pelo Estado no qual está localizada, está causando degradação ambiental significativa, vindo a lavrar auto de infração pelos danos cometidos. Sobre o caso apresentado e aplicando as regras de licenciamento e fiscalização ambiental previstas na Lei Complementar n. 140/2011, assinale a afirmativa correta.

(A) Há irregularidade no licenciamento ambiental, uma vez que em se tratando de atividade que cause degradação ambiental significativa, o mesmo deveria ser realizado pela União.

(B) É ilegal a fiscalização realizada pelo IBAMA, que só pode exercer poder de polícia de atividades licenciadas pela União, em sendo a atividade regularmente licenciada pelo Estado.

(C) É possível a fiscalização do IBAMA o qual pode, inclusive, lavrar auto de infração, que, porém, não prevalecerá caso o órgão estadual de fiscalização também lavre auto de infração.

(D) Cabe somente à União, no exercício da competência de fiscalização, adotar medidas para evitar danos ambientais iminentes, comunicando imediatamente ao órgão competente, em sendo a atividade licenciada pelo Estado.

COMENTÁRIO

A alternativa "C" é a correta. Como o licenciamento ambiental se insere no âmbito da competência administrativa comum do art. 23 da CF, todos os entes federativos devem fiscalizar e proteger o meio ambiente. Além disso, o art. 17, § 3º, da LC 140/2011 dispõe que o exercício pelos entes federativos da atribuição comum de fiscalização da conformidade de empreendimentos e atividades efetiva ou potencialmente poluidores ou utilizadores de recursos naturais com a legislação ambiental em vigor, prevalecendo o auto de infração ambiental lavrado por órgão que detenha a atribuição de licenciamento ou autorização a que se refere o art. 17,*caput*, da LC 140/2011. No caso, o IBAMA pode lavrar auto de infração, que, porém, não prevalecerá caso o órgão estadual de fiscalização também lavre auto de infração, vez que é o Estado o ente licenciador.

A alternativa "A" está incorreta. As regras de competências para o licenciamento ambiental estão elencadas nos arts. 7º (União), 8º (Estados), 9º (municípios) e 10 (Distrito Federal), todos da LC 140/2011. Nesse sentido, o licenciamento de atividades e empreendimentos com significativa degradação ao meio ambiente não é procedimento exclusivo da União, podendo ser realizado pelo Estado-membro, como propõe a questão.

A alternativa "B" está incorreta. Em regra, quem licencia, fiscaliza! Contudo, nada obsta a fiscalização dos outros entes federativos. É o que dispõe o art. 17, § 2º, da LC 140/2011, a saber: "Nos casos de iminência ou ocorrência de degradação da qualidade ambiental, o ente federativo que tiver conhecimento do fato deverá determinar medidas para evitá-la, fazer cessá-la ou mitigá-la, comunicando imediatamente ao órgão competente para as providências cabíveis".

A alternativa "D" está incorreta. Não cabe somente à União, mas também a outros entes federativos. Isso porque a competência administrativa em matéria ambiental (Art. 23 da CF) é comum entre a União, os Estados, o Distrito Federal e os Municípios. A LC 140/2011, que regulamentou o art. 23, III, VI, VII, parágrafo único, da CF/88, dispõe em seu art. 17 que essa fiscalização pode ser efetuada por qualquer ente federativo.

(XII EXAME DE ORDEM UNIFICADO – FGV) Com relação aos ecossistemas Floresta Amazônica, Mata Atlântica, Serra do Mar, Pantanal mato-grossense e Zona Costeira, assinale a afirmativa correta.

(A) Tais ecossistemas são considerados pela CRFB/1988 patrimônio difuso, logo todos os empreendimentos nessas áreas devem ser precedidos de licenciamento e estudo prévio de impacto ambiental.

(B) Tais ecossistemas são considerados patrimônio nacional, devendo a lei infraconstitucional disciplinar as condições de utilização e de uso dos recursos naturais, de modo a garantir a preservação do meio ambiente.

(C) Tais ecossistemas são considerados bens públicos, pertencentes à União, devendo a lei infraconstitucional disciplinar suas condições de utilização, o uso dos recursos naturais e as formas de preservação.

(D) Tais ecossistemas possuem terras devolutas que são, a partir da edição da Lei n. 9985/2000, consideradas unidades de conservação de uso sustentável, devendo a lei especificar as regras de ocupação humana nessas áreas.

COMENTÁRIO

A alternativa "B" está correta. É o que dispõe o art. 225, § 4º, CF/1988, "a Floresta Amazônica brasileira, a Mata Atlântica, a Serra do Mar, o Pantanal Mato-Grossense e a Zona Costeira são patrimônio nacional, e sua utilização far-se-á, na forma da lei, dentro de condições que assegurem a preservação do meio ambiente, inclusive quanto ao uso dos recursos naturais".

A alternativa "A" está incorreta. Essas macrorregiões são considerados "patrimônio nacional", conforme o art. 225, § 4º, da CF/1988, e não patrimônio difuso. Os empreendimentos nessas áreas devem ser precedidos de licenciamento se forem efetivo ou potencialmente causadores de degradação ambiental e de estudo prévio de impacto ambiental (EIA/RIMA), se forem efetiva ou potencialmente causadores de *significativa* degradação do meio ambiente. Assim, não são "todos" os empreendimentos que demandam licenciamento ambiental.

A alternativa "C" está incorreta. O fato desses ecossistemas serem considerados "patrimônio nacional" em nada altera a titularidade dos imóveis neles inseridos, que podem ser públicos (União, Estados, DF, Municípios) ou privados. O STF decidiu no RE 300.244: "Não é a Mata Atlântica, que integra o patrimônio nacional a que alude o art. 225, § 4º, da CF, bem da União". No mesmo sentido, o RE 134.197, *in verbis*: "o preceito consubstanciado no art. 225, § 4º, da Carta da República, além de não haver convertido em bens públicos os imóveis particulares abrangidos pelas florestas e pelas matas nele referidas (Mata Atlântica, Serra do Mar, Floresta Amazônica brasileira), também não impede a utilização, pelos próprios particulares, dos recursos naturais existentes naquelas áreas que estejam sujeitas ao domínio privado, desde que observadas as prescrições legais e respeitadas as condições necessárias a preservação ambiental".

A alternativa "D" está incorreta. As terras devolutas não foram consideradas, a partir da edição da Lei 9985/2000, unidades de conservação de uso sustentável. Aliás, são espaços com características singulares.

(XV EXAME DE ORDEM UNIFICADO – FGV) Antes de dar início à instalação de unidade industrial de produção de roupas no Município X, Júlio Cesar consulta seu advogado acerca dos procedimentos prévios ao começo da construção e produção. Considerando a hipótese, assinale a afirmativa correta.

(A) Caso a unidade industrial esteja localizada em terras indígenas, ela não poderá ser instalada.

(B) Caso a unidade industrial esteja localizada e desenvolvida em dois estados da federação, ambos terão competência para o licenciamento ambiental.

(C) Caso inserida em qualquer Unidade de Conservação, a competência para o licenciamento será do IBAMA.

(D) Caso o impacto seja de âmbito local, a competência para o licenciamento ambiental será do Município.

COMENTÁRIO

A alternativa "d" é a correta. Conforme a LC 140/2011, relaciona-se entre as ações administrativas dos Municípios, entre outras, promover o licenciamento ambiental das atividades ou empreendimentosque causem ou possam causar impacto ambiental de âmbito local, conforme tipologia definida pelos respectivos Conselhos Estaduais de Meio Ambiente, considerados os critérios de porte, potencial poluidor e natureza da atividade.

A questão discorre sobre as competências dos entes federativos no licenciamento ambiental. Trata-se de temática disciplinada pela Lei Complementar 140/2011.

A alternativa "a" está incorreta. O fato de estar em terras indígenas não impede um possível licenciamento ambiental na área. Nesse caso, o licenciamento caberá à União (art. 7º, XIV, "c", LC 140/2011).

A alternativa "b" está incorreta.Em caso a unidade industrial esteja localizada e desenvolvida em dois estados da federação, o licenciamento ambiental caberá à União, conforme o art. 7º, XIV, "e", da LC 140/2011.

A alternativa "c" está incorreta. Em regra, o licenciamento ambiental em unidade de conservação compete ao ente federativo instituidor, salvo nas "áreas de proteção ambiental"(art. 12, LC 140/2011). Por exemplo, em unidade de conservação instituída pela União, cabe a ela o licenciamento correspondente.

(XVII EXAME DE ORDEM UNIFICADO – FGV)O Município Z deseja implementar política pública ambiental, no sentido de combater a poluição das vias públicas. Sobre as competências ambientais distribuídas pela Constituição, assinale a afirmativa correta.

(A) União, Estados, Distrito Federal e Municípios têm competência material ambiental comum, devendo leis complementares fixar normas de cooperação entre os entes.

(B) Em relação à competência material ambiental, em não sendo exercida pela União e nem pelo Estado, o Município pode exercê-la plenamente.

(C) O Município só pode exercer sua competência material ambiental nos limites das normas estaduais sobre o tema.

(D) O Município não tem competência material em direito ambiental, por falta de previsão constitucional, podendo, porém, praticar atos por delegação da União ou do Estado.

COMENTÁRIO

A alternativa "a" é a correta. Trata-se de assertiva em consonância com o art. 23 da Constituição Federal, que dispõe que a União, os Estados, o Distrito Federal e os Municípios possuem competência material comum, isto é, todos esses entes federativos devem proteger o meio ambiente e combater a poluição em todas as suas formas. Além disso, conforme o parágrafo único do art. 23 da CF, devem ser editadas leis complementares que, no caso, atualmente, é a LC 140/2011.

A alternativa "b" está incorreta. Como a competência material ambiental é comum, essa assertiva encontra-se incorreta.

A alternativa "c" está incorreta. O exercício da competência material ambiental não pressupõe observância dos limites de lei estadual, vez que, conforme o art. 23 da CF/88, é comum, isto é, exercida por todos os entes federativos.

A Alternativa "d" está incorreta. Conforme o art. 23 da CF/1988, o Município possui competência material em matéria ambiental.

2. UNIDADES DE CONSERVAÇÃO

(EXAME DE ORDEM UNIFICADO 2010.3 – FGV)A Lei 9.985/2000, que instituiu o Sistema Nacional de Unidades de Conservação – SNUC, previu que as unidades de conservação devem dispor de uma zona de amortecimento definida no plano de manejo.

A esse respeito, assinale a alternativa correta.

(A) Os parques, como unidades de conservação de uso sustentado, não têm zona de amortecimento.

(B) As Áreas de Proteção Ambiental – APAs não precisam demarcar sua zona de amortecimento.

(C) Tanto as unidades de conservação de proteção integral como as de uso sustentado devem elaborar plano de manejo, delimitando suas zonas de amortecimento.

(D) As Reservas Particulares do Patrimônio Natural – RPPN são obrigadas a elaborar plano de manejo delimitando suas zonas de amortecimento, por conta própria e orientação técnica particular.

COMENTÁRIO

A alternativa "B" é a assertiva correta. Conforme o art. 25 da Lei 9.985/2000, "as unidades de conservação, exceto Área de Proteção Ambiental e Reserva Particular do Patrimônio Natural, devem possuir uma zona de amortecimento e, quando conveniente, corredores ecológicos". Como se vê, não é obrigatória a zona de amortecimento em "Área de Proteção Ambiental".

A alternativa "A" está incorreta. Os parques são unidades de conservação de proteção integral (art. 8.º da Lei 9.985/2000) – e não de uso sustentável. Além disso, são obrigados a instituírem zona de amortecimento (art. 25 da Lei 9.985/2000).

A alternativa "C" está incorreta. Como se viu na assertiva anterior, a Área de Proteção Ambiental e a Reserva Particular do Patrimônio Natural não precisam de zona de amortecimento (art. 25 da Lei 9.985/2000).

A alternativa "D" está incorreta, segue o conteúdo das assertivas anteriores, ou seja, a Reserva Particular do Patrimônio Natural não precisa de zona de amortecimento.

(VI EXAME DE ORDEM UNIFICADO – FGV)A Lei 9.985/2000 instituiu a compensação ambiental, posteriormente julgada pelo Supremo Tribunal Federal. A respeito do tema, é correto afirmar que

(A) a compensação ambiental será concretizada, pelo empreendedor, pelo plantio de mudas de espécies nativas no entorno de unidades de conservação, visando reduzir os impactos ambientais dos empreendimentos potencialmente poluidores, especialmente aqueles que emitem gases causadores do efeito estufa.

(B) a compensação ambiental é exigida nos processos de licenciamento ambiental de empreendimentos potencialmente causadores de impactos significativos no meio ambiente, e será exigida em espécie, apurando-se o seu valor de acordo o grau de impacto causado, sendo os recursos destinados a uma unidade de conservação do grupo de proteção integral.

(C) a compensação ambiental é exigida nos processos de licenciamento ambiental de empreendimentos potencialmente causadores de impactos significativos no meio ambiente, e será exigida em espécie, apurando-se o seu valor de acordo com o grau de impacto causado, sendo os recursos destinados a uma unidade de conservação à escolha do empreendedor, em razão do princípio da livre iniciativa.

(D) a compensação ambiental foi considerada inconstitucional, por violar frontalmente o princípio do poluidor-pagador, uma vez que permitia ao empreendedor compensar os possíveis danos ambientais de seu empreendimento por meio de um pagamento, em espécie, destinado a uma unidade de conservação do grupo de proteção integral. Logo, não pode mais ser exigida ou mesmo oferecida pelo órgão ambiental competente.

COMENTÁRIO

A alternativa "B" está correta. A assertiva está em conformidade com o art. 36, *caput*, da Lei 9.985/2000, *in verbis*: "nos casos de licenciamento ambiental de empreendimentos de significativo impacto ambiental, assim considerado pelo órgão ambiental competente, com fundamento em estudo de impacto ambiental e respectivo relatório – EIA/RIMA, o empreendedor é obrigado a apoiar a implantação e manutenção de unidade de conservação do Grupo de Proteção Integral, de acordo com o disposto neste artigo e no regulamento desta Lei".

A alternativa "A" está incorreta. A compensação ambiental se concretiza com o pagamento de recursos financeiros para unidade de conservação – e não com o plantio de mudas.

A alternativa "C" está incorreta. O erro está na passagem "sendo os recursos destinados a uma unidade de conservação à escolha do empreendedor, em razão do princípio da livre iniciativa". Em regra, os recursos são destinados para uma unidade de conservação de proteção integral. Caso a obra ou a atividade possa afetar uma unidade específica, mesmo que não pertencente ao grupo de proteção integral, ela será uma das beneficiárias dos recursos. Dessa forma, a escolha não é do empreendedor.

A alternativa "D" está incorreta. A constitucionalidade da compensação ambiental do art. 36 da Lei 9.985/2000 foi questionada através da Ação Direta de Inconstitucionalidade 3.378 (ADI 3378). O Supremo Tribunal Federal decidiu pela constitucionalidade da compensação ambiental

(VI EXAME DE ORDEM UNIFICADO – FGV) Com relação ao sistema nacional de unidades de conservação, assinale a alternativa correta.

(A) As unidades de conservação do grupo de proteção integral são incompatíveis com as atividades humanas; logo, não se admite seu uso econômico direto ou indireto, não podendo o Poder Público cobrar ingressos para a sua visitação.

(B) A ampliação dos limites de uma unidade de conservação, sem modificação dos seus limites originais, exceto pelo acréscimo proposto, pode ser feita por instrumento normativo do mesmo nível hierárquico do que criou a unidade. O Poder Público está dispensado de promover consulta pública e estudos técnicos novos, bastando a reanálise dos documentos que fundamentaram a criação da unidade de conservação.

(C) O parque nacional é uma unidade de conservação do grupo de proteção integral, de posse e domínios públicos. É destinado à preservação ambiental e ao lazer e à educação ambiental da população; logo, não se admite seu uso econômico direto ou indireto, não podendo o Poder Público cobrar ingressos para a sua visitação.

(D) As unidades de conservação do grupo de Uso Sustentável podem ser transformadas total ou parcialmente em unidades do grupo de Proteção Integral, por instrumento normativo do mesmo nível hierárquico do que criou a unidade, desde que respeitados os procedimentos de consulta pública e estudos técnicos.

COMENTÁRIO

A alternativa "D" está correta. A assertiva transcreve o que consigna o art. 22, § 5.º, da Lei 9.985/2000, a saber: "as unidades de conservação do grupo de Uso Sustentável podem ser transformadas total ou parcialmente em unidades do grupo de Proteção Integral, por instrumento normativo do mesmo nível hierárquico do que criou a unidade, desde que obedecidos os procedimentos de consulta estabelecidos no § 2.º deste artigo". Por sua vez, o § 2.º do art. 22 exige os estudos técnicos e a consulta pública.

A alternativa "A" está incorreta. As unidades de conservação do grupo integral são: (a) estação ecológica; (b) reserva biológica; (c) parque nacional; (d) monumento natural; e (e) refúgio de vida silvestre. As unidades de conservação do grupo de proteção integral têm como característica o uso indireto, que é aquele que não envolve consumo, coleta, dano ou destruição dos recursos naturais. Não obstante, o monumento natural e o refúgio de vida silvestre admitem a possibilidade de uso direto de seus recursos. Além disso, no Parque Nacional é possível a cobrança de ingressos.

A alternativa "B" está incorreta. A parte inicial da assertiva está correta. O erro está na parte final, vez que o Poder Público não está dispensado de promover consulta pública e estudos técnicos novos na ampliação dos limites de uma unidade de conservação.

A alternativa "C" está incorreta. A parte inicial da assertiva está correta. O erro consiste em não se admitir o uso econômico – que é possível, por exemplo, nas atividades de recreação e ecoturismo – e a cobrança de ingressos – que é uma prática comum em parques nacionais.

(VII EXAME DE ORDEM UNIFICADO – FGV) O Prefeito do Município de Belas Veredas, após estudos técnicos e realização de audiência pública, decide pela criação de um parque, em uma área onde podem ser encontrados exemplares exuberantes de Mata Atlântica. Assim, edita decreto que fixa os limites do novo parque municipal. Passados dois anos, recebe pedidos para que o parque seja reavaliado e transformado em uma Área de Relevante Interesse Ecológico, com uma pequena redução de seus limites. Tendo em vista a situação descrita, assinale a alternativa correta.

(A) Em razão do princípio da simetria das formas no direito ambiental, a Unidade de Conservação criada por ato do Poder Executivo poderá ser reavaliada e ter seus limites reduzidos também por decreto.

(B) Como a Mata Atlântica é considerada patrimônio nacional, por força do art. 225, § 4.º, da CRFB, apenas a União possui competência para a criação de unidades de conservação que incluam tal bioma em seus limites.

(C) A criação do parque é constitucional e legal, mas, como a área está definida como Unidade de Conservação de Proteção Integral, a alteração para Área de Relevante Interesse Ecológico, que é de Unidade de Conservação de Uso Sustentável, com redução de limites, só pode ser feita por lei.

(D) A reavaliação poderá ser feita por decreto, uma vez que a Área de Relevante Interesse Ecológico também é uma Unidade de Conservação do grupo de proteção integral.

COMENTÁRIO

A alternativa "C" está correta. A assertiva implica em uma flexibilização da proteção, de uma unidade de proteção integral para uma unidade de uso sustentável. Assim, essa reavaliação e redução de limites somente através de lei específica, conforme o § 7.º do art. 22 da Lei 9.985/2000.

A alternativa "A" está incorreta. As unidades de conservação são criadas por ato do Poder Público, que pode ser uma lei ou um decreto. Contudo, a redução dos limites de uma unidade de observação somente pode ocorrer através de lei específica, ao teor do § 7.º do art. 22 da Lei 9.985/2000. Dessa forma, a reavaliação proposta pela questão da OAB não pode ocorrer por meio de decreto – mas mediante lei específica.

A alternativa "B" está incorreta. A criação de unidades de conservação na Mata Atlântica compete a qualquer ente federativo, ao teor da Lei 9.985/2000, que instituiu o Sistema Nacional de Unidades de Conservação (SNUC). O fato da Mata Atlântica ser considerado patrimônio nacional nos termos do § 4.º do art. 225 da Constituição Federal não vincula à União a instituição de espaços ambientalmente protegidos.

A alternativa "D" está incorreta. A Área de Relevante Interesse Ecológico é uma unidade de conservação de uso sustentável – e não de proteção integral. Por fim, não poderá ser por decreto, mas somente por lei específica, como se viu nas outras assertivas.

(VIII EXAME DE ORDEM UNIFICADO – FGV) Sobre a Reserva Particular do Patrimônio Natural (RPPN), assinale a afirmativa correta.

(A) As RPPNs são unidades de conservação criadas em áreas de posse e domínios privados, gravadas com perpetuidade, e deverão ser averbadas, por intermédio de Termo de Compromisso, no Registro Público de Imóveis.

(B) As RPPNs são unidades de conservação criadas em áreas de posse pública e domínio privado, e deverão ser averbadas, por intermédio de Termo de Compromisso, no Registro Público de Imóveis.

(C) As RPPNs são unidades de conservação criadas em áreas de posse e domínios privados, deverão ser averbadas, por intermédio de Termo de Compromisso, no Registro Público de Imóveis. Porém não serão perpétuas, em razão do direito fundamental à propriedade privada.

(D) As RPPNs são unidades de conservação criadas em áreas de posse pública e domínio privado. Em razão do princípio da defesa do meio ambiente são instituídas automaticamente, sem necessidade de avaliação do órgão ambiental, bastando o interesse do proprietário privado e a averbação, por intermédio de Termo de Compromisso, no Registro Público de Imóveis.

COMENTÁRIO

A alternativa "A" é a correta. Com efeito, segundo o art. 21 da Lei 9.985/2000 (Lei do SNUC), "a Reserva Particular do Patrimônio Natural é uma área privada, gravada com perpetuidade, com o objetivo de conservar a diversidade biológica". A necessidade averbação está consignada no parágrafo único do art. 21. Trata-se de assertiva que seguiu a literalidade da Lei do SNUC

A alternativa "B" está incorreta. As RPPNs são áreas privadas e não instituídas em áreas de posse pública (art. 21 da Lei 9.985/2000).

A alternativa "C" está incorreta porque as RPPNs são gravadas com perpetuidade, conforme o *caput*do art. 21 da Lei 9.985/2000.

A alternativa "D" está incorreta. As RPPNs são instituídas em áreas privadas e não em áreas de posse pública. Além disso, não são instituídas automaticamente, vez que demandam a assinatura de termo de compromisso com o órgão ambiental (art. 21, § 1.º, Lei 9.985/2000).

(IX EXAME UNIFICADO – FGV) Com relação ao Sistema Nacional de Unidades de Conservação, assinale a afirmativa correta.

(A) As unidades de conservação devem ser criadas por lei, exigindo-se para tal prévia consulta pública e elaboração de estudo prévio de impacto ambiental.

(B) São unidades de conservação do grupo de proteção integral a floresta nacional, o parque nacional, a área de proteção ambiental e a reserva de fauna.

(C) As unidades de conservação do grupo de proteção integral podem ter seus limites reduzidos, através de lei específica.

(D) São unidades de conservação do grupo de uso sustentável a estação ecológica, a reserva extrativista e a reserva particular do patrimônio natural.

COMENTÁRIO

A alternativa "C", de fato, é a assertiva correta, vez que as unidades de conservação, de proteção integral ou de uso sustentável, podem ter seus limites reduzidos, mas somente mediante lei específica, tudo conforme o § 7.º do art. 21 da Lei 9.985/2000.

A alternativa "A" está incorreta. As unidades de conservação são criadas por ato do Poder Público, que pode ser uma lei ou um decreto, precedidos de estudos técnicos e consulta pública (art. 22 da Lei 9.985/2000). Assim, não é obrigatória a criação somente por lei e a exigência de estudo prévio de impacto ambiental – como relaciona a assertiva.

A alternativa "B" relaciona incorretamente as unidades de conservação do grupo de proteção integral. A floresta nacional, a área de proteção ambiental e a reserva de fauna são unidades de uso sustentável (art. 14 da Lei 9.985/2000).

A alternativa "D" relaciona incorretamente as unidades de conservação do grupo de uso sustentável. Nesse sentido, a estação ecológica é uma unidade de conservação do grupo de proteção integral (art. 8.º da Lei 9.985/2000), o que descaracteriza a questão.

(XIII EXAME DE ORDEM UNIFICADO – FGV) Bruno é proprietário de pousada que está em regular funcionamento há seis anos e explora o ecoturismo. Na área em que a pousada está localizada, o estado da federação pretende instituir estação ecológica com o objetivo de promover a proteção da flora e da fauna locais. A partir do caso apresentado, assinale a afirmativa correta.

(A) Não é possível o estado instituir a estação ecológica, pois fere o princípio da segurança jurídica, tendo em vista que a pousada funcionava regularmente há mais de cinco anos.

(B) É possível a instituição da estação ecológica pelo estado da federação, não impedindo o funcionamento da pousada, visto que Bruno tem direito adquirido ao exercício da atividade econômica.

(C) É possível a instituição da estação ecológica com a cessação da atividade econômica da pousada, desde que o Poder Público Estadual indenize Bruno pelos prejuízos que a instituição da unidade de conservação causar à sua atividade.

(D) É possível a instituição da estação ecológica com a cessação da atividade econômica da pousada, não cabendo ao Poder Público qualquer forma de indenização, tendo em vista a supremacia do interesse coletivo sobre os interesses individualmente considerados.

COMENTÁRIO

A alternativa "c" é a correta. Com a criação da Estação Ecológica e a observância das prescrições legais, Bruno deverá ser indenizado.

Trata-se de questão sobre "unidades de conservação", uma das principais temáticas do Exame de Ordem. A discussão adentra sobre a titularidade dos imóveis em unidade de conservação e, por decorrência, a possibilidade de eventual indenização. A criação de unidades de conservação está disciplinada na Lei 9985/2000, dentre as quais a "Estação Ecológica", objeto da questão.

A alternativa "a" está incorreta. Com efeito, uma Estação Ecológica é de posse e domínio públicos, sendo que as áreas particulares incluídas em seus limites serão desapropriadas (art. 9º, § 1º, Lei 9985/2000). O fato da pousada funcionar regularmente há mais de cinco anos não obsta a criação da unidade, mas o proprietário Bruno deverá ser indenizado na desapropriação.

A alternativa "b" está incorreta. Como se relacionou na assertiva anterior, uma Estação Ecológica é de posse e domínio públicos e, portanto, a atividade econômica não poderá prosseguir.

A alternativa "d" está incorreta. A indenização em caso de imóvel privado em unidade de conservação de posse e domínio público, como na Estação Ecológica, é obrigação legal (art. 9º, § 1º, Lei 9985/2000).

(XVII EXAME DE ORDEM UNIFICADO – FGV) Determinado Município, por intermédio de lei que contemplou questões como potencial construtivo, zoneamento de bairros e complexos esportivos, reduziu os limites de uma determinada Unidade de Conservação. Considerando o caso hipotético em tela, assinale a opção que se harmoniza com a legislação ambiental.

(A) A lei municipal em questão será considerada válida e eficaz, pois a redução dos limites de uma Unidade de Conservação pode ser feita até mesmo por Decreto.

(B) A redução de limites, assim como a desafetação de uma Unidade deConservação, não demanda lei específica, exigindo apenas a necessária e prévia aprovação de Estudo de Impacto Ambiental e respectivo relatório (EIA-RIMA).

(C) A redução operada pela lei, para produzir efeitos, dependerá da aprovação do Conselho Gestor da Unidade de Conservação impactada, garantindo-se a participação pública direta no referido procedimento de deliberação e aprovação.

(D) A redução dos limites da Unidade de Conservação, conquanto possa evidenciar os efeitos concretos da lei, somente pode ser feita mediante lei específica, regra esta que também se aplica à desafetação.

COMENTÁRIO

A Alternativa "d" é a correta. Consoante o art. 22, § 7º, da Lei 9.985/2000,"desafetação ou redução dos limites de uma unidade de conservação só pode ser feita mediante lei específica".

A alternativa "a" está incorreta. Está em dissonância com o art. 22, § 7º, da Lei 9.985/2000, que dispõe que a desafetação ou redução dos limites de uma unidade de conservação só pode ser feita mediante lei específica.

A alternativa "b" está incorreta. Aplica-se a observação do tópico anterior.

A alternativa "c" está incorreta. Não há na Lei 9.995/2000, que disciplina as unidades de conservação, qualquer observação nesse sentido.

3. LICENCIAMENTO AMBIENTAL

(IV EXAME DE ORDEM UNIFICADO – FGV) Assinale a alternativa correta quanto ao licenciamento ambiental e ao acesso aos dados e informações existentes nos órgãos e entidades integrantes do Sisnama.

(A) A exigência de Estudo Prévio de Impacto Ambiental para aterros sanitários depende de decisão discricionária do órgão ambiental, que avaliará no caso concreto o potencial ofensivo da obra.

(B) Uma pessoa jurídica com sede na França poderá solicitar, aos órgãos integrantes do Sisnama, mediante requerimento escrito, mesmo sem comprovação de interesse específico, informações sobre resultados de monitoramento e auditoria nos sistemas de controle de poluição e de atividades potencialmente poluidoras das empresas brasileiras.

(C) Um cidadão brasileiro pode solicitar informações sobre a qualidade do meio ambiente em um município aos órgãos integrantes do Sisnama, mediante a apresentação de título de eleitor e comprovação de domicílio eleitoral no local.

(D) Caso a área que sofrerá o impacto ambiental seja considerada estratégica para o zoneamento industrial nacional de petróleo e gás e em áreas do présal, o órgão ambiental poderá elaborar estudo prévio de impacto ambiental sigiloso.

COMENTÁRIO

A alternativa "B" está correta. A Lei 10.650/2003 dispõe sobre o acesso público aos dados e informações ambientais existentes nos órgãos e entidades integrantes do Sistema Nacional do Meio Ambiente – SISNAMA. Nesse sentido, os órgãos e entidades da Administração Pública, direta, indireta e fundacional, integrantes do SISNAMA, ficam obrigados a permitir o acesso público aos documentos, expedientes e processos administrativos que tratem de matéria ambiental e a fornecer todas as informações ambientais que estejam sob sua guarda, em meio escrito, visual, sonoro ou eletrônico, inclusive resultados de monitoramento e auditoria nos sistemas de controle de poluição e de atividades potencialmente poluidoras das empresas brasileiras. Não há restrição ao fato da empresa ter sede na França.

A alternativa "A" está incorreta. Em se tratando de obra ou atividade efetiva ou potencialmente causadora de significativa degradação do meio ambiente não há que se falar em discricionariedade do órgão ambiental, vez que a confecção do EIA nesse caso é uma exigência constitucional (art. 225, § 1.º, IV, da CF).

A alternativa "C" está incorreta. Pelo princípio da informação ambiental, todos têm acesso aos dados e informações ambientais que afetem a saúde e a qualidade de vida, não sendo necessária nenhuma exigência que vincule comprovação de domicílio eleitoral no local etc.

A alternativa "D" está incorreta. Segundo dispõe o inciso V, do parágrafo único, do art. 225 da CF, é necessário dar publicidade ao Estudo Prévio de Impacto Ambiental (EPIA/RIMA. Não há EIA sigiloso.

(IX EXAME UNIFICADO – FGV) A respeito dos princípios aplicáveis ao Licenciamento e ao Estudo Prévio de Impacto Ambiental (EIA, assinale a afirmativa correta.

(A) O licenciamento ambiental é norteado pelos princípios da informação e da participação popular. Logo, a audiência pública é uma etapa fixa do processo de avaliação ambiental, não podendo ser dispensada pelo órgão ambiental competente.

(B) O licenciamento ambiental e o estudo prévio de impacto ambiental devem preceder toda obra em área pública, em razão do princípio da função socioambiental da propriedade.

(C) O licenciamento ambiental pode ocorrer sem que haja audiência pública. Porém, havendo EIA, esta pode ser realizada de ofício pelo órgão ambiental ao julgar necessária ou requerida por, no mínimo, 50 cidadãos, por entidade civil ou pelo Ministério Público, em razão dos princípios da informação e da participação popular.

(D) O licenciamento ambiental se baseia no princípio da prevenção de danos. Logo, só atividades em que haja certeza científica e inconteste de degradação ambiental estão sujeitas ao estudo prévio de impacto ambiental.

COMENTÁRIO

A alternativa "C" é a assertiva correta. Em obras e atividades que não causem significativa degradação do meio ambiente, realmente não é necessário a ocorrência de audiência pública. Contudo, em se tratando de obra ou atividade potencialmente causadora de significativa degradação ambiental, o que impõe a confecção pelo empreendedor do Estudo Prévio de Impacto Ambiental – EIA/RIMA, a audiência pública pode ser realizada de ofício pelo órgão ambiental ao julgar necessária ou requerida por, no mínimo, 50 cidadãos, por entidade civil ou pelo Ministério Público, em razão dos princípios da informação e da participação popular.

A alternativa "A" está incorreta, isso porque a audiência pública não é uma etapa fixa no processo de avaliação ambiental. Na verdade, a realização de audiência pública no licenciamento ambiental pode ser requerida somente quando se tratar de atividades e empreendimentos efetiva ou potencialmente causadores de significativa degradação ambiental – o que, por evidente, não são todas as atividades.

A alternativa "B" está incorreta. O licenciamento ambiental e o estudo prévio de impacto ambiental estão fundamentados no princípio da prevenção – e não no princípio da função social da propriedade. O licenciamento ambiental em área pública somente será necessário se a obra ou atividade for efetiva ou potencialmente causadora de degradação. Já o estudo prévio de impacto ambiental, somente para as obras e atividades potencialmente causadoras de significativa degradação do meio ambiente. Dessa forma, nota-se que nem toda obra pública é poluidora ou causadora de significativa degradação do meio ambiente e, portanto, não precisa se submeter ao licenciamento ambiental.

Ao contrário do que consigna a alternativa "D", incorreta, o licenciamento ambiental é aplicável tanto a atividades em se configure a certeza científica quanto a atividades e empreendimentos com ausência de certeza científica sobre a potencialidade de seus danos.

(X EXAME DE ORDEM UNIFICADO – FGV) Na perspectiva da tutela do direito difuso ao meio ambiente, o ordenamento constitucional exigiu o estudo de impacto ambiental para instalação e desenvolvimento de certas atividades. Nessa perspectiva, o estudo prévio de impacto ambiental está concretizado no princípio

(A) da precaução.

(B) da prevenção.

(C) da vedação ao retrocesso.

(D) do poluidor-pagador.

COMENTÁRIO

A alternativa "B" é a assertiva correta, isso porque o princípio da prevenção é a essência do Direito Ambiental. Ora, prevenção significa agir antecipadamente, que é justamente o que justifica a realização dos estudos ambientais, em especial o Estudo Prévio de Impacto Ambiental. O princípio da prevenção é aplicável a todas as obras e atividades efetivas ou potencialmente causadoras de poluição ou degradação ambiental.

A alternativa "A" relaciona o princípio da precaução ao Estudo Prévio de Impacto Ambiental. Com efeito, o princípio da precaução relaciona-se à incerteza científica, com a ausência de dados e informações conclusivos sobre a potencialidade do dano. Por evidente, nem todas as obras e atividades caracterizam-se como de risco desconhecido, com incerteza científica. O princípio da precaução é aplicável somente em algumas situações, não em todas, o que implica reconhecer a incorreção da alternativa.

A alternativa "C" está incorreta. O princípio da vedação ao retrocesso significa que não se pode retroceder na proteção ambiental, com a edição de leis que diminuam a proteção ao meio ambiente. O princípio em questão não possui relação com o enunciado da questão.

A alternativa "D" aduz o princípio do poluidor-pagador, que impõe ao empreendedor o dever de internalizar as externalidades negativas de sua atividade ou empreendimento. Em outras palavras, o empreendedor deve tratar, dentro do processo produtivo, a poluição decorrente de sua atividade econômica. Não é, portanto, o princípio que concretiza o Estudo Prévio de Impacto Ambiental.

(XI EXAME DE ORDEM UNIFICADO – FGV) Em determinado Estado da federação é proposta emenda à Constituição, no sentido de submeter todos os Relatórios de Impacto Ambiental à comissão permanente da Assembleia Legislativa. Com relação ao caso proposto, assinale a afirmativa correta.

(A) Os Relatórios e os Estudos de Impacto Ambiental são realizados exclusivamente pela União, de modo que a Assembleia Legislativa não é competente para analisar os Relatórios.

(B) A análise e a aprovação de atividade potencialmente causadora de risco ambiental são consubstanciadas no poder de polícia, não sendo possível a análise do Relatório de Impacto Ambiental pelo Poder Legislativo.

(C) A emenda é constitucional, desde que de iniciativa parlamentar, uma vez que incumbe ao Poder Legislativo a direção superior da Administração Pública, incluindo a análise e a aprovação de atividades potencialmente poluidoras.

(D) A emenda é constitucional, desde que seja de iniciativa do Governador do Estado, que detém competência privativa para iniciativa de emendas sobre organização administrativa, judiciária, tributária e ambiental do Estado.

COMENTÁRIO

A alternativa "B" é a correta. De fato, a análise e a aprovação de atividade potencialmente causadora de risco ambiental consubstancia o poder de polícia e, como tal, não cabe ao Poder Legislativo adentrar na análise do EIA/RIMA. O Supremo Tribunal Federal adentrou nessa questão na ADI 1.505, a saber: "Lei n. 1.315/2004, do Estado de Rondônia, que exige autorização prévia da Assembleia Legislativa para o licenciamento de atividades utilizadoras de recursos

8. Direito Ambiental

ambientais consideradas efetivas e potencialmente poluidoras, bem como capazes, sob qualquer forma, de causar degradação ambiental. Condicionar a aprovação de licenciamento ambiental à prévia autorização da Assembleia Legislativa implica indevida interferência do Poder Legislativo na atuação do Poder Executivo, não autorizada pelo art. 2º da Constituição".

A alternativa "A" está incorreta. Os Relatórios e os Estudos de Impacto Ambiental não são realizados exclusivamente pela União, mas igualmente pelos outros entes federativos (Estados-membros, Distrito Federal etc. Aliás, a Resolução CONAMA 01/86, em seu art. 2.º, dispõe que dependerá de elaboração de estudo de impacto ambiental e respectivo relatório de impacto ambiental - RIMA, a serem submetidos à aprovação do órgão estadual competente, e do IBAMA em caráter supletivo, o licenciamento de atividades modificadoras do meio ambiente.

A Alternativa "C" está incorreta. Como se viu na assertiva "B", não se pode condicionar a aprovação de licenciamento ambiental à prévia autorização do Poder Legislativo, o que implica indevida interferência na atuação do Poder Executivo (ADI 1505/STF).

A Alternativa "D" está incorreta. Aplicam-se aqui os comentários das assertivas anteriores.

(XIV EXAME DE ORDEM UNIFICADO – FGV) Kellen, empreendedora individual, obtém, junto ao órgão municipal, licença de instalação de uma fábrica de calçados. A respeito da hipótese formulada, assinale a afirmativa correta.

(A) A licença não é válida, uma vez que os municípios têm competência para a análise de estudos de impacto ambiental, mas não para a concessão de licença ambiental.

(B) Com a licença de instalação obtida, a fábrica de calçados poderá iniciar suas atividades de produção, gerando direito adquirido pelo prazo mencionado na licença expedida pelo município.

(C) A licença é válida, porém não há impedimento que um Estado e a União expeçam licenças relativas ao mesmo empreendimento, caso entendam que haja impacto de âmbito regional e nacional, respectivamente.

(D) Para o início da produção de calçados, é imprescindível a obtenção de licença de operação, sendo concedida após a verificação do cumprimento dos requisitos previstos nas licenças anteriores.

COMENTÁRIO

Essa questão versou sobre o licenciamento ambiental, notadamente as etapas para o obtenção das licenças ambientais. Com efeito, o licenciamento ambiental é a sucessão de atos que visam à obtenção sequencial de três licenças: (a) licença prévia; (b) licença de instalação; (c) licença de operação. A licença prévia aprova a localização e a concepção do empreendimento e atesta a sua viabilidade ambiental. Estabelece os condicionantes ambientais a serem observados pelo empreendedor para a licença seguinte. A licença de instalação aprova a instalação do projeto e autoriza construir, edificar, cortar árvores e todas as obras necessárias para o empreendimento. Estabelece os condicionantes ambientais para a licença seguinte. Por fim, a Licença de operação autoriza a operação da atividade ou empreendimento, após a verificação do efetivo cumprimento das medidas e condicionantes que constam das licenças anteriores. Além disso, determinará as medidas de controle ambiental e condicionantes de observância necessária após o efetivo funcionamento do empreendimento.

A alternativa "d" é a correta. Essa assertiva observa as prescrições legais com a sequência das licenças ambientais, a saber: (i) licença prévia; (ii) licença de instalação; e por último (iii) a licença de operação.

A alternativa "a" está incorreta. O licenciamento ambiental está inserido na competência administrativa comum do art. 23 da Constituição de 1988. Assim, possuem competência para o licenciamento ambiental todos os entes federativos, inclusive os municípios.

A alternativa "b" está incorreta. A fábrica de calçados somente poderá iniciar suas atividades de produção após a licença de operação, e não a licença de instalação, como consignou a assertiva.

A alternativa "c" está incorreta. Conforme a LC 140/2011, os empreendimentos e atividades são licenciados ou autorizados, ambientalmente, por um único ente federativo. Isto é, somente um ente federativo emitirá as licenças correspondentes.

(XVIII EXAME DE ORDEM UNIFICADO – FGV) Determinada sociedade empresária consulta seu advogado para obter informações sobre as exigências ambientais que possam incidir em seus projetos, especialmente no que tange à apresentação e aprovação de Estudo Prévio de Impacto Ambiental e seu respectivo Relatório (EIA/RIMA). Considerando a disciplina do EIA/RIMA pelo ordenamento jurídico, assinale a afirmativa correta.

(A) O EIA/RIMA é um estudo simplificado, integrante do licenciamento ambiental, destinado a avaliar os impactos ao meio ambiente natural, não abordando impactos aos meios artificial e cultural, pois esses componentes, segundo pacífico entendimento doutrinário e jurisprudencial, não integram o conceito de "meio ambiente".

(B) O EIA/RIMA é exigido em todas as atividades e empreendimentos que possam causar impactos ambientais, devendo ser aprovado previamente à concessão da denominada Licença Ambiental Prévia.

(C) O EIA/RIMA, além de ser aprovado entre as Licenças Ambientais Prévia e de Instalação, tem a sua metodologia e o seu conteúdo regrados exclusivamente por Resoluções do Conselho Nacional do Meio Ambiente (CONAMA), podendo a entidade / o órgão o ambiental licenciador dispensá-lo segundo critérios discricionários e independentemente de fundamentação, ainda que a atividade esteja prevista em Resolução CONAMA como passível de EIA/RIMA.

(D) O EIA-RIMA é um instrumento de avaliação de impactos ambientais, de natureza preventiva, exigido para atividades/empreendimentos não só efetiva como potencialmente capazes de causar significativa degradação, sendo certo que a sua publicidade é uma imposição Constitucional (CRFB/1988).

COMENTÁRIO

A Alternativa "d" é a correta. Trata-se de assertiva em total consonância com o art. 225, § 1º, IV, da Constituição Federal.

A alternativa "a" está incorreta. Ao contrário da assertiva, o EIA/RIMA é um estudo complexo, destinado a avaliar empreendimentos e atividades efetiva ou potencialmente causadores de significativa degradação do meio ambiente. Além disso, o conceito de meio ambiente contempla os componentes natural, cultural e artificial, conforme a doutrina e os tribunais.

A alternativa "b" está incorreta. O EIA/RIMA é exigido somente para as atividades e empreendimentos que possam causar significativa degradação do meio ambiente, consoante o art. 225, § 1º, IV, da Constituição Federal. O erro foi constar "todas as atividades que possam causar impactos ambientais".

A alternativa "c" está incorreta. O EIA/RIMA é analisado antes de eventual concessão da Licença Prévia. O EIA/RIMA está previsto na Resolução CONAMA 01/1986 e uma vez que a atividade ou empreendimento seja efetiva ou potencialmente causador de significativa degradação do meio ambiente, não pode o órgão ambiental dispensá-lo, já que não possui discricionariedade para tal.

4. RESPONSABILIDADE EM MATÉRIA AMBIENTAL

(V EXAME DE ORDEM UNIFICADO – FGV) João adquiriu em maio de 2000 um imóvel em área rural, banhado pelo Rio Formoso. Em 2010, foi citado para responder a uma ação civil pública proposta pelo Município de Belas Veredas, que o responsabiliza civilmente por ter cometido corte raso na mata ciliar da propriedade. João alega que o desmatamento foi cometido pelo antigo proprietário da fazenda, que já praticava o plantio de milho no local. Em razão do exposto, é correto afirmar que

(A) a responsabilidade por dano ambiental é objetiva, mas, como não há nexo de causalidade entre a ação do novo proprietário e o corte raso na área, verifica-se a excludente de responsabilidade, e João não será obrigado a reparar o dano.

(B) a responsabilidade civil por dano ambiental difuso prescreve em cinco anos por força da Lei 9.873/1999. Logo, João não será obrigado a reparar o dano.

(C) João será obrigado a recuperar a área, mas, como não poderá mais utilizá-la para o plantio do milho, terá direito a indenização, a ser paga pelo Poder Público, por força do princípio do protetor-recebedor.

(D) a manutenção de área de mata ciliar é obrigação *propter rem*; sendo obrigação de conservação, é automaticamente transferida do alienante ao adquirente. Logo, João terá que reparar a área.

COMENTÁRIO

A alternativa "D" está correta. Com efeito, com a aquisição de uma propriedade se transfere ao adquirente a obrigação de reparar os eventuais danos ao meio ambiente. Essas obrigações ambientais são de natureza *propter rem*. Aliás, a Lei 12.651/2012, que institui um Novo Código Florestal, consigna que "as obrigações previstas nesta Lei têm natureza real e são transmitidas ao sucessor, de qualquer natureza, no caso de transferência de domínio ou posse do imóvel rural (art. 2.º, § 2.º)".

A alternativa "A" está incorreta. Não obstante a responsabilidade civil em matéria ambiental ser objetiva, não há que se falar nesse caso em nexo de causalidade, vez que se trata de obrigação *propter rem*.

A alternativa "B" está incorreta. A ação de reparação de danos ambientais é, conforme a jurisprudência do Superior Tribunal de Justiça, imprescritível.

A alternativa "C" está incorreta. Como se trata de corte raso de vegetação em mata ciliar, o que caracteriza "Área de Preservação Permanente – APP", não há que se falar em indenização pelo não uso para plantio de milho, isso porque é incongruente exigir indenização de área insusceptível de uso pelo proprietário. O princípio do protetor-recebedor, por seu turno, é oriundo da Lei 12.305/2010, que instituiu a Política Nacional de Resíduos Sólidos, e significa que aquele que adote medidas de proteção ao meio ambiente receba benefícios. Por evidente, no caso de APP, o princípio não é aplicável, até mesmo porque manter a integridade da vegetação nessas áreas é obrigação legal e não uma faculdade do proprietário ou possuidor.

(VII EXAME DE ORDEM UNIFICADO – FGV) Um *shopping center*, que possui cerca de 250 lojas e estacionamento para dois mil veículos, foi construído há doze anos sobre um antigo aterro sanitário e, desde sua inauguração, sofre com a decomposição de material orgânico do subsolo, havendo emissão diária de gás metano, em níveis considerados perigosos à saúde humana, podendo causar explosões. Em razão do caso exposto, assinale a alternativa correta:

(A) Como o *shopping* foi construído há mais de cinco anos, a obrigação de elaborar estudo prévio de impacto ambiental e de se submeter a licenciamento já prescreveu. Assim o empreendimento poderá continuar funcionando.

(B) A licença de operação ambiental tem prazo de validade de dez anos. Logo o *shopping* já cumpriu com suas obrigações referentes ao licenciamento e ao estudo prévio de impacto ambiental, e poderá continuar com suas atividades regularmente.

(C) A decomposição de material orgânico continua ocorrendo, e é considerada perigosa à saúde humana e ao meio ambiente. Logo, o *shopping center* em questão poderá ser obrigado pelo órgão ambiental competente a adotar medidas para promover a dispersão do gás metano, de forma a minimizar ou anular os riscos ambientais, mesmo que já possua licença de operação válida.

(D) Caso o *shopping center* possua licença de operação válida, não poderá ser obrigado pelo órgão ambiental competente, no caso exposto, a adotar novas medidas para a dispersão do gás metano. Apenas no momento da renovação de sua licença de operação poderá ser obrigado a adquirir novo equipamento para tal fim.

COMENTÁRIO

A alternativa "C" está correta. O órgão ambiental poderá modificar os condicionantes, as medidas de controle e adequação, suspender ou cancelar uma licença ambiental (art. 19, *caput*, da Resolução CONAMA 237/1997). Assim, se o órgão ambiental verificar a ocorrência de situação que configure riscos à saúde e ao meio ambiente, poderá determinar as medidas necessárias, mesmo que o *shopping center* tenha licença válida.

A alternativa "A" está incorreta. As atividades licenciadas estão sujeitas a revisões periódicas. Uma licença ambiental tem prazo definido e com a proximidade de sua expiração há a necessidade de o empreendedor renová-la. Além disso, uma licença ambiental pode ser objeto de anulação, cassação ou revogação, conforme dispõe o art. 19 da Resolução CONAMA 237/1997.

A alternativa "B" está incorreta. O licenciamento ambiental está sujeito a renovações periódicas. Isso porque a licença ambiental tem prazo estabelecido pelo órgão ambiental e com o seu esgotamento é necessário a renovação. Contudo, durante a vigência da licença, ela poderá sofrer modificações e adequações determinadas pelo órgão ambiental.

A alternativa "D" está incorreta. Como se consignou na alternativa anterior, o órgão ambiental poderá modificar os condicionantes, as medidas de controle e adequação,suspender ou cancelar uma licença ambiental. Não é necessário aguardar a renovação para determinar as medidas necessárias.

(IX EXAME DE ORDEM UNIFICADO – FGV) A respeito da responsabilidade administrativa federal por danos ambientais, regulamentada pelo Decreto 6.514/2008 e alterado pelo Decreto 6.686/2008, assinale a afirmativa correta.

(A) A demolição de obra só poderá ser aplicada em edificações não residenciais e sua execução deverá ocorrer às custas do infrator.

(B) A demolição de obra é medida excepcional e só poderá ser aplicada em situações de flagrante ilegalidade e em edificações com menos de dez anos.

(C) A demolição de obra, em respeito ao direito fundamental à moradia, só poderá ser aplicada em construções residenciais erguidas em unidades de conservação e outros espaços ambientalmente protegidos e as custas para a sua realização correrão por conta do infrator.

(D) A demolição de obra ou construção com fins residenciais ou comerciais, em razão do princípio da defesa do meio ambiente, dar-se-á nos casos em que a ausência da demolição importa em iminente risco de agravamento do dano ambiental e as custas para sua realização correrão por conta do infrator.

COMENTÁRIO

A alternativa "A" é a assertiva correta. Segundo o art. 119 do Decreto 6.514/2008, a demolição de obra, edificação ou construção não habitada e utilizada diretamente para a infração ambiental dar-se-á excepcionalmente no ato da fiscalização nos casos em que se constatar que a ausência da demolição importa em iminente risco de agravamento do dano ambiental ou de graves riscos à saúde. Continua o artigo aduzindo que as despesas para a realização da demolição correrão às custas do infrator e que a demolição de que trata o artigo não será realizada em edificações residenciais.

A alternativa "B" é incorreta, na medida em que o Decreto 6.514/2008 nada dispõe sobre a vinculação ao tempo da edificação.

A alternativa "C" está incorreta. Segundo o art. 119 do Decreto 6.514/2008, a demolição é aplicada somente para construções não residenciais.

A Alternativa "D" está incorreta. Segundo o art. 119 do Decreto 6.514/2008, a demolição é aplicada somente para construções não residenciais.

(X EXAME DE ORDEM UNIFICADO – FGV) João, militante ambientalista, adquire chácara em área rural já degradada, com o objetivo de cultivar alimentos orgânicos para consumo próprio. Alguns meses depois, ele é notificado pela autoridade ambiental local de que a área é de preservação permanente. Sobre o caso, assinale a afirmativa correta.

(A) João é responsável pela regeneração da área, mesmo não tendo sido responsável por sua degradação, uma vez que se trata de obrigação *propter rem*.

(B) João somente teria a obrigação de regenerar a área caso soubesse do dano ambiental cometido pelo antigo proprietário, em homenagem ao princípio da boa-fé.

(C) O único responsável pelo dano é o antigo proprietário, causador do dano, uma vez que João não pode ser responsabilizado por ato ilícito que não cometeu.

(D) Não há responsabilidade do antigo proprietário ou de João, mas da Administração Pública, em razão da omissão na fiscalização ambiental quando da transmissão da propriedade.

COMENTÁRIO

A alternativa "A" é a assertiva correta. Com efeito, com a aquisição de uma propriedade se transfere ao adquirente a obrigação de reparar os eventuais danos ao meio ambiente. Essas obrigações ambientais são de natureza *propter rem*. Aliás, a Lei 12.651/2012, que institui um Novo Código Florestal, consigna que "as obrigações previstas nesta Lei têm natureza real e são transmitidas ao sucessor, de qualquer natureza, no caso de transferência de domínio ou posse do imóvel rural (art. 2.º, § 2.º)".

A alternativa "B" é incorreta, vez que é obrigação do adquirente verificar a situação jurídica da propriedade, o que incluiu as eventuais supressões e os desmatamentos em desconformidade com a legislação. Não há que se falar em princípio da boa-fé nessas situações.

A alternativa "C" é igualmente incorreta. Além das obrigações serem de natureza real, transferidas de um sucessor a outro, no direito ambiental o poluidor pode ser direto ou indireto.

A alternativa "D" atribui erroneamente a responsabilidade à Administração Pública por omissão na fiscalização no momento da transferência da propriedade. Por evidente, a transferência da propriedade está no domínio privado e seria impossível essa incumbência ao Poder Público em todas as transações imobiliárias.

(XV EXAME DE ORDEM UNIFICADO – FGV) No curso de obra pública, a Administração Pública causa dano em local compreendido por área de preservação permanente. Sobre o caso apresentado, assinale a opção que indica de quem é a responsabilidade ambiental.

(A) Em se tratando de área de preservação permanente, que legalmente é de domínio público, o ente só responde pelos danos ambientais nos casos de atuação com dolo ou culpa grave.

(B) Em se tratando de área de preservação permanente, a Administração Pública responderá de forma objetiva pelos danos causados ao meio ambiente, independentemente das responsabilidades administrativa e penal.

(C) Em se tratando de dano ambiental cometido dentro de área de preservação permanente, a Administração Pública não tem responsabilidade, sob pena de confusão, recaindo sobre o agente público causador do dano, independentemente das responsabilidades administrativa e penal.

(D) Trata-se de caso de responsabilidade subjetiva solidária de todos aqueles que contribuíram para a prática do dano, inclusive do agente público que determinou a prática do ato.

COMENTÁRIO

A questão versa sobre a responsabilidade civil em matéria ambiental, notadamente dos órgãos da Administração Pública.

A alternativa "b" é a correta. A responsabilidade civil ambiental é objetiva, inclusive para os entes da Administração Pública (art. 14, § 1º, da Lei 6.938/1981 c/c o art. 37, § 6º da CF/1988).

A alternativa "a" está incorreta.Em primeiro lugar, a área de preservação permanente incide em imóvel público ou privado. Além disso, a responsabilidade civil em matéria ambiental é objetiva, isto é, basta comprovar o nexo de causalidade entre a conduta e o dano. Portanto, ao contrário da assertiva, não há que se falar em dolo ou culpa.

A alternativa "c" está incorreta.Ao contrário da assertiva, em se tratando de dano ambiental cometido dentro de área de preservação permanente, a Administração Pública responde objetivamente, consoante o art. 14,§ 1º, da Lei 6.938/1981 c/o art. 37, § 6º da CF/1988.

A alternativa "d" está incorreta.Como se relacionou nas assertivas anteriores, a responsabilidade civil em matéria ambiental é objetiva.

5. DIREITO PENAL AMBIENTAL

(EXAME DE ORDEM UNIFICADO 2010.2 – FGV) Diante das disposições estabelecidas pela Lei 9.605/1998 sobre as sanções penais e administrativas derivadas de condutas e atividades lesivas ao meio ambiente, assinale a alternativa correta.

(A) A desconsideração da pessoa jurídica somente será admitida se a pena restritiva de direitos se revelar inócua para os fins a que se destina.

(B) A pena restritiva de direitos da pessoa jurídica, no que tange a proibição de contratar com o poder público, terá duração equivalente ao tempo de permanência dos efeitos negativos da conduta delituosa sobre o meio ambiente.

(C) Constitui inovação da lei de crimes ambientais a excludente de antijuridicidade relativamente ao comércio não autorizado de animais da fauna silvestre voltado exclusivamente à subsistência da entidade familiar.

(D) Os tipos penais ambientais, em regra, descrevem crimes de perigo abstrato, que se consumam com a própria criação do risco, efetivo ou presumido, independentemente de qualquer resultado danoso.

COMENTÁRIO

A alternativa "D" está correta. Como o meio ambiente é bem jurídico difuso, ocorre uma antecipação da tutela penal com os tipos penais de perigo. O perigo pode ser abstrato ou presumido (basta a conduta, não sendo necessária sequer situação de risco) ou concreto (a conduta causadora de uma situação real de perigo). Não são delitos de dano que exigiriam uma efetiva lesão ao meio ambiente. A punição ocorre antes do efetivo dano, com a mera conduta causadora de perigo virtual ou real.

A alternativa "A" está incorreta. A desconsideração da pessoa jurídica poderá ocorrer sempre que sua personalidade for obstáculo ao ressarcimento de prejuízos causados à qualidade do meio ambiente.

A alternativa "B" está incorreta. A pena restritiva de direitos da pessoa jurídica, no que tange a proibição de contratar com o poder público, não poderá exceder o prazo de dez anos (art. 22, § 3.º, da Lei 9.605/1998) – e não a duração equivalente ao tempo de permanência dos efeitos negativos da conduta delituosa sobre o meio ambiente.

A alternativa "C" está incorreta. A única excludente de antijuridicidade da Lei 9.605/1998 está prevista no art. 37, que dispõe: "Art. 37. Não é crime o abate de animal, quando realizado: I – em estado de necessidade, para saciar a fome do agente ou de sua família; II – para proteger lavouras, pomares e rebanhos da ação predatória ou destruidora de animais, desde que legal e expressamente autorizado pela autoridade competente; III – (VETADO); IV – por ser nocivo o animal, desde que assim caracterizado pelo órgão competente". O comércio não autorizado de animais da fauna silvestre voltado exclusivamente à subsistência da entidade familiar não afigura como excludente de antijuridicidade.

(V EXAME DE ORDEM UNIFICADO – FGV) A Lei 9.605/1998, regulamentada pelo Decreto 6.514/2008, que dispõe sobre sanções penais e administrativas derivadas de condutas e atividades lesivas ao meio ambiente, trouxe novidades nas normas ambientais. Entre elas está a

(A) desconsideração da pessoa jurídica, que foi estabelecida para responsabilizar a pessoa física sempre que sua personalidade for obstáculo ao ressarcimento de prejuízos causados à qualidade do meio ambiente.

(B) possibilidade de assinatura de termos de ajustamento de conduta, que somente é possível pelo cometimento de ilícito ambiental.

(C) responsabilidade penal objetiva pelo cometimento de crimes ambientais.

(D) substituição da pena privativa de liberdade pela restritiva de direito quando tratar-se de crime doloso.

COMENTÁRIO

A alternativa "A" está correta. A desconsideração da personalidade jurídica é uma das inovações da Lei 9.605/1998, que dispõe em seu art. 4.º, *in verbis*: "poderá ser desconsiderada a pessoa jurídica sempre que sua personalidade for obstáculo ao ressarcimento de prejuízos causados à qualidade do meio ambiente".

A alternativa "B" está incorreta. O termo de ajustamento de conduta não é uma novidade no sistema jurídico brasileiro, já previsto na Lei 7.347/1985 (Lei da Ação Civil Pública). A Lei 9.605/1998 consignou em seu art. 79-A a autorização aos órgãos ambientais integrantes do SISNAMA, responsáveis pela execução de programas e projetos e pelo controle e fiscalização dos estabelecimentos e das atividades suscetíveis de degradarem a qualidade ambiental, a celebrar, com força de título executivo extrajudicial, termo de compromisso com pessoas físicas ou jurídicas responsáveis pela construção, instalação, ampliação e funcionamento de estabelecimentos e atividades utilizadores de recursos ambientais, considerados efetiva ou potencialmente poluidores.

A alternativa "C" está incorreta. A responsabilidade penal ambiental é subjetiva. A responsabilidade objetiva é a de natureza civil.

A alternativa "D" está incorreta. A substituição da pena privativa de liberdade pela restritiva de direito poderá ocorrer quando se tratar de crime culposo. Na redação do art. 7.º da Lei 9.605/1998, *in verbis*: "as penas restritivas de direitos são autônomas e substituem as privativas de liberdade quando: I – tratar-se de crime culposo ou for aplicada a pena privativa de liberdade inferior a quatro anos; II – a culpabilidade, os antecedentes, a conduta social e a personalidade do condenado, bem como os motivos e as circunstâncias do crime indicarem que a substituição seja suficiente para efeitos de reprovação e prevenção do crime".

(VIII EXAME DE ORDEM UNIFICADO – FGV) Luísa, residente e domiciliada na cidade de Recife, após visitar a Austrália, traz consigo para a sua casa um filhote de coala, animal típico daquele país e inexistente no Brasil. Tendo em vista tal situação, assinale a afirmativa correta.

(A) Ao trazer o animal, Luísa não cometeu qualquer ilícito ambiental já que a propriedade de animais domésticos é livre no Brasil.

(B) Ao trazer o animal, Luísa, em princípio, não cometeu qualquer ilícito ambiental, pois o crime contra o meio ambiente só se configuraria caso Luísa abandonasse ou praticasse ações de crueldade contra o animal por ela adotado.

(C) Ao trazer o animal, Luísa cometeu crime ambiental, pois o introduziu no Brasil sem prévio licenciamento ambiental, sendo a Justiça estadual de Pernambuco competente para julgar a eventual ação.

(D) Ao trazer o animal, Luísa cometeu crime ambiental, pois o introduziu no Brasil sem licença e sem parecer técnico oficial favorável, sendo a Justiça Federal competente para julgar a eventual ação.

COMENTÁRIO

A alternativa "D" está correta. Com efeito, segundo o art. 31 da Lei 9.605/1998, é crime ambiental introduzir espécime animal no País, sem parecer técnico oficial favorável e licença expedida por autoridade competente. A Justiça Federal será a competente, vez que o coala foi trazido do exterior. A alternativa "A" está incorreta. O coala não é um animal doméstico, mas exótico, o que implica na obrigatoriedade de parecer técnico oficial favorável e licença expedida por autoridade competente.

A alternativa "B" está incorreta. A simples introdução do coala – animal exótico – sem autorização legal já configura o cometimento de crime ambiental.

A alternativa "C" está incorreta. Não é necessário licenciamento ambiental para introduzir essa espécime. Ademais, a competência não é da Justiça Estadual, mas sim a Justiça Federal.

6. ESTATUTO DA CIDADE

(EXAME DE ORDEM UNIFICADO 2010.3 – FGV)O Estudo de Impacto de Vizinhança – EIV é uma espécie do gênero Avaliação de Impacto Ambiental e está disciplinado no Estatuto da Cidade, que estabelece e enumera os instrumentos da política de desenvolvimento urbano, de acordo com seus arts. 4.º e 36 a 38.

A esse respeito, assinale a alternativa correta.

(A) As atividades de relevante e significativo impacto ambiental que atingem mais de um Município são precedidas de estudo de impacto de vizinhança.

(B) O estudo de impacto de vizinhança só pode ser exigido em área rural pelo órgão ambiental municipal.

(C) A Avaliação de Impacto Ambiental é exigida para analisar o adensamento populacional e a geração de tráfego e demanda por transporte público advindos da edificação de um prédio.

(D) A elaboração de estudo de impacto de vizinhança não substitui a elaboração de estudo prévio de impacto ambiental, requerida nos termos da legislação ambiental.

COMENTÁRIO

A alternativa "D" é a correta. Os estudos em questão têm natureza distinta e não se confundem. Com efeito, o art. 38 da Lei 10.257/2001 (Estatuto da Cidade), dispõe: "A elaboração do EIV não substitui a elaboração e a aprovação de estudo prévio de impacto ambiental (EIA, requeridas nos termos da legislação ambiental".

A alternativa "A" está incorreta. O Estudo de Impacto de Vizinhança (EIV) é realizado no âmbito municipal e não se confunde com o Estudo Prévio de Impacto Ambiental – EIA/RIMA, que é obrigatório para as obras e atividades efetiva ou potencialmente causadores de significativa degradação do meio ambiente. Assim, no que propõe a assertiva, o correto é a realização do EIA/RIMA e não do EIV, que é somente no âmbito municipal, nas atividades elencadas em lei municipal.

A alternativa "B" está incorreta porque o Estudo de Impacto Ambiental é para áreas urbanas e sua exigência não compete ao órgão ambiental municipal.

A alternativa "C" está incorreta. A Avaliação de Impacto Ambiental é para as obras e atividades efetiva ou potencialmente causadoras de poluição ou de degradação ambiental – e não para analisar o adensamento populacional e a geração de tráfego e demanda por transporte público advindos da edificação de um prédio, que estão afeto ao Estudo de Impacto de Vizinhança. Na verdade, lei municipal definirá os empreendimentos e atividades privados ou públicos em área urbana que dependerão de elaboração de estudo prévio de impacto de vizinhança (EIV) para obter as licenças ou autorizações de construção, ampliação ou funcionamento a cargo do Poder Público municipal.

(XII EXAME DE ORDEM UNIFICADO – FGV) O estado Y pretende melhorar a qualidade do ar e da água em certa região que compõe o seu território, a qual é abrangida por quatro municípios. Considerando o caso, assinale a alternativa que indica a medida que o estado Y deve adotar.

(A) Instituir Região Metropolitana por meio de lei ordinária, a qual retiraria as competências dos referidos municípios para disciplinar as matérias.

(B) Por iniciativa da Assembleia Estadual, editar lei definindo a região composta pelos municípios como área de preservação permanente, estabelecendo padrões ambientais mínimos, de acordo com o plano de manejo.

(C) Editar lei complementar, de iniciativa do Governador do estado, a qual imporá níveis de qualidade a serem obedecidos pelos municípios, sob controle e fiscalização do órgão ambiental estadual.

(D) Incentivar os municípios que atingirem as metas ambientais estipuladas em lei estadual, por meio de distribuição de parte do ICMS arrecadado, nos limites constitucionalmente autorizados.

COMENTÁRIO

A Alternativa "D" está correta. Essa é uma assertiva que se insere em temática de Direito Tributário, no caso a extrafiscalidade ambiental. Com efeito, como forma de melhorar a qualidade do ar e da água, uma medida possível é incentivar os municípios que atingirem as metas ambientais estipuladas em lei estadual, através da distribuição de parte do ICMS arrecadado. É o ICMS Ecológico! Os limites constitucionalmente autorizados para essa distribuição encontram fundamento no art. 158, parágrafo único, II, da CF/1988.

A Alternativa "A" está incorreta. Os Estados poderão, mediante lei complementar (e não ordinária), instituir regiões metropolitanas, aglomerações urbanas e microrregiões, constituídas por agrupamentos de municípios limítrofes, para integrar a organização, o planejamento e a execução de funções públicas de interesse comum (art. 25, § 3º, CF/1988). Além disso, não que se falar em retirar competências dos municípios.

A Alternativa "B" está incorreta. Em primeiro plano, transformar os municípios em áreas de preservação permanente seria uma impropriedade, afetando diretamente as moradias e atividades econômicas. Trata-se de hipótese incongruente. Ainda, as hipóteses de instituição de APP se dão através de ato do Chefe do Poder Executivo, quando declaradas de interesse social (art. 6º, Lei 12.651/2012). O plano de manejo, por sua vez, é um documento técnico adequado para a gestão de unidades de conservação.

A Alternativa "C" está incorreta. É necessário consignar que a competência para o controle e fiscalização da poluição e do meio ambiente é comum (Art. 23/CF) entre todos os entes federativos (União, Estados, DF e Municípios). Assim, o controle e fiscalização no caso não pode estar afeto somente ao órgão ambiental estadual.

(XVI EXAME DE ORDEM UNIFICADO – FGV) Miguel, empreendedor particular, tem interesse em dar início à construção de edifício comercial em área urbana de uma grande metrópole. Nesse sentido, consulta seu advogado e indaga sobre quais são as exigências legais para o empreendimento. Sobre a situação apresentada, assinale a afirmativa correta.

(A) Não é necessária a realização de estudo de impacto ambiental, por ser área urbana, ou estudo de impacto de vizinhança, uma vez que não foi editada até hoje lei complementar exigida pela Constituição para disciplinar a matéria.

(B) É necessário o estudo prévio de impacto ambiental, anterior ao licenciamento ambiental, a ser efetivado pelo município, em razão de o potencial impacto ser de âmbito local.

(C) É necessária a realização de estudo de impacto de vizinhança, desde que o empreendimento esteja compreendido no rol de atividades estabelecidas em lei municipal.

(D) É necessária a realização de estudo de impacto ambiental, o qual não será precedido necessariamente por licenciamento ambiental, uma vez que a atividade não é potencialmente causadora de impacto ambiental.

COMENTÁRIO

Trata-se de indagação que articula os estudos ambientais e urbanísticos.

A alternativa "c" é a correta. O estudo de impacto de vizinhança, previsto nos arts. 36 a 38 do Estatuto da Cidade, será necessário para os empreendimentos que a lei municipal estabelecer. Assim, se o empreendimento estiver no rol de atividades sujeitas ao estudo de impacto de vizinhança, será obrigatório.

A alternativa "a" está incorreta. O estudo de impacto ambiental (EIA) pode ser realizado para empreendimentos e atividades em áreas rurais ou urbanas. Por outro lado, quanto à esfera urbana, a matéria encontra-se regulamentada pela Lei 10.257/2001, que instituiu o Estatuto da Cidade, que regulamentou os arts. 182 e art. 183 da CF/1988. O estudo de impacto de vizinhança (EIV), por sua vez, está disciplinado nos arts. 36 a 38 do Estatuto da Cidade. Por fim, a elaboração do EIV não substitui a elaboração e a aprovação de EIA, requeridas nos termos da legislação ambiental.

A alternativa "b" está incorreta. O estudo prévio de impacto ambiental não é obrigatório em razão do potencial impacto ser de âmbito local, mas sim exigível para obras e atividades potencialmente causadoras de significativa degradação do meio ambiente, conforme o art. 225, § 1º, IV, da CF/1988.

A alternativa "d" está incorreta. O estudo prévio de impacto ambiental, previsto no art. 225, § 1º, IV, da CF/1988, é obrigatório somente para as atividades potencialmente causadores de significativa degradação ambiental. No caso, como a atividade não é potencialmente causadora de impacto ambiental, não que se falar do estudo prévio de impacto ambiental. Além disso, o estudo prévio de impacto ambiental, ao contrário da assertiva, integra e encontra-se na etapa inicial do licenciamento ambiental para obras e atividades potencialmente causadoras de significativa degradação do meio ambiente. Isto é, uma vez aprovado o estudo prévio de impacto ambiental dar-se-á continuidade ao licenciamento ambiental.

7. MATA ATLÂNTICA

(EXAME DE ORDEM UNIFICADO 2010.3 – FGV) A supressão de vegetação primária e secundária no estágio avançado de regeneração somente poderá ser autorizada em caso de utilidade pública, sendo que a vegetação secundária em estágio médio de regeneração poderá ser suprimida nos casos de utilidade pública e interesse social, em todos os casos devidamente caracterizados e motivados em procedimento administrativo próprio, quando inexistir alternativa técnica e locacional ao empreendimento proposto, conforme o disposto no art. 14 da Lei 11.428/2006, que dispõe sobre a utilização e proteção da vegetação nativa do bioma Mata Atlântica.

A esse respeito, assinale a alternativa correta.

(A) Um advogado de proprietário de terreno urbano afirma ser possível a obtenção de licença ambiental para edificação de condomínio residencial com supressão de Mata Atlântica com base em utilidade pública.

(B) A licença ambiental de empreendimento de relevante e significativo impacto ambiental localizado em terreno recoberto de Mata Atlântica não pode ser concedida em hipótese alguma.

(C) Um produtor de pequena propriedade ou posse rural entende que é possível a obtenção de licença ambiental para atividade agroflorestal sustentável, tendo como motivo o interesse social.

(D) Desde que obtida a autorização de supressão de vegetação de Mata Atlântica, com base na Lei 11.428/2006, não é aplicável a legislação que exige a licença ambiental, de acordo com a CRFB/1988, a Lei 6.938/1981 e o Decreto 99.274/1990.

COMENTÁRIO

A alternativa "C" está correta. Segundo a Lei 11.428/2006, são hipóteses de interesse social: (a) as atividades imprescindíveis à proteção da integridade da vegetação nativa, tais como: prevenção, combate e controle do fogo, controle da erosão, erradicação de invasoras e proteção de plantios com espécies nativas, conforme resolução do Conselho Nacional do Meio Ambiente – CONAMA; (b) as atividades de manejo agroflorestal sustentável praticadas na pequena propriedade ou posse rural familiar que não descaracterizem a cobertura vegetal e não prejudiquem a função ambiental da área; (c) demais obras, planos, atividades ou projetos definidos em resolução do Conselho Nacional do Meio Ambiente. Como se vê, a hipótese (b) converge com a assertiva correta.

A alternativa "A" está incorreta. Não é possível a obtenção de licença ambiental para edificação de condomínio residencial com supressão de Mata Atlântica com base em utilidade pública.Segundo a Lei 11.428/2006, são hipóteses de utilidade pública, a saber: (a) atividades de segurança nacional e proteção sanitária; (b) as obras essenciais de infraestrutura de interesse nacional destinadas aos serviços públicos de transporte, saneamento e energia, declaradas pelo poder público federal ou dos Estados. Como se vê, não consta a edificação de condomínio residencial como hipótese de utilidade pública.

A alternativa "B" está incorreta. A licença ambiental para empreendimento de relevante e significativo impacto ambiental localizado em terreno recoberto de Mata Atlântica pode ser concedida nas hipóteses de utilidade pública ou de interesse social.

A alternativa "D" está incorreta. O fato de se obter a autorização para a supressão de vegetação não desobriga, quando for o caso, do licenciamento ambiental. Na verdade, essa supressão de vegetação é autorizada no licenciamento ambiental.

8. INDÍGENAS

(IV EXAME DE ORDEM UNIFICADO – FGV) O inciso VII do § 1.º do art. 225 da Constituição da República prevê a proteção da fauna e da flora, vedadas as práticas que coloquem em risco sua função ecológica, enquanto que o § 1.º do art. 231 do referido texto constitucional estabelece que são terras indígenas as habitadas por eles em caráter permanente e que podem ser utilizadas por esses povos, desde que necessárias ao seu bem-estar e à sua reprodução física e cultural.

A esse respeito, assinale a alternativa correta.

(A) Os indígenas têm o usufruto exclusivo das riquezas do solo, dos rios e dos lagos nas terras ocupadas em caráter permanente por eles e, portanto, podem explorá-las, sem necessidade de licenciamento ambiental.

(B) Os indígenas são proprietários das terras que ocupam em caráter permanente, mas devem explorá-las segundo as normas ambientais estabelecidas na Lei da Política Nacional do Meio Ambiente e do Código Florestal.

(C) Os indígenas podem suprimir vegetação de mata atlântica sem autorização do órgão ambiental competente porque são usufrutuários das terras que habitam.

(D) A exploração dos recursos florestais em terras indígenas somente poderá ser realizada pelas comunidades indígenas em regime de manejo florestal sustentável, para atender à sua subsistência, respeitado o Código Florestal.

COMENTÁRIO

Essa questão foi elabora na vigência do antigo Código Florestal, que disciplinava o regime de manejo dos indígenas em áreas de preservação permanente. O Novo Código Florestal, Lei 12.651/2012, nada dispõe sobre essa questão.

A alternativa "D" está correta. Na sistemática do Código Florestal revogado, Lei 4.771/1965: "a exploração dos recursos florestais em terras indígenas somente poderá ser realizada pelas comunidades indígenas em regime de manejo florestal sustentável, para atender a sua subsistência, respeitados os arts. 2.º e 3.º deste Código" (art. 3-A).

A alternativa "A" está incorreta. De fato, "os indígenas têm o usufruto exclusivo das riquezas do solo, dos rios e dos lagos nas terras ocupadas em caráter permanente (art. 231, § 2.º, da Constituição Federal". Contudo, a exploração desses recursos, quando couber, demandam licenciamento ambiental, além de autorização do Congresso Nacional quando se tratar de aproveitamento dos recursos hídricos, incluídos os potenciais energéticos, a pesquisa e a lavra das riquezas minerais em terras indígenas (art. 231, § 3.º, da Constituição Federal).

A alternativa "B" está incorreta. Os indígenas não são proprietários. As terras tradicionalmente ocupadas pelos índios destinam-se a sua posse permanente e são bens da União, conforme o art. 20, XI, da Constituição Federal.

A alternativa "C" está incorreta. O fato de terem o usufruto não desobriga os indígenas da autorização do órgão ambiental competente, quando couber.

9. CÓDIGO FLORESTAL

(XIV EXAME DE ORDEM UNIFICADO – FGV) A definição dos espaços territoriais especialmente protegidos é fundamental para a manutenção dos processos ecológicos. Sobre o instituto da Reserva Legal, de acordo com o Novo Código Florestal (Lei 12.651/2012), assinale a afirmativa correta.

(A) Pode ser instituído em área rural ou urbana, desde que necessário à reabilitação dos processos ecológicos.

(B) Incide apenas sobre imóveis rurais, e sua área deve ser mantida sem prejuízo da aplicação das normas sobre as Áreas de Preservação Permanente.

(C) Foi restringida, de acordo com a Lei12.651/2012, às propriedades abrangidas por Unidades de Conservação.

(D) Incide apenas sobre imóveis públicos, consistindo em área protegida para a preservação da estabilidade geológica e da biodiversidade.

COMENTÁRIO

A questão versa sobre a reserva legal, instituto jurídico previsto na Lei 12.651/2012, que instituiu o Novo Código Federal. Com efeito, reserva legal é a área localizada no interior de uma propriedade ou posse rural, com a função de assegurar o uso econômico de modo sustentável dos recursos naturais do imóvel rural, auxiliar a conservação e a reabilitação dos processos ecológicos e promover a conservação da biodiversidade, bem como o abrigo e a proteção de fauna silvestre e da flora nativa (art. 12, Lei 12.651/2012).

A alternativa "b" é a correta. De fato, a reserva legal é instituída somente em imóveis rurais e não prejudica as normas concernentes às Áreas de Preservação Permanente.

A alternativa "a" está incorreta.Conforme conceito legal, a reserva legal é instituída somente em imóveis rurais.

A alternativa "c" está incorreta. A restrição em comento não procede. A reserva legal é aplicável aos imóveis rurais, públicos ou privados, e não se confunde com as unidades de conservação, que possuem regime jurídico singular (Lei 9.985/2000).

A alternativa "d" está incorreta.A reserva legal é aplicável aos imóveis rurais, públicos ou privados.

(XVI EXAME DE ORDEM UNIFICADO – FGV) Hugo, proprietário de imóvel rural, tem instituída Reserva Legal em parte de seu imóvel. Sobre a hipótese, considerando o instituto da Reserva Legal, de acordo com a disciplina do Novo Código Florestal (Lei12.651/2012), assinale a afirmativa correta.

(A) As áreas de Reserva Legal são excluídas da base tributável do Imposto sobre a Propriedade Territorial Rural (ITR), compreendendo esta uma função extrafiscal do tributo.

(B) Caso Hugo transmita onerosamente a propriedade, o adquirente não tem o dever de recompor a área de Reserva Legal, mesmo que averbada, tendo em vista o caráter personalíssimo da obrigação.

(C) Hugo não pode explorar economicamente a área de Reserva Legal, conduta tipificada como crime pelo Novo Código Florestal (Lei 12.651/2012).

(D) A área compreendida pela Reserva Legal é considerada Unidade de Conservação de Uso Sustentável, admitindo exploração somente se inserida no plano de manejo instituído pelo Poder Público.

COMENTÁRIO

A questão versa sobre a reserva legal, instituto jurídico previsto na Lei 12.651/2012, que disciplina o novo Código Federal. Contudo, para o deslinde da questão, era necessário o conhecimento da Lei 9.393/1996, que dispõe sobre o Imposto Territorial Rural (ITR), e julgados do Superior Tribunal de Justiça (STJ).

A alternativa "a" é a correta. Consoante o art. 10, § 1º, II, "a", da Lei 9.393/1996, a reserva legal é excluída da base tributável do Imposto sobre a Propriedade Territorial Rural (ITR). Isto é, não há a incidência de ITR em área de reserva legal.

A alternativa "b" está incorreta. As obrigações previstas no Código Florestal têm natureza real e são transmitidas ao sucessor, de qualquer natureza, no caso de transferência de domínio ou posse do imóvel rural (art. 2º, § 2º, Lei 12.651/2012). Ademais, há julgados do STJ dispondo sobre a obrigatoriedade de recomposição da reserva legal em casos transferência da propriedade.

A alternativa "c" está incorreta. Ao contrário da assertiva, admite-se a exploração econômica da Reserva Legal mediante manejo sustentável, previamente aprovado pelo órgão competente do Sisnama, de acordo com as modalidades previstas no Código Florestal. Por consequência, não há qualquer tipificação correspondente no Código Florestal.

A alternativa "d" está incorreta. A Reserva Legal, instituto previsto no Código Florestal, não se confunde com as unidades de conservação, que possuem regime jurídico próprio, disposto na Lei 9.985/2000.

(XVIII EXAME DE ORDEM UNIFICADO – FGV) João acaba de adquirir dois imóveis, sendo um localizado em área urbana e outro, em área rural. Por ocasião da aquisição de ambos os imóveis, João foi alertado pelos alienantes de que os imóveis contemplavam Áreas de Preservação Permanente (APP) e de que, por tal razão, ele deveria buscar uma orientação mais especializada, caso desejasse nelas intervir. Considerando a disciplina legal das Áreas de Preservação Permanente (APP), bem como as possíveis preocupações gerais de João, assinale a afirmativa correta.

(A) As APPs não são passíveis de intervenção e utilização, salvo decisão administrativa em sentido contrário de órgão estadual integrante do Sistema Nacional de Meio Ambiente – SISNAMA, uma vez que não há preceitos legais abstratamente prevendo exceções à sua preservação absoluta e integral.

(B) As hipóteses legais de APP, com o advento do denominado "Novo Código Florestal" – Lei12.651/2012 –, foram abolidas em âmbito federal, subsistindo apenas nos casos em que os Estados e Municípios assim as exijam legalmente.

(C) As APPs são espaços territoriais especialmente protegidos, comportando exceções legais para fins de intervenção, sendo certo que os Estados e os Municípios podem prever outras hipóteses de APP além daquelas dispostas em normas gerais, inclusive em suas Constituições Estaduais e Leis Orgânicas, sendo que a supressão irregular da vegetação nela situada gera a obrigação do proprietário, possuidor ou ocupante a qualquer título de promover a sua recomposição, obrigação esta de natureza *propter rem*.

(D) As APPs, assim como as reservas legais, não se aplicam às áreas urbanas, sendo certo que a Lei Federal no 12.651/2012 ("Novo Código Florestal"), apesar de ter trazido significativas mudanças no seu regime, garantiu as APPs para os imóveis rurais com mais de 100 hectares.

COMENTÁRIO

A alternativa "c" é a correta. De fato, as APPs são espaços territoriais especialmente protegidos. Além das hipóteses legais do Código Florestal (art. 4º), é possível a criação de área de preservação permanente por ato do Chefe do Poder Executivo, quando declaradas de interesse social. Como o Código Florestal é normal geral, nada obsta que outros entes instituam APPs. Por fim, as obrigações previstas no Código Florestal têm natureza real e são transmitidas ao sucessor, de qualquer natureza, no caso de transferência de domínio ou posse do imóvel rural (art. 2º, § 2º, Lei 12.651/2012). Da mesma maneira, há julgados do STJ sobre a obrigação *propter rem*.

A alternativa "a" está incorreta. Ao contrário da assertiva, a intervenção ou a supressão de vegetação nativa em Área de Preservação Permanente poderá ocorrer nas hipóteses de utilidade pública, de interesse social ou de baixo impacto ambiental (art. 8º), conforme as hipóteses previstas no art. 3º, VIII, IX e X, do Código Florestal

A alternativa "b" está incorreta. As hipóteses legais de APP não foram abolidas. Estão relacionadas no art. 4º, do Código Florestal.

A alternativa "d" está incorreta. As APPs são aplicáveis para imóveis urbanos e rurais (art. 4º, *caput*, Lei 12.651/2012). Já a Reserva Legal é aplicável somente para as propriedades rurais (art. 3º, III, Lei 12.651/2012).

10. SANEAMENTO BÁSICO

(XIV EXAME DE ORDEM UNIFICADO – FGV) Nos termos da Lei 11.445/2007 (Lei de Diretrizes Nacionais para o Saneamento Básico), assinale a afirmativa que indica o serviço público que não pode ser considerado como saneamento básico."

(A) Esgotamento sanitário.

(B) Manejo de águas pluviais urbanas.

(C) Limpeza urbana.

(D) Administração de recursos hídricos.

COMENTÁRIO

Trata-se de questão que adentra na Lei 11.445/2007, notadamente os serviços que são considerados como saneamento básico. Com efeito, o art. 3º, I, da Lei 11.445/2007, assim dispõe: "saneamento básico: conjunto de serviços, infraestruturas e instalações operacionais de: a) abastecimento de água potável: constituído pelas atividades, infraestruturas e instalações necessárias ao abastecimento público de água potável, desde a captação até as ligações prediais e respectivos instrumentos de medição; b) esgotamento sanitário: constituído pelas atividades, infraestruturas e instalações operacionais de coleta, transporte, tratamento e disposição final adequados dos esgotos sanitários, desde as ligações prediais até o seu lançamento final no meio ambiente; c) limpeza urbana e manejo de resíduos sólidos: conjunto de atividades, infraestruturas e instalações operacionais de coleta, transporte, transbordo, tratamento e destino final do lixo doméstico e do lixo originário da varrição e limpeza de logradouros e vias públicas; d) drenagem e manejo das águas pluviais urbanas: conjunto de atividades, infraestruturas e instalações operacionais de drenagem urbana de águas pluviais, de transporte, detenção ou retenção para o amortecimento de vazões de cheias, tratamento e disposição final das águas pluviais drenadas nas áreas urbanas". Pela redação do dispositivo em comento, nota-se que não incluiu como saneamento básico a "administração de recursos hídricos" e, como tal, a assertiva "d" deveria ser assinalada.

9. Direito Civil

*Wander Garcia, Gabriela R. Pinheiro e João Aguirre**

1. LINDB – LEI DE INTRODUÇÃO ÀS NORMAS DO DIREITO BRASILEIRO

(IV EXAME DE ORDEM UNIFICADO – FGV) Suponha que tenha sido publicada no *Diário Oficial da União*, do dia 26 de abril de 2011 (terça-feira), uma lei federal, com o seguinte teor:

"Lei GTI, de 25 de abril de 2011.

Define o alcance dos direitos da personalidade previstos no Código Civil. O Presidente da República Faço saber que o Congresso Nacional decreta e eu sanciono a seguinte Lei: Art. 1.º: Os direitos da personalidade previstos no Código Civil aplicáveis aos nascituros são estendidos aos embriões laboratoriais (*in vitro*), ainda não implantados no corpo humano. Art. 2.º: Esta lei entra em vigor no prazo de 45 dias. Brasília, 25 de abril 2011, 190.º da Independência da República e 123.º da República."

Ante a situação hipotética descrita e considerando as regras sobre a forma de contagem do período de vacância e a data em que a lei entrará em vigor, é correto afirmar que a contagem do prazo para entrada em vigor de lei que contenha período de vacância se dá:

(A) pela exclusão da data de publicação e do último dia do prazo, entrando em vigor no dia 11/06/2011.

(B) pela inclusão da data de publicação e exclusão do último dia do prazo, entrando em vigor no dia 09/06/2011.

(C) pela inclusão da data de publicação e do último dia do prazo, entrando em vigor no dia subsequente à sua consumação integral, passando a vigorar no dia 10/06/2011.

(D) pela exclusão da data de publicação da lei e a inclusão do último dia do prazo, entrando em vigor no dia subsequente à sua consumação integral, que na situação descrita será o dia 13/06/2011.

COMENTÁRIO

A alternativa C está correta, pois o art. 8º, § 1º, da Lei Complementar 95/1998 estabelece que "a contagem do prazo para entrada em vigor das leis que estabeleçam período de vacância far-se-á com a inclusão da data da publicação e do último dia do prazo, entrando em vigor no dia subsequente à sua consumação integral".

2. GERAL

2.1. Pessoas naturais

(XVI EXAME DE ORDEM UNIFICADO– FGV) Os tutores de José consideram que o rapaz, aos 16 anos, tem maturidade e discernimento necessários para praticar os atos da vida civil. Por isso, decidem conferir ao rapaz a sua emancipação. Consultam, para tanto, um advogado, que lhes aconselha corretamente no seguinte sentido:

(A) José poderá ser emancipado em procedimento judicial, com a oitiva do tutor sobre as condições do tutelado.

(B) José poderá ser emancipado via instrumento público, sendo desnecessária a homologação judicial.

(C) José poderá ser emancipado via instrumento público ou particular, sendo necessário procedimento judicial.

(D) José poderá ser emancipado por instrumento público, com averbação no registro de pessoas naturais.

COMENTÁRIO

A alternativa A está correta; os pais podem emancipar filho com 16 ou mais anos por mera escritura pública, mas os tutores (e o enunciado da questão fala em tutores) depende de procedimento judicial para que se efetive a emancipação (art. 5º, parágrafo único, I, parte final, do CC).

As alternativas B, C e D estão incorretas, pois, como se viu, em caso de tutela, somente por decisão judicial é que poderá ser efetivada a emancipação (art. 5º, parágrafo único, I, parte final, do CC).

(XIV EXAME DE ORDEM UNIFICADO – FGV) Raul, cidadão brasileiro, no meio de uma semana comum, desaparece sem deixar qualquer notícia para sua ex-esposa e filhos, sem deixar cartas ou qualquer indicação sobre seu paradeiro. Raul, que sempre fora um trabalhador exemplar, acumulara em seus anos de labor um patrimônio relevante. Como Raul morava sozinho, já que seus filhos tinham suas próprias famílias e ele havia se separado de sua esposa 4 (quatro) anos antes, somente após uma semana seus parentes e amigos deram por sua falta e passaram a se preocupar com o seu desaparecimento. Sobre a situação apresentada, assinale a opção correta.

(A) Para ser decretada a ausência, é necessário que a pessoa tenha desaparecido há mais de 10 (dez) dias. Como faz apenas uma semana que Raul desapareceu, não pode ser declarada sua ausência, com a consequente nomeação de curador.

(B) Em sendo declarada a ausência, o curador a ser nomeado será a ex-esposa de Raul.

(C) A abertura da sucessão provisória somente se dará ultrapassados três anos da arrecadação dos bens de Raul.

(D) Se Raul contasse com 85 (oitenta e cinco) anos e os parentes e amigos já não soubessem dele há 8 (oito) anos, poderia ser feita de forma direta a abertura da sucessão definitiva.

COMENTÁRIO

A alternativa D está correta (art. 38 do CC).

A alternativa A está incorreta, pois a lei não fixa prazo mínimo de desaparecimento para que se entre com o requerimento de ausência. No caso, basta que qualquer interessado ou do Ministério Público ingresse em juízo, que o juiz declarará a ausência e nomeará curador (art. 22 do CC).

A alternativa B está incorreta, pois Raul já estava separado de sua esposa há 4 anos quando desapareceu, por tal razão algum descendente é que deverá ser nomeado curador (art. 25, *caput*, e § 1º do CC).

A alternativa C está incorreta, pois a sucessão provisória se dará decorrido um ano da arrecadação dos bens do ausente. Seriam três anos se o Raul tivesse deixado representante ou procurador (art. 26 do CC).

(XII EXAME DE ORDEM UNIFICADO – FGV) José, brasileiro, casado no regime da separação absoluta de bens, professor universitário e plenamente capaz para os atos da vida civil, desapareceu de seu domicílio, estando em local incerto e não sabido, não havendo indícios ou notícias das razões de seu desaparecimento, não existindo, também, outorga de poderes a nenhum mandatário, nem feitura de testamento. Vera (esposa) e Cássia (filha de José e Vera, maior e capaz) pretendem a declaração de sua morte presumida, ajuizando ação pertinente, diante do juízo competente.

De acordo com as regras concernentes ao instituto jurídico da morte presumida com declaração de ausência, assinale a opção correta.

(A) Na fase de curadoria dos bens do ausente, diante da ausência de representante ou mandatário, o juiz nomeará como sua curadora legítima Cássia, pois apenas na falta de descendentes, tal curadoria caberá ao cônjuge supérstite, casado no regime da separação absoluta de bens.

(B) Na fase de sucessão provisória, mesmo que comprovada a qualidade de herdeiras de Vera e Cássia, estas, para se imitirem na posse dos bens do ausente, terão que dar garantias da restituição deles, mediante penhores ou hipotecas equivalentes aos quinhões respectivos.

(C) Na fase de sucessão definitiva, regressando José dentro dos dez anos seguintes à abertura da sucessão definitiva, terá ele direito aos bens ainda existentes, no estado em que se encontrarem, mas não aos bens que foram comprados com a venda dos bens que lhe pertenciam.

* O autor **João Aguirre** comentou as questões do XVIII Exame Unificado, **Wander Garcia** comentou as questões dos Exames Unificados XV, XVI e XVII. **Wander Garcia e Gabriela R. Pinheiro** comentaram as demais questões.

(D) Quanto ao casamento de José e Vera, o Código Civil atual reconhece efeitos pessoais e não apenas patrimoniais ao instituto da ausência, possibilitando que a sociedade conjugal seja dissolvida como decorrência da morte presumida do ausente.

COMENTÁRIO

A alternativa D está correta, pois uma das causas da dissolução do casamento é a morte, seja ela real ou presumida (art. 1.571, § 1º do CC).

A alternativa A está incorreta, pois a prioridade quando se trata de curadoria é do cônjuge, sendo que em sua falta será ela exercida pelos pais ou descendentes, nesta ordem (art. 25, *caput*, e § 1º do CC).

A alternativa B está incorreta, pois a lei dispensa a caução quando se tratar de cônjuge e descendente (art. 30, § 2º do CC).

A alternativa C está incorreta, pois neste caso o ausente que regressa possui o direito de exigir os bens sub-rogados, ou o preço que os herdeiros e demais interessados houverem recebido pelos bens alienados depois daquele tempo (art. 39, *caput*, do CC).

(XII EXAME DE ORDEM UNIFICADO – FGV) Tiago, com 17 anos de idade e relativamente incapaz, sob autoridade de seus pais Mário e Fabiana, recebeu, por doação de seu tio, um imóvel localizado na rua Sete de Setembro, com dois pavimentos, contendo três lojas comerciais no primeiro piso e dois apartamentos no segundo piso. Tiago trabalha como cantor nos finais de semana, tendo uma renda mensal de R$ 3.000,00 (três mil reais).

Face aos fatos narrados e considerando as regras de Direito Civil, assinale a opção correta.

(A) Mário e Fabiana exercem sobre os bens imóveis de Tiago o direito de usufruto convencional, inerente à relação de parentesco que perdurará até a maioridade civil ou emancipação de Tiago.

(B) Mário e Fabiana poderão alienar ou onerar o bem imóvel de Tiago, desde que haja prévia autorização do Ministério Público e seja demonstrado o evidente interesse da prole.

(C) Mário e Fabiana não poderão administrar os valores auferidos por Tiago no exercício de atividade de cantor, bem como os bens com tais recursos adquiridos.

(D) Mario e Fabiana, entrando em colisão de interesses com Tiago sobre a administração dos bens, facultam ao juiz, de ofício, nomear curador especial.

COMENTÁRIO

A alternativa C está correta (art. 1.693, II do CC).

A alternativa A está incorreta, pois Mário e Fabiana exercem o usufruto legal sobre os bens de Tiago, e não convencional (art. 1.689, I do CC).

A alternativa B está incorreta, pois não podem os pais alienar, ou gravar de ônus real os imóveis dos filhos, nem contrair, em nome deles, obrigações que ultrapassem os limites da simples administração, salvo por necessidade ou evidente interesse da prole, mediante prévia autorização do juiz (art. 1.691 "*caput*" do CC).

A alternativa D está incorreta, pois o juiz apenas pode nomear curador especial a requerimento de Tiago ou do Ministério Público (art. 1.692 do CC).

(XII EXAME DE ORDEM UNIFICADO – FGV) João Marcos, renomado escritor, adota, em suas publicações literárias, o pseudônimo Hilton Carrillo, pelo qual é nacionalmente conhecido. Vítor, editor da Revista "Z", empregou o pseudônimo Hilton Carrillo em vários artigos publicados nesse periódico, de sorte a expô-lo ao ridículo e ao desprezo público.

Em face dessas considerações, assinale a afirmativa correta.

(A) A legislação civil, com o intuito de evitar o anonimato, não protege o pseudônimo e, em razão disso, não há de se cogitar em ofensa a direito da personalidade, no caso em exame.

(B) A Revista "Z" pode utilizar o referido pseudônimo em uma propaganda comercial, associado a um pequeno trecho da obra do referido escritor sem expô-lo ao ridículo ou ao desprezo público, independente da sua autorização.

(C) O uso indevido do pseudônimo sujeita quem comete o abuso às sanções legais pertinentes, como interrupção de sua utilização e perdas e danos.

(D) O pseudônimo da pessoa pode ser empregado por outrem em publicações ou representações que a exponham ao desprezo público, quando não há intenção difamatória.

COMENTÁRIO

A alternativa C está correta (arts. 19 e 12 do CC).

A alternativa A está incorreta, pois o pseudônimo adotado para atividades lícitas goza da proteção que se dá ao nome (art. 19 do CC). Logo, é possível se cogitar ofensa a direito da personalidade no caso em exame.

A alternativa B está incorreta, pois a utilização do pseudônimo em uma propaganda comercial independentemente da forma como for utilizado, bem como a utilização de escritos somente podem ser usados com autorização expressa de seu titilar ou se necessárias à administração da justiça ou à manutenção da ordem pública (arts. 18 e 20 do CC).

A alternativa D está incorreta, pois tanto o nome como o pseudônimo da pessoa não podem ser empregados por outrem em publicações ou representações que a exponham ao desprezo público, ainda quando não haja intenção difamatória (arts. 19 e 17 do CC).

(X EXAME DE ORDEM UNIFICADO – FGV) Gustavo completou 17 anos de idade em janeiro de 2010. Em março de 2010 colou grau em curso de ensino médio. Em julho de 2010 contraiu matrimônio com Beatriz. Em setembro de 2010, foi aprovado em concurso público e iniciou o exercício de emprego público efetivo. Por fim, em novembro de 2010, estabeleceu-se no comércio, abrindo um restaurante.

Assinale a alternativa que indica o momento em que se deu a cessação da incapacidade civil de Gustavo.

(A) No momento em que iniciou o exercício de emprego público efetivo.

(B) No momento em que colou grau em curso de ensino médio.

(C) No momento em que contraiu matrimônio.

(D) No momento em que se estabeleceu no comércio, abrindo um restaurante.

COMENTÁRIO

A alternativa C está correta (art. 5º, parágrafo único, II, do CC).

A alternativa A está incorreta, pois antes de ingressar no serviço público Gustavo contraiu matrimônio e, consequentemente, teve cessada a sua incapacidade (art. 5º, parágrafo único, II, do CC).

A alternativa B está incorreta, pois somente a colação de grau em ensino superior faz cessar a incapacidade para os menores (art. 5º, parágrafo único, IV, do CC).

A alternativa D está incorreta, pois antes de se estabelecer no comércio contraiu matrimônio e, consequentemente, teve cessada a sua incapacidade (art. 5º, parágrafo único, II, do CC).

(IX EXAME DE ORDEM UNIFICADO – FGV) Alexandre e Berenice, casados pelo regime da separação convencional de bens, foram passar a lua de mel em Petrópolis, no Estado do Rio de Janeiro. Ao descerem a serra, Alexandre perdeu o controle do veículo vindo a cair em uma ribanceira. Com a colisão, houve a explosão do veículo e a morte de ambos não se sabendo precisar qual deles teria morrido primeiro. Ambos possuíam vasto patrimônio e faleceram sem deixar descendentes ou ascendentes. Alexandre deixou um irmão, Daniel, e Berenice deixou uma irmã, Eleonora.

A respeito da situação apresentada, assinale a afirmativa correta.

(A) Não há comoriência, visto que tal instituto somente se aplica às hipóteses de morte simultânea entre parentes.

(B) Não há comoriência, uma vez que se exige prova cabal para sua ocorrência, devendo a simultaneidade das mortes ser declarada por decisão judicial.

(C) Há comoriência, transmitindo-se a Daniel a herança de Alexandre e à Eleonora a herança de Berenice.

(D) Há comoriência, transmitindo-se a Daniel a metade dos bens deixados pelo casal, ficando igual cota-parte para Eleonora.

COMENTÁRIO

A alternativa C está correta; havendo comoriência (art. 8.º do CC) um falecido não herda do outro e vice-versa, de maneira que a herança de Alexandre será transmitida diretamente para Daniel e a de Berenice, diretamente para Eleonora.

A alternativa A está incorreta, pois quando duas pessoas morrem na mesma ocasião, não se podendo averiguar se algum dos comorientes precedeu ao outro, aplica-se a regra da comoriência prevista no art. 8.º do CC, pouco importando se se tratam ou não de parentes.

A alternativa B está incorreta, pois o art. 8.º do CC não exige decisão judicial, aplicando-se automaticamente a regra pela qual se presume os comorientes simultaneamente mortos.

A alternativa D está incorreta, pois, não havendo outros herdeiros, os sucessores de Alexandre e Berenice receberão por inteiro a herança deixada por cada um de seus irmãos.

(VII EXAME DE ORDEM UNIFICADO – FGV) A proteção da pessoa é uma tendência marcante do atual direito privado, o que leva alguns autores a conceberem a existência de uma verdadeira cláusula geral de tutela da personalidade. Nesse sentido, uma das mudanças mais celebradas do novo Código Civil foi a introdução de um capítulo próprio sobre os chamados direitos da personalidade. Em relação à disciplina legal dos direitos da personalidade no Código Civil, é correto afirmar que:

(A) havendo lesão a direito da personalidade, em se tratando de morto, não é mais possível que se reclamem perdas e danos, visto que a morte põe fim à existência da pessoa natural, e os direitos personalíssimos são intransmissíveis.

(B) como regra geral, os direitos da personalidade são intransmissíveis e irrenunciáveis, mas o seu exercício poderá sofrer irrestrita limitação voluntária.

(C) é permitida a disposição gratuita do próprio corpo, no todo ou em parte, com objetivo altruístico ou científico, para depois da morte, sendo que tal ato de disposição poderá ser revogado a qualquer tempo.

(D) em razão de sua maior visibilidade social, a proteção dos direitos da personalidade das celebridades e das chamadas pessoas públicas é mais flexível, sendo permitido utilizar o seu nome para finalidade comercial, ainda que sem prévia autorização.

COMENTÁRIO

A alternativa C está correta (art. 14 do CC).

A alternativa A está incorreta, pois, em se tratando de morto, terá legitimação para requerer a cessação da ameaça/lesão e as perdas e danos, o cônjuge sobrevivente, ou qualquer parente em linha reta, ou colateral até o quarto grau (art. 12, parágrafo único, do CC).

A alternativa B está incorreta, pois, além de intransmissíveis e irrenunciáveis, o exercício dos direitos da personalidade NÃO podem sofrer limitação voluntária, ressalvadas as exceções previstas em lei (art. 11 do CC); isso significa que, salvo as exceções legais, nem mesmo com a autorização do titular do direito da personalidade é possível limitar o exercício dos direitos da personalidade.

A alternativa D está incorreta, pois, sem autorização, não se pode usar o nome alheio em propaganda comercial (art. 18 do CC); não se deve confundir essa regra a que permite a exposição da palavra ou da imagem de alguém em caso em interesse público genuíno (regra decorrente do art. 20, *caput*, do CC), como é o caso de expor a imagem de um político acusado de corrupção.

(VI EXAME DE ORDEM UNIFICADO – FGV) Francis, brasileira, empresária, ao se deslocar do Rio de Janeiro para São Paulo em seu helicóptero particular, sofreu terrível acidente que culminou com a queda do aparelho em alto-mar. Após sucessivas e exaustivas buscas, feitas pelas autoridades e por empresas privadas contratadas pela família da vítima, infelizmente não foram encontrados os corpos de Francis e de Adilson, piloto da aeronave. Tendo sido esgotados os procedimentos de buscas e averiguações, de acordo com os artigos do Código Civil que regulam a situação supramencionada, é correto afirmar que o assento de óbito em registro público:

(A) independe de qualquer medida administrativa ou judicial, desde que seja constatada a notória probabilidade de morte de pessoa que estava em perigo de vida.

(B) depende exclusivamente de procedimento administrativo quanto à morte presumida junto ao Registro Civil das Pessoas Naturais.

(C) depende de prévia ação declaratória judicial quanto à morte presumida, sem necessidade de decretação judicial de ausência.

(D) depende de prévia declaração judicial de ausência, por se tratar de desaparecimento de uma pessoa sem dela haver notícia.

COMENTÁRIO

Há dois casos de morte presumida. A primeira, com declaração de ausência (art. 6.º do CC). A segunda, sem declaração de ausência (art. 7.º do CC). Nesse segundo caso, a declaração de morte presumida também depende de *sentença* (art. 7.º, parágrafo único, do CC), sendo possível se for extremamente provável a morte de quem estava em perigo de vida ou se alguém, desaparecido em campanha ou feito prisioneiro, não for encontrado até dois anos após o término da guerra.

A alternativa C está correta, pois está de acordo com o *caput* e o parágrafo único do art. 7.º do CC.

As alternativas A e B estão incorretas, pois a declaração de morte presumida depende de *decisão judicial*.

A alternativa D está incorreta, pois não é necessária prévia declaração judicial de ausência, pois esse tipo de morte presumida não requer declaração de ausência, mas apenas o reconhecimento judicial de que ocorreu uma das hipóteses do art. 7.º do CC.

(IV EXAME DE ORDEM UNIFICADO – FGV) Rodolfo, brasileiro, engenheiro, solteiro, sem ascendentes ou descendentes, desapareceu de seu domicílio há 11 (onze) meses e até então não houve qualquer notícia sobre seu paradeiro. Embora tenha desaparecido, deixou Lisa, uma amiga, como mandatária para a finalidade de administrar-lhe os bens. Todavia, por motivos de ordem pessoal, Lisa não quis exercer os poderes outorgados por Rodolfo em seu favor, renunciando expressamente ao mandato. De acordo com os dispositivos que regem o instituto da ausência, assinale a alternativa correta.

(A) A renúncia ao mandato, por parte de Lisa, era possível e, neste caso, o juiz determinará ao Ministério Público que nomeie um curador encarregado de gerir os bens do ausente, observando, no que for aplicável, o disposto a respeito dos tutores e curadores.

(B) Poderá ser declarada a sucessão definitiva de Rodolfo 10 (dez) anos depois de passada em julgado a sentença que concedeu a sucessão provisória, mas, se nenhum interessado promover a sucessão definitiva, nesse prazo, os bens porventura arrecadados deverão ser doados a entidades filantrópicas localizadas no município do último domicílio de Rodolfo.

(C) O juiz não poderá declarar a ausência e nomear curador para Rodolfo, pois Lisa não poderia ter renunciado o mandato outorgado em seu favor, já que só estaria autorizada a fazê-lo em caso de justificada impossibilidade ou de constatada insuficiência de poderes.

(D) Os credores de obrigações vencidas e não pagas de Rodolfo, decorrido 1 (um) ano da arrecadação dos bens do ausente, poderão requerer que se determine a abertura de sua sucessão provisória.

COMENTÁRIO

A alternativa D está correta, vez que os credores são considerados "interessados" e estes tem o direito de requerer que se determine a abertura da sucessão provisória (art. 26 do CC).

A alternativa A está incorreta, pois não há tal previsão nos arts. 22 a 39 do CC.

A alternativa B está incorreta, pois apenas 10 anos após a abertura da *sucessão definitiva* é que se coloca a possibilidade dos bens irem para terceiros; ademais, o destinatário desses bens, nesse caso, não seria uma entidade filantrópica, mas o Município ou Distrito Federal, ou, se os bens estivessem em território federal, a União.

A alternativa C está incorreta, pois o art. 23 admite que o mandatário (no caso, Lisa) não queira exercer o mandato.

2.2. Pessoas jurídicas

(XV EXAME DE ORDEM UNIFICADO – FGV) Paulo foi casado, por muitos anos, no regime da comunhão parcial com Luana, até que um desentendimento deu início a um divórcio litigioso. Temendo que Luana exigisse judicialmente metade do seu vasto patrimônio, Paulo começou a comprar bens com capital próprio em nome de sociedade da qual é sócio e passou os demais também para o nome da sociedade, restando, em seu nome, apenas a casa em que morava com ela.

Acerca do assunto, marque a opção correta.

(A) A atitude de Paulo encontra respaldo na legislação, pois a lei faculta a todo cidadão defender sua propriedade, em especial de terceiros de má-fé.

(B) É permitido ao juiz afastar os efeitos da personificação da sociedade nos casos de desvio de finalidade ou confusão patrimonial, mas não o contrário, de modo que não há nada que Luana possa fazer para retomar os bens comunicáveis.

(C) Sabendo-se que a "*teoria da desconsideração da personalidade jurídica*" encontra aplicação em outros ramos do direito e da legislação, é correto afirmar que os parâmetros adotados pelo Código Civil constituem a Teoria Menor, que exige menos requisitos.

(D) No caso de confusão patrimonial, gerado pela compra de bens com patrimônio particular em nome da sociedade, é possível atingir o patrimônio da sociedade, ao que se dá o nome de "*desconsideração inversa ou invertida*", de modo a se desconsiderar o negócio jurídico, havendo esses bens como matrimoniais e comunicáveis.

COMENTÁRIO

A alternativa D está correta, pois, como se viu, hoje é tranquilo o entendimento de que é cabível a desconsideração inversa da personalidade, sendo possível, assim, a desconsideração da personalidade da pessoa física que é membro de uma pessoa jurídica, para atingir bens dessa pessoa jurídica, em caso de abuso da personalidade, o que no caso existiu face à confusão patrimonial ocorrida (art. 50 do CC), impondo-se a desconsideração para o fim de determinar que os bens indevidamente repassados à pessoa jurídica de Paulo seja considerados bens do casal e, assim, possam ser corretamente divididos.

A alternativa A está incorreta, pois Paulo não tem o direito de fraudar a lei civil, tomando atitudes abusivas para fugir da divisão patrimonial a que tem direito sua ex-esposa; ele age de má-fé e viola a lei civil cogente que regula a divisão patrimonial entre cônjuges que terminam sua sociedade conjugal, que no caso impõe a divisão do patrimônio adquirido após o casamento (regime de comunhão parcial de bens).

A alternativa B está incorreta, pois, atualmente, é tranquilo o entendimento doutrinário e jurisprudencial acerca do cabimento da desconsideração inversa da personalidade, pois tanto a desconsideração tradicional (da personalidade da pessoa jurídica para atingir bens de seus membros), como a desconsideração inversa (da personalidade da pessoa física que é membro de uma pessoa jurídica, para atingir bens dessa pessoa jurídica) tem origem objetivo legal comum, evitar fraudes e confusões patrimoniais abusivas.

A alternativa C está incorreta, pois a teoria adotada no Código Civil é a Teoria Maior, que exige "maior" requisito para a desconsideração, no caso, não só o prejuízo para a vítima do ato que enseja a desconsideração, como também que esse ato se caracterize por um abuso da personalidade jurídica.

(VI EXAME DE ORDEM UNIFICADO – FGV) Roberto, por meio de testamento, realiza dotação especial de bens livres para a finalidade de constituir uma fundação com a finalidade de promover assistência a idosos no Município do Rio de Janeiro. Todavia, os bens destinados foram insuficientes para constituir a fundação pretendida pelo instituidor. Em razão de Roberto nada ter disposto sobre o que fazer nessa hipótese, é correto afirmar que:

(A) os bens dotados deverão ser convertidos em títulos da dívida pública até que, aumentados com os rendimentos, consigam perfazer a finalidade pretendida.
(B) os bens destinados à fundação serão, nesse caso, incorporados em outra fundação que se proponha a fim igual ou semelhante.
(C) a Defensoria Pública do estado respectivo, responsável por velar pelas fundações, destinará os bens dotados para o fundo assistencial mantido pelo Estado para defesa dos hipossuficientes.
(D) os bens serão arrecadados e passarão ao domínio do Município, se localizados na respectiva circunscrição.

COMENTÁRIO

Segundo o art. 69 do CC, tornando-se impossível a finalidade à que visa a fundação – o que ocorreu no caso, pois os bens destinados à constituição da fundação foram insuficientes – o seu patrimônio será incorporado em outra fundação, designada pelo juiz, que se proponha a fim igual ou semelhante. Dessa forma, apenas a alternativa B está correta.

2.3. Bens

(X EXAME DE ORDEM UNIFICADO – FGV) Os vitrais do Mercado Municipal de São de Paulo, durante a reforma feita em 2004, foram retirados para limpeza e restauração da pintura. Considerando a hipótese e as regras sobre bens jurídicos, assinale a afirmativa correta.

(A) Os vitrais, enquanto separados do prédio do Mercado Municipal durante as obras, são classificados como bens móveis.
(B) Os vitrais retirados na qualidade de material de demolição, considerando que o Mercado Municipal resolva descartar-se deles, serão considerados bens móveis.
(C) Os vitrais do Mercado Municipal, considerando que foram feitos por grandes artistas europeus, são classificados como bens fungíveis.
(D) Os vitrais retirados para restauração, por sua natureza, são classificados como bens móveis.

COMENTÁRIO

A alternativa B está correta (art. 84, segunda parte, do CC).

A alternativa A está incorreta, pois são considerados imóveis (art. 81, II, do CC).

A alternativa C está incorreta, pois fungíveis são os bens móveis que podem ser substituídos por outros da mesma espécie, qualidade e quantidade (art. 85 do CC), o que não é o caso de obras únicas, singulares feitas pelos grandes artistas europeus, que, assim, criaram bens considerados *infungíveis*.

A alternativa D está incorreta, pois são considerados bens imóveis (art. 81, II, do CC).

2.4. Fatos jurídicos

2.4.1. *Espécies, formação, classificação e temas gerais*

(VII EXAME DE ORDEM UNIFICADO – FGV) Mauro, entristecido com a fuga das cadelinhas Lila e Gopi de sua residência, às quais dedicava grande carinho e afeição, promete uma vultosa recompensa para quem eventualmente viesse a encontrá-las. Ocorre que, no mesmo dia em que coloca os avisos públicos da recompensa, ao conversar privadamente com seu vizinho João, afirma que não irá, na realidade, dar a recompensa anunciada, embora assim o tenha prometido. Por coincidência, no dia seguinte, João encontra as cadelinhas passeando tranquilamente em seu quintal e as devolve imediatamente a Mauro. Neste caso, é correto afirmar que:

(A) a manifestação de vontade no sentido da recompensa subsiste em relação a João ainda que Mauro tenha feito a reserva mental de não querer o que manifestou originariamente.
(B) a manifestação de vontade no sentido da recompensa não subsiste em relação a João, pois este tomou conhecimento da alteração da vontade original de Mauro.
(C) a manifestação de vontade no sentido da recompensa não mais terá validade em relação a qualquer pessoa, pois ela foi alterada a partir do momento em que foi feita a reserva mental por parte de Mauro.
(D) a manifestação de vontade no sentido da recompensa subsiste em relação a toda e qualquer pessoa, pois a reserva mental não tem o condão de modificar a vontade originalmente tornada pública.

COMENTÁRIO

Segundo o art. 110 do CC, "a manifestação de vontade subsiste ainda que o seu autor haja feito a reserva mental de não querer o que manifestou, *salvo se dela o destinatário tinha conhecimento*" (g.n.). Mauro, apesar de ter prometido recompensa a quem achasse suas cadelinhas, deixou claro para João que não cumpriria a recompensa anunciada. Ou seja, deixou claro para o destinatário de sua conversa privada sua "reserva mental de não querer o que manifestou". Assim, como quem achou as cadelinhas foi justamente o destinatário (João) da informação de que o promitente (Mauro) não cumpriria sua vontade, João NÃO terá direito à recompensa, já que a vontade de Mauro não subsistirá.

A alternativa B está correta, pois está de acordo com a conclusão que alcançamos a partir da interpretação do art. 110 do CC.

Dessa forma, as alternativas A e D estão incorretas, pois a manifestação de Mauro não subsistirá.

A alternativa C está incorreta, pois apenas em relação ao destinatário da informação sobre a reserva mental é que a vontade não subsistirá.

2.4.2. *Condição, termo e encargo*

(IX EXAME DE ORDEM UNIFICADO – FGV) João prometeu doar seu imóvel em Búzios a José se o seu time de futebol do coração, o América/RJ, for campeão carioca em 2013. Assim sendo, sobre a condição imposta para a doação, assinale a afirmativa correta.

(A) Trata-se de condição puramente potestativa, sendo lícita por depender de manifestação da vontade de uma das partes.
(B) Subordinando-se a eficácia do negócio jurídico à condição suspensiva, enquanto esta não se verificar, não terá Roberto adquirido o direito nele previsto.
(C) É defeso a Roberto, titular do direito eventual, praticar atos destinados à sua conservação.
(D) Trata-se de condição meramente potestativa, sendo, pois, ilícita, uma vez que sujeita ao puro arbítrio de uma das partes.

COMENTÁRIO

A alternativa A está incorreta, pois a condição puramente potestativa é aquele que depende exclusivamente da vontade de alguém, o que não acontece no caso, pois se o time vai ou não ganhar o campeonato é algo que não depende da vontade de João.

A alternativa B está correta; trata-se de *condição* (e não de *termo*), pois a eficácia do negócio depende de um evento futuro em incerto (o time de futebol ganhar o campeonato), nos termos do art. 121 do CC; quanto ao tipo de condição, tem-se no caso a condição *suspensiva*, pois os efeitos do negócio ficam suspensos enquanto a condição (time ganhar o campeonato) não se verificar (art. 125 do CC).

A alternativa C está incorreta, pois esse direito existe (art. 130 do CC).

A alternativa D está incorreta, pois é a condição *puramente potestativa* (e não *meramente potestativa*) que se sujeita ao puro arbítrio de uma das partes.

(VI EXAME DE ORDEM UNIFICADO – FGV) A condição, o termo e o encargo são considerados elementos acidentais, facultativos ou acessórios do negócio jurídico, e têm o condão de modificar as consequências naturais deles esperadas. A esse respeito, é correto afirmar que:

(A) se considera condição a cláusula que, derivando da vontade das partes ou de terceiros, subordina o efeito do negócio jurídico a evento futuro e incerto.

(B) se for resolutiva a condição, enquanto esta se não realizar, não vigorará o negócio jurídico, não se podendo exercer desde a conclusão deste o direito por ele estabelecido.

(C) o termo inicial suspende o exercício, mas não a aquisição do direito e, salvo disposição legal ou convencional em contrário, computam-se os prazos, incluindo o dia do começo e excluindo o do vencimento.

(D) se considera não escrito o encargo ilícito ou impossível, salvo se constituir o motivo determinante da liberalidade, caso em que se invalida o negócio jurídico.

COMENTÁRIO

A alternativa D está correta (art. 137 do CC).

A alternativa A está incorreta, pois a condição deriva apenas da vontade das partes, e não de terceiros (art. 121 do CC).

A alternativa B está incorreta, pois, pendente a condição resolutiva, o negócio vigorará sim, ou seja, produzirá efeitos normalmente, até que a condição resolutiva aconteça (art. 127 do CC), ocasião em que o negócio se resolve, ou seja, deixa de produzir efeitos.

A alternativa C está incorreta, pois, apesar de correta a primeira frase da alternativa (art. 131 do CC), é incorreta a informação de que, na contagem dos prazos, inclui-se o dia do começo e exclui-se o dia do vencimento, já que o Código Civil dispõe justamente no sentido contrário, ou seja, computam-se os prazos, excluído o dia do começo, e incluído o do vencimento.

2.4.3. Defeitos do negócio jurídico

(X EXAME DE ORDEM UNIFICADO – FGV) João, credor quirografário de Marcos em R$ 150.000,00, ingressou com Ação Pauliana, com a finalidade de anular ato praticado por Marcos, que o reduziu à insolvência. João alega que Marcos transmitiu gratuitamente para seu filho, por contrato de doação, propriedade rural avaliada em R$ 200.000,00. Considerando a hipótese acima, assinale a afirmativa correta.

(A) Caso o pedido da Ação Pauliana seja julgado procedente e seja anulado o contrato de doação, o benefício da anulação aproveitará somente a João, cabendo aos de mais credores, caso existam, ingressarem com ação individual própria.

(B) O caso narrado traz hipótese de fraude de execução, que constitui defeito no negócio jurídico por vício de consentimento.

(C) Na hipótese de João receber de Marcos, já insolvente, o pagamento da dívida ainda não vencida, ficará João obrigado a repor, em proveito do acervo sobre que se tenha de efetuar o concurso de credores, aquilo que recebeu.

(D) João tem o prazo prescricional de dois anos para pleitear a anulação do negócio jurídico fraudulento, contado do dia em que tomar conhecimento da doação feita por Marcos.

COMENTÁRIO

A alternativa C está correta (art. 162 do CC).

A alternativa A está incorreta, pois, julgada procedente a ação, o negócio é anulado (art. 171, II, do CC), retornando ao patrimônio do devedor (no caso, Marcos), permitindo que os demais credores também se beneficiem disso.

A alternativa B está incorreta, pois a fraude de execução acontece quando o credor já ingressou com ação de cobrança e, no bojo desta, o devedor vem a se desfazer de modo fraudulento de seu patrimônio.

A alternativa D está incorreta, pois é de 4 anos o prazo para pleitear-se a anulação do negócio jurídico com fraude contra credores, contados do dia em que se realizou o negócio jurídico (art. 178, II, do CC).

(VIII EXAME DE ORDEM UNIFICADO – FGV) Em relação aos defeitos dos negócios jurídicos, assinale a afirmativa **incorreta.**

(A) A emissão de vontade livre e consciente, que corresponda efetivamente ao que almeja o agente, é requisito de validade dos negócios jurídicos.

(B) O erro acidental é o que recai sobre características secundárias do objeto, não sendo passível de levar à anulação do negócio.

(C) A simulação é causa de anulação do negócio, e só poderá ocorrer se a parte prejudicada demonstrar cabalmente ter sido prejudicada por essa prática.

(D) O objetivo da ação pauliana é anular o negócio praticado em fraude contra credores.

COMENTÁRIO

A alternativa A está correta; de fato, é requisito de validade do negócio jurídico a emissão de vontade livre e consciente, ou seja, sem coação, erro ou dolo.

A alternativa B está correta, pois, de fato, somente o erro substancial configura o defeito previsto no art. 138 do CC, defeito esse que gera a anulabilidade do negócio jurídico.

A alternativa C está incorreta, devendo ser assinalada; a simulação é causa de nulidade, e não de anulabilidade do negócio (art. 167 do CC).

A alternativa D está correta; de fato, a ação pauliana é ação prevista para anular negócio praticado em fraude contra credores (arts. 158 a 165 do CC).

(VI EXAME DE ORDEM UNIFICADO – FGV) Considerando o instituto da lesão, é correto afirmar que:

(A) a desproporção entre as prestações deve se configurar somente no curso de contrato.

(B) os efeitos da lesão podem se manifestar no curso do contrato, desde que sejam provenientes de desproporção entre as prestações existente no momento da celebração do contrato.

(C) a desproporção entre as prestações surge em razão de fato superveniente à celebração do contrato.

(D) os efeitos da lesão decorrem de um fato imprevisto.

COMENTÁRIO

As alternativas A e C estão incorretas, pois a desproporção entre as prestações deve se configurar no momento da celebração do contrato; ou seja, o contrato já deve nascer manifestamente desproporcional; desproporções que ocorrem no curso do contrato dão ensejo à aplicação da regra da onerosidade excessiva (art. 478 do CC), e não do instituto da lesão (art. 157 do CC);

A alternativa B está correta, pois, apesar de a desproporção das obrigações ter de ocorrer no momento da celebração do contrato, pode ser que os efeitos da lesão só ocorram no curso do contrato; um exemplo é um contrato manifestamente desproporcional, em que a parte prejudicada tenha que entregar a sua prestação apenas alguns meses após a celebração do contrato;

A alternativa D está incorreta, pois os efeitos da lesão decorrem diretamente da celebração de um contrato já com uma manifesta desproporção entre as prestações das partes, não sendo necessário que ocorra, depois, um fato imprevisto, para a configuração do instituto.

(IV EXAME DE ORDEM UNIFICADO – FGV) O negócio jurídico depende da regular manifestação de vontade do agente envolvido. Nesse sentido, o art. 138 do Código Civil dispõe que "são anuláveis os negócios jurídicos quando as declarações de vontade emanarem de erro substancial que poderia ser percebido por pessoa de diligência normal, em face das circunstâncias do negócio".

Relativamente aos defeitos dos negócios jurídicos, assinale a alternativa correta.

(A) O erro não prejudica a validade do negócio jurídico quando a pessoa, a quem a manifestação de vontade se dirige, se oferecer para executá-la na conformidade da vontade real do manifestante.

(B) O falso motivo, por sua gravidade, viciará a declaração de vontade em todas as situações e, por consequência, gerará a anulação do negócio jurídico.

(C) O erro de cálculo gera a anulação do negócio jurídico, uma vez que restou viciada a declaração de vontade nele baseada.

(D) O erro é substancial quando concerne à identidade ou à qualidade essencial da pessoa a quem se refira a declaração de vontade, ainda que tenha influído nesta de modo superficial.

COMENTÁRIO

A alternativa A está correta (art. 144 do CC).

A alternativa B está incorreta, pois o falso motivo só vicia a declaração de vontade quando expresso como razão determinante (art. 140 do CC).

A alternativa C está incorreta, pois o erro de cálculo apenas autoriza a retificação da declaração de vontade (art. 143 do CC).

A alternativa D está incorreta, pois o erro substancial, nesse caso, deve influir na vontade de modo relevante (art. 139, II, do CC), e não de modo superficial.

2.4.4. *Validade e Invalidade do negócio jurídico*

(XIV EXAME DE ORDEM UNIFICADO – FGV) Maria Clara, então com dezoito anos, animada com a conquista da carteira de habilitação, decide retirar suas economias da poupança para adquirir um automóvel. Por saber que estava no início da sua carreira de motorista, resolveu comprar um carro usado e pesquisou nos jornais até encontrar um modelo adequado. Durante a visita de Maria Clara para verificar o estado de conservação do carro, o proprietário, ao perceber que Maria Clara não era conhecedora de automóveis, informou que o preço que constava no jornal não era o que ele estava pedindo, pois o carro havia sofrido manutenção recentemente, além de melhorias que faziam com que o preço fosse aumentado em setenta por cento. Com esse aumento, o valor do carro passou a ser maior do que um modelo novo, zero quilômetro. Contudo, após as explicações do proprietário, Maria Clara fechou o negócio. Sobre a situação apresentada no enunciado, assinale a opção correta.

(A) Maria Clara sofreu coação para fechar o negócio, diante da insistência do antigo proprietário e, por isso, pode ser proposta a anulação do negócio jurídico no prazo máximo de três anos.

(B) O negócio efetuado por Maria Clara não poderá ser anulado porque decorreu de manifestação de vontade por parte da adquirente. Dessa forma, como não se trata de relação de consumo, Maria Clara não possui essa garantia.

(C) O pai de Maria Clara, inconformado com a situação, pretende anular o negócio efetuado pela filha, porém, como já se passaram três anos, isso não será mais possível, pois já decaiu seu direito.

(D) O negócio jurídico efetuado por Maria Clara pode ser anulado; porém, se o antigo proprietário concordar com a diminuição no preço, o vício no contrato estará sanado.

COMENTÁRIO

A alternativa D está correta, pois por tratar-se da hipótese de lesão, o negócio jurídico não será anulado se for oferecido suplemento suficiente, ou se a parte favorecida concordar com a redução do proveito (art. 157, § 2º, do CC).

A alternativa A está incorreta, pois não houve coação afinal em nenhum momento foi incutido em Maria Clara fundado temor de dano iminente e considerável à ela, à sua família, ou aos seus bens (art. 151, *caput*, do CC).

A alternativa B está incorreta, pois o negócio jurídico por ser anulado por estar eivado de um vício de consentimento, haja vista que a desproporção do preço pago pelo veículo. O vício presente é a lesão (art. 157, *caput*, do CC).

A alternativa C está incorreta, pois o prazo decadencial para se requerer a anulação do negócio jurídico é de 4 anos (art. 178, II do CC).

(XIII EXAME DE ORDEM UNIFICADO – FGV) Lúcia, pessoa doente, idosa, com baixo grau de escolaridade, foi obrigada a celebrar contrato particular de assunção de dívida com o Banco FDC S.A., reconhecendo e confessando dívidas firmadas pelo seu marido, esse já falecido, e que não deixara bens ou patrimônio a inventariar. O gerente do banco ameaçou Lúcia de não efetuar o pagamento da pensão deixada pelo seu falecido marido, caso não fosse assinado o contrato de assunção de dívida.

Considerando a hipótese acima e as regras de Direito Civil, assinale a afirmativa correta.

(A) O contrato particular de assunção de dívida assinado por Lúcia é anulável por erro substancial, pois Lúcia manifestou sua vontade de forma distorcida da realidade, por entendimento equivocado do negócio praticado.

(B) O ato negocial celebrado entre Lúcia e o Banco FDC S.A. é anulável por vício de consentimento, em razão de conduta dolosa praticada pelo banco, que ardilosamente falseou a realidade e forjou uma situação inexistente, induzindo Lúcia à prática do ato.

(C) O instrumento particular firmado entre Lúcia e o Banco FDC S.A. pode ser anulado sob fundamento de lesão, uma vez que Lúcia assumiu obrigação excessiva sobre premente necessidade.

(D) O negócio jurídico celebrado entre Lúcia e o Banco FDC S.A. é anulável pelo vício da coação, uma vez que a ameaça praticada pelo banco foi iminente e atual, grave, séria e determinante para a celebração da avença.

COMENTÁRIO

A alternativa A está incorreta, pois o erro é o engano cometido pelo próprio agente, sem a indução da parte contrária (art. 138 do CC). O caso em tela não retrata a hipótese de erro, pois Lucia fez tudo de maneira consciente.

A alternativa B está incorreta, pois o dolo é o erro induzido pela outra parte, de modo que se a parte tivesse conhecimento daquela causa não realizaria o negócio (art. 145 do CC). No caso, Lúcia tinha pleno conhecimento de tudo o que estava se passando.

A alternativa C está incorreta, pois no caso em tela foi incutido o temor em Lúcia para que assinasse a confissão de dívida. O instituto da lesão se dá apenas quando alguém em premente necessidade, ou por inexperiência, se obriga a prestação manifestamente desproporcional ao valor da prestação oposta (art. 157, *caput*, do CC).

A alternativa D está correta (art. 151, *caput*, do CC).

(V EXAME DE ORDEM UNIFICADO – FGV) Em instrumento particular, subscrito por duas testemunhas, um menor de 16 anos, sem bens, não estabelecido com economia própria nem exercendo atividade laborativa e sendo apenas estudante do curso secundário, tomou por empréstimo a uma vizinha, sua amiga, a quantia de R$ 5.000,00 (cinco mil reais) para participar de uma campanha de doação de fundos para seu time de futebol, autorizando que a referida mutuante entregasse, em nome do mutuário, a referida importância diretamente ao clube esportivo, o que foi feito. Não foi fixado prazo para pagamento do mútuo, nem houve previsão de juros, exigindo, entretanto, a credora, a fiança de dois amigos do mutuário, solteiros, maiores e capazes. Recusando-se a pagar o empréstimo, foram procurados o pai e a mãe do mutuário, os quais se negaram a ratificar o empréstimo e se negaram a honrá-lo, sob o argumento de que não o haviam autorizado. Em face disso, assinale a alternativa correta.

(A) Não é válida, no caso, a negativa dos pais em honrar o empréstimo, que poderá ser cobrado deles, mas sem juros.

(B) Presumem-se devidos os juros pelo mutuário e por seus fiadores.

(C) Esse mútuo é uma obrigação que apenas vincula o menor e, assim, quando vencido e não restituído, poderá ser cobrado apenas do mutuário, não sendo exigível dos fiadores, perante os quais é absolutamente ineficaz.

(D) Esse mútuo não pode ser reavido nem do mutuário, nem de seus fiadores.

COMENTÁRIO

O caso revela que um absolutamente incapaz celebrou um contrato de mútuo sem a intervenção de seus representantes legais. Nesse caso, como é cediço, temos um ato nulo de pleno direito (art. 166, I, do CC), de modo que a obrigação não pode ser exigida do menor. Ademais, o Código Civil estabelece que ninguém pode reclamar o que, por um obrigação anulada, pagou a um incapaz, se não provar que reverteu em proveito dele a importância paga (art. 181 do CC). No caso, os recursos do empréstimo beneficiaram terceiros também, não havendo como dizer que o valor reverteu em proveito do incapaz. Porém, há mais um ponto a enfrentar. Como fica a situação dos dois fiadores do negócio, que eram solteiros, maiores e capazes? A resposta seria simples: o acessório segue o principal. Ou seja, se o negócio principal (mútuo) é nulo, o negócio acessório (fiança) também o seria. Mas em matéria de fiança essa regra nem sempre se dá quando o negócio principal é nulo (art. 824, *caput*, do CC). Mas, no caso de mútuo feito a menor, as obrigações nulas também tornam nulas as fianças respectivas (art. 824, parágrafo único, do CC). A alternativa correta é a D.

2.5. Prescrição e decadência

(V EXAME DE ORDEM UNIFICADO – FGV) O decurso do tempo exerce efeitos sobre as relações jurídicas. Com o propósito de suprir uma deficiência apontada pela doutrina em relação ao Código velho, o novo Código Civil, a exemplo do Código Civil italiano e português, define o que é prescrição e institui disciplina específica para a decadência. Tendo em vista os preceitos do Código Civil a respeito da matéria, assinale a alternativa correta.

(A) Quando uma ação se originar de fato que deva ser apurado no juízo criminal, não correrá a prescrição até o despacho do juiz que tenha recebido ou rejeitado a denúncia ou a queixa-crime.

(B) Se a decadência resultar de convenção entre as partes, o interessado poderá alegá-la, em qualquer grau de jurisdição, mas o juiz não poderá suprir a alegação de quem a aproveite.

(C) O novo Código Civil optou por conceituar o instituto da prescrição como a extinção da pretensão e estabelece que a prescrição, em razão da sua relevância, pode ser arguida, mesmo entre os cônjuges enquanto casados pelo regime de separação obrigatória de bens.

(D) Se um dos credores solidários constituir judicialmente o devedor em mora, tal iniciativa não aproveitará aos demais quanto à interrupção da prescrição, nem a interrupção produzida em face do principal devedor prejudica o fiador dele.

COMENTÁRIO

A alternativa B está correta (art. 211 do CC).

A alternativa A está incorreta, pois, nesse caso, não correrá a prescrição antes da respectiva sentença criminal definitiva.

A alternativa C está incorreta, pois não corre a prescrição (e, portanto, esta não pode ser arguida) na constância da sociedade conjugal (art. 197, I, do CC).

A alternativa D está incorreta, pois a interrupção da prescrição por um dos credores solidários aproveita aos outros (art. 204, § 1º, do CC). Ademais, a interrupção produzida contra o principal devedor prejudica o fiador" (art. 204, § 3.º, do CC).

(EXAME DE ORDEM UNIFICADO 2010.2 – FGV) A respeito das diferenças e semelhanças entre prescrição e decadência, no Código Civil, é correto afirmar que:

(A) a prescrição acarreta a extinção do direito potestativo, enquanto a decadência gera a extinção do direito subjetivo.

(B) os prazos prescricionais podem ser suspensos e interrompidos, enquanto os prazos decadenciais legais não se suspendem ou interrompem, com exceção da hipótese de titular de direito absolutamente incapaz, contra o qual não corre nem prazo prescricional nem prazo decadencial.

(C) não se pode renunciar à decadência legal nem à prescrição, mesmo após consumadas.

(D) a prescrição é exceção que deve ser alegada pela parte a quem beneficia, enquanto a decadência pode ser declarada de ofício pelo juiz.

COMENTÁRIO

A alternativa B está correta, pois os prazos prescricionais podem ser suspensos (arts. 197 a 200 do Código Civil) e interrompidos (art. 202 do Código Civil), ao passo que os prazos decadenciais não podem ser suspensos ou interrompidos (art. 207 do Código Civil), salvo no caso do absolutamente incapaz, contra quem não corre nem prazo prescricional, nem prazo decadencial (art. 208 c.c. art. 198, I).

A alternativa A está incorreta, pois a prescrição acarreta a extinção da *pretensão* (e não do *direito potestativo*), ao passo que a decadência, a extinção do direito *potestativo*; vale aproveitar o ensejo para lembrar que a *pretensão*, quando atua em juízo, pretende a *condenação* de alguém, de modo que os prazos prescricionais estão ligados às *ações condenatórias*; e o *direito potestativo*, por sua vez, é aquele que pretende *interferir na esfera jurídica* de alguém, como é o caso do direito de pedir a anulação de um casamento, que interfere no âmbito jurídico da outra parte; por isso, os prazos decadenciais estão ligados às *ações constitutivas*.

A alternativa C está incorreta, pois cabe renúncia à prescrição, desde que feita depois que esta se consumar (ex: devedor de uma reparação civil, que prescreve em 3 (três) anos, pode, após os 3 (três) anos, dizer que renuncia ao benefício da prescrição, o que autoriza que o credor continue podendo acioná-lo por mais 3 (três) anos); já a decadência legal (ou seja, a fixada em lei), não pode ser objeto de renúncia (art. 209 do Código Civil), tratando-se da única informação verdadeira na alternativa ora em análise.

A alternativa D está incorreta, pois tanto a prescrição, como a decadência devem ser pronunciadas de ofício pelo juiz (art. 219, § 5.º, do antigo CPC e art. 210 do CC; art. 487, II, do Novo CPC).

2.6. Provas

(XI EXAME DE ORDEM UNIFICADO – FGV) A escritura pública, lavrada em notas de tabelião, é documento dotado de fé pública, notadamente no que tange ao fato de o ato de declaração ter sido praticado na presença do tabelião e ter sido feita sua regular anotação em assentos próprios, o que não importa na veracidade quanto ao conteúdo declarado.

A respeito desse tema, assinale a afirmativa correta.

(A) Aos cônjuges ou à entidade familiar é vedado destinar parte do seu patrimônio para instituir bem de família por escritura pública, cuja forma legal exige testamento.

(B) A escritura pública é essencial para a validade do pacto antenupcial, devendo ser declarado nulo se não atender à forma exigida por lei.

(C) A partilha amigável entre herdeiros capazes será feita por termo nos autos do inventário ou por escritura pública, não se admitindo escrito particular, ainda que homologado pelo Juiz.

(D) A doação será realizada por meio de escritura pública ou instrumento particular, não tendo validade a doação verbal, tendo em vista ser expressamente vedada pela norma.

COMENTÁRIO

A alternativa A está incorreta, pois é possível instituir bem de família por escritura pública (art. 1.711, *caput*, do CC).

A alternativa B está correta (art. 1.653 do CC);

A alternativa C está incorreta, pois tal partilha também pode ser feita por escrito particular, homologado pelo juiz (art. 2.015 do CC);

A alternativa D está incorreta, pois a doação verbal será válida, se, versando sobre bens móveis e de pequeno valor, se lhe seguir *incontinenti* a tradição (art. 541, parágrafo único, do CC).

3. OBRIGAÇÕES

3.1. Introdução, classificação e modalidades das obrigações

(XVIII EXAME DE ORDEM UNIFICADO – FGV) Joana e suas quatro irmãs, para comemorar as bodas de ouro de seus pais, contrataram Ricardo para organizar a festa. No contrato ficou acordado que as cinco irmãs arcariam solidariamente com todos os gastos. Ricardo, ao requerer o sinal de pagamento, previamente estipulado no contrato, não obteve sucesso, pois cada uma das irmãs informava que a outra tinha ficado responsável pelo pagamento. Ainda assim, Ricardo cumpriu sua parte do acordado. Ao final da festa, Ricardo foi até Joana para cobrar pelo serviço, sem sucesso. Sobre a situação apresentada, assinale a afirmativa correta.

(A) Se Ricardo resolver ajuizar demanda em face somente de Joana, as outras irmãs, ainda assim, permanecerão responsáveis pelo débito.

(B) Se Joana pagar o preço total do serviço sozinha, poderá cobrar das outras, ficando sem receber se uma delas se tornar insolvente.

(C) Se uma das irmãs de Joana falecer deixando dois filhos, qualquer um deles deverá arcar com o total da parte de sua mãe.

(D) Ricardo deve cobrar de cada irmã a sua quota-parte para receber o total do serviço, uma vez que se trata de obrigação divisível.

COMENTÁRIO

O caso em questão trata de solidariedade passiva, quando na mesma obrigação concorre mais de um devedor, cada um deles obrigado à dívida toda. Por conseguinte, a alternativa A está correta, porque com o pagamento parcial da dívida, todos os demais devedores continuam obrigados solidariamente pelo resto, como dispõe a segunda parte do artigo 275 do Código Civil.

A alternativa B, por sua vez, está incorreta, posto dispor o art. 283 do Código Civil que "o devedor que satisfez a dívida por inteiro tem direito a exigir de cada um dos codevedores a sua quota, dividindo-se igualmente por todos a do insolvente, se o houver, presumindo-se iguais, no débito, as partes de todos os codevedores".

A alternativa C também não está certa, pois na hipótese do falecimento de um dos devedores solidários, deixando herdeiros, nenhum destes será obrigado a pagar senão a quota que corresponder ao seu quinhão hereditário, salvo se a obrigação for indivisível; mas todos reunidos serão considerados como um devedor solidário em relação aos demais devedores", a teor do art. 276 do Código Civil.

Por fim, D está errada, posto tratar-se de obrigação solidária, como dito no acima.

(XVII EXAME DE ORDEM UNIFICADO – FGV) Gilvan (devedor) contrai empréstimo com Haroldo (credor) para o pagamento com juros do valor do mútuo no montante de R$ 10.000,00. Para facilitar a percepção do crédito, a parte do polo ativo obrigacional ainda facultou, no instrumento contratual firmado, o pagamento do montante no termo avençado ou a entrega do único cavalo da raça manga larga marchador da fazenda, conforme escolha a ser feita pelo devedor. Ante os fatos narrados, assinale a afirmativa correta.

(A) Trata-se de obrigação alternativa.

(B) Cuida-se de obrigação de solidariedade em que ambas as prestações são infungíveis.

(C) Acaso o animal morra antes da concentração, extingue-se a obrigação.

(D) O contrato é eivado de nulidade, eis que a escolha da prestação cabe ao credor.

COMENTÁRIO

A alternativa A está correta, pois quando o devedor poder escolher, entre opções previstas no contrato, qual obrigação deseja cumprir, no âmbito das opções contratuais, tem-se a chamada obrigação alternativa (art. 252, *caput*, do CC).

A alternativa B está incorreta, pois a questão não trata da solidariedade, pois não há referência à pluralidade de credores ou devedores solidários no enunciado.

9. Direito Civil

A alternativa C está incorreta, pois nesse caso subsiste a outra obrigação que é alternativa (art. 253 do CC).

A alternativa D está incorreta, pois na obrigação alternativa, regulamentada na lei (art. 252 do CC) a escolha caberá ao devedor.

(XIII EXAME DE ORDEM UNIFICADO – FGV) Ary celebrou contrato de compra e venda de imóvel com Laurindo e, mesmo sem a devida declaração negativa de débitos condominiais, conseguiu registrar o bem em seu nome. Ocorre que, no mês seguinte à sua mudança, Ary foi surpreendido com a cobrança de três meses de cotas condominiais em atraso. Inconformado com a situação, Ary tentou, sem sucesso, entrar em contato com o vendedor, para que este arcasse com os mencionados valores.

De acordo com as regras concernentes ao direito obrigacional, assinale a opção correta.

(A) Perante o condomínio, Laurindo deverá arcar com o pagamento das cotas em atraso, pois cabe ao vendedor solver todos os débitos que gravem o imóvel até o momento da tradição, entregando-o livre e desembargado.

(B) Perante o condomínio, Ary deverá arcar com o pagamento das cotas em atraso, pois se trata de obrigação subsidiária, já que o vendedor não foi encontrado, cabendo ação *in rem verso*, quando este for localizado.

(C) Perante o condomínio, Laurindo deverá arcar com o pagamento das cotas em atraso, pois se trata de obrigação com eficácia real, uma vez que Ary ainda não possui direito real sobre a coisa.

(D) Perante o condomínio, Ary deverá arcar com o pagamento das cotas em atraso, pois se trata de obrigação *propter rem*, entendida como aquela que está a cargo daquele que possui o direito real sobre a coisa e, comprovadamente, imitido na posse do imóvel adquirido.

COMENTÁRIO

A alternativa D está correta, pois de fato trata-se de uma obrigação *propter rem*, a qual sujeita o seu titular a arcar com todas as pendências que recaírem sobre a coisa.

A alternativa A está incorreta, pois por tratar-se de obrigação *propter rem* o débito acompanha a coisa, de modo que a responsabilidade pela pagamento é de Ary, e não mais de Laurindo (art. 1.315 do CC).

A alternativa B está incorreta, pois Ary é o responsável direto pelo pagamento da dívida frente ao condomínio, ficando sujeito ao seu pagamento, não havendo que se falar em ação in rem verso contra Laurindo (art. 1.325 do CC).

A alternativa C está incorreta, pois Ary deverá arcar com o pagamento das cotas, uma vez que já possui direito real sobre a coisa, pois o bem já está registrado em seu nome (art. 1.245, *caput*, do CC).

(EXAME DE ORDEM UNIFICADO 2010.3 – FGV) Maria celebrou contrato de compra e venda do carro da marca X com Pedro, pagando um sinal de R$ 10.000,00. No dia da entrega do veículo, a garagem de Pedro foi invadida por bandidos, que furtaram o referido carro. A respeito da situação narrada, assinale a alternativa correta.

(A) Pedro poderá entregar outro veículo no lugar no automóvel furtado.

(B) Maria poderá exigir a entrega de outro carro.

(C) Haverá resolução do contrato pela falta superveniente do objeto, sendo restituído o valor já pago por Maria.

(D) Não haverá resolução do contrato, pois Pedro pode alegar caso fortuito.

COMENTÁRIO

O caso envolve o instituto da "obrigação de dar coisa certa", regulamentado nos arts. 233 e seguintes do CC. O fato é que a coisa (carro) se perdeu antes da tradição (entrega), sem que houvesse culpa do devedor (Pedro), de modo que incide o disposto no art. 234 do CC, pelo qual fica resolvida a obrigação, ou seja, fica resolvido o contrato. Dessa forma, Pedro deverá devolver (restituir) o valor pago por Maria, a fim de que não haja enriquecimento ilícito. Vale lembrar, também, da máxima pela qual "a coisa perece para o dono". Nesse sentido, como Pedro ainda era dono da coisa, já que a propriedade de um bem móvel só se transfere com a tradição (a entrega), ele não poderá ficar com a quantia recebida de Maria. A alternativa correta é a C.

(EXAME DE ORDEM UNIFICADO 2010.3 – FGV) João deverá entregar quatro cavalos da raça X ou quatro éguas da raça X a José. O credor, no momento do adimplemento da obrigação, exige a entrega de dois cavalos da raça X e de duas éguas da raça X. Nesse caso, é correto afirmar que as prestações:

(A) facultativas são inconciliáveis, quando a escolha couber ao credor.

(B) facultativas são conciliáveis, quando a escolha couber ao credor.

(C) alternativas são inconciliáveis, havendo indivisibilidade quanto à escolha.

(D) alternativas são conciliáveis, havendo divisibilidade quanto à escolha.

COMENTÁRIO

O caso envolve o instituto das obrigações alternativas, regulamentado nos arts. 252 e seguintes do CC. Isso porque João (o devedor) poderia cumprir a obrigação de duas maneiras: a) entregando 4 cavalos da raça X; b) entregando 4 éguas da raça X. O enunciado deixa claro que João deve escolher entre apenas duas possibilidades. Ou cumpre do jeito A ou cumpre do jeito B. José (o credor) não poderia exigir que João cumprisse parte do jeito A e parte do jeito B. O art. 252, *caput*, do CC é claro ao dispor que compete ao devedor escolher qual das duas possibilidades de prestação pretende cumprir. E as duas possibilidades de prestação possíveis foram estipuladas de modo inconciliável (ou 4 cavalos ou 4 éguas), havendo indivisibilidade quanto à escolha, ou seja, não sendo possível dividir as prestações, executando parte de uma e parte de outra, como deseja o credor José. A alternativa correta é a C.

(EXAME DE ORDEM UNIFICADO 2010.2 – FGV) Com relação ao regime da solidariedade passiva, é correto afirmar que:

(A) cada herdeiro pode ser demandado pela dívida toda do devedor solidário falecido.

(B) com a perda do objeto por culpa de um dos devedores solidários, a solidariedade subsiste no pagamento do equivalente pecuniário, mas pelas perdas e danos somente poderá ser demandado o culpado.

(C) se houver atraso injustificado no cumprimento da obrigação por culpa de um dos devedores solidários, a solidariedade subsiste no pagamento do valor principal, mas pelos juros da mora somente poderá ser demandado o culpado.

(D) as exceções podem ser aproveitadas por qualquer dos devedores solidários, ainda que sejam pessoais apenas a um deles.

COMENTÁRIO

A alternativa B está correta, nos termos do art. 279 do CC ("impossibilitando-se a prestação por culpa de um dos devedores solidários, subsiste para todos o encargo de pagar o equivalente; mas pelas perdas e danos só responde o culpado").

A alternativa A está incorreta, pois, neste caso, nenhum dos herdeiros "será obrigado a pagar senão a quota que corresponder ao seu quinhão hereditário, salvo se a obrigação for indivisível" (art. 276 do CC).

A alternativa C está incorreta, pois todos os devedores irão responder pelos juros da mora, podendo, depois, os inocentes, cobrar tais juros do devedor culpado (art. 280 do CC).

A alternativa D está incorreta, pois, segundo o art. 281 do CC, "o devedor demandado pode opor ao credor as exceções que lhe forem pessoais e as comuns a todos; não lhe aproveitando as exceções pessoais a outro codevedor".

3.2. Transmissão, adimplementos e extinção das obrigações

(XVIII EXAME DE ORDEM UNIFICADO – FGV) Vitor e Paula celebram entre si, por escritura particular levada a registro em cartório de títulos e documentos, contrato de mútuo por meio do qual Vitor toma emprestada de Paula a quantia de R$ 10.000,00, obrigando-se a restituir o montante no prazo de três meses. Em garantia da dívida, Vitor constitui em favor de Paula, por meio de instrumento particular, direito real de penhor sobre uma joia de que é proprietário. Vencido o prazo estabelecido para o pagamento da dívida, Vitor procura Paula e explica que não dispõe de dinheiro para quitar o débito. Propõe então que, em vez da quantia devida, Paula receba, em pagamento da dívida, a propriedade da coisa empenhada. Assinale a opção que indica a orientação correta a ser transmitida a Paula.

(A) Para ter validade, o acordo sugerido por Vitor deve ser celebrado mediante escritura pública.

(B) O acordo sugerido por Vitor não tem validade, uma vez que constitui espécie de pacto proibido pela lei.

(C) Para ter validade, o acordo sugerido deve ser homologado em juízo.

(D) O acordo sugerido por Vitor é válido, uma vez que constitui espécie de pacto cuja licitude é expressamente reconhecida pela lei.

COMENTÁRIO

No caso em comento, o devedor oferece ao credor bem diverso do devido para o adimplemento obrigacional e o credor aceita. Trata-se de forma excepcional de extinção da obrigação denominada de dação em pagamento, conforme dispõe o art. 356 do Código Civil, ao estabelecer que "o credor pode consentir em receber prestação diversa da que lhe é devida". Assim, a alternativa D representa a resposta correta.

(XII EXAME DE ORDEM UNIFICADO – FGV) Bruno cedeu a Fábio um crédito representado em título, no valor de R$ 20.000,00 (vinte mil reais), que possuía com Caio.

Considerando a hipótese acima e as regras sobre cessão de crédito, assinale a afirmativa correta.

(A) Caio não poderá opor a Fábio a exceção de dívida prescrita que, no momento em que veio a ter conhecimento da cessão, tinha contra Bruno, em virtude da preclusão.

(B) Caso Fábio tenha cedido o crédito recebido de Bruno a Mário e este, posteriormente, ceda o crédito a Júlio, prevalecerá a cessão de crédito que se completar com a tradição do título cedido.

(C) Bruno, ao ceder a Fábio crédito a título oneroso, não ficará responsável pela existência do crédito ao tempo em que cedeu, salvo por expressa garantia.

(D) Conforme regra geral disposta no Código Civil, Bruno será obrigado a pagar a Fábio o valor correspondente ao crédito, caso Caio torne-se insolvente.

COMENTÁRIO

A alternativa B está correta (art. 291 do CC).

A alternativa A está incorreta, pois Caio poderá opor a Fábio a exceção de dívida prescrita que, no momento em que veio a ter conhecimento da cessão, tinha contra Bruno (art. 294 do CC). Logo, não há que se falar em preclusão.

A alternativa C está incorreta, pois pelo fato da cessão ser onerosa, Bruno, ainda que não se responsabilize ficará responsável pela existência do crédito com relação à Fábio ao tempo em que lhe cedeu (art. 295 do CC).

A alternativa D está incorreta, pois em regra o cedente não responde pela solvência do devedor. Apenas será responsável se houver estipulação em contrário (art. 296 do CC).

(XIII EXAME DE ORDEM UNIFICADO – FGV) A transmissibilidade de obrigações pode ser realizada por meio do ato denominado cessão, por meio da qual o credor transfere seus direitos na relação obrigacional a outrem, fazendo surgir as figuras jurídicas do cedente e do cessionário.

Constituída essa nova relação obrigacional, é correto afirmar que

(A) os acessórios da obrigação principal são abrangidos na cessão de crédito, salvo disposição em contrário.

(B) o cedente responde pela solvência do devedor, não se admitindo disposição em contrário.

(C) a transmissão de um crédito que não tenha sido celebrada única e exclusivamente por instrumento público é ineficaz em relação a terceiros.

(D) o devedor não pode opor ao cessionário as exceções que tinha contra o cedente no momento em que veio a ter conhecimento da cessão.

COMENTÁRIO

A alternativa A está correta (art. 287 do CC).

A alternativa B está incorreta, pois, em regra, o cedente não responde pela solvência do devedor. Tal ocorrerá apenas se houver disposição em sentido contrário (art. 296 do CC).

A alternativa C está incorreta, pois também é ineficaz a perante terceiros a transmissão de um crédito realizada por instrumento particular sem as devidas solenidades do art. 654, § 1º do CC (art. 288 do CC).

A alternativa D está incorreta, pois o devedor pode opor ao cessionário as exceções que lhe competirem, bem como as que, no momento em que veio a ter conhecimento da cessão, tinha contra o cedente (art. 294 do CC).

(XIV EXAME DE ORDEM UNIFICADO – FGV) João é locatário de um imóvel residencial de propriedade de Marcela, pagando mensalmente o aluguel por meio da entrega pessoal da quantia ajustada. O locatário tomou ciência do recente falecimento de Marcela ao ler "comunicação de falecimento" publicada pelos filhos maiores e capazes de Marcela, em jornal de grande circulação. Marcela, à época do falecimento, era viúva. Aproximando-se o dia de vencimento da obrigação contratual, João pretende quitar o valor ajustado. Todavia, não sabe a quem pagar e sequer tem conhecimento sobre a existência de inventário. De acordo com os dispositivos que regem as regras de pagamento, assinale a afirmativa correta.

(A) João estará desobrigado do pagamento do aluguel desde a data do falecimento de Marcela.

(B) João deverá proceder à imputação do pagamento, em sua integralidade, a qualquer dos filhos de Marcela, visto que são seus herdeiros.

(C) João estará autorizado a consignar em pagamento o valor do aluguel aos filhos de Marcela.

(D) João deverá utilizar-se da dação em pagamento para adimplir a obrigação junto aos filhos maiores de Marcela, estando estes obrigados a aceitar.

COMENTÁRIO

A alternativa C está correta, pois uma vez que o credor é desconhecido, João pode consignar o pagamento em juízo (art. 335, III do CC);

A alternativa A está incorreta, pois falecendo o locador, a obrigação se transmite aos herdeiros (art. 10 da Lei 8.245/1991). Logo, a obrigação de pagar não será extinta.

A alternativa B está incorreta, pois apenas fala-se em imputação ao pagamento na hipótese de haver dois ou mais débitos de mesma natureza com o mesmo credor e o devedor indica qual débito pretende quitar (art. 352 do CC). No caso em tela não temos duas dívidas, mas apenas uma.

A alternativa D está incorreta, pois a dação em pagamento é utilizada quando o devedor paga a dívida com prestação diversa da que é devida e o credor concede anuência para tanto (art. 356 do CC), de modo que essa hipótese não se aplica ao caso em tela.

(IX EXAME DE ORDEM UNIFICADO – FGV) José devia a Paulo a quantia de R$ 50 mil reais com vencimento em 05 de dezembro de 2012. Na data do pagamento, José, devido à falta de dinheiro, ofereceu um lote de sua propriedade, de igual valor da dívida, como substituição da prestação originária.

Considerando a hipótese acima, assinale a afirmativa correta.

(A) Caso Paulo aceite o lote dado por José como forma de pagamento, ocorrerá extinção da obrigação primitiva pelo adimplemento indireto na modalidade novação real.

(B) Se José oferecesse um título de crédito ao invés do lote, essa transferência importaria em pagamento com sub-rogação.

(C) Se Paulo for evicto do lote recebido em pagamento, a obrigação primitiva será restabelecida, ficando sem efeito a quitação dada, ressalvados os direitos de terceiros de boa-fé.

(D) Caso Paulo aceite o bem imóvel oferecido por José, a transferência do lote poderá ser formalizada por escritura pública ou instrumento particular.

COMENTÁRIO

A alternativa C está correta (art. 359 do CC).

A alternativa A está incorreta, pois haverá extinção da obrigação por *dação em pagamento* (art. 356 do CC).

A alternativa B está incorreta, pois a transferência, nesse caso, importa em *cessão* e não em *sub-rogação* (art. 358 do CC).

A alternativa D está incorreta, pois negócios envolvendo direitos reais sobre imóveis com valor superior a 30 salários-mínimos devem ser feitos necessariamente por escritura pública, não cabendo escrito particular (art. 108 do CC).

(IX EXAME DE ORDEM UNIFICADO – FGV) Tiago celebrou com Ronaldo contrato de compra e venda de dez máquinas de costura importadas da China. Restou acordado que o pagamento se daria em trinta e seis prestações mensais e consecutivas com reajuste a cada doze meses conforme taxa Selic, a ser efetuado no domicílio do credor. O contrato estabeleceu, ainda, a incidência de juros moratórios, no importe de 2% (dois por cento) do valor da parcela em atraso, e cláusula penal, fixada em 10% (dez por cento) do valor do contrato, em caso de inadimplência. Após o pagamento de nove parcelas, Tiago foi surpreendido com a notificação extrajudicial enviada por Ronaldo, em que se comunicava um reajuste de 30% (trinta por cento) sobre o valor da última parcela paga sob o argumento de que ocorreu elevada desvalorização no câmbio. Tiago não concordou com o reajuste e ao tentar efetuar o pagamento da décima parcela com base no valor inicialmente ajustado teve o pagamento recusado por Ronaldo.

Considerando o caso acima e as regras previstas no Código Civil, assinale a afirmativa correta.

(A) Caso Tiago consigne o valor da décima parcela por meio de depósito judicial, poderá levantá-lo enquanto Ronaldo não informar o aceite ou não o impugnar, desde que pague todas as despesas.

(B) Na hipótese de Tiago consignar judicialmente duas máquinas de costura com a finalidade de afastar a incidência dos encargos moratórios e da cláusula penal, este depósito será apto a liberá-lo da obrigação assumida.

(C) O depósito consignatório realizado por Tiago em seu domicílio terá o poder liberatório do vínculo obrigacional, isentando-o do pagamento dos juros moratórios e da cláusula penal.

(D) Tiago poderá depositar o valor referente à décima parcela sob o fundamento de injusta recusa, porém não poderá discutir, no âmbito da ação consignatória, a abusividade ou ilegalidade das cláusulas contratuais.

COMENTÁRIO

A alternativa A está correta (art. 338 do CC).

A alternativa B está incorreta, pois, para a consignação ter força de pagamento, deverá preencher todos os requisitos da obrigação, inclusive, o objeto do pagamento (art. 336 do CC), que, no caso, é o dinheiro e não as máquinas de costura.

A alternativa C está incorreta, pois o depósito deve se dar no lugar do pagamento e não no lugar do domicílio do devedor (art. 337 do CC).

A alternativa D está incorreta, pois, na ação consignatória, é possível, sim, fazer essa discussão, sendo, inclusive, comum a análise da abusividade ou ilegalidade de cláusulas contratuais quando há recusa do credor em receber o pagamento e o juiz precisa decidir se há ou não justa causa nessa recusa (art. 335, I, do CC).

(VIII EXAME DE ORDEM UNIFICADO – FGV) Utilizando-se das regras afetas ao direito das obrigações, assinale a alternativa correta.

(A) Quando o pagamento de boa-fé for efetuado ao credor putativo, somente será inválido se, em seguida, ficar demonstrado que não era credor.

(B) Levando em consideração os elementos contidos na lei para o reconhecimento da onerosidade excessiva, é admissível assegurar que a regra se aplica às relações obrigacionais de execução diferida ou continuada.

(C) Possui a quitação determinados requisitos que devem ser obrigatoriamente observados, tais como o valor da dívida, o nome do pagador, o tempo e o lugar do adimplemento, além da assinatura da parte credora, exigindo-se também que a forma da quitação seja igual à forma do contrato.

(D) O terceiro, interessado ou não, poderá efetuar o pagamento da dívida em seu próprio nome, ficando sempre sub-rogado nos direitos da parte credora.

COMENTÁRIO

A alternativa B está correta, nos termos expressos previstos no art. 478 do CC.

A alternativa A está incorreta, pois o pagamento feito de boa-fé ao credor putativo é válido AINDA que provado depois que não era credor (art. 309 do CC).

A alternativa C está incorreta, pois a quitação poderá se dar por instrumento particular, mesmo que se trate de contrato firmado por instrumento público (art. 320, *caput*, do CC); no mais, deve constar da quitação o nome do devedor, ou quem por este pagou (art. 320, *caput*, do CC), e não necessariamente o nome do pagador.

A alternativa D está incorreta, pois o terceiro não interessado, que paga a dívida em nome próprio, tem direito de reembolsar-se do que pagar, MAS não se sub-roga nos direitos do credor (art. 305, *caput*, do CC).

(V EXAME DE ORDEM UNIFICADO – FGV) A dação em pagamento é:

(A) modalidade de obrigação alternativa, na qual o credor consente em receber objeto diverso ao da prestação originariamente pactuada.

(B) causa extintiva da obrigação, na qual o credor consente em receber objeto diverso ao da prestação originariamente pactuada.

(C) modalidade de obrigação facultativa, na qual o credor consente em receber objeto diverso ao da prestação originariamente pactuada.

(D) modalidade de adimplemento direto, na qual o credor consente em receber objeto diverso ao da prestação originariamente pactuada.

COMENTÁRIO

A alternativa correta é a B, nos termos do art. 356 do Código Civil.

3.3. Inadimplemento das obrigações

(XVIII EXAME DE ORDEM UNIFICADO – FGV) Renato é proprietário de um imóvel e o coloca à venda, atraindo o interesse de Mário. Depois de algumas visitas ao imóvel e conversas sobre o seu valor, Renato e Mário, acompanhados de corretor, realizam negócio por preço certo, que deveria ser pago em três parcelas: a primeira, paga naquele ato a título de sinal e princípio de pagamento, mediante recibo que dava o negócio por concluído de forma irretratável; a segunda deveria ser paga em até trinta dias, contra a exibição das certidões negativas do vendedor; a terceira seria paga na data da lavratura da escritura definitiva, em até noventa dias a contar do fechamento do negócio. Antes do pagamento da segunda parcela, Mário celebra, com terceiros, contratos de promessa de locação do imóvel por temporada, recebendo a metade de cada aluguel antecipadamente. Renato, ao tomar conhecimento de que Mário havia celebrado as promessas de locação por temporada, percebeu que o imóvel possuía esse potencial de exploração. Em virtude disso, Renato arrependeu-se do negócio e, antes do vencimento da segunda parcela do preço, notificou o comprador e o corretor, dando o negócio por desfeito. Com base na hipótese formulada, assinale a afirmativa correta.

(A) O vendedor perde o sinal pago para o comprador, porém nada mais lhe pode ser exigido, não sendo devida a comissão do corretor, já que o negócio foi desfeito antes de aperfeiçoar-se.

(B) O vendedor perde o sinal pago para o comprador, porém nada mais lhe pode ser exigido pelo comprador. Contudo, é devida a comissão do corretor, não obstante o desfazimento do negócio antes de aperfeiçoar-se.

(C) O vendedor perde o sinal pago e o comprador pode exigir uma indenização pelos prejuízos a que a desistência deu causa, se o seu valor superar o do sinal dado, não sendo devida a comissão do corretor, já que o negócio foi desfeito antes de aperfeiçoar-se.

(D) O vendedor perde o sinal pago e o comprador pode exigir uma indenização pelos prejuízos a que a desistência deu causa, se o seu valor superar o do sinal dado, sendo devida a comissão do corretor, não obstante o desfazimento do negócio antes de aperfeiçoar-se.

COMENTÁRIO

No caso em questão, aplicam-se as regras do artigo 419 do Código Civil, posto que, na hipótese das arras confirmatórias, em que não se permite o arrependimento, a parte inocente pode pedir indenização suplementar, se provar maior prejuízo, valendo as arras como taxa mínima. Além disso, estabelece o art. 725 do Código Civil que "a remuneração é devida ao corretor uma vez que tenha conseguido o resultado previsto no contrato de mediação, ou ainda que este não se efetive em virtude de arrependimento das partes". Por essas razões, está correta a alternativa D.

(XVII EXAME DE ORDEM UNIFICADO – FGV) Carlos Pacheco e Marco Araújo, advogados recém-formados, constituem a sociedade "P e A" Advogados. Para fornecer e instalar todo o equipamento de informática, a sociedade contrata José Antônio, que, apesar de não realizar essa atividade de forma habitual e profissional, comprometeu-se a adimplir sua obrigação até o dia 20/02/2015, mediante o pagamento do valor de R$ 50.000,00 (cinquenta mil reais) no ato da celebração do contrato. O contrato celebrado é de natureza paritária, não sendo formado por adesão. A cláusula oitava do referido contrato estava assim redigida: "O total inadimplemento deste contrato por qualquer das partes ensejará o pagamento, pelo infrator, do valor de R$ 50.000,00 (cinquenta mil reais)". Não havia, no contrato, qualquer outra cláusula que se referisse ao inadimplemento ou suas consequências. No dia 20/02/2015, José Antônio telefona para Carlos Pacheco e lhe comunica que não vai cumprir o avençado, pois celebrou com outro escritório de advocacia contrato por valor superior, a lhe render maiores lucros. Sobre os fatos narrados, assinale a afirmativa correta.

(A) Diante da recusa de José Antônio a cumprir o contrato, a sociedade poderá persistir na exigência do cumprimento obrigacional ou, alternativamente, satisfazer-se com a pena convencional.

(B) A sociedade pode pleitear o pagamento de indenização superior ao montante fixado na cláusula oitava, desde que prove, em juízo, que as perdas e os danos efetivamente sofridos foram superiores àquele valor.

(C) A sociedade pode exigir o cumprimento da cláusula oitava, classificada como cláusula penal moratória, juntamente com o desempenho da obrigação principal.

(D) Para exigir o pagamento do valor fixado na cláusula oitava, a sociedade deverá provar o prejuízo sofrido.

COMENTÁRIO

A alternativa A está correta, pois essa é uma alternativa a benefício do credor (art. 410 do CC).

A alternativa B está incorreta; de acordo com o art. 416, parágrafo único, do CC não é possível se exigir indenização suplementar à cláusula pena fixada, caso não haja convenção expressa nesse sentido, sendo que o enunciado da questão deixou claro que não havia qualquer outra cláusula adicional quanto ao inadimplemento da obrigação.

A alternativa C está incorreta, pois ou se escolhe cobrar a multa pela inadimplemento absoluto ou se escolhe exigir o cumprimento da obrigação, tratando-se de alternativa a benefício do credor (art. 410 do CC).

A alternativa D está incorreta; de acordo com o art. 416 do CC, "para exigir a pena convencional, não é necessário que o credor alegue prejuízo".

(XVI EXAME DE ORDEM UNIFICADO – FGV) Joana deu seu carro a Lúcia, em comodato, pelo prazo de 5 dias, findo o qual Lúcia não devolveu o veículo. Dois dias depois, forte tempestade danificou a lanterna e o para-choque dianteiro do carro de Joana. Inconformada com o ocorrido, Joana exigiu que Lúcia a indenizasse pelos danos causados ao veículo.

Diante do fato narrado, assinale a afirmativa correta.

(A) Lúcia incorreu em inadimplemento absoluto, pois não cumpriu sua prestação no termo ajustado, o que inutilizou a prestação para Joana.

(B) Lúcia não está em mora, pois Joana não a interpelou, judicial ou extrajudicialmente.

(C) Lúcia deve indenizar Joana pelos danos causados ao veículo, salvo se provar que os mesmos ocorreriam ainda que tivesse adimplido sua prestação no termo ajustado.

(D) Lúcia não responde pelos danos causados ao veículo, pois foram decorrentes de força maior.

COMENTÁRIO

A alternativa C está correta, nos termos do art. 399 do CC.

A alternativa A está incorreta, pois a não devolução do veículo no prazo não torna a sua entrega futura imprestável, diferentemente por exemplo se se tratasse da obrigação de entrega de um bolo de casamento, que, não entregue no prazo, tornaria imprestável a entrega depois do casamento.

A alternativa B está incorreta, pois o comodato mencionado na questão é com prazo certo e, portanto, a mora incorre de pleno direito, independentemente, portanto, de interpelação judicial ou extrajudicial.

A alternativa D está incorreta, pois, estando em mora, essa alegação não procede, nos termos do art. 399 do CC, só havendo isenção de responsabilidade do devedor se este conseguisse provar que o dano sobreviria ainda quando a obrigação fosse oportunamente desempenhada.

(XV EXAME DE ORDEM UNIFICADO – FGV) Donato, psiquiatra de renome, era dono de uma extensa e variada biblioteca, com obras de sua área profissional, importadas e raras. Com sua morte, seus três filhos, Hugo, José e Luiz resolvem alienar a biblioteca à Universidade do Estado, localizada na mesma cidade em que o falecido residia. Como Hugo vivia no exterior e José em outro estado, ambos incumbiram Luiz de fazer a entrega no prazo avençado. Luiz, porém, mais preocupado com seus próprios negócios, esqueceu-se de entregar a biblioteca à Universidade, que, diante da mora, notificou José para exigir-lhe o cumprimento integral em 48 horas, sob pena de resolução do contrato em perdas e danos.

Nesse contexto, assinale a afirmativa correta.

(A) José deve entregar a biblioteca no prazo designado pela Universidade, se quiser evitar a resolução do contrato em perdas e danos.

(B) Não tendo sido ajustada solidariedade, José não está obrigado a entregar todos os livros, respondendo, apenas, pela sua cota parte.

(C) Como Luiz foi incumbido da entrega, a Universidade não poderia ter notificado José, mas deveria ter interpelado Luiz.

(D) Tratando-se de três devedores, a Universidade não poderia exigir de um só o pagamento; logo, deveria ter notificado simultaneamente os três irmãos.

COMENTÁRIO

A alternativa A está correta; tratando-se a biblioteca de bem indivisível, cada um dos devedores será obrigado pela dívida toda (art. 259, *caput*, do CC);

As alternativas B, C e D estão incorretas, pois, conforme mencionado, por força de lei, os três são obrigados pela dívida toda (art. 259, *caput*, do CC).

(X EXAME DE ORDEM UNIFICADO – FGV) Luis, produtor de soja, firmou contrato de empréstimo de um trator com seu vizinho João. No contrato, Luis se comprometeu a devolver o trator 10 dias após o término da colheita. Restou ainda acordado um valor para a hipótese de atraso na entrega.

Considerando o caso acima, assinale a afirmativa correta.

(A) Caracterizada a mora na devolução do trator, Luis responderá pelos prejuízos decorrentes de caso fortuito ou de força maior, salvo se comprovar que o dano ocorreria mesmo se houvesse cumprido sua obrigação na forma ajustada.

(B) Por se tratar de hipótese de mora pendente, é indispensável a interpelação judicial ou extrajudicial para que João constitua Luis em mora.

(C) Luis, ainda que agindo dolosamente, não terá responsabilidade pela conservação do trator na hipótese de João recusar-se a receber o bem na data ajustada.

(D) Não caracteriza mora a hipótese de João se recusar a receber o trator na data avençada para não comprometer o espaço físico de seu galpão, vez que é necessária a comprovação de sua culpa e a ausência de justo motivo.

COMENTÁRIO

A alternativa A está correta (art. 399 do CC).

A alternativa B está incorreta, pois, não havendo termo (data certa), a mora pode se constituir mediante interpelação judicial ou extrajudicial (art. 397, parágrafo único, do CC).

A alternativa C está incorreta, pois somente o devedor isento de dolo ("sem dolo") fica livre de responder quando há mora do credor em receber a coisa na data ajustada (art. 400 do CC).

A alternativa D está incorreta, pois, combinada uma data avençada, o credor deve receber a coisa, não podendo alegar problemas próprios (no caso, ausência de espaço físico) para fugir de sua responsabilidade (art. 394 do CC).

(EXAME DE ORDEM UNIFICADO 2010.2 – FGV) João prometeu transferir a propriedade de uma coisa certa, mas antes disso, sem culpa sua, o bem foi deteriorado. Segundo o Código Civil, ao caso de João aplica-se o seguinte regime jurídico:

(A) a obrigação fica resolvida, com a devolução de valores eventualmente pagos.

(B) a obrigação subsiste, com a entrega da coisa no estado em que se encontra.

(C) a obrigação subsiste, com a entrega da coisa no estado em que se encontra e abatimento no preço proporcional à deterioração.

(D) a obrigação poderá ser resolvida, com a devolução de valores eventualmente pagos, ou subsistir, com a entrega da coisa no estado em que se encontra e abatimento no preço proporcional à deterioração, cabendo ao credor a escolha de uma dentre as duas soluções.

COMENTÁRIO

De acordo com o art. 235 do Código Civil "deteriorada a coisa, não sendo o devedor culpado, poderá o credor resolver a obrigação, ou aceitar a coisa, abatido de seu preço o valor que perdeu". Assim sendo, somente a alternativa D está correta, pois compete ao credor da obrigação escolher entre resolvê-la, recebendo o dinheiro que tiver pago de volta, ou pedir a entrega da coisa, com abatimento proporcional de seu preço.

3.4. Atos unilaterais, preferências e privilégios creditórios

(XI EXAME DE ORDEM UNIFICADO – FGV) Diante de chuva forte e inesperada, Márcio constatou a inundação parcial da residência de sua vizinha Bianca, fato este que o levou a contratar serviços de chaveiro, bombeamento d'água e vigilância, de modo a evitar maiores prejuízos materiais até a chegada de Bianca.

Utilizando-se do quadro fático fornecido pelo enunciado, assinale a afirmativa correta.

(A) A falta de autorização expressa de Bianca a Márcio para a prática dos atos de preservação dos bens autoriza aquela a exigir reparação civil deste.

(B) Bianca não estará obrigada a adimplir os serviços contratados por Márcio, cabendo a este a quitação dos contratados.

(C) Se Márcio se fizer substituir por terceiro até a chegada de Bianca, promoverá a cessação de sua responsabilidade transferindo-a ao terceiro substituto.

(D) Os atos de solidariedade e espontaneidade de Márcio na proteção dos bens de Bianca são capazes de gerar a responsabilidade desta em reembolsar as despesas necessárias efetivadas, acrescidas de juros legais.

COMENTÁRIO

A alternativa D está correta (arts. 869, *caput*, e 870 do CC).

A alternativa A e B está incorretas, pois é justamente o contrário, ou seja, o gestor de negócios tem direito de ser reembolsado, com acréscimo de juros legais (arts. 869, *caput*, e 870 do CC).

A alternativa C está incorreta, pois se o gestor se fizer substituir por outrem, responderá sim pela falta do substituto (art. 867 do CC).

A alternativa D está correta (arts. 869, *caput*, e 870 do CC).

4. CONTRATOS

4.1. Teoria geral dos contratos

(XII EXAME DE ORDEM UNIFICADO – FGV) José celebrou com Maria um contrato de compra e venda de imóvel, no valor de R$100.000,00, quantia paga à vista, ficando ajustada entre as partes a exclusão da responsabilidade do alienante pela evicção. A respeito desse caso, vindo a adquirente a perder o bem em decorrência de decisão judicial favorável a terceiro, assinale a afirmativa correta.

(A) Tal cláusula, que exonera o alienante da responsabilidade pela evicção, é vedada pelo ordenamento jurídico brasileiro.

(B) Não obstante a cláusula de exclusão da responsabilidade pela evicção, se Maria não sabia do risco, ou, dele informada, não o assumiu, deve José restituir o valor que recebeu pelo bem imóvel.

(C) Não obstante a cláusula de exclusão da responsabilidade pela evicção, Maria, desconhecendo o risco, terá direito à dobra do valor pago, a título de indenização pelos prejuízos dela resultantes.

(D) O valor a ser restituído para Maria será aquele ajustado quando da celebração do negócio jurídico, atualizado monetariamente, sendo irrelevante se tratar de evicção total ou parcial.

COMENTÁRIO

A alternativa B está correta (art. 449 do CC).

A alternativa A está incorreta, pois as partes podem livremente excluir a responsabilidade pela evicção (art. 448 do CC).

A alternativa C está incorreta, pois caso Maria desconheça o risco ela apenas tem o direito de receber o preço que pagou pela coisa evicta, não havendo que se falar em dobro do valor a título de indenização (art. 449 do CC).

A alternativa D está incorreta, pois o valor a ser restituído, seja a evicção total ou parcial, será o do valor da coisa, na época em que se venceu, e proporcional ao desfalque sofrido, no caso de evicção parcial (art. 450, parágrafo único do CC).

(XI EXAME DE ORDEM UNIFICADO – FGV) Visando ampliar sua linha de comércio, Mac Geral & Companhia adquiriu de AC Industrial S.A. mil unidades do equipamento destinado à fabricação de churros. Dentre as cláusulas contratuais firmadas pelas partes, fez-se inserir a obrigação de Mac Geral & Companhia realizar o transporte dos equipamentos, exclusivamente e ao preço de R$100,00 por equipamento, por meio de Rota Transportes Ltda., pessoa estranha ao instrumento contratual assinado.

Com relação aos contratos civis, assinale a afirmativa **incorreta**.

(A) AC Industrial S.A. poderá exigir de Mac Geral & Companhia o cumprimento da obrigação firmada em favor de Rota Transportes Ltda.

(B) Ao exigir o cumprimento da obrigação, Rota Transportes Ltda. deverá efetuar o transporte ao preço previamente ajustado pelas partes contratantes.

(C) Somente Rota Transportes Ltda. poderá exigir o cumprimento da obrigação.

(D) AC Industrial S/A poderá reservar-se o direito de substituir Rota Transportes Ltda., independentemente de sua anuência ou de Mac Geral & Companhia.

COMENTÁRIO

A alternativa C está incorreta, devendo a alternativa ser assinalada; isso porque, como se viu, aquele (no caso, a AC) que estipula em favor de terceiro pode exigir o cumprimento da obrigação (art. 436, *caput*, do CC).

A alternativa A está correta, pois o enunciado deixa claro que no contrato entre Mac Geral e AC há obrigação da primeira de realizar o transporte por meio da Rota Transportes; vale lembrar, também, que aquele (no caso, a AC) que estipula em favor de terceiro (no caso, a Rota) pode exigir o cumprimento da obrigação (art. 436, *caput*, do CC)

A alternativa B está correta, pois o terceiro em favor de quem se estipulou uma obrigação (no caso, a Rota) pode exigi-la, mas fica "sujeito às condições e normas do contrato" (art. 436, parágrafo único, do CC), o que inclui a questão do preço.

A alternativa D está correta, nos termos do art. 438, *caput*, do CC.

(IX EXAME DE ORDEM UNIFICADO – FGV) Em 12.09.12, Sílvio adquiriu de Maurício, por contrato particular de compra e venda, um automóvel, ano 2011, por R$ 34.000,00 (trinta e quatro mil reais). Vinte dias após a celebração do negócio, Sílvio tomou conhecimento que o veículo apresentava avarias na suspensão dianteira, tornando seu uso impróprio pela ausência de segurança.

Considerando que o vício apontado existia ao tempo da contratação, de acordo com a hipótese acima e as regras de direito civil, assinale a afirmativa correta.

(A) Sílvio terá o prazo de doze meses, após o conhecimento do defeito, para reclamar a Maurício o abatimento do preço pago ou desfazimento do negócio jurídico em virtude do vício oculto.

(B) Maurício deverá restituir o valor recebido e as despesas decorrentes do contrato se, no momento da venda, desconhecesse o defeito na suspensão dianteira do veículo.

(C) Caso Silvio e Maurício estabeleçam no contrato cláusula de garantia pelo prazo de 90 dias, o prazo decadencial legal para reclamação do vício oculto correrá independentemente do prazo da garantia estipulada.

(D) Caso Silvio e Maurício tenham inserido no contrato de compra e venda cláusula que exclui a responsabilidade de Maurício pelo vício oculto, persistirá a irresponsabilidade de Maurício mesmo que este tenha agido com dolo positivo.

COMENTÁRIO

A alternativa B está correta (art. 443 do CC).

A alternativa A está incorreta; primeiro porque o prazo máximo para ter ciência do vício é de 180 dias (art. 445, § 1.º, do CC), prazo que já se findou; segundo porque, tomando conhecimento dentro do prazo de 180 dias, o adquirente, tratando-se de bem móvel tem 30 dias para reclamar (art. 445, *caput*, do CC).

A alternativa C está incorreta, pois o prazo de garantia legal (decadência legal) não corre (não se inicia) na constância do prazo de garantia voluntária (garantia contratual), nos termos do art. 446 do CC.

A alternativa D está incorreta, pois, havendo dolo positivo, caracterizado pela intenção de prejudicar, está-se diante de grave ato ilícito (arts. 186 e 443, primeira parte, do CC) e de impedimento de Maurício alegar a própria torpeza, podendo Silvio pleitear indenização por perdas e danos.

(VIII EXAME DE ORDEM UNIFICADO – FGV) Embora sujeito às constantes mutações e às diferenças de contexto em que é aplicado, o conceito tradicional de contrato sugere que ele representa o acordo de vontades estabelecido com a finalidade de produzir efeitos jurídicos. Tomando por base a teoria geral dos contratos, assinale a afirmativa correta.

(A) A celebração de contrato atípico, fora do rol contido na legislação, não é lícita, pois as partes não dispõem da liberdade de celebrar negócios não expressamente regulamentados por lei.

(B) A atipicidade contratual é possível, mas, de outro lado, há regra específica prevendo não ser lícita a contratação que tenha por objeto a herança de pessoa viva, seja por meio de contrato típico ou não.

(C) A liberdade de contratar é limitada pela função social do contrato e os contratantes deverão guardar, assim na conclusão, como em sua execução, os princípios da probidade e da boa-fé subjetiva, princípios esses ligados ao voluntarismo e ao individualismo que informam o nosso Código Civil.

(D) Será obrigatoriamente declarado nulo o contrato de adesão que contiver cláusulas ambíguas ou contraditórias.

COMENTÁRIO

A alternativa B está correta (arts. 425 e 426 do CC).

A alternativa A está incorreta, pois é lícito às partes estipular contratos atípicos, observadas as normas gerais do Código Civil (art. 425 do CC).

A alternativa C está incorreta, pois os princípios da função social dos contratos e da boa-fé estão ligados às diretrizes de sociabilidade do Código Civil, e não de individualidade; ademais, o princípio adequado é o princípio da boa-fé objetiva (art. 422 do CC), e não da boa-fé subjetiva.

A alternativa D está incorreta, pois, nesse caso, as cláusulas serão interpretadas de modo mais favorável ao aderente, não sendo consideradas nulas (art. 423 do CC).

(EXAME DE ORDEM UNIFICADO 2010.3 – FGV) Danilo celebrou contrato por instrumento particular com Sandro, por meio do qual aquele prometera que seu irmão, Reinaldo, famoso cantor popular, concederia uma entrevista exclusiva ao programa de rádio apresentado por Sandro, no domingo seguinte. Em contrapartida, caberia a Sandro efetuar o pagamento a Danilo de certa soma em dinheiro. Todavia, chegada a hora do programa, Reinaldo não compareceu à rádio. Dias depois, Danilo procurou Sandro, a fim de cobrar a quantia contratualmente prevista, ao argumento de que, embora não tenha obtido êxito, envidara todos os esforços no sentido de convencer o seu irmão a comparecer. A respeito da situação narrada, é correto afirmar que Sandro:

(A) está obrigado a efetuar o pagamento a Danilo, pois a obrigação por este assumida é de meio, sendo incabível a cobrança de perdas e danos de Reinaldo.

(B) não está obrigado a efetuar o pagamento a Danilo, pois a obrigação por este assumida é de resultado, sendo, ainda, autorizado a Sandro obter ressarcimento por perdas e danos de Danilo.

(C) está obrigado a efetuar o pagamento a Danilo, pois a obrigação por este assumida é de meio, restando a Sandro o direito de cobrar perdas e danos diretamente de Reinaldo.

(D) não está obrigado a efetuar o pagamento a Danilo, por ser o contrato nulo, tendo em vista que Reinaldo não é parte contratante.

COMENTÁRIO

O caso envolve o instituto da "promessa de fato de terceiro", regulamentado nos arts. 439 e 440 do CC. De acordo com a regulamentação legal, aquele que promete fato de terceiro (no caso, Danilo prometeu fato de Reinaldo) responde por perdas e danos perante o que recebeu a promessa (no caso, Sandro), nos termos do disposto no art. 439, *caput*, do CC. Dessa forma, não faz sentido que Danilo procure Sandro para qualquer tipo de pagamento, já que Danilo responde por perdas e danos no caso, o que incluiria devolver qualquer tipo de pagamento que tivesse recebido, entre outros danos suportados por Sandro. A alternativa B está correta.

(EXAME DE ORDEM UNIFICADO 2010.2 – FGV) Durante dez anos, empregados de uma fabricante de extrato de tomate distribuíram, gratuitamente, sementes de tomate entre agricultores de certa região. A cada ano, os empregados da fabricante procuravam os agricultores, na época da colheita, para adquirir a safra produzida. No ano de 2009, a fabricante distribuiu as sementes, como sempre fazia, mas não retornou para adquirir a safra. Procurada pelos agricultores, a fabricante recusou-se a efetuar a compra. O tribunal competente entendeu que havia responsabilidade pré-contratual da fabricante. A responsabilidade pré-contratual é aquela que:

(A) deriva da violação à boa-fé objetiva na fase das negociações preliminares à formação do contrato.

(B) deriva da ruptura de um pré-contrato, também chamado contrato preliminar.

(C) surgiu, como instituto jurídico, em momento histórico anterior à responsabilidade contratual.

(D) segue o destino da responsabilidade contratual, como o acessório segue o principal.

COMENTÁRIO

Há de se separar bem três situações: a) fase de negociações preliminares à formação do contrato; b) contrato preliminar; c) contrato definitivo. O caso narrado no enunciado revela que os envolvidos, no ano de 2009, chegaram à fase de negociações preliminares. Não houve nem contrato preliminar (pois este depende de uma combinação de fazer contrato futuro, já se acertando todos os elementos do contrato futuro, inclusive o preço), nem, muito menos, contrato definitivo. Todavia, a doutrina e a jurisprudência evoluíram no sentido de dar mais responsabilidades aos envolvidos na fase de negociações preliminares. Com base no *princípio da boa-fé*, entendendo-se que, se na fase das negociações preliminares forem criadas *fortes expectativas* em um dos negociantes, gerando inclusive despesas de sua parte, o outro negociante deverá responder segundo a chamada *responsabilidade pré-contratual*, instituto jurídico que se aplica apenas à fase de negociações preliminares, daí o nome "pré-contratual". Assim, apenas a alternativa A está correta, valendo transcrever trecho da obra de Maria Helena Diniz sobre o assunto: *"Todavia, é preciso deixar bem claro que, apesar de faltar obrigatoriedade aos entendimentos preliminares, pode surgir, excepcionalmente, a responsabilidade civil para os que deles participam, não no campo da culpa contratual, mas no da aquiliana. Portanto, apenas na hipótese de um dos participantes criar no outro a expectativa de que o negócio será celebrado, levando-o a despesas, a não contratar com terceiro ou a alterar planos de sua atividade imediata, e depois desistir, injustificada e arbitrariamente, causando-lhe sérios prejuízos, terá, por isso, a obrigação de ressarcir todos os danos. Na verdade, há uma responsabilidade pré-contratual, que dá certa relevância jurídica aos acordos preparatórios, fundada não só no princípio de que os interessados deverão comportar-se de boa-fé, prestando informações claras e adequadas sobre as condições do negócio (...), mas também nos arts. 186 e 927 do Código Civil, que dispõem que todo aquele que, por ação ou omissão, dolosa ou culposa, causar prejuízo a outrem fica obrigado a reparar o dano"* (Curso de Direito Civil Brasileiro, vol. 3, 26. ed., São Paulo: Saraiva, p. 42, 2010).

4.2. Compra e venda

(XVII EXAME DE ORDEM UNIFICADO – FGV) Flávia vendeu para Quitéria seu apartamento e incluiu, no contrato de compra e venda, cláusula pela qual se reservava o direito de recomprá-lo no prazo máximo de 2 (dois) anos. Antes de expirado o referido prazo, Flávia pretendeu exercer seu direito, mas Quitéria se recusou a receber o preço. Sobre o fato narrado, assinale a afirmativa correta.

(A) A cláusula pela qual Flávia se reservava o direito de recomprar o imóvel é ilícita e abusiva, uma vez que Quitéria, ao se tornar proprietária do bem, passa a ter total e irrestrito poder de disposição sobre ele.

(B) A cláusula pela qual Flávia se reservava o direito de recomprar o imóvel é válida, mas se torna ineficaz diante da justa recusa de Quitéria em receber o preço devido.

(C) A disposição incluída no contrato é uma cláusula de preferência, a impor ao comprador a obrigação de oferecer ao vendedor a coisa, mas somente quando decidir vende-la.

(D) A disposição incluída no contrato é uma cláusula de retrovenda, entendida como o ajuste por meio do qual o vendedor se reserva o direito de resolver o contrato de compra e venda mediante pagamento do preço recebido e das despesas, recuperando a coisa imóvel.

COMENTÁRIO

A alternativa D está correta, nos termos do art. 505 do CC.

A alternativa A está incorreta, pois tem-se no caso instituto previsto expressamente no Código Civil – o instituto da retrovenda (art. 505 do CC), tratando-se de cláusula lícita portanto.

A alternativa B está incorreta, pois na retrovenda o comprador da coisa fica obrigado a aceitar que o vendedor dela a receba de volta, bastando que o vendedor pague ao comprador o preço de venda da coisa mais as despesas que o comprador teve, mesmo que este não esteja de acordo com a devolução da coisa (art. 505 do CC), podendo o vendedor ir a juízo para fazer valer essa cláusula caso o comprador se recuse a cumpri-la (art. 506 do CC).

A alternativa C está incorreta, pois aqui o vendedor tem direito de reaver a coisa a qualquer, no prazo previsto na cláusula de retrovenda, mesmo que o comprador não queira vender a coisa para alguém, o que difere a cláusula retrovenda da cláusula de preferência.

(IX EXAME DE ORDEM UNIFICADO – FGV) José, comerciante, com dificuldades para pagar dívidas junto aos fornecedores, firmou com Moacir contrato de empréstimo na quantia de R$ 200.000,00 (duzentos mil reais) a ser pago no prazo de 12 meses. Chegando a data avençada, José, sem condição de pagar o empréstimo feito, resolveu vender sua fazenda por R$ 250.000,00 (duzentos e cinquenta mil reais) a seu amigo Jonas. Como a venda da fazenda foi celebrada somente para levantar fundos para o pagamento do empréstimo, José reservou, por cláusula contratual, o direito de recobrá-la.

Considerando a hipótese acima e as regras de Direito Civil, assinale a afirmativa correta.

(A) José poderá reaver a fazenda alienada a Jonas, desde que restitua o preço recebido e reembolse as despesas contratuais e as benfeitorias necessárias.

(B) A cláusula especial prevista no contrato de compra e venda confere a José o direito de desfazer a venda, reavendo a fazenda no prazo de quatro anos, podendo este ser prorrogado por igual período.

(C) O direito de resgate contra terceiro adquirente poderá ser exercido somente por José, não admitindo a lei, a cessão nem a transmissão aos herdeiros e legatários.

(D) O pacto adjeto ao contrato de compra e venda firmado por José e Jonas, permite a José recobrar a fazenda após constituir em mora Jonas, mediante interpelação judicial.

COMENTÁRIO

A alternativa A está correta, nos termos do instituto da retrovenda (art. 505 do CC).

A alternativa B está incorreta, pois o prazo máximo que poderá ser convencionado para o exercício desse direito é de três anos (art. 505 do CC).

A alternativa C está incorreta, pois esse direito pode ser cessível e transmissível a herdeiros e legatários (art. 507 do CC).

A alternativa D está incorreta, pois a lei não exige interpelação judicial no caso (arts. 505 a 508 do CC).

(IX EXAME DE ORDEM UNIFICADO – FGV) Marcelo firmou com Augusto contrato de compra e venda de imóvel, tendo sido instituindo no contrato o pacto de preempção.

Acerca do instituto da preempção, assinale a afirmativa correta.

(A) Trata-se de pacto adjeto ao contrato de compra e venda em que Marcelo se reserva ao direito de recobrar o imóvel vendido a Augusto no prazo máximo de 3 anos, restituindo o preço recebido e reembolsando as despesas do comprador.

(B) Trata-se de pacto adjeto ao contrato de compra e venda em que Marcelo impõe a Augusto a obrigação de oferecer a coisa quando vender, ou dar em pagamento, para que use de seu direito de prelação na compra, tanto por tanto.

(C) Trata-se de pacto adjeto ao contrato de compra e venda em que Marcelo reserva para si a propriedade do imóvel até o momento em que Augusto realize o pagamento integral do preço.

(D) Trata-se de pacto adjeto ao contrato de compra e venda em que Marcelo, enquanto constituir faculdade de exercício, poderá ceder ou transferir por ato *inter vivos*.

COMENTÁRIO

A alternativa B está correta (art. 513 do CC).

A alternativa A está incorreta, pois a definição dada na alternativa corresponde ao instituto da retrovenda (art. 505 do CC).

A alternativa C está incorreta, pois a definição dada na alternativa corresponde ao instituto da venda com reserva de domínio (art. 521 do CC).

A alternativa D está incorreta, pois a definição dada na alternativa não corresponde ao instituto da preempção ou direito de preferência (art. 513 do CC).

(EXAME DE ORDEM UNIFICADO 2010.2 – FGV) Por meio de uma promessa de compra e venda, celebrada por instrumento particular registrada no cartório de Registro de Imóveis e na qual não se pactuou arrependimento, Juvenal foi residir no imóvel objeto do contrato e, quando quitou o pagamento, deparou-se com a recusa do promitente-vendedor em outorgar-lhe a escritura definitiva do imóvel. Diante do impasse, Juvenal poderá:

(A) requerer ao juiz a adjudicação do imóvel, a despeito de a promessa de compra e venda ter sido celebrada por instrumento particular.

(B) usucapir o imóvel, já que não faria jus à adjudicação compulsória na hipótese.

(C) desistir do negócio e pedir o dinheiro de volta.

(D) exigir a substituição do imóvel prometido à venda por outro, muito embora inexistisse previsão expressa a esse respeito no contrato preliminar.

COMENTÁRIO

O caso narrado possibilita que Juvenal ingresse com ação de adjudicação compulsória (art. 1.418 do Código Civil). O fato de o compromisso de compra e venda ter sido celebrado por instrumento particular não é óbice à adjudicação compulsória, pois o art. 1.417 do Código Civil dispõe que, registrada a promessa de compra e venda, adquire-se o direito real à aquisição do imóvel, pouco importando se tal promessa foi celebrada por instrumento público ou particular. Por fim, é bom lembrar que, mesmo que o compromisso de compra e venda não estivesse registrado, o direito à adjudicação estaria preservado, conforme a Súmula 239 do STJ ("O direito à adjudicação compulsória não se condiciona ao registro do compromisso de compra e venda no cartório de imóveis"). O problema da falta de registro é que o comprador corre o risco da coisa ser registrada em nome de terceiro, terceiro esse que estaria de boa-fé, por não constar no registro público que a coisa estava compromissada para alguém. A alternativa correta é a A.

4.3. Doação

(VI EXAME DE ORDEM UNIFICADO – FGV) Marcelo, brasileiro, solteiro, advogado, sem que tenha qualquer impedimento para doar a casa de campo de sua livre propriedade, resolve fazê-lo, sem quaisquer ônus ou encargos, em benefício de Marina, sua amiga, também absolutamente capaz. Todavia, no âmbito do contrato de doação, Marcelo estipula cláusula de reversão por meio da qual o bem doado deverá se destinar ao patrimônio de Rômulo, irmão de Marcelo, caso Rômulo sobreviva à donatária. A respeito dessa situação, é correto afirmar que:

(A) diante de expressa previsão legal, não prevalece a cláusula de reversão estipulada em favor de Rômulo.

(B) no caso, em razão de o contrato de doação, por ser gratuito, comportar interpretação extensiva, a cláusula de reversão em favor de terceiro é válida.

(C) a cláusula em exame não é válida em razão da relação de parentesco entre o doador, Marcelo, e o terceiro beneficiário, Rômulo.

(D) diante de expressa previsão legal, a cláusula de reversão pode ser estipulada em favor do próprio doador ou de terceiro beneficiário por aquele designado, caso qualquer deles, nessa ordem, sobreviva ao donatário.

COMENTÁRIO

Segundo o art. 547 do CC, o doador pode estipular que os bens doados voltem ao seu patrimônio, se sobreviver ao donatário. Porém, o doador NÃO pode estipular que, falecendo o donatário, o bem doado vá para um terceiro, ou seja, "não prevalece a cláusula de reversão em favor de terceiro" (art. 547, parágrafo único, do CC). Assim, a alternativa A está correta. A alternativa B está incorreta, pois não cabe cláusula de reversão em favor de terceiro, e também porque o contrato de doação não comporta interpretação extensiva, mas apenas interpretação estrita (art. 114 do CC). A alternativa C está incorreta, pois não há impedimento de doação de bens para parentes. Esse tipo de restrição só existe quando se está diante de fraude contra credores, que não é o caso. A alternativa D está incorreta, pois, como se viu, não cabe cláusula de reversão em favor de terceiro (art. 547, parágrafo único, do CC).

(EXAME DE ORDEM UNIFICADO 2010.3 – FGV) Sônia, maior e capaz, decide doar, por instrumento particular, certa quantia em dinheiro em favor de seu sobrinho, Fernando, maior e capaz, caso ele venha a se casar com Leila. Sônia faz constar, ainda, cláusula de irrevogabilidade da doação por eventual ingratidão de seu sobrinho. Fernando, por sua vez, aceita formalmente a doação e, poucos meses depois, casa-se com Leila, conforme estipulado. No dia seguinte ao casamento, ao procurar sua tia para receber a quantia estabelecida, Fernando deflagra uma discussão com Sônia e lhe dirige grave ofensa física. A respeito da situação narrada, é correto afirmar que Fernando:

(A) deve receber a quantia em dinheiro, em razão de ter se casado com Leila e independentemente de ter dirigido grave ofensa física a Sônia.

(B) não deve receber a quantia em dinheiro, pois dirigiu grave ofensa física à sua tia Sônia.

(C) deve receber a quantia em dinheiro, em razão de o instrumento de doação prever cláusula de irrevogabilidade por eventual ingratidão.

(D) não deve receber a quantia em dinheiro, tendo em vista que a doação é nula, pois deveria ter sido realizada por escritura pública.

COMENTÁRIO

O caso envolve o instituto da revogação da doação por ingratidão, regulamentado no art. 555 e seguintes do CC. O problema é que, quando se faz uma doação para que se dê *determinado casamento*, está-se diante de hipótese em que a lei, expressamente, proíbe a revogação por ingratidão (art. 564, IV, do CC), de modo que a revogação da doação, no caso, não é cabível em tese, mesmo tendo Fernando dirigido grave ofensa física a Sônia. A alternativa correta é a A.

4.4. Depósito, mútuo e comodato

(XIII EXAME DE ORDEM UNIFICADO – FGV) Pedro, menor impúbere, e sem o consentimento de seu representante legal, celebrou contrato de mútuo com Marcos, tendo este lhe entregue a quantia de R$ 400,00, a fim de que pudesse comprar uma bicicleta.

A respeito desse caso, assinale a afirmativa incorreta.

(A) O mútuo poderá ser reavido somente se o representante legal de Pedro ratificar o contrato.

(B) Se o contrato tivesse por fim suprir despesas com a própria manutenção, o mútuo poderia ser reavido, ainda que ausente ao ato o representante legal de Pedro.

(C) Se Pedro tiver bens obtidos com o seu trabalho, o mútuo poderá ser reavido, ainda que contraído sem o consentimento do seu representante legal.

(D) O mútuo também poderia ser reavido caso Pedro tivesse obtido o empréstimo maliciosamente.

COMENTÁRIO

A alternativa A está incorreta (devendo ser assinalada), pois o mútuo feito a pessoa menor, sem prévia autorização daquele sob cuja guarda estiver, não pode ser reavido nem do mutuário, nem de seus fiadores (art. 588 do CC).

A alternativa B está correta (art. 589, II do CC).

A alternativa C está correta (art. 589, III do CC).

A alternativa D está correta (art. 589, V do CC).

(VII EXAME DE ORDEM UNIFICADO – FGV) O policial militar Marco Antônio é proprietário de uma casa de praia, localizada no balneário de Guarapari/ES. Por ocasião de seu exercício profissional na cidade de Vitória/ES, a casa de praia foi emprestada ao seu primo Fabiano, que lá reside com sua família há mais de três anos. Ocorre que, por interesse da administração pública, Marco Antônio foi removido de ofício para a cidade de Guarapari/ES. Diante de tal situação, Marco Antônio decidiu notificar extrajudicialmente o primo para que este desocupe a referida casa no prazo improrrogável de 30 dias. Considerando a situação hipotética, assinale a alternativa correta.

(A) O contrato firmado verbalmente entre Marco Antônio e Fabiano é o comodato e a fixação do prazo mínimo de 30 dias para desocupação do imóvel encontra-se expressa em lei.

(B) Conforme entendimento pacífico do STJ, a notificação extrajudicial para desocupação de imóvel dado em comodato verbal por prazo indeterminado é imprescindível para a reintegração da posse.

(C) A espécie de empréstimo firmado entre Marco Antônio e Fabiano é o mútuo, pois recai sobre bem imóvel inconsumível. Nesta modalidade de contrato, a notificação extrajudicial para a restituição do bem, por si só, coloca o mutuário em mora e obriga-o a pagar aluguel da coisa até sua efetiva devolução.

(D) Tratando-se de contrato firmado verbalmente e por prazo indeterminado, Marco Antônio pode colocar fim ao contrato a qualquer momento, sem ter que apresentar motivo, em decorrência da aplicação das regras da chamada denúncia vazia.

COMENTÁRIO

A alternativa D está correta, pois o art. 581 do CC só impõe que o comodante demonstre necessidade imprevista e urgente para a retomada do bem dado em comodato quando se tratar de comodato com prazo, seja este prazo expresso ou presumido. No caso em tela, tem-se um comodato verbal e por prazo indeterminado, permitindo, assim, a chamada denúncia vazia, nos termos do seguinte acórdão do STJ, que cita, em seu teor doutrina de Pontes de Miranda a respeito: "Agravo interno. Recurso especial. Comodato verbal sem prazo determinado. Pedido de desocupação. Notificação. Prescindibilidade da prova de urgência ou necessidade imprevista de retomada do bem. Súmula STJ/83. 1. Dado em comodato o imóvel, mediante contrato verbal sem prazo determinado, é suficiente para a sua extinção a notificação ao comodatário da pretensão de retomada do bem, sendo *prescindível* a prova de necessidade imprevista e urgente do bem. Precedentes. 2. Agravo Regimental improvido." (AgRg no REsp 1136200/PR, *DJe* 01.07.2011).

A alternativa A está incorreta, pois, apesar de se tratar de um contrato de comodato, não há, na lei, previsão de prazo mínimo de 30 dias para desocupação de imóvel dado em comodato, quando o comodante reclama o imóvel de volta

A alternativa B está incorreta, pois não há entendimento pacífico nesse sentido; todavia, há alguns acórdãos do STJ que entendem ser necessária essa notificação extrajudicial prévia.

A alternativa C está incorreta, pois um imóvel é um bem infungível, de maneira que o empréstimo deste é necessariamente um comodato (art. 579 do CC).

4.5. Mandato

(X EXAME DE ORDEM UNIFICADO – FGV) De acordo com o Código Civil, opera-se o mandato quando alguém recebe de outrem poderes para, em nome deste, praticar atos ou administrar interesses. Daniel outorgou a Heron, por instrumento público, poderes especiais e expressos, por prazo indeterminado, para vender sua casa na Rua da Abolição, em Salvador, Bahia. Ocorre que, três dias depois de lavrada e assinada a procuração, em viagem para um congresso realizado no exterior, Daniel sofre um acidente automobilístico e vem a falecer, quando ainda fora do país. Heron, no mesmo dia da morte de Daniel, ignorando o óbito, vende a casa para Fábio, que a compra, estando ambos de boa-fé.

De acordo com a situação narrada, assinale a afirmativa correta.

(A) A compra e venda é nula, em razão de ter cessado o mandato automaticamente, com a morte do mandante.

(B) A compra e venda é válida, em relação aos contratantes.

(C) A compra e venda é inválida, em razão de ter o mandato sido celebrado por prazo indeterminado, quando deveria, no caso, ter termo certo.

(D) A compra e venda é anulável pelos herdeiros de Daniel, que podem escolher entre corroborar o negócio realiza doem nome do mandante falecido, revogá-lo, ou cobrar indenização do mandatário.

COMENTÁRIO

A alternativa B está correta (art. 689 do CC).

As alternativas A, C e D estão incorretas, por força da regra de exceção prevista no art. 689 do CC, pela qual "são válidos, a respeito dos contratantes de boa-fé, os atos com estes ajustados em nome do mandante pelo mandatário, enquanto este ignorar a morte daquele ou a extinção do mandato, por qualquer outra causa".

4.6. Fiança

(XI EXAME DE ORDEM UNIFICADO – FGV) A Lanchonete Mirim celebrou contrato de fornecimento de bebidas com a Distribuidora Céu Azul, ficando ajustada a entrega mensal de 200 latas de refrigerante, com pagamento em 30 dias após a entrega. Para tanto, Luciana, mãe de uma das sócias da lanchonete, sem o conhecimento das sócias da sociedade e de seu marido, celebrou contrato de fiança, por prazo indeterminado, com a distribuidora, a fim de garantir o cumprimento das obrigações assumidas pela lanchonete.

Diante desse quadro, assinale a afirmativa correta.

(A) Luciana não carece da autorização do cônjuge para celebrar o contrato de fiança com a sociedade Céu Azul, qualquer que seja o regime de bens.

(B) Pode-se estipular a fiança, ainda que sem o consentimento do devedor ou mesmo contra a sua vontade, sendo sempre por escrito e não se admitindo interpretação extensiva.

(C) Em caso de dação em pagamento, se a distribuidora vier a perder, por evicção, o bem dado pela lanchonete para pagar o débito, remanesce a obrigação do fiador.

(D) Luciana não poderá se exonerar, quando lhe convier, da fiança que tiver assinado, ficando obrigada por todos os efeitos da fiança até a extinção do contrato de fornecimento de bebidas.

COMENTÁRIO

A alternativa B está correta (art. 820 do CC).

A alternativa A está incorreta, pois a autorização do cônjuge é necessária, como regra, para a celebração de contrato de fiança (art. 1.647, III, do CC).

A alternativa C está incorreta, pois, mesmo nesse caso, fica extinta a fiança (art. 838, III, do CC).

A alternativa D está incorreta, pois, segundo o art. 835 do CC, "o fiador poderá exonerar-se da fiança que tiver assinado sem limitação de tempo, sempre que lhe convier, ficando obrigado por todos os efeitos da fiança, durante sessenta dias após a notificação do credor".

(IV EXAME DE ORDEM UNIFICADO – FGV) Gustavo tornou-se fiador do seu amigo Henrique, em razão de operação de empréstimo bancário que este tomou com o Banco Pechincha. No entanto, Gustavo, apreensivo, descobriu que Henrique está desempregado há algum tempo e que deixou de pagar várias parcelas do referido empréstimo. Sem o consentimento de Gustavo, Henrique e o Banco Pechincha aditaram o contrato original, tendo sido concedida moratória a Henrique. Com base no relato acima e no regime legal do contrato de fiança, assinale a alternativa correta.

(A) Se o Banco Pechincha, sem justa causa, demorar a execução iniciada contra Henrique, poderá Gustavo promover-lhe o andamento.

9. Direito Civil

(B) Gustavo não poderá exonerar-se da fiança que tiver assinado sem limitação de tempo, ficando obrigado por todos os efeitos da fiança até o efetivo pagamento do débito principal.

(C) A concessão da moratória pelo Banco Pechincha a Henrique, tal como narrado, não tem o condão de desobrigar o fiador.

(D) Por ter a fiança o objetivo de garantir o débito principal, sendo acessória a este, deve ela ser de valor igual ao da obrigação principal e ser contraída nas mesmas condições de onerosidade de tal obrigação.

COMENTÁRIO

A alternativa A está correta, de acordo com o gabarito oficial; no entanto, apesar de afirmação ser mesmo correta (art. 834 do CC), o ideal, no caso concreto, é Gustavo pedir o reconhecimento judicial de que não está mais obrigado pelo contrato de fiança, por conta da moratória, conforme claramente determina o art. 838, I, do CC.

As alternativas B e C estão incorretas, pois o fiador ficará exonerado da obrigação se o credor, sem consentimento dele, conceder moratória ao devedor (art. 838, I, do CC).

A alternativa D está incorreta, pois a fiança pode ser de valor inferior ao da obrigação principal, bem como pode ser contraída em condições menos onerosas que esta (art. 823 do CC).

4.7. LOCAÇÃO

(XVIII EXAME DE ORDEM UNIFICADO – FGV) João Henrique residia com sua companheira Natália em imóvel alugado a ele por Frederico pelo prazo certo de trinta meses, tendo como fiador Waldemar, pai de João Henrique. A união do casal, porém, chegou ao fim, de forma que João Henrique deixou o lar quando faltavam seis meses para o fim do prazo da locação. O locador e o fiador foram comunicados a respeito da saída de João Henrique do imóvel. Sobre o caso apresentado, assinale a afirmativa correta.

(A) como o locatário era João Henrique, sua saída do imóvel implica a extinção do contrato de locação, podendo Frederico exigir, imediatamente, que Natália o desocupe.

(B) como João Henrique era o locatário, sua saída permite que Natália continue residindo no imóvel apenas até o término do prazo contratual, momento em que o contrato se extingue, sem possibilidade de renovação, salvo nova convenção entre Natália e Frederico.

(C) com a saída do locatário do imóvel, a locação prossegue automaticamente tendo Natália como locatária, porém a fiança prestada por Waldemar caduca, permitindo a Frederico exigir de Natália o oferecimento de nova garantia, sob pena de resolução do contrato.

(D) com a saída do locatário, a locação prossegue com Natália, permitido a Waldemar exonerar-se da fiança em até trinta dias da data em que for cientificado da saída do seu filho do imóvel; ainda assim, a exoneração só produzirá efeitos cento e vinte dias depois de notificado o locador.

COMENTÁRIO

O caso em questão resolve-se pela norma prevista no art. 12 da Lei 8.245/1991, ao estabelecer que "em casos de separação de fato, separação judicial, divórcio ou dissolução da união estável, a locação residencial prosseguirá automaticamente com o cônjuge ou companheiro que permanecer no imóvel", o que permite concluir que a locação prosseguirá com Natália. Porém, nos termos do disposto pelo § 2º deste mesmo art. 12, "o fiador poderá exonerar-se das suas responsabilidades no prazo de 30 (trinta) dias contado do recebimento da comunicação oferecida pelo sub-rogado, ficando responsável pelos efeitos da fiança durante 120 (cento e vinte) dias após a notificação ao locador", o que demonstra que a resposta correta encontra-se na alternativa D.

(XVIII EXAME DE ORDEM UNIFICADO – FGV) Por meio de contrato verbal, João alugou sua bicicleta a José, que se comprometeu a pagar o aluguel mensal de R$ 100,00 (cem reais), bem como a restituir a coisa alugada ao final do sexto mês de locação. Antes de esgotado o prazo do contrato de locação, João deseja celebrar contrato de compra e venda com Otávio, de modo a transmitir imediatamente a propriedade da bicicleta. Não obstante a coisa permanecer na posse direta de José, entende-se que

(A) o adquirente Otávio, caso venda a bicicleta antes de encerrado o prazo da locação, deve obrigatoriamente depositar o preço em favor do locatário José.

(B) João não pode celebrar contrato de compra e venda da bicicleta antes de encerrado o prazo da locação celebrada com José.

(C) é possível transmitir imediatamente a propriedade para Otávio, por meio da estipulação, no contrato de compra e venda, da cessão do direito à restituição da coisa em favor de Otávio.

(D) é possível transmitir imediatamente a propriedade para Otávio, por meio da estipulação, no contrato de compra e venda, do constituto possessório em favor de Otávio.

COMENTÁRIO

Dispõe o art. 576 do Código Civil que, na locação de coisa, se esta for alienada durante a locação, o adquirente não ficará obrigado a respeitar o contrato, se nele não for consignada a cláusula da sua vigência no caso de alienação, e não constar de registro.

A alternativa C está correta porque José teria de restituir a bicicleta a João ao término da locação, mas se no contrato de compra e venda houver cláusula estabelecendo a cessão do direito à restituição da bicicleta em favor de Otávio, a ele transmitir-se-á imediatamente a propriedade.

Estão incorretas as alternativas A e B, eis que o locador não está obrigado a depositar o preço em favor do locatário e pode vender a bicicleta, pois não existe nenhuma informação no enunciado da questão acerca da existência de uma cláusula de vigência.

Por fim, a alternativa D está incorreta, posto não ocorrer o constituto possessório no caso em questão. Isso porque, no constituto possessório, aquele que possuía em nome próprio, passa a possuir em nome alheio. Assim sendo, para que ocorresse o constituto possessório no caso em questão, a propriedade da bicicleta teria que ser transmitida a Otávio e a posse permaneceria em poder de João, que antes estaria possuindo em nome próprio e depois possuiria em nome de Otávio. Mas isso não decorre do enunciado em questão, confirmando-se o erro da alternativa D.

4.8. Demais contratos em espécie e contratos combinados

(XVI EXAME DE ORDEM UNIFICADO – FGV) Maria entregou à sociedade empresária JL Veículos Usados um veículo Vectra, ano 2008, de sua propriedade, para ser vendido pelo valor de R$ 18.000,00. Restou acordado que o veículo ficaria exposto na loja pelo prazo máximo de 30 dias. Considerando a hipótese acima e as regras do contrato estimatório, assinale a afirmativa correta.

(A) O veículo pode ser objeto de penhora pelos credores da JL Veículos Usados, mesmo que não pago integralmente o preço.

(B) A sociedade empresária JL Veículos Usados suportará a perda ou deterioração do veículo, não se eximindo da obrigação de pagar o preço ajustado, ainda que a restituição se impossibilite sem sua culpa.

(C) Ainda que não pago integralmente o preço a Maria, o veículo consignado poderá ser objeto de penhora, caso a sociedade empresária JL Veículos Usados seja acionada judicialmente por seus credores.

(D) Maria poderá dispor do veículo enquanto perdurar o contrato estimatório, com fundamento na manutenção da reserva do domínio e da posse indireta da coisa.

COMENTÁRIO

A alternativa B está correta, pois, de acordo com o art. 535 do CC, "o consignatário não se exonera da obrigação de pagar o preço, se a restituição da coisa, em sua integridade, se tornar impossível, ainda que por fato a ele não imputável".

As alternativas A e C estão incorretas, pois no contrato estimatório o bem é deixado com alguém em "consignação", não ficando este alguém (consignatário) proprietário do bem, o que impede que esse alguém dê o bem em garantia aos seus credores; há também proibição expressa nesse sentido no art. 536 do CC.

A alternativa D está incorreta, pois, de acordo com o art. 537 do CC, "o consignante não pode dispor da coisa antes de lhe ser restituída ou de lhe ser comunicada a restituição".

(XIV EXAME DE ORDEM UNIFICADO – FGV) Marina comprometeu-se a obter para Mônica um negócio de compra e venda de um imóvel para que ela pudesse abrir seu curso de inglês. Marina encontrou uma grande sala em um prédio bem localizado e informou a Mônica que entraria em contato com o vendedor para saber detalhes do imóvel. A partir da hipótese apresentada, assinale a opção correta.

(A) Marina marca uma reunião entre o vendedor e Mônica, mas o negócio não se realiza por arrependimento das partes. Sem pagar a comissão, Mônica dispensa Marina, que reclama seu pagamento, explicando que conseguiu o negócio e que não importa se não ocorreu a compra da sala.

(B) Passado o prazo contratual para a obtenção do negócio, o próprio vendedor entra em contato com Mônica para celebrar o negócio, liberando-a, portanto, de pagar a comissão de Marina.

(C) Como a obrigação de Marina é apenas de obtenção do negócio, a responsabilidade pela segurança e pelo risco é apenas do vendedor, sendo desnecessário que Marina se preocupe com esses detalhes.

(D) A remuneração de Marina deve ser previamente ajustada entre as partes; caso contrário, Mônica pagará o valor que achar suficiente.

COMENTÁRIO

A alternativa A está correta, pois Marina tem o direito de receber sua comissão ainda que o negócio não se efetive em virtude de arrependimento das partes (art. 725 do CC).

A alternativa B está incorreta, pois ainda que o prazo tenha se exaurido, Marina tem o direito de receber sua comissão, haja vista que o negócio apenas foi concretizado por efeito do seu trabalho (art. 727 do CC).

A alternativa C está incorreta, pois Marina possui responsabilidade de informar Mônica sobre todos os esclarecimentos acerca da segurança ou do risco do negócio, sob pena de responder por perdas e danos (art. 723, parágrafo único do CC).

A alternativa D está incorreta, pois a remuneração do corretor, se não estiver fixada em lei, nem ajustada entre as partes, será arbitrada segundo a natureza do negócio e os usos locai, e não conforme o que Mônica julgar suficiente (art. 724 do CC).

(IX EXAME DE ORDEM UNIFICADO – FGV) A sociedade ABC Engenharia Ltda. firmou contrato de seguro de veículo automotor com a Seguradora Gênesis. Considerando a hipótese em apreço, as regras atinentes ao contrato de seguro e de acordo com o Código Civil, assinale a afirmativa correta.

(A) O ordenamento jurídico estabelece que o contrato de seguro prova-se com a exibição da apólice ou do bilhete do seguro, sendo estes os únicos meios admitidos de prova.

(B) A apólice ou o bilhete de seguro de veículo automotor deverá ser, necessariamente, nominativa e mencionará os riscos assumidos, o início e o fim de sua validade, o limite da garantia e o prêmio devido.

(C) É proibido, em qualquer hipótese, à sociedade ABC Engenharia Ltda., na vigência do contrato de seguro com a Seguradora Gênesis, firmar seguro sobre o mesmo bem e contra o mesmo risco junto a outra seguradora.

(D) Sendo nominativa a apólice de seguro firmada entre a empresa ABC Engenharia e a Seguradora Gênesis, a transferência do contrato de seguro a terceiro só produzirá efeito em relação ao segurador mediante aviso escrito assinado pelos cedente e cessionário.

COMENTÁRIO

A alternativa D está correta (art. 785, § 1.º, do CC).

A alternativa A está incorreta, pois, na falta desses documentos, o contrato de seguro prova-se por documento comprobatório do pagamento do respectivo prêmio (art. 758 do CC).

A alternativa B está incorreta, pois poderão ser também, além de nominativa, à ordem ou o portador (art. 760 do CC).

A alternativa C está incorreta, pois essa providência é possível, desde que se obedeça o disposto no art. 782 do CC.

5. RESPONSABILIDADE CIVIL

5.1. Obrigação de indenizar

(XVI EXAME DE ORDEM UNIFICADO – FGV) Daniel, morador do Condomínio Raio de Luz, após consultar a convenção do condomínio e constatar a permissão de animais de estimação, realizou um sonho antigo e adquiriu um cachorro da raça Beagle. Ocorre que o animal, muito travesso, precisou dos serviços de um adestrador, pois estava destruindo móveis e sapatos do dono. Assim, Daniel contratou Cleber, adestrador renomado, para um pacote de seis meses de sessões. Findo o período do treinamento, Daniel, satisfeito com o resultado, resolve levar o cachorro para se exercitar na área de lazer do condomínio e, encontrando-a vazia, solta a coleira e a guia para que o Beagle possa correr livremente. Minutos depois, a moradora Diana, com 80 (oitenta) anos de idade, chega à área de lazer com seu neto Theo. Ao perceber a presença da octogenária, o cachorro pula em suas pernas, Diana perde o equilíbrio, cai e fratura o fêmur. Diana pretende ser indenizada pelos danos materiais e compensada pelos danos estéticos.

Com base no caso narrado, assinale a opção correta.

(A) Há responsabilidade civil valorada pelo critério subjetivo e solidária de Daniel e Cleber, aquele por culpa na vigilância do animal e este por imperícia no adestramento do Beagle, pelo fato de não evitarem que o cachorro avançasse em terceiros.

(B) Há responsabilidade civil valorada pelo critério objetivo e extracontratual de Daniel, havendo obrigação de indenizar e compensar os danos causados, haja vista a ausência de prova de alguma das causas legais excludentes do nexo causal, quais sejam, força maior ou culpa exclusiva da vítima.

(C) Não há responsabilidade civil de Daniel valorada pelo critério subjetivo, em razão da ocorrência de força maior, isto é, da chegada inesperada da moradora Diana, caracterizando a inevitabilidade do ocorrido, com rompimento do nexo de causalidade.

(D) Há responsabilidade valorada pelo critério subjetivo e contratual apenas de Daniel em relação aos danos sofridos por Diana; subjetiva, em razão da evidente culpa na custódia do animal; e contratual, por serem ambos moradores do Condomínio Raio de Luz.

COMENTÁRIO

A alternativa B está correta; o art. 936 do CC estabelece que "o dono, ou detentor, do animal ressarcirá o dano por este causado, se não provar culpa da vítima ou força maior". Repare que a responsabilidade do dono é quase automática, utilizando-se o critério objetivo, sendo que o dono só conseguirá se eximir da responsabilidade se provar a ruptura do nexo causal por culpa da vítima ou força maior.

As alternativas A, C e D estão incorretas, pois o art. 936 do CC traz responsabilidade de ordem objetiva para esse caso, e todas as alternativas citadas fazem referência a uma responsabilidade subjetiva.

(XV EXAME DE ORDEM UNIFICADO – FGV) Devido à indicação de luz vermelha do sinal de trânsito, Ricardo parou seu veículo pouco antes da faixa de pedestres.

Sandro, que vinha logo atrás de Ricardo, também parou, guardando razoável distância entre eles. Entretanto, Tatiana, que trafegava na mesma faixa de rolamento, mais atrás, distraiu-se ao redigir mensagem no celular enquanto conduzia seu veículo, vindo a colidir com o veículo de Sandro, o qual, em seguida, atingiu o carro de Ricardo.

Diante disso, à luz das normas que disciplinam a responsabilidade civil, assinale a afirmativa correta.

(A) Cada um arcará com seu próprio prejuízo, visto que a responsabilidade pelos danos causados deve ser repartida entre todos os envolvidos.

(B) Caberá a Tatiana indenizar os prejuízos causados ao veículo de Sandro, e este deverá indenizar os prejuízos causados ao veículo de Ricardo.

(C) Caberá a Tatiana indenizar os prejuízos causados aos veículos de Sandro e Ricardo.

(D) Tatiana e Sandro têm o dever de indenizar Ricardo, na medida de sua culpa.

COMENTÁRIO

A alternativa C está correta, pois, ao dirigir redigindo mensagem de texto, Tatiana agiu com culpa em sentido em estrito, mais especificamente com negligência, impondo-se sua responsabilidade civil na forma do art. 186 do Código Civil.

As alternativas A, B e D estão incorretas, pois Tatiana é a única causadora e responsável por todo o ocorrido, sendo que o carro de Sandro foi mero instrumento que atingiu o carro de Ricardo, não havendo que se falar em responsabilidade de Sandro, que nada fez no caso, muito menos atuou com culpa ou dolo.

(XIII EXAME DE ORDEM UNIFICADO – FGV) Felipe, atrasado para um compromisso profissional, guia seu veículo particular de passeio acima da velocidade permitida e, falando ao celular, desatento, não observa a sinalização de trânsito para redução da velocidade em razão da proximidade da creche Arca de Noé. Pedro, divorciado, pai de Júlia e Bruno, com cinco e sete anos de idade respectivamente, alunos da creche, atravessava a faixa de pedestres para buscar os filhos, quando é atropelado pelo carro de Felipe. Pedro fica gravemente ferido e vem a falecer, em decorrência das lesões, um mês depois. Maria, mãe de Júlia e Bruno, agora privados do sustento antes pago pelo genitor falecido, ajuíza demanda reparatória em face de Felipe, que está sendo processado no âmbito criminal por homicídio culposo no trânsito.

Com base no caso em questão, assinale a opção correta.

(A) Felipe indenizará as despesas comprovadamente gastas com o mês de internação para tratamento de Pedro, alimentos indenizatórios a Júlia e Bruno tendo em conta a duração provável da vida do genitor, sem excluir outras reparações, a exemplo das despesas com sepultamento e luto da família.

(B) Felipe deverá indenizar as despesas efetuadas com a tentativa de restabelecimento da saúde de Pedro, sendo incabível a pretensão de alimentos para seus filhos, diante de ausência de previsão legal.

(C) Felipe fora absolvido por falta de provas do delito de trânsito na esfera criminal e, como a responsabilidade civil e a criminal não são independentes, essa sentença fará coisa julgada no cível, inviabilizando a pretensão reparatória proposta por Maria.

(D) Felipe, como a legislação civil prevê em caso de homicídio, deve arcar com as despesas do tratamento da vítima, seu funeral, luto da família, bem como dos alimentos aos dependentes enquanto viverem, excluindo-se quaisquer outras reparações.

COMENTÁRIO

A alternativa A está correta (art. 948, I e II do CC).

A alternativa B está incorreta, pois a lei prevê expressamente o pagamento de alimentos aos filhos levando-se em conta a duração provável da vida da vítima (art. 948, II do CC).

A alternativa C está incorreta, pois a responsabilidade civil é independente da criminal. A via civil apenas ficará fechada se no juízo criminal ficar provada a inexistência do fato ou a negativa de autoria (art. 935 do CC), o que não é o caso em tela. Logo, Maria possui pretensão reparatória em face de Felipe.

A alternativa D está incorreta, pois a lei prevê expressamente que a indenização, além desses itens não exclui outras reparações (art. 948, *caput*, do CC).

(XII EXAME DE ORDEM UNIFICADO – FGV) Pedro, dezessete anos de idade, mora com seus pais no edifício Clareira do Bosque e, certa manhã, se desentendeu com seu vizinho Manoel, dezoito anos. O desentendimento ocorreu logo após Manoel, por equívoco do porteiro, ter recebido e lido o jornal pertencente aos pais do adolescente. Manoel, percebido o equívoco, promoveu a imediata devolução do periódico, momento no qual foi surpreendido com atitude inesperada de Pedro que, revoltado com o desalinho das páginas, o agrediu com um soco no rosto, provocando a quebra de três dentes. Como Manoel é modelo profissional, pretende ser indenizado pelos custos com implantes dentários, bem como pelo cancelamento de sua participação em um comercial de televisão.

Tendo em conta o regramento da responsabilidade civil por fato de outrem, assinale a afirmativa correta.

(A) Pedro responderá solidariamente com seus pais pelos danos causados a Manoel, inclusive com indenização pela perda de uma chance, decorrente do cancelamento da participação da vítima no comercial de televisão.

(B) Somente os pais de Pedro terão responsabilidade objetiva pelos danos causados pelo filho, mas detêm o direito de reaver de Pedro, posteriormente, os danos indenizáveis a Manoel.

(C) Se os pais de Pedro não dispuserem de recursos suficientes para pagar a indenização, e Pedro tiver recursos, este responderá subsidiária e equitativamente pelos danos causados a Manoel.

(D) Os pais de Pedro terão responsabilidade subjetiva pelos danos causados pelo filho a Manoel, devendo, para tanto, ser comprovada a culpa *in vigilando* dos genitores.

COMENTÁRIO

A alternativa C está correta (art. 928 do CC).

A alternativa A está incorreta, pois neste caso não haverá responsabilidade solidária, vez que a lei o isenta (art. 934 do CC).

A alternativa B está incorreta, pois os pais, embora tenham responsabilidade objetiva, não podem reaver de Pedro o que houverem pago, pois a lei traz impedimento para tal (art. 934 do CC).

A alternativa D está incorreta, pois trata-se de caso de responsabilidade objetiva, logo os pais de Pedro responderão independentemente da demonstração de culpa (art. 932, I, do CC).

(XI EXAME DE ORDEM UNIFICADO – FGV) Pedro, engenheiro elétrico, mora na cidade do Rio de Janeiro e trabalha na Concessionária Iluminação S.A. Ele é viúvo e pai de Bruno, de sete anos de idade, que estuda no colégio particular Amarelinho. Há três meses, Pedro celebrou contrato de financiamento para aquisição de um veículo importado, o que comprometeu bastante seu orçamento e, a partir de então, deixou de arcar com o pagamento das mensalidades escolares de Bruno. Por razões de trabalho, Pedro será transferido para uma cidade serrana, no interior do Estado e solicitou ao estabelecimento de ensino o histórico escolar de seu filho, a fim de transferi-lo para outra escola. Contudo, teve seu pedido negado pelo Colégio Amarelinho, sendo a negativa justificada pelo colégio como consequência da sua inadimplência com o pagamento das mensalidades escolares. Para surpresa de Pedro, na mesma semana da negativa, é informado pela diretora do Colégio Amarelinho que seu filho não mais participaria das atividades recreativas diuturnas do colégio, enquanto Pedro não quitar o débito das mensalidades vencidas e não pagas.

Com base no caso narrado, assinale a afirmativa correta.

(A) O Colégio Amarelinho atua no exercício regular do seu direito de cobrança e, portanto, não age com abuso de direito ao reter o histórico escolar de Bruno, haja vista a comprovada e imotivada inadimplência de Pedro.

(B) As condutas adotadas pelo Colégio Amarelinho configuram abuso de direito, pois são eticamente reprováveis, mas não configuram atos ilícitos indenizáveis.

(C) Tanto a retenção do histórico escolar de Bruno, quanto a negativa de participação do aluno nas atividades recreativas do colégio, configuram atos ilícitos objetivos e abusivos, independente da necessidade de provar a intenção dolosa ou culposa na conduta adotada pela diretora do Colégio Amarelinho.

(D) Para existir obrigação de indenizar do Colégio Amarelinho, com fundamento no abuso de direito, é imprescindível a presença de dolo ou culpa, requisito necessário para caracterizar o comportamento abusivo e o ilícito indenizável.

COMENTÁRIO

A alternativa C está correta, pois, de fato, temos um abuso de direito, tipo de ato ilícito que, diferentemente do previsto no art. 186 do CC, não requer culpa ou dolo para se configurar (art. 187 do CC).

A alternativa A está incorreta, pois o caso revela abuso de direito, vedado pelo art. 187 do CC; há também violação ao art. 42, *caput*, do CDC, vez que a conduta da escola nada mais é que uma forma de constrangimento com vistas à cobrança de uma dívida.

A alternativa B está incorreta, pois o abuso de direito é um ato ilícito (art. 187 do CC), que, como tal enseja indenização (art. 927 do CC).

A alternativa D está incorreta, pois, como se viu, o abuso de direito é um tipo de ato ilícito que, diferentemente do previsto no art. 186 do CC, não requer culpa ou dolo para se configurar (art. 187 do CC).

(IX EXAME DE ORDEM UNIFICADO – FGV) Renato, menor com 17 anos, estava passeando com seu cachorro pelo parque da sua cidade, quando avistou José, com quem havia se desentendido, do outro lado do parque. Com a intenção de dar um susto em José, Renato solta a coleira do seu cachorro e o estimula a atacar José.

Diante dessa situação hipotética, assinale a afirmativa correta.

(A) Renato responderá pelos prejuízos que causar apenas se as pessoas por ele responsáveis não tiverem obrigação de fazê-lo ou não dispuserem de meios suficientes.

(B) Renato ficará isento de qualquer responsabilidade civil, mesmo que seu desafeto seja atacado por seu cachorro, em razão da sua idade.

(C) Caso Renato fosse maior de idade iria responder pelo dano causado pelo seu cachorro mesmo que tal dano fosse provocado por culpa exclusiva da vítima ou pela ocorrência de um evento de força maior.

(D) Os pais de Renato não podem ser responsabilizados civilmente pelos atos de Renato.

COMENTÁRIO

A alternativa A está correta, pois o incapaz responde de maneira subsidiária, ou seja, apenas no caso de as pessoas por ele responsáveis não tiverem a obrigação de fazê-lo ou não dispuserem de meios suficientes (art. 928, *caput*, do CC);

A alternativa B está incorreta, pois, conforme comentário à alternativa anterior, o incapaz, no caso de as pessoas por ele responsáveis não tiverem a obrigação de fazê-lo ou não dispuserem de meios suficientes, responderá (art. 928, *caput*, do CC);

A alternativa C está incorreta, pois havendo culpa exclusiva da vítima ou força maior, o dono do animal não responde (art. 936 do CC);

A alternativa D está incorreta, pois, conforme se viu, a princípio, os responsáveis pelo incapaz (no caso, os pais) é que responderão (art. 928 do CC).

(IX EXAME DE ORDEM UNIFICADO – FGV) No dia 23 de junho de 2012, Alfredo, produtor rural, contratou a sociedade Simões Aviação Agrícola Ltda., com a finalidade de pulverizar, por via aérea, sua plantação de soja. Ocorre que a pulverização se deu de forma incorreta, ocasionando a perda integral da safra de abóbora pertencente a Nilson, vizinho lindeiro de Alfredo.

Considerando a situação hipotética e as regras de responsabilidade civil, assinale a afirmativa correta.

(A) Com base no direito brasileiro, Alfredo responderá subjetivamente pelos danos causados a Nilson e a sociedade Simões Aviação Agrícola Ltda. será responsabilizada de forma subsidiária.

(B) Alfredo e a sociedade Simões Aviação Agrícola Ltda. responderão objetiva e solidariamente pelos danos causados a Nilson.

(C) Não há lugar para a responsabilidade civil solidária entre Alfredo e a sociedade Simões Aviação Agrícola Ltda. pelos danos causados a Nilson, dada a inexistência da relação de preposição.

(D) Trata-se de responsabilidade civil objetiva, em que a sociedade Simões Aviação Agrícola Ltda. é o responsável principal pela reparação dos danos, enquanto Alfredo é responsável subsidiário.

COMENTÁRIO

A alternativa B está correta, nos termos do comentário à alternativa A.

A alternativa A está incorreta, pois a atividade desenvolvida pela empresa de pulverização implica, por natureza, risco para os direitos de outrem, de modo que se tem responsabilidade objetiva, nos termos do art. 927, parágrafo único, do CC; o caso também pode ser enquadrado no art. 51 da Lei 12.305/2010; como patrocinador do serviço de pulverização, Alfredo também responderá da mesma forma, e de modo solidário (art. 942, *caput*, do CC).

A alternativa C está incorreta, pois, como tomador do serviço da empresa, Alfredo responde solidariamente (art. 942, *caput*, do CC).

A alternativa D está incorreta, pois há solidariedade entre a empresa e Alfredo (art. 942, *caput*, do CC).

(VIII EXAME DE ORDEM UNIFICADO – FGV) João dirigia seu veículo respeitando todas as normas de trânsito, com velocidade inferior à permitida para o local, quando um bêbado atravessou a rua, sem observar as condições de tráfego. João não teve condições de frear o veículo ou desviar-se dele, atingindo-o e causando-lhe graves ferimentos. A partir do caso apresentado, assinale a afirmativa correta.

(A) Houve responsabilidade civil, devendo João ser considerado culpado por sua conduta.

(B) Faltou um dos elementos da responsabilidade civil, qual seja, a conduta humana, não ficando configurada a responsabilidade civil.

(C) Inexistiu um dos requisitos essenciais para caracterizar a responsabilidade civil: o dano indenizável e, por isso, não deve ser responsabilizado.

(D) Houve rompimento do nexo de causalidade, em razão da conduta da vítima, não restando configurada a responsabilidade civil.

COMENTÁRIO

A alternativa D está correta, pois houve rompimento do nexo de causalidade em razão da culpa exclusiva da vítima, de modo a não configurar a responsabilidade civil.

A alternativa A está incorreta, pois há excludente de responsabilidade consistente na culpa exclusiva da vítima.

A alternativa B está incorreta, pois, apesar de não configurada a responsabilidade civil, há sim conduta de João, consistente em dirigir seu veículo; porém, além da conduta e do dano, é necessário o nexo de causalidade, inexistente por conta da existência de culpa exclusiva da vítima.

A alternativa C está incorreta, pois há sim dano indenizável, tendo em vista os graves ferimentos; porém, conforme se viu, não basta haver conduta e dano indenizável, sendo necessário também nexo de causalidade entre a primeira e o segundo.

(VII EXAME DE ORDEM UNIFICADO – FGV) Em relação à responsabilidade civil, assinale a alternativa correta.

(A) A responsabilidade civil objetiva indireta é aquela decorrente de ato praticado por animais.

(B) O Código Civil prevê expressamente como excludente do dever de indenizar os danos causados por animais, a culpa exclusiva da vítima e a força maior.

(C) Empresa locadora de veículos responde, civil e subsidiariamente, com o locatário, pelos danos por este causados a terceiro, no uso do carro alugado.

(D) Na ação de indenização por dano moral, a condenação em montante inferior ao postulado na inicial implica em sucumbência recíproca.

COMENTÁRIO

A alternativa B está correta (art. 936, parte final, do CC).

A alternativa A está incorreta, pois é a responsabilidade pela reparação de dano de terceira *pessoa*, e não de um *animal*; um exemplo é a responsabilidade dos pais pelos atos de seus filhos menores.

A alternativa C está incorreta, pois a responsabilidade da locadora, no caso, não é subsidiária, mas solidária (Súmula STF 492).

A alternativa D está incorreta, pois, de acordo com a Súmula STJ 326, "na ação de indenização por dano moral, a condenação em montante inferior ao postulado na inicial NÃO implica sucumbência recíproca" (g.n.).

(VI EXAME DE ORDEM UNIFICADO – FGV) A sociedade de transporte de valores "Transporte Blindado Ltda.", na noite do dia 22/7/11, teve seu veículo atingido por tiros de fuzil disparados por um franco atirador. Em virtude da ação criminosa, o motorista do carro forte perdeu o controle da direção e atingiu frontalmente Rodrigo Cerdeira, estudante de Farmácia, que estava no abrigo do ponto de ônibus em frente à Universidade onde estuda. Devido ao atropelamento, Rodrigo permaneceu por sete dias na UTI, mas não resistiu aos ferimentos e veio a óbito. Com base no fato narrado, assinale a assertiva correta.

(A) Configura-se hipótese de responsabilidade civil objetiva da empresa proprietária do carro forte com base na teoria do risco proveito, decorrente do risco da atividade desenvolvida.

(B) Não há na hipótese em apreço a configuração da responsabilidade civil da empresa de transporte de valores, uma vez que presente a culpa exclusiva de terceiro, qual seja, do franco atirador.

(C) Não há na hipótese a configuração da responsabilidade civil da empresa proprietária do carro forte, uma vez que presente a ausência de culpa do motorista do carro forte.

(D) Configura-se hipótese de responsabilidade civil objetiva da empresa proprietária do carro forte com base na teoria do empreendimento.

COMENTÁRIO

A alternativa A está correta; segundo o art. 927, parágrafo único, do CC, configura-se responsabilidade objetiva quando a atividade normalmente desenvolvida pelo autor do dano implicar, por sua natureza, risco para os direitos de outrem; repare que no texto legal o nexo de causalidade é mitigado pela expressão "implicar" (menos forte que a expressão "causar"); no caso em tela tem-se uma transportadora de valores, que, como é cediço, exerce atividade de risco, sendo certo que, no caso concreto, essa atividade de risco acabou por implicar em dano a terceiro, já que atraiu roubador, que, com seus tiros de fuzil, acabou por ser fator decisivo no atropelamento de Rodrigo Cerdeira, que não tinha nada a ver com a atividade de risco da empresa de transporte de valores; assim, aplica-se a teoria do risco proveito, de modo a configurar responsabilidade objetiva da empresa proprietária do carro forte;

A alternativa B está incorreta, pois, conforme se viu, aplica-se o art. 927, parágrafo único, do CC, em que há mitigação do nexo de causalidade, ocorrendo responsabilidade objetiva da pessoa que desenvolve atividade de risco mesmo quando há terceiros agindo com culpa no caso; nesse sentido, vale citar o Enunciado CJF 38, que demonstra a finalidade da norma: "A responsabilidade fundada no risco da atividade, como prevista na segunda parte do parágrafo único do art. 927 do novo Código Civil, configura-se quando a atividade normalmente desenvolvida pelo autor do dano causar a pessoa determinada um ônus maior do que aos demais membros da coletividade";

A alternativa C está incorreta, por conta da aplicação do art. 927, parágrafo único, do CC, que não requer o elemento culpa para a configuração da responsabilidade;

A alternativa D está incorreta, pois a teoria que decorre do art. 927, parágrafo único, do CC é a teoria do risco proveito, e não a teoria do empreendimento.

(VI EXAME DE ORDEM UNIFICADO – FGV) Mirtes gosta de decorar a janela de sua sala com vasos de plantas. A síndica do prédio em que Mirtes mora já advertiu a moradora do risco de queda dos vasos e de possível dano aos transeuntes e moradores do prédio. Num dia de forte ventania, os vasos de Mirtes caíram sobre os carros estacionados na rua, causando sérios prejuízos. Nesse caso, é correto afirmar que Mirtes:

(A) poderá alegar motivo de força maior e não deverá indenizar os lesados.

(B) está isenta de responsabilidade, pois não teve a intenção de causar prejuízo.

(C) somente deverá indenizar os lesados se tiver agido dolosamente.

(D) deverá indenizar os lesados, pois é responsável pelo dano causado.

COMENTÁRIO

O art. 938 do CC dispõe que "aquele que habitar prédio, ou parte dele, responde pelo dano proveniente das coisas que dele caírem ou forem lançadas em lugar indevido". Repare que o dispositivo não requer o elemento culpa ou dolo para a configuração da responsabilidade. Assim, Mirtes, mesmo que demonstre que não agiu com intenção ou com culpa em sentido estrito responderá pelos danos causados. A alegação de força maior não calha, pois era possível evitar o dano, bastando que Mirtes tivesse retirado os vasos, conforme, inclusive, recomendação feita pela síndica. Danos causados por força maior são aqueles que não se consegue evitar (ex: um terremoto), o que efetivamente não foi o que aconteceu no caso em tela, em que se tinha um dano evitável.

A alternativa D é verdadeira, pois essa responsabilidade está configurada nos termos do art. 938 do CC.

Assim, a alternativa A é falsa, pois não há que se falar em força maior.

As alternativas B e C são falsas, pois não é necessário dolo (intenção) para a configuração da responsabilidade civil prevista no art. 938 do CC.

(IV EXAME DE ORDEM UNIFICADO – FGV) Jonas, maior e capaz, confiou em depósito a Silas, também maior e capaz, por instrumento particular, dois automóveis de sua propriedade para serem conservados por seis meses, estabelecendo, como remuneração, o pagamento de certa quantia em dinheiro a Silas. Findo o prazo, caberia a Silas restituir os automóveis na residência de Jonas. Na vigência do depósito, Silas decidiu, certo dia, utilizar um dos automóveis para ir ao trabalho e, quando já regressava, foi abalroado, sem culpa sua, por seu vizinho Francisco, em uma moto, amassando a porta lateral direita. Transcorrido o prazo ajustado, Silas providenciou a entrega dos dois automóveis no local estipulado. A respeito da situação narrada, é correto afirmar que Jonas:

(A) não deve pagar a Silas as despesas relativas à manutenção dos dois automóveis durante o período ajustado.

(B) deve arcar com as despesas referentes à restituição dos dois automóveis no local estipulado.

(C) poderá reter integralmente o valor da contraprestação em dinheiro devido a Silas, tendo em vista a ocorrência do acidente com um dos automóveis.

(D) deve cobrar diretamente de Francisco as despesas referentes ao conserto da porta lateral direita.

COMENTÁRIO

A alternativa B está correta, pois as despesas de restituição correm por conta do depositante (Jonas).

A alternativa A está incorreta, pois o depositante (Jonas) é obrigado a pagar ao depositário (Silas) as despesas feitas com a coisa (art. 643 do CC).

A alternativa C está incorreta, pois não existe tal direito em favor do depositante (*vide* arts. 627 a 646).

A alternativa D está incorreta, de acordo com o gabarito oficial, porém, entendemos que está correta, pois Jonas, como proprietário do veículo danificado culposamente por Francisco, tem legitimidade para a ação indenizatória respectiva.

(EXAME DE ORDEM UNIFICADO 2010.3 – FGV) Ricardo, buscando evitar um atropelamento, realiza uma manobra e atinge o muro de uma casa, causando um grave prejuízo. Em relação à situação acima, é correto afirmar que Ricardo:

(A) não responderá pela reparação do dano, pois agiu em estado de necessidade.

(B) responderá pela reparação do dano, apesar de ter agido em estado de necessidade.

(C) praticou um ato ilícito e deverá reparar o dano.

(D) responderá pela reparação do dano, apesar de ter agido em legítima defesa.

COMENTÁRIO

Ricardo agiu em estado de necessidade, pois, diante dos dois bens jurídicos em perigo (a vida de alguém e a integridade de um muro), resolveu sacrificar a integridade do muro. Assim, incide no caso a hipótese prevista no art. 188, II, do CC, pelo qual não é ato ilícito a deterioração ou a destruição de coisa alheia, a fim de remover perigo iminente. Apesar de sua conduta não ser considerada ilícita, Ricardo deverá reparar o dano causado ao proprietário do muro. Esse é o comando previsto no art. 929 do CC. A alternativa correta é a B.

5.2. Dano

(V EXAME DE ORDEM UNIFICADO – FGV) João trafegava com seu veículo com velocidade incompatível para o local e avançou o sinal vermelho. José, que atravessava normalmente na faixa de pedestre, foi atropelado por João, sofrendo vários ferimentos. Para se recuperar, José, trabalhador autônomo, teve que ficar internado por 10 dias, sem possibilidade de trabalhar, além de ter ficado com várias cicatrizes no corpo. Em virtude do ocorrido, José ajuizou ação, pleiteando danos morais, estéticos e materiais. Com base na situação acima, assinale a alternativa correta.

(A) José terá direito apenas ao dano moral, em razão do sofrimento, e ao dano estético, em razão das cicatrizes. Quanto ao tempo em que ficou sem trabalhar, isso se traduz em lucros cessantes, que não foram pedidos, não podendo ser concedidos.

(B) José não poderá receber a indenização na forma pleiteada, já que o dano moral e o dano estético são inacumuláveis. Assim, terá direito apenas ao dano moral, em razão do sofrimento e das cicatrizes, e ao dano material, em razão do tempo que ficou sem trabalhar.

(C) José terá direito a receber a indenização na forma pleiteada: o dano moral em razão das lesões e do sofrimento por ele sentido, o dano material em virtude do tempo que ficou sem trabalhar e o dano estético em razão das cicatrizes com que ficou.

(D) José terá direito apenas ao dano moral, já que o tempo que ficou sem trabalhar é considerado lucros cessantes, os quais não foram expressamente requeridos, e não podem ser concedidos. Quanto ao dano estético, esse é inacumulável com o dano moral, já estando incluído neste.

COMENTÁRIO

O STJ é pacífico no sentido de que é plenamente possível cumular indenização por danos materiais, danos morais e danos estéticos. A Súmula 37 do STJ dispõe que é possível cumular indenização por dano material com indenização por dano moral. E a Súmula 387, do mesmo STJ, dispõe que é possível cumular indenização por dano moral com indenização por dano estético. No caso, houve danos materiais (impossibilidade de trabalhar), danos morais (sofrimento) e danos estéticos (cicatrizes no corpo), de maneira que a alternativa C é a única correta.

6. COISAS

6.1. Posse

(XVI EXAME DE ORDEM UNIFICADO – FGV) Mediante o emprego de violência, Mélvio esbulhou a posse da Fazenda Vila Feliz. A vítima do esbulho, Cassandra, ajuizou ação de reintegração de posse em face de Mélvio após um ano e meio, o que impediu a concessão de medida liminar em seu favor. Passados dois anos desde a invasão, Mélvio teve que trocar o telhado da casa situada na fazenda, pois estava danificado. Passados cinco anos desde a referida obra, a ação de reintegração de posse transitou em julgado e, na ocasião, o telhado colocado por Mélvio já se encontrava severamente danificado. Diante de sua derrota, Mélvio argumentou que faria jus ao direito de retenção pelas benfeitorias erigidas, exigindo que Cassandra o reembolsasse. A respeito do pleito de Mélvio, assinale a afirmativa correta.

(A) Mélvio não faz jus ao direito de retenção por benfeitorias, pois sua posse é de má-fé e as benfeitorias, ainda que necessárias, não devem ser indenizadas, porque não mais existiam quando a ação de reintegração de posse transitou em julgado.

(B) Mélvio é possuidor de boa-fé, fazendo jus ao direito de retenção por benfeitorias e devendo ser indenizado por Cassandra com base no valor delas.

(C) Mélvio é possuidor de má-fé, não fazendo jus ao direito de retenção por benfeitorias, mas deve ser indenizado por Cassandra com base no valor delas.

(D) Mélvio é possuidor de má-fé, fazendo jus ao direito de retenção por benfeitorias e devendo ser indenizado pelo valor atual delas.

COMENTÁRIO

A alternativa A está correta; Mélvio e possuidor de má-fé, e, assim, não tem direito à indenização por benfeitorias, salvo as necessárias, mas sem direito a retenção neste caso (art. 1.220 do CC); na hipótese narrada, tem-se benfeitoria necessária, porém, seja porque não existem mais, seja porque ainda que existissem não dão direito de retenção da coisa enquanto não paga a indenização, não há que se falar em direito de retenção no caso presente;

A alternativa B está incorreta; Melvio é possuidor de má-fé, pois sabia que não tinha direitos sobre a coisa quando a invadiu;

As alternativas "C e D" estão incorretas; pois, como se viu, Mélvio não terá direito a qualquer indenização no caso concreto.

(XV EXAME DE ORDEM UNIFICADO – FGV) Com a ajuda de homens armados, Francisco invade determinada fazenda e expulsa dali os funcionários de Gabriel, dono da propriedade. Uma vez na posse do imóvel, Francisco decide dar continuidade às atividades agrícolas que vinham sendo ali desenvolvidas (plantio de soja e de feijão). Três anos após a invasão, Gabriel consegue, pela via judicial, ser reintegrado na posse da fazenda.

Quanto aos frutos colhidos por Francisco durante o período em que permaneceu na posse da fazenda, assinale a afirmativa correta.

(A) Francisco deve restituir a Gabriel todos os frutos colhidos e percebidos, mas tem direito de ser ressarcido pelas despesas de produção e custeio.
(B) Francisco tem direito aos frutos percebidos durante o período em que permaneceu na fazenda.
(C) Francisco tem direito à metade dos frutos colhidos, devendo restituir a outra metade a Gabriel.
(D) Francisco deve restituir a Gabriel todos os frutos colhidos e percebidos, e não tem direito de ser ressarcido pelas despesas de produção e custeio.

COMENTÁRIO

A alternativa A está correta; de acordo com o art. 1.216 do CC, o possuidor de má-fé (que é o que temos no caso presente, pois era alguém que sabia que não tinha direitos sobre a coisa) responde por todos os frutos colhidos e percebidos, bem como pelos que, por culpa sua, deixou de perceber, desde o momento em que se constituiu de má-fé; todavia, esse possuidor, ainda que de má-fé, tem, segundo a lei, direito às despesas da produção e custeio, de modo a não haver enriquecimento sem causa do legítimo possuidor da coisa; assim, a alternativa em questão está correta;

As alternativas "B e C" estão incorretas, pois, de acordo com o art. 1.216 do CC o possuidor de má-fé não tem direito qualquer sobre os frutos percebidos e colhidos no período;

A alternativa D está incorreta, pois, de acordo com o art. 1.216 do CC, o possuidor de má-fé tem direito às despesas da produção e custeio, de modo a não haver enriquecimento sem causa do legítimo possuidor da coisa.

(VII EXAME DE ORDEM UNIFICADO – FGV) Acerca do instituto da posse é correto afirmar que:

(A) o Código Civil estabeleceu um rol taxativo de posses paralelas.
(B) é admissível o interdito proibitório para a proteção do direito autoral.
(C) fâmulos da posse são aqueles que exercitam atos de posse em nome próprio.
(D) a composse é uma situação que se verifica na comunhão *pro indiviso*, do qual cada possuidor conta com uma fração ideal sobre a posse.

COMENTÁRIO

A alternativa D está correta (art. 1.199 do CC).

A alternativa A está incorreta; há posses paralelas quando coexistem posses indiretas (daqueles que cedem a posse – ex: proprietários) e diretas (daqueles que recebem a posse – ex: locatários); não há rol taxativo dessas possibilidades, que podem acontecer em relação a inúmeras pessoas ao mesmo tempo e também a inúmeros negócios decorrentes de direitos reais (rol taxativo – ex: usufruto, uso e habitação) e de direitos pessoais, cujo rol não é taxativo (art. 1.197 do CC).

A alternativa B está incorreta, pois, segundo a Súmula STJ 228, "é inadmissível o interdito proibitório para a proteção do direito autoral".

A alternativa C está incorreta, pois os fâmulos da posse são aqueles que exercem atos de posse em nome alheio, como é o caso dos caseiros; tem-se, no caso, a figura do *detentor*, e não do *possuidor* (art. 1.198, *caput*, do CC).

(EXAME DE ORDEM UNIFICADO 2010.2 – FGV) Sobre o constituto possessório, assinale a alternativa correta.

(A) Trata-se de modo originário de aquisição da propriedade.
(B) Trata-se de modo originário de aquisição da posse.
(C) Representa uma tradição ficta.
(D) É imprescindível para que se opere a transferência da posse aos herdeiros na sucessão universal.

COMENTÁRIO

A alternativa correta é a C. Constituto possessório caracteriza-se quando *um possuidor em nome próprio passa a ter a coisa em nome de outro, mudando o caráter de sua posse*. É o caso do dono que venda a coisa e passa a nela ficar como locatário ou comodatário. O constituto possessório é uma forma de aquisição de posse do tipo *derivada* (e não *originária*), pois a nova posse guarda vínculo com a posse anterior, de modo que não estão corretas as alternativas A e B. Trata-se, na verdade, de uma *tradição ficta*, pois a coisa é entregue (tradição) para quem já estava com ela (ficta).

6.2. Propriedade

(XV EXAME DE ORDEM UNIFICADO – FGV) No regime da Alienação Fiduciária que recai sobre bens imóveis, uma vez consolidada a propriedade em seu nome no Registro de Imóveis, o fiduciário, no prazo de trinta dias, contados da data do referido registro, deverá

(A) adjudicar o bem.
(B) vender diretamente o bem para terceiros.
(C) promover leilão público para a alienação do imóvel; não havendo arremate pelo valor de sua avaliação, realizar um segundo leilão em quinze dias.
(D) promover leilão público para a alienação do imóvel; não havendo arremate, o fiduciário adjudicará o bem.

COMENTÁRIO

De acordo com o art. 27 da Lei 9.514/97, uma vez consolidada a propriedade em nome do fiduciário, este, no prazo de 30 dias mencionado, promoverá leilão público para a alienação do imóvel. Todavia, se no primeiro público leilão o maior lance oferecido for inferior ao valor do imóvel, será realizado o segundo leilão, nos 15 dias seguintes. Nesse segundo leilão será aceito o maior lance oferecido, desde que igual ou superior ao valor da dívida, das despesas, dos prêmios de seguro, dos encargos legais, inclusive tributos, e das contribuições condominiais. Assim, estão incorretas as alternativas que falam em adjudicação do imóvel pelo fiduciário e também a que prevê a venda direta do bem para terceiros, independentemente de leilão público. E está correta alternativa C que assegura que haverá leilão público e, se o caso, um segundo leilão público.

(XIII EXAME DE ORDEM UNIFICADO – FGV) Jeremias e Antônio moram cada um em uma margem do rio Tatuapé. Com o passar do tempo, as chuvas, as estiagens e a erosão do rio alteraram a área da propriedade de cada um.

Dessa forma, Jeremias começou a se questionar sobre o tamanho atual de sua propriedade (se houve aquisição/diminuição), o que deixou Antônio enfurecido, pois nada havia feito para prejudicar Jeremias. Ao mesmo tempo, Antônio também começou a notar diferenças em seu terreno na margem do rio. Ambos questionam se não deveriam receber alguma indenização do outro.

Sobre a situação apresentada, assinale a afirmativa correta.

(A) Trata-se de aquisição por aluvião, uma vez que corresponde a acréscimos trazidos pelo rio de forma sucessiva e imperceptível, não gerando indenização a ninguém.
(B) Se for formada uma ilha no meio do rio Tatuapé, pertencerá ao proprietário do terreno de onde aquela porção de terra se deslocou.
(C) Trata-se de aquisição por avulsão e cada proprietário adquirirá a terra trazida pelo rio mediante indenização do outro ou, se ninguém tiver reclamado, após o período de um ano.
(D) Se o rio Tatuapé secar, adquirirá a propriedade da terra aquele que primeiro a tornar produtiva de alguma maneira, seja como moradia ou como área de trabalho.

COMENTÁRIO

A alternativa A está correta (art. 1.250, *caput*, do CC).

A alternativa B está incorreta, pois se a ilha se formar no meio do rio aquela porção de terra considerar-se-á acréscimos sobrevindos aos terrenos ribeirinhos fronteiros de ambas as margens, na proporção de suas testadas, até a linha que dividir o álveo em duas partes iguais (art. 1.249, I do CC).

A alternativa C está incorreta, pois o acréscimo de terra por avulsão se dá através de forças violentas da natureza (art. 1.251, *caput*, do CC), o que não é a hipótese do caso em tela.

A alternativa D está incorreta, pois se o rio secar adquirirá a propriedade da terra os proprietários ribeirinhos das duas margens (art. 1.252 do CC), independentemente de torná-la produtiva ou usá-la para moradia.

(VIII EXAME DE ORDEM UNIFICADO – FGV) Em janeiro de 2010, Nádia, unida estavelmente com Rômulo, após dez anos de convivência e sem que houvesse entre eles contrato escrito que disciplinasse as relações entre companheiros, abandona definitivamente o lar. Nos dois anos seguintes, Rômulo, que não é proprietário de outro imóvel urbano ou rural, continuou, ininterruptamente, sem oposição de quem quer que fosse, na posse direta e exclusiva do imóvel urbano com 200 metros quadrados, cuja propriedade dividia com Nádia e que servia de moradia do casal. Em março de 2012, Rômulo – que nunca havia ajuizado ação de usucapião, de qualquer espécie, contra quem quer que fosse – ingressou com ação de usucapião, pretendendo o reconhecimento judicial para adquirir integralmente o domínio do referido imóvel. Diante dessa situação hipotética, assinale a afirmativa correta.

(A) A pretensão de aquisição do domínio integral do imóvel por Rômulo é infundada, pois o prazo assinalado pelo Código Civil é de 10 (dez) anos.

(B) A pretensão de aquisição do domínio integral do imóvel por Rômulo é infundada, pois a hipótese de abandono do lar, embora possa caracterizar a impossibilidade da comunhão de vida, não autoriza a propositura de ação de usucapião.

(C) A pretensão de aquisição do domínio integral do imóvel por Rômulo é infundada, pois tal direito só existe para as situações em que as pessoas foram casadas sob o regime da comunhão universal de bens.

(D) A pretensão de aquisição do domínio integral do imóvel por Rômulo preenche todos os requisitos previstos no Código Civil.

COMENTÁRIO

Segundo o art. 1.240-A do CC, introduzido pela Lei 12.424/2011, "aquele que exercer, por 2 (dois) anos ininterruptamente e sem oposição, posse direta, com exclusividade, sobre imóvel urbano de até 250m² (duzentos e cinquenta metros quadrados) cuja propriedade divida com ex-cônjuge ou ex-companheiro que abandonou o lar, utilizando-o para sua moradia ou de sua família, adquirir-lhe-á o domínio integral, desde que não seja proprietário de outro imóvel urbano ou rural".

A alternativa D está correta, pois, de fato, Rômulo preencheu todos os requisitos da usucapião especial urbana familiar, nos termos do art. 1.240-A do CC.

Alternativa A está incorreta, pois bastam dois anos.

A alternativa B está incorreta, pois o abandono do lar é requisito para a usucapião em tela.

A alternativa C está incorreta, pois o dispositivo citado não faz distinção de regime de casamento.

(IV EXAME DE ORDEM UNIFICADO – FGV) Acerca da servidão de aqueduto, assinale a alternativa correta.

(A) O proprietário do prédio serviente, ainda que devidamente indenizado pela passagem da servidão do aqueduto, poderá exigir que seja subterrânea a canalização que atravessa áreas edificadas, pátios, jardins ou quintais.

(B) Se o uso das águas não se destinar à satisfação das exigências primárias, o proprietário do aqueduto não deverá ser indenizado pela retirada das águas supérfluas aos seus interesses de consumo.

(C) O aqueduto deverá ser construído de maneira que cause o menor prejuízo aos proprietários dos imóveis vizinhos, e a expensas do seu dono, mas a quem não incumbem as despesas de conservação.

(D) Não se aplicam à servidão de aqueduto as regras pertinentes à passagem de cabos e tubulações.

COMENTÁRIO

A alternativa A está correta (art. 1.293, § 2º, do CC).

A alternativa B está incorreta (art. 1.296 do CC).

A alternativa C está incorreta, pois o dono deve arcar sim com as despesas de conservação (art. 1.293, § 3º, do CC).

A alternativa D está incorreta, pois tais regras se aplicam, sim, à servidão de aqueduto (art. 1.294 do CC).

6.3. Direito de vizinhança

(EXAME DE ORDEM UNIFICADO 2010.3 – FGV) Félix e Joaquim são proprietários de casas vizinhas há 5 (cinco) anos e, de comum acordo, haviam regularmente delimitado as suas propriedades pela instalação de uma singela cerca viva. Recentemente, Félix adquiriu um cachorro e, por essa razão, o seu vizinho, Joaquim, solicitou-lhe que substituísse a cerca viva por um tapume que impedisse a entrada do cachorro em sua propriedade. Surpreso, Félix negou-se a atender ao pedido do vizinho, argumentando que o seu cachorro era adestrado e inofensivo e, por isso, jamais lhe causaria qualquer dano. Com base na situação narrada, é correto afirmar que Joaquim:

(A) poderá exigir que Félix instale o tapume, a fim de evitar que o cachorro ingresse na sua propriedade, contanto que arque com metade das despesas de instalação, cabendo a Félix arcar com a outra parte das despesas.

(B) poderá exigir que Félix instale o tapume, a fim de evitar que o cachorro ingresse em sua propriedade, cabendo a Félix arcar com as despesas de instalação, deduzindo-se desse montante metade do valor, devidamente corrigido, correspondente à cerca viva inicialmente instalada por ambos os vizinhos.

(C) poderá exigir que Félix instale o tapume, a fim de evitar que o cachorro ingresse em sua propriedade, cabendo a Félix arcar integralmente com as despesas de instalação.

(D) não poderá exigir que Félix instale o tapume, uma vez que a cerca viva fora instalada de comum acordo e demarca corretamente os limites de ambas as propriedades, cumprindo, pois, com a sua função, bem como não há indícios de que o cachorro possa vir a lhe causar danos.

COMENTÁRIO

O caso envolve "direito de vizinhança". A situação narrada se enquadra no disposto no art. 1.297, § 3.º, do CC, pelo qual "a construção de tapumes especiais para impedir a passagem de animais de pequeno porte, ou para outro fim, pode ser exigida de quem provocou a necessidade deles, pelo proprietário, que não está obrigado a concorrer para as despesas". Ou seja, quem provocou a necessidade (Félix, dono do cachorro) deve arcar com as despesas. Já o proprietário vizinho (Joaquim), não está obrigado a concorrer com as despesas de instalação. A alternativa correta é a C.

6.4. Condomínio

(VI EXAME DE ORDEM UNIFICADO – FGV) Timóteo e Leandro, cada qual proprietário de um apartamento no Edifício Maison, procuraram a síndica do condomínio, Leonor, a fim de solicitar que fossem deduzidas de suas contribuições condominiais as despesas referentes à manutenção do parque infantil situado no edifício. Argumentaram que, por serem os únicos condôminos sem crianças na família, não utilizam o aludido parque, cuja manutenção incrementa significativamente o valor da contribuição condominial, bem como que a convenção de condomínio nada dispõe a esse respeito. Na condição de advogado consultado por Leonor, assinale a avaliação correta do caso acima.

(A) Timóteo e Leandro podem ser temporariamente dispensados do pagamento das despesas referentes à manutenção do parque infantil, retomando-se imediatamente a cobrança caso venham a ter crianças em sua família.

(B) Timóteo e Leandro podem ser dispensados do pagamento das despesas referentes à manutenção do parque infantil, desde que declarem, por meio de escritura pública, que não utilizarão o parque infantil em caráter permanente.

(C) Leonor deverá dispensar tratamento isonômico a todos os condôminos, devendo as despesas de manutenção do parque infantil ser cobradas, ao final de cada mês, apenas daqueles condôminos que tenham efetivamente utilizado a área naquele período.

(D) Todos os condôminos, inclusive Timóteo e Leandro, devem arcar com as despesas referentes à manutenção do parque infantil, tendo em vista ser seu dever contribuir para as despesas condominiais proporcionalmente à fração ideal de seu imóvel.

COMENTÁRIO

Segundo o art. 1.340 do CC apenas as despesas relativas às partes comuns de uso exclusivo de um condômino ou de alguns condôminos é que podem ser atribuídas a estes. No caso em tela, Timóteo e Leandro, apesar de não usarem o parque, não estão impedidos de fazê-lo, de modo que não poderão se valer da regra do dispositivo legal mencionado, sendo correta, assim, apenas a alternativa D.

(V EXAME DE ORDEM UNIFICADO – FGV) Durante assembleia realizada em condomínio edilício residencial, que conta com um apartamento por andar, Giovana, nova proprietária do apartamento situado no andar térreo, solicitou explicações sobre a cobrança condominial, por ter verificado que o valor dela cobrado era superior àquele exigido dos demais condôminos. O síndico prontamente esclareceu que a cobrança a ela dirigida é realmente superior à cobrança das demais unidades, tendo em vista que o apartamento de Giovana tem acesso exclusivo, por meio de uma porta situada em sua área de serviço, a um pequeno pátio localizado nos fundos do condomínio, conforme consta nas configurações originais do edifício devidamente registradas. Desse modo, segundo afirmado pelo síndico, podendo Giovana usar o pátio com exclusividade, apesar de constituir área comum do condomínio, caberia a ela arcar com as respectivas despesas de manutenção. Em relação à situação apresentada, assinale a alternativa correta.

(A) Poderão ser cobradas de Giovana as despesas relativas à manutenção do pátio, tendo em vista que ela dispõe de seu uso exclusivo, independentemente da frequência com que seja efetivamente exercido.

(B) Somente poderão ser cobradas de Giovana as despesas relativas à manutenção do pátio caso seja demonstrado que o uso por ela exercido impõe deterioração excessiva do local.

(C) Poderá ser cobrada de Giovana metade das despesas relativas à manutenção do pátio, devendo a outra metade ser repartida entre os demais condôminos, tendo em vista que a instalação da porta na área de serviço não foi de iniciativa da condômina, tampouco da atual administração do condomínio.

(D) Não poderão ser cobradas de Giovana as despesas relativas à manutenção do pátio, tendo em vista que este consiste em área comum do condomínio, e a porta de acesso exclusivo não fora instalada por iniciativa da referida condômina.

COMENTÁRIO

De acordo com o art. 1.340 do CC, as despesas relativas às partes comuns de uso exclusivo de um condômino, ou de alguns deles, incumbem a quem delas se serve. Dessa forma, como Giovana tem uso exclusivo da parte comum do prédio relativo à cobrança feita a maior, de rigor que ela seja cobrada em quantia superior àquela exigida dos demais condôminos. A alternativa correta é a A.

6.5. Direitos reais de fruição

(XVII EXAME DE ORDEM UNIFICADO – FGV) Mateus é proprietário de um terreno situado em área rural do estado de Minas Gerais. Por meio de escritura pública levada ao cartório do registro de imóveis, Mateus concede, pelo prazo de vinte anos, em favor de Francisco, direito real de superfície sobre o aludido terreno. A escritura prevê que Francisco deverá ali construir um edifício que servirá de escola para a população local. A escritura ainda prevê que, em contrapartida à concessão da superfície, Francisco deverá pagar a Mateus a quantia de R$ 30.000,00 (trinta mil reais). A escritura também prevê que, em caso de alienação do direito de superfície por Francisco, Mateus terá direito a receber quantia equivalente a 3% do valor da transação. Nesse caso, é correto afirmar que

(A) é nula a concessão de direito de superfície por prazo determinado, haja vista só se admitir, no direito brasileiro, a concessão perpétua.

(B) é nula a cláusula que prevê o pagamento de remuneração em contrapartida à concessão do direito de superfície, haja vista ser a concessão ato essencialmente gratuito.

(C) é nula a cláusula que estipula em favor de Mateus o pagamento de determinada quantia em caso de alienação do direito de superfície.

(D) é nula a cláusula que obriga Francisco a construir um edifício no terreno.

COMENTÁRIO

A alternativa C está correta, nos termos do art. 1.372, parágrafo único, do CC.

A alternativa A está incorreta, pois o instituto do direito de superfície reclama, inclusive, que haja fixação de prazo determinado para a fruição (art. 1.369, *caput*, do CC).

A alternativa B está incorreta, pois a concessão de superfície pode ser gratuita ou onerosa, nos termos do art. 1.370 do CC.

A alternativa D está incorreta, pois o objetivo da concessão de superfície é justamente para a construção em um terreno, podendo ser também para a plantação neste (art. 1.369, *caput*, do CC).

(OAB/EXAME UNIFICADO – 2015.2) Angélica concede a Otávia, pelo prazo de vinte anos, direito real de usufruto sobre imóvel de que é proprietária. O direito real é constituído por meio de escritura pública, que é registrada no competente Cartório do Registro de Imóveis. Cinco anos depois da constituição do usufruto, Otávia falece, deixando como única herdeira sua filha Patrícia. Sobre esse caso, assinale a afirmativa correta.

(A) Patrícia herda o direito real de usufruto sobre o imóvel.

(B) Patrícia adquire somente o direito de uso sobre o imóvel.

(C) O direito real de usufruto extingue-se com o falecimento de Otávia.

(D) Patrícia deve ingressar em juízo para obter sentença constitutiva do seu direito real de usufruto sobre o imóvel.

COMENTÁRIO

As alternativas A, B e D estão incorretas, pois o usufruto fica extinto com a morte do usufrutuário (art. 1.410, I, do CC);

A alternativa C está correta, pois, como se viu, o usufruto fica extinto com a morte do usufrutuário (art. 1.410, I, do CC).

(XVI EXAME DE ORDEM UNIFICADO – FGV) A Companhia GAMA e o Banco RENDA celebraram entre si contrato de mútuo, por meio do qual a companhia recebeu do banco a quantia de R$ 500.000,00 (quinhentos mil reais), obrigando-se a restituí-la, acrescida dos juros convencionados, no prazo de três anos, contados da entrega do numerário. Em garantia do pagamento do débito, a Companhia GAMA constituiu, em favor do Banco RENDA, por meio de escritura pública levada ao cartório do registro de imóveis, direito real de hipoteca sobre determinado imóvel de sua propriedade. A Companhia GAMA, dois meses depois, celebrou outro contrato de mútuo com o Banco BETA, no valor de R$ 200.000,00 (duzentos mil reais), obrigando-se a restituir a quantia, acrescida dos juros convencionados, no prazo de dois anos, contados da entrega do numerário. Em garantia do pagamento do débito, a Companhia GAMA constituiu, em favor do Banco BETA, por meio de escritura pública levada ao cartório do registro de imóveis, uma segunda hipoteca sobre o mesmo imóvel gravado pela hipoteca do Banco RENDA. Chegado o dia do vencimento do mútuo celebrado com o Banco BETA, a Companhia GAMA não reembolsou a quantia devida ao banco, muito embora tivesse bens suficientes para honrar todas as suas dívidas. Nesse caso, é correto afirmar que

(A) o Banco BETA tem direito a promover imediatamente a execução judicial da hipoteca que lhe foi conferida.

(B) a hipoteca constituída pela companhia GAMA em favor do Banco BETA é nula, uma vez que o bem objeto da garantia já se encontrava gravado por outra hipoteca.

(C) a hipoteca constituída pela GAMA em favor do Banco BETA é nula, uma vez que tal hipoteca garante dívida cujo vencimento é inferior ao da dívida garantida pela primeira hipoteca, constituída em favor do Banco RENDA.

(D) o Banco BETA não poderá promover a execução judicial da hipoteca que lhe foi conferida antes de vencida a dívida contraída pela Companhia GAMA junto ao Banco RENDA.

COMENTÁRIO

A alternativa A está incorreta, pois o credor da segunda hipoteca (Banco Beta) não pode executar o imóvel antes de vencida a dívida referente à primeira hipoteca (em favor do Banco Renda), nos termos do art. 1.477 do CC; essa regra só cede quando o devedor está em estado de insolvência, que não é o caso da questão, já que o enunciado deixa claro que o devedor tem condições para pagar as dívidas.

As alternativas B e C estão incorretas, pois, segundo o artigo 1.476 do CC, "o dono do imóvel hipotecado pode constituir outra hipoteca sobre ele, mediante novo título, em favor do mesmo ou de outro credor".

A alternativa D está correta, nos termos do art. 1.477 do CC.

(XII EXAME DE ORDEM UNIFICADO – FGV) Alexandre, pai de Bruno, celebrou contrato com Carlos, o qual lhe concedeu o direito de superfície para realizar construção de um albergue em seu terreno e explorá-lo por 10 anos, mediante o pagamento da quantia de R$100.000,00. Passados quatro anos, Alexandre veio a falecer. Diante do negócio jurídico celebrado, assinale a afirmativa incorreta.

(A) O superficiário pode realizar obra no subsolo, de modo a ampliar sua atividade.

(B) O superficiário responde pelos encargos e tributos que incidirem sobre o imóvel.

(C) O direito de superfície será transferido a Bruno, em razão da morte de Alexandre.

(D) O superficiário terá direito de preferência, caso Carlos decida vender o imóvel.

COMENTÁRIO

A alternativa A está incorreta, devendo ser assinalada, pois o direito de superfície não autoriza obra no subsolo, salvo se for inerente ao objeto da concessão (art. 1.369, parágrafo único do CC).

A alternativa B está correta (art. 1.371 do CC).

A alternativa C está correta, pois o direito de superfície, por morte do superficiário transfere-se aos herdeiros (art. 1.372, *caput*, do CC).

A alternativa D está correta (art. 1.373 do CC).

(OAB/EXAME UNIFICADO – 2014.2) Sara e Bernardo doaram o imóvel que lhes pertencia a Miguel, ficando o imóvel gravado com usufruto em favor dos doadores. Dessa forma, quanto aos deveres dos usufrutuários, assinale a afirmativa incorreta:

(A) Não devem pagar as deteriorações resultantes do exercício regular do usufruto.

(B) Devem arcar com as despesas ordinárias de conservação do bem no estado em que o receberam.

(C) Devem arcar com os tributos inerentes à posse da coisa usufruída.

(D) Não devem comunicar ao dono a ocorrência de lesão produzida contra a posse da coisa.

COMENTÁRIO

A alternativa D está incorreta (devendo ser assinalada), pois o usufrutuário é obrigado a dar ciência ao dono de qualquer lesão produzida contra a posse da coisa, ou os direitos deste (art. 1.406 do CC).

A alternativa A está correta (art. 1.402 do CC).

A alternativa B está correta (art. 1.403, I do CC).

A alternativa C está correta (art. 1.403, II do CC).

(IV EXAME DE ORDEM UNIFICADO – FGV) Noêmia, proprietária de uma casa litorânea, regularmente constituiu usufruto sobre o aludido imóvel em favor de Luísa, mantendo, contudo, a sua propriedade. Inesperadamente, sobreveio uma severa ressaca marítima, que destruiu por completo o imóvel. Ciente do ocorrido, Noêmia decidiu reconstruir integralmente a casa às suas expensas, tendo em vista que o imóvel não se encontrava segurado. A respeito da situação narrada, assinale a alternativa correta.

(A) O usufruto será extinto, consolidando-se a propriedade em favor de Noêmia, independentemente do pagamento de indenização a Luísa, tendo em vista que Noêmia arcou com as despesas de reconstrução do imóvel.

(B) O usufruto será extinto, consolidando-se a propriedade em favor de Noêmia, desde que esta indenize Luísa em valor equivalente a um ano de aluguel do imóvel.

(C) O usufruto será mantido em favor de Luísa, independentemente do pagamento de qualquer quantia por ela, tendo em vista que Noêmia somente poderia ter reconstruído o imóvel mediante autorização expressa de Luísa, por escritura pública ou instrumento particular.

(D) O usufruto será mantido em favor de Luísa, tendo em vista que o imóvel não fora destruído por culpa sua.

COMENTÁRIO

A alternativa A está correta, pois o usufruto fica extinto com a destruição da coisa (art. 1.410, V, do CC); tal extinção só não aconteceria se o imóvel tivesse seguro e, com o valor deste, tivesse sido reconstruído (art. 1.408 do CC).

A alternativa B está incorreta, pois, no caso, a extinção se dá sem que a lei preveja indenização em favor do usufrutuário (art. 1.410, V, do CC).

A alternativa C e D estão incorretas, pois o usufruto será extinto, conforme visto.

6.6. Direitos reais em garantia

(XIII EXAME DE ORDEM UNIFICADO – FGV) Antônio, muito necessitado de dinheiro, decide empenhar uma vaca leiteira para iniciar um negócio, acreditando que, com o sucesso do empreendimento, terá o animal de volta o quanto antes. Sobre a hipótese de penhor apresentada, assinale a afirmativa correta.

(A) Se a vaca leiteira morrer, ainda que por descuido do credor, Antônio poderá ter a dívida executada judicialmente pelo credor pignoratício.

(B) As despesas advindas da alimentação e outras necessidades da vaca leiteira, devidamente justificadas, consistem em ônus do credor pignoratício, sendo vedada a retenção do animal para obrigar Antônio a indenizá-lo.

(C) Se Antônio não quitar sua dívida com o credor pignoratício, o penhor estará automaticamente extinto e, declarada sua extinção, poder-se-á proceder à adjudicação judicial da vaca leiteira.

(D) Caso o credor pignoratício perceba que, devido a uma doença que subitamente atingiu a vaca leiteira, sua morte está próxima, o CC/2002 permite a sua venda antecipada, mediante prévia autorização judicial, situação que pode ser impedida por Antônio por meio da sua substituição.

COMENTÁRIO

A alternativa D está correta (art. 1.433, VI do CC).

A alternativa A está incorreta, pois o credor pignoratício tem o dever de zelar pela coisa empenhada como depositário e, em caso de perda ou deterioração por descuido próprio deve ressarcir o dono da coisa ou podendo, ser compensada na dívida, até a concorrente quantia (art. 1.433, I do CC). Logo, Antônio não poderá ter a dívida executada judicialmente.

A alternativa B está incorreta, pois referidas despesas com a coisa empenhada não configuram ônus do credor pignoratício, sendo permitida a retenção dela até que seja ressarcido (art. 1.433, II do CC).

A alternativa C está incorreta, pois caso a dívida não seja quitada o penhor não estará automaticamente extinto. Neste passo, a adjudicação judicial da coisa apenas pode ocorrer se autorizada pelo credor (art. 1.436, V do CC).

(IX EXAME DE ORDEM UNIFICADO – FGV) De acordo com as regras atinentes à hipoteca, assinale a afirmativa correta.

(A) O Código Civil não admite a divisibilidade da hipoteca em casos de loteamento do imóvel hipotecado.

(B) O ordenamento jurídico admite a instituição de nova hipoteca sobre imóvel hipotecado, desde que seja dada em favor do mesmo credor.

(C) Segundo o Código Civil, o adquirente de bem hipotecado não pode remir a hipoteca para que seja extinto o gravame pendente sobre o bem sem autorização expressa de todos credores hipotecários.

(D) A hipoteca pode ser constituída para garantia de dívida futura ou condicionada, desde que determinado o valor máximo do crédito a ser garantido.

COMENTÁRIO

A alternativa A está incorreta, pois o Código Civil admite sim essa divisibilidade (art. 1.488, *caput*, do CC).

A alternativa B está incorreta, pois a nova hipoteca pode se dar em favor do mesmo ou de outro credor (art. 1.476 do CC).

A alternativa C está incorreta, pois o adquirente do bem hipotecado pode remir a hipoteca para que seja extinto o gravame pendente sem que seja necessária autorização expressa de todos os credores hipotecários, bastando que o adquirente cite os credores hipotecários e proponha importância não inferior ao preço porque o adquiriu e não haja impugnação pelos credores, independentemente de autorização expressa destes (art. 1.481, *caput* e § 2º, do CC).

A alternativa D está correta (art. 1.487, *caput*, do CC).

(EXAME DE ORDEM UNIFICADO 2010.2 – FGV) Passando por dificuldades financeiras, Alexandre instituiu uma hipoteca sobre imóvel de sua propriedade, onde reside com sua família. Posteriormente, foi procurado por Amanda, que estaria disposta a adquirir o referido imóvel por um valor bem acima do mercado. Consultando seu advogado, Alexandre ouviu dele que não poderia alienar o imóvel, já que havia uma cláusula na escritura de instituição da hipoteca que o proibia de alienar o bem hipotecado. A opinião do advogado de Alexandre:

(A) está incorreta, porque a hipoteca instituída não produz efeitos, pois, na hipótese, o direito real em garantia a ser instituído deveria ser o penhor.

(B) está incorreta, porque Alexandre está livre para alienar o imóvel, pois a cláusula que proíbe o proprietário de alienar o bem hipotecado é nula.

(C) está incorreta, uma vez que a hipoteca é nula, pois não é possível instituir hipoteca sobre bem de família do devedor hipotecário.

(D) está correta, porque em virtude da proibição contratual, Alexandre não poderia alienar o imóvel enquanto recaísse sobre ele a garantia hipotecária.

COMENTÁRIO

De acordo com o art. 1.475 do Código Civil "é nula a cláusula que proíbe ao proprietário alienar imóvel hipotecado". Portanto, a alternativa B está correta. Vale salientar que não é correta a afirmação contida na alternativa C, de que a hipoteca é nula, por ser o imóvel bem de família. Isso porque, segundo o art. 3.º, V, da Lei 8.009/1990, a impenhorabilidade não é oponível em processo movido "para execução de hipoteca sobre o imóvel oferecido como garantia real pelo casal ou pela entidade familiar".

7. FAMÍLIA

7.1. Casamento

(X EXAME DE ORDEM UNIFICADO – FGV) Amélia e Alberto são casados pelo regime de comunhão parcial de bens. Alfredo, amigo de Alberto, pede que ele seja seu fiador na compra de um imóvel.

Diante da situação apresentada, assinale a afirmativa correta.

(A) A garantia acessória poderá ser prestada exclusivamente por Alberto.
(B) A outorga de Amélia se fará indispensável, independente do regime de bens.
(C) A fiança, se prestada por Alberto sem o consentimento de Amélia, será anulável.
(D) A anulação do aval somente poderá ser pleiteada por Amélia durante o período em que estiver casada.

COMENTÁRIO

A alternativa C está correta (art. 1.649, *caput*, do CC).

A alternativa A está incorreta, pois, como regra (regra que inclui os casamentos pelo regime de comunhão parcial de bens), a fiança não pode ser prestada sem a autorização do cônjuge (art. 1.647, III, do CC).

A alternativa B está incorreta, pois no regime de separação absoluta não é necessária a autorização do cônjuge (art. 1.647, *caput* e III, do CC).

A alternativa D está incorreta, pois o prazo decadencial para anulação só corre depois de terminada a sociedade conjugal (art. 1.649, *caput*, do CC).

(VI EXAME DE ORDEM UNIFICADO – FGV) Rejane, solteira, com 16 anos de idade, órfã de mãe e devidamente autorizada por seu pai, casa-se com Jarbas, filho de sua tia materna, sendo ele solteiro e capaz, com 23 anos de idade. A respeito do casamento realizado, é correto afirmar que é:

(A) nulo, tendo em vista o parentesco existente entre Rejane e Jarbas.
(B) é anulável, tendo em vista que, por ser órfã de mãe, Rejane deveria obter autorização judicial a fim de suprir o consentimento materno.
(C) válido.
(D) anulável, tendo em vista o parentesco existente entre Rejane e Jarbas.

COMENTÁRIO

A alternativa C está correta, pois houve autorização do representante legal de Rejane e não há outras causas de nulidade ou de anulabilidade do casamento.

As alternativas A e D" estão incorretas, pois Rejane e Jarbas são primos, ou seja, são parentes em quarto grau; e só são considerados nulos os casamentos de parentes até o terceiro grau (arts. 1.521, IV, e 1.548, II, do CC).

A alternativa B está incorreta, pois, na falta de um dos pais, o pai ou a mãe que estiverem vivos darão o seu consentimento ao casamento sozinhos.

(EXAME DE ORDEM UNIFICADO 2010.3 – FGV) Mathias, solteiro e capaz, com 65 anos de idade, e Tânia, solteira e capaz, com 60 anos de idade, conheceram-se há um ano e, agora, pretendem se casar. A respeito da situação narrada, é correto afirmar que Mathias e Tânia:

(A) deverão, necessariamente, celebrar pacto antenupcial optando expressamente pelo regime da separação de bens.
(B) poderão casar-se pelo regime da comunhão parcial de bens, desde que obtenham autorização judicial, mediante a prévia demonstração da inexistência de prejuízo para terceiros.
(C) somente poderão se casar pelo regime da separação obrigatória de bens, por força de lei e independentemente da celebração de pacto antenupcial.
(D) poderão optar livremente dentre os regimes de bens previstos em lei, devendo celebrar pacto antenupcial somente se escolherem regime diverso da comunhão parcial de bens.

COMENTÁRIO

A alternativa D está correta. De acordo com o Art. 1.641, II, com nova redação dada pela Lei 12.344/2010, c.c. art. 1.640, *caput* e parágrafo único, do CC.

(EXAME DE ORDEM UNIFICADO 2010.3 – FGV) João foi registrado ao nascer com o gênero masculino. Em 2008, aos 18 anos, fez cirurgia para correção de anomalia genética e teve seu registro retificado para o gênero feminino, conforme sentença judicial. No registro não constou textualmente a indicação de retificação, apenas foi lavrado um novo termo, passando a adotar o nome de Joana. Em julho de 2010, casou-se com Antônio, homem religioso e de família tradicional interiorana, que conheceu em janeiro de 2010, por quem teve uma paixão fulminante e correspondida. Joana omitiu sua história registral por medo de não ser aceita e perdê-lo. Em dezembro de 2010, na noite de Natal, a tia de Joana revela a Antônio a verdade sobre o registro de Joana/João. Antônio, não suportando ter sido enganado, deseja a anulação do casamento.

Conforme a análise da hipótese formulada, é correto afirmar que o casamento de Antônio e Joana:

(A) poderá ser anulado pela identidade errônea de Joana/João perante Antônio e a insuportabilidade da vida em comum.
(B) só pode ser anulado até 90 (noventa) dias da sua celebração.
(C) é nulo; portanto, não há prazo para a sua arguição.
(D) é inexistente, pois não houve a aceitação adequada, visto que Antônio foi levado ao erro de pessoa, o que tornou insuportável a vida em comum do casal.

COMENTÁRIO

O casamento pode ser inexistente (quando não concorrem elementos especiais para sua formação, tais como diversidade de sexo e celebração), nulo (quando se fere questão de ordem pública) e anulável (quando se ferem valores de ordem privada dos envolvidos e interessados). No caso em tela, existe diversidade de sexo (homem e mulher), pois, com a retificação de registro, João passou a ser do sexo feminino perante a lei, de modo que não se está diante de hipótese de casamento inexistente. Também não incide no caso as hipóteses de casamento nulo (art. 1.548 do CC). O fato é que estamos, em tese, diante de um casamento anulável, caracterizando-se a hipótese prevista no art. 1.557, I, do CC. Antônio não sabia de fatos relevantes sobre a *identidade* original de Joana, fatos esses que, considerados os valores de João, podem tornar insuportável a vida em comum com Joana. Caracteriza-se, então, o instituto do erro essencial sobre a pessoa, que torna o casamento anulável. Feito o comentário, vale observar que a questão pode ser considerada um tanto polêmica, pois não se deixou claro que tipo de anomalia existia, podendo ser que Joana já se tratasse de alguém cujo sexo atribuído deveria ser, desde o início, feminino. A alternativa correta é a A.

7.2. União estável

(XV EXAME DE ORDEM UNIFICADO – FGV) Augusto, viúvo, pai de Gustavo e Fernanda, conheceu Rita e com ela manteve, por dez anos, um relacionamento amoroso contínuo, público, duradouro e com objetivo de constituir família. Nesse período, Augusto não se preocupou em fazer o inventário dos bens adquiridos quando casado e em realizar a partilha entre os herdeiros Gustavo e Fernanda. Em meados de setembro do corrente ano, Augusto resolveu romper o relacionamento com Rita.

Face aos fatos narrados e considerando as regras de Direito Civil, assinale a opção correta.

(A) A ausência de partilha dos bens de Augusto com seus herdeiros Gustavo e Fernanda caracteriza causa suspensiva do casamento, o que obsta o reconhecimento da união estável entre Rita e Augusto.
(B) Sendo reconhecida a união estável entre Augusto e Rita, aplicar-se-ão à relação patrimonial as regras do regime de comunhão universal de bens, salvo se houver contrato dispondo de forma diversa.
(C) Em razão do fim do relacionamento amoroso, Rita poderá pleitear alimentos em desfavor de Augusto, devendo, para tanto, comprovar o binômio necessidade-possibilidade.
(D) As dívidas contraídas por Augusto, na constância do relacionamento com Rita, em proveito da entidade familiar, serão suportadas por Rita de forma subsidiária.

COMENTÁRIO

A alternativa C está correta, pois há dever de alimentos entre companheiros numa união estável, configurado no caso concreto o binômio mencionado (art. 1.694, *caput*, do CC).

A alternativa A está incorreta, pois as causas suspensivas previstas no art. 1.523 do Código Civil (que incluem a mencionada na alternativa) não impedem a caracterização da união estável (art. 1.723, § 2º, do CC); ademais, de rigor mencionar que a sanção decorrente da existência dessa causa suspensiva não se aplica quando não há prejuízo, o que muitas vezes é possível provar no caso concreto.

A alternativa B está incorreta, pois, na união estável, salvo disposição escrita em contrário, aplica-se o regime da comunhão *parcial* de bens (art. 1.725 do CC).

A alternativa D está incorreta, pois as dívidas serão suportadas diretamente pelos dois, na forma do art. 1.664 do CC.

(V EXAME DE ORDEM UNIFICADO – FGV) Em relação à união estável, assinale a alternativa correta.

(A) O contrato de união estável é solene, rigorosamente formal e sempre público.

(B) Não há presunção legal de paternidade no caso de filho nascido na constância da união estável.

(C) Quem estiver separado apenas de fato não pode constituir união estável, sendo necessária, antes, a dissolução do anterior vínculo conjugal; nesse caso, haverá simples concubinato.

(D) Para que fique caracterizada a união estável, é necessário, entre outros requisitos, tempo de convivência mínima de cinco anos, desde que durante esse período a convivência tenha sido pública e duradoura.

COMENTÁRIO

A alternativa B está correta, pois a presunção prevista no art. 1.597 do CC depende da existência de "casamento".

A alternativa A está incorreta, pois a lei só exige que o contrato seja escrito, não sendo necessário que se trate de escritura pública (art. 1.725 do CC).

A alternativa C está incorreta, pois é possível que alguém ainda casado constitua uma união estável, desde que esteja separado de fato ou judicialmente da pessoa com que tenha casado (art. 1.723, § 1.º, do CC).

A alternativa D está incorreta, pois, para se constituir a união estável, basta que haja a convivência pública, contínua e duradoura e estabelecida com o objetivo de constituição de família (art. 1.723, *caput*, do CC), não havendo tempo mínimo de união para a caracterização do instituto.

(EXAME DE ORDEM UNIFICADO 2010.2 – FGV) Jane e Carlos constituíram uma união estável em julho de 2003 e não celebraram contrato para regular as relações patrimoniais decorrentes da aludida entidade familiar. Em março de 2005, Jane recebeu R$ 100.000,00 (cem mil reais) a título de doação de seu tio Túlio. Com os R$ 100.000,00 (cem mil reais), Jane adquiriu em maio de 2005 um imóvel na Barra da Tijuca. Em 2010, Jane e Carlos se separaram. Carlos procura um advogado, indagando se tem direito a partilhar o imóvel adquirido por Jane na Barra da Tijuca em maio de 2005. Assinale a alternativa que indique a orientação correta a ser exposta a Carlos.

(A) Por se tratar de bem adquirido a título oneroso na vigência da união estável, Carlos tem direito a partilhar o imóvel adquirido por Jane na Barra da Tijuca em maio de 2005.

(B) Carlos não tem direito a partilhar o imóvel adquirido por Jane na Barra da Tijuca em maio de 2005 porque, salvo contrato escrito entre os companheiros, aplica-se às relações patrimoniais entre os mesmos o regime da separação total de bens.

(C) Carlos não tem direito a partilhar o imóvel adquirido por Jane na Barra da Tijuca em maio de 2005 porque, em virtude da ausência de contrato escrito entre os companheiros, aplica-se às relações patrimoniais entre os mesmos o regime da comunhão parcial de bens, que exclui dos bens comuns entre os consortes aqueles doados e os sub-rogados em seu lugar.

(D) Carlos tem direito a partilhar o imóvel adquirido por Jane na Barra da Tijuca em maio de 2005 porque, muito embora o referido bem tenha sido adquirido com o produto de uma doação, não se aplica a sub-rogação de bens na união estável.

COMENTÁRIO

A alternativa C está correta, pois, de acordo com o art. 1.725 do Código Civil, não havendo contrato escrito entre os companheiros, aplica-se às relações patrimoniais entre estes o regime de comunhão parcial. Esse regime, de fato, exclui da comunhão os bens que um companheiro tiver recebido em doação (no caso, os R$ 100 mil) e os sub-rogados em seu lugar (no caso, o imóvel), nos termos do art. 1.659, I, do Código Civil.

7.3. Filiação e paternidade

(XV EXAME DE ORDEM UNIFICADO – FGV) Mateus não tinha mais parentes, nunca tivera descendentes e jamais havia vivido em união estável ou em matrimônio. Há alguns anos, ele decidiu fazer um testamento e deixar todo o seu patrimônio para seus amigos da vida toda, Marcos e Lucas. Seis meses depois da lavratura do testamento, por força de um exame de DNA, Mateus descobriu que tinha um filho, Alberto, 29 anos, que não conhecia, fruto de um relacionamento fugaz ocorrido no início de sua faculdade.

Mateus reconheceu a paternidade de Alberto no Registro Civil e passou a conviver periodicamente com o filho. No mês passado, Mateus faleceu.

Sobre sua sucessão, assinale a afirmativa correta.

(A) Todo o patrimônio de Mateus caberá a Alberto.

(B) Todo o patrimônio de Mateus caberá a Marcos e Lucas, por força do testamento.

(C) Alberto terá direito à legítima, cabendo a Marcos e Lucas a divisão da quota disponível.

(D) A herança de Mateus caberá igualmente aos três herdeiros.

COMENTÁRIO

A alternativa A está correta, pois, de acordo com o art. 1.973 do CC, "sobrevindo descendente sucessível ao testador, que não o tinha ou não o conhecia quando testou, rompe-se o testamento em todas as suas disposições, se esse descendente sobreviver ao testador"; assim, como aparecimento de Alberto, o testamento que favorecia os dois amigos de Mateus fica rompido, ficando apenas Alberto como herdeiro.

As alternativas B, C e D estão incorretas, pois, com o aparecimento do herdeiro de Mateus, desconhecido à época do testamento deste, as disposições testamentárias ficam rompidas e somente Alberto receberá a herança de Mateus.

(X EXAME DE ORDEM UNIFICADO – FGV) Rogério, solteiro, maior e capaz, estando acometido por grave enfermidade, descobre que é pai biológico de Mateus, de dez anos de idade, embora não conste a filiação paterna no registro de nascimento. Diante disso, Rogério decide lavrar testamento público, em que reconhece ser pai de Mateus e deixa para este a totalidade de seus bens. Sobrevindo a morte de Rogério, Renato, maior e capaz, até então o único filho reconhecido por Rogério, é surpreendido com as disposições testamentárias e resolve consultar um advogado a respeito da questão.

A partir do fato narrado, assinale a afirmativa correta.

(A) Todas as disposições testamentárias são inválidas, tendo em vista que, em seu testamento, Rogério deixou de observar a parte legítima legalmente reconhecida a Renato, o que inquina todo o testamento público, por ser este um ato único.

(B) A disposição testamentária que reconhece a paternidade de Mateus é válida, devendo ser incluída a filiação paterna no registro de nascimento; a disposição testamentária relativa aos bens deverá ser reduzida ao limite da parte disponível, razão pela qual Mateus receberá o quinhão equivalente a 75% da herança e Renato o quinhão equivalente a 25% da herança.

(C) Todas as disposições testamentárias são inválidas, uma vez que Rogério não poderia reconhecer a paternidade de Mateus em testamento e, ainda, foi desconsiderada a parte legítima de seu filho Renato.

(D) A disposição testamentária que reconhece a paternidade de Mateus é válida, devendo ser incluída a filiação paterna no registro de nascimento; é, contudo, inválida a disposição testamentária relativa aos bens, razão pela qual caberá a cada filho herdar metade da herança de Rogério.

COMENTÁRIO

A alternativa B está correta; quanto ao reconhecimento de filhos por testamento público, não há problema algum (art. 1.609, III, do CC); quanto ao direcionamento da totalidade dos bens em favor do filho reconhecido (Mateus), não é possível, pois há um herdeiro necessário no caso (o outro filho – Renato), hipótese em que metade da herança (a legítima) não pode ser objeto de disposição (art. 1.846 do CC).

As alternativas A, C e D estão incorretas, pois a parte de reconhecimento do filho pode ser feita por testamento (art. 1.609, III, do CC) e é irrevogável, devendo ser mantida, assim como a disposição, restrita ao equivalente a 50% do patrimônio, que é a parte disponível (art. 1.846 do CC).

(VII EXAME DE ORDEM UNIFICADO – FGV) A respeito da perfilhação é correto dizer que:

(A) constitui ato formal, de livre vontade, irretratável, incondicional e personalíssimo.

(B) se torna perfeita exclusivamente por escritura pública ou instrumento particular.

(C) não admite o reconhecimento de filhos já falecidos, quando estes hajam deixado descendentes.

(D) em se tratando de filhos maiores, dispensa-se o consentimento destes.

COMENTÁRIO

A alternativa A está correta; a perfilhação, que significa o reconhecimento de um filho, é ato formal, pois deve obedecer a uma das formas previstas na lei (v. art. 1.609 do CC), de livre vontade (feito pela vontade dos pais), irretratável (não cabe revogação – art. 1.610 do CC), incondicional (são ineficazes a condição e o termo apostos ao ato de reconhecimento) e personalíssimo (devendo ser feita pelo próprio pai).

A alternativa B está incorreta, pois o reconhecimento de filho também pode ser feito no próprio registro público, por testamento e por manifestação direta e expressa perante o juiz (art. 1.609, I, III e IV, do CC).

A alternativa C está incorreta, pois o reconhecimento pode preceder o nascimento do filho ou ser posterior ao seu falecimento, se ele deixar antecedentes (art. 1.609, parágrafo único, do CC).

A alternativa D está incorreta, pois o filho maior não pode ser reconhecido sem o seu consentimento (art. 1.614 do CC).

7.4. Alimentos

(XVII EXAME DE ORDEM UNIFICADO – FGV) Maria, solteira, após a morte de seus pais em acidente automobilístico, propõe demanda por alimentos em face de Pedro, seu parente colateral de segundo grau. Diante dos fatos narrados e considerando as normas de Direito Civil, assinale a opção correta.

(A) Como Pedro é parente colateral de Maria, não tem obrigação de prestar alimentos a esta, ainda que haja necessidade por parte dela.

(B) Pedro só será obrigado a prestar alimentos caso Maria não possua ascendentes nem descendentes, ou, se os possuir, estes não tiverem condições de prestá-los ou complementá-los.

(C) A obrigação de prestar alimentos é solidária entre ascendentes, descendentes e colaterais, em havendo necessidade do alimentando e possibilidade do alimentante.

(D) Pedro não tem obrigação de prestar alimentos, pois não é irmão de Maria.

COMENTÁRIO

A alternativa B está correta, nos termos dos art. 1.697 e 1.698 do CC.

A alternativa A está incorreta; se Pedro é parente em segundo grau de Maria, é porque é irmão desta; e irmãos devem alimentos para irmãos, desde que o necessitado não tenha ascendentes ou descendentes que possam arcar com alimentos para eles (arts. 1.697 e 1.698 do CC).

A alternativa C está incorreta; em primeiro lugar, a obrigação em questão não é exatamente solidária, pois há uma ordem a seguir: primeiro ascendentes, depois descendentes e por último os irmãos (art. 1.697 do CC); em segundo lugar, somente os parentes colaterais que forem irmãos tem o dever de prestar alimentos para o necessitado, sendo que os demais parente colaterais não têm esse dever (art. 1.697 do CC).

A alternativa D está incorreta, pois se Pedro é parente em segundo grau de Maria, é porque é irmão desta (art. 1.594 do CC).

(XI EXAME DE ORDEM UNIFICADO – FGV) Fernanda, mãe da menor Joana, celebrou um acordo na presença do Juiz de Direito para que Arnaldo, pai de Joana, pague, mensalmente, 20% (vinte por cento) de 01 (um) salário mínimo a título de alimentos para a menor. O Juiz homologou por sentença tal acordo, apesar de a necessidade de Joana ser maior do que a verba fixada, pois não existiam condições materiais para a majoração da pensão em face das possibilidades do devedor.

Após um mês, Fernanda tomou conhecimento que Arnaldo trocou seu emprego por outro com salário maior e procurou seu advogado para saber da possibilidade de rever o valor dos alimentos fixados em sentença transitada em julgado.

Analisando o caso concreto, assinale a afirmativa correta.

(A) Não é possível rever o valor dos alimentos fixados, pois o mesmo já foi decidido em sentença com trânsito em julgado formal.

(B) Não é possível rever o valor dos alimentos fixados, pois o mesmo é fruto de acordo celebrado entre as partes e homologado por juiz de direito.

(C) É possível rever o valor dos alimentos, pois no caso concreto houve mudança do binômio "necessidade x possibilidade".

(D) É possível rever o valor dos alimentos, pois o acordo celebrado entre as partes e homologado pelo juiz de direito está abaixo do limite mínimo de 30% (trinta por cento) de 01 (um) salário-mínimo, fixado em lei, como mínimo indispensável que uma pessoa deve receber de alimentos.

COMENTÁRIO

A alternativa C está correta; de fato, havendo alteração para mais ou para menos da necessidade (do alimentando) ou da possibilidade (do alimentante), é possível a alteração nos alimentos fixados (art. 1.699 do CC).

As alternativas A e B estão incorretas, pois o art. 1.699 do CC é claro ao dispor que, havendo posterior mudança na situação financeira do alimentante, poderá o alimentando reclamar ao juiz alteração dos alimentos.

A alternativa D está incorreta, pois não há previsão legal de limite mínimo de prestação alimentícia.

(IX EXAME DE ORDEM UNIFICADO – FGV) Henrique e Natália, casados sob o regime de comunhão parcial de bens, decidiram se divorciar após 10 anos de união conjugal. Do relacionamento nasceram Gabriela e Bruno, hoje, com 8 e 6 anos, respectivamente. Enquanto esteve casada, Natália, apesar de ter curso superior completo, ser pessoa jovem e capaz para o trabalho, não exerceu atividade profissional para se dedicar integralmente aos cuidados da casa e dos filhos.

Considerando a hipótese acima e as regras atinentes à prestação de alimentos, assinale a afirmativa correta.

(A) Uma vez homologado judicialmente o valor da prestação alimentícia devida por Henrique em favor de seus filhos Gabriela e Bruno, no percentual de um salário-mínimo para cada um, ocorrendo a constituição de nova família por parte de Henrique, automaticamente será minorado o valor dos alimentos devido aos filhos do primeiro casamento.

(B) Henrique poderá opor a impenhorabilidade de sua única casa, por ser bem de família, na hipótese de ser acionado judicialmente para pagar débito alimentar atual aos seus filhos Gabriela e Bruno.

(C) Natália poderá pleitear alimentos transitórios e por prazo razoável, se demonstrar sua dificuldade em ingressar no mercado de trabalho em razão do longo período que permaneceu afastada do desempenho de suas atividades profissionais para se dedicar integralmente aos cuidados do lar.

(D) Caso Natália descubra, após dois meses de separação de fato, que espera um filho de Henrique, serão devidos alimentos gravídicos até o nascimento da criança, pois após este fato a obrigação alimentar somente será exigida em ação judicial própria.

COMENTÁRIO

A alternativa C está correta; de um lado, Natália ficou muito tempo afastada do trabalho em prol da família; de outro, ainda é jovem e capaz para o trabalho; nesse sentido, o STJ entende que "a obrigação de prestar alimentos transitórios – a tempo certo – é cabível, em regra, quando o alimentando é pessoa com idade, condições e formação profissional compatíveis com uma provável inserção no mercado de trabalho, necessitando dos alimentos apenas até que atinja sua autonomia financeira, momento em que se emancipará da tutela do alimentante – outrora provedor do lar –, que será então liberado da obrigação, a qual se extinguirá automaticamente" (STJ, REsp 1.025.769, DJ 1º.09.2010).

A alternativa A está incorreta, pois, de acordo com o STJ, "a circunstância de o alimentante constituir nova família, com nascimento de filhos, por si só, não importa na redução da pensão alimentícia paga à filha havida de união anterior, sobretudo se não resta verificada a mudança para pior na situação econômica daquele" (STJ, REsp 703.308).

A alternativa B está incorreta, pois o art. 3.º, III, da Lei 8.009/1990, dispõe que a impenhorabilidade do bem família não pode ser oposta em se tratando de ação em face de credor de pensão alimentícia.

A alternativa D está incorreta, pois, uma vez fixados os alimentos gravídicos, estes ficam convertidos em pensão alimentícia em favor do menor até que uma das partes solicite a sua revisão, após o nascimento com vida (art. 6.º, parágrafo único, da Lei 11.804/2008), tudo de forma automática, ou seja, sem que seja necessário ingressar com ação judicial própria.

(EXAME DE ORDEM UNIFICADO 2010.3 – FGV) Em relação aos alimentos, assinale a alternativa correta.

(A) No atual Código Civil, o cônjuge eventualmente declarado culpado pela separação não sofre qualquer restrição em seu direito de pedir alimentos ao outro cônjuge.

(B) A obrigação alimentar possui como característica básica ser irrenunciável, não poder ser restituída ou compensável e ser intransmissível.

(C) Eles não servem apenas para garantir as necessidades básicas do alimentando, mas também para preservar a condição social de quem os pleiteia.

(D) A possibilidade de os filhos maiores pedirem alimentos aos pais continua a existir após se atingir a maioridade, em razão da continuação do poder familiar que esses exercem sobre os filhos necessitados.

COMENTÁRIO

A alternativa C está correta, bastando fazer a interpretação *a contrario sensu* do disposto no art. 1.694, § 1.º, do CC.

A alternativa A está incorreta, pois o art. 1.694, § 1.º, do CC estabelece que os alimentos serão apenas os indispensáveis à subsistência, quando a situação de necessidade resultar de culpa de quem os pleiteia.

A alternativa B está incorreta, pois há casos de transmissão da obrigação alimentar (art. 1.700 do CC).

A alternativa D está incorreta, pois tal possibilidade decorre do vínculo de família, e não da continuação do poder familiar, pois tal poder cessa com a maioridade do filho.

7.5. poder familiar

(VI EXAME DE ORDEM UNIFICADO – FGV) A respeito do poder familiar, assinale a alternativa correta.

(A) O filho que possua dezesseis anos de idade, ainda que tenha contraído casamento válido, permanece sujeito ao poder familiar de seus pais até que complete dezoito anos de idade.

(B) Na constância do casamento entre os pais, havendo falta ou impedimento de um deles, caberá ao outro obter autorização judicial, a fim de exercer com exclusividade o poder familiar sobre os filhos comuns do casal.

(C) Exorbita os limites do exercício do poder familiar exigir que os filhos prestem quaisquer serviços aos pais, ainda que sejam considerados próprios para a idade e condição daqueles.

(D) Não é autorizado ao novo cônjuge interferir no poder familiar exercido por sua esposa sobre os filhos por ela havidos na constância do primeiro casamento, mesmo em caso de falecimento do pai das crianças.

COMENTÁRIO

A alternativa D está correta (arts. 1.632 e 1.636 do CC).

A alternativa A está incorreta, pois, com o casamento, ocorre a emancipação, sendo que o poder familiar só se exerce enquanto os filhos estão na menoridade (art. 1.630 do CC),

A alternativa B está incorreta, pois na falta ou impedimento de um dos pais, o outro, por força direta da lei, exercerá o poder familiar com exclusividade (art. 1.631, *caput*, parte final, do CC),

A alternativa C está incorreta, pois compete aos pais, quanto à pessoa dos filhos menores, exigir que lhes prestem os serviços próprios de sua idade e condição (art. 1.634, IX, do CC),

7.6. tutela e curatela

(XVIII EXAME DE ORDEM UNIFICADO – FGV) Fabiana e Mauro são casados pelo regime da separação convencional de bens e possuem dois filhos: Amanda e Pedro, de 19 e 16 anos, respectivamente. Mauro é filho de José, que se encontra com 65 anos. Mauro sofreu um acidente automobilístico e, em razão da violência do acidente, está em estado de coma, impossibilitado de exercer os atos da vida civil, razão pela qual sua interdição tornou-se necessária. Diante dos fatos narrados, assinale a afirmativa correta.

(A) Fabiana, em razão do regime de bens que rege o casamento, não poderá ser nomeada curadora de Mauro.

(B) Como Mauro possui ascendente vivo e capaz, este será nomeado seu curador, na forma da lei.

(C) A filha de Mauro, por ser maior e capaz, será nomeada sua curadora, na forma da lei.

(D) Fabiana será nomeada curadora de Mauro, na forma da lei.

COMENTÁRIO

O caso em questão pode ser resolvido pela norma do art. 1.775 do Código Civil que estabelece em seu *caput* que "o cônjuge ou companheiro, não separado judicialmente ou de fato, é, de direito, curador do outro, quando interdito". Na falta do cônjuge ou companheiro, será curador legítimo o pai ou a mãe; na falta destes, o descendente que se demonstrar mais apto, consoante estabelece o § 1º do mesmo dispositivo legal. Assim, é possível verificar que a esposa de Mauro, Fabiana, deve ser nomeada sua curadora, independentemente do regime de bens, o que faz com a alternativa D seja a correta.

(XIV EXAME DE ORDEM UNIFICADO – FGV) Marcos e Paula, casados, pais de Isabel e Marcelo, menores impúberes, faleceram em um grave acidente automobilístico. Em decorrência deste fato, Pedro, avô materno nomeado tutor dos menores, restou incumbido, nos termos do testamento, do dever de administrar o patrimônio dos netos, avaliado em dois milhões de reais. De acordo com o testamento, o tutor foi dispensado de prestar contas de sua administração. Diante dos fatos narrados e considerando as regras de Direito Civil sobre prestação de contas no exercício da tutela, assinale a opção correta.

(A) Pedro está dispensado de prestar contas do exercício da tutela, tendo em vista o disposto no testamento deixado pelos pais de Isabel e Marcelo, por ser um direito disponível.

(B) Caso Pedro falecesse no exercício da tutela, haveria dispensa de seus herdeiros prestarem contas da administração dos bens de Isabel e Marcelo.

(C) A responsabilidade de Pedro de prestar contas da administração da tutela cessará quando Isabel e Marcelo atingirem a maioridade e derem a devida quitação.

(D) Pedro tem a obrigação de prestar contas da administração da tutela de dois em dois anos e também quando deixar o exercício da tutela, ou sempre que for determinado judicialmente.

COMENTÁRIO

A alternativa D está correta (art. 1.757, *caput*, do CC).

A alternativa A está incorreta, pois ainda que haja disposição expressa no testamento dispensando a prestação de contas, Pedro está obrigado a prestá-las por disposição legal (art. 1.755 do CC).

A alternativa B está incorreta, pois nos casos de morte, ausência, ou interdição do tutor, as contas serão prestadas por seus herdeiros ou representantes (art. 1.759 do CC).

A alternativa C está incorreta, pois finda a tutela pela emancipação ou maioridade, a quitação do menor não produzirá efeito antes de aprovadas as contas pelo juiz, subsistindo inteira, até então, a responsabilidade do tutor (art. 1.758).

(VIII EXAME DE ORDEM UNIFICADO – FGV) Eduardo e Mônica, casados, tinham um filho menor chamado Renato. Por orientação de um advogado, Eduardo e Mônica, em 2005, fizeram os respectivos testamentos e nomearam Lúcio, irmão mais velho de Eduardo, como tutor do menor para o caso de alguma eventualidade. Pouco antes da nomeação por testamento, Lúcio fora definitivamente condenado pelo crime de dano (art. 163 do Código Penal), mas o casal manteve a nomeação, acreditando no arrependimento de Lúcio, que, desde então, mostrou conduta socialmente adequada. Em 2010, Eduardo e Mônica morreram em um acidente aéreo. Dois anos depois do acidente, pretendendo salvaguardar os interesses do menor colocado sob sua tutela, Lúcio, prevendo manifesta vantagem negocial em virtude do aumento dos preços dos imóveis, decide alienar a terceiros um dos bens imóveis do patrimônio de Renato, depositando, imediatamente, todo o dinheiro obtido na negociação em uma conta de poupança, aberta em nome do menor. Diante do caso narrado, assinale a afirmativa correta.

(A) A nomeação de Lúcio como tutor é inválida em razão de ter sido condenado criminalmente, independentemente do cumprimento da pena, mas a alienação do imóvel é lícita, pois atende ao princípio do melhor interesse do menor.

(B) A nomeação de Lúcio como tutor é válida, apesar da condenação criminal, e a alienação do imóvel é lícita, pois atende ao princípio do melhor interesse do menor.

(C) A nomeação de Lúcio como tutor é válida, apesar da condenação criminal, mas a alienação do imóvel, sem prévia avaliação e autorização judicial, é ilícita.

(D) A nomeação de Lúcio é inválida em razão de ter sido condenado criminalmente, mas a alienação do imóvel é lícita, pois somente bens móveis de alto valor necessitam de prévia avaliação e autorização judicial.

COMENTÁRIO

A condenação pelo crime cometido por Lúcio não é daquelas, que, por si só, impedem a sua nomeação como tutor, como são as condenações por crimes de furto, roubo, estelionato, falsidade, contra a família ou os costumes (art. 1.735, IV, do CC). Ademais, o fato de Lúcio ter passado a ter uma conduta socialmente adequada, afasta, também outras hipóteses que poderiam impedir a sua nomeação como tutor (ex: art. 1.735, V, do CC). Por outro lado, o tutor só poderia ter vendido o imóvel mediante autorização judicial (art. 1.748, IV, do CC). Assim, apenas a alternativa C está correta.

7.7. REGIME DE BENS

(XVIII EXAME DE ORDEM UNIFICADO – FGV) Roberto e Ana casaram-se, em 2005, pelo regime da comunhão parcial de bens. Em 2008, Roberto ganhou na loteria e, com os recursos auferidos, adquiriu um imóvel no Recreio dos Bandeirantes. Em 2014, Roberto foi agraciado com uma casa em Santa Teresa, fruto da herança de sua tia. Em 2015, Roberto e Ana se separaram. Tendo em vista o regime de bens do casamento, assinale a afirmativa correta.

(A) Os imóveis situados no Recreio dos Bandeirantes e em Santa Teresa são bens comuns e, por isso, deverão ser partilhados em virtude da separação do casal.

(B) Apenas o imóvel situado no Recreio dos Bandeirantes deve ser partilhado, sendo o imóvel situado em Santa Teresa bem particular de Roberto.

(C) Apenas o imóvel situado em Santa Teresa deve ser partilhado, sendo o imóvel situado no Recreio dos Bandeirantes excluído da comunhão, por ter sido adquirido com o produto de bem advindo de fato eventual.

(D) Nenhum dos dois imóveis deverá ser partilhado, tendo em vista que ambos são bens particulares de Roberto.

COMENTÁRIO

Como Roberto e Ana se casaram pelo regime da comunhão parcial de bens, o valor recebido pelo marido em virtude do prêmio da loteria constitui bem comum de casal, posto o art. 1.660, inciso II, do Código Civil, estabelecer que entram na comunhão "os bens adquiridos por fato eventual, com ou sem o concurso de trabalho ou despesa anterior". Por conseguinte, o imóvel adquirido no Recreio dos Bandeirantes também integrará a comunhão, eis que adquirido com os valores de um bem comum. A casa de Santa Teresa, contudo, é imóvel proveniente de herança e, por essa razão, excluído da comunhão, consoante dispõe o inciso I do art. 1.659 do Código Civil. Deste modo, a alternativa B apresenta a resposta correta para o caso em questão.

7.8. Temas combinados e outros temas de direito de família

(IX EXAME DE ORDEM UNIFICADO – FGV) Em julho de 2012, em razão de desavenças irreconciliáveis, Miguel e Letícia rompem a sociedade conjugal que mantinham e divorciam-se. A guarda do único filho do casal, Pedro, é compartilhada entre os pais. Ocorre que Edith, avó paterna de Pedro, sentindo o afastamento do neto em razão dos ressentimentos surgidos após a separação, pretende propor medida judicial visando garantir seu direito de visita a Pedro.

Considerando a hipótese, assinale a afirmativa correta.

(A) Os únicos titulares do direito de visita são os pais biológicos de Pedro, podendo Edith acompanhar o desenvolvimento do neto nos momentos em que a guarda estiver sendo exercitada por seu filho Miguel.

(B) As disposições relativas à guarda, visita e prestação de alimentos aos filhos menores estendem-se somente aos pais de Pedro e, somente na falta destes, poderá haver a participação dos demais ascendentes.

(C) Edith não poderá promover a medida judicial por ausência de previsão legal neste sentido.

(D) O direito de visita estende-se a qualquer dos avós, a critério do juiz, observados os interesses da criança ou do adolescente.

COMENTÁRIO

A alternativa D está correta, nos termos do art. 1.589, parágrafo único, do CC. As alternativas A, B e C estão incorretas, pois, segundo o art. 1.589, parágrafo único, do CC, o direito de visita se estende a qualquer dos avós, a critério do juiz, observados os interesses das crianças ou do adolescente.

8. SUCESSÕES

8.1. Sucessão em geral e sucessão legítima

(XVII EXAME DE ORDEM UNIFICADO – FGV) Ester, viúva, tinha duas filhas muito ricas, Marina e Carina. Como as filhas não necessitam de seus bens, Ester deseja beneficiar sua irmã, Ruth, por ocasião de sua morte, destinando-lhe toda a sua herança, bens que vieram de seus pais, também pais de Ruth. Ester o(a) procura como advogado(a), indagando se é possível deixar todos os seus bens para sua irmã. Deseja fazê-lo por meio de testamento público, devidamente lavrado em Cartório de Notas, porque suas filhas estão de acordo com esse seu desejo. Assinale a opção que indica a orientação correta a ser transmitida a Ester.

(A) Em virtude de ter descendentes, Ester não pode dispor de seus bens por testamento.

(B) Ester só pode dispor de 1/3 de seu patrimônio em favor de Ruth, cabendo o restante de sua herança às suas filhas Marina e Carina, dividindo-se igualmente o patrimônio.

(C) Ester pode dispor de todo o seu patrimônio em favor de Ruth, já que as filhas estão de acordo.

(D) Ester pode dispor de 50% de seu patrimônio em favor de Ruth, cabendo os outros 50% necessariamente às suas filhas, Marina e Carina, na proporção de 25% para cada uma.

COMENTÁRIO

A alternativa D está correta, nos termos do art. 1.846 do CC, que só admite disposição de metade dos bens quando há herdeiros necessários, sendo que, entre as filhas de Ester, que são herdeiras necessárias (art. 1.845 do CC), caberá metade para cada uma.

A alternativa A está incorreta, pois Ester pode dispor de apenas metade de seus bens (parte disponível da herança) nas hipóteses em que há herdeiros necessários (art. 1.846 do CC), como é o caso, já que Marina e Carina, por serem filhas de Ester, são herdeiras necessárias desta; de acordo com o art. 1.845 do CC são herdeiros necessários os descendentes, os ascendentes e o cônjuge.

As alternativas B e C estão incorretas, pois é possível dispor de até metade do patrimônio quando há herdeiros necessários (art. 1.846 do CC);

(XVI EXAME DE ORDEM UNIFICADO – FGV) Márcia era viúva e tinha três filhos: Hugo, Aurora e Fiona. Aurora, divorciada, vivia sozinha e tinha dois filhos, Rui e Júlia. Márcia faleceu e Aurora renunciou à herança da mãe. Sobre a divisão da herança de Márcia, assinale a afirmativa correta.

(A) Diante da renúncia de Aurora, a herança de Márcia deve ser dividida entre Hugo e Fiona, cabendo a cada um metade da herança.

(B) Diante da renúncia de Aurora, a herança de Márcia deve ser dividida entre Hugo, Fiona, Rui e Júlia, em partes iguais, cabendo a cada um 1/4 da herança.

(C) Diante da renúncia de Aurora, a herança de Márcia deve ser dividida entre Hugo, Fiona, Rui e Júlia, cabendo a Hugo e Fiona 1/3 da herança, e a Rui e Júlia 1/6 da herança para cada um.

(D) Aurora não pode renunciar à herança de sua mãe, uma vez que tal faculdade não é admitida quando se tem descendentes de primeiro grau.

COMENTÁRIO

Os herdeiros de quem renuncia a uma herança não podem representar o renunciante, na forma dos artigos 1.810 e 1.811 do CC; assim, somente os dois irmãos não renunciantes terão direito à herança, que será dividida igualmente entre eles, estando correta a alternativa A e incorretas as demais alternativas, lembrando que não há regra alguma no Código Civil que impeça um herdeiro que tenha herdeiros, que renuncie a herança a que tenha direito.

(XIV EXAME DE ORDEM UNIFICADO – FGV) Segundo o Código Civil de 2002, acerca do direito de representação, instituto do Direito das Sucessões, assinale a opção correta.

(A) É possível que o filho renuncie à herança do pai e, depois, represente-o na sucessão do avô.

(B) Na linha transversal, é permitido o direito de representação em favor dos sobrinhos, quando concorrerem com sobrinhos-netos.

(C) Em não havendo filhos para exercer o direito de representação, este será exercido pelos pais do representado.

(D) O direito de representação consiste no chamamento de determinados parentes do de cujus a suceder em todos os direitos a ele transmitidos, sendo permitido tanto na sucessão legítima quanto na testamentária.

COMENTÁRIO

A alternativa A está correta (art. 1.856 do CC).

A alternativa B está incorreta, pois na linha transversal, somente se dá o direito de representação em favor dos filhos de irmãos do falecido, quando com irmãos deste concorrerem (art. 1.853 do CC).

A alternativa C está incorreta, pois o direito de representação dá-se na linha reta descendente, mas nunca na ascendente (art. 1.852 do CC);

A alternativa D está incorreta, pois o direito de representação apenas se dá na sucessão legítima (art. 1.851 a 1.856 do CC). Na sucessão testamentária temos a figura da substituição testamentária, que é a que mais se assemelha ao direito de representação.

(VIII EXAME DE ORDEM UNIFICADO – FGV) Com relação ao direito sucessório, assinale a afirmativa correta.

(A) O cônjuge sobrevivente, mesmo se constituir nova família, continuará a ter direito real de habitação sobre o imóvel em que residiu com seu finado cônjuge.

(B) A exclusão por indignidade pode ocorrer a partir da necessidade de que o herdeiro tenha agido sempre com dolo e por uma conduta comissiva.

(C) A deserdação é forma de afastar do processo sucessório tanto o herdeiro legítimo quanto o legatário.

(D) Os efeitos da indignidade não retroagem à data da abertura da sucessão, tendo, portanto, efeito *ex nunc*.

COMENTÁRIO

A alternativa A está correta, pois o art. 1.831 prevê esse direito, sem estabelecer como causa de sua extinção a constituição de nova família; no Código Civil anterior, o dispositivo que tratava do assunto (art. 1.611) deixava claro que o direito real de habitação duraria enquanto o cônjuge sobrevivente permanecesse viúvo, ou seja, enquanto não constituísse nova família.

A alternativa B está incorreta, pois são excluídos por indignidade os herdeiros ou legatários que "houverem acusado caluniosamente em juízo o autor da herança", sendo que essa hipótese pode ser configurada por conduta dolosa ou culposa, já que se trata de um tipo civil que não exige dolo, diferentemente de outros tipos reclamados pelo art. 1.814 do Código Civil, que reclamam a configuração de crimes dolosos.

A alternativa C está incorreta, pois a deserdação é forma de afastar apenas herdeiros legítimos do tipo herdeiro necessário (art. 1.961 do CC).

A alternativa D está incorreta, pois os efeitos da indignidade são *ex tunc*, já que, uma vez reconhecida, o herdeiro excluído será considerado como se morto fosse ao tempo da abertura da sucessão (art. 1.816 do CC).

(VII EXAME DE ORDEM UNIFICADO – FGV) Edgar, solteiro, maior e capaz, faleceu deixando bens, mas sem deixar testamento e contando com dois filhos maiores, capazes e também solteiros, Lúcio e Arthur. Lúcio foi regularmente excluído da sucessão de Edgar, por tê-lo acusado caluniosamente em juízo, conforme apurado na esfera criminal. Sabendo-se que Lúcio possui um filho menor, chamado Miguel, assinale a alternativa correta.

(A) O quinhão de Lúcio será acrescido à parte da herança a ser recebida por seu irmão, Arthur, tendo em vista que Lúcio é considerado como se morto fosse antes da abertura da sucessão.

(B) O quinhão de Lúcio será herdado por Miguel, seu filho, por representação, tendo em vista que Lúcio é considerado como se morto fosse antes da abertura da sucessão.

(C) O quinhão de Lúcio será acrescido à parte da herança a ser recebida por seu irmão, Arthur, tendo em vista que a exclusão do herdeiro produz os mesmos efeitos da renúncia à herança.

(D) O quinhão de Lúcio se equipara, para todos os efeitos legais, à herança jacente, ficando sob a guarda e administração de um curador, até a sua entrega ao sucessor devidamente habilitado ou à declaração de sua vacância.

COMENTÁRIO

Segundo o art. 1.816 do CC, "são pessoais os efeitos da exclusão; os descendentes do herdeiro excluído sucedem, como se ele morto fosse antes da abertura da sucessão". Nesse sentido, aplica-se o direito de representação, pelo qual a lei chama o filho do falecido a suceder em todos os seus direitos (art. 1.851 do CC), direito esse que se aplica na linha reta descendente (art. 1.852 do CC). Dessa forma, apenas a alternativa B está correta.

(VI EXAME DE ORDEM UNIFICADO – FGV) Cristóvão, casado com Carla pelo regime da comunhão universal de bens, tinha três filhos, Ricardo, Ronaldo e Roberto. Ricardo era pai de José e Jorge. José, pai de Marcos e Mateus. Ricardo falece na data de 15/5/2003. Cristóvão, muito triste com a perda do filho, faleceu em 30/1/2004. José faleceu em 17/7/2006. Sabendo que o valor da herança é de R$ 600.000,00, como ficaria o monte?

(A) Roberto e Ronaldo receberiam cada um R$ 300.000,00, pois, como Ricardo faleceu antes de Cristóvão, seus filhos nada receberiam em relação à herança.

(B) Roberto e Ronaldo receberiam R$ 200.000,00 cada um, e o filho de Ricardo de nome Jorge receberia os outros R$ 200.000,00.

(C) Carla receberia R$ 300.000,00. Roberto e Ronaldo receberiam R$ 100.000,00 cada um. Jorge receberia R$ 50.000,00, e Marcos e Mateus receberiam cada um R$ 25.000,00.

(D) A herança seria dividida em quatro partes: Carla, Roberto e Ronaldo receberiam cada um R$ 150.000,00. Os outros R$ 150.000,00 seriam partilhados entre Jorge e os filhos de José, cabendo ao primeiro R$ 75.000,00 e a Marcos e Mateus R$ 37.500,00 para cada um.

COMENTÁRIO

Pelo Direito de Família, metade dos R$ 600.000,00 pertence a Carla, que receberá, assim, R$ 300.000,00. A outra metade (a herança) será divido entre os filhos, de modo que teríamos R$ 100.000,00 para Ricardo, R$ 100.000,00 para Roberto e R$ 100.000,00 para Ronaldo. Porém, como Ricardo faleceu, teríamos R$ 50.000,00 para José e R$ 50.000,00 para Jorge, por conta do direito de representação (art. 1.852 do CC). Porém, como José faleceu, temos que dividir esse valor e atribuir R$ 25.000,00 para Marcos e R$ 25.000,00 para Mateus, também como direito de representação. Assim, a resposta correta está na alternativa C.

(VI EXAME DE ORDEM UNIFICADO – FGV) José, solteiro, possui três irmãos: Raul, Ralph e Randolph. Raul era pai de Mauro e Mário. Mário era pai de Augusto e Alberto. Faleceram, em virtude de acidente automobilístico, Raul e Mário, na data de 15/4/2005. Posteriormente, José veio a falecer em 1.º/5/2006. Sabendo-se que a herança de José é de R$ 90.000,00, como ficará a partilha de seus bens?

(A) Como José não possui descendente, a partilha deverá ser feita entre os irmãos. E, como não há direito de representação entre os filhos de irmão, Ralph e Randolph receberão cada um R$ 45.000,00.

(B) Ralph e Randolph devem receber R$ 30.000,00 cada. A parte que caberá a Raul deve ser repartida entre Mauro e Mário. Sendo Mário pré-morto, seus filhos Alberto e Augusto devem receber a quantia que lhe caberia. Assim, Mauro deve receber R$ 15.0000,00, e Alberto e Augusto devem receber R$ 7.500,00 cada um.

(C) Ralph e Randolph receberão R$ 30.000,00 cada um. O restante (R$ 30.000,00) será entregue a Mauro, por direito de representação de seu pai pré-morto.

(D) Ralph e Randolph receberão R$ 30.000,00 cada um. O restante, na falta de outro colateral vivo, será entregue ao Município, Distrito Federal ou União.

COMENTÁRIO

Com a morte de José, teríamos R$ 30.000,00 para Raul, R$ 30.000,00 para Ralph e R$ 30.000,00 para Randolph. Porém, como Raul faleceu, a sua parte (R$ 30.000,00) seria dividida entre seus dois filhos, Mauro e Mário. Mas como Mário faleceu no mesmo momento de Raul, não chegou a herdar deste, nem a falecer antes de Raul para configurar o direito de representação (não há pré-morte), de maneira que toda a parte de Raul será entregue a Mauro, por direito de representação de seu pai pré-morto, e nada será atribuído a Augusto e Alberto, de modo que apenas a alternativa C está correta.

(V EXAME DE ORDEM UNIFICADO – FGV) Heitor, solteiro e pai de dois filhos também solteiros (Roberto, com trinta anos de idade, e Leonardo, com vinte e oito anos de idade), vem a falecer, sem deixar testamento. Roberto, não tendo interesse em receber a herança deixada pelo pai, a ela renuncia formalmente por meio de instrumento público. Leonardo, por sua vez, manifesta inequivocamente o seu interesse em receber a herança que lhe caiba. Sabendo-se que Margarida, mãe de Heitor, ainda é viva e que Roberto possui um filho, João, de dois anos de idade, assinale a alternativa correta.

(A) Roberto pode renunciar à herança, o que ocasionará a transferência de seu quinhão para João, seu filho.

(B) Roberto não pode renunciar à herança, pois acarretará prejuízos a seu filho, João, menor de idade.

(C) Roberto pode renunciar à herança, ocasionando a transferência de seu quinhão para Margarida, sua avó, desde que ela aceite receber a herança.

(D) Roberto pode renunciar à herança, e, com isso, o seu quinhão será acrescido à parte da herança a ser recebida por Leonardo, seu irmão.

COMENTÁRIO

Segundo o art. 1.810 do Código Civil, quando alguém, na sucessão legítima, renuncia à herança, a parte do renunciante acresce à dos outros herdeiros da mesma classe. Assim, como Roberto renunciou à herança, a sua parte não vai para seu filho, nem para a sua mãe, mas para o seu irmão, Leonardo, que é o herdeiro que está na mesma classe de Roberto. Dessa forma, a alternativa D é a correta.

(EXAME DE ORDEM UNIFICADO 2010.3 – FGV) Josefina e José, casados pelo regime da comunhão universal de bens, tiveram três filhos: Mário, Mauro e Moacir. Mário teve dois filhos: Paulo e Pedro. Mauro teve três filhos: Breno, Bruno e Brian. Moacir teve duas filhas: Isolda e Isabel. Em um acidente automobilístico, morreram Mário e Mauro. José, muito triste com a perda dos filhos, faleceu logo em seguida, deixando um patrimônio de R$ 900.000,00. Nesse caso hipotético, como ficaria a divisão do monte?

(A) Paulo e Pedro receberiam cada um R$ 150.000,00. Breno, Bruno e Brian receberiam, cada um, R$ 100.000,00. E, por fim, Moacir receberia R$ 300.000,00.

(B) Josefina receberia R$ 450.000,00. Paulo e Pedro receberiam cada um R$ 75.000,00. Breno, Bruno e Brian receberiam cada um R$ 50.000,00. Moacir receberia R$ 150.000,00.

(C) A herança seria dividida em três partes de R$ 300.000,00. Paulo e Pedro receberiam cada um R$ 150.000,00. Breno, Bruno e Brian receberiam, cada um, R$ 100.000,00. E, por fim, Isabel e Isolda receberiam cada uma a importância de R$ 150.000,00.

(D) Josefina receberia R$ 450.000,00. Os filhos de Mário receberiam cada um R$ 75.000,00. Os filhos de Mauro receberiam R$ 50.000,00 cada um. E, por fim, as filhas de Moacir receberiam R$ 75.000,00 cada uma.

COMENTÁRIO

Como José e Josefina eram casados pelo regime de comunhão universal de bens, metade do patrimônio (R$ 450 mil) pertence a Josefina, em razão das regras do direito de família, independentemente das regras de direito das sucessões. Quanto à meação de José (os outros R$ 450 mil), Josefina não terá direito algum, vez que o regime de casamento entre os dois faz com que os descendentes de José sejam herdeiros sem a participação de sua esposa (art. 1.829 do CC). José tinha três filhos. Se todos estivessem vivos, cada filho ficaria com 1/3 do seu patrimônio. No entanto, como somente Moacir é vivo, somente ele receberá o 1/3 a que cada filho tem direito. Os filhos dos outros dois irmãos não herdam por cabeça, mas por estirpe (art. 1.835 do CC), de modo que o 1/3 que pertenceria a Mário será dividido entre seus dois filhos (R$ 75 mil para cada um, Paulo e Pedro) e o 1/3 que pertenceria a Mauro será dividido entre seus três filhos (R$ 50 mil para cada um, Breno, Bruno e Brian). A alternativa correta é a B.

8.2. Sucessão testamentária

(IX EXAME DE ORDEM UNIFICADO – FGV) José, viúvo, é pai de Mauro e Mário, possuindo um patrimônio de R$ 300.000,00. Casou-se com Roberta, que tinha um patrimônio de R$ 200.000,00, pelo regime da comunhão universal de bens. José e Roberta tiveram dois filhos, Bruno e Breno.

Falecendo Roberta, a divisão do monte seria a seguinte:

(A) José recebe R$ 250.000,00 e Mauro, Mário, Bruno e Breno recebem cada um R$ 62.500,00.

(B) O monte, no valor total de R$ 500.000,00, deve ser dividido em cinco partes, ou seja, José, Mauro, Mário, Breno e Bruno recebem, cada um, R$ 100.000,00.

(C) José recebe R$ 250.000,00 e Bruno e Breno recebem, cada um, a importância de R$ 125.000,00.

(D) A herança deve ser dividida em três partes, cabendo a José, Bruno e Breno 1/3 do monte, ou seja, R$ 166.666,66 para cada um.

COMENTÁRIO

José e Roberta tem patrimônio comum de R$ 500.000,00. Com o falecimento de Roberta, pelo Direito de Família, José tem direito a pegar a sua meação nesse patrimônio comum, ficando, assim, com R$ 250.000,00 somente para si. A outra meação consiste na herança deixada por Roberta. Mauro e Mário, por serem filhos apenas de José, não tem direito algum à herança de Roberta. Seus filhos (Bruno e Breno) certamente têm direito à herança, restando saber se José terá direito a alguma parte da herança deixada por Roberta, ou seja, a alguma quantia sobre os R$ 250.000,00 correspondentes à meação de Roberta. Segundo o art. 1.829, I, do CC, os descendentes estão na primeira classe de herdeiros junto com o cônjuge sobrevivente, desde que esse cônjuge não seja casado com o falecido pelo regime de *comunhão universal*, ou pelo regime de separação obrigatória de bens ou pelo regime de comunhão parcial, não tendo o autor da herança deixado bens particulares. Como José era casado com Roberta pelo regime de *comunhão universal*, ele não entra na primeira classe, fazendo com que os R$ 250.000,00 referentes à herança de Roberto sejam divididos entre Bruno e Breno, que ficarão, cada um, com R$ 125.000,00. Assim, José recebe R$ 250.000,00 referente à sua meação (Direito de Família), e Breno e Bruno recebem R$ 125.000,00 cada, referente à herança deixada por Roberta (Direito das Sucessões). A alternativa correta é a C.

(EXAME DE ORDEM UNIFICADO 2010.2 – FGV) Em 2004, Joaquim, que não tinha herdeiros necessários, lavrou um testamento contemplando como sua herdeira universal Ana. Em 2006, arrependido, Joaquim revogou o testamento de 2004, nomeando como seu herdeiro universal Sérgio. Em 2008, Sérgio faleceu, deixando uma filha Catarina. No mês de julho de 2010, faleceu Joaquim. O único parente vivo de Joaquim era seu irmão, Rubens. Assinale a alternativa que indique a quem caberá a herança de Joaquim.

(A) Rubens.

(B) Catarina.

(C) Ana.

(D) A herança será vacante.

COMENTÁRIO

Com a morte de Sérgio (nomeado como herdeiro) antes da morte do testador (Joaquim), o testamento fica caduco, perdendo seus efeitos. Sobre o tema, vale citar a lição de Sílvio de Salvo Venosa (Código Civil Interpretado, SP: Ed. Atlas, p. 1.780, 2010), para quem o testamento caduca quando "o bem já não mais existe (pouco importando a causa, desaparecimento, alienação, perda), ou porque não existe o sujeito (herdeiro ou legatário) para suceder (em todos os casos em que o sucessor não mais existe, não quer, ou não pode receber)". Assim, a herança caberá a Rubens, considerando que, quando da morte de Joaquim, ele era seu único parente vivo, sendo o parentesco entre eles de segundo grau (art. 1.839 do Código Civil). A alternativa correta é a A.

10. Estatuto da Criança e do Adolescente

*Eduardo Dompieri e João Aguirre**

1. CONCEITOS BÁSICOS E PRINCÍPIOS

(XVI EXAME DE ORDEM UNIFICADO – FGV) O Estatuto da Criança e do Adolescente estabelece que pessoas com até doze anos de idade incompletos são consideradas crianças e aquelas entre doze e dezoito anos incompletos, adolescentes. Estabelece, ainda, o Art. 22, parágrafo único, que "Nos casos expressos em lei, aplica-se excepcionalmente este Estatuto às pessoas entre dezoito e vinte e um anos de idade".

Partindo da análise do caráter etário descrito no enunciado, assinale a afirmativa correta.

(A) O texto foi derrogado, não tendo qualquer aplicabilidade no aspecto penal, que considera a maioridade penal aos dezoito anos, não podendo, portanto, ser aplicada qualquer medida socioeducativa a pessoas entre dezoito e vinte e um anos incompletos, pois o critério utilizado para a incidência é a idade na data do julgamento e não a idade na data do fato.

(B) A proteção integral às crianças e adolescentes, primado do ECA, estendeu a proteção da norma especial aos que ainda não tenham completado a maioridade civil, nisso havendo a proteção especialmente destinada aos menores de vinte e um anos, nos âmbitos do Direito Civil e do Direito Penal.

(C) O texto destacado no parágrafo único desarmoniza-se da regra do Código Civil de 2002 que estabelece que a maioridade civil dá-se aos dezoito anos; por esse motivo, a regra indicada no enunciado não tem mais aplicabilidade no âmbito civil.

(D) Ao menor emancipado não se aplicam os princípios e as normas previstas no ECA; por isso, o estabelecido no texto transcrito, desde a entrada em vigor da norma especial em 1990, não era aplicada aos menores emancipados, exceto para fins de Direito Penal.

COMENTÁRIO:

A banca indicou a letra C como correta mas, a nosso ver, digna de anulação. É que, embora se trate de tema polêmico, em relação ao qual, bem por isso, não há consenso, doutrina e jurisprudência majoritárias sustentam inexistir desarmonia entre a regra acima transcrita e a aquela do Código Civil que estabelece que a maioridade civil é alcançada aos dezoito anos. Isso porque, apesar de o ECA ter sido concebido para disciplinar a situação de *crianças* e *adolescentes*, ele também incidirá, sempre de forma excepcional, sobre pessoas com idade entre 18 e 21 anos (incompletos), no que concerne, por exemplo, às medidas socioeducativas de *semiliberdade* e de *internação* do adolescente, cujo cumprimento deverá, necessariamente, findar até os 21 anos da pessoa, respeitado o período máximo de 3 anos. Neste caso, é imprescindível que o ato infracional tenha sido praticado antes de a pessoa tornar-se imputável, é dizer, completar 18 anos. Nessa linha, confira o posicionamento pacífico do Supremo Tribunal Federal: "*Medida Socioeducativa e Advento da Maioridade.* A Turma reafirmou jurisprudência da Corte no sentido de que o atingimento da maioridade não impede o cumprimento de medida socioeducativa de semiliberdade e indeferiu *habeas corpus* em que se pleiteava a extinção dessa medida aplicada ao paciente que, durante o seu curso, atingira a maioridade penal. Sustentava a impetração constrangimento ilegal, dado que, como o paciente completara a maioridade civil – 18 anos –, e, portanto, alcançara a plena imputabilidade penal, não teria mais legitimação para sofrer a imposição dessa medida socioeducativa. Asseverou-se, todavia, que, se eventualmente a medida socioeducativa superar o limite etário dos 18 anos, ela poderá ser executada até os 21 anos de idade, quando a liberação tornar-se-á compulsória. Alguns precedentes citados: HC 91441/RJ (DJU de 29.6.2007); HC 91490/RJ (DJU de 15.6.2007) e HC 94938/RJ (DJE de 3.10.2008). HC 96355/RJ, rel. Min. Celso de Mello, 19.05.2009. (HC-96355) (Inform. STF 547)".

2. DIREITOS FUNDAMENTAIS. DIREITO À CONVIVÊNCIA FAMILIAR E COMUNITÁRIA

(XVIII EXAME DE ORDEM UNIFICADO – FGV) Isabela e Matheus pretendem ingressar com ação judicial própria a fim de adotar a criança P., hoje com 4 anos, que está sob guarda de fato do casal desde quando tinha 1 ano de idade. Os pais biológicos do infante são conhecidos e não se opõem à referida adoção, até porque as famílias mantêm convívio em datas festivas, uma vez que Isabela e Matheus consideram importante que P. conheça sua matriz biológica e mantenha convivência com os membros de sua família originária. Partindo das diretrizes impostas pelo ECA e sua interpretação à luz da norma civilista aplicáveis à situação narrada, assinale a afirmativa correta.

(A) Durante o processo de adoção, Isabela, que reside fora do país, pode, mediante procuração, constituir Matheus como seu mandatário com poderes especiais para representar sua esposa e ajuizar a ação como adoção conjunta.

(B) Dispensável a oitiva dos pais biológicos em audiência, desde que eles manifestem concordância com o pedido de adoção por escritura pública ou declaração de anuência com firma reconhecida.

(C) Concluído o processo de adoção com observância aos critérios de regularidade e legalidade, caso ocorra o evento da morte de Isabela e Matheus antes de P. atingir a maioridade civil, ainda assim não se reestabelecerá o poder familiar dos pais biológicos.

(D) A adoção é medida excepcional, que decorre de incompatibilidade de os pais biológicos cumprirem os deveres inerentes ao poder familiar, motivo pelo qual, mesmo os pais de P. sendo conhecidos, a oitiva deles no curso do processo é mera faculdade e pode ser dispensada.

COMENTÁRIO

A alternativa C é a correta pois a adoção é plena, atribuindo a condição de filho ao adotado, com os mesmos direitos e deveres, inclusive sucessórios, desligando-o de qualquer vínculo com pais e parentes, salvo os impedimentos matrimoniais (art. 41 ECA);

A alternativa A está incorreta posto ser vedada a adoção por procuração, nos termos do art. 39, § 2º do ECA;

A alternativa B também não está correta porque para a concordância dos pais deverão ser ouvidos a autoridade judiciária e o representante do Ministério Público, tomando-se por termo as declarações, conforme § 1º do art. 166 do ECA;

A alternativa D está errada visto que a adoção depende do consentimento dos pais ou do representante legal do adotando, nos termos do art. 45 do ECA. Esse O consentimento poderá ser dispensado em relação à criança ou adolescente cujos pais sejam desconhecidos ou tenham sido destituídos do poder familiar.

(XVI EXAME DE ORDEM UNIFICADO – FGV) B e P, vizinhos da criança Y, cuidam do menino desde a tenra idade, quando o pai da criança faleceu e sua genitora, por motivos profissionais, mudou-se para localidade distante, fazendo visitas esporádicas ao infante, mas sempre enviando ajuda de custo para a alimentação do filho. Quando a criança completou um ano de idade, a genitora alcançou patamar financeiro estável, passando a ter meios para custear os gastos da criança também com educação, lazer, saúde etc. Assim, buscou a restituição do convívio diário com a criança Y, levando-a para morar consigo, o que gerou discordância dos vizinhos B e P, que ingressaram com Ação de Guarda e Tutela do menor, argumentando a construção de laços afetivos intensos e que a criança iria sofrer com a distância. Analise a situação e, sob o ponto de vista jurídico, assinale a afirmativa correta.

(A) O afastamento da genitora do convívio cotidiano com a criança Y impede a reconstrução de laços afetivos, devendo ser, de pronto,

* **João Aguirre** comentou as questões do XVIII Exame; **Eduardo Dompieri** comentou as demais.

conferida a guarda provisória aos vizinhos que o criaram e, ao final, a tutela do menor aos demandantes B e P.

(B) A reintegração à família natural, no caso, junto à mãe, deve ser priorizada em relação a outra providência, não havendo justo motivo para que a criança seja posta sob tutela na hipótese narrada, uma vez que isso demandaria a perda ou suspensão do poder familiar, o que não encontra aplicabilidade nos estritos termos do enunciado.

(C) Os vizinhos que detinham a guarda de fato da criança Y têm prioridade no exercício do encargo de tutores, considerando esse o atendimento ao melhor interesse da criança, podendo eles assumir a função mesmo que a mãe mantenha o poder familiar, ante a precariedade e provisoriedade do referido encargo jurídico.

(D) A mãe da criança Y pode anuir com o pedido de colocação da criança sob tutela se considerar que atenderá ao melhor interesse do infante, hipótese em que a sentença homologatória poderá ser revogada a qualquer tempo, caso mudem as circunstâncias que a justificaram, não fazendo, pois, coisa julgada material.

COMENTÁRIO

A letra B está correta. Não é o caso de se deferir a tutela tampouco a adoção aos vizinhos B e P, modalidades de colocação em família substituta. Embora a criança tenha permanecido sob a guarda de fato destes, sua mãe biológica não a abandonou. Tanto que, quando podia, visitava seu filho e sempre lhe enviava ajuda de custo para sua manutenção. Como bem sabemos, a carência de recursos materiais não pode levar à suspensão ou perda do poder familiar (pressuposto para a concessão da tutela), neste caso exercido pela mãe (art. 23, *caput*, do ECA). Menos ainda é o caso de deferir-lhes a adoção, à qual somente se deve recorrer em último caso. É que, com o novo panorama instaurado pela Lei Nacional de Adoção – Lei 12.010/2009, busca-se, em primeiro lugar e com absoluta prioridade, a manutenção da criança ou do adolescente na sua família natural. Diante da imperiosa necessidade de se retirar a pessoa em desenvolvimento de sua família natural, será encaminhada para sua família extensa; não sendo isso possível, para programa de acolhimento familiar ou institucional, ou, ainda, para as modalidades de família substituta (guarda ou tutela). Se, neste ínterim, a família natural não se reestruturar, aí sim, a criança ou adolescente poderá ser encaminhado para adoção – art. 19, *caput* e § 3º do ECA. A adoção, portanto, deve ser vista, no atual contexto, como o último recurso, a última alternativa (art. 100, parágrafo único, X, do ECA).

(XV EXAME DE ORDEM UNIFICADO – FGV) O Ministério Público moveu ação civil pública em face do estado A1 e do município A2, e em favor dos interesses da criança B, que precisava realizar um procedimento cirúrgico indispensável à manutenção de sua saúde, ao custo de R$ 8.000,00 (oito mil reais), o qual a família não tinha como custear. Os réus aduziram em contestação que os recursos públicos não poderiam ser destinados individualmente, mas sim, em caráter igualitário e geral a todos os que deles necessitassem.

Considere a narrativa e assinale a única opção correta a seguir.

(A) Não tem cabimento a medida intentada pelo Ministério Público, uma vez que a ação civil pública destina-se a interesse difusos ou coletivos, não sendo ferramenta jurídica hábil a tutelar os interesses individuais indisponíveis, como os descritos no enunciado, devendo o processo ser extinto sem resolução do mérito.

(B) A causa terá seguimento, visto que cabível ação civil pública na hipótese, mas, no mérito, os argumentos dos réus merecem acolhimento, já que conferir tratamento desigual à criança B implica violação ao princípio da isonomia, o que não encontra amparo na norma especial do ECA.

(C) A ação civil pública é perfeitamente cabível no caso e, no mérito, a prioridade legal assiste a criança B no atendimento a necessidades como vida e saúde, nisso justificando-se a absoluta prioridade na efetivação dos seus direitos, conferindo-lhe primazia de receber socorro e proteção, e a precedência no atendimento em serviço público.

(D) Não é cabível ação civil pública na hipótese, por se tratar de direito meramente individual, embora indisponível, e, como no mérito assiste razão aos interesses da criança B, a ação deverá ser extinta sem resolução do mérito, a fim de que outra ação judicial, intentada com o uso da ferramenta jurídica adequada, possa ser processada sem incorrer em litispendência.

COMENTÁRIO

A letra C está correta. Em conformidade com a regra presente no art. 201, V, do ECA, constitui atribuição do Ministério Público, entre outras, "promover o inquérito civil e a ação civil pública para a proteção dos interesses individuais, difusos ou coletivos relativos à infância e à adolescência, inclusive os definidos no art. 220, § 3º, II, da CF". Além disso, é claro o art. 7º do mesmo estatuto ao enunciar que "a criança e o adolescente têm direito à proteção à vida e à saúde, mediante a efetivação de políticas (...)". No mais, no que toca à legitimidade do MP para ajuizar ação civil pública para a defesa de interesse individual indisponível, conferir: "LEGITIMIDADE. – MINISTÉRIO PÚBLICO. – AÇÃO CIVIL PÚBLICA – FORNECIMENTO DE REMÉDIO PELO ESTADO. O Ministério Público é parte legítima para ingressar em juízo com ação civil pública visando a compelir o Estado a fornecer medicamento indispensável à saúde de pessoa individualizada" (STF, RE 407902, Relator(a): Min. Marco Aurélio, Primeira Turma, julgado em 26.05.2009).

(XIV EXAME DE ORDEM UNIFICADO – FGV) A Declaração Universal dos Direitos da Criança reconhece como necessária ao desenvolvimento completo e harmonioso das crianças e dos adolescentes a necessidade de cuidados e um ambiente de afeto e de segurança moral e material, o que prioritariamente deve ocorrer na companhia e sob a responsabilidade dos pais. Mas, em circunstâncias excepcionais, a criança ou o adolescente podem ser confiados às chamadas famílias substitutas. A respeito da colocação de criança ou adolescente em família substituta, segundo os termos do Estatuto da Criança e do Adolescente, assinale a afirmativa correta.

(A) O ECA disciplina procedimento específico para a colocação em família substituta de criança ou adolescente indígena, que requer, obrigatoriamente, a intervenção e oitiva de representantes de órgão federal responsável pela política indígena e de antropólogos.

(B) A criança ou adolescente será prévia e necessariamente ouvida pela equipe interprofissional no curso do processo, dispensando-se o consentimento da criança ou adolescente, que será substituído pelo parecer da equipe.

(C) A colocação da criança ou adolescente em família substituta, por ser de caráter provisório e precário, exime o guardião ou o tutor dos deveres de companhia e guarda, que poderão ser transferidos a terceiros.

(D) A guarda e a tutela são as únicas modalidades de colocação da criança ou adolescente em família substituta, que pode ser nacional ou estrangeira, sendo a adoção medida de colocação em família definitiva, não em família substituta.

COMENTÁRIO

A letra C está incorreta (art. 30, ECA);
A letra A está correta (art. 28, § 6º, do ECA);
A letra B está incorreta, pois contraria o disposto no art. 28, § 1º, do ECA;
A letra D está incorreta. A adoção, a exemplo da guarda e da tutela, constitui modalidade de colocação da pessoa em desenvolvimento em família substituta (art. 28, *caput*, do ECA). Somente a adoção poderá ser nacional ou internacional, a depender do local de residência dos postulantes (art. 51, *caput*, do ECA).

(XIII EXAME DE ORDEM UNIFICADO – FGV) Vilma, avó materna do menor Oscar, de quinze anos de idade, pretende mover ação de suspensão do poder familiar em face de Onísio e Paula, pais do menor. Argumenta que Oscar estaria na condição de evasão escolar e os pais negligentes, embora incansavelmente questionados por Vilma quanto às consequências negativas para a formação de Oscar.

Considere a hipótese narrada e assinale a única opção correta aplicável ao caso.

(A) Do ponto de vista processual, Vilma não tem legitimidade para propor a ação que deve ser movida exclusivamente pelo Ministério Público, diante da indisponibilidade do direito em questão, a quem a interessada deve dirigir a argumentação para a tomada das medidas judiciais cabíveis.

(B) Do ponto de vista material, os elementos indicados por Vilma são suficientes ao pleito de suspensão do poder familiar, do mesmo modo que a falta ou a carência de recursos materiais são, ainda que isoladamente, justo motivo para propositura da medida de suspensão do poder familiar.

(C) Do ponto de vista material, os argumentos indicados por Vilma são irrelevantes a dar ensejo à medida de suspensão de poder familiar, medida grave e excepcionalmente aplicada, mas são suficientes ao pleito de aplicação de multa e repreensão aos pais negligentes, por se tratar de infração administrativa.

(D) Do ponto de vista processual, Vilma possui legitimidade para propor a ação de suspensão do poder familiar e, tramitando o processo perante a Justiça da Infância e da Juventude, é impositiva a isenção de custas e emolumentos, independente de concessão da gratuidade de justiça, conforme dispõe expressa e literalmente o ECA.

COMENTÁRIO

A letra D está correta.

A letra A está incorreta, em vista do disposto no art. 155 do ECA, são legitimados a propor a ação de perda ou suspensão do poder familiar tanto o Ministério Público quanto aquele que tenha *legítimo interesse* (é o caso da avó). No mais, segundo estabelece o art. 141, § 2º, do ECA, "as ações judiciais da competência da Justiça da Infância e da Juventude são isentas de custas e emolumentos, ressalvada a hipótese de litigância de má-fé";

A letra B está incorreta, tendo em vista que a falta ou a carência de recursos materiais não constitui motivo suficiente para a perda ou a suspensão do poder familiar, devendo a família ser incluída em programas oficiais de auxílio (art. 23, do ECA);

A letra C está incorreta, uma vez que os argumentos indicados por Vilma podem, sim, dar ensejo à medida de suspensão do poder familiar (arts. 22 e 24 do ECA).

(XII EXAME DE ORDEM UNIFICADO – FGV) Paulo, de 4 anos, é filho de Carla e não teve a sua paternidade reconhecida. Cláudio, avô de Carla e bisavô de Paulo, muito preocupado com o futuro do bisneto, pretende adotá-lo, tendo em vista que Carla ostenta uma situação financeira precária e, na opinião do avô, não é muito responsável.

Acerca da possibilidade de adoção de Paulo por Cláudio, assinale a afirmativa correta.

(A) Cláudio sendo bisavô de Paulo e membro de sua família extensa, terá prioridade na adoção da criança, exigindo-se, contudo, que Carla, mãe de Paulo, autorize e que o adotando dê o seu consentimento em juízo.

(B) Cláudio, por ser bisavô de Paulo, não poderá adotá-lo, mesmo que Carla consinta, já que tal medida excepcional não é permitida quando o adotante é ascendente ou irmão do adotando.

(C) Como Cláudio só poderá adotar Paulo se Carla for destituída do poder familiar exercido em favor da criança, a medida, dada a sua excepcionalidade, só se justificaria na hipótese de adoção bilateral.

(D) Claudio, por ser bisavô de Paulo, por um lado, tem prioridade na adoção da criança, mas, por outro, só poderá adotá-lo se Carla, além de autorizar a medida, for destituída do poder familiar.

COMENTÁRIO

A letra B está correta. São impedidos de adotar os ascendentes e os irmãos do adotando (art. 42, § 1º, do ECA). Tios, portanto, podem adotar; avós, no entanto, não podem.

(IX EXAME DE ORDEM UNIFICADO – FGV) A respeito da família substituta, com base no Estatuto da Criança e do Adolescente, assinale a afirmativa correta.

(A) A colocação em família substituta de maior de doze anos de idade far-se-á mediante consentimento do menor, colhido em audiência.

(B) Os grupos de irmãos serão sempre colocados sob adoção, tutela ou guarda da mesma família substituta.

(C) A colocação em família substituta estrangeira constitui medida excepcional, somente admissível na modalidade de tutela.

(D) A colocação em família substituta far-se-á mediante guarda, tutela ou adoção, sendo esta limitada pela situação jurídica da criança ou adolescente.

COMENTÁRIO

A letra A está correta, pois corresponde ao que estabelece o art. 28, § 2º, do ECA;

A letra B está incorreta, pois não reflete o disposto no art. 28, § 4º, do ECA;

A letra C está incorreta, pois contraria o que estabelece o art. 31 do ECA, onde somente é admissível na modalidade de adoção;

A letra D está incorreta, pois não corresponde à norma contida no art. 28, *caput*, do ECA, independentemente da situação jurídica da criança ou adolescente.

(IX EXAME DE ORDEM UNIFICADO – FGV) Assegurar o direito fundamental à vida e à saúde da criança e do adolescente é dever da família, da sociedade e do Poder Público.

Acerca da regulamentação desses direitos pelo Estatuto da Criança e do Adolescente, assinale a afirmativa correta.

(A) Os hospitais e demais estabelecimentos de atenção à saúde de gestantes, públicos e particulares, são obrigados a manter os prontuários individuais, pelo prazo de dez anos, assim como fornecer declaração de nascimento.

(B) Incumbe ao poder público proporcionar assistência psicológica à gestante e à mãe, no período pré e pós-natal, salvo se a mesma manifestar interesse em entregar seus filhos para adoção, quando será assegurada assistência psicológica pré-natal apenas.

(C) A gestante tem direito ao acompanhamento pré-natal, sendo-lhe assegurado o direito de ser atendida no parto pelo mesmo médico que a acompanhou, assim como de optar pelo tipo de parto a que será submetida.

(D) O atendimento pré-natal à gestante inclui o dever do poder público de propiciar apoio alimentar à gestante, como forma de assegurar o direito à vida e à saúde do nascituro.

COMENTÁRIO

A letra D está correta, pois reflete o disposto no art. 8º, § 3º, do ECA;

A letra A está incorreta, pois não reflete o disposto no art. 10, I, do ECA;

A letra B está incorreta, pois não reflete o disposto no art. 8º, § 5º, do ECA;

A letra C está incorreta, pois não reflete o disposto no art. 8º, § 2º, do ECA.

(IX EXAME DE ORDEM UNIFICADO – FGV) Acerca do estágio de convivência precedente a adoção, assinale a afirmativa correta.

(A) O período do estágio de convivência será fixado pela autoridade judiciária, sendo dispensado na hipótese de o adotando encontrar-se sob a tutela, a guarda legal ou de fato do adotante durante tempo suficiente para a avaliação da conveniência da constituição do vínculo.

(B) A finalidade do estágio de convivência é permitir a avaliação da conveniência da constituição do vínculo familiar entre adotante e adotado, razão pela qual pode ser dispensado se, cumulativamente, o adotando já encontrar-se sob a tutela, guarda legal ou de fato do adotante e, em audiência, consentir com a adoção.

(C) O período do estágio de convivência será fixado pela autoridade judiciária, em observância as peculiaridades do caso, não podendo este ser inferior a 60 dias para os casos de adoção internacional e de 30 dias para adoção nacional, salvo a hipótese de convivência prévia em decorrência de tutela, guarda legal ou de fato.

(D) O período do estágio de convivência prévio a adoção internacional deverá ser cumprido no Brasil e terá prazo mínimo 30 dias, ao passo que para a adoção nacional inexiste prazo mínimo, podendo, inclusive, ser dispensado na hipótese de prévia convivência familiar em decorrência da guarda legal ou da tutela.

COMENTÁRIO

A letra D está correta, pois corresponde ao que estabelece o art. 46, §§ 1º e 3º, do ECA;

As letra A e B estão incorretas, pois não correspondem ao teor do art. 46, § 2º, do ECA;

A letra C está incorreta. O estágio de convivência, previsto no art. 46, *caput*, do ECA, terá o prazo de duração que o juiz fixar, levando-se em conta as peculiaridades do caso concreto, exceção feita à adoção internacional, em que o legislador achou por bem estabelecer um prazo mínimo, que é de trinta dias (art. 46, § 3º).

(VIII EXAME DE ORDEM UNIFICADO – FGV) Eduardo e Mônica, casados, tinham um filho menor chamado Renato. Por orientação de um advogado, Eduardo e Mônica, em 2005, fizeram os respectivos testamentos e nomearam Lúcio, irmão mais velho de Eduardo, como tutor do menor para o caso de alguma eventualidade. Pouco antes da nomeação por testamento, Lúcio fora definitivamente condenado pelo crime de dano (art. 163 do Código Penal), mas o casal manteve a nomeação, acreditando no arrependimento de Lúcio, que, desde então, mostrou conduta socialmente adequada. Em 2010, Eduardo e Mônica morreram em um acidente aéreo. Dois anos depois do acidente, pretendendo salvaguardar os interesses do menor colocado sob sua tutela, Lúcio, prevendo manifesta vantagem negocial em virtude do aumento dos preços dos imóveis, decide alienar a terceiros um dos bens imóveis do patrimônio de Renato, depositando, imediatamente, todo o dinheiro obtido na negociação em uma conta de poupança, aberta em nome do menor.

Diante do caso narrado, assinale a afirmativa correta.

(A) A nomeação de Lúcio como tutor é inválida em razão de ter sido condenado criminalmente, independentemente do cumprimento da pena, mas a alienação do imóvel é lícita, pois atende ao princípio do melhor interesse do menor.

(B) A nomeação de Lúcio como tutor é válida, apesar da condenação criminal, e a alienação do imóvel é lícita, pois atende ao princípio do melhor interesse do menor.

(C) A nomeação de Lúcio como tutor é válida, apesar da condenação criminal, mas a alienação do imóvel, sem prévia avaliação e autorização judicial, é ilícita.

(D) A nomeação de Lúcio é inválida em razão de ter sido condenado criminalmente, mas a alienação do imóvel é lícita, pois somente bens móveis de alto valor necessitam de prévia avaliação e autorização judicial.

COMENTÁRIO

A letra C está correta. Não poderá exercer a tutela, em obediência ao que dispõe o art. 1.735, IV, do CC, os condenados por crime de furto, roubo, estelionato, falsidade, contra a família ou os costumes (atualmente denominados "crimes contra a dignidade sexual"). O condenado por crime de dano não foi incluído, portanto, no rol dos impedidos de exercer a tutela. Art. 1750, CC: "Os imóveis pertencentes aos menores sob tutela somente podem ser vendidos quando houver manifesta vantagem, mediante prévia autorização judicial e aprovação do juiz".

(VII EXAME DE ORDEM UNIFICADO – FGV) Com forte inspiração constitucional, a Lei 8.069, de 13 de julho de 1990, consagra a doutrina da proteção integral da criança e do adolescente, assegurando-lhes direitos fundamentais, entre os quais o direito à educação. Igualmente, é-lhes franqueado o acesso à cultura, ao esporte e ao lazer, preparando-os para o exercício da cidadania e qualificação para o trabalho, fornecendo-lhes elementos para seu pleno desenvolvimento e realização como pessoa humana. De acordo com as disposições expressas no Estatuto da Criança e do Adolescente, é correto afirmar que

(A) toda criança e todo adolescente têm direito a serem respeitados por seus educadores, mas não poderão contestar os critérios avaliativos, uma vez que estes são estabelecidos pelas instâncias educacionais superiores, norteados por diretrizes fiscalizadas pelo MEC.

(B) é dever do Estado assegurar à criança e ao adolescente o ensino fundamental, obrigatório e gratuito, mas sem a progressiva extensão da obrigatoriedade e gratuidade ao ensino médio.

(C) não existe obrigatoriedade de matrícula na rede regular de ensino àqueles genitores ou responsáveis pela criança ou adolescente que, por convicções ideológicas, políticas ou religiosas, discordem dos métodos de educação escolástica tradicional para seus filhos ou pupilos.

(D) os dirigentes de estabelecimentos de ensino fundamental comunicarão ao Conselho Tutelar os casos de maus-tratos envolvendo seus alunos, a reiteração de faltas injustificadas e a evasão escolar, esgotados os recursos escolares, assim como os elevados níveis de repetência.

COMENTÁRIO

A assertiva D está correta – art. 56, ECA;

A assertiva A está assertiva incorreta, pois o art. 53, III, do ECA confere à criança e ao adolescente "o direito de contestar critérios avaliativos, podendo recorrer às instâncias escolares superiores";

A assertiva B está incorreta: a primeira parte da proposição está correta, pois em consonância com o que estabelece o art. 54, I, do ECA; a segunda parte da alternativa, no entanto, está incorreta, visto que não corresponde ao teor do art. 54, II, do ECA;

A assertiva C está incorreta. Aos pais e responsáveis incumbe o dever de matricular seus filhos ou pupilos na rede regular de ensino – art. 55 do ECA. Tema bastante em voga atualmente, a assim chamada *educação domiciliar* (educação dos filhos promovida pelos pais), além de não contemplada em nosso ordenamento jurídico, não encontra guarida na jurisprudência de nossos tribunais.

(VI EXAME DE ORDEM UNIFICADO – FGV) Um famoso casal de artistas residente e domiciliado nos Estados Unidos, em viagem ao Brasil para o lançamento do seu mais novo filme, se encantou por Caio, de 4 anos, a quem pretende adotar. Caio teve sua filiação reconhecida exclusivamente pela mãe Isabel, que, após uma longa conversa com o casal, concluiu que o melhor para o filho era ser adotado, tendo em vista que o famoso casal possuía condições infinitamente melhores de bem criar e educar Caio. Além disso, Isabel ficou convencida do amor espontâneo e sincero que o casal de imediato nutriu pelo menino.

Ante a situação hipotética, é correto afirmar que

(A) a adoção só é concedida quando for impossível manter a criança ou o adolescente em sua família, razão pela qual o consentimento de Isabel é irrelevante para a apreciação do pedido do famoso casal, que será deferido caso represente o melhor interesse de Caio.

(B) independentemente da manifestação de vontade de Isabel, o famoso casal terá prioridade na adoção de Caio, depois de esgotadas todas as possibilidades de colocação de Caio em uma família brasileira.

(C) tendo em vista o consentimento da mãe de Caio, o famoso casal terá prioridade em sua adoção em face de outros casais já previamente inscritos nos cadastros de interessados na adoção, mantidos pela Justiça da Infância e da Juventude.

(D) a adoção internacional é medida excepcional; entretanto, em virtude do consentimento de Isabel para a adoção de seu filho pelo famoso casal, este só não terá prioridade se houver casal de brasileiro, residente no Brasil, habilitado para a adoção.

COMENTÁRIO

A letra D foi considerada como correta, a nosso ver, merece reparo, pois incompatível com o texto legal. É correto dizer-se que a adoção internacional é medida excepcional. Até aqui, sem problemas. Está incorreta, entretanto, a parte da assertiva que afirma que o famoso casal somente não terá prioridade se houver casal de brasileiros, residente no Brasil, habilitado para a adoção. Explico. Em vista do que estabelece o art. 51, § 2º, do ECA, o casal de estrangeiros também não terá prioridade na hipótese de haver interesse de brasileiros residentes no exterior. Isto é, na adoção internacional, é dada primazia aos brasileiros residentes no estrangeiro (adoção internacional) em detrimento de estrangeiros;

A letra A está incorreta. Ressalvada a hipótese em que os pais do adotando são desconhecidos ou foram destituídos do poder familiar, é imprescindível, em vista do que dispõe o art. 45 do ECA, o consentimento dos pais ou do representante legal;

A letra B está incorreta. Terão primazia na adoção internacional, em relação ao casal de estrangeiros, os brasileiros residentes no exterior – art. 51, § 2º, do ECA;

A letra C está incorreta, nos termos do art. 51, § 1º, II, do ECA.

(VI EXAME DE ORDEM UNIFICADO – FGV) Companheiros há cinco anos e com estabilidade familiar, Jonas, de trinta anos de idade, e Marta, de vinte e cinco anos de idade, conheceram, em um abrigo, Felipe, de oito anos de idade e filho de pais desconhecidos, e pretendem adotá-lo. Como advogado consultado pelo casal, assinale a alternativa correta.

(A) Jonas e Marta não podem adotar a criança, tendo em vista não serem casados.

(B) Jonas e Marta podem adotar a criança mediante a lavratura de escritura pública de adoção, tendo em vista ser desnecessário o consentimento de Felipe e de seus pais biológicos, bem como que os adotantes são companheiros, com estabilidade familiar.

(C) Jonas e Marta não podem adotar a criança, tendo em vista que a diferença de idade entre Marta e Felipe é de apenas dezessete anos.

(D) Jonas e Marta poderão adotar a criança, desde que seja instaurada ação judicial, sendo desnecessário o consentimento de Felipe e de seus pais biológicos.

COMENTÁRIO

A letra D está correta. Se desconhecidos, é prescindível o consentimento dos pais biológicos – art. 45, § 1º, ECA. De igual modo, o consentimento de Felipe somente se faria necessário se já contasse com 12 anos (adolescente) – art. 45, § 2º, do ECA;

A letra A está incorreta. Na dicção do art. 42, § 2º, do ECA, poderão adotar conjuntamente os casados e também os conviventes, desde que demonstrada a estabilidade familiar;

A letra B está incorreta. Dado o que dispõe o art. 47 do ECA, a adoção somente se constitui por meio de sentença judicial; a escritura pública, portanto, não se presta a esse fim;

A letra C está incorreta. O § 3º do art. 42 do ECA estabelece que o adotante deve ser pelo menos dezesseis anos mais velho que o adotando.

(V EXAME DE ORDEM UNIFICADO – FGV) Fernando e Eulália decidiram adotar uma menina. Iniciaram o processo de adoção em maio de 2010. Com o estágio de convivência em curso, o casal se divorciou. Diante do fim do casamento dos pretendentes à adoção, é correto afirmar que

(A) a adoção será deferida, contanto que o casal acorde sobre a guarda, regime de visitas e desde que o estágio de convivência tenha sido iniciado na constância do período de convivência e que seja comprovada a existência de vínculo de afinidade e afetividade com aquele que não seja o detentor da guarda que justifique a excepcionalidade da concessão.

(B) a lei não prevê tal hipótese, pois está em desacordo com os ditames constitucionais da paternidade responsável.

(C) a adoção deverá ser suspensa, e outro casal adotará a menor, segundo o princípio do melhor interesse do menor, pois a adoção é medida geradora do vínculo familiar.

(D) a adoção poderá prosseguir, contanto que o casal opte pela guarda compartilhada no acordo de divórcio, mesmo que o estágio de convivência não tenha sido iniciado na constância do período de convivência.

COMENTÁRIO

A letra A está correta. Art. 42, § 4º, do ECA. Registre-se que, pela disciplina estabelecida no § 5º do mesmo dispositivo, pode o magistrado, no interesse do adotando, deferir a guarda compartilhada, instituto previsto no art. 1.584 do Código Civil.

(IV EXAME DE ORDEM UNIFICADO – FGV) Washington, adolescente com 14 (quatorze) anos, movido pelo desejo de ajudar seus genitores no sustento do núcleo familiar pobre, pretende iniciar atividade laborativa como ensacador de compras na pequena mercearia Tudo Tem, que funciona 24h, localizada em sua comunidade. Recentemente, esta foi pacificada pelas Forças de Segurança Nacional. Tendo como substrato a tutela do Estatuto da Criança e do Adolescente no tocante ao Direito à Profissionalização e à Proteção no Trabalho, assinale a alternativa correta.

(A) Como a comunidade onde reside Washington foi pacificada pelas forças de paz, não há falar em local perigoso ou insalubre para o menor; assim, poderá o adolescente exercer a carga horária laborativa no período das 22h às 24h, sem qualquer restrição legal, desde que procure outra atividade laborativa que seja de formação técnico-profissional.

(B) Na condição de aprendiz, não é necessário que o adolescente goze de horário especial compatível com a garantia de acesso e frequência obrigatória ao ensino regular.

(C) Washington poderá ser contratado como ensacador de compras, mesmo não sendo tal atividade de aprendizagem, pois, como já possui 14 (quatorze) anos, tem discernimento suficiente para firmar o contrato de trabalho e, assim, prestar auxílio material aos seus pais, adotando a louvável atitude de preferir o trabalho às ruas.

(D) Washington não poderá trabalhar na mercearia como ensacador de compras, pois tal atividade não é enquadrada como de formação técnico-profissional; portanto, não se pode afirmar que o menor exercerá atividade laborativa na condição de aprendiz.

COMENTÁRIO

A letra D está correta. A atividade de aprendizagem deve promover uma formação técnico-profissional, o que não é o caso do ensacador de compras;

A letra A está incorreta. Como conta com 14 (quatorze) anos, a Washington somente é permitido exercer atividade laborativa na condição de aprendiz – art. 7º, XXXIII, da CF. O trabalho *noturno, perigoso* ou *insalubre* é reservado somente àqueles que já contam com 18 (dezoito) anos. Pouco importa se o local onde será exercida a atividade laborativa está situado em região onde as forças de segurança atuaram e lograram pacificar. Importa, sim, é que o adolescente exerça sua atividade técnico-profissional em horário adequado, não seja exposto, no exercício de sua atividade, a perigo nem a trabalho insalubre. *Vide* art. 428 da CLT;

A letra B está incorreta, pois está em desconformidade com o que prescreve o art. 63, I e III, do ECA;

A letra C está incorreta. Não se tratando de atividade de aprendizagem, Washington, que conta com 14 (quatorze) anos, não poderá, por força do que dispõe o art. 7º, XXXIII, da CF, ser contratado como ensacador de compras. Ainda que a sua iniciativa seja louvável, o comando constitucional tem como propósito evitar que o adolescente deixe os estudos para trabalhar.

(EXAME DE ORDEM UNIFICADO 2010.2 – FGV) Tendo por substrato legal as alterações promovidas pela Lei n. 12.010, de 2009 no tocante à adoção, assinale a afirmativa correta.

(A) A morte dos adotantes não restabelece o poder familiar dos pais naturais.

(B) Para viabilizar a celeridade no processo de adoção, a legislação específica – ECA – admite a representação do adotante por procuração.

(C) Uma vez falecido o adotante no curso do procedimento de adoção e antes de prolatada a sentença, não poderá o juiz deferir a adoção, mesmo que tenha havido inequívoca manifestação de vontade do adotante.

(D) Os cartórios de registros públicos de pessoas naturais deverão fornecer certidão a qualquer requisitante, independentemente, de justificativa de seu interesse, em que conste o vínculo da adoção constituído por sentença judicial.

COMENTÁRIO

A letra A está correta (art. 49 do ECA);

A letra B está incorreta, pois é vedada a adoção por procuração (art. 39, § 2º, do ECA);

A letra C está incorreta, pois "a adoção poderá ser deferida ao adotante que, após inequívoca manifestação de vontade, vier a falecer no curso do procedimento, antes de prolatada a sentença" (art. 42, § 6º, do ECA);

A letra D está incorreta, pois nenhuma observação sobre a origem do ato poderá constar das certidões de registro (art. 47, § 4º, do ECA).

(EXAME DE ORDEM UNIFICADO 2010.2 – FGV) Dentre os direitos de toda criança ou todo adolescente, o ECA assegura o de ser criado e educado no seio de sua família e, excepcionalmente, a colocação em família substituta, assegurando-lhe a convivência familiar e comunitária.

Fundando-se em tal preceito, acerca da colocação em família substituta, é correto afirmar que:

(A) a colocação em família substituta far-se-á, exclusivamente, por meio da tutela ou da adoção.

(B) a guarda somente obriga seu detentor à assistência material a criança ou adolescente.

(C) o adotando não deve ter mais que 18 anos à data do pedido, salvo se já estiver sob a guarda ou tutela dos adotantes.

(D) desde que comprovem seu estado civil de casados, somente os maiores de 21 anos podem adotar.

COMENTÁRIO

A letra A está correta, nos termos do art. 40 do ECA;

A letra A está incorreta, pois a guarda, assim como a tutela e a adoção, também constitui modalidade de colocação em família substituta (art. 28 do ECA);

A letra B está incorreta, pois a guarda obriga "a prestação de assistência material, moral e educacional à criança ou adolescente, conferindo a seu detentor o direito de opor-se a terceiros, inclusive aos pais" (art. 33, *caput*, do ECA);

A letra A está incorreta, pois os maiores de 18 anos podem adotar, independentemente do estado civil (art. 42, *caput*, do ECA).

3. PREVENÇÃO

(XIII EXAME DE ORDEM UNIFICADO – FGV) João e Joana são pais de Mila, 9 anos, e de Letícia, 8 anos. João mudou-se para Maringá depois do divórcio, e levou sua filha mais nova para morar com ele. Nas férias escolares, Letícia quer ir ao Rio de Janeiro visitar sua mãe, enquanto Mila deseja passar seus dias livres com seu pai em Maringá.

Avalie as situações apresentadas a seguir e, de acordo com o Estatuto da Criança e do Adolescente, assinale a afirmativa correta.

(A) Letícia poderá viajar sem autorização judicial se a sua prima, Olívia, que tem 19 anos, aceitar acompanhá-la. Mila poderá viajar sem autorização, se a sua avó, Filomena, a acompanhar.

(B) Se houver prévia e expressa autorização dos pais ou responsáveis, Letícia e Mila ficam dispensadas da autorização judicial e poderão viajar desacompanhadas dentro do território nacional.

(C) Letícia poderá viajar desacompanhada dos pais por todo território nacional se houver autorização judicial, que poderá ser concedida pelo prazo de dois anos. Mila não precisará de autorização judicial para ir a Maringá se seu tio José aceitar acompanhá-la.

(D) Mila poderia aproveitar a ida de sua vizinha Maria, de 23 anos, para acompanhá-la, desde que devidamente autorizada por seus pais, enquanto Letícia não precisaria de autorização judicial se seu padrinho, Ricardo, primo do seu pai, a acompanhasse.

COMENTÁRIO

Antes de mais nada, é importante que se diga que tanto Mila quanto Letícia são consideradas, à luz do ECA (art. 2º), criança. Nessa qualidade, elas não podem viajar para fora da comarca na qual residem desacompanhadas dos pais ou responsável, sem expressa autorização judicial – art. 83, *caput*, do ECA, salvo se (hipóteses em que a autorização judicial não é exigida – art. 83, § 1º, do ECA): se tratar de comarca contígua à da residência da criança, se na mesma unidade da Federação, ou incluída na mesma região metropolitana; a criança estiver acompanhada: de ascendente ou colateral maior, até o terceiro grau, comprovado documentalmente o parentesco; de pessoa maior, expressamente autorizada pelo pai, mãe ou responsável.

Correta é a assertiva "C": embora desacompanhada, Letícia poderá viajar porque conta com autorização judicial; já Mila, por estar acompanhada de seu tio (parente colateral de terceiro grau), poderá viajar.

Letícia não poderá viajar com sua prima, mesmo sendo esta maior de 18 anos, visto que são parentes colaterais de *quarto* grau (assertiva "A", portanto, incorreta).

Está incorreta, também, a proposição "B", uma vez que, por serem crianças, não poderão viajar desacompanhadas para fora da comarca onde residem, mesmo que contem com autorização dos pais ou responsável (precisa de autorização judicial).

A assertiva "D" deve ser considerada incorreta, na medida em que Letícia não poderá viajar acompanhada do primo de seu pai.

(IX EXAME DE ORDEM UNIFICADO – FGV) Juliana, estudante de 17 anos, em comemoração a sua recente aprovação no vestibular de uma renomada universidade, saiu em viagem com Gustavo, seu namorado de 25 anos, funcionário público federal.

Acerca de possíveis intercorrências ao longo da viagem, é correto afirmar que

(A) Juliana, por ser adolescente, independentemente de estar em companhia de Gustavo, maior de idade, não poderá se hospedar no local livremente por eles escolhido, sem portar expressa autorização de seus pais ou responsável.

(B) Juliana, em companhia de Gustavo, poderá ingressar em um badalado bar do local, onde é realizado um show de música ao vivo no primeiro piso e há um salão de jogos de bilhar no segundo piso.

(C) Juliana, por ser adolescente e estar em companhia de Gustavo, maior de idade, poderá se hospedar no local livremente por eles escolhido, independentemente de portar ou não autorização de seus pais.

(D) Juliana poderá se hospedar em hotel, motel, pensão ou estabelecimento congênere, assim como poderá ingressar em local que explore jogos de bilhar, se portar expressa autorização dos seus pais ou responsável.

COMENTÁRIO

A letra A está correta, pois em conformidade com o disposto no art. 82 do ECA;

A letra B está incorreta, pois contraria o que estabelece o art. 80 do ECA;

A letra C está incorreta, pois em desconformidade com o estabelecido no art. 82 do ECA;

A letra D está incorreta, pois não reflete o disposto no art. 80 do ECA.

(VIII EXAME DE ORDEM UNIFICADO – FGV) João e Maria, ambos adolescentes, com dezessete e dezesseis anos, respectivamente, resolvem realizar uma viagem para comemorar o aniversário de um ano de namoro. Como destino, o jovem casal elege Armação dos Búzios, no estado do Rio de Janeiro, e efetua a reserva, por telefone, em uma pousada do balneário.

Considerando a normativa acerca da prevenção especial contida na Lei n. 8.069, de 13 de julho de 1990, assinale a afirmativa correta.

(A) O casal poderá hospedar-se na pousada reservada sem quaisquer restrições, já que ambos são maiores de dezesseis anos e, portanto, relativamente capazes para a prática desse tipo de ato civil, não podendo ser exigido que estejam acompanhados dos pais ou responsáveis nem que apresentem autorização destes.

(B) O Estatuto da Criança e do Adolescente proíbe apenas a hospedagem de crianças e adolescentes em motel, desacompanhadas de seus pais ou responsável, sendo permitida a hospedagem em hotéis ou estabelecimentos congêneres, uma vez que estes são obrigados a manter regularmente o registro de entrada de seus hóspedes.

(C) A proibição da legislação especial refere-se apenas às crianças, na definição do ECA consideradas como as pessoas de até doze anos de idade incompletos, sendo, portanto, dispensável que os adolescentes estejam acompanhados dos pais ou responsáveis, ou, ainda, autorizados por estes para a regular hospedagem.

(D) O titular da pousada, ou um de seus prepostos, pode, legitimamente e fundado na legislação especial que tutela a criança e o adolescente, negar-se a promover a hospedagem do jovem casal, já que ambos estão desacompanhados dos pais ou responsável e desprovidos, igualmente, da autorização específica exigida pelo ECA.

COMENTÁRIO

A letra D está correta, tanto que a conduta do titular ou do preposto que hospedar criança ou adolescente em desacordo com o art. 82 do ECA constitui a infração administrativa prevista no art. 250 do ECA;

A letra A está incorreta, pois não reflete o disposto no art. 82 do ECA, que proíbe "a hospedagem de criança ou adolescente em hotel, motel, pensão ou estabelecimento congênere, salvo se autorizado ou acompanhado pelos pais ou responsável";

A letra B está incorreta, visto que o legislador contemplou na proibição, além do motel, o hotel e demais estabelecimentos congêneres;

A letra C está incorreta, uma vez que, assim como as crianças, os adolescentes somente poderão se hospedar nesses estabelecimentos se acompanhados ou autorizados pelos pais ou responsável.

4. MEDIDAS DE PROTEÇÃO

(XII EXAME DE ORDEM UNIFICADO – FGV) O Estatuto da Criança e do Adolescente estabelece os princípios que devem ser adotados por entidades que desenvolvam programas de acolhimento familiar ou institucional. Segundo esses princípios, assinale a afirmativa correta.

(A) As entidades devem buscar constantemente a transferência para outras entidades de crianças e adolescentes abrigados, a fim de promover e aprofundar a integração entre eles e os diferentes contextos sociais.

(B) Por força de disposição expressa de lei, o dirigente das entidades com o objetivo de acolhimento institucional ou familiar é equiparado ao guardião, para todos os efeitos de direito.

(C) Mesmo inserida em programa de acolhimento institucional ou familiar, a criança ou o adolescente deve ser estimulado a manter contato com seus pais ou responsável.

(D) É vedado o acolhimento de crianças e adolescentes em entidades que mantenham programa de acolhimento institucional sem prévia determinação da autoridade competente.

COMENTÁRIO

A letra C está correta, pois corresponde ao que estabelece o art. 92, § 4º, do ECA;

A letra A está incorreta. A teor do art. 92, VI, do ECA, as entidades devem evitar, sempre que possível, a transferência de crianças e adolescentes para outras entidades;

A letra B está incorreta, uma vez que tal equiparação somente foi feita, de forma expressa, em relação ao dirigente de entidades que desenvolvem programa de acolhimento institucional (art. 92, § 1º, do ECA);

A letra D está incorreta, na medida em que tal providência (acolhimento sem autorização judicial) é possível, desde que em caráter excepcional e de urgência; neste caso, incumbe à entidade cuidar para que, no prazo de 24 horas, o juiz da Infância e da Juventude seja de tudo informado (art. 93, *caput*, do ECA).

(XI EXAME DE ORDEM UNIFICADO – FGV) A interpretação e aplicação da Lei n. 8.069/90 (Estatuto da Criança e do Adolescente – ECA) deve perseguir os objetivos de proteção integral e prioritária dos direitos das crianças e dos adolescentes, que deles são titulares.

Sobre o tema, assinale a afirmativa correta.

(A) A aplicação das medidas específicas de proteção previstas pelo ECA pode se dar cumulativamente, devendo a autoridade competente escolher a mais adequada diante das necessidades específicas do destinatário.

(B) Se Joana, que tem 09 anos, tiver seus direitos violados por ação ou omissão do Estado, serão cabíveis as medidas específicas de proteção previstas pelo ECA que, dependendo das circunstâncias, não deverão ser aplicadas ao mesmo tempo.

(C) Se Júlio, que tem 09 anos, tiver seus direitos violados por abuso ou omissão dos pais, não serão aplicáveis as medidas específicas de proteção, mas, sim, medidas destinadas aos pais ou responsável, previstas pelo ECA.

(D) As medidas específicas de proteção previstas pelo ECA devem ser aplicadas de modo a afastar uma intervenção precoce, efetuada logo que a situação de perigo seja conhecida, sob pena de responsabilidade primária e solidária do poder público.

COMENTÁRIO

A letra A está correta, pois em consonância com o que reza o art. 99 do ECA, que estabelece que as medidas de proteção "poderão ser aplicadas isoladas ou cumulativamente, bem como substituídas a qualquer tempo". A propósito, deve-se entender como tal as ações implementadas sempre que a criança ou o adolescente encontrar-se em situação de risco, ou ainda quando do cometimento de ato infracional;

A letra B está incorreta. Desde que haja compatibilidade e se revelem necessárias, nada obsta que seja aplicada, simultaneamente, mais de uma medida de proteção. É o que se infere do art. 99 do ECA;

A letra C está incorreta, pois não reflete do disposto no art. 98, II, do ECA;

A letra D está incorreta, pois contraria o que estabelece o art. 100, parágrafo único, VI, do ECA.

5. ATO INFRACIONAL – DIREITO MATERIAL

(XVIII EXAME DE ORDEM UNIFICADO – FGV) J., com 11 anos, L., com 12 anos, e M., com 13 anos de idade, são alunos do 8º ano do ensino fundamental de uma conceituada escola particular. Os três, desde que foram estudar na mesma turma, passaram a causar diversos problemas para o transcurso normal das aulas, tais como: escutar música; conversar; dormir; colocar os pés nas mesas e não desligar o aparelho celular. O professor de matemática, inconformado com a conduta desrespeitosa dos alunos, repreende-os, avisando que os encaminhará para a direção da escola. Ato contínuo, os alunos reagem da seguinte forma: J. chama o professor de "velho idiota"; L. levanta e sai da sala no meio da aula; e M. ameaça matá-lo. Diante dos atos de indisciplina dos três alunos, a direção da escola entra em contato com o seu departamento jurídico para, com base no Estatuto da Criança e do Adolescente, receber a orientação de como proceder. Com base na hipótese apresentada, assinale a opção que apresenta a orientação recebida pela direção escolar.

(A) Os atos de indisciplina praticados por J., L. e M. deverão ser coibidos pela própria direção escolar.

(B) J. e M. praticaram atos infracionais. J. deverá ser encaminhado ao Conselho Tutelar e M. para a autoridade policial. A indisciplina de L. deverá ser coibida pela própria direção escolar.

(C) J., L. e M. praticaram atos infracionais e deverão ser encaminhados para a autoridade policial.

(D) J. e M. praticaram atos infracionais. Ambos deverão ser encaminhados para a autoridade policial. A indisciplina de L. deverá ser coibida pela própria direção escolar.

COMENTÁRIO

A letra B está correta. Como J. é uma criança, em razão de ter 11 anos de idade, o seu atendimento em virtude da prática de ato infracional constitui atribuição do Conselho Tutelar, nos termos do art. 136, incisos I e II c/c arts. 101, incisos I a VII do ECA. Por sua vez, M. é um adolescente que praticou ato infracional, o que impõe o seu encaminhamento à autoridade policial, conforme dispõe o art. 172 do Estatuto da Criança e do Adolescente. Por fim, a atitude levada a efeito por L. não constitui ato infracional, mas mero ato de indisciplina a ser coibido pela própria direção da escola.

(XVII EXAME DE ORDEM UNIFICADO – FGV) O adolescente N. ficou conhecido no bairro onde mora por praticar roubos e furtos e ter a suposta habilidade de nunca ter sido apreendido. Certa noite, N. saiu com o propósito de praticar novos atos de subtração de coisa alheia. Diante da reação de uma vítima a quem ameaçava, N. disparou sua arma de fogo, levando a vítima a óbito. N. não conseguiu fugir, sendo apreendido por policiais que passavam pelo local, no momento em que praticava o ato infracional. Sobre o caso narrado, assinale a opção correta.

(A) A medida de internação não terá cabimento contra N., uma vez que somente poderá ser aplicada em caso de reincidência no cometimento de infrações graves.

(B) Mesmo estando privado de liberdade, N. poderá entrevistar-se pessoalmente com o representante do Ministério Público, mas não terá direito a peticionar diretamente a este ou a qualquer autoridade que seja.

(C) A medida de internação de N. é cabível por se tratar de ato infracional praticado com ameaça e violência contra pessoa, mesmo que não seja caso de reincidência.

(D) Caso N. seja condenado por sentença ao cumprimento de medida de internação, e somente nesse caso, tornam-se obrigatórias as intimações do seu defensor e dos pais ou responsáveis, mesmo que o adolescente tenha sido intimado pessoalmente.

COMENTÁRIO

A letra C está correta;

A letra A está correta: segundo consta do enunciado, o adolescente N praticou ato infracional correspondente ao crime de latrocínio (roubo seguido de morte – art. 157, § 3º, segunda parte, do CP). A internação, espécie de medida socioeducativa privativa de liberdade, a ser aplicada, portanto, em caráter excepcional, tem cabimento nas hipóteses descritas no art. 122 do ECA, entre as quais está aquela em que o ato infracional é cometido mediante grave ameaça ou violência contra a pessoa. Estão inseridos nesse contexto os atos infracionais equiparados aos crimes de roubo, homicídio, estupro, dentre outros. Dessa forma, esta medida extrema pode, sim, ser aplicada ao adolescente N, que, como já dissemos, praticou ato infracional equiparado ao crime de roubo seguido de morte;

A letra B está incorreta. O adolescente privado de liberdade tem, sim, o direito de peticionar a qualquer autoridade, inclusive ao representante do Ministério Público, com o qual poderá, ainda, entrevistar-se pessoalmente (art. 124, I e II, do ECA);

A letra D está incorreta. Estabelece o art. 190 do ECA que, da sentença que aplicar medida socioeducativa de internação ou semiliberdade, serão intimados o adolescente e seu defensor; sendo outra medida aplicada, será intimado tão somente o defensor. Em outras palavras, o defensor será sempre intimado da sentença de procedência da representação; em se tratando de medida restritiva de liberdade, será também intimado, além do defensor, o adolescente.

(VII EXAME DE ORDEM UNIFICADO – FGV) Joana tem 16 anos e está internada no Educandário Celeste, na cidade de Pitió, por ato infracional equiparado ao crime de tráfico de entorpecentes. O Estatuto da Criança e do Adolescente regula situações dessa natureza, consignando direitos do adolescente privado de liberdade. Diante das disposições aplicáveis ao caso de Joana, é correto afirmar que

(A) Joana tem direito à visitação, que deve ser respeitado na frequência mínima semanal, e não poderá ser suspenso sob pena de violação das garantias fundamentais do adolescente internado.

(B) é expressamente garantido o direito de Joana se corresponder com seus familiares e amigos, mas é vedada a possibilidade de avistar-se reservadamente com seu defensor.

(C) a autoridade judiciária poderá suspender temporariamente a visita, exceto de pais e responsável, se existirem motivos sérios e fundados de sua prejudicialidade aos interesses do adolescente.

(D) as visitas dos pais de Joana poderão ser suspensas temporariamente, mas em tal situação permanece o seu direito de continuar internada na mesma localidade ou naquela mais próxima ao domicílio de seus pais.

COMENTÁRIO

A letra D está correta. Direito contemplado no art. 124, VI, do ECA;

As letras A e C estão incorretas. O art. 124 do ECA contempla, em dezesseis incisos, os direitos do adolescente que se acha privado de sua liberdade, entre os quais entrevistar-se pessoalmente com o promotor de justiça, receber visitas, ao menos semanalmente etc. Esse direito, no entanto, pode ser restringido, na medida em que, entendendo o juiz que existem motivos sérios e fundados que tornam a visita, inclusive dos pais ou responsável, prejudicial aos interesses do adolescente, poderá suspendê-la temporariamente – art. 124, § 2º;

A letra B está incorreta. São direitos do adolescente privado de sua liberdade, entre outros, o de avistar-se reservadamente com seu defensor (art. 124, III, do ECA) e de corresponder-se com seus familiares e amigos (art. 124, VIII, do ECA).

(VI EXAME DE ORDEM UNIFICADO – FGV) Considerando os princípios norteadores do Estatuto da Criança e do Adolescente, a prática de atos infracionais fica sujeita a medidas que têm objetivos socioeducativos. Nesse sentido, é correto afirmar que

(A) se Aroldo, que tem 11 anos, subtrair para si coisa alheia pertencente a uma creche, deverá cumprir medida socioeducativa de prestação de serviços comunitários, por período não superior a um ano.

(B) a obrigação de reparar o dano causado pelo ato infracional não é considerada medida socioeducativa, tendo em vista que o adolescente não pode ser responsabilizado civilmente.

(C) o acolhimento institucional e a colocação em família substituta podem ser aplicados como medidas protetivas ou socioeducativas, a depender das características dos atos infracionais praticados.

(D) a internação, como uma das medidas socioeducativas previstas pelo ECA, não poderá exceder o período máximo de três anos, e a liberação será compulsória aos 21 anos de idade.

COMENTÁRIO

A letra D está correta, pois reflete o disposto no art. 121, §§ 2º e 5º, do ECA. Atenção: a Lei 12.594/2012, que criou o Sinase – Sistema Nacional de Atendimento Socioeducativo, introduziu no art. 121 do ECA o parágrafo 7º.

A letra A está incorreta. É do art. 105 do ECA que as crianças que cometerem ato infracional estarão sujeitas tão somente a *medidas protetivas*. Em hipótese alguma, pois, será a elas impingida *medida socioeducativa*, reservada aos adolescentes. Pode-se dizer, portanto, que, em relação a elas, vige o *sistema da irresponsabilidade*, já que as medidas de proteção não têm caráter punitivo. Têm natureza administrativa e podem ser aplicadas pelo Conselho Tutelar. Pode-se afirmar, ainda, que, em relação aos adolescentes, dada a natureza de sanção que têm as medidas socioeducativas, sua responsabilidade pela prática de ato infracional é *especial*, porque disciplinada em *legislação especial*;

A letra B está incorreta. A *obrigação de reparar o dano* (art. 112, II, do ECA) constitui, sim, modalidade de medida socioeducativa, adequada aos atos infracionais com reflexos patrimoniais;

A letra C está incorreta. Disciplinados no art. 19, §§ 1º e 2º, do ECA, constituem, a teor do art. 101, VII e VIII, também do ECA, *medida de proteção* cujo propósito reside na retirada da criança ou adolescente de sua família e o seu encaminhamento para uma família acolhedora ou para uma entidade de atendimento (presente situação de risco à criança ou ao adolescente). Não podem, portanto, ser aplicadas como medida socioeducativa, cujas modalidades estão listadas no art. 112 do ECA. Cuidado: à exceção do *acolhimento institucional*, da *inclusão em programa de acolhimento familiar* e *da colocação em família substituta*, as demais medidas de proteção previstas no art. 101 podem ser aplicadas ao adolescente infrator em conjunto ou não com as medidas socioeducativas previstas no art. 112 do ECA. É o que estabelece o art. 112, VII, do ECA;

(EXAME DE ORDEM UNIFICADO 2010.3 – FGV) Considerando a prática de ato infracional por criança ou adolescente, é correto afirmar que

(A) a internação, por constituir medida privativa de liberdade do menor, não poderá exceder o período de 5 (cinco) anos.

(B) a prestação de serviços comunitários consiste na realização de tarefas gratuitas de interesse geral, por período não excedente a 1 (um) ano, em entidades assistenciais, hospitais, escolas e outros estabelecimentos congêneres, bem como em programas comunitários ou governamentais.

(C) entre as garantias processuais garantidas ao adolescente encontra-se o direito de solicitar a presença de seus pais ou responsável em qualquer fase do procedimento. Contudo, não poderá o menor ser ouvido pessoalmente pela autoridade competente, devendo em todo o caso ser assistido pelos genitores.

(D) em se tratando de ato infracional com reflexos patrimoniais, a autoridade poderá determinar, se for o caso, que o adolescente restitua a coisa, promova o ressarcimento do dano, ou, por outra forma, compense o prejuízo da vítima.

COMENTÁRIO

A letra A está correta (art. 116 do ECA);

A letra A está incorreta, pois a internação terá como prazo máximo 3 anos (art. 121, § 3ª, do ECA);

A letra B está incorreta, pois não pode exceder o interregno de 6 meses (art. 117 da ECA);

A letra C está incorreta, pois o adolescente poderá ser ouvido pessoalmente pela autoridade competente (art. 111, V, do ECA).

6. ATO INFRACIONAL – DIREITO PROCESSUAL

(X EXAME DE ORDEM UNIFICADO – FGV) Com relação à internação, observado o que prevê o Estatuto da Criança e do Adolescente, assinale a afirmativa correta.

(A) Deve obedecer ao período determinado de um ano e meio, prorrogável por igual período, para atos infracionais praticados com emprego de violência.

(B) Deve obedecer ao período determinado de um ano, prorrogável por igual período, para atos infracionais praticados sem emprego de violência.

(C) Não comporta período determinado e não pode ultrapassar o máximo de três anos, independente do emprego ou não de violência no ato infracional praticado.

(D) Não pode ultrapassar o período máximo de três anos, quando o adolescente deverá ser colocado em liberdade com o dever de reparar o dano no caso de ato infracional com reflexos patrimoniais.

COMENTÁRIO

A letra C está correta. A medida socioeducativa de *internação*, a mais severa de todas, não comporta, segundo dispõe o art. 121, § 2º, do ECA, prazo determinado, devendo sua manutenção ser reavaliada, mediante decisão fundamentada, no máximo a cada seis meses. O período de internação não excederá a três anos (art. 121, § 3º, ECA). Findo esse prazo, poderá o juiz: a) liberar o adolescente, se a medida atingiu sua finalidade; b) colocá-lo em regime de semiliberdade; c) colocá-lo em liberdade assistida. De qualquer forma, a liberação será compulsória aos 21 anos (art. 121, § 5º, ECA).

(IV EXAME DE ORDEM UNIFICADO – FGV) No tocante às normas contidas no Estatuto da Criança e do Adolescente, é correto afirmar que

(A) ao ato infracional praticado por crianças corresponderão as seguintes medidas socioeducativas: advertência, obrigação de reparar o dano, prestação de serviços à comunidade, liberdade assistida e inserção em regime de semiliberdade.

(B) a concessão da remissão, que prescinde da homologação da Autoridade Judiciária, é medida que o membro do Ministério Público atribuído poderá adotar no processamento de ato infracional.

(C) o adolescente apreendido em flagrante de ato infracional será imediatamente encaminhado ao Juiz de Direito em exercício na Vara da Infância e Juventude, que decidirá sobre a necessidade ou não de seu acautelamento provisório.

(D) a medida socioeducativa de internação aplicada em razão do descumprimento reiterado e injustificável da medida anteriormente imposta ao adolescente infrator não poderá ser superior a três meses.

COMENTÁRIO

A letra D está correta. Esta é a chamada *internação com prazo determinado* ou *internação-sanção*. Assim, uma vez aplicada a medida por sentença em processo de conhecimento, cabe ao adolescente a ela submeter-se, independentemente de sua vontade. Se assim não fizer, poderá sujeitar-se à internação-sanção, cujo prazo de duração, a teor do art. 122, § 1º, poderá chegar a três meses. Segundo o STJ, a reiteração pressupõe mais de três atos. Além disso, o descumprimento há de ser injustificável, devendo o juiz, portanto, ouvir as razões do adolescente. A esse respeito, a Súmula 265 do STJ: "É necessária a oitiva do menor infrator antes de decretar-se a regressão da medida socioeducativa";

A letra A está incorreta, é do art. 105 do ECA que as crianças que cometerem ato infracional estarão sujeitas tão somente às *medidas protetivas*. Em hipótese alguma, pois, será a elas impingida *medida socioeducativa*, reservada exclusivamente aos adolescentes. Pode-se, portanto, dizer que, em relação a elas – crianças – vige o *sistema da irresponsabilidade*, já que as medidas de proteção não têm caráter punitivo. Têm, isto sim, natureza administrativa e podem ser aplicadas pelo Conselho Tutelar. Podemos ainda dizer que, em relação aos adolescentes, dada a natureza de sanção que têm as medidas socioeducativas, sua responsabilidade pela prática de ato infracional é *especial*, porque disciplinada em *legislação especial*. A assertiva, portanto, está incorreta;

A letra B está incorreta, pois a *remissão*, quando concedida pelo membro do Ministério Público (remissão ministerial), não prescinde de homologação do juiz – art. 126, *caput*, do ECA. De outro lado, uma vez iniciado o procedimento, a remissão não mais poderá ser concedida pelo promotor de Justiça; agora, somente pela autoridade judiciária. Esta é a *remissão judicial*, que importa em suspensão ou extinção do processo (art. 126, parágrafo único, ECA) e tem como propósito amenizar os efeitos da continuidade do processo;

A letra C está incorreta, visto que, pela disciplina do art. 172 do ECA, o adolescente apreendido em flagrante de ato infracional deverá ser conduzido à presença da autoridade policial competente. Diferentemente, o adolescente apreendido por força de ordem judicial (para o cumprimento de medida socioeducativa de internação; para que compareça à audiência de apresentação etc.) será encaminhado à autoridade judiciária – art. 171, ECA.

7. CONSELHO TUTELAR

(XVII EXAME DE ORDEM UNIFICADO – FGV) Um conselheiro tutelar, ao passar por um parquinho, observa Ana corrigindo o filho, João, por ele não permitir que os amigos brinquem com o seu patinete. Para tanto, a genitora grita, puxa o cabelo e dá beliscões no infante, na presença das outras crianças e mães, que assistem a tudo assustadas. Assinale a opção que indica o procedimento correto do Conselheiro Tutelar.

(A) Requisitar a Polícia Militar para conduzir Ana à Delegacia de Polícia e, após a atuação policial, dar o caso por encerrado.

(B) Não intervir, já que Ana está exercendo o seu poder de correção, decorrência do atributo do poder familiar.

(C) Intervir imediatamente, orientando Ana para que não corrija o filho dessa forma, e analisar se não seria recomendável a aplicação de uma das medidas previstas no ECA.

(D) Apenas colher elementos para ingressar em Juízo com uma representação administrativa por descumprimento dos deveres inerentes ao poder familiar.

COMENTÁRIO

A letra C está correta. A Lei 13.010/2014, conhecida como *Lei da Palmada*, entre outras alterações, modificou a redação do art. 18 do ECA, que passou a contar, a partir de então, com os arts. 18-A e 18-B, que tratam, respectivamente, do que se deve entender por *castigo físico* e *tratamento cruel ou degradante* e as medidas a serem tomadas, pelo Conselho Tutelar, em casos assim. Não há dúvida de que o conselheiro tutelar, ao presenciar a conduta agressiva praticada pela mãe contra o seu filho, deve intervir com o fim de fazer cessar o ato, orientar a mãe a não mais proceder daquela maneira e, se necessário, aplicar as medidas previstas no art. 18-B do ECA.

(VIII EXAME DE ORDEM UNIFICADO – FGV) Acerca das atribuições do Conselho Tutelar determinadas no Estatuto da Criança e do Adolescente, assinale a alternativa correta.

(A) O Conselho Tutelar, considerando sua natureza não jurisdicional, destaca-se no aconselhamento e na orientação à família ou responsável pela criança ou adolescente, inclusive na hipótese de inclusão em programa oficial ou comunitário de auxílio, orientação e tratamento a alcoólatras e toxicômanos.

(B) O Conselho Tutelar, em consequência de sua natureza não jurisdicional, não é competente para encaminhar ao Ministério Público as ocorrências administrativas ou criminais que importem violação aos direitos da criança e do adolescente.

(C) O Conselho Tutelar pode assessorar o Poder Executivo local na elaboração da proposta orçamentária para planos e programas de atendimento dos direitos da criança e do adolescente, em decorrência de sua natureza jurisdicional não autônoma.

(D) O Conselho Tutelar não poderá promover a execução de suas decisões, razão pela qual só lhe resta encaminhar ao Ministério Público notícia de fato que constitua infração administrativa ou penal contra os direitos da criança ou adolescente.

COMENTÁRIO

A letra A está correta, nos moldes do que estabelecem os arts. 131 e 136 do ECA;

A letra B está incorreta, dado que esta assertiva contraria o disposto no art. 136, IV, do ECA;

A letra C está incorreta, pois o Conselho Tutelar é órgão *não* jurisdicional (art. 131, ECA). De resto, a assertiva está correta, visto que em conformidade com o que estabelece o art. 136, IX, do ECA;

A letra D está incorreta, pois, em vista do que dispõe o art. 136, III, do ECA, o Conselho Tutelar poderá promover a execução de suas próprias decisões.

8. ACESSO À JUSTIÇA

(XI EXAME DE ORDEM UNIFICADO – FGV) No que se refere aos procedimentos afetos à Justiça da Infância e da Juventude, inclusive os relativos à execução das medidas socioeducativas, assinale a afirmativa correta.

(A) Será adotado o sistema recursal do Código de Processo Civil.

(B) Em todos os recursos, salvo nos embargos de declaração, o prazo para o Ministério Público e para a defesa será sempre de 30 (trinta) dias.

(C) É exigido o preparo para a interposição dos recursos.

(D) Os recursos não terão preferência de julgamento, nem dispensarão revisor.

COMENTÁRIO

A letra A está correta, pois reflete o disposto no art. 198 do ECA, cuja redação foi alterada pela Lei 12.594/2012;

A letra B está incorreta, visto que em desconformidade com o que dispõe o art. 198, II, do ECA, que estabelece o prazo de 10 (dez) dias para a interposição de recurso, exceção feita aos embargos de declaração (dispositivo também alterado por força da Lei 12.594/2012);

A letra C está incorreta. É do art. 198, I, do ECA que os recursos, no âmbito do procedimento afeto à Justiça da Infância e da Juventude, será interposto independentemente de preparo;

A letra D está incorreta, dado que o art. 198, III, do ECA estabelece que os recursos, neste caso, terão preferência de julgamento e dispensarão revisor.

(V EXAME DE ORDEM UNIFICADO – FGV) Com nítida inspiração na doutrina da proteção integral, o ECA garantiu à criança e ao adolescente o mais amplo acesso à Justiça, como forma de viabilizar a efetivação de seus direitos, consagrou-lhes o acesso a todos os órgãos do Poder Judiciário, assim como lhes assegurou o acesso a órgãos que exercem funções essenciais à Justiça, como o Ministério Público e a Defensoria. Tendo em conta tal ampla proteção, assinale a alternativa correta.

(A) Na hipótese de colisão de interesses entre a criança ou adolescente e seus pais ou responsável, a autoridade judiciária lhes dará curador especial, o mesmo ocorrendo nas hipóteses de carência de representação ou assistência legal, ainda que eventual.

(B) Em obediência ao princípio da publicidade, é permitida a divulgação de atos judiciais e administrativos que digam respeito à autoria de ato infracional praticado por adolescente, podendo ser expedida certidão ou extraída cópia dos autos, independentemente da demonstração do interesse e justificativa acerca da finalidade. Tais fatos, no entanto, se noticiados pela imprensa escrita ou falada, devem conter apenas as iniciais do nome e sobrenome do menor, sendo vedadas as demais formas expositivas, como fotografia, referência ao nome, apelido, etc.

(C) A assistência judiciária gratuita será prestada aos que dela necessitarem por defensor público, sendo admitida a nomeação pelo juiz de advogado se o adolescente não tiver defensor, não podendo, posteriormente, o adolescente constituir outro de sua preferência.

(D) As custas e emolumentos nas ações de destituição do poder familiar, perda ou modificação da tutela deverão ser custeadas pela parte sucumbente ao final do processo.

COMENTÁRIO

A assertiva A está correta, pois em consonância com o disposto no art. 142, parágrafo único, do ECA;

A assertiva B está incorreta, pois contraria o contido no art. 143 do ECA;

A assertiva C está incorreta, dado que é vedado ao juiz impedir que o adolescente, a quem foi nomeado defensor pelo magistrado, constitua, posteriormente, advogado de sua preferência;

A assertiva D está incorreta. Desde que não haja litigância de má-fé, as ações que envolvam crianças e adolescentes são, nos termos do art. 141, § 2º, do ECA, isentas de custas e emolumentos.

(EXAME DE ORDEM UNIFICADO 2010.3 – FGV) Com relação aos procedimentos para a perda e a suspensão do poder familiar regulados pelo Estatuto da Criança e do Adolescente, é correto afirmar que

(A) o procedimento para perda ou suspensão do poder familiar dispensa que os pais sejam ouvidos, mesmo se estes forem identificados e estiverem em local conhecido.

(B) o procedimento para perda ou suspensão do poder familiar terá início por provocação do Ministério Público ou de quem tenha legítimo interesse.

(C) em conformidade com a nova redação dada pela Lei 12.010, de 3 de agosto de 2009, o prazo máximo para a conclusão do procedimento de perda ou suspensão do poder familiar será de 180 (cento e oitenta) dias.

(D) a autoridade judiciária, ouvido o Ministério Público, poderá decretar liminar ou incidentalmente a suspensão do poder familiar, independentemente da gravidade do motivo.

COMENTÁRIO

A letra A está incorreta (art. 161, § 4º, do ECA);

A letra B está correta (art. 155 do ECA);

A letra C está incorreta, pois o prazo máximo é de 120 dias (art. 163 do ECA);

A letra D está incorreta, pois a medida só pode ser tomada "havendo motivo grave" (art. 157 do ECA).

10. INFRAÇÕES ADMINISTRATIVAS E CRIMES

(XV EXAME DE ORDEM UNIFICADO – FGV) José, tutor da criança Z, soube que Juarez vem oferecendo recompensa àqueles que lhe entregam crianças ou adolescentes em caráter definitivo. Entusiasmado com a quantia oferecida, José promete entregar a criança exatamente dez dias após o início da negociação. José contou aos seus vizinhos que não queria mais "ter trabalho com o menino". Indignada, Marieta, vizinha de José, comunicou imediatamente o fato à autoridade policial, que conseguiu impedir a entrega da criança Z a Juarez.

Nesse caso, à luz do Estatuto da Criança e do Adolescente, assinale a afirmativa correta.

(A) A promessa de entrega de Z, por si só, já configura infração penal, do mesmo modo que o seria em caso de efetiva entrega da criança.

(B) Somente a efetiva entrega da criança mediante paga ou recompensa configuraria a prática de infração penal tanto para quem entrega quanto para quem oferece o valor pecuniário.

(C) Tratar-se-ia de infração penal somente se a criança Z fosse filho de José, sendo a figura do tutor atípica para esse tipo de infração penal, não se podendo aplicar analogia para a configuração de crime.

(D) Somente incorre na pena pela prática de infração penal o sujeito que oferece a paga ou recompensa, sendo atípica para o responsável legal a mera promessa de entrega da criança.

COMENTÁRIO

A letra A está correta. Por ter se comprometido com Juarez a entregar-lhe a criança Z, da qual é tutor, José incorreu na figura típica do art. 238 do ECA, na forma consumada. Isso porque o crime em questão é formal, alcançando a sua consumação com a mera prática da conduta consubstanciada em *prometer* entregar, que tem o sentido de obrigar-se a tal. Pouco importa, neste caso, se a promessa será ou não cumprida; na modalidade *efetivar* a entrega, que significa concretizar o ato, todavia, o crime é material. Trata-se de delito próprio, na medida em que impõe que seja praticado por determinadas pessoas, a saber: pais, tutor e o guardião.

(XIV EXAME DE ORDEM UNIFICADO – FGV) O Hotel Botanic recebeu o casal de namorados Júlia e Matheus como hóspedes durante um feriado prolongado. Júlia tem 15 anos de idade e Matheus 18 anos, motivo pelo qual a adolescente foi admitida no estabelecimento, por estar acompanhada de uma pessoa maior de idade. Com base no caso apresentado, a partir do que dispõe o Estatuto da Criança e do Adolescente, assinale a opção correta.

(A) Trata-se de infração penal, motivo pelo qual, sem prejuízo da pena de multa aplicada ao estabelecimento, o funcionário responsável pela admissão da adolescente está sujeito à responsabilidade criminal pessoal.

(B) Trata-se de prática cotidiana sem implicações administrativas ou criminais previstas na norma especial, uma vez que a adolescente estava acompanhada de pessoa maior de idade que se torna responsável por ela.

(C) Trata-se de infração administrativa, sujeitando-se à aplicação de pena de multa, a hospedagem de adolescente desacompanhado dos pais, responsáveis, ou sem autorização escrita desses ou da autoridade judiciária.

(D) Trata-se de infração administrativa e penal, sujeitando-se o estabelecimento, por determinação da autoridade judiciária, a imediato fechamento por até quinze dias.

COMENTÁRIO

A letra C está correta. Cuida-se de infração administrativa (a conduta em questão não é definida como infração penal), conforme dispõe o art. 250 da Lei 8.069/1990 (Estatuto da Criança e do Adolescente): "Hospedar criança ou adolescente desacompanhado dos pais ou responsável, ou sem autorização escrita desses ou da autoridade judiciária, em hotel, pensão, motel ou congênere".

11. Direito do Consumidor

João Aguirre e Wander Garcia*

1. CONCEITO DE CONSUMIDOR. RELAÇÃO DE CONSUMO

(XVII EXAME DE ORDEM UNIFICADO – FGV) Saulo e Bianca são casados há quinze anos e, há dez, decidiram ingressar no ramo das festas de casamento, produzindo os chamados "*bem-casados*", deliciosos doces recheados oferecidos aos convidados ao final da festa. Saulo e Bianca não possuem registro da atividade empresarial desenvolvida, sendo essa a fonte única de renda da família. No mês passado, os noivos Carla e Jair encomendaram ao casal uma centena de "*bem-casados*" no sabor doce de leite. A encomenda foi entregue conforme contratado, no dia do casamento. Contudo, diversos convidados que ingeriram os quitutes sofreram infecção gastrointestinal, já que o produto estava estragado. A impropriedade do produto para o consumo foi comprovada por perícia técnica. Com base no caso narrado, assinale a alternativa correta.

(A) O casal Saulo e Bianca se enquadra no conceito de fornecedor do Código do Consumidor, pois fornecem produtos com habitualidade e onerosidade, sendo que apenas Carla e Jair, na qualidade de consumidores indiretos, poderão pleitear indenização.

(B) Embora a empresa do casal Saulo e Bianca não esteja devidamente registrada na Junta Comercial, pode ser considerada fornecedora à luz do Código do Consumidor, e os convidados do casamento, na qualidade de consumidores por equiparação, poderão pedir indenização diretamente àqueles.

(C) O Código de Defesa do Consumidor é aplicável ao caso, sendo certo que tanto Carla e Jair quanto seus convidados intoxicados são consumidores por equiparação e poderão pedir indenização, porém a inversão do ônus da prova só se aplica em favor de Carla e Jair, contratantes diretos.

(D) A atividade desenvolvida pelo casal Saulo e Bianca não está oficialmente registrada na Junta Comercial e, portanto, por ser ente despersonalizado, não se enquadra no conceito legal de fornecedor da lei do consumidor, aplicando-se ao caso as regras atinentes aos vícios redibitórios do Código Civil.

COMENTÁRIO

A alternativa B está correta. De acordo com o art. 3º, *caput*, do CDC os *entes despersonalizados* (que é o caso de uma sociedade que não está devidamente constituída) também são considerados fornecedores, para efeito de aplicação desse diploma. Assim, Saulo e Bianca respondem nos termos do CDC, ficando afastada a alternativas "D". Os noivos Carla e Jair são consumidor típicos (diretos), por terem *adquirido* esse produto (art. 2º, *caput*, do CDC), de modo que ficam afastadas as alternativas "a" e "c", já que a primeira assegura que os noivos são meros consumidores indiretos e a segunda os trata como meros consumidores equiparados. Quanto aos convidados da festa são consumidores também, seja porque utilizaram o produto (art. 2º, *caput*, do CDC), seja por equiparação, já que interviram na relação de consumo (art. 2º, parágrafo único, do CDC).

2. PRINCÍPIOS E DIREITOS BÁSICOS

(IV EXAME DE ORDEM UNIFICADO– FGV) No âmbito do Código de Defesa do Consumidor, em relação ao princípio da boa-fé objetiva, é correto afirmar que

(A) importa em reconhecimento de um direito a cumprir em favor do titular passivo da obrigação.

(B) não se aplica à fase pré-contratual.

(C) para a caracterização de sua violação imprescindível se faz a análise do caráter volitivo das partes.

(D) sua aplicação se restringe aos contratos de consumo.

COMENTÁRIO

A assertiva A foi considerada correta pela examinadora; no entanto, a questão deveria ser anulada, pois essa alternativa também está incorreta; primeiro porque o princípio da boa-fé se aplica a ambos os contratantes, mesmo que um deles tenha mais obrigações que o outro, pois esse princípio tem por efeito criar deveres anexos a ambos os contratantes (Enunciado JDC/CJF nº 24); assim, não é só a favor do "titular passivo da obrigação" que se deve reconhecer direitos pela aplicação do princípio; segundo porque, mesmo que assim o fosse, o certo era que constasse a expressão "titular ativo da obrigação", pois titular passivo é quem tem a obrigação, e não quem se favorece dela; terceiro porque está errado, tecnicamente, dizer que alguém tem um "direito a cumprir em favor" de outrem, sendo correto dizer que alguém tem um "dever a cumprir em favor" de outrem; enfim, a questão tem graves equívocos conceituais, que justificam a sua anulação;

A assertiva B está incorreta, pois o princípio da boa-fé se aplica a todas as fases que envolve o contrato (tratativas, celebração, execução, extinção e pós-extinção do contrato);

A assertiva C está incorreta, pois o princípio é da *boa-fé objetiva*, que é aquela extraída do contexto social; assim, pouco importa qual é o pensamento ou a intenção das partes, ficando caracterizada a violação ao princípio com a simples conduta que o juiz entender que viola os deveres de lealdade extraídos da ética social;

A assertiva D está incorreta, pois o Código Civil também estabelece o princípio da boa-fé objetiva (art. 422 do CC).

(EXAME DE ORDEM UNIFICADO 2010.3 – FGV) Em relação aos princípios previstos no Código de Defesa do Consumidor, assinale a alternativa correta.

(A) O CDC é uma norma tipificadora de condutas, prevendo expressamente o comportamento dos consumidores e dos fornecedores.

(B) O princípio da transparência impõe um dever comissivo e um omissivo, ou seja, não pode o fornecedor deixar de apresentar o produto tal como ele se encontra nem pode dizer mais do que ele faz; não pode, portanto, mais existir o *dolus bonus*.

(C) O princípio da vulnerabilidade, que presume ser o consumidor o elo mais fraco da relação de consumo, diz respeito apenas à vulnerabilidade técnica.

(D) A boa-fé prevista no CDC é a boa-fé subjetiva.

COMENTÁRIO

A letra B está correta, pois a transparência significa tanto o dever de informar as características e os riscos de um produto ou serviço, como o dever de não exagerar na descrição de um produto ou serviço; no Direito Civil tradicional, esse exagero, chamado *dolus bonus* era tolerado, diferente do que ocorre no sistema do CDC, em que a informação deve ser precisa e adequada;

A letra A está incorreta, pois o CDC tem uma técnica mista, ou seja, trabalha tanto com normas tipificadoras, como com dispositivos instituidores de conceitos legais indeterminados e cláusulas gerais; assim, o CDC traz tanto normas casuísticas (ex: a que veda a venda casada), como normas mais gerais (ex: a que proíbe cláusulas desproporcionais);

A letra C está incorreta, pois a vulnerabilidade pode ser de ordem técnica, econômica, física etc.;

A letra D está incorreta, pois a boa-fé é a objetiva, ou seja, é a extraída das regras do sistema e da ética extraída da sociedade, e não a subjetiva, que é aquela ética que cada um tem, ou seja, a ética particular.

(IV EXAME DE ORDEM UNIFICADO – FGV) Analisando o artigo 6º, V, do Código de Defesa do Consumidor, que prescreve: "São direitos básicos do consumidor: V – a modificação das cláusulas contratuais que estabeleçam prestações desproporcionais ou sua revisão em razão de fatos supervenientes que as tornem excessivamente onerosas", assinale a alternativa correta.

(A) Exige a imprevisibilidade do fato superveniente.

(B) Não traduz a relativização do princípio contratual da autonomia da vontade das partes.

(C) Almeja, em análise sistemática, precipuamente, a resolução do contrato firmado entre consumidor e fornecedor.

(D) Admite a incidência da cláusula *rebus sic stantibus*.

---

* **João Aguirre** comentou as questões do XVIII Exame; **Wander Garcia** comentou as demais questões.

COMENTÁRIO

A letra D está correta, pois tal cláusula determina que as estipulações contratuais sejam mantidas enquanto as condições permanecerem inalteradas; assim, caso ocorra um fato novo, que altere as condições existentes quando da realização do contrato, é cabível a revisão contratual; no caso, basta que esse fato novo torne a prestação de uma das partes excessivamente onerosa, para que se tenha direito à revisão contratual.

A letra A está incorreta, pois o art. 6º, V, do CDC não exige que o fato superveniente que torne a obrigação excessivamente onerosa seja imprevisível, para que se tenha direito à revisão contratual; assim, diferentemente do Código Civil (art. 478), o CDC não adotou a Teoria da Imprevisão, mas sim a Teoria da Onerosidade Excessiva;

A letra B está incorreta, pois a possibilidade de *modificação* contratual (quanto a prestações que já nascem desproporcionais) e de *revisão* contratual (quanto a prestações que se tornem excessivamente onerosas por fatos supervenientes) faz com que o princípio da autonomia da vontade seja relativizado, já que o juiz interfere na autonomia da vontade das partes quando promove a modificação ou revisão contratual;

A letra C está incorreta, pois o princípio da conservação dos contratos exige que o contrato seja mantido, salvo se não houver possibilidade alguma nesse sentido; a ideia da lei é *modificar* ou *revisar* os contratos nas situações mencionadas no art. 6º, V, do CDC, e não *resolver* (extinguir) o contrato.

(VI EXAME DE ORDEM UNIFICADO – FGV) O ônus da prova incumbe a quem alega a existência do fato constitutivo de seu direito e impeditivo, modificativo ou extintivo do direito daquele que demanda. O Código de Proteção e Defesa do Consumidor, entretanto, prevê a possibilidade de inversão do *onus probandi* e, a respeito de tal tema, é correto afirmar que

(A) ocorrerá em casos excepcionais em que o juiz verifique ser verossímil a alegação do consumidor ou quando for ele hipossuficiente.

(B) é regra e basta ao consumidor alegar os fatos, pois caberá ao réu produzir provas que os desconstituam, já que o autor é hipossuficiente nas relações de consumo.

(C) será deferido em casos excepcionais, exceto se a inversão em prejuízo do consumidor houver sido previamente ajustada por meio de cláusula contratual.

(D) ocorrerá em todo processo civil que tenha por objeto as relações consumeristas, não se admitindo exceções, sendo declarada abusiva qualquer cláusula que disponha de modo contrário.

COMENTÁRIO

A letra A está correta, nos estritos termos do disposto no art. 6º, VIII, do CDC.

A letra B está incorreta, pois o CDC presume o consumidor vulnerável (conceito de direito material – art. 4º, I, do CDC) e não hipossuficiente (conceito de direito processual); assim, a inversão do ônus da prova não é automática; o juiz, para decidir pela inversão do ônus da prova, deve verificar se está presente um dos requisitos autorizadores, ou seja, se há HIPOSSUFICIÊNCIA ou VEROSSIMILHANÇA DA ALEGAÇÃO (art. 6º, VIII, do CDC);

A letra C está incorreta, pois é nula de pleno direito qualquer cláusula que determine a inversão do ônus da prova em prejuízo do consumidor (art. 51, VI, do CDC);

A letra D está incorreta, pois, como se viu, a inversão do ônus da prova não é automática, devendo o juiz determiná-la, caso preenchido o requisito legal.

(IX EXAME DE ORDEM UNIFICADO – FGV) A sociedade empresária XYZ Ltda. oferta e celebra, com vários estudantes universitários, contratos individuais de fornecimento de material didático, nos quais garante a entrega, com 25% de desconto sobre o valor indicado pela editora, dos livros didáticos escolhidos pelos contratantes (de lista de editoras de antemão definidas). Os contratos têm duração de 24 meses, e cada estudante compromete-se a pagar valor mensal, que fica como crédito, a ser abatido do valor dos livros escolhidos. Posteriormente, a capacidade de entrega da sociedade diminuiu, devido a dívidas e problemas judiciais. Em razão disso, ela pretende rever judicialmente os contratos, para obter aumento do valor mensal, ou então liberar-se do vínculo.

Acerca dessa situação, assinale a afirmativa correta.

(A) A empresa não pode se valer do Código de Defesa do Consumidor e não há base, à luz do indicado, para rever os contratos.

(B) Aplica-se o CDC, já que os estudantes são destinatários finais do serviço, mas o aumento só será concedido se provada a dificuldade financeira e que, ademais, ainda assim o contrato seja proveitoso para os compradores.

(C) Aplica-se o CDC, mas a pretendida revisão da cláusula contratual só poderá ser efetuada se provado que os problemas citados têm natureza imprevisível, característica indispensável, no sistema do consumidor, para autorizar a revisão.

(D) A revisão é cabível, assentada na teoria da imprevisão, pois existe o contrato de execução diferida, a superveniência de onerosidade excessiva da prestação, a extrema vantagem para a outra parte, e a ocorrência de acontecimento extraordinário e imprevisível.

COMENTÁRIO

A letra A está correta, pois o pedido de revisão contratual requer a existência de um fato superveniente relacionado à prestação (ex: um contrato atrelado ao dólar pode ser objeto de revisão se a cotação do dólar aumentar de forma muito forte), não sendo possível que o devedor (no caso, a sociedade XYZ) alegue problema de sua responsabilidade e alheio à prestação que tem de cumprir (crise na empresa) para conseguir uma revisão contratual; vale lembrar que o direito de revisão contratual está no inciso V, do art. 6º, do CDC, que traz "direitos básicos do *consumidor*" e não "direitos básicos do *fornecedor*";

A letra B está incorreta, pelas mesmas razões mencionadas no comentário à alternativa anterior;

As letras C e D estão incorretas; em primeiro lugar, não é cabível a revisão, conforme se viu dos comentários às demais alternativas; ademais, a revisão contratual no caso é regida pelo CDC e este, como se sabe, traz como requisito à revisão apenas a existência de um fato novo que leve à uma excessiva onerosidade das prestações (art. 6º, V, do CDC), não sendo necessário "imprevisibilidade" (alternativa "c") ou "extrema vantagem para a outra parte, e a ocorrência de acontecimento extraordinário e imprevisível (alternativa "d").

(XII EXAME DE ORDEM UNIFICADO – FGV) Maria e Manoel, casados, pais dos gêmeos Gabriel e Thiago que têm apenas três meses de vida, residem há seis meses no Condomínio Vila Feliz. O fornecimento do serviço de energia elétrica na cidade onde moram é prestado por uma única concessionária, a Companhia de Eletricidade Luz S.A. Há uma semana, o casal vem sofrendo com as contínuas e injustificadas interrupções na prestação do serviço pela concessionária, o que já acarretou a queima do aparelho de televisão e da geladeira, com a perda de todos os alimentos nela contidos. O casal pretende ser indenizado. Nesse caso, à luz do princípio da vulnerabilidade previsto no Código de Proteção e Defesa do Consumidor, assinale a afirmativa correta.

(A) Prevalece o entendimento jurisprudencial no sentido de que a vulnerabilidade no Código do Consumidor é sempre presumida, tanto para o consumidor pessoa física, Maria e Manoel, quanto para a pessoa jurídica, no caso, o Condomínio Vila Feliz, tendo ambos direitos básicos à indenização e à inversão judicial automática do ônus da prova.

(B) A doutrina consumerista dominante considera a vulnerabilidade um conceito jurídico indeterminado, plurissignificativo, sendo correto afirmar que, no caso em questão, está configurada a vulnerabilidade fática do casal diante da concessionária, havendo direito básico à indenização pela interrupção imotivada do serviço público essencial.

(C) É dominante o entendimento no sentido de que a vulnerabilidade nas relações de consumo é sinônimo exato de hipossuficiência econômica do consumidor. Logo, basta ao casal Maria e Manoel demonstrá-la para receber a integral proteção das normas consumeristas e o consequente direito básico à inversão automática do ônus da prova e a ampla indenização pelos danos sofridos.

(D) A vulnerabilidade nas relações de consumo se divide em apenas duas espécies: a jurídica ou científica e a técnica. Aquela representa a falta de conhecimentos jurídicos ou outros pertinentes à contabilidade e à economia, e esta, à ausência de conhecimentos específicos sobre o serviço oferecido, sendo que sua verificação é requisito legal para inversão do ônus da prova a favor do casal e do consequente direito à indenização.

COMENTÁRIO

A letra B está correta, pois o consumidor é presumidamente vulnerável (art. 4º, I, do CDC) e a situação narrada no enunciado narra, ainda, um consumidor ainda mais desamparado dada as características do serviço que lhe é prestado, face à total impossibilidade de se defender do consumidor, o que provavelmente fará com que o juiz também o considere hipossuficiente e inverta o ônus da prova em seu favor;

As letras A e C estão incorretas; de fato, a vulnerabilidade do consumidor (ligada ao direito material) é presumida no CDC; já a hipossuficiência (ligada ao direito processual), que é causa da inversão do ônus da prova, não; dessa forma, é incorreto dizer que o CDC prevê inversão automática do ônus da prova, sendo necessário que o juiz verifique se é o caso, o que depende de haver ou hipossuficiência do consumidor ou verossimilhança da alegação (art. 6º, VIII, do CDC);

A letra D está incorreta, pois onde consta da alternativa a palavra "vulnerabilidade" deveria constar "hipossuficiência", sendo que essa sim é que deve ser analisada se existe no caso concreto (já que a vulnerabilidade já é presumida), e, se existir no caso concreto, aí sim é que o juiz inverterá o ônus da prova.

3. RESPONSABILIDADE DO FORNECEDOR

(EXAME DE ORDEM UNIFICADO 2010.3 – FGV) Em sua primeira viagem com seu carro zero quilômetro, Joaquim, fechado por outro veículo, precisa dar uma freada brusca para evitar um acidente. O freio não funciona, o que leva Joaquim, transtornado, a jogar o carro para o acostamento e, em seguida, abandonar a estrada. Felizmente, nenhum dano material ou físico acontece ao carro nem ao motorista, que, muito abalado, mal consegue acessar seu celular para pedir auxílio. Com a ajuda de moradores locais, se recupera do imenso susto e entra em contato com seus familiares.

Na qualidade de advogado de Joaquim, qual seria a orientação correta a ser dada em relação às providências cabíveis?

(A) Propositura de ação de responsabilidade civil pelo vício do produto em face do fabricante e da concessionária, uma vez que a responsabilidade é solidária.

(B) Propositura de ação de responsabilidade civil pelo fato do produto em face do fabricante do veículo.

(C) Propositura de ação de responsabilidade civil pelo fato do produto em face da concessionária que vendeu o veículo a Joaquim.

(D) Não há ação a ser proposta porque não houve dano.

COMENTÁRIO

A letra correta é a B, mas a questão, infelizmente, ressente-se de algumas imprecisões. Isso porque o caso revela ter havido *vício* do produto, ou seja, um problema interno do produto que o torna de menor valor ou impróprio ou inadequado ao uso a que se destina (art. 18, *caput*, do CDC). Nesses casos, o consumidor deve reclamar do fornecedor (concessionária ou fabricante) a substituição das partes viciadas e, caso isso não ocorra no prazo legal, deve ingressar com ação buscando a desfazimento do negócio, o abatimento do preço ou a substituição do produto viciado por outro (art. 18, § 1º, do CDC). Repare, dessa forma, que o consumidor deve, num primeiro momento, reclamar extrajudicialmente o conserto do veículo. Não havendo êxito, aí sim deve buscar a via jurisdicional, ingressando com a ação judicial competente. Pois bem. As alternativas da questão ignoraram por completo essa questão do *vício*, tendo a resposta considerada correta (alternativa "b") limitado a discutir o *defeito* (também chamado de *acidente de consumo* ou *fato do produto*), tratando apenas do ajuizamento da ação com vistas, ao que tudo indica, à reparação pelo dano moral causado a Joaquim. As imprecisões ocorrem por dois motivos. Primeiro porque o advogado deveria orientar o cliente a tomar medidas com vistas à solução do vício no veículo, medidas que são extrajudiciais num primeiro momento. E segundo porque é bem discutível a ocorrência de dano moral no presente caso, tratando-se o susto de algo que os tribunais dificilmente entendem como caracterizador de dano moral indenizável.

(EXAME DE ORDEM UNIFICADO 2010.3 – FGV) O prazo para reclamar sobre vício oculto de produto durável é de

(A) 90 (noventa) dias a contar da aquisição do produto.

(B) 90 (noventa) dias a contar da entrega do produto.

(C) 90 (noventa) dias a contar de quando ficar evidenciado o vício.

(D) 30 (trinta) dias a contar da entrega do produto.

COMENTÁRIO

A letra correta é a C, conforme art. 26, II e § 3º, do CDC.

(V EXAME DE ORDEM UNIFICADO – FGV) Ao instalar um novo aparelho de televisão no quarto de seu filho, o consumidor verifica que a tecla de volume do controle remoto não está funcionando bem. Em contato com a loja onde adquiriu o produto, é encaminhado à autorizada. O que esse consumidor pode exigir com base na lei, nesse momento, do comerciante?

(A) A imediata substituição do produto por outro novo.

(B) O conserto do produto no prazo máximo de 30 dias.

(C) Um produto idêntico emprestado enquanto durar o conserto.

(D) O dinheiro de volta.

COMENTÁRIO

A letra B está correta. O caso em tela revela um *vício* de qualidade no produto. Incide, assim, o disposto no § 1º do art. 18 do CDC, pelo qual o fornecedor tem o prazo máximo de 30 dias para sanar o vício. Somente em caso de não resolução do vício no prazo mencionado é que o consumidor poderá exigir, alternativamente e à sua escolha, a substituição do produto, a restituição da quantia paga ou o abatimento proporcional do preço (art. 18, § 1º, do CDC). O consumidor só poderá pular a primeira parte (pedido para sanar o vício em 30 dias) quando se tratar de produto essencial ou se a substituição das partes viciadas puder comprometer a qualidade ou características do produto. No caso, não há que se falar em produto essencial, nem de comprometimento do produto em caso de seu conserto. Dessa forma, a alternativa "B" é a única consentânea com o regime jurídico do vício de qualidade em produto.

(VIII EXAME DE ORDEM UNIFICADO – FGV) Determinado consumidor, ao mastigar uma fatia de pão com geleia, encontrou um elemento rígido, o que lhe causou intenso desconforto e a quebra parcial de um dos dentes. Em razão do fato, ingressou com medida judicial em face do mercado que vendeu a geleia, a fim de ser reparado. No curso do processo, a perícia constatou que o elemento encontrado era uma pequena porção de açúcar cristalizado, não oferecendo risco à saúde do autor. Diante desta narrativa, assinale a afirmativa correta.

(A) O fabricante e o fornecedor do serviço devem ser excluídos de responsabilidade, visto que o material não ofereceu qualquer risco à integridade física do consumidor, não merecendo reparação.

(B) O elemento rígido não característico do produto, ainda que não o tornasse impróprio para o consumo, violou padrões de segurança, já que houve dano comprovado pelo consumidor.

(C) A responsabilidade do fornecedor depende de apuração de culpa e, portanto, não tendo o comerciante agido de modo a causar voluntariamente o evento, não deve responder pelo resultado.

(D) O comerciante não deve ser condenado e sequer caberia qualquer medida contra o fabricante, posto que não há fato ou vício do produto, motivo pelo qual não deve ser responsabilizado pelo alegado defeito.

COMENTÁRIO

A letra B está correta, conforme comentário feito à alternativa "a";

A letra A está incorreta, pois, efetivamente, houve um dano à saúde do consumidor, com nexo de causalidade claro entre a conduta do fornecedor e o dano; configurou-se, assim, o chamado defeito do produto, também conhecimento como acidente de consumo (art. 12 do CDC); vale acrescentar que o produto é considerado defeituoso (requisito essencial para a configuração da responsabilidade) "quando não oferece a segurança que dele legitimamente se espera, levando-se em consideração as circunstâncias relevantes", entre as quais "o uso e os riscos que razoavelmente dele se esperam"; no caso, o elemento rígido violou o padrão de segurança esperado para um produto dessa natureza, configurando-se efetivamente o defeito do produto; dessa forma, é incorreto dizer que o fabricante deve ser excluído de responsabilidade;

A letra C está incorreta, pois a responsabilidade pelo fato do produto é objetiva, ou seja, independentemente de culpa ou dolo, nos termos do art. 12 do CDC;

A letra D está incorreta; de fato, o comerciante não responde em caso de defeito no produto (art. 12 do CDC), salvo as exceções do art. 13 do CDC; só para lembrar, o comerciante só responde em caso de vício do produto (arts. 18 a 20); já o fabricante, este sim responde tanto no caso de defeito, como no de vício; dessa forma, é incorreto dizer que não cabe qualquer medida contra o fabricante.

(X EXAME DE ORDEM UNIFICADO – FGV) Elisabeth e Marcos, desejando passar a lua de mel em Paris, adquiriram junto à Operadora de Viagens e Turismo "X" um pacote de viagem, composto de passagens aéreas de ida e volta, hospedagem por sete noites, e seguro saúde e acidentes pessoais, este último prestado pela seguradora "Y". Após chegar à cidade, Elisabeth sofreu os efeitos de uma gastrite severa e Marcos entrou em contato com a operadora de viagens a fim de que o seguro fosse acionado, sendo informado que não havia médico credenciado naquela localidade. O casal procurou um hospital, que manteve Elisabeth internada por 24 horas, e retornou ao Brasil no terceiro dia de estada em Paris, tudo às suas expensas.

Partindo da hipótese apresentada, assinale a afirmativa correta.

(A) O casal poderá acionar judicialmente a operadora de turismo, mesmo que a falha do serviço tenha sido da seguradora, em razão da responsabilidade solidária aplicável ao caso.

(B) O casal somente poderá acionar judicialmente a seguradora Y, já que a operadora de turismo responderia por falhas na organização

11. Direito do Consumidor

da viagem, e não pelo seguro porque esse foi realizado por outra empresa.

(C) O casal terá que acionar judicialmente a operadora de turismo e a seguradora simultaneamente por se tratar da hipótese de litisconsórcio necessário e unitário, sob pena de insurgir em carência da ação.

(D) O casal não poderá acionar judicialmente a operadora de turismo já que havia liberdade de contratar o seguro saúde viagem com outra seguradora e, portanto, não se tratando de venda casada, não há responsabilidade solidária na hipótese.

COMENTÁRIO

A letra A está correta, pois o seguro foi adquirido junto à própria Operadora de Viagens, de modo que esta responderá solidariamente com a empresa de seguro de saúde (arts. 7º, parágrafo único, e 25, § 1º, do CDC);

A letra B está incorreta, tendo em vista a solidariedade entre ambas (arts. 7º, parágrafo único, e 25, § 1º, do CDC);

A letra C está incorreta, pois, na solidariedade passiva, a obrigação pode ser cobrada de qualquer um dos devedores solidários, individualmente;

A letra D está incorreta, pois, conforme mencionado, o seguro foi adquirido junto à própria Operadora de Viagens, de forma que esta responderá solidariamente com a empresa de seguro de saúde (arts. 7º, parágrafo único, e 25, § 1º, do CDC).

(XI EXAME DE ORDEM UNIFICADO – FGV) Carla ajuizou ação de indenização por danos materiais, morais e estéticos em face do dentista Pedro, lastreada em prova pericial que constatou falha, durante um tratamento de canal, na prestação do serviço odontológico. O referido laudo comprovou a inadequação da terapia dentária adotada, o que resultou na necessidade de extração de três dentes da paciente, sendo que na execução da extração ocorreu fratura da mandíbula de Carla, o que gerou redução óssea e sequelas permanentes, que incluíram assimetria facial.

Com base no caso concreto, à luz do Código de Defesa do Consumidor, assinale a afirmativa correta.

(A) O dentista Pedro responderá objetivamente pelos danos causados à paciente Carla, em razão do comprovado fato do serviço, no prazo prescricional de cinco anos.

(B) Haverá responsabilidade de Pedro, independentemente de dolo ou culpa, diante da constatação do vício do serviço, no prazo decadencial de noventa dias.

(C) A obrigação de indenizar por parte de Pedro é subjetiva e fica condicionada à comprovação de dolo ou culpa.

(D) Inexiste relação de consumo no caso em questão, pois é uma relação privada, que encerra obrigação de meio pelo profissional liberal, aplicando-se o Código Civil.

COMENTÁRIO

A letra C está correta (art. 14, § 4º, do CDC);

A letra A está incorreta, pois, segundo o art. 14, § 4º, do CDC, o profissional liberal (no caso em questão temos um dentista enquanto profissional liberal, não havendo menção ao fato de que se tratava de um empresa de tratamentos dentários, hipótese em que a regra não se aplicaria) responde subjetivamente (e não objetivamente), ou seja, mediante a verificação de sua culpa (= culpa em sentido estrito ou dolo);

A letra B está incorreta, pois, como se viu, a responsabilidade no caso é subjetiva (e não objetiva); ademais, se houvesse responsabilidade o prazo seria prescricional (relativo a pretensão indenizatória) e de 5 anos (art. 27 do CDC);

A letra D está incorreta, pois há *fornecedor* (dentista Pedro, que é um prestador de serviço remunerado – art. 3º, *caput* e § 2º, do CDC), *consumidor* (Carla), *objeto* (prestação de serviço – art. 3º, § 2º, do CDC)) e elemento finalístico cumprido (Carla é destinatária final do serviço – art. 2º, *caput,* do CDC), de modo que há uma relação de consumo sim, e não relação regida pelo Código Civil.

(XII EXAME DE ORDEM UNIFICADO – FGV) O Mercado A comercializa o produto *desinfetante W*, fabricado por "W.Industrial". O proprietário do Mercado B, que adquiriu tal produto para uso na higienização das partes comuns das suas instalações, verifica que o volume contido no frasco está em desacordo com as informações do rótulo do produto. Em razão disso, o Mercado B propõe ação judicial em face do Mercado A, invocando a Lei 8.078/1990 (CDC), arguindo vícios decorrentes de tal disparidade. O Mercado A, em defesa, apontou que se tratava de responsabilidade do fabricante e requereu a extinção do processo.

A respeito do caso sugerido, assinale a alternativa correta.

(A) O processo merece ser extinto por ilegitimidade passiva.

(B) O caso versa sobre fato do produto, logo a responsabilidade do réu é subsidiária.

(C) O processo deve ser extinto, pois o autor não se enquadra na condição de consumidor.

(D) Trata-se de vício do produto, logo o réu e o fabricante são solidariamente responsáveis.

COMENTÁRIO

A letra D está correta, tratando de vício de quantidade, com responsabilidade solidária expressamente mencionada na lei (art. 19, *caput,* do CDC);

A letra A está incorreta; no caso temos um *vício* do produto (do tipo vício de quantidade – art. 19 do CDC) e não um *defeito* do produto (art. 12 do CDC), já que se trata de um problema interno do produto (quantidade díspar do rótulo) e não de um problema externo do produto (que é aquele problema que acontece quando se atinge a segurança do consumidor); nesse sentido, e considerando que o comerciante só está a princípio liberado de responder no caso de defeito (art. 12 do CDC – só respondem o fabricante, o produtor, o construtor e importador), mas responde quando se trata de vício (pois aqui todos os fornecedores respondem, inclusive o comerciante – art. 19 do CDC), não há que se falar em ilegitimidade passiva do comerciante ("Mercado A"), que tem o dever de responder no caso;

A letra B está incorreta, pois o caso trata de *vício* do produto, e não de *fato do produto* (= a *defeito* do produto ou *acidente de consumo*), hipótese em que a responsabilidade dos fornecedores é *solidária* (art. 19, *caput,* do CDC) e não *subsidiária*;

A letra C está incorreta, pois o produto em questão não foi adquirido para revenda ou para servir de insumo para a produção (casos em que fica afastada a aplicação do CDC, salvo se se tratar de um adquirente vulnerável), tratando-se de produto de uso interno, no caso, para higienização do local de trabalho.

(XIV EXAME DE ORDEM UNIFICADO – FGV) Um homem foi submetido à cirurgia para remoção de cálculos renais em hospital privado. A intervenção foi realizada por equipe médica não integrante dos quadros de funcionários do referido hospital, apesar de ter sido indicada por esse mesmo hospital. Durante o procedimento, houve perfuração do fígado do paciente, verificada somente três dias após a cirurgia, motivo pelo qual o homem teve que se submeter a novo procedimento cirúrgico, que lhe deixou uma grande cicatriz na região abdominal. O paciente ingressou com ação judicial em face do hospital, visando a indenização por danos morais e estéticos. Partindo dessa narrativa, assinale a opção correta.

(A) O hospital responde objetivamente pelos danos morais e estéticos decorrentes do erro médico, tendo em vista que ele indicou a equipe médica.

(B) O hospital responderá pelos danos, mas de forma alternativa, não se acumulando os danos morais e estéticos, sob pena de enriquecimento ilícito do autor.

(C) O hospital não responderá pelos danos, uma vez que se trata de responsabilidade objetiva da equipe médica, sendo o hospital parte ilegítima na ação porque apenas prestou serviço de instalações e hospedagem do paciente.

(D) O hospital não responderá pelos danos, tendo em vista que não se aplica a norma consumerista à relação entre médico e paciente, mas, sim, o Código Civil, embora a responsabilidade civil dos profissionais liberais seja objetiva.

COMENTÁRIO

A letra A está correta, pois, uma vez que o médico foi indicado pelo hospital, há responsabilidade solidária do médico que cometeu o erro e do hospital; da mesma forma, se o médico também fosse daqueles indicados ou credenciados por um plano de saúde, este também responderia de forma solidária com o médico que cometesse o erro (STJ REsp 866.371/RS, j. 27/03/12); quanto ao médico, este responde subjetivamente por ser profissional liberal (art. 14, § 4º, do CDC), ao passo que o hospital responde objetivamente nos termos do art. 14, *caput,* do CDC;

A letra B está incorreta, pois a responsabilidade do hospital, como se viu, não é alternativa, mas solidária (arts. 7º, parágrafo único, e 25, § 1º, do CDC);

A letra C está incorreta, pois, conforme se viu o hospital indicou o médico e, assim, responde solidariamente (arts. 7º, parágrafo único, e 25, § 1º, do CDC);

A letra D está incorreta, pois o CDC se aplica sim à relação entre médico e paciente, lembrando que o médico responde subjetivamente, por ser profissional liberal (art. 14, § 4º, do CDC), ao passo que o hospital, objetivamente (art. 14, *caput,* do CDC).

(XV EXAME DE ORDEM UNIFICADO – FGV) Carmen adquiriu veículo zero quilômetro com dispositivo de segurança denominado *airbag* do motorista, apenas para o caso de colisões frontais. Cerca de dois meses após a aquisição do bem, o veículo de Carmen sofreu colisão traseira, e a motorista teve seu rosto arremessado contra o volante, causando-lhe escoriações leves. A consumidora ingressou com medida judicial em face do fabricante, buscando a reparação pelos danos materiais e morais que sofrera, alegando ser o produto defeituoso, já que o *airbag* não foi acionado quando da ocorrência da colisão. A perícia constatou colisão traseira e em velocidade inferior à necessária para o acionamento do dispositivo de segurança. Carmen invocou a inversão do ônus da prova contra o fabricante, o que foi indeferido pelo juiz.

Analise o caso à luz da Lei 8.078/1990 e assinale a afirmativa correta.

(A) Cabe inversão do ônus da prova em favor da consumidora, por expressa determinação legal, não podendo, em qualquer hipótese, o julgador negar tal pleito.

(B) Falta legitimação, merecendo a extinção do processo sem resolução do mérito, uma vez que o responsável civil pela reparação é o comerciante, no caso, a concessionária de veículos.

(C) A responsabilidade civil do fabricante é objetiva e independe de culpa; por isso, será cabível indenização à vítima consumidora, mesmo que esta não tenha conseguido comprovar a colisão dianteira.

(D) O produto não poderá ser caracterizado como defeituoso, inexistindo obrigação do fabricante de indenizar a consumidora, já que, nos autos, há apenas provas de colisão traseira.

COMENTÁRIO

A letra D está correta; o veículo só poderia ser considerado defeituoso se não dispusesse da segurança que legitimamente se espera dele (art. 12, § 1º, do CDC); e no caso, o produto não fora fabricado para colisões traseiras, mas sim para colisões frontais, o que afasta o pressuposto básico para a responsabilidade pelo fato do produto, que é a existência de produto defeituoso;

A letra A está incorreta, pois, apesar de caber inversão do ônus da prova no caso, esta depende do preenchimento de um dos seguintes requisitos pelo consumidor, a critério do juiz: verossimilhança de sua alegação ou que este seja hipossuficiente (art. 6º, VIII, do CDC);

A letra B está incorreta, pois o consumidor alega a chamada responsabilidade por *fato do produto* (ou por *defeito do produto*), que é aquela em que se alega efetivo dano à saúde ou a segurança do consumidor; assim sendo, incide o regime do art. 12, *caput*, do CDC, que não permite como regra o acionamento do comerciante que vendeu o produto, devendo-se acionar o fabricante; esse regime difere do regime da responsabilidade pelo *vício do produto* (quando este simplesmente tem problema de qualidade ou quantidade, mas que não houve efetivo dano à saúde ou à segurança do consumidor), quando se pode acionar todos os fornecedores da cadeia, ou seja, tanto o comerciante, como o fabricante do produto (art. 18, *caput*, do CDC);

A letra C está incorreta; de fato, a responsabilidade do fabricante é objetiva e independe de culpa (art. 12, *caput*, do CDC); porém, essa responsabilidade depende de se ter um efetivo *defeito* no produto; segundo a lei, um produto é considerado defeituoso quando não oferece a segurança que dele legitimamente se espera (art. 12, § 1º, do CDC); e o produto em questão era uma *airbag* apenas para colisões frontais, e não para colisões traseiras, de modo que não é possível dizer que o produto não ofereceu a segurança que dele legitimamente se esperava.

(XVI EXAME DE ORDEM UNIFICADO – FGV) A responsabilidade civil dos fornecedores de serviços e produtos, estabelecida pelo Código do Consumidor, reconheceu a relação jurídica qualificada pela presença de uma parte vulnerável, devendo ser observados os princípios da boa-fé, lealdade contratual, dignidade da pessoa humana e equidade. A respeito da temática, assinale a afirmativa correta.

(A) A responsabilidade civil subjetiva dos fabricantes impõe ao consumidor a comprovação da existência de nexo de causalidade que o vincule ao fornecedor, mediante comprovação da culpa, invertendo-se o ônus da prova no que tange ao resultado danoso suportado.

(B) A responsabilidade civil do fabricante é subjetiva e subsidiária quando o comerciante é identificado e encontrado para responder pelo vício ou fato do produto, cabendo ao segundo a responsabilidade civil objetiva.

(C) A responsabilidade civil objetiva do fabricante somente poderá ser imputada se houver demonstração dos elementos mínimos que comprovem o nexo de causalidade que justifique a ação proposta, ônus esse do consumidor.

(D) A inversão do ônus da prova nas relações de consumo é questão de ordem pública e de imputação imediata, cabendo ao fabricante a carga probatória frente ao consumidor, em razão da responsabilidade civil objetiva.

COMENTÁRIO

A letra C está correta, pois, de fato, a responsabilidade do fabricante é objetiva, cabendo ao autor da ação, o consumidor, a demonstração dos elementos mínimos para a configuração dessa responsabilidade, ressalvado, é claro, os casos em que cabe a inversão do ônus da prova, que, como se sabe, não é automática;

A letra A está incorreta, pois a responsabilidade dos fabricantes não é subjetiva, mas sim objetiva, não sendo necessário que haja conduto culposa do fabricante (arts. 12, *caput*, e 18, *caput*, ambos do CDC);

A letra B está incorreta, pois a responsabilidade do fabricante é *objetiva* (e não *subjetiva*) e *direta* (e não *subsidiária*), podendo o fabricante ser acionado diretamente, independentemente de o comerciante ser identificado ou encontrado;

A letra D está incorreta, pois a inversão do ônus da prova não é automática no regime do CDC, já que depende do preenchimento de um dos seguintes requisitos pelo consumidor, a critério do juiz: verossimilhança de sua alegação ou que este seja hipossuficiente (art. 6º, VIII, do CDC).

(XVIII EXAME DE ORDEM UNIFICADO – FGV) Hugo colidiu com seu veículo e necessitou de reparos na lataria e na pintura. Para tanto, procurou, por indicação de um amigo, os serviços da Oficina Mecânica M, oportunidade na qual lhe foi ofertado orçamento escrito, válido por 15 (quinze) dias, com o valor da mão de obra e dos materiais a serem utilizados na realização do conserto do automóvel. Hugo, na certeza da boa indicação, contratou pela primeira vez com a Oficina. Considerando as regras do Código de Proteção e Defesa do Consumidor, assinale a afirmativa correta.

(A) Segundo a lei do consumidor, o orçamento tem prazo de validade obrigatório de 10 (dez) dias, contados do seu recebimento pelo consumidor Hugo. Logo, no caso, somente durante esse período a Oficina Mecânica M estará vinculada ao valor orçado.

(B) Uma vez aprovado o orçamento pelo consumidor, os contraentes estarão vinculados, sendo correto afirmar que Hugo não responderá por quaisquer ônus ou acréscimos no valor dos materiais orçados; contudo, ele poderá vir a responder pela necessidade de contratação de terceiros não previstos no orçamento prévio.

(C) Se o serviço de pintura contratado por Hugo apresentar vícios de qualidade, é correto afirmar que ele terá tríplice opção, à sua escolha, de exigir da oficina mecânica: a reexecução do serviço sem custo adicional; a devolução de eventual quantia já paga, corrigida monetariamente, ou o abatimento do preço de forma proporcional.

(D) A lei consumerista considera prática abusiva a execução de serviços sem a prévia elaboração de orçamento, o que pode ser feito por qualquer meio, oral ou escrito, exigindo-se, para sua validade, o consentimento expresso ou tácito do consumidor.

COMENTÁRIO

A letra C está correta, posto determinar o art. 20 do CDC que o fornecedor responde pelo vício do serviço, "podendo o consumidor exigir, alternativamente e à sua escolha: I - a reexecução dos serviços, sem custo adicional e quando cabível; II - a restituição imediata da quantia paga, monetariamente atualizada, sem prejuízo de eventuais perdas e danos; III - o abatimento proporcional do preço";

A letra A está incorreta, porque o prazo de validade do orçamento, de dez dias, pode ser alterado pela vontade das partes, a teor do §1º do art. 40 do CDC;

A letra B está incorreta, pois o § 3º do art. 40 do CDC determina que "O consumidor não responde por quaisquer ônus ou acréscimos decorrentes da contratação de serviços de terceiros não previstos no orçamento prévio";

A letra D está incorreta, eis que o art. 39 do CDC, em seu inciso VI, considera prática abusiva "executar serviços sem a prévia elaboração de orçamento e autorização expressa do consumidor", vedando-se, portanto, a execução do serviço fundada em consentimento tácito.

(XVIII EXAME DE ORDEM UNIFICADO – FGV) Dulce, cinquenta e oito anos de idade, fumante há três décadas, foi diagnosticada como portadora de enfisema pulmonar. Trata-se de uma doença pulmonar obstrutiva crônica caracterizada pela dilatação excessiva dos alvéolos pulmonares, que causa a perda da capacidade respiratória e uma consequente oxigenação insuficiente. Em razão do avançado estágio da doença, foi prescrito como essencial o tratamento de suplementação de oxigênio. Para tanto, Joana, filha de Dulce, adquiriu para sua mãe um aparelho respiratório na loja Saúde e Bem-Estar. Porém, com uma semana de uso, o produto parou de funcionar. Joana procurou imediatamente a loja para substituição do aparelho, oportunidade na qual foi informada pela gerente que deveria aguardar o prazo legal de trinta dias para conserto do produto pelo fabricante. Com base no caso narrado, em relação ao Código de Proteção e Defesa do Consumidor, assinale a afirmativa correta.

(A) Está correta a orientação da vendedora. Joana deverá aguardar o prazo legal de trinta dias para conserto e, caso não seja sanado o vício, exigir a substituição do produto, a devolução do dinheiro corrigido monetariamente ou o abatimento proporcional do preço.

(B) Joana não é consumidora destinatária final do produto, logo tem apenas direito ao conserto do produto durável no prazo de noventa dias, mas não à devolução da quantia paga.

(C) Joana não precisa aguardar o prazo legal de trinta dias para conserto, pois tem direito de exigir a substituição imediata do produto, em razão de sua essencialidade.

(D) Na impossibilidade de substituição do produto por outro da mesma espécie, Joana poderá optar por um modelo diverso, sem direito à restituição de eventual diferença de preço, e, se este for de valor maior, não será devida por Joana qualquer complementação.

COMENTÁRIO

A letra C está correta, posto determinar o § 3º do art. 18 do CDC que o consumidor não terá que esperar o prazo legal de 30 dias do §1º do art. 18 do CDC, sempre que, em razão da extensão do vício, a substituição das partes viciadas puder comprometer a qualidade ou características do produto, diminuir-lhe o valor ou se tratar de produto essencial, o que é o caso de Joana;

A letra A está incorreta, porque o consumidor não terá que esperar o prazo legal de 30 dias do § 1º do art. 18 do CDC, sempre que, em razão da extensão do vício, ou se tratar de produto essencial, o que é o caso de Joana (art. 18, § 3º, CDC);

A letra B está incorreta, porque Joana pode se valer da proteção do CDC e, em se tratando de vício do produto, poderá exigir "alternativamente e à sua escolha: I – a reexecução dos serviços, sem custo adicional e quando cabível; II – a restituição imediata da quantia paga, monetariamente atualizada, sem prejuízo de eventuais perdas e danos; III – o abatimento proporcional do preço", consoante dispõe o art. 18, § 1º do CDC;

A letra D está incorreta, em virtude da disposição expressa do §4º do CDC, ao estabelecer que tendo o consumidor optado pela substituição do produto, e não sendo possível que isso ocorra, poderá haver substituição por outro de espécie, marca ou modelo diversos, mediante complementação ou restituição de eventual diferença de preço, sem prejuízo do disposto nos incisos II e III do § 1º do art. 18 do Código de Defesa do Consumidor.

4. PRÁTICAS COMERCIAIS

(EXAME DE ORDEM UNIFICADO 2010.2 – FGV) Sobre o tratamento da publicidade no Código de Defesa do Consumidor, é correto afirmar que:

(A) a publicidade somente vincula o fornecedor se contiver informações falsas.

(B) a publicidade que não informa sobre a origem do produto é considerada enganosa, mesmo quando não essencial para o produto.

(C) o ônus da prova da veracidade da mensagem publicitária cabe ao veículo de comunicação.

(D) é abusiva a publicidade que desrespeita valores ambientais.

COMENTÁRIO

A letra D está correta, pois, segundo o art. 37, § 2º, do CDC, "é abusiva, dentre outras, a publicidade discriminatória de qualquer natureza, a que incite à violência, explore o medo ou a superstição, se aproveite da deficiência de julgamento e experiência da criança, desrespeita valores ambientais, ou que seja capaz de induzir o consumidor a se comportar de forma prejudicial ou perigosa a sua saúde ou segurança" (g.n.);

A letra A está incorreta, pois toda a publicidade, suficientemente precisa, obriga o fornecedor, seja ela falsa, seja ela verdadeira, pois não há distinção, na lei, nesse sentido (art. 30 do CDC);

A letra B está incorreta, pois na definição de propaganda enganosa está dito que a omissão quanto à *origem* do produto deve ser capaz de *induzir o consumidor em erro* (art. 37, § 1º, do CDC); não bastasse, o CDC estabelece que a publicidade só é enganosa por omissão quando "deixar de informar sobre dado essencial do produto ou serviço" (art. 37, § 3º, do CDC);

A letra C está incorreta, pois tal ônus cabe a quem patrocina a propaganda, ou seja, cabe ao *anunciante* (ex: ao fabricante), e não ao *veículo de comunicação* (ex: a emissora de televisão), nos termos do art. 38 do CDC.

(VI EXAME DE ORDEM UNIFICADO – FGV) Franco adquiriu um veículo zero quilômetro em novembro de 2010. Ao sair com o automóvel da concessionária, percebeu um ruído todas as vezes em que acionava a embreagem para a troca de marcha. Retornou à loja, e os funcionários disseram que tal barulho era natural ao veículo, cujo motor era novo. Oito meses depois, ao retornar para fazer a revisão de dez mil quilômetros, o consumidor se queixou que o ruído persistia, mas foi novamente informado de que se tratava de característica do modelo. Cerca de uma semana depois, o veículo parou de funcionar e foi rebocado até a concessionária, lá permanecendo por mais de sessenta dias. Franco acionou o Poder Judiciário alegando vício oculto e pleiteando ressarcimento pelos danos materiais e indenização por danos morais. Considerando o que dispõe o Código de Proteção e Defesa do Consumidor, a respeito do narrado acima, é correto afirmar que, por se tratar de vício oculto,

(A) o prazo decadencial para reclamar se iniciou com a retirada do veículo da concessionária, devendo o processo ser extinto.

(B) o direito de reclamar judicialmente se iniciou no momento em que ficou evidenciado o defeito, e o prazo decadencial é de noventa dias.

(C) o prazo decadencial é de trinta dias contados do momento em que o veículo parou de funcionar, tornando-se imprestável para o uso.

(D) o consumidor Franco tinha o prazo de sete dias para desistir do contrato e, tendo deixado de exercê-lo, operou-se a decadência.

COMENTÁRIO

A letra B está correta, pois o prazo decadencial para reclamar tem início a partir do momento em que o vício restar evidenciado (art. 26, § 3º, do CDC) e, no caso, por ser o carro um bem durável, o prazo para reclamar é de 90 dias (art. 26, II, do CDC);

A letra A está incorreta, pois, em caso de vício oculto, o prazo decadencial para reclamar tem início a partir do momento em que o vício restar evidenciado (art. 26, § 3º, do CDC), o que se deu apenas no momento em que o veículo parou de funcionar;

A letra C está incorreta, pois, sendo o carro um bem durável, o prazo para reclamar é de 90 dias (art. 26, II, do CDC);

A letra D está incorreta, pois o prazo de 7 dias para a desistência de contratos diz respeito aos contratos feitos fora do estabelecimento comercial (ex: por telefone ou pela internet), conforme o art. 49 do CDC.

(IX EXAME DE ORDEM UNIFICADO – FGV) Academia de ginástica veicula anúncio assinalando que os seus alunos, quando viajam ao exterior, podem se utilizar de rede mundial credenciada, presente em 60 países e 230 cidades, sem custo adicional. Um ano após continuamente fazer tal divulgação, vários alunos reclamam que, em quase todos os países, é exigida tarifa de uso da unidade conveniada. A academia responde que a referência ao "sem custo adicional" refere-se à inexistência de acréscimo cobrado por ela, e não de eventual cobrança, no exterior, de terceiro.

Acerca dessa situação, assinale a afirmativa correta.

(A) A loja veicula publicidade enganosa, que se caracteriza como a que induz o consumidor a se comportar de forma prejudicial ou perigosa a sua saúde ou segurança.

(B) A loja promove publicidade abusiva, pois anuncia informação parcialmente falsa, a respeito do preço e qualidade do serviço.

(C) Não há irregularidade, e as informações complementares podem ser facilmente buscadas na recepção ou com as atendentes, sendo **inviável** que o ordenamento exija que detalhes sejam prestados, todos, no anúncio.

(D) A loja faz publicidade enganosa, que se configura, basicamente, pela falsidade, total ou parcial, da informação veiculada.

COMENTÁRIO

A letra D está correta, pois a publicidade falsa, total ou parcialmente, é considerada *enganosa* (art. 37, § 1º, do CDC); vale ressaltar que, ao garantir que não haveria qualquer custo adicional, a academia de ginástica enganou o consumidor, apresentando informação falsa, ainda que por omissão, já que o mínimo que teria de fazer era deixar claro que haveria custo adicional nas academias dos outros países;

A letra A está incorreta, pois a publicidade que induz o consumidor a se comportar de forma prejudicial ou perigosa à sua saúde ou segurança é *abusiva* (art. 37, § 2º, do CDC) e não *enganosa* (art. 37, § 1º, do CDC);

A letra B está incorreta, pois a publicidade falsa é *enganosa* (art. 37, § 1º, do CDC) e não *abusiva* (art. 37, § 2º, do CDC);

A letra C está incorreta, pois o fornecedor é obrigado a apresentar informações *claras*, *precisas* e *ostensivas*, o que não aconteceu no caso em tela (art. 31, *caput*, do CDC).

(XII EXAME DE ORDEM UNIFICADO – FGV) O Banco XYZ, com objetivo de aumentar sua clientela, enviou proposta de abertura de conta corrente com cartão de crédito para diversos estudantes universitários. Ocorre que, por desatenção de um dos encarregados pela instituição financeira da entrega das propostas, o conteúdo da proposta encaminhada para a estudante Bruna, de dezoito anos, foi furtado. O cartão de crédito foi utilizado indevidamente por terceiro, sendo Bruna surpreendida com boletos e ligações de cobrança por compras que não realizou. O episódio culminou com posterior inclusão do seu nome em um cadastro negativo de restrições ao crédito. Bruna nunca solicitou o envio do cartão ou da proposta de abertura de conta, e sequer celebrou contrato com o Banco XYZ, mas tem dúvidas acerca de eventual direito à indenização.

Na qualidade de Advogado, diante do caso concreto, assinale a afirmativa correta.

(A) A conduta adotada pelo Banco XYZ é prática abusiva à luz do Código do Consumidor, mas como Bruna não é consumidora, haja vista a ausência de vínculo contratual, deverá se utilizar das regras do Código Civil para fins de eventual indenização.

(B) A pessoa exposta a uma prática abusiva, como na hipótese do envio de produto não solicitado, é equiparada a consumidor, logo Bruna pode postular indenização com base no Código do Consumidor.

(C) A prática bancária em questão é abusiva segundo o Código do Consumidor, mas o furto sofrido pelo preposto do Banco XYZ configura culpa exclusiva de terceiro, excludente da obrigação da instituição financeira de indenizar Bruna.

(D) O envio de produto sem solicitação do consumidor não é expressamente vedado pela lei consumerista, que apenas considera o produto como mera amostra grátis, afastando eventual obrigação do Banco XYZ de indenizar Bruna.

COMENTÁRIO

A letra B está correta (art. 29 do CDC);

A letra A está incorreta; a conduta do banco é prática abusiva e nesse ponto a assertiva está correta (art. 39, III, do CDC); porém, é incorreto dizer que Bruna não é consumidora por não ter assinado contrato algum, pois o CDC equipara a consumidor aquele que é exposto a práticas comerciais do fornecedor (art. 29), como é a prática abusiva de enviar cartão de crédito sem solicitação;

A letra C está incorreta; a conduta do banco é prática abusiva e nesse ponto a assertiva está correta (art. 39, III, do CDC); porém, é incorreto dizer que o furto exclui a responsabilidade do banco, vez que o banco assumiu o risco de isso acontecer ao enviar por correio, lembrando que aquele que pratica um ato ilícito (o banco, ao enviar o cartão sem solicitação, praticou um ilícito, nos termos do art. 39, III, do CDC), não pode alegar a própria torpeza para se eximir de responsabilidade;

A letra D está incorreta, pois esse envio é sim prática abusiva (art. 39, III, do CDC), questão que é independente de se ter no caso a sanção de considerar o produto ou serviço em questão amostra grátis (art. 39, parágrafo único, do CDC).

(XIII EXAME DE ORDEM UNIFICADO – FGV) Eliane trabalha em determinada empresa para a qual uma seguradora apresentou proposta de seguro de vida e acidentes pessoais aos empregados. Eliane preencheu o formulário entregue pela seguradora e, dias depois, recebeu comunicado escrito informando, sem motivo justificado, a recusa da seguradora para a contratação por Eliane. Partindo da situação fática narrada, à luz da legislação vigente, assinale a afirmativa correta.

(A) Eliane pode exigir o cumprimento forçado da obrigação nos termos do serviço apresentado, já que a oferta obriga a seguradora e a negativa constituiu prática abusiva pela recusa infundada de prestação de serviço.

(B) Trata-se de hipótese de aplicação da legislação consumerista, mas, a despeito das garantias conferidas ao consumidor, em hipóteses como a narrada no caso, é facultado à seguradora recusar a contratação antes da assinatura do contrato.

(C) Por se tratar de contrato bilateral, a seguradora poderia ter se recusado a ser contratada por Eliane nos termos do Código Civil, norma aplicável ao caso, que assegura que a proposta não obriga o proponente.

(D) A seguradora não está obrigada a se vincular a Eliane, já que a proposta de seguro e acidentes pessoais dos empregados não configura oferta, nos termos do Código do Consumidor.

COMENTÁRIO

A letra A está correta, nos termos do art. 35, I, do CDC (direito de exigir o cumprimento forçado de oferta) e do art. 39, IX, do CDC (prática abusiva quando se recusa infundadamente a prestação de serviço);

A letra B está incorreta, pois a oferta suficientemente precisa feita por fornecedor vincula este (art. 30 do CDC);

A letra C está incorreta; primeiro porque o diploma de regência no caso é o CDC, vez que Eliane é destinatária final de um serviço securitário (art. 2º, *caput*, e 3º, § 2º, do CDC); segundo porque no Código Civil a oferta também obriga, como regra, o proponente (art. 427 do CC);

A letra D está incorreta, pois como se presume que se trata de uma oferta suficientemente precisa (com dados sobre o produto e seu preço), que é o que normalmente se dá na prática, tal oferta vincula (art. 30, *caput*, do CDC).

(XIII EXAME DE ORDEM UNIFICADO – FGV) Mauro adquiriu um veículo zero quilômetro da fabricante brasileira Surreal, na concessionária Possante Ltda., revendedora de automóveis que comercializa habitualmente diversas marcas nacionais e estrangeiras. Na época em que Mauro efetuou a compra, o modelo adquirido ainda não era produzido com o opcional de freio ABS, o que só veio a ocorrer seis meses após a aquisição feita por Mauro. Tal sistema de frenagem (travagem) evita que a roda do veículo bloqueie quando o pedal do freio é pisado fortemente, impedindo com isso o descontrole e a derrapagem do veículo. Mauro, inconformado, aciona a concessionária postulando a substituição do seu veículo, pelo novo modelo com freio ABS.

Diante do caso narrado e das regras atinentes ao Direito do Consumidor, assinale a afirmativa correta.

(A) Mauro tem direito à substituição, pois o fato de o novo modelo ter sido oferecido com o opcional do freio ABS, de melhor qualidade, configura defeito do modelo anterior por ele adquirido.

(B) Se o veículo adquirido por Mauro apresentar futuro defeito no freio dentro do prazo de garantia, a concessionária Possante Ltda. é obrigada a assegurar a oferta de peças de reposição originais enquanto não cessar a fabricação do veículo.

(C) Somente quando cessada a produção no país do veículo adquirido por Mauro, a fabricante Surreal ficará exonerada do dever legal de assegurar o oferecimento de componentes e peças de reposição para o automóvel.

(D) Havendo necessidade de reposição de peças ou componentes no veículo de Mauro, a fabricante Surreal deverá, ainda que cessada a fabricação no país, efetuar o reparo com peças originais por um período razoável de tempo, fixado por lei. A reposição com peças usadas só é admitida pelo Código do Consumidor quando houver autorização do consumidor.

COMENTÁRIO

A letra D está correta (art. 32 c/c com art. 21, ambos do CDC);

A letra A está incorreta, pois, segundo o art. 12, § 2º, do CDC, um produto não pode ser considerado defeituoso se outro de melhor qualidade tiver sido colocado no mercado;

As letras B e C estão incorretas, pois, os fabricantes e importadores devem assegurar a oferta de peças de reposição não só enquanto não cessar a fabricação ou importação do produto, como também por período razoável após a produção ou importação, nos termos de lei (art. 32 do CDC).

(XV EXAME DE ORDEM UNIFICADO – FGV) Roberto, atraído pela propaganda de veículos zero quilômetro, compareceu até uma concessionária a fim de conhecer as condições de financiamento. Verificando que o valor das prestações cabia no seu orçamento mensal e que as taxas e os custos lhe pareciam justos, Roberto iniciou junto ao vendedor os procedimentos para a compra do veículo. Para sua surpresa, entretanto, a financeira negou-lhe o crédito, ao argumento de que havia negativação do nome de Roberto nos cadastros de proteção ao crédito. Indignado e buscando esclarecimentos, Roberto procurou o Banco de Dados e Cadastro que havia informado à concessionária acerca da suposta existência de negativação, sendo informado por um dos empregados que as informações que Roberto buscava somente poderiam ser dadas mediante ordem judicial.

Sobre o procedimento do empregado do Banco, assinale a afirmativa correta.

(A) O empregado do Banco de Dados e Cadastros agiu no legítimo exercício de direito ao negar a prestação das informações, já que o solicitado pelo consumidor somente deve ser dado pelo fornecedor que solicitou a negativação, cabendo a Roberto buscar uma ordem judicial mandamental, autorizando a divulgação dos dados para ele diretamente.

(B) O procedimento do empregado, ao negar as informações que constam no Banco de Dados e Cadastros sobre o consumidor, configura infração penal punível com pena de detenção ou multa, nos termos tipificados no Código de Defesa do Consumidor.

(C) A negativa no fornecimento das informações foi indevida, mas configura mera infração administrativa punível com advertência e, em caso de reincidência, pena de multa a ser aplicada ao órgão, não ao empregado que negou a prestação de informações.

(D) Cuida-se de infração administrativa e, somente se cometido em operações que envolvessem alimentos, medicamentos ou serviços essenciais, configuraria infração penal, para fins de incidência da norma consumerista em seu aspecto penal.

COMENTÁRIO

A letra B está correta (art. 72 do CDC);

A letra A está incorreta, pois, segundo o art. 43, *caput*, do CDC, o consumidor tem direito de acesso às informações existentes em cadastros, fichas, registros e dados pessoais e de consumo arquivado sobre ele, e o serviço de proteção ao crédito não é o único destinatário da norma, sendo tão destinatário como o fornecedor que mantém a relação contratual com o consumidor, conforme se verifica da menção a essas entidades nos parágrafos 4º e 5º do mesmo art. 43;

A letra C está incorreta, pois o fato também é infração penal (art. 72 do CDC) e, causando dano ao consumidor, também enseja responsabilidade civil do serviço de proteção ao crédito;

A letra D está incorreta, pois o art. 72 do CDC prevê que o caso importa em infração penal, sem a restrição mencionada na assertiva (de que é necessário que se esteja diante de operações que envolvam alimentos, medicamentos ou serviços essenciais).

5. PROTEÇÃO CONTRATUAL

(V EXAME DE ORDEM UNIFICADO – FGV) Quando a contratação ocorre por site da internet, o consumidor pode desistir da compra?

(A) Não. O direito de arrependimento só existe para as compras feitas na própria loja, e não pela internet.

(B) Sim. Quando a compra é feita fora do estabelecimento comercial, o consumidor pode desistir do contrato no prazo de sete dias, mesmo sem apresentar seus motivos para a desistência.

(C) Sim. Quando a compra é feita pela internet, o consumidor pode desistir da compra em até 30 dias depois que recebe o produto.

(D) Não. Quando a compra é feita pela internet, o consumidor é obrigado a ficar com o produto, a menos que ele apresente vício. Só nessa hipótese o consumidor pode desistir.

COMENTÁRIO

A letra B está correta. Segundo o art. 49 do CDC, o consumidor pode desistir de contrato, independentemente de motivação, nas compras feitas fora do estabelecimento comercial (por telefone, internet etc.), desde que o faça no prazo máximo de 7 dias da assinatura do contrato ou do ato do recebimento do produto ou serviço.

(VI EXAME DE ORDEM UNIFICADO – FGV) Josefa celebrou contrato de prestação de serviço com a transportadora X, cujo teor do documento assinado seguia o formato "de adesão". Considerando tal instrumento de negócio jurídico nas relações de consumo, é correto afirmar que

(A) tal modalidade contratual, por ter sido deliberada de forma unilateral, é considerada prática abusiva, devendo ser imposta pena pecuniária ao fornecedor do serviço.

(B) Josefa poderá inserir cláusulas no formulário apresentado pela Transportadora X, o que desfigurará a natureza de adesão do referido contrato.

(C) o contrato de adesão é permitido nos termos da norma consumerista, mas desde que não disponha de cláusula resolutória, expressamente inadmitida.

(D) serão redigidos com caracteres ostensivos, cujo tamanho da fonte não seja inferior ao corpo doze, e as cláusulas que limitem direito do consumidor deverão ser redigidas com destaque.

COMENTÁRIO

A letra D está correta (art. 54, §§ 3º e 4º, do CDC);

A letra A está incorreta, pois o CDC não só admite, como também regulamenta os contratos de adesão (art. 54 do CDC);

A letra B está incorreta, pois a simples inserção de cláusula no formulário não desfigura a natureza de adesão do contrato (art. 54, § 1º, do CDC); o contrato só deixa de ser de adesão (passando a se chamar contrato paritário) quando o consumidor consegue discutir substancialmente o teor das cláusulas contratuais;

A letra C está incorreta, pois se admite cláusula resolutória nos contratos de adesão, ou seja, aquela cláusula que permite a resolução do contrato caso a outra parte não cumpra com suas obrigações; porém, o CDC estabelece um direito interessante para o consumidor quando há cláusula resolutória num contrato de adesão, qual seja, o direito de o consumidor optar se aceita a resolução do contrato ou se irá purgar a mora (pagar o que estiver devendo), mantendo, assim, o contrato; é por isso que o CDC dispõe que a cláusula resolutória num contrato de adesão é uma alternativa a benefício do consumidor (art. 54, § 2º, do CDC).

(VII EXAME DE ORDEM UNIFICADO – FGV) Martins celebrou negócio jurídico com a empresa Zoop Z para o fornecimento de dez volumes de determinada mercadoria para entretenimento infantil. No contrato restava estabelecido que Martins vistoriara toda mercadoria antes da aquisição e que o consumidor retiraria os produtos no depósito da empresa. Considerando tal situação fictícia, assinale a alternativa correta à luz do disposto na Lei 8.078/1990, de acordo com cada hipótese abaixo apresentada:

(A) A garantia legal do produto independe de termo expresso no contrato, bem como é lícito ao fornecedor estipular que se exime de responsabilidade na hipótese de vício de qualidade por inadequação do produto, desde que fundada em ignorância sobre o vício.

(B) É nula de pleno direito a cláusula contratual que exonere a contratada de qualquer obrigação de indenizar por vício do produto em razão de ter sido a mercadoria vistoriada previamente pelo consumidor.

(C) O contrato poderia prever a impossibilidade de reembolso da quantia por Martins, bem como ter transferido previamente a responsabilidade por eventual vício do produto, com exclusividade, ao fabricante.

(D) A Zoop Z tem liberdade para estabelecer compulsoriamente a utilização de arbitragem, bem como exigir o ressarcimento dos custos de cobrança da obrigação de Martins, sem que o mesmo seja conferido contra o fornecedor.

COMENTÁRIO

A letra B está correta (arts. 24, 25 e 51, I, do CDC);

A letra A está incorreta; de fato, a garantia legal independe de termo expresso (art. 24 do CDC); porém, NÃO é lícito ao fornecedor estipular que se exime de responsabilidade em caso de vício de qualquer natureza, sob o argumento de que desconhece o vício (art. 23 do CDC);

A letra C está incorreta, pois, segundo o art. 51 do CDC são nulas as cláusulas que subtraiam ao consumidor a opção de reembolso da quantia paga (inciso II) e que transfiram responsabilidades a terceiros (inciso III);

A letra D está incorreta, pois as duas cláusulas citadas são nulas de pleno direito (art. 51, VII e XII, respectivamente, do CDC).

(VII EXAME DE ORDEM UNIFICADO – FGV) A telespectadora Maria, após assistir ao anúncio de certa máquina fotográfica, ligou e comprou o produto via telefone. No dia 19 de março, a câmera chegou ao seu endereço. Acerca dessa situação, assinale a alternativa correta.

(A) A contar do recebimento do produto, a consumidora pode exercer o direito de arrependimento no prazo prescricional de quinze dias.

(B) Mesmo que o produto não tenha defeito, se Maria se arrepender da aquisição e desistir do contrato no dia 25 de março do mesmo ano, os valores eventualmente pagos, a qualquer título, deverão ser devolvidos, monetariamente atualizados.

(C) Se, no dia 26 de março do mesmo ano, a consumidora pretender desistir do contrato, não poderá fazê-lo, pois, além de o prazo decadencial já ter fluído, os contratos são regidos pelo brocardo *pacta sunt servanda*.

(D) Após o prazo de desistência, que é decadencial, Maria não poderá reclamar de vícios do produto ou de desconformidades entre a oferta apresentada e as características do bem adquirido, a não ser que exista garantia contratual.

A letra B está correta, pois o dia 25 de março está dentro do prazo de 7 dias para a desistência, com ressarcimento integral dos valores pagos, monetariamente atualizados (art. 49, *caput* e parágrafo único, do CDC);

A letra A está incorreta, pois o prazo para exercer o direito de arrependimento é decadencial e de 7 dias (art. 49 do CDC);

A letra C está incorreta, pois o dia 25 de março está dentro do prazo de 7 dias em que a lei autoriza a desistência (art. 49, *caput* e parágrafo único, do CDC);

A letra D está incorreta, pois um direito é independente do outro; desde que o faça dentro do prazo decadencial para reclamar dos vícios, prazo esse estabelecido no art. 26 do CDC, sem prejuízo de tal prazo se somar ao prazo de garantia contratual (art. 50 do CDC), Maria tem direito de reclamar de problemas no produto.

(VIII EXAME DE ORDEM UNIFICADO – FGV) João celebrou contrato de seguro de vida e invalidez, aderindo a plano oferecido por conhecida rede particular. O contrato de adesão, válido por cinco anos, prevê a possibilidade de cancelamento, em favor da seguradora, antes de ocorrer o sinistro, por alegação de desequilíbrio econômico-financeiro. A esse respeito, assinale a afirmativa correta.

(A) Os contratos de seguro ofertados no mercado de consumo, apesar de serem de adesão, são regidos pelo Código Civil, e a eles se aplica o Código de Defesa do Consumidor apenas subsidiariamente e em casos estritos.

(B) A cláusula prevista, que estipula a possibilidade de cancelamento unilateral do contrato em caso de desequilíbrio econômico, seria viável desde que exercida na primeira metade do contrato.

(C) O Ministério Público tem legitimidade para ajuizar demanda contra a seguradora, buscando ser declarada a nulidade da cláusula contratual celebrada com os consumidores, e que seja proibido à seguradora continuar a ofertá-la no mercado de consumo.

(D) A cláusula prevista no contrato celebrado por João não é abusiva, pois o seguro deve atentar para a equação financeira atuarial, necessária ao equilíbrio econômico da avença e à própria higidez e continuidade do contrato.

COMENTÁRIO

A letra C está correta (art. 51, § 4º, do CDC);

A letra A está incorreta, pois o CDC se aplica aos serviços securitários, ou seja, aos seguros, conforme disposição expressa no art. 3º, § 2º, desse Diploma; havendo uma relação de consumo, como é o caso, aplica-se o CDC diretamente, e, quanto ao Código Civil, este se aplica subsidiariamente apenas;

A letra B está incorreta, pois o contrato de seguro é, por natureza, aleatório, ou seja, de risco; uma vez contratado o seguro, a seguradora tem, como regra, de cumprir suas obrigações até o final do contrato; no Código Civil (não aplicável ao caso) há até uma regra que permite que a seguradora resolva o contrato, caso o faça em até 15 dias da ciência da agravação do risco, sendo que essa resolução só será eficaz 30 (trinta) dias após a notificação do segurado, devendo ser restituída pelo segurador a diferença do prêmio (art. 769 do CC); porém, o CDC, que trata o consumidor de maneira diferenciada, tendo em vista a presunção absoluta de sua vulnerabilidade no mercado de consumo (art. 4º, I, do CDC), não traz disposição nesse sentido; aliás, em se tratando de contrato de adesão, a cláusula resolutória deve ser sempre alternativa, cabendo a escolha quanto à manutenção ou não do contrato, ao consumidor, e não ao fornecedor (art. 54, § 2º, do CDC);

A letra D está incorreta, nos termos do fundamento apresentado para a alternativa "b".

(IX EXAME DE ORDEM UNIFICADO – FGV) Sobre a proteção contratual e a validade de regras contratuais no mercado de consumo, assinale a afirmativa correta.

(A) Nas relações de consumo, a indenização pode ser contratualmente limitada, mas apenas em situações previstas em negrito, no contrato.

(B) Apenas é possível ao contrato estipular a inversão do ônus da prova, em favor da fornecedora, se direitos equivalentes, em termos processuais, forem concedidos aos consumidores.

(C) É perfeitamente possível e vinculante a cláusula de arbitragem prevista em contrato de adesão.

(D) Não vale a cláusula que estipula, de antemão, representante para concluir outro contrato pelo consumidor.

COMENTÁRIO

A letra D está correta (art. 51, VIII, do CDC);

A letra A está incorreta, pois a única hipótese em que cabe limitação de indenização é na relação entre fornecedor e um consumidor pessoa jurídica (circunstância não mencionada no enunciado) e, mesmo assim, desde que em situações justificáveis (circunstância que também não foi mencionada no enunciado);

A letra B está incorreta, pois são nulas quaisquer cláusulas contratuais que estabeleçam inversão do ônus da prova em prejuízo do consumidor (art. 51, VI, do CDC), de maneira que a afirmação trazida na alternativa não faz sentido;

A letra C está incorreta, pois é nula a cláusula contratual que estabeleça a utilização compulsória de arbitragem (art. 51, VII, do CDC).

(XIV EXAME DE ORDEM UNIFICADO – FGV) O fornecimento de serviços e de produtos é atividade desenvolvida nas mais diversas modalidades, como ocorre nos serviços de crédito e financiamento, regidos pela norma especial consumerista, que atribuiu disciplina específica para a temática. A respeito do crédito ao consumidor, nos estritos termos do Código de Defesa do Consumidor, assinale a opção correta.

(A) A informação prévia ao consumidor, a respeito de taxa efetiva de juros, é obrigatória, facultando-se a discriminação dos acréscimos legais, como os tributos e taxas de expediente.

(B) A liquidação antecipada do débito financiado comporta a devolução ou a redução proporcional de encargos, mas só terá cabimento se assim optar o consumidor no momento da contratação do serviço.

(C) As informações sobre o preço e a apresentação do serviço de crédito devem ser, obrigatoriamente, apresentadas em moeda corrente nacional.

(D) A pena moratória decorrente do inadimplemento da obrigação deve respeitar teto do valor da prestação inadimplida, não se podendo exigir do consumidor que suporte cumulativamente a incidência dos juros de mora.

COMENTÁRIO

A letra C está correta (art. 52, I, do CDC);

A letra A está incorreta, pois a informação prévia é obrigatória não só em relação à *taxa efetiva de juros*, como também em relação aos acréscimos legais (art. 52, III, do CDC), valendo salientar que também é obrigatória a informação prévia sobre o preço do produto em moeda nacional, o número e periodicidade de prestações e também a soma total a pagar, com e sem financiamento (art. 52, I, IV e V, do CDC);

A letra B está incorreta, pois o CDC garante a liquidação antecipada do débito como direito do consumidor, sem exigir que este tenha optado por isso já no momento em que celebra o contrato;

A letra D está incorreta, pois, conforme o art. 52, § 1º, do CDC, a multa máxima é de 2% da prestação (e não de 100% da prestação, que seria o equivalente ao "teto" dela, diferentemente do Código Civil, em que a multa máxima é de 100% da prestação, conforme o art. 412 do CC, lembrando que no Código Civil a multa pode ser diminuída pelo juiz de acordo o caso concreto e nos termos do seu art. 413).

(XVII EXAME DE ORDEM UNIFICADO – FGV) Tommy adquiriu determinado veículo junto a um revendedor de automóveis usados. Para tanto, fez o pagamento de 60% do valor do bem e financiou os 40% restantes com garantia de alienação fiduciária, junto ao banco com o qual mantém vínculo de conta-corrente. A negociação transcorreu normalmente e o veículo foi entregue. Ocorre que Tommy, alguns meses depois, achou que a obrigação assumida estava lhe sendo excessivamente onerosa. Procurou então você como advogado(a) a fim de saber se ainda assim seria possível questionar o negócio jurídico realizado e pedir revisão do contrato que Tommy sequer possuía. A esse respeito, assinale a afirmativa correta.

(A) A questão versa sobre alienação fiduciária em garantia que transfere ao credor o domínio resolúvel e a posse indireta do bem alienado, não havendo aplicabilidade do Código de Defesa do Consumidor e, portanto, nem o pedido de revisão na hipótese, haja vista que a questão jurídica está submetida unicamente à leitura da norma geral civil, sem a inversão do ônus da prova.

(B) A questão comporta aplicação do CDC, mas para propor ação revisional, a parte deve ingressar com medida cautelar preparatória de exibição de documentos, sob pena de extinção da medida cognitiva revisional por falta de interesse de agir.

(C) A questão versa sobre alienação fiduciária em garantia, que transfere para o devedor a posse direta do bem, tornando-o depositário, motivo pelo qual a questão jurídica rege-se exclusivamente pelas regras impostas pelo Decreto-lei 911, de 1969, que estabelece normas de processo sobre alienação fiduciária.

(D) A questão comporta aplicação do CDC, e a ação revisional pode ser proposta independentemente de medida cautelar preparatória de exibição de documentos, já que o pleito de exibição do contrato poderá ser formulado incidentalmente e nos próprios autos.

COMENTÁRIO

A letra D está correta, pois o art. 53 do CDC é expresso no sentido de que também incide sobre os contratos de alienação fiduciária, podendo a cautelar mencionada ser objeto de pedido incidentalmente nos mesmos autos da ação principal;

As letras A e C estão incorretas, pois o art. 53 do CDC é expresso no sentido de que também incide sobre os contratos de alienação fiduciária; quando há possibilidade de revisão contratual o CDC também admite, nos casos em que fatos supervenientes tornem as prestações excessivamente onerosas (art. 6º, V, do CDC);

A letra B está incorreta, pois a lei não exige, como requisito para ação de revisão contratual, o ajuizamento prévio da cautelar mencionada.

6. DEFESA DO CONSUMIDOR EM JUÍZO

(EXAME DE ORDEM UNIFICADO 2010.2 – FGV) Nas ações coletivas, o efeito da coisa julgada material será:

(A) tratando-se de direitos individuais homogêneos, efeito *erga omnes*, se procedente, mas só aproveita aquele que se habilitou até o trânsito em julgado.

(B) tratando-se de direitos individuais homogêneos, julgados improcedentes, o consumidor, que não tiver conhecimento da ação, não poderá intentar ação individual.

(C) tratando-se de direitos difusos, no caso de improcedência por insuficiência de provas, não faz coisa julgada material, podendo, qualquer prejudicado, intentar nova ação com os mesmos fundamentos, valendo-se de novas provas.

(D) Tratando-se de direitos coletivos, no caso de improcedência do pedido de nulidade de cláusula contratual, o efeito é *ultra partes* e impede a propositura de ação individual.

COMENTÁRIO

A letra C está correta, pois o art. 103, I, do CDC estabelece que a sentença, no caso da defesa de interesses difusos, fará coisa julgada *erga omnes*, "exceto se o pedido for julgado improcedente por insuficiência de provas, hipótese em que qualquer legitimado poderá intentar outra ação, com idêntico fundamento valendo-se de nova prova";

A letra A está incorreta, pois a sentença fará coisa julgada *erga omnes* para beneficiar todas as vítimas e seus sucessores (art. 103, III, do CDC), independentemente de habilitação no processo até o trânsito em julgado; assim, caso uma associação ingresse com ação civil pública para fixar uma condenação genérica de uma empresa aérea, em virtude de acidente aéreo, mesmo que as vítimas ou seus familiares não participem dessa demanda coletiva, receberão os benefícios da coisa julgada desta; a questão não entra no pormenor do que deve ser feito quando há, ao mesmo tempo, uma ação coletiva (a da associação) e uma ação individual (a da vítima); mas vale a pena escrever um pouco sobre isso, pois o tema pode ser perguntado em outra prova; nesse caso, o CDC estabelece que não há litispendência, podendo as duas ações prosseguir normalmente; porém caso o consumidor, na ação individual, seja cientificado da ação coletiva, este terá o prazo de 30 dias para fazer uma escolha; ou continua com a sua ação individual, mas não recebe os benefícios da ação coletiva, caso esta seja procedente, ficando na dependência da ação individual dar certo; ou pede a suspensão da ação individual, no aguardo da decisão na ação coletiva; nesse caso, na hipótese de a ação coletiva ser procedente, ótimo, bastando que o consumidor peça a extinção da ação individual que promoveu; já se a ação coletiva não der certo, o consumidor pode dar continuidade à sua ação individual, tendo uma nova chance de ver reconhecido o seu direito (art. 104 do CDC);

A letra B está incorreta, pois a coisa julgada, quando o pedido é para defender interesses individuais homogêneos, somente se faz *erga omnes* na hipótese de procedência do pedido, ou seja, para beneficiar todas as vítimas e seus sucessores (art. 103, III, do CDC); assim, o consumidor, individualmente, continua podendo ingressar com ação (individual) para fazer valer seus direitos;

A letra D está incorreta, pois quando a ação é promovida para defender interesses coletivos, o art. 103 do CDC traz três soluções, quais sejam, I em caso de *procedência* ou *improcedência*, a coisa julgada é *erga omnes*, mas limitadamente ao grupo; II) em caso de *improcedência por falta de provas*, qualquer legitimado continuará podendo ingressar com ação valendo-se de prova nova; III) e, em qualquer caso, interesses individuais continuam podendo ser exercidos em ações individuais. Para efeito de fixação da matéria, segue abaixo dois quadros, um sobre as características dos interesses difusos, coletivos e individuais homogêneos e outro com a questão da coisa julgada nesse tema.

Interesses	Grupo	Objeto	Origem	Disposição	Exemplos
Difusos	indeterminável	indivisível	situação de fato	indisponível	interesse das pessoas na despoluição de um rio
Coletivos	determinável	indivisível	relação jurídica	disponível apenas pelo grupo	interesse dos condôminos de edifício na troca de um elevador com problema
Individ. Homog.	determinável	divisível	origem comum	disponível individualmente	interesse de vítimas de acidente rodoviário em receber indenização

	Procedência	Improcedência	Improcedência por falta de provas	Observação
Difusos	*erga omnes*	*erga omnes*	sem eficácia *erga omnes*	Interesses individuais não ficam prejudicados pela improcedência
Coletivos	*ultra partes*, limitada ao grupo categoria ou classe	*ultra partes*	sem eficácia *ultra partes*	Interesses individuais não ficam prejudicados pela improcedência
Individuais homogêneos	*erga omnes*, para beneficiar vítimas e sucessores, salvo se a vítima, ciente da ação coletiva, preferiu continuar com a ação individual	sem eficácia *erga omnes*	sem eficácia *erga omnes*	Interesses individuais não ficam prejudicados pela improcedência

(IX EXAME DE ORDEM UNIFICADO – FGV) Determinada associação, legalmente constituída há três anos, ingressa com medida judicial buscando a defesa coletiva dos interesses de seus associados no tocante à infração na relação de consumo pelo fornecedor T, pessoa jurídica de direito privado.

A partir do fato narrado acima, assinale a afirmativa correta.

(A) A associação somente teria legitimidade para propor a ação coletiva se houvesse sido constituída há mais de cinco anos.

(B) A associação necessita de autorização assemblear para ajuizar a demanda, mesmo que inclua entre seus fins institucionais a defesa dos interesses e direitos do consumidor.

(C) A propositura da ação coletiva não impede a que qualquer interessado ingresse com nova ação judicial apontando o mesmo réu, causa de pedir e pedido.

(D) As ações individuais apontando o mesmo réu, causa de pedir e pedido, ajuizadas depois da demanda coletiva, importarão em litispendência merecendo os processos ser extintos.

COMENTÁRIO

A letra C está correta (art. 103, § 3º, do CDC);

A letra A está incorreta, pois basta que tenha sido constituída há 1 ano (art. 82, IV, do CDC);

A letra B está incorreta, pois a lei dispensa a autorização assemblear (art. 82, IV, do CDC);

A letra D está incorreta, pois a lei é expressa ao dizer que não há litispendência no caso (art. 104 do CDC).

(X EXAME DE ORDEM UNIFICADO – FGV) Aurora contratou com determinada empresa de telefonia fixa um pacote de serviços de valor preestabelecido que incluía ligações locais de até 100 minutos e isenção total dos valores pelo período de três meses, exceto os minutos que ultrapassassem os contratados, ligações interurbanas e para telefone móvel. Para sua surpresa, logo no primeiro mês recebeu cobrança pelo pacote de serviços no importe três vezes superior ao contratado, mesmo que tivesse utilizado apenas 32 minutos em ligações locais.

A consumidora fez diversos contatos com a fornecedora do serviço para reclamar o ocorrido, mas não obteve solução. De posse dos números dos protocolos de reclamações, ingressou com medida judicial, obtendo liminar favorável para abstenção de cobrança e de negativação do nome.

Considerando o caso acima descrito, assinale a afirmativa correta.

(A) A conversão da obrigação em perdas e danos faz-se independentemente de eventual aplicação de multa.

(B) A multa diária ao réu pode ser fixada na sentença, mas desde que o autor tenha requerido expressamente.

(C) A conversão da obrigação em perdas e danos independe de pedido do autor, em qualquer hipótese.

(D) A tutela liminar será concedida, desde que não implique em ordem de busca e apreensão, que requer medida cautelar própria e justificação prévia.

COMENTÁRIO

A letra A está correta, pois a aplicação de multa pelo descumprimento da liminar (art. 84, § 4º, do CDC) é independente da conversão da obrigação em perdas danos, que pode ser pedida pelo autor da ação (art. 84, § 1º, do CDC);

A letra B está incorreta, pois a fixação de multa diária independe de pedido do autor (art. 84, § 4º, do CDC);

A letra C está incorreta, pois conversão da obrigação em perdas e danos depende de opção do autor (art. 84, § 1º, do CDC);

A letra D está incorreta, pois a tutela liminar pode, sim, implicar em busca e apreensão (art. 84, § 5º, do CDC).

7. SNDC E CONVENÇÃO COLETIVA

(XVI EXAME DE ORDEM UNIFICADO – FGV) As negociações mercantis adotaram uma nova ordem quando o Código de Defesa do Consumidor foi implementado no sistema jurídico nacional. A norma visa a proteger a parte mais frágil econômica e tecnicamente de práticas abusivas, conferindo-lhe a tutela do Art. 42, I, do CDC, que consagra a presunção de vulnerabilidade absoluta geral inerente a todos os consumidores. Essa nova ordem ainda conferiu especial atenção à Convenção Coletiva adotada em outros ramos do Direito, passando também a constituir forma de equacionamento de conflitos nas relações de consumo antes mesmo da judicialização das questões, ou mesmo se antecipando à instalação dos litígios. A respeito da Convenção Coletiva de Consumo, prevista no microssistema do Código de Defesa do Consumidor, assinale a afirmativa correta.

(A) A Convenção regularmente constituída torna-se obrigatória a partir da assinatura dos legitimados, dispensando-se o registro do instrumento em cartório de títulos e documentos.

(B) A Convenção não poderá regulamentar as relações de consumo no que diz respeito ao preço e às garantias de produtos e serviços, atribuições do Departamento de Proteção e Defesa do Consumidor.

(C) A Convenção regularmente constituída vincula os signatários, mas, caso o fornecedor se desligue da entidade celebrante à qual estava vinculado, eximir-se-á do cumprimento do estabelecido.

(D) A Convenção firmada por entidades civis de consumidores e associações de fornecedores somente obrigará os filiados às entidades signatárias.

COMENTÁRIO

A letra D está correta (art. 107, § 2º, do CDC);

A letra A está incorreta, pois a convenção só passa a ser obrigatória a partir do registro do instrumento no cartório de títulos e documentos (art. 107, § 1º, do CDC);

A letra B está incorreta, pois a convenção pode sim tratar de preços e garantias de produtos o serviços (podendo também tratar da qualidade, quantidade e características desses itens), nos termos do art. 107, *caput*, do CDC;

A letra C está incorreta, pois, de acordo com o § 3º do art. 107 do CDC, "não se exime de cumprir a convenção o fornecedor que se desligar da entidade em data posterior ao registro do instrumento".

12. Direito Empresarial

Alessandro Sanchez e Alexandre Gialluca

1. SOCIEDADES

(EXAME DE ORDEM UNIFICADO 2010.2 – FGV) Antônio e Joana casaram-se pelo regime da comunhão parcial de bens. Após o casamento, Antônio tornou-se sócio de sociedade simples com 1.000 quotas representativas de 20% do capital da sociedade. Passados alguns anos, o casal veio a se separar judicialmente. Assinale a alternativa que indique o que Joana pode fazer em relação às quotas de seu ex-cônjuge.

(A) Solicitar judicialmente a partilha das quotas de Antônio, ingressando na sociedade com 500 quotas ou 10% do capital social.

(B) Requerer a dissolução parcial da sociedade de modo a receber o valor de metade das quotas de Antônio calculado com base em balanço especialmente levantado, tomando-se como base a data da separação.

(C) Participar da divisão de lucros até que se liquide a sociedade, ainda que não possa nela ingressar.

(D) Requerer a dissolução da sociedade e a liquidação dos bens sociais para que, apurados os haveres dos sócios, possa receber a parte que lhe pertence das quotas de seu ex-cônjuge.

COMENTÁRIO

A alternativa "C" está correta e deve ser marcada por ser cópia literal do disposto no art. 1.027 do CC, pois trata de sua participação da periódica divisão de lucros, sendo a ela impossível ingressar na sociedade que guarda caráter pessoal de relação de identidade entre os sócios que não estão obrigados a aceitá-la na sociedade.

A alternativa "A" está incorreta, já que Joana não é parte integrante da sociedade e por isso, segundo o que dispõe o art. 1.027 do CC, o cônjuge não pode exigir desde logo o que lhe couber na quota social, mas sim aguardar a divisão periódica dos lucros, até que se dê a liquidação da sociedade.

A alternativa "B" está incorreta, pois Joana além de não poder exigir imediatamente a sua parte como dispõe o já citado art. 1.027 do CC, não é parte legítima para requerer a dissolução parcial da sociedade por não se tratar de herdeira, muito embora possa requerer a sua gradativa participação consequência da divisão periódica dos lucros.

A alternativa "D" deve ser eliminada, pois ex-cônjuge não é parte legítima para requerer a dissolução da sociedade de liquidação de seus bens sociais, mas sim participar da periódica divisão de lucros, sem que para isso a sociedade sofra ingerências externas.

(EXAME DE ORDEM UNIFICADO 2010.2 – FGV) No que se refere à cessão de quotas de sociedade empresária limitada, assinale a alternativa correta.

(A) O cedente responde solidariamente com o cessionário perante a sociedade e terceiros pelas obrigações que tinha como sócio até 3 anos após averbado no registro competente a modificação do contrato social.

(B) Na omissão do contrato, o sócio pode ceder sua quota, total ou parcialmente, a quem já seja sócio, independentemente da audiência dos demais.

(C) A cessão de quotas, consubstanciada na respectiva alteração contratual, terá eficácia entre cedente e cessionário somente após a sua averbação perante o órgão competente.

(D) Na omissão do contrato, o sócio pode ceder sua quota, total ou parcialmente, para terceiro, estranho ao quadro de sócios, somente se houver a concordância da unanimidade dos demais sócios.

COMENTÁRIO

A alternativa "B" está correta, pois o art. 1.057 do Código Civil responde que na omissão do contrato, o sócio pode ceder a sua quota, total ou parcialmente, a quem seja sócio, *independentemente de audiência dos outros,ou a estranho, se não houver oposição de titulares de mais de um quarto do capital social.*

A alternativa "A" está incorreta, já que a responsabilidade do cedente se dá por dois anos perante a sociedade e terceiros pelas obrigações que tinha como sócio, conforme o art. 1.003 do CC que deve ser aplicado subsidiariamente às limitadas, conforme o art. 1.053 do CC.

A alternativa "C" está incorreta, pois o art. 1.003 do CC dispõe que a eficácia da cessão se dará após a averbação do contrato entre a sociedade e terceiros, porém entre as partes se dá após a assinatura do instrumento.

A alternativa "D" está incorreta, pois a exigência do art. 1.057 do CC é por ¾ do Capital Social e não a unanimidade citada na alternativa a ser eliminada pelo candidato.

A alternativa "D" está incorreta, pois o mesmo art. 1.057 do CC, dispõe sobre a necessidade de aprovação por sócios que representem ¾ do Capital Social, sendo desnecessária a unanimidade.

(EXAME DE ORDEM UNIFICADO 2010.3 – FGV) Com relação à exclusão do sócio da sociedade por justa causa, assinale a alternativa correta.

(A) Como o sócio majoritário possui a maioria do capital social, ele não poderá ser expulso em razão da vontade dos demais sócios, ainda que haja justo motivo para tal expulsão.

(B) A deliberação para exclusão do sócio majoritário não remisso deve ocorrer por assembleia convocada especificamente para tal fim, sendo a deliberação comunicada ao sócio que se visa excluir, e este deverá, em 48 horas, deixar a sociedade, podendo após esse prazo ser feita a devida alteração contratual.

(C) Se for ajuizada ação para se efetivar a expulsão do sócio, o juiz somente poderá verificar os aspectos formais que levaram à exclusão, como, por exemplo, se respeitou o quórum necessário, não podendo examinar o mérito do ato expulsório.

(D) A justa causa é a violação ou falta de cumprimento das obrigações sociais, sendo que o sócio excluído não perde o valor patrimonial de sua participação societária.

COMENTÁRIO

A alternativa "D" está correta, pois define a justa causa como falta de cumprimento de suas obrigações diante de uma análise conjunta dos arts. 1.004 e 1.030 do CC, sendo que o sócio excluído terá garantido o direito patrimonial de sua participação societária.

A alternativa "A" está incorreta, pois a exclusão do sócio majoritário é possível nos termos do art. 1.030 do CC, por decisão da maioria dos demais sócios.

A alternativa "B" está incorreta, pois tais exigências não constam dos requisitos para a exclusão do sócio, além do que a justa causa gera a sua expulsão como expressa o art. 1.030 do CC.

A alternativa "C" está incorreta, pois como a expulsão citada no art. 1.030 do CC traz como requisito a justa causa, é necessário, até por ordem lógica, a análise do ato expulsório.

(IV EXAME DE ORDEM UNIFICADO – FGV) Em relação à modificação do capital social das sociedades limitadas, assinale a alternativa correta.

(A) A diminuição do valor do capital social é direito da sociedade, não podendo haver objeção por parte dos credores.

(B) Há direito de preferência do sócio no caso de aumento do capital social, exercendo, primeiro, esse direito o sócio majoritário, que poderá adquirir todas as quotas ou quantas lhe interessarem. Após exercido esse direito, caso restem quotas a serem adquiridas, terá preferência sobre os demais quem tiver maior número de quotas, e assim sucessivamente.

(C) Uma das hipóteses para que haja diminuição do capital social é que a sociedade tenha tido prejuízos que não serão mais recuperados, devendo-se, nesse caso, haver diminuição proporcional do valor das quotas, tornando-se efetiva essa diminuição a partir do momento em que for feita a averbação no cartório competente da ata da assembleia que a aprovou.

(D) Para que haja aumento do capital social, não há necessidade de os sócios terem integralizado totalmente suas quotas.

COMENTÁRIO

A letra "C" está certa porque corresponde ao disposto nos arts. 1.082, I, e 1.083 do CC.

A letra "A" não corresponde com a realidade legislativa, tendo-se em vista que o direito de preferência é de todos os sócios, na proporção das quotas de que sejam titulares (art. 1.081, § 1.º, do CC).

A letra "B" está errada, pois se trata de condição *sine qua non* a total integralização do capital, para que se proceda ao aumento do capital social, nos termos do *caput* do art. 1.081 do CC.

A letra "D" não está correta, haja vista, que a redução do valor do capital social só pode ocorrer nas hipóteses previstas em lei, e o credor pode se opor (arts. 1.082 e 1.084, § 1.º, do CC).

(V EXAME DE ORDEM UNIFICADO – FGV) A respeito da sociedade em comum, é correto afirmar que:

(A) os sócios respondem individual e ilimitadamente pelas obrigações sociais.
(B) são regidas pelas disposições das sociedades simples.
(C) na relação com terceiros, os sócios podem comprovar a existência da sociedade de qualquer modo.
(D) os sócios são titulares em comum das dívidas sociais.

COMENTÁRIO

A alternativa "D" está correta, pois o art. 988 do CC ressalta que: os bens e as dívidas sociais constituem patrimônio especial, do qual os sócios são titulares em comum.

A alternativa "A" deve ser eliminada nos termos do art. 990 do CC. Todos os sócios respondem solidária e ilimitadamente pelas obrigações sociais, excluído do benefício de ordem, previsto no art. 1.024, aquele que contratou pela sociedade.

A assertiva "B" se elimina já que o art. 986 estipula que: enquanto não inscritos os atos constitutivos, reger-se-á a sociedade, exceto por ações em organização, pelo disposto neste Capítulo, observadas, subsidiariamente e no que com ele forem compatíveis, as normas da sociedade simples. Assim, a aplicação das regras das sociedades simples é somente subsidiária e não ocorre quando o assunto esteja regulado pelo Capítulo que rege as sociedades em comum;

Por fim, se afasta a alternativa "C" nos termos do art. 987 do Código Civil ressalta que: os sócios, nas relações entre si ou com terceiros, somente por escrito podem provar a existência da sociedade, mas os terceiros podem prová-la de qualquer modo.

(V EXAME DE ORDEM UNIFICADO – FGV) A respeito da deliberação dos sócios na Sociedade Limitada, é correto afirmar que

(A) a assembleia somente pode ser convocada pelos administradores eleitos no contrato social.
(B) as formalidades legais de convocação são dispensadas quando todos os sócios se declararem, por escrito, cientes do local, data, hora e ordem do dia.
(C) a deliberação em assembleia será obrigatória se o número dos sócios for superior a cinco.
(D) as deliberações tomadas de conformidade com a lei e o contrato vinculam os sócios ausentes, mas não os dissidentes.

COMENTÁRIO

A alternativa "B" está correta, pois o § 2ºdo art. 1.072 do CC é no sentido de que: dispensam-se as formalidades de convocação previstas no § 3.o do art. 1.152, quando todos os sócios comparecerem ou se declararem, por escrito, cientes do local, data, hora e ordem do dia;

A alternativa "A" está eliminada conforme o art. 1.073 do CC, a reunião ou a assembleia podem também ser convocadas:

I – por sócio, quando os administradores retardarem a convocação, por mais de sessenta dias, nos casos previstos em lei ou no contrato, ou por titulares de mais de um quinto do capital, quando não atendido, no prazo de oito dias, pedido de convocação fundamentado, com indicação das matérias a serem tratadas;

II – pelo conselho fiscal, se houver, nos casos a que se refere o inciso V do art. 1.069;

A alternativa "C" deve ser eliminada já que a deliberação dos sócios em assembleia é obrigatória quando o número dos sócios for superior a dez (art. 1.072, § 1.º do CC);

Finalmente, a assertiva "D" é afastada em vista do previsto no art. 1.072, § 5.º, do CC dispõe que: as deliberações tomadas de conformidade com a lei e o contrato vinculam todos os sócios, ainda que ausentes ou dissidentes.

(VI EXAME DE ORDEM UNIFICADO – FGV) A respeito das sociedades limitadas, assinale a alternativa correta.

(A) A sociedade limitada, nas omissões das normas estabelecidas pelo Código Civil, será regida pela Lei 6.404/1976.
(B) A cessão de quotas de um quotista de uma sociedade limitada para outro quotista da mesma sociedade dependerá de prévia autorização estatutária.
(C) A sociedade limitada é administrada por uma ou mais pessoas designadas no contrato social ou em ato separado.
(D) Não dependerá de deliberação dos quotistas a nomeação ou a destituição dos administradores.

COMENTÁRIO

A assertiva "C" está correta nos termos do que dispõe o art. 1.060 do CC.

A alternativa"A" foi por nós eliminada já que a sociedade limitada é regida subsidiariamente pelas normas da sociedade simples, e não pela Lei 6.404/1976, a qual pode ser usada apenas como diploma de regência supletiva das sociedades limitadas, somente se o contrato social tiver cláusula expressa nesse sentido conforme o parágrafo único do art. 1.053 do CC.

A alternativa "B" está errada, sendo que a cessão de quotas para quem já é sócio não depende de anuência dos demais sócios, como esclarece o art. 1057 do CC.

Finalmente, a alternativa "D" está errada porque a nomeação ou destituição dos administradores é matéria que está sujeita a deliberação social, como estabelece os incisos II e III do art. 1.071 do CC.

(VII EXAME DE ORDEM UNIFICADO – FGV) Em relação à Sociedade em Conta de Participação NÃO é correto afirmar que:

(A) é uma sociedade empresária personificada e de pessoas.
(B) a atividade constitutiva do objeto social deve ser exercida unicamente pelo sócio ostensivo.
(C) o contrato social produz efeito somente entre os sócios.
(D) as contribuições dos sócios participante e ostensivo constituem patrimônio especial.

COMENTÁRIO

A alternativa "A" deve ser marcada, por incorreta, pois a Sociedade em Conta de Participação não é sociedade personificada, de acordo com o Código Civil e o seu art. 993 que proíbe o seu registro; A alternativa "B" deve ser eliminada já que correta, ao contrário do que pede o enunciado, como preceitua o art. 991 do CC. Eliminamos a alternativa "C" que traduz o exato sentido do art. 993 do CC, e por fim, eliminamos a alternativa "D", pois de acordo com o texto do art. 994, *caput*, do CC: "A contribuição do sócio participante constitui, com a do sócio ostensivo, patrimônio especial, objeto da conta de participação relativa aos negócios sociais".

(VIII EXAME DE ORDEM UNIFICADO – FGV) José decidiu constituir uma Empresa Individual de Responsabilidade Limitada (EIRELI) para atuar no município "X" e consultou um advogado para obter esclarecimentos sobre a administração da EIRELI.

Assinale a alternativa que apresenta a informação correta dada pelo advogado.

(A) A designação de administrador não sócio depende do voto favorável de 2/3 (dois terços) do capital social, se este não estiver integralizado.
(B) A administração atribuída pelo contrato a qualquer dos sócios da EIRELI não se estende de pleno direito aos que posteriormente adquirirem essa qualidade.
(C) O administrador da EIRELI, seja o próprio instituidor ou terceiro, responde por culpa no desempenho de suas atribuições perante terceiros prejudicados.
(D) O titular da EIRELI poderá usar a firma ou denominação, sendo vedado seu uso pelo terceiro, ainda que seja designado administrador.

COMENTÁRIO

A alternativa correta é a "C", pois não localizada nos dispositivos que tratam da EIRELI – Empresa Individual de Responsabilidade Limitada com previsão no art. 980-A, então, na busca da aplicação subsidiária da lei sobre as limitadas e uma nova lacuna, por fim, o que se deve utilizar é a aplicação do art. 1016 do CC, que trata das sociedades simples e resolve a questão por determinar que os administradores respondem solidariamente perante a sociedade e os terceiros prejudicados, por culpa no desempenho de suas funções, como no enunciado.

A alternativa "A" é eliminada, pois não se aplica a EIRELI, da mesma forma que se elimina a alternativa "B".

Finalmente, afastamos a alternativa "D"pois o terceiro administrador poderá usar a firma ou denominação da EIRELI segundo o art. 1.064 do CC, aplicável subsidiariamente à EIRELI.

(VIII EXAME DE ORDEM UNIFICADO – FGV) A respeito do sócio ostensivo da sociedade em conta de participação, assinale a afirmativa correta.

(A) É também chamado de sócio oculto.
(B) É o único responsável pela atividade constitutiva do objeto social.
(C) É o novo sócio admitido, mesmo que sem o consentimento dos demais, quando a sociedade necessitar de um aporte de capital.

(D) É o único sócio ostensivo da sociedade, vedada a pluralidade de sócios dessa natureza.

COMENTÁRIO

A alternativa "B"está em conformidade com o texto do art. 991 do CC e deve ser marcada como correta.

Já a alternativa "A" merece ser eliminada, pois o sócio ostensivo é aquele que aparece perante terceiros, sendo então o contrário do que se entende por oculto, que seria sim o participante, aquele que responde apenas para o ostensivo.

A assertiva "C" deve ser afastada, pois o ostensivo é o que mantém a sociedade sob a sua personalidade jurídica, sendo que o art. 995 do CC exige consentimento dos demais na admissão de novos sócios, salvo estipulação em contrário.

Sendo que finalmente eliminamos a alternativa "D", pois outros sócios ostensivos podem ser aceitos, tudo com base no que preceitua o art. 996 do CC.

(IX EXAME DE ORDEM UNIFICADO – FGV) Sociedade limitada encontra-se regulada nos artigos 1052 a 1087 do Código Civil. Para que ela possa atingir sua finalidade, necessita de patrimônio, já que sua personalidade é diversa da personalidade dos sócios. Em relação ao capital e ao patrimônio social desse tipo societário, assinale a afirmativa incorreta.

(A) No momento em que a sociedade limitada é constituída e inicia a atividade que constitui o objeto social, o patrimônio é igual ao capital social.

(B) Na constituição da sociedade há possibilidade do ingresso de sócio cuja contribuição consista exclusivamente em prestação de serviços.

(C) A distribuição dolosa de lucros ilícitos acarreta a responsabilidade solidária dos administradores que a realizarem e dos sócios que os receberem.

(D) O sócio remisso é aquele que não integraliza sua quota na forma e prazo previstos, podendo, por esse fato, ser excluído da sociedade.

COMENTÁRIO

A alternativa "B" apresenta a correta, pois todos os sócios devem contribuir com a participação no capital social para a modalidade descrita. Ademais, o CC informar no art. 1.055, § 2.º que na Sociedade Limitada "é vedada contribuição que consista em prestação de serviços".

Na alternativa "A" temos uma assertiva que afirma de modo errôneo que o patrimônio será igual ao capital, enquanto é sabido que o capital pode ser integralizado no futuro.

Na assertiva constituída como "C" apresenta erro quando responsabiliza os sócios de forma solidária com os administradores na distribuição dos lucros, ainda que o ordenamento afaste a hipótese de enriquecimento ilícito por parte dos sócios, sabemos que a solidariedade deve ser expressa e que essa hipótese não encontra previsão legal.

A assertiva "D"aponta uma hipótese absoluta e errada quanto ao sócio remisso que se apresenta por solução distinta a apontada pelo Código Civil, já que ao certo, perante o art. 1004 do CC, o remisso responde pelo dano emergente da mora.

(IX EXAME UNIFICADO – FGV) Sobre o exercício da empresa por incapaz, assinale a afirmativa correta.

(A) O incapaz deverá estar representado ou ser devidamente assistido, ter no mínimo 10 (dez) anos de idade e ser autorizado pelo Registro Público de Empresas Mercantis.

(B) Os bens que o incapaz já possuía ao tempo da incapacidade ou interdição ficam sujeitos aos resultados da empresa, desde que estranhos ao acervo desta.

(C) O alvará de autorização e a eventual revogação deste serão inscritos ou averbados no Registro Civil de Pessoas Naturais e publicados na imprensa oficial.

(D) Se o representante ou assistente do incapaz for um servidor público em atividade, será nomeado, com a aprovação do juiz, um ou mais gerentes.

COMENTÁRIO

A alternativa "D" está correta, nos moldes do art. 975 do CC que indica um ou mais gerentes aprovados pelo juiz em caso de representante ou assistente estar impossibilitado de exercer as atividades de empresário.

A alternativa "A" está incorreta por se tratar da invencionice do examinador e não constar do que se exige no art. 975 do CC.

A alternativa "B" está incorreta, já que o instituto da capacidade existe justamente para proteger o incapaz e não permitir que seus atos tragam prejuízos ao seu patrimônio em razão de sua falta de discernimento, conforme se depreende da leitura do § 2.º, art. 974, do CC.

A alternativa "C" também está incorreta, pois o art. 976 do CC indica o Registro Público de Empresas Mercantis para a inscrição do alvará de autorização judicial para incapaz prosseguir empresa.

(XI EXAME DE ORDEM UNIFICADO – FGV) Cinco pessoas naturais residentes no município X decidiram constituir uma sociedade cooperativa e procuraram uma advogada para a elaboração do estatuto social. Com base nas disposições para esta espécie societária previstas no Código Civil, é correto afirmar que

(A) o estatuto deverá conter cláusula indicativa do valor do capital social, que será fixo durante toda a existência da sociedade.

(B) aplicam-se às cooperativas as disposições do Código Civil referentes às sociedades anônimas, na omissão da legislação especial.

(C) os sócios responderão sempre de forma solidária, ilimitada e subsidiária pelas obrigações sociais, por ser a cooperativa uma sociedade de pessoas.

(D) se a cooperativa possuir capital social, as quotas serão intransferíveis a terceiros estranhos à sociedade, ainda que por direito hereditário.

COMENTÁRIO

A alternativa "A" está incorreta, pois o inciso I, art. 1.094, do CC indica a variabilidade do capital social das cooperativas como princípio do instituto. A alternativa "B" está incorreta nos termos do art. 1.096 do CC indica que o Código Civil tem aplicação subsidiária as cooperativas e não as sociedades anônimas, sendo válido lembrar que realmente a legislação especial 5.764/1971 é a que rege diretamente o instituto. A alternativa "C" está incorreta, pois o art. 1.095 e parágrafos indica a possibilidade de os sócios escolherem por meio do estatuto o tipo de responsabilidade que se aplica à sociedade. A alternativa "D" está correta, de acordo com o que dispõe o inciso IV, art. 1.094, do CC, na medida em que as suas quotas são intransferíveis ainda que por herança em razão da pessoalidade em seu formato.

(XI EXAME DE ORDEM UNIFICADO – FGV) Vanderlei de Assis pretende iniciar uma atividade empresarial na cidade de Novo Repartimento. Consulta um advogado para receber esclarecimentos sobre o registro de empresário e os efeitos dele decorrentes, informando que a receita bruta anual prevista para a futura atividade será inferior a R$ 60.000,00 (sessenta mil reais). As informações prestadas abaixo estão corretas, à exceção de uma. Assinale-a.

(A) Se no curso da atividade empresarial Vanderlei de Assis vier a admitir algum sócio, poderá solicitar ao Registro Público de Empresas Mercantis a transformação de seu registro de empresário para registro de sociedade empresária.

(B) Em razão de sua receita bruta anual prevista, Vanderlei poderá solicitar seu enquadramento como microempreendedor individual – MEI, devendo indicar no requerimento a firma individual com a assinatura autógrafa.

(C) A inscrição de empresário no Registro Público de Empresas Mercantis, embora obrigatória, não é constitutiva para fins de sua caracterização, mas permite usufruir das prerrogativas legais concedidas aos empresários regulares.

(D) A inscrição do empresário obedecerá ao número de ordem contínuo para todos os empresários inscritos e quaisquer modificações nela ocorrentes serão averbadas à margem, com as mesmas formalidades.

COMENTÁRIO

A alternativa "B" está incorreta e deve ser marcada, pois a Lei complementar 123/2006 em seu inciso I, § 1.º, art. 4.º dispensa as formalidades que se relacionam a firma e sua assinatura autógrafa.

A alternativa "A" está correta, pois o § 3.º, art. 968, do CC é permissivo quanto a transformação empresarial para sociedade.

A alternativa "C" está correta, tudo nos termos do art. 967 do CC que coloca a obrigatoriedade do registro como consequência de se usufruir os benefícios da regularidade, porém sabemos que o ato registral não é requisito para a caracterização de um sujeito como empresário.

A alternativa "D" está correta, já que o § 1.º, art. 968, do CC traz a disposição para discorrer sobre tal averbação à margem de sua inscrição que seguirá número de ordem.

(XI EXAME DE ORDEM UNIFICADO – FGV) A respeito do capital autorizado, assinale a afirmativa correta.

(A) O estatuto pode prever os casos ou as condições em que os acionistas não terão direito de preferência para subscrição.

(B) A autorização para aumento do capital social pode ser conferida à diretoria da companhia, que pode ser competente para deliberar sobre as emissões.

(C) O estatuto pode prever a emissão de partes beneficiárias ou bônus de subscrição, dentro do limite do capital autorizado.

(D) Somente os estatutos de companhias fechadas podem conter autorização para aumento de capital social, independentemente de reforma estatutária.

COMENTÁRIO

A alternativa "A" está correta, pois a alínea "d", § 1.º, art. 168, Lei 6.404/1976 traz a hipótese de o estatuto expressar a autorização do capital, independentemente de sua reforma.

A alternativa "B" está incorreta, pois o estatuto constará da hipótese de aumentar o capital independentemente de sua reforma e se houver ingerência, será da assembleia ou do conselho de administração, tudo conforme a alínea "b", § 1.º, art. 168, Lei 6.404/1976.

A alternativa "C" está incorreta, pois afronta o texto do art. 122, Lei 6.404/1976, na medida em que a matéria que se relaciona à emissão de partes beneficiárias exige aprovação em assembleia.

A alternativa "D" está incorreta, pois em desacordo com o art. 168, Lei 6.404/1976 que não impede as sociedades de capital aberto de autorizar o aumento do capital por seus estatutos.

(XII EXAME DE ORDEM UNIFICADO – FGV) No contrato de alienação do estabelecimento da sociedade empresária Chaves & Cia Ltda., com sede em Theobroma, ficou pactuado que não haveria sub-rogação do adquirente nos contratos celebrados pelo alienante, em vigor na data da transferência, relativos ao fornecimento de matéria-prima para o exercício da empresa. Um dos sócios da sociedade empresária consulta sua advogada para saber se a estipulação é válida. Consoante as disposições legais sobre o estabelecimento, assinale a afirmativa correta.

(A) A estipulação é nula, pois o contrato de alienação do estabelecimento não pode afastar a sub-rogação do adquirente nos contratos celebrados anteriormente para sua exploração.

(B) A estipulação é válida, pois o contrato de alienação do estabelecimento pode afastar a sub-rogação do adquirente nos contratos celebrados anteriormente para sua exploração.

(C) A estipulação é anulável, podendo os terceiros rescindir seus contratos com a sociedade empresária em até 90 (noventa) dias a contar da publicação da transferência.

(D) A estipulação é considerada não escrita, por desrespeitar norma de ordem pública que impõe a solidariedade entre alienante e adquirente pelas obrigações referentes ao estabelecimento.

COMENTÁRIO

A alternativa "B" está correta, pois é exatamente no sentido do art. 1.148 do CC pela validade do afastamento da sub-rogação nos contratos de trespasse, conforme comentado na alternativa anterior.

A alternativa "A" está incorreta, pois o art. 1.148 do CC é no sentido de que o contrato pode estabelecer o afastamento da sub-rogação do adquirente nos contratos celebrados anteriormente para sua exploração.

A alternativa "C" está incorreta, pois o art. 1.148 do CC valida o afastamento da cláusula de sub-rogação em contratos de trespasse, sendo que tal hipótese não é sequer anulável.

A alternativa "D" também deve ser afastada pela validade do ato.

(XIII EXAME DE ORDEM UNIFICADO – FGV) Ananias Targino consulta sua advogada para saber as providências que deve tomar para publicizar o trespasse do estabelecimento da Empresa Individual de Responsabilidade Limitada (EIRELI) por ele constituída e enquadrada como microempresa, cuja firma é Ananias Targino EIRELI ME.A advogada corretamente respondeu que

(A) é dispensável qualquer publicização ou arquivamento do contrato de trespasse do estabelecimento por ser a EIRELI enquadrada como microempresa.

(B) é dispensável o arquivamento do contrato de trespasse no Registro Público de Empresas Mercantis, mas ele deverá ser publicado na imprensa oficial.

(C) é dispensável o arquivamento do contrato de trespasse no Registro Público de Empresas Mercantis, mas ele deverá ser publicado na imprensa oficial e em jornal de grande circulação.

(D) é dispensável a publicação do contrato de trespasse na imprensa oficial, mas ele deverá ser arquivado no Registro Público de Empresas Mercantis.

COMENTÁRIO

A alternativa "d" está correta, pois de acordo com o disposto anteriormente citado o arquivamento é obrigatório ao solicitante, já a publicação é ato natural e consequente ao arquivamento no órgão competente.

A alternativa "a" está incorreta, principalmente pelo fato de que a Empresa Individual de Responsabilidade Limitada (EIRELI) não tem enquadramento obrigatório como Microempresa como fator constante de seus requisitos no art. 980-A, CC.

A alternativa "b" está incorreta, seguindo de encontro ao art. 1.144, CC que exige o arquivamento do contrato de trespasse no órgão competente.

A alternativa "c" está incorreta nas mesmas circunstâncias que a anterior e por contrariar o disposto no art. 1.144, CC.

(XIV EXAME DE ORDEM UNIFICADO – FGV) Mariana, Januária e Cristina decidiram constituir uma sociedade em conta de participação, sendo a primeira sócia ostensiva e as demais sócias participantes. Sobre o caso apresentado, de acordo com as disposições do Código Civil, assinale a opção correta.

(A) É vedada a participação de mais de um sócio ostensivo na sociedade em conta de participação; logo, as demais sócias não poderão ter a qualidade de sócio ostensivo.

(B) As sócias participantes Januária e Cristina poderão fiscalizar a gestão dos negócios sociais pela sócia ostensiva Mariana.

(C) A sociedade em conta de participação deverá adotar como nome empresarial firma social, da qual deverá fazer parte a sócia ostensiva.

(D) A sociedade somente poderá existir se o contrato não estiver inscrito em qualquer registro, pois é uma sociedade não personificada.

COMENTÁRIO

A alternativa "b" está correta, de acordo com o parágrafo único do art. 993, CC, pois a fiscalização é direito dos sócios participantes em relação aos seus investimentos.

A alternativa "A" está incorreta, pois o art. 996, parágrafo único, CC, não oferece vedação para a pluralidade de sócios ostensivos.

A alternativa "C" está incorreta, pois o art. 1.162, CC, pois a conta de participação adota o nome empresarial da ostensiva, jamais firma social própria.

A alternativa "d" está incorreta, pois os artigos 992 e 993, CC, é no sentido de que o contrato ainda que inscrito em qualquer órgão de registro, o que é possível e não proibido, não trará personificação para a sociedade.

(XV EXAME DE ORDEM UNIFICADO – FGV) Na cláusula décima do contrato social de Populina Comércio de Brinquedos Ltda., ficou estabelecido que: "A cessão a qualquer título da quota de qualquer dos sócios depende da oferta prévia aos demais sócios (direito de preferência) nas mesmas condições da oferta a não sócio. Caso, após o decurso de 30 (trinta) dias, não haja interessado, o cedente poderá livremente realizar a cessão da quota a não sócio". Tendo em vista as disposições do Código Civil acerca de cessão de quotas na sociedade limitada, assinale a afirmativa correta.

(A) A cláusula é integralmente válida, tendo em vista ser lícito aos sócios dispor no contrato sobre as regras a serem observadas na cessão de quotas.

(B) A cláusula é nula, porque não é lícito aos sócios dispor no contrato sobre a cessão de quotas, eis que ela depende sempre do consentimento dos demais sócios.

(C) A cláusula é ineficaz em relação à sociedade e à terceiros, porque o sócio pode ceder sua quota, total ou parcialmente, a outro sócio, independentemente da audiência dos demais.

(D) A cláusula é válida parcialmente, sendo nula na parte em que autoriza a cessão a não sócio, eis que ela depende sempre do consentimento de três quartos do capital social.

COMENTÁRIO

A alternativa "A" indica a alternativa correta, pois a cláusula é integralmente válida em vista do que dispõe o art. 1.057, CC e o direito de preferência para quem já seja sócio.

A alternativa "B" está em desacordo com o dispositivo citado por afirmar que a cláusula será nula, assim como a alternativa "C" está incorreta, pois o formato demonstrado no enunciado não torna a cláusula ineficaz e nem muito menos parcialmente válida, como na alternativa "D" que também se apresenta incorreta.

(XVI EXAME DE ORDEM UNIFICADO – FGV) Terezinha, sócia minoritária e administradora da sociedade Z & Cia. Ltda., com participação de 23% no capital social, foi excluída da sociedade por ter se apropriado de bens sociais e alienando-os de forma fraudulenta. A exclusão extrajudicial observou todos os requisitos legais, tendo sido inclusive, aprovada em assembleia própria, com quórum superior à metade do capital social. Após a deliberação, foi alterado o contrato social com a nova composição societária e realizado o arquivamento na Junta Comercial. Efetuado o registro da alteração contratual, Z & Cia. Ltda. Deverá

(A) realizar a liquidação das quotas de Terezinha, com base no último balanço aprovado; a ex-sócia não responderá pelas obrigações sociais anteriores porque, na sociedade limitada, sua responsabilidade é restrita ao valor do capital social.

(B) ser dissolvida, cabendo aos sócios remanescentes investir o liquidante em suas funções; a ex-sócia receberá o valor de suas quotas, apurado com base em balanço especial, no curso da liquidação, após o pagamento aos credores.

(C) reduzir compulsoriamente o capital, sendo vedado aos demais sócios suprir o valor da quota de Terezinha; esta responderá subsidiariamente pelas obrigações sociais até dois anos contados da data da deliberação que a excluiu da sociedade.

(D) realizar a liquidação das quotas de Terezinha, com base em balanço especial; a ex-sócia responderá pelas obrigações sociais anteriores, até dois anos após a averbação da resolução da sociedade na Junta Comercial.

COMENTÁRIO

A alternativa "D" está correta, reproduzindo fielmente o procedimento consequente a alteração contratual para o caso de exclusão extrajudicial de sócio pela análise dos dispositivos 1.031, 1.032, 1.085 e 1.086 do CC.

A alternativa "A"está incorreta, pois a análise dos artigos 1.031, 1.032, 1.085 e 1.086, ambos do Código Civil, aponta para balanço especial e não o último balanço aprovado como medida consequente à alteração contratual.

A alternativa "B" está incorreta, pois a dissolução societária não é medida automática, conforme já comentamos acima, mas sim o levantamento de balanço especial.

A alternativa "C" está incorreta, pois a redução compulsória do capital é medida posterior e não automática, já que é possível que um ou mais sócios recomponha(m) as quotas sociais.

(XVII EXAME DE ORDEM UNIFICADO – FGV) Perseu, em 2012, ingressa numa sociedade simples, constituída em 2008, formada por cinco pessoas naturais e com sede na cidade de Primeira Cruz. De acordo com as disposições do Código Civil sobre a sociedade simples, assinale a afirmativa correta.

(A) Perseu é responsável por todas as dívidas sociais anteriores à admissão.

(B) Perseu responde apenas pelas dívidas sociais posteriores à admissão.

(C) Perseu responde apenas pelas dívidas sociais contraídas no ano anterior à admissão.

(D) Perseu não responde pelas dívidas sociais anteriores e posteriores à admissão.

COMENTÁRIO

A alternativa "A" está correta, pois o art. 1.025, CC, prevê a responsabilidade de Perseu pelas dívidas anteriores à sua admissão.

A alternativa "B" está incorreta, pois as dívidas posteriores por questão lógica também o responsabiliza.

A alternativa "C" está incorreta, pois o art. 1.025, CC não traz a limitação ventilada na assertiva.

A alternativa "D" está incorreta, por excluir a responsabilidade de Perseu, em total contradição ao texto legal.

(XVIII EXAME DE ORDEM UNIFICADO – FGV) O contrato da sociedade do tipo simples Angélica Médicos Associados é omisso quanto à possibilidade de sucessão por morte de sócio. Inocência, uma das sócias, consulta você para saber qual a regra prevista no Código Civil para esse caso. Você respondeu corretamente que, com a morte de sócio,

(A) opera-se a dissolução da sociedade de pleno direito. Caberá a liquidação da quota do sócio falecido, cujo valor, considerado pelo montante efetivamente realizado, será apurado, com base no último balanço aprovado, salvo disposição contratual em contrário.

(B) opera-se a sucessão dos herdeiros do sócio falecido na sociedade. Os herdeiros poderão pleitear o levantamento de balanço de resultado econômico para verificação da situação patrimonial da sociedade à data do óbito, salvo disposição contratual em contrário.

(C) opera-se a resolução da sociedade em relação ao sócio falecido. Caberá a liquidação da quota do falecido, cujo valor, considerado pelo montante efetivamente realizado, será apurado, com base na situação patrimonial da sociedade à data do óbito, verificada em balanço especialmente levantado, salvo disposição contratual em contrário.

(D) opera-se a substituição do sócio falecido mediante acordo dos sócios remanescentes com os herdeiros. Os herdeiros poderão pleitear a liquidação da quota com base no valor econômico da sociedade, a ser apurado em avaliação por três peritos ou por sociedade especializada, mediante laudo fundamentado, salvo disposição contratual em contrário.

COMENTÁRIO

A alternativa "C" está correta, indicando a dissolução parcial da sociedade para liquidar a cota do falecido, conforme art. 1.028 c.c. art. 1.031, CC.

A alternativa "A" está incorreta, pois a solução da dissolução de sociedade presente na alternativa é fictícia, já que a o Código Civil indica a dissolução parcial da sociedade, que se resolve apenas em relação ao sócio falecido que terá a sua cota liquidada, tudo conforme os artigos 1.028 e 1.031, CC.

A alternativa "B" está incorreta, já que não há previsão de sucessão automática pelos herdeiros no Código Civil, conforme comentamos a seguir, indicando o dispositivo legal adequado.

A alternativa "D" está incorreta, já que a solução do código civil é pela resolução da sociedade quanto ao falecido conforme tudo que já foi comentado sobre a questão.

2. SOCIEDADES ANÔNIMAS

(EXAME DE ORDEM UNIFICADO 2010.3 – FGV) As Sociedades Anônimas têm uma pesada estrutura, necessitando, assim, de vários órgãos para atingir seu desiderato, cada um com sua função específica. Um desses órgãos é a Diretoria, sendo seus diretores efetivamente os administradores da companhia. Esses diretores possuem alguns deveres para com a sociedade empresarial e para com o mercado.

Entre esses deveres encontra-se o desclosure, que é o dever

(A) que os diretores possuem de convocar os acionistas para deliberar sobre determinado assunto ou vários assuntos que devem constar de uma pauta previamente escolhida.

(B) de fiscalizar os gastos da sociedade e se ela está cumprindo o que está disposto no estatuto social.

(C) que os administradores têm para com o mercado de informar todas as operações em que a companhia estiver envolvida e que possam influir na cotação das suas ações, das debêntures e dos valores mobiliários.

(D) que os administradores possuem de agir de forma diligente, respeitando o estatuto social, de forma a não causar prejuízos aos acionistas, podendo responder de forma pessoal com seu patrimônio caso violem esse dever.

COMENTÁRIO

Cumpre ressaltar, a princípio, que os deveres que a diretoria possui na Sociedade Anônima, são DEVER DE DILIGÊNCIA, LEALDADE e de INFORMAR. Para tanto, nos parece capricho usar o termo *DESCLOSURE*, que demonstra o que se pretende traduzir no já consagrado Direito de informação utilizado pela doutrina e jurisprudência clássica. Para tanto, a utilização do termo é um capricho e a resposta que demonstra tal dever é facilmente percebida na alternativa "C", assim descartamos por completa as alternativas "A", "B" e "D", a resposta se afastava das bases legal, doutrinária ou jurisprudencial.

(EXAME DE ORDEM UNIFICADO 2010.3 – FGV) A Lei das Sociedades por Ações estabelece responsabilidades para os administradores, membros do Conselho Fiscal e para o acionista controlador. A violação a tais deveres pode causar responsabilidade civil, administrativa e penal.

Em relação aos deveres e responsabilidades dos administradores, conselheiros e acionistas, assinale a alternativa correta.

(A) O acionista controlador é sempre o acionista majoritário, ou seja, aquele com maior número de ações da companhia, devendo usar seu poder de controle para fazer, a qualquer custo, com que a companhia tenha uma maior margem de lucro.

(B) Somente nas companhias fechadas é que todos os administradores são responsáveis pelos prejuízos que causarem pelo não cumprimento dos deveres impostos pela lei para assegurar o funcionamento normal da companhia, ainda que, de acordo com o estatuto, tais deveres não sejam de competência de todos eles.

(C) A única obrigação do acionista é a integralização de suas ações, não tendo qualquer outra responsabilidade para com a companhia.

(D) Para que os administradores sejam responsabilizados pela prática de seus atos, há necessidade de se causarem prejuízos efetivos à companhia, e apenas se seus atos forem comissivos.

COMENTÁRIO

A questão é complexa porque enseja a necessidade de interpretação dos §§ 2.º e 3.º do art. 158, que é no sentido de que o descumprimento de dever imposto por lei para assegurar o normal funcionamento da companhia, os administradores que incorreram no ilícito responderão solidariamente pelos danos causados (art. 158, § 2.º), e os demais também terão responsabilidade solidária, ainda que suas atribuições não guardem relação com o dever descumprido, se não fizerem consignar a sua divergência em ata de reunião do órgão da administração de que participam (art. 158, § 1.º). A princípio, a aparência é de que estamos falando de abertas e fechadas, mas não se interpreta um artigo somente com a parte que lhe interessa. Para isso, § 3.º restringe às sociedades para as companhias abertas, logo, o § 2.º só quer trazer a questão das SOCIEDADES FECHADAS. Assim, se a companhia é aberta, o descumprimento de dever dessa ordem somente acarreta a solidariedade dos administradores cujas funções estão relacionadas com a irregularidade, podendo estes ressalvar a responsabilidade por meio da consignação, em ata, de sua divergência e da comunicação da irregularidade e da divergência à assembleia geral (art. 158, §§ 3.º e 4.º). Se o dever não é imposto por lei para assegurar o normal funcionamento da companhia, responderá cada administrador especificadamente pelos seus atos, não havendo solidariedade, tanto na companhia fechada como na aberta. Se negligenciar em descobri-los ou se, deles tendo conhecimento, deixar de agir para impedir a sua prática. Finalmente, após toda essa megainterpretação, a alternativa correta é a "B".

A alternativa "A" está incorreta, sendo que a maioria de votos que confira a possibilidade de eleição de administradores é uma das hipóteses para que se fale em conceito de acionista controlador.

A alternativa "C" está errada, pois qualquer acionista tem no mínimo, dever de lealdade.

A alternativa "D" está incorreta, já que os atos omissivos de conhecimento dos sócios e que geram prejuízos a sociedade, também acarretam responsabilidade, já que existia o dever de impedir tais práticas.

(V EXAME DE ORDEM UNIFICADO – FGV) Em relação à incapacidade e proibição para o exercício da empresa, assinale a alternativa correta.

(A) Caso a pessoa proibida de exercer a atividade de empresário praticar tal atividade, deverá responder pelas obrigações contraídas, podendo até ser declarada falida.

(B) Aquele que tenha impedimento legal para ser empresário está impedido de ser sócio ou acionista de uma sociedade empresária.

(C) Entre as pessoas impedidas de exercer a empresa está o incapaz, que não poderá exercer tal atividade.

(D) Por se tratar de matéria de ordem pública e considerando que a continuação da empresa interessa a toda a sociedade, quer em razão da arrecadação de impostos, quer em razão da geração de empregos, caso a pessoa proibida de exercer a atividade empresarial o faça, poderá requerer a recuperação judicial.

COMENTÁRIO

A alternativa "A" está correta, pois se apresenta em conformidade com o texto do art. 973, no sentido de que "A pessoa legalmente impedida de exercer atividade própria de empresário, se a exercer, responderá pelas obrigações contraídas".

Eliminamos a alternativa "B", pois o impedimento apontado pela legislação está relacionado ao empresário individual, já que o sócio ou o acionista que não participe da administração da sociedade ou da companhia se trata de mero investidor.

A alternativa "C" foi tão logo por nós eliminada, pois não distingue o instituto da incapacidade que se trata de mera incompatibilidade do empresário com o instituto da incapacidade que serve para proteger o incapaz já que não apresenta discernimento suficiente para a prática de certos atos.

A assertiva "D" enfim se elimina, pois o art. 48 da Lei 11.101/2005 estabelece, sim, uma série de requisitos para o requerimento da recuperação judicial e a regularidade está presente de forma patente. Alternativa correta: "A".

(V EXAME DE ORDEM UNIFICADO – FGV) Conforme art. 4.º da Lei 6.404/1976, as companhias podem ser classificadas em abertas ou fechadas, dependendo se seus valores mobiliários podem ou não ser negociados no Mercado de Valores Mobiliários. Em relação aos valores mobiliários das companhias abertas e fechadas, assinale a alternativa correta.

(A) Valores mobiliários são títulos que concedem a seu titular certos direitos em relação à companhia. São exemplos de valores mobiliários as ações, as debêntures, os bônus de subscrição e o certificado de valores mobiliários.

(B) O Mercado de Valores Mobiliários (MVM) compreende as bolsas de valores, o mercado de balcão e o mercado de balcão organizado. Para a companhia poder negociar no MVM, deverá preencher certos requisitos e obter autorização da Comissão de Valores Mobiliários e da Junta Comercial.

(C) As companhias abertas, caso queiram negociar suas ações, devem sempre fazê-lo por meio do mercado de valores mobiliários, ou seja, suas negociações serão sempre por oferta ao público em geral.

(D) Partes beneficiárias são títulos emitidos tanto pela companhia aberta quanto pela fechada que dão a seu titular direito a percentual no lucro da companhia.

COMENTÁRIO

A alternativa "A" foi considerada a correta pela banca examinadora conforme a Lei 6.385/1976 e o seu art. 2.º que oferece listagem na forma do enunciado;

A alternativa "B" acerta quando trata das espécies que perfazem o Mercado de Valores Mobiliários, sendo o erro relacionado à autorização que muito embora também deva ser pedida perante a CVM – Comissão de Valores Mobiliários, devemos considerar que perante a Junta há registro e não autorização, o que inclusive nos faz criticar a pergunta, mal formulada, sendo de exigência descabida para o exame;

A alternativa "C" está errada, pois existem outras hipóteses de emissão de ações, de modo particular;

A alternativa "D" se elimina, pois as partes beneficiárias não podem mais ser emitidas pelas companhias abertas, tudo conforme o parágrafo único do art. 47 da Lei 6.404/1976.

(VI EXAME DE ORDEM UNIFICADO – FGV) A respeito das debêntures, é correto afirmar que:

(A) as debêntures da mesma série terão igual valor nominal e conferirão a seus titulares os mesmos direitos.

(B) o pagamento das debêntures sempre será estipulado em moeda nacional.

(C) a debênture não constitui valor mobiliário, sendo classificada tão somente como título de crédito.

(D) a companhia é obrigada a realizar a amortização das debêntures por meio de um único pagamento a seus titulares.

COMENTÁRIO

A alternativa "A" merece ser marcada, pois cópia integral do que dispõe o parágrafo único do art. 53 da Lei 6.404/1976.

A alternativa "B" deve ser afastada já que o art. 54 da mesma lei admite pagamento em moeda estrangeira.

A Alternativa "C" está errada, pois a debênture tem natureza de valor mobiliário e não se encaixa nos princípios cambiários.

A alternativa "D" é contrária ao que dispõe o art. 55 da LSA que permite à companhia estipular amortizações parciais de cada série, criar fundos de amortização e reservar-se o direito de resgate antecipado, parcial ou total, dos títulos da mesma série.

(VII EXAME DE ORDEM UNIFICADO – FGV) Sobre os direitos dos acionistas, é correto afirmar que:

(A) o direito de voto é garantido a todo acionista, independente da espécie ou classe de ações de que seja titular.

(B) os acionistas deverão receber dividendos obrigatórios em todos os exercícios sociais.

(C) o acionista terá direito de se retirar da companhia caso cláusula compromissória venha a ser introduzida no estatuto social.

(D) o acionista tem o direito de fiscalizar as atividades sociais e sendo titular de mais de 5% do capital poderá requerer judicialmente a exibição dos livros da companhia, caso haja suspeita de irregularidades dos administradores.

COMENTÁRIO

A alternativa "D" se apresenta de acordo com o texto do art. 105 da Lei 6.404/1976, portanto, devemos marcá-la como correta;

A alternativa "A"está fora do que preceitua o art. 15 da Lei 6.404/1976 que autoriza ações preferenciais, sem direito de voto;

A alternativa "B" está em desacordo com a Lei 6.404/1976, pois os dividendos estão diretamente relacionados aos lucros, conforme o seu art. 202;

A assertiva "C" deve ser afastada, pois a hipótese não se apresenta no texto dos arts. 136 e 137 da Lei 6.404/1976 que exigem interpretação conjunta para que por *numerus clausus* aponte as situações de dissidência.

(VIII EXAME DE ORDEM UNIFICADO – FGV) A Assembleia Geral de S.A. Empreendimentos Turísticos, companhia aberta sediada em "X", delegou ao Conselho de Administração a deliberação sobre a oportunidade de emissão, época e condições de vencimento de debêntures conversíveis em ações. Petrossian Participações Ltda., acionista minoritário, consultou seu advogado sobre a legalidade da deliberação.

Com relação ao fato acima, assinale a alternativa que apresenta a resposta correta à consulta.

(A) A deliberação é válida, porque a deliberação sobre a oportunidade de emissão, a época e as condições de vencimento de debêntures conversíveis em ações pode ser delegada ao Conselho de Administração.

(B) A deliberação é anulável, porque a deliberação sobre a oportunidade de emissão, a época e as condições de vencimento de debêntures conversíveis em ações é privativa da assembleia geral nas companhias abertas.

(C) A deliberação é nula, porque a emissão de debêntures conversíveis em ações depende da autorização prévia dos titulares de ações preferenciais reunidos em assembleia especial convocada para esse fim.

(D) A deliberação é ineficaz em relação aos acionistas minoritários, pois a emissão de debêntures conversíveis em ações acarretará aumento de capital com diluição injustificada de participação desses acionistas.

COMENTÁRIO

Nessa questão devemos marcar a alternativa "A" conforme o § 4.º do art. 59 da Lei 6.404/1976 que passou a compor o dispositivo de lei para prever o descrito no enunciado quando a assembleia geral poderá delegar a solução para o conselho de administração, portanto, a hipótese é válida e como todas as alternativas são idênticas, prevendo consequências contrárias, devem ser eliminadas por si só.

As alternativas "B", "C" e "D" estão afastadas.

(IX EXAME DE ORDEM UNIFICADO – FGV) Leia o trecho a seguir.

Companhia cuja totalidade das ações em que se divide o capital pertence a uma sociedade brasileira. Essa definição refere-se à

(A) subsidiária integral.

(B) sociedade em conta de participação.

(C) sociedade limitada.

(D) sociedade de propósito específico.

COMENTÁRIO

A alternativa "A" está correta, pois de acordo com o art. 251 da Lei de S/A, Lei 6.404/1976, que diz: "A companhia pode ser constituída, mediante escritura pública, tendo como único acionista sociedade brasileira".

A alternativa "B" aponta a sociedade em conta de participação presente no art. 991 do CC que além de ter pluralidade de sócios aponta categorias distintas.

Na alternativa "C"o que se verifica é a limitada também presente no Código Civil em seu art. 1.052, para que, finalmente, falemos da sociedade de propósito específico que se apresenta na Lei 123/2006 que cuida das microempresas e empresas de pequeno porte.

(X EXAME DE ORDEM UNIFICADO – FGV) A respeito das diferenças existentes entre as sociedades anônimas abertas e fechadas, assinale a afirmativa correta.

(A) A companhia será aberta ou fechada conforme os valores mobiliários de sua emissão sejam admitidos ou não à negociação no mercado de bolsa ou de balcão.

(B) As companhias abertas poderão emitir partes beneficiárias, opções de compra de ações e bônus de subscrição.

(C) O estatuto social de uma companhia fechada nunca poderá impor limitações à circulação das ações ordinárias, mas poderá fazê-lo em relação às ações preferenciais.

(D) As ações ordinárias e preferenciais de uma companhia aberta poderão ser de uma ou mais classes.

COMENTÁRIO

A alternativa "A" está correta, pois o art. 4.º da Lei 6.404/1976 define uma sociedade como aberta ou fechada, exatamente em vista da admissão de emissão dos valores mobiliários ou não à negociação na bolsa de valores.

A alternativa "B" está errada, pois o parágrafo único do art. 47 da Lei 6.404/1976 faz restrição a emissão das partes beneficiárias às companhias abertas, ao contrário do que o texto da alternativa traduz.

A alternativa "C" está errada, pois a imposição de limitações que traria legitimidade a alternativa seria a das ações nominativas e não as preferenciais, conforme o art. 36 da Lei 6.404/1976.

A alternativa "D" está incorreta, pois apenas as ações preferenciais são divididas em classes, conforme o texto do § 1.º, art. 15 da Lei 6.404/1976.

(XII EXAME DE ORDEM UNIFICADO – FGV) Com relação às sociedades anônimas, assinale a opção correta.

(A) As ações preferenciais são sempre ações sem direito de voto e com prioridade no recebimento de dividendos fixos e cumulativos.

(B) A vantagem das ações preferenciais de companhia fechada pode consistir exclusivamente em prioridade no reembolso do capital.

(C) A primeira convocação de assembleia geral de companhia fechada deverá ser feita no prazo de 15 (quinze) dias antes de sua realização.

(D) O conselho de administração é órgão obrigatório em todas as sociedades anônimas fechadas, com capital autorizado e de economia mista.

COMENTÁRIO

A alternativa "B" está correta também nos termos do art. 17 da Lei 6.404/1976, pois as ações preferenciais sempre devem trazer uma vantagem para o acionista portador desse tipo de ação, seja exclusivamente a prioridade no reembolso do capital.

A alternativa "A" está incorreta, pois as ações preferenciais podem ter direito de voto, conforme decisão exarada no estatuto da companhia, tudo conforme o art. 17 da Lei 6.404/1976.

A alternativa "C" está errada conforme o § 1.º, art. 124 da Lei 6.404/1976, sendo que a primeira convocação deverá ser feita com antecedência de oito dias contado o prazo da publicação do primeiro anúncio, ao contrário dos 15 dias trazidos pela banca examinadora.

A alternativa "D" está incorreta, sendo importante ressaltar que o conselho de administração não é de obrigatoriedade nas sociedades de economia mista, conforme o § 2.º, art. 138 da Lei 6.404/1976.

(XIV EXAME DE ORDEM UNIFICADO – FGV) A Comissão de Valores Mobiliários poderá impor aos infratores de suas Resoluções, das normas da Lei 6.404/1976 (Lei das Sociedades por Ações) e da Lei 6.385/1976 (Lei do Mercado de Valores Mobiliários), dentre outras, a penalidade de inabilitação temporária, até o máximo de 20 (vinte) anos, para o exercício do cargo de administrador nas entidades relacionadas a seguir, à exceção de uma. Assinale-a.

(A) Companhia Aberta.

(B) Distribuidora de Valores Mobiliários.

(C) Sociedade em Comum.

(D) Bolsa de Valores.

COMENTÁRIO

A alternativa a ser marcada é a "C", pois representa um tipo societário que conforme o disposto no art. 986, CC não atende aos parâmetros da Lei 6.404/1976, tratando apenas de sociedades irregulares em seu registro no âmbito do Código Civil.

O enunciado busca trazer para a discussão a incidência da Lei 6.385/1976 e suas apenações a determinados tipos societários. As alternativas "A", "B", e "C" estão corretas, pois apresentam hipóteses presentes, respectivamente, no direcionamento da Lei das Sociedades por Ações de 6.404/1976.

3. CONTRATOS EMPRESARIAIS

(EXAME DE ORDEM UNIFICADO 2010.3 – FGV) "É a operação que consiste na tomada de uma posição no mercado futuro aproximadamente igual – mas em sentido contrário – àquela que se detém ou que se pretende vir a tomar no mercado à vista. É uma forma de o investidor se proteger contra os feitos da oscilação de preço."

O conceito acima, extraído do Vocabulário do Mercado de Capitais, expedido pela Comissão Nacional de Bolsas de Valores em 1990, corresponde a que tipo de contrato relacionado à compra e venda empresarial?

(A) *Hedging* ou *hedge*.

(B) Contrato estimatório.

(C) Venda com reserva de domínio.

(D) Preempção.

12. Direito Empresarial

COMENTÁRIO

O *hedging* ou *hedge* é uma operação utilizada no mercado de valores mobiliários e se situa como uma espécie de seguro que visa proteger um determinado investidor quanto a eventuais riscos de uma operação futura sujeita a oscilações naturais do seu mercado. O agente econômico faz dois investimentos opostos, sendo que o eventual prejuízo em um caso significará provavelmente lucro no outro. Assim, quando ocorrer a venda das mercadorias, caso os preços tenham baixado para determinado derivado, o prejuízo que terá em seus estoques de mercadorias será compensado pela liquidação de seu outro contrato que tem por base investimento em mercadoria oposta, esta é vendida a um preço mais caro, o que lhe dará um lucro. A questão envolve e requer do aluno um conhecimento de direito material bastante específico, e exige noção que se encontra em raras doutrinas e dificilmente em jurisprudências. O examinando também pode encontrar a resposta por exclusão das demais, caso conheça os demais tipos contratuais.

A assertiva "A" comentada se apresenta correta.

A alternativa "B" está errada, pois conforme o art. 534 do CC, que conceitua o contrato estimatório, pelo qual o consignante entrega bens móveis ao consignatário, que fica autorizado a vendê-los, pagando àquele o preço ajustado, salvo se preferir, no prazo estabelecido, restituir-lhe a coisa consignada, o que se afasta em absoluto da situação elencada no enunciado, que, aliás, mal trata de um contrato e sim de uma operação muito específica dos derivados no mercado de valores mobiliários, conforme já comentamos.

Já a opção "C", se afasta bem do enunciado e faz valer o comentário no sentido de que o examinando pode utilizar o sistema de exclusão para determinado acerto, já que o contrato de venda com reserva de domínio não traz uma situação típica do Direito Empresarial, sendo previsto no art. 521 do CC, apresentando uma venda de bem móvel em que o vendedor reserva para si a propriedade, até que o preço seja integralmente pago.

Por fim, observamos na alternativa "D", que a palavra preempção significa preferência e não indica qualquer espécie contratual própria do ordenamento jurídico nacional, quanto menos de uma situação típica das relações empresariais, tendo sido posicionada para gerar dúvida no examinando que apenas poderá eliminá-la em decorrência do conhecimento dos contratos em espécie existente em nosso sistema legal, estando também esta alternativa errada.

(IV EXAME DE ORDEM UNIFICADO – FGV) Contrato oneroso, em que alguém assume, em caráter profissional e sem vínculo de dependência, a obrigação de promover, em nome de outrem, mediante retribuição, a efetivação de certos negócios, em determinado território ou zona de mercado.

A definição acima corresponde a que tipo de contrato empresarial?

(A) Agência.
(B) Mandato.
(C) Comissão mercantil.
(D) Corretagem.

COMENTÁRIO

A resposta da questão encontra previsão legal no art. 710 do CC: "Pelo contrato de agência, uma pessoa assume, em caráter não eventual e sem vínculos de dependência, a obrigação de promover, à conta de outra, mediante retribuição, a realização de certos negócios, em zona determinada, caracterizando-se a distribuição quando o agente tiver à sua disposição a coisa a ser negociada", assim, indicamos a opção "A" como correta.

Excluímos a "B", pois Mandato é o contrato pelo qual uma das partes (mandatário) se obriga a praticar atos em nome e por conta da outra (mandante).

E a opção "C" merece também ser descartada haja vista que a comissão mercantil seria o vínculo contratual em que um empresário se obriga a realizar certos tipos de negócios mercantis por conta de outro, sendo esta realização em nome próprio, e por isso assume perante terceiros responsabilidade pessoal pelos atos praticados.

Por fim, a opção "D" está errada também, pois pelo contrato de corretagem, uma pessoa, independentemente de mandato, de prestação de serviços ou outra relação de dependência, obriga-se a obter para outra um ou mais negócios, conforme instruções recebidas.

(IV EXAME DE ORDEM UNIFICADO – FGV) É uma cláusula acessória ao contrato de comissão, no qual o comissário assume o gravame de responder solidariamente pela insolvência das pessoas com quem contratar em nome do comitente. Essa cláusula é denominada

(A) *del credere*.
(B) pacto comissório.
(C) venda com reserva de domínio.
(D) *hedge*.

COMENTÁRIO

A confirmação da opção "A" está no art. 698 do CC: "Se do contrato de comissão constar a cláusula *del credere*, responderá o comissário solidariamente com as pessoas com que houver tratado em nome do comitente, caso em que, salvo estipulação em contrário, o comissário tem direito a remuneração mais elevada, para compensar o ônus assumido".

Assim, tendo em vista a perfeita adequação dessa alternativa ao texto de lei, podemos por exclusão concluir que estão erradas as alternativas "B", "C" e "D".

(IX EXAME DE ORDEM UNIFICADO – FGV) Primavera do Leste Arrendamento Mercantil S.A. ajuizou ação de reintegração de posse de bem arrendado à sociedade empresária Vila Bela Distribuidora de Jornais e Revistas Ltda., em face do não pagamento das prestações nos vencimentos. O contrato de arrendamento mercantil prevê resolução de pleno direito em caso de qualquer inadimplemento da arrendatária.

O juiz extinguiu o processo sem resolução de mérito porque

(A) no contrato de arrendamento mercantil, ainda que haja cláusula resolutiva expressa, é necessária a notificação prévia do arrendatário para constituí-lo em mora.
(B) nos contratos de arrendamento mercantil celebrados entre a arrendadora e as sociedades empresárias é vedada a aposição de cláusula resolutiva expressa.
(C) a ação cabível para a retomada do bem em poder do arrendatário pela arrendadora é a ação de depósito, com pedido de liminar de reintegração de posse.
(D) como no contrato de arrendamento mercantil há opção de compra pela arrendatária, a propriedade da arrendadora é resolúvel, sendo incabível ação possessória.

COMENTÁRIO

A alternativa "A" deve ser marcada como a correta, consoante o entendimento do STJ, exarado na Súmula 369 que leciona: "no contrato de arrendamento mercantil (*leasing*), ainda que haja cláusula resolutiva expressa, é necessária a notificação prévia do arrendatário para constituí-lo em mora".

A alternativa "B" aponta solução contrária ao material sumulado.

A alternativa "C" aponta a ação de depósito como a ação para a recuperação do bem, quando na verdade é a Ação de Reintegração de Posse;

De forma contrária a essa afirmação também temos a assertiva "D", que, logicamente, deverá ser eliminada.

(IX EXAME UNIFICADO IPATINGA-MG) Sobre o contrato de arrendamento mercantil, assinale a afirmativa incorreta.

(A) No arrendamento mercantil na modalidade financeira, as despesas com a manutenção, assistência técnica e serviços correlatos à operacionalidade do bem arrendado são de responsabilidade da arrendatária.
(B) No arrendamento mercantil operacional, a manutenção, a assistência técnica e os serviços correlatos à operacionalidade do bem arrendado podem ser de responsabilidade da arrendadora ou da arrendatária.
(C) Os contratos de arrendamento mercantil devem conter, dentre outras cláusulas, a descrição dos bens que constituem o objeto do contrato, com todas as características que permitam sua perfeita identificação.
(D) A constituição e o funcionamento das pessoas jurídicas que têm como objeto principal a prática de operações de arrendamento mercantil dependem de autorização da Comissão de Valores Mobiliários (CVM).

COMENTÁRIO

A alternativa "D" está incorreta, devendo ser assinalada, pois os arts. 1.º e 13 da Resolução Bacen 2.309/1996 são no sentido contrário ao enunciado da questão já que não há dependência da Comissão de Valores Mobiliários.

A alternativa "A" está correta nos termos do art. 5.º, II da Resolução Bacen 2.309/1996 que traz a modalidade financeira do arrendamento mercantil, trazendo a responsabilidade pelos serviços correlatos à operacionalidade para a arrendatária.

A alternativa "B" está correta, conforme o § 3.º do art. 6.º da Resolução Bacen 2.309/1996 por tratar o arrendamento mercantil operacional para apontar a responsabilidade tanto da arrendadora como da arrendatária.

A alternativa "C" também tem resposta no art. 7.º, I da Resolução Bacen 2.309/1996 que posiciona as cláusulas essenciais ao contrato de arrendamento mercantil, apontando a descrição dos bens que constituem o objeto do contrato, com todas as características que permitam sua perfeita identificação.

(XIV EXAME DE ORDEM UNIFICADO – FGV) A alienação fiduciária, regulada pela Lei 9.514/1997, é o negócio jurídico pelo qual o devedor, ou fiduciante, com o escopo de garantia, contrata a transferência ao credor, ou fiduciário, da propriedade resolúvel de coisa imóvel. Sobre este tipo de contrato, assinale a afirmativa correta.

(A) Constitui-se a propriedade fiduciária de coisa imóvel mediante registro do contrato que lhe serve de título no Registro de Imóveis competente.

(B) Somente poderá ser contratada por pessoa jurídica que integre o Sistema de Financiamento Imobiliário – SFI.

(C) Não pode ter como objeto a propriedade superficiária do imóvel do fiduciante.

(D) O fiduciante poderá transmitir os direitos de que seja titular sobre o imóvel objeto da alienação fiduciária independentemente da anuência do fiduciário.

COMENTÁRIO

A alternativa "A" deve ser assinalada, pois o art. 23, Lei 9.514/1997 oferece o fundamento para a afirmativa no sentido de que o registro do contrato constitui a propriedade fiduciária de coisa móvel servindo de título no registro de imóveis competente.

A alternativa "B" está incorreta, pois o §1º, art. 22, Lei 9.514/1997, as pessoas físicas também podem contratar essa modalidade que não é privativa do sistema de financiamento imobiliário – SFI.

A alternativa "C" está incorreta, já que o inciso IV, §1º, art. 22, Lei 9.514/1997 coloca a propriedade superficiária como objeto possível do contrato.

A alternativa "D" está incorreta, pois o art. 29, Lei 9.514/1997 é no sentido da essencialidade da anuência do fiduciário, ao contrário da afirmativa.

(XVI EXAME DE ORDEM UNIFICADO – FGV) A sociedade empresária Calçados Montalvânia Ltda. Celebrou contrato de faturização com Miravânia Fomento Mercantil Ltda. para que a segunda antecipasse para a primeira créditos contidos em cheques, notas promissórias, duplicatas de venda e outros documentos de dívida, além da prestação de serviços de assessoria mercadológica, creditícia e de gestão de riscos. Sobre este contrato, assinale a afirmativa correta.

(A) Na modalidade tradicional (ou convencional) da faturização, a faturizadora se obriga a efetuar o pagamento das faturas e de outros documentos referentes aos créditos cedidos apenas na data do vencimento, razão pela qual o contrato em questão não pode ser considerado faturização típica.

(B) As sociedades de fomento comercial estão obrigadas a arquivar seus contratos e suas alterações no Registro Civil de Pessoas Jurídicas, uma vez que o objeto por elas exercido inclui a prestação de serviços ao faturizado, sendo essa atividade estranha ao objeto das sociedades empresárias.

(C) As sociedades faturizadoras dependem de autorização do Banco Central do Brasil para funcionamento, podendo realizar operações de crédito em favor dos faturizados,não estando tais operações sujeitas ao limite máximo de juros previsto no Código Civil.

(D) As sociedades que exercem as atividades de fomento comercial, mesmo não sendo consideradas instituições financeiras para efeitos legais, estão obrigadas a conservar sigilo em suas operações ativas e passivas e serviços prestados aos faturizados.

COMENTÁRIO

A alternativa "D" está correta, conforme retrata fidelidade ao art. 2º da Lei Complementar 105/2001.

A alternativa "A" está incorreta, pois a faturizadora se responsabiliza pela cobrança e não a efetuar o pagamento.

A alternativa "B" está incorreta, pois a prestação de serviços se inclui na atividade empresária e seu registro se dá na Junta Comercial conforme se depreende do art. 1.150 e 982, CC.

A alternativa "C" está incorreta, conforme art. 1º, Decreto-Lei 22.626/1933, não sendo essa modalidade empresarial equiparada às instituições financeiras.

(XVIII EXAME DE ORDEM UNIFICADO – FGV) Pretendendo aderir a um sistema de franquia empresarial, o microempresário individual SF consulta sua advogada sobre as disposições legais referentes a esse contrato. Assinale, dentre as afirmativas a seguir, a que apresenta a informação correta prestada pela advogada.

(A) O franqueador é obrigado a incluir na circular de oferta de franquia informação em relação ao território de atuação do franqueado, especificando a possibilidade de o franqueado realizar vendas ou prestar serviços fora de seu território, ou realizar exportações.

(B) Em razão do sigilo dos instrumentos de escrituração, dos balanços e das demonstrações financeiras dos empresários, o franqueador não é obrigado a incluir tais documentos nas informações da circular de oferta de franquia.

(C) Tratando-se de franqueador ou franqueado enquadrado como microempreendedor individual, microempresa ou empresa de pequeno porte, é dispensável a presença no contrato de testemunhas e terá validade independentemente de ser levado a registro perante cartório ou órgão público.

(D) Se o franqueador veicular informações falsas na circular de oferta de franquia, o franqueado não poderá arguir a anulabilidade do contrato, apenas das cláusulas pertinentes, mas poderá exigir devolução das quantias que já houver pago, a título de taxa de filiação e *royalties*, devidamente corrigidas.

COMENTÁRIO

A alternativa "A" está correta, pois conforme o inciso X, art. 3º, Lei 8.955/1994, a Circular de Oferta de Franquia precisa cumprir diversas exigências e a especificação de território está presente no documento que dá forma final ao contrato de franquia.

A alternativa "B" está incorreta, pois a sigilosidade da escrituração empresarial em nada tem a ver com a legislação que formaliza o instituto contratual da franquia.

A alternativa "C" está incorreta, pois cria isenções não encontradas na legislação de franquia ou mesmo na legislação que introduz o microempreendedor individual ou mesmo na legislação sobre as microempresas e empresas de pequeno porte.

A alternativa "D" está incorreta, já que o art. 4º, I, Lei 8.955/1994, traz regra em sentido contrário ao enunciado apresentado, sendo possível arguir a anulabilidade do contrato em tela.

4. TÍTULOS DE CRÉDITO

(EXAME DE ORDEM UNIFICADO 2010.3 – FGV) Em relação aos Títulos de Crédito, é correto afirmar que, quando

(A) presente na letra de câmbio, a cláusula "não à ordem" impede a circulação do crédito.

(B) insuficientes os fundos disponíveis, o portador de um cheque pode requerer a responsabilidade cambiária do banco sacado pelo seu não pagamento.

(C) firmado em branco, o aval na nota promissória é entendido como dado em favor do sacador.

(D) não aceita a duplicata, o protesto do título é a providência suficiente para o ajuizamento da ação de execução contra o sacado.

COMENTÁRIO

Facilmente se consegue verificar qual é a resposta correta, mediante a leitura do art. 31 da Convenção de Genebra, como adiante: "Art. 31. O aval é escrito na própria letra ou numa folha anexa. Exprime-se pelas palavras 'bom para aval' ou por qualquer fórmula equivalente; e assinado pelo dador do aval. O aval considera-se como resultante da simples assinatura do dador aposta na face anterior da letra, salvo se se trata das assinaturas do sacado ou do sacador. O aval deve indicar a pessoa por quem se dá. Na falta de indicação entender-se-á ser pelo sacador." Assim, opção correta: "C".

A alternativa "A" está errada, pois ainda que não seja possível circular o título por endosso, é possível por cessão civil de crédito.

A alternativa "B" está errada, pois o banco não paga pelo emitente que não disponibiliza fundos em sua conta.

A alternativa "D" está errada, pois a ação ainda depende da juntada de comprovante de entrega de mercadorias.

(IV EXAME DE ORDEM UNIFICADO – FGV) Em relação ao Direito Cambiário, é correto afirmar que

(A) o aceite no cheque é dado pelo banco ou instituição financeira a ele equivalente, devendo ser firmado no verso do título.

(B) a duplicata, quando de prestação de serviços, pode ser emitida com vencimento a tempo certo da vista.

(C) o protesto é necessário para garantir o direito de regresso contra o(s) endossante(s) e o(s) avalista(s) do aceitante de uma letra de câmbio.

(D) o aval dado em uma nota promissória pode ser parcial, ainda que sucessivo.

COMENTÁRIO

A letra "D" está correta, muito embora o disposto no art. 897, parágrafo único, do Código Civil, na nota promissória o aval parcial é válido, por expressa disposição prevista na Lei Uniforme de Genebra: "Art. 30. O pagamento de uma letra pode ser no todo ou em parte garantido por aval. [...] Art. 77. São aplicáveis às notas promissórias, na parte em que não sejam contrárias à natureza deste título, as disposições relativas às letras e concernentes: [...] São também aplicáveis às notas promissórias as disposições relativas ao aval arts. 30 a 32".

A letra "A" está errada porque no cheque não há previsão para aceite, pelo disposto na Lei do Cheque (Lei 7.357/1985): "Art. 6.º O cheque não admite aceite, considerando-se não escrita qualquer declaração com esse sentido".

A letra "B" está errada, porque de acordo com a legislação pertinente a duplicata só pode ser à vista ou com data certa de vencimento (art. 2.º, § 1.º, III, da Lei 5.474/1968), ainda que se trate de duplicata de serviços (art. 20, § 3.º, da Lei 5.474/1968), que regula a duplicata mercantil e de prestação de serviços estabelece, em seu art. 2.º, que a duplicata só admite o vencimento a dia certo ou à vista:

"§ 1.º A duplicata conterá: [...]

"III – a data certa do vencimento ou a declaração de ser a duplicata à vista;".

A letra "C" não está correta, haja vista que o aceitante da letra é o seu devedor principal, sendo desnecessário protesto do título para a sua execução, assim como para execução de seu avalista, que lhe é codevedor solidário e responde exatamente como ele (art. 32 da Lei Uniforme de Genebra). Para possuir o direito de regresso contra o endossante faz-se necessário o protesto, nos termos do art. 53 do Decreto 57.663/1966 (Lei Uniforme de Genebra). No entanto, a regra não é a mesma quando se fala sobre o direito em face dos avalistas, haja vista que o dador de aval é responsável da mesma maneira que a pessoa por ele afiançada, art. 32 do Decreto 57.663/1966.

(VI EXAME DE ORDEM UNIFICADO – FGV) Com relação ao instituto do aceite de títulos de crédito, assinale a alternativa correta.

(A) A duplicata pode não ser aceita, sem qualquer fundamentação pelo sacado; neste caso, ele não será responsável pelo pagamento do título.

(B) Para a cobrança de uma duplicata não aceita, é necessária apenas a realização de seu protesto.

(C) O aceite de cheque é condição essencial para que o beneficiário possa executar o sacado.

(D) O aceite de uma letra de câmbio torna o sacado devedor direto do título.

COMENTÁRIO

A assertiva "D" está correta e encontra base nos arts. 28 e 48, ambos do Decreto 57.663/1966.

A alternativa "A" deve ser eliminada, pois a duplicata é título de aceite obrigatório e as causas para a não aceitação são específicas e elencadas no art. 8.º daLei 5.474/1968, como por exemplo a não entrega das mercadorias.

A alternativa "B" também está afastada, pois para a cobrança de duplicata não aceita, além do protesto, é necessário principalmente a juntada do comprovante de entrega de mercadorias conforme o art. da Lei 5.474/1968.

Finalmente, a alternativa "C" merece afastamento, pois a Lei 7.357/1985 em nenhum momento impõe ao beneficiário que deseja cobrar dívida proveniente de cheque, o seu aceite.

(VII EXAME DE ORDEM UNIFICADO – FGV) Com relação ao instituto do aval, é correto afirmar que

(A) é necessário o protesto para a cobrança dos avalistas do emitente e dos endossantes de notas promissórias.

(B) o avalista, quando executado, pode exigir que o credor execute primeiro o avalizado.

(C) o aval pode ser lançado em documento separado do título de crédito.

(D) a obrigação do avalista se mantém, mesmo no caso de a obrigação que ele garantiu ser nula, exceto se essa nulidade for decorrente de vício de forma.

COMENTÁRIO

A assertiva correta é a "D", pois apresenta cópia padrão do texto do art. 32 do Decreto 57.663/1966;

A alternativa "A" está incorreta, pois o mesmo dispositivo, ora citado, aponta que o avalista tem responsabilidade equivalente à do avalizado. Ressalte-se que de acordo com a primeira alínea do art. 70 da citada lei, o protesto é dispensado para a execução do emitente – e, consequentemente, de seus avalistas, somente sendo necessário para execução dos endossantes – e seus avalistas –, conforme dispõe a segunda alínea do mesmo dispositivo legal.

A alternativa "B" está incorreta, pois tal responsabilidade é solidária e independe de ordem;

A alternativa "C" se elimina ainda por principiologia cambiária, pelo que entendemos por literalidade, sendo válido apenas o que consta do título, de acordo com os requisitos exigidos pela lei.

(VIII EXAME DE ORDEM UNIFICADO – FGV) Com relação ao instituto do cheque, assinale a afirmativa correta.

(A) O cheque pode ser sacado contra pessoa jurídica, instituições financeiras e instituições equiparadas.

(B) O portador não pode recusar o pagamento parcial do cheque.

(C) O cheque pode consubstanciar ordem de pagamento à vista ou a prazo.

(D) A ação de execução do cheque contra o sacador prescreve em 1 (um) ano contado do prazo final para sua apresentação.

COMENTÁRIO

A correta é a alternativa "B", já que o parágrafo único do art. 38 da Lei 7.357/1985 é no sentido de que o portador não pode recusar pagamento parcial, e, nesse caso, o sacado por exigir que esse pagamento conste do cheque e que o portador lhe dê a respectiva quitação.

A alternativa "A" exige conhecimento do art. 3.º da Lei 7.357/1985 em que o cheque somente pode ser emitido contra banco ou instituição financeira equiparada e não contra qualquer espécie de pessoa jurídica.

A alternativa "C" deve ser eliminada, pois de acordo com oart. 32 da Lei 7.357/1985 o cheque é ordem de pagamento à vista.

A alternativa "D" deve ser afastada, pois o art. 59 da Lei 7.357/1985 estabelece que a execução do cheque prescreve em seis meses, contados da expiração do prazo de apresentação, ainda que a jurisprudência reconheça a prática da predatação. Alternativa correta: "B".

(IX EXAME DE ORDEM UNIFICADO – FGV) Com relação aos títulos de crédito, assinale a afirmativa correta.

(A) No endosso de letra de câmbio após o protesto por falta de pagamento, o portador tem ação cambiária contra o seu endossante.

(B) A cláusula não à ordem inserida no cheque impede sua circulação tanto por endosso quanto por cessão de crédito.

(C) O endosso de cheque poderá ser realizado pelo sacado ou por mandatário deste com poderes especiais.

(D) A duplicata pode ser apresentada para aceite do sacado pelo próprio sacador ou por instituição financeira.

COMENTÁRIO

A assertiva "D" é a correta, pois o art. 6.º da Lei 5.747/1968 é no sentido de que "a remessa de duplicata poderá ser feita diretamente pelo vendedor ou por seus representantes, por intermédio de instituições financeiras, procuradores ou, correspondentes que se incumbam de apresentá-la ao comprador na praça ou no lugar de seu estabelecimento, podendo os intermediários devolvê-la, depois de assinada, ou conservá-la em seu poder até o momento do resgate, segundo as instruções de quem lhes cometeu o encargo". Ou seja, tanto pelo Sacador quanto por instituição financeira.

Afastamos de pronto a alternativa "A", pois o endosso posterior ao protesto na Letra de Câmbio é o endosso póstumo, com efeito de cessão civil, se afastando dos princípios cambiários, conforme art. 20 da LUG (Decreto 57.663/1966), como segue "o endosso posterior ao vencimento tem os mesmos efeitos que o endosso anterior. Todavia, o endosso posterior ao protesto por falta de pagamento, ou feito depois de expirado o prazo fixado para se fazer o protesto, produz apenas os efeitos de uma cessão ordinária de créditos".

A alternativa "B" trata da cláusula não à ordem inserida em cheque e essa somente impede a sua circulação por endosso, jamais por cessão civil, como dispõe o § 1.º do art. 17 da Lei 7.357/1985.

Afastamos a assertiva "C", pois a instituição financeira não participa da relação entre emitente e beneficiário e esse último, sim, pode endossar o título.

(XI EXAME DE ORDEM UNIFICADO – FGV) Um cheque no valor de R$ 3.000,00 (três mil reais) foi sacado em 15 de agosto de 2012, na praça de Santana, Estado do Amapá, para pagamento no mesmo local de emissão. Dez dias após o saque, o beneficiário endossou o título para Ferreira Gomes. Este, no mesmo dia, apresentou o cheque ao sacado para pagamento, mas houve devolução ao apresentante por insuficiência de fundos, mediante declaração do sacado no verso do cheque. Com base nas informações contidas no enunciado e nas disposições da Lei 7.357/1985 (Lei do Cheque), assinale a afirmativa incorreta.

(A) O apresentante, diante da devolução do cheque, deverá levar o título a protesto por falta de pagamento, requisito essencial à propositura da ação executiva em face do endossante.

(B) O emitente do cheque, durante ou após o prazo de apresentação, poderá fazer sustar seu pagamento mediante aviso escrito dirigido ao sacado, fundado em relevante razão de direito.

(C) O prazo de apresentação do cheque ao sacado para pagamento é de 30 (trinta) dias, contados da data de emissão, quando o lugar de emissão for o mesmo do de pagamento.

(D) O portador, apresentado o cheque e não realizado seu pagamento, deverá promover a ação executiva em face do emitente em até 6 (seis) meses após a expiração do prazo de apresentação.

COMENTÁRIO

A alternativa "A" está incorreta e deve ser marcada, em vista do que dispõe o art. 47 da Lei 7.357/1985, pois o apresentante não precisa levar o título a protesto para o ajuizamento da ação executiva, caso a apresentação tenha se dado em tempo hábil.

A alternativa "B" está correta, sendo que o art. 36 da Lei 7.357/1985 poderá sustar o seu pagamento na modalidade mediante oposição com aviso escrito dirigido ao sacado por motivo relevante.

A alternativa "C" também se apresenta correta e de acordo com o art. 33 da Lei 7.357/1985 que dispõe sobre o prazo de 30 dias para apresentação do título ao sacado.

A alternativa "D" está correta, conforme o art. 59 da Lei 7.357/1985 que traz o prazo prescricional de seis meses a contar da expiração do prazo de apresentação.

(XII EXAME DE ORDEM UNIFICADO – FGV) Fontoura Xavier sacou letra de câmbio à ordem no valor de R$ 20.000,00 (vinte mil reais) em face de Sales Oliveira, pagável à vista na praça de Itaocara, indicando como beneficiário Rezende Costa. Com base nos dados apresentados e na legislação sobre letra de câmbio, assinale a afirmativa INCORRETA.

(A) O vencimento da letra de câmbio ocorrerá na data de sua apresentação pelo beneficiário ao sacado, Sales Oliveira.

(B) Se o sacador, Fontoura Xavier, inserir a cláusula "sem despesas" será facultativo o protesto por falta de pagamento.

(C) O beneficiário e portador, Rezende Costa, pode inserir no título a cláusula "não à ordem" antes de transferi-lo a terceiro.

(D) Se o sacador, Fontoura Xavier, inserir na letra de câmbio cláusula de juros e sua taxa, essa estipulação será considerada válida.

COMENTÁRIO

A alternativa "C" está incorreta e deve ser assinalada, pois a inserção da cláusula "não à ordem" faz com que o título apenas possa ser cobrado conforme a cessão ordinária de créditos, perdendo o direito de transmissibilidade por via do endosso.

A alternativa "A" está correta nos termos do art. 34 do Decreto 57.663/1966, já que a letra de câmbio será pagável à apresentação.

A alternativa "B" está correta, de acordo com o art. 45 do Decreto 57.663/1966, a inserção da cláusula "sem despesas" torna o protesto facultativo para o exercício do direito de ação.

A alternativa "D" está correta, em conformidade com o art. 5.º do Decreto 57.663/1966, pois em se tratando de título pagável à vista é lícito a inserção de cláusula de juros na letra.

(XIII EXAME DE ORDEM UNIFICADO – FGV) Glória vendeu um automóvel a prazo para Valente. O pagamento foi realizado em quatro notas promissórias, com vencimentos em 30, 60, 90 e 120 dias da data de emissão. Os títulos foram endossados em branco para Paulo Afonso, mas foram extraviados antes dos respectivos vencimentos. Sobre a responsabilidade do emitente e do endossante das notas promissórias, assinale a afirmativa correta.

(A) Apenas o emitente responde pelo pagamento dos títulos porque o endossante não é coobrigado, salvo cláusula em contrário inserida na nota promissória.

(B) A responsabilidade do emitente e do endossante perante o portador subsiste ainda que os títulos tenham sido perdidos ou extraviados involuntariamente.

(C) O endossante e o emitente não respondem perante o portador pelo pagamento das notas promissórias em razão do desapossamento involuntário.

(D) O emitente e o endossante não respondem pelo pagamento dos títulos porque só é permitido ao vendedor sacar duplicata em uma compra e venda.

COMENTÁRIO

A alternativa "b" deve ser assinalada como correta, sendo que a responsabilidade do emitente e endossante perante o portador subsiste ainda que os títulos tenham sido perdidos ou extraviados conforme as informações apostas na letra.

A alternativa "A" está incorreta por afirmar que o endossante não é coobrigado do emitente, o que contraria o disposto no art. 15 do Decreto 57.663/1966.

A alternativa "C" está incorreta, pois o desapossamento involuntário do título não pode prestigiar o descumprimento da obrigação, fundamento também a alternativa correta com base nos artigos 77 e 78 do Decreto 57.663/1966.

A alternativa "d" está incorreta, pois a Lei 5.474/1968 estabelece a obrigatoriedade da emissão de duplicatas apenas para compra e venda de natureza mercantil.

(XIV EXAME DE ORDEM UNIFICADO – FGV) Na duplicata de compra e venda, entende-se por protesto por indicações do portador aquele que é lavrado pelo tabelião de protestos

(A) em caso de recusa ao aceite e devolução do título ao apresentante pelo sacado, dentro do prazo legal.

(B) quando o sacado retiver a duplicata enviada para aceite e não proceder à devolução dentro do prazo legal.

(C) na falta de pagamento do título pelo aceitante ou pelo endossante dentro do prazo legal.

(D) em caso de revogação da decisão judicial que determinou a sustação do protesto.

COMENTÁRIO

O enunciado busca a alternativa fiel às razões pelas quais se deve tirar um protesto por indicações. A alternativa "B" está correta, representa fielmente as razões para as quais se tira um protesto por indicações, em conformidade com os artigos 8º, parágrafo único, 21, § 3º, ambos da Lei 9.492/1997, a retenção da duplicata não justificada deve gerar tal medida, que se caracteriza por não ser o título devolvido dentro do prazo legal.

A alternativa "A" está incorreta, já que muito embora o aceite tenha sido recusado, a devolução do título pelo sacado gera a possibilidade de protesto sem a necessidade de se utilizar o formato indicado no enunciado, usando a forma mais simplória de protesto do título.

A alternativa "c" retrata um protesto por falta de pagamento que se dá pelo simples encaminhamento de título para protesto, não se caracterizando a necessidade do recurso por indicações.

A alternativa "d" está incorreta, pois a revogação de decisão que determina a sustação do protesto, traz protesto no formato simples, não se caracterizando as razões da existência do instituto em tela.

(XV EXAME DE ORDEM UNIFICADO – FGV) Sobre a distinção entre endosso e cessão de crédito, assinale a afirmativa correta.

(A) A cessão de crédito é a forma de transmissão dos títulos à ordem, enquanto o endosso é a forma de transmissão dos títulos não à ordem.

(B) A cessão de crédito ao cessionário pode ser parcial ou total, enquanto o endosso deve ser feito pelo valor integral do título, sob pena de nulidade.

(C) A eficácia do endosso em relação aos devedores do título depende de sua notificação; na cessão de crédito, a eficácia decorre da simples assinatura do cedente no anverso do título.

(D) O direito de crédito do endossatário é dependente das relações do devedor com portadores anteriores; o direito do cessionário é literal e autônomo em relação aos portadores anteriores.

COMENTÁRIO

A alternativa "B" está correta pois, embora o Código Civil não preveja expressamente a cessão parcial, não há na lei nenhuma vedação para a cessão parcial, diferentemente do que ocorre com o endosso que possui previsão expressa de vedação de endosso parcial pelo art. 912, CC e art. 12, Decreto 57.663/1966.

A alternativa "A" está incorreta pois a cessão de crédito é forma de transmissão civil de crédito e não cambiária e o endosso é forma de transmissão cambiária independentemente de títulos à ordem conforme se depreende da leitura do art. 11, Decreto 57.663/1966.

A alternativa "C" está incorreta, tudo isso em vista de a eficácia do endosso não estar relacionada à notificação alguma, coisa que consta dos mandamentos para a cessão de crédito conforme artigos 290 e 910, CC, assim como conforme art. 13, Decreto 57.663/1966, a cessão de crédito a eficácia não decorre de assinatura do verso, mas sim o endosso.

A alternativa "D" está incorreta, pois o direito de crédito do endossatário é autônomo em relação aos portadores anteriores, conforme art. 17, Decreto 57.663/1966.

(XVI EXAME DE ORDEM UNIFICADO – FGV) Uma letra de câmbio no valor de R$ 13.000,00 (treze mil reais) foi endossada por Pilar com cláusula de mandato para o Banco Poxim S/A. Não tendo havido pagamento no vencimento, a cambial foi apresentada a protesto pelo endossatário mandatário, tendo sido lavrado e registrado o protesto pelo tabelião. Dez dias após o protesto, Rui Palmeira, aceitante da letra de câmbio, compareceu ao tabelionato e apresentou declaração de anuência firmada apenas pelo endossante da letra de câmbio, com identificação do título e firma reconhecida. Não houve apresentação do título no original ou em sua cópia. À luz das disposições da Lei 9.492/1997 sobre o cancelamento do protesto, é correto afirmar que o tabelião

(A) não poderá realizar o cancelamento do protesto por faltar no documento apresentado a anuência do endossatário mandatário.
(B) não poderá realizar o cancelamento do protesto, porque esse ato é privativo do juiz, diferentemente da sustação do protesto.
(C) poderá realizar o cancelamento do protesto, porque é suficiente a declaração de anuência firmada pelo endossante-mandante.
(D) poderá realizar o cancelamento do protesto, porque o pedido foi feito no prazo legal (30 dias) e pelo aceitante, obrigado principal.

COMENTÁRIO

A alternativa "C" está correta, já que aponta a declaração de anuência como causa para o cancelamento de protesto.

A alternativa "a" está incorreta já que o protesto pode ser realizado com a declaração de anuência, conforme §§ 1º e 2º, Art. 26, Lei 9.492/1997.

A alternativa "B" conforme o mesmo dispositivo também está incorreta, pois muito embora afirme que o protesto possa ser cancelado, traz invencionice quanto às suas causas que não se relacionam com o prazo aventado.

A alternativa "D" também está incorreta, apresentando novamente questão relacionada com prazo para a causa do cancelamento do protesto.

(XVII EXAME DE ORDEM UNIFICADO – FGV) Lauro emitiu uma nota promissória com vencimento a dia certo em favor da sociedade empresária W Corretora de Imóveis Ltda. Embora o título esteja assinado pelo emitente, nele não constam a data e o lugar de emissão. Há cláusula de juros remuneratórios, com fixação de taxa anual de 12%. Antes do vencimento, o título recebeu aval em branco prestado por Pedro, irmão de Lauro. Sendo certo que os dados omitidos na nota promissória não foram preenchidos pela sociedade empresária antes da cobrança judicial, assinale a afirmativa correta.

(A) Por se tratar de nota promissória com vencimento a dia certo, é válida a cláusula de juros remuneratórios.
(B) O avalista em branco poderá alegar vício de forma como exceção ao pagamento perante a sociedade empresária.
(C) A ausência do lugar de emissão na nota promissória acarreta sua nulidade, em razão da autonomia das obrigações cambiais.
(D) Todos os dados omitidos na nota promissória deveriam ter sido preenchidos pela sociedade empresária até o dia do vencimento. Portanto, a ação de cobrança deverá observar o procedimento da ação monitória.

COMENTÁRIO

Aqui nos deparamos com o instituto dos títulos de crédito, especificamente nota promissória, e ao analisar o decreto 57.663/1966, verificamos em seu artigo 75, que a indicação da data e lugar de emissão da promissória são requisitos para emissão deste tipo de cambial, porém, em seu artigo 76, é possível observar que caso haja a omissão do lugar da emissão, tal omissão é sanada considerando-se lugar da emissão o lugar indicado junto ao nome do subscritor, já a omissão da data de emissão, a lei não traz solução, sendo este um vício que poderá ser alegado como exceção ao pagamento, estando de acordo com a alternativa "B" que deve ser assinalada como correta, de forma que descartamos as demais por estarem incorretas, por apresentarem desconformidade com a Súmula 387 do STF.

(XVIII EXAME DE ORDEM UNIFICADO – FGV) Feijó recebeu de Moura um cheque com cruzamento especial no valor de R$ 2.300,00 (dois mil e trezentos reais). Acerca das disposições legais que disciplinam tal espécie de cheque, assinale a afirmativa correta.

(A) O cheque com cruzamento especial pode ser pago em dinheiro no estabelecimento contra o qual foi sacado ou mediante apresentação a uma câmara de compensação.
(B) O cruzamento especial não pode ser convertido em geral e a inutilização do cruzamento ou a do nome do banco é reputada como não existente.
(C) A aposição de vários cruzamentos especiais invalida o cheque, exceto se o portador, no primeiro cruzamento, indicar o mesmo banco que o sacado.
(D) O cheque com cruzamento especial obriga o sacado a debitar a quantia indicada no título da conta do emitente e a reservá-la em benefício do portador legitimado, durante o prazo de apresentação.

COMENTÁRIO

A alternativa "B" está correta, pois diante da análise dos §§ 2º e 3º do art. 44, Lei 7.357/1985 a aposição do nome do banco entre os traços paralelos que representam o cruzamento não pode ser modificado e ainda que o seja, será considerado como não escrito.

A alternativa "A" está incorreta pois qualquer espécie de cruzamento afasta a possibilidade de pagamento em dinheiro no estabelecimento bancário, para ser afastada de vez com a ficção da apresentação a uma câmara de compensação.

A alternativa "C" incorreta, pois o §2º, art. 45, Lei 7.357/1985 não traz invalidação, mas apenas regra sobre o pagamento em que o sacado poderá pagá-lo em até, no máximo, dos cruzamentos.

A alternativa "D" está incorreta, já que a função do cruzamento especial é outra e não se relaciona com o conceito exarado na alternativa que quer fazer alguma referência ao cheque visado e não à espécie denominada cruzamento especial que obriga o pagamento por meio de conta bancária relacionada com o banco mencionado, conforme art. 45, Lei 7.357/1985.

(XVIII EXAME DE ORDEM UNIFICADO – FGV) São João da Baliza Transporte Rodoviário Ltda. sacou duplicata de prestação de serviços no valor de R$ 32.000,00 (trinta e dois mil reais) para recebimento do frete decorrente do transporte de cargas entre ela e Supermercados Caracaraí Ltda. EPP. Diante do inadimplemento do pagamento do frete, a sacadora levou a duplicata a protesto, sem aceite, com vistas a instruir pedido de falência do sacado. Com base nas informações do enunciado, assinale a afirmativa correta.

(A) Essa duplicata não aceita não é título hábil para instruir pedido de falência, ainda que protestada e comprovada a prestação dos serviços.
(B) Essa duplicata não aceita, mas protestada, é título hábil para instruir pedido de falência, comprovada a prestação dos serviços.
(C) Essa duplicata de prestação de serviços é título hábil para instruir pedido de falência, caso esteja aceita, protestada e tenha o sacador comprovado a prestação dos serviços.
(D) Essa duplicata não é título hábil para instruir pedido de falência do destinatário porque o documento apropriado para a cobrança do frete é o conhecimento de transporte.

COMENTÁRIO

A alternativa "B" está correta, pois duplicata de prestação de serviços não aceita, porém protestada, é título hábil para o pedido de falência nos termos daSúmula 248, STJ.

A alternativa "A" está incorreta, pois nega o que a Súmula 248, STJ já confirmou, de acordo com os comentários exarados na alternativa seguinte, citando também a legislação falimentar.

A alternativa "C" está incorreta, já que tanto o aceite ordinário como o aceite presumido, mediante protesto apresentam a possibilidade de instruir pedido de falência conforme súmula já citada.

A alternativa "D" está incorreta, pois a duplicata passa a ser obrigatória em relações empresariais com o advento da Lei 5.474/1968.

5. RECUPERAÇÃO EXTRAJUDICIAL E FALÊNCIA

(EXAME DE ORDEM UNIFICADO 2010.3 – FGV) A sociedade empresária denominada KLM Fábrica de Móveis Ltda. teve a sua falência decretada. No curso do processo, restou apurado que a sociedade, pouco antes do ajuizamento do requerimento que resultou na decretação de sua quebra, havia promovido a venda de seu estabelecimento, independentemente do pagamento de todos os credores ao tempo existentes, ou do consentimento destes, de modo expresso ou tácito, e sem que lhe restassem bens suficientes para solver o seu passivo.

Diante desse quadro, é correto afirmar que a alienação é

(A) revogável por iniciativa do administrador judicial.
(B) ineficaz em relação à massa falida.
(C) nula de pleno direito.
(D) anulável por iniciativa do administrador judicial.

COMENTÁRIO

A alternativa "B" está correta, pois trata da ineficácia do ato em relação à massa falida, conforme o art. 129 da Lei 11.101/2005.

A alternativa "A" está errada, pois a resposta demonstra uma questão comumente válida, porém ineficaz para a massa falida e não revogável por iniciativa do administrador judicial, conforme se depreende do *caput* do art. 129 da Lei 11.101/2005.

A alternativa "C" está incorreta na mesma medida das anteriores já que o art. 129 da Lei 11.101/2005 demonstra a ineficácia do ato e não a sua nulidade.

A alternativa "D" está incorreta, pois o ato se apresenta ineficaz e não anulável, como o disposto no art. 129 da Lei 11.101/2005.

(IV EXAME DE ORDEM UNIFICADO – FGV) A sociedade empresária XYZ Computação Gráfica S.A. teve sua falência decretada. Na correspondente sentença, foi autorizada a continuação provisória das atividades da falida com o administrador judicial, fato esse que perdurou por um período de 10 (dez) meses.

Como são juridicamente qualificados os titulares dos créditos trabalhistas relativos a serviços prestados durante esse interregno posterior à decretação da falência?

(A) Credores concursais.
(B) Credores concorrentes prioritários.
(C) Credores reivindicantes.
(D) Credores extraconcursais.

COMENTÁRIO

A questão pode ser resolvida verificando o disposto na Lei 11.101/2005, lei que regula as falências e recuperações de empresa, em seu art. 84:

"Art. 84. Serão considerados créditos extraconcursais e serão pagos com precedência sobre os mencionados no art. 83 desta Lei, na ordem a seguir, os relativos a: I – remunerações devidas ao administrador judicial e seus auxiliares, e créditos derivados da legislação do trabalho ou decorrentes de acidentes de trabalho relativos a serviços prestados após a decretação da falência".

Assim, conclui-se que estão erradas as alternativas "A", "B" e "C", restando por exclusão a alternativa correta "D".

(V EXAME DE ORDEM UNIFICADO – FGV) A respeito do Administrador Judicial, no âmbito da recuperação judicial, é correto afirmar que

(A) somente pode ser destituído pelo Juizo da Falência na hipótese de, após intimado, não apresentar, no prazo de 5 (cinco) dias, suas contas ou os relatórios previstos na Lei 11.101/2005.
(B) o Administrador Judicial, pessoa física, pode ser formado em Engenharia.
(C) será escolhido pela AssembleiaGeral de Credores.
(D) perceberá remuneração fixada pelo Comitê de Credores.

COMENTÁRIO

A alternativa "B" é correta, já que o art. 21 da Lei 11.101/2005 não impede ao juiz nomear administrador judicial que tenha formação intelectual no ramo de engenharia, apenas aponta preferências para os advogados, contadores, administradores e economistas;

A alternativa "A" está incorreta, pois a Lei 11.101/2005 aponta outras hipóteses para a destituição do Administrador, como é o caso do art. 31, por descumprimento de seus deveres, desobediência aos preceitos legais ou negligência na prática de ato lesivo à massa falida;

A alternativa "C" está afastada, pois o impedimento é instituto autônomo e não forma de incapacidade. O primeiro mostra uma incompatibilidade do administrador, protegendo a sociedade em geral, enquanto no segundo caso o que se vê é a falta de discernimento para a prática de certos atos, visando à proteção do próprio incapaz.

Por final, a assertiva "D" está afastada, pois o art. 24 da Lei 11.101/2005 delega tal função ao juiz.

(VII EXAME DE ORDEM UNIFICADO – FGV) Dentre as alternativas abaixo, indique aquela que corresponde a um crédito que deve ser classificado como extraconcursal:

(A) Multas por infração do Código de Postura Municipal.
(B) Custas judiciais relativas às ações e execuções em que a massa tenha sido vencida.
(C) Créditos quirografários sujeitos à recuperação judicial pertencentes a fornecedores de bens ou serviços que continuaram a provê-lo normalmente após o pedido de recuperação judicial.
(D) Os saldos dos créditos não cobertos pelo produto da alienação dos bens vinculados ao seu pagamento.

COMENTÁRIO

A alternativa "B" apresenta o desejado pelo enunciado, tudo de acordo com o art. 84 da Lei 11.101/2005;

A alternativa "A" deve ser eliminada, pois estamos diante de créditos subquirografários conforme o inciso VII do art. 83 da Lei 11.101/2005;

A alternativa "C" é afastada de pronto, por apresentar hipótese prevista para privilégio geral, conforme o art. 67 da Lei 11.101/2005 que cuida das falências e recuperações de empresas;

A alternativa "D" está incorreta de acordo com o inciso VI da Lei 11.101/2005, pois quirografário.

(VIII EXAME DE ORDEM UNIFICADO – FGV) A respeito da recuperação judicial, assinale a afirmativa correta.

(A) O juiz somente poderá conceder a recuperação judicial do devedor cujo plano de recuperação tenha sido aprovado pela assembleia geral de credores.
(B) O devedor poderá desistir do pedido de recuperação judicial a qualquer tempo, desde que antes da concessão da recuperação judicial pelo juiz, bastando, para tanto, comunicar sua desistência ao juízo da recuperação.
(C) O juiz decretará falência, caso o devedor não apresente o plano de recuperação no prazo de 60 (sessenta) dias da publicação da decisão que deferir o processamento da recuperação.
(D) O plano de recuperação apresentado pelo devedor, em hipótese alguma, poderá sofrer alterações.

COMENTÁRIO

A alternativa correta é a "C" que significa justamente a consequência jurídica prevista nos arts. 53, II e 73 da Lei 11.101/2005;

A alternativa "A" deve ser eliminada, pois vai em sentido contrário ao conteúdo do § 1.º, art. 58 da Lei 11.101/2005 que prevê outras hipóteses de concessão forçada do plano de recuperação de empresas pelo juiz;

Eliminamos a alternativa "B", pois a desistência do plano de recuperação é descabida na forma do que prevê o § 4.º do art. 52 da Lei 11.101/2005;

Finalmente, eliminamos a alternativa "D" em vista do que dispõe o § 3.º do art. 56 da Lei 11.101/2005.

(IX EXAME DE ORDEM UNIFICADO – FGV) A respeito do processo de falência, assinale a afirmativa correta.

(A) As restituições em dinheiro determinadas por sentença judicial poderão ser realizadas antes do pagamento de qualquer crédito.
(B) Os créditos ao serem classificados, os créditos com garantia real terão preferência sobre os créditos tributários, independentemente do valor do bem dado em garantia.
(C) Os créditos decorrentes das remunerações devidas ao administrador judicial e seus auxiliares serão pagos com preferência em relação aos credores concursais.
(D) Os credores remanescentes da recuperação deverão habilitar seus créditos na falência, em qualquer hipótese, quando da convolação da recuperação judicial em falência.

COMENTÁRIO

A assertiva "C" traz a opção correta a ser marcada, com base no art. 84, I, da Lei 11.101/2005, segundo o qual os créditos do Administrador Judicial e seus Auxiliares são considerados créditos extraconcursais, que são pagos anteriormente aos créditos concursais.

Em princípio, sigamos para a assertiva "A" decorrente do que estabelece o parágrafo único do art. 86 da mesma Lei, que diz "as restituições de que trata este artigo somente serão efetuadas após o pagamento previsto no art. 151 desta Lei." A lei traz hipótese contrária ao texto do examinador.

A alternativa "B" deve ser eliminada, como o inciso II do art. 83.

A assertiva "D" é afastada, pois quando da convolação da Recuperação em Falência, os créditos já estarão habilitados, sendo que o § 2.º do art. 61 é no sentido de que "decretada a falência, os credores terão reconstituídos seus direitos e garantias nas condições originalmente contratadas, deduzidos os valores eventualmente pagos e ressalvados os atos validamente praticados no âmbito da recuperação judicial".

(IX EXAME UNIFICADO IPATINGA-MG) Com relação ao efeito que a decretação da falência de um empresário ou de uma sociedade empresária produz sobre os credores, assinale a afirmativa correta.

(A) Impede a exigibilidade da massa falida do pagamento dos juros vencidos após a decretação da falência, previstos em lei ou em contrato, se o ativo apurado não bastar para o pagamento dos credores subordinados.
(B) Suspende, até o término da arrecadação dos bens do devedor, o curso da prescrição de todas as ações e execuções em face do devedor, inclusive aquelas dos credores particulares do sócio de responsabilidade ilimitada.
(C) Acarreta o vencimento antecipado dos créditos do devedor e dos sócios ilimitada e solidariamente responsáveis, e converte todos os débitos em real para dólar norte-americano, pelo câmbio do dia da decisão judicial.

(D) Extingue, em relação à massa falida, o exercício do direito de retenção sobre os bens móveis ou semoventes sujeitos à arrecadação, os quais deverão ser imediatamente entregues ao credor com privilégio especial.

COMENTÁRIO

A alternativa "A" está correta, nos termos do art. 124 da Lei 11.101/2005 que demonstra como efeito da quebra a não fluência dos juros vencidos após a decretação da falência, previstos em lei ou em contrato, se o ativo apurado não bastar para o pagamento dos credores subordinados.

A alternativa "B" está incorreta, pois o art. 6.º da Lei 11.101/2005 é no sentido de que as ações e execuções dos credores particulares de sócios de responsabilidade ilimitada não se suspendem.

A alternativa "C" está incorreta, já que o art. 77 da Lei 11.101/2005 não traduz a hipótese de conversão em Real para a moeda estrangeira citada no câmbio do dia da decisão judicial, mas sim o contrário, convertendo para a moeda do país.

A alternativa "D" está incorreta, pois o art. 116 da Lei 11.101/2005 se posiciona também de modo inverso ao enunciado, extinguindo o direito de retenção em relação a todos os bens arrecadados e não apenas a uma determinada categoria.

(XI EXAME DE ORDEM UNIFICADO – FGV) Uma sociedade empresária atuante no mercado imobiliário, com sede e principal estabelecimento na cidade de Pedro Afonso, obteve concessão de sua recuperação judicial. Diante da necessidade de alienação de bens do ativo permanente, não relacionados previamente no plano de recuperação, foi convocada assembleia geral de credores. A proposta de alienação foi aprovada em razão do voto decisivo da credora Tuntum Imperatriz Representações Ltda., cujo sócio majoritário tem participação de 25% no capital da sociedade recuperanda. Com base nas disposições da Lei n. 11.101/2005 (Lei de Falências e Recuperação Judicial de Empresas), assinale a afirmativa correta.

(A) A decisão é nula de pleno direito, pois a pretensão de alienação de bens do ativo permanente, não relacionados no plano, enseja a convolação da recuperação judicial em falência.

(B) A autorização para a alienação de bens do ativo permanente, não relacionados no plano de recuperação judicial, é uma prerrogativa exclusiva do administrador judicial.

(C) O voto de Tuntum Imperatriz Representações Ltda. não poderia ter sido considerado para fins de verificação do quorum de instalação e de deliberação da assembleia geral.

(D) A decisão assemblear é anulável, pois a sociedade Tuntum Imperatriz Representações Ltda. como credora, não poderia ter participado da assembleiageral.

COMENTÁRIO

A alternativa "C" está correta, pois o art. 43 da Lei 11.101/2005, nos deixa claro que o voto da tuntum imperatriz não poderia ser considerado para o quórum de instalação e deliberação da assembleia geral.

A alternativa "A" está incorreta, pois a nulidade se dá em razão do voto do credor e não em vista da convolação da recuperação em falência, conforme art. 43 da Lei 11.101/2005.

A alternativa "B" está incorreta, pois a alínea "c", II, art. 27 da Lei 11.101/2005 nos esclarece que a alienação dos ativos do permanente carece de autorização judicial.

A alternativa "D" está incorreta, pois o art. 43 da Lei 11.101/2005, expressa a nulidade e não a anulabilidade do ato em questão.

(XII EXAME DE ORDEM UNIFICADO – FGV) Laranja da Terra Comércio de Frutas Ltda. requereu sua recuperação judicial e o pedido foi distribuído para a 2.ª Vara Cível. A distribuição do pedido de recuperação produziu como efeito

(A) a nomeação pelo juiz do administrador judicial dentre os maiores credores da sociedade em recuperação judicial.

(B) a suspensão das ações e execuções ajuizadas anteriormente ao pedido em face do devedor por até 180 (cento e oitenta) dias.

(C) a proibição de alienação ou oneração de bens ou direitos do ativo permanente, salvo evidente utilidade reconhecida pelo juiz, ouvido o Comitê.

(D) o afastamento imediato dos administradores e sócios controladores da sociedade até a deliberação dos credores sobre o plano de recuperação.

COMENTÁRIO

A alternativa "C" se apresenta correta, de acordo com o art. 66 da Lei 11.101/2005, esclarecendo que o administrador está proibido de alienar ou onerar bens ou direitos do ativo permanente, salvo evidente utilidade reconhecida pelo juiz, ouvido o comitê.

A alternativa "A" está incorreta, pois o art. 52, I, da Lei 11.101/2005, demonstra que o Administrador é nomeado como uma pessoa da confiança do Juiz.

A alternativa "B" está incorreta, pois não há limite de prazo para a suspensão das ações e execuções ajuizadas anteriormente ao pedido em face do devedor, conforme dispõe o inciso III, art. 52, da Lei 11.101/2005 e § 4.º, art. 6.º, da Lei 11.101/2005.

A alternativa "D" está incorreta, pois o afastamento imediato dos administradores não faz parte dos efeitos dispostos no art. 52 da Lei 11.101/2005.

(XIII EXAME DE ORDEM UNIFICADO – FGV) A assembleia geral de credores da sociedade falida "Concessionária de Veículos Pereiro Ltda." aprovou, com o voto favorável de credores que representam 3/4 (três quartos) dos créditos presentes à assembleia, a constituição de sociedade formada pelos empregados do próprio devedor. Sobre esta modalidade de realização do ativo, assinale a afirmativa incorreta.

(A) Os empregados que vierem a integrar a futura sociedade poderão utilizar créditos derivados da legislação do trabalho para a aquisição da empresa.

(B) A constituição da sociedade formada pelos empregados do devedor depende da apresentação, pela massa falida, das certidões negativas de débitos tributários.

(C) Os bens objeto de alienação estarão livres de quaisquer ônus e não haverá sucessão da sociedade formada pelos empregados nas obrigações do devedor.

(D) A constituição de sociedade dos empregados do próprio devedor pode contar com a participação, se necessária, dos atuais sócios da falida ou de terceiros.

COMENTÁRIO

A Alternativa "b" deve ver marcada, pois se trata da assertiva incorreta, como busca o enunciado, já que as disposições contidas no art. 146 da Lei 11.101/2005 dispensam a apresentação das certidões negativas de débitos tributários como exigência para a formação da sociedade de credores.

A alternativa "a" está correta, exatamente de acordo com a redação do §2º do art. 145 da Lei 11.101/2005, citando que é possível a sociedade de credores formada por empregados com a utilização de seus créditos derivados da legislação do trabalho.

A alternativa "c" também está correta de acordo com o §1º, art. 145, Lei 11.101/2005 fazendo remissão ao art. 141 da mesma lei.

Finalmente, a alternativa "d" está correta e não deve ser marcada, em pleno acordo com o art. 145, Lei 11.101/2005, trazendo a hipótese de participação dos sócios da falida ou ainda de terceiros.

(XIV EXAME DE ORDEM UNIFICADO – FGV) Passa Sete Serviços Médicos S/A apresentou a seus credores plano de recuperação extrajudicial, que obteve a aprovação de mais de quatro quintos dos créditos de todas as classes por ele abrangidas. O plano estabeleceu a produção de efeitos anteriores à homologação judicial, exclusivamente, em relação à forma de pagamento dos credores signatários que a ele aderiram, alterando o valor dos créditos com deságio de 30% (trinta por cento). A companhia consultou seu advogado, que se pronunciou corretamente sobre o caso, da seguinte forma:

(A) o plano não pode estabelecer a produção de efeitos anteriores à homologação, devendo o juiz indeferir sua homologação, permitindo, contudo, novo pedido, desde que sanada a irregularidade.

(B) o plano não pode estabelecer a produção de efeitos anteriores à homologação, devendo o juiz negar liminarmente sua homologação e decretar a falência.

(C) é lícito que o plano estabeleça a produção de efeitos anteriores à homologação, desde que exclusivamente em relação à modificação do valor ou da forma de pagamento dos credores signatários.

(D) é lícito que o plano estabeleça a produção de efeitos anteriores à homologação, desde que exclusivamente em relação à supressão da garantia ou sua substituição de bem objeto de garantia real.

COMENTÁRIO

A alternativa "C" está exatamente de acordo com o § 1º, art. 165, Lei 11.101/2005 sendo lícito ao plano estabelecer produção de efeitos anteriores à homologação.

A alternativa "A" está incorreta. O plano de recuperação extrajudicial pode estabelecer produção de efeitos anteriores à homologação.

A alternativa "B" está incorreta, pelas mesmas razões da alternativa anterior que não terá a consequência jurídicado automático decreto falencial.

A alternativa "D" está incorreta, pois há outras hipóteses para que no plano se estabeleça a produção de efeitos anteriores a homologação que não seja meramente em relação à supressão da garantia ou sua substituição de bem objeto de garantia real, sendo aberto o disposto no §1º, art. 165, lei 11.101/2005.

(XVII EXAME DE ORDEM UNIFICADO – FGV) José adquiriu dois refrigeradores a prazo numa das filiais de Comércio de Eletrodomésticos Ltda., tendo efetuado pagamento de entrada no valor de 50% do preço. Foi decretada a falência da vendedora e esta não entregou a mercadoria. Interpelado o administrador judicial, este resolveu não executar o contrato. De acordo com as informações do enunciado e as disposições da Lei nº 11.101/2005 (Lei de Falências e Recuperação de Empresas), assinale a afirmativa correta.

(A) O comprador poderá pedir ao juiz da falência a reserva do valor de seu crédito.

(B) O comprador poderá pedir a restituição em dinheiro do valor pago a título de entrada.

(C) O comprador poderá ajuizar ação em face da massa para o cumprimento compulsório do contrato.

(D) O comprador terá seu crédito relativo ao valor pago habilitado como quirografário na falência.

COMENTÁRIO

O inciso III, art. 119, Lei 11.101/2005 traz o direito de o comprador ter o seu crédito habilitado como quirografário na falência, por isso, a alternativa "D" está correta e deve ser marcada.

A alternativa "A" está incorreta já que a Lei 11.101/2005 não prevê reserva de crédito para crédito decorrente de fornecimento de bens.

A alternativa "B" está incorreta, por não haver previsão legal para a restituição em dinheiro do valor pago nos artigos 85, ss., da Lei 11.101/2005.

A alternativa "C" está incorreta, pois a legislação de falências não prevê a necessidade de cumprimento compulsório do contrato em tela.

(XVIII EXAME DE ORDEM UNIFICADO – FGV) Calçados Machadinho Ltda. requereu sua recuperação judicial e o pedido foi devidamente processado. O devedor não alterou, no plano de recuperação, o valor ou as condições originais de pagamento do crédito de Curtume Arroio do Sal Ltda. EPP, referentes ao contrato de fornecimento de couro sintético, no valor de R$ 288.000,00 (duzentos e oitenta e oito mil reais). Com base nessas informações e nas disposições da Lei 11.101/2005, assinale a afirmativa correta.

(A) A credora não terá direito a voto nas assembleias de credores realizadas durante a recuperação judicial e o crédito não será considerado para fins de verificação de quórum de deliberação.

(B) O crédito será novado com a concessão da recuperação judicial, após a aprovação do plano pela assembleia de credores, como todos os demais créditos sujeitos à recuperação.

(C) A credora poderá votar nas assembleias de credores realizadas durante a recuperação, com base no valor de seu crédito, na classe dos credores microempresários e empresários de pequeno porte (Classe 4).

(D) A partir do processamento da recuperação judicial, é permitido à credora ajuizar ação de cobrança em face do devedor pela manutenção das condições originais de pagamento do crédito no plano de recuperação.

COMENTÁRIO

A alternativa "A" está correta, pois o §3º, art. 45, Lei 11.101/2005 oferece previsão para afastar o direito de voto nas assembleias de credores durante a recuperação judicial.

A alternativa "B" está incorreta, já que o enunciado se trata de invencionice do examinador, por não haver referência relacionada com a hipótese na legislação falimentar, assim como é o caso das alternativas "C" e "D", ambas incorretas na mesma linha de construção.

6. NOME EMPRESARIAL

(VII EXAME DE ORDEM UNIFICADO – FGV) A respeito do nome empresarial, é correto afirmar que

(A) o nome empresarial pode ser objeto de contrato de compra e venda.

(B) a sociedade em conta de participação, por possuir personalidade jurídica, pode adotar firma ou denominação.

(C) a sociedade anônima será designada somente por meio de denominação.

(D) a sociedade limitada será designada somente por meio de firma.

COMENTÁRIO

Indicamos a alternativa "C" como correta, pois a Sociedade Anônima utiliza a denominação, pois sempre se caracteriza necessariamente como empresarial e o art. 3.º da Lei 6.404/1976 traz objetivamente essa hipótese.

A alternativa "A" se afasta, pois o Código Civil considera o nome empresarial inalienável, pois personalíssimo, conforme art. 1.164 do CC.

A alternativa "B" se elimina, pois a sociedade em conta de participação é uma despersonalizada conforme o art. 991 do CC.

Finalmente, eliminamos a alternativa "D", que traz uma assertiva absoluta sobre limitadas que podem usar tanto firma como denominação.

7. PROPRIEDADE INDUSTRIAL

(VI EXAME DE ORDEM UNIFICADO – FGV) A respeito das invenções ou modelos de utilidade, é correto afirmar que

(A) podem incluir os programas de computador em si.

(B) podem consistir em técnicas e métodos operatórios ou cirúrgicos.

(C) bastam atender aos requisitos de novidade e atividade inventiva para serem patenteáveis.

(D) são considerados novos quando não compreendidos no estado da técnica.

COMENTÁRIO

A assertiva "D" se apresenta correta já que o art. 11 da Lei 9.279/1996 considera novo o invento não compreendido no estado da técnica;

A alternativa "A" está afastada, pois os programas de computador são protegidos por legislação específica e o inciso V do art. 10 da Lei 9.279/1996 a exclui das hipóteses patenteáveis.

A alternativa "B" está errada porque técnicas e métodos operatórios ou cirúrgicos também não são considerados invenções nem modelos de utilidade, nos termos do art. 10, VIII, da LPI.

A alternativa"C" merece ser eliminada por estar incompleta, faltando o requisito da aplicação industrial conforme arts. 8.º e 9.º da Lei 9.279/1996.

(VII EXAME DE ORDEM UNIFICADO – FGV) Sobre as marcas, é correto afirmar que

(A) a marca de alto renome é sinônimo de marca notoriamente conhecida.

(B) a vigência do registro da marca é de 5 (cinco) anos, sendo prorrogável por períodos iguais e sucessivos.

(C) é permitida a cessão do pedido de registro de marca, caso o cessionário atenda aos requisitos legais.

(D) a marca de produto ou serviço é aquela usada para identificar produtos ou serviços provindos de membros de uma determinada entidade.

COMENTÁRIO

Inicialmente, necessário marcar a alternativa "C" como correta, pois o art. 134 da Lei 9.279/1996 aponta tal hipótese como a correta, na forma do enunciado;

A alternativa "A" merece ser afastada, pois o art. 125 da Lei 9.279/1996 assegura a marca de alto renome, proteção em todos os ramos de atividade, ao contrário da marca notoriamente reconhecida com proteção segundo os arts. 126 e somente para o ramo praticado;

A alternativa "B" deve ser afastada, pois a vigência do registro de marca é de 10 anos sendo prorrogável infinitamente;

Enfim, eliminamos a alternativa "D" por apresentar texto presente na marca coletiva e não para a marca de produtos ou serviços, como dispõe o art. 123 da Lei 9.279/1996.

(XII EXAME DE ORDEM UNIFICADO – FGV) Sobre a licença compulsória, assinale a afirmativa correta.

(A) É a hipótese em que o Estado outorga o direito de patente ao autor da invenção sem a sua iniciativa.

(B) É cabível sua concessão se a comercialização não satisfizer às necessidades do mercado.

(C) Pode ser concedida com exclusividade, a critério do Instituto Nacional da Propriedade Industrial.

(D) É admitido o sublicenciamento, com a concordância prévia do licenciante.

12. Direito Empresarial

COMENTÁRIO

A alternativa "B" está correta, pois o conceito de licença compulsória é cabível quando a comercialização não satisfizer às necessidades do mercado.

A alternativa "A" está incorreta, pois em desacordo com o seu conceito constante do inciso II, § 1.°, art. 68 da Lei 9.279/1996, em que a licença compulsória se trata de afastar o real titular compulsoriamente em vista da não satisfação nas necessidades de mercado.

A alternativa "C" está incorreta, pois a concessão exclusiva a critério do Instituto Nacional da Propriedade Industrial não faz parte da hipótese legal já citada, conforme art. 72 da Lei 9.279/1996.

A alternativa "D" está incorreta, pois o sublicenciamento não é possível, como dispõe o § 3.°, art. 74, da Lei 9.279/1996.

(XIII EXAME DE ORDEM UNIFICADO – FGV) Sobre o desenho industrial e seu registro no Instituto Nacional da Propriedade Industrial (INPI), assinale a afirmativa correta.

(A) É registrável como desenho industrial qualquer obra ornamental de caráter puramente artístico, ou o conjunto ornamental de linhas e cores que pode ser aplicado a um produto, proporcionando resultado visual novo e original na sua configuração externa.

(B) O registro de desenho industrial vigorará pelo prazo de 20 (vinte) anos contados da data do depósito, prorrogável por até 2 (dois) períodos sucessivos de 10 (anos) anos cada, desde que seja requerida a prorrogação durante o último ano de vigência do registro.

(C) A ação de nulidade de registro de desenho industrial será ajuizada no foro da Justiça Estadual do domicílio do titular do registro, devendo o INPI ser notificado da propositura da ação para avaliar se tem interesse ou não em intervir no feito, quando não for autor.

(D) O pedido de registro que não atender às condições estabelecidas pelo INPI, mas contiver dados suficientes relativos ao depositante, ao desenho industrial e ao autor, poderá ser recebido, desde que sejam cumpridas, em 5 (cinco) dias, as exigências do INPI.

COMENTÁRIO

A alternativa "d" está correta por conferir com o que expressa os artigos 103 c.c. 101, ambos da Lei 9.279/1996 que traz a possibilidade de cumprimento posterior dos dados faltantes pelo depositante de pedido de registro de desenho industrial conforme as exigências do órgão.

A alternativa "a" está incorreta. O art. 95, Lei 9.279/1996 conceitua o Desenho Industrial e coloca como hipótese essencial o seu caráter técnico e não puramente artístico como descrito na assertiva em tela, que não deve ser marcada.

A alternativa "b" também se encontra incorreta, já que o prazo de proteção dos desenhos industriais registráveis é de 10 (dez) anos e as prorrogações podem chegar até 3 (três) períodos sucessivos de 5 (cinco) anos cada (art. 108 da Lei 9.279/1996).

A alternativa "c" está incorreta. A competência para a ação de nulidade de registro de desenho industrial é de caráter federal conforme o disposto no art. 118 c.c. 57, Lei 9279/1996.

(XVI EXAME DE ORDEM UNIFICADO – FGV) A respeito dos legitimados, assinale a opção que indica as pessoas que podem requerer patente de invenção ou modelo de utilidade, de acordo com a Lei 9.279/1996.

(A) O próprio autor, se maior de 18 anos, os herdeiros ou sucessores do autor, o cessionário ou o empregador ou tomador de serviços, no caso de patente desenvolvida por empregado ou prestador de serviço.

(B) O próprio autor, os herdeiros ou sucessores do autor, o cessionário ou aquele a quem a lei ou o contrato de trabalho ou de prestação de serviços determinar que pertença a titularidade da patente ou do modelo de utilidade.

(C) O próprio autor, pessoa natural ou sociedade empresária, o cessionário da patente ou aquele a quem a lei ou o contrato de trabalho ou de prestação de serviços determinar que pertença a titularidade da patente ou do modelo de utilidade.

(D) O próprio autor, os herdeiros ou sucessores do autor até 5 (cinco) anos da data do óbito, o cessionário ou o empregador ou tomador de serviços, no caso de patente desenvolvida por empregado ou prestador de serviço.

COMENTÁRIO

A alternativa "B" está correta por reproduzir a cópia fiel do artigo mencionado no presente texto.

A alternativa "A" está incorreta, pois o §2°, art. 6°, Lei 9.279/1996 cita o empregador ou tomador de serviços caso sejam titulares e não em caso de patente desenvolvida por empregado.

A alternativa "C" está incorreta, pois o texto de lei não menciona a sociedade empresária como legitimada.

A alternativa "D" está incorreta, pois o dispositivo legal não menciona a questão temporal relacionada com o óbito.

8. DIREITO DE EMPRESA

(XIII EXAME DE ORDEM UNIFICADO – FGV) Olímpio Noronha é servidor público militar ativo e, concomitantemente, exerce pessoalmente atividade econômica organizada sem ter sua firma inscrita na Junta Comercial. Em relação às obrigações assumidas por Olímpio Noronha, assinale a alternativa correta.

(A) São válidas tanto as obrigações assumidas no exercício da empresa quanto estranhas a essa atividade e por elas Olímpio Noronha responderá ilimitadamente.

(B) São nulas todas as obrigações assumidas, porque Olímpio Noronha não pode ser empresário concomitantemente com o serviço público militar.

(C) São válidas apenas as obrigações estranhas ao exercício da empresa, pelas quais Olímpio Noronha responderá ilimitadamente; as demais são nulas.

(D) São válidas apenas as obrigações relacionadas ao exercício da empresa e por elas Olímpio Noronha responderá limitadamente; as demais são anuláveis.

COMENTÁRIO

A alternativa "A" deve ser assinalada já que Olímpio Noronha é impedido de exercer tais funções e se enquadra na consequência jurídica presente no art. 973, CC que indica responsabilização na forma ilimitada.

A alternativa "B" está incorreta, pois o dispositivo legal supracitado não limita a responsabilidade a determinadas obrigações.

As alternativas "C" e "D" estão incorretas pelas mesmas razões da alternativa "B".

(XV EXAME DE ORDEM UNIFICADO – FGV) João Lima Artigos Esportivos Ltda. celebrou contrato de locação de imóvel comercial, localizado na Galeria Madureira, para a instalação do estabelecimento comercial da sociedade. Atingida por forte crise setorial, a sociedade acumulou dívidas vultosas e não conseguiu honrá-las. Com a decretação da falência, o contrato de locação comercial firmado pelo locatário

(A) ficará extinto de pleno direito, sendo obrigado o locatário a entregar ao locador o imóvel onde se localiza o ponto.

(B) poderá ser mantido, desde que o locador interpele o administrador judicial no prazo de até 90 (noventa) dias.

(C) será mantido, mas poderá ser denunciado, a qualquer tempo, pelo administrador judicial da massa judicial.

(D) ficará extinto, salvo se o Comitê de Credores autorizar o administrador judicial da massa falida a mantê-lo.

COMENTÁRIO

A alternativa "C" reproduz fielmente o artigo mencionado e acima repisado e deve ser marcado, pois correta.

A alternativa "A" está incorreta, pois o contrato de locação será mantido e jamais extinto de pleno direito, conforme se depreende do disposto no inciso VII, art. 119, Lei 11.101/2005.

A alternativa "B" está incorreta, pois conforme o mesmo inciso VII, art. 119, Lei 11.101/2005, o contrato será mantido independentemente da interpelação inventada pelo examinador.

A alternativa "D" está logicamente incorreta, pois afirma que o contrário será extinto em sentido contrário ao já largamente discutido no presente texto.

(XV EXAME DE ORDEM UNIFICADO – FGV) Alfredo Chaves exerce, em caráter profissional, atividade intelectual de natureza literária, com a colaboração de auxiliares. O exercício da profissão constitui elemento de empresa. Não há registro da atividade por parte de Alfredo Chaves em nenhum órgão público. Com base nessas informações e nas disposições do Código Civil, assinale a afirmativa correta.

(A) Alfredo Chaves não é empresário, porque exerce atividade intelectual de natureza literária.

(B) Alfredo Chaves não é empresário, porque não possui registro em nenhum órgão público.

(C) Alfredo Chaves é empresário, independentemente da falta de inscrição na Junta Comercial.

(D) Alfredo Chaves é empresário, porque exerce atividade não organizada em caráter profissional.

COMENTÁRIO

A alternativa "C" está correta, pois Alfredo Chaves reúne as características presentes no "caput" do art. 966, CC c.c. o seu parágrafo único já que exerce a profissão literária com organização empresarial.

A alternativa "A" está incorreta, pois o parágrafo único do art. 966, CC, esclarece que o elemento de empresa torna Alfredo Chaves Empresário, ainda que exerça atividade intelectual.

A alternativa "B" está incorreta já que o registro não é característica para a empresarialidade, conforme se percebe de básica leitura no "caput" do art. 966, CC.

A alternativa "D" está incorreta, já que a caracterização da empresarialidade se dá principalmente pela organização conforme a parte final do parágrafo único do art. 966, CC, e não pela profissionalidade.

(XV EXAME DE ORDEM UNIFICADO – FGV) Almino José consultou seu advogado com o intuito de constituir uma Empresa Individual de Responsabilidade Limitada – EIRELI. Com base na legislação aplicável à EIRELI, assinale a opção que apresenta a resposta correta dada pelo advogado.

(A) O administrador da EIRELI deverá ser nomeado no ato constitutivo e será apenas o sócio, seu cônjuge ou parente até o 3º grau dessas pessoas.

(B) O ato constitutivo da EIRELI deverá ser arquivado no Registro Civil de Pessoas Jurídicas, independentemente do objeto.

(C) As deliberações infringentes da lei que Almino José vier a tomar acarretarão sua responsabilidade ilimitada pelas obrigações da pessoa jurídica.

(D) Caso a receita bruta anual da EIRELI seja inferior a R$ 100.000,00 (cem mil reais), será possível enquadrá-la como microempreendedor individual (MEI).

COMENTÁRIO

A alternativa "C" está correta, pois a infração legal em suas deliberações trará responsabilização ilimitada conforme art. 980-A e 1.080, ambos do Código Civil.

A alternativa "A" está incorreta, pois a EIRELI não comporta sócios, nem muito menos exige o legislador nomeação de administrador no ato constitutivo, conforme interpretação dos artigos 1.060, 1.062 e 980-A, CC.

A alternativa "B" está incorreta, pois a EIRELI é empresária e o seu registro deve se dar na Junta Comercial Estadual conforme art. 1.150, CC.

A alternativa "D" está incorreta, já que a EIRELI não está condicionada a receita bruta anual e muito menos será compatível com o Microempreendedor individual em vista da exigência de contribuição mínima de cem salários mínimos, se afastando do que determina a Lei Complementar 123/2006 em seu §1º, art. 18-A.

(XVI EXAME DE ORDEM UNIFICADO – FGV) Uma das obrigações da sociedade empresária é seguir um sistema de contabilidade, mecanizado ou não, com base na escrituração uniforme de seus livros, em correspondência coma documentação respectiva, e levantar anualmente o balanço patrimonial e o de resultado econômico. A partir do exposto, assinale a afirmativa correta.

(A) A ausência de autenticação dos instrumentos de escrituração na Junta Comercial não impede que os livros da sociedade empresária sejam utilizados em juízo como prova documental a seu favor.

(B) Em razão da evolução tecnológica, passou a ser vedada a escrituração manual do Livro Diário, devendo a sociedade empresária adotar livros digitais suas operações.

(C) O balanço patrimonial deverá exprimir, com fidelidade e clareza, a situação real da empresa e indicará o ativo e o passivo distintamente.

(D) Os assentos lançados nos livros da sociedade empresária, por qualquer dos contabilistas encarregados de sua escrituração, não obrigam a pessoa jurídica, se tais livros não estiverem autenticados na Junta Comercial.

COMENTÁRIO

A alternativa "C" está correta conforme o art. 1.188, CC, trazendo a obrigatoriedade do balanço exprimir com fidelidade e clareza a situação real da empresa, indicando o ativo e passivo distintamente.

A alternativa "A" está incorreta, conforme se depreende da análise do art. 226, CC, quando os livros produzirão provas contrárias ao seu autor em caso de irregularidade.

A alternativa "B" está incorreta, por não haver vedação a escrituração manual do livro diário, conforme artigos 1.180 e 1.185, CC.

A alternativa "D" está incorreta, conforme art. 1.177, CC, já que a responsabilidade do contabilista como preposto da empresa nesse caso independe da autenticação.

(XVII EXAME DE ORDEM UNIFICADO – FGV) Paulo, casado no regime de comunhão parcial com Jacobina, é empresário enquadrado como microempreendedor individual (MEI). O varão pretende gravar com hipoteca o imóvel onde está situado seu estabelecimento, que serve exclusivamente aos fins da empresa. De acordo com o Código Civil, assinale a opção correta.

(A) Paulo pode, sem necessidade de outorga conjugal, qualquer que seja o regime de bens, gravar com hipoteca os imóveis que integram o seu estabelecimento.

(B) Paulo não pode, sem a outorga conjugal, gravar com hipoteca os imóveis que integram o seu estabelecimento, salvo no regime de separação de bens.

(C) Paulo, qualquer que seja o regime de bens, depende de outorga conjugal para gravar com hipoteca os imóveis que integram o seu estabelecimento.

(D) Paulo pode, sem necessidade de outorga conjugal, gravar com hipoteca os imóveis que integram o seu estabelecimento, salvo no regime da comunhão universal.

COMENTÁRIO

A alternativa "A" está correta, pois o art. 978, CC, traz a hipótese de gravação do imóvel do estabelecimento independentemente da outorga conjugal.

A alternativa "B" está incorreta, por seguir direção oposta ao art. 978, CC negando a possibilidade de gravação do imóvel sem outorga conjugal.

A alternativa "C" está incorreta, por trazer a dependência de Paulo da outorga conjugal, mas uma vez em sentido contrário ao que determina o art. 978, CC.

A alternativa "D" está incorreta, pois muito embora traga o texto mencionado no dispositivo citado como correto, traz exceção para o regime da comunhão universal, exceção inconsistente no texto legal.

(XVII EXAME DE ORDEM UNIFICADO – FGV) Assinale a alternativa correta em relação aos conceitos de empresa e empresário no Direito Empresarial.

(A) Empresa é a sociedade com ou sem personalidade jurídica; empresário é o sócio da empresa, pessoa natural ou jurídica com responsabilidade limitada ao valor das quotas integralizadas.

(B) Empresa é qualquer atividade econômica destinada à produção de bens; empresário é a pessoa natural que exerce profissionalmente a empresa e tenha receita bruta anual de até R$ 100.000,00 (cem mil reais).

(C) Empresa é a atividade econômica organizada para a produção e/ou a circulação de bens e de serviços; empresário é o titular da empresa, quem a exerce em caráter profissional.

(D) Empresa é a repetição profissional dos atos de comércio ou mercancia; empresário é a pessoa natural ou jurídica que pratica de modo habitual tais atos de comércio.

COMENTÁRIO

A alternativa "C" está correta, exatamente de acordo com o texto do "Caput" do art. 966, CC.

A alternativa "A" está incorreta, pois Empresa é a atividade desenvolvida e jamais a sociedade, assim como o empresário não é o sócio da empresa, mas o seu praticante, conforme art. 966, cc.

A alternativa "B" está incorreta, pois muito embora a empresa seja a própria atividade, não há indexador econômico para o seu exercício por empresário no ordenamento jurídico.

A alternativa "D" está incorreta, pois a Empresa é atividade profissional e organizada de modo bastante distinto à revogada teoria Francesa dos Atos de Comércio presente no Código Comercial de 1850.

13. Direito Processual Civil – Novo CPC – Lei 13.105/2015

Luiz Dellore, Fernando Cavalcante e Renato Montans de Sá[1]

1. PARTE GERAL E PROCESSO DE CONHECIMENTO

1.1. Jurisdição e Competência

(XI EXAME DE ORDEM UNIFICADO – FGV) Os critérios relativos de fixação de competência podem ser alterados pela ocorrência de alguns fenômenos processuais. Uma das situações que pode levar à modificação da competência, quando fixada com base em critérios relativos, é a ocorrência da chamada continência.

Assinale a alternativa que descreve, corretamente, continência.

(A) Fenômeno que ocorre entre duas ou mais ações, quando lhes for comum o objeto ou a causa de pedir.

(B) Fenômeno que ocorre entre duas ou mais ações quando há identidade quanto às partes e à causa de pedir, mas o objeto de uma, por ser mais amplo, abrange o das outras.

(C) Fenômeno que ocorre entre duas ou mais ações quando há entre elas identidade de partes, de causa de pedir e de pedido e todas tramitam em diferentes juízos simultaneamente.

(D) Fenômeno que ocorre entre duas ou mais ações quando possuem pedidos que, somados, não ultrapassam o valor de sessenta salários mínimos.

COMENTÁRIO

A resposta está no art. 56 do NCPC, que define a continência (dispositivo reproduzido na alternativa "B"). O exemplo típico de continência: empresas "X" e "Y" celebraram um contrato. "X" ingressa em juízo contra "Y" pleiteando a declaração de nulidade de UMA cláusula contratual; "Y" ingressa em juízo contra "X" pleiteando a nulidade de TODO o contrato. O pedido da demanda de "X" está contido na demanda proposta por "Y".

(VIII EXAME DE ORDEM UNIFICADO – FGV) O sistema processual pátrio estabelece duas espécies de incompetência: a incompetência absoluta e a incompetência relativa.

Acerca do tema, assinale a afirmativa correta.

(A) Os critérios absolutos de fixação de competência são previstos em lei com a finalidade de promover a proteção, precipuamente, de interesses privados.

(B) Em litígios que envolvam nunciação de obra nova, é defeso ao autor optar por fazer o ajuizamento da ação no foro de domicílio do réu ou no foro de eleição.

(C) Em demanda proposta perante juízo absolutamente incompetente, pode haver prorrogação da competência do juízo, caso deixe o réu de apresentar, no momento processual oportuno, a exceção de incompetência.

(D) A incompetência relativa ocorre, por exemplo, quando o critério de fixação de competência em razão do valor da causa é desrespeitado, hipótese em que tanto as partes quanto o magistrado, de ofício, poderão suscitar a incompetência do juízo.

COMENTÁRIO

A letra B está correta. Tratando-se de direito real sobre imóvel, aplica-se o art. 47, § 1º do NCPC (hipótese em que, apesar de ser competência territorial, não se admite foro de eleição);

A letra A está incorreta. A competência absoluta se refere a questões que interessam à coletividade. A relativa é que se refere a interesses privados;

A letra C está incorreta. A prorrogação só ocorre em relação à incompetência relativa (NCPC, art. 65);

A letra D está incorreta. Não existe, no sistema brasileiro, remessa de autos por força de valor da causa (NCPC, art. 64) – apesar de se tratar de competência relativa.

(VI EXAME DE ORDEM UNIFICADO – FGV) O juiz da 1ª Vara Cível da Comarca X declarou sua incompetência absoluta para o julgamento de uma causa e determinou a remessa dos autos para a Justiça do Trabalho. O processo foi distribuído para a 1ª Vara do Trabalho da mesma Comarca, que suscitou conflito de competência.

Qual é o órgão competente para resolver o conflito?

(A) Tribunal Superior do Trabalho.

(B) Tribunal de Justiça do Estado onde os juízos conflitantes estão localizados.

(C) Supremo Tribunal Federal.

(D) Superior Tribunal de Justiça.

COMENTÁRIO

A letra D está correta. Entre juízes do mesmo Tribunal, referido Tribunal é o competente. Entre juízes de Justiças distintas, a competência é do STJ (CF, art. 105, I, "d" e NCPC, art. 953, I).

1.2. Partes, Procuradores, Sucumbência e Ministério Público

(XIV EXAME DE ORDEM UNIFICADO – FGV) A respeito da participação do Ministério Público no Processo Civil, assinale a opção correta.

(A) O Ministério Público tem a faculdade de intervir nas causas em que há interesses de incapazes.

(B) O Ministério Público, intervindo como fiscal da lei, terá vista dos autos depois das partes, sendo intimado de todos os atos do processo.

(C) O Ministério Público, quando for parte, não gozará de prazos diferenciados para interposição de recursos.

(D) O Ministério Público, intervindo como fiscal da lei, não pode requerer diligências com intuito de comprovar a verdade de fatos relevantes para a causa.

COMENTÁRIO

A letra B está correta, o MP, como fiscal da lei (*fiscal da ordem jurídica*, na nomenclatura do NCPC), deve sempre ser intimado, sob pena de nulidade – e sua manifestação é realizada após a das partes (NCPC, art. 179, I);

A letra A está incorreta, não se trata de faculdade, mas de obrigação (NCPC, art. 178, II);

A letra C está incorreta, o MP terá prazo diferenciado quando parte (NCPC, art. 180);

A letra D está incorreta, pode o MP, como fiscal da ordem jurídica, juntar documentos, produzir provas em audiência ou requerer diligências (NCPC, art. 179, II).

(XI EXAME DE ORDEM UNIFICADO – FGV) *"Toda pessoa que se acha no exercício dos seus direitos tem capacidade para estar em juízo"*, estabelece o Código de Processo Civil, e os incapazes serão assistidos ou representados por seus pais, tutores ou curadores.

A respeito do tema estão corretas as afirmativas a seguir, **à exceção de uma**. Assinale-a.

(A) O curador especial, nomeado em caso de executado citado com hora certa revel, tem legitimidade para opor embargos à execução.

(B) Ao curador especial não se aplica o ônus da impugnação especificada dos fatos articulados pelo autor.

(C) O juiz dará curador especial ao réu revel citado por edital, mas não àquele citado com hora certa.

(D) O juiz dará curador especial ao incapaz, ainda que tenha representante legal, quando houver colisão de interesses entre este e o representado.

COMENTÁRIO

A letra C está incorreta, devendo esta ser assinalada (*vide* comentário à questão "A");

A letra A está correta, pois o curador especial, responsável pela defesa do réu revel citado de forma ficta (hora certa e edital – NCPC, art. 72, II), pode realizar todas as formas de defesa previstas no sistema;

1. **Renato Montans de Sá** comentou as questões do XVIII Exame de Ordem Unificado; **Luiz Dellore** e **Fernando Cavalcante** comentaram as questões do XV, XVI e XVII Exame de Ordem Unificado; **Luiz Dellore** comentou as demais questões.

A letra B está correta (NCPC, art. 341, parágrafo único);
A letra D está correta (NCPC, art. 72, I).

(X EXAME DE ORDEM UNIFICADO – FGV) A respeito da capacidade processual, assinale a afirmativa correta.

(A) Os municípios serão representados em juízo, ativa e passivamente, pelo Prefeito ou pelo procurador.
(B) O juiz, de plano, deverá extinguir o processo sem resolução do mérito, ao verificar a incapacidade processual ou a irregularidade da representação das partes.
(C) O juiz dará curador especial ao réu preso, bem como ao réu citado por hora certa, por edital ou por meio eletrônico.
(D) A citação dos cônjuges nas ações que versem sobre direitos reais imobiliários é prescindível.

COMENTÁRIO

A letra A está correta (NCPC, art. 75, III);
A letra B está incorreta, pois deve o juiz permitir a correção da incapacidade ou irregularidade (NCPC, art. 76);
A letra C está incorreta, porque o juiz concederá curador ao réu citado de forma ficta, hora certa ou edital (NCPC, art. 72, II);
A letra D está incorreta, pois no caso de direito real imobiliário a regra é a citação do cônjuge (NCPC, art. 73, "caput", vide § 2º para exceções na possessória).

(EXAME DE ORDEM UNIFICADO 2010.3 – FGV) O Código de Processo Civil regulamenta como se dará a atuação das partes e dos procuradores em juízo. Além de dispor sobre a capacidade processual e dos deveres de cada um, disciplina sobre a constituição de representante processual e substituição das partes e dos procuradores. A respeito dessa temática, assinale a alternativa correta.

(A) O instituto da sucessão processual ocorrerá quando houver a morte de qualquer das partes, que será substituída pelo espólio ou por seus sucessores, suspendendo-se o processo e sendo defesa a prática de atos processuais, salvo atos urgentes a fim de evitar dano irreparável.
(B) Caso o advogado deixe de declarar na petição inicial o endereço em que receberá intimação, poderá fazê-lo até a fase de saneamento, mas as intimações somente informarão o nome do advogado quando tal dado estiver regularizado.
(C) O advogado poderá a qualquer tempo renunciar ao mandato, devendo, entretanto, assistir o mandante nos dez dias subsequentes a fim de lhe evitar prejuízo, salvo na hipótese de ter comprovado que cientificou o mandante para que nomeasse substituto.
(D) Ao advogado é admitido procurar em juízo sem instrumento de mandato a fim de praticar atos reputados urgentes. Mas, para tanto, deverá prestar caução e exibir o instrumento de mandato no prazo improrrogável de quinze dias.

COMENTÁRIO

A letra A está correta, arts. 313, I, e 314 do NCPC;
A letra B está incorreta, pois se tais dados não estiverem presentes na petição, a consequência é a determinação de emenda da inicial e não de ausência de nome na publicação (NCPC, art. 106, I, e § 1º);
A letra C está incorreta, porque a renúncia depende de prévia ciência ao cliente e, mesmo assim, o advogado deve representar o mandante nos dez dias subsequentes (NCPC, art. 112, § 1º);
A letra D está incorreta, porque não há necessidade de se prestar caução para postular sem procuração em caso de urgência (NCPC, art. 104, § 1º) – tal obrigação violaria o acesso à justiça.

1.3. Litisconsórcio e Intervenção de Terceiros

(XIV EXAME DE ORDEM UNIFICADO – FGV) Os irmãos Rafael e Daniela são proprietários de um imóvel na Av. São Sebastião, n. 20. Eles realizaram um contrato de locação com Joana, estudante, por prazo indeterminado. Após três anos de vigência de contrato, devido aos grandes eventos internacionais na cidade, os irmãos propuseram uma ação revisional de aluguel, tendo em vista a valorização constatada na área em que fica o imóvel. A partir da hipótese sugerida, assinale a opção correta.

(A) Trata-se de litisconsórcio ativo facultativo unitário, uma vez que há solidariedade entre os irmãos, o que faz com que um deles, sozinho, possa ajuizar a ação, tendo a decisão efeito para ambos.
(B) Trata-se de litisconsórcio passivo multitudinário, pois a ação revisional, se procedente, alterará o valor da locação para todo e qualquer candidato à locação.
(C) Trata-se de litisconsórcio ativo facultativo simples, pois no lugar de uma única ação, cada irmão pode entrar com uma ação revisional diferente para atualizar o valor do imóvel, e as duas correrão normalmente, em separado.
(D) Trata-se de litisconsórcio ativo necessário unitário, uma vez que a lei assim o exige e a decisão do juiz será a mesma para os dois irmãos.

COMENTÁRIO

A letra A está correta, pois (i) os irmãos estarão no polo ativo (litisconsórcio ativo), (ii) tendo em vista que a Lei 8.245/1991, art. 2º fala em solidariedade, o examinador entendeu que seria opção cada um dos locadores ingressar em juízo – o que não é pacífico (daí o litisconsórcio facultativo – NCPC, art. 113) e (iii) a decisão terá de ser a mesma para todos, caso haja o litisconsórcio (por isso o litisconsórcio unitário – NCPC, art. 116);
A letra B está incorreta, pois não se trata de litisconsórcio passivo e o litisconsórcio multitudinário (NCPC, art. 113, §§ 1º e 2º) se refere ao polo ativo;
A letra C está incorreta, pois não é possível que as duas demandas (que têm o mesmo objeto e causa de pedir – e, por isso, conexas) tramitem em separado;
A letra D está incorreta, considerando o exposto em "A" (e a posição adotada pelo examinador).

(XI EXAME DE ORDEM UNIFICADO – FGV) A respeito do fenômeno processual do litisconsórcio, que consiste na pluralidade de sujeitos ocupando um ou ambos os polos da relação jurídica para litigar em conjunto no mesmo processo, assinale a afirmativa correta.

(A) Não constitui fundamento para a formação de litisconsórcio a ocorrência de afinidade de questões por um ponto em comum de fato ou de direito.
(B) O juiz poderá limitar o litisconsórcio necessário quanto ao número de litigantes quando este comprometer a rápida solução do litígio ou dificultar a defesa.
(C) Na sistemática dos Juizados Especiais Cíveis não se admitirá a formação de litisconsórcio como forma de prestigiar uma prestação jurisdicional mais célere e simplificada.
(D) Quando os litisconsortes tiverem diferentes procuradores, ser-lhes-ão contados em dobro os prazos para contestar, para recorrer e, de modo geral, para falar nos autos.

COMENTÁRIO

A letra D está correta (NCPC, art. 229).
A letra A está incorreta, pois essa é hipótese de formação de litisconsórcio (NCPC, art. 113, III);
A letra B está incorreta, porque o juiz pode limitar o litisconsórcio multitudinário, que é o litisconsórcio ativo e facultativo (NCPC, art. 113, § 1º);
A letra C está incorreta, considerando que o JEC admite litisconsórcio, mas não intervenção de terceiros (art. 10 da Lei 9.099/1995);

(VIII EXAME DE ORDEM UNIFICADO – FGV) Vinícius foi demandado em uma ação de cobrança por ter sido fiador de sua sogra, Francisca. Assinale a alternativa que indica a medida a ser adotada por Vinícius para trazer Francisca para o polo passivo desse processo.

(A) Reconvenção.
(B) Denunciação à lide.
(C) Chamamento ao processo.
(D) Nomeação à autoria.

COMENTÁRIO

A letra C está correta. No caso, deve-se utilizar a intervenção de terceiro cabível quando há solidariedade entre o réu e o terceiro – ou seja, o chamamento (NCPC, art. 130, I).

(EXAME DE ORDEM UNIFICADO 2010.3 – FGV) Como cediço, a intervenção de terceiros é um importante fenômeno processual capaz de permitir a pluralidade de partes em um processo.

Imagine a seguinte situação jurídica: Neves empresta R$ 500,00 para Sílvio e Sandro, sócios em uma empresa que fabrica sapatos, e a quantia deixa de ser paga a Neves na data estipulada no contrato de empréstimo, razão pela qual Neves opta por cobrar toda a quantia apenas de Sílvio, cujo patrimônio é maior.

Sandro resolve, então, requerer sua intervenção no processo por temer que Sílvio venha a sucumbir e que, ato contínuo, venha a agir regressivamente contra ele, após ter pagado toda a quantia devida a Neves, com a finalidade de obter de Sandro a sua quota-parte da dívida. Nessa situação, caracteriza-se a seguinte figura de intervenção de terceiros:

(A) assistência qualificada ou litisconsorcial.
(B) denunciação da lide.
(C) chamamento ao processo.
(D) assistência simples ou adesiva.

COMENTÁRIO

A letra A está correta. Se Sandro busca ajudar, a hipótese é de assistência. No caso, a relação jurídica em debate envolve Sandro e a parte contrária (o credor Neves). Nesse caso – e considerando que Sandro poderia ter sido parte desde o início – a hipótese é de assistência litisconsorcial (NCPC, art. 124).

(V EXAME DE ORDEM UNIFICADO – FGV) O Ministério Público ajuizou ação rescisória a fim de desconstituir sentença transitada em julgado, ao argumento de que teria havido colusão entre ambas as partes do processo originário no intuito de fraudar a lei. Diante disso, requereu o Ministério Público, na petição inicial da ação rescisória, a citação tanto da parte autora quanto da parte ré do processo originário.

Assinale a modalidade de litisconsórcio verificada na hipótese acima.

(A) Litisconsórcio passivo necessário e unitário.
(B) Litisconsórcio ativo facultativo e simples.
(C) Litisconsórcio passivo necessário e simples.
(D) Litisconsórcio ativo necessário e unitário.

COMENTÁRIO

A letra A está correta. Se o MP ingressa com a medida judicial e o autor e réu da ação originária são partes da rescisória, figuram no polo passivo na AR. Assim, tem-se um litisconsórcio passivo. É necessário, pois o litisconsórcio precisa existir (não há como se desconstituir uma sentença sem que todos os litigantes originários participem – NCPC, art. 114). E é unitário, pois a decisão precisa ser a mesma para todos os litisconsortes (não há como desconstituir parte da sentença para um e não para o outro – NCPC, art. 116).

1.4. Pressupostos Processuais, Elementos da Ação e Condições da Ação

(EXAME DE ORDEM UNIFICADO 2010.2 – FGV) A capacidade é um dos pressupostos processuais. Caso o juiz verifique que uma das partes é incapaz ou há irregularidade em sua representação, deverá suspender o processo e marcar prazo razoável para que o defeito seja sanado.

Assinale a alternativa que indique a providência correta a ser tomada pelo magistrado, na hipótese de persistência do vício.

(A) Se o vício se referir ao autor, deve o juiz aplicar-lhe multa por litigância de má-fé.
(B) Se o vício se referir ao autor, deve o juiz proferir o julgamento antecipado da lide.
(C) Se o vício se referir ao réu, deve o juiz reputá-lo revel.
(D) Se o vício se referir ao réu, deve o juiz julgar a causa em seu desfavor.

COMENTÁRIO

A letra C está correta. Se o vício for em relação ao autor, o processo será extinto. Se o vício for em relação ao réu, haverá revelia. Se o vício for em relação ao terceiro, ele será excluído do processo ou considerado revel, dependendo do polo em que se encontre. (NCPC, art. 76, § 1º, e incisos).

(EXAME DE ORDEM UNIFICADO 2010.2 – FGV) Um advogado é procurado em seu escritório por um cliente que lhe narra que a empresa da qual ele é diretor foi citada pelo poder judiciário, em decorrência de um conflito surgido em razão de contrato de compra e venda no qual inseriram cláusula compromissória cheia, estabelecendo que em caso de eventual conflito entre as partes, ele será apreciado por um tribunal arbitral. O advogado, ao peticionar no referido processo, representando os interesses do seu cliente, no sentido de exigir cumprimento da cláusula compromissória cheia, deverá:

(A) requerer a designação de audiência de conciliação, pois o juiz pode conhecer de ofício da preexistência da convenção de arbitragem.
(B) apresentar desde logo contestação, restringindo sua argumentação ao exame do mérito da causa.
(C) apresentar contestação e alegar expressamente, em preliminar, a existência de convenção de arbitragem, solicitando a extinção do feito.
(D) solicitar ao juiz o julgamento antecipado da lide.

COMENTÁRIO

A letra C está correta. Cláusula compromissória é aquela que prevê a solução da lide pela arbitragem (art. 4º, § 1º, da Lei 9.307/1996). Trata-se de um pressuposto processual negativo, ou seja, presente a cláusula, o Poder Judiciário não poderá julgar a lide, acarretando a extinção do processo, as questões envolvendo os pressupostos processuais são alegadas em preliminar de contestação (NCPC, arts. 485, VII e 337, X). Contudo, não cabe ao juiz conhecer de ofício da convenção de arbitragem (NCPC, art. 485, § 3º).

1.5. Petição Inicial

(XII EXAME DE ORDEM UNIFICADO – FGV) A citação é capaz de gerar efeitos processuais e materiais, consoante o que preceitua o Art. 219 do Código de Processo Civil (*ATENÇÃO: a menção a esse artigo se refere ao Código antigo; no NCPC, corresponde ao art. 240).

Sobre os efeitos da citação, assinale afirmativa correta.

(A) Realizada a citação, induz-se a litispendência. Todavia, continua sendo possível a propositura de nova ação idêntica, pois a inafastabilidade da tutela jurisdicional é corolário do Estado Democrático de Direito, devendo-se viabilizar o acesso à justiça.
(B) A citação válida, por si só, não é capaz de tornar a coisa ou o direito litigioso, ou seja, estes não passam a estar vinculados ao resultado do processo. Sendo assim, em caso de alienação do bem, será possível, a qualquer tempo, a alteração da legitimidade das partes.
(C) A citação válida não é capaz de interromper a prescrição. Sendo assim, somente poderá falar-se em interrupção se a parte assim o requerer ao juiz, devendo este, antes de decidir, possibilitar o contraditório por parte do réu.
(D) Em regra, a citação constitui o devedor em mora. Nada obstante, nos casos em que as obrigações não possuam termo certo, é possível constituir o devedor em mora por intermédio do envio de notificação judicial ou extrajudicial.

COMENTÁRIO

A letra D está correta, tanto (i) por exclusão das demais questões, (ii) pela menção à mora prevista no art. 240 do NCPC e (iii) pela possibilidade de constituir o devedor em mora por meio de notificação, mesmo antes do ajuizamento de demanda (NCPC, art. 726).

A letra A está incorreta, pois a repropositura de ação idêntica é vedada pelo sistema (litispendência e coisa julgada – NCPC, art. 485, V). A inafastabilidade da tutela se verifica com o ajuizamento de uma demanda – e não com o julgamento de diversas causas idênticas;

A letra B está incorreta, porque o art. 240 do NCPC é expresso ao apontar que a citação válida torna a coisa litigiosa; além disso, a alienação do bem não altera a legitimidade – apesar de, em alguns casos, permitir a sucessão processual (NCPC, art. 109);

A letra C está incorreta, tendo em vista que a citação válida interrompe a prescrição (NCPC, art. 240).

(V EXAME DE ORDEM UNIFICADO – FGV) Zélia e Joaquim são vizinhos há cerca de sete anos. Determinada parede foi construída por Joaquim, mas, por defeitos na execução da obra, está permitindo a infiltração da água da chuva, gerando danos à parede limítrofe construída por Zélia. Inconformada, Zélia procura você como advogado(a) a fim de ingressar com a medida judicial cabível. Analisando a hipótese e, estando Zélia de acordo com o seu parecer técnico, você afora ação judicial para o desfazimento da construção ou a reparação da obra defeituosa. Nessa hipótese, como será fixado o valor da causa?

(A) Deverá ser considerado o menor valor, por se tratar de pedido subsidiário.
(B) Por se tratar de pedidos alternativos, será considerado o de maior valor.
(C) Por se tratar de ação para cumprimento do negócio jurídico, será considerado o valor da soma do principal, da pena e dos juros vencidos.
(D) Será a soma dos valores de todos os pedidos, por se tratar da hipótese de cumulação de pedidos.

COMENTÁRIO

A letra B está correta. Considerando que é formulado um pedido com a partícula "ou", sem preferência entre as duas possibilidades, estamos diante de um pedido ALTERNATIVO (NCPC, art. 325). O valor da causa no pedido alternativo, por expressa previsão legal (NCPC, art. 292, VII), é o do pedido de maior valor.

1.6. Resposta do Réu

(X EXAME DE ORDEM UNIFICADO – FGV) Com relação ao início da contagem do prazo para apresentação de resposta, em ação ajuizada pelo rito comum ordinário, em face de apenas um réu, assinale a afirmativa correta.

(A) Em se tratando de citação postal, começa a correr o prazo a partir da data da juntada aos autos do aviso de recebimento.

(B) Em se tratando de citação por oficial de justiça, começa acorrer o prazo no dia seguinte ao do cumprimento da diligência.

(C) Em se tratando de citação por carta precatória, começa acorrer o prazo no dia em que a carta é devolvida ao juízo de origem.

(D) Em se tratando de citação por edital, começa a correr o prazo no dia seguinte ao da publicação do referido edital.

COMENTÁRIO

A letra A está correta (NCPC, art. 231, I);

A letra B está incorreta, pois no caso de citação por oficial, o prazo é contado da juntada do mandado (NCPC, art. 231, II);

A letra C está incorreta, porque no caso de citação por precatória, o prazo é contado de sua juntada aos autos, devidamente cumprida (NCPC, art. 231, VI);

A letra D está incorreta, pois no caso de citação por edital, o prazo é contado findo o prazo assinalado pelo juiz (NCPC, art. 231, IV).

(IV EXAME DE ORDEM UNIFICADO – FGV) Júlia ingressou com ação de indenização por danos morais e materiais em face da Gráfica Bela Escrita, bem como do Ateliê Alta-Costura, sob a alegação de que o seu casamento não pôde ser realizado tendo em vista que a Gráfica escreveu o endereço errado do local da cerimônia em todos os convites confeccionados, e o Ateliê, por sua vez, não entregou o vestido de noiva no dia do casamento. Tendo sido ambos os réus regularmente citados, o Ateliê Alta-Costura apresentou contestação tempestiva, em que afirmou se isentar de responsabilidade, uma vez que o vestido de noiva já estava praticamente pronto, quando, na véspera da cerimônia, a noiva subitamente decidiu solicitar inúmeras alterações no modelo da roupa, o que inviabilizou a sua tempestiva entrega. A Gráfica Bela Escrita, por seu turno, não se manifestou nos autos. A respeito da situação descrita, é correto afirmar que a contestação apresentada pelo Ateliê Alta-Costura

(A) aproveita à Gráfica Bela Escrita, não se operando o efeito material da revelia contra este réu, desde que o Ateliê Alta-Costura, uma vez intimado, manifeste expressa concordância.

(B) não aproveita à Gráfica Bela Escrita, operando-se o efeito material da revelia contra este réu.

(C) automaticamente aproveita à Gráfica Bela Escrita, não se operando o efeito material da revelia contra este réu.

(D) reabre automaticamente o prazo para a apresentação de contestação pela Gráfica Bela Escrita, operando-se o efeito material da revelia somente se este réu, mesmo assim, permanecer inerte.

COMENTÁRIO

A letra B está correta. A revelia é a ausência de contestação, sendo que dois são seus efeitos: presunção de veracidade e prazos correrem independentemente de intimação do réu revel (NCPC, arts. 344 e 346). Pela lei, não há presunção de veracidade se, havendo litisconsórcio, um dos réus contestar (NCPC, art. 345, I, do NCPC). Contudo, para a doutrina e jurisprudência, apenas se a defesa for COMUM aos réus é que isso ocorre. Portanto, no caso narrado, como a defesa do ateliê não é comum à gráfica, é de se reconhecer a presunção de veracidade dos fatos.

(IV EXAME DE ORDEM UNIFICADO – FGV) Em uma ação fundada na responsabilidade civil por suposto erro médico praticado por Cláudio, este foi regularmente citado e, no prazo legal, ofereceu contestação. Em razão do seu falecimento, no curso da lide, foi determinada a suspensão do processo e a habilitação de seus herdeiros ou sucessores no polo passivo. Sendo certo que tal irregularidade não foi sanada no prazo fixado pelo juízo, é correto afirmar, em relação ao processo, que

(A) deve prosseguir, com a declaração da revelia, cuja consequência ficará restrita à fluência de prazos independentemente de intimação.

(B) deve ser julgado extinto, sem resolução do mérito, por falta de pressupostos de constituição e de desenvolvimento válido e regular.

(C) deve ser julgado extinto, sem resolução do mérito, por falta de uma das condições da ação.

(D) deve ter regular prosseguimento, com a declaração da revelia e a consequente presunção de veracidade dos fatos alegados na inicial.

COMENTÁRIO

A letra A está correta. A morte da parte faz com que haja a necessidade de sucessão no polo processual (mediante procedimento denominado habilitação incidente – NCPC, art. 687). Contudo, como no caso isso não ocorreu corretamente, tem-se um vício de representação, o qual acarreta a revelia (NCPC, art. 76, § 1º, II, do NCPC). Porém, considerando que já houve a apresentação de contestação e os fatos foram controvertidos, não há mais que se falar em presunção de veracidade dos fatos. Assim, os prazos fluirão independentemente de intimação (NCPC, art. 436). Esta questão e a anterior, no meu entender, não são próprias para um Exame de 1ª fase de OAB, por fugirem do texto legal e envolverem específicos conhecimentos doutrinários a respeito da revelia.

1.7. Provas

(XVII EXAME DE ORDEM UNIFICADO – FGV) Aloísio ajuizou ação de anulação de casamento em face de Júlia. No curso do processo, o juiz designou audiência de instrução e julgamento para colheita dos depoimentos pessoais de Aloísio e Júlia e oitiva das testemunhas. Considerando as regras sobre depoimento pessoal previstas no Código de Processo Civil, assinale a afirmativa correta.

(A) O Código de Processo Civil admite que Júlia se valha da escusa do dever de depor sobre fatos torpes que lhe forem imputados por Aloísio.

(B) Aloísio e Júlia, apesar de devidamente intimados, poderão se recusar a depor, sem que seja aplicada a pena de confissão, por ser o depoimento pessoal mero meio de prova.

(C) Aloísio e Júlia deverão responder pessoalmente sobre os fatos articulados, podendo consultar notas breves, desde que objetivem completar os esclarecimentos.

(D) O Código de Processo Civil veda expressamente que o juiz, de ofício, determine o comparecimento pessoal de Aloísio e Júlia, a fim de interrogá-los sobre os fatos da causa.

COMENTÁRIO

A letra C está correta (NCPC, art. 387);

A letra A está incorreta, pois o direito de escusa de depor não se aplica a causas de anulação de casamento (NCPC, art. 388, parágrafo único, dispositivo legal que faz menção às ações de família, dentre as quais se inclui a anulação de casamento);

A letra B está incorreta, porque se a parte, intimada, não comparecer ao depoimento pessoal, haverá pena de confesso (NCPC, art. 385, § 1º);

A letra D está incorreta, pois cabe a designação pelo juiz, de ofício, para depoimento da parte (NCPC, art. 385).

(VI EXAME DE ORDEM UNIFICADO – FGV) Nas ações em que há necessidade de produção de prova pericial, cada parte deve pagar a remuneração do assistente técnico que houver indicado. No tocante aos honorários periciais, eles devem ser pagos pela parte que houver requerido a prova, ou pelo autor, nas hipóteses em que requerido por ambas as partes ou determinado de ofício pelo juiz. Em relação a essas despesas, é correto afirmar que

(A) somente os honorários periciais devem ser objeto de ressarcimento, pelo vencido, ao final da demanda.

(B) ambas devem integrar a condenação do vencido nos ônus sucumbenciais.

(C) nenhuma dessas verbas é passível de ressarcimento.

(D) somente os honorários do assistente técnico deverão ser restituídos, ao final, pela parte vencida.

COMENTÁRIO

A letra B está correta. As regras mencionadas no enunciado estão no art. 95 do NCPC. A sucumbência engloba honorários e custas – incluindo todos os gastos realizados no processo (NCPC, art. 84).

(EXAME DE ORDEM UNIFICADO 2010.3 – FGV) A inspeção judicial está prevista no Código de Processo Civil como uma das modalidades de produção de provas no processo de conhecimento. A respeito de tal medida, assinale a alternativa correta.

(A) O auto circunstanciado que será lavrado tão logo seja concluída a inspeção judicial terá valor de prova e, por isso, a inspeção somente poderá ser realizada na fase probatória do processo cognitivo.

(B) A inspeção judicial de coisa será realizada quando não puder ser apresentada em juízo sem consideráveis despesas ou graves dificuldades, não se admitindo, portanto, a inspeção de pessoas.

(C) O juiz poderá ser assistido de um ou de mais peritos quando realizar a inspeção direta, assim como as partes podem assistir ao ato, prestar esclarecimentos e fazer observações que reputem de interesse para a causa.

(D) A inspeção judicial poderá ser realizada em qualquer fase do processo a fim de esclarecer fato que interesse à decisão da causa, mas o juiz somente poderá agir a requerimento da parte.

COMENTÁRIO

A inspeção judicial é o meio de prova pelo qual o juiz sai de seu gabinete e vai até o local dos fatos. É pouco frequente no cotidiano forense.

A letra C está correta (NCPC, arts. 482 e 483, parágrafo único);

A letra A está incorreta, pois cabe em qualquer fase do processo (NCPC, art. 481);

A letra B está incorreta, porque cabe inspeção de pessoas e coisas (NCPC, art. 481);

A letra D está incorreta, pois como é a regra em relação às provas, pode ser realizada de ofício (NCPC, art. 481)

(EXAME DE ORDEM UNIFICADO 2010.2 – FGV) Se, durante a audiência de instrução e julgamento, um advogado, exercendo seu mister de bem defender os interesses de seu cliente, entende que a testemunha arrolada pela parte contrária mantém com essa vínculo estreito de amizade e que seu depoimento pode ser tendencioso, esse advogado deverá:

(A) contraditar a testemunha, devendo a audiência, nesse caso, ser necessária e imediatamente interrompida.

(B) contraditar a testemunha, que mesmo assim poderá ser ouvida como informante do juízo, desde que o magistrado fundamente sua decisão de ouvi-la.

(C) contraditar a testemunha, hipótese em que estará o juiz obrigado a dispensá-la.

(D) contraditar a testemunha, que será ouvida após a audiência, sem a presença das partes.

COMENTÁRIO

A letra B está correta. A impugnação da testemunha recebe o nome o nome de contradita, que pode ser acolhida ou rejeitada pelo juiz. Mesmo quando acolhida, pode o juiz ouvir o terceiro na condição de informante, sem prestar compromisso de dizer a verdade (NCPC, art. 457, § 2º).

1.8. Sentença, Coisa Julgada e Ação Rescisória

(XVII EXAME DE ORDEM UNIFICADO – FGV) Luan, servidor público do Estado de Minas Gerais, ajuizou ação contra a Fazenda Pública estadual, requerendo a devolução de verbas indevidamente descontadas em seu contracheque sob a rubrica de "*contribuição obrigatória ao plano de saúde*". Na oportunidade, demonstrou que o Tribunal de Justiça de Minas Gerais (TJMG) já havia, em anterior ação individual proposta por Thales, outro servidor público estadual, reconhecido a inconstitucionalidade da lei estadual que previa esse desconto, e requereu, assim, a restituição das verbas não prescritas descontadas a tal título. Devidamente ajuizada junto à 1ª Vara de Feitos Tributários da cidade de Belo Horizonte/MG, e após regular tramitação, o magistrado singular acolheu a tese da ré e julgou improcedente o pedido exordial, tendo tal decisão transitado em julgado em 01.04.2012. Sobre os fatos descritos, assinale a afirmativa correta.

(A) Luan poderá se valer de ação anulatória, tendo em vista a manifesta injustiça da sentença.

(B) Se a inconstitucionalidade da lei estadual tivesse sido reconhecida, na ação proposta por Thales, pelo Supremo Tribunal Federal, Luan poderia ignorar a coisa julgada que lhe foi desfavorável.

(C) Luan poderá se valer de uma reclamação constitucional, tendo em vista o desrespeito, pela sentença, de posição jurisprudencial firmada pelo TJMG.

(D) Luan poderia se valer de uma ação rescisória, desde que, para tanto, demonstrasse que houve violação à lei, sendo-lhe vedado, nessa demanda, a rediscussão de matérias fáticas.

COMENTÁRIO

Está correta a letra D para a banca, pois a hipótese é de AR, como exposto na alternativa A. *Contudo, a questão deveria ter sido anulada, mas não o foi. Dúvida não há quanto à impossibilidade de se discutir fato no REsp (Súmula 7/STJ), mas nada impede que isso seja debatido na ação rescisória (NCPC, art. 966, V). Assim, correta a alternativa quanto ao cabimento da AR, mas o final da alternativa está errado (quanto a não se poder discutir fato).

Está incorreta a letra A, pois o caso é de AR (NCPC, art. 966) e não anulatória (NCPC, art. 966, § 4º – não se está diante de decisão homologatória).

Está incorreta a letra B. No NCPC, há a mitigação da coisa julgada com base em lei declarada inconstitucional pelo STF, seja controle difuso ou concentrado; porém, há necessidade de AR e, portanto, não pode Luan simplesmente "ignorar" a coisa julgada (NCPC, art. 525, §§ 12, 14 e 15);

Está incorreta a letra C, pois a reclamação tem cabimento restrito, não podendo apenas se for jurisprudência firme de tribunal intermediário, mas sim jurisprudência qualificada de tribunal superior, como por exemplo súmula vinculante ou julgamento de repetitivo (NCPC, art. 988, *caput* e incisos);

(X EXAME DE ORDEM UNIFICADO – FGV) Paula ajuizou ação de reconhecimento de união estável. Ainda antes da citação do réu, a autora desistiu da ação proposta. Dois meses depois do trânsito em julgado da sentença que extinguiu o processo, sem resolução do mérito nos termos do art. 267, inciso VIII, do CPC, Paula, arrependida, ingressou novamente com a ação. (*ATENÇÃO, a menção ao art. 267 se refere ao Código anterior; no NCPC, corresponde ao art. 485).

Com base na hipótese apresentada, assinale a afirmativa correta.

(A) O juiz deverá extinguir o processo sem resolução do mérito por existir coisa julgada, não podendo a autora ajuizar novamente a mesma ação.

(B) Paula pode ingressar novamente com a ação, mas a nova demanda deverá ser distribuída por dependência.

(C) Não pode a autora ingressar com a demanda novamente, pois a desistência da ação gera preclusão consumativa.

(D) Trata-se de clara hipótese de litispendência, existindo duas causas idênticas com as mesmas partes, o mesmo pedido e a mesma causa de pedir.

COMENTÁRIO

Está correta a letra B, pois como exposto em "A", cabe a repropositura, que, no caso, deverá ser por dependência (NCPC, art. 286, II), de modo a se evitar a busca por outro juiz (princípio do juiz natural);

Está incorreta a letra A, tratando-se de sentença terminativa (sem resolução do mérito – NCPC, art. 485, VIII), não se fala em coisa julgada material que impede a repropositura (art. 486 do NCPC);

Está incorreta a letra C, *vide* resposta "A";

Está incorreta a letra D, pois só há litispendência quando duas demandas idênticas estão em curso, ao mesmo tempo (NCPC, art. 337, §§ 1º e 2º)

(IX EXAME DE ORDEM UNIFICADO – FGV) A respeito da Ação Rescisória, assinale a afirmativa correta.

(A) Uma vez ajuizada, impede o cumprimento da sentença ou acórdão rescindendo, ressalvada a concessão, em casos imprescindíveis e sob os pressupostos previstos em lei, de medidas de natureza cautelar ou antecipatória de tutela.

(B) Em caso de procedência, rescindindo-se a sentença e proferindo, se for o caso, novo julgamento, o tribunal determinará a restituição ao demandante do depósito de 5% sobre o valor da causa a que se refere o Art. 488, II, do CPC (*ATENÇÃO: a menção se refere ao Código anterior; no NCPC, o artigo correspondente é o art. 968, II).

(C) O Ministério Público não tem legitimidade ativa, exceto e unicamente para propor a ação ao fundamento de não ter sido ouvido no processo, em que lhe era obrigatória a intervenção.

(D) É a medida aplicável a fim de rescindir a sentença homologatória e outros atos judiciais que não dependam de sentença, desde que respeitado o prazo de 2 (dois) anos para a sua propositura, contados do trânsito em julgado da decisão.

COMENTÁRIO

Está correta a letra B (NCPC, art. 974);

Está incorreta a letra, porque a ação rescisória não impede o cumprimento da decisão rescindenda, salvo no caso de concessão de tutela de urgência (NCPC, art. 969);

Está incorreta a C, há previsão de legitimidade do MP também no caso de uso indevido do processo em acordo entre as partes (colusão) ou "outros casos" (NCPC, art. 967, III);

Está incorreta a letra D, nessa hipótese, o instrumento é a ação anulatória, por se tratar de decisão homologatória (NCPC, art. 966, § 4º).

(EXAME DE ORDEM UNIFICADO 2010.3 – FGV) A sentença liminar, acrescida à legislação processual civil por meio da Lei 11.277/2006, assegura ao juiz a possibilidade de dispensar a citação e proferir desde logo sentença, nas hipóteses em que o juízo já tenha proferido sentença de total improcedência em casos idênticos. Considerando tal instituto jurídico, assinale a alternativa correta.

(A) Interposto o recurso de apelação contra a sentença liminar, o juiz poderá exercer juízo de retratação no prazo de cinco dias.

(B) É cabível a sentença liminar quando a matéria controvertida for de fato e de direito e guardar identidade com outros casos anteriormente julgados pelo juízo.

(C) Proferida sentença liminar, o réu somente será citado a responder à ação em caso de provimento de eventual recurso.

(D) Será facultado ao autor agravar da sentença, caso em que o réu será intimado para oferecer contrarrazões.

COMENTÁRIO

Está correta a letra A (NCPC, art. 332, § 3º);

Está incorreta a letra B, pois somente cabe a improcedência liminar quando a matéria controvertida for de direito, não de fato (NCPC, art. 332);

Está incorreta a letra C, porque o réu será citado para responder ao recurso, caso a sentença seja mantida (NCPC, art. 332, § 4º);

Está incorreta a letra D, pois o recurso cabível de sentença é a apelação (NCPC, art. 1.009).

1.9. Outros Assuntos e Temas Combinados do Processo de Conhecimento

(XVII EXAME DE ORDEM UNIFICADO – FGV) Em 21.08.2012, Felipe, empresário do ramo de restaurantes, contratou, por R$ 20 mil, mediante pagamento à vista, os serviços de içamento por guindaste da empresa Júnior e Júnior Ltda., a fim de que uma grande piscina fosse levada à cobertura de seu prédio. No contrato, restou definido que todos os serviços deveriam ser executados até o dia 05.11.2012, vez que Felipe havia programado uma festa de inauguração de seu mais novo empreendimento para 10/11/2012. Em 07.11.2012, sem que os serviços fossem executados, Felipe procura seu advogado, que ajuíza uma ação judicial. Sobre os fatos narrados, assinale a afirmativa correta.

(A) O juiz poderá fixar multa periódica (astreintes) para a efetivação da obrigação de se realizar os serviços de içamento, mesmo que não tenha havido pedido específico do autor nesse sentido.

(B) Fixado o valor da multa periódica por decisão judicial irrecorrida, seu montante não poderá ser alterado por força da preclusão temporal.

(C) O montante da multa periódica não poderá ultrapassar o do valor da causa, sob pena de enriquecimento ilícito de Felipe.

(D) Fixadas as astreintes pelo juiz, fica vedada a posterior cominação de multa por litigância de má-fé no mesmo processo, por se tratarem, ambas, de sanções de natureza processual.

COMENTÁRIO

Está correta a letra A. Tratando-se de obrigação de fazer, cabível a fixação de multa diária (NCPC, art. 536, § 1º). No CPC/1973, a lei era expressa ao permitir a fixação da multa de ofício; no NCPC, o legislador não é expresso nesse sentido – mas fala em redução de ofício (NCPC, art. 537, § 1º), de modo que, por isonomia, é de se entender que a própria fixação pode ser de ofício;

Está incorreta a letra B, pois cabe alteração se a multa for irrisória ou excessiva (NCPC, art. 537, § 1º);

Está incorreta a letra C, pois não há limitação ao valor da causa ou ao pedido principal (porém, a jurisprudência formada à luz do CPC/1973 afirma não ser possível o enriquecimento sem causa se a multa for exorbitante);

Está incorreta a letra D, pois a natureza da astreinte é distinta da má-fé.

(XVI EXAME DE ORDEM UNIFICADO – FGV) O processo eletrônico disciplinado pela Lei 11.419/2006 vem sendo implementado em larga escala no território nacional, com o propósito de conferir maior celeridade e proporcionar economia processual. Os Tribunais vêm normatizando internamente algumas questões peculiares no que tange a essa sistemática virtual da prestação jurisdicional, conforme vão surgindo controvérsias procedimentais. Entretanto, alguns pontos são claros e precisos no texto legal.

A esse respeito, é correto afirmar que

(A) os atos processuais por meio eletrônico são considerados realizados no dia e na hora de seu envio ao sistema do Poder Judiciário, motivo pelo qual, para atender o prazo processual, as petições eletrônicas serão consideradas tempestivas se enviadas nos dias úteis, até as 20 (vinte) horas, nos termos estabelecidos no Código de Processo Civil.

(B) os documentos produzidos eletronicamente, atendidas as formalidades impostas por lei, serão considerados originais para todos os efeitos legais, e qualquer arguição de falsidade do documento original deve ser obrigatoriamente processada na forma de processo físico, sem suspensão do processo eletrônico.

(C) os autos de processos eletrônicos somente poderão ser remetidos a outro juízo se houver sistema compatível, sendo expressamente vedada a conversão do sistema eletrônico em material impresso em papel e a nova autuação, salvo se de natureza criminal ou trabalhista.

(D) os atos judiciais publicados eletronicamente substituem qualquer outro meio de publicação oficial para efeito legal, salvo os casos em que, por imposição legal, tenham que ser realizadas a intimação ou a vista pessoal, ou em casos excepcionais e urgentes que justifiquem a realização do ato processual por outro meio determinado pelo juiz, considerando-se como data da publicação eletrônica o primeiro dia útil seguinte ao da sua disponibilização, dando-se início ao prazo processual no primeiro dia útil seguinte à data da publicação.

COMENTÁRIO

Está correta a letra D (NCPC, art. 224, §§ 2º e 3º e Lei. 11.419/2006, art. 4º, §§ 3º e 4º).

Está incorreta a letra A, considerando que as petições podem ser enviadas até as 24h do último dia, e não até 20h (NCPC, art. 213 e Lei 11.419/2006, art. 10, § 1º);

Está incorreta a letra B, porque a "arguição de falsidade do documento original será processada eletronicamente na forma da lei processual em vigor" (Lei 11.419/2006, art. 10, § 2º);

Está incorreta a letra C, pois os processos eletrônicos que tiverem de ser remetidos a outro juízo que não for eletrônico deverão ser impressos em papel e autuados conforme o CPC (Lei 11.419/2006, art. 12, § 2º);

(XV EXAME DE ORDEM UNIFICADO – FGV) Adamastor ingressou com ação indenizatória em face de determinada operadora de telefonia fixa, argumentando ausência de relação contratual e inscrição indevida de seu nome no cadastro de proteção ao crédito. Em contestação, a ré apresentou o contrato firmado entre as partes dezoito meses antes e comprovou a falta de pagamento das faturas dos últimos três meses. Em réplica, Adamastor alegou que fez o pedido da linha, mas que seu irmão teria feito uso do serviço, restando indevida a inscrição do seu nome no cadastro de devedores.

Nesse caso, concluída a fase probatória, considerando apenas o aspecto processual, o processo deve ser extinto

(A) sem resolução do mérito, em razão da ausência de pressupostos processuais de existência do processo, já que a parte autora não tem legitimidade para a causa.

(B) com resolução do mérito, julgando-se improcedente o pedido, haja vista a evidente demonstração de fato extintivo e modificativo do direito do autor, que decorre da ausência de responsabilidade civil nesses casos.

(C) sem resolução do mérito, por restarem ausentes as condições da ação no que tange ao interesse processual, caracterizado pelo binômio-necessidade, além da ilegitimidade da parte autora.

(D) com resolução do mérito, julgando-se improcedente o pedido, já que a parte ré apontou fato impeditivo do direito do autor por ter prestado os serviços adequadamente, comprovando a relação contratual válida existente e a inadimplência.

COMENTÁRIO

Está correta a letra D, pois a situação narrada é de fato impeditivo do direito do autor (NCPC, art. 350).

Está incorreta a letra A, pois a condição da ação legitimidade de partes está presente, considerando o consumidor de um lado e a empresa de telefonia do outro;

Está incorreta a letra B, pois a alegação da defesa não é fato extintivo ou modificativo – mas sim impeditivo (NCPC, art. 350);

Está incorreta a letra C, pois tanto há legitimidade (alternativa "A"), como necessidade da movimentação da máquina jurisdicional (já que há alegação de inscrição indevida);

(IV EXAME DE ORDEM UNIFICADO – FGV) De acordo com o Código de Processo Civil, a respeito dos prazos processuais contados em dias, é correto afirmar que

(A) serão contados excluindo-se o dia do início e incluindo-se o dia do vencimento, não se admitindo disposição em contrário.

(B) as intimações somente obrigarão o comparecimento depois de decorridas 24 (vinte e quatro) horas, salvo quando for outro o prazo fixado por lei.

(C) em caso de litisconsórcio, com o mesmo procurador, ser-lhes-ão contados em dobro os prazos para contestar, recorrer e, de modo geral, falar nos autos.

(D) não havendo previsão legal, ou outro fixado pelo juiz, o prazo para a prática de ato processual a cargo da parte será de 10 (dez) dias.

COMENTÁRIO

Está correta a letra B, à luz do Código anterior. *ATENÇAO: no NCPC, o art. 218, § 2º aponta que o prazo mínimo é de *48 horas*;

Está incorreta a letra A. A regra legal é essa, mas admite-se disposição em contrário (NCPC, art. 224);

Está incorreta a letra C, pois a legislação prevê prazo em dobro para litisconsortes com advogados distintos, de escritórios de advocacia distintos (NCPC, art. 229);

Está incorreta a letra D, porque na ausência de prazo legal ou fixado pelo juiz, o ato deverá ser realizado em 5 dias (NCPC, art. 218, § 3º).

2. RECURSOS

2.1. Teoria Geral dos Recursos

(XVII EXAME DE ORDEM UNIFICADO – FGV) O Banco Financeiro S.A. ajuizou contra Marco Antônio ação de busca e apreensão de veículo, em razão do inadimplemento de contrato de financiamento garantido por cláusula de alienação fiduciária. A primeira tentativa de citação foi infrutífera, uma vez que o réu não mais residia no endereço constante da inicial. O Juízo, então, determinou a indicação de novo endereço para a realização da diligência, por decisão devidamente publicada na imprensa oficial. Considerando que o advogado do autor se manteve inerte por prazo superior a 30 dias, o processo foi julgado extinto, sem resolução do mérito, por abandono. Sabendo da impossibilidade de extinção do processo por abandono sem a prévia intimação pessoal da parte para dar regular andamento ao feito, o advogado do autor interpôs recurso de apelação. Assinale a opção que contém a correta natureza do vício apontado e o pedido adequado à pretensão recursal.

(A) Por se tratar de *error in procedendo* e a causa não estar madura para julgamento, o pedido recursal deve ser de anulação da sentença.

(B) Trata-se de erro material, que justifica o pedido de integração da sentença pelo Tribunal.

(C) Em se tratando de *error in judicando*, o pedido adequado, no caso sob exame, é de reforma da sentença.

(D) Trata-se de erro de procedimento, que justifica o pedido de julgamento do mérito da lide no estado em que se encontra.

COMENTÁRIO

O problema narra um erro de forma ou de processamento (*error in procedendo*). Isso porque a extinção por abandono somente pode ocorrer após a intimação do próprio autor – e não de seu advogado (NCPC, art. 485, § 1º).

Está correta a letra A. O erro de processamento (*error in procedendo)* acarreta a anulação da causa e devolução para julgamento em 1º grau. A teoria da causa madura não se aplica se não houve citação e o processo está em condições de julgamento (NCPC, art. 1.013, § 3º);

Está incorreta a letra B, pois não se trata de erro material (como um nome errado de parte);

Está incorreta a letra C. O *error in judicando* (erro de julgamento) de fato acarreta o pedido de reforma – mas o problema narrado não envolve uma situação de erro de conteúdo, mas de forma;

Está incorreta a letra D, porque o erro de forma acarreta a nulidade.

(VII EXAME DE ORDEM UNIFICADO – FGV) O duplo grau de jurisdição obrigatório, também conhecido como reexame necessário ou recurso de ofício, é instituto contemplado no art. 475 do CPC e visa a proteger a Fazenda Pública, constituindo uma de suas principais prerrogativas. Com relação a esse instituto, é correto afirmar que (*ATENÇÃO: a menção ao art. 475 se refere ao Código anterior; no NCPC, o artigo correspondente é o 496).

(A) se aplica o duplo grau de jurisdição obrigatório a toda decisão proferida contra Fazenda Pública.

(B) é pressuposto de admissibilidade do reexame necessário a interposição de apelação pela Fazenda.

(C) se aplica o duplo grau obrigatório à sentença que julga procedente, no todo ou em parte, embargos à execução de dívida ativa da Fazenda Pública, independentemente do valor do débito.

(D) não se aplica o duplo grau obrigatório se a sentença estiver fundada em jurisprudência do plenário do Supremo Tribunal Federal.

COMENTÁRIO

De início, cabe destacar que a remessa necessária (reexame necessário, no Código anterior) não é recurso, pois não há vontade da parte – assim, a terminologia "recurso de ofício" é tecnicamente inadequada.

Está correta a letra D. É uma das exceções mencionadas (NCPC, art. 496, § 4º, I e II).

Está incorreta a letra A. A remessa não se verifica em toda causa – há exceções (NCPC, art. 496, *caput* e parágrafos);

Está incorreta a letra B. A remessa se presta principalmente a suprir a ausência de recurso da Fazenda (NCPC, art. 496); mas, ainda que haja recurso, há a remessa, para incluir algum ponto eventualmente não impugnado pela Fazenda;

Está incorreta a letra C. *Vide* exceção mencionada no item "A".

2.2. Recursos em Espécie

(XIII EXAME DE ORDEM UNIFICADO – FGV) A atividade recursal do Supremo Tribunal Federal e do Superior Tribunal de Justiça encontra-se tradicionalmente associada aos recursos extraordinário e especial, respectivamente. Contudo, tal múnus também é desempenhado por meio do julgamento do denominado *recurso ordinário constitucional*.

Acerca dessa espécie recursal, assinale a afirmativa correta.

(A) Exigir-se-á a comprovação do requisito do prequestionamento para a admissão do recurso ordinário constitucional perante os Tribunais Superiores.

(B) Apenas será acolhido o recurso ordinário que versar sobre questões exclusivamente de direito, não se admitindo a rediscussão de matéria fática por meio desta via recursal.

(C) Compete ao Supremo Tribunal Federal julgar o recurso ordinário interposto contra mandado de segurança decidido em única instância pelos Tribunais Regionais Federais ou pelos Tribunais dos estados, do Distrito Federal e dos territórios, quando denegatória a decisão.

(D) Serão julgadas em recurso ordinário pelo Superior Tribunal de Justiça as causas em que forem partes, de um lado, Estado estrangeiro ou organismo internacional e, do outro, município ou pessoa residente ou domiciliada no país.

COMENTÁRIO

Está correta a letra D, tratando-se de ente estrangeiro, não há apelação para Tribunal intermediário, mas ROC para o STJ (CF, art. 105, II, *c*).

Está incorreta a letra A, pois somente se exige prequestionamento para os recursos excepcionais (Súmulas 282 do STF e 211 do STJ e CPC, art. 1,025);

Está incorreta a letra B, porque a restrição à análise de matéria fática é exclusiva para os recursos excepcionais (Súmulas 279 do STF e 5 e 7 do STJ);

Está incorreta a letra C, nesse caso a competência é do STJ; será do STF quando de julgado originário de Tribunal Superior (CF, arts. 102, II, *a* / 105, II, *b*);

(IX EXAME DE ORDEM UNIFICADO – FGV) Os embargos de declaração no Código de Processo Civil são o remédio jurídico utilizado por qualquer das partes quando houver na sentença ou no acórdão obscuridade, contradição e/ou omissão.

A respeito de tais embargos, assinale a afirmativa correta.

(A) Os embargos serão opostos por meio de petição dirigida ao juiz ou relator com a indicação do ponto obscuro, contraditório ou omisso, no prazo de oito dias.

(B) Os embargos de declaração estão sujeitos a preparo e serão dirigidos ao órgão competente para apreciar o recurso de apelação, quando se tratar de sentença.

(C) A oposição de embargos de declaração suspende o prazo para a interposição de recurso por qualquer das partes.

(D) A interposição de qualquer recurso está condicionada ao pagamento da multa pela oposição reiterada de embargos protelatórios, multa essa que se reverterá em favor do embargado.

COMENTÁRIO

Está correta a letra D, se houver oposição de embargos protelatórios, haverá multa; na reiteração dos embargos protelatórios, a multa passa a ser requisito de admissibilidade para a interposição de outros recursos (NCPC, art. 1.026, § 3º).

Está incorreta a letra A, o prazo é de 5 dias (NCPC, art. 1.023);

Está incorreta a letra B, não há preparo nos declaratórios (NCPC, art. 1.023);

Está incorreta a letra C, no âmbito do NCPC, os declaratórios interrompem o prazo recursal (NCPC, art. 1.026 – e, por força do art. 1.065 do NCPC, inclusive no JEC passa a haver a interrupção do prazo, por força da alteração do art. 50 da Lei 9.099/1995);

(IX EXAME DE ORDEM UNIFICADO – FGV) Como forma de prestigiar o princípio da razoável duração do processo e propiciar uma prestação jurisdicional mais célere e eficiente, um legislador promoveu uma série de alterações na sistemática recursal do Processo Civil brasileiro. Nesse sentido, destaca-se a Emenda Constitucional n. 45/2004 que introduziu em nosso ordenamento jurídico a figura da repercussão geral.

Acerca deste instituto, assinale a afirmativa correta.

(A) É um pressuposto processual de admissibilidade específico do Recurso Especial que permite que apenas sejam analisados os recursos que tratem de questões relevantes do ponto de vista econômico, político, social ou jurídico, e as que ultrapassem os interesses subjetivos da causa.

(B) Sempre que o recurso impugnar decisão contrária à súmula ou jurisprudência dominante do Supremo Tribunal Federal, haverá repercussão geral.

(C) Não se admite, quando da análise da existência de repercussão geral pelo Ministro Relator do recurso, a manifestação de terceiros interessados.

(D) A decisão que nega a existência da repercussão geral não tem o condão de atingir outros recursos que tratem de matéria idêntica, apenas gerando efeitos endoprocessuais.

COMENTÁRIO

Está correta a letra B, NCPC, art. 1.035, § 3º, I;

Está incorreta a letra A, pois a repercussão geral, até o momento, existe somente para o recurso extraordinário (NCPC, art. 1.035);

Está incorreta a letra C, porque na análise da existência de repercussão, cabe a oitiva de terceiros, chamados de "amigo da Corte" (*amicus curiae* – NCPC, arts. 138 e 1.035, § 4º);

Está incorreta a letra D, pois a decisão da repercussão atinge casos análogos (NCPC, art. 1.036).

(VI EXAME DE ORDEM UNIFICADO – FGV) A respeito das decisões monocráticas proferidas pelo relator, assinale a alternativa correta.

(A) Caberá agravo no prazo de cinco dias ao órgão competente para o julgamento do recurso, não se admitindo juízo de retratação, devendo o relator proferir voto e apresentá-lo em mesa para julgamento.

(B) Interposto o agravo infundado contra decisão monocrática, poderá o tribunal condenar o agravante ao pagamento de multa em favor do agravado, desde que não condicione a interposição de qualquer outro recurso ao depósito do valor.

(C) Caso o agravante requeira a suspensão da decisão até o pronunciamento definitivo da turma ou câmara, ao argumento de iminente lesão grave, o relator não poderá se manifestar monocraticamente, devendo apresentar o processo em mesa.

(D) Poderá o relator dar provimento ao recurso, caso a decisão recorrida esteja em manifesto confronto com súmula ou jurisprudência dominante do Supremo Tribunal Federal ou de Tribunal Superior.

COMENTÁRIO

O art. 932 do NCPC permite a prolação de decisões monocráticas ou unipessoais, ou seja, aquelas em que não há decisão colegiada (acórdão), mas somente do relator.

Está correta a letra D. A legislação permite o julgamento monocrático não só para não conhecer, mas também para o juízo de mérito – seja o provimento ou o não provimento (NCPC, art. 932, V, *a*, *b* e *c*).

Está incorreta a letra A. Diante do agravo (interno ou regimental), pode o relator reconsiderar (NCPC, art. 932, V, *a*, *b* e *c*);

Está incorreta a letra B. Cabe a multa por recurso inadmissível ou infundado – cujo recolhimento é condição para a interposição de outro recurso (NCPC, art. 1.021, §§ 4º, e 5º do NCPC);

Está incorreta a letra C. É possível ao relator conceder, liminarmente, o efeito suspensivo ou antecipação de tutela recursal (art. 1.019 do NCPC).

3. PROCESSO DE EXECUÇÃO E CUMPRIMENTO DE SENTENÇA

3.1. Processo de Execução

(XVI EXAME DE ORDEM UNIFICADO – FGV) Daniel possui uma pequena mercearia e costuma aceitar cheques de seus clientes, como forma de pagamento. Ocorre que, no último mês, três dos cheques apresentados no prazo foram devolvidos por insuficiência de fundos. Daniel não obteve êxito na cobrança amigável, não lhe restando, portanto, outra alternativa senão recorrer ao Poder Judiciário. Com base nessa situação hipotética, assinale a afirmativa correta.

(A) Daniel pode cumular várias execuções, sendo o mesmo devedor, ainda que fundadas em títulos diferentes e diversa a forma do processo, desde que o juízo seja competente para todas.

(B) É vedado ao juiz examinar de ofício os requisitos que autorizam a cumulação de execuções.

(C) Daniel pode cumular várias execuções, fundadas em títulos diferentes, ainda que diversos os devedores, desde que para todas elas seja competente o juízo e idêntica a forma do processo.

(D) Daniel pode cumular várias execuções, sendo o mesmo devedor, ainda que fundadas em títulos diversos, desde que seja competente o juízo e haja identidade na forma do processo.

COMENTÁRIO

Está correta a letra D (NCPC, art. 780).

Está incorreta a letra A, pois a lei permite cumular várias execuções, sendo o mesmo devedor, ainda que fundadas em títulos diversos, desde que seja competente o juízo e haja identidade na forma do processo (ou seja, procedimento – inclusive, essa é a nomenclatura que consta do NCPC, art. 780, ao invés de "forma do processo");

Está incorreta a letra B, pois se um dos requisitos não estiver presente, o juiz não poderá determinar a citação (NCPC, arts. 780 e 783);

Está incorreta a letra C, porque o art. 780 do NCPC prevê a cumulação de execução quando se está diante do mesmo executado.

(XV EXAME DE ORDEM UNIFICADO – FGV) Ricardo ajuizou ação de execução por título extrajudicial em face de Fábio, objetivando o pagamento de cheque que fora devolvido por insuficiência de fundos, no valor de R$ 1.000,00. Após Fábio ser regularmente citado, Ricardo requereu ao juiz a desistência do processo.

Dessa forma, assinale a afirmativa correta.

(A) O juiz deverá homologar a desistência, independentemente da concordância do executado, caso não tenham sido apresentados embargos versando sobre questões de direito material.

(B) O juiz somente poderá homologar a desistência após a anuência do executado.

(C) O juiz não homologará a desistência, já que o credor tem a faculdade de desistir apenas de algumas medidas executivas.

(D) O juiz não homologará a desistência caso o devedor, citado, ofereça embargos que versem apenas sobre questões processuais.

COMENTÁRIO

Está correta a letra A, pois a execução é realizada no interesse do exequente, de modo que a permissão da desistência é ampla no processo executivo (NCPC, art. 775, parágrafo único, I e II);

Está incorreta a letra B, considerando o exposto na alternativa anterior;

Está incorreta a letra C, considerando o exposto na alternativa "A";

Está incorreta a letra D, pois (i) sempre será possível a desistência da execução e (ii) somente se os embargos tratarem de questões de mérito (não de direito processual) é que haverá necessidade de concordância do executado/embargante para extinção dos *embargos* (NCPC, art. 775, parágrafo único).

(XV EXAME DE ORDEM UNIFICADO – FGV) João vendeu para seu vizinho Pedro, por R$ 10.000,00 (dez mil reais), um automóvel usado, tendo as partes, para tanto, celebrado contrato de compra e venda assinado pelo devedor e por duas testemunhas. Na ocasião, ficou acordado que João entregaria o veículo a Pedro mediante o pagamento, no ato, de R$ 4.000,00 (quatro mil reais), sendo o restante da dívida pago em 3 (três) parcelas mensais de R$ 2.000,00 (dois mil reais) cada. Sucede, entretanto, que, depois de pagar R$ 4.000,00 (quatro mil reais) e receber o automóvel de João, Pedro não cumpriu sua obrigação quanto ao valor remanescente.

Tendo em vista essa situação hipotética e considerando os princípios e regras atinentes ao processo de execução, assinale a afirmativa correta.

(A) Não satisfeita a obrigação certa, líquida e exigível, consubstanciada em título executivo, a execução poderá ser instaurada por João, desde que notifique previamente Pedro.

(B) João não poderá prosseguir com a execução caso Pedro cumpra a obrigação no curso da demanda, hipótese em que caberá àquele arcar com as custas processuais e honorários.

(C) O adimplemento parcial da prestação não impede que João ajuíze a execução quanto à parcela da obrigação que não foi realizada.

(D) O inadimplemento relativo, assim como o inadimplemento absoluto, autoriza o ajuizamento da ação executiva para a entrega de coisa, desde que preenchidos os demais requisitos necessários.

COMENTÁRIO

Está correta a letra C para a banca e a melhor escolha (considerando o exposto na alterativa B). O pagamento parcial não impede que se ingresse com a execução de quantia, pois há débito (NCPC, art. 829);

Está incorreta a letra A, pois não há previsão legal de necessidade de prévia notificação extrajudicial como requisito para se executar;

Está incorreta a letra B para a banca. Porém, essa alternativa não está de todo errada, pois a expressão "cumpra a obrigação" (na alternativa) não está clara se se refere a *todo* o pagamento da dívida (hipótese em que não seria possível a execução, por falta de interesse) ou a *alguma parcela* (caso em que seria possível prosseguir com a execução); por isso, melhor se buscar outra resposta;

Está incorreta a letra D, pois a obrigação narrada na questão é de pagar (NCPC, art. 829), não de entrega de coisa (NCPC, art. 806).

(X EXAME DE ORDEM UNIFICADO – FGV) A respeito da penhora, assinale a afirmativa correta.

(A) A penhora não será realizada quando o bem estiver na posse, detenção ou guarda de terceiro.

(B) Havendo mais de uma penhora, lavrar-se-á um único auto de penhora.

(C) Se o devedor fechar as portas da casa, a fim de obstar a penhora dos bens, o oficial de justiça providenciará o arrombamento, independente de qualquer autorização judicial.

(D) O juiz autorizará a alienação antecipada dos bens penhorados quando houver manifesta vantagem.

COMENTÁRIO

Está correta a letra D, art. 852, II, do NCPC.

Está incorreta a letra A, a penhora de bem do executado será realizada mesmo se o referido bem estiver com terceiros (NCPC, art. 845);

Está incorreta a letra B, para cada penhora, será lavrado um auto (interpretação decorrente do art. 838 do NCPC);

Está incorreta a letra C, para arrombamento pelo oficial de justiça, deve existir autorização do juiz (NCPC, art. 846).

(VII EXAME DE ORDEM UNIFICADO – FGV) A respeito do processo de execução, assinale a alternativa correta.

(A) A sentença arbitral, a letra de câmbio, a nota promissória e a duplicata são títulos executivos extrajudiciais.

(B) O exequente poderá, no ato da distribuição, obter certidão comprobatória do ajuizamento da execução, para fins de averbação no registro de imóveis, de veículos ou outros bens sujeitos a penhora ou arresto.

(C) O executado que, intimado, não indica ao juiz a localização de seus bens, não pratica ato atentatório à dignidade da justiça.

(D) A ausência de liquidez não impede a instauração do processo de execução.

COMENTÁRIO

Está correta a letra B. Art. 828 do NCPC;

Está incorreta a letra A. Sentença arbitral é título executivo judicial (NCPC, art. 515, VII);

Está incorreta a letra C, pois essa é uma das situações que se configura como de ato atentatório à dignidade da justiça (NCPC, art. 774, V);

Está incorreta a letra D, pois a execução se funda em título de obrigação *líquida*, certa e exigível (NCPC, art. 783).

(V EXAME DE ORDEM UNIFICADO – FGV) Considerando a ação de execução de título extrajudicial, é correto afirmar que

(A) cabe ao devedor provar que o credor não adimpliu a contraprestação, quando a satisfação da obrigação do executado estiver condicionada à realização daquela.

(B) deverá ser extinta se o título não corresponder a obrigação certa, líquida e exigível.

(C) caberá ao devedor indicar a espécie de execução que prefere, quando de mais de um modo puder ser efetuada.

(D) caso a petição inicial se ache desacompanhada do título executivo, deverá ser indeferida de plano, não se admitindo prazo para correção, dada a natureza sumária das ações executivas.

COMENTÁRIO

Está correta a letra B, art. 783 do NCPC;

Está incorreta a letra A, a existência de contraprestação pelo credor é tratada no art. 787, *caput*, e parágrafo único, do NCPC;

Está incorreta a letra C, pois quando se estiver diante de obrigações alternativas, é possível que a escolha da forma de execução seja do exequente ou do executado, conforme o previsto no título (NCPC, art. 800);

Está incorreta a letra D, pois há expressa previsão determinando a emenda da inicial, mesmo no processo de execução (NCPC, art. 801).

3.2. EMBARGOS À EXECUÇÃO

(XVII EXAME DE ORDEM UNIFICADO – FGV) Mário foi citado em processo de execução, em virtude do descumprimento de obrigação consubstanciada em nota promissória por ele emitida. Alegando excesso de execução, por ter efetuado o pagamento parcial da dívida, Mário opôs embargos à execução. Sobre esses embargos, assinale a afirmativa correta.

(A) Constituem-se em ação autônoma, razão pela qual serão autuados e distribuídos livremente, em homenagem ao princípio do juiz natural.

(B) São cabíveis tanto nas execuções autônomas quanto no cumprimento de sentença.

(C) Em regra, suspendem a execução.

(D) Seu oferecimento independe de efetivação da penhora, depósito ou caução.

COMENTÁRIO

Está correta a letra D (NCPC, art. 914).

Está incorreta a letra A. Os embargos são ação autônoma, mas distribuídos por dependência à execução, pois ligados a ela (NCPC, art. 914, § 1º);

Está incorreta a letra B, pois no cumprimento de sentença a defesa é pela impugnação (NCPC, art. 525);

Está incorreta a letra C, pois somente excepcionalmente há concessão de efeito suspensivo aos embargos (NCPC, art. 919, *caput* e § 1º);

3.3. Cumprimento de Sentença e Impugnação

(XVIII EXAME DE ORDEM UNIFICADO – FGV) X contratou um plano de saúde com cobertura integral e sem carência junto à operadora Saúde 100%, em 19 de outubro de 2012. Seis meses depois, precisou se submeter a uma cirurgia na coluna, mas o plano se negou a cobri-la, sob alegação de que tal procedimento não estava previsto em contrato. Inconformado, X ajuizou ação visando ao cumprimento forçado da obrigação, demanda essa distribuída perante a 10ª Vara Cível da comarca do Rio de Janeiro, de titularidade do magistrado Y. Após regular tramitação, o pedido autoral foi julgado procedente, tendo em sentença sido fixado o prazo de 10 dias para a efetivação da cirurgia, sob pena de multa de R$ 1.000,00 por dia de atraso. Três meses depois do trânsito em julgado, e ainda não tendo sido cumprida a obrigação, X requereu a majoração da multa diária, pedido este indeferido pelo juiz Y, sob alegação de estar impedido de atuar por força da coisa julgada material. Sobre os fatos, assinale a afirmativa correta.

(A) O magistrado agiu corretamente, cabendo ao autor apenas cobrar a multa vencida.

(B) A multa poderia ser aumentada, ou até mesmo substituída por outra medida de apoio mais efetiva, a fim de concretizar o direito do autor.

(C) A multa somente poderia ser aumentada se o autor conseguisse modificar a sentença por meio de uma ação rescisória.

(D) A multa não poderia ser aumentada, mas o juiz poderia condenar a empresa ré a pagar danos morais ao autor.

COMENTÁRIO

A letra B está correta, conforme art. 537, § 1º, do NCPC;

A letra A está incorreta, pois a multa poderá ser majorada mesmo após a coisa julgada de acordo com ampla a lei (art. 537) doutrina e jurisprudência;

A letra C está incorreta. Além de ser possível sua majoração independentemente de rescisória, não constitui esta medida adequada por falta de tipicidade (art. 966, NCPC);

A letra D está incorreta, pelos motivos apresentados na alternativa "A".

(XVIII EXAME DE ORDEM UNIFICADO – FGV) Henrique fora condenado pelo juízo da 10ª Vara Cível da Comarca da Capital do Rio de Janeiro ao pagamento de indenização por danos morais causados a Marlon, no valor de R$ 100.000,00, tendo tal decisão transitada em julgado. Na fase de cumprimento de sentença, não houve o pagamento voluntário da quantia, nem foram encontrados bens no foro da causa, razão pela qual procedeu-se à avaliação e penhora de imóvel de veraneio de Henrique, situado no Guarujá/SP, mediante carta precatória. O Oficial de Justiça, mesmo certificando em seu laudo não possuir o conhecimento especializado necessário para o ato, avaliou o imóvel em R$ 150.000,00. Nesse caso, a impugnação ao cumprimento de sentença que verse unicamente o vício de avaliação

(A) poderá ser oferecida no juízo deprecante ou deprecado, sendo o juízo deprecante o competente para julgá-la.

(B) poderá ser oferecida no juízo deprecante ou deprecado, sendo o juízo deprecado o competente para julgá-la.

(C) deverá ser oferecida no juízo deprecado, sendo o juízo deprecante o competente para julgá-la.

(D) deverá ser oferecida no juízo deprecante, sendo o juízo deprecado o competente para julgá-la.

COMENTÁRIO

A alternativa correta é a B, uma vez que por aplicação analógica do artigo 914, § 2º, do NCPC a impugnação poderá ser oferecida perante o juízo deprecante ou deprecado, mas o deprecado deverá julgar, pois versa sobre vícios específicos da penhora e avaliação.

(XVIII EXAME DE ORDEM UNIFICADO – FGV) Dominique, cidadão francês, foi parte em procedimento arbitral que teve como sede uma câmara localizada em Paris, na França, tendo este também sido o local onde a sentença foi proferida. Ele obteve êxito em sua pretensão, que foi julgada conforme a legislação francesa, e, agora, deseja receber da parte sucumbente os valores a que faz jus. A parte devedora é brasileira e possui patrimônio no Brasil, sendo a condenação de natureza cível. Ele procura você para, como advogado(A), orientá-lo. Assinale a opção que indica o procedimento que Dominique deve adotar.

(A) Iniciar procedimento de cumprimento de sentença perante uma das varas cíveis da comarca onde está localizada a devedora, uma vez que a sentença arbitral, conforme legislação processual brasileira, é título executivo judicial.

(B) Ajuizar ação de execução perante uma das varas cíveis da comarca onde está localizada a devedora, uma vez que a sentença arbitral, conforme legislação processual brasileira, é título executivo extrajudicial.

(C) Dar início aos trâmites para recebimento dos valores perante os tribunais de Paris, na França, uma vez que esse foi o local onde foi conduzido o procedimento de arbitragem.

(D) Obter, preliminarmente, a homologação da sentença arbitral perante o Superior Tribunal de Justiça, uma vez que, pelas características narradas na questão, trata-se de sentença arbitral estrangeira.

COMENTÁRIO

A letra D está correta, conforme art. 105, I, *i*, da CF.

A letra A está incorreta, pois é necessária a previa homologação da sentença estrangeira (CF, 105, I, *i*);

A letra B está incorreta, pois é necessária a previa homologação da sentença estrangeira (CF, 105, I, *i*) e a sentença arbitral é título executivo judicial (art. 515, VII, NCPC);

A letra C está incorreta, pois a competência para o cumprimento é no Brasil (arts. 21, 22 e 23, NCPC).

(XIV EXAME DE ORDEM UNIFICADO – FGV) Raul ajuizou ação de indenização por danos materiais, pelo rito ordinário, em face de Sérgio, pretendendo ressarcir-se dos prejuízos suportados com o conserto de seu táxi, decorrentes de uma colisão no trânsito causada por imprudência do réu. O pedido foi julgado procedente, mas a determinação do valor exato da condenação dependia de apuração do *quantum debeatur*, relativo às consequências do ato ilícito.

Diante da atual sistemática do Código de Processo Civil, é correto afirmar que a liquidação de sentença, na hipótese,

(A) é considerada simples incidente processual, devendo o juiz, de ofício, iniciá-la, determinando a citação do réu.

(B) constitui-se em processo autônomo, iniciado mediante requerimento da parte interessada, do qual será citado o réu.

(C) constitui-se em fase do processo de conhecimento, iniciada mediante requerimento da parte interessada, do qual será intimada a parte contrária na pessoa de seu advogado.

(D) constitui-se em procedimento autônomo, devendo o juiz, de ofício, iniciá-lo, mediante intimação das partes.

COMENTÁRIO

Está correta a letra C: correta, sendo processo de conhecimento (transição entre conhecimento e cumprimento de sentença) e, como exposto antes, é incidente e acarreta a intimação (NCPC, art. 509, § 2º e 513, § 2º);

Está incorreta a letra A, pois não cabe ao juiz dar início de ofício à liquidação (NCPC, art. 509, *caput* e § 2º);

Está incorreta a letra B, porque a liquidação, apesar de ser requerida pelo exequente, não é um processo autônomo, mas um incidente, em que o executado será intimado (NCPC, art. 509, § 2º e 513, § 2º);

Está incorreta a letra D, considerando ser incidente e não ser possível seu início de ofício (NCPC, art. 509, *caput* e § 2º).

(XII EXAME DE ORDEM UNIFICADO – FGV) O sistema de execução de decisões modernamente utilizado está muito atrelado à ideia de sincretismo processual. Por essa sistemática, em regra, tornou-se a execução um prolongamento do processo de conhecimento. Passou-se a ter um processo misto que não é mais nem puramente cognitivo nem puramente executivo. O novo sistema permitiu que a obtenção da tutela jurisdicional plena fosse mais rapidamente alcançada. Entretanto, em hipóteses específicas, ainda tem cabimento o processo de execução autônomo. Assinale a alternativa que contém título executivo judicial a ensejar a execução sincrética.

(A) A certidão de dívida ativa da Fazenda Pública da União, dos Estados, do Distrito Federal, dos Territórios e dos Municípios, correspondente aos créditos inscritos na forma da lei.

(B) O instrumento de transação referendado pelo Ministério Público, pela Defensoria Pública ou pelos advogados dos transatores.

(C) A sentença proferida no processo civil que reconheça a existência de obrigação de fazer, não fazer, entregar coisa ou pagar quantia.

(D) O crédito, documentalmente comprovado, decorrente de aluguel de imóvel, bem como de encargos acessórios, tais como taxas e despesas de condomínio.

COMENTÁRIO

Está correta a letra C, pois a sentença proferida no processo de conhecimento é título executivo judicial (NCPC, art. 515, I), em que há o cumprimento de sentença (sincretismo processual);

Está incorreta a letra A, pois a CDA é título executivo extrajudicial (NCPC, art. 784, IX), que dá origem a uma execução fiscal (processo autônomo, não sendo caso de sincretismo processual);

Está incorreta a letra B, pois esses documentos são títulos executivos extrajudiciais (NCPC, art. 784), que dão origem a uma execução autônoma;

Está incorreta a letra D, pois esse crédito é título executivo extrajudicial (NCPC, art. 784, VIII), que dá origem a uma execução autônoma.

(IX EXAME DE ORDEM UNIFICADO – FGV) A execução tem por finalidade precípua a adoção de medidas necessárias à satisfação da obrigação prevista em um título executivo judicial ou extrajudicial. Em um primeiro momento, vigia no ordenamento pátrio o princípio da autonomia, segundo o qual as atividades executivas e de conhecimento deveriam ser desenvolvidas necessariamente por meio de ações distintas. Contudo, tal sistemática foi alvo de uma série de reformas que buscaram prestigiar um desenvolvimento sincrético do processo, bem como a própria efetivação do título executivo.

Com base na legislação vigente, assinale a afirmativa correta:

(A) A sentença arbitral, de acordo com o CPC, possui natureza de título executivo extrajudicial e poderá ser liquidada ou executada, conforme o caso, perante o juízo cível competente, hipótese na qual o mandado inicial incluirá a ordem de citação do devedor.

(B) O executado, nas obrigações de pagar quantia certa ou já fixada em liquidação, poderá oferecer impugnação para rediscutir qualquer causa impeditiva, modificativa ou extintiva da obrigação, desde que superveniente à sentença.

(C) O CPC prevê que o juiz pode atribuir efeito suspensivo aos embargos quando ficar demonstrado que o prosseguimento da execução manifestamente pode causar ao executado grave dano de difícil ou incerta reparação o que não ocorre na impugnação, tendo em vista que nesta modalidade de defesa está prevista, expressamente, a impossibilidade de concessão de efeitos suspensivos em quaisquer hipóteses.

(D) A concessão de efeito suspensivo nos embargos do executado obsta o prosseguimento da execução principal, impedindo, inclusive, a efetivação dos atos de penhora e avaliação dos bens.

COMENTÁRIO

Está correta a letra B: correta, porque a defesa no cumprimento é a impugnação, sendo possível apenas alegar matérias previstas na lei (NCPC, art. 525, § 1º, VII);

Está incorreta a letra A, porque a sentença arbitral, por opção legislativa (para limitar a matéria de defesa do executado) é título executivo *judicial* (NCPC, art. 515, VII);

Está incorreta a letra C, pois tanto nos embargos quanto na impugnação o efeito suspensivo depende de concessão do juiz, desde que presentes os requisitos (NCPC, art. 525, § 6º);

Está incorreta a letra D, pois mesmo que concedido o efeito suspensivo aos embargos, ocorrerá a penhora e avaliação (NCPC, art. 919, § 5º).

(VIII EXAME DE ORDEM UNIFICADO – FGV) Nos autos de ação indenizatória movida por Henrique em face de Paulo, ambos prósperos empresários, transitou em julgado sentença de procedência do pleito autoral, condenando o réu ao pagamento de indenização, no montante equivalente a 500 salários mínimos, na data da prolação da sentença, acrescidos de juros legais e correção monetária.

Assinale a alternativa que apresenta a providência a ser imediatamente adotada pelo advogado de Henrique.

(A) Instauração da fase de liquidação de sentença por arbitramento, a fim de apurar o valor da condenação em moeda corrente.

(B) Instauração da fase de cumprimento de sentença, com a apresentação da memória de cálculo contemplando o valor da condenação em moeda corrente.

(C) Instauração da fase de liquidação de sentença por cálculos do contador, a fim de que o magistrado remeta os autos ao contador judicial, para que seja apurado o valor da condenação em moeda corrente.

(D) Ajuizamento de ação rescisória, a fim de que o tribunal apure o valor da condenação em moeda corrente.

COMENTÁRIO

A letra B está correta. Trata-se de sentença com valor passível de liquidação por simples cálculo aritmético. Assim, já deverá ter início o cumprimento de sentença (NCPC, art. 509, § 2º).

4. TUTELA PROVISÓRIA

(XVIII EXAME DE ORDEM UNIFICADO – FGV) Alan ajuizou medida cautelar preparatória em face de Roberta, obtendo deferimento de pedido liminar para indisponibilizar a venda de veículos de propriedade da ré. De posse da decisão liminar, Alan protocolizou ofício junto ao órgão competente em 30 de janeiro, tendo a liminar sido efetivada em 10 de fevereiro, ou seja, quatro dias antes da citação de Roberta. As datas citadas eram dias úteis. Com base na hipótese narrada, assinale a afirmativa correta.

(A) O ajuizamento da ação principal dentro do prazo legal veda ao magistrado revogar a decisão liminar antes da sentença de mérito.

(B) O ajuizamento da ação principal no dia 14 de março acarreta a perda da eficácia da liminar deferida e a extinção da medida cautelar.

(C) A eventual falta de diligência de Alan ao inobservar o prazo legal para execução da decisão liminar acarretará a automática extinção dos processos cautelar e principal.

(D) O indeferimento do pedido acautelatório liminar formulado por Alan obsta o ajuizamento da ação principal, por falta de interesse.

COMENTÁRIO

A letra B está correta, conforme art. 309, I, do NCPC;

A letra A está incorreta, pois independentemente do ajuizamento da ação principal, a liminar poderá ser revogada a qualquer momento (art. 296, NCPC);

A letra C está incorreta, pois a inobservância acarreta apenas extinção da cautelar (art. 309, II, NCPC);

A letra D está Incorreta. O indeferimento da cautelar não impede o ajuizamento da causa principal nem obsta no julgamento desta conforme art. 310, NCPC.

Nota: não há mais cautelar preparatória, mas sim cautelar "antecedente".

5. PROCEDIMENTOS ESPECIAIS

5.1. Possessórias

(X EXAME DE ORDEM UNIFICADO – FGV) A proteção possessória pode se desenvolver por meio de diversos tipos de ações. No que se refere às espécies de ações possessórias e suas características, assinale a afirmativa correta.

(A) Em virtude do princípio da adstrição, a propositura de uma ação possessória em vez de outra impede que o juiz conheça do pedido e outorgue a proteção correspondente àquela cujos requisitos estejam provados.

(B) É defeso ao autor cumular o pedido possessório com condenação em perdas e danos, devendo optar por um ou outro provimento, sob pena de enriquecimento sem causa.

(C) As ações possessórias não possuem natureza dúplice. Sendo assim, caso o réu queira fazer pedido contra o autor, não poderá se valer da contestação, devendo apresentar reconvenção.

(D) Apenas o possuidor figura-se como parte legítima para a propositura das ações possessórias, tanto na hipótese de posse direta quanto na hipótese de posse indireta.

COMENTÁRIO

Está correta a letra D. Se a lei prevê que a posse é requisito para o uso das ações possessórias (NCPC, art. 560), descabem essas medias por quem for, por exemplo, proprietário e não possuidor;

Está incorreta a letra A. No caso das possessórias, tratando-se de situação fática que altera com facilidade, aplica-se a fungibilidade entre as 3 medidas (NCPC, art. 554);

Está incorreta a letra B, pois cabe a cumulação de pedidos na possessória (NCPC, art. 555);

Está incorreta a letra C, considerando (i) que a possessória é típico exemplo de ação dúplice – causa em que o réu, na própria contestação, pode formular pedido em seu valor (NCPC, art. 556) e (ii) vale lembrar que, no NCPC, não existe mais a reconvenção autônoma, que sempre será feita na própria contestação (NCPC, art. 343).

(V EXAME DE ORDEM UNIFICADO – FGV) Numa ação de reintegração de posse em que o esbulho ocorreu há menos de 1 ano e 1 dia, ao examinar o pedido de liminar constante da petição inicial, o juiz

(A) deve sempre designar audiência prévia ou de justificação, citando o réu, para, então, avaliar o pedido liminar.

(B) deve deferir de plano, sem ouvir o réu, se a petição inicial estiver devidamente instruída e sendo a ação entre particulares.

(C) pode deferir a liminar de plano, sem ouvir o réu, desde que haja parecer favorável do Ministério Público.

(D) deve sempre realizar a inspeção judicial no local, sendo tal diligência requisito para a concessão da liminar.

COMENTÁRIO

A letra B está correta. A questão trata da liminar na possessória. Nos termos da legislação (art. 562 do NCPC), se estiverem presentes os requisitos (prova da posse e tempo da moléstia à posse), a liminar deve ser deferida. Por sua vez, se o juiz entender que não estão presentes, pela prova documental, os requisitos, deverá designar audiência de justificação. Em regra, não haverá a participação do MP na possessória (exceção: litígios que envolvam grande número de pessoas – NCPC, art. 554, § 1º).

(IV EXAME DE ORDEM UNIFICADO – FGV) A respeito das ações possessórias, assinale a alternativa correta.

(A) O possuidor tem direito a ser mantido na posse em caso de esbulho e reintegrado no de turbação.

(B) É vedada a cumulação de pedidos com o pedido possessório.

(C) Quando for ordenada a justificação prévia, o prazo para contestar contar-se-á da intimação do despacho que deferir ou não a medida liminar.

(D) A propositura da ação de reintegração de posse, quando cabível manutenção de posse, torna impossível o acolhimento do pedido, impondo a extinção sem resolução do mérito.

COMENTÁRIO

Está correta a letra C, art. 564, parágrafo único, do NCPC;

Está incorreta a letra A, no tocante às possessórias, utiliza-se a reintegração para o esbulho (perda da posse); manutenção para o caso de turbação (perturbação da posse) e interdito proibitório para o caso de ameaça (NCPC, arts. 560 e 567);

Está incorreta a letra B, cabe cumular o pedido possessório com perdas e danos e indenização dos frutos (NCPC, art. 555);

Está incorreta a letra D, pois há fungibilidade entre as possessórias (NCPC, art. 554).

5.2. Juizados Especiais

(EXAME DE ORDEM UNIFICADO 2010.2 – FGV) A Lei n. 9.099/1995 disciplina os chamados Juizados Especiais Cíveis no âmbito Estadual. Nela é possível encontrar diversas regras especiais, que diferenciam o procedimento dos Juizados do procedimento comum do CPC.

Segundo a Lei n. 9.099/1995, assinale a alternativa que indique uma dessas regras especificas.

(A) Não é cabível nenhuma forma de intervenção de terceiros nem de assistência.

(B) É vedado o litisconsórcio.

(C) Nas ações propostas por microempresas, admite-se a reconvenção.

(D) Se o pedido formulado for genérico, admite-se, excepcionalmente, sentença ilíquida.

COMENTÁRIO

Está correta a letra A: correta, art. 10 da Lei 9.099/1995;

Está incorreta a letra B: incorreta, a lei admite o litisconsórcio (art. 10 da Lei 9.099/1995);

Está incorreta a C, não há reconvenção, mas admite-se o pedido contraposto (art. 31 da Lei 9.099/1995) – lembrando que, no NCPC, a reconvenção deixa de ser uma peça autônoma e passa a ser apresentada na própria contestação (NCPC, art. 343);

Está incorreta a D, no JEC não se admite sentença ilíquida (art. 38, parágrafo único, da Lei 9.099/1995).

5.3. Mandado De Segurança

(XIV EXAME DE ORDEM UNIFICADO – FGV) O Mandado de Segurança é a ferramenta jurídica hábil para proteger direito líquido e certo, não amparado por *habeas corpus* ou *habeas data*, quando, ilegalmente ou com abuso de poder, autoridade coatora praticar ato que viole ou cause justo receio de violação daquele direito. Com relação ao Mandado de Segurança, assinale a opção correta.

(A) Poderá ser impetrado somente por pessoa física, não sendo cabível para tutelar direito de pessoa jurídica de direito privado.

(B) Indeferida a petição inicial pelo juiz de primeiro grau, o impetrante poderá interpor recurso de apelação.

(C) Admite-se o ingresso de litisconsorte ativo até que se esgote o prazo para a autoridade coatora prestar informações.

(D) Não se admite, em qualquer hipótese, a impetração de Mandado de Segurança por telegrama, radiograma, fax ou qualquer outro meio eletrônico.

COMENTÁRIO

Está correta a letra B, tanto pelo NCPC (art. 1.009) quanto pela legislação específica (Lei 12.016/2009, art. 10, § 1º);

Está incorreta a letra A: incorreta, pois há expressa previsão legal permitindo o uso de MS por PJ (Lei 12.016/2009, art. 1º – e é muito comum, por exemplo, em questões tributárias);

Está incorreta a letra C, pois não se admite o ingresso de litisconsorte após o despacho da inicial (Lei 12.016/2009, art. 10, § 2º);

Está incorreta a letra D, considerando isso ser possível em caso de urgência (Lei 12.016/2009, art. 4º).

(IX EXAME DE ORDEM UNIFICADO – FGV) Impetrado um mandado de segurança, já sob a égide da Lei n. 12.016/2009, assinale a afirmativa correta.

(A) A sentença não fixará honorários advocatícios, por serem eles incabíveis no Mandado de Segurança.

(B) A decisão do juiz que conceder ou denegar a Medida Liminar é irrecorrível, cabendo apenas o pedido de reconsideração.

(C) O juiz converterá o Mandado de Segurança no procedimento que entender cabível, quando não for o caso de Mandado de Segurança, ou lhe faltar um dos requisitos legais ou quando decorrido o prazo para impetração, em homenagem ao princípio da celeridade processual.

(D) A suspensão das medidas liminares concedidas em face do Poder Público sendo determinada, o pedido original não poderá ser aditado para abranger as medidas liminares supervenientes, cabendo, apenas, novo pedido de suspensão das liminares.

COMENTÁRIO

Está correta a letra A, Conforme entendimento jurisprudencial (Súmula 105 do STJ: "Na ação de mandado de segurança não se admite condenação em honorários advocatícios"), confirmado na legislação (art. 25 da Lei 12.016/2009), descabem honorários no MS;

Está incorreta a letra B, a decisão é agravável (art. 7º, § 1º, da Lei 12.016/2009);

Está incorreta a letra C, nesses casos, a hipótese é de extinção (art. 23 da Lei 12.016/2009 c/c art. 485 do NCPC);

Está incorreta a letra D, quanto à "suspensão de segurança", há expressa previsão legal em sentido inverso (art. 15, § 5º, da Lei 12.016/2009).

5.4. Outros Procedimentos Especiais

(XVIII EXAME DE ORDEM UNIFICADO – FGV) Edgar pleiteou a remoção da inventariante Joana, nomeada nos autos do processo de inventário dos bens deixados por morte de sua genitora Maria, argumentando que a inventariante não prestou as primeiras declarações no prazo legal e não está defendendo os interesses do espólio. Acerca do incidente de remoção de inventariante e as regras previstas no Código de Processo Civil, assinale a afirmativa correta.

(A) O incidente de remoção de inventariante, proposto por Edgar, deverá tramitar nos próprios autos da ação de inventário.

(B) O juiz, ao receber o requerimento de remoção de inventariante, deverá, conforme previsão expressa do CPC, afastar Joana de suas funções imediatamente e, em seguida, determinar a sua intimação para defender-se e produzir provas.

(C) Acolhido o pedido de remoção da inventariante Joana, o magistrado deverá nomear, prioritariamente, Edgar, em razão de ser o autor do requerimento.

(D) Removida a inventariante Joana, esta deverá entregar imediatamente ao substituto os bens do espólio de Maria e, se deixar de fazê-lo, será compelida mediante mandado de busca e apreensão ou imissão de posse, conforme se tratar de bem móvel ou imóvel.

COMENTÁRIO

A letra D está correta, conforme art. 625 do NCPC.

A letra A está incorreta, pois deve ser em apenso ao inventário (art. 623, parágrafo único, NCPC);

A letra B está incorreta. Em atendimento a ampla defesa o inventariante será intimado para se defender podendo produzir provas (art. 623, NCPC);

A letra C está incorreta, pois deverá observar a ordem estabelecida no art. 617 do NCPC.

(XVI EXAME DE ORDEM UNIFICADO – FGV) Márcio faleceu, deixando bens imóveis e móveis a inventariar, assim como filho capaz e Antonieta, viúva, então casada pelo regime de comunhão parcial de bens. Além dos bens, Márcio deixou dívidas tributárias e débito vencido e exigível em favor de Carlos.

Analisando os aspectos processuais do inventário, assinale a afirmativa correta.

(A) Carlos possui legitimidade para requerer a habilitação de seu crédito junto ao juízo do inventário a qualquer tempo no processo de inventário.

(B) É dado a Carlos requerer o recebimento de seu crédito por meio da adjudicação dos bens já reservados, mediante concordância dos herdeiros.

(C) O Ministério Público e a Fazenda Pública não possuem legitimidade concorrente para requerer a abertura do inventário judicial por ocasião do falecimento de Márcio.

(D) O credor de Antonieta não goza de legitimidade concorrente para requerer a abertura do inventário judicial.

COMENTÁRIO

Está correta a letra B: "Se o credor requerer que, em vez de dinheiro, lhe sejam adjudicados, para o seu pagamento, os bens já reservados, o juiz deferir-lhe-á o pedido, concordando todas as partes" (NCPC, art. 642, § 4º);

Está incorreta a letra A. De fato cabe ao credor requerer a habilitação de seu crédito – porém, antes da partilha (NCPC, art. 642);

Está incorreta a letra C, pois o MP somente tem legitimidade se houver herdeiro incapaz (NCPC, art. 616, VII); porém, como a Fazenda é credora, haveria sua legitimidade (NCPC, art. 616, VIII);

Está incorreta a letra D, porque o credor do herdeiro também é legitimado para requerer o inventário (NCPC, art. 616, VI).

(VI EXAME DE ORDEM UNIFICADO – FGV) A respeito do procedimento especial de consignação em pagamento, é correto afirmar que

(A) poderá o devedor ou terceiro optar pelo depósito da quantia devida, em estabelecimento bancário, oficial onde houver, situado no lugar do pagamento, em conta com correção monetária, cientificando-se o credor por carta com aviso de recepção, assinado o prazo de 10 (dez) dias para a manifestação de recusa.

(B) quando a consignação se fundar em dúvida sobre quem deva legitimamente receber, não comparecendo nenhum pretendente, o juiz julgará procedente o pedido, declarará extinta a obrigação e condenará o réu nas custas e honorários advocatícios.

(C) alegada insuficiência do depósito, o réu não poderá levantar a quantia ou a coisa depositada, até que seja proferida sentença.

(D) na hipótese de sentença que concluir pela insuficiência do depósito, ainda que seja determinado o montante devido, não poderá o credor promover a execução nos mesmos autos, devendo ajuizar nova demanda.

COMENTÁRIO

Está correta a letra A, art. 539, § 1º, do NCPC;
Está incorreta a letra B, art. 548 e incisos do NCPC;
Está incorreta a letra C, art. 545, § 1º, do NCPC;
Está incorreta a letra D, art. 545, § 2º, do NCPC

6. TEMAS COMBINADOS ENTRE PROCESSO DE CONHECIMENTO, PROCESSO DE EXECUÇÃO, TUTELAS DE URGÊNCIA E PROCEDIMENTOS ESPECIAIS

(XVIII EXAME DE ORDEM UNIFICADO – FGV) Márcia trafegava regularmente a 40 km/h em uma rua da cidade de Salvador/BA quando seu carro foi abalroado pelo veículo de Tânia que, ao atender a uma ligação do telefone celular enquanto dirigia, perdeu a direção e invadiu a pista contrária de rolamento, causando o acidente. Acalmados os ânimos, as partes não chegaram a um acordo, pelo que Márcia ajuizou, perante a 2ª Vara Cível de Salvador/BA, uma ação de reparação de danos materiais, danos morais e lucros cessantes contra Tânia, que, após ser regularmente citada, contestou todos os pedidos autorais, alegando não ter dado causa ao acidente. Em sentença, após o tramitar processual em que foram cumpridas todas as exigências procedimentais, o magistrado julga procedentes os pedidos de danos materiais e de danos morais, rejeitando, porém, o de pedido de lucros cessantes, por entender inexistirem provas desse dano alegado, tendo tal sentença transitada em julgado em 19.10.2012. Sobre os fatos descritos, assinale a afirmativa correta.

(A) Márcia poderá propor uma nova demanda com o objetivo de obter os lucros cessantes, desde que apresente, nesse novo processo, as provas da ocorrência desse dano.

(B) Se Tânia quiser se valer de uma ação rescisória, terá somente até o dia 19/10/2013 para fazê-lo, sob pena de decadência.

(C) Admitindo-se a hipótese de que Tânia descobrisse que o juiz é irmão de Márcia, ela poderia se valer de uma ação anulatória para fazer cessar os efeitos da sentença, haja vista a falta de imparcialidade do julgador.

(D) Eventual ação rescisória proposta por Tânia não impede a execução da decisão da sentença por parte de Márcia, ainda que Tânia demonstre que a sentença foi injusta.

COMENTÁRIO

A letra D está correta, conforme art. 969 do NCPC.

A letra A está incorreta. Marcia não poderá, pois sobre os lucros cessantes operou a coisa julgada;

A letra B está incorreta. O prazo seria até 19.10.2014, pois o prazo da rescisória é de 2 anos (art. 975 do NCPC);

A letra C está incorreta. A medida judicial cabível é ação rescisória (art. 966, II, NCPC).

(IV EXAME DE ORDEM UNIFICADO – FGV) No âmbito do Direito Processual Civil, os legitimados ativos que proponham ação e interponham recursos poderão desistir deles, desde que respeitados os seguintes termos:

(A) o recorrente poderá desistir do recurso interposto a qualquer tempo, desde que não se trate de litisconsórcio e que a parte contrária, uma vez intimada, manifeste expressamente sua anuência.

(B) a desistência da ação, que produz efeitos somente depois de homologada por sentença, implica extinção do processo com resolução do mérito. Caso tenha transcorrido o prazo para resposta do réu, o pedido de desistência estará sujeito ao seu consentimento.

(C) na intervenção de terceiros, a assistência obsta a que a parte principal desista da ação, que somente poderá ocorrer com a anuência expressa do assistente. Nesse caso, a desistência independe de homologação por sentença.

(D) o credor poderá desistir de toda execução ou apenas de algumas medidas executivas, desde que suporte as custas e honorários advocatícios decorrentes da extinção dos embargos que versarem somente sobre questões processuais e, nos demais casos, quando houver anuência do embargante.

COMENTÁRIO

A letra D está correta. Em relação à desistência do processo de conhecimento, após o término do prazo de defesa, há necessidade de concordância do réu (NCPC, art. 485, § 4º). No tocante à desistência do recurso, não há necessidade de concordância do recorrido (NCPC, art. 998). Quanto à execução, o credor em regra pode desistir sem restrições – porém, se houver embargos que discutam o mérito, há necessidade de concordância do embargante (NCPC, art. 775, parágrafo único, I).

14. Direito Penal

Cristiano Rodrigues

1. PRINCÍPIOS FUNDAMENTAIS

(V EXAME DE ORDEM UNIFICADO – FGV) Jefferson, segurança da mais famosa rede de supermercados do Brasil, percebeu que João escondera em suas vestes três sabonetes, de valor aproximado de R$ 12,00 (doze reais). Ao tentar sair do estabelecimento, entretanto, João é preso em flagrante delito pelo segurança, que chama a polícia. A esse respeito, assinale a alternativa correta.

(A) A conduta de João não constitui crime, uma vez que este agiu em estado de necessidade.

(B) A conduta de João não constitui crime, uma vez que o fato é materialmente atípico.

(C) A conduta de João constitui crime, uma vez que se enquadra no artigo 155 do Código Penal, não estando presente nenhuma das causas de exclusão de ilicitude ou culpabilidade, razão pela qual este deverá ser condenado.

(D) Embora sua conduta constitua crime, João deverá ser absolvido, uma vez que a prisão em flagrante é nula, por ter sido realizada por um segurança particular.

COMENTÁRIO

A letra B está correta.

Trata-se de questão relacionada ao conhecido Princípio da Insignificância, em que determinado sujeito tenta subtrair bem de valor ínfimo, insignificante, de um supermercado (R$ 12,00).

De acordo com a doutrina e a jurisprudência dominante (STF), o princípio da insignificância tem como consequência tornar o fato realizado atípico em face da ausência da chamada Tipicidade Material, que se relaciona com a pequena lesão do bem jurídico tutelado pela norma violada.

Sendo assim, todas as questões que se referem a lesões insignificantes, pequenas, e que visam abordar as consequências do princípio da insignificância terão como gabarito que o fato se tona atípico ou, de forma mais precisa, que se afasta a tipicidade material da conduta.

(VIII EXAME DE ORDEM UNIFICADO – FGV) Em relação ao princípio da insignificância, assinale a afirmativa correta.

(A) O princípio da insignificância funciona como causa de exclusão da culpabilidade. A conduta do agente, embora típica e ilícita, não é culpável.

(B) A mínima ofensividade da conduta, a ausência de periculosidade social da ação, o reduzido grau de reprovabilidade do comportamento e a inexpressividade da lesão jurídica constituem, para o Supremo Tribunal Federal, requisitos de ordem objetiva autorizadores da aplicação do princípio da insignificância.

(C) A jurisprudência predominante dos tribunais superiores é acorde em admitir a aplicação do princípio da insignificância em crimes praticados com emprego de violência ou grave ameaça à pessoa (a exemplo do roubo).

(D) O princípio da insignificância funciona como causa de diminuição de pena.

COMENTÁRIO

A letra B está correta.

Trata-se de questão relativa ao famoso princípio da insignificância, adotado plenamente pelo STF, embora não haja qualquer previsão legal em nosso ordenamento para ele.

O princípio da insignificância tem sempre como consequência tornar o fato praticado ATÍPICO e afastar o crime, já que, havendo lesão ínfima do bem jurídico tutelado, não haverá tipicidade material e, com isso, o fato será considerado como atípico.

De acordo com o STF, não só a lesão do bem jurídico em si deve ser considerada para se declarar a insignificância, devendo-se levar em conta também a mínima ofensividade da conduta, a ausência de periculosidade social da ação, o reduzido grau de reprovabilidade do comportamento, além, é claro, da já mencionada inexpressividade da lesão jurídica.

É importante lembrar que a aplicação do princípio da insignificância não possui qualquer outro efeito a não ser afastar a tipicidade do fato e o próprio crime, e por isso não afeta a ilicitude, a culpabilidade, a punibilidade e nem reduz a pena, e não pode ser aplicado a crimes com violência ou grave ameaça à pessoa.

(XIII EXAME DE ORDEM UNIFICADO – FGV) A resposta correta é a letra "B".

Considere que determinado agente tenha em depósito, durante o período de um ano, 300 kg de cocaína. Considere também que, durante o referido período, tenha entrado em vigor uma nova lei elevando a pena relativa ao crime de tráfico de entorpecentes. Sobre o caso sugerido, levando em conta o entendimento do Supremo Tribunal Federal sobre o tema, assinale a afirmativa correta.

(A) Deve ser aplicada a lei mais benéfica ao agente, qual seja, aquela que já estava em vigor quando o agente passou a ter a droga em depósito.

(B) Deve ser aplicada a lei mais severa, qual seja, aquela que passou a vigorar durante o período em que o agente ainda estava com a droga em depósito.

(C) As duas leis podem ser aplicadas, pois ao magistrado é permitido fazer a combinação das leis sempre que essa atitude puder beneficiar o réu.

(D) O magistrado poderá aplicar o critério do caso concreto, perguntando ao réu qual lei ele pretende que lhe seja aplicada por ser, no seu caso, mais benéfica.

COMENTÁRIO

Está correta a letra B. Esta questão se refere especificamente a aplicação da Súmula 711 do STF.

De acordo com esta súmula, em um crime permanente, como é o caso do porte ilegal de drogas (Art. 33 ou mesmo art. 28 da Lei 11343/2006) caso surja uma lei "nova" durante o curso da permanência (no exemplo, enquanto o agente possuía a droga), mesmo se tratando de uma lei mais severa, esta poderá ser aplicada ao fato, atingindo assim o crime praticado antes dela, mas que ainda se encontra na situação de permanência da consumação.

De acordo com o STF esta regra não viola o princípio da irretroatividade da lei penal mais severa, já que em face da permanência pode se considerar que a lei "nova", posterior a prática do fato, na verdade é contemporânea ao crime, devido a permanência em curso.

(XIV EXAME DE ORDEM UNIFICADO – FGV) O Presidente da República, diante da nova onda de protestos, decide, por meio de medida provisória, criar um novo tipo penal para coibir os atos de vandalismo. A medida provisória foi convertida em lei, sem impugnações. Com base nos dados fornecidos, assinale a opção correta.

(A) Não há ofensa ao princípio da reserva legal na criação de tipos penais por meio de medida provisória, quando convertida em lei.

(B) Não há ofensa ao princípio da reserva legal na criação de tipos penais por meio de medida provisória, pois houve avaliação prévia do Congresso Nacional.

(C) Há ofensa ao princípio da reserva legal, pois não é possível a criação de tipos penais por meio de medida provisória.

(D) Há ofensa ao princípio da reserva legal, pois não cabe ao Presidente da República a iniciativa de lei em matéria penal.

COMENTÁRIO

A resposta correta é a letra "C".

Trata-se de questão extremamente objetiva e ligada ao princípio da legalidade ou da reserva legal.

Sabe-se que de acordo com o Art. 1º do CP e Art. 5 º, XXXIX, da CF "não há crime sem Lei anterior que o defina", e por isso, não se admite a criação de crime por qualquer outra espécie de norma diferente de Lei (sentido estrito).

Sendo assim, não é possível se legislar em matéria penal através de medida provisória.

(XV EXAME DE ORDEM UNIFICADO – FGV) Pedro Paulo, primário e de bons antecedentes, foi denunciado pelo crime de descaminho (Art. 334, *caput*, do Código Penal), pelo transporte de mercadorias procedentes do Paraguai e desacompanhadas de documentação comprobatória de sua importação regular, no valor de R$ 3.500,00, conforme atestam o Auto de Infração e o Termo de Apreensão e Guarda Fiscal, bem como o Laudo de Exame Merceológico, elaborado pelo Instituto Nacional de Criminalística. Em defesa de Pedro Paulo, segundo entendimento dos Tribunais Superiores, é possível alegar a aplicação do

(A) princípio da proporcionalidade.
(B) princípio da culpabilidade.
(C) princípio da adequação social.
(D) princípio da insignificância ou da bagatela.

COMENTÁRIO

A resposta correta é a letra "D".

Esta questão se refere a possibilidade de aplicação de certos princípios, fundamentalmente o da Insignificância a crimes tributários.

Quanto aos crimes tributários o STF já firmou entendimento que lesões de até 20 mil reais devem ser consideradas insignificantes e o fato considerado atípico pela aplicação do referido princípio.

O crime em questão é o Descaminho (Art. 334 CP) que se configura com a entrada no país de mercadoria lícita, porém fraudando o recolhimento de tributos, tratando-se, portanto, de um crime tributário em essência.

Sendo assim, como a lesão narrada no enunciado foi de R$ 3.500,00 e o crime de descaminho é um crime tributário, se aplica a ele neste caso o princípio da insignificância para que o fato seja reconhecido como atípico.

Importante ressaltar que o entendimento do STJ para a aplicação da insignificância em crimes tributários como o descaminho é que a lesão deve ser de até 10 mil reais, o que nesta questão manteria a aplicação do referido princípio.

2. TEORIA DA NORMA

(V EXAME DE ORDEM UNIFICADO – FGV) Acerca da aplicação da lei penal no tempo e no espaço, assinale a alternativa correta.

(A) Se um funcionário público a serviço do Brasil na Itália praticar, naquele país, crime de corrupção passiva (art. 317 do Código Penal), ficará sujeito à lei penal brasileira em face do princípio da extraterritorialidade.
(B) O ordenamento jurídico-penal brasileiro prevê a combinação de leis sucessivas sempre que a fusão puder beneficiar o réu.
(C) Na ocorrência de sucessão de leis penais no tempo, não será possível a aplicação da lei penal intermediária mesmo se ela configurar a lei mais favorável.
(D) As leis penais temporárias e excepcionais são dotadas de ultra-atividade. Por tal motivo, são aplicáveis a qualquer delito, desde que seus resultados tenham ocorrido durante sua vigência.

COMENTÁRIO

A letra A está correta.

De acordo com a regra da extraterritorialidade prevista no art. 7.º, I, "c", do CP, aplica-se a lei penal brasileira a todos os crimes contra a administração praticados no estrangeiro pelo funcionário público que esteja a seu serviço.

Dessa forma, o funcionário público, ao praticar o crime de corrupção passiva na Itália, ficará sujeito à aplicação da lei penal brasileira. Sendo assim, a alternativa "A" está correta.

A combinação de leis penais sucessivas gerando uma terceira lei, via de regra, não é admitida pelo STF, nem mesmo para beneficiar o réu, razão pela qual a alternativa "B" está errada.

A lei penal mais benéfica sempre será aplicada a fatos anteriores a ela, mesmo que seja uma lei intermediária revogada por uma nova lei penal mais severa, já que essa nova lei só será aplicável a fatos posteriores a ela, razão pela qual a alternativa "C" está errada.

De acordo com o art. 3.º do CP, as leis penais excepcionais e temporárias possuem ultra-atividade gravosa, ou seja, permanecem produzindo efeitos para fatos praticados durante a sua vigência, mesmo após não estarem mais em vigor, e não para resultados ocorridos enquanto estavam em vigor, razão pela qual a alternativa "D" está errada.

(VII EXAME DE ORDEM UNIFICADO – FGV) John, cidadão inglês, capitão de uma embarcação particular de bandeira americana, é assassinado por José cidadão brasileiro, dentro do aludido barco, que se encontrava atracado no Porto de Santos, no Estado de São Paulo. Nesse contexto, é correto afirmar que a lei brasileira

(A) não é aplicável, uma vez que a embarcação é americana, devendo José ser processado de acordo com a lei estadunidense.
(B) é aplicável, uma vez que a embarcação estrangeira de propriedade privada estava atracada em território nacional.
(C) é aplicável, uma vez que o crime, apesar de haver sido cometido em território estrangeiro, foi praticado por brasileiro.
(D) não é aplicável, uma vez que, de acordo com a Convenção de Viena, é competência do Tribunal Penal Internacional processar e julgar os crimes praticados em embarcação estrangeira atracada em território de país diverso.

COMENTÁRIO

A letra B está correta.

Esta questão se refere às regras de aplicação da lei penal no espaço, e, como sabemos, nosso Código Penal define o âmbito de aplicação da lei penal brasileira no seu art. 5.º, que define o Princípio da Territorialidade.

De acordo com o referido Princípio da Territorialidade, aplica-se a lei penal brasileira a todos os crimes cometidos no território brasileiro e nas suas extensões, ressalvados tratados e convenções internacionais.

São consideradas extensões do território nacional as embarcações e aeronaves públicas ou a serviço do governo brasileiro onde quer que se encontrem, e, portanto, todo crime cometido em seu interior será julgado, via de regra, de acordo com a lei brasileira (art. 5.º, § 1.º, do CP).

Também serão consideradas como extensão do território brasileiro as aeronaves e embarcações brasileiras privadas, desde que estejam em zona neutra, ou seja, águas internacionais ou espaço aéreo internacional, e nesses casos aplica-se a lei brasileira, via de regra, a todo crime cometido em seu interior.

Porém, embarcações e aeronaves privadas, quando estejam em território estrangeiro, não serão consideradas como extensão do território do seu país, devendo prevalecer, como regra, a aplicação da lei do país em que se encontrem.

Sendo assim, como o navio estrangeiro narrado na questão é privado e está ancorado no Brasil (Porto de Santos), deverá prevalecer a aplicação da lei penal brasileira ao crime praticado em seu interior, de acordo com o Princípio da Territorialidade (art. 5.º, § 2.º, do CP).

(XI EXAME DE ORDEM UNIFICADO – FGV) O Art. 33 da Lei n. 11.343/2006 (Lei Antidrogas) diz: "Importar, exportar, remeter, preparar, produzir, fabricar, adquirir, vender, expor à venda, oferecer, ter em depósito, transportar, trazer consigo, guardar, prescrever, ministrar, entregar a consumo ou fornecer drogas, ainda que gratuitamente, sem autorização ou em desacordo com determinação legal ou regulamentar. Pena – reclusão de 5 (cinco) a 15 (quinze) anos e pagamento de 500 (quinhentos) a 1.500 (mil e quinhentos) dias-multa." Analisando o dispositivo acima, pode-se perceber que nele não estão inseridas as espécies de drogas não autorizadas ou que se encontram em desacordo com determinação legal ou regulamentar. Dessa forma, é correto afirmar que se trata de uma norma penal

(A) em branco homogênea.
(B) em branco heterogênea.
(C) incompleta (ou secundariamente remetida).
(D) em branco inversa (ou ao avesso).

COMENTÁRIO

A letra B está correta.

Trata-se de questão de natureza teórica a respeito da classificação das normas penais, mais especificamente a respeito das chamadas Leis Penais em branco.

A lei penal em branco é aquela que está incompleta, ou seja, necessita de um complemento para que seja aplicada, interpretada, sendo que, de acordo com a origem deste complemento, poderá se dividir em duas classificações:

1) Lei Penal em branco Homogênea ou Imprópria: aquela em que o complemento necessário para sua aplicação se encontra na própria Lei Penal ou em uma outra lei em sentido formal (ex.: Código Civil). Ex.: Peculato (art. 312 do CP), em que o conceito de funcionário público se encontra no próprio Código Penal (art. 327).

2) Lei Penal em branco Heterogênea ou Própria: aquela em que o complemento necessário para sua aplicação se encontra em uma outra categoria de norma, diferente da Lei Penal (ex.: Portaria, resolução). Ex.: Lei de Drogas (11.343/2006), em que a lista de drogas ilícitas se encontra em uma portaria da ANVISA.

(XI EXAME DE ORDEM UNIFICADO – FGV) No ano de 2005, Pierre, jovem francês residente na Bulgária, atentou contra a vida do então presidente do Brasil que, na ocasião, visitava o referido país. Devidamente processado, segundo as leis locais, Pierre foi absolvido. Considerando apenas os dados descritos, assinale a afirmativa correta.

(A) Não é aplicável a lei penal brasileira, pois como Pierre foi absolvido no estrangeiro, não ficou satisfeita uma das exigências previstas à hipótese de extraterritorialidade condicionada.
(B) É aplicável a lei penal brasileira, pois o caso narrado traz hipótese de extraterritorialidade incondicionada, exigindo-se, apenas, que

o fato não tenha sido alcançado por nenhuma causa extintiva de punibilidade no estrangeiro.

(C) É aplicável a lei penal brasileira, pois o caso narrado traz hipótese de extraterritorialidade incondicionada, sendo irrelevante o fato de ter sido o agente absolvido no estrangeiro.

(D) Não é aplicável a lei penal brasileira, pois como o agente é estrangeiro e a conduta foi praticada em território também estrangeiro, as exigências relativas à extraterritorialidade condicionada não foram satisfeitas.

COMENTÁRIO

A letra C está correta.

Esta questão se refere à aplicação da lei penal no espaço, mais especificamente a respeito das hipóteses chamadas de Extraterritorialidade, em que, de acordo com o art. 7.º do CP, é possível se aplicar a lei penal brasileira a fatos praticados fora do território nacional ou fora de suas extensões.

Há dois tipos de extraterritorialidade: a incondicionada, prevista no art. 7.º, I, do CP, em que a aplicação da lei brasileira ocorre independentemente de qualquer condição, e a extraterritorialidade condicionada, prevista no art. 7.º, II, do CP, em que a aplicação da lei penal brasileira estará vinculada às condições previstas no art. 7.º, §§ 2.º e 3.º, do CP.

Atentar contra a vida ou liberdade do Presidente da República é a primeira hipótese de extraterritorialidade incondicionada, prevista no art. 7.º, I, "a", do CP, e combinada com o art. 7.º, § 1.º, do CP.

3. TEORIA DO CRIME

(EXAME DE ORDEM UNIFICADO 2010.2 – FGV) Paula Rita convenceu sua mãe adotiva, Maria Aparecida, de 50 anos de idade, a lhe outorgar um instrumento de mandato para movimentar sua conta bancária, ao argumento de que poderia ajudá-la a efetuar pagamento de contas, pequenos saques, pegar talões de cheques etc., evitando assim que a mesma tivesse que se deslocar para o banco no dia a dia. De posse da referida procuração, Paula Rita compareceu à agência bancária onde Maria Aparecida possuía conta e sacou todo o valor que a mesma possuía em aplicações financeiras, no total de R$ 150.000,00 (cento e cinquenta mil reais), apropriando-se do dinheiro antes pertencente a sua mãe. Considerando tal narrativa, assinale a alternativa correta.

(A) Paula Rita praticou crime de estelionato em detrimento de Maria Aparecida e, pelo fato de ser sua filha adotiva, é isenta de pena.

(B) Paula Rita praticou crime de furto mediante fraude em detrimento de Maria Aparecida e, pelo fato de ser sua filha adotiva, é isenta de pena.

(C) Paula Rita praticou crime de estelionato em detrimento de Maria Aparecida e, apesar de ser sua filha adotiva, não é isenta de pena.

(D) Paula Rita praticou crime de furto mediante fraude em detrimento de Maria Aparecida e, apesar de ser sua filha adotiva, não é isenta de pena.

COMENTÁRIO

A letra A está correta.

Esta questão visa a identificação das diferenças entre o crime de furto mediante fraude (art. 155, § 4.º, II, do CP) e o crime de estelionato (art. 171 do CP) e, além disso, por narrar que a conduta criminosa foi praticada contra ascendente, também aborda o tema escusas absolutórias (arts. 181 a 183 do CP) e suas consequências.

O furto mediante fraude ocorre quando o agente se utiliza da fraude como meio para distrair a atenção da vítima, facilitando, assim, a subtração do bem; já no estelionato por meio da fraude, a vítima entrega o bem, concede a vantagem, ao autor do fato por estar iludida com a situação fraudulenta.

De acordo com o narrado, a vítima (Maria Aparecida) entregou voluntariamente para sua filha (Paula Rita) o mandato para movimentação de sua conta bancária por estar iludida pela fraude montada pela filha, por isso a conduta criminosa realizada por Paula Rita se enquadra no estelionato (art. 171 do CP).

Pelo fato de ter praticado crime patrimonial não violento contra sua ascendente que possui menos de 60 anos de idade, a agente estará isenta de pena em face da escusa absolutória prevista no art. 181 do CP.

(EXAME DE ORDEM UNIFICADO 2010.3 – FGV) Pedro, não observando seu dever objetivo de cuidado na condução de uma bicicleta, choca-se com um telefone público e o destrói totalmente.

Nesse caso, é correto afirmar que Pedro

(A) deverá ser responsabilizado pelo crime de dano simples, somente.

(B) deverá ser responsabilizado pelo crime de dano qualificado, somente.

(C) deverá ser responsabilizado pelo crime de dano qualificado, sem prejuízo da obrigação de reparar o dano causado.

(D) não será responsabilizado penalmente.

COMENTÁRIO

A letra D está correta.

Esta questão se refere ao crime de dano (art. 163 do CP) e também à análise da responsabilidade penal, que, como sabemos, é exclusivamente subjetiva, ou seja, para que haja responsabilidade pela prática de um crime, o sujeito deverá ter atuado com dolo ou culpa.

Entretanto, sabe-se que a regra é que os crimes são previstos no Código Penal por meio da forma dolosa, e que, para se punir a forma culposa de um crime, é preciso que haja expressa previsão dessa modalidade no próprio tipo penal realizado.

A conduta narrada no enunciado aponta para um dano causado a um telefone público pelo sujeito que, desatento, se chocou de bicicleta com o equipamento, caracterizando, assim, uma conduta descuidada, produto de imprudência ao conduzir a bicicleta.

Dessa forma, percebe-se que o dano causado ao telefone público é de natureza culposa, entretanto, como não há previsão de modalidade culposa para o crime de dano (art. 163 do CP), essa conduta é penalmente atípica, e apenas irá gerar repercussões na esfera cível.

(EXAME DE ORDEM UNIFICADO 2010.3 – FGV) Ao concluir o curso de Engenharia, Arli, visando fazer uma brincadeira, inseriu, à caneta, em seu diploma, declaração falsa sobre fato juridicamente relevante.

A respeito desse ato, é correto afirmar que Arli:

(A) praticou crime de falsificação de documento público.

(B) praticou crime de falsidade ideológica.

(C) praticou crime de falsa identidade.

(D) não praticou crime algum.

COMENTÁRIO

A letra D está correta.

Esta questão narra a conduta de inserir informação falsa em um documento público, qual seja, o diploma de graduação em uma faculdade, que, a princípio, caracterizaria o crime de falsidade ideológica (art. 299 do CP).

Porém, de acordo com o narrado, a inserção de informações falsas no documento se deu por meio de uma caneta comum, o que evidentemente caracteriza uma falsificação grosseira, e que é incapaz de iludir e afetar a fé pública, bem jurídico tutelado por este crime.

Sendo assim, pela ineficácia absoluta do meio utilizado pelo agente para realizar a conduta de falsidade, ocorre o chamado Crime Impossível (art. 17 do CP), já que o bem jurídico tutelado pelo crime jamais será lesionado por meio dessa forma de conduta.

Logo, diante da situação de Crime Impossível (art. 17 do CP), considera-se o fato praticado como atípico, não havendo crime.

(IV EXAME DE ORDEM UNIFICADO – FGV) Osíris, jovem universitária de Medicina, soube estar gestante. Todavia, tratava-se de gravidez indesejada, e Osíris queria saber qual substância deveria ingerir para interromper a gestação. Objetivando tal informação, Osíris estimulou uma discussão em sala de aula sobre o aborto. O professor de Osíris, então, bastante animado com o interesse dos alunos sobre o assunto, passou também a emitir sua opinião, a qual era claramente favorável ao aborto. Referido professor mencionou, naquele momento, diversas substâncias capazes de provocar a interrupção prematura da gravidez, inclusive fornecendo os nomes de inúmeros remédios abortivos e indicando os que achava mais eficazes. Além disso, também afirmou que as mulheres deveriam ter o direito de praticar aborto sempre que achassem indesejável uma gestação.

Nesse sentido, considerando-se apenas os dados mencionados, é correto afirmar que o professor de Osíris praticou

(A) o crime previsto no art. 286 do Código Penal, que dispõe: "incitar, publicamente, a prática de crime".

(B) a contravenção penal prevista no art. 20 do Decreto-Lei 3.688/1941, que dispõe: "anunciar processo, substância ou objeto destinado a provocar aborto".

(C) fato atípico.

(D) o crime previsto no art. 68 da Lei 8.078/1990, que dispõe: "fazer ou promover publicidade que sabe ou deveria saber ser capaz de induzir o consumidor a se comportar de forma prejudicial ou perigosa à sua saúde ou segurança".

COMENTÁRIO

A letra C está correta.

A conduta narrada no enunciado descreve um professor que, durante explicação de um tema, expõe sua posição a respeito do assunto (aborto) e se coloca favorável a essa prática.

Porém, em momento algum o professor estimulou seus alunos a realizar a conduta de aborto, ou promoveu a realização desse fato como algo positivo ou que deveria vir a ser realizado por terceiros, afastando-se, assim, a incidência do crime de incitação ao crime (art. 286 do CP).

Também não houve, de acordo com o enunciado, qualquer anúncio, propaganda ou promoção de fatos, meios ou objetos destinados a realizar aborto, mas somente menção de quais as formas mais eficazes para realizar esse tipo de procedimento.

Dessa forma, percebe-se que a conduta realizada pelo professor, narrada no enunciado, é absolutamente atípica.

(VI EXAME DE ORDEM UNIFICADO – FGV) Ares, objetivando passear com a bicicleta de Ártemis, desfere contra esta um soco. Ártemis cai, Ares pega a bicicleta e a utiliza durante todo o resto do dia, devolvendo-a ao anoitecer. Considerando os dados acima descritos, assinale a alternativa correta.

(A) Ares praticou crime de roubo com a causa de diminuição de pena do arrependimento posterior.
(B) Ares praticou atípico penal.
(C) Ares praticou constrangimento ilegal.
(D) Ares praticou constrangimento legal com a causa de diminuição de pena do arrependimento posterior.

COMENTÁRIO

A letra C está correta.

A conduta narrada no enunciado se caracteriza como uma subtração mediante violência da bicicleta, sendo essa subtração feita com o intuito de usar o equipamento, já que houve posterior devolução voluntária do bem.

Não se pode falar em crime de roubo (art. 157 do CP), já que este exige o especial fim de agir de "ter o bem para si ou para outrem" para se caracterizar, e, na hipótese narrada, o fim é exclusivamente de uso do bem.

Entretanto, a conduta de compelir a vítima a entregar seu bem ao agente mediante violência pode ser enquadrada no crime de Constrangimento Ilegal (art. 146 do CP).

Embora tenha havido devolução voluntária do bem após a consumação do crime, não se pode falar em arrependimento posterior para diminuir a pena, pois, de acordo com o art. 16 do CP, este não se aplica a crimes com violência ou grave ameaça à pessoa.

(VII EXAME DE ORDEM UNIFICADO – FGV) Filolau, querendo estuprar Filomena, deu início à execução do crime de estupro, empregando grave ameaça à vítima. Ocorre que ao se preparar para o coito vagínico, que era sua única intenção, não conseguiu manter seu pênis ereto em virtude de falha fisiológica alheia à sua vontade. Por conta disso, desistiu de prosseguir na execução do crime e abandonou o local. Nesse caso, é correto afirmar que

(A) trata-se de caso de desistência voluntária, razão pela qual Filolau não responderá pelo crime de estupro.
(B) trata-se de arrependimento eficaz, fazendo com que Filolau responda tão somente pelos atos praticados.
(C) a conduta de Filolau é atípica.
(D) Filolau deve responder por tentativa de estupro.

COMENTÁRIO

A letra D está correta.

O enunciado narra a situação em que o agente com dolo de praticar estupro por meio de conjunção carnal não consegue dar prosseguimento a seus atos em razão de uma falha fisiológica, ou seja, por uma circunstância alheia à sua vontade.

Dessa forma, caracteriza-se a situação de tentativa de estupro (art. 14, II e parágrafo único, do CP).

Deve-se ter cuidado, pois o termo "desiste" está sendo usado em sentido *lato*, e não caracteriza efetivamente uma desistência, sendo, por isso, impossível se considerar a ocorrência de uma desistência voluntária (art. 15 do CP) para esta situação.

(VII EXAME DE ORDEM UNIFICADO – FGV) Assinale a alternativa correta.

(A) Aquele que, desejando subtrair ossadas de urna funerária, viola sepultura, mas nada consegue obter porque tal sepultura estava vazia, não pratica o crime descrito no art. 210 do Código Penal: crime de violação de sepultura.
(B) O crime de infanticídio, por tratar-se de crime próprio, não admite coautoria.
(C) O homicídio culposo, dada a menor reprovabilidade da conduta, permite a compensação de culpas.
(D) Há homicídio privilegiado quando o agente atua sob a influência de violenta emoção.

COMENTÁRIO

Esta questão traz quatro afirmativas distintas que envolvem temas independentes, por isso vamos analisar cada uma delas separadamente:

A letra A está correta, pois a conduta narrada traduz situação de crime impossível (art. 17 do CP), já que o crime de violação de sepultura tem como bem jurídico tutelado o respeito aos mortos, e, como a sepultura estava vazia, é impossível a lesão desse bem.

Dessa forma, está correta a afirmação de que nesse caso o agente não responderá pela violação de sepultura, já que a consequência do crime impossível é tornar o fato atípico. Nada impede que o agente responda por outros crimes (p. ex.: dano – art. 163 do CP).

A letra B está incorreta, pois o crime de infanticídio (art. 123 do CP) é, sim, um crime próprio, já que o tipo define quem é o sujeito ativo (mãe sob influência do estado puerperal), porém, nada impede que haja coautoria em crimes próprios, sendo que, inclusive, mesmo que o coautor não possua a característica exigida pelo tipo, este poderá responder pelo crime próprio.

A letra C está incorreta, pois não existe compensação de culpas em Direito Penal, em hipótese alguma, logo, se ambos os agentes atuarem com culpa em uma situação concreta, a culpa de um não exclui a do outro.

A letra D está incorreta, pois o homicídio será privilegiado quando cometido "sob domínio de violência emoção" (art. 121, § 1.°, do CP), e não apenas "sob influência de violenta emoção", hipótese em que haverá apenas uma agravante de pena (art. 65, III, "c", do CP).

(VIII EXAME DE ORDEM UNIFICADO – FGV) José conversava com Antônio em frente a um prédio. Durante a conversa, José percebe que João, do alto do edifício, jogara um vaso mirando a cabeça de seu interlocutor. Assustado, e com o fim de evitar a possível morte de Antônio, José o empurra com força. Antônio cai e, na queda, fratura o braço. Do alto do prédio, João vê a cena e fica irritado ao perceber que, pela atuação rápida de José, não conseguira acertar o vaso na cabeça de Antônio. Com base no caso apresentado, segundo os estudos acerca da teoria da imputação objetiva, assinale a afirmativa correta.

(A) José praticou lesão corporal culposa.
(B) José praticou lesão corporal dolosa.
(C) O resultado não pode ser imputado a José, ainda que entre a lesão e sua conduta exista nexo de causalidade.
(D) O resultado pode ser imputado a José, que agiu com excesso e sem a observância de devido cuidado.

COMENTÁRIO

A letra C está correta.

Esta questão narra um caso concreto em que o agente gera lesões corporais em uma vítima, mas faz isso em situação extrema para evitar que esta sofra um resultado mais grave diante de uma situação de perigo.

Para nosso ordenamento, essa situação se resolveria facilmente por meio do Estado de Necessidade (art. 24 do CP), que afastaria a ilicitude da conduta praticada por José, afastando, assim, o próprio crime.

Entretanto, o enunciado pede que se resolva o problema por meio da controvertida Teoria da Imputação Objetiva, que tem aplicação restrita em nosso ordenamento (de acordo com o STF).

Essa teoria entende que, em certas situações, como esta apresentada, o Direito Penal não tem interesse em que o resultado produzido seja atribuído ao agente, e por isso busca resolver esse tipo de situação no plano da própria causalidade.

Sendo assim, cria limitações jurídicas de caráter objetivo para evitar a imputação de resultados ao agente, mesmo que no plano natural, dos fatos, sua conduta tenha dado causa a um resultado, evitando, assim, que seja preciso analisar o problema dentro dos elementos do crime (tipicidade, ilicitude, culpabilidade).

Dessa forma, com base nos critérios da imputação objetiva, embora tenha causado o resultado lesão corporal à vítima, esse resultado não poderá ser imputado a José.

(IX EXAME DE ORDEM UNIFICADO – FGV) José subtrai o carro de um jovem que lhe era totalmente desconhecido, chamado João. Tal subtração deu-se mediante o emprego de grave ameaça exercida pela utilização de arma de fogo. João, entretanto, rapaz jovem e de boa saúde, sem qualquer histórico de doença cardiovascular, assusta-se de tal forma com a arma, que vem a óbito em virtude de ataque cardíaco. Com base no cenário acima, assinale a afirmativa correta.

(A) José responde por latrocínio.
(B) José não responde pela morte de João.
(C) José responde em concurso material pelos crimes de roubo e de homicídio culposo.
(D) José praticou crime preterdoloso.

COMENTÁRIO

A letra B está correta.

Trata-se de questão ligada à relação de causalidade e à exceção à regra estabelecida no art. 13 do CP para o tema, prevista no art. 13, § 1.º, do CP.

Para determinar se o agente pode ou não responder por um resultado, adotamos a teoria da *conditio sine qua non* (art. 13 do CP), pela qual causa é toda condição essencial para a produção de um determinado resultado.

Sendo assim, utiliza-se o "método da eliminação hipotética": eliminando a conduta do agente narrado na questão, caso o resultado mude, é sinal que sua conduta foi essencial para o resultado, e, portanto, causa, devendo ele responder por este resultado.

Percebe-se que pelo fato narrado há relação de causalidade entre a conduta praticada (roubo com grave ameaça) e a morte do agente, já que este morreu em decorrência do susto produto da ação praticada.

Entretanto, não basta que haja relação causal entre a conduta e o resultado objetivamente causado (morte) para se imputar esse resultado ao agente, pois a responsabilidade penal é exclusivamente subjetiva, e por isso depende do agente ter atuado com dolo ou culpa quanto ao resultado produzido.

Como no caso narrado, o autor do roubo não teve dolo de matar a vítima, e também não se pode considerar que tenha havido culpa, ou seja, falta de cuidado e previsibilidade quanto à ocorrência do resultado (morte), pois a vítima possuía perfeitas condições de saúde, o resultado (morte) não poderá ser atribuído ao agente, que responderá somente pelo crime de roubo, e não pela morte de João.

(IX EXAME DE ORDEM UNIFICADO – FGV) Acerca das causas excludentes de ilicitude e extintivas de punibilidade, assinale a afirmativa incorreta.

(A) A coação moral irresistível exclui a culpabilidade, enquanto que a coação física irresistível exclui a própria conduta, de modo que, nesta segunda hipótese, sequer chegamos a analisar a tipicidade, pois não há conduta penalmente relevante.
(B) Em um bar, Caio, por notar que Tício olhava maliciosamente para sua namorada, desfere contra este um soco no rosto. Aturdido, Tício vai ao chão, levantando-se em seguida, e vai atrás de Caio e o interpela quando este já estava saindo do bar. Ao voltar-se para trás, atendendo ao chamado, Caio é surpreendido com um soco no ventre. Tício praticou conduta típica, mas amparada por uma causa excludente de ilicitude.
(C) Mévio, atendendo a ordem dada por seu líder religioso e, com o intuito de converter Rufus, permanece na residência deste à sua revelia, ou seja, sem o seu consentimento. Neste caso, Mévio, mesmo cumprindo ordem de seu superior e mesmo sendo tal ordem não manifestamente ilegal, pratica crime de violação de domicílio (art. 150 do Código Penal), não estando amparado pela obediência hierárquica.
(D) O consentimento do ofendido não foi previsto pelo nosso ordenamento jurídico-penal como uma causa de exclusão da ilicitude. Todavia, sua natureza justificante é pacificamente aceita, desde que, entre outros requisitos, o ofendido seja capaz de consentir e que tal consentimento recaia sobre bem disponível.

COMENTÁRIO

A questão se refere à análise das excludentes de ilicitudes e de culpabilidade e suas características, porém o enunciado pede que seja assinalada a alternativa INCORRETA, logo, teremos três afirmativas corretas e apenas uma errada.

A alternativa "B" narra uma hipótese concreta em que o sujeito é agredido fisicamente, e, após sofrer a agressão, quando o agressor já estava se retirando do local, vai em direção a este e o agride, "devolvendo" o ataque, e afirma que, embora a conduta seja típica, haveria exclusão da ilicitude do fato.

O que pode parecer como uma situação de legítima defesa (art. 25 do CP), na verdade não é, pois um dos requisitos fundamentais dessa excludente de ilicitude é que a agressão a ser repelida seja "atual ou iminente", e na situação narrada a agressão já havia cessado (agressão passada).

Sendo assim, a alternativa "B" está INCORRETA e deve ser assinalada, pois não há exclusão de ilicitude (legítima defesa) na conduta praticada e ambos os agentes deverão responder pelos crimes de lesão corporal praticados.

As demais alternativas encontram-se corretas e de acordo com as normas previstas no Código Penal e a doutrina.

(X EXAME DE ORDEM UNIFICADO – FGV) João, com intenção de matar, efetua vários disparos de arma de fogo contra Antônio, seu desafeto. Ferido, Antônio é internado em um hospital, no qual vem a falecer, não em razão dos ferimentos, mas queimado em um incêndio que destrói a enfermaria em que se encontrava. Assinale a alternativa que indica o crime pelo qual João será responsabilizado.

(A) Homicídio consumado.
(B) Homicídio tentado.
(C) Lesão corporal.
(D) Lesão corporal seguida de morte.

COMENTÁRIO

A letra B está correta.

Trata-se de questão ligada à relação de causalidade e à exceção à regra estabelecida no art. 13 do CP para o tema, prevista no art. 13, § 1.º, do CP.

Para determinar se o agente pode ou não responder por um resultado, adotamos a teoria da *conditio sine qua non* (art. 13 do CP), pela qual causa é toda condição essencial para a produção de um determinado resultado.

Sendo assim, utiliza-se o "método da eliminação hipotética": eliminando a conduta do agente narrado na questão, e, caso o resultado mude, é sinal que sua conduta foi essencial para o resultado, e, portanto, causa, devendo ele responder por este resultado.

A única exceção ao método narrado, e à própria teoria, é a hipótese prevista no art. 13, § 1.º, do CP, em que um fator posterior (superveniente) à conduta do agente por si só tenha sido capaz de gerar o resultado produzido, e, nesse caso, o agente não responderá pelo resultado, mas somente pelos atos por ele efetivamente realizados.

Essa exceção é exatamente o que ocorre na questão, já que o incêndio no hospital foi um fator posterior (superveniente) à conduta praticada pelo autor (João) e que "por si só" foi capaz de gerar o resultado, ou seja, não foi um desdobramento natural da conduta de disparo, e não precisou da gravidade das lesões produzidas para gerar o resultado morte.

Logo, de acordo com o art. 13, § 1.º, do CP, João não poderá responder pelo resultado morte (homicídio consumado), mas responderá somente por aquilo que realizou, ou seja, pela tentativa de homicídio, já que, ao agir, seu dolo era de matar.

(X EXAME DE ORDEM UNIFICADO – FGV) Jane, dirigindo seu veículo dentro do limite de velocidade para a via, ao efetuar manobra em uma rotatória, acaba abalroando o carro de Lorena, que, desrespeitando as regras de trânsito, ingressou na rotatória enquanto Jane fazia a manobra. Em virtude do abalroamento, Lorena sofreu lesões corporais. Nesse sentido, com base na teoria da imputação objetiva, assinale a afirmativa correta.

(A) Jane não praticou crime, pois agiu no exercício regular de direito.
(B) Jane não responderá pelas lesões corporais sofridas por Lorena com base no princípio da intervenção mínima.
(C) Jane não pode ser responsabilizada pelo resultado com base no princípio da confiança.
(D) Jane praticou delito previsto no Código de Trânsito Brasileiro, mas poderá fazer jus a benefícios penais.

COMENTÁRIO

A letra C está correta.

Esta questão avalia a possibilidade de se imputar a título de culpa as lesões corporais causadas em Lorena a Jane.

Embora aborde no enunciado a famosa e controvertida Teoria da Imputação Objetiva, desenvolvida no Direito Penal alemão, e de aplicação restrita no Brasil (de acordo com o STF), mas que poderia ser resolvida com base na análise dos requisitos do Tipo Culposo.

Na conduta narrada, Jane conduz seu veículo dentro da velocidade permitida e de acordo com as regras de trânsito, sendo que é a própria vítima Lorena que realiza manobra arriscada e desrespeita as regras de trânsito, faltando com o cuidado devido.

Sendo assim, Jane não faltou com o cuidado devido e, mesmo tendo dado causa objetivamente ao resultado lesão corporal em Lorena, não poderá responder culposamente por esse resultado, já que não agiu com "culpa" (imprudência, negligência ou imperícia).

O referido princípio da confiança, para a Teoria da Imputação Objetiva, é o que impede a imputação do resultado a título de culpa em uma situação como essa, já que Jane, ao cumprir as regras de trânsito, teria o direito de confiar que Lorena também o faria, e por isso, ao dirigir pela rotatória dentro da velocidade permitida, não pratica ato culposo, e não pode responder pelo crime.

(XIII EXAME DE ORDEM UNIFICADO – FGV) Jaime, objetivando proteger sua residência, instala uma cerca elétrica no muro. Certo dia, Cláudio, com o intuito de furtar a casa de Jaime, resolve pular o referido muro, acreditando que conseguiria escapar da cerca elétrica ali instalada e bem visível para qualquer pessoa. Cláudio, entretanto, não obtém sucesso e acaba levando um choque, inerente à atuação do mecanismo de proteção. Ocorre que, por sofrer de doença cardiovascular, o referido ladrão falece quase instantaneamente. Após a análise pericial, ficou constatado que a descarga elétrica não era suficiente para matar uma pessoa em condições normais de saúde, mas suficiente para provocar o óbito de Cláudio, em virtude de sua cardiopatia. Nessa hipótese é correto afirmar que

(A) Jaime deve responder por homicídio culposo, na modalidade culpa consciente.
(B) Jaime deve responder por homicídio doloso, na modalidade dolo eventual.
(C) Pode ser aplicado à hipótese o instituto do resultado diverso do pretendido.
(D) Pode ser aplicado à hipótese o instituto da legítima defesa preordenada.

COMENTÁRIO

A resposta correta é a letra "D".

O caso narrado aponta para um clássico exemplo das chamadas ofendículas, ou ofensáculos, ou seja, obstáculos previamente colocados que visam a proteção do patrimônio ou propriedade. Também podem ser vistos como exemplos de ofendículas o arame farpado, cacos de vidro, o cachorro etc.

Há divergência quanto a natureza jurídica das ofendículas, sendo que a maioria da doutrina afirma que via de regra são espécies de exercício regular de direito e, portanto, causas de exclusão da ilicitude (Art. 23 CP).

Porém, no que tange a cerca elétrica, que possui funcionamento ativo capaz de afastar o invasor (agressor) no momento em que este atua, boa parte da doutrina entende que seria melhor tratar esta ofendícula como hipótese de legítima defesa (Art.25 CP), chamada de preordenada, já que repele, afasta o agressor, mas é previamente colocada, predisposta, pelo titular do bem.

Independentemente de se considerar a cerca elétrica como hipótese de exercício regular de direito ou como espécie de legítima defesa chamada de preordenada, ela será considerada causa de exclusão da ilicitude e o titular do bem não responderá pelas lesões produzidas no agressor.

(XIII EXAME DE ORDEM UNIFICADO – FGV) Analise os fragmentos a seguir:

I. João constrange Maria, por meios violentos, a ter com ele relação sexual. Em virtude da violência empregada para a consumação do ato, Maria sofre lesões corporais de natureza grave que a levam a óbito.
II. Joaquim constrange Benedita, por meio de grave ameaça, a ter com ele relação sexual. Após o coito Benedita falece em decorrência de ataque cardíaco, pois padecia, desde criança, de cardiopatia grave, condição desconhecida por Joaquim.

A partir das situações apresentadas nos fragmentos I e II, os delitos cometidos são, respectivamente,

(A) estupro qualificado pelo resultado morte e estupro qualificado pelo resultado morte.
(B) estupro em concurso com lesão corporal seguida de morte e estupro simples.
(C) estupro qualificado pelo resultado morte e estupro em concurso com homicídio preterdoloso.
(D) estupro qualificado pelo resultado morte e estupro simples.

COMENTÁRIO

A resposta correta é a letra "D".

Esta questão aborda a análise de dolo e culpa quanto a produção de resultados, e a possibilidade de se aplicar a forma preterdolosa do crime de estupro (art. 213, § 2º, CP), em que a morte é produto de culpa, falta de cuidado, em face da realização dolosa da violência sexual.

Os crimes preterdolosos são aqueles em que o agente realiza uma conduta dolosa, porém acaba gerando um resultado mais grave, produto de falta de cuidado e excesso ao atuar, gerando, assim, um crime qualificado pelo resultado mais grave culposamente causado.

Na primeira afirmativa a morte decorre dos atos violentos praticados pelo agente para a realização do estupro e, portanto, a morte é culposa produto da conduta dolosa do estupro (preterdolo), permitindo assim que o agente responda pelo crime de estupro qualificado pelo resultado morte (art. 213, § 2º, CP).

Na segunda afirmativa percebe-se que a morte ocorrida pelo ataque cardíaco não era previsível para o agente que praticou o estupro (ele não conhecia a cardiopatia, não sendo, portanto, produto de falta de cuidado (culpa) dele ao agir. Desta forma, como a responsabilidade penal é subjetiva (depende de dolo ou culpa), o resultado morte não poderá ser imputado ao agente, que responderá somente pelo crime doloso de estupro simples.

(XIV EXAME DE ORDEM UNIFICADO – FGV) José, mestre de obras, foi contratado para realizar a reforma de um escritório no centro da cidade de Niterói. Durante a reforma, José, sem analisar a planta do edifício, derruba uma parede do escritório, com o intuito de unir duas salas contíguas. Dois dias após a derrubada da parede, o prédio desaba, e, no desabamento, morre uma pessoa que estava no local na hora da queda. A perícia consegue apurar que a queda foi provocada pela obra realizada por José, que não poderia derrubar a parede, pois esta seria estrutural no edifício. Diante dos fatos narrados, assinale a opção que indica a responsabilidade penal de José.

(A) Desabamento doloso em concurso formal com o crime de homicídio doloso.
(B) Desabamento doloso em concurso material com o crime de homicídio culposo.
(C) Desabamento culposo, circunstanciado pela causa de aumento de pena em razão da morte culposa da vítima.
(D) Desabamento culposo, circunstanciado pela causa de aumento de pena em razão da morte dolosa da vítima.

COMENTÁRIO

A resposta correta é a letra "C".

Embora se refira ao crime de desabamento (Art. 256 CP) esta questão aborda acima de tudo a análise de dolo e culpa quanto a produção de resultados, e a possibilidade de se qualificar um crime doloso ou culposo por um resultado mais grave produzido culposamente.

Os crimes preterdolosos são aqueles em que o agente realiza uma conduta dolosa, porém acaba gerando um resultado mais grave, produto de falta de cuidado e excesso ao atuar, gerando, assim, um crime doloso qualificado pelo resultado mais grave, culposamente causado.

Há também hipóteses de crimes culposos qualificados por resultados culposamente causados, ou seja, o agente gera um resultado produto de culpa e em decorrência disso outro resultado mais grave também ocorre culposamente.

De acordo com o narrado, o dolo do agente foi de derrubar a parede e não de causar o desabamento, e por isso este desabamento foi culposo (Art. 256, parágrafo único, CP), produto de uma falta de cuidado, imperícia do profissional ao atuar. Em razão disso, acabou se produzindo, também culposamente, a morte de uma pessoa e, portanto, trata-se do crime de desabamento culposo qualificado pela morte (culposa), previsto no Art. 256, parágrafo único, c/c Art. 258 CP.

(XIV EXAME DE ORDEM UNIFICADO – FGV) Isadora, mãe da adolescente Larissa, de 12 anos de idade, saiu um pouco mais cedo do trabalho e, ao chegar à sua casa, da janela da sala, vê seu companheiro, Frederico, mantendo relações sexuais com sua filha no sofá. Chocada com a cena, não teve qualquer reação. Não tendo sido vista por ambos, Isadora decidiu, a partir de então, chegar à sua residência naquele mesmo horário e verificou que o fato se repetia por semanas. Isadora tinha efetiva ciência dos abusos perpetrados por Frederico, porém, muito apaixonada por ele, nada fez. Assim, Isadora, sabendo dos abusos cometidos por seu companheiro contra sua filha, deixa de agir para impedi-los. Nesse caso, é correto afirmar que o crime cometido por Isadora é

(A) omissivo impróprio.
(B) omissivo próprio.
(C) comissivo.
(D) omissivo por comissão.

COMENTÁRIO

A resposta correta é a letra "A".

Esta questão se refere aos crimes omissivos e sua classificação em omissivos próprios ou puros e omissivos impróprios ou impuros (comissivos por omissão).

Os crimes omissivos próprios são aqueles em que a própria lei prevê uma conduta omissiva como crime, criando assim um dever geral (para todos) de agir diante da situação prevista no tipo, sendo que por prever uma omissão como crime, não há qualquer resultado previsto ou imputável ao agente que se omitir. (Ex: Omissão de Socorro – Art. 135 CP)

Já os omissivos impróprios na verdade não se caracterizam como sendo uma classificação dada a um ou outro artigo do CP, mas sim uma forma de se imputar resultados concretos, previstos na lei através de ações (Ex: Art. 121, 129, 163, 213 CP) em face de uma omissão de certos agentes chamados de garantidores.

Os garantidores (Art. 13, § 2º, CP) possuem um dever específico de enfrentar o perigo e de evitar que resultados aconteçam, e caso se omitam dolosa ou culposamente responderão pelos resultados (crimes) produzidos.

Os ascendentes (Ex: mãe) são garantidores de acordo com a alínea "A" do Art. 13, § 2º, CP, e deverão responder por qualquer resultado lesivo que se produza em face de sua omissão.

Sendo assim, de acordo como o narrado, a mãe, mesmo sabendo que sua filha estava sendo estuprada, e podendo atuar para impedir isso, se omitiu, devendo, portanto, responder pelo resultado produzido, ou seja, responderá pelo crime de Estupro de Vulnerável (Art. 217 A CP), através da chamada omissão imprópria (crime comissivo por omissão).

(XIV EXAME DE ORDEM UNIFICADO – FGV) Wallace, hemofílico, foi atingido por um golpe de faca em uma região não letal do corpo. Júlio, autor da facada, que não tinha dolo de matar, mas sabia da condição de saúde específica de Wallace, sai da cena do crime sem desferir outros golpes, estando Wallace ainda vivo. No entanto, algumas horas depois, Wallace morre, pois, apesar de a lesão ser em local não letal, sua condição fisiológica agravou o seu estado de saúde. Acerca do estudo da relação de causalidade, assinale a opção correta.

(A) O fato de Wallace ser hemofílico é uma causa relativamente independente preexistente, e Júlio não deve responder por homicídio culposo, mas, sim, por lesão corporal seguida de morte.

(B) O fato de Wallace ser hemofílico é uma causa absolutamente independente preexistente, e Júlio não deve responder por homicídio culposo, mas, sim, por lesão corporal seguida de morte.

(C) O fato de Wallace ser hemofílico é uma causa absolutamente independente concomitante, e Júlio deve responder por homicídio culposo.

(D) O fato de Wallace ser hemofílico é uma causa relativamente independente concomitante, e Júlio não deve responder pela lesão corporal seguida de morte, mas, sim, por homicídio culposo.

COMENTÁRIO

A resposta correta é a letra "A". Como tanto a facada quanto a hemofilia foram causas da morte, e o dolo do agente era de gerar lesão corporal na vítima, o autor deve responder pelo crime de lesão corporal dolosa seguida de morte (culposa) (Art. 129, § 3º, CP).

A questão se refere à relação de causalidade (Art. 13 CP) e a possibilidade de se imputar um resultado, produto de certos fatores concorrentes (concausas), ao agente que atuou com determinado dolo.

Nosso ordenamento adotou a teoria da *condicio sine qua non* para determinar a relação de causalidade entre uma conduta e um resultado, sendo que, de acordo com o CP só se pode atribuir um resultado a quem lhe der causa.

Com base na referida teoria, causa é toda condição essencial, sem a qual certo resultado não teria se produzido, da forma que se produziu na situação concreta.

Seguindo esta teoria, no exemplo narrado pode-se considerar que a conduta de desferir facadas foi também causa do resultado morte, pois sem essas facadas a morte por hemorragia não teria se produzido, embora a hemofilia também tenha sido responsável pela referida morte (concausa).

A hemofilia é uma causa que é relativamente independente à facada, pois em conjunto com ela resultou na morte, e é também preexistente a conduta da facada, já que o agente possuía a doença antes de ser atingido.

(XVI EXAME DE ORDEM UNIFICADO – FGV) Carlos e seu filho de dez anos caminhavam por uma rua com pouco movimento e bastante escura, já de madrugada, quando são surpreendidos com a vinda de um cão pitbull na direção deles. Quando o animal iniciou o ataque contra a criança, Carlos, que estava armado e tinha autorização para assim se encontrar, efetuou um disparo na direção do cão, que não foi atingido, ricocheteando a bala em uma pedra e acabando por atingir o dono do animal, Leandro, que chegava correndo em sua busca, pois notou que ele fugira clandestinamente da casa. A vítima atingida veio a falecer, ficando constatado que Carlos não teria outro modo de agir para evitar o ataque do cão contra o seu filho, não sendo sua conduta tachada de descuidada. Diante desse quadro, assinale a opção que apresenta a situação jurídica de Carlos.

(A) Carlos atuou em legítima defesa de seu filho, devendo responder, porém, pela morte de Leandro.

(B) Carlos atuou em estado de necessidade defensivo, devendo responder, porém, pela morte de Leandro.

(C) Carlos atuou em estado de necessidade não deve responder pela morte de Leandro.

(D) Carlos atuou em estado de necessidade putativo, razão pela qual não deve responder pela morte de Leandro.

COMENTÁRIO

A resposta correta é a letra "C".

Esta questão envolve a análise tanto das excludentes de ilicitude (Art. 23 CP) quanto do erro quanto ao crime praticado (Art. 74 CP) já que em face do erro acaba se acertando uma pessoa ao invés de atingir o animal.

O ataque de animal configura situação de perigo, razão pela qual permite ao agente atuar em situação de estado de necessidade para afastar esse perigo e preservar a integridade física de seu filho. Não se pode falar em legítima defesa pois não existe agressão, que pressupõe conduta humana, e no caso de animal só se caracteriza agressão quando um ser humano utilizar o animal como arma para agredir outrem.

Desta forma, afasta-se a ilicitude da conduta, e Carlos não poderá responder pela morte do animal (Dano- Art. 163 CP). Entretanto, houve um erro na conduta realizada e uma pessoa acabou sendo atingida pelo disparo, vindo a morrer.

Quanto a imputação desta morte a Carlos há divergência, sendo que, a banca seguiu a linha de que se entende a exclusão da ilicitude relativa a morte do animal para impedir a imputação do homicídio culposo ao agente, embora a situação narrada seja a do Art. 74 do CP, ou seja, *aberratio criminis* e este dispositivo determine a imputação do resultado causado a título de culpa ao autor. (Art. 121, § 5º, CP)

4. TEORIA DO ERRO

(EXAME DE ORDEM UNIFICADO 2010.2 – FGV)) Arlete, em estado puerperal, manifesta a intenção de matar o próprio filho recém-nascido. Após receber a criança no seu quarto para amamentá-la, a criança é levada para o berçário. Durante a noite, Arlete vai até o berçário, e, após conferir a identificação da criança, a asfixia, causando a sua morte. Na manhã seguinte, é constatada a morte por asfixia de um recém-nascido, que não era o filho de Arlete. Diante do caso concreto, assinale a alternativa que indique a responsabilidade penal da mãe.

(A) Crime de homicídio, pois, o erro acidental não a isenta de responsabilidade.

(B) Crime de homicídio, pois, uma vez que o art. 123 do CP trata de matar o próprio filho sob influência do estado puerperal, não houve preenchimento dos elementos do tipo.

(C) Crime de infanticídio, pois houve erro quanto à pessoa.

(D) Crime de infanticídio, pois houve erro essencial.

COMENTÁRIO

A letra C está correta.

O enunciado narra a conduta de uma mãe que, querendo matar o próprio filho sob influência do estado puerperal, se confunde no berçário e acaba matando outra criança, filho de outrem.

Trata-se de hipótese conhecida como Erro sobre a pessoa (art. 20, § 3.º, do CP), espécie de erro acidental em que o agente se confunde quanto à identidade da vítima, ou seja, um erro de valoração quanto a quem é a pessoa contra quem realiza a conduta (erro do irmão gêmeo).

Esse erro tem como consequência ignorar todas as características da vítima efetivamente atingida e considerar o fato como se o agente tivesse tingido quem pretendia.

Dessa forma, de acordo com o narrado, mesmo tendo matado o filho de outrem (matar alguém) e, com isso, realizado homicídio, Arlete deverá responder pelo crime de Infanticídio consumado (art. 123 do CP), como se tivesse atingido a vítima pretendida inicialmente, nesse caso, seu próprio filho.

(EXAME DE ORDEM UNIFICADO 2010.3 – FGV) Joaquim, desejoso de tirar a vida da própria mãe, acaba causando a morte de uma tia (por confundi-la com aquela).

Tendo como referência a situação acima, é correto afirmar que Joaquim incorre em erro

(A) de tipo essencial escusável – inevitável – e deverá responder pelo crime de homicídio sem a incidência da agravante relativa ao crime praticado contra ascendente (haja vista que a vítima, de fato, não era a sua genitora).

(B) de tipo acidental na modalidade *error in persona* e deverá responder pelo crime de homicídio com a incidência da agravante relativa ao crime praticado contra ascendente (mesmo que a vítima não seja, de fato, a sua genitora).

(C) de proibição e deverá responder pelo crime de homicídio qualificado pelo fato de ter objetivado atingir ascendente (preserva-se o dolo, independente da identidade da vítima).

(D) de tipo essencial inescusável – evitável –, mas não deverá responder pelo crime de homicídio qualificado, uma vez que a pessoa atingida não era a sua ascendente.

COMENTÁRIO

A letra B está correta.

O enunciado da questão narra uma situação em que determinado agente dispara sua arma para matar a própria mãe, entretanto, por confundi-la com sua tia, mata a pessoa errada.

Trata-se de hipótese conhecida como Erro sobre a pessoa (art. 20, § 3.º, do CP), espécie de erro acidental em que o agente se confunde quanto à identidade da vítima, ou seja, um erro de valoração quanto a quem é a pessoa contra quem realiza a conduta (erro do irmão gêmeo).

Esse erro tem como consequência ignorar todas as características da vítima efetivamente atingida, e considerar o fato como se o agente tivesse tingido quem pretendia.

Dessa forma, de acordo com o narrado, mesmo tendo matado sua tia, Joaquim deverá responder pelo crime de homicídio doloso consumado com a incidência da agravante relativa ao crime praticado contra ascendente, como se tivesse atingido a vítima pretendida, nesse caso, sua própria mãe.

(V EXAME DE ORDEM UNIFICADO – FGV) Apolo foi ameaçado de morte por Hades, conhecido matador de aluguel. Tendo tido ciência, por fontes seguras, que Hades o mataria naquela noite e, com o intuito de defender-se, Apolo saiu de casa com uma faca no bolso de seu casaco. Naquela noite, ao encontrar Hades em uma rua vazia e escura e, vendo que este colocava a mão no bolso, Apolo precipita-se e, objetivando impedir o ataque que imaginava iminente, esfaqueia Hades, provocando-lhe as lesões corporais que desejava. Todavia, após o ocorrido, o próprio Hades contou a Apolo que não ia matá-lo, pois havia desistido de seu intento e, naquela noite, foi ao seu encontro justamente para dar-lhe a notícia. Nesse sentido, é correto afirmar que

(A) havia dolo na conduta de Apolo.
(B) mesmo sendo o erro escusável, Apolo não é isento de pena.
(C) Apolo não agiu em legítima defesa putativa.
(D) mesmo sendo o erro inescusável, Apolo responde a título de dolo.

COMENTÁRIO

A letra A está correta.

Esta questão narra situação em que determinado sujeito (Apolo), por acreditar que seria agredido por seu desafeto (Hades), age acreditando estar em legítima defesa, esfaqueando-o, porém não havia agressão por parte da vítima.

Trata-se de situação de legítima defesa putativa, produto do erro a respeito da agressão, conhecido como erro de tipo permissivo (art. 20, § 1.º, do CP), e que poderá ter duas consequências: afastar o dolo e punir a forma culposa do crime (erro evitável), ou isentar o agente de pena (erro inevitável).

Porém, é importante lembrar que, em situação de legítima defesa putativa, como a narrada no enunciado, o agente atua com dolo de lesionar o suposto agressor, embora, de acordo com o art. 20, § 1.º, do CP, determine que nesses casos o dolo será afastado, imputando ao agente a forma culposa do crime (culpa imprópria) ou até isentando o agente de pena.

Dessa forma, conforme narrado na questão, houve dolo de lesão corporal na conduta praticada por Apolo embora este achasse que estava agindo justificadamente em situação de legítima defesa, por pensar que estava sendo agredido.

(VI EXAME DE ORDEM UNIFICADO – FGV) José dispara cinco tiros de revólver contra Joaquim, jovem de 26 (vinte e seis) anos que acabara de estuprar sua filha. Contudo, em decorrência de um problema na mira da arma, José erra seu alvo, vindo a atingir Rubem, senhor de 80 anos, ceifando-lhe a vida. A esse respeito, é correto afirmar que José responderá

(A) pelo homicídio de Rubem, agravado por ser a vítima maior de 60 anos.
(B) por tentativa de homicídio privilegiado de Joaquim e homicídio culposo de Rubem, agravado por ser a vítima maior de 60 anos.
(C) apenas por tentativa de homicídio privilegiado, uma vez que ocorreu erro quanto à pessoa.
(D) apenas por homicídio privilegiado consumado, uma vez que ocorreu erro na execução.

COMENTÁRIO

A letra D está correta.

Trata-se de questão relacionada ao chamado erro de execução ou *aberratio ictus* (art. 73 do CP), já que o agente pratica uma conduta e acaba atingindo vítima diversa da pretendida.

Nesse caso houve um erro de alvo, um erro na realização da conduta pelo agente, e para identificar essa categoria de erro podemos chamá-lo de "erro da bala perdida".

De acordo com o art. 73 do CP, nessas hipóteses devem-se ignorar as características da vítima efetivamente atingida e punir o fato como se o agente tivesse atingido a vítima pretendida inicialmente.

Sendo assim, de acordo com o narrado, o fato de a vítima atingida possuir 80 anos de idade, o que caracteriza uma causa de aumento de pena no crime de homicídio doloso (art. 121, § 4.º, do CP) será irrelevante, devendo-se considerar o fato como se o agente tivesse efetivamente atingido o sujeito que havia acabado de estuprar sua filha, ou seja, o agente deve responder pelo homicídio privilegiado praticado por um agente dominado por violenta emoção logo após a injusta provocação da vítima (art. 121, § 1.º, do CP).

(IX EXAME DE ORDEM UNIFICADO – FGV) Jaime, brasileiro, passou a morar em um país estrangeiro no ano de 1999. Assim como seu falecido pai, Jaime tinha por hábito sempre levar consigo acessórios de arma de fogo, o que não era proibido, levando-se em conta a legislação vigente à época, a saber, a Lei 9.437/1997. Tal hábito foi mantido no país estrangeiro que, em sua legislação, não vedava a conduta. Todavia, em 2012, Jaime resolve vir de férias ao Brasil. Além de matar as saudades dos familiares, Jaime também queria apresentar o país aos seus dois filhos, ambos nascidos no estrangeiro. Ocorre que, dois dias após sua chegada, Jaime foi preso em flagrante por portar ilegalmente acessório de arma de fogo, conduta descrita no art. 14 da Lei 10.826/2003, *verbis*: "Portar, deter, adquirir, fornecer, receber, ter em depósito, transportar, ceder, ainda que gratuitamente, emprestar, remeter, empregar, manter sob guarda ou ocultar arma de fogo, acessório ou munição, de uso permitido, sem autorização e em desacordo com determinação legal ou regulamentar". Nesse sentido, podemos afirmar que Jaime agiu em hipótese de

(A) erro de proibição direto.
(B) erro de tipo essencial.
(C) erro de tipo acidental.
(D) erro sobre as descriminantes putativas.

COMENTÁRIO

A letra A está correta.

Trata-se de uma questão que visa a identificação da modalidade de erro ocorrida diante do caso concreto narrado.

De acordo com o enunciado, o agente (Jaime) realiza a conduta tipificada no art. 14 do Estatuto do Desarmamento (Lei 10.826/2003), porém realiza essa conduta acreditando não realizar nada ilícito, ou seja, sem o conhecimento da ilicitude de seu ato, sem reconhecer o caráter proibido daquilo que fez.

Dessa forma, percebe-se que o agente atuou em erro quanto ao caráter ilícito, proibido do seu ato, agindo, portanto, em Erro de Proibição (art. 21 do CP), que terá como consequência afastar a culpabilidade do agente e isentá-lo de pena pela falta de potencial conhecimento da ilicitude, ou, em caso de o erro ser de natureza evitável, reduzir a pena de 1/6 a 1/3.

Esse erro de proibição é considerado direto, pois o agente acredita diretamente que seu ato simplesmente é lícito, ou seja, não é proibido, diferentemente do erro de proibição indireto em que, para achar que seu ato não é proibido, o agente deve acreditar que há uma permissão para sua conduta na situação específica em que se encontra, quando, na verdade, essa permissão não existe (ex.: achar que pode matar quem furta agindo em legítima defesa, quando, na verdade, isso não está autorizado e configura ato ilícito em excesso).

(XII EXAME DE ORDEM UNIFICADO – FGV) Bráulio, rapaz de 18 anos, conhece Paula em um show de rock, em uma casa noturna. Os dois, após conversarem um pouco, resolvem dirigir-se a um motel e ali, de forma consentida, o jovem mantém relações sexuais com Paula. Após, Bráulio descobre que a moça, na verdade, tinha apenas 13 anos e que somente conseguira entrar no show mediante apresentação de carteira de identidade falsa. A partir da situação narrada, assinale a afirmativa correta.

(A) Bráulio deve responder por estupro de vulnerável doloso.
(B) Bráulio deve responder por estupro de vulnerável culposo.
(C) Bráulio não praticou crime, pois agiu em hipótese de erro de tipo essencial.
(D) Bráulio não praticou crime, pois agiu em hipótese de erro de proibição direto.

COMENTÁRIO

A letra C está correta.

Trata-se de uma clássica questão ligada à Teoria do erro, em que o agente (Bráulio) mantém relações sexuais com uma menina de 13 anos pensando que esta possuía mais de 18 anos, em função de sua aparência, e pelo fato de ter conhecido a moça em uma casa noturna, local em que, em tese, é proibida a entrada de menores de 18 anos.

Objetivamente, Bráulio realizou o crime de estupro de vulnerável (art. 217-A do CP), porém, como estava em erro a respeito da idade da moça (13 anos), e o limite de idade de 14 anos está previsto como elemento do tipo penal desse crime, agiu em erro de tipo essencial (art. 20 do CP).

O erro de tipo tem como consequência afastar o dolo e a culpa, tornando o fato atípico, caso o erro seja inevitável, ou afastar o dolo e punir a forma culposa do crime (se houver previsão desta forma), caso o erro seja evitável.

Sendo assim, como não há previsão de forma culposa do crime de estupro de vulnerável (art. 217-A do CP), independentemente de o erro ser inevitável (o que parece ser o caso) ou evitável, afastando-se o dolo da conduta o fato praticado de toda forma se torna atípico e o agente não responderá por qualquer crime.

(XIII EXAME DE ORDEM UNIFICADO – FGV) Paulo tinha inveja da prosperidade de Gustavo e, certo dia, resolveu quebrar o carro que este último havia acabado de comprar. Para tanto, assim que Gustavo estacionou o veículo e dele saiu, Paulo, munido de uma barra de ferro, foi correndo em direção ao bem para danificá-lo. Ao ver a cena, Gustavo colocou-se à frente do carro e acabou sendo atingido por um golpe da barra de ferro, vindo a falecer em decorrência de traumatismo craniano derivado da pancada. Sabe-se que Paulo não tinha a intenção de matar Gustavo e que este somente recebeu o golpe porque se colocou à frente do carro quando Paulo já estava com a barra de ferro no ar, em rápido movimento para atingir o veículo, que ficou intacto. Com base no caso relatado, assinale a afirmativa correta.

(A) Paulo responderá por tentativa de dano em concurso formal com homicídio culposo.
(B) Paulo responderá por homicídio doloso, tendo agido com dolo eventual.
(C) Paulo responderá por homicídio culposo.
(D) Paulo responderá por tentativa de dano em concurso material com homicídio culposo.

COMENTÁRIO

A resposta correta é a letra "C".

Trata-se de um clássico caso de *Aberratio Criminis* em que o agente, visando atingir uma coisa, ou seja, praticar um crime de dano (Art. 163 CP) acaba atingindo uma pessoa, praticando, assim, um homicídio culposo (art. 121, § 5º, CP).

Este erro, chamado de *Aberratio Criminis,* está previsto no Art. 74 CP e tem como consequência que se ignore a tentativa do crime de Dano (Art. 163 CP) já que não se produziu este resultado, imputando-se ao agente somente o resultado produzido culposamente contra a pessoa, ou seja, deverá responder apenas pelo homicídio culposo.

(XIV EXAME DE ORDEM UNIFICADO – FGV) Eslow, holandês e usuário de maconha, que nunca antes havia feito uma viagem internacional, veio ao Brasil para a Copa do Mundo. Assistindo ao jogo Holanda x Brasil decidiu, diante da tensão, fumar um cigarro de maconha nas arquibancadas do estádio. Imediatamente, os policiais militares de plantão o prenderam e o conduziram à Delegacia de Polícia. Diante do Delegado de Polícia, Eslow, completamente assustado, afirma que não sabia que no Brasil a utilização de pequena quantidade de maconha era proibida, pois, no seu país, é um hábito assistir a jogos de futebol fumando maconha. Sobre a hipótese apresentada, assinale a opção que apresenta a principal tese defensiva.

(A) Eslow está em erro de tipo essencial escusável, razão pela qual deve ser absolvido.
(B) Eslow está em erro de proibição direto inevitável, razão pela qual deve ser isento de pena.
(C) Eslow está em erro de tipo permissivo escusável, razão pela qual deve ser punido pelo crime culposo.
(D) Eslow está em erro de proibição, que importa em crime impossível, razão pela qual deve ser absolvido.

COMENTÁRIO

A resposta correta é a letra "B".

Trata-se de questão ligada a teoria do erro, já que aborda um caso concreto visando a identificação da espécie de erro ocorrida na situação.

O enunciado se refere a um estrangeiro que pratica a conduta criminosa de "porte de droga para uso" (Art.28 Lei 11343/2006) porém acreditando que sua conduta não é ilícita, que o fato praticado não é proibido em nosso ordenamento.

Como o próprio enunciado aponta, o referido holandês errou sobre o caráter proibido de usar maconha no Brasil, já que em seu país de origem o uso dessa substância não configura ato ilícito, sendo permitido, havendo assim um erro de proibição.

O erro de proibição pode ser considerado inevitável, e nesse caso isenta o agente de pena, já que se afasta sua culpabilidade, ou evitável, reduzindo-se a pena de 1/6 a 1/3, caso, diante da situação concreta, se perceba que o agente tinha potencial para conhecer a ilicitude do que fez.

Quanto a classificação "direto", esta se refere a situação em que o agente simplesmente (diretamente) acredita que algo não é proibido pelo ordenamento (como no exemplo da questão), e "indireto" quando crê haver alguma norma autorizando a conduta praticada, para então achar que o seu comportamento não é proibido. Esta classificação não interfere em nada nas consequências do erro de proibição.

Desta forma, evidencia-se o chamado erro de proibição direto (Art. 21 CP) que ocorre quando o agente não conhece a ilicitude do que faz e, portanto, erra sobre a proibição, acredita que sua conduta não é proibida, não é ilícita, estando isento de pena (erro inevitável).

(XVI EXAME DE ORDEM UNIFICADO – FGV) Paloma, sob o efeito do estado puerperal, logo após o parto, durante a madrugada, vai até o berçário onde acredita encontrar-se seu filho recém-nascido e o sufoca até a morte, retornando ao local de origem sem ser notada. No dia seguinte, foi descoberta a morte da criança e, pelo circuito interno do hospital, é verificado que Paloma foi a autora do crime. Todavia, constatou-se que a criança morta não era o seu filho, que se encontrava no berçário ao lado, tendo ela se equivocado quanto à vítima desejada. Diante desse quadro, Paloma deverá responder pelo crime de

(A) homicídio culposo.
(B) homicídio doloso simples.
(C) infanticídio.
(D) homicídio doloso qualificado.

COMENTÁRIO

Trata-se de questão relativa ao conhecido erro sobre a pessoa (Art. 20, § 3º, CP).

A resposta correta é a letra "C".

Este erro ocorre quando o agente erra a respeito da identidade da vítima, ou seja, trata-se de um erro de valoração a respeito de quem é a vítima a ser atingida. Neste caso, ignora-se as características da vítima atingida imputando-se o crime ao agente como se ele tivesse atingido quem pretendia.

Sendo assim, embora tenha praticado o crime de homicídio (Art. 121 CP) esta mãe responderá por infanticídio (Art. 123 CP), já que sob influência do estado puerperal e logo após o parto, pensava estar matando seu filho, devendo assim responder como se tivesse atingido quem pretendia. (Art. 20, § 3º, CP)

5. CULPABILIDADE

(VIII EXAME DE ORDEM UNIFICADO – FGV) Analise as hipóteses abaixo relacionadas e assinale a alternativa que apresenta somente causas excludentes de culpabilidade.

(A) Erro de proibição; embriaguez completa proveniente de caso fortuito ou força maior; coação moral irresistível.
(B) Embriaguez culposa; erro de tipo permissivo; inimputabilidade por doença mental ou por desenvolvimento mental incompleto ou retardado.
(C) Inimputabilidade por menoridade; estrito cumprimento do dever legal; embriaguez incompleta.
(D) Embriaguez incompleta proveniente de caso fortuito ou força maior; erro de proibição; obediência hierárquica.

COMENTÁRIO

A letra A está correta.

Trata-se de questão estritamente dogmática, que envolve a análise dos elementos integrantes da culpabilidade e suas hipóteses de exclusão.

A culpabilidade é formada por três elementos essenciais e cumulativos necessários para que haja reprovação, sendo que cada um deles poderá ser excluído, afastado em algumas hipóteses e, assim, excluir a própria culpabilidade.

São elementos da culpabilidade com suas referentes causas de exclusão:

– Imputabilidade: causas de exclusão (inimputabilidade) – Doença mental ou desenvolvimento mental incompleto (art. 26 do CP), menoridade (18 anos – art. 27 do CP) e embriaguez acidental (involuntária) completa (art. 28, II e §§ 1.º e 2.º, do CP).

– Potencial conhecimento da ilicitude: causa de exclusão – erro de proibição inevitável (art. 21 do CP), já o erro de proibição evitável gera diminuição da pena de 1/6 a 1/3 (art. 21, 2.ª parte, do CP). O erro de proibição é aquele em que o agente não conhece o caráter ilícito, proibido do que está realizando.

– Exigibilidade de conduta diversa: causas de exclusão (inexigibilidade de conduta diversa) – coação moral irresistível (art. 22 do CP) e a obediência hierárquica (art. 22 do CP).

(XI EXAME DE ORDEM UNIFICADO – FGV) Para aferição da inimputabilidade por doença mental ou desenvolvimento mental incompleto ou retardado, assinale a alternativa que indica o critério adotado pelo Código Penal vigente.

(A) Biológico.
(B) Psicológico.
(C) Psiquiátrico.
(D) Biopsicológico.

COMENTÁRIO

A letra D está correta.

Trata-se de questão de caráter estritamente teórico a respeito da culpabilidade e do seu primeiro elemento integrante, qual seja, a imputabilidade.

O nosso ordenamento adotou o sistema biopsicológico ou misto para delimitação das hipóteses de inimputabilidade.

Para esse sistema, que é a junção dos sistemas biológico e psicológico, as causas de inimputabilidade podem ser delimitadas com base em aspectos orgânicos, biológicos, ou então puramente em aspectos psicológicos, mentais, e essas causas aparecem em nosso Código Penal, nos arts. 26, 27 e 28 (doença mental, menoridade e embriaguez acidental completa).

(XII EXAME DE ORDEM UNIFICADO – FGV) Wilson, competente professor de uma autoescola, guia seu carro por uma avenida à beira-mar. No banco do carona está sua noiva, Ivana. No meio do percurso, Wilson e Ivana começam a discutir: a moça reclama da alta velocidade empreendida. Assustada, Ivana grita com Wilson, dizendo que, se ele continuasse naquela velocidade, poderia facilmente perder o controle do carro e atropelar alguém. Wilson, por sua vez, responde que Ivana deveria deixar de ser medrosa e que nada aconteceria, pois se sua profissão era ensinar os outros a dirigir, ninguém poderia ser mais competente do que ele na condução de um veículo. Todavia, ao fazer uma curva, o automóvel derrapa na areia trazida para o asfalto por conta dos ventos do litoral, o carro fica desgovernado e acaba ocorrendo o atropelamento de uma pessoa que passava pelo local. A vítima do atropelamento falece instantaneamente. Wilson e Ivana sofrem pequenas escoriações. Cumpre destacar que a perícia feita no local constatou excesso de velocidade. Nesse sentido, com base no caso narrado, é correto afirmar que, em relação à vítima do atropelamento, Wilson agiu com

(A) dolo direto.
(B) dolo eventual.
(C) culpa consciente.
(D) culpa inconsciente.

COMENTÁRIO

A letra C está correta.

O enunciado narra uma situação em que determinado agente (Wilson) conduz seu veículo em alta velocidade, causando, assim, um acidente e a morte de uma pessoa.

Porém, fica claro, no caso narrado, que Wilson estava ciente do risco, e que possuía previsão concreta a respeito da possibilidade de causar esse tipo de resultado.

Além disso, de acordo com o narrado, percebe-se que, por possuir habilidades específicas no que tange à condução de veículos automotores ("sua profissão era ensinar os outros a dirigir, ninguém poderia ser mais competente do que ele na condução de um veículo"), agiu confiando nessas habilidades, certo de que nada de errado ocorreria.

Sendo assim, como estão presentes os requisitos técnicos de "previsão concreta do resultado", "não aceitação de risco e repúdio pela produção do resultado", além de "confiar em suas habilidades ao atuar", conclui-se que o agente atuou em situação de Culpa Consciente, devendo responder pelo crime de homicídio culposo no trânsito (art. 302 da Lei 9.503/1997).

(XVI EXAME DE ORDEM UNIFICADO – FGV) Patrício e Luiz estavam em um bar, quando o primeiro, mediante ameaça de arma de fogo, obriga o último a beber dois copos de tequila. Luiz ficou inteiramente embriagado. A dupla, então, deixou o local, sendo que Patrício conduzia Luiz, que caminhava com muitas dificuldades. Ao encontrarem Juliana, que caminhava sozinha pela calçada, Patrício e Luiz, se utilizando da arma que era portada pelo primeiro, constrangeram-na a com eles praticar sexo oral, sendo flagrados por populares que passavam ocasionalmente pelo local, ocorrendo a prisão em flagrante. Denunciados pelo crime de estupro, no curso da instrução, mediante perícia, restou constatado que Patrício era possuidor de doença mental grave e que, quando da prática do fato, era inteiramente incapaz de entender o caráter ilícito do seu comportamento, situação, aliás, que permanece até o momento do julgamento. Também ficou demonstrado que, no momento do crime, Luiz estava completamente embriagado. O Ministério Público requereu a condenação dos acusados. Não havendo dúvida com relação ao injusto, tecnicamente, a defesa técnica dos acusados deverá requerer, nas alegações finais,

(A) a absolvição dos acusados por força da inimputabilidade, aplicando, porém, medida de segurança para ambos.
(B) a absolvição de Luiz por ausência de culpabilidade em razão da embriaguez culposa e a absolvição imprópria de Patrício, com aplicação, para este, de medida de segurança.
(C) a absolvição de Luiz por ausência de culpabilidade em razão da embriaguez completa decorrente de força maior e a absolvição imprópria de Patrício, com aplicação, para este, de medida de segurança.
(D) a absolvição imprópria de Patrício, com a aplicação de medida de segurança, e a condenação de Luiz na pena mínima, porque a embriaguez nunca exclui a culpabilidade.

COMENTÁRIO

A resposta correta é a letra "C".

A questão se refere a duas hipóteses distintas consideradas como causas de exclusão da Culpabilidade.

A primeira delas inerente a Luiz, que foi forçado a ingerir álcool mediante grave ameaça, o que caracteriza a chamada embriagues acidental, involuntária, produto de força maior, que sendo completa ira excluir a imputabilidade, culpabilidade e a responsabilidade penal do agente. (Art. 28 II, § 1º, CP)

A segunda hipótese se refere também a uma causa de inimputabilidade, relacionada a doença mental (Art. 26 CP), fazendo com que o agente (Patrício) por ser inteiramente incapaz de entender o caráter ilícito do seu comportamento quando atuou, seja considerado inimputável, não respondendo pelo crime e não recebendo pena, mas tão somente medida de segurança. (Art. 96 CP)

(XVII EXAME DE ORDEM UNIFICADO – FGV) Durante um assalto a uma instituição bancária, Antônio e Francisco, gerentes do estabelecimento, são feitos reféns. Tendo ciência da condição deles de gerentes e da necessidade de que suas digitais fossem inseridas em determinado sistema para abertura do cofre, os criminosos colocam, à força, o dedo de Antônio no local necessário, abrindo, com isso, o cofre e subtraindo determinada quantia em dinheiro. Além disso, sob a ameaça de morte da esposa de Francisco, exigem que este saia do banco, levando a sacola de dinheiro juntamente com eles, enquanto apontam uma arma de fogo para os policiais que tentavam efetuar a prisão dos agentes. Analisando as condutas de Antônio e Francisco, com base no conceito tripartido de crime, é correto afirmar que

(A) Antônio não responderá pelo crime por ausência de tipicidade, enquanto Francisco não responderá por ausência de ilicitude em sua conduta.
(B) Antônio não responderá pelo crime por ausência de ilicitude, enquanto Francisco não responderá por ausência de culpabilidade em sua conduta.
(C) Antônio não responderá pelo crime por ausência de tipicidade, enquanto Francisco não responderá por ausência de culpabilidade em sua conduta.
(D) Ambos não responderão pelo crime por ausência de culpabilidade em suas condutas.

COMENTÁRIO

O gabarito da questão é a letra C.

De acordo com o enunciado Antônio "praticou" o fato sob coação *física* irresistível (*vis absoluta),* pois seu movimento corpóreo foi involuntário, já que praticou o movimento em decorrência de força corporal exercida sobre ele. Neste caso, em face do movimento ser involuntário afasta-se a própria conduta e, por conseguinte, fato típico será atípico, não havendo crime para ele.

Francisco, da mesma forma que Antônio, não poderá ser responsabilizado criminalmente, porém, sua situação é diferente, pois foi submetido a uma coação *moral* (e não física), irresistível (*vis compulsiva,* cuja consequência será afastar a culpabilidade do agente por inexigibilidade de conduta diversa, sem afetar, porém, o fato típico e a ilicitude da conduta praticada.

Neste segundo caso existe conduta, mas a culpabilidade do agente é que será excluída (Art. 22 do CP) e, por isso, não houve, em ambas as hipóteses prática de crime.

6. CONCURSO DE PESSOAS

(EXAME DE ORDEM UNIFICADO 2010.3 – FGV) Tomás decide matar seu pai, Joaquim. Sabendo da intenção de Tomás de executar o genitor, Pedro oferece, graciosamente, carona ao agente até o local em que ocorre o crime.

A esse respeito, é correto afirmar que Pedro é

(A) coautor do delito, respondendo por homicídio agravado por haver sido praticado contra ascendente.
(B) partícipe do delito, respondendo por homicídio agravado por haver sido praticado contra ascendente.
(C) coautor do delito, respondendo por homicídio sem a incidência da agravante.
(D) partícipe do delito, respondendo por homicídio sem a incidência da agravante.

COMENTÁRIO

A letra D está correta.

Trata-se de questão relacionada às características do concurso de pessoas, fundamentalmente das diferenças entre uma coautoria e uma participação, e, de acordo com o enunciado, Pedro, sabendo da intenção criminosa de Tomás, lhe oferece uma carona até o local do crime.

Atualmente, o entendimento dominante para caracterização da autoria e coautoria se fundamenta na chamada Teoria do Domínio do Fato, para a qual, para ser autor, o agente deve possuir o controle, as "rédeas da situação", podendo modificar ou mesmo impedir a ocorrência dos fatos.

Sendo assim, para que haja coautoria, além do liame subjetivo, acordo de vontades entre os agentes, cada um deverá possuir uma função, tarefa, decisiva e fundamental na empreitada criminosa, para que assim passe a possuir o controle da situação e o domínio dos fatos.

Para a mencionada Teoria do Domínio do Fato, todo aquele que colaborar dolosamente para um crime, mas de forma acessória, não fundamental, será mero partícipe, já que não possuirá o domínio do fato.

Dessa forma, a conduta narrada na questão, qual seja, de dar carona para o autor do crime, caracteriza-se com uma colaboração acessória no fato principal do autor, sendo, por isso, uma hipótese de participação.

É importante lembrar que, de acordo com a Teoria Monista, prevista no art. 29 do CP, todos que de qualquer forma concorrem para a prática de um crime respondem pelo mesmo crime, seja como coautor ou partícipe do fato, e que circunstâncias de caráter pessoal, como o fato de ser filho da vítima (agravante), não se comunicam aos demais participantes do crime (art. 30 do CP).

(VII EXAME DE ORDEM UNIFICADO – FGV) Zenão e Górgias desejam matar Tales. Ambos sabem que Tales é pessoa bastante metódica e tem a seguinte rotina ao chegar no trabalho: pega uma xícara de café na copa, deixa-a em cima de sua bancada particular, vai a outra sala buscar o jornal e retorna à sua bancada para lê-lo, enquanto degusta a bebida. Aproveitando-se de tais dados, Zenão e Górgias resolvem que executarão o crime de homicídio através de envenenamento. Para tanto, Zenão, certificando-se que não havia ninguém perto da bancada de Tales, coloca na bebida 0,1 ml de poderoso veneno. Logo em seguida chega Górgias, que também verifica a ausência de qualquer pessoa e adiciona ao café mais 0,1 ml do mesmo veneno poderoso. Posteriormente, Tales retorna à sua mesa e senta-se confortavelmente na cadeira para degustar o café lendo o jornal, como fazia todos os dias. Cerca de duas horas após a ingestão da bebida, Tales vem a falecer. Ocorre que toda a conduta de Zenão e Górgias foi filmada pelas câmeras internas presentes na sala da vítima, as quais eram desconhecidas de ambos, razão pela qual a autoria restou comprovada. Também restou comprovado que Tales somente morreu em decorrência da ação conjunta das duas doses de veneno, ou seja, somente 0,1 ml da substância não seria capaz de provocar o resultado morte. Com base na situação descrita, é correto afirmar que

(A) caso Zenão e Górgias tivessem agido em concurso de pessoas, deveriam responder por homicídio qualificado doloso consumado.
(B) mesmo sem qualquer combinação prévia, Zenão e Górgias deveriam responder por homicídio qualificado doloso consumado.
(C) Zenão e Górgias, agindo em autoria colateral, deveriam responder por homicídio culposo.
(D) Zenão e Górgias, agindo em concurso de pessoas, deveriam responder por homicídio culposo.

COMENTÁRIO

A letra A está correta.

Esta questão visa a identificação, ou não, da existência de um concurso de pessoas, bem como das suas consequências diante do caso narrado.

Ao praticarem simultaneamente a conduta de envenenamento, que acabou gerando a morte da vítima, é preciso que tenha havido um acordo de vontades, liame subjetivo entre os agentes para se caracterizar o concurso de pessoas, e a coautoria nasce dessa situação, imputando, assim, o crime consumado para ambos os agentes.

Dessa forma, a alternativa "A" está correta, já que narra exatamente o que foi mencionado acima, entretanto, sem o acordo de vontades haveria o que se chama de autoria colateral, porém, nesse caso, o resultado morte jamais poderia ser imputado a ambos.

Na autoria colateral ambos os agentes devem responder apenas por aquilo que efetivamente realizaram, e nesse caso deveriam responder os dois por tentativa de homicídio, logo, todas as demais afirmações estão erradas.

(VIII EXAME DE ORDEM UNIFICADO – FGV) Analise detidamente as seguintes situações:

Casuística 1: Amarildo, ao chegar à sua casa, constata que sua filha foi estuprada por Terêncio. Imbuído de relevante valor moral, contrata Ronaldo, pistoleiro profissional, para tirar a vida do estuprador. O serviço é regularmente executado.

Casuística 2: Lucas concorre para um infanticídio auxiliando Julieta, parturiente, a matar o nascituro – o que efetivamente acontece. Lucas sabia, desde o início, que Julieta estava sob a influência do estado puerperal.

Levando em consideração a legislação vigente e a doutrina sobre o concurso de pessoas (*concursus delinquentium*), é correto afirmar que

(A) no exemplo 1, Amarildo responderá pelo homicídio privilegiado e Ronaldo pelo crime de homicídio qualificado por motivo torpe. No exemplo 2, Lucas e Julieta responderão pelo crime de infanticídio.
(B) no exemplo 1, Amarildo responderá pelo homicídio privilegiado e Ronaldo pelo crime de homicídio simples (ou seja, sem privilégio pelo fato de não estar imbuído de relevante valor moral). No exemplo 2, Lucas, que não está influenciado pelo estado puerperal, responderá por homicídio, e Julieta pelo crime de infanticídio.
(C) no exemplo 1, Amarildo responderá pelo homicídio privilegiado e Ronaldo pelo crime de homicídio simples (ou seja, sem privilégio pelo fato de não estar imbuído de relevante valor moral). No exemplo 2, tanto Lucas quanto Julieta responderão pelo crime de homicídio (ele na modalidade simples, ela na modalidade privilegiada em razão da influência do estado puerperal).
(D) no exemplo 1, Amarildo responderá pelo homicídio privilegiado e Ronaldo pelo crime de homicídio qualificado pelo motivo fútil. No exemplo 2, Lucas, que não está influenciado pelo estado puerperal, responderá por homicídio e Julieta pelo crime de infanticídio.

COMENTÁRIO

A letra A está correta.

A questão aborda o concurso de pessoas, mais especificamente quanto à comunicabilidade de circunstâncias relacionadas ao crime aos coautores e partícipes do fato.

A respeito desse tema, versa o art. 30 do CP: "Não se comunicam as circunstâncias e as condições de caráter pessoal, salvo quando elementares do crime".

De acordo com o texto legal, circunstâncias pessoais, de caráter subjetivo e inerentes ao próprio autor do crime não se comunicam aos demais participantes (ex.: reincidência), salvo quando estas sejam "elementares", ou seja, elementos estruturais e presentes no *caput* do próprio Tipo.

Sendo assim, em crimes próprios como o Peculato (art. 312), a condição pessoal funcionário público, que é elementar, pode se comunicar aos participantes fazendo com que um coautor ou partícipe que não seja funcionário público possa responder por esse crime.

O mesmo ocorre no Infanticídio (art. 123 do CP), em que a condição pessoal "ser mãe sob influência do estado puerperal" é elementar do Tipo e pode se comunicar aos demais participantes, possibilitando que qualquer pessoa que colabore para esse crime responda por ele, junto com a mãe (autora).

Importante lembrar que circunstâncias previstas como qualificadoras (ex.: motivo torpe, motivo fútil) ou como causas de aumento e diminuição de pena (ex.: motivo de relevante valor moral) não são consideradas como "elementares" do crime e, por isso, sendo de caráter pessoal, subjetivo, não se comunicam aos coautores e partícipes do crime.

Dessa forma, percebe-se que, no exemplo 1 da questão, os motivos de cada coautor serão individuais, fazendo com que Amarildo responda pelo homicídio privilegiado e Ronaldo, pelo crime de homicídio qualificado por motivo torpe.

Já no exemplo 2, a circunstância pessoal "ser mãe sob influência de estado puerperal", por ser elementar, se comunica ao partícipe fazendo com que Lucas e Julieta respondam pelo mesmo crime de infanticídio.

(XI EXAME DE ORDEM UNIFICADO – FGV) Sofia decide matar sua mãe. Para tanto, pede ajuda a Lara, amiga de longa data, com quem debate a melhor maneira de executar o crime, o melhor horário, local etc. Após longas discussões de como poderia executar seu intento da forma mais eficiente possível, a fim de não deixar nenhuma pista, Sofia pede emprestado a Lara um facão. A amiga prontamente atende ao pedido. Sofia despede-se agradecendo a ajuda e diz que, se tudo correr conforme o planejado, executará o homicídio naquele mesmo dia e assim o faz. No entanto, apesar dos cuidados, tudo é descoberto pela polícia. A respeito do caso narrado e de acordo com a teoria restritiva da autoria, assinale a afirmativa correta.

(A) Sofia é a autora do delito e deve responder por homicídio com a agravante de o crime ter sido praticado contra ascendente. Lara, por sua vez, é apenas partícipe do crime e deve responder por homicídio, sem a presença da circunstância agravante.

(B) Sofia e Lara devem ser consideradas coautoras do crime de homicídio, incidindo, para ambas, a circunstância agravante de ter sido, o crime, praticado contra ascendente.

(C) Sofia e Lara devem ser consideradas coautoras do crime de homicídio. Todavia, a agravante de ter sido, o crime, praticado contra ascendente somente incide em relação à Sofia.

(D) Sofia é a autora do delito e deve responder por homicídio com a agravante de ter sido, o crime, praticado contra ascendente. Lara, por sua vez, é apenas partícipe do crime, mas a agravante também lhe será aplicada.

COMENTÁRIO

A letra A está correta.

Esta questão se refere à análise do concurso de pessoas e suas consequências, fundamentalmente sobre a possibilidade (ou não) de se aplicar a agravante de crime cometido contra ascendente para quem colaborou com o fato (Lara).

Inicialmente é preciso definir que, de acordo com a teoria do domínio do fato, adotada majoritariamente em nosso ordenamento, Sofia é a autora do crime, enquanto Lara, que colaborou de forma acessória e sem o domínio dos fatos, será considerada partícipe.

Quanto à comunicabilidade da circunstância agravante de "cometer o crime contra ascendente", deve-se seguir a regra prevista no art. 30 do CP, pelo qual circunstâncias de caráter pessoal não se comunicam aos demais participantes (coautores ou partícipes) do crime, salvo se forem elementares desse crime (elementos essenciais do crime, presentes no *caput* do dispositivo).

Nesse caso, a circunstância agravante é pessoal, pois se refere à relação familiar do autor com a vítima (art. 61, II, "e", do CP), mas não constitui elementar do crime de homicídio (art. 121 do CP), logo, não se comunica à partícipe (Lara), que responderá pelo mesmo crime de homicídio que a autora (Sofia), de acordo com o art. 29 do CP, porém sem a aplicação dessa agravante de pena.

(XII EXAME DE ORDEM UNIFICADO – FGV) Lucas, funcionário público do Tribunal de Justiça, e Laura, sua noiva, estudante de direito, resolveram subtrair notebooks de última geração adquiridos pela serventia onde Lucas exerce suas funções. Assim, para conseguir seu intento, combinaram dividir a execução do delito. Lucas, em determinado feriado municipal, valendo-se da facilidade que seu cargo lhe proporcionava, identificou-se na recepção e disse ao segurança que precisava ir até a serventia para buscar alguns pertences que havia esquecido. O segurança, que já conhecia Lucas de vista, não desconfiou de nada e permitiu o acesso. Ressalte-se que, além de ser serventuário, Lucas conhecia detalhadamente o prédio público, razão pela qual se dirigiu rapidamente ao local desejado, subtraindo todos os notebooks. Após, foi a uma janela e, dali, os entregou a Laura, que os colocou no carro e saiu. Ao final, Lucas conseguiu deixar o edifício sem que ninguém suspeitasse de nada. Todavia, cerca de uma semana após, Laura e Lucas têm uma discussão e terminam o noivado. Muito enraivecida, Laura procura a polícia e noticia os fatos, ocasião em que devolve todos os notebooks subtraídos. Com base nas informações do caso narrado, assinale a afirmativa correta.

(A) Laura e Lucas devem responder pelo delito de peculato-furto praticado em concurso de agentes.

(B) Laura deve responder por furto qualificado e Lucas deve responder por peculato-furto, dada à incomunicabilidade das circunstâncias.

(C) Laura e Lucas serão beneficiados pela causa extintiva de punibilidade, uma vez que houve reparação do dano ao erário anteriormente à denúncia.

(D) Laura será beneficiada pelo instituto do arrependimento eficaz, mas Lucas não poderá valer-se de tal benefício, pois a restituição dos bens, por parte dele, não foi voluntária.

COMENTÁRIO

A letra A está correta.

No caso concreto narrado, um funcionário público realiza o crime de peculato com o auxílio de sua namorada, Laura, sendo que esta não é funcionária pública.

Além disso, o enunciado narra que uma semana após a consumação do crime Laura devolve voluntariamente o produto do crime, qual seja, vários notebooks.

Quanto à conduta praticada, pode-se afirmar que houve coautoria, já que há uma divisão de tarefas essenciais, mediante acordo de vontades, em que ambos possuem, portanto, o domínio do fato.

De acordo com o art. 30 do CP, a condição de ser funcionário público, mesmo sendo de caráter pessoal, por ser elementar do crime de peculato – art. 312 do CP (elemento essencial do crime e previsto no *caput* do dispositivo) –, deve-se comunicar a todos os participantes do crime, fazendo com que Laura, mesmo sem ser funcionária pública, responda pelo crime de peculato (crime próprio) junto com seu coautor Lucas.

Não é possível se falar em arrependimento eficaz (art. 15 do CP), já que esse instituto pressupõe que o agente atue eficazmente impedindo a consumação do crime, algo que não ocorreu no fato narrado, já que o crime de peculato se consumou.

Não é possível também se falar em extinção da punibilidade pela restituição do bem, já que essa extinção só é aplicável à modalidade culposa de peculato prevista no art. 312, § 2.º, do CP (art. 312, § 3.º, do CP).

(XVI EXAME DE ORDEM UNIFICADO – FGV) Maria Joaquina, empregada doméstica de uma residência, profundamente apaixonada pelo vizinho Fernando, sem que este soubesse, escuta sua conversa com uma terceira pessoa acordando o furto da casa em que ela trabalha durante os dias de semana à tarde. Para facilitar o sucesso da operação de amado, ela deixa a porta aberta ao sair do trabalho. Durante a empreitada criminosa, sem saber que a porta da frente se encontrava destrancada, Fernando e seu comparsa arrombam a porta dos fundos, ingressam na residência e subtraem diversos objetos. Diante desse quadro fático, assinale a opção que apresenta a correta responsabilidade penal de Maria Joaquina.

(A) Deverá responder pelo mesmo crime de Fernando, na qualidade de partícipe, eis que contribuiu de alguma forma para o sucesso da empreitada criminosa ao não denunciar o plano.

(B) Deverá responder pelo crime de furto qualificado pelo concurso de agentes, afastada a qualificadora do rompimento de obstáculo, por esta não se encontrar na linha de seu conhecimento.

(C) Não deverá responder por qualquer infração penal, sendo a sua participação irrelevante para o sucesso da empreitada criminosa.

(D) Deverá responder pelo crime de omissão de socorro.

COMENTÁRIO:

A resposta correta é a letra "C".

Trata-se de questão relacionada ao concurso de pessoas, mais especificamente à participação.

No que tange ao concurso de agentes, nosso ordenamento adotou a teoria monista (Art. 29 CP) pela qual autores, coautores e partícipes respondem pelo mesmo crime, desde que ligados pelo chamado liame subjetivo, ou seja, acordo de vontades.

Porém, no que tange a participação, que é a colaboração acessória, sem domínio do fato, na conduta principal do autor, há ainda a necessidade de que o autor se utilize do auxílio fornecido pelo partícipe para que este possa ser responsabilizado pelo crime.

Desta forma, de acordo com o narrado na questão, embora tenha havido uma colaboração por parte de Maria Joaquina para a empreitada criminosa realizada por Fernando, percebe-se ausência do liame subjetivo entre eles, já que o autor desconhece a ajuda prestada, e como consequência disso o autor do fato não se aproveitou em nada do auxílio prestado pela referida agente.

Portanto, não há como se caracterizar concurso de pessoas nesta situação e muito menos como se imputar o crime realizado pelo autor à Maria Joaquina, que não responderá por nada.

7. TEORIA DA PENA

(IV EXAME DE ORDEM UNIFICADO – FGV) Tício praticou um crime de furto (art. 155 do Código Penal) no dia 10/01/2000, um crime de roubo (art. 157 do Código Penal) no dia 25/11/2001 e um crime de extorsão (art. 158 do Código Penal) no dia 30/5/2003. Tício foi condenado pelo crime de furto em 20/11/2001, e a sentença penal condenatória transitou definitivamente em julgado no dia 31/3/2002. Pelo crime de roubo, foi condenado em 30/01/2002, com sentença transitada em julgado definitivamente em 10/06/2003 e, pelo crime de extorsão, foi condenado em 20/8/2004, com sentença transitando definitivamente em julgado no dia 10/6/2006.

Com base nos dados acima, bem como nos estudos acerca da reincidência e dos maus antecedentes, é correto afirmar que

(A) nosso ordenamento jurídico-penal prevê como tempo máximo para configuração dos maus antecedentes o prazo de cinco anos a contar do cumprimento ou extinção da pena e eventual infração posterior.

(B) na sentença do crime de furto, Tício é considerado portador de maus antecedentes e, na sentença do crime de roubo, é considerado reincidente.

(C) na sentença do crime de extorsão, Tício possui maus antecedentes em relação ao crime de roubo e é reincidente em relação ao crime de furto.

(D) cinco anos após o trânsito em julgado definitivo da última condenação, Tício será considerado primário, mas os maus antecedentes persistem.

COMENTÁRIO

A letra C está correta.

Esta questão visa o reconhecimento e distinção dos maus antecedentes e da reincidência, respectivamente, circunstância judicial (art. 59 do CP) e circunstância agravante de pena (art. 61 do CP), utilizadas na dosimetria da pena privativa de liberdade.

Para que o réu seja considerado com maus antecedentes, e tenha sua pena-base aumentada na primeira fase da dosimetria, deve-se avaliar se no momento da sentença condenatória do novo crime já existe sentença condenatória transitada em julgado por crime anterior e, nesse caso, possuirá antecedentes. O importante não é a data da prática do novo crime, mas, sim, a data da sentença condenatória ser posterior ao trânsito em julgado do crime anterior.

Já para que o réu seja reincidente, a prática do novo crime deverá ocorrer após o trânsito em julgado condenatório do crime anterior, ou seja, deverá realizar o novo crime após transitada em julgado sentença condenatória anterior. A reincidência tem prazo, qual seja, até cinco anos após o término de cumprimento ou extinção da pena do crime anterior se o agente cometer novo crime será reincidente.

Dessa forma, analisando os crimes e as datas do enunciado, percebe-se que o agente possui maus antecedentes em relação ao roubo, já que a sentença da extorsão se deu após o trânsito em julgado da sentença desse crime, e é reincidente quanto à extorsão, pois quando praticou esse crime, o crime de furto já possuía sentença transitada em julgado.

(IV EXAME DE ORDEM UNIFICADO – FGV) Em relação ao cálculo da pena, é correto afirmar que

(A) a análise da reincidência precede à verificação dos maus antecedentes, e eventual acréscimo de pena com base na reincidência deve ser posterior à redução pela participação de menor importância.

(B) é possível que o juiz, analisando as circunstâncias judiciais do art. 59 do Código Penal, fixe pena-base em patamar acima do máximo previsto.

(C) é defeso ao juiz fixar a pena intermediária em patamar acima do máximo previsto, ainda que haja circunstância agravante a ser considerada.

(D) o acréscimo de pena pela embriaguez preordenada deve ser feito posteriormente à redução pela confissão espontânea.

COMENTÁRIO

A letra C está correta.

Esta questão possui cunho estritamente teórico e se refere a regras para dosimetria da pena privativa de liberdade e às circunstâncias que são levadas em conta pelo magistrado para isso, nas bases do art. 68 do CP.

A alternativa "A" está incorreta, pois a reincidência, assim como todas as demais circunstâncias agravantes e atenuantes de pena (arts. 61, 62, 65 e 66 do CP), é analisada após se considerar as circunstâncias judiciais (art. 59 do CP), dentre elas os antecedentes, e, além disso, a reincidência deve ser avaliada antes das causas de diminuição de pena, como é a participação de menor importância (art. 29, § 1.º, do CP).

A alternativa "B" está incorreta, pois, na primeira fase, quando analisar as circunstâncias judiciais, o magistrado deve respeitar os limites mínimos e máximos de pena abstrata para estipular a pena-base do crime entre esses limites. Os mesmos limites devem ser respeitados na 2.ª Fase, quando se analisar agravantes e atenuantes.

A alternativa "D" está incorreta, pois a embriaguez preordenada, por ser circunstância agravante (art. 61 do CP), deve ser analisada junto com a confissão espontânea, que é uma circunstância atenuante de pena (art. 65 do CP).

(IV EXAME DE ORDEM UNIFICADO – FGV) Com relação aos critérios para substituição da pena privativa de liberdade por restritiva de direitos, assinale a alternativa correta.

(A) Somente fará jus à substituição o réu que for condenado a pena não superior a 4 (quatro) anos.

(B) Se superior a um ano, a pena privativa de liberdade pode ser substituída por uma pena restritiva de direitos e multa ou por duas restritivas de direitos.

(C) A substituição nunca poderá ocorrer se o réu for reincidente em crime doloso.

(D) Em caso de descumprimento injustificado da pena restritiva de direitos, esta será convertida em privativa de liberdade, reiniciando-se o cumprimento da integralidade da pena fixada em sentença.

COMENTÁRIO

A letra B está correta.

Esta questão possui cunho estritamente teórico e visa analisar os critérios para substituição de pena privativa de liberdade em restritiva de direitos.

Esses critérios se encontram no art. 44 do CP e seus parágrafos, e, de acordo com ele, vamos analisar os problemas das alternativas incorretas.

Os crimes dolosos só poderão ter sua pena convertida quando esta for de até quatro anos (pena aplicada) e desde que o crime não tenha violência ou grave ameaça à pessoa, porém os crimes culposos sempre farão jus à conversão, independentemente da pena aplicada, razão pela qual a alternativa "A" está errada.

De acordo com o art. 44, § 3.º, do CP, se o condenado for reincidente, o juiz poderá decidir pela conversão ou não de sua pena, estando vedada a conversão somente se a reincidência for específica, ou seja, pelo mesmo crime, razão pela qual a alternativa "C" está errada.

Importante lembrar que, havendo descumprimento das restrições impostas, a pena será convertida de volta em privativa de liberdade, porém o tempo de restrição já cumprido será abatido do total de pena (art. 44, § 4.º, do CP), razão pela qual a alternativa "D" está errada.

Portanto, de acordo com o art. 44, § 2.º, do CP, a resposta correta da questão se encontra na alternativa "B".

(VI EXAME DE ORDEM UNIFICADO – FGV) Nise está em gozo de suspensão condicional da execução da pena. Durante o período de prova do referido benefício, Nise passou a figurar como indiciada em inquérito policial em que se apurava eventual prática de tráfico de entorpecentes. Ao saber de tal fato, o magistrado responsável decidiu por bem prorrogar o período de prova. Atento ao caso narrado e consoante legislação pátria, é correto afirmar que

(A) não está correta a decisão de prorrogação do período de prova.

(B) a hipótese é de revogação facultativa do benefício.

(C) a hipótese é de revogação obrigatória do benefício.

(D) Nise terá o benefício obrigatoriamente revogado se a denúncia pelo crime de tráfico de entorpecentes for recebida durante o período de prova.

COMENTÁRIO

A letra A está correta.

Esta questão se refere especificamente ao instituto do *Sursis*, ou seja, a suspensão condicional da pena, que não se confunde com a suspensão condicional do processo (*sursis* processual), que está presente na Lei 9.099/1995.

O *sursis* suspende a execução da pena privativa de liberdade aplicada durante um período que, via de regra, é de dois a quatro anos, sendo que, após esse período, se o agente cumprir as condições impostas regularmente e não se envolver na prática de crime, estará extinta a punibilidade do fato e a própria pena.

De acordo com o art. 81, § 2.º, do CP, o juiz deverá prorrogar o período de prova do *sursis* caso o agente esteja sendo processado por outro crime ou contravenção até que saia o julgamento definitivo deste, porém essa prorrogação não deve ocorrer simplesmente pelo fato de o agente ser indiciado em um inquérito policial, já que não há expressa previsão legal para isso.

Não há que se falar em revogação obrigatória e nem facultativa do benefício, já que estas só ocorrem quando o sujeito é condenado em definitivo pelo outro crime praticado respectivamente durante ou antes do *sursis* (art. 81 do CP).

Portanto, a resposta correta da questão se encontra na alternativa "A".

(VII EXAME DE ORDEM UNIFICADO – FGV) Pitágoras foi definitivamente condenado, com sentença penal condenatória transitada em julgado, à pena de 6 (seis) anos de reclusão a ser cumprida, inicialmente, em regime semiaberto. Cerca de quatro meses após o início do cumprimento da pena privativa de liberdade, sobreveio nova condenação definitiva, desta vez a 3 (três) anos de reclusão no regime inicial aberto, em virtude da prática de crime anterior. Atento ao caso narrado, bem como às disposições pertinentes ao tema presentes tanto no código penal quanto na lei de execuções penais, é correto afirmar que

(A) Pitágoras poderá continuar a cumprir a pena no regime semiaberto.

(B) Pitágoras deverá regredir para o regime fechado.

(C) Pitágoras deverá regredir de regime porque a nova condenação significa cometimento de falta grave.

(D) prevalece o regime isolado de cada uma das condenações, devendo-se executar primeiro a pena mais grave.

COMENTÁRIO

A letra B está correta.

Trata-se de questão referente à delimitação de regime de cumprimento de pena privativa de liberdade, em que o agente inicia o cumprimento de uma pena e, após certo tempo, recebe uma nova condenação.

Nesse caso deve-se unificar as penas, somando-se o restante referente à primeira pena com o valor da segunda condenação, e, de acordo com o valor total de pena a cumprir, se determina em que regime de cumprimento essa nova pena deve ser iniciada.

Sendo assim, como o total das penas narradas na questão é de oito anos e oito meses de reclusão (5 anos e 8 meses + 3 anos), o regime inicial de cumprimento dessa pena deverá ser o fechado, já que penas superiores a oito anos têm que ser iniciadas nesse regime mais severo (art. 33, § 2.º, "a", do CP).

(IX EXAME DE ORDEM UNIFICADO – FGV) Guilherme praticou, em 18.02.2009, contravenção penal de vias de fato (art. 21 do Decreto-lei 3.688/1941), tendo sido condenado à pena de multa. A sentença transitou definitivamente em julgado no dia 15.03.2010, mas Guilherme não pagou a multa. No dia 10.07.2010, Guilherme praticou crime de ato obsceno (art. 233 do CP). Com base na situação descrita e na legislação, assinale a afirmativa correta.

(A) Guilherme não pode ser considerado reincidente por conta de uma omissão legislativa.

(B) Guilherme deve ter a pena de multa não paga da primeira condenação convertida em pena privativa de liberdade.

(C) Guilherme é reincidente, pois praticou novo crime após condenação transitada em julgado.

(D) A pena de multa não gera reincidência.

COMENTÁRIO

A letra A está correta.

Esta questão trata do tema reincidência e da sua possibilidade ou não de configuração quando o agente realiza uma contravenção penal (Decreto-lei 3.688/1941).

Ocorre que a reincidência, de acordo com o art. 63 do CP, se dá quando o agente comete um novo crime após transitada em julgado a sentença condenatória por crime anterior, não mencionando a hipótese de contravenção.

Já a Lei de Contravenções (Decreto-lei 3.688/1941) prevê, em seu art. 7.º, que haverá reincidência quando o agente realizar uma nova contravenção após o trânsito em julgado de sentença condenatória por outra contravenção, e, ainda, que haverá reincidência quando cometer uma contravenção após transitada em julgado a sentença condenatória por crime anterior.

Dessa forma, não há previsão legal de reincidência para quando o agente realizar um crime após ter sido condenado com trânsito em julgado por uma contravenção anterior, e, por isso, nesse caso, não haverá reincidência.

Quanto às multas, é sabido que jamais poderão ser convertidas em pena privativa de liberdade (arts. 5.º, XLVII, e 51 do CP), e, ainda, que a pena de multa gera, sim, normalmente reincidência, já que não há vedação legal para isso, razão pela qual as alternativas "B" e "D" não estão corretas.

(IX EXAME DE ORDEM UNIFICADO – FGV) O sistema punitivo brasileiro é progressivo. Por meio dele o condenado passa do regime inicial de cumprimento de pena mais severo para regime mais brando, até alcançar o livramento condicional ou a liberdade definitiva. A respeito da progressão de regime, assinale a afirmativa correta.

(A) O sistema progressivo brasileiro é compatível com a progressão "por saltos", consistente na possibilidade da passagem direta do regime fechado para o aberto.

(B) O cumprimento da pena privativa de liberdade nos crimes hediondos é uma exceção ao sistema progressivo. O condenado nesta modalidade criminosa deve iniciar e encerrar o cumprimento da pena no regime fechado, sem possibilidade de passagem para regime mais brando.

(C) A progressão está condicionada, nos crimes contra a Administração Pública, à reparação do dano causado ou à devolução do produto do ilícito praticado com os acréscimos legais, além do cumprimento de 1/6 da pena no regime anterior e do mérito do condenado.

(D) O pedido de progressão deve ser endereçado ao juízo sentenciante, que decidirá independente de manifestação do Ministério Público.

COMENTÁRIO

Trata-se de uma questão sobre cumprimento de pena e regras para progressão, sendo que cada alternativa se refere a uma caracterização para ser avaliada como certa ou errada, vamos a elas:

A letra C está correta. De acordo com o art. 33, § 4.º, do CP: "O condenado por crime contra a administração pública terá a progressão de regime do cumprimento da pena condicionada à reparação do dano que causou, ou à devolução do produto do ilícito praticado, com os acréscimos legais".

A Letra A está incorreta, pois a progressão de regimes "por saltos", ou seja, passando do regime fechado para o aberto, sem o condenado ter passado pelo semiaberto, não é admitida em nosso ordenamento (Súmula 491 do STJ), logo, esta alternativa não está correta.

A letra B está incorreta, pois o STF declarou em 2006 que o regime de cumprimento de pena integralmente fechado previsto na Lei 8.072/1990 para crimes hediondos é inconstitucional por ferir o princípio da individualização das penas, logo, esses crimes admitem progressão de regime, e esta alternativa não está correta.

A letra D está incorreta, pois, tudo que se refere a cumprimento de pena, regimes, benefícios, etc. deve ser endereçado ao juízo de execução. Logo, esta alternativa não está correta.

(X EXAME DE ORDEM UNIFICADO – FGV) Filipe foi condenado em janeiro de 2011 à pena de cinco anos de reclusão pela prática do crime de tráfico de drogas, ocorrido em 2006. Considerando-se que a Lei n. 11.464, que modificou o período para a progressão de regime nos crimes hediondos para 2/5 (dois quintos) em caso de réu primário, foi publicada em março de 2007, é correto afirmar que

(A) se reputará cumprido o requisito objetivo para a progressão de regime quando Felipe completar 1/6 (um sexto) do cumprimento da pena, uma vez que o crime foi praticado antes da Lei n. 11.464.

(B) se reputará cumprido o requisito objetivo para a progressão de regime quando Felipe completar 2/5 (dois quintos) do cumprimento da pena, uma vez que a Lei n. 11.464 tem caráter processual e, portanto, deve ser aplicada de imediato.

(C) se reputará cumprido o requisito subjetivo para a progressão de regime quando Felipe completar 1/6 (um sexto) do cumprimento da pena, uma vez que o crime foi praticado antes da Lei n. 11.464.

(D) se reputará cumprido o requisito subjetivo para a progressão de regime quando Felipe completar 2/5 (dois quintos) do cumprimento da pena, uma vez que a Lei n. 11.464 tem caráter processual e, portanto, deve ser aplicada de imediato.

COMENTÁRIO

A letra A está correta.

Trata-se de uma questão que tem como foco a análise do princípio da irretroatividade (art. 2º do CP) e também a forma de cumprimento de pena para crimes hediondos. Como a Lei 11.464/2006 determinou novos parâmetros de progressão de regime para essa categoria de crime (2/5 e 3/5), e estes são mais severos que o parâmetro geral da LEP para progressão, que é de 1/6, de acordo com o princípio da irretroatividade, esses novos parâmetros não podem ser aplicados a crimes hediondos praticados antes da referida Lei.

Sendo assim, crimes hediondos praticados antes da Lei 11.464/2006 terão sua progressão de regime definida de acordo com as regras da LEP e sua progressão se dará com o cumprimento de 1/6 da pena, sendo esse um requisito OBJETIVO, já que se refere ao tempo de pena. Requisitos SUBJETIVOS são aqueles relacionados ao próprio agente, como personalidade, comportamento etc.

(XIII EXAME DE ORDEM UNIFICADO – FGV) A respeito do benefício da suspensão condicional da execução da pena, assinale a afirmativa incorreta.

(A) Não exige que o crime praticado tenha sido cometido sem violência ou grave ameaça à pessoa.

(B) Não pode ser concedido ao reincidente em crime doloso, exceto se a condenação anterior foi a pena de multa.

(C) Somente pode ser concedido se não for indicada ou se for incabível a substituição da pena privativa de liberdade por pena restritiva de direitos.

(D) Sobrevindo, durante o período de prova, condenação irrecorrível por crime doloso, o benefício será revogado, mas tal período será computado para efeitos de detração.

COMENTÁRIO

A resposta da questão é a letra "D", já que havendo condenação a um crime doloso durante o chamado período de prova (em que a pena está suspensa), revoga-se o *sursis*, mas perde-se o período já transcorrido para que o agente então cumpra a pena toda a que havia sido condenado.

Esta questão se refere ao instituto do *Sursis* (Art. 77 CP), ou seja, a suspensão condicional da pena aplicada em uma sentença condenatória penal. Não se deve confundir este instituto com a suspensão condicional do processo, instituto processual previsto na Lei 9.099/1995 para crimes cuja pena mínima abstrata seja de até 1 ano.

O *sursis* traz algumas condições previstas no CP (Art. 77 e 78 CP) para que possa ser aplicado, dentre elas que o crime tenha pena concreta de até 2 anos, via de regra, e que o sujeito não seja reincidente em crime doloso (salvo se a pena anterior for apenas multa, mas não se exige ausência de violência ou grave ameaça, razão pela qual as alternativas "A" e "B" não podem ser consideradas como INCORRETAS.

Trata-se de um instituto com pouca aplicação prática atualmente, pois só será possível sua aplicação quando não for cabível a conversão da pena em restritiva de direitos, e esta conversão tem aplicação bem mais ampla em nosso ordenamento, razão pela qual a letra "C" também não pode ser considerada INCORRETA.

(XV EXAME DE ORDEM UNIFICADO – FGV) José cometeu, em 10/11/2008, delito de roubo. Foi denunciado, processado e condenado, com sentença condenatória publicada em 18/10/2009. A referida sentença transitou definitivamente em julgado no dia 29/08/2010. No dia 15/05/2010, José cometeu novo delito, de furto, tendo sido condenado, por tal conduta, no dia 07/04/2012. Nesse sentido, levando em conta a situação narrada e a disciplina acerca da reincidência, assinale a afirmativa correta.

(A) Na sentença relativa ao delito de roubo, José deveria ser considerado reincidente.

(B) Na sentença relativa ao delito de furto, José deveria ser considerado reincidente.

(C) Na sentença relativa ao delito de furto, José deveria ser considerado primário.

(D) Considera-se reincidente aquele que pratica crime após publicação de sentença que, no Brasil ou no estrangeiro, o tenha condenado por crime anterior.

COMENTÁRIO

A resposta correra é a letra "C".

Essa questão visa a identificação da presença, ou não, da agravante reincidência (Art. 61 Inc. I CP) de acordo com o caso concreto apresentado.

A reincidência ocorre quando o agente realiza novo crime após o trânsito em julgado de um crime anterior, e será reincidente se cometer o segundo crime até 5 anos após o término de cumprimento de pena deste primeiro crime, isso nos termos dos Arts. 63 e 64 do CP.

De acordo com o caso narrado, o agente cometeu o crime de furto no dia 15/05/2010, sendo que nesta data, ainda não havia transitado em julgado a sentença condenatória do crime de Roubo, já que isto ocorreu apenas em 29/08/2010. Sendo assim, o agente deve ser considerado primário na sentença condenatória do furto, e não deverá incidir sobre ele a agravante da reincidência.

(XVI EXAME DE ORDEM UNIFICADO – FGV) Moura, maior de 70 anos, primário e de bons antecedentes, mediante grave ameaça, subtraiu o relógio da vítima Lúcia, avaliado em R$ 550,00 (quinhentos e cinquenta reais). Cercada 45 minutos após a subtração, Moura foi procurado e localizado pelos policiais que foram avisados do ocorrido, sendo a coisa subtraída recuperada, não sofrendo a vítima qualquer prejuízo patrimonial. O fato foi confessado e Moura foi condenado pela prática do crime de roubo simples, ficando a pena acomodada em 04 anos de reclusão em regime aberto e multa de 10 dias.

Procurado pela família do acusado, você, como advogado poderá apelar, buscando

(A) o reconhecimento da forma tentada do roubo.

(B) a aplicação do *sursis* da pena.

(C) o reconhecimento da atipicidade comportamental por força da insignificância.

(D) a redução da pena abaixo do mínimo legal, em razão das atenuantes da confissão espontânea e da senilidade.

COMENTÁRIO

A resposta correta é a letra "B".

Esta questão narra a prática de um roubo por um agente maior de 70 anos, e uma pena aplicada de 4 anos, questionando qual o argumento de defesa ser utilizado.

O crime de roubo se consuma com a simples inversão da posse, não havendo necessidade da posse mansa e tranquila (STF) e, portanto, a alternativa "A" está errada.

Não se aplica o princípio da insignificância a crimes com violência ou grave ameaça a pessoa (STF) e por isso nesta hipótese o referido princípio é inaplicável (letra "c" está errada).

Circunstâncias atenuantes (Art. 65 e 66 CP) jamais reduzem a pena abaixo do mínimo legal previsto para o crime (Súmula 231 STJ).

Neste caso é cabível o *sursis*, suspensão condicional da pena, previsto no Art. 77 e seguintes do CP, isto por que, sendo o agente maior de 70 anos, o *sursis* é cabível para crimes com a pena concreta de até 4 anos, o que ocorreu na questão.

(XVII EXAME DE ORDEM UNIFICADO – FGV) Marcus foi definitivamente condenado pela prática de um crime de roubo simples à pena privativa de liberdade de quatro anos de reclusão e multa de dez dias. Apesar de reincidente, em razão de condenação definitiva pretérita pelo delito de furto, Marcus confessou a prática do delito, razão pela qual sua pena foi fixada no mínimo legal. Após cumprimento de determinado período de sanção penal, pretende o apenado obter o benefício do livramento condicional. Considerando o crime praticado e a hipótese narrada, é correto afirmar que

(A) Marcus não faz jus ao livramento condicional, pois condenado por crime doloso praticado com violência ou grave ameaça à pessoa.

(B) O livramento condicional pode ser concedido pelo juiz da condenação logo quando proferida sentença condenatória.

(C) Não é cabível livramento condicional para Marcus, tendo em vista que é condenado reincidente em crime doloso.

(D) Ainda que praticada falta grave, Marcus não terá o seu prazo de contagem para concessão do livramento condicional interrompido.

COMENTÁRIO

O Gabarito da questão é a letra D, de acordo com o texto da Súmula 441 do STJ: "A falta grave não interrompe o prazo para obtenção de livramento condicional".

Esta questão buscava avaliar conhecimentos pertinentes ao instituto do livramento condicional (Art. 83 CP) suas consequências e condições.

A alternativa A está incorreta, pois contraria o disposto no Art. 83, parágrafo único, do CP, que não impede o livramento condicional em crimes com violência ou grave ameaça.

A alternativa B está incorreta, pois a atribuição de conceder o livramento condicional cabe ao juiz da execução, na forma prevista no art. 66, III, *e*, da LEP e não ao juiz da condenação.

Já a alternativa C também está incorreta, pois ainda que o agente seja reincidente em crime doloso, mesmo assim poderá a ele ser concedido o livramento condicional, conforme estabelece o Art. 83, II, do CP, exigindo-se, neste caso, o cumprimento de mais da metade da pena imposta

(XVII EXAME DE ORDEM UNIFICADO – FGV) Reconhecida a prática de um injusto culpável, o juiz realiza o processo de individualização da pena, de acordo com o Art. 68 do Código Penal. Segundo a jurisprudência do Superior Tribunal de Justiça, assinale a afirmativa correta.

(A) A condenação com trânsito em julgado por crime praticado em data posterior ao delito pelo qual o agente está sendo julgado pode funcionar como maus antecedentes.

(B) Não se mostra possível a compensação da agravante da reincidência com a atenuante da confissão espontânea.

(C) Nada impede que a pena intermediária, na segunda fase do critério trifásico, fique acomodada abaixo do mínimo legal.

(D) O aumento da pena na terceira fase no roubo circunstanciado exige fundamentação concreta, sendo insuficiente a simples menção ao número de majorantes.

COMENTÁRIO

O gabarito da questão é a letra D, pois retrata o entendimento consolidado na **Súmula 443 do STJ**: "O aumento na terceira fase de aplicação da pena no crime de roubo circunstanciado exige fundamentação concreta, não sendo suficiente para a sua exasperação a mera indicação do número de majorantes".

Trata-se de questão referente a teoria da pena e sua dosimetria, sob a ótica da jurisprudência do STJ.

A letra A está errada, pois considerando que o crime foi praticado em data posterior àquela em relação à qual o agente está sendo processado, não se pode falar em *maus antecedentes*. Nesse sentido, conferir: "(...) É impossível a consideração de condenação transitada em julgado correspondente a fato posterior ao narrado na denúncia, seja para valorar negativamente os maus antecedentes, a personalidade ou a conduta social do agente (...)" (HC 185.614/RJ, rel. Ministro Sebastião Reis Júnior, Sexta Turma, julgado em 08.10.2013, DJe 16.10.2013);

A alternativa B está incorreta, pois é perfeitamente possível a compensação da agravante da reincidência com a atenuante da confissão espontânea. Na jurisprudência do STJ: "(...) É possível, na segunda fase do cálculo da pena, a compensação da agravante da reincidência com a atenuante da confissão espontânea, por serem igualmente preponderantes, de acordo com o art. 67 do Código Penal" (EREsp 1154752/RS, Rel. Ministro Sebastião Reis Júnior, Terceira Seção, julgado em 23.05.2012, DJe 04.09.2012);

Já a letra C está incorreta, pois contraria o entendimento firmado na **Súmula 231 do STJ**, que impede que atenuantes de pena diminuam a pena abaixo do mínimo legal abstratamente previsto no tipo.

(XVIII EXAME DE ORDEM UNIFICADO – FGV) Vinícius, primário e de bons antecedentes e regularmente habilitado, dirigia seu veículo em rodovia na qual a velocidade máxima permitida era de 80 km/h. No banco do carona estava sua namorada Estefânia. Para testar a potência do automóvel, ele passou a dirigir a 140 km/h, acabando por perder o controle do carro, vindo a cair em um barranco. Devido ao acidente, Estefânia sofreu lesão corporal e foi socorrida por policiais rodoviários. No marcador do carro ficou registrada a velocidade desenvolvida. Apesar do ferimento sofrido, a vítima afirmou não querer ver o autor processado por tal comportamento imprudente. Apresentado o inquérito ao Ministério Público, foi oferecida denúncia contra Vinícius pela prática do injusto do Art. 303 da Lei 9.503/1997 (Código de Trânsito Brasileiro), que prevê a pena de 06 meses a 02 anos de detenção e a suspensão ou proibição da permissão ou da habilitação para dirigir veículo automotor.

Considerando o acima exposto, a defesa de Vinícius deverá requerer:

(A) a extinção do processo por não ter o Ministério Público legitimidade para oferecer denúncia, em razão da ausência de representação da vítima.
(B) a realização de audiência de composição civil.
(C) a realização de audiência para proposta de transação penal.
(D) a suspensão condicional do processo, caso a denúncia seja recebida.

COMENTÁRIO

O gabarito correto será a **letra D**. A alternativa correta prevê que cabe "a suspensão condicional do processo, caso a denúncia seja recebida.", pois o condutar, estava em velocidade 60km/h, acima da máxima permitida, e o crime terá ação penal pública incondicionada e será sujeito a suspenção do processo.

A lesão corporal culposa na direção de veículo (Art. 303, Lei 9.503/1997), em regra, é crime de ação Penal Pública Condicionada (Art. 291, "caput", Lei 9.503/1997), porém, de acordo com o enunciado a velocidade máxima permitida na via era de 80 km/h, mas o sujeito, no momento do acidente, estava dirigindo numa velocidade de 140 km/h.

De acordo com o Art. 291, § 1º, III, da Lei 9.503/1997, não se aplica o Art. 74, 76 e principalmente o Art. 88 (que prevê a ação penal como pública condicionada a representação) da Lei 9.099/1995 em crimes de lesão corporal culposa no trânsito (Art. 303 da Lei 9.503/1997), quando o indivíduo estiver transitando em velocidade superior à máxima permitida para a via em 50 km/h.

8. CONCURSO DE CRIMES

(EXAME DE ORDEM UNIFICADO 2010.2 – FGV) Com relação ao concurso de delitos, é correto afirmar que:

(A) no concurso de crimes as penas de multa são aplicadas distintamente, mas de forma reduzida.
(B) o concurso material ocorre quando o agente, mediante mais de uma ação ou omissão, pratica dois ou mais crimes com dependência fática e jurídica entre estes.
(C) o concurso formal perfeito, também conhecido como próprio, ocorre quando o agente, por meio de uma só ação ou omissão, pratica dois ou mais crimes idênticos, caso em que as penas serão somadas.
(D) o Código Penal Brasileiro adotou o sistema de aplicação de pena do cúmulo material para os concursos material e formal imperfeito, e da exasperação para o concurso formal perfeito e crime continuado.

COMENTÁRIO

A letra D está correta.

Trata-se de uma questão estritamente dogmática a respeito do tema concurso de crimes e suas consequências no que tange à aplicação das penas.

O Código Penal adotou dois sistemas de aplicação de pena para as hipóteses de concurso de crimes, quais sejam, o sistema do cúmulo material, que determina a soma das penas aplicadas separadamente para cada crime, utilizado no concurso material (art. 69 do CP) e no concurso formal imperfeito ou impróprio (art. 70, 2.ª parte, do CP), e o sistema da exasperação, aplicado para as hipóteses de concurso formal perfeito ou próprio (art. 70, 1.ª parte, do CP) e no crime continuado (art. 71 do CP), determinando a aplicação de uma só pena, aumentada de acordo com a lei.

A letra A está incorreta, pois no concurso de crimes as penas deverão ser aplicadas de forma integral e independentes, não se aplicado as regras inerentes ao concurso de crimes (art. 72 do CP).

A letra B está incorreta, pois no concurso material (art. 69 do CP) não há necessidade de qualquer relação entre as condutas e os crimes praticados.

A letra C está incorreta, pois no concurso formal perfeito (art. 70, 1.ª parte, do CP) aplica-se a pena de um dos crimes, qual seja, o mais grave, aumentada de 1/6 a 1/2, sendo que pode ocorrer entre crimes iguais ou diferentes.

(V EXAME DE ORDEM UNIFICADO – FGV) As regras do concurso formal perfeito (em que se adota o sistema da exasperação da pena) foram adotadas pelo Código Penal com o objetivo de beneficiar o agente que, mediante uma só conduta, praticou dois ou mais crimes. No entanto, quando o sistema da exasperação for prejudicial ao acusado, deverá prevalecer o sistema do cúmulo material (em que a soma das penas será mais vantajosa do que o aumento de uma delas com determinado percentual, ainda que no patamar mínimo). A essa hipótese, a doutrina deu o nome de

(A) concurso material benéfico.
(B) concurso formal imperfeito.
(C) concurso formal heterogêneo.
(D) exasperação *sui generis*.

COMENTÁRIO

A letra A está correta.

O concurso formal perfeito ocorre quando o agente, por meio de uma só ação, realiza dois ou mais crimes, atuando com um único objetivo (unidade de desígnios), e determina que se aplique a pena de um só crime, qual seja, o mais grave, aumentada de 1/6 a 1/2, por meio do sistema da exasperação.

Porém, de acordo com o art. 70, parágrafo Único, do CP, o aumento de pena de um concurso formal perfeito jamais poderá ultrapassar o valor equivalente à soma das penas dos crimes aplicadas de forma independente; se isso ocorrer, deve-se afastar o aumento de pena e aplicar a soma como se fosse hipótese de concurso material.

Essa determinação ganha o nome de Concurso Material Benéfico, já que a soma das penas é mais benéfica que o aumento inerente ao concurso formal perfeito e, por isso, deve prevalecer no caso concreto.

(VI EXAME DE ORDEM UNIFICADO – FGV) Otelo objetiva matar Desdêmona para ficar com o seguro de vida que esta havia feito em seu favor. Para tanto, desfere projétil de arma de fogo contra a vítima, causando-lhe a morte. Todavia, a bala atravessa o corpo de Desdêmona e ainda atinge Iago, que passava pelo local, causando-lhe lesões corporais. Considerando-se que Otelo praticou crime de homicídio doloso qualificado em relação a Desdêmona e, por tal crime, recebeu pena de 12 anos de reclusão, bem como que praticou crime de lesão corporal leve em relação a Iago, tendo recebido pena de 2 meses de reclusão, é correto afirmar que

(A) o juiz deverá aplicar a pena mais grave e aumentá-la de um sexto até a metade.
(B) o juiz deverá somar as penas.
(C) é caso de concurso formal homogêneo.
(D) é caso de concurso formal impróprio.

COMENTÁRIO

A letra B está correta.

O caso narrado no enunciado se refere a uma situação de concurso formal perfeito ou próprio (art. 70, 1.ª parte), já que o agente, por meio de uma só conduta, acaba produzindo dois resultados, sendo que, ao agir, possuía um único objetivo (unidade de desígnio), que era matar Desdêmona.

O concurso formal perfeito determina que se aplique a pena de um só crime, qual seja, o mais grave, aumentada de 1/6 a 1/2, por meio do sistema da exasperação.

Porém, de acordo com o art. 70, parágrafo Único, do CP, o aumento de pena de um concurso formal perfeito jamais poderá ultrapassar o valor equivalente à soma das penas dos crimes aplicadas de forma independente; se isso ocorrer, deve-se afastar o aumento de pena e aplicar a soma como se fosse hipótese de concurso material (Concurso Material Benéfico).

Dessa forma, de acordo com o narrado na questão, percebe-se que, aplicando o aumento mínimo inerente ao concurso formal perfeito (1/6), a pena chegaria a 14 anos, enquanto que, se as penas fossem somadas, o valor seria de 12 anos e 2 meses. Logo, nesse caso deve-se afastar o aumento e somar as penas aplicadas a cada crime.

(XV EXAME DE ORDEM UNIFICADO – FGV) Roberto estava dirigindo seu automóvel quando perdeu o controle da direção e subiu a calçada, atropelando dois pedestres que estavam parados num ponto de ônibus. Nesse contexto, levando-se em consideração o concurso de crimes, assinale a opção correta, que contempla a espécie em análise:

(A) concurso material.
(B) concurso formal próprio ou perfeito.
(C) concurso formal impróprio ou imperfeito.
(D) crime continuado.

COMENTÁIO:

A resposta correta é a letra "B".

Trata-se de uma questão teórica a respeito das espécies de concurso de crimes, em que se deve identificar a modalidade de concurso de acordo com o caso concreto apresentado.

No enunciado, o sujeito, através de uma única ação imprudente, perde o controle de seu carro e acaba lesionando duas pessoas.

Percebe-se que com uma só conduta foram gerados dois resultados, o que caracteriza um concurso formal, e além disso percebe-se que ao atuar o sujeito possuía um único objetivo (unidade de desígnio), qual seja, conduzir seu veículo, o que caracteriza o concurso formal como perfeito.

9. AÇÃO PENAL

(IX EXAME DE ORDEM UNIFICADO – FGV) Tendo como base o instituto da ação penal, assinale a afirmativa correta.

(A) Na ação penal privada vigora o princípio da oportunidade ou conveniência.
(B) A ação penal privada subsidiária da pública fere dispositivo constitucional que atribui ao Ministério Público o direito exclusivo de iniciar a ação pública.
(C) Como o Código Penal é silente no tocante à natureza da ação penal no crime de lesão corporal culposa, verifica-se que a referida infração será de ação penal pública incondicionada.
(D) A legitimidade para ajuizamento da queixa-crime na ação penal exclusivamente privada (ou propriamente dita) é unicamente do ofendido.

COMENTÁRIO

A letra A está correta.

Esta questão se refere ao instituto da ação penal, de natureza mista, sendo tanto matéria de processo penal, quanto matéria prevista no Código Penal.

A respeito da ação penal privada, esta é exceção, já que a regra é que as ações penais serão sempre públicas e movidas pelo Ministério Público por meio da Denúncia.

A ação penal privada é movida pela própria parte ofendida, e se inicia por meio da queixa, por isso tem como princípios norteadores a conveniência e a oportunidade, já que o particular (ofendido), ou seu representante legal, não é obrigado a promover a ação se não quiser, por isso a alternativa "A" está CORRETA.

A ação penal privada pode ser subsidiária da pública quando o Ministério Público não oferecer a Denúncia quando da ocorrência de um crime e possui expressa previsão legal no Código Penal (art. 100, § 3.º, do CP).

10. EXTINÇÃO DE PUNIBILIDADE

(EXAME DE ORDEM UNIFICADO 2010.2 – FGV) A respeito do regime legal da prescrição no Código Penal, tendo por base ocorrência do fato na data de hoje, assinale a alternativa correta.

(A) A prescrição, depois da sentença condenatória com trânsito em julgado para a acusação, regula-se pela pena aplicada, não podendo, em nenhuma hipótese, ter por termo inicial data anterior à da denúncia ou queixa.
(B) A prescrição da pena de multa ocorrerá em 2 (dois) anos, independentemente do prazo estabelecido para a prescrição da pena de liberdade aplicada cumulativamente.
(C) Se o réu citado por edital permanece revel e não constitui advogado, fica suspenso o processo, mantendo-se em curso o prazo prescricional, que passa a ser computado pelo dobro da pena máxima cominada ao crime.
(D) São causas interruptivas do curso da prescrição previstas no Código Penal, dentre outras, o recebimento da denúncia ou da queixa, a pronúncia, a publicação da sentença condenatória ou absolutória recorrível.

COMENTÁRIO

Trata-se de questão estritamente teórica relacionada ao instituto da prescrição, suas causas interruptivas, suspensivas e prazos.

A resposta correta da questão se encontra na alternativa "A" (art. 110, § 1.º, do CP).

A letra B está incorreta, pois a prescrição da pena de multa se dá em dois anos, ou de acordo com a pena privativa de liberdade cumulativa ou alternativamente aplicada à multa no crime praticado (art. 114 do CP).

A letra C está incorreta, pois se o réu citado por edital não comparecer nem constituir advogado, não só o processo ficará suspenso, mas também ficará suspenso prazo prescricional (art. 366 do Código de Processo Penal), logo, a alternativa "C" está incorreta.

A letra D está incorreta. Dentre as causas interruptivas da prescrição, previstas no art. 117 do CP, não se encontra a sentença absolutória.

(VI EXAME DE ORDEM UNIFICADO – FGV) No dia 18.10.2005, Eratóstenes praticou um crime de corrupção ativa em transação comercial internacional (Art. 337-B do CP), cuja pena é de 1 a 8 anos e multa. Devidamente investigado, Eratóstenes foi denunciado e, em 20/1/2006, a inicial acusatória foi recebida. O processo teve regular seguimento e, ao final, o magistrado sentenciou Eratóstenes, condenando-o à pena de 1 ano de reclusão e ao pagamento de dez dias-multa. A sentença foi publicada em 07.04.2007. O Ministério Público não interpôs recurso, tendo, tal sentença, transitado em julgado para a acusação. A defesa de Eratóstenes, por sua vez, que objetivava sua absolvição, interpôs sucessivos recursos. Até o dia 15.05.2011, o processo ainda não havia tido seu definitivo julgamento, ou seja, não houve trânsito em julgado final. Levando-se em conta as datas descritas e sabendo-se que, de acordo com o art. 109, incisos III e V, do Código Penal, a prescrição, antes de transitar em julgado a sentença final, verifica-se em 12 (doze) anos se o máximo da pena é superior a quatro e não excede a oito anos e em 4 (quatro) anos se o máximo da pena é igual a um ano ou, sendo superior, não exceda a dois, com base na situação apresentada, é correto afirmar que

(A) não houve prescrição da pretensão punitiva nem prescrição da pretensão executória, pois desde a publicação da sentença não transcorreu lapso de tempo superior a doze anos.
(B) ocorreu prescrição da pretensão punitiva retroativa, pois, após a data da publicação da sentença e a última data apresentada no enunciado, transcorreu lapso de tempo superior a quatro anos.
(C) ocorreu prescrição da pretensão punitiva superveniente, que pressupõe o trânsito em julgado para a acusação e leva em conta a pena concretamente imposta na sentença.
(D) não houve prescrição da pretensão punitiva, pois, como ainda não ocorreu o trânsito em julgado final, deve-se levar em conta a teoria da pior hipótese, de modo que a prescrição, se houvesse, somente ocorreria doze anos após a data do fato.

COMENTÁRIO

A letra C está correta.

Nesta questão percebe-se que a sentença de primeira instância em 07.04.2007 condenou o sujeito a uma pena de um ano, sendo que o trânsito em julgado definitivo só ocorreu mais de quatro anos depois, em 15.05.2011.

Nesse período que vai da sentença condenatória de 1.ª instancia até o trânsito em julgado definitivo pode ocorrer a chamada Prescrição Superveniente ou Intercorrente (art. 110, § 1.º, do CP), que levará em conta a pena concretamente aplicada ao agente nas bases da tabela do art. 109 do CP, que estipula os prazos prescricionais.

Sendo assim, levando-se em conta que a pena concreta aplicada (um ano) prescreve em quatro anos, e que entre a data da sentença de primeira instância e o trânsito em julgado definitivo se passaram mais de quatro anos, deve-se considerar que no caso concreto ocorreu a prescrição da pretensão punitiva na referida modalidade chamada de prescrição superveniente.

(VIII EXAME DE ORDEM UNIFICADO – FGV) Trata-se de causa extintiva da punibilidade consistente na exclusão, por lei ordinária com efeitos retroativos, de um ou mais fatos criminosos do campo de incidência do Direito Penal,

(A) o indulto individual.

(B) a anistia.

(C) o indulto coletivo.

(D) a graça.

COMENTÁRIO

A letra B está correta.

Esta questão aborda algumas causas de extinção da punibilidade, quais sejam, a anistia, a graça e o indulto, visando a identificação de uma particular característica que diferencia uma delas das demais.

O enunciado se refere à causa extintiva da punibilidade oriunda de "lei ordinária com efeitos retroativos", vejamos:

– Anistia: concedida pelo Congresso Nacional por meio de Lei ordinária, possuindo caráter coletivo e efeitos retroativos, afastando todos os efeitos penais da prática do fato, os primários (pena) e os secundários (antecedentes/reincidência).

– Indulto: ato privativo do Presidente da República, de caráter coletivo e concedido após o início do cumprimento da pena, não possuindo efeitos retroativos e afastando apenas os efeitos primários da condenação (pena), não afastando antecedentes ou a reincidência.

– Graça: ato privativo do Presidente da República, de caráter individual e concedido após o cumprimento de pena para casos excepcionais, sendo uma espécie de perdão do resto da pena quando esta não mais se justifica (ex.: doença terminal do condenado), não possui efeitos retroativos e não afasta os efeitos secundários da condenação (antecedentes/reincidência).

(XV EXAME DE ORDEM UNIFICADO – FGV) Francisco foi condenado por homicídio simples, previsto no Art. 121 do Código Penal, devendo cumprir pena de seis anos de reclusão. A sentença penal condenatória transitou em julgado no dia 10 de agosto de 1984. Dias depois, Francisco foge para o interior do Estado, onde residia, ficando isolado num sítio. Após a fuga, as autoridades públicas nunca conseguiram capturá-lo. Francisco procura você como advogado(a) em 10 de janeiro de 2014. Com relação ao caso narrado, assinale a afirmativa correta.

(A) Ainda não ocorreu prescrição do crime, tendo em vista que ainda não foi ultrapassado o prazo de trinta anos requerido pelo Código Penal.

(B) Houve prescrição da pretensão executória.

(C) Não houve prescrição, pois o crime de homicídio simples é imprescritível.

(D) Houve prescrição da pretensão punitiva pela pena em abstrato, pois Francisco nunca foi capturado.

COMENTÁRIO

A resposta correta é a letra "B".

Esta questão se refere a prescrição, causa de extinção da punibilidade do fato (Art. 107 CP).

De acordo com o enunciado, houve trânsito em julgado condenatório pelo crime de homicídio (Art. 121 CP) e o sujeito foi condenado a uma pena de 6 anos, sendo que esta pena não foi executada pelo fato de o condenado estar foragido.

Após o trânsito em julgado condenatório, começa a correr para o Estado o prazo prescricional para que este coloque o condenado para cumprir a pena, e essa prescrição se chama prescrição da pretensão executória.

A prescrição da pretensão executória leva em conta a pena concretamente aplicada na sentença definitiva (Art. 110 e 112 CP) para que, de acordo com a tabela do Art. 109 do CP, se descubra seu prazo prescricional.

No caso narrado a pena concreta definitiva foi de 6 anos, que nas bases do Art. 109 do CP prescreve em 12 anos, e já se passaram mais de 29 anos desde a sentença condenatória e o presente momento, o que aponta para a ocorrência da prescrição da pretensão executória quanto a esta pena de 6 anos aplicada ao fato.

(XVI EXAME DE ORDEM UNIFICADO – FGV) Felipe, menor de 21 anos de idade e reincidente, no dia 10 de abril de 2009, foi preso em flagrante pela prática do crime de roubo. Foi solto no curso da instrução e acabou condenado em 08 de julho de 2010, nos termos do pedido inicial, ficando a pena acomodada em 04 anos de reclusão em regime fechado e multa de 10 dias, certo que houve a compensação da agravante da reincidência com a atenuante da menoridade. A decisão transitou em julgado para ambas as partes em 20 de julho de 2010. Foi expedido mandado de prisão e Felipe nunca veio a ser preso. Considerando a questão fática, assinale a afirmativa correta.

(A) A extinção da punibilidade pela prescrição da pretensão executória ocorrerá em 20 de julho de 2016.

(B) A extinção da punibilidade pela prescrição da pretensão executória ocorreu em 20 de julho de 2014.

(C) A extinção da punibilidade pela prescrição da pretensão executória ocorrerá em 20 de julho de 2022.

(D) A extinção da punibilidade pela prescrição da pretensão executória ocorrerá em 20 de novembro de 2015.

COMENTÁRIO

A resposta correta é a letra "D".

Nesta questão deve-se analisar o prazo prescricional da pretensão executória, ou seja, a prescrição da pena definitivamente aplicada na sentença condenatória transitada em julgado.

Para esta análise é importante lembrar que essa prescrição terá seu prazo aumentado em 1/3 quando o condenado for reincidente (Art. 110 CP), fato esse afirmado no enunciado, e também que o prazo prescricional será reduzido de metade em face da idade do autor (menor de 21 anos na data do fato) com base no Art. 115 do CP.

Penas de até 4 anos prescrevem em 8 anos de acordo como o Art. 109 CP e, portanto, levando-se em conta o aumento de 1/3 produto da reincidência esse prazo chega a 10 anos e 8 meses, devendo em seguida ser reduzido pela metade em razão da idade do agente, perfazendo, assim, um prazo prescricional final de 5 anos e 4 meses.

Desta forma, levando-se em conta que o trânsito em julgado condenatório ocorreu em 20 de julho de 2010, essa pena de 4 anos aplicada estará prescrita (prescrição da pretensão executória em 20 de novembro de 2015 (depois de 5 anos e 4 meses).

Esta questão pode ser considerada muito complexa para uma prova objetiva sem consulta à legislação, porém, uma das formas de se amenizar este grau elevado de dificuldade era observar as alternativas apresentadas, que com exceção da resposta correta, são bastante absurdas e improváveis.

11. CRIMES EM ESPÉCIE

(EXAME DE ORDEM UNIFICADO 2010.2 – FGV) Fundação Pública Federal contrata o técnico de informática Abelardo Fonseca para que opere o sistema informatizado destinado à elaboração da folha de pagamento de seus funcionários. Abelardo, ao elaborar a referida folha de pagamento, altera as informações sobre a remuneração dos funcionários da Fundação no sistema, descontando a quantia de cinco reais de cada um deles. A seguir, insere o seu próprio nome e sua própria conta bancária no sistema, atribuindo-se a condição de funcionário da Fundação e destina à sua conta o total dos valores desviados dos demais. Terminada a elaboração da folha, Abelardo remete as informações à seção de pagamentos, a qual efetua os pagamentos de acordo com as informações lançadas no sistema por ele.

Considerando tal narrativa, é correto afirmar que Abelardo praticou crime de:

(A) estelionato.

(B) peculato.

(C) concussão.

(D) inserção de dados falsos em sistema de informações.

COMENTÁRIO

A letra D está correta.

Trata-se de questão que narra situação concreta de crime praticado por funcionário público visando a identificação de qual tipo penal foi realizado pelo agente.

A conduta narrada se amolda perfeitamente no tipo penal previsto no art. 313-A do CP: "inserir ou facilitar, o funcionário autorizado, a inserção de dados falsos, alterar ou excluir indevidamente dados corretos nos sistemas informatizados ou bancos de dados da Administração Pública com o fim de obter vantagem indevida para si ou para outrem ou para causar dano: Pena – reclusão, de 2 (dois) a 12 (doze) anos, e multa".

As condutas de Estelionato (art. 171 do CP), Peculato (art. 312 do CP) e Concussão (art. 316 do CP) não possuem semelhança ou relação com a conduta típica narrada no enunciado.

(EXAME DE ORDEM UNIFICADO 2010.2 – FGV) Assinale a alternativa que preencha corretamente as lacunas do texto: "para a ocorrência de ________, não basta a imputação falsa de crime, mas é indispensável que em decorrência de tal imputação seja instaurada, por exemplo, investigação policial ou processo judicial. A simples imputação falsa de fato definido como crime pode constituir ________, que, constitui infração penal contra a honra, enquanto a ________ é crime contra a Administração da Justiça".

(A) denunciação caluniosa, calúnia, denunciação caluniosa.
(B) denunciação caluniosa, difamação, denunciação caluniosa.
(C) comunicação falsa de crime ou de contravenção, calúnia, comunicação falsa de crime ou de contravenção.
(D) comunicação falsa de crime ou de contravenção, difamação, comunicação falsa de crime ou de contravenção.

COMENTÁRIO

A letra A está correta.

Trata-se de questão que visa exclusivamente a identificação das características básicas de cada um dos tipos penais de acordo com o enunciado, preenchendo-se as lacunas com o nome do crime referente ao fato narrado.

Os crimes mencionados na questão são: Calúnia (art. 138 do CP), Difamação (art. 139 do CP), Denunciação caluniosa (art. 339 do CP) e Comunicação falsa de crime (art. 340 do CP), sendo que os dois primeiros são crimes contra a honra, que visam tutelar a imagem, reputação do agente perante seu meio social, e os dois últimos crimes são contra a administração da justiça.

Com base no acima mencionado e no texto dos referidos crimes, a única alternativa que preenche as lacunas de forma correta é a "A", já que a Calúnia é crime contra honra caracterizado por se atribuir falsamente fato definido como crime a alguém, e que a Denunciação caluniosa em seu tipo penal pressupõe, para se consumar, que haja a instauração de inquérito policial ou processo penal.

(EXAME DE ORDEM UNIFICADO 2010.3 – FGV) Marcus, visando roubar Maria, a agride, causando-lhe lesões corporais de natureza leve. Antes, contudo, de subtrair qualquer pertence, Marcus decide abandonar a empreitada criminosa, pedindo desculpas à vítima e se evadindo do local. Maria, então, comparece à delegacia mais próxima e narra os fatos à autoridade policial.

No caso acima, o delegado de polícia

(A) deverá instaurar inquérito policial para apurar o crime de roubo tentado, uma vez que o resultado pretendido por Marcus não se concretizou.
(B) nada poderá fazer, uma vez que houve a desistência voluntária por parte de Marcus.
(C) deverá lavrar termo circunstanciado pelo crime de lesões corporais de natureza leve.
(D) nada poderá fazer, uma vez que houve arrependimento posterior por parte de Marcus.

COMENTÁRIO

A letra C está correta.

Na conduta narrada no enunciado, o agente (Marcus), com dolo de subtrair bens da vítima (Maria), realiza violência contra ela, causando-lhe lesões corporais leves, entretanto, antes de realizar a subtração, desiste de prosseguir na empreitada criminosa, e abandona a execução sem nada levar.

Nesse caso ocorreu a chamada Desistência Voluntária (art. 15 do CP), que tem como consequência afastar a tipicidade do fato iniciado pelo agente no qual houve a desistência, porém, imputando-se ao agente eventuais crimes que já tenham ocorrido durante a prática de seus atos.

Dessa forma, embora o crime de roubo tenha se tornado atípico em face da desistência, a conduta de lesão corporal leve praticada deverá ser punida normalmente, e, por se tratar de crime da competência dos juizados especiais (Lei 9.099/1995), o delegado deverá lavrar o termo circunstanciado para que, posteriormente, haja a audiência de conciliação ou eventual processo em sede de juizado.

(IV EXAME DE ORDEM UNIFICADO – FGV) Configura modalidade de peculato prevista no Código Penal.

(A) o peculato eletrônico, modalidade anômala de peculato, consistente em inserir dados falsos, alterar ou modificar dados no sistema de informações da administração pública.
(B) o peculato por erro de outrem, consistente na apropriação de bem ou valores que o funcionário tenha recebido pela facilidade que seu cargo lhe proporciona.
(C) o peculato-desvio, consistente no desvio de bens ou valores, pelo funcionário público, em benefício de terceiro.
(D) o peculato-culposo, consistente na apropriação de bens ou valores que o funcionário tenha recebido por erro de outrem em razão do cargo público que exerce.

COMENTÁRIO

Trata-se de questão que visa apenas a identificação da conduta típica prevista na Lei para certo crime.

De acordo com o art. 313-A do CP: "Inserir ou facilitar, o funcionário autorizado, a inserção de dados falsos, alterar ou excluir indevidamente dados corretos nos sistemas informatizados ou bancos de dados da Administração Pública com o fim de obter vantagem indevida para si ou para outrem ou para causar dano: Pena – reclusão, de 2 (dois) a 12 (doze) anos, e multa".

Dessa forma, a alternativa "A" estaria correta, porém, por uma falha do examinador, foi colocado o verbo "modificar", que não consta do referido dispositivo legal, além de não mencionar o necessário especial fim de agir inerente a esta conduta típica (obter vantagem indevida).

Como as demais alternativas também se encontram em desacordo com os tipos penais mencionados em cada uma delas (*vide*: arts. 313, art. 312, §§ 1.º e 2.º, do CP), não há alternativa correta na questão.

Portanto, esta questão foi anulada pela banca examinadora.

(V EXAME DE ORDEM UNIFICADO – FGV) Ao tomar conhecimento de um roubo ocorrido nas adjacências de sua residência, Caio compareceu à delegacia de polícia e noticiou o crime, alegando que vira Tício, seu inimigo capital, praticar o delito, mesmo sabendo que seu desafeto se encontrava na Europa na data do fato. Em decorrência do exposto, foi instaurado inquérito policial para apurar as circunstâncias do ocorrido. A esse respeito, é correto afirmar que Caio cometeu

(A) delito de calúnia.
(B) delito de comunicação falsa de crime.
(C) delito de denunciação caluniosa.
(D) crime de falso testemunho.

COMENTÁRIO

A letra C está correta.

Trata-se de mais uma questão em que se narra uma situação concreta para que se identifique qual o crime praticado.

A conduta narrada se amolda perfeitamente no crime de Denunciação Caluniosa, previsto no art. 339 do CP: "Dar causa à instauração de investigação policial, de processo judicial, instauração de investigação administrativa, inquérito civil ou ação de improbidade administrativa contra alguém, imputando-lhe crime de que o sabe inocente: Pena – reclusão, de dois a oito anos, e multa".

Não se confunde com o crime de Calúnia (art. 138 do CP) em que o dolo do agente é de ofensa à honra objetiva do agente, ou seja, a conduta visa atingir a imagem do agente perante seu meio social, acusando-o falsamente da prática de um crime.

Também não há que se falar em crime de Comunicação Falsa de Crime (art. 340 do CP), pois nesse crime a conduta do agente visa apenas provocar a atuação de autoridade pública comunicando a ocorrência de crime ou contravenção que sabe não ter ocorrido (ex.: trote).

(VI EXAME DE ORDEM UNIFICADO – FGV) Ana Maria, aluna de uma Universidade Federal, afirma que José, professor concursado da instituição, trai a esposa todo dia com uma gerente bancária.

A respeito do fato acima, é correto afirmar que Ana Maria praticou o crime de

(A) calúnia, pois atribuiu a José o crime de adultério, sendo cabível, entretanto, a oposição de exceção da verdade com o fim de demonstrar a veracidade da afirmação.
(B) difamação, pois atribuiu a José fato desabonador que não constitui crime, sendo cabível, entretanto, a oposição de exceção da verdade com o fim de demonstrar a veracidade da afirmação, uma vez que José é funcionário público.
(C) calúnia, pois atribuiu a José o crime de adultério, não sendo cabível, na hipótese, a oposição de exceção da verdade.
(D) difamação, pois atribuiu a José fato desabonador que não constitui crime, não sendo cabível, na hipótese, a oposição de exceção da verdade.

COMENTÁRIO

A letra D está correta.

Esta questão se refere aos crimes contra a honra e sua identificação, e narra hipótese em que uma aluna de uma Universidade Federal afirma que seu professor trai sua esposa com a gerente do banco.

Esse ato caracteriza o crime de difamação, já que atribui fato desonroso a alguém, ofendendo sua reputação, ou seja, sua honra objetiva.

Não se pode falar em crime de calúnia (art. 138 do CP), pois a relação extraconjugal de pessoa casada (adultério) não mais caracteriza crime em nosso ordenamento, sendo que a calúnia se configura exatamente pela atribuição falsa a alguém de fato definido como crime.

Quanto à difamação (art. 139 do CP), há ainda um detalhe importante inerente à questão, qual seja, para se configurar esse crime não importa se o fato desonroso atribuído à vítima é verdadeiro ou falso, e por isso, via de regra, a difamação não admite a prova da verdade dos fatos atribuídos pelo agente para afastar a ocorrência do crime, como acontece normalmente na calúnia.

Porém, há uma única exceção em que se admite a prova da verdade no crime de difamação, afastando, assim, a ocorrência do crime, sendo que isso ocorre quando a difamação se refere a um funcionário público no exercício de sua função (art. 139, parágrafo único, do CP).

Dessa forma, de acordo com o narrado no enunciado, Ana Maria praticou o crime de difamação contra seu professor, porém não sendo cabível a prova da verdade, já que, mesmo se tratando de um funcionário público, a difamação não possui qualquer relação com o exercício da sua função.

(VII EXAME DE ORDEM UNIFICADO – FGV) Baco, após subtrair um carro esportivo de determinada concessionária de veículos, telefona para Minerva, sua amiga, a quem conta a empreitada criminosa e pede ajuda. Baco sabia que Minerva morava em uma grande casa e que poderia esconder o carro facilmente lá. Assim, pergunta se Minerva poderia ajudá-lo, escondendo o carro em sua residência. Minerva, apaixonada por Baco, aceita prestar a ajuda. Nessa situação, Minerva deve responder por

(A) participação no crime de furto praticado por Baco.
(B) receptação.
(C) favorecimento pessoal.
(D) favorecimento real.

COMENTÁRIO

A letra D está correta.

Trata-se de mais uma questão em que se narra um caso concreto para que seja identificado o crime praticado, e, portanto, uma questão estritamente ligada à letra da Lei e às características do crime.

O enunciado narra a conduta de Minerva, que aceita esconder um carro subtraído por Baco, seu amigo, produto de um furto.

A conduta narrada na questão se adéqua ao crime de Favorecimento Real (art. 349 do CP): "Prestar a criminoso, fora dos casos de coautoria ou de receptação, auxílio destinado a tornar seguro o proveito do crime: Pena – detenção, de um a seis meses, e multa".

A maior dificuldade nesta questão era não confundir o crime de Favorecimento Real (art. 349 do CP) praticado com o crime de Receptação (art. 180 do CP), já que este apresenta uma situação bem semelhante à ocorrida: "Adquirir, receber, transportar, conduzir ou ocultar, em proveito próprio ou alheio, coisa que sabe ser produto de crime, ou influir para que terceiro, de boa-fé, a adquira, receba ou oculte. Pena: reclusão, de um a quatro anos, e multa".

A diferença entre os dois crimes é que na Receptação (art. 180 do CP) o agente tem que receber o bem em proveito próprio ou de um terceiro que não seja o próprio autor do crime, já no Favorecimento Real (art. 349 do CP) o agente recebe o bem em proveito exclusivamente do próprio autor do crime, sendo exatamente isso que ocorreu no fato narrado no enunciado.

Não há que se falar em participação no Furto de Baco, já que a colaboração se deu depois que o crime já estava consumado.

(VIII EXAME DE ORDEM UNIFICADO – FGV) Jaime, conhecido pelos colegas como "Jaiminho mão de seda", utilizando-se de sua destreza, consegue retirar a carteira do bolso traseiro da calça de Ricardo que, ao perceber a subtração, sai ao encalço do delinquente. Ocorre que, durante a perseguição, Ricardo acaba sendo atropelado, vindo a falecer em decorrência dos ferimentos. Nesse sentido, com base nas informações apresentadas na hipótese, e a jurisprudência predominante dos tribunais superiores, assinale a afirmativa correta.

(A) Jaime praticou delito de furto em sua modalidade tentada.
(B) Jaime consumou a prática do delito de furto simples.
(C) Jaime consumou a prática do delito de furto qualificado.
(D) Jaime consumou a prática de latrocínio.

COMENTÁRIO

A letra B está correta.

Esta questão aborda especificamente o crime de Furto (art. 155 do CP), fundamentalmente no que tange à sua forma de consumação, e, ainda, quanto à caracterização ou não da qualificadora referente à destreza.

Quanto à consumação, de acordo com o STF e a maioria da doutrina atual, considera-se que ela ocorre no momento da simples inversão da posse, com base num critério denominado "Amotio", não mais se exigindo a chamada posse mansa e tranquila do bem para que ocorra a consumação do Furto (critério da "Ablatio").

Sendo assim, percebe-se que, de acordo com o narrado na questão, a conduta de furto está consumada.

Quanto à qualificadora da "destreza", de acordo com a jurisprudência dominante, ela tem que ser afastada sempre que a vítima perceber que a subtração está ocorrendo, já que destreza se caracteriza exatamente pela capacidade especial de agir sem que a vítima perceba.

Sendo assim, no caso narrado o crime de furto está consumado, porém, como a vítima percebeu a subtração, o furto será simples, não tendo que se falar em Latrocínio, já que não houve violência ou grave ameaça na conduta, e também pelo fato de o resultado morte não ter sido produto de dolo ou culpa na conduta realizada pelo autor do crime.

(X EXAME DE ORDEM UNIFICADO – FGV) José, rapaz de 23 anos, acredita ter poderes espirituais excepcionais, sendo certo que todos conhecem esse seu "dom", já que ele o anuncia amplamente. Ocorre que José está apaixonado por Maria, jovem de 14 anos, mas não é correspondido. Objetivando manter relações sexuais com Maria e conhecendo o misticismo de sua vítima, José a faz acreditar que ela sofre de um mal espiritual, o qual só pode ser sanado por meio de um ritual mágico de cura e purificação, que consiste em manter relações sexuais com alguém espiritualmente capacitado a retirar o malefício. José diz para Maria que, se fosse para livrá-la daquilo, aceitaria de bom grado colaborar no ritual de cura e purificação. Maria, muito assustada com a notícia, aceita e mantém, de forma consentida, relação sexual com José, o qual fica muito satisfeito por ter conseguido enganá-la e, ainda, satisfazer seu intento, embora tenha ficado um pouco frustrado por ter descoberto que Maria não era mais virgem. Com base na situação descrita, assinale a alternativa que indica o crime que José praticou.

(A) Corrupção de menores (Art. 218, do CP).
(B) Violência sexual mediante fraude (Art. 215, do CP).
(C) Estupro qualificado (Art. 213, § 1.º, parte final, do CP).
(D) Estupro de vulnerável (Art. 217-A, do CP).

COMENTÁRIO

A letra B está correta.

Trata-se de uma questão especificamente ligada à identificação de qual crime foi realizado de acordo com a conduta narrada, ou seja, basicamente, a resposta encontra-se na letra da Lei.

Na conduta narrada, José, utilizando-se de argumentos fraudulentos (poderes espirituais mágicos de cura e que Maria sofre de mal espiritual), convence a vítima de que esta deve manter relações sexuais com ele, caracterizando, assim, a conduta narrada no art. 215 do CP (violação sexual mediante fraude): "Ter conjunção carnal ou praticar outro ato libidinoso com alguém, mediante fraude ou outro meio que impeça ou dificulte a livre manifestação de vontade da vítima: Pena – reclusão, de 2 (dois) a 6 (seis) anos".

A conduta narrada não pode ser enquadrada no crime de estupro de vulnerável, pois o enunciado afirma que a vítima possui exatos 14 anos, e, para que ocorra o crime do art. 217-A do CP, é preciso que a vítima seja menor de 14 anos de idade.

Nota: este enunciado possui uma grave falha, já que a alternativa correta dada como gabarito oficial ("B") errou o nome do crime previsto no art. 215 do CP, dizendo "violência sexual mediante fraude" em vez de "violação sexual mediante fraude", que é o correto.

(X EXAME DE ORDEM UNIFICADO – FGV) José e Maria estavam enamorados, mas posteriormente vieram a descobrir que eram irmãos consanguíneos, separados na maternidade. Extremamente infelizes com a notícia recebida, que impedia por completo qualquer possibilidade de relacionamento, resolveram dar cabo à própria vida. Para tanto, combinaram e executaram o seguinte: no apartamento de Maria, com todas as portas e janelas trancadas, José abriu o registro do gás de cozinha. Ambos inspiraram o ar envenenado e desmaiaram, sendo certo que somente não vieram a falecer porque os vizinhos, assustados com o cheiro forte que vinha do apartamento de Maria, decidiram arrombar a porta e resgatá-los. Ocorre que, não obstante o socorro ter chegado a tempo, José e Maria sofreram lesões corporais de natureza grave. Com base na situação descrita, assinale a afirmativa correta.

(A) José responde por tentativa de homicídio e Maria por instigação ou auxílio ao suicídio.
(B) José responde por lesão corporal grave e Maria não responde por nada, pois sua conduta é atípica.
(C) José e Maria respondem por instigação ou auxílio ao suicídio, em concurso de agentes.
(D) José e Maria respondem por tentativa de homicídio.

COMENTÁRIO

A letra A está correta.

Trata-se de questão que aborda situação ligada aos crimes de homicídio (art. 121 do CP) e induzimento ao suicídio (art. 122 do CP), e também a delimitação de autoria desses dois crimes.

No caso, após o chamado "pacto de morte", José realiza a conduta de abrir a torneira de gás, o que caracteriza ato executório de "matar" em relação a Maria, sendo que, por motivos alheios à sua vontade (chegada dos vizinhos), esta não vem a morrer. Logo, José terá que responder por tentativa de homicídio em relação a Maria.

Já Maria, ao combinar com José que eles morreriam juntos, realizou o ato de induzir e instigar José a se matar junto com ela, praticando, assim, o ato executório do crime do art. 122 do CP, qual seja, induzimento ao suicídio, já que José, embora não tenha morrido, sofreu lesão corporal grave.

Maria não realizou qualquer ato capaz de matar José, razão pela qual não se pode atribuir a ela o crime de homicídio tentado, diferentemente de José, que praticou o ato de abrir a torneira de gás.

(X EXAME DE ORDEM UNIFICADO – FGV) Coriolano, objetivando proteger seu amigo Romualdo, não obedeceu à requisição do Promotor de Justiça no sentido de determinar a instauração de inquérito policial para apurar eventual prática de conduta criminosa por parte de Romualdo. Nesse caso, é correto afirmar que Coriolano praticou crime de

(A) desobediência (Art. 330, do CP).
(B) prevaricação (Art. 319, do CP).
(C) corrupção passiva (Art. 317, do CP).
(D) crime de advocacia administrativa (Art. 321, do CP).

COMENTÁRIO

A letra B está correta.

Trata-se de uma questão especificamente ligada à identificação de qual crime foi realizado, de acordo com a conduta narrada, ou seja, basicamente, a resposta encontra-se na letra da Lei.

O fato narrado caracteriza a conduta de um funcionário público (Coriolano), que deixa de cumprir suas funções (instaurar o inquérito policial) por motivos e interesses de caráter pessoal (amizade com Romualdo).

Sendo assim, de acordo com o art. 319 do CP: "Retardar ou deixar de praticar, indevidamente, ato de ofício, ou praticá-lo contra disposição expressa de lei, para satisfazer interesse ou sentimento pessoal: Pena – detenção, de três meses a um ano, e multa". Coriolano cometeu o crime de prevaricação.

Nota: entendemos que nesta questão o enunciado está bastante incompleto, já que não estabeleceu que o autor (Coriolano) era funcionário público, e nem delegado de polícia, deixando essas informações subentendidas, o que não é o ideal.

(XI EXAME DE ORDEM UNIFICADO – FGV) Débora estava em uma festa com seu namorado Eduardo e algumas amigas quando percebeu que Camila, colega de faculdade, insinuava-se para Eduardo. Cega de raiva, Débora esperou que Camila fosse ao banheiro e a seguiu. Chegando lá e percebendo que estavam sozinhas no recinto, Débora desferiu vários tapas no rosto de Camila, causando-lhe lesões corporais de natureza leve. Camila, por sua vez, atordoada com o acontecido, somente deu por si quando Débora já estava saindo do banheiro, vangloriando-se da surra dada. Neste momento, com ódio de sua algoz, Camila levanta-se do chão, agarra Débora pelos cabelos e a golpeia com uma tesourinha de unha que carregava na bolsa, causando-lhe lesões de natureza grave. Com relação à conduta de Camila, assinale a afirmativa correta.

(A) Agiu em legítima defesa.
(B) Agiu em legítima defesa, mas deverá responder pelo excesso doloso.
(C) Ficará isenta de pena por inexigibilidade de conduta diversa.
(D) Praticou crime de lesão corporal de natureza grave, mas poderá ter a pena diminuída.

COMENTÁRIO

A letra D está correta.

A questão se refere à possibilidade de aplicação do instituto da legítima defesa (art. 25 do CP), excludente de ilicitude, ao caso concreto narrado.

Na conduta narrada a agressão produzida por Débora em Camila já havia cessado quando esta resolve se levantar e golpear a desafeta com a tesoura de unha.

Dessa forma, já não havia agressão atual (ou iminente) por parte de Débora, o que impossibilita se falar em legítima defesa por parte de Camila.

Sendo assim, como a agressão já havia cessado quando Camila atacou Débora, ela deverá responder pelas lesões corporais produzidas.

Entretanto, como a conduta praticada por Camila foi realizada sob violenta emoção e logo após a injusta provocação da vítima (Débora), deve-se aplicar a causa de diminuição de pena prevista no art. 129, § 4.°, do CP.

(XII EXAME DE ORDEM UNIFICADO – FGV) Lúcia, objetivando conseguir dinheiro, sequestra Marcos, jovem cego. Quando estava escrevendo um bilhete para a família de Marcos, estipulando o valor do resgate, Lúcia fica sabendo, pela própria vítima, que sua família não possui dinheiro algum. Assim, verificando que nunca conseguiria obter qualquer ganho, Lúcia desiste da empreitada criminosa e coloca Marcos dentro de um ônibus, orientando-o a descer do coletivo em determinado ponto. Com base no caso apresentado, assinale a afirmativa correta.

(A) Lúcia deve responder pelo delito de sequestro ou cárcere privado, apenas.
(B) Lúcia não praticou crime algum, pois beneficiada pelo instituto da desistência voluntária.
(C) Lúcia deve responder pelo delito de extorsão mediante sequestro em sua modalidade consumada.
(D) Lúcia não praticou crime algum, pois beneficiada pelo instituto do arrependimento eficaz.

COMENTÁRIO

A questão narra uma conduta de extorsão mediante sequestro em que, de acordo com o narrado, não há qualquer possibilidade de obtenção da vantagem patrimonial pretendida, já que a família da vítima não possui qualquer capacidade econômica, entretanto, existe uma falha na questão que apresenta duas alternativas viáveis.

O problema está em constatar se haveria que se falar em crime impossível ou não nesse caso.

– Há dois entendimentos viáveis:

a) Não há crime impossível, pois, por se tratar de crime formal, a consumação independe da produção do resultado material (vantagem econômica) e o crime estaria consumado mesmo sendo impossível lesionar o patrimônio.

b) Haveria crime impossível, pois, como o principal bem jurídico tutelado no crime complexo em questão é o patrimônio (este se encontra no capítulo dos crimes patrimoniais) e essa lesão desde sempre era impossível, não há como imputar o crime de extorsão mediante sequestro, devendo-se atribuir apenas o crime de sequestro (art. 148 do CP), de acordo com a única lesão viável e ocorrida na hipótese, que é a lesão à liberdade individual.

A doutrina nacional ora se refere ao crime impossível como "aquele que é impossível de se consumar", e, nesse caso, o primeiro entendimento **(A)** seria o mais adequado, ora se refere ao crime impossível como "aquele em que a lesão ao bem jurídico tutelado é impossível de ocorrer", e, nesse caso, o segundo entendimento **(B)** seria o correto.

A falha da questão se deu pelo fato de o examinador, nas alternativas, apresentar ambas as possibilidades, ou seja, uma alternativa dizendo que o agente responderia pela extorsão mediante sequestro consumada (art. 159 do CP), e outra falando em responder apenas pelo sequestro ou cárcere privado (art. 148 do CP), algo inadmissível em uma prova objetiva.

Dessa forma, como a questão apresentou duas alternativas viáveis, ambas passíveis de serem marcadas, de acordo com a corrente doutrinária adotada, não se pode atribuir uma única resposta, embora o gabarito fornecido pela banca tenha apontado como correta a alternativa "C".

(XII EXAME DE ORDEM UNIFICADO – FGV) Paula, com intenção de matar Maria, desfere contra ela quinze facadas, todas na região do tórax. Cerca de duas horas após a ação de Paula, Maria vem a falecer. Todavia, a causa mortis determinada pelo auto de exame cadavérico foi envenenamento. Posteriormente, soube-se que Maria nutria intenções suicidas e que, na manhã dos fatos, havia ingerido veneno. Com base na situação descrita, assinale a afirmativa correta.

(A) Paula responderá por homicídio doloso consumado.
(B) Paula responderá por tentativa de homicídio.
(C) O veneno, em relação às facadas, configura concausa relativamente independente superveniente que por si só gerou o resultado.
(D) O veneno, em relação às facadas, configura concausa absolutamente independente concomitante.

COMENTÁRIO

A letra B está correta.

A questão se refere à análise da relação de causalidade entre a conduta praticada por Paula (facadas) e o resultado morte produzido na vítima (Maria), já que se constata que houve um envenenamento prévio (causa preexistente absolutamente independente) por conta de uma tentativa de suicídio realizado pela própria vítima.

De acordo com a teoria da *conditio sine qua non*, adotada em nosso ordenamento, causa será toda condição essencial para que um resultado se produza, e só se pode atribuir um resultado a quem lhe dá causa.

Sendo assim, utiliza-se o método da eliminação hipotética para se descobrir se determinado fato é ou não causa de um resultado, de acordo com as concausas (outros fatores) que possam ter gerado o resultado.

Por esse método elimina-se a conduta realizada pelo agente e avalia-se se o resultado muda ou deixa de ocorrer; caso isso ocorra, a conduta realizada será causa e o agente poderá responder pelo resultado.

Porém, eliminando-se a conduta do agente, se o resultado permanecer idêntico, é porque esta não foi causa do resultado, e o sujeito só poderá responder pelos atos praticados, mas não pelo resultado natural causado.

Nesse caso concreto, se eliminarmos as facadas, a morte da vítima continuaria acontecendo em função do envenenamento, logo, as facadas não são consideradas como causa e o resultado morte não poderá ser imputado a agente, que só responderá pelos atos praticados, ou seja, pela tentativa de homicídio.

(XII EXAME DE ORDEM UNIFICADO – FGV) Odete é diretora de um orfanato municipal, responsável por oitenta meninas em idade de dois a onze anos. Certo dia Odete vê Elisabeth, uma das recreadoras contratada pela Prefeitura para trabalhar na instituição, praticar ato libidinoso com Poliana, criança de 9 anos, que ali estava abrigada. Mesmo enojada pela situação que presenciava, Odete achou melhor não intervir, porque não desejava criar qualquer problema para si. Nesse caso, tendo como base apenas as informações descritas, assinale a opção correta.

(A) Odete não pode ser responsabilizada penalmente, embora possa sê-lo no âmbito cível e administrativo.

(B) Odete pode ser responsabilizada pelo crime descrito no Art. 244-A, do Estatuto da Criança e do Adolescente, *verbis*: "Submeter criança ou adolescente, como tais definidos no *caput* do art. 2.º desta Lei, à prostituição ou à exploração sexual".

(C) Odete pode ser responsabilizada pelo crime de estupro de vulnerável, previsto no Art. 217-A do CP, *verbis*: "Ter conjunção carnal ou praticar outro ato libidinoso com menor de 14 (catorze) anos".

(D) Odete pode ser responsabilizada pelo crime de omissão de socorro, previsto no Art. 135, do CP, *verbis*: "Deixar de prestar assistência, quando possível fazê-lo sem risco pessoal, à criança abandonada ou extraviada, ou à pessoa inválida ou ferida, ao desamparo ou em grave e iminente perigo; ou não pedir, nesses casos, o socorro da autoridade pública".

COMENTÁRIO

A letra C está correta.

Trata-se de questão ligada aos crimes omissivos e suas consequências, nas bases do art. 13 e § 2.º do CP.

De acordo com o enunciado, Odete, diretora da instituição pública, é garantidora, e, portanto, responsável pelas crianças, nos termos do referido art. 13, § 2.º, do CP. Por isso, responderá pelos resultados produzidos caso se omita, dolosa ou culposamente, diante de situações de perigo.

Diante do narrado, por presenciar os estupros da menina de 9 anos (vulnerável) sem nada fazer para impedi-los, deverá responder por esses resultados, ou seja, pelos crimes de estupro de vulnerável (art. 217-A do CP) praticados pela recreadora.

Trata-se de crime omissivo impróprio ou impuro, também chamado de comissivo por omissão.

(XIII EXAME DE ORDEM UNIFICADO – FGV) Maria, jovem de 22 anos, após sucessivas desilusões, deseja dar cabo à própria vida. Com o fim de desabafar, Maria resolve compartilhar sua situação com um amigo, Manoel, sem saber que o desejo dele, há muito, é vê-la morta. Manoel, então, ao perceber que poderia influenciar Maria, resolve instigá-la a matar-se. Tão logo se despede do amigo, a moça, influenciada pelas palavras deste, pula a janela de seu apartamento, mas sua queda é amortecida por uma lona que abrigava uma barraca de feira. Em consequência, Maria sofre apenas escoriações pelo corpo e não chega a sofrer nenhuma fratura. Considerando apenas os dados descritos, assinale a afirmativa correta.

(A) Manoel deve responder pelo delito de induzimento, instigação ou auxílio ao suicídio em sua forma consumada.

(B) Manoel deve responder pelo delito de induzimento, instigação ou auxílio ao suicídio em sua forma tentada.

(C) Manoel não possui responsabilidade jurídico-penal, pois Maria não morreu e nem sofreu lesão corporal de natureza grave.

(D) Manoel, caso tivesse se arrependido daquilo que falou para Maria e esta, em virtude da queda, viesse a óbito, seria responsabilizado pelo delito de homicídio.

COMENTÁRIO

A resposta correta é a letra "C".

Esta questão visa abordar uma caraterística bastante específica do crime de Induzimento ao suicídio (Art. 122 CP), qual seja, a presença da chamada "condição objetiva de punibilidade".

De acordo com o preceito secundário (pena) deste crime, só será possível se punir o fato caso a vítima do induzimento, instigação ou auxílio ao suicídio efetivamente sofra lesões corporais graves ou morra, em decorrência da conduta suicida perpetrada.

Para a maioria da doutrina trata-se de um crime formal, que se consuma quando o agente completa a conduta de induzimento, independente da vítima efetivamente se suicidar, porém, para que seja possível se punir o fato, exige-se o preenchimento da condição objetiva prevista no preceito secundário da norma, qual seja, a lesão corporal grave ou a morte.

Sendo assim, como no caso narrado a vítima (suicida) não sofreu qualquer lesão ao tentar se matar, Manoel não pode ser punido pelo fato e não será responsabilizado criminalmente.

(XIV EXAME DE ORDEM UNIFICADO – FGV) Jaime, candidato à prefeitura da cidade X, durante o horário de propaganda eleitoral em rede televisiva, proferiu as seguintes palavras: "O atual prefeito e candidato à reeleição, que se mostra defensor da família, posando com esposa e filhos para fotos, foi flagrado na semana passada entrando em um motel com uma prostituta! É esse tipo de governante que você quer?". A partir do caso exposto, assinale a opção que indica o delito praticado por Jaime.

(A) Difamação, previsto no Código Eleitoral.

(B) Difamação, previsto no Código Penal.

(C) Injúria, previsto no Código Eleitoral.

(D) Injúria, previsto no Código Penal.

COMENTÁRIO

A resposta correta é a letra "A".

Esta questão visa a diferenciação dos crimes contra honra, mais especificamente entre a Injúria e a Difamação, que aparecem nas alternativas apresentadas.

A injúria (art. 140 CP) visa proteger a chamada honra subjetiva, sentimento pessoal de dignidade e decorro da vítima, e a conduta de injuriar pode ser vista como verdadeiro "Xingamento" feito contra certa pessoa.

Já a Difamação (art. 139 CP) visa proteger a chamada honra objetiva (assim como a Calúnia – art. 138 CP) ou seja, a imagem pública, a reputação social da vítima, e se caracteriza como sendo algo semelhante a uma "fofoca", falar mal de alguém para terceiros atribuindo publicamente fato desonroso, verdadeiro ou não, a certa pessoa.

De acordo como o narrado, percebe-se que a conduta do enunciado se caracteriza como sendo uma Difamação, inviabilizando assim as alternativas "C" e "D".

Porém, como a conduta narrada foi praticada em razão de procedimento eleitoral, em horário de propaganda eleitoral, possui previsão específica no Código Eleitoral, caracterizando-se como uma difamação especificamente prevista para esta situação. (Regra da especialidade)

OBS: me parece que esta questão não deveria ter sido cobrada pois, embora se refira a crimes contra honra, exigia conhecimento do Código Eleitoral que não constava do edital desta prova da OAB.

(XV EXAME DE ORDEM UNIFICADO – FGV) Numerosos cidadãos, sem qualquer combinação prévia, revoltados com os sucessivos escândalos e as notícias de corrupção envolvendo as autoridades locais, vestiram-se totalmente de preto e foram para as escadarias da Câmara Municipal, após terem escutado do prefeito, durante uma entrevista ao vivo, que os professores municipais eram marajás. Lá chegando, alguns manifestantes, também sem qualquer combinação ou liame subjetivo, começaram a atirar pedras em direção ao referido prédio público e, com isso, três vidraças foram quebradas. A polícia, com o auxílio das imagens gravadas e transmitidas pela imprensa, conseguiu identificar todas as pessoas que atiraram pedras e danificaram o patrimônio público. Nesse sentido, tendo por base as informações apresentadas no fragmento acima, assinale a afirmativa correta.

(A) Os cidadãos devem responder pelos crimes de associação criminosa (Art. 288, do CP) e dano qualificado (Art. 163, parágrafo único, inciso III, do CP).

(B) Descabe falar-se em crime de associação criminosa (Art. 288, do CP), pois, dentre outras circunstâncias, a reunião das pessoas, naquele momento, foi apenas eventual.

(C) Deve incidir, para o crime de dano qualificado (Art. 163, parágrafo único, inciso III, do CP), a circunstância agravante do concurso de pessoas.

(D) Não houve a prática de nenhum ato criminoso, pois as condutas descritas não encontram adequação típica e, mais ainda, não havia dolo específico de deteriorar patrimônio público.

COMENTÁRIO

A resposta correta é a letra "B".

Nesta questão o objetivo é a análise desta reunião de pessoas que cometeram juntas o crime de Dano ao patrimônio público (Art. 163, parágrafo único, III, CP).

O crime de associação criminosa (Art. 288 CP) se caracteriza pela reunião de 3 ou mais pessoas com o propósito comum de cometer crimes. Porém, para ser caracterizado é preciso que haja um liame subjetivo, acordo de vontades entre as partes envolvidas, o que não ocorreu no caso narrado.

Logo, não se caracterizou o crime de associação criminosa do Art. 288 CP.

Além disso, embora tenha havido a prática do crime de dano qualificado ao patrimônio público (Art. 163 parágrafo único, III, do CP) como aponta a alternativa "C", não se pode considerar que houve concurso de pessoas para efeito de agravar a pena, isso também pela ausência do acordo de vontades entre as partes envolvidas.

(XV EXAME DE ORDEM UNIFICADO – FGV) No dia 14 de setembro de 2014, por volta das 20h, José, primário e de bons antecedentes, tentou subtrair para si, mediante escalada de um muro de 1,70 metros de altura, vários pedaços de fios duplos de cobre da rede elétrica avaliados em, aproximadamente, R$ 100,00 (cem reais) época dos fatos. Sobre o caso apresentado, segundo entendimento sumulado do STJ, assinale a afirmativa correta.

(A) É possível o reconhecimento do furto qualificado privilegiado independentemente do preenchimento cumulativo dos requisitos previstos no Art. 155, §2º do CP.

(B) É possível o reconhecimento do privilégio previsto no Art. 155, § 2º, do CP nos casos de crime de furto qualificado se estiverem presentes a primariedade do agente e o pequeno valor da coisa, e se a qualificadora for de ordem objetiva.

(C) Não é possível o reconhecimento do privilégio previsto no Art. 155, § 2º, do CP nos casos de crime de furto qualificado, mesmo que estejam presentes a primariedade do agente e o pequeno valor da coisa, e se a qualificadora for de ordem objetiva.

(D) É possível o reconhecimento do privilégio previsto no Art. 155, § 2º, do CP nos casos de crime de furto qualificado se estiverem presentes a primariedade do agente, o pequeno valor da coisa, e se a qualificadora for de ordem subjetiva.

COMENTÁRIO

Com base na referida Súmula 511 do STJ a resposta correta é a letra "B".

Esta questão aborda o crime de furto e a aplicabilidade da forma privilegiada deste crime (Art. 155, § 2º, CP) às hipóteses de furto qualificado (Art. 155, § 4º, CP).

Embora a questão já tenha gerado muita divergência na doutrina e jurisprudência, o STJ editou a Súmula 511 que acabou com a discussão afirmando: "É possível o reconhecimento do privilégio previsto no § 2º do art. 155 do CP nos casos de crime de furto qualificado, se estiverem presentes a primariedade do agente, o pequeno valor da coisa e a qualificadora for de ordem objetiva. "

(XVII EXAME DE ORDEM UNIFICADO – FGV) Paulo pretende adquirir um automóvel por meio de sistema de financiamento junto a uma instituição bancária. Para tanto, dirige-se ao estabelecimento comercial para verificar as condições de financiamento e é informado que, quanto maior a renda bruta familiar, maior a dilação do prazo para pagamento e menores os juros. Decide, então, fazer falsa declaração de parentesco ao preencher a ficha cadastral, a fim de aumentar a renda familiar informada, vindo, assim, a obter o financiamento nas condições pretendidas. Considerando a situação narrada e os crimes contra a fé pública, é correto afirmar que Paulo cometeu o delito de

(A) falsificação material de documento público.

(B) falsidade ideológica.

(C) falsificação material de documento particular.

(D) falsa identidade.

COMENTÁRIO

O gabarito da questão é a letra B, na *falsidade ideológica*, o vício incide sobre o *conteúdo* do documento, a ideia nele contida, enquanto o documento em si é perfeito do ponto de vista formal e material, sendo documento válido, mas com informações falsas.

De acordo com o enunciado da questão Paulo, com o propósito de obter condições de financiamento mais vantajosas (juros menores e prazo maior para pagamento), insere, em ficha cadastral, informação falsa quanto à existência de parentesco, o que lhe proporcionou um incremento na sua renda familiar.

Logo, Paulo cometeu o crime do Art. 299 do CP (falsidade ideológica), delito esse que não deve ser confundido com aqueles previstos nos Arts. 297 e 298 do CP, respectivamente *falsificação de documento público* e *falsificação de documento particular*, em que a falsidade é *material*, já que o vício incide sobre o aspecto físico do documento, a sua *forma*.

(XVII EXAME DE ORDEM UNIFICADO – FGV) Cristiane, revoltada com a traição de seu marido, Pedro, decide matá-lo. Para tanto, resolve esperar que ele adormeça para, durante a madrugada, acabar com sua vida. Por volta das 22h, Pedro deita para ver futebol na sala da residência do casal. Quando chega à sala, Cristiane percebe que Pedro estava deitado sem se mexer no sofá. Acreditando estar dormindo, desfere 10 facadas em seu peito. Nervosa e arrependida, liga para o hospital e, com a chegada dos médicos, é informada que o marido faleceu. O laudo de exame cadavérico, porém, constatou que Pedro havia falecido momentos antes das facadas em razão de um infarto fulminante. Cristiane, então, foi denunciada por tentativa de homicídio. Você, advogado(a) de Cristiane, deverá alegar em seu favor a ocorrência de

(A) crime impossível por absoluta impropriedade do objeto.

(B) desistência voluntária.

(C) arrependimento eficaz.

(D) crime impossível por ineficácia do meio.

COMENTÁRIO

O gabarito da questão é a letra A.

Cristiane, conforme é possível concluir pela leitura do enunciado, praticou crime impossível por absoluta impropriedade do objeto material (Art. 17, CP), pois a vítima(Pedro) já estava morta ao quando Cristiane deferiu-lhe as facadas, e por isso o homicídio pretendido jamais chegaria a consumação, já que não é possível matar alguém que já está morto.

O bem jurídico tutelado pela norma do Art. 121 do CP, a vida, não poderia ser violado nesta hipótese, sendo essa conduta chamada pela doutrina de tentativa inidônea, inadequada ou "quase crime", e que terá como consequência a exclusão da tipicidade do fato (Art. 17, CP) em face do crime impossível.

A alternativa B está incorreta pois na *desistência voluntária* – Art. 15, primeira parte, do CP –, o agente, podendo chegar na consumação do crime, resolve, voluntariamente, interromper sua execução, ou seja, depois de dar início à execução do crime e antes de atingir a consumação, muda de ideia e desiste de concluir prosseguir com a execução, logo, se a vítima já estava morta, sequer houve início de execução do crime que pretendia praticar (homicídio), não havendo como se falar em desistência voluntária.

A alternativa C também está incorreta pois, o arrependimento eficaz pressupõe que o agente, tendo iniciado e completado toda a execução do crime que pretendia, e que era possível de ocorrer, age (conduta positiva) eficazmente e impede que o resultado (consumação) ocorra.

(XVII EXAME DE ORDEM UNIFICADO – FGV) Marcondes, necessitando de dinheiro para comparecer a uma festa no bairro em que residia, decide subtrair R$ 1.000,00 do caixa do açougue de propriedade de seu pai. Para isso, aproveita-se da ausência de seu genitor, que, naquele dia, comemorava seu aniversário de 63 anos, para arrombar a porta do estabelecimento e subtrair a quantia em espécie necessária. Analisando a situação fática, é correto afirmar que

(A) Marcondes não será condenado pela prática de crime, pois é isento de pena, em razão da escusa absolutória.

(B) Marcondes deverá responder pelo crime de furto de coisa comum, por ser herdeiro de seu pai.

(C) Marcondes deverá responder pelo crime de furto qualificado.

(D) Marcondes deverá responder pelos crimes de dano e furto simples em concurso formal.

COMENTÁRIO

O gabarito da questão é a letra C, Marcondes será responsabilizado pelo crime de furto qualificado pelo rompimento de obstáculo.

Esta questão se refere a análise do crime de furto e a possível aplicação das escusas absolutórias à situação narrada.

Embora o crime contra o patrimônio (furto) narrado tenha sido praticado contra ascendente e não ter sido empregada, no seu cometimento, violência ou grave ameaça à pessoa, não é o caso de incidir a imunidade referente à escusa absolutória prevista no Art. 181, II, do CP, pois o ofendido (pai) conta com mais de 60 anos de idade, e isso impede a aplicação das escusas, nos termos do Art. 183, III, do CP.

(XVIII EXAME DE ORDEM UNIFICADO – FGV) Glória é contratada como secretária de Felipe, um grande executivo de uma sociedade empresarial. Felipe se apaixona por Glória, mas ela nunca lhe deu atenção fora daquela necessária para a profissão. Felipe, então, simula a existência de uma reunião de negócios e pede para que a secretária fique no local para auxiliá-lo. À noite, Glória comparece à sala do executivo acreditando que ocorreria a reunião, quando é surpreendida por este, que coloca uma faca em seu pescoço e exige a prática de atos sexuais, sendo, em razão do medo, atendido. Após o ato, Felipe afirmou que Glória deveria comparecer normalmente ao trabalho no dia seguinte e ainda lhe entregou duas notas de R$ 100,00.

Diante da situação narrada, é correto afirmar que Felipe deverá responder pela prática do crime de

(A) violação sexual mediante fraude.
(B) assédio sexual.
(C) favorecimento da prostituição ou outra forma de exploração sexual.
(D) estupro.

COMENTÁRIO

O gabarito da questão é a letra D.

Esta questão narra a conduta de Felipe que mediante grave ameaça, exercida com uma faca, constrange Gloria a manter com ele relação sexual não desejada, se enquadrando, portanto, no tipo penal do Estupro, previsto no Art. 213 do CP. O fato de haver relação de emprego entre o sujeito ativo e a vítima, e do autor ter entregue dinheiro a vítima depois do ato, foram colocados no enunciado apenas para confundir e tentar dificultar a questão, pois não interferem em nada na tipificação do crime como sendo Estupro.

(XVIII EXAME DE ORDEM UNIFICADO – FGV) No ano de 2014, Bruno, Bernardo e Bianca se uniram com a intenção de praticar, reiteradamente, a contravenção penal de jogo do bicho. Para tanto, reuniam-se toda quarta-feira e decidiam em quais locais o jogo do bicho seria explorado. Chegaram, efetivamente, em uma oportunidade, a explorar o jogo do bicho em determinado estabelecimento.

Considerando apenas as informações narradas, Bruno, Bernardo e Bianca responderão

(A) pela contravenção penal do jogo do bicho, apenas.
(B) pela contravenção penal do jogo do bicho e pelo crime de associação criminosa.
(C) pela contravenção penal do jogo do bicho e pelo crime de organização criminosa.
(D) pelo crime de associação criminosa, apenas.

COMENTÁRIO

O gabarito da questão é a letra A, os agentes responderão apenas pela contravenção do jogo do bicho.

A conduta narrada na questão foi de prática da contravenção penal do jogo do bicho (Art. 56 do Dec.-Lei 3.688/1941) realizado em concurso de pessoas por três agentes.

Não há que se falar em crime de Associação criminosa já que o Art. 288 do CP ao prever este tipo penal se refere a reunião com o "fim de praticar crimes", não mencionando a hipótese da reunião poder abranger a prática de contravenções. Logo, com base no *princípio da legalidade* e da proibição de analogia *in malam partem* (para incriminar) não é possível se enquadrar a conduta de reunião com o fim de realizar contravenções no tipo penal de associação criminosa (Art. 288 CP).

(XVIII EXAME DE ORDEM UNIFICADO – FGV) Cacau, de 20 anos, moça pacata residente em uma pequena fazenda no interior do Mato Grosso, mantém um relacionamento amoroso secreto com Noel, filho de um dos empregados de seu pai. Em razão da relação, fica grávida, mas mantém a situação em segredo pelo temor que tinha de seu pai. Após o nascimento de um bebê do sexo masculino, Cacau, sem que ninguém soubesse, em estado puerperal, para ocultar sua desonra, leva a criança para local diverso do parto e a deixa embaixo de uma árvore no meio da fazenda vizinha, sem prestar assistência devida, para que alguém encontrasse e acreditasse que aquele recém-nascido fora deixado por desconhecido. Apesar de a fazenda vizinha ser habitada, ninguém encontra a criança nas 06 horas seguintes, vindo o bebê a falecer. A perícia confirmou que, apesar do estado puerperal, Cacau era imputável no momento dos fatos.

Considerando a situação narrada, é correto afirmar que Cacau deverá ser responsabilizada pelo crime de:

(A) abandono de incapaz qualificado.
(B) homicídio doloso.
(C) infanticídio.
(D) exposição ou abandono de recém-nascido qualificado.

COMENTÁRIO

O gabarito da questão é a letra D.

A conduta narrada no enunciado é a de exposição ou abandono de recém-nascido, prevista no Art. 134 CP, já que a mãe, visando ocultar a desonra própria abandonou a criança recém-nascida em local ermo, e além disso, trata-se da forma qualificada em face da morte (culposa) da criança decorrente deste abandono, prevista no Art. 134, § 2º, CP.

O fato da mãe estar em estado puerperal será irrelevante para esta questão, já que em face da ausência de dolo de matar, e do não preenchimento dos elementos objetivos do tipo "durante ou logo após o parto", não há que se falar no crime de infanticídio (Art. 123 CP).

Também não se pode falar em crime de homicídio pela mesma ausência do dolo de matar na conduta praticada, e muito menos no crime de abandono de incapaz (Art. 133 CP) pois a conduta não se enquadra no referido tipo penal.

(XVIII EXAME DE ORDEM UNIFICADO – FGV) Maria mantém relacionamento clandestino com João. Acreditando estar grávida, procura o seu amigo Pedro, que é auxiliar de enfermagem, e implora para que ele faça o aborto. Pedro, que já auxiliou diversas cirurgias legais de aborto, acreditando ter condições técnicas de realizar o ato sozinho, atende ao pedido de sua amiga, preocupado com a situação pessoal de Maria, que não poderia assumir a gravidez por ela anunciada. Durante a cirurgia, em razão da imperícia de Pedro, Maria vem a falecer, ficando apurado que, na verdade, ela não estava grávida.

Em razão do fato narrado, Pedro deverá responder pelo crime de:

(A) aborto tentado com consentimento da gestante qualificado pelo resultado morte.
(B) aborto tentado com consentimento da gestante.
(C) homicídio culposo.
(D) homicídio doloso.

COMENTÁRIO

O gabarito da questão é a letra C. O agente responderá apenas pelo crime de homicídio culposo, já que a conduta de aborto ficou atípica em face do crime impossível.

Nesta questão o examinador buscou abordar o crime de aborto (Art. 124 e 126 CP) sob a ótica do crime impossível (Art. 17 CP), já que embora tenham sido realizados procedimentos abortivos na mulher, esta não estava grávida. Desta forma, trata-se de crime impossível de aborto, por impropriedade absoluta do objeto (ausência de gravidez), fazendo com que a conduta de aborto fique atípica, não sendo possível se falar em tentativa deste crime.

Porém, de acordo com o enunciado, ocorreu a morte da mulher em decorrência da imperícia do agente que buscava realizar o procedimento abortivo, tratando-se, portanto, de uma morte decorrente de culpa (falta de cuidado devido).

(XVIII EXAME DE ORDEM UNIFICADO – FGV) Mário subtraiu uma TV do seu local de trabalho. Ao chegar em casa com a coisa subtraída, é convencido pela esposa a devolvê-la, o que efetivamente vem a fazer no dia seguinte, quando o fato já havia sido registrado na delegacia. O comportamento de Mário, de acordo com a teoria do delito, configura

(A) desistência voluntária, não podendo responder por furto.
(B) arrependimento eficaz, não podendo responder por furto.
(C) arrependimento posterior, com reflexo exclusivamente no processo dosimétrico da pena.
(D) furto, sendo totalmente irrelevante a devolução do bem a partir de convencimento da esposa.

COMENTÁRIO

O gabarito da questão é a letra C.

Esta questão visava avaliar conhecimentos a respeito de institutos relacionados com o *Iter criminis* como a desistência voluntaria (Art. 15 CP), o arrependimento eficaz (Art. 15 CP) e o arrependimento posterior (Art. 16 CP), suas diferenças e consequências.

De acordo com o caso narrado, Mario, após consumar o crime de furto, resolve voluntariamente (embora aconselhado pela esposa), ou seja, por sua própria vontade, devolver o bem, restituindo, assim, o prejuízo a vítima. Tendo feito a devolução do bem antes do recebimento da denúncia, e sendo o crime de furto sem violência ou grave ameaça a pessoa, sua conduta se encaixa perfeitamente no instituto do arrependimento posterior, previsto no Art. 16 do CP. A consequência do arrependimento posterior será a redução da pena de 1/3 a 2/3 e, portanto, seus reflexos se dão exclusivamente na dosimetria da pena.

12. LEIS EXTRAVAGANTES

(EXAME DE ORDEM UNIFICADO 2010.2 – FGV) João da Silva, José da Silva e Maria da Silva são os acionistas controladores do Banco Silva's e Família, cada um com 30% das ações com direito a voto e exercendo respectivamente os cargos de Diretor-Presidente, Diretor Comercial e Diretora de Contabilidade. Em razão das dificuldades financeiras que afetaram o Banco Silva's e Família, os diretores decidem por em curso as seguintes práticas: (1) adquirir no mercado títulos do tesouro nacional já caducos (portanto sem valor algum) e, utilizando-os como simulacro de lastro, emitir títulos do banco para captar recursos financeiros junto aos investidores; (2) forjar negócios com pessoas jurídicas inexistentes a fim de simular ganhos; e, por fim, (3) fraudar o balanço da instituição simulando lucros no exercício ao invés dos prejuízos efetivamente sofridos. Os primeiros doze meses demonstraram resultados excelentes, com grande aumento do capital, mas os vinte e quatro meses seguintes são marcados por uma perda avassaladora de recursos, levando o banco à beira da insolvência, com um passivo cerca de 50 vezes maior que o ativo. Nesse momento, o Banco Silva's e Família sofre uma intervenção do Banco Central e todos os fatos narrados acima vêm à tona. Assinale a alternativa que indique o(s) crime(s) praticado(s) pelos acionistas controladores.

(A) Crimes de falsidade ideológica, falsidade documental e estelionato qualificado.
(B) Crime de gestão temerária de instituição financeira.
(C) Crime de gestão fraudulenta de instituição financeira.
(D) Crime de gestão temerária em concurso com crime de gestão fraudulenta de instituição financeira.

COMENTÁRIO

A letra A está correta.

Trata-se de questão que visa a identificação da conduta típica realizada, de acordo com a situação concreta narrada.

A conduta narrada na questão está prevista na Lei 7.492/1986, que se refere aos crimes contra a ordem econômica, mais especificamente aos crimes de gestão fraudulenta de instituição financeira (art. 4.º, *caput*, da Lei 7.492/1986) e ao crime de gestão temerária (art. 4.º, parágrafo único, da Lei 7.492/1986).

O crime de gestão fraudulenta ocorre quando o agente atua na gestão da instituição financeira realizando fraudes que possam causar prejuízos ao Estado e seu sistema econômico e financeiro, bem como a terceiros.

Já o crime de gestão temerária se assemelha ao anterior, porém se destina a condutas negligentes na administração e gestão da instituição financeira que possam colocar em risco as operações e, assim, afetar o sistema financeiro.

Dessa forma, de acordo com a conduta narrada no enunciado, o agente (João da Silva) atuou realizando ambas as condutas criminosas por meio de ações independentes, gerando, assim, um concurso material (art. 69 do CP) entre os crimes de gestão fraudulenta e de gestão temerária.

(EXAME DE ORDEM UNIFICADO 2010.2 – FGV) A tortura, conduta expressamente proibida pela Constituição Federal e lei específica,

(A) pode ser praticada por meio de uma conduta comissiva (positiva, por via de uma ação) ou omissiva (negativa, por via de uma abstenção).
(B) é crime inafiançável, imprescritível e insuscetível de graça ou anistia.
(C) exige, na sua configuração, que o autor provoque lesões corporais na vítima ao lhe proporcionar sofrimento físico com o emprego de violência.
(D) se reconhecida, não implicará aumento de pena, caso seja cometida por agente público.

COMENTÁRIO

A letra A está correta.

Esta questão se refere especificamente ao crime de tortura, previsto na Lei 9.455/1998, e às suas características fundamentais.

A tortura é crime inafiançável e não admite a anistia e a graça (art. 1.º, § 6.º), causas de extinção da punibilidade, tratando-se de crime equiparado a hediondo (Lei 8.072/1990), porém não se trata de crime imprescritível, pois, de acordo com o art. 5.º, XLII e XLIV, da CF, somente o racismo e a ação de grupos armados contra a ordem democrática e o Estado de Direito serão imprescritíveis. Logo, a alternativa "B" está incorreta.

O crime de tortura, quando praticado por agente público, terá sua pena aumentada de 1/6 até 1/3 quando praticada por agente público (art. 1.º, § 4.º, I), razão pela qual a alternativa "D" está incorreta.

Esse crime não exige a produção de qualquer lesão física concreta na vítima, sendo que, caso isso ocorra com lesões graves, haverá a forma qualificada do crime (art. 1.º, § 3.º), razão pela qual a alternativa "C" está incorreta.

Portanto, a resposta correta da questão se encontra na alternativa "A" (art. 1.º, § 2.º – Lei 9.455/1998).

(EXAME DE ORDEM UNIFICADO 2010.3 – FGV) Guiando o seu automóvel na contramão de direção, em outubro de 2010, Tício é perseguido por uma viatura da polícia militar. Após ser parado pelos agentes da lei, Tício realiza, espontaneamente, o exame do etilômetro e fornece aos militares sua habilitação e o documento do automóvel. No exame do etilômetro, fica constatado que Tício apresentava concentração de álcool muito superior ao patamar previsto na legislação de trânsito. Além disso, os policiais constatam que o motorista estava com a habilitação vencida desde maio de 2009.

Com relação ao relatado acima, é correto afirmar que o promotor de justiça deverá denunciar Tício

(A) pela prática dos crimes de embriaguez ao volante e direção sem habilitação
(B) apenas pelo crime de embriaguez ao volante, uma vez que o fato de a habilitação estar vencida constitui mera infração administrativa.
(C) apenas pelo crime de direção sem habilitação, uma vez que o perigo gerado por tal conduta faz com que o delito de embriaguez ao volante seja absorvido, em razão da aplicação do Princípio da Consunção.
(D) apenas pelo crime de direção sem habilitação, pois o delito de embriaguez ao volante só se configura quando ocorre acidente de trânsito com vítima.

COMENTÁRIO

A letra B está correta.

De acordo com o enunciado apresentado, o sujeito (Tício) realizou duas condutas previstas no Código de Trânsito Brasileiro (Lei 9.503/1997), quais sejam, a condução de veículo automotor sob efeito de álcool ou outra substância entorpecente e, ainda, a condução de veículo com a habilitação vencida.

A primeira conduta praticada, conduzir o veículo sob efeito de álcool ou drogas, encontra-se prevista no art. 306 do CTB, e configura crime. Já a segunda conduta narrada, conduzir o veículo com a habilitação vencida, não tem previsão legal como crime, tratando-se apenas de infração administrativa prevista no art. 162, V, do CTB.

(V EXAME DE ORDEM UNIFICADO – FGV) Joaquim, conduzindo seu veículo automotor (que se encontrava sem as placas de identificação) em velocidade superior à máxima permitida para a via – 50km/h –, pratica o crime de lesões corporais culposas em virtude da sua não observância ao dever objetivo de cuidado no trânsito. Com base na situação acima e à luz do Código de Trânsito Brasileiro, assinale a alternativa correta.

(A) Por se tratar a lesão corporal culposa praticada na direção de veículo automotor de uma infração de menor potencial ofensivo, Joaquim responderá pelo seu crime no Juizado Especial Criminal.
(B) Sem prejuízo da pena de detenção correspondente, Joaquim estará sujeito à suspensão ou proibição de se obter a permissão ou a habilitação para dirigir veículo automotor.
(C) Pelo fato de Joaquim praticar o fato na condução de veículo automotor sem placas de identificação, o Juiz poderá, caso entenda necessário, agravar a penalidade do crime.
(D) A pena a que Joaquim estará sujeito não se alterará se a lesão corporal culposa for praticada em faixa de pedestres ou mesmo na calçada.

COMENTÁRIO

A letra B está correta.

Trata-se de questão especificamente voltada à previsão legal para os crimes de trânsito e suas consequências, mais especificamente quanto ao crime de lesão corporal culposa no trânsito previsto no art. 303 do CTB (Lei 9.503/1997).

O referido art. 303 do CTB prevê que, além da pena de detenção de seis meses a dois anos, o condenado terá a suspensão ou proibição da permissão ou habilitação para dirigir veículo automotor.

No caso narrado não será possível aplicar as regras da Lei 9.099/1995, devido a expressa limitação legal prevista no art. 291, § 1.º, III, do CTB, que afasta a aplicação das normas referentes aos juizados especiais quando o crime for cometido por veículo transitando em velocidade superior à máxima permitida para a via em 50 km/h.

15. Direito Processual Penal

Nestor Távora e Diogo Lemos Aguiar

1. INTRODUÇÃO AO PROCESSO PENAL

(XI EXAME DE ORDEM UNIFICADO – FGV) A Lei 9.099/1995 modificou a espécie de ação penal para os crimes de lesão corporal leve e culposa. De acordo com o art. 88 da referida lei, tais delitos passaram a ser de ação penal pública condicionada à representação. Tratando-se de questão relativa à Lei Processual Penal no Tempo, assinale a alternativa que corretamente expõe a regra a ser aplicada para processos em curso que não haviam transitado em julgado quando da alteração legislativa.

(A) Aplica-se a regra do Direito Penal de retroagir a lei, por ser norma mais benigna.

(B) Aplica-se a regra do Direito Processual de imediatidade, em que a lei é aplicada no momento em que entra em vigor, sem que se questione se mais gravosa ou não.

(C) Aplica-se a regra do Direito Penal de irretroatividade da lei, por ser norma mais gravosa.

(D) Aplica-se a regra do Direito Processual de imediatidade, em que a lei é aplicada no momento em que entra em vigor, devendo-se questionar se a *novatio legis* é mais gravosa ou não.

COMENTÁRIO

A alternativa correta é a letra A.

A lei processual penal se submete ao chamado princípio da aplicação imediata (ou princípio do efeito imediato), sendo assim é aplicada desde logo, sem prejuízo da validade dos atos realizados sob a vigência da lei anterior (art. 2.º do CPP). Com isto, vigora no processo penal a regra do *tempus regitactum*, de onde se extrai duas consequências: a lei processual penal aplica-se imediatamente; e os atos processuais já realizados são considerados válidos. Assim, se, por exemplo, a lei processual estabelece novas regras para citação do acusado, as citações já realizadas permaneceram válidas, sendo a nova regra aplicada às citações ulteriormente realizadas. Entretanto, em caso de lei processual híbrida – aquela que apresenta aspectos de direito material e direito processual -, deve o magistrado cindir o conteúdo das regras, aplicando, imediatamente, o conteúdo processual e fazendo retroagir o conteúdo de direito penal, quando mais benéfico ao réu. Nos crimes de lesão corporal leve e culposa, anteriormente processado mediante ação penal pública incondicionada, passou-se a exigir a representação da vítima para a propositura da ação penal, com o advento da Lei 9.099/1995 (art. 88). Considerando que as regras sobre a ação penal e representação possuem conteúdo híbrido, porque, embora essencialmente processuais, o teor penal está presente, já que a falta de representação pode acarretar a decadência e repercutir no *jus puniendi* estatal. Como nesse ponto a lei é mais benéfica ao acusado, porquanto pode ocasionar a extinção da punibilidade pela decadência, a lei deve retroagir para alcançar os processos que ainda estão em curso.

(XI EXAME DE ORDEM UNIFICADO – FGV) Em um processo em que se apura a prática dos delitos de supressão de tributo e evasão de divisas, o Juiz Federal da 4.ª Vara Federal Criminal de Arroizinho determina a expedição de carta rogatória para os Estados Unidos da América, a fim de que seja interrogado o réu Mário. Em cumprimento à carta, o tribunal americano realiza o interrogatório do réu e devolve o procedimento à Justiça Brasileira, a 4.ª Vara Federal Criminal. O advogado de defesa de Mário, ao se deparar com o teor do ato praticado, requer que o mesmo seja declarado nulo, tendo em vista que não foram obedecidas as garantias processuais brasileiras para o réu. Exclusivamente sobre o ponto de vista da Lei Processual no Espaço, a alegação do advogado está correta?

(A) Sim, pois no processo penal vigora o princípio da extraterritorialidade, já que as normas processuais brasileiras podem ser aplicadas fora do território nacional.

(B) Não, pois no processo penal vigora o princípio da territorialidade, já que as normas processuais brasileiras só se aplicam no território nacional.

(C) Sim, pois no processo penal vigora o princípio da territorialidade, já que as normas processuais brasileiras podem ser aplicadas em qualquer território.

(D) Não, pois no processo penal vigora o princípio da extraterritorialidade, já que as normas processuais brasileiras podem ser aplicas fora no território nacional.

COMENTÁRIO

A alternativa correta é a letra B.

Através do princípio da territorialidade (*locusregitactum),* teremos a aplicação da lei processual penal brasileira aos crimes praticados em território nacional. Assim, não se admite a aplicação, no Brasil, de direito processual estrangeiro, aplicando-se exclusivamente a lei processual penal nacional.

2. INQUÉRITO POLICIAL

(V EXAME DE ORDEM UNIFICADO – FGV) Tendo em vista o enunciado da súmula vinculante n. 14 do Supremo Tribunal Federal, quanto ao sigilo do inquérito policial, é correto afirmar que a autoridade policial poderá negar ao advogado:

(A) A vista dos autos, sempre que entender pertinente.

(B) A vista dos autos, somente quando o suspeito tiver sido indiciado formalmente.

(C) Do indiciado que esteja atuando com procuração o acesso aos depoimentos prestados pelas vítimas, se entender pertinente.

(D) O acesso aos elementos de prova que ainda não tenham sido documentados no procedimento investigatório.

COMENTÁRIO

A letra D está correta.

Entre as características do inquérito policial, temos o sigilo, advindo da regra inserida no art. 20 do CPP, a qual institui que "a autoridade assegurará no inquérito o sigilo necessário à elucidação do fato ou exigido pelo interesse da sociedade". O sigilo, entretanto, não é absoluto: não se aplica ao juiz do caso, ao membro do Ministério, nem aos advogados (mesmo sem procuração). No caso dos advogados, o Supremo Tribunal Federal editou, em fevereiro de 2009, a Súmula Vinculante 14, garantindo aos causídicos acesso às peças do procedimento de investigação criminal, aprovada com o seguinte teor: "É direito do defensor, no interesse do representado, ter acesso amplo aos elementos de prova que, *já documentados* em procedimento investigatório realizado por órgão com competência de polícia judiciária, digam respeito ao exercício do direito de defesa*"*. Neste sentido, temos que o Supremo Tribunal Federal somente garante ao advogado acesso aos elementos de informação que já tenham sido *formalmente incorporados* aos autos do inquérito policial, não abrangendo diligências sigilosas em curso, sob pena, evidentemente, de frustrá-las.

(VIII EXAME DE ORDEM UNIFICADO – FGV) Um Delegado de Polícia determina a instauração de inquérito policial para apurar a prática do crime de receptação, supostamente praticado por José. Com relação ao Inquérito Policial, assinale a afirmativa que não constitui sua característica.

(A) Escrito.

(B) Inquisitório.

(C) Indispensável.

(D) Formal.

COMENTÁRIO

A alternativa C está correta. O inquérito, como peça meramente informativa, não é imprescindível para a propositura da ação penal.

A alternativa A está incorreta. A forma escrita prevalece na elaboração do inquérito policial. Os atos produzidos oralmente serão reduzidos a termo e as peças devidamente rubricadas pela autoridade policial (art. 9.º do CPP).

A alternativa B está incorreta. Trata-se o inquérito policial de procedimento inquisitivo, visto que não se desenvolve sob o crivo do contraditório ou da ampla defesa. Como não há acusação formal, não há exercício do direito de defesa: o investigado não produz provas e a presença de advogado, nessa fase pré-processual, é facultativa.

A alternativa D está incorreta. O inquérito é uma peça formal, pois deve seguir todos os ritos e prazos previamente estipulados para a sua conclusão.

(X EXAME DE ORDEM UNIFICADO – FGV) Na cidade "A", o Delegado de Polícia instaurou inquérito policial para averiguar a possível ocorrência do delito de estelionato praticado por Márcio, tudo conforme minuciosamente narrado na requisição do Ministério Público Estadual. Ao final da apuração, o Delegado de Polícia enviou o inquérito devidamente relatado ao Promotor de Justiça. No entendimento do *parquet*, a conduta praticada por Márcio, embora típica, estaria prescrita. Nessa situação, o Promotor deverá:

(A) arquivar os autos.
(B) oferecer denúncia.
(C) determinar a baixa dos autos.
(D) requerer o arquivamento.

COMENTÁRIO

A letra D está correta.

Ao fim das investigações policiais, a autoridade policial fará minucioso relatório e os autos do inquérito são remetidos ao juiz competente. Em caso de crime de ação penal pública, o magistrado deve abrir vistas ao Ministério Público e três providências poderão ser adotadas pelo órgão ministerial: (I) se o inquérito policial foi satisfatório, apresentando os necessários indícios de autoria e materialidade delitiva, o Ministério Público deve oferecer a denúncia; (II) se no inquérito não foram apurados os elementos indispensáveis para a propositura da ação penal, o Ministério Público pode requisitar novas diligências imprescindíveis (art. 16 do CPP); e (III) em último caso, o órgão ministerial pode *requerer o arquivamento* dos autos do inquérito policial em caso de atipicidade formal ou material da conduta, quando houver manifesta causa excludente da ilicitude, da culpabilidade (salvo a inimputabilidade), *causas extintivas da punibilidade* (art. 107, IV, do CP) ou faltar elementos de informação quanto à autoria ou materialidade da infração.

(XII EXAME DE ORDEM UNIFICADO – FGV) Quanto ao inquérito policial, assinale a afirmativa INCORRETA.

(A) O inquérito policial poderá ser instaurado de ofício pela Autoridade Policial nos crimes persequíveis por ação penal pública incondicionada.
(B) O inquérito, nos crimes em que a ação pública depender de representação, não poderá ser iniciado sem ela.
(C) Nos crimes de ação penal privada, não caberá instauração de inquérito policial, mas sim a lavratura de termo circunstanciado.
(D) O inquérito policial, mesmo nos crimes hediondos, poderá ser dispensável para o oferecimento de denúncia.

COMENTÁRIO

A alternativa C está incorreta. Nas *infrações de menor potencial ofensivo*, o legislador pátrio dispensou a instauração de inquérito policial, instituindo, em substituição, o termo circunstanciado de ocorrência (art. 69 da Lei 9.099/1995).

A alternativa A está correta. Tratando-se de crime de ação penal pública incondicionada, prevê o Código de Processo Penal, como primeira forma para instauração do inquérito, o ato de ofício da autoridade policial, por meio de portaria (art. 5.º, I, do CPP).

A alternativa B está correta. Nos crimes de ação penal pública condicionada, o inquérito não pode ser iniciado sem essa formalidade. A representação é a manifestação de vontade da vítima ou de quem legalmente a represente no sentido de autorizar o Estado a tomar as providências necessárias para apuração da infração penal (art. 5.º, § 4.º, do CPP).

A alternativa D está correta. Se for possível auferir elementos de informação por outros meios, não se exige a instauração de inquérito policial, já que a inicial acusatória pode ter arrimo em outras peças investigatórias, a exemplo do inquérito civil e do inquérito parlamentar.

(XVI EXAME DE ORDEM UNIFICADO – FGV) O inquérito policial pode ser definido como um procedimento investigatório prévio, cuja principal finalidade é a obtenção de indícios para que o titular da ação penal possa propô-la contra o suposto autor da infração penal. Sobre o tema, assinale a afirmativa correta.

(A) A exigência de indícios de autoria e materialidade para oferecimento de denúncia torna o inquérito policial um procedimento indispensável.
(B) O despacho que indeferir o requerimento de abertura de inquérito policial é irrecorrível.
(C) O inquérito policial é inquisitivo, logo o defensor não poderá ter acesso aos elementos informativos que nele constem, ainda que já documentados.
(D) A autoridade policial, ainda que convencida da inexistência do crime, não poderá mandar arquivar os autos do inquérito já instaurado.

COMENTÁRIO

A alternativa D está: correta. Nos termos do art. 17, do CPP.

A alternativa A está: incorreta. Para a deflagração do processo não é necessária a prévia existência de inquérito policial, podendo os indícios de autoria e materialidade delitiva serem colhidos de outras fontes autônomas. Desta forma, uma das características do inquérito policial é a sua dispensabilidade.

A alternativa B está incorreta. Do despacho que indefere o requerimento de abertura de inquérito policial caberá recurso para o chefe de Polícia, nos termos do art. 5º, parágrafo 2º, do CPP.

A alternativa C está incorreta. É assegurado ao defensor, no interesse do representando ter amplo acesso aos elementos de prova já documentados em procedimento investigatório, nos termos da Súmula Vinculante 14, do STF, e art. 7º, inciso XIV, da Lei 8.906/1994 (EAOAB).

(XVII EXAME DE ORDEM UNIFICADO – FGV) No dia 01/04/2014, Natália recebeu cinco facadas em seu abdômen, golpes estes que foram a causa eficiente de sua morte. Para investigar a autoria do delito, foi instaurado inquérito policial e foram realizadas diversas diligências, dentre as quais se destacam a oitiva dos familiares e amigos da vítima e exame pericial no local. Mesmo após todas essas medidas, não foi possível obter indícios suficientes de autoria, razão pela qual o inquérito policial foi arquivado pela autoridade judiciária por falta de justa causa, em 06/10/2014, após manifestação nesse sentido da autoridade policial e do Ministério Público. Ocorre que, em 05/01/2015, a mãe de Natália encontrou, entre os bens da filha que ainda guardava, uma carta escrita por Bruno, ex-namorado de Natália, em 30/03/2014, em que ele afirmava que ela teria 24 horas para retomar o relacionamento amoroso ou deveria arcar com as consequências. A referida carta foi encaminhada para a autoridade policial. Nesse caso,

(A) nada poderá ser feito, pois o arquivamento do inquérito policial fez coisa julgada material.
(B) a carta escrita por Bruno pode ser considerada prova nova e justificar o desarquivamento do inquérito pela autoridade competente.
(C) nada poderá ser feito, pois a carta escrita antes do arquivamento não pode ser considerada prova nova.
(D) pela falta de justa causa, o arquivamento poderia ter sido determinado diretamente pela autoridade policial, independentemente de manifestação do Ministério Público ou do juiz.

COMENTÁRIO

A alternativa correta é a letra B.

Considerando o arquivamento do inquérito policial, não existem óbices que impeçam o delegado de proceder novas pesquisas ao receber notícia de novas provas. Assim, poderá o inquérito policial ser desarquivado com base em novas provas, com objetivo angariar indícios de autoria e/ou materialidade, nos termos do art. 18, do CPP, e Súmula 524, do STF.

3. AÇÃO PENAL

(X EXAME DE ORDEM UNIFICADO – FGV) Um professor na aula de Processo Penal esclarece a um aluno que o Ministério Público, após ingressar com a ação penal, não poderá desistir dela, conforme expressa previsão do Art. 42 do CPP. O professor estava explicando ao aluno o princípio da:

(A) indivisibilidade.
(B) obrigatoriedade.
(C) indisponibilidade.
(D) intranscendência.

COMENTÁRIO

A alternativa C está correta. Princípio da indisponibilidade: uma vez inaugurada a ação penal, o representante do Ministério Público não pode dela desistir.

A alternativa A está incorreta. Princípio da indivisibilidade: a ação penal deve ser ajuizada contra todos os envolvidos que contribuíram para a prática da infração penal.

A alternativa B está incorreta. Princípio da obrigatoriedade: sempre que preenchidos os requisitos legais mínimos, o Ministério Público está compelido a dar início à ação penal.

A alternativa D está incorreta. Princípio da intranscendência: a ação penal só pode ser ajuizada contra aquele a quem se atribui o fato delituoso.

(XII EXAME DE ORDEM UNIFICADO – FGV) João e José, músicos da famosa banda NXY, se desentenderam por causa de uma namorada. João se descontrolou e partiu para cima de José, agredindo-o com socos e pontapés, vindo a ser separado de sua vítima por policiais militares que passavam no local, e lhe deram voz de prisão em flagrante. O exame de corpo de delito revelou que dois dedos da mão esquerda do guitarrista José foram quebrados e o braço direito, luxado, ficando impossibilitado de tocar seu instrumento por 40 dias. Na hipótese, trata-se de crime de ação penal:

(A) privada propriamente dita.
(B) pública condicionada à representação.
(C) privada subsidiária da pública.
(D) pública incondicionada.

COMENTÁRIO

A letra D está correta. Trata-se de crime de lesão corporal de natureza grave apenado em um a cinco anos de reclusão, em consequência da incapacidade para as ocupações habituais por mais de 30 dias (art. 129, § 1.º, I, do CP). Os crimes de lesão corporal grave ou gravíssima são apurados mediante ação penal pública incondicionada. Apenas os crimes de lesão corporal leve e culposa, que antes eram de ação penal pública incondicionada, passaram a depender de representação, com o advento da Lei 9.099/1995 (art. 88).

(XIV EXAME DE ORDEM UNIFICADO – FGV)Fábio, vítima de calúnia realizada por Renato e Abel, decide mover ação penal privada em face de ambos. Após o ajuizamento da ação, os autos são encaminhados ao Ministério Público, pois Fábio pretende desistir da ação penal privada movida apenas em face de Renato para prosseguir em face de Abel. Diante dos fatos narrados, assinale a opção correta.

(A) A ação penal privada é divisível; logo, Fábio poderá desistir da ação penal apenas em face de Renato.
(B) A ação penal privada é indivisível; logo, Fábio não poderá desistir da ação penal apenas em face de Renato.
(C) A ação penal privada é obrigatória, por conta do princípio da obrigatoriedade da ação penal.
(D) A ação penal privada é indisponível; logo, Fábio não poderá desistir da ação penal apenas em face de Renato.

COMENTÁRIO

A alternativa B está correta. Conforme art. 48, do CPP.

A alternativa A está incorreta. A ação penal privada é indivisível, caso a vítima deseje ingressar com a ação deverá fazê-lo contra todos os autores conhecidos, nos termos do art. 48, do CPP.

A alternativa C está incorreta. A ação penal privada é regida pelo princípio da oportunidade, ou da conveniência, assim, esta somente será exercida caso a vítima entende apropriado.

A alternativa D está incorreta. Aplica-se à ação penal privada o princípio da disponibilidade, tornando possível que a vítima desista da ação penal em andamento.

(XVI EXAME DE ORDEM UNIFICADO – FGV) Melinda Cunha foi denunciada pela prática do crime de bigamia. Ocorre que existe ação em curso no juízo cível onde se discute a validade do primeiro casamento celebrado pela denunciada. Entendendo o magistrado penal que a existência da infração penal depende da solução da controvérsia no juízo cível e que esta é séria e fundada, estaremos diante de

(A) prejudicial obrigatória, o que levará à suspensão do processo criminal e do prazo prescricional.
(B) prejudicial facultativa, podendo o magistrado suspender o processo por, no máximo, 06 meses.
(C) prejudicial obrigatória, o que levará à suspensão do processo criminal, mas não do curso do prazo prescricional.
(D) prejudicial facultativa, podendo o magistrado suspender o processo por, no máximo, 01 ano.

COMENTÁRIO

A letra A está correta. As questões prejudiciais são matéria intimamente ligada ao mérito da causa, e que devem ser resolvidas antecipadamente para que o magistrado possa apreciar o fato principal imputado ao réu. Será classificada como prejudicial obrigatória aquela que, sendo séria e fundada, impõe a suspensão do processo, para sua solução na esfera extrapenal (art. 92, do CPP). De outro lado, será tida como prejudicial facultativa aquela que, ao juízo do magistrado, poderá ou não ser remetida à outra esfera jurisdicional (art. 93, do CPP). Considerando a necessidade de solução da prejudicial, para que seja analisado o fato principal, restará o prazo prescricional suspenso, nos termos do art. 116, inciso I, do CP.

(XVII EXAME DE ORDEM UNIFICADO – FGV)Carlos foi indiciado pela prática de um crime de lesão corporal grave, que teria como vítima Jorge. Após o prazo de 30 dias, a autoridade policial elaborou relatório conclusivo e encaminhou o procedimento para o Ministério Público. O promotor com atribuição concluiu que não existiam indícios de autoria e materialidade, razão pela qual requereu o arquivamento. Inconformado com a manifestação, Jorge contratou advogado e propôs ação penal privada subsidiária da pública. Nesse caso, é correto afirmar que

(A) caso a queixa seja recebida, o Ministério Público não poderá aditá-la ou interpor recurso no curso do processo.
(B) caso a queixa seja recebida, havendo negligência do querelante, deverá ser reconhecida a perempção.
(C) a queixa proposta deve ser rejeitada pelo magistrado, pois não houve inércia do Ministério Público.
(D) a queixa proposta deve ser rejeitada pelo magistrado, tendo em vista que o instituto da ação penal privada subsidiária da pública não foi recepcionado pela Constituição Federal.

COMENTÁRIO

A letra C está correta. Conforme exposto no art. 29, do CPP, e art. 100, do CP, somente terá a vítima legitimidade para o exercício da ação penal privada subsidiária da pública nos casos de inércia do Ministério Público. Consta do problema que o requerimento do promotor pelo arquivamento ocorreu após a verificação da inexistência de indícios de autoria e materialidade, não se podendo falar em inércia por parte do *parquet*.

4. AÇÃO CIVIL *EX DELICTO*

(EXAME DE ORDEM UNIFICADO 2010.2 – FGV) Relativamente às regras sobre ação civil fixadas no Código de Processo Penal, assinale a alternativa correta.

(A) São fatos que impedem a propositura da ação civil: o despacho de arquivamento do inquérito ou das peças de informação, a decisão que julgar extinta a punibilidade e a sentença absolutória que decidir que o fato imputado não constitui crime.
(B) Sobrevindo a sentença absolutória no juízo criminal, a ação civil não poderá ser proposta em nenhuma hipótese.
(C) Transitada em julgado a sentença penal condenatória, a execução só poderá ser efetuada pelo valor fixado na mesma, não se admitindo, neste caso, a liquidação para a apuração do dano efetivamente sofrido.
(D) Transitada em julgado a sentença penal condenatória, poderão promover-lhe a execução, no juízo cível, para o efeito da reparação do dano, o ofendido, seu representante legal ou seus herdeiros.

COMENTÁRIO

A alternativa D está correta. De acordo com o art. 63 do CPP, poderão promover a execução da sentença condenatória, no juízo cível, para o efeito da reparação do dano, o ofendido, seu representante legal ou seus herdeiros. Vale lembrar que, quando o titular do direito à reparação do dano for *pobre*, a execução da sentença condenatória ou a ação civil ficarão a encargo do Ministério Público.

A alternativa A está incorreta. Nos termos do art. 67 do CPP, são fatos que *não* impedem a propositura da ação civil: a) o despacho de arquivamento do inquérito ou das peças de informação; b) a decisão que julgar extinta a punibilidade; c) a sentença absolutória que decidir que o fato imputado não constitui crime.

A alternativa B está incorreta. O sistema abraçado pelo Brasil reconhece a independência entre as esferas civis e criminais, por isso, a sentença absolutória da esfera criminal, via de regra, não vincula o juízo civil. Essa modalidade de sentença só torna inviável a ação civil *ex delicto*, basicamente, em três situações: a) quando reconhecida, categoricamente, a inexistência material do fato; b) quando provado que o réu não concorreu para a infração penal; ou c) quando o ato tiver sido praticado em legítima defesa, estado de necessidade, estrito cumprimento de dever legal ou no exercício regular de direito (arts. 65 e 66 do CPP).

A alternativa C está incorreta. Uma vez condenado definitivamente, o acusado depara-se diante da obrigação de reparar o dano provocado pela infração penal. Na sentença penal condenatória, o juiz fixará valor mínimo para reparação dos danos causados pela infração, mas, sem prejuízo da liquidação da sentença para a apuração do dano efetivamente sofrido (art. 63, parágrafo único, do CPP).

5. JURISDIÇÃO E COMPETÊNCIA

(VI EXAME DE ORDEM UNIFICADO – FGV) A Constituição do Estado X estabeleceu foro por prerrogativa de função aos prefeitos de todos os seus Municípios, estabelecendo que “os prefeitos serão julgados pelo Tribunal de Justiça”. José, Prefeito do Município Y, pertencente ao Estado X, está sendo acusado da prática de corrupção ativa em face de um policial rodoviário federal. Com base na situação acima, o órgão competente para o julgamento de José é:

(A) A Justiça Estadual de 1.ª Instância.
(B) O Tribunal de Justiça.
(C) O Tribunal Regional Federal.
(D) A Justiça Federal de 1.ª Instância.

COMENTÁRIO

A letra C está correta. A solução desta questão envolve duas súmulas relevantes. A primeira súmula é do Supremo Tribunal Federal: "a competência do Tribunal de Justiça para julgar prefeitos restringe-se aos crimes de competência da justiça comum estadual; nos demais casos, a competência originária caberá ao respectivo tribunal de segundo grau" (Súmula 702). Assim, se os prefeitos municipais praticarem crimes da órbita da justiça estadual, estarão sujeitos ao julgamento no Tribunal de Justiça, mas, na hipótese de crime federal, o prefeito será julgado perante o Tribunal Regional Federal e, tratando-se de crime eleitoral, o processo ficará afeto ao Tribunal Eleitoral da respectiva região. A segunda súmula é do Superior Tribunal de Justiça: "compete à Justiça Federal processar e julgar os crimes praticados contra funcionário público federal, quando relacionados com o exercício da função" (Súmula 147). *In casu*, como o crime foi praticado por prefeito contra funcionário público federal, logo, a competência deve ser firmada no Tribunal Regional Federal.

(VIII EXAME DE ORDEM UNIFICADO – FGV) Paulo reside na cidade "Y" e lá resolveu falsificar seu passaporte. Após a falsificação, pegou sua moto e viajou até a cidade "Z", com o intuito de chegar ao Paraguai. Passou pela cidade "W" e pela cidade "K", onde foi parado pela Polícia Militar. Paulo se identificou ao policial usando o documento falsificado e este, percebendo a fraude, encaminhou Paulo à delegacia. O *Parquet* denunciou Paulo pela prática do crime de uso de documento falso. Assinale a afirmativa que indica o órgão competente para julgamento.

(A) Justiça Estadual da cidade "Y".
(B) Justiça Federal da cidade "K".
(C) Justiça Federal da cidade "Y".
(D) Justiça Estadual da cidade "K".

COMENTÁRIO

A letra B está correta. A competência para processar e julgar o crime de uso de passaporte falso é da Justiça Federal do lugar onde se consumou o delito, nos termos da Súmula 200 do STJ.

(XIII EXAME DE ORDEM UNIFICADO – FGV) Carolina, voltando do Paraguai com diversas mercadorias que configurariam o crime de contrabando, entra no país pela cidade de Foz do Iguaçu (PR). Em lá chegando, compra uma passagem de ônibus para a cidade de São Paulo e segue, posteriormente, para o Rio de Janeiro, sua cidade natal, quando é surpreendida por policiais federais que participavam de uma operação de rotina na rodoviária. Os policiais, então, apreendem as mercadorias e conduzem Carolina à Delegacia Policial. Na hipótese, assinale a alternativa que indica o órgão competente para proceder ao julgamento de Carolina.

(A) A Justiça Federal de Foz de Iguaçu.
(B) A Justiça Federal do Rio de Janeiro.
(C) A Justiça Federal de São Paulo.
(D) Qualquer das anteriores, independentemente da regra da prevenção.

COMENTÁRIO

A letra B está correta. Nos crimes de contrabando ou descaminho, a competência para o processo e julgamento será definida pela prevenção do Juízo Federal do local onde ocorreu a apreensão dos bens, nos termos da Súmula 151, do STJ.

(XVI EXAME DE ORDEM UNIFICADO – FGV) Juan da Silva foi autor de uma contravenção penal, em detrimento dos interesses da Caixa Econômica Federal, empresa pública. Praticou, ainda, outra contravenção em conexão, dessa vez em detrimento dos bens do Banco do Brasil, sociedade de economia mista. Dessa forma, para julgá-lo será competente

(A) a Justiça Estadual, pelas duas infrações.
(B) a Justiça Federal, no caso da contravenção praticada em detrimento da Caixa Econômica Federal, e Justiça Estadual, no caso da infração em detrimento do Banco do Brasil.
(C) a Justiça Federal, pelas duas infrações.
(D) a Justiça Federal, no caso de contravenção praticada em detrimento do Banco do Brasil, e Justiça Estadual pela infração em detrimento da Caixa Econômica Federal.

COMENTÁRIO

A letra A está correta. A competência será da Justiça Estadual, considerando que, nos termos do art. 109, IV, da Constituição Federal, não compete à Justiça Federal julgar contravenções penais.

(XVII EXAME DE ORDEM UNIFICADO – FGV) Durante 35 anos, Ricardo exerceu a função de juiz de direito junto ao Tribunal de Justiça de Minas Gerais. Contudo, no ano de 2012, decidiu se aposentar e passou a morar em Florianópolis, Santa Catarina. No dia 22/01/2015, travou uma discussão com seu vizinho e acabou por ser autor de um crime de lesão corporal seguida de morte, consumado na cidade em que reside. Oferecida a denúncia, de acordo com a jurisprudência majoritária dos Tribunais Superiores, será competente para julgar Ricardo

(A) o Tribunal de Justiça do Estado de Minas Gerais.
(B) uma das Varas Criminais de Florianópolis.
(C) o Tribunal de Justiça de Santa Catarina.
(D) o Tribunal do Júri de Florianópolis.

COMENTÁRIO

A letra B está correta. Através da apreciação das ADIN's n. 2.797- e 2.860-0, manifestou-se o STF pela inconstitucionalidade da alteração efetuada pela Lei n. 10.628/2002, nos parágrafos 1º e 2º, do art. 84, do CPP. Ademais, a referida Corte revogou sua antiga Súmula 398. Portanto, não há mais que se falar em manutenção do foro privilegiado uma vez encerrado o cargo ou mandato, nem em prerrogativa de função para as ações de improbidade administrativa. Na questão apresentada o juiz se encontrava aposentado a data do fato, de sorte que compete à uma das varas criminais do local a consumação o processamento e julgamento do feito.

(XVIII EXAME DE ORDEM UNIFICADO – FGV) Estando preso e cumprindo pena na cidade de Campos, interior do estado do Rio de Janeiro, Paulo efetua ligação telefônica para a casa de Maria, localizada na cidade de Niterói, no mesmo Estado, anunciando o falso sequestro do filho desta e exigindo o depósito da quantia de R$ 2.000,00 (dois mil reais), a ser efetuado em conta bancária na cidade do Rio de Janeiro. Maria, atemorizada, efetua a transferência do respectivo valor, no mesmo dia, de sua conta-corrente de uma agência bancária situada em São Gonçalo. Descoberto o fato e denunciado pelo crime de extorsão, assinale a opção que indica o juízo competente para o julgamento.

(A) Vara Criminal de Campos.
(B) Vara Criminal de Niterói.
(C) Vara Criminal de São Gonçalo.
(D) Vara Criminal do Rio de Janeiro.

COMENTÁRIO

A letra B está correta. Temos que o crime de extorsão, por ser crime formal, se consuma no momento da exigência da vantagem, conforme preconiza a Súmula 96, do STJ. Portanto, considerando a consumação do delito na comarca de Niterói, será a Vara Criminal desta comarca competente para o processamento e julgamento da ação, nos termos do art. 70, do CPP.

6. INCIDENTES PROCESSUAIS

(IV EXAME DE ORDEM UNIFICADO– FGV) Em relação às exceções previstas na legislação processual penal, assinale a alternativa correta.

(A) A arguição de suspeição sempre precederá a qualquer outra.
(B) Se for arguida a suspeição do órgão do Ministério Público, o juiz, depois de ouvi-lo, decidirá, sem recurso, podendo antes admitir a produção de provas no prazo de 10 (dez) dias.
(C) Poderá se opor suspeição às autoridades policiais nos atos do inquérito.
(D) As exceções serão processadas em autos apartados e não suspenderão, em regra, o andamento da ação penal.

COMENTÁRIO

A alternativa D está correta. Literalidade do art. 111 do CPP.

A alternativa A está incorreta. A exceção de suspeição é defesa indireta, de natureza dilatória, arguida pela parte interessada contra a parcialidade do julgador, quando há um vínculo entre ele e uma das partes do feito ou entre ele e o assunto discutido no processo. As causas de suspeição estão elencadas no art. 254 do CPP e a sua arguição precederá a qualquer outra, *salvo quando fundada em motivo superveniente* (art. 96 do CPP).

A alternativa B está incorreta. Admite-se a oposição de exceção de suspeição, não somente contra magistrados de qualquer instância, mas, também, em face de membros do Ministério Público, jurados e auxiliares da justiça em geral. A parte pode buscar o afastamento do órgão ministerial pelas mesmas razões que a lei prevê para o magistrado. Nesse caso, a exceção processar-se-á perante o juiz em que o órgão ministerial atua. Interposta a exceção, o juiz encaminhará os autos ao membro do Ministério Público para que responda no prazo judicial e, se ele reconhecer a suspeição, os autos serão encaminhados para o substituto legal; caso contrário, se recusar as razões da exceção, o juiz decidirá, podendo, se quiser, produzir provas no prazo de *três dias*. Essa decisão é irrecorrível, embora possa ser arguida a nulidade em momento posterior em sede de apelação (art. 104 do CPP).

A alternativa C está incorreta. Embora a autoridade policial não esteja sujeita à oposição de suspeição nos atos do inquérito, por força do art. 107 do CPP, deverá declarar-se suspeita, quando ocorrer motivo legal.

(X EXAME DE ORDEM UNIFICADO – FGV) No curso de uma investigação policial que apurava a ocorrência dos delitos de sonegação fiscal e evasão de divisas, o Procurador da República "X" requereu ao Juízo Federal Criminal medida assecuratória, já que obteve documentos que informavam os bens que teriam sido adquiridos pelo investigado com proventos da infração penal. O Juiz Federal decretou a medida assecuratória, que foi cumprida a contento. A partir do caso apresentado, assinale a alternativa que indica a medida assecuratória adotada.

(A) Busca e Apreensão.

(B) Arresto.

(C) Sequestro.

(D) Hipoteca Legal.

COMENTÁRIO

A alternativa C está correta. O sequestro é medida assecuratória que visa a indisponibilidade de *bens móveis ou imóveisadquiridos pelo investigado ou pelo réu com os proventos extraídos pela infração*, ainda que os bens já tenham sido transferidos a terceiros.

A alternativa A está incorreta. A busca tem por objetivo encontrar objetos ou pessoas, ao passo que a apreensão é o ato que retira alguma coisa que se encontre em poder de uma pessoa ou em determinado lugar, a fim de que possa ser utilizada em caráter probatório ou assecuratório de direito.

A alternativa B está incorreta. Considerando a morosidade do procedimento de especialização dos bens em hipoteca e a possibilidade de o réu se desfazer desses bens ainda no curso desse procedimento, o legislador trouxe para o ordenamento jurídico o arresto prévio, também chamado de preventivo, cuja finalidade é tornar inalienáveis os bens do réu, garantindo a eficácia da hipoteca legal. Já a outra possibilidade de arresto guarda intensa semelhança com a hipoteca legal, recaindo, todavia, sobre *bens móveis de origem lícita de propriedade do próprio réu*. Assim, na falta de bens imóveis suficientes para assegurar a indenização da vítima, o arresto poderá ser manejado nos mesmos moldes da hipoteca legal.

A alternativa D está incorreta. A hipoteca legal é um direito real de garantia que incide sobre bens *imóveislícitos* do próprio réu e tem por finalidade evitar que ele se desfaça do seu patrimônio antes de ressarcir o ofendido pela prática da infração penal.

(XVIII EXAME DE ORDEM UNIFICADO – FGV) Bruna foi presa em flagrante e denunciada pela prática de um crime de falsificação de documento público. Na ocasião da prisão, foi apreendida uma mochila que estava dentro do veículo de Bruna, sendo que em seu interior existiam algumas joias. Diante da natureza do crime apurado, não existe mais interesse na mochila apreendida com as joias para o desenrolar do processo. Cláudia, colega de trabalho de Bruna, requer a restituição desses bens, alegando ser proprietária. Existe, porém, dúvida quanto ao direito da reclamante. Considerando as informações narradas na hipótese, é correto afirmar que

(A) a restituição poderá ser ordenada pela autoridade policial ou pelo juiz, sempre ouvido o Ministério Público.

(B) o pedido de restituição não deverá ser autuado em autos em apartado.

(C) havendo dúvida sobre o verdadeiro dono, não superada no incidente, o juiz remeterá as partes para o juízo cível, ordenando o depósito das coisas.

(D) não caberá produção de provas no incidente de restituição.

COMENTÁRIO

A letra C está correta. Conforme dispõe o art. 120, § 4º, do CPP, em caso de dúvida sobre quem seja o verdadeiro dono, o juiz remeterá as partes para o juízo cível, ordenando o depósito das coisas em mãos de depositário ou do próprio terceiro que as detinha, se for pessoa idônea.

7. PROVAS

(V EXAME DE ORDEM UNIFICADO – FGV) A respeito da prova no processo penal, assinale a alternativa correta.

(A) A prova objetiva demonstra a existência/inexistência de um determinado fato ou a veracidade/falsidade de uma determinada alegação. Todos os fatos, em sede de processo penal, devem ser provados.

(B) São consideradas provas ilícitas aquelas obtidas com a violação do direito processual. Por outro lado, são consideradas provas ilegítimas as obtidas com a violação das regras de direito material.

(C) As leis em geral e os costumes não precisam ser comprovados.

(D) A lei processual pátria prevê expressamente a inadmissibilidade da prova ilícita por derivação, perfilhando-se à "teoria dos frutos da árvore envenenada" ("*fruits of poisonous tree*").

COMENTÁRIO

A alternativa D está correta. A teoria do fruto da árvore envenenada tem procedência norte-americana e significa que a prova ilícita (o tronco) tem o poder de contaminar as provas dela decorrentes (os frutos). Assim, as provas ilícitas por derivação são aquelas que, embora aparentemente lícitas, decorrem direta ou indiretamente de prova ilícita, restando, portanto, contaminadas. Atualmente essa teoria tem guarida no art. 157, § 1.º, do Código de Processo Penal.

A alternativa A está incorreta. Via de regra, os fatos relevantes exigem comprovação e influenciam na responsabilidade penal do agente. Mas, há fatos que prescindem de qualquer comprovação. Nesse prisma, não precisam ser alcançados pela atividade probatória: (I) Direito nacional: em regra, o direito nacional não precisa ser provado, afinal o juiz conhece a lei (*iura novit curia*). (II) Fatos notórios ou verdade sabida: "são aqueles de domínio de parcela significativa da população informada" (TÁVORA; ALENCAR, 2010, p. 347). A título de exemplo, a data dos feriados nacionais e quem é o Chefe do Poder Executivo é condição notória que não depende de prova. (III) Fatos axiomáticos ou intuitivos: são fatos evidentes os que "decorrem da própria intuição, gerando grau de certeza irrefutável". São aqueles fatos que se autodemonstram. A putrefação do cadáver, por exemplo, dispensa a prova da morte, afinal, a decomposição do corpo deriva, inequivocamente, da extinção da vida (AVENA, 2009, p. 373). (IV) Fatos inúteis: são aqueles que não têm importância para a persecução criminal. (V) Presunções legais absolutas (*juris et de jure*): é uma conclusão positivada na lei como demonstração da verdade e que não admite prova em contrário. Exemplo: a acusação não pode imputar a menor de 18 anos a prática de um crime, porque a própria lei presume a sua inimputabilidade de forma absoluta.

A alternativa B está incorreta. Embora as partes possam se utilizar de qualquer meio de prova para influenciar no convencimento do julgador, essa liberdade probatória não pode ser vista de forma absoluta. O Estado deve restringir a utilização de determinados meios de prova em defesa de direitos e garantias fundamentais, como a liberdade e a intimidade. É por essa razão que algumas provas são inadmissíveis no Direito Processual Penal brasileiro. Do gênero prova proibida, a doutrina distingue duas espécies: as provas ilícitas e as provas ilegítimas. Em linhas gerais, a doutrina costuma conceituar provas ilícitas como aquelas obtidas mediante violação a norma de direito material (exemplos: prova obtida mediante violação de domicílio; interceptação telefônica sem autorização judicial; confissão mediante tortura etc.). Por seu turno, as provas ilegítimas são aquelas obtidas mediante violação a norma de direito processual, ou seja, aquelas colhidas sem observância das formalidades processuais previstas na lei adjetiva (exemplos: perícia realizado por apenas um perito não oficial; a exibição, no plenário do tribunal do júri, de documento do qual não se tenha dado ciência à parte contrária etc.).

A alternativa C está incorreta. Não obstante o direito nacional não precise ser provado, o direito estrangeiro, o estadual, o municipal e o consuetudinário dependem de prova, quanto a sua existência, vigência e eficácia.

(VII EXAME DE ORDEM UNIFICADO – FGV) De acordo com o Código de Processo Penal, quanto ao interrogatório judicial, assinale a afirmativa INCORRETA.

(A) O silêncio do acusado não importará confissão e não poderá ser interpretado em prejuízo da defesa, mesmo no caso de crimes hediondos.

(B) A todo tempo o juiz poderá, atendendo pedido fundamentado das partes, ou mesmo de ofício, proceder a novo interrogatório, mesmo quando os autos já se encontrarem conclusos para sentença.

(C) O mudo será interrogado oralmente, devendo responder às perguntas por escrito, salvo quando não souber ler e escrever, situação em que intervirá no ato, como intérprete e sob compromisso, pessoa habilitada a entendê-lo.

(D) O juiz, por decisão fundamentada, poderá realizar o interrogatório do réu preso por sistema de videoconferência, desde que a medida seja necessária para reduzir os custos para a Administração Pública.

COMENTÁRIO

A alternativa D está incorreta. Excepcionalmente, o juiz, por decisão fundamentada, de ofício ou a requerimento das partes, poderá realizar o interrogatório do réu preso por sistema de videoconferência ou outro recurso tecnológico de transmissão de sons e imagens em tempo real, desde que a medida seja necessária para atender a uma das seguintes finalidades: (I) prevenir risco à segurança pública, quando exista fundada suspeita de que o preso integre organização criminosa ou de que, por outra razão, possa fugir durante o deslocamento; (II) viabilizar a participação do réu no referido ato processual, quando haja relevante dificuldade para seu comparecimento em juízo, por enfermidade ou outra circunstância pessoal; (III) impedir a influência do réu no ânimo de testemunha ou da vítima, desde que não seja possível colher o depoimento destas por videoconferência, nos termos do art. 217 deste Código; (IV) responder à gravíssima questão de ordem pública.

A alternativa A está correta. O princípio do *nemo tenetur se detegere* consagra o direito fundamental de ninguém ser obrigado a produzir provas contra si mesmo. Como decorrência lógica desse preceito, o acusado tem o direito de permanecer em silêncio ao ser interrogado, não traduzindo esse privilégio autoincriminação. Assim, o silêncio, em nenhuma hipótese, importará em confissão e não poderá ser interpretado em prejuízo da defesa (art. 5.º, LXIII, da CF c/c art. 186, parágrafo único, do CPP).

A alternativa B está correta. O juiz poderá proceder a novo interrogatório de ofício ou a pedido fundamentado de qualquer das partes a todo tempo ou o mesmo depois de encerrada a instrução probatória. Aliás, mesmo que o processo já esteja em grau de recurso, novo interrogatório poderá ser realizado, à vista dos arts. 196 e 616, ambos do CPP.

A alternativa C está correta. O interrogatório do mudo, do surdo ou do surdo-mudo será feito pela forma seguinte: (I) ao surdo serão apresentadas por escrito as perguntas, que ele responderá oralmente; (II) ao mudo as perguntas serão feitas oralmente, respondendo-as por escrito; (III) ao surdo-mudo as perguntas serão formuladas por escrito e do mesmo modo dará as respostas. Caso o interrogando não saiba ler ou escrever, intervirá no ato, como intérprete e sob compromisso, pessoa habilitada a entendê-lo (art. 192 do CPP).

(XIV EXAME DE ORDEM UNIFICADO – FGV) O Delegado de Polícia, desconfiado de que Fabiano é o líder de uma quadrilha que realiza assaltos à mão armada na região, decide, com a sua equipe, realizar uma interceptação telefônica sem autorização judicial. Durante algumas semanas, escutaram diversas conversas, por meio das quais descobriram o local onde a res furtiva era armazenada para posterior revenda. Com essa informação, o Delegado de Polícia representou pela busca e apreensão a ser realizada na residência suspeita, sendo tal diligência autorizada pelo Juízo competente. Munidos do mandado de busca e apreensão, ingressam na residência encontrando diversos objetos fruto de roubo, como joias, celulares, documentos de identidade etc., tudo conforme indicou a interceptação telefônica. Assim, Fabiano foi conduzido à Delegacia, onde se registrou a ocorrência. Acerca do caso narrado, assinale a opção correta.

(A) A realização da busca e apreensão é admissível, tendo em vista que houve autorização prévia do juízo competente, existindo justa causa para ajuizamento da ação penal.

(B) A realização da busca e apreensão é admissível, apesar da interceptação telefônica ter sido realizada sem autorização judicial, existindo justa causa para ajuizamento da ação penal.

(C) A realização da busca e apreensão não é admissível porque houve representação do Delegado de Polícia, não existindo justa causa para o ajuizamento da ação penal.

(D) A realização da busca e apreensão não é admissível, pois derivou de uma interceptação telefônica ilícita, aplicando-se a teoria dos frutos da árvore envenenada, não existindo justa causa para o ajuizamento da ação penal.

COMENTÁRIO

A letra D está correta. Nos termos expressos pelo art. 1º, da Lei 9.296/1996, para que se realize a interceptação de comunicações telefônicas é necessária a observância das disposições da referida lei, e de ordem judicial, não cumpridos tais requisitos, será esta ilícita. Considerando a adoção da teoria dos frutos da árvore envenenada (*Fuitsofpoisonoustree*), ou teoria da prova ilícita por derivação, pelo art. 157, § 1º, do CPP, as provas que derivam de uma ilícita, também são consideradas ilícitas por derivação, em vista do vício material existente e a imprestabilidade de sua fonte. No caso apresentado, a ilicitude da intercepção telefônica realizada sem autorização judicial contamina a busca e apreensão efetuada, sendo assim inadmissível.

(XVIII EXAME DE ORDEM UNIFICADO – FGV) O Ministério Público ofereceu denúncia em face de Cristiano, Luiz e Leonel pela prática do crime de associação para o tráfico. Na audiência designada para realização dos interrogatórios, Cristiano, preso em outra unidade da Federação, foi interrogado através de videoconferência. Luiz foi interrogado na presença física do magistrado e respondeu às perguntas realizadas. Já Leonel optou por permanecer em silêncio. Sobre o interrogatório, considerando as informações narradas, assinale a afirmativa correta.

(A) O interrogatório judicial, notadamente após o advento da Lei nº 10.792/2003, deve ser interpretado apenas como meio de prova e não também como ato de defesa dos acusados.

(B) Luiz, ainda que não impute crime a terceiro, não poderá mentir sobre os fatos a ele imputados, apesar de poder permanecer em silêncio.

(C) A defesa técnica de Cristiano não poderá, em hipótese alguma, formular perguntas para o corréu Luiz.

(D) O interrogatório por vídeo conferência de Cristiano pode ser considerado válido se fundamentado, pelo magistrado, no risco concreto de fuga durante o deslocamento. Questão

COMENTÁRIO

A letra D está correta. O interrogatório possui natureza jurídica mista, pois tanto é um meio de defesa, em razão das prerrogativas dadas ao réu pela legislação, como também é meio de prova, pois o material colhido durante a oitiva servirá para formação do convencimento do magistrado. Poderá o acusado, diante do direito ao silêncio e a garantia da não autoincriminação, apresentar sua versão dos fatos, ainda que inverídica. Ademais, a defesa técnica do réu possui obrigação participar de todos os atos, inclusive do interrogatório dos corréus, podendo formular perguntas a estes. Referente ao interrogatório por videoconferência, este será valido quando realizado em caráter excepcional, devidamente fundamento, nas hipóteses elencadas pelo art. 185, §2º, do CPP.

8. PRISÃO

(EXAME DE ORDEM UNIFICADO 2010.3 – FGV) Com relação às modalidades de prisão, assinale a alternativa correta.

(A) A prisão em flagrante delito somente poderá ser realizada dentro do período de vinte e quatro horas, contadas do momento em que se inicia a execução do crime.

(B) A prisão temporária poderá ser decretada a qualquer tempo, desde que se mostre imprescindível para a produção da prova.

(C) A prisão preventiva poderá ser decretada durante o inquérito policial.

(D) Em caso de descumprimento de medida protetiva prevista na Lei 11.340/06, o juiz não poderá decretar a prisão preventiva do acusado.

COMENTÁRIO

A alternativa C está correta. É a prisão cautelar cabível durante toda a persecução penal, decretada pelo juiz *ex officio* (somente na fase processual) ou por provocação do Ministério Público, do querelante, do delegado ou do assistente de acusação, sem prazo e desde que presentes os requisitos dos arts. 312 e 313 do CPP.

A alternativa A está incorreta. Está o agente em flagrante delito quando perseguido, logo após o fato, pela autoridade, pelo ofendido ou por qualquer pessoa, em situação que faça presumir ser autor da infração penal. O tempo da perseguição é irrelevante, podendo durar dias, desde que não haja interrupção. Desta forma, não há nenhuma base legal que sustente a descaracterização do estado de flagrância após 24 horas, ou de determinado tempo.

A alternativa B está incorreta. A prisão temporária é cabível exclusivamente na fase investigativa, decretada pelo juiz, a requerimento do Ministério Público, ou por representação da autoridade policial, desde que presentes os requisitos do art. 1º, da Lei 7.960/89. Nos crimes comuns, a temporária possuirá a duração de 5 dias, prorrogáveis uma única vez por até 5 dias. Nos crimes hediondos e assemelhados (tráfico de drogas, tortura e terrorismo), o prazo é de 30 dias, prorrogáveis uma vez por até 30 dias.

A alternativa D está incorreta. Nos termos do art. 312 deste Código, será admitida a decretação da prisão preventiva: (I) nos crimes dolosos punidos com pena privativa de liberdade máxima superior a quatro anos; (II) se o acusado for reincidente em crime doloso; (III) se o crime envolver violência doméstica e familiar contra a mulher, criança, adolescente, idoso, enfermo ou pessoa com deficiência, para garantir a execução das medidas protetivas de urgência.

(IX EXAME DE ORDEM UNIFICADO – FGV) O Código de Processo Penal pátrio menciona que também se considera em flagrante delito quem é perseguido, logo após o delito, pela autoridade, pelo ofendido ou por qualquer pessoa, em situação que faça presumir ser o perseguido autor da infração. A essa modalidade dá-se o nome de flagrante

(A) impróprio.
(B) ficto.
(C) diferido ou retardado.
(D) esperado.

COMENTÁRIO

A alternativa A está correta. Nos termos do art. 302, III, do CPP, o flagrante impróprio, também chamado de irreal, quase flagrante ou imperfeito, ocorre quando o indivíduo é perseguido, logo após o fato, pelo ofendido ou por qualquer pessoa, em situação que faça presumir ser autor da infração penal. Vale lembrar que se entende que o perseguidor vai à perseguição do perseguido quando: i) tendo-o avistado, for perseguindo-o sem interrupção, embora depois o tenha perdido de vista; ou ii) sabendo, por indícios ou informações fidedignas, que o perseguido tenha passado, há pouco tempo, em tal ou qual direção, pelo lugar em que o procure, for no seu encalço.

A alternativa B está incorreta. O flagrante ficto, também chamado de presumido ou assimilado, ocorre quando o agente é encontrado, logo depois da prática do delito, com instrumentos, armas, objetos ou papéis que façam presumir ser ele autor da infração (art. 302, IV, do CPP).

A alternativa C está incorreta. O flagrante diferido, também chamado de prorrogado, retardado, postergado ou ação controlada, é idealizado para que se promova a captura em flagrante no momento mais estratégico, para alcançar uma maior robustez probatória, um maior número de infratores, e o enquadramento no delito exponencial de determinada facção criminosa.

A alternativa Destá incorreta. O flagrante esperado ocorre quando a autoridade policial ou seus agentes, obtendo informações que será praticado determinado crime, se antecipam à atuação criminosa, fazendo campana e aguardando a prática do primeiro ato executório para que se efetive a captura. Percebe-se que se a espera for exitosa, a situação jurídica acaba sendo acobertada pelo flagrante próprio, já que o indivíduo, após a campana, é capturado executando o crime. Por outro lado, em nenhum momento a polícia estimulou a prática delituosa.

(XVI EXAME DE ORDEM UNIFICADO – FGV) A prisão temporária pode ser definida como uma medida cautelar restritiva, decretada por tempo determinado, destinada a possibilitar as investigações de certos crimes considerados pelo legislador como graves, antes da propositura da ação penal. Sobre o tema, assinale a afirmativa correta.

(A) Assim como a prisão preventiva, pode ser decretada de ofício pelo juiz, após requerimento do Ministério Público ou representação da autoridade policial.
(B) Sendo o crime investigado hediondo, o prazo poderá ser fixado em, no máximo, 15 dias, prorrogáveis uma vez nomesmo período.
(C) Findo o prazo da temporária sem prorrogação, o preso deve ser imediatamente solto.
(D) O preso, em razão de prisão temporária, poderá ficar detido no mesmo local em que se encontram os presos provisórios ou os condenados definitivos.

COMENTÁRIO

A letra C está correta. A prisão temporária é a modalidade de prisão cautelar cabível exclusivamente na fase investigativa, decretada pelo magistrado, a requerimento do membro do Ministério Público ou da autoridade policial, desde que presentes os requisitos expostos no art. 1º, da Lei 7.960/1989. O prazo da prisão temporária depende da natureza do crime, sendo crime comum, terá a duração de 5 dias, prorrogáveis uma única vez por até mais 5 dias. Nos crimes hediondos e assemelhados (tráfico de drogas, tortura e terrorismo) terá a duração de 30 dias, prorrogáveis uma vez por até 30 dias. A revogação da prisão temporária é predeterminada no momento de sua decretação, e ocorre pelo decurso do tempo, sem depender de alvará de soltura. Desta forma, ao fim do prazo previamente estipulado, caso não haja a prorrogação, que somente poderá ocorrer por decisão judicial com prévia oitiva do MP, deverá ser o preso solto imediatamente.

9. PROCEDIMENTO

(IV EXAME DE ORDEM UNIFICADO – FGV) Levando em consideração as modificações trazidas pela Lei 11.719/08, assinale a alternativa correta.

(A) O Código de Processo Penal admite a figura da citação com hora certa, tal como ocorre no Código de Processo Civil.
(B) O rito comum ordinário é o reservado aos crimes apenados com reclusão, independentemente do montante da pena para eles prevista.
(C) Na *mutatio libelli* (em que a denúncia descreve determinado fato, mas as provas apontam que o fato delituoso é diverso), o Ministério Público deverá, após encerrada a instrução probatória, aditar a denúncia no prazo de 5 (cinco) dias sob pena de se operar a preclusão temporal.
(D) O rito sumário é o reservado para as infrações penais de menor potencial ofensivo.

COMENTÁRIO

A alternativa A está correta. A citação por hora certa foi introduzida no âmbito do processo penal em 2008, pela Lei 11.719, e deve ser realizada na forma dos arts. 227 a 229 do Código de Processo Civil, quando o réu se oculta para não ser citado (art. 362 do CPP).

A alternativa B está incorreta. O procedimento comum subdivide-se em procedimento ordinário, sumário ou sumaríssimo e o rito é definido pela quantidade máxima de pena cominada em abstrato. O *procedimento ordinário* é utilizado para apurar infrações cuja sanção máxima cominada seja *igual ousuperior a quatro anos* de pena privativa de liberdade.

A alternativa C está incorreta. Na *mutatio libelli* o que ocorre é uma verdadeira alteração no conteúdo fático da imputação – no decorrer da instrução criminal, o surgimento de prova nova, ignorada ao tempo da propositura da ação penal, leva a uma adaptação do fato criminoso. Como o acusado não pode ser condenado por conduta diversa daquela apontada na peça acusatória, sob pena de nulidade, abre-se vista ao Ministério Público para aditamento da inicial, no prazo de cinco dias, podendo indicar até três testemunhas. Se o órgão do Ministério Público não proceder ao aditamento, o juiz aplicará o art. 28 do CPP e remeterá os autos para deliberação do Procurador-Geral (art. 384, § 1.º, do CPP).

A alternativa D está incorreta O *procedimento sumário* é utilizado para apurar infrações cuja sanção máxima cominada seja *inferior a quatro anos* de pena privativa de liberdade. Já o *procedimento sumaríssimo*, sim, é utilizado para apurar infrações penais de menor potencial ofensivo. Consideram-se infrações penais de menor potencial ofensivo as *contravenções penais* e os crimes a que a lei comine pena máxima *não superior a dois anos*, cumulada ou não com multa.

(XIII EXAME DE ORDEM UNIFICADO – FGV) Felipe foi reconhecido em sede policial por meio de fotografia como o autor de um crime de roubo. O inquérito policial seguiu seus trâmites de forma regular e o Ministério Público decidiu denunciar o indiciado. O oficial de justiça procurou em todos os endereços constantes nos autos, mas a citação pessoal ou por hora certa foram impossíveis. Assim, o juiz decidiu pela citação por edital. Marcela, irmã de Felipe, ao passar pelo fórum leu a citação por edital e procurou um advogado para tomar ciência das consequências de tal citação, pois ela também não sabe do paradeiro do irmão. Diante da situação descrita, acerca da orientação a ser dada pelo advogado, assinale a afirmativa correta.

(A) Felipe deve comparecer em juízo, sob pena de ser processado e condenado sem que seja dada oportunidade para a sua defesa.
(B) Se Felipe não comparecer e não constituir advogado, o processo e o curso do prazo prescricional ficarão suspensos, sendo decretada a sua prisão preventiva de forma automática.
(C) Se Felipe não comparecer e não constituir advogado, o processo e o curso do prazo prescricional ficarão suspensos, sendo determinada a produção antecipada de provas de forma automática, diante do risco do desaparecimento das provas pelo decurso do tempo.
(D) Se Felipe não comparecer e não constituir advogado, o processo e o curso do prazo prescricional ficarão suspensos e, se for urgente, o juiz determinará a produção antecipada de provas, podendo decretar a prisão preventiva se presentes os requisitos expressos no artigo 312, do CPP.

COMENTÁRIO

A alternativa D está correta. Nos moldes do art. 366, do CPP.

A alternativa A está incorreta. O não comparecimento do réu citado por edital acarreta a suspensão do feito e do prazo prescricional, nos moldes do art. 366, do CPP.

A alternativa B está incorreta. Durante a suspensão do processo, é cabível a decretação da prisão preventiva, caso presentes os requisitos dos arts. 312 e 313, do CPP, não sendo admitida a sua automática decretação.

Aalternativa C está incorreta. Nos termos da Súmula 455, do STJ, a produção antecipada de provas não ocorrerá de forma automática e não se justifica pelo mero decurso do tempo, devendo assim, ser concretamente fundamentada.

10. TRIBUNAL DO JÚRI

(VIII EXAME DE ORDEM UNIFICADO – FGV) Pedro foi denunciado pela prática de homicídio triplamente qualificado. Como se trata de um crime doloso contra a vida, será julgado pelo Tribunal do Júri. O processo seguiu seu curso normal, tendo Pedro sido pronunciado. Acerca da 2ª fase do procedimento, assinale a afirmativa que não corresponde à realidade.

(A) Encerrada a instrução, será concedida a palavra ao Ministério Público, que fará a acusação, nos limites da pronúncia ou das decisões posteriores que julgaram admissível a acusação, sustentando, se for o caso, a existência de circunstância agravante.

(B) À medida que as cédulas forem sendo retiradas da urna, o juiz presidente as lerá, e a defesa e, depois dela, o Ministério Público poderão recusar os jurados sorteados, até 3 (três) cada parte, sem motivar a recusa.

(C) Prestado o compromisso pelos jurados, será iniciada a instrução plenária quando o juiz presidente, o Ministério Público, o assistente, o querelante e o defensor do acusado tomarão, sucessiva e diretamente, as declarações do ofendido, se possível, e inquirirão as testemunhas arroladas pela acusação.

(D) Durante o julgamento não será permitida a leitura de documento ou a exibição de objeto que não tiver sido juntado aos autos com a antecedência mínima de 3 (três) dias úteis, dando-se ciência à outra parte, salvo jornais ou revistas.

COMENTÁRIO

A alternativa D está incorreta. Durante o julgamento não será permitida a leitura de documento ou a exibição de objeto que não tiver sido juntado aos autos com a antecedência mínima de três dias úteis, dando-se ciência à outra parte. Compreende-se na proibição deste artigo a leitura de jornais ou qualquer outro escrito, bem como a exibição de vídeos, gravações, fotografias, laudos, quadros, croqui ou qualquer outro meio assemelhado, cujo conteúdo versar sobre a matéria de fato submetida à apreciação e julgamento dos jurados (art. 479, *caput* e parágrafo único, do CPP).

A alternativa está A correta. Literalidade do art. 476 do CPP.

A alternativa B está correta. Literalidade do art. 468 do CPP.

A alternativa C está correta. Literalidade do art. 473 do CPP.

(X EXAME DE ORDEM UNIFICADO – FGV) João está sendo processado por um crime doloso contra a vida e, após o oferecimento das alegações finais, o magistrado impronuncia o réu. Assinale a alternativa que apresenta a situação em que seria possível processar João novamente pelo mesmo fato delituoso.

(A) Desde que haja novas provas e não tenha ocorrido qualquer causa extintiva de punibilidade, pois a decisão de impronúncia não transita em julgado.

(B) A justiça já se manifestou em relação ao processo de João, tendo a decisão do magistrado transitado em julgado.

(C) Ninguém pode ser processado duas vezes pelo mesmo fato (*non bis in idem*).

(D) A sentença de impronúncia é uma decisão interlocutória mista não terminativa.

COMENTÁRIO

A letra A está correta. A impronúncia é uma decisão interlocutória mista terminativa, que encerra a primeira fase do júri sem julgamento do mérito. Assim, é tida como mista pois coloca fim a uma fase do procedimento, e terminativa porque acarreta a extinção do processo antes do final do procedimento. Ademais, a impronúncia não produz coisa julgada material, sendo possível, enquanto não ocorrer a extinção da punibilidade, a formulação de nova denúncia ou queixa-subsidiária, diante do surgimento de prova nova (art. 414, parágrafo único, do CPP).

(XI EXAME DE ORDEM UNIFICADO – FGV) Quanto ao julgamento pelo Tribunal do Júri, assinale a afirmativa incorreta.

(A) As partes não poderão fazer referência, em plenário, à decisão de pronúncia, às decisões posteriores que julgaram admissível a acusação ou à determinação do uso de algemas como argumento de autoridade que beneficiem ou prejudiquem o acusado.

(B) Durante o julgamento, não será permitida a leitura de documento ou a exibição de objeto que não tiver sido juntado aos autos com a antecedência mínima de três dias úteis, dando-se ciência à outra parte.

(C) Durante os debates em Plenário, os jurados poderão solicitar ao orador, por intermédio do juiz-presidente do Tribunal do Júri, que esclareça algum fato por ele alegado em sua tese.

(D) Se a verificação de qualquer fato, reconhecida como essencial para o julgamento da causa, não puder ser realizada imediatamente, o juiz-presidente determinará que o Conselho de Sentença se recolha à sala secreta, ordenando a realização das diligências entendidas necessárias.

COMENTÁRIO

A alternativa D está incorreta. Se a verificação de qualquer fato, reconhecida como essencial para o julgamento da causa, não puder ser realizada imediatamente, o juiz presidente *dissolverá* o Conselho, ordenando a realização das diligências entendidas necessárias (art. 481 do CPP).

A alternativa A está correta. Literalidade do art. 478 do CPP.

A alternativa B está correta. Literalidade do art. 479 do CPP.

A alternativa C está correta. A assertiva segue os moldes do art. 480 do CPP.

(XV EXAME DE ORDEM UNIFICADO – FGV) Fabrício, com dolo de matar, realiza vários disparos de arma de fogo em direção a Cristiano. Dois projéteis de arma de fogo atingem o peito da vítima, que vem a falecer. Fabrício foge para não ser preso em flagrante. Os fatos ocorreram no final de uma tarde de domingo, diante de várias testemunhas. O inquérito policial foi instaurado, e Fabrício foi indiciado pelo homicídio de Cristiano. Os autos são remetidos ao Ministério Público, que denuncia Fabrício. O processo tem seu curso regular e as testemunhas confirmam que Fabrício foi o autor do disparo. Após a apresentação dos memoriais, os autos são remetidos para conclusão, a fim de que seja exarada a sentença, sendo certo que o juiz está convencido de que há indícios de autoria em desfavor de Fabrício e prova da materialidade de crime doloso contra a vida. Diante do caso narrado, assinale a alternativa correta acerca da sentença a ser proferida pelo juiz na primeira fase do procedimento do Júri.

(A) O juiz deve impronunciar Fabrício pelo crime de homicídio, diante dos indícios de autoria e prova da materialidade, que indicam a prática de crime doloso contra a vida.

(B) O juiz deve pronunciar Fabrício, remetendo os autos ao Juízo comum, diante dos indícios de autoria e prova da materialidade, que indicam a prática de crime doloso contra a vida.

(C) O juiz deve pronunciar Fabrício, submetendo-o ao plenário do Júri, diante dos indícios de autoria e prova da materialidade, que indicam a prática de crime doloso contra a vida.

(D) O juiz deve pronunciar Fabrício, submetendo- o ao plenário do Júri mediante desclassificação do crime comum para crime doloso contra a vida, diante dos indícios de autoria e prova da materialidade, que indicam a prática de crime doloso contra a vida.

COMENTÁRIO

A alternativa C está correta. Convencido o magistrado da materialidade do fato e da existência de indícios suficientes de autoria ou participação, pronunciará o acusa, remetendo este à segunda fase do procedimento do júri, nos termos do art. 413, do CPP.

Alternativa A está incorreta. A decisão de impronúncia, nos termos do art. 414, do CPP, representa a ausência de lastro probatório suficiente para que se viabilizasse a pronúncia, e a impossibilidade de se ter chego a um juízo de certeza necessário a justificar a absolvição sumária.

A alternativa B está incorreta. A decisão de pronúncia encerra a primeira fase do procedimento do júri, remetendo o réu ao *judicium causae*, para julgamento perante o Conselho de Sentença, conforme determina o art. 413, do CPP. Não há, portanto, remessa dos autos ao juízo comum.

A alternativa D está incorreta. Inexistente a desclassificação nos moldes apontados. A decisão de desclassificação encerra a primeira fase do rito do júri, remente os autos ao juízo competente, por não se tratar de delito da alçada do corpo de jurados.

11. JUIZADOS ESPECIAIS CRIMINAIS

(IV EXAME DE ORDEM UNIFICADO – FGV) À luz da lei que dispõe sobre os Juizados Especiais Criminais (Lei 9.099/1995), assinale a alternativa correta.

(A) A competência do juizado será determinada pelo lugar em que se consumar a infração penal.

(B) A citação será pessoal e se fará no próprio juizado, sempre que possível, ou por edital.

(C) O instituto da transação penal pode ser concedido pelo juiz sem a anuência do Ministério Público.

(D) Tratando-se de crime de ação penal pública incondicionada, não sendo caso de arquivamento, o Ministério Público poderá propor a aplicação imediata de pena restritiva de direitos ou multas, a ser especificada na proposta.

COMENTÁRIO

A alternativa D está correta. Tratando-se de crime de ação penal pública incondicionada e não sendo caso de arquivamento, o juiz facultará ao Ministério Público oferecer proposta de transação penal, nos termos do art. 76, da Lei 9.099/1995.

A alternativa A está incorreta. Nos crimes de competência dos juizados especiais criminais adota-se a teoria da atividade, portanto, a competência será determinada pelo lugar em que foi *praticada* a infração penal (art. 63 da Lei 9.099/1995).

A alternativa B está incorreta. Nos juizados especiais criminais a citação será pessoal e far-se-á no próprio Juizado, sempre que possível, ou por mandado. Caso o acusado não seja localizado para ser citado, o Juiz encaminhará as peças existentes ao Juízo comum para adoção do procedimento previsto em lei. Desta forma, a Lei 9.099/1995 não admite a citação por edital (art. 66, *caput* e parágrafo único).

A alternativa C está incorreta. O oferecimento da transação penal é prerrogativa exclusiva e discricionária do Ministério Público, sendo descabida sua realização pela autoridade judiciária ante a recusa justificada do promotor de justiça. Havendo divergência entre o membro do Ministério Público e o magistrado, no que toca a proposta de transação penal, deverá o magistrado encaminhar os autos ao Procurador-Geral de Justiça, por aplicação analógica do art. 28, do Código de Processo Penal.

(IX EXAME DE ORDEM UNIFICADO – FGV) Com relação à Lei n. 9.099/95, assinale a afirmativa incorreta.

(A) A transação penal consiste na aplicação imediata de pena restritiva de direitos ou multas àquele a quem se imputa uma infração de menor potencial ofensivo.

(B) Não poderá ser oferecida a suspensão condicional do processo ao acusado que tiver sido condenado anteriormente por contravenção penal.

(C) Em caso de delito persequível por ação penal pública condicionada à representação, havendo a representação do ofendido, o Ministério Público está legitimado para oferecer transação penal, mesmo que o ofendido se oponha e deseje a continuação do processo.

(D) Se, no curso da suspensão condicional do processo, o acusado vier a ser processado por contravenção penal, o benefício poderá ser revogado pelo juiz.

COMENTÁRIO

A alternativa B está incorreta. Verifica-se do art. 89, *caput*, da Lei 9.099/1995 que a condição para a concessão da suspensão condicional do processo ao acusado é não estar sendo processado ou não ter sido condenado por outro crime. Desta sorte, a condenação anterior por contravenção penal não obsta a concessão do benefício.

A alternativa A está correta. Conforme dispõe o art. 76 da Lei 9.099/1995, a transação penal consiste em um acordo celebrado entre o Ministério Público e o autor do fato delituoso, por meio do qual é proposta aplicação imediata de pena restritiva de direitos ou multa, evitando-se a instauração do processo.

A alternativa C está correta. Ocorrendo a representação da vítima em delito de ação penal pública condicionada, o magistrado facultará ao Ministério Público propor, quando cabível, a aplicação imediata de pena restritiva de direito ou multa ao autor do fato criminoso. Necessário notar que se trata de direito subjetivo, de forma que, presente os pressupostos de admissibilidade, não é admitida a recusa injustificada e a oposição do ofendido à proposta de transação.

A alternativa D está correta. A suspensão condicional do processo *poderá* ser revogada se o acusado vier a ser processado, no curso do prazo, por contravenção, ou descumprir qualquer outra condição imposta (art. 89, § 4.º, da Lei 9.099/1995).

(XII EXAME DE ORDEM UNIFICADO – FGV) Segundo a Lei dos Juizados Especiais, assinale a alternativa que apresenta o procedimento correto.

(A) Aberta a audiência, será dada a palavra ao defensor para responder à acusação, após o que o Juiz receberá, ou não, a denúncia ou queixa; havendo recebimento, serão ouvidas a vítima e as testemunhas de acusação e defesa, interrogando-se a seguir o acusado, se presente, passando se imediatamente aos debates orais e à prolação da sentença.

(B) Da decisão de rejeição da denúncia ou queixa caberá recurso em sentido estrito, que deverá ser interposto no prazo de cinco dias.

(C) Os embargos de declaração são cabíveis quando, em sentença ou acórdão, houver obscuridade, contradição, omissão ou dúvida, que deverão ser opostos em dois dias.

(D) Se a complexidade do caso não permitir a formulação da denúncia oral em audiência, o Ministério Público poderá requerer ao juiz dilação do prazo para apresentar denúncia escrita nas próximas 72 horas.

COMENTÁRIO

A alternativa A está correta. Literalidade do art. 81 da Lei 9.099/1995.

A alternativa B está incorreta. Da decisão que rejeita a denúncia ou queixa nos juizados especiais criminais cabe apelação, no prazo de dez dias (art. 82, *caput* e § 1.º, da Lei 9.099/1995).

A alternativa C está incorreta. Cabem embargos de declaração nos juizados quando, em sentença ou acórdão, houver obscuridade, contradição, omissão ou dúvida, mas os embargos devem ser opostos no prazo de cinco dias, contados da ciência da decisão (art. 83, § 1.º, da Lei 9.099/1995).

A alternativa D está incorreta. Se a complexidade ou circunstâncias do caso não permitirem a formulação da denúncia, o Ministério Público poderá requerer ao Juiz o encaminhamento das peças existentes ao juízo comum para adoção do procedimento previsto em lei (art. 77, § 2.º, da Lei 9.099/1995).

(XVI EXAME DE ORDEM UNIFICADO – FGV) Scott procurou um advogado, pois tinha a intenção de ingressar com queixa-crime contra dois vizinhos que vinham lhe injuriando constantemente. Narrados os fatos e conferida procuração com poderes especiais, o patrono da vítima ingressou com a ação penal no Juizado Especial Criminal, órgão efetivamente competente, contudo o magistrado rejeitou a queixa apresentada.

Dessa decisão do magistrado caberá

(A) recurso em sentido estrito, no prazo de 05 dias.

(B) apelação, no prazo de 05 dias.

(C) recurso em sentido estrito, no prazo de 02 dias.

(D) apelação, no prazo de 10 dias.

COMENTÁRIO

A letra D está correta. No procedimento sumaríssimo, da rejeição da denúncia ou queixa, caberá recurso de apelação, no prazo legal de dez dias, nos termos do art. 82, da Lei 9.099/1995.

12. SENTENÇA PENAL

(VI EXAME DE ORDEM UNIFICADO – FGV) Trácio foi denunciado pela prática do delito descrito no artigo 333 do Código Penal. A peça inaugural foi recebida pelo Juiz Titular da Vara Única da Comarca X, que presidiu a Audiência de Instrução e Julgamento. Encerrada a instrução do feito, o processo foi concluso ao juiz substituto, que proferiu sentença condenatória, tendo em vista que o juiz titular havia sido promovido e estava, nesse momento, na 11.ª Vara Criminal da Comarca da Capital. De acordo com a Lei Processual Penal, assinale a alternativa correta.

(A) A sentença é nula, porque foi prolatada por juiz que não presidiu a instrução do feito, em desacordo com o princípio da identidade física do juiz.

(B) A sentença é nula, porque ao juiz substituto é vedada a prolação de decisão definitiva ou terminativa.

(C) Não há nulidade na sentença, porque não se faz exigível a identidade física do juiz diante das peculiaridades narradas no enunciado.

(D) A sentença é nula, porque viola o princípio do juiz natural.

COMENTÁRIO

A letra C está correta. Diante do princípio da identidade física do juiz, o magistrado que presidiu a instrução deverá proferir a sentença (art. 399, § 2º, do CPP). Entretanto, o Superior Tribunal de Justiça tem mitigado esse princípio nos casos de convocação, licença, promoção ou outro motivo que impeça o juiz que tiver presidido a instrução de sentenciar o feito, aplicando, por analogia, a lei processual civil (art. 132 do CPC).

(XIII EXAME DE ORDEM UNIFICADO – FGV) João foi denunciado pela prática de crime de furto simples. Na denúncia, o Ministério Público apenas narrou que houve a subtração do cordão da vítima, indicando hora e local. Na audiência de instrução e julgamento, a vítima narrou que João empurrou-a em direção ao chão dizendo que se gritasse "o bicho ia pegar", arrancando, em seguida, o seu cordão. Diante da narrativa da violência e da grave ameaça, o juiz fica convencido de que houve crime de roubo e não de furto. Sobre o caso apresentado, de acordo com o Código de Processo Penal, assinale a afirmativa correta.

(A) O juiz na sentença poderá condenar João pelo crime de roubo, com base no artigo 383 do CPP, que assim dispõe: "O juiz, sem modificar a descrição do fato contida na denúncia ou queixa, poderá atribuir-lhe definição jurídica diversa, ainda que, em consequência, tenha de aplicar pena mais grave".

(B) Encerrada a instrução probatória, o Ministério Público deverá aditar a denúncia em 5 (cinco) dias. Se o Ministério Público ficar inerte, o juiz deve aplicar o artigo 28 do CPP.

(C) Encerrada a instrução probatória, o Ministério Público deverá aditar a denúncia em 5 (cinco) dias. Se o Ministério Público ficar inerte, o juiz poderá condenar João pelo crime de roubo, tendo em vista que a vítima narrou a agressão em juízo.

(D) O juiz poderá condenar João pelo crime de roubo, independentemente de qualquer providência, em homenagem ao princípio da verdade real.

COMENTÁRIO

Em homenagem ao sistema acusatório, é necessário se reconhecer que os limites da decisão condenatória estão adstritos à inicial acusatória, considerando que a jurisdição é inerte e o juiz não pode julgar *ultra, citra* ou *extra petita*. A necessária observância entre a imputação e sentença advém dos princípios constitucionais do contraditório, da ampla defesa, e do devido processo legal. Possibilitando a manutenção da consonância entre acusação e sentença, temos no Código de Processo Penal os institutos da *emendatiolibelli*e da *mutatiolibelli*. Trata-se a *emendatiolibelli* (art. 383, CPP) de instituto que permite ao juiz, no momento da decisão, corrigir equívocos de enquadramento de artigos existentes na exordial acusatória. Assim, sem que haja modificação da descrição fática narrada na denúncia ou queixa, poderá ser atribuída definição jurídica diversa, ainda que ocasione a aplicação de pena mais grave. Considerando que no processo penal o réu defende-se dos fatos e não da capitulação legal, poderá o magistrado, sem prévia manifestação da defesa, reconhecer enquadramento legal diverso do constante na denúncia ou queixa, ainda que resulte na citada aplicação de pena mais gravosa. De outro lado, a *mutatiolibelli* (art. 384, CPP) permite a readequação da imputação, pois durante a instrução processual surge prova apta a alterar os fatos narrados na inicial acusatória. O caso narrado amolda-se ao instituto da *mutatiolibelli*, pois há verdadeira alteração da narrativa fática, com a oitiva da vítima durante a audiência de instrução e julgamento, que apresenta novos elementos probatórios, permitindo nova capitulação legal. Nesta situação, deverá o Ministério Público aditar a inicial, no prazo de cinco dias, para que conste o novo fato. Caso o representante do MP se recuse a efetuar o aditamento da peça acusatória, o juiz deverá se valer da aplicação do art. 28, do CPP, encaminhando os autos ao procurador-geral de justiça.

(XV EXAME DE ORDEM UNIFICADO – FGV) João Paulo, primário e de bons antecedentes, foi denunciado pela prática de homicídio qualificado por motivo fútil (Art. 121, § 2º, II, do Código Penal). Logo após o recebimento da denúncia, o magistrado, acatando o pedido realizado pelo Ministério Público, decretou a prisão preventiva do acusado, já que havia documentação comprobatória de que o réu estava fugindo do país, a fim de se furtar de uma possível sentença condenatória ao final do processo. O processo transcorreu normalmente, tendo ao réu sido assegurados todos os seus direitos legais. Após cinco anos de prisão provisória, foi marcada a audiência no Plenário do Júri. Os jurados, por unanimidade, consideraram o réu culpado pela prática do homicídio supramencionado. O Juiz Presidente então passou à aplicação da pena e, ao término do cálculo no rito trifásico, obteve a pena de 12 anos de prisão em regime inicialmente fechado. Sobre a hipótese narrada, assinale a afirmativa correta.

(A) Somente o juiz da Vara de Execuções Penais poderá realizar o cômputo do tempo de prisão provisória para fins de determinação do regime inicial de cumprimento de pena.

(B) O magistrado sentenciante deverá computar o tempo de prisão provisória para fins de determinação do regime inicial de pena privativa de liberdade.

(C) O condenado deverá iniciar seu cumprimento de pena no regime inicial fechado e, passado o prazo de 1/6, poderá requerer ao juízo de execução a progressão para o regime mais benéfico, desde que preencha os demais requisitos legais.

(D) O condenado deverá iniciar seu cumprimento de pena no regime inicial fechado e, passado o prazo de 1/6, poderá requerer ao juízo sentenciante a progressão para o regime mais benéfico, desde que preencha os demais requisitos legais.

COMENTÁRIO

A alternativa B está correta. Considerando o instituto da detração (42, do CP), e a previsão exposta no art. 387, parágrafo 2º, do CPP.

A alternativa A está incorreta. Com o advento da Lei 12.736/2012, o art. 387, §2º, do CPP, passou a determinar que o juiz sentenciante efetue a detração, e não mais o juiz da fase de execução de penal.

A alternativa C está incorreta. Tratando-se de condenado sentenciado por crime hediondo, o lapso temporal imposto para progressão de regime será o cumprimento de 2/5 da pena, caso o apenado seja primário, e 3/5 no caso de reincidente.

A alternativa D está incorreta. A progressão de regime é pleiteada perante o juízo de execução, desde que cumpridos os requisitos legais. Ademais, no caso de condenado sentenciado por crime hediondo, o lapso temporal imposto para progressão de regime será o cumprimento de 2/5 da pena, caso o apenado seja primário, e 3/5 no caso de reincidente.

13. NULIDADES

(EXAME DE ORDEM UNIFICADO 2010.2 – FGV) Ao final da audiência de instrução e julgamento, o advogado do réu requer a oitiva de testemunha inicialmente não arrolada na resposta escrita, mas referida por outra testemunha ouvida na audiência. O juiz indefere a diligência alegando que o número máximo de testemunhas já havia sido atingido e que, além disso, a diligência era claramente protelatória, já que a prescrição estava em vias de se consumar se não fosse logo prolatada a sentença. A sentença é proferida em audiência, condenando-se o réu à pena de 6 anos em regime inicial semiaberto. Com base exclusivamente nos fatos acima narrados, assinale a alternativa que apresente o que alegaria na apelação o advogado do réu, como pressuposto da análise do mérito recursal.

(A) A redução da pena ou a fixação de um regime de cumprimento de pena mais vantajoso.

(B) A anulação da sentença para que outra seja proferida em razão da violação do princípio da ampla defesa.

(C) A reinquirição de todas as testemunhas em sede de apelação.

(D) A anulação da sentença para que outra seja proferida em razão da violação do princípio da ampla defesa, com a correspondente suspensão do prazo da prescrição de modo que o órgão *ad quem* se sinta confortável para anular a sentença sem gerar impunidade no caso concreto.

COMENTÁRIO

A letra correta é a B. Notadamente o indeferimento da oitiva da testemunha interfere diretamente no exercício do contraditório, da ampla defesa, e do devido processo legal, configurando grave prejuízo à parte. O cerceamento de defesa imposto não admite convalidação, considerando que o vício apresentado viola diretamente a Constituição Federal, se impondo a anulação da sentença.

(V EXAME DE ORDEM UNIFICADO – FGV) Aristóteles, juiz de uma vara criminal da justiça comum, profere sentença em processo-crime cuja competência era da justiça militar. Com base em tal afirmativa, pode-se dizer que a não observância de Aristóteles à matriz legal gerará a:

(A) Inexistência do ato.

(B) Nulidade relativa do ato.

(C) Nulidade absoluta do ato.

(D) Irregularidade do ato.

COMENTÁRIO

A letra C está correta. Objetiva o princípio do juiz natural assegurar a imparcialidade do julgador, garantido que ninguém será processado e sentenciado senão pelo juiz competente. A competência poderá ser absoluta ou relativa. Considerando que a competência absoluta é improrrogável, seu descumprimento ocasiona nulidade absoluta. Enquadra-se ao caráter absoluto as competências em razão da matéria e em razão da pessoa.

De outro lado, a competência relativa admite prorrogação, logo, se alegada no momento oportuno, gera nulidade relativa, caso contrário, reputa-se competente o juízo que conduz o feito e, uma vez convalidada, não admite alegação em momento posterior. Amoldam-se ao caráter relativo as competências em razão do lugar, por distribuição e prevenção. No caso apresentado, como o crime foi apreciado pela justiça comum quando era da alçada da justiça especializada, houve violação à competência em razão da matéria, assim, uma vez infringida, há de ser reconhecido o vício como nulidade absoluta.

(VII EXAME DE ORDEM UNIFICADO – FGV) O advogado José, observando determinado acontecimento no processo, entende por bem arguir a nulidade do processo, tendo em vista a violação do devido processo legal, ocorrida durante a Audiência de Instrução e Julgamento. Acerca da Teoria Geral das Nulidades, é correto afirmar que o princípio da causalidade significa:

(A) A possibilidade do defeito do ato se estender aos atos que lhes são subsequentes e que deles dependam.

(B) Que não há como se declarar a nulidade de um ato se este não resultar prejuízo à acusação ou à defesa.

(C) Que nenhuma das partes poderá arguir nulidade a que haja dado causa, ou para que tenha concorrido.

(D) Que as nulidades poderão ser sanadas.

COMENTÁRIO

A alternativa A está correta. O princípio da causalidade, também conhecido como princípio da sequencialidade, da extensão, da contaminação ou da consequencialidade, significa que a nulidade de um ato provoca a invalidação dos demais atos que lhe forem decorrentes. Nesse sentido, dispõe o art. 573, § 1.º, do CPP que "a nulidade de um ato, uma vez declarada, causará a dos atos que dele diretamente dependam ou sejam consequência".

A alternativa B está incorreta. Esta assertiva amolda-se ao princípio do prejuízo, que revela que nenhum ato será declarado nulo, se da nulidade não resultar nenhum prejuízo para as partes (*pas nullité sans grief* – art. 563 do CPP). O princípio do prejuízo é aplicado tanto às nulidades absolutas, quanto às nulidades relativas. Enquanto o prejuízo é presumido nas nulidades absolutas, deve ser comprovado nas nulidades relativas.

A alternativa C está incorreta. Esta assertiva amolda-se ao princípio da lealdade ou boa-fé. Nenhuma das partes pode arguir nulidade que haja dado causa ou para a qual tenha concorrido (art. 565, 1ª parte, do CPP). Vale registrar que o princípio da lealdade não se aplica à nulidade absoluta. Como o interesse tutelado pela norma violada é de natureza pública, qualquer parte pode arguir o vício, ainda que tenha concorrido para a sua produção.

A alternativa D está incorreta. Esta assertiva enquadra-se ao princípio da convalidação, que significa que não se declara a nulidade quando for possível suprir o defeito (art. 569 do CPP). Esse princípio é aplicável apenas às nulidades relativas, porque, se a nulidade é absoluta, houve violação a garantias, princípios ou preceitos de ordem constitucional que compromete de tal forma o ato que não pode ser sanado.

(XII EXAME DE ORDEM UNIFICADO – FGV) A Teoria Geral das Nulidades determina que nulidade é a sanção aplicada pelo Poder Judiciário ao ato imperfeito, defeituoso. Tal teoria é regida pelos princípios relacionados a seguir, à exceção de um. Assinale-o.

(A) Princípio do Prejuízo.
(B) Princípio da Causalidade.
(C) Princípio do Interesse.
(D) Princípio da Voluntariedade.

COMENTÁRIO

A letra D está correta. O princípio da voluntariedade não rege as nulidades processuais e, sim, a teoria geral dos recursos. Significa que o recurso decorre da manifestação de vontade da parte que almeja ver uma determinada decisão reformada ou anulada. Embora a voluntariedade constitua a regra geral dos recursos, ela é excepcionada em caso de recurso de ofício, também chamado de reexame necessário ou duplo grau de jurisdição obrigatório. Nesse caso, mesmo que não haja recurso voluntário das partes, o juiz que proferiu a decisão deverá remetê-la ao tribunal para reapreciação da matéria. Cabe recurso de ofício: (I) Da sentença que conceder *habeas corpus*; (II) Da decisão que conceder reabilitação criminal; (III) Da decisão que arquiva inquérito ou absolve o acusado nos processos que apuram crime contra a economia popular ou saúde pública; e (IV) Da sentença que conceder mandado de segurança.

(XVIII EXAME DE ORDEM UNIFICADO – FGV) Determinada autoridade policial recebeu informações de vizinhos de Lucas dando conta de que ele possuía arma de fogo calibre .38 em sua casa, razão pela qual resolveu indiciá-lo pela prática de crime de posse de arma de fogo de uso permitido, infração de médio potencial ofensivo, punida com pena de detenção de 01 a 03 anos e multa. No curso das investigações, requereu ao Judiciário interceptação telefônica da linha do aparelho celular de Lucas para melhor investigar a prática do crime mencionado, tendo sido o pedido deferido. De acordo com a situação narrada, a prova oriunda da interceptação deve ser considerada

(A) ilícita, pois somente o Ministério Público tem legitimidade para representar pela medida.
(B) válida, desde que tenha sido deferida por ordem do juiz competente para ação principal.
(C) ilícita, pois o crime investigado é punido com detenção.
(D) ilícita, assim como as dela derivadas, ainda que estas pudessem ser obtidas por fonte independente da primeira.

COMENTÁRIO

A alternativa C está correta. A medida é ilícita, pois não será admitida a interceptação das comunicações quando o fato investigado é punido, no máximo, com pena de detenção, conforme determina o art. 2º, inciso III, da Lei n. 9.296/96.

A alternativa A está incorreta. A interceptação das comunicações telefônicas poderá ser determinada a requerimento da autoridade policial, no curso da investigação criminal, ou a requerimento do membro do Ministério Público, no curso da investigação criminal e na instrução processual penal, nos termos do art. 3º, incisos I e II, da Lei n. 9.296/96.

A alternativa B está incorreta. Para validade da medida, não basta ordem do juiz competente, deve esta observar as limitações traçadas pelo art. 2º, da Lei n. 9.296/96.

A alternativa D está incorreta. A prova é definitivamente ilícita, entretanto, as provas dela derivadas, caso pudessem ser obtidas por fonte independente da primeira, seriam validas, conforme determina o art. 157, parágrafo 1º, do CPP.

14. RECURSOS

(V EXAME DE ORDEM UNIFICADO – FGV) Da sentença que absolver sumariamente o réu caberá(ão):

(A) Recurso em sentido estrito.
(B) Embargos.
(C) Revisão criminal.
(D) Apelação.

COMENTÁRIO

A letra D está correta. Nos termos do art. 593, I, do CPP, cabe apelação contra sentenças definitivas condenatórias ou absolutórias proferidas por juiz singular. Como a absolvição sumária classifica-se como uma decisão definitiva de absolvição, torna-se impugnável pela via da apelação, quer quando o juiz reconheça a existência manifesta da causa excludente da ilicitude ou da culpabilidade (exceto a inimputabilidade), quer quando concluir que o fato narrado não constitui crime. Vale registrar que a ressalva só tem guarida na causa extintiva da punibilidade. Nesse caso, como a decisão tem natureza declaratória (e não absolutória), a impugnação deve ser feita pelo recurso em sentido estrito.

(VI EXAME DE ORDEM UNIFICADO – FGV) Com base no Código de Processo Penal, acerca dos recursos, assinale a alternativa correta.

(A) Todos os recursos têm efeito devolutivo, e alguns têm também os efeitos suspensivo e iterativo.
(B) O recurso de apelação sempre deve ser interposto no prazo de cinco dias a contar da intimação, devendo as razões ser interpostas no prazo de oito dias.
(C) Apesar do princípio da complementaridade, é defeso ao recorrente complementar a fundamentação de seu recurso quando houver complementação da decisão recorrida.
(D) A carta testemunhável tem o objetivo de provocar o reexame da decisão que denegar ou impedir seguimento de recurso em sentido estrito, agravo em execução e apelação.

COMENTÁRIO

A alternativa A está correta. O efeito devolutivo consiste na transferência do conhecimento da matéria impugnada ao órgão jurisdicional para reforma, anulação ou esclarecimento da decisão. Todo recurso é dotado de efeito devolutivo, mas a extensão e a profundidade são fixadas a partir da matéria impugnada. Já o efeito suspensivo paralisa os efeitos da decisão, impossibilitando que ela produza os seus efeitos enquanto não houver apreciação do recurso interposto. Quando o recurso é dotado do efeito suspensivo, a decisão não pode ser executada de imediato. Por outro lado, quando o recurso não é dotado de efeito suspensivo, ela surge eficaz desde a data da publicação, independentemente de ainda estar em aberto o prazo recursal. O efeito regressivo, por sua vez, permite a devolução da matéria impugnada para o mesmo órgão jurisdicional que proferiu a decisão para que ele se retrate e modifique a sua própria decisão. Esse efeito só está presente no recurso em sentido estrito, na carta testemunhável e no agravo em execução.

A alternativa B está incorreta. Nem sempre o prazo do apelo é de cinco dias. Nas infrações de menor potencial ofensivo, por exemplo, o prazo da apelação é de dez dias e deve trazer, desde logo, as razões do inconformismo (motivação) e o pedido do recorrente.

A alternativa C está incorreta. Via de regra, uma vez apresentadas as razões recursais, por conta da preclusão consumativa, é vedado ao recorrente complementar seu recurso com novas razões. Contudo, por conta do princípio da complementaridade, admite-se que a parte recorrente possa complementar as razões de recurso já interposto sempre que, no julgamento de embargos de declaração interpostos pela parte contrária, for criada uma nova sucumbência em virtude de alteração ou integração da decisão.

A alternativa D está incorreta. A carta testemunhável é cabível para impugnar decisão que denegar recurso ou contra a decisão que, embora admitindo o recurso, obste a sua expedição e seguimento para o juízo *ad quem*. Uma leitura apressada do art. 639 do CPP pode nos induzir ao erro de que a carta testemunhável é a única via adequada para impugnar decisão que não recebesse o recurso ou negasse o seu seguimento. Entretanto, o ordenamento jurídico faz referência a outros meios de impugnação. De acordo com o art. 581, XV, do CPP, cabe recurso em sentido estrito contra a decisão que denegar apelação. Na mesma linha, nos termos do art. 28 da Lei 8.038/1990, cabe agravo de instrumento para combater decisão que denegar recurso extraordinário ou recurso especial.

(VII EXAME DE ORDEM UNIFICADO – FGV) Em relação aos meios de impugnação de decisões judiciais, assinale a afirmativa INCORRETA

(A) Caberá recurso em sentido estrito contra a decisão que rejeitar a denúncia, podendo o magistrado, entretanto, após a apresentação das razões recursais, reconsiderar a decisão proferida.

(B) Caberá apelação contra a decisão que impronunciar o acusado, a qual terá efeito meramente devolutivo.

(C) Caberá recurso em sentido estrito contra a decisão que receber a denúncia oferecida contra funcionário público por delito próprio, o qual terá duplo efeito.

(D) Caberá apelação contra a decisão que rejeitar a queixa-crime oferecida perante o Juizado Especial Criminal, a qual terá efeito meramente devolutivo.

COMENTÁRIO

A alternativa C está incorreta. Não há previsão de recurso no Código de Processo Penal capaz de atacar a decisão que *recebe* a inicial acusatória; no máximo, a parte poderá impugnar essa decisão pela via do *habeas corpus* para fins de trancamento da ação, quando não houver justa causa para a deflagração da ação penal.

A alternativa A está correta. Nos termos do art. 581, I, do CPP, cabe recurso em sentido estrito da decisão que *rejeitar* a denúncia ou a queixa. Os motivos de rejeição da inicial acusatória estão elencados no art. 395 do CPP. São eles: a inépcia, a falta de pressuposto processual, condição da ação ou justa causa para o exercício da ação penal. Interposto o recurso em sentido estrito e apresentadas as razões recursais, os autos retornarão ao magistrado para o juízo de retratação, que propicia ao magistrado convencer-se de que se equivocou, reformando a decisão; caso ele não se retrate, os autos serão remetidos ao tribunal para julgamento do recurso.

A alternativa B está correta. De acordo com a nova redação do art. 416 do CPP, contra a sentença de impronúncia ou de absolvição sumária cabe o recurso de apelação. Como qualquer recurso, a apelação contra sentença de impronúncia é dotada de efeito devolutivo, transferindo o conhecimento da matéria impugnada à instância superior. Diferentemente do recurso em sentido estrito, do agravo em execução e da carta testemunhável, a apelação não autoriza o juízo de retratação e, portanto, não permite que o juízo *a quo* reexamine a sua matéria. Em relação ao efeito suspensivo, a apelação de sentença de impronúncia não interrompe os efeitos da decisão e, portanto, não impede que o réu seja posto imediatamente em liberdade.

A alternativa D está correta. No âmbito dos juizados especiais criminais, a rejeição da denúncia ou queixa desafia recurso de apelação, e não recurso em sentido estrito, por força do art. 82 da Lei 9.099/1995 e, via de regra, em sintonia com os princípios regedores dos juizados especiais criminais, a apelação tem efeito meramente devolutivo.

(VIII EXAME DE ORDEM UNIFICADO – FGV) Adão ofereceu uma queixa-crime contra Eva por crime de dano qualificado (art. 163, parágrafo único, IV). A queixa preenche todos os requisitos legais e foi oferecida antes do fim do prazo decadencial. Apesar disso, há a rejeição da inicial pelo juízo competente, que refere, equivocadamente, que a inicial é intempestiva, pois já teria transcorrido o prazo decadencial. Nesse caso, assinale a afirmativa que indica o recurso cabível.

(A) Recurso em sentido estrito.

(B) Apelação.

(C) Embargos infringentes.

(D) Carta testemunhável.

COMENTÁRIO

A letra A está correta. Nos termos do art. 581, I, do CPP, caberá recurso em sentido estrito da decisão que não receber a denúncia ou a queixa.

(IX EXAME DE ORDEM UNIFICADO – FGV) Joel foi condenado pela prática do crime de extorsão mediante sequestro. A defesa interpôs recurso de Apelação, que foi recebido e processado, sendo certo que o tribunal, de forma não unânime, manteve a condenação imposta pelo juízo *a quo*. O advogado do réu verifica que o acórdão viola, de forma direta, dispositivos constitucionais, razão pela qual decide continuar recorrendo da decisão exarada pela Segunda Instância. De acordo com as informações acima, assinale a alternativa que indica o recurso a ser interposto.

(A) Recurso em Sentido Estrito.

(B) Recurso Ordinário Constitucional.

(C) Recurso Extraordinário.

(D) Embargos Infringentes.

COMENTÁRIO

A letra D está correta. Diante de decisões não unânimes proferidas em segunda instância e desfavoráveis ao acusado, serão cabíveis embargos infringentes e de nulidade, a serem apreciados no âmbito do próprio tribunal julgador. Tem por fundamento a existência de pelo menos um voto vencido, indicativo de possível injustiça do julgamento prejudicial ao réu. No caso em tela, não seria apropriado cogitar o manejo do recurso extraordinário pois, embora o acórdão viole dispositivos constitucionais, é necessário o esgotamento das vias recursais próprias. O esgotamento prévio das vias recusais constitui pressuposto de admissibilidade do recurso extraordinário, não sendo possível manejá-lo sem acessar as vias recursais apropriadas.

(X EXAME DE ORDEM UNIFICADO – FGV) José, após responder ao processo cautelarmente preso, foi condenado à pena de oito anos e sete meses de prisão em regime inicialmente fechado. Após alguns anos no sistema carcerário, seu advogado realizou um pedido de livramento condicional, que foi deferido pelo magistrado competente. O membro do *parquet* entendeu que tal benefício era incabível no momento e deseja recorrer da decisão. Sobre o caso apresentado, assinale a afirmativa que menciona o recurso correto.

(A) Agravo em Execução, no prazo de 10 (dez dias);

(B) Recurso em Sentido Estrito, no prazo de 05 (cinco dias);

(C) Agravo em Execução, no prazo de 05 (cinco dias);

(D) Recurso em Sentido Estrito, no prazo de 10 (dez dias).

COMENTÁRIO

A letra C está correta. O art. 66 da Lei 7.210/1984 preceitua que compete ao juiz da execução: (I) aplicar aos casos julgados lei posterior que de qualquer modo favoreça o condenado; (II) declarar extinta a punibilidade; (III) decidir sobre: (i) soma ou unificação de penas; (ii) progressão ou regressão nos regimes; (iii) detração e remição da pena; (iv) suspensão condicional da pena; (v) *livramento condicional*; (vi) incidentes da execução; (IV) autorizar saídas temporárias; (V) determinar: (i) a forma de cumprimento da pena restritiva de direitos e fiscalizar sua execução; (ii) a conversão da pena restritiva de direitos e de multa em privativa de liberdade; (iii) a conversão da pena privativa de liberdade em restritiva de direitos; (iv) a aplicação da medida de segurança, bem como a substituição da pena por medida de segurança; (v) a revogação da medida de segurança; (vi) a desinternação e o restabelecimento da situação anterior; (vii) o cumprimento de pena ou medida de segurança em outra comarca; (viii) a remoção do condenado na hipótese prevista no § 1.º, do artigo 86, desta Lei; (VI) zelar pelo correto cumprimento da pena e da medida de segurança; (VII) inspecionar, mensalmente, os estabelecimentos penais, tomando providências para o adequado funcionamento e promovendo, quando for o caso, a apuração de responsabilidade; (VIII) interditar, no todo ou em parte, estabelecimento penal que estiver funcionando em condições inadequadas ou com infringência aos dispositivos desta Lei; (IX) compor e instalar o Conselho da Comunidade; (X) emitir anualmente atestado de pena a cumprir. Das decisões proferidas pelo juízo das execuções, o recurso adequado para impugnação é o agravo em execução.

(XI EXAME DE ORDEM UNIFICADO – FGV) De acordo com a doutrina, recurso é todo meio voluntário de impugnação apto a propiciar ao recorrente resultado mais vantajoso. Em alguns casos, fenômenos processuais impedem o caminho natural de um recurso. Quando a parte se manifesta, esclarecendo que não deseja recorrer, estamos diante do fenômeno processual conhecido como:

(A) preclusão.

(B) desistência.

(C) deserção.

(D) renúncia.

COMENTÁRIO

Alguns institutos impedem o conhecimento ou o processamento dos recursos. São eles: a preclusão, a renúncia, a desistência e a deserção.

A alternativa C está correta. A renúncia ocorre quando a parte manifesta o seu desejo de não recorrer. Vale registrar também que, havendo divergência entre o defensor e o acusado, deve prevalecer a vontade daquele que cobiça recorrer, já que o recurso da defesa não pode piorar a situação do réu.

A alternativa A está incorreta. A preclusão provoca a extinção do direito de recorrer em virtude do decurso do prazo. A preclusão não guarda relação direta com a vontade de a parte recorrer de determinada decisão, mas sim com a perda do prazo.

A alternativa B incorreta. A desistência ocorre quando a parte já interpôs o recurso, mas manifesta a sua vontade de não mais persistir no seu prosseguimento. Vale lembrar que, em face do princípio da indisponibilidade, o Ministério Público não poderá desistir de recurso que haja interposto.

A alternativa D está incorreta. A deserção ocorre quando, na ação penal privada, a vítima deixa de pagar as custas recursais. Antigamente, o ordenamento jurídico também considerava deserta a apelação quando o réu preso fugia para evitar a aplicação da lei penal. Mas essa hipótese foi afastada pela jurisprudência e depois revogada pela Lei 12.403/2011.

(XII EXAME DE ORDEM UNIFICADO – FGV) A jurisprudência uníssona do Supremo Tribunal Federal admite a proibição da *reformatio in pejus indireta*. Por este instituto entende-se que:

(A) o Tribunal não poderá agravar a pena do réu, se somente o réu houver recorrido – não havendo, portanto, recurso por parte da acusação.

(B) o juiz está proibido de prolatar sentença com condenação superior à que foi dada no primeiro julgamento quando o Tribunal, ao julgar recurso interposto apenas pela defesa, anula a sentença proferida pelo juízo *a quo*.

(C) o Tribunal não poderá tornar pior a situação do réu, quando não só o réu houver recorrido.

(D) o Tribunal está proibido de exarar acórdão com condenação superior à que foi dada no julgamento *a quo* quando julga recurso da acusação.

COMENTÁRIO

A letra B está correta. O princípio da vedação da *reformatio in pejus* indireta proíbe o agravamento da situação do réu por nova sentença proferida em decorrência da *anulação* de uma decisão anterior, provocada por recurso exclusivo da defesa. Exemplo: o réu foi condenado a pena de cinco anos de reclusão e apenas a defesa recorreu alegando nulidade processual. Se o tribunal der provimento ao recurso da defesa, anulará o ato processual para que ele seja refeito e o juiz proferirá uma nova decisão. Nessa nova decisão o juiz não poderá elevar a pena, por exemplo, de cinco para seis anos de reclusão, porque também estaria agravando a situação do réu.

(XV EXAME DE ORDEM UNIFICADO – FGV) Tiago e Andrea agiram em concurso de agentes em determinado crime. O processo segue seu curso natural, culminando com sentença condenatória, na qual os dois são condenados. Quando da interposição do recurso, apenas Andrea apela. O recurso é julgado. Na decisão, fundada em motivos que não são de caráter exclusivamente pessoal, os julgadores decidem pela absolvição de Andrea. Nesse sentido, diante apenas das informações apresentadas pelo enunciado, assinale a afirmativa correta.

(A) Andrea será absolvida e Tiago continuará condenado, devido ao fato de a decisão ter sido fundada em motivos que não são de caráter exclusivamente pessoal.

(B) Andrea e Tiago serão absolvidos, pois os efeitos da decisão serão estendidos a este, devido ao fato de a decisão ter sido fundada em motivos que não são de caráter exclusivamente pessoal.

(C) Andrea e Tiago serão absolvidos, porém será necessário interpor Recurso Especial.

(D) Andrea será absolvida e Tiago continuará condenado, pois não interpôs recurso.

COMENTÁRIO

A letra B está correta. Através da extensão subjetiva do efeito devolutivo do recurso, é possível que o réu que não recorreu seja beneficiado pelo recurso apresentado por seu comparsa, desde que o fundamento seja comum a todos os imputados, nos moldes do art. 580, do CPP. Não será aplicada tal regra quando a decisão do recurso estiver fundada em motivos de caráter pessoal.

(XVII EXAME DE ORDEM UNIFICADO – FGV) Após regular instrução processual, Flávio foi condenado pela prática do crime de tráfico ilícito de entorpecentes a uma pena privativa de liberdade de cinco anos de reclusão, a ser cumprida em regime inicial fechado, e 500 dias-multa. Intimado da sentença, sem assistência da defesa técnica, Flávio renunciou ao direito de recorrer, pois havia confessado a prática delitiva. Rafael, advogado de Flávio, porém, interpôs recurso de apelação dentro do prazo legal, buscando a mudança do regime de pena. Neste caso, é correto dizer que o recurso apresentado por Rafael

(A) não poderá ser conhecido, pois houve renúncia por parte de Flávio, mas nada impede que o Tribunal, de ofício, melhore a situação do acusado.

(B) deverá ser conhecido, pois não é admissível a renúncia ao direito de recorrer, no âmbito do processo penal.

(C) não poderá ser conhecido, pois a renúncia expressa de Flávio não pode ser retratada, não podendo o Tribunal, de ofício, alterar a decisão do magistrado.

(D) deverá ser conhecido, pois a renúncia foi manifestada sem assistência do defensor.

COMENTÁRIO

A letra D está correta. A ampla defesa pode ser subdivida em defesa técnica, ou seja aquela realizada por profissional habilita, e autodefesa, realizada pelo próprio imputado. Desta forma, em sede recursal, para que se viabilize a renúncia ao direito de recorrer, será necessário a manifestação não somente do imputado, mas também de seu defensor. O referido posicionamento encontra-se pacificado através da Súmula 705, do STF.

(XVII EXAME DE ORDEM UNIFICADO – FGV) Marcelo foi denunciado pela prática de um crime de furto. Entendendo que não haveria justa causa, antes mesmo de citar o acusado, o magistrado não recebeu a denúncia. Diante disso, o Ministério Público interpôs o recurso adequado. Analisando a hipótese, é correto afirmar que

(A) o recurso apresentado pelo Ministério Público foi de apelação.

(B) apesar de ainda não ter sido citado, Marcelo deve ser intimado para apresentar contrarrazões ao recurso, sob pena de nulidade.

(C) mantida a decisão do magistrado pelo Tribunal, não poderá o Ministério Público oferecer nova denúncia pelo mesmo fato, ainda que surjam provas novas.

(D) antes da rejeição da denúncia, deveria o magistrado ter citado o réu para apresentar resposta à acusação.

COMENTÁRIO

A letra B está correta. Nos termos da Súmula 707, do STF, na hipótese de rejeição da denúncia, caso haja a interposição de recurso por parte da acusação, deverá ser o denunciado intimado para oferecer contrarrazões ao recurso interposto para atacar a rejeição, ainda que não citado no bojo da ação penal. Cumpre destacar que a nomeação de defensor dativo não suprirá a necessidade da referida intimação.

15. AÇÕES AUTÔNOMAS DE IMPUGNAÇÃO

(XI EXAME DE ORDEM UNIFICADO – FGV) Frida foi condenada pela prática de determinado crime. Como nenhuma das partes interpôs recurso da sentença condenatória, tal decisão transitou em julgado, definitivamente, dentro de pouco tempo. Pablo, esposo de Frida, sempre soube da inocência de sua consorte, mas somente após a condenação definitiva é que conseguiu reunir as provas necessárias para inocentá-la. Ocorre que Frida não deseja vivenciar novamente a angústia de estar perante o Judiciário, preferindo encarar sua condenação injusta como um meio de tornar-se uma pessoa melhor. Nesse sentido, tomando-se por base o caso apresentado e a medida cabível à espécie, assinale a afirmativa correta.

(A) Pablo pode ingressar com revisão criminal em favor de Frida, ainda que sem a concordância desta.

(B) Caso Frida tivesse sido absolvida com base em falta de provas, seria possível ingressar com revisão criminal para pedir a mudança do fundamento da absolvição.

(C) Da decisão que julga a revisão criminal são cabíveis, por exemplo, embargos de declaração, mas não cabe apelação.

(D) Caso a sentença dada à Frida, no caso concreto, a tivesse condenado mas, ao mesmo tempo, reconhecido a prescrição da pretensão executória, seria incabível revisão criminal.

COMENTÁRIO

A alternativa C está correta. Como a revisão criminal é ação de competência originária dos Tribunais, conclui-se que não cabe apelação contra decisões aí proferidas. Também não se admite a interposição de embargos infringentes contra decisão não unânime proferida por ocasião do julgamento da revisão criminal. À exceção dessas restrições, os demais recursos podem ser utilizados, a exemplo dos embargos de declaração, agravos regimentais, embargos de divergência e recursos extraordinário e especial.

A alternativa A está incorreta. Nos termos do art. 623 do CPP, a revisão poderá ser pedida pelo próprio réu ou por procurador legalmente habilitado ou, *no caso de morte do réu*, pelo cônjuge, ascendente, descendente ou irmão. Os sucessores do condenado só têm interesse na revisão criminal a título patrimonial ou para restaurar o *status dignitatis* do falecido.

A alternativa B está incorreta. A revisão criminal só pode ser ajuizada quando presente o trânsito em julgado de sentença condenatória ou absolutória imprópria (art. 621, *caput*, do CPP).

A alternativa D está incorreta. Se a causa extintiva da punibilidade ocorrer antes do trânsito em julgado de sentença condenatória ou absolutória imprópria (ex.: prescrição da pretensão punitiva), não será cabível o ajuizamento da revisão criminal, ainda que o acusado tenha interesse em provar sua inocência. Por outro lado, se a causa extintiva da punibilidade sobrevier ao trânsito em julgado de sentença condenatória ou absolutória imprópria (ex.: prescrição da pretensão executória), nada impede o ajuizamento da revisão criminal.

(XIV EXAME DE ORDEM UNIFICADO – FGV) Eduardo foi denunciado pelo crime de estupro de vulnerável. Durante a instrução, negou a autoria do crime, afirmando estar, na época dos fatos, no município "C", distante dois quilômetros do local dos fatos. Como a afirmativa não foi corroborada por outros elementos de convicção, o Juiz entendeu que a palavra da vítima deveria ser considerada, condenando Eduardo. A defesa recorreu, mas após longo debate nos Tribunais Superiores, a decisão transitou em julgado desfavoravelmente ao réu. Eduardo dirigiu-se, então, ao município "C", em busca de provas que pudessem apontar a sua inocência, e, depois de muito procurar, conseguiu as filmagens de um estabelecimento comercial, que estavam esquecidas em um galpão velho. Nas filmagens, Eduardo aparece comprando lanche em uma padaria. Com a prova em mãos, procura seu advogado. Assinale a opção que apresenta a providência a ser adotada pelo advogado de Eduardo.

(A) O advogado deve ingressar com agravo em execução, pois Eduardo descobriu uma prova que atesta a sua inocência de forma inconteste.

(B) O advogado deve ingressar com revisão criminal, pois Eduardo descobriu uma prova que atesta a sua inocência de forma inconteste.

(C) O advogado deve ingressar com reclamação constitucional, pois Eduardo descobriu uma prova que atesta a sua inocência de forma inconteste.

(D) O advogado deve ingressar com ação de habeas corpus, pois Eduardo descobriu uma prova que atesta a sua inocência de forma inconteste.

COMENTÁRIO

A letra B está correta. A revisão criminal é uma ação autônoma de impugnação cujo objetivo é desconstituir a coisa julgada material, portanto, sem que haja o trânsito em julgado, não há interesse de agir. Seu cabimento está previsto no art. 621, do CPP, em rol taxativo, sendo sua utilização exclusiva à defesa. Considerando a informação do trânsito em julgado, e do surgimento de novas provas de inocência do condenado, é cabível a revisão criminal, nos termos do art. 621, inciso III, do CP.

16. LEGISLAÇÃO EXTRAVAGANTE

(IV EXAME DE ORDEM UNIFICADO – FGV) A Lei 7.492/86 define os Crimes contra o Sistema Financeiro Nacional. Acerca do procedimento previsto para tais crimes, é correto afirmar que:

(A) Quando a denúncia não for intentada no prazo legal, o ofendido poderá representar ao Procurador-Geral da República, para que este a ofereça, designe outro órgão do Ministério Público para oferecê-la ou determine o arquivamento das peças de informações recebidas.

(B) Nos crimes previstos nessa lei, cometidos em quadrilha ou coautoria, o coautor ou partícipe que, por meio de confissão espontânea, revelar à autoridade policial ou judicial toda a trama delituosa terá sua pena reduzida de 1 (um) a 2/5 (dois quintos).

(C) A ação penal será promovida perante a Justiça Federal quando a infração for praticada em detrimento de bens e serviços de entes federais. Nos demais casos, será proposta perante a Justiça Estadual.

(D) Os órgãos dos Ministérios Públicos Federal e Estadual, sempre que julgarem necessário, poderão requisitar, a qualquer autoridade, informação, documento ou diligência relativa à prova dos crimes previstos na Lei 7.492/86.

COMENTÁRIO

A alternativa A está correta. Literalidade do art. 27 da Lei 7.492/1986.

A alternativa B está incorreta. Nos crimes contra o Sistema Financeiro Nacional, a confissão espontânea funciona como circunstância atenuante de *um a dois terços* da pena (art. 25, § 2.º, da Lei 7.492/1986).

A alternativa C está incorreta. Todos os crimes previstos na Lei 7.492/1986 devem ser apurados perante a Justiça Federal, por meio de ação penal promovida pelo Ministério Público Federal (art. 26). Vale esclarecer que nem todos os crimes contra o Sistema Financeiro Nacional são da alçada da justiça federal, mas tão somente aqueles fixados na Lei 7.492/1986, por força da própria Constituição Federal, que restringe a competência à justiça federal aos "casos determinados por lei" (art. 109, VI, parte final, da CF). É por essa razão que os crimes contra o sistema financeiro previstos na Lei 4.595/1964 estão afetos à justiça comum estadual – o legislador, em momento algum, atribuiu, nesse diploma legal, a competência em favor da justiça federal.

A alternativa D está incorreta. Apenas o órgão do Ministério Público Federal, quando julgar necessário, poderá requisitar, a qualquer autoridade, informação, documento ou diligência, relativa à prova dos crimes previstos nesta lei (art. 29 da Lei 7.492/1986).

(IX EXAME DE ORDEM UNIFICADO – FGV) Em relação aos procedimentos previstos na Lei n. 8.666/93, que instituiu as normas de licitações e contratos da Administração Pública, assinale a afirmativa correta.

(A) Todos os crimes definidos na lei de licitação e contratos são de ação penal pública incondicionada.

(B) Somente a vítima poderá provocar a iniciativa do Ministério Público, fornecendo-lhe, por escrito, informações sobre o fato e sua autoria, bem como as circunstâncias em que se deu a ocorrência.

(C) Não será admitida ação penal privada subsidiária da pública.

(D) Da sentença caberá apelação, interponível no prazo de 10 (dez) dias.

COMENTÁRIO

A alternativa A está correta. De acordo com art. 100 da Lei 8.666/1993, os crimes definidos nessa lei são de ação penal pública incondicionada, cabendo ao Ministério Público promovê-la.

A alternativa B está incorreta. Qualquer pessoa poderá provocar a iniciativa do Ministério Público, fornecendo-lhe, por escrito, informações sobre o fato e sua autoria, bem como as circunstâncias em que se deu a ocorrência (art. 101 da Lei 8.666/1993). Vale lembrar que, quando a comunicação for verbal, a autoridade mandará reduzi-la a termo e será assinada pelo apresentante e por duas testemunhas.

A alternativa C está incorreta. Conforme disposição expressa do art. 103 da Lei 8.666/1993, será admitida ação penal privada nos crime de ação penal pública, se esta não for ajuizada dentro do prazo legal. Não podia ser diferente, afinal, a ação penal privada subsidiária da pública está prevista no art. 5.º da CF, o que lhe coloca na posição de direito fundamental, verdadeira cláusula pétrea, funcionando como importante forma de fiscalização do exercício da ação penal pública pelo Ministério Público.

A alternativa D está incorreta. Da sentença cabe apelação no prazo de cinco dias.

(IX EXAME DE ORDEM UNIFICADO – FGV) Em relação à Lei Maria da Penha, assinale a afirmativa correta.

(A) Constatada a prática de violência doméstica e familiar contra a mulher, a autoridade policial poderá aplicar, de imediato, ao agressor, em conjunto ou separadamente, medidas protetivas de urgência, dentre as quais o afastamento do lar, domicílio ou local de convivência com a ofendida.

(B) Em todos os casos de violência doméstica e familiar contra a mulher, feito o registro da ocorrência, deverá a autoridade policial adotar, de imediato, procedimentos especiais em relação ao agressor, dentre os quais podemos citar a suspensão da posse ou restrição do porte de armas, com comunicação ao órgão competente, nos termos da Lei n. 10.826, de 22 de dezembro de 2003, sem prejuízo daqueles previstos no Código de Processo Penal.

(C) Somente o advogado da ofendida deverá ser notificado, através do Diário Oficial, dos atos processuais relativos ao agressor, especialmente dos pertinentes ao ingresso e à saída da prisão.

(D) Em qualquer fase do inquérito policial ou da instrução criminal, caberá a prisão preventiva do agressor, decretada pelo juiz, de ofício, a requerimento do Ministério Público ou mediante representação da autoridade policial.

COMENTÁRIO

A alternativa D está correta. Literalidade do art. 20 da Lei 11.340/2006.

A alternativa A está: incorreta. Verificada a prática de violência doméstica e familiar contra a mulher, o *juiz* poderá aplicar, de imediato, ao agressor, em conjunto ou separadamente, as seguintes medidas protetivas de urgência, entre outras: (I) suspensão da posse ou restrição do porte de armas, com comunicação ao órgão competente, nos termos da Lei 10.826, de 22 de dezembro de 2003; (II) afastamento do lar, domicílio ou local de convivência com a ofendida; (III) proibição de determinadas condutas, dentre as quais: (i) aproximação da ofendida, de seus familiares e das testemunhas, fixando o limite mínimo de distância entre estes e o agressor; (ii) contato com a ofendida, seus familiares e testemunhas por qualquer meio de comunicação; (iii) frequentação de determinados lugares a fim de preservar a integridade física e psicológica da ofendida; (IV) restrição ou suspensão de visitas aos dependentes menores, ouvida a equipe de atendimento multidisciplinar ou serviço similar; (V) prestação de alimentos provisionais ou provisórios (art. 22 da Lei 11.340/2006).

A alternativa B está: incorreta. Nos casos de violência doméstica e familiar contra a mulher, feito o registro da ocorrência, deverá a autoridade policial adotar, de imediato, os seguintes procedimentos, sem prejuízo daqueles previstos no Código de Processo Penal: (I) ouvir a ofendida, lavrar o boletim de ocorrência e tomar a representação a termo, se apresentada; (II) colher todas as provas que servirem para o esclarecimento do fato e de suas circunstâncias; (III) remeter, no prazo de 48 horas, expediente apartado ao juiz com o pedido da ofendida, para a concessão de medidas protetivas de urgência; (IV) determinar que se proceda ao exame de corpo de delito da ofendida e requisitar outros exames periciais necessários; (V) ouvir o agressor e as testemunhas; (VI) ordenar a identificação do agressor e fazer juntar aos autos sua folha de antecedentes criminais, indicando a existência de mandado de prisão ou registro de outras ocorrências policiais contra ele; (VII) remeter, no prazo legal, os autos do inquérito policial ao juiz e ao Ministério Público (art. 12 da Lei 11.340/2006).

A alternativa C está incorreta. A ofendida deverá ser notificada dos atos processuais relativos ao agressor, especialmente dos pertinentes ao ingresso e à saída da prisão, sem prejuízo da intimação do advogado constituído ou do defensor público (art. 21 da Lei 11.340/2006).

(XIII EXAME DE ORDEM UNIFICADO – FGV) Fernanda, durante uma discussão com seu marido Renato, levou vários socos e chutes. Inconformada com a agressão, dirigiu-se à Delegacia de Polícia mais próxima e narrou todo o ocorrido. Após a realização do exame de corpo de delito, foi constatada a prática de lesão corporal leve por parte de Renato. O Delegado de Polícia registrou a ocorrência e requereu as medidas cautelares constantes no Artigo 23 da Lei 11.340/2006. Após alguns dias e com objetivo de reconciliação com o marido, Fernanda foi novamente à Delegacia de Polícia requerendo a cessação das investigações para que não fosse ajuizada a ação penal respectiva. Diante do caso narrado, de acordo com o recente entendimento do Supremo Tribunal Federal, assinale a afirmativa correta.

(A) No âmbito da Lei Maria da Penha, nos crimes de lesão corporal leve, a ação penal é condicionada à representação. Desta forma, é possível a sua retratação, pois não houve o oferecimento da denúncia.

(B) No âmbito da Lei Maria da Penha, nos crimes de lesão corporal leve, a ação penal é pública incondicionada, sendo impossível interromper as investigações e obstar o prosseguimento da ação penal.

(C) No âmbito da Lei Maria da Penha, nos crimes de lesão corporal leve, a ação penal é pública incondicionada, mas é possível a retratação da representação antes do oferecimento da denúncia.

(D) No âmbito da Lei Maria da Penha, nos crimes de lesão corporal leve, a ação penal é pública condicionada à representação, mas como os fatos já foram levados ao conhecimento da autoridade policial será impossível impedir o prosseguimento das investigações e o ajuizamento da ação penal.

COMENTÁRIO

A letra B está correta. O STF firmou entendimento, através da ADI 4424, que os crimes de lesão corporal de natureza leve, praticados no âmbito da Lei 11.340/2006 (Lei Maria da Penha), serão processados por meio de ação penal pública incondicionada e não são passíveis de aplicação da Lei 9.099/1995.

(XV EXAME DE ORDEM UNIFICADO – FGV) Matheus foi denunciado pela prática dos crimes de tráfico de drogas (Art. 33, *caput,* da Lei 11.343/2006) e associação para o tráfico (Art. 35, *caput,* da Lei 11.343/2006), em concurso material. Quando da realização da audiência de instrução e julgamento, o advogado de defesa pleiteou que o réu fosse interrogado após a oitiva das testemunhas de acusação e de defesa, como determina o Código de Processo Penal (Art. 400 do CPP, com redação dada pela Lei 11.719/2008), o que seria mais benéfico à defesa. O juiz singular indeferiu a inversão do interrogatório, sob a alegação de que a norma aplicável à espécie seria a Lei nº 11.343/2006, a qual prevê, em seu Art. 57, que o réu deverá ser ouvido no início da instrução. Nesse caso,

(A) o juiz não agiu corretamente, pois o interrogatório do acusado, de acordo com o Código de Processo Penal, é o último ato a ser realizado.

(B) o juiz agiu corretamente, eis que o interrogatório, em razão do princípio da especialidade, deve ser o primeiro ato da instrução nas ações penais instauradas para a persecução dos crimes previstos na Lei de Drogas.

(C) o juiz não agiu corretamente, pois é cabível a inversão do interrogatório, devendo ser automaticamente reconhecida a nulidade em razão da adoção de procedimento incorreto.

(D) o juiz agiu corretamente, já que, independentemente do procedimento adotado, não há uma ordem a ser seguida em relação ao momento da realização do interrogatório do acusado.

COMENTÁRIO

A letra B está correta. Diante do princípio da especialidade, deve ser respeitada a previsão contida no art. 57, da Lei 11.343/2006.

16. Direito do Trabalho

*Hermes Cramacon e Josley Soares**

1. FONTES E PRINCÍPIOS DO DIREITO DO TRABALHO

(XVIII EXAME DE ORDEM UNIFICADO – FGV) Reinaldo trabalha em uma empresa cujo regulamento interno prevê que o empregador pagará a conta de telefone celular do empregado, até o limite de R$ 150,00 mensais. Posteriormente, havendo crise no setor em que a empresa atua, o regulamento interno foi expressamente alterado para constar que, dali em diante, a empresa arcará com a conta dos celulares dos empregados até o limite de R$ 50,00 mensais. De acordo com o entendimento consolidado do TST, assinale a afirmativa correta.

(A) O regulamento interno é ato unilateral de vontade do empregador, que poderá modificá-lo a qualquer momento, daí por que não há direito adquirido e a nova condição alcança Reinaldo.

(B) A alteração somente é válida para aqueles que foram admitidos anteriormente à mudança e não prevalece para os que forem contratados após a mudança.

(C) A alteração é válida, mas só alcança aqueles admitidos posteriormente à mudança, não podendo então alcançar a situação de Reinaldo.

(D) A alteração feita pela empresa é ilegal, pois, uma vez concedida a benesse, ela não pode ser retirada em momento algum e para nenhum empregado, atual ou futuro.

COMENTÁRIO

A alternativa correta é a letra C, que revela exatamente o pensamento do TST consolidado na Súmula 51, I, de sua jurisprudência. Aludida previsão decorre do princípio da condição mais benéfica, enquanto desdobramento que é do princípio da proteção. Logo, apenas aos novos empregados, ou seja, admitidos após a modificação da norma interna empresarial é que esta poderá ser aplicada. Àqueles contratados anteriormente, como no caso de Reinaldo, continuará sendo observada a previsão anterior. Veja-se que, embora seja o regulamento interno empresarial uma norma editada pelo empregador por autorização de seu poder regulamentar (poder este que decorre do poder diretivo, artigo 2º, *caput*, da CLT) não há falar em possibilidade deliberada de alterações sobretudo se confrontantes com o princípio da condição mais benéfica, base da Súmula 51, I, do TST. Ante a explanação supra, abrangente, todas as demais alternativas se fazem incorretas, portanto.

2. CONTRATO DE TRABALHO

(XV EXAME DE ORDEM UNIFICADO – FGV) Luiz Henrique é professor de Direito Constitucional e, durante o período letivo, precisará se afastar por dois meses para submeter-se a uma delicada cirurgia de emergência. Em razão disso, a faculdade contratou um professor substituto por esse período, valendo-se de uma empresa de contrato temporário.

Diante da situação apresentada, considerando a jurisprudência consolidada do TST, assinale a afirmativa correta.

(A) Caso se admitisse a validade dessa contratação, o professor contratado a título temporário não teria assegurado direito ao mesmo valor da hora-aula do professor afastado.

(B) A contratação é válida, pois, por exceção, o contrato temporário pode ser usado para substituição de pessoal relacionado à atividade-fim.

(C) A contratação somente seria válida se o professor afastado concordasse com ela, de forma expressa, sob pena de ser maléfica a alteração contratual.

(D) Inválida a contratação, pois a faculdade não poderia terceirizar sua atividade-fim, como é o caso da educação.

* **Josley Soares** comentou as questões do XVIII Exame; **Hermes Cramacon** comentou as demais questões.

COMENTÁRIO

A letra B está correta, pois nos termos da súmula 331, item I, do TST considera-se lícita a terceirização por empresa interposta em se tratando de contrato temporário, ainda que em atividade-fim;

A letra A está incorreta, pois o professor contratado não possui vínculo empregatício com a faculdade, mas sim com a empresa de trabalho temporário que é a responsável por sua remuneração; trata-se de empregador diverso e, portanto, não há obrigatoriedade do mesmo salário;

A letra C está incorreta, pois não há necessidade de concordância do professor afastado para contratação de temporário;

A letra D está incorreta, pois a contratação é válida, tendo em vista que por se tratar de contratação de trabalho temporário, poderá ser feita na atividade-fim da empresa.

(XIV EXAME DE ORDEM UNIFICADO – FGV) Em 2012, Maria Júlia foi contratada como estagiária de direito em uma empresa pública federal, que explora atividade bancária. Sua tarefa consistia em permanecer parte do tempo em um caixa para receber o pagamento de contas de água, luz e telefone e, na outra parte, no auxílio de pessoas com dificuldade no uso dos caixas eletrônicos. Com base na hipótese, assinale a opção correta.

(A) Trata-se de estágio desvirtuado que, assim, gerará como consequência o reconhecimento do vínculo empregatício com a empresa, com anotação da CTPS e pagamento de todos os direitos devidos.

(B) Diante da situação, o Juiz do Trabalho poderá determinar que o administrador responsável pelo desvirtuamento do estágio pague diretamente uma indenização a Maria Júlia, haja vista o princípio constitucional da moralidade.

(C) Não há desvirtuamento de estágio porque, tratando-se a concedente de uma instituição bancária, a atividade de recebimento de contas e auxílio a clientes está inserida na atividade do estagiário.

(D) Não é possível o reconhecimento do vínculo empregatício, haja vista a natureza jurídica daquele que concedeu o estágio, que exige a prévia aprovação em concurso público.

COMENTÁRIO

A letra D está correta, pois reflete o entendimento disposto na OJ 366 da SDI 1 do TST;

A letra A está incorreta. Importante lembrar que nos termos do art. 1º da Lei 11.788/2008 o contrato de estágio é ato educativo escolar supervisionado, desenvolvido no ambiente de trabalho, que visa à preparação para o trabalho produtivo de educandos que estejam frequentando o ensino regular em instituições de educação superior, de educação profissional, de ensino médio, da educação especial e dos anos finais do ensino fundamental, na modalidade profissional da educação de jovens e adultos. Se desenvolvido fora dessas hipóteses será considerado nulo em razão do seu desvirtuamento. No caso em tela, ainda que haja o desvirtuamento do estágio, não será possível o reconhecimento de vínculo com o ente público, pois encontra impedimento no art. 37, II e § 2º, da CF;

A letra B está incorreta, pois tendo em vista a ausência de concurso público não haverá pagamento de indenização;

A letra C está incorreta, pois a atividade exercida por Maria Julia visa não é condizente com o aprendizado de competências próprias da atividade bancária;

(XIV EXAME DE ORDEM UNIFICADO – FGV) O novo prefeito de Tribobó do Oeste decidiu contratar quatro coveiros para o cemitério público da cidade, o que fez diretamente pelo regime celetista, sem a realização de concurso público. Após um ano de trabalho, os coveiros foram dispensados e ajuizaram reclamação trabalhista, postulando férias vencidas mais 1/3, aviso prévio, 13º salário e depósitos do FGTS, já que sempre receberam os salários em dia. Assinale a opção que contempla a(s) verba(s) de direito a que os coveiros efetivamente fazem jus.

(A) Todas as verbas indicadas, pois decorrem do contrato de trabalho celetista.

(B) Aviso-prévio, 13º salário e FGTS, por terem efetivo cunho rescisório.

(C) Apenas os depósitos de FGTS.

(D) Apenas os depósitos de FGTS e férias vencidas mais 1/3, por ter o FGTS natureza salarial e as férias serem direito adquirido pelo ano trabalhado.

COMENTÁRIO

A letra C está correta. Trata-se de contrato de trabalho nulo, tendo em vista que a prefeitura de Tribobó do Oeste somente poderia contratar o funcionário por meio de concurso público, nos termos do art. 37, II e § 2º da CF, o que não ocorreu no caso em debate. Nesse sentido, o TST firmou entendimento sumulado consubstanciado na súmula 363 em que ensina que "A contratação de servidor público, após a CF/1988, sem prévia aprovação em concurso público, encontra óbice no respectivo art. 37, II e § 2º, somente lhe conferindo direito ao pagamento da contraprestação pactuada, em relação ao número de horas trabalhadas, respeitado o valor da hora do salário mínimo, e dos valores referentes aos depósitos do FGTS".

(XII EXAME DE ORDEM UNIFICADO – FGV) Uma grande empreiteira vence a licitação para construção de uma hidrelétrica, mas, tendo dificuldade em arregimentar trabalhadores em razão da distância até o canteiro de obras, resolve contratar estrangeiros em situação irregular no país, inclusive porque eles concordaram em não ter a carteira profissional assinada e receber valor inferior ao piso da categoria.

A contratação, na hipótese apresentada, contempla um caso de

(A) trabalho proibido.

(B) trabalho ilícito.

(C) trabalho escravo.

(D) trabalho válido.

COMENTÁRIO

A letra A está correta, pois trabalho proibido é aquele cujo objeto do contrato de trabalho é lícito, por motivos vários, a lei impede que seja exercido por determinadas pessoas ou em determinadas circunstâncias. O trabalho do estrangeiro em situação irregular é proibido, nos termos do art. 359 da CLT;

A letra B está incorreta, pois trabalho ilícito é aquele não permitido porque seu objeto consiste na prestação de atividades criminosas e/ou contravencionais;

A letra A está incorreta, pois trabalho escravo como ser entendido como o trabalho forçado;

A letra D está incorreta, pois a CLT não admite a contratação do estrangeiro em situação irregular no País.

(XII EXAME DE ORDEM UNIFICADO – FGV) Eugênio é policial militar ativo e cumpre escala de 24x72 horas no seu batalhão. Nos dias em que não está de plantão, trabalha em um supermercado como segurança, recebendo ordens do gerente e um valor fixo mensal, jamais se fazendo substituir na prestação do labor. Nesse caso, de acordo com a jurisprudência consolidada do TST, assinale a afirmativa correta.

(A) Por ser servidor público militar, Eugênio não poderá ter o vínculo empregatício reconhecido, mesmo que presentes os requisitos da CLT, pois trata-se de norma de ordem pública.

(B) Caso tenha o vínculo empregatício reconhecido em juízo, isso impede que a Administração Pública aplique qualquer punição a Eugênio, pois ele realizou um trabalho lícito.

(C) Trata-se de trabalho ilícito que, portanto, não gera vínculo empregatício e credencia a administração a aplicar imediata punição ao servidor.

(D) Eugênio poderá ser reconhecido como empregado, desde que presentes os requisitos legais, ainda que sofra a punição disciplinar prevista no Estatuto do Policial Militar.

COMENTÁRIO

A letra D está correta, pois reflete o entendimento disposto na súmula 386 do TST;

A letra A está incorreta, pois uma vez presentes os requisitos da relação de emprego, deve ser reconhecido o referido vínculo. Nesse sentido ensina a súmula 386 do TST;

A letra B está incorreta, pois Eugênio poderá sofrer penalidade disciplinar prevista no Estatuto do Policial Militar. Veja súmula 386 do TST;

A letra C está incorreta, pois não é hipótese de trabalho ilícito, entendido como aquele não permitido porque seu objeto consiste na prestação de atividades criminosas e/ou contravencionais;

(IX EXAME DE ORDEM UNIFICADO – FGV) Buscando profissionais experientes para manusear equipamentos de alta tecnologia e custo extremamente elevado, uma empresa anuncia a existência de vagas para candidatos que possuam dois anos de experiência prévia em determinada atividade.

A partir da hipótese apresentada, assinale a afirmativa correta.

(A) A manifestação é inválida porque o máximo de experiência que pode ser exigida é de seis meses.

(B) A manifestação é inválida, pois o empregador não tem o direito de exigir experiência pretérita do candidato a emprego.

(C) A manifestação é inválida porque o máximo de experiência que pode ser exigida é de um ano.

(D) A manifestação é valida, em razão do valor do equipamento, visando à proteção do patrimônio do empregador.

COMENTÁRIO

A letra A está correta, pois reflete a disposição contida no art. 442-A da CLT;

A letra B está incorreta, pois poderá o empregador exigir no máximo 6 meses de experiência na atividade, nos termos do art. 442-A da CLT;

A letra C está incorreta, pois o máximo exigível é 6 meses de experiência na atividade;

A letra D está incorreta, pois a manifestação é inválida. Veja comentários anteriores.

(VIII EXAME DE ORDEM UNIFICADO – FGV) É correto afirmar que a CLT prevê, expressamente,

(A) a advertência verbal, a censura escrita e a suspensão como medidas disciplinares que o empregador pode adotar em relação ao descumprimento das obrigações contratuais do empregado.

(B) somente a suspensão do contrato e a dispensa, por justa causa, como medidas disciplinares que o empregador pode adotar em relação ao descumprimento das obrigações contratuais do empregado.

(C) a advertência, verbal ou escrita, a suspensão e a dispensa, por justa causa, como medidas disciplinares que o empregador pode adotar em relação ao descumprimento das obrigações contratuais do empregado.

(D) a censura escrita, a suspensão e a dispensa, por justa causa, como medidas disciplinares que o empregador pode adotar em relação ao descumprimento das obrigações contratuais do empregado.

COMENTÁRIO

A alternativa B está correta, pois embora o empregador, em função do seu poder disciplinar, possa aplicar aos empregados advertência, seja ela verbal ou escrita; suspensão e despedida por justa causa, a CLT não prevê EXPRESSAMENTE a advertência como medida disciplinar, elencando somente hipóteses de suspensão e despedida por justa causa, nos termos dos arts. 482 (despedida por justa causa) e 474 ambos da CLT (suspensão).

(VI EXAME DE ORDEM UNIFICADO – FGV) Com relação ao contrato de emprego, assinale a alternativa correta.

(A) Quando da contratação por prazo determinado, somente é possível nova contratação entre as mesmas partes num prazo nunca inferior a três meses.

(B) São as formas autorizadas por lei para a celebração de qualquer contrato de trabalho por prazo determinado: transitoriedade do serviço do empregado, transitoriedade da atividade do empregador e quantidade extraordinária de serviço que justifique essa modalidade de contratação.

(C) Em nenhuma hipótese o contrato por prazo determinado poderá suceder, dentro de seis meses, a outro contrato por prazo determinado.

(D) O contrato de emprego por prazo indeterminado é aquele em que as partes, ao celebrá-lo, não estipulam a sua duração nem prefixam o seu termo extintivo, podendo versar sobre qualquer obrigação de prestar qualquer tipo de serviço, manual ou intelectual.

COMENTÁRIO

A letra D está correta, pois reflete com exatidão o que vem a ser o contrato de emprego, que nada mais é que o contrato de trabalho. *"Art. 442 da CLT – Contrato individual de trabalho é o acordo tácito ou expresso, correspondente à relação de emprego"*;

A letra A está incorreta, pois nos termos do art. 452 da CLT a nova contratação não poderá ser feita dentro do período de 6 (seis) meses;

A letra B está incorreta, pois a CLT também prevê (em seu art. 443, § 2º, alínea c) o contrato de experiência como modalidade de contrato por prazo determinado. Ademais, o contrato com prazo determinado é admitido nas hipóteses previstas na Lei 6.019/1974; Lei 9.601/1998, art. 14-A da Lei 5.889/1973;

A letra C está incorreta, pois nos termos do art. 452, parte final, da CLT tendo o primeiro contrato expirado pela execução de serviços especializados ou da realização de certos acontecimentos, como por exemplo, o empregado contratado para trabalhar durante o Natal ou carnaval, hipóteses em que cessado o acontecimento, será válido um novo contrato com prazo determinado mesmo antes de 6 (seis) meses da expiração do primeiro contrato;

(V EXAME DE ORDEM UNIFICADO – FGV) Uma empresa põe anúncio em jornal oferecendo emprego para a função de vendedor, exigindo que o candidato tenha experiência anterior de 11 meses nessa função. Diante disso, assinale a alternativa correta.

(A) A exigência é ilegal, pois o máximo que o futuro empregador poderia exigir seriam 6 meses de experiência.

(B) A exigência é ilegal, pois o máximo que o futuro empregador poderia exigir seriam 3 meses de experiência.

(C) A exigência é legal, pois a experiência até 1 ano pode ser exigida do candidato a qualquer emprego, estando inserida no poder diretivo do futuro empregador.

(D) A exigência não traduz discriminação no emprego, de modo que poderia ser exigido qualquer período de experiência anterior.

COMENTÁRIO

O art. 442-A, inserido na CLT com o advento da Lei 11.644/2008, impôs ao empregador um limite temporal para contratação de empregados, que não poderá exigir, no ato da contratação, mais de 6 (seis) meses de prática do candidato para a atividade, ou seja, não poderá o empregador exigir dos pretensos empregados, período de experiência superior a 6 (seis) meses para aquela determinada função.

(IV EXAME DE ORDEM UNIFICADO – FGV) Com relação ao contrato de aprendizagem, assinale a alternativa correta.

(A) A duração do trabalho do aprendiz não pode exceder de 4 (quatro) horas diárias, sendo vedada a prorrogação e a compensação de jornada.

(B) Salvo condição mais favorável, ao menor aprendiz deve ser assegurado o salário-mínimo hora.

(C) É um contrato especial de trabalho que pode ser ajustado de forma expressa ou tácita.

(D) É um contrato por prazo determinado cuja duração jamais poderá ser superior a 2 (dois) anos.

COMENTÁRIO

A letra B está correta, pois reflete o disposto no art. 428, § 2º, da CLT;

A letra A está incorreta, pois nos termos do art. 432 da CLT, a duração do trabalho do aprendiz não excederá 6 (seis) horas diárias, sendo vedada a prorrogação e a compensação de jornada;

A letra C está incorreta, pois nos termos do art. 428, *caput*, da CLT, o contrato de aprendizagem deve ser ajustado apenas de forma escrita, não se admitindo de forma tácita;

A letra D está incorreta, pois o contrato de aprendizagem não poderá ser estipulado por prazo superior a 2 (dois) anos, exceto quando se tratar de aprendiz portador de deficiência, nos termos do art. 428, § 3º, da CLT.

(EXAME DE ORDEM UNIFICADO 2010.2 – FGV) No contexto da teoria das nulidades do contrato de trabalho, assinale a alternativa correta.

(A) Configurado o trabalho ilícito, é devido ao empregado somente o pagamento da contraprestação salarial pactuada.

(B) O trabalho noturno, perigoso e insalubre do menor de 18 (dezoito) anos de idade são modalidades de trabalho proibido ou irregular.

(C) O trabalho do menor de 16 (dezesseis) anos de idade, que não seja aprendiz, é modalidade de trabalho ilícito, não gerando qualquer efeito.

(D) A falta de anotação da Carteira de Trabalho e Previdência Social do empregado invalida o contrato de trabalho.

COMENTÁRIO

A letra B está correta, mas é importante traçarmos a diferença entre o trabalho ilícito e o trabalho proibido, sendo que o primeiro não merece guarida no direito. Exemplificando: se um empregado é contratado para vender tóxico ou coisa parecida, o trabalho é ilícito, não merecendo nenhuma proteção jurídica. Por outro lado, se um empregado menor é contratado, tendo menos de 12 anos, estamos no terreno do trabalho proibido, que, nem por isso, deixa de gerar direito e obrigações, que é o caso da assertiva;

A letra A está incorreta, pois o trabalho ilícito não merece qualquer proteção;

A letra C está incorreta, pois como explicado no item anterior, trata-se de trabalho proibido;

A letra D está incorreta, pois a falta de anotação em carteira é infração cometida pelo empregador e não pode gerar qualquer prejuízo ao empregado, sendo válido, portanto, o contrato de trabalho.

3. SUJEITOS DA RELAÇÃO DE TRABALHO – MODALIDADES ESPECIAIS DE TRABALHADORES

(XV EXAME DE ORDEM UNIFICADO – FGV) Marlene trabalhou em uma residência como cozinheira de 5 de maio de 2013 a 6 de julho de 2014. Assinale a opção que contempla o direito inerente à categoria profissional de Marlene, no período indicado, podendo ser exigido seu cumprimento de imediato pelo empregador.

(A) Adicional noturno.

(B) Horas extras.

(C) FGTS obrigatório.

(D) Seguro-desemprego obrigatório.

COMENTÁRIO

A letra B está correta, pois a jornada de trabalho de 8 horas/dia e 44 horas/semana, bem como o adicional pelo trabalho extraordinário já eram direitos com aplicação imediata de acordo com a EC 72/2013, direitos que não necessitam de regulamentação;

A letra A está incorreta, pois com a publicação da EC 72/2013 direitos como o adicional noturno necessitavam de regulamentação, que foi feita em 02.06.2015 pela Lei Complementar 150/2015, não podendo ser exigido no período apontado na questão;

A letra C está incorreta, pois o FGTS não é um direito de aplicação imediata pela EC 72/2013, necessitando de regulamentação. De acordo com a LC 150/2015 essa regulamentação será feita pelo Conselho Curador do FGTS;

A letra D está incorreta, pois o seguro-desemprego não foi um direito de aplicação imediata pela EC 72/2013, ele foi regulamentado somente pela LC 150/2015.

(XIII EXAME DE ORDEM UNIFICADO – FGV) A empresa *Infohoje* Ltda. firmou contrato com Paulo, pelo qual ele prestaria consultoria e suporte de serviços técnicos de informática a clientes da empresa. Para tanto, Paulo receberia 20% do valor de cada atendimento, sendo certo que trabalharia em sua própria residência, realizando os contatos e trabalhos por via remota ou telefônica. Paulo deveria estar conectado durante o horário comercial de segunda a sexta-feira, sendo exigida sua assinatura digital pessoal e intransferível para cada trabalho, bem como exclusividade na área de informática.

Sobre o caso sugerido, assinale a afirmativa correta.

(A) Paulo é prestador de serviços autônomo, não tendo vínculo de emprego, pois ausente a subordinação, já que inexistente fiscalização efetiva física.

(B) Paulo é prestador de serviços autônomo, não tendo vínculo de emprego, pois ausente o pagamento de salário fixo.

(C) Paulo é prestador de serviços autônomo, não tendo vínculo de emprego, pois ausente o requisito da pessoalidade, já que impossível saber se era Paulo quem efetivamente estaria trabalhando.

(D) Paulo é empregado da empresa, pois presentes todos os requisitos caracterizadores da relação de emprego.

COMENTÁRIO

A letra D está correta, pois todos os requisitos da relação de emprego previstos nos arts. 2º e 3º, da CLT, tais como: subordinação, onerosidade, pessoalidade, pessoa física, habitualidade estão presentes;

A letra A está incorreta, pois na relação de Paulo com a empresa *Infohoje* estava presente o requisito da subordinação, na medida em que tinha o dever de estar conectado durante o horário comercial de segunda a sexta-feira e, ainda, era exigida sua assinatura digital pessoal e intransferível para cada trabalho;

A letra B está incorreta, pois a falta de salário fixo não é motivo suficiente para a não caracterização da relação de emprego, tendo em vista que o requisito "onerosidade" da relação de emprego indica que os serviços prestados têm como objetivo o recebimento de salário, ou seja, não é gratuito;

A letra C está incorreta, pois Paulo é considerado empregado, tendo em vista que o requisito da "pessoalidade" está presente haja vista a exigência de assinatura digital e intransferível;

(XI EXAME DE ORDEM UNIFICADO – FGV) Marco Aurélio é advogado empregado em um escritório de advocacia, com CTPS assinada, tendo acertado na contratação a dedicação exclusiva. Num determinado mês, Marco cumpriu jornada de 2ª a 6ª feira das 12:00 às 21:00 h com intervalo de uma hora para refeição.

Com base no caso apresentado, assinale a afirmativa correta.

(A) Não haverá pagamento de adicional noturno porque a jornada não ultrapassou as 22:00 h

(B) Marco tem direito ao adicional noturno de 25% sobre a jornada compreendida entre 20:00 e 21:00 h

(C) Marco tem direito a horas extra, sendo assim reputadas as que ultrapassam a 4ª hora diária, com acréscimo de 50%.

(D) Marco tem direito ao adicional noturno de 20% sobre a jornada compreendida entre 20:00 e 21:00 h

COMENTÁRIO

A letra B está correta, pois nos termos do§ 3º do art. 20 da Lei 8.906/1994 às horas trabalhadas no período das vinte horas de um dia até as cinco horas do dia seguinte são remuneradas como noturnas, acrescidas do adicional de 25%;

A letra A está incorreta, pois houve o trabalho noturno, que para os advogados é aquele desempenhado no período das vinte horas de um dia até as cinco horas do dia seguinte, nos termos do art. 20, § 3º, da Lei 8.906/1994;

A letra C está incorreta, pois Marco não terá direito a horas extra, na medida em que está em regime de dedicação exclusiva, o que o exclui da jornada especial disposta no art. 20, *caput*, da Lei 8.906/1994;

A letra D está incorreta, pois o adicional noturno será de 25%.

(X EXAME DE ORDEM UNIFICADO – FGV) Adriana submete-se a um ato educativo supervisionado, desenvolvido no ambiente de trabalho, que visa à preparação para o trabalho produtivo daqueles que estejam frequentando o ensino regular em instituições de educação superior, educação profissional, ensino médio, da educação especial e dos anos finais do ensino fundamental.

Logo, pode-se dizer que Adriana é uma

(A) estagiária.

(B) aprendiz.

(C) cooperativada.

(D) empregada.

COMENTÁRIO

A letra A está correta, pois o enunciado define o contrato de estágio, nos termos do art. 1º da Lei 11.788/2008;

A letra B está incorreta, pois o aprendiz é um empregado. Nos termos do art. 428 da CLT contrato de aprendizagem é o contrato de trabalho especial, ajustado por escrito e por prazo determinado, em que o empregador se compromete a assegurar ao maior de 14 (quatorze) e menor de 24 (vinte e quatro) anos inscrito em programa de aprendizagem formação técnico-profissional metódica, compatível com o seu desenvolvimento físico, moral e psicológico, e o aprendiz, a executar com zelo e diligência as tarefas necessárias a essa formação;

A letra C está incorreta, pois nos termos do art. 3º da Lei 5.764/1971 celebram contrato de sociedade cooperativa as pessoas que reciprocamente se obrigam a contribuir com bens ou serviços para o exercício de uma atividade econômica, de proveito comum, sem objetivo de lucro;

A letra D está incorreta, pois a relação de emprego (arts. 2º e 3º da CLT) não implica em ato educativo supervisionado.

(VI EXAME DE ORDEM UNIFICADO – FGV) A idade mínima para que alguém seja contratado como empregada doméstica, aprendiz e no trabalho em subsolo é de, respectivamente,

(A) 16 anos, 14 anos e 25 anos.

(B) 21 anos, 16 anos e 18 anos.

(C) 14 anos, 16 anos e 30 anos.

(D) 18 anos, 14 anos e 21 anos.

COMENTÁRIO

A alternativa D está correta, pois para o empregado doméstico a idade mínima é de 18 (dezoito) anos. Isso porque nos termos do Decreto n. 6.481/2008, que traz a Lista das Piores Formas de Trabalho Infantil (Lista TIP) o serviço doméstico é tido como prejudicial ao menor de 18 (dezoito) anos. O aprendiz, nos termos do art. 7º, XXXIII, da CF e art. 428 da CLT o trabalho do aprendiz é autorizado a partir dos 14 (quatorze) anos de idade. Com relação ao trabalho em subsolo, o art. 301 da CLT determinada como idade mínima 21 (vinte e um) anos e como idade máxima 50 (cinquenta) anos.

(EXAME DE ORDEM UNIFICADO 2010.2 – FGV) Joana foi contratada para trabalhar de segunda a sábado na residência do Sr. Demétrius, de 70 anos, como sua acompanhante, recebendo salário mensal. Ao exato término do terceiro mês de prestação de serviços, o Sr. Demétrius descobre que a Sra. Joana está grávida, rescindindo a prestação de serviços. Joana, inconformada, ajuíza ação trabalhista para que lhe seja reconhecida a condição de empregada doméstica e garantido o seu emprego mediante reconhecimento da estabilidade provisória pela gestação. Levando-se em consideração a situação de Joana, assinale a alternativa correta.

(A) A função de acompanhante é incompatível com o reconhecimento de vínculo de emprego doméstico.

(B) Joana faz jus ao reconhecimento de vínculo de emprego como empregada doméstica.

(C) Joana não fará jus à estabilidade gestacional, pois este não é um direito garantido à categoria dos empregados domésticos.

(D) Joana não fará jus à estabilidade gestacional, pois o contrato de três meses é automaticamente considerado de experiência para o Direito do Trabalho e pode ser rescindido ao atingir o seu termo final.

COMENTÁRIO

A letra B está correta, pois Joana preenche todos os requisitos caracterizadores da relação de empregado doméstico, nos termos do art. 1º da LC 150/2015;

A letra A está incorreta, pois a função de acompanhante é compatível com o reconhecimento de vínculo de empregado doméstico, nos termos do art. 1º da LC 150/2015;

A letra C está incorreta, pois o art. 25, parágrafo único, da LC 150/2015 ensina que a confirmação do estado de gravidez durante o curso do contrato de trabalho, ainda que durante o prazo do aviso-prévio trabalhado ou indenizado, garante à empregada gestante a estabilidade provisória prevista na alínea "b" do inciso II do art. 10 do Ato das Disposições Constitucionais Transitórias;

A letra D está incorreta, pois o contrato em debate não será considerado como contrato de experiência, pois não foi celebrado com esse fim.

4. REMUNERAÇÃO E SALÁRIO

(XVIII EXAME DE ORDEM UNIFICADO – FGV) Nelson foi contratado como vigilante, diretamente pelo Banco Moeda Firme, empresa que assinou a sua carteira profissional. Ele atua em diversas agências bancárias e recebe adicional de periculosidade em seu contracheque. Sobre a categoria profissional de Nelson e em relação ao adicional de periculosidade, assinale a opção correta de acordo com a jurisprudência do TST.

(A) Nelson não é bancário.

(B) O recebimento do adicional de periculosidade é uma liberalidade do empregador.

(C) Nelson integra a categoria dos bancários, já que seu empregador explora essa atividade.

(D) A situação é irregular, pois o serviço de vigilante precisa ser terceirizado.

COMENTÁRIO

A alternativa correta é a letra A pois Nelson faz parte de categoria profissional diferenciada, nos termos do artigo 511, § 3º da CLT, assim entendida aquela que se forma com empregados que exerçam profissões ou funções diferenciadas por foça de estatuto profissional especial ou em consequência de condições de vida singulares. No caso, os vigilantes possuem lei própria para regência da profissão, qual seja, Lei 7.102/1983.

Em sendo Nelson trabalhador pertencente à categoria profissional diferenciada, não há que se falar seja ele pertencente da categoria dos bancários embora seja essa a atividade preponderante de seu empregador (o que torna incorreta, consequentemente, a alternativa C). Esse mandamento deflui, inclusive, da Súmula 117 do TST.

A alternativa B está incorreta por sugerir que o direito do vigilante ao adicional de periculosidade seja facultativo. Veja-se que a nova redação do artigo 193 da CLT, inciso II, conferida pela Lei 12.740/2012 confere o adicional de periculosidade aos vigilantes não se tratando, pois, de uma opção sua observância por parte do empregador.

A alternativa D também está incorreta por caracterizar o instituto da terceirização como sistemática obrigatória o que não se faz correto por falta de previsão legal nesse sentido. Pondere-se, por fim, que, ainda que Súmula 331, inciso III, trate expressamente da hipótese válida de terceirização para os serviços de vigilância, o fato é que a terceirização aí, frise-se, não é obrigatória.

(XVI EXAME DE ORDEM UNIFICADO – FGV) João trabalha na área de vendas em uma empresa de cigarros. Recebe do empregador, em razão do seu cargo, moradia e pagamento da conta de luz do apartamento, além de ter veículo cedido com combustível. Tal se dá em razão da necessidade do trabalho, dado que João trabalha em local distante de grande centro, sendo responsável pela distribuição e venda dos produtos na região. Além disso, João recebe uma quota mensal de 10 pacotes de cigarro por mês, independentemente de sua remuneração, não sendo necessário prestar contas do que faz com os cigarros.

16. Direito do Trabalho

A partir do caso narrado, assinale a afirmativa correta.

(A) Os valores relativos à habitação, à energia elétrica e ao veículo integram a remuneração de João, por serem salário-utilidade, mas não o cigarro, por ser nocivo à saúde.

(B) Os valores de habitação e veículo integram a remuneração de João. A energia elétrica e o combustível, não, pois já incorporados, respectivamente, na habitação e no veículo. O valor do cigarro não é integrado, face à nocividade à saúde.

(C) Nenhum dos valores da utilidade integram a remuneração de João.

(D) Tratando-se de salário *in natura*, todos os valores integram a remuneração de João, pois são dados com a ideia de contraprestação aos serviços.

COMENTÁRIO

A letra C está correta, pois reflete o entendimento cristalizado na Súmula 367 I e II, do TST;

A letra A está incorreta, pois habitação, energia elétrica, o veículo e o cigarro não integram a remuneração do empregado, nos termos da súmula 369, I e II, do TST. Veja também o art. 458, § 2º, da CLT;

A letra B está incorreta, pois a habitação e o veículo, assim como as demais utilidades apontadas na assertiva, não integram a remuneração do empregado, súmula 367, I e II, do TST;

A letra D está incorreta, pois as utilidades apontadas na assertiva não correspondem ao salário *in natura*, nos termos do art. 458, § 2º, da CLT e súmula 367 do TST.

(XVI EXAME DE ORDEM UNIFICADO – FGV) Hugo, José e Luiz são colegas de trabalho na mesma empresa. Hugo trabalha diretamente com o transporte de material inflamável, de modo permanente, nas dependências da empresa. José faz a rendição de Hugo durante o intervalo para alimentação e, no restante do tempo, exerce a função de teleoperador. Luiz também exerce a função de teleoperador. Acontece que, no intervalo para a alimentação, Luiz pega carona com José no transporte de inflamáveis, cujo trajeto dura cerca de dois minutos.

Diante dessa situação, assinale a afirmativa correta.

(A) Como Hugo, José e Luiz têm contato com inflamáveis, os três têm direito ao adicional de periculosidade.

(B) Apenas Hugo, que lida diretamente com os inflamáveis em toda a jornada, tem direito ao adicional de periculosidade.

(C) Hugo faz jus ao adicional de periculosidade integral; José, ao proporcional ao tempo de exposição ao inflamável; e Luiz não tem direito ao adicional, sendo certo que a empresa não exerce qualquer atividade na área de eletricidade.

(D) Hugo e José têm direito ao adicional de periculosidade. Luiz não faz jus ao direito respectivo.

COMENTÁRIO

A letra D está correta, pois nos termos da súmula 364 do TST Hugo terá direito ao adicional de periculosidade, na medida em que é exposto permanentemente à condições de riscos; José também terá direito ao adicional, tendo em vista que de forma intermitente, sujeita-se a condições de risco. No entanto, Luiz não fará jus ao adicional, visto que o contato, ainda que habitual, dá-se por tempo extremamente reduzido;

A letra A está incorreta, pois Luiz não faz jus ao adicional de periculosidade, tendo em vista que, por pegar carona, seu contato é extremamente reduzido, ainda que habitual, Súmula 364 TST;

A letra B está incorreta, pois não apenas Hugo terá direito ao adicional, mas também José na medida em que ao render seu colega de trabalho exerce contato intermitente sujeitando-se à condição de risco, súmula 364 do TST;

A letra C está incorreta, pois Não há previsão de pagamento proporcional ao tempo de exposição, Súmula 364 TST.

(XV EXAME DE ORDEM UNIFICADO – FGV) Samuel trabalha numa loja de departamentos. Ele foi contratado como vendedor e, após três anos, promovido a gerente, quando, então, teve aumento de 50%, cujo valor era pago sob a rubrica *"gratificação de função"* Nessa condição, trabalhou por oito anos, findos os quais o empregador, para dar oportunidade a outra pessoa, resolveu reverter Samuel ao cargo de origem (vendedor).

Diante do caso apresentado, assinale a afirmativa correta.

(A) A atitude do empregador é legítima e ele pode suprimir a gratificação de função, já que o valor não foi percebido por mais de dez anos.

(B) O empregador não pode rebaixar Samuel, devendo mantê-lo como gerente, mas pode reduzir a gratificação de função.

(C) O empregador pode revertê-lo ao cargo de origem, mas a gratificação deve ser mantida, pois recebida há mais de cinco anos.

(D) A atitude do empregador é ilícita, pois está rebaixando o empregado, em atitude contrária às normas trabalhistas.

COMENTÁRIO

A letra A está correta, pois reflete o entendimento disposto na súmula 372, I, do TST;

A letra B está incorreta, pois pelo poder diretivo atribuído ao empregador é possível o retorno do empregado ao cargo efetivo;

A letra C está incorreta, pois embora possa reverter o empregado ao cargo de origem, a gratificação poderá ser retirada, na medida em que não atingiu o período de 10 anos exigido pelo entendimento do TST na Súmula 372, I;

A letra D está incorreta, pois a atitude do empregador não é ilícita, tendo em vista estar acobertada pelo poder de direção do empregador.

(XIV EXAME DE ORDEM UNIFICADO – FGV) Dentre as opções listadas a seguir, assinale aquela que indica o empregado que já tem os dias de repouso remunerados em seu salário, sem que haja o acréscimo da remuneração do seu repouso semanal.

(A) Germano, que é empregado horista.

(B) Gabriela, que é empregada diarista.

(C) Robson, que é empregado mensalista.

(D) Diego, que é empregado comissionista puro.

COMENTÁRIO

A letra C está correta, pois reflete o disposto no art. 7º, § 2º, da CLT;

A letra A está incorreta, pois para os empregados que trabalham por hora a remuneração do repouso semanal corresponderá à sua jornada norma de trabalho, computadas as horas extraordinárias habitualmente prestadas, art. 7º, *b*, da Lei 605/1949;

A letra B está incorreta, pois para o empregado diarista a remuneração do repouso semanal corresponderá à de um dia de serviço, computadas as horas extraordinárias habitualmente prestadas, art. 7º, *a*, da Lei 605/1949;

A letra D está incorreta, pois, como a lei não tratou da situação do empregado comissionista puro aplica-se, analogicamente, a regra dos empregados em domicílio, ou seja, a remuneração do repouso semanal corresponderá ao equivalente ao quociente da divisão por 6 (seis) da importância total da sua produção na semana, art. 7º, *d*, da Lei 605/1949.

(XIII EXAME DE ORDEM UNIFICADO – FGV) Os garçons e empregados do restaurante *Come Bem Ltda*. recebem as gorjetas dadas pelos clientes, de forma espontânea, uma vez que não há a cobrança obrigatória na nota de serviço.

Diante da hipótese apresentada, assinale a afirmativa correta.

(A) As gorjetas integram a remuneração, mas não servem de base de cálculo para o pagamento do aviso prévio, adicional noturno, horas-extras e repouso semanal remunerado.

(B) As gorjetas não integram a remuneração, uma vez que são espontâneas, pois não há o controle das quantias concedidas.

(C) As gorjetas são integradas, para todos os efeitos, na remuneração do empregado, repercutindo, assim, no pagamento de todos os direitos trabalhistas.

(D) As gorjetas integram a remuneração apenas para efeitos de aviso prévio trabalhado, adicional noturno, horas-extras e repouso semanal remunerado, pois as demais parcelas não estão relacionadas com o dia a dia de trabalho efetivo; não havendo trabalho, não há gorjeta.

COMENTÁRIO

A letra A está correta, pois reflete o disposto na súmula 354 do TST;

A letra B está incorreta, pois em conformidade com o entendimento disposto na Súmula 354 do TST as gorjetas espontâneas ou cobradas pelo empregador integrarão a remuneração do empregado;

A letra C está incorreta, pois de acordo com o entendimento disposto na Súmula 354 do TST as gorjetas não servem de base de cálculo para o pagamento do aviso prévio, adicional noturno, horas-extras e repouso semanal remunerado;

A letra D está incorreta, pois as gorjetas TST as gorjetas não servem de base de cálculo apenas para o pagamento do aviso prévio, adicional noturno, horas--extras e repouso semanal remunerado, integrando, portanto, para as demais verbas como: férias, 13º salário, existindo, ainda, incidência do FGTS. Não há incidência para fins de aviso prévio, que é calculado sobre o salário do mês da rescisão e não sobre a remuneração; DSRs, pois se o pagamento é mensa' já abrange os valores; adicional noturno que é calculado sobre a hora diurna; adicional de insalubridade, que é calculado sobre o salário mínimo; adicional de periculosidade, calculado sobre o salário contratual do empregado.

(XII EXAME DE ORDEM UNIFICADO – FGV) Calçados Mundial S.A. contratou duas empresas distintas para a prestação de serviços de limpeza e conservação nas suas instalações. Maria é empregada de uma das terceirizadas, exerce a função de auxiliar de limpeza e ganha salário de R$ 1.150,00. Celso é empregado da outra terceirizada, exerce a mesma função que Maria, trabalha no mesmo local, e ganha R$ 1.020,00 mensais.

A partir do caso apresentado, assinale a afirmativa correta.

(A) Celso poderá requerer o mesmo salário que Maria, pois na hipótese pode-se falar em empregador único.

(B) Impossível a equiparação salarial, mas se outro direito for violado, a empresa tomadora dos serviços terá responsabilidade solidária.

(C) Viável a equiparação desde que Maria e Celso trabalhem no mínimo dois anos nas instalações do tomador dos serviços.

(D) Não será possível a equiparação salarial entre Maria e Celso porque os respectivos empregadores são diferentes.

COMENTÁRIO

A letra D está correta, pois Celso e Maria não são considerados empregados da empresa Calçados Mundial S/A, mas cada um da respectiva empresa de trabalho especializada de serviços de limpeza e conservação;

A letra A está incorreta, pois não se trata de empregador único, tendo em vista que Celso e Maria não são considerados empregados da empresa Calçados Mundial S/A, mas cada um da respectiva empresa de trabalho especializada de serviços de limpeza e conservação. Embora prestem serviços para Calçados Mundial S/A não são considerados empregados dessa empresa;

A letra B está incorreta, pois embora seja impossível o pedido de equiparação salarial, tendo em vista se tratar de uma terceirização permitida, súmula 331, IV, do TST, a responsabilidade nesse caso será subsidiária;

A letra C está incorreta, pois o pedido de equiparação salarial não é viável, tendo em vista não preencher os requisitos para a pertinência do pedido de equiparação. São requisitos para a equiparação salarial: trabalho de igual valor; mesmo empregador; identidade de funções, mesma localidade e inexistência de quadro de carreira.

(XI EXAME DE ORDEM UNIFICADO – FGV) Paulo, motorista de ônibus, mantém contrato de trabalho com a empresa Transporte Seguro S/A, no qual há estipulação escrita de que o motorista envolvido em acidente de trânsito será descontado pelas avarias e prejuízos causados. Em um dia comum, Paulo ultrapassou o sinal vermelho e colidiu com veículo que vinha do outro lado do cruzamento. Não houve vítimas, mas os veículos ficaram impedidos de trafegar em razão das avarias e o coletivo foi multado por avanço de sinal. A empresa entendeu por bem descontar do salário de Paulo o conserto do ônibus, bem como as despesas com o conserto do veículo de passeio.

Diante disso, assinale a afirmativa correta.

(A) A empresa agiu de forma incorreta, pois não poderia descontar nada de Paulo, dado o princípio da intangibilidade salarial.

(B) A empresa agiu de forma incorreta, pois só poderia descontar um dos danos, pois todos os descontos acarretaram bis in idem.

(C) A empresa agiu corretamente, pois Paulo agiu com culpa e havia previsão contratual para tanto.

(D) A empresa agiu de forma incorreta, pois não houve dolo por parte do empregado e é dela o risco do negócio. Logo, o desconto é descabido.

COMENTÁRIO

A letra D está incorreta, pois embora não tenha dolo do empregado, o desconto é permitido;

A letra A está incorreta, pois o desconto é permitido, em conformidade com o art. 462, § 1º, da CLT;

A letra B está incorreta, pois a empresa agiu corretamente. O desconto de [illegible]s os danos não caracteriza bis in idem, tendo em vista que o art. 462 da CLT [illegible]mina o desconto dos danos causados pelo obreiro;

[illegible]tra C está correta, pois, nos termos do art. 462, § 1º, da CLT o dano [illegible], ou seja, aquele causado pelo empregado por imperícia, negligência [illegible]dência somente poderá ser descontado de seu salário desde que a [illegible]ade tenha sido acordada. No entanto, em se tratado de dano doloso, o [illegible]erá permitido ainda que sem previsão contratual.

(VII EXAME DE ORDEM UNIFICADO – FGV) Carlos Manoel Pereira Nunes foi chamado pelo seu chefe Renato de Almeida para substituí-lo durante as suas férias. Satisfeito, Carlos aceitou o convite e, para sua surpresa, recebeu, ao final do mês de substituição, o salário no valor equivalente ao do seu chefe, no importe de R$ 20.000,00. Pouco tempo depois, Renato teve que se ausentar do país por dois meses, a fim de representar a empresa numa feira de negócios. Nessa oportunidade, convidou Carlos mais uma vez para substituí-lo, o que foi prontamente aceito. Findo os dois meses, Carlos retornou à sua função habitual, mas o seu chefe Renato não mais retornou. No dia seguinte, o presidente da empresa chamou Carlos ao seu escritório e o convidou para assumir definitivamente a função de chefe, uma vez que Renato havia pedido demissão. Carlos imediatamente aceitou a oferta e já naquele instante iniciou sua nova atividade. Entretanto, ao final do mês, Carlos se viu surpreendido com o salário de R$ 10.000,00, metade do que era pago ao chefe anterior. Inconformado, foi ao presidente reclamar, mas não foi atendido. Sentindo-se lesado no seu direito, Carlos decidiu ajuizar ação trabalhista, postulando equiparação salarial com o chefe anterior, a fim de que passasse a receber salário igual ao que Renato percebia. Com base na situação acima descrita, é correto afirmar que Carlos

(A) faz jus à equiparação salarial com Renato, uma vez que passou a exercer as mesmas tarefas e na mesma função de chefia que o seu antecessor.

(B) faz jus à equiparação salarial, uma vez que, quando substituiu Renato nas suas férias e durante sua viagem a trabalho, recebeu salário igual ao seu, devendo a mesma regra ser observada na hipótese de substituição definitiva.

(C) não faz jus à equiparação salarial com Renato, uma vez que a substituição definitiva não gera direito a salário igual ao do antecessor, além de ser impossível a equiparação salarial que não se relacione a situação pretérita.

(D) não faz jus à equiparação, uma vez que substituiu Renato apenas eventualmente, não se caracterizando a substituição definitiva geradora do direito ao igual salário para igual tarefa.

COMENTÁRIO

A letra C está correta, pois de acordo com o entendimento disposto na Súmula 159, item I, do TST somente enquanto perdurar a substituição que não seja eventual deverá ser recebido o mesmo salário. A súmula se refere a substituições para eventos com certa duração, por certo período, como ocorre nas férias, mas não para a substituição definitiva;

A letra A está incorreta, pois o empregado não faz jus à equiparação. Isso porque, nos termos da Súmula 159, item II, do TST vago o cargo em definitivo, o empregado que passa a ocupá-lo não tem direito ao salário do antecessor, na medida em que não existe previsão legal;

A letra B está incorreta, pois o empregado não faz jus ao pedido de equiparação salarial, isso porque em conformidade com a Súmula 159, item I, do TST somente enquanto durar a substituição não eventual o empregado substituto fará jus ao salário igual ao do substituído, não existindo previsão legal para pagamento de salários em caso de substituição definitiva;

A letra D está incorreta, pois a substituição não foi eventual, entendida como sendo aquela casual, de curta duração, como por exemplo, por uma manhã ou um dia.

(VII EXAME DE ORDEM UNIFICADO – FGV) Um frentista de posto de gasolina sofreu desconto no seu salário referente à devolução de cheque sem provisão de fundos, em razão de não ter observado recomendação prevista em acordo coletivo de trabalho no tocante à verificação da situação cadastral do cliente no ato da venda do combustível. Diante dessa situação hipotética, e considerando que a norma coletiva autoriza o desconto salarial no caso de negligência do empregado, assinale a alternativa correta.

(A) O empregador não podia ter efetuado o desconto no salário do empregado, em razão do princípio da intangibilidade salarial, sendo inválida a norma coletiva autorizadora.

(B) O desconto foi lícito, em face da não observância das recomendações previstas em norma coletiva.

(C) O desconto somente pode ser considerado lícito se comprovado o dolo do empregado.

(D) O desconto é ilícito, pois o empregador não pode transferir ao empregado os riscos da atividade econômica, sendo inválida a norma coletiva que o autoriza.

COMENTÁRIO

A letra B está correta, pois reflete o entendimento disposto na OJ 251 da SDI-1 do TST. Ademais, o art. 462 da CLT permite o desconto em debate;

A letra A está incorreta, pois a assertiva demonstra conduta culposa na modalidade negligência do empregado e, ainda, previsão em acordo coletivo, o que, nos termos do art. 462, *caput* e § 1º, da CLT, autoriza o desconto no salário do obreiro;

A letra C está incorreta, pois em se tratando de conduta culposa do empregado, o desconto no salário será considerado lícito desde que haja o consentimento do empregado, nos termos do art. 462, § 1º, da CLT;

A letra D está incorreta, pois o desconto é considerado lícito nos termos do art. 462 da CLT.

(VI EXAME DE ORDEM UNIFICADO – FGV) No direito brasileiro, a redução do salário é

(A) impossível.

(B) possível, em caso de acordo entre empregado e empregador, desde que tenha por finalidade evitar a dispensa do empregado sem justa causa.

(C) possível mediante autorização da Superintendência Regional do Trabalho e Emprego.

(D) possível mediante convenção ou acordo coletivo de trabalho.

COMENTÁRIO

A letra D está correta, pois reflete o disposto no art. 7º, VI, da CF que traz o princípio da irredutibilidade salarial. Em regra, o salário é irredutível. No entanto, mediante negociação coletiva, ou seja, acordo ou convenção coletiva de trabalho, é permitida a redução salarial. É o que dispõe o art. 7º, VI, da CF. Essa ideia é reforçada pelo art. 468 da CLT que proíbe, sob pena de nulidade, qualquer alteração que cause prejuízo ao trabalhador;

A letra A está incorreta, pois o art. 7º, VI, da CF permite a redução salarial;

A letra B está incorreta, embora seja possível a redução salarial, nos termos do art. 7º, VI, da CF, não é permitida a redução por acordo individual de trabalho entre empregado e empregador;

A letra C está incorreta, pois embora seja possível a redução salarial, ela não depende de autorização da Superintendência Regional do Trabalho e Emprego, nos termos do art. 7º, VI, da CF.

(V EXAME DE ORDEM UNIFICADO – FGV) Para equiparação salarial, é necessário que

(A) os empregados comparados tenham a mesma função, pois todo trabalho deve ser igualmente remunerado de acordo com o princípio da isonomia consagrado constitucionalmente.

(B) haja identidade de funções, trabalho com a mesma produtividade e perfeição técnica, para o mesmo empregador, na mesma região metropolitana, com contemporaneidade na prestação de serviços na mesma função e a qualquer tempo, e quadro de carreira homologado pelo Ministério do Trabalho e Emprego.

(C) haja identidade de funções, trabalho de igual valor para o mesmo empregador, na mesma região metropolitana, sendo a prestação de serviços entre o empregado e o modelo contemporânea na mesma função, mas com diferença não superior a 2 anos, inexistindo quadro de carreira organizado.

(D) haja identidade de funções, trabalho de igual valor para o mesmo empregador, na mesma localidade, com contemporaneidade na prestação dos serviços na mesma função e a qualquer tempo, inexistindo quadro de carreira organizado.

COMENTÁRIO

A letra C está correta, pois reflete o disposto no art. 461 da CLT e Súmula 6 do TST;

A letra A está incorreta, pois a identidade de funções não é o único requisito para a equiparação salarial. *Vide* art. 461 CLT;

A letra B está incorreta, pois trabalho de igual valor necessita que a diferença no tempo de serviço na mesma função não seja superior a 2 anos (Súmula 6, II, TST e art. 461, § 1º, da CLT). Ademais, é desnecessário que, ao tempo da reclamação trabalhista, ambos estejam trabalhando na mesma empresa, desde que o pedido se relacione com situação pretérita, a teor do item IV da Súmula 6 do TST;

A letra D está incorreta, pois o conceito de mesma localidade é entendido como a mesma região metropolitana e, ainda, deve haver diferença no tempo de serviço na mesma função não seja superior a 2 anos (Súmula 6, II, TST e art. 461, § 1º, da CLT).

(EXAME DE ORDEM UNIFICADO 2010.3 – FGV) Em se tratando de salário e remuneração, é correto afirmar que

(A) a parcela de participação nos lucros ou resultados, habitualmente paga, não integra a remuneração do empregado.

(B) as gorjetas integram a base de cálculo do aviso-prévio, das horas extraordinárias, do adicional noturno e do repouso semanal remunerado.

(C) o salário-maternidade tem natureza salarial.

(D) o plano de saúde fornecido pelo empregador ao empregado, em razão de seu caráter contraprestativo, consiste em salário *in natura*.

COMENTÁRIO

A letra A está correta, pois está em conformidade com o art. 3º da Lei 10.101/2000;

A letra B está incorreta, pois em conformidade com o entendimento solidificado na Súmula 354 do TST, as gorjetas integram a remuneração do empregado, não servindo de base de cálculo para as parcelas de aviso-prévio, adicional noturno, horas extras e repouso semanal remunerado;

A letra C está incorreta, pois a natureza jurídica do salário-maternidade é de benefício previdenciário, na medida em que é a Previdência Social que efetua o seu pagamento, nos termos do art. 71 da Lei 8.213/1991;

A letra D está incorreta, pois nos termos do art. 458, § 2º, IV, da CLT, a assistência médica não constitui salário *in natura*.

(EXAME DE ORDEM UNIFICADO 2010.2 – FGV) Marcos foi contratado para o cargo de escriturário de um banco privado. Iniciada sua atividade, Marcos percebeu que o gerente lhe estava repassando tarefas alheias à sua função. A rigor, conforme constava do quadro de carreira da empresa devidamente registrado no Ministério do Trabalho e Emprego, as atribuições que lhe estavam sendo exigidas deveriam ser destinadas ao cargo de tesoureiro, cujo nível e cuja remuneração eram bem superiores. Esta situação perdurou por dois anos, ao fim dos quais Marcos decidiu ajuizar uma ação trabalhista em face do seu empregador. Nela, postulou uma obrigação de fazer – o seu reenquadramento para a função de tesoureiro – e o pagamento das diferenças salariais do período. Diante desta situação jurídica, é correto afirmar que:

(A) o pedido está inepto, uma vez que este é um caso típico de equiparação salarial e não houve indicação de paradigma.

(B) o pedido deve ser julgado improcedente, uma vez que a determinação das atividades, para as quais o empregado está obrigado, encontra-se dentro do *jus variandi* do empregador.

(C) o pedido deve ser julgado procedente, se for demonstrado, pelo empregado, que as suas atividades correspondiam, de fato, àquelas previstas abstratamente na norma interna da empresa para o cargo de tesoureiro.

(D) o pedido deve ser julgado procedente em parte, uma vez que só a partir da decisão judicial que determine o reenquadramento é que o empregado fará jus ao aumento salarial.

COMENTÁRIO

A letra C está correta, pois se o empregado demonstrar que suas atividades correspondiam a outra função, o pedido será julgado procedente. Nesse sentido: "Desvio funcional. Diferenças salariais devidas. Comprovado nos autos que o empregado desempenhava função diversa daquela para a qual fora contratado, faz jus às diferenças salariais pleiteadas, nos termos do art.460 da CLT e atendendo às regras insculpidas nos incisos XXX e XXXII, do art. 7º da CF. (TRT/SP – 00453200730302003 – RO;

A letra A está incorreta, pois não se trata de equiparação salarial, mas de pedido de reenquadramento de função. Na equiparação o reclamante está na função correta, mas seu salário é inferior ao de outro funcionário na mesma função, conforme requisitos legais. Já no desvio de função, o reclamante pretende seu reenquadramento em outra função, eis que de fato exerce as atribuições de outra função;

A letra B está incorreta, pois o *jus variandi* do empregador não contempla a possibilidade de exigir do empregado atribuições estranhas à sua função, podendo ensejar, inclusive, em rescisão indireta do contrato de trabalho, nos termos do art. 483, *a*, da CLT;

A letra D está incorreta, pois o reclamante fará jus às diferenças salariais desde a data em que restou comprovado desvio de função, respeitando-se o prazo prescricional, conforme consta da Súmula 275, I, do TST: "Prescrição. Desvio de função e reenquadramento. I – Na ação que objetive corrigir desvio funcional, a prescrição só alcança as diferenças salariais vencidas no período de 5 (cinco) anos que precedeu o ajuizamento. II – Em se tratando de pedido de reenquadramento, a prescrição é total, contada da data do enquadramento do empregado".

5. JORNADA DE TRABALHO – DURAÇÃO DO TRABALHO

(XVI EXAME DE ORDEM UNIFICADO – FGV) As sociedades empresárias ALFA e BETA, que atuam no ramo hoteleiro, foram fiscalizadas pela autoridade competente e multadas porque concediam intervalo de 30 minutos para refeição aos empregados que tinham carga horária de trabalho superior a 6 horas diárias. Ambas recorreram administrativamente da multa aplicada, sendo que a sociedade empresária ALFA alegou e comprovou que a redução da pausa alimentar havia sido acertada em acordo individual feito diretamente com todos os empregados, e a sociedade empresária BETA alegou e comprovou que a redução havia sido autorizada pela Superintendência Regional do Trabalho.

De acordo com a Constituição, a CLT e o entendimento sumulado pelo TST, assinale a afirmativa correta.

(A) As duas sociedades empresárias estão erradas, pois o intervalo mínimo a ser respeitado seria de uma hora para refeição e descanso.

(B) A sociedade empresária BETA não deveria ser multada, pois a autoridade administrativa autorizou no seu caso a redução do intervalo.

(C) As duas sociedades empresárias estão corretas, pois a diminuição da pausa alimentar tem justificativa jurídica e deve ser respeitada.

(D) A sociedade empresária ALFA não deveria ser multada, pois a Constituição Federal reconhece os acordos individuais em razão da autonomia privada.

COMENTÁRIO

A letra B é a opção correta, isso porque nos termos do art. 71, § 3º, da CLT o limite mínimo de uma hora para repouso ou refeição poderá ser reduzido por ato do Ministro do Trabalho, Indústria e Comércio, ou seja, a Superintendência Regional do Trabalho, que autorizará se verificar que o estabelecimento atende integralmente às exigências concernentes à organização dos refeitórios, e quando os respectivos empregados não estiverem sob regime de trabalho prorrogado a horas suplementares. Como consta no enunciado que a empresa BETA obteve essa autorização não poderia ser multada. No entanto, à empresa ALFA a multa deverá ser aplicada, tendo em vista que nos termos da súmula 437, II, do TST é inválida cláusula de acordo ou convenção coletiva de trabalho contemplando a supressão ou redução do intervalo intrajornada porque este constitui medida de higiene, saúde e segurança do trabalho, garantido por norma de ordem pública.

(XVI EXAME DE ORDEM UNIFICADO – FGV) Paulo é operador de máquinas de uma montadora de automóveis. Seu horário de trabalho é das 7:00 às 16:00, dispondo de uma hora de intervalo. O aparelho para registro do ponto eletrônico fica situado ao lado da máquina operada por Paulo e os controles são marcados no início e no fim da efetiva jornada de trabalho. Paulo diariamente chega ao trabalho às 6:15, horário em que sai da condução que o deixa na porta da empresa. Porém, tem que caminhar por cerca de trinta minutos até o local de início efetivo do trabalho. Insatisfeito, Paulo decidiu mover uma reclamação trabalhista em face de seu empregador.

Considerando o caso acima, assinale a afirmativa correta.

(A) Paulo não tem direito às horas extras, pois não havia excesso de jornada.

(B) Tendo havido extrapolação de 5 (cinco) minutos no tempo de deslocamento entre o portão e o local de trabalho, Paulo faz jus a 10 (dez) minutos extras no início e no fim da jornada.

(C) Paulo tem direito às horas extras (minutos) no início e no fim da jornada, dada a distância entre o portão da empresa e o local de trabalho, que supera 10 (dez) minutos de deslocamento.

(D) Paulo tem direito às horas extras registradas em seu cartão de ponto.

COMENTÁRIO

A letra C está correta, pois reflete o entendimento disposto na súmula 366 do TST;

A letra A está incorreta, pois a questão aponta que o percurso entre a portaria até o local de trabalho de Paulo leva cerca de 30 minutos para ir e, consequentemente, cerca de 30 minutos para voltar. Assim, por ter que caminhar por cerca de 1 hora Paulo terá direito à percepção de 1 (uma) hora extras, 30 minutos no início e 30 minutos no final, veja súmulas 366 e 429 TST;

A letra A está incorreta, pois uma vez extrapolado o limite de 10 minutos diários o empregador deverá remunerar todo o período extrapolado, súmula 366 TST;

A letra D está incorreta, pois como o ponto eletrônico está situadas ao lado da máquina operada por Paulo, não estará registrado o período gasto entre a portaria e o local de trabalho e, portanto, Paulo não terá direito somente as horas registradas no cartão de ponto, mas sim por todo o tempo gasto entre a portaria e o local de trabalho.

(XIV EXAME DE ORDEM UNIFICADO – FGV) Jerônimo trabalha na Metalúrgica Pereira como soldador, com a seguinte jornada: de 2ª a 6ª-feira, das 9h às 18h, com quatro intervalos diários de quinze minutos, destinados à alimentação (das 9h45min às 10h, das 11h45min às 12h, das 14h45min às 15h e das 16h30min às 16h45min). Na hipótese em questão, de acordo com o entendimento sumulado do TST,

(A) o intervalo intrajornada mínimo de uma hora foi respeitado, daí porque não há horas extras a pagar.

(B) o empregado terá direito ao pagamento de uma hora extra diária pela concessão inadequada da pausa alimentar.

(C) a possibilidade de fracionamento do intervalo intrajornada em 4 períodos depende de autorização do Ministério do Trabalho e Emprego.

(D) se o fracionamento ou a supressão do intervalo estivessem previstos em convenção coletiva, a empresa estaria dispensada de pagar a hora extra.

COMENTÁRIO

A letra B está correta, pois como o intervalo não foi concedido nos exatos termos do art. 71 *caput*, da CLT, deverá o empregador pagar o respectivo período acrescido de 50%, em conformidade com o art. 71, § 4º, da CLT;

A letra A está incorreta, pois o intervalo para refeição e descanso não foi respeitado, tendo em vista que nos termos do art. 71, *caput*, da CLT ele deve ser de no mínimo 1 hora. Para a atividade exercida por Jerônimo o fracionamento poderia haver o fracionamento desde que não fosse inferior a 1 hora. Vale lembra que nos termos do § 5º do art. 71 da CLT os intervalos expressos no *caput* e no § 1º poderão ser fracionados quando compreendidos entre o término da primeira hora trabalhada e o início da última hora trabalhada, desde que previsto em convenção ou acordo coletivo de trabalho, ante a natureza do serviço e em virtude das condições especiais do trabalho a que são submetidos estritamente os motoristas, cobradores, fiscalização de campo e afins nos serviços de operação de veículos rodoviários, empregados no setor de transporte coletivo de passageiros, mantida a mesma remuneração e concedidos intervalos para descanso menores e fracionados ao final de cada viagem, não descontados da jornada;

A letra C está incorreta, pois o fracionamento do intervalo é permitido, em regra, para os motoristas, cobradores, fiscalização de campo e afins nos serviços de operação de veículos rodoviários, empregados no setor de transporte coletivo de passageiros por acordo ou convenção coletiva, nos termos do art. 71, § 5º, da CLT;

A letra D está incorreta, pois não tem validade cláusula de acordo ou convenção coletiva que contemple a supressão do intervalo. O mesmo raciocínio deve ser feito para o fracionamento inferior a 1 hora de intervalo.

(XIV EXAME DE ORDEM UNIFICADO – FGV) Jefferson é balconista numa loja e, por determinação do empregador e necessidade do serviço, precisou trabalhar 8 horas em um domingo. Agora Jefferson fará, na mesma semana, a compensação dessas horas. Sobre essa situação, assinale a opção correta.

(A) Uma vez que as horas foram prestadas no dia de domingo, a compensação deverá ser feita em dobro, ou seja, em 16 horas.

(B) Por imposição legal, as horas devidas devem ser compensadas e pagas ao trabalhador, com acréscimo de 100%, em função do seu sacrifício.

(C) A compensação deve ser feita pela hora simples (8 horas), pois não deve ser confundida com o pagamento, que, no caso, receberia acréscimo de 100%.

(D) Se a empresa estivesse em dificuldade financeira e não quisesse realizar a compensação, poderia criar um banco de horas extras diretamente com o empregado, e lançar nelas as horas extraordinárias.

COMENTÁRIO

A letra C está correta, pois tendo em vista que a compensação foi feita dentro dos ditames legais, ou seja, foi feita dentro do espaço de uma semana, não haverá o pagamento de horas suplementares;

A letra A está incorreta, pois não existe em nosso ordenamento jurídico norma determinando a compensação do período em dobro. Há apenas ordem para pagamento em dobro da remuneração para o trabalho realizado aos domingos, art. 6º, § 3º, Decreto 27.048/1949;

A letra B está incorreta, pois uma vez celebrado acordo de compensação de horas, nos termos do art. 59, § 2º, da CLT o acréscimo de salário, o seja, o pagamento como horas extraordinárias será dispensado;

A letra D está incorreta, pois nos termos da súmula 85, item V, do TST o sistema banco de horas somente poderá ser criado por negociação coletiva.

(XII EXAME DE ORDEM UNIFICADO – FGV) Paulo foi contratado pela empresa XPTO Ltda. para trabalhar como vigilante com jornada de trabalho pelo sistema de escala 12 x 36 (doze horas de trabalho por trinta e seis de descanso), estipulada em norma coletiva. Há um ano trabalhando, dois feriados nacionais recaíram em dias de sua escala.

Diante do exposto, assinale a afirmativa correta.

(A) Paulo tem direito a receber em dobro os dias de feriado trabalhados.

(B) Paulo não deverá receber os dias de feriado trabalhados, pois os mesmos foram compensados no sistema de escala.

(C) Paulo deverá receber os dias trabalhados de forma simples, não se considerando trabalho extraordinário normal em decorrência do sistema de escala.

(D) Paulo não deverá receber os dias de feriado, pois são equivalentes ao descanso semanal remunerado.

COMENTÁRIO

A alternativa A é a correta, pois nos termos do art. 9º da Lei 605/1949 os dias trabalhados dos feriados devem ser remunerados em dobro. Nesse sentido, em se ratando de escala de revezamento o TST editou a súmula 444 que assim dispõe: *É valida, em caráter excepcional, a jornada de doze horas de trabalho por trinta e seis de descanso, prevista em lei ou ajustada exclusivamente mediante acordo coletivo de trabalho ou convenção coletiva de trabalho,* assegurada a remuneração em dobro dos feriados trabalhados. *O empregado não tem direito ao pagamento de adicional referente ao labor prestado na décima primeira e décima segunda horas.*

(IX EXAME DE ORDEM UNIFICADO – FGV) Para os empregados que trabalham no interior das câmaras frigoríficas de baixa temperatura, assim definidas em Lei, será assegurado o seguinte intervalo especial:

(A) 10 minutos de repouso a cada 90 minutos de trabalho contínuo, não computado esse intervalo como de trabalho efetivo.

(B) 10 minutos de repouso a cada 50 minutos de trabalho contínuo, computado esse intervalo como de trabalho efetivo.

(C) 20 minutos de repouso depois de uma 1h40min de trabalho contínuo, computado esse intervalo como de trabalho efetivo.

(D) 15 minutos de intervalo antes de iniciar trabalho em sobrejornada, computado esse intervalo como de trabalho efetivo.

COMENTÁRIO

A correta é a C, pois nos termos do art. 253 da CLT os empregados que trabalham no interior das câmaras frigoríficas e para os que movimentam mercadorias do ambiente quente ou normal para o frio e vice-versa, depois de 1 (uma) hora e 40 (quarenta) minutos de trabalho contínuo, será assegurado um período de 20 (vinte) minutos de repouso, computado esse intervalo como de trabalho efetivo.

(IX EXAME DE ORDEM UNIFICADO – FGV) Acerca do trabalho noturno, assinale a afirmativa **incorreta**.

(A) O adicional noturno constitui base de cálculo das horas extras prestadas dentro do módulo noturno.

(B) O adicional de periculosidade, pago pela exposição do trabalhador em período integral a condições perigosas, não é considerado base de cálculo do adicional noturno.

(C) A remuneração do trabalho noturno implica pagamento de adicional legal de, no mínimo, 20% sobre o valor da hora do trabalho diurno.

(D) No caso de a jornada trabalhada na integralidade do período noturno ultrapassar o horário assim considerado pela lei, é devida a remuneração do adicional pelas horas que ultrapassarem o módulo noturno.

COMENTÁRIO

A letra B está incorreta, devendo ser assinalada, pois nos termos da OJ 259 da SDI-1 do TST O adicional de periculosidade deve compor a base de cálculo do adicional noturno;

A letra A está correta, pois reflete o entendimento disposto na OJ 97 da SDI-1 do TST;

A letra C está correta, pois reflete o disposto no art. 73 da CLT;

A letra D está correta, pois reflete o entendimento disposto na Súmula 60, II, do TST.

(IX EXAME DE ORDEM UNIFICADO – FGV) Sobre o controle da jornada de trabalho do empregado, assinale afirmativa **incorreta**.

(A) O acréscimo de salário poderá ser dispensado se, por força de acordo ou convenção coletiva de trabalho, o excesso de horas em um dia for compensado pela correspondente diminuição em outro dia, de maneira que não exceda, no período máximo de um ano, à soma das jornadas semanais de trabalho previstas, nem seja ultrapassado o limite máximo de dez horas diárias.

(B) As variações de horário no registro de ponto, não excedentes de dez minutos, não serão descontadas nem computadas como jornada extraordinária, observado o limite de quinze minutos diários.

(C) Os empregados sob o regime de tempo parcial não podem prestar horas extras.

(D) O acordo escrito entre empregado e empregador permite que não sejam pagas as horas extraordinárias prestadas no curso da semana feitas para compensar a ausência de labor aos sábados.

COMENTÁRIO

A letra B está incorreta, devendo ser assinalada, pois nos termos do art. 58, § 1º, da CLT, não serão descontadas nem computadas como jornada extraordinária as variações de horário no registro de ponto não excedentes de cinco minutos, observado o limite máximo de dez minutos diários;

A letra A está correta, pois reflete o disposto no art. 59, § 2º, da CLT;

A letra C está correta, pois reflete o disposto o art. 59, § 4º, da CLT;

A letra D está correta, pois a Súmula 85, item I do TST entende que a compensação de jornada pode ser ajustada por acordo individual escrito. A compensação semanal é benéfica ao trabalhador que, nesse caso, cumprirá a jornada semanal de 44 horas, descansando nos finais de semana.

(IX EXAME DE ORDEM UNIFICADO – FGV) Maria foi contratada pela empresa Bolos S.A. para exercer a função de copeira, cumprindo jornada de trabalho de segunda à sexta-feira das 13:00 h às 17:00 h, sem intervalo alimentar.

Decorridos dois anos do início do pacto contratual, foi a empregada dispensada, recebendo as parcelas da ruptura. Contudo, inconformada porque jamais lhe foi permitido usufruir de intervalo para descanso e alimentação, Maria ajuíza reclamação trabalhista postulando o pagamento do período correspondente ao intervalo alimentar não concedido.

Diante da hipótese relatada, assinale a afirmativa correta.

(A) A ex-empregada faz jus ao pagamento de uma hora extraordinária diária, haja vista a supressão do intervalo *intrajornada*, na forma do art. 71, § 4º, da CLT.

(B) A ex-empregada faz jus ao pagamento de apenas 15 minutos diários a título de horas extraordinárias, haja vista a supressão do intervalo intrajornada, na forma do art. 71, § 4º, da CLT.

(C) A ex-empregada não faz jus ao pagamento de horas extraordinárias, porquanto diante da carga horária cumprida, não lhe era assegurada a fruição de intervalo intrajornada.

(D) A ex-empregada faz jus ao pagamento de indenização correspondente ao valor de uma hora extraordinária diária, haja vista a supressão do intervalo intrajornada.

COMENTÁRIO

A letra C está correta, pois nos termos do art. 71, *caput* e seu § 1º é devido intervalo intrajornada de, no mínimo, 1 hora e mediante negociação coletiva, não poderá exceder 2 horas, para os trabalhadores cuja duração de trabalhado exceda 6 horas e 15 minutos de intervalo quando a jornada de trabalho ultrapassar 4 horas. Assim, para os trabalhadores que tenham jornada de trabalho abaixo de 4 horas, não será devido intervalo intrajornada;

A letra A está incorreta, pois não houve a supressão do intervalo intrajornada;

A letra B está incorreta, veja comentários das alternativas "a" e "c";

A letra D está incorreta, pois por não fazer jus ao intervalo intrajornada, nenhum valor lhe será devido.

(VI EXAME DE ORDEM UNIFICADO – FGV) Assinale a alternativa que contém categorias ou profissões que, de acordo com a lei, possuem intervalo interjornada diferenciado.

(A) Professores, médicos e rodoviários.

(B) Ferroviários, jornalistas e operadores cinematográficos.

(C) Advogados, mineiros de subsolo e securitários.

(D) Bancários, comerciários e domésticos.

COMENTÁRIO

A alternativa B está correta, pois nos termos do art. 245 da CLT para os ferroviários o intervalo interjornada, ou seja, entre uma jornada de trabalho e outra, é de 14 (quatorze) horas. Em conformidade com o art. 308 da CLT os jornalistas possuem intervalo interjornada de 10 (dez) horas. Já os operadores cinematográficos, nos termos do art. 235, § 2º, da CLT possuem um intervalo interjornada de 12 (doze) horas.

(VI EXAME DE ORDEM UNIFICADO – FGV) Com relação às normas de duração do trabalho, assinale a alternativa correta.

(A) A concessão de intervalos para repouso e alimentação durante a jornada de seis horas descaracteriza o regime de turno ininterrupto de revezamento.

(B) Considera-se de "prontidão" o empregado que permanecer em sua própria casa, aguardando a qualquer momento o chamado para o serviço, com escala de, no máximo, vinte e quatro horas, sendo contadas as respectivas horas à razão de 1/3 (um terço) do salário normal.

(C) A compensação de jornada de trabalho pode ser ajustada por acordo individual escrito, acordo coletivo ou convenção coletiva.

(D) A mera insuficiência de transporte público regular enseja o pagamento de horas *in itinere*.

COMENTÁRIO

A letra C está correta, pois reflete o entendimento cristalizado na Súmula 85, item I, do TST;

A letra A está incorreta, pois nos termos da Súmula 360 do TST a concessão de intervalos para repouso e alimentação durante a jornada de seis horas NÃO descaracteriza o regime de turno ininterrupto de revezamento;

A letra B está incorreta, pois nos termos do art. 244, § 3º, da CLT considera-se de "prontidão" o empregado que ficar nas dependências da estrada, aguardando ordens. A escala de prontidão será, no máximo, de doze horas. As horas de prontidão serão, para todos os efeitos, contadas à razão de 2/3 (dois terços) do salário-hora normal;

A letra D está incorreta, pois nos termos da Súmula 90, item III, do TST a mera insuficiência de transporte público não enseja o pagamento de horas "in itinere".

(VI EXAME DE ORDEM UNIFICADO – FGV) Determinada empresa encontra-se instalada em local de difícil acesso, não servida por transporte público regular. Em razão disso, fornece condução para o deslocamento dos seus empregados, da residência ao trabalho e vice-versa, mas cobra deles 50% do valor do custo do transporte. Na hipótese, é correto afirmar que

(A) o tempo de deslocamento será considerado hora *in itinere*.

(B) o tempo de deslocamento não será considerado hora *in itinere* porque é custeado pelo empregado, ainda que parcialmente.

(C) o empregado tem direito ao recebimento do vale-transporte.

(D) metade do tempo de deslocamento será considerada hora *in itinere* porque é a proporção da gratuidade do transporte oferecido.

COMENTÁRIO

A letra A está correta, pois reflete o disposto no art. 58, § 2º, da CLT e Súmula 90, item I, do TST;

A letra B está incorreta, pois de acordo com o entendimento cristalizado na Súmula 320 do TST o fato de o empregador cobrar, parcialmente ou não, importância pelo transporte fornecido, para local de difícil acesso ou não servido por transporte regular, não afasta o direito à percepção das horas *in itinere*;

A letra C está incorreta, pois nos termos do art. 1º da Lei 7.418/1985 o vale-transporte foi instituído para utilização efetiva em despesas de deslocamento residência-trabalho e vice-versa, através do sistema de transporte coletivo público;

A letra D está incorreta, pois o fato de cobrar parcialmente não afasta o direito. Veja Súmula 320 do TST.

(V EXAME DE ORDEM UNIFICADO – FGV) João da Silva, empregado da empresa Alfa Ltda., exerce suas atribuições funcionais em dois turnos de trabalho alternados de oito horas cada, que compreendem o horário diurno e o noturno. Considerando que a atividade de seu empregador não se desenvolve de forma ininterrupta e que não existe norma coletiva disciplinando a jornada de trabalho, assinale a alternativa correta.

(A) João não tem direito ao pagamento de horas extras, mas tem direito à redução da hora noturna.

(B) João tem direito ao pagamento de horas extras, mas não tem direito à redução da hora noturna.

(C) João tem direito ao pagamento de horas extras e à redução da hora noturna.

(D) João não tem direito ao pagamento de horas extras e à redução da hora noturna.

COMENTÁRIO

A letra C está correta, pois, por exercer a função em turnos de revezamento, tem direito ao pagamento de horas extras, na medida em que sua jornada era exercida acima do limite de 6 (seis) horas permitido pelo art. 7º, XIV, da CF. Ademais, o TST, por meio do entendimento consubstanciado na OJ 395 da SDI-1, afirma que não há incompatibilidade entre as disposições contidas nos arts. 73, § 1º, da CLT e 7º, XIV, da CF. Assim, o trabalho em regime de turnos ininterruptos de revezamento não retira o direito à hora noturna reduzida;

A letra A está incorreta, pois por exercer a função em turnos de revezamento fará jus ao pagamento de horas extras, na medida em que sua jornada era exercida acima do limite de 6 (seis) horas disposto no art. 7º, XIV, da CF e possui também a redução da hora noturna, OJ 395 SDI-1 do TST;

A letra B está incorreta, pois contraria a disposição contida na OJ 395 da SDI-1 do TST;

A letra D está incorreta, *vide* comentários anteriores.

(EXAME DE ORDEM UNIFICADO 2010.2 – FGV) A respeito do regime de compensação de jornada do banco de horas, assinale a alternativa correta.

(A) Pode ser instituído mediante acordo, verbal ou por escrito, entre empresa e empregado, facultando-se a participação dos sindicatos representantes das categorias.

(B) Não admite compensação de jornada que ultrapassar o limite máximo de 10 (dez) horas diárias.

(C) Pode ser compensado após a rescisão do contrato de trabalho, se houver crédito em favor do trabalhador, respeitado o limite de validade do acordo.

(D) O excesso de jornada a ser compensada não pode exceder, no prazo legal máximo de 1 (um) semestre, a soma das jornadas semanais previstas para o período.

COMENTÁRIO

A letra B está correta, pois a assertiva reflete o disposto no art. 59, § 2º, da CLT;

A letra A está incorreta, pois o regime de compensação de jornada pode ser ajustada mediante acordo individual escrito, acordo ou convenção coletiva de trabalho, conforme consta da Súmula 85, I, do TST. Note que, o item V da súmula ensina que o regime compensatório na modalidade "banco de horas", somente pode ser instituído por negociação coletiva;

A letra C está incorreta, pois na hipótese de rescisão do contrato de trabalho, o trabalhador fará jus ao pagamento das horas extras não compensadas, conforme dispõe o art. 59, § 3º, da CLT;

A letra D está incorreta, pois o excesso de horas não poderá exceder, no período máximo de 1 (um) ano, à soma das jornadas semanais de trabalho previstas, segundo consta do art. 59, § 2º, da CLT.

6. ALTERAÇÃO, SUSPENSÃO E INTERRUPÇÃO DO CONTRATO DE TRABALHO – FÉRIAS

(XVIII EXAME DE ORDEM UNIFICADO – FGV) Jorge, Luiz e Pedro trabalham na mesma empresa. Na época designada para o gozo das férias, eles foram informados pelo empregador que Jorge não teria direito às férias porque havia faltado, injustificadamente, 34 dias ao longo do período aquisitivo; que Luiz teria que fracionar as férias em três períodos de 10 dias e que Pedro deveria converter 2/3 das férias em abono pecuniário, podendo gozar de apenas 1/3 destas, em razão da necessidade de serviço do setor de ambos. Diante disso, assinale a afirmativa correta.

(A) A informação do empregador foi correta nos três casos.

(B) Apenas no caso de Jorge o empregador está correto.

(C) O empregador agiu corretamente nos casos de Jorge e de Luiz, mas não no de Pedro.

(D) O empregador está errado nas três hipóteses.

COMENTÁRIO

A alternativa correta é a letra B haja vista que, como deflui do artigo do artigo 130, IV, da CLT, cuja interpretação é no sentido de que o limite máximo de faltas injustificadas no período aquisitivo será de 32 faltas. Assim, havendo faltas em número superior, como no caso de Jorge, que faltou injustificadamente ao trabalho 34 vezes, haverá consequentemente, a perda do direito à férias. Estando correta a alternativa B, incorretas estão, consequentemente, diante da explanação supra, as alternativas A e D. Já a alternativa C faz-se incorreta por que no caso de Luiz, o fracionamento autorizado pela CLT é de apenas dois períodos e não 3, como previsto no artigo 134, § 1º, da CLT. A sistemática aplicada à Pedro também está em desacordo com a CLT. Isso por que, o artigo 143, *caput*, da CLT autoriza a conversão de apenas 1/3 do período de férias.

(XVII EXAME DE ORDEM UNIFICADO – FGV) Maria trabalha para a sociedade empresária Alfa S.A. como chefe de departamento. Então, é informada pelo empregador que será transferida de forma definitiva para uma nova unidade da empresa, localizada em outro estado da Federação. Para tanto, Maria, obrigatoriamente, terá de alterar o seu domicílio. Diante da situação retratada e do entendimento consolidado do TST, assinale a afirmativa correta.

(A) Maria receberá adicional de, no mínimo, 25%, mas tal valor, por ter natureza indenizatória, não será integrado ao salário para fim algum.

(B) A empregada não fará jus ao adicional de transferência porque a transferência é definitiva, o que afasta o direito.

(C) A obreira terá direito ao adicional de transferência, mas não à ajuda de custo, haja vista o caráter permanente da alteração.

(D) Maria receberá adicional de transferência de 25% do seu salário enquanto permanecer na outra localidade.

COMENTÁRIO

A letra B está correta, pois reflete o entendimento disposto no art. 469, § 3º, da CLT que ensina ser devido o adicional de transferência de 25% somente enquanto durar a transferência, que nos leva a saber que se trata de uma transferência provisória. Nesse mesmo sentido ensina a OJ 119 da SDI 1 do TST;

A letra A está incorreta, pois somente a transferência provisória enseja pagamento de adicional de transferência, nos termos do art. 469, § 3º, da CLT e OJ 119 SDI 1 do TST. Veja;

A letra C está incorreta, pois por se tratar de transferência definitiva a obreira não fará jus ao adicional de transferência de 25% que somente será devido na transferência provisória. Por outro lado, que seja na transferência provisória, seja na definitiva, o empregador deverá pagar um acréscimo ao salário do obreiro visando custear as despesas dessa transferência, na medida em que representam gastos por parte do obreiro, veja súmula 29 do TST;

A letra D está incorreta, pois embora a assertiva transcreva o § 3º do art. 469 da CLT que cuida da transferência provisória do empregado, o enunciado da questão trata de transferência definitiva, o que afasta o direito à percepção do adicional.

X EXAME DE ORDEM UNIFICADO – FGV) O empregado afastado por incapacidade laborativa, recebendo auxílio-doença previdenciário por trinta dias, tem garantido legalmente o direito

(A) à estabilidade provisória por, no mínimo, doze meses após a cessação do auxílio-doença acidentário.

(B) de exigir de seu empregador os depósitos do Fundo de Garantia do Tempo de Serviço correspondentes ao período em que ficou afastado.

(C) de exigir de seu empregador o pagamento de complementação do benefício previdenciário para manter o valor do salário que recebia antes do afastamento previdenciário.

(D) de gozar férias de trinta dias após período de 12 (doze)meses de vigência do contrato de trabalho.

COMENTÁRIO

A letra D está correta, pois nos termos do art. 133, IV, da CLT somente perderia o direito às férias se tivesse percebido do INSS prestações de acidente de trabalho ou de auxílio-doença por mais de 6 (seis) meses, embora descontínuos;

A letra A está incorreta, pois nos termos do art. 118 da Lei 8.213/1991 o empregado terá direito à estabilidade provisória após a cessação do auxílio-doença acidentário, independentemente da percepção de auxílio-acidente. Auxílio-doença acidentário é um benefício devido em razão de afastamento do trabalho por motivo de acidente do trabalho, do qual resultou incapacidade temporária para o trabalhador. Já o auxílio-acidente é um benefício, concedido ao segurado que, após a alta do auxílio-doença acidentário, constatar que é portador de lesões decorrentes de acidente de qualquer natureza. Veja art. 59 da Lei 8.213/1991;

A letra B está incorreta, pois, por ser considerada suspensão do contrato de trabalho, não são devidos os depósitos fundiários do FGTS. Somente nos casos de interrupção do contrato de trabalho, ou seja, acidente de trabalho ou doença até o 15º dia, tendo em vista que o pagamento dos primeiros 15 (quinze) dias de ausência é de responsabilidade do empregador, em conformidade com o art. 60, § 3º, da Lei 8.213/1991;

A letra C está incorreta, pois para que possa exigir do empregador a complementação é necessária previsão em contrato de trabalho ou em negociação coletiva.

(IX EXAME DE ORDEM UNIFICADO – FGV) No curso do período aquisitivo, o empregado não adquire o direito à fruição de férias se

(A) permanecer em fruição de licença remunerada por mais de 30 (trinta) dias.

(B) tiver percebido da Previdência Social prestações de acidente de trabalho ou de auxílio-doença por 3 (três) meses, mesmo que descontínuos.

(C) tiver 30 (trinta) faltas.

(D) optar por converter suas férias em abono pecuniário.

COMENTÁRIO

A letra A está correta, pois reflete o disposto no art. 133, II, da CLT;

A letra B está incorreta, pois nos termos do art. 133, IV, da CLT o período é de 6 (seis) meses;

A letra C está incorreta, pois nos termos do art. 130, IV, da CLT se o empregado tiver 30 faltas no período aquisitivo terá direito a 12 dias corridos de férias;

A letra D está incorreta, pois poderá ser convertido somente 1/3 do período de férias, nos termos do art. 143 da CLT.

(IX EXAME DE ORDEM UNIFICADO – FGV) Após sofrer um acidente automobilístico de gravíssimas proporções enquanto viajava a lazer, o empregado Pedro foi aposentado por invalidez pelo INSS. Assinale a alternativa que indica o efeito desse fato no seu contrato de trabalho.

(A) O contrato de Pedro será interrompido.

(B) O contrato de Pedro será suspenso.

(C) O contrato de Pedro será extinto.

(D) O contrato de Pedro continuará em vigor e ele terá todos os direitos trabalhistas assegurados.

COMENTÁRIO

A opção correta é a letra "B", pois a aposentadoria por invalidez é uma hipótese de suspensão do contrato de trabalho, nos termos do art. 475 da CLT. Na suspensão do contrato de trabalho, as obrigações contratuais são suspensas para ambos os contratantes.

(VIII EXAME DE ORDEM UNIFICADO – FGV) Um determinado empregador paga os salários dos seus empregados no primeiro dia útil do mês seguinte ao vencido. Encontrando-se em situação financeira delicada, pretende passar a honrar esta obrigação no 5º dia útil do mês subsequente ao vencido, como normalmente fazem os seus concorrentes. A partir da hipótese apresentada, assinale a afimativa correta.

(A) A alteração contratual, por ser lesiva à classe trabalhadora, é inválida diante do princípio da proteção.

(B) A alteração é válida, pois a nova data pretendida encontra-se no limite legal.

(C) A alteração somente pode ser realizada se houver previsão em acordo coletivo.

(D) A alteração de data somente prevalecerá para os admitidos posteriormente à mudança pretendida.

COMENTÁRIO

A letra B está correta, pois reflete o entendimento disposto na OJ 159 da SDI-1 do TST;

A letra A está incorreta, pois de acordo com o posicionamento adotado pelo TST na OJ 159 da SDI-1 não se considerada ilícita a alteração da data para pagamento dos salários se este ocorrer até o 5º dia útil do mês subsequente, prazo estipulado no art. 459, § 1º, da CLT;

A letra C está incorreta, pois a mudança da data para pagamento de salários, feita dentro do prazo determinado pelo art. 459, § 1º, da CLT, de acordo com o entendimento do TST, está protegida pelo *jus variandi* do empregador, não se considerando alteração ilícita;

A letra D está incorreta, pois por ser considerada válida, a alteração prevalecerá para todos os empregados da empresa.

(VI EXAME DE ORDEM UNIFICADO – FGV) A respeito das alterações no contrato de trabalho, assinale a alternativa correta.

(A) Nos contratos individuais de trabalho, só é lícita a alteração com a interveniência do sindicato da categoria dos empregados, nos termos da CRFB, que autoriza a flexibilização, desde que por acordo ou convenção coletiva.

(B) Desde que por mútuo consentimento, as alterações dos contratos serão lícitas, pois se prestigia a livre manifestação de vontade das partes.

(C) Nos contratos individuais de trabalho, a alteração só será lícita se de comum acordo entre as partes e desde que não resultem qualquer tipo de prejuízo ao empregado.

(D) A alteração do turno diurno de trabalho para o noturno será lícita, mediante a concordância do empregado, pois é mais benéfica a ele, já que a hora noturna é menor que a diurna e há pagamento de adicional de 20%.

COMENTÁRIO

A letra C está correta, pois reflete o disposto no art. 468 da CLT;

A letra A está incorreta, pois não é exigida a presença de sindicatos para alterações no contrato de trabalho. Veja art. 468 da CLT;

A letra B está incorreta, pois além do mútuo consentimento a alteração não pode ocasionar prejuízos, diretos ou indiretos ao empregado;

A letra D está incorreta, pois a mudança do horário diurno para o noturno está dentro do poder de direção do empregador, que deverá observar o disposto no art. 468 da CLT, ou seja, concordância do empregado e ausência de prejuízo direito ou indireto. O trabalho noturno não pode ser considerado mais benéfico do que o trabalho diurno em razão do adicional estipulado por lei. Nos casos de transferência do horário noturno para o diurno, a jurisprudência do TST entende que esta mudança é mais benéfica ao trabalhador, ainda que perca o adicional noturno. Nesse sentido Súmula 265 do TST.

(EXAME DE ORDEM UNIFICADO 2010.3 – FGV) Relativamente à alteração do contrato de trabalho, é correto afirmar que

(A) o empregador pode, sem a anuência do empregado exercente de cargo de confiança, transferi-lo, com mudança de domicílio, para localidade diversa da que resultar do contrato, independentemente de real necessidade do serviço.

(B) é considerada alteração unilateral vedada em lei a determinação ao empregador para que o empregado com mais de 10 (dez) anos na função reverta ao cargo efetivo.

(C) o adicional de 25% é devido nas transferências provisórias e definitivas.

(D) o empregador pode, sem a anuência do empregado cujo contrato tenha como condição, implícita ou explícita, transferi-lo, com mudança de domicílio, para localidade diversa da que resultar do contrato, no caso de real necessidade do serviço.

COMENTÁRIO

A letra D está correta, pois reflete o disposto no art. 469, § 1º, da CLT;

A letra A está incorreta, pois embora possa ser transferido sem a anuência do empregado, deverá haver a real necessidade, em conformidade com o art. 469, § 1º, da CLT;

A letra B está incorreta, pois a reversão do trabalhador ao cargo efetivo não é considerada vedada. No entanto, não poderá ser retirada a gratificação, em razão do princípio da estabilidade financeira (Súmula 372, I, do TST);

A letra C está incorreta, pois somente em caso de transferência provisória é devido o adicional de 25%. Veja, também, a OJ 113 SDI-1 do TST e art. 469, § 3º.

(EXAME DE ORDEM UNIFICADO 2010.2 – FGV) Paulo, empregado de uma empresa siderúrgica, sofreu acidente do trabalho, entrando em gozo de auxílio-doença acidentário, a partir do décimo sexto dia de seu afastamento. Durante este período de percepção do benefício previdenciário, ele foi dispensado sem justa causa por seu empregador. Diante do exposto, assinale a alternativa correta.

(A) Paulo tem direito a ser reintegrado, com fundamento na garantia provisória de emprego assegurada ao empregado acidentado.

(B) Paulo tem direito a ser readmitido, com fundamento na garantia provisória de emprego assegurada ao empregado acidentado.

(C) Paulo tem direito a ser readmitido, em razão da interrupção do contrato de trabalho que se operou a partir do décimo sexto dia de afastamento.

(D) Paulo tem direito a ser reintegrado, em razão da suspensão do contrato de trabalho que se operou a partir do décimo sexto dia de afastamento.

COMENTÁRIO

A letra D está correta, pois a corrente majoritária enquadra o afastamento do trabalhador em razão de auxílio-doença acidentário a partir do 16º dia como causa de suspensão do contrato de trabalho, embora com algumas regras especiais a fim de atenuar os efeitos drásticos da figura suspensiva (o empregador continua depositando o FGTS e se o afastamento for inferior a 6 (seis) meses será computado para fins do período aquisitivo de férias). Além disso, importante consignar que será o caso de reintegração do trabalhador, pois a suspensão inviabiliza a extinção do contrato por ato do empregador (art. 471 da CLT), sendo considerada ineficaz a dispensa naquele momento;

A letra A está incorreta, pois a estabilidade do empregado acidentado, prevista no art. 118 da Lei 8.213/1991, refere-se ao período de doze meses após a cessação do auxílio-doença acidentário, e não durante o seu afastamento;

A letra B está incorreta, pois a estabilidade do empregado acidentado, prevista no art. 118 da Lei 8.213/1991, refere-se ao período de doze meses após a cessação do auxílio-doença acidentário, e não durante o seu afastamento. Ressalte-se que essa forma de estabilidade foi considerada constitucional pelo TST, conforme consta da Súmula 378: "Estabilidade provisória. Acidente do trabalho. Art. 118 da Lei 8.213/1991. Constitucionalidade. Pressupostos I – É constitucional o art. 118 da Lei 8.213/1991 que assegura o direito à estabilidade provisória por período de 12 (doze) meses após a cessação do auxílio-doença ao empregado acidentado";

A letra C está incorreta, pois a posição majoritária da doutrina e jurisprudência considera que a partir do 16º dia de afastamento em razão de auxílio-doença acidentário será o caso de suspensão do contrato de trabalho, eis que o salário não é pago pelo empregador.

(EXAME DE ORDEM UNIFICADO 2010.2 – FGV) Com relação ao regime de férias, é correto afirmar que:

(A) as férias devem ser pagas ao empregado com adicional de 1/3 até 30 (trinta) dias antes do início do seu gozo.

(B) salvo para as gestantes e os menores de 18 anos, as férias podem ser gozadas em dois períodos.

(C) o empregado que pede demissão antes de completado seu primeiro período aquisitivo faz jus a férias proporcionais.

(D) as férias podem ser convertidas integralmente em abono pecuniário, por opção do empregado.

COMENTÁRIO

A letra C está correta, pois a assertiva reflete o teor da Súmula 261 do TST: "Férias proporcionais. Pedido de demissão. Contrato vigente há menos de um ano. O empregado que se demite antes de complementar 12 (doze) meses de serviço tem direito a férias proporcionais";

A letra A está incorreta, pois o terço constitucional deverá ser pago juntamente com o pagamento da remuneração das férias, ou seja, até 2 (dois) dias antes do início do período, em conformidade com o art. 145 da CLT;

A letra B está incorreta, pois as férias poderão, excepcionalmente, ser concedidas em dois períodos, com exceção dos trabalhadores menores de 18 anos e dos maiores de 50 anos, para os quais as férias serão sempre concedidas de uma só vez, conforme previsão do art. 134, § 2º, da CLT;

A letra D está incorreta, pois as férias não podem ser convertidas integralmente em pecúnia, mas apenas 1/3, conforme dispõe o art. 143, *caput*, da CLT.

7. TÉRMINO DO CONTRATO DE TRABALHO

(XVIII EXAME DE ORDEM UNIFICADO – FGV) Plácido, empregado de um restaurante, sem qualquer motivo, passou a agredir verbalmente seu superior, até que, violentamente, quebrou uma mesa e uma cadeira que estavam próximas. Contornada a situação, Plácido foi dispensado e a empresa descontou no seu TRCT os valores do prejuízo com os móveis, que correspondiam a 60% do salário do trabalhador. Sobre o episódio apresentado, assinale a opção correta.

(A) A empresa pode descontar o valor mesmo sem previsão contratual para tanto, pois a atitude de Plácido, ao praticar o dano, foi dolosa.

(B) O desconto na remuneração do empregado relativo ao dano causado é vedado em qualquer hipótese.

(C) A empresa só poderia descontar o valor do dano causado por Plácido se houvesse previsão contratual nesse sentido.

(D) Não estando a parcela relacionada a um desconto tipificado em lei, não pode haver o desconto nas verbas devidas a Plácido.

COMENTÁRIO

A alternativa correta é a letra A exatamente por que, nos termos do artigo 462, § 1º, da CLT dispõe que é possível o desconto dos valores equivalentes ao prejuízo causado pelo empregado, na hipótese de dolo, independentemente de previsão contratual nesse sentido. Veja-se que a mesma norma estabelece que havendo prejuízos causados ao empregador por culpa do empregado, o desconto dos respectivos valores daí decorrentes somente será possível se houver previsão contratual nesse sentido. Observe-se que o desconto de créditos do empregado feito na rescisão do contrato de trabalho, ou seja, quando do TRTC (termo de rescisão do contrato de trabalho) deve ficar limitado a um mês de remuneração do empregado, como deflui do artigo 477, § 5º, da CLT. Caso haja saldo em favor da empresa, esta deverá manejar ação própria (reclamação trabalhista) para busca do aludido saldo ou lançar mão de reconvenção caso o empregado ajuíze ação em seu favor buscando outros títulos. É possível ainda, que a empresa utilize a figura da compensação, nos termos das Súmulas 18 e 48 do TST. No caso telado, o enunciado do problema informou que o valor do prejuízo equivale a 60% do salário do empregado, o que respeita, pois, o limite estabelecido no artigo 477, § 5º, á mencionado.

A alternativa B está incorreta pois, malgrado tenha o empregado em seu favor o princípio da intangibilidade (vedação de descontos não previstos em lei) que decorre do artigo 7º, VI, da CF, o fato é que, no plano infraconstitucional, há expressa previsão legal que autoriza o desconto para a hipótese (artigo 462, § 1º, da CLT).

Já a alternativa C está incorreta na medida em que, tratando-se, pois, frise-se, de prejuízo causado por dolo do empregado, não há que se falar em exigência de previsão contratual.

Por fim, a alternativa D também se faz incorreta por induzir que não há previsão legal para o desconto quando na verdade há, como já referido, hipótese que decorre do artigo 462, § 1º, da CLT.

(XVII EXAME DE ORDEM UNIFICADO – FGV) Verônica foi contratada, a título de experiência, por 30 dias. Após 22 dias de vigência do contrato, o empregador resolveu romper antecipadamente o contrato, que não possuía cláusula assecuratória do direito recíproco de rescisão. Sobre o caso, de acordo com a Lei de Regência, assinale a opção correta.

(A) O contrato é irregular, pois o contrato de experiência deve ser feito por 90 dias.

(B) Verônica terá direito à remuneração, e por metade, a que teria direito até o termo do contrato.

(C) Verônica, como houve ruptura antecipada, terá direito ao aviso-prévio e à sua integração ao contrato de trabalho.

(D) O contrato se transformou em contrato por prazo indeterminado, porque ultrapassou metade da sua vigência.

COMENTÁRIO

A letra B está correta, pois nos termos do art. 479 da CLT nos contratos que tenham termo estipulado, o empregador que, sem justa causa, despedir o empregado será obrigado a pagar-lhe, a título de indenização a metade da remuneração a que esse empregado teria direito até o término do contrato;

A letra A está incorreta, pois nos termos do art. 445, parágrafo único, da CLT pode ser ajustado em até 90 dias, ou seja, período máximo de 90 dias;

A letra C está incorreta, pois nos contratos com prazo determinado não há obrigação de concessão de aviso-prévio, salvo se o contrato conter a cláusula assecuratória do direito recíproco de rescisão tipificada o art. 481 da CLT, hipótese em que o contrato será extinto sob as regras de um contrato com prazo indeterminado;

A letra D está incorreta, pois o contrato de experiência somente se transforma em contrato indeterminado caso sua duração máxima de 90 dias seja ultrapassada ou prorrogada mais de uma única vez, nos termos dos arts. 445 e 451 da CLT.

(XVII EXAME DE ORDEM UNIFICADO – FGV) Josué e Marcos são funcionários da sociedade empresária Empreendimento Seguro Ltda., especializada em consultoria em segurança do trabalho e prevenção de acidentes. No ambiente de trabalho de ambos, também ficam outros 10 funcionários, havendo placas de proibição de fumar, o que era frisado na contratação de cada empregado. O superior hierárquico de todos esses funcionários dividiu as atribuições de cada um, cabendo a Marcos a elaboração da estatística de acidentes ocorridos nos últimos dois anos, tarefa a ser executada em quatro dias. Ao final do prazo, ao entrar na sala, o chefe viu Josué fumando um cigarro. Em seguida, ao questionar Marcos sobre a tarefa, teve como resposta que ele não a tinha executado porque não gostava de fazer estatísticas. Diante do caso, assinale a afirmativa correta.

(A) Josué e Marcos são passíveis de ser dispensados por justa causa, respectivamente por atos de indisciplina e insubordinação.

(B) Ambos praticaram ato de indisciplina.

(C) Ambos praticaram ato de insubordinação.

(D) A conduta de ambos não encontra tipificação legal passível de dispensa por justa causa.

COMENTÁRIO

A letra A é a opção correta, pois Josué ao descumprir a ordem de observância obrigatória por parte de todos os funcionários que diz respeito à proibição de fumar no ambiente de trabalho, praticou ato de indisciplina, tipificada o art. 482, *h*, da CLT. Já Marcos praticou ato de insubordinação tipificada, também no art. 482, h, da CLT que consiste no descumprimento de ordem direta passada por seu superior hierárquico.

(XVI EXAME DE ORDEM UNIFICADO – FGV) Patrícia recebeu a comunicação de sua dispensa em 05.05.2013, e na carta constava que o aviso-prévio seria trabalhado. Após 15 (quinze) dias do curso do aviso-prévio, Patrícia adoeceu gravemente, entrando em gozo de benefício previdenciário de auxílio-doença por 60 (sessenta) dias. Entretanto, ao que seria o prazo final do aviso-prévio, Patrícia foi dispensada e a empresa consignou as verbas rescisórias, não pagando o reajuste da data-base da categoria, ocorrida no curso do aviso-prévio.

Sobre o caso apresentado, assinale a afirmativa correta.

(A) Os efeitos da dispensa, no caso de concessão de auxílio-doença no curso do aviso-prévio, só se concretizam depois de expirado o benefício previdenciário. Portanto, a empresa só poderia dispensar Patrícia depois disso devendo pagar a diferença salarial decorrente do reajuste da data-base, com reflexos nas verbas rescisórias.

(B) A empresa errou apenas com relação a não pagar as diferenças salariais do reajuste da data-base, pois ocorreu no curso do contrato de emprego, dada a projeção do aviso-prévio. No mais, não há efeitos, já que o auxílio-doença não tem o condão de prorrogar o contrato de trabalho já terminado.

(C) A empresa está correta, já que a manifestação de vontade da dispensa se deu antes do auxílio-doença e antes da data-base da categoria, logo configurado ato jurídico perfeito.

(D) A dispensa fica prorrogada, mas não há alteração pecuniária, pois a comunicação da dispensa já havia ocorrido e a projeção do aviso-prévio é mera ficção jurídica.

COMENTÁRIO

A letra A está correta, pois reflete o entendimento disposto na súmula 371 do TST;

A letra B está incorreta, pois nos termos da súmula 371 do TST haverá reflexos nas demais verbas rescisórias;

A letra C está incorreta, pois a posição da empresa não está correta, tendo em vista que de acordo com a parte final da súmula 371 do TST no caso de concessão de auxílio-doença no curso do aviso-prévio só se concretizam os efeitos da dispensa depois de expirado o benefício previdenciário;

A letra D está incorreta, pois de acordo com a súmula 371 do TST a projeção do contrato de trabalho para o futuro, pela concessão do aviso-prévio indenizado, tem efeitos limitados às vantagens econômicas obtidas no período de pré-aviso, ou seja, salários, reflexos e verbas rescisórias.

(XIV EXAME DE ORDEM UNIFICADO – FGV) Joana trabalha numa empresa que se dedica a dar assessoria àqueles que desejam emagrecer. Em razão de problemas familiares, Joana foi acometida por um distúrbio alimentar e engordou 30 quilos. Em razão disso, a empresa afirmou que agora ela não mais apresentava o perfil desejado para o atendimento aos clientes, já que deveria ser o primeiro exemplo para eles, de modo que a dispensou sem justa causa. De acordo com a situação retratada e diante do comando legal, assinale a opção correta:

(A) O empregador tem o direito potestativo de dispensar a empregada sem justa causa, contanto que pague a indenização prevista em Lei.

(B) A situação retrata dispensa discriminatória, ensejando, então, obrigatoriamente, a reintegração da obreira.

(C) A situação retrata dispensa discriminatória, podendo a empregada optar entre o retorno ou a indenização em dobro do período de afastamento.

(D) A situação retrata dispensa discriminatória, ensejando, então, obrigatoriamente, a indenização do período de estabilidade.

COMENTÁRIO

A letra C está correta, pois reflete o disposto no art. 4º, incisos I e II, da Lei 9.029/1995 que ensinam que a empregada poderá optar pela readmissão/reintegração com ressarcimento integral de todo o período de afastamento, mediante pagamento das remunerações devidas, corrigidas monetariamente, acrescidas dos juros legais ou a percepção, em dobro, da remuneração do período de afastamento, corrigida monetariamente e acrescida dos juros legais;

A letra A está incorreta, pois embora o empregador possa dispensar sem justa causa seus empregados, percebe-se que no caso em debate a dispensa não foi sem justa causa, mas sim em razão do aumento de peso de sua empregada. Nesse caso a dispensa se mostra discriminatória, podendo a empregada optar entre a indenização compensatória e a reintegração ao empregado, nos termos do art. 4º da Lei 9.029/1995;

A letra B está incorreta, pois nos termos do art. 4º, I e II, da Lei 9.029/1995 a empregada poderá optar pela reintegração ou indenização;

A letra D está incorreta, veja comentários anteriores.

(XIII EXAME DE ORDEM UNIFICADO – FGV) *ABC Manutenção e Limpeza manteve contrato de fornecimento de mão de obra de limpeza com Aeroportos Brasileiros*, empresa pública federal. Por ocasião da ruptura do contrato entre as empresas, Paulo, funcionário da *ABC Manutenção e Limpeza*, e que prestava serviços para *Aeroportos Brasileiros*, foi dispensado sem receber as verbas rescisórias. Ajuizou ação trabalhista em face de ambas as empresas, sendo a empregadora revel. A tomadora dos serviços apresentou defesa com robusta documentação, demonstrando a efetiva fiscalização do cumprimento do contrato e de aspectos legais, sendo certo que o contrato foi cancelado justamente em razão desta fiscalização.

Diante deste caso, assinale a afirmativa correta.

(A) A empresa pública federal responde solidariamente por força da terceirização.

(B) A empresa pública federal responde subsidiariamente por força da terceirização, haja vista o inadimplemento das obrigações trabalhistas por parte do empregador.

(C) A empresa pública federal é parte ilegítima para figurar no polo passivo da demanda porque não tem vínculo de emprego com Paulo.

(D) A empresa pública federal não responde pelo inadimplemento das verbas trabalhistas porque sua responsabilidade não decorre do simples inadimplemento contratual, tendo ficado provado, no caso, que houve efetiva fiscalização por parte da tomadora dos serviços.

COMENTÁRIO

A letra D está correta, pois reflete o entendimento disposto na súmula 331, item V, do TST.

A letra A está incorreta, pois somente nas terceirizações ilícitas há responsabilidade solidária. Nos casos de terceirização lícita a responsabilidade será subsidiária, súmula 331, item IV, do TST;

A letra B está incorreta, pois em se tratando de administração pública indireta, no caso apresentado uma empresa pública, a responsabilidade será subsidiária, caso evidenciada a sua conduta culposa no cumprimento das obrigações da Lei 8.666/1993 (Lei de Licitações), especialmente na fiscalização do cumprimento das obrigações contratuais e legais da prestadora de serviço como empregadora. A aludida responsabilidade não decorre de mero inadimplemento das obrigações trabalhistas assumidas pela empresa regularmente contratada;

A letra C está incorreta, pois embora não exista vínculo de emprego com o ente da administração pública, ela é parte legítima para figurar na relação processual, tendo em vista ter se beneficiado nos serviços prestados por Paulo.

(XIII EXAME DE ORDEM UNIFICADO – FGV) Helena foi admitida em 12 de fevereiro de 2005 pela empresa Marca Refrigeração Ltda. e dispensada sem justa causa em 07 de julho de 2011. Com o advento da regulamentação do aviso prévio proporcional ao tempo de serviço (Lei n. 12.506, de 13 de outubro de 2011), ela pretende o pagamento dessa nova vantagem atribuída à classe trabalhadora.

A respeito desse caso, assinale a afirmativa correta.

(A) Helena receberá aviso prévio proporcional na razão de 45 dias.

(B) Helena não receberá aviso prévio proporcional.

(C) Helena receberá aviso prévio proporcional na razão de 42 dias.

(D) Helena receberá aviso prévio proporcional em razão da ultratividade da norma mais benéfica e pelo princípio da proteção.

COMENTÁRIO

A alternativa B é a correta. Nos termos da súmula 441 do TST o direito ao aviso-prévio proporcional ao tempo de serviço somente é assegurado nas rescisões de contrato de trabalho ocorridas a partir da publicação da Lei 12.506, em 13 de outubro de 2011. Para as demissões ocorridas antes da publicação da Lei 12.506/2011, sob o manto do ato jurídico perfeito, devem ser aplicadas as regras do aviso prévio de 30 dias.

(XII EXAME DE ORDEM UNIFICADO – FGV) Rodrigo foi admitido pela empresa Dona Confecções, a título de experiência, por 45 dias. No 35º dia após a admissão, Rodrigo foi vítima de um acidente do trabalho de média proporção, que o obrigou ao afastamento por 18 dias. De acordo com o entendimento do TST:

(A) Rodrigo não poderá ser dispensado pois, em razão do acidente do trabalho, possui garantia no emprego, mesmo no caso de contrato a termo.

(B) O contrato poderá ser rompido porque foi realizado por prazo determinado, de forma que nenhum fator, por mais relevante que seja, poderá elastecê-lo.

(C) Rodrigo poderá ser desligado porque a natureza jurídica da ruptura não será resilição unilateral, mas caducidade contratual, que é outra modalidade de rompimento.

(D) Rodrigo não pode ter o contrato rompido no termo final, pois em razão do acidente do trabalho sofrido, terá garantia no emprego até 5 meses após o retorno, conforme Lei previdenciária.

COMENTÁRIO

A letra A está correta, pois nos termos da Súmula 378, III, do TST o empregado submetido a contrato de trabalho por tempo determinado goza da garantia provisória de emprego decorrente de acidente de trabalho prevista no art. 118 da Lei n. 8.213/1991;

A letra B está incorreta, pois o contrato não poderá ser rompido em razão da garantia de emprego assegurada ao empregado;

A letra C está incorreta, pois embora tenha ocorrido o término do prazo estipulado, Rodrigo não poderá ser desligado pois possui garantia de emprego, nos termos da Súmula 378, III, do TST;

A letra D está incorreta, pois embora, de fato, Rodrigo não possa ter seu contrato rompido, terá garantia de emprego por 12 meses nos termos do art. 118 da Lei 8.213/1991 e Súmula 378, III, do TST.

(XII EXAME DE ORDEM UNIFICADO – FGV) Em determinada reclamação trabalhista o juiz, à luz das provas produzidas, considera que a natureza jurídica da extinção contratual foi culpa recíproca (de ambas as partes).

Para a hipótese, as alternativas a seguir apresentam direitos deferidos ao trabalhador, ***à exceção de uma***. Assinale-a.

(A) Metade do aviso-prévio.

(B) Metade do 13º salário proporcional.

(C) Seguro desemprego.

(D) Indenização de 20% sobre o FGTS.

COMENTÁRIO

A letra C está correta, pois não é devido seguro-desemprego ocorrendo culpa recíproca. Nos termos do art. 2º, I, da Lei 7.998/1990 o seguro-desemprego é devido somente ao trabalhador desempregado em virtude de dispensa sem justa causa, inclusive a indireta, e ao trabalhador comprovadamente resgatado de regime de trabalho forçado ou da condição análoga à de escravo;

A letra A está incorreta, pois nos termos do art. 484 da CLT havendo culpa recíproca no ato que determinou a rescisão do contrato de trabalho, a indenização que seria devida ao trabalhador em caso de culpa exclusiva do empregador, será reduzida pela metade, como o aviso-prévio. Nesse sentido veja a Súmula 14 do TST;

A letra B está incorreta, pois nos termos do art. 484 da CLT e Súmula 14 do TST o 13º salário proporcional será devido pela metade;

A letra D está incorreta, pois nesse tipo de extinção, algumas parcelas são pagas na integralidade e outras pela metade, ou seja, 50%. Assim, ocorrendo culpa recíproca as verbas rescisórias ficariam da seguinte maneira: saldo de salário (integral), aviso-prévio (50%), 13º salário integral, 13º salário proporcional (50%), férias simples ou vencidas + adicional de 1/3(integral), férias proporcionais + adicional de 1/3 (50%), depósitos de FGTS de 8% sobre o salário (integral), multa de 40% sobre os depósitos do FGTS será pela metade, ou seja, 20%, liberação das guias para levantamento do FGTS (art. 18, § 2º, da Lei 8.036/1990).

(IX EXAME DE ORDEM UNIFICADO – FGV) Assinale a alternativa em que há, incontroversamente, responsabilidade solidária no âmbito trabalhista.

(A) No contrato de empreitada, em relação ao dono da obra, quanto aos créditos dos empregados do empreiteiro.

(B) No contrato de terceirização lícita, em relação ao tomador dos serviços, quanto aos créditos dos empregados da prestadora dos serviços.

(C) Das partes vencidas nos dissídios coletivos, pelo valor das custas.

(D) No contrato temporário, em relação ao tomador ou cliente, caso a empresa de trabalho temporário tenha a recuperação judicial deferida.

COMENTÁRIO

A letra C está correta, pois reflete o disposto no art. 789, § 4º, da CLT;

A letra A está incorreta, pois nos termos da OJ 191 da SDI-1 do TST a responsabilidade será solidária ou subsidiária;

A letra B está incorreta, pois nos termos da Súmula 331, item IV, do TST a responsabilidade será subsidiária. Somente quando se tratar de terceirização ilícita é que a responsabilidade será solidária;

A letra D está incorreta, pois nos termos do art. 16 da Lei 6.019/1974 somente haverá responsabilidade solidária em caso de falência da empresa de trabalho temporário.

(IX EXAME DE ORDEM UNIFICADO – FGV) Partindo-se da premissa legal de que o pedido de demissão ou recibo de quitação de rescisão do contrato de trabalho, firmado por empregado com mais de um ano de serviço, somente será válido quando realizado perante a autoridade competente, assinale a afirmativa correta.

(A) A assistência na rescisão contratual firmada por empregado com mais de (1) um ano de serviço somente poderá ser realizada pelo sindicato representativo da categoria do empregado.

(B) Não havendo na localidade sindicato representativo da categoria, a assistência será prestada pela Justiça do Trabalho.

(C) Não havendo na localidade sindicato representativo da categoria ou autoridade do Ministério do Trabalho, a assistência será prestada por representante do Ministério Público ou, onde houver, defensor público e, na falta ou impedimento destes, pelo Juiz de Paz.

(D) A assistência na rescisão contratual firmada por empregado com mais de (1) um ano de serviço somente poderá ser realizada pelo sindicato representativo da categoria do empregado ou, na ausência deste, pela Justiça do Trabalho.

COMENTÁRIO

A letra C está correta, pois reflete o disposto no art. 477, § 3º, da CLT;

A letra A está incorreta, pois nos termos do art. 477, § 1º, da CLT poderá ser feito por sindicato da classe OU perante a autoridade do Ministério do Trabalho;

A letra B está incorreta, pois nos termos do art. 477, § 3º, da CLT não havendo na localidade sindicato da classe, assistência será prestada pelo Represente do Ministério Público ou, onde houver, pelo Defensor Público e, na falta ou impedimento deste, pelo Juiz de Paz;

A letra D está incorreta, pois na ausência do sindicato a assistência será prestada pelo Ministério do Trabalho.

(VIII EXAME DE ORDEM UNIFICADO – FGV) João, após completar 21 anos e dois meses de vínculo jurídico de emprego com a empresa EGEST ENGENHARIA, foi injustificadamente dispensado em 11.11.2011. No mesmo dia, seu colega de trabalho José, que contava com 25 anos completos de vínculo de emprego na mesma empresa, também foi surpreendido com a dispensa sem justo motivo, sendo certo que o ex-empregador nada pagou a título de parcelas resilitórias a ambos. Um mês após a rescisão contratual, João e José ajuízam reclamação trabalhista, postulando, dentre outras rubricas, o pagamento de aviso-prévio.

À luz da Lei n. 12.506/2011, introduzida no ordenamento jurídico em 11.10.2011, que regula o pagamento do aviso-prévio proporcional ao tempo se serviço, assinale a afirmativa correta.

(A) João é credor do pagamento de aviso-prévio na razão de 93 dias, enquanto que José fará jus ao pagamento de aviso-prévio de 105 dias.

(B) Tanto João quanto José farão jus ao pagamento de aviso-prévio na razão de 90 dias.

(C) Uma vez que ambos foram admitidos em data anterior à publicação da Lei n. 12.506/2011, ambos farão jus tão somente ao pagamento de aviso-prévio de 30 dias.

(D) João é credor do pagamento de aviso-prévio na razão de 63 dias, enquanto José fará jus ao pagamento de aviso-prévio de 75 dias, uma vez que o aviso-prévio é calculado proporcionalmente ao tempo de serviço.

COMENTÁRIO

A letra B está correta, pois como ambos trabalharam mais que 20 (vinte) anos, ambos terão aviso-prévio de 90 (noventa) dias. Importante lembrar que a Nota Técnica 184/2012 do Ministério do Trabalho e Emprego publicou uma tabela progressiva do período de aviso-prévio;

A letra A está incorreta, pois nos termos do art. 1º, parágrafo único, da Lei 12.506/2011 o aviso-prévio terá um período máximo de 90 (noventa dias);

A letra C está incorreta, pois tendo ocorrida a demissão após o início da vigência da Lei 12.506/2011 deverá ser aplicada as regras dispostas na lei em debate. Nesse sentido veja a Nota Técnica 184/2012 do Ministério do Trabalho e emprego;

A letra D está incorreta. Veja comentários anteriores.

(VII EXAME DE ORDEM UNIFICADO – FGV) O trabalhador José foi dispensado, sem justa causa, em 01.06.2011, quando percebia o salário mensal de R$ 800,00 (oitocentos reais). Quando da homologação de sua rescisão, o sindicato de sua categoria profissional determinou à empresa o refazimento do termo de quitação, sob o fundamento de que o empregador compensou a maior, no pagamento que pretendia efetuar, a quantia de R$ 1.200,00 (hum mil e duzentos reais), correspondente a um empréstimo concedido pela empresa ao trabalhador no mês anterior. Diante do exposto, assinale a alternativa correta.

(A) O sindicato agiu corretamente. A compensação não pode ser feita no valor fixado, devendo se limitar ao valor de R$ 800,00 (oitocentos reais), o que importa na necessidade de refazimento do termo de quitação, para o ajuste.

(B) O sindicato agiu corretamente. A compensação não pode ser feita no valor fixado, devendo se limitar ao equivalente a 50% (cinquenta por cento) de um mês de remuneração do empregado, devendo o termo ser refeito para o ajuste.

(C) O sindicato agiu incorretamente. A compensação pode ser feita no valor fixado.

(D) O sindicato agiu incorretamente. A compensação pode ser feita em qualquer valor, inexistindo limite legalmente fixado.

A letra A está correta, pois nos termos do art. 477, § 5º, da CLT admite-se a compensação extrajudicial limitada a no máximo 1 (um) mês da remuneração do empregado;

A letra B está incorreta, pois embora o sindicato tenha agido corretamente, o art. 477, § 5º da CLT ensina que pode ser compensado até 1 (um) mês da remuneração do empregado;

A letra C está incorreta, pois o sindicato agiu corretamente. A compensação não poderia ser feita por valor superior a 1 (um) mês de remuneração do empregado, nos termos do art. 477, § 5º, da CLT;

A letra D está incorreta, pois o art. 477, § 5º, da CLT estabelece como limite para compensação extrajudicial o valor referente a 1 (um) mês da remuneração do empregado.

(VII EXAME DE ORDEM UNIFICADO – FGV) Em razão de forte enchente que trouxe sérios prejuízos à localidade, houve o encerramento das atividades da empresa Boa Vida Ltda., que teve seu estabelecimento totalmente destruído pela força das águas. Diante dessa situação hipotética, com relação aos contratos de trabalho de seus empregados, assinale a alternativa correta.

(A) O encerramento da atividade empresarial implicará a resilição unilateral por vontade do empregador dos contratos de trabalho de seus empregados.

(B) Os empregados têm direito à indenização compensatória de 20% (vinte por cento) sobre os depósitos do FGTS.

(C) Os empregados não podem movimentar a conta vinculada do FGTS.

(D) O empregado detentor de estabilidade provisória por ter sido eleito representante dos empregados na Comissão Interna de Prevenção de Acidentes – CIPA tem direito ao pagamento dos salários do período compreendido entre a data da ruptura do contrato de trabalho e o final do período da garantia de emprego.

COMENTÁRIO

A letra B está correta, pois reflete o disposto no art. 18, § 2º, da Lei 8.036/1990. Ademais, o art. 502, II, da CLT ensina que a indenização será devida pela metade;

A letra A está incorreta, pois o encerramento não se deu por culpa do empregador, mas sim por força maior art. (501 da CLT);

A letra C está incorreta, pois nos termos do art. 20, I, da Lei 8.036/1990 a conta de FGTS poderá ser movimentada em caso de força maior;

A letra D está incorreta, pois a indenização será de acordo com o art. 502, I, da CLT, ou seja, saldo de salário, férias vencidas e proporcionais com 1/3 (Súmula 171 do TST), 13º salários vencido e proporcional, indenização de 20% do FGTS, saque dos depósitos de FGTS, guias para o seguro-desemprego.

(VI EXAME DE ORDEM UNIFICADO – FGV) A empresa X pagou em 10.06.2011 as parcelas do rompimento do contrato do empregado Tício, após dação de aviso-prévio, datado de 30.05.2011, de cujo cumprimento o trabalhador foi dispensado. À época da dispensa, o trabalhador, que tinha 11 (onze) anos de tempo de serviço, recebia salário de R$ 700,00 mensais, com forma de pagamento semanal.

Com base no exposto, é correto afirmar que o empregado

(A) não faz jus a uma indenização no valor do salário, porque o empregador teria até o dia seguinte ao prazo de 30 (trinta) dias do aviso-prévio do qual foi dispensado para fazer o pagamento das verbas resilitórias.

(B) faz jus a uma indenização no valor do salário, por ter superado o prazo de 10 (dez) dias previsto em lei para o pagamento.

(C) faz jus a uma indenização no valor do salário, por ter superado o prazo de 8 (oito) dias para o pagamento de quem recebe por semana.

(D) faz jus a aviso-prévio em dobro, porque contava com mais de 10 (dez) anos de tempo de serviço à época da dispensa e a uma indenização no valor do salário, porque superado o prazo para o pagamento das parcelas decorrentes do rompimento do contrato.

COMENTÁRIO

A letra B está correta, pois nos termos do art. 477, § 8º, da CLT não obedecido o prazo estipulado no § 6º do mesmo art. 477, será devida ao empregado uma multa equivalente ao seu salário;

A letra A está incorreta, pois nos termos do art. 477, § 6º, alínea *b*, da CLT ocorrendo a dispensa do empregador ao cumprimento do aviso-prévio, as verbas rescisórias deverão ser pagas até o décimo dia contado da notificação do aviso-prévio;

A letra C está incorreta, pois embora faça jus à multa, o prazo não é de 8 (oito) dias, mas sim 10 (dez) dias, nos termos do art. 477, § 6º, *b*, da CLT;

A letra D está incorreta, pois não há previsão legal de aviso-prévio em dobro em razão do tempo de serviço.

(VI EXAME DE ORDEM UNIFICADO – FGV) Após 23 anos de trabalho numa empresa, Renato é dispensado sem justa causa, no dia 31 de janeiro de 2012. Na hipótese, ele fará jus ao aviso-prévio de

(A) 90 dias.

(B) 30 dias.

(C) 96 dias.

(D) 99 dias.

COMENTÁRIO

A alternativa A é a correta. A CF/1988 estabelece no art. 7º, XXI como direito dos trabalhadores urbanos e rurais, aviso-prévio proporcional ao tempo de serviço, sendo no mínimo de 30 (trinta) dias. Regulando referido direito a Lei 12.506 de 11 de outubro de 2011 que entrou em vigor no dia 13 de outubro de 2011, regula o aviso-prévio proporcional ao tempo de serviço. De acordo com a nova lei, o aviso-prévio será concedido na proporção de 30 (trinta) dias aos empregados que contém até 1 (um) ano de serviço na mesma empresa. Sobre esse período serão acrescidos 3 (três) dias por ano de serviço prestado na mesma empresa, até o máximo de 60 (sessenta) dias, perfazendo um total de até 90 (noventa) dias.

De acordo com a Nota Técnica 184/2012 do MTE do dia 07 de maio de 2012, os empregados com até 1 (um) ano de serviço na empresa terão aviso-prévio de 30 (trinta) dias. Para cada ano posterior completo serão acrescidos 3 (três) dias ao período. Assim, um empregado com 11 meses de serviço na mesma empresa terá um aviso-prévio de 30 (trinta) dias; um empregado com 1 (um) ano e 1 (um) mês terá 33 (trinta e três) dias; 2 (dois) anos equivalerá a 36 (trinta e seis) dias, até que com 20 (vinte) anos de trabalho na empresa fará jus ao aviso-prévio de 90 (noventa) dias.

(V EXAME DE ORDEM UNIFICADO – FGV) A respeito do pagamento das verbas rescisórias, assinale a alternativa correta.

(A) As verbas rescisórias devidas após decurso normal de prazo de contrato a termo deverão ser pagas até o décimo dia contado do término, em face da inexistência do aviso-prévio.

(B) O empregador que descumpre o prazo de pagamento das verbas rescisórias deverá pagá-las posteriormente acrescidas de 50% de multa, nos termos do artigo 467 da Consolidação das Leis do Trabalho.

(C) No caso de pedido de demissão em contrato por prazo indeterminado, o prazo para pagamento das verbas rescisórias é de 10 dias contados da data da notificação da demissão, quando dispensado o empregado do cumprimento do aviso-prévio pelo empregador.

(D) O pagamento das verbas rescisórias ocorrerá no primeiro dia útil imediato ao término do contrato de trabalho quando o empregador indenizar o aviso-prévio.

COMENTÁRIO

A letra C está correta, pois reflete o disposto no art. 477, § 6º, *b*, da CLT;

A letra A está incorreta, pois devem ser pagas dentro do prazo estipulado no contrato a temo;

A letra B está incorreta, pois a multa de 50 % prevista no art. 467 da CLT refere-se às verbas rescisórias incontroversas;

A letra D está incorreta, pois sendo indenizado o aviso-prévio, o pagamento deverá ser feito até o 10º dia útil, nos termos do art. 477, § 6º, *b*, da CLT. O pagamento deveria ocorrer até o próximo dia útil no caso de aviso-prévio trabalhado, nos termos do art. 477, § 6º, *a*, da CLT.

(IV EXAME DE ORDEM UNIFICADO – FGV) João da Silva ajuizou reclamação trabalhista em face da empresa Alfa Empreendimentos Ltda., alegando ter sido dispensado sem justa causa. Postulou a condenação da reclamada no pagamento de aviso-prévio, décimo terceiro salário, férias proporcionais acrescidas do terço constitucional e indenização compensatória de 40% (quarenta por cento) sobre os depósitos do FGTS, bem como na obrigação de fornecimento das guias para levantamento dos depósitos do FGTS e obtenção do benefício do seguro-desemprego. Na peça de defesa, a empresa afirma que o reclamante foi dispensado motivadamente, por desídia no desempenho de suas funções (artigo 482, alínea "e", da CLT), e que, por essa razão, não efetuou o pagamento das verbas postuladas e não forneceu as guias para a movimentação dos depósitos do FGTS e percepção do seguro-desemprego.

Considerando que, após a instrução processual, o juiz se convenceu da configuração de culpa recíproca, assinale a alternativa correta.

(A) O reclamante não poderá movimentar a conta vinculada do FGTS.

(B) O reclamante não tem direito ao pagamento de indenização compensatória sobre os depósitos do FGTS.

(C) A culpa recíproca é modalidade de resilição unilateral do contrato de trabalho.

(D) O reclamante tem direito a 50% do valor do aviso-prévio, do décimo terceiro salário e das férias proporcionais.

COMENTÁRIO

A letra D está correta, pois o art. 484 da CLT determina que, havendo culpa recíproca no ato que determinou a rescisão do contrato de trabalho, o juiz reduzirá a indenização à que seria devida em caso de culpa exclusiva do empregador, pela metade. Importante frisar que o saldo de salário deverá ser pago integralmente, nos termos da Súmula 14 do TST;

A letra A está incorreta, pois havendo culpa recíproca o reclamante poderá movimentar sua conta de FGTS, nos termos do art. 20, I, da Lei 8.036/1990;

A letra B está incorreta, pois nos termos do art. 18, § 2º, da Lei 8.036/1990, havendo culpa recíproca, o reclamante tem direito ao pagamento de indenização compensatória sobre os depósitos do FGTS corresponderá a 20%;

A letra C está incorreta, pois a culpa recíproca é hipótese de resolução do contrato de trabalho que ocorre sempre que uma ou ambas as partes praticarem uma falta. A resilição do contrato de trabalho ocorre sempre que uma ou ambas as partes resolvem, sem justo motivo, romper o pacto laboral.

(IV EXAME DE ORDEM UNIFICADO – FGV) Paulo, empregado da empresa Alegria Ltda., trabalha para a empresa Boa Sorte Ltda., em decorrência de contrato de prestação de serviços celebrado entre as respectivas empresas. As atribuições por ele exercidas inserem-se na atividade-meio da tomadora, a qual efetua o controle de sua jornada de trabalho e dirige a prestação pessoal dos serviços, emitindo ordens diretas ao trabalhador no desempenho de suas tarefas. Diante dessa situação hipotética, assinale a alternativa correta.

(A) A terceirização é lícita, não acarretando a responsabilidade subsidiária da empresa tomadora pelas obrigações trabalhistas inadimplidas pela empresa prestadora.

(B) A terceirização é ilícita, acarretando a nulidade do vínculo de emprego com a empresa prestadora e o reconhecimento do vínculo de emprego diretamente com a empresa tomadora.

(C) A terceirização é ilícita, acarretando a responsabilidade subsidiária da empresa tomadora pelas obrigações trabalhistas inadimplidas pela empresa prestadora.

(D) A terceirização é lícita, acarretando a responsabilidade subsidiária da empresa tomadora pelas obrigações trabalhistas inadimplidas pela empresa prestadora.

COMENTÁRIO

A letra B está correta, pois embora realizada em atividade-meio da empresa, estava presente na relação apresentada à existência de pessoalidade e a subordinação, reconhecendo, desta forma, a relação de emprego entre Paulo e a empresa tomadora de serviços Boa Sorte Ltda., nos termos da Súmula 331, I e III, do TST;

A letra A está incorreta, pois a terceirização apresentada no caso é considerada ilícita, na medida em que existe pessoalidade e subordinação, nos termos da Súmula 331, III, do TST;

A letra C está incorreta, pois na terceirização considerada ilícita a responsabilidade será solidária, com fundamento no art. 942 do CC, tendo em vista que a contratação por meio de empresa interposta é ilegal e não produz qualquer efeito, nos moldes do art. 9º da CLT;

A letra D está incorreta, pois a terceirização é considerada ilícita e não lícita, sendo, portanto, responsabilidade solidária e não subsidiária como induz a opção.

(EXAME DE ORDEM UNIFICADO 2010.3 – FGV) Paulo possuía uma casa de campo, situada em região rural da cidade de Muzambinho – MG, onde costumava passar todos os finais de semana e as férias com a sua família. Contratou Francisco para cuidar de algumas cabeças de gado destinadas à venda de carne e de leite ao mercado local. Francisco trabalhava com pessoalidade e subordinação, de segunda a sábado, das 11h às 21h, recebendo um salário-mínimo mensal. Dispensado sem justa causa, ajuizou reclamação trabalhista em face de Paulo, postulando o pagamento de horas extraordinárias, de adicional noturno e dos respectivos reflexos nas verbas decorrentes da execução e da ruptura do contrato de trabalho. Aduziu, ainda, que não era observada pelo empregador a redução da hora noturna.

Diante dessa situação hipotética e considerando que as verbas postuladas não foram efetivamente pagas pelo empregador, assinale a alternativa correta.

(A) Francisco tem direito ao pagamento de horas extraordinárias, mas não lhe assiste o direito ao pagamento de adicional noturno, já que não houve prestação de serviços entre as 22h de um dia e as 5h do dia seguinte.

(B) Francisco tem direito ao pagamento de horas extraordinárias e de adicional noturno, não lhe assistindo o direito à redução da hora noturna.

(C) A redução da hora noturna deveria ter sido observada pelo empregador.

(D) Francisco não tem direito ao pagamento de horas extraordinárias e de adicional noturno, por se tratar de empregado doméstico.

COMENTÁRIO

A letra B está correta, pois Francisco tem direito ao recebimento de horas extras diárias e semanais, pois as jornadas diárias e semanais foram extrapoladas. Faz jus, ainda, ao adicional noturno de 25%, nos termos do art. 7º, parágrafo único, da Lei 5.889/1973, na medida em que o horário noturno do trabalhador rural na pecuária compreende aquele executado entre as 20 horas de um dia até às 04 horas do dia seguinte, nos termos do art. 7º, *caput*, da Lei 5.889/1973, e não lhe assiste o direito à redução da hora noturna porque não se aplica a redução ficta ao trabalhador rural;

A letra A está incorreta, pois de acordo com o art. 7º da Lei 5.889/1973 na atividade pecuária, considera-se noturno o trabalho executado entre as vinte horas de um dia e às quatro horas do dia seguinte;

A letra C está incorreta, pois, conforme indicado na parte final dos comentários à alternativa "B", por ser trabalhador rural não se aplica a regra da hora fictamente reduzida;

A letra D está incorreta, pois pelo fato de existir atividade econômica na casa de campo, de acordo com o art. 1º da LC 150/2015, Francisco não será considerado empregado doméstico.

(EXAME DE ORDEM UNIFICADO 2010.3 – FGV) Uma Fundação Municipal de Direito Público decidiu implementar uma reestruturação administrativa, a fim de produzir melhores resultados, com proveito para a sociedade como um todo, prestigiando a sua função social e o princípio da eficiência. Para tanto, desenvolveu um Plano de Incentivo à Demissão Voluntária (PIDV), por meio do qual o empregado que aderisse receberia as verbas resilitórias, acrescidas de um bônus de 80% sobre o seu valor. Ao ler atentamente os termos do PIDV, o empregado Josué de Souza constatou a existência de uma cláusula em que se previa a expressa e geral quitação das obrigações oriundas do contrato de trabalho, nada mais havendo a reclamar depois de efetuado o ajuste. Após refletir cuidadosamente sobre a questão, Josué resolveu aderir ao PIDV. Ocorre que, tão logo recebeu as verbas resilitórias e o bônus de 80%, Josué ajuizou uma ação trabalhista em face da Fundação, pleiteando o pagamento de horas extraordinárias e os reflexos delas decorrentes, sob o argumento de que essas parcelas não foram englobadas expressamente pelo PIDV. Em defesa, o antigo empregador reconheceu a existência de trabalho extraordinário, mas afirmou que as querelas oriundas do contrato de emprego já haviam sido definitivamente solucionadas pelo PIDV.

Diante dessa situação concreta, é correto afirmar que o pedido de pagamento de horas extraordinárias e reflexos deve ser julgado

(A) procedente, uma vez que Josué de Souza possui prazo de cinco anos após o término do contrato para pleitear tudo o que entender cabível.

(B) procedente, uma vez que o PIDV efetua a quitação exclusivamente das parcelas e valores dele constantes.

(C) improcedente, haja vista a cláusula de quitação geral prevista no PIDV.

(D) improcedente, haja vista a natureza jurídica de renúncia do PIDV.

COMENTÁRIO

A letra B está correta, pois em conformidade com a Orientação Jurisprudencial 270 da SDI-1 do TST a transação extrajudicial que importa rescisão do contrato de trabalho ante a adesão do empregado a plano de demissão voluntária implica quitação exclusivamente das parcelas e valores constantes do recibo;

A letra A está incorreta, pois Josué possui prazo de 2 (dois) anos após a extinção do contrato de trabalho para ajuizar a reclamação trabalhista, nos termos do art. 7º, XXIX, da CF e art. 11, I, da CLT;

A letra C está incorreta, pois a cláusula de quitação geral prevista no PIDV é considerada nula;

A letra D está incorreta, pois a ação será julgada procedente, tendo em vista que a quitação refere-se aos direitos consignados no recibo.

(EXAME DE ORDEM UNIFICADO 2010.3 – FGV) O empregado Vicente de Morais foi dispensado sem justa causa. Sete dias depois, requereu a liberação do cumprimento do aviso-prévio, pois já havia obtido um novo emprego. O antigo empregador concordou com o seu pedido, exigindo apenas que ele fosse feito por escrito, junto com a cópia da sua CTPS registrada pelo novo empregador, o que foi realizado por Vicente. Diante dessa situação, o antigo empregador deverá

(A) integrar o aviso-prévio ao pagamento de todas as verbas rescisórias por ele devidas, uma vez que o aviso-prévio é irrenunciável.

(B) deduzir o aviso-prévio do pagamento de parte das verbas rescisórias devidas, uma vez que o empregado renunciou livremente a esse direito, mas o aviso-prévio continuará incidindo sobre as parcelas de natureza salarial.

(C) pagar as verbas rescisórias, excluindo o valor equivalente ao dos dias remanescentes do aviso-prévio.

(D) deduzir o aviso-prévio do pagamento de parte das verbas rescisórias devidas, uma vez que o empregado renunciou livremente a esse direito, mas o aviso-prévio continuará incidindo sobre as parcelas de natureza indenizatória.

COMENTÁRIO

A letra A está incorreta, pois o período de aviso-prévio não será integrado ao pagamento das verbas rescisórias, tendo em vista que foi o próprio empregado quem solicitou, art. 487, § 2º, da CLT;

A letra B está incorreta, pois o aviso-prévio não será devido, art. 487, § 2º, da CLT;

A letra C está correta, pois reflete o disposto no art. 487, § 2º, da CLT;

A letra D está incorreta, *vide* comentários anteriores.

(EXAME DE ORDEM UNIFICADO 2010.3 – FGV) João da Silva decidiu ampliar o seu consultório médico e, para isso, contratou o serviço do empreiteiro Vivaldo Fortuna. Ambos ajustaram o valor de R$ 5.000,00, cujo pagamento seria feito da seguinte maneira: metade de imediato e a outra metade quando do encerramento do serviço. Logo no início dos trabalhos, Vivaldo contratou os serventes Reginaldo Nonato e Simplício de Deus, prometendo-lhes o pagamento de um salário mínimo mensal. Ocorre que, passados três meses, Reginaldo e Simplício nada receberam. Tentaram entrar em contato com Vivaldo, mas este tinha desaparecido. Por conta disso, abandonaram a obra e ajuizaram uma ação trabalhista em face de João da Silva, pleiteando os três meses de salários atrasados, além das verbas resilitórias decorrentes da rescisão indireta provocada por Vivaldo. Diante desse caso concreto, é correto afirmar que João da Silva

(A) não deve ser condenado a pagar os salários atrasados e as verbas resilitórias decorrentes da rescisão indireta, uma vez que é o dono da obra e não desenvolve atividade de construção ou incorporação.

(B) deve ser condenado a pagar apenas os salários atrasados, mas não as verbas resilitórias, uma vez que não foi ele quem deu causa à rescisão indireta.

(C) não deve ser condenado a pagar os salários atrasados e as verbas resilitórias decorrentes da rescisão indireta, uma vez que a obra não foi devidamente encerrada.

(D) deve ser condenado a pagar os salários atrasados e as verbas resilitórias decorrentes da rescisão indireta, uma vez que é o sucessor trabalhista de Vivaldo Fortuna.

COMENTÁRIO

A letra A está correta. João da Silva firmou contrato de empreitada com o Sr. Vivaldo Fortuna, que por sua vez firmou contrato de subempreitada com os serventes Reginaldo Nonato e Simplício de Deus. O contrato entre João e Vivaldo – contrato de empreitada – será regido pelos arts. 610 a 626 do CC. No entanto, entre o Sr. Vivaldo e os serventes Reginaldo e Simplício, existe um contrato de trabalho, com típica relação de emprego, regida pela CLT. Assim, o TST firmou entendimento na OJ 191 da SDI-1, apontando que a responsabilidade pelo pagamento das obrigações trabalhistas não pode recair sobre o dono da obra. Não pode o dono da obra ser responsabilizado pelas obrigações trabalhistas do empreiteiro e subempreiteiro.

(EXAME DE ORDEM UNIFICADO 2010.2 – FGV) O empregado João foi contratado para trabalhar como caixa de um supermercado. No ato de admissão, foi-lhe entregue o regulamento da empresa, onde constava a obrigatoriedade do uso do uniforme para o exercício do trabalho. Entretanto, cerca de cinco meses após a contratação, João compareceu para trabalhar sem o uniforme e, por isso, foi advertido. Um mês depois, o fato se repetiu e João foi suspenso por 3 dias. Passados mais 2 meses, João compareceu novamente sem uniforme, tendo sido suspenso por 30 dias. Ao retornar da suspensão foi encaminhado ao departamento de pessoal, onde tomou ciência da sua dispensa por justa causa (indisciplina – art. 482, h, da CLT). Diante deste caso concreto

(A) está correta a aplicação da justa causa, uma vez que João descumpriu reiteradamente as ordens genéricas do empregador contidas no regulamento geral.

(B) está incorreta a aplicação da justa causa, uma vez que João cometeu ato de insubordinação e não de indisciplina.

(C) está incorreta a aplicação da justa causa, uma vez que João cometeu mau procedimento.

(D) está incorreta a aplicação da justa causa, uma vez que o empregador praticou bis in idem, ao punir João duas vezes pelo mesmo fato.

COMENTÁRIO

A letra D está correta. Segundo leciona Gustavo Filipe Barbosa Garcia: "O *non bis in idem* significa que a mesma falta disciplinar, praticada pelo empregado, não pode ser objeto de mais de uma punição pelo empregador. Ainda que a falta autorizasse a dispensa por justa causa, se o empregador preferiu punir o empregado com uma mera advertência ou suspensão, não será válida a dispensa por justa causa pelo mesmo fato já punido, não sendo aceito que o empregador se arrependa da pena mais branda que decidiu aplicar. O empregador não pode aplicar certa penalidade mais branda ao empregado e, sem seguida, arrependendo-se, punir a mesma falta com a dispensa por justa causa, pois isso configuraria bis in idem, o qual é vedado" (Curso de Direito do Trabalho, 4. ed. São Paulo: Gen. p. 623-624). Assim, ainda que João tenha praticado ato de indisciplina, passível de pena de demissão por justa causa (art. 482, *h*, da CLT), como o empregador já tinha aplicado a pena de suspensão, não poderia ter aplicado, ao mesmo fato, a pena de demissão por justa causa.

8. ESTABILIDADE

(XVIII EXAME DE ORDEM UNIFICADO – FGV) Jefferson, empregado da sociedade empresária Editora Século XIX, resolve adotar, sozinho, uma criança de 5 anos de idade. Diante da hipótese, de acordo com a legislação em vigor, assinale a afirmativa correta.

(A) Jefferson não terá direito à licença-maternidade, por falta de dispositivo legal.

(B) Jefferson receberá salário-maternidade, mas não terá direito à licença-maternidade, porque a regra aplica-se apenas às mulheres.

(C) Jefferson terá direito à licença-maternidade, pois este direito aplica-se à pessoa que adotar, independentemente do gênero.

(D) Jefferson terá direito à licença-maternidade de 60 dias.

COMENTÁRIO

A alternativa correta é a letra C, pois revela o contexto que deflui do artigo 392-C da CLT, inserido no texto celetista pela lei 12.873/2013 que assegura também ao empregado do sexo masculino adotante, o direito à licença-maternidade que se defere às empregadas.

Destarte, as alternativas A e B, fazem-se incorretas por externar pensamento em sentido contrário, ou seja, induzem não fazer jus o empregado do sexo masculino jus à licença maternidade.

A alternativa D faz-se também incorreta por ter apontado prazo equivocado para a licença maternidade de Jefferson que não conta apenas com 60 dias mas sim com 120 dias. Por oportuno, veja-se que com a lei 12.010/2009 houve revogação dos §§ 1º a 3º do artigo 392-A da CLT que fixavam prazo de licença maternidade de acordo com a idade da criança adotada. Aludida lei, contudo, estendeu o prazo geral de 120 para o caso de adoção de criança em qualquer idade.

(XVII EXAME DE ORDEM UNIFICADO – FGV) Jonas é empregado da sociedade empresária Ômega. Entendendo seu empregador por romper seu contrato de trabalho, optou por promover sua imediata demissão, com pagamento do aviso-prévio na forma indenizada. Transcorridos 10 dias de pagamento das verbas rescisórias, Jonas se candidatou a dirigente do sindicato da sua categoria e foi eleito presidente na mesma data. Sobre a hipótese apresentada, de acordo com o entendimento consolidado do TST, assinale a afirmativa correta.

(A) Jonas poderá ser desligado ao término do aviso-prévio, pois não possui garantia no emprego.

(B) Jonas tem garantia no emprego por determinação legal, porque, pelo fato superveniente, o aviso-prévio perde seu efeito.

(C) Jonas passou a ser portador de garantia no emprego, não podendo ter o contrato rompido.

(D) Jonas somente poderá ser dispensado se houver concordância do sindicato de classe obreiro.

COMENTÁRIO

"A" é a assertiva correta, tendo em vista que reflete o entendimento disposto na súmula 369, III, do TST, que entende que o registro da candidatura do empregado a cargo de dirigente sindical durante o período de aviso-prévio, ainda que indenizado, não lhe assegura a estabilidade no emprego.

(XV EXAME DE ORDEM UNIFICADO – FGV) Paulo, empregado de uma empresa siderúrgica, é portador do vírus HIV. Tomando conhecimento dessa notícia, o empregador o dispensou imotivadamente e pagou todas as verbas rescisórias. No momento da dispensa, o chefe de Paulo afirmou que a dispensa somente ocorreu em razão de sua doença, apesar de ser um excelente profissional. Paulo, inconformado, ajuizou ação trabalhista para resguardar o seu direito.

No caso, se o pedido for julgado procedente, Paulo tem direito a

(A) ser reintegrado.

(B) ser readmitido.

(C) receber apenas os salários do período de afastamento.

(D) receber apenas indenização por dano moral.

COMENTÁRIO

A letra A está correta, pois reflete o entendimento disposto na súmula 443 do TST;

A letra B está incorreta, pois não é caso de readmissão, ou seja, novo contrato de trabalho, mas sim reintegração ao contrato de trabalho que já estava em vigência, veja Súmula 443 TST;

A letra C está incorreta, pois não receberá somente os salários do período de afastamento, como também será reintegrado;

A letra D está incorreta, pois embora possa pleitear indenização por danos morais, receberia os salários do período de afastamento e seria reintegrado ao emprego.

(XV EXAME DE ORDEM UNIFICADO – FGV) Rogéria, balconista na empresa Bolsas e Acessórios Divinos Ltda., candidatou-se em uma chapa para a direção do sindicato dos comerciários do seu Município, sendo eleita posteriormente. Contudo, o sindicato não comunicou o registro da candidatura, eleição e posse da empregada ao empregador. Durante o mandato de Rogéria, o empregador a dispensou sem justa causa e com cumprimento do aviso-prévio. Rogéria, então, enviou um *e-mail* para o empregador, dando-lhe ciência dos fatos, mediante prova documental. Apesar das provas, a empresa não aceitou suas razões e ratificou o desejo de romper o contrato de trabalho.

Sobre o caso narrado, de acordo com a jurisprudência do TST, assinale a afirmativa correta.

(A) Rogéria tem garantia no emprego, já que a comunicação, apesar de fora do prazo legal, foi feita na vigência do contrato.

(B) O sindicato não observou o prazo legal para comunicação, motivo pelo qual a dispensa não pode ser considerada ilícita nem discriminatória, prevalecendo a ruptura.

(C) A jurisprudência é omissa, razão pela qual faculta-se ao empregador aceitar ou não a comunicação.

(D) É irrelevante que a comunicação da eleição tenha sido feita, já que a responsabilidade do empregador é objetiva.

COMENTÁRIO

A letra A está correta, pois nos termos da súmula 369, I, TST é assegurada a estabilidade provisória ao empregado dirigente sindical, ainda que a comunicação do registro da candidatura ou da eleição e da posse seja realizada fora do prazo previsto de 24 horas previsto no art. 543, § 5º, da CLT, desde que a ciência ao empregador, por qualquer meio, ocorra na vigência do contrato de trabalho;

A letra B está incorreta, pois embora não tenha havido a observância do prazo de 24 horas descrito no texto legal, tendo havido comunicação a dispensa será considerada ilícita;

A letra C está incorreta, pois o TST se pronunciou sobre o tema, como vimos na súmula 369, I;

A letra D está incorreta, pois a comunicação não é irrelevante, ela deve acontecer por qualquer meio, na vigência do contrato de trabalho.

(XII EXAME DE ORDEM UNIFICADO – FGV) Para que a garantia no emprego em razão da candidatura do empregado a dirigente sindical se consolide, a CLT dispõe no Art. 543, § 5º que: "*Para os fins deste artigo, a entidade sindical comunicará por escrito à empresa, dentro de 24 (vinte e quatro) horas, o dia e a hora do registro da candidatura do seu empregado e, em igual prazo, sua eleição e posse, fornecendo, outrossim, a este comprovante no mesmo sentido*".

Gislene registrou sua candidatura a dirigente sindical, na condição de Vice-presidente na chapa, mas o sindicato não comunicou tal fato ao seu empregador que, ignorando a situação, concedeu aviso prévio à empregada 10 dias depois.

Nessa hipótese, de acordo com o entendimento do TST, assinale a afirmativa correta.

(A) O empregador, a seu critério, aceitará ou não a justificativa tardia da empregada que se candidatou a dirigente sindical e mantém seu contrato de trabalho.

(B) O empregador fica obrigado a respeitar a garantia no emprego, mesmo que seja informado deste fato após a ruptura da interlocução social, devendo readmiti-la.

(C) O empregador tem de respeitar a garantia, ainda que seja comunicado posteriormente da candidatura da empregada, desde que isso ocorra enquanto o pacto laboral estiver em vigor.

(D) A empresa não precisa respeitar a garantia no emprego porque o prazo legal não foi observado, de modo que isso não a vincula. Ademais, ignorando a garantia da empregada, a empresa não teria agido de má-fé.

COMENTÁRIO

A letra C está correta, pois reflete o entendimento disposto na súmula 369, I, do TST;

A letra A está incorreta, pois caso o sindicato faça a comunicação durante a vigência do contrato de trabalho o empregador deverá reconsiderar a ordem de aviso-prévio, tendo em vista a garantia de emprego de Gislene, em conformidade com o entendimento disposto na súmula 369, I, do TST;

A letra B está incorreta, pois o empregador fica obrigado a respeitar a garantia no emprego, somente se for informado do registro da candidatura da empregada a cargo de dirigente sindical durante a vigência do contrato de trabalho e não após como induz a assertiva;

A letra D está incorreta, pois o TST firmou entendimento no sentido de que é assegurada a estabilidade provisória ao empregado dirigente sindical, ainda que a comunicação do registro da candidatura ou da eleição e da posse seja realizada fora do prazo previsto no art. 543, § 5º, da CLT, desde que a ciência ao empregador, por qualquer meio, ocorra na vigência do contrato de trabalho.

(X EXAME DE ORDEM UNIFICADO – FGV) Fernanda é contratada pela empresa Master, a título temporário, com base na Lei n. 6.019/1974, pelo prazo certo de 3 meses. Quando do término deste período e ciente de que o empregador não pretende renovar o contrato, ela informa que se encontra grávida de 6 semanas.

A respeito do caso proposto, de acordo com o entendimento do TST, assinale a afirmativa correta.

(A) Fernanda pode ter o contrato extinto porque o pacto foi feito a termo, de modo que no seu implemento a ruptura se impõe.

(B) Fernanda não poderá ser dispensada, pois, em razão da gravidez, possui garantia no emprego, mesmo sendo o contrato a termo.

(C) Fernanda poderá ser desligada porque a natureza jurídica da ruptura não será resilição unilateral, mas caducidade do contrato.

(D) Fernanda não pode ter o contrato rompido, pois em razão da gravidez tem garantia no emprego durante 12 meses.

COMENTÁRIO

A letra B está correta, pois reflete o entendimento disposto na Súmula 244, item III, do TST a empregada gestante tem direito à estabilidade provisória prevista no art. 10, inciso II, alínea "b", do Ato das Disposições Constitucionais Transitórias, mesmo na hipótese de admissão mediante contrato por tempo determinado;

A letra A está incorreta, pois por estar grávida Fernanda não poderá ter o contrato extinto, ainda que tenha sido contratada por prazo certo;

A letra C está incorreta, veja comentários das alternativas "A" e 'D";

A letra D está incorreta, pois embora Fernanda não possa ter o contrato extinto, a garantia de emprego será de 5 meses, nos termos do art. 10, II, alínea "b", do ADCT.

(IX EXAME DE ORDEM UNIFICADO – FGV) As alternativas a seguir apresentam casos para os quais a Lei prevê garantia de emprego, **à exceção de uma.** Assinale-a.

(A) Dirigente de associação profissional.

B) Membro representante dos empregados junto ao Conselho Nacional de Previdência Social.

(C) Representantes dos empregados em comissão de conciliação prévia de âmbito empresarial.

(D) Representante dos empregados no Conselho Curador do FGTS.

COMENTÁRIO

A letra A está correta, pois não há previsão legal de garantia de emprego para o dirigente de associação profissional;

A letra B está incorreta, pois a garantia de emprego do membro representante dos empregados junto ao Conselho Nacional de Previdência Social está disposta no art. 3º, § 7º, da Lei 8.213/1991;

A letra C está incorreta, pois a garantia de emprego dos representantes dos empregados em comissão de conciliação prévia de âmbito empresarial está disposta no art. 625-B, § 1º, da CLT;

A letra D está incorreta, pois a garantia de empregos dos representantes dos empregados no Conselho Curador do FGTS está disposta no art. 3º, § 9º, da Lei 8.036/1990.

9. NORMAS DE PROTEÇÃO DO TRABALHO – TRABALHO DO MENOR – TRABALHO DA MULHER

(XIII EXAME DE ORDEM UNIFICADO – FGV) Maria, empregada de uma panificadora, adotou uma criança em idade de alfabetização. Quando da adoção, obteve a informação de que faria jus à licença-maternidade, daí decorrente. Em conversa com seu empregador, Maria foi informada que não desfrutava do mencionado benefício. Na dúvida a empregada requereu a licença-maternidade junto ao INSS.

Diante do caso apresentado, assinale a afirmativa correta.

(A) A duração da licença-maternidade de Maria tem variação de acordo com a idade da criança adotada.

(B) Maria não tem direito à licença-maternidade, pois se trata de adoção e a legislação não prevê essa hipótese.

(C) Maria tem direito à licença-maternidade de 120 dias, sem prejuízo do emprego e do salário, independentemente da idade da criança adotada.

(D) Maria tem direito a duas semanas de licença-maternidade correspondentes ao período de adaptação necessário na adoção.

COMENTÁRIO

A alternativa C é a correta, pois de acordo com o art. 392-A da CLT com a redação dada pela Lei 12.873/2013, independentemente da idade da criança adotada a mãe terá licença maternidade de 120 dias. Vale lembrar que os parágrafos do art. 392-A da CLT que previam prazos diferenciados de licença-maternidade de acordo com a idade do adotando foram revogados pela Lei 12.010/2009.

(VII EXAME DE ORDEM UNIFICADO – FGV) Determinado empregado, durante quatro anos consecutivos, percebeu pagamento de adicional de insalubridade, já que desenvolvia seu mister exposto a agentes nocivos à saúde. A empregadora, após sofrer fiscalização do Ministério do Trabalho, houve por bem fornecer a todos os seus empregados equipamento de proteção individual (EPI) aprovado pelo órgão competente do Poder Executivo, eliminando, definitivamente, os riscos à higidez física dos trabalhadores. Diante do relatado, assinale a opção INCORRETA:

(A) Enquanto percebido, o adicional de insalubridade integra a remuneração para todos os efeitos legais.

(B) Tendo o empregado recebido adicional de insalubridade com habitualidade, a rubrica não pode ser suprimida, ainda que o empregador promova a eliminação dos riscos à integridade física do empregado.

(C) O trabalhador somente faz jus ao pagamento do adicional de insalubridade enquanto permanecer exposto a agentes de risco à sua saúde, independentemente do tempo em que percebeu o aludido adicional.

(D) A eliminação ou neutralização da insalubridade ocorrerá com a adoção de medidas que conservem o ambiente de trabalho dentro dos limites de tolerância ou com a utilização de equipamentos de proteção individual ao trabalhador, que diminuam a intensidade do agente agressivo a limites de tolerância.

COMENTÁRIO

A letra B está incorreta, devendo ser assinalada, pois caso o empregador forneça equipamentos de proteção que elimine a insalubridade, ficará excluída a percepção do referido adicional, nos termos da Súmula 80 do TST;

A letra A está correta, pois reflete o entendimento disposto na Súmula 139 do TST;

A letra C está correta, pois o adicional somente é recebido enquanto perdurar a situação de insalubridade. É o que a doutrina chama de "salário-condição", ou seja, o empregado recebe o adicional enquanto trabalhar na condição insalubre;

A letra D está correta, pois reflete o disposto no art. 191, incisos I e II, da CLT.

(VI EXAME DE ORDEM UNIFICADO – FGV) Consideram-se acidentes do trabalho

(A) os acidentes típicos, a doença profissional, a doença do trabalho e as hipóteses definidas em lei a ele equiparadas.

(B) a doença degenerativa, a inerente a grupo etário e a doença endêmica.

(C) para fins de responsabilidade civil do empregador, somente os acidentes típicos e a doença profissional.

(D) apenas os acidentes típicos, a doença ocupacional e os acidentes *in itinere*.

COMENTÁRIO

A letra A está correta, pois reflete o disposto nos arts. 19, 20 e 21 da Lei 8.213/1991;

A letra B está incorreta, pois nos termos do art. 20, § 1º, da Lei 8.213/1991 não são consideradas como doença do trabalho;

A letra C está incorreta, pois os equiparados também. Veja art. 21 da Lei 8.213/1991;

A letra D está incorreta. Veja comentários anteriores.

10. DIREITO COLETIVO DO TRABALHO

(XV EXAME DE ORDEM UNIFICADO – FGV) Os empregados da empresa Calçados Ribeiro Ltda. decidem entrar em greve para reivindicar aumento de salário. A greve foi deliberada e votada em assembleia convocada apenas para tal, tendo o empregador sido comunicado com 48 horas de antecedência acerca do movimento paredista.

Durante a greve, de acordo com a Lei,

(A) os contratos de trabalho ficarão interrompidos.

(B) não há uma diretriz própria, na medida em que a Lei é omissa a respeito, cabendo ao Judiciário decidir.

(C) o empregador pode contratar imediatamente substitutos para o lugar dos grevistas.

(D) os contratos de trabalho ficarão suspensos.

COMENTÁRIO

A letra D está correta, pois reflete o disposto no art. 7º da Lei 7.783/1989;

A letra A está incorreta, pois nos termos do art. 7º da Lei 7.783/1989 durante o movimento grevista, os contratos ficarão suspensos;

A letra B está incorreta, pois o art. 7º da Lei 7.783/1989 regulamenta a hipótese, não havendo omissão legislativa. Contudo, importante destacar que negociação coletiva poderá prever que a situação será de interrupção do contrato, hipótese em que haverá pagamento dos salários do período de greve;

A letra C está incorreta, pois nos termos do parágrafo único do art. 7º da Lei 7.783/1989 durante a greve é proibida a contratação de trabalhadores substitutos, exceto na hipótese de os grevistas não manterem equipes para assegurar os serviços cuja paralisação possa resultar prejuízo irreparável, pela deterioração irreversível de bens, máquinas e equipamentos, bem como a manutenção daqueles essenciais à retomada das atividades da empresa quando da cessação do movimento e em casos de abuso de direito de greve.

(XIV EXAME DE ORDEM UNIFICADO – FGV) Jerônimo trabalha na Metalúrgica Pereira como soldador, com a seguinte jornada: de segunda a sexta-feira, das 9h às 18h, com quatro intervalos diários de quinze minutos, destinados à alimentação (das 9h45min às 10h, das 11h45min às 12h, das 14h45min às 15h e das 16h30min às 16h45min). Na hipótese em questão, de acordo com o entendimento sumulado do TST,

(A) o intervalo intrajornada mínimo de uma hora foi respeitado, daí porque não há horas extras a pagar.

(B) o empregado terá direito ao pagamento de uma hora extra diária pela concessão inadequada da pausa alimentar.

(C) a possibilidade de fracionamento do intervalo intrajornada em 4 períodos depende de autorização do Ministério do Trabalho e Emprego.

(D) se o fracionamento ou a supressão do intervalo estivessem previstos em convenção coletiva, a empresa estaria dispensada de pagar a hora extra.

COMENTÁRIO

A letra B está correta, pois como o intervalo não foi concedido nos exatos termos do art. 71 *caput*, da CLT, deverá o empregador pagar o respectivo período acrescido de 50%, em conformidade com o art. 71, § 4º, da CLT;

A letra A está incorreta, pois o intervalo para refeição e descanso não foi respeitado, tendo em vista que nos termos do art. 71, *caput*, da CLT ele deve ser de no mínimo 1 hora. Para a atividade exercida por Jerônimo o fracionamento poderia haver o fracionamento desde que não fosse inferior a 1 hora. Vale lembra que nos termos do § 5º do art. 71 da CLT os intervalos expressos no *caput* e no § 1º poderão ser fracionados quando compreendidos entre o término da primeira hora trabalhada e o início da última hora trabalhada, desde que previsto em convenção ou acordo coletivo de trabalho, ante a natureza do serviço e em virtude das condições especiais do trabalho a que são submetidos estritamente os motoristas, cobradores, fiscalização de campo e afins nos serviços de operação de veículos rodoviários, empregados no setor de transporte coletivo de passageiros, mantida a mesma remuneração e concedidos intervalos para descanso menores e fracionados ao final de cada viagem, não descontados da jornada;

A letra C está incorreta, pois o fracionamento do intervalo é permitido, em regra, para os motoristas, cobradores, fiscalização de campo e afins nos serviços de operação de veículos rodoviários, empregados no setor de transporte coletivo de passageiros por acordo ou convenção coletiva, nos termos do art. 71, § 5º, da CLT;

A letra D está incorreta, pois não tem validade cláusula de acordo ou convenção coletiva que contemple a supressão do intervalo. O mesmo raciocínio deve ser feito para o fracionamento inferior a 1 hora de intervalo.

(X EXAME DE ORDEM UNIFICADO – FGV) Uma empresa contrata plano de saúde para os seus empregados, sem custo para os mesmos, com direito de internação em quarto particular. Posteriormente, estando em dificuldade financeira, resolve alterar as condições do plano para uso de enfermaria coletiva, em substituição ao quarto particular. Após a alteração, um empregado é contratado, passa mal e exige da empresa sua internação em quarto particular.

Diante dessa situação, assinale a afirmativa correta.

(A) O empregado está correto, pois não pode haver alteração contratual que traga malefício ao trabalhador, como foi o caso.

(B) O empregado está errado, pois sua contratação já ocorreu na vigência das novas condições, retirando o direito ao quarto particular.

(C) O empregado está correto, pois as vantagens atribuídas à classe trabalhadora não podem retroceder, sob pena de perda da conquista social.

(D) O empregado teria direito ao quarto particular se comprovasse que a doença teve origem antes de ser contratado e antes da alteração das condições do plano de saúde.

COMENTÁRIO

A letra B está correta, pois por ter sido contratado sob a vigência da nova condição de trabalho, as vantagens concedidas antes da contratação não lhe serão devidas se retiradas ou alteradas. As alterações no regulamento da empresa valem apenas para os empregados que forem admitidos após a revogação ou alteração do regulamento. Veja Súmula 51, item I, do TST;

A letra A está incorreta, pois embora não possa haver alteração que prejudique o trabalhador, observa-se na questão que o empregado foi contratado após a alteração do regulamento, ou seja, foi contratado na vigência das novas condições e, portanto, a antiga vantagem não lhe atinge. Nesse sentido, veja a Súmula 51, item I, do TST;

A letra C está incorreta, pois o trabalhador está errado. Ademais, pode haver a revogação ou alteração de vantagens deferidas, sendo proibido somente que tais cláusulas disponham contra a lei ou normas coletivas;

A letra D está incorreta, pois o empregado não tem da vantagem deferida antes de sua contratação. Veja comentários anteriores.

(EXAME DE ORDEM UNIFICADO 2010.2 – FGV) Com relação ao Direito Coletivo do Trabalho, assinale a alternativa correta.

(A) Acordo coletivo do trabalho é o acordo de caráter normativo pelo qual dois ou mais sindicatos representativos de categorias econômicas e profissionais estipulam condições de trabalho aplicáveis, no âmbito das respectivas representações, às relações individuais de trabalho.

(B) Na greve em serviços ou atividades essenciais, ficam as entidades sindicais ou os trabalhadores, conforme o caso, obrigados a comunicar a decisão aos empregadores e aos usuários com antecedência mínima de 72 (setenta e duas) horas da paralisação.

(C) As centrais sindicais, por força de lei, podem celebrar acordos e convenções coletivos de trabalho.

(D) O recolhimento da contribuição sindical obrigatória ("imposto sindical") somente é exigido dos empregados sindicalizados, em face do princípio da liberdade sindical.

COMENTÁRIO

A letra B está correta, pois a assertiva reflete o disposto no art. 13 da Lei 7.783/1989 (Lei de Greve);

A letra A está incorreta, pois a definição da assertiva é de convenção coletiva de trabalho, conforme consta do art. 611, *caput*, da CLT;

A letra C está incorreta, pois as centrais sindicais, embora tenham sido reconhecidas formalmente, não têm poderes para realizar negociações coletivas, conforme dispõe o art. 1º da Lei 11.648/2008;

A letra D está incorreta, pois a contribuição sindical possui natureza tributária e é recolhida de maneira compulsória de todos aqueles que participarem de uma determinada categoria econômica ou profissional, conforme dispõe o art. 579 da CLT. O STF inclusive já se manifestou e entendeu que a Constituição Federal de 1988 recepcionou o instituto da contribuição sindical compulsória de todos os integrantes da categoria, independentemente de sua filiação ao sindicato (ADIn 1076, Min. Sepúlveda Pertence, 15.06.1994).

11. TEMAS COMBINADOS

(XVIII EXAME DE ORDEM UNIFICADO – FGV) Em normas coletivas firmadas pela empresa Montagens Industriais Ltda., há previsão de multa por descumprimento de cláusulas normativas que foram efetivamente descumpridas pela empresa. Diante disso, assinale a afirmativa correta.

(A) O empregado terá de ajuizar tantas ações quantas forem as lesões, postulando, em cada uma delas, a multa pelo descumprimento de obrigações previstas nas respectivas cláusulas.

(B) Tratando-se de multa prevista em instrumento normativo em decorrência de descumprimento de cláusula que reproduz texto de lei, a multa é incabível.

(C) Tendo em vista a reprodução de textos de lei em cláusulas de instrumentos normativos diversos, ficará a critério do juiz definir se pode haver esse acúmulo.

(D) O descumprimento de qualquer cláusula constante de instrumentos normativos diversos não submete o empregado a ajuizar várias ações, pleiteando, em cada uma, o pagamento de multa referente ao descumprimento de obrigações previstas nas respectivas cláusulas.

COMENTÁRIO

A alternativa correta é a letra D, que reproduz exatamente o entendimento consolidado do TST, como deflui da Súmula 384, I, de sua jurisprudência.

A alternativa A está incorreta, pois contempla a necessidade de ajuizamento de várias ações, ao passo que o verbete já mencionado permite o ajuizamento de uma única ação para cobrança de multas previstas em instrumentos normativos diversos;

A alternativa B também se faz incorreta, pois logo na sequência, o inciso II da mesma súmula torna válida a multa prevista em norma coletiva ainda que esta apenas reproduza o texto da lei que contemple a mesma penalidade.

No mesmo sentido, cai por terra a alternativa C, que induz ser critério do juiz o deferimento ou não da multa quando a Súmula diz exatamente o contrário.

((XVII EXAME DE ORDEM UNIFICADO – FGV) Lúcio é enfermeiro num hospital e, após cumprir seu expediente normal de 8 horas de serviço, tratando dos pacientes enfermos, recebe solicitação para prosseguir no trabalho, realizando hora extra. Lúcio se nega, afirmando que a prorrogação não foi autorizada pelo órgão competente do Ministério do Trabalho e do Emprego. Diante desse impasse e de acordo com a CLT, marque a afirmativa correta.

(A) Lúcio está errado, pois seu dever é de colaboração para com o empregador. A resistência injustificada à sobrejornada dá margem à ruptura por justa causa, por ato de insubordinação.

(B) Lúcio está correto, pois é pacífico e sumulado o entendimento de que nenhum empregado é obrigado a realizar horas extras.

(C) Lúcio está errado, pois a legislação em vigor não exige que eventual realização de hora extra seja antecedida de qualquer autorização de órgão governamental.

(D) Lúcio está correto, pois, tratando-se de atividade insalubre, a prorrogação de jornada precisa ser previamente autorizada pela autoridade competente.

COMENTÁRIO

A letra D está correta, pois nos termos do art. 60 da CLT, é necessária a licença prévia das autoridades competentes em matéria de higiene do trabalho para que qualquer tipo prorrogação na jornada de trabalho nas atividades insalubres;

A letra A está incorreta, pois a resistência de Lúcia encontra amparo legal, não dando ensejo à justa causa do empregado por ato de insubordinação prevista no art. 482, *h*, da CLT;

A letra B está incorreta, pois embora Lúcio esteja correto, não há entendimento sumulado determinando que nenhum empregado é obrigado ou não à prestar horas extras. A prestação de horas suplementares depende de acordo escrito entre empregado e empregador ou mediante acordo ou convenção coletiva de trabalho, art. 59 da CLT. Por se tratar de prorrogação de jornada de trabalho em atividade insalubre, a súmula 349 do TST foi cancelada;

A letra C está incorreta, pois viola diretamente o disposto no art. 60 da CLT.

(XVII EXAME DE ORDEM UNIFICADO – FGV) Henrique é técnico de segurança do trabalho da sociedade empresária ALFA e irá aproveitar 20 dias de férias, pois decidiu converter 10 dias de férias em dinheiro. No seu lugar, assumindo de forma plena as tarefas, ficará Vítor, seu melhor assistente e subordinado. Nesse caso, durante o período de férias e de acordo com o entendimento do TST,

(A) Vítor não receberá o mesmo salário, porque a substituição é eventual, por apenas 20 dias.

(B) Vítor terá direito ao mesmo salário de Henrique, pois a substituição não é eventual.

(C) Vítor terá direito ao seu salário e ao de Henrique, porque há acúmulo de funções.

(D) a situação retratada é ilegal, tratando-se de desvio de função, vedado pelo ordenamento jurídico

COMENTÁRIO

A letra B está correta, pois reflete o entendimento disposto na Súmula 159, I, do TST;

A letra A está incorreta, pois no caso em tela não se trata de uma substituição eventual, entendida como aquela feita por um período curtíssimo de tempo. Em se tratando de substituição no período de férias, o TST entende ser substituição provisória, ainda que somente por 20 dias, termos da súmula 159, I, do TST;

A letra C está incorreta, pois não há acumulo de funções, sendo que Vitor fará jus somente A percepção do mesmo salário de Henrique;

A letra D está incorreta, pois se encaixa dentro do poder de direção do empregador, sendo que o art. 450 da CLT e a súmula 159 do TST disciplinam a situação apontada na questão.

(XVI EXAME DE ORDEM UNIFICADO – FGV) Determinado empregado foi contratado para criar e desenvolver programas de software, criando novas soluções para as demandas dos clientes do seu empregador. Em sua atividade normal, esse empregado inventou um programa original, muito útil e prático, para que os empresários controlassem à distância seus estoques, o que possibilitou um aumento nas vendas.

Diante da situação retratada, assinale a afirmativa correta.

(A) O empregado terá direito, conforme a Lei, a uma participação sobre o lucro obtido nessas vendas.

(B) A Lei é omissa a esse respeito, de modo que, caso não haja consenso entre as partes, será necessário o ajuizamento de ação trabalhista para resolver o impasse.

(C) Todo o lucro obtido pelo invento será do empregado.

(D) O empregado terá direito apenas ao seu salário normal, exceto se o seu contrato de trabalho tiver previsão de participação no lucro do seu invento.

COMENTÁRIO

A letra D está correta, pois de acordo com o art. 88 da Lei 9.279/1996 a invenção e o modelo de utilidade pertencem exclusivamente ao empregador quando decorrerem de contrato de trabalho que tenha por objeto a pesquisa ou a atividade inventiva ou que resulte da natureza dos serviços para os quais foi o empregado contratado, não prevendo a lei participação nos lucros. Assim, salvo disposição contratual em outro sentido, a retribuição pelo trabalho limita-se ao salário ajustado, nos termos do § 1º do art. 88 da Lei 9.279/1996;

A letra A está incorreta, pois nesse tipo de contrato de trabalho a lei não prevê participação do empregado nos lucros obtidos na venda da invenção o empregado fará jus somente ao salário pactuado, que somente será devida se houver previsão contratual, art. 88 e § 1º da Lei 9.279/1996;

A letra B está incorreta, pois a hipótese é regulada pela Lei 9.279/1996 que dispõe sobre a propriedade industrial, especificamente nos arts. 88 a 93 da citada lei;

A letra C está incorreta, pois nesse tipo de contrato, a retribuição pelo trabalho limita-se ao salário ajustado, nos termos do art. 88, § 1º, da Lei 9.279/1996.

(XII EXAME DE ORDEM UNIFICADO – FGV) Godofredo ajuizou reclamação trabalhista, dizendo-se vítima de discriminação, já que a empresa para a qual trabalhava o dispensou no mês em que ele completou 60 anos de idade, o que acontecia rigorosamente com todos os empregados que alcançavam esta idade. Alega que essa é uma odiosa e inconstitucional política não escrita da empresa.

Caso comprovada a alegação de Godofredo sobre a dispensa discriminatória e à luz da Lei 9.029/1995, é correto afirmar que

(A) como portador de garantia no emprego, Godofredo deve requerer sua reintegração, único direito que lhe é assegurado.

(B) o empregado pode optar entre o retorno e a percepção em dobro do período de afastamento.

(C) uma vez que Godofredo não tem estabilidade, somente poderá pleitear indenização.

(D) a dispensa em razão da idade não pode ser considerada discriminatória nem ilegal, já que é uma circunstância que atinge a todos.

COMENTÁRIO

A letra B está correta, pois reflete o disposto no art. 4º da Lei 9.029/1995;

A letra A está incorreta, pois nos termos do art. 4º da Lei 9.029/1995 Godofredo poderá optar entre a reintegração com ressarcimento integral de todo o período de afastamento, mediante pagamento das remunerações devidas, corrigidas monetariamente, acrescidas dos juros legais ou a percepção, em dobro, da remuneração do período de afastamento, corrigida monetariamente e acrescida dos juros legais;

A letra C está incorreta, pois independente de ser detentor de estabilidade no emprego Godofredo possui direito a reintegração ou indenização, previstos no art. 4º da Lei 9.029/1995;

A letra D está incorreta, pois a CF assegura igualdade de direitos a todos, em seu art. 5º, *caput*, sendo que nos termos do art. 3º, IV a CF dispõe constituir objetivo fundamental da República Federativa do Brasil promover o bem de todos, sem preconceitos de origem, raça, sexo, cor, idade e quaisquer outras formas de discriminação.

(X EXAME DE ORDEM UNIFICADO – FGV) Os direitos constitucionais relacionados a seguir já foram regulamentados por Lei, à exceção de um. Assinale-o.

(A) Aviso-prévio proporcional ao tempo de serviço.

(B) Participação nos lucros ou resultados.

(C) Adicional por atividade penosa.

(D) Licença-paternidade.

COMENTÁRIO

A letra C está correta, pois o adicional por atividade penosa, art. 7º, XXIII, da CF ainda não foi regulamentado;

A letra A está incorreta, pois o aviso-prévio proporcional é regulado pela Lei 12.506/2011;

A letra B está incorreta, pois a participação nos lucros ou resultados está regulada pela Lei 10.101/2000;

A letra D está incorreta, pois embora não exista lei específica, o art. 10, § 1º, do ADCT dispõe que até que a lei venha a disciplinar o disposto no art. 7º, XIX, da Constituição, o prazo da licença-paternidade a que se refere o inciso é de cinco dias a licença-paternidade.

(IX EXAME DE ORDEM UNIFICADO – FGV) De acordo com o entendimento consolidado da jurisprudência, a mudança de regime jurídico do empregado celetista para estatutário

(A) não gera alteração no contrato de trabalho, que permanece intacto.

(B) gera a suspensão do contrato de trabalho pelo período de três anos, prazo necessário para que o servidor público adquira estabilidade.

(C) gera extinção do contrato de trabalho, iniciando-se o prazo prescricional da alteração.

(D) não gera alteração no contrato de trabalho, mesmo porque o empregado não é obrigado a aceitar a alteração de regime jurídico.

COMENTÁRIO

A letra C está correta, pois reflete o entendimento disposto na Súmula 382 do TST. No âmbito federal, veja a Lei 8.112/1990;

A letra A está incorreta, o contrato não permanecerá intacto, tendo em vista ser considerado extinto. Veja Súmula 382 do TST;

A letra B está incorreta. Veja comentários das alternativas "A" e "C";

A letra D está incorreta, pois o contrato de trabalho será considerado extinto. Importante lembrar que o art. 243 da Lei 8.112/1990 ensina: "Ficam submetidos ao regime jurídico instituído por esta Lei, na qualidade de servidores públicos, os servidores dos Poderes da União, dos ex-Territórios, das autarquias, inclusive as em regime especial, e das fundações públicas, regidos pela Lei n. 1.711, de 28 de outubro de 1952 – Estatuto dos Funcionários Públicos Civis da União, ou pela Consolidação das Leis do Trabalho, aprovada pelo Decreto-Lei n. 5.452, de 1º de maio de 1943, exceto os contratados por prazo determinado, cujos contratos não poderão ser prorrogados após o vencimento do prazo de prorrogação".

(VIII EXAME DE ORDEM UNIFICADO – FGV) Um cientista é contratado como empregado para trabalhar no setor de pesquisa de uma empresa, visando desenvolver atividade inventiva. Após três anos, com uso de equipamentos e insumos da empresa, o trabalhador inventa um novo maquinário, cuja patente é requerida e, em breve, introduzida no processo de produção, com previsão de alto lucro. Na hipótese, caso nada tenha sido disposto a respeito, assinale a afirmativa correta.

(A) A invenção pertence exclusivamente ao empregado, mas os lucros deverão ser divididos.

(B) A invenção pertence exclusivamente ao empregador, dada a atividade para a qual foi contratado o empregado.

(C) A invenção pertence ao empregado e ao empregador, que dividirão os lucros.

(D) A invenção pertence ao empregador, mas é dado ao empregado pedir indenização por dano material, a ser arbitrado pela justiça.

COMENTÁRIO

A letra B está correta, pois tendo o contrato finalidade inventiva a invenção pertencerá ao empregador, nos termos do art. 88 da Lei 9.279/1996;

A letra A está incorreta, pois o art. 454 da CLT determina que na vigência do contrato de trabalho, as invenções do empregado, quando decorrentes de sua contribuição pessoal e da instalação ou equipamento fornecidos pelo empregador, serão de propriedade comum, em partes iguais, salvo se o contrato de trabalho tiver por objeto, implícita ou explicitamente, pesquisa científica, hipótese em que pertencerá exclusivamente ao empregador;

A letra C está incorreta, pois tendo o contrato atividade inventiva, nos termos do art. 88, § 1º, da Lei 9.279/1996, salvo expressa disposição contratual em contrário, a retribuição pelo trabalho a que se refere este artigo limita-se ao salário ajustado;

A letra D está incorreta, pois não há direito à indenização por dano material, dado o objeto do contrato. Em se tratando de administração pública, veja art. 93 e seu parágrafo único da Lei 9.279/1996.

(VI EXAME DE ORDEM UNIFICADO – FGV) Marcos Paiva ficou afastado do seu trabalho, em gozo de benefício previdenciário, em razão de enfermidade não relacionada ao exercício de suas atribuições funcionais, pelo prazo de 7 (sete) meses. Diante dessa situação hipotética, é correto afirmar que

(A) Marcos tem direito ao recolhimento dos depósitos do FGTS durante esse período de afastamento do trabalho.

(B) esse tempo de afastamento previdenciário deve ser considerado no cômputo do período aquisitivo das férias.

(C) durante esse afastamento previdenciário o contrato de trabalho esteve interrompido.

(D) Marcos deve retornar ao trabalho no prazo de 30 (trinta) dias, contados a partir da cessação do benefício previdenciário, sob pena de se presumir o abandono de emprego caso não justifique o motivo do não retorno.

COMENTÁRIO

A letra D está correta, pois reflete o entendimento disposto na Súmula 32 do TST;

A letra A está incorreta, pois o depósito de FGTS é obrigatório apenas em se tratando de doença ocupacional, nos termos do art. 15, § 5º, da Lei 8.036/1990 e art. 28, III, do Decreto n. 99.684/1990. O auxilio doença, decorrente de doença comum, ou seja, não relacionada com o exercício de suas atribuições funcionais, é o caso de suspensão do contrato de trabalho, não sendo devido, portanto, o depósito do FGTS após os primeiro 15 dias de afastamento;

A letra B está incorreta, pois nos termos do art. 133, IV, da CLT o empregado perderá o direito a férias quando receber do INSS prestações de auxílio doença por mais de 6 (seis) meses;

A letra C está incorreta, pois a partir do 16º dia de afastamento se constata a suspensão do contrato de trabalho, na medida em que o empregado não recebe seu salário.

(IV EXAME DE ORDEM UNIFICADO – FGV) Assinale a alternativa correta em relação ao Fundo de Garantia do Tempo de Serviço – FGTS.

(A) A prescrição da pretensão relativa às parcelas remuneratórias não alcança o respectivo recolhimento da contribuição para o FGTS, posto ser trintenária a prescrição para a cobrança deste último.

(B) Na hipótese de falecimento do empregado, o saldo de sua conta vinculada do FGTS deve ser pago ao representante legal do espólio, a fim de que proceda à partilha entre todos os sucessores do trabalhador falecido.

(C) Durante a prestação do serviço militar obrigatório pelo empregado, ainda que se trate de período de suspensão do contrato de trabalho, é devido o depósito em sua conta vinculada do FGTS.

(D) Não é devido o pagamento de indenização compensatória sobre os depósitos do FGTS quando o contrato de trabalho se extingue por força maior reconhecida pela Justiça do Trabalho.

COMENTÁRIO

A letra C está correta, pois reflete o disposto no art. 15, § 5º, da Lei 8.036/1990;

A letra A está incorreta, pois em conformidade com a Súmula 206 do TST, a prescrição da pretensão relativa às parcelas remuneratórias alcança o respectivo recolhimento da contribuição para o FGTS. No tocante à prescrição trintenária, vide Súmula 362 do TST: "I – Para os casos em que a ciência da lesão ocorreu a partir de 13.11.2014, é quinquenal a prescrição do direito de reclamar contra o não recolhimento de contribuição para o FGTS, observado o prazo de dois anos após o término do contrato; II – Para os casos em que o prazo prescricional já estava em curso em 13.11.2014, aplica-se o prazo prescricional que se consumar primeiro: trinta anos, contados do termo inicial, ou cinco anos, a partir de 13.11.2014 (STFARE-709212/DF);

A letra B está incorreta, pois nos termos do art. 20, IV, da Lei 8.036/1990, havendo o falecimento do trabalhador, o saldo de sua conta do FGTS deverá ser pago aos seus dependentes, para esse fim habilitados perante a Previdência Social. Não existindo dependentes habilitados para esse fim, farão jus ao recebimento do saldo da conta vinculada os seus sucessores previstos na lei civil, indicados em alvará judicial, expedido a requerimento do interessado, independente de inventário ou arrolamento;

A letra D está incorreta, pois o art. 18, 2º, da Lei 8.036/1990, ensina que havendo extinção do contrato por força maior, a indenização corresponderá a 20%, ou seja, a metade a que o empregado teria direito em caso de despedida imotivada.

17. Direito Processual do Trabalho

*Hermes Cramacon e Josley Soares**

1. PRINCÍPIOS PROCESSUAIS

(VI EXAME DE ORDEM UNIFICADO – FGV) Um dos princípios norteadores do Processo do Trabalho é o da celeridade, dada a natureza salarial do crédito trabalhista.

Entretanto, por força de Lei, algumas causas especiais possuem preferência na tramitação. Das situações listadas a seguir, assinale aquela que terá preferência em todas as fases processuais.

(A) a que será executada contra a União, Estados ou Municípios;
(B) a que será executada perante o juízo da falência;
(C) a que será executada em face de empregador doméstico;
(D) a que será executada em face de empresa pública.

COMENTÁRIO

A letra B está correta, pois reflete o disposto no art. 768 da CLT;

A letra A está incorreta, pois a administração pública não possui preferência na tramitação do processo. Os privilégios da administração pública direta, autárquica e fundacional, estão elencados no art. 1º do Decreto-Lei 779/1969;

A letra C está incorreta, pois o empregador doméstico não possui privilégio com relação à tramitação do processo;

A letra D está incorreta, pois por concorrer com a atividade privada as empresas públicas não possuem privilégio na tramitação. Veja art. 173, § 1º, da CF.

2. COMPETÊNCIA DA JUSTIÇA DO TRABALHO

(XIII EXAME DE ORDEM UNIFICADO – FGV) Pedro, estivador, logo trabalhador avulso, está insatisfeito com os repasses que lhe são feitos pelos trabalhos no Porto de Tubarão. Pretende ajuizar ação em face do operador portuário e do Órgão Gestor de Mão de Obra – OGMO. Como advogado de Pedro, indique a Justiça competente para o processamento e julgamento da demanda a ser proposta.

(A) Justiça Comum Federal, dado que o avulso não tem vínculo de emprego com os réus e a matéria portuária é de âmbito nacional.
(B) Justiça do Trabalho.
(C) Justiça Comum Estadual, pela ausência de relação empregatícia, sendo o avulso uma espécie de trabalhador autônomo.
(D) Poderá optar pela Justiça Comum Estadual ou Justiça do Trabalho, caso pretenda o reconhecimento de vínculo de emprego.

COMENTÁRIO

A letra B está correta. A ação deverá ser proposta na Justiça do Trabalho, a teor do art. 114, I, da CF que determina que todas as ações decorrentes da relação de trabalho serão de sua competência e não apenas as causas decorrentes da relação de emprego. O trabalhador avulso possui uma típica relação de trabalho, sendo sua ação de competência da Justiça do Trabalho.

(VIII EXAME DE ORDEM UNIFICADO – FGV) Se for instalado conflito de competência positivo entre dois juízes do Trabalho do Estado de Pernambuco, qual será o órgão competente para julgá-lo?

(A) O TST.
(B) O STJ.
(C) O TRT de Pernambuco.
(D) O STF.

COMENTÁRIO

A alternativa C está correta, pois nos termos do art. 114, V, da CF os conflitos de competência entre órgãos com jurisdição trabalhista serão de competência da Justiça do trabalho, sendo assim, nos termos do art. 808, "a", da CLT o conflito em debate será apreciado pelo TRT de Pernambuco.

(VI EXAME DE ORDEM UNIFICADO – FGV) Se um empregado é contratado em determinado lugar para prestar serviço em outra localidade, a eventual reclamação trabalhista

(A) deve ser ajuizada apenas no lugar da prestação dos serviços;
(B) poderá ser ajuizada no local da contratação ou da prestação dos serviços;
(C) deve ser ajuizada no lugar da contratação, somente;
(D) poderá ser ajuizada no local da prestação do serviço ou do domicílio do autor.

COMENTÁRIO

A alternativa B está correta, pois o art. 651, § 3º da CLT assegura ao empregado apresentar reclamação trabalhista no foro da celebração do contrato ou no local da prestação dos serviços, em se tratando de empregador que promova suas atividades fora do local do contrato de trabalho como, por exemplo, empresas de atividades teatrais.

(V EXAME DE ORDEM UNIFICADO – FGV) Com relação à competência material da Justiça do Trabalho, é correto afirmar que

(A) a Justiça do Trabalho é competente para julgar ação ajuizada por sindicato de categoria profissional em face de determinada empresa para que esta seja condenada a repassar-lhe as contribuições assistenciais descontadas dos salários dos empregados sindicalizados;
(B) não compete à Justiça do Trabalho, mas à Justiça Federal, o julgamento de ação anulatória de auto de infração lavrado por auditor fiscal do trabalho;
(C) de acordo com o entendimento do Superior Tribunal de Justiça, é da competência da Justiça do Trabalho processar e julgar a ação de cobrança ajuizada por profissional liberal contra cliente;
(D) é da competência da Justiça do Trabalho o julgamento das ações ajuizadas em face da Previdência Social que versem sobre litígios ou medidas cautelares relativos a acidentes do trabalho.

COMENTÁRIO

A letra A está correta, pois reflete o disposto no art. 114, III, da CF;

A letra B está incorreta, pois a ação é de competência da Justiça do Trabalho, nos termos do art. 114, VII, da CF e não da Justiça Federal, que tem sua competência definida no art. 109 da CF;

A letra C está incorreta, pois compete à Justiça estadual processar e julgar a ação de cobrança ajuizada por profissional liberal contra cliente, conforme Súmula 363 do STJ;

A letra D está incorreta, pois a ação deverá ser proposta na Justiça comum estadual, nos termos do art. 109, I, CF.

3. ATOS, TERMOS E PRAZOS PROCESSUAIS

(XVIII EXAME DE ORDEM UNIFICADO – FGV) Em ação trabalhista, a parte ré recebeu a notificação da sentença em um sábado. Assinale a opção que, de acordo com a CLT, indica o dia a partir do qual se iniciará a contagem do prazo recursal.

(A) O início do prazo será na segunda-feira e a contagem do prazo deverá ser iniciada na terça-feira, se forem dias úteis.
(B) O início do prazo será na segunda-feira e a contagem do prazo também deverá ser iniciada na própria segunda-feira, se dia útil.
(C) O início do prazo será no sábado, mas a contagem do prazo será iniciada na terça-feira, se dia útil.
(D) O início do prazo será no sábado, mas a contagem do prazo será iniciada na segunda-feira, se dia útil.

COMENTÁRIO

A letra A está correta. Nos termos da Súmula 262 do TST, quando houver intimação no sábado, o início do prazo conferido para a parte será no primeiro dia útil subsequente, no caso do enunciado, na segunda-feira. Já a contagem (lembre-se que a regra de contagem de prazos processuais no processo do trabalho determina a exclusão do dia do início, artigo 775 da CLT) será iniciada na terça-feira. Tudo por que, sábado não é dia de expediente forense. Esse pensamento do TST externado na súmula em comento evita prejuízos às partes caso o início do prazo fosse no sábado e sua contagem já na segunda. Diante disso, todas as demais alternativas tornam-se equivocadas, portanto.

* **Josley Soares** comentou as questões do XVIII Exame; **Hermes Cramacon** comentou as demais questões.

(XIV EXAME DE ORDEM UNIFICADO – FGV) Determinada audiência, designada para as 10h, só teve início às 12h, ocasião em que o preposto e o advogado da empresa já tinham se ausentado. A pauta de audiências fora pontualmente iniciada pelo juiz; porém, a complexidade de processos e depoimentos gerou atrasos substanciais. A partir da situação sugerida, assinale a opção correta.

(A) Não haverá a revelia, pois o atraso do juiz está limitado a 15 minutos, podendo a parte se retirar.

(B) Diante do atraso, o juiz deverá adiar a audiência, já que a parte ré está ausente, mas se fez presente no horário inicial.

(C) O juiz deverá aguardar a parte ausente por 15 minutos, pelo princípio da reciprocidade.

(D) A audiência deverá ser realizada normalmente, cabendo a aplicação da revelia e confissão à parte ré.

COMENTÁRIO

A letra D está correta, pois as partes não podem se retirar alegando atrasos substanciais. Uma vez presente o magistrado para a realização da audiência, não poderão as partes se ausentar ou retirar;

A letra A está incorreta, pois o atraso limitado a 15 minutos disposto no parágrafo único do art. 815 da CLT deve ser aplicado para as hipóteses que o juiz não comparece. No problema proposto podemos notar que o magistrado está presente, mas realizando outra audiência, de um processo complexo;

A letra B está incorreta, pois não estando a reclamada presente na audiência deverá o juiz aplicar os efeitos da revelia;

A letra C está incorreta, pois nos termos da OJ 245 da SDI 1 do TST inexiste previsão legal tolerando atraso no horário de comparecimento da parte na audiência.

(XV EXAME DE ORDEM UNIFICADO – FGV) Paulo ajuizou ação em face de sua ex-empregadora, a empresa Peças ABC Ltda. Na audiência, o Juiz propôs a conciliação, que foi aceita pelas partes, nada tendo sido discutido sobre custas.

Sobre o caso, assinale a opção que indica a hipótese correta para a fixação das custas.

(A) O valor das custas ficará sempre a cargo da empresa, razão pela qual não haverá dispensa das mesmas, pois não há gratuidade de justiça para pessoa jurídica.

(B) O valor das custas, não tendo sido convencionado pelas partes, caberá em partes iguais ao autor e à ré, podendo o autor ser dispensado de sua parte pelo Juiz.

(C) O valor das custas ficará a cargo do autor, pois este está recebendo o valor acordado.

(D) Tendo em vista o acordo, não há que se falar em custas.

COMENTÁRIO

A letra B está correta, pois havendo acordo as custas serão divididas entre as partes, a teor do art. 789, § 3º, da CLT, podendo o magistrado dispensar o autor do pagamento nos moldes do art. 790, § 3º, da CLT;

A letra A está incorreta, pois havendo acordo as custas serão rateadas, ou seja, divididas em partes iguais, como se observa pela redação do art. 789, § 3º, da CLT, sendo que ficará isento do seu pagamento o beneficiário da justiça gratuita (Lei 1.060/1950). A pessoa jurídica também faz jus ao benefício da justiça gratuita sempre que comprovar a impossibilidade de arcar com os encargos processuais, súmula 481 do STJ;

A letra C está incorreta, pois como vimos havendo acordo as custas serão divididas entre as partes. As demais hipóteses de cálculos das custas estão tratadas nos incisos do art. 789 da CLT

A letra D está incorreta, veja comentários anteriores.

(VIII EXAME DE ORDEM UNIFICADO – FGV) Em relação ao valor das custas no processo do trabalho, assinale a afirmativa correta.

(A) Quando houver acordo, incidirão à base de 10% sobre o valor respectivo.

(B) Quando o pedido for julgado improcedente, sempre haverá a isenção de pagamento.

(C) Quando for procedente o pedido formulado em ação declaratória, incidirão à base de 2% sobre o valor da causa.

(D) Quando o valor for indeterminado, incidirão à base de 20% sobre o que o juiz fixar.

COMENTÁRIO

A letra C está correta, pois reflete o disposto no art. 789, *caput* e inciso III, da CLT;

A letra A está incorreta, pois nos termos do art. 789, *caput* e inciso I, da CLT ocorrendo acordo as custas incidirão à base de 2% sobre o valor do acordo;

A letra B está incorreta, pois sendo os pedidos julgados totalmente improcedentes o valor das custas será de 2% calculados sobre o valor da causa. Somente haverá isenção caso o reclamante tenha obtido os benefícios da justiça gratuita. Veja art. 14 e seguintes da Lei 5.584/1970;

A letra D está incorreta, pois embora as custas sejam fixadas pelo valor que o juiz arbitrar, art. 789, IV, da CLT estas serão calculadas à base de 2%.

(V EXAME DE ORDEM UNIFICADO – FGV) A respeito das nulidades no processo do trabalho, é correto afirmar que

(A) é desnecessária a provocação da parte para a declaração de nulidade;

(B) as partes poderão alegar nulidade enquanto estiver aberta a instrução, mesmo que já tenham tido oportunidade de manifestação nos autos;

(C) só serão considerados nulos os atos que alegadamente causarem manifesto prejuízo às partes litigantes;

(D) declarada a nulidade, por qualquer fundamento, todos os atos processuais posteriores serão nulos.

COMENTÁRIO

A letra C está correta, pois reflete o disposto no art. 794 da CLT;

A letra A está incorreta, pois nos termos do art. 795 da CLT as nulidades não serão declaradas senão mediante provocação das partes, que deverão argui-las à primeira vez em que tiverem de falar em audiência ou nos autos;

A letra B está incorreta, pois contraria o disposto no art. 795 da CLT;

A letra D está incorreta, pois nos termos do art. 795, § 1º, CLT declarada a incompetência de foro, leia-se, incompetência material, somente os atos decisórios serão declarados nulos. Ademais, o art. 797 da CLT determina que o Juiz ou Tribunal que pronunciar a nulidade declarará os atos a que ela se estende.

(EXAME DE ORDEM UNIFICADO 2010.2 – FGV) Com relação às despesas processuais na Justiça do Trabalho, assinale a afirmativa correta.

(A) As entidades fiscalizadoras do exercício profissional, em face de sua natureza autárquica, são isentas do pagamento de custas.

(B) As custas devem ser pagas pelo vencido, após o trânsito em julgado da decisão. No caso de recurso, estas devem ser pagas e comprovado o recolhimento dentro do prazo recursal.

(C) O benefício da gratuidade de justiça não pode ser concedido de ofício pelo juiz, devendo ser necessariamente requerido pela parte interessada.

(D) A responsabilidade pelo pagamento dos honorários periciais é da parte sucumbente na pretensão objeto da perícia, ainda que beneficiária da gratuidade de justiça.

COMENTÁRIO

A letra B está correta, pois a assertiva reflete o disposto no art. 789, § 1º, da CLT;

A letra A está incorreta, pois as entidades fiscalizadoras do exercício profissional não são isentas do pagamento de custas, conforme disposto no art. 790-A, parágrafo único, da CLT;

A letra C está incorreta, pois no processo do trabalho o benefício da justiça gratuita pode ser concedido de ofício pelo juiz, nos termos do art. 790, § 3º, da CLT;

A letra D está incorreta, pois a responsabilidade pelo pagamento dos honorários periciais, no caso de beneficiário da justiça gratuita, será da União, conforme entendimento consolidado na súmula 457 do TST.

4. PARTES E PROCURADORES

(IX EXAME DE ORDEM UNIFICADO – FGV) Na Justiça do Trabalho, segundo o entendimento sumulado pelo TST, é correto afirmar-se que o *jus postulandi*

(A) não se aplica à ação rescisória, à ação cautelar, ao mandado de segurança e aos recursos de competência do TST;

(B) não tem mais aplicação na Justiça do Trabalho desde o advento da emenda constitucional 45;

(C) aplica-se em todas as causas cujo valor seja inferior a 20 salários mínimos, porque, a partir deste patamar, o advogado é indispensável;

(D) aplica-se irrestritamente na seara trabalhista, em todas as esferas, instâncias e ações, sendo uma de suas características marcantes.

COMENTÁRIO

A letra A está correta, pois reflete o entendimento consubstanciado na Súmula 425 do TST;

A letra B está incorreta, pois o *jus postulandi* vem disposto no art. 791 da CLT, com limitação disposta na Súmula 425 do TST;

A letra C está incorreta, pois na Justiça do Trabalho o *jus postulandi* não é determinado pelo valor da causa. Suas regras estão dispostas no art. 791 da CLT e Súmula 425 do TST;

A letra D está incorreta, pois não se aplica à ação rescisória, à ação cautelar, ao mandado de segurança e aos recursos de competência do TST, nos termos da Súmula 425 do TST.

(VIII EXAME DE ORDEM UNIFICADO – FGV) A respeito do preposto no Processo do Trabalho, de acordo com a legislação, assinale a afirmativa correta.

(A) Não precisa ter conhecimento dos fatos, uma vez que tal característica é própria das testemunhas.

(B) Não precisa ter conhecimento dos fatos, já que atua como representante do empregador.

(C) Deve ter conhecimento dos fatos.

(D) Deve ter conhecimento da interpretação do empregador quanto aos fatos ocorridos.

COMENTÁRIO

A letra C está correta, pois reflete o disposto no art. 843, § 1º, da CLT;

A letra A está incorreta, pois nos termos do art. 843, § 1º, da CLT o preposto deve ter conhecimento dos fatos. Essa característica não é exclusiva das testemunhas;

A letra B está incorreta, pois embora esteja representando o empregador, o preposto deve ter conhecimentos dos fatos, art. 843, § 1º, da CLT;

A letra D está incorreta, pois deve ter conhecimentos dos fatos que ocorreram e não somente da interpretação do empregador. Veja comentários anteriores.

(VI EXAME DE ORDEM UNIFICADO – FGV) Quanto à nomeação de advogado na Justiça do Trabalho, com poderes para o foro em geral, é correto afirmar que

(A) na Justiça do Trabalho, a nomeação de advogado com poderes para o foro em geral poderá ser efetivada mediante simples registro na ata de audiência, a requerimento verbal do advogado interessado e com a anuência da parte representada;

(B) as partes que desejarem a assistência de advogado sempre deverão outorgar poderes para o foro em geral por intermédio de instrumento de mandato, com firma devidamente reconhecida;

(C) na Justiça do Trabalho, o advogado pode atuar sem que lhe sejam exigidos poderes outorgados pela parte, haja vista o princípio do *jus postulandi*;

(D) somente o trabalhador poderá reclamar na Justiça do Trabalho sem a necessidade de nomeação de advogado, uma vez que o princípio do *jus postulandi* somente se aplica à parte hipossuficiente.

COMENTÁRIO

A letra A está correta, pois reflete o disposto no art. 791, § 3º, da CLT;

A letra B está incorreta, pois de acordo com o art. 791, § 3º, da CLT poderá ser efetivada na própria audiência;

A letra C está incorreta, pois para os advogados atuarem em nome da parte é necessário instrumento de mandato, art. 37 do CPC[1]. O *jus postulandi* é a capacidade que a própria parte possui para acompanhar as reclamações na Justiça do Trabalho, nos termos do art. 791 da CLT. Vale dizer que os limites do *jus postulandi* se encontram na Súmula 425 do TST;

A letra D está incorreta, pois de acordo com o art. 791 da CLT os empregados e os empregadores poderão reclamar na Justiça do Trabalho sem a necessidade de nomeação de advogado.

5. RECLAMAÇÃO TRABALHISTA E RESPOSTAS DA RECLAMADA

(XVIII EXAME DE ORDEM UNIFICADO – FGV) Marcos ajuizou reclamação trabalhista em face de sua ex-empregadora, a sociedade empresária Cardinal Roupas Ltda., afirmando ter sofrido acidente do trabalho (doença profissional). Em razão disso, requereu indenização por danos material e moral. Foi determinada a realização de perícia, que concluiu pela ausência de nexo causal entre o problema sofrido e as condições ambientais. Na audiência de instrução, foram ouvidas cinco testemunhas e colhidos os depoimentos pessoais. Com base na prova oral, o juiz se convenceu de que havia o nexo causal e os demais requisitos para a responsabilidade civil, pelo que deferiu o pedido. Diante da situação retratada, e em relação aos honorários periciais, assinale a afirmativa correta.

(A) O trabalhador sucumbiu no objeto da perícia feita pelo expert, de modo que pagará os honorários.

(B) Uma vez que a perícia não identificou o nexo causal, mas o juiz, sim, os honorários serão rateados entre as partes.

(C) A empresa pagará os honorários, pois foi sucumbente na pretensão objeto da perícia.

(D) Não havendo disposição a respeito, ficará a critério do juiz, com liberdade, determinar quem pagará os honorários.

COMENTÁRIO

A alternativa correta é a letra C, já que conforme do artigo 790-B da CLT, deverá arcar com os honorários periciais a parte que for sucumbente na pretensão objeto da perícia, ou seja, no final das contas a pretensão (danos morais e materiais decorrentes de acidente de trabalho) restou verificada, ainda que por outros meios, pelo que, a empresa terminou por ser sucumbente nesta pretensão que foi objeto de perícia. Logo, à empresa, atribui-se a responsabilidade pelos honorários periciais.

A alternativa A está incorreta por simples questão de literalidade da norma, ou seja, no artigo 790-B da CLT tem-se que o responsável pelos honorários periciais é o sucumbente na pretensão objeto da perícia (danos morais e materiais) e do sucumbente quanto ao próprio objeto da perícia (verificação de nexo causal).

A alternativa B faz-se incorreta por contemplar situação diversa e não prevista em lei (artigo 790-B da CLT).

Por fim, a alternativa D está incorreta já que existe expressa previsão legal regendo a matéria, artigo 790-B da CLT, frise-se.

(XVIII EXAME DE ORDEM UNIFICADO – FGV) Na qualidade de advogado de Mauro, você ajuizou reclamação trabalhista no local da prestação de serviços do empregado. Entretanto, o advogado da empresa ré, na audiência, apresentou exceção de incompetência em razão do lugar. Diante disso, à luz da CLT,

(A) o autor-exceto terá 24 horas improrrogáveis para se manifestar.

(B) o juiz julgará independentemente da manifestação da parte contrária, pois não há previsão para tanto em razão do princípio da celeridade.

(C) o autor-exceto terá prazo de 48 horas para manifestação.

(D) o autor-exceto poderá se manifestar até a sessão de julgamento da exceção de incompetência.

COMENTÁRIO

Nos termos do artigo 800 da CLT, apresentada exceção de incompetência, o juiz abrirá vistas para a parte contrária (exceto) que contará com o prazo de 24h, improrrogáveis, para manifestação. Logo, a alternativa correta é a letra A.

Veja-se que a alternativa B está incorreta por contemplar ideia de que não se assegura prazo de manifestação para a parte contrária, o que está em desacordo com o artigo 800 da CLT, já mencionado.

Já a alternativa C está incorreta pois o prazo para manifestação será de 24h. O prazo de 48h referido na assertiva é para julgamento da exceção de suspeição, conforme artigo 802, *caput*, da CLT.

Por fim, veja-se que havendo prazo de 24h para manifestação pelo exceto, não se pode falar na possibilidade de manifestação deste até o julgamento da exceção, como sugerido na alternativa D, incorreta, portanto.

(XVII EXAME DE ORDEM UNIFICADO – FGV) Brenda aufere um salário mínimo e meio e ajuizou reclamação trabalhista contra o empregador, postulando diversas verbas que entende fazer jus. Na petição inicial, não houve requerimento de gratuidade de justiça nem declaração de miserabilidade jurídica. O pedido foi julgado improcedente, mas, na sentença, o juiz concedeu, de ofício, a gratuidade de justiça. Diante da situação e do comando legal, assinale a afirmativa correta.

(A) Houve julgamento extra petita no tocante à gratuidade, atraindo a nulidade do julgado, já que isso não foi requerido na petição inicial.

(B) A Lei é omissa a respeito, daí porque o juiz, invocando o princípio da proteção, poderia conceder espontaneamente a gratuidade de justiça.

(C) A sociedade empresária poderia recorrer para ver reformada a sentença, no tocante à concessão espontânea da gratuidade de justiça, tratando-se de julgamento ultra petita.

(D) O juiz agiu dentro do padrão legal, pois é possível a concessão da gratuidade de justiça de ofício, desde que presentes os requisitos legais, como era o caso.

1. Art. 104, *caput* e § 1º, do CPC/2015.

COMENTÁRIO

A letra D está correta.

A letra A está incorreta, pois não há nulidade no julgado por julgamento *extra petita* (sentença decide fora do pedido do autor), tendo em vista que o Juiz do Trabalho poderá conceder de ofício o benefício da justiça gratuita, nos termos do art. 790, § 3º, da CLT;

A letra B está incorreta, pois não existe omissão legislativa sobre o tema, sendo ele tratado no art. 790, § 3º, da CLT. Ademais, não poderá conceder o benefício espontaneamente, mas sim se verificar o estado de miserabilidade da parte

A letra C está incorreta, pois não se trata de julgamento *ultra petita* (sentença concede algo a mais do que foi pedido), pois é permitido ao juiz do Trabalho a concessão do benefício *ex officio*, art. 790, § 3º, da CLT.

(XVI EXAME DE ORDEM UNIFICADO – FGV) Antônio é assistente administrativo na sociedade empresária Setler Conservação Ltda., que presta serviços terceirizados à União. Ele está com o seu contrato em vigor, mas não recebeu o ticket refeição dos últimos doze meses, o que alcança o valor de R$ 2.400,00 (R$ 200,00 em cada mês). Em razão dessa irregularidade, estimulada pela ausência de fiscalização por parte da União, Antônio pretende cobrar o ticket por meio de reclamação trabalhista contra a empregadora e o tomador dos serviços, objetivando garantir deste a responsabilidade subsidiária, na forma da Súmula 331 do TST.

Diante da hipótese, assinale a afirmativa correta.

(A) A ação deverá seguir o procedimento ordinário, vez que há litisconsórcio passivo, sendo, em razão disso, obrigatório o rito comum.

(B) A ação deverá seguir o procedimento sumaríssimo, uma vez que o valor do pedido é inferior a 40 salários mínimos.

(C) A ação tramitará pelo rito ordinário porque um dos réus é ente público.

(D) O autor poderá optar pelo procedimento que lhe seja mais vantajoso.

COMENTÁRIO

A letra C está correta, pois por não ser possível a submissão da causa pelo procedimento sumaríssimo, a ação deverá tramitar pelo rito comum ordinário;

A letra A está incorreta, pois será obrigatório o rito comum, tendo em vista que órgãos da administração pública direta estão excluídos do procedimento sumaríssimo, nos termos do art. 852-A, parágrafo único, da CLT;

A letra B está incorreta, pois embora a ação tenha valor abaixo de 40 salários mínimos, os órgãos da administração pública direta estão excluídos do procedimento sumaríssimo, art. 852-A, parágrafo único, da CLT;

A letra D está incorreta, pois tendo em vista a proibição da submissão da ação ao rito sumaríssimo, art. 852-A, parágrafo único, da CLT, não há opção por parte do autor, devendo a ação ser submetida ao procedimento comum ordinário.

(XV EXAME DE ORDEM UNIFICADO – FGV) Jorge, que presta serviços a uma companhia aérea na China, é autor de um processo em face da Viação Brasil S/A, sua ex empregadora. Na data da audiência, Jorge estará, comprovadamente, trabalhando na China.

Considerando que Jorge tem interesse no desfecho rápido de seu processo, deverá

(A) requerer o adiamento para data próxima.

(B) dar procuração com poderes específicos ao seu advogado para que este o represente.

(C) fazer-se representar por outro empregado da mesma profissão ou pelo seu sindicato.

(D) deixar arquivar a demanda e ajuizar uma nova.

COMENTÁRIO

A letra C está correta, pois reflete o entendimento disposto no art. 843, § 2º, da CLT;

A letra A está incorreta, pois nos termos do art. 843 da CLT o autor/reclamante deve estar presente pessoalmente na audiência inaugural, sob pena de arquivamento da reclamação trabalhista, nos termos dos arts. 843 e 844 da CLT;

A letra B está incorreta, pois nos termos do art. 843 da CLT as partes devem estar presentes, independente da presença de seus advogados;

A letra D está incorreta, pois deverá fazer-se representar por um outro empregado de sua categoria ou pelo sindicato com o fim de evitar o arquivamento da ação.

(XIV EXAME DE ORDEM UNIFICADO – FGV) Sandro Vieira ajuizou reclamação trabalhista contra a empresa Trianon Bebidas e Energéticos Ltda. pleiteando o pagamento de horas extras, pois alegou trabalhar de 2ª feira a sábado, das 9h às 19h, com intervalo de uma hora para refeição. Em defesa, a ré negou a jornada descrita na petição inicial, mas não juntou os controles de ponto. Em audiência, ao ser interrogado, o preposto informou que a ré possuía 18 empregados no estabelecimento. Diante da situação retratada, e considerando o entendimento consolidado do TST, assinale a opção correta.

(A) Aplica-se a pena de confissão pela ausência de juntada dos controles, sendo então considerada verdadeira a jornada da petição inicial, na qual o juiz irá se basear na condenação de horas extras.

(B) Haverá inversão do ônus da prova, que passará a ser da empresa, prevalecendo a jornada da inicial se dele não se desincumbir com sucesso.

(C) Diante do impasse, e considerando que, com menos de 20 empregados, a empresa não é obrigada a manter controle escrito dos horários de entrada e saída dos empregados, o juiz decidirá a quem competirá o ônus da prova.

(D) A falta de controle quando a empresa possui mais de 10 empregados é situação juridicamente imperdoável, o que autoriza o indeferimento da oitiva das testemunhas da empresa porventura presentes à audiência.

COMENTÁRIO

A letra A está incorreta, pois nos termos do art. 74, § 2º da CLT as empresas que contam com mais de 10 empregados são obrigadas a manter o registro de jornada de trabalho. Nessa linha, a súmula 338, I, do TST ensina que a apresentação dos registros de ponto é ônus do empregador e sua não apresentação injustificável inverte o ônus da prova com relação à jornada extraordinária, criando assim a presunção relativa, ou seja, admitindo-se prova em contrário, de que a jornada apontada na inicial foi efetivamente trabalhada pelo autor. Assim, prevalecerá a jornada de trabalho apontada na inicial caso o empregador não prove o contrário. Desta forma, o juiz não poderá considerar verdadeira a jornada da petição, como induz a assertiva, na medida em que será admitido prova em contrário;

A letra B está correta, pois reflete o entendimento disposto na súmula 338, I, do TST;

A letra C está incorreta, pois nos termos do art. 74, § 2º da CLT as empresas que contam com mais de 10 empregados são obrigadas a manter o registro de jornada de trabalho. Vide comentários da alternativa "a";

A letra D está incorreta, pois a não apresentação dos controles irá gerar presunção relativa da jornada apontada na inicial, mas nunca o indeferimento da oitiva das testemunhas, até mesmo porque como é admitida a prova em contrário, caberá ao empregador o ônus de provar que a jornada apontada na inicial não é correta, o que fará inclusive, por meio de testemunhas.

(XIII EXAME DE ORDEM UNIFICADO – FGV) Paulo ajuizou reclamação trabalhista em face de sua ex-empregadora, empresa *Ouropuro Ltda*. No dia da audiência, a ré apresentou exceção de incompetência em razão do lugar, aduzindo fatos que eram desconhecidos até então pelo advogado de Paulo.

De modo a possibilitar a melhor defesa de Paulo e para evitar o possível acolhimento da exceção, de acordo com a legislação trabalhista, assinale a opção que indica o procedimento correto a ser adotado.

(A) Deverá ser requerido prazo de 10 dias para manifestação com o consequente adiamento da audiência.

(B) Deverá o Juiz conceder prazo a Paulo por 24 horas para manifestação, prolatando a sentença da exceção de incompetência na primeira audiência.

(C) O Juiz deverá adiar a audiência para a decisão, não sendo cabível a concessão de prazo à parte contrária, para manifestação.

(D) O Juiz apreciará imediatamente a arguição de exceção de incompetência, não havendo previsão de concessão de prazo a Paulo, já que as audiências são unas.

COMENTÁRIO

A letra B está correta, pois reflete o disposto no art. 800 da CLT;

A letra A está incorreta, pois o prazo será de 24 horas, nos termos do art. 800 da CLT. Acreditamos que a banca examinadora colocou na assertiva o prazo de 10 dias, com o intuito de confundir o examinando com o prazo no caso de apresentação de exceção de impedimento, em conformidade com o art. 313 do CPC[2];

A letra C está incorreta, pois o art. 800 da CLT prevê um prazo de 24 horas para manifestação por parte do exceto;

A letra D está incorreta, veja comentários anteriores.

2. Art. 146, § 1º, do CPC/2015.

(XII EXAME DE ORDEM UNIFICADO – FGV) Em 10/04/2013 a empresa AlfaBeta Ltda. recebeu cópia da petição inicial de ação em face dela ajuizada, com notificação citatória para audiência no dia 14/04/2013. Nesta data, compareceu apenas o preposto da ré, munido da respectiva carta e carteira de trabalho, sem portar defesa, requerendo oralmente o adiamento da audiência.

A partir do caso apresentado, assinale a afirmativa correta.

(A) O juiz deverá manter a audiência e aplicar a revelia por ausência de defesa.

(B) O juiz deverá adiar a audiência pela exiguidade de tempo entre a citação e a realização da audiência.

(C) O juiz deverá manter a audiência, podendo o preposto apresentar defesa oral no prazo legal de 20 minutos, já que vigora o *jus postulandi*.

(D) Face aos princípios da celeridade e economia processual, o juiz deverá manter a audiência, mas em razão da presença da ré, evidente o ânimo de defesa, não aplicará a revelia.

COMENTÁRIO

A letra B está correta. O juiz deverá designar uma nova audiência. Isso porque de acordo com o entendimento disposto no art. 841, parte final, da CLT, entre a data do recebimento da notificação pela reclamada e a data designada para a audiência deverá ser obedecido o prazo mínimo de 5 (cinco) dias, sob pena de nulidade. Vale dizer que, em se tratando de Fazenda Pública, esse prazo deverá ser contado em quádruplo, ou seja, entre a data do recebimento da notificação e a data da audiência deverá ser observado um lapso temporal de 20 (vinte) dias, nos termos do art. 1º, II, do Decreto-Lei 779/1969.

(XII EXAME DE ORDEM UNIFICADO – FGV) Carlos Alberto foi caixa numa instituição bancária e ajuizou reclamação trabalhista, postulando o pagamento de horas extras, já que em uma das agências, na qual trabalhou por dois anos, cumpria jornada superior à legal. Em contestação, foram apresentados os controles, que não continham sobrejornada, e por essa razão foram expressamente impugnados pelo acionante. Na instrução, o banco não produziu prova, mas Carlos Alberto conduziu uma testemunha que com ele trabalhou sete meses na agência em questão e ratificou a jornada mais extensa declarada na petição inicial.

Diante desta situação e de acordo com o entendimento consolidado do TST, assinale a afirmativa correta.

(A) Uma vez que a testemunha trabalhou com o autor somente sete meses, este é o limite de tempo que limitará eventual condenação.

(B) Se o juiz se convencer, pela prova testemunhal, que a sobrejornada ocorreu nos dois anos, poderá deferir as horas extras em todo o período.

(C) Uma vez que a testemunha trabalhou com o autor em período inferior à metade do tempo questionado, não poderá ser fator de convencimento acerca da jornada.

(D) Considerando que os controles foram juntados, uma única testemunha não poderia servir de prova da jornada cumprida.

COMENTÁRIO

A letra B está correta. O caso apresentado tem como plano de fundo a jornada de trabalho e horas extraordinárias. Nesse sentido importante lembrar a regra disposta no art. 74, § 2 º da CLT que ensina que as empresas que contam com mais de 10 empregados são obrigadas a manter o registro de jornada de trabalho. Assim, tendo em vista a apresentação do registro de ponto pela empresa reclamada, o ônus de prova passou para o reclamante que, por meio de uma testemunha, conseguiu demonstrar os fatos apontados em sua reclamação trabalhista. Assim, se o juiz se convencer das alegações feitas pelo reclamante poderá deferir as horas extras por todo período, de acordo com o princípio do livre convencimento motivado;

A letra A está incorreta, pois a testemunha servirá para a comprovação do que foi alegado pelo autor. Nesse sentido vale pontuar a OJ 233 da SDI 1 do TST que ensina que a decisão que defere horas extras com base em prova oral ou documental não ficará limitada ao tempo por ela abrangido, desde que o julgador fique convencido de que o procedimento questionado superou aquele período;

A letra C está incorreta, pois o juiz poderá se valer da prova testemunhal para se convencer de todo período alegado e não somente aquele presenciado. Veja comentários anteriores;

A letra D está incorreta, pois não há hierarquia entre as provas.

(XI EXAME DE ORDEM UNIFICADO – FGV) Ícaro, piloto de avião, foi empregado da empresa Voe Alto Linhas Aéreas S/A de 12 de maio de 2010 a 20 de abril de 2012. Ao ser dispensado, deixou de receber parte de seus haveres trabalhistas da extinção, razão pela qual ajuizou reclamação trabalhista. A audiência foi designada para 10/10/2013. Porém, nessa data Ícaro estaria fora do país, já que necessitado de emprego e com a escassez do mercado nacional, empregou-se como piloto na China, onde reside, e não faz voos para o Brasil. Você é o advogado de Ícaro que, naturalmente, tem pressa em receber seus direitos sonegados.

Assinale a alternativa que indica a medida legal a ser adotada para o mais rápido desenrolar do processo.

(A) Deverá ser requerido o adiamento da audiência sem data posterior e, tão logo Ícaro informe quando poderá estar no Brasil, será requerido ao juiz a designação da realização da audiência.

(B) Como advogado de Ícaro você deverá ter procuração com poderes especiais para representá-lo e assisti-lo em audiência suprindo assim a ausência.

(C) Tendo em vista tratar-se de motivo relevante, e estar devidamente comprovado, Ícaro poderá fazer-se representar por outro empregado de mesma profissão ou por seu sindicato de classe.

(D) Tendo em vista tratar-se de motivo poderoso, e estar devidamente comprovado, Ícaro poderá fazer-se representar por membro de sua família ou outro empregado da mesma empresa empregadora.

COMENTÁRIO

A letra C está correta, pois reflete o disposto no art. 843, § 2º, da CLT;

A letra A está incorreta, pois não há previsão legal para o adiamento da audiência e posterior designação de data a critério do reclamante;

A letra B está incorreta, pois o advogado não poderá substituir o reclamante. Veja art. 843, § 2º, da CLT;

A letra D está incorreta, pois nos termos do art. 843, § 2º, da CLT poderá fazer-se representar por outro empregado que pertença à mesma profissão, ou pelo seu sindicato.

(XI EXAME DE ORDEM UNIFICADO – FGV) Após trabalhar como empregado durante 6 meses, Paulo ajuizou reclamação trabalhista em face de sua ex-empregadora, a empresa Alfa Beta Ltda., pretendendo horas extras, nulidade do pedido de demissão por coação, além de adicional de insalubridade. Na primeira audiência o feito foi contestado, negando a ré o trabalho extraordinário, a coação e a atividade insalubre. Foram juntados controles de ponto e carta de próprio punho de Paulo pedindo demissão, documentos estes que foram impugnados pelo autor. Não foi produzida a prova técnica (perícia).

Para a audiência de prosseguimento, as partes estavam intimadas pessoalmente para depoimentos pessoais, sob pena de confissão, mas não compareceram, estando presentes apenas os advogados. Declarando as partes que não têm outras provas a produzir, o Juiz encerrou a fase de instrução, seguindo o processo concluso para sentença.

Com base nestas considerações, analise a distribuição do ônus da prova e assinale a afirmativa correta.

(A) A ausência das partes gera a confissão ficta recíproca, devendo ser aplicada a regra de que para os fatos constitutivos cabe o ônus da prova ao autor, e para os extintivos, modificativos e impeditivos, o ônus será do réu. Assim, todos os pedidos deverão ser julgados improcedentes.

(B) Não há confissão em razão da presença dos advogados. Mas não havendo outras provas, os pedidos deverão ser julgados improcedentes.

(C) Em razão da confissão, presumem-se verdadeiros os fatos alegados. Tal aliado ao princípio da proteção ao hipossuficiente leva à presunção de que Paulo foi coagido a pedir demissão, trabalhava extraordinariamente e faz jus ao adicional de insalubridade. Logo, os pedidos procedem.

(D) Em razão da confissão, os pedidos de horas extras e nulidade do pedido de demissão procedem. Porém, improcede o de adicional de insalubridade, pois necessária a prova pericial para configurar o grau de insalubridade. Logo, este pleito improcede.

COMENTÁRIO

A letra A está correta, pois não comparecendo as partes à audiência para a qual foram devidamente intimadas, ocorre a confissão ficta recíproca, devendo o juiz julgar o processo de acordo com a distribuição de ônus da prova, dispostas no art. 818 da CLT e art. 333 do CPC[3];

A letra B está incorreta, pois nos termos do art. 843 da CLT na audiência de julgamento deverão estar presentes o reclamante e o reclamado, independentemente do comparecimento de seus representantes;

A letra C está incorreta, pois como houve confissão recíproca, deverá ser seguida a distribuição de ônus da prova, que nos termos do art. 818 da CLT indica que a prova das alegações incumbe à parte que as fizer;

A letra D está incorreta, pois os pedidos serão improcedentes, tendo em vista que o autor não cuidou de fazer prova de fato constitutivo de seu direito, nos termos do art. 818 da CLT e art. 333 do CPC.

(XI EXAME DE ORDEM UNIFICADO – FGV) Um determinado trabalhador ajuizou uma reclamação trabalhista e, na data designada, faltou injustificadamente à audiência. Seu advogado requereu o desentranhamento dos documentos, no que foi atendido. Dois meses depois, apresentou a mesma reclamação, mas posteriormente resolve desistir dela em mesa de audiência, o que foi homologado pelo magistrado, sendo extinto o processo sem resolução do mérito.

Caso queira ajuizar uma nova ação, o trabalhador

(A) terá de aguardar o prazo de seis meses, pois contra ele será aplicada a pena de perempção;

(B) poderá ajuizar a nova ação de imediato, contanto que pague o valor de uma multa que será arbitrada pelo juiz;

(C) não precisará aguardar nenhum prazo para ajuizar nova ação;

(D) deverá aguardar seis meses para ajuizar ação contra aquele empregador, mas não para outros que porventura venha a ter.

COMENTÁRIO

A letra C está correta, pois tendo em vista que a segunda ação não foi arquivada por não comparecimento do reclamante, poderá apresentar nova reclamação sem aguardar prazo algum, pois não serão aplicados os efeitos da perempção, prevista no art. 732 da CLT;

A letra A está incorreta, pois nos termos do art. 732 da CLT a pena de perempção será imposta ao trabalhador que por 2 (duas) vezes seguidas, der causa ao arquivamento da ação por não comparecimento;

A letra B está incorreta, pois não haverá multa a ser imposta;

A letra D está incorreta, pois não serão aplicados os efeitos da perempção. Veja os comentários anteriores.

(X EXAME DE ORDEM UNIFICADO – FGV) Em reclamação trabalhista movida contra um município, este não comparece à audiência inaugural.

Diante dessa hipótese, assinale a afirmativa correta.

(A) Não se cogita de revelia porque o direito é indisponível.

(B) Aplica-se a revelia contra o ente público.

(C) Não há revelia, mas se aplica a confissão.

(D) O juiz deve designar audiência de instrução, haja vista tratar-se de ente público.

COMENTÁRIO

A letra B está correta, pois reflete o entendimento disposto na OJ 152 da SDI-1 do TST;

A letra A está incorreta, pois embora o art. 320, II, do CPC[4] ensine que não induz revelia se o litígio versar sobre direitos indisponíveis, no direito processual do trabalho a revelia se dá com o não comparecimento da parte na audiência, nos termos do art. 844 da CLT. Importante notar que o art. 844 da CLT não faz qualquer distinção em relação à pessoa e não estabelece privilégio algum ao ente público;

A letra C está incorreta, pois no caso em análise há revelia. Veja comentários da alternativa "a";

A letra D está incorreta, pois o juiz aplicará os efeitos da revelia, não havendo necessidade de audiência de instrução.

(IX EXAME DE ORDEM UNIFICADO – FGV) Em audiência inicial de uma ação trabalhista, infrutífera a proposta de conciliação, foi recebida a contestação e, ato contínuo, adiada a audiência em razão da ausência da testemunha indicada pelo réu. Foram intimadas as partes e patronos, sob as penas da lei, para comparecimento em nova data para produção das demais provas requeridas, isto é, oitiva de testemunhas e depoimento pessoal das partes. Na data e hora marcadas o autor se atrasou e não respondeu ao pregão quando chamado seu nome.

Dados os fatos acima, assinale a afirmativa correta.

(A) A ausência do reclamante à audiência pode resultar na confissão em seu desfavor, se cominada.

(B) A ausência do reclamante à audiência provoca a revelia.

(C) A ausência do reclamante provoca automaticamente a improcedência dos seus pedidos.

(D) A ausência do reclamante à audiência provoca o arquivamento do processo.

COMENTÁRIO

A letra A está correta, pois o não comparecimento do reclamante implicará na confissão, caso tenha sido intimado com essa cominação;

A letra B está incorreta, pois revelia é efeito a ser aplicado à reclamada que não comparece à primeira audiência. A ausência à segunda audiência, quando fracionada, não provoca revelia;

A letra C está incorreta, pois o não comparecimento do reclamante a audiência não importará na improcedência dos pedidos;

A letra D está incorreta, pois nos termos da Súmula 9 do TST a ausência do reclamante, quando adiada a instrução após contestada a ação em audiência, não importa arquivamento do processo.

(IX EXAME DE ORDEM UNIFICADO – FGV) Uma das espécies de resposta é a reconvenção, que vem a ser a ação do réu contra o autor no mesmo feito e juízo em que é demandado. Malgrado não estar formalmente previsto na CLT, é pacífico o cabimento da reconvenção nas lides trabalhistas. Das hipóteses abaixo listadas, assinale aquela em que, pela natureza da pretensão deduzida, seria inviável a apresentação de reconvenção na Justiça do Trabalho.

(A) Quando a empresa pretender a condenação do empregado no valor do aviso-prévio por ele não concedido, ao pedir demissão.

(B) Quando a empresa pretender o ressarcimento por dano causado pelo empregado no decorrer do contrato de trabalho.

(C) Quando a empresa pretender a devolução do valor de um curso pago em benefício do empregado e pelo qual o obreiro comprometeu-se a não pedir demissão durante determinado período, o que depois foi descumprido pelo trabalhador.

(D) Quando a empresa pretender a devolução de valor pago pela compra de um bem do seu empregado que, após, verificou possuir vício redibitório.

COMENTÁRIO

A letra D está correta, pois a matéria tratada na assertiva é correlata ao direito comum, não sendo matéria de competência da Justiça do Trabalho, devendo ser apresentada em ação própria na Justiça Comum;

A letra A está incorreta, pois um dos requisitos para que a reconvenção seja admitida é que o juízo da causa principal deve ser competente para apreciar, além da ação principal, a própria reconvenção, nos termos do art. 109 do CPC[5]. Sendo o Juiz do Trabalho competente para apreciar a condenação em aviso-prévio, pois é matéria de competência da Justiça do Trabalho, art. 114, I, da CF, seria viável a apresentação de reconvenção;

A letra B está incorreta, pois é perfeitamente viável a pretensão disposta na assertiva por meio de reconvenção. Veja comentários da alternativa "A";

A letra C está incorreta, veja comentários da alternativa "A".

(VII EXAME DE ORDEM UNIFICADO – FGV) Josenildo da Silva ajuizou reclamação trabalhista em face da empresa Arca de Noé Ltda., postulando o pagamento de verbas resilitórias, em razão de dispensa imotivada; de horas extraordinárias com adicional de 50% (cinquenta por cento); das repercussões devidas em face da percepção de parcelas salariais não contabilizadas e de diferenças decorrentes de equiparação salarial com paradigma por ele apontado. Na defesa, a reclamada alega que, após discussão havida com colega de trabalho, o reclamante não mais retornou à empresa, tendo sido surpreendida com o ajuizamento da ação; que a empresa não submete seus empregados à jornada extraordinária; que jamais pagou qualquer valor ao reclamante que não tivesse sido contabilizado e que não havia identidade de funções entre o autor e o paradigma indicado. Considerando que a ré possui

3. Art. 373 do CPC/2015.
4. Art. 345, II, do CPC/2015.
5. De acordo com o CPC/2015, aplicado por força do art. 15 do CPC/2015 e art. 769 da CLT a reconvenção será apresentada no bojo da contestação, art. 343 do CPC/2015.

10 (dez) empregados e que não houve a juntada de controles de ponto, assinale a alternativa correta.

(A) Cabe ao reclamante o ônus de provar a dispensa imotivada.
(B) Cabe à reclamada o ônus da prova quanto à diferença entre as funções do equiparando e do paradigma.
(C) Cabe ao reclamante o ônus de provar o trabalho extraordinário.
(D) Cabe à reclamada o ônus da prova no tocante à ausência de pagamento de salário não contabilizado.

COMENTÁRIO

A letra C está correta, pois pertence ao reclamante o ônus da prova do labor em sobrejornada alegado, nos moldes do art. 818 da CLT e art. 333, I, do CPC;

A letra A está incorreta, pois nos termos da Súmula 212 do TST o ônus de provar o término do contrato de trabalho, é do empregador/reclamada. Isso porque ao consignar que não dispensou o reclamante e que ele abandonou o serviço, a reclamada alega fato novo e extintivo do direito do reclamante, competindo-lhe o ônus da prova;

A letra B está incorreta, pois nos termos do art. 818 da CLT e art. 333, I, do CPC[6] compete ao autor provar os fatos constitutivos do seu direito alegado;

A letra D está incorreta, pois nesse caso o ônus é do reclamante, arts. 818 da CLT e 333, I, do CPC.

(VI EXAME DE ORDEM UNIFICADO – FGV) No Processo do Trabalho, em relação ao ônus da prova, assinale a alternativa correta.

(A) É do empregador quanto à alegação de inexistência de vínculo de emprego, se admitida a prestação de serviços com outra qualidade.
(B) É sempre do empregador nas reclamações versando sobre horas extras.
(C) É sempre da parte que fizer a alegação, não importando o comportamento da parte contrária a respeito.
(D) É sempre do empregador nas reclamações versando sobre equiparação salarial.

COMENTÁRIO

A letra A está correta, pois ao admitir que o reclamante prestava serviços, mas com outras qualidades, a reclamada alega fato modificativo ou extintivo do direito do autor, atraindo para si o ônus de prova nos moldes do art. 333, II, do CPC[7];

A letra B está incorreta, pois o ônus da prova do labor em sobrejornada pertence ao reclamante, nos moldes do art. 818 da CLT e art. 333, I, do CPC[8];

A letra C está incorreta, pois se a defesa for simplesmente negativa, ou seja, reclamada simplesmente nega o fato, o ônus pertencerá à parte que a fizer, na medida em que consiste no fato constitutivo do seu direito. No entanto, caso a parte, ao invés de simplesmente negar o fato, apontar fatos impeditivos, modificativos ou extintivos, atrairá para si o ônus da prova desse fato;

A letra D está incorreta, pois pertence ao empregador o ônus da prova do fato impeditivo, modificativo ou extintivo, nos termos da Súmula 6, item, VIII, do TST.

(VI EXAME DE ORDEM UNIFICADO – FGV) Em relação às exceções processuais, assinale a alternativa correta.

(A) No processo trabalhista, entre as exceções previstas em lei, a de suspeição suspende o processo, com abertura de vista ao exceto por 24 horas improrrogáveis, devendo a decisão ser proferida na primeira audiência ou sessão que se seguir.
(B) No processo trabalhista, em face dos princípios da celeridade e da simplicidade, as exceções não suspendem o processo, devendo ser decididas na sentença que a ele põe termo.
(C) No processo trabalhista, são cabíveis as exceções de incompetência absoluta ou relativa e de suspeição, devendo ser decididas na sentença que põe termo ao processo.
(D) No processo trabalhista, a incompetência relativa e a suspeição do juiz devem ser arguidas como matéria de defesa e decididas somente na sentença que põe termo ao processo.

COMENTÁRIO

A letra A está correta, pois reflete o disposto no arts. 799 e 800 da CLT;

A letra B está incorreta, pois nos termos do art. 799 da CLT as exceções de suspeição ou incompetência suspendem o processo;

A letra C está incorreta, pois a incompetência absoluta é matéria preliminar ao mérito, art. 301, II, do CPC[9];

A letra D está incorreta, pois nos termos do art. 800 da CLT a decisão será proferida na primeira audiência ou sessão que seguir sua apresentação.

6. Art. 373, I, do CPC/2015.
7. Art. 373, II, do CPC/2015.
8. Art. 373, I, do CPC/2015.
9. Art. 337, II, do CPC/2015.

(VI EXAME DE ORDEM UNIFICADO – FGV) No processo trabalhista, a compensação ou retenção

(A) só poderá ser arguida como matéria de defesa;
(B) poderá ser arguida em qualquer fase do processo, mesmo na execução definitiva da sentença;
(C) poderá ser arguida em qualquer momento, até que a sentença seja proferida pelo juiz de 1ª instância;
(D) poderá ser arguida em qualquer momento, até que a sentença tenha transitado em julgado.

COMENTÁRIO

A alternativa A está correta, pois nos termos do art. 767 da CLT a compensação e a retenção somente poderão ser alegadas como matérias de defesa, ou seja, na contestação. Veja também as Súmulas 18 e 48 do TST.

(VI EXAME DE ORDEM UNIFICADO – FGV) Cíntia Maria ajuíza reclamação trabalhista em face da empresa Tictac Ltda., postulando o pagamento de horas extraordinárias, aduzindo que sempre labutou no horário das 8h às 19h, de segunda a sexta-feira, sem intervalo intrajornada. A empresa ré oferece contestação, impugnando o horário indicado na inicial, afirmando que a autora sempre laborou no horário das 8h às 17h, com 1 hora de pausa alimentar, asseverando ainda que os controles de ponto que acompanham a defesa não indicam a existência de labor extraordinário. À vista da defesa ofertada e dos controles carreados à resposta do réu, a parte autora, por intermédio de seu advogado, impugna os registros de frequência porque não apresentam qualquer variação no registro de entrada e saída, assim como porque não ostentam sequer a pré-assinalação do intervalo intrajornada. Admitindo-se a veracidade das argumentações do patrono da parte autora e com base na posição do TST acerca da matéria, é correto afirmar que

(A) compete ao empregado o ônus de comprovar o horário de trabalho indicado na inicial, inclusive a supressão do intervalo intrajornada, a teor do disposto no art. 818 da CLT;
(B) diante da impugnação apresentada, inverte-se o ônus probatório, que passa a ser do empregador, prevalecendo o horário da inicial, se dele não se desincumbir por outro meio probatório, inclusive no que se refere à ausência de intervalo intrajornada;
(C) em se tratando de controles de ponto inválidos, ao passo que não demonstram qualquer variação no registro de entrada e saída, não poderá a ré produzir qualquer outra prova capaz de confirmar suas assertivas, porquanto a prova documental é a única capaz de demonstrar a jornada de trabalho cumprida;
(D) diante da impugnação apresentada, inverte-se o ônus probatório, que passa a ser do empregador, prevalecendo o horário da inicial, se dele não se desincumbir, exceto quanto ao intervalo intrajornada, cujo ônus probatório ainda pertence à parte autora.

COMENTÁRIO

A letra B está correta, pois em consonância com o entendimento cristalizado na Súmula 338, item III, do TST;

A letra A está incorreta, pois nos termos da Súmula 338, item III, do TST sendo apresentados cartões de ponto com horários de entrada e saída uniformes, serão eles considerados inválidos como meio de prova, invertendo-se o ônus da prova, relativo às horas extras, que passa a ser do empregador;

A letra C está incorreta, pois poderá ser elidida por outros meios de provas, como a testemunhal, por exemplo;

A letra D está incorreta, pois de acordo com a Súmula 338, item III, do TST não há qualquer restrição, permanecendo, em razão da inversão do ônus da prova, o dever do empregador em comprovar a jornada por ele alegada.

(V EXAME DE ORDEM UNIFICADO – FGV) A respeito da prova testemunhal no processo do trabalho, é correto afirmar que

(A) no processo do trabalho sumaríssimo, a simples ausência da testemunha na audiência enseja a sua condução coercitiva;
(B) em se tratando de ação trabalhista pelo rito ordinário ou sumaríssimo, as partes poderão ouvir no máximo três testemunhas cada; sendo inquérito, o número é elevado para seis;
(C) as testemunhas comparecerão à audiência independentemente de intimação e, no caso de não comparecimento, serão intimadas *ex officio* ou a requerimento da parte;
(D) apenas as testemunhas arroladas previamente poderão comparecer à audiência a fim de serem ouvidas.

COMENTÁRIO

A letra C está correta, pois reflete o disposto no art. 825, *caput* e parágrafo único, da CLT;

A letra A está incorreta, pois nos termos do art. 852-H, § 3º, da CLT em se tratando de procedimento sumaríssimo, somente será deferida intimação de testemunha que, comprovadamente convidada, deixar de comparecer. Não comparecendo a testemunha intimada, o juiz poderá determinar sua imediata condução coercitiva;

A letra B está incorreta, pois no procedimento ordinário cada parte poderá levar até 3 (três) testemunhas, no inquérito para apuração de falta grave o número será elevado para 6 (seis) testemunhas por parte (art. 821 CLT) e, por último, no procedimento sumaríssimo esse número é reduzido para 2 (duas) testemunhas (art. 852-H, § 2º, CLT);

A letra D está incorreta, pois não há necessidade de arrolamento de testemunhas, que deverão comparecer independente de notificação ou intimação, art. 825 CLT.

(IV EXAME DE ORDEM UNIFICADO – FGV) Em audiência de conciliação, instrução e julgamento, o reclamado não respondeu ao pregão, mas compareceu o seu advogado, munido de procuração e dos atos constitutivos da empresa. Dada a palavra ao reclamante, seu advogado requereu que a empresa fosse considerada revel e confessa, pelo que o juiz indeferiu a juntada da defesa escrita que o advogado da parte reclamada pretendia apresentar. Assinale a alternativa correta, indicando como deve o advogado da parte reclamada proceder.

(A) Deve conformar-se, pois, no processo do trabalho, a revelia tanto pode decorrer da ausência da parte ré quanto da falta de apresentação da defesa, estando ou não presente o advogado da parte ausente (ainda que munido de procuração) e sempre importa em confissão quanto a qualquer matéria, de fato ou de direito.

(B) Deve conformar-se, pois, no processo do trabalho, a revelia decorre da ausência da parte ré, importando em confissão quanto a qualquer matéria, pelo que a presença do advogado da parte ausente, munido de procuração e defesa, é irrelevante.

(C) Deve lançar em ata o protesto, alegando que, no processo do trabalho, a revelia decorre da falta de apresentação de defesa, pelo que a presença do advogado, munido de procuração, supre a ausência da parte.

(D) Deve lançar em ata o protesto, alegando que, no processo do trabalho, a revelia decorre da ausência da parte ré, importando em confissão quanto à matéria de fato, pelo que o juiz deve receber a defesa apresentada pelo advogado da parte ausente, desde que munido de procuração, para o exame das questões de direito.

COMENTÁRIO

A letra D está correta, pois na questão estamos trabalhando como advogado da reclamada e por este motivo devemos defender seus interesses. Desta forma, os interesses da reclamada seriam melhores defendidos, se lançando em ata o protesto, consignando que, no processo do trabalho, a revelia decorre da ausência da parte ré à audiência (art. 843 da CLT), importando em confissão exclusivamente quanto à matéria de fato, devendo o juiz receber a defesa apresentada pelo advogado da parte ausente para o exame das questões de direito;

A letra A está incorreta, pois prevalece na doutrina que a revelia nos domínios do processo do trabalho se dá com a ausência da reclamada à audiência inaugural, em conformidade com o art. 843 da CLT;

A letra B está incorreta, pois a revelia no processo do trabalho gera a confissão quanto à matéria de fato (art. 844 da CLT) e não para as matérias de direito;

A letra C está incorreta, pois o art. 843 da CLT dispõe que na audiência de julgamento deverão estar presentes o reclamante e o reclamado, independentemente do comparecimento de seus representantes.

(EXAME DE ORDEM UNIFICADO 2010.2 – FGV) Com relação às provas no processo do trabalho, assinale a alternativa correta.

(A) As testemunhas devem ser necessariamente arroladas pelas partes dentro do prazo estabelecido pelo juiz, a fim de que sejam notificadas para comparecimento à audiência.

(B) Cada uma das partes não pode indicar mais de três testemunhas, inclusive nas causas sujeitas ao procedimento sumaríssimo, salvo quando se tratar de inquérito para apuração de falta grave, caso em que este número pode ser elevado a seis.

(C) Na hipótese de deferimento de prova técnica, é vedada às partes a apresentação de peritos assistentes.

(D) Nas causas sujeitas ao procedimento sumaríssimo, somente quando a prova do fato o exigir, ou for legalmente imposta, será deferida prova técnica, incumbindo ao juiz, desde logo, fixar o prazo, o objeto da perícia e nomear perito.

COMENTÁRIO

A letra D está correta, pois a assertiva reflete o disposto no art. 852-H, § 4º, da CLT;

A letra A está incorreta, pois no processo do trabalho não há depósito de rol de testemunhas. As testemunhas comparecerão à audiência independentemente de intimação, conforme dispõem os arts. 825, *caput*, 845 e 852-H, § 2º, da CLT;

A letra B está incorreta, pois no procedimento sumaríssimo as partes poderão levar apenas duas testemunhas, de acordo com o art. 852-H, § 2º, da CLT;

A letra C está incorreta, pois as partes poderão indicar assistentes, conforme consta do art. 826 da CLT e Súmula 341 do TST.

(EXAME DE ORDEM UNIFICADO 2010.2 – FGV) No dia 23.05.2003, Paulo apresentou reclamação verbal perante o distribuidor do fórum trabalhista, o qual, após livre distribuição, o encaminhou para a 132ª Vara do Trabalho do Rio de Janeiro. Entretanto, Paulo mudou de ideia e não compareceu à secretaria da Vara para reduzi-la a termo. No dia 24.12.2003, Paulo retornou ao distribuidor da Justiça do Trabalho e, decidido, apresentou novamente a sua reclamação verbal, cuja livre distribuição o encaminhou para a 150ª Vara do Trabalho do Rio de Janeiro. Desta vez, o trabalhador se dirigiu à secretaria da Vara, reduziu a reclamação a termo e saiu de lá ciente de que a audiência inaugural seria no dia 01.02.2004. Contudo, ao chegar o dia da audiência, Paulo mudou de ideia mais uma vez e não compareceu, gerando o arquivamento dos autos. Diante desta situação concreta, é correto afirmar que:

(A) Paulo não poderá ajuizar uma nova reclamação verbal, uma vez que a CLT proíbe o ajuizamento sucessivo de três reclamações desta modalidade.

(B) Paulo poderá ajuizar uma nova reclamação verbal, uma vez que somente a segunda foi reduzida a termo, gerando apenas um arquivamento dos autos por ausência do autor na audiência inaugural.

(C) Paulo não poderá ajuizar uma nova reclamação verbal, uma vez que deu ensejo à perempção prevista no CPC, aplicável subsidiariamente ao processo do trabalho.

(D) Paulo poderá ajuizar nova reclamação trabalhista, mas apenas na forma escrita e assistido obrigatoriamente por advogado.

COMENTÁRIO

A letra B está correta, pois Paulo poderá ajuizar nova reclamação. Somente em duas hipóteses a parte perde o direito de ingressar com nova reclamação. A primeira ocorre quando a parte não comparece à sede do juízo para reduzir a termo a reclamação verbal, hipótese analisada na Opção "A", art. 731 da CLT. A segunda delas, que não se relaciona com a primeira, nos termos do art. 732 da CLT, consiste no duplo arquivamento seguido pelo não comparecimento do reclamante na audiência inaugural. Como no caso proposto Paulo deu causa a apenas um arquivamento por não comparecer à audiência, poderá ingressar com nova reclamação;

A letra A está incorreta, pois Paulo poderá ajuizar nova reclamação trabalhista. Isso porque na primeira reclamação Paulo sofreu os efeitos da perempção (art. 731 da CLT), sendo que somente após 7 (sete) meses distribuiu a segunda reclamação que foi reduzida a termo e arquivada pelo não comparecimento. A CLT proíbe o ajuizamento de nova ação do reclamante que der causa a <u>dois arquivamentos seguidos</u> (art. 732 da CLT) o que não ocorreu no caso em tela, tendo em vista que somente a segunda reclamação foi arquivada;

A letra C está incorreta, pois a regra de perempção prevista no CPC não pode ser aplicada ao processo do trabalho, na medida em que existem regras próprias acerca da perempção, que vêm dispostas nos arts. 731 e 732 da CLT. Importante ressaltar que a regra de perempção do direito processual civil constitui em perempção definitiva, pois a parte que der causa a (03) <u>três</u> arquivamentos – e não dois como no processo do trabalho – não poderá ingressar com nova ação. No processo do trabalho, nos termos dos arts. 731 e 732 da CLT, temos a perempção provisória que consiste na perda do direito de propor nova reclamação pelo lapso de 6 (seis) meses;

A letra D está incorreta, pois não existe previsão legal nesse sentido.

6. PROCEDIMENTO SUMARÍSSIMO

(XVIII EXAME DE ORDEM UNIFICADO – FGV) Em sede de reclamação trabalhista sob o rito sumaríssimo, as testemunhas do autor não compareceram à audiência, apesar de convidadas verbalmente por ele. Na audiência, nada foi comprovado acerca da alegação do convite às testemunhas. Diante disso, assinale a afirmativa correta.

(A) A audiência deverá prosseguir, pois não cabe a intimação das testemunhas, uma vez que não foi comprovado o convite a elas.
(B) As testemunhas deverão ser intimadas porque a busca da verdade real é um princípio que deve sempre prevalecer.
(C) As testemunhas deverão ser conduzidas coercitivamente, porque não se admite que descumpram seu dever de cidadania.
(D) O feito deverá ser adiado para novo comparecimento espontâneo das testemunhas.

COMENTÁRIO

A letra A está correta. Nos termos do artigo 852-H, § 3º, da CLT, dispõe que somente será deferida intimação de testemunha (no rito sumaríssimo) caso a parte prove que a convidou. A prova do referido convite, embora se admita outros meio, é feita por escrito, na prática. Logo, não tendo a parte comprovado que convidou sua testemunha ausente, não há falar em marcação de nova audiência para oitiva da mesma testemunha.

Essa disposição legal não se mitiga em face do princípio da verdade real, o que torna a alternativa B incorreta.

A alternativa C está incorreta, também, pois a condução coercitiva da testemunha ausente somente se faz cabível quando esta, intimada, não comparece na audiência designada, o que não é a hipótese em que sequer houve intimação da testemunha.

Já a alternativa D é incorreta por não haver previsão legal autorizando marcação de nova audiência meramente para que compareça a testemunha espontaneamente, mesmo após sua ausência na primeira audiência.

(XII EXAME DE ORDEM UNIFICADO – FGV) Paulo ajuizou reclamação trabalhista pelo rito sumaríssimo em face da sua empregadora Carregada Ltda. Arrolou suas testemunhas na petição inicial e pediu a notificação das mesmas, solicitação que foi indeferida. Na audiência, o advogado de Paulo requereu o adiamento pela ausência das testemunhas, dizendo que protestava pelo indeferimento da notificação e por isso não convidou espontaneamente as testemunhas. O requerimento foi indeferido pelo juiz, que prosseguiu com a audiência.

Sobre a decisão do juiz, a partir da hipótese apresentada, assinale a opção correta.

(A) A decisão foi equivocada, devendo ser deferido o adiamento, pois o prosseguimento do feito poderia gerar a nulidade por cerceamento de defesa.
(B) A decisão foi correta, já que o procedimento sumaríssimo não contempla a oitiva de testemunhas.
(C) A decisão foi correta, pois o procedimento sumaríssimo não admite a intimação de testemunhas.
(D) A decisão foi correta, pois no procedimento sumaríssimo as testemunhas deverão comparecer à audiência independentemente de intimação. Em caso de ausência e mediante comprovação de convite, as testemunhas serão intimadas.

COMENTÁRIO

A letra D está correta, pois reflete o disposto nos §§ 3º e 4º do art. 852-H da CLT;

A letra A está incorreta, pois no procedimento sumaríssimo, nos termos do art. 852-H, § 3º, da CLT somente será deferida intimação de testemunha que, comprovadamente convidada, deixar de comparecer;

A letra B está incorreta, pois embora a decisão tenha sido correta, no procedimento sumaríssimo admite-se a prova testemunhal como se observa pela redação do art. 852-H, §§ 2º e 3º, da CLT;

A letra C está incorreta, pois embora a decisão tenha sido correta, o art. 852-H, § 4º, da CLT contempla hipótese de intimação da testemunha somente se, comprovadamente convidada, deixar de comparecer. Não comparecendo a testemunha intimada, o juiz poderá determinar sua imediata condução coercitiva.

(X EXAME DE ORDEM UNIFICADO – FGV) José ajuizou reclamação trabalhista contra a empresa Libertação Ltda., valendo-se do procedimento sumaríssimo. Contudo, José não liquidou os pedidos.

De acordo com a CLT, o juiz deve

(A) conceder prazo de 10 dias para que José sane o vício;
(B) enviar os autos ao calculista da Vara, que liquidará o pedido;
(C) arquivar a reclamação trabalhista e condenar o autor em custa;
(D) prosseguir na reclamação e enfrentar o assunto caso provocado pela ré.

COMENTÁRIO

A letra C está correta, pois reflete o disposto no art. 852-B, § 1º, da CLT;

A letra A está incorreta, pois nos termos do art. 852-B, I, da CLT o pedido deverá ser certo ou determinado e indicar o valor correspondente;

A letra B está incorreta, pois não há regramento específico determinando a remessa dos autos ao calculista da Vara, tendo em vista o regramento disposto no art. 852-B, I, da CLT;

A letra D está incorreta, pois a reclamação será arquivada. Veja comentários anteriores.

(VIII EXAME DE ORDEM UNIFICADO – FGV) A respeito do procedimento sumaríssimo no processo do trabalho, assinale a afirmativa correta.

(A) A apreciação da reclamação trabalhista deverá ocorrer no prazo máximo de quinze dias da data de seu ajuizamento.
(B) A citação por edital somente é cabível se esgotadas todas as tentativas de se localizar o reclamado.
(C) As partes devem ser intimadas da sentença por notificação postal.
(D) Não cabe a interposição de recurso de revista.

COMENTÁRIO

A letra A está correta, pois reflete o disposto no art. 852-B, III, da CLT;

A letra B está incorreta, pois nos termos do art. 852-B, II, da CLT não é admitida citação por edital no procedimento sumaríssimo;

A letra C está incorreta, pois nos termos do art. 852-I, § 3º, da CLT as partes serão intimadas da sentença na própria audiência em que for prolatada;

A letra D está incorreta, pois no procedimento sumaríssimo o recurso de revista é cabível nas hipóteses do art. 896, § 9º, da CLT. Veja Súmula 442 do TST.

(VII EXAME DE ORDEM UNIFICADO – FGV) Nos processos trabalhistas submetidos ao rito sumaríssimo, é correto afirmar que

(A) não cabe a produção de prova pericial;
(B) a citação por edital somente será permitida se efetivamente for comprovado pelo autor que o réu se encontra em local incerto ou desconhecido;
(C) o recurso ordinário terá parecer circunstanciado escrito do Ministério Público do Trabalho nos casos em que o desembargador relator entender estritamente necessário, diante da existência de interesse público a ser tutelado;
(D) se submetem ao rito sumaríssimo as causas cujo valor não exceda a quarenta vezes o salário-mínimo vigente na data do ajuizamento da ação.

COMENTÁRIO

A letra D está correta, pois reflete o disposto no art. 852-A da CLT;

A letra A está incorreta, pois nos termos do art. 852-H, § 4º, da CLT é permitida a prova pericial/técnica;

A letra B está incorreta, pois não é permitida a citação por edital no procedimento sumaríssimo, nos termos do art. 852-B, II, da CLT;

A letra C está incorreta, pois nos termos do art. 895, § 1º, III, da CLT o parecer é oral.

7. RECURSOS

(XVII EXAME DE ORDEM UNIFICADO – FGV) A papelaria Monte Fino Ltda. foi condenada numa reclamação trabalhista movida pelo ex-empregado Sérgio Silva. Uma das parcelas reivindicadas e deferidas foi o 13º salário, que a sociedade empresária insistia haver pago, mas não tinha o recibo em mãos porque houve um assalto na sociedade empresária, quando os bandidos levaram o cofre, as matérias primas e todos os arquivos com a contabilidade e os documentos da sociedade empresária. Recuperados os arquivos pela polícia, agora, no momento do recurso, a Monte Fino Ltda. pretende juntar o recibo provando o pagamento, inclusive porque a sentença nada mencionou acerca da possível dedução de valores pagos sob o mesmo título. De acordo com o caso apresentado e o entendimento jurisprudencial consolidado, assinale a afirmativa correta.

(A) É possível a juntada do documento no caso concreto, porque provado o justo impedimento para sua oportuna apresentação.
(B) O momento de apresentação da prova documental já se esgotou, não sendo possível fazê-lo em sede de recurso.
(C) Pelo princípio da primazia da realidade, qualquer documento pode ser apresentado com sucesso em qualquer grau de jurisdição, inclusive na fase de execução, independentemente de justificativa.
(D) Há preclusão, e o juiz não pode aceitar a produção da prova em razão do princípio da proteção, pois isso diminuiria a condenação.

COMENTÁRIO

A letra A está correta. Tendo em vista o entendimento disposto na súmula 8 do TST, a juntada de documentos na fase recursal só se justifica quando provado o justo impedimento para sua oportuna apresentação ou se referir a fato posterior à sentença. Veja também art. 517 do CPC.[10]

(XVI EXAME DE ORDEM UNIFICADO – FGV) No momento em que a sociedade empresária estava fazendo o recolhimento do preparo relativo ao recurso de revista que iria interpor em face de um acórdão, houve um lapso do departamento financeiro e o depósito recursal foi feito com uma diferença a menor, de R$ 5,00, o que somente foi verificado após o término do prazo. Diante da situação retratada e de acordo com o entendimento consolidado do TST, assinale a afirmativa correta.

(A) A diferença é ínfima e deve ser desprezada, não prejudicando a apreciação imediata do recurso.

(B) Apesar de pequena, a diferença existe, cabendo, então, ao Ministro Relator, no TST, intimar a parte à complementação do preparo, sob pena de deserção.

(C) O recurso não será conhecido por deserto, mesmo que a diferença seja de pequeno valor.

(D) Não havendo nenhuma disciplina a respeito, caberá a cada magistrado, valendo-se do seu poder diretivo do processo, determinar o que deve ser feito.

COMENTÁRIO

A letra C está correta. Nos termos da OJ 140 da SDI 1 do TST, ocorrerá deserção do recurso pelo recolhimento insuficiente das custas e do depósito recursal, ainda que a diferença em relação ao "quantum" devido seja ínfima, referente a centavos.

(XVI EXAME DE ORDEM UNIFICADO – FGV) O Desembargador Relator de um recurso ordinário, ao verificar que a matéria posta em debate já era sumulada pelo TRT do qual é integrante, resolveu julgar, monocraticamente, o recurso.

Diante do caso e da jurisprudência consolidada do TST, assinale a afirmativa correta.

(A) A atitude está equivocada, pois, na Justiça do Trabalho, não cabe julgamento monocrático pelo TRT.

(B) O julgamento monocrático está correto e dessa decisão não caberá recurso, com o objetivo de abreviar o trânsito em julgado.

(C) É possível o uso subsidiário do Art. 557 do CPC, de modo que a decisão monocrática é válida na hipótese, e caberá recurso contra a decisão.

(D) A única possibilidade de julgamento monocrático válido é aquele feito pelo TST.

COMENTÁRIO

A letra C está correta, pois reflete o entendimento disposto na Súmula 435 do TST;

A letra A está incorreta, pois a regra disposta no art. 557 do CPC[11] é aplicável ao processo do trabalho por força do art. 769 da CLT, em conformidade com a Súmula 435 do TST;

A letra B está incorreta, pois embora a decisão esteja correta, por se tratar de decisão monocrática, a parte poderá interpor agravo regimental, recurso previsto no regimento interno de cada TRT;

A letra D está incorreta, pois os TRTs também podem realizar o julgamento monocrático, sendo aplicável a regra do art. 557 do CPC ao processo do trabalho.

(XV EXAME DE ORDEM UNIFICADO – FGV) Simone, ré em uma demanda trabalhista ajuizada por sua ex-empregada doméstica, em audiência una requereu ao juiz o adiamento para juntada de documento suplementar, que não conseguiu obter, pois se referia ao depoimento prestado pela ora autora em outro processo como testemunha, no qual confessava nunca haver laborado em horário extraordinário. O documento não foi obtido por Simone, pois, logo após a audiência daquele processo, os autos seguiram para conclusão, sem que fosse permitido a ela o acesso ao depoimento. O juiz da causa ora em audiência indeferiu o adiamento requerido por Simone, e, ao sentenciar, condenou-a ao pagamento de horas extras. No prazo de recurso ordinário, Simone finalmente teve acesso ao documento que comprovava a inexistência do labor extraordinário.

Diante da situação apresentada, assinale a afirmativa correta.

(A) Simone poderá juntar o documento no recurso ordinário.

(B) Não cabe juntada do documento em recurso ordinário.

(C) Precluiu a possibilidade de produção da prova documental por Simone.

(D) Simone só poderia juntar o documento em embargos de declaração.

COMENTÁRIO

A letra A está correta, pois reflete o entendimento disposto na súmula 8 do TST pelo qual a juntada de documentos na fase recursal só se justifica quando provado o justo impedimento para sua oportuna apresentação ou se referir a fato posterior à sentença;

A letra B está incorreta, pois está em desacordo com o entendimento disposto na súmula 8 do TST;

A letra C está incorreta, pois tendo em vista a possibilidade de apresentação de documentos, não há que se falar em preclusão da possibilidade de sua apresentação;

A letra D está incorreta, pois os embargos de declaração servem para impugnar sentença ou acórdão eivado de omissão, contradição ou obscuridade, art. 897-A da CLT.

(XV EXAME DE ORDEM UNIFICADO – FGV) A Lei 5.010/1966, Art. 62, I, considera "*feriados na Justiça Federal, inclusive nos Tribunais Superiores*" os dias compreendidos entre 20 de dezembro e 6 de janeiro, inclusive.

Na ótica do Tribunal Superior do Trabalho, o prazo para apresentação de recurso de revista, que se inicia três dias antes do início do recesso forense, deve ser contado do seguinte modo:

(A) o prazo recomeça sua contagem, desde o início, no primeiro dia útil após o fim do recesso.

(B) o prazo retoma sua contagem de onde parou, no primeiro dia útil após o fim do recesso.

(C) o prazo continua a ser contado, prorrogando-se apenas o seu termo final para o primeiro dia útil após o fim do recesso.

(D) o prazo se encerra ao atingir seu termo final, em razão da possibilidade de se cumprir o prazo por peticionamento eletrônico.

COMENTÁRIO

A letra B está correta. Nos termos da súmula 262, II, do TST o recesso forense suspende os prazos recursais. Assim, por se tratar de suspensão o prazo volta a fluir de onde parou. Diferente seria se tratasse de hipótese de interrupção do prazo, hipótese em que o prazo recomeça sua contagem desde o início.

(XIII EXAME DE ORDEM UNIFICADO – FGV) Em outubro de 2013, Gilberto ajuizou ação contra a empresa *CSC Computadores Ltda.*, na qual ainda trabalha, postulando o pagamento de vale-transporte de 2 meses e o *ticket* refeição de 3 meses. O juiz julgou procedente o pedido e, para tanto, valeu-se da Lei 7.418/1985 (Lei do Vale-transporte) e da análise da norma coletiva da categoria do autor, que, na cláusula 8ª, garante o benefício da alimentação.

A sentença foi prolatada de forma líquida, no valor total de R$ 657,00, mesmo valor de alçada arbitrado na audiência. Diante do que prevê a Lei, assinale a afirmativa correta.

(A) Desta sentença não caberá recurso, tendo em vista a matéria discutida, bem como por se tratar de causa de alçada exclusiva da Vara.

(B) Caberá recurso de apelação, já que a Constituição Federal garante o duplo grau de jurisdição.

(C) Caberá recurso ordinário, no prazo de 8 dias, por qualquer dos litigantes.

(D) Por envolver análise de Lei Federal, a sentença deve ser submetida ao duplo grau de jurisdição obrigatório.

COMENTÁRIO

A letra A está correta, pois no caso apresentado a ação tramitou pelo procedimento sumário, também chamado de procedimento de alçada, previsto no art. 2º, § 3º, da Lei 5.584/1970. Nesse procedimento somente admite-se recurso extraordinário para o STF no prazo de 15 dias somente se a decisão ofender matéria constitucional, § 4º do art. 2º da Lei 5.584/1970. Como no caso em debate a matéria envolve questão de Lei Federal não será possível a interposição de recurso;

A letra B está incorreta, pois nos domínios do processo do trabalho não existe o denominado recurso de apelação;

10. Art. 1.014 do CPC/2015.
11. Art. 932, IV, *a*, do CPC/2015.

A letra C está incorreta, pois nos termos do art. 2º, § 4º, da Lei 5.584/1970 somente caberá recurso extraordinário para o STF se versarem sobre matéria constitucional;

A letra D está incorreta, pois como a sentença tratou de matéria infraconstitucional (Lei Federal) não será submetida ao duplo grau de jurisdição. Veja comentários anteriores.

(XII EXAME DE ORDEM UNIFICADO – FGV) A empresa Restaurante M foi condenada em reclamação trabalhista a pagar diversos direitos sonegados a um dos seus ex-empregados. Na sentença, entendendo que o ex-empregador teve um comportamento processual reprovável, o juiz ainda o condenou como litigante de má-fé. De acordo com o entendimento pacificado do TST, caso a empresa pretenda recorrer ordinariamente desta decisão, ela

(A) deverá recolher as custas, o depósito recursal e o valor da multa por litigância de má-fé para viabilizar o recurso.

(B) não havendo nenhum normativo a respeito, deverá opor embargos declaratórios, requerendo ao juiz que diga se o depósito da multa é necessário.

(C) em razão da peculiaridade do Processo do Trabalho, deverá recolher a multa, imediatamente, pela metade e o restante quando do trânsito em julgado, caso mantida.

(D) não precisará recolher o valor da multa, já que tal recolhimento não é pressuposto para interposição dos recursos trabalhistas.

COMENTÁRIO

A letra D está correta, isso porque o TST solidificou entendimento disposto na OJ 409 da SDI 1 ensinando que o recolhimento do valor da multa imposta por litigância de má-fé, nos termos do art. 18 do CPC[12], não é pressuposto objetivo para interposição dos recursos de natureza trabalhista. Assim, resta inaplicável o art. 35 do CPC[13] como fonte subsidiária, nos termos do art. 769 da CLT, uma vez que, na Justiça do Trabalho, as custas estão reguladas pelo art. 789 da CLT.

(X EXAME DE ORDEM UNIFICADO – FGV) Sobre o manejo do recurso adesivo na Justiça do Trabalho, assinale a afirmativa correta.

(A) É cabível e a matéria nele veiculada não precisa estar relacionada ao recurso principal.

(B) É incabível na Justiça do Trabalho porque não há previsão dele na CLT.

(C) É cabível, pressupondo sucumbência recíproca e, caso interposto pela empresa, ela fica isenta de preparo.

(D) É cabível, mas a matéria nele veiculada precisa estar relacionada ao recurso principal.

COMENTÁRIO

A letra A está correta, pois reflete o entendimento disposto na Súmula 283 do TST;

A letra B está incorreta, pois embora não exista previsão na CLT, o recurso adesivo (art. 500 CPC[14]) é perfeitamente cabível no processo do trabalho, em conformidade com o art. 769 da CLT;

A letra C está incorreta, pois é devido preparo para o recurso adesivo, nos termos do art. 500, parágrafo único, do CPC;

A letra D está incorreta, pois a matéria veiculada no recurso adesivo não precisa se relacionar com a matéria tratada no recurso principal, em conformidade com a Súmula 283 do TST.

(X EXAME DE ORDEM UNIFICADO – FGV) Uma reclamação trabalhista é ajuizada em São Paulo (TRT da 2ª Região) e, na audiência designada, a reclamada apresenta resposta escrita sob a forma de contestação e exceção de incompetência relativa em razão do lugar, pois o autor sempre trabalhara em Minas Gerais, que na sua ótica deve ser o local onde tramitará o feito.

Após conferida vista ao exceto, na forma do Art. 800, da CLT, e confirmada a prestação dos serviços na outra localidade, o juiz acolhe a exceção e determina a remessa dos autos à capital mineira (MG – TRT da 3ª Região).

Dessa decisão, de acordo com o entendimento do TST, e independentemente do seu mérito,

12. Veja art. 81 do CPC/2015.
13. Art. 96 do CPC/2015.
14. Art. 997, §§ 1º e 2º, do CPC/2015.

(A) cabe de imediato recurso de agravo de instrumento para o TRT de São Paulo, por tratar-se de decisão interlocutória;

(B) nada há a fazer, pois das decisões interlocutórias, na Justiça do Trabalho, não é possível recurso imediato;

(C) compete à parte deixar consignado o seu protesto e renovar o inconformismo no recurso ordinário que for interposto após a sentença que será proferida em Minas Gerais;

(D) cabe de imediato a interposição de recurso ordinário para o TRT de São Paulo.

COMENTÁRIO

A letra D correta, pois nos domínios do processo do trabalho, em regra, as decisões interlocutórias não ensejam, de imediato, a interposição de qualquer recurso, permitindo a apreciação do seu merecimento em recurso de decisão definitiva, nos termos do art. 893, § 1º, da CLT. No entanto, a regra da irrecorribilidade imediata das decisões interlocutórias possui exceções previstas no art. 799, § 2º, da CLT e, também, na Súmula 214 do TST. Assim, a decisão que acolhe a exceção de incompetência territorial e remete os autos a TRT distinto, é impugnável via recurso ordinário (art. 895, I, da CLT) em conformidade com o art. 799, § 2º da CLT e Súmula 214, item c, do TST;

A letra A incorreta, pois o agravo de instrumento, art. 897, *b*, da CLT é cabível contra os despachos que denegarem a interposição de recursos;

A letra B incorreta, pois embora a regra seja que as decisões interlocutórias são irrecorríveis de imediato, art. 893, § 1º, da CLT excepcionalmente se admite a interposição de recurso contra decisões interlocutórias terminativas de feito, art. 799, § 2º, da CLT e Súmula 214 do TST;

A letra C incorreta, pois somente quando não couber recurso imediato é que o protesto se torna viável.

(IX EXAME DE ORDEM UNIFICADO – FGV) Em sentença prolatada numa reclamação trabalhista, o juiz reconheceu a garantia no emprego do reclamante, que é membro eleito da CIPA, e nela deferiu a tutela antecipada requerida na petição inicial para retorno imediato, determinando o magistrado a expedição de mandado reintegratório.

Assinale a alternativa que indica o procedimento que a empresa deverá adotar para neutralizar essa decisão.

(A) Interpor recurso ordinário que, por ser dotado de efeito suspensivo, automaticamente impedirá a expedição do mandado de reintegração.

(B) Impetrar mandado de segurança contra a determinação judicial de reintegração imediata.

(C) Interpor recurso ordinário e, paralelamente, impetrar mandado de segurança para desconstituir apenas a tutela antecipada.

(D) Interpor recurso ordinário e ajuizar ação cautelar para conferir-lhe efeito suspensivo.

COMENTÁRIO

A letra D está correta, pois reflete o disposto na Súmula 414, item I, do TST.

A letra A está incorreta, pois os recursos trabalhistas, em regra, são dotados unicamente de efeito devolutivo;

A letra B está incorreta, pois por ser a decisão recorrível não se admite a impetração de mandado de segurança. Vale dizer que nos termos do item II da Súmula 414 do TST no caso da tutela antecipada (ou liminar) ser concedida antes da sentença, cabe a impetração do mandado de segurança, em face da inexistência de recurso próprio. Por ter sido proferida sentença o meio processual adequado é o recurso ordinário;

A letra C está incorreta, pois não é possível a impetração de mandado de segurança. Veja comentários das alternativas "A", "B" e "D".

(IX EXAME DE ORDEM UNIFICADO – FGV) Uma empresa é condenada em reclamação trabalhista à entrega do perfil profissiográfico previdenciário (PPP), único pedido formulado pelo ex-empregado, que está com dificuldade de obtenção da aposentadoria especial junto ao INSS pela ausência deste documento.

Com relação à obrigação de fazer, caso a empresa queira recorrer, assinale a afirmativa correta.

(A) Deve pagar as custas e efetuar o depósito recursal na conta vinculada do empregado.

(B) Deve efetuar o depósito recursal no valor do salário mínimo e não pagará as custas.

(C) Deve pagar as custas e ficará dispensada de efetuar o depósito recursal.

(D) Não deve pagar as custas nem efetuar o depósito recursal, haja vista inexistir condenação em pecúnia.

COMENTÁRIO

A letra C está correta, pois as custas devem ser pagas, nos termos do art. 789, IV e § 1º, da CLT e o depósito recursal será dispensado, nos termos da Súmula 161 do TST;

A letra A está incorreta, pois embora a empresa tenha obrigação de pagar as custas, não deverá recolher depósito recursal, que é exigido somente nas condenações em pecúnia. Veja Súmula 161 do TST;

A letra B está incorreta, pois o depósito recursal não é devido. *Vide* comentários acima. Ademais, as custas devem ser pagas, nos termos do art. 789, IV e § 1º, da CLT;

A letra D está incorreta, pois embora não seja necessário o depósito recursal por não existir condenação em pecúnia (veja Súmula 161 do TST, as custas são devidas nos termos do art. 789, IV e § 1º, da CLT.

(IX EXAME DE ORDEM UNIFICADO – FGV) Ao receber decisão de agravo regimental que manteve o indeferimento de medida liminar postulada em mandado de segurança de competência originária do Tribunal Regional do Trabalho, o advogado pretende recorrer ao Tribunal Superior do Trabalho.

Assinale a afirmativa que indica o procedimento processual correto.

(A) O recurso cabível é o recurso de revista.
(B) O recurso cabível é o recurso ordinário.
(C) O recurso cabível é o agravo de instrumento.
(D) O recurso é incabível, de forma que nada há a ser feito.

COMENTÁRIO

A letra D está correta. Nos termos da OJ 100 da SDI 2 do TST não cabe recurso ordinário para o TST de decisão proferida pelo Tribunal Regional do Trabalho em agravo regimental interposto contra despacho que concede ou não liminar em ação cautelar ou em mandado de segurança, uma vez que o processo ainda pende de decisão definitiva do Tribunal *a quo*.

(IX EXAME DE ORDEM UNIFICADO – FGV) A decisão judicial que homologa acordo entre as partes não pode ser objeto de recurso ordinário interposto pelo próprio reclamante ou reclamado em razão, especificamente, da

(A) preclusão lógica;
(B) preclusão consumativa;
(C) lealdade processual;
(D) boa-fé objetiva.

COMENTÁRIO

A letra A está correta, pois nos termos do art. 831, parágrafo único, da CLT o termo de acordo tem força de sentença irrecorrível para as partes. Assim, por terem celebrado acordo, as partes ficarão impedidas de oferecer recurso, o que configura típica preclusão lógica que se apresenta quando é praticado determinado ato que impeça fazê-lo de outra forma;

A letra B está incorreta, pois a preclusão consumativa ocorre quando o ato já se realizou, não podendo ser realizado novamente;

A letra C está incorreta, pois a lealdade processual é derivada da boa-fé e pugna pela exclusão da fraude processual. Em outras palavras é a "boa-fé processual";

A letra D está incorreta, pois a boa-fé objetiva visa estabelecer um padrão ético de conduta entre as partes nas relações obrigacionais, para que ajam com honestidade, lealdade e probidade.

(VII EXAME DE ORDEM UNIFICADO – FGV) Com relação aos recursos no direito processual do trabalho, é correto afirmar que

(A) cabe a interposição de recurso de revista em face de acórdão regional proferido em agravo de instrumento;
(B) o recurso adesivo é compatível com o processo do trabalho e cabe, no prazo de 8 (oito) dias, nas hipóteses de interposição de recurso ordinário, de agravo de petição, de revista e de embargos, sendo necessário que a matéria nele veiculada esteja relacionada com a do recurso interposto pela parte contrária;
(C) são incabíveis embargos de declaração opostos em face de decisão de admissibilidade do recurso de revista, não interrompendo sua interposição qualquer prazo recursal;
(D) na Justiça do Trabalho todas as decisões interlocutórias são irrecorríveis de imediato.

COMENTÁRIO

A letra C está correta, pois reflete o entendimento disposto na OJ 377 da SDI-1 do TST;

A letra A está correta, incorreta, pois em conformidade com o entendimento disposto na Súmula 218 é incabível recurso de revista interposto contra acórdão regional prolatado em agravo de instrumento, na medida em que no julgamento do agravo não se discute o mérito do recurso anterior que teve seu seguimento negado;

A letra B está incorreta, pois embora seja compatível com o processo do trabalho, nos termos da Súmula 283 do TST é desnecessário que a matéria nele veiculada esteja relacionada com a do recurso interposto pela parte contrária;

A letra D está incorreta, pois a Súmula 214 do TST traz exceções à regra.

(VI EXAME DE ORDEM UNIFICADO – FGV) Carlos José Pereira teve julgados procedentes os pedidos de equiparação salarial e de pagamento das diferenças salariais daí decorrentes. Iniciada a execução provisória, Carlos apresentou seus cálculos de liquidação, requerendo a sua homologação. O juiz, contudo, abriu prazo para que a parte contrária se manifestasse sobre os cálculos. Feito o contraditório, o juiz acabou por homologar os cálculos apresentados pela demandada e, com base nesse valor, expediu o mandado de citação, penhora e avaliação. Vinte e quatro horas após a expedição, o executado garantiu o juízo e requereu a expedição de alvará para o exequente, com a consequente extinção da execução. O juiz indeferiu o requerimento do executado, sob o argumento de que deveria aguardar o decurso de cinco dias a contar da garantia efetuada. Passados os cinco dias, o juiz julgou extinta a execução pelo cumprimento da obrigação e determinou a expedição de alvará em favor do exequente, intimando-o dessa decisão.

Com base na situação acima descrita, é correto afirmar que o exequente tem o direito de interpor

(A) apelação no prazo de 15 dias, uma vez que não foi intimado da garantia do juízo e, portanto, não lhe foi dada a oportunidade de impugnar a sentença de homologação dos cálculos;
(B) agravo de petição no prazo de 8 dias, uma vez que não foi intimado da garantia do juízo e, portanto, não lhe foi dada a oportunidade de impugnar a sentença de homologação dos cálculos;
(C) recurso ordinário no prazo de 8 dias, uma vez que não foi intimado da garantia do juízo e, portanto, não lhe foi dada a oportunidade de impugnar a sentença de homologação dos cálculos;
(D) agravo de instrumento no prazo de 10 dias, uma vez que não foi intimado da garantia do juízo e, portanto, não lhe foi dada a oportunidade de impugnar a sentença de homologação dos cálculos.

COMENTÁRIO

A letra B está correta, pois art. 897, "a", da CLT, o agravo de petição é o recurso cabível, no prazo de 8 (oito) dias, em face das decisões do Juiz do Trabalho proferidas na fase de execução de sentença;

A letra A está incorreta, pois nos domínios do processo do trabalho não existe o recurso de apelação. Veja art. 893 da CLT;

A letra C está incorreta, pois na fase de execução não é cabível recurso ordinário;

A letra D está incorreta, pois o agravo de instrumento é cabível, no prazo de 8 (oito) dias, para impugnar os despachos proferidos, pelo juízo *a quo* no 1º juízo de admissibilidade recursal, que negarem seguimento a recursos.

(VI EXAME DE ORDEM UNIFICADO – FGV) Proferida decisão em reclamação trabalhista, foi o réu X, empresa pública estadual, fornecedor de energia elétrica e serviços, condenado ao pagamento das parcelas postuladas, bem como ao pagamento das custas processuais no valor de R$ 200,00, calculadas sobre o valor da condenação arbitrado em R$ 10.000,00. Ao interpor recurso ordinário, invocando o disposto no art. 790-A, I, da CLT, assevera a recorrente que não procederá ao recolhimento das custas, já que isenta.

Diante da hipótese, é correto afirmar que

(A) se considera deserto o recurso, e não será conhecido por falta de requisito extrínseco, já que os únicos entes isentos do pagamento das custas processuais são a União, os Estados, o Distrito Federal, os Municípios e respectivas autarquias e fundações públicas, que não explorem atividade econômica, além do Ministério Público do Trabalho;
(B) se considera deserto o recurso interposto, porquanto a empresa pública estadual não goza de isenção de custas processuais, mas apenas as empresas públicas de âmbito federal;
(C) não se considera deserto o recurso interposto porque, tratando-se de ente público da administração indireta, sempre será isento do pagamento das custas processuais;

(D) não se considera deserto o recurso interposto, porque o reclamado, empresa pública, no caso específico, não está obrigado ao recolhimento das custas, uma vez que o valor arbitrado à condenação não ultrapassa o limite de 40 salários mínimos.

COMENTÁRIO

A letra A está correta, pois reflete o disposto o art. 790-A, I e II, da CLT;

A letra B está incorreta, pois a empresa pública, seja ela estadual ou federal, não são isentas do recolhimento. Veja art. 790-A da CLT;

A letra C está incorreta, pois o recurso será considerado deserto, pois as empresas públicas não são isentas do recolhimento do depósito recursal;

A letra D está incorreta, pois o recurso será considerado deserto. Ademais, somente as condenações contrárias à Fazenda Pública (União, Estados, Distrito Federal, Municípios e autarquias ou fundações de direito público federais, estaduais ou municipais que não explorem atividade econômica) não superior a 60 (sessenta) salários mínimos, estão sujeitas ao reexame necessário.

(VI EXAME DE ORDEM UNIFICADO – FGV) Uma ação é movida contra duas empresas integrantes do mesmo grupo econômico e uma terceira, que alegadamente foi tomadora dos serviços durante parte do contrato. Cada empresa possui um advogado. No caso de interposição de recurso de revista,

(A) o prazo será computado em dobro porque há litisconsórcio passivo com procuradores diferentes;

(B) o prazo será contado normalmente;

(C) o prazo será de 10 dias;

(D) fica a critério de o juiz deferir a dilação do prazo para não prejudicar os réus quanto à ampla defesa.

COMENTÁRIO

A letra B está correta, pois a assertiva está em consonância com o entendimento cristalizado na OJ 310 da SDI-1 do TST;

A letra A está incorreta, pois a regra disposta no art. 191 do CPC[15] que prevê em dobro os prazos para contestar, para recorrer e, de modo geral, para falar nos autos quando os litisconsortes tiverem diferentes procuradores, não é aplicável ao processo do trabalho, nos termos da OJ 310 da SDI-1 do TST;

A letra C está incorreta, pois tendo em vista que será contado normalmente, a teor da OJ 310 da SDI-1 do TST, o prazo é de 8 (oito) dias;

A letra D está incorreta, pois por ser norma imperativa, não é possível sua dilação a critério do juiz. As exceções estão previstas no art. 183 do CPC[16].

(V EXAME DE ORDEM UNIFICADO – FGV) No dia 22.07.2009 (quarta-feira), foi publicada a sentença de improcedência do pedido. O advogado do autor tomou ciência da decisão, mas, como estava viajando, localizando-se em outro Estado da federação, interpôs recurso ordinário via fac-símile no dia 27.07.2009 (segunda-feira). Ao retornar de viagem, o advogado do autor requereu a juntada do recurso original no dia 04.08.2009 (terça-feira). Entretanto, após este último ato do advogado do autor, o juiz considerou intempestiva a interposição do recurso ordinário, negando-lhe seguimento.

Diante dessa situação concreta, é correto afirmar que o advogado do autor deve

(A) impetrar mandado de segurança, uma vez que o juiz violou o seu direito líquido e certo de interpor recurso ordinário no prazo de oito dias a contar da publicação;

(B) ajuizar uma ação rescisória, uma vez que a sentença judicial se tornou irrecorrível diante da decisão judicial que negou seguimento ao recurso ordinário;

(C) interpor agravo de instrumento, uma vez que atendeu o prazo de oito dias para a interposição do recurso ordinário e o prazo de cinco dias para a juntada do original;

(D) ingressar com uma reclamação correicional, uma vez que o juiz praticou um ato desprovido de amparo legal.

COMENTÁRIO

A letra c está correta. De acordo com o art. 2º da Lei 9.800/1999, realizado o ato processual via *fac simile*, os originais deverão ser entregues em juízo, necessariamente, até 5 (cinco) dias da data de seu término, ou seja, 5 (cinco) dias após o prazo recursal. Já os atos não sujeitos a prazo, os originais deverão ser entregues, necessariamente, até cinco dias da data da recepção do material.

Nesse sentido, o TST editou a Súmula 387 que no seu item II ensina que a contagem do quinquídio para apresentação dos originais de recurso interposto por intermédio de fac-símile começa a fluir do dia subsequente ao término do prazo recursal, nos termos do art. 2º da Lei 9.800, de 26.05.1999, e não do dia seguinte à interposição do recurso, se esta se deu antes do termo final do prazo.

(EXAME DE ORDEM UNIFICADO 2010.3 – FGV) Determinada turma do Tribunal Superior do Trabalho não conheceu de recurso de revista interposto pela empresa Alfa Empreendimentos Ltda. em razão de a decisão recorrida (proferida por Tribunal Regional do Trabalho em sede de recurso ordinário, em dissídio individual) estar em perfeita consonância com enunciado de Súmula de direito material daquela Corte Superior. Transcorrido *in albis* o prazo recursal, essa decisão transitou em julgado.

Na condição de advogado contratado pela respectiva empresa, para ajuizamento de ação rescisória, é correto afirmar que a decisão rescindenda será a proferida pelo

(A) Tribunal Regional do Trabalho, em recurso ordinário, tendo competência originária para o seu julgamento a Seção Especializada em Dissídios Individuais do Tribunal Superior do Trabalho.

(B) Tribunal Superior do Trabalho, que não conheceu do recurso de revista, tendo competência originária a Seção Especializada em Dissídios Individuais do próprio Tribunal Superior do Trabalho.

(C) Tribunal Regional do Trabalho, em recurso ordinário, tendo competência originária para o seu julgamento o próprio Tribunal Regional do Trabalho.

(D) Tribunal Superior do Trabalho, que não conheceu do recurso de revista, tendo competência originária uma das turmas do próprio Tribunal Superior do Trabalho.

COMENTÁRIO

A letra B está correta, pois está em conformidade com o art. 3º, I, *a*, da Lei 7.701/1988 – Regimento Interno do TST;

A letra A está incorreta, pois a competência originária para a ação rescisória é do Tribunal Superior do Trabalho. Ademais, não é possível a interposição de recurso ordinário, tendo em vista que a decisão transitou em julgado;

A letra C está incorreta, pois a decisão transitou em julgado, não sendo possível a interposição de recurso ordinário;

A letra D está incorreta, pois nos termos do art. 3º, I, *a*, da Lei 7.701/1988 – Regimento Interno do TST, a competência para apreciação é da Seção Especializada em Dissídios Individuais do TST e não de uma das turmas como induz a alternativa.

(EXAME DE ORDEM UNIFICADO 2010.2 – FGV) Assinale a alternativa que apresente requisitos intrínsecos genéricos de admissibilidade recursal.

(A) Capacidade, legitimidade e interesse.

(B) Preparo, interesse e representação processual.

(C) Representação processual, preparo e tempestividade.

(D) Legitimidade, tempestividade e preparo.

COMENTÁRIO

A letra A está correta, pois são pressupostos intrínsecos ou subjetivos de admissibilidade recursal;

A letra B está incorreta, pois embora o interesse seja um pressuposto intrínseco, o preparo e a representação são pressupostos extrínsecos ou objetivos;

A letra C está incorreta, pois todos eles constituem pressupostos extrínsecos ou objetivos;

A letra D está incorreta, pois embora a legitimidade seja um pressuposto subjetivo ou intrínseco, a tempestividade e o preparo são pressupostos extrínsecos ou objetivos.

(EXAME DE ORDEM UNIFICADO 2010.2 – FGV) Pedro ajuizou ação em face de seu empregador objetivando a satisfação dos pedidos de horas extraordinárias, suas integrações e consectárias. O seu pedido foi julgado improcedente. Recorre ordinariamente, pretendendo a substituição da decisão por outra de diverso teor, tempestivamente. Na análise da primeira admissibilidade recursal há um equívoco, e se nega seguimento ao recurso por intempestivo. Desta decisão, tempestivamente, se interpõe o recurso de agravo por instrumento, que tem seu conhecimento negado pelo Tribunal Regional, por ausência do depósito recursal referente à metade do valor do recurso principal que se pretendia destrancar, nos termos do artigo 899, § 7º, da Consolidação das Leis do Trabalho. Quanto à conduta do Desembargador Relator, é corretor afirmar que:

15. Art. 229 do CPC/2015.
16. Art. 223 do CPC/2015.

(A) ela está correta, uma vez que o referido artigo afirma que nos casos de interposição do recurso de agravo por instrumento é necessária a comprovação do depósito recursal de 50% do valor do depósito referente ao recurso que se pretende dar seguimento;

(B) ela está correta, uma vez que o preparo é requisito de admissibilidade recursal e, por isso, não pode estar ausente, sob pena de não conhecimento do recurso;

(C) ela está equivocada, pois em que pese haver a necessidade do preparo para a interposição do recurso de agravo por instrumento, no problema acima, o pedido foi julgado improcedente sendo recorrente o autor, portanto, dispensável o preparo no que se refere a depósito recursal;

(D) ela está equivocada, pois o recurso de agravo por instrumento, na esfera laboral é o único, juntamente com os embargos por declaração, que não necessita de preparo para a sua interposição.

COMENTÁRIO

A letra C está correta, pois o reclamante não está obrigado a efetuar o recolhimento de depósito recursal;

A letra A está incorreta, pois dada a natureza jurídica do depósito recursal de garantia de juízo, o empregado/reclamante não está obrigado a recolher depósito recursal. Ademais, embora o art. 899 da CLT não declare expressamente que apenas o reclamado deverá fazer o depósito recursal, chegamos a essa conclusão pela leitura dos §§ 4º e 5º do art. 899 da CLT;

A letra B está incorreta, pois como falamos o reclamante não está obrigado a efetuar o recolhimento de depósito recursal;

A letra D está incorreta, pois embora esteja equivocada a decisão do magistrado, na esfera laboral, o recurso de agravo de instrumento, após a edição da Lei 12.275/2010, que introduziu o § 7º ao art. 899 da CLT, necessita que a parte comprove o recolhimento de um depósito recursal prévio de 50% do valor do depósito do recurso ao qual se pretende destrancar.

8. EXECUÇÃO

(XVII EXAME DE ORDEM UNIFICADO – FGV) No bojo de uma execução trabalhista, a sociedade empresária executada apresentou uma exceção de pré-executividade, alegando não ter sido citada para a fase de conhecimento. Em razão disso, requereu a nulidade de todo o processo, desde a citação inicial. O juiz conferiu vista à parte contrária para manifestação e, em seguida, determinou a conclusão dos autos. Após analisar as razões da parte e as provas produzidas, convenceu-se de que a alegação da sociedade empresária era correta e, assim, anulou todo o feito desde o início. Diante desse quadro, assinale a afirmativa correta.

(A) Contra essa decisão caberá agravo de petição.

(B) Trata-se de decisão interlocutória e, portanto, não passível de recurso imediato.

(C) Caberá a interposição de recurso ordinário.

(D) Caberá a interposição de agravo de instrumento.

COMENTÁRIO

A letra A está correta, pois nos termos do art. 897, *a*, da CLT agravo de petição é o recurso cabível contra as decisões do juiz da fase de execução;

A letra B está incorreta, pois não se trata de decisão interlocutória, mas sim uma sentença, cujo conceito está disposto no art. 162, § 1º, do CPC[17];

A letra C está incorreta, pois não é cabível o recurso ordinário, recurso cabível de decisões terminativas ou definitivas da vara do Trabalho, no processo de conhecimento, art. 895 da CLT;

A letra D está incorreta pois o agravo de instrumento é o recurso cabível contra as decisões que não admitirem recurso, nos termos do art. 897, *b*, da CLT.

(XVII EXAME DE ORDEM UNIFICADO – FGV) A sociedade empresária Beta S.A. teve a falência decretada durante a tramitação de uma reclamação trabalhista, fato devidamente informado ao juízo. Depois de julgado procedente em parte o pedido de diferenças de horas extras e de parcelas rescisórias, nenhuma das partes recorreu da sentença, que transitou em julgado dessa forma. Teve, então, início a execução, com a apresentação dos cálculos pelo autor e posterior homologação pelo juiz. Diante da situação, assinale a afirmativa correta.

(A) Há equívoco, pois, a partir da decretação da falência, a ação trabalhista passa a ser da competência do juízo falimentar, que deve proferir a sentença.

(B) O pagamento do valor homologado deverá ser feito no juízo da falência, que é universal.

(C) A execução será feita diretamente na Justiça do Trabalho, porque o título executivo foi criado pelo Juiz do Trabalho.

(D) Essa é a única hipótese de competência concorrente, ou seja, poderá ser executado tanto na Justiça do Trabalho quanto na Justiça comum.

COMENTÁRIO

A letra B está correta, pois reflete o entendimento disposto no art. 6º, § 2º, da Lei 11.101/2005;

A letra A está incorreta, pois o processo em face da massa falida tramitará na Justiça do Trabalho até a fixação do crédito do reclamante em definitivo (julgamento final da liquidação de sentença). Após deverá ser expedida certidão para habilitação no juízo falimentar;

A letra C está incorreta, pois em razão do disposto no art. 6º, § 2º, da Lei 11.101/2005 a execução não poderá ser efetivada a Justiça do Trabalho, mas sim perante o juízo universal da falência;

A letra D está incorreta, pois como estudamos não se trata de competência concorrente, devendo a parte interessada requerer a execução no juízo falimentar universal.

(XV EXAME DE ORDEM UNIFICADO – FGV) A sociedade empresária "V" Ltda., executada em ação trabalhista, apresentou embargos à execução arrolando testemunhas, o que foi indeferido pelo juiz, ao argumento de que não se tratava de processo de conhecimento.

Sobre o caso apresentado, assinale a afirmativa correta.

(A) Correta a decisão do juiz, pois já fora ultrapassada a fase de conhecimento.

(B) Errada a decisão do juiz, pois era cabível a prova testemunhal em sede de embargos à execução, podendo o juiz indeferir as testemunhas se desnecessários os depoimentos.

(C) Errada a decisão do juiz, sendo cabível a prova testemunhal, não podendo indeferir as testemunhas, cabendo, nesse caso, arguição de nulidade da decisão.

(D) Correta a decisão do juiz, já que a matéria da execução está restrita a valores.

COMENTÁRIO

A letra B está correta, pois de acordo com a interpretação dos arts. 885 e 886 da CLT é permitido ao executado arrolar testemunhas na fase de execução;

A letra A está incorreta, pois embora tenha ultrapassado a fase de conhecimento é permitido ao executado arrolar testemunhas nos embargos á execução. Evidente que questões já discutidas e decididas na fase de conhecimento não poderão ser reanalisadas;

A letra C está incorreta, pois embora esteja errada a decisão do juiz, ele poderá dispensar as testemunhas que entender impertinentes;

A letra D está incorreta, pois nos termos dos arts. 885 e 886 da CLT é permitida a instrução processual na fase de execução.

(X EXAME DE ORDEM UNIFICADO – FGV) A requerimento do credor e após não localizar bens da pessoa jurídica ex-empregadora, o juiz desconsiderou a personalidade jurídica numa reclamação trabalhista, incluiu um dos sócios no polo passivo e o citou para pagamento. Este sócio, então, depositou a quantia exequenda, mas pretende questionar o valor da execução.

Assinale a alternativa que indica a maneira pela qual ele materializará seu inconformismo.

(A) Ação Rescisória.

(B) Embargos de Terceiro.

(C) Impugnação de Credor.

(D) Embargos à Execução.

COMENTÁRIO

A letra D está correta, pois é por meio dos embargos à execução que o executado/devedor irá requerer a extinção total ou parcial da execução, atacando o próprio conteúdo do título, nos termos do art. 884 da CLT;

A letra A está incorreta, pois a ação rescisória necessita de trânsito em julgado, o que não ocorreu no caso em análise. Veja art. 836 da CLT e arts. 485 e seguintes do CPC[18];

A letra B está incorreta, pois os embargos de terceiro devem ser apresentados por terceiros interessados, que não são parte do processo, nos termos dos arts. 1.046 a 1.054 do CPC[19];

17. Art. 203, § 1º, do CPC/2015

18. Art. 966 e seguintes do CPC/2015.

19. Arts. 674 a 681 do CPC/2015.

A letra C está incorreta, pois a impugnação será apresentada pelo credor e não pelo devedor, como no caso em análise.

(IX EXAME DE ORDEM UNIFICADO – FGV) A liquidação tem por objetivo a apuração do *quantum debeatur* nas sentenças proferidas de forma ilíquida e que tenham deferido, ao menos em parte, a pretensão deduzida.

De acordo com a CLT, assinale a alternativa que indica as formas possíveis de liquidação da sentença nas obrigações de dar (pagar) e, caso o juiz conceda prazo às partes para manifestação, o número de dias para a impugnação.

(A) Artigos, cálculo ou arbitramento. Prazo de 8 dias.
(B) Cálculo, arbitramento ou artigos. Prazo de 10 dias.
(C) Artigos ou arbitramento. Prazo de 15 dias.
(D) Cálculo ou arbitramento. Prazo de 5 dias.

COMENTÁRIO

A letra B está correta. Nos termos do art. 879, *caput*, da CLT a liquidação poderá ser feita por, cálculos, arbitramento e artigos, devendo ser apresentada no prazo sucessivo de 10 dias, em conformidade com o art. 879, § 2º, da CLT.

(IX EXAME DE ORDEM UNIFICADO – FGV) De acordo com a Consolidação das Leis do Trabalho, assinale a afirmativa correta.

(A) não há citação para a execução, uma vez que a fase executiva pode ser iniciada de ofício;
(B) a citação na execução será realizada por via postal;
(C) a citação na execução será realizada por mandado;
(D) a citação na execução será realizada por mandado, mas, se o executado não for encontrado após três tentativas, caberá a citação por edital.

COMENTÁRIO

A letra C está correta, pois reflete o disposto no art. 880, §§ 1º e 2º, da CLT;

A letra A está incorreta, pois embora possa ser iniciada de ofício, nos termos do art. 878 da CLT, a fase executória exige citação pessoal do executado por meio de oficial de justiça, nos termos do art. 880, *caput* e § 2º, da CLT;

A letra B está incorreta, pois somente na fase de conhecimento a citação é postal, veja art. 841, § 1º, da CLT. Porém, na fase de execução a citação deve ser feita por oficial de justiça, nos termos do art. 880, § 2º, da CLT;

A letra D está incorreta, pois embora a citação seja realizada por mandado, art. 880, §§ 1º e 2º, da CLT (veja também art. 721, § 1º, da CLT) a citação por edital será feita se o executado, procurado por 2 (duas) vezes no espaço de 48 (quarenta e oito) horas, não for encontrado, nos termos o art. 880, § 3º, da CLT.

(VIII EXAME DE ORDEM UNIFICADO – FGV) Em 30/7/2008 foi efetuada a penhora de um veículo BMW, modelo X1, por meio de carta precatória executória. Depois de devolvida a carta, o executado Eliezer Filho, proprietário do veículo, opôs embargos à execução em 4/8/2008, dirigindo essa ação incidental ao juízo deprecante. Em seus embargos, alegando a existência de um grosseiro vício, o embargante apontou para a irregularidade na avaliação do bem, uma vez que constou do auto da constrição judicial sua avaliação em R$ 15.000,00, montante muito abaixo do valor de mercado. Logo, por força do princípio da execução menos onerosa ao devedor, requereu a reavaliação do bem, sob pena de nulidade da execução.

Com base nesse caso concreto, é correto afirmar que o juiz deprecante

(A) deve remeter os autos ao juízo deprecado, uma vez que o ato de avaliação foi por ele praticado, sendo sua a competência para decidir;
(B) deve realizar o julgamento antecipado da lide e acolher os embargos, haja vista o notório erro de avaliação;
(C) deve determinar a realização de perícia, a fim de aferir o correto valor de mercado do bem;
(D) não deve conhecer dos embargos e extinguir o processo sem julgamento do mérito, haja vista a sua intempestividade.

COMENTÁRIO

A alternativa A está correta, pois tendo em vista que houve vício/irregularidade no ato do Juízo deprecado, qual seja erro na avaliação do bem penhorado, os embargos deverão ser decididos pelo Juízo deprecado, nos termos do art. 20, parágrafo único, da Lei 6.830/1980 por aplicação do art. 889 da CLT. Veja Súmula 46 do STJ (embargos do devedor). Sobre embargos de terceiro, veja Súmula 419 do TST.

(VII EXAME DE ORDEM UNIFICADO – FGV) Relativamente à execução trabalhista, assinale a afirmativa correta.

(A) Pode ser por título judicial ou extrajudicial. São títulos extrajudiciais os termos de ajuste de conduta firmados perante o Ministério Público do Trabalho, os termos de conciliação firmado perante as Comissões de Conciliação Prévia e os cheques sem fundo passados pelo empregador ao empregado.
(B) Pode ser por título judicial ou extrajudicial. São títulos judiciais unicamente as decisões passadas em julgado com efeito suspensivo e são títulos extrajudiciais os termos de ajuste de conduta firmados perante o Ministério Público do Trabalho e os termos de conciliação firmado perante as Comissões de Conciliação Prévia.
(C) Dependem de prévia liquidação, pelo que só podem ser executados a sentença e o acordo não cumpridos.
(D) Pode ser por título judicial, caso do acordo descumprido, e por título extrajudicial, caso do termo de ajuste de conduta firmado perante o Ministério Público do Trabalho.

COMENTÁRIO

A letra D está correta, pois a assertiva traz verdadeiras hipóteses de execução por título judicial e extrajudicial, respectivamente. Vale lembrar que são títulos executivos judiciais: *a)* sentenças ou acórdãos condenatórios transitados em julgado ou as decisões que não tenham recurso com efeito suspensivo; *b)* decisões que homologam acordo entre as partes. São títulos executivos extrajudiciais: *a)* os termos de compromisso de ajuste de conduta com conteúdo obrigacional firmados perante o MPT; *b)* os termos de conciliação celebrados perante a Comissão de Conciliação Prévia; *c)* certidões da dívida ativa, decorrentes das multas aplicadas pelo MTE, de acordo com a redação do art. 114, VII, CF;

A letra A está incorreta, pois em razão de sua natureza não causal, os cheques não são considerados títulos executivos extrajudiciais na Justiça do Trabalho;

A letra B está incorreta, pois nos termos do art. 876 da CLT as decisões transitadas em julgado ou das quais não tenha havido recurso com efeito suspensivo, assim como as decisões que homologam acordo entre as partes também são consideradas títulos executivos judiciais;

A letra C está incorreta, pois também podem ser executadas "As decisões passadas em julgado ou das quais não tenha havido recurso com efeito suspensivo; os termos de ajuste de conduta firmados perante o Ministério Público do Trabalho e os termos de conciliação firmados perante as Comissões de Conciliação Prévia;

(IV EXAME DE ORDEM UNIFICADO – FGV) Assinale a alternativa correta no que diz respeito à execução trabalhista.

(A) As partes devem ser previamente intimadas para a apresentação do cálculo de liquidação, exceto da contribuição previdenciária incidente, que ficará a cargo da União.
(B) Tratando-se de prestações sucessivas, por tempo indeterminado, a execução compreenderá inicialmente as prestações devidas até a data do ingresso na execução.
(C) Em se tratando de execução provisória, não fere direito líquido e certo do impetrante a determinação de penhora em dinheiro, quando nomeados outros bens à penhora, uma vez que obedece à gradação prevista em lei.
(D) Na execução por carta precatória, os embargos de terceiro serão oferecidos no juízo deprecante ou no juízo deprecado, mas a competência para julgá-los será sempre do juízo deprecante.

COMENTÁRIO

A letra B está correta, pois reflete o disposto no art. 892 da CLT;

A letra A está incorreta, pois de acordo com o art. 879, § 1º-B, da CLT, as partes deverão ser previamente intimadas para a apresentação do cálculo de liquidação, inclusive da contribuição previdenciária incidente;

A letra C está incorreta, pois contraria o entendimento cristalizado na Súmula 417, I e III, do TST;

A letra D está incorreta, pois de acordo com a Súmula 419 do TST, a competência para julgar os embargos de terceiro é do juiz deprecante, salvo se tratar de vícios ou irregularidades de penhora, avaliação ou alienação de bens, praticados pelo juízo deprecado, em que a competência será deste último.

(EXAME DE ORDEM UNIFICADO 2010.3 – FGV) Em relação aos embargos de terceiro na execução por carta precatória, é correto afirmar que

(A) podem ser oferecidos no juízo deprecante ou deprecado, sendo do juízo deprecante a competência para julgamento, exceto quando se tratar de vício ou irregularidade de penhora, avaliação ou alienação dos bens, praticados pelo juízo deprecado.

(B) devem ser oferecidos no juízo deprecante, pois a carta precatória se presta apenas para que se pratiquem atos em outra localidade, mantida a competência para atos decisórios no juízo principal da execução.

(C) devem ser oferecidos no juízo deprecado, que possui competência por delegação para a execução em outra localidade.

(D) devem ser oferecidos no juízo deprecante, exceto quando se tratar de vício ou irregularidade de penhora, avaliação ou alienação dos bens, praticados pelo juízo deprecado.

COMENTÁRIO

A letra A está correta, pois reflete o entendimento consolidado na Súmula 419 do TST;

A letra B está incorreta, pois os embargos de terceiro podem ser oferecidos tanto no juízo deprecante como no deprecado;

A letra C está incorreta, veja comentários anteriores;

A letra D está incorreta, veja comentários anteriores.

(EXAME DE ORDEM UNIFICADO 2010.2 – FGV) Com relação à execução trabalhista, assinale a afirmativa correta.

(A) A execução deve ser impulsionada pela parte interessada, sendo vedado ao juiz promovê-la de ofício.

(B) O termo de compromisso de ajustamento de conduta firmado perante o Ministério Público do Trabalho, para que possa ser executado no processo do trabalho, depende de prévia homologação pelo juiz que teria competência para o processo de conhecimento relativo à matéria.

(C) Conforme disposição expressa na Consolidação das Leis do Trabalho, considera-se inexigível o título judicial fundado em lei ou ato normativo declarados inconstitucionais pelo Supremo Tribunal Federal ou em aplicação ou interpretação tidas por incompatíveis com a Constituição Federal.

(D) Garantida a execução ou penhorados os bens, é de 10 (dez) dias o prazo para o executado apresentar embargos à execução, cabendo igual prazo ao exequente para impugnação.

COMENTÁRIO

A letra C está correta, pois a assertiva reflete o disposto no art. 884, § 5º, da CLT;

A letra A está incorreta, pois no processo do trabalho a execução poderá ser promovida por qualquer interessado ou de ofício pelo juiz ou presidente do tribunal competente, conforme dispõe o art. 878, *caput*, da CLT;

A letra B está incorreta, pois os termos de compromisso de ajustamento de conduta são títulos executivos extrajudiciais, ou seja, não dependem de prévia homologação judicial, conforme consta do art. 876, *caput*, da CLT e no art. 5º, § 6º, da Lei n. 7.347/1985;

A letra D está incorreta, pois o prazo para oposição de embargos à execução no processo do trabalho é de 5 (cinco) dias, conforme consta do art. 884, *caput*, da CLT.

9. AÇÕES ESPECIAIS

(XVIII EXAME DE ORDEM UNIFICADO – FGV) A empresa XPTO Ltda., necessitando dispensar empregado estável, ajuizou inquérito para apuração de falta grave em face de seu empregado. No dia da audiência, a empresa apresentou seis testemunhas, protestando pela oitiva de todas. O empregado apresentou três testemunhas, afirmando ser este o limite na Justiça do Trabalho. Assinale a alternativa que mostra qual advogado agiu da forma determinada na CLT.

(A) O advogado da empresa agiu corretamente, pois trata-se de inquérito para apuração de falta grave.

(B) O juiz determinou que a empresa dispensasse três das seis testemunhas, pois é necessário o equilíbrio com a outra parte. Logo, ambos os advogados agiram corretamente, levando o número de testemunhas que entendiam cabível.

(C) O advogado do empregado está correto, pois o limite de testemunhas para o processo de rito ordinário é de três para cada parte.

(D) Os dois advogados se equivocaram, pois o limite legal é de três por processo no rito ordinário, sendo as testemunhas do juízo.

COMENTÁRIO

A alternativa correta é a letra A, já que, conforme do artigo 821 da CLT, para ação de inquérito judicial de apuração de falta grave confere-se à ambas as partes o direito de oitiva de até 6 testemunhas. Essa previsão se justifica por se tratar o inquérito hipótese de ação que tramita por rito especial, rito este que não se confunde com o rito comum ordinário celetista por possuir aquele peculiaridades próprias.

A alternativa B é incorreta pois não cabe ao juiz ferir o quanto assegurado às partes do inquérito no artigo 821 da CLT pena de causar nulidade do processo, artigo 794 da CLT. Logo, não poderia o juiz determinar a dispensa de parte das testemunhas da empresa sob o argumento de tentar equilibras as partes;

A alternativa C está incorreta quando sugere que o inquérito constitui ação de rito ordinário em que seriam possíveis apenas 3 testemunhas para cada parte;

Por fim, a alternativa D também está incorreta já que houve acerto por parte do advogado da empresa.

(XIV EXAME DE ORDEM UNIFICADO – FGV) Geraldo requereu na sua petição inicial, e teve deferida, a concessão de tutela antecipada para sua imediata reintegração, haja vista ser dirigente sindical. O ex-empregador, cientificado, impetrou Mandado de Segurança, no qual obteve liminar revogando a tutela antecipada concedida. Logo depois, a reclamação trabalhista de Geraldo foi instruída na Vara do Trabalho e encaminhada para sentença, que julgou procedente o pedido, tendo o juiz concedido novamente a tutela antecipada, agora na sentença. Diante do quadro retratado, de acordo com o entendimento sumulado pelo TST, assinale a opção correta.

(A) O juiz poderia conceder a tutela na sentença, e, nesse caso, o Mandado de Segurança perde o objeto.

(B) O Juiz não poderia conceder novamente a tutela antecipada, haja vista que ela havia sido revogada pelo Tribunal.

(C) Se a tutela antecipada foi revogada, somente havendo autorização do TRT ela poderia ser revigorada, de modo que o juiz subverteu a ordem processual vigente, cabendo reclamação correicional.

(D) Poderá a parte ré impetrar novo mandado de segurança, agora contra a tutela antecipada concedida na sentença.

COMENTÁRIO

A letra A está correta, pois reflete o entendimento disposto na súmula 414, III, do TST. Ocorre a perda do mandado de segurança, na medida em que a decisão impugnada deixa de existir em razão da sentença de mérito proferida, que a substituiu;

A letra B está incorreta, pois foi revogada pelo Tribunal a decisão liminar do juiz singular e não a decisão definitiva, sentença;

A letra C está incorreta, pois a decisão liminar do juiz singular foi substituída por uma decisão definitiva;

A letra D está incorreta, pois contra a tutela antecipada concedida na sentença caberá recurso ordinário, os termos da súmula 414, I, do TST.

(XIII EXAME DE ORDEM UNIFICADO – FGV) Rômulo impetrou mandado de segurança contra ato praticado por Juiz do Trabalho que teria violado um direito seu, líquido e certo. Por descuido, Rômulo deixou de juntar os documentos pertinentes, indispensáveis. Verificando o equívoco, o Relator deverá, de acordo com a jurisprudência consolidada do TST,

(A) conceder prazo improrrogável de 10 dias para o impetrante sanar o vício, sob pena de indeferimento da petição inicial.

(B) prosseguir normalmente no trâmite processual, pois a matéria não pode ser conhecida de ofício.

(C) indeferir a petição inicial de plano e extinguir o processo sem resolução do mérito.

(D) solicitar à autoridade coatora que, juntamente com as informações que serão prestadas, envie cópia dos documentos faltantes.

COMENTÁRIO

A letra C está correta. Isso porque nos termos da súmula 415 do TST a impetração de mandado de segurança exige prova documental pré-constituída, sendo, portanto, inaplicável o art. 284 do CPC, que trata da emenda da petição inicial;

A letra A está incorreta, pois no mandado de segurança não se admite a emenda da petição inicial disposta no art. 284 do CPC[20], tendo em vista a exigência de prova pré-constituída, súmula 415 do TST;

A letra B está incorreta, pois o juiz poderá conhecer a matéria de ofício, tendo em vista que para a impetração do mandado de segurança exige-se a violação de um direito líquido e certo, ou seja, direito que não requer produção de provas, daí a exigência de prova pré-constituída disposta na súmula 415 do TST;

A letra D está incorreta, pois como estudado o juiz deverá extinguir o processo sem resolução do mérito e não solicitar à autoridade coatora a cópia dos documentos, que é ônus do impetrante.

20. Art. 321 do CPC/2015.

(XI EXAME DE ORDEM UNIFICADO – FGV) Tendo em vista a proximidade de realização de grande evento na área de esportes, a cidade de Tribobó do Oeste decidiu reformar seu estádio de futebol. Para tanto, após licitação, contratou a empresa Alfa Ltda. para executar a reforma no prazo de um ano. Faltando dois meses para a conclusão da obra e a realização do mega evento, os operários entraram em greve paralisando os trabalhos integralmente.

Diante destes fatos, assinale a afirmativa que se coaduna com a legitimidade ativa para instauração do dissídio coletivo.

(A) Tanto a empresa Alfa Ltda. como o Sindicato da categoria dos empregados poderá instaurar a instância, sendo o ato privativo das partes litigantes.

(B) Apenas o Sindicado dos Empregados poderá requerer a instauração do dissídio coletivo, já que se trata do sujeito ativo no caso de greve, sendo a empresa Alfa ré no processo.

(C) Por haver interesse público a legitimidade ativa é exclusiva da empresa e do sindicato, bem como do Ministério Público do Trabalho, em caráter excepcional.

(D) O dissídio poderá ser instaurado pelas partes por representação escrita ao Presidente do Tribunal; bem como por iniciativa do próprio Presidente e, ainda, por requerimento do Ministério Público do Trabalho.

COMENTÁRIO

A alternativa D é a correta, pois reflete o disposto no art. 856 da CLT, que assim dispõe: "A instância será instaurada mediante representação escrita ao Presidente do Tribunal. Poderá ser também instaurada por iniciativa do presidente, ou, ainda, a requerimento da Procuradoria da Justiça do Trabalho, sempre que ocorrer suspensão do trabalho."

(IV EXAME DE ORDEM UNIFICADO – FGV) Quanto ao cabimento do mandado de segurança na Justiça do Trabalho, assinale a alternativa correta.

(A) É permitido o exercício do *jus postulandi* das partes quando da impetração do mandado de segurança na Justiça do Trabalho.

(B) Cabe a impetração de mandado de segurança da decisão que indefere liminar ou homologação de acordo.

(C) O mandado de segurança impetrado contra decisão liminar que concedeu a tutela antecipada perde o objeto quando da superveniência de sentença nos autos originários.

(D) Tratando-se de execução provisória, não fere direito líquido e certo do impetrante a determinação de penhora em dinheiro, ainda que nomeados outros bens à penhora, uma vez que obedece à gradação da lei processual.

COMENTÁRIO

A letra C está correta, pois reflete o disposto na Súmula 414, III, do TST;

A letra A está incorreta, pois a Súmula 425 do TST determina não ser possível fazer uso do *jus postulandi* – art. 791 da CLT, para a impetração de mandado de segurança;

A letra B está incorreta, pois nos termos da Súmula 418 do TST, a concessão de liminar ou a homologação de acordo constituem faculdade do juiz, inexistindo direito líquido e certo tutelável pela via do mandado de segurança;

A letra D está incorreta, pois contraria o disposto na Súmula 417, I e III do TST.

(EXAME DE ORDEM UNIFICADO 2010.3 – FGV) Tício, gerente de operações da empresa Metalúrgica Comercial, foi eleito dirigente sindical do Sindicato dos Metalúrgicos. Seis meses depois, juntamente com Mévio, empregado representante da CIPA (Comissão Interna para Prevenção de Acidentes) da empresa por parte dos empregados, arquitetaram um plano para descobrir determinado segredo industrial do seu empregador e repassá-lo ao concorrente mediante pagamento de numerário considerável. Contudo, o plano foi descoberto antes da venda, e a empresa, agora, pretende dispensar ambos por falta grave.

Você foi contratado como consultor jurídico para indicar a forma de fazê-lo.

O que deve ser feito?

(A) Ajuizamento de inquérito para apuração de falta grave em face de Tício e Mévio, no prazo decadencial de 30 (trinta) dias, caso tenha havido suspensão deles para apuração dos fatos.

(B) Ajuizamento de inquérito para apuração de falta grave em face de Tício, no prazo decadencial de 30 (trinta) dias, contados do conluio entre os empregados; e simples dispensa por justa causa em relação a Mévio, independentemente de inquérito.

(C) Simples dispensa por falta grave para ambos os empregados, pois o inquérito para apuração de falta grave serve apenas para a dispensa do empregado estável decenal.

(D) Ajuizamento de inquérito para apuração de falta grave em face de Tício, no prazo decadencial de 30 (trinta) dias, caso tenha havido suspensão dele para apuração dos fatos; e simples dispensa por justa causa em relação a Mévio, independentemente de inquérito.

COMENTÁRIO

A letra D está correta, pois por ser Tício dirigente sindical, sua dispensa somente pode ocorrer por falta grave, precedida de inquérito judicial para apuração da falta, nos termos do art. 8, VIII, da CF e Súmula 197 do STF. Já Mévio, embora tenha estabilidade no emprego por ser representante da CIPA, para sua dispensa não exige o ajuizamento de inquérito judicial para apuração de falta grave.

A letra A está incorreta, pois embora Mévio, tenha estabilidade no emprego, por ser representante da CIPA, para sua dispensa não é exigido o ajuizamento de inquérito judicial para apuração de falta grave;

A letra B está incorreta, pois o marco inicial para o ajuizamento do inquérito judicial é a data da suspensão do empregado ou, caso não haja a suspensão do empregado, a data do cometimento da falta, ou seja, a data da descoberta do plano;

A letra C está incorreta, pois os dirigentes sindicais somente podem ser demitidos por falta grave, precedida de inquérito judicial para apuração, nos termos do art. 8, VIII, da CF e Súmula 197 do STF.

(EXAME DE ORDEM UNIFICADO 2010.2 – FGV) Segundo a legislação e a jurisprudência sobre a ação rescisória no Processo do Trabalho, assinale a afirmativa correta.

(A) A decisão que extingue o processo sem resolução de mérito, uma vez transitada em julgado, é passível de corte rescisório.

(B) É ajuizada independente de depósito prévio, em razão da previsão específica do Processo do Trabalho.

(C) Quando for de competência originária de Tribunal Regional do Trabalho, admitirá o recurso de revista para o Tribunal Superior do Trabalho.

(D) A sentença de mérito proferida por prevaricação, concussão ou corrupção do juiz, uma vez transitada em julgado, é passível de corte rescisório.

COMENTÁRIO

A letra D está correta, pois reflete o disposto no art. 485, I, do CPC, aplicado subsidiariamente ao processo do trabalho por força do art. 769 da CLT.

A letra A está incorreta, pois a decisão que extingue o processo sem resolução de mérito não é passível de ação rescisória, conforme disposto no art. 485, *caput*, do CPC[21], aplicado subsidiariamente ao processo do trabalho por força do art. 769 da CLT;

A letra B está incorreta, pois a Lei 11.495/2007 modificou a redação do art. 836 da CLT, passando a estabelecer a exigência de depósito prévio de 20% do valor da causa;

A letra C está incorreta, pois a hipótese é de recurso ordinário, conforme dispõe o art. 895, II, da CLT.

10. TEMAS COMBINADOS

(XVII EXAME DE ORDEM UNIFICADO – FGV) José é empregado da sociedade empresária Bicicletas Ltda. Necessitando de dinheiro, ele vendeu seu automóvel para seu patrão, sócio da sociedade empresária. Para sua surpresa, foi dispensado imotivadamente 4 meses depois. Para garantir o pagamento de horas extras trabalhadas e não pagas, Jonas ajuizou ação trabalhista contra a sociedade empresária Bicicletas Ltda. A defesa da ré aduziu que não devia nenhuma hora extra a Jonas, pois o automóvel vendido ao sócio da ré apresentou defeito no motor, o que gerou prejuízo enorme para ele, razão pela qual tudo deveria ser compensado. Diante disso, assinale a afirmativa correta.

(A) Descabe a condenação em horas extras, dado o prejuízo causado, tendo em vista a vedação ao enriquecimento sem causa.

(B) Descabe a arguição de compensação de qualquer natureza na Justiça do Trabalho, pois contrária ao princípio de proteção ao hipossuficiente.

(C) Descabe a compensação, porque a dívida imputada a José não é trabalhista, devidas assim as horas extras na integralidade.

21. Art. 966 do CPC/2015.

(D) Cabe a compensação, desde que arguida em ação própria.

COMENTÁRIO

A letra C está correta, pois a dívida imputada a José é de natureza civil, não podendo ser compensada na Justiça do Trabalho, nos termos da súmula 18 do TST;

A letra A está incorreta, pois a condenação em horas extras será devida, independente do prejuízo causado ao empregador pela venda do automóvel;

A letra B está incorreta, pois a compensação é permitida no processo do trabalho, art. 477, § 5º, da CLT, porém para serem compensadas as dívidas devem possuir natureza trabalhista. O negócio jurídico avençado (compra e venda de automóvel) possui natureza civil, portanto não pode ser compensada em um processo trabalhista, em conformidade com a súmula 18 do TST;

A letra D está incorreta, pois a compensação, quando cabível, deve ser arguida em contestação, nos termos da Súmula 48 do TST.

(XVI EXAME DE ORDEM UNIFICADO – FGV) Jairo requereu adicional de periculosidade em ação trabalhista movida em face de seu empregador. A gratuidade de justiça foi deferida e o perito realizou o laudo para receber ao final da demanda, tudo nos termos e nas limitações de valores fixados pelo Conselho Superior da Justiça do Trabalho. Contudo, não foi constatada atividade em situação que ensejasse o pagamento do adicional pretendido.

Diante disso, assinale a afirmativa correta.

(A) A União fica responsável pelo pagamento dos honorários periciais.

(B) Como Jairo é beneficiário da gratuidade de justiça, está isento do pagamento de custas; logo, não poderá custear os honorários do perito, que ficam dispensados.

(C) A parte ré fica responsável pelo custeio da perícia, face à inversão do ônus da prova pela hipossuficiência do empregado.

(D) Jairo deverá custear os honorários parceladamente ou compensá-los com o que vier a receber no restante da demanda.

COMENTÁRIO

A letra A está correta, pois reflete o entendimento disposto na Súmula 457 do TST que ensina que a União é responsável pelo pagamento dos honorários de perito quando a parte sucumbente no objeto da perícia for beneficiária da assistência judiciária gratuita, observado o procedimento disposto nos arts. 1º, 2º e 5º da Resolução 66/2010 do Conselho Superior da Justiça do Trabalho – CSJT;

A letra B está incorreta, pois os honorários periciais não serão dispensados, como vimos a responsabilidade será da União;

A letra C está incorreta, pois como a parte ré não foi sucumbente no objeto da perícia, não poderá ser responsável por seu pagamento. Veja art. 790-B da CLT;

A letra D está incorreta, pois a responsabilidade pelo pagamento pertence a União, nos termos da Súmula 457 do TST.

(XVI EXAME DE ORDEM UNIFICADO – FGV) Julgado dissídio coletivo entre uma categoria profissional e a patronal, em que foram concedidas algumas vantagens econômicas à categoria dos empregados, estas não foram cumpridas de imediato pela empresa Alfa Ltda. Diante disso, o sindicato profissional decidiu ajuizar ação de cumprimento em face da empresa. Sobre o caso apresentado, assinale a afirmativa correta.

(A) Deverá aguardar o trânsito em julgado da decisão, para ajuizar a referida ação.

(B) Poderá ajuizar a ação, pois o trânsito em julgado da sentença normativa é dispensável.

(C) Não juntada a certidão de trânsito em julgado da sentença normativa, o feito será extinto sem resolução de mérito.

(D) Incabível a ação de cumprimento, no caso.

COMENTÁRIO

A letra B está correta. De acordo com o entendimento consubstanciado na súmula 246, o TST entende ser dispensável o trânsito em julgado da sentença normativa para a propositura da ação de cumprimento.

(XIV EXAME DE ORDEM UNIFICADO – FGV) Plínio, empregado da Padaria Pão Bom Ltda., insatisfeito com o trabalho, procurou seu empregador pedindo para ser mandado embora. O empregador aceitou a proposta, desde que tudo fosse realizado por intermédio de um acordo na Justiça do Trabalho, motivo pelo qual foi elaborada ação trabalhista pedindo verbas rescisórias. No dia da audiência, as partes disseram que se conciliaram, mas o juiz, ao indagar Plínio, compreendeu o que estava ocorrendo e decidiu não homologar o acordo. Para a hipótese, assinale a opção correta.

(A) Plínio deverá impetrar Mandado de Segurança para obter a homologação do acordo.

(B) A homologação do acordo é faculdade do juiz, que poderá não homologá-lo.

(C) Sendo a conciliação um princípio do processo do trabalho, deverá o processo ser remetido para outra Vara para homologação por outro juiz.

(D) Plínio deverá interpor reclamação correicional para obter a homologação do acordo.

COMENTÁRIO

A letra B está correta, pois o juiz do trabalho não está obrigado a homologar o acordo entabulado entre as partes, na medida em que se constatar que esse ajuste viola preceito legal ou fere os interesses do trabalhador ou, ainda, se a vontade do trabalhador estiver viciada, deverá negar a homologação do acordo, sendo, portanto, uma faculdade do magistrado, em conformidade com o entendimento disposto na súmula 418 do TST;

A letra A está incorreta, pois não há direito líquido e certo da parte em exigir que o magistrado homologue acordo, o que impede a impetração de mandado de segurança, súmula 418 do TST;

A letra C está incorreta, pois embora a conciliação seja um princípio do processo do trabalho (princípio conciliatório), a não homologação de acordo não é motivo para que os autos sejam remetidos para outra Vara, com esse fim, justamente por ser uma faculdade do magistrado, súmula 418 do TST;

A letra D está incorreta, pois a reclamação correicional, tem como objetivo atacar procedimentos do juiz que atentam à boa ordem processual. Como vimos, o juiz negará a homologação de acordo objetivando sempre a proteção do trabalhador, portanto, não há que se falar em procedimento judicial contra à boa ordem processual.

(XII EXAME DE ORDEM UNIFICADO – FGV) Pedro realizou um acordo em reclamação trabalhista que moveu contra o seu ex-empregador, conferindo quitação quanto ao extinto contrato de trabalho e, em contrapartida, recebeu, no ato da homologação judicial, a quantia de R$ 2.500,00 em espécie. Dez dias após, Pedro arrependeu-se de ter aceitado a transação, entendendo que a quantia recebida seria inferior à que faria jus.

Considerando as circunstâncias do caso e de acordo com o entendimento legal e jurisprudencial, assinale a afirmativa correta.

(A) Pedro poderá ajuizar ação rescisória, no prazo de dois anos, cujo prazo se inicia oito dias após a homologação do acordo.

(B) Pedro poderá ajuizar ação anulatória, buscando o desfazimento do ato jurídico.

(C) Pedro nada poderá fazer, pois houve trânsito em julgado, impedindo recursos, além do que o motivo apresentado não autoriza ação rescisória.

(D) Pedro poderá ajuizar nova ação, postulando outros direitos que não aqueles postulados na ação que redundou no acordo, permitindo a dedução dos R$ 2.500,00 recebidos.

COMENTÁRIO

A letra C está correta, pois havendo acordo e homologado pelo juiz, o título valerá como sentença irrecorrível, transitando em julgado imediatamente, nos termos do art. 831, parágrafo único, da CLT;

A letra A está incorreta, pois Pedro não poderá ajuizar ação rescisória, na medida em que o motivo apontado não se enquadra em nenhum daqueles descritos no art. 485 do CPC[22]. Ademais, o início do prazo decadencial conta-se do dia imediatamente subsequente ao trânsito em julgado. Veja súmula 100, itens I e V, do TST;

A letra B está incorreta, pois a ação anulatória tem como objeto a anulação um juízo de atos praticados pelas partes, nos termos do art. 486 do CPC[23]. Desta forma, não poderá ajuizar ação anulatória;

A letra D está incorreta, pois foi dada total quitação ao contrato de trabalho extinto. Nesse sentido entende o TST em sua OJ 132 da SDI 2 que o acordo celebrado – homologado judicialmente – em que o empregado dá plena e ampla quitação, sem qualquer ressalva, alcança não só o objeto da inicial, como também todas as demais parcelas referentes ao extinto contrato de trabalho, violando a coisa julgada, a propositura de nova reclamação trabalhista.

(XII EXAME DE ORDEM UNIFICADO – FGV) No acordo coletivo em vigor firmado pela empresa Pluma Comércio de Óculos Ltda. existe uma cláusula na qual os seus empregados podem adquirir as mercadorias

22. Art. 966 do CPC/2015.
23. Art. 966, § 4º, do CPC/2015.

lá produzidas a preço de custo. Emerson, empregado desta firma, pretendia comprar um par de óculos, mas o empregador exigiu que ele pagasse também o valor da margem mínima de lucro do comércio local.

Diante do ocorrido, assinale a alternativa que contempla a ação que, de acordo com a CLT, deverá ser ajuizada por Emerson para fazer prevalecer o seu direito.

(A) Execução de Título Extrajudicial.
(B) Mandado de Segurança.
(C) Ação de Cumprimento.
(D) Ação Monitória.

COMENTÁRIO

A letra C está correta, pois nos termos do art. 872 da CLT a ação de cumprimento é o meio processual que visa o cumprimento das normas estabelecidas em sentença normativa, convenção ou acordo coletivo;

A letra A está incorreta, pois o acordo coletivo não é considerado título executivo extrajudicial capaz de dar ensejo à propositura de uma execução de título extrajudicial;

A letra B está incorreta, pois o mandado de segurança disposto no art. 5º, LXIX, da CF e regulado pela Lei 12.016/2009 é classificado como uma ação constitucional de natureza mandamental destinada a proteger direito legítimo e certo contra ato de autoridade, praticado com ilegalidade ou abuso de poder;

A letra D está incorreta, pois nos termos do art. 1.102-a do CPC[24] a ação monitória compete a quem pretender, com base em prova escrita sem eficácia de título executivo, pagamento de soma em dinheiro, entrega de coisa fungível ou de determinado bem móvel.

(XII EXAME DE ORDEM UNIFICADO – FGV) Félix trabalhou na empresa Só Patinhas Pet Shop de 03.01.2011 a 15.06.2011, quando recebeu aviso-prévio indenizado. Em 10.07.2013 procurou a comissão de conciliação prévia de sua categoria, reclamando contra a ausência de pagamento de algumas horas extras. A sessão foi designada para 20.07.2013, mas a empresa não compareceu. Munido de declaração neste sentido, Félix ajuizou reclamação trabalhista em 22.07.2013 postulando as referidas horas extraordinárias. Em defesa, a ré arguiu prescrição bienal.

A partir dessa situação, assinale a afirmativa correta.

(A) Ocorreu prescrição porque a ação foi ajuizada após dois anos do rompimento do contrato.
(B) Não se cogita de prescrição no caso apresentado, pois com o ajuizamento da demanda perante a Comissão de Conciliação Prévia, o prazo prescricional foi suspenso.
(C) Está prescrito porque o período do aviso-prévio não é computado para a contagem de prescrição, pois foi indenizado, e a apresentação de demanda na Comissão de Conciliação Prévia não gera qualquer efeito.
(D) Não se cogita de prescrição no caso apresentado, pois com o ajuizamento da demanda perante a Comissão de Conciliação Prévia, o prazo foi interrompido.

COMENTÁRIO

A letra B está correta, pois a partir da provocação da Comissão de Conciliação Prévia, o prazo prescricional será suspenso;

A letra A está incorreta, pois não ocorreu a prescrição, a teor do disposto no art. 625-G da CLT;

A letra C está incorreta, pois o período de aviso-prévio é computado como tempo de serviço, nos termos do art. 487, § 1º, da CLT;

A letra D está incorreta, pois em conformidade com o art. 625-G da CLT o prazo será suspenso e não interrompido.

(VII EXAME DE ORDEM UNIFICADO – FGV) Arlindo dos Santos ajuizou ação trabalhista em face do seu antigo empregador, pleiteando adicional de insalubridade e indenização por danos morais. Nas suas alegações contidas na causa de pedir, Arlindo argumentou que trabalhou permanentemente em contato com produtos químicos altamente tóxicos, o que lhe acarretou, inclusive, problemas de saúde. Em contestação, o réu negou veementemente a existência de condições insalubres e, por consequência, a violação do direito fundamental à saúde do empregado, não apenas porque o material utilizado por Arlindo não era tóxico, como também porque ele sempre utilizou equipamento de proteção individual (luvas e máscara). Iniciada a fase instrutória, foi feita prova pericial. Ao examinar o local de trabalho, o perito constatou que o material usado por Arlindo não era tóxico como mencionado por ele na petição inicial. Entretanto, verificou que o autor trabalhou submetido a níveis de ruído muito acima do tolerado e sem a proteção adequada. Assim, por força desse outro agente insalubre não referido na causa de pedir, concluiu que o autor fazia jus ao pagamento do adicional pleiteado com o percentual de 20%. Com base nessa situação concreta, é correto afirmar que o juiz deve julgar

(A) improcedente o pedido de pagamento de adicional de insalubridade, uma vez que está vinculado aos fatos constantes da causa de pedir, tal como descritos pelo autor na petição inicial;
(B) procedente em parte o pedido de pagamento de adicional de insalubridade, concedendo apenas metade do percentual sugerido pelo perito, haja vista a existência de agente insalubre distinto daquele mencionado na causa de pedir;
(C) improcedente o pedido de pagamento de adicional de insalubridade, uma vez que a existência de ruído não é agente insalubre;
(D) procedente o pedido de pagamento de adicional de insalubridade, uma vez que a constatação de agente insalubre distinto do mencionado na causa de pedir não prejudica o pedido respectivo.

COMENTÁRIO

A letra D está correta, pois de acordo com o entendimento cristalizado na Súmula 293 do TST a verificação mediante perícia de prestação de serviços em condições nocivas, considerado agente insalubre diverso do apontado na inicial, não prejudica o pedido de adicional de insalubridade. Isso porque a causa de pedir deve ser considerada apenas quanto ao pedido de insalubridade, na medida em que, por ser técnico, é o perito quem avaliará qual é o agente insalubre;

A letra A está incorreta, pois o pedido deverá ser julgado procedente. Veja comentários da alternativa D;

A letra B está incorreta, pois ainda que o agente insalubre apontado na inicial seja diverso daquele apontado pela perícia o pedido deverá ser julgado totalmente procedente. Veja Súmula 293 do TST

A letra C está incorreta, pois de acordo com a Norma Regulamentadora 15 do Ministério do Trabalho e Emprego o ruído é considerado agente insalubre.

(VI EXAME DE ORDEM UNIFICADO – FGV) Numa reclamação trabalhista, o autor teve reconhecido o direito ao pagamento de horas extras, sem qualquer reflexo. Após liquidado o julgado, foi homologado o valor de R$ 15.000,00, iniciando-se a execução. Em seguida, as partes comparecem em juízo pleiteando a homologação de acordo no valor de R$ 10.000,00.

Com base no narrado acima, é correto afirmar que

(A) o juiz não pode homologar o acordo porque isso significaria violação à coisa julgada;
(B) é possível a homologação do acordo, mas o INSS será recolhido sobre R$ 15.000,00;
(C) a homologação do acordo, no caso, dependeria da concordância do órgão previdenciário, pois inferior ao valor homologado;
(D) é possível a homologação do acordo, e o INSS será recolhido sobre R$ 10.000,00.

COMENTÁRIO

A letra D está correta, pois nos termos do art. 764 da CLT a conciliação é permitida em qualquer fase processual, inclusive na fase de execução de sentença. Ademias, uma vez celebrado acordo a contribuição previdenciária será recolhida sobre o valor do acordo celebrado e homologado, nos termos da OJ 376 da SDI-1 do TST;

A letra A está incorreta, pois nos termos do art. 764 da CLT, o acordo pode ser celebrado em qualquer momento processual, inclusive na fase de execução;

A letra B está incorreta, pois a contribuição previdenciária será recolhida sobre o valor do acordo celebrado e homologado, nos termos da OJ 376 da SDI-1 do TST;

A letra C está incorreta, pois não requer concordância do órgão previdenciário. Deve ser respeitada, porém a proporcionalidade de valores entre as parcelas de natureza salarial e indenizatória deferidas na decisão condenatória e as parcelas objeto do acordo, OJ 376 da SDI-1 do TST, parte final;

(IV EXAME DE ORDEM UNIFICADO – FGV) Lavrado auto de infração contra uma empresa por alegada violação às normas da CLT, o valor da multa importa em R$ 5.000,00. Pretendendo recorrer administrativamente da multa, a empresa

(A) não precisará recolher qualquer multa para ter apreciado o seu recurso administrativo;

24. Art. 700 e seguintes do CPC/2015.

(B) não precisará depositar a multa, pois isso somente será obrigatório se desejar ajuizar ação anulatória perante a Justiça do Trabalho;

(C) para ser isenta do depósito da multa, deverá valer-se de ação própria requerendo judicialmente a isenção até o julgamento do recurso administrativo;

(D) deverá recolher o valor da multa, que ficará retida até o julgamento do recurso administrativo.

COMENTÁRIO

A letra A está correta, pois embora a multa esteja prevista no art. 636, § 1º, da CLT, sendo exigida como condição para interposição do recurso administrativo, o TST interpretou referido dispositivo de lei, conforme o art. 5, LV, da CF (princípio do contraditório e ampla defesa), editando a Súmula 424, ensinando que a norma em debate não foi recepcionado pela Constituição Federal de 1988, ante a sua incompatibilidade com o inciso LV do art. 5º;

A letra B está incorreta, pois não há obrigatoriedade de depósito em ação anulatória;

A letra C está incorreta, pois em conformidade com a Súmula 424 do TST não há exigência de multa;

A letra D está incorreta, *vide* comentários da Opção A.

(EXAME DE ORDEM UNIFICADO 2010.3 – FGV) O sindicato representante de determinada categoria profissional ajuizou ação civil pública em face da Construtora Beta Ltda., postulando sua condenação na obrigação de se abster de coagir seus empregados a deixarem de se filiar ao respectivo ente sindical. A pretensão foi julgada procedente, tendo transitado em julgado a decisão condenatória.

Diante dessa situação hipotética, assinale a alternativa correta.

(A) A sentença fará coisa julgada às partes entre as quais é dada (*inter partes*), não beneficiando nem prejudicando terceiros.

(B) Seria obrigatória a intervenção do Ministério Público do Trabalho como fiscal da lei nesse processo.

(C) A competência funcional para julgamento dessa ação civil pública é do Tribunal Regional do Trabalho que tenha jurisdição no local onde se situa a sede da empresa.

(D) O ajuizamento dessa ação civil pública visou à tutela de interesses ou direitos meramente individuais.

COMENTÁRIO

A letra B está correta, pois em conformidade com o art.83, III da Lei Complementar 75/1993;

A letra A está incorreta, pois nos termos do art. 16 da LACP, a sentença fará coisa julgada *erga omnes*;

A letra C está incorreta, pois a ação civil pública deve ser proposta perante os órgãos de primeira instância, ou seja, na vara do trabalho da localidade onde ocorreu ou deva ocorrer a lesão aos interesses;

A letra D está incorreta, pois a ação civil pública visou a tutela de direitos e interesses metaindividuais.

(EXAME DE ORDEM UNIFICADO 2010.3 – FGV) Segundo o texto da Consolidação das Leis do Trabalho, é correto afirmar que a lei de execução fiscal

(A) somente é fonte subsidiária para aplicação das normas na execução trabalhista caso não exista regramento sobre o assunto no Código de Processo Civil, que é a primeira fonte subsidiária da legislação processual do trabalho;

(B) somente é fonte subsidiária do Processo do Trabalho na execução das contribuições previdenciárias e sindicais;

(C) é fonte subsidiária para a aplicação das normas na execução trabalhista;

(D) somente é fonte subsidiária do Processo do Trabalho na execução das contribuições previdenciárias.

COMENTÁRIO

A letra C está correta, pois em consonância com o art. 889 da CLT;

A letra A está incorreta, pois será aplicada a lei de execução fiscal (Lei 6.830/1980), sempre que a CLT ou a Lei 5.584/1970 for omissa;

A letra B está incorreta, pois a lei de execução fiscal é aplicável a toda execução trabalhista;

A letra D está incorreta, pois contraria o disposto no art. 769 da CLT. Importante frisar que, na fase de execução de sentença, deve-se em primeiro lugar aplicar a CLT. Sendo omissa a CLT com relação à matéria, aplica-se a Lei 5.584/1970. Existindo omissão na Lei 5.584/1970, aplicar-se-ão, os dispositivos da lei de execução fiscal, Lei 6.830/1980. Persistindo a omissão, a